宿州地名丛书

宿州市地名录

宿州市民政局 — 编

中国文史出版社
CHINA CULTURAL AND HISTORICAL PRESS

图书在版编目（C I P）数据

宿州市地名录 / 宿州市民政局编 . -- 北京 : 中国文史出版社 , 2020.12

（宿州地名丛书）

ISBN 978-7-5205-2725-5

Ⅰ . ①宿… Ⅱ . ①宿… Ⅲ . ①地名—宿州—名录 Ⅳ . ① K925.43-62

中国版本图书馆 CIP 数据核字 (2020) 第 249509 号

责任编辑：梁玉梅

出版发行：中国文史出版社

社　　址：北京市海淀区西八里庄路 69 号院　邮编：100142

电　　话：010-81136606　81136602　81136603（发行部）

传　　真：010-81136655

印　　装：北京新华印刷有限公司

经　　销：全国新华书店

开　　本：16 开

印　　张：197.25

字　　数：4229 千字

版　　次：2022 年 12 月北京第 1 版

印　　次：2022 年 12 月第 1 次印刷

定　　价：898.00 元（全三册）

《宿州市地名录》编纂委员会

宿州市人民政府

南关街道

小隅口夜景

新汴河景区（金永 摄）

宿州市科技馆

汴河博物馆

宿州逸夫师范学校

安徽宿州第二中学

宿州植物公园

宿州野生动物园

五柳龙泉湖景区

萧县皇藏峪（伯德衡 摄）

萧县圣泉寺（李亚东 摄）

灵璧县钟馗文化园

砀山县梨园

砀山县黄河故道部分段

砀山高铁南站

泗县石龙湖国家湿地公园

序 言

地名作为人类赋予一定地域或某一地理实体的专用代号，指代的是它们的方位和范围，包括行政区划、自然地理实体、居民居住地和其他具有地名意义的名称。地名作为一个地域文化的载体，具有浓厚的乡土文化气息，体现了该地域内居民长期活动的文化特点．也反映了不同民族与不同地域的文化差异。它承载着人与环境的关系，蕴含着历史的记忆，是拥有地域文脉的无形地标，成为居民社会生活中不可缺少的元素。

一个地方自从有了地名才算是真正的诞生。地名作为非物质文化遗产，是国家历史和民族文化遗产的一部分。中国地名记录了中华民族五千年文明演进过程中的空间坐标，而现代地名更是体现了历史与时代的互动，体现了现代化和城镇化的阶段性成果。因此，开展地名文化遗产保护工作，无疑有利于激发民族自豪感、提升民族凝聚力，实现中华民族伟大复兴中国梦；有利于世界人口第一的中国对人类文明与进步贡献出更多、更大、可持续的中国智慧与中国力量。地名作为世界文化遗产的一部分，也是全人类的共同财富。联合国非常重视世界各国的地名标准化和对地名文化的保护。中国作为联合国重要成员国，开展地名文化遗产保护工作，有利于参与国际合作、提升中国形象、扩大中国影响。地名作为一个地域文化的载体、一种特定文化的象征，更是一种牵动乡土情怀的称谓。对于人民大众来说，地名有着和生命一样丰富和深刻的含义，潜在着强烈的凝聚力和浓郁的亲和力，寄托着人们复杂的情感。对地名文化遗产的保护，就是要筑牢人民大众的精神家园，永续乡愁情结。

宿州市位于黄淮大平原的偏东南部，辖地面积 9787 平方公里，设置埇桥、砀山、萧县、灵璧、泗县五个区县。区县城镇下设街道办事处、社区居民委员会、居民小区，乡镇下设社区居民委员会或村民委员会、居民小区或自然村。在这片广袤富饶的大地上，平川坦荡，山丘起伏，河流蜿蜒，道路纵横，聚落稠密，拥有十分丰富的地名文化资源。自距今约上万年历史的氏族公社时代小山口文化开始，先民就在这里渔樵耕牧，形成星罗棋布的聚落，创造出无数饱含文化特色的地名，如同一颗又一颗硕大而明亮的珍珠，镶嵌在宿州大地上。符离、蕲县、埇桥、萧、砀、虹、灵璧、垓下、大泽乡、汴河等，这些逾越千年的古地名，今天依然在我们的生活中不可或缺。

唐宪宗元和四年，即公元809年，宿州正式建置，至今已达1210多年。虽然历代行政区划归属变动不居，但作为我市一张光彩夺目的名片，今天的宿州这个名称更加熠熠生辉。以宿州历史城区及其近郊为例，古地名有着丰富的文化内涵，为今人留下了深刻的城市记忆。一是历史文化。经过1210多年的文化积淀，留下了一批具有不同时代标志的地名，如“大河南街”、“小河南街”、“衙门口”（即今埇桥区政府驻地）、“木牌坊”等。二是移民文化。老宿城周围的村落，大致形成于明朝初年，由来自山西和山东等地的移民而建立，以“家”“村”“营”为地名，如西郊“李村子”“陈营子”“周家”“刘家”“胡家”“赵家”等。三是院落文化。老城区的官宦、绅商、家族的院落，代表着历史上本城社会上层的物质和文化生活水平，如“雷公馆”“周家大院”“王祠堂”“秦巷口”等。四是景观文化。宿州新老城区拥有护城河、运粮河、沱河、新汴河等水系穿过或环绕。以水为代表的景观，成为城区地名的一大特点，如“四眼井”“任井子”“东仙桥”“西仙桥”等。五是生产文化。宿城老郊区原有众多的菜园，保证城区的蔬菜供应，形成以姓氏为名的地名，如“薛园”“李园”“董园”“宋园”“黄园”“崔园”等。六是市民文化。城中的一些老地名，反映了寻常百姓的生活风貌，如“药店巷”“竹竿巷”“水巷”“井巷”“九道弯”。七是宗教文化。旧时宿城及近郊佛教与道教香火都很旺盛，因此留下一批与宗教有关的地名，如“地藏庙巷”“大寺巷”“五道庙巷”“插花庙巷”“老君庙”“张仙庙”“准提庵”“蚂蚱庙”“大王庙”“白衣阁”“兴福寺”“龙祠巷”“土祠巷”等。

改革开放以来，尤其是1999年撤地建市以来，宿州城乡建设的步伐快马加鞭。十多年来，城乡建设更是日新月异，不仅旧貌换新颜，而且形成了大量的新聚落，同时衍生了大量的新地名。在从农耕社会向工业化和信息化社会、从传统社会向现代社会转型的过程中，伴随着城市建设、行政区划、区域管辖的调整，一些老地名消失了，更多的新地名诞生了。在这个充满历史必然性的过程中，我们不仅要留存老地名的历史档案，更要不失时机地记载新地名，以延续地名变迁的基本脉络。新聚落、新道路、新街巷、新社区、新景点，纷至沓来，给地名工作带来了艰巨的新任务。及时跟进地名变迁的步伐，为时代留下地名印记，是民政部门及地名工作者义不容辞的责任。

2014年开始，国家开展第二次全国地名普查。按照国家民政部的统一部署和安徽省民政厅的具体安排，我市民政系统实施了为时四年的地名普查工作，积累了大量的地名文献资料。根据这些资源形成的普查成果，及时进行转化和利用，先后编纂了一批具有工具性、知识性、人文性的地名文化图籍，充分展示了宿州地名文化的基本风貌，提高了宿州的知名度和美誉度，增强了宿州的软实力。《宿州市地名录》，是本次地名普查成果转化的代表性成果之一。

《宿州市地名录》作为一部大型地名工具典籍，是全市民政系统及地名工作者多年辛勤劳动的结晶，同时得到社会各界的鼎力相助。这部典籍的问世，首先是为国家的地名标准化工程作出了应有的贡献；其次是为行政管理提供材料，有利于“数字城市”和“智慧城市”建设；再次，能够让人们更加全面充分地了解宿州地名文化发展的脉络，也为宿州人留下浓郁的乡愁和深刻的历史记忆。在中华民族实现第一个百年目标并向第二个百年目标奋勇前进的今天，《宿州市地名录》的出版，显得更加具有历史意义和时代意义。

《宿州市地名录》编纂委员会

2021 年 12 月 16 日

凡 例

一、本书以2014—2018年第二次全国地名普查形成的宿州市地名数据库资料为基本依据。所收录地名，均以本市或区县政府及地名委员会颁布的地名为标准地名，凡未经批准并颁布的非标准地名，不予收录。

二、本书设置总篇与分篇两大门类，共计四篇十四章，附录有关地名文件。以科学、系统、全面、精确之准则，反映本市地名现状及其沿革脉络。

三、本书收录地名，限于宿州市现行行政区域范围，以现行地名为主，兼顾地名沿革。地名涉及时间，上溯始至文献最早记载和民间记忆初始年代，下限一般截至2018年，部分顺延至2020年。

四、本书“总篇”简述本市与区县两级行政区划概况；“区县标准地名录”详述行政划分、非行政区域、自然地理实体、城镇道路街巷；“区县专业设施类标准地名录”分述交通、水电、景观、建筑、单位；“历史地名录”留存近年消失或撤销的地名。

五、本书词条内容收录，包括标准名称、汉语拼音、备注三部分。各章节收录之条目，自社区居民委员会或村民委员会以下，以汉语拼音排序。

六、各县区所辖街道乡镇地名全部收录；社区与村民委员会及自然庄，选择其中具有显著地名标志意义的收录。

七、本书标题格式、历史纪年、标点符号、数字书写、计量单位、图表制作，均以《安徽省地名志行文格式》为准则。

八、本书适当收录具有标志性意义的地名照片并置于正文之前，收录国家和安徽省地名文件附着于正文之后。照片由市民政局收集，区县民政局和支持地名工作的摄影家提供。

目录

第二篇 宿州市市辖区、县专业设施类标准地名录

总篇

第一章　宿州市概况

宿州市（Sùzhōu Shì）　隶属于安徽省，别称宿城。是“省际交汇区域中心城市”“长三角城市群”“淮海经济区”“徐州都市圈”“宿淮蚌都市圈”“宿淮城市组群”成员城市。下设一个市辖区——埇桥区，两个功能区——宿州马鞍山现代产业园区和宿州经济技术开发区；管辖萧县、灵璧县、砀山县、泗县四个县。位于安徽省北部，襟连沿海，背倚中原，素有安徽省北大门之称。东至东北与江苏省宿迁、徐州接壤，西至西北与河南省商丘、山东省菏泽毗邻，南与安徽省蚌埠，西与淮北相连。介于东经116°09′—118°10′、北纬33°18′—34°38′之间，面积9787平方千米，总人口658.27万人。宿州是历史文化名城，有原始社会小山口遗址、古台寺遗址。周朝时期始建蕲邑。隋唐年间，因京杭大运河通济渠段开通，于唐宪宗元和四年，即公元809年置宿州。宿州号称云都，拥有华东地区最大的云计算数据中心。是CG动画集群渲染基地，中国五大量子通信节点城市之一。宿州市是国家级文明城市、国家级园林城市、国家级智慧城市、“宽带中国”示范城市、“质量之光”年度质量魅力城市。2019年1月25日，宿州市被评为2018年度全国“平安农机”示范市。宿州市地处淮北平原东北部。西北黄河故道地势略高，中部有山地丘陵，其余大部为平原洼地。宿州市属暖温带半湿润气候，主要河流有濉河、新汴河、沱河、浍河，由西北向东南注入淮河和洪泽湖。

早在五千年前就有徐夷、淮夷等部落在这里繁衍生息。春秋战国时期，又有宿国、萧国、徐国等小诸侯国。秦朝一统后，地属泗县郡、砀郡，置有符离县、蕲县、相县、取虑、铚县、僮县等县。西汉高祖五年（前202年），革砀郡为梁国，设砀县。王莽新朝建国元年（9年），改砀县为节砀县，改符离县为符合县。不久复原称。更始帝更始三年（23年），封刘秀为萧王。东汉章帝建初四年（79年），迁梁国于下邑，砀县属之。东汉献帝建安二十四年（219年），曹操析沛国置谯郡，以邑、相城、符离等县属沛国，以铚县、蕲县等县属谯郡。三国魏明帝太和三年（229年），追封曹熊为萧王，称萧国。太和六年国除。青龙二年（234年），复置萧县，属豫州谯郡。景初二年（238年），分沛国置汝阴郡，阳城废。西晋惠帝元康五年（295年）砀山并入下邑县。东晋建武元年（317年），萧县属沛郡，郡治由相县徙于萧。穆帝升平元年（357年），沛郡、谯郡陷于前燕。太和五年（370年），燕灭，宿地尽入前秦。太元九年（384年），东晋北伐，复宿地。义熙七年（411年），泗县地属南兖州，治夏丘。南北朝北魏孝昌二年（526年），废下邑，置砀郡，下设砀县、安阳两县。东魏武定六年（548年），改夏丘县为晋陵县，旋又改名泗州。北齐天保七年（556年），改萧县为承高县，属徐州彭城郡。隋文帝开皇六年（586年），改承高县为龙城县。开皇十八年（598年），废安阳置砀山县。隋炀帝大业元年（605年），改龙城县为临沛县。复改临沛县为萧县。唐高祖武德四年（621年），析夏丘县置虹县；武德六年夏丘县入虹县，夏丘县废。唐太宗贞观八年（634年），虹县属泗州。唐宪宗元和四年（809年），置宿州，初治虹县（今泗县），稍后移治埇桥。辖符离县、蕲县和虹县；元和九年（814年），亳州属临涣县划入宿州。唐文宗太和三年（829年），宿州废；太和七年复置宿州。唐昭宗光化四年（901年），于砀山县置辉州，砀山县属之。五代十国后唐庄宗同光三年（925年），砀山县属单州。后周世宗显德五年（958年），萧县属徐州武定军节度。北宋开宝五年（972年），宿州增置保靖军节度使，属淮南路。熙宁五年（1072年），属淮南东路。哲宗元祐元年（1086年），析虹县属零壁镇巡检司，置零壁县，隶宿州。政和七年（1117年），改县名零璧为“灵璧”。金兴定元年（1217年）砀山县城被黄水荡没，县治迁虞山保安镇（今属河南永城）。元宪宗七年（1257年），迁回旧治。至元二年（1265年），废蕲县、临涣、符离三县入宿州。废萧县、永固县入徐州。因砀山县屡遭水患，人口稀少废入单县。元世祖至元三年复置砀山县，属济州。至元四年，拨宿州属之灵璧县归泗州。至元十二年，复置萧县，属河南行省归德府。至元十三年，拨泗州属虹县入宿州。至元十七年复拨虹县属泗州，灵璧属宿州。泰定元年（1324年），黄河行故汴渠仍与徐州泗水合，至清口入淮。宿州汴渠湮没，埇桥亦废。明洪武元年（1368年）宿州属临濠府，七年属凤阳府。洪武十二年（1379年），萧县、砀山县属南直隶徐州。清顺治十八年（1661年），宿州属江南左布政使，以宿州之灵璧属凤阳。雍正三年（1725年），升泗州为直隶州。雍正十一年（1733年），砀山县、萧县属江苏省徐州府。乾隆四十二年（1777年），迁泗州于虹县，并虹县入泗州，初称泗虹州，后为泗州，原虹县降为虹乡。宣统三年（1911年），辛亥革命爆发，12月16日宿州光复。民国元年（1912年），宿州改称宿县，与灵璧县、泗县属安徽省管辖，砀山县、萧县属江苏省管辖。民国21年（1932年），砀山县、萧县属江苏省铜山行政督察区，宿县、灵璧县、泗县属安徽省第六行政督察区。民国27年（1938年）5月，今宿州市所属区域先后沦陷。日伪、国民党、中共三方政权并存。民国32年（1943年）日伪在苏皖北部设“淮海省”，今宿州市所属区域属“淮海省”管辖。抗日战争胜利后，宿县、灵璧县、泗县属安徽省第四行政督察专员公署，砀山县、萧县属江苏省徐州专员公署。民国37年（1948年），设宿县市，旋废。民国38年（1949年）1月，淮海战役结束，今宿州市所属区域相继解放，其分别属于豫皖苏边区三专署、六专署和江淮边区二专署、三专署。民国38年3月25日，江淮边区二专署并入三专署并于豫皖苏三地委、六地委之一部合并，成立宿县专区，属皖北行署领导，下辖邳睢、睢宁县、泗阳县、淮宝、泗南、泗宿、泗灵睢、萧铜、灵璧县、宿东、五河县、永城县，砀山县、萧县、怀远县、宿西县、宿城市和盱凤嘉、洪泽湖工委、宿迁市共20个县级政权。民国38年6月，经过合并调整后，邳睢县、睢宁县、泗阳县、宿迁市归属江苏省管辖。宿县专区辖永城县、砀山县、萧县、宿县、灵璧县、泗县、五河县、怀远县、泗洪县共九县。

1950年，析宿县西部置濉溪县，属皖北行署宿县专区管辖。1950年，设宿城市，属皖北行署宿县专区管辖。1953年，宿县专区属安徽省管辖，砀山县、萧县划归江苏省管辖，永城县划归河南省管辖。1953年，撤销宿城市，并入宿县。1955年，盱眙县、泗洪县划归江苏省管辖，砀山县、萧县划回安徽省宿县专区管辖。1956年2月，宿县、滁县两专区合并为蚌埠专区。1961年3月，撤销蚌埠专区，重新设立宿县专区，下辖濉溪县、砀山县、萧县、宿县、灵璧县、泗县、五河县、怀远县共八县。1963年12月16日，宿东办事处成立，辖宿县东部部分区域，所辖区域划归濉溪市管辖。1964年，析宿县、灵璧县、五河县、怀远县衔接处各一部，置固镇县。1971年，宿县专区更名为宿县地区。1977年，濉溪县由宿县地区划归淮北市管辖。1979年10月，析宿县城关镇及城郊、城西区之一部置县级宿州市，隶属于宿县地区管辖。1983年7月，五河县、固镇县、怀远县三县划归蚌埠市管辖。宿县地区下辖砀山县、萧县、宿县、灵璧县、泗县、宿州市共计五县一市。1985年7月15日，淮北市撤销宿东办事处，所辖区域划归宿县地区宿州市管辖。1992年，宿县并入县级宿州市。1997年，宿县地区下辖宿州市和砀山县、萧县、灵璧县、泗县四县，地区行署驻宿州市。1998年12月6日，国务院批准撤销宿县地区和县级宿州市，设立宿州市。宿州市设立埇桥区，以原县级宿州市的行政区域为现埇桥区的行政区域。宿州市下辖原宿县地区的砀山县、萧县、灵璧县、泗县和新设的埇桥区。

宿州市位于淮北平原中部，地貌要素的差异较大，大体上可分为丘陵、台地、平原三大类型。平原是宿州市地貌中的主体，面积8897平方千米，占全市土地面积的91%，小部分低山、丘陵、台地，面积890平方千米，占国土面积9%左右。宿州市属暖温带半湿润季风气候区，主要特点是气候温和，四季分明，雨热同季，光照充足，降雨适中，但往往因为降水集中，易造成洪涝灾害。

宿州市属淮河流域，全市主要河道有70多条，分别属于黄河、淮河水系。较大的河流有浍河、沱河、解河、濉河、奎河、萧濉新河、新汴河、废黄河、闸河、萧濉引河、阎河、孤山河、灌沟河、股河、唐河、浍解河、方河、新河、郎溪河、欧河、新霞河、倒流河、洪河、减河、洪减河、大沙河、王引河、龙河、积谷河、岱河、利民河、湘西河、毛河、港河、萧濉运河、三龙支河、石梁河、龙河、潼河、老濉河、小黄河、小凄河、新濉河、新沱河。

宿州市树种有53科270余种。天然林仅存于皇藏峪和大方寺、秦山等地区，计有140余种。宿州市有中药材236科1065种。其中植物药材162科893种，动物药材74科115种，矿物药材9种，其他类药材84种，主要品种有紫菀、薏米、荆芥、芦巴子、红花、莲心、芡实等。宿州市有矿产资源28种，其中已探明储量的有17种，现已开发利用的有11种，以能源、非金属矿产为主，保有储量大，主要矿产地分布集中。

宿州市境内有连霍高速公路、泗许高速公路、京台高速公路、徐明高速公路等高速公路纵横贯穿。济祁高速公路即将通车。2019年宿州市公路总里程达18828千米。其中包括高速公路360千米，国省干线600千米，二级及以上公路通车达到3474公里。104国道京福线、

206国道烟九线、310国道连天线、311国道徐峡线穿境而过。全市公路密度分别为每百平方千米130.69千米，和每万人21.15千米。京沪、陇海两大铁路干线呈“十”字状贯穿宿州全境，宿淮铁路于2014年12月10日通车运行，京沪高速铁路经过宿州市，并设有车站。徐淮宿城际铁路也在稳步推进建设中，为日后宿州的经济发展奠定了极为快捷的交通基础。宿州车务段是上海铁路局蚌埠铁路分局运营基层单位，担负京沪干线和符夹线接发列车以及安徽省宿州市、灵璧县、泗县、固镇县、五河县和蚌埠市经济区域的客货运输，管辖符离集、十里堡、宿州、宿州南、陵家桥、曹老集、徐家港等15个车站，全长117.5千米。宿州是安徽省距离出海口最近的城市，市区域内有浍河、新汴河、沱河、萧濉新河等河流。2019年，有7级以上航道里程176.23千米。新汴河和浍河沿线设有5个港口。主要航线包括由宿州港经洪泽湖至长江中下游各港口城市，途中经大运河至江、浙、沪等地；或经淮河到淮河沿岸各港口城市。宿州市城区距徐州观音机场70多千米，距合肥骆岗机场，南京禄口机场均只有200多千米。宿州机场项目在推进中。

截至2019年末，宿州市普通高等学校招生1.18万人，在校学生2.98万人，毕业生0.68万人。高中阶段招生2.94万人，在校生8.31万人，毕业生2.94万人。高中阶段毛入学率93.8%。中等职业学校招生2.67万人，在校生5.57万人，毕业生2.77万人。初中阶段招生7.51万人，在校生20.06万人，毕业生5.69万人。初中学龄人口入学率100%。小学招生9.12万人，在校生51.60万人，毕业生7.53万人。小学学龄儿童入学率100%。幼儿园在园幼儿23.94万人。特殊教育学校在校学生0.30万人。各类民办学校在校学生25.60万人。宿州市拥有卫生机构1839个。其中，基层医疗卫生机构1726个，专业公共卫生机构21个，其他卫生机构3个。医院、卫生院197个，社区卫生服务中心（站）99个。全市实有床位2.55万张，其中医院1.77万张，乡镇卫生院0.72万张。全市卫生技术人员2.44万人，其中，执业（助理）医师0.98万人，注册护士1.03万人。

2019年，宿州市实现地区生产总值（GDP）1978.75亿元，按可比价格计算，增长8.7%。其中：第一产业增加值287.51亿元，增长3.4%；第二产业增加值710.34亿元，增长10.7%；第三产业增加值980.90亿元，增长8.8%。三种产业结构比为14.5:35.9:49.6。人均生产总值34773元（折合5041美元），比上年增加3765元。全员劳动生产率51204元／人，比上年增加5416元／人。

宿州有33处自然景观，163处人文景观。4处全国重点文物保护单位，16处省级文物保护单位，A级景区12家，其中4A级景区4家，3A级景区5家，2A级3家。比较著名的有新汴河景观带、灵璧奇石文化园、皇藏峪国家森林公园、虞姬文化园等。

第二章　宿州市市辖区、县概况

第一节　埇桥区概况

埇桥区（Yǒngqíao Qū）　宿州市人民政府驻地。隶属宿州市管辖。在市境西南部。面积2907平方千米。人口192.80万人。以汉族为主。辖12街道、15镇、9乡。区人民政府驻地在埇桥街道。夏商周时期属淮夷与徐夷地面。春秋时为宋地。秦属符离、蕲县地。隋代大业元年（605年），开凿大运河，通济渠（亦称汴水、汴河、汴渠）通漕，今宿城大隅口处有埇桥关津。唐代元和四年（809年）置宿州于埇桥，五代至清因袭。民国初期改宿州为宿县。1948年底，宿县县城解放，设宿城市，1949年划属宿县。1951年复置宿城市，1953年又并入宿县。1979年再析出宿县城关镇及城郊、城西两公社置县级宿州市，与宿县均属宿县地区行署所辖。1992年宿县和县级宿州市合并为新的县级宿州市。1999年5月，省辖宿州市成立，原县级宿州市更名为宿州市埇桥区。隋大业元年开通济渠（汴水），为沟通南北交通，在宿境建一桥梁，名为埇桥。1998年撤县级市设区，因今宿城大隅口处有埇桥关津，故名。埇桥区地势西北高，东南低，除北部和东北部为低山丘陵外，其余均为平原。最高海拔311.7米，最低海拔20米。属暖温带季风气候。新汴河、沱河、浍河、濉河、奎河等河流穿过全境。境内有龙脊山、乾山、塔山、尖山等；湖泊洼地有龙泉湖、老汪湖等。境内有幼儿园84所，小学335所，初中77所，普通高中10所。有各级各类卫生医疗机构43所。有国家体育后备人才基地2个。有工程技术研究中心6家，其中国家级工程技术研究中心1家，科技创业服务中心1家。地方特色民间艺术众多，淮北花鼓戏、埇桥马戏被列入国家级非物质文化遗产代表性项目名录。风景名胜和文化古迹共有7处省级文物保护单位，30余处县级文保单位，1处省级风景名胜区，1处省级自然保护区，以五柳风景区、马皇后故里、闵子骞祠墓、林探花府、赛珍珠故居、涉故台遗址、蕲县古城遗址、九女坟石刻等最为著名。埇桥区城市市容布局与市直共建。2002年以来，相继完成40余条主干道改造和45座城市桥梁建设，实施运粮河水系综合治理工程，建成雪枫公园、银河公园、运粮河景区、沱河景观带、新汴河景观带、市政府中心广场等10多个大型公园与广场，被评定为国家级园林城市。现已形成由四条城市发展主轴线、三大城市生态公园、五条景观带组成的城市布局。

埇桥区是农业大区，是我国重要的商品粮、棉、油、肉、蛋生产基地，主要农产品产量均居安徽省前列，是“全国超级产粮大区”、“产油大区”、“无公害农产品生产基地”、“国家绿色农业示范区”、省“生猪调出大县（区）”、“蔬菜产业化十强县（区）”，符离集烧鸡、夹沟香稻米等特产久享盛誉。全区培育出食品加工、机械制造、纺织、化工、建材、板材等六类大型骨干企业，有埇桥经济开发区、宿州市循环经济示范园、符离乡村工业示范园、朱仙庄轻工业集中区等四大经济园区。交通条件优越，公路、铁路、水路兼备。有合徐高速公路、泗许高速公路过境，有206国道和5条省道，形成以省干线公路为骨架，县、乡公路为辐射的公路运输网络。水运从新汴河经洪泽湖、浍河等入淮河通江达海。航空可经徐州观音机场通往各地。有宿州火车站、宿州东站（高铁）、宿州快客汽车站、宿州汽车站等众多大型车站。通多路公交车。

第二节　砀山县概况

砀山县（Dàngshān Xiàn）　隶属于宿州市管辖。是安徽省最北部的一个县，隶属宿州市管辖。其东北部与江苏省丰县接壤，西北部与山东省单县毗邻，西部和南部与河南省虞城县、夏邑县、永城市交界，东部与本省萧县相连，乃四省七县交汇之处。人民政府驻砀城镇砀郡路。

隋代砀山县属宋州梁郡；唐代先后属河南道宋州、辉州；五代后梁属辉州，砀山县为“赤县”(京师直属县)；后唐属单州；宋代属京东西路单州；金代属南京路单州，改隶归德府；元代属中书省东平路，改属济州、济宁路；明代属南京，直隶京师徐州；清代先后属江南省，直隶徐州、江苏省直隶徐州、江苏省徐州府。民国时期，先后属江苏省徐海道、江苏省行政督察铜山区、江苏省行政督察第九区、江苏省徐州绥靖公署。1948年11月7日砀山解放，属共产党领导的豫皖苏三分区。1949年元月，属中原行政区商丘专署。1949年10月1日，中华人民共和国成立，砀山县属皖北行政区宿县专署。1953年2月1日，属江苏省徐州专署。1955年2月17日，属安徽省宿县专署。1956年，属蚌埠专署。1961年，属宿县专署。1999年，宿县地区行政公署撤销，改设宿州市人民政府，砀山县属宿州市。2004年，行政区划调整由19个乡镇改为18个乡镇，2007年12月，调整为13个镇。行政区划单位为县，行政级别为县级，行政区划代码为341321999，上一级行政区为宿州市。

砀山县辖13个镇，3个开发区，129个村委会，39个居委会，357个城镇居民点，1265个农村居民点，农林果渔场9个，另有省属果园场1个，园艺场1个。人口98.68万，多系汉族，还有部分回族和其他少数民族。辖区南北长约43.8千米，东西宽约44千米，面积1193平方千米。砀山境内地势平坦，系黄河冲积而成，中部略高，南北稍低。属于季风性半湿润气候，其特点是季风明显，四季分明。境内无山。主要河流有故黄河、复新河、大沙河、巴清河、利民河、东洪河、文家河等。境内已探明地下矿藏有煤，其品种有焦煤、瘦煤、贫煤、自然焦等，总储量为 7 亿吨。农业有小麦、玉米、大豆、山芋，经济作物有棉花、花生、苹果、桃、蔬菜等。以盛产酥梨著名，被誉为“梨都”。工业有酒厂、针织、酿酒、纺织、织布、化肥、面粉、农机、建材、砖瓦、果汁、电缆、轧花等工厂。

砀山是国家级生态示范区、全国科技进步先进县、全国绿化工作先进县，是国务院公布的对外开放县，是省委、省政府命名的“首批平安县”。2007 年初，砀山县被列为安徽省直管县试点，享有省辖市经济管理权限和部分社会事业管理权限。境内有各类教育学校 279 所，其中小学 168 所，中学 58 所，特殊教育 1 所，幼儿园 52 所。医院、卫生院 36 所。310 国道贯穿全境，黄河故道贯穿其间。陇海铁路、连霍高速、郑徐客运专线，济祁高速贯穿全境。名胜古迹有宴嬉台、清真寺、三省井。梨花观赏新景点：乌龙披雪、鳌头观海、瑶池烟霞、武陵胜境、贡梨园、故黄映雪、古渡晓月等。著名人物有朱温、傅友德、申屠嘉、丁宽、戴德、戴圣、壶遂、焦赣、葛俊清等。砀山为国家级生态示范区，著名的中国梨都。有异彩纷呈的绘画、刻字、剪纸等民间艺术，有精美绝伦的印花布、柳条、蒲苇制品等民间工艺，有曲调悠扬的四平调、琴书、唢呐等民间曲艺，有赏心悦目的高跷、竹马旱船、舞龙灯等民俗表演，有热闹非凡的斗鸡、斗羊、斗鹌鹑等民间竞技，有矫健刚劲的拳术、器械等武术表演，这些都洋溢着浓郁的砀山韵味、梨都风情。

第三节　萧县概况

萧县（Xiāo Xiàn）　隶属于宿州市管辖。夏禹时孟亏作土于萧，始有萧国、萧邑。由此得名。

商代相土东征至萧境今之相山庙筑相城，后为相县，泗（川）水郡治。春秋时为萧国，附庸于宋。秦（前 221—前 206）置萧县，属泗水郡。西汉，改泗水郡为沛郡。东汉西晋属豫州沛国。南朝、北朝、东魏均属沛郡。北齐废沛郡，属彭城郡。隋开皇六年（586 年）改为龙城县，大业初，复改为萧县。唐属河南道徐州。五代、宋、金、元均属徐州。明属中都临濠府。清属徐州。民国初年，属徐海道。民国 17 年（1928 年），属江苏省。民国 20 年（1931 年），辖 10 个区、211 乡、26 个镇，10 个区的驻地分别为萧城、朔里、王寨、张庄寨、张大屯、陶楼、郝集、黄口、曹村、褚兰。抗日战争时期，该县先后建立抗日民主政府、国民党县政府、日伪军政府，三方政权鼎立。1949 年新中国成立后置 10 个区，1 个城关镇。1958 年成立 22 个公社，实行乡社合一。1962 年设八个区，62 个公社。后几经变更。1970 年设 25 个公社，1980 年设 9 个区 71 个公社，1983 年以后改设县属乡镇，1992 年撤区并乡辖 23 个乡镇，实行乡镇直管村体制。

萧县地处安徽省淮北平原北部，黄淮海平原南端。东和北部与江苏省徐州市铜山区、丰县接壤，西与砀山县及河南省永城市毗邻，南同淮北市杜集区、濉溪县交界，东南与宿州市埇桥区相连。政区划分：辖龙城、黄口、杨楼、刘套、新庄、阎集、杜楼、王寨、祖楼、丁里、白土、马井、张庄寨、赵庄、永固、青龙、大屯、官桥等18个镇和圣泉、酒店、石林、孙圩子、庄里5个乡，设有17个居民委员会，257个村民委员会。辖区东西最大距离56千米，南北最大距离60.4千米，面积1885平方千米。人口密度为每平方千米589人。2018年末，辖区户籍人口1395776人，其中男性728119人，占52.2%；女性667657人，占47.8%。2018年出生18813人，出生率13.9‰，死亡10996人，死亡率7.9‰。人口自然增长率5.6‰。

境内有大小河道20条，均属淮河流域，分属新汴河、故黄河、奎濉河水系。新汴河水系，主要有岱河、龙河、减河、洪减河、湘西河、港河、西倒流河、萧濉新河、王引河。故黄河水系，主要有废黄河、大沙河。奎濉河水系主要有东倒流河。地处淮北平原北部，呈南北稍长、东西稍窄的不规则多边形。县境西起张庄寨镇的河西村，东止官桥镇的官桥村，南起庄里乡的椿横村，北止新庄镇的西阁村。按地形特征可分为低山丘陵区和平原两大自然区。属暖温带大陆性季风气候。处于北亚热带和暖温带的过渡带，兼有北方和南方的气候特点，主要特点是四季分明，春季回暖快，雨水渐增；夏季炎热，雨量集中；秋季旱涝不均，或晴旱少雨，或多雨成灾；冬季寒冷少雨雪。年平均气温14.6℃，1月份最冷平均气温0.5℃，最低气温 13℃；7月份最热，平均气温27.4℃；极端最高气温40.5℃（1988年7月7日）。无霜期年平均206天。年平均日照时数2132.7小时。年平均降水量790.8毫米。年平均降雨日数86天，降雨集中在每年6月至9月，7月最多。

萧县是安徽省产粮大县、水果生产大县，粮食作物以小麦、玉米为主。主要经济作物有棉花、水果、蔬菜等。水果主要品种有苹果、梨、葡萄、萧国圣桃。畜牧业以生猪、山羊、鸡鸭饲养为主。渔业以人工淡水养殖为主。工业初步形成了以煤炭、石料开采，农副产品加工，轻化工，建材为主的工业体系。有幼儿园150所，小学177所，初中46所，高中12所，各级各类医疗机构465个，其中，卫生室260个、口腔门诊9个、其他诊所35个、社区卫生服务站21个、社区卫生服务中心4个、卫生所（卫生室）24个、乡镇卫生院14个、中心卫生院9个、眼科医院2个、医疗美容门诊部2个、医务室31个、中小学卫生保健所2个、妇幼保健计划生育服务中心1个、疾病预防控制中心1个、精神病专科医院1个、中医类诊所（备案）22个、综合门诊部6个、综合医院21个。连霍高速公路横穿萧县东西，境内全长53.97千米，京台高速南北方向过境，境内全长18.53千米。郑徐高铁在萧县设有萧县北站，境内全长45千米。

第四节 灵璧县概况

灵璧县（Língbì Xiàn） 隶属宿州市管辖。行政区划单位为县，行政级别为县级。灵璧县地处黄淮海平原，安徽省东北部，宿州市中东部，西距宿州市56千米，东接泗县，东南与蚌埠市五河县相连，西南与蚌埠市固镇县隔南沱河相望，西与宿州市埇桥区为邻，北与江苏省睢宁县和徐州市铜山区接壤。

汉分属虹、谷阳、符离、夏丘、下邳诸县领辖。三国属魏谯郡（今亳州）。西晋属沛国；东晋属阳平郡。南北朝改阳平郡为谷阳郡，又置连城、高昌二县，灵璧县南郊隶属连城县。梁置临潼郡，北齐废为县，后又置潼郡，辖今县境北部。隋初属彭城郡；后改属下邳郡。唐初属谷阳县，隶徐州。显庆元年（656年），夏丘更为虹，废谷阳入蕲县，灵璧县分属虹、蕲两县。元和四年（809年），虹县部分属宿州，隶河南道。五代十国，灵璧县分属宿州、泗州。宋元祐元年（1086年）析虹县零壁镇置零璧县，属宿州，隶淮南东路；建炎后没于金。元初复立灵璧县，属宿州，隶河南归德府。至元四年（1267年）改属泗州；至元十七年（1280年）复属宿州。明初属宿州，洪武四年（1371年），宿州改属临濠府。六年属中立府。七年属中书省凤阳府。后属凤阳府，直隶南京。清初沿明制。顺治二年（1645年），改属江南省凤阳府。康熙六年（1667年），改属安徽省，属凤阳府管辖。民国元年（1912年）4月废府州设县，灵璧县直属安徽省。民国3年置道，属淮泗道。民国16年（1927年）废道，又直属安徽省。民国21年（1932年），安徽省设10个行政区，灵璧县属第六行政区，民国24年（1935年）改为9个行政督察区。灵璧县属第六督察区。抗日战争期间，先后裁并改设8个专署，灵璧县隶属第六专署。民国34年（1945年），安徽省设9个行政区，灵璧县属第四行政区。民国37年（1948年）11月25日，灵璧解放，属江淮边区行政公署第三行署。1949年4月21日，属皖北人民行政公署宿县专区。

中华人民共和国成立后，属皖北人民行政公署宿县专区。1952年4月12日，属安徽省宿县专区。1956年1月12日，属安徽省蚌埠专区。1961年4月13日，撤销蚌埠专区，重新设立宿县专区、滁县专区，灵璧县属宿县专区。1964年，国务院决定由宿县、灵璧县、怀远县、五河县衔接处各一部，析置固镇县，属宿县专区。1971年3月29日，宿县专区改名为宿县地区。1979年2月27日，宿县地区改名为宿县地区行政公署。1998年，宿县地区更名为宿州市，灵璧县属宿州市管辖。下级政区：辖13个镇、6个乡和1个省级灵璧县经济开发区，全县294个村民委员会，16个社区。

灵璧县面积2054平方千米，常用耕地面积1206.7平方千米。总人口124.3万人，其中农业人口114.8万人，占总人口92.36%。灵璧县地属北温带和北亚热带过渡的半湿润季风气候区，其特点是四季分明，雨热同季，光照充足，气候温和，年均气温14.7℃。年均降雨量935.3毫米。全县平均无霜期216天。粮食作物以小麦、玉米为主，主要经济作物有棉花、大豆、油菜、花生等，畜牧业以生猪、牛、山羊、家禽等为主。灵璧县是著名的文化大县，文化三元素是奇石、虞姬、钟馗画。工业有正鑫水泥、笑果饲料、兴鹏鸭业、富康旅游箱包等大中型企业。境内有幼儿园67所、小学193所（其中省级示范小学渔沟中心小学1所、市级示范小学4所）、省级示范高中2所、省级示范初中1所、市级示范初中9所、省级职业示范中学3所、中等专业学校1所、特殊教育学校1所、民办中学3所。全县拥有各类卫生机构380个。国道、省道、三高一铁贯穿境内；新汴河横贯东西，与大运河、长江相连；距连云港和南京两大港口均200千米。

第五节　泗县概况

泗县（Sì Xiàn）　隶属宿州市管辖。早在原始社会晚期，境内就有人类生活。位于县城西南约20千米唐河岸边的佘家台，有新石器时代遗址，属龙山文化。古为淮夷地。相传尧封禹为夏伯，始邑于此，名夏丘。西汉置夏丘县。唐置虹县。唐太宗贞观十三年（639年）移虹县治此，以临汴河，北宋因之。清康熙十九年（1680年），泗州城沉没后，州署于乾隆四十二年（1777年）移治于虹县，州县合一，仍为泗州，泗县因泗州而得名。虹县降称虹乡。1912年中华民国成立后，废州为县，称泗县，直属安徽省。民国期间，先后是安徽省第七区首席县、安徽省第六区行政督察专员公署和解放区淮北七专署所在地。1949年4月，恢复泗县建制，属皖北行署宿县地区。

1952年4月12日属安徽省宿县专区。1956年1月12日属蚌埠专区。1961年4月13日属宿县专区。1971年3月29日属宿县地区。1979年2月27日属宿县行署。1999年8月属宿州市，沿续至今。

泗县地处宿州市东，东部与江苏省宿迁市泗洪县相邻，南部与蚌埠市五河县接壤，西部与灵璧县相连，北部与江苏省睢宁县毗邻，东北部与宿迁市宿城区隔河相望，是两省五县交界地带。县城位于泗城镇，县人民政府驻泗城镇经济开发区，电话区号0557，邮政编码234300，西距宿州市90千米。2011年全县辖12个镇、3个乡、1个省级经济开发区，即泗城镇、墩集镇、丁湖镇、草沟镇、长沟镇、黄圩镇、大庄镇、山头镇、刘圩镇、黑塔镇、草庙镇、屏山镇、大路口乡、大杨乡、瓦坊乡、泗县经济开发区。全县辖174个村、1898个居民点、12个社区。2011年末，辖区总人口96.2万人。总人口中，以汉族为主，占99.93%，有回族、黎族、彝族、苗族、满族、布依族、壮族、蒙古族、朝鲜族、土家族、佤族、哈尼族、怒族、土族、傣族、京族、高山族、藏族、瑶族等19个少数民族，占总人口的0.07%。辖区东西最大距离41.6千米，南北最大距离49.6千米，面积1787平方千米。其中陆地1591平方千米，占89%；水域面积196平方千米，占土地面积的11%。人口密度为每平方千米523.2人。

泗县地处淮北平原，地势较为平坦，但自西北向东南方倾斜，东南边缘有少量隆起岗地。地形有平原、山丘相间，湖洼地、岗地相抱的特点。有自东北向西南走向的17座山丘群，主要有赤山、屏山、朱山、鹿鸣山、老山、峰山、马鞍山、茶山、阴陵山等山丘，境内最高的朱山位于县城东北部18千米处，海拔157.2米。气候属暖温带半湿润季风气候，其特点是四季分明，雨量适中，春季回暖快，天气多变，夏季炎热、降水集中、光热水同季，秋季雨水减少，常有秋旱发生，冬季寒冷，雨雪较少。境内河道属淮河流域。有一级河4条：新汴河、新濉河、唐河、南沱河，总长134.0千米；二级河有7条：石梁河、老濉河、民利河、小黄河、北沱河、龙河、潼河，长202.3千米；三级河62条，总长507.94千米，四级河392条，总长1086.9千米。河流总长度1931.14千米，河网密度10.8千米／平方千米，径流总量3.9亿立方米，年排涝量1.6亿立方米，年最大排涝量2.8亿立方米。境内最大的河流为新汴河，从七岭子截引沱河至江苏省泗洪县入洪泽湖溧河洼，流经境内长沟、泗城、墩集等乡镇，境内总长38.1千米，流域面积6562平方千米，年均流量900立方米／秒。实有耕地约139万亩。可利用林地面积457平方千米。是全国棉花大县、优质棉基地、“中国山芋之乡”。粮食作物以小麦、水稻、大豆、玉米、山芋、绿豆、红小豆等为主。经济作物主要有棉花、芝麻、西瓜、蔬菜等。畜牧业以生猪、肉牛、山羊、家禽为主，是安徽省养殖十强县、全国山羊板皮基地和瘦肉型生猪基地县。渔业以淡水养殖为主。是皖北重要的工业生产基地，初步形成了以农副产品加工、纺织服装、机械电子制造为主的工业体系。全县有资质建筑企业10家。境内公路四通八达，104国道纵贯南北，303省道横贯东西。全县辐射与环型并举的公路网络已粗具规模，全县通车公路里程为1600千米。毗邻多条高速，东距宁（南京）—宿（迁）徐（州）高速泗洪出口20千米，西距合徐高速宿州出口90千米。泗（县）许（昌）高速公路过境，泗县境内长20.28千米，双向四车道，有屏山1个出口，通往104国道和泗县县城。

境内有“虹乡八景”，有楚汉之争的古战场——霸王城古迹遗址，有目前国内保护最完整的隋唐大运河通济渠活态遗址，被列为全国重点文物保护单位和世界文化遗产。有国家级湿地公园石龙湖湿地公园，有省级重点文物保护单位文庙大成殿。主要名胜古迹有阴陵山、鹿鸣山、盘龙山、朱山、洋城湖、霸王城、汉王台等。地面文物有佘家台、杨台子、古汴河故道等。古建筑有文庙大成殿、释迦寺大殿等。古墓葬群有明代开国元勋邓愈之父邓顺兴墓和赤山古墓群。新建景点有中国鞋博物馆等。有爱国主义教育基地2个，即泗县烈士陵园、江上青纪念园。有旅行社3家，大型宾馆酒店13家，中小型酒店旅社132家，共有床位8000多张。

第一篇

宿州市市辖区、县标准地名录

第三章　跨界标准地名录自然地理实体地名

利民沟（Lìmín Gōu）　位于宿州市境内段，流经行政区有萧县、砀山县。原为无名小溪沟，后周围群众对其进行修缮、扩建，取“有利于人民群众”之意，故名。河流长度为25千米，流域面积为159平方千米。

黄杨沟（Huángyáng Gōu）　位于宿州市境内段，流经行政区有萧县、砀山县。黄杨沟得名于起止点。河流长度为29.8千米，流域面积为183平方千米。

洪山河（Hóngshān Hé）　位于宿州市境内段，流经行政区有埇桥区、灵璧县。洪山河原名黄泥沟，为濉河流域的一条支流河道，后改名为洪山河。河流长度为42千米，流域面积为229.3平方千米。

新濉河（Xīnsuī Hé）　位于宿州市境内段，流经行政区有泗县、灵璧县。濉河河道改道，改道河段连同上游统称新濉河。河流长度为139千米，流域面积为2981平方千米。

唐河（Táng Hé）　位于宿州市境内段，流经行政区有埇桥区、灵璧县、泗县。原名沘水，又名泌河，因河流纵贯唐州地段，故名。河流长度为104千米，流域面积为1491平方千米。

新汴河（Xīnbiàn Hé）　位于宿州市境内段，流经行政区有埇桥区、灵璧县、泗县。因流向与古汴河河道基本一致，故得名新汴河。河流长度为127千米，流域面积为7290平方千米。

南沱河（Nántuó Hé）　位于宿州市境内段，流经行政区有埇桥区、灵璧县、泗县。沱河古称洨水，今称南沱河，俗称沱河。南沱河位于城南部，故名。河流长度为126千米，流域面积为3211平方千米。

拖尾河（Tuōwěi Hé）　位于宿州市境内段，流经行政区有埇桥区、灵璧县。乾隆十九年（1754年）春，知县贡震呈请疏浚河道，奏准后，于当年十二月十六日动工。该河自源头起河面越来越宽，上游一段河面窄而浅，蜿蜒如拖着一条尾巴，故名拖尾河。河流长度为43千米，流域面积为906平方千米。

新河（Xīn Hé）　位于宿州市境内段，流经行政区有埇桥区、灵璧县。新开挖的河，故名。河流长度为37千米，流域面积为233平方千米。

虹灵沟（Hónglíng Gōu）　位于宿州市境内段，流经行政区有灵璧县、泗县。该沟原为灵璧县与泗县之界沟，故名，又称老虹沟。河流长度为26.5千米，流域面积为211.1平方千米。

岳洪河（Yuèhóng Hé）　位于宿州市境内段，流经行政区有灵璧县、泗县。岳洪河，唐河支流，源于灵璧县城西小杨庄，故名。河流长度为 11 千米，流域面积为 69.6 平方千米。

岳罗河（Yuèluó Hé） 位于宿州市境内段，流经行政区有灵璧县、泗县。取境内起止点村落名称，故名。河流长度为 10.82 千米，流域面积为 51.15 平方千米。

北沱河（Běituó Hé） 位于宿州市境内段，流经行政区有埇桥区、灵璧县、泗县。1962 年后，对沱河毛河口至宿县七岭段 112 公里（河南 63 公里，安徽 49 公里）进行了拓宽加深，并在七岭建了拦河闸，沱河被分为上下两段，故而得名。河流长度为 83.2 千米，流域面积为 471 平方千米。

老濉河（Lǎosuī Hé） 位于宿州市境内段，流经行政区有灵璧县、泗县。水文资料将原濉河称为“老濉河”，故名。河流长度为 80 千米，流域面积为 737 平方千米。

鱼头山（Yútóu Shān） 位于萧县西南部，所在行政区有萧县、淮北市杜集区。因外形像鱼头而得名。海拔为 226.1 米。

程蒋山（Chéngjiǎng Shān） 位于萧县与朔里镇分界处，所在行政区有萧县、淮北市杜集区。在刘窑村被称为程蒋山，因山体外形像大象头部，又被称为象山，为杜集区和萧县的界山。海拔为 175.21 米。

红山（Hóng Shān） 位于萧县东南部，所在行政区有萧县、淮北市杜集区。岩石为红色，故名。海拔为 100.9 米。

台山（Tái Shān） 位于萧县西南孙圩子乡，所在行政区有萧县、淮北市杜集区。因此山形状像一个台子而得名。海拔为 235.5 米。

楼顶山（Lóudǐng Shān） 位于萧县南部，所在行政区有萧县、淮北市杜集区。因山顶较平而得名。海拔为 241.9 米。

相山（Xiāng Shān） 位于萧县西南部，所在行政区有萧县、淮北市杜集区。《太平寰宇记》载：“相之古城，即相土所居，盖人山一号。自虞夏之时已然矣。”传说商族部落领袖商汤十一世祖相土率领其部落驾驶着自己发明的马车，一路风尘向东行进，路途中被葱茏叠翠的淮北古相山所吸引，于是便在这里夯土围城，定居于淮北相山脚下，日久形成城邑，后人为纪念相土来居，便把此地命名为相城、相山。海拔为 324.8 米。

百石山（Bǎishí Shān） 位于张山东北方位，与灵璧县搭界，所在行政区有埇桥区、灵璧县。因山里石头千奇百怪，故而得名百石山。海拔为 108.3 米。

谷山（Gǔ Shān） 位于解集乡宣扬村东，君保山南，与灵璧县搭界，山西侧属褚兰镇，所在行政区有埇桥区、灵璧县。因山间夹道较多，故名。海拔为 148 米。

红山（Hóng Shān） 位于解集乡张山村东，百石山北，与灵璧县交界处，山西属栏杆镇解集乡，所在行政区有埇桥区、灵璧县。因山体颜色偏红，故名。海拔为 149 米。

塔山（Tǎ Shān） 位于埇桥区符离镇西部，与濉溪县交界，所在行政区有埇桥区、濉溪县。山体塌陷，原名塌山，后传为今名。海拔为 240.2 米。

第四章　埇桥区标准地名录

第一节　行政划分

埇桥街道

埇桥街道（Yǒngqiáo Jiēdào）　埇桥区人民政府驻地。在埇桥区城区的中部。面积0.9645平方千米。人口33487人。以汉族为主。1992年2月，撤销市南、市北办事处，合并设埇桥街道，属宿州市埇桥区。2013年以来，铺设水泥路面3100余米；投资12万元，实施凤凰巷排水管道改造；投资60余万元实施环境治理改造。因辖区内有隋唐大运河遗址埇桥而得名。环城河流经境内。有文化活动中心5个，图书馆1个；幼儿园2所，小学2所，初中1所，高中1所；各级各类医疗卫生机构28个；有扶疏亭、老城墙、福音堂等重点景点。辖区内有环城公园、明丽大厦、国贸购物中心、同盛广场等广场公园。是埇桥区政治、经济、文化中心。以商业外贸为主。胜利路、淮海路贯穿东西南北，通多路公交车。

标准名称	汉语拼音	备注
城隍庙社区居民委员会	Chénghuángmiào Shèqū Jūmínwěiyuánhuì	位于埇桥区埇桥街道办事处。城隍庙居委会2003年与大寺居委会合并，2008年与五道居委会合并成城隍庙社区居委会。
崇真小区	Chóngzhēn Xiǎoqū	隶属于埇桥区埇桥街道城隍庙社区。该社区胜利路北，药店巷路东原有天主教会开办的崇真中学，即今宿州第二中学的前身。居民点因崇真中学而得名。
大寺组	Dàsìzǔ	隶属于埇桥区埇桥街道城隍庙社区。该社区有街巷名为大寺巷，因此得名。旧传此地寺庙较多，以此巷中的最大，故称大寺。
共和世家小区	Gònghéshìjiā Xiǎoqū	隶属于埇桥区埇桥街道城隍庙社区，20世纪七八十年代水厂宿舍楼，后改名为共和世家小区。

标准名称	汉语拼音	备注
花园组	Huāyuánzǔ	隶属于埇桥区埇桥街道城隍庙社区。旧传此地原有一个花园，称为花园组。
教委小区	Jiàowěi Xiǎoqū	隶属于埇桥区埇桥街道城隍庙社区。市教育局办公楼和职工宿舍楼，后改为教委小区。
水文站小区	Shuǐwénzhàn Xiǎoqū	隶属于埇桥区埇桥街道城隍庙社区。原水文局职工用房，故名为水文站小区。
同盛广场	Tóngshèngguǎng chǎng	隶属于埇桥区埇桥街道城隍庙社区。由同盛公司开发，故名为同盛广场。
文昌小区	Wénchāng Xiǎoqū	隶属于埇桥区埇桥街道城隍庙社区。该社区位于书院巷以东，五道庙街以北，原有文昌阁，因此得名。
武后组	Wǔhòuzǔ	隶属于埇桥区埇桥街道城隍庙社区。该地原有五道庙被讹称为武道庙。在原五道庙的后方，称为五道后街，后简称武后组。
武前组	Wǔqiánzǔ	隶属于埇桥区埇桥街道城隍庙社区。五道庙被讹称为武道庙。在原五道庙的前方，称为五道前街，后改为武前组。
药店巷	Yàodiànxiàng	隶属于埇桥区埇桥街道城隍庙社区。药店巷原宿州老街巷，后因该巷药店较多，更名为药店巷。
东仙桥社区居民委员会	Dōngxiānqiáo Shèqū Jūmínwěiyuánhuì	位于埇桥区埇桥街道。2008 年，青龙居委会、水巷居委会、东仙桥居委会合并成东仙桥社区居民委员会。
党校小区	Dǎngxiào Xiǎoqū	隶属于埇桥区埇桥街道东仙桥社区。是原中共宿县委党校办公的地方，后改为党校宿舍。
东风小区	Dōngfēng Xiǎoqū	隶属于埇桥区埇桥街道东仙桥社区。因为开发东风商城，以此命名。
东仙桥小区	Dōngxiānqiáo Xiǎoqū	隶属于埇桥区埇桥街道东仙桥社区。相传是八仙之一的蓝采和唱歌的地方，后人称之为仙桥。有东西仙桥，因小区在东面，称为东仙桥小区。
东仙桥组	Dōngxiānqiáozǔ	隶属于埇桥区埇桥街道东仙桥社区。相传是八仙之一蓝采和唱歌的地方，后被人称为仙桥。尚有东西两条街，称为东仙桥和西仙桥。
行署小区	Xíngshǔ Xiǎoqū	隶属于埇桥区埇桥街道东仙桥社区。原是宿县地区行署财贸大院，后改为宿舍。
红学组	Hóngxuézǔ	隶属于埇桥区埇桥街道东仙桥社区。现宿州市一小为清代宿州黉学，后讹传为红学。
花墙小区	Huāqiáng Xiǎoqū	隶属于埇桥区埇桥街道东仙桥社区。小区位于中山大街路北，今宿州市一小，原为文庙所在地。文庙正门牌坊南侧有一座照壁，上有“宫墙万仞”四字。俗称花墙子。照壁西侧南北小巷称为花墙巷。

标准名称	汉语拼音	备注
南环小区	Nánhuán Xiǎoqū	隶属于埇桥区埇桥街道东仙桥社区。因处在环城河以南，故命名为环城南路。
青龙组	Qīnglóngzǔ	隶属于埇桥区埇桥街道东仙桥社区。今宿州市一小原为文庙旧址。文庙东西两侧有青龙、白虎两条南北街巷。
染坊小区	Rǎnfáng Xiǎoqū	隶属于埇桥区埇桥街道东仙桥社区。染坊巷为宿州老街巷，因有染坊而得名。
水巷小区	Shuǐxiàng Xiǎoqū	隶属于埇桥区埇桥街道东仙桥社区。旧传此巷住有挑卖井水为生的居民，故称水巷。
天丰小区	Tiānfēng Xiǎoqū	隶属于埇桥区埇桥街道东仙桥社区。原名史家巷，后改为天丰巷。
文化小区	Wénhuà Xiǎoqū	隶属于埇桥区埇桥街道东仙桥社区。埇桥区文化馆，原为清末江北提督雷振春的宅院，俗称雷公管。
向阳组	Xiàngyángzǔ	隶属于埇桥区埇桥街道东仙桥社区。原名电影巷，1966 年“文革”发生后，后改为向阳巷。
药店小区	Yàodiàn Xiǎoqū	隶属于埇桥区埇桥街道东仙桥社区。药店巷为宿城老街巷，从巷中有药店而得名。
一中南组	Yīzhōngnánzǔ	隶属于埇桥区埇桥街道东仙桥社区。此地原为宿城一中职工宿舍，与胜利路北的宿城一中校园相对应，故称为一中南组。
西仙桥社区居民委员会	Xīxiānqiáo Shèqū Jūmínwěiyuánhuì	位于埇桥区埇桥街道。2008 年原西仙桥居委会和木牌坊居委会合并，称西仙桥社区，沿用至今。
大院组	Dàyuànzǔ	隶属于埇桥区埇桥街道西仙桥社区。原是一个大居民院，故命名为大院组。
广场组	Guǎngchǎngzǔ	隶属于埇桥区埇桥街道西仙桥社区。原是体委广场所在地，故命名为广场组。
隅口组	Yúkǒuzǔ	隶属于埇桥区埇桥街道西仙桥社区。因东临小隅口，故命名隅口组。
牌坊组	Páifāngzǔ	隶属于埇桥区埇桥街道西仙桥社区。埇桥区政府至中山大街的南北小街，原名衙前街。街南头原有一木质过街牌坊，上有“南疆锁钥”“枕山带河”匾额，旧称此地为木牌坊。该居民点因此得名。
西门组	Xīménzǔ	隶属于埇桥区埇桥街道西仙桥社区。原老城西门口所在地，故命名西门组。
干校组	Gànxiàozǔ	隶属于埇桥区埇桥街道西仙桥社区。因原为县农业干部培训学校所在地，故命名干校组。
东区	Dōngqū	隶属于埇桥区埇桥街道西仙桥社区。建西仙桥小区时，以西仙桥街为分界点，东片命名为东区。

标准名称	汉语拼音	备注
西区	Xīqū	隶属于埇桥区埇桥街道西仙桥社区。建西仙桥小区时，以西仙桥街为分界点，西片命名为西区。
十组	Shízǔ	隶属于埇桥区埇桥街道西仙桥社区。因紧邻九组，故命名十组。
一组	Yīzǔ	隶属于埇桥区埇桥街道西仙桥社区。在西仙桥社区最东头，按东为首，此为第一组。
二组	Èrzǔ	隶属于埇桥区埇桥街道西仙桥社区。紧挨着一组，故命名为二组。
三组	Sānzǔ	隶属于埇桥区埇桥街道西仙桥社区。紧连着二组，故命名为三组。
四组	Sìzǔ	隶属于埇桥区埇桥街道西仙桥社区。此紧连三组，故命名四组。
五组	Wǔzǔ	隶属于埇桥区埇桥街道西仙桥社区。此紧连四组，故命名五组。
六组	Liùzǔ	隶属于埇桥区埇桥街道西仙桥社区。此紧连五组，故命名六组。
七组	Qīzǔ	隶属于埇桥区埇桥街道西仙桥社区。此紧连六组，故命名七组。
八组	Bāzǔ	隶属于埇桥区埇桥街道西仙桥社区。此紧连七组，故命名八组。
九组	Jiǔzǔ	隶属于埇桥区埇桥街道西仙桥社区。此紧连八组，故命名九组。
雪枫社区居民委员会	Xuěfēng Shèqū Jūmínwěiyuánhuì	位于埇桥区埇桥街道。1977 年建雪枫居民委员会，2008 年 9 月与插花居民委员会合并，至今名称雪枫社区居民委员会。
人武部小区	Rénwǔbù Xiǎoqū	隶属于埇桥区埇桥街道雪枫社区。该小区是区人武部办公场所，同时又是人武部的宿舍，故称人武部小区。
大院小区	Dàyuàn Xiǎoqū	隶属于埇桥区埇桥街道雪枫社区。因该小区坐落于区政府大院附近，住户零散，故得名大院小区。
雪枫小区	Xuěfēng Xiǎoqū	隶属于埇桥区埇桥街道雪枫社区。该小区坐落于雪枫小学附近，故得名雪枫小区。
凤凰小区	Fènghuáng Xiǎoqū	隶属于埇桥区埇桥街道雪枫社区。开发商自命名。
泰山小区	Tàishān Xiǎoqū	隶属于埇桥区埇桥街道雪枫社区。旧时，附近有泰山庙巷，故得名泰山小区。
新马小区	Xīnmǎ Xiǎoqū	隶属于埇桥区埇桥街道雪枫社区。开发商自命名。
农林小区	Nónglín Xiǎoqū	隶属于埇桥区埇桥街道雪枫社区。因为农林局职工居住，故而得名农林小区。

标准名称	汉语拼音	备注
行管小区	Xíngguǎn Xiǎoqū	隶属于埇桥区埇桥街道雪枫社区。行管局工作人员居住，故得名行管小区。
插花小区	Chāhuā Xiǎoqū	隶属于埇桥区埇桥街道雪枫社区。因该小区附近有个插花庙巷，故而得名。
龙祠小区	Lóngcí Xiǎoqū	隶属于埇桥区埇桥街道雪枫社区。原有龙祠巷，故名为龙祠小区。

沱河街道

沱河街道（Tuóhé Jiēdào） 属埇桥区管辖。在埇桥区城区的东部。面积 3.1634 平方千米。人口 33492 人。以汉族为主。1982 年 6 月成立沱河街道，属县级宿州市，1999 年 5 月属宿州市埇桥区。是宿州市城市规划新城区。2012 年以来，投资 70 万元实施环境治理工程；因境内沱河而得名。沱河、新汴河横穿全境。有文化活动中心 13 个，图书室 16 个；幼儿园 9 所，小学 2 所，初中 1 所；共有大型综合性医院 1 家，卫生所 6 家，个体诊所 7 家；中煤三建集团单位 8 个、省直单位 2 个。有中煤矿山建设集团工程公司下属 7 个单位。有沱河景观带，四季景观绿化道路。以工业、商业外贸为主。206 国道纵贯南北，城区主干道相互交织，通多路公交车。

标准名称	汉语拼音	备注
泰康社区居民委员会	Tàikāng Shèqū Jūmínwěiyuánhuì	位于埇桥区沱河街道。2008 年底，在社区统一规划中，将原来的道东办事处曙光社区部分区域、沱河办事处二十九处小区、七十二处小区、总机厂小区、春光小区统一规划为泰康社区。
总机厂小区	Zǒngjīchǎng Xiǎoqū	隶属于埇桥区沱河街道泰康社区。淮北矿建总机厂在此建设工厂，逐步形成一个集生产区、家属区为一体的总机厂小区。
春光小区	Chūnguāng Xiǎoqū	隶属于埇桥区沱河街道泰康社区。形容该小区春光明媚。
二十九处小区	Èrshíjiǔchù Xiǎoqū	隶属于埇桥区沱河街道泰康社区。二十九处在此进驻，进而形成一个含办公楼、处机关、家属区的小区。
七十二处小区	Qīshí’ èrchù Xiǎoqū	隶属于埇桥区沱河街道泰康社区。中煤第三建设集团下属第七十二分公司，在此建设基地并逐步形成机关办公区，职工带领家属，慢慢形成大规模家属区，并由此成立七十二处机关小区。

标准名称	汉语拼音	备注
曙光小区	Shǔguāng Xiǎoqū	隶属于埇桥区沱河街道泰康社区。此地进驻拖挂机厂、后分二厂、农机组、古沱酒厂、轻工机械厂，并形成曙光居委会。后因原规划的曙光影剧院命名。
春光社区居民委员会	Chūnguāng Shèqū Jūmínwěiyuánhuì	位于埇桥区沱河街道。2008 年成立社区，七十一处、小崔家村、花园小区、矿建总医院、沱河居委会合并成立春光社区居委会。
七十一处东院	Qīshíyīchù Dōngyuàn	隶属于埇桥区沱河街道春光社区。中煤第三建设集团下属单位第七十一工程处，在此建设基地形成机关办公区、职工带领家属，慢慢形成大规模的家属区，因位置靠东，故命名七十一处东院。
七十一处西院	Qīshíyīchù Xīyuàn	隶属于埇桥区沱河街道春光社区。中煤第三建设集团下属单位第七十一工程处，在此建设基地形成机关办公区，职工带领家属，慢慢形成大规模的家属区，因位置靠西，故命名七十一处西院。
北苑世家	Běiyuànshìjiā	隶属于埇桥区沱河街道春光社区。因为七十一处有东院和西院，北苑世家位置靠北，“院”和“苑”两字差别，因取名北苑世家。
小崔家	Xiǎocuījiā	隶属于埇桥区沱河街道春光社区。因整村崔姓居多，故名小崔家。
花园小区	Huāyuán Xiǎoqū	隶属于埇桥区沱河街道春光社区。中煤三建集团下属管理的一个自管小区，单独小区像花园一样，取名花园小区。
矿建总医院	Kuàngjiàn Zǒngyīyuàn	隶属于埇桥区沱河街道春光社区。原名中煤职工医院，改制后取名矿建总医院。
宿东社区居民委员会	Shùdōng Shèqū Jūmínwěiyuánhuì	位于埇桥区沱河街道。2009 年 9 月由 7 个居民组重组沱河办事处宿东社区，沿用至今。
水文队小区	Shuǐwénduì Xiǎoqū	隶属于埇桥区沱河街道宿东社区。因宿县东关筹建水文勘探队，故而得名。
物测队小区	Wùcèduì Xiǎoqū	隶属于埇桥区沱河街道宿东社区。因在宿县东关筹备安徽省煤田地质物探测量队，并成立物测队居委会，故而得名。
李瓦房	Lǐwǎfáng	隶属于埇桥区沱河街道宿东社区。早年，李姓居民在此地建有瓦房，故得名李瓦房。
三十三处小区	Sānshísānchù Xiǎoqū	隶属于埇桥区沱河街道宿东社区。三十三处为中煤矿建集团下属的一个中煤企业，此地有办公区和职工宿舍。因企业而得名。
安装处小区	Ānzhuāngchù Xiǎoqū	隶属于埇桥区沱河街道宿东社区。安装处为中煤矿建集团下属的一个中煤企业，因企业得名。
新建一村	Xīnjiànyīcūn	隶属于埇桥区沱河街道宿东社区。由政府命名为新建一村。
新建二村	Xīnjiàn’ èrcūn	隶属于埇桥区沱河街道宿东社区。由政府命名为新建二村。

标准名称	汉语拼音	备注
康居苑南区	Kāngjūyuàn Nánqū	隶属于埇桥区沱河街道宿东社区。以健康安居为主旨而建立的小区，故而起名康居苑。区位在南，故名。
康居苑北区	Kāngjūyuàn Běiqū	隶属于埇桥区沱河街道宿东社区。以健康安居为主旨而建立的小区，故而起名康居苑。区位在北，故名。
韩池孜社区居民委员会	Hánchízī Shèqū Jūmínwěiyuánhuì	位于埇桥区沱河街道。2008 年底韩池子村与小李家村以及供应处居民区组建为社区居民委员会，命名为韩池子社区居委会，沿用至今。
韩池子	Hánchízi	隶属于埇桥区沱河街道韩池孜社区。此地因韩氏家族居住人口较多，村中有一池塘，故名韩池子。
小李家	Xiǎolǐjiā	隶属于埇桥区沱河街道韩池子社区。该村因李姓居民居多，以居民姓氏命名，故得名小李家。
供应处小区	Gòngyingchù Xiǎoqū	隶属于埇桥区沱河街道韩池子社区。此地原有中煤三建工程公司供应处，以供应处单位命名供应处小区。
康居苑	KāngjūYuàn	隶属于埇桥区沱河街道韩池子社区。以健康安居为主旨而建立的小区，故名康居苑。

道东街道

道东街道（Dàodōng Jiēdào） 属埇桥区管辖。在埇桥区城区的东部。面积 3.9414 平方千米。人口 22260 人。以汉族为主。1980 年成立宿州市道东街道，1992 年县市合并保留延用，1999 年，隶属于宿州市埇桥区人民政府。2011 年以来，累计投入 2500 余万元，改善道路、防水和修建公园、公厕等基础设施。因地处京沪铁路的东侧，故名。沱河流经境内。有文化活动中心 7 个，图书室 4 个；幼儿园 6 所，小学 1 所，中学 1 所；各级各类卫生医疗机构 7 个。辖区内北部多企业，南部多小区。建有港口路景观带和法治、党建、计生三大主题公园。以商业为主。重点培育“道东青创园”，发展“楼宇”经济，打造经济发展新引擎。紧邻宿州火车站，淮河路、汴河路、滨河路、宿州大道、港口路穿境而过；通多路公交车。

标准名称	汉语拼音	备注
翠园社区居民委员会	Cuìyuán Shèqū Jūmínwěiyuánhuì	位于埇桥区道东街道。翠园社区居民委员会于 2009 年 9 月命名至今。
河畔雅苑	Hépànyǎyuàn	隶属于埇桥区道东街道翠园社区。河畔雅苑是原石油公司宿舍，后由房地产公司开发为居民小区，位于沱河沿岸，故名为河畔雅苑。

标准名称	汉语拼音	备注
崔园二组	Cuīyuán'èrzǔ	隶属于埇桥区道东街道翠园社区。崔园二组以前归属崔园村，崔园村以崔元路命名，后来村组划分，划分为崔园二组，故命名为崔园二组。
崔园三组	Cuīyuánsānzǔ	隶属于埇桥区道东街道翠园社区。崔园三组以前归属崔园村，崔园村以崔元路命名，后来村组划分，划分为崔园三组，故命名为崔园三组。
挂车厂小区	Guàchēchǎng Xiǎoqū	隶属于埇桥区道东街道翠园社区。挂车厂小区原属于农机二厂宿舍，坐落于农机二厂厂区，属于厂职工宿舍，小区于 2002 年改为挂车厂小区。故命名为挂车厂小区。
港口小区	Gǎngkǒu Xiǎoqū	隶属于埇桥区道东街道翠园社区。港口小区原为道东棚户区，2003 年由房地产开发公司开发成为集商业、住宅于一体的多功能小区，小区位于港口北路，故命名为港口小区。
崔园一组	Cuīyuányīzǔ	隶属于埇桥区道东街道翠园社区。崔园一组以前归属崔园村，崔园村以崔元路命名，后来村组划分，划分为崔园一组，故命名为崔园一组。
翠园小区	Cuìyuán Xiǎoqū	隶属于埇桥区道东街道翠园社区。翠园小区原属于畜产公司宿舍，2005 年改建，改建后小区由于坐落于翠园社区居委会辖区内，故命名为翠园小区。
食品巷宿舍	Shípǐnxiàng Sùshè	隶属于埇桥区道东街道翠园社区。食品巷宿舍位于食品公司厂区，用于厂职工住房，宿舍旁边有食品巷，故命名为食品巷宿舍。
肉厂南院宿舍	Ròuchǎng Nányuàn Sùshè	隶属于埇桥区道东街道翠园社区。肉厂南院宿舍位于肉联厂厂区路南，建于 2002 年，用于厂职工住房，故命名为肉厂南院宿舍。
棉织厂宿舍	Miánzhīchǎng Sùshè	隶属于埇桥区道东街道翠园社区。棉织厂宿舍位于新华色织棉纺织厂厂区，2000 年建成，用于厂职工住房，故命名为棉织厂宿舍。
茂源小区	Màoyuán Xiǎoqū	隶属于埇桥区道东街道翠园社区。茂源小区 1998 年建在茂源商贸有限公司院内，故命名为茂源小区。
桥西小区	Qiáoxī Xiǎoqū	隶属于埇桥区道东街道东方社区。2000 年，原桥西村建成居民楼，改名桥西小区。
东方社区居民委员会	Dōngfāng Shèqū Jūmínwěiyuánhuì	位于埇桥区道东街道。2009 年 9 月，桥西社区与沈庄社区合并为东方社区。
烟草小区	Yāncǎo Xiǎoqū	隶属于埇桥区道东街道东方社区。原烟草仓库，后盖宿舍，故命名为烟草小区。
沈庄五巷	Shěnzhuāng wǔxiàng	隶属于埇桥区道东街道东方社区。沈庄居民区按几条主干路划分命名。
沈庄六巷	Shěnzhuāng liùxiàng	隶属于埇桥区道东街道东方社区。沈庄居民区按几条主干路划分命名。

标准名称	汉语拼音	备注
沈庄二巷	Shěnzhuāng'èr-xiàng	隶属于埇桥区道东街道东方社区。沈庄居民区按几条主干路划分命名。
沈庄一巷	Shěnzhuāng-yīxiàng	隶属于埇桥区道东街道东方社区。沈庄居民区按几条主干路划分命名。
桥东小区	Qiáodōng Xiǎoqū	隶属于埇桥区道东街道东方社区。原桥东居民迁至于此，故命名桥东小区。
肉厂小区	Ròuchǎng Xiǎoqū	隶属于埇桥区道东街道东方社区。原肉厂职工宿舍，故命名肉厂小区。
恒星小区	Héngxīng Xiǎoqū	隶属于埇桥区道东街道东方社区。原恒星鞋厂所在地，故命名恒星小区。
路桥小区	Lùqiáo Xiǎoqū	隶属于埇桥区道东街道东方社区。路桥公司所在地，故命名路桥小区。
曙光南路小区	Shǔguāngnánlù Xiǎoqū	隶属于埇桥区道东街道东方社区。原曙光电影院所在地，故命名曙光南路小区。
营埂巷	Yínggěngxiàng	隶属于埇桥区道东街道东方社区。原为营埂田地，后建居民区，故命名营埂巷。
团结巷	Tuánjiéxiàng	隶属于埇桥区道东街道东方社区。居民自起名团结巷，象征街坊四邻团结，此小区因而得名。
良苑小区	Liángyuàn Xiǎoqū	隶属于埇桥区道东街道东方社区。原属国家粮库，于 2011 年命名。
港口社区居民委员会	Gǎngkǒu Shèqū Jūmínwěiyuánhuì	位于埇桥区道东街道。2009 年由原桥东社区，马盐社区，崔元村四、五、六组合并为港口社区居民委员会，沿用至今。
八小居民组	Bāxiǎo Jūmínzǔ	隶属于埇桥区道东街道港口社区。因第八小学坐落在此，故以八小命名为八小居民组。
畜产公司宿舍	Chùchǎngōngsī Sùshè	隶属于埇桥区道东街道港口社区。因畜产公司单位职工居住在此，故以畜产公司命名为畜产公司宿舍。
崔园六组	Cuīyuánliùzǔ	隶属于埇桥区道东街道港口社区。居民长期居住此地，后形成大队，故以命名为崔园六组。
崔园四组	Cuīyuánsìzǔ	隶属于埇桥区道东街道港口社区。居民长期居住在此地，后形成崔元大队，故命名为崔园四组。
崔园五组	Cuīyuánwǔzǔ	隶属于埇桥区道东街道港口社区。居民长期居住此地，后形成大队，故以命名为崔园五组。
道东池元巷组	Dàodōng chíyuánxiàngzǔ	隶属于埇桥区道东街道港口社区。因该处有池塘沟，而起名为池元巷组。
道东粮店组	Dàodōng liángdiànzǔ	隶属于埇桥区道东街道港口社区。因粮站坐落在此，故以道东粮店组命名。

标准名称	汉语拼音	备注
道东盐店组	Dàodōngyándiànzǔ	隶属于埇桥区道东街道港口社区。因盐业公司坐落在此地，故以道东盐店组命名。
道东盐业东一巷组	Dàodōngyányè Dōngyīxiàngzǔ	隶属于埇桥区道东街道港口社区。因盐业公司坐落在此处，此巷与盐业公司连边，故以盐业公司命名为盐业东一巷。
海事局居民组	Hǎishìjú Jūmínzǔ	隶属于埇桥区道东街道港口社区。原航运局转换为海事局，故命名为海事局居民组。
木材公司居民组	Mùcáigōngsī Jūmínzǔ	隶属于埇桥区道东街道港口社区。木材公司在此建厂，故命名为木材公司居民组。
汽车二队居民小组	Qìchē'èrduì Jūmínxiǎozǔ	隶属于埇桥区道东街道港口社区。因汽车二队运输公司坐落在此处，汽车运输公司职工居住在此，故以汽车二队命名为汽车二队居民小组。
铁路安全村	Tiělù'ānquáncūn	隶属于埇桥区道东街道港口社区。因居住铁路单位职工，故以铁路命名为铁路安全村。
盐业公司居民组	Yányègōngsī Jūmínzǔ	隶属于埇桥区道东街道港口社区。因盐业公司坐落在此处，故以盐业公司命名为盐业公司居民组。
港口小区	Gǎngkǒu Xiǎoqū	隶属于埇桥区道东街道港口社区。因小区建在港口路路边，故以路命名为港口小区。
马桥居民小组	Mǎqiáo Jūmínxiǎozǔ	隶属于埇桥区道东街道港口社区。因居民点有一小桥，故以马桥命名为马桥居民小组。
面粉厂居民小组	Miànfěnchǎngjūmínxiǎozǔ	隶属于埇桥区道东街道港口社区。因面粉厂建在此，故以面粉厂命名为面粉厂居民小组。

东关街道

东关街道（Dōngguān Jiēdào） 属埇桥区管辖。在埇桥区城区的东部。面积 1.7229 平方千米。人口 37220 人。以汉族为主。清末及民国设东关镇。1956 年 3 月改设东关街道，属城关镇。1979 年站下、东关合并为东关街道，1980 年 2 月，属县级宿州市。1999 年，属宿州市埇桥区。2012 年以来，积极修建公园、公厕等基础设施和扩建防水工程。连续两年被评为创建文明城市工作先进单位。因地处城区的东部而得名。东环城河流经境内。有幼儿园 8 所，小学 2 所和宿州学院、实验中学各 1 所。各级各类医疗卫生机构 8 个。辖区内各类生活设施齐全，建有雪枫公园、家乐福世纪广场、环城河景观带等。以工业、商业外贸为主。宿州主干道胜利路、汴河路、宿怀路贯穿全境，有宿州火车站、宿州汽车站，通多路公交车。

标准名称	汉语拼音	备注
北苑社区居民委员会	Běiyuàn Shèqū Jūmínwěiyuánhuì	位于埇桥区东关街道。1955 年建立搬运、柴油、联络街、桑园四个居委会，2000 年拆迁建成北苑小区，2003 年 10 月四个居委会合并重组，建立北苑社区居民委员会，沿用至今。
蓝水湾小区	Lánshuǐwān Xiǎoqū	隶属于埇桥区东关街道北苑社区。2010 年蓝水湾小区房地产项目建成，集居民小区、商业网点及老年日间照料中心于一体，故命名为蓝水湾小区。
同科小区	Tóngkē Xiǎoqū	隶属于埇桥区东关街道北苑社区。由同科城市花园房地产项目建成，集居民小区、商业网点及北苑社区同科卫生服务站于一体，故命名为同科小区。
桑园小区	Sāngyuán Xiǎoqū	隶属于埇桥区东关街道北苑社区。1955 年建立桑园居委会，2003 年社区重组合并，命名为桑园小区。
北苑小区	Běiyuàn Xiǎoqū	隶属于埇桥区东关街道北苑社区。由市政府批准，2000 年拆迁，旧城改造，建成宿州市第一个安居工程，由时任市长陈树德命名，集居民小区、商业网点及社区服务中心于一体，故命名为北苑小区。
大泽社区居民委员会	Dàzé Shèqū Jūmínwěiyuánhuì	位于埇桥区东关街道。大泽社区居民委员会建于 1991 年，大泽路坐落在宿州市繁华地段，周边有金茂商城，因此命名大泽社区居民委员会。
五金小区	Wǔjīn Xiǎoqū	隶属于埇桥区东关街道大泽社区。1975 年是宿州市五交化五金公司，拆迁后命名为五金小区。
仪器小区	Yíqì Xiǎoqū	隶属于埇桥区东关街道大泽社区。1985 年以前是仪器厂，后来拆迁之后，命名为仪器小区。
石油小区	Shíyóu Xiǎoqū	隶属于埇桥区东关街道大泽社区。原宿州市石油公司宿舍，命名石油小区。
农机小区	Nóngjī Xiǎoqū	隶属于埇桥区东关街道大泽社区。1970 年是农机公司，拆迁后命名为农机小区。
矿建小区	Kuàngjiàn Xiǎoqū	隶属于埇桥区东关街道大泽社区。中煤三建公司，属于淮北煤矿，现命名为矿建小区。
剧团小区	Jùtuán Xiǎoqū	隶属于埇桥区东关街道大泽社区。1975 年是花鼓剧团宿舍，现命名为剧团小区。
机关小区	Jīguān Xiǎoqū	隶属于埇桥区东关街道大泽社区。1978 年为宿州市汽车运输公司，现命名机关小区。
公路局小区	Gōnglùjú Xiǎoqū	隶属于埇桥区东关街道大泽社区。埇桥区公路局宿舍，命名为公路局小区。
城建小区	Chéngjiàn Xiǎoqū	隶属于埇桥区东关街道大泽社区。1978 年拆迁，1980 年重新建立，命名为城建小区。

标准名称	汉语拼音	备注
观李社区居民委员会	Guānlǐ Shèqū Jūmínwěiyuánhuì	位于埇桥区东关街道。2008 年 10 月，观李社区与南苑社区合并，成为“观李社区”。
师范路小区	Shīfànlù Xiǎoqū	隶属于埇桥区东关街道观李社区。该小区路段与附近的宿州学院相邻，故名为师范路小区。
师专小区	Shīzhuān Xiǎoqū	隶属于埇桥区东关街道观李社区。因坐落在宿州学院院内，宿州学院原称为宿州师范学校（专科），故名为师专小区或学院小区。
供销小区	Gòngxiāo Xiǎoqū	隶属于埇桥区东关街道观李社区。因坐落在供销合作联合社旁边，里面居住的多为该单位的职工和家属，故名供销小区。
客运小区	Kèyùn Xiǎoqū	隶属于埇桥区东关街道观李社区。因坐落在汽运站内，故名客运小区。因为该小区内多为客运公司职工及家属，故取名为客运小区。
齐顾小区	Qígù Xiǎoqū	隶属于埇桥区东关街道观李社区。因该小区是由齐姓和顾姓两家族组成，故名为齐顾小区。
马号社区居民委员会	Mǎhào Shèqū Jūmínwěiyuánhuì	位于埇桥区东关街道。“文化大革命”期间是红卫居委会，1949 年后是马号巷居委会，后改名为劲松居委会，后分为观音堂居委会和马号居委会，2008 年 12 月两个社区合并命名为马号社区居民委员会。
东武小区	Dōngwǔ Xiǎoqū	隶属于埇桥区东关街道马号社区。由新市街南一组、北二组，医药组，邮电组，竹器组，安怀组，马王庙巷组拆迁后演变为东武 A、B、C、D 小区。
木器小区	Mùqì Xiǎoqū	隶属于埇桥区东关街道马号社区。从观音堂居委会到合并后的马号社区居委会一直沿用木器小区之名。
东昌小区	Dōngchāng Xiǎoqū	隶属于埇桥区东关街道马号社区。东昌小区原属观音堂居委会西李园组，2000 年西李园组拆迁后更名为东昌小区。
观东小区	Guāndōng Xiǎoqū	隶属于埇桥区东关街道马号社区。1966 年叫红卫居委会，后演变为马号巷居委会，2003 年划社区叫马号社区，2008 年 12 月观音堂社区和马号社区两个社区合并后，统一命名为马号社区居委会。
观西小区	Guānxī Xiǎoqū	隶属于埇桥区东关街道马号社区。1966 年叫红卫居委会，后演变为马号巷居委会，2003 年划社区叫马号社区，后于 2008 年 12 月观音堂社区和马号社区两个社区合并后，统一命名为马号社区居委会。
站下二小区	Zhànxià’ èr Xiǎoqū	隶属于埇桥区东关街道马号社区。原来是站下居委会一组、二组，2003 年划归马号社区，至今仍名站下二小区。
花园大厦	Huāyuándàshà	隶属于埇桥区东关街道马号社区。原来属于站下居委会一组、二组，现命名为花园大厦。

标准名称	汉语拼音	备注
联络街小区	Liánluòjiē Xiǎoqū	隶属于埇桥区东关街道马号社区。因电机厂改名为车桥厂，最后又演变为联络街。
医药小区	Yīyào Xiǎoqū	隶属于埇桥区东关街道马号社区。从以前医药站职工宿舍至今，仍名医药小区。
铁路社区居民委员会	Tiělù Shèqū Jūmínwěiyuánhuì	位于埇桥区东关街道。1949 年建铁路居委会，2009 年 9 月站下居委会、道口居委会与铁路居委会合并，因辖区靠近京沪线，故称为铁路社区居民委员会。
铁路小区	Tiělù Xiǎoqū	隶属于埇桥区东关街道铁路社区。原铁路职工宿舍，故命名为铁路小区。
幸福小区	Xìngfú Xiǎoqū	隶属于埇桥区东关街道铁路社区。因坐落于幸福路菜市街，故命名为幸福小区。
沟东小区	Gōudōng Xiǎoqū	隶属于埇桥区东关街道铁路社区。因原在顺河以东，故称沟东小区。
观李五区	Guānlǐwǔqū	隶属于埇桥区东关街道铁路社区。原名为李园，后因有观李大队命名为观李，故称观李五区。
路东六区	Lùdōngliùqū	隶属于埇桥区东关街道铁路社区。原名为道口，后因在工人路以东，故称路东小区。
古沱小区	Gǔtuó Xiǎoqū	隶属于埇桥区东关街道铁路社区。因靠近沱河，故称古沱小区。
柴油小区	Cháiyóu Xiǎoqū	隶属于埇桥区东关街道铁路社区。因原境内有宿州市柴油机厂，故称柴油小区。

南关街道

南关街道（Nánguān Jiēdào） 属埇桥区管辖。在埇桥区城区的南部。面积 3.94 平方千米。人口 58559 人。以汉族为主。1981 年成立，属宿县地区宿州市，1999 年，属宿州市埇桥区。2012 年以来，累计投入资金 870 万元，完成 35 条街巷道路及园区绿化，安装路灯 450 盏，修建 8 个生态停车场；修建道路 119 公里，加固危桥 38 座。因位于宿州市区南部而得名。运粮河流经境内。有幼儿园 11 所，中等专业学校 9 所，中小学 6 所；图书室 8 个；各级各类医疗机构 8 个，有皖北矿务局医院。辖区有九中体育馆、科技文化广场，有夜市小商品步行街、武夷商城等大中型商场 460 多家，是城区经济、文化、商贸中心。以商业外贸为主。汴河路、浍水路、纺织路横穿东西，淮海路、西昌路纵贯南北，通多路公交车。

标准名称	汉语拼音	备注
二中社区居民委员会	Èrzhōng Shèqū Jūmínwěiyuánhuì	位于埇桥区南关街道。2003 年 8 月与农林居民委员会合并，至今为南关街道二中社区居民委员会。
天使小区	Tiānshǐ Xiǎoqū	隶属于埇桥区南关街道二中社区。为市立医院员工小区，为纪念英国护士南丁·格尔和国际护士节，而命名为天使小区。
恒丰大厦	Héngfēng Dàshà	隶属于埇桥区南关街道二中社区。以开发房地产公司，命名为恒丰大厦。
香蕉老窝小区	Xiāngjiāolǎowō Xiǎoqū	隶属于埇桥区南关街道二中社区。小区以批发香蕉出名，故以命名为香蕉老窝小区。
农行宿舍	Nóngháng Sùshè	隶属于埇桥区南关街道二中社区。农业银行小区，命名为农行宿舍。
商干校小区	Shānggànxiào Xiǎoqū	隶属于埇桥区南关街道二中社区。因是商业干部学校宿舍，故命名为商干校小区。
供销社小区	Gòngxiāoshè Xiǎoqū	隶属于埇桥区南关街道二中社区。该小区为供销社单位小区。
家具厂宿舍	Jiājùchǎng Sùshè	隶属于埇桥区南关街道二中社区。由家具厂而来，故命名为家具厂宿舍。
二中宿舍	Èrzhōng Sùshè	隶属于埇桥区南关街道二中社区。为二中学校小区，故而得名。
市委小区	Shìwěi Xiǎoqū	隶属于埇桥区南关街道二中社区。因市委领导在此居住，故命名市委小区。
运河新村	Yùnhé Xīncūn	隶属于埇桥区南关街道二中社区。以运粮河命名。
两淮小区	Liǎnghuái Xiǎoqū	隶属于埇桥区南关街道二中社区。以房地产公司命名。
万里桥社区居民委员会	Wànlǐqiáo Shèqū Jūmínwěiyuánhuì	位于埇桥区南关街道。1978 年以前万里社区的前身是双庆居民委员会，后又叫圆月居民委员会，地域范围包括葛园和万里桥居民委员会。1993 年 9 月，成立江庄居民委员会和万里桥居民委员会。2003 年 9 月，江庄居民委员会和万里桥居民委员会合并，以万里桥居民委员会命名。2009 年 8 月，成立万里桥社区居民委员会，沿用至今。
邮电小区	Yóudiàn Xiǎoqū	隶属于埇桥区南关街道万里社区。邮电小区地处中国农业银行大楼西部，淮海南路 11 栋、12 栋、13 栋，是邮电局单位宿舍楼，故而得名。
百惠园	Bǎihuìyuán	隶属于埇桥区南关街道万里社区。百惠园始建于 1991 年初。地处宿州市中心地段，驻地单位有安广网格、南关市场监管所、新华书店、宿州市农商银行、中国农业银行。外部临商铺林立，内部是住宅小区，汇聚金融、商贸、文化、商业网点、居民区为一体。

标准名称	汉语拼音	备注
玉生街东区	Yùshēngjiē Dōngqū	隶属于埇桥区南关街道万里社区。玉生街始建于2001年初，2002年、2004年陆续入住。地处宿州市中心地段，原由香港李玉生开发并命名。外部临街商铺林立，内部是住宅小区。汇聚金融、文化、商业网点、居民区为一体。
人和花园	Rénhéhuāyuán	隶属于埇桥区南关街道万里社区。此楼为开发商自己命名。
二机厂小区	Èrjīchǎng Xiǎoqū	隶属于埇桥区南关街道万里社区。二机厂小区地处万里社区以南，是二机厂单位宿舍。
科委小区	Kēwěi Xiǎoqū	隶属于埇桥区南关街道万里社区。以科委局命名。
四小育才小区	Sìxiǎoyùcái Xiǎoqū	隶属于埇桥区南关街道万里社区。为四小单位宿舍楼，故而得名。
金三角小区	Jīnsānjiǎo Xiǎoqū	隶属于埇桥区南关街道万里社区。以金三角路段命名。
广电小区	Guǎngdiàn Xiǎoqū	隶属于埇桥区南关街道万里社区。广电小区地处环城河以南，是广电局单位的宿舍楼。
裕城花园	Yùchénghuāyuán	隶属于埇桥区南关街道万里社区。此楼为开发商自己命名。
金桂佳苑	Jīnguìjiāyuàn	隶属于埇桥区南关街道万里社区。此楼为开发商自己命名。
爱民巷小区	Àimínxiàng Xiǎoqū	隶属于埇桥区南关街道万里社区。以爱民巷命名。
防疫站小区	Fángyìzhàn Xiǎoqū	隶属于埇桥区南关街道万里社区。防疫站小区地处西昌路以西，为防疫站单位的宿舍楼。
劳动局小区	Láodòngjú Xiǎoqū	隶属于埇桥区南关街道万里社区。劳动局小区地处西昌路以东，市劳动局单位宿舍大楼。
干休所小区	Gànxiūsuǒ Xiǎoqū	隶属于埇桥区南关街道万里社区。此楼为开发商自己命名。
劳动巷小区	Láodòngxiàng Xiǎoqū	隶属于埇桥区南关街道万里社区。以劳动巷命名。
玉生街西区	Yùshēngjiē Xīqū	隶属于埇桥区南关街道万里社区。玉生街始建于2001年，原由香港李玉生开发并命名，地处宿州中心地段。
葛园社区居民委员会	Gěyuán Shèqū Jūmínwěiyuánhuì	位于埇桥区南关街道。1965年援越居民委员会成立，后改名为双庆居民委员会，1978年双庆居民委员会以淮海路为界限，拆分为葛园居民委员会和万里居民委员会，淮海路东为葛园居民委员会，沿用至今。
工行宿舍	Gōngháng Sùshè	隶属于埇桥区南关街道葛园社区。此楼为淮海路中国工商银行员工所住的宿舍楼，故名叫工行宿舍。
葛园新村	Gěyuán Xīncūn	隶属于埇桥区南关街道葛园社区。此楼为拆迁还原房，以葛园社区的名字命名，故名叫葛园新村。
针织厂宿舍	Zhēnzhīchǎng Sùshè	隶属于埇桥区南关街道葛园社区。此楼为宿州市第一针织厂为员工所盖的宿舍楼，故名叫针织厂宿舍。

标准名称	汉语拼音	备注
印刷厂宿舍	Yìnshuāchǎng Sùshè	隶属于埇桥区南关街道葛园社区。此楼为印刷厂员工所盖的宿舍楼，故名叫印刷厂宿舍。
葛园四巷	Gěyuán Sìxiàng	隶属于埇桥区南关街道葛园社区。此居民点以葛园社区的名字命名，故名叫葛园四巷。
龙德苑小区	Lóngdéyuàn Xiǎoqū	隶属于埇桥区南关街道葛园社区。此楼为开发商自己命名，故名叫龙德苑小区。
金泰商城	Jīntài Shāngchéng	隶属于埇桥区南关街道葛园社区。此楼因为附近有个金泰商场，故名叫金泰商城。
华丽园	Huálìyuán	隶属于埇桥区南关街道葛园社区。此小区为开发商自己命名。
恒丰嘉苑	Héngfēngjiāyuàn	隶属于埇桥区南关街道葛园社区。此小区名字因房地产开发公司的名字，而命名。
农行宿舍	Nóngháng Sùshè	隶属于埇桥区南关街道葛园社区。此楼为淮海路农业银行员工的宿舍楼，故名叫农行宿舍。
恒馨社区居民委员会	Héngxīn Shèqū Jūmínwěiyuánhuì	位于埇桥区南关街道。1982 年因卫校坐落于本辖区所以命名为卫校社区，后因卫校搬迁，于 2008 年恒馨房地产公司开发，在本辖区内开发恒馨财富广场小区，故本社区取名为恒馨社区居民委员会沿用至今。
财富小区	Cáifù Xiǎoqū	隶属于埇桥区南关街道恒馨社区。2008 年，卫校由于办学需求，搬至东二铺，原卫校已由恒馨开发公司开发。
交通巷小区	Jiāotōngxiàng Xiǎoqū	隶属于埇桥区南关街道恒馨社区。因埇桥区交通局坐落本辖区内，在交通局单位后面，居民取名交通巷。
建设银行小区	Jiànshèyínháng Xiǎoqū	隶属于埇桥区南关街道恒馨社区。中国建设银行于 1986 年在本辖区内建造建设银行宿舍，因此小区取名为建设银行小区。
武夷商城小区	Wǔyíshāngchéng Xiǎoqū	隶属于埇桥区南关街道恒馨社区。1999 年，臻达开发公司在汴河中路，开发房地产，因开发公司的建筑工人大多数是武夷山的人，在这里开发房地产，为了留下印迹，故本小区取名为武夷商城。
芦庄小区	Lúzhuāng Xiǎoqū	隶属于埇桥区南关街道恒馨社区。因居住小区内居民多数为芦姓，所以取名为芦庄小区。
育苗巷小区	Yùmiáoxiàng Xiǎoqū	隶属于埇桥区南关街道恒馨社区。埇桥区区直幼儿园坐落本小区，故本小区取名育苗巷小区。
党校小区	Dǎngxiào Xiǎoqū	隶属于埇桥区南关街道恒馨社区。原埇桥区党校坐落于本小区，故本小区取名为党校小区。
金融巷小区	Jīnróngxiàng Xiǎoqū	隶属于埇桥区南关街道恒馨社区。中国人民银行在本小区建成人民银行职工宿舍，银行属金融系统，故本小区取名为金融巷小区。
花园小区	Huāyuán Xiǎoqū	隶属于埇桥区南关街道恒馨社区。为开发商自命名。

标准名称	汉语拼音	备注
恒丰花园	Héngfēnghuāyuán	隶属于埇桥区南关街道恒馨社区。恒丰花园由开发商命名。
南园社区居民委员会	Nányuán Shèqū Jūmínwěiyuánhuì	位于埇桥区南关街道。南园社区于 1997 年 11 月命名。
明丽小区	Mínglì Xiǎoqū	隶属于埇桥区南关街道南园社区。地处芳园路西段，为供电局宿舍。
锦绣家园	Jǐnxiùjiāyuán	隶属于埇桥区南关街道南园社区。为开发商自命名。
符离建设银行	Fúlíjiànshèyínháng	隶属于埇桥区南关街道南园社区。地处芳园路中段，为符离建设银行宿舍楼。
春森小区	Chūnsēn Xiǎoqū	隶属于埇桥区南关街道南园社区。地处淮河中路，由开发商命名。
一队楼	Yīduìlóu	隶属于埇桥区南关街道南园社区。地处锦绣路，为南关一队宿舍楼，故而得名。
药材公司宿舍	Yàocáigōngsī Sùshè	隶属于埇桥区南关街道南园社区。地处淮河西路，因此小区为药材公司宿舍，故而得名。
水木华庭	Shuǐmùhuátíng	隶属于埇桥区南关街道南园社区。地处淮海南路，由开发商命名。
九中宿舍	Jiǔzhōng Sùshè	隶属于埇桥区南关街道南园社区。因属于宿州市第九中学，故而得名。
建委宿舍	Jiànwěi Sùshè	隶属于埇桥区南关街道南园社区。地处西昌南路，为建委宿舍。
华丰宿舍	Huáfēng Sùshè	隶属于埇桥区南关街道南园社区。地处淮河西路，为华丰管子厂宿舍。
鸿儒世家	Hóngrúshìjiā	隶属于埇桥区南关街道南园社区。由开发商命名。
翰林苑	Hànlínyuàn	隶属于埇桥区南关街道南园社区。地处纺织东路，由开发商命名。
海芳小区	Hǎifāng Xiǎoqū	隶属于埇桥区南关街道南园社区。地处淮海南路、芳园东路，取两条路各一个字命名为海芳小区。
光华庭院	Guānghuá Tíngyuàn	隶属于埇桥区南关街道南园社区。地处淮海南路，为供电局宿舍。
二里庄	Èrlǐzhuāng	隶属于埇桥区南关街道南园社区。地处淮海南路，因离老城池有二里路，故而得名。
地区建设银行	Dìqūjiànshèyínháng	隶属于埇桥区南关街道南园社区。为地区建设银行宿舍楼。
大花园	Dàhuāyuán	隶属于埇桥区南关街道南园社区。地处西昌南路，靠近大花园路，故而得名。
翠竹园	Cuìzhúyuán	隶属于埇桥区南关街道南园社区。地处淮海南路，由开发商命名。

标准名称	汉语拼音	备注
瑞隆小区	Ruìlóng Xiǎoqū	隶属于埇桥区南关街道南园社区。地处迎宾大道以北，由开发商命名。
南苑小区	Nányuàn Xiǎoqū	隶属于埇桥区南关街道南园社区。由开发商命名。
怡心苑	Yíxīnyuàn	隶属于埇桥区南关街道南园社区。为徐州黄河开发公司命名。
光华园	Guānghuáyuán	隶属于埇桥区南关街道南园社区。光华园地处淮海南路，为供电局宿舍。
工商干校	Gōngshāng Gànxiào	隶属于埇桥区南关街道南园社区。工商干校地处淮河中路，为工商干校宿舍楼。
平安小区	Píng’ān Xiǎoqū	隶属于埇桥区南关街道南园社区。地处淮海南路，因是市公安局宿舍楼，故命名为平安小区。
一中社区居民委员会	Yīzhōng Shèqū Jūmínwěiyuánhuì	位于埇桥区南关街道。20 世纪 50 年代的老地委居民委员会，1994 年 2 月规划分为一中居民委员会，2003 年改为一中社区居民委员会。
教委宿舍	Jiàowěi Sùshè	隶属于埇桥区南关街道一中社区。由宿州市教委职工居住，故而得名。
转播台小区	Zhuǎnbōtái Xiǎoqū	隶属于埇桥区南关街道一中社区。该小区为安徽省广播电视台宿州市转播台单位，后建宿舍而得名。
一中宿舍北区	Yīzhōng Sùshè Běiqū	隶属于埇桥区南关街道一中社区。为宿州市第一初级中学宿舍北区，故而得名一中宿舍北区。
光明巷小区	Guāngmíngxiàng Xiǎoqū	隶属于埇桥区南关街道一中社区。1982 年叫电台路，1990 年改为光明路，故而得名光明巷小区。
祥居小区	Xiángjū Xiǎoqū	隶属于埇桥区南关街道一中社区。由祥居楼建成，而得名祥居小区。
十中宿舍	Shízhōng Sùshè	隶属于埇桥区南关街道一中社区。由老十中宿舍建成而得名，改制后十中取消。
北统建楼小区	Běitǒngjiànlóu Xiǎoqū	隶属于埇桥区南关街道一中社区。80 年代城市拆迁，统一建设以路北，而得名北统建楼小区。
菜场小区	Càichǎng Xiǎoqū	隶属于埇桥区南关街道一中社区。因该小区在菜场两侧建设得名，多为自建房。
法检宿舍	Fǎjiǎn Sùshè	隶属于埇桥区南关街道一中社区。由宿州市法院和检察院宿舍而得名。
工商银行小区	Gōngshāng Yínháng Xiǎoqū	隶属于埇桥区南关街道一中社区。由工商银行建成而得名。
烟草小区	Yāncǎo Xiǎoqū	隶属于埇桥区南关街道一中社区。因烟草公司而得名烟草小区。
金科苑小区	Jīnkēyuàn Xiǎoqū	隶属于埇桥区南关街道一中社区。由金科苑控股有限公司职工宿舍，而得名金科苑小区。

标准名称	汉语拼音	备注
公路局小区	Gōnglùjú Xiǎoqū	隶属于埇桥区南关街道一中社区。公路局征地改建的职工宿舍，而得名公路局小区。
科苑小区	Kēyuàn Xiǎoqū	隶属于埇桥区南关街道一中社区。由科苑集团建成而得名。
东坪路建委宿舍	Dōngpínglù Jiànwěi Sùshè	隶属于埇桥区南关街道一中社区。建委征地建设的宿舍，故而得名东坪路建委宿舍小区。
锦润悦府	Jǐnrùnyuèfǔ	隶属于埇桥区南关街道一中社区。由原来黄庄拆迁，后由政府命名，现在正在建设。
粮园巷小区	Liángyuánxiàng Xiǎoqū	隶属于埇桥区南关街道一中社区。由宿州市粮食干部学校在附近，故命名粮园，多为自建房。
浍园小区	Huìyuán Xiǎoqū	隶属于埇桥区南关街道一中社区。因浍园路在附近，故命名浍园小区，多为自建房。
粮干校小区	Liánggànxiào Xiǎoqū	隶属于埇桥区南关街道一中社区。由粮食干部学校宿舍，而得名粮干校小区。
南统建楼小区	Nántǒngjiànlóu Xiǎoqū	隶属于埇桥区南关街道一中社区。80 年代城市拆迁，统一建设路以南而得名，多为自建房。
环保局小区	Huánbǎojú Xiǎoqū	隶属于埇桥区南关街道一中社区。由埇桥区环保局宿舍，而得名环保局小区。
物价局小区	Wùjiàjú Xiǎoqū	隶属于埇桥区南关街道一中社区。由市物价局宿舍而得名。
锅检所小区	Guōjiǎnsuǒ Xiǎoqū	隶属于埇桥区南关街道一中社区。锅炉检所建成，而得名锅检所小区。
一中宿舍南区	Yīzhōng Sùshè Nánqū	隶属于埇桥区南关街道一中社区。由宿城一中宿舍而得名，分成南区和北区。
武警宿舍小区	Wǔjǐng Sùshè Xiǎoqū	隶属于埇桥区南关街道一中社区。由当时宿州市武警支队驻地，而得名武警宿舍小区。
水厂小区	Shuǐchǎng Xiǎoqū	隶属于埇桥区南关街道一中社区。由自来水公司驻地所在地，而得名水厂小区。
康苑小区	Kāngyuàn Xiǎoqū	隶属于埇桥区南关街道一中社区。由皖北总院统一建设而得名。

西关街道

西关街道（Xīguān Jiēdào） 属埇桥区管辖。在埇桥区城区的西部。面积 4.4246 平方千米。人口 47722 人。以汉族为主。1981 年成立，属县级宿州市，1999 年，属宿州市埇桥区。2012 年以来，完成磬云路、银河二路等 5 条道路建设和绿化工程；修建光彩城、公平鞋帽、张仙庙等批发市场；改造排水、绿化等工程。因地处城区的西部而得名。大运河旧址穿境而过。有幼儿园8所，小学2所，中学1所，高中1所；农家书屋6个；各级医疗机构8个；体育场地5处，是政治、经济、文化中心。辖区内有银河广场、宿州市博物馆、市文艺中心等市民活动场所。有华洋集团、宝龙集团、中煤三十处、安徽工程技术学校等30多家企业单位。以工业、商业外贸为主。有“三纵六横”路网交通，四通八达。通多路公交车。

标准名称	汉语拼音	备注
和园社区居民委员会	Héyuán Shèqū Jūmínwěiyuánhuì	位于埇桥区西关街道。2008年因社区重组，由龙河居委会、薛园村、李园村、西关村、董园村合并成和园社区居民委员会，沿用至今。
瞰景苑	Kànjǐngyuàn	隶属于埇桥区西关街道和园社区。由开发商建设命名。
西李小区	Xīlǐ Xiǎoqū	隶属于埇桥区西关街道和园社区。1982年办事处成立，故将原西李小组命名为西李小区。
河畔一号小区	Hépànyīhào Xiǎoqū	隶属于埇桥区西关街道和园社区。以三八沟为界，故以为河畔一号小区。
秦楼小区	Qínlóu Xiǎoqū	隶属于埇桥区西关街道和园社区。2008年10月社区重组，命名为秦楼小区。
董园小区	Dǒngyuán Xiǎoqū	隶属于埇桥区西关街道和园社区。2008年10月社区重组，命名为董园小区。
薛园小区	Xuēyuán Xiǎoqū	隶属于埇桥区西关街道和园社区。2008年10月社区重组，命名为薛园小区。
龙河小区	Lónghé Xiǎoqū	隶属于埇桥区西关街道和园社区。1982年成立西关办事处，故以龙河居委会为名，小区也因此命名为龙河小区。
环宇社区居民委员会	Huányǔ Shèqū Jūmínwěiyuánhuì	位于埇桥区西关街道。原来属西关街道和园社区，2005年6月宿州市政务中心在此附近建设，随之开建环宇 · 银河绿苑小区，2008年筹建环宇社区，2009年1月正式挂牌成立，沿用至今。
特酒厂宿舍	Tèjiǔchǎng Sùshè	隶属于埇桥区西关街道环宇社区。本小区包含检察院宿舍、法院宿舍、军人接待站宿舍、中医院宿舍、建设银行宿舍、人行宿舍、特酒厂宿舍，因特酒厂宿舍规模相比较大，大于其他几个职工宿舍，故以特酒厂员工宿舍命名为特酒厂小区。
环宇银河绿苑	Huányǔyínhé-lǜyuàn	隶属于埇桥区西关街道环宇社区。2010年，环宇置业公司开发环宇银河绿苑二期，大门口有银河二路，故命名环宇银河绿苑。
银沱小区	Yíntuó Xiǎoqū	隶属于埇桥区西关街道环宇社区。银沱小区是由原娄庄拆迁演变，由银沱置业开发商集中建设住宅小区，以开发商命名。

标准名称	汉语拼音	备注
美庐社区居民委员会	Měilú Shèqū Jūmínwěiyuánhuì	位于埇桥区西关街道。2008 年社区重组，由何家村、下关村、张仙庙村、振兴居委会合并成为美庐社区居民委员会，沿用至今。
何家小区	Héjiā Xiǎoqū	隶属于埇桥区西关街道美庐社区。1955 年命名为何家队，2008 年 11 月社区重组命名为何家小区。
黄家小区	Huángjiā Xiǎoqū	隶属于埇桥区西关街道美庐社区。1955 年命名黄家小队，2008 年 11 月命名为黄家小区。
建筑巷小区	Jiànzhùxiàng Xiǎoqū	隶属于埇桥区西关街道美庐社区。1992 年以一建公司单位命名为建筑巷小区。
梅石牌坊小区	Méishípáifāng Xiǎoqū	隶属于埇桥区西关街道美庐社区。民国以前有梅家牌坊，1990 年在此地建房，命名为梅石牌坊小队，2008 年 11 月社区重组命名为梅石牌坊小区。
美庐花园	Měilúhuāyuán	隶属于埇桥区西关街道美庐社区。房地产项目为美庐花园，故命名为美庐花园。
薛家小区	Xuējiā Xiǎoqū	隶属于埇桥区西关街道美庐社区。原有自然村大薛家，2008 年社区重组后命名为薛家小区。
张家小区	Zhāngjiā Xiǎoqū	隶属于埇桥区西关街道美庐社区。原有自然村张善庄，2008 年 11 月社区重组命名为张家小区。
秀峰苑	Xiùfēngyuàn	隶属于埇桥区西关街道美庐社区。取清秀的山峰像树林一样耸立之意。
下关社区居民委员会	Xiàguān Shèqū Jūmínwěiyuánhuì	位于埇桥区西关街道。下关社区居民委员会，于 2009 年 9 月命名，由原来下关社区、秦巷口社区、春城社区、上马台社区、供电社区等社区合并重组而来，沿用至今。
大泽小区	Dàzé Xiǎoqū	隶属于埇桥区西关街道下关社区。该小区原位置是宿县大泽酒厂，故命名为大泽小区。
新桥小区	Xīnqiáo Xiǎoqū	隶属于埇桥区西关街道下关社区。该小区位于环城西路新桥处，故命名为新桥小区。
供电小区	Gòngdiàn Xiǎoqū	隶属于埇桥区西关街道下关社区。该小区位于宿州市供电公司宿舍，故命名为供电小区。
秦巷口小区	Qínxiàngkǒu Xiǎoqū	隶属于埇桥区西关街道下关社区。该小区位于原秦巷口社区，于 2008 年社区合并重组撤销，故命名为秦巷口小区。
上马台小区	Shàngmǎtái Xiǎoqū	隶属于埇桥区西关街道下关社区。该小区位于原上马台社区，因 2008 年社区合并重组撤销，故命名为上马台小区。
春下小区	Chūnxià Xiǎoqū	隶属于埇桥区西关街道下关社区。该小区位于原下关社区和春城社区区域，于 2008 年社区合并重组，故命名为春下小区。

标准名称	汉语拼音	备注
祥安社区居民委员会	Xiáng' ān Shèqū Jūmínwěiyuánhuì	位于埇桥区西关街道。1993 年初建，由秦巷口社区划分，由 7 个居民组，且公安局单位、检察院单位、刑警队驻地单位在此，保护居民生活祥和安定，故此称祥安社区居民委员会。
恒丰小区	Héngfēng Xiǎoqū	隶属于埇桥区西关街道祥安社区。2003 年，恒丰置业在此处开发建设，故名。
林泉苑小区	Línquányuàn Xiǎoqū	隶属于埇桥区西关街道祥安社区。小区包括交警队、公安局宿舍、杜石门三巷至七巷。因林泉苑小区规模最大，故名。
宏源小区	Hóngyuán Xiǎoqū	隶属于埇桥区西关街道祥安社区。小区包括宏源宿舍、杜石门一至十二巷，因宏源宿舍居民居住较集中，故名。
吴家小区	Wújiā Xiǎoqū	隶属于埇桥区西关街道祥安社区。吴家小区由多数居民姓吴，故名。
祥和小区	Xiánghé Xiǎoqū	隶属于埇桥区西关街道祥安社区。小区包括银行宿舍、市乡镇企业局、商务局宿舍几个小区组成，邻里和睦，称祥和小区。
薛庄小区	Xuēzhuāng Xiǎoqū	隶属于埇桥区西关街道祥安社区。薛庄小区由原来薛姓人居住较多集中，成为薛庄。
渔场小区	Yúchǎng Xiǎoqū	隶属于埇桥区西关街道祥安社区。渔场小区由原来畜产站的养鱼基地拆迁盖成居民小区。
蓝天小区	Lántiān Xiǎoqū	隶属于埇桥区西关街道祥安社区。蓝天小区有电信大楼、园林宿舍、蓝天新村、人防办宿舍、环卫小区，由于蓝天新村面积较大，故名蓝天小区。
振兴社区居民委员会	Zhènxìng Shèqū Jūmínwěiyuánhuì	位于埇桥区西关街道。2008 年社区重组，命名为振兴社区。
大王庙	Dàwángmiào	隶属于埇桥区西关街道振兴社区。大王庙于监狱起名，区内有武警系列服装品牌、商业网点，又社区服务中心于一体，故名为监狱生活小区。
薛园	Xuēyuán	隶属于埇桥区西关街道振兴社区。由城西乡南薛园、张仙庙薛园、振兴薛园合并而成。
董园	Dǒngyuán	隶属于埇桥区西关街道振兴社区。该庄以董姓人家为主，故而得名。
庙西	Miàoxī	隶属于埇桥区西关街道振兴社区。新中国成立前该庄附近有座庙，该庄位于庙西，故而得名。

北关街道

北关街道（Běiguān Jiēdào） 属埇桥区管辖。在埇桥区城区的北部。面积7.9027平方千米。人口33369人。以汉族为主。1948年12月，设北关镇属宿城市；1952年6月北关、县后镇合并为市北镇；1953年8月撤销宿城市属宿县；1955年12月，改设城北乡；1992年2月，撤销城北乡设北关街道，1999年，属宿州市埇桥区。2012年以来，完成吕家棚户改造、皖北药厂搬迁和排水、道路绿化工程。因街道办事处驻地位于北关村而得名。沱河、新汴河横贯东西。有文化活动中心4个，图书室4个；幼儿园4所，小学2所，中学1所，高中1所；各级医疗机构4个。辖区有宿州第一人民医院、雪枫路商业街、教场社区体育广场、雪枫烈士公园等公共活动中心。以工商业为主。淮海路贯穿南北，通多路公交车。

标准名称	汉语拼音	备注
华地社区居民委员会	Huádì Shèqū Jūmínwěiyuánhuì	位于埇桥区北关街道。该辖区1992年以前三勘隶属沱河街道，一部分隶属市北街道，一部分隶属北关村。1992年3月北关街道成立，划为三勘居委会和淮海居委会，2008年11月社区重组，将三勘居委会、淮海居委会和北关村的一部分合并，更名为华地社区居委会至今。
北关新城	Běiguān Xīnchéng	隶属于埇桥区北关街道华地社区。老城改造，更名为北关新城。
华地园	Huádìyuán	隶属于埇桥区北关街道华地社区。由华地集团命名而来，是第三勘探队职工宿舍。
汇源社区居民委员会	Huìyuán Shèqū Jūmínwěiyuánhuì	位于埇桥区北关街道。该辖区内1992年以前有电厂居委会，隶属于沱河街道，北关村一部分与吕家村一部分隶属城北乡。1992年3月北关街道成立，划归北关街道管理，并且增设了响李居委会管理非农居民。2008年11月社区重组将该辖区合并，更名为汇源社区居委会至今。
单庄	Shànzhuāng	隶属于埇桥区北关街道汇源社区。该居民点原是北关村的一个居民组，以单姓为主，故而得名。
东二	Dōng'èr	隶属于埇桥区北关街道汇源社区。过去以北关大街（现淮海北路南北方向）为界，东侧的居民点称为东二。
东三	Dōngsān	隶属于埇桥区北关街道汇源社区。过去以北关大街（现淮海北路南北方向）为界，东侧的居民点称为东三。
汇源老区	Huìyuán Lǎoqū	隶属于埇桥区北关街道汇源社区。原为汇源电厂职工小区，故叫汇源小区，又因新建个汇源小区，所以改名为汇源老区。
汇源新村	Huìyuán Xīncūn	隶属于埇桥区北关街道汇源社区。汇源电厂新建小区，故叫汇源新区。
建河新村	Jiànhé Xīncūn	隶属于埇桥区北关街道汇源社区。名字源自汇源社区命名。

标准名称	汉语拼音	备注
李家	Lǐjiā	隶属于埇桥区北关街道汇源社区。原是吕家村的一个自然庄，居民多以李姓为主，故而得名。
吕家	Lǚjiā	隶属于埇桥区北关街道汇源社区。原是吕家村的一个自然庄，居民多以吕姓为主，故而得名。
孙家	Sūnjiā	隶属于埇桥区北关街道汇源社区。原是吕家村的一个自然庄，居民多以孙姓为主，故而得名。
西三	Xīsān	隶属于埇桥区北关街道汇源社区。过去以北关大街（现淮海北路南北方向）为界，西侧的居民点称为西三。
响李	Xiǎnglǐ	隶属于埇桥区北关街道汇源社区。该庄以李姓为主，生活比其他地方富裕，秋收在打谷场打谷时，骡马身上戴着响铃，以显示丰收富足，故而得名响李。
张芳	Zhāngfāng	隶属于埇桥区北关街道汇源社区。该庄原是吕家村的一个自然庄，因该庄有一人名叫张芳，德高望重，用其名命名该庄。
北关社区居民委员会	Běiguān Shèqū Jūmínwěiyuánhuì	位于埇桥区北关街道。该辖区 1992 年以前由城北乡北关村委会管理。1992 年 3 月北关街道成立，隶属北关街道，为便于管理，在辖区内分别设立了药厂居委会和化工总厂居委会，2008 年 11 月社区重组合并，更名为北关社区居委会至今。
黄庄	Huángzhuāng	隶属于埇桥区北关街道北关社区。因黄姓居多，取名黄庄。
新农村	Xīnnóngcūn	隶属于埇桥区北关街道北关社区。因新规划的居民小区，取名新农村。
药厂小区	Yàochǎng Xiǎoqū	隶属于埇桥区北关街道北关社区。因皖北制药厂职工宿舍，取名药厂小区。
恒大御景湾	Héngdà Yùjǐngwān	隶属于埇桥区北关街道北关社区。因单位规模大，实力强，靠近三角洲生态公园，新汴河景观带，景色优美，故名。
天鹅湾	Tiān' éwān	隶属于埇桥区北关街道北关社区。因小区坐落在沱河湾岸上，该河道伸出的天鹅的脖子，取名天鹅湾。
两淮融景苑	Liǎnghuái Róngjǐngyuàn	隶属于埇桥区北关街道北关社区。因公司名称为两淮置业有限公司，又有美好的景色，取名两淮融景苑。
绿洲嘉园	Lǜzhōujiāyuán	隶属于埇桥区北关街道北关社区。因小区规划建设时周边都是河滩、庄稼及三角洲生态公园。故名。

城东街道

城东街道（Chéngdōng Jiēdào） 属埇桥区管辖。在埇桥区城区的东部。面积 29.7908 平方千米。人口 20914 人。以汉族为主。1980 年 1 月设城东公社，属宿州市；1985 年 4 月撤社改设小城东乡；1992 年 2 月撤区改设城东乡；2004 年 12 月，设城东街道，属宿州市埇桥区。自 2012 年以来，总投资 6400 万元用于道路建设，总投资 2260 万元用于供电设施建设。因地处宿州市城区东部而得名。西靠沱河，北依汴河。有文化站 1 个，文化活动中心 4 个，图书馆 6 个，幼儿园 6 所，中学 1 所，各级医疗卫生机构 6 个。是全区盛产粮、油、蔬菜的重要乡镇之一。辖区内各类生活设施齐全，有宿州市循环经济示范园、四季绿化景观道路。以工业、商业外贸为主。303 省道横贯东西，有“四纵四横”交通路网；通多路公交车。

标准名称	汉语拼音	备注
八里居民委员会	Bālǐ Jūmínwěiyuánhuì	位于埇桥区城东街道。1983 年，由八里大队更名为八里村民委员会，2007 年由原八里村、蕲芦村、大刘村合并为八里村，2014 年改名为八里社区。
曾家	Zēngjiā	隶属于埇桥区城东街道八里村。清朝中期，曾姓人家由山西洪洞县大槐树，迁此居住至今，因此得名曾家。
小李家	Xiǎolǐjiā	隶属于埇桥区城东街道八里村。清朝中期，李姓人家从山西洪洞县大槐树迁至此地安居，因此得名小李家。
大徐家	Dàxújiā	隶属于埇桥区城东街道八里村。很早以前徐姓从山西洪洞县大槐树逃荒而来，建房居住，不断繁衍生息，由此命名大徐家。
小王家	Xiǎowángjiā	隶属于埇桥区城东街道八里村。清朝末年，王姓弟兄不慎燃起一场大火，把整个庄都烧了，后王氏兄弟都搬走了。为了开辟土地，姓于的、姓范的、姓周的、姓陆的等就在此居住，为纪念王姓兄弟开荒种地，因此命名为小王家。
小周家	Xiǎozhōujiā	隶属于埇桥区城东街道八里村。清朝中期，周姓兄弟从北方迁居至此，故得名小周家。
莲花刘	Liánhuāliú	隶属于埇桥区城东街道八里村。清朝中期，莲花刘庄西南角有座庙，叫中殿，刘家地形很洼，后出现一湖莲花，连年不败，后来刘家就叫莲花刘。
东崔家	Dōngcuījiā	隶属于埇桥区城东街道八里村。东崔、西崔都是崔园迁来，由于西崔姓崔的家族大，人口多，住不下，才分到东崔居住。这两崔都是一脉，每年清明都到西崔上坟，祭祖至今。
沈家	Shěnjiā	隶属于埇桥区城东街道八里村。很早以前姓沈的人在此居住，由于人口不旺，姓徐的、姓蕲的，在此居住，为纪念沈家人开荒种地，所以就叫沈家至今。

标准名称	汉语拼音	备注
蕲家	Qíjiā	隶属于埇桥区城东街道八里村。清朝末年，蕲姓从山西洪洞县大槐树迁入此地，所以此庄叫蕲家。
卢家	Lújiā	隶属于埇桥区城东街道八里村。卢姓很早以前从山西洪洞县大槐树迁入此地，所以叫卢家。
草王	Cǎowáng	隶属于埇桥区城东街道八里村。很早以前有一位姓王的老头挑担从山西洪洞县大槐树迁入此地，在此开荒种地，建造房屋，领养三个儿子，以编草鞋为生。由于鞋打造得很有名，很暖和，十里八村的人都称其为鞋王，从此就改为草鞋王，后改为草王。
赵家	Zhàojiā	隶属于埇桥区城东街道八里村。清朝末年，赵氏家族从山西洪洞县大槐树迁入此地，在此开荒种地，建造房屋，在庄南有一座庙，后来任姓、王姓也在此落脚居住，赵姓多，所以叫赵家。
大刘	Dàliú	隶属于埇桥区城东街道八里村。清朝末期，有一个刘员外家中破产，带着妻子来到此地起名叫大刘。
小刘	Xiǎoliú	隶属于埇桥区城东街道八里村。很早以前小刘庄叫七里庵子，从大隅口到灰古有一条路，从城里到此正好七里路，赶集、过路、走亲访友，都路过此处。这里有了一个商铺，凡是有人路过都在这里喝杯茶，坐一会儿，后叫七里庵子。此庄都是姓刘的，从 1959 年改为小刘至今。
胡家	Hújiā	隶属于埇桥区城东街道八里村。很早以前小胡家都是胡氏家族，后来家族不旺，姓韩的就搬来住，为了纪念姓胡的人开荒和建造房屋，庄名还叫胡家。
西蕲家	Xīqíjiā	隶属于埇桥区城东街道八里村。清朝中期，有一个姓蕲的大户，在家地方小，住不下，就从山西洪洞县迁来此地，开荒种地，建设家园，后来姓段的、姓王的都搬来居住，因姓蕲的家族大，此庄就叫西蕲家。
崔家	Cuījiā	隶属于埇桥区城东街道八里村。很早以前姓崔的家族从宿城崔园迁来，在此开荒种地，建造房屋至今。
津浦村村民委员会	Jīnpǔcūn Cūnmínwěiyuánhuì	位于埇桥区城东街道。津浦村于 2008 年 3 月命名。
马后	Mǎhòu	隶属于埇桥区城东街道津浦村。该村以马姓为主，故而得名。
马前	Mǎqián	隶属于埇桥区城东街道津浦村。该村以马姓为主，故而得名。
小张家	Xiǎozhāngjiā	隶属于埇桥区城东街道津浦村。该村以张姓为主，故而得名。
闫家	Yánjiā	隶属于埇桥区城东街道津浦村。该村以闫姓为主，故而得名。

标准名称	汉语拼音	备注
谢家	Xièjiā	隶属于埇桥区城东街道津浦村。该村以谢姓为主，故而得名。
黄店	Huángdiàn	隶属于埇桥区城东街道津浦村。因该村原有一黄姓人家在此开了家店铺，故而得名。
周窑	Zhōuyáo	隶属于埇桥区城东街道津浦村。该村以周姓为主，故而得名。
小邬家	Xiǎowūjiā	隶属于埇桥区城东街道津浦村。该村以邬姓为主，故而得名。
沱河村村民委员会	Tuóhécūn Cūnmínwěiyuánhuì	位于埇桥区城东街道。人民公社时期名称为沱河大队；1983年由沱河大队更名为沱河村民委员会，名称未变，沿用至今。
青庙王	Qīngmiàowáng	隶属于埇桥区城东街道沱河村。因该村有一座青庙，又以王姓居民居多，故而得名青庙王。
大曾	Dàzēng	隶属于埇桥区城东街道沱河村。该庄以曾姓居民居多，故而得名大曾。
小曾	Xiǎozēng	隶属于埇桥区城东街道沱河村。该庄以曾姓居民居多，故而得名小曾。
东王	Dōngwáng	隶属于埇桥区城东街道沱河村。因该村位于沱河村东部，以王姓居民为主，故而得名东王。
五里	Wǔlǐ	隶属于埇桥区城东街道沱河村。因该村距离沱河有五里，故称之为五里。
端家	Duānjiā	隶属于埇桥区城东街道沱河村。该庄以端姓居民居多，故而得名端家。
南刘	Nánliú	隶属于埇桥区城东街道沱河村。该庄以刘姓居民居多，故而得名。
新庄	Xīnzhuāng	隶属于埇桥区城东街道沱河村。该庄为新中国成立后新建村庄，故而得名新庄。
十里社区居民委员会	Shílǐ Shèqū Jūmínwěiyuánhuì	位于埇桥区城东街道。2014年改名为十里社区居民委员会，自命名后沿用至今。
前梅家	Qiánméijiā	隶属于埇桥区城东街道十里村。因位于梅圩的南部，故而得名前梅家。
梅圩	Méiwéi	隶属于埇桥区城东街道十里村。该村以梅姓为主，故而得名。
后梅家	Hòuméijiā	隶属于埇桥区城东街道十里村。因位于梅圩的北部，与前梅家相对应，故而得名后梅家。
东梅家	Dōngméijiā	隶属于埇桥区城东街道十里村。因位于后梅家西部，故而得名东梅家。

标准名称	汉语拼音	备注
大王庄	Dàwángzhuāng	隶属于埇桥区城东街道十里村。该庄以王姓居民居多，故而得名大王庄。
湾王	Wānwáng	隶属于埇桥区城东街道十里村。该庄以王姓居民居多，故而得名湾王。
徐刘	Xúliú	隶属于埇桥区城东街道十里村。该村原有徐姓居民居住，后又有刘姓居民迁来，故而得名徐刘。
堤北曾	Dīběizēng	隶属于埇桥区城东街道十里村。因该村以曾姓居民为主，又位于沱河堤北，故而得名。
小张家	Xiǎozhāngjiā	隶属于埇桥区城东街道十里村。该庄不大，但以张姓居民居多，故而得名小张家。
农场	Nóngchǎng	隶属于埇桥区城东街道十里村。因该村原为十里堡果园场，后废除果园，改为农场。

三八街道

三八街道（Sānbā Jiēdào） 属埇桥区管辖。在埇桥区城区的西南部。面积 28.3858 平方千米。人口 87775 人。以汉族为主。1958 年 9 月，设三八公社；1980 年改设三八乡；2005 年 8 月，撤乡改设三八街道，属宿州市埇桥区。2012 年以来，完成 10 个菜市场改造升级。投入 90 余万元，建设光彩城综合活动场所。因著名劳动模范陈淑贞创立三八初级社得名；撤乡改设街道名称沿用。有沱河、新汴河、三八河、戚家沟流经境内。有文化站 1 个，活动中心 6 个，图书室 11 个；各级医疗机构 12 个；中学 2 所。辖区内有市政务中心、市建委等职能部门；有万达广场、三角洲公园等市民活动中心。以工业、商业外贸为主。13 条主干道纵横交错，303 省道贯穿全境。有宿州快客站，通多条公交线路。

标准名称	汉语拼音	备注
大吴村 村民委员会	Dàwúcūn Cūnmínwěiyuánhuì	位于埇桥区三八街道。人民公社时期为大胡大队，1983 年为大吴村村民委员会，沿用至今。
大胡庄	Dàhúzhuāng	隶属于埇桥区三八街道大吴村。以姓氏命名。
朱家庄	Zhūjiāzhuāng	隶属于埇桥区三八街道大吴村。清代中期，朱家庄由山西迁居此地，故得名朱家庄。
小戚家	Xiǎoqījiā	隶属于埇桥区三八街道大吴村。明末清初，姓戚的从西北迁居至此，故得名小戚家。

标准名称	汉语拼音	备注
九里村 村民委员会	Jiǔlǐcūn Cūnmínwěiyuánhuì	位于埇桥区三八街道。人民公社时期名为九里大队，1983年由九里大队更名为九里村村民委员会，2008年由九里、周尚、高殷三村合并，命名为九里村。
白果树	Báiguǒshù	隶属于埇桥区三八街道九里村。因清代前期，庄中生长一棵高大的银杏树，故名白果树。
大张家	Dàzhāngjiā	隶属于埇桥区三八街道九里村。清朝前期，张姓人家由北方迁居至此，故得名大张家。
高家庄	Gāojiāzhuāng	隶属于埇桥区三八街道九里村。高姓人家自清前期就在此居住，故得名高家庄。
何家	Héjiā	隶属于埇桥区三八街道九里村。因何姓人家人口居多，故名何家。
黄家	Huángjiā	隶属于埇桥区三八街道九里村。黄庄居民自古在此居住，故得名黄家。
江家	Jiāngjiā	隶属于埇桥区三八街道九里村。因清末有一户江姓居民在此居住，全庄居民给江姓大户打工，故得名江家。
九里	Jiǔlǐ	隶属于埇桥区三八街道九里村。九里湾因离城市中心九里路，庄南有一条急转大沟而得名，沿用至今。
秦营	Qínyíng	隶属于埇桥区三八街道九里村。民国初年，秦姓人家由西关秦巷口迁居至此，故名。
沈家	Shěnjiā	隶属于埇桥区三八街道九里村。主要以沈姓居民较多，故名。
王久	Wángjiǔ	隶属于埇桥区三八街道九里村。王姓人家自古以来居住于此，因年代久远，故得名王久。
殷家	Yīnjiā	隶属于埇桥区三八街道九里村。殷姓人家自清中期在此定居，故名殷家。
余家	Yújiā	隶属于埇桥区三八街道九里村。余姓居民自清末定居于此，以余姓居民最多，故得名余家。
张寨	Zhāngzhài	隶属于埇桥区三八街道九里村。张姓居民自清朝时就居住于此，因张姓居民最多，故得名张寨。
周家	Zhōujiā	隶属于埇桥区三八街道九里村。清朝时期，周姓人家迁居至此，因好养水牛，故得名水牛周家，后简称为周家。
高家	Gāojiā	隶属于埇桥区三八街道九里村。以姓氏命名。
周尚庄	Zhōushàngzhuāng	隶属于埇桥区三八街道九里村。清朝中期，周姓人家由外地迁居至此，故得名周尚庄。
三八村 村民委员会	Sānbācūn Cūnmínwěiyuánhuì	位于埇桥区三八街道。1957年陈营村被命名为三八村，1981年改名为三八村村民委员会，沿用至今。

标准名称	汉语拼音	备注
陈营子	Chényíngzī	隶属于埇桥区三八街道三八村。明代初期，陈姓人家由山东长清县迁居至此，家族人丁旺盛，故名为陈营子。
小杨家	Xiǎoyángjiā	隶属于埇桥区三八街道三八村。清朝末年，杨氏先人在现小杨家处买地建房，从杨庙村分一支人到此居住、生产、生活，故称小杨家。
薛家	Xuējiā	隶属于埇桥区三八街道三八村。该村主要以薛姓居民为主，故而得名。
三里村 村民委员会	Sānlǐcūn Cūnmínwěiyuánhuì	位于埇桥区三八街道。人民公社时期名称为东风大队，1964 年和三义大队合并后，更名为三里大队，沿用至今。
十里村 村民委员会	Shílǐcūn Cūnmínwěiyuánhuì	位于埇桥区三八街道。人民公社时期为十里大队，1984 年由原来的十里大队更名为十里村村民委员会，该村委会于 2008 年由前赵村和十里村合并为十里村委员会。
后李	Hòulǐ	隶属于埇桥区三八街道十里村。以姓氏命名。
后赵	Hòuzhào	隶属于埇桥区三八街道十里村。以姓氏命名。
花家	Huājiā	隶属于埇桥区三八街道十里村。以姓氏命名。
蒋家	Jiǎngjiā	隶属于埇桥区三八街道十里村。以姓氏命名。
前李	Qiánlǐ	隶属于埇桥区三八街道十里村。以姓氏命名。
十里铺	Shílǐpù	隶属于埇桥区三八街道十里村。因旧时距县城十里，故名十里铺。
王家	Wángjiā	隶属于埇桥区三八街道十里村。以姓氏命名。
张家	Zhāngjiā	隶属于埇桥区三八街道十里村。以姓氏命名。
赵家	Zhàojiā	隶属于埇桥区三八街道十里村。以姓氏命名。
周家	Zhōujiā	隶属于埇桥区三八街道十里村。以姓氏命名。
杨庙村 村民委员会	Yángmiàocūn Cūnmínwěiyuánhuì	位于埇桥区三八街道。人民公社时期为杨庙大队，1983 年杨庙大队更名为杨庙村民委员会。
黄家	Huángjiā	隶属于埇桥区三八街道杨庙村。以姓氏命名。
杨庄	Yángzhuāng	隶属于埇桥区三八街道杨庙村。以姓氏命名。
港利社区 居民委员会	Gǎnglì Shèqū Jūmínwěiyuánhuì	位于埇桥区三八街道。港利社区是改革开放 30 年之际新建的社区，于 2008 年 12 月份揭牌。
上河城	Shànghéchéng	隶属于埇桥区三八街道港利社区。开发商命名。
港利小区	Gǎnglì Xiǎoqū	隶属于埇桥区三八街道港利社区。开发商命名。
光彩社区 居民委员会	Guāngcǎi Shèqū Jūmínwěiyuánhuì	位于埇桥区三八街道。2008 年 11 月，西园小区和李村子合并为光彩社区。
三十处小区	Sānshíchù Xiǎoqū	隶属于埇桥区三八街道光彩社区。于驻地单位中煤三建三十处开发，为方便职工居住，故命名三十处小区。

标准名称	汉语拼音	备注
轻校小区	Qīngxiào Xiǎoqū	隶属于埇桥区三八街道光彩社区。于驻地单位宿州市轻工业学校开发、为方便职工居住，故命名轻校小区。
宝龙小区	Bǎolóng Xiǎoqū	隶属于埇桥区三八街道光彩社区。由原驻地单位宝龙集团开发，以方便职工居住，故命名宝龙小区。
汴河西路小区	Biànhéxīlù Xiǎoqū	隶属于埇桥区三八街道光彩社区。因驻地在汴河西路，故以路命名小区名。
安厦小区	Ānshà Xiǎoqū	隶属于埇桥区三八街道光彩社区。开发商命名。
七十二处小区	Qīshí' èrchù Xiǎoqū	隶属于埇桥区三八街道光彩社区。开发商命名。
花径苑	Huājìngyuàn	隶属于埇桥区三八街道光彩社区。花径即花间的小路，形容环境优美的地方，适合人们居住，故以此得名花径苑。
技校小区	Jìxiào Xiǎoqū	隶属于埇桥区三八街道光彩社区。为驻地单位安徽省工程技术学校开发，以方便职工居住，故命名技校小区。
青年公社	Qīngnián Gōngshè	隶属于埇桥区三八街道光彩社区。为打造青年人群学习培训、拓展推广、会务商展、创业团队、电商经营、勤工俭学的孵化平台，故命名为青年公社。
光彩城	Guāngcǎichéng	隶属于埇桥区三八街道光彩社区。宿州光彩城大市场由全国知名的民营企业——江西民生集团投巨资精心打造，全国光彩促进直属重点项目之一，是一项现代商贸物流与光彩事业相得益彰的宏伟工程，故命名为光彩城小区。
银河社区居民委员会	Yínhé Shèqū Jūmínwěiyuánhuì	位于埇桥区三八街道。2008 年 12 月命名，原是董园村民委员会。
华庭小区	Huátíng Xiǎoqū	隶属于埇桥区三八街道银河社区。由房地产开发商命名。
梦园小区	Mèngyuán Xiǎoqū	隶属于埇桥区三八街道银河社区。由房地产开发商命名。
明日小区	Míngrì Xiǎoqū	隶属于埇桥区三八街道银河社区。由房地产开发商命名。
胜利路小区	Shènglìlù Xiǎoqū	隶属于埇桥区三八街道银河社区。2013 年 6 月政府征迁安置小区，因胜利路命名。
吴东组	Wúdōngzǔ	隶属于埇桥区三八街道银河社区。由原大吴庄命名。
吴西组	Wúxīzǔ	隶属于埇桥区三八街道银河社区。由原大吴组命名。
御品华府	Yùpǐn Huáfǔ	隶属于埇桥区三八街道银河社区。由房地产开发商命名。
万达华城	Wàndá Huáchéng	隶属于埇桥区三八街道银河社区。由万达集团开发，故名。
首钢首御	Shǒugāngshǒuyù	隶属于埇桥区三八街道银河社区。由首钢首御集团开发命名。
迎宾社区居民委员会	Yíngbīn Shèqū Jūmínwěiyuánhuì	位于埇桥区三八街道。1958 年为城西公社六里大队，1978 年为城南乡六里村，1992 年为三八乡六里村，2006 年为三八街道办事处迎宾社区居民委会。
祁东新村	Qídōng Xīncūn	隶属于埇桥区三八街道迎宾社区。由开发商命名。

汴河街道

汴河街道（Biànhé Jiēdào）　属埇桥区管辖。在埇桥区城区的北部。面积62.7064平方千米。人口38235人。以汉族为主。1992年2月，由原梅庵乡、北十里乡合并为汴河镇。2005年改设汴河街道，属宿州市埇桥区。2012年以来，建设城市重点工程13个；完成沱河、小黄河清淤工程，河道整治后，灌溉农田近万亩；投资10万元完善排水设施，完成道路绿化工程，改善隅居环境。因街道办事处驻地位于新汴河岸边，故名。唐河、新汴河、濉河、引河流经境内。有文化站1个，各类图书室8个；幼儿园5所，小学10所，初中2所；各级医疗机构13个；体育场地13处。各类生活设施齐全，有宿州体育馆、新汴河风景区供市民活动休息。以工业、商业外贸为主。合徐高速、206国道、京沪铁路贯穿全境。通多路公交车。

标准名称	汉语拼音	备注
汴北社区 村民委员会	Biànběi Shèqū Cūnmínwěiyuánhuì	位于埇桥区汴河街道。1984年以前属于城郊公社吕家大队，1984年以后因县、市区划调整，从吕家大队分离出来，设立汴北村，2014年10月因改制成立汴北社区村委会至今。
石油花园	Shíyóuhuāyuán	隶属于埇桥区汴河街道汴北社区。石油花园始建于2009年1月，建成于2010年10月，因靠近中国石油加油站而得名。
汴水人家	Biànshuǐrénjiā	隶属于埇桥区汴河街道汴北社区。汴水人家因靠近新汴河而得名。
徐庄	Xúzhuāng	隶属于埇桥区汴河街道汴北社区。据查，清代有徐姓在此占地立庄，故而得名。
黄庄	Huángzhuāng	隶属于埇桥区汴河街道汴北社区。据查，明代有黄姓在此开荒种植，占地立庄，故而得名。
刘香庄	Liúxiāngzhuāng	隶属于埇桥区汴河街道汴北社区。据听老人讲，清代有位姓刘名秀的在此居住，名声较差，因为“秀”与“臭”同音，当地人叫他“刘臭”。因臭是多音字，后人又称为刘臭(音chòu)。
邱庄	Qiūzhuāng	隶属于埇桥区汴河街道汴北社区。明朝时有邱姓人家在此居住，开荒种地立庄，故而得名。
十里	Shílǐ	隶属于埇桥区汴河街道汴北社区。据查，因该地离宿城十里而得名，原名为十里铺，后改为十里。
梅庵村 村民委员会	Méi'āncūn Cūnmínwěiyuánhuì	位于埇桥区汴河街道。2008年由张老庄村、余桥村、后屯村正式合并为梅庵村沿用至今。2013年1月划归高新区管辖，2015年6月又划回汴河街道办事处。

标准名称	汉语拼音	备注
余桥	Yúqiáo	隶属于埇桥区汴河街道梅庵村。据查，新中国成立前有户姓鱼的农户在此居住，因余湖有一小桥，故称余桥。
吴家	Wújiā	隶属于埇桥区汴河街道梅庵村。新中国成立前，最早有吴姓人家在此种地，后形成一庄，故称吴家。
张家	Zhāngjiā	隶属于埇桥区汴河街道梅庵村。清代后期，有张姓人家来此居住，种地立庄，故称张家。
朱家	Zhūjiā	隶属于埇桥区汴河街道梅庵村。旧时朱姓人家在此居住，种地立庄，故称朱家。
康家	Kāngjiā	隶属于埇桥区汴河街道梅庵村。据查，清代康姓人家在此地居住，种地后形成庄，故而得名。
梅庵	Méi’ān	隶属于埇桥区汴河街道梅庵村。清朝初年，有一梅姓人家，在此地搭草庵卖茶，后在此地种地立庄，因梅姓人口众多，故称梅庵。
后屯	Hòutún	隶属于埇桥区汴河街道梅庵村。据一碑文记载，明代时从山西迁过来牛姓人家，在此落户，后人口越聚越多，分为前庄和后庄，前庄叫前屯（现属于杨圩村），后庄叫后屯，故而得名。
张井涯	Zhāngjǐngyá	隶属于埇桥区汴河街道梅庵村。清代中期，以张姓住户为主，因在庄东有井，水清、微甜、质优，当地住户把此地称为张井涯。
张老庄	Zhānglǎozhuāng	隶属于埇桥区汴河街道梅庵村。据查，明代中期由宿县北关张姓分支到此居住，因年代久远，人口众多，远近闻名，故取名张老庄。
单家	Shànjiā	隶属于埇桥区汴河街道梅庵村。据查清初，有单姓农户在此居住，故称单家。
新汴河社区村民委员会	Xīnbiànhé Shèqū Cūnmínwěiyuánhuì	位于埇桥区汴河街道。2007 年 10 月由原双秦村、戚岭村、大江村正式合并为新汴河村，2014 年 11 月份改制时成立新汴河社区村民委员会，沿用至今。
西双庄	Xīshuāngzhuāng	隶属于埇桥区汴河街道新汴河社区。据查，清朝咸丰年间，大地主黄丰城在此种地，便于管理，在此居住，路东路西分别有两户。天长日久，两边各形成村落，路东叫东双庄，路西叫西双庄，西双庄因为在路西而得名。
东双庄	Dōngshuāng zhuāng	隶属于埇桥区汴河街道新汴河社区。据查，清朝咸丰年间，大地主黄丰城在此种地，便于管理，在此居住，路东路西分别有两户。天长日久，两边各形成村落，路东叫东双庄，路西叫西双庄。

标准名称	汉语拼音	备注
东任井	Dōngrènjǐng	隶属于埇桥区汴河街道新汴河社区。该地方地势较洼，容易打井，老百姓在此重新填土盘宅基地，起初在此居住的是任姓家族，因此叫任井。1964 年开挖新汴河时，把原任井庄搬迁至现在的位置，东边的庄叫东任井，西边的小庄叫西任井。
小戚庄	Xiǎoqīzhuāng	隶属于埇桥区汴河街道新汴河社区。明初，山西戚姓人口迁移到此占地立庄，叫戚家庄，后来人口越聚越多，分成两个庄，原先的庄叫大戚庄，分出去新成立的庄叫小戚庄。
小吴家	Xiǎowújiā	隶属于埇桥区汴河街道新汴河社区。据调查，旧时吴姓在此落户种地，故得名小吴家。
张洼	Zhāngwā	隶属于埇桥区汴河街道新汴河社区。因该自然庄地势较洼，张姓人口众多，占总人口的八成以上，故而得名。
陆湾	Lùwān	隶属于埇桥区汴河街道新汴河社区。因新汴河到此处是一拐弯处，挖新汴河时该庄向北挪，因此称为陆湾。
大戚庄	Dàqīzhuāng	隶属于埇桥区汴河街道新汴河社区。明初，山西戚姓人口迁移到此占地立庄，叫戚家庄，后来人口越聚越多，分成两个庄，原先的庄叫大戚庄，分出去新成立的庄叫小戚庄。
周庄	Zhōuzhuāng	隶属于埇桥区汴河街道新汴河社区。据碑文记载，清朝道光二十六年，姓周的永字辈的上一辈从徐州奶奶山迁过来在此立庄，故得名周庄。
张庄	Zhāngzhuāng	隶属于埇桥区汴河街道新汴河社区。据考察，明末清初，有张姓人口在此定居，种地立庄形成规模，因张姓人口最多，故取名张庄。
大江庄	Dàjiāngzhuāng	隶属于埇桥区汴河街道新汴河社区。大江庄有 180 多年的历史了。江长沂、江汉柏的祖上逃难到江北时，被官兵追杀，官兵问他们姓什么，仆人和老妈子指江为姓，说“姓江”，逃难到此，占地立庄，始称为江庄。后来江姓人口越聚越多，从江庄迁出一部分，原来的庄叫大江庄，迁出去的新庄叫小江庄（现属于高新区秦湖社区管理）。
陈芦	Chénlú	隶属于埇桥区汴河街道新汴河社区。该庄旧时前叫圩里陈，陈敦家和芦氏一户在此种地，各自形成一个小庄，1951 年土改时把两个小庄合并在一起称为陈芦。
大蔡家	Dàcàijiā	隶属于埇桥区汴河街道新汴河社区。旧时有蔡姓在此落户种地，因他排行老大，故取名大蔡家。
小蔡庄	Xiǎocàizhuāng	隶属于埇桥区汴河街道新汴河社区。旧时，有蔡姓两户在此种地，因地多人少，故取名小蔡庄。1964 年开挖新汴河时，把原任井组的一部分搬迁到小蔡庄落户，形成现在的小蔡庄。

标准名称	汉语拼音	备注
大秦	Dàqín	隶属于埇桥区汴河街道新汴河社区。清末民初，有秦姓在任井落户，在此占地耕种，天长日久，人口逐渐增多，形成村庄，故得名大秦庄。
西任井	Xīrènjǐng	隶属于埇桥区汴河街道新汴河社区。该地方地势较洼，容易打井，老百姓在此重新填土盘宅基地，起初在此居住的是任姓家族，因此叫任井。1964 年开挖新汴河时，把原任井庄搬迁至现在的位置，东边的庄叫东任井，西边的小庄叫西任井。
马梨园社区村民委员会	Mǎlíyuán Shèqū Cūnmínwěiyuánhuì	位于埇桥区汴河街道。1958 年成立人民公社时期名为马梨园大队，1983 年马梨园大队更名为马梨园村民委员会后，2014 年 11 月成立马梨园社区村民委员会，沿用至今。
玉帝庙庄	Yùdìmiàozhuāng	隶属于埇桥区汴河街道马梨园村。清代道光二十五年，修建庙宇玉帝庙。玉帝庙庄原先叫小孙庄，后来姓孙的人家都没有了，改称玉帝庙庄。
洼北庄	Wāběizhuāng	隶属于埇桥区汴河街道马梨园村。一二百年前庄前室大洼，每年夏季都发大水，从宿县北关出发一船能驶到灰古，因地势较洼出名，故取名洼北庄。
素张庄	Sùzhāngzhuāng	隶属于埇桥区汴河街道马梨园村。清末年间，从蕲县搬迁过来的张姓一族喜欢穿着白色素服，骑白马，故庄名称为白马素庄，简称素张庄。
王道庄	Wángdàozhuāng	隶属于埇桥区汴河街道马梨园村。据访老人说 100 多年前该庄原名小郭庄，后姓郭的无后人，姓王的占九成以上，故改名为王道庄。
竹杆园庄	Zhúgānyuánzhuāng	隶属于埇桥区汴河街道马梨园村。据老年人讲，在很久以前该庄有 100 多亩竹子林，因此该庄取名竹杆园庄。
小庙庄	Xiǎomiàozhuāng	隶属于埇桥区汴河街道马梨园村。早在 300 多年前就有一座土地庙，由四周村庄居住的人每年逢年过节作祭祀用。200 年前有一户张姓人家在此庙西北角盖房居住，日后陆续来住的人就多了，后取名小庙庄。
前瓦坊	Qiánwǎfāng	隶属于埇桥区汴河街道马梨园村。清末，马姓迁居此地，后分为两个小庄，因村庄中瓦房居多，且该庄位于南面，故得名前瓦坊。
后瓦坊	Hòuwǎfāng	隶属于埇桥区汴河街道马梨园村。清末，马姓迁居此地，后分为两个小庄，因村庄中瓦房居多，且该庄位于北面，故得名后瓦坊。
马梨园庄	Mǎlíyuánzhuāng	隶属于埇桥区汴河街道马梨园村。200 年前，庄四周种满了梨树，遮天蔽日，庄里马姓居多，故得名马梨园庄。

金海街道

金海街道（Jīnhǎi Jiēdào） 属埇桥区管辖。在埇桥区城区的南部。面积 47.8576 平方千米。人口 29937 人。以汉族为主。2009 年 4 月 30 日，设金海街道。属宿州市埇桥区。2010 年以来，投入 400 万余元，建设标准化厂房；投入 30 万元实施道路街巷绿化；投入 7.4 万元清理疏浚河道 5145 米；投资 2500 万元建设新兴社区农贸服务中心、新海社区餐饮服务中心和金贸大厦商贸服务中心等三大社区服务中心。因辖区主干道金海大道而得名，寓意大海淘金、财源滚滚。有沱河流经境内。有小学 4 所、初中 1 所、高中 1 所；各级医疗机构 12 个。有宿州市经济开发区，有皖商、百大农产品、中豪建材三大物流园区；有四季景观道路。以工业、商业外贸为主。206 国道、101 省道纵贯辖区；城市道路四通八达。通多路公交车。

标准名称	汉语拼音	备注
曹凌村村民委员会	Cáolíngcūn Cūnmínwěiyuánhuì	位于埇桥区金海街道。1949 年后为闫店乡荣光四社，后划入人民公社为二铺人民公社杨庙大队，1966 年“文化大革命”改名为曹凌大队，1983 年由政府命名为曹凌村村民委员会，沿用至今。
曹家庄	Cáojiāzhuāng	隶属于埇桥区金海街道曹凌村。该庄主要以曹姓居民居多，故而得名。
孙家	Sūnjiā	隶属于埇桥区金海街道曹凌村。清代中期，孙姓人家及沈姓人家从外地迁来此地居住，故而得名。
张家	Zhāngjiā	隶属于埇桥区金海街道曹凌村。明朝中期，张姓从山西迁居至此，故得名为张家。
童家	Tóngjiā	隶属于埇桥区金海街道曹凌村。从前这个庄名小赵家，后来随着姓童的人家人丁旺盛，后来改名为童家。
阮家	Ruǎnjiā	隶属于埇桥区金海街道曹凌村。从前这个庄名是小张家，后来张姓逐渐衰败，姓阮的家人丁旺盛，后来改为阮家。
沈家	Shěnjiā	隶属于埇桥区金海街道曹凌村。清朝中期，从现朱仙庄村沈牌坊迁至此地，在此地开荒种植，故得名为沈老荒。1949 年后因生活的逐渐转好和口音的转变称呼沈老庄，后称沈家。
饶家	Ráojiā	隶属于埇桥区金海街道曹凌村。明朝中期，饶姓由南方江西上饶迁居至此，因此得名饶家。
金家	Jīnjiā	隶属于埇桥区金海街道曹凌村。因大多居民姓金，一直称为金家。
小凌家	Xiǎolíngjiā	隶属于埇桥区金海街道曹凌村。明代中期，凌姓自山西迁居至此，又因南有大凌家，故得名小凌家。

标准名称	汉语拼音	备注
大凌庄	Dàlíngzhuāng	隶属于埇桥区金海街道曹凌村。明朝中期，从山西洪洞县迁居西二铺开荒种地，后分居到此，因本地凌氏家族人员分居周边四个村庄都没有该庄大，故得名大凌庄。
谷岭村村民委员会	Gǔlǐngcūn Cūnmínwěiyuánhuì	位于埇桥区金海街道。1983 年以前名称为谷岭大队，1983 年由谷岭大队更名为谷岭村民委员会后，名称未变，沿用至今。
谷岭庄	Gǔlǐngzhuāng	隶属于埇桥区金海街道谷岭村。主要以谷姓居多，又以村有条岭子，故以谷岭庄为名。
刘桥庄	Liúqiáozhuāng	隶属于埇桥区金海街道谷岭村。因刘姓居多，村头有座石桥，故名刘桥庄，又称刘大桥。
张陆庄	Zhānglùzhuāng	隶属于埇桥区金海街道谷岭村。主要居住的以姓张、姓陆居多，故名张陆庄。
七里村村民委员会	Qīlǐcūn Cūnmínwěiyuánhuì	位于埇桥区金海街道。人民公社时期称七里大队；1990 年由七里大队更名为七里村民委员会，沿用至今。
凌家	Língjiā	隶属于埇桥区金海街道七里村。以凌姓居多，故而得名。
吕家	Lǚjiā	隶属于埇桥区金海街道七里村。以吕家居多，故而得名。
后王庄	Hòuwángzhuāng	隶属于埇桥区金海街道七里村。以王姓居多，故而得名。
前付村村民委员会	Qiánfùcūn Cūnmínwěiyuánhuì	位于埇桥区金海街道。人民公社时期名称前付大队；1985 年由前付大队更名为前付村民委员会，沿用至今。
梁家庄	Liángjiāzhuāng	隶属于埇桥区金海街道前付村。梁姓人家从外地迁居至此，故而得名。
前付庄	Qiánfùzhuāng	隶属于埇桥区金海街道前付村。以付姓人口居多，居南为前，故而得名。
姬家庄	Jījiāzhuāng	隶属于埇桥区金海街道前付村。姬姓人家从东二铺迁居至此，故而得名。
黄寨庄	Huángzhàizhuāng	隶属于埇桥区金海街道前付村。黄姓人口较多，故而得名。
孟家庄	Mèngjiāzhuāng	隶属于埇桥区金海街道前付村。以孟姓人口较多，故而得名。
邵王村村民委员会	Shàowángcūn Cūnmínwěiyuánhuì	位于埇桥区金海街道。人民公社时期为邵寨大队和王古堆大队；1983 年改为邵寨村，王古堆村；1994 年两村合并取名为邵王村，沿用至今。
王古堆	Wánggǔduī	隶属于埇桥区金海街道邵王村。清朝年间，王姓由山东迁居至此，为防黄泛，挖村四周土，筑堆建房，经数代人不断堆积，形成四周低洼、中间如岛屿之地，又因离宿州八里之遥，故而得名城西八里王古堆，简称王古堆。
谭家	Tánjiā	隶属于埇桥区金海街道邵王村。清朝时期，谭姓人家从外地迁居至此，故而得名。

标准名称	汉语拼音	备注
岳家	Yuèjiā	隶属于埇桥区金海街道邵王村。清朝时期，岳姓人家从外地迁居至此，故而得名。
小张家	Xiǎozhāngjiā	隶属于埇桥区金海街道邵王村。清朝时期，张姓人家从外地迁居至此，故而得名。
邵寨	Shàozhài	隶属于埇桥区金海街道邵王村。清朝时期，邵姓人家从外地迁居至此，故而得名。
陆家	Lùjiā	隶属于埇桥区金海街道邵王村。清朝时期，陆姓人家从外地迁居至此，故而得名。
王桥村村民委员会	Wángqiáocūn Cūnmínwěiyuánhuì	位于埇桥区金海街道。1983 年由王桥大队更名为王桥村。
汪家	Wāngjiā	隶属于埇桥区金海街道王桥村。清末汪姓由南方迁来，因故得名为汪家。
王桥	Wángqiáo	隶属于埇桥区金海街道王桥村。从清代起名为王桥至今。
小南庄	Xiǎonánzhuāng	隶属于埇桥区金海街道王桥村。从外地迁来，得名小南庄。
五里村村民委员会	Wǔlǐcūn Cūnmínwěiyuánhuì	位于埇桥区金海街道。人民公社时期称五里大队；1990 年由五里大队更名为五里村民委员会，名称一直未变。
三里庄	Sānlǐzhuāng	隶属于埇桥区金海街道五里村。因当时该庄距离城区有三里，故名。
五里庄	Wǔlǐzhuāng	隶属于埇桥区金海街道五里村。因村委会坐落在此而得名。
八里庄	Bālǐzhuāng	隶属于埇桥区金海街道五里村。因该庄当时距离城区有八里，故名。
南翔上城	Nánxiáng Shàngchéng	隶属于埇桥区金海街道五里村。2014 年南翔集团征地建设，故而得名。
三里洋房	Sānlǐyángfáng	隶属于埇桥区金海街道五里村。恒塔房地产建于 2011 年 1 月并命名。
闫店村村民委员会	Yándiàncūn Cūnmínwěiyuánhuì	位于埇桥区金海街道。人民公社时期名为闫店大队；1983 年由闫店大队更名为闫店村民委员会，后属前付乡，现属金海街道办事处管辖，名称一直未变。
闫店子	Yándiànzi	隶属于埇桥区金海街道闫店村。有闫姓人家在此开店经商，故而得名。
小李家	Xiǎolǐjiā	隶属于埇桥区金海街道闫店村。有李姓人家从外地迁居至此，故而得名。
小闫家	Xiǎoyánjiā	隶属于埇桥区金海街道闫店村。有闫姓人家从外地迁居至此，故而得名。
刘家	Liújiā	隶属于埇桥区金海街道闫店村。有刘姓人家从山西迁居至此，故而得名。

标准名称	汉语拼音	备注
小王家	Xiǎowángjiā	隶属于埇桥区金海街道闫店村。有王姓人家迁居至此，故而得名。
张沈村村民委员会	Zhāngshěncūn Cūnmínwěiyuánhuì	位于埇桥区金海街道。1971 年以前名称为张沈村大队，1971 年以后由张沈村大队更名为张沈村村民委员会，名称未变。
洪学庄	Hóngxuézhuāng	隶属于埇桥区金海街道张沈村。因洪学组原有姓洪的较多，故命名为洪学，沿用至今。
张家庄	Zhāngjiāzhuāng	隶属于埇桥区金海街道张沈村。主要以居住张姓居多，故以张家庄命名。
朱家庄	Zhūjiāzhuāng	隶属于埇桥区金海街道张沈村。因以朱姓居多，故以朱家庄命名。
沈家庄	Shěnjiāzhuāng	隶属于埇桥区金海街道张沈村。因以沈姓居多，故以沈家庄命名。
莫家庄	Mòjiāzhuāng	隶属于埇桥区金海街道张沈村。因莫姓人家最早在此居住，故而得名。
李桥村村民委员会	Lǐqiáocūn Cūnmínwěiyuánhuì	位于埇桥区金海街道。人民公社时期称李桥大队；1990 年由李桥大队更名为李桥村民委员会，名称一直未变，沿用至今。
李桥	Lǐqiáo	隶属于埇桥区金海街道李桥村。古沱河东西横黄金村，河上有一桥名为李桥，故而得名。
小李庄	Xiǎolǐzhuāng	隶属于埇桥区金海街道李桥村。古沱河上，李姓人家从外地迁居至此，故而得名。
和谐苑社区居民委员会	Héxiéyuàn Shèqū Jūmínwěiyuánhuì	位于埇桥区金海街道。2013 年底开始陆续入住，2014 年 10 月埇桥区政府正式成立和谐苑社区。
河拐社区居民委员会	Héguǎi Shèqū Jūmínwěiyuánhuì	位于埇桥区金海街道。1979 年成立河拐村；2009 年划为河拐社区居民委员会至今。
后付社区居民委员会	Hòufù Shèqū Jūmínwěiyuánhuì	位于埇桥区金海街道。人民公社时期属于前付大队，后付小队；2007 年，后付大队更名为后付社区，沿用至今。
王徐社区居民委员会	Wángxú Shèqū Jūmínwěiyuánhuì	位于埇桥区金海街道。1958 年至 1960 年为药材厂；1961 年至 1966 年为紫芦湖公社三里大队；1967 年至 1979 年为城郊公社前付大队；1980 年至 1990 年为城郊区城南乡王徐大队；1991 年至 2000 年为三里湾办事处王徐村；2001 年至 2005 年为宿州开发区王徐村；2006 年为金海街道办事处王徐社区居委会至今。

三里湾街道

三里湾街道（Sānlǐwān Jiēdào） 属埇桥区管辖。在埇桥区城区的东南部。面积 3.2474 平方千米。人口 32285 人。以汉族为主。1979 年 12 月撤社设城南乡，1992 年 3 月撤销城南乡，设三里湾街道，1999 年属宿州市埇桥区。2010 年以来，先后完成小街、小巷、小区、小院绿化工程；修建改造农科路、三里湾路等 10 条道路工程；新建水冲厕所，落实绿化美化工程；投资 1 亿元修建农贸市场。因街道办事处驻三里湾村而得名。运粮河流经境内。有幼儿园 6 所、小学 1 所、初中 1 所；各种医疗卫生机构 9 个；基础教育设施完善。辖区内各类生活设施齐全，有迎宾大道景观路。以商业外贸为主。206 国道穿境而过，浍水路、淮河路、纺织路、迎宾大道横贯东西，怀远路纵贯南北，通多路公交车。

标准称	汉语拼音	备注
陈营社区居民委员会	Chényíng Shèqū Jūmínwěiyuánhuì	位于埇桥区三里湾街道。人民公社时期名为陈营大队。1983 年由陈营大队更名为陈营村民委员会，2010 年由陈营村民委员会更名为陈营社区居民委员会。
第一网格	Dìyīwǎnggé	隶属于埇桥区三里湾街道陈营社区。2016 年实行网格化管理，划分区域而来。
第二网格	Dì’èrwǎnggé	隶属于埇桥区三里湾街道陈营社区。2016 年实行网格化管理，划分区域而来。
第三网格	Dìsānwǎnggé	隶属于埇桥区三里湾街道陈营社区。2016 年实行网格化管理，划分区域而来。
第四网格	Dìsìwǎnggé	隶属于埇桥区三里湾街道陈营社区。2016 年实行网格化管理，划分区域而来。
第五网格	Dìwǔwǎnggé	隶属于埇桥区三里湾街道陈营社区。2016 年实行网格化管理，划分区域而来。
第六网格	Dìliùwǎnggé	隶属于埇桥区三里湾街道陈营社区。2016 年实行网格化管理，划分区域而来。
第七网格	Dìqīwǎnggé	隶属于埇桥区三里湾街道陈营社区。2016 年实行网格化管理，划分区域而来。
第八网格	Dìbāwǎnggé	隶属于埇桥区三里湾街道陈营社区。2016 年实行网格化管理，划分区域而来。
第九网格	Dìjiǔwǎnggé	隶属于埇桥区三里湾街道陈营社区。2016 年实行网格化管理，划分区域而来。
第十网格	Dìshíwǎnggé	隶属于埇桥区三里湾街道陈营社区。2016 年实行网格化管理，划分区域而来。

标准称	汉语拼音	备注
第十一网格	Dìshíyīwǎnggé	隶属于埇桥区三里湾街道陈营社区。2016 年实行网格化管理，划分区域而来。
第十二网格	Dìshí' èrwǎnggé	隶属于埇桥区三里湾街道陈营社区。2016 年实行网格化管理，划分区域而来。
第十三网格	Dìshísānwǎnggé	隶属于埇桥区三里湾街道陈营社区。2016 年实行网格化管理，划分区域而来。
第十四网格	Dìshísìwǎnggé	隶属于埇桥区三里湾街道陈营社区。2016 年实行网格化管理，划分区域而来。
第十五网格	Dìshíwǔwǎnggé	隶属于埇桥区三里湾街道陈营社区。2016 年实行网格化管理，划分区域而来。
纺织路社区居民委员会	Fǎngzhīlù Shèqū Jūmínwěiyuánhuì	位于埇桥区三里湾街道。1994 年 9 月成立纺织路居委会，沿用至今。
第一网格	Dìyīwǎnggé	隶属于埇桥区三里湾街道纺织路社区。为方便社区管理，将整个辖区共划为十个网格，每个网格配置一至两名管理人员负责所管辖的区域，全方位进行动态管理，是一种数字化管理模式。
第二网格	Dì' èrwǎnggé	隶属于埇桥区三里湾街道纺织路社区。为方便社区管理，将整个辖区共划为十个网格，每个网格配置一至两名管理人员负责所管辖的区域，全方位进行动态管理，是一种数字化管理模式。
第三网格	Dìsānwǎnggé	隶属于埇桥区三里湾街道纺织路社区。为方便社区管理，将整个辖区共划为十个网格，每个网格配置一至两名管理人员负责所管辖的区域，全方位进行动态管理，是一种数字化管理模式。
第四网格	Dìsìwǎnggé	隶属于埇桥区三里湾街道纺织路社区。为方便社区管理，将整个辖区共划为十个网格，每个网格配置一至两名管理人员负责所管辖的区域，全方位进行动态管理，是一种数字化管理模式。
第五网格	Dìwǔwǎnggé	隶属于埇桥区三里湾街道纺织路社区。为方便社区管理，将整个辖区共划为十个网格，每个网格配置一至两名管理人员负责所管辖的区域，全方位进行动态管理，是一种数字化管理模式。
第六网格	Dìliùwǎnggé	隶属于埇桥区三里湾街道纺织路社区。为方便社区管理，将整个辖区共划为十个网格，每个网格配置一至两名管理人员负责所管辖的区域，全方位进行动态管理，是一种数字化管理模式。

标准称	汉语拼音	备注
第七网格	Dìqīwǎnggé	隶属于埇桥区三里湾街道纺织路社区。为方便社区管理，将整个辖区共划为十个网格，每个网格配置一至两名管理人员负责所管辖的区域，全方位进行动态管理，是一种数字化管理模式。
第八网格	Dìbāwǎnggé	隶属于埇桥区三里湾街道纺织路社区。为方便社区管理，将整个辖区共划为十个网格，每个网格配置一至两名管理人员负责所管辖的区域，全方位进行动态管理，是一种数字化管理模式。
第九网格	Dìjiǔwǎnggé	隶属于埇桥区三里湾街道纺织路社区。为方便社区管理，将整个辖区共划为十个网格，每个网格配置一至两名管理人员负责所管辖的区域，全方位进行动态管理，是一种数字化管理模式。
第十网格	Dìshíwǎnggé	隶属于埇桥区三里湾街道纺织路社区。为方便社区管理，将整个辖区共划为十个网格，每个网格配置一至两名管理人员负责所管辖的区域，全方位进行动态管理，是一种数字化管理模式。
凤池社区居民委员会	Fèngchí Shèqū Jūmínwěiyuánhuì	位于埇桥区三里湾街道。2008 年，南关街道办事处的凤池社区与三里湾街道的怀远社区合并为三里湾街道凤池社区，沿用至今。
第一网格	Dìyīwǎnggé	隶属于埇桥区三里湾街道凤池社区。2014 年实行网格化管理，划分区域得来。
第二网格	Dì’èrwǎnggé	隶属于埇桥区三里湾街道凤池社区。2014 年实行网格化管理，划分区域得来。
第三网格	Dìsānwǎnggé	隶属于埇桥区三里湾街道凤池社区。2014 年实行网格化管理，划分区域得来。
第四网格	Dìsìwǎnggé	隶属于埇桥区三里湾街道凤池社区。2014 年实行网格化管理，划分区域得来。
第五网格	Dìwǔwǎnggé	隶属于埇桥区三里湾街道凤池社区。2014 年实行网格化管理，划分区域得来。
第六网格	Dìliùwǎnggé	隶属于埇桥区三里湾街道凤池社区。2014 年实行网格化管理，划分区域得来。
第七网格	Dìqīwǎnggé	隶属于埇桥区三里湾街道凤池社区。2014 年实行网格化管理，划分区域得来。
第八网格	Dìbāwǎnggé	隶属于埇桥区三里湾街道凤池社区。2014 年实行网格化管理，划分区域得来。
第九网格	Dìjiǔwǎnggé	隶属于埇桥区三里湾街道凤池社区。2014 年实行网格化管理，划分区域得来。

标准称	汉语拼音	备注
拂晓社区居民委员会	Fúxiǎo Shèqū Jūmínwěiyuánhuì	位于埇桥区三里湾街道。2016 年 1 月 28 日成立，沿用至今。
第一网格	Dìyīwǎnggé	隶属于埇桥区三里湾街道拂晓社区。2016 年实行网格化管理，划分区域而来。
第二网格	Dì’ èrwǎnggé	隶属于埇桥区三里湾街道拂晓社区。2016 年实行网格化管理，划分区域而来。
第三网格	Dìsānwǎnggé	隶属于埇桥区三里湾街道拂晓社区。2016 年实行网格化管理，划分区域而来。
第四网格	Dìsìwǎnggé	隶属于埇桥区三里湾街道拂晓社区。2016 年实行网格化管理，划分区域而来。
第五网格	Dìwǔwǎnggé	隶属于埇桥区三里湾街道拂晓社区。2016 年实行网格化管理，划分区域而来。
第六网格	Dìliùwǎnggé	隶属于埇桥区三里湾街道拂晓社区。2016 年实行网格化管理，划分区域而来。
第七网格	Dìqīwǎnggé	隶属于埇桥区三里湾街道拂晓社区。2016 年实行网格化管理，划分区域而来。
第八网格	Dìbāwǎnggé	隶属于埇桥区三里湾街道拂晓社区。2016 年实行网格化管理，划分区域而来。
淮河路社区居民委员会	Huáihélù Shèqū Jūmínwěiyuánhuì	位于埇桥区三里湾街道。因境内重要道路淮河路，2008 年命名为淮河路社区居民委员会，沿用至今。
第一网格	Dìyīwǎnggé	隶属于埇桥区三里湾街道淮河路社区。网格于 2014 年成立，主要把小区、居民房、单位集中于一体，方便网格化管理，故而得名。
第二网格	Dì’ èrwǎnggé	隶属于埇桥区三里湾街道淮河路社区。网格于 2014 年成立，主要把小区、居民房、单位集中于一体，方便网格化管理，故而得名。
第三网格	Dìsānwǎnggé	隶属于埇桥区三里湾街道淮河路社区。网格于 2014 年成立，主要把小区、居民房、单位集中于一体，方便网格化管理，故而得名。
第四网格	Dìsìwǎnggé	隶属于埇桥区三里湾街道淮河路社区。网格于 2014 年成立，主要把小区、居民房、单位集中于一体，方便网格化管理，故而得名。
第五网格	Dìwǔwǎnggé	隶属于埇桥区三里湾街道淮河路社区。网格于 2014 年成立，主要把小区、居民房、单位集中于一体，方便网格化管理，故而得名。
第六网格	Dìliùwǎnggé	隶属于埇桥区三里湾街道淮河路社区。网格于 2014 年成立，主要把小区、居民房、单位集中于一体，方便网格化管理，故而得名。

标准称	汉语拼音	备注
第七网格	Dìqīwǎnggé	隶属于埇桥区三里湾街道淮河路社区。网格于2014年成立，主要把小区、居民房、单位集中于一体，方便网格化管理，故而得名。
南方社区居民委员会	Nánfāng Shèqū Jūmínwěiyuánhuì	位于埇桥区三里湾街道。2016年1月28日成立，沿用至今。
雪龙化纤小区	Xuělónghuàxiān Xiǎoqū	隶属于埇桥区三里湾街道南方社区。以雪龙化纤厂职工宿舍化名而来。
朱家居民组	Zhūjiā Jūmínzǔ	隶属于埇桥区三里湾街道南方社区。该庄以朱姓的居民为主，因姓氏命名。
双陈居民组	Shuāngchén Jūmínzǔ	隶属于埇桥区三里湾街道南方社区。该庄以姓陈的居民为主，故而得名。
邱庄居民组	Qiūzhuāng Jūmínzǔ	隶属于埇桥区三里湾街道南方社区。该庄以姓邱的居民为主，故而得名。
利民小区	Lìmín Xiǎoqū	隶属于埇桥区三里湾街道南方社区。由开发商申报，经政府批准后命名。
新天华城	Xīntiānhuáchéng	隶属于埇桥区三里湾街道南方社区。由开发商申报，经政府批准后命名。
前九居民组	Qiánjiǔ Jūmínzǔ	隶属于埇桥区三里湾街道南方社区。由前九生产队改名前九居民组。
孟家居民组	Mèngjiā Jūmínzǔ	隶属于埇桥区三里湾街道南方社区。该庄以姓孟的居民为主，故而得名。
三里湾社区居民委员会	Sānlǐwān Shèqū Jūmínwěiyuánhuì	位于埇桥区三里湾街道。人民公社时期为三里湾大队，1984年撤销大队成立三里湾村，2008年三里湾村、三里湾居委会、浍纺居委会的各一部分合并为三里湾社区居委会，沿用至今。
第一网格	Dìyīwǎnggé	隶属于埇桥区三里湾街道三里湾社区。为方便管理，将辖区地分成若干网络状的单元，并对每一网格实施动态，全方位管理，它是一种数字化管理模式。
第二网格	Dì' èrwǎnggé	隶属于埇桥区三里湾街道三里湾社区。为方便管理，将辖区地分成若干网络状的单元，并对每一网格实施动态，全方位管理，它是一种数字化管理模式。
第三网格	Dìsānwǎnggé	隶属于埇桥区三里湾街道三里湾社区。为方便管理，将辖区地分成若干网络状的单元，并对每一网格实施动态，全方位管理，它是一种数字化管理模式。
第四网格	Dìsìwǎnggé	隶属于埇桥区三里湾街道三里湾社区。为方便管理，将辖区地分成若干网络状的单元，并对每一网格实施动态，全方位管理，它是一种数字化管理模式。

标准称	汉语拼音	备注
第五网格	Dìwǔwǎnggé	隶属于埇桥区三里湾街道三里湾社区。为方便管理，将辖区地分成若干网络状的单元，并对每一网格实施动态，全方位管理，它是一种数字化管理模式。
第六网格	Dìliùwǎnggé	隶属于埇桥区三里湾街道三里湾社区。为方便管理，将辖区地分成若干网络状的单元，并对每一网格实施动态，全方位管理，它是一种数字化管理模式。
第七网格	Dìqīwǎnggé	隶属于埇桥区三里湾街道三里湾社区。为方便管理，将辖区地分成若干网络状的单元，并对每一网格实施动态，全方位管理，它是一种数字化管理模式。
第八网格	Dìbāwǎnggé	隶属于埇桥区三里湾街道三里湾社区。为方便管理，将辖区地分成若干网络状的单元，并对每一网格实施动态，全方位管理，它是一种数字化管理模式。
第九网格	Dìjiǔwǎnggé	隶属于埇桥区三里湾街道三里湾社区。为方便管理，将辖区地分成若干网络状的单元，并对每一网格实施动态，全方位管理，它是一种数字化管理模式。

符离镇

符离镇（Fúlí Zhèn） 属埇桥区辖镇。在埇桥区的北部。面积 142.5165 平方千米。人口 88776 人。以汉族为主。辖 3 个居委会、17 个村委会，有 257 个自然村。镇人民政府驻符离集。1958 年 9 月 25 日，成立符离公社；1984 年 6 月，符离区、镇合并设副县级符离镇，属县级宿州市；1998 年 12 月，属宿州市埇桥区。因有离山，山下盛产符草，秦建县时，故取符离为县名。因镇政府驻符离集而得镇名。有濉河、濉引河、唐河、股河、龙脊山。有幼儿园 2 所、小学 15 所、初中 5 所、高中 1 所；各级医疗卫生机构 23 个；体育场地 3 处。境内有东林草堂、上龙寺。农业以种植小麦、玉米为主。畜牧业以饲养生猪、牛、羊、家禽为主。工业以建材生产、食品、板材加工为主。206 国道、京沪铁路贯通南北，设符离火车站。

标准名称	汉语拼音	备注
褚庄村村民委员会	Chǔzhuāngcūn Cūnmínwěiyuánhuì	位于埇桥区符离镇。人民公社时期是褚庄大队，后更名为褚南村，1992 年合并为褚庄村。
褚庄	Chǔzhuāng	隶属于埇桥区符离镇褚庄村。褚庄村东丰山占之阳，三面环山，一面临水（水库），地势独特，风景优美。故取名褚庄。
张窝	Zhāngwō	隶属于埇桥区符离镇褚庄村。该村以张姓居多，故而得名。
刘庄	Liúzhuāng	隶属于埇桥区符离镇褚庄村。该庄以刘姓居多，故而得名。

标准名称	汉语拼音	备注
西陈	Xīchén	隶属于埇桥区符离镇褚庄村。位于宿州市正北20公里处泗县水之畔，贯穿南北凉古驿道穿城而过。
菜园	Càiyuán	隶属于埇桥区符离镇褚庄村。菜园以前为菜园组，村民以种菜为主，2000年合并为褚庄村，现为褚庄村下属自然庄。
丁集村村民委员会	Dīngjícūn Cūnmínwěiyuánhuì	位于埇桥区符离镇。人民公社时期命名丁集大队，1983年由丁集大队更名为丁集村民委员会，2008年丁集、马庄、陈庄三村合并后成为丁集村委会后，名称未变，沿用至今。
谷庄	Gǔzhuāng	隶属于埇桥区符离镇丁集村。清朝时期，谷姓由山西徐草窝迁居至此，因故得名为谷庄。
丁集	Dīngjí	隶属于埇桥区符离镇丁集村。丁姓人丁旺盛，新中国成立以后，村民来此货币交换，买卖东西并定农历初一、初三、初六、初八为贸易日期，故得名丁集。
陈庄	Chénzhuāng	隶属于埇桥区符离镇丁集村。陈姓人口较多，故取名陈庄。
庙下	Miàoxià	隶属于埇桥区符离镇丁集村。该庄以前有一座寺庙，有千年历史，故该庄得名庙下。
王庄	Wángzhuāng	隶属于埇桥区符离镇丁集村。清朝初期，此村先民由山西洪洞县移出到济南后，流落到符离落脚，先后四户人家延绵至今，故得名王庄。
董庄	Dǒngzhuāng	隶属于埇桥区符离镇丁集村。该庄以董姓居多，故起名董庄。
杨庄	Yángzhuāng	隶属于埇桥区符离镇丁集村。该庄以杨姓居民居多，故而得名。
王牌坊	Wángpáifāng	隶属于埇桥区符离镇丁集村。王姓人丁旺盛，故得名为王牌坊。
张场	Zhāngchǎng	隶属于埇桥区符离镇丁集村。张姓人丁旺盛，故得名为张场。
马庄	Mǎzhuāng	隶属于埇桥区符离镇丁集村。马姓人丁旺盛，人口多，故得名马庄。
江庄	Jiāngzhuāng	隶属于埇桥区符离镇丁集村。江姓人丁兴旺，因故得名江庄。
曹庄	Cáozhuāng	隶属于埇桥区符离镇丁集村。该庄曹姓人丁兴旺，因故取名曹庄。
杨小楼	Yángxiǎolóu	隶属于埇桥区符离镇丁集村。杨姓人丁兴旺，因故取名杨小楼。
侯庄	Hóuzhuāng	隶属于埇桥区符离镇丁集村。侯姓人丁旺盛，故得名侯庄。
丁庄	Dīngzhuāng	隶属于埇桥区符离镇丁集村。丁姓人丁旺盛，故得名丁庄。

标准名称	汉语拼音	备注
符北村村民委员会	Fúběicūn Cūnmínwěiyuánhuì	位于埇桥区符离镇。人民公社时期为符北大队，后改为符北村村民委员会至今。
高太	Gāotài	隶属于埇桥区符离镇符北村。该村以高姓居民居多，故而得名。
丁庄	Dīngzhuāng	隶属于埇桥区符离镇符北村。丁庄丁姓居多，又因丁姓为一大家族，故起名丁庄。
曾庄	Zēngzhuāng	隶属于埇桥区符离镇符北村。因该庄以曾姓居多，故而得名。
王闸	Wángzhá	隶属于埇桥区符离镇符北村。王闸村以王姓居多，故名王闸。
符北	Fúběi	隶属于埇桥区符离镇符北村。因该村村民委员会坐落在此，故而得名符北。
符北新村	Fúběixīncūn	隶属于埇桥区符离镇符北村。2011 年，因修建铁路拆迁安置地命名。
马庄	Mǎzhuāng	隶属于埇桥区符离镇符北村。因马姓最早在此居住，后又有几种姓氏来此居住，故得名马庄。
符离村村民委员会	Fúlícūn Cūnmínwěiyuánhuì	位于埇桥区符离镇。该地名由原来符离大队变更符离人民公社，后被撤，改为符离村委会至今。
老符离街	Lǎofúlíjiē	隶属于埇桥区符离镇符离村。地理环境特殊，北有濉河，商铺贸易往来频繁，即称古符离集，后称老符离街至今。
东蔡园	Dōngcàiyuán	隶属于埇桥区符离镇符离村。该东蔡园居民点以蔡氏在这居住时间最早，所以称为蔡园。随着时间的推移，该地方在老符离集贸市场的东部，改称东蔡园，沿用至今。
唐庄	Tángzhuāng	隶属于埇桥区符离镇符离村。该庄最早迁移居住的人家姓唐，所以称唐庄。
蔡庄	Càizhuāng	隶属于埇桥区符离镇符离村。该居住点以蔡姓居住时间为最早，所以称为蔡庄至今。
郑圩子	Zhèngwéizi	隶属于埇桥区符离镇符离村。该居民点是以最早居住的郑氏家族来命名，因该地方大部分长期有溪水，故称郑圩子，直至今日。
龙庄	Lóngzhuāng	隶属于埇桥区符离镇符离村。该居民点以最早来的龙姓命名，故称为龙庄，沿用至今。
何庄	Hézhuāng	隶属于埇桥区符离镇符离村。该居民点因何姓来此居住最早，户数多而得名，沿用至今。
孙庄子	Sūnzhuāngzi	隶属于埇桥区符离镇符离村。该居民点居住人家以孙姓最早来命名，沿用至今。

标准名称	汉语拼音	备注
张庄	Zhāngzhuāng	隶属于埇桥区符离镇符离村。该居民点以张姓在此居住最早而命名，开始叫张小庄。随之张姓又在此繁衍生息，更名为张庄，沿用至今。
横口村村民委员会	Héngkǒucūn Cūnmínwěiyuánhuì	位于埇桥区符离镇。称为横口村，沿用至今。
横口庄	Héngkǒuzhuāng	隶属于埇桥区符离镇横口村。横口村因两座山夹一条横路而得名。
郑小楼	Zhèngxiǎolóu	隶属于埇桥区符离镇横口村。有一郑姓大户迁居至此，开荒种地，由于郑姓人口较多，故命名郑小楼。
武楼村	Wǔlóucūn	隶属于埇桥区符离镇横口村。因武姓人口较多，故命名为武楼村。
徐山头	Xúshāntóu	隶属于埇桥区符离镇横口村。很早以前姓徐的一个大户迁居到高皇山东面，由于此地徐姓较多，称徐山头。
王山头	Wángshāntóu	隶属于埇桥区符离镇横口村。高黄山原是大圩，又叫圩故里，因王姓人占多数，取名王山头。
彭山头	Péngshāntóu	隶属于埇桥区符离镇横口村。地处高皇山前方，因姓彭人口较多，故而得名。
黄桥村村民委员会	Huángqiáocūn Cūnmínwěiyuánhuì	位于埇桥区符离镇。人民公社时期称为三山大队，1983 年由两村合并改为黄桥村，至今未变。
黄桥	Huángqiáo	隶属于埇桥区符离镇黄桥村。传说清朝乾隆年间，皇帝下江南，经过此地一座运粮河桥，得名“皇桥”，后讹作黄桥。
三山	Sānshān	隶属于埇桥区符离镇黄桥村。由于村庄坐落在三座山的西边，故而得名。
尖山村村民委员会	Jiānshāncūn Cūnmínwěiyuánhuì	位于埇桥区符离镇。1949 年后为尖山村生产组，尖山村因此得名至今。
西刘	Xīliú	隶属于埇桥区符离镇尖山村。清朝末期，刘姓兄弟二人由外地迁居至此，老大居住在大五柳看祖坟，因故得名西刘。
尖山	Jiānshān	隶属于埇桥区符离镇尖山村。1983 年，由尖山大队更名为尖山村民委员会，该村民委员会有尖山自然村之意。
南刘	Nánliú	隶属于埇桥区符离镇尖山村。清朝末期，刘姓兄弟二人由外地迁居至此，老二居住在南山，故得名南刘。
北刘	Běiliú	隶属于埇桥区符离镇尖山村。清朝末期，刘姓人家由外地迁居至此，故得名北刘。
李桥村村民委员会	Lǐqiáocūn Cūnmínwěiyuánhuì	位于埇桥区符离镇。人民公社时期称为李桥大队，后来叫黄山乡李桥村，1992 年撤区并乡，更名为李桥村委会，沿用至今。

标准名称	汉语拼音	备注
郭庄	Guōzhuāng	隶属于埇桥区符离镇李桥村。以郭姓人占绝大部分，命名郭庄。
路庄	Lùzhuāng	隶属于埇桥区符离镇李桥村。以路姓人占绝大部分，命名路庄。
杨庄	Yángzhuāng	隶属于埇桥区符离镇李桥村。原先叫潘庄，之后潘、杨两姓人家斗殴，潘姓败阵，杨姓人多，改为杨庄，沿用至今。
韩家	Hánjiā	隶属于埇桥区符离镇李桥村。原侯姓居多，叫侯堤涯，1949年10月开挖濉河后，韩姓的人丁旺盛，改为韩家。
李家	Lǐjiā	隶属于埇桥区符离镇李桥村。在此居住人群中绝大多数姓李，故称李家。
季槽坊	Jìcáofāng	隶属于埇桥区符离镇李桥村。1949年，此地为战争积草存粮处，故为草坊，绝大多数人都姓李，该处以前开私人酿酒坊，故称季槽坊。
路家	Lùjiā	隶属于埇桥区符离镇李桥村。1949年前该居民点东侧有座庙，叫路塘庙。该居民点绝大多数都姓路，后庙被破坏，改为路塘小学。1973年小学迁至村中心，更名为路家。
杨家	Yángjiā	隶属于埇桥区符离镇李桥村。1949年前叫石涧沟，后因姓杨的人较多，改为杨家至今。
梁套村村民委员会	Liángtàocūn Cūnmínwěiyuánhuì	位于埇桥区符离镇。以前有梁套大队、牛口大队两个大队，后来合并为梁套村村民委员会。
梁套	Liángtào	隶属于埇桥区符离镇梁套村。姓氏主要以姓梁为主，故叫梁套。
苗家	Miáojiā	隶属于埇桥区符离镇梁套村。主要以姓苗为主，故名苗家。
张汪	Zhāngwāng	隶属于埇桥区符离镇梁套村。以前有个大财主姓张，大部分土地都是他的，所以叫张汪。
李寨	Lǐzhài	隶属于埇桥区符离镇梁套村。姓氏以姓李为主，故李寨。
灵寺村村民委员会	Língsìcūn Cūnmínwěiyuánhuì	位于埇桥区符离镇。人民公社时为灵寺大队，后改为灵寺村村民委员会至今。
曹闸庄	Cáozházhuāng	隶属于埇桥区符离镇灵寺村。因该庄有闸而得名。
黄花洞	Huánghuādòng	隶属于埇桥区符离镇灵寺村。黄花洞位于符离东北部，村东有山，山腰有一古洞，名叫黄花洞。古代此山原名叫卧虎山，古洞叫采隐洞，洞测不远处有一青龙泉，泉边有一龙泉寺，四周树木参天，黄花满地，以后此山改名黄花山，此洞改名为黄花洞，村名故此命名。
王寨	Wángzhài	隶属于埇桥区符离镇灵寺村。此地原有围墙、炮楼，形成村寨，又以王姓居多，因此得名。

标准名称	汉语拼音	备注
灵寺村	Língsìcūn	隶属于埇桥区符离镇灵寺村。山南头有一座寺庙叫作灵鹫寺，后来简称灵寺，附近村落就以灵寺为村名。
陈窝	Chénwō	隶属于埇桥区符离镇灵寺村。该村以陈姓居民居多，故而得名。
北山庄	Běishānzhuāng	隶属于埇桥区符离镇灵寺村。三面环山，位于村的最北边，故取名北山庄。
下林	Xiàlín	隶属于埇桥区符离镇灵寺村。该村以林姓居民居多，故而得名。
芦村村 村民委员会	Lúcūncūn Cūnmínwěiyuánhuì	位于埇桥区符离镇。人民公社时为芦村大队，后改为芦村村村民委员会至今。
芦村	Lúcūn	隶属于埇桥区符离镇芦村。以前这里荒无人烟，遍地芦苇、毛草，后来有人迁至此开荒种地，所以取名芦村至今。
李楼	Lǐlóu	隶属于埇桥区符离镇芦村。以李姓居多而定为李楼至今。
海孜	Hǎizī	隶属于埇桥区符离镇芦村。以丁姓为多而定为丁海孜，后改为海孜。
杜山	Dùshān	隶属于埇桥区符离镇芦村。1958 年为杜山大队，四面环山，环境优雅，从而起名。
大山头	Dàshāntóu	隶属于埇桥区符离镇芦村。1958 年由杜山迁住，以山而定为大山头。
清水村 村民委员会	Qīngshuǐcūn Cūnmínwěiyuánhuì	位于埇桥区符离镇。2007 年村区划调整中有清水村、清上村和武山村合并而成，定名清水村至今。
清下庄	Qīngxiàzhuāng	隶属于埇桥区符离镇清水村。相传明朝开国皇帝朱元璋曾在清水太岳庙修行，明成祖永乐大帝曾兵藏于此，为保明龙脉永世不绝，时山泉水连绵，山涧水常年流淌不断，有一条沟穿村而过，故为清水沟。建造房屋，分为清上、清下。
武山子	Wǔshānzi	隶属于埇桥区符离镇清水村。因村庄建在离山西侧，原名叫武离山，后来因姓武的家族人口较多，后改名武山子。
清上庄	Qīngshàngzhuāng	隶属于埇桥区符离镇清水村。上面三面环山，有水库两座，长期山水环绕，从村中穿过，至此清水村在上游，故得名清上庄。
西山庄	Xīshānzhuāng	隶属于埇桥区符离镇清水村。始建于 1958 年，由清下村年轻能干的村民搬迁入住，原十几户的小村庄演变为现在 27 户 140 多人的居民点。
沈圩 村民委员会	Shěnwéi Cūnmínwěiyuánhuì	位于埇桥区符离镇。人民公社时期名称为沈圩大队，1983 年由沈圩大队更名为沈圩村民委员会，沿用至今。
小翟家	Xiǎozháijiā	隶属于埇桥区符离镇沈圩村。清末，翟姓由翟庙庄迁居至此，因此地名为小翟家。

标准名称	汉语拼音	备注
戚闸庄	Qīzházhuāng	隶属于埇桥区符离镇沈圩村。清朝初期，戚姓居住在此地，由此得名，后戚姓搬走，又搬来多姓居住。
江庄	Jiāngzhuāng	隶属于埇桥区符离镇沈圩村。清朝年间有一个姓江大地主，让打长工、短工的人在此居住，由此得名。
谭庄	Tánzhuāng	隶属于埇桥区符离镇沈圩村。清末，谭姓由山东迁居到此地，因故得名谭庄。
张楼庄	Zhānglóuzhuāng	隶属于埇桥区符离镇沈圩村。清朝期间，有张姓在此居住，并盖有古式老楼数间，由此而得名。
余庄	Yúzhuāng	隶属于埇桥区符离镇沈圩村。清朝末期，余姓在此居住，因此而得名。
郭庙	Guōmiào	隶属于埇桥区符离镇沈圩村。清朝初期，郭姓由南方迁居至此，在此建庙，因故得名郭庙。
薛庵庄	Xuē’ānzhuāng	隶属于埇桥区符离镇沈圩村。清朝初期，薛姓由山西洪洞县迁居至此，因故得名薛庵庄。
李炉庄	Lǐlúzhuāng	隶属于埇桥区符离镇沈圩村。清朝初期，李姓由山西洪洞县迁居至此，因故得名李炉庄。
赵庄	Zhàozhuāng	隶属于埇桥区符离镇沈圩村。明朝末年，赵姓由外地迁居至此，因故得名赵庄。
张庄	Zhāngzhuāng	隶属于埇桥区符离镇沈圩村。明末张姓由外地迁居至此，因故得名张庄。
崔圩子	Cuīwéizi	隶属于埇桥区符离镇沈圩村。四百年前，姓崔的两兄弟从河南来到此地，建一座庙，取名崔庙子，大概一百年后又改为崔庄，为防卫，在庄的周围挖沟后改名为崔圩子。
孙窝子	Sūnwòzi	隶属于埇桥区符离镇沈圩村。明末，姓孙的兄弟俩从山东来到此地，因地势低洼，取名为孙窝子。
沈圩子	Shěnwéizi	隶属于埇桥区符离镇沈圩村。清朝乾隆九年，该村先民由河南迁到沈牌坊，后迁到沈圩建了两座大楼。为了安全起见，庄子周围挖了四个圩子，故起名沈圩子。
丁桥庄	Dīngqiáozhuāng	隶属于埇桥区符离镇沈圩村。丁姓由外地迁居至此，庄边有一座大桥，因故得名丁桥庄。
四山村村民委员会	Sìshāncūn Cūnmínwěiyuánhuì	位于埇桥区符离镇。人民公社时期为四山大队，现改为四山村村民委员会至今。
四山	Sìshān	隶属于埇桥区符离镇四山村。1992 年合并为四山村。
上陈	Shàngchén	隶属于埇桥区符离镇四山村。该村以陈姓居多，故而得名。
丁寨	Dīngzhài	隶属于埇桥区符离镇四山村。该村以丁姓居多，故而得名。
王楼村村民委员会	Wánglóucūn Cūnmínwěiyuánhuì	位于埇桥区符离镇。人民公社时期名称为王楼大队，1983 年由王楼大队更名为王楼村委会。

标准名称	汉语拼音	备注
曹庄	Cáozhuāng	隶属于埇桥区符离镇王楼村。以前曹姓较多，命名为曹庄，自此沿用至今。
王楼	Wánglóu	隶属于埇桥区符离镇王楼村。以前王姓较多，命名为王楼，自此沿用至今。
杨庄	Yángzhuāng	隶属于埇桥区符离镇王楼村。因杨姓较多，命名为杨庄，自此沿用至今。
吴庄	Wúzhuāng	隶属于埇桥区符离镇王楼村。因吴姓较多，命名为吴庄，自此沿用至今。
杨楼村村民委员会	Yánglóucūn Cūnmínwěiyuánhuì	位于埇桥区符离镇。人民公社时期名称为杨楼大队，后由杨楼大队更名为杨楼村村民委员会，沿用至今。
张井子	Zhāngjǐngzi	隶属于埇桥区符离镇杨楼村。清朝中期，张姓人家来此打井造房，称为张井子。
东季楼	Dōngjìlóu	隶属于埇桥区符离镇杨楼村。清朝中期，季姓来此，称之为季楼，为有别于西季楼，又称东季楼。
西季楼	Xījìlóu	隶属于埇桥区符离镇杨楼村。清朝中期，季姓来此，故称西季楼。
杨楼	Yánglóu	隶属于埇桥区符离镇杨楼村。清朝末期，杨姓来此定居，称为杨楼至今。
黄堤湾	Huángdīwān	隶属于埇桥区符离镇杨楼村。清朝后期，黄姓迁居至此，位置处于濉河拐弯处，因而得名黄堤湾。
王庄	Wángzhuāng	隶属于埇桥区符离镇杨楼村。清朝末年，王姓官位显赫，来此置地建业，此地称王家庄，后改称王庄。
张塘	Zhāngtáng	隶属于埇桥区符离镇杨楼村。清朝中期，张姓来此挖塘建房，开荒种地，故而称张塘。
沈庄	Shěnzhuāng	隶属于埇桥区符离镇杨楼村。清朝末期，沈姓来此，故称为沈庄。
黄庄	Huángzhuāng	隶属于埇桥区符离镇杨楼村。清朝中期，黄姓来此，称为黄庄。
朱庄	Zhūzhuāng	隶属于埇桥区符离镇杨楼村。清朝早期，朱姓来此地，取名朱庄至今仍沿用。
张楼村村民委员会	Zhānglóucūn Cūnmínwěiyuánhuì	位于埇桥区符离镇。1983 年乡村合并，张南村、张北村合并为张楼村。
张北	Zhāngběi	隶属于埇桥区符离镇张楼村。从前张姓迁居至此，因故得名。
张南	Zhāngnán	隶属于埇桥区符离镇张楼村。以前张姓较多，命名为张南村。

标准名称	汉语拼音	备注
站东社区居民委员会	Zhàndōng Shèqū Jūmínwěiyuánhuì	位于埇桥区符离镇。1984 年站东村民委员会一直沿用至 2015 年 4 月，之后被政府批准为站东社区，纳入城市社区管理。
站北	Zhànběi	隶属于埇桥区符离镇站东村。地处站东村民委员会北部，故命名为站北。
道东	Dàodōng	隶属于埇桥区符离镇站东村。地处符离镇津浦铁路以东，故取名道东。
站东	Zhàndōng	隶属于埇桥区符离镇站东村。地处符离镇津浦铁路以东，故取名站东。
振兴社区居民委员会	Zhènxìng Shèqū Jūmínwěiyuánhuì	位于埇桥区符离镇。2015 年 4 月被区政府批准设立振兴社区，纳入城市社区统一管理。
圩南	Wéinán	隶属于埇桥区符离镇振兴村。圩南以农业户口居多，1990 年为方便管理，原圩东组分出一个组，命名为圩南。
山东	Shāndōng	隶属于埇桥区符离镇振兴村。山东位于黄山脚下，有一条南北路，自然形成路东侧，即为山东。
圩西	Wéixī	隶属于埇桥区符离镇振兴村。圩西以农业户口居多，1990 年为方便管理，原圩东组分出一个组，命名为圩西。
圩东	Wéidōng	隶属于埇桥区符离镇振兴村。圩东以农业户口居多，1990 年为方便管理，原圩东组分出一个组，命名为圩东。
街北新村	Jiēběixīncūn	隶属于埇桥区符离镇振兴村。街北新村位于老镇街的北部，为原街北队，1984 年后变更为街北新村。
宋庄	Sòngzhuāng	隶属于埇桥区符离镇振兴村。该庄有宋、江、曹三姓，以宋姓居多，故得名宋庄。
山西	Shānxī	隶属于埇桥区符离镇振兴村。山西位于黄山南侧山脚下，因与山东相隔一条南北路，故名山西。
镇南社区居民委员会	Zhènnán Shèqū Jūmínwěiyuánhuì	位于埇桥区符离镇。人民公社时期名称为符北大队，1984 年因征地建房，从符北大队分出四队、五队、八队、九队，划为符离镇农工商公司。1986 年更名为镇南居民委员会，名称未变。2007 年由股河居委会和原镇南居委会合并为镇南居委会，一直沿用至 2015 年 4 月。2015 年 4 月被区政府批准为镇南社区。

芦岭镇

芦岭镇（Lúlǐng Zhèn） 属埇桥区辖镇。在埇桥区的东南部。面积 129.759 平方千米。人口 77852 人。以汉族为主。辖 3 个居委会、12 个村委会，有 154 个自然村。镇人民政府驻沱南社区。1969年5月23日，设芦岭公社，属宿县；1984年11月4日，撤销芦岭公社，设芦岭镇，属县级宿州市；1998年12月，属宿州市埇桥区。因境内有一条南北走向的土岭，名为芦岭，故名。沱河，自西向东从中部穿过。有幼儿园3所，小学11所，初中2所；各级各类医疗卫生机构16个。境内有西汉置安阳县、安阳亭遗址、盛圩烈士陵园和北海公园等人文景观。农业以种植小麦、玉米、大豆为主。畜牧业以饲养生猪、羊、家禽为主。工业以煤炭、电力、建材生产为主。303、101省道和京沪线铁路过境，设芦岭火车站。

标准名称	汉语拼音	备注
安阳村村民委员会	Ānyángcūn Cūnmínwěiyuánhuì	位于埇桥区芦岭镇。2008年，由原来的大展村、马圩村、安阳村合并为安阳村，沿用至今。
安县	Ānxiàn	隶属于埇桥区芦岭镇安阳村。王姓由南方迁居于此，故名安县。
北陈庄	Běichénzhuāng	隶属于埇桥区芦岭镇安阳村。陈姓由南方迁居于此，故名北陈庄。
大杨庄	Dàyángzhuāng	隶属于埇桥区芦岭镇安阳村。杨姓由南方迁居于此，故名大杨庄。
大展庄	Dàzhǎnzhuāng	隶属于埇桥区芦岭镇安阳村。展姓由南方迁居于此，故名大展庄。
高庄	Gāozhuāng	隶属于埇桥区芦岭镇安阳村。高姓由南方迁居于此，故名高庄。
后顾庄	Hòugùzhuāng	隶属于埇桥区芦岭镇安阳村。顾姓由南方迁居于此，又在姜顾庄后，故名后顾庄。
姜顾庄	Jiānggùzhuāng	隶属于埇桥区芦岭镇安阳村。姜姓、顾姓由南方迁居于此，故名姜顾庄。
马圩新村	Mǎwéixīncūn	隶属于埇桥区芦岭镇安阳村。由马圩、南王、恽庄、小杨搬迁到此，故名马圩新村。
前顾庄	Qiángùzhuāng	隶属于埇桥区芦岭镇安阳村。顾姓由南方迁居于此，又在姜顾前，故名前顾庄。
乔庄	Qiáozhuāng	隶属于埇桥区芦岭镇安阳村。乔姓由南方迁居于此，故名乔庄。
小陈庄	Xiǎochénzhuāng	隶属于埇桥区芦岭镇安阳村。陈姓由南方搬迁至此，因故得名小陈庄。
小顾	Xiǎogù	隶属于埇桥区芦岭镇安阳村。顾姓由南方迁居于此，故名小顾。
小史庄	Xiǎoshǐzhuāng	隶属于埇桥区芦岭镇安阳村。史姓由南方迁居于此，故得名为小史庄。
小杨庄	Xiǎoyángzhuāng	隶属于埇桥区芦岭镇安阳村。由大杨庄分户到此建庄种地，得名小杨庄。

标准名称	汉语拼音	备注
小朱庄	Xiǎozhūzhuāng	隶属于埇桥区芦岭镇安阳村。朱姓由南方迁居于此，故名朱庄。
叶庄	Yèzhuāng	隶属于埇桥区芦岭镇安阳村。叶姓由南方迁居于此，故名叶庄。
北王寨村村民委员会	Běiwángzhàicūn Cūnmínwěiyuánhuì	位于埇桥区芦岭镇。1983 年由北王寨大队更名为北王寨村村民委员会。2008 年，由许詹村、北王寨村、闵岭村合并为北王寨村，沿用至今。
丁家庄	Dīngjiāzhuāng	隶属于埇桥区芦岭镇北王寨。明万历年间，丁姓由山西太行山区迁居于此，故得名丁家庄。
黄家庄	Huángjiāzhuāng	隶属于埇桥区芦岭镇北王寨。明万历年间，黄姓由山西太行山区迁居于此，故得名黄家庄。
芦北新区	Lúběixīnqū	隶属于埇桥区芦岭镇北王寨。2013 年，原闵岭村、顾家庄、邹家庄、刘家庄、王家庄、闵家庄、徐家庄因新农村建设整体搬迁至此，统一规划搬至芦北新区。
北王寨庄	Běiwángzhài zhuāng	隶属于埇桥区芦岭镇北王寨。明朝晚期，王姓由山西洪洞县迁居于此，建寨墙，挖寨沟，故得名王寨。因芦岭沱河南有一个王寨取名南王寨，北王寨在沱河北，故取名北王寨庄。
下湖许庄	Xiàhúxǔzhuāng	隶属于埇桥区芦岭镇北王寨。明朝万历年间，许姓由山西太行山区迁居于此，因此地地势低洼，许姓人说：蛤蟆尿泡尿就淹了，故取名下湖许庄。
杨廖庄	Yángliàozhuāng	隶属于埇桥区芦岭镇北王寨。清代中期，杨姓、廖姓由南方迁居于此，故得名杨廖庄。
詹家庄	Zhānjiāzhuāng	隶属于埇桥区芦岭镇北王寨。明万历年间，詹姓由山西太行山区迁居于此，故得名詹家庄。
曹坊村村民委员会	Cáofāngcūn Cūnmínwěiyuánhuì	位于埇桥区芦岭镇。人民公社时期名称曹坊大队，1984 年底由曹坊大队更名为曹坊村民委员会，沿用至今。
北小马庄	Běixiǎomǎzhuāng	隶属于埇桥区芦岭镇曹坊村。清代中期，马姓在此居住，逐渐兴旺。因有两个小马庄，此地靠北，故得名北小马庄。
卜桥庄	Bǔqiáozhuāng	隶属于埇桥区芦岭镇曹坊村。因靠古沱河北岸门前简易石头搭桥且卜姓居住故名卜桥庄。
大谷庄	Dàgǔzhuāng	隶属于埇桥区芦岭镇曹坊村。因村内多谷姓，得名大谷庄。
大王庄	Dàwángzhuāng	隶属于埇桥区芦岭镇曹坊村。清代末期，王姓在此居住，故名大王庄。
豆桥庄	Dòuqiáozhuāng	隶属于埇桥区芦岭镇曹坊村。清代末期，豆姓在此居住，故名豆桥庄。
南小马庄	Nánxiǎomǎzhuāng	隶属于埇桥区芦岭镇曹坊村。以姓氏命名，因有两个小马庄，此地靠南，故得名南小马庄。

标准名称	汉语拼音	备注
沈王庄	Shěnwángzhuāng	隶属于埇桥区芦岭镇曹坊村。清代时期本庄有王、沈两大姓，故名沈王庄。
双杨庄	Shuāngyángzhuāng	隶属于埇桥区芦岭镇曹坊村。清代中期，杨姓从南方迁居至此，故名双杨庄。
王曹坊庄	Wángcáofāng Zhuāng	隶属于埇桥区芦岭镇曹坊村。清代时期本庄有一大户人家在此酿酒，起名槽坊庄，后讹作曹坊。因姓王氏人口较多，故名王曹坊庄。
王沟涯	Wánggōuyá	隶属于埇桥区芦岭镇曹坊村。该村以王姓居民为主，故而得名。
小史庄	Xiǎoshǐzhuāng	隶属于埇桥区芦岭镇曹坊村。清代中期，史姓在此居住。在此开荒种地建造家园繁衍生息，故名小史庄。
小展庄	Xiǎozhǎnzhuāng	隶属于埇桥区芦岭镇曹坊村。因展姓居多，故名小展庄。
陈堂村村民委员会	Chéntángcūn Cūnmínwěiyuánhuì	位于埇桥区芦岭镇。1983 年为陈堂村村民委员会。
北曹	Běicáo	隶属于埇桥区芦岭镇陈堂村。以曹姓命名。
曹庄	Cáozhuāng	隶属于埇桥区芦岭镇陈堂村。以曹姓命名。
陈堂新村	Chéntángxīncūn	隶属于埇桥区芦岭镇陈堂村。以原周庄、刘庄、西叶、大圩、张庄五个自然庄因土地置换而搬迁在一起，取名陈堂新村。
陈堂	Chéntáng	隶属于埇桥区芦岭镇陈堂村。以陈姓居多命名，而得名陈堂。
陈庄	Chénzhuāng	隶属于埇桥区芦岭镇陈堂村。因陈姓而得名陈庄。
大周	Dàzhōu	隶属于埇桥区芦岭镇陈堂村。以周姓居多，故得名大周。
后刘	Hòuliú	隶属于埇桥区芦岭镇陈堂村。以刘姓居多取名后刘，沿用至今。
王巷	Wángxiàng	隶属于埇桥区芦岭镇陈堂村。以王姓及徐圩庄中间有个大巷子而得名，沿用至今。
小周	Xiǎozhōu	隶属于埇桥区芦岭镇陈堂村。从大周分支而来取名小周，沿用至今。
徐圩	Xúwéi	隶属于埇桥区芦岭镇陈堂村。以徐姓加之以前建的巷子而得庄名，沿用至今。
张叶	Zhāngyè	隶属于埇桥区芦岭镇陈堂村。以张姓命名，沿用至今。
丁桥村村民委员会	Dīngqiáocūn Cūnmínwěiyuánhuì	位于埇桥区芦岭镇。1978 年以前人民公社时名称为丁盛大队，1978 年分村后称丁桥大队，之后更名为丁桥村民委员会。
大小丁庄	Dàxiǎodīngzhuāng	隶属于埇桥区芦岭镇丁桥村。清朝中期，丁姓由北方迁居至此，故名大丁庄。后因分居为大小丁庄。

标准名称	汉语拼音	备注
单庄	Shànzhuāng	隶属于埇桥区芦岭镇丁桥村。清朝中期，单姓从北方迁居至此，故称为单庄，沿用至今。
窦盛庄	Dòushèngzhuāng	隶属于埇桥区芦岭镇丁桥村。清代中期，窦姓与盛姓人家由北方迁居至此，故名窦盛庄。
韩庄	Hánzhuāng	隶属于埇桥区芦岭镇丁桥村。清晚时期，韩姓从北方迁居至此，故称韩庄。
前后张	Qiánhòuzhāng	隶属于埇桥区芦岭镇丁桥村。清朝中期，张姓从西方迁居至此，得名为前后张。
前王庄	Qiánwángzhuāng	隶属于埇桥区芦岭镇丁桥村。清朝晚期，王姓从北方迁入，后因在申庄前方，故称前王庄。
申庄	Shēnzhuāng	隶属于埇桥区芦岭镇丁桥村。清朝至今申姓人数居多，故称为申庄。
萧家庄	Xiāojiāzhuāng	隶属于埇桥区芦岭镇丁桥村。清朝前期，萧大将军携夫人路过此地由于战乱弃子至此，经繁衍生息家族人丁旺盛，故得名为萧家庄。
小王庄	Xiǎowángzhuāng	隶属于埇桥区芦岭镇丁桥村。清朝晚期，王姓由西方迁居至此，经不断发展，王姓人居多，故名小王庄。
张家庄	Zhāngjiāzhuāng	隶属于埇桥区芦岭镇丁桥村。清代初期，张姓由西南方迁居至此，故名张家庄。
花庄村 村民委员会	Huāzhuāngcūn Cūnmínwěiyuánhuì	位于埇桥区芦岭镇。明朝洪武七年（1374 年）宿州划归凤阳府，取名荒庄，后更改为花庄集，抗日战争时期为花庄乡政府，1993 年行政区域调整撤销花庄乡更名为花庄村民委员会。
后乡	Hòuxiāng	隶属于埇桥区芦岭镇花庄村。因地处花庄村最北，故名后乡。
花庄	Huāzhuāng	隶属于埇桥区芦岭镇花庄村。明朝洪武七年，从宿州到凤阳重修南北驰道，有人在驿站旁边建茶庵为行人服务，后来又在茶庵旁建驿站，周边群众汇集交易，逐年发展成集市——花庄。
花西	Huāxī	隶属于埇桥区芦岭镇花庄村。以地理位置命名。
西大吴	Xīdàwú	隶属于埇桥区芦岭镇花庄村。以姓氏命名。
芦南村 村民委员会	Lúnáncūn Cūnmínwěiyuánhuì	位于埇桥区芦岭镇。2008 年，根据有关会议将祖李村和邢吴村两村合并为芦岭镇芦南村。
东刘庄	Dōngliúzhuāng	隶属于埇桥区芦岭镇芦南村。刘姓祖先在此居住，故称刘庄。后归入芦南村，且处芦南村最东，故称东刘庄。
路东吴	Lùdōngwú	隶属于埇桥区芦岭镇芦南村。本村人多姓吴，因在村西头南北大路以东，所以称作路东吴。

标准名称	汉语拼音	备注
路西吴	Lùxīwú	隶属于埇桥区芦岭镇芦南村。本村人多姓吴，因在村东头南北大路以西，所以称作路西吴。
门东李	Méndōnglǐ	隶属于埇桥区芦岭镇芦南村。此庄靠近宿固路、津浦铁路，原先有几户人家沿路而居，都门朝东，故称为门东李。
苇汪庄	Wěiwāngzhuāng	隶属于埇桥区芦岭镇芦南村。因四周有圩沟，沟内有人种植芦苇，故称为苇汪庄。
南小高家	Nánxiǎogāojiā	隶属于埇桥区芦岭镇芦南村。本庄高姓人口较多，又处芦南村最南方，所以被称为南小高家。
小吴庄	Xiǎowúzhuāng	隶属于埇桥区芦岭镇芦南村。本村人多姓吴，人口少，得名小吴庄。
邢庄	Xíngzhuāng	隶属于埇桥区芦岭镇芦南村。邢姓祖先早先居住于此，而本村又以邢居多，所以称为邢庄。
祖李庄	Zǔlǐzhuāng	隶属于埇桥区芦岭镇芦南村。因庄内有两大姓氏，东头姓祖，西头姓李，称为祖李庄。
路口村村民委员会	Lùkǒucūn Cūnmínwěiyuánhuì	位于埇桥区芦岭镇。1983 年为路口村村民委员会。
大廖庄	Dàliàozhuāng	隶属于埇桥区芦岭镇路口村。本庄居民以廖姓居民最多，故名大廖庄。
大潘庄	Dàpānzhuāng	隶属于埇桥区芦岭镇路口村。本庄居民以潘姓居民最多，故名大潘庄。
邓庄	Dèngzhuāng	隶属于埇桥区芦岭镇路口村。本庄居民以邓姓居民最多，故名邓庄。
路口郑	Lùkǒuzhèng	隶属于埇桥区芦岭镇路口村。全庄几乎都是郑姓，又处于芦岭街道南首，故取名路口郑。
马鞍桥	Mǎ’ānqiáo	隶属于埇桥区芦岭镇路口村。因庄前有一桥，其状似马鞍，故取名马鞍桥。此桥已损毁，后又重建。
潘圩庄	Pānwéizhuāng	隶属于埇桥区芦岭镇路口村。本庄居民以潘姓居民最多，故名潘圩庄。
小胡庄	Xiǎohúzhuāng	隶属于埇桥区芦岭镇路口村。本庄居民以胡姓居民最多，故名小胡庄。
小廖庄	Xiǎoliàozhuāng	隶属于埇桥区芦岭镇路口村。本庄居民以廖姓居民最多，故名小廖庄。
小刘庄	Xiǎoliúzhuāng	隶属于埇桥区芦岭镇路口村。本庄居民以刘姓居民最多，故名小刘庄。
小马庄	Xiǎomǎzhuāng	隶属于埇桥区芦岭镇路口村。本庄居民以马姓居民最多，故名小马庄。

标准名称	汉语拼音	备注
小潘庄	Xiǎopānzhuāng	隶属于埇桥区芦岭镇路口村。本庄居民以潘姓居民最多，故名小潘庄。
小王庄	Xiǎowángzhuāng	隶属于埇桥区芦岭镇路口村。本庄居民以王姓居民最多，故名小王庄。
小郑庄	Xiǎozhèngzhuāng	隶属于埇桥区芦岭镇路口村。本庄居民以郑姓居民最多，故名小郑庄。
杨庄	Yángzhuāng	隶属于埇桥区芦岭镇路口村。本庄居民以杨姓居民最多，故名杨庄。
南王寨村村民委员会	Nánwángzhàicūn Cūnmínwěiyuánhuì	位于埇桥区芦岭镇。2007 年为南王寨村村民委员会。
荒地庄	Huāngdìzhuāng	隶属于埇桥区芦岭镇南王寨村。因此地以前是荒地，有人居住后仍然用荒地为名。
王寨庄	Wángzhàizhuāng	隶属于埇桥区芦岭镇南王寨村。因王姓居多，得名王寨。
蔡桥庄	Càiqiáozhuāng	隶属于埇桥区芦岭镇南王寨村。此庄原有蔡姓在此居住，原沱河未开挖，此庄有一座便民桥，后称为蔡桥庄。
董家庄	Dǒngjiāzhuāng	隶属于埇桥区芦岭镇南王寨村。此庄原有姓董的在此居住后，称董家庄。
王二庄	Wáng' èrzhuāng	隶属于埇桥区芦岭镇南王寨村。相传有王姓上祖在此居住，原老祖弟兄三个，老二在此居住，后称王二庄。
王各新庄	Wánggèxīnzhuāng	隶属于埇桥区芦岭镇南王寨村。于 1999 年塌陷搬迁，此庄改为王各新庄。
王沟涯庄	Wánggōuyázhuāng	隶属于埇桥区芦岭镇南王寨村。此庄中心有一条大沟，村民居住于此沟两侧，后称王沟涯庄。
王岭庄	Wánglǐngzhuāng	隶属于埇桥区芦岭镇南王寨村。此庄中心有一道南北岭后称王岭庄。
王桥庄	Wángqiáozhuāng	隶属于埇桥区芦岭镇南王寨村。因王姓居多，原沱河上有一座石桥后称王桥庄至今。
杨家庄	Yángjiāzhuāng	隶属于埇桥区芦岭镇南王寨村。此庄杨姓在此居住，后称杨家庄至今。
桥口村村民委员会	Qiáokǒucūn Cūnmínwěiyuánhuì	位于埇桥区芦岭镇。2007 年为桥口村村民委员会。
大张	Dàzhāng	隶属于埇桥区芦岭镇桥口村。该村以张姓居民多，故而得名大张。
东小化	Dōngxiǎohuà	隶属于埇桥区芦岭镇桥口村。因该村子位于桥口村东北方位，村子较小，化姓居多，故名东小化。
高家	Gāojiā	隶属于埇桥区芦岭镇桥口村。该村以高姓居民居多，故而得名高家。

标准名称	汉语拼音	备注
沟崖化	Gōuyáhuà	隶属于埇桥区芦岭镇桥口村。因该村村前有一小沟，以姓氏命名，得名沟崖化。
后王	Hòuwáng	隶属于埇桥区芦岭镇桥口村。该村以王姓为主，与前王对应，名为后王。
化圩	Huàwéi	隶属于埇桥区芦岭镇桥口村。该村以前为防范土匪，在村前挖了一个圩子，以姓氏得名，故名化圩。
李庄	Lǐzhuāng	隶属于埇桥区芦岭镇桥口村。该庄以李姓居民为主，故而得名李庄。
前王	Qiánwáng	隶属于埇桥区芦岭镇桥口村。该村以王姓居民居多，故而得名。
邱庄	Qiūzhuāng	隶属于埇桥区芦岭镇桥口村。该庄以邱姓居民为主，故而得名。
圩子	Wéizi	隶属于埇桥区芦岭镇桥口村。清代末期，由于当时土匪横行，经常骚扰村民，为防止土匪骚扰，村民自愿在村周围挖沟围庄，因此得名圩子。
小欧	Xiǎo’ōu	隶属于埇桥区芦岭镇桥口村。该庄以欧姓居民为主，故而得名。
小张	Xiǎozhāng	隶属于埇桥区芦岭镇桥口村。该村以张姓居民为主，故而得名小张。
叶庄	Yèzhuāng	隶属于埇桥区芦岭镇桥口村。该庄叶姓居民居多，故而得名叶庄。
张马庄	Zhāngmǎzhuāng	隶属于埇桥区芦岭镇桥口村。自清代以来，有张、马两姓来此居住。后马姓人丁兴旺，还逐渐壮大，因此得名马家，直到 1983 年改名为张马庄。
张庄	Zhāngzhuāng	隶属于埇桥区芦岭镇桥口村。清代前期，有名叫张信的人由南方迁居至此，在此居住，繁衍生息，家族不断壮大，故此得名张信庄。1949 年新中国成立后，改张信庄为张李后又改名张庄。
大后庄	Dàhòuzhuāng	隶属于埇桥区芦岭镇桥口村。该地名由来，已无法考证。
王老庄村村民委员会	Wánglǎozhuāngcūn Cūnmínwěiyuánhuì	位于埇桥区芦岭镇。2007 年为王老庄村村民委员会。
曹坊	Cáofāng	隶属于埇桥区芦岭镇王老庄村。该村以曹姓居民为主，故而得名曹坊。
古店庄	Gǔdiànzhuāng	隶属于埇桥区芦岭镇王老庄村。此地原有许多店铺，后经变迁店铺渐少，因此得名古店庄。
黄园	Huángyuán	隶属于埇桥区芦岭镇王老庄村。该庄以黄姓居民居多，故而得名。

标准名称	汉语拼音	备注
刘寨	Liúzhài	隶属于埇桥区芦岭镇王老庄村。因刘姓居多，得名刘寨。
孟庄	Mèngzhuāng	隶属于埇桥区芦岭镇王老庄村。因孟姓居多，得名孟庄。
庙前	Miàoqián	隶属于埇桥区芦岭镇王老庄村。旧时有庙，此村在庙的南方，得名庙前。
孙庄	Sūnzhuāng	隶属于埇桥区芦岭镇王老庄村。很早以前孙氏人家在此居住，故名孙庄。
王老庄	Wánglǎozhuāng	隶属于埇桥区芦岭镇王老庄村。从前从山西迁来一户姓王的人家落户在此，老三在此居住就叫王老庄。
张庄	Zhāngzhuāng	隶属于埇桥区芦岭镇王老庄村。因张姓村民居多，得名张庄。
相王村 村民委员会	Xiàngwángcūn Cūnmínwěiyuánhuì	位于埇桥区芦岭镇。2007 年为相王村村民委员会。
蔡家	Càijiā	隶属于埇桥区芦岭镇相王村。因此村多蔡姓，故得名蔡家。
大王家	Dàwángjiā	隶属于埇桥区芦岭镇相王村。很久以前有大王庄有姓黄、姓陈、姓王，三家姓以黄家为主，后来黄家败落。由于王姓人多，蔡家有一小王家，因故得名大王家。
二廖庄	Èrliàozhuāng	隶属于埇桥区芦岭镇相王村。元末明初年间，该庄先民由四川省迁入淮北地区，覆盖面积一万多平方千米，十多个村庄。现相王村内分为老廖、二廖、小廖、相山廖家。
老廖庄	Lǎoliàozhuāng	隶属于埇桥区芦岭镇相王村。元末明初年间，由四川省迁入淮北地区，覆盖面积一万多平方千米，十多个村庄。现相王村内分为老廖、二廖、小廖、相山廖家。
李家	Lǐjiā	隶属于埇桥区芦岭镇相王村。清代中期，李姓从栏杆迁居于此，因故得名李家。
棉线张	Miánxiànzhāng	隶属于埇桥区芦岭镇相王村。以前本庄张姓以纺棉为主，因此得名棉线张。
潘家	Pānjiā	隶属于埇桥区芦岭镇相王村。潘姓由蒿沟湖迁来本地，潘姓居多，故取名为潘家。
松林王	Sōnglínwáng	隶属于埇桥区芦岭镇相王村。因此村庄西南松树较多，村民多姓王，故得名松林王。
滕家	Téngjiā	隶属于埇桥区芦岭镇相王村。以前有一滕姓，由山东滕县迁居于此，故取名为滕家。
王圩	Wángwéi	隶属于埇桥区芦岭镇相王村。王圩在形成自然庄时王姓居多，称为小王家，解放战争时期，为防御外来侵害，挖壕筑圩，后改为王圩。
相山廖	Xiàngshānliào	隶属于埇桥区芦岭镇相王村。元末明初年间，由四川省迁入淮北地区，覆盖面积一万多平方千米，十多个村庄。现相王村内分为老廖、二廖、小廖、相山廖家。

标准名称	汉语拼音	备注
小李家	Xiǎolǐjiā	隶属于埇桥区芦岭镇相王村。本庄因李姓较多，但村庄较小，得名小李家。
小廖	Xiǎoliào	隶属于埇桥区芦岭镇相王村。元末明初年间，由四川省迁入淮北地区，覆盖面积一万多平方千米，十多个村庄。现相王村内分为老廖、二廖、小廖、相山廖家。
小吴家	Xiǎowújiā	隶属于埇桥区芦岭镇相王村。自然形成村落，本姓吴姓，但后因小吴吴姓人人口减少，牛姓购置小吴土地，为尊重历史，牛姓人仍称呼为小吴家。
徐家	Xújiā	隶属于埇桥区芦岭镇相王村。清代中期，徐姓人家由外省迁居于此，故名徐家。
郑家	Zhèngjiā	隶属于埇桥区芦岭镇相王村。很久以前从外地来一郑姓，因此得名郑家。
沱北社区居民委员会	Tuóběi Shèqū Jūmínwěiyuánhuì	位于埇桥区芦岭镇。1985 年建立沱北居委会，1985 年以前系芦岭大队，自建立居委会后沿用至今。
871 小区	871 Xiǎoqū	隶属于埇桥区芦岭镇沱北社区。1987 年芦岭矿在此建筑的第一期工程，故命名为 871 小区。
教育小区	Jiàoyù Xiǎoqū	隶属于埇桥区芦岭镇沱北社区。主要是学校教师住房，也有商品房，故该小区命名为教育小区。
王圩居民组	Wángwéi Jūmínzǔ	隶属于埇桥区芦岭镇沱北社区。1943 年因本组居民以王姓居民多，故命名为王圩。
小闵庄居民组	Xiǎomǐnzhuāng Jūmínzǔ	隶属于埇桥区芦岭镇沱北社区。1948 年因闵庄姓闵的人员很多，且庄子很小，故取名小闵庄。
许王居民组	Xǔwáng Jūmínzǔ	隶属于埇桥区芦岭镇沱北社区。因许王组姓许和姓王的两家人较多，故命名为许王居民组。
沱南社区居民委员会	Tuónán Shèqū Jūmínwěiyuánhuì	位于埇桥区芦岭镇。1985 年建立沱南居委会，1985 年以前系芦岭公社，自建立居委会后沿用至今。
老廖新区	Lǎoliào Xīnqū	隶属于埇桥区芦岭镇沱南社区。因塌陷从西部井搬迁过来，取名为老廖新区。
芦东小区	Lúdōng Xiǎoqū	隶属于埇桥区芦岭镇沱南社区。因为居住的人大部分都姓芦，又在工人路东面，故命名为芦东小区。
芦西小区	Lúxī Xiǎoqū	隶属于埇桥区芦岭镇沱南社区。因塌陷从西部井搬迁过来，取名为芦西小区。
模范楼小区	Mófànlóu Xiǎoqū	隶属于埇桥区芦岭镇沱南社区。因在芦岭矿工作中被评为先进的劳动模范，所居住的地方被称为模范楼小区。
南苑小区	Nányuàn Xiǎoqū	隶属于埇桥区芦岭镇沱南社区。原先为芦岭矿一家楼，拆迁后重建取名为南苑小区。

标准名称	汉语拼音	备注
校南小区	Xiàonán Xiǎoqū	隶属于埇桥区芦岭镇沱南社区。因在学校南面，以学校取名为校南小区。
校西小区	Xiàoxī Xiǎoqū	隶属于埇桥区芦岭镇沱南社区。因在学校西面，以学校取名为校西小区。
郑桥新区	Zhèngqiáo Xīnqū	隶属于埇桥区芦岭镇沱南社区。因老庄破旧，原名大郑桥，新建取名为郑桥新区。
沱中社区居民委员会	Tuózhōng Shèqū Jūmínwěiyuánhuì	位于埇桥区芦岭镇。1985 年建立沱中社区居委会。
872 小区	872 Xiǎoqū	隶属于埇桥区芦岭镇沱中社区。芦岭煤矿于 1987 年兴建的第二期工人住房工程，故名 872 小区。
大郑桥居民组	Dàzhèngqiáo Jūmínzǔ	隶属于埇桥区芦岭镇沱中社区。郑姓人士在此居住，村庄西头有一座小桥，故名大郑桥。
改造楼小区	Gǎizàolóu Xiǎoqū	隶属于埇桥区芦岭镇沱中社区。原旧的楼房改造成居民商品房，故名改造楼小区。
工行小区	Gōngháng Xiǎoqū	隶属于埇桥区芦岭镇沱中社区。该小区坐落在工商银行东面，故名工行小区。
康乐小区	Kānglè Xiǎoqū	隶属于埇桥区芦岭镇沱中社区。人们向往美好幸福的生活，愿生活健康快乐，故名康乐小区。
矿食堂小区	Kuàngshítáng Xiǎoqū	隶属于埇桥区芦岭镇沱中社区。该小区坐落在芦岭矿食堂东面，以食堂命名，故名矿食堂小区。
孟北小区	Mèngběi Xiǎoqū	隶属于埇桥区芦岭镇沱中社区。因院小区坐落在芦岭镇王老庄孟家庄北边，故名孟北小区。
小郑桥居民组	Xiǎozhèngqiáo Jūmínzǔ	隶属于埇桥区芦岭镇沱中社区。因姓郑的在此居住，又有一桥，故命名为小郑桥居民组。
校北小区	Xiàoběi Xiǎoqū	隶属于埇桥区芦岭镇沱中社区。该小区坐落在芦岭矿中学北面，故名校北小区。
院北小区	Yuànběi Xiǎoqū	隶属于埇桥区芦岭镇沱中社区。院北小区坐落在矿医院北边，故名院北小区。
院东小区	Yuàndōng Xiǎoqū	隶属于埇桥区芦岭镇沱中社区。该小区坐落在芦岭矿医院东边，以医院命名，故名院东小区。
院西小区	Yuànxī Xiǎoqū	隶属于埇桥区芦岭镇沱中社区。因院小区坐落在芦岭矿医院西面，故名院西小区。

褚兰镇

褚兰镇（Chǔlán Zhèn） 属埇桥区辖镇。在埇桥区的东北部。面积 130.4239 平方千米。人口 49630 人。以汉族为主。辖 10 个村委会，有 71 个自然村。镇人民政府驻褚兰村。1949 年 12 月，设褚兰乡，属金山区；1958 年 9 月改设褚兰公社；1984 年 6 月，撤社设乡；1992 年 2 月改设褚兰镇，属县级宿州市。1998 年 12 月，属埇桥区。古称署兰，因在署兰山北麓设集，取名为署兰集。因“褚”与“署”谐音，后演变为褚兰。因镇政府驻褚兰村而得名。有褚兰山、广龙山。有幼儿园 9 所，小学 8 所，初中 1 所；各级医疗机构 17 个。境内有省级文物保护单位九女坟。农业以种植小麦、玉米、大豆为主。畜牧业以饲养生猪、羊、家禽为主。工业以矿山开采、农产品加工为主。二徐路穿境而过，距徐州观音机场 15 公里。

标准名称	汉语拼音	备注
宝光寺村村民委员会	Bǎoguāngsìcūn Cūnmínwěiyuánhuì	位于埇桥区褚兰镇。人民公社时期名称为褚北大队；1984 年由褚北大队更名为宝光寺村民委员会，沿用至今。
河西	Héxī	隶属于埇桥区褚兰镇宝光寺村。河西原与宝光寺村为一整体，后因黄河泛滥，冲击成河，宝光寺村一冲为二，居民居住在河西岸，故得名河西。
张楼	Zhānglóu	隶属于埇桥区褚兰镇宝光寺村。明末清初，张姓从山西洪桐县迁居至此，其庄名张楼。
宝光寺	Bǎoguāngsì	隶属于埇桥区褚兰镇宝光寺村。传说明朝年间，刘伯温在此修建一座庙宇，名为宝光寺，故村名为宝光寺。
苗庄	Miáozhuāng	隶属于埇桥区褚兰镇宝光寺村。清朝初期，苗姓由河南迁居至此，因故得名苗庄。
包庄	Bāozhuāng	隶属于埇桥区褚兰镇宝光寺村。清朝中期，包、薛两姓由山西迁居至此，故得名包庄。
大杨村村民委员会	Dàyángcūn Cūnmínwěiyuánhuì	位于埇桥区褚兰镇。1958 年为张楼大队大杨村；2008 年与原梅山村合并为大杨村。
戴家	Dàijiā	隶属于埇桥区褚兰镇大杨村。一百多年前，一家姓代的从外地来眉山安居，故名戴家。
大杨	Dàyáng	隶属于埇桥区褚兰镇大杨村。因此地杨姓居民居多，故而得名。
山前	Shānqián	隶属于埇桥区褚兰镇大杨村。因庄后君宝山上有关帝庙，传说关公曾显灵，故山称君宝山，庄名即君宝山前，后简称山前。
梅山	Méishān	隶属于埇桥区褚兰镇大杨村。因村庄在梅山山脚下，故村名为梅山。

标准名称	汉语拼音	备注
纪家	Jìjiā	隶属于埇桥区褚兰镇大杨村。几百年以前纪姓从山西迁至此处，故得名为纪家。
冯楼村村民委员会	Fénglóucūn Cūnmínwěiyuánhuì	位于埇桥区褚兰镇。人民公社期间是褚兰公社冯楼大队；1984年底改为冯楼村委会；2008年由冯楼、宝里、陈桥三个村合并为一个村，名叫冯楼村民委员会，沿用至今。
冯楼	Fénglóu	隶属于埇桥区褚兰镇冯楼村。以冯姓的楼，得名冯楼。
海楼	Hǎilóu	隶属于埇桥区褚兰镇冯楼村。以海姓的楼，得名海楼。
王庄	Wángzhuāng	隶属于埇桥区褚兰镇冯楼村。以王姓得名王庄。
宝里	Bǎolǐ	隶属于埇桥区褚兰镇冯楼村。明朝洪武年间迁居至此，庄名沿用至今，人民公社期间属宝里大队，1984年改为宝里。
汪楼	Wānglóu	隶属于埇桥区褚兰镇冯楼村。以汪姓得名汪楼。
申庄	Shēnzhuāng	隶属于埇桥区褚兰镇冯楼村。村庄以姓氏命名。
观音堂	Guānyīntáng	隶属于埇桥区褚兰镇冯楼村。因观音庙于此，命名观音堂。
陈桥	Chénqiáo	隶属于埇桥区褚兰镇冯楼村。很久以前有陈姓逃荒至此，在此安家落户，起名为陈桥。
王村庄	Wángcūnzhuāng	隶属于埇桥区褚兰镇冯楼村。以王姓人口众多命名，得名王村庄。
岗孜村村民委员会	Gǎngzīcūn Cūnmínwěiyuánhuì	位于埇桥区褚兰镇。人民公社时，称岗孜大队；1984年由岗孜大队更名为岗孜村民委员会；2006年又把营里村合并为岗孜村，岗孜村委会沿用至今。
金山	Jīnshān	隶属于埇桥区褚兰镇岗孜村。该村主要以金姓为主，故而得名。
东岗	Dōnggǎng	隶属于埇桥区褚兰镇岗孜村。明洪武二年间，张姓老祖从山西省临汾县迁居落户在河南省民权县，后从河南又来在此居住。外姓夏、何、王、曹、李也来此居住，因本村地势比周围都高，故取名叫岗孜村。后来，为了便于管辖，把岗孜用一条小路隔开，所以有东岗孜、西岗孜之分，其位于东，故而得名东岗。
西岗	Xīgǎng	隶属于埇桥区褚兰镇岗孜村。明洪武二年间，张姓老祖从山西省临汾县迁居落户在河南省民权县居住，不断壮大，外姓夏、何、王、曹、李也来此居住，因本村地势比周围都高，故取名叫岗孜村。后来，为了便于管辖，把岗孜用一条小路隔开，所以有东岗孜、西岗孜之分，其位于西，故而得名西岗。
营里	Yínglǐ	隶属于埇桥区褚兰镇岗孜村。因此庄营姓居多，故而得名。

标准名称	汉语拼音	备注
小徐家	Xiǎoxújiā	隶属于埇桥区褚兰镇岗孜村。大明嘉靖年间，徐嗣祖先由苏州府昆山县野鹊窝迁徙至凤阳府灵璧县至乡埈堌村，由于人口逐渐壮大，后又迁至西山下，因迁来时人口比较少，故取名小徐家。
桂山村村民委员会	Guìshāncūn Cūnmínwěiyuánhuì	位于埇桥区褚兰镇。在 2008 年合村以后称为桂山村村民委员会。
吴楼	Wúlóu	隶属于埇桥区褚兰镇桂山村。有一位姓吴的人家住在炮楼里，所以得名为吴楼。
石板	Shíbǎn	隶属于埇桥区褚兰镇桂山村。以前村庄里有一个大石板，得名为石板。
王菜园	Wángcàiyuán	隶属于埇桥区褚兰镇桂山村。以前有一个有钱的人家姓王，在村里种菜，所以得名为王菜园。
黄山前	Huángshānqián	隶属于埇桥区褚兰镇桂山村。因坐落在桂山前边，有姓黄的员外，所以得名黄山前。
于寨	Yúzhài	隶属于埇桥区褚兰镇桂山村。因为姓于的多，所以得名为于寨。
后程村村民委员会	Hòuchéngcūn Cūnmínwěiyuánhuì	位于埇桥区褚兰镇。人民公社期间是后程大队、李院大队；1984 年改为后程村委会、李院村委会；2008 年合并为后程村委会。
后程	Hòuchéng	隶属于埇桥区褚兰镇后程村。以程姓居多，故得名后程。
上刘	Shàngliú	隶属于埇桥区褚兰镇后程村。以姓氏命名的村庄。
李院	Lǐyuàn	隶属于埇桥区褚兰镇后程村。以盛产李子，取名李院。
高墙	Gāoqiáng	隶属于埇桥区褚兰镇后程村。以地势高，取名高墙。
马桥村村民委员会	Mǎqiáocūn Cūnmínwěiyuánhuì	位于埇桥区褚兰镇。人民公社时期名称为马桥大队；1983 年由马桥大队更名为马桥村委会，名称未变，沿用至今；2008 年合村以来，因马桥是中心，所以仍然叫马桥村民委员会。
夏疃	Xiàtuǎn	隶属于埇桥区褚兰镇马桥村。明朝初期，夏姓由山西迁居至此，故得名夏疃。
张庄	Zhāngzhuāng	隶属于埇桥区褚兰镇马桥村。明朝末年，张姓来此居住，故名为张庄。
孙小庄	Sūnxiǎozhuāng	隶属于埇桥区褚兰镇马桥村。清代中期，乾隆年间李姓人家给夏疃孙姓财主看护祖坟，在此居住，因故得名为孙小庄。
马小庄	Mǎxiǎozhuāng	隶属于埇桥区褚兰镇马桥村。明朝期间，山西姓马的两兄弟来到马山头，故而得名。
马山头	Mǎshāntóu	隶属于埇桥区褚兰镇马桥村。马山头庄以马头山来取名，因坐落在山上，所以也叫山上马山头，简称马山头。

标准名称	汉语拼音	备注
小圩村村民委员会	Xiǎowéicūn Cūnmínwěiyuánhuì	位于埇桥区褚兰镇。人民公社时期名称为小圩大队；1984年由小圩大队更名为小圩村委会后，沿用至今。
傅集	Fùjí	隶属于埇桥区褚兰镇小圩村。明朝时期，传说甄家修高台挂上铃子，在台上打场，故被抄斩。清朝时期，从山西洪洞县喜加乐迁来姓傅三家，在此居住，不断壮大，后来在此做生意逢集，因此得名傅集。
张楼	Zhānglóu	隶属于埇桥区褚兰镇小圩村。清代后期，张姓人家迁居至此，因此起名张楼。
道庄	Dàozhuāng	隶属于埇桥区褚兰镇小圩村。在清朝时期，在庄东北角有土庙，来了一些道人在此居住，因得名道庄。
贾家	Jiǎjiā	隶属于埇桥区褚兰镇小圩村。在明朝时期，就有甄家、贾家、南边卞家三个最早的庄子，传说因原来都是贾姓人家多，故得名贾家。
潘家	Pānjiā	隶属于埇桥区褚兰镇小圩村。清代后期，潘姓由南方迁居至此，因此起名潘家。
小圩	Xiǎowéi	隶属于埇桥区褚兰镇小圩村。在几百年前，从外地搬来三家姓张的人家，在芷房集后街以北修道圩墙，在圩墙里建造房屋居住，因得名小圩。
芷房	Zhǐfáng	隶属于埇桥区褚兰镇小圩村。在清朝年间，从外地来了一户人家，此人名叫张芷房，在此开荒种地，建造房屋，因此得名张芷房。随着居住人员增多，就开逢集，后来人们就叫此村芷房。
火盆	Huǒpén	隶属于埇桥区褚兰镇小圩村。在很早以前全部是果园，起名叫果盆。后来音转为火盆。
夏庄	Xiàzhuāng	隶属于埇桥区褚兰镇小圩村。在几百年以前有姓夏、谢两大家在此居住，因起名夏谢家。后来姓谢衰败，后改为夏庄。
谢炉村村民委员会	Xièlúcūn Cūnmínwěiyuánhuì	位于埇桥区褚兰镇。人民公社时期称谢炉大队，1984年改为谢炉村村民委员会。
平山	Píngshān	隶属于埇桥区褚兰镇谢炉村。传说明代末期，杜姓因北方黄河发水泛滥成灾，逃荒至此，在花乐山山南建房居住，后来由族长给下代人分居定立庄名。因黑土窝是中心又是家族的发源地，立名为黑土窝，让老二分居在东平山，因有南北高山环抱，东有一条巨龙式的直卧，南北连接着花乐山老寨山，中有起伏峰顶很平坦，取名平山。

标准名称	汉语拼音	备注
黑窝	Hēiwō	隶属于埇桥区褚兰镇谢炉村。传说明代末期，杜姓因北方黄河发水泛滥成灾，逃荒至此，建房居住，后来由族长给下代人分居定立庄名。因黑土窝是中心又是家族的发源地，族长就此居住，老大随族长居住，此地土质肥沃，立名为黑土窝。1949 年 10 月后改名为黑窝。
沟后	Gōuhòu	隶属于埇桥区褚兰镇谢炉村。传说明代末期，杜姓因北方黄河发水泛滥成灾，逃荒至此，在花乐山山南，建房居住，繁衍生息，家族壮大，后来由族长给下代人分居定立庄名。因黑土窝是中心又是家族的发源地，族长就在此居住，老大随族长居住，地质又肥沃，立名为黑土窝。把老二分居在东平山，因有南北高山环抱，西南有一条山涧沟直入西南方向凤凰山脚下。老三定居在广龙山脚下。传说门前清水长流，沟北有条龙，龙离不开水，龙水相依，永保平安发财，老三家定居在中间，定庄名叫沟后。
吴庄	Wúzhuāng	隶属于埇桥区褚兰镇谢炉村。传说清代中期，姓吴的道士下山来此圈地、建庙、筑坟、筑寨，将土地租给农户，成为一个土地承租的寄主。姓吴的道士给庄立名为吴庄，庙立名为吴庙，祖坟立为吴坟。
谢炉	Xièlú	隶属于埇桥区褚兰镇谢炉村。传说，明代末期北方黄河发水泛滥成灾，谢姓兄弟二人逃荒至此，住在此山，名叫广龙山，对面南山叫凤凰山。谢家兄弟商议，兄靠龙，弟靠凤，于是弟弟到凤凰山坡脚下建房居住，他会建炉打铁，铸造兵器和农具，后来招收徒弟，增建到 18 盘铸炉，为此立名谢炉。
王寨	Wángzhài	隶属于埇桥区褚兰镇谢炉村。传说清代中期，王姓由北方逃荒至此，因故得名为王寨。
刘菜园	Liúcàiyuán	隶属于埇桥区褚兰镇谢炉村。传说清代中期，南方刘寨村的刘姓迁居至此，购买土地，种菜为生，建房居住，因故得名为刘菜园。
谢小庄	Xièxiǎozhuāng	隶属于埇桥区褚兰镇谢炉村。传说清代中期，谢姓从本地桂山村山前黄自然村迁居至此，承包贺家地主的土地，并建房居住，因故立名谢小庄。
褚兰村村民委员会	Chǔláncūn Cūnmínwěiyuánhuì	位于埇桥区褚兰镇。人民公社时期称褚兰大队，1984 年改为褚兰村村民委员会。
街东	Jiēdōng	隶属于埇桥区褚兰镇褚兰村。地处街道之东，故名。
郭庄	Guōzhuāng	隶属于埇桥区褚兰镇褚兰村。很久以前有郭姓人家在此居住，起名叫后郭庄。
后韩楼	Hòuhánlóu	隶属于埇桥区褚兰镇褚兰村。很久以前一户姓韩的逃荒到此，命名为后韩楼。

标准名称	汉语拼音	备注
褚兰村	Chǔláncūn	隶属于埇桥区褚兰镇褚兰村。传说二三百年前，有一家姓褚的和一家姓兰的逃荒到此地，褚兰村由此得名。
鲁山	Lǔshān	隶属于埇桥区褚兰镇褚兰村。200 多年前。有几家姓鲁人家居住此地，此地为山，故取名鲁山。

曹村镇

曹村镇（Cáocūn Zhèn） 属埇桥区辖镇。在埇桥区的北部。面积 133.4426 平方千米。人口 65714 人。以汉族为主。辖 15 个村委会，有 84 个自然村。镇人民政府驻曹村。1952 年 9 月，划归宿县。1957 年 10 月，成立曹村乡，属宿县。1980 年 1 月，撤乡设区。1992 年 2 月撤区设镇，属县级宿州市。1998 年 12 月，属宿州市埇桥区。清光绪末年，有几户曹姓渔民来此搭棚捕鱼定居，人称曹家庵子，后形成村落，得名曹村。因镇政府驻曹村，故名。灌沟河、倒流河、望洲河、母子河、欧河流经境内。有幼儿园 14 所，小学 13 所，初中 3 所，高中 1 所；各级医疗卫生机构 16 个。境内有闵子骞祠堂。农业以种植小麦、玉米为主。畜牧业以饲养生猪、羊、家禽为主。工业以化工、机械制造、建材生产加工为主。206 国道、合徐高速公路穿境而过。

标准名称	汉语拼音	备注
曹村 村民委员会	Cáocūn Cūnmínwěiyuánhuì	位于埇桥区曹村镇。人民公社时期为曹村大队。1983 年由曹村大队更名为曹村村委会。2007 年由曹村、李庄村合并成曹村村民委员会。
陈庄	Chénzhuāng	隶属于埇桥区曹村镇曹村。因陈姓居多，故名为陈庄。
道东	Dàodōng	隶属于埇桥区曹村镇曹村。因地处津浦铁路以东，故名道东。
道西	Dàoxī	隶属于埇桥区曹村镇曹村。因地处津浦铁路以西，故名道西。
丁庵	Dīng’ān	隶属于埇桥区曹村镇曹村。传说清末有一姓丁的佃户到此地搭建窝棚居住，在此开荒种地生活，后建有尼姑庵，因姓丁人家最先到此地，故名丁庵。
拐山	Guǎishān	隶属于埇桥区曹村镇曹村。以庄北侧的拐山命名。
李庄	Lǐzhuāng	隶属于埇桥区曹村镇曹村。前清时期，李姓由北方迁居至此，得名李庄。
路东	Lùdōng	隶属于埇桥区曹村镇曹村。因地处通往后旺村公路东侧，故名路东。

标准名称	汉语拼音	备注
寨里	Zhàilǐ	隶属于埇桥区曹村镇曹村。在清末因村庄有寨墙，因此起名叫寨里。
陈疃村村民委员会	Chéntuǎncūn Cūnmínwěiyuánhuì	位于埇桥区曹村镇。人民公社时期为陈疃大队，1983 年更名为陈疃村村委会，2007 年村区划调整时由陈疃村、尚山村合并为陈疃村村民委员会。
高庄	Gāozhuāng	隶属于埇桥区曹村镇陈疃村。很多年前，高姓到此地居住，后来取名为高家庄，后称高庄。
火神庙	Huǒshénmiào	隶属于埇桥区曹村镇陈疃村。很久以前在庄东头建了座火神庙，故得名火神庙。
孟庄	Mèngzhuāng	隶属于埇桥区曹村镇陈疃村。村内孟姓居多，故得名孟庄。
前陈疃	Qiánchéntuǎn	隶属于埇桥区曹村镇陈疃村。因位于陈疃自然村之南，故名前陈疃。
尚山	Shàngshān	隶属于埇桥区曹村镇陈疃村。原住户均姓尚，此村西部有座山，故名尚山。
西庄	Xīzhuāng	隶属于埇桥区曹村镇陈疃村。陈疃村以寨里为主，此村地处寨里西侧，故名西庄。
寨里	Zhàilǐ	隶属于埇桥区曹村镇陈疃村。因地处村庄寨圩之内，故得名寨里。
河北村村民委员会	Héběicūn Cūnmínwěiyuánhuì	位于埇桥区曹村镇。人民公社时期为河北大队，1983 年更名为河北村村委会，2007 年村区划调整时，由河北村、梅庄村合并为河北村村民委员会。
河北	Héběi	隶属于埇桥区曹村镇河北村。几百年前，现在的河北庄南边、闵贤的庄北，发洪水在两庄中间冲出一道深沟（自然沟），从那时起沟南叫河南（后改为闵贤），沟北叫河北，流传至今。
梅庄	Méizhuāng	隶属于埇桥区曹村镇河北村。早年梅庄叫迷儿庄，后来有路人到此地问路，得知名叫迷儿庄后觉得不妥，遂取名梅庄。
湖庄村村民委员会	Húzhuāngcūn Cūnmínwěiyuánhuì	位于埇桥区曹村镇。人民公社时期为湖心庄大队，1983 年更名为湖庄村村委会，2007 年村区划调整时由湖庄村、郝庄村、潘庄村合并为湖庄村村民委员会至今。
高庄	Gāozhuāng	隶属于埇桥区曹村镇湖庄村。原来高姓逃荒落户得名高庄村，故名高庄。
郝庄	Hǎozhuāng	隶属于埇桥区曹村镇湖庄村。郝庄无郝姓，很久前是姓郝的寄庄子，故名郝庄。
湖庄	Húzhuāng	隶属于埇桥区曹村镇湖庄村。原是荒草湖坡，后来居民增多，形成村庄，故名湖庄。

标准名称	汉语拼音	备注
潘庄	Pānzhuāng	隶属于埇桥区曹村镇湖庄村。据传明朝年间有潘姓武官在此居住，故得名潘庄。
王庄	Wángzhuāng	隶属于埇桥区曹村镇湖庄村。因村民大多姓王，故得名王庄。
长山窝	Zhǎngshānwō	隶属于埇桥区曹村镇湖庄村。位于锅帽山东侧，故名长山窝。
马湾村 村民委员会	Mǎwāncūn Cūnmínwěiyuánhuì	位于埇桥区曹村镇。1958 年人民公社时期为马湾大队，1983 年由马湾大队更名为马湾村民委员会，2007 年村区划调整时由马湾村、徐岗村、余桥村合并为现马湾村村民委员会。
陈庄	Chénzhuāng	隶属于埇桥区曹村镇马湾村。清代中期，陈姓由北方迁居至此，故得名陈庄。
和尚庄	Héshàngzhuāng	隶属于埇桥区曹村镇马湾村。和尚庄原有一座小寺庙，故得名和尚庄。
贾庄	Jiǎzhuāng	隶属于埇桥区曹村镇马湾村。清代中期，贾姓由北方迁居至此，故得名贾庄。
马湾	Mǎwān	隶属于埇桥区曹村镇马湾村。因村民多姓马，故名马湾。
泉口	Quánkǒu	隶属于埇桥区曹村镇马湾村。因村前有一口水塘，塘内有一泉眼，故得名泉口。
徐岗	Xúgǎng	隶属于埇桥区曹村镇马湾村。因徐姓人口居多，且居住在小山岗上，故名徐岗。
余桥	Yúqiáo	隶属于埇桥区曹村镇马湾村。该村以余姓居民居多，故而得名。
闵祠村 村民委员会	Mǐncícūn Cūnmínwěiyuánhuì	位于埇桥区曹村镇。人民公社时期为闵祠大队，1983 年更名为闵祠村村委会，2007 年更名为闵祠村村民委员会。
后旺	Hòuwàng	隶属于埇桥区曹村镇闵祠村。据传，明太祖朱元璋赐武姓国戚“一望之地”，即“望哪给哪”。此村是所望之地，因位于前旺北侧，且“望”与“旺”同音，有兴旺发达之意，故得名后旺。
姜庄	Jiāngzhuāng	隶属于埇桥区曹村镇闵祠村。因姜姓村民居多，故名姜庄。
幺庄	Yāozhuāng	隶属于埇桥区曹村镇闵祠村。幺庄自然村在清代早期，有葛、陈两姓氏在此开荒种地，因葛、陈两家人户相当，取名腰庄，各半之意，后改成幺庄。
欧庄	Ōuzhuāng	隶属于埇桥区曹村镇闵祠村。因村内欧姓居多，故名欧庄。

标准名称	汉语拼音	备注
闵祠	Mǐncí	隶属于埇桥区曹村镇闵祠村。闵祠村源于春秋战国时期，是孔门高弟闵子骞的墓地。当时孔子的治国方略遭到鲁国权臣排斥，闵子之父为避祸，携妻带子逃至鲁梁两国接壤处，故取名闵祠。
张庄	Zhāngzhuāng	隶属于埇桥区曹村镇闵祠村。清代中期张姓迁居至此，故名张庄。
闵贤村村民委员会	Mǐnxiáncūn Cūnmínwěiyuánhuì	位于埇桥区曹村镇。人民公社时期名称为闵贤大队。1983年由闵贤大队更名为闵贤村村民委员会，2007年村区划调整时由闵贤村、小山西村合并为闵贤村村民委员会。
闵贤	Mǐnxián	隶属于埇桥区曹村镇闵贤村。由2000多年前孝贤闵子骞故里而得名，故称闵贤。
小山西	Xiǎoshānxī	隶属于埇桥区曹村镇闵贤村。因村落位置坐落在闵贤村庙山西侧而得名，有几百年历史。
前旺村村民委员会	Qiánwàngcūn Cūnmínwěiyuánhuì	位于埇桥区曹村镇。从明朝开始沿用至今。人民公社时期为前旺大队，1983年更名为前旺村村委会，2007年并村时，前旺村、秦山村、沟西村合并为前旺村。
大沟西	Dàgōuxī	隶属于埇桥区曹村镇前旺村。因居住大沟以西，故取名大沟西。
大栗园	Dàlìyuán	隶属于埇桥区曹村镇前旺村。据传明朝皇帝曾在此吃过栗子面窝头，此地栗子成为贡品，每年进贡，后来此地就叫大栗园。
岗孜	Gǎngzī	隶属于埇桥区曹村镇前旺村。因村南有一土岗子，故名岗孜。
前旺	Qiánwàng	隶属于埇桥区曹村镇前旺村。据传，明太祖朱元璋赐武姓国戚“一望之地”，即“望哪给哪”。此村是所望之地，因位于前旺南侧，且“望”与“旺”同音，有兴旺发达之意，故得名前旺。
泰山寺	Tàishānsì	隶属于埇桥区曹村镇前旺村。此处有座泰山古寺，故名泰山寺。
张庄	Zhāngzhuāng	隶属于埇桥区曹村镇前旺村。张姓居住较多，故取名张庄。
三环村村民委员会	Sānhuáncūn Cūnmínwěiyuánhuì	位于埇桥区曹村镇。人民公社时期为三环大队，1983年为三环村委会，2007年村区划调整时与宋湖村合并为三环村。

标准名称	汉语拼音	备注
三环	Sānhuán	隶属于埇桥区曹村镇三环村。每逢汛期西部皇藏山区洪水顺淝河东下，1736 年（乾隆三年）清廷下旨使兵部侍郎杨三公在此立三座碑镇水，数年后桥拱中生一株槐树，为中原一绝。由于此处土地肥沃，来往人数较多，有人在此建一饭庄称饭庵子，还有一处住几户人家叫记庄，另外还有大户人家姓杨，清朝时期做武官，家人在此定居，这三处后称三槐庄。人民公社时期为三环大队，2007 年与宋湖村合并为三环。
宋湖	Sònghú	隶属于埇桥区曹村镇三环村。本是荒地，后居民逐渐增多，形成村落，且村民以宋姓居多，故名宋湖。
尚桥村 村民委员会	Shàngqiáocūn Cūnmínwěiyuánhuì	位于埇桥区曹村镇。1974 年尚桥村下辖闫庄、王孟、温村三个村，后分为四个村。2007 年 7 月由尚桥、尚庄、王孟、望山、温村五个村合并而成。
温村	Wēncūn	隶属于埇桥区曹村镇尚桥村。因温姓最先在此地安家，故名温村。
大闫庄	Dàyánzhuāng	隶属于埇桥区曹村镇尚桥村。200 多年前，有一户姓闫的在此居住，后有解、张、李、陆四姓入住，因闫姓居住最早，故得名大闫庄。
孟村	Mèngcūn	隶属于埇桥区曹村镇尚桥村。因孟姓最先在此居住，故名孟村。
尚桥	Shàngqiáo	隶属于埇桥区曹村镇尚桥村。尚桥原名上桥，很久很久以前庄东望州河有一小桥，发洪水时被淤盖，故改村名为尚桥。
尚庄	Shàngzhuāng	隶属于埇桥区曹村镇尚桥村。600 年前，尚姓一家来此居住，后有刘、周、陈三姓来此，因尚姓居多，因此得名尚庄。
王庄	Wángzhuāng	隶属于埇桥区曹村镇尚桥村。600 余年前，王姓在此居住，后有陈、孟、吴等在此居住，因王姓居多，得名王庄。
望湖	Wànghú	隶属于埇桥区曹村镇尚桥村。清朝时期望湖中间有一个湖，后来有人居住，取名望湖。
望山	Wàngshān	隶属于埇桥区曹村镇尚桥村。原来有座山，山南有庙，很多人来观看，后有很多人居住，因取名望山。
李闫庄	Lǐyánzhuāng	隶属于埇桥区曹村镇尚桥村。李闫庄原名小闫庄，后有一家姓闫的人家从大闫庄迁至本地，后来又有几家姓李的迁至本地，故改为李闫庄。
寺后村 村民委员会	Sìhòucūn Cūnmínwěiyuánhuì	位于埇桥区曹村镇。1958 年人民公社时期名称为寺后大队。1984 年后更名为寺后村村民委员会。2007 年并村时，寺后村、王庄村合并为寺后村村民委员会。
段庄	Duànzhuāng	隶属于埇桥区曹村镇寺后村。清末一段氏人家从外地迁移到此居住，后延续地名为段庄。

标准名称	汉语拼音	备注
高园	Gāoyuán	隶属于埇桥区曹村镇寺后村。位于村西北，因此处原本是一块地势较高的菜地，后称高园。
后寺后	Hòusìhòu	隶属于埇桥区曹村镇寺后村。因位于前寺后村的北方，故名后寺后。
前寺后	Qiánsìhòu	隶属于埇桥区曹村镇寺后村。因村前原有座寺庙，故名前寺后。
四堡湖	Sìpùhú	隶属于埇桥区曹村镇寺后村。因地势低洼，故名四堡湖。
王庄	Wángzhuāng	隶属于埇桥区曹村镇寺后村。因王姓居多，故名王庄。
桃山村 村民委员会	Táoshāncūn Cūnmínwěiyuánhuì	位于埇桥区曹村镇。1958 年人民公社后名称为桃山大队，1983 年由桃山大队更名为桃山村村民委员会。
东新庄	Dōngxīnzhuāng	隶属于埇桥区曹村镇桃山村。东新庄原是桃山村的耕地，后来一户张姓人家发现此处属桃山村最高点，便置办土地在此建房，定居下来，后又有几户在此建房、定居，故称东新庄。
刘林	Liúlín	隶属于埇桥区曹村镇桃山村。早年刘姓父子在桃山村乞讨，经过刘林时父亲病死，葬于此山，故称刘林。
桃山	Táoshān	隶属于埇桥区曹村镇桃山村。北宋年间著名诗人陈师道曾任徐州知府，后被奸臣告发，削官为民，被贬至高山。因其医术高明，为民看病，不收分文，得到百姓的拥护。百姓知其爱好桃树，遂在高山上种下许多桃树，几年之后漫山遍野尽是桃树，桃山因此而得名。
小店子	Xiǎodiànzi	隶属于埇桥区曹村镇桃山村。明朝时期，朱元璋曾在此地屯兵，故称皇店子。因为自然村太小，俗称小店子。
小山口村 村民委员会	Xiǎoshānkǒucūn Cūnmínwěiyuánhuì	位于埇桥区曹村镇。1958 年成立人民公社后名称为小山口大队，1983 年由小山口大队更名为小山口村民委员会。2007 年村区划调整时，由小山口村、大山口村、杨卜村合并为小山口村村民委员会。
大山口	Dàshānkǒu	隶属于埇桥区曹村镇小山口村。因此村位于齐山南郭山口，比北郭山口较大，故名大山口。
小山口	Xiǎoshānkǒu	隶属于埇桥区曹村镇小山口村。因此村位于齐山北郭小山相接的山口处，故名小山口。
杨堡	Yángpù	隶属于埇桥区曹村镇小山口村。因此村多杨树，故名杨堡。
张庄村 村民委员会	Zhāngzhuāngcūn Cūnmínwěiyuánhuì	位于埇桥区曹村镇。1958 年成立人民公社后为张庄大队，1983 年后更名为张庄村村民委员会，2007 年张庄村和王村合并，因张庄离 206 国道近，两村合并后称张庄村至今。
葛村	Gěcūn	隶属于埇桥区曹村镇张庄村。该村主要以葛姓居民为主，故而得名。

标准名称	汉语拼音	备注
路楼	Lùlóu	隶属于埇桥区曹村镇张庄村。早年有路姓在此地建有楼房，故得名路楼。
王村	Wángcūn	隶属于埇桥区曹村镇张庄村。很早以前有一户姓王的在此开荒种地，故得名王村。
小李庄	Xiǎolǐzhuāng	隶属于埇桥区曹村镇张庄村。早年李姓在此居住，因庄小，故得名小李庄。
张庄	Zhāngzhuāng	隶属于埇桥区曹村镇张庄村。清代前期张姓从外地迁居至此，得名为张庄。
左洼村村民委员会	Zuǒwācūn Cūnmínwěiyuánhuì	位于埇桥区曹村镇。1949 年 10 月后左洼村属徐州市郊区第十一区桃山区，1951 年划归宿县桃山区，现属宿州市埇桥区曹村镇左洼村。2007 年村区划调整时，左洼村、袁洼村、孙庄村合并为左洼村村民委员会。
高庄	Gāozhuāng	隶属于埇桥区曹村镇左洼村。高庄的先祖高原，在三百年前由徐州迁到伊桥东高庄，后有四子，其中一子移迁到目前的高庄，由于人丁兴旺，全村大都姓高，故称高庄。
秦宅子	Qínzháizi	隶属于埇桥区曹村镇左洼村。最早来此居住的是秦姓人家，清末年间张富年在徐州任观察使，兼兵备时，有功受奖。张富年利用奖励的钱在此购置良田千方，交于秦家管理，完粮赋税。秦宅子就是秦家的寄庄子。
孙庄	Sūnzhuāng	隶属于埇桥区曹村镇左洼村。洪武年间，最早来的移民姓刘，接着吴姓、孙姓、王姓等不断入住，因为孙姓人口最旺，故名孙庄。
王山	Wángshān	隶属于埇桥区曹村镇左洼村。村中因有山，王姓居多，故称王山。
王庄	Wángzhuāng	隶属于埇桥区曹村镇左洼村。因此村王姓居多，故名王庄。
魏宅子	Wèizháizi	隶属于埇桥区曹村镇左洼村。大约两百年前，潘楼魏氏族人已在此营生，有大片土地，建有仓房及住宅。后有财主李十一在此购置土地，租给九家佃户，形成寄庄，亦称魏宅子。
袁洼	Yuánwā	隶属于埇桥区曹村镇左洼村。因村内居民袁姓居多，且地势低洼，故名袁洼。
左洼	Zuǒwā	隶属于埇桥区曹村镇左洼村。左洼起源于明初洪武年间，有左姓在此地居住，后有滕姓入住，左、滕两家在村南建家堂庙一座，又立碑传，而后其他姓氏不断入住，因为此地低洼，左姓先至，故称左洼。

夹沟镇

夹沟镇（Jiágōu Zhèn） 属埇桥区辖镇。在埇桥区的北部。面积164.3565平方千米。人口71271人。以汉族为主。辖17个村委会，有88个自然村。镇人民政府驻夹沟村。1949年4月设夹沟镇。1950年9月改区。1958年9月改社。1978年2月改区。1992年2月改镇，属县级宿州市。1998年12月，属埇桥区。因集市中心一条沟横贯东西，称夹沟集。镇因而得名。龙泉河、夹栏河、大秦沟、皇沟、大徐沟流经境内。有五柳、镇头、长山套、草场水库。有图书馆18个、幼儿园10所、小学15所、初中3所；各级医疗机构18个。境内有五柳汉文化遗址、天然溶洞、二郎寺、大龙泉寺等自然景观和历史文化遗产。农业以种植小麦、玉米、大豆为主。畜牧业以饲养生猪、羊、家禽为主。工业以农产品、建材加工为主。206国道、京沪铁路纵贯全境，设夹沟火车站。

标准名称	汉语拼音	备注
杈园村 村民委员会	Chāyuáncūn Cūnmínwěiyuánhuì	位于埇桥区夹沟镇。人民公社时期称为杈园大队；1982年由杈园大队更名为杈园村民委员会后，2007年村级区划调整时，由杈园村、徐王村、土山村合并为杈园村。
土山	Tǔshān	隶属于埇桥区夹沟镇杈园村。该庄北面有座山，因含土量多而得名土山，该庄以山名而得名，沿用至今。
杈园	Chāyuán	隶属于埇桥区夹沟镇杈园村。因其生产白蜡条，村人加工制作农具、杈子，故而得名杈园。
徐王	Xúwáng	隶属于埇桥区夹沟镇杈园村。因其村民以徐、王两姓为主，故而得名。
湖疃村 村民委员会	Hútuǎncūn Cūnmínwěiyuánhuì	位于埇桥区夹沟镇。2007年村级区划调整时，由前邓村、湖町村合并为湖疃村，沿用至今。
后邓	Hòudèng	隶属于埇桥区夹沟镇湖疃村。该庄以邓姓为主，因其南方有一个前邓，故该庄得名后邓。
梅山	Méishān	隶属于埇桥区夹沟镇湖疃村。庄内人家大多以梅姓为主，故而得名。
涂庄	Túzhuāng	隶属于埇桥区夹沟镇湖疃村。该庄以涂姓为主，故而得名涂庄，沿用至今。
冯庄	Féngzhuāng	隶属于埇桥区夹沟镇湖疃村。该庄以冯姓为主，故而得名冯庄，沿用至今。
刘庄	Liúzhuāng	隶属于埇桥区夹沟镇湖疃村。该庄以刘姓为主，故而得名刘庄，沿用至今。
前邓	Qiándèng	隶属于埇桥区夹沟镇湖疃村。以邓姓为主，因其在南方，南方为前，故称前邓，沿用至今。

标准名称	汉语拼音	备注
寨里	Zhàilǐ	隶属于埇桥区夹沟镇湖疃村。该庄位于湖疃村中心位置，四周筑起圩子，故而得名寨里，沿用至今。
黄疃	Huángtuǎn	隶属于埇桥区夹沟镇黄山村。该庄以黄姓为主，故而得名黄疃，沿用至今。
黄山村村民委员会	Huángshāncūn Cūnmínwěiyuánhuì	位于埇桥区夹沟镇。2007 年由黄疃村、东山头村、西山头村合并为黄山村。
西山头	Xīshāntóu	隶属于埇桥区夹沟镇黄山村。因在龟山西面，故而得名西山头，沿用至今。
东山头	Dōngshāntóu	隶属于埇桥区夹沟镇黄山村。因在龟山东面，故而得名东山头，沿用至今。
夹沟村村民委员会	Jiágōucūn Cūnmínwěiyuánhuì	位于埇桥区夹沟镇。人民公社时期名为夹沟大队；2007 年东北村、西南村合并为夹沟村村民委员会，沿用至今。
西南庄	Xīnánzhuāng	隶属于埇桥区夹沟镇夹沟村。因位于夹沟集西南侧，故而得名西南庄。
东北庄	Dōngběizhuāng	隶属于埇桥区夹沟镇夹沟村。因位于夹沟集东北侧，故而得名东北庄。
冯吉	Féngjí	隶属于埇桥区夹沟镇夹沟村。该庄以冯姓为主，为了村民生活能够大吉大利，故而得名冯吉。
津浦村村民委员会	Jīnpǔcūn Cūnmínwěiyuánhuì	位于埇桥区夹沟镇。1960 年属于津浦社；70 年代大公社时期分为大刘大队、梁庄大队、冯吉大队；1983 年分为大刘村、梁庄村和冯吉村；2007 年并村时大刘村、冯吉村、梁庄村合并为津浦村。
梁庄	Liángzhuāng	隶属于埇桥区夹沟镇津浦村。该庄以梁姓为主，故而得名梁庄。
河南庄	Hénánzhuāng	隶属于埇桥区夹沟镇津浦村。因该庄位于夹沟河南岸，故而得名。
小刘	Xiǎoliú	隶属于埇桥区夹沟镇津浦村。该庄以刘姓为主，庄子不大，故而得名小刘。
张庄	Zhāngzhuāng	隶属于埇桥区夹沟镇津浦村。该庄以张姓为主，故而得名张庄。
于庄	Yúzhuāng	隶属于埇桥区夹沟镇津浦村。该庄以于姓为主，故而得名于庄。
大刘	Dàliú	隶属于埇桥区夹沟镇津浦村。该庄以刘姓为主，庄子较大，故而得名大刘。
李营村村民委员会	Lǐyíngcūn Cūnmínwěiyuánhuì	位于埇桥区夹沟镇。原为李营大队，后来改名为李营村，2007 年李营村、唐张村合并为李营村村民委员会。

标准名称	汉语拼音	备注
夏寨	Xiàzhài	隶属于埇桥区夹沟镇李营村。原有一名李姓大将在此安营，称李营。后来有人家迁入至此，又出了一个夏姓秀才。由于战乱，村子挖沟建寨，故称夏寨。
张场	Zhāngchǎng	隶属于埇桥区夹沟镇李营村。从前兵马战乱，此地为训练兵场，又因张姓居多，故而得名张场。
上山王	Shàngshānwáng	隶属于埇桥区夹沟镇李营村。王姓居多，又住在山坡上，故而得名上山王。
郭家	Guōjiā	隶属于埇桥区夹沟镇李营村。该庄以郭姓为主，故而得名郭家。
小张家	Xiǎozhāngjiā	隶属于埇桥区夹沟镇李营村。该庄以张姓为主，庄子不大，故而得名小张家。
韩家	Hánjiā	隶属于埇桥区夹沟镇李营村。该庄以韩姓为主，故而得名韩家。
唐家	Tángjiā	隶属于埇桥区夹沟镇李营村。该庄以唐姓为主，故而得名唐家。
七里村村民委员会	Qīlǐcūn Cūnmínwěiyuánhuì	位于埇桥区夹沟镇。人民公社时期名称为七里大队；1983 年由七里大队更名为七里村民委员会，2007 年由七里村、小五柳村、离山村合并为七里村。
七里	Qīlǐ	隶属于埇桥区夹沟镇七里村。因村子距离夹沟集七里路，故而得名。
离山	Líshān	隶属于埇桥区夹沟镇七里村。在符离镇边界有座离山，以山命名，故而得名。
武小楼	Wǔxiǎolóu	隶属于埇桥区夹沟镇七里村。该庄以武姓为主，庄子较小，故而得名武小楼，沿用至今。
小五柳	Xiǎowǔliǔ	隶属于埇桥区夹沟镇七里村。与大五柳相邻，故而得名。
谭庄	Tánzhuāng	隶属于埇桥区夹沟镇七里村。该庄以谭姓为主，故而得名谭庄，沿用至今。
小刘庄	Xiǎoliúzhuāng	隶属于埇桥区夹沟镇七里村。该庄以刘姓为主，庄子不大，故而得名小刘庄，沿用至今。
沙庄	Shāzhuāng	隶属于埇桥区夹沟镇七里村。该庄东侧山脚下黑沙成堆，且有沙姓居住，故而得名沙庄，沿用至今。
曹庄	Cáozhuāng	隶属于埇桥区夹沟镇七里村。该庄以曹姓为主，故而得名曹庄，沿用至今。
秦湾村村民委员会	Qínwāncūn Cūnmínwěiyuánhuì	位于埇桥区夹沟镇。2007 年并村时，由秦湾村、前王村合并为秦湾村。

标准名称	汉语拼音	备注
秦湾	Qínwān	隶属于埇桥区夹沟镇秦湾村。早在春秋战国时期就是宋国的一座边塞小城，名曰监城。秦始皇统一六国时巡淮泗时曾住驿于此，赠名万村，后来更名为秦湾。
后湖	Hòuhú	隶属于埇桥区夹沟镇秦湾村。该庄北面有一个湖，故而得名。
前王	Qiánwáng	隶属于埇桥区夹沟镇秦湾村。清朝时期，王姓由猫山腰迁至此地，建造房屋，在秦湾村的南面，故称前王。
青山村 村民委员会	Qīngshāncūn Cūnmínwěiyuánhuì	位于埇桥区夹沟镇。人民公社时期名称为青山大队；1982年由青山大队更名为青山村委会后，2007年并村时由青山村、来庄村合并为青山村。
青山	Qīngshān	隶属于埇桥区夹沟镇青山村。明代末期军阀混战，于姓由山东迁居至此，首先定居在现在村西北角一公里处青山山上，开荒种地，后来迁到青山东南角一公里处开荒种田，故而得名青山。
端村	Duāncūn	隶属于埇桥区夹沟镇青山村。明末清初，端姓由南方迁居至此，故而得名端村。
姚庄	Yáozhuāng	隶属于埇桥区夹沟镇青山村。清初，姚姓由北方迁居至此，因故得名姚庄。
耿庄	Gěngzhuāng	隶属于埇桥区夹沟镇青山村。清朝初期，耿姓由山东迁居至此，故而得名。
陈庄	Chénzhuāng	隶属于埇桥区夹沟镇青山村。1670—1690年之间，陈姓由南方迁居至此，故而得名。
来庄	Láizhuāng	隶属于埇桥区夹沟镇青山村。清朝初期，有来姓从山东迁居至此，故而得名。
孟寨	Mèngzhài	隶属于埇桥区夹沟镇青山村。清朝中期，有孟姓从山东迁居至此，后因战乱，村民自行建寨防盗，故得名孟寨。
孙寨村 村民委员会	Sūnzhàicūn Cūnmínwěiyuánhuì	位于埇桥区夹沟镇。原由孙寨、张庄、夏刘寨合并为孙寨村；2007年村级区划调整时，金山、高庄、孙寨村合并，仍以孙寨村命名至今。
孙寨	Sūnzhài	隶属于埇桥区夹沟镇孙寨村。因该庄孙姓居多，故而得名孙寨。
大井	Dàjǐng	隶属于埇桥区夹沟镇孙寨村。清朝时期，江姓为解决饮用水问题，人工挖井50余米，直径5米，因此该村被称为大井。
金山	Jīnshān	隶属于埇桥区夹沟镇孙寨村。相传明朝马皇后在庄西北水山丢失金簪，沿金山小村寻找得来，老百姓渴望平安发财，故而取名金山。
高庄	Gāozhuāng	隶属于埇桥区夹沟镇孙寨村。明朝期间，由高姓迁居至此而得名，现王姓人家居多，仍以高庄命名。

标准名称	汉语拼音	备注
魏寨村村民委员会	Wèizhàicūn Cūnmínwěiyuánhuì	位于埇桥区夹沟镇。人民公社时期名称为魏寨大队；1983年由魏寨大队更名为魏寨村村民委员会；2007年并村时，由魏寨村、王村合并为魏寨村。
南山	Nánshān	隶属于埇桥区夹沟镇魏寨村。清代末期，张姓在此居住，繁衍生息，离南面的山有100米，故称南山。
后武庄	Hòuwǔzhuāng	隶属于埇桥区夹沟镇魏寨村。清代末期，武姓大户在此居住，故而得名后武庄，沿用至今。
赵庄	Zhàozhuāng	隶属于埇桥区夹沟镇魏寨村。因该庄赵姓居多，故而得名赵庄，沿用至今。
张油坊	Zhāngyóufāng	隶属于埇桥区夹沟镇魏寨村。清末时期，张姓在此居住，以推芝麻油而得名，沿用至今。
郭于庄	Guōyúzhuāng	隶属于埇桥区夹沟镇魏寨村。清朝中期迁此，以郭姓、于姓为主，故名郭于庄，沿用至今。
王村	Wángcūn	隶属于埇桥区夹沟镇魏寨村。民国初期，因姓王的当保长，加上后期王姓人丁兴旺，逐渐壮大，故而得名王村。
魏寨	Wèizhài	隶属于埇桥区夹沟镇魏寨村。清代中期，庄上主要以魏姓大户居住，故而得名魏寨，沿用至今。
五柳村村民委员会	Wǔliǔcūn Cūnmínwěiyuánhuì	位于埇桥区夹沟镇。2007年村级区划调整时，五柳村、唐山孜村合并为五柳村。
五柳庄	Wǔliǔzhuāng	隶属于埇桥区夹沟镇五柳村。因该村村委会位于五聊庄，故而得名。
唐山子	Tángshānzi	隶属于埇桥区夹沟镇五柳村。唐姓在此居住，四周有山，故而得名。
夏刘寨社区村民委员会	Xiàliúzhài Shèqū Cūnmínwěiyuánhuì	位于埇桥区夹沟镇。原属张庄村，2007年张庄村与夏刘寨村合并，更名为夏刘寨。
夏刘寨	Xiàliúzhài	隶属于埇桥区夹沟镇夏刘寨村。该庄以刘姓为主，且庄外原有圩寨，故而得名夏刘寨，沿用至今。
辛丰村村民委员会	Xīnfēngcūn Cūnmínwěiyuánhuì	位于埇桥区夹沟镇。1949年后为辛丰大队；1983年演变为辛丰村委会；2007年村级区划调整时，由辛丰村、前乡村、中场村合并为辛丰村。
前乡	Qiánxiāng	隶属于埇桥区夹沟镇辛丰村。因坐落在辛丰自然村前面，故而得名。
辛丰	Xīnfēng	隶属于埇桥区夹沟镇辛丰村。宋朝时期，辛丰是个小集市，后来一直沿用。
河南庄	Hénánzhuāng	隶属于埇桥区夹沟镇辛丰村。因该村庄位于河的南面，故而取名河南庄，沿用至今。

标准名称	汉语拼音	备注
童楼	Tónglóu	隶属于埇桥区夹沟镇辛丰村。该村庄童姓居多，故而得名童楼，沿用至今。
前场	Qiánchǎng	隶属于埇桥区夹沟镇辛丰村。明朝洪武年间，燕王朱棣征北时，此地为练兵场、草料场，共分前、后、中三个地方，所以延续村名为前场、中场、后场。
中场	Zhōngchǎng	隶属于埇桥区夹沟镇辛丰村。明朝燕王朱棣征北时，此地为练兵场、草料场，共分前、后、中三个地方，所以延续村名为前场、中场、后场。
后场	Hòuchǎng	隶属于埇桥区夹沟镇辛丰村。明朝燕王朱棣征北时，此地为练兵场、草料场，共分前、后、中三个地方，所以延续村名为前场、中场、后场。
万庄	Wànzhuāng	隶属于埇桥区夹沟镇辛丰村。因该庄万姓居多，故而得名万庄，沿用至今。
赵集村 村民委员会	Zhàojícūn Cūnmínwěiyuánhuì	位于埇桥区夹沟镇。2007 年村级区划调整时，赵集村、于顾村、武李村合并为赵集村。
张圩子	Zhāngwéizi	隶属于埇桥区夹沟镇赵集村。因该庄张姓人口居多，庄里原有个圩子，故而得名张圩子，沿用至今。
赵集	Zhàojí	隶属于埇桥区夹沟镇赵集村。赵姓在此居住，此地慢慢演变为集市，故名赵集。
武家	Wǔjiā	隶属于埇桥区夹沟镇赵集村。因该庄武姓占大多数，故而得名武家，沿用至今。
于家	Yújiā	隶属于埇桥区夹沟镇赵集村。因该庄于姓占大多数，故而得名于家，沿用至今。
顾家	Gùjiā	隶属于埇桥区夹沟镇赵集村。因该庄顾姓占大多数，故而得名顾家，沿用至今。
李家	Lǐjiā	隶属于埇桥区夹沟镇赵集村。因该庄李姓占大多数，故而得名李家，沿用至今。
镇头村 村民委员会	Zhèntóucūn Cūnmínwěiyuánhuì	位于埇桥区夹沟镇。原为镇头寺，新中国成立后改名为镇头村。2007 年村级区划调整时，由镇头村、草场村合并为镇头村。
草场	Cǎochǎng	隶属于埇桥区夹沟镇镇头村。相传唐朝时期，名为朱陈村，明朝洪武年间，燕王朱棣征北时，朱陈村被选作老兵养马的草料场，更名为草场。
吴庄	Wúzhuāng	隶属于埇桥区夹沟镇镇头村。清朝初期，吴姓在此居住，家族兴旺，故得名吴庄。
张庄	Zhāngzhuāng	隶属于埇桥区夹沟镇镇头村。清代初期，由张姓在此居住，故而得名张庄。

标准名称	汉语拼音	备注
邱村	Qiūcūn	隶属于埇桥区夹沟镇镇头村。清代初期，由邱姓在此居住，故而得名邱村。
曹楼	Cáolóu	隶属于埇桥区夹沟镇镇头村。很久以前曹姓在此居住，家族人丁兴旺，逐渐壮大，故而得名曹楼。
董黄庄	Dǒnghuángzhuāng	隶属于埇桥区夹沟镇镇头村。清朝时期，董姓以及黄姓人家在此居住，故而取名董黄庄。
老山口	Lǎoshānkǒu	隶属于埇桥区夹沟镇镇头村。该村三面环山，故而得名老山口。
半山李	Bànshānlǐ	隶属于埇桥区夹沟镇镇头村。清代中期，李姓由北迁居至此，故而得名半山李。
周坡村村民委员会	Zhōupōcūn Cūnmínwěiyuánhuì	位于埇桥区夹沟镇。1982 年由周坡大队更名为周坡村村委会；2007 年村级区划调整时，周坡村、武小庄村合并后称周坡村村民委员会。
武小庄	Wǔxiǎozhuāng	隶属于埇桥区夹沟镇周坡村。该庄以武姓为主，庄子较小，故而得名武小庄。
赵庄	Zhàozhuāng	隶属于埇桥区夹沟镇周坡村。该庄以赵姓为主，故而得名赵庄。
周坡	Zhōupō	隶属于埇桥区夹沟镇周坡村。该庄以周姓为主，原来庄南有土坡子，故而得名周坡。

栏杆镇

栏杆镇（Lángān Zhèn） 属埇桥区辖镇。在埇桥区的东北部。面积 141.1067 平方千米。人口 79121 人。以汉族为主。辖 18 个村委会，有 114 个自然村。镇人民政府驻栏西村。1958 年 9 月，撤销张山区设栏杆乡；1961 年 8 月，栏杆、解集公社合并设栏杆区；1992 年 2 月，栏杆、柏山、路疃、小集、阚疃五乡合并设栏杆镇。1998 年 12 月，属埇桥区。五百多年前称为南关山村，因与“栏杆”谐音，故名。镇因此得名。奎河、斜河、韩河纵贯全境。有文化广播电视站 1 个；幼儿园 14 所，小学 12 所，初中 4 所，高中 1 所；图书室 18 个；各级医疗机构 19 个。境内有老海寺、老寨山古战场遗址。农业以种植小麦、玉米为主。畜牧业以饲养生猪、羊、家禽为主。工业以农产品、板材加工为主。特产为栏杆牛肉。026、056 县道、京沪高铁纵贯全境。

标准名称	汉语拼音	备注
安水村 村民委员会	Ānshuǐcūn Cūnmínwěiyuánhuì	位于埇桥区栏杆镇。安水村属宿县栏杆镇管辖，后分为安南村、安北村，1986 年后又恢复为安水村至今。
安北村	Ānběicūn	隶属于埇桥区栏杆镇安水村。元末明初，先人迁至该村，当时村东有一条小河，因先人安心在此安居，便取名安水村。该庄位于北边，故称安北村。
安南村	Ānnáncūn	隶属于埇桥区栏杆镇安水村。元末明初，先人迁至该村，当时村东有一条小河，因先人安心在此安居，便取名安水村。该庄位于南边，故称安南村。
柏山村 村民委员会	Bǎishāncūn Cūnmínwěiyuánhuì	位于埇桥区栏杆镇。原是柏山大队，2008 年由孙庄、刘寨、柏山合并成为柏山村至今。
柏山	Bǎishān	隶属于埇桥区栏杆镇柏山村。明代初期，从山西迁入此地。当时山上石头中出现柏树图像，故而取名柏山。
孙庄	Sūnzhuāng	隶属于埇桥区栏杆镇柏山村。明朝时期，柏山村以西的孙庄村从陕西迁至此地落户，名为孙庄。
大旺村 村民委员会	Dàwàngcūn Cūnmínwěiyuánhuì	位于埇桥区栏杆镇。1983 年由大旺大队更名为大旺村民委员会；1949 年 10 月前叫旺头村，后改为大旺村，沿用至今。
大旺	Dàwàng	隶属于埇桥区栏杆镇大旺村。清朝时期，大旺村坐落在村庄后头，原叫旺头村，解放后叫大旺村。大旺庄原来人口不多，有“大旺不大，小旺不小”的说法，故而得名。
小周家	Xiǎozhōujiā	隶属于埇桥区栏杆镇大旺村。清代中期，周姓从山西省迁居至此，因此庄人口少，故称为小周家。
大周家	Dàzhōujiā	隶属于埇桥区栏杆镇大旺村。清代中期，周姓从山西省迁居至此，因此庄人口多，故称为大周家。
小旺庄	Xiǎowàngzhuāng	隶属于埇桥区栏杆镇大旺村。有“大旺不大，小旺不小”的说法，故而得名小旺庄。
丁李村 村民委员会	Dīnglǐcūn Cūnmínwěiyuánhuì	位于埇桥区栏杆镇。明朝时期，名为丁楼村；2008 年与李村合并为丁李村。
李村	Lǐcūn	隶属于埇桥区栏杆镇丁李村。因丁楼村与黄李村合并成一村，得名李村。
小黄村	Xiǎohuángcūn	隶属于埇桥区栏杆镇丁李村。该村清末年间盛产蚕丝，大量养蚕。因从山西省迁来的黄姓带来的养蚕技术，起初取名为桑园寨，后因黄氏逐渐壮大，改名为黄村。后因 1949 年 10 月后路疃后有一同名黄村，为区分，路疃后的黄村为大黄村，该村为小黄村。
阚庄	Kànzhuāng	隶属于埇桥区栏杆镇丁李村。清朝光绪年间，该地有一阚姓庄园，家庭显赫，后来阚氏家族庞大，故而得名阚庄。
耿庄	Gěngzhuāng	隶属于埇桥区栏杆镇丁李村。耿姓最先在此居住，故而得名。

标准名称	汉语拼音	备注
丁楼	Dīnglóu	隶属于埇桥区栏杆镇丁李村。清末丁姓聚居此地，建村立庄，故而得名。
万庄	Wànzhuāng	隶属于埇桥区栏杆镇丁李村。万姓最先定居于此，故而得名。
段楼村 村民委员会	Duànlóucūn Cūnmínwěiyuánhuì	位于埇桥区栏杆镇。1958 年为段楼大队，1985 年至今为段楼村委会。
姚楼	Yáolóu	隶属于埇桥区栏杆镇段楼村。清末，姚姓在此处建土窑烧窑，取名为姚庄，后来发达了，更名为姚楼。
汪楼	Wānglóu	隶属于埇桥区栏杆镇段楼村。清朝末年，汪姓在此地居住，买了一片土地，建了一座小楼，故取名为汪楼。
梁庄	Liángzhuāng	隶属于埇桥区栏杆镇段楼村。明朝末年，梁姓到此地开荒种地，建房繁衍生息，后来家族逐渐壮大，故取名梁庄。
段楼	Duànlóu	隶属于埇桥区栏杆镇段楼村。1949 年 10 月前，几户段姓在此居住，取名段小庄，后有谢姓、李姓、曹姓在此居住，认为段小庄名字不好，更名为段楼。
韩村 村民委员会	Háncūn Cūnmínwěiyuánhuì	位于埇桥区栏杆镇。人民公社时期名称为韩村大队；1984 年大队更名为韩村村委会沿用至今。
前郭庄	Qiánguōzhuāng	隶属于埇桥区栏杆镇韩村。郭姓较多，故而得名。
韩西庄	Hánxīzhuāng	隶属于埇桥区栏杆镇韩村。韩姓居多，1984 年分村时，由于村庄在西面，故而得名韩西庄。
韩东庄	Hándōngzhuāng	隶属于埇桥区栏杆镇韩村。韩姓居多，1984 年分村时，由于村庄在东面，故而得名韩东庄。
化楼村 村民委员会	Huàlóucūn Cūnmínwěiyuánhuì	位于埇桥区栏杆镇。1958 年为化楼大队，1983 年更名为化楼村村民委员会，名称未变，沿用至今。
段庄	Duànzhuāng	隶属于埇桥区栏杆镇化楼村。民国时期，逃荒者来到草塘子，庄主无力养活他们，后来庄主为了保存草塘子，就给了他们一些土地，在草塘子东北角住下，其中姓段的人口较多，故而得名段庄。
草塘	Cǎotáng	隶属于埇桥区栏杆镇化楼村。民国初年，逃荒者来到该庄，庄主无力养活他们，后来庄主为了保存草塘子，就给了他们一些土地，在草塘子住下，故名草塘。
化楼	Huàlóu	隶属于埇桥区栏杆镇化楼村。建庄后，山东一户华姓到此地落户，因其与大户黄家、杨家有关系，杨家就给其在草塘西边建起一座土楼，因此得名华楼。新中国成立初期，工作队为北方口音，上报为化楼，从此得名化楼。

标准名称	汉语拼音	备注
前庄	Qiánzhuāng	隶属于埇桥区栏杆镇化楼村。逃荒者来到草塘子，庄主无力养活他们，为了保存草塘子，就给了他们一些土地，让其在草塘子东北角住下，其中姓钱的人口较多，故而得名钱庄。“文化大革命”时期改名为前庄。
金庄	Jīnzhuāng	隶属于埇桥区栏杆镇化楼村。民国初年，金姓聚居此地，开荒种地，建村立庄，故而得名金庄。
阻寺	Zǔsì	隶属于埇桥区栏杆镇化楼村。清朝中期，有一位化缘和尚经过此地，看到这里风水好，就在此建起一座庙，庙建在阻水河边，由此得名阻沟寺。当时阻沟寺香火很旺，很多信男信女就在寺边建起房子，此庄名为阻沟寺，后来为了简便，就叫阻寺。
阚疃村 村民委员会	Kàntuǎncūn Cūnmínwěiyuánhuì	位于埇桥区栏杆镇。人民公社时期名为阚疃大队、阚疃公社，现该村委会由阚疃、后楼、祝庄、王庄、吴窑组成。
后楼	Hòulóu	隶属于埇桥区栏杆镇阚疃村。原有一地主在此盖了一栋楼，故而得名后楼。
祝庄	Zhùzhuāng	隶属于埇桥区栏杆镇阚疃村。明代中期，张姓和祝姓由陕西迁居至此，安家落户，开荒种地，人丁兴旺，祝姓人口居多，故取名祝庄。
吴窑	Wúyáo	隶属于埇桥区栏杆镇阚疃村。明朝时期，最先在此居住的为吴姓，后来村子逐渐壮大，故取名吴窑。
王庄	Wángzhuāng	隶属于埇桥区栏杆镇阚疃村。清代初期，王姓最先在此居住，故取名王庄。
阚疃	Kàntuǎn	隶属于埇桥区栏杆镇阚疃村。清末年间，阚姓迁居至此，取名阚庄，后来在此建造房屋、开荒种地并逐渐壮大，在此建立集贸市场，故取名为阚疃。
栏东村 村民委员会	Lándōngcūn Cūnmínwěiyuánhuì	位于埇桥区栏杆镇。人民公社时期名为栏东大队；1983 年后，有栏东大队更名为栏东村委会；2008 年由栏东、严村、祝山三个村民委员会合并为栏东村委会，沿用至今。
栏东	Lándōng	隶属于埇桥区栏杆镇栏东村。1371 年，郭姓从铜山县土垅迁居斛城南关山，即栏杆。另一说栏杆三面环山，一面临奎河，就像栅栏一样将村庄环环围住，故称栏杆，分为栏东、栏西两村。
严村	Yáncūn	隶属于埇桥区栏杆镇栏东村。在六七百年前，严姓由山西迁至此，故名严村。
范村	Fàncūn	隶属于埇桥区栏杆镇栏东村。大约在五百年前，范姓家族从江苏迁徙至此，故名范村。
苍山庄	Cāngshānzhuāng	隶属于埇桥区栏杆镇栏东村。在六百年前，从山东迁徙而来，居住在苍龙山下，故名苍山庄。

标准名称	汉语拼音	备注
祝山庄	Zhùshānzhuāng	隶属于埇桥区栏杆镇栏东村。距今四百年前，此庄有一座山，山上长满了竹子，得名竹山庄，后来竹子衰败，故取“竹山”谐音“祝山”为名。
小安水庄	Xiǎo’ānshuǐzhuāng	隶属于埇桥区栏杆镇栏东村。两百多年前，由于洪水大，庄内一条水沟汛期暴发，水流湍急，河道变宽，将庄内两边居民隔开，使原本的一个村庄变为两庄，河东庄大为大安水庄，河西村小为小安水庄。
孟小庄	Mèngxiǎozhuāng	隶属于埇桥区栏杆镇栏东村。两百多年前，孟姓由孟寨庄迁居至此，故得名为孟小庄。
栏西村 村民委员会	Lánxīcūn Cūnmínwěiyuánhuì	位于埇桥区栏杆镇。体制改革后，由栏西大队更名为栏西村民委员会，名称未变，沿用至今。
刘小山庄	Liúxiǎoshānzhuāng	隶属于埇桥区栏杆镇栏西村。清代中期，刘姓由东方迁居至此，有一座小山在庄子中间，故而取名刘小山庄。
栏西庄	Lánxīzhuāng	隶属于埇桥区栏杆镇栏西村。栏杆三面环山，一面临奎河，就像栅栏一样将村庄环环围住，故称栏杆；后来分栏西、栏东两个大队，因中间有座山，山以东为栏东、山以西为栏西，故而得名。
林湖庄	Línhúzhuāng	隶属于埇桥区栏杆镇栏西村。清代中期，林姓居多，地势较洼，下雨存水，故而取名林湖庄。
袁庄子	Yuánzhuāngzǐ	隶属于埇桥区栏杆镇栏西村。清代中期，袁姓从北方迁居至此，故取名袁庄子。
路疃村 村民委员会	Lùtuǎncūn Cūnmínwěiyuánhuì	位于埇桥区栏杆镇。1954 年前后，张山区政府设在此处；1958 年为路疃前进社，后又设路疃大队、路疃人民公社、路疃乡政府；1983 年由路疃大队更名为路疃村委会至今。
路疃集	Lùtuǎnjí	隶属于埇桥区栏杆镇路疃村。清朝早期，有两名科考举人路过此地，当时只有几户人家居住，到处长满了芦草，考生取名叫芦屯。民国时期又有人迁居至此，村庄不断扩大，更名为路疃集。
前乡庄	Qiánxiāngzhuāng	隶属于埇桥区栏杆镇路疃村。张姓迁居至此，因其位于路疃集前面，故得名前乡庄。
机房庄	Jīfángzhuāng	隶属于埇桥区栏杆镇路疃村。清朝末期，张家族人居住在此，全靠手工织布维持生活，后期使用织布机，取名为机房庄。
仲庄	Zhòngzhuāng	隶属于埇桥区栏杆镇路疃村。清朝时期，仲姓从山东迁居至此，故取名仲庄。
腰庄	Yāozhuāng	隶属于埇桥区栏杆镇路疃村。清朝时期，张姓迁居至此，因北边有栋楼庄，南边有机房庄，该庄处于中间位置，故取名为腰庄。

标准名称	汉语拼音	备注
东楼庄	Dōnglóuzhuāng	隶属于埇桥区栏杆镇路疃村。清朝早期，本庄有两户有钱人家，盖起楼房，还有和尚的庙，居路疃集东面，故得名东楼庄。
洪家	Hóngjiā	隶属于埇桥区栏杆镇路疃村。洪姓人家最先在此地居住，故而得名洪家。
后乡	Hòuxiāng	隶属于埇桥区栏杆镇路疃村。清朝时期，张姓迁居至此，因位于前乡庄的后面（北面），故得名后乡。
西丁庄	Xīdīngzhuāng	隶属于埇桥区栏杆镇路疃村。丁姓居多，村庄位于路疃集西面，故而得名西丁庄。
石河村 村民委员会	Shíhécūn Cūnmínwěiyuánhuì	位于埇桥区栏杆镇。1962 年为柏山人民公社石河大队；1981 年为柏山乡石河村；2007 年体制改革为栏杆镇石河村。
金山寨	Jīnshānzhài	隶属于埇桥区栏杆镇石河村。相传因金兀术的未婚胞妹与宋军打仗时阵亡于此山的西侧，故称金山。后为抵御外敌侵略筑寨墙，故名金山寨。
石河	Shíhé	隶属于埇桥区栏杆镇石河村。村庄旁有一条贯穿南北的黄疃大运河，河东沿有大石，故而得名石河。
孟寨	Mèngzhài	隶属于埇桥区栏杆镇石河村。明朝后期，整个村庄建设了一个避免外来侵犯的炮楼，寨子得名黄鹰寨，后因孟姓多，故称孟寨。
院山	Yuànshān	隶属于埇桥区栏杆镇石河村。因村北有座山，村庄周围有座石头围墙寨，得名院山头，后改为院山。
石相村 村民委员会	Shíxiàngcūn Cūnmínwěiyuánhuì	位于埇桥区栏杆镇。1981 年更名为石相村村民委员会。
凤山	Fèngshān	隶属于埇桥区栏杆镇石相村。村庄位于凤凰山脚下，故得名凤凰山，后简称为凤山。
石相	Shíxiàng	隶属于埇桥区栏杆镇石相村。近期因石相村与凤山村合并为一村，故而得名。
孙楼村 村民委员会	Sūnlóucūn Cūnmínwěiyuánhuì	位于埇桥区栏杆镇。人民公社时期名称为孙楼大队；1983 年由孙楼大队更名为孙楼村委会，名称一直未变，沿用至今。
黄村	Huángcūn	隶属于埇桥区栏杆镇孙楼村。明代初期，黄姓迁居至此，开荒种地，逐渐壮大，故而得名。
孙楼庄	Sūnlóuzhuāng	隶属于埇桥区栏杆镇孙楼村。孙姓最先在此居住，建楼房，故而得名。
赵小楼	Zhàoxiǎolóu	隶属于埇桥区栏杆镇孙楼村。该庄赵姓居多，原建有土楼，故名赵小楼。
孟家	Mèngjiā	隶属于埇桥区栏杆镇孙楼村。孟姓最先在此居住，故而得名。
王家	Wángjiā	隶属于埇桥区栏杆镇孙楼村。王姓最先在此居住，故而得名。

标准名称	汉语拼音	备注
马园庄	Mǎyuánzhuāng	隶属于埇桥区栏杆镇孙楼村。马姓迁来此处定居，种菜搭园，故而得名。
班园庄	Bānyuánzhuāng	隶属于埇桥区栏杆镇孙楼村。班姓迁来此处定居，种菜插园，故而得名。
西李	Xīlǐ	隶属于埇桥区栏杆镇孙楼村。李姓迁来此处定居，故而得名。
王庄村 村民委员会	Wángzhuāngcūn Cūnmínwěiyuánhuì	位于埇桥区栏杆镇。原属宿县栏杆区路疃乡；1954 年为双胜高级社；1958 年为栏杆人民公社王庄大队；1981 年为栏杆区路疃乡王庄村；1984 年体制改革后属栏杆镇王庄村管辖至今。
王庄	Wángzhuāng	隶属于埇桥区栏杆镇王庄村。王姓最早在此居住，故而取名王庄。
孟圩子	Mèngwéizi	隶属于埇桥区栏杆镇王庄村。孟姓最先居住此地，因当时村庄四周都有围墙，故而得名孟圩子。
陈楼	Chénlóu	隶属于埇桥区栏杆镇王庄村。当时有陈姓几家地主，且 1949 年 10 月前村内有土炮楼，故而得名陈楼。
王菜园	Wángcàiyuán	隶属于埇桥区栏杆镇王庄村。王姓较多，在此地种菜立庄，故起名为王菜园。
小张楼	Xiǎozhānglóu	隶属于埇桥区栏杆镇王庄村。明末清初，由大张楼迁来几户人家，在此建房立庄，后取名为小张楼。
张庄	Zhāngzhuāng	隶属于埇桥区栏杆镇王庄村。张姓居多，故而得名。
河口	Hékǒu	隶属于埇桥区栏杆镇王庄村。清朝时期，村民以捕鱼为生，住在河边上，故取名为河口。
小集村 村民委员会	Xiǎojícūn Cūnmínwěiyuánhuì	位于埇桥区栏杆镇。1949 年属萧县桃山区；1954 年为光明农业合作社；1958 年为栏杆人民公社小集大队；1984 年为栏杆镇小集村。
姜楼	Jiānglóu	隶属于埇桥区栏杆镇小集村。据查，明朝末年，姜姓大户来此地，建楼居住，故取名姜楼。
小集	Xiǎojí	隶属于埇桥区栏杆镇小集村。据查，清朝初期为周家楼村；清朝中期经济发达，人口兴旺，改名为中兴村，后期改名为小集。
徐庄	Xúzhuāng	隶属于埇桥区栏杆镇小集村。据查，明朝天顺年间，徐姓人家聚居此地，建村立庄，故得名徐庄。
纵楼	Zònglóu	隶属于埇桥区栏杆镇小集村。明朝天顺年间，1450 年建村时称纵楼至今。
新庄村 村民委员会	Xīnzhuāngcūn Cūnmínwěiyuánhuì	位于埇桥区栏杆镇。1958 年属宿县栏杆公社新建大队；1981 年恢复地名时为栏杆区小集乡新庄村。

标准名称	汉语拼音	备注
新庄	Xīnzhuāng	隶属于埇桥区栏杆镇新庄村。原为马欣庄，在1981年恢复地名时改为新庄。
老庄	Lǎozhuāng	隶属于埇桥区栏杆镇新庄村。原属宿县栏杆区小集乡老庄大队，故而得名老庄。
郭庄	Guōzhuāng	隶属于埇桥区栏杆镇新庄村。该庄以郭姓居多，故而得名。
赵庄	Zhàozhuāng	隶属于埇桥区栏杆镇新庄村。民国时期，赵姓迁居此地，故而得名赵庄。
张疃村村民委员会	Zhāngtuǎncūn Cūnmínwěiyuánhuì	位于埇桥区栏杆镇。新中国成立后属宿县，栏杆区柏山乡；1981年恢复地名时属栏杆区柏山乡张疃大队；1992年撤区并乡后为栏杆镇张疃村至今。
张疃	Zhāngtuǎn	隶属于埇桥区栏杆镇张疃村。该庄以张姓居多，故而得名。
张楼	Zhānglóu	隶属于埇桥区栏杆镇张疃村。该庄以张姓居多，原村中建有土楼，故而得名张楼。
洪庙	Hóngmiào	隶属于埇桥区栏杆镇张疃村。因该庄以洪姓居多，故而得名。
曹庄	Cáozhuāng	隶属于埇桥区栏杆镇张疃村。该庄以曹姓居多，故而得名。

时村镇

时村镇（Shícūn Zhèn） 属埇桥区辖镇。在埇桥区的东北部。面积126.9453平方千米。人口85970人。以汉族为主。辖20个村委会，有135个自然村。镇人民政府驻东风村。1958年9月设立时村公社。1984年6月撤社设区。1992年2月撤区设镇属县级宿州市。1998年12月，属宿州市埇桥区。传明天启年间（1621—1627），有一时姓结庐高滩上，以捕鱼为生，后随人口迁移与繁衍，渐成村庄，称时村，镇因而得名。奎河、濉河流经境内。有文化站1个，图书室44个；幼儿园18所，小学18所，初中2所，高中1所；各级医疗机构22个；体育场地3处。境内有时村百年老街。农业以种植小麦、玉米为主。畜牧业以饲养生猪、羊、家禽为主。工业以农产品、板材、建材加工为主。302省道穿境而过。

标准名称	汉语拼音	备注
棒场村村民委员会	Bàngchǎngcūn Cūnmínwěiyuánhuì	位于埇桥区时村镇。在人民公社时期名称为棒场大队（丁楼公社、丁楼大队）。1983年由棒场大队更名为棒场村民委员会后，沿用至今。

标准名称	汉语拼音	备注
棒场庄	Bàngchǎngzhuāng	隶属于埇桥区时村镇棒场村。在清朝时期，张姓从南方迁来，在此做木料生意，开一棒行，长此以往，生意做得非常红火。由此而得名棒场庄。
北丁楼	Běidīnglóu	隶属于埇桥区时村镇棒场村。清朝中期，丁姓从南方迁居至此，后来建造一处砖坪瓦顶小楼房，后根据姓氏和小楼房起名为北丁楼。
宫庄	Gōngzhuāng	隶属于埇桥区时村镇棒场村。在清朝初期，有五位结拜兄弟，以宫姓为兄长，他们相处得亲密无间，视同一家，其他四人为尊重其宫姓兄长，以宫姓为大，立此庄为宫庄。
梁庄	Liángzhuāng	隶属于埇桥区时村镇棒场村。清朝初期，梁姓由北方迁居至此，得名梁庄。
六岔路	Liùchàlù	隶属于埇桥区时村镇棒场村。清朝时期，有一名叫马裕的人迁居至此，因其名起村名叫马裕家。后人觉得此名对祖先不尊重，因此地有一个六个路口，由此改为六岔路。
曹蒲村 村民委员会	Cáopúcūn Cūnmínwěiyuánhuì	位于埇桥区时村镇。人民公社时期为曹蒲大队，1960 年分为曹桥大队、蒲庄大队，后改为曹桥村、蒲庄村，于 2007 年合并为曹蒲村。
巴家	Bājiā	隶属于埇桥区时村镇曹蒲村。很久以前巴家距离时村集八里，命名为八家，后演化成巴家。
曹桥	Cáoqiáo	隶属于埇桥区时村镇曹蒲村。很久以前曹桥自然庄有个木桥，曹姓人口多，后来命名曹桥，分为桥西、桥南、桥东。
曹圩子庄	Cáowéizizhuāng	隶属于埇桥区时村镇曹蒲村。很久以前四周都是圩壕子，曹姓居多，故名。
东湾	Dōngwān	隶属于埇桥区时村镇曹蒲村。清朝时期，曹姓从山西搬来，逐渐繁衍生息，湾曹庄分东湾、西湾，后来东部叫东湾。
谷楼	Gǔlóu	隶属于埇桥区时村镇曹蒲村。清朝时期，谷姓由大店谷家搬迁至此，地主建立楼院，故名谷楼。
蒲庄	Púzhuāng	隶属于埇桥区时村镇曹蒲村。很久以前蒲姓在此不断繁衍生息，以家族姓氏命名蒲庄。
前庄	Qiánzhuāng	隶属于埇桥区时村镇曹蒲村。很久以前和曹桥同属一个庄，随着人口增多，村民另立新庄，因在曹桥最前面，命名为前庄。
西湾	Xīwān	隶属于埇桥区时村镇曹蒲村。清朝时期，曹姓从山西搬迁至此，原湾曹庄湾线长，后改为西湾自然庄，由此得名西湾。
陈村 村民委员会	Chéncūn Cūnmínwěiyuánhuì	位于埇桥区时村镇。人民公社时期为陈村大队，1990 年更改为陈村村民委员会，沿用至今。

标准名称	汉语拼音	备注
陈村	Chéncūn	隶属于埇桥区时村镇陈村。陈村位于宿县东北 90 里，因是一片低洼湖沼之地，元末时期，有陈、曹、朱、康、宋、张等姓迁居至此，开荒种地，因陈姓大，而得名陈村。
陈楼村	Chénlóucūn	隶属于埇桥区时村镇陈村。清代中期，陈姓由龙潭迁居至此，得名为陈楼村。
小陈庄	Xiǎochénzhuāng	隶属于埇桥区时村镇陈村。此地由于陈姓居多，并为了与陈村区别，故叫小陈庄。
冲疃村 村民委员会	Chōngtuǎncūn Cūnmínwěiyuánhuì	位于埇桥区时村镇。清代属萧县都仁乡，改名冲疃，1955 年名为冲疃红星社，1958 年名为冲疃大队，1983 年名为冲疃村至今。
冲疃集	Chōngtuǎnjí	隶属于埇桥区时村镇冲疃村。原地名老汪湖，1370 年山东农民奉命南徙至徐州南、蚌埠以北，李姓人择疃居住，当时沉积土岗称为疃。由于人烟稀少，李姓人召集远处农民前来本地充实人力，开凿土地，取名充疃，后讹作冲疃集。
龙岗	Lónggǎng	隶属于埇桥区时村镇冲疃村。古时经常洪水泛滥，经上游刁山、葛山两山的阻挡，留下有东西方向约二十里的条岗，此地是岗子的尽头，俗称龙头岗。向东就是一片沼泽汪洋，冲疃人分支到此地居住，取名龙岗。
四支李	Sìzhīlǐ	隶属于埇桥区时村镇冲疃村。明朝洪武年间，朝廷命民南迁，当时有李姓兄弟四人自山西迁徙至此，随取名四支李。
汪南	Wāngnán	隶属于埇桥区时村镇冲疃村。该村龙岗的分支命名为汪南。
小陈楼	Xiǎochénlóu	隶属于埇桥区时村镇冲疃村。陈村陈楼组分支，名为小陈楼。
中心	Zhōngxīn	隶属于埇桥区时村镇冲疃村。为龙岗的分支，命名为中心。
从营村 村民委员会	Cóngyíngcūn Cūnmínwěiyuánhuì	位于埇桥区时村镇。人民公社时期名称为从马大队、营马路大队，1983 年由从营大队更名为从营村村民委员会，沿用至今。
从家庄	Cóngjiāzhuāng	隶属于埇桥区时村镇从营村。清代中期，从姓人家由砀山县迁居至此，故得名从家庄。
丁庄	Dīngzhuāng	隶属于埇桥区时村镇从营村。清代中期，丁姓由时村迁居至此，故得名丁庄。
后元庄	Hòuyuánzhuāng	隶属于埇桥区时村镇从营村。清代中期，营姓由北方迁居至此，得名后元庄，庄名来历不详。
马家庄	Mǎjiāzhuāng	隶属于埇桥区时村镇从营村。清代中期，马姓由北迁居至此，因故得名马家庄。
涂王庄	Túwángzhuāng	隶属于埇桥区时村镇从营村。清代中期，涂姓、王姓两家由南方迁居至此，故得名涂王庄。

标准名称	汉语拼音	备注
营马路庄	Yíngmǎlùzhuāng	隶属于埇桥区时村镇从营村。清代早期，营姓由大西北迁居至此，故得名营马路庄。
大蒲村村民委员会	Dàpúcūn Cūnmínwěiyuánhuì	位于埇桥区时村镇。1984 年 10 月由大蒲大队更名为大蒲村民委员会，沿用至今。
陈家庄	Chénjiāzhuāng	隶属于埇桥区时村镇大蒲村。该庄以陈姓居民为主，故而得名陈家庄。
大蒲庄	Dàpúzhuāng	隶属于埇桥区时村镇大蒲村。该庄以蒲姓居民为主，故而得名大蒲庄。
丁庄	Dīngzhuāng	隶属于埇桥区时村镇大蒲村。该庄以丁姓居民为主，故而得名丁庄。
晋庄	Jìnzhuāng	隶属于埇桥区时村镇大蒲村。该庄以晋姓居民为主，故而得名晋庄。
邰家庄	Táijiāzhuāng	隶属于埇桥区时村镇大蒲村。该庄以邰姓居民为主，故而得名邰家庄。
谭庄	Tánzhuāng	隶属于埇桥区时村镇大蒲村。该庄以谭姓居民为主，故而得名谭庄。
小蒲庄	Xiǎopúzhuāng	隶属于埇桥区时村镇大蒲村。该庄以蒲姓居民为主，故而得名小蒲庄。
刁山村村民委员会	Diāoshāncūn Cūnmínwěiyuánhuì	位于埇桥区时村镇。人民公社时期名称为刁山大队，后由刁山、葛山、城东三个村民委员会合并。1983 年由刁山大队更名为刁山村村民委员会后，沿用至今。
北小庄	Běixiǎozhuāng	隶属于埇桥区时村镇刁山村。1962 年由刁山庄搬迁，在刁山庄的北部，故称北小庄。
城东	Chéngdōng	隶属于埇桥区时村镇刁山村。洪武年间由曲沃迁居，选择栖息地，庄西有吴王城，故得名城东，沿用至今。
城后	Chénghòu	隶属于埇桥区时村镇刁山村。洪武年间由陕西迁入，庄前是吴王城，故称城后，大都是代姓、刘姓、李姓。
刁山庄	Diāoshānzhuāng	隶属于埇桥区时村镇刁山村。明朝洪武年间，刁姓迁移此地，故得名刁山。
东南庄	Dōngnánzhuāng	隶属于埇桥区时村镇刁山村。因位于刁山庄东南部，故称为东南庄。
葛山庄	Gěshānzhuāng	隶属于埇桥区时村镇刁山村。明初，由曲沃迁居来此，选择栖息地，东有吴王城，西有鸡保山，后有仙翁棋盘，以前有传说张果老由此而过，后因姓氏而改名葛山庄，1964 年划葛山大队，至 2008 年合并归刁山村。
西小庄	Xīxiǎozhuāng	隶属于埇桥区时村镇刁山村。1980 年后，由刁山庄搬迁，方便耕地，在刁山庄西部，故称西小庄。

标准名称	汉语拼音	备注
东风社区村民委员会	Dōngfēng Shèqū Cūnmínwěiyuánhuì	位于埇桥区时村镇。1964年“四清”运动时，由虹桥大队、北关大队合并为东风生产大队。2005年双桥与东风并村，定名为东风村村民委员会至今。
北大桥	Běidàqiáo	隶属于埇桥区时村镇东风村。清末，奎河建一大桥（距现大桥东500米），设水旱码头，桥南逢集，有马姓迁于河北居住，后成规模，庄名起北大桥。
东风	Dōngfēng	隶属于埇桥区时村镇东风村。东风村坐落时村镇区北部，奎河穿村而过，村内有302省道、苗褚路（县道），交通发达，是全镇政治、文化、经济活动中心。
梁桥	Liángqiáo	隶属于埇桥区时村镇东风村。清末，有马、林两姓，从外地迁居至此，各建土楼一座，起名马林楼。民国初，两楼倒塌，在庄北南园通往梁寨的河上建一小桥，名梁桥，故庄名改为梁桥。
付楼村村民委员会	Fùlóucūn Cūnmínwěiyuánhuì	位于埇桥区时村镇。2007年合并为付楼村村民委员会，沿用至今。
丁楼	Dīnglóu	隶属于埇桥区时村镇付楼村。该庄以丁姓居民为主，故而得名。
丁庄	Dīngzhuāng	隶属于埇桥区时村镇付楼村。该庄以丁姓居民为主，故而得名。
付沟	Fùgōu	隶属于埇桥区时村镇付楼村。因村前一道小沟而得名。
付洼	Fùwā	隶属于埇桥区时村镇付楼村。因村前有一低洼，故而得名。
付张	Fùzhāng	隶属于埇桥区时村镇付楼村。因该村付姓居民居多，故而得名。
侯家	Hóujiā	隶属于埇桥区时村镇付楼村。因该村侯姓居民居多，故而得名。
后侯	Hòuhóu	隶属于埇桥区时村镇付楼村。因该村侯姓居民居多，故而得名。
李家	Lǐjiā	隶属于埇桥区时村镇付楼村。因该村李姓居民居多，故而得名。
梁寨	Liángzhài	隶属于埇桥区时村镇付楼村。该村原为一小寨子，以梁姓居民为主，故而得名。
刘宇	Liúyǔ	隶属于埇桥区时村镇付楼村。该村以刘姓居民居多，故而得名。
马蒲庄	Mǎpúzhuāng	隶属于埇桥区时村镇付楼村。该村以马姓与蒲姓居民为主，故而得名。
前刘	Qiánliú	隶属于埇桥区时村镇付楼村。该村以刘姓居民居多，故而得名。

标准名称	汉语拼音	备注
王庄	Wángzhuāng	隶属于埇桥区时村镇付楼村。该村以王姓居民居多，故而得名。
小西庄	Xiǎoxīzhuāng	隶属于埇桥区时村镇付楼村。因庄子较小，故而得名。
红旗村村民委员会	Hóngqícūn Cūnmínwěiyuánhuì	位于埇桥区时村镇。1958年由红庙村更名为红旗大队，1981年命名为红旗村村民委员会，沿用至今。
红旗	Hóngqí	隶属于埇桥区时村镇红旗村。清代中期，由丁姓家族在时村集南头建造红同庙用于本族祭祖，得名红庙村。
桥南庄	Qiáonánzhuāng	隶属于埇桥区时村镇红旗村。因位于时村镇濉河南部，故以此得名。
胡梁村村民委员会	Húliángcūn Cūnmínwěiyuánhuì	位于埇桥区时村镇。生产时期名称为胡集大队，2006年胡集村、瓦屋村合并，更名为胡梁村村民委员会，名称未变，沿用至今。
大李庄	Dàlǐzhuāng	隶属于埇桥区时村镇胡梁村。该庄以李姓居民居多，故而得名。
后李	Hòulǐ	隶属于埇桥区时村镇胡梁村。该村以李姓居民居多，故而得名。
胡集庄	Hújízhuāng	隶属于埇桥区时村镇胡梁村。该庄原有一集市，又以胡姓居民居多，故而得名胡集庄。
瓦屋	Wǎwū	隶属于埇桥区时村镇胡梁村。因村里有连片的瓦房，故而得名。
小李庄	Xiǎolǐzhuāng	隶属于埇桥区时村镇胡梁村。该庄以李姓居民居多，故而得名。
奎北村村民委员会	Kuíběicūn Cūnmínwěiyuánhuì	位于埇桥区时村镇。2007年，时村镇政府取名奎北村，沿用至今。
曹马庄	Cáomǎzhuāng	隶属于埇桥区时村镇奎北村。久远时期，有曹姓、马姓人员迁居本居住点，取名曹马庄。
草坝庄	Cǎobàzhuāng	隶属于埇桥区时村镇奎北村。久远时期，从外地迁入本庄，因在奎河北岸，为了方便，在奎河上搭个小桥，因挡水，官家不许搭建，后来就不叫桥而叫草坝庄。
李家庄	Lǐjiāzhuāng	隶属于埇桥区时村镇奎北村。该庄以李姓为主，故而得名。
马小庄	Mǎxiǎozhuāng	隶属于埇桥区时村镇奎北村。很久以前从外地迁居本地，马姓的人员最多，共同居住的地点就取名马小庄。
网寨	Wǎngzhài	隶属于埇桥区时村镇奎北村。久远时期，从外地迁入网寨。
新化	Xīnhuà	隶属于埇桥区时村镇奎北村。网寨庄地在濉奎河以北，河南有网寨的土地200余亩，收鱼种用船托运很不方便，按在河南的地亩数，安排到河南居住，使此地成为一个居民点，当时取名新化。

标准名称	汉语拼音	备注
澡堂	Zǎotáng	隶属于埇桥区时村镇奎北村。原先有时村集，在时村集开澡堂子的老板至本地开荒种地，形成居民点后，把这个居民点叫成澡堂。
张家	Zhāngjiā	隶属于埇桥区时村镇奎北村。该庄以张姓为主，故而得名。
梁寨村村民委员会	Liángzhàicūn Cūnmínwěiyuánhuì	位于埇桥区时村镇。2007 年村级合并，更名为梁寨村村民委员会，沿用至今。
蔡家	Càijiā	隶属于埇桥区时村镇梁寨村。该村以蔡姓为主，故而得名。
关庙庄	Guānmiàozhuāng	隶属于埇桥区时村镇梁寨村。清代末期，建造一座庙，很多人在这里烧香、拜佛，不断生息，逐渐增加壮大，所以得名关庙庄。
梁寨	Liángzhài	隶属于埇桥区时村镇梁寨村。因该村梁姓居民居多，故而得名梁寨。
路北	Lùběi	隶属于埇桥区时村镇梁寨村。因该村位于大路北面，故而得名路北。
南楼	Nánlóu	隶属于埇桥区时村镇梁寨村。因地主在此盖了一栋楼，故而得名。
宋王徐	Sòngwángxú	隶属于埇桥区时村镇梁寨村。最早宋姓居民在此居住，后来王姓与徐姓也迁来，故而得名。
瓦房	Wǎfáng	隶属于埇桥区时村镇梁寨村。因庄内有连片的瓦房，故而得名。
汪北组	Wāngběizǔ	隶属于埇桥区时村镇梁寨村。该庄以汪姓为主，故而得名。
汪南	Wāngnán	隶属于埇桥区时村镇梁寨村。该庄以汪姓为主，故而得名。
王庄	Wángzhuāng	隶属于埇桥区时村镇梁寨村。该庄以王姓为主，故而得名。
张巷	Zhāngxiàng	隶属于埇桥区时村镇梁寨村。该庄以张姓为主，故而得名。
张庄	Zhāngzhuāng	隶属于埇桥区时村镇梁寨村。该庄以张姓为主，故而得名。
林口村村民委员会	Línkǒucūn Cūnmínwěiyuánhuì	位于埇桥区时村镇。人民公社时期为林口大队。全国实施乡镇制，更名为林口村民委员会，沿用至今。
林口庄	Línkǒuzhuāng	隶属于埇桥区时村镇林口村。明清时代，林姓住此奎河边，设一渡口，靠摆渡、捕鱼、开荒种地等生产活动，因此而得名林口庄。
马楼村村民委员会	Mǎlóucūn Cūnmínwěiyuánhuì	位于埇桥区时村镇。人民公社时期名称为马楼大队，1983 年由马楼大队更名为马楼村民委员会后，名称未变，沿用至今。
打席王	Dǎxíwáng	隶属于埇桥区时村镇马楼村。清代中期，王姓由西方迁居至此，编席为生，故得名为打席王。

标准名称	汉语拼音	备注
郭家	Guōjiā	隶属于埇桥区时村镇马楼村。清代中期，郭姓由西北方迁居至此，故得名为郭家。
化家	Huàjiā	隶属于埇桥区时村镇马楼村。清代中期，化姓由西方迁居至此，故得名为化家。
李集	Lǐjí	隶属于埇桥区时村镇马楼村。清代中期，李姓由西胡梁村后李家迁居至此，故得名为李集。
马楼	Mǎlóu	隶属于埇桥区时村镇马楼村。清代中期，马楼马姓久居，后期因遭受大火，财产片瓦不留，当时迁居不明，后有张姓、盛姓、李姓、陈姓多姓人家迁入，仍简称马楼。
腰庄	Yāozhuāng	隶属于埇桥区时村镇马楼村。清代中期，李姓迁居至此，在马楼庄、朱家庄之间，因故得名为腰庄。
朱家	Zhūjiā	隶属于埇桥区时村镇马楼村。清代中期，朱姓由北方郑楼迁居至此，故名。
时东村 村民委员会	Shídōngcūn Cūnmínwěiyuánhuì	位于埇桥区时村镇。人民公社时期名称为时东大队，1983年由时东村大队更名为时东村民委员会后，名称未变，沿用至今。
东庄	Dōngzhuāng	隶属于埇桥区时村镇时东村。自然庄坐落在井东组东边，因故得名东庄。
官路庄	Guānlùzhuāng	隶属于埇桥区时村镇时东村。因自然庄北道路上驻过官兵，而得名为官路庄。
井东	Jǐngdōng	隶属于埇桥区时村镇时东村。因自然庄西边有口吃水井，因故得名井东。
李家庄	Lǐjiāzhuāng	隶属于埇桥区时村镇时东村。李姓人丁旺盛，因故得名李家庄。
刘家庄	Liújiāzhuāng	隶属于埇桥区时村镇时东村。刘姓人丁旺盛，因故得名为刘家庄。
马盘庄	Mǎpánzhuāng	隶属于埇桥区时村镇时东村。马姓人丁旺盛，因故得名为马盘庄。
前王庄	Qiánwángzhuāng	隶属于埇桥区时村镇时东村。王姓人丁旺盛，因故得名前王庄。
王家庄	Wángjiāzhuāng	隶属于埇桥区时村镇时东村。王姓人丁旺盛，因故得名王家庄。
西庄	Xīzhuāng	隶属于埇桥区时村镇时东村。自然庄坐落在井东自然庄西边，因故得名西庄。
时南村 村民委员会	Shínáncūn Cūnmínwěiyuánhuì	位于埇桥区时村镇。人民公社时期称为时南大队，后来变更为时南村至今。

标准名称	汉语拼音	备注
北园庄	Běiyuánzhuāng	隶属于埇桥区时村镇时南村。1958 年以前叫吴园，1978 年以后，人口逐渐增多，分两个庄，南边叫南园庄，北边叫北园庄。
程庄	Chéngzhuāng	隶属于埇桥区时村镇时南村。清朝末期，程姓逃荒至此，故得名叫程庄。
晋庄	Jìnzhuāng	隶属于埇桥区时村镇时南村。清朝中期，晋姓逃荒至此，故叫晋庄。
李家庄	Lǐjiāzhuāng	隶属于埇桥区时村镇时南村。清朝中期，李姓夫妻从尹集镇李大庄逃荒至此，得名为李家庄。
马楼	Mǎlóu	隶属于埇桥区时村镇时南村。清代末期，两个姓马的人在此开荒种地，故得名叫马楼。
马王庄	Mǎwángzhuāng	隶属于埇桥区时村镇时南村。清朝中期，马姓和王姓在此落脚，故得名叫马王庄。
南园	Nányuán	隶属于埇桥区时村镇时南村。1958 年以前叫吴园，1978 年以后人口逐渐增多，分两个队，南边叫南园。
盛家	Shèngjiā	隶属于埇桥区时村镇时南村。清朝中期，盛姓兄弟三人，在此落脚种地，故得名叫盛家。
邰家	Táijiā	隶属于埇桥区时村镇时南村。清朝中期，两个姓邰的人在这开荒落脚，故得名叫邰家。
吴家	Wújiā	隶属于埇桥区时村镇时南村。清代末期，一姓吴的人家在此开荒种地，故取名叫吴家。
朱家庄	Zhūjiāzhuāng	隶属于埇桥区时村镇时南村。清代初期，一个姓朱的人流落此地，取名朱家庄。
时西村村民委员会	Shíxīcūn Cūnmínwěiyuánhuì	位于埇桥区时村镇。人民公社时期名称为时西大队，1980 年由时西大队更名为时西村民委员会，名称未变，沿用至今。
大李庄	Dàlǐzhuāng	隶属于埇桥区时村镇时西村。该庄以李姓居民为主，故而得名。
东马庄	Dōngmǎzhuāng	隶属于埇桥区时村镇时西村。该庄以马姓居民为主，故而得名。
后李家	Hòulǐjiā	隶属于埇桥区时村镇时西村。该庄以李姓居民为主，故而得名。
前李庄	Qiánlǐzhuāng	隶属于埇桥区时村镇时西村。该庄以李姓居民为主，故而得名。
西马场	Xīmǎchǎng	隶属于埇桥区时村镇时西村。该庄原有一马场，故而得名。
小王家	Xiǎowángjiā	隶属于埇桥区时村镇时西村。该庄以王姓居民为主，故而得名。

标准名称	汉语拼音	备注
许家庄	Xǔjiāzhuāng	隶属于埇桥区时村镇时西村。该庄以许姓居民为主，故而得名。
堰渡口	Yàndùkǒu	隶属于埇桥区时村镇时西村。该村原为渡口，故而得名。
营孜村村民委员会	Yíngzīcūn Cūnmínwěiyuánhuì	位于埇桥区时村镇。人民公社时期称为营孜大队，1983 年由营孜大队更名为营孜村民委员会，沿用至今。
丁亨寨	Dīnghēngzhài	隶属于埇桥区时村镇营孜村。清朝年间，此庄有户丁姓举人在此居住，挖壕沟，修寨墙，因此而得名。
丁王庄	Dīngwángzhuāng	隶属于埇桥区时村镇营孜村。此庄由丁姓和王姓两姓，而得名为丁王庄。
前林	Qiánlín	隶属于埇桥区时村镇营孜村。因该村以林姓居民为主，故而得名。
营河口	Yínghékǒu	隶属于埇桥区时村镇营孜村。因有古河穿此庄头而过，因此得名。
营孜	Yíngzī	隶属于埇桥区时村镇营孜村。据传霸王行军打仗在此扎营，故得名营孜。
张刘李	Zhāngliúlǐ	隶属于埇桥区时村镇营孜村。此庄由张姓、刘姓和李姓三大姓而得名为张刘李。
常园	Chángyuán	隶属于埇桥区时村镇营孜村。据传，该庄原有常姓在此开设果园，故而得名。
油坊村村民委员会	Yóufāngcūn Cūnmínwěiyuánhuì	位于埇桥区时村镇。人民公社时期名称为油坊大队，1983 年由油坊大队更名为油坊村民委员会，沿用至今。
东亭子	Dōngtíngzi	隶属于埇桥区时村镇油坊村。明代后期，尹姓从山西喜鹊窝迁居至此，故得名东亭子。
侯家庄	Hóujiāzhuāng	隶属于埇桥区时村镇油坊村。明代后期，侯姓从山西喜鹊窝迁居至此，故得名侯家庄。
后尹庄	Hòuyǐnzhuāng	隶属于埇桥区时村镇油坊村。明代后期，两户尹姓从山西喜鹊窝迁居至此，故得名后尹庄。
前湾庄	Qiánwānzhuāng	隶属于埇桥区时村镇油坊村。明代后期，尹姓从山西喜鹊窝迁居至此，故得名前湾庄。
王家庄	Wángjiāzhuāng	隶属于埇桥区时村镇油坊村。明代后期，王姓从山西喜鹊窝迁居至此，故得名王家庄。
夏渡口	Xiàdùkǒu	隶属于埇桥区时村镇油坊村。明代后期，夏姓从山西喜鹊窝迁居至此，夏庄挖奎河，有摆渡口，后叫夏渡口。
张油坊庄	Zhāngyóufāng-zhuāng	隶属于埇桥区时村镇油坊村。明代后期，张姓由山西迁居至此，因本庄有打油的，原叫油坊，故得名为张油坊庄。

永安镇

永安镇（Yǒng'ān Zhèn） 属埇桥区辖镇。在埇桥区的东北部。面积118.8315平方千米。人口62338人。以汉族为主。14个村委会，有168个自然村。镇人民政府驻永安村。1992年2月，宿县撤区并乡，撤销永安区及所辖乡，成立永安镇，属县级宿州市。1998年12月，属宿州市埇桥区。据传明朝建文年间，燕王朱棣发起"靖难之役"，夺取建文帝的皇位。七名忠于建文帝的官员结伴逃出京师，出家为道，在此地建院一座，名为道人观，门前逐成集市，观内道长取名永安集，意在保佑七人平安度过余生，镇因而得名。方河、双庆河流经境内。有文广站1个，图书室26个；幼儿园3所，小学12所，初中2所；各级医疗机构17个。农业以种植小麦、玉米、大豆为主。畜牧业以饲养生猪、羊、家禽为主。工业以农产品、板材、电子材料加工为主。302省道、026县道过境。

标准名称	汉语拼音	备注
大许社区村民委员会	Dàxǔ Shèqū Cūnmínwěiyuánhuì	位于埇桥区永安镇。1956年置大许大队，1978年置大许乡，1983年更名大许村，1992年撤区并乡建镇时撤销大许乡，2007年合并大许村、戴楼村、吴赵村为大许村，2014年区民政局批准为大许社区，沿用至今。
大许集	Dàxǔjí	隶属于埇桥区永安镇大许村。此地原为湖泊，明朝末年，许姓人家从山西迁居此地，以打鱼为生，取名许家湖；后村庄逐渐壮大，后又有人做买卖，形成集市，故改名为大许集。
小王家	Xiǎowángjiā	隶属于埇桥区永安镇大许村。清朝初年，王姓从山西迁居此地，形成村庄，因村庄较小，故名小王家，沿用至今。
娄家沟	Lóujiāgōu	隶属于埇桥区永安镇大许村。此地原为湖泊，明朝末年，娄姓从山西迁居此地，以打鱼为生，取名娄家湖；后河水泛滥在村子中间冲出一条沟，清朝末年改名娄家沟。
戴楼	Dàilóu	隶属于埇桥区永安镇大许村。清朝初年，戴姓由山西戴县迁居此处，戴姓大户盖楼居住，故名戴楼。
小戴家	Xiǎodàijiā	隶属于埇桥区永安镇大许村。此地原为灰古东刘潭窝张姓人家的寄庄，清朝初年，张训迁居此处，取名张训庄；清末，灰古碾盘戴老耕以赌博方式赢到了此庄的土地，戴老耕的后人来此居住，改名小戴家。
戴老八	Dàilǎobā	隶属于埇桥区永安镇大许村。清朝末年，戴姓最小的老八从灰古镇戴碾盘分家迁居此处，原戴楼大队分队时，此庄是八队，故名戴老八，沿用至今。
双戴	Shuāngdài	隶属于埇桥区永安镇大许村。清朝末年，戴姓两兄弟从灰古镇戴碾盘分家迁居此处，因兄弟俩一个在路南、一个在路北，形成以路为界的村庄，故名双戴，沿用至今。

标准名称	汉语拼音	备注
小许家	Xiǎoxǔjiā	隶属于埇桥区永安镇大许村。清朝末年，许姓从大许集分家至此居住，形成村庄，因此庄较大许集小，故名小许家，沿用至今。
玉盛店	Yùshèngdiàn	隶属于埇桥区永安镇大许村。清朝道光年间，两位山西王姓商人落难至此，在汉河北岸居住，开一个店铺，取名玉盛店，沿用至今。
吴家	Wújiā	隶属于埇桥区永安镇大许村。清朝初年，吴姓人家从山西迁居此处，故名吴家。
张家	Zhāngjiā	隶属于埇桥区永安镇大许村。清朝中期，张姓从山东逃荒至此，故名张家。
前王家	Qiánwángjiā	隶属于埇桥区永安镇大许村。清朝末年，王姓兄弟两人从山西逃荒至此，老大在南面居住，老二在北面居住，老大的村庄在南面，故名前王家。
赵家	Zhàojiā	隶属于埇桥区永安镇大许村。清朝末年，赵姓从山西迁居至此，取名赵家。
后王家	Hòuwángjiā	隶属于埇桥区永安镇大许村。清朝末年，王姓兄弟两人从山西逃荒至此，老大在南面居住，老二在北面居住，故名后王家。
股河新村 村民委员会	Gǔhéxīncūn Cūnmínwěiyuánhuì	位于埇桥区永安镇。2007 年由李庄村、刘桥村、路庄村三村合并而成。
陈庄	Chénzhuāng	隶属于埇桥区永安镇股河新村。明朝末年，有陈姓由山东迁居此地，故名陈庄。
李庄	Lǐzhuāng	隶属于埇桥区永安镇股河新村。清朝初年，李姓兄弟两人由南方迁居此处，故名李庄。
土楼	Tǔlóu	隶属于埇桥区永安镇股河新村。明朝中期，洪水泛滥，本地一片汪洋，张姓由山西迁居此处，形成村庄，由于此地地势较高，远看像水中楼阁，取名张土楼，后简称土楼。
刘桥	Liúqiáo	隶属于埇桥区永安镇股河新村。明朝末年，洪水泛滥，刘姓人家逃荒至此，在老股河两岸居住，繁衍生息，形成村庄。为方便生活，两岸居民用石磙、木棒搭桥通行，因此庄在北面，北为上，故名上刘桥，后简称刘桥。
路庄	Lùzhuāng	隶属于埇桥区永安镇股河新村。明朝末年，因战乱路姓人家由北方迁居此处，故名路庄。
街西村 村民委员会	Jiēxīcūn Cūnmínwěiyuánhuì	位于埇桥区永安镇。2007 年由单家村、高彭村、边家村、山前村四村合并而成。
马家	Mǎjiā	隶属于埇桥区永安镇街西村。清朝初年，马姓从山东迁居此处，故名马家。

标准名称	汉语拼音	备注
高彭	Gāopéng	隶属于埇桥区永安镇街西村。清朝初年，高姓、彭姓从山西迁居此处，故名高彭。
王菜园	Wángcàiyuán	隶属于埇桥区永安镇街西村。此地原为王姓大户的菜园，故名王菜园。
黄家	Huángjiā	隶属于埇桥区永安镇街西村。清朝初年，黄姓从山东迁居此处，故名黄家。
小张家	Xiǎozhāngjiā	隶属于埇桥区永安镇街西村。清朝末年，张姓从土楼迁居此处，因村庄较小，故名小张家。
单家	Shànjiā	隶属于埇桥区永安镇街西村。明朝末年，有单姓四兄弟从山东单县迁居至此，故名单家。
魏家	Wèijiā	隶属于埇桥区永安镇街西村。清朝初年，魏姓从山东迁居此处，故名魏家。
边家	Biānjiā	隶属于埇桥区永安镇街西村。清朝初年，边姓从山东迁居此处，故名边家。
小许家	Xiǎoxǔjiā	隶属于埇桥区永安镇街西村。清朝中期，许姓分家，老幺分至此地，故名小许家。
山前	Shānqián	隶属于埇桥区永安镇街西村。清朝初年，张姓从山西迁居此处，因此地在鹤山南面，故名山前。
潘湖村村民委员会	Pānhúcūn Cūnmínwěiyuánhuì	位于埇桥区永安镇。1956 年置潘湖大队，1983 年更名潘湖村，2007 年合并潘湖村、老庄村、垣墙村为潘湖村，沿用至今。
潘湖	Pānhú	隶属于埇桥区永安镇潘湖村。清朝初年，潘姓从山西迁居此地，地势低洼，发水成湖，故名潘湖。后潘姓家道中落，清末刘小街子刘姓迁居此处，沿用潘湖旧名。
刘老庄	Liúlǎozhuāng	隶属于埇桥区永安镇潘湖村。清朝中期，刘姓从南方逃荒至此，因村庄形成较早，故名刘老庄。
东南场	Dōngnánchǎng	隶属于埇桥区永安镇潘湖村。清朝末年，此地原为刘老庄大户的晒粮场，后刘老庄部分村民搬迁此处居住，因在刘老庄东南方，故名东南场。
徐家	Xújiā	隶属于埇桥区永安镇潘湖村。清朝中期，徐姓由南方迁居此处，因庄西面有一徐家，为区分两庄，本村因有名铁匠，又名生铁徐家。
张垣墙	Zhāngyuánqiáng	隶属于埇桥区永安镇潘湖村。清朝末年，张姓从山东迁居此处，因当时土匪猖獗，村民筑垣墙防治匪患，故名张垣墙。
小庄	Xiǎozhuāng	隶属于埇桥区永安镇潘湖村。1971 年，张垣墙部分村民为生产、生活方便，从张垣墙搬迁至方河西居住，因此庄较小，故名小庄。

标准名称	汉语拼音	备注
双鑫村 村民委员会	Shuāngxīncūn Cūnmínwěiyuánhuì	位于埇桥区永安镇。2007 年由吕湖村、苏秦村合并而成。
吕湖	Lǚhú	隶属于埇桥区永安镇双鑫村。此地地势低洼，明朝末年，吕姓人家由山西迁居此地，故名吕湖。
丁场	Dīngchǎng	隶属于埇桥区永安镇双鑫村。原为丁姓大户场屋，形成村庄，故名丁场。
江场	Jiāngchǎng	隶属于埇桥区永安镇双鑫村。原为江姓大户的场屋，故名江场。
秦楼	Qínlóu	隶属于埇桥区永安镇双鑫村。清朝初年，秦姓由山东迁来，在此盖楼居住，故名秦楼。
苏家	Sūjiā	隶属于埇桥区永安镇双鑫村。苏姓居多，故名苏家。
小秦家	Xiǎoqínjiā	隶属于埇桥区永安镇双鑫村。村庄较小，秦姓居多，故名小秦家。
双兴村 村民委员会	Shuāngxìngcūn Cūnmínwěiyuánhuì	位于埇桥区永安镇。2007 年由野楼村、张光村合并而成。
野楼	Yělóu	隶属于埇桥区永安镇双兴村。原名野鸡楼，此地因大水冲刷而成高地，后有人在此盖土楼居住，因芦苇丛中有野鸡出没，故名野鸡楼。后改野鸡楼为野楼。
前王	Qiánwáng	隶属于埇桥区永安镇双兴村。因在野楼南面，以王姓居多，故名前王。
陈场	Chénchǎng	隶属于埇桥区永安镇双兴村。原为大户陈姓的场屋，故名陈场。
圩里	Wéilǐ	隶属于埇桥区永安镇双兴村。住户多为山东迁居而来，人们为防洪水筑圩而居，故名圩里。
宁家	Níngjiā	隶属于埇桥区永安镇双兴村。宁姓居多，故名宁家。
大张光	Dàzhāngguāng	隶属于埇桥区永安镇双兴村。从前，张姓兄弟三人，取名大张光、二张光、三张光，从东到西分开居住，大张光在东，所在村庄取名大张光。
二张光	Èrzhāngguāng	隶属于埇桥区永安镇双兴村。从前，张姓兄弟三人，取名大张光、二张光、三张光，从东到西分开居住，二张光在中，所在村庄取名二张光。
孙安村 村民委员会	Sūn’āncūn Cūnmínwěiyuánhuì	位于埇桥区永安镇。新中国成立后置孙安大队，1983 年更名孙安村，2007 年合并孙安村、瓜村为孙安村，沿用至今。
孙安	Sūn’ān	隶属于埇桥区永安镇孙安村。明朝末年，此地为黄泛区，地势低洼，湖泊较多。孙姓人家从山西洪洞来此，以打鱼为生，搭茅草庵子居住，形成村庄，故名孙庵子，后人取平安之意改为孙安。

标准名称	汉语拼音	备注
陈圩子	Chénwéizi	隶属于埇桥区永安镇孙安村。清朝初年，陈姓从山西迁居此处，因驻地地势低洼，经常发水淹村，人们筑圩而居，故名陈圩子。
大陈家	Dàchénjiā	隶属于埇桥区永安镇孙安村。明朝末年，陈姓从山西迁居此处，故名大陈家。
小梁家	Xiǎoliángjiā	隶属于埇桥区永安镇孙安村。清朝初年，梁姓从山东迁居此处，故名小梁家。
常庄	Chángzhuāng	隶属于埇桥区永安镇孙安村。清朝中期，此地原为大户人家的场屋，逃荒要饭的在此落脚居住，久而久之形成村庄，故名场庄，后演变为常庄。
腰庄	Yāozhuāng	隶属于埇桥区永安镇孙安村。清朝中期，孙安孙姓兄弟多，因家事不和分家，老幺分在此地居住，故名幺庄，后演变成腰庄。
黄沟沿	Huánggōuyán	隶属于埇桥区永安镇孙安村。传说明朝中期，皇帝命宿州地方官开挖方河，当时方河叫黄沟（意为皇帝开挖的沟），本村在方河（黄沟）边上，故名黄沟沿。
卞家	Biànjiā	隶属于埇桥区永安镇孙安村。明朝末年，卞姓从山西迁居此处，故名卞家。
瓜村	Guācūn	隶属于埇桥区永安镇孙安村。明朝中期，刘姓从山西迁居此地，以种瓜为生，故名瓜村。
小吴家	Xiǎowújiā	隶属于埇桥区永安镇孙安村。清朝初年，吴姓从大吴家分家迁居此地，因村庄较大吴家小，故名小吴家。
小刘家	Xiǎoliújiā	隶属于埇桥区永安镇孙安村。清朝初年，刘姓迁居此处，因村庄较小，刘姓居多，故名小刘家。
所圩村 村民委员会	Suǒwéicūn Cūnmínwěiyuánhuì	位于埇桥区永安镇。1956 年置所圩大队，1978 年置薛庙乡驻地所圩子，1983 年更名为所圩村，1992 年撤区并乡建镇时撤销薛庙乡，2007 年合并所圩村、解李村、后高村、前高村为所圩村，沿用至今。
所圩子	Suǒwéizǐ	隶属于埇桥区永安镇所圩村。明朝末年，所姓从山西迁居此地，因此处低洼，筑圩而居，故名所圩子。
西王	Xīwáng	隶属于埇桥区永安镇所圩村。清朝初年，王姓逃荒至此，因此庄在所圩西面，故名西王。
后场	Hòuchǎng	隶属于埇桥区永安镇所圩村。清朝末年，此地原为西王大户人家的晒粮场，后西王部分王姓村民搬迁此处居住，形成村庄，因在西王北面，故名后场。
后高	Hòugāo	隶属于埇桥区永安镇所圩村。清朝末年，高姓由山西迁居此处，因此庄在所圩东面，取名东高，1968 年因南面有前高改东高为后高。

标准名称	汉语拼音	备注
前王	Qiánwáng	隶属于埇桥区永安镇所圩村。清朝中期，王姓从西王迁居此处，因在所圩东面，与西王对称，取名东王。1962年因与后高一起成立后高大队，此庄在后高前面，故改名为前王。
前西	Qiánxī	隶属于埇桥区永安镇所圩村。1962年，前高部分村民为生产、生活方便，从前高搬迁至此居住，因此地在前高西面，故名前西。
前高	Qiángāo	隶属于埇桥区永安镇所圩村。清朝末年，高姓由山西迁居此处，因此庄在后高南面，故名前高，1980年土地到户时曾与前西对称名前东，1995年复为前高。
解家	Xièjiā	隶属于埇桥区永安镇所圩村。元朝末年，黄姓从山西迁居此地，取名黄庄；后黄姓家道衰落，明末时解姓迁居此处，改名解家。
小李家	Xiǎolǐjiā	隶属于埇桥区永安镇所圩村。清朝道光年间，李姓从山西迁居此地，因村庄较小，故名小李家。
团结村 村民委员会	Tuánjiécūn Cūnmínwěiyuánhuì	隶属埇桥区永安镇。1956年置小尹大队，1973年将村部迁营林沟西，1983年更名为小尹村，2007年合并小尹村、高台村为团结村，沿用至今。
小尹家	Xiǎoyǐnjiā	隶属于埇桥区永安镇团结村。清朝末年，尹氏三兄弟从时村刁山迁居此地，因原村庄较小，尹氏居多，故名小尹家。
枪梁	Qiāngliáng	隶属于埇桥区永安镇团结村。清朝中期，此地原为荒草湖泊，野兽出没，梁姓人家从山东迁居此处，形成村庄，村民以打猎为生，家家都有猎枪，故名枪梁。
小营家	Xiǎoyíngjiā	隶属于埇桥区永安镇团结村。清朝末年，营姓从时村营马路迁居此处，因村庄较小，故名小营家。
夏谷堆	Xiàgǔduī	隶属于埇桥区永安镇团结村。相传，清朝中期，夏姓大户在此处做晒粮场，因收获粮食较多，堆成大谷堆，故名夏谷堆。
小李家	Xiǎolǐjiā	隶属于埇桥区永安镇团结村。清朝中期，李姓从山西迁居此处，因村庄较小，故名小李家。
林庄子	Línzhuāngzi	隶属于埇桥区永安镇团结村。清朝中期，林姓从时村林口子迁居此处，故名林庄子。
张楼	Zhānglóu	隶属于埇桥区永安镇团结村。旧时张姓从南方迁居此处，此处地势低洼，大户人家盖楼居住，故名张楼。
小王家	Xiǎowángjiā	隶属于埇桥区永安镇团结村。清朝末年，王姓从灵璧尹集王庵子迁居此处，因村庄较小，故名小王家。
高台子	Gāotáizi	隶属于埇桥区永安镇团结村。清朝末年，尹姓一支人家从山西迁居此地，因地势低洼，人们筑高台子盖房居住，故名高台子。

标准名称	汉语拼音	备注
小高台	Xiǎogāotái	隶属于埇桥区永安镇团结村。清朝末年，尹姓一支人家从山西迁居此地，因地势低洼，人们筑高台子盖房居住，因此庄较高台子小，也是尹姓老幺一支，故名小高台。
小范家	Xiǎofànjiā	隶属于埇桥区永安镇团结村。清朝末年，范姓从山西迁居此处，因村庄较小，故名小范家。
骑路	Qílù	隶属于埇桥区永安镇团结村。清朝末年，尹姓一支人家从山西迁居此地，在夏桥至州城的官路边上骑路建房居住，故名骑路。
夏桥村村民委员会	Xiàqiáocūn Cūnmínwěiyuánhuì	位于埇桥区永安镇。1956 年置夏桥大队，1978 年置夏桥乡，1983 年更名为夏桥村，1992 年撤区并乡建镇时撤销夏桥乡，复为夏桥村，2007 年合并夏桥村、孙庄村为夏桥村，沿用至今。
夏桥集	Xiàqiáojí	隶属于埇桥区永安镇夏桥村。清朝初年，夏姓从山西迁居此地，因此处低洼，人们居住在方河两岸，为方便通行，在河上用石头木棒建桥，逐渐有人在此做生意，后形成集市，故名夏桥集。
朱园	Zhūyuán	隶属于埇桥区永安镇夏桥村。清朝中期，朱姓逃荒至此，以种菜园为生，故名朱园。
河涯	Héyá	隶属于埇桥区永安镇夏桥村。清朝初年，夏姓从山西迁居此处，因住在奎河边上，故名夏河涯，后人简称河涯。
许园	Xǔyuán	隶属于埇桥区永安镇夏桥村。清朝末年，许姓逃荒至此，以种菜园为生，故名许园。
土楼	Tǔlóu	隶属于埇桥区永安镇夏桥村。清朝初年，尹姓从山西迁居此处，此处地势低洼，财主用土盖楼居住，故名土楼。
河西	Héxī	隶属于埇桥区永安镇夏桥村。1968 年，小桥子部分村民为响应中央号召，建设新农村，从小桥子迁居此处，取名新农村，因此地在方河西面，后改名为河西。
小桥子	Xiǎoqiáozi	隶属于埇桥区永安镇夏桥村。清朝初年，夏姓、尹姓迁居此处，此处地势低洼，因庄在方河北岸，比夏桥稍小，故名小桥子。
孙庄	Sūnzhuāng	隶属于埇桥区永安镇夏桥村。清朝初年，孙姓、王姓迁居此处，因此庄北面有栏杆镇后孙庄村，故取名前孙庄子，后简称孙庄。
新合村村民委员会	Xīnhécūn Cūnmínwěiyuánhuì	位于埇桥区永安镇。2007 年小村并大村后，新合村村民委员会沿用至今。
段庄子	Duànzhuāngzi	隶属于埇桥区永安镇新合村。清朝初年，徐州段庄段姓大户，在此买地租种，设置寄庄，故名段庄子。
刘瓦房	Liúwǎfáng	隶属于埇桥区永安镇新合村。清朝中期，刘姓从山东迁居此处，盖瓦房居住，故名刘瓦房。

标准名称	汉语拼音	备注
小薄家	Xiǎobáojiā	隶属于埇桥区永安镇新合村。清朝中期，薄姓从栏杆镇路疃迁居此处，因村庄较小，故名小薄家。
风哨子	Fēngshàozi	隶属于埇桥区永安镇新合村。清朝中期，尹姓从时村刁山迁居此处，此地地势低洼，杂草芦苇丛生，冬天刮大风时像吹哨子一样，此庄故取名风哨子。
朱楼	Zhūlóu	隶属于埇桥区永安镇新合村。清朝中期，朱姓从夏桥村小桥子迁来此处，盖楼居住，故名朱楼。
王林家	Wánglínjiā	隶属于埇桥区永安镇新合村。清朝初年，王姓从栏杆镇大王庄、林姓人家从时村镇林口子迁居此处，故名王林家。
张楼	Zhānglóu	隶属于埇桥区永安镇新合村。清朝初年，张姓从山西迁居此处，此处地势低洼，大户盖楼居住，故名张楼。
朱家	Zhūjiā	隶属于埇桥区永安镇新合村。清朝末年，朱姓从栏杆镇柏山迁居此处，故名朱家。
朱庄	Zhūzhuāng	隶属于埇桥区永安镇新合村。元末，张姓从山西迁居此地，形成村庄。传说明朝初年，开国皇帝朱元璋在此庄驻过驾，故名驻驾庄，后演变为朱庄。
小夏家	Xiǎoxiàjiā	隶属于埇桥区永安镇新合村。清朝中期，夏姓从夏桥迁居此地，因此庄较小，故名小夏家。
仓屋	Cāngwū	隶属于埇桥区永安镇新合村。清朝末年，此地为雷姓大户的晒粮场，盖有仓屋，后张、颜、陈、夏、丁、孙等多姓人家逃荒至此，形成村庄，故名仓屋。
薛赵村 村民委员会	Xuēzhàocūn Cūnmínwěiyuánhuì	位于埇桥区永安镇。1956 年置薛庙大队，1978 年置薛庙乡驻地所圩子，1983 年更名为薛赵村，1992 年撤区并乡建镇时撤销薛庙乡，2007 年合并薛赵村、洪路村、大朱村为薛赵村，沿用至今。
东洪路	Dōnghónglù	隶属于埇桥区永安镇薛赵村。元朝末年，两家张姓从山西迁居此处，传说明朝开国皇帝朱元璋落难时从此庄走过多次，并在此歇息，因本村在东面，且村庄较大，故名东洪路，又名大洪路。
西洪路	Xīhónglù	隶属于埇桥区永安镇薛赵村。元朝末年，刘姓、黄姓从山西迁居此处，传说明朝开国皇帝朱元璋落难时从此庄走过多次，并在此歇息，因本村在西面，且村庄较小，故名西洪路，又名二洪路。
小芦家	Xiǎolújiā	隶属于埇桥区永安镇薛赵村。清朝中期，芦姓由山东迁居此处，因村庄较小，故名小芦家。
张火橛	Zhānghuǒjué	隶属于埇桥区永安镇薛赵村。清朝末年，山东人张火橛携带家人迁居此地，故名张火橛。
薛庙	Xuēmiào	隶属于埇桥区永安镇薛赵村。清朝中期，薛姓从南方迁居此地，并在村南建一座庙，故名薛庙。

标准名称	汉语拼音	备注
赵家	Zhàojiā	隶属于埇桥区永安镇薛赵村。清朝中期，赵姓由山东迁居此地，故名赵家。
西朱家	Xīzhūjiā	隶属于埇桥区永安镇薛赵村。清朝末年，朱姓从大朱家迁居此地，因在大朱家西面，故名西朱家。
大朱家	Dàzhūjiā	隶属于埇桥区永安镇薛赵村。清朝中期，朱姓由山东迁居此地，因村庄较大，故名大朱家。
东朱家	Dōngzhūjiā	隶属于埇桥区永安镇薛赵村。清朝末年，朱姓从大朱家迁居此地，因在大朱家东面，故名东朱家。
永安村村民委员会	Yǒng'āncūn Cūnmínwěiyuánhuì	位于埇桥区永安镇。新中国成立后置永安大队，1983 年更名为永安村，2007 年合并永安村、白庄村、刘圩村为永安村，沿用至今。
永安集	Yǒng'ānjí	隶属于埇桥区永安镇永安村。传说明朝建文年间，有逃难到此的官员在此，出家为道，在白庄子东（现永安小学附近）盖道观居住，因香火旺盛，逐渐有人做生意，后形成集市，取名道庄子；解放战争初期，人们取永远平安之意，为永安集。
梅园	Méiyuán	隶属于埇桥区永安镇永安村。清朝末年，梅姓逃荒至此，以种菜园为生，故名梅园。
后场	Hòuchǎng	隶属于埇桥区永安镇永安村。此地原为梅园的晒粮场，因在梅园北面，故名后场。
三张光	Sānzhāngguāng	隶属于埇桥区永安镇永安村。从前，张姓兄弟三人，取名大张光、二张光、三张光，从东到西分开居住，三张光在西，所在村庄取名三张光。
白庄	Báizhuāng	隶属于埇桥区永安镇永安村。明朝初年，白姓从山西迁居此地，故名白庄子。
小魏家	Xiǎowèijiā	隶属于埇桥区永安镇永安村。旧时魏姓迁居此处，因村庄较小，故名小魏家。
刘圩子	Liúwéizi	隶属于埇桥区永安镇永安村。清朝中期，白庄刘姓以此地为晒粮场，建有场屋，后刘姓老二搬迁至此居住，因地势低洼，人们筑圩而居，故名刘二圩子，后更名为刘圩子。
周家村村民委员会	Zhōujiācūn Cūnmínwěiyuánhuì	位于埇桥区永安镇。1956 年置周家大队属夹沟公社，1976 年划归永安公社，1983 年更名为周家村，2007 年合并周家村、老街村、刘楼村为周家村，沿用至今。
周家	Zhōujiā	隶属于埇桥区永安镇周家村。清朝中期，周姓从山西洪洞县迁居此地，故名周家。
周新庄	Zhōuxīnzhuāng	隶属于埇桥区永安镇周家村。1982 年，周家部分村民因受洪涝灾害，房屋进水变形无法居住，搬迁至周家东南方河东高地新建住宅，形成村庄，故名周新庄。

标准名称	汉语拼音	备注
小李家	Xiǎolǐjiā	隶属于埇桥区永安镇周家村。清朝末年，李姓从河南逃荒至此，因村庄较小，故名小李家。
张家	Zhāngjiā	隶属于埇桥区永安镇周家村。清朝末年，张姓由山前迁居此处，故名张家。
刘家	Liújiā	隶属于埇桥区永安镇周家村。清朝末年，刘姓从山西迁居此处，故名刘家。
老街	Lǎojiē	隶属于埇桥区永安镇周家村。清朝初年，张姓从山西洪洞县迁居此地，把住房盖在路两边，中间有人做生意，形成大街，故名老街。
罗家	Luójiā	隶属于埇桥区永安镇周家村。清朝末年，罗姓从山东迁居此地，故名罗家。
刘楼	Liúlóu	隶属于埇桥区永安镇周家村。清朝中期，刘姓从山西迁居此地，有大户人家盖楼而居，故名刘楼。
王家	Wángjiā	隶属于埇桥区永安镇周家村。清朝末年，王姓从夹沟金山子迁居此地，故名王家。

灰古镇

灰古镇（Huīgǔ Zhèn）　属埇桥区辖镇。在埇桥区的东北部。面积 63.0462 平方千米。人口 35789 人。以汉族为主。有 7 个村委会，68 个自然村。镇人民政府驻灰古村。1958 年 9 月设灰古公社。1992 年 2 月，撤区并乡设灰古镇，属县级宿州市。1998 年 12 月属宿州市埇桥区。地处濉河南岸，大水冲积而形成土堆，旧时土堆上建一道院，名天后宫，后因大火化为灰烬，留下一堆灰谷，村民称灰古村，镇因而得名。濉河、唐河、新汴河流经境内。有图书室 18 个，幼儿园 3 所，小学 14 所，初中 2 所；各级各类医疗卫生机构 9 个。农业以种植小麦、玉米、大豆为主。畜牧业以饲养生猪、牛、羊、家禽为主。工业以棉花加工为主。302 省道、026 县道、宿淮铁路穿境而过（未设站）。

标准名称	汉语拼音	备注
八张村村民委员会	Bāzhāngcūn Cūnmínwěiyuánhuì	隶属埇桥区灰古镇。1958 年成立人民公社，1983 年改为八张村。
八张	Bāzhāng	隶属于埇桥区灰古镇八张村。八张离灰古、顺河、河山三个集都是八里，取名八里张，1958 年更名八张。
大代家	Dàdàijiā	隶属于埇桥区灰古镇八张村。姓代的人口众多，分家后，取名大代家。

标准名称	汉语拼音	备注
沟楼	Gōulóu	隶属于埇桥区灰古镇八张村。楼姓和王圩中间一条沟，取名沟楼。
王圩	Wángwéi	隶属于埇桥区灰古镇八张村。王姓在庄外打个圩子，取名王圩。
吴家	Wújiā	隶属于埇桥区灰古镇八张村。吴姓人多，取名吴家。
小代家	Xiǎodàijiā	隶属于埇桥区灰古镇八张村。姓代的分家后，庄小取名小代家。
赵家	Zhàojiā	隶属于埇桥区灰古镇八张村。赵姓人多，取名赵家。
周桥	Zhōuqiáo	隶属于埇桥区灰古镇八张村。姓周的在庄头修了一座桥，取名周桥。
碾盘村村民委员会	Niǎnpáncūn Cūnmínwěiyuánhuì	位于埇桥区灰古镇。1983 年由碾盘大队更名为碾盘村；2007 年由碾盘、安水、张集村合并至今。
文昌集	Wénchāngjí	隶属于埇桥区灰古镇碾盘村。有双龙寺、文昌阁等庙宇，于二月二文昌集逢会而得名。
下刘桥	Xiàliúqiáo	隶属于埇桥区灰古镇碾盘村。古时因在股河下游修一桥，因刘姓居多，起名下刘桥。
安水	Ānshuǐ	隶属于埇桥区灰古镇碾盘村。传说安水缘于王母娘娘的一件镇水之宝而得名。
高家	Gāojiā	隶属于埇桥区灰古镇碾盘村。因高姓居多，逐渐壮大，因此得名高家。
碾盘	Niǎnpán	隶属于埇桥区灰古镇碾盘村。旧时戴姓居住地址，做碾面生意，百姓习惯称戴碾盘，后定名碾盘。
桥头	Qiáotóu	隶属于埇桥区灰古镇碾盘村。古时灰古建一木桥，桥北岸因有一村落故起名为桥头，延续至今。
胡菜园	Húcàiyuán	隶属于埇桥区灰古镇碾盘村。旧时因一胡姓为地主人家看护坟地，在此种菜，故起名胡菜园。
小路庄	Xiǎolùzhuāng	隶属于埇桥区灰古镇碾盘村。古时因路姓三家二居，故名小路庄。
许庄	Xǔzhuāng	隶属于埇桥区灰古镇碾盘村。许姓居民居住居多，故名许庄。
李桥村村民委员会	Lǐqiáocūn Cūnmínwěiyuánhuì	位于埇桥区灰古镇。2007 年李桥村村级区划调整时将桥村、董场村、毛湖村合并为李桥村。
李桥	Lǐqiáo	隶属于埇桥区灰古镇李桥村。该庄李姓占 90%，庄中间有条唐河，并修一座桥，起名李桥，该庄也就叫李桥庄。
魏桥	Wèiqiáo	隶属于埇桥区灰古镇李桥村。清末民国初期，该庄魏姓占 90%，中间有条唐河并修座桥，而后此庄称为魏桥，又叫魏桥。

标准名称	汉语拼音	备注
河南	Hénán	隶属于埇桥区灰古镇李桥村。原小张桥是河北大张桥的一个分支，后小张桥的人搬到唐河南居住，而后叫河南。
新庄	Xīnzhuāng	隶属于埇桥区灰古镇李桥村。1960年前后成立农场，1965年农场解散，原农场人员居住此地，所以叫新庄。
董场	Dǒngchǎng	隶属于埇桥区灰古镇李桥村。很早以前有董姓率先来到此地，所以名为董场。
小尹	Xiǎoyǐn	隶属于埇桥区灰古镇李桥村。1966年挖新汴河时，从河南大尹家分割一少部分人到汴河北居住，取名小尹。
毛湖	Máohú	隶属于埇桥区灰古镇李桥村。1960年前后，来自五湖四海的人员集中在此地建立农场，从后就叫毛湖。
韩付	Hánfù	隶属于埇桥区灰古镇李桥村。很早以前该庄有韩姓、付姓在此居住，所以叫韩付。
曹庙村村民委员会	Cáomiàocūn Cūnmínwěiyuánhuì	位于埇桥区灰古镇。2007年村级合并，曹庙、孙庙、潘桥三村合成曹庙村委会。
大曹家	Dàcáojiā	隶属于埇桥区灰古镇曹庙村。明朝时期曹姓夫妻逃荒来到此地，故名。
中孙	Zhōngsūn	隶属于埇桥区灰古镇曹庙村。原来有个庙，姓孙的多，取名孙庙，姓孙的多，住不下，后来分庄为前孙庄、中孙庄、后孙庄。
杜楼	Dùlóu	隶属于埇桥区灰古镇曹庙村。明朝时期，杜姓在此盖一楼房，所以叫杜楼。
李家	Lǐjiā	隶属于埇桥区灰古镇曹庙村。旧时名李槽坊，1980年以后叫李前、李后，1999年改为李家。
前孙	Qiánsūn	隶属于埇桥区灰古镇曹庙村。该庄孙姓人口太多，住不下后分庄为前孙、中孙、后孙，该庄为前孙。
涂家	Tújiā	隶属于埇桥区灰古镇曹庙村。清朝时期，涂姓在此居住，故而得名。
赵家	Zhàojiā	隶属于埇桥区灰古镇曹庙村。原来姓赵的多，故名赵家。
曹沈杨	Cáoshěnyáng	隶属于埇桥区灰古镇曹庙村。小曹、杨家、沈家三姓合并为曹沈杨。
后孙	Hòusūn	隶属于埇桥区灰古镇曹庙村。原来有个庙，姓孙的多，取名孙庙。孙姓人口太多住不下，后分庄前孙、中孙、后孙。
张刘	Zhāngliú	隶属于埇桥区灰古镇曹庙村。清朝时期，姓张的在张刘西头修一座桥，后叫古张桥，后合并为张刘。
徐家	Xújiā	隶属于埇桥区灰古镇曹庙村。清朝时期，徐姓在此居住，故而得名。

标准名称	汉语拼音	备注
潘桥	Pānqiáo	隶属于埇桥区灰古镇曹庙村。二百多年前，潘桥坐落唐河北岸，南岸有本庄土地，当地人就修了一座土木水漫桥，上下二三百里路远的人，做生意来往经过这座桥，就成了交通道路，时间长了庄名就叫潘桥。
黄家	Huángjiā	隶属于埇桥区灰古镇曹庙村。清朝年间，黄姓在此居住，故取名黄家。
灰古村村民委员会	Huīgǔcūn Cūnmínwěiyuánhuì	位于埇桥区灰古镇。人民公社时名灰古大队，2007 年和徐桥村合并后为灰古村。
灰古	Huīgǔ	隶属于埇桥区灰古镇灰古村。很早以前灰古村北部逢集，命名此集。
曹家	Cáojiā	隶属于埇桥区灰古镇灰古村。有一户曹姓率先来到这里，所以名为曹家。
李寺	Lǐsì	隶属于埇桥区灰古镇灰古村。相传清代后期，有一座寺庙坐落在李姓村里，在 1966 年至 1976 年的“文革”中毁于一旦，只剩下几块石碑和一座残缺不全的庙宇。因此故叫李寺。
堤北	Dīběi	隶属于埇桥区灰古镇灰古村。李姓居住在李寺，以庄中一条路为界，北面居住为堤北。
堤南	Dīnán	隶属于埇桥区灰古镇灰古村。李寺分为堤北、堤南两个生产组，以村中路为界，南面为堤南。
后徐	Hòuxú	隶属于埇桥区灰古镇灰古村。徐姓以村中大汪为界，汪北叫后徐，汪南叫前徐。
后朱	Hòuzhū	隶属于埇桥区灰古镇灰古村。朱姓以朱家汪为界，汪北为后朱。
路南	Lùnán	隶属于埇桥区灰古镇灰古村。先前灰古村有条大路，路的南边有个村庄，叫路南。
南集	Nánjí	隶属于埇桥区灰古镇灰古村。先前灰古村逢集，集的南边有个生产组，叫南集。
路北	Lùběi	隶属于埇桥区灰古镇灰古村。先前灰古村有条大路，路的北边有个村庄，叫路北。
苏家	Sūjiā	隶属于埇桥区灰古镇灰古村。灰古以东以苏姓为首的居住点叫作苏家。
前徐	Qiánxú	隶属于埇桥区灰古镇灰古村。由于徐姓分支以后，有前后之分。
前朱	Qiánzhū	隶属于埇桥区灰古镇灰古村。朱姓以大汪为界，汪南叫前朱。
西北	Xīběi	隶属于埇桥区灰古镇灰古村。灰古集西北方位，叫西北。

标准名称	汉语拼音	备注
武家	Wǔjiā	隶属于埇桥区灰古镇灰古村。先前武姓率先来到这个地方，所以叫武家。
张井涯	Zhāngjǐngyá	隶属于埇桥区灰古镇灰古村。先前张家生产组有条路，路边有棵柳树和井，来往行人树下歇息饮水，命名为张井涯。
郑家	Zhèngjiā	隶属于埇桥区灰古镇灰古村。相传，郑姓祖先入住此地，故名郑家。
北集	Běijí	隶属于埇桥区灰古镇灰古村。很早以前灰古村北部逢集，命名北集。
秦圩村村民委员会	Qínwéicūn Cūnmínwěiyuánhuì	位于埇桥区灰古镇。2007 年秦圩村与黄庙合村，至今定名为秦圩村。
安滩	Āntān	隶属于埇桥区灰古镇秦圩村。旧时安姓来到此地，此地有片河滩，得名安滩。
大秦家	Dàqínjiā	隶属于埇桥区灰古镇秦圩村。旧时秦姓在此开荒种地，得名大秦家。
陈家	Chénjiā	隶属于埇桥区灰古镇秦圩村。旧时陈姓在此开荒种地，故得名陈家。
黄庙庄	Huángmiàozhuāng	隶属于埇桥区灰古镇秦圩村。旧时黄姓来到此地，此地有座庙，因故得名黄庙庄。
松林王家	Sōnglínwángjiā	隶属于埇桥区灰古镇秦圩村。旧时王姓入住此地，故得名松林王家。
小张家	Xiǎozhāngjiā	隶属于埇桥区灰古镇秦圩村。旧时有一位张姓，从外地迁居此地，故得名小张家。
小潘家	Xiǎopānjiā	隶属于埇桥区灰古镇秦圩村。旧时潘姓来到此地开荒种地，故得名小潘家。
小王家	Xiǎowángjiā	隶属于埇桥区灰古镇秦圩村。旧时王姓来到此地开荒种地，故得名小王家。
小高家	Xiǎogāojiā	隶属于埇桥区灰古镇秦圩村。旧时高姓来到此地开荒种地，故得名小高家。
小秦家	Xiǎoqínjiā	隶属于埇桥区灰古镇秦圩村。旧时有户秦姓从大秦庄迁到大秦北，故得名小秦家。
后黄庄	Hòuhuángzhuāng	隶属于埇桥区灰古镇秦圩村。旧时黄姓来到此地开荒种地，故得名后黄庄。
傅湖村村民委员会	Fùhúcūn Cūnmínwěiyuánhuì	位于埇桥区灰古镇。2007 年村级合并后，自命名后沿用至今。
大童	Dàtóng	隶属于埇桥区灰古镇傅湖村。清朝时期，由朱仙庄童家迁至付湖西边泽地而居，由于人口增多，起名大童。
傅湖新村	Fùhúxīncūn	隶属于埇桥区灰古镇傅湖村。为 2013 年新建村庄。

标准名称	汉语拼音	备注
后傅	Hòufù	隶属于埇桥区灰古镇傅湖村。由于傅姓人口逐年增多，在清朝期间命名为后傅。
前傅	Qiánfù	隶属于埇桥区灰古镇傅湖村。由于傅湖人口增多，在清朝时期分为前傅、后傅，现在还是以前傅为名。
后周	Hòuzhōu	隶属于埇桥区灰古镇傅湖村。在清朝初期，周姓人口逐年增多，又分居在后庄，故命名为后周。
前周	Qiánzhōu	隶属于埇桥区灰古镇傅湖村。明末清初，周姓人口众多，命名为前周。
小童	Xiǎotóng	隶属于埇桥区灰古镇傅湖村。从大童分支，变为小童。
周段	Zhōuduàn	隶属于埇桥区灰古镇傅湖村。在清朝初期，从外地迁居此地取名段庵子，后又人员发展，家族扩大，周姓小孩给段姓养，由此更名为周段。

大店镇

大店镇（Dàdiàn Zhèn） 属埇桥区辖镇。在埇桥区的东部。面积 196.1986 平方千米。人口 70340 人。以汉族为主。辖 18 个村委会，有 220 个自然村。镇人民政府驻大店村。1945 年设大店区；1992 年 2 月，撤区并乡，设大店镇，属县级宿州市。1998 年 12 月属宿州市埇桥区。汉曾设安阳亭，后为大店驿。唐取名东五铺。清朝中期，汴河南堤建有庙宇，吸引周围香客，渐成集市，古称大殿集，因“殿”与“店”同音。因镇政府驻大店村，故名大店镇。沱河、小黄河、新汴河流经境内。有文化广播电视管理站 1 个；幼儿园 12 所，小学 18 所，初中 4 所；各级医疗机构 40 个。境内有车家湖、唐槐古树。农业以种植小麦、玉米、大豆为主。畜牧业以饲养生猪、牛、羊、家禽为主。工业以棉花、农产品加工为主。有 303 国道纵贯全境。

标准名称	汉语拼音	备注
八里村村民委员会	Bālǐcūn Cūnmínwěiyuánhuì	位于埇桥区大店镇。人民公社时期称八里大队，1983 年改为八里村民委员会。
大北村村民委员会	Dàběicūn Cūnmínwěiyuánhuì	位于埇桥区大店镇。人民公社时期称为大北大队，1983 年更名为大北村民委员会。
冯家	Féngjiā	隶属于埇桥区大店镇大北村。以冯姓居多，故名冯家。
沟北闵	Gōuběimǐn	隶属于埇桥区大店镇大北村。以闵姓居多，地处小黄河北岸，故名沟北闵。

标准名称	汉语拼音	备注
后李庄	Hòulǐzhuāng	隶属于埇桥区大店镇大北村。以李姓居多，位于前李家的北方，故名后李庄。
蒋家	Jiǎngjiā	隶属于埇桥区大店镇大北村。以蒋姓居多，故名蒋家。
前李	Qiánlǐ	隶属于埇桥区大店镇大北村。以李姓居多，位于后李家的南方，故名前李。
营家	Yíngjiā	隶属于埇桥区大店镇大北村。以营姓居多，故名营家。
郑二	Zhèng’èr	隶属于埇桥区大店镇大北村。由郑圩一分为二，分成两个村民组，此为郑二。
郑圩	Zhèngwéi	隶属于埇桥区大店镇大北村。以郑姓居多，村外建有土圩，故名郑圩。
郑一	Zhèngyī	隶属于埇桥区大店镇大北村。由郑圩一分为二，分成两个村民组，此为郑一。
祝新庄	Zhùxīnzhuāng	隶属于埇桥区大店镇大北村。以祝姓居多，因挖新汴河搬迁至此，故而得名祝新庄。
大店村村民委员会	Dàdiàncūn Cūnmínwěiyuánhuì	位于埇桥区大店镇。人民公社时期为大店大队，1979 年更名为大店村民委员会。
刘闵庄	Liúmǐnzhuāng	隶属于埇桥区大店镇大店村。由高台闵、小刘家两个村庄合并形成刘闵庄。
童元庄	Tóngyuánzhuāng	隶属于埇桥区大店镇大店村。童姓在此居住，故而得名。
西史堰	Xīshǐyàn	隶属于埇桥区大店镇大店村。清末时期，因位于东史堰的西边，故名西史堰。
街后	Jiēhòu	隶属于埇桥区大店镇大店村。因位于大店街的北边，故名街后。
六组	Liùzǔ	隶属于埇桥区大店镇大店村。大店自然村共分为六组，这是第六组。
五组	Wǔzǔ	隶属于埇桥区大店镇大店村。大店自然村共分为六组，这是第五组。
四组	Sìzǔ	隶属于埇桥区大店镇大店村。大店自然村共分为六组，这是第四组。
三组	Sānzǔ	隶属于埇桥区大店镇大店村。大店自然村共分为六组，这是第三组。
二组	Èrzǔ	隶属于埇桥区大店镇大店村。大店自然村共分为六组，这是第二组。
一组	Yīzǔ	隶属于埇桥区大店镇大店村。大店自然村共分为六组，这是第一组。

标准名称	汉语拼音	备注
大东村村民委员会	Dàdōngcūn Cūnmínwěiyuánhuì	位于埇桥区大店镇。人民公社时期为大东大队，1983年更名为大东村民委员会。
北刘	Běiliú	隶属于埇桥区大店镇大东村。刘姓居多，又因坐落在303省道以北，故名北刘。
东史堰	Dōngshǐyàn	隶属于埇桥区大店镇大东村。因位于西史堰的东边，故名东史堰。
高余	Gāoyú	隶属于埇桥区大店镇大东村。本村有高、余两姓，故名高余。
黄家	Huángjiā	隶属于埇桥区大店镇大东村。以黄姓居多，故名黄家。
史刘	Shǐliú	隶属于埇桥区大店镇大东村。本村有史、刘二姓，故名史刘。
史卢	Shǐlú	隶属于埇桥区大店镇大东村。本村有史、卢二姓，故名史卢。
唐家	Tángjiā	隶属于埇桥区大店镇大东村。以唐姓居多，故名唐家。
萧柳	Xiāoliǔ	隶属于埇桥区大店镇大东村。本村有萧、柳二姓，故名萧柳。
小史	Xiǎoshǐ	隶属于埇桥区大店镇大东村。史姓居多，故名小史。
大南村村民委员会	Dànáncūn CūnmínWěiyuánhuì	位于埇桥区大店镇。人民公社时期为大南大队，1996年更名为大南村民委员会。
北小张庄	Běixiǎozhāng-zhuāng	隶属于埇桥区大店镇大南村。张姓由固镇迁居至此，得名北小张庄。
小王庄	Xiǎowángzhuāng	隶属于埇桥区大店镇大南村。清代末期，王姓由北方迁居至此，故得名小王庄。
李家	Lǐjiā	隶属于埇桥区大店镇大南村。明代中期，李姓由南方迁居至此，故得名李家。
张圩	Zhāngwéi	隶属于埇桥区大店镇大南村。清代中期，张姓由山西省迁居至此，故得名张圩。
关家	Guānjiā	隶属于埇桥区大店镇大南村。清代末期，关姓由南方迁居至此，故得名后关家。
闫家	Yánjiā	隶属于埇桥区大店镇大南村。清朝中期，闫姓由灵璧北迁居至此，故得名闫家。
南小张庄	Nánxiǎozhāng-zhuāng	隶属于埇桥区大店镇大南村。张姓首先在此居住，故得名南小张庄。
侯杨庄	Hóuyángzhuāng	隶属于埇桥区大店镇大南村。该庄侯姓居多，村庄周边到处都是杨树，故名侯杨庄。

标准名称	汉语拼音	备注
康家	Kāngjiā	隶属于埇桥区大店镇大南村。清代中期，康姓由濉溪迁居至此，故得名康家。
熊家	Xióngjiā	隶属于埇桥区大店镇大南村。明代初期，熊姓由濉溪迁居至此，故得名熊家。
西李庄	Xīlǐzhuāng	隶属于埇桥区大店镇大南村。李姓聚居在此，位置在大南村偏西，故得名西李庄。
东李庄	Dōnglǐzhuāng	隶属于埇桥区大店镇大南村。清代初期，李姓由河南省迁居至此，故得名李家庄，又名东李庄。
益泥顾寿	Yìnígùshòu	隶属于埇桥区大店镇大南村。清代早期，益、泥、顾、寿四姓由外地迁居至此，至今益、泥两姓之人迁出，顾、寿两姓之人继续在繁衍生息，故得名益泥顾寿。
大贠庄	Dàyuánzhuāng	隶属于埇桥区大店镇大南村。明代末期，贠姓由北方迁居至此，故得名大贠庄。
寿家	Shòujiā	隶属于埇桥区大店镇大南村。明代早期，寿姓迁居至此，故得名寿家。
王家	Wángjiā	隶属于埇桥区大店镇大南村。清代中期，王姓由灵璧县娄庄镇大王庄迁居至此，因故得名王家。
关罗庄	Guānluózhuāng	隶属于埇桥区大店镇大南村。清代末期，关姓由南方迁居至此，故得名关罗庄。
静安村 村民委员会	Jìng' āncūn Cūnmínwěiyuánhuì	位于埇桥区大店镇。2008 年农村改革，商卢村民委员会与平安村民委员会合并为静安村村民委员会。
宋东	Sòngdōng	隶属于埇桥区大店镇静安村。因住户均姓宋，村内菜园多，故名宋园。后宋园分为宋东、宋西，此为宋东。
宋西	Sòngxī	隶属于埇桥区大店镇静安村。因住户均姓宋，村内菜园多，故名宋园。后宋园分为宋东、宋西，此为宋西。
屈巷	Qūxiàng	隶属于埇桥区大店镇静安村。屈姓在此聚居，故名屈巷。
卢家	Lújiā	隶属于埇桥区大店镇静安村。据传说，卢姓从山西省洪洞县迁居至此，故名卢家。
商家	Shāngjiā	隶属于埇桥区大店镇静安村。据传说，商姓迁居至此，故名商家。
赖家	Làijiā	隶属于埇桥区大店镇静安村。据传说，赖姓聚居在此，故名赖家。
小贠庄	Xiǎoyuánzhuāng	隶属于埇桥区大店镇静安村。贠姓在此居住，故名小贠庄。
姚家	Yáojiā	隶属于埇桥区大店镇静安村。早在宋朝时期，有姚姓为山西总兵，任职时不幸病故于此村庄，因此此村庄被称为总兵坟，后村庄命名为姚家。
魏家	Wèijiā	隶属于埇桥区大店镇静安村。魏姓在此居住，故名魏家。

标准名称	汉语拼音	备注
平一	Píngyī	隶属于埇桥区大店镇静安村。平安集共分四个村民组，这是第一组，故名平一。
平二	Píng'èr	隶属于埇桥区大店镇静安村。平安集共分四个村民组，这是第二组，故名平二。
平中	Píngzhōng	隶属于埇桥区大店镇静安村。平安集共分四个村民组，此组被命名为平中。
平南	Píngnán	隶属于埇桥区大店镇静安村。平安集共分四个村民组，此组被命名为平南。
梁场村村民委员会	Liángchǎngcūn Cūnmínwěiyuánhuì	位于埇桥区大店镇。人民公社时期为梁场大队，1983年更名为梁场村村民委员会。
梁场庄	Liángchǎngzhuāng	隶属于埇桥区大店镇梁场村。据传说，很久以前有个姓梁的地主在此打响场，故此取名梁场庄。
梁圩庄	Liángwéizhuāng	隶属于埇桥区大店镇梁场村。以前有个大圩子，梁姓人在此聚居，故名梁圩庄。
李炉庄	Lǐlúzhuāng	隶属于埇桥区大店镇梁场村。传说以前有几户姓李的铁匠在此地生炉打铁，故此得名为李炉庄。
小王家庄	Xiǎowángjiā-zhuāng	隶属于埇桥区大店镇梁场村。清代中期，王姓迁居至此，故得名小王家庄。
丰收王庄	Fēngshōuwáng-zhuāng	隶属于埇桥区大店镇梁场村。1966年开挖新汴河，原是荒地王氏族人整装搬迁至此，更名为丰收王庄。
张宅庄	Zhāngzháizhuāng	隶属于埇桥区大店镇梁场村。清末民初，张姓迁居至此，故得名张宅庄。
前曹庄	Qiáncáozhuāng	隶属于埇桥区大店镇梁场村。清末民初，曹姓迁居至此，因位于后曹庄的南边，故得名前曹庄。
后曹庄	Hòucáozhuāng	隶属于埇桥区大店镇梁场村。清末民初，曹姓迁居至此，因位于前曹庄的北边，故得名后曹庄。
姜家	Jiāngjiā	隶属于埇桥区大店镇梁场村。姜姓在此居住，故得名姜家。
昌家	Chāngjiā	隶属于埇桥区大店镇梁场村。昌姓在此居住，故得名昌家。
桓曹庄	Huáncáozhuāng	隶属于埇桥区大店镇梁场村。桓姓和曹姓在此居住，故得名桓曹庄。
小刘家	Xiǎoliújiā	隶属于埇桥区大店镇梁场村。刘姓在此居住，故得名小刘家。
三里村村民委员会	Sānlǐcūn Cūnmínwěiyuánhuì	位于埇桥区大店镇。人民公社时期叫三里大队，1983年三里大队更名为三里村民委员会。
老闵家	Lǎomǐnjiā	隶属于埇桥区大店镇三里村。闵姓居多，是本地闵姓发源地，故得名老闵家。

标准名称	汉语拼音	备注
小闵家	Xiǎomǐnjiā	隶属于埇桥区大店镇三里村。闵姓在此居住，庄子较小，故名小闵家。
小崔家	Xiǎocuījiā	隶属于埇桥区大店镇三里村。原住户均为崔姓，故而得名。
大闵家	Dàmǐnjiā	隶属于埇桥区大店镇三里村。闵姓在此居住，庄子较大，故而得名。
三里庄	Sānlǐzhuāng	隶属于埇桥区大店镇三里村。此庄距离大店街三里路，因故得名三里庄。
王家	Wángjiā	隶属于埇桥区大店镇三里村。王姓居多，故名王家。
盛家	Shèngjiā	隶属于埇桥区大店镇三里村。盛姓居多，故而得名。
小潘家	Xiǎopānjiā	隶属于埇桥区大店镇三里村。潘姓居多，故而得名。
谷家	Gǔjiā	隶属于埇桥区大店镇三里村。谷姓居多，故名谷家。
孙家	Sūnjiā	隶属于埇桥区大店镇三里村。孙姓居多，因此得名孙家。
吴家	Wújiā	隶属于埇桥区大店镇三里村。吴姓居多，故名吴家。
田家	Tiánjiā	隶属于埇桥区大店镇三里村。田姓居多，故而得名。
四铺村 村民委员会	Sìpùcūn Cūnmínwěiyuánhuì	位于埇桥区大店镇。人民公社时期为四铺大队，1983 年更名为四铺村民委员会。
史圩	Shǐwéi	隶属于埇桥区大店镇四铺村。住户均姓史，从前村四周筑有土圩子，故名史圩。
小史家	Xiǎoshǐjiā	隶属于埇桥区大店镇四铺村。史姓在此居住，因庄小，故名小史家。
秦河孜庄	Qínhézīzhuāng	隶属于埇桥区大店镇四铺村。秦姓在此居住，此地有河，原名秦河子，现名秦河孜庄。
小秦家	Xiǎoqínjiā	隶属于埇桥区大店镇四铺村。旧时从秦合子分支来，后叫小秦家。
小张家	Xiǎozhāngjiā	隶属于埇桥区大店镇四铺村。张姓在此居住，故而得名。
唐家	Tángjiā	隶属于埇桥区大店镇四铺村。清代末期，唐姓迁居至此，故名唐家。
土张	Tǔzhāng	隶属于埇桥区大店镇四铺村。张姓居多，从前庄内有一座土楼，故名土楼张，后更名为土张。
王家	Wángjiā	隶属于埇桥区大店镇四铺村。住户均姓王，故名王家。
孙岭	Sūnlǐng	隶属于埇桥区大店镇四铺村。孙姓居多，庄北有一个南北走向的高地，俗称岭子，故名孙岭。
四铺街	Sìpùjiē	隶属于埇桥区大店镇四铺村。因此村距宿州市城区东四十里，并形成集市，故名四铺街。
卜家组	Bǔjiāzǔ	隶属于埇桥区大店镇四铺村。卜姓迁居至此，故而得名。

标准名称	汉语拼音	备注
张巷	Zhāngxiàng	隶属于埇桥区大店镇四铺村。原住户均姓张，村中有一条人行巷，故名张巷。
前丁	Qiándīng	隶属于埇桥区大店镇四铺村。因丁姓居多，位于后丁南边，故名前丁。
后丁	Hòudīng	隶属于埇桥区大店镇四铺村。因丁姓居多，位于前丁的北方，故名后丁。
小宋	Xiǎosòng	隶属于埇桥区大店镇四铺村。宋姓在此居住，故名小宋。
天门村村民委员会	Tiānméncūn Cūnmínwěiyuánhuì	位于埇桥区大店镇。人民公社时期为天门大队，1983年更名为天门村村民委员会。
大王庄	Dàwángzhuāng	隶属于埇桥区大店镇天门村。因王姓居多，村庄较大，故而得名。
大张庄	Dàzhāngzhuāng	隶属于埇桥区大店镇天门村。张姓在此居住，因庄较大，故名大张庄。
马家	Mǎjiā	隶属于埇桥区大店镇天门村。因有一条南北走向的大路横跨该庄，故名为骑路马，后人简称为马家，沿用至今。
孟圩	Mèngwéi	隶属于埇桥区大店镇天门村。原住户均为孟姓，村外筑有圩子，故而得名。
骑路马庄	Qílùmǎzhuāng	隶属于埇桥区大店镇天门村。以前此庄中间有一条南北大路，路两侧居住的人都是姓马的，故名骑路马庄。
前赵桥	Qiánzhàoqiáo	隶属于埇桥区大店镇天门村。以赵姓居多，此地有座古桥，桥南为前赵桥。
苏家	Sūjiā	隶属于埇桥区大店镇天门村。从前有一苏姓大户在此居住，故名苏家。
南天门曹	Nántiānméncáo	隶属于埇桥区大店镇天门村。此庄位于十八个庄的最南端，以草寺庙为中心，四周十八个庄都姓曹，故名南天门曹。
王圩	Wángwéi	隶属于埇桥区大店镇天门村。王姓在此居住，庄外筑有土圩子，故名王圩。
小马庄	Xiǎomǎzhuāng	隶属于埇桥区大店镇天门村。马姓在此居住，因村子较小，故而得名。
小张庄	Xiǎozhāngzhuāng	隶属于埇桥区大店镇天门村。与大张一地之隔，大张在北，小张在南，该庄比大张小，户数、人口数少，故名小张庄。
瓦房村村民委员会	Wǎfángcūn Cūnmínwěiyuánhuì	位于埇桥区大店镇。人民公社时为瓦坊大队，1983年由更名为瓦房村民委员会。
大曹家	Dàcáojiā	隶属于埇桥区大店镇瓦房村。清朝末年，曹姓迁居至此，因为在迁居时老大居于此，故名大曹家。
东西曹	Dōngxīcáo	隶属于埇桥区大店镇瓦房村。民国初期，曹姓迁居至此，在庄东建房，故名东西曹。

标准名称	汉语拼音	备注
荒地曹	Huāngdìcáo	隶属于埇桥区大店镇瓦房村。从前，该村四周荒地较多，原住户均姓曹，故名荒地曹。
尖顶树	Jiāndǐngshù	隶属于埇桥区大店镇瓦房村。清朝末年，曹姓迁居至此，庄东头有一棵很高大的杨树，太阳出来后，照出来的影子有十来里路，故名尖顶树曹，简称尖顶树。
刘庙	Liúmiào	隶属于埇桥区大店镇瓦房村。清朝中期，从苗庵乡小刘家迁居至此，后在村中间建造一个庙，因此得名刘庙。
庙东曹	Miàodōngcáo	隶属于埇桥区大店镇瓦房村。清朝末期从荒地曹迁居至此，西边有座庙，故名庙东曹。
盛家	Shèngjiā	隶属于埇桥区大店镇瓦房村。明代初期，盛姓从山西迁居至此，故名盛家。
曹瓦房	Cáowǎfāng	隶属于埇桥区大店镇瓦房村。曹姓清朝中期从河北迁居至此，曹姓会酿酒，人丁旺，得来钱建造瓦房，故得名曹瓦房。
夏家	Xiàjiā	隶属于埇桥区大店镇瓦房村。清末，从埇桥区苗安乡大夏家分支至此，故取名夏家。
小王家	Xiǎowángjiā	隶属于埇桥区大店镇瓦房村。该庄以王姓为多，称为王家，又因本村有一个王家庄，人口多些，故此庄得名小王家。
新王庄	Xīnwángzhuāng	隶属于埇桥区大店镇瓦房村。清朝初期王姓从山西迁居至此，故取名新王庄。
汪刘村村民委员会	Wāngliúcūn Cūnmínwěiyuánhuì	位于埇桥区大店镇。人民公社时期为汪西大队，1978 年更名为汪刘村村民委员会。
大刘庄	Dàliúzhuāng	隶属于埇桥区大店镇汪刘村。清末，刘姓迁于此，故得名大刘庄。
邵家	Shàojiā	隶属于埇桥区大店镇汪刘村。清代中期，邵姓迁居至此，故得名邵家。
河南张	Hénánzhāng	隶属于埇桥区大店镇汪刘村。清末，张姓由灵璧迁居于此，庄后挖有一条河，故得名河南张。
后大李	Hòudàlǐ	隶属于埇桥区大店镇汪刘村。以姓得庄名，姓李居多，又前后李之间有一条路，分为前后李，此为后大李。
罗家	Luójiā	隶属于埇桥区大店镇汪刘村。清中期罗姓居住此地，原名毛绳李家，李家人丁由旺转衰，庄名亦由李家改为罗家。
吕家	Lǚjiā	隶属于埇桥区大店镇汪刘村。清朝中期，吕姓由吕楼迁居至此，故名吕家。
马庙	Mǎmiào	隶属于埇桥区大店镇汪刘村。清末马姓由时村迁居于此，后在庄东头建一个庙，故得名马庙。
前大李	Qiándàlǐ	隶属于埇桥区大店镇汪刘村。以姓得庄名，李姓居多，又因前后李之间有一条路，分为前后李，此为前大李。

标准名称	汉语拼音	备注
苏圩	Sūwéi	隶属于埇桥区大店镇汪刘村。该庄姓苏居多，故名苏圩。
汪西张	Wāngxīzhāng	隶属于埇桥区大店镇汪刘村。本村张姓居多，村庄东头有一个大汪，故名汪西张。
小李家	Xiǎolǐjiā	隶属于埇桥区大店镇汪刘村。此地原叫麻湖，后李姓由山西迁来，后改名为小李家。
小刘	Xiǎoliú	隶属于埇桥区大店镇汪刘村。小刘家是刘姓由大刘家搬迁至此，得名。
新庄	Xīnzhuāng	隶属于埇桥区大店镇汪刘村。旧时叫老地点，后更名为新庄。
张魏庄	Zhāngwèizhuāng	隶属于埇桥区大店镇汪刘村。清末，张姓、魏迁居于此，得名张魏庄。
汪圩村 村民委员会	Wāngwéicūn Cūnmínwěiyuánhuì	位于埇桥区大店镇。人民公社时期为汪圩大队，1983 年更名为汪圩村民委员会。
大顾庄	Dàgùzhuāng	隶属于埇桥区大店镇汪圩村。明朝中期，由山西洪洞县迁来，故得名大顾庄。
司家	Sījiā	隶属于埇桥区大店镇汪圩村。司姓由灵璧迁来，故得名司家。
汪圩	Wāngwéi	隶属于埇桥区大店镇汪圩村。明朝中期汪姓由山西洪洞县迁至此地，故得名汪圩。
王家	Wángjiā	隶属于埇桥区大店镇汪圩村。明朝中期，王姓由山西省洪洞县迁居至此，因此得名王家。
小陈	Xiǎochén	隶属于埇桥区大店镇汪圩村。明朝中期陈姓由山西洪洞迁至此地，故得名小陈。
小王家	Xiǎowángjiā	隶属于埇桥区大店镇汪圩村。明朝中期，王姓三兄弟由山西洪洞迁至此地，故名小王家。
小吴庄	Xiǎowúzhuāng	隶属于埇桥区大店镇汪圩村。明朝中期，吴姓由山西洪洞迁至此地，故得名小吴庄。
张魏	Zhāngwèi	隶属于埇桥区大店镇汪圩村。明朝中期由张姓与魏姓山西洪洞县迁居至此，因此得名张魏。
陈圩	Chénwéi	隶属于埇桥区大店镇五一村。清末，陈姓由南迁迁居至此，故得名陈圩。
大谭家	Dàtánjiā	隶属于埇桥区大店镇五一村。该村谭姓居多，故名大谭家。
大汤家	Dàtāngjiā	隶属于埇桥区大店镇五一村。该村汤姓居多，故名大汤家。
五一村 村民委员会	Wǔyīcūn Cūnmínwěiyuánhuì	位于埇桥区大店镇。人民公社时期为五一大队，1983 年更名为五一村民委员会。
大王家	Dàwángjiā	隶属于埇桥区大店镇五一村。该村王姓居多，又因该村有一个小王家组较小，故此庄得名大王家。

标准名称	汉语拼音	备注
大张家	Dàzhāngjiā	隶属于埇桥区大店镇五一村。该村张姓居多，故名大张家。
刚家	Gāngjiā	隶属于埇桥区大店镇五一村。该村刚姓居多，故得名刚家。
后罗	Hòuluó	隶属于埇桥区大店镇五一村。该村主要以罗姓为主，故而得名。
虎家	Hǔjiā	隶属于埇桥区大店镇五一村。该村虎姓居多，故名虎家。
穆家	Mùjiā	隶属于埇桥区大店镇五一村。该庄穆姓居多，故名穆家。
倪家	Níjiā	隶属于埇桥区大店镇五一村。该村倪姓居多，故名倪家。
前罗	Qiánluó	隶属于埇桥区大店镇五一村。该村主要以罗姓为主，故而得名。
谭胡	Tánhú	隶属于埇桥区大店镇五一村。该村谭姓、胡姓居多，故得名谭胡。
吴家	Wújiā	隶属于埇桥区大店镇五一村。该村以吴姓居多，故取名吴家。
萧家	Xiāojiā	隶属于埇桥区大店镇五一村。该村萧姓为多，故名萧家。
小李家	Xiǎolǐjiā	隶属于埇桥区大店镇五一村。该村以李姓居多，又因该村人口少，故得名小李家。
小汤家	Xiǎotāngjiā	隶属于埇桥区大店镇五一村。清末，汤姓迁入，得名小汤家。
小王家	Xiǎowángjiā	隶属于埇桥区大店镇五一村。清代，王姓由南方迁居此地，得名小王家。
张家	Zhāngjiā	隶属于埇桥区大店镇五一村。清末，张姓迁居此地，故名张家。
张庙村村民委员会	Zhāngmiàocūn Cūnmínwěiyuánhuì	位于埇桥区大店镇。人民公社时期为张庙大队，1998 年更名为张庙村民委员会。
大荒地	Dàhuāngdì	隶属于埇桥区大店镇张庙村。古时这片都是荒地，又因该庄大些，因此得名大荒地。
东刘	Dōngliú	隶属于埇桥区大店镇张庙村。多年前从南大刘分来，刘姓较多，故名东刘。
河西张	Héxīzhāng	隶属于埇桥区大店镇张庙村。因庄东面有条河，该庄张姓居民为多，故得名河西张。
后梁家	Hòuliángjiā	隶属于埇桥区大店镇张庙村。该村以梁姓为多，又因前村为前梁，故得名后梁家。
路东庄	Lùdōngzhuāng	隶属于埇桥区大店镇张庙村。村庄中间有一条路，东面为路东庄。
路西庄	Lùxīzhuāng	隶属于埇桥区大店镇张庙村。村庄中间有一条路，西面叫路西庄。

标准名称	汉语拼音	备注
马庙庄	Mǎmiàozhuāng	隶属于埇桥区大店镇张庙村。该庄以马姓居民为多，以前村庄有个庙，故得名马庙庄。
前梁家	Qiánliángjiā	隶属于埇桥区大店镇张庙村。该庄位于后梁庄前面，又因梁姓村民居多，故名前梁家。
邵家	Shàojiā	隶属于埇桥区大店镇张庙村。村民以邵姓为主，故而得名。
西刘庄	Xīliúzhuāng	隶属于埇桥区大店镇张庙村。西小刘从南大刘分来，因此得名西刘庄。
小荒地	Xiǎohuāngdì	隶属于埇桥区大店镇张庙村。旧时这片都是荒地，又该庄稍微小些，故得名小荒地。
张庙街	Zhāngmiàojiē	隶属于埇桥区大店镇张庙村。新中国成立前张庙街逢集，1980 年为张庙乡政府，名为张庙片，1995 年撤区并乡，分张庙街为集东组、集西组。
张洼	Zhāngwā	隶属于埇桥区大店镇张庙村。旧时张姓在此定居，因此地非常洼，故名张洼。

桃园镇

桃园镇（Táoyuán Zhèn） 属埇桥区辖镇。在埇桥区的南部。面积 155.543 平方千米。人口 96668 人。以汉族为主。辖 18 个村委会，有 95 个自然村。镇人民政府驻桃园村。1950 年 9 月成立桃园区；1961 年 10 月区改社；1984 年 6 月社改乡；1992 年 2 月撤区并乡设镇，属县级宿州市。1998 年 12 月属宿州市埇桥区。相传古时集市周边桃园密布，后人遂以桃园为村名；因镇政府驻桃园村而得名。运粮河、黄泥沟、娄沟、东西牛沟、二沟、三沟流经境内。有图书室 9 个，幼儿园 18 所，小学 20 所，初中 5 所；各级各类医疗卫生机构 22 个；体育场地 5 处。境内有芦城遗址。有大型桃园煤矿；农业以种植小麦、玉米、大豆为主。畜牧业以饲养生猪、羊、家禽为主。工业以农产品、建材加工为主。合徐高速公路、206 国道穿境而过。

标准名称	汉语拼音	备注
东坪集村 村民委员会	Dōngpíngjícūn Cūnmínwěiyuánhuì	位于埇桥区桃园镇。人民公社时期曾命名东坪公社、东坪大队，2007 年村级区划调整时，由钱营村、张站村、后湖村、东坪集合并为东坪集村。
东坪集	Dōngpíngjí	隶属于埇桥区桃园镇东坪集村。因东坪集村村委会驻于该庄，故而得名。
刘庄	Liúzhuāng	隶属于埇桥区桃园镇东坪集村。原刘庄刘姓是大户人家，从清朝以来，起名叫刘店，沿用至今。

标准名称	汉语拼音	备注
冯庄	Féngzhuāng	隶属于埇桥区桃园镇东坪集村。冯姓为该庄大户，故而得名。
王家	Wángjiā	隶属于埇桥区桃园镇东坪集村。后湖王家于东坪集北，土地低洼，别名后湖，王姓占绝大多数，故叫王家。
邓庄	Dèngzhuāng	隶属于埇桥区桃园镇东坪集村。该庄主要以邓姓为主，故而得名。
光明村村民委员会	Guāngmíngcūn Cūnmínwěiyuánhuì	位于埇桥区桃园镇。1958 年成立人民公社时期名称为光明大队，1983 年光明大队更名为光明村，2007 年，原黄沟村与光明村合并后，名称未变，仍称为光明村。
小张	Xiǎozhāng	隶属于埇桥区桃园镇光明村。清朝时期，张姓由南方迁居至此，因得名为小张。
小任	Xiǎorén	隶属于埇桥区桃园镇光明村。清朝中期，任姓由陕西迁居至此，因得名小任。
小李	Xiǎolǐ	隶属于埇桥区桃园镇光明村。清朝时期，李姓由山东迁居至此，得名为小李。
李园	Lǐyuán	隶属于埇桥区桃园镇光明村。明朝时期，李姓从山东迁往此地，得名李园。
潘家	Pānjiā	隶属于埇桥区桃园镇光明村。清朝时代，潘姓来到此地，得名潘家。
沈寨	Shěnzhài	隶属于埇桥区桃园镇光明村。清朝时期，沈家从山东迁入此地，得名沈寨。
邢家	Xíngjiā	隶属于埇桥区桃园镇光明村。清朝时期，邢姓从河南迁入此地，得名邢家。
徐家庄	Xújiāzhuāng	隶属于埇桥区桃园镇光明村。清代中期，徐姓由南方迁居至此，得名徐家庄。
前徐	Qiánxú	隶属于埇桥区桃园镇光明村。清朝时期，祖先由南方迁入此地，位于徐家之南，故得名为前徐。
浍光村村民委员会	Huìguāngcūn Cūnmínwěiyuánhuì	位于埇桥区桃园镇。2007 年由原大吴村、王湾村合并为浍光村。
小王家	Xiǎowángjiā	隶属于埇桥区桃园镇浍光村。旧时王姓在此居住，故取名为小王家。与后湖王家为一脉。
许家	Xǔjiā	隶属于埇桥区桃园镇浍光村。以前一许姓在此种地，故而得名为许家。
芦城	Lúchéng	隶属于埇桥区桃园镇浍光村。据传说这里原是一座古城，始于新石器时代的后期，曾列为县级文物保护单位，1990 年、2000 年、2010 年有文物考古研究所曾多次在此地进行开挖，发掘过大批文物。

标准名称	汉语拼音	备注
小张家	Xiǎozhāngjiā	隶属于埇桥区桃园镇浍光村。很久以前一张姓人家在此开荒种地，故取名小张家。
王菜园	Wángcàiyuán	隶属于埇桥区桃园镇浍光村。从前有一王姓人家在此居住，开菜园为主，故而得名。
大吴家	Dàwújiā	隶属于埇桥区桃园镇浍光村。从前有一吴姓人家来此开荒种地，故而得名大吴家。
雷楼	Léilóu	隶属于埇桥区桃园镇浍光村。从前有一雷姓地主，在庄中间建一座两层木楼，故而得名。
抹房子	Mòfángzi	隶属于埇桥区桃园镇浍光村。传说明朝皇帝朱元璋，年幼时一天在放学途中突然下大雨。行至该庄时，在一墙角抹掸脚上的泥巴，故取名抹脚房，后称抹房子。
王小庄	Wángxiǎozhuāng	隶属于埇桥区桃园镇浍光村。从前有王姓来此开荒种地，故称为王小庄。
王大庄	Wángdàzhuāng	隶属于埇桥区桃园镇浍光村。以前有王姓从外地迁来此地，人口兴旺，故称为王大庄。
王塘	Wángtáng	隶属于埇桥区桃园镇浍光村。传说有王姓，名叫王堂头，在此地种地，繁衍生息，故该庄称为王堂或王堂子，后又称王塘。
沟东	Gōudōng	隶属于埇桥区桃园镇浍光村。以前王姓来此地种田居住，称为王小寨，后来因娄沟从庄西头穿过，又叫沟东。
沟西	Gōuxī	隶属于埇桥区桃园镇浍光村。该庄坐落在娄沟西侧，故取名沟西。
王湾	Wángwān	隶属于埇桥区桃园镇浍光村。以前有王姓从外地来此，因此庄在浍河拐弯处，且连拐几道湾，故得名王湾。
前后园	Qiánhòuyuán	隶属于埇桥区桃园镇浍光村。1958 年以前因在王湾前侧，称为前园，1958 年以后前园分为两个队，八队和九队。为便于称呼，八队叫后庄，九队叫前园，并为一队后称前后园。
吕寺村 村民委员会	Lǚsìcūn Cūnmínwěiyuánhuì	位于埇桥区桃园镇。新中国成立后为光明村，1978 年改革开放后，正式命名为吕寺村，自此沿用至今。
李家	Lǐjiā	隶属于埇桥区桃园镇吕寺村。明末，李姓由山西大槐树迁居到此处，故名。
庙东	Miàodōng	隶属于埇桥区桃园镇吕寺村。清初，吕姓由西北迁居到此，本庄西面建庙一座，故得名庙东。
圩子	Wéizi	隶属于埇桥区桃园镇吕寺村。旧时为防匪患，该庄四周均挖有深沟、圩堰以保护百姓不受侵害，同时也起到排涝作用，因有深沟、圩堰，而取名圩子。
蔡庄	Càizhuāng	隶属于埇桥区桃园镇吕寺村。清初，蔡姓从山西迁至此地，故名。

标准名称	汉语拼音	备注
庙前	Miàoqián	隶属于埇桥区桃园镇吕寺村。明末，吕姓由西北迁居到此处居住，因在村北面有一座庙，故得名庙前。
欧寨	Ōuzhài	隶属于埇桥区桃园镇吕寺村。唐朝期间，欧姓从他乡迁至此地，为防匪患，庄四周修建了壕沟，拉起了寨门，故名。
吕大庄	Lǚdàzhuāng	隶属于埇桥区桃园镇吕寺村。明朝初期，吕姓由东北迁居此地，因该庄人多地多，大于周边小庄，故称吕大庄。
钱营社区村民委员会	Qiányíng Shèqū Cūnmínwěiyuánhuì	位于埇桥区桃园镇。人民公社时期，钱营等七个自然庄属张站大队。1988 年划为钱营大队。2007 年同张站村、后湖村、东坪村合并为东坪集村。2006 年皖北局在其辖区建矿，取名钱营煤矿。2015 年 5 月原钱营村、张站村划为钱营社区。
小岳家	Xiǎoyuèjiā	隶属于埇桥区桃园镇钱营社区。旧时，岳姓由北方迁居至此，故得名为小岳家。
张站	Zhāngzhàn	隶属于埇桥区桃园镇钱营社区。清代中期，有一个张姓财主修了一座张善人桥。战争年代，分为前站、后站两个庄。前站为白家庄，后站为现在的张站，张姓人居多，因故得名为张站。
大岳庄	Dàyuèzhuāng	隶属于埇桥区桃园镇钱营社区。因岳姓集中居住在此，故而得名。
白家	Báijiā	隶属于埇桥区桃园镇钱营社区。明朝末期，白姓由外地迁入此地，得名白家。
丁河套	Dīnghétào	隶属于埇桥区桃园镇钱营社区。丁姓在此居住，因浍河在此转道，故名丁河套。
小许家	Xiǎoxǔjiā	隶属于埇桥区桃园镇钱营社区。旧时叫西站，与西庄的前站与后站相呼应。庄南浍河北岸有座庙，庙西张善人修的一座桥，后从张站庄迁来许姓人家，改为小许家。
小杨家	Xiǎoyángjiā	隶属于埇桥区桃园镇钱营社区。明朝末年，杨姓便在此繁衍生息，庄子教小，故称小杨家。
腰前	Yāoqián	隶属于埇桥区桃园镇钱营社区。原属钱营自然庄，因所处位置在庄的前半腰部分，故称腰前。
钱营东	Qiányíngdōng	隶属于埇桥区桃园镇钱营社区。自有村庄以来就用钱营庄之名，现分为钱营东组和钱营西组。
吴家	Wújiā	隶属于埇桥区桃园镇钱营社区。清朝末年，因吴姓长期居住此地，故称吴家。
钱营西	Qiányíngxī	隶属于埇桥区桃园镇钱营社区。自有村庄以来，就用钱营庄之名，现分为钱营东组和钱营西组。
李家	Lǐjiā	隶属于埇桥区桃园镇钱营社区。清朝时期，从西南迁到此地，在全庄挖个围沟，叫李圩子，现改为李家。

标准名称	汉语拼音	备注
桃东村村民委员会	Táodōngcūn Cūnmínwěiyuánhuì	位于埇桥区桃园镇。1958 年人民公社时期为光明大队，1961 年分开成为桃东大队，1981 年分为三个小村即桃东、韩寨、邢李园，2007 年重新合并为桃东村，沿用至今。
王家	Wángjiā	隶属于埇桥区桃园镇桃东村。清代中期，王姓由现西寺坡（大泽乡）涉古台迁居至此，故得名为王家。
陈家	Chénjiā	隶属于埇桥区桃园镇桃东村。清代中期，陈姓由南方迁居至此，故得名为陈家。
邢李园	Xínglǐyuán	隶属于埇桥区桃园镇桃东村。清代中期，姚姓由南方迁居此地，李姓由水池铺迁居至此，故得名姚李庄。清代末期，邢姓人家又迁入此地，因当地栽植梨树较多，又称为梨园，后由改为邢李园。
小吴	Xiǎowú	隶属于埇桥区桃园镇桃东村。清代中期，吴姓由蕲县吴洲子迁居至此，故得名为小吴。
韩寨	Hánzhài	隶属于埇桥区桃园镇桃东村。清代中期，韩姓由现西寺坡（大泽乡）大韩家迁居至此，故得名为韩寨。
梅家	Méijiā	隶属于埇桥区桃园镇桃东村。清代中期，梅姓由南方迁居至此，故得名梅家。
桃西村村民委员会	Táoxīcūn Cūnmínwěiyuánhuì	位于埇桥区桃园镇。2008 年村级区划合并后，原桃南村、桥西村合并为桃西村。
西张	Xīzhāng	隶属于埇桥区桃园镇桃西村。张姓长期居住，因而得名。
小孙	Xiǎosūn	隶属于埇桥区桃园镇桃西村。孙姓长期居住，因而得名。
陈斜	Chénxié	隶属于埇桥区桃园镇桃西村。在清朝时期，陈姓在建造房屋时，顺着大土岭子建房，由于土岭子斜向东南，所以建的房子都斜，因故得名为陈斜。
孙老庄	Sūnlǎozhuāng	隶属于埇桥区桃园镇桃西村。孙姓长期居住，故名。
东张	Dōngzhāng	隶属于埇桥区桃园镇桃西村。张姓长期居住，故名。
石庄	Shízhuāng	隶属于埇桥区桃园镇桃西村。旧时石姓迁居至此，故得名石庄。
前孙	Qiánsūn	隶属于埇桥区桃园镇桃西村。清朝时期，孙姓家族分为两个部分，北部为孙寨，西南为前孙。
大余家	Dàyújiā	隶属于埇桥区桃园镇桃西村。清朝时期，余姓在选试中得了一个秀才，家族人丁旺盛，故得名为大余家。
小沈	Xiǎoshěn	隶属于埇桥区桃园镇桃西村。以姓氏命名。
新谢	Xīnxiè	隶属于埇桥区桃园镇桃西村。1980 年，与后大谢庄搬走另建一个村庄，所以起名新谢。
大谢	Dàxiè	隶属于埇桥区桃园镇桃西村。以姓氏命名。

标准名称	汉语拼音	备注
小秦庄	Xiǎoqínzhuāng	隶属于埇桥区桃园镇桃西村。以前姓秦的替姓谢的打官司，得了这片地，后把此地卖与其他姓，他姓搬来种地居住，命名小秦庄，其实小秦庄一直没有一家姓秦的。
程庄	Chéngzhuāng	隶属于埇桥区桃园镇桃西村。以姓氏命名。
吕柿园	Lǚshìyuán	隶属于埇桥区桃园镇桃西村。以前此庄栽柿树比较多，同时姓吕的居多，命名为吕柿园。
大赵	Dàzhào	隶属于埇桥区桃园镇桃西村。此地原为赵姓产业，后来赵姓卖地，他姓迁入，仍名大赵。
陈浅子	Chénqiǎnzi	隶属于埇桥区桃园镇桃西村。此庄东边有一条运粮河，在庄东头拐弯处有一片浅滩，此庄姓陈的多，故名陈浅子。
小赵庄	Xiǎozhàozhuāng	隶属于埇桥区桃园镇桃西村。此地相邻两个赵庄，本庄就叫小赵庄。
桃园村 村民委员会	Táoyuáncūn Cūnmínwěiyuánhuì	位于埇桥区桃园镇。桃园集在民国时期是桃园区公所驻地。后曾是桃园人民公社、桃园区桃园镇人民政府驻地。1958 年成立人民公社时，名称为桃园大队，1983 年更名为桃园村，2007 年原桃北村运西村又合并入桃园村。
曹蔡	Cáocài	隶属于埇桥区桃园镇桃园村。元末时期，曹姓由北曹桥迁居至此，蔡姓人家搬来此地居住，故称该庄为曹蔡。
蔡寨	Càizhài	隶属于埇桥区桃园镇桃园村。因蔡姓自元朝以来，一直在此繁衍生息，并在村庄周围挖壕沟，拉起吊桥，故称蔡寨。
萧家	Xiāojiā	隶属于埇桥区桃园镇桃园村。因萧姓自元朝以来一直在此繁衍生息，故称萧家。
孙寨	Sūnzhài	隶属于埇桥区桃园镇桃园村。因孙姓自元朝以来一直在此繁衍生息，并在村庄周围挖壕沟，拉起吊桥，故称孙寨。
梅家	Méijiā	隶属于埇桥区桃园镇桃园村。因梅姓自元朝时期以来在此居住，得名为梅家。
五合庄	Wǔhézhuāng	隶属于埇桥区桃园镇桃园村。2007 年桃北村薛家、陈家、前汪、汪寨、西汪因煤矿塌陷搬迁至四号沟附近，合称五合庄。
桃园集	Táoyuánjí	隶属于埇桥区桃园镇桃园村。相传汉末年间，此地有数百亩桃树林，取名为桃园。另有传说，在桃园集有座泰山庙，供奉着东海三仙岛主三霄女即云霄、琼霄、碧霄，也就是赵公明元帅的三个胞妹。汉末年间，刘、关、张仰慕三霄女，多次从涿州来泰山庙拜谒，并在桃树中习武饮酒议论国家大事，并在桃树林中结拜，更使桃园集名声远播。
西杨寨村 村民委员会	Xīyángzhàicūn Cūnmínwěiyuánhuì	位于埇桥区桃园镇。1958 年成立人民公社时称为大队，1983 年改为西杨寨村后名称未变，沿用至今。

标准名称	汉语拼音	备注
骑桥	Qíqiáo	隶属于埇桥区桃园镇西杨寨村。在居住地有一条娄沟，沟东有王庄，沟西为邵庄，20 世纪 60 年代两庄合并，在沟上修一座桥，两庄合并称为骑桥。
庙后	Miàohòu	隶属于埇桥区桃园镇西杨寨村。清朝前叫陈炮圩，清末民初黄姓在此建庙居住，叫黄庙子，战争时期庙毁。20 世纪 60 年代初居民多居住在庙后边，因此叫庙后。
小丁家	Xiǎodīngjiā	隶属于埇桥区桃园镇西杨寨村。清末年间，丁姓迁居至此，故称小丁家。
邱家	Qiūjiā	隶属于埇桥区桃园镇西杨寨村。清朝末期，迁来居住的人全部是邱姓，故而得名邱家。
张六	Zhāngliù	隶属于埇桥区桃园镇西杨寨村。清代前期，张姓排行中的老六迁居至此，故得名张六。
杨寨	Yángzhài	隶属于埇桥区桃园镇西杨寨村。清末年间，杨姓在庄四周挖深壕沟，有围墙，形成寨子，故称为杨寨。
双庄	Shuāngzhuāng	隶属于埇桥区桃园镇西杨寨村。两处居民相距不远而且都是王姓，故称为双庄。
小杨	Xiǎoyáng	隶属于埇桥区桃园镇西杨寨村。清末时期，从丁楼村杨家迁来此地三弟兄，家族人数少，故定为小杨。
王伦	Wánglún	隶属于埇桥区桃园镇西杨寨村。清朝前期，王伦带全家迁移到此居住，因此而得庄名。现此庄已无王姓，仍叫王伦。
曹坊村 村民委员会	Cáofāngcūn Cūnmínwěiyuánhuì	位于埇桥区桃园镇。人民公社时期为王曹坊大队。1983 年由王曹坊大队更名为曹坊村民委员会，沿用至今。
王曹坊	Wángcáofāng	隶属于埇桥区桃园镇曹坊村。明朝中期，王姓二兄弟由山西洪洞县迁居至此，经营酿酒作坊，故得名为王槽坊，后演变为王曹坊。
邵家	Shàojiā	隶属于埇桥区桃园镇曹坊村。清代中期，邵姓由南方迁居至此，故得名为邵家。
丁家	Dīngjiā	隶属于埇桥区桃园镇曹坊村。清代中期，丁姓由南方迁居至此，故得名为丁家。
何家	Héjiā	隶属于埇桥区桃园镇曹坊村。清代中期，何姓由南方迁居至此，故得名为何家。
陈家	Chénjiā	隶属于埇桥区桃园镇曹坊村。清代末年，陈姓由南方迁居至此，故得名为陈家。
张家	Zhāngjiā	隶属于埇桥区桃园镇曹坊村。旧时，张姓由南方迁居至此，故得名为张家。
周屯	Zhōutún	隶属于埇桥区桃园镇曹坊村。清朝时期，周姓由南方迁居至此，故得名为周屯。

标准名称	汉语拼音	备注
陈岭村 村民委员会	Chénlǐngcūn Cūnmínwěiyuánhuì	位于埇桥区桃园镇。旧时，该村名为周圩，自1958年更名为陈岭后，沿用至今。
苏家	Sūjiā	隶属于埇桥区桃园镇陈岭村。旧时苏姓由外地迁来，由此得名。
南陈	Nánchén	隶属于埇桥区桃园镇陈岭村。清末，陈姓两兄弟由淮北大虎山逃荒到此定居下来，因坐落在该村南部，故而得名。
松林	Sōnglín	隶属于埇桥区桃园镇陈岭村。1958年以前叫新周圩子，因庄后有大片松树，1971年合并后改为松林村至今。
东陈	Dōngchén	隶属于埇桥区桃园镇陈岭村。人民公社时期，该组多数人家为陈姓，而东西相邻的村庄也是陈姓居多，故命名为东陈。
西陈	Xīchén	隶属于埇桥区桃园镇陈岭村。陈姓居多，位置靠西，故称西陈。
杜家	Dùjiā	隶属于埇桥区桃园镇陈岭村。清朝末年，有一杜姓人家居住于此，故该村叫杜家。
唐湖	Tánghú	隶属于埇桥区桃园镇陈岭村。该村地势低洼，汛期来时，一片汪洋，形似湖状，后一唐姓人家来此定居，故起名为唐湖。
二郎村	Èrlángcūn	隶属于埇桥区桃园镇陈岭村。本庄有二郎庙，本庄外边就叫二郎庙，2008年合并村后改为二郎村至今。
小李	Xiǎolǐ	隶属于埇桥区桃园镇陈岭村。李姓人多，故而得名小李。
大宋	Dàsòng	隶属于埇桥区桃园镇陈岭村。宋姓人多，故而得名大宋。
小宋	Xiǎosòng	隶属于埇桥区桃园镇陈岭村。清代中期，宋姓由河南开封迁居此地，故名为小宋。
小刘	Xiǎoliú	隶属于埇桥区桃园镇陈岭村。刘姓人多，故而得名小刘。
池湖村 村民委员会	Chíhúcūn Cūnmínwěiyuánhuì	位于埇桥区桃园镇。2008年前为池湖村，2008年后由杨寨、池湖、柳沟三个村合并为池湖村。
朱曹庄	Zhūcáozhuāng	隶属于埇桥区桃园镇池湖村。此庄有朱姓居住，后又有曹姓居住，朱姓人多，曹姓人少，简称朱曹庄。
王家	Wángjiā	隶属于埇桥区桃园镇池湖村。此庄都姓王，所以叫王家。
杨家	Yángjiā	隶属于埇桥区桃园镇池湖村。自有人居住以来，庄前都是姓杨的，故而得名杨家。
枣林庄	Zǎolínzhuāng	隶属于埇桥区桃园镇池湖村。有人居住时，林木以枣树最多，故而得名枣林庄。
雷顾庄	Léigùzhuāng	隶属于埇桥区桃园镇池湖村。旧时该村有雷姓、顾姓两大家族，称为雷顾庄。

标准名称	汉语拼音	备注
小顾家	Xiǎogùjiā	隶属于埇桥区桃园镇池湖村。本庄以顾姓居多，从大顾庄搬迁居住，人少，现在因塌陷搬迁到雷家南边、韩巷子以东位置，所以叫小顾家。
路南张庄	Lùnánzhāngzhuāng	隶属于埇桥区桃园镇池湖村。旧时庄北有东西路，本庄以姓张较多，以此命名为路南张庄。
曹家	Cáojiā	隶属于埇桥区桃园镇池湖村。本庄曹姓较多，故取名曹家。
杨寨	Yángzhài	隶属于埇桥区桃园镇池湖村。清代中期，杨姓从外地居至此，挖圩建寨，故得名为杨寨。
大王村 村民委员会	Dàwángcūn Cūnmínwěiyuánhuì	位于埇桥区桃园镇。人民公社时期名称为大王大队；1984年由大王大队更名为大王村民委员会；2008年大王村与顾陈村合并，沿用至今。
大王	Dàwáng	隶属于埇桥区桃园镇大王村。本庄王姓较多，故得名大王。
李家	Lǐjiā	隶属于埇桥区桃园镇大王村。本庄李姓较多，故得名李家。
夏家	Xiàjiā	隶属于埇桥区桃园镇大王村。本庄夏姓较多，故得名夏家。
岳家	Yuèjiā	隶属于埇桥区桃园镇大王村。本庄岳姓较多，故得名岳家。
小寨	Xiǎozhài	隶属于埇桥区桃园镇大王村。旧时邵氏家族建造成寨子，后得名小寨子、邵小寨、小寨。
高家	Gāojiā	隶属于埇桥区桃园镇大王村。旧时高姓在此开荒种地，繁衍生息，故得名高家。
顾陈	Gùchén	隶属于埇桥区桃园镇大王村。旧时主要有顾姓、陈姓在此开荒种地，故得名顾陈。
瓦坊	Wǎfāng	隶属于埇桥区桃园镇大王村。旧时邵姓在此建造多处瓦房，并生产泥瓦，故得名瓦坊庄，又名瓦坊。
小黄庄	Xiǎohuángzhuāng	隶属于埇桥区桃园镇大王村。旧时黄姓在此开荒种地，故得名小黄庄。
毛家	Máojiā	隶属于埇桥区桃园镇大王村。旧时毛姓在此开荒种地，故得名毛家。
大张村 村民委员会	Dàzhāngcūn Cūnmínwěiyuánhuì	位于埇桥区桃园镇。2008年以后由原来的大张村、大陈村合并为一个大村，称为大张村，沿用至今。
大张	Dàzhāng	隶属于埇桥区桃园镇大张村。清朝时代，张姓到此落户，故得名大张。
大陈	Dàchén	隶属于埇桥区桃园镇大张村。清朝中期，有户姓陈的官员后代迁居到此地，因此起名叫大陈。
大杨	Dàyáng	隶属于埇桥区桃园镇大张村。由杨姓家族分家，此居民点的居民皆为家族老大的家人，故称为大杨。

标准名称	汉语拼音	备注
小杨	Xiǎoyáng	隶属于埇桥区桃园镇大张村。由杨姓家族分家，此居民点的居民皆为家族老小的家人，故称为小杨。
李寨	Lǐzhài	隶属于埇桥区桃园镇大张村。本庄村民皆姓李，清朝末年，因社会动乱，掘壕筑寨，故得名李寨。
段家	Duànjiā	隶属于埇桥区桃园镇大张村。清朝末年，两户姓段人家在此落户建宅，得名。
骑路杨	Qílùyáng	隶属于埇桥区桃园镇大张村。自有村民居住时，居民分住一行杨树东西两侧，两侧居民各有一条南北向的门前路，后来二路合一，杨树居路中，此村民点便有骑路杨之名。
张桥	Zhāngqiáo	隶属于埇桥区桃园镇大张村。该庄以张姓为主，庄内有座石桥，故名张桥。
小张	Xiǎozhāng	隶属于埇桥区桃园镇大张村。该庄以张姓居多，故而得名小张。
丁楼村村民委员会	Dīnglóucūn Cūnmínwěiyuánhuì	位于埇桥区桃园镇。以丁楼自然村得名，沿用至今。
大黄庄	Dàhuángzhuāng	隶属于埇桥区桃园镇丁楼村。本庄以黄姓居多，所以叫大黄庄。
大谢庄	Dàxièzhuāng	隶属于埇桥区桃园镇丁楼村。明末清初，谢姓从山西老槐树迁移来到这里。
后谢庄	Hòuxièzhuāng	隶属于埇桥区桃园镇丁楼村。明末清初，谢姓从山西老槐树迁来到这里。
丁沟套	Dīnggōutào	隶属于埇桥区桃园镇丁楼村。原庄里有个沟，而且庄里人以丁姓居多。
张徐庄	Zhāngxúzhuāng	隶属于埇桥区桃园镇丁楼村。本庄以张姓和徐姓居多，称为张徐庄。
杨寨庄	Yángzhàizhuāng	隶属于埇桥区桃园镇丁楼村。本户以杨姓居多，称杨寨庄。
丁楼庄	Dīnglóuzhuāng	隶属于埇桥区桃园镇丁楼村。清代中期，丁姓由北方迁居至此，故名。
杨家庄	Yángjiāzhuāng	隶属于埇桥区桃园镇丁楼村。杨姓从其他庄搬迁到此，形成一个小庄，故名。
蒋湖村村民委员会	Jiǎnghúcūn Cūnmínwěiyuánhuì	位于埇桥区桃园镇。人民公社时期名称为蒋湖村民委员会后，名称未变，沿用至今。
蒋家	Jiǎngjiā	隶属于埇桥区桃园镇蒋湖村。蒋姓由西二铺蒋牌坊迁居此地，原名蒋庵子，现改为蒋家。
曹家	Cáojiā	隶属于埇桥区桃园镇蒋湖村。曹姓由河南迁居至此，故得名曹家。

标准名称	汉语拼音	备注
柳园庄	Liǔyuánzhuāng	隶属于埇桥区桃园镇蒋湖村。清代中期，邵姓迁居至此，有一户人家在柳树下居住，故得名为柳园庄。
穆家	Mùjiā	隶属于埇桥区桃园镇蒋湖村。清代末期，称樊庄，后穆姓迁居过来，故改名穆家。
张家	Zhāngjiā	隶属于埇桥区桃园镇蒋湖村。张姓自 1928 年从南小庄、小张庄迁居东牛沟西，故名为张家。
刘合村村民委员会	Liúhécūn Cūnmínwěiyuánhuì	位于埇桥区桃园镇。人民公社时期名称为刘合大队；1982 年由刘合大队更名为刘合村民委员会后，沿用至今。
刘合	Liúhé	隶属于埇桥区桃园镇刘合村。清末，刘合原为小王庄，后刘姓家族兴旺，王姓迁走，此庄有一宿蒙河，故取名为刘河，后讹作刘合。
小邵家	Xiǎoshàojiā	隶属于埇桥区桃园镇刘合村。清末时期，邵姓由南方迁居至此，故得名小邵家。
骑路村村民委员会	Qílùcūn Cūnmínwěiyuánhuì	位于埇桥区桃园镇。旧时叫十五里孙家；1953 年后成立骑路高级社，后由骑路公社改称骑路大队；1983 年由骑路大队更名为骑路村民委员会后，沿用至今。
孙家	Sūnjiā	隶属于埇桥区桃园镇骑路村。明末，孙姓由浙江余姚迁居至此，得名十五里孙家，后更名为孙家。
齐家	Qíjiā	隶属于埇桥区桃园镇骑路村。300 多年前，齐姓由山东迁至宿城东莲花池之后，又有弟兄三人迁至此处，故得名齐家。
胡杨庄	Húyángzhuāng	隶属于埇桥区桃园镇骑路村。清代初期，此庄居住姓胡人口 40 余人，姓杨人口 30 余人，户数 16 户左右，故而得名胡杨庄。
邵谢	Shàoxiè	隶属于埇桥区桃园镇骑路村。清朝末期，谢姓从山西逃荒到宿南丁楼村。谢姓家族弟兄多，分支来到此庄落户，后邵氏家族在清朝末期也来到此庄，故而得名邵谢。
余家	Yújiā	隶属于埇桥区桃园镇骑路村。清朝晚期，余姓由江苏邳县迁居至此耕种，故名余家。
薛家	Xuējiā	隶属于埇桥区桃园镇骑路村。在一百年前，薛姓从西吴迁居此地，故得名薛家。
三官村村民委员会	Sānguāncūn Cūnmínwěiyuánhuì	位于埇桥区桃园镇。人民公社时期名称三官大队，1983 年由大队更名为三官村民委员会，名称沿用至今。
任家	Rènjiā	隶属于埇桥区桃园镇三官村。本庄以任姓居多，所以称为任家。
顾家	Gùjiā	隶属于埇桥区桃园镇三官村。以顾姓居民为主，故名。
老家	Lǎojiā	隶属于埇桥区桃园镇三官村。1958 年命名为老家生产队，1981 年正式改名为老家组，简称老家，沿用至今。

标准名称	汉语拼音	备注
道房	Dàofáng	隶属于埇桥区桃园镇三官村。1958 年命名为道房生产队，1981 年正式改名为道房生产组，简称道房，沿用至今。
老斗	Lǎodòu	隶属于埇桥区桃园镇三官村。1958 年命名为老斗生产队，1981 年正式改名为老斗生产组，简称老斗，沿用至今。
前李	Qiánlǐ	隶属于埇桥区桃园镇三官村。该庄以李姓居多，故而得名。
后李	Hòulǐ	隶属于埇桥区桃园镇三官村。该庄以李姓居多，故而得名。
巷西	Xiàngxī	隶属于埇桥区桃园镇三官村。1958 年命名为巷西生产队，1981 年正式改名为巷西生产组，简称巷西，沿用至今。
后刘	Hòuliú	隶属于埇桥区桃园镇三官村。以刘姓居民居多，故而得名。
巷东	Xiàngdōng	隶属于埇桥区桃园镇三官村。1958 年命名为巷东生产队，1981 年正式改为巷东生产组，简称巷东，沿用至今。
曹坊	Cáofāng	隶属于埇桥区桃园镇三官村。以曹姓居多，故而得名。
邵圩村村民委员会	Shàowéicūn Cūnmínwěiyuánhuì	位于埇桥区桃园镇。人民公社时期称为邵圩大队，1983 年由邵圩大队更名为邵圩村民委员会后，沿用至今。
邵圩	Shàowéi	隶属于埇桥区桃园镇邵圩村。抗日战争时期，这个庄有一邵姓人家，在当地有权有势，每次日本人“扫荡”，附近村民就躲进这个庄，日本人不敢进这个庄。又因此庄四面环沟形成一个安全护围，围、圩音同，故取名邵圩。
周圩	Zhōuwéi	隶属于埇桥区桃园镇邵圩村。此庄以周姓居住较多，故起名周圩。
耿家	Gěngjiā	隶属于埇桥区桃园镇邵圩村。此庄以耿姓居多，故得名耿家。
小张家	Xiǎozhāngjiā	隶属于埇桥区桃园镇邵圩村。张姓在此开荒种地，故得名小张家。
曹湖	Cáohú	隶属于埇桥区桃园镇邵圩村。以曹姓居多，故得名曹湖。
雷家	Léijiā	隶属于埇桥区桃园镇邵圩村。以雷姓居多，故得名雷家。
代家	Dàijiā	隶属于埇桥区桃园镇邵圩村。以代姓居多，故得名代家。
张和	Zhānghé	隶属于埇桥区桃园镇邵圩村。居住的都是张姓，一庄人相处很和睦，故得名张和。
刘圩	Liúwéi	隶属于埇桥区桃园镇邵圩村。以刘姓居多，故取名刘圩。
张圩	Zhāngwéi	隶属于埇桥区桃园镇邵圩村。以张姓居多，故取名张圩。
行宫铺	Hánggōngpù	隶属于埇桥区桃园镇邵圩村。传说此处为乾隆行宫部分遗址，行宫铺因此得名。
张吴村村民委员会	Zhāngwúcūn Cūnmínwěiyuánhuì	位于埇桥区桃园镇。1984 年原朱湖村分为朱湖村、张圩村、冯林村、大吴村；1994 年朱湖村和冯林村合并称朱湖村，张圩村和大吴村合并称张吴村；2008 年朱湖村和张吴村合并为张吴村得名至今。

标准名称	汉语拼音	备注
江家	Jiāngjiā	隶属于埇桥区桃园镇张吴村。旧时江姓从宿城南关江庄迁来此地，故得名江家。
蔡家	Càijiā	隶属于埇桥区桃园镇张吴村。清代中期，从符离镇蔡桥村蔡庄迁来至此，故得名蔡家。
小朱庄	Xiǎozhūzhuāng	隶属于埇桥区桃园镇张吴村。清代末期，从大朱家分支出来的朱姓人家，在此居住得名小朱庄。
大朱家	Dàzhūjiā	隶属于埇桥区桃园镇张吴村。清代中期，有朱姓来到此地，故得名大朱家。
谢圩	Xièwéi	隶属于埇桥区桃园镇张吴村。清代末期，张圩和谢圩中间有一条圩沟，圩沟以西为张圩，圩沟以东为谢姓人家，故称谢圩。
赵家	Zhàojiā	隶属于埇桥区桃园镇张吴村。赵姓由宿城南赵庄迁至此地，故称赵家。
张圩	Zhāngwéi	隶属于埇桥区桃园镇张吴村。清代末期，张圩和谢圩中间有一条圩沟，圩沟以西都是张姓居住，故称为张圩。
岳家	Yuèjiā	隶属于埇桥区桃园镇张吴村。清代初期，有岳姓人家来到此地，故得名岳家。
杜家	Dùjiā	隶属于埇桥区桃园镇张吴村。杜姓较多，故称为杜家。
顾刘	Gùliú	隶属于埇桥区桃园镇张吴村。顾姓和刘姓在此居住，两族人家协商后以顾姓和刘姓合称顾刘，因此得名顾刘。
后吴庄	Hòuwúzhuāng	隶属于埇桥区桃园镇张吴村。1952 年由大吴庄分支到大吴庄北面居住，后来称为后吴庄。
大吴庄	Dàwúzhuāng	隶属于埇桥区桃园镇张吴村。清代末期，吴姓到此，家族人丁旺盛，故得名为大吴庄。
谢家	Xièjiā	隶属于埇桥区桃园镇张吴村。由谢圩庄分支出来到此地居住，故称为谢家。
林家	Línjiā	隶属于埇桥区桃园镇张吴村。清代中期，林姓从外地迁居至此，故得名为林家。
周园庄	Zhōuyuánzhuāng	隶属于埇桥区桃园镇张吴村。周姓从山东迁来此地，故称周园庄。
前冯庄	Qiánféngzhuāng	隶属于埇桥区桃园镇张吴村。前冯庄分出去一支人丁，为现在的后冯家，前冯和后冯中间有卢家村，卢家村南面是前冯庄，卢家庄北面是后冯庄。
后冯庄	Hòuféngzhuāng	隶属于埇桥区桃园镇张吴村。前冯庄分出一支，在卢家庄北面，故称后冯庄。
大岳家	Dàyuèjiā	隶属于埇桥区桃园镇张吴村。清代中期，岳姓从外地流迁至此，家族人丁旺盛，故得名为大岳家。

标准名称	汉语拼音	备注
振北村村民委员会	Zhènběicūn Cūnmínwěiyuánhuì	位于埇桥区桃园镇。人民公社时期名称为杨寨大队，1983年名为杨寨村，1992年更名为振北村民委员会，沿用至今。
庙东陈	Miàodōngchén	隶属于埇桥区桃园镇振北村。很早以前此地有座庙，庙东面为陈家，故取名为庙东陈。
雷家	Léijiā	隶属于埇桥区桃园镇振北村。该庄雷姓居民居多，故而得名雷家。
庙后陈庄	Miàohòuchén-zhuāng	隶属于埇桥区桃园镇振北村。很早以前庙东村村内有座庙，该庄在庙的北边，取名庙后陈庄。
后杨庄	Hòuyángzhuāng	隶属于埇桥区桃园镇振北村。很早以前后庙东村村内有座庙，此庄在庙北边，取名为后杨庄。
娄家	Lóujiā	隶属于埇桥区桃园镇振北村。很早以前此地有庙东娄家，后简称为娄家。
闫家	Yánjiā	隶属于埇桥区桃园镇振北村。很久以前有一个盐贩子到此地，居住后改名为闫家。
小吴庄	Xiǎowúzhuāng	隶属于埇桥区桃园镇振北村。很早以前有吴姓迁居至此，名为小吴庄。
曹桥	Cáoqiáo	隶属于埇桥区桃园镇振北村。很早以前在庄头有一座桥，村民姓曹，所以得名为曹桥。
马家庄	Mǎjiāzhuāng	隶属于埇桥区桃园镇振北村。在很早以前在这里进行赛马比赛，后有人在此居住，改名为马家庄。
韩巷庄	Hánxiàngzhuāng	隶属于埇桥区桃园镇振北村。韩巷庄以前东头姓张，西头姓韩，中间有个大巷，从此后称韩巷庄。
小李庄	Xiǎolǐzhuāng	隶属于埇桥区桃园镇振北村。很早以前此地有庙东李家，现简称为小李庄。
赵家庄	Zhàojiāzhuāng	隶属于埇桥区桃园镇振北村。该庄以赵姓居多，故而得名赵庄。

蕲县镇

蕲县镇（Qíxiàn Zhèn） 属埇桥区辖镇。在埇桥区的南部。面积101.9539平方千米。人口70161人。以汉族为主。辖14个村委会，1个居委会，有185个自然村。镇人民政府驻蕲县村。1949年2月设蕲县乡；1958年9月乡改社；1992年2月改设蕲县镇，属县级宿州市。1998年12月属宿州市埇桥区。因镇政府驻蕲县古城内而得名。浍河自西北向东南，流经境内。有文化广播站1个，图书室29个；幼儿园11所，小学13所，初中1所；各级各类医疗卫生机构 15 个；体育场地 22 处。境内有蕲县古城址、三贤庙。有大型蕲东煤矿；农业以种植小麦、玉米为主。畜牧业以饲养生猪、羊、家禽为主。工业以煤炭、新型建材、服装生产、造船为主。206 国道、合徐高速、青芦铁路（煤炭专线）过境，设宋庄、蕲南、前邱寨 3 个火车站。

标准名称	汉语拼音	备注
白安村村民委员会	Bái’āncūn Cūnmínwěiyuánhuì	位于埇桥区蕲县镇。沿用至今。
杨家	Yángjiā	隶属于埇桥区蕲县镇白安村。杨姓居住占 98% 以上，故称杨家。
圩拐	Wéiguǎi	隶属于埇桥区蕲县镇白安村。村民居住在白圩营地，后来有个圩子，圩子外面居住人，在此称为圩拐。
白圩	Báiwéi	隶属于埇桥区蕲县镇白安村。旧时是个圩子，在此居住的人大部分姓白，占 98% 以上，故称白圩。
庙前	Miàoqián	隶属于埇桥区蕲县镇白安村。旧时在此地有个庙，一部分人居住在庙的前面，后称庙前。
庙西	Miàoxī	隶属于埇桥区蕲县镇白安村。旧时在此有庙，居住在此地的人位于庙的西部，故称庙西。
前白	Qiánbái	隶属于埇桥区蕲县镇白安村。以白庙命名，以庙为中心，在庙的前面有个庄，白姓在此居住，故称前白。
东王	Dōngwáng	隶属于埇桥区蕲县镇白安村。以白庵庙命名，以庙为中心，在庙东有个庄，王姓居住在此，故称东王。
后张	Hòuzhāng	隶属于埇桥区蕲县镇白安村。张姓在此居住，故称后张。
前张	Qiánzhāng	隶属于埇桥区蕲县镇白安村。旧时前张和后张是一家，后来分为两家，所以称前张。
王洲子	Wángzhōuzi	隶属于埇桥区蕲县镇白安村。四面环水，中间约有 245 亩土地，王姓居民在此居住，故称王洲子。
宋庄	Sòngzhuāng	隶属于埇桥区蕲县镇白安村。宋姓占 95% 以上，故称宋庄。
王寨	Wángzhài	隶属于埇桥区蕲县镇白安村。王姓在此居住，故称王寨。
新王	Xīnwáng	隶属于埇桥区蕲县镇白安村。王姓占 98% 以上，故称新王。
白陈村村民委员会	Báichéncūn Cūnmínwěiyuánhuì	位于埇桥区蕲县镇。原人民公社时名为白陈大队，1983 年更名为白陈村委会后，沿用至今。
大柳园	Dàliǔyuán	隶属于埇桥区蕲县镇白陈村。很早以前因该庄周围长有很多大叶柳树，就起名叫大柳园。
小柳园	Xiǎoliǔyuán	隶属于埇桥区蕲县镇白陈村。很早以前因该庄周围长有很多小叶柳树，所以取名为小柳园。

标准名称	汉语拼音	备注
石寨	Shízhài	隶属于埇桥区蕲县镇白陈村。因为庄东有座石桥，庄子在桥西边，故取名石桥寨，后又改名为石寨。
庙后	Miàohòu	隶属于埇桥区蕲县镇白陈村。因为该庄庄前有座古庙，故起名庙后。
吴谢	Wúxiè	隶属于埇桥区蕲县镇白陈村。谢姓由陕西迁来此地，不断繁衍壮大，所以取名大谢庄，后来又有几户吴姓人家，现名为吴谢。
杨庄	Yángzhuāng	隶属于埇桥区蕲县镇白陈村。很早以前杨姓从外地搬来居住后逐渐壮大，故取名杨庄。
白陈庄	Báichénzhuāng	隶属于埇桥区蕲县镇白陈村。很早以前该庄有姓白、姓陈两大户，故取名白陈庄。
西湖新村	Xīhúxīncūn	隶属于埇桥区蕲县镇白陈村。因蕲南煤矿开采，地面塌陷村民无处居住，大邱、小邱、塘坊、张庄四庄于 2007 年搬到此地，称为西湖新村。
张庄	Zhāngzhuāng	隶属于埇桥区蕲县镇白陈村。很早以前该庄以张姓为主，所以取名张庄。
潘庄	Pānzhuāng	隶属于埇桥区蕲县镇白陈村。很早以前潘姓从陕西迁来此地居住，故得名潘庄。
王塘坊	Wángtángfāng	隶属于埇桥区蕲县镇白陈村。很早以前在庄南边有一个大土塘，且庄人大多姓王，所以取名王塘坊。
小邱	Xiǎoqiū	隶属于埇桥区蕲县镇白陈村。很早以前该庄人员全部姓邱，但没有东边那个庄大，所以取名小邱。
小陈	Xiǎochén	隶属于埇桥区蕲县镇白陈村。很早以前本庄以陈姓为主，但庄不大，故取名小陈。
陈圩	Chénwéi	隶属于埇桥区蕲县镇白陈村。很早以前该庄以陈姓为主，并且庄中间有个圩壕，所以取名陈圩。
大邱	Dàqiū	隶属于埇桥区蕲县镇白陈村。很早以前该庄人员全部姓邱，且庄子较大，所以取名为大邱。
白陈新村	Báichénxīncūn	隶属于埇桥区蕲县镇白陈村。因蕲南矿开采，原老村址塌陷，村庄无法居住，于 2004 年秋搬到此地，取名白陈新村。
潘庄新村	Pānzhuāngxīncūn	隶属于埇桥区蕲县镇白陈村。因蕲南矿开采，原老村址塌陷，村庄无法居住，于 2004 年搬迁到此，取名潘庄新村。
陈圩新村	Chénwéixīncūn	隶属于埇桥区蕲县镇白陈村。因蕲南煤矿开采，原老村址塌陷，村庄无法居住，于 2003 年秋搬迁到此，取名陈圩新村。
大江村村民委员会	Dàjiāngcūn Cūnmínwěiyuánhuì	位于埇桥区蕲县镇。1983 年命名，沿用至今。

标准名称	汉语拼音	备注
大马	Dàmǎ	隶属于埇桥区蕲县镇大江村。因本村马姓人口多，庄子大，因此取名大马。
小江庄	Xiǎojiāngzhuāng	隶属于埇桥区蕲县镇大江村。因本庄人口少，又靠近江西庄，故称为小江庄。
江西	Jiāngxī	隶属于埇桥区蕲县镇大江村。以前大江大队大江庄在修 206 国道时把本庄分为两段，本庄搬迁至新 206 国道西侧，所以称江西。
顿西	Dùnxī	隶属于埇桥区蕲县镇大江村。因本庄顿姓居多，庄东头有桥，称为顿桥，后修 206 国道把本庄挖成两段，本庄搬迁至河西，取名顿西。
李西	Lǐxī	隶属于埇桥区蕲县镇大江村。因本庄很久以前庄子有营子，姓李人多，取名李郢子，挖河挖段后称李西。
小马	Xiǎomǎ	隶属于埇桥区蕲县镇大江村。因马姓人多，人口又少，因此取名小马。
杨庄	Yángzhuāng	隶属于埇桥区蕲县镇大江村。因本庄在很久以前姓杨人数多，取名杨庄。
年庄	Niánzhuāng	隶属于埇桥区蕲县镇大江村。因本庄有姓年、李、刘、王、蔡、江，其中年姓人口多，故取名年庄。
李郢	Lǐyǐng	隶属于埇桥区蕲县镇大江村。因本庄李姓人口多，本庄有围子，因此取名李郢。
大江庄	Dàjiāngzhuāng	隶属于埇桥区蕲县镇大江村。因本庄江姓人口多，取名为大江庄。
顿桥	Dùnqiáo	隶属于埇桥区蕲县镇大江村。庄东头有两个桥，本庄姓顿人口多，因此取名顿桥。
后谷眼	Hòugǔyǎn	隶属于埇桥区蕲县镇大江村。有两个谷堆，南谷堆和北谷堆，本庄在北取名后谷眼。
前谷眼	Qiángǔyǎn	隶属于埇桥区蕲县镇大江村。有两个谷堆，南谷堆取名为前谷眼。
代安村 村民委员会	Dài’ āncūn Cūnmínwěiyuánhuì	位于埇桥区蕲县镇。人民公社时期名称为代安大队，1983 年由代安大队更改为代安村民委员会，沿用至今。
王楼新村	Wánglóuxīncūn	隶属于埇桥区蕲县镇代安村。因蕲南煤矿开采，原址在浍南中学南 300 处，因塌陷于 2006 年 5 月搬迁到煤城路东，建立王楼新村。
黄桥新村	Huángqiáoxīncūn	隶属于埇桥区蕲县镇代安村。因蕲南煤矿开采，原址在蕲南煤矿西侧，蕲大路北，因塌陷于 2003 年 3 月搬迁到蕲县镇政府东 500 米处，建立黄桥新村。
吕楼	Lǚlóu	隶属于埇桥区蕲县镇代安村。清朝时期，吕家庄有两户人家在外经商，盖大青砖、小瓦屋，后来改名为吕楼。

标准名称	汉语拼音	备注
代安新村	Dài'ānxīncūn	隶属于埇桥区蕲县镇代安村。因蕲南煤矿开采，代安村原址在浍河南岸的村庄，邱庄、菜园庄、代安庄、王庄、许湾庄因塌陷，于2003年3月搬迁到蕲县镇政府东500米处建立代安新村。
小街子	Xiǎojiēzi	隶属于埇桥区蕲县镇代安村。在民国初期，浍河南岸村民为了赶蕲县集，在民国期间架设一座木质小桥，人多拥挤，在南岸，小商小贩在此经营，从此命名为小街子。
灯塔村村民委员会	Dēngtǎcūn Cūnmínwěiyuánhuì	位于埇桥区蕲县镇。人民公社时期名称为灯塔大队，1983年由灯塔大队更名为灯塔村委会后，沿用至今。
文城庄	Wénchéngzhuāng	隶属于埇桥区蕲县镇灯塔村。清代中晚期，王姓从南方迁居，由于家人祖辈喜欢读书，希望后辈能读书上进，为官为民，故取名文城庄。
小邱家	Xiǎoqiūjiā	隶属于埇桥区蕲县镇灯塔村。明朝洪武二年，由山西洪洞县大槐树搬迁至邱园，后由邱园分支往东三里安家开荒繁衍生息至今。
吕家	Lǚjiā	隶属于埇桥区蕲县镇灯塔村。明朝洪武年间，吕姓由山西洪洞县大槐树搬迁到此，故名。
刘庄	Liúzhuāng	隶属于埇桥区蕲县镇灯塔村。刘庄距蕲县镇有八里路，故称刘庄。
郑家	Zhèngjiā	隶属于埇桥区蕲县镇灯塔村。明朝时期，郑姓从山西洪洞县逃荒迁入，称为郑家。
大邱庄	Dàqiūzhuāng	隶属于埇桥区蕲县镇灯塔村。明朝后期，由邱园村分迁，原名庙东邱家，后人口相对小邱多，故称为大邱庄。
林场	Línchǎng	隶属于埇桥区蕲县镇灯塔村。1972年为下放知青点，知青返城后，本大队各庄留守人员在此定居，故称为林场（当时是果园）。
王庄	Wángzhuāng	隶属于埇桥区蕲县镇灯塔村。民国时期，王姓迁居至此，故称为王庄。
谷眼	Gǔyǎn	隶属于埇桥区蕲县镇灯塔村。明清时期原是荒地，孙姓从外地迁居至此，原名谷眼庄，孙姓改名为谷眼。
城拐子	Chéngguǎizi	隶属于埇桥区蕲县镇灯塔村。因在蕲县古城墙边故称城拐子。
王家	Wángjiā	隶属于埇桥区蕲县镇灯塔村。旧时王姓从外地迁居至此，故称王家。
刘圩村村民委员会	Liúwéicūn Cūnmínwěiyuánhuì	位于埇桥区蕲县镇。70年代前为刘圩大队，后改为刘圩村，沿用至今。
刘圩新村	Liúwéixīncūn	隶属于埇桥区蕲县镇刘圩村。从2008年起，由于煤矿塌陷，由马庄、圩东、圩西、于王、圩里和原有陈庄组建成刘圩新村。

标准名称	汉语拼音	备注
学屋	Xuéwū	隶属于埇桥区蕲县镇刘圩村。1948年11月前有一所学堂，故取名为学屋。
刘圩集	Liúwéijí	隶属于埇桥区蕲县镇刘圩村。1980年前后形成小集市，故名为刘圩集。
门西张	Ménxīzhāng	隶属于埇桥区蕲县镇刘圩村。历史上这个村庄房屋全部面向西，而且全是张姓人家，故名门西张。
小马庄	Xiǎomǎzhuāng	隶属于埇桥区蕲县镇刘圩村。马姓在此居住，而且户数不多，故称为小马庄。
门东张	Méndōngzhāng	隶属于埇桥区蕲县镇刘圩村。张姓在此居住，而且房屋全部面向东，所以沿用名称门东张。
吕庄	Lǚzhuāng	隶属于埇桥区蕲县镇刘圩村。就有吕姓在此居住，故称为吕庄。
代庄	Dàizhuāng	隶属于埇桥区蕲县镇刘圩村。代姓居住故称为代庄。
八里顿	Bālǐdùn	隶属于埇桥区蕲县镇刘圩村。顿姓在此居住，此庄离蕲县集有八里路取名八里顿。
松林庄	Sōnglínzhuāng	隶属于埇桥区蕲县镇刘圩村。刘姓在此居住，而且有一片松树林，取名松林庄。
袁庄	Yuánzhuāng	隶属于埇桥区蕲县镇刘圩村。袁姓居住，取名袁庄，而且户数不多，也称袁小庄。
刘圩	Liúwéi	隶属于埇桥区蕲县镇刘圩村。刘姓居住至此，故取名刘圩。
王庄	Wángzhuāng	隶属于埇桥区蕲县镇刘圩村。王姓居住故称王庄，因户数不多，也称小王庄。
程庄	Chéngzhuāng	隶属于埇桥区蕲县镇刘圩村。自古以来程姓在此居住，取名程庄。
刘庄	Liúzhuāng	隶属于埇桥区蕲县镇刘圩村。刘姓居住此地，故取名刘庄，而且庄不大，也称小刘庄。
蕲县村 村民委员会	Qíxiàncūn Cūnmínwěiyuánhuì	位于埇桥区蕲县镇。沿用至今。
蕲县集	Qíxiànjí	隶属于埇桥区蕲县镇蕲县村。1984年由蕲县大队街上七个生产队组成，取名蕲县集。
王庄	Wángzhuāng	隶属于埇桥区蕲县镇蕲县村。1984年由蕲县大队王家生产队更名为王庄。
张庄	Zhāngzhuāng	隶属于埇桥区蕲县镇蕲县村。1984年由蕲县大队张庄生产队更名为张庄。
后夏	Hòuxià	隶属于埇桥区蕲县镇蕲县村。1984年由蕲县大队更名为蕲县村后夏。

标准名称	汉语拼音	备注
前夏	Qiánxià	隶属于埇桥区蕲县镇蕲县村。1984年蕲县大队前夏生产大队更名为前夏。
徐庄	Xúzhuāng	隶属于埇桥区蕲县镇蕲县村。1984年由蕲县大队更名为徐庄。
李庄	Lǐzhuāng	隶属于埇桥区蕲县镇蕲县村。1984年由蕲县大队更名为李庄。
孟庄	Mèngzhuāng	隶属于埇桥区蕲县镇蕲县村。1984年由蕲县大队更名为孟庄。
邢庄	Xíngzhuāng	隶属于埇桥区蕲县镇蕲县村。1984年蕲县大队邢庄生产队更名为邢庄。
邱园村村民委员会	Qiūyuáncūn Cūnmínwěiyuánhuì	位于埇桥区蕲县镇。1983年由邱园大队更名为邱园村委会，沿用至今。
东王	Dōngwáng	隶属于埇桥区蕲县镇邱园村。自古以来王姓居住于此，故称东王。
吕楼	Lǚlóu	隶属于埇桥区蕲县镇邱园村。旧传吕姓在此建楼居住，所以叫吕楼。
沟南	Gōunán	隶属于埇桥区蕲县镇邱园村。很久以前邱姓人家分家从后邱园子迁居至此，后叫前邱园子。1981年责任田承包到户，成立村委会，得名沟南，与后邱园子一沟之隔。
沟北	Gōuběi	隶属于埇桥区蕲县镇邱园村。很久以前是邱姓长久居住，叫邱园子，以种菜为生，原叫后邱园子，责任田承包到户后成立村委会，以沟分界，称为沟北。
庞庄	Pángzhuāng	隶属于埇桥区蕲县镇邱园村。清代中期，庞姓由砀山县高庙迁居至此，故得名庞庄。
西王	Xīwáng	隶属于埇桥区蕲县镇邱园村。因清代黄树王家在此居住，因故得名。
后潘	Hòupān	隶属于埇桥区蕲县镇邱园村。清朝时期，潘姓是从沈寨小潘家迁几户至此，建造房屋，家族人丁兴旺，逐渐壮大，因故得名为潘家，以村庄区域划分前潘、后潘。
前潘	Qiánpān	隶属于埇桥区蕲县镇邱园村。清朝时期，潘姓是从沈寨小潘家迁几户至此，故得名为潘家，以村庄区域划分前潘、后潘。
邱寨	Qiūzhài	隶属于埇桥区蕲县镇邱园村。很久以前叫冯家，后期姓邱的由山西迁居至此，故得名邱寨。
孙园	Sūnyuán	隶属于埇桥区蕲县镇邱园村。清朝时期，孙姓入住，故得名孙园。

标准名称	汉语拼音	备注
团结村村民委员会	Tuánjiécūn Cūnmínwěiyuánhuì	位于埇桥区蕲县镇。人民公社时期名称为团结大队，2007年村级区划调整，将单寨村、团结村、曹塘村合并为团结村委会后，名称未变，沿用至今。
单寨	Shànzhài	隶属于埇桥区蕲县镇团结村。旧时单姓在此居住，在庄周围建有圩寨保护，因故得名单寨。
东于	Dōngyú	隶属于埇桥区蕲县镇团结村。清代末期，东于、西于由大营于槽坊迁住此地。
西于	Xīyú	隶属于埇桥区蕲县镇团结村。清代末期，由大营于槽坊迁住此地。
后苗	Hòumiáo	隶属于埇桥区蕲县镇团结村。清朝初期，苗姓由固镇魏庙迁住此地，兄弟二人分家，老二在后，故而得名后苗。
前苗	Qiánmiáo	隶属于埇桥区蕲县镇团结村。清朝初期，由固镇魏庙庄迁住此地，兄弟两人分家，老大在前，故而得名前苗。
陈家	Chénjiā	隶属于埇桥区蕲县镇团结村。清代末期，陈姓迁居至此，故名陈家。
刘圩	Liúwéi	隶属于埇桥区蕲县镇团结村。清代中期，刘姓由西南迁居至此，故得名为刘圩。
门西张庄	Ménxīzhāngzhuāng	隶属于埇桥区蕲县镇团结村。元代末期，张姓由南方迁居至此，建造房屋，面向西，故得名门西张庄。
杨家	Yángjiā	隶属于埇桥区蕲县镇团结村。清代中期，杨姓由西南方迁居至此，因此得名杨家。
曹塘	Cáotáng	隶属于埇桥区蕲县镇团结村。清代末期，曹姓由西南方迁居至此，又因庄东有塘，因此得名曹塘。
夏家	Xiàjiā	隶属于埇桥区蕲县镇团结村。清朝时期，夏姓由西南方向迁居至此，故得名夏家。
陶家	Táojiā	隶属于埇桥区蕲县镇团结村。清朝时期，陶姓迁居至此，得名陶家。
王刘	Wángliú	隶属于埇桥区蕲县镇团结村。清朝时期，由王姓与刘姓来此定居，故取王、刘两姓为庄名。
大魏	Dàwèi	隶属于埇桥区蕲县镇团结村。清朝中期，魏姓从北方迁来在此定居，分东、西两庄，此庄在东，人口多于西庄，故称为大魏。
小魏	Xiǎowèi	隶属于埇桥区蕲县镇团结村。清朝中期，魏姓从北方迁来，分东、西两庄，东庄人口较多，东又为上，此庄在西，人口少，故称小魏。
黄庄	Huángzhuāng	隶属于埇桥区蕲县镇团结村。清朝中期，黄姓从南方迁入，故得名黄庄。

标准名称	汉语拼音	备注
蒋庄	Jiǎngzhuāng	隶属于埇桥区蕲县镇团结村。清朝中期，蒋姓从河南顺浍河至此，在河东岸居住，捕鱼水运，称蒋码头，后改为蒋庄。
前陈	Qiánchén	隶属于埇桥区蕲县镇团结村。清朝中期，陈姓从南方迁来，后陈在北，此庄在南，故名前陈。
后陈	Hòuchén	隶属于埇桥区蕲县镇团结村。清朝中期，陈姓从南方迁来，两庄一南一北，前后排列，此庄在北，故名后陈。
新庄	Xīnzhuāng	隶属于埇桥区蕲县镇团结村。2005 年，原新庄从单寨塌陷区搬迁到此，重新建房，称单寨新村，简称新庄。
小王庄	Xiǎowángzhuāng	隶属于埇桥区蕲县镇团结村。清朝中期，王姓在此居住，户门小，故称小王庄。
徐桥村村民委员会	Xúqiáocūn Cūnmínwěiyuánhuì	位于埇桥区蕲县镇。人民公社时期名称为徐桥大队，1983 年徐桥大队更名为徐桥村民委员会，名称未变，沿用至今。
吴赵庄	Wúzhàozhuāng	隶属于埇桥区蕲县镇徐桥村。两庄合并后称为吴赵庄。
林场	Línchǎng	隶属于埇桥区蕲县镇徐桥村。为 20 世纪 60 年代知青下放居住点，后知青返城，由大队组成十几户农户在此居住。
小徐家	Xiǎoxújiā	隶属于埇桥区蕲县镇徐桥村。因所居地多为徐姓而得名。
蕲北新城	Qíběixīnchéng	隶属于埇桥区蕲县镇徐桥村。蕲北新城是因多个自然庄塌陷村民搬迁而来形成。
沈寨	Shěnzhài	隶属于埇桥区蕲县镇徐桥村。2007 年沈寨村更名为徐桥村(两村合并)，沈寨由沈家、瓦坊而得名。
许寨村村民委员会	Xǔzhàicūn Cūnmínwěiyuánhuì	位于埇桥区蕲县镇。1983 年由许寨大队更名为许寨村民委员会，名称未变，沿用至今。
黄桥	Huángqiáo	隶属于埇桥区蕲县镇许寨村。很久以前村庄有座桥，取名黄桥。
许寨	Xǔzhài	隶属于埇桥区蕲县镇许寨村。很久以前村庄姓许的人口多，村里有个寨子，取名许寨。
丁牌坊	Dīngpáifāng	隶属于埇桥区蕲县镇许寨村。清代中期，丁姓在此居住，在庄东头立一牌坊，得名丁牌坊。
丁庄	Dīngzhuāng	隶属于埇桥区蕲县镇许寨村。清代中期，丁姓在此居住，得名丁庄。
汪庄	Wāngzhuāng	隶属于埇桥区蕲县镇许寨村。村庄地势低洼，取名汪庄。
王庄	Wángzhuāng	隶属于埇桥区蕲县镇许寨村。村庄王姓人口居多，取名王庄。
雷楼	Léilóu	隶属于埇桥区蕲县镇许寨村。很久以前村庄有椅鼓楼，姓雷人口多，取名雷楼。

标准名称	汉语拼音	备注
刘庄	Liúzhuāng	隶属于埇桥区蕲县镇许寨村。旧时刘姓在此居住，故名刘庄。
李寨	Lǐzhài	隶属于埇桥区蕲县镇许寨村。旧时村庄有个寨子，李姓在村居住，故名李寨。
河西	Héxī	隶属于埇桥区蕲县镇许寨村。很久以前村庄西边有条河，故名河西。
陈庄	Chénzhuāng	隶属于埇桥区蕲县镇许寨村。村庄里陈姓居民较多在此居住，所以称为陈庄。
袁小寨村村民委员会	Yuánxiǎozhàicūn Cūnmínwěiyuánhuì	位于埇桥区蕲县镇。人民公社时期名称为小寨大队，2007年三个村合并以后更名为袁小寨村民委员会，沿用至今。
对门刘	Duìménliú	隶属于埇桥区蕲县镇袁小寨村。对门刘全体村民基本都是刘姓居民，古老建筑都是以门对门而筑，因此得名对门刘。
袁圩	Yuánwéi	隶属于埇桥区蕲县镇袁小寨村。旧时袁姓为居住安全，在村庄四周修造一圈土圩子，因此得名袁圩子，简称袁圩。
沟北	Gōuběi	隶属于埇桥区蕲县镇袁小寨村。以206国道与蚌埠市搭界的浍河的大沟为界，沟南岸称沟南，沟北岸称沟北。
袁大桥	Yuándàqiáo	隶属于埇桥区蕲县镇袁小寨村。蚌埠市与宿州市搭界有一东大桥，本村民组坐落在大桥边，因取名袁大桥。
袁小庄	Yuánxiǎozhuāng	隶属于埇桥区蕲县镇袁小寨村。以袁姓为主，称为袁小庄。
中心袁	Zhōngxīnyuán	隶属于埇桥区蕲县镇袁小寨村。由大桥、袁楼、袁小庄三个村民组搬迁至此，组成自然庄。
袁老荒	Yuánlǎohuāng	隶属于埇桥区蕲县镇袁小寨村。原始住户少，四野荒凉，后居住人口增多，以袁姓为主，取名袁老荒。
袁楼	Yuánlóu	隶属于埇桥区蕲县镇袁小寨村。旧时村庄里有个土楼，大多数居民都姓袁，取名袁楼。
李陈	Lǐchén	隶属于埇桥区蕲县镇袁小寨村。很早以前此地主要以李姓为主，居住在庄西头的沟沿边，取名李沟洼，后来移居来部分陈姓居民，改名为李陈。
李王	Lǐwáng	隶属于埇桥区蕲县镇袁小寨村。主要居住李姓、王姓，因而得名。
袁沟南	Yuángōunán	隶属于埇桥区蕲县镇袁小寨村。村庄北至东西，很早就形成一排水大沟，故取名沟南，居民以袁姓为主，改名袁沟南。
沟西	Gōuxī	隶属于埇桥区蕲县镇袁小寨村。与沟北组相邻，中间有一道自然形成的南北沟，本庄坐落在沟西，取名沟西。

标准名称	汉语拼音	备注
袁新庄	Yuánxīnzhuāng	隶属于埇桥区蕲县镇袁小寨村。因袁沟南组承包地南北占线太长，袁大沟以南与永镇乡接壤，为方便耕作管理，袁沟南组十余户村民自发迁移至袁大沟以南居住，取名袁新庄。
忠陈村 村民委员会	Zhōngchéncūn Cūnmínwěiyuánhuì	位于埇桥区蕲县镇。1983 年沿用至今。
前韩	Qiánhán	隶属于埇桥区蕲县镇忠陈村。前韩有韩姓和王姓，韩姓人口多于王姓，故取名前韩。
王小圩	Wángxiǎowéi	隶属于埇桥区蕲县镇忠陈村。旧时王姓为了安全防盗，在村庄周围打起圩子，故取名王小圩。
周庄	Zhōuzhuāng	隶属于埇桥区蕲县镇忠陈村。清朝时期，周姓在北京教御书，教皇家子孙，御封周旗杆，今叫周庄（周旗杆）。
忠义	Zhōngyì	隶属于埇桥区蕲县镇忠陈村。民国时期叫王贵奇圩子、忠义集，1948 年 11 月后改名为忠义。
刘庄	Liúzhuāng	隶属于埇桥区蕲县镇忠陈村。有刘姓、王姓、牛姓、单姓，刘姓人口多，故取名刘庄。
吕庄	Lǚzhuāng	隶属于埇桥区蕲县镇忠陈村。很早以前吕姓、王姓、崔姓为一个村庄，后分为吕庄、崔庄、王瓦坊三个村庄。
王小庄	Wángxiǎozhuāng	隶属于埇桥区蕲县镇忠陈村。王小庄很早以前有几户王姓人家，因人口少，叫王小庄。
王瓦坊	Wángwǎfāng	隶属于埇桥区蕲县镇忠陈村。很早以前王姓、吕姓、崔姓为一个村庄，1948 年 11 月后分为王瓦坊、吕庄、崔庄。
崔庄	Cuīzhuāng	隶属于埇桥区蕲县镇忠陈村。很早以前崔姓、王姓、吕姓为一个村庄，1948 年 11 月后分为崔庄、吕庄、王瓦坊三个村庄。
王文庄新村	Wángwénzhuāng-xīncūn	隶属于埇桥区蕲县镇忠陈村。因蕲南矿采煤原因不能居住，2007 年迁往老村址西 1000 米建造房屋，得名王文庄新村。
蔡庄	Càizhuāng	隶属于埇桥区蕲县镇忠陈村。蔡庄，有蔡姓、于姓、欧姓，蔡姓人口居多，故取名蔡庄。
于渡口新村	Yúdùkǒuxīncūn	隶属于埇桥区蕲县镇忠陈村。因蕲南煤矿采煤原因不能居住，2011 年迁往老村址南约 800 米建造房屋，故得名于渡口新村。
陈楼新村	Chénlóuxīncūn	隶属于埇桥区蕲县镇忠陈村。因蕲南煤矿采煤塌陷原因不能居住，2006 年迁往蕲县镇政府西南 500 米建造房屋，因故得名陈楼新村。
周王村 村民委员会	Zhōuwángcūn Cūnmínwěiyuánhuì	位于埇桥区蕲县镇。自 1987 年取名为周王村，沿用至今。

标准名称	汉语拼音	备注
前孙庄	Qiánsūnzhuāng	隶属于埇桥区蕲县镇周王村。有孙姓居民在此居住，故称前孙庄。
小潘庄	Xiǎopānzhuāng	隶属于埇桥区蕲县镇周王村。有潘姓、吴姓居民在此居住，潘姓居多，故称小潘庄。
后孙庄	Hòusūnzhuāng	隶属于埇桥区蕲县镇周王村。因孙姓在此居住，称后孙庄。
陆桥庄	Lùqiáozhuāng	隶属于埇桥区蕲县镇周王村。很久以来就有陈姓、夏姓、邱姓居民在此居住，得名原因不详。
大王庄	Dàwángzhuāng	隶属于埇桥区蕲县镇周王村。有王姓、李姓、高姓、谢姓等多姓居民在此居住，王姓居多，故名大王庄。
小周庄	Xiǎozhōuzhuāng	隶属于埇桥区蕲县镇周王村。周姓、王姓居住，周姓稍多，称小周庄。
周寨	Zhōuzhài	隶属于埇桥区蕲县镇周王村。周姓、丁姓、曹姓居民居住，周姓居多，有寨圩子，故称周寨。
曹庄	Cáozhuāng	隶属于埇桥区蕲县镇周王村。只有曹姓居住，故称曹庄。
张庄	Zhāngzhuāng	隶属于埇桥区蕲县镇周王村。只有张姓在此居住，故称张庄。
仓屋	Cāngwū	隶属于埇桥区蕲县镇周王村。是周姓地主的仓库所在，所称周仓屋，后有袁姓、董姓、夏姓居民在此居住，改称仓屋庄。
刘庄	Liúzhuāng	隶属于埇桥区蕲县镇周王村。有刘姓、丁姓、王姓居民在此居住，刘姓居众故称刘庄。
袁桥	Yuánqiáo	隶属于埇桥区蕲县镇周王村。新中国成立前就有袁姓居民居住，故称袁桥。
朱夏	Zhūxià	隶属于埇桥区蕲县镇周王村。有朱姓、夏姓居民居住，故称朱夏。
朱庄	Zhūzhuāng	隶属于埇桥区蕲县镇周王村。有朱姓居民居住，故称朱庄。
石桥	Shíqiáo	隶属于埇桥区蕲县镇周王村。有夏姓、朱姓居民居住，有石桥，故称石桥。
戚庄	Qīzhuāng	隶属于埇桥区蕲县镇周王村。有戚姓、王姓居民居住，戚姓居多，故称戚庄。
小夏庄	Xiǎoxiàzhuāng	隶属于埇桥区蕲县镇周王村。旧时夏姓在此居住，故称小夏庄。
闫夏	Yánxià	隶属于埇桥区蕲县镇周王村。旧时由闫姓、夏姓在此居住，故称闫夏。
金家	Jīnjiā	隶属于埇桥区蕲县镇周王村。该居民点以金姓居多，故名。

大营镇

大营镇（Dàyíng Zhèn）　属埇桥区辖镇。在埇桥区的西南部。面积96.4263平方千米。人口45589人。以汉族为主。辖7个村委会，有131个自然村。镇人民政府驻大营村。1952年2月设社；1958年9月设大营公社；1980年1月社改区；1992年2月撤区并乡，设大营镇，属县级宿州市。1998年12月属宿州市埇桥区。大营原名大郢子，古名会甀（chuí）。汉高帝十一年（前196年），淮南王英布反，刘邦亲征布军会甀，即今大营。因镇政府驻大营村，故名。澥河、驴沟、双龙沟等18条大沟贯穿镇境东西南北。有图书馆10个，幼儿园2所，小学4所，初中2所；各级各类医疗卫生机构8个。境内有刘邦教弩台遗址。农业以种植小麦、玉米为主。畜牧业以饲养生猪、家禽为主。工业以建材生产为主。032县道、合徐高速贯穿南北。

标准名称	汉语拼音	备注
陈李村村民委员会	Chénlǐcūn Cūnmínwěiyuánhuì	位于埇桥区大营镇。2007年由陈李、大郝、韩左村合并而成。
左大庄	Zuǒdàzhuāng	隶属于埇桥区大营镇陈李村。明朝末年，本村先民由北迁到此地，姓左居住，后发展壮大，叫左大庄。
北李庄	Běilǐzhuāng	隶属于埇桥区大营镇陈李村。本村先民从本村李老家庄迁到此处，叫李新庄，从1984年以后叫北李庄。
碾盘庄	Niǎnpánzhuāng	隶属于埇桥区大营镇陈李村。明朝末年，本村先民迁到此处，有个碾盘碾谷子用，起名叫碾盘庄。
李老家	Lǐlǎojiā	隶属于埇桥区大营镇陈李村。旧时李姓从宿县东迁到此处，叫李老家。
柿园庄	Shìyuánzhuāng	隶属于埇桥区大营镇陈李村。原名左柿园，自从1984年并村后叫柿园庄，本庄无别姓，都姓左。
左圩庄	Zuǒwéizhuāng	隶属于埇桥区大营镇陈李村。左姓在旧时为防外患，在村庄周围挖成圩沟，名叫左圩庄。
陈李庄	Chénlǐzhuāng	隶属于埇桥区大营镇陈李村。陈李有陈姓有李姓，陈姓从原陈巷庄迁居而来，李姓从原周刘村狼湖庄迁居此处，故名陈李庄。
年赵庄	Niánzhàozhuāng	隶属于埇桥区大营镇陈李村。原名年赵，年姓从怀远梅庄迁居此地，赵姓是从外地流浪落到此处，有赵姓有年姓，故名年赵庄。
小朱家	Xiǎozhūjiā	隶属于埇桥区大营镇陈李村。原名小朱庄，几百年前朱姓迁入，至今仍叫小朱家。
年家庄	Niánjiāzhuāng	隶属于埇桥区大营镇陈李村。原名庙前年，因陈巷东湖几百年前有一座庙，年家庄就在这个庙前住，就叫庙前年，1984年并村后才叫年家庄。

标准名称	汉语拼音	备注
大朱庄	Dàzhūzhuāng	隶属于埇桥区大营镇陈李村。朱姓从五百多年前迁居此处，故名大朱庄。
前左庄	Qiánzuǒzhuāng	隶属于埇桥区大营镇陈李村。左姓从几百年前左大庄分支迁到前左家，今叫前左庄。
韩圩庄	Hánwéizhuāng	隶属于埇桥区大营镇陈李村。旧时韩姓迁居至此，在村庄周围开挖圩壕，故名。
尹家庄	Yǐnjiāzhuāng	隶属于埇桥区大营镇陈李村。几百年前尹姓从北方刁山迁入此处，至今叫尹家庄。
袁家庄	Yuánjiāzhuāng	隶属于埇桥区大营镇陈李村。袁家庄是从蕲县袁楼庄迁入此处，至今叫袁家庄。
年小湖庄	Niánxiǎohúzhuāng	隶属于埇桥区大营镇陈李村。年姓从怀远县梅庄迁入此处，庄后有一片凹湖，起名年小湖，故名为年小湖庄。
大郝庄	Dàhǎozhuāng	隶属于埇桥区大营镇陈李村。大郝庄从几百年前山西省洪洞县搬到此处，至今叫大郝庄。
小郝庄	Xiǎohǎozhuāng	隶属于埇桥区大营镇陈李村。大郝庄分支形成，人口少，就叫小郝庄。
大营村村民委员会	Dàyíngcūn Cūnmínwěiyuánhuì	位于埇桥区大营镇。2007 年由张楼村、张集村、大营村合并而成。
大营村	Dàyíngcūn	隶属于埇桥区大营镇大营村。明末清初，张姓由山西迁居此地，因此地为大营集，故名大营村。
小袁庄	Xiǎoyuánzhuāng	隶属于埇桥区大营镇大营村。此地为淮北平原，清末袁姓由现宿州市埇桥区蕲县镇袁楼迁居此地，因袁姓居多，故名小袁庄。
孔庄	Kǒngzhuāng	隶属于埇桥区大营镇大营村。清朝末年，孔姓由山东曲阜迁居此地，故名孔庄。
于庄	Yúzhuāng	隶属于埇桥区大营镇大营村。明朝末年，于姓由淮北青山寨迁居此地，故名于庄。
张楼	Zhānglóu	隶属于埇桥区大营镇大营村。此地为澥河北岸，明朝末年，张姓由山西洪洞县迁居此地，故名张楼。
后楼	Hòulóu	隶属于埇桥区大营镇大营村。此地于明末清初，张姓由山西迁居此地，迁来后建有土楼，故名张后楼，又称后楼。
后户	Hòuhù	隶属于埇桥区大营镇大营村。明末清初，张姓由山西迁居此地，因户在张后楼后面，故名后户。
熊庄	Xióngzhuāng	隶属于埇桥区大营镇大营村。清末，熊姓由安徽省濉溪县双堆镇罗集熊庙迁居此地，故名熊庄。
王亢	Wángkàng	隶属于埇桥区大营镇大营村。此地为澥河北岸，清末王姓由蕲县镇王楼迁居此地，故名王亢。

标准名称	汉语拼音	备注
娄庄	Lóuzhuāng	隶属于埇桥区大营镇大营村。清末，娄姓由濉溪县双堆镇刘娄迁居此地，故名娄庄。
刘庄	Liúzhuāng	隶属于埇桥区大营镇大营村。清末，刘姓由蕲县刘村迁居此地，故名刘庄。
张集	Zhāngjí	隶属于埇桥区大营镇大营村。明末清初，张姓由山西迁居此地，于民国初年此地逢集，又因张姓居多，故名张集。
袁庄	Yuánzhuāng	隶属于埇桥区大营镇大营村。明末清初，袁姓由蕲县袁楼迁居此地，故名袁庄。
耿湾村 村民委员会	Gěngwāncūn Cūnmínwěiyuánhuì	位于埇桥区大营镇。2007 年由耿湾村、张许村合并而成。
大王	Dàwáng	隶属于埇桥区大营镇耿湾村。原为明朝末年，王姓由山西迁居此地，后又有李姓等人家来此居住，故名屋不搭王，现叫大王。
后王	Hòuwáng	隶属于埇桥区大营镇耿湾村。明朝末年，王姓由山西迁居此地，因大王在右前方，故名为后王。
陈庄	Chénzhuāng	隶属于埇桥区大营镇耿湾村。明朝末期，陈姓由山西迁居此地，为门西陈，建房都是门朝西，现为陈庄。
邓庄	Dèngzhuāng	隶属于埇桥区大营镇耿湾村。明朝年间，邓姓由蕲县邓小庙迁居此地，取名为邓庄。
张许	Zhāngxǔ	隶属于埇桥区大营镇耿湾村。明朝末年，张姓从怀远县大张庄迁居此地，后又有许姓等人家居住，因有张姓许姓，取名为张许。
张庄	Zhāngzhuāng	隶属于埇桥区大营镇耿湾村。张姓由大张家迁居此地，因人数少，叫小张庄，现叫张庄。
娄庄	Lóuzhuāng	隶属于埇桥区大营镇耿湾村。明朝末年，娄姓由山西迁居此地，所以叫娄庄。
后于	Hòuyú	隶属于埇桥区大营镇耿湾村。明朝末年，于姓由青山塞北支马四马堂于迁居此地，为曹坊南支马四马堂于。因庄在最后面，所以叫后于。
前小于	Qiánxiǎoyú	隶属于埇桥区大营镇耿湾村。明朝末年，于姓由青山塞北支马四马堂于迁居此地，为曹坊南支马四马堂于，因庄子小，人少，所以取名为前小于。
杨沟西于	Yánggōuxīyú	隶属于埇桥区大营镇耿湾村。明朝末年，于姓由青山塞北支马四马堂于迁居此地，为曹坊南支马四马堂于，因庄子在杨沟西边，所以取名为杨沟西于。
前大于	Qiándàyú	隶属于埇桥区大营镇耿湾村。明朝末年，于姓由青山塞北支马四马堂于迁居此地，为曹坊南支马四马堂于，因人多、地多、庄子大，所以取名为前大于。

标准名称	汉语拼音	备注
后小庄	Hòuxiǎozhuāng	隶属于埇桥区大营镇耿湾村。明朝末年，于姓由青山塞北支马四马堂于迁居此地，为曹坊南支马四马堂于，因为人少，庄子也少，又在前大于后面，所以取名为后小庄。
耿湾	Gěngwān	隶属于埇桥区大营镇耿湾村。明朝末年，耿姓由山东迁居此地，因村附近有小沟弯曲，加三点水就成湾，取名耿湾。
前刘	Qiánliú	隶属于埇桥区大营镇耿湾村。明朝末年，刘姓由山东迁居此地，因在几个刘姓庄的最前面所以叫前刘。
中刘	Zhōngliú	隶属于埇桥区大营镇耿湾村。明朝末年，刘姓由山东迁居此地，因前面是前刘，后面有后刘，所以取名中刘。
门东刘	Méndōngliú	隶属于埇桥区大营镇耿湾村。明朝末年，刘姓由山东迁居此地，因在几个自然庄东面，门都是面向东的，所以叫门东刘。
后刘	Hòuliú	隶属于埇桥区大营镇耿湾村。明朝末年，刘姓由山东迁居此地，因庄子在最后面，所以取名为后刘。
韩圩村村民委员会	Hánwéicūn Cūnmínwěiyuánhuì	位于埇桥区大营镇。2007 年由韩圩村、常湖村合并而成。
东韩	Dōnghán	隶属于埇桥区大营镇韩圩村。此庄坐落在韩圩庄东边，取名东韩。
陈庄	Chénzhuāng	隶属于埇桥区大营镇韩圩村。陈姓自清朝居住此地，故名。
沟东	Gōudōng	隶属于埇桥区大营镇韩圩村。此庄坐落在韩圩东边，从韩圩庄搬迁至此，因村西有一条沟，取名沟东。
沟西	Gōuxī	隶属于埇桥区大营镇韩圩村。此庄在韩圩东边，从韩圩庄搬迁而来，因庄中间有条沟，取名沟西。
韩圩	Hánwéi	隶属于埇桥区大营镇韩圩村。自清朝时期居住在此地，因防土匪筑圩子，取名韩圩。
后胡	Hòuhú	隶属于埇桥区大营镇韩圩村。胡姓从清朝末年居住此地，有两个胡庄，分为前、后胡在此。
娄庄	Lóuzhuāng	隶属于埇桥区大营镇韩圩村。娄姓在清朝末年居住在此，故名。
马庄	Mǎzhuāng	隶属于埇桥区大营镇韩圩村。在清朝初期，马姓从蕲县迁来，取名马庄。
庙后	Miàohòu	隶属于埇桥区大营镇韩圩村。韩姓自清朝末年定居此地，因有古庙尚庙，此庄在尚庙后庄，取名庙后。
于圩	Yúwéi	隶属于埇桥区大营镇韩圩村。此庄在清朝年间从于大庄迁来落户居住，取名于圩。
庙西	Miàoxī	隶属于埇桥区大营镇韩圩村。在清朝年间从韩圩庄迁来，因在尚庙子以西，因此取名庙西。

标准名称	汉语拼音	备注
小于	Xiǎoyú	隶属于埇桥区大营镇韩圩村。此庄原只一家于姓，取名小于。
张庄	Zhāngzhuāng	隶属于埇桥区大营镇韩圩村。张姓在清朝末年在此庄居住，取名张庄。
刘石桥	Liúshíqiáo	隶属于埇桥区大营镇韩圩村。刘姓自清朝居住在此，后修永蕲公路，在东头修一座石桥，此庄姓刘，取名刘石桥。
顿庄	Dùnzhuāng	隶属于埇桥区大营镇韩圩村。旧时顿姓在此居住，取名顿庄。
中王	Zhōngwáng	隶属于埇桥区大营镇韩圩村。王姓自清朝年间在此居住，因东边有东王庄，南边有南王庄，因此庄取名中王。
常湖	Chánghú	隶属于埇桥区大营镇韩圩村。常姓自清朝在此落户，取名常湖。
南王	Nánwáng	隶属于埇桥区大营镇韩圩村。因东边有东王，北边有中王，此庄坐落在南边，所以取名南王。
韩圩新村	Hánwéixīncūn	隶属于埇桥区大营镇韩圩村。有四个自然庄置换搬迁到韩圩新村（刘小圩、小东庄、东王、门东刘），取名韩圩新村。
镇东村 村民委员会	Zhèndōngcūn Cūnmínwěiyuánhuì	位于埇桥区大营镇。2007 年由周刘、陈巷村合并而成。
永集	Yǒngjí	隶属于埇桥区大营镇镇东村。明朝初年，陈姓由山西洪洞县大槐树迁居此地，因此地有庙，每年逢会逢集，故名永集。
刘大庄	Liúdàzhuāng	隶属于埇桥区大营镇镇东村。明朝初年，刘姓由山东迁居此地，后又有孙姓等人家来此地居住，刘姓居多，面积较大，故名刘大庄。
集南陈	Jínánchén	隶属于埇桥区大营镇镇东村。明朝初年，陈姓由山西洪洞县大槐树迁居此地，因此位于永集南部，陈姓人居多，故名集南陈。
杨刘熊	Yángliúxióng	隶属于埇桥区大营镇镇东村。明朝初年，杨姓由山西迁居此地，同时刘姓迁居此地，熊姓为此地老户，后因姓氏平等，故名杨刘熊。
湖底刘	Húdǐliú	隶属于埇桥区大营镇镇东村。明朝初年，刘姓由山西汾阳县迁居此地，因村庄四周低洼，中部较高，都是刘姓，故名湖底刘。
西韩	Xīhán	隶属于埇桥区大营镇镇东村。清朝初年，韩姓由韩老家分支迁徙此地繁衍生息。此地位于西部，韩姓居多，故名西韩。
前胡	Qiánhú	隶属于埇桥区大营镇镇东村。明朝初年，胡姓由山西洪洞县迁居此地，分前后西庄，故名前胡。

标准名称	汉语拼音	备注
韩老家	Hánlǎojiā	隶属于埇桥区大营镇镇东村。明朝初年，韩姓由山东迁居此地，后来韩姓分支多处，故名韩老家。
陈庄	Chénzhuāng	隶属于埇桥区大营镇镇东村。明朝初年，陈姓由山西迁居此地，故名陈庄。
沟西	Gōuxī	隶属于埇桥区大营镇镇东村。明朝初年，王姓由山西大槐树洪洞县迁居此地，后与沟东刘姓一沟分开，故名沟西。
王余新村	Wángyúxīncūn	隶属于埇桥区大营镇镇东村。2012 年新农村拆迁，由郑庄、刘庄、于庄、沟西等四庄组建而成，为纪念王余村委会，故名王余新村。
刘圩新村	Liúwéixīncūn	隶属于埇桥区大营镇镇东村。2012 年新农村拆迁，由洼富刘、刘圩荒边、刘小庄组建而成，为纪念刘圩村委会，故名刘圩新村。
镇南村村民委员会	Zhènnáncūn Cūnmínwěiyuánhuì	位于埇桥区大营镇。2007 年由周刘村、陈巷村合并而成。
周刘	Zhōuliú	隶属于埇桥区大营镇镇南村。清朝末年，镇东洼窝刘、镇西大小刘、镇南西刘各一支刘姓迁居于此，周姓一支由双桥周庄迁居于此，因此取名周刘。
西刘	Xīliú	隶属于埇桥区大营镇镇南村。明朝末年，由山西刘姓迁居于此，与镇东村几庄刘姓的居西部，故名西刘。
王圩	Wángwéi	隶属于埇桥区大营镇镇南村。明朝末年，王姓由山西迁居于此，因西边有个古城，取名城中王，为防土匪建有圩子，取名王圩。
小王	Xiǎowáng	隶属于埇桥区大营镇镇南村。明朝末年，王姓由山西迁居于此，因北有古城吴城子，取名城南王，后又有城西人家迁居于此，故取名小王。
吴圩	Wúwéi	隶属于埇桥区大营镇镇南村。明朝初年，山西吴姓迁居至吴城子，后又迁居至现在的位置，庄四周挖有土圩子，故取名吴圩。
康家	Kāngjiā	隶属于埇桥区大营镇镇南村。明朝末年，康姓迁居于此，故名康家。
后韩	Hòuhán	隶属于埇桥区大营镇镇南村。明朝末年，由山西韩姓迁居于此。在两个韩姓庄的后面，故而得名。
韩左	Hánzuǒ	隶属于埇桥区大营镇镇南村。清朝末年，韩圩庄一支、后韩庄一支迁居于此，后又有陈、李、左姓各一支迁居于此，故名韩左。
韩圩	Hánwéi	隶属于埇桥区大营镇镇南村。明朝末年，由山西韩姓迁居于此，原庄为防盗，四周挖有土圩子，故名韩圩。

标准名称	汉语拼音	备注
狼湖	Lánghú	隶属于埇桥区大营镇镇南村。旧时自陈李村迁居此地，因庄南有狼湖得名。
南王	Nánwáng	隶属于埇桥区大营镇镇南村。旧时王姓、刘姓逃荒至狼湖落户，后因多种原因迁至狼湖南居住，又因王姓居多，故名南王。
陈庄	Chénzhuāng	隶属于埇桥区大营镇镇南村。明朝末年，陈姓由山西迁居于此，故名陈庄。
陈庄新村	Chénzhuāngxīncūn	隶属于埇桥区大营镇镇南村。2010 年由陈庄一部分搬迁至此，取名陈庄新村。
陈巷	Chénxiàng	隶属于埇桥区大营镇镇南村。明朝末年，陈姓于山西迁居于此，居住时中间有一条南北巷子，故名陈巷。
蒋家	Jiǎngjiā	隶属于埇桥区大营镇镇南村。蒋姓长期在此居住，故取名蒋家。
李家	Lǐjiā	隶属于埇桥区大营镇镇南村。李姓长期在此居住，故名李家。
西大朱	Xīdàzhū	隶属于埇桥区大营镇镇南村。位于陈李村大朱庄西部，所以取名西大朱。
西小朱	Xīxiǎozhū	隶属于埇桥区大营镇镇南村。位于原陈李村小朱西部，故取名西小朱。
镇西村村民委员会	Zhènxīcūn Cūnmínwěiyuánhuì	位于埇桥区大营镇。2007 年由三关、孙白村合并而成。
西白庄	Xībáizhuāng	隶属于埇桥区大营镇镇西村。白姓清朝末年，从埇桥区蕲县镇白陈村迁居此地，因迁居时兄弟俩老二住西庄，故名西白庄。
东白庄	Dōngbáizhuāng	隶属于埇桥区大营镇镇西村。白姓清朝末年，从埇桥区蕲县镇白陈村迁居此地，因迁居时兄弟俩老大住东庄，故名东白庄。
大小刘	Dàxiǎoliú	隶属于埇桥区大营镇镇西村。明朝末年，刘姓从湖北省迁居此地，因在 200 年以前有个大刘庄和小刘庄合并为大小刘。
孙庄	Sūnzhuāng	隶属于埇桥区大营镇镇西村。明朝末年，孙姓由山东迁移于宿州市埇桥区大营镇孙庄组，故名。
陶小庄	Táoxiǎozhuāng	隶属于埇桥区大营镇镇西村。陶姓在明朝末年，从怀远县褚集乡、陶圩村迁居于此，因原先人少，故名陶小庄。
荒西	Huāngxī	隶属于埇桥区大营镇镇西村。陶姓明朝末年，从怀远县褚集乡陶圩村迁居于此，因东北角有块荒洼地，陶姓居多，故名荒西。
荒南	Huāngnán	隶属于埇桥区大营镇镇西村。明朝末年，从怀远县褚集乡陶圩村迁居于此，因庄北边有个荒湖地，陶姓居多，故名荒南。

标准名称	汉语拼音	备注
大王	Dàwáng	隶属于埇桥区大营镇镇西村。王姓明朝末年，从怀远县君王庄迁居于此，故名大王。
苑家	Yuànjiā	隶属于埇桥区大营镇镇西村。苑姓在清朝期间，从蒙城县板桥集迁居于此繁衍生息，故名苑家。
小徐庄	Xiǎoxúzhuāng	隶属于埇桥区大营镇镇西村。清朝末年，徐姓从濉溪县双堆镇小徐庄迁居于此，因姓徐，故名小徐庄。
陶大庄	Táodàzhuāng	隶属于埇桥区大营镇镇西村。清朝中期，陶姓从怀远县褚集乡陶圩村迁居于此，陶姓居多，故名陶大庄。
陶柿园	Táoshìyuán	隶属于埇桥区大营镇镇西村。清朝中期，陶姓从怀远县褚集乡陶圩村迁居于此，因种植柿树多，取名陶柿园。
沟南陶	Gōunántáo	隶属于埇桥区大营镇镇西村。陶姓清朝中期，从怀远县褚集乡陶小圩村迁居于此，繁衍生息，因位居驴沟南岸，取名沟南陶。
张王	Zhāngwáng	隶属于埇桥区大营镇镇西村。清朝中期，张王两姓从陕西迁居于此，故名为张王。
庙后陶	Miàohòutáo	隶属于埇桥区大营镇镇西村。清朝中期，陶姓从怀远县褚集乡陶小圩村迁居于此，得名庙后陶。
陶大巷	Táodàxiàng	隶属于埇桥区大营镇镇西村。清朝中期，陶姓从怀远县褚集乡陶小圩村迁居于此，得名陶大巷。
塘西	Tángxī	隶属于埇桥区大营镇镇西村。因为该村地东头有一塘，故名塘西。
李家	Lǐjiā	隶属于埇桥区大营镇镇西村。旧时由濉溪县李家迁入，故名。
陶王	Táowáng	隶属于埇桥区大营镇镇西村。由于土地无法耕种，无人管理，后有本庄陶姓和王姓解决，取名陶王组。
门西陶	Ménxītáo	隶属于埇桥区大营镇镇西村。清朝中期，陶姓从荒南庄迁居于此，因房屋门朝西，故名门西陶。

朱仙庄镇

朱仙庄镇（Zhūxiānzhuāng Zhèn）　属埇桥区辖镇。在埇桥区的东部。面积144.8764平方千米。人口69594人。以汉族为主。辖13个村委会，1个社区，有191个自然村。镇人民政府驻朱仙庄村。1984年6月，撤区设朱仙庄镇；1992年12月，属县级宿州市。1998年12月，属埇桥区。明朝时期，朱姓儒生迁居此地，通医道，品善良，某年村庄瘟疫蔓延，他倾家荡产为百姓治病，十治九愈，多年后，村民将村名改为朱仙庄；因镇政府驻朱仙庄而得名。沱河、小黄河、新河、新汴河流经境内。有幼儿园12所，小学15所，初中3所；各级各类医疗卫生机构15个；体育场地3处。农业以种植小麦、玉米、大豆为主。畜牧业以饲养生猪、羊、家禽为主。工业以煤炭、机械制造、建材生产加工为主。303省道东西穿境而过。

标准名称	汉语拼音	备注
二铺村村民委员会	Èrpùcūn Cūnmínwěiyuánhuì	位于埇桥区朱仙庄镇。1958年人民公社时期名为二铺大队，2007年由二铺村、岗小庙村、谢徐村合并为二铺村村民委员会，名称沿用至今。
丁家庄	Dīngjiāzhuāng	隶属于埇桥区朱仙庄镇二铺村。清朝中期，丁姓从宋桥高丁分支落户到此处，故称丁家庄。
集东	Jídōng	隶属于埇桥区朱仙庄镇二铺村。明朝中期开始，此处便是小集市，在此居住的李姓家族较大，还有代姓、金姓、王姓均在此居住，因逢集市，居集市东头，故称集东。
集西	Jíxī	隶属于埇桥区朱仙庄镇二铺村。自明朝中期开始，此处便是小集市，在此居住的张姓、王姓、李姓、沈姓家族，当时张姓家族大，因居住在二铺集市西头，故称集西。
李家庄	Lǐjiāzhuāng	隶属于埇桥区朱仙庄镇二铺村。本庄人口均属李姓，故称李家庄。
刘家庄	Liújiāzhuāng	隶属于埇桥区朱仙庄镇二铺村。因刘姓在此居住较早，故命名为刘家庄。后谢姓分支与刘姓共居此处，但此处仍称刘家庄。
南姬家庄	Nánjījiāzhuāng	隶属于埇桥区朱仙庄镇二铺村。明朝中期，姬姓从原南宿州南分支到此，此庄有姬、杨两家族，因姬姓家族较大，故称此处为南姬家庄。
南王庄	Nánwángzhuāng	隶属于埇桥区朱仙庄镇二铺村。南王庄居住在二铺村集西组南，因位居集西南边，原称王小庄，后称南王庄。
沈家庄	Shěnjiāzhuāng	隶属于埇桥区朱仙庄镇二铺村。本庄沈姓在此居住较早，故称沈家庄。
田家庄	Tiánjiāzhuāng	隶属于埇桥区朱仙庄镇二铺村。本庄田姓在此居住较早，故称田家庄。
西姬家	Xījījiā	隶属于埇桥区朱仙庄镇二铺村。本庄人口百分之九十以上都是姬姓，又位于姬家庄西部，故名。
夏家庄	Xiàjiāzhuāng	隶属于埇桥区朱仙庄镇二铺村。明朝中期，夏姓独自一户在此居住，多年后又住进沈姓，但此庄仍称夏家庄（小夏家）。
谢家庄	Xièjiāzhuāng	隶属于埇桥区朱仙庄镇二铺村。明朝中期，谢姓从宿州南部桃园谢姓家族分支到此，故称谢家庄。
徐家庄	Xújiāzhuāng	隶属于埇桥区朱仙庄镇二铺村。明朝中期，徐姓家族从宿州南关分支到此处定居，故此得名徐家庄。

标准名称	汉语拼音	备注
枣园庄	Zǎoyuánzhuāng	隶属于埇桥区朱仙庄镇二铺村。明朝中期，沈姓在此居住，当时种植枣树较多，已成林园，故此得名枣园庄。
周家庄	Zhōujiāzhuāng	隶属于埇桥区朱仙庄镇二铺村。早年周姓从原宿州城内分居迁至此，故命名为周家庄。
朱家庄	Zhūjiāzhuāng	隶属于埇桥区朱仙庄镇二铺村。朱姓在此居住较早，故称朱家庄。
矿南村村民委员会	Kuàngnáncūn Cūnmínwěiyuánhuì	位于埇桥区朱仙庄镇。2007 年由大魏村、二郎村、大许村三村合并命名为矿南村村民委员会，沿用至今。
大魏家	Dàwèijiā	隶属于埇桥区朱仙庄镇矿南村。旧时，魏姓由山西逃荒而来，故得名大魏家。
二郎新村	Èrlángxīncūn	隶属于埇桥区朱仙庄镇矿南村。由于 1997 年搬迁，4 个自然庄搬在一起，原是二郎村，改名为二郎新村。
沟沿张	Gōuyánzhāng	隶属于埇桥区朱仙庄镇矿南村。清朝末期，许姓在此居住，1938 年日本人放火烧庄，故得村名火烧许，后张姓人搬迁此地，故得名沟沿张。
三许新村	Sānxǔxīncūn	隶属于埇桥区朱仙庄镇矿南村。清代末期，许姓由灵璧迁居至此，故得名三许新村。
南许	Nánxǔ	隶属于埇桥区朱仙庄镇矿南村。清朝末期，许姓由北方迁居在此，因北边有大许、火烧许，故得名南许。
小张庄	Xiǎozhāngzhuāng	隶属于埇桥区朱仙庄镇矿南村。清代初期，张姓由山西迁居此地，因此得名小张庄。
邢家庄	Xíngjiāzhuāng	隶属于埇桥区朱仙庄镇矿南村。民国初期，邢姓由山东搬至此处，故得名邢家庄。
张家组	Zhāngjiāzǔ	隶属于埇桥区朱仙庄镇矿南村。清朝末期，此地原有大贠家，由于贠家家族败落，张家家族增多，改名张家组。
北沈庄	Běishěnzhuāng	隶属于埇桥区朱仙庄镇三铺村。旧时叫街北后沈庄，沈姓聚居此地而得名。
三铺村村民委员会	Sānpùcūn Cūnmínwěiyuánhuì	位于埇桥区朱仙庄镇。几百年前就有三铺集，1958 年为三铺人民公社，驻地三铺区，2007 年改名为三铺村，沿用至今。
北园	Běiyuán	隶属于埇桥区朱仙庄镇三铺村。该庄位于三铺村北部，庄里开菜园的多，故得名北园。
东场组	Dōngchǎngzǔ	隶属于埇桥区朱仙庄镇三铺村。1981 年正式改为东场组。
二组	Èrzǔ	隶属于埇桥区朱仙庄镇三铺村。2007 年村庄合并时改为二组。
高家庄	Gāojiāzhuāng	隶属于埇桥区朱仙庄镇三铺村。旧时高姓建村立庄，故名高家庄。
光明	Guāngmíng	隶属于埇桥区朱仙庄镇三铺村。1981 年改为光明。

标准名称	汉语拼音	备注
孙家庄	Sūnjiāzhuāng	隶属于埇桥区朱仙庄镇三铺村。旧时有孙姓在此落户，故叫孙家庄。
街北	Jiēběi	隶属于埇桥区朱仙庄镇三铺村。1981 年正式改为街北。
矿东	Kuàngdōng	隶属于埇桥区朱仙庄镇三铺村。人民公社时命名为集西二队，2007 年并村后命名为矿东。
李马庄	Lǐmǎzhuāng	隶属于埇桥区朱仙庄镇三铺村。新中国成立前有李姓、马姓的两姓人家在此落户，姓李的比姓马的人口多，故叫李马庄。
刘家	Liújiā	隶属于埇桥区朱仙庄镇三铺村。该村主要以刘姓居民为主，故而得名。
南沈家	Nánshěnjiā	隶属于埇桥区朱仙庄镇三铺村。2007 年，并村时正式改名为南沈家。
欧庄	Ōuzhuāng	隶属于埇桥区朱仙庄镇三铺村。旧时有欧姓在此落户，故叫欧庄。
前孙	Qiánsūn	隶属于埇桥区朱仙庄镇三铺村。旧时有孙姓在此落户，分户到前孙庄，又称前孙。
桑家	Sāngjiā	隶属于埇桥区朱仙庄镇三铺村。旧时有桑姓在此落户，故叫桑家。
胜利	Shènglì	隶属于埇桥区朱仙庄镇三铺村。1981 年正式改为胜利。
四组	Sìzǔ	隶属于埇桥区朱仙庄镇三铺村。2007 年，村级区划调整时命名为四组，沿用至今。
窑后魏	Yáohòuwèi	隶属于埇桥区朱仙庄镇三铺村。旧时有魏姓在此地建窑、做生意，因地形取名为窑后魏。
一组	Yīzǔ	隶属于埇桥区朱仙庄镇三铺村。1972 年，三铺人民公社命名为一队，2007 年村级区划调整时更名为一组。
赵家	Zhàojiā	隶属于埇桥区朱仙庄镇三铺村。清代中期，赵姓在此盖房建家，取名赵家。
宋庙村村民委员会	Sòngmiàocūn Cūnmínwěiyuánhuì	位于埇桥区朱仙庄镇。2007 年由宋庙村、郭庙村、卓刘村三村合并，合并后命名为宋庙村村民委员会。
茶庵	Chá’ān	隶属于埇桥区朱仙庄镇宋庙村。很早以前有人在路边开了一家茶水铺，取名茶庵。
陈圩	Chénwéi	隶属于埇桥区朱仙庄镇宋庙村。该庄以陈姓为主，很早以前该庄有个圩子，取名陈圩。
陈家	Chénjiā	隶属于埇桥区朱仙庄镇宋庙村。该庄有陈姓、李姓、安姓在此居住，因陈姓人口最多，故而得名陈家。
关家	Guānjiā	隶属于埇桥区朱仙庄镇宋庙村。该庄以关姓为主，1928 年前庄内有座庙，取名关庙，1982 年改为关家。

标准名称	汉语拼音	备注
郭家	Guōjiā	隶属于埇桥区朱仙庄镇宋庙村。因该庄以郭姓为主，庄内有座庙，起名郭庙，后改为郭家。
黄家	Huángjiā	隶属于埇桥区朱仙庄镇宋庙村。因该庄黄姓最多，故而得名。
蒋家	Jiǎngjiā	隶属于埇桥区朱仙庄镇宋庙村。旧时蒋姓迁居至此，故而得名蒋家。
梁家	Liángjiā	隶属于埇桥区朱仙庄镇宋庙村。在 1920 年以前有梁姓和陆姓两户人家迁居至此，因梁姓人口较多，故而得名梁家。
刘家	Liújiā	隶属于埇桥区朱仙庄镇宋庙村。清朝中期，有刘姓逃荒至此，原名刘府，后改为刘家。
潘家	Pānjiā	隶属于埇桥区朱仙庄镇宋庙村。1918 年前，有一溜十八潘的说法，人民公社时期命名潘家，沿用至今。
宋庙	Sòngmiào	隶属于埇桥区朱仙庄镇宋庙村。因该庄内有座庙，起名叫宋庙，以庙命名该庄，该庙依然存在。
吴家	Wújiā	隶属于埇桥区朱仙庄镇宋庙村。1942 年，有吴姓在此落户，故而得名吴家。
卓家	Zhuójiā	隶属于埇桥区朱仙庄镇宋庙村。该庄有卓姓、刘姓、张姓居住，因卓姓人口最多，故而得名卓家。
塔桥村村民委员会	Tǎqiáocūn Cūnmínwěiyuánhuì	位于埇桥区朱仙庄镇。1983 年由塔桥村更名为塔桥村村民委员会，沿用至今。
大尹庄	Dàyǐnzhuāng	隶属于埇桥区朱仙庄镇塔桥村。该庄以尹姓为主，人口较多，故而得名大尹庄。
丁家庄	Dīngjiāzhuāng	隶属于埇桥区朱仙庄镇塔桥村。该庄以丁姓为主，故而得名丁家庄。
付家庄	Fùjiāzhuāng	隶属于埇桥区朱仙庄镇塔桥村。该庄以付姓为主，故而得名付家庄。
后史庄	Hòushǐzhuāng	隶属于埇桥区朱仙庄镇塔桥村。该庄以史姓为主，分为南北两个庄，该庄在北，命名后史庄。
孔园庄	Kǒngyuánzhuāng	隶属于埇桥区朱仙庄镇塔桥村。该庄以孔姓为主，故而得名孔园庄。
路东	Lùdōng	隶属于埇桥区朱仙庄镇塔桥村。因该庄在三号路以东，故而得名路东。
路南	Lùnán	隶属于埇桥区朱仙庄镇塔桥村。因该庄地处塔桥至黄树路以南，故而得名路南。
路西	Lùxī	隶属于埇桥区朱仙庄镇塔桥村。因该庄在三号路以西，故而得名路西。

标准名称	汉语拼音	备注
牌坊庄	Páifāngzhuāng	隶属于埇桥区朱仙庄镇塔桥村。该庄在清朝时受到皇帝封赏，赐牌坊，故取庄名为牌坊庄。
前史庄	Qiánshǐzhuāng	隶属于埇桥区朱仙庄镇塔桥村。该庄以史姓为主，分为南北两个庄，该庄在南，命名前史庄。
孙家庄	Sūnjiāzhuāng	隶属于埇桥区朱仙庄镇塔桥村。该庄以孙姓为主，故而得名孙家庄。
塔桥集	Tǎqiáojí	隶属于埇桥区朱仙庄镇塔桥村。古时候传说，张果老骑驴压塌了此处的桥，后更名为塔桥集。
魏家	Wèijiā	隶属于埇桥区朱仙庄镇塔桥村。该庄以魏姓为主，故而得名魏家。
小陈庄	Xiǎochénzhuāng	隶属于埇桥区朱仙庄镇塔桥村。该庄以陈姓为主，人口较少，故而得名小陈庄。
大陈庄	Dàchénzhuāng	隶属于埇桥区朱仙庄镇塔桥村。该庄以陈姓为主，人口较多，故而得名大陈庄。
闫炉庄	Yánlúzhuāng	隶属于埇桥区朱仙庄镇塔桥村。该庄以闫姓为主，故而得名闫炉庄。
沱北村村民委员会	Tuóběicūn Cūnmínwěiyuánhuì	位于埇桥区朱仙庄镇。2007 年宋桥村、蔡桥村、李寨村、冯岭村四村合并，合并后命名为沱北村村民委员会。
丁家	Dīngjiā	隶属于埇桥区朱仙庄镇沱北村。该庄以丁姓为主，故名。
冯孟	Féngmèng	隶属于埇桥区朱仙庄镇沱北村。本庄有姓孟、姓冯两姓氏居住，故得名冯孟。
高二组	Gāo’èrzǔ	隶属于埇桥区朱仙庄镇沱北村。本庄姓高为主，有姓祝、赵由南向北，分别为高一组、高二组、高三组，该庄为高二组。
高三组	Gāosānzǔ	隶属于埇桥区朱仙庄镇沱北村。该庄以高姓为主，由南向北分别为高一组、高二组、高三组，该庄为高三组。
高一组	Gāoyīzǔ	隶属于埇桥区朱仙庄镇沱北村。本庄姓高为主，有姓余、姓张人家，由南向北分别为高一组、高二组、高三组，该庄为高一组。
黄家	Huángjiā	隶属于埇桥区朱仙庄镇沱北村。清末，此村先民从山西迁至此地，黄姓人口居多，故得名黄家。
孔寨	Kǒngzhài	隶属于埇桥区朱仙庄镇沱北村。该庄以孔姓为主，故而得名孔寨。
雷家	Léijiā	隶属于埇桥区朱仙庄镇沱北村。该庄以雷姓为主，故而得名雷家。
李寨	Lǐzhài	隶属于埇桥区朱仙庄镇沱北村。该庄以李姓为主，故而得名李寨。

标准名称	汉语拼音	备注
梁家	Liángjiā	隶属于埇桥区朱仙庄镇沱北村。该庄有梁姓、丁姓居住，梁姓人口多，故而得名梁家。
宋桥	Sòngqiáo	隶属于埇桥区朱仙庄镇沱北村。沱河以南有座大桥，桥北也叫宋桥。
大陈	Dàchén	隶属于埇桥区朱仙庄镇沱北村。有陈姓、宁姓、邹姓在此居住，以陈姓为主，故得名大陈。
小陈	Xiǎochén	隶属于埇桥区朱仙庄镇沱北村。本庄都是陈姓村民，人口较少，故叫小陈。
小李	Xiǎolǐ	隶属于埇桥区朱仙庄镇沱北村。本庄有李姓、孙姓、曹姓、翟姓、张姓、凌姓居住，人口较少，李姓为主，故得名小李。
詹家	Zhānjiā	隶属于埇桥区朱仙庄镇沱北村。该庄以詹姓为主，故而得名詹家。
张庄	Zhāngzhuāng	隶属于埇桥区朱仙庄镇沱北村。从前张姓从山西迁至此地，故而得名张庄。
支家	Zhījiā	隶属于埇桥区朱仙庄镇沱北村。原来本庄有朱姓、陈姓居住，故得名朱陈庄。明末清初，支姓从山东巨野迁来，后改名为支家。
新河村村民委员会	Xīnhécūn Cūnmínwěiyuánhuì	位于埇桥区朱仙庄镇。1958 年人民公社时期名称为新河大队，1983 年由新河大队更名为新河村村民委员会后，沿用至今。
卜胡	Bǔhú	隶属于埇桥区朱仙庄镇新河村。原有卜家和胡家两个庄，后来两庄合并，称为卜胡。
陈家	Chénjiā	隶属于埇桥区朱仙庄镇新河村。清朝光绪年间，陈姓迁居至此，原名陈仓屋，后改名为陈家。
程孜	Chéngzī	隶属于埇桥区朱仙庄镇新河村。传说秦朝末年，楚霸王路过此地天色已晚，让士兵临时用土筑一围墙过夜。霸王走后有一王姓来此种地建房居住，故取名霸王城子，后讹称为程孜。
东李家	Dōnglǐjiā	隶属于埇桥区朱仙庄镇新河村。清朝中期，李姓从山西迁居至此，原名李沟沿，因该庄位于村东部，后改名为东李家。
二王	Èrwáng	隶属于埇桥区朱仙庄镇新河村。南边有龙王庙，旧时有王姓在此开荒种地，故此地得名二王。
后曾家	Hòuzēngjiā	隶属于埇桥区朱仙庄镇新河村。该庄曾姓家族大、人口多，有前后两庄，后庄名为后曾家。
金家庄	Jīnjiāzhuāng	隶属于埇桥区朱仙庄镇新河村。该庄金姓家族大，人口多，故而得名金家庄。

标准名称	汉语拼音	备注
李家庄	Lǐjiāzhuāng	隶属于埇桥区朱仙庄镇新河村。该庄以李姓人家为主，原名吊台李，后改名为李家庄。
梁家	Liángjiā	隶属于埇桥区朱仙庄镇新河村。早年有梁姓两兄弟来到此地，故称梁家。
刘家庄	Liújiāzhuāng	隶属于埇桥区朱仙庄镇新河村。清朝中期，白庄刘姓以此地为晒粮场，建有场屋，后刘姓老二搬迁至此居住，形成村庄，故名刘家庄。
龙王庙二队	Lóngwángmiào Èrduì	隶属于埇桥区朱仙庄镇新河村。清朝初期，建有龙王寺庙，并逢会供人烧香拜神，故此地称龙王庙二队。
龙王庙三队	Lóngwángmiào Sānduì	隶属于埇桥区朱仙庄镇新河村。清朝初期，建有龙王寺庙，并逢会供人烧香拜神，故此地称龙王庙三队。
龙王庙一队	Lóngwángmiào Yīduì	隶属于埇桥区朱仙庄镇新河村。清朝初期，建有龙王寺庙，并逢会供人烧香拜神，故此地称龙王庙一队。
陆家	Lùjiā	隶属于埇桥区朱仙庄镇新河村。该庄以陆姓为主，故而得名陆家。
干谷堆庄	Gāngǔduīzhuāng	隶属于埇桥区朱仙庄镇新河村。以前有位过客经过此地，在此过夜，一夜间堆了个大土堆，后来将该庄命名为干谷堆庄，胡姓在此居住。
十二里曾	Shí’ èrlǐzēng	隶属于埇桥区朱仙庄镇新河村。该庄以曾姓为主，离宿城约十二里路，故而得名十二里曾。
孙家	Sūnjiā	隶属于埇桥区朱仙庄镇新河村。该庄以孙姓为主，故而得名孙家。
小李家庄	Xiǎolǐjiāzhuāng	隶属于埇桥区朱仙庄镇新河村。该庄以李姓为主，庄子较小，故而得名小李家庄。
张赵庄	Zhāngzhàozhuāng	隶属于埇桥区朱仙庄镇新河村。该庄以张姓、赵姓人家为主，故而得名张赵庄。
镇西村村民委员会	Zhènxīcūn Cūnmínwěiyuánhuì	位于埇桥区朱仙庄镇。2007 年村级区划调整，由后沈村、大张村、关吴村三村合并更名为镇西村村民委员会，沿用至今。
曹家庄	Cáojiāzhuāng	隶属于埇桥区朱仙庄镇镇西村。该庄因曹姓在此居住较早，故而得名曹家庄。
大吴家	Dàwújiā	隶属于埇桥区朱仙庄镇镇西村。该庄有吴姓、沈姓两个家族在此居住，因吴姓人口多，故而得名大吴庄。
大张家	Dàzhāngjiā	隶属于埇桥区朱仙庄镇镇西村。本庄张姓自洪武年间来此居住，以大张家为名。
关家庄	Guānjiāzhuāng	隶属于埇桥区朱仙庄镇镇西村。本庄关姓在此居住较早，故而得名关家庄。

标准名称	汉语拼音	备注
沈家庄	Shěnjiāzhuāng	隶属于埇桥区朱仙庄镇镇西村。本庄沈姓在此居住较早，故而得名沈家庄。
王小庄	Wángxiǎozhuāng	隶属于埇桥区朱仙庄镇镇西村。本庄王姓在此居住，庄子不大，故而得名王小庄。原王小庄位置在塌陷区里，现搬到公园路两侧。
姚家庄	Yáojiāzhuāng	隶属于埇桥区朱仙庄镇镇西村。本庄姚姓在此居住较早，故而得名姚家庄。
朱庙村 村民委员会	Zhūmiàocūn Cūnmínwěiyuánhuì	位于埇桥区朱仙庄镇。2007年村级区划调整，由曹李村、朱庙村、垤路村三个小村合并，合并后命名为朱庙村村民委员会，沿用至今。
蔡家	Càijiā	隶属于埇桥区朱仙庄镇朱庙村。该庄蔡姓最早在此居住，故而得名蔡家。
陈家	Chénjiā	隶属于埇桥区朱仙庄镇朱庙村。该庄陈姓最早在此居住，故而得名陈家。
大曹	Dàcáo	隶属于埇桥区朱仙庄镇朱庙村。该庄以曹姓为主，庄子较大，故而得名大曹。
大马	Dàmǎ	隶属于埇桥区朱仙庄镇朱庙村。该庄以马姓为主，庄子较大，故而得名大马。
后赵	Hòuzhào	隶属于埇桥区朱仙庄镇朱庙村。该庄以赵姓为主，分前后两个庄，后庄为后赵。
后朱	Hòuzhū	隶属于埇桥区朱仙庄镇朱庙村。该庄以朱姓为主，分前后两个庄，后庄为后朱。
李楼	Lǐlóu	隶属于埇桥区朱仙庄镇朱庙村。该庄以李姓为主，清朝时期，李姓大户在此修建一座楼，故而得名李楼。
前赵	Qiánzhào	隶属于埇桥区朱仙庄镇朱庙村。该庄以赵姓为主，分前后两个庄，前庄为前赵。
前朱	Qiánzhū	隶属于埇桥区朱仙庄镇朱庙村。该庄以朱姓为主，分前后两个庄，前庄为前朱。
小马	Xiǎomǎ	隶属于埇桥区朱仙庄镇朱庙村。该庄以马姓为主，庄子较小，故而得名小马。
小吴	Xiǎowú	隶属于埇桥区朱仙庄镇朱庙村。该庄以吴姓为主，庄子较小，故而得名小吴。
小赵家	Xiǎozhàojiā	隶属于埇桥区朱仙庄镇朱庙村。该庄以赵姓为主，庄子较小，故而得名小赵家。
朱陈	Zhūchén	隶属于埇桥区朱仙庄镇朱庙村。该庄以朱姓、陈姓两个姓氏为主，以姓氏命名，故而得名朱陈。

标准名称	汉语拼音	备注
朱仙庄村村民委员会	Zhūxiānzhuāngcūn Cūnmínwěiyuánhuì	位于埇桥区朱仙庄镇。1983 年由朱仙庄村更名为朱仙庄村村民委员会，沿用至今。
卜后魏庄	Bǔhòuwèizhuāng	隶属于埇桥区朱仙庄镇朱仙庄村。旧时有魏姓自北方迁居至此，故命名为卜后魏庄。
大王庄	Dàwángzhuāng	隶属于埇桥区朱仙庄镇朱仙庄村。清代初期，王姓自北方迁居至此，故命名为大王庄。
沈牌坊	Shěnpáifāng	隶属于埇桥区朱仙庄镇朱仙庄村。清朝中期，有沈姓自北方迁居至此，村中一沈姓女子得皇上御赐牌坊，故命名为沈牌坊。
魏瓦房	Wèiwǎfáng	隶属于埇桥区朱仙庄镇朱仙庄村。旧时有魏姓自北方迁居至此，故命名为魏瓦房。
杨家庄	Yángjiāzhuāng	隶属于埇桥区朱仙庄镇朱仙庄村。清代初期，有一杨姓自西方迁居至此，故命名为杨家庄。
周家庄	Zhōujiāzhuāng	隶属于埇桥区朱仙庄镇朱仙庄村。旧时有周姓自西方迁居至此，故命名为周家庄。
朱仙庄	Zhūxiānzhuāng	隶属于埇桥区朱仙庄镇朱仙庄村。传说从前一朱姓人家在此定居，辛勤劳动，人财两旺，人们说是仙人赐予，故得名朱仙庄。
六合社区居民委员会	Liùhé Shèqū Jūmínwěiyuánhuì	位于埇桥区朱仙庄镇。原沱北村 4 个组、矿南村 2 个组组合一起，于 2014 年 5 月合并为六合社区，沿用至今。
卜家庄	Bǔjiāzhuāng	隶属于埇桥区朱仙庄镇六合社区。明朝后期，卜姓从山东逃荒至此定居，故此得名卜家庄。
大许	Dàxǔ	隶属于埇桥区朱仙庄镇六合社区。明朝时期，许姓人家由山西省迁居至此，因此得名大许。
冯家	Féngjiā	隶属于埇桥区朱仙庄镇六合社区。清朝时期，冯姓由西南迁居，因此得名为冯家。
王家	Wángjiā	隶属于埇桥区朱仙庄镇六合社区。民国时期，王姓灵璧王集分支迁到此地，故得名王家。
小芦家	Xiǎolújiā	隶属于埇桥区朱仙庄镇六合社区。唐朝时期，芦姓从河南省焦作到此地投亲未果，盘缠用尽，无法回去，在此地繁衍生息，故得名小芦家。
谢家	Xièjiā	隶属于埇桥区朱仙庄镇六合社区。唐朝时期，谢姓由西南老家迁居至此，因此得名谢家。
黄树丁	Huángshùdīng	隶属于埇桥区朱仙庄镇六合社区。明朝时期，丁姓由山西省迁居至此，村里有棵黄连树，故而得名黄树丁。

大泽乡镇

大泽乡镇（Dàzéxiāng Zhèn） 属埇桥区辖镇。在埇桥区的东南部。面积137.0614平方千米。人口66915人。以汉族为主。辖14个村委会，有180个自然村。镇人民政府驻西寺坡村。1958年9月，成立西寺坡镇；1979年11月镇改社；1983年4月社改乡；1992年2月，并乡设镇。2014年2月11日，更名大泽乡镇，属埇桥区。远古时，此地四周数十里沼泽，雨后是水乡泽国；秦末陈胜吴广起义曾在此筑台盟誓。连沟、直潭沟流经境内。有图书室15个；幼儿园7所，小学14所，初中3所；各级医疗机构15个。境内有省级文物保护单位涉故台。农业以种植小麦、玉米为主。畜牧业以饲养生猪、羊、家禽为主。工业以建材加工为主。101省道、津浦、青芦铁路过境，设西寺坡火车站。

标准名称	汉语拼音	备注
高口村 村民委员会	Gāokǒucūn Cūnmínwěiyuánhuì	位于埇桥区大泽乡镇。1966年后集北大队与原高寨村合并，改为高口村，2008年高口村与高寨村再次合并称高口村，沿用至今。
高老庄	Gāolǎozhuāng	隶属于埇桥区大泽乡镇高口村。清朝末期，高姓由山西洪洞县老槐树迁居至此，长房居住的村庄，取名高老庄。
小节	Xiǎojié	隶属于埇桥区大泽乡镇高口村。清朝末期，高姓由山西洪洞县老槐树迁居至此，二房居住的村庄，取名小节。
郭庄	Guōzhuāng	隶属于埇桥区大泽乡镇高口村。清朝末期，郭姓在此居住，取名郭庄。
张庄	Zhāngzhuāng	隶属于埇桥区大泽乡镇高口村。清朝末期，张姓由山西洪洞县老槐树迁居至此，取名张庄。
庙前李	Miàoqiánlǐ	隶属于埇桥区大泽乡镇高口村。清朝末期，李姓在此居住，取名庙前李。
圩东	Wéidōng	隶属于埇桥区大泽乡镇高口村。村庄位于高老庄土圩的东边，故名圩东。
渡口	Dùkǒu	隶属于埇桥区大泽乡镇高口村。位于浍河北岸，在此设有渡口，故名渡口。
魏家庄	Wèijiāzhuāng	隶属于埇桥区大泽乡镇高口村。明朝初期，魏姓由山西曲沃县迁居至此，取名魏家庄。
圩里	Wéilǐ	隶属于埇桥区大泽乡镇高口村。此庄位于高老庄、土圩之内，取名圩里。
连沟吴	Liángōuwú	隶属于埇桥区大泽乡镇高口村。清朝初期，吴姓在此居住，庄子紧贴连沟，取名连沟吴。
高口集	Gāokǒují	隶属于埇桥区大泽乡镇高口村。曾用名关老庙，后因这里人多姓高，又邻近浍河渡口，逢集，故名高口集。

标准名称	汉语拼音	备注
幸福村村民委员会	Xìngfúcūn Cūnmínwěiyuánhuì	位于埇桥区大泽乡镇。2008 年由原丁寨村、大宋村、谷家村三个小村合并，取名幸福村，沿用至今。
小王家	Xiǎowángjiā	隶属于埇桥区大泽乡镇幸福村。清朝末年，王姓在此居住，故名小王家。
后丁	Hòudīng	隶属于埇桥区大泽乡镇幸福村。丁姓居住在村庄的最北端，故名后丁。
西丁	Xīdīng	隶属于埇桥区大泽乡镇幸福村。丁姓居住在村庄的最西端，故名西丁。
寨后	Zhàihòu	隶属于埇桥区大泽乡镇幸福村。丁姓居住在村庄的最北面，故名寨后。
寨里	Zhàilǐ	隶属于埇桥区大泽乡镇幸福村。丁姓在此居住，故名寨里。
南庄	Nánzhuāng	隶属于埇桥区大泽乡镇幸福村。丁姓在此居住，因位于寨里庄的南部，故名南庄。
大庄	Dàzhuāng	隶属于埇桥区大泽乡镇幸福村。丁姓在此居住，因庄子较大，故名大庄。
蔡家	Càijiā	隶属于埇桥区大泽乡镇幸福村。蔡姓在此居住，故名蔡家。
草庙	Cǎomiào	隶属于埇桥区大泽乡镇幸福村。以村内有一座草庙而得名，故名草庙。
罗丁	Luódīng	隶属于埇桥区大泽乡镇幸福村。丁姓和罗姓在此居住，故名罗丁。
大王	Dàwáng	隶属于埇桥区大泽乡镇幸福村。清朝时期，王姓人家从山西迁居至此，取名大王。
小宋	Xiǎosòng	隶属于埇桥区大泽乡镇幸福村。宋姓在此居住，取名小宋。
大宋	Dàsòng	隶属于埇桥区大泽乡镇幸福村。宋姓在此居住，取名大宋。
小李家	Xiǎolǐjiā	隶属于埇桥区大泽乡镇幸福村。李姓在此居住，故名小李家。
白庙	Báimiào	隶属于埇桥区大泽乡镇幸福村。张姓在此居住，取名白庙张，简称白庙。
刘合	Liúhé	隶属于埇桥区大泽乡镇幸福村。明朝中期，刘姓由山西洪洞县迁居至此，取名刘合。
高李	Gāolǐ	隶属于埇桥区大泽乡镇幸福村。清朝末期，高姓和李姓由山西迁居至此，取名高李。
余家	Yújiā	隶属于埇桥区大泽乡镇幸福村。该居民点以余姓居多，故名。
西寺坡村村民委员会	Xīsìpōcūn Cūnmínwěiyuánhuì	位于埇桥区大泽乡镇。1984 年由岳家大队更名为西寺坡村，沿用至今。

标准名称	汉语拼音	备注
马牙	Mǎyá	隶属于埇桥区大泽乡镇西寺坡村。民间故事说，秦朝末年，陈胜吴广起义，陈胜妹妹陈雪花骑马经过此地，马死牙落于此处，故名马牙。
岳家	Yuèjiā	隶属于埇桥区大泽乡镇西寺坡村。清朝末年，岳姓迁居至此，故名岳家。
沟涯韩	Gōuyáhán	隶属于埇桥区大泽乡镇西寺坡村。韩姓在此居住，村旁有沟涯，故名沟涯韩。
小韩家	Xiǎohánjiā	隶属于埇桥区大泽乡镇西寺坡村。韩姓在此居住，故名小韩家。
刘家	Liújiā	隶属于埇桥区大泽乡镇西寺坡村。清朝末年，刘姓在此居住，故名刘家。
小张家	Xiǎozhāngjiā	隶属于埇桥区大泽乡镇西寺坡村。清朝末年，张姓在此居住，故名小张家。
大张	Dàzhāng	隶属于埇桥区大泽乡镇西寺坡村。清朝末年，张姓尤姓人家在此居住，取名尤路张家，后张姓不断壮大，尤姓衰败，有道士称张尤相克，张口喝尤，尤姓无几，后取名大张家。
韩土桥	Hántǔqiáo	隶属于埇桥区大泽乡镇西寺坡村。清朝末年，韩姓在此居住，此地有土桥，故名韩土桥。
大韩村村民委员会	Dàháncūn Cūnmínwěiyuánhuì	位于埇桥区大泽乡镇。1983 年由大韩大队更名为大韩村民委员会，2008 年大韩村由大韩村、韩寨村、陈胡村三个村合并而成，沿用至今。
大韩庄	Dàhánzhuāng	隶属于埇桥区大泽乡镇大韩村。明朝，韩姓四兄弟迁居至此，老大所在的村庄为大韩庄。
付李	Fùlǐ	隶属于埇桥区大泽乡镇大韩村。居民以李姓为主，叫付李。
南王	Nánwáng	隶属于埇桥区大泽乡镇大韩村。居民以王姓为主，叫南王。
二韩	Èrhán	隶属于埇桥区大泽乡镇大韩村。明朝，韩姓兄弟四人迁居至此，老二所在的庄为二韩。
孙家	Sūnjiā	隶属于埇桥区大泽乡镇大韩村。原由孙姓居住，现虽由韩姓居住，但庄名却一直未变。
韩寨	Hánzhài	隶属于埇桥区大泽乡镇大韩村。韩姓在此居住，并筑有圩寨，故名韩寨。
杜家	Dùjiā	隶属于埇桥区大泽乡镇大韩村。杜姓在此居住，故名杜家。
李庄	Lǐzhuāng	隶属于埇桥区大泽乡镇大韩村。李姓在此居住，故名李庄。
陈胡	Chénhú	隶属于埇桥区大泽乡镇大韩村。胡姓和陈姓居住，故名陈胡。
前胡	Qiánhú	隶属于埇桥区大泽乡镇大韩村。胡姓在此居住，位于陈胡南部，故名前胡。

标准名称	汉语拼音	备注
后胡	Hòuhú	隶属于埇桥区大泽乡镇大韩村。胡姓在此居住，位于陈胡北部，故名后胡。
雪花村 村民委员会	Xuěhuācūn Cūnmínwěiyuánhuì	位于埇桥区大泽乡镇。2008 年由全湖大队、王寨大队、铁棍陈大队合并称为雪花村。
西陈	Xīchén	隶属于埇桥区大泽乡镇雪花村。陈姓居多，在东陈庄西侧，故名西陈。
全湖	Quánhú	隶属于埇桥区大泽乡镇雪花村。全姓居多，荒地多，地势低洼，故名全湖。
牛刘	Niúliú	隶属于埇桥区大泽乡镇雪花村。以刘姓和牛姓为主，故名牛刘。
丁家	Dīngjiā	隶属于埇桥区大泽乡镇雪花村。以丁姓居多，故名丁家。
东陈	Dōngchén	隶属于埇桥区大泽乡镇雪花村。陈姓居多，在西陈庄东面，故名东陈。
前王寨	Qiánwángzhài	隶属于埇桥区大泽乡镇雪花村。王姓居多，村外原有圩寨，此村位于后王寨南面，故名前王寨。
刘家	Liújiā	隶属于埇桥区大泽乡镇雪花村。刘姓在此居住，年轻人以编粪箕为生，取名为粪箕刘，后称刘家。
韩圩	Hánwéi	隶属于埇桥区大泽乡镇雪花村。韩姓居多，村外筑有土圩子，故名韩圩。
后王寨	Hòuwángzhài	隶属于埇桥区大泽乡镇雪花村。王姓居多，村外原有圩寨，此村位于前王寨北面，故名后王寨。
小韩	Xiǎohán	隶属于埇桥区大泽乡镇雪花村。韩姓居多，故名小韩。
刘村 村民委员会	Liúcūn Cūnmínwěiyuánhuì	位于埇桥区大泽乡镇。1949 年 10 月前刘村乡恒兴社，1958 年为刘村公社，1964 年为刘村大队，1983 年更名刘村村民委员会。
汪家	Wāngjiā	隶属于埇桥区大泽乡镇刘村。汪姓在此居住，故名汪家。
刘村集	Liúcūnjí	隶属于埇桥区大泽乡镇刘村。原刘姓居多，本村逢集，故名刘村集。
南杨家	Nányángjiā	隶属于埇桥区大泽乡镇刘村。清朝初期，杨姓由西南迁居此处，故名南杨家。
南孙家	Nánsūnjiā	隶属于埇桥区大泽乡镇刘村。清朝初期，孙姓由西南迁居此处，故名南孙家。
吴家	Wújiā	隶属于埇桥区大泽乡镇刘村。清朝初期，吴姓由西南迁居此处，故名吴家。
欧家	Ōujiā	隶属于埇桥区大泽乡镇刘村。清朝初期，欧姓由西南迁居此处，故名欧家。

标准名称	汉语拼音	备注
东王	Dōngwáng	隶属于埇桥区大泽乡镇刘村。清朝初期，王姓由西南迁居此处，故名东王。
张桥村村民委员会	Zhāngqiáocūn Cūnmínwěiyuánhuì	位于埇桥区大泽乡镇。1984 年由张桥大队更名为张桥村民委员会。2008 年由张桥村、连沟村、胡东村合并称为张桥村。
张圩子	Zhāngwéizi	隶属于埇桥区大泽乡镇张桥村。清朝末期，张姓在此居住，又因村外建有土圩子，故名张圩子。
前连沟	Qiánliángōu	隶属于埇桥区大泽乡镇张桥村。清朝末期，张姓在此居住，又庄西有一条南北流向的连沟，故名前连沟。
后冯	Hòuféng	隶属于埇桥区大泽乡镇张桥村。冯姓居多，位于前冯北侧，故名后冯。
前冯	Qiánféng	隶属于埇桥区大泽乡镇张桥村。冯姓居多，位于后冯南侧，故名前冯。
后连沟	Hòuliángōu	隶属于埇桥区大泽乡镇张桥村。庄西有一条南北流向的连沟，连沟东侧有前连沟，故名后连沟。
张桥	Zhāngqiáo	隶属于埇桥区大泽乡镇张桥村。清朝末期，张姓在连沟上修建一座木桥，给人们的生产生活带来了方便，取名张桥。
小张	Xiǎozhāng	隶属于埇桥区大泽乡镇张桥村。清朝末期，张姓在此居住，取名小张。
刘荒	Liúhuāng	隶属于埇桥区大泽乡镇张桥村。清朝末期刘姓从山西迁居至此，四周全是荒地，故名刘荒。
大时	Dàshí	隶属于埇桥区大泽乡镇张桥村。清朝末期，时姓迁居至此，取名大时。
小时	Xiǎoshí	隶属于埇桥区大泽乡镇张桥村。时姓在此居住，取名小时。
门东韩	Méndōnghán	隶属于埇桥区大泽乡镇张桥村。韩姓在此居住，当时建房面向东方，故名门东韩。
后胡东	Hòuhúdōng	隶属于埇桥区大泽乡镇张桥村。后胡庄西有一大片空地，荒无人烟。当地人称为湖，“湖”与“胡”同音，此庄位于前胡东庄的北侧，故名后胡东。
前胡东	Qiánhúdōng	隶属于埇桥区大泽乡镇张桥村。后胡庄西有一大片空地，荒无人烟。当地人称为湖，“湖”与“胡”同音，此庄位于东南方向，故名前胡东。
杨寨	Yángzhài	隶属于埇桥区大泽乡镇张桥村。明朝末期，杨姓从山西迁居至此，并建有圩寨，故名杨寨。
涉故台村村民委员会	Shègùtáicūn Cūnmínwěiyuánhuì	位于埇桥区大泽乡镇。自建村得名以来，沿用至今。
何庄	Hézhuāng	隶属于埇桥区大泽乡镇涉故台村。何姓居多，取名何庄。

标准名称	汉语拼音	备注
涉故台新村	Shègùtáixīncūn	隶属于埇桥区大泽乡镇涉故台村。各庄迁到涉故台建房居住，取名涉故台新村。
小赵家	Xiǎozhàojiā	隶属于埇桥区大泽乡镇涉故台村。从大赵家分迁过来，取名小赵家。
尹家	Yǐnjiā	隶属于埇桥区大泽乡镇涉故台村。尹姓居多，取名尹家。
大赵家	Dàzhàojiā	隶属于埇桥区大泽乡镇涉故台村。赵姓在此居住，取名大赵家。
吴家	Wújiā	隶属于埇桥区大泽乡镇涉故台村。吴姓居多，取名吴家。
江家	Jiāngjiā	隶属于埇桥区大泽乡镇涉故台村。江姓居多，取名江家。
龙王庙村村民委员会	Lóngwángmiàocūn Cūnmínwěiyuánhuì	位于埇桥区大泽乡镇。1992 年 1 月为龙王庙村。2008 年大余村、高家村、朱曹王村三村合并为龙王庙村。
陈家	Chénjiā	隶属于埇桥区大泽乡镇龙王庙村。清朝后期，陈姓在此居住，故名陈家。
牌坊	Páifāng	隶属于埇桥区大泽乡镇龙王庙村。以早年村中的牌坊取名。
余东	Yúdōng	隶属于埇桥区大泽乡镇龙王庙村。清朝后期，余姓在此居住，故名余东。
余西	Yúxī	隶属于埇桥区大泽乡镇龙王庙村。清朝后期，余姓在此居住，故名余西。
后余	Hòuyú	隶属于埇桥区大泽乡镇龙王庙村。清朝后期，余姓在此居住，故名后余。
一张家	Yīzhāngjiā	隶属于埇桥区大泽乡镇龙王庙村。清朝后期，张姓在此居住，故名一张家。
高家	Gāojiā	隶属于埇桥区大泽乡镇龙王庙村。清朝后期，高姓在此居住，故名高家。
庄家组	Zhuāngjiāzǔ	隶属于埇桥区大泽乡镇龙王庙村。清朝后期，庄姓在此居住，故名庄家组。
黄家	Huángjiā	隶属于埇桥区大泽乡镇龙王庙村。清朝后期，黄姓在此居住，故名黄家。
朱家	Zhūjiā	隶属于埇桥区大泽乡镇龙王庙村。清朝后期，朱姓在此居住，故名朱家。
曹家	Cáojiā	隶属于埇桥区大泽乡镇龙王庙村。清朝后期，曹姓在此居住，故名曹家。
东王	Dōngwáng	隶属于埇桥区大泽乡镇龙王庙村。清朝后期，王姓在此居住，故名东王。
西王	Xīwáng	隶属于埇桥区大泽乡镇龙王庙村。清朝后期，王姓在此居住，故名西王。

标准名称	汉语拼音	备注
和谐村村民委员会	Héxiécūn Cūnmínwěiyuánhuì	位于埇桥区大泽乡镇。1958 年改为三丁大队，2008 年郭庙村加入改为和谐村，沿用至今。
陈圩	Chénwéi	隶属于埇桥区大泽乡镇和谐村。陈姓在此居住，庄周围有土圩子，故名陈圩。
后丁	Hòudīng	隶属于埇桥区大泽乡镇和谐村。因丁姓居多，且位于前丁北，故名后丁。
前丁	Qiándīng	隶属于埇桥区大泽乡镇和谐村。因丁姓居多，且位于后丁南，故名前丁。
三陈家	Sānchénjiā	隶属于埇桥区大泽乡镇和谐村。住户都姓陈，因村内有一条沟，将该村分为三处，故名三陈家。
沟西	Gōuxī	隶属于埇桥区大泽乡镇和谐村。位于连沟以西，故称沟西。
小郭家	Xiǎoguōjiā	隶属于埇桥区大泽乡镇和谐村。以郭姓居多，故名小郭家。
滕家	Téngjiā	隶属于埇桥区大泽乡镇和谐村。以滕姓居多，故名滕家。
陈桥	Chénqiáo	隶属于埇桥区大泽乡镇和谐村。以陈姓居多，庄内有桥，故名陈桥。
洪庙村村民委员会	Hóngmiàocūn Cūnmínwěiyuánhuì	位于埇桥区大泽乡镇。1951 年为洪光公社，1958 年改为洪庙大队，1984 年由洪庙大队更名为洪庙村。
张家庄	Zhāngjiāzhuāng	隶属于埇桥区大泽乡镇洪庙村。此庄人都姓张，故名张家庄。
李寨	Lǐzhài	隶属于埇桥区大泽乡镇洪庙村。此庄人都姓李，故名李寨。
后路涯庄	Hòulùyázhuāng	隶属于埇桥区大泽乡镇洪庙村。此庄在西桃路北，接近路边，故名后路涯庄。
前路涯庄	Qiánlùyázhuāng	隶属于埇桥区大泽乡镇洪庙村。此庄在西桃路南，接近路边，故名前路涯庄。
洪庙	Hóngmiào	隶属于埇桥区大泽乡镇洪庙村。据说村南有座庙，是用红颜色粉刷的，故名“红庙”，后演变为“洪庙”。
滕庄	Téngzhuāng	隶属于埇桥区大泽乡镇洪庙村。因此庄都姓滕，故名滕庄。
杨王庄	Yángwángzhuāng	隶属于埇桥区大泽乡镇洪庙村。此庄有杨姓和王姓两大家，故名杨王庄。
小李庄	Xiǎolǐzhuāng	隶属于埇桥区大泽乡镇洪庙村。此庄人都姓李，故名小李庄。
雷家	Léijiā	隶属于埇桥区大泽乡镇洪庙村。此庄人都姓雷，故名雷家。
石桥	Shíqiáo	隶属于埇桥区大泽乡镇洪庙村。因庄中有一所石桥，故名为石桥。
大林庄	Dàlínzhuāng	隶属于埇桥区大泽乡镇洪庙村。此庄人都姓林，故名大林庄。

标准名称	汉语拼音	备注
双庄	Shuāngzhuāng	隶属于埇桥区大泽乡镇洪庙村。此庄中间有一条东西走向的路，路南侧有前门，路北侧有后门，当年人称南门口、北门口，称前后门，后改名为双庄。
门东庄	Méndōngzhuāng	隶属于埇桥区大泽乡镇洪庙村。此庄大部分农户都门朝东，故名门东庄。
汪家	Wāngjiā	隶属于埇桥区大泽乡镇洪庙村。此庄大部分人都姓汪，故名汪家。
徐家	Xújiā	隶属于埇桥区大泽乡镇洪庙村。此庄大部分人都姓徐，故名徐家。
欧家庄	Ōujiāzhuāng	隶属于埇桥区大泽乡镇洪庙村。因庄里人都是姓欧，故名欧家庄。
谢家	Xièjiā	隶属于埇桥区大泽乡镇洪庙村。此庄人都姓谢，故名谢家。
前进村 村民委员会	Qiánjìncūn Cūnmínwěiyuánhuì	位于埇桥区大泽乡镇。1958 年成立前进高级社，2008 年由后朱、前楼、后楼三个村合并成为现在的前进村。
余圩庄	Yúwéizhuāng	隶属于埇桥区大泽乡镇前进村。因该庄余姓居民居多，故而得名。
喻家	Yùjiā	隶属于埇桥区大泽乡镇前进村。喻家在此居住，故名喻家。
朱庄	Zhūzhuāng	隶属于埇桥区大泽乡镇前进村。朱姓在此居住，故名朱庄。
后楼庄	Hòulóuzhuāng	隶属于埇桥区大泽乡镇前进村。因该庄原有一地主在此盖楼，故而得名。
郭庄	Guōzhuāng	隶属于埇桥区大泽乡镇前进村。郭姓在此居住，故名郭庄。
蒋州新庄	Jiǎngzhōuxīnzhuāng	隶属于埇桥区大泽乡镇前进村。旧时由外地搬迁至此，一直叫蒋州新庄。
前楼新庄	Qiánlóuxīnzhuāng	隶属于埇桥区大泽乡镇前进村。旧时搬迁至此，一直叫前楼新庄。
小乔庄	Xiǎoqiáozhuāng	隶属于埇桥区大泽乡镇前进村。明朝时，乔姓弟兄四人从北方迁居此地，老大在老庄，老二在后楼，老三在乔东、桥西，老四在小乔庄。
前楼老庄	Qiánlóulǎozhuāng	隶属于埇桥区大泽乡镇前进村。后代一直叫前楼老庄。
后桥东	Hòuqiáodōng	隶属于埇桥区大泽乡镇前进村。乔姓在此居住，以村中小沟为界，分为桥东、桥西，此为后桥东。
后桥西	Hòuqiáoxī	隶属于埇桥区大泽乡镇前进村。乔家在此居住，以村中小沟为界，分为桥东、桥西，此为后桥西。
水池村 村民委员会	Shuǐchícūn Cūnmínwěiyuánhuì	位于埇桥区大泽乡镇。人民公社时期名称为水池大队，2008 年由水池村、丁蔡村、桑大庄村合并，取名水池村民委员会。
魏家	Wèijiā	隶属于埇桥区大泽乡镇水池村。魏姓在此居住，故名魏家。

标准名称	汉语拼音	备注
蔡家	Càijiā	隶属于埇桥区大泽乡镇水池村。蔡姓在此居住，故名蔡家。
丁家	Dīngjiā	隶属于埇桥区大泽乡镇水池村。丁姓在此居住，故名丁家。
廖家	Liàojiā	隶属于埇桥区大泽乡镇水池村。廖姓在此居住，由此取名。
小李家	Xiǎolǐjiā	隶属于埇桥区大泽乡镇水池村。李姓在此居住，故名小李家。
韩家	Hánjiā	隶属于埇桥区大泽乡镇水池村。韩姓在此居住，故名韩家。
桑岭子	Sānglǐngzi	隶属于埇桥区大泽乡镇水池村。因桑姓家族以岭分居，故取此名。
桑小寨	Sāngxiǎozhài	隶属于埇桥区大泽乡镇水池村。因桑姓在此居住，且村庄早年为一寨子，得名桑小寨。
桑庄户	Sāngzhuānghù	隶属于埇桥区大泽乡镇水池村。桑姓居多，故名桑庄户。
桑大庄	Sāngdàzhuāng	隶属于埇桥区大泽乡镇水池村。桑姓在此居住，且因面积大，人口多，故名桑大庄。
杨家	Yángjiā	隶属于埇桥区大泽乡镇水池村。杨姓居多，故名杨家。
桑土桥	Sāngtǔqiáo	隶属于埇桥区大泽乡镇水池村。桑姓居多，境内有一土桥，故取此名。
后场	Hòuchǎng	隶属于埇桥区大泽乡镇水池村。古代大地主打场的地方，后来慢慢有人居住，取名后场。
后乡	Hòuxiāng	隶属于埇桥区大泽乡镇水池村。此庄建庄较晚，后人取名后乡。
小张家	Xiǎozhāngjiā	隶属于埇桥区大泽乡镇水池村。张姓居多，故名小张家。
水池	Shuǐchí	隶属于埇桥区大泽乡镇水池村。从前此村地势低洼，得名水池。
兴隆村村民委员会	Xìnglóngcūn Cūnmínwěiyuánhuì	位于埇桥区大泽乡镇。民国时期把庙改成了学校，即兴隆寺小学，小学在肖店村境内，2008 年西寺坡镇人民政府把萧店、站北、段家三个自然庄合并为兴隆村。
桑老庄	Sānglǎozhuāng	隶属于埇桥区大泽乡镇兴隆村。桑姓在此居住，年代久远，故名桑老庄。
王家	Wángjiā	隶属于埇桥区大泽乡镇兴隆村。从前庄西头有一座庙宇，名曰兴隆寺，王姓在此定居，便以兴隆寺为庄名。
祖家	Zǔjiā	隶属于埇桥区大泽乡镇兴隆村。祖姓在此定居，故名祖家。
西王	Xīwáng	隶属于埇桥区大泽乡镇兴隆村。王姓在此居住，且位于村庄的西部，故名西王。
小李家	Xiǎolǐjiā	隶属于埇桥区大泽乡镇兴隆村。李姓在此居住，庄子人少，故名小李家。

标准名称	汉语拼音	备注
小王家	Xiǎowángjiā	隶属于埇桥区大泽乡镇兴隆村。王姓的居多，故名小王家。
庙西	Miàoxī	隶属于埇桥区大泽乡镇兴隆村。村庄位于土地庙的西侧，故名庙西。
庙东	Miàodōng	隶属于埇桥区大泽乡镇兴隆村。村庄位于土地庙的东侧，故名庙东。
李圩	Lǐwéi	隶属于埇桥区大泽乡镇兴隆村。李姓在此居住，故名李圩。
杨家	Yángjiā	隶属于埇桥区大泽乡镇兴隆村。杨姓居多，故名杨家。
店南李家	Diànnánlǐjiā	隶属于埇桥区大泽乡镇兴隆村。李姓在萧店庄南定居，故名店南李家。
萧店庄	Xiāodiànzhuāng	隶属于埇桥区大泽乡镇兴隆村。老津沪公路从此庄经过，村民在庄里开起了杂货店，有一家萧姓人家店名声在外，故名萧店庄。
段家	Duànjiā	隶属于埇桥区大泽乡镇兴隆村。段姓居多，故名段家。
闫刘庄	Yánliúzhuāng	隶属于埇桥区大泽乡镇兴隆村。闫姓和刘姓在此居住，在老津沪公路，故名闫刘庄。
小张庄	Xiǎozhāngzhuāng	隶属于埇桥区大泽乡镇兴隆村。以前叫高家组，后改叫小张庄。

杨庄乡

杨庄乡（Yángzhuāng Xiāng） 属埇桥区辖乡。在埇桥区的东北部。面积 76.5199 平方千米。人口 40859 人。以汉族为主。辖 10 个村委会，有 58 个自然村。乡人民政府驻杨庄村。1952 年 2 月，在原 6 个小乡的基础上，又划小增设了孙楼（驻程庄）、杜楼、高庄、丁庄 4 个乡为 10 个小乡。1992 年 2 月撤区并乡，属县级宿州市。1998 年 12 月属宿州市埇桥区。因乡政府驻杨庄村而得名。新霞河、奎河流经境内。有图书馆 13 个，幼儿园 7 所，小学 14 所，初中 3 所；各级各类医疗卫生机构 11 个。境内有省级文物保护单位林探花府。农业以种植小麦、玉米、大豆、高粱为主。畜牧业以饲养生猪、牛、羊、家禽为主。工业以服饰、木业、纸业加工为主。有合徐高速公路、连霍高速公路、206 国道。

标准名称	汉语拼音	备注
程庄村村民委员会	Chéngzhuāngcūn Cūnmínwěiyuánhuì	隶属埇桥区杨庄乡。人民公社时期称为程庄大队；1983 年更名程庄村委会。
程庄	Chéngzhuāng	隶属于埇桥区杨庄乡程庄村。因村民多程姓，故名程庄。

标准名称	汉语拼音	备注
段庄	Duànzhuāng	隶属于埇桥区杨庄乡程庄村。清朝末期，段姓由外省迁居至此，故得名段庄。
后楼	Hòulóu	隶属于埇桥区杨庄乡程庄村。民国初期，孙姓逃荒定居此地，以孙楼为前楼，因此后边为后楼。
后瓦房	Hòuwǎfáng	隶属于埇桥区杨庄乡程庄村。房屋多为瓦屋，故名。
腰庄	Yāozhuāng	隶属于埇桥区杨庄乡程庄村。清朝中后期，盛姓从河南迁居此地，由于此地东有程庄西有滕庄，位于两地之间，因此得名腰庄。
孙楼庄	Sūnlóuzhuāng	隶属于埇桥区杨庄乡程庄村。清朝中期，孙姓由河南迁居至此，故得名孙楼庄。
滕庄	Téngzhuāng	隶属于埇桥区杨庄乡程庄村。民国初期，滕姓从桃山迁居至此，因此得名。
瓦房	Wǎfáng	隶属于埇桥区杨庄乡程庄村。清朝后期，杨姓从山西洪洞县迁居至此，建造砖瓦房屋，故此得名瓦房。
杜楼村 村民委员会	Dùlóucūn Cūnmínwěiyuánhuì	位于埇桥区杨庄乡。人民公社时期名称为杜楼大队，1983年由杜楼大队更名为杜楼村民委员会，沿用至今。
东菜楼	Dōngcàilóu	隶属于埇桥区杨庄乡杜楼村。当地以前多种菜的农户，且筑有楼房，得名菜楼，后住户逐渐增多且地处东部，故得名东菜楼。
杜楼	Dùlóu	隶属于埇桥区杨庄乡杜楼村。因村民多杜姓，且村中有楼房，故名杜楼。
韩庄	Hánzhuāng	隶属于埇桥区杨庄乡杜楼村。因村民多韩姓，故名韩庄。
西菜楼	Xīcàilóu	隶属于埇桥区杨庄乡杜楼村。当地以前多种菜的农户，且筑有楼房，得名菜楼，后住户逐渐增多且地处西部，故得名西菜楼。
房上村 村民委员会	Fángshàngcūn Cūnmínwěiyuánhuì	位于埇桥区杨庄乡。1961年，房上乡更名为房上大队，1983年由房上大队更名为房上村委会，沿用至今。
房上	Fángshàng	隶属于埇桥区杨庄乡房上村。因该庄多修建房屋的木工，故名。
伊桥	Yīqiáo	隶属于埇桥区杨庄乡房上村。清朝中期，伊姓在奎河修大桥，故得名伊桥。
高庄村 村民委员会	Gāozhuāngcūn Cūnmínwěiyuánhuì	位于埇桥区杨庄乡。原三个村合并为一个村，因该村人口多，故取名为高庄村。
大高庄	Dàgāozhuāng	隶属于埇桥区杨庄乡高庄村。因高姓居多，且村大，故名大高庄。
郝庄	Hǎozhuāng	隶属于埇桥区杨庄乡高庄村。郝姓从外地迁居至此，故得此名。

标准名称	汉语拼音	备注
沙庄	Shāzhuāng	隶属于埇桥区杨庄乡高庄村。沙姓从外地迁居至此，故名沙庄。
万庄	Wànzhuāng	隶属于埇桥区杨庄乡高庄村。万姓从外地迁居至此，故得此名。
夏堂	Xiàtáng	隶属于埇桥区杨庄乡高庄村。夏姓从外地迁居，故得此名。
翁庄	Wēngzhuāng	隶属于埇桥区杨庄乡高庄村。翁姓从外地迁居，故得此名。
小高庄	Xiǎogāozhuāng	隶属于埇桥区杨庄乡高庄村。高姓从外地迁居，村庄小，故得此名。
街东村 村民委员会	Jiēdōngcūn Cūnmínwěiyuánhuì	位于埇桥区杨庄乡。人民公社时期名称为街东大队，1983年更名为东阁村，2007年与官庄村合并为街东村，沿用至今。
东阁	Dōnggé	隶属于埇桥区杨庄乡街东村。清朝时期，因在杨庄街的东部建有观音庙，故得名东阁。
后关庄	Hòuguānzhuāng	隶属于埇桥区杨庄乡街东村。村民多关姓，村庄逐渐变大，遂分为两个居民点，因地处北部，故名后关庄。
后庄	Hòuzhuāng	隶属于埇桥区杨庄乡街东村。因在东阁庙北面，故称后庄。
前关庄	Qiánguānzhuāng	隶属于埇桥区杨庄乡街东村。村民多姓关，村庄逐渐变大，遂分为两个居民点，因地处南部，故名前关庄。
刘楼社区 村民委员会	Liúlóu Shèqū Cūnmínwěiyuánhuì	位于埇桥区杨庄乡。生产公社时名称为刘楼大队，2014年由刘楼村委会更名为刘楼社区至今。
白庄	Báizhuāng	隶属于埇桥区杨庄乡刘楼村。宋代早期，白姓从山西迁居至此，因此得名。
丁瓦房	Dīngwǎfáng	隶属于埇桥区杨庄乡刘楼村。清朝早期，丁姓从江南迁居至此，因此得名。
东闫庄	Dōngyánzhuāng	隶属于埇桥区杨庄乡刘楼村。宋代中期，闫姓从南方迁到此地，随后陈姓人家及杜姓人家到此地落户，因此得名。
范庄	Fànzhuāng	隶属于埇桥区杨庄乡刘楼村。明代时期，范姓从南方迁居至此，因此得名。
韩大庄	Hándàzhuāng	隶属于埇桥区杨庄乡刘楼村。明朝时期，韩姓从南方迁居至此，因此得名。
刘楼	Liúlóu	隶属于埇桥区杨庄乡刘楼村。宋朝时期，刘姓由南方迁居至此，因此得名。
西闫庄	Xīyánzhuāng	隶属于埇桥区杨庄乡刘楼村。清朝中期，闫姓从东闫庄分支到西闫庄，随后杨姓人家到此落户，因此得名。
小马庄	Xiǎomǎzhuāng	隶属于埇桥区杨庄乡刘楼村。明朝时期，马姓从河南迁居至此，因此得名。

标准名称	汉语拼音	备注
苏湖村村民委员会	Sūhúcūn Cūnmínwěiyuánhuì	位于埇桥区杨庄乡。人民公社时期名称为苏湖大队，1983年由苏湖大队更名为苏湖村民委员会，沿用至今。
丁楼	Dīnglóu	隶属于埇桥区杨庄乡苏湖村。因村民多丁姓，村中有楼房，故名丁楼。
李台	Lǐtái	隶属于埇桥区杨庄乡苏湖村。因村民多李姓，且地处高地，故名李台。
苏湖	Sūhú	隶属于埇桥区杨庄乡苏湖村。多以苏姓为主，庄中有湖，故名。
杨庄村村民委员会	Yángzhuāngcūn Cūnmínwěiyuánhuì	位于埇桥区杨庄乡。人民公社时期名称为街里大队，1983年由街东大队更名为杨庄村民委员会，沿用至今。
岸楼	Ànlóu	隶属于埇桥区杨庄乡杨庄村。旧时村庄地处河岸边，且村中有楼房，故名岸楼。
郭庄	Guōzhuāng	隶属于埇桥区杨庄乡杨庄村。清朝乾隆年间，郭姓来此地置地建庄，故名郭庄。
牌坊	Páifāng	隶属于埇桥区杨庄乡杨庄村。乾隆三十年，建节孝坊。村人段继京自幼聪慧，才华横溢，自负其才，赴京赶考落第，含愤辞世，其幼聘河北袁督军之女为妻，又由其妹代娶进门，独居三年因孤独寂寞吞金而死。乾隆皇帝下旨建贞烈牌坊，故名牌坊。
孙桥庄	Sūnqiáozhuāng	隶属于埇桥区杨庄乡杨庄村。清朝末期，孙姓迁居于此，故得名孙桥。
杨楼	Yánglóu	隶属于埇桥区杨庄乡杨庄村。清朝中期，杨姓迁居于此，因故得名杨楼。
杨庄	Yángzhuāng	隶属于埇桥区杨庄乡杨庄村。因杨姓居多，故名杨庄。
郑楼社区村民委员会	Zhènglóu Shèqū Cūnmínwěiyuánhuì	位于埇桥区杨庄乡。人民公社时期名称为郑楼大队，1983年由郑楼大队更名为郑楼村民委员会后，名称未变，沿用至今。
大柳庄	Dàliǔzhuāng	隶属于埇桥区杨庄乡郑楼村。因邻近有小李庄，此村面积稍大，人口较多，故名大柳庄。
贾庄	Jiǎzhuāng	隶属于埇桥区杨庄乡郑楼村。贾姓迁居至此，故名贾庄。
小李庄	Xiǎolǐzhuāng	隶属于埇桥区杨庄乡郑楼村。因村内多李姓，且村小，故名小李庄。
谢洼	Xièwā	隶属于埇桥区杨庄乡郑楼村。该庄多以谢姓居多，庄内有一水洼，故名。
赵庄	Zhàozhuāng	隶属于埇桥区杨庄乡郑楼村。该庄多以赵姓居多，故名。
郑楼	Zhènglóu	隶属于埇桥区杨庄乡郑楼村。从前有一郑姓地主，在此建楼造房，故名。
庄庄	Zhuāngzhuang	隶属于埇桥区杨庄乡郑楼村。因村内多庄姓，故名庄庄。

支河乡

支河乡（Zhīhé Xiāng） 属埇桥区辖乡。在埇桥区的北部。面积 84.73 平方千米。人口 38518 人。以汉族为主。辖 10 个村委会，有 83 个自然村。乡人民政府驻城子村。1992 年 2 月，支河、赵台、王塘合并设支河乡，属县级宿州市。1998 年 12 月属宿州市埇桥区。汉晋时，就有支河之名，是陴湖之滨繁华的城邑。汉高祖登基之初，即置甾丘城，故城址上的支河人仍将这古老的土地称为城子或甾王城。乡因此得名。老斜河、方河、新霞河流经境内。有综合文化站 1 个；幼儿园 3 所，小学 17 所，中学 1 所；各级各类医疗卫生机构 12 个。境内有古甾丘县城遗址。农业以种植小麦、玉米为主。畜牧业以饲养生猪、家禽为主。工业以农产品、板材、建材加工为主。026 县道、京沪高速铁路穿境而过。

标准名称	汉语拼音	备注
曹庄村 村民委员会	Cáozhuāngcūn Cūnmínwěiyuánhuì	位于埇桥区支河乡。1956 年政府命名为光明社，1958 年为曹庄大队。2007 年由楼房村、曹庄村、郭园村、李庄村合并命名为曹庄村，沿用至今。
曹庄	Cáozhuāng	隶属于埇桥区支河乡曹庄村。曹姓为大姓，故名曹庄。
大楼房	Dàlóufáng	隶属于埇桥区支河乡曹庄村。清朝前期，有大户盖楼失火留框而得名。1958 年“大跃进”时期，改名新楼房，简称楼房，因有两个庄，大庄叫大楼房，小庄叫小楼房。
郭园	Guōyuán	隶属于埇桥区支河乡曹庄村。庄内以郭姓、李姓、朱姓为主，因郭姓定居最早，而得名郭园。
接庄	Jiēzhuāng	隶属于埇桥区支河乡曹庄村。清朝中期，接姓从山西迁居至此地而得名。
李庄	Lǐzhuāng	隶属于埇桥区支河乡曹庄村。清朝前期，李姓从山西迁来定居，因而得名李庄。
马庄	Mǎzhuāng	隶属于埇桥区支河乡曹庄村。庄内以马姓、武姓居民为主，因马姓居民定居最早，故得名马庄。
田湖	Tiánhú	隶属于埇桥区支河乡曹庄村。因田姓定居最早，故称田湖。
小楼房	Xiǎolóufáng	隶属于埇桥区支河乡曹庄村。清朝前期，有大户盖楼失火留框而得名。1958 年“大跃进”时期，改名新楼房，简称楼房，因有两个庄，大庄叫大楼房，小庄叫小楼房。
小路湖	Xiǎolùhú	隶属于埇桥区支河乡曹庄村。清朝前期，路姓从山西迁来定居，因而得名小路湖。
杨树底	Yángshùdǐ	隶属于埇桥区支河乡曹庄村。庄内有胡姓、陈姓、王姓居民为主，庄头有一棵大杨树，因而得名杨树底。
城子村 村民委员会	Chéngzīcūn Cūnmínwěiyuánhuì	位于埇桥区支河乡。1982 年由城孜大队更名为城子村委会，2007 年由城子村、城后村康湖村合并命名为城子村。

标准名称	汉语拼音	备注
城后	Chénghòu	隶属于埇桥区支河乡城孜村。因在城子集后面，故称城后。
城孜	Chéngzī	隶属于埇桥区支河乡城子村。此地为汉代甾丘县城故址，后形成乡村集市，故名城子，改名为城孜。
康湖	Kānghú	隶属于埇桥区支河乡城孜村。明朝时期，此地为大将军康茂才故里，后此地称为康湖。
方河村村民委员会	Fānghécūn Cūnmínwěiyuánhuì	位于埇桥区支河乡。1985 年前是方河大队，从 1985 年队改村至今为方河村。
大吴家	Dàwújiā	隶属于埇桥区支河乡方河村。依据姓氏取名为大吴家。
高家	Gāojiā	隶属于埇桥区支河乡方河村。依据姓氏取名为高家。
刘小街	Liúxiǎojiē	隶属于埇桥区支河乡方河村。依据姓氏取名为刘小街。
南刘桥	Nánliúqiáo	隶属于埇桥区支河乡方河村。依据姓氏取名为南刘桥。
任桥	Rènqiáo	隶属于埇桥区支河乡方河村。依据姓氏取名为任桥。
张圩孜	Zhāngwéizī	隶属于埇桥区支河乡方河村。依据姓氏取名为张圩孜。
路湖村村民委员会	Lùhúcūn Cūnmínwěiyuánhuì	位于埇桥区支河乡。1985 年建村以来名称未变，沿用至今。
仓堆	Cāngduī	隶属于埇桥区支河乡路湖村。仓堆原是武姓种地打场的存粮仓库，清朝武氏族谱有多种写法，仓堆、仓圈、仓国。
胡庄	Húzhuāng	隶属于埇桥区支河乡路湖村。明朝期间，此地为龙江卫镇抚武原封地，其部下胡某为管家。胡某亲族在此种地定居，故此地称为胡庄。
路湖	Lùhú	隶属于埇桥区支河乡路湖村。路湖在陴湖中原先是个岛屿，岛上树木茂密，引来很多白鹭，飞起来遮天映日，白茫茫的一片。后来湖水下沉，岛屿变成了陆地，便从南方迁来居民再次开荒定居，形成村庄。村民和白鹭生活一起很有感情，便称白鹭途经的村庄为“鹭湖”。后传为路湖。
钱庄	Qiánzhuāng	隶属于埇桥区支河乡路湖村。此庄原叫戴园，为戴姓权园、梨园、菜园，后戴氏外迁。民国时期因钱姓人口渐多，改称为钱庄。1958 年称钱庄生产队，后称钱庄。
王海子	Wánghǎizi	隶属于埇桥区支河乡路湖村。明朝初期，山西王姓移民在此，久而久之形成村庄，因为围湖而居，便称为王海子。
西学	Xīxué	隶属于埇桥区支河乡路湖村。始建于明朝，此地为马皇后四表舅武原之封地，下传至曾孙武翔时，始建宅院。当时此地低洼湿润，柳树茂密，称为千柳村，后宣统元年修族谱，称为千柳村西学庄，简称西学。

标准名称	汉语拼音	备注
杨桥	Yángqiáo	隶属于埇桥区支河乡路湖村。明朝时期，徐州卫指挥明威将军武昆是长眉公武原八世孙，后调南京任太常寺任职，因家中土地无法管理，发现胡管家有贪占财物和不法行为，便将胡管家一家赶走，让内弟杨某管理。杨某发现从前柳村向西学庄的欧河桥石板桥梁断裂，决定在原桥向南五六百米处新建一座桥。此桥位置比之前更利于交通运输，取名为杨桥。
团结村 村民委员会	Tuánjiécūn Cūnmínwěiyuánhuì	位于埇桥区支河乡。1985 年建村以来，名称未变，沿用至今。
大宋庄	Dàsòngzhuāng	隶属于埇桥区支河乡团结村。明朝初期，宋姓在此开荒种地，取名大宋庄。
大庄	Dàzhuāng	隶属于埇桥区支河乡团结村。大庄赵姓家业大，各地穷人都来给他当长工，时间久了，都把妻子孩子迁至此地，俗称大庄。
丁宅	Dīngzhái	隶属于埇桥区支河乡团结村。清朝嘉庆年间，丁姓在此居住，因犯罪被抄家，张姓由栏杆迁来定居，但此地仍名为丁宅。
郭小庄	Guōxiǎozhuāng	隶属于埇桥区支河乡团结村。清朝中期，郭姓由栏杆迁至此地，故得名郭小庄。
侯桥	Hóuqiáo	隶属于埇桥区支河乡团结村。清朝中期开挖支河时，每五里修一座拱桥，该庄人以侯姓为主，故取名侯桥。
阚庄	Kànzhuāng	隶属于埇桥区支河乡团结村。依据姓氏称为阚庄。
李台	Lǐtái	隶属于埇桥区支河乡团结村。1721 年，李姓自陇西东迁至濉溪宋疃，后代传人迁居于此地。为防水淹，筑一高台造屋，称为李台。
李园	Lǐyuán	隶属于埇桥区支河乡团结村。该村以李姓居多，故得名李园。
刘桥	Liúqiáo	隶属于埇桥区支河乡团结村。清朝初期，刘姓逃荒至此地，给侯桥人养猪，雍正年间，开挖支河在此地修石桥一座，以刘姓命名，故称刘桥。
马楼	Mǎlóu	隶属于埇桥区支河乡团结村。马楼庄原名马家楼，是马氏家姓。改称为马楼。
赵台	Zhàotái	隶属于埇桥区支河乡团结村。明朝末期，赵姓由东北赵庄迁至此地，在开挖支河时取土垫成台子后取名赵台。
湾里村 村民委员会	Wānlǐcūn Cūnmínwěiyuánhuì	位于埇桥区支河乡。农业合作化时期为红星初级社、高级社，人民公社时期称湾里大队，后人民公社改乡政府，大队改为湾里村，2007 年并村时由湾里村、郭楼村、张楼村合并命名为湾里村，沿用至今。

标准名称	汉语拼音	备注
后圩	Hòuwéi	隶属于埇桥区支河乡湾里村。清乾隆年间，命名为郭楼，在战乱时期，为防止盗贼挖圩，改为后圩。
后庄	Hòuzhuāng	隶属于埇桥区支河乡湾里村。因该庄位置偏南，故名。
前湾	Qiánwān	隶属于埇桥区支河乡湾里村。明朝时期，开挖老支河时，路过本地绕了个大弯，从那时就称为湾里，位于湾前，称作前湾。
前圩	Qiánwéi	隶属于埇桥区支河乡湾里村。清乾隆年间，命名为郭楼，在战乱时期为防止盗贼挖圩，此为前圩。
前庄	Qiánzhuāng	隶属于埇桥区支河乡湾里村。因该庄位置靠南，故名。
桥子	Qiáozi	隶属于埇桥区支河乡湾里村。历史地名，沿用至今。
圩里	Wéilǐ	隶属于埇桥区支河乡湾里村。明朝时期，开挖老支河时，路过本地，绕了个大弯，从那时起称为湾里，后期又打圩，称为圩里。
西门	Xīmén	隶属于埇桥区支河乡湾里村。历史地名，沿用至今。
张楼	Zhānglóu	隶属于埇桥区支河乡湾里村。张楼住有张和李姓，张家先盖楼，命名为张楼。
张庄	Zhāngzhuāng	隶属于埇桥区支河乡湾里村。张庄人从栏杆阚疃前迁至此地已有六七百年，取名张庄。
赵闸	Zhàozhá	隶属于埇桥区支河乡湾里村。因赵闸因门前有个涵闸而得名。
中心	Zhōngxīn	隶属于埇桥区支河乡湾里村。历史地名，沿用至今。
董家	Dǒngjiā	隶属于埇桥区支河乡王塘村。清朝中期，董姓迁入此地，故名董家。
杜家庄	Dùjiāzhuāng	隶属于埇桥区支河乡王塘村。清代中期，原名徐井子，后来杜姓迁至此地，徐姓迁出，便更名为杜家庄。
王塘村村民委员会	Wángtángcūn Cūnmínwěiyuánhuì	位于埇桥区支河乡。1958 年成立人民公社后称王塘大队，后改为王塘村委会，2007 年改为王塘村村民委员会。
后孟	Hòumèng	隶属于埇桥区支河乡王塘村。明朝中期，孟姓迁居此地，分南北两块居住，北边一块称为后孟。
后王塘	Hòuwángtáng	隶属于埇桥区支河乡王塘村。明朝时，王姓迁居此地，庄前已有王姓居住且开挖了池塘，后来迁居的王姓称为后王塘。
李台	Lǐtái	隶属于埇桥区支河乡王塘村。明末，李姓来此地建房，由于房基较高像个台子，故名李台。
刘庄	Liúzhuāng	隶属于埇桥区支河乡王塘村。清朝时期，刘姓迁入此地，刘姓人会木工，能做农用的播种耩子，故得名刘耩子，后改名刘庄。

标准名称	汉语拼音	备注
前孟	Qiánmèng	隶属于埇桥区支河乡王塘村。明朝中期，孟姓迁居此地，分南北两块居住，南边一块称为前孟。
前王塘	Qiánwángtáng	隶属于埇桥区支河乡王塘村。宋朝时期，王姓迁居在此。近代建立了基督教堂，后来又有王姓人家迁入，从此有前王堂后王堂。后来，王堂改称为王塘。
滕家	Téngjiā	隶属于埇桥区支河乡王塘村。宋朝中期，滕姓、刘姓迁居在此，由于滕姓人家迁来较早，故称滕家。
温桥	Wēnqiáo	隶属于埇桥区支河乡王塘村。三百年前刘姓、温姓迁入此地，庄里有条小河，温姓出资修了桥，故得名温桥。
霞东	Xiádōng	隶属于埇桥区支河乡王塘村。宋朝期间，耿姓迁居此地，后来耿姓人家出资建了一座神庙，故称耿庙。“文化大革命”后期，宿县人民政府从方河向北，开挖一条大河，名叫霞河。河从庄中心穿过，河东的村庄为霞东。
徐桥村 村民委员会	Xúqiáocūn Cūnmínwěiyuánhuì	位于埇桥区支河乡。1958 年成立人民公社后称徐桥大队，1982 年由徐桥大队更名为徐桥村村民委员会，并沿用至今。
陈塘	Chéntáng	隶属于埇桥区支河乡徐桥村。清朝时期，陈姓从山东迁至此地，村内有一口池塘，因此得名陈塘。
后耿	Hòugěng	隶属于埇桥区支河乡徐桥村。该村以耿姓居民居多，故而得名。
接西	Jiēxī	隶属于埇桥区支河乡徐桥村。历史地名，沿用至今。
接桥	Jiēqiáo	隶属于埇桥区支河乡徐桥村。历史地名，沿用至今。
刘东	Liúdōng	隶属于埇桥区支河乡徐桥村。该村以刘姓居多，故而得名。
南刘	Nánliú	隶属于埇桥区支河乡徐桥村。该村以刘姓居多，故而得名。
前耿	Qiángěng	隶属于埇桥区支河乡徐桥村。该村以耿姓居多，故而得名。
谭徐	Tánxú	隶属于埇桥区支河乡徐桥村。该村以谭姓与徐姓居多，故而得名。
西圩	Xīwéi	隶属于埇桥区支河乡徐桥村。历史地名，沿用至今。
徐桥	Xúqiáo	隶属于埇桥区支河乡徐桥村。徐姓在此为大姓，且村附近在支河上有座桥，故得名徐桥。
张家	Zhāngjiā	隶属于埇桥区支河乡徐桥村。清朝时期，张姓从栏杆路疃迁入此地，故得名张家。
张新庄	Zhāngxīnzhuāng	隶属于埇桥区支河乡徐桥村。原属前耿庄，1976 年冬因开挖新霞河从前耿庄中穿过，搬迁至此，并更名为张新庄，并沿用至今。
鸭湖村 村民委员会	Yāhúcūn Cūnmínwěiyuánhuì	位于埇桥区支河乡。1958 年成立人民公社后称为鸭湖大队，后更名为鸭湖村村委会。

标准名称	汉语拼音	备注
沟北	Gōuběi	隶属于埇桥区支河乡鸭湖村。紧靠方河北岸，早年方河未开挖时如大沟一样，故称为沟北。
小鸭湖	Xiǎoyāhú	隶属于埇桥区支河乡鸭湖村。紧邻大鸭湖西北边，人口较少，故名小鸭湖。
鸭湖	Yāhú	隶属于埇桥区支河乡鸭湖村。早年地势低洼，连年发水，湖水中生长野鸭子，故名鸭湖。
赵楼村村民委员会	Zhàolóucūn Cūnmínwěiyuánhuì	位于埇桥区支河乡。农业合作化时期为红星初级社、高级社，1958 年成立人民公社后称赵楼大队，后人民公社改乡政府，大队改为赵楼村，2007 年并村时由赵楼村、海子村、幺李村合并命名为赵楼村，沿用至今。
段庄	Duànzhuāng	隶属于埇桥区支河乡赵楼村。原统称海子，因海子和段庄相隔一条小沟，沟北为海子，沟南叫段庄。
海子	Hǎizi	隶属于埇桥区支河乡赵楼村。原名高海子，全庄原有高姓和海姓两姓，后高姓迁走，只有海姓在此居住，更名为海子至今。
李庄	Lǐzhuāng	隶属于埇桥区支河乡赵楼村。原为一个临时储存粮食的地点，农忙过后，粮食运走便无人居住，后有李姓在此建房屋居住，故得名李庄。
柳庄	Liǔzhuāng	隶属于埇桥区支河乡赵楼村。原来有一柳姓在此居住，称柳庄。
幺庄	Yāozhuāng	隶属于埇桥区支河乡赵楼村。原来没有庄，(现在庄子前面) 一片高地上，大户人家建一个临时储存粮食的仓库叫畲头子，后从勘沟来一庄姓在此建房居住，繁衍生息，因人数较少，取名幺庄。幺表示小的意思。
赵楼	Zhàolóu	隶属于埇桥区支河乡赵楼村。早年间赵姓在此建楼，故而得名。

解集乡

解集乡（Xièjí Xiāng） 属埇桥区辖乡。在埇桥区的东北部。面积 132.0407 平方千米。人口 62408 人。以汉族为主。辖 13 个村委会，有 71 个自然村。乡人民政府驻解集村。1958 年 9 月，设解集公社；1986 年 7 月社改区，解集公社属栏杆区；1992 年 2 月，撤区并乡设解集乡，属县级宿州市；1998 年 12 月属宿州市埇桥区。因乡政府驻解集村而得名。拖尾河、柳须河流经境内；有老汪湖。有文化广播站 1 个，文化活动中心 13 个，图书室 29 个；幼儿园 16 所，小学 16 所，初中 3 所；各级各类医疗卫生机构 20 个。境内有子贡晒书台、八角琉璃井。农业以种植小麦、玉米、大豆为主。畜牧业以饲养生猪、羊、家禽为主。工业以农产品、板材、建材加工为主。056 县道连接东西、028 县道贯穿南北。

标准名称	汉语拼音	备注
大灵山村村民委员会	Dàlíngshāncūn Cūnmínwěiyuánhuì	位于埇桥区解集乡。人民公社时期为大尚大队、灵土庙大队、巍山大队，1983 年更名为大尚庄村委会、灵土庙村委会、巍山村委会，2007 年合并时取各村名的一个字组成，更名为大灵山村民委员会。
巍山	Wēishān	隶属于埇桥区解集乡大灵山村。因此村靠近巍山而得名。
杜家	Dùjiā	隶属于埇桥区解集乡大灵山村。杜姓迁居至此，故名杜家。
大尚庄	Dàshàngzhuāng	隶属于埇桥区解集乡大灵山村。据传很早以前有尚姓在此居住，故名大尚庄。
灵土庙	Língtǔmiào	隶属于埇桥区解集乡大灵山村。据传很久以前村南有座土地庙，民众认为很显灵，故名灵土庙。
黄林村村民委员会	Huánglíncūn Cūnmínwěiyuánhuì	位于埇桥区解集乡。1950 年前称黄树林村，1951 年后称黄林村，人民公社时期称黄林大队。2007 年前塔山村、后塔山村、二张村、黄林村合并，为黄林村村民委员会。
黄林	Huánglín	隶属于埇桥区解集乡黄林村。据传，以前此村西部有黄叶树林，故得名黄林。
二张村	Èrzhāngcūn	隶属于埇桥区解集乡黄林村。据传，很久以前村中有张姓两兄弟，娶妻成家后分居两处，故名二张村。
前塔山	Qiántǎshān	隶属于埇桥区解集乡黄林村。此村位于塔山南麓，故名前塔山。
后塔山	Hòutǎshān	隶属于埇桥区解集乡黄林村。此村位于塔山北麓，故名后塔山。
贡山村村民委员会	Gòngshāncūn Cūnmínwěiyuánhuì	位于埇桥区解集乡。人民公社时期名称为贡东大队、贡西大队，1983 年更名为贡山村委会、贡西村委会，2007 年合并为贡山村村民委员会。
贡东	Gòngdōng	隶属于埇桥区解集乡贡山村。因在贡山村东部，故而得名。
贡西	Gòngxī	隶属于埇桥区解集乡贡山村。因在贡山村西部，故而得名。
西王吴	Xīwángwú	隶属于埇桥区解集乡贡山村。因地处贡山村西部，且王姓、吴姓居多，故得名西王吴。
解集村村民委员会	Xièjícūn Cūnmínwěiyuánhuì	位于埇桥区解集乡。人民公社时期为解集大队，1983 年更名为解集村委会，2007 年 3 月村级区划调整时由解集村、解王村、吴楼村、泉井村四村合并为解集村村民委员会。
彭家	Péngjiā	隶属于埇桥区解集乡解集村。因村内彭姓居多，故得名彭家。
吴楼	Wúlóu	隶属于埇桥区解集乡解集村。据传，很久以前吴家在村中盖了一座楼，故名吴楼。

标准名称	汉语拼音	备注
前王	Qiánwáng	隶属于埇桥区解集乡解集村。该村王姓居多，位于后王南侧，故名前王。
白楼	Báilóu	隶属于埇桥区解集乡解集村。该村以白姓居民为主，故而得名。
解家	Xièjiā	隶属于埇桥区解集乡解集村。以解姓居多，故名解家。
黄山前	Huángshānqián	隶属于埇桥区解集乡解集村。因在小黄山南麓，故得名黄山前。
后王	Hòuwáng	隶属于埇桥区解集乡解集村。以王姓居多，位于前王北侧，故名后王。
前泉井	Qiánquánjǐng	隶属于埇桥区解集乡解集村。位于后泉井南侧，故名前泉井。
解集	Xièjí	隶属于埇桥区解集乡解集村。原住户均姓解，很早以前形成集市，故名解集。
后泉井	Hòuquánjǐng	隶属于埇桥区解集乡解集村。该村有一泉井，故而得名。
柳源村村民委员会	Liǔyuáncūn Cūnmínwěiyuánhuì	位于埇桥区解集乡。人民公社时期为刘楼大队、卞前大队、卞后大队、椿树王大队，1983 年更名为刘楼村委会、卞前村委会、卞后村委会、椿树王村委会，2007 年四村合并为柳源村村民委员会。
椿树王	Chūnshùwáng	隶属于埇桥区解集乡柳源村。因村内有大椿树，且村民多姓王，故得名椿树王。
卞前	Biànqián	隶属于埇桥区解集乡柳源村。卞姓迁居至此，此村位于卞后村南侧，故名卞前。
刘楼	Liúlóu	隶属于埇桥区解集乡柳源村。明代初期，刘姓迁居至此，并建有土楼，故得名刘楼。
卞后	Biànhòu	隶属于埇桥区解集乡柳源村。明代初期，卞姓迁居至此，此村位于卞前村北侧，故得名卞后。
龙山村村民委员会	Lóngshāncūn Cūnmínwěiyuánhuì	位于埇桥区解集乡。人民公社时期为前程大队、沟上大队、史家大队，1983 年为前程村委会、沟上村委会、史家村委会，2007 年三村合并为龙山村村民委员会。
前程	Qiánchéng	隶属于埇桥区解集乡龙山村。因村民多姓程，且位于后程南，故名前程。
沟上	Gōushàng	隶属于埇桥区解集乡龙山村。因庄南 200 米有一条沟塘，故名为沟上。
史家	Shǐjiā	隶属于埇桥区解集乡龙山村。清代后期，史姓兄弟居住在老海寺老寨山中，之后迁居山寨下小山岗居住，后来兄弟俩娶妻生子，形成庄村，取名史家。

标准名称	汉语拼音	备注
官庄	Guānzhuāng	隶属于埇桥区解集乡龙山村。因该村官姓居民居多，故得名官庄。
鲁营村 村民委员会	Lǔyíngcūn Cūnmínwěiyuánhuì	位于埇桥区解集乡。人民公社时期为孙家寨大队、藕塘大队、小尚庄大队，1983 年更名为孙家寨村委会、藕塘村委会、小尚庄村委会，2007 年由孙家寨、藕塘、小尚庄三个村合并为鲁营村村民委员会。
小尚庄	Xiǎoshàngzhuāng	隶属于埇桥区解集乡鲁营村。该庄主要以尚姓居民为主，因庄小，故而得名小尚庄。
虎山头	Hǔshāntóu	隶属于埇桥区解集乡鲁营村。庄北有一座小山形似卧虎，故名虎山头。
孙寨	Sūnzhài	隶属于埇桥区解集乡鲁营村。因住户均姓孙，村外有圩寨，故名孙寨。
小孙寨	Xiǎosūnzhài	隶属于埇桥区解集乡鲁营村。地处孙寨南，且村庄较小，故名小孙寨。
张小山	Zhāngxiǎoshān	隶属于埇桥区解集乡鲁营村。因该村居民大多姓张，且村庄在山坡上，故得名张小山。
藕塘	Ǒutáng	隶属于埇桥区解集乡鲁营村。因该村有莲藕，故名藕塘。
罗庄	Luózhuāng	隶属于埇桥区解集乡鲁营村。因罗姓在此居住，故名罗庄。
鲁营集	Lǔyíngjí	隶属于埇桥区解集乡鲁营村。传说春秋时期，这里是鲁国边塞，驻扎有军队，后形成集市，故名鲁营集。
鲁吴庄	Lǔwúzhuāng	隶属于埇桥区解集乡鲁营村。民间传说此地原属吴国，吴鲁结盟后，割让给了鲁国，故名下鲁吴，现更名为鲁吴庄。
马山头	Mǎshāntóu	隶属于埇桥区解集乡鲁营村。庄西有座小山，形似一匹卧马，故名马山头。
马台村 村民委员会	Mǎtáicūn Cūnmínwěiyuánhuì	位于埇桥区解集乡。人民公社时期为马台大队、陈李大队，1983 年更名为马台村委会、陈李村委会，2007 年两村合并为马台村村民委员会。
陈寨	Chénzhài	隶属于埇桥区解集乡马台村。因该村多姓陈，村外有土寨，故名陈寨。
刘家	Liújiā	隶属于埇桥区解集乡马台村。因刘姓迁居到此，故得名刘家。
前李	Qiánlǐ	隶属于埇桥区解集乡马台村。位于东李家前面，住户均姓李，故得名前李。
朱王	Zhūwáng	隶属于埇桥区解集乡马台村。有朱、王两大姓氏，故得名朱王。
后李	Hòulǐ	隶属于埇桥区解集乡马台村。因此村位于前李后方，故名后李。

标准名称	汉语拼音	备注
桥桂村村民委员会	Qiáoguìcūn Cūnmínwěiyuánhuì	位于埇桥区解集乡。人民公社时期为桥上大队、桂时大队，1996 年合并为桥桂村委会，2007 年更名为桥桂村村民委员会。
桂家	Guìjiā	隶属于埇桥区解集乡桥桂村。桂姓在此居住，故取名桂家。
前纪	Qiánjì	隶属于埇桥区解集乡桥桂村。据说北宋年间，纪姓兄弟来纪湖居住，因而村庄以纪姓命名。
中纪	Zhōngjì	隶属于埇桥区解集乡桥桂村。据说北宋年间，纪姓兄弟来纪湖居住，因而村庄以纪姓命名，因此村位于前纪、后纪中间，故名中纪。
后纪	Hòujì	隶属于埇桥区解集乡桥桂村。据说北宋年间，纪姓兄弟来纪湖居住，因而村庄以纪姓命名，因此村位于前纪村北面，故名后纪。
前桥	Qiánqiáo	隶属于埇桥区解集乡桥桂村。因位于后桥的南面，故名前桥。
后桥	Hòuqiáo	隶属于埇桥区解集乡桥桂村。因位于前桥的北面，故名后桥。
香庄	Xiāngzhuāng	隶属于埇桥区解集乡桥桂村。据传，明朝中期此地有座庙，因四方香客焚香拜佛，一年四季香烟缭绕，故把此庄称为香庄。
时庄	Shízhuāng	隶属于埇桥区解集乡桥桂村。明朝时期，时姓迁居至此，故名时庄。
清泉村村民委员会	Qīngquáncūn Cūnmínwěiyuánhuì	位于埇桥区解集乡。2007 年由清湖、前李、付桥三个村合并为清泉村。
大王庙	Dàwángmiào	隶属于埇桥区解集乡清泉村。据传，清朝时此地有座大王庙，故此地以大王庙命名。
清湖	Qīnghú	隶属于埇桥区解集乡清泉村。以村北清水湖而取名。
付桥	Fùqiáo	隶属于埇桥区解集乡清泉村。此村付姓居多，村西有座桥，故名付桥。
前李	Qiánlǐ	隶属于埇桥区解集乡清泉村。住户均姓李，因本村位于蝙蝠山前方，故名前李。
方家	Fāngjiā	隶属于埇桥区解集乡清泉村。方姓为大户，故名方家。
宣杨村村民委员会	Xuānyángcūn Cūnmínwěiyuánhuì	位于埇桥区解集乡。人民公社时期为宣山大队、前杨大队，1983 年为宣山村、前杨村两个村委会，2007 年合并为宣杨村村民委员会。
前道庄	Qiándàozhuāng	隶属于埇桥区解集乡宣杨村。自古命名为前道庄。
后道庄	Hòudàozhuāng	隶属于埇桥区解集乡宣杨村。自古命名为后道庄。

标准名称	汉语拼音	备注
前许	Qiánxǔ	隶属于埇桥区解集乡宣杨村。因该村许姓居民居多，故而得名前许。
宣山	Xuānshān	隶属于埇桥区解集乡宣杨村。因村民均姓宣，村庄坐落在青铜山口，故名宣山。
前杨	Qiányáng	隶属于埇桥区解集乡宣杨村。住户均姓杨，本村位于山前，故名前杨。
云光村村民委员会	Yúnguāngcūn Cūnmínwěiyuánhuì	位于埇桥区解集乡。人民公社时期为云台大队、时窑大队、韩王大队，1983 年更名为云台村委会、时窑村委会、韩王村委会，2007 年合并为云光村村民委员会。
王家	Wángjiā	隶属于埇桥区解集乡云光村。因住户均姓王，故名王家。
韩山口	Hánshānkǒu	隶属于埇桥区解集乡云光村。因住户均姓韩，位于馒头山口，故名韩山口。
时窑	Shíyáo	隶属于埇桥区解集乡云光村。该村以时姓居多，故而得名时窑。
窑上	Yáoshàng	隶属于埇桥区解集乡云光村。此村以烧窑而取名，故名窑上。
云台	Yúntái	隶属于埇桥区解集乡云光村。相传以村北的云台山而得名。
张山村村民委员会	Zhāngshāncūn Cūnmínwěiyuánhuì	位于埇桥区解集乡。人民公社时期称为张山大队，1983 年由张山大队更名为张东、张西村委会，2007 年合并为张山村村民委员会。
瑚树王	Húshùwáng	隶属于埇桥区解集乡张山村。居民以王姓为主，庄东北有一棵大瑚树，故得名瑚树王。
张西	Zhāngxī	隶属于埇桥区解集乡张山村。因地处张山西部而得名张西。
张东	Zhāngdōng	隶属于埇桥区解集乡张山村。因地处张山东部而得名张东。
夏寨	Xiàzhài	隶属于埇桥区解集乡张山村。居民以夏姓为主，并筑有高大寨墙，故名夏寨。

桃沟乡

桃沟乡（Táogōu Xiāng） 属埇桥区辖乡。在埇桥区的东北部。面积 60.6302 平方千米。人口 37758 人，以汉族为主。辖 9 个村委会，有 76 个自然村。乡人民政府驻桃沟集。1992 年撤区并乡后与原永安区大秦乡合并设立桃沟乡，属县级宿州市；1998 年 12 月属宿州市埇桥区。清朝光绪年间，桃沟设集，沟堤植满桃林，故名桃沟集；因乡政府驻桃沟集而得名。濉河、双庆河、股河、永中沟、邵家沟、邵曹沟、桃时沟、四号沟、时西沟纵横全境。有图书室 9 个；

小学12所，初中4所；各级各类医疗卫生机构10个。境内有楚汉濉水之战运粮大沟、前仓、中仓、后仓遗址。农业以种植小麦、玉米、大豆为主。畜牧业以饲养生猪、羊、家禽为主。工业以农产品、板材、建材加工为主。302省道贯穿东西。

标准名称	汉语拼音	备注
大秦村 村民委员会	Dàqíncūn Cūnmínwěiyuánhuì	位于埇桥区桃沟乡。1961年为大秦公社，1983年更名为大秦村。
大曹庵北	Dàcáo' ānběi	隶属于埇桥区桃沟乡大秦村。曹姓人多，称为大秦庵北庄。
大曹庵南	Dàcáo' ānnán	隶属于埇桥区桃沟乡大秦村。曹姓人多，称为大秦庵南组。
大秦庄	Dàqínzhuāng	隶属于埇桥区桃沟乡大秦村。本庄秦姓人多，称为大秦庄。
后楼	Hòulóu	隶属于埇桥区桃沟乡大秦村。历史上有一户有财人家盖一座楼在本庄后面，称为后楼。
李庵庄	Lǐ' ānzhuāng	隶属于埇桥区桃沟乡大秦村。清代后期，李姓从南方迁居此地，建了一间草庵居住，称为李庵庄。
宁家庄	Níngjiāzhuāng	隶属于埇桥区桃沟乡大秦村。旧时宁姓迁居于此，称为宁家庄。
前楼庄	Qiánlóuzhuāng	隶属于埇桥区桃沟乡大秦村。历史上有一户有财人家盖一座楼在本庄前边，称为前楼庄。
小曹庄	Xiǎocáozhuāng	隶属于埇桥区桃沟乡大秦村。本庄曹姓居多，取名为小曹庄。
院沟庄	Yuàngōuzhuāng	隶属于埇桥区桃沟乡大秦村。多年前院姓在此开荒种地，称为院沟庄。
支河堰	Zhīhéyàn	隶属于埇桥区桃沟乡大秦村。历史上有外来人口开荒种地，在小河堰建了一间房子居住，后来人越来越多，成了一庄，称为支河堰。
戴夏村 村民委员会	Dàixiàcūn Cūnmínwěiyuánhuì	位于埇桥区桃沟乡。人民公社时期名称为侯戴夏大队。1983年侯戴夏大队更名为戴夏村民委员会，2007年村级合并后为戴夏村村民委员会。
戴家	Dàijiā	隶属于埇桥区桃沟乡戴夏村。清朝中期，戴姓由外地迁至此地，由此得名戴家。
侯家	Hóujiā	隶属于埇桥区桃沟乡戴夏村。清朝中期，侯姓由外地迁至此地，由此得名侯家。
李家	Lǐjiā	隶属于埇桥区桃沟乡戴夏村。清朝中期，李姓由外地迁至此地，由此得名李家。
廖宅	Liàozhái	隶属于埇桥区桃沟乡戴夏村。清朝中期，廖宅蒋姓由外地迁至此地，由此得名廖宅。
马家	Mǎjiā	隶属于埇桥区桃沟乡戴夏村。清朝中期，马姓由外地迁至此地，由此得名马家。

标准名称	汉语拼音	备注
吴家	Wújiā	隶属于埇桥区桃沟乡戴夏村。清朝中期，吴姓由外地迁至此地，由此得名吴家。
吴尹	Wúyǐn	隶属于埇桥区桃沟乡戴夏村。清朝中期，吴、尹是杂姓庄，由外地迁至此地，吴、尹两姓人口较多，故得名吴尹。
夏家	Xiàjiā	隶属于埇桥区桃沟乡戴夏村。清朝中期，夏姓由外地迁至此地，由此得名夏家。
夏园	Xiàyuán	隶属于埇桥区桃沟乡戴夏村。清朝中期，夏姓由外地迁至此地，由此得名夏园。
耿家村村民委员会	Gěngjiācūn Cūnmínwěiyuánhuì	位于埇桥区桃沟乡。2008年张埝、耿家、袁家三村合为耿家村村民委员会。
邵家	Shàojiā	隶属于埇桥区桃沟乡耿家村。旧时邵姓逃荒至此，故而得名。
耿家	Gěngjiā	隶属于埇桥区桃沟乡耿家村。以耿姓人数多而得名。
侯家	Hóujiā	隶属于埇桥区桃沟乡耿家村。因侯姓人数多而得名。
贾家	Jiǎjiā	隶属于埇桥区桃沟乡耿家村。因贾姓人数多而得名。
狼庄	Lángzhuāng	隶属于埇桥区桃沟乡耿家村。因该庄郎姓居多，故而得名，讹作狼庄。
南园	Nányuán	隶属于埇桥区桃沟乡耿家村。因该村原有一果园，故而得名。
骑路尹	Qílùyǐn	隶属于埇桥区桃沟乡耿家村。因该村以路姓居多，故而得名。
小张集	Xiǎozhāngjí	隶属于埇桥区桃沟乡耿家村。原属于张集大队，后因挖股河把张集分为两个生产队，小张集是其中的生产队之一。
小张家	Xiǎozhāngjiā	隶属于埇桥区桃沟乡耿家村。该村以张姓居多，故而得名。
新庄	Xīnzhuāng	隶属于埇桥区桃沟乡耿家村。该庄为新建村庄，故而得名。
袁家	Yuánjiā	隶属于埇桥区桃沟乡耿家村。以姓袁人口多而得名。
张堰	Zhāngyàn	隶属于埇桥区桃沟乡耿家村。该庄以张姓居民居多，故而得名。
后寨村村民委员会	Hòuzhàicūn Cūnmínwěiyuánhuì	位于埇桥区桃沟乡。2008年，后寨村和大刘村两村合并为后寨村村民委员会。
大刘	Dàliú	隶属于埇桥区桃沟乡后寨村。该村以刘姓居民居多，故而得名。
大王	Dàwáng	隶属于埇桥区桃沟乡后寨村。离古时村三公里取名六里庵，后改为大王。
后场	Hòuchǎng	隶属于埇桥区桃沟乡后寨村。原无名，新中国成立后改名为后场。

标准名称	汉语拼音	备注
后寨	Hòuzhài	隶属于埇桥区桃沟乡后寨村。新中国成立前取名张巷子，后来改为后寨。
罗庄	Luózhuāng	隶属于埇桥区桃沟乡后寨村。该庄以罗姓居民居多，故而得名。
孟庄	Mèngzhuāng	隶属于埇桥区桃沟乡后寨村。该庄以孟姓居民居多，故而得名。
前刘楼	Qiánliúlóu	隶属于埇桥区桃沟乡后寨村。该村原有一刘姓地主在此盖楼，故而得名。
中刘楼	Zhōngliúlóu	隶属于埇桥区桃沟乡后寨村。刘氏家族有一户盖楼而取名。
马圩村村民委员会	Mǎwéicūn Cūnmínwěiyuánhuì	位于埇桥区桃沟乡。人民公社时期名称为小马圩大队，1983年小马圩大队更名为小马圩村民委员会，2008年和大马圩村合并，改名为马圩村。
大马圩	Dàmǎwéi	隶属于埇桥区桃沟乡马圩村。清代中期，原名十字河，后来马姓迁至此处，取名大马圩。
小马圩	Xiǎomǎwéi	隶属于埇桥区桃沟乡马圩村。清代中期，有马姓来此居住，取名小马圩。
潘家	Pānjiā	隶属于埇桥区桃沟乡马圩村。清代末期，有潘氏兄弟三人从潘沟沿来此居住，取名为潘家。
邵家	Shàojiā	隶属于埇桥区桃沟乡马圩村。清代末期，邵姓迁居至此，故取名邵家。
小杨家	Xiǎoyángjiā	隶属于埇桥区桃沟乡马圩村。清代中期，杨姓迁居至此，取名小杨家。
南秦村村民委员会	Nánqíncūn Cūnmínwěiyuánhuì	位于埇桥区桃沟乡。人民公社时期名称为南秦大队。南秦大队时期由朱圩、南秦两个自然村组成，1984年两村合并，成立了南秦村，沿用至今。
柳园	Liǔyuán	隶属于埇桥区桃沟乡南秦村。清代早期，有几家姓氏不同的人，从山西某地逃荒，在此地开荒种地，各户姓氏建造房屋，互不侵犯。因姓氏较多，逃荒而来，“逃”和“溜”字意思差不多，而“溜”和“柳”是谐音，因此得名“柳园”。
马宅	Mǎzhái	隶属于埇桥区桃沟乡南秦村。清朝时期，马姓由西方迁居至此，因此得名马宅。
小秦家	Xiǎoqínjiā	隶属于埇桥区桃沟乡南秦村。清朝时期，秦姓从外地来此定居，因此得名小秦家，即后秦家。
南秦庄	Nánqínzhuāng	隶属于埇桥区桃沟乡南秦村。清朝时期，秦姓由山西迁居至此，因此得名秦瓦房，即南秦庄。
张楼	Zhānglóu	隶属于埇桥区桃沟乡南秦村。清朝时期，季姓人家由西方迁居至此。张季楼没有张姓，更无楼，村名因何得来，无从查证。

标准名称	汉语拼音	备注
朱圩	Zhūwéi	隶属于埇桥区桃沟乡南秦村。清朝时期，朱姓由西方逃荒而来此地，因新中国成立前朱圩庄四面都是沟，以防盗贼入侵，因此得名朱圩。
戚庄村村民委员会	Qīzhuāngcūn Cūnmínwěiyuánhuì	位于埇桥区桃沟乡。人民公社时期名称为七庄大队。1982年由七庄大队更名为戚庄村民委员会，沿用至今。
后仓	Hòucāng	隶属于埇桥区桃沟乡戚庄村。清代后期，有富家因此地地势较高，便用来存粮做粮仓，后来有人居住此地，因而得名后仓。
柳园	Liǔyuán	隶属于埇桥区桃沟乡戚庄村。过去此地人在老濉河上以打鱼为生。老濉河两岸全是柳树，庄子形成后取名为柳园，河两侧的庄，一个叫河北柳园，一个叫河南柳园。
戚庄	Qīzhuāng	隶属于埇桥区桃沟乡戚庄村。以戚姓取名为戚庄。
前仓	Qiáncāng	隶属于埇桥区桃沟乡戚庄村。历史上仓庄后来分开而形成的自然庄。
前新庄	Qiánxīnzhuāng	隶属于埇桥区桃沟乡戚庄村。早年间，赵新庄人到此居住种地，因此名为前新庄。
新场	Xīnchǎng	隶属于埇桥区桃沟乡戚庄村。原来在戚家庄东湖有个收庄稼的场，为了看管田地在那里盖房，后来成为一个庄子。
赵新庄	Zhàoxīnzhuāng	隶属于埇桥区桃沟乡戚庄村。清代后期，由赵姓居住，种地建房，因此名为赵新庄。
中仓	Zhōngcāng	隶属于埇桥区桃沟乡戚庄村。从仓庄的发展壮大分开为前仓、中仓、后仓。
濉河村村民委员会	Suīhécūn Cūnmínwěiyuánhuì	位于埇桥区桃沟乡。1983年为夏湾村，也叫夏湾大队，以后改为夏湾村，但是2008年由于村级合并，由防口、夏湾整合，改名为濉河村。
防口	Fángkǒu	隶属于埇桥区桃沟乡濉河村。清代早期，张姓从山西迁居至此，当时叫范口，因濉河北岸开口，改为防口庄，故得名防口。
靳家	Jìnjiā	隶属于埇桥区桃沟乡濉河村。本自然庄由于靳姓是大户人家，故名靳家。
梁庄	Liángzhuāng	隶属于埇桥区桃沟乡濉河村。在清代中期，梁姓人家从外迁居至此，故名叫梁庄。
戚王庄	Qīwángzhuāng	隶属于埇桥区桃沟乡濉河村。清朝年间戚姓和王姓迁来，故名戚王庄。
夏家	Xiàjiā	隶属于埇桥区桃沟乡濉河村。本庄由于夏姓是大户，从蒿沟乡、柳河分支而来，已有两三百年历史，故而名叫夏家，原夏湾村也由该庄而得名。

标准名称	汉语拼音	备注
赵庄	Zhàozhuāng	隶属于埇桥区桃沟乡濉河村。该自然庄赵姓为大户，故名叫赵庄。
桃沟村村民委员会	Táogōucūn Cūnmínwěiyuánhuì	位于埇桥区桃沟乡。1958 年为桃沟人民公社，1983 年以来至今为桃沟村民委员会。
南堰	Nányàn	隶属于埇桥区桃沟乡桃沟村。因坐落在濉河北大堤北侧，位于桃沟自然庄以南，故而取名南堰。
桃沟	Táogōu	隶属于埇桥区桃沟乡桃沟村。原名为桃沟集，现简称桃沟。
魏渡口	Wèidùkǒu	隶属于埇桥区桃沟乡桃沟村。明末清初，魏渡口因洪水泛滥塌陷，后股河上无路，用船过河，因此得名渡口，后更名为魏渡口至今。
西秦前王	Xīqínqiánwáng	隶属于埇桥区桃沟乡桃沟村。明末清初，秦姓从山东迁居此地，庄东从股河到濉河筑一道堰，故得名堰西秦家，后更名为西秦前王。
小王家庄	Xiǎowángjiāzhuāng	隶属于埇桥区桃沟乡桃沟村。明末清初，王姓由山东迁居至此，故得名小王家庄。

顺河乡

顺河乡（Shùnhé Xiāng） 属埇桥区辖乡。在埇桥区的中部。面积 80.3678 平方千米。人口 45990 人。以汉族为主。辖 10 个村委会，有 108 个自然村。乡人民政府驻顺河村。1949 年建顺河乡，1958 年改公社，1983 年复设顺河乡；1992 年 2 月撤区并乡，属县级宿州市；1998 年 12 月属宿州市埇桥区。因辖区位于濉河北岸，村庄沿河堤而建，故称为顺河集，乡因此得名。双庆河、唐河、濉河横贯全乡。有幼儿园 3 所，小学 14 所，初中 2 所；各级各类医疗卫生机构 11 个。境内有皮日休墓。农业以种植小麦、玉米、大豆为主。畜牧业以饲养生猪、羊、家禽为主。工业以板材加工为主。有 302 省道由西向东穿境而过。

标准名称	汉语拼音	备注
鹤山村村民委员会	Hèshāncūn Cūnmínwěiyuánhuì	位于埇桥区顺河乡。1958 年为鹤山大队，1983 年由鹤山大队更名为鹤山村民委员会。
鹤山	Hèshān	隶属于埇桥区顺河乡鹤山村。因村庄坐落在鹤山脚下，故名鹤山。
小山子庄	Xiǎoshānzizhuāng	隶属于埇桥区顺河乡鹤山村。因位于鹤山，庄子较小，故而得名。

标准名称	汉语拼音	备注
杨家庄	Yángjiāzhuāng	隶属于埇桥区顺河乡鹤山村。该庄以杨姓居民居多，故而得名。
赵家庄	Zhàojiāzhuāng	隶属于埇桥区顺河乡鹤山村。该庄以赵姓居民居多，故而得名。
马场村村民委员会	Mǎchǎngcūn Cūnmínwěiyuánhuì	位于埇桥区顺河乡。2008 年以前原四个小村合并为马场村村民委员会。
北刘	Běiliú	隶属于埇桥区顺河乡马场村。清朝中期，刘姓迁居至此，故名为北刘。
陈家	Chénjiā	隶属于埇桥区顺河乡马场村。清代末期，陈姓迁居至此，故名为陈家。
大姜家	Dàjiāngjiā	隶属于埇桥区顺河乡马场村。唐朝时期，姜姓迁居至此，故名大姜家。
大寺刘	Dàsìliú	隶属于埇桥区顺河乡马场村。此村后有一寺庙，住户刘姓居多，故名大寺刘。
马场	Mǎchǎng	隶属于埇桥区顺河乡马场村。唐朝时，南门外是为武官拴马的地方，叫马场，此地故名马场。
南祝	Nánzhù	隶属于埇桥区顺河乡马场村。唐朝中期，祝姓迁居至此，故名南祝。
前张	Qiánzhāng	隶属于埇桥区顺河乡马场村。该庄以张姓居民居多，故而得名。
邱家	Qiūjiā	隶属于埇桥区顺河乡马场村。唐朝时，邱姓迁居至此，因故名为邱家。
四里中	Sìlǐzhōng	隶属于埇桥区顺河乡马场村。此庄，距离四周村庄大概四里路，故名四里中。
王新庄	Wángxīnzhuāng	隶属于埇桥区顺河乡马场村。清朝末期，王姓迁居至此，故名王新庄。
杨家	Yángjiā	隶属于埇桥区顺河乡马场村。宋朝中期，杨姓迁居至此，故名杨家。
翟家	Zháijiā	隶属于埇桥区顺河乡马场村。唐朝末期，翟姓在此立庄，故名翟家。
张马	Zhāngmǎ	隶属于埇桥区顺河乡马场村。清朝末期，张姓和马姓在此立庄，故名张马。
顺河村村民委员会	Shùnhécūn Cūnmínwěiyuánhuì	位于埇桥区顺河乡。1958 年为顺河大队，1983 年由顺河大队更名为顺河村民委员会。
东南滩	Dōngnántān	隶属于埇桥区顺河乡顺河村。因位于濉河北岸，顺河村东南角，故名东南滩。

标准名称	汉语拼音	备注
后湖	Hòuhú	隶属于埇桥区顺河乡顺河村。村里有一片洼地，人称为湖，当地人以南为前、北为后，故名后湖。
后乡	Hòuxiāng	隶属于埇桥区顺河乡顺河村。位于顺河集北，当地人以南为前、北为后，故名后乡。
顺河集	Shùnhéjí	隶属于埇桥区顺河乡顺河村。位于股河南岸濉河北岸，自古为集市，故名顺河集。现为顺河乡政府所在地。
西南滩	Xīnántān	隶属于埇桥区顺河乡顺河村。位于濉河北岸，于顺河村西南角，故名西南滩。
小李家	Xiǎolǐjiā	隶属于埇桥区顺河乡顺河村。清朝末年，李姓迁居至此，故名小李家。
小于家	Xiǎoyújiā	隶属于埇桥区顺河乡顺河村。清朝末年，于姓迁居至此，故名小于家。
万桥村 村民委员会	Wànqiáocūn Cūnmínwěiyuánhuì	位于埇桥区顺河乡。1958 年为万桥大队，1983 年后由万桥大队更名为万桥村。
大潘家	Dàpānjiā	隶属于埇桥区顺河乡万桥村。因村中潘姓居多，故名大潘家。
北关家	Běiguānjiā	隶属于埇桥区顺河乡万桥村。因村中关姓居多，故名。
两半秦	Liǎngbànqín	隶属于埇桥区顺河乡万桥村。清朝中期，有秦氏两兄弟在此开荒种地，分家时，以庄里土地庙为界，每人一半，故名两半秦。
万桥庄	Wànqiáozhuāng	隶属于埇桥区顺河乡万桥村。抗日战争时期，抗日游击队在唐河上搭起了一座木桥，人称万桥。村庄以万桥得名。
南吴家	Nánwújiā	隶属于埇桥区顺河乡万桥村。村庄以吴姓居多，后村庄逐渐壮大，分为两个自然庄，该庄位于南侧，故名南吴家。
小杨庄	Xiǎoyángzhuāng	隶属于埇桥区顺河乡万桥村。因村中杨姓居多，故名小杨庄。
杨段庄	Yángduànzhuāng	隶属于埇桥区顺河乡万桥村。因村中以杨姓、段姓居多，故名杨段庄。
王井涯村 村民委员会	Wángjǐngyácūn Cūnmínwěiyuánhuì	位于埇桥区顺河乡。1958 年为王井涯大队，1983 年由周寨大队更名为王井涯村民委员会。
蔡窝庄	Càiwōzhuāng	隶属于埇桥区顺河乡王井涯村。宋代中期，蔡姓迁居至此，故名蔡窝庄。
后李庄	Hòulǐzhuāng	隶属于埇桥区顺河乡王井涯村。因村中李姓居多，故名后李庄。
山上武庄	Shānshàngwǔzhuāng	隶属于埇桥区顺河乡王井涯村。此地属山坡地，武姓居多，故名山上武庄。
王井涯庄	Wángjǐngyázhuāng	隶属于埇桥区顺河乡王井涯村。很久以前王姓迁居于此，此地有个水井，故名王井涯庄。

标准名称	汉语拼音	备注
小黄庄	Xiǎohuángzhuāng	隶属于埇桥区顺河乡王井涯村。因村中黄姓居多，故名小黄庄。
新庄	Xīnzhuāng	隶属于埇桥区顺河乡王井涯村。1981 年，由于山上武庄人多，于是迁徙了一部分人，建立了一个新村庄，故名新庄。
祝庄	Zhùzhuāng	隶属于埇桥区顺河乡王井涯村。因村中祝姓居多，故名祝庄。
王垅村村民委员会	Wánglǒngcūn Cūnmínwěiyuánhuì	位于埇桥区顺河乡。1958 年王垅大队，1983 年由王垅大队改名为王垅村民委员会。
半楼	Bànlóu	隶属于埇桥区顺河乡王垅村。相传，从前有一个人到南方贩卖牲畜，赚了钱回来盖楼，盖了一半就没有钱了，故名半楼，曾用名半截子楼。
蔡家	Càijiā	隶属于埇桥区顺河乡王垅村。原名涂家，因蔡姓居多，便改名为蔡家。
大王场	Dàwángchǎng	隶属于埇桥区顺河乡王垅村。很早以前有一个王姓大地主在此建了一个场子，场子有两层，上面一层唱戏，下面一层跑马，又因此庄以王姓居多，故名大王场。
后杨家	Hòuyángjiā	隶属于埇桥区顺河乡王垅村。很早以前叫杨家，因一郭姓人家犯了国法，为逃开官府的抓捕逃到杨家落户，后来官府到杨家调查郭姓人家，杨家人说我们杨家都姓杨，没有郭姓，从此就有郭改杨一说，命名后杨家。
李家	Lǐjiā	隶属于埇桥区顺河乡王垅村。村中李姓居多，故名李家。
刘楼	Liúlóu	隶属于埇桥区顺河乡王垅村。此村原郑姓居多，村名郑庄，后来有一刘姓居民在村里盖了一土楼，姓郑的却盖不起，便改名为刘楼。
刘桃园	Liútáoyuán	隶属于埇桥区顺河乡王垅村。以前有一片桃园，刘姓居多，故名刘桃园。
权家	Quánjiā	隶属于埇桥区顺河乡王垅村。清朝末年，权姓三兄弟由徐州权台迁居至此，故名权家。
孙家	Sūnjiā	隶属于埇桥区顺河乡王垅村。村中以孙姓居多，故名孙家。
王垅	Wánglǒng	隶属于埇桥区顺河乡王垅村。清朝时期。山西省洪洞县王姓三兄弟来此落户，取名王庄，庄西南有一个垅子，遇干旱天气也不旱，改名王垅。
小王场	Xiǎowángchǎng	隶属于埇桥区顺河乡王垅村。村中以王姓居多，因人少村小，故名小王场。
新庄	Xīnzhuāng	隶属于埇桥区顺河乡王垅村。村民系 1960 年以后从各地迁居而来，且姓氏较多，原名小新庄，后更名为新庄。
徐家	Xújiā	隶属于埇桥区顺河乡王垅村。村中以徐姓居多，故名徐家。

标准名称	汉语拼音	备注
杨套	Yángtào	隶属于埇桥区顺河乡王垅村。杨套原名梦哲村，也称梦口集，早在五百年以前一场洪水赶走了所有居民，洪水退后原梦哲村周边长出了很多杨柳树条，迁走的居民返迁回来，改村名委杨柳套。后来因姓杨的较多，故名杨套。
杨圩子	Yángwéizi	隶属于埇桥区顺河乡王垅村。很早以前有两户杨姓人家在此居住，为了挡住洪水的侵犯，在庄的周围打上了圩壕，故名杨圩子。
魏庄村村民委员会	Wèizhuāngcūn Cūnmínwěiyuánhuì	位于埇桥区顺河乡。1983 年前称魏庄大队，1983 年更名为魏庄村民委员会，2008 年魏庄、张庄两村合并，仍称为魏庄村民委会。
八孔桥	Bākǒngqiáo	隶属于埇桥区顺河乡魏庄村。从前股河上有一座八孔的桥，人们在此居住，故名八孔桥。
黄嘴	Huángzuǐ	隶属于埇桥区顺河乡魏庄村。以黄姓居住在濉河的拐弯夹角处，故名黄嘴。
贾庄	Jiǎzhuāng	隶属于埇桥区顺河乡魏庄村。以贾姓居多，故名贾庄。
吕井子	Lǚjǐngzi	隶属于埇桥区顺河乡魏庄村。吕姓最早居住，打井生活，故名吕井子。
堰上武	Yànshàngwǔ	隶属于埇桥区顺河乡魏庄村。堰，即为用土筑成的小堤或副堤。此村位于濉河北河堤的北侧，且以武姓居多。故曰堰上武。
前余	Qiányú	隶属于埇桥区顺河乡魏庄村。地处黄嘴南面，余姓居多，故名前余。
万庄	Wànzhuāng	隶属于埇桥区顺河乡魏庄村。以万姓居多，故名万庄。
魏庄	Wèizhuāng	隶属于埇桥区顺河乡魏庄村。以魏姓入住最早，故名魏庄。
小王家	Xiǎowángjiā	隶属于埇桥区顺河乡魏庄村。以王姓居多，因面积较小人口少，故名小王家。
小武庄	Xiǎowǔzhuāng	隶属于埇桥区顺河乡魏庄村。以武姓居多，比堰上武小，故名小武庄。
张树	Zhāngshù	隶属于埇桥区顺河乡魏庄村。张姓人家居住在濉河北，且栽植树木较多，故名张树。
张庄	Zhāngzhuāng	隶属于埇桥区顺河乡魏庄村。以张姓居多，故名张庄。
岳桥村村民委员会	Yuèqiáocūn Cūnmínwěiyuánhuì	位于埇桥区顺河乡。1958 年为岳桥大队，1983 年由岳桥大队更名为岳桥村村民委员会。
后马庄	Hòumǎzhuāng	隶属于埇桥区顺河乡岳桥村。因该庄马姓居多，故而得名。
后王塘庄	Hòuwángtángzhuāng	隶属于埇桥区顺河乡岳桥村。历史上一直以村里主要姓氏命名，沿袭至今。

标准名称	汉语拼音	备注
胡寨庄	Húzhàizhuāng	隶属于埇桥区顺河乡岳桥村。该庄因胡姓居多，故而得名。
尖山庄	Jiānshānzhuāng	隶属于埇桥区顺河乡岳桥村。因该庄位于尖山，故而得名。
蒋家庄	Jiǎngjiāzhuāng	隶属于埇桥区顺河乡岳桥村。因该庄以蒋姓居多，故而得名。
牛汪庄	Niúwāngzhuāng	隶属于埇桥区顺河乡岳桥村。因该庄以牛姓居多，故而得名。
前王塘庄	Qiánwángtáng-zhuāng	隶属于埇桥区顺河乡岳桥村。历史上一直以村里主要姓氏命名，沿袭至今。
乔家庄	Qiáojiāzhuāng	隶属于埇桥区顺河乡岳桥村。因该庄因乔姓居多，故而得名。
时庄	Shízhuāng	隶属于埇桥区顺河乡岳桥村。因该庄以时姓居多，故而得名。
岳家庄	Yuèjiāzhuāng	隶属于埇桥区顺河乡岳桥村。因该庄以岳姓居多，故而得名。
周寨村 村民委员会	Zhōuzhàicūn Cūnmínwěiyuánhuì	位于埇桥区顺河乡。1958 年为周寨大队，1983 年由周寨大队更名为周寨村村民委员会。
薄庄	Bózhuāng	隶属于埇桥区顺河乡周寨村。在清朝中期，薄姓来此居住，因而得名为薄庄。
卜窝	Bǔwō	隶属于埇桥区顺河乡周寨村。在很早以前卜姓在这三面环山的地方开荒种地，得名卜窝。
季小庄	Jìxiǎozhuāng	隶属于埇桥区顺河乡周寨村。在清朝后期，季姓在此地落户，因人口较少，村庄很小，因故得名季小庄。后该姓人家败落，王姓迁居此地，现该村都为王姓。
马山头村	Mǎshāntóucūn	隶属于埇桥区顺河乡周寨村。很早以前该村村民在这看似一匹骏马的山的南头东侧落户生活，故得名马山头村。
秦庄	Qínzhuāng	隶属于埇桥区顺河乡周寨村。在清朝后期，秦姓、耿姓和潘姓迁居此地，因秦姓人口居多，因此得名秦庄。
周寨村	Zhōuzhàicūn	隶属于埇桥区顺河乡周寨村。在清朝中期，周姓迁到该地挖壕筑寨建立家园，故被称为周寨村。
祝窑村 村民委员会	Zhùyáocūn Cūnmínwěiyuánhuì	位于埇桥区顺河乡。自命名后，沿用至今。
大武庄	Dàwǔzhuāng	隶属于埇桥区顺河乡祝窑村。清朝时期，武姓由山西迁居至此，家族人丁兴旺，故得名大武庄。
邱渡口组	Qiūdùkǒuzǔ	隶属于埇桥区顺河乡祝窑村。因该村原为渡口，又以邱姓居民居多，故而得名。
孙庙组	Sūnmiàozǔ	隶属于埇桥区顺河乡祝窑村。从前村前有一座庙，庙里有一位孙姓老和尚，又村里孙姓最多，故因此得孙庙组。

标准名称	汉语拼音	备注
小武组	Xiǎowǔzǔ	隶属于埇桥区顺河乡祝窑村。该村因武姓居多，故而得名。
桥前新庄组	Qiáoqiánxīn-zhuāngzǔ	隶属于埇桥区顺河乡祝窑村。因庄前有一座桥，故而得名。
张东组	Zhāngdōngzǔ	隶属于埇桥区顺河乡祝窑村。因该村主要以张姓居多，故而得名。
祝窑	Zhùyáo	隶属于埇桥区顺河乡祝窑村。因该村以祝姓居多，故而得名。

蒿沟乡

蒿沟乡（Hāogōu Xiāng） 属埇桥区辖乡。在埇桥区的东北部。面积 78.1538 平方千米。人口 92389 人。以汉族为主。辖 7 个村委会，有 67 个自然村。乡人民政府驻蒿沟村。1954 年 3 月，建蒿沟区；1958 年 9 月，区改社，后又改区；1992 年 2 月，撤区并乡，属县级宿州市；1998 年 12 月属宿州市埇桥区。旧传唐朝安史之乱时，在此开挖一条运粮河，因运粮河周围长满蒿草而得名蒿沟。乡因驻地得名。新汴河、新河、唐河、濉河、老濉河、小堤沟、挡沟、牛栏沟、一号渠流经全境。有小学 10 所，初中 3 所，各级各类医疗卫生机构 14 个。境内有阿灵王墓。农业以种植小麦、玉米、大豆为主。畜牧业以饲养家禽为主。工业以板材加工为主。京沪高铁横跨南北，泗宿高速公路贯穿东西。

标准名称	汉语拼音	备注
大史村村民委员会	Dàshǐcūn Cūnmínwěiyuánhuì	位于埇桥区蒿沟乡。1979 年称大史大队。1985 年改名大史村村民委员会。2007 年与龚赵村村民委员会合并成一个村，仍叫大史村村民委员会。
大史	Dàshǐ	隶属于埇桥区蒿沟乡大史村。清朝中期，有史姓人家驾船到此地，繁衍生息，得名为大史。
龚家	Gōngjiā	隶属于埇桥区蒿沟乡大史村。此庄居住的大都是龚姓，因此庄名叫龚家。
后马	Hòumǎ	隶属于埇桥区蒿沟乡大史村。此庄因建在马庙后，因此庄名叫后马。
后小史	Hòuxiǎoshǐ	隶属于埇桥区蒿沟乡大史村。清朝末期，从大史家分支到此，因在大史家后，庄又小，故称后小史。
马庙	Mǎmiào	隶属于埇桥区蒿沟乡大史村。清朝时期，马姓在此建一座庙，因此庄名叫马庙。
前马	Qiánmǎ	隶属于埇桥区蒿沟乡大史村。此庄因建在马庙前，因此庄名叫前马。

标准名称	汉语拼音	备注
三义村	Sānyìcūn	隶属于埇桥区蒿沟乡大史村。很久以前有马、闫、赵三家在此建房盖屋定居，因此叫三家村。三姓相处和谐，又很讲义气，故改名三义村。
湾陈	Wānchén	隶属于埇桥区蒿沟乡大史村。清朝中期，有陈姓驾船到此河弯处不幸沉船，得救后在此繁衍生息。因在河弯处沉船，取庄名弯沉。后来家族壮大，觉名弯沉不妥，改名湾陈。
王李	Wánglǐ	隶属于埇桥区蒿沟乡大史村。清朝时期，马姓和王姓在此庄居住并结为姻亲。后从北小李家迁来李姓在此居住。因王姓和李姓人丁兴旺，故庄名叫王李。
西小史	Xīxiǎoshǐ	隶属于埇桥区蒿沟乡大史村。民国中期，有大史家史姓分支到此，庄在大史家西，故取庄名西小史。
新庄	Xīnzhuāng	隶属于埇桥区蒿沟乡大史村。1966 年开挖新汴河，居住在大尹家的群众有一部分迁到此处建房盖屋，取庄名新庄。
赵家	Zhàojiā	隶属于埇桥区蒿沟乡大史村。清朝时期，赵姓从海汪赵分支到此庄居住，因此庄名叫赵家。
高滩村村民委员会	Gāotāncūn Cūnmínwěiyuánhuì	位于埇桥区蒿沟乡。人民公社时期称高滩大队，1985 年由高滩大队更名为高滩村村民委员会。2010 年和花园村合并成一个村，名称不变。
董场	Dǒngchǎng	隶属于埇桥区蒿沟乡高滩村。清朝后期，有董姓大财主土地很多，建有很多的场屋，因此庄名董场。
高滩	Gāotān	隶属于埇桥区蒿沟乡高滩村。明代中期，河水泛滥形成沙滩，高姓迁居在此开荒种地，故名高滩。
郭庄	Guōzhuāng	隶属于埇桥区蒿沟乡高滩村。清朝中期，有郭姓在此居住，建场屋，因此庄名为郭庄，虽然现在此庄张姓居多，但仍叫郭庄。
花园	Huāyuán	隶属于埇桥区蒿沟乡高滩村。清朝中期，罗姓在此居住，建一大花园，故名罗家花园。后败落，有李姓兴旺，改名为花园。
邵家	Shàojiā	隶属于埇桥区蒿沟乡高滩村。明朝中期，有邵姓员外在此居住，因此庄名邵家。
史瓦房	Shǐwǎfáng	隶属于埇桥区蒿沟乡高滩村。清朝中期，有史姓在此居住，建瓦房，因此庄名为史瓦房。现在此庄早已没有史姓人家，仍叫史瓦房。
孙桥	Sūnqiáo	隶属于埇桥区蒿沟乡高滩村。清朝后期，孙姓兄弟六人迁居至此，向北有濉河阻隔，为方便出行，在濉河上修一座桥，故名孙桥。

标准名称	汉语拼音	备注
王桥	Wángqiáo	隶属于埇桥区蒿沟乡高滩村。明朝早期，有王姓教书先生在此居住，教过朝中大臣的儿子，取名王庄。后有人在庄北建房居住，称大王庄、小王庄。再后来，两庄发展连在一起，叫大小王。民国时期，庄北在河上建桥，名王桥，因此庄名也改名王桥，沿用至今。
小高家	Xiǎogāojiā	隶属于埇桥区蒿沟乡高滩村。明朝后期，由高滩分支一弟兄在此居住，称高家庄。民国时期改名小高家。
巩家村村民委员会	Gǒngjiācūn Cūnmínwěiyuánhuì	位于埇桥区蒿沟乡。1979 年由巩家大队改名为巩家村村民委员会。
菜园	Càiyuán	隶属于埇桥区蒿沟乡巩家村。清朝中期，有马姓从马庙迁此建房盖屋定居，因种菜者居多，叫马菜园，又称菜园。
曹家	Cáojiā	隶属于埇桥区蒿沟乡巩家村。清朝中期，有巩姓和曹姓迁此建房盖屋定居。曹姓人丁兴旺，故取庄名为曹家。
高马	Gāomǎ	隶属于埇桥区蒿沟乡巩家村。清朝中期，有马姓和高姓迁此建房盖屋定居，叫高马。
刘瓦房	Liúwǎfáng	隶属于埇桥区蒿沟乡巩家村。清朝中期，有刘姓由北方迁居到此地，故庄名刘庄子。后有大户盖了一些瓦房，更名为刘瓦房。
芦园	Lúyuán	隶属于埇桥区蒿沟乡巩家村。清朝中期，有芦姓由南方迁居到此地，故庄名为芦园。
邵庄	Shàozhuāng	隶属于埇桥区蒿沟乡巩家村。清朝中期，有邵姓在此建房盖屋定居，故庄名小邵家，后人口逐渐增加，改名邵庄。
孙庄	Sūnzhuāng	隶属于埇桥区蒿沟乡巩家村。清朝中期，有孙姓迁此建房盖屋定居，故庄名孙庄。
尹家	Yǐnjiā	隶属于埇桥区蒿沟乡巩家村。清朝中期，有巩姓和尹姓迁此建房盖屋定居。当时巩姓家族人丁兴旺，庄名巩家。后尹姓家族超过巩姓家族，又称尹家。
尹圩	Yǐnwéi	隶属于埇桥区蒿沟乡巩家村。清朝中期，有尹姓由北方迁此，建房盖屋筑圩定居，故庄名尹圩子，后改名尹圩。
余家	Yújiā	隶属于埇桥区蒿沟乡巩家村。清朝中期，有余姓迁此建房盖屋定居，故庄名余家。
元疃	Yuántuǎn	隶属于埇桥区蒿沟乡巩家村。清朝中期，有张姓迁此建房盖屋定居，故庄名元疃张，又名元疃。
张桥	Zhāngqiáo	隶属于埇桥区蒿沟乡巩家村。清朝中期，有张姓迁此建房盖屋定居。当时为出行方便，在庄边河上修桥，故庄名为张桥。
柳沟村村民委员会	Liǔgōucūn Cūnmínwěiyuánhuì	位于埇桥区蒿沟乡。在人民公社时期称柳沟大队，1985 年由柳沟大队更名为柳沟村村民委员会。

标准名称	汉语拼音	备注
大潘家	Dàpānjiā	隶属于埇桥区蒿沟乡柳沟村。清朝时期，从潘谷眼迁来潘姓在此买地定居。因濉河大堤在此转弯，又有陆姓祖坟在此，故名陆湾潘。后有一部分在西五百米居住，改名大潘家。
后马	Hòumǎ	隶属于埇桥区蒿沟乡柳沟村。民国时期，庄东北角有一座土地庙，香火旺盛，每年二月二逢会三天。因马姓人居多，故名马庙。新中国成立后，土地庙拆除，更名后马。
李马路	Lǐmǎlù	隶属于埇桥区蒿沟乡柳沟村。清朝时期，今濉溪县南坪李姓人家迁至此，有兄弟俩李钢、李银。因庄前有一条东西路，人来车往，故庄名李钢马路。新中国成立后改名李马路。
柳沟	Liǔgōu	隶属于埇桥区蒿沟乡柳沟村。传说公元611年，隋炀帝沿运粮河南巡至此，看沟边柳树茂盛整齐，掩映的村庄无名，遂赐名柳沟集，辖柳沟庄、小李庄、后刘庄。民国时期，集市北迁桃沟后，更名柳沟，不辖小李庄、后刘庄。
前马	Qiánmǎ	隶属于埇桥区蒿沟乡柳沟村。民国时期，由马庙迁至此，起名前马庙。新中国成立后，土地庙拆除，更名为前马。
小潘家	Xiǎopānjiā	隶属于埇桥区蒿沟乡柳沟村。清朝时期，从潘谷眼迁来潘姓在此买地定居。因濉河大堤在此转弯，又有陆姓祖坟在此，故名陆湾潘。后改名小潘家。
小尹家	Xiǎoyǐnjiā	隶属于埇桥区蒿沟乡柳沟村。清朝时期，由尹圩尹姓迁至此，叫屋不搭山尹。民国时期改名为小尹家。
岳庄	Yuèzhuāng	隶属于埇桥区蒿沟乡柳沟村。民国时期，从时村南丁楼迁来丁姓大户在此买地定居。后岳姓、李姓、张姓、谷姓先后迁此居住。因有岳姓夫妻俩是盲人，靠开茶馆、算命为生，比较有名，故庄名为岳庄。
枪河村 村民委员会	Qiānghécūn Cūnmínwěiyuánhuì	位于埇桥区蒿沟乡。2008年取名枪河村，沿用至今。
陈渡口	Chéndùkǒu	隶属于埇桥区蒿沟乡枪河村。清朝中期，有陈姓从北方逃荒到牛栏湖南岸，开荒种地，建造房屋，繁衍生息。因门前有河，出行不便，制船摆渡，故庄名为陈渡口。
陈家	Chénjiā	隶属于埇桥区蒿沟乡枪河村。清朝末期，有陈姓兄弟从北方逃荒到牛栏湖北岸，开荒种地，建造房屋，繁衍生息。老大在东边建房居住，人口旺盛，叫大陈家；老二在西边建房，叫小陈家。新中国成立后，两个庄连在一起，叫作陈家。
关家	Guānjiā	隶属于埇桥区蒿沟乡枪河村。清朝末期，关姓由北方迁居在此，故庄名叫关家。
齐家	Qíjiā	隶属于埇桥区蒿沟乡枪河村。清朝末期，齐姓由北方迁居在此，故庄名叫齐家。

标准名称	汉语拼音	备注
徐家	Xújiā	隶属于埇桥区蒿沟乡枪河村。清朝末期，徐姓由北方迁居在此，故庄名叫徐家。
闫渡口	Yándùkǒu	隶属于埇桥区蒿沟乡枪河村。清朝中期，有闫姓从北方逃荒到牛栏湖南岸，繁衍生息。因门前有河，出行不便，制船摆渡，庄名闫渡口。
张家	Zhāngjiā	隶属于埇桥区蒿沟乡枪河村。清朝末期，有张姓从北方迁居到牛栏湖北岸，繁衍生息，因此庄名为张家。
赵家	Zhàojiā	隶属于埇桥区蒿沟乡枪河村。清朝末期，赵姓由北方迁居在此，故庄名叫赵家。
尹楼村村民委员会	Yǐnlóucūn Cūnmínwěiyuánhuì	位于埇桥区蒿沟乡。1979 年由尹楼大队改名为尹楼村村民委员会。
大尹家	Dàyǐnjiā	隶属于埇桥区蒿沟乡尹楼村。清朝末期，几户尹姓从塔桥搬迁来此建房盖屋定居。除一户赵姓，其余都姓尹，比东庄小尹家大，故名大尹家。
后史	Hòushǐ	隶属于埇桥区蒿沟乡尹楼村。清朝末期，蒿沟集西大史一史姓大户来此买地建房居住，后有佃户来此居住，因人口较少，故称小史家。后因在尹家楼后，故称后史。
闵家	Mǐnjiā	隶属于埇桥区蒿沟乡尹楼村。民国初期，几户闵姓常来牛栏湖捕鱼，住在船上。后来湖水干涸，在此建房盖屋定居。尹氏、李氏陆续迁此。因闵姓较早在此定居，故称闵家。
南圩	Nánwéi	隶属于埇桥区蒿沟乡尹楼村。明末清初，尹姓由凤阳带三个孩子来牛栏湖捕鱼为生。后牛栏湖逐渐干涸，又开荒种地，繁衍生息。清中期考贡士一名、秀才五名，故得名尹窝子（窝：一块居住之意）。后驯兽演马戏，成为中国马戏发源地之一。后来庄民居住在牛栏湖圩南，故改名叫南圩。
南园	Nányuán	隶属于埇桥区蒿沟乡尹楼村。原是前楼、中楼两家大户的菜园，几户菜农居住。经一百多年的繁衍生息，有尹、赵、潘多家姓氏居住。因在楼南，故名南园，一说在楼前，故又叫前园。
前楼	Qiánlóu	隶属于埇桥区蒿沟乡尹楼村。本自然村有尹、吴两大家族，新中国成立前尹姓大户建楼。因在中楼前，故称前楼。
王家	Wángjiā	隶属于埇桥区蒿沟乡尹楼村。民国年间几户王姓来此建房盖屋定居。除一户秦姓、一户黄姓随亲戚居住，其余都姓王，故名王家。又因庄小、人口少，又叫小王家。
吴家	Wújiā	隶属于埇桥区蒿沟乡尹楼村。此庄建于元末明初，吴姓在此居住，得名吴家。

标准名称	汉语拼音	备注
小尹家	Xiǎoyǐnjiā	隶属于埇桥区蒿沟乡尹楼村。民国时期几户尹姓迁来此地，建房盖屋定居。1955 年濉河改道，一半庄户搬到濉河北居住，由于剩下户少，故称小尹家，沿用至今。原来庄西空地有一座土地庙，又称西庙。
中楼	Zhōnglóu	隶属于埇桥区蒿沟乡尹楼村。本自然村有尹、吴两大家族，旧时尹姓大户建楼。因南有前楼，北有后史，故称中楼。
赵楼村 村民委员会	Zhàolóucūn Cūnmínwěiyuánhuì	位于埇桥区蒿沟乡。在人民公社时期称赵楼大队，1985 年由赵楼大队更名为赵楼村村民委员会。
代家	Dàijiā	隶属于埇桥区蒿沟乡赵楼村。清朝末年，代姓在此居住，故称代家。
冯滩	Féngtān	隶属于埇桥区蒿沟乡赵楼村。清朝中期，河水泛滥，大水在此淤出沙滩高岗，有冯姓人开荒种地，取名冯滩。清朝末期开挖濉河从庄中通过，冯滩一分为二，此庄因在河西，称西冯滩，河东称东冯滩。1955 年改庄名冯滩至今。
花庄	Huāzhuāng	隶属于埇桥区蒿沟乡赵楼村。清朝末期，有一户人家在此为别人看坟，喜欢种花。此户人丁兴旺，形成村庄。因村庄种满鲜花，故取名为花庄。
双星	Shuāngxīng	隶属于埇桥区蒿沟乡赵楼村。清朝末期，河水泛滥，淤泥沙成滩，史姓在此居住，开荒种地，取名史家。后弟俩分开一南一北，住南边的叫南小史家（已拆迁），住北边的叫北小史家。1965 年改名为双星。
田陈	Tiánchén	隶属于埇桥区蒿沟乡赵楼村。清朝年间，田姓由南方迁此种地，盖粮仓取名田仓屋；田仓屋东约一里地有一陈姓大户，盖一土炮楼，取名陈炮楼。后两庄逐渐建到一起，1965 年改庄名为田陈。
徐土庙	Xútǔmiào	隶属于埇桥区蒿沟乡赵楼村。据说清朝中期，有徐姓从南方迁至此。后在此建土地庙，取名为徐土庙。
赵楼	Zhàolóu	隶属于埇桥区蒿沟乡赵楼村。据说清朝中期，赵姓从濉溪火集迁至此地建房，称下楼，濉溪火集称上楼。后赵姓在此盖楼，更名赵家楼。1950 年更名为赵楼。
赵窑	Zhàoyáo	隶属于埇桥区蒿沟乡赵楼村。清朝末期，赵楼赵姓在此建砖瓦窑烧制砖瓦建房，烧窑人在此搭棚居住，取名赵窑。
汴南村 村民委员会	Biànnáncūn Cūnmínwěiyuánhuì	隶属埇桥区蒿沟乡。
东城新村	Dōngchéng Xīncūn	隶属于埇桥区蒿沟乡汴南村。2013 年因土地置换，孙家、耿家、马二、马三、赵家五个庄拆迁安置此地，在此建房居住，命名为东城新村。

标准名称	汉语拼音	备注
黄树秦新村	Huángshùqín Xīncūn	隶属于埇桥区蒿沟乡汴南村。明朝年间，秦姓由山西迁此居住，因当时村庄有一棵大黄莲树，远近闻名，故得名黄树秦。2012 年因土地置换，村庄改造更名为黄树秦新村。
马一庄	Mǎyīzhuāng	隶属于埇桥区蒿沟乡汴南村。1966 年因挖新汴河，村民搬迁至此居住，因当时马姓较多，搬迁后分为马一、马二、马三，故得名马一庄。
潘谷眼	Pāngǔyǎn	隶属于埇桥区蒿沟乡汴南村。明朝年间，潘姓由山西迁此居住，突然一天谷堆深处出现一洞眼，村民用土无法填平，故得名潘谷眼。
唐家	Tángjiā	隶属于埇桥区蒿沟乡汴南村。明末清初，唐姓由山西迁居至此，故得名唐家。
小李家	Xiǎolǐjiā	隶属于埇桥区蒿沟乡汴南村。清朝中期，李姓由原黄树秦迁居此地，户数较少，故得名小李家。
展夏庄	Zhǎnxiàzhuāng	隶属于埇桥区蒿沟乡汴南村。明朝年间，展家和夏家两家迁此居住，故得名展夏庄。
张湾庄	Zhāngwānzhuāng	隶属于埇桥区蒿沟乡汴南村。明朝年间，张姓自山西迁此居住，因房屋建在河湾处，故得名张湾庄。
朱庙	Zhūmiào	隶属于埇桥区蒿沟乡汴南村。汴南村朱庙组是因明朝时期有一土地庙，后有朱姓在此庙长期居住，定名朱庙。后有潘姓、尹姓、饶姓等在此居住，形成朱庙这个村庄。
昌圩村村民委员会	Chāngwéicūn Cūnmínwěiyuánhuì	隶属于埇桥区蒿沟乡。
曹家	Cáojiā	隶属于埇桥区蒿沟乡昌圩村。1983 年，由八里曹更名为曹家庄。本自然庄曹姓人口居多，故而得名。
昌圩庄	Chāngwéizhuāng	隶属于埇桥区蒿沟乡昌圩村。1983 年，由昌圩生产队更名为昌圩生产组。昌圩庄，是指昌姓人多，庄外有一道圩壕而得名。
高尹庄	Gāoyǐnzhuāng	隶属于埇桥区蒿沟乡昌圩村。1983 年由高家、尹家更名为高尹庄。本庄高姓和尹姓各占人口的 40% 以上，故而得名高尹庄。
后周庄	Hòuzhōuzhuāng	隶属于埇桥区蒿沟乡昌圩村。本庄周姓的人数占本庄人数的 90% 以上，因此得名后周庄。
马圩庄	Mǎwéizhuāng	隶属于埇桥区蒿沟乡昌圩村。清代后期，该庄姓马的人多，同时又在庄外打一道圩沟，故得名马圩庄。
前周庄	Qiánzhōuzhuāng	隶属于埇桥区蒿沟乡昌圩村。本庄周姓人多，后边有一个庄周姓也多，本庄在前面，因此得名前周庄。
孙张家	Sūnzhāngjiā	隶属于埇桥区蒿沟乡昌圩村。清代后期，孙姓由北方迁居至此，后又来一张姓人家在此居住，故得名孙张家。

标准名称	汉语拼音	备注
小李庄	Xiǎolǐzhuāng	隶属于埇桥区蒿沟乡昌圩村。本庄李姓人口占99%以上，因此而得名。
小郑庄	Xiǎozhèngzhuāng	隶属于埇桥区蒿沟乡昌圩村。本庄郑姓人口占95%以上，因此而得名。1985年由小郑家更名为小郑庄。
苑家	Yuànjiā	隶属于埇桥区蒿沟乡昌圩村。清代后期，苑姓由北方迁居至此，故得名苑家。
大张村村民委员会	Dàzhāngcūn Cūnmínwěiyuánhuì	隶属于埇桥区蒿沟乡。
大张庄	Dàzhāngzhuāng	隶属于埇桥区蒿沟乡大张村。明代中期，张姓由山西迁居至此，故名。
贺家庄	Hèjiāzhuāng	隶属于埇桥区蒿沟乡大张村。明代中期，贺姓由北方迁居至此，故此得名贺家庄。
社址张庄	Shèzhǐzhāngzhuāng	隶属于埇桥区蒿沟乡大张村。明末清初时期，张姓由北方迁居至此，故此得名小张家。成立高级社时期，更名为社址张庄。
祝圩庄	Zhùwéizhuāng	隶属于埇桥区蒿沟乡大张村。明末时期，祝姓由山西迁居至此，在庄子四周挖沟、防涝，因此得名祝圩子。人民公社期间，更名为祝圩庄。
蒿东村村民委员会	Hāodōngcūn Cūnmínwěiyuánhuì	隶属于埇桥区蒿沟乡。
陈家	Chénjiā	隶属于埇桥区蒿沟乡蒿东村。该村以陈姓居民居多，故而得名。
陈庄	Chénzhuāng	隶属于埇桥区蒿沟乡蒿东村。该庄以陈姓居民居多，故而得名。
独元庄	Dúyuánzhuāng	隶属于埇桥区蒿沟乡蒿东村。1981年正式改名为独元庄。
谷家	Gǔjiā	隶属于埇桥区蒿沟乡蒿东村。该村主要以谷姓居多，故而得名。
李马元庄	Lǐmǎyuánzhuāng	隶属于埇桥区蒿沟乡蒿东村。1981年正式改名为李马元庄。
孙瓦房庄	Sūnwǎfángzhuāng	隶属于埇桥区蒿沟乡蒿东村。1981年正式改为孙瓦房庄。
小街子	Xiǎojiēzi	隶属于埇桥区蒿沟乡蒿东村。1981年正式改为小街子。
徐家	Xújiā	隶属于埇桥区蒿沟乡蒿东村。该村主要以徐姓居多，故而得名徐家。
殷家	Yīnjiā	隶属于埇桥区蒿沟乡蒿东村。该村主要以殷姓居多，故而得名。
蒿沟村村民委员会	Hāogōucūn Cūnmínwěiyuánhuì	隶属于埇桥区蒿沟乡。

标准名称	汉语拼音	备注
二期安置小区	Èrqī’ ānzhì Xiǎoqū	隶属于埇桥区蒿沟乡蒿沟村。2012 年 8 月 10 日，宿马产业园区行管会成立，在沟东、沟西、铁家、龚家、松林五个组征迁建房安置，在此小区宿马园区第二期安置征迁户，故名二期安置小区。
韩家	Hánjiā	隶属于埇桥区蒿沟乡蒿沟村。清朝时期，韩姓来此居住，故得名韩家。
蒿沟街道	Hāogōujiēdào	隶属于埇桥区蒿沟乡蒿沟村。早在秦朝后期，此地常年灾荒，滋生蒿草，故起名蒿沟。唐朝时期为排涝在此开挖河流，名唐河，蒿沟处有小码头，人来人往，形成集市，有小街道寨墙、寨门，故名蒿沟街道。
后楼	Hòulóu	隶属于埇桥区蒿沟乡蒿沟村。在很早以前有一张姓人家来此建房居住，故当地人叫张家楼。后张姓分家，有前张楼、后张楼之分，本庄简称后楼。
前楼	Qiánlóu	隶属于埇桥区蒿沟乡蒿沟村。在很早以前有一张姓人家来此开荒种地，建房居住，故当地人叫张家楼。后张姓分家，有前张楼、后张楼，本庄简称前楼。
孙家	Sūnjiā	隶属于埇桥区蒿沟乡蒿沟村。清末年间，有孙姓来此居住，故得名孙家。
吴家	Wújiā	隶属于埇桥区蒿沟乡蒿沟村。清末时期，此处地势低洼，无人耕种，有吴姓迁居至此，每雨必淹，故名水捞吴。后又有陶、邵等姓来此居住，吴姓居多，因故得名吴家。
后厂村 村民委员会	Hòuchǎngcūn Cūnmínwěiyuánhuì	隶属于埇桥区蒿沟乡。
大关庄	Dàguānzhuāng	隶属于埇桥区蒿沟乡后场村。该庄以关姓为主，2013 年因土地置换搬迁到东城新村。
大江家	Dàjiāngjiā	隶属于埇桥区蒿沟乡后场村。该村以江姓居民为主，故而得名。
丁王家	Dīngwángjiā	隶属于埇桥区蒿沟乡后场村。1986 年由小丁家、小王家两村民组合并为丁王村民组，丁姓居住地称为小丁家，王姓居住地称为丁王家。
洪庙	Hóngmiào	隶属于埇桥区蒿沟乡后场村。在很久以前此村有一座红色的庙，因此取名红庙。后来有洪湖小村，演变成洪庙。
后场	Hòuchǎng	隶属于埇桥区蒿沟乡后场村。洪庙的人为了收庄稼，在屋后弄了一片大场，在场上建起了房子，住进了村民，就取名为后场。
江后庄	Jiānghòuzhuāng	隶属于埇桥区蒿沟乡后场村。明末清初称骑路江，民国以后称大江家，1963 年改名为江后庄。
潘老湖	Pānlǎohú	隶属于埇桥区蒿沟乡后场村。此村因地势低洼，遍地都是水，像个大湖，居住人口以潘姓为主，取名为潘老湖。

标准名称	汉语拼音	备注
柳园	Liǔyuán	隶属于埇桥区蒿沟乡后场村。很久以前该村居民用柳条插在园子周围，后来这些柳条都生根发芽，就取名为柳园。
马东庄	Mǎdōngzhuāng	隶属于埇桥区蒿沟乡后场村。从前有个箍桶匠姓马，在此落户，该庄因此得名箍匠桶马。后来村庄逐渐壮大，分为两个自然庄，该庄位于东部，故名马东庄。
马西庄	Mǎxīzhuāng	隶属于埇桥区蒿沟乡后场村。从前有个箍桶匠姓马，在此落户，所以叫箍桶匠马。后来村庄逐渐壮大，分为两个自然庄，该庄位于西侧，故名马西庄。
前场	Qiánchǎng	隶属于埇桥区蒿沟乡后场村。该村村民在后场组的前面建了房子，因此取名前场。
圩子	Wéizi	隶属于埇桥区蒿沟乡后场村。旧时因战乱，该村四边都挖大深沟，所以取名为圩子。
魏家	Wèijiā	隶属于埇桥区蒿沟乡后场村。原是姓营的宅子，叫营宅，后姓魏的来此居住，故名魏家。
小关家	Xiǎoguānjiā	隶属于埇桥区蒿沟乡后场村。由大关家分出，故叫小关家。
小江庄	Xiǎojiāngzhuāng	隶属于埇桥区蒿沟乡后场村。旧时江姓在此居住，故取名小江庄。
小金庄	Xiǎojīnzhuāng	隶属于埇桥区蒿沟乡后场村。东三铺老羊行金姓人家迁到此地，故取名小金庄。
小李庄	Xiǎolǐzhuāng	隶属于埇桥区蒿沟乡后场村。因本村民组全部姓李，北边也有李家，但人口更多，故本村称小李庄。
小刘庄	Xiǎoliúzhuāng	隶属于埇桥区蒿沟乡后场村。旧时刘姓逃难到此，故取名小刘庄。
小马庄	Xiǎomǎzhuāng	隶属于埇桥区蒿沟乡后场村。民国时期，此地只有几户人家姓马，庄比较小，取名为小马庄。
小史庄	Xiǎoshǐzhuāng	隶属于埇桥区蒿沟乡后场村。大史家因弟兄多分家，其中一人来此居住，后称小史庄。
小徐庄	Xiǎoxúzhuāng	隶属于埇桥区蒿沟乡后场村。旧时由徐姓居住，故取名小徐庄。
小庄	Xiǎozhuāng	隶属于埇桥区蒿沟乡后场村。人少庄小，所以叫小庄。
闫赵庄	Yánzhàozhuāng	隶属于埇桥区蒿沟乡后场村。本庄有一庙，名为闫小庙。1986 年由闫家、赵家两村民组合并为闫赵村民组，故名闫赵庄。
两半昌村村民委员会	Liǎngbànchāngcūn Cūnmínwěiyuánhuì	隶属于埇桥区蒿沟乡。
薄圩	Bówéi	隶属于埇桥区蒿沟乡两半昌村。清朝初期，马姓、独姓、王姓从山西迁居至此，在庄周围挖沟筑圩，后取名为薄圩。

标准名称	汉语拼音	备注
薄庄	Bózhuāng	隶属于埇桥区蒿沟乡两半昌村。清初，薄姓从山西迁居至此，由薄姓和卜姓两家在此开荒种地，薄姓在南，卜姓在北，薄姓叫薄庄，卜姓取名卜庄，后合并为薄庄。
河涯昌	Héyáchāng	隶属于埇桥区蒿沟乡两半昌村。明朝初期，昌姓由山西洪洞县迁居至此，由于唐河里有水，在唐河南涯建房和生活，取名叫河涯昌。
马园	Mǎyuán	隶属于埇桥区蒿沟乡两半昌村。清朝末期，马姓从马家洼迁居至此，种植蔬菜，故取名马园。
炮楼马	Pàolóumǎ	隶属于埇桥区蒿沟乡两半昌村。清朝初期，马姓从南方马沟岸迁居至此，建设房屋，马从举盖炮楼三间，取名炮楼马。
小王家	Xiǎowángjiā	隶属于埇桥区蒿沟乡两半昌村。清朝末期，王姓兄弟二人从大店镇王岭庄迁居至此，人少地少，取名小王家。
苗庵村 村民委员会	Miáoāncūn Cūnmínwěiyuánhuì	隶属于埇桥区蒿沟乡。
曹征庄	Cáozhēngzhuāng	隶属于埇桥区蒿沟乡苗庵村。民国时期，曹姓由曹集庄分支来此，故得名曹征庄。
大夏庄	Dàxiàzhuāng	隶属于埇桥区蒿沟乡苗庵村。清朝时期，夏姓从山西洪洞县移民至此，故得名大夏庄。
集西张庄	Jíxīzhāngzhuāng	隶属于埇桥区蒿沟乡苗庵村。清朝时期，张姓从山东移民苗庵集西，故名。
刘家庄	Liújiāzhuāng	隶属于埇桥区蒿沟乡苗庵村。清朝时期，刘姓从山东移民至此，故得名刘家庄。
苗庵街道	Miáo’ānjiēdào	隶属于埇桥区蒿沟乡苗庵村。清朝末期到民国初期，有苗姓在此路旁搭一草棚，以卖茶为生，周边逐渐形成集市，故得名苗庵街道。
苗家	Miáojiā	隶属于埇桥区蒿沟乡苗庵村。旧时苗姓由苗庵街道苗姓分支到此居住，故得名苗家。
小夏庄	Xiǎoxiàzhuāng	隶属于埇桥区蒿沟乡苗庵村。清朝时期，夏姓从山西洪洞县移民至此，故得名小夏庄。
赵桥庄	Zhàoqiáozhuāng	隶属于埇桥区蒿沟乡苗庵村。赵桥原和南赵桥是一个庄，因 1966 年政府开挖汴河从赵桥穿过，从此赵桥村民迁到汴河北一半、汴河南一半，后来政府改名叫赵桥庄至今。
赵圩庄	Zhàowéizhuāng	隶属于埇桥区蒿沟乡苗庵村。清朝时期，赵姓从山西移民至此，取名赵家。旧时为防匪患，在庄周围挖沟，故得名赵圩庄。
双王村 村民委员会	Shuāngwángcūn Cūnmínwěiyuánhuì	隶属于埇桥区蒿沟乡。

标准名称	汉语拼音	备注
菜园庄	Càiyuánzhuāng	隶属于埇桥区蒿沟乡双王村。旧时这个庄的农民主要以种菜为生，故取名叫菜园庄。
打耩祝	Dǎjiǎngzhù	隶属于埇桥区蒿沟乡双王村。旧时祝姓以打耩子对外销售为主，故取名为打耩祝。
丁集	Dīngjí	隶属于埇桥区蒿沟乡双王村。很早以前这个庄是个小集市，丁姓居多，故取名丁集。
东郢子庄	Dōngyǐngzizhuāng	隶属于埇桥区蒿沟乡双王村。民间传说，以前霸王行军至此，建筑两个土城，东西相对，该庄位于东侧，故而得名。
高王庄	Gāowángzhuāng	隶属于埇桥区蒿沟乡双王村。此庄居住两大姓氏，高姓和王姓，合起来取名叫高王庄。
后圩庄	Hòuwéizhuāng	隶属于埇桥区蒿沟乡双王村。旧时居住在这里的农民为防贼偷盗，在庄的外围挖一道深沟来保护村庄，简称圩，庄有前有后，故名后圩庄。
前圩庄	Qiánwéizhuāng	隶属于埇桥区蒿沟乡双王村。旧时这个庄上的农民为了防盗，在庄的周围拦一道很深的沟把庄围起来，因为有两个庄，后庄与前庄，故取名叫前圩庄。
屈马庄	Qūmǎzhuāng	隶属于埇桥区蒿沟乡双王村。旧时屈姓和马姓两户人家来此居住，故取庄名叫屈马庄。
西郢庄	Xīyǐngzhuāng	隶属于埇桥区蒿沟乡双王村。民间传说，霸王行军至此，建筑两个土城，东西相对，该庄位于西侧，故得名西郢庄。
小庄	Xiǎozhuāng	隶属于埇桥区蒿沟乡双王村。旧时有几户人家居住在一起，是个很小的村庄，周边村庄都叫其小庄，因而得名。
徐家	Xújiā	隶属于埇桥区蒿沟乡双王村。清朝时期，有个徐姓人士逃荒，在此地居住，故取庄名叫徐家。
营家	Yíngjiā	隶属于埇桥区蒿沟乡双王村。清朝末期，有个姓营的逃荒难民，在此地居住，故取庄名叫营家。
祝家堂庙	Zhùjiātángmiào	隶属于埇桥区蒿沟乡双王村。这个庄上有个庙，祝姓的人经常来到这个庙续家谱，因而取名叫祝家堂庙。
陈家	Chénjiā	隶属于埇桥区蒿沟乡药闫村。清朝末期，陈姓从外地逃荒至此，故取名陈家。
药闫村村民委员会	Yàoyáncūn Cūnmínwěiyuánhuì	隶属于埇桥区蒿沟乡。
后马桥	Hòumǎqiáo	隶属于埇桥区蒿沟乡药闫村。该庄是前马桥的延伸，因马姓人丁兴旺，村庄不断扩大，故称扩大部分为后马桥，简称后桥。
马园	Mǎyuán	隶属于埇桥区蒿沟乡药闫村。清朝末期，马姓由外地迁居至此，在此地开荒种菜，取名马菜园，简称马园。

标准名称	汉语拼音	备注
马庄	Mǎzhuāng	隶属于埇桥区蒿沟乡药闫村。清朝末期，马姓居住此地，繁衍生息，人丁兴旺，故取名马大庄，简称马庄。
前马桥	Qiánmǎqiáo	隶属于埇桥区蒿沟乡药闫村。明末清初，蒿沟集西部有一座唐河大桥，是皖北地区、豫南地区去东海运盐的车队，也是马帮的必经之路。桥头北岸住着姓马的人家，故取名马桥头，又称前马桥。
孙家	Sūnjiā	隶属于埇桥区蒿沟乡药闫村。明末清初，该庄首先居住的是一户孙姓人家，故称孙家。
孙庄	Sūnzhuāng	隶属于埇桥区蒿沟乡药闫村。清代末期，有孙姓从当地的孙瓦房分家迁至此地，取名孙小庄，后来又迁来史姓和马姓，因孙姓居住最早，至今都称孙庄。
王家	Wángjiā	隶属于埇桥区蒿沟乡药闫村。清朝末期，在古濉河蒿沟西一公里处，有一座涵闸，闸上住着一家王姓，故称王闸口，简称王家。
闫家	Yánjiā	隶属于埇桥区蒿沟乡药闫村。明末清初，闫姓逃荒至此，取名小闫家庄，后命名为闫家。
药店史	Yàodiànshǐ	隶属于埇桥区蒿沟乡药闫村。清朝末期，此地居住史姓郎中，原起名小史庄，后名为药店史。
展桥村村民委员会	Zhǎnqiáocūn Cūnmínwěiyuánhuì	隶属于埇桥区蒿沟乡。
冯家	Féngjiā	隶属于埇桥区蒿沟乡展桥村。清朝初期，冯姓定居于此，故得名冯家。
湖南刘	Húnánliú	隶属于埇桥区蒿沟乡展桥村。明朝末期，在此庄北面有一片洼地，好像一个湖，湖边居民以刘姓为主，故得名湖南刘。
黄盆窑	Huángpényáo	隶属于埇桥区蒿沟乡展桥村。清朝初期，此村庄有一大户人家，建造一个土窑，烧黄泥盆，故得名黄盆窑。
刘家	Liújiā	隶属于埇桥区蒿沟乡展桥村。清末年间，刘姓迁居此地，建村立庄，故得名刘家。
马家	Mǎjiā	隶属于埇桥区蒿沟乡展桥村。在此村庄东面，开挖一条南北沟，此庄全部都姓马，故得名马家。
马洼	Mǎwā	隶属于埇桥区蒿沟乡展桥村。马洼村庄周围，都是低洼田地，每逢阴雨天，地里水排不出去，一片汪洋，此庄人多数姓马，故得名马洼。
秦沟涯	Qíngōuyá	隶属于埇桥区蒿沟乡展桥村。清朝末期，穿庄南北开挖一条沟，村民分沟东西两侧居住，多数人都姓秦，故得名秦沟涯。
秦南	Qínnán	隶属于埇桥区蒿沟乡展桥村。1949 年开挖小黄河，把秦沟涯庄分成两个村庄，故得名秦南。

标准名称	汉语拼音	备注
宋家	Sòngjiā	隶属于埇桥区蒿沟乡展桥村。明朝末期，坐落在小黄河北侧有一个小村庄，村民都姓宋，故得名宋家。
陆家	Lùjiā	隶属于埇桥区蒿沟乡展桥村。清朝初期，陆姓在此开垦荒地，定居建庄，故得名陆家。
展桥	Zhǎnqiáo	隶属于埇桥区蒿沟乡展桥村。据传，有一只神羊天天来吃老百姓的麦苗。一天在桥头，神羊被砍头，故得名斩桥，后称展桥。

苗庵乡

苗庵乡（Miáo’ān Xiāng） 属埇桥区辖乡。在宿州城区的东北部。面积111.0751平方千米。人口46401人。以汉族为主。辖12个村委会，有103个自然村。乡人民政府驻苗庵村。1949年12月，设苗庵乡；1958年9月，改社；1969年2月，设区；1992年2月撤区并乡，属县级宿州市；1998年12月属宿州市埇桥区。很久以前从大店到时村之间，有一苗姓商人搭庵棚卖茶，久而久之路边设摊贸易增多，形成集市，称为苗庵集。新汴河、唐河流经境内。有图书室12个；幼儿园8所，小学11所，初中3所；各级各类医疗卫生机构15个；体育场地24处。农业以种植小麦、玉米、大豆为主。畜牧业以饲养生猪、牛、羊、家禽为主。工业以农产品加工为主。有043、028县道，泗宿高速公路通过境内。

标准名称	汉语拼音	备注
曹集村村民委员会	CáojíCūn Cūnmínwěiyuánhuì	位于埇桥区苗庵乡。自明朝以来，名为曹集村，简称曹集。2007年村区划调整时，由曹集村、编绰村合并为曹集村。
编绰庄	Biānchāozhuāng	隶属于埇桥区苗庵乡曹集村。明朝初期，曹姓由山西省洪洞县迁移至此，得名编绰庄。
曹集	Cáojí	隶属于埇桥区苗庵乡曹集村。明朝初期，曹姓由山西省洪洞县迁移至此，故得名曹集。
刘家庄	Liújiāzhuāng	隶属于埇桥区苗庵乡曹集村。明朝初期，刘姓由山西省洪洞县迁移至此，故得名刘家庄。
蒲家庄	Pújiāzhuāng	隶属于埇桥区苗庵乡曹集村。明朝初期，蒲姓由山西省洪洞县迁移至此，故得名蒲家庄。
西谷堆	Xīgǔduī	隶属于埇桥区苗庵乡曹集村。明朝初期，该庄先人由山西省洪洞县迁移至此，得名西谷堆。
小曹家	Xiǎocáojiā	隶属于埇桥区苗庵乡曹集村。明朝初期，曹姓人家由山西省洪洞县迁移至此，故得名小曹家。

标准名称	汉语拼音	备注
梨园村 村民委员会	Líyuáncūn Cūnmínwěiyuánhuì	位于埇桥区苗庵乡。人民公社时期名称为梨园大队。1983年由梨园大队更名为梨园村村民委员会。2007年村区划调整时，梨园村、马庙村、草寺村合并为梨园村。
草寺	Cǎosì	隶属于埇桥区苗庵乡梨园村。清朝中期，该庄先人由南方迁居到此，因为村庄中有一座寺庙，庙顶是草苫所盖，所以庄名叫草寺。
丁庄	Dīngzhuāng	隶属于埇桥区苗庵乡梨园村。清朝中期，丁姓迁居至此，长期人口不旺，在此居住，故为丁庄。后来曹姓在丁庄居住，没有改名。
东刘	Dōngliú	隶属于埇桥区苗庵乡梨园村。清朝中后期，从今山东省枣庄市迁来，居民种植枣树成行，故称枣行刘，又称东刘。
后刘	Hòuliú	隶属于埇桥区苗庵乡梨园村。清朝中期，原名为雅俊刘，后改名为后刘。
后马	Hòumǎ	隶属于埇桥区苗庵乡梨园村。光绪年间，马姓从时村迁居此地，故名为大马家，又称后马。
荒东	Huāngdōng	隶属于埇桥区苗庵乡梨园村。清初，此地因大面积土地荒芜导致人口较少，王姓在此开荒居住，故称荒地王。后来人口增多，分为东西两个庄子。此庄位于东边，因此称为荒东。
荒西	Huāngxī	隶属于埇桥区苗庵乡梨园村。清朝前期，此地因大面积土地荒芜导致人口较少，王姓在此开荒居住，故称荒地王。后来人口增多，分为东西两个庄子。此庄位于西边，因此称为荒西。
老庄	Lǎozhuāng	隶属于埇桥区苗庵乡梨园村。清朝中期，该庄先人由南方迁居到此，得名来历不详。
梨园	Líyuán	隶属于埇桥区苗庵乡梨园村。清代中期，梨园庄曹姓迁居至此，种植梨树，取名梨园。
马庙	Mǎmiào	隶属于埇桥区苗庵乡梨园村。清朝中期此庄有一寺庙，村民以马姓为主，故称之为马庙。
前马	Qiánmǎ	隶属于埇桥区苗庵乡梨园村。清朝中期，马姓由时村马家迁移而来。在此开荒定居，庄名前马。
双庄	Shuāngzhuāng	隶属于埇桥区苗庵乡梨园村。清朝前期，此地当时耕种面积较大，为便于耕种村民由北大曹庄迁移而来，相对于第二个曹庄，故称双曹庄，久而久之习惯称双庄。
周家	Zhōujiā	隶属于埇桥区苗庵乡梨园村。清代末期，周家庄是从石桥西周家迁居至此，因故得名为周家。
李圩村 村民委员会	Lǐwéicūn Cūnmínwěiyuánhuì	位于埇桥区苗庵乡。人民公社时期名称为李圩大队。1983年更名为李圩村民委员会，2007年村区划调整时，由李圩、刘李村合并为李圩村，沿用至今。

标准名称	汉语拼音	备注
营家	Yíngjiā	隶属于埇桥区苗庵乡李圩村。清朝初期，有营姓迁居此地，取名营家。
王庄	Wángzhuāng	隶属于埇桥区苗庵乡李圩村。清朝初期，王姓迁居此地，取名为王庄。
刘家	Liújiā	隶属于埇桥区苗庵乡李圩村。清朝中期，刘姓迁居此地，取名刘家。
李圩	Lǐwéi	隶属于埇桥区苗庵乡李圩村。宋末元初，李姓从柏山迁居此地，并在村庄四周筑有圩子防患，故取名李圩。
三里赵	Sānlǐzhào	隶属于埇桥区苗庵乡李圩村。宋末元初，赵姓迁居此地，因距李圩集市三里路，故取名三里赵。
刘瓦房	Liúwǎfáng	隶属于埇桥区苗庵乡李圩村。宋末元初，刘姓由东北方向迁入此地居住，形成村庄并建有瓦房，故取名刘瓦房。
萧家	Xiāojiā	隶属于埇桥区苗庵乡李圩村。清初，有萧姓迁居此地，取名萧家。
后大场	Hòudàchǎng	隶属于埇桥区苗庵乡李圩村。宋末元初，李姓由柏山迁入至此，该庄位于李姓各庄北部，并多有场地，取名为后大场。
罗家	Luójiā	隶属于埇桥区苗庵乡李圩村。明朝中期，有罗姓迁入此地，取名罗家。
前李	Qiánlǐ	隶属于埇桥区苗庵乡李圩村。宋末元初，李姓由柏山迁入此地，该庄位于李姓各庄南部，故取名为前李。
中李	Zhōnglǐ	隶属于埇桥区苗庵乡李圩村。宋末元初，李姓由柏山迁入，该庄位于李姓各庄中部，取名中李。
宁刘村村民委员会	Níngliúcūn Cūnmínwěiyuánhuì	位于埇桥区苗庵乡。在人民公社时期分为两个村，大宁家村和刘小庄村。2007 年两村合并为宁刘村，名称未变，沿用至今。
曹家	Cáojiā	隶属于埇桥区苗庵乡宁刘村。很早以前曹姓从西北搬来六户人家在此居住，至现在为曹家。
大宁家	Dàníngjiā	隶属于埇桥区苗庵乡宁刘村。旧时宁姓从烈山迁到现今大宁家宁祠堂，随后的宁家庄就叫宁祠堂，现叫大宁家。
刘桥	Liúqiáo	隶属于埇桥区苗庵乡宁刘村。清朝中期，刘姓从东北刘寨前边的刘桥庄搬来，故起名刘桥。
刘小庄	Liúxiǎozhuāng	隶属于埇桥区苗庵乡宁刘村。在清朝时期从本村东刘桥搬到刘小庄，当时由于人口较少，所以庄名叫刘小庄。
刘园	Liúyuán	隶属于埇桥区苗庵乡宁刘村。原刘小庄的 8 户人家为方便种地，从刘小庄搬到现在的刘园庄居住。

标准名称	汉语拼音	备注
孟家	Mèngjiā	隶属于埇桥区苗庵乡宁刘村。孟家历史悠久。孟家在人民公社时期时属大队部，当时有医院、商店，是整个大队开会的地方。
小宁家	Xiǎoníngjiā	隶属于埇桥区苗庵乡宁刘村。该庄宁姓是从西北宁家，即永安河西宁家搬来此地居住，庄名小宁家。
新庄	Xīnzhuāng	隶属于埇桥区苗庵乡宁刘村。原在苗安南边的新汴河南赵桥，由于开挖新汴河时把一部分村庄挖掉后，搬到现在的宁刘村居住，故起名新庄。
赵店	Zhàodiàn	隶属于埇桥区苗庵乡宁刘村。赵店庄很早以前庄子东头有条南北通道，南来北往必经之路，而客人路过此地，天气为时已晚，在此住店，故得名赵店。
周家	Zhōujiā	隶属于埇桥区苗庵乡宁刘村。周家很早以前是从西北周家搬来，当时有唐河隔开，必须过河才行，故起名周渡口，后来改名周家至今。
石桥村 村民委员会	Shíqiáocūn Cūnmínwěiyuánhuì	位于埇桥区苗庵乡。2007 年由原郭王马村和塘南村合并而成石桥村，沿用至今。
曹圩	Cáowéi	隶属于埇桥区苗庵乡石桥村。明朝初年，曹姓由山西洪洞县喜鹊窝迁居到此地，故得名曹家，后来名为曹圩。
丁庄	Dīngzhuāng	隶属于埇桥区苗庵乡石桥村。清朝中期，丁姓从时村镇丁凤寨分支迁到此地，取名为丁庄。
郭家	Guōjiā	隶属于埇桥区苗庵乡石桥村。清朝中期，郭姓为了躲避战乱从栏杆迁居到此地，故而得名。
河马	Hémǎ	隶属于埇桥区苗庵乡石桥村。清朝早期，因只有几家姓曹人家在此居住，因此叫作小曹家。后来前马庄马姓到此居住，命名为河马。
梁家	Liángjiā	隶属于埇桥区苗庵乡石桥村。清朝初期，从时村镇梁寨迁居此地，因此得名梁家。
六里王	Liùlǐwáng	隶属于埇桥区苗庵乡石桥村。明朝时期，王姓从山西木家寨迁居时村镇玄庙，后分支又迁到此地，取名六里王。
前马	Qiánmǎ	隶属于埇桥区苗庵乡石桥村。清朝后期，从时村镇南大桥迁到此地，村中有棠梨树，得名棠林马，又名前马。
三里王	Sānlǐwáng	隶属于埇桥区苗庵乡石桥村。清朝末期，王姓从江苏徐州大理集迁居到此地，取名为三里王。
尚庄	Shàngzhuāng	隶属于埇桥区苗庵乡石桥村。该庄尚姓由山西洪洞县迁到山东之后，随军南下定居大营子村，取名尚庄。
盛圩	Shèngwéi	隶属于埇桥区苗庵乡石桥村。清初，盛姓从时村镇时南乡盛家迁居到此地，故得名盛圩。

标准名称	汉语拼音	备注
棠林王	Tánglínwáng	隶属于埇桥区苗庵乡石桥村。清朝中后期，王姓迁居此地，此地原有古树棠梨树，因故称谓棠林王。
赵家	Zhàojiā	隶属于埇桥区苗庵乡石桥村。明朝洪武年间，赵姓从山东省长清县野樵窝迁居到此地，旧称关堂赵，因此地北边有座关帝庙而得名。现称赵家。
中马	Zhōngmǎ	隶属于埇桥区苗庵乡石桥村。清朝后期，马姓从山西洪洞县迁至此地，分为前马、中马、河马，此地为中马。
双盛村 村民委员会	Shuāngshèngcūn Cūnmínwěiyuánhuì	位于埇桥区苗庵乡。沿用至今。
西朱家	Xīzhūjiā	隶属于埇桥区苗庵乡双盛村。旧时朱姓在此居住，后来由于人口众多，分为东朱、西朱两个自然村。
大曹家	Dàcáojiā	隶属于埇桥区苗庵乡双盛村。旧时曹姓迁居此地，得名为大曹家。
东谷堆	Dōnggǔduī	隶属于埇桥区苗庵乡双盛村。清代末期，曹姓从山东迁居至此，五谷丰登，坐落在东，故得名为东谷堆。
东朱家	Dōngzhūjiā	隶属于埇桥区苗庵乡双盛村。旧时朱姓在此居住，后来由于人口众多，分为东朱、西朱两个自然村。
黄家	Huángjiā	隶属于埇桥区苗庵乡双盛村。清朝时期，黄姓由河南省迁入在此居住，得名黄家。
窦家	Dòujiā	隶属于埇桥区苗庵乡双盛村。窦姓于 1930 年从外地来此开荒种地，故得名窦家。
后盛家	Hòushèngjiā	隶属于埇桥区苗庵乡双盛村。清代末期，盛姓从山东迁居至此，得名后盛家。
马家	Mǎjiā	隶属于埇桥区苗庵乡双盛村。旧时马姓从外地来此开荒种地，故得名马家。
四支李	Sìzhīlǐ	隶属于埇桥区苗庵乡双盛村。清朝时期，李姓从后塞迁居至此，得名四支李。
小曹家	Xiǎocáojiā	隶属于埇桥区苗庵乡双盛村。曹姓自然庄由于比大曹小，所以得名小曹家。
盛西	Shèngxī	隶属于埇桥区苗庵乡双盛村。清代末期从山东迁居至此，得名盛西。
盛东	Shèngdōng	隶属于埇桥区苗庵乡双盛村。清代末期，从山东迁居至此，得名盛东。
营家	Yíngjiā	隶属于埇桥区苗庵乡双盛村。旧时姓营从营马路迁居至此，故得名营家。

标准名称	汉语拼音	备注
王集村村民委员会	Wángjícūn Cūnmínwěiyuánhuì	位于埇桥区苗庵乡。人民公社时期名称为王集大队。1983年由王集大队更名为王集村村民委员会。2007年并村时，由王集村、尹陈村合并为王集村。
戈马家	Gēmǎjiā	隶属于埇桥区苗庵乡王集村。自清朝末年，马姓在此居住，得名戈马家。
后程家	Hòuchéngjiā	隶属于埇桥区苗庵乡王集村。因外来人口来王集居住后，程姓居多，故得名后程家。
后王	Hòuwáng	隶属于埇桥区苗庵乡王集村。旧时农户因在王集居住人口较多，在王集后面为种地方便，占场地建房。
刘家	Liújiā	隶属于埇桥区苗庵乡王集村。清朝年间刘姓在此居住，故名刘家。
南陈家	Nánchénjiā	隶属于埇桥区苗庵乡王集村。因在王集街南居住成庄，陈姓居多，故为南陈家。
王集	Wángjí	隶属于埇桥区苗庵乡王集村。明嘉靖年间，由时村汪寨南迁至此，交易买卖，久之形成集市，故得名王集。
魏家	Wèijiā	隶属于埇桥区苗庵乡王集村。自清朝年间魏姓在此居住，故名魏家。
尹小庙	Yǐnxiǎomiào	隶属于埇桥区苗庵乡王集村。清朝年间，此地有古庙一座，尹姓为看护庙堂及种地之便，迁居至此，得名尹小庙。
夏王村村民委员会	Xiàwángcūn Cūnmínwěiyuánhuì	位于埇桥区苗庵乡。人民公社时期名称为夏王大队，1984年夏王大队更名为夏王村，2007年夏王村、宁圩村合并为夏王村，沿用至今。
双河	Shuānghé	隶属于埇桥区苗庵乡夏王村。清末，丁姓和王姓迁居至此，故得名丁王庄。因庄前后临河，又取名双河。
宁圩	Níngwéi	隶属于埇桥区苗庵乡夏王村。清代中期，宁姓迁居至此，在村庄四周挖有圩壕，故得名宁圩。
刘岗	Liúgǎng	隶属于埇桥区苗庵乡夏王村。清代中期，刘姓迁居至此，得名刘岗。
杨庄	Yángzhuāng	隶属于埇桥区苗庵乡夏王村。清末营姓和王姓迁居至此，传说有姓杨名士路居此庄，便取名杨庄。
王宅	Wángzhái	隶属于埇桥区苗庵乡夏王村。清末王姓迁居至此，在此建造宅院，故得名王宅。
吴家	Wújiā	隶属于埇桥区苗庵乡夏王村。旧时吴姓迁居至此，故得名吴家。
营家	Yíngjiā	隶属于埇桥区苗庵乡夏王村。清代中期，营姓迁居至此，故得名营家。

标准名称	汉语拼音	备注
烙馍刘	Làomóliú	隶属于埇桥区苗庵乡夏王村。清代中期，刘姓迁居至此。刘姓人家，家家皆会烙馍，故得名烙馍刘。
瓦坊	Wǎfāng	隶属于埇桥区苗庵乡夏王村。清代中期，曹姓迁居至此，在此建造瓦房宅院，取名瓦坊。
曹老庄	Cáolǎozhuāng	隶属于埇桥区苗庵乡夏王村。清代中期，曹姓迁居至此，在此建造宅院，取名曹老庄。
菜园	Càiyuán	隶属于埇桥区苗庵乡夏王村。清末，曹姓迁居至此，在此建造宅院，开荒种菜，故得名菜园。
夏王	Xiàwáng	隶属于埇桥区苗庵乡夏王村。清代中期，夏、王两姓迁居至此，在此建造宅院，故得名夏王。
刘大宅	Liúdàzhái	隶属于埇桥区苗庵乡夏王村。清代中期，刘姓迁居至此，在此建造宅院，故得名刘大宅。
曹坊刘	Cáofāngliú	隶属于埇桥区苗庵乡夏王村。清代中期，刘姓迁居至此，在此建造宅院，开设酿酒槽坊，取名槽坊刘，今讹作曹坊刘。
新庄村 村民委员会	Xīnzhuāngcūn Cūnmínwěiyuánhuì	位于埇桥区苗庵乡。1996 年为中新村，2007 年由中新村、张安村合并为新安村至今。
北小张家	Běixiǎozhāngjiā	隶属于埇桥区苗庵乡新庄村。北小张家与张安族人原出一宗，清朝时有一部分人从张安搬出，迁居此地，因人少村落较小就叫作小张家，1970 年前后与南小张家分开时改为北小张家。
海龙汪	Hǎilóngwāng	隶属于埇桥区苗庵乡新庄村。明朝中期，海汪庄前有一大汪塘，赵姓在此居住。传说有人发现汪中有龙在塘中游，因此定名海龙汪。
火马	Huǒmǎ	隶属于埇桥区苗庵乡新庄村。清代末期，马姓由北方迁居至此，得名马家。抗日战争时期，日本人烧了这个村庄，马被烧死，故称火烧马，后因习惯叫火马。
南小张家	Nánxiǎozhāngjiā	隶属于埇桥区苗庵乡新庄村。1970 年前后，一部分村民从北小张家搬迁到此居住，因为在北小张家南面，所以叫南小张家。
石碑赵	Shíbēizhào	隶属于埇桥区苗庵乡新庄村。明朝中期，赵姓由山西洪洞县迁居至此，为记族谱，在庄子中立一石碑，将族谱刻在上面，因此得名石碑赵。
夏庙	Xiàmiào	隶属于埇桥区苗庵乡新庄村。夏庙庄位于塘河南岸，村民以夏姓居多，且村子正中间有明清时期留下的一座土地庙，故称夏庙。
新庄	Xīnzhuāng	隶属于埇桥区苗庵乡新庄村。新庄是石碑庄的分支，清朝时有一部分人从石碑搬出，在石碑庄前盖起了房子并定居下来，得名新庄。

标准名称	汉语拼音	备注
张安	Zhāng'ān	隶属于埇桥区苗庵乡新庄村。明朝时期，张姓从灵璧黄疃搬迁此处，在此开荒种地，繁衍生息，人丁兴旺，安居乐业，从此得名张安。
中勒	Zhōnglè	隶属于埇桥区苗庵乡新庄村。相传庄东头有一个铜钟，清朝年间被大水冲到北边的塘河后，人们把铜钟找回，为防止再次冲走，用链子把铜钟勒在一个石桩上，自此这个村庄就叫钟勒子，后讹称中勒。
祝王	Zhùwáng	隶属于埇桥区苗庵乡新庄村。清朝有个叫王天志的人带着家人移此居住，后成为村落，后又移来部分祝姓村民，称祝王。
中湖村村民委员会	Zhōnghúcūn Cūnmínwěiyuánhuì	位于埇桥区苗庵乡。人民公社时期名称为中湖大队。1983年由中湖大队更名为中湖村委会，2007年村级区划调整时，由中湖村、大湾村合并为中湖村。
大湾	Dàwān	隶属于埇桥区苗庵乡中湖村。此地地势低洼，得名大湾。
郭炉庄	Guōlúzhuāng	隶属于埇桥区苗庵乡中湖村。清朝末期，该庄有户姓郭的铁匠，打铁，从此这个庄叫郭炉庄。
后中湖马	Hòuzhōnghúmǎ	隶属于埇桥区苗庵乡中湖村。很久以前马姓迁居至此，因地势低洼，年年发水，故得名为后中湖马。
庙前郭	Miàoqiánguō	隶属于埇桥区苗庵乡中湖村。清代末期，郭家庄有一座庙，有郭姓在庙南边建造房屋居住，故得名叫庙前郭。
前中湖	Qiánzhōnghú	隶属于埇桥区苗庵乡中湖村。此村庄在埇桥区和灵璧县之间，自西向东每十里地三尺，此庄是最底处，一到雨季就像一个大湖，后来有人在最南边建造房屋。起名前中湖。
营家	Yíngjiā	隶属于埇桥区苗庵乡中湖村。清代末期，营姓从外地迁居至此，故得名营家。
小庄	Xiǎozhuāng	隶属于埇桥区苗庵乡中湖村。清朝末期，该庄四户人家，姓李、王、宣、朱组成一个村庄，得名小庄。
中湖王	Zhōnghúwáng	隶属于埇桥区苗庵乡中湖村。很早以前王姓从外地迁居至此，建造房屋，因地势低洼像个湖，故而得名中湖王。

永镇乡

永镇乡（Yǒngzhèn Xiāng）　属埇桥区辖乡。在埇桥区的南部。面积66.5131平方千米。人口31851人。以汉族为主。辖7个村委会，有86个自然村。乡人民政府驻永镇村。1951年12月，设永镇乡；1958年9月，乡改社；1984年5月，社改乡；1992年2月属县级宿州市。1998

年12月属宿州市埇桥区。因乡政府驻永镇集而得名。汾洪江、浍澥新河、澥河、吴村沟、青年沟流经境内。有图书室7个，文化广播站1个；小学9所，初中2所；各级各类医疗卫生机构8个。境内有俞伯牙墓、关公庙、陈氏宗祠。农业以种植小麦、玉米为主。畜牧业以饲养生猪、羊、家禽为主。工业以农产品加工为主。合徐高速、206国道贯穿南北；县道永湖公路过境。

标准名称	汉语拼音	备注
禅堂村村民委员会	Chántángcūn Cūnmínwěiyuánhuì	位于埇桥区永镇乡。清朝初期，建庙为禅堂庙，1949年隶属方店乡，1955年为东方红二社，1961年隶属蕲县区永镇公社，1969年隶属大营公社方店管理区，1981年为大营区方店公社，1985年为大营区方店乡，1990年为永镇乡。2007年为禅堂隶属永镇乡，沿用至今。
陈井	Chénjǐng	隶属于埇桥区永镇乡禅堂村。因庄子里有一口吃水井，水质较好而得名。当地有陈姓大户人家，故称为陈井。
傅庄	Fùzhuāng	隶属于埇桥区永镇乡禅堂村。以傅姓村民为主，取名为傅庄。
沟口	Gōukǒu	隶属于埇桥区永镇乡禅堂村。因防匪盗入侵，为保护村庄平安，在村庄周围挖沟，只有一个入口，因此取名为沟口。
路庄	Lùzhuāng	隶属于埇桥区永镇乡禅堂村。以路姓居住的村庄，取名为路庄。
庙后	Miàohòu	隶属于埇桥区永镇乡禅堂村。清朝初期，在建庙时原名禅堂寺，后改为禅堂。因村庄坐落在庙的后面取名为庙后。
庙前	Miàoqián	隶属于埇桥区永镇乡禅堂村。清朝初期，在建庙时原名禅堂寺，后改为禅堂。因村庄坐落在庙的前面取名为庙前。
前马	Qiánmǎ	隶属于埇桥区永镇乡禅堂村。以马姓居住的村庄，取名前马。
孙庄	Sūnzhuāng	隶属于埇桥区永镇乡禅堂村。以孙姓居住的村庄，取名为孙庄。
吴庄	Wúzhuāng	隶属于埇桥区永镇乡禅堂村。以吴姓居住的村庄，取名为吴庄。
夏圩	Xiàwéi	隶属于埇桥区永镇乡禅堂村。因夏姓在村庄周围打造土圩，得名夏圩。
中马	Zhōngmǎ	隶属于埇桥区永镇乡禅堂村。以马姓村民为主的村庄，取名中马。
单圩村村民委员会	Shànwéicūn Cūnmínwěiyuánhuì	位于埇桥区永镇乡。明朝时期原名单景思圩子，后演变为单圩子，1954年至1956年为红星农业生产合作社，1958年改为生产大队，现隶属于埇桥区永镇乡单圩村。
大王	Dàwáng	隶属于埇桥区永镇乡单圩村。本村因王姓较多而得名。

标准名称	汉语拼音	备注
单圩子	Shànwéizi	隶属于埇桥区永镇乡单圩村。先辈单景思德高望重，故自然庄取名为单景思圩子，后演变为单圩子。
东马	Dōngmǎ	隶属于埇桥区永镇乡单圩村。因本村姓马迁至此地较早，且分东西两地，本庄位于东侧，因而叫东马。
傅庄	Fùzhuāng	隶属于埇桥区永镇乡单圩村。因本村全部都姓傅而得名。
后杨	Hòuyáng	隶属于埇桥区永镇乡单圩村。本村因在原有老庄后边而得名。
潘湖	Pānhú	隶属于埇桥区永镇乡单圩村。潘湖周围是个大空湖，因本村老户姓潘而得名。
前杨	Qiányáng	隶属于埇桥区永镇乡单圩村。本村因建在原旧址地名杨庄户的前方，故取名前杨。
西马	Xīmǎ	隶属于埇桥区永镇乡单圩村。因本村马姓迁至此地较早，且分东西两地，本庄位于西侧，因而叫西马。
小陈	Xiǎochén	隶属于埇桥区永镇乡单圩村。因本村陈姓由大圩东迁至此而得名。
小王	Xiǎowáng	隶属于埇桥区永镇乡单圩村。本村因王姓较多而得名。
张陈	Zhāngchén	隶属于埇桥区永镇乡单圩村。本村姓张姓陈的迁入较早，按二姓得名。
方店村 村民委员会	Fāngdiàncūn Cūnmínwěiyuánhuì	位于埇桥区永镇乡。明朝后期方氏族人在此设摊经营小店，由于交通便利，周边及外来人口逐渐迁入形成集市，故称方店集。抗日战争时期，方店集属宿县湖沟区方店乡，1949 年 10 月后划入蕲县区方店集，“文化大革命”前期属宿县永镇公社，1980 年永镇大营合并为大营公社，1990 年称为永镇乡方店村，沿用至今。
东南园	Dōngnányuán	隶属于埇桥区永镇乡方店村。方姓在村子东南方向开菜园，人口不断增加并有董、张、戴姓迁入，由于位置在方圩庄的东南方向，故称为东南园。
方店街	Fāngdiànjiē	隶属于埇桥区永镇乡方店村。在四百年前，有方姓先人在此交通便利的地方设摊卖茶水经营小店，由此得名为方店街。
方圩庄	Fāngwéizhuāng	隶属于埇桥区永镇乡方店村。方姓在村庄四周挖圩沟，故称方圩庄。
前方店	Qiánfāngdiàn	隶属于埇桥区永镇乡方店村。方圩人口不断发展，住宅不足，向前迁约 400 米叫前方圩庄，后来简称为前方店。
西方庄	Xīfāngzhuāng	隶属于埇桥区永镇乡方店村。清朝年间，有一方姓先人在方店的西部定居，故称为西方庄。
谢庄	Xièzhuāng	隶属于埇桥区永镇乡方店村。清朝年间，谢姓迁居此地，故称谢庄。

标准名称	汉语拼音	备注
关湖村村民委员会	Guānhúcūn Cūnmínwěiyuánhuì	位于埇桥区永镇乡。1949 年以后成立关湖村，2008 年大圩村、小圩村、关湖村合并为关湖村。
大陈庄	Dàchénzhuāng	隶属于埇桥区永镇乡关湖村。因庄子比小陈庄子大，人口多，陈姓居多，得名大陈庄。
大圩庄	Dàwéizhuāng	隶属于埇桥区永镇乡关湖村。旧时因防匪盗入侵，村民在村庄外围挖沟筑圩，因圩子大，取名为大圩庄。
关湖庄	Guānhúzhuāng	隶属于埇桥区永镇乡关湖村。清末，有位私塾王先生管教孩子读书严格，得名管子湖。后因庄子较大，人口较多，改名为关湖庄。
河东单	Hédōngshàn	隶属于埇桥区永镇乡关湖村。因 1976 年挖浍澥新河，位置在河东，单姓较多，取名为河东单。
河西单	Héxīshàn	隶属于埇桥区永镇乡关湖村。因 1976 年挖浍澥新河，位置在河西，单姓较多，取名为河西单。
河西王	Héxīwáng	隶属于埇桥区永镇乡关湖村。因 1976 年挖浍澥新河，位置在河西，王姓较多，取名为河西王。
后关路口	Hòuguānlùkǒu	隶属于埇桥区永镇乡关湖村。旧时因设关卡，位置靠后，得名后关路口。
前关路口	Qiánguānlùkǒu	隶属于埇桥区永镇乡关湖村。旧时因设关卡，离方店集近，位置靠前，得名前关路口。
黄庄	Huángzhuāng	隶属于埇桥区永镇乡关湖村。清光绪年间，黄姓迁居此地，取名为老黄庄，1958 年改名为黄庄队，2015 年整体搬迁至永镇集南头。
龙庄	Lóngzhuāng	隶属于埇桥区永镇乡关湖村。旧时该庄有三户陈姓人家，无庄名。民间故事说有一年夏天下一场大雨，掉下来一条龙，过了三天又下一场大雨，龙便顺水走了。后来该庄取名为龙庄。
门东庄	Méndōngzhuāng	隶属于埇桥区永镇乡关湖村。因住房门朝东，得名门东庄。
吴傅沟东庄	Wúfùgōudōng-zhuāng	隶属于埇桥区永镇乡关湖村。该庄在 1980 年从大圩庄里搬去，因位置在吴傅沟附近，取名为吴傅沟东庄。
小陈庄	Xiǎochénzhuāng	隶属于埇桥区永镇乡关湖村。因庄子小，人口少，陈姓居多，取名小陈庄。
小单	Xiǎoshàn	隶属于埇桥区永镇乡关湖村。因庄子比较小，人口少，单姓较多得名小单。
小方	Xiǎofāng	隶属于埇桥区永镇乡关湖村。因庄子比较小，人口少，方姓较多得名小方。
小王庄	Xiǎowángzhuāng	隶属于埇桥区永镇乡关湖村。因庄子比较小，人口少，王姓较多得名小王庄。

标准名称	汉语拼音	备注
小圩庄	Xiǎowéizhuāng	隶属于埇桥区永镇乡关湖村。旧时因防匪盗入侵，村民在村庄外围挖沟筑圩，因圩子比大圩子小，取名为小圩庄。
新单庄	Xīnshànzhuāng	隶属于埇桥区永镇乡关湖村。该庄是在1982年由单姓几户人家从单庄搬迁过去的，叫新单庄。
杨家地	Yángjiādì	隶属于埇桥区永镇乡关湖村。因杨姓村民迁至此地居住，取名杨家地。
瓦坊村村民委员会	Wǎfāngcūn Cūnmínwěiyuánhuì	位于埇桥区永镇乡。1958年蕲县区永镇公社瓦坊大队，1969年属大营公社，1980年永镇乡瓦坊村，2008年由姚庄村和瓦坊村合并为瓦坊村，沿用至今。
曹坊	Cáofāng	隶属于埇桥区永镇乡瓦坊村。旧时称酿酒作坊为槽坊，后讹作曹坊。
陈瓦坊	Chénwǎfāng	隶属于埇桥区永镇乡瓦坊村。旧时有户陈姓盖起两间瓦房后，取名瓦坊，后称为陈瓦坊。
陈圩新村	Chénwéixīncūn	隶属于埇桥区永镇乡瓦坊村。原来有地处陈圩庄和高庄2个生产组，在2011年3月底政府搞置换点，土地置换在高庄地块建设成规模化四排楼，取名陈圩新村。
大村	Dàcūn	隶属于埇桥区永镇乡瓦坊村。原来一片高地，居住人口多，因此得名。
店庄	Diànzhuāng	隶属于埇桥区永镇乡瓦坊村。旧时有几户人家做盐生意，开商店，因此得名。
胡庄	Húzhuāng	隶属于埇桥区永镇乡瓦坊村。村民以胡姓居多，故名。
南北院	Nánběiyuàn	隶属于埇桥区永镇乡瓦坊村。旧时有兄弟二人分家，有二处宅基地分为南院和北院。
前中陈	Qiánzhōngchén	隶属于埇桥区永镇乡瓦坊村。原来前陈有兄弟三人分支，老大在前，老二在中，老三在后，故此庄就叫前中陈。
姚庄	Yáozhuāng	隶属于埇桥区永镇乡瓦坊村。庄内村民主要以姚姓为主，故得名姚庄。
张陈	Zhāngchén	隶属于埇桥区永镇乡瓦坊村。原来由张姓和陈姓两户人家组成，因而得名张陈。
永镇村村民委员会	Yǒngzhèncūn Cūnmínwěiyuánhuì	位于埇桥区永镇乡。新中国成立后属永镇乡管辖，1969年为大营公社，1980年为大营区永镇乡，1990年属永镇乡管辖。
汉庄	Hànzhuāng	隶属于埇桥区永镇乡永镇村。“汉”和“翰”同音，据传清朝时期出一名翰林院官员，因此而得名。
后韩	Hòuhán	隶属于埇桥区永镇乡永镇村。因前后两个自然庄相对应，此庄在后，韩姓人多，得名后韩。
后王	Hòuwáng	隶属于埇桥区永镇乡永镇村。因前后两个王庄相对应，因在后面，称为后王。

标准名称	汉语拼音	备注
刘庄	Liúzhuāng	隶属于埇桥区永镇乡永镇村。因居民多为刘姓而得名。
路拐王	Lùguǎiwáng	隶属于埇桥区永镇乡永镇村。因王姓建庄在土楼路的拐弯处而得名。
门南陈	Ménnánchén	隶属于埇桥区永镇乡永镇村。因村子居住均为陈姓，且坐北面南而得名。
门西王	Ménxīwáng	隶属于埇桥区永镇乡永镇村。村民均为王姓，居住房屋面向西而得名。
破圩	Pòwéi	隶属于埇桥区永镇乡永镇村。清朝道光年间为大沟村，村子的西头陈姓家族为其安全筑了围墙，后与外界武装发生矛盾，围墙被攻破，自此以后被称为破圩。1965 年更改为四新村，1969 年回复破圩。
前韩	Qiánhán	隶属于埇桥区永镇乡永镇村。因前后两个自然庄相对应，此庄在前，韩姓居多，得名前韩。
前王	Qiánwáng	隶属于埇桥区永镇乡永镇村。因前后两个王庄相对应，因在前面称前王。
四户陈	Sìhùchén	隶属于埇桥区永镇乡永镇村。建庄时只有四户人家，均为陈姓，因而得名。
土楼	Tǔlóu	隶属于埇桥区永镇乡永镇村。清朝时期，村里出了一位拔贡，在村里建起一座又大又高的土木结构的楼，土楼因此而得名。
言店	Yándiàn	隶属于埇桥区永镇乡永镇村。言即盐的同音，清朝道光年间此地是盐商的旅店，原本是盐店，清末演变为言店。
张巷	Zhāngxiàng	隶属于埇桥区永镇乡永镇村。村民以张姓为主，因村里中间有一个巷子而得名。
张圩村 村民委员会	Zhāngwéicūn Cūnmínwěiyuánhuì	位于埇桥区永镇乡。清朝末年，张姓先人张宣江带领张姓十余人从山东迁徙至此，在居住处周围开挖圩沟，得名张圩。1961 年为张圩大队，划归大营公社，1989 年属方店乡。
北圩	Běiwéi	隶属于埇桥区永镇乡张圩村。因东西向澥河相隔，南北两岸以张姓住户居多，住在北岸的得名北圩。
何庄	Hézhuāng	隶属于埇桥区永镇乡张圩村。因全村以何姓居民为主，故名何庄。
李庄	Lǐzhuāng	隶属于埇桥区永镇乡张圩村。因李姓居多得名李庄。
门东李	Méndōnglǐ	隶属于埇桥区永镇乡张圩村。因李姓居多，建房多为向东方向，得名门东李。
门南李	Ménnánlǐ	隶属于埇桥区永镇乡张圩村。因李姓居多，建房多为向南方向，得名门南李。

标准名称	汉语拼音	备注
门西杨	Ménxīyáng	隶属于埇桥区永镇乡张圩村。因建房方向朝西，杨姓居多得名门西杨。
南圩	Nánwéi	隶属于埇桥区永镇乡张圩村。因东西向澥河相隔，南北两岸以张姓住户居多，住在南岸的得名南圩。
小杨	Xiǎoyáng	隶属于埇桥区永镇乡张圩村。该村因紧靠大杨，人口较少而杨姓居多，故称为小杨。
杨圩	Yángwéi	隶属于埇桥区永镇乡张圩村。因村周围开挖有防御功能的围沟，也称圩沟，杨姓居多得名杨圩。

西二铺乡

西二铺乡（Xī'èrpù Xiāng） 属埇桥区辖乡。在埇桥区的西部。面积 36.9121 平方千米。人口 21608 人。以汉族为主。辖 4 个村委会，有 46 个自然村。乡人民政府驻二铺村。1949 年秋，设西二铺乡；1980 年 2 月，乡改社；1980 年 9 月，社改乡；1992 年 2 月撤区并乡，设西二铺乡，属县级宿州市。1998 年 12 月属宿州市埇桥区。古时有十里一铺，因村庄距宿州市城区二十里，故得名西二铺。因乡政府驻地而得名。新汴河、戚家沟由西向东穿境而过。有文化站 1 个、图书室 5 个；幼儿园 7 所、小学 7 所、初中 1 所；各级各类医疗卫生机构 7 个。农业以种植小麦、玉米为主。畜牧业以饲养生猪、家禽为主。工业以塑胶、矿山设备、新型建材生产加工为主。303 省道、027 县道穿境而过。

标准名称	汉语拼音	备注
葛林村 村民委员会	Gělíncūn Cūnmínwěiyuánhuì	位于埇桥区西二铺乡。1949 年为曹湖乡葛林村；1950 年划为濉溪县杨柳区薛堂乡；1960 年划为宿县西二铺乡葛林村，后为城西人民公社葛林大队；1980 年又划为西二铺葛林村。2007 年由葛林村、石圩村合并为葛林村至今。
薛堂集	Xuētángjí	隶属于埇桥区西二铺乡葛林村。明清时期，就有薛堂祠，据说，原来有一薛姓大户比较有钱，在此买地建薛堂祠，后来烧香的人越来越多，便成了一个集市，故而得名。
拐李	Guǎilǐ	隶属于埇桥区西二铺乡葛林村。清末年间，李姓搬到此处定居。旧时从宿州到涡阳的官道在此村后绕过，道路弯曲，此村被称为拐弯李家，简称拐李。
雷家	Léijiā	隶属于埇桥区西二铺乡葛林村。旧时雷姓最先在此居住，故而得名。
葛林	Gělín	隶属于西二铺乡葛林村。清末年间，葛姓从宿州城里搬迁而来，原叫葛圩子，1949 年更名为葛林。

标准名称	汉语拼音	备注
南小李	Nánxiǎolǐ	隶属于埇桥区西二铺乡葛林村。旧时李姓在此定居，因在葛林南面，故而得名。
谢家	Xièjiā	隶属于埇桥区西二铺乡葛林村。清末年间，谢姓、张姓在此居住叫张谢庄。后来谢氏任村长书记，改名为谢家。
樊家	Fánjiā	隶属于埇桥区西二铺乡葛林村。旧时樊姓最先在此居住，故而得名。
石圩	Shíwéi	隶属于埇桥区西二铺乡葛林村。旧时石姓从山西洪洞县搬迁至此，取名为石圩。
小何	Xiǎohé	隶属于埇桥区西二铺乡葛林村。旧时何姓最先在此居住，故而得名。
何井子	Héjǐngzi	隶属于埇桥区西二铺乡葛林村。清朝时期，此地就有何井子，村民以何姓为主，故名。
小马家	Xiǎomǎjiā	隶属于埇桥区西二铺乡葛林村。清末年间，马姓从宿城东关马圩搬迁而来，得名小马家。
二铺村村民委员会	Èrpùcūn Cūnmínwěiyuánhuì	位于埇桥区西二铺乡。1949 年 10 月后，属于薛堂乡二铺大队。1961 年为二铺大队，“文革”时期隶属于城西公社；1968 年隶属于二铺乡；2007 年底，由大周村、大黄村、二铺村合并为二铺村至今。
大刘家	Dàliújiā	隶属于埇桥区西二铺乡二铺村。该村庄刘姓为大户，故取名大刘家。
小王家	Xiǎowángjiā	隶属于埇桥区西二铺乡二铺村。该村庄王姓为大户，人口较少，故取名小王家。
大王家	Dàwángjiā	隶属于埇桥区西二铺乡二铺村。该村庄王姓为大户，人口较多，故取名大王家。
大黄家	Dàhuángjiā	隶属于埇桥区西二铺乡二铺村。该村庄黄姓为大户，村庄大，故取名大黄家。
小黄家	Xiǎohuángjiā	隶属于埇桥区西二铺乡二铺村。该村庄黄姓为大户，村庄小，故取名小黄家。
张家	Zhāngjiā	隶属于埇桥区西二铺乡二铺村。该村庄张姓为大户，故取名张家。
唐庙	Tángmiào	隶属于埇桥区西二铺乡二铺村。该村庄唐姓为大户，庄东头有座庙，故取名唐庙。
魏家	Wèijiā	隶属于埇桥区西二铺乡二铺村。该庄魏姓为大户，故取名魏家。
杨家	Yángjiā	隶属于埇桥区西二铺乡二铺村。该庄杨姓为大户，故取名杨家。

标准名称	汉语拼音	备注
二铺	Èrpù	隶属于埇桥区西二铺乡二铺村。古时以十里一铺，因该村自然庄离宿城二十里，故取名二铺。
大周家	Dàzhōujiā	隶属于埇桥区西二铺乡二铺村。该庄周姓为大户，故取名大周家。
沟西村村民委员会	Gōuxīcūn Cūnmínwěiyuánhuì	位于埇桥区西二铺乡。1949 年 10 月后属于薛堂乡，1958 年后属薛堂大队；1961 年成立沟西大队，“文革”时期隶属于城西人民公社；1985 年城西人民公社撤销，沟西大队改名为沟西村，隶属于西二铺乡；2007 年底演礼寺村与沟西村合并，统称沟西村至今。
小伯家	Xiǎobáijiā	隶属于埇桥区西二铺乡沟西村。该庄以伯姓较少，故而得名小伯家。
大伯家	Dàbáijiā	隶属于埇桥区西二铺乡沟西村。该庄以伯姓较多，故而得名大伯家。
小张家	Xiǎozhāngjiā	隶属于埇桥区西二铺乡沟西村。该庄以张姓较多，故而得名。
李圩子	Lǐwéizi	隶属于埇桥区西二铺乡沟西村。该庄由三道圩子环绕三层，层层包围，其中李姓为大户，故而得名。又名老李圩子，以区分相邻近的濉溪县新李圩子。
大陈家	Dàchénjiā	隶属于埇桥区西二铺乡沟西村。该庄以陈姓居多，故而得名。
当陈	Dāngchén	隶属于埇桥区西二铺乡沟西村。村民以陈姓为主。原名“当啷陈家”，后演变为当陈。
沟西庄	Gōuxīzhuāng	隶属于埇桥区西二铺乡沟西村。黄马家与沟西庄隔着一条水沟，沟西庄在水沟的西边，故而得名。
湖里彭	Húlǐpéng	隶属于埇桥区西二铺乡沟西村。彭姓居多，每年汛期时，四周被大水包围，如在湖中，故而得名。
黄马家	Huángmǎjiā	隶属于埇桥区西二铺乡沟西村。相传黄姓、马姓两兄弟在此定居，后黄姓的后人改姓氏为马，马姓后人改姓氏为黄，和睦共处，黄马不分家，故取名黄马家。
演礼寺庄	Yǎnlǐsìzhuāng	隶属于埇桥区西二铺乡沟西村。该村庄中原有一所寺庙，名为演礼寺，传说拥有 2000 多年的历史，因此该村庄被称为演礼寺庄。
伯油坊	Báiyóufāng	隶属于埇桥区西二铺乡沟西村。20 世纪 30 年代，伯姓人家在此地居住并开油坊，以此为生，故而得名。
沈家社区村民委员会	Shěnjiā Shèqū Cūnmínwěiyuánhuì	位于埇桥区西二铺乡。1949 年 10 月后属于薛堂乡，1958 年后属薛堂大队；1961 年成立沈家大队，隶属于城西人民公社；1985 年城西人民公社撤销，沈家大队改名为沈家村，隶属于西二铺乡，沿用至今。

标准名称	汉语拼音	备注
韩岭	Hánlǐng	隶属于埇桥区西二铺乡沈家社区。韩姓人口较多，地势较高，故称韩岭。
新庄	Xīnzhuāng	隶属于埇桥区西二铺乡沈家社区。明末清初，有几户人家逃荒至此，住在此地，故取名新庄。
吕道口	Lǚdàokǒu	隶属于埇桥区西二铺乡沈家社区。该庄以吕姓居多，故而得名。
沈家	Shěnjiā	隶属于埇桥区西二铺乡沈家社区。该庄以沈姓居多，故而得名。
汤家	Tāngjiā	隶属于埇桥区西二铺乡沈家社区。该庄以汤姓居多，故而得名。
铺子	Pùzi	隶属于埇桥区西二铺乡沈家社区。因距宿城 15 里路，故取名十五里铺子，简称铺子。
小李庄	Xiǎolǐzhuāng	隶属于埇桥区西二铺乡沈家社区。该庄以李姓居多，故而得名。
梅家	Méijiā	隶属于埇桥区西二铺乡沈家社区。该庄以梅姓居多，故而得名。
吕圩	Lǚwéi	隶属于埇桥区西二铺乡沈家社区。该庄以吕姓居多，故而得名。
吕家	Lǚjiā	隶属于埇桥区西二铺乡沈家社区。该庄以吕姓居多，故而得名。
蒋家	Jiǎngjiā	隶属于埇桥区西二铺乡沈家社区。该庄以蒋姓居多，故而得名。
张黄	Zhānghuáng	隶属于埇桥区西二铺乡沈家社区。该庄以张姓、黄姓居多，故而得名。
陈家	Chénjiā	隶属于埇桥区西二铺乡沈家社区。该庄以陈姓居多，故而得名。

第二节 非行政区域

工业区与开发区

宿州经济技术开发区（Sùzhōu Jīngjìjìshù Kāifāqū） 宿州经济技术开发区所在行政区为宿州市埇桥区，位于安徽省宿州市城区南部。为省级经济开发区，于2001年经省政府批准成立，2003年正式运营。目前委托管理面积62平方千米，总体规划面积48.5平方千米，建成面积20平方千米，辖金海街道办事处。东至东环路，南与北杨寨行管区接壤，西至京台高速，北至外环南路、运粮河、迎宾路。主要产业有生化医药、鞋服制造、高端装备制造、新能源新材料等。有京台高速、206国道、京沪高铁、301省道等道路经过；被金海大道与城区拂晓大道、磬云路、人民路、西昌路、淮海路、宿怀路等宿城主路贯通。

宿州科技创业中心（Sùzhōu Kējì Chuàngyè Zhōngxīn） 宿州科技创业中心所在行政区为宿州市埇桥区，位于宿州市埇桥区经济开发区金海大道8号。宿州科技企业创业服务中心是为安徽宿州科技企业提供全方位服务的窗口，由安徽宿州高新技术产业开发区管理委员会、安徽宿州科技局和合肥皖投创展投资有限公司共同打造。该项目占地约0.0673平方千米，包括服务平台大楼1幢、孵化器研发大楼1幢、标准厂房3幢、食堂1栋及其配套设施一期投资9450万元，启动创业服务中心和管理服务平台等2栋大楼建设；二期建设标准厂房3幢楼。

宿州市再就业创业园（Sùzhōu Shì Zàijiùyè Chuàngyèyuán） 宿州市再就业创业园所在行政区为宿州市埇桥区，位于宿州市埇桥区金海大道西50米。创业园提供0.008平方千米的厂房。

宿州市埇桥区再就业园区（Sùzhōu Shì Yǒngqiáo Qū Zàijiùyè Yuánqū） 宿州市埇桥区再就业园区所在行政区为宿州市埇桥区，位于宿州市埇桥区崔园路北50米。就业园厂房占地面积为0.007平方千米。

宿州现代粮食物流产业园（Sùzhōu Xiàndài Liángshi Wùliú Chǎnyèyuán） 宿州现代粮食物流产业园所在行政区为宿州市埇桥区，位于宿州市经济开发区。宿州现代粮食物流产业园占地0.133平方千米，计划总投资2.3亿元，由1.1亿千克仓容的粮油仓储物流区和年处理1.5亿千克粮油的精深加工区以及附属子项目组成。全部项目建成投产后，将成为一个集粮食收购、仓储、加工、配送、质检为一体的现代化粮食园区。即将开工的粮食仓库建设工程，是粮食园区内的首期工程，本期工程将重点建设容量为5.1亿千克的6栋拱板平房仓和一些附属配套项目，总投资超过3000万元。

宿州国家农业科技园区（Sùzhōu Guójiā Nóngyè Kējìyuánqū） 宿州国家农业科技园区

所在行政区为宿州市埇桥区，位于宿州市埇桥区金海五路南300米。科技园区面积已发展到14.8平方千米，其中核心区面积已达1.47平方千米，包括农业生物工程开发中心、脱毒种苗繁育基地、果树新品种新技术展示区、种羊场等四个部分。

宿州市高新技术产业开发区（Sùzhōu Shì Gāoxīnjìshùchǎnyè Kāifāqū） 宿州市高新技术产业开发区所在行政区为宿州市埇桥区，位于宿州市埇桥区北部。安徽宿州高新区目前核心区面积8.5平方千米，规划面积27.6平方千米，总体管辖面积53平方千米，主要包括高新技术产业园、家居产业园区和现代物流园。下辖汴北新区行政管理工作委员会，总人口23400人。

宿州马鞍山现代产业园区（Sùzhōu Mǎ' ānshān Xiàndài Chǎnyèyuánqū） 宿州马鞍山现代产业园区所在行政区为宿州市埇桥区，位于宿州市埇桥区东部，辖区范围东至灵璧县，西至朱仙庄塔桥村，南至303省道，北至双庆河。根据规划，到2020年，园区建成面积将达到30平方千米，集聚人口也将超过30万人，希望未来可以把宿马现代产业园区打造成为宿州市东部门户，中远期发展成为宿州城市副中心。宿州马鞍山产业园区规划面积为50平方千米（其中2011年至2030年前建成区面积35平方千米）。

第三节　自然地理实体

陆地地形

标准名称	汉语拼音	备注
鏊子山	Àozi Shān	位于埇桥区夹沟镇以南，尖山以东。长700米，宽500米，海拔89米。所跨行政区为夹沟镇。
八山	Bā Shān	位于埇桥区夹沟镇以南约1千米。长1250米，宽600米，海拔177.6米。所跨行政区为夹沟镇。
白龙山	Báilóng Shān	位于埇桥区夹沟镇尖山东，属符离镇。长1500米，宽1000米，海拔208米。所跨行政区为夹沟镇。
白山	Bái Shān	位于埇桥区大宝里村，属褚兰镇，位于马山东，与铜山县搭界。长1000米，宽300米，海拔85.4米。所跨行政区为埇桥区。
百石山	Bǎishí Shān	位于埇桥区栏杆镇张山东北方位，与灵璧县搭界。长400米，宽300米，海拔108.3米。所跨行政区为栏杆镇。

标准名称	汉语拼音	备注
柏山	Bǎi Shān	位于埇桥区栏杆镇尖山南，山南有柏山集，历史悠久。长1200米，宽800米，海拔75米。所跨行政区为栏杆镇。
蝙蝠山	Biānfú Shān	位于埇桥区栏杆镇张山集北，也称张山，俗称章山，二峰组成。长2000米，宽1000米，海拔163米。所跨行政区为栏杆镇。
苍山	Cāng Shān	位于埇桥区栏杆镇东南约1千米处，是一座独立小山。长300米，宽200米，海拔53米。所跨行政区为符离镇。
褚兰山	Chǔlán Shān	位于埇桥区褚兰镇，又名黄山、黄龙山、薯兰山，据宿州志记载，地产野兰，山中泥可做罐。长900米，宽800米，海拔120.2米。所跨行政区为褚兰镇。
打鼓山	Dǎgǔ Shān	位于埇桥区符离镇，也称鼓山，位于符离镇北4千米处，三峰倚天，山中隐隐有声，如鼓自鸣，该山产石灰石、白云石。长2000米，宽300米，海拔148.1米。所跨行政区为符离镇。
大山	Dà Shān	位于埇桥区符离镇尖山西，符离镇境内，山石丰富。长1600米，宽1000米，海拔277米。所跨行政区为符离镇。
大堂山	Dàtáng Shān	位于埇桥区栏杆镇金山东，两峰组成，属栏杆镇。长2500米，宽1500米，海拔154.3米。所跨行政区为栏杆镇。
刁山	Diāo Shān	位于埇桥区时村镇时村集西北，又名下刁山。长1800米，宽800米，海拔126.4米。所跨行政区为时村镇。
叠山	Dié Shān	位于埇桥区符离镇四山村东，符离镇境内。长680米，宽650米，海拔152米。所跨行政区为符离镇。
东平山	Dōngpíng Shān	位于埇桥区褚兰镇猫头山南侧，山东南有上刘家，属褚兰镇。长2000米，宽1500米，海拔96米。所跨行政区为褚兰镇。
二郎山	Èrláng Shān	位于埇桥区顺河乡岳桥村境内，鳌子山东南1千米。长700米，宽300米，海拔86.9米。所跨行政区为顺河乡。
范山	Fàn Shān	位于埇桥区栏杆镇苍山东，是一座小山丘，山南有通往解集的公路。长800米，宽600米，海拔87米。所跨行政区为栏杆镇。
芳岩山	Fāngyán Shān	位于埇桥区符离镇尖山村西，老龙脊东，北端连老龙脊，南接大山，原有小坊寺，已不复存在。长1500米，宽500米，海拔158米。所跨行政区为符离镇。
丰山	Fēng Shān	位于埇桥区夹沟镇龟山东侧，西侧相传有明徐王墓。长1000米，宽500米，海拔162米。所跨行政区为夹沟镇。
风山	Fēng Shān	位于埇桥区符离镇东北方位，力顶山南，又名莲花山，东侧属于夹沟，可做石料。长1750米，宽1000米，海拔107米。所跨行政区为符离镇。

标准名称	汉语拼音	备注
凤凰山	Fènghuáng Shān	位于埇桥区栏杆镇石相村北，南北走向，山西有凤凰卵石一枚，山南属栏杆镇，与褚兰镇交界。长 1200 米，宽 1000 米，海拔 142.6 米。所跨行政区为曹村镇。
傅集山	Fùjí Shān	位于埇桥区褚兰镇，又称甄山。位于褚兰镇傅集村南，君保山西侧，二峰组成，属褚兰镇。长 3000 米，宽 1500 米，海拔 136.3 米。所跨行政区为褚兰镇。
高皇山	Gāohuáng Shān	位于埇桥区符离镇西 2.5 千米处，宿濉公路南侧，山石可做建材。相传山上有汉高祖庙。长 1500 米，宽 800 米，海拔 71 米。所跨行政区为符离镇。
高山子	Gāoshānzi	位于埇桥区褚兰镇岗子村西北，孤山偏东南方位，是一座独立小山。长 600 米，宽 400 米，海拔 43 米。所跨行政区为褚兰镇。
贡山	Gòng Shān	位于埇桥区解集乡贡山集北，是一座独立小山丘，长 100 米，宽 100 米，海拔 46 米。所跨行政区为解集乡。
孤山	Gū Shān	位于埇桥区褚兰镇褚兰集东北部，是一座独立小山，山南有孤山河。长 300 米，宽 300 米，海拔 40 米。所跨行政区为褚兰镇。
谷山	Gǔ Shān	位于埇桥区解集乡宣扬村东，君保山南，与灵璧县搭界，山西侧属褚兰镇。长 800 米，宽 250 米，海拔 148 米。所跨行政区为解集乡。
拐山	Guǎi Shān	位于埇桥区曹村镇曹村西，三峰组成，属曹村镇，与萧县搭界。长 2000 米，宽 1000 米，海拔 155 米。所跨行政区为曹村镇。
官山	Guān Shān	位于埇桥区符离镇褚庄村东，石婆岭东南方位，东侧属夹沟。长 1500 米，宽 500 米，海拔 161 米。所跨行政区为符离镇。
广龙山	Guǎnglóng Shān	位于埇桥区褚兰镇桂山村东，位于马山南，二峰组成，山南有沟后村。长 2000 米，宽 1500 米，海拔 159.7 米。所跨行政区为褚兰镇。
广山	Guǎng Shān	位于埇桥区解集乡宣扬村北，傅集山南，与栏杆镇交界。长 1250 米，宽 1200 米，海拔 152 米。所跨行政区为解集乡。
龟山	Guī Shān	位于埇桥区符离镇，又名蛇山，在符离镇西北 3 千米处，同濉溪县交界。长 1300 米，宽 800 米，海拔 178.3 米。所跨行政区为符离镇。
桂山	Guì Shān	位于埇桥区褚兰镇桂山村东，广龙山西侧，山西侧有桂山村。长 1000 米，宽 500 米，海拔 75 米。所跨行政区为褚兰镇。

标准名称	汉语拼音	备注
锅帽山	Guōmào Shān	位于埇桥区曹村镇小山口村西南，拐山北侧，与拐山相连，三峰组成，与萧县搭界。长 2000 米，宽 400 米，海拔 125 米。所跨行政区为曹村镇。
海山	Hǎi Shān	位于埇桥区褚兰镇宝光寺村东，是一小山，位于羊山西侧，属褚兰镇。长 805 米，宽 329 米，海拔 58 米。所跨行政区为褚兰镇。
鹤山	Hè Shān	位于埇桥区顺河乡鹤山村境内，六峰组成。长 3560 米，宽 950 米，海拔 151 米。所跨行政区为顺河乡。
黑风岭	Hēifēng Lǐng	位于埇桥区解集乡贡山集西北，二峰组成。长 2050 米，宽 1840 米，海拔 209.1 米。所跨行政区为解集乡。
横山	Héng Shān	位于埇桥区符离镇张楼村与牛口村之间。长 1500 米，宽 400 米，海拔 98 米。所跨行政区为符离镇。
红山	Hóng Shān	位于埇桥区解集乡张山村东，百石山北，与灵璧县交界，山西属栏杆镇。长 664 米，宽 423 米，海拔 149.1 米。所跨行政区为解集乡。
胡山	Hú Shān	位于埇桥区褚兰镇湖山套西南侧，与铜山县搭界。长 1500 米，宽 900 米，海拔 131.6 米。所跨行政区为埇桥区。
湖山套	Húshāntào	位于埇桥区褚兰镇东，缘山东南侧，属褚兰镇。长 1000 米，宽 900 米，海拔 88 米。所跨行政区为褚兰镇。
虎山	Hǔ Shān	位于埇桥区褚兰镇宝光寺村东，海山偏西北，与羊山相对呈圆形，属褚兰镇。长 1000 米，宽 1000 米，海拔 60 米。所跨行政区为褚兰镇。
虎头山	Hǔtóu Shān	位于埇桥区解集乡鲁营村北，马头山东，奶奶山南麓，相传为春秋时期鲁国驻兵扼守之处，与马头山形成天然屏障。长 1500 米，宽 350 米，海拔 47 米。所跨行政区为解集乡。
黄花山	Huánghuā Shān	位于埇桥区符离镇灵寺村西，也称黄花洞山，三峰组成。民间故事说乾隆皇帝曾登山观赏，留有诗篇。盛产片石、石子。长 3000 米，宽 1500 米，海拔 231 米。所跨行政区为符离镇。
黄山	Huáng Shān	位于埇桥区符离镇振兴村西，山石可做建材，已开采近 80 年。长 2000 米，宽 1100 米，海拔 178 米。所跨行政区为符离镇。
火龙山	Huǒlóng Shān	位于埇桥区褚兰镇道庄村西。长 400 米，宽 300 米，海拔 48 米。所跨行政区为褚兰镇。
火石山	Huǒshí Shān	位于埇桥区解集乡云光村北，属解集乡。长 960 米，宽 722 米，海拔 123.8 米。所跨行政区为解集乡。
积米山	Jīmǐ Shān	位于埇桥区曹村镇官山东北约 0.5 千米。长 500 米，宽 200 米，海拔 66 米。所跨行政区为曹村镇。

标准名称	汉语拼音	备注
贾山	Jiǎ Shān	位于埇桥区褚兰镇后程村东，广山西侧，与解集乡交界。长1000米，宽900米，海拔110米。所跨行政区为褚兰镇。
尖山	Jiān Shān	位于埇桥区栏杆镇龙骨山南，山相连，山西有洪庙村，山东有大尚村。长2000米，宽1400米，海拔187.5米。所跨行政区为栏杆镇。
骞山	Qiān Shān	位于埇桥区曹村镇宿桃公路东侧，山南有孔子弟子闵子骞祠和墓，属曹村镇。长867米，宽667米，海拔72米。所跨行政区为曹村镇。
椒山	Jiāo Shān	位于埇桥区曹村镇河北村北，亮山东北。长1500米，宽900米，海拔112米。所跨行政区为曹村镇。
蛟山	Jiāo Shān	位于埇桥区曹村镇尚桥村西。长1500米，宽1200米，海拔161米。所跨行政区为曹村镇。
焦山	Jiāo Shān	位于埇桥区符离镇牛口村以东，打鼓山以北，北端宽、南端狭窄，石质为石灰石。长3000米，宽500米，海拔177米。所跨行政区为符离镇。
金山	Jīn Shān	位于埇桥区栏杆镇苍山东南，是一座独立小山丘，山南有金山寨，山东是大堂山。长1000米，宽350米，海拔92米。所跨行政区为栏杆镇。
金山子	Jīnshānzi	位于埇桥区褚兰镇岗子村北，高山子偏东南方位，是一座独立小山，山东侧有金山子自然村，属褚兰镇。长250米，宽100米，海拔52米。所跨行政区为褚兰镇。
京山	Jīng Shān	位于埇桥区曹村镇后旺村西北，与萧县搭界。长1000米，宽650米，海拔123米。所跨行政区为曹村镇。
九顶山	Jiǔdǐng Shān	位于埇桥区褚兰镇褚兰集东3千米，山东侧有徐家村，山北有东岗子村、西岗子村、营里村。长3000米，宽2000米，海拔85.9米。所跨行政区为褚兰镇。
君保山	Jūnbǎo Shān	位于埇桥区褚兰镇大杨村南，与灵璧县搭界，山西部属褚兰镇。长1300米，宽300米，海拔153米。所跨行政区为褚兰镇。
康山	Kāng Shān	位于埇桥区栏杆镇柳源村北，贾山西侧，山东南有宣山水库。长1250米，宽1000米，海拔92米。所跨行政区为栏杆镇。
栲栳山	Kǎolǎo Shān	位于埇桥区解集乡云光村北，火石山西，山相连，产柳条编器得名。长500米，宽500米，海拔95米。所跨行政区为解集乡。
狼山	Láng Shān	位于埇桥区夹沟镇青山村北，东西走向，属夹沟镇。长1000米，宽500米，海拔105米。所跨行政区为夹沟镇。

标准名称	汉语拼音	备注
老寨山	Lǎozhài Shān	位于埇桥区栏杆镇石相村东，旧称石相山，山有古刹老海寺，区林场驻于此，五峰组成。长 3000 米，宽 2000 米，海拔 177.3 米。所跨行政区为栏杆镇。
离山	Lí Shān	位于埇桥区符离镇芦村北，白龙山南，属符离镇。长 2000 米，宽 1500 米，海拔 199 米。所跨行政区为符离镇。
力顶山	Lìdǐng Shān	位于埇桥区符离镇东北约 10 千米处，东侧属于夹沟。长 1500 米，宽 400 米，海拔 231.6 米。所跨行政区为符离镇。
梁山	Liáng Shān	位于埇桥区符离镇梁套村西南，同濉溪县交界，同奶奶山相连。长 3000 米，宽 300 米，海拔 227.8 米。所跨行政区为符离镇。
亮山	Liàng Shān	位于埇桥区曹村镇闵贤集西北方位，津浦线东侧，又名梁山，也称两子山，宿州志记载，山隆起似屋子梁，又说以闵子二弟得名。长 1000 米，宽 300 米，海拔 107.2 米。所跨行政区为曹村镇。
灵鹫山	Língjiù Shān	位于埇桥区符离镇东，山南端有灵鹫寺，在黄花山南端，寺不复存在，现为学校。长 500 米，宽 300 米，海拔 82 米。所跨行政区为符离镇。
灵山	Líng Shān	位于埇桥区夹沟镇境内，与于山相连。长 400 米，宽 250 米，海拔 62 米。所跨行政区为夹沟镇。
菱山	Líng Shān	位于埇桥区曹村镇枣山北侧，两山相连，属曹村镇。长 1000 米，宽 300 米，海拔 99 米。所跨行政区为曹村镇。
龙顶山	Lóngdǐng Shān	位于埇桥区夹沟镇西北，三峰组成，山南端有钓鱼台，山南有钓鱼台，山东侧有古刹镇疃寺，现为区林场。长 5000 米，宽 800 米，海拔 284 米。所跨行政区为夹沟镇。
龙骨山	Lónggǔ Shān	位于埇桥区栏杆镇大堂山南，五峰组成。长 3500 米，宽 2500 米，海拔 190.6 米。所跨行政区为栏杆镇。
娄山	Lóu Shān	位于埇桥区曹村镇秦山偏东北方位，山南有秦山寺。长 1500 米，宽 1000 米，海拔 168 米。所跨行政区为曹村镇。
吕山	Lǚ Shān	位于埇桥区符离镇灵鹫山东方位，二峰组成，属符离镇。长 1250 米，宽 400 米，海拔 157 米。所跨行政区为符离镇。
马山	Mǎ Shān	位于埇桥区埇桥区猪山东侧，与铜山县搭界，山南属褚兰镇，长 700 米，宽 500 米，海拔 82 米。所跨行政区为埇桥区。
马山头	Mǎshāntóu	位于埇桥区褚兰镇境内，又名马蹬山。处墓山西南，二峰组成，山北有马小庄，山东有北张庄。长 1500 米，宽 1000 米，海拔 86 米。所跨行政区为褚兰镇。
马头山	Mǎtóu Shān	位于埇桥区符离镇乾山东南方位，二峰组成。长 2500 米，宽 300 米，海拔 105 米。所跨行政区为符离镇。

标准名称	汉语拼音	备注
馒头山	Mántou Shān	位于埇桥区栏杆镇小红山东北，属栏杆镇。长1500米，宽1100米，海拔132米。所跨行政区为栏杆镇。
猫头山	Māotóu Shān	位于埇桥区褚兰镇，也称龙泉山，位于褚兰山南，二峰组成，山北有夏疃水库。长2000米，宽1000米，海拔158.6米。所跨行政区为褚兰镇。
茅山	Máo Shān	位于埇桥区栏杆镇香山北。长1000米，宽1000米，海拔142米。所跨行政区为栏杆镇。
梅桂山	Méiguì Shān	位于埇桥区褚兰镇北部，与铜山县搭界，相传山上有庙。长1000米，宽600米，海拔95米。所跨行政区为埇桥区。
梅山	Méi Shān	位于埇桥区褚兰镇，也称小桃山，位于九顶山东南，呈椭圆形。1932年中共宿县县委领导的梅山武装暴动发生于山北梅山庄。长750米，宽500米，海拔81.9米。所跨行政区为褚兰镇。
墓山	Mù Shān	位于埇桥区褚兰镇。又称牧山，因山上西侧有九女坟而得名。位于褚兰集西，山西端有夏疃自然村。长2500米，宽1000米，海拔63米。所跨行政区为褚兰镇。
奶奶山	Nǎinai Shān	位于埇桥区解集乡。又名虎山，民间故事说为春秋时期鲁国军队扎营处，山南有鲁营集，二峰组成。长2000米，宽900米，海拔139米。所跨行政区为解集乡。
南尖山	Nánjiān Shān	位于埇桥区夹沟镇乾山东北方位。长1250米，宽1000米，海拔166米。所跨行政区为夹沟镇。
南寨山	Nánzhài Shān	位于埇桥区曹村镇秦山东南，龟山以北。长2500米，宽750米，海拔238米。所跨行政区为曹村镇。
牛口山	Niúkǒu Shān	位于埇桥区符离镇境内。长700米，宽400米，海拔131米。所跨行政区为符离镇。
牛山	Niú Shān	位于埇桥区曹村镇榆山西侧。长800米，宽800米，海拔115米。所跨行政区为曹村镇。
藕山	Ǒu Shān	位于埇桥区夹沟镇狼山东南方位约1千米处，二峰组成，山南有端村。长600米，宽500米，海拔73.7米。所跨行政区为夹沟镇。
盆山洞	Pénshān Dòng	位于埇桥区夹沟镇。与塔山相连，主峰在濉溪县境内。长1200米，宽700米，海拔255米。所跨行政区为夹沟镇。
齐山	Qí Shān	位于埇桥区曹村镇锅帽山北部，三峰组成，山南有大山口村。长2000米，宽300米，海拔171.7米。所跨行政区为曹村镇。
乾山	Qián Shān	位于埇桥区符离镇官山南，四峰组成，古时山上有乾闼婆祠，有古碑，有洞穴甚深，出云成雨。长3500米，宽1000米，海拔311.8米。所跨行政区为符离镇。

标准名称	汉语拼音	备注
秦山	Qín Shān	位于埇桥区曹村镇龙顶山东侧，二峰组成，山东侧有古刹秦山寺、秦山水库。长2500米，宽1000米，海拔267米。所跨行政区为曹村镇。
青山	Qīng Shān	位于埇桥区夹沟镇巴山西南，山脉相连。长2000米，宽2000米，海拔135米。所跨行政区为夹沟镇。
任山	Rèn Shān	位于埇桥区夹沟镇青山西端，山脉相连，山南有任山头村。长500米，宽500米，海拔87.4米。所跨行政区为夹沟镇。
蛇山	Shé Shān	位于埇桥区符离镇虎山东北方位，与虎山相缠绕，形似蛇而得名，与北部龟山相对。长1000米，宽550米，海拔62米。所跨行政区为符离镇。
石婆岭	Shípó Lǐng	位于埇桥区符离镇风山南，符离镇东北，三峰组成，东侧属夹沟镇。长1250米，宽300米，海拔169.8米。所跨行政区为符离镇。
四山孜	Sìshānzī	位于埇桥区符离镇境内。长1000米，宽600米，海拔87米。所跨行政区为符离镇。
塔山	Tǎ Shān	位于埇桥区栏杆镇黑风岭东1.5千米，南北狭长，属栏杆镇。长1000米，宽300米，海拔48.8米。所跨行政区为栏杆镇。
唐山	Táng Shān	位于埇桥区曹村镇南寨山东北方位，山相连，山东侧为津浦线大栗园站。长1000米，宽500米，海拔99米。所跨行政区为曹村镇。
桃山	Táo Shān	位于埇桥区褚兰镇桃山集西北约1千米，东西长，南北窄。长400米，宽200米，海拔87米。所跨行政区为褚兰镇。
甜山	Tián Shān	位于埇桥区曹村镇蛟山东北山麓，呈椭圆形，属曹村镇。长500米，宽350米，海拔92.1米。所跨行政区为曹村镇。
土山	Tǔ Shān	位于埇桥区夹沟镇燕山东北1千米，方圆0.1千米，山南有土山村。长200米，宽100米，海拔48米。所跨行政区为夹沟镇。
团山	Tuán Shān	位于埇桥区栏杆镇红山北，与灵璧县搭界，山西属栏杆镇。长1200米，宽350米，海拔170.5米。所跨行政区为栏杆镇。
歪头山	Wāitóu Shān	位于埇桥区曹村镇椒山东北，属曹村镇。长1800米，宽500米，海拔151米。所跨行政区为曹村镇。
婉城山	Wǎnchéng Shān	位于埇桥区夹沟镇夹沟杈子园西约0.5千米。长2500米，宽1000米，海拔61米。所跨行政区为夹沟镇。
王山	Wáng Shān	位于埇桥区栏杆镇望母山南，二峰组成，属栏杆镇。长1000米，宽600米，海拔114米。所跨行政区为栏杆镇。

标准名称	汉语拼音	备注
望母山	Wàngmǔ Shān	位于埇桥区栏杆镇。也称宣山，位于贾山南，山东有宣山水库，属栏杆镇。长 1000 米，宽 1000 米，海拔 113 米。所跨行政区为栏杆镇。
望山	Wàng Shān	位于埇桥区栏杆镇老寨山南部，属区老海寺林场。长 2000 米，宽 1600 米，海拔 153 米。所跨行政区为栏杆镇。
巍山	Wēi Shān	位于埇桥区解集乡黑风岭西北，二峰组成。长 2000 米，宽 1800 米，海拔 161 米。所跨行政区为解集乡。
武里山	Wǔlǐ Shān	位于埇桥区曹村镇闵贤集西侧，据州志记载，在州北 75 华里，在闵贤集，山下有武里村，地清幽，唐白居易常游于此。长 600 米，宽 300 米，海拔 250 米。所跨行政区为曹村镇。
西山	Xī Shān	位于埇桥区符离镇西部。长 880 米，宽 106.9 米，海拔 78 米。所跨行政区为符离镇。
香山	Xiāng Shān	位于埇桥区栏杆镇栲栳山西北，属栏杆镇。长 1500 米，宽 1000 米，海拔 140.2 米。所跨行政区为栏杆镇。
小红山	Xiǎohóng Shān	位于埇桥区解集乡黑风岭东北端，二峰组成。长 1500 米，宽 1000 米，海拔 148 米。所跨行政区为解集乡。
小龙山	Xiǎolóng Shān	位于埇桥区栏杆镇大龙山北，是一座小山，一大一小。长 300 米，宽 300 米，海拔 76.2 米。所跨行政区为栏杆镇。
小尖山	Xiǎojiān Shān	位于埇桥区符离镇李楼村北，与夹沟交界。长 1420 米，宽 830 米，海拔 196.5 米。所跨行政区为符离镇。
小山	Xiǎo Shān	位于埇桥区栏杆镇马山头南，是一座独立小山丘，山北有拖尾河相隔。长 400 米，宽 200 米，海拔 54 米。所跨行政区为栏杆镇。
小山子	Xiǎoshānzi	位于埇桥区夹沟镇鳌子山东南 1 千米。长 500 米，宽 400 米，海拔 38.7 米。所跨行政区为夹沟镇。
小榆山	Xiǎoyú Shān	位于埇桥区曹村镇境内。长 300 米，宽 300 米，海拔 87 米。所跨行政区为曹村镇。
燕山	Yàn Shān	位于埇桥区夹沟镇鹤山北，与鹤山相对。长 400 米，宽 300 米，海拔 130 米。所跨行政区为夹沟镇。
羊山	Yáng Shān	位于埇桥区褚兰镇胡山西侧。长 750 米，宽 500 米，海拔 70.5 米。所跨行政区为褚兰镇。
鹰嘴山	Yīngzuǐ Shān	位于埇桥区夹沟镇。又名鹦嘴山，二峰组成，同萧县搭界，南属夹沟镇，北属曹村镇。长 2500 米，宽 1200 米，海拔 266.5 米。所跨行政区为夹沟镇。
于山	Yú Shān	位于埇桥区夹沟镇婉城山东北 0.5 千米处，山东有于家村。长 300 米，宽 200 米，海拔 52 米。所跨行政区为夹沟镇。

标准名称	汉语拼音	备注
榆山	Yú Shān	位于埇桥区曹村镇黄山北，二峰组成，属曹村镇。长 1000 米，宽 500 米，海拔 104 米。所跨行政区为曹村镇。
缘山	Yuán Shān	位于埇桥区褚兰镇梅桂山东南。长 600 米，宽 400 米，海拔 94 米。所跨行政区为褚兰镇。
院山	Yuàn Shān	位于埇桥区栏杆镇，张山集东约 0.5 千米处，是一座小山丘，山南端有院山子村。长 300 米，宽 200 米，海拔 41 米。所跨行政区为栏杆镇。
云台山	Yúntái Shān	位于埇桥区栏杆镇云台北，是一座独立小山丘，形似圆台，属栏杆镇。长 400 米，宽 300 米，海拔 72.6 米。所跨行政区为栏杆镇。
枣山	Zǎo Shān	位于埇桥区曹村镇津浦路大栗园车站东侧，属曹村镇。长 1500 米，宽 1000 米，海拔 141 米。所跨行政区为曹村镇。
长龙山	Chánglóng Shān	位于埇桥区曹村镇鹰嘴山东北方位，二峰组成，与萧县搭界，属曹村镇，也称庙山。长 1750 米，宽 630 米，海拔 204.2 米。所跨行政区为曹村镇。
长山	Cháng Shān	位于埇桥区符离镇清水村西，鹰山以北，与大山相对，同濉溪县交界，二峰组成。长 2250 米，宽 1065 米，海拔 301.2 米。所跨行政区为符离镇。
长山套	Chángshāntào	位于埇桥区夹沟镇，与盆山洞相连，与萧县交界，属夹沟镇。长 6000 米，宽 800 米，海拔 292 米。所跨行政区为夹沟镇。
猪山	Zhū Shān	位于埇桥区褚兰镇胡山东，与铜山县搭界，山南属褚兰镇。长 400 米，宽 300 米，海拔 83 米。所跨行政区为褚兰镇。
祝山	Zhù Shān	位于埇桥区栏杆镇金山南，是一座独立小山丘，山南有祝山子村，属栏杆镇。长 300 米，宽 250 米，海拔 56 米。所跨行政区为栏杆镇。
壮马山	Zhuàngmǎ Shān	位于埇桥区夹沟镇山北有五柳水库和龙泉寺，寺北有筛子泉，附近有古文化遗址。长 1500 米，宽 500 米，海拔 181 米。所跨行政区为夹沟镇。
塔山	Tǎ Shān	位于埇桥区符离镇西部，与濉溪县交界。海拔 240.20 米，长度 1 千米，宽度 0.5 千米。所跨行政区为埇桥区。
龙脊山	Lóngjǐ Shān	位于埇桥区符离镇西部，与濉溪县交界。主峰海拔 362.9 米，长度 15 千米，宽度 10 千米。所跨行政区为埇桥区。

陆地水系

标准名称	汉语拼音	备注
陈河	Chén Hé	位于埇桥区境内，北起蕲东新村，向南延伸至浍河。境内长度 1.9 千米。
北沱河	Běituó Hé	位于埇桥区境内，始点为城东街道津浦村新北沱河引河，终点为大店镇汪刘村沟南张庄入灵璧县。境内长度 20.5 千米。
方河	Fāng Hé	位于埇桥区境内，始点为夹沟镇土山庄东约 300 米大许沟口，终点为永安镇夏桥村入奎河口。境内长度 28.1 千米。
孤山河	Gūshān Hé	位于埇桥区境内，始点为褚兰镇宝里村宝里庄东南 1500 米，终点为褚兰镇桂山村吴楼庄入奎河口。境内长度 16.3 千米。
韩河	Hán Hé	位于埇桥区境内，起点为栏杆镇梁庄东北 500 米，终点为向南流入方河。境内长度 15.8 千米。
环城河	Huánchéng Hé	位于埇桥区境内，在环城路外侧，俗称护城河。境内长度 4.1 千米。
黄涧沟	Huángjiàn Gōu	位于埇桥区境内，始点为符离镇尖山村尖东组庄里，终点为符离镇季曹坊闸下游入濉河新河。境内长度 14 千米。
黄泥沟	Hungní Gōu	位于埇桥区境内，起点为蕲县镇许寨村黄桥庄南，终点为蕲县镇许寨村许寨庄西北 200 多米入浍河。境内长度 2.4 千米。
浍河	Huì Hé	位于埇桥区境内，始点为桃园镇前营村前营庄西南约 800 米，终点为芦岭镇陈堂村东南申单沟入口。境内长度 33.8 千米。
浍澥新河	Huìxiè Xīnhé	位于埇桥区境内，起点为蕲县镇李营子，终点向南流入澥河。境内长度 15.6 千米，流域面积 183 平方千米。
夹栏河	Jiálán Hé	位于埇桥区境内，起点为夹沟镇七里村西侧 500 米，终点向东流入欧河。境内长度 12.3 千米。
界洪河	Jièhóng Hé	位于埇桥区境内，起点为吕家村西约 500 米，终点为经秦沟涯流入小黄河。境内长度 20.9 千米。
看溪河	Kànxī Hé	位于埇桥区境内，起点为褚兰镇冯楼村陈桥组小申庄，终点为褚兰镇马桥村夏村组入孤山河。境内长度 9.2 千米。
奎河	Kuí Hé	位于埇桥区境内，始点为江苏省界杨庄乡灌沟河口，终点为时村草坝闸上游附近入濉河。境内长度 44 千米。
老斜河	Lǎoxié Hé	位于埇桥区境内，起点为栏杆镇化楼村，终点为向东南流入方河。境内长度 10.7 千米。

标准名称	汉语拼音	备注
欧河	Ōu Hé	位于埇桥区境内，始点为曹村镇前旺村北约200米，终点为永安镇方河大桥上游约600米入方河口。境内长度28.3千米。
戚家沟	Qījiā Gōu	位于埇桥区境内，起点为西二铺乡二铺村大刘庄，终点为三八街道银河社区大吴村北450米入沱河。境内长度6.6千米。
宋路沟	Sònglù Gōu	位于埇桥区境内，起点为时村镇油坊村，终点为时村镇马楼村入新奎河。境内长度14.2千米。
濉河	Suī Hé	位于埇桥区境内，西起符离镇沈圩村，向东流经埇桥区与灵璧县交界处，流入灵璧县。境内长度48千米。
引河	Yǐn Hé	位于埇桥区境内，北起濉河，南至新汴河。境内长度8.7千米。
唐河	Táng Hé	位于埇桥区境内，始点为蒿沟乡蒿沟街南头，终点为苗庵乡石桥村尚庄东约300米入灵璧县。境内长度48.6千米。
拖尾河	Tuōwěi Hé	位于埇桥区境内，始点为解集乡孙寨村南100米，终点为时村镇马楼村小李庄闸。境内长度11千米。
沱河	Tuó Hé	位于埇桥区境内，始点为宿州市三角洲公园沱河闸，终点为大店镇汪圩村入灵璧县。境内长度33.8千米。
新霞河	Xīnxiá Hé	位于埇桥区境内，北起袁洼村，向南汇入方河。境内长度23.2千米。
萧濉新河	Xiāosuī Xīnhé	位于埇桥区境内，始点为符离镇沈圩村孙窝子张西北，终点为符离镇符离闸。境内长度4千米。
澥河	Xiè Hé	位于埇桥区境内，始点为大营镇大营村娄刘庄青龙沟东，终点为永镇禅堂村前马庄入固镇县。境内长度18.7千米。
新北沱河	Xīnběituó Hé	位于埇桥区境内，始点为汴河街道大王村西200米，终点为汴河街道杨圩村赵凤庄入新北沱河地下涵。境内长度5.8千米。
新股河	Xīngǔ Hé	位于埇桥区境内，西起符离镇李桥村，向东流入濉河。境内长度30.1千米。
迎宾河	Yíngbīn Hé	位于埇桥区境内，东从运粮河沿迎宾大道至宿蒙路口。境内长度2.8千米。
新奎河	Xīnkuí Hé	位于埇桥区境内，起点为褚兰镇与栏杆镇交界处，孤山河与奎河交口，在栏杆镇境内流向为由北向南，在栏杆镇王庄村附近流向转变为由西向东，流经解集乡，终点在埇桥区与灵璧县交界处与拖尾河交汇。境内长度26.6千米。
柳须河	Liǔxū Hé	位于埇桥区境内，起点为褚兰镇后程村，终点为埇桥区与灵璧县交界处，傅桥村北1000米处，流经褚兰镇、解集乡。境内长度8.3千米。

标准名称	汉语拼音	备注
股河	Gǔ Hé	位于埇桥区境内，起点为符离镇武楼村南400米，终点为时村镇林口村，注入奎河。境内长度39.32千米。
三八河	Sānbā Hé	位于埇桥区境内，西起金海街道，东至桃园镇。境内长度7.5千米。
运粮河	Yùnliáng Hé	位于埇桥区，南起桃园镇，北止金海街道。境内长度13.02千米。
新汴河	Xīnbiàn Hé	位于埇桥区，西起汴河街道，东止大店镇。境内长度44.11千米。
闸河	Zhá Hé	位于埇桥区境内西部，南起小翟家，北至埇桥区与烈山区交界处。境内长度3.72千米。
新河	Xīn Hé	今源于埇桥区小孙家，该河自埇桥区界郭楼进入灵璧县境，流经虞姬乡、禅堂乡、杨疃镇。东流经欧家、倪家、沈余，于禅堂南潘集闸汇入唐河。
洪山河	Hóngshān Hé	位于埇桥区的东南部，流经解集乡。流域面积229.3平方千米。
阎河	Yán Hé	位于埇桥区北部，流经杨庄乡，流域面积75.3平方千米，长度24千米，河流级别为3级，河流类别为内流河，地上河，常年河。
申鲁河	Shēnlǔ Hé	位于埇桥区北部，流经褚兰镇，长度为3.01千米，河流级别为4级，河流类别为内流河，地上河，常年河。始点为埇桥区与铜山区交界处，终点为褚兰镇宝光寺村。
瑯河	Láng Hé	位于埇桥区北部，流经杨庄乡，长度2.15千米。
灌沟河	Guàngōu Hé	位于埇桥区北部，流经杨庄乡，流域面积161平方千米，长度28千米。

第四节　城镇道路街巷

标准名称	汉语拼音	备注
北二环路	Běi 2 huán Lù	位于埇桥区，东起桃山路，西止西二环路，长14000米，宽60米，水泥路面。2010年更名为北二环路。
北三环路	Běi 3 huán Lù	位于埇桥区，东起东三环路，西止西二环路，长32900米，宽60米，水泥路面。始建于2013年，建成于2014年。

标准名称	汉语拼音	备注
汴河路	Biànhé Lù	汴河（东、中、西）路，位于埇桥区，东起东三环路，西止拂晓大道。长度 14300 米，宽度 42 米，路面为水泥路。曾名援越路、大庆路、红领巾路，是市区东西走向的主干道之一。
滨河路	Bīnhé Lù	位于埇桥区，东起淮海路，西止拂晓大道。长度 4488 米，宽度 20 米，路面为水泥路。始建于 2009 年。
东三环路	Dōng 3 huán Lù	位于埇桥区，南起港口路，北止北三环路，长 16101 米，宽 40 米，水泥路面。始建于 2013 年，建成于 2014 年。
拂晓大道	Fúxiǎo Dàdào	位于埇桥区，南起南三环路，北止北三环路，长 14200 米，宽 40 米，沥青路面。始建于 2006 年、2014 年拓宽改造。
虹乡路	Hóngxiāng Lù	位于埇桥区，南起汴阳一路，北止朝霞路，长 3800 米，宽 10 米，水泥路面。2014 年更名为虹乡路。
淮海路	Huáihǎi Lù	淮海（南、中、北）路，位于埇桥区，南起南三环路，北止北三环路。长度 14900 米，宽度 40 米，路面为水泥路。1984 年 3 月起拆除沿街房屋 338 间，拓宽改建，1985 年底全部竣工。
浍水路	Huìshuǐ Lù	浍水（东、西）路，位于埇桥区。东起沱河路，西止拂晓大道，长度 5100 米，宽度 35 米，路面为水泥路。1982 年开始拆迁，1983 年形成路基，1985 年由皖北矿务局出资修成宽 7 米的水泥路面。
金海大道	Jīnhǎi Dàdào	位于埇桥区，南起朱圩路，北止淮河中路。长度 3400 米，宽度 40 米，路面为水泥路。始建于 2006 年。
金河路	Jīnhé Lù	位于埇桥区，东起金海六路，西止宿怀路。长度 2509 米，宽度 35 米，路面为水泥路。始建于 2006 年。
金江路	Jīnjiāng Lù	位于埇桥区，东起沱河路，西止金环路。长度 3460 米，宽度 30 米，路面为水泥路。始建于 2008 年。
金鹏路	Jīnpéng Lù	位于埇桥区，东起沱河路，西止港口路，长 2038 米，宽 30 米，水泥路面。始建于 2013 年，建成于 2014 年。
磬云路	Qìngyún Lù	磬云（南、北）路，位于埇桥区，南起汴河西路，北止沱河路。长度 6190 米，宽度 34 米，路面为水泥路。始建于 2006 年。
人民路	Rénmín Lù	人民（南、中、北）路，位于埇桥区，南起鞋城八路，北止沱河路。长度 17000 米，宽度 50 米，路面为水泥路。始建于 2007 年
胜利路	Shènglì Lù	胜利（东、西），位于埇桥区，东起宿怀路，西止拂晓大道。长度 5100 米，宽度 34 米，路面为水泥路。民国 18 年（1929 年），在大东门北开辟小东门，并修成土路直通火车站。1981 年翻修成沥青路面。1984 年拓宽。

标准名称	汉语拼音	备注
顺河路	Shùnhé Lù	位于埇桥区，东起东昌路，西止裕城街。长 1500 米，宽 8 米，水泥路面。2005 年重新修建。
爱国巷	Àiguó Xiàng	位于埇桥区，北起泰康巷，南止道东大街。长 171 米，宽 5 米，水泥路面。1972 年重建。
爱心巷	Àixīn Xiàng	位于埇桥区，北起汴河路，南止矿建巷。长 607 米，宽 5 米，水泥路面。1973 年重建。
八一巷	Bā yī Xiàng	位于埇桥区，北起胜利东路，南止大河南街。长 214 米，宽 8 米，水泥路面。1972 年重建。
白衣阁巷	Báiyīgé Xiàng	位于埇桥区，北起环城南路，南止大河南街。长 160 米，宽 5 米，水泥路面。始建于 1971 年。
保健巷	Bǎojiàn Xiàng	位于埇桥区，北起小河南街，南止环城南路。长 50 米，宽 5 米，水泥路面。1971 年重建。
药店巷	Yàodiàn Xiàng	位于埇桥区，南起中山街，北止胜利路，长 400 米，宽 5 米，水泥路面。始建于 1980 年。
北苑东巷	Běiyuàn Dōngxiàng	位于埇桥区，北起五金街，南止胜利东路。长 263 米，宽 5 米，水泥路面。2000 年重建。
北苑路	Běiyuàn Lù	位于埇桥区，北起公园路，南止胜利路。长 373 米，宽 15 米，水泥路面。2000 年重建。
北苑西巷	Běiyuàn Xīxiàng	位于埇桥区，北起五金街，南止胜利路。长 253 米，宽 8 米，水泥路面。2000 年重建。
菜市街	Càishì Jiē	位于埇桥区，北起淮海南路，南止浍水路，长 570 米，宽 4.5 米，水泥路面。1972 年重建。
曹村路	Cáocūn Lù	位于埇桥区，南起沱水路，北止长堤路，长 2734 米，宽 25 米，水泥路面。原为经十三路，2014 年更名为曹村路。
曹寺巷	Cáosì Xiàng	位于埇桥区，南起西关大街，北止胜利路，长 300 米，宽 4 米，水泥路面。始建于 1980 年。
插花庙巷	Chāhuāmiào Xiàng	位于埇桥区，南起胜利中路，北止龙祠巷，长 190 米，宽 5 米，水泥路面。1967 年改为“光荣巷”，1980 年恢复原名。
朝霞路	Zhāxiá Lù	位于埇桥区，东起淮海北路，西止拂晓大道。长 3780 米，宽 40 米水泥路面。始建于 2013 年，建成于 2014 年。
朝阳路	Zhāyáng Lù	位于埇桥区，淮海北路，西止拂晓大道，长 3886 米，宽 300 米，水泥路面。始建于 2013 年，建成于 2014 年。
车站巷	Chēzhàn Xiàng	位于埇桥区，东起工人路，西止宿怀路。长 175 米，宽 15 米，水泥路面。1972 年重建。
陈河路	Chénhé Lù	位于埇桥区，北起鞋城三路，南止南三环路。长 2025 米，宽 30 米，水泥路面。2014 年更名为运粮河西路。

标准名称	汉语拼音	备注
城隍庙巷	Chénghuángmiào Xiàng	位于埇桥区胜利路与淮海中路交叉口，北起胜利路，南止中山街。长160米，宽5米，水泥路面。始建于1975年。
城墙东巷	Chéngqiáng Dōngxiàng	位于埇桥区，北起环城北路，南止龙祠巷。长55米，宽8米，水泥路面。始建于1972年。
崔园路	Cuīyuán Lù	位于埇桥区，东起学思路，西止沱水路，长3088米，宽40米，水泥路面。原为纬五路，2014年更名为崔园路。
大店路	Dàdiàn Lù	位于埇桥区，东起鹿门子路，西止宿州市华源汽贸有限公司。长1354米，宽20米，水泥路面。原为纬二路，2014年更名为大店路。
大河南街	Dàhé Nánjiē	位于埇桥区，东起环城东路，西止环城西路。长1200米，宽8米，沥青路面。始建于1972年。
大王庙巷	Dàwángmiào Xiàng	位于埇桥区，北起西关大街，南止宿蒙路。长1000米，宽8米，水泥路面。始建于1973年。
大营路	Dàyíng Lù	位于埇桥区，东起东二环路，西止沱河路，长1303米，宽20米，水泥路面。原为纬八路，2014年更名为大营路。
大泽路	Dàzé Lù	位于埇桥区，北起汴河中路，南止浍水路，长520米，宽10米，水泥沥青混合路面。2010年重新修建。
单庄巷	Shànzhuāng Xiàng	位于埇桥区，东起汇源电厂，西止汇源大道。长500米，宽8米，水泥路面。始建于1972年。
道东大街	Dàodōng Dàjiē	位于埇桥区，西止宿怀北路，东起建设路。长度2018米，宽度24米，路面为水泥路。1972年建立道东街道办事处时取名为道东大街。
稻香路	Dàoxiāng Lù	位于埇桥区，南起崔园路，北止长堤路，长3139米，宽34米，水泥路面。原为经十二路，2014年更名为稻香路。
地质巷	Dìzhì Xiàng	位于埇桥区，南起淮河路，北止汴河东路，长1500米，宽8米，水泥路面。始建于1986年。
东二环路	Dōng 2 huán Lù	位于埇桥区，南起南二环路，北止宿州大道。长9446米，宽50米，水泥路面。原为东环路，2014年更名为东二环路。
东关大街	Dōngguān Dàjiē	位于埇桥区，东起宿怀北路，西止环城东路。长度720米，宽度14米，路面为水泥路。始建于1952年。
东平路	Dōngpíng Lù	位于埇桥区，北起边河中路，南止浍水路，长600米，宽10米，水泥路面。始建于1956年。
东平巷	Dōngpíng Xiàng	位于埇桥区，东北起浍水路，西南止于人民路。长450米，宽5米，水泥路面。始建于1956年。
东坡路	Dōngpō Lù	位于埇桥区，南起汴河路，北止长堤路，长4126米，宽25米，水泥路面。原为经十一路，2014年更名为东坡路。

标准名称	汉语拼音	备注
东一巷	Dōng 1 Xiàng	位于埇桥区，东起宿怀路，西止东关大街。长 500 米，宽 10 米，水泥路面。始建于 1975 年。
董园二巷	Dǒngyuán 2 Xiàng	位于埇桥区，北起董园三巷，南止董园一巷。长 155 米，宽 5 米，水泥路面。始建于 1973 年。
董园三巷	Dǒngyuán 3 Xiàng	位于埇桥区，东起小康路，西止磬云路。长 300 米，宽 5 米，水泥路面。始建于 1973 年。
董园四巷	Dǒngyuán 4 Xiàng	位于埇桥区，东起小康巷，西止董园三巷。长 250 米，宽 5 米，水泥路面。始建于 1973 年。
董园五巷	Dǒngyuán 5 Xiàng	位于埇桥区，西北起秦楼东巷，东南止小康路。长 250 米，宽 5 米，水泥路面。始建于 1973 年。
董园一巷	Dǒngyuán 1 Xiàng	位于埇桥区，西北起磬云路，东南止胜利路。长 154 米，宽 5 米，水泥路面。始建于 1973 年。
杜家南巷	Dùjiā Nánxiàng	位于埇桥区，西北起杜家巷，东南止浍水路。长 238 米，宽 5 米，水泥路面。始建于 1974 年。
杜家巷	Dùjiā Xiàng	位于埇桥区，北起宿蒙路，南止浍水路。长 410 米，宽 8 米，水泥路面。始建于 1974 年。
二中巷	Èrzhōng Xiàng	位于埇桥区，南起浍水路，北止汴河中路，长 290 米，宽 4 米，水泥路面。始建于 1982 年。
纺织后巷	Fǎngzhī Hòuxiàng	位于埇桥区，东起人民路，西止宿蒙路。长 640 米，宽 8 米，水泥路面。始建于 1982 年。
纺织路	Fǎngzhī Lù	纺织（东、西）路，位于埇桥区，东起金海大道，西止拂晓大道。长度 4500 米，宽度 34 米，路面为水泥路。始建于 2006 年。
丰收巷	Fēngshōu Xiàng	位于埇桥区，东起公平街，西止大王庙巷。长 850 米，宽 5 米，水泥路面。始建于 1972 年。
凤鸣路	Fèngmíng Lù	位于埇桥区，东起闵贤路，西止沱水路，长 5873 米，宽 34 米，水泥路面。始建于 2013 年，建成于 2014 年。
凤至路	Fèngzhì Lù	位于埇桥区，东起韩池子路，西止支河路。长 3949 米，宽 40 米，水泥路面。原为丁湖路，2014 年更名为凤至路。
扶疏巷	Fúshū Xiàng	位于埇桥区，南起环城北路，北止沱河路。长 950 米，宽 6 米，水泥路面。始建于 1986 年。
复兴巷	Fùxìng Xiàng	位于埇桥区，北起胜利路，南止中山街。长 150 米，宽 15 米，水泥路面。始建于 1972 年。
港口路	Gǎngkǒu Lù	港口（南、中、北）路，位于埇桥区，南起汴河中路，北止北三环路。长度 7332 米，宽度 50 米，路面为水泥路。始建于 2006 年。

标准名称	汉语拼音	备注
高织东巷	Gāozhī Dōngxiàng	位于埇桥区，北起高庄北巷，南止纺织路。长300米，宽8米，水泥路面。始建于1982年。
高庄北巷	Gāozhuāng Běixiàng	位于埇桥区，东起金海大道，西止师范路。长726米，宽5米，水泥路面。始建于1972年。
工人路	Gōngrén Lù	位于埇桥区区东部，南起汴河东路，北止火车站。为市区南北干道之一，长0.7千米，宽10米，水泥路面。主要为生活道路。道路等级为次干道。建立于1966年。
公平街	Gōngpíng Jiē	位于埇桥区，南起淮河路，北止西关大街。长1970米，宽18米，水泥路面。该街建成于1983年。
观音堂街	Guānyīntáng Jiē	位于埇桥区，南起汴河路，北止顺河东路，长580米，宽7米，水泥路面。始建于1979年。
观泽巷	Guānzé Xiàng	位于埇桥区，北起观音堂街，南止汴河中路。长150米，宽7米，水泥路面。始建于1979年。
光彩步行街	Guāngcǎi Bùxíngjiē	位于埇桥区，东起磬云路，西止拂晓大道。长700米，宽10米，水泥路面。始建于2000年。
光彩巷	Guāngcǎi Xiàng	位于埇桥区，北起光彩步行街，南止汴河路。长200米，宽8米，水泥路面。始建于2000年。
光明巷	Guāngmíng Xiàng	位于埇桥区，北起浍水路，南止一中社区十中宿舍小区。长400米，宽7米，水泥路面。始建于1972年。
韩池二巷	Hánchí 2 Xiàng	位于埇桥区，东起韩池子路，西止韩池子路四巷。长352米，宽5米，水泥路面。始建于1972年。
韩池三巷	Hánchí 3 Xiàng	位于埇桥区，北起汴河路，南止金浍路。长474米，宽8米，水泥路面。始建于1972年。
韩池四巷	Hánchí 4 Xiàng	位于埇桥区，东起韩池子路，西止韩池三巷。长100米，宽5米，水泥路面。始建于1972年。
韩池一巷	Hánchí 1 Xiàng	位于埇桥区，东起韩池子路，西止韩池四巷。长352米，宽5米，水泥路面。始建于1972年。
恒丰巷	Héngfēng Xiàng	位于埇桥区，东北起边河中路，西南止西昌南路。长200米，宽4米，水泥路面。始建于2009年。
胡家路	Hújiā Lù	位于埇桥区，东起西昌南路，西止人民路。长560米，宽8米，水泥路面。1983年重建。
花墙巷	Huāqiáng Xiàng	位于埇桥区，北起中山街，南止小河南街。长160米，宽3.5—8米，水泥路面。始建于1972年。
花园巷	Huāyuán Xiàng	位于埇桥区，南起五道庙巷，北止环城北路，长180米，宽2.5米，水泥路面。始建于1980年。
淮河东路	Huáihé Dōnglù	位于埇桥区，东起沱河路，西止铁路。长度2396米，宽度50米，路面为水泥路。始建于2003年。

标准名称	汉语拼音	备注
淮河西路	Huáihé Xīlù	位于埇桥区，东起人民路，西止拂晓大道。长度 2034 米，宽度 50 米，路面为水泥路。始建于 2003 年
淮河中路	Huáihé Zhōnglù	位于埇桥区，东起京沪铁路，西止人民路。长度 3333 米，宽度 45 米，水泥路面。始建于 2003 年
环保东巷	Huánbǎo Dōngxiàng	位于埇桥区，北起沱河路，南止司法宿舍。长 202 米，宽 5 米，水泥路面。始建于 1975 年。
环保西巷	Huánbǎo Xīxiàng	位于埇桥区，北起滨河小区，南止环保巷。长 120 米，宽 5 米，水泥路面。始建于 1975 年。
环城北路	Huánchéng Běilù	位于埇桥区，东起环城东路，西止环城西路。长度 1310 米，宽度 20 米，路面为水泥路。始建于 1984 年。
环城东路	Huánchéng Dōnglù	位于埇桥区，南起环城南路，北止环城北路。长度为 720 米，宽度为 20 米，路面为水泥路。始建于 1983 年。
环城南路	Huánchéng Nánlù	位于埇桥区，东起环城东路，西止环城西路，长度 1336 米，宽度 20 米，路面为水泥路。始建于 1984 年。
环城西路	Huánchéng Xīlù	位于埇桥区，起点为环城北路，止点为环城南路。长度 597 米，宽度 24 米，路面为水泥路。始建于 1984 年。
黄家二巷	Huángjiā 2 Xiàng	位于埇桥区，北起黄家南巷，南止明月路。长 150 米，宽 5 米，水泥路面。始建于 1972 年。
黄家南巷	Huángjiā Nánxiàng	位于埇桥区，东起汇源大道，西止西昌北路。长 570 米，宽 8 米，水泥路面。始建于 1972 年。
黄家三巷	Huángjiā 3 Xiàng	位于埇桥区，北起黄家巷，南止明月路。长 400 米，宽 5 米，水泥路面。始建于 1972 年。
黄家巷	Huángjiā Xiàng	位于埇桥区，东起汇源大道，西止西昌路。长 700 米，宽 8 米，水泥路面。始建于 1972 年。
黄家一巷	Huángjiā 1 Xiàng	位于埇桥区，北起黄庄路，南止明月路。长 280 米，宽 5 米，水泥路面。始建于 1972 年。
黄家中巷	Huángjiā Zhōngxiàng	位于埇桥区，北起黄庄路，南止明月路。长 400 米，宽 5 米，水泥路面。始建于 1972 年。
货厂路	Huòchǎng Lù	位于埇桥区，西北起汴河东路，东南止宿固路。长 421 米，宽 10 米，水泥路面。始建于 1982 年。
建设路	Jiànshè Lù	位于埇桥区，南起淮河东路，北止沱河路。长度 1700 米，宽度 30 米，路面为水泥路。1980 年矿建单位斜肩，1982 年授予小区道路规划样板。
建筑巷	Jiànzhù Xiàng	位于埇桥区，西北起边河中路，东南止大王庙巷。长 450 米，宽 6 米，水泥路面。始建于 1972 年。
健康巷	Jiànkāng Xiàng	位于埇桥区，南起环城北路，北止宿州一院门前，长 420 米，宽 5 米，水泥路面。始建于 1981 年。

标准名称	汉语拼音	备注
江庄南巷	Jiāngzhuāng Nánxiàng	位于埇桥区，北起长征路，南止第四小学。长 300 米，宽 5 米，水泥路面。始建于 1972 年。
江庄西二巷	Jiāngzhuāng Xī 2 Xiàng	位于埇桥区，东起长征路，西止裕城街。长 200 米，宽 3 米，水泥路面。始建于 1972 年。
江庄西三巷	Jiāngzhuāng Xī 3 Xiàng	位于埇桥区，北起环城河，南止长征路。长 100 米，宽 4 米，水泥路面。始建于 1972 年。
江庄西一巷	Jiāngzhuāng Xī 1 Xiàng	位于埇桥区，北起长征路，南止第四小学。长 300 米，宽 5 米，水泥路面。始建于 1972 年。
教场路	Jiàochǎng Lù	位于埇桥区，北起沱河路，南止雪枫路。长 423 米，宽 7 米，水泥路面。始建于 1980 年。
金安路	Jīn’ān Lù	位于埇桥区，南起铁路运河，北止金江三路。长 2634 米，宽 30 米，水泥路面。始建于 2008 年。
金城街	Jīnchéng Jiē	位于埇桥区，东起工人路，西止宿怀路，长 250 米，宽 5 米，水泥路面。始建于 1972 年。
金纺路	Jīnfǎng Lù	位于埇桥区，东起建设路，西止港口路，长 861 米，宽 34 米，水泥路面。始建于 2013 年，建成于 2014 年。
金海二路	Jīnhǎi 2 Lù	位于埇桥区，南起金海路，北止纺织东路。长度 1347 米，宽度 30 米，路面为水泥路。始建于 2006 年。
金海六路	Jīnhǎi 6 Lù	位于埇桥区，东南起外环一路，西北止鹏程路与纺织路交叉口，长度 3000 米，宽度 25 米，路面为水泥路。始建于 2008 年。
金海三路	Jīnhǎi 3 Lù	位于埇桥区，东起外环南路，北止金湖大道。长度 1500 米，宽度 30 米，路面为水泥路。始建于 2006 年。
金海五路	Jīnhǎi 5 Lù	位于埇桥区，南起外环南路，北止金河路。长度 800 米，宽度 20 米，路面为水泥路。始建于 2008 年。
金环路	Jīnhuán Lù	位于埇桥区，南起港口南路，北止南二环路。长度 673 米，宽度 18 米，路面为水泥路。始建于 2008 年。
金浍路	Jīnhuì Lù	位于埇桥区，东起沱河路，西止港口路，长 2085 米，宽 40 米，水泥路面。始建于 2013 年，建成于 2014 年。
金江八路	Jīnjiāng 8 Lù	位于埇桥区，东南起东三环路，西北止金泰五路，长米 696，宽 25 米，水泥路面。始建于 2013 年，建成于 2014 年。
金江二路	Jīnjiāng 2 Lù	位于埇桥区，东起金泰路，西止外环南路。长度 3010 米，宽度 18 米，路面为水泥路。始建于 2008 年。
金江六路	Jīnjiāng 6 Lù	位于埇桥区，东南起东三环路，西北止金泰三路，长 2557 米，宽 25 米，水泥路面。始建于 2013 年，建成于 2014 年。
金江七路	Jīnjiāng 7 Lù	位于埇桥区，东南起东三环，西北止港口路，长 2202 米，宽 30 米，水泥路面。始建于 2013 年，建成于 2014 年。

标准名称	汉语拼音	备注
金江三路	Jīnjiāng 3 Lù	位于埇桥区，东起沱河路，西止港口路。长度 3650 米，宽度 18 米，路面为水泥路。始建于 2008 年。
金江五路	Jīnjiāng 5 Lù	位于埇桥区，东南起东三环路，西北止金泰路，长 4506 米，宽 40 米，水泥路面。始建于 2013 年，建成于 2014 年。
金泰二路	Jīntài 2 Lù	位于埇桥区，西南起为宿固路，东北为沱河路。长度 1300 米，宽度 20 米，路面为水泥路。始建于 2008 年。
金泰六路	Jīntài 6 Lù	位于埇桥区，西南起金江六路，东北止沱河路，长 2117 米，宽 25 米，水泥路面。始建于 2008 年。
金泰路	Jīntài Lù	位于埇桥区，西南起宿固路，东北至沱河路。长度 2500 米，宽度 40 米，路面为水泥路。始建于 2008 年。
金泰七路	Jīntài 7 Lù	位于埇桥区，西南起金江八路，东北止沱河路，长 2117 米，宽 25 米，水泥路面。始建于 2008 年。
金泰五路	Jīntài 5 Lù	位于埇桥区，南起港口路，北止沱河路，长 3164 米，宽 30 米，水泥路面。始建于 2008 年。
锦绣西巷	Jǐnxiù Xīxiàng	位于埇桥区，北起淮河路，南止纺织路。长 421 米，宽 5 米，水泥路面。始建于 1972 年。
酒厂巷	Jiǔchǎng Xiàng	位于埇桥区，东北起酒厂北巷，西南止宿怀南路。长 326 米，宽 5 米，水泥路面。始建于 1972 年。
军分区巷	Jūnfēnqū Xiàng	位于埇桥区，东起军分区大院，西止宿怀路。长 230 米，宽 5 米，水泥路面。始建于 1972 年。
开元路	Kāiyuán Lù	位于埇桥区，东起西昌北路，西止人民中路。长 658 米，宽 15 米，水泥路面。始建于 2013 年，建成于 2014 年。
科苑巷	Kēyuàn Xiàng	位于埇桥区，北起淮河路，南止金纺路。长 350 米，宽 5 米，水泥路面。始建于 1974 年。
矿建街	Kuàngjiàn Jiē	位于埇桥区，北起汴河路，南止浍水路。长 640 米，宽 7 米，水泥路面。始建于 1974 年。
劳动巷	Láodòng Xiàng	位于埇桥区，北起崔园路，南止东关大街。长 542 米，宽 5 米，水泥路面。始建于 1972 年。
乐天路	Lètiān Lù	位于埇桥区，东起湘灵路，西止拂晓大道，长 3620 米，宽 15 米，水泥路面。始建于 2013 年，建成于 2014 年。
李村东四巷	Lǐcūn Dōng 4 Xiàng	位于埇桥区，东起李村东巷，西止李村中巷。长 200 米，宽 5 米，水泥路面。始建于 1975 年。
李村东巷	Lǐcūn Dōngxiàng	位于埇桥区，北起西关大街，南止汴河西路。长 550 米，宽 5 米，水泥路面。始建于 1975 年。
李村西二巷	Lǐcūn Xī 2 Xiàng	位于埇桥区，东起李村中巷，西止拂晓大道。长 200 米，宽 5 米，水泥路面。始建于 1975 年。

标准名称	汉语拼音	备注
李村西三巷	Lǐcūn Xī 3 Xiàng	位于埇桥区，东起李村中巷，西止拂晓大道。长 200 米，宽 5 米，水泥路面。始建于 1975 年。
李村西四巷	Lǐcūn Xī 4 Xiàng	位于埇桥区，东起李村中巷，西止拂晓大道。长 200 米，宽 5 米，水泥路面。始建于 1975 年。
李村西一巷	Lǐcūn Xī 1 Xiàng	位于埇桥区，东起李村中巷，西止拂晓大道。长 200 米，宽 5 米，水泥路面。始建于 1975 年。
李村中巷	Lǐcūn Zhōng Xiàng	位于埇桥区，北起西关大街，南止汴河西路。长 550 米，宽 5 米，水泥路面。始建于 1975 年。
联络街	Liánluò Jiē	位于埇桥区，南起东关大街，北止胜利路，长 230 米，宽 7 米，水泥路面。始建于 1981 年。
林探花路	Líntànhuā Lù	位于埇桥区，南起沱水路，北止长堤路，长 6280 米，宽 25 米，水泥路面。原为经七路，2014 年更名为林探花路。
陵园东巷	Língyuán Dōngxiàng	位于埇桥区，北起沱河路，南止花园路。长 450 米，宽 5 米，水泥路面。2005 年重新修建。
龙城路	Lóngchéng Lù	位于埇桥区，南起汴阳一路，北止竹邑路，长 800 米，宽 5 米，水泥路面。2010 年更名为龙城路。
龙祠巷	Lóngcí Xiàng	位于埇桥区，东起淮海中路，西止城墙东巷。长 180 米，宽 5.5 米，水泥路面。始建于 1980 年。
龙口路	Lóngkǒu Lù	位于埇桥区，北起龙口路十四巷，南止淮河路。长 380 米，宽 5 米，水泥路面。始建于 1975 年。
龙口路西八巷	Lóngkǒu Lù Xī 8 Xiàng	位于埇桥区，东起龙口路，西止浍纺路。长 100 米，宽 4 米，水泥路面。始建于 1975 年。
龙口路西二巷	Lóngkǒu Lù Xī 2 Xiàng	位于埇桥区，东起龙口路，西止浍纺路。长 100 米，宽 4 米，水泥路面。始建于 1975 年。
龙口路西九巷	Lóngkǒu Lù Xī 9 Xiàng	位于埇桥区，东起龙口路，西止浍纺路。长 100 米，宽 4 米，水泥路面。始建于 1975 年。
龙口路西六巷	Lóngkǒu Lù Xī 6 Xiàng	位于埇桥区，东起龙口路，西止浍纺路。长 100 米，宽 4 米，水泥路面。始建于 1975 年。
龙口路西七巷	Lóngkǒu Lù Xī 7 Xiàng	位于埇桥区，东起龙口路，西止浍纺路。长 100 米，宽 4 米，水泥路面。始建于 1975 年。
龙口路西三巷	Lóngkǒu Lù Xī 3 Xiàng	位于埇桥区，东起龙口路，西止浍纺路。长 100 米，宽 4 米，水泥路面。始建于 1975 年。
龙口路西十二巷	Lóngkǒu Lù Xī 12 Xiàng	位于埇桥区，东起龙口路，西止浍纺路。长 100 米，宽 4 米，水泥路面。始建于 1975 年。
龙口路西十三巷	Lóngkǒu Lù Xī 13 Xiàng	位于埇桥区，北起龙口路西六巷，南止淮河路。长 210 米，宽 5 米，水泥路面。始建于 1975 年。

标准名称	汉语拼音	备注
龙口路西十四巷	Lóngkǒu Lù Xī 14 Xiàng	位于埇桥区，东起龙口路，西止浍纺路。长 100 米，宽 4 米，水泥路面。始建于 1975 年。
龙口路西十巷	Lóngkǒu Lù Xī 10 Xiàng	位于埇桥区，东起龙口路，西止浍纺路。长 100 米，宽 4 米，水泥路面。始建于 1975 年。
龙口路西十一巷	Lóngkǒu Lù Xī 11 Xiàng	位于埇桥区，东起龙口路，西止浍纺路。长 100 米，宽 4 米，水泥路面。始建于 1975 年。
龙口路西四巷	Lóngkǒu Lù Xī 4 Xiàng	位于埇桥区，东起龙口路，西止浍纺路。长 100 米，宽 4 米，水泥路面。始建于 1975 年。
龙口路西五巷	Lóngkǒu Lù Xī 2 Xiàng	位于埇桥区，东起龙口路，西止浍纺路。长 100 米，宽 4 米，水泥路面。始建于 1975 年。
龙口路西一巷	Lóngkǒu Lù Xī 1 Xiàng	位于埇桥区，东起龙口路，西止浍纺路。长 100 米，宽 4 米，水泥路面。始建于 1975 年。
鹿门子路	Lùménzi Lù	位于埇桥区，南起沱水路，北止长堤路，长 6734 米，宽 25 米，水泥路面。原为经四路，2014 年更名为鹿门子路。
吕家路	Lǚjiā Lù	位于埇桥区，东起居民点，西止汇源大道。长 660 米，宽 5 米，水泥路面。始建于 1974 年。
马车队巷	Mǎchēduì Xiàng	位于埇桥区，北起东关大街，南止汴河路。长 250 米，宽 6 米，水泥路面。始建于 1974 年。
梅石牌坊巷	Méishípáifāng Xiàng	位于埇桥区，北起胜利路，南止西关大街。长 270 米，宽 3 米，水泥路面。始建于 1974 年。
孟家巷	Mèngjiā Xiàng	位于埇桥区，北起纺织路，南止迎宾大道。长 800 米，宽 5 米，水泥路面。始建于 1974 年。
民生巷	Mínshēng Xiàng	起点为曙光路，东起韩池子路西四巷，西止曙光路。长 340 米，宽 6 米，水泥路面。始建于 1978 年。
闵贤路	Mǐnxián Lù	位于埇桥区，南起沱水路，北止曾家村。长 6557 米，宽 34 米，水泥路面。原为经六路，2014 年更名为闵贤路。
明德路	Míngdé Lù	位于埇桥区，东起东三环路，西止学府大道，长 3139 米，宽 25 米，水泥路面。始建于 2013 年，建成于 2014 年。
明月路	Míngyuè Lù	位于埇桥区，东起湘灵路，西止人民路，长 2582 米，宽 25 米，水泥路面。始建于 2013 年，建成于 2014 年。
木牌坊街	Mùpáifāng Jiē	位于埇桥区，南起大河南街，北止胜利路，长 240 米，宽 5 米，沥青路面。始建于 1980 年。
南二环路	Nán 2 huán Lù	位于埇桥区，东起东二环路，西止拂晓大道。长度 8678 米，宽度 50 米，路面为水泥路。始建于 2006 年，为原外环南路，2014 年更名为南二环路。
南三环路	Nán 3 huán Lù	位于埇桥区，东起港口南路，西止西三环路。长 13292 米，宽 40 米，水泥路面。原南外环路，2014 年命名为南三环路。

标准名称	汉语拼音	备注
南苑巷	Nányuàn Xiàng	位于埇桥区，北起芳园路，南止纺织路。长 350 米，宽 5 米，水泥路面。始建于 1992 年。
牛家西巷	Niújiā Xīxiàng	位于埇桥区，东起牛家巷，西止宿怀路。长 270 米，宽 4 米，水泥路面。始建于 1972 年。
牛家巷	Niújiā Xiàng	位于埇桥区，北起浍水路，南止五中巷。长 200 米，宽 5 米，水泥路面。始建于 1972 年。
农科路	Nóngkē Lù	位于埇桥区，南起纺织东路，北止淮河中路。长 500 米，宽 6 米，水泥路面。2000 年重建。
农林巷	Nónglín Xiàng	位于埇桥区，南起胜利路，北止环城北路，长 360 米，宽 3.5 米，水泥路面。始建于 1980 年。
培新巷	Péixīn Xiàng	位于埇桥区，南起浍水西路，北止汴河中路，全长 570 米，宽 6 米，水泥路面。道路等级为次干道。始建于 1987 年。
鹏程路	Péngchéng Lù	位于埇桥区，东起金海六路，西止宿怀路。长度 1900 米，宽度 30 米，路面为水泥路。始建于 2006 年。
平安西巷	Píng’ ān Xīxiàng	位于埇桥区，北起纺织路，南止迎宾大道。长 670 米，宽 5 米，水泥路面。始建于 1992 年。
平安巷	Píng’ ān Xiàng	位于埇桥区，东起淮海南路，西止平安西巷。长 500 米，宽 5 米，水泥路面。始建于 1992 年。
戚家沟路	Qījiāgōu Lù	位于埇桥区，东起拂晓大道，西止西二环路，长 1342 米，宽 15 米，水泥路面。2014 年更名为戚家沟路。
蕲城路	Qíchéng Lù	位于埇桥区，东起闵贤路，西止东坡路，长 2329 米，宽 20 米，水泥路面。原为纬七路，2014 年更名为蕲城路。
秦楼东巷	Qínlóu Dōngxiàng	位于埇桥区，东北起银河一路，西南止磬云路。长 560 米，宽 4 米，水泥路面。始建于 1972 年。
秦巷口巷	Qínxiàngkǒu Xiàng	位于埇桥区，南起汴河中路，北止西关大街，长 650 米，宽 10 米，水泥路面。始建于 1979 年。
青龙巷	Qīnglóng Xiàng	位于埇桥区，南起中山街，北止胜利中路，长 150 米，宽 5 米，水泥路面。始建于 1973 年。
庆新路	Qìngxīn Lù	位于埇桥区，南起开元路，北止宿州大道，长 280 米，宽 15 米，水泥路面。始建于 2013 年，建成于 2014 年。
邱庄二巷	Qiūzhuāng 2 Xiàng	位于埇桥区，东起运粮河西岸，西止淮海南路。长 178 米，宽 3 米，水泥路面。始建于 1972 年。
邱庄一巷	Qiūzhuāng 1 Xiàng	位于埇桥区，东起运粮河西岸，西止淮海南路。长 178 米，宽 3 米，水泥路面。始建于 1972 年。
染坊巷	Rǎnfāng Xiàng	位于埇桥区，东北起大河南街，西南止水巷。长 150 米，宽 3 米，水泥路面。始建于 1972 年。

标准名称	汉语拼音	备注
三八沟巷	Sānbāgōu Xiàng	位于埇桥区，北起周庄巷，南止胜利路。长380米，宽4米，水泥路面。始建于1973年。
三里湾南六巷	Sānlǐwān Nán 6 Xiàng	位于埇桥区，北起三里湾巷，南止淮河路。长200米，宽3米，水泥路面。始建于1973年。
三里湾南三巷	Sānlǐwān Nán 3 Xiàng	位于埇桥区，北起三里湾巷，南止淮河路。长200米，宽3米，水泥路面。始建于1973年。
三里湾南四巷	Sānlǐwān Nán 4 Xiàng	位于埇桥区，北起三里湾巷，南止淮河路。长200米，宽3米，水泥路面。始建于1973年。
三里湾南五巷	Sānlǐwān Nán 5 Xiàng	位于埇桥区，北起三里湾巷，南止淮河路。长200米，宽3米，水泥路面。始建于1973年。
三里湾巷	Sānlǐwān Xiàng	位于埇桥区，东起宿怀路，西止三里湾南六巷。长370米，宽4米，水泥路面。始建于1973年。
三维巷	Sānwéi Xiàng	位于埇桥区，北起汴河东路，南止矿建巷。长158米，宽3米，水泥路面。始建于1973年。
沈庄四巷	Shěnzhuāng 4 Xiàng	位于埇桥区，北起沈庄六巷，南止金浍路。长360米，宽4米，水泥路面。始建于1973年。
沈庄西巷	Shěnzhuāng Xīxiàng	位于埇桥区，西北起宿固路，东南止金汇路。长200米，宽3米，水泥路面。始建于1973年。
师范路	Shīfàn Lù	位于埇桥区，南起淮河中路，北止汴河中路。长1150米，宽7米，水泥路面。始建于1980年。
时村路	Shícūn Lù	位于埇桥区，东起闵贤路，西止东二环路。长913米，宽10米，水泥路面。原为纬一路，2014年更名为时村路。
市府巷	Shìfǔ Xiàng	市府巷位于埇桥区南部，归属卫校居委会，南起浍水东路，南至汴河中路，全长560米，宽8米，水泥路面。道路等级为次干道。始建于1982年。
书院巷	Shūyuàn Xiàng	位于埇桥区，南起胜利中路，北止环城北路。长370米，宽7.5米，水泥路面。始建于1971年。
曙光路	Shǔguāng Lù	位于埇桥区，起点为道东大街，止点为金浍路。长度715米，宽度15米，路面为水泥路。始建于1985年。
双徐巷	Shuāngxú Xiàng	位于埇桥区，东起宿怀路，西止淮海南路。长822米，宽5米，水泥路面。始建于1992年。
水巷	Shuǐ Xiàng	位于埇桥区，北起中山街，南止环城南路，长190米，宽5米，水泥路面。水巷是宿州市过去的水行，巷的两边都是卖水的，因而人称水巷。
濉河路	Suīhé Lù	位于埇桥区，东起虹乡路，西止西二环路，长4100米，宽30米，水泥路面。始建于2013年，建成于2014年。

标准名称	汉语拼音	备注
泰康路	Tàikāng Lù	位于市区东部，东起建设路，西止市服装机械厂院东侧，长500米，宽4米，水泥路面。始建于1981年。
泰山巷	Tàishān Xiàng	位于埇桥区，北起环城北路，南止胜利路，长250米，宽5米，水泥路面。2000年重建。
通济二路	Tōngjì 2 Lù	位于埇桥区，南起汴河西路，北止沱河路，长1000米，宽7米，水泥路面。始建于2006年。
通济一路	Tōngjì 1 Lù	位于埇桥区，南起大剧院，北止银河二路，长1000米，宽8米，水泥路面。始建于2006年。
通济三路	Tōngjì 3 Lù	位于埇桥区，南起银河一路，北止银河二路。长370米，宽10米，水泥路面。始建于2006年。
通济四路	Tōngjì 4 Lù	位于埇桥区，南起胜利西路，北止银河一路，长900米，宽8米，水泥路面。始建于2006年。曾用名为亚运路，2012年政府命名为通济四路。
统建巷	Tǒngjiàn Xiàng	位于埇桥区，北起浍水路，南止淮河路。长500米，宽5米，水泥路面。始建于1972年。
沱河路	Tuóhé Lù	位于埇桥区，南起南三环路，北止逸林路。长6000米，宽15米，水泥沥青混合路面。2002年重建。
沱水路	Tuóshuǐ Lù	位于埇桥区，东南起东三环路，西北止宿州大道。长14253米，宽30米，水泥路面。原名长沟路，2014年更名为沱水路。
万兴路	Wànxìng Lù	位于埇桥区，南起银河二路，北止银河四路，长790米，宽25米，水泥路面。原洪河路，后更名为宿州大道，始建于2008年。
文华路	Wénhuá Lù	位于埇桥区，东起湘灵路，西止西昌北路，长1544米，宽30米，水泥路面。始建于2013年，建成于2014年。
卧牛东巷	Wòniú Dōngxiàng	位于埇桥区，东起牛家巷，西止卧牛巷。长170米，宽3米，水泥路面。始建于1972年。
卧牛巷	Wòniú Xiàng	位于埇桥区，北起浍水路，南止牛家西巷。长130米，宽4米，水泥路面。始建于1972年。
五道庙巷	Wǔdàomiào Xiàng	位于埇桥区，西起淮海中路，东止药店巷，长450米，宽5米，水泥路面。1992年重建。
五金街	Wǔjīn Jiē	位于埇桥区，东起宿怀北路，西止北苑西巷。长400米，宽8米，水泥路面。始建于1999年。
五一巷	Wǔyī Xiàng	位于埇桥区，北起胜利路，南止西关大街。长240米，宽5米，水泥路面。始建于1973年。
五中巷	Wǔzhōng Xiàng	位于埇桥区，北起牛家巷，南止淮河路。长328米，宽4米，水泥路面。始建于1974年。

标准名称	汉语拼音	备注
武夷东路	Wǔyí Dōnglù	位于埇桥区，西北起汴河路，东南止淮海路。长350米，宽7米，水泥路面。2002年建成。
武夷西巷	Wǔyí Xīxiàng	位于埇桥区，西北起汴河路，东南止武夷西巷，长450米，宽8米，水泥路面。2002年建成。
西昌北路	Xīchāng Běilù	位于埇桥区，南起西昌路与环城北路交叉口，北止宿州大道，长度2190米，宽度34米，路面为水泥路。1975年修建，1980年翻修。1982年，有宿县地区供电局出资修成宽4米的泥结碎石路面。1984年，拆迁房屋520间，重新铺筑，1985年修成沥青路面。
西昌南路	Xīchāng Nánlù	位于埇桥区，南起外环南路，北止西昌桥。长度2400米，宽度34米，路面为水泥路。1975年修建，1980年翻修。1982年，有宿县地区供电局出资修成宽4米的泥结碎石路面。1984年，拆迁房屋520间，重新铺筑，1985年修成沥青路面。
西昌中路	Xīchāng Zhōnglù	位于埇桥区，南起西昌中路，北止西昌北路。长度2700米，宽30米，路面为沥青路。
西二环路	Xī’èr huán Lù	位于埇桥区，南起淮海西路，北止外环北路，长9266米，宽40米，水泥路面。原外环西路，2014年更名为西二环路。
西关大街	Xīguān Dàjiē	位于埇桥区，起点为环城西路，止点为拂晓大道。长度2300米，宽度18米，路面为水泥路。始建于1952年。
西仙桥巷	Xīxiānqiáo Xiàng	位于埇桥区，南起大河南街，北止胜利路。长130米，宽7米，水泥路面。始建于1983年。
玉生街	Yùshēng Jiē	位于埇桥区，西北起西玉生一街，东南止裕城街。长200米，宽7米，水泥路面。始建于2000年。
响李路	Xiǎnglǐ Lù	位于埇桥区，东起京沪铁路，西止汇源大道。长1100米，宽5米，水泥路面。始建于1972年。
小河南街	Xiǎohé Nánjiē	位于埇桥区，东起水巷，西止白衣阁巷，长1100米，宽5.5米，水泥路面。始建于1973年。
小康路	Xiǎokāng Lù	位于埇桥区，北起秦楼东巷，南止胜利路。长400米，宽4米，水泥路面。始建于1985年。
鞋城八路	Xiéchéng 8 Lù	位于埇桥区，东起淮海路，西止拂晓大道，长2271米，宽30米，水泥路面。原为南环八路，2014年更名为鞋城八路。
鞋城二路	Xiéchéng 2 Lù	位于埇桥区，东起运粮河西路，西止拂晓大道，长3493米，宽40米，水泥路面。原名为南环二路，2014年更名为鞋城二路。
鞋城九路	Xiéchéng 9 Lù	位于埇桥区，东起淮海路，西止拂晓大道，长2025米，宽30米，水泥路面。原为南环九路，2014年更名为鞋城九路。

标准名称	汉语拼音	备注
鞋城六路	Xiéchéng 6 Lù	位于埇桥区，东起运粮河西路，西止拂晓大道，长 3190 米，宽 40 米，水泥路面。原名为南环六路，2014 年更名为鞋城六路。
鞋城七路	Xiéchéng 7 Lù	位于埇桥区，东起淮海路，西止拂晓大道，长 2430 米，宽 30 米，水泥路面。原为南环七路，2014 年更名为鞋城七路。
鞋城三路	Xiéchéng 3 Lù	位于埇桥区，东起运粮河西路，西止拂晓大道，长 3455 米，宽 30 米，水泥路面。原名为南环三路，2014 年更名为鞋城三路。
鞋城五路	Xiéchéng 5 Lù	位于埇桥区，东起运粮河西路，西止拂晓大道，长 3304 米，宽 30 米，水泥路面。原名为南环五路，2014 年更名为鞋城五路。
鞋城一路	Xiéchéng 1 Lù	位于埇桥区，东起运粮河西路，西止拂晓大道，长 4177 米，宽 30 米，水泥路面。原名为南环一路，2014 年更名为鞋城一路。
新华巷	Xīnhuá Xiàng	位于埇桥区，东起淮海路，西止运粮河。长 100 米，宽 5 米，水泥路面。始建于 1972 年。
新建北巷	Xīnjiàn Běixiàng	位于埇桥区，西起汇源大道，东止居民点。长 200 米，宽 5 米，水泥路面。始建于 1992 年。
新建南巷	Xīnjiàn Nánxiàng	位于埇桥区，西起汇源大道，东止居民点。长 200 米，宽 5 米，水泥路面。始建于 1992 年。
新马巷	Xīnmǎ Xiàng	位于埇桥区，东起八一巷，西止西仙桥街，长 160 米，宽 5 米，水泥路面。始建于 1980 年。
兴才巷	Xìngcái Xiàng	位于埇桥区，长 300 米，南起汴河中路，北止顺河路。宽 3.5 米，水泥路面。始建于 1981 年。
兴福寺巷	Xìngfú Sì Xiàng	位于埇桥区，东起西昌中路，西止大王庙巷。长 1300 米，宽 11 米，水泥路面。始建于 1979 年。
宿固路	Sùgù Lù	位于埇桥区，北起汴河路，南止东三环路，长 10000 米，宽 10 米，水泥沥青混合路面。2000 年重建。
宿怀路	Sùhuái Lù	位于埇桥区，起点为滨河路，止点为外环南路。长度 4302 米，宽度 34 米，路面为水泥路。始建于 1980 年。
宿蒙路	Sùméng Lù	位于埇桥区，南起纺织西路，北止汴河西路，长 1800 米，宽 10 米，水泥路面。1982 年修建。
宿州大道	Sùzhōu Dàdào	位于埇桥区，东起人民路，西止宿马工业园。长 33000 米，宽 72 米，水泥路面。2008 年命名为洪河路，2014 年更名为宿州大道。
薛二巷	Xuē 2 Xiàng	位于埇桥区，北起长征路，南止汴河路。长 302 米，宽 4 米，水泥路面。始建于 1975 年。

标准名称	汉语拼音	备注
薛芦巷	Xuēlú Xiàng	位于埇桥区，北起长征路，南止汴河路。长 302 米，宽 4 米，水泥路面。始建于 1975 年。
薛园二巷	Xuēyuán 2 Xiàng	位于埇桥区，北起薛园街，南止薛园三巷。长 147 米，宽 4 米，水泥路面。始建于 1975 年。
薛园街	Xuēyuán Jiē	位于埇桥区，东起西昌路，西止薛园路。长 300 米，宽 4 米，水泥路面。始建于 1975 年。
薛园路	Xuēyuán Lù	位于埇桥区，南起胜利路，北止银河一路，长 730 米，宽 9 米，水泥路面。始建于 1983 年。
薛园三巷	Xuēyuán 3 Xiàng	位于埇桥区，东起环城河，西止薛园路。长 220 米，宽 5 米，水泥路面。始建于 1983 年。
薛园四巷	Xuēyuán 4 Xiàng	位于埇桥区，北起周庄巷，南止薛园街，长 100 米，宽 4 米，水泥路面。始建于 1983 年。
薛园五巷	Xuēyuán 5 Xiàng	位于埇桥区，北起周庄巷，南止薛园街，长 100 米，宽 4 米，水泥路面。始建于 1978 年。
薛园一巷	Xuēyuán 1 Xiàng	位于埇桥区，北起薛园街，南止薛园三巷。长 147 米，宽 4 米，水泥路面。始建于 1978 年。
学府大道	Xuéfǔ Dàdào	位于埇桥区，南起汴河东路，北止北三环路。长 9544 米，宽 60 米，水泥路面。始建于 2013 年，建成于 2014 年。
雪枫路	Xuěfēng Lù	位于埇桥区，东起教场路，西止淮海中路。长度 500 米，宽度 10 米，水泥路面。2010 年命名为雪枫路。
沿河巷	Yánhé Xiàng	位于埇桥区，东起育才路，西止西二环路。长 870 米，宽 4 米，水泥路面。始建于 1995 年。
砚窝池巷	Yànwōchí Xiàng	位于埇桥区，南起汴河中路，北止顺河路。长 400 米，宽 5 米，水泥路面。始建于 1980 年。
怡海巷	Yíhǎi Xiàng	位于埇桥区，东起西昌南路，西止江南新村中巷。长 200 米，宽 4 米，水泥路面。始建于 1972 年。
逸夫路	Yìfū Lù	位于埇桥区，东起东三环路，西止曹村路，长 8481 米，宽 40 米，水泥路面。始建于 2013 年，建成于 2014 年。
银河二路	Yínhé 2 Lù	位于埇桥区，东起沱河路，西止银通苑小区。长 3800 米，宽 35 米，路面为水泥路。始建于 2006 年。
银河三路	Yínhé 3 Lù	位于埇桥区，东起人民中路，西止西二环路。长 2800 米，宽 40 米，路面为水泥路。始建于 2006 年。
银河四路	Yínhé 4 Lù	位于埇桥区，东起磬云路，西止通济五路，长 2000 米，宽 10 米，水泥路面。2010 年更名为银河四路。
银河五路	Yínhé 5 Lù	位于埇桥区，东起拂晓大道，西止外环西路，长 2000 米，宽 10 米，水泥路面。2010 年更名为银河五路。

标准名称	汉语拼音	备注
银河一路	Yínhé 1 Lù	位于埇桥区，东起港口中路，西止拂晓大道。长 5000 米，宽 30 米，路面为水泥路。始建于 2006 年。
迎宾大道	Yíngbīn Dàdào	位于埇桥区，东起金海六路，西止拂晓大道。长 6600 米，宽 50 米，水泥路面。始建于 2006 年。
永安路	Yǒngān Lù	位于埇桥区，东起通济一路，西止磬云路，长 560 米，宽 10 米，水泥路面。2010 年更名为永安路。
埇桥路	Yǒngqiáo Lù	位于埇桥区，南起沱水路，北止长堤路。长 5000 米，宽 50 米，水泥路面。原为经十路，2014 年更名为埇桥路。
育才路	Yùcái Lù	位于埇桥区，北起银河一路，南止 303 省道。长 960 米，宽 5 米，水泥路面。始建于 1975 年。
裕城街	Yùchéng Jiē	位于埇桥区，南起汴河中路，北止环城南路。长 468 米，宽 8 米，水泥路面。始建于 2000 年。
袁刘巷	Yuánliú Xiàng	位于埇桥区，东起大泽路，西止二中巷，长 450 米，宽 4 米，水泥路面。始建于 1976 年。
运粮河路	Yùnliánghé Lù	位于埇桥区，南起南二环路，北止文化巷。长 2800 米，宽 8 米，水泥路面。始建于 1978 年。
张仙庙巷	Zhāngxiānmiào Xiàng	位于埇桥区，南起汴河西路，北止西关大街，长 750 米，宽 3 米，水泥路面。始建于 1975 年。
长堤路	Chángdī Lù	位于埇桥区，东北起东三环路，西南止宿州大道，长 9316 米，宽 20 米，水泥路面。原为和顺路，2014 年更名为长堤路。
长征路	Chángzhēng Lù	位于埇桥区，东起淮海中路，西止汴河。长度 1440 米，宽度 15 米，路面为水泥路。始建于 1978 年。
珍珠路	Zhēnzhū Lù	位于埇桥区，南起大营路，北止崔园路，长 1450 米，宽 25 米，水泥路面。原为经九路，2014 年更名为珍珠路。
致远路	Zhìyuǎn Lù	位于埇桥区，南起银河一路，北止宿州大道，长 1975 米，宽 25 米，水泥路面。始建于 2013 年，建成于 2014 年。
中山街	Zhōngshān Jiē	位于埇桥区，东起环城东路，西止环城西路。长度 1400 米，宽 8 米，路面为水泥路。由民国以前的西门大街、前大街、东门大街合成，民国以后改成中山街。“文化大革命”期间，一度改称红旗路。
中兴路	Zhōngxìng Lù	位于埇桥区，北起中兴路巷，南止边河中路。长 240 米，宽 7 米，水泥路面。始建于 1972 年。
周庄路	Zhōuzhuāng Lù	位于埇桥区，东起扶疏路，西止薛园路，长度 750 米，宽度 5.5 米，水泥路面。始建于 1972 年。
竹林路	Zhúlín Lù	位于埇桥区，南起沱水路，北止长堤路，长 2530 米，宽 30 米，水泥路面。原为竹林路，2014 年更名为商场北路，后又恢复原名。

标准名称	汉语拼音	备注
竹器巷	Zhúqì Xiàng	位于埇桥区，北起东关大街，南止东二巷。长100米，宽4米，水泥路面。始建于1972年。
竹邑路	Zhúyì Lù	位于埇桥区，东起草堂路，西止外环西路。长3.8千米，宽50米，水泥路面。2010年命名为汴阳五路，2014年更名为竹邑路。
子骞路	Zǐqiān Lù	位于埇桥区，南起淮河路，北止长堤路，长5292米，宽34米，水泥路面。原为经八路，2014年更名为子骞路。
浍纺路	Huìfǎng Lù	位于埇桥区，北起浍水路，南止纺织路。长1000米，宽10米，水泥路面。始建于1983年。
宿马大道	Sùmǎ Dàdào	位于埇桥区宿马产业园区，东起项王路，西止宿州大道。长2450米，宽35米，水泥路面。建成于2016年。
项王路	Xiàngwáng Lù	位于埇桥区宿马园区，南起马鞍山大道，北止天门大道。长2500米，宽24米，水泥路面。建成于2016年。
站前路	Zhànqián Lù	位于埇桥区宿马园区，南起马鞍山大道，北止宿州大道。长850米，宽24米，水泥路面。建成于2016年。
虞姬路	Yújī Lù	位于埇桥区蒿沟乡，南起马鞍山大道，北止天门大道。长2430米，宽23米，水泥路面。建成于2016年。
马鞍山大道	Mǎ'ānshān Dàdào	位于埇桥区宿马产业园区，东起站前路，西止宿州大道。长2420米，宽43米，水泥路面。建成于2016年。
闵子路	Mǐnzǐ Lù	位于埇桥区宿马产业园区，南起马鞍山大道，北止天门大道，长2440米，宽23米，水泥路面。建成于2016年。
子贡路	Zǐgòng Lù	位于埇桥区宿马园区，南起马鞍山大道，北止宿州大道。长1200米，宽16米，水泥路面。建成于2016年。
当涂路	Dāngtú Lù	位于埇桥区宿马园区，东起项王路，西止宿州大道，长2440，宽23米，水泥路面。建成于2016年。
银杏路	Yínxìng Lù	位于埇桥区三八街道，南起西关大街，北止银河四路。长2180米，宽10米，柏油路面。建成于2016年。
凤祥路	Fèngxiáng Lù	位于埇桥区城东街道，东起港口社区－闫店公路，西止沱水路。长2350米，宽10米，柏油路面。建成于2016年。

第五章　砀山县标准地名录

第一节　行政划分

砀城镇

砀城镇（Dàngchéng Zhèn）　隶属于砀山县，位于砀山县中部，面积为108.6平方千米。人口15.59万人。以汉族为主。1949年砀城解放设城关镇。1958年并入砀城公社。1965年划出砀城公社，恢复原名。2005年1月，城关镇和陇海乡合并，设砀城镇。2008年1月，西南门镇整建制并入砀城镇。古今砀山县县城坐落于此，故名。境内无山。境内主要河流有利民河、陈庄沟、蔡徐沟、礼河、顺堤河。属温带半湿润季风气候。农作物有小麦、玉米、大豆、山芋。水果有梨、苹果、黄桃等。工业有轻工业、纺织业、板材加工等。镇综合文化站1个，图书馆1个，文化艺术团体18个。幼儿园8所，小学16所，初中4所，高中5所。镇级医院2所。县剧团1个、电影院2个。310国道贯穿砀城东西全境，101、223省道贯穿砀城南北全境。有通往徐州、商丘徐商公路，有砀夏、砀永、砀萧、砀丰、砀单公路。砀城汽车站每日开通长途客运班车60班次，开通18条专线通往全县各镇村。有瑶池烟霞、贡梨观光乐园、武陵胜景、黄河故道观光带、碧清庄园等多处生态旅游点和休闲游乐场所。古迹有清真寺、宴嬉台、天主教堂。纪念地有烈士陵园。特产有酥梨、黄桃等。

标准名称	汉语拼音	备注
蒋营村 村民委员会	Jiǎngyíngcūn Cūnmínwěiyuánhuì	隶属于砀山县砀城镇。清末，该地以蒋姓居多，据说曾驻扎过兵营，故名蒋家营，民国后期改名为蒋营。1964年前属李庄乡蒋营大队，1965年属良梨乡，1966年属陇海人民公社，1984年撤区并乡属西南门乡，2007年村合并划为砀城镇，原6个村（汪集、杨庄、东南门、梁庄、黄河新村、蒋营）合并为蒋营村。

标准名称	汉语拼音	备注
东南门	Dōngnánmén	清末，黄河故道泛滥决堤形成两个口子，西为西南门，东为东南门。
蒋营	Jiǎngyíng	该地原名蒋家营子，民国后改为蒋营。
梁庄	Liángzhuāng	清末，该地以梁姓居多，故而得名梁庄。
汪集	Wāngjí	清末，该地每天早上逢集，故而得名。
杨庄	Yángzhuāng	清末民初，该地以杨姓居多，故而得名杨庄。
李屯村 村民委员会	Lǐtúncūn Cūnmínwěiyuánhuì	隶属于砀山县砀城镇。以前李姓在此屯田建庄，故名李屯。而村委会就以自然村命名。新中国成立初期属范寨区，成立李屯生产大队；1983 年一分为四，成立李屯东、李屯西、刘屯、宋屯四个村委会；2005 年由李屯东、李屯西、刘屯、宋屯合并成立李屯村委会。
八里井	Bālǐjǐng	以距县城西北八里有一口井得名，故名八里井。
曹新庄	Cáoxīnzhuāng	以曹姓村民从贾阁迁出到此地，故得名曹新庄。
后宋屯	Hòusòngtún	明朝初年，宋姓先人由山西洪洞县举家迁至此地，屯田立庄，故名。
贾阁	Jiǎgé	明末清初，贾姓先人由山西洪洞县举家迁至此地，建一楼阁，故名贾阁。
李屯	Lǐtún	明朝初年，李姓由山西洪洞县举家迁至此地，屯田立庄，故名。
刘屯	Liútún	明朝初年，刘姓村民由山西洪洞县举家迁至此地，屯田立庄，故名。
前宋屯	Qiánsòngtún	明朝初年，宋姓先人由山西洪洞县举家迁至此地，屯田立庄，故名。
舒王庄	Shūwángzhuāng	明朝初年，舒、王二姓先人由山西洪洞县举家迁至此地立庄，故名。
林屯村 村民委员会	Líntúncūn Cūnmínwěiyuánhuì	隶属于砀山县砀城镇。最早蔺姓在此屯田居住，故叫蔺屯；后来蔺姓搬走，逐渐演变成林屯。新中国成立初期属于朱庄乡、朱庄高级社。1958 年至 1961 年属于中心乡陇海人民公社，1961 年到 1966 年属于陇海公社，公社设在王古楼。1966 到 1980 年属于陇海公社林屯大队。1980 年到 1987 年属于朱寨区西南门乡林屯村。1987 年到 2007 年底属于西南门镇林屯村。2008 年至今属于砀城镇林屯村。
窦庄	Dòuzhuāng	相传清代武官窦姓因犯错误，回乡建寨，叫窦寨。因黄河泛水淹没窦寨后搬到打麦厂在此居住，窦庄因此得名。
林屯	Líntún	林姓在此居住。

标准名称	汉语拼音	备注
陆湾	Lùwān	据查黄河古道一个湾，有姓陆的在此占产立庄，故而得名。1949年10月属范寨区，1955年到1958年属朱庄乡朱庄高级社。
小焦庄	Xiǎojiāozhuāng	焦姓人家在此占产立庄，因人少村小，故而得名。
徐庄	Xúzhuāng	徐姓人家在此占产立庄，因当时人少庄小，故而得名。
杨庄	Yángzhuāng	从前，因杨姓、胡姓两家在此最早居住，后来杨姓人多，故而得名。
张焦庄	Zhāngjiāozhuāng	张焦庄以前叫李半滩，李姓建三官庙，又名三官庙；后来张姓投亲到此居住，张姓与焦姓联姻，焦姓又在此居住，且人丁兴旺，故叫张焦庄。
赵庄	Zhàozhuāng	赵庄以前叫揣庄。民间传说，多年前有个河源官姓揣，在此居住，后来赵姓人家又搬到此地，叫揣赵庄，再后来，人们为了方便，就叫此庄为赵庄了。
西南门村村民委员会	Xīnánméncūn Cūnmínwěiyuánhuì	隶属砀山县砀城镇。清末，蒋姓武举依大堤圈成个寨，用来防御土匪侵扰，西南门地名就是因寨门朝西南而起的。1948年属范寨区杨庙乡。1956年属中心乡。1958年属陇海人民公社。1980年属朱寨区徐井乡。1988年撤乡划镇，属西南门镇。2007年至今属砀城镇西南门村。
后蒋楼	Hòujiǎnglóu	清末筑起了刘集寨，后分居立庄时姓蒋的较多，建有楼房，故前面叫前蒋楼，后面叫后蒋楼。
黄杜庄	Huángdùzhuāng	明朝时期，刘集形成集市。黄杜庄于1982年和刘集村分成两个村，因有黄、杜两姓，故名。
李楼	Lǐlóu	从前，本地都是姓李的，有几座小土楼，所以叫李楼。新中国成立前，属第二区徐井乡。
刘集	Liújí	明初黄河没改道时，河上有码头，南岸形成集市，因刘姓多，故名刘集。
卢徐庄	Lúxúzhuāng	清朝前期，卢姓在此居住。新中国成立前叫卢双楼，后又和徐庄合村，叫卢徐庄，一直到现在还有人叫卢徐庄。
前蒋楼	Qiánjiǎnglóu	清末筑起刘集寨，后分居立庄时蒋姓较多，建有楼房，故把前面叫前蒋楼，后面叫后蒋楼。
汤庄	Tāngzhuāng	清末，筑起了刘集寨。后来，分居立庄时汤姓较多，故名汤庄。
西南门	Xīnánmén	清末，一蒋姓武举人依大堤圈成个寨，用来防御土匪，因寨门朝西南，故名。
张庄	Zhāngzhuāng	清朝以前现在的张庄叫张枣园，到解放后，习称张庄。
朱河	Zhūhé	清初，西头叫付庄，东头叫朱河。习称朱河。

标准名称	汉语拼音	备注
徐井村 村民委员会	Xújǐngcūn Cūnmínwěiyuánhuì	隶属砀山县砀城镇。徐井初期叫蒋家村，因村中央有一口水井，在一次黄河泛滥后被淤积埋没了，后来组织再次打井时，无意间打到旧井址上，人们觉得这个村庄和“井”有分不开的缘分，加上姓徐的人较多，故改名为徐井村。新中国成立初期隶属杨庙中心乡。1965年属陇海人民公社。1981年划为朱寨区徐井小乡。1987年属西南门镇。2007年合并乡镇，隶属砀城镇。
常庄	Chángzhuāng	本村居住人口大部分姓常，故名常庄。
杜庄	Dùzhuāng	本村居住人口大部分姓杜，故名杜庄。
范庄	Fànzhuāng	范庄祖籍系苏州范仲淹后代，战乱期间流落到徐州，后来又分支到砀山城东老范庄，后又有分支到本地取名范庄。
刘楼	Liúlóu	因大户刘姓人家建一座楼，故名刘楼。
汪庄	Wāngzhuāng	本村居住人口大部分姓汪，故取名汪庄。
曹阁	Cáogé	因本村居住人口大部分姓曹，建有楼阁，故名曹阁。
曹官庄	Cáoguānzhuāng	元代，本村出一大官曹伯启，故名曹官庄。
曹庄	Cáozhuāng	本村居住人口大部分姓曹，故名曹庄。
常河	Chánghé	从前，村中间有一条河，人口多姓常，故名常河。
黑古墩	Hēigǔdūn	传说从前有一姓张的和一个姓赵的在一大户家做长工，后来主人去世了，姓张的和姓赵的两个人便平分了家产，在此定居。此地处于大堤古墩，树木丛生，整天黑咕隆咚的，故得名黑古墩。
刘堤口	Liúdīkǒu	因村口临古黄河大堤，有道口通过，村上刘姓较多，故名刘堤口。
徐井	Xújǐng	初叫蒋家村，村中有井被黄河泛滥淤没，后再次打井，无意间打到旧井址上，觉得这个村和“井”有缘分，加上徐姓人多，故改名为徐井。
杨庙村 村民委员会	Yángmiàocūn Cūnmínwěiyuánhuì	隶属砀山县砀城镇。因此地从前有一座庙宇，杨姓居住附近，故名。新中国成立初期属杨庙中心乡。1958年属陇海公社。1981年划为朱寨区徐井小乡。1987年撤区并乡，属西南门镇。2007年合并乡镇，隶属砀城镇。
纪庄	Jǐzhuāng	明朝中期，有几户纪姓人家在此地居住，后起名为纪庄。
蒋土楼	Jiǎngtǔlóu	明嘉靖年间，蒋姓先祖兄弟三人分居三地，当时有一土坯楼，故起名为蒋土楼。
雷庄	Léizhuāng	清朝末年，此地有一片雷姓大户的林地，有看守林地的人住在这里，因而起名叫雷庄。
李拐楼	Lǐguǎilóu	明末，李姓在李老庄安家，后一支人分住此地，建一拐角楼，后起名为李拐楼。

标准名称	汉语拼音	备注
李双楼	Lǐshuānglóu	明朝时期，有李姓在此居住，庄东一间土楼，庄西一间土楼，故取名为李双楼。
吕河	Lǚhé	明末一吕姓人家逃荒此地，因庄西有一条河沟，故起名为吕河。
申庄	Shēnzhuāng	清朝年间，申姓从申庙迁至此地，起名为申庄。
汪庄	Wāngzhuāng	传闻汪姓先祖原出自周，后七十七世迁入砀城东八里，起名为汪庄。
王庄	Wángzhuāng	明末清初，王姓居住此地，人口比较多，故起名为王庄。
孝土楼	Xiàotǔlóu	清朝中期，有一姓朱的孝子，给母亲建一间土楼，起名为孝子楼，后改名为孝土楼。
杨庙	Yángmiào	清道光年间，村西北角设有一寺庙，有一杨姓居住此地，由此起名为杨庙。
于庄	Yúzhuāng	清道光十五年，因于姓家族林地在此，后来四门、五门从于楼迁至此地，起名为于庄。
郑楼	Zhènglóu	明永乐年间，郑姓从河南移居砀城东立庄，称郑土楼；至嘉靖年间，因黄河泛滥村庄淹没，迁居黄河南岸刘庄；后刘姓绝嗣，族人遂买下此地，建楼，改名郑楼。
陇海新村村民委员会	Lǒnghǎixīncūn Cūnmínwěiyuánhuì	隶属砀山县砀城镇，新中国成立初期属陇海乡管理，全名为陇海乡常庄大队，2007 年划入砀城镇管辖，更名为砀城镇陇海新村，2012 年划入高铁新区管辖，更名高铁新区陇海新村。
常庄	Chángzhuāng	1949 年前，常姓在此耕种，故而得名。
东王庄	Dōngwángzhuāng	王姓在此先居，占产立庄，以姓得名，又因在庄子东面，故而得名东王庄。
范庄	Fànzhuāng	旧时范姓在此占庄耕种，故而得名。
陆庄	Lùzhuāng	旧时陆姓占庄耕地，故而得名。
孙菜园	Sūncàiyuán	该村旧时孙姓在此占庄，以种菜为主，故而得名。
西常庄	Xīchángzhuāng	旧时常姓分家，在庄西，故而得名西常庄。
西王庄	Xīwángzhuāng	旧时王姓为主在此占产立庄，因在庄子西面，故名西王庄。
小李楼	Xiǎolǐlóu	旧时李姓在此占庄耕种，故而得名。
谢庄	Xièzhuāng	旧时谢姓在此占庄耕种土地，故而得名。
新范庄	Xīnfànzhuāng	旧时从范庄移民组庄，故而得名新范庄。
徐庄	Xúzhuāng	旧时徐姓在此占庄耕种，故而得名。
孙庄村村民委员会	Sūnzhuāngcūn Cūnmínwěiyuánhuì	隶属砀山县砀城镇，孙庄村民委员会原名金屯大队，隶属砀山县关帝庙镇，2008 年并入关帝庙镇杨庄寨村，2012 年规划入砀山高铁新区，成立高铁新区孙庄村民委员会。

标准名称	汉语拼音	备注
金屯	Jīntún	以前每逢大水洪灾，本村都不受涝灾，俗称“淹不死的金屯”，故而得名金屯。
孙庄	Sūnzhuāng	孙庄村原名孙烟墩，烟墩在古代用于传递战争烽火，后发展为村庄，简称孙庄。
王集	Wángjí	王集村原名王家庙，因有一大庙著称，后发展为集市，故而得名王集。
王寨	Wángzhài	该村以王姓在此占庄耕种，并在庄外围筑成寨子，故而得名王寨。
薛口村村民委员会	Xuēkǒucūn Cūnmínwěiyuánhuì	隶属砀山县砀城镇，新中国成立初期薛口为城西区区部，1983 年为赵屯区薛口乡，现为薛口村村民委员会。
崔王楼	Cuīwánglóu	村内有崔姓和王姓在此定居，故命名崔王楼。
后口	Hòukǒu	1949 年前为温庄村，1949 年后因在薛家口后面，所以更名为后口。
胡王屯	Húwángtún	村内有胡姓和王姓定居，故命名为胡王屯。
北城社区居民委员会	Běichéng Shèqū Jūmínwěiyuánhuì	地理位置位于砀山县老城区北关，故而得名。新中国成立初期至 60 年代初为“和平社”。1963 年成立北关大队，属城关镇。1983 年改为北关居委会。2003 年变更为砀城镇北城社区居民委员会。
合欢村	Héhuāncūn	20 世纪 90 年代在此拍摄电影《故乡的合欢树》，故而得此名。
桂花小镇	Guìhuāxiǎozhèn	1956 年属砀北乡。桂花小镇始建于 2013 年，因境内多植桂花而得名。
自卫新村	Zìwèixīncūn	由自卫老村搬迁户组成而得名。
芳草新村	Fāngcǎoxīncūn	芳草新村始建于 1994 年，建成于 1999 年。名称来源于境内多草坪，故名。
车站社区居民委员会	Chēzhàn Shèqū Jūmínwěiyuánhuì	砀山县火车站坐落在本辖区，故而取名“车站社区”。新中国成立后归砀山县城关公社管理。
车站二区	Chēzhàn Èrqū	社区按片区划分为第二个小区，故而得名车站二区。
车站四区	Chēzhàn Sìqū	社区按片区划分为第四个小区，故而得名车站四区。
意发二区	Yìfā’ èrqū	原为意发社区的第二个小区，故叫意发二区，现划为车站社区。
意发一区	Yìfāyīqū	原为意发社区的第一个小区，故叫意发一区，现划为车站社区。
城隍庙社区居民委员会	Chénghuángmiào Shèqū Jūmínwěiyuánhuì	此地从前有一座城隍庙，故名。1985 年成立民主西街居委会，属城关镇管辖。2005 年更名为城隍庙社区居民委员会，属砀城镇管辖至今。
城二小区	Chéng’ Èr Xiǎoqū	从前附近有城隍庙，故根据划分范围起名为城隍庙城二小区。

标准名称	汉语拼音	备注
城三小区	Chéngsān Xiǎoqū	从前附近有城隍庙，故根据划分范围起名为城隍庙城三小区。
城四小区	Chéngsì Xiǎoqū	从前此地有城隍庙，故根据划分范围起名为城隍庙城四小区。
城一小区	Chéngyī Xiǎoqū	从前此地有城隍庙，故根据划分范围起名为城隍庙城一小区。
梨苑二小区	Líyuàn Èr Xiǎoqū	砀山是梨乡，根据划分范围起名为梨苑二小区。
梨苑一小区	Líyuàn Yī Xiǎoqū	砀山是梨乡，根据划分范围起名为梨苑一小区。
丽苑小区	Lìyuàn Xiǎoqū	开发商起名丽苑小区，取意于美丽的花苑。
在水一方小区	Zàishuǐyīfāng Xiǎoqū	紧靠环城河，故而得名在水一方。
东城社区居民委员会	Dōngchéng Shèqū Jūmínwěiyuánhuì	砀城分为东西南北四关，因此地居东，故取名为东城社区。东城社区由原来的东关大街队、东关南村队、东关北村队和东关红卫村组成。新中国成立后归城关公社东关大队。1985 年成立东关居民委员会，属城关镇管辖。2003 年更名为东城社区居民委员会。2005 年属砀城镇人民政府管理至今。
东方不夜城	Dōngfāngbúyèchéng	系砀城大建设开始时建成的商业区和住宿楼，因通宵灯火璀璨、生意兴隆而得名。
惠泽园	Huìzéyuán	2011 年建设第一批开发的小区，由江苏华润地产开发有限公司开发，2015 年相续建成。
御都星城	Yùdūxīngchéng	砀山为五代梁太祖朱温皇帝的出生地，故此小区起名御都星城，系砀城大建设第一批开发的小区。
高台井社区居民委员会	Gāotáijǐng Shèqū Jūmínwěiyuánhuì	因辖区内从前有一处高台子甜水井，故而取名高台井社区。解放后归砀山县城关公社管理。1985 年成立民主西街居委会，属城关镇管辖。2003 年更名为高台井社区居民委员会。2005 年与小石桥社区合并，更名为砀城镇高台井社区居委会。
高二区	Gāo’èrqū	因砀城的西南部有一高台井，故取为社区名；而社区划片，分为三个小区，其区居二，故名。
高三区	Gāosānqū	因砀城的西南部有一高台井，故取为社区名；而社区划片，分为三个小区，其区居三，故名。
高一区	Gāoyīqū	因砀城的西南部有一高台井，故取为社区名；而社区划片，分为三个小区，其区居一，故名。
石二区	Shí’èrqū	因从前砀城的南关有一座小石桥，故取为社区名；而社区划片，分为三个小区，其区居二，故名。
石三区	Shísānqū	因从前砀城的南关有一座小石桥，故取为社区名；而社区划片，分为三个小区，其区居三，故名。

标准名称	汉语拼音	备注
石一区	Shíyīqū	因从前砀城的南关有一座小石桥，故取为社区名；而社区划片，分为三个小区，其区居一，故名。
侯楼社区居民委员会	Hóulóu Shèqū Jūmínwěiyuánhuì	从前，侯姓在此立庄，建楼，故名。新中国成立初期至60年代初为和平社。1958年属中心乡。1965年属城郊公社。1983年属侯楼乡。2003年属砀城镇侯楼社区居民委员会。
白庄	Báizhuāng	从前，白姓先人于此立庄，故名白庄。
陈庄	Chénzhuāng	从前，陈姓先人在此定居，以姓起庄名。
核桃园	Hétaoyuán	清初，一林姓人家为一汪姓大户做长工，栽种了很多核桃树，后来时间久了，就变成了庄名核桃园。
侯楼	Hóulóu	从前，侯姓在此占产立庄，村中建有土楼，故得名侯楼。
侯楼安置小区	Hòulóu Ānzhì Xiǎoqū	2010年春，县政府为推动城市建设，选址建造侯楼安置小区。
胡庄	Húzhuāng	以前胡姓居古黄大堤处，人称胡堤口，后取名胡庄。新中国成立初期属砀北乡高潮社。
黄菜园	Huángcàiyuán	清初，此地为黄姓大户的一个菜园子，故取名为黄菜园。新中国成立初期属砀北乡高潮社。
黄堤口	Huángdīkǒu	明末，黄姓在此依傍黄河大堤占产立庄，因地处大堤口，故取庄名黄堤口。
李庄	Lǐzhuāng	新中国成立前，有李姓商人落户此地，做起生意，故名李庄。
七神庙	Qīshénmiào	从前，此地建一座庙，供奉七尊神，故称七神庙。
汪庄	Wāngzhuāng	从前，汪姓人在此占产立庄，故名汪庄。
姬庄	Jīzhuāng	从前，姬姓先人在此居住，以姓起庄名。
金桂苑社区居民委员会	Jīnguìyuàn Shèqū Jūmínwěiyuánhuì	社区所在地为原杨楼、屈楼。现房产开发，因小区多植金桂而得名。新中国成立初期至60年代初为和平社。1965年属城郊公社。1983年属陇海区李屯乡。2003年属砀城镇。
金利桂花	Jīnlìguìhuā	因小区坐落在金利工业园，小区内种满了桂花树，故得此名。
上海花苑	Shànghǎihuāyuàn	由于房地产开发商来自上海，小区内又种植很多花草，故名上海花苑。
金山社区居民委员会	Jīnshān Shèqū Jūmínwěiyuánhuì	因坐落在砀城镇民营工业园区，附近有金山商城，故而命名为金山社区。新中国成立初期至60年代初为和平社。1963年成立西关大队，属城关镇管辖。1983年改为西关居委会。2003年变更为砀城镇西城社区居民委员会。金山社区始建于2009年，属砀城镇。
陈庄	Chénzhuāng	从前，陈姓先人在此立庄，故取名陈庄。
郭庄	Guōzhuāng	从前，郭姓先人在此立庄，故而得名郭庄。
黄楼	Huánglóu	从前，黄姓居住早，最富有，建楼房，故而取名黄楼。

标准名称	汉语拼音	备注
刘庄	Liúzhuāng	从前，刘姓从山西老家迁来，定居此地，以姓起庄名。
屈楼	Qūlóu	以前屈姓居住早，在此建楼，故名屈楼。
信庄	Xìnzhuāng	以前信姓居住早，人口多，故取名信庄。
杨庄	Yángzhuāng	从前，杨姓先人在此立庄，故而得名于杨庄。
南城社区居民委员会	Nánchéng Shèqū Jūmínwěiyuánhuì	因地处砀城南关，系少数民族（回族）聚居区，由此得名。解放后属城关公社南关大队。1985 年成立南关居民委员会，属城关镇管辖。2003 年更名为南城社区居民委员会。属砀城镇至今。
南城二区	Nánchéng' èrqū	因位于方城南，系少数民族（回族）聚居区，由此得名南城社区二区。
南城六区	Nánchéngliùqū	因位于方城南，系少数民族（回族）聚居区，由此得名南城社区六区。
南城三区	Nánchéngsānqū	因位于方城东南，系少数民族（回族）聚居区，由此得名南城社区三区。
南城四区	Nánchéngsìqū	因位于方城南，系少数民族（回族）聚居区，由此得名南城社区四区。
南城五区	Nánchéngwǔqū	因位于方城南，系少数民族（回族）聚居区，由此得名南城社区五区。
南城一区	Nánchéngyīqū	因位于方城南，系少数民族（回族）聚居区，由此得名南城社区一区。
双里庙社区居民委员会	Shuānglǐmiào Shèqū JūmínWěiyuánhuì	因此地从前有一座庙宇，距城 2 里，故名双里庙，而社区就以这个地名命名。新中国成立初期至 60 年代初为和平社。1965 年属城郊公社。1983 年属城关镇北关居委会。2003 年变更为砀城镇双里庙社区居民委员会。
土山社区居民委员会	Tǔshān Shèqū Jūmínwěiyuánhuì	因此地从前有一座土山，故名。新中国成立初期至 60 年代初为“和平社”。1965 年属城郊公社。1983 年属城关镇北关居委会。2003 年变更为砀城镇土山社区居民委员会。
苇子园社区居民委员会	Wěiziyuán Shèqū Jūmínwěiyuánhuì	现社区取其名。1958 年属东风人民公社。1988 年隶属赵屯镇。2000 年归属砀城镇。2005 年合并中原新村。2015 年分开为苇子园社区。
大陈庄	Dàchénzhuāng	据传，乾隆年间有一陈姓大户，在此打了一眼井，村民就取名为大陈庄。
戚楼	Qīlóu	从前，戚姓在此地是个大户，盖了楼房，故取名戚楼。
戚寺	Qīsì	从前，因村西南有一座寺庙，村民大部分姓戚，所以叫戚寺。
尚楼	Shànglóu	从前，尚姓在此地是个大户，盖了楼房，故取名尚楼。
苇子园	Wěiziyuán	因从前村子附近有一长满芦苇的河塘，故名苇子园。

标准名称	汉语拼音	备注
小陈庄	Xiǎochénzhuāng	据传，乾隆年间有一陈姓大户，在此打了一眼井，村民就取名为大陈庄，小陈庄从大陈庄分支而来。
西城社区居民委员会	Xīchéng Shèqū Jūmínwěiyuánhuì	社区所在地原为砀城老西关，故而得名。1952 年归城关公社管理。1958 年属东风人民公社。1986 年属城关镇西关大队。2015 年改为西城社区居委会，属砀城镇管辖。
西城二区	Xīchéng' èrqū	因社区所在地为原老西关而得名。
西城三区	Xīchéngsānqū	因社区所在地为原老西关而得名。
西城一区	Xīchéngyīqū	因社区所在地为原老西关而得名。
中原社区居民委员会	Zhōngyuán Shèqū Jūmínwěiyuánhuì	因该社区坐落在中原路，故而得名中原社区。1958 年属东风人民公社。1968 年属赵屯镇。2000 年属砀城镇。2005 年合并为中原新村。2009 年分开，为中原社区居委会。
高庄	Gāozhuāng	从前，因高家在此立庄，故得名高庄。
花园	Huāyuán	从前，因此地是胡家的花园子，故得名花园。
黄庄	Huángzhuāng	从前，因黄姓居住最早，故得名黄庄。
李楼	Lǐlóu	因首住户姓李，且建楼，故而得名李楼。
汪新庄	Wāngxīnzhuāng	从前，汪姓在此建立新庄，故叫汪新庄。
于楼	Yúlóu	因于姓在此居住，建楼，故而得名于楼。
翟楼	Zháilóu	明初，从山西老鸹窝迁来翟姓人家，在此建楼，故而得名翟楼。
古城社区居民委员会	Gǔchéng Shèqū Jūmínwěiyuánhuì	隶属砀山县砀城镇，2009 年由毛油坊、阚油坊、毛李庄三个村合并而为古城社区居民委员会，属砀山经济开发区人民政府管理至今。
富贵园	Fùguìyuán	被拆迁的居民在此居住，希望以后都能富裕而又显尊贵，故名为富贵园小区。
金马龙园	Jīnmǎlóngyuán	据查原为万庄自然村，2010 年整改规划废村建城，寓意以后的生活龙马精神，故名金马龙园。
金御花都	Jīnyùhuādū	原为许楼村，2010 年整改规划废村建城，更名为金御花都。
凯丰世纪小区	Kǎifēngshìjì Xiǎoqū	因由安徽凯丰置业有限公司开发，故名为凯丰世纪小区。
梨苑春天	Líyuànchūntiān	原名为毛油坊，很久以前毛姓在此占产立庄、开油坊，故而得名；拆迁的居民被安置在此，希望住在一个梨花开放的庭苑之中，故更名为梨苑春天。
领秀城	Lǐngxiùchéng	据查原为朱纪庄蒋楼，2010 年整改规划为商品住宅小区，希望每个人都能过着领袖般的生活，故名领秀城。
美晨新天地	Měichénxīntiāndì	由安徽美晨置业有限公司开发承建，小区故名为美晨新天地。

标准名称	汉语拼音	备注
明珠小区	Míngzhū Xiǎoqū	房屋坐落在此，环境优良，像珍宝一样长期屹立在城市之中，故而名为明珠小区。
阳光花园	Yángguānghuāyuán	原为阚油坊，2010年废村建设小区更名为阳光花园小区，寓意生活阳光、幸福美满。
紫香园	Zǐxiāngyuán	拆迁的居民被安置在此，希望瑞祥之气笼罩着他们，故此名为紫香园小区。
惠民社区居民委员会	Huìmín Shèqū Jūmínwěiyuánhuì	隶属砀山县砀城镇，惠民社区原隶属砀山县陇海乡，于2006年变更为砀山经济开发区管理。由原五里庙村，曹楼村，蔡庄村合并而成，2006年更名为惠民社区居民委员会，属砀山经济开发区管委会管理至今。
蔡庄	Càizhuāng	因居民姓氏故名。
曹楼	Cáolóu	因居民姓氏故名。
曹庄	Cáozhuāng	因居民姓氏故名。
东城丽景	Dōngchénglìjǐng	东城丽景小区位于开发区管委会的东部，意喻在开发区的东部建立一个风景秀丽的小区，故而名东城丽景小区。
东阚庄	Dōngkànzhuāng	因居民姓氏故名。
范楼	Fànlóu	因居民多姓范故名范楼。
李古洞	Lǐgǔdòng	因居民姓氏和地理特征故名。
林庄	Línzhuāng	因居民多姓林故名林庄。
毛王庄	Máowángzhuāng	因居民多姓毛、王，故名毛王庄。
邱桃园	Qiūtáoyuán	邱姓常驻于此，有大片桃园故而得名邱桃园。
汪庄	Wāngzhuāng	因居民多姓汪，故名汪庄。
吴庄	Wúzhuāng	因居民多姓吴，故名吴庄。
西阚庄	Xīkànzhuāng	因居民多姓阚，且位于路西，故名西阚庄。
徐庄	Xúzhuāng	因居民多姓徐，故名徐庄。
运河果园场	Yùnhéguǒyuánchǎng	位于运河畔，且种植大面积果树，故名。
张井	Zhāngjǐng	因居民多姓张，故名张井。
赵梨园	Zhàolíyuán	因居民多姓赵，且种植梨树，故名赵梨园。
科技社区居民委员会	Kējì Shèqū Jūmínwěiyuánhuì	隶属砀山县砀城镇，1949年后归城郊公社管理，名为冯园村生产大队，陇海乡成立更名为冯园村委会，砀城镇成立更名为科技社区，2006年开发区成立更名为科技社区委员会，属经济开发区管理至今。
滨河新城	Bīnhéxīnchéng	因位于河边，为新建居民楼，故名。
范园	Fànyuán	因居民多姓范，故名范园。

标准名称	汉语拼音	备注
解园	Xièyuán	因解姓为村中大户，故名解园。
王园	Wángyuán	因居民多姓王，故名王园。
小段庄	Xiǎoduànzhuāng	因居民多姓段，故名小段庄。
许园	Xǔyuán	因居民多姓许，故名许园。
张河洼	Zhānghéwā	因居民多姓张且地势低洼，故名张河洼。
张梁庄	Zhāngliángzhuāng	因居民多张姓、梁姓，故名张梁庄。
赵庄	Zhàozhuāng	因居民多姓赵，故名。
益民社区居民委员会	Yìmín Shèqū Jūmínwěiyuánhuì	隶属砀山县砀城镇，于2014年7月由李庄镇原海升村毛堤口、贾庄、杨庄、毛庄、王庄、王屯、汪六楼、高庄、王园9个自然村合并成立益民社区居委会，属砀山经济开发区管委会管理至今。
高庄	Gāozhuāng	因地势较高，故名。
贾庄	Jiǎzhuāng	因居民多姓贾，故名。
毛堤口	Máodīkǒu	因居民多姓毛且位于黄河堤坝边，故名。
毛庄	Máozhuāng	因居民多姓毛，故名。
汪六楼	Wāngliùlóu	因居民多姓汪，故名。
王屯	Wángtún	因居民多姓王，故名。
王园	Wángyuán	因居民多姓王，故名。
王庄	Wángzhuāng	因居民多姓王，故名。
杨庄	Yángzhuāng	因居民多姓杨，故名。
道南路社区居民委员会	Dàonánlù Shèqū Jūmínwěiyuánhuì	隶属砀山县砀城镇，2012年10月前归砀山县砀城镇管辖，道南西归车站社区，道南东路归民族社区。道南路社区居民委员会于2012年10月成立，属高铁新区管理至今。
渝香源	Yúxiāngyuán	以寓意美好的词语命名。
孟饭棚社区居民委员会	Mèngfànpéng Shèqū Jūmínwěiyuánhuì	隶属砀山县砀城镇。1949年后属红旗公社，改镇后归关帝庙镇管理，2012年规划高铁新区管理至今。
汪楼	Wānglóu	因居民多姓汪，故名。
孟饭棚	Mèngfànpéng	因居民多姓孟，故名。
西李庄	Xīlǐzhuāng	因居民多姓李，故名。
邵庄	Shàozhuāng	因居民多姓邵，故名。
汪庄	Wāngzhuāng	因居民多姓汪，故名。
王庄	Wángzhuāng	因居民多姓王，故名。
刘庄	Liúzhuāng	因居民多姓刘，故名。

标准名称	汉语拼音	备注
吴双庙	Wúshuāngmiào	因居民多姓吴，故名。
孟庄	Mèngzhuāng	因居民多姓孟，故名。
高井	Gāojǐng	因居民多姓高，故名。
朱李谢	Zhūlǐxiè	因居民多姓朱、李，故名。
黄草庙	Huángcǎomiào	因居民多姓黄，故名。
南苑社区居民委员会	Nányuàn Shèqū Jūmínwěiyuánhuì	隶属砀山县砀城镇。人民公社时期属城郊公社，2000年划归城关镇，2007年改南苑社区，2010年规划入经济开发区，2012年划归高铁新区管辖至今。
早城小区	Zǎochéng Xiǎoqū	因小区内居民多为以贩卖早点、蔬菜为生，每天早上都起得很早，故名。
南苑小区二期	Nányuàn Xiǎoqū' èrqī	因位于城南，故名。
桃源居	Táoyuánjū	因小区内多种植桃树，故名。
南苑小区	Nányuàn Xiǎoqū	因位于城南，故名。
芙蓉小镇	Fúróngxiǎozhèn	以寓意美好的词语命名。
翡翠城	Fěicuìchéng	以寓意美好的词语命名。
西苑社区居民委员会	Xīyuàn Shèqū Jūmínwěiyuánhuì	隶属砀山县砀城镇。1949年后属陇海乡管理，全名龙海乡刘阁大队，2007年划入砀山县城关镇轻纺工业园，为南苑社区，2014年划入高铁新区，现名西苑社区。
刘阁	Liúgé	因居民多姓刘，故名。
高窦庄	Gāodòuzhuāng	因居民多姓高、窦，故名。
李庄	Lǐzhuāng	因居民多姓李，故名。
殷庄	Yīnzhuāng	因居民多姓殷，故名。
冯庄	Féngzhuāng	因居民多姓冯，故名。
东段庄	Dōngduànzhuāng	因居民多姓段，故名。
西段庄	Xīduànzhuāng	因居民多姓段，故名。
新城社区居民委员会	Xīnchéng Shèqū Jūmínwěiyuánhuì	隶属砀山县砀城镇。2007年合并进城镇，得名道南东村居民委员会，2014年划归高铁新区，2015年更名为新城社区居民委员会。
王楼	Wánglóu	因居民多姓王，故名。
汪楼	Wānglóu	因居民多姓汪，故名。
张庄	Zhāngzhuāng	因居民多姓张，故名。
徐花园	Xúhuāyuán	因居民多姓徐，故名。
王园	Wángyuán	因居民多姓王，故名。

标准名称	汉语拼音	备注
三里河	Sānlǐhé	因村落距离河的距离为三里，故名。
赵窑	Zhàoyáo	因居民多姓赵，故名。
邢阁	Xínggé	因村内一座邢阁庙，故名。
王庄	Wángzhuāng	因居民多姓王，故名。
于园	Yúyuán	因居民多姓于，故名。
张平庄	Zhāngpíngzhuāng	因居民多姓张且地势平坦，故名。
曾庄	Zēngzhuāng	因居民多姓曾，故名。
黄楼	Huánglóu	因居民多姓黄，故名。
周庄	Zhōuzhuāng	因居民多姓周，故名。
冯园	Féngyuán	因居民多姓冯，故名。
刘园	Liúyuán	因居民多姓刘，故名。
站前社区居民委员会	Zhànqián Shèqū Jūmínwěiyuánhuì	隶属砀山县砀城镇。站前社区原名赵屯乡大张庄大队，2009年合并为薛口联村，2012年由薛口联村更名为站前社区居民委员会。
大张庄	Dàzhāngzhuāng	因居民多姓张，故名。
小张庄	Xiǎozhāngzhuāng	因居民多姓张，故名。
王古楼社区居民委员会	Wánggǔlóu Shèqū Jūmínwěiyuánhuì	旧时有王姓建古式楼房一座，因而得名王古楼。新中国成立初期属王古楼中心乡。1958年属陇海公社徐井乡。1988年撤乡置镇属西南门镇。2006年与黄楼大队合并，属砀城镇。
曹庙	Cáomiào	据村里人相传，以前有曹姓大户人家在村中修建庙宇，因而得名曹庙。新中国成立初期属王古楼中心乡。
东黄楼	Dōnghuánglóu	据传有黄姓兄弟分家占庄，各占东、西两庄，都建了楼，在西为西黄楼，在东为东黄楼。
窦寨	Dòuzhài	据传，明代总兵窦一虎的后代在此建寨设此庄，故为窦寨。
段庙	Duànmiào	据段氏家谱记载，段姓来自山西洪洞县，于明永乐年间迁至此，因村中修建一座庙，故名。
毛寨	Máozhài	以前有一大户毛姓，在此筑寨落户，从而起名为毛寨。新中国成立初期属王古楼中心乡。
孙侯庄	Sūnhóuzhuāng	据传汉代一战将姓孙，后被封侯，在此立庄，得名孙侯庄。
王古楼	Wánggǔlóu	因村中有古式土楼一座，属王姓家族，故而得名为王古楼。
西黄楼	Xīhuánglóu	据传有黄姓兄弟分家，各占东、西两庄，都建了楼，在西为西黄楼，在东为东黄楼。
新刘庄	Xīnliúzhuāng	旧时为孟庄，刘姓迁入，改为新刘庄。新中国成立初期属王古楼中心乡。

标准名称	汉语拼音	备注
赵庄	Zhàozhuāng	从前，赵姓在此占地占庄，因而得名。
周屯	Zhōutún	明朝时期，以周姓为主在此占产立庄，称为周庄；因当时躲避政府皇粮，改名周屯。
北郊社区居民委员会	Běijiāo Shèqū Jūmínwěiyuánhuì	因该村位于砀城北郊，故得而名北郊村。新中国成立初期属范寨区。1956 年归砀北乡。1958 年属中心乡权集公社。1965 年属城郊公社。1988 年改为陇海乡。2005 年合并于砀城镇，更名为北郊社区。
陈庄	Chénzhuāng	从前陈家人多，以姓立庄所得名。
大苏集	Dàsūjí	从前苏家先人在此立庄，建立集市，因规模较大，故名。
段楼	Duànlóu	从前，段姓在此建楼，故名段楼。
后高屯	Hòugāotún	从前，高家人多，并在此屯田立庄，由于此村靠后而得名后高屯。
贾庄	Jiǎzhuāng	从前，贾姓居于此地，故名贾庄。
蒋堤口	Jiǎngdīkǒu	从前，蒋姓在大堤口建庄，故名。
梁庄	Liángzhuāng	从前，梁姓于此立庄，故名梁庄。
前高屯	Qiángāotún	从前，高家在此屯田，因此村靠前而得名前高屯。
汪李庄	Wānglǐzhuāng	原来汪家人多，北李庄人少，两庄合并而得名汪李庄。
王油坊	Wángyóufāng	王姓先人在此开油坊谋生，故名王油坊。
小苏集	Xiǎosūjí	从前苏姓人多，在此成集，因规模小，故名。
臧屯	Zāngtún	因臧姓人多，故而得名。
赵堤口	Zhàodīkǒu	从前，赵姓先人在此定居，因在大堤口建庄，故名赵堤口。

李庄镇

李庄镇（Lǐzhuāng Zhèn） 隶属砀山县管辖，李庄镇地处砀山县中东部，面积为 48.5 平方千米。人口 5.09 万人。以汉族为主。李庄镇是在一个十几户人家的小村庄基础上发展起来的。民国 3 年（1914 年），法国人开始铺筑陇海铁路；民国 4 年（1915 年），铁路铺到李庄村；民国 5 年（1916 年）在此建火车站，因靠近李庄村，取名李庄火车站。民国 27 年（1938 年），日军占据李庄。1948 年 11 月李庄解放，当时李庄村属下楼镇。1951 年属下楼乡，县直一些科局、公司在李庄设了分支机构。1958 年李庄人民公社成立。1960 年公社驻地由汪阁天主教堂迁至李庄。1980 年李庄、良梨两个公社合并为李庄区。1984 年设立副县级建制镇。撤区并乡后，李庄镇政府设在李庄集镇。2004 年 2 月被安徽省人民政府批准为省重点中心建制镇至今。辖海升、李园新村、贾楼、汪阁、镇东等5个村委会和朱店、卞楼、振兴等3个社区。有75个自然村。镇政府驻地在李庄，陇海铁路四等小站李庄车站坐落于此，故名李庄镇。工业以果汁厂、肥料厂为主。境内镇文化站、广播站各1处，村级文化中心7处，幼儿园4所，小学11所，初中2所，各级各类医疗卫生机构16个。

标准名称	汉语拼音	备注
海升新村村民委员会	Hǎishēngxīncūn Cūnmínwěiyuánhuì	隶属砀山县李庄镇。海升新村是由于海升集团在此地办厂落户而得名。2008年由丰屯、田楼、贾庄、毛堤口、汪六楼、毛庄六个村合并为海升新村。2014年7月，贾庄、毛堤口、汪六楼、毛庄又分割出来，归经济开发区管理，其余仍叫海升新村。
陈庄	Chénzhuāng	清代，陈姓兄弟四人在此占地立村，故得名陈庄。
丰屯	Fēngtún	新中国成立前，该地为一户姓丰的乡绅所有，后来一些长工在此屯田居住，故名丰屯。
丰庄	Fēngzhuāng	以前丰姓乡绅到这里建业立村，故叫丰庄。
田楼	Tiánlóu	清初，田姓在此庄，由原来的李楼改成田楼。
小李庄	Xiǎolǐzhuāng	清代李姓在此居住，由于当时人少、村小而得名。
张新庄	Zhāngxīnzhuāng	以前张姓兄弟太多，在田楼无法生活，老三、老四从田楼迁到此地，占产建新庄，故名张新庄。
贾楼村村民委员会	Jiǎlóucūn Cūnmín Wěiyuánhuì	隶属砀山县李庄镇。以前贾姓在此建了楼房，故名。2008年以前是贾楼大队，2008年和蒋楼大队合并，改为贾楼村民委员会。
贾楼	Jiǎlóu	从前贾姓在此立庄建楼，故名贾楼。
蒋楼	Jiǎnglóu	以前蒋姓在此建一座楼房，因此得名蒋楼。
蒋庄	Jiǎngzhuāng	以前蒋姓是一大户，其他姓氏都是他的佃户，因此得名蒋庄。
刘楼	Liúlóu	从前，有一户刘姓在此居住，庄里有一土楼，故而得名刘楼。
前殷庄	Qiányīnzhuāng	从前，殷姓在此建庄，且有三个殷庄相邻，该村在前，故名前殷庄。
宋李庄	Sònglǐzhuāng	从前，有宋、李两姓在此立庄，故而得名。
新庄	Xīnzhuāng	原贾楼大队于1980年搬出99人，新建村庄，起名新庄。
臧庄	Zāngzhuāng	旧时臧姓搬来居住，起名臧庄。1958年属李庄公社贾楼大队。
中殷庄	Zhōngyīnzhuāng	殷姓在此建庄，因三个殷庄相邻，该村在中间，故名中殷庄。
李园新村村民委员会	Lǐyuánxīncūn Cūnmínwěiyuánhuì	隶属砀山县李庄镇。李园公路是一条南至李庄镇、北至园艺场的公路，该村因坐落公路两侧而得名。此地原名冯集村，归李庄公社管辖。1980年属李庄区芦庄乡。1984年归李庄公社。现属李庄镇政府管理。李园新村在2007年村合并后形成。

标准名称	汉语拼音	备注
冯集	Féngjí	明朝时期，冯姓在此沿路逢集做些生意，故而得名。新中国成立初期属丰棉乡。
高庄	Gāozhuāng	清代，高姓在此占产立庄，故名高庄。
蒋庄	Jiǎngzhuāng	从前，蒋姓在此建庄，故名蒋庄。
邱王庄	Qiūwángzhuāng	明朝年间，从山西省洪洞县迁住此地的有王姓弟兄三人、邱姓弟兄二人，故名邱王庄。
汪新庄	Wāngxīnzhuāng	新中国成立前，汪姓在此占地立新庄，故得名汪新庄。
汪赵楼	Wāngzhàolóu	新中国成立前，因汪姓、赵姓在此占地立庄，共同建造楼阁，故而得名汪赵楼。
王牌坊	Wángpáifāng	明末，该村王姓先祖王世湄带领家人从王寨到此定居，长子之彬18岁娶李氏为妻，后之彬不幸去世。其妻一直没嫁，死后王氏家庭为了纪念她，为她建了贞节牌坊，王牌坊因此得名。
吴庙	Wúmiào	吴姓先民迁居该村时，村侧有一古庙，且是纪念南宋抗金名将吴玠的寺庙，故名吴庙。
小陈庄	Xiǎochénzhuāng	该地名来源于陈姓先居落户此地，因庄体较小，故名。
小李庄	Xiǎolǐzhuāng	从前，李姓迁居此地，因庄体较小，故名。
小王庄	Xiǎowángzhuāng	明万历年间，王姓兄弟三人从山西洪洞迁此地，老大住邱王庄，老三住花王庄，老二住小王庄，从此得名。
闫楼	Yánlóu	旧时闫姓在此建楼居住，得名闫楼。
张楼	Zhānglóu	从前，张姓立庄时建有一土楼，故名。
汪阁村村民委员会	Wānggécūn Cūnmínwěiyuánhuì	隶属砀山县李庄镇。清朝时期，因汪姓在此占产立庄并建一阁楼，故由原来的季家寨改为汪阁。新中国成立后为汪阁乡、汪阁公社。2007年与黄楼村合并，为汪阁村委会。
黄楼	Huánglóu	从前黄姓在此立庄，并建有土楼，故名黄楼。
李庄	Lǐzhuāng	清朝中期，李姓从城东五里庙吴庄迁居此地，占产立庄，故而得名。
汪阁	Wānggé	此地在明前期称季家寨，明末由汪姓在此建造一楼阁，故更名为汪阁。
汪黑楼	Wānghēilóu	据查，很久以前汪姓在此建造一黑土楼，故而得名汪黑楼。
王堂	Wángtáng	从前此地多王姓居住，村侧曾有一座教堂，故名王堂。
王庄	Wángzhuāng	明代王姓由宿州来砀居住，落户闸口王集，后分支此地占产立庄，故而得名王庄。
夏庄	Xiàzhuāng	以前夏姓在此地占产立庄，故而得名。1958年属李庄公社汪阁大队。
杨庄	Yángzhuāng	从前，杨姓在此立庄，以姓起名。

标准名称	汉语拼音	备注
云庄	Yúnzhuāng	云姓在此地占产，故而得名。
镇东村 村民委员会	Zhèndōngcūn Cūnmínwěiyuánhuì	隶属砀山县李庄镇。因坐落在镇驻地的东边而得名。新中国成立初期属江苏省砀山县管理。1958 年属安徽省砀山县洪河大队管理，1966 年分开，成立三屯大队、夏桥大队。2007 年合成镇东村民委员会至今。
董屯	Dǒngtún	明朝洪武年间，运粮官董某迁到此地屯田安家，故名董屯。
后刘屯	Hòuliútún	刘姓在此屯田居住，该村在后，故名后刘屯。
前刘屯	Qiánliútún	明朝万历年间，刘姓从北京迁到砀山东南萧刘屯落户，后又迁到前刘屯居住。
夏桥	Xiàqiáo	民国以前夏姓从山西迁到李庄火车站东南三里洪河岸边居住，河上有桥，故名。
夏桥河西	Xiàqiáohéxī	夏姓人口众多，居住在河东、河西，统称夏桥，河西居住人口增多，形成村庄，后简称夏桥河西。
许庄	Xǔzhuāng	清代，许姓在此占产立庄，故而得名。
赵庙	Zhàomiào	赵姓于清乾隆年间从南京调往砀山任学官，在此捐款建立火神庙，因此得名赵庙。
赵庄	Zhàozhuāng	清代，赵姓迁来李庄车站南落户立庄，故而得名。
卞楼社区 居民委员会	Biànlóu Shèqū Jūmínwěiyuánhuì	隶属砀山县李庄镇。清朝时期，有一姓卞的财主在此占地立庄建楼，卞楼因此得名。新中国成立初期，1955 年成立小乡，属李庄乡。1958 年成立高级社，属李庄社管理。1959 年属李庄公社管理。1982 年属李庄镇管理。1997 年改为卞楼社区。
卞西	Biànxī	1991 年卞楼村人口多，地面大，难管理，把卞楼村分成两个村，因分村时其地处卞楼村的西部，故名。
卞东	Biàndōng	1991 年卞楼村人口多，地面大，难管理，把卞楼村分成两个村，因分村时其地处卞楼村的东部，故名。
陈庄	Chénzhuāng	以前陈姓在此居住，取名陈庄。
三子楼	Sānzǐlóu	旧时汪姓在此建三座楼房，分给三个儿子，取名汪三子楼，后来简称为三子楼。
于庄	Yúzhuāng	新中国成立前，因乡绅于民信在此居住，故而得名。
振兴社区 居民委员会	Zhènxìng Shèqū Jūmínwěiyuánhuì	隶属砀山县李庄镇。名称来源取“开拓奋发、兴盛辉煌”之意。2008 年，由张楼、唐庄、邵楼、胡屯四个村合并成振兴新村。2014 年更名为振兴社区居委会，属李庄镇管理。
曹庄	Cáozhuāng	因以前有曹姓在此定居，故名曹庄。
陈庄	Chénzhuāng	因以前陈姓在此定居，故名陈庄。

标准名称	汉语拼音	备注
后唐庄	Hòutángzhuāng	原名唐庄，因本村有两个唐庄，不能重名，所以改名为后唐庄。
后王楼	Hòuwánglóu	因两个王庄毗邻，该庄在后，故名。因本村内有两个王楼村，不能重名，所以分为前王楼和后王楼。
胡屯	Hútún	从前胡姓在此屯田，故名胡屯。
胡庄	Húzhuāng	旧时胡姓在此定居，故名胡庄。
华卞庄	Huábiànzhuāng	旧时，华姓和卞姓在此占地建庄，故而得名华卞庄。
李暗楼	Lǐ'ànlóu	因村中从前有个土楼，李姓在此居住，故名李暗楼。
李桥	Lǐqiáo	因当地有大型石拱桥，李姓在此定居，故取名李桥。
前唐庄	Qiántángzhuāng	原名唐庄，因本村有两个唐庄，所以更名为前唐庄。
前王楼	Qiánwánglóu	因本村有两个王楼，此王楼在南面，所以叫前王楼。
任庄	Rénzhuāng	因以前有任姓在此定居，故名任庄。
邵楼	Shàolóu	邵姓乡绅在此盖楼居住，故得名邵楼。
汪庄	Wāngzhuāng	从前，因汪姓在此居住，故取名汪庄。
张楼	Zhānglóu	从前，张姓在此建楼居住，故起名为张楼。
周庄	Zhōuzhuāng	从前，周姓在此居住，故而得名。
朱店社区居民委员会	Zhūdiàn Shèqū Jūmínwěiyuánhuì	隶属砀山县李庄镇。传说东汉年间，朱家先祖在这里开住宿店，名为朱店集。每月初五逢会，每早有集，后集市取消，定为朱店。新中国成立前归江苏徐州管辖，解放后属砀山县。后划为朱店乡朱店村民委员会，2014年确立为李庄镇朱店社区居民委员会。
曹三子楼	Cáosānzǐlóu	以前曹姓在此建立三座楼，分给三个儿子，故名曹三子楼。
大翟庄	Dàzháizhuāng	唐末，翟姓在此占产立户，长子居住在此，次子在东隔河相望，故而有大翟庄、小翟庄之称。
二翟庄	Èrzháizhuāng	唐末，翟姓次子在此占产立户，为小翟庄，后改为二翟庄。
后殷庄	Hòuyīnzhuāng	明朝时期，此地叫单庄，后因单家人少，殷家人多，且在殷庄的后面，故名。
刘庄	Liúzhuāng	明朝时期，刘姓在朱店集南安家落户，故而得名。
孙观	Sūnguàn	孙观原名姬家观，因村西北有一座道观得名。
汪楼	Wānglóu	清代，汪姓在此占地立庄，建造楼房，故此得名。
徐庄	Xúzhuāng	以前徐姓在此建村，得名徐庄。
朱店	Zhūdiàn	旧时，有朱姓先人在此开住宿店，故得名朱店。

良梨镇

良梨镇（Liánglí Zhèn） 隶属砀山县管辖，良梨镇地处砀山县中东部，面积为58.45平方千米。人口5.42万人。以汉族为主。据史料载，据今2500年的战国时期就有酥梨栽植，清初已具规模。民间传说，乾隆皇帝南巡途经境内，亲品梨果，当即知晓地方官，此地酥梨为贡品。至此良梨镇酥梨名声远播，身价倍增。1950年7月，良梨乡成立。1952年良梨乡属唐寨区。1956年3月撤区并乡，置良梨乡。1958年9月，设李庄良梨公社。1965年5月，良梨公社成立。1980年设区划社，良梨和李庄公社合并为李庄区。1984年，良梨公社更名为良梨乡。1988年2月撤区并乡，设良梨乡。1996年5月，良梨乡改良梨镇。良梨镇是砀山酥梨的发源地和主要产区，该镇因盛产优质酥梨而得名。境内大部为平原，地势为北高南低。最高点鳌头观海海拔55米，最低点是陈马路口海拔52米。境内主要河流为文家河、东洪河，同属淮河流域，年均温14.1℃，年降水量743.3毫米，年无霜期199天。全镇耕地面积5.39万亩，全部为果园，年产酥梨、苹果、桃1.5亿斤，共有企业30家，其中规模企业5家。境内有广播站1处，村级文化馆站1所。有幼儿园12所、小学13所、中学3所，镇办医院1所。境内交通便利，有 310国道、砀唐路、李园路以及梨花观赏路线。名胜古迹有梨树王景区、鳌头观海景区、梨花湾景区。盛产酥梨、浓缩梨汁、梨醋、糖水梨罐头、梨膏等。

标准名称	汉语拼音	备注
丰棉村 村民委员会	Fēngmiáncūn Cūnmínwěiyuánhuì	隶属砀山县良梨镇。因此地曾以种植棉花为主，且棉花丰收，以此得名。新中国成立前归砀山县第二区礼河乡，新中国成立后归范寨区。1953年8月归丰棉小乡，后来归良梨乡。1988年归良梨镇。
陈楼	Chénlóu	明朝时期，陈姓在此占产立庄，且建造楼房，故而得名。
李阁	Lǐgé	明朝时期，李姓在此占产立庄，且建造楼阁，故而得名。
李老庄	Lǐlǎozhuāng	明初，李姓在此占产立庄，因立庄早，后分支不少新庄，故而此地得名李老庄。
李楼	Lǐlóu	从前，李姓在此占产立庄，并建设楼房，故而得名。
刘庄	Liúzhuāng	明朝时期，刘姓在此占产，故而得名。
徐楼	Xúlóu	明朝时期，徐姓在此占产立庄，且建造楼房，故而得名。
闫庄	Yánzhuāng	明朝时期，闫姓在此占产立庄，故名。
于黄楼	Yúhuánglóu	明朝时期，于姓和黄姓在此占产立庄，且建造楼房，故而得名。
于刘楼	Yúliúlóu	明朝时期，于姓和刘姓在此占产立庄，且建造楼房，故而得名。
翟庄	Zháizhuāng	明朝时期，翟姓在此占产立庄，故而得名。

标准名称	汉语拼音	备注
张楼	Zhānglóu	明朝时期，张姓在此占产立庄，且建造楼房，故而得名。
礼河集村村民委员会	Lǐhéjícūn Cūnmínwěiyuánhuì	隶属砀山县良梨镇。传说元末农民起义军首领韩山童之子韩林儿在此避难，后刘福通来此接韩林儿去承袭王位。小明王韩林儿临行前向乡亲们行叩拜礼，此集市即更名为礼河集。新中国成立前属李庄区。1968 年属良梨乡。1972 年属良梨公社。1988 年属良梨镇。
崔楼	Cuīlóu	明朝时期，崔姓在此立庄，并建有楼房，故而得名。
崔赵楼	Cuīzhàolóu	明朝时期，崔、赵二姓在此占产立庄，故名崔赵楼。
丁庄	Dīngzhuāng	明朝时期，以丁姓为主在此占产立庄，取名丁庄。
董集	Dǒngjí	明朝时期，董姓在此立庄，发展集市，故为董集。
后王庄	Hòuwángzhuāng	明朝时期，王姓在此立庄，因庄大，该庄在后，故取名后王庄。
华王庄	Huáwángzhuāng	从前，华姓、王姓在此立庄，故而叫华王庄。
礼河集	Lǐhéjí	传说元末起义军首领韩山童之子韩林儿在此避难，后刘福通来接韩林儿去承袭王位，韩林儿临行前向众乡亲行叩拜礼，故夹河更名为礼河，集市更名为礼河集。
万楼	Wànlóu	明朝时期，有万姓族人在此占产立庄，建楼，故名为万楼。
汪新庄	Wāngxīnzhuāng	据查，明代汪姓在此立庄，因是新建村庄，故名汪新庄。
汪庄	Wāngzhuāng	明朝时期，汪姓为主在此立庄，杨、王、李为次，故而为汪庄。
萧庄	Xiāozhuāng	明朝时期，萧姓在此立庄，故而得名萧庄。
翟楼	Zháilóu	据查，明代翟、汪二姓在此立庄，建楼，故而得名。
张庄	Zhāngzhuāng	明朝时期，张姓在此立庄，故而得名。
于楼	Yúlóu	从前，以于姓为主在此立庄，建楼，所以取名于楼。
李楼	Lǐlóu	从前，全村村民都是李姓，建有楼房，因此取名李楼。
舒楼	Shūlóu	明朝末年建村时，舒姓较多，建有楼房，因此取名叫舒楼。
良梨村村民委员会	Liánglícūn Cūnmínwěiyuánhuì	隶属砀山县良梨镇。以主产砀山酥梨，是砀山酥梨发源地、优质酥梨生产基地、梨树王景区所在地，故名良梨村。新中国成立前属李庄区。1968 年属良梨乡。1972 年属良梨公社。1988 年属良梨镇。
崔庄	Cuīzhuāng	从前，崔姓在此立庄，以崔姓取庄名。
戴庄	Dàizhuāng	从前，戴姓在此占产立庄，以姓取庄名。
东黄庙	Dōnghuángmiào	古时此地因有一座黄帝庙，该村人群住庙东，为东黄庙。
郭庄	Guōzhuāng	从前，郭姓在此立庄，以姓取庄名。
侯楼	Hóulóu	从前，侯姓在此建产立庄，建楼，故名。

标准名称	汉语拼音	备注
后班庄	Hòubānzhuāng	从前，班姓在此建庄居住，因庄大，分为前班庄、后班庄。
前班庄	Qiánbānzhuāng	从前，班姓在此建庄居住，因庄大，分为前班庄、后班庄。
王暗楼	Wáng' ànlóu	从前，王姓在此建一土楼，取名王暗楼。
王庄	Wángzhuāng	从前，王姓在此占产立庄，以姓为庄名。
西黄庙	Xīhuángmiào	因古时此地有一座黄帝庙，该村人群居庙西，为西黄庙。
小黄庙	Xiǎohuángmiào	小黄庙是东黄庙村民迁移至此，并长期居住，故名。
张庄	Zhāngzhuāng	从前，张姓在此立庄，故以姓取庄名。
马庄村 村民委员会	Mǎzhuāngcūn Cūnmínwěiyuánhuì	隶属砀山县良梨镇。明初，马姓从山西洪洞县马家屯来此地占产立庄，得名马庄。新中国成立前归砀山县李庄区。1961年属良梨公社。1981年属卢庄乡。1988年属良梨镇至今。
陈李庄	Chénlǐzhuāng	从前，陈姓、李姓在此立庄，故名陈李庄。
陈马路口	Chénmǎlùkǒu	据查，明代此处有一拦水坝很高，后来挖开通行，成了通往徐州的马路口，且此地陈姓居多，故而得名。
陈庄	Chénzhuāng	明朝时期，陈姓在此占产立庄，故而得名。
卢庄	Lúzhuāng	明朝时期，卢姓在此占产立庄，不久卢姓搬走，许姓、王姓等继续居住，但庄名未变。
马庄	Mǎzhuāng	明洪武二年，马姓从山西洪洞县马家屯迁来，在此地建庄，故而得名。
孙庄	Sūnzhuāng	旧时，孙姓在此占产立庄，取名孙庄。
王套楼	Wángtàolóu	此地明代移民落户人家，王姓多数，建有套楼，故而取名王套楼。
王庄	Wángzhuāng	明朝时期，王姓在此占产立庄，故而得名。
魏楼	Wèilóu	明朝时期，魏姓在此占产立庄，建楼，故得名。
魏寨	Wèizhài	明朝时期，魏姓在此占产立庄，后筑寨，故而得名。
吴菜园	Wúcàiyuán	明朝时期，吴姓在此占产立庄，家家户户都种菜，都有菜园子，故而得名。
张楼	Zhānglóu	从前，张姓在此建产立庄，建楼，故名。
三坝集村 村民委员会	Sānbàjícūn Cūnmínwěiyuánhuì	隶属砀山县良梨镇。因古时此地有三座大坝，并有个小集，因此叫三坝集。新中国成立前属李庄区。1968年属良梨乡。1972年属良梨公社。1988年属良梨镇。
单庄	Shànzhuāng	从前，此地因单姓人占多数，因此取名单庄。
老鹳窝	Lǎoguānwō	从前，此地树木丛生，树上常有老鹳窝，故而得名。
邵坝	Shàobà	从前，因村前有一条大坝，村户邵姓人多，故而得名邵坝。
邵庄	Shàozhuāng	从前，邵姓搬迁此地时，得名邵庄。

标准名称	汉语拼音	备注
翟寺	Zháisì	从前，村侧有座寺院，村内住翟姓，因此村名叫翟寺。
桃源村村民委员会	Táoyuáncūn Cūnmínwěiyuánhuì	隶属砀山县良梨镇。因本村经济来源以黄桃为主，且风景幽雅，如世外桃源，故名为桃源村。
东北场	Dōngběichǎng	20 世纪 50 年代，红旗大队在梨园场重新组建新庄，人员由崔楼、阎王庙、马庄、吴庄等迁出，为试验场，后变更为东北场。1988 年属良梨乡。
侯王庄	Hóuwángzhuāng	从前，侯姓、王姓在此占地立庄，取名侯王庄。
狼屯	Lángtún	此村濒临黄河故道，从前人烟稀少，茅草丛生，经常有野狼出没；后入住的人多了，有人在此屯田，故取名狼屯。
老丁集	Lǎodīngjí	从前，丁姓在此占地立庄，成立集市，取名丁集；后因有新丁集，此庄由丁集变更为老丁集。
马路口	Mǎlùkǒu	从前，此地庄后有一拦河坝，坝中间有一条马路将大坝分开，故名为马路口。
马庄	Mǎzhuāng	从前，马姓在此占地立户，故名马庄。
木龙坝	Mùlóngbà	从前，庄前有一大坝阻隔，东西长卧，像一条木雕的巨龙横卧在庄前，因此得名。
吴庄	Wúzhuāng	从前，吴姓在此占地立庄，村名由此而得。
新丁集	Xīndīngjí	新中国成立前，此庄人员都住老丁集坝南；新中国成立后由老丁集迁出，在坝北重建新庄，故名新丁集。
阎王庙	Yánwángmiào	从前，庄后边有一大坝，坝前有一座供奉阎王的庙，村名由此而得。
臧庄	Zāngzhuāng	从前，臧姓在此占地立庄，取名臧庄。
訾庄	Zīzhuāng	从前，訾姓在此占地立庄，取名訾庄。
杨集村村民委员会	Yángjícūn Cūnmínwěiyuánhuì	隶属砀山县良梨镇。从前杨姓在此立庄，成立集市，由此得名。新中国成立前属李、庄区。1968 年属良梨乡。1972 年属良梨公社。1988 年属良梨镇。
丰庄	Fēngzhuāng	从前，丰姓在此占产立庄，以姓取庄名。
卢庄	Lúzhuāng	旧时，卢姓在此占产立庄，故而得名卢庄。
孙庄	Sūnzhuāng	清朝年间，孙姓在此占产立庄，故取名孙庄。
汪阚庄	Wāngkànzhuāng	从前，汪、阚二姓在此占产立庄，得名汪阚庄。
王阚庄	Wángkànzhuāng	清朝时期，有王、阚两姓在此占产立庄，故取名王阚庄。
王套涯子	Wángtàoyázi	明末，王姓在黄河拐弯处（河套）河涯坡地占产立庄，垦荒种田，由于地理位置特殊，故取名王套涯子。
王魏庄	Wángwèizhuāng	从前，王、魏二姓在此占产立庄，以姓取庄名。
小王庄	Xiǎowángzhuāng	从前，王姓在此占产立庄，以姓取庄名。

标准名称	汉语拼音	备注
杨集	Yángjí	从前，因杨姓在此占产立庄，并建一集市，故而得名杨集。
张何庄	Zhānghézhuāng	清朝年间，有张、何两姓在此占产立庄，故取名张何庄。
周贾庄	Zhōujiǎzhuāng	清朝时期，有周、贾两姓在此占产立庄，故取名周贾庄。
砀园社区	Dàngyuán Shèqū	隶属砀山县良梨镇，2010 年 3 月 29 日由砀山县人民政府批准成立的单位型社区。
兴园小区	Xìngyuán Xiǎoqū	振兴繁荣园艺场之意，故名。
故黄小区	Gùhuáng Xiǎoqū	因紧邻黄河故道，故名。
花海小区	Huāhǎi Xiǎoqū	因附近砀山酥梨在清明节前后花开似海，故名。
百果小区	Bǎiguǒ Xiǎoqū	因种植砀山梨，油桃等各种水果，故名。
砀园社区	Dàngyuán Shèqū	隶属砀山县良梨镇，2010 年 3 月 29 日由砀山县人民政府批准成立的单位型社区。
兴园小区	Xìngyuán Xiǎoqū	振兴繁荣园艺场之意，故名。

唐寨镇

唐寨镇（Tángzhài Zhèn） 隶属砀山县管辖，唐寨镇位于砀山县的东部边境，面积为 75.51 平方千米。人口 7.6 万人。以汉族为主。1948 年 10 月，成立唐寨区人民政府，所辖 12 个乡。1952 年唐寨区改称砀山县第五区，所辖未变。1953 年 2 月，砀山县划归江苏省，各单位随行政区划改变机构名称。1955 年 6 月，砀山县又划归安徽省，同年撤区划乡，唐寨区改称唐寨乡。1958 年 9 月唐寨乡、产棉乡、程庄乡、赵楼乡合并，成立红旗人民公社，所辖 24 个高级农业生产合作社。1961 年春，红旗人民公社又划为两个公社：唐寨人民公社、程庄人民公社。唐寨公社辖 16 个大队和 1 个车庄农场。1979 年底，设区划乡，成立唐寨区公所下辖唐寨、文庄、潘坝、夹堤子四个小乡。1988 年 3 月撤乡并镇。1992 年 2 月，分为唐寨、文庄两个镇。2007 年 12 月底文庄镇并入唐寨镇至今。“唐寨”一名最早出现在清朝咸丰八年（1858 年）。唐寨起于筑寨，发起人是唐瑞邦字祥麟，目的是避匪患，起到保境安民之作用。当时周边富绅豪强及群众，纷纷移居唐寨，人口众多，商铺云集，生意兴隆，给这个地方带来繁荣景象。有镇文化站、广播站各 1 处；村级文化中心 7 处，各类图书室 18 个；有幼儿园 4 所，小学 22 所，初中 3 所；有 3 个卫生院。是全县著名的唢呐之乡。境内有省级公路 1 条，长度 10 千米；县级公路 10 条，总长度 45 千米；镇级公路 16 条，总长度 65 千米；村级道路 126 条，总长度 108.6 千米。开通县级公交线路 5 条，途经各村，日发班车 136 班次，日均客运量 6400 人次，城乡客运一体化覆盖率 100%，村客行通达率 100%。名胜古迹有酥梨王、情侣树、兄弟树、乾隆御植园、御道、千年石龟、千年皂角树、唐桐轩纪念碑亭等。

标准名称	汉语拼音	备注
戴庄村村民委员会	Dàizhuāngcūn Cūnmínwěiyuánhuì	隶属砀山县唐寨镇。戴姓人口较多，立庄经营多年，由此得名戴庄。新中国成立前，属江苏徐州。新中国成立后划为安徽砀山李庄区。1958 年属唐寨人民公社。1980 年属潘坝乡。2007 年合并为戴庄村民委员会，属唐寨镇。
大戴庄	Dàdàizhuāng	旧时，戴姓人口较多，开设饭店多年，由此得名大戴庄。
大刘庄	Dàliúzhuāng	以前此庄因刘姓居多，庄体大，故而得名大刘庄。
戴庄	Dàizhuāng	从前，因戴姓居多，在此种地立庄，故而得名戴庄。
高李庄	Gāolǐzhuāng	从前，高姓、李姓在此种田立庄，由此得名高李庄。
宋刘庄	Sòngliúzhuāng	此地宋姓人多，后来刘姓逃荒来到这里，故名宋刘庄。
汪赵庄	Wāngzhàozhuāng	据查，汪姓家族小，是大户；赵姓人多，两姓在此占产立庄，故而得名。
小刘庄	Xiǎoliúzhuāng	清末，刘姓在此占产立庄，因人少村小，故名小刘庄。
光明村村民委员会	Guāngmíngcūn Cūnmínwěiyuánhuì	隶属砀山县唐寨镇。新中国成立初期属杨集乡。1952 年属唐寨乡。1958 年，由于此地各项农业生产遥遥领先，故而取名光明大队。2007 年，翟庄、大王庄两村合并为光明村。
大王庄	Dàwángzhuāng	明朝时期，王姓在此占产立庄，因庄子大，故而得名大王庄。
戴楼	Dàilóu	明朝时期，戴姓在此占产立庄，建一土楼，故而得名戴楼。
更会李庄	Gènghuìlǐzhuāng	从前此庄李姓人多，方圆几里在此成立更会，以保家防匪，故名更会李庄。
唐庄	Tángzhuāng	新中国成立前，唐姓在此建庄，故而得名唐庄。
王庄	Wángzhuāng	新中国成立前，王姓在此占产立庄，故而得名。
武庄	Wǔzhuāng	明朝时期，武姓在此占产立庄，故而得名。
翟庄	Zháizhuāng	明朝时期，翟姓在此占产立庄，故而得名。
竹园李庄	Zhúyuánlǐzhuāng	从前，李姓在此占产立庄，以种植竹子为主，故而得名竹园李庄。
訾庄	Zīzhuāng	明朝时期，訾姓在此占产立庄，故而得名。
和谐村村民委员会	Héxiécūn Cūnmínwěiyuánhuì	隶属砀山县唐寨镇。咸丰三年，此地被黄河水冲得只剩下一张姓茅草庵，名为张庵。2007 年张庵与杨庄合并，名“和谐”，取“平和美满”之意。人民公社时期，属唐寨公社。1981 年属潘坝乡。1987 年属唐寨镇。
大杨庄	Dàyángzhuāng	清朝初，姓杨在此定居，后来杨姓人越来越多，故而得名大杨庄。
东王屯	Dōngwángtún	清朝时期，王姓在此屯田立户，因在西王屯庄东，故而得名东王屯。
饭铺	Fànpù	从前，此地建有一座饭铺，供路人休息吃饭，故而得名。

标准名称	汉语拼音	备注
后土山	Hòutǔshān	约 1851 年，李姓在此占产立庄，因有一土坝，故称土山；又因土山在庄后，因而叫后土山。
后王集	Hòuwángjí	清朝初期，王姓在此占产立庄，成立集市；因坐落在王集村后，故而得名。
前王集	Qiánwángjí	清朝初期，王姓在此立户立庄，成立集市；因在王集前面，故而得名。
四清庄	Sìqīngzhuāng	1964 年"四清"运动期间，由王集、后王庄迁 10 多户人家在此居住，故名。
王集	Wángjí	清朝年间，一王姓大户，在此居住，成立集市，故而得名。
西王屯	Xīwángtún	清朝时期，王姓在此屯田立户，因在东王屯庄西，故而得名。
小郭庄	Xiǎoguōzhuāng	清朝年间，郭姓在此居住，因当时人少村小，故而得名。
小杨庄	Xiǎoyángzhuāng	清朝同治三年，杨姓在此占产立户，因庄小，故而得名。
小翟庄	Xiǎozháizhuāng	清朝时期，由大翟庄的翟姓在此分居立户，故而得名。
小朱庄	Xiǎozhūzhuāng	约 1849 年，朱姓在此占产立庄，因当时人少村小，故而得名。
杨李庄	Yánglǐzhuāng	明朝时期，杨姓、李姓两户来此占产落户，故起名为杨李庄。
张安	Zhāng' ān	咸丰三年，此地被黄水冲得剩下一张姓茅草庵，故名。后草庵的"庵"演变为平安的"安"了。
朱海子	Zhūhǎizi	清末，朱姓在此居住，因当时周围芦苇丛生，且有一泓碧波荡漾的湖水，故得庄名。
侯口村 村民委员会	Hóukǒucūn Cūnmínwěiyuánhuì	因此地从前是通往徐州的马路口，侯姓在此居住，由此得名侯口。新中国成立后，属唐寨公社侯口大队。1987 年属唐寨镇文庄乡。2007 年属唐寨镇管理至今。
后村	Hòucūn	明朝时期，侯姓在此立庄，因人少村小，在侯口村后，故而得名。
后于庄	Hòuyúzhuāng	明朝时期，于姓在此占产立户，因在前于庄后，故而得名后于庄。
前村	Qiáncūn	明朝时期，侯姓在此立庄，因当时人少村小，在侯口村前，故而得名。
前于庄	Qiányúzhuāng	明朝时期，于姓在此占产立户，因在后于庄前，故而得名。
薛楼	Xuēlóu	明朝时期，薛姓在此占产立户建楼，故而得名薛楼。
张土楼	Zhāngtǔlóu	明朝时期，张姓在此占产立户，建有土楼，故而得名张土楼。
家和村 村民委员会	Jiāhécūn Cūnmín Wěiyuánhuì	隶属砀山县唐寨镇。本村由 13 个自然村组成，俗话说"家和万事兴"，故在 2007 年合村时，取名"家和村"，属唐寨镇人民政府管理。
段楼	Duànlóu	明代初期，段姓在此占产立庄，建有楼房，故名段楼。

标准名称	汉语拼音	备注
刘庄	Liúzhuāng	从前，刘姓在此建庄，故名刘庄。
马楼	Mǎlóu	清末，马姓在此立户建楼，取名马楼。
倪庄	Nízhuāng	以前有倪姓在此建庄，故名。
前小庄	Qiánxiǎozhuāng	前小庄以王寨为中心，分家搬迁至王寨前，所以名叫前小庄。
汪陈楼	Wāngchénlóu	汪姓清末从砀城迁此，当时居住一户陈姓，有楼房，故名汪陈楼。
王土楼	Wángtǔlóu	清末，王姓在此安家立户，建土楼，取名王土楼。
王新庄	Wángxīnzhuāng	约 1936 年，王姓分支从王寨迁出，在此建新庄，定名王新庄。
王油坊	Wángyóufāng	民国时期，王姓因在此地开油坊为生，故得名王油坊。
王寨东村	Wángzhàidōngcūn	以前王姓建寨。新中国成立后，以潘梁路为中心，路东取名东村。
王寨西村	Wángzhàixīcūn	从前，王姓建寨。新中国成立后，王寨以潘梁路为中心，路西定为西村。
西小庄	Xīxiǎozhuāng	明洪武二年，王姓从山西洪洞迁此建寨，后分家搬西边建庄，故名。
毛堂村 村民委员会	Máotángcūn Cūnmínwěiyuánhuì	隶属砀山县唐寨镇。据查，此地有毛家祠堂，由此得名毛堂。1968 年，属唐寨公社。1987 年将唐寨、文庄划为两区，此地属唐寨镇文庄乡。2007 年，合并唐寨镇为毛堂村委会，属唐寨镇府管理。
贾楼	Jiǎlóu	旧时，贾姓在此立庄建楼，故而得名。
毛堂	Máotáng	从前，毛姓在此立庄，建立祠堂，得名为毛堂。
天齐庙	Tiānqímiào	据查，该地有庙一座，供奉神仙为天齐神，故而得名。
小王庄	Xiǎowángzhuāng	旧时王姓在此立庄，因人少村小，故而得名。
小文庄	Xiǎowénzhuāng	旧时文姓在此立庄，因当时人少村小，故而得名。
张庄	Zhāngzhuāng	从前张姓在此立庄，因人多户多，得名为张庄。
潘坝村 村民委员会	Pānbàcūn Cūnmínwěiyuánhuì	隶属砀山县唐寨镇。咸丰三年，潘姓由蟠龙集迁此居住，为防黄水筑大坝，故而得名。新中国成立初期，属江苏二坝乡。1955 年划为安徽砀山李庄区。1958 年属唐寨人民公社。1981 年划为潘坝乡。1987 年 5 月，属唐寨镇。
官庄	Guānzhuāng	明朝时期，官姓在此地立庄，故而得名。
后黄庄	Hòuhuángzhuāng	明洪武七年，黄姓兄弟四人自晋迁砀，次门居后立庄，故名。
孟庄	Mèngzhuāng	光绪年间，孟子后代分居在此立庄，故而得名。
潘坝	Pānbà	清咸丰年间，潘姓迁出蟠龙集，为抵御黄水而筑坝，故而得名。
齐庄	Qízhuāng	明朝时期，齐姓在此占产立庄，故而得名齐庄。

标准名称	汉语拼音	备注
前黄庄	Qiánhuángzhuāng	明洪武七年（1374 年），黄姓兄弟四人自晋迁砀，长门居前立庄，故名。
唐坝	Tángbà	咸丰三年上大水，此处是个坝子，唐姓迁此居住，故名唐坝。
杂户地	Záhùdì	明朝时期，有戴姓、杨姓、周姓在此地立庄，因姓氏多，故而得名杂户地。
山寨村 村民委员会	Shānzhàicūn Cūnmínwěiyuánhuì	隶属砀山县唐寨镇。咸丰三年，黄河泛滥，流沙冲击成土山，后来在此筑成寨子，由此得名山寨。在 1958 年公社化时，属山寨大队。1986 年成立山寨村委会，属唐寨镇人民政府管理至今。
北唐集	Běitángjí	清代，唐姓在此占产立庄，成立集市，因唐寨南有南唐集，故而得名北唐集。
山寨	Shānzhài	明朝时期，老黄河发大水，冲击成高高的沙丘，像座土山，后来又在此地筑了寨子，故而得名。
王庄	Wángzhuāng	明朝，吴姓在此占产立庄，故而得名。
吴庄	Wúzhuāng	据查，明朝吴姓在此占产立庄，因为当时人少村小故而得名。
小戴庄	Xiǎodàizhuāng	明朝时期，戴姓在此占产立庄，因当时人少村小，故而得名。
唐集村 村民委员会	Tángjícūn Cūnmínwěiyuánhuì	隶属砀山县唐寨镇。唐姓集中住在此地，形成集市，由此得名唐集。新中国成立前，归唐寨局子街管辖。新中国成立后，为唐集生产大队。1958 年属唐寨公社。1980 年为唐集村。2007 年合并为唐集村，属唐寨镇管辖。
定国寺	Dìngguósì	明朝时期，从山西迁居的多姓在此地占产立庄，其间有一南方人，看此处是块风水宝地，号召民众捐资建庙，称定国寺。
范楼	Fànlóu	清朝时期，范姓乡绅在此耕种、建楼，范楼因而得名。
后张楼	Hòuzhānglóu	民国初期，有张姓从外地迁此地，在庄北建土楼，故取名张楼。
荒庄	Huāngzhuāng	清朝时期，有位唐姓在此开荒种田，因该地非常荒凉，故而得名。
李老庄	Lǐlǎozhuāng	清朝初，有李姓在此占产立庄，后有分支迁出，因此此地命名李老庄。
李寨	Lǐzhài	原名李集子，后筑寨，改为李寨。据说是清朝高官李卫的家乡，有石碑在村里。
南唐集	Nántángjí	元末，唐姓数十家迁此居住，形成集市，故名唐集；因区别于北部的唐集，故名南唐集。
前张楼	Qiánzhānglóu	明初，张姓迁到此地，建造土楼，取名为张楼；后来人口多，分为前、后张楼。

标准名称	汉语拼音	备注
孙马路口	Sūnmǎlùkǒu	清末，孙姓人家居住在唐寨西边的马路口边，故名为孙马路口。
唐李庄	Tánglǐzhuāng	明末，唐李两姓在此立庄，唐姓在东头为荒庄，李姓在西头为李庄，两庄统称唐李庄。
唐马庄	Tángmǎzhuāng	清末，此庄居住有马姓和唐姓两户人家，因此命名为唐马庄。
王庄	Wángzhuāng	清朝末期，由王姓在此立庄，故而得名。
小赵庄	Xiǎozhàozhuāng	明朝时期，赵姓从山西迁居此地，因当时人少庄小，故而得名。
臧院	Zāngyuàn	清朝中期，臧姓在唐集西头租用唐姓乡绅的地，后来臧姓有九十口人住在一个大院里，取名臧院。
张庄	Zhāngzhuāng	清末，有张姓人在此居住，随人口增多，取名张庄。后来其他唐姓、孙姓陆续迁此庄，但庄名依旧。
唐寨村 村民委员会	Tángzhàicūn Cūnmínwěiyuánhuì	隶属砀山县唐寨镇。据查，唐寨始建于清朝咸丰八年，发起人是唐瑞邦，目的是防匪患，起到保境安民之作用。当时，周边的人纷纷移居唐寨，人口众多，商铺云集，因此得名唐寨。新中国成立前，归二区。新中国成立后成立唐寨初级社。1961 年属唐寨大队。2007 年合并为唐寨村委会。
大南门	Dànánmén	清朝咸丰八年（1858 年），唐瑞邦为防匪患，号召周边村民共同起圩筑唐寨和四座大门，因此门在南方，故称大南门。
黄盆窑	Huángpényáo	清朝时期，有唐姓在此烧制黄盆为生，故而得名黄盆窑。
局子街	Júzijiē	据查，因当年乡绅唐老八是大户家庭，立局子方圆十八里，周边垒上寨墙，立上寨门，因此名局子街。
唐庄	Tángzhuāng	从前，唐姓在此立庄，取名唐庄。
魏庄	Wèizhuāng	从前，魏姓在此立庄，故叫魏庄。
小南门	Xiǎonánmén	因唐寨有东、西、南、北四大门，后来为了方便出寨南行，又开小南门，故而得名。
小套子	Xiǎotàozi	清初，故黄河数次冲经此地，由于地势低洼，在南、北筑堤以防水患，因而地面多积水，故称“套”，得名小套子。
新庄	Xīnzhuāng	据查，1962 年从唐寨搬七组、八组、九组在此立庄，取名新庄。
朱刘庄	Zhūliúzhuāng	旧时朱姓、刘姓在此地居住，原来叫侉庄，后来改为朱刘庄。
汪庄村 村民委员会	Wāngzhuāngcūn Cūnmínwěiyuánhuì	隶属砀山县唐寨镇。据查，此地有汪姓在此立户，由此得名为汪庄。新中国成立后，属唐寨公社。1987 年将唐寨、文庄划分为两区，此地属文庄乡。2007 年，合并为汪庄村委会，属唐寨镇管理。

标准名称	汉语拼音	备注
蒋楼	Jiǎnglóu	旧时，蒋姓在此立庄建楼，故而得名蒋楼。
宋阁	Sònggé	旧时，宋姓在此立庄，建楼阁。故而得名宋阁。
孙楼	Sūnlóu	旧时，孙姓在此立庄建楼，故而得名孙楼。
汪集	Wāngjí	旧时，汪姓在此立庄，成立集市，故而得名汪集。
汪庄	Wāngzhuāng	旧时，汪姓在此立庄，故而得名汪庄。
魏集	Wèijí	旧时，魏姓在此立庄，建立集市，故而得名魏集。
文庄村村民委员会	Wénzhuāngcūn Cūnmínwěiyuánhuì	隶属砀山县唐寨镇。文姓在此生活居住多年，由此得名文庄。1991 年以前属唐寨人民公社，1991 年后属文庄镇。2007 年 5 月，与原路口村合并，称文庄村，属唐寨镇至今。
杜楼	Dùlóu	从前，杜姓在此占产立庄建楼，故而得名。
杜双楼	Dùshuānglóu	从前，杜姓在此居住，盖了两座楼房，故名杜双楼。
后文庄	Hòuwénzhuāng	旧时明朝时期，文姓由山西平阳府平陆县鲁王村迁居此地立庄，故得名。
况楼	Kuànglóu	从前，况姓在此占产立庄，建造楼房，故而得名。
前文庄	Qiánwénzhuāng	旧传明朝时期，文姓由山西省平阳府平陆县鲁王村迁居此地占产立户，故而得名。
孙楼	Sūnlóu	从前，孙姓在此占产立庄，建造楼房，故而得名。
王楼	Wánglóu	从前，王姓在此占产立庄，故而得名。
玉皇庙	Yùhuángmiào	据查，该地从前有庙一座，供奉神仙为玉皇大帝，故而得名。
臧路口	Zānglùkǒu	旧时臧姓在此居住，占产立庄，因坐落在路口，故而得名。
枣园	Zǎoyuán	据查，该地原有一大片枣树园，系王姓产业，故而得名。
张楼	Zhānglóu	从前，张姓在此占产立庄，建造楼房，故而得名。
邹屯	Zōutún	从前，邹姓在此占产屯田立庄，故而得名。
油坊村村民委员会	Yóufāngcūn Cūnmínwěiyuánhuì	隶属砀山县唐寨镇。古时唐姓在此地建坊卖油，从而得名油坊。20 世纪 50 年代，属唐寨人民公社。1980 年属唐寨区。1987 年属唐寨镇政府管辖。
北门	Běimén	从前，唐寨为防匪筑寨墙，在此处留北门，所以称北门。
车庄	Chēzhuāng	据查，新中国成立初期，为了方便耕种，农户将许多架子车聚集在一起，故名为车庄。
荒庄	Huāngzhuāng	旧时，各处逃荒者到此处安家，形成一个村庄，且此地到处荒草漫漫，故称荒庄。
团结村	Tuánjiécūn	据查，新中国成立初期为了方便耕种生活，有许多人聚集在一起成村，名为团结村，取“和谐共处”之意。
油坊	Yóufāng	旧时，唐姓在此开设油坊，故名。

标准名称	汉语拼音	备注
张集	Zhāngjí	旧时，张姓在此立户，形成集市，故称张集。
于集村村民委员会	Yújícūn Cūnmínwěiyuánhuì	隶属砀山县唐寨镇。明朝时期，于姓在此居住，建庙成集，从事祭祀、贸易活动，故得名。新中国成立初期，属唐寨区。1958 年属唐寨人民公社。1980 年属夹堤子乡。2007 年 6 月合并为于集村，属唐寨镇管辖。
夹堤子	Jiádīzi	明朝时筑堤防水患，筑南北二堤，人居其北堤之南坡，故称夹堤子。
孙马路口	Sūnmǎlùkǒu	新中国成立前，唐寨镇有围墙，从西门到南门墙外有马路，顺堤河南有岔路口，孙姓居住在此，故而得名。
土楼	Tǔlóu	据调查，抗日战争时期，日军在此修建土炮楼设为据点，因此得名。
西门	Xīmén	元朝，唐姓避难于此，后筑寨墙，设四门，因此门居西部，从而得名西门。
小油坊	Xiǎoyóufāng	旧时，唐姓在此榨油，因人少，且唐寨北门有地方叫油坊，故而得名小油坊。
于集	Yújí	明朝时期，于姓在此居住，建庙成集，故而得名。
朱庄	Zhūzhuāng	旧时，芒山一朱姓北迁，在此立庄，因此得名。

葛集镇

葛集镇（Géjí Zhèn） 隶属砀山县管辖，葛集镇地处砀山县东北部，面积为 85.58 平方千米。人口 6.53 万人，以汉族为主。1949 年新中国成立时，该镇为山东省华山县六区。1953 年华山县撤销，该镇划给江苏省徐州市砀山县，仍称第六区，后改名高寨区。1955 年，砀山县由江苏划归安徽，此地仍称为砀山县第六区。1958 年人民公社化时，为周寨区人民公社的一部分。1961 年成立高寨公社。1966 年更名东方红公社。1971 年复改为高寨公社。1980 年取消公社体制，改设高寨区，辖葛集、窦集、毛雷庄、朱兰店、贾寨五个乡。1988 年撤销高寨区，改设葛集镇，辖 23 个自然村。2007 年自然村合并，辖 11 个村。1988 年 2 月，撤区并乡后，原高寨区更名为葛集镇。因镇政府驻地隶属葛集，由此得名为葛集镇。工业以塑料加工、林业为主。有镇文化站、广播站各 1 处，职业学校 1 所、镇卫生院 1 所。有幼儿园和中小学校。砀葛路，葛玄路从镇域中部纵横贯通。镇区道路三纵三横，由县道和镇道结合而成。公共交通上，有一条公交路线（砀城—葛集），每小时发一次。

标准名称	汉语拼音	备注
白蜡园村 村民委员会	Báilàyuáncūn Cūnmínwěiyuánhuì	隶属砀山县葛集镇。从前，因此地为种植可以编筐的白蜡条子，故名白蜡园。白蜡园村的前身为前进大队，后由前进大队演化、合并，现称为白蜡园村委会。
白蜡园	Báilàyuán	从前，王姓在此开垦，种植的是能编织条筐的白蜡条，故得名白蜡园。
陈屯	Chéntún	因此地多数人为陈姓的屯田佃户，故得名陈屯。
房庄	Fángzhuāng	从前，房姓在此开垦种田，故名房庄。
高庄	Gāozhuāng	从前，高姓在此开垦种田建庄，故名高庄。
王庄	Wángzhuāng	从前，王姓在此开垦种田，故名王庄。
谢庄	Xièzhuāng	因谢姓在此开垦种田生息，故得名谢庄。
赵楼	Zhàolóu	从前，因赵姓在此建楼立庄，故名赵楼。
周庄	Zhōuzhuāng	从前，周姓在此开垦种田，建立村庄，故得名周庄。
汪小楼	Wāngxiǎolóu	从前，汪姓大户在此建小楼，故而得名。
夏朱庄	Xiàzhūzhuāng	从前，夏、朱两姓在此开垦种地，并建庄，故名夏朱庄。
小高庄	Xiǎogāozhuāng	本庄全是高姓，人少庄小，故名小高庄。
张马吴庄	Zhāngmǎwúzhuāng	以前由张庄、马庄、吴庄三个小庄合在一起，得名张马吴庄。
朱庵	Zhū’ān	从前，朱姓在此开垦种田，搭一庵棚，得名朱庵。
朱寺窑	Zhūsìyáo	从前，朱姓在此建庙，后又烧土窑，故名。
窦集村 村民委员会	Dòujícūn Cūnmínwěiyuánhuì	隶属砀山县葛集镇。因从前此地为集市，窦姓较多，故此得名窦集。1956 年为窦集乡。1958 年归属周寨人民公社。1961 年从周寨公社划出，属高寨公社所辖。1980 年从高寨公社划出部分大队，成立窦集乡。2006 年划出李安、仝集，成立窦集村。
窦集	Dòují	窦集以前是集市，窦姓较多，故名窦集。
陈庄	Chénzhuāng	明朝时期，陈姓在此占产立庄，故得名陈庄。
丁庄	Dīngzhuāng	从前，因丁姓居住早，故名丁庄。
蒋屯	Jiǎngtún	明朝时期，蒋姓在此屯田立庄，故名蒋屯。
林庄	Línzhuāng	明朝时期，林姓在此占产立庄，故名林庄。
薛庄	Xuēzhuāng	薛姓在此入住早，故名薛庄。
腰屯	Yāotún	原名前辛屯，因前有蒋屯，后有后辛屯，故名腰屯。
周庄	Zhōuzhuāng	从前，周姓在此入住早，人口较多，故名周庄。
后辛屯	Hòuxīntún	辛姓在此地入住早，占产立庄，因前有前辛屯，故名后辛屯。
李胡窑	Lǐhúyáo	从前，有个叫李胡的人在此地筑窑，故名李胡窑。

标准名称	汉语拼音	备注
汪沙滩	Wāngshātān	因此庄坐落在黄河故道岸边，都是沙滩，汪姓人多，故而得名汪沙滩。
范集村村民委员会	Fànjícūn Cūnmínwěiyuánhuì	隶属砀山县葛集镇。明朝时期，有范姓在此置田耕种，因地处故黄河的河套，故由此得名范套。新中国成立后属山东省华山县六区。1953年属安徽砀山窦集乡。1958年属周寨人民公社。1980年属高寨区葛集乡。1988年属葛集镇至今。
大高庄	Dàgāozhuāng	因村庄面积大，居民多为高姓，故得名大高庄。
范集	Fànjí	据出土石碑证实，此地原名宝应集，因范姓居住占大部分，并倡起集市，故得名范集。
蒋楼	Jiǎnglóu	从前，蒋姓盖起楼房，故名蒋楼。
朱楼	Zhūlóu	此地紧靠防洪大堤口，原为朱马路口，后因朱姓建楼，故此得名朱楼。
朱庄	Zhūzhuāng	朱庄原为砀山县朱氏家族发源地，故名朱庄。
高堤湾	Gāodīwān	因该村坐落在大堤北面，有高姓居住，同时有堤湾田，故得名高堤湾。
柳园	Liǔyuán	从前，因庄内生长有簸箕柳，村民从事柳编手工业，故得名柳园。
范套村村民委员会	Fàntàocūn Cūnmínwěiyuánhuì	隶属砀山县葛集镇。明朝时期，有范姓在此置田耕种，因地处故黄河的河套，故由此得名范套。新中国成立后属山东省华山县六区。1953年属安徽砀山窦集乡。1958年属周寨人民公社。1980年属高寨区葛集乡。1988年属葛集镇至今。
场子	Chǎngzi	据查，1962年由范套大队各生产队迁出15户居民成立试验场，故而得名。
大汪庄	Dàwāngzhuāng	明末，汪姓在此占产立庄，因庄大，故名。
范套	Fàntào	明朝时期，范姓在此占产立庄，因属故黄河河套，故得名。
丁庄	Dīngzhuāng	明末，丁姓在此占产立庄，故而得名。
刘庄	Liúzhuāng	明末，刘姓在此占产立庄，故名。
魏庄	Wèizhuāng	明末，魏姓在此占产立庄，故得名。
仝寨	Tóngzhài	明末，仝姓在此筑寨，故而得名。
王李庄	Wánglǐzhuāng	明末，有王姓、李姓在此占产立庄，故而得名。
小汪庄	Xiǎowāngzhuāng	清初，汪姓在此占产立庄，因庄小，故名。
高寨村村民委员会	Gāozhàicūn Cūnmínwěiyuánhuì	隶属砀山县葛集镇。明朝中期，古镇蟠龙集为避免黄河水患在西部修堤建坝，形成村落，初名避水寨；后因该地地势较高，改名高寨。新中国成立前属山东省华山县，新中国成立后属安徽省砀山县。1958年属高寨公社黄河大队。1987年归葛集镇政府管理至今。

标准名称	汉语拼音	备注
高寨	Gāozhài	明朝中期，古镇蟠龙集为免黄河水患，在西部修堤建坝，建村立寨，初名避水寨；后因该地势较高，改名高寨。
吴楼	Wúlóu	明末，吴姓兄弟六人自萧县迁居至此，盖楼居住，得名吴楼。
刘店场	Liúdiànchǎng	清朝中期，刘姓在高寨西门开设茶馆、客栈、旅店，因所在地为平坦开阔的场地，得名刘店场。
蟠龙集	Pánlóngjí	因地形似蟠龙而得名。为明清重镇，传说有 72 道街。素有“南有金陵城，北有蟠龙集”之说。
葛集村 村民委员会	Gějícūn Cūnmínwěiyuánhuì	隶属砀山县葛集镇。从前，葛姓在此地属大家族，后成立集贸市场，故名葛集。新中国成立前归山东省华山县。1953 年归砀山县高寨乡。1984 年归高寨区。2007 年常庄村、葛集村、葛套村合并为葛集村。
东高李庄	Dōnggāolǐzhuāng	从前，高姓和李姓在此占产立庄，大沟把庄子分为东西两庄，因此庄在东边，故名东高李庄。
葛集	Gějí	清末黄河改道后，葛姓在此占地立庄，因当时此处地势低洼，属故黄河河套，故而得名为葛套。
常庄	Chángzhuāng	明朝时期，常姓在此立庄，因此得名。清代常家没落后，又卖于辛家，故有“辛常庄”之称。
范庄	Fànzhuāng	明朝时期，范姓在此占地立庄，故而得名范庄。
周庄	Zhōuzhuāng	旧时，周姓在此占地立庄，故得名周庄。
葛套村 村民委员会	Gětàocūn Cūnmínwěiyuánhuì	清末黄河改道后，葛姓在此占地立庄，因当时此处地势低洼，属故黄河河套，故而得名为葛套。
郝李陈庄	Hǎolǐchénzhuāng	明朝时期，郝姓在此立庄，后有李姓、陈姓相继在此立庄，现今三庄合一，故得名郝李陈庄。
侯寨	Hóuzhài	清代，侯姓在此立庄，筑寨，故而得名为侯寨。
律庄	Lǜzhuāng	从前，律姓在此占地立庄，故而得名。
西高李庄	Xīgāolǐzhuāng	从前，高姓和李姓在此占产立庄，大沟把庄子分为东西两庄，因此庄在沟的西边，故得名西高李庄。
周菜园	Zhōucàiyuán	明朝时期，周姓在此立庄，种植菜园，故而得名。
贾寨村 村民委员会	Jiǎzhàicūn Cūnmínwěiyuánhuì	隶属砀山县葛集镇。从前，贾姓人多，庄周围筑一圈寨墙，故此称贾寨。新中国成立前归华山县管辖。1953 年划归砀山县高寨乡。1962 年属高寨人民公社。2006 年 7 月村合并，成立贾寨村民委员会。
韩李庄东	Hánlǐzhuāngdōng	此庄韩、李两大姓人多，居住在老庄子东面，故名为韩李庄东。
韩李庄西	Hánlǐzhuāngxī	此庄韩、李两大姓人多，居住在老庄子西面，故命名为韩李庄西。

标准名称	汉语拼音	备注
黄庙	Huángmiào	从前，因黄姓人多，且建一土地庙，故命名为黄庙。
贾寨	Jiǎzhài	因贾姓多，庄外有寨墙，故名贾寨。
贾楼	Jiǎlóu	旧时，贾姓有楼院，故名贾楼。
卢庄	Lúzhuāng	从前，因卢姓先迁移到此庄，故起名卢庄。
庞庄	Pángzhuāng	庞姓原在庞庄台子居住，因上大水淹没，移到现址，故名庞庄。
赵庙	Zhàomiào	明初移民时，赵姓先住入该地，建一庙宇，故名赵庙。
李黄楼	Lǐhuánglóu	从前，因李姓、黄姓人多，且有个土楼，故名李黄楼。
夏黄楼	Xiàhuánglóu	从前，夏姓、黄姓土地多，建有土楼居住，故称夏黄楼。
李安村村民委员会	Lǐāncūn Cūnmínwěiyuánhuì	隶属砀山县葛集镇。从前，李姓逃荒到此，搭起庵棚，由此而得名李庵；后来，便误写为“李安”了。新中国成立前归华山县光明大队，新中国成立后归砀山县高寨区窦集乡。2007年李安大队和仝集大队合并，统称李安村委会至今。
后毛庄	Hòumáozhuāng	从前，毛姓从山西迁至此地，在此开店经营，后来家业大了，更名为后毛庄。
李安	Lǐ’ān	从前，李姓迁至此地种田，搭起庵棚，故名为“李庵”；后来，人们便误写为“李安”了。
大张庄	Dàzhāngzhuāng	明初，张姓从山西洪洞县迁至此地，因庄子大，故名为大张庄。
瓦房	Wǎfáng	从前，周姓迁至此地，开店做生意，后来盖青砖瓦屋四合院，故名瓦房。
王药铺	Wángyàopù	新中国成立前，王姓迁至此地，开中药铺，故起名王药铺。
小张庄	Xiǎozhāngzhuāng	明初，张姓从山西洪洞县迁此，因东靠大张庄，且家族较小，故名小张庄。
南河场	Nánhéchǎng	李安大队成立后，在黄河故道北边、李安大队最南部成立场子，故名南河场。
仝集	Tóngjí	明初，仝姓从山西洪洞县迁至此地，建立集市，故名仝集。
仝庄	Tóngzhuāng	从前，仝姓从河南老仝庄逃荒到此地，在此地落户，故为仝庄。
西毛李庄	Xīmáolǐzhuāng	旧时毛姓、李姓从山西逃荒迁至此地，后来分家迁出后变成东毛李庄、西毛李庄。
辛屯	Xīntún	明初，辛姓从山西洪洞迁此地屯田，故名辛屯。
毛雷庄村村民委员会	Máoléizhuāngcūn Cūnmínwěiyuánhuì	隶属砀山县葛集镇。从前，因毛姓、雷姓在此居住较早，故名毛雷庄。新中国成立前归顺堤乡管理。1958年属周寨区高寨公社。1988年撤乡并镇，属葛集镇毛雷庄村至今。

标准名称	汉语拼音	备注
坝子街	Bàzijiē	清朝乾隆年间，黄河滩内筑二道坝挡水，以利农事，此坝由葛套南至高寨，经过此村，坝似街道一样开阔，故而得名坝子街。
仇王屯	Qiúwángtún	民国年间，王姓来此屯田居住，新中国成立初期仇姓搬来居住，故而得名仇王屯。
东葛庄	Dōnggězhuāng	清初，有葛姓在此居住，因有别于西边的葛庄，故名东葛庄（曾用名大葛庄）。
高庄	Gāozhuāng	据查，高姓于清乾隆年间在此居住，故称高庄。
官庄	Guānzhuāng	清朝年间，蟠龙集扩建，因有官员在此居住，故称官庄。
雷庄	Léizhuāng	清朝初期，雷姓在此居住，故而得名雷庄。
毛庄	Máozhuāng	清朝初期，毛姓在此居住，故而得名毛庄。
小李庄	Xiǎolǐzhuāng	清朝时期，黄河在蟠龙集决口后，故黄河岸边形成滩地，李姓从城南李新集迁此，因村小，故而得名小李庄。
杨庄	Yángzhuāng	民国初期，杨姓由杨野场子搬来居住，起名小杨庄，后称杨庄。
唐新庄	Tángxīnzhuāng	清朝末年，唐姓在此居住，因属新建村子，故名。
西葛庄	Xīgězhuāng	清末，由坝子街迁来的葛姓在此居住，初称小葛庄，后因东边有个东葛庄，故称西葛庄。
杨寨	Yángzhài	清末，杨姓大户在此居住，名杨家场子（打麦场），后来人口增多，建寨，称杨寨。
土山村村民委员会	Tǔshāncūn Cūnmínwěiyuánhuì	隶属砀山县葛集镇。因地势高亢，土堆如山，故名土山村。新中国成立前归顺堤乡管理。1958 年属周寨区高寨公社。1983 年属高寨区毛雷庄乡。1988 年撤乡并镇，为葛集镇土山村委会。
大武庄	Dàwǔzhuāng	武姓于清末由山东迁此聚居，人数比其他姓氏多，村大，故而得名大武庄。
官场	Guānchǎng	据查，该村人 1851 年由蟠龙集迁此，租种徐州府官地，故名为官场。
老庄	Lǎozhuāng	据查，李寨寨墙以外的李姓居住量大，他们系清末住在寨外的村民后裔，因此地立庄较早，故得名老庄。
孙新庄	Sūnxīnzhuāng	清代，孙姓在此占地立庄，由于是新建村子，故而得名。
崔庄	Cuīzhuāng	据查，本村以崔姓人多，故而得名崔庄。
韩新庄	Hánxīnzhuāng	清代，有韩姓在此占地立庄，由于是新建村子，故而得名。
雷庄	Léizhuāng	据查，因雷姓在此占地立庄，按姓氏故而得名雷庄。
李寨	Lǐzhài	清咸丰元年，蟠龙集遭洪水，李姓迁此处筑寨居住，故名李寨。

标准名称	汉语拼音	备注
土山	Tǔshān	因此地地势高亢，土堆如山，故得名土山。
周庄	Zhōuzhuāng	旧时，周姓在此占地立庄，故而得名周庄。
小东庄	Xiǎodōngzhuāng	新中国成立初期，李寨村人分居砀葛路东，故而起名小东庄。
小武庄	Xiǎowǔzhuāng	清末，武姓在此占地立庄，因当时人少村小，故而得名小武庄。
新华村村民委员会	Xīnhuácūn Cūnmínwěiyuánhuì	隶属砀山县葛集镇。清光绪二十三年（1897年），因新建村庄而取名新华。1955年属第六区。1958年归属周寨人民公社。1961年属高寨公社所辖。1980年属朱蓝店乡。1986年更名为新华村委会。
吕堤湾	Lǚdīwān	因村庄坐落在故黄大堤的拐弯处，吕姓较多，故而得名吕堤湾。
王阁	Wánggé	从前，王姓在此占产立庄，因建有楼阁，故而得名王阁。
毛阁	Máogé	从前，毛姓在此占产立庄，建有楼阁，故而得名毛阁。
田楼	Tiánlóu	从前，田姓在此占产立庄，因建有楼阁，故而得名田楼。
朱蓝店	Zhūlándiàn	清代，朱姓在此开了一布店，主营蓝花布，故而得名。

周寨镇

周寨镇（Zhōuzhài Zhèn） 隶属砀山县管辖，周寨镇位于砀山县东北隅，面积为120.65平方千米。人口7.69万人。以汉族为主。1934年属砀山县第三区，1949年属江苏华山县，1953年复归砀山县管辖，后改为周寨区。1958年9月设周寨镇人民公社。1980年2月改为周寨区。1988年周寨区改为周寨镇。辖孙老家、郭程庄、解楼等11个村和刘暗楼、周寨2个社区。因周姓在此建寨，故称周寨，以政府驻地周寨而命名周寨镇。境内地势平坦，系黄河冲击而成。由于黄河屡次泛滥改道，地势起伏，岗、坡、洼相间，自南向北依次为河滩高地、背河洼地、缓平坡地，堤口扇形地，地势南高北低。南部海拔50米左右，多淤质土壤；中、北部海拔44米左右，多沙质土壤，高低落差6—8米。年均温14℃，年降水量773毫米，年无霜期191天。周寨镇地处故黄河、苗城河之间，境内河流有黄河古道、苗城河、复兴河、郭河、白玉一支河等，流域总长25千米。水果主要盛产砀山酥梨、苹果、黄桃以及少量的杏、柿子、葡萄。粮食作物主要有小麦、玉米、大豆、红芋等；经济作物主要有棉花、花生、油菜、药材、山药和食用菌等。养殖业主要有生猪、羊、鸡、鸭、兔等成规模养殖。有省重点高中1所，幼儿园6所，小学17所，初中3所，医院6所，民营诊所3所，文化中心站1处。境内道路多为柏油路面，主要有223省道斜穿镇域南部，济祁高速擦肩而过，县级道路有周市路、周葛路、周玄路构成镇域主干道，镇级中心路横穿东西，“村村通”公路四通八达。每日有多趟公共汽车经过本区，交通运输十分方便。境内开通周寨至砀城、刘暗楼至砀城公交线路2条；开通周寨至宿州市、周寨至徐州市公交客车线路2条。名胜古迹有圆梦园公园。

标准名称	汉语拼音	备注
郭程庄村村民委员会	Guōchéngzhuāngcūn Cūnmínwěiyuánhuì	隶属砀山县周寨。清初，郭姓、程姓迁入此地，故名郭程庄。新中国成立前归江苏省华山县管理，新中国成立后划归安徽省砀山县。1958年属周寨人民公社，2007年与梨花湾村合并为郭程庄村。
刘庄	Liúzhuāng	清代，刘姓在此占产立庄，故名刘庄。
周庄	Zhōuzhuāng	清代，周姓在此占产立庄，故名周庄。
郭程庄	Guōchéngzhuāng	清代，郭姓、程姓在此占产立庄，故名郭程庄。
黄马庄	Huángmǎzhuāng	清代，黄姓、马姓在此占产立庄，故名黄马庄。
黄庄	Huángzhuāng	清代，黄姓在此占产立庄，故名黄庄。
蒋李庄	Jiǎnglǐzhuāng	清朝时期，蒋姓、李姓在此占产立庄，故名蒋李庄。
蒋屯	Jiǎngtún	清朝时期，蒋姓在此地为官府屯田耕种，故名蒋屯。
毛庄	Máozhuāng	清朝时期，毛姓在此占产立庄，故名毛庄。
彭楼	Pénglóu	清朝时期，彭姓在此占产立庄，建了一座楼房，故名彭楼。
前李庄	Qiánlǐzhuāng	前李庄以前是小李庄，因后村是腰李庄，后更名为前李庄。
汤庄	Tāngzhuāng	清朝时期，汤姓在此占产立庄，故名汤庄。
吴阁	Wúgé	清朝时期，吴姓在此立庄，建了一座庙阁，故名吴阁。
许庄	Xǔzhuāng	清朝时期，许姓在此占产立庄，故名许庄。
腰李庄	Yāolǐzhuāng	因前面有前李庄，后面有蒋李庄，中间有此庄，故名腰李庄。
郭张庄村村民委员会	Guōzhāngzhuāngcūn Cūnmínwěiyuánhuì	隶属砀山县周寨镇。清初，此地以郭、张两姓人数居多，故得名郭张庄。新中国成立初期归华山县管理，后划归安徽省砀山县。1980年属周寨区张屯乡，2007年成立郭张庄联村。
郭张庄	Guōzhāngzhuāng	清朝年间，由郭、张两姓人来此占产立庄，故名郭张庄。
侯庄	Hóuzhuāng	清朝年间，由侯姓在此购地置产，故名侯庄。
孟堤口	Mèngdīkǒu	明朝，孟姓在此置产，因地处故黄大堤决口处，故名孟堤口。
庞大楼	Pángdàlóu	清朝时期，庞姓在此置产建楼，因庄体大，故名庞大楼。
庞小洼	Pángxiǎowā	清朝时期，庞姓在此置产，因村小地势洼，故名庞小洼。
庞新楼	Pángxīnlóu	清朝年间，庞姓在此购地置产建新楼，故名庞新楼。
庞庄	Pángzhuāng	清朝年间，庞姓在此购地置产，故名庞庄。
齐庄	Qízhuāng	清朝时期，最早由齐姓迁此，故名齐庄。
史新庄	Shǐxīnzhuāng	清朝时期，史姓在此置产，因是建立的新庄，故名史新庄。

标准名称	汉语拼音	备注
滕庄	Téngzhuāng	清朝年间，由滕姓在此购地置产，故名滕庄。
西堤口	Xīdīkǒu	明朝，因洪水将大堤冲溃，分为东西两部分，西堤口由此得名。
许楼	Xǔlóu	清朝年间，最早由许姓在此购地置产，建土楼，故名许楼。
洪庄新村村民委员会	Hóngzhuāng Xīncūn Cūnmínwěiyuánhuì	隶属砀山县周寨镇。2008 年，原来的汪庄、段李庄、洪楼、赵楼合并在一起，取名洪庄新村。新中国成立前归山东省华山县管理，新中国成立后划归安徽省砀山县。1958 年属周寨人民公社洪楼大队。
赵庄	Zhàozhuāng	以前赵姓在此占产立庄，故名赵庄。
陈洼	Chénwā	以前陈姓在此占产立庄，因此地地势低洼，故名陈洼。
段李庄	Duànlǐzhuāng	以前段姓、李姓在此占产立庄，故名段李庄。
洪楼	Hónglóu	以前洪姓在此占产立庄，建了一座楼房，故名洪楼。
李寺	Lǐsì	以前李姓在此占产立庄，村头有一座寺庙，故名李寺。
双窦楼	Shuāngdòulóu	以前窦姓在此占产立庄，盖了两座土楼，故名双窦楼。
孙大楼	Sūndàlóu	以前孙姓在此占产立庄，建了一座大楼，故名孙大楼。
汪庄	Wāngzhuāng	以前汪姓在此占产立庄，故名汪庄。
小王楼	Xiǎowánglóu	以前王姓在此占产立庄，建一座楼房，因有别于大王楼，故名小王楼。
周新庄	Zhōuxīnzhuāng	以前周姓在此占产立了新的庄子，故名周新庄。
解楼村村民委员会	Xièlóucūn Cūnmín Wěiyuánhuì	隶属砀山县周寨镇。因解姓在此地居住，建造了楼房，故得名解楼。新中国成立前归山东省华山县，新中国成立后划归安徽省砀山县。1965 年成立解楼大队，1987 年属刘暗楼乡，2007 年属周庄镇。
刘庄	Liúzhuāng	清朝年间，由刘姓在此居住，故名刘庄。
张庄	Zhāngzhuāng	清朝年间，由张姓在此居住，故名张庄。
朱庄	Zhūzhuāng	清朝年间，由朱姓在此居住，故名朱庄。
陈集	Chénjí	从前，陈姓在此居住，形成集市，故称陈集。
陈庄	Chénzhuāng	清朝年间，陈姓在此居住，故名陈庄。
大吴庄	Dàwúzhuāng	清初，吴姓在此居住，庄子大，故名大吴庄。
国楼	Guólóu	从前，因国姓在此地建造楼房，故称国楼。
贾庄	Jiǎzhuāng	清初，由贾姓在此占产立业，故名贾庄。
解楼	Xièlóu	从前，解姓在此建立楼房，故称解楼。
马庄	Mǎzhuāng	清朝年间，马姓在此居住，故名马庄。
庞大庄	Pángdàzhuāng	因庞姓在此居住，故称庞大庄。

标准名称	汉语拼音	备注
庞小集	Pángxiǎojí	清初，庞姓在此居住，形成小集市，故名庞小集。
双楼	Shuānglóu	清朝年间，此庄有楼两座，故名双楼。
瓦屋	Wǎwū	从前，因该村有一座瓦屋，在茅草房时代很显眼，故称瓦屋。
薛庄	Xuēzhuāng	清朝年间，薛姓在此居住，故名薛庄。
袁楼	Yuánlóu	从前，袁姓在此建了楼房，故称袁楼。
孙集村村民委员会	Sūnjícūn Cūnmínwěiyuánhuì	隶属砀山县周寨镇。因明朝初年孙姓在此置田立业，后又成为当地集市，故名。新中国成立前归江苏省华山县管辖，新中国成立后划归安徽省砀山县。2007 年合并为现在的孙集村民委员会。
张庄	Zhāngzhuāng	以前张姓在此居住，故名张庄。
刘坝	Liúbà	以前为防洪水在此地筑坝子，后刘姓在此居住，故而得名。
市力集	Shìlìjí	以前传说市力为当地一大力士，后来在此地形成一个集市，故而得名。
孙集	Sūnjí	明代初期，孙姓在此占产立庄，形成集市，故名孙集。
汪蒋庄	Wāngjiǎngzhuāng	旧时，此地有汪姓、蒋姓居住，故名汪蒋庄。
孙老家村村民委员会	Sūnlǎojiācūn Cūnmínwěiyuánhuì	隶属砀山县周寨镇。明初，孙姓迁入此地，以姓氏命名孙老家，延续至今。新中国成立前归山东省华山县管辖，新中国成立后划归安徽省砀山县。1958 年为孙老家大队。1980 年成立孙老家乡。1988 年为周寨镇孙老家村。
胡庄	Húzhuāng	以前胡姓在此占产立庄，故名胡庄。
朱庄	Zhūzhuāng	以前朱姓在此占产立庄，故名朱庄。
丁花园	Dīnghuāyuán	以前丁姓在此占产立庄，因庄后有花园，故名丁花园。
丁寺	Dīngsì	传说唐朝时，庄西南建了文光寺，后来丁姓当庙主，把文光寺改为丁寺。
刘大庄	Liúdàzhuāng	以前刘姓在此占产立庄，故名刘大庄。
吕庄	Lǚzhuāng	以前吕姓在此占产立庄，故名吕庄。
孙老家	Sūnlǎojiā	明初，孙姓迁入此地占产立庄，命名孙老家。
孙李庄	Sūnlǐzhuāng	以前孙姓、李姓在此占产立庄，故名孙李庄。
孙庄	Sūnzhuāng	以前孙姓在此占产立庄，故名孙庄。
小庄	Xiǎozhuāng	从前，因庄小人少，故名小庄。
张老家村村民委员会	Zhānglǎojiācūn Cūnmínwěiyuánhuì	隶属砀山县周寨镇。清初，有张姓迁入此地，买田立庄，故名张老家。新中国成立前归山东省华山县，新中国成立后划归安徽省砀山县。1958 年属汪庄大队，2007 年属周寨镇张老家村。

标准名称	汉语拼音	备注
陈楼	Chénlóu	清朝时期，陈姓在此占产立庄，建楼，故名陈楼。
大王楼	Dàwánglóu	清朝时期，王姓在此置田安家，建一座楼，且村子规模大，故名大王楼。
大王庄	Dàwángzhuāng	以前王姓在此置田立庄，因庄体大，故取名大王庄。
堤湾	Dīwān	因该村靠故黄大堤的一处低洼地，故名堤湾。
董庄	Dǒngzhuāng	清朝年间，董姓在此占产立庄，故名董庄。
高庄	Gāozhuāng	清朝时期，高姓在此占产立庄，故名高庄。
李集	Lǐjí	最早由李姓居住。清朝时期，李集有八座庙，当时又是大集镇，故名李集。
前李楼	Qiánlǐlóu	清朝时期，李姓在李集前建一处楼房，故名前李楼。
汪小屯	Wāngxiǎotún	以前汪姓在此地设庄屯田，故名汪小屯。
小王庄	Xiǎowángzhuāng	清朝时期，王姓从大王庄迁至此地，取名小王庄。
张老家	Zhānglǎojiā	清朝时期，张姓在此买田立庄，后有不少分支，故名张老家。
赵楼	Zhàolóu	以前赵姓在此占产立庄，建一座楼房，故名赵楼。
朱楼	Zhūlóu	清朝时期，朱姓在此占产立庄建楼，故名朱楼。
张屯村村民委员会	Zhāngtúncūn Cūnmínwěiyuánhuì	隶属砀山县周寨镇。张姓聚居地，后又为军备屯田，故而得名。新中国成立初期归华山县管理，后划归安徽省砀山县。1957 年属孟楼高级社，1958 年周寨人民公社，1998 年以后属周寨镇张屯村至今。
曹庄	Cáozhuāng	以前曹姓在此占产立庄，由此得名。
窦楼	Dòulóu	以前窦姓在此占产立庄，建了楼房，故名窦楼。
后于楼	Hòuyúlóu	以前于姓分为前于楼、后于楼两村，后于楼由此得名。
后张小屯	Hòuzhāngxiǎotún	据查，后张小屯属张屯的分支，故名。
孙土楼	Sūntǔlóu	明朝时期，孙姓建有土楼，由此得名。
张屯	Zhāngtún	以前张姓在此立庄，且此地又是军垦屯田的地方，由此得名。
周楼村村民委员会	Zhōulóucūn Cūnmínwěiyuánhuì	隶属砀山县周寨镇。从前，周姓在此地居住，并建了楼房，故名周楼。1980 年为李新庄乡。1988 年撤区并乡，属周寨镇李新庄村。2007 年合并为周楼村。
胡庄	Húzhuāng	清代初期，胡姓在此占产立庄，故名胡庄。
张庄	Zhāngzhuāng	现在张庄并没有姓张的，至于为什么叫张庄，已无人记得，现以陈姓为主。
陈腰楼	Chényāolóu	当时南张庄系陈姓大户，后有后陈楼陈姓大户，中间陈姓人也建了楼房，故名陈腰楼。
程楼	Chénglóu	清初，程姓在此占产立庄，建楼，故名程楼。

标准名称	汉语拼音	备注
大孟庄	Dàmèngzhuāng	清代初期，孟姓在此占产立庄，故名大孟庄。
后陈楼	Hòuchénlóu	因为此地处在陈楼后面，故名后陈楼。
贾刘庄	Jiǎliúzhuāng	明初，贾姓在此占产立庄，后贾姓衰败，刘姓在此生产，故名贾刘庄。
蒋楼	Jiǎnglóu	清代初期，蒋姓在此立庄建楼，故名蒋楼。
老周寨	Lǎozhōuzhài	汉代初期，周姓从沛县迁来，在此占产立庄，筑围墙成寨，后部分人又北迁建新周寨，此地故名老周寨。
李新庄	Lǐxīnzhuāng	李姓于清代落脚此地，故名李新庄。
戚庄	Qīzhuāng	明代初期，戚姓在此占产立庄，故名戚庄。
小陈楼	Xiǎochénlóu	从前此地是陈姓的分支，建了楼房，故名小陈楼。
小李庄	Xiǎolǐzhuāng	此地刚形成村庄时只有少数李姓居住，故名小李庄。
小孟楼	Xiǎomènglóu	明朝时期，孟姓少数人在此建楼，故名小孟楼。
小孟庄	Xiǎomèngzhuāng	清代初期，孟姓在此占产立庄，因人口较小，故名小孟庄。
杨合集	Yánghéjí	民谣“先有杨合集，后有分水站，建了徐州府，才有砀山县”，这首歌谣道出了杨合集的古老。杨合集为当地一古老集市，1958 年属河北乡人民公社。
杨庄	Yángzhuāng	清代初期，杨姓在此占产立庄，故名杨庄。
周楼	Zhōulóu	明代初期，周姓在此占产立庄，建有楼房，故名周楼。
周辛庄	Zhōuxīnzhuāng	清代初期，周姓、辛姓在此占产立庄，故名周辛庄。
周平庄村村民委员会	Zhōupíngzhuāngcūn Cūnmínwěiyuánhuì	隶属砀山县周寨镇。八个自然庄合为一体，叫周平庄村。新中国成立前归山东省华山县管辖，新中国成立后划归安徽省砀山县。1958 年属孟楼高级社，2004 年属周寨镇周平庄村。
周庄	Zhōuzhuāng	以前周姓在此占产立庄，故名周庄。
高小楼	Gāoxiǎolóu	以前高姓在此占产立庄，建有小楼，故名高小楼。
陆楼	Lùlóu	清朝时期，孙姓在昌平州做官，因欠姓陆的钱，把一座楼作抵押，故名陆楼。
孟楼	Mènglóu	以前孟姓人在此占产立庄，盖了楼房，故名孟楼。
平庄	Píngzhuāng	以前因其他地方非常乱，这里人民和谐相处，平平安安，由此得名平庄。
杨阁	Yánggé	明初，庄中有一座玉皇阁，后山西洪洞县杨姓迁此，命名杨阁。
于昌楼	Yúchānglóu	明初，于姓、昌姓在此占产立庄，建有楼房，故名于昌楼。
张小楼	Zhāngxiǎolóu	以前张姓在此占产立庄，建一座小楼，故名张小楼。

标准名称	汉语拼音	备注
朱小楼村村民委员会	Zhūxiǎolóucūn Cūnmínwěiyuánhuì	隶属砀山县周寨镇。清初，朱姓迁入此地，命名朱小庄，后来朱家盖起一座土楼，改为朱小楼。新中国成立前归山东省华山县管理，新中国成立后划归安徽省砀山县。2007年由原来的汪集联村、沈屯联村、金楼联村、朱小楼联村合并为现在的朱小楼村。
官庄	Guānzhuāng	以前有官姓在此居住，故称官庄。
郭金楼	Guōjīnlóu	清朝时期，因此地郭姓、金姓建立楼房，故称郭金楼。
后集	Hòují	以前一个汪姓大户，在汪集的后边住，故称作后集。
蒋庄	Jiǎngzhuāng	明末，蒋姓搬至此地居住，故名蒋庄。
刘楼	Liúlóu	清初，有刘姓居住，盖有一土楼，故称刘楼。
前集	Qiánjí	以前一个汪姓大户，住在汪集的前边，故称作前集。
前于楼	Qiányúlóu	清初，于姓居住建楼，命名于楼；于姓分居南北两侧，南边叫前于楼。
沈屯	Shěntún	传说明朝皇帝特封此地为屯，不纳皇粮，沈姓居住，故名沈屯。
汤楼	Tānglóu	明朝时期，汤姓在此居住，建了楼房，故称汤楼。
田黄庄	Tiánhuángzhuāng	田黄庄建于清朝时期，因田姓、黄姓人多，故称田黄庄。
仝屯	Tóngtún	传说明朝皇帝特封此地为屯，不纳皇粮，仝姓人家居住，故名仝屯。
西王庄	Xīwángzhuāng	以前有王姓在此居住，这个庄子在汪集的西边，故称西王庄。
腰屯	Yāotún	传说明朝皇帝特封此地为屯，不纳皇粮，因位于屯子中部，故名腰屯。
张小屯	Zhāngxiǎotún	张小屯建于清朝时期，是当时的军屯，因住户姓张，故称张小屯。
张小洼	Zhāngxiǎowā	明朝时，此地地势低洼，张姓此地居住，故名张小洼。
朱小楼	Zhūxiǎolóu	朱姓于清初在此盖起一座土楼，命名朱小楼。
刘暗楼社区村民委员会	Liúànlóu Shèqū Cūnmínwěiyuánhuì	隶属砀山县周寨镇。传说明朝刘姓在此生产经商，该商人在建房时挖出一座古楼房，由此得名刘暗楼。新中国成立前归江苏省华山县管理，新中国成立后划归安徽省砀山县。2007年，由原来的刘暗楼乡并入周寨镇。2011年，刘暗楼村委会更名为刘暗楼社区村委会。
赵庄	Zhàozhuāng	以前赵姓在此占产立庄，故名赵庄。
常庄	Chángzhuāng	以前常姓在此占产立庄，故名常庄。
东甄庄	Dōngzhēnzhuāng	以前甄姓在此占产立庄，因西边有一个甄庄，故名东甄庄。
郭集	Guōjí	以前郭姓在此占产立庄，形成集市，故名郭集。

标准名称	汉语拼音	备注
洪庙	Hóngmiào	以前有一个洪姓在此建一座庙宇，故名洪庙。
李楼	Lǐlóu	以前李姓在此占产立庄，建了楼房，故名李楼。
林中	Línzhōng	1958年，此地以治沙为目的、以林业为主建立了林场；又因此地居于林场中间，故取名林中。
刘庵	Liú'ān	以前移民时，刘姓在此搭建一个庵棚，故名刘庵。
刘暗楼	Liú'ànlóu	传说以前刘姓在此占产立庄，建房时挖出被水淹没的楼房，故名刘暗楼。
刘新庄	Liúxīnzhuāng	以前刘姓在此占产，建立新庄，故名刘新庄。
孟庄	Mèngzhuāng	以前孟姓在此占产立庄，故名孟庄。
前甄庄	Qiánzhēnzhuāng	以前甄姓在此占产立庄，因后边有甄庄，故名前甄庄。
汤集	Tāngjí	以前汤姓在此占产立庄，形成集市，故名汤集。
汤寨	Tāngzhài	以前汤姓在此占产立庄建寨，故名汤寨。
汪楼	Wānglóu	以前汪姓在此占产立庄，建楼房，故名汪楼。
新汤集	Xīntāngjí	以前汤集人丁兴旺，分支迁出另立新村，故名新汤集。
张岗楼	Zhānggǎnglóu	以前张姓在此占产立庄，建一座岗楼，故名张岗楼。
周寨社区村民委员会	Zhōuzhài Shèqū Cūnmínwěiyuánhuì	隶属砀山县周寨镇。隋朝末年，周姓在此地建寨，由此得名周寨，延续至今。新中国成立前归江苏省华山县管理，新中国成立后划归安徽省砀山县。2007年由原来的周寨、吴庄两村合并为周寨村民委员会。2013年更名为周寨社区村民委员会。
后黄楼	Hòuhuánglóu	从前，黄姓在周寨北边占产立庄，村中建有土楼，故名后黄楼。
前黄楼	Qiánhuánglóu	从前，黄姓在此占产立庄，村中有土楼，故名前黄楼。
吴庄	Wúzhuāng	清朝中期，吴姓在此占产立庄，故名吴庄。
周寨	Zhōuzhài	隋朝时期，周姓在此建寨，形成集市，故名周寨。

玄庙镇

玄庙镇（Xuánmiào Zhèn） 隶属砀山县管辖，玄庙镇位于砀山县北部，面积为95.12平方千米。人口9.46万人。以汉族为主。玄庙镇以原玄庙村址命名为玄庙镇，2007年区划调整将权集乡并入，玄庙镇迁址省果园场驻地办公。辖马良、朱庄、权集等17个村委会。以原玄庙村址命名玄庙镇镇政府所在地。工业以轻工业为主。全镇现有水果面积达30平方千米，其中大部分属砀山酥梨，面积达 20 平方千米，已通过高接换头方式改造更新 6.67 平方千米。苹果面积 6.67 平方千米，其中红富士占 40% 左右。其他优异杂果 3.33 平方千米。水果生产收入占农民全年总收入的 50% 左右。除外，种植业收入占 20%，主要生产小麦、玉米、大豆、花生等经济作物，全镇瓜果面积达 2.67 平方千米左右。畜牧养殖业一直是该镇农民收入的强项。镇党委利用丰富的资源，大力打造畜牧大镇，使全镇养猪、养羊、养鸡业迅猛发展，畜牧业总收入比重占全镇总收入的近 40%。文化馆站 1 所，幼儿园 9 所，小学 30 所，中学 5 所。镇级卫生院 2 所，骨科医院 1 所。全镇共修筑水泥路、石渣路、柏油路 180 千米，实现了镇村公路村村通。镇区有 2 条省道和济祁高速穿境而过，加上南北两条县道贯通，形成镇村道路相连、纵横交错、四通八达的交通网络格局。

标准名称	汉语拼音	备注
大寨村村民委员会	Dàzhàicūn Cūnmínwěiyuánhuì	隶属砀山县玄庙镇。此地有大寨和小寨，都是以前防土匪筑的寨子，故而得名。新中国成立初期归山东湖西区管辖，后归安徽省砀山县。1958 年属大寨公社。1980 年归西刘乡。2008 年归玄庙镇。
范庄	Fànzhuāng	新中国成立前，范姓在此立村，故而得名。新中国成立初期属山东单县，后划归安徽砀山县。
后王庄	Hòuwángzhuāng	以前王家两个小庄合并为前、后王庄，故而得名。
老集	Lǎojí	新中国成立初期，当时许多人在此做生意，形成集市，故此得名。
刘庄	Liúzhuāng	新中国成立前，刘姓在此占产立庄，故而得名。
前王庄	Qiánwángzhuāng	明朝时期，王姓在此立庄，因区别于后王庄，故名。
孙白楼	Sūnbáilóu	明朝时期，白姓在此建楼，后白家无人，归孙家，故名。
小蒋集	Xiǎojiǎngjí	新中国成立初期，蒋姓从北蒋楼迁到此地，形成集市，故而得名。
新庄村	Xīnzhuāngcūn	新中国成立初期，姓新的人在此占产立村，故而得名。
张集村	Zhāngjícūn	明朝时期，张姓在此占产立庄，形成集市，故而得名。
古黄新村村民委员会	Gǔhuáng Xīncūn Cūnmínwěiyuánhuì	隶属砀山县玄庙镇。古黄新村位于古黄河南岸，取名于故黄河。新中国成立前归条河乡。1958 年属权集公社。1981 年属朱寨区。1988 年属权集乡。2008 年 5 月撤乡并镇，属玄庙镇政府管理。
坝村	Bàcūn	新中国成立前，因庄东南有坝子，故而取名为坝村。
大郭庄	Dàguōzhuāng	从前郭姓在此占产立村，取名大郭庄。
丁庄	Dīngzhuāng	从前丁姓在此占产立村，取名为丁庄。
贾屯	Jiǎtún	从前此地原名孙家场子，因贾姓人多，在此屯田，后改名为贾屯。

标准名称	汉语拼音	备注
刘庄	Liúzhuāng	新中国成立前，刘姓在此占产立村，故而得名刘庄。
穆李庄	Mùlǐzhuāng	从前，穆李两姓在此占产立村，故名穆李庄。
果园新村村民委员会	Guǒyuán Xīncūn Cūnmínwěiyuánhuì	隶属砀山县玄庙镇。大徐庄村和贾庄村合并后，因此地种植的果树多，又与果园场靠近，所以叫果园新村。2007 年前归玄庙镇管理。2007 年后合并为果园新村，属玄庙镇政府管理至今。
仇屯	Qiútún	以前仇姓在此占产立庄，后改成了屯地户，故名仇屯。
大徐庄	Dàxúzhuāng	以前徐姓在此占产立村，因当时姓徐的人多庄大，故叫大徐庄。
贾庄	Jiǎzhuāng	很早以前贾姓在此占立村，故叫贾庄。
史新庄	Shǐxīnzhuāng	新中国成立前，爱国人士史廷洋在此立新庄，故名史新庄。
和平新村村民委员会	Hépíng Xīncūn Cūnmínwěiyuánhuì	隶属砀山县玄庙镇。有原五爱村委会和大王庄村委会合并为和平新村村民委员会，名称取平安祥和之意。新中国成立初期属大寨区。1958 年属大寨公社。2007 年合并为玄庙镇和平新村。
大王庄	Dàwángzhuāng	清朝末期，王姓在此占多数，因当时村大人多，故而取名为大王庄。
东侯集	Dōnghóují	此地原名老庙，后因侯姓人口多，设集市，居西侯集东边，故名为东侯集。
东徐庄	Dōngxúzhuāng	清朝末期，徐姓在此占产立村，因有别于西边的徐庄，故名为东徐庄。
郭口	Guōkǒu	清朝末期，郭姓从河南迁移至此，因地处叉路口，故而得名为郭口。
郭刘庄	Guōliúzhuāng	晚清，在徐庄居住的刘姓迁入郭庄，因而取名郭刘庄。
郭新庄	Guōxīnzhuāng	清末，郭姓在此占产立新庄，故名郭新庄。
老侯庄	Lǎohóuzhuāng	侯姓于清末在此立庄，后来分出不少新庄，故名老侯庄。
刘庄	Liúzhuāng	清末，刘姓从山东迁移此地立庄，取名刘庄。
前侯集	Qiánhóují	旧时，侯姓在此占产立庄，因东有东侯集，西有西侯集，因此而起名为前侯集。
孙庄	Sūnzhuāng	明末，孙姓在此占地建庄，故名孙庄。
西侯集	Xīhóují	以前因侯姓人口多，形成集市，东边为东侯集，西边为西侯集。
小王庄	Xiǎowángzhuāng	新中国成立初期，王姓从江苏季庄迁来，占产立庄，因人少村小，故而取名小王庄。
新侯集	Xīnhóují	从前，从老侯集分支建新宅子，故名新侯集。

标准名称	汉语拼音	备注
殷庄	Yīnzhuāng	清朝末期，殷姓从山东微山迁来立庄，故而取名殷庄。
红星村 村民委员会	Hóngxīngcūn Cūnmínwěiyuánhuì	隶属砀山县玄庙镇。清朝时期，一名叫红星的人在此占产立庄，开设茶馆、饭店，后来人们便以他的名字命名。新中国成立初归山东省单县管辖，后划归安徽省砀山县。1956年归孙河大队。1958年划分红星大队。1992年成立红星村。2007年两村合并成红星村委会。
陈庄	Chénzhuāng	明朝时期，陈姓兄弟二人从山东单县迁到此处安家居住，以姓为庄名。
东吴楼	Dōngwúlóu	新中国成立前，吴姓兄弟在此占产立庄，后一家迁东边建楼，故得名东吴楼。
董台子	Dǒngtáizi	从前，董姓在此占产立庄，为防洪水，村庄建在高台地上，故而得名。
董新庄	Dǒngxīnzhuāng	新中国成立前，董家在此占产立新庄，故而得名。
韩刘庄	Hánliúzhuāng	明朝时期，韩姓、刘姓从山西洪洞县迁到此处立庄，故而取得此庄名。
红星后队	Hóngxīnghòuduì	清朝初期，有一名叫红星的人在此占产立庄，开了三个店，故而得名红星店；后随时代变迁，村后部分即称作红星后队。
红星前队	Hóngxīngqiánduì	清朝初期，有一名叫红星的人在此占产立庄，开了三个店，故而得名红星店；后随时代变迁，村前部分即称作红星前队。
后套	Hòutào	清朝时期，此地因黄河泛滥常被洪水淹没，属河套，分前套与后套，故而得名。
胡杨庄	Húyángzhuāng	以前东头叫杨庄集，西头是大寨子，属董家所有；后来卖给胡家，两头合并，故名胡杨庄。
贾庄	Jiǎzhuāng	明朝时期，贾姓兄弟二人从山东迁到此处安家居住，以姓取村名贾庄。
姜庵	Jiāng’ān	清朝时期，姜姓在此搭建茅草庵居住，故而得名。
蒋新庄	Jiǎngxīnzhuāng	新中国成立前，蒋姓在此占产立新庄，故而得名蒋新庄。
孟庄	Mèngzhuāng	新中国成立前，孟姓在此立庄，故而得名。
荣庄	Róngzhuāng	清朝时期，荣姓在此占产立庄，故而取得此名。
汪庄	Wāngzhuāng	新中国成立前，该处土地大多为汪姓所有，故而起名汪庄。
西吴楼	Xīwúlóu	新中国成立前，有吴姓兄弟二人在此占产立村，建楼，后兄弟两分家，分为东、西吴楼，因该村居西，故而得名。

标准名称	汉语拼音	备注
花园村	Huāyuáncūn	旧传以前此地是一座富人的花园，故名。新中国成立前归山东省湖西专区。新中国成立后归江苏省徐州。1955 年划归安徽省砀山县。1988 年属玄庙镇。2007 年，花园、王井、五座楼三村合并为花园村委会。
韩新庄	Hánxīnzhuāng	清朝时期，韩姓从庞林老家迁出，在此新建村庄，故而得名。
花园村 村民委员会	Huāyuáncūn Cūnmínwěiyuánhuì	从前，此地建有一座花园，因庞姓在此居住，故又叫庞花园。
庞大楼	Pángdàlóu	明朝时期，庞姓由山西搬迁此处，建有楼房，故而得名。
庞单楼	Pángdānlóu	明朝时期，庞姓由山西搬迁此处，建一座孤零零的小楼，故而得名。
庞小屯	Pángxiǎotún	明朝时期，庞姓从山西迁此地屯田，因规模较小，故而得名。
平房	Píngfáng	旧时，此地因安新庄盖的是平房，故而得名。
王井村	Wángjǐngcūn	明朝时期，王姓在此居住，因打了一口甜水井，故而得名。
五座楼	Wǔzuòlóu	明朝时期，庞家从山西迁至本地，建有五座楼，故而得名。
朱庄	Zhūzhuāng	明朝时期，朱姓在此居住，故而得名。
梨花村 村民委员会	Líhuācūn Cūnmínwěiyuánhuì	因村委会旁有百年梨园，花开时如“香雪海”，美丽壮观，故取名梨花村。1958 年属大寨公社。2007 年由原白楼村、梨花村合并为现在的梨花村委会至今。
白楼	Báilóu	明朝时期，李姓在此建一座楼，白灰粉墙，故得名白楼。
陈寨	Chénzhài	元朝，陈姓从山西迁民到此建寨，故名陈寨。
杜油坊	Dùyóufāng	以前杜姓在此开设油坊，故而得名杜油坊。
黑楼	Hēilóu	明朝时期，陈姓在此占产立村，建一座楼房，用青黑色的土和砖砌墙，故而得名。
梨花	Líhuā	于 1958 年在此处种植砀山酥梨，由陈庄、汪庄、前园等村迁入一批村民在此居住，管理梨树，故取名梨花。
庞林	Pánglín	1404 年，庞姓同赵、栾等姓来砀屯田造林，因庞姓居多，故称庞林。
前园	Qiányuán	明末清初时，此地原为陈寨大户人家的菜园，因在陈寨前面故称前园。
孙寨	Sūnzhài	明朝初年，孙姓由山西迁来在此占田立庄，联合蔡、刘、朱等姓建寨，因孙姓居多，故称孙寨。
汪庄	Wāngzhuāng	清朝乾隆年间，孙家、蔡家在此占产立庄，取名同心庄；后来汪家在此置产买地，改名汪庄。
新庄	Xīnzhuāng	清代中期，王、李、张三姓从陈寨迁出另立庄，取名新庄。

标准名称	汉语拼音	备注
罗寨村村民委员会	Luózhàicūn Cūnmínwěiyuánhuì	隶属砀山县玄庙镇。以前有罗姓在此建寨，设立古庙会、集市等，由此得名罗寨。1988年属玄庙镇管辖。2006年由郭楼、董庄、新庄、蒋庄、孟庄、罗寨合并为罗寨村。2007年属玄庙镇。
董庄	Dǒngzhuāng	以前董姓在此占产立庄，故而得名董庄。
郭楼	Guōlóu	旧时，有郭姓在此占产立村，因建有楼房，故而得名郭楼。
蒋庄	Jiǎngzhuāng	以前蒋姓乡绅在此占产立庄，故而得名蒋庄。
罗寨	Luózhài	明朝时期，罗姓在此建产立庄，修建寨子，因此得名罗寨。
孟庄	Mèngzhuāng	据查，该村是孟子后代的分支，明末由山东省邹县搬迁到此占产立庄，故名。
新庄	Xīnzhuāng	新中国成立初期，其他村落的人搬迁到此居住，故而称作新庄。
马良村村民委员会	Mǎliángcūn Cūnmínwěiyuánhuì	隶属砀山县玄庙镇。从前，有名叫马良的人在此居住，置集贸易，所以叫马良集。马良集是古老集镇，唐属宋州，宋属单州，明属江苏徐州。1949年归中原行政区商丘专属。1953年属砀山县。1958年属大寨公社。1984年属马良乡。1988年属玄庙镇。2012年为马良村民委员会至今。
贾楼	Jiǎlóu	明朝时期，贾姓在此占产立庄，建楼，故而得名贾楼。
蒋楼	Jiǎnglóu	清朝时期，蒋姓在此立庄建楼，名为蒋楼。
梁庄	Liángzhuāng	清朝时期，梁姓在此立庄。故为梁庄。
刘庄	Liúzhuāng	清朝时期，刘姓从薛楼迁出，在此立庄，故而得名刘庄。
马良集	Mǎliángjí	从前，有个叫马良的人在此居住，他带领乡人建集市，故叫马良集。
张庄	Zhāngzhuāng	清朝时期，张姓在此占产立庄，故而取名为张庄。
权集村村民委员会	Quánjícūn Cūnmínwěiyuánhuì	隶属砀山县玄庙镇。清朝时期，权姓在此开建店铺、茶馆、集市，故而得名权集。1956年属朱庄乡。1958年属中心乡。1984年属权集乡。2007年属玄庙镇至今。
揣庄	Chuāizhuāng	明朝时期，揣姓在此占产立庄，故而得名。
范寨	Fànzhài	抗战时期，当地人在此建寨子，以防寇防匪，因范姓占多数，故而得名范寨。
范庄	Fànzhuāng	明朝时期，范姓在此占产立庄，故而得名。
灰铺	Huīpù	明朝年间，流经此地的黄河在此设立码头，专门存放黑灰，故名灰铺。
焦集	Jiāojí	明朝时期，焦姓在此占产立村形成集市，故而得名焦集。
李窑	Lǐyáo	从前，李姓在此建窑，烧制瓷器，故而得名李窑。

标准名称	汉语拼音	备注
吕庄	Lǚzhuāng	从前，吕姓在此居住，故得名吕庄。
前王庄	Qiánwángzhuāng	明朝时期，王姓在此占产立村，因人多，分前、后庄，故得名前王庄。
权集	Quánjí	明朝时期，权姓在此占产立庄，开设集市，故而得名。
汤楼	Tānglóu	明代汤姓在此占产立庄，故而得名。
王药铺	Wángyàopù	明朝时期，有王姓在此开设药铺，故而得名王药铺。
小李庄	Xiǎolǐzhuāng	明朝时期，李姓在此占产立庄，因当时人少村小，故而得名。
姚庄	Yáozhuāng	从前，姚姓建庄居住于此，故而得名姚庄。
张庄	Zhāngzhuāng	明朝时期，张姓在此占产立庄，故而得名。
赵庄	Zhàozhuāng	明朝时期，赵姓在此占产立庄，故而得名。
三联村 村民委员会	Sānliáncūn Cūnmínwěiyuánhuì	隶属砀山县玄庙镇。在2006年乡镇合并时，冯老家、李洼、刘庄三个村合并为三联村，隶属权集乡。2007年撤乡并镇，隶属玄庙镇至今。
冯老家	Fénglǎojiā	明朝时期，冯姓在此占产立庄，后来有很多人外出务工，因此得名冯老家。
冯庄	Féngzhuāng	以前冯姓在此开荒种地，故而得名冯庄。
李洼	Lǐwā	由于此村靠近河洼，村中住户多数姓李，故而得名李洼。
刘庄	Liúzhuāng	明末清初，有刘姓商贩经过此地，后留在此处做生意，故而得名刘庄。
杨庄	Yángzhuāng	旧时杨姓来到此处，占产立庄，故得名杨庄。
王集村 村民委员会	Wángjícūn Cūnmínwěiyuánhuì	隶属砀山县玄庙镇。以前有王姓在此设立古庙会与集市，由此得名王集。新中国成立初期归范寨乡管理。1980年归朱寨区权集乡。2006年归玄庙镇。
仇屯	Qiútún	以前仇姓在此地屯田立庄，故而得名为仇屯。
后王庄	Hòuwángzhuāng	以前王姓在此占产立庄，兄弟俩一个住庄前，一个住庄后，住庄后就叫后王庄。
后臧庄	Hòuzāngzhuāng	以前臧姓在此占产立庄，兄弟俩一个住庄前，一个住庄后，故庄后叫后臧庄。
李庄	Lǐzhuāng	以前李姓在此占产立庄，因北靠黄河桥，又叫大桥李庄，简称李庄。
戚套	Qītào	以前戚姓在此地占产立庄，因地处黄河的河套，故而得名戚套。
前王庄	Qiánwángzhuāng	以前王姓在此立庄，兄弟俩一个住庄前，一个住庄后，住庄前的就叫前王庄。

标准名称	汉语拼音	备注
前臧庄	Qiánzāngzhuāng	以前臧姓在此占产立庄，兄弟两人一个住庄前，一个住庄后，住庄前的取庄名为前臧庄。
孙路口	Sūnlùkǒu	以前孙姓在老公路路口占产立村，故而得名。
瓦房	Wǎfáng	以前烧窑师傅在此做瓦，搭建了一排晾瓦房，故而得名叫瓦房。
王集	Wángjí	王姓在此地占产立庄，设立庙会成集市，故而得名王集。
小孙庄	Xiǎosūnzhuāng	以前孙姓在此地占产立庄，因人少村小，故而得名小孙庄。
小屯	Xiǎotún	以前王姓在此地屯田立庄，因当时人少村小，故而得名。
徐庄	Xúzhuāng	以前徐姓在此地占产立庄，故而得名为徐庄。
尤庄	Yóuzhuāng	以前尤姓在此地占产立庄，故而得名尤庄。
赵庄	Zhàozhuāng	以前赵姓在此地占产立庄，故而得名为赵庄。
吴寨村村民委员会	Wúzhàicūn Cūnmínwěiyuánhuì	隶属砀山县玄庙镇。从前，吴氏家族在此占产建寨，故而得名。1953 年属大寨区。1958 年属大寨公社。1980 年属吴寨乡。1988 年属玄庙镇董庄村。2007 年合并后属玄庙镇吴寨村至今。
暗楼	Ànlóu	清代末年，有一乡绅，建地下室，上有楼房，故而得名。
陈庞	Chénpáng	明朝时期，陈姓、庞姓在此立庄，故而得名。
陈庄	Chénzhuāng	明朝时期，陈姓在此占产立庄，故而得名。
单庄	Shànzhuāng	明朝时期，单姓在此占产立庄，故而得名。
迭路	Diélù	清朝时期，前蒋、东蒋有十字路，迭路故而得名。
东蒋	Dōngjiǎng	明朝时期，蒋姓在此占产立庄，因人多分东蒋和前蒋。
董庄	Dǒngzhuāng	清朝时期，董姓在此占产立庄，故而得名。
华楼	Huálóu	明朝时期，华姓在此占产立村，建楼，故而得名。
李庄	Lǐzhuāng	清朝时期，李姓在此占立立庄，故而得名。
梅庄	Méizhuāng	明朝时期，梅姓在此占产立庄，故而得名。
前蒋	Qiánjiǎng	明朝时期，蒋姓在此占立立庄，后因人多，分前蒋和东蒋。
青年场	Qīngniánchǎng	据查，1979 年蒋集村林场在此办了一个青年实验场，故而得名。
孙黑楼	Sūnhēilóu	清朝时期，孙姓在此占产立庄，建了一座楼房，因楼房呈青黑色，故而得名。
吴楼	Wúlóu	清朝时期，吴姓在此立庄，建楼，故而得名。
吴寨	Wúzhài	明朝时期，吴姓在此占产立庄，筑寨，故得名。
西刘	Xīliú	明朝时期，刘姓在此占产立庄，后来分为东刘、西刘，西面叫西刘。

标准名称	汉语拼音	备注
小董庄	Xiǎodǒngzhuāng	清初，董姓在此占产立村，因人少村小，故得名。
张楼	Zhānglóu	明朝时期，张姓在此占产立庄，建楼，故而得名。
玄庙村村民委员会	Xuánmiàocūn Cūnmínwěiyuánhuì	从前，此地有一座祭祀玄帝的庙宇，后来人们简称玄庙。新中国成立前归山东省第七区管理。新中国成立后划归安徽省砀山县。1981 年建立玄庙村委会。2007 年小寨、八大家与玄庙合并，重新命名为玄庙村委会至今。
八大家	Bādàjiā	清朝末年，在此住着齐、惠、胡、郭、廉、陈六家，后来在庄西北角又住进一家姓高的；庄中间又建一个庙，王老爷算一门，故而叫八大家。
菜园	Càiyuán	光绪年间，此处一户人家专给官府种菜，菜园由此得名。
小寨村	Xiǎozhàicūn	清末，范庄和高庄是两个相连的小庄；庄北的孟楼村，由于没有寨墙，常遭土匪滋扰，后便迁入范庄和高庄，大家共筑寨墙，称为小寨村。
玄庙	Xuánmiào	从前，此地建了祭祀五帝之一的玄帝庙，后来便简称玄庙。
张王庄村村民委员会	Zhāngwáng-zhuāngcūn Cūnmínwěiyuánhuì	隶属砀山县玄庙镇。以前张、王两姓在此种地立庄，因此得名张王庄。新中国成立前归条河乡。1958 年归权集公社。1982 年成立张王庄村委会。2007 年属玄庙镇政府管制至今。
陈屯	Chéntún	清朝时期，陈姓在此屯田立庄，故而得名。
后范庄	Hòufànzhuāng	清朝时期，范姓在此占产立庄，分为前后庄，后者取名后范庄。
后郭	Hòuguō	明朝中期，郭姓在此占产立庄，后因人多，分前、后两庄，故而得名。
后街	Hòujiē	从前由张、王两姓建庄，分前街和后街；因此街在后，故而得名。
后张王庄	Hòuzhāngwáng-zhuāng	明朝时期，张、王两姓在此占产立庄，分前、后两庄，故而得名。
胡套	Hútào	明朝时期，胡姓在此占产立庄，因地处黄河拐弯处，属河套以内，故而得名。
黄楼	Huánglóu	清朝时期，黄姓在此占产立庄，建楼，故而得名。
前范庄	Qiánfànzhuāng	从前，范姓在此占产立庄，因有别于后范庄，故名。
前郭	Qiánguō	明朝时期，郭姓在此占产立庄，因在郭庄前面，故而得名。
前街	Qiánjiē	张王庄有两个街，前街、后街，此街在前，故而得名。
徐庄	Xúzhuāng	从前，徐姓在此占产立村，故而得名。
哑巴村	Yǎbacūn	据查，明代有一哑巴在此做生意，后逐渐庄大人多，故而得名。
杨庄	Yángzhuāng	明朝时期，杨姓在此占产立庄，故而得名。

标准名称	汉语拼音	备注
朱寨村 村民委员会	Zhūzhàicūn Cūnmínwěiyuánhuì	隶属砀山县玄庙镇。明朝年间，朱氏来此筑寨居住，故而取名朱寨。1961 年属权集人民公社。1980 年设朱寨区。1984 年属权集乡。2007 年，由朱寨村、大李庄村、许庄村合并为朱寨村委会。
大李庄	Dàlǐzhuāng	宋朝年间，李姓在此占产立村，因村子占地广，故叫大李庄。
刘王庄	Liúwángzhuāng	明洪武年间，从山西迁民在此落户的有刘、王两姓，故取名刘王庄。
彭新庄	Péngxīnzhuāng	明朝洪武年间，从山西移民至此，此地仅彭姓一家人居住，又是新建的村庄，故名彭新庄。
王新庄	Wángxīnzhuāng	以前王姓在此地占产立新庄，故而得名。
席王庄	Xíwángzhuāng	传说明朝年间，王姓专为皇室编制芦席，故皇帝口谕席王庄。
小朱庄	Xiǎozhūzhuāng	以前朱姓在此居住，因人少村小，故而得名小朱庄。
许庄	Xǔzhuāng	明朝年间，许姓在此处为朝廷烧窑，故名叫大窑许庄，后简称许庄。
周楼	Zhōulóu	从前周姓在此占产立庄，盖一座土楼，因此叫周楼。
朱寨	Zhūzhài	明朝万历年间，朱姓来此占产立村，筑寨墙以防匪患，故取名朱寨。
朱庄村 村民委员会	Zhūzhuāngcūn Cūnmínwěiyuánhuì	隶属砀山县玄庙镇。清朝时期，朱姓在此占产立庄，由此得名朱庄。新中国成立后属东方红公社。1964 年属权集公社。1980 年属季庄小乡。1990 年属权集乡。2008 年撤乡置镇，属玄庙镇至今。
段王庄	Duànwángzhuāng	清末，段姓、王姓在此占产立庄，故而得名。
郭曹庄	Guōcáozhuāng	清朝时期，山西迁民时，郭姓、曹姓来此占产立庄，故而得名郭曹庄。
季庄	Jìzhuāng	清朝康熙五十年，季姓在此占产立庄，故而得名季庄。
炭场	Tànchǎng	明朝时期，黄河流经此地，当时此处是码头，运煤船只在此卸煤卸货，故称炭场。
王庄	Wángzhuāng	清朝康熙五十年，王姓在此占产立庄，故得名王庄。
周庵	Zhōu’ān	清朝中期，周姓迁到此处，建一座茅草庵，故而叫周庵。
朱庄	Zhūzhuāng	清朝康熙五十年，朱姓在此占产立庄，故名朱庄。
果洲社区 村民委员会	Guǒzhōu Shèqū Cūnmínwěiyuánhuì	隶属砀山县玄庙镇，2008 年 7 月 9 日经砀山县人民政府批准成立的城镇居民点社区。
东园小区	Dōngyuán Xiǎoqū	因位于果园场东面，供果园场四分场职工居住，故名。
一队	Yīduì	砀山县果园场统一规划一队职工居民点，故名。
二队	Èrduì	砀山县果园场统一规划二队职工居民点，故名。

标准名称	汉语拼音	备注
三队	Sānduì	砀山县果园场统一规划三队职工居民点，故名。
西园小区	Xīyuán Xiǎoqū	因位于果园场西面，供果园场二分场职工居住，故名。

程庄镇

程庄镇（Chéngzhuāng Zhèn） 隶属砀山县管辖，地处砀山县东南部，面积为55.01平方千米。人口6.01万人。以汉族为主。1949年1月，属砀山周集区。1953年9月，因周集区改名四区。1956年3月，撤区并乡，分属程庄乡，1958年9月，程庄乡、赵楼乡合并为唐寨乡公社。1961年9月唐寨公社划分为唐寨、赵楼公社。1980年2月，设区划社，赵楼公社和回龙公社组成梁寨区，辖刁楼、衡楼、双楼、王屯等8个公社。1984年撤公社设乡。1988年撤区并乡，成立赵楼乡。1996年6月撤销赵楼乡，改为程庄镇。因镇人民政府驻地程庄村，故名。工业以板材加工、水果加工为主。万年木业、方盛木质工艺品、皇冠食品等企业相继落户该镇。境内有镇文化站、广播站各1处，村级文化中心7处，幼儿园8所，小学13所，初中2所，文化馆站1所，镇办医院1所。101省道穿境连接连霍、合徐高速公路，县级公路潘梁路、薛黄路公路干线交汇。东南距连霍高速出口，北与310国道毗邻。名胜古迹有龙泉寺。

标准名称	汉语拼音	备注
柴市村 村民委员会	Cháishìcūn Cūnmínwěiyuánhuì	隶属砀山县程庄镇。明朝时期，此庄设有烧柴市场，因而得名柴市。新中国成立初期属赵楼乡。1958年属衡楼公社。1961年属赵楼公社。1980年属梁寨区双楼乡。1988年属赵楼乡。2007年属程庄镇至今。
包菜园	Bāocàiyuán	清初，包姓在此种菜园，故名包菜园。
包楼	Bāolóu	清初，包姓在此占地立庄，建一门楼，故名包楼。
边庄	Biānzhuāng	明朝时期，边姓在此占地立庄，故而得名。
柴市	Cháishì	明朝时期，此庄设有烧柴市场，因而得名柴市。
大陈楼	Dàchénlóu	明朝时期，陈姓在此占地立庄，因有门楼，故而得名。
大王庄	Dàwángzhuāng	据查，清初王姓在此占地立庄，因而得名。
郝楼	Hǎolóu	明朝时期，郝姓在此建土楼，故名。
李屯	Lǐtún	明朝时期，李姓在此占产立庄，屯垦荒地，故而得名。
毛楼	Máolóu	明朝时期，毛姓在此建一土楼，故而得名。
前后王庄	Qiánhòuwáng-zhuāng	明朝时期，有王姓兄弟二人在此立庄，一个住前边，一个住后边，故名前后王庄。

标准名称	汉语拼音	备注
沈庄	Shěnzhuāng	明崇祯十六年（1643 年），沈永培从沛县到此占产立庄，定名沈庄。
魏屯	Wèitún	清末，魏姓在此地屯田立庄，命名为魏屯。
西王庄	Xīwángzhuāng	清朝时期，有王姓人在此占地立庄，因庄东边有前后王庄，故名西王庄。
程庄村 村民委员会	Chéngzhuāngcūn Cūnmínwěiyuánhuì	隶属砀山县程庄镇。清朝时期，张姓、程姓在此建庄，名张程庄，后改为程庄。人民公社时期归赵楼公社管理。1984 年划为梁寨区。2006 年属程庄镇政府管理至今。
程庄	Chéngzhuāng	清朝时期，程姓在此建庄，起名程庄。
从屯	Cóngtún	清朝时期，从姓在此屯田立村，故名从屯。
杜平楼	Dùpínglóu	清朝时期，杜姓在此占产立寨建楼，起名杜平楼。
郭庄	Guōzhuāng	清朝时期，郭姓在此占产立庄，起名郭庄。
阚平寨	Kànpíngzhài	清朝时期，阚姓迁居此地建寨，取名阚平寨。
石楼	Shílóu	清朝时期，石姓在此占产立户建楼，起名石楼。
赵庄	Zhàozhuāng	清朝时期，赵姓在此占产立庄，起名赵庄。
冯庄村 村民委员会	Féngzhuāngcūn Cūnmínwěiyuánhuì	隶属砀山县程庄镇。以前冯姓在此立庄，故名冯庄。新中国成立初期属赵楼区。1958 年属唐寨人民公社。1961 年属赵楼公社。1984 年先后属梁寨区程庄乡、刁楼乡。2007 年属程庄镇政府管理至今。
冯庄	Féngzhuāng	明朝末年，冯姓迁居此地占产立庄，取名冯庄。
胡寨	Húzhài	元末，胡姓从河南省祥符县避战乱迁居此地建寨，故名胡寨。
胡庄	Húzhuāng	元末，胡姓从河南省祥符县避战乱迁居胡寨，后又分支成胡庄。
蒋楼	Jiǎnglóu	蒋楼是明朝末年房姓的一个寄庄子，后因蒋姓建楼，故名。
阚双楼	Kànshuānglóu	明朝时期，阚姓从山东迁到唐寨镇定国寺居住，后被洪水浸没，又迁移此地建两座楼，故称阚双楼。
阚寨	Kànzhài	明朝时期，阚姓来到砀山东北荒杨村（今唐寨镇定国寺）居住，后被洪水浸没，南迁到此地建寨，因此称阚寨。
宋草庙	Sòngcǎomiào	清乾隆年间，乡民在此地，用麦草搭建一间牛王庙，祈祷耕牛不生病。因周围多宋姓，故名宋草庙。
王庄	Wángzhuāng	明朝末年，王姓迁入立庄，故名。
张庄	Zhāngzhuāng	明末，胡寨东门的张家分家，到此立庄，起名张庄。
衡楼村 村民委员会	Hénglóucūn Cūnmínwěiyuánhuì	隶属砀山县程庄镇。从前，衡姓在此地经营产业，种地建楼，因此得名衡楼。新中国成立初期属沙河大队。1956 年为衡楼大队。2007 年属程庄镇衡楼村。

标准名称	汉语拼音	备注
衡楼	Hénglóu	从前，衡姓在此居住，村西北角建有楼房，故而得名。
毛庄	Máozhuāng	明末，毛姓在此居住，故而得名。
西镇店	Xīzhèndiàn	从前，此地有“东镇店西镇店，中间有个赵家圈”之说。这里是古时农村店铺，居西，故名。
西庄	Xīzhuāng	以前西姓在此占地立庄，因而得名。
袁刘庄	Yuánliúzhuāng	明朝时期，袁姓、刘姓在此占地立庄，两姓人口占多数，故而得名。
朱黄庄	Zhūhuángzhuāng	从前，朱姓、黄姓家祖在此占地居住，故而得名。
龙泉寺村村民委员会	Lóngquánsìcūn Cūnmínwěiyuánhuì	隶属砀山县程庄镇。因此地有一座唐代建立的龙泉寺庙而得名。新中国成立初期到 1959 年属唐寨公社。1960 年属赵楼乡。1972 年属梁寨区王屯乡。1988 年属程庄乡。1995 年属程庄镇。2007 年，由原郑楼村与魏庄村合并为龙泉寺村。
东魏庄	Dōngwèizhuāng	明朝时期，魏氏三兄弟迁此居住，因在东部，故名东魏庄。
杜楼	Dùlóu	明朝时期，有杜姓在此居住，建楼，故名。
蒋庄	Jiǎngzhuāng	旧时，蒋姓在此居住，故得庄名。
前魏庄	Qiánwèizhuāng	明朝时期，魏氏三兄弟在此居住，因在南部，故名前魏庄。
任屯	Réntún	新中国成立前，任姓在此屯田，故而得名。
宋庄	Sòngzhuāng	新中国成立前，宋姓在此居住，故而得名。
王庄	Wángzhuāng	明朝时期，王姓在此居住，因此得名。
西魏庄	Xīwèizhuāng	明朝时期，魏氏三兄弟在此居住，因该庄在西，故名。
郑楼	Zhènglóu	明朝时期，郑姓在此立庄建楼，因此得名。
坡里王屯村村民委员会	Pōlǐwángtúncūn Cūnmínwěiyuánhuì	隶属砀山县程庄镇。明朝时期，从邵楼至东洪河算起，一个大漫洼约有八里路长，称八里坡，时间长了，简称为坡里；另因姓王的业大人多，是军垦屯户，故名坡里王屯。1958 年属唐寨人民公社。1961 年属赵楼乡。1988 年属程庄镇。
耿菜楼	Gěngcàilóu	清朝时期，耿姓在此建庄，盖楼，种菜，故名。
河滩李楼	Hétānlǐlóu	清朝时期，有李姓、张姓、蒋姓在此建楼居住，村南为洪河，村北为河北库，故起名为河滩李楼。
坡里	Pōlǐ	明朝时期，从邵楼至东洪河算起，一个大漫洼约八里路长，称八里坡，时间长了，简化为坡里（因为姓王的产业大、人多，也称王家坡）。
王屯	Wángtún	明洪武年间，皇帝把征战有功的将士下放到全国各地去屯田，名曰“屯户”，此地王姓居多，故名王屯。
谢屯	Xiètún	清末，谢姓从江苏丰县迁来安家屯田，所以叫谢屯。

标准名称	汉语拼音	备注
张屯	Zhāngtún	明洪武初，张姓从山西省洪洞县迁民至此，因是“屯户”，所以叫张屯。
王明集村村民委员会	Wángmíngjícūn Cūnmínwěiyuánhuì	隶属砀山县程庄镇。抗日战争期间，王氏家族在此地抗日，寻求光明，以王次青为首，由此得名王明集。新中国成立初期，归赵楼乡管理。1996 年属程庄镇。2007 年更名为王明集村委会，属程庄镇管理。
孟庄	Mèngzhuāng	以前孟姓在此占产立庄，故而得名。
孙楼房寨	Sūnlóufángzhài	明成化年间，孙姓在此立庄建楼，与房寨连在一起，故而得名。
孙庄	Sūnzhuāng	据查，从前因孙姓在此占产立庄，故而得名。
王明集	Wángmíngjí	以前王氏家族在此地坚持抗日，寻求光明，以王次青为首；此地又是集市，由此得名王明集。
徐庄	Xúzhuāng	从前，因徐姓在此占产立庄，故而得名。
吴庄村村民委员会	Wúzhuāngcūn Cūnmínwěiyuánhuì	隶属砀山县程庄镇。以前吴姓在此立庄，故名吴庄。1960 年前属王集大队。1960 年后分为团结大队与前进大队。1980 年属刁楼乡。1988 年又改为房庄大队，属程庄乡。2007 年合为吴庄村，属程庄镇管理。
陈楼	Chénlóu	以前从陈寨搬来几户人家，建楼、种地，起名为陈楼。
陈庄	Chénzhuāng	以前从张庄搬到这里居住的陈姓人家建立的村子，故名陈庄。
房庄	Fángzhuāng	以前从山西搬到这个地方住的几户人家姓房，故名房庄。
胡宋口	Húsòngkǒu	以前黄河流经此地，陈马路口与梁马路口之间有一条大坝，在上洪水时被冲开一个口子，有胡姓和宋姓在此摆渡，故名。
毛庄	Máozhuāng	以前全村人都是毛姓，故名毛庄。
毛庄寨	Máozhuāngzhài	毛庄寨以前叫小胡庄，居住的是毛姓和胡姓两大家族，抗日战争时，为了防止日本兵的侵袭，就在村庄外挖了寨围，更名为毛庄寨。
彭屯	Péngtún	以前彭姓和胡姓有亲戚，后来胡姓走了，只有彭姓在这里屯田，故叫彭屯。
吴庄	Wúzhuāng	以前吴姓几户人家在此居住，所以叫吴庄。
张庄	Zhāngzhuāng	张庄以前叫张庄寨，整个村庄外是寨河，后来人们简称张庄。
闸口王集村村民委员会	Zhákǒuwángjícūn Cūnmínwěiyuánhuì	隶属砀山县程庄镇。清朝时期，此地建黄河分水的闸口，王姓在此开设饭店酒馆，形成集市，故得名闸口王集。新中国成立后属赵楼乡。“文革”期间改为向阳公社。1990 年更名为王集大队。2007 年更改为闸口王集村委会，属程庄镇。
大宋庄	Dàsòngzhuāng	从前，因宋姓人多庄大，故得名大宋庄。
党庄	Dǎngzhuāng	从前，因为本庄村民全姓党，故而得名。

标准名称	汉语拼音	备注
刁楼	Diāolóu	以前刁姓从山东运城迁来，建造一座楼房，因而得名。
段庄	Duànzhuāng	从前，因段姓在此居住而得名。
范楼	Fànlóu	明朝初年，范姓从江苏沛县迁来，因盖了二层小楼而得名。
后周庙	Hòuzhōumiào	从前，前周庙和后周庙之间有一座古庙，因周姓在此居住而得名。
毛程铺	Máochéngpù	清康熙年间，河臣毛阶、程铺二人奉旨在此监管水闸，水闸东边百余亩官田均霸为他们的铺地；后人便以毛、程二人的姓氏，设地名为毛程铺。
前行	Qiánháng	从前，因为该村人口较少，住在王集自然村最前边，因而得名前行。
前周庙	Qiánzhōumiào	从前，因周姓居住，在前周庙和后周庙之间有以座古庙，故名。
宋楼	Sònglóu	从前，因宋姓富裕，建了一座土楼，故而得名。
宋小楼	Sòngxiǎolóu	从前，宋姓从分支宋楼迁出，盖一座小楼，故名宋小楼。
宋小庄	Sòngxiǎozhuāng	从前，宋姓从宋楼分支迁出，在此立庄，因人口少而得名。
王集	Wángjí	从前，王姓在此开设客栈、酒馆，贸易兴隆，商贾云集，故名。
王庄	Wángzhuāng	从前，因王姓在此占产立庄，故而得名。
小宋庄	Xiǎosòngzhuāng	从前，宋姓在此居住，因人少庄小，故而得名。
尹庄	Yǐnzhuāng	清末民初，尹姓由南京逃难来至毛程铺落户，故取名为尹庄。
张暗李楼村村民委员会	Zhāngànlǐlóucūn Cūnmínwěiyuánhuì	隶属砀山县程庄镇。村东边是李楼，西边是张暗楼，由此得出张暗李楼村。新中国成立初期属赵楼区东方红大队。1987 年属程庄镇。1992 年成立张暗楼村。2000 年更名为张暗李楼村，属程庄镇管辖。
郭庄	Guōzhuāng	明初，郭姓由山西洪洞县迁到此地立庄，得名郭庄。
华楼	Huálóu	以前有华姓兄弟三人来这里居住，建了一座楼房，命名为华楼。
李楼	Lǐlóu	明朝年间，山西洪洞县李姓迁到此地盖楼建庄，故名李楼。
孟堤口	Mèngdīkǒu	从前，此处有一条大堤，被洪水冲一个大缺口，有孟姓在此居住，就起名为孟堤口。
孟楼	Mènglóu	从前，孟姓建了一座楼房，故称孟楼。
邵庄	Shàozhuāng	最早邵姓在此居住，得名邵庄。
汪楼	Wānglóu	从前，汪姓在此建一座楼，故称汪楼。
文楼	Wénlóu	从前，文姓在此建有楼房，清末王姓迁居此地，文姓仅剩二户，而庄名一直叫文楼。
许庄	Xǔzhuāng	清朝时期，许姓从夏桥迁此建庄，故名许庄。

标准名称	汉语拼音	备注
张暗楼	Zhāng'ànlóu	明朝末年，张姓从安徽黟县逃荒到此地居住，并建一土楼，得名张暗楼。
张土楼	Zhāngtǔlóu	以前张姓在此建一土楼，故得名。
郑小楼	Zhèngxiǎolóu	以前郑姓在此处建一座小楼，故为郑小楼。
赵楼村村民委员会	Zhàolóucūn Cūnmínwěiyuánhuì	隶属砀山县程庄镇。旧时因村中赵姓有楼房，故以赵楼作为庄名。新中国成立后，成立赵楼人民公社。1979 年分小乡，赵楼属双楼乡管理。1985 年合并为程庄镇赵楼村委会。
房沟涯	Fánggōuyá	明朝时期，朝廷在这里开挖洪河，民工众多，有房姓在这里做买卖，卖烙饼，工程结束后房姓在沟涯住了下来，故名为房沟涯。
房楼	Fánglóu	以前房姓在此有田地千亩，建有楼房，命名为房楼。
房庄	Fángzhuāng	元朝初，房姓从外地迁入此地，命名为房庄。
老后寨	Lǎohòuzhài	明朝初期，王姓、徐姓为了预防土匪抢夺共建寨墙，名为老后寨。
王后寨	Wánghòuzhài	明朝初期，王姓、徐姓为了预防土匪抢夺共建寨墙，名为王后寨。
王庄	Wángzhuāng	唐朝年间，王姓从西北某地搬迁到此地立庄，命名为王庄。
小从屯	Xiǎocóngtún	以前从姓在大从屯居住，明朝初期搬到此地，命名为小从屯。
杨埝	Yángniàn	以前村西大坝被洪水冲开，杨姓带领大伙齐心协力把大坝堵住，故命名为杨堰；后来又认为"堰"字不吉利，改为杨埝。
腰庄	Yāozhuāng	旧时，邵岩是城东第一大户，土地很多，为了管理好土地，搬在邵姓村庄中间建庄，故名腰庄。
张蔡庄	Zhāngcàizhuāng	明朝时期，张姓从河南搬迁到蔡庄居住，后来蔡姓后继无人，张姓人丁兴旺，就改为张蔡庄。
张屯	Zhāngtún	明朝时期，张姓从山西来到此地，开荒屯田，建设家园，故命名为张屯。
赵楼	Zhàolóu	以前因赵姓人口众多，并建一土楼，故名赵楼。
周集村村民委员会	Zhōujícūn Cūnmínwěiyuánhuì	隶属砀山县程庄镇。新中国成立前，周姓迁居此地，设集市，由此得名周集。新中国成立初期归周集区，后划属赵楼人民公社。1980 年属梁寨区衡楼乡。1988 年属赵楼乡。2005 年属程庄镇至今。
丁庄	Dīngzhuāng	以前丁姓在此占产立庄，故而得名丁庄。
王花园	Wánghuāyuán	以前王姓在此居住，兴建了一座花园，故而得名。
吴楼	Wúlóu	以前因吴姓在此占地立庄，建有楼房，故而得名吴楼。

标准名称	汉语拼音	备注
信庄	Xìnzhuāng	清初，信姓迁来在此建产立庄，故而得名。
尹庄	Yǐnzhuāng	以前尹姓在此立庄，起名尹庄。
周集	Zhōují	从前，周姓在此占地立庄，形成集市，由此得名周集。

曹庄镇

曹庄镇（Cáozhuāng Zhèn） 隶属砀山县管辖，曹庄镇位于砀山县砀城镇城西，面积为48.49平方千米。人口4.18万人。以汉族为主。1956年为曹庄乡。1958年为砀城公社的一部分。1961年，从砀城公社划出，置曹庄公社。1980年，设区划社时，沿袭原名，属赵屯区。1983年，取消公社体制，改曹庄乡，属赵屯区。1988年，撤区并乡，从赵屯区划出与官庄区的谢集乡合并设立曹庄镇。以镇政府驻地曹庄村而命名为曹庄镇。辖回民许庄、平安集、酒店张庄等7个村委会和曹庄1个社区。工业以轻工业为主。耕地面积60000亩。百万元规模以上的农业企业2家，各类农业专业合作社46个。形成板材加工、棉毛纺织、生物科技、肉食加工等产业格局。境内有镇级文化中心、图书馆、广播电视站、文艺团体各1个，8个村级图书馆及农家书屋，医疗卫生机构12个。310国道、曹杨路县道贯穿全境，村村都已通水泥、柏油路，在境内形成四通八达的交通网，曹庄社区村、平安集村有通往砀山县城的公交班车。2011年客运总量1.5万人次。名胜古迹有黄堌寺。

标准名称	汉语拼音	备注
洪河新村村民委员会	Hónghé Xīncūn Cūnmínwěiyuánhuì	隶属砀山县曹庄镇。因境内有西洪河，故名。新中国成立初期属吴集区。1958年属曹庄公社。1981年属张庄乡。1988年属曹庄镇。2007年杨楼、姜屯合并为洪河村委会。
陈庄	Chénzhuāng	从前，陈姓在此生产立庄，故而得名。
大王庄	Dàwángzhuāng	明朝时期，王姓在此立庄，因王姓人多庄大，故而得名。
大杨楼	Dàyánglóu	明朝时期，杨姓在此立庄建楼，村子较大，故名。
高屯	Gāotún	从前，高姓在此屯田立庄，故而得名。
姜屯	Jiāngtún	从前，姜姓在此屯田立庄，故而得名。
蒋王庄	Jiǎngwángzhuāng	明朝时期，蒋姓与王姓在此占产立庄，故而得名。
蒋小庄	Jiǎngxiǎozhuāng	明朝时期，蒋姓在此立庄，因人少村小，故而得名。
小杨楼	Xiǎoyánglóu	明朝时期，杨姓在此立庄建楼，因人少村小，故而得名。

标准名称	汉语拼音	备注
回民许庄村村民委员会	Huímínxǔzhuāngcūn Cūnmínwěiyuánhuì	隶属砀山县曹庄镇。此地因许氏族大人多，回民占大多数，故此得名。1980 年属官庄区谢集乡。1988 年划入曹庄镇胜利大队，后改为回民大队。2007 年回民大队改为回民许庄村。
孟庄	Mèngzhuāng	民国初年，此地是孟乡绅的土地，佃户、长工在此居住，故而得名。
回民许庄	Huímínxǔzhuāng	该地名来源于回民聚集区，因此地回民多许姓，故而得名。
酒店张庄村村民委员会	Jiǔdiànzhāng-zhuāngcūn Cūnmínwěiyuánhuì	隶属砀山县曹庄镇。清末，张济甫外号张九能，12 岁入选秀才，后跟随段祺瑞创业，其后人以蒸酒为业，故名。新中国成立前后属江苏省砀山县第八区。1955 年属安徽砀山吴集区。1980 年成立张庄公社，属赵屯区。1988 年属曹庄镇。2008 年为酒店张庄村。
曹窑	Cáoyáo	新中国成立前，曹姓在此立庄，从事烧窑，故而得名。
窦庄	Dòuzhuāng	从前，窦姓在此立庄居住，故而得名。
杜庄	Dùzhuāng	从前，杜姓在此占产立庄，故而得名。
段庄	Duànzhuāng	从前，段姓在此占产立庄，故而得名。
李庄	Lǐzhuāng	从前，李姓在此占产立庄，故而得名。
汪集	Wāngjí	汪姓在此开设集市，故名汪集。
吴楼	Wúlóu	从前，吴姓在此建楼，故名。
小曹庄	Xiǎocáozhuāng	从前，曹姓在此占产立庄，因人少村小，故名。
张庄	Zhāngzhuāng	清末，张九能 12 岁入选秀才，后随段祺瑞干事，家里开设酒坊，故此庄又称酒店张庄。
赵庄	Zhàozhuāng	赵姓在此立庄，故名赵庄。
科技新村村民委员会	Kējì Xīncūn Cūnmínwěiyuánhuì	隶属砀山县曹庄镇。在 2007 年合村时，准备在此村建科技示范园，故而得名。1980 年前属赵屯区曹庄乡，1980 年后划分到官庄坝乡。1988 年属曹庄镇。
白庄	Báizhuāng	白姓在此立庄，故名白庄。
常楼	Chánglóu	从前，常姓在此立庄建楼，取名常楼。
陈楼	Chénlóu	从前，陈家在此盖楼，起名陈楼。
陈寨	Chénzhài	从前，为防止匪乱，陈姓围了个寨子，取名陈寨。
关庄	Guānzhuāng	从前，关姓在此占产立庄，起名叫关庄。
贾平庄	Jiǎpíngzhuāng	以前有位叫贾平的人在此立庄，故名贾平庄。
贾油坊	Jiǎyóufāng	据查，四百年前贾姓在此开油坊，故而得名。
李庄	Lǐzhuāng	从前，李姓和陈姓有亲戚关系，就在陈寨边住下，取名李庄。
桑园	Sāngyuán	以前村人种植桑树养蚕为生，故名桑园。

标准名称	汉语拼音	备注
汪庄	Wāngzhuāng	据查，早年汪姓住在此地，形成一个小庄，故而得名。
魏楼	Wèilóu	三百年前，汪姓把魏楼庄子买下，但名称沿用。
新庄	Xīnzhuāng	以前由陈楼、张楼和王油坊每庄迁来几户，成立一个新庄，故而得名。
张楼	Zhānglóu	以前张姓买下一块地，建了一座楼房，故名张楼。
梨园新村村民委员会	Líyuán Xīncūn Cūnmínwěiyuánhuì	隶属砀山县曹庄镇。此地因有5000亩梨园，故名。1958年属东风公社。1961年属曹庄公社。1980年属赵屯区曹庄乡。1988年属曹庄镇。2008年合成梨园新村。
段庄	Duànzhuāng	因段姓于民国年间在此立庄，故而得名。
贾庄	Jiǎzhuāng	因贾姓于明朝期间在此建庄，故名。
戚庄	Qīzhuāng	因戚姓在明朝年间在此立庄，故而得名。
孙楼	Sūnlóu	从前，孙姓在此建楼，故而得名。
徐庄	Xúzhuāng	明末，徐姓从外地迁来，在此立庄，故名。
闫庄	Yánzhuāng	因闫姓于明朝在此建庄，故而得名。
朱庄	Zhūzhuāng	从前，朱姓在此立庄，故名朱庄。
平安集村村民委员会	Píng’ānjícūn Cūnmínwěiyuánhuì	隶属砀山县曹庄镇。在2007年汪平大队与谢集大队合并时，命名为平安集村，取“平和安泰”之意。1980年属官庄区谢集乡。
靛池许庄	Diànchíxǔzhuāng	从前，许姓在此做染布生意，染布有靛池，故名靛池许庄。
汪平庄	Wāngpíngzhuāng	明朝时期，汪姓在此占产立庄，因人少村小，故而得名。
汪寨	Wāngzhài	明朝时期，汪姓在此占产立庄建寨，故而得名。
谢集	Xièjí	明朝时期，谢姓在此占产立庄，成立集市，故而得名。
许林	Xǔlín	该地名来源于此处曾是许姓的一片林地，故名许林。
杨庄	Yángzhuāng	明朝时期，杨姓在此占产立庄，故而得名。
希望新村村民委员会	Xīwàng Xīncūn Cūnmínwěiyuánhuì	隶属砀山县曹庄镇。此地原有魏庙中学，而上海女工查文虹多年在此义务助教，给孩子带来“希望”，故学校改名为希望学校，村亦由此改名。1980年，原蒋新、蒋庙、郑庄3个联村由归曹庄镇划入官庄区谢集乡。1988年划入曹庄镇。2007年更名为希望新村。
大关庄	Dàguānzhuāng	明朝时期，关姓在此占产立庄，因庄大人多，故名。
蒋祠堂	Jiǎngcítáng	该地名来源于蒋姓在此立庄，建祠堂，故名蒋祠堂。
蒋庙	Jiǎngmiào	该地名来源于蒋姓在此处建有寺庙，故名蒋庙。
蒋王楼	Jiǎngwánglóu	从前，蒋、王两家在此占产立庄，建造楼房，故而得名。
蒋新庄	Jiǎngxīnzhuāng	从前，蒋姓家族人多，分出一支另立新庄，故而得名。

标准名称	汉语拼音	备注
焦庄	Jiāozhuāng	明朝时期，焦姓在此占产立庄，故而得名。
阚庄	Kànzhuāng	明朝时期，阚姓在此立庄，故而得名。
老蒋庄	Lǎojiǎngzhuāng	蒋姓家族在明朝以前就人多庄大，不断有分支出去，此地故而得名老蒋庄。
彭庄	Péngzhuāng	据查，明代时期彭姓在此占产立庄，故而得名。
宋庄	Sòngzhuāng	明朝时期，宋姓在此占产立庄。
魏集	Wèijí	从前，魏姓在此成立集市，故名魏集。
魏庄	Wèizhuāng	明朝时期，魏姓在此占产立庄，故而得名。
小关庄	Xiǎoguānzhuāng	据查，民国时关姓在此立庄，因人少村小，故名。
杨河	Yánghé	民国时，杨姓在此立庄，因西边有条河，故名杨河。
赵庄	Zhàozhuāng	从前，赵姓在此占产立庄，故而得名。
郑庄	Zhèngzhuāng	明朝时期，郑姓在此占地立庄，故而得名。
曹庄社区居民委员会	Cáozhuāng Shèqū Jūmínwěiyuánhuì	隶属砀山县曹庄镇。在2007年村级合并时，将尚庄、枣园、曹庄合在一起，又因为镇政府坐落在此村，故而名为曹庄社区。1956年为曹庄乡。1961年置曹庄公社。1980年属赵屯区曹庄乡。1988年属曹庄镇。2007年村级合并，属曹庄镇。
曹庄	Cáozhuāng	明朝洪武年间，曹姓在此立庄，因人口众多，故而得名。
陈屯	Chéntún	从前，陈姓在此屯田，故名陈屯。
黄窑	Huángyáo	明朝时期，山西迁来黄姓，以烧窑谋生，故名黄窑。
老张庄	Lǎozhāngzhuāng	明代时期此地叫老汪庄，后有张姓在庄外打了一口深井，供本庄人吃水，人们感念他的恩德，改为老张庄。
彭楼	Pénglóu	明末，汪姓、彭姓两家占地立村建楼，故叫汪彭楼，后简称彭楼。
戚楼	Qīlóu	从前，戚姓在此立庄建楼，故名。
尚庄	Shàngzhuāng	明朝时期，尚姓由山西迁至山东金乡，清初分支迁于此立庄，因姓得名。
瓦房	Wǎfáng	从前王姓在此建三间瓦房，故名。
汪小屯	Wāngxiǎotún	明朝时期，汪姓财主在此建成一个屯，故而得名。
王屯	Wángtún	从前王姓在此屯田，故而得名。
枣园	Zǎoyuán	从前此地枣树成园，故名枣园。
张新庄	Zhāngxīnzhuāng	张姓在明代由山西迁至此地建新庄，故名。
郑庄	Zhèngzhuāng	明朝时期，郑姓在此立庄，故名。

朱楼镇

朱楼镇（Zhūlóu Zhèn） 隶属砀山县管辖，朱楼镇位于砀城东南部，面积为 33.99 平方千米。人口 4.31 万人。以汉族为主。1956 年前属砀山县回龙乡。1958 年公社化时属陈寨公社。1961 年大社化小时为回龙公社。1966 年更名为四新公社。1980 年设区划社时，由四新、向阳二公社合并为梁寨区，下辖陈寨、回龙、朱楼、梁寨、刁楼、王屯、双楼、衡楼 8 个乡。1987 年撤区划镇，由陈寨、回龙、朱楼、梁寨 4 个乡组成，辖区面积与四新公社相同，一直延续至今。因镇政府所在地位于朱楼村，故得名。工业以轻工业为主。境内有镇文化站、广播站各 1 处，村级文化中心 7 处，各类图书室 10 个，镇卫生院 1 个。有幼儿园、中小学校 8 所。济祁高速公路从境内穿过，全长 7.04 千米，已于 2015 年 11 月通车。101 省道横贯全镇，连霍高速公路芒砀山出口处和张庄寨出口处交汇于此。

标准名称	汉语拼音	备注
陈寨村村民委员会	Chénzhàicūn Cūnmínwěiyuánhuì	隶属砀山县朱楼镇。明初，陈姓搬迁到此处建寨，得名陈寨。新中国成立前属江苏管理。新中国成立后隶属安徽砀山。1958 年为陈寨公社。1988 年属朱楼镇至今。
北门	Běimén	为陈寨的北门，故名。
东南场	Dōngnánchǎng	清朝时期，陈姓兄弟无处打粮，就在村子的西南和东南各安一个坪场，后来人们就习惯叫西南场和东南场。
贡生楼	Gòngshēnglóu	清朝年间，该村有一位贡生建有楼房，故名贡生楼。
老寨	Lǎozhài	此地为陈寨建寨之前最老的寨子，故名老寨。
桥西	Qiáoxī	地处陈寨西部，因陈寨西有一座桥，所以村名叫桥西。
西南场	Xīnánchǎng	清朝时期，陈姓在村子的西南和东南各安一个坪场，后来人们就习惯叫西南场和东南场了。
吴楼	Wúlóu	从前，吴姓在此立庄建楼，故名。
小神集	Xiǎoshénjí	因本村坐落在小神湖畔，是当地一个集市，故名小神集。
长神集	Chángshénjí	长神集原名长虫集，后改为今名。
梁寨村村民委员会	Liángzhàicūn Cūnmínwěiyuánhuì	隶属砀山县朱楼镇。从前梁姓在此建寨，故名梁寨。新中国成立初期属江苏，1955 年划归安徽，属赵楼乡。1958 年属四新公社。1980 年设梁寨小乡。1988 年属朱楼镇。
段庄	Duànzhuāng	以前段姓此占产立庄，故而得名。
梁寨	Liángzhài	从前，梁姓在此筑寨居住，故名梁寨。
毛阁	Máogé	明初，毛姓在此立庄，建造楼阁，故名毛阁。
王杨庄	Wángyángzhuāng	从前，此地以杨姓居住而得名杨庄。后来王姓来此居住，故叫王杨庄。

标准名称	汉语拼音	备注
竹园子	Zhúyuánzi	从前，因庄前有一片竹林，后取名竹园子。
邵楼村 村民委员会	Shàolóucūn Cūnmínwěiyuánhuì	隶属砀山县朱楼镇。清末，邵姓在此地建楼，由此得名邵楼。新中国成立前属江苏管理。1955年划归为安徽砀山。1988年属朱楼镇。2007年，邵楼、纸坊、陈楼三村合并为邵楼村民委员会。
陈楼	Chénlóu	从前，陈姓在此占产立业，建楼，故而得名。
后邵楼	Hòushàolóu	清初，邵姓在此立业建楼，因在邵楼后，故而得名。
刘庄	Liúzhuāng	从前，刘姓在此占产立业，故而得名。
邵楼	Shàolóu	清初，邵姓在此建楼居住，故而得名。
田庄	Tiánzhuāng	从前，田姓在此占产立庄，故而得名。
杨庄	Yángzhuāng	从前，杨姓在此占产立业，故而得名。
张庄	Zhāngzhuāng	从前，张姓在此占产立庄，故而得名。
纸坊	Zhǐfāng	旧时此地有造纸的作坊，故取名纸坊。
邵寨村 村民委员会	Shàozhàicūn Cūnmínwěiyuánhuì	隶属砀山县朱楼镇。从前，邵姓在狐父城附近建立夹河村。明末邵宗元在保定为国殉难，清末被封为忠烈公，后人在此建寨，并为他建祠立牌坊，于是夹河村就演变成邵寨了。新中国成立初期属胡屯新兴区。1952年属陈寨区。1956年属回龙乡。1961年属回龙公社。1986年成立邵寨村委会，属朱楼镇政府管理。
甘庄	Gānzhuāng	以前甘姓在此居住，给朝廷养蚕纺纱，得地名甘织纺，后改为甘庄。
邵桥	Shàoqiáo	从前，狐父城的邵姓在减河北居住，为方便来往架一座桥，取名邵桥。
邵寨	Shàozhài	从前，邵姓在狐父城附近建夹河村，后又筑寨，于是夹河村就变成邵寨了。
王机房	Wángjīfáng	以前有王姓给朝廷纺纱，故名王织房，后演变成王机房。
小郭庄	Xiǎoguōzhuāng	明朝时期，郭姓从徐州迁来，在此立庄，因规模较小，取名小郭庄。
许王屯	Xǔwángtún	明朝时期，两位军人一位姓许，一位姓王，从丰县苇子坑肩挑孩子来到小神湖旁边居住，取名许屯、王屯，人民公社化时合并为许王屯。
新村	Xīncūn	人民公社时期成立青年农科队在此居住，后又从张屯、邵桥、许王屯三村抽人安家，故取名新村。
张大楼	Zhāngdàlóu	明朝时期，张姓在此盖一座大楼，住不习惯，卖与邵姓，但地名仍叫张大楼。
张屯	Zhāngtún	明朝时期，有一张姓军人被定为屯户，在此居住，故名。

标准名称	汉语拼音	备注
邵庄村村民委员会	Shàozhuāngcūn Cūnmínwěiyuánhuì	隶属砀山县朱楼镇。从前，邵姓在此开设茶馆，占产立庄，故而得名。“文革”期间属三红公社。1980年属陈寨乡。1988年属朱楼镇。2007年由新庄、黄庄、邵庄三村合为邵庄村。
陈花园	Chénhuāyuán	明朝时期，陈姓教书先生来此地立庄，建花园一座，故而得名。
陈柳园	Chénliǔyuán	新中国成立前，陈姓在此居住，庄东有柳树园子，故名陈柳园。
陈土楼	Chéntǔlóu	从前，山西洪洞县陈姓落脚此地立庄，盖一土楼，故名陈土楼。
陈瓦房	Chénwǎfáng	从前，陈姓在此立庄，因生活富裕盖了瓦屋，故而得名。
化庄	Huàzhuāng	明朝时期，化姓在此立庄，故而得名。
黄练楼	Huángliànlóu	从前，黄姓、练姓在此建楼立庄，故名。
黄庄	Huángzhuāng	从前，黄姓在此立庄定居，故而得名。
李楼	Lǐlóu	从前，李姓在此建楼居住，故而得名。
彭楼	Pénglóu	新中国成立初期，彭姓在此建楼居住，取名彭楼。
邵庄	Shàozhuāng	从前，因邵姓在此立庄居住，故名。
王篱笆	Wánglíbā	早期有王姓在此开辟新庄，用篱笆做围墙，故而得名。
新村	Xīncūn	早期该庄以陈姓居住多，因是开辟新地，故而得名。
张小楼	Zhāngxiǎolóu	新中国成立前，张姓在此立庄建小楼，故而得名。
王湾村村民委员会	Wángwāncūn Cūnmínwěiyuánhuì	隶属砀山县朱楼镇。洪河在此转弯，王姓在此居住，故名王湾。新中国成立前属江苏。1955年划归安徽砀山县回龙公社。1985年归朱楼镇。2007年设王湾村委会。
陈王庄	Chénwángzhuāng	明朝时期，陈、王两姓在此占产立庄，故而得名。
大房庄	Dàfángzhuāng	明朝时期，房姓在此居住，因人多庄大，故取名大房庄。
大王屯	Dàwángtún	明朝时期，王姓在此屯田立庄，因庄体大，故而得名。
杜楼	Dùlóu	明朝时期，杜姓在此建楼立庄，故名。
官庄	Guānzhuāng	明朝时期，官姓在此居住建庄，故取名官庄。
王石庄	Wángshízhuāng	清末时期，王姓、石姓在此居住，故而得名。
王湾	Wángwān	从前，王姓在此立庄居住，因地处洪河湾，故名王湾。
赵杨庄	Zhàoyángzhuāng	从前，杨姓、赵姓在此立庄居住，故名赵杨庄。
张湾	Zhāngwān	清初，老洪河从此经过，此庄坐落河湾之中，因张姓占多数，故而得名。
小房庄	Xiǎofángzhuāng	清末，房姓在此立庄，因规模较小，取名小房庄。
小王屯	Xiǎowángtún	从前，王姓在此屯田立庄，因规模较小，故名小王屯。

标准名称	汉语拼音	备注
朱楼村 村民委员会	Zhūlóucūn Cūnmínwěiyuánhuì	隶属砀山县朱楼镇。朱姓在明朝迁入此地，盖七座楼，故名。新中国成立前属砀南县周集区。新中国成立初期属砀山县陈寨乡。1953 年属江苏省徐州。1955 年归安徽省砀山县。“文化大革命”时为四新公社向阳村，后改为梁寨区朱楼大队。1988 年改为朱楼镇朱楼村。2007 年与回龙、张屯合并。2014 年张屯划出，此地仍叫朱楼村。
回龙集	Huílóngjí	民间传说，乾隆南巡路经此地，又因故返回，后成为集市，故名回龙集。
刘庄	Liúzhuāng	明末，刘姓到此立庄居住，故而得名。
小寨子	Xiǎozhàizi	明初，尉姓在回龙集开盐店，买北边的地建寨，因规模小于回龙集大寨，故名小寨子。
朱楼	Zhūlóu	朱姓在明朝迁入此地，盖七座楼，故名。
祖寺庙	Zǔsìmiào	从前，减河东岸有一座祖寺庙，该庄坐落在附近，故名祖寺庙。

赵屯镇

赵屯镇（Zhàotún Zhèn） 隶属砀山县管辖，赵屯镇地处砀山县西北部，面积为 45.95 平方千米。人口 5.93 万人。以汉族为主。1950 年隶属城西区，1953 年更名为九区，1980 年设区划社为赵屯区，1984 年撤区划乡，设赵屯乡。2007 年 1 月撤销赵屯乡，设置赵屯镇。因辖区内有赵屯自然村和陇海铁路赵屯车站，故命名为赵屯乡，2007 年 1 月改设赵屯镇。工业以纸业加工、板材加工、水果加工为主。境内有镇综合文化站 1 个，公共图书室 1 个，各级各类医疗卫生机构 18 个，其中镇卫生院 1 个。有幼儿园和中小学校 9 所。赵屯镇交通便利，310 国道横贯东西，穿境而过，路段长度约 14 千米。境内有陇海铁路、310 国道、郑徐高铁。

标准名称	汉语拼音	备注
卞楼村 村民委员会	Biànlóucūn Cūnmínwěiyuánhuì	隶属砀山县赵屯镇。从前，卞姓在此立庄建楼，故名卞楼。新中国成立初期属城西乡。1958 年属城西东风人民公社。1980 年属汪林乡。1988 年属赵屯镇委会。
卞楼	Biànlóu	明朝时期，卞姓在此占产立庄，建楼，故此得名。
褚庄	Chǔzhuāng	明朝时期，褚姓在此占地立庄，故此得名。
戴庄	Dàizhuāng	民国初年，戴姓迁居于此立庄，故此得名。
洪楼	Hónglóu	从前，洪姓在此建楼立庄，故命为洪楼。

标准名称	汉语拼音	备注
蒋楼	Jiǎnglóu	明朝时期，蒋姓在此占产立庄建楼，故得此名。
李庄	Lǐzhuāng	明朝时期，李姓在此占产立庄，故得此名。
刘庄	Liúzhuāng	明朝时期，刘姓在此占产立庄，故得此名。
三座楼	Sānzuòlóu	从前，孙、黄、王三大家族在此建楼房，故得名为三座楼。
汪林	Wānglín	明朝时期，汪姓在此占产立庄，置建林地，故得此名。
王庄	Wángzhuāng	据查，明代王姓在此立庄占产，故得此名。
小张庄	Xiǎozhāng-zhuāng	明朝时期，张姓在此占产立庄，故得此名。
信庄	Xìnzhuāng	明朝时期，信姓在此占产立庄，故得此名。
薛楼	Xuēlóu	新中国成立初期，薛姓在此建楼居住，故命名为薛楼。
姚屯	Yáotún	明朝时期，姚姓在此占产立庄屯田，故此得名。
张岳庄	Zhāngyuèzhuāng	明朝时期，张、岳两姓在此占产立庄，故此得名。
赵庄	Zhàozhuāng	明朝时期，赵姓在此占产立庄，故得此名。
杜阁村村民委员会	Dùgécūn Cūnmínwěiyuánhuì	隶属砀山县赵屯镇。从前杜姓在此种田经营，建庙阁祭祀，由此得名。新中国成立初期，杜阁是初级社、高级社驻地。1953 年为杜阁乡驻地。1978 年为杜阁公社驻地。1985 年至今为杜阁村驻地。
陈阁	Chéngé	明朝时期，陈姓在此占产立庄，建造楼阁，故得此名。
杜阁	Dùgé	明朝时期，杜姓在此占地立庄，建造楼阁，故得此名。
杜新庄	Dùxīnzhuāng	民国初年，杜阁的杜姓分支迁居此地，建立新庄，故此得名。
冯庄	Féngzhuāng	明朝时期，冯老家分支迁居此地，占产立庄，故得此名。
郭庄	Guōzhuāng	明朝时期，郭子仪之后代在此占产立庄，故此得名。
李楼	Lǐlóu	明朝时期，李姓在此占产立庄，建立楼房，故得此名。
李桃园	Lǐtáoyuán	明朝时期，李姓在此占产立庄，种植桃园，故得此名。
李庄	Lǐzhuāng	明朝时期，李姓在此占产立庄，故得此名。
戚黄楼	Qīhuánglóu	明朝时期，戚、黄两姓在此占产立庄，建造楼房，故此得名。
邵楼	Shàolóu	明朝时期，邵姓在此占地立庄，建楼，故此得名。
汪楼	Wānglóu	明代汪姓在此占产立庄，故此得名。
汪小屯	Wāngxiǎotún	明朝时期，汪姓在此屯田立庄，因人少，故此得名。
王庄	Wángzhuāng	明朝时期，王姓在此立庄占产，故得此名。
薛楼	Xuēlóu	明朝时期，唐朝薛刚之后代子孙分居于此地，建楼，故得名薛楼。
杨楼	Yánglóu	明朝时期，杨姓在此占产立庄，建楼，故得此名。

标准名称	汉语拼音	备注
姚屯	Yáotún	明朝时期，姚姓在此屯田立庄，故此得名。
吴庄寺	Wúzhuāngsì	明朝时期，吴姓在此占产立庄，因当时村中有一寺庙，故而得名。
赵庄	Zhàozhuāng	明朝时期，赵姓在此占产立庄，故得此名。
黄庄寨村村民委员会	Huángzhuāngzhàicūn Cūnmínwěiyuánhuì	隶属砀山县赵屯镇。从前，黄姓在此种田经营，建寨防匪，由此得名黄庄寨。新中国成立初期，属城西薛口区。1958年属陈庄公社。1980年属薛口乡。1985年属赵屯镇至今。
包庄	Bāozhuāng	民国初年，包姓迁居至此建庄，故此得名。
曹庄	Cáozhuāng	明朝时期，曹姓在此占产立庄，故此得名。
大黄庄	Dàhuángzhuāng	明朝时期，黄姓在此占产立庄，因村子大，故此得名。
董口	Dǒngkǒu	明朝时期，董姓在此占产立庄，因地处路口，故此得名。
杜杨庙	Dùyángmiào	明朝时期，杜、杨两姓在此占产立庄，建一座庙宇，故此得名杜杨庙。
冯庄	Féngzhuāng	明朝时期，冯姓在此占产立庄，故而得名。
胡庄	Húzhuāng	明朝时期，胡姓在此占产立庄，故而得名。
黄庄寨	Huángzhuāngzhài	明朝时期，黄姓在此占产立庄建寨，故此得名。
路口	Lùkǒu	由于村子坐落在主要干道上，故而得名路口。
瓦黄	Wǎhuáng	民国初期，黄姓在此占产立庄，从事烧制小瓦职业，故此得名。
汪集	Wāngjí	明朝时期，汪姓在此占产立庄，形成集市，故此得名。
汪井	Wāngjǐng	明朝时期，汪姓在此占产立庄，打了一口甜水井，故此得名。
汪庄	Wāngzhuāng	明朝时期，汪姓在此占产立庄，故此得名。
温庄	Wēnzhuāng	民国初年，温姓迁居在此立庄，故得此名。
吴庄董口	Wúzhuāngdǒngkǒu	明朝时期，吴姓、董姓在此占产立庄，因地处路口，故而得名。
小黄庄	Xiǎohuángzhuāng	明朝时期，黄姓在此占产立庄，因村子小，故此得名。
小杨庄	Xiǎoyángzhuāng	明朝时期，杨姓在此占产立庄，因当时人少村小，故而得名小杨庄。
谢庄	Xièzhuāng	明朝时期，谢姓在此占产立庄，故而得名。
薛庄	Xuēzhuāng	民国初期，薛姓迁居在此，故得此名。
岳赵庄	Yuèzhàozhuāng	民国初年，岳、赵两姓迁居在此立庄，故得此名。
蒋庄村村民委员会	Jiǎngzhuāngcūn Cūnmínwěiyuánhuì	隶属砀山县赵屯镇。蒋氏于清初从玄庙镇蒋集迁居至此建庄，故名。新中国成立前曾属砀南县，新中国成立后归砀山县白楼乡。1958年属曹庄人民公社。1988年属赵屯镇。

标准名称	汉语拼音	备注
北翟庄	Běizháizhuāng	明朝时期，有翟姓商人落难此处，开荒种田，立了两个庄子，南为南翟庄，北为北翟庄。
丁楼	Dīnglóu	清朝初期，丁姓系河北平河侯后裔，来此立庄建楼，故名。
段洼	Duànwā	很久以前段姓在此落户，因这里地势低洼，故此得名。
蒋庄	Jiǎngzhuāng	因蒋庄蒋姓始祖在明末清初从黄河故道北蒋集迁到此处居住，故名。
李戴庄	Lǐdàizhuāng	从前，此地名火神庙。明朝时期，一李姓官员来此定居，后戴姓入住，故改名为李戴庄。
孟庄	Mèngzhuāng	很久以前孟姓落难于此，后来建庄，故取名孟庄。
南翟庄	Nánzháizhuāng	明朝时期，有翟姓商人在此地开荒种田，后来立了两个庄子，南为南翟庄，北为北翟庄。
庞楼	Pánglóu	很久以前庞姓于此地建了楼房，故得名庞楼。
戚集	Qījí	传说唐朝时期，戚姓在此以种粮为生，形成集市，故得名戚集。
戚老家	Qīlǎojiā	明末，戚姓在此落户，后来戚姓越来越多，分支出去，故得名戚老家。
戚楼	Qīlóu	三百年前，此处原有村庄被洪水淹没，从戚老家迁来两户在此建楼，故得名戚楼。
王菜园	Wángcàiyuán	传说唐朝时期，王姓在此以种菜为生，故叫王菜园。
新庄	Xīnzhuāng	清朝初期，王姓从外地迁来建立新村，故叫新庄。
朱庄	Zhūzhuāng	传说唐朝时期，朱姓在此以种粮为生，故名为朱庄。
吕集村 村民委员会	Lǚjícūn Cūnmínwěiyuánhuì	隶属砀山县赵屯镇。从前，吕姓在此占地立庄，后形成集市，故名。新中国成立初期属城西乡。1958 年属城西东风人民公社。1980 年属汪林乡。1988 年属赵屯镇。
吕集	Lǚjí	明初，有吕姓在此居住，形成集市，故称吕集。
汪庄	Wāngzhuāng	从前，汪姓在此居住，故而得名。
王楼	Wánglóu	王姓在本地建有楼房，故而得名。
于楼	Yúlóu	从前，于姓在此建楼，故名。
朱楼	Zhūlóu	从前，朱姓在此建楼，故名。
汪烟墩	Wāngyāndūn	从前，汪姓在此居住，因附近有一座防匪用的、类似烽火台的建筑——烟墩，故名汪烟墩。
王油坊	Wángyóufāng	从前，王姓在此居住，开了一座油坊，故名王油坊。

标准名称	汉语拼音	备注
梅屯村 村民委员会	Méitúncūn Cūnmínwěiyuánhuì	隶属砀山县赵屯镇。明朝时期，梅姓迁居此地屯田，由此而取名梅屯。1949 年属红山乡。1952 年归许庄乡。1955 年归吴集乡。1958 年归东风人民公社。1962 年属陈庄公社。1978 年归官庄区。1988 年归赵屯乡。2007 年合并为梅屯村。
董庄	Dǒngzhuāng	明朝时期，董姓迁居于此，故而得名董庄。
范庄	Fànzhuāng	清朝时期，范姓由苏州迁居于此建庄，故名。
冯许马庄	Féngxǔmǎzhuāng	据传，冯许马庄以许庄为最早，200 多年以前冯、马两姓迁入置地立庄，故命名冯许马庄。
高庄	Gāozhuāng	晚清，高姓由砀城南关迁入在此置地安庄，故名高庄。
刘庄	Liúzhuāng	明朝时期，刘姓在此占地立庄，故而得名。
吕林	Lǚlín	清朝时期，吕姓由山东迁居至此，置有林地，故名吕林。
梅庄	Méizhuāng	明朝时期，梅姓至此立庄，取名梅庄。
徐街	Xújiē	明朝时期，徐姓迁居至此，开设茶馆、饭店，故名徐街。
杨庄	Yángzhuāng	清末，杨姓由砀城北冯老家迁来，在此立庄，故名杨庄。
万楼村 村民委员会	Wànlóucūn Cūnmínwěiyuánhuì	隶属砀山县赵屯镇。从前万姓在此地耕田种地，建有楼房，由此而得名万楼。新中国成立初期属曹庄公社，后属杜阁乡。1988 年属赵屯乡。2007 年属赵屯镇至今。
大杜庄	Dàdùzhuāng	据传，与杜田庄的杜姓本是一家，共同迁居至此，因庄大人多，故名大杜庄。
杜田庄	Dùtiánzhuāng	明朝时期，杜、田两姓结伴在此立庄，两姓人口相当，故取名为杜田庄。
樊庄	Fánzhuāng	明代末期，樊姓在此占产立庄，得名樊庄。
郝庄	Hǎozhuāng	明代末期，郝姓从沛县迁居至此，得名郝庄。
姜庄	Jiāngzhuāng	清朝初期，姜姓从河南迁居至此，得名姜庄。
李新楼	Lǐxīnlóu	明末，李姓、张姓从山西迁居至此立庄，李姓人口多，建楼，故得名李新楼。
马邓庄	Mǎdèngzhuāng	明代末期，马姓、邓姓同迁至此，占地立庄，故取名为马邓庄。
万楼	Wànlóu	从前，万姓在此地耕田种地、建楼，由此而得名万楼。
王庄	Wángzhuāng	从前，王姓从河南迁居此地，取名王庄；因有一名王姓名医，又名药铺王庄。
赵楼	Zhàolóu	明末清初，赵姓从河北迁居至此，且盖有一座土楼，取名为赵楼。
汪屯村 村民委员会	Wāngtúncūn Cūnmínwěiyuánhuì	隶属砀山县赵屯镇。从前，汪氏家族在此屯田，取名为汪屯。1958 年归陈庄公社。1988 年属赵屯镇至今。

标准名称	汉语拼音	备注
东后后	Dōnghòuhòu	汪屯村范围大，根据地理位置划分得名。
东后前	Dōnghòuqián	汪屯村范围大，根据地理位置划分而得名。
东前东	Dōngqiándōng	汪屯村范围较大，根据地理位置划分而得名。
东前西	Dōngqiánxī	汪屯村范围较大，根据地理位置划分而得名。
东前中	Dōngqiánzhōng	汪屯村范围较大，根据地理位置划分而得名。
汪楼	Wānglóu	从前，该地汪姓建有楼房，故而得名。
汪庄	Wāngzhuāng	从前，该地汪姓人多，故而得名。
魏庄	Wèizhuāng	从前，该地魏姓人多，故而得名。
西后东	Xīhòudōng	汪屯村范围较大，根据地理位置划分而得名。
西后西	Xīhòuxī	汪屯村范围较大，根据地理位置划分而得名。
西前东	Xīqiándōng	汪屯村范围较大，根据地理位置划分而得名。
西前西	Xīqiánxī	汪屯村范围较大，根据地理位置划分而得名。
张新庄村 村民委员会	Zhāngxīn- zhuāngcūn Cūnmínwěiyuánhuì	隶属砀山县赵屯镇。从前，张姓在此建立新庄，故名。新中国成立初期属城西乡。1958 年属城西东风人民公社。1965 年属陈庄公社。1988 年属赵屯镇委会。
蔡堂	Càitáng	新中国成立前叫胡庄，因胡姓居住最多而命名；新中国成立后，由于蔡姓人口增多，建有厅堂，故改为蔡堂。
崔楼	Cuīlóu	从前，崔姓在此建楼，开设茶馆，由此而得名。
管屯	Guǎntún	从前，管姓在此开饭庄，后来又置地屯田，故名管屯。
黄庄	Huángzhuāng	从前，黄姓在此安庄，由此得名为黄庄。
老张庄	Lǎozhāngzhuāng	从前，张姓在此居住，后又有分支出去，此地便为老张庄。
戚平庄	Qīpíngzhuāng	从前，因戚姓在此开设茶馆，人来客走都非常平安，戚平庄的名字便由此得来。
孙庄	Sūnzhuāng	从前，孙姓在此开了个饭馆，因离砀城八里路，所以也叫八里饭棚；后孙姓又置田建庄，因而得名孙庄。
汪白楼	Wāngbáilóu	从前，汪姓在此建了一座白色的楼房，故名汪白楼。
汪万楼	Wāngwànlóu	从前，汪姓、万姓在此居住，建楼，故名汪万楼。
张新庄	Zhāngxīnzhuāng	从前，张姓在此建立新庄，故名张新庄。
赵屯村 村民委员会	Zhàotúncūn Cūnmínwěiyuánhuì	隶属砀山县赵屯镇。宋代初期，赵姓人家为军户，居住于此，称赵屯。新中国成立初期属江苏省。1955 年属安徽省砀山县薛口乡。1971 年属曹庄公社。1981 年属赵屯乡。2007 年属赵屯镇管理。
边集	Biānjí	据《砀山县志》记载，边集原为古代官道驿站，边姓为驿站站主，以后驿站消失，又建集市，改为边集。

标准名称	汉语拼音	备注
孟庄	Mèngzhuāng	据孟姓家谱记载，孟家为孟子后代，居住此地立庄，故而得名。
宋庄	Sòngzhuāng	明洪武年间，宋姓从山西迁民来此地居住，因此得名。
小陈庄	Xiǎochénzhuāng	小陈庄为边集陈姓分支迁居此地，因人少村小，故而得名。
许王庄	Xǔwángzhuāng	明代初期，许姓人家为军户，居住于此，称后许楼；以后王姓为许姓的女婿，随后王姓人口增多，改为许王庄。
赵屯	Zhàotún	宋代初期，赵姓人家为军户居住于此，称赵屯；以后有王姓、张姓、李姓、宋姓四姓军户居住此地，称赵五屯；民国时期改为赵屯。

官庄坝镇

官庄坝镇（Guānzhuāngbà Zhèn） 隶属砀山县管辖，官庄坝镇位于砀山县西北部，面积为65.33平方千米。人口5.14万人。以汉族为主。属砀山县。1949年设官庄坝区，区公所设在本镇吴集村。1958年9月，官庄、吴集、谢集、曹庄、红山5个乡成立城西乡东风公社。1961年，原城西乡东风公社划分为官庄、曹庄、陈庄3个公社。1980年1月，设区划社，原官庄公社划分为张王庄、官庄、龙潭3个公社，加上原从曹庄公社划出的谢集公社和原陈庄公社划出的吴集公社共5个公社，合建为官庄区。1988年2月，撤区建镇，原官庄区王庄、龙潭、吴集3个乡合并建官庄坝镇。以镇政府所在地官庄村命名官庄坝镇。工业以轻工业为主。17家规模以上工业企业工业总产值22.73亿元，同比增长15.03%；规模以上工业总利润3.62亿元，同比增长19.32%；完成固定资产投资2.2亿元，固定资产总投资同比下降62.9%。农民人均纯收入突破8000元，财政收入422.12万元。境内有文化馆站1所，中心幼儿园2所，小学21所，初中3所，镇卫生院1所。境内有砀官公路、砀虞公路、杨曹公路、岳杨公路、环镇公路纵横贯穿。

标准名称	汉语拼音	备注
黄集村村民委员会	Huángjícūn Cūnmínwěiyuánhuì	隶属砀山县官庄坝镇。此地为集市，由岳、黄、周、王等几大家族组成，因黄姓家族大，故名黄集。新中国成立前，区公所设在黄集。1958年属东风人民公社。1988年属官庄坝镇。
冯窑	Féngyáo	明末，冯姓在此地建土窑，生产缸、盆等生活用品，故名冯窑。
黄集	Huángjí	明朝时期，黄姓、岳姓、王姓、周姓在此居住，形成集市，因黄姓人多，故而得名黄集。

标准名称	汉语拼音	备注
梁李屯	Liánglǐtún	清朝时期，有梁姓、李姓迁入此地屯田，故而得名梁李屯。
前岳庄	Qiányuèzhuāng	清朝时期，洪水过后，有丁姓、岳姓在此立庄，因有别于后面的岳庄，故名前岳庄。
舒庄姚楼	Shūzhuāngyáolóu	清朝时期，有舒姓、姚姓在此居住，姚家建一座楼房，故得名舒庄姚楼。
土山	Tǔshān	清初，有吴姓、祁姓两家居住。庄西有一座高土堆，下有白石，据说是即将成山的土堆，故得名土山。
汪李庄	Wānglǐzhuāng	明末洪水过后，有段姓、李姓、汪姓三家迁入此地，东头段庄、西头李庄、西北角小汪庄，先叫段李庄，后更名汪李庄。
徐堤口	Xúdīkǒu	明末，徐姓、李姓、顾姓、卢姓几个家族靠大堤缺口居住，因徐姓人多，故名徐堤口。
张王庄	Zhāngwángzhuāng	明代末年，洪水过后，有张、王两姓迁入此地，张家住北，王家住南，故而得名张王庄。
刘楼村 村民委员会	Liúlóucūn Cūnmínwěiyuánhuì	隶属砀山县官庄坝镇。从前，因刘姓在此安庄建楼，故叫刘楼。新中国成立前属砀山县四区，新中国成立后属城西东风公社。1968 年属官庄公社。1980 年属官庄区龙潭乡。1988 年属官庄坝镇。
大刘楼	Dàliúlóu	新中国成立前，刘姓在此安庄建楼，因庄体大，故名大刘楼。
后张集	Hòuzhāngjí	清乾隆二十九年，张姓从南张老家迁来，在张集北安新庄，故叫后张集。
黄庄	Huángzhuāng	清末，黄姓从单县迁来安庄，故名。
蒋庄	Jiǎngzhuāng	以前蒋姓从张集迁出形成庄，叫蒋庄。
裴台	Péitái	以前裴姓人家在此地安庄，因怕黄河水泛滥，故筑高台，便名裴台。
前张集	Qiánzhāngjí	清乾隆二十九年，张姓从南张老家迁来，形成集市，故名。
魏李	Wèilǐ	旧时，魏姓与李姓再此地安庄，故名。
下河陈庄	Xiàhéchénzhuāng	旧时，陈姓从山东来此安庄，因靠近故黄河，故叫下河陈庄。
下河贾庄	Xiàhéjiǎzhuāng	旧时，贾姓从山东来到此安庄，因北部就是故黄河，故叫下河贾庄。
小刘楼	Xiǎoliúlóu	新中国成立后，从大刘楼分出部分农户，成立小刘楼。
张野场	Zhāngyěchǎng	旧时，张姓在此安坪场，后由外地及山东逃难的民众来到此地住下，叫张野场。
张庄	Zhāngzhuāng	旧时，张姓在此买地安庄，故名。

标准名称	汉语拼音	备注
龙潭村村民委员会	Lóngtáncūn Cūnmínwěiyuánhuì	隶属砀山县官庄坝镇。本村有一个水面大、水位深、历史久的黑龙潭，以此命名为龙潭村。1971 年归官庄公社。1980 年属龙潭乡。2007 年属官庄坝镇高新庄大队。2014 年属官庄坝镇。
盖坝头	Gài Bàtóu	从前，故黄河流经此地时，为防止决口，在此筑了高高的坝子，故名盖坝头。
曹庄	Cáozhuāng	从前，因曹姓在此建庄，故名曹庄。
高新庄	Gāoxīnzhuāng	从前，此地东头为高庄、西头为新庄，后来合并，故名高新庄。
黄楼	Huánglóu	新中国成立初期，黄姓在此建楼，故名。
小杨楼	Xiǎoyánglóu	从前，本庄以杨姓居多，且建造了一座小楼，故得名。
新杨庄	Xīnyángzhuāng	新中国成立后，小杨楼、盖坝头的村民分散居住此地，因庄子系新建，故得名新杨庄。
徐楼	Xúlóu	据查，以前徐姓在此立庄建楼，故而得名。
杨堤口	Yángdīkǒu	从前，本庄姓杨人多，坐落在黄河大堤缺口处，故而得名。
张花园	Zhānghuāyuán	以前张姓在此经营花园，故此得名。
朱李楼	Zhūlǐlóu	此地原为朱庄、李楼，两个村合住一块，故得名朱李楼。
吴集村村民委员会	Wújícūn Cūnmínwěiyuánhuì	隶属砀山县官庄坝镇。公元 1375 年，吴姓从山西平阳府洪洞县广济寺迁民到此地，成立了集镇，所以叫吴集。1958 年属东风人民公社。1980 年属吴集乡。2007 年为官庄坝镇吴集村民委员会。
陈王屯	Chénwángtún	乃陈屯和王屯的统称。明末迁民时有陈姓、王姓两家，属屯户（古代屯户属军人出身，可不纳税）。
段庄	Duànzhuāng	明末洪水过后，有段、郭两姓迁入此地，因段姓多，故名段庄。
范庄	Fànzhuāng	明代末年洪水过后，范姓从山西洪洞县迁居至此，故起名范庄。
后陈屯	Hòuchéntún	明朝初年迁民时，有陈姓两家在此屯田，一个住前面叫前陈屯，一个住后面叫后陈屯。
后井	Hòujǐng	明代末年洪水过后，有王姓、陈姓迁入此地，当时因庄后有一口井，所以叫后井。
刘屯	Liútún	明末，刘姓、张姓、葛姓、边姓迁入此地屯田，由于刘姓人最多，故名刘屯。
吴集	Wújí	旧时吴姓在此占地立庄，后形成集市，故名。
小吴集	Xiǎowújí	1995 年从大吴集迁出，故名小吴集。
小朱庄	Xiǎozhūzhuāng	明初，从山西洪洞县迁来朱姓兄弟三人，各建一庄。老三住在此地，得名小朱庄。

标准名称	汉语拼音	备注
周屯	Zhōutún	明洪武十七年，周姓从山西平阳府洪洞县广济寺迁移此屯田，故名。
徐楼村 村民委员会	Xúlóucūn Cūnmínwěiyuánhuì	隶属砀山县官庄坝镇。清朝时期，官吏徐大用为防御盗匪，在此建一土楼作为瞭望台，故名徐楼。1958 年属东风公社。1980 年属吴集乡。2008 年张老家、孙楼合并，为官庄坝镇徐楼村。
韩庄	Hánzhuāng	早年间韩姓在此占产立业，故取名韩庄。
胡广屯	Húguǎngtún	明朝时期，胡姓从山西老鸹窝迁居到此，种屯地交租，故此取名胡广屯。
雷庄	Léizhuāng	旧时，雷姓在此占产立庄，故取名雷庄。
李菜园	Lǐcàiyuán	旧时，李姓在此人口多，蔬菜种植形成规模，故此取名为李菜园。
刘油坊	Liúyóufāng	清初，刘姓在此占地产业，办了一个油坊，故此得名刘油坊。
权王庄	Quánwángzhuāng	从前，权姓和王姓在此为旺族，人口多庄子大，故取名为权王庄。
孙楼	Sūnlóu	旧时，为防止外来骚乱和土匪掠夺，孙姓在此建一土楼作瞭望台，故名孙楼。
汪集	Wāngjí	汪姓在此人口众多，形成集市，故名汪集。
吴庄	Wúzhuāng	清朝时期，吴姓在此占产立业，故取名为吴庄。
小徐楼	Xiǎoxúlóu	清朝官吏许大用为防御土匪侵扰，在此建一土楼作为瞭望台，故名小徐楼。
岳毛庄	Yuèmáozhuāng	旧时，岳姓与毛姓同时在此占产立庄，取名为岳毛庄。
张老家	Zhānglǎojiā	旧时，张姓在此为安家点，后分散居住，但一旦有事，都到此议事，故名张老家。
张庄	Zhāngzhuāng	从前，张姓在此占产立业，故取名为张庄。
岳庄坝村 村民委员会	Yuèzhuāngbàcūn Cūnmínwěiyuánhuì	隶属砀山县官庄坝镇。新中国成立后，水利部门在黄河故道上修一座大坝，因此坝坐落在岳庄，故得名岳庄坝。1971 年归官庄公社。1980 年属张王庄乡。2007 年归官庄坝镇。2014 年为岳庄坝村。
陈庄	Chénzhuāng	民国时期，陈姓到此安庄居住，故名陈庄。
国楼	Guólóu	明末洪水过后，谷姓、国姓等来此居住，因国姓是个财主，建了楼房，故名国楼。
后徐庄	Hòuxúzhuāng	明末洪水过后，徐姓迁入此地，立前后两个徐庄。因本庄在后，故名后徐庄。

标准名称	汉语拼音	备注
后岳庄	Hòuyuèzhuāng	明末洪水过后，有岳姓兄弟俩从外地迁来，一个住前一个住后，故取名后岳庄。
康庄	Kāngzhuāng	清朝中期，一场洪水过后，康姓迁入此地立庄，故而得名康庄。
刘堤头	Liúdītóu	明末洪水过后，刘姓在故黄大堤下居住，因洪水冲积成大土堆，故叫刘堤头。
刘庄	Liúzhuāng	明末洪水过后，有刘姓、张姓、单姓三大家迁入此地，因刘姓家族较大，所以叫刘庄。
马庄	Mǎzhuāng	清末，马姓逃荒到此耕种，故得名马庄。
孙岗	Sūngǎng	因地处故黄河南岸的高岗子，是岳坑村内孙姓搬去居住，故叫孙岗。
孙庄	Sūnzhuāng	明末洪水过后，有孙姓、杨姓迁入此地，因孙姓家族较大，故叫孙庄。
王庄	Wángzhuāng	明朝末年，有李姓、王姓迁入此地，因王姓人多，故而得名王庄。
吴庄	Wúzhuāng	清末，洪水过后，有大片良田能够耕种，就有吴姓迁入此地立庄居住，得名吴庄。
小徐庄	Xiǎoxúzhuāng	明代末年洪水过后，有徐姓从河北逃荒到此安庄，因庄小，故叫小徐庄。
岳坑	Yuèkēng	清初洪水过后，岳姓迁入此地，因村头有一大水坑，故得名岳坑。
岳楼	Yuèlóu	明末洪水过后，有岳姓从河北逃荒到此地，盖一土楼，故叫岳楼。
张河崖	Zhānghéyá	明末，有张姓从山西逃荒到此建房居住，因靠近黄河，故得名张河涯。
张老家	Zhānglǎojiā	相传，山西张姓逃荒到此落户，因黄河滩地肥沃，人口众多，不断分支，故名张老家。
张新庄	Zhāngxīnzhuāng	此村是由张老家张姓迁入到此建立的新庄，故叫张新庄。
官庄社区村民委员会	Guānzhuāng Shèqū Cūnmínwěiyuánhuì	隶属砀山县官庄坝镇。从前，古黄河南部有一座大堤坝，因官姓人家靠大坝居住，故名为官庄坝。新中国成立初期属官庄乡。1958 年属官庄公社。2014 年划为官庄社区，属官庄坝镇政府管理。
官北坝	GuānběiBà	早年为防黄河泛滥筑了堤坝，因该坝坐落在官姓村庄，故名官庄坝。
官东	Guāndōng	官庄社区十字街以东为官东。

标准名称	汉语拼音	备注
官南	Guānnán	官庄社区居民委员会以十字街为中心，官庄邮政所南为官南。
黄庄	Huángzhuāng	以前有黄姓在此地建庄，命名为黄庄。
秦庄社区居民委员会	Qínzhuāng Shèqū Jūmínwěiyuánhuì	隶属砀山县官庄坝镇。以前秦姓家族人口多，有良田千亩，且有商店、茶馆，由此得名秦庄。新中国成立初期，属孙楼乡。1958 年划归官庄公社。2014 年为秦庄社区，属官庄坝镇管理。
南门口	Nánménkǒu	因本村坐落在故黄河大堤上，系官庄坝的南门口，故名。
前王庄	Qiánwángzhuāng	新中国成立前，王姓在此占产立庄，当时人少村小，在官庄坝的前面，故而得名。
秦庄	Qínzhuāng	以前秦姓人口多，有良田千亩，并有商店、茶馆，由此得名秦庄。
岳堤口	Yuèdīkǒu	本村坐落在大堤以北，为交通方便，由岳姓开通大堤缺口，故名为岳堤口。

关帝庙镇

关帝庙镇（Guāndìmiào Zhèn） 隶属砀山县管辖，关帝庙镇地处砀城南部，面积 114.52 平方千米。人口 6.65 万，以汉族为主。1950 年 7 月设立邵楼区。1952 年 2 月撤销邵楼区，设陈寨、阚寨 2 区，驻地先后在邵陈楼、关帝庙。1961 年 9 月 30 日，原陈寨乡陈寨公社划为关帝庙公社，驻地关帝庙。1966 年 11 月，关帝庙公社改名红旗公社。1980 年 2 月，在原红旗、黄楼两个公社的基础上成立了关帝庙区。1980 年 3 月，设立区公所，时辖 7 个乡，驻地关帝庙。1988 年 2 月撤区建镇，撤销 4 个小乡和关帝庙区合并设立关帝庙镇。2007 年 12 月，撤销黄楼乡并入关帝庙镇。以镇政府驻地关帝庙村而命名关帝庙镇。工业以轻工业为主。有镇文化站、广播站各 1 处，村级文化中心 6 处，幼儿园 6 所，小学 11 所，初中 2 所，镇中心卫生院 2 所。 S101 省道、砀萧公路穿境而过，公路四通八达，正在建设的郑徐高铁将在关帝庙镇薛口村设砀山南站，预计 2016 年正式通车投入使用。

标准名称	汉语拼音	备注
黄屯村村民委员会	Huángtúncūn Cūnmínwěiyuánhuì	隶属砀山县关帝庙镇。2008 年，大李楼、赵平坊、张阁三村合并，因中心地坐落在黄屯，由此得名黄屯村。这里 1953 年属第三区。1958 年属中心乡四大队。1961 年属关帝庙人民公社。1980 年属徐庙乡。1990 年属关帝庙镇。
陈庄	Chénzhuāng	以前陈姓乡绅在此占产立庄，因此得名。

标准名称	汉语拼音	备注
大李楼	Dàlǐlóu	明朝时期，李姓在此落户，建起楼房，因人多楼多，故此得名。
高庄	Gāozhuāng	从前，高姓在此占产立庄，故而得名。
胡楼	Húlóu	明朝时期，胡姓在朝为官，家人在此建楼，故名胡楼。
黄屯	Huángtún	以前黄姓为一大户当长工，大户让其定居屯田，故名黄屯。
阚庄	Kànzhuāng	以前阚姓在此落户，建起庄子，得名阚庄。
席楼	Xílóu	以前席姓在此落户，并建起楼房，得名席楼。
张阁	Zhānggé	明初，张姓在此落户，并建起很多阁楼，因此得名。
张庄	Zhāngzhuāng	以前张姓在此落户，占产立庄，故名张庄。
赵平坊	Zhàopíngfāng	从前，曹姓在朝做官，家人在此定居，取名曹平坊；多年后，曹姓迁出，赵姓占多数，故更名为赵平坊。
阚寨村 村民委员会	Kànzhàicūn Cūnmínwěiyuánhuì	隶属砀山县关帝庙镇。因寨主姓阚，四周有护寨河，故起名阚寨。1953 年属第三区。1958 年属陈寨人民公社。1961 年属关帝庙公社。1980 年属徐庙乡。1990 年属关帝庙镇。2009 年三村合并，成立阚寨村。
曹双楼	Cáoshuānglóu	从前，曹姓在此建起两座楼，故起名曹双楼。
大华楼	Dàhuálóu	从前，华姓在此建楼立庄，因庄体大，故名大华楼。
华坪庄	Huápíngzhuāng	从前，华姓在此作打麦坪场，后来居住成庄，故名。
蒋庄	Jiǎngzhuāng	从前，蒋姓在此立庄，故起名蒋庄。
阚寨	Kànzhài	从前为防匪筑寨，因寨主姓阚，故名阚寨。
小华楼	Xiǎohuálóu	本自然村以华姓为主，因没有大华楼规模大，故起名小华楼。
小毛庄	Xiǎomáozhuāng	因本自然村以前毛姓多，庄小，故名小毛庄。
周双楼	Zhōushuānglóu	从前，周姓在此建起两座楼，故起名周双楼。
毛庄寨村 村民委员会	Máozhuāngzhàicūn Cūnmínwěiyuánhuì	隶属砀山县关帝庙镇。从前，毛姓乡绅为免遭匪乱，带领村民筑寨，让周边村民都住寨里，故名毛庄寨。1952 年属城西区。1958 年属陈庄公社。1980 年属关帝庙区。2007 年合为毛庄寨村。
大王庄	Dàwángzhuāng	明初，王姓从山西迁来，在此立庄，因规模大，故而得名。
马庄	Mǎzhuāng	很久以前此庄为黄马庄，后黄姓迁徙，故得名马庄。
毛庄寨	Máozhuāngzhài	从前，毛姓乡绅为避战乱，带领村民建寨，让周边村庄的人都到此居住，故名为毛庄寨。
盛庄	Shèngzhuāng	明初，盛姓从山西迁来，在此立庄，故得名。
万庄	Wànzhuāng	从前，万姓在此居住，故而得名。
王楼	Wánglóu	明初，王姓从山西迁来，在此立庄，因建起楼房，故而得名。

标准名称	汉语拼音	备注
小毛庄	Xiǎomáozhuāng	小毛庄为毛庄分支部分，因村小，故为小毛庄。
小王庄	Xiǎowángzhuāng	明初，王姓从山西迁来，在此立庄，因规模较小，故而得名。
郑屯	Zhèngtún	很久以前郑姓从山西迁来，在此屯田立庄，故而得名。
邵楼村 村民委员会	Shàolóucūn Cūnmínwěiyuánhuì	隶属砀山县关帝庙镇。从前，邵姓在此居住，后来建几座楼，故得名邵楼。1953 年属第三区。1958 年属陈寨公社。1961 年属关帝庙公社。1980 年成立邵楼乡。1990 年属关帝庙镇。2008 年由邵楼、孟庄、曹桥合并为邵楼村委会至今。
曹桥	Cáoqiáo	以前曹姓在此修了一座小桥，故而得名。
陈楼	Chénlóu	以前此地陈姓居住最早，盖了楼房，故而得此名。
陈谭集	Chéntánjí	从前，此村有陈姓、谭姓居住最早，且形成集市，故而得名。
段庄	Duànzhuāng	从前，段姓最早居住此村，故而得名。
高庄	Gāozhuāng	很久以前此地高姓人口多，故而得此名。
韩庄	Hánzhuāng	从前，此村韩姓居住最早，故而得名。
阚庄	Kànzhuāng	明朝时期，阚姓在此占产立庄，故而得此名。
刘庄	Liúzhuāng	从前，此村刘姓人家为大户，故而得此名。
孟庄	Mèngzhuāng	很久以前此村孟姓居住最早，故而得名。
木庄	Mùzhuāng	很久以前此村木姓人家为大户，故而得此名。
邵楼	Shàolóu	明朝时期，邵姓在此占产立庄，并在此建楼，故而得此名。
时庄	Shízhuāng	明初，有一姓时的大户在此占产立庄，故而得此名。
苏楼	Sūlóu	从前，此村苏姓人家为大户，并在此建楼，故而得此名。
王集	Wángjí	很久以前此村有一王姓居住，并形成集市，故而得名。
王庄	Wángzhuāng	从前，此村王姓居住最早，故而得此名。
许庄	Xǔzhuāng	很久以前许姓在此占产立庄，故而得此名。
张岳庄	Zhāngyuèzhuāng	很久以前张姓、岳姓在此立庄，故而得此名。
刷集村 村民委员会	Shuājícūn Cūnmínwěiyuánhuì	隶属砀山县关帝庙镇。李姓在此地居住早，李姓的祖先名叫李刷，因此得名叫刷集。1953 年归关帝庙区。1958 年归陈寨公社。1961 年归关帝庙公社。1966 年归红旗公社。1980 年归汪大楼乡。2007 年与仝庄合并，称为刷集村，属关帝庙镇。
后仝庄	Hòutóngzhuāng	从前，仝姓在此立两个庄，分为前仝庄和后仝庄，此村居后，故名。
苗庄	Miáozhuāng	因此庄人大都姓苗，所以叫苗庄。
邵新庄	Shàoxīnzhuāng	该村有段、陈、邵、王、姬、李六个姓，都是邵楼大地主的佃户，故名邵新庄，随主姓。

标准名称	汉语拼音	备注
刷集	Shuājí	李姓在刷集居住最早，也是大姓，李姓祖先名叫李刷，因此得名叫刷集。
汤庄	Tāngzhuāng	从前，汤姓在此立庄，故叫汤庄。
仝庄新村	Tóngzhuāng-xīncūn	此村是新农村示范村，由万庄、李庄、汪庄、前仝庄四村合成，居住比较集中，故名。
汤寺村村民委员会	Tāngsìcūn Cūnmínwěiyuánhuì	隶属砀山县关帝庙镇。从前，汤姓在此地建造寺庙，由此得名汤寺。1952 年属城西区。1958 年属陈寨人民公社。1961 年属关帝庙公社。1980 年成立汤寺乡。1990 年属关帝庙镇。2008 年由张庄寨、刘庄两村合并，成立汤寺村委会。
郭楼	Guōlóu	明初，郭姓从山西迁来，在此建土楼，因而得名。
槐树园	Huáishùyuán	很久以前李姓迁至此地居住，种植槐树，形成园林，故而得名槐树园。
刘庄	Liúzhuāng	从前，刘姓在此落户，故而得名刘庄。
汤寺	Tāngsì	以前汤姓迁居此地，建寺庙一所，故得名汤寺。
张集	Zhāngjí	从前，一盐贩至此，同张姓人一起做生意，后形成集市，故得名盐店张集，后简称张集。
张万楼	Zhāngwànlóu	以前此地张姓、万姓居多，建有楼房，故而得名张万楼。
张庄寨	Zhāngzhuāngzhài	从前，有一张姓乡绅为免遭战乱，带领村民垒寨墙、修炮楼，让周边村民住寨内，因此得名张庄寨。
汪大楼村村民委员会	Wāngdàlóucūn Cūnmínwěiyuánhuì	隶属砀山县关帝庙镇。汪家从前是大财主，有良田千顷，住的是土墙大楼，故名汪大楼。1953 年归关帝庙区。1956 年归郑屯乡。1958 年归陈寨公社。1961 年归关帝庙公社。1966 年归红旗公社。1980 年归汪大楼乡。1997 年合并为汪大楼村，属关帝庙镇。
曹庄	Cáozhuāng	明初，曹姓从山西省洪洞县迁居来此，占产立庄，故而得名。
范庄	Fànzhuāng	以前范姓从山西省洪洞县迁居来此，占产立庄，故而得名。
刘八楼	Liúbālóu	据《刘氏宗谱》记载，刘姓祖籍北京，于明朝迁至砀城南买地置产，建有八座土楼，故名刘八楼。
任庄	Rénzhuāng	明初，任姓从山西省洪洞县迁来，占产立庄，故而得名。
汪暗楼	Wāng' ànlóu	明初，汪姓从山西洪洞迁来，立庄建楼，故而得名。
汪大楼	Wāngdàlóu	从前，汪乡绅有良田千顷，住的是土墙大楼，因此得名汪大楼。
谢庄	Xièzhuāng	明初，谢姓从浙江上虞县迁来，占产立庄，故而得名。
闫庄	Yánzhuāng	明初，闫姓从山西省洪洞县迁来，占产立庄，故而得名。
翟庄	Zháizhuāng	明初，翟姓从山西省洪洞县迁来，占产立庄，故名。

标准名称	汉语拼音	备注
朱庄	Zhūzhuāng	以前朱姓从山西省洪洞县迁来，占产立庄，故而得名。
熙可社区居民委员会	Xīkě Shèqū Jūmínwěiyuánhuì	隶属砀山县关帝庙镇。熙可社区来源于熙可水果加工厂，取“和熙顺畅”之意。此地新中国成立初期归郑屯乡，后又归陈寨乡。1966 年归红旗人民公社。1988 年属关帝庙镇。后来，熙可厂落户此地。2012 年城镇规划，关帝庙村更名为熙可社区。
白楼	Báilóu	很久以前白姓在此占产立庄，并建一土楼，故此得名。
陈楼	Chénlóu	很久以前陈姓在此占产立庄，并建一土楼，故得名陈楼。
关帝庙	Guāndìmiào	新中国成立初期，关帝庙村名刘李庄，后因重修关公庙，改为铁关帝庙。
金屯	Jīntún	从前，金姓在此屯田，故名金屯。
路口	Lùkǒu	路口、陈屯、陈庄三村相连，因地处大路口，故而得名。
陈屯	Chéntún	路口、陈屯、陈庄三村相连，因地处大路口，从前陈姓在此屯田而得名。
陈庄	Chénzhuāng	路口、陈屯、陈庄三村相连，因地处大路口，从前陈姓在此屯田而得名。
马庄	Mǎzhuāng	因本村多马姓，故名。
孙楼	Sūnlóu	因村中多数姓孙，建有楼房，故名。
汪庄	Wāngzhuāng	因村中人大部分姓汪，故名汪庄。
王楼	Wánglóu	以前王姓在此占产立庄，并建一土楼，故得名王楼。
徐庙	Xúmiào	从前，徐姓大户在此占产立庄，建了一座庙宇，故名徐庙。
杨楼	Yánglóu	从前，杨姓在此立庄建楼，故名。
张庄	Zhāngzhuāng	很久以前张姓在此占产立庄，故得名张庄。
郑庄	Zhèngzhuāng	以前郑姓在此占产立庄，故得名郑庄。
薛楼村村民委员会	Xuēlóucūn Cūnmínwěiyuánhuì	隶属砀山县关帝庙镇。明崇祯年间，薛姓从山西迁至砀城南占田立庄，建楼，后边是后薛楼，前边叫前薛楼。新中国成立初期归郑屯乡，后归陈寨乡交通大队。1966 年归红旗公社交通大队。1973 年大队部迁至薛楼，更名为薛楼村，属关帝庙镇管理至今。
曹楼	Cáolóu	明朝时期，曹姓在此占产立庄，建楼，故而得名。
陈枣园	Chénzǎoyuán	明朝洪武年间，陈姓从山西洪洞带来几棵枣树，建一枣园，故名陈枣园。
大李屯	Dàlǐtún	明末，李姓兄弟二人从山西洪洞县来砀山屯田，后分家，老大人口多，故而得名大李屯。
后薛楼	Hòuxuēlóu	明崇祯年间，薛姓从山西迁至砀城南占田立庄，建楼，故名薛楼，后边是后薛楼，前边叫前薛楼。

标准名称	汉语拼音	备注
黄楼	Huánglóu	明代洪武年间，黄姓在此占产立庄，建一砖楼，故名黄楼。
黄庄	Huángzhuāng	明朝时期，黄姓从黄草庙分支，在此占产立庄，故名黄庄。
前薛楼	Qiánxuēlóu	明崇祯年间，薛姓由山西迁此开荒种地，后盖起小楼，从此得名薛楼。前边的叫前薛楼。
邵陈楼	Shàochénlóu	明洪武年间，有陈姓三人逃荒到此，占田立庄，建土楼，称陈楼；后邵姓势力扩大，改为邵陈楼。
石赵庙	Shízhàomiào	明朝时期，石姓、赵姓在朝为官，在家乡建庙宇一座，故而得名。
汪窦楼	Wāngdòulóu	明朝时期，窦姓在此立庄，后人口渐少，汪姓扩大，建有楼房，故改为汪窦楼。
小李屯	Xiǎolǐtún	明末，李氏兄弟二人从山西洪洞县来砀山屯田，后分家，老二人口少，故而得名小李屯。
杨庄寨村村民委员会	Yángzhuāngzhàicūn Cūnmínwěiyuánhuì	隶属砀山县关帝庙镇。杨姓人多，建寨以防匪，由此得名杨庄寨。1952 年属城西区。1958 年属陈寨人民公社。1961 年属关帝庙公社。2007 年合并为杨庄寨村委会，属关帝庙镇管理。
大殷楼	Dàyīnlóu	从前，殷姓在此建楼，村庄较大，故得此名。
葛屯	Gětún	从前，葛姓在此屯田立庄，故得此名。
小殷楼	Xiǎoyīnlóu	从前，因殷姓的村庄较小，在此建楼，故得此名。
徐黄庄	Xúhuángzhuāng	很久以前有徐姓、黄姓两异姓兄弟流浪至此占产立庄，故而得名。
许王庄	Xǔwángzhuāng	从前，此地因许、王两姓人多，故得此名。
杨庄寨	Yángzhuāngzhài	从前，杨姓在此占产立庄，筑寨，故而得名。
赵岗村村民委员会	Zhàogǎngcūn Cūnmínwěiyuánhuì	隶属砀山县关帝庙镇。此处地势高亢，赵姓在此立庄，故名赵岗。新中国成立初期，属薛口区于店乡。1953 年改属郑屯乡。1958 年属红旗公社。2008 年由赵岗、八里井两村合并为赵岗村，属关帝庙镇。
八里井	Bālǐjǐng	以前此地有一口比较古老的水井，这口井距砀城八里路，故而得名八里井。
段庄	Duànzhuāng	从前，段姓最早在此落户居住，故而得名段庄。
刘庄	Liúzhuāng	此地最早有刘姓居住，故而得名刘庄。
汪新庄	Wāngxīnzhuāng	以前有汪姓在此居住，并且在此建新庄，故而得名汪新庄。
王窑	Wángyáo	以前村中有个王姓烧砖窑师傅，在此烧窑，故此得名王窑。
于店	Yúdiàn	明朝初期，于姓在此占产立庄，开一商店，故此得名于店。
赵岗	Zhàogǎng	以前此村赵姓居多，并且村落地处高岗，故此得名。

标准名称	汉语拼音	备注
便民社区居民委员会	Biànmín Shèqū Jūmínwěiyuánhuì	隶属砀山县关帝庙镇。取“为人民服务，方便人民”之意，由此得名便民社区。新中国成立初期，归雨亭区。1955 年归陈寨乡。1958 年属黄楼公社。2008 年属关帝庙镇。2012 年划归砀山县薛楼板材加工园。
曹屯	Cáotún	民国时期，曹姓聚集此地居住，故而得名。
董楼	Dǒnglóu	明朝时期，董姓在此居住，建楼立庄，故而得名。
方王庄	Fāngwángzhuāng	从前，此地因方姓、王姓人口居多，故得名方王庄。
甘楼	Gānlóu	民国时期，甘楼没有姓甘的，后因胡姓人家迁住甘楼的庄子，故而依旧名甘楼。
郭庄	Guōzhuāng	明初，郭姓从山西洪洞县迁至本地，起名郭庄。
后周庄	Hòuzhōuzhuāng	此地又名周庄寨，以周姓居多，分为前周庄和后周庄，本村在后，故而得名。
黄店	Huángdiàn	明朝时，黄姓在此开一店铺，故而得名。
黄桥	Huángqiáo	清朝年间，因庄中间有一座桥，黄姓人多，故名黄桥。
李庄	Lǐzhuāng	从前，李姓拾荒至此立庄，故名。
刘王庄	Liúwángzhuāng	从前，刘姓、王姓在此立庄，故此得名刘王庄。
卢庄	Lúzhuāng	民国时期，卢姓在此立庄，故名卢庄。
庞桥	Pángqiáo	因利民河上有座大桥靠近本村，村中庞姓人多，因此得名庞桥。
前周庄	Qiánzhōuzhuāng	此地又名周庄寨，以周姓居多，后又分为前周庄和后周庄，本村在前，故而得名。
邵庄	Shàozhuāng	从前，邵姓来此占产立庄，故而得名。
申赵庄	Shēnzhàozhuāng	从前，申姓在此建一座庙，得名申庙；后又与赵庄合并，故更名为申赵庄。
汪黑楼	Wānghēilóu	清朝时期，汪姓在此占产立庄，因建了一座黑色的楼，故而得名。
王新庄	Wángxīnzhuāng	从前，王姓移居此地。因是新建居住地，故名王新庄。
武庄	Wǔzhuāng	明初，武姓从山西洪洞县迁至本地，起名武庄。
席楼	Xílóu	明朝时期，席姓在此占产立庄，建楼，故而得名。
张庄	Zhāngzhuāng	清初，张姓在此立庄，故而得名。
周路口	Zhōulùkǒu	很久以前周姓在此路口建庄，故名。

标准名称	汉语拼音	备注
利民社区居民委员会	Lìmín Shèqū Jūmínwěiyuánhuì	隶属砀山县关帝庙镇。因此地靠近利民河，社区由此得名。新中国成立前归新兴区。1952 年属范集乡。1956 年属陈寨乡。1962 年属黄楼公社。1984 年属关帝庙区范集乡。1988 年属黄楼乡。2008 年归关帝庙镇。2012 年属砀山县薛楼板材加工园。2014 年合并为利民社区。
仇屯	Qiútún	从前，仇姓在此屯田居住，故此得名。
付各寨	Fùgèzhài	从前从付庄和大刘庄分别迁入一部分人，重建一个寨，取名付各寨。
付庄	Fùzhuāng	从前，付姓在此建庄，故名付庄。
高庄	Gāozhuāng	从前，高姓在此安庄居住，故此得名。
固口	Gùkǒu	这里是巴清河、利民河汇入王引河的水口，新中国成立前经常闹水患纠纷；新中国成立后，国家在此修建了水闸，稳固了水流，故名固口。
后陈庄	Hòuchénzhuāng	从前，陈姓在此居住，因此庄居后，故此得名。
后范集	Hòufànjí	明朝时期，范姓在此立庄，形成集市，分前后范集，此庄在后边，故叫后范集。
南王庄	Nánwángzhuāng	从前，王姓在此占产立庄，因本庄居南，故而得名。
普安寺	Pǔ' ānsì	明朝时期，此地有一座寺庙——普安寺，故此得庄名。
前范集	Qiánfànjí	明朝时期，范姓在此占产立庄，形成集市，分前后范集，此庄在前，故名前范集。
钱庄	Qiánzhuāng	明朝时期，钱姓在此占产立庄，故此得名。
三陈楼	Sānchénlóu	明朝时期，陈姓在此建楼立庄，因有别于其他两个陈楼，故名。
汪庙	Wāngmiào	明朝时期，汪姓在此立庄，因村中有寺庙，故而得名。
王庄	Wángzhuāng	明朝时期，王姓在此立户立庄，故而得名。
陈小阁子	Chénxiǎogézi	明朝时期，陈姓在此立庄，建小阁子庙，故此得名。
小后庄	Xiǎohòuzhuāng	明朝时期，陈姓在此立庄，因庄小，居后，故此得名。
杨楼	Yánglóu	新中国成立前，杨姓在此占产建楼，故此得名。
杨庄	Yángzhuāng	从前，杨姓为本村大户，故名杨庄。
易楼	Yìlóu	旧时易姓在此立庄建楼，故名易楼。
谢油坊	Xiè Yóufāng	从前，谢姓在此居住，开了一个油坊，故此得名。
张小楼	Zhāngxiǎolóu	从前，张姓在此建一座小楼，故名张小楼。
周庄	Zhōuzhuāng	从前，周姓在此立庄居住，故此得名。
朱庄	Zhūzhuāng	明朝时期，朱姓在此占产立庄，故此得名。

标准名称	汉语拼音	备注
清河社区村民委员会	Qīnghé Shèqū Cūnmínwěiyuánhuì	隶属砀山县关帝庙镇。因位于巴清河畔，故而得名清河社区。新中国成立初期属陈寨区。1953 年划为小屯乡。1958 年属黄楼人民公社。1984 年属黄楼乡。2012 年属砀山县薛楼板材加工园。
八一场	Bāyīchǎng	新中国成立后，地方驻军在此建一农场，名八一农场，后交给地方管理，故名。
曹口	Cáokǒu	清朝时期，曹姓在此立庄，因此地是个大路口，故叫曹口。
曹楼	Cáolóu	从前，曹姓在此立庄，建一土楼，故而得名曹楼。
大屯	Dàtún	清朝时期，此地因村大人多，都是屯户，故而得名。
丁嘴	Dīngzuǐ	清朝时期，丁姓在此立庄，因庄子坐落在巴清河的河嘴上，故而得名。
高场	Gāochǎng	清朝时期，此处原是高姓的打麦场，后有人在此立庄，故名高场。
韩庄	Hánzhuāng	从前韩姓在此立庄，故而得名。
黄楼	Huánglóu	清朝时期，赵家在此立庄建桥，取名赵桥；后来赵家搬走了，把庄卖给黄家，黄家在此建楼，因此得名。
林业试验场	Línyèshìyànchǎng	此地原为部队农场，隶属商丘军分区。
刘楼	Liúlóu	清朝时期，刘姓在庄上建一座土楼，故而得名刘楼。
罗庄	Luózhuāng	从前，罗姓在此建庄，因而得名罗庄。
宁陈庄	Níngchénzhuāng	从前，因本庄宁姓、陈姓较多，故得名宁陈庄。
欧阳楼	Ōuyánglóu	清代欧阳姓在此建楼居住，故而得名欧阳楼。
彭庄	Péngzhuāng	以前有彭姓在此建庄，因而得名彭庄。
邵庄	Shàozhuāng	从前，邵姓在此建庄，故而得名邵庄。
萧刘屯	Xiāoliútún	清朝时期，萧姓、刘姓在此居住，当时为屯户，故而得名。
小屯	Xiǎotún	清朝时期，因为此地屯户多，规模较小，故而得名。
新庄	Xīnzhuāng	因 1976 年挖巴清河，几个村有部分村民迁居此地建庄，故名新庄。
殷庄	Yīnzhuāng	清朝时期，殷姓在此占产立庄，故而取名殷庄。
神湖社区居民委员会	Shénhú Shèqū Jūmínwěiyuánhuì	隶属砀山县关帝庙镇。因小神湖坐落于辖区内，故名神湖社区。清康熙十九年，河道总督勒辅建减水坝，五年后建毛城铺水石闸，此地便形成一片湖泊；因湖的东部有小神集，故名小神湖，乃砀山古八景之一。此地新中国成立初期属陈寨区。1953 年划为小屯乡。1958 年属黄楼公社。1984 年属黄楼乡。2012 年属砀山县薛楼板材加工园。
陈楼	Chénlóu	清末，陈姓迁徙此地，建有楼房，由此得名陈楼。

标准名称	汉语拼音	备注
大王楼	Dàwánglóu	清朝时期，王姓到此落户种地，建一座大楼房，因此得名大王楼。
后段庄	Hòuduànzhuāng	清朝时期，段氏四弟兄在此建庄，前边住两人，后边住两人，故得名后段庄。
黄菜园	Huángcàiyuán	从前，此地是黄姓种菜的园子，因此得名黄菜园。
黄锉楼	Huángcuòlóu	清乾隆年间，陈姓、黄姓在此同时建楼房，陈姓家族非常霸道，不让黄姓的楼房和他们的楼房并齐，必须往后盖，因此得名黄锉楼。
黄新庄	Huángxīnzhuāng	清初，黄姓在此占产立新庄，故名黄新庄。
李楼	Lǐlóu	清末，李姓由山西迁入，建一座土楼，起名为李楼。
苗圃	Miáopǔ	因此地多年来一直是砀山县繁育良种苗木的基地，故名苗圃。
前段庄	Qiánduànzhuāng	清朝时期，段氏四弟兄在此安庄，前边住两人，后边住两人，故得名前段庄。
孙杨庄	Sūnyángzhuāng	明末清初，孙、杨两姓在此占产立庄，故而得名。
小王楼	Xiǎowánglóu	从前，王姓在此立庄，建了楼房，因村小，故名小王楼。
薛楼	Xuēlóu	清末，薛姓兄弟二人从山西迁徙此地，建有楼房，由此得名薛楼。
姚楼	Yáolóu	据查，1930 年左右，外地人姚姓逃荒来此落户，租种邵陈楼地主的土地，后建楼居住，得名姚楼。
玉皇庙	Yùhuángmiào	清朝乾隆年间，此地建一座供奉玉皇大帝的庙宇，故而得名。

第二节　非行政区域

工业区与开发区

砀城镇民营工业园（Dàngchéng Zhèn Mínyíng Gōngyèyuán）地处砀山县西关人民西路，工业区东至砀城镇金山社区，南至高铁新区，西至赵屯镇卞楼村，北至赵屯镇梅屯村。规划面积 5.2 平方千米，建成面积为 5 平方千米。人口有 1.48 万人。主要产业是水果加工。区内有以欣诚食品，兴达罐业、展望罐头为龙头的中小型水果加工企业近 12 家，工业总产值达到 20 亿元。基础设施建设完成投资 2.6 亿元，三横两纵路网框架已经形成。

薛楼板材加工园（Xuēlóu Bǎncái Jiāgōngyuán） 地处砀山县城南部，人民政府驻神湖社区。其管辖范围东至关帝庙镇方王庄，南至关帝庙镇八一农场，西至河南省，北至关帝庙镇熙可社区。面积为10平方千米。人口为0.8万人。主要产业是板材加工。下辖有利民社区、神湖社区、便民社区、清河社区四个社区居民委员会。以种植农作物为主，工业以板材加工为主。到2007年，实现工业总产值5.39亿元，实现利润2195万元，吸纳来自全县各地劳动力约5130人。

道南高铁新区工业园（Dàonán Gāotiěxīnqū Gōngyèyuán） 地处砀山县道南路以南，其管辖范围东至芒砀南路，南至关帝庙镇，西至苇子园社区戚寺，北至砀城镇道南路。面积为7.5平方千米。人口为0.2万人。主要产业是纺织业。现园内有安徽宿州润达纺织集团、瑞恒棉业、恒祥纺织3家棉纺织加工企业和以生产农药为主的长城生化有限公司等4家规模企业，2007年实现园区产值22669.3万元，实现销售收入20630万元，应交税金909万元，实现利润459万元。2012年实现园区产值55432.1万元，实现利税2875万元。

周寨板材示范工业园（Zhōuzhài Bǎncáishìfàn Gōngyèyuán） 地处砀山县周寨镇张老家村，其管辖范围东至江苏省，南至葛集镇，西至朱小楼村，北至周平庄。面积为3平方千米，东西最大长度1千米，南北最大跨度500米。人口为0.5万人。主要产业是板材加工。

砀山县金利工业园（Dàngshān Xiàn Jīnlì Gōngyèyuán） 地处砀山县砀城镇金利大道，其管辖范围东至芒砀北路，南至北二环路，西至金山社区，北至砀城镇砀郡路与政务新区毗邻，地理位置优越，交通极为便利。面积为2.2平方千米。人口为0.8万人。主要产业是金属加工业。现园区有11家外资企业入驻，年产值4亿元人民币，利税达1000万元，主要企业有砀山金利塑业有限公司、砀山县金利网袋有限公司等。

李庄镇新型乡村工业园（Lǐzhuāng Zhèn Xīnxíng Xiāngcūn Gōngyèyuán） 地处砀山县李庄镇西边、301国道两侧，其管辖范围东至良梨镇，南至卞楼社区南，西至苇子园社区戚寺，北至李庄镇李园新村与经济开发区毗邻。面积为5平方千米。人口为0.2万人。主要产业是木材加工。入园企业累计21家，其中规模企业10家，省级龙头企业2家。整个园区投资1亿元的企业有张元纺织、建科建材、帝佑车业、群腾物流、大红牛肥料、海升果业6家，2012年实现产值5.3亿元，实现利润1300万元，上缴税金680万元，入园企业用工近2000人，园区经济总量占全镇经济总量的80%以上。

砀山县经济开发区（Dàngshān Xiàn Jīngjìkāifāqū） 砀山县经济开发区地处砀山县东部，管委会驻砀城镇。东至济祁高速以西，南至陇海铁路，西至宴嬉路，北至生态大道。下辖科技、古城、惠民、益民4个居民委员会。电话区号是0557，邮政编码为235300，电话号码2250261。辖区总人口为23713人，其中城镇常住人口15413人，民族有汉族、回族。辖区东西最大距离为10.1千米，南北最大距离为3.4千米，面积为19.02平方千米。境内大部为黄河冲积平原，地势为中部略高，南北稍低。最高点是利民桥海拔54.8米，最低点是曹集东南海拔40.4米。耕地面积10.92平方千米，人均0.7亩。园区内已落户企业130家，其中规模以上企业50家，包括国内外知名企业汇源集团、中粮股份、海升果业、光大国际等，已经形成了果蔬食品加工、轻纺服装、机械电子、新能源新材料、高新技术、商贸物流等支柱产业。境内有幼儿园、小学、初中。境内有济祁高速、310 国道、陇海铁路线。辖区内有生态大道旅游观光线路。

砀山县高铁新区（Dàngshān Xiàn Gāotiě Xīnqū） 地处砀山县城南部，陇海铁路南侧。人民政府驻孟饭棚社区。新区东至李庄镇，南至关帝庙镇，西至赵屯镇，北至砀城镇。下辖孟饭棚社区、新城社区、南苑社区、道南路社区、西苑社区、站前社区 6 个社区居民委员会和陇海新村、薛口村 2 个村民委员会；另有冯园村、孙庄村两个非建制村。电话区号是 0557，邮政编码为 235300，电话号码为 8863889。辖区总人口为 38000 人，其中常驻人口 36700 人，民族为汉族。辖区东西最大距离为 11.4 千米，南北最大距离为 2.8 千米，面积为 38 平方千米。境内大部为平原，地势为东高西低，最高点 43.8 米，最低点是 41.2 米。耕地面积 18 平方千米，人均 0.71 亩。计划构建一个集生产、居住、商贸、物流、休闲、文化、娱乐等功能于一体的综合新区；一个功能复合化、产业多元化、服务规模化、环境和谐化的生态新区；一个彰显城市形象品位的门户新区。境内有幼儿园 4 所，小学 3 所，初中 2 所。境内有 101 省道、县道砀夏路，101 省道和高铁站连接线汉源路，郑徐高铁线，砀山高铁南站，砀山汽车南站。

农林牧渔区

砀山县黄楼良种场（Dàngshān Xiàn Huánglóu Liángzhǒngchǎng） 位于县城南 15 千米处，东、南两方与范集毗邻，西与黄楼接壤，北与前周庄交界。区域面积 2.3 平方千米，建筑面积为 325 平方米，全场 454 人，其中职工人数为 230 人，干部及科技人员 34 人，平均气温 14℃，年均降水量 773 毫米，年无霜期 191 天。负责良种的培育及销售。有耕地 1.48 平方千米，每年可向国家提供优良品种 42.5 万千克，产值约百万元。现又兴办了面粉厂、渔场、酱园场、糕点场、商店、豆腐加工厂、养猪场等。

砀山县棉花原种场（Dàngshān Xiàn Miánhuā Yuánzhǒngchǎng） 位于县城西北 6 千米处，东部及东南部与李屯毗邻，西南部与砀山农科所相连，西部与吴集相接，北部与县苗圃场相依。区域面积 0.8 平方千米，有场房 250 间，全场 350 人，其中职工 150 人，干部及科技人员 30 名，平均气温 14℃，年均降水量 773 毫米，年无霜期 191 天。负责棉种的培育及销售。建场前此地为一废旧的机场，花草遍野，现经多年垦种，已有良田 0.82 平方千米，除繁育棉花原种外，还有计划地发展了水果生产。年总产值可达上百万元。近年又兴办了轧花厂、榨油厂、面粉加工厂、供销社。

砀山园艺场（Dàngshān Yuányìchǎng） 位于砀城镇东北 14 千米处辖区范围内，地址是砀山县园艺场，东与唐寨镇毗邻，西至砀城镇，南接良梨镇，东北接葛集镇。区域面积为 11.85 平方千米，建筑面积为 94000 平方米。东西长 8 千米，南北宽 3.7 千米，面积约 13.2 平方千米，果园面积 8 平方千米，职工人数有 2400 人，辖 6 个分场，年平均气温 14℃，年均降水量 773 毫米，年无霜期 191 天。主要产业有公益林管护、水果种植、养殖。1984 年前，该场主要种植砀山酥梨、苹果两大树种。1984年后实行联产承包责任制，按职工承包果树产量上缴承包费，场组织销售产品，超产部分场与职工先后实行五五、二八分成。1985年，砀山园艺场的砀山酥梨曾被国家农业部评为优质产品。是年，全场果园面积8平方千米，其中梨4.93平方千米，苹果2.8平方千米，其他水果0.27平方千米，年产水果761万千克，其中梨575万千克，苹果181万千克，其他水果4.5万千克，同年建冷库一座，水果储量可达1250吨。年产各类优质杨园牌水果2.7万吨。1987年后，由于苹果树衰老减产严重，相继更新苹果，定植了酥梨及少部分黄桃。1998年，取消果园承包分成，实行大包干。2004年，鼓励职工进行结构大调整，多数幼梨树进行高接换种，改接成黄冠梨，或更新定植黄桃。现品种结构是砀山酥梨面积2.87平方千米、高接品种梨3平方千米、黄桃1.7平方千米、大棚油桃0.43平方千米，其他杂果苹果、李子、杏、葡萄等0.03平方千米。县园艺场成为水果生产的市级龙头企业和水果出口基地。2003—2012年，实行按承包土地面积及类别50元／亩、270元／亩等标准上缴租金的管理模式。该场生产和注册的杨园牌砀山酥梨，1985年获农业部部优产品，1996年在泰国、曼谷获国际"龙马"金奖，1997年获名牌产品、全国第三届农业博览会"名牌产品"，中国果品流通协会授予"中华名果"称号，获第一、二、三届中国国际农业博览会"名牌产品"。

砀山果园场（Dàngshān Guǒyuánchǎng） 位于玄庙镇辖区范围内，东至砀山县林场，西至砀山县官庄镇，北至玄庙镇，南至006县道。地址是砀单路12千米处。占地面积为20.17平方千米，建筑面积为3500平方米。人数有1749人，年平均气温14℃，年均降水量773毫米，年无霜期191天。主要产业有公益林管护、水果种植等。该果园场以产砀山酥梨为主，其次是葡萄。1985年统计，果树面积10.4平方千米，其中梨5.12平方千米，苹果3.9平方千米，葡萄1.26平方千米，桃0.13平方千米。年产水果1048万千克，其中梨904万千克、苹果409万千克、葡萄93万千克、桃3万千克。1958年，该场建砀山葡萄酒厂。该场生产的翡翠牌砀山酥梨被评为"绿色食品"，荣获"中国品牌农产品"、"安徽著名商标"、"中华名果"、国际博览会金奖等荣誉称号。畅销国内各大超市，出口东南亚、欧洲等国家。

砀山县官庄林场（Dàngshān Xiàn Guānzhuāng Línchǎng） 位于官庄坝镇刘堤头村刘楼黄河故道上。其管辖范围东至黄集村，西至龙潭村区，南至徐楼村，北至岳庄坝村。人数有80人。面积5.4平方千米，建筑面积为10332平方米。东西长8千米，南北宽1千米，带状，自然划分为东西两部分，林场地貌，属黄河冲积平原的一部分，成土母质，为近代黄河冲积物，同一土层中，沙土和黏土相间，层理明显，平均海拔4652米，年平均气温14℃，年均降水量773毫米，年无霜期191天。主要产业有采种、育苗、植树造林。优质水果有杨山梨、皇冠梨、园黄梨、大果水晶、黄白桃、杂果杏、柿子、李子、枣、葡萄等品种；野猪、梅花鹿、孔雀、鸵鸟、波尔山羊、小尾寒羊、二元杂交猪、肉型鸭等畜禽养殖规模较大。官庄林场下辖三个队，即东生产队、西生产队和一个病虫防治中心。设有党支部、团支部、工会、妇联各级组织。国家级公益林4平方千米，其中白蜡条0.67平方千米，长防工程林1.67平方千米，杨树丰产林1平方千米，经济林0.87平方千米，改善了环境，保障了故黄河两岸农田的丰收，生态效益十分明显。

砀山县林场（Dàngshān Xiàn Línchǎng） 位于砀山县砀城镇西南门村黄河故道。其管辖范围东至砀山园艺场，西至砀城镇王古楼社区，南至砀城镇杨庙村，北至砀城镇林屯村。面积4.3平方千米，面积为14140平方米。职工人数有180人。地处黄河故道，属黄河冲积地，土壤属盆碱土、飞沙土，主要植被为人工植被，现有生态林3.33平方千米，东西长6千米，南北宽1.5千米，地势平坦，平均海拔4449米，平均气温14℃，年均降水量773毫米，年无霜期191天。主要产业有管理国有林场，促进林业发展，种苗培育与经营，护林防火。20世纪80年代初开始营造部分经济林，杨树、刺槐防护林面积约为1.4平方千米，砀山酥梨等经济林面积约为2.33平方千米。2005年以来，杨树等防护林区划为国家级重点公益林。林场及周边镇村的林果资源得到进一步开发。2012年，林场有林地面积3.73平方千米，林木蓄积量0.7万立方米。位于砀城、玄庙、葛集三镇交界处，东与县园艺场相连，西与省果园场相接，土壤为沙碱地，易旱易涝。行政区划分为东、西、中3个分场。主要有杨、柳、椿、榆、苹果、砀山酥梨、白、杞柳、紫穗槐等，树下草本植被有蒺藜、节节草等。野生动物主要有野兔、野鸡等。

砀山县赵堤口苗圃场（Dàngshān Xiàn Zhàodīkǒu Miáopǔchǎng） 位于砀城西北6千米处，赵堤口西侧，故黄河南大堤脚下。其管辖范围东至砀城镇王古楼社区，西至官庄坝镇，北至玄庙镇权集村，南至砀城镇李屯村。面积0.4平方千米，建筑面积为3000平方米。人数有60人，平均气温14℃，年均降水量773毫米，年无霜期191天。负责林木技术推广、种苗种子采收与供应，产品质量的检查与鉴定。20世纪80年代赵堤口苗圃主要种植杨树苗及其他用材林树苗，年育苗面积0.2平方千米左右。1985年，全场有职工33人，苗圃面积0.19平方千米。苗木品种有加拿大杨、刺槐、黑槐、榆、柳、楝、椿等。20世纪90年代以后，主要栽植果树苗有桃苗、李苗、苹果苗等。2000年以后，砀山县工程项目用苗多为杨树苗，加之杨树价格较高，赵堤口苗圃又开始种植杨树。2008年，受国际金融危机的影响，杨树价格猛跌，赵堤口苗圃开始种植绿化苗木，主要为女贞、法国梧桐、垂柳、黄杨、白蜡、石楠等。

砀山县国营薛楼苗圃场（Dàngshān Xiàn Guóyíng Xuēlóu Miáopǔchǎng） 位于砀山县薛楼板材加工园神湖社区。国营砀山县薛楼苗圃位于砀山县城南15千米处，处于关帝庙镇、薛楼板材加工园交界处，其管辖范围东至薛楼便民社区，西至河南省夏邑县下马刘楼，北至关帝庙镇刷集村，南至薛楼板材加工园清河社区。建圃时面积0.84平方千米，分曹口、薛楼南北两部，南部面积0.53平方千米，北部面积0.8平方千米，人数96人，平均气温14℃，年均降水量773毫米，年无霜期191天。主要产业有苗木培育、种植、销售、林业技术服务。1983年育加拿大杨、刺槐等计0.07平方千米，1984年扩大到0.4平方千米。是年，有职工66人，育苗面积0.23平方千米。1985年后，进行林粮间作，全部种植桃、梨等果树。1995年后，薛楼苗圃场开始招商引资，发展第三产业。1997年薛楼苗圃道路拓宽，几百户土墙房进行改造，沿大街改造楼房。2000年后全部种植杨树。2007年薛楼苗圃为全体职工办理养老保险，改善了职工生活保障。2010年建成农村新型乡村工业园。2010—2012年，北京林业大学与南京林业大学在薛楼苗圃建成0.33平方千米的良种育苗基地。

砀山县曹口苗圃场（Dàngshān Xiàn Cáokǒu Miáopǔchǎng） 位于砀山县薛楼板材加工园清河社区。其管辖范围是东至薛楼利民社区，西至河南省夏邑县张子庙，北至薛楼神湖社区，南至河南省夏邑县韩道口镇。建圃时面积0.53平方千米，分曹口、薛楼南北两部，南部面积0.53平方千米，北部面积0.8平方千米。建筑面积为8600平方米，人数有118人，平均气温14℃，年均降水量773毫米，年无霜期191天。主要产业有苗木培育、种植、销售、林业技术服务。1983年育加拿大杨、刺槐等计0.07平方千米，1984年扩大到0.4平方千米。1985年划给宿县地区司法局所辖第三劳改大队。有职工66人，育苗面积0.23平方千米。1985年后，进行林粮间作，全部种植桃、梨等果树。

第三节　自然地理实体

陆地水系

标准名称	汉语拼音	备注
复新河	Fùxīn Hé	位于砀山县境内，起源于砀山县玄庙镇八大家庄，由西向东流经周寨镇出县境至江苏省丰县段复新河。境内长度14.2千米，流域面积138平方千米。
黄河故道	Huánghé Gùdào	位于砀山县境内，由豫皖界自西向东流经官庄坝镇、玄庙镇、省果园场、周寨镇、县林场、县园艺场、葛集镇沿皖苏界出县境至安徽省萧县。境内长度43.8千米，流域面积8725平方千米。
利民河	Lìmín Hé	位于砀山县境内，起源于砀山县砀城镇苏集，流经砀山县经济开发区、李庄镇、关帝庙镇、朱楼镇，至薛楼板材园注入境内巴清河出县境，流入河南省永城市王引河。境内长度31.08千米，流域面积1207.3平方千米。
文家河	Wénjiā Hé	位于砀山县境内，起源于砀山县唐寨镇唐官庄，流经良梨镇，至程庄镇出县境，流入安徽省萧县沙河。境内长度24.7千米，流域面积172.7平方千米。
大沙河	Dàshā Hé	位于砀山县境内，起源于砀山县官庄坝镇徐庄，流经曹庄镇、赵屯镇、高铁新区至薛楼板材园注入境内巴清河出县境，流入河南省永城市王引河。境内长度36.5千米，流域面积880.9平方千米。
东洪河	Dōnghóng Hé	位于砀山县境内，起源于砀山县砀城镇杨庄，流经李庄镇、朱楼镇至程庄镇出县境，流入安徽省萧县。境内长度27.53千米，流域面积127.4平方千米。

标准名称	汉语拼音	备注
西洪河	Xīhóng Hé	位于砀山县境内，起源于砀山县官庄坝镇官堤口，流经曹庄镇至陈屯出县境，流入河南省夏邑县。境内长度10.9千米，流域面积97.4平方千米。
顺堤河	Shùndī Hé	位于砀山县境内，起源于砀山县官庄坝镇徐楼，流经砀城镇、县经济开发区，至李庄镇孙观村注入境内利民河。境内长度24.46千米，流域面积201.98平方千米。
王引河	Wángyǐn Hé	位于砀山县境内，王引河为沱河支流，自砀山县南部的固口闸始，上承巴清河、大沙河、利民河来水，东南流向。境内长度1.1千米，流域面积41平方千米。
巴青河	Bāqīng Hé	位于砀山县境内，由河南省夏邑县沿两省交界流入砀山县，并经两省交界流出县境，注入河南省永城市王引河。境内长度6.2千米，流域面积317平方千米。
多民河	Duōmín Hé	位于砀山县境内，起于朱寨孟庄，流经砀城镇，在李庄流入利民河。境内长度16.54千米，流域面积817平方千米。
沙河	Shā Hé	位于砀山县境内，沙河位于砀山县程庄镇境内，由陈楼流出砀山县。境内长度10千米，流域面积521平方千米。
黑水河	Hēishuǐ Hé	位于砀山县境内，黑水河位于玄庙镇，由吴寨发源流至马良北，最后流进单县。境内长度8.5千米，流域面积239平方千米。
苗城河	Miáochéng Hé	位于砀山县境内，苗城河起源于玄庙镇的大寨谭坑，流经周寨镇，流入丰县。境内长度15.6千米，流域面积780平方千米。
护城河	Hùchéng Hé	位于砀山县境内，护城河位于砀城镇境内，环绕老城区。境内长度3.37千米，流域面积168平方千米。
黄杨沟	Huángyáng Gōu	位于砀山县境内，西起文家河，东至萧县杨楼镇。境内长度8.8千米，流域面积93.4平方千米。

第四节　城镇道路街巷

标准名称	汉语拼音	备注
砀郡路	Dàngjùn Lù	位于砀山县境内，西起中原路，东至宴嬉路止，道路长4478米，宽60米，沥青路面。始建于2003年，同年建成，名称沿用至今。

标准名称	汉语拼音	备注
生态大道	Shēngtài Dàdào	位于砀山县境内，西起砀郡路，东至310国道止，道路长6755米，宽60米，沥青路面。始建于2012年，同年建成，名称沿用至今。
中原路	Zhōngyuán Lù	位于砀山县境内，南起道北路火车站，北至砀郡路止，道路长950米，宽60米，水泥路面。始建于2000年，同年建成，名称沿用至今。
梁王路	Liángwáng Lù	位于砀山县境内，起于310国道，止于砀郡路，道路长3349米，宽50米，水泥路面。始建于2000年，同年建成，名称沿用至今。
梨都路	Lídū Lù	位于砀山县境内，西起顺堤路，东至顺砀路止，道路长6496米，宽45米，沥青路面。始建于2000年，同年建成，名称沿用至今。
道北路	Dàoběi Lù	位于砀山县境内，西起苇子园，东至滨湖路止，道路长6000米，宽45米，水泥路面。始建于2000年，同年建成，名称沿用至今。
芒砀路	Mángdàng Lù	位于砀山县境内，南起润达路，北至砀郡路止，道路长4300米，宽45米，水泥路面。始建于1979年，同年建成，名称沿用至今。
道南路	Dàonán Lù	位于砀山县境内，起于芒砀路，止于火车站南，道路长2200米，宽45米，水泥路面。始建于2000年，同年建成，名称沿用至今。
陇海路	Lǒnghǎi Lù	位于砀山县境内，南起道北路，北至砀唐路止，道路长2100米，宽45米，水泥路面。始建于1988年，同年建成，名称沿用至今。
梨花二路	Líhuā 2 Lù	位于砀山县境内，西起东升路，东至滨湖路止，道路长4212米，宽36米，水泥路面。始建于2000年，同年建成，名称沿用至今。
梨花一路	Líhuā 1 Lù	位于砀山县境内，西起芒砀北路，东至陇海路止，道路长3699米，宽36米，水泥路面。始建于2012年，同年建成，名称沿用至今。
润达路	Rùndá Lù	位于砀山县境内，起于101省道，止于砀夏路，道路长3551米，宽36米，水泥路面。始建于2012年，同年建成，名称沿用至今。
故黄一路	Gùhuáng1 Lù	位于砀山县境内，起于砀郡路，止于顺杨路，道路长2695米，宽36米，水泥路面。始建于2012年，同年建成，名称沿用至今。
故黄三路	Gùhuáng3 Lù	位于砀山县境内，起于砀郡路，止于建南北路，道路长2520米，宽36米，水泥路面。始建于2012年，同年建成，名称沿用至今。

标准名称	汉语拼音	备注
永顺路	Yǒngshùn Lù	位于砀山县境内，起于道北东路，止于砀唐公路，道路长2500米，宽36米，水泥路面。始建于2012年，同年建成，名称沿用至今。
故黄二路	Gùhuáng2 Lù	位于砀山县境内，起于砀郡路，止于建南北路，道路长2432米，宽36米，水泥路面。始建于2012年，同年建成，名称沿用至今。
汉王路	Hànwáng Lù	位于砀山县境内，起于道北东路，止于砀郡路，道路长1670米，宽36米，沥青路面。始建于2000年，同年建成，名称沿用至今。
人民路	Rénmín Lù	位于砀山县境内，东起永顺路，西至利民路止，道路长8500米，宽35米，水泥路面。始建于1979年，同年建成，名称沿用至今。
鹏程路	Péngchéng Lù	位于砀山县境内，起于道北路，止于砀郡路，道路长2716米，宽35米，沥青路面。始建于2000年，同年建成，名称沿用至今。
振兴路	Zhènxīng Lù	位于砀山县境内，起于复兴电影院，止于西外环，道路长2500米，宽30米，水泥路面。始建于2000年，同年建成，名称沿用至今。
旭日路	Xùrì Lù	位于砀山县境内，南起道北路，北至310公路绕城段止，道路长2200米，宽30米，沥青路面。始建于2000年，建成于2012年，名称沿用至今。
果园路	Guǒyuán Lù	位于砀山县境内，起于东升路，止于经济开发区，道路长2200米，宽30米，水泥路面。始建于2000年，同年建成，名称沿用至今。
金利大道	Jīnlì Dàdào	位于砀山县境内，起于芒砀路，止于金利大酒店，道路长1200米，宽30米，水泥路面。始建于2000年，同年建成，名称沿用至今。
东升路	Dōngshēng Lù	位于砀山县境内，南起道北路，北至310国道绕城段止，道路长800米，宽30米，沥青路面。始建于2000年，同年建成，名称沿用至今。
红梅路	Hóngméi Lù	位于砀山县境内，起于人民银行，止于振兴路，道路长500米，宽18米，水泥路面。始建于2000年，同年建成，名称沿用至今。
育新北街	Yùxīn Běijiē	位于砀山县境内，起于人民路，止于实验小学，道路长300米，宽15米，水泥路面。始建于2000年，同年建成，名称沿用至今。
商业步行街	Shāngyè Bùxíng-jiē	位于砀山县境内，起于芒砀路，止于劳动街，道路长200米，宽15米，水泥路面。始建于2000年，同年建成，名称沿用至今。

标准名称	汉语拼音	备注
健康路	Jiànkāng Lù	位于砀山县境内，起于道南路，止于人民西路，道路长1000米，宽10米，水泥路面。始建于1988年，同年建成，名称沿用至今。
育新南街	Yùxīn Nánjiē	位于砀山县境内，起于城隍庙，止于沿河东路，道路长280米，宽10米，水泥路面。始建于2000年，同年建成，名称沿用至今。
劳动街	Láodòng Jiē	位于砀山县境内，起于翠微小区，止于看守所，道路长250米，宽10米，水泥路面。始建于1988年，同年建成，名称沿用至今。
体育巷	Tǐyù Xiàng	位于砀山县境内，起于人民路，止于治安街，道路长250米，宽10米，水泥路面。始建于1988年，同年建成，名称沿用至今。
生产街	Shēngchǎn Jiē	位于砀山县境内，起于民政局，止于沿河东路，道路长250米，宽10米，水泥路面。始建于2000年，同年建成，名称沿用至今。
气象巷	Qìxiàng Xiàng	位于砀山县境内，起于红山路，止于党校路，道路长800米，宽8米，水泥路面。始建于1988年，同年建成，名称沿用至今。
群众巷	Qúnzhòng Xiàng	位于砀山县境内，起于人民路，止于治安街，道路长750米，宽8米，水泥路面。始建于1988年，同年建成，名称沿用至今。
红山巷	Hóngshān Xiàng	位于砀山县境内，起于人民路，止于第二中学，道路长500米，宽8米，水泥路面。始建于1988年，同年建成，名称沿用至今。
葡东巷	Púdōng Xiàng	位于砀山县境内，起于气象巷，止于振兴路，道路长350米，宽8米，水泥路面。始建于1988年，同年建成，名称沿用至今。
莲池巷	Liánchí Xiàng	位于砀山县境内，起于芒砀路，止于健康路，道路长300米，宽8米，水泥路面。始建于1988年，同年建成，名称沿用至今。
民主东街	Mínzhǔ Dōngjiē	位于砀山县境内，起于芒砀路，止于东沿河路，道路长250米，宽8米，水泥路面。始建于1988年，同年建成，名称沿用至今。
民主西街	Mínzhǔ Xījiē	位于砀山县境内，起于芒砀路，止于育新南街，道路长250米，宽8米，水泥路面。始建于1988年，同年建成，名称沿用至今。
园丁巷	Yuándīng Xiàng	位于砀山县境内，起于人民路，止于师范学校，道路长250米，宽8米，水泥路面。始建于1988年，同年建成，名称沿用至今。

标准名称	汉语拼音	备注
红山路	Hóngshān Lù	位于砀山县境内，起于人民西路，止于道北西路，道路长1000米，宽6米，水泥路面。始建于1988年，同年建成，名称沿用至今。
刘杨路	Liúyáng Lù	位于砀山县境内，起于金东巷，止于刘杨庄，道路长800米，宽6米，水泥路面。始建于2000年，同年建成，名称沿用至今。
金东巷	Jīndōng Xiàng	位于砀山县境内，起于二环北路，止于公安局宿舍，道路长700米，宽6米，水泥路面。始建于2000年，同年建成，名称沿用至今。
砀师路	Dàngshī Lù	位于砀山县境内，起于利民桥，止于利民二支河桥，道路长600米，宽6米，水泥路面。始建于1988年，同年建成，名称沿用至今。
清真巷	Qīngzhēn Xiàng	位于砀山县境内，起于芒砀路，止于二环路，道路长450米，宽6米，水泥路面。始建于2000年，同年建成，名称沿用至今。
相山巷	Xiàngshān Xiàng	位于砀山县境内，起于道北路，止于陇海铁路，道路长250米，宽6米，水泥路面。始建于1988年，同年建成，名称沿用至今。
西苑路	Xīyuàn Lù	位于砀山县境内，起于健康路，止于红山路，道路长250米，宽6米，水泥路面。始建于2000年，同年建成，名称沿用至今。
农机北巷	Nóngjī Běixiàng	位于砀山县境内，起于农机东巷，止于健康路，道路长200米，宽6米，水泥路面。始建于1988年，同年建成，名称沿用至今。
农机东巷	Nóngjī Dōngxiàng	位于砀山县境内，起于宴嬉路，止于道北路，道路长200米，宽6米，水泥路面。始建于1988年，同年建成，名称沿用至今。
农机西巷	Nóngjī Xīxiàng	位于砀山县境内，起于宴嬉路，止于道北路，道路长200米，宽6米，水泥路面。始建于1988年，同年建成，名称沿用至今。
物资巷	Wùzī Xiàng	位于砀山县境内，起于红山路，止于虹梅路，道路长200米，宽6米，水泥路面。始建于1988年，同年建成，名称沿用至今。
文化街	Wénhuà Jiē	位于砀山县境内，起于人民路，止于民主街，道路长200米，宽6米，水泥路面。始建于2000年，同年建成，名称沿用至今。
汽车站东巷	Qìchēzhàn Dōngxiàng	位于砀山县境内，起于道北路，止于振兴路，道路长150米，宽6米，水泥路面。始建于1988年，同年建成，名称沿用至今。

标准名称	汉语拼音	备注
汽车站西巷	Qìchēzhàn Xīxiàng	位于砀山县境内，起于道北路，止于红山路，道路长 150 米，宽 6 米，水泥路面。始建于 1988 年，同年建成，名称沿用至今。
西小巷	Xīxiǎo Xiàng	位于砀山县境内，起于红山路，止于西关小学，道路长 30 米，宽 6 米，水泥路面。始建于 2000 年，同年建成，名称沿用至今。
合欢路	Héhuān Lù	位于砀山县境内，起于芒砀路，止于内环路，道路长 300 米，宽 5 米，水泥路面。始建于 1988 年，同年建成，名称沿用至今。
南沿河路	Nányánhé Lù	位于砀山县境内，起于西沿河路，止于东沿河路，道路长 1000 米，宽 4 米，水泥路面。始建于 1988 年，同年建成，名称沿用至今。
西沿河路	Xīyánhé Lù	位于砀山县境内，起于南沿河路，止于北沿河路，道路长 600 米，宽 4 米，水泥路面。始建于 1988 年，同年建成，名称沿用至今。
东城商业街	Dōngchéng Shāngyèjiē	位于砀山县境内，起于人民路，止于陇海乡毛李庄，道路长 900 米，宽 30 米，水泥路面。始建于 2000 年，同年建成，名称沿用至今。
滨湖路	Bīnhú Lù	位于砀山县境内，起于生态大道，止于人民东路，道路长 583.72 米，宽 18 米，水泥路面。始建于 2012 年，同年建成，名称沿用至今。
振百巷	Zhènbǎi Xiàng	位于砀山县境内，起于洪山路，止于健康路，道路长 500 米，宽 10 米，水泥路面。始建于 1988 年，同年建成，名称沿用至今。
振兴商业街	Zhènxīng Shāngyèjiē	位于砀山县境内，起于健康路，止于红山路，道路长 400 米，宽 10 米，水泥路面。始建于 2000 年，同年建成，名称沿用至今。
治安西街	Zhì' ān Xījiē	位于砀山县境内，起于芒砀路，止于砀山县实验小学，道路长 300 米，宽 10 米，水泥路面。始建于 1988 年，同年建成，名称沿用至今。
治安东街	Zhì' ān Dōngjiē	位于砀山县境内，起于芒砀路，止于劳动街，道路长 250 米，宽 10 米，水泥路面。始建于 1988 年，同年建成，名称沿用至今。
张河洼街	Zhānghéwā Jiē	位于砀山县境内，起于车站居委会，止于振兴路，道路长 300 米，宽 8 米，水泥路面。始建于 1988 年，同年建成，名称沿用至今。
北宴嬉路	Běiyànxī Lù	位于砀山县境内，起于西关外桥，止于闸门桥，道路长 2268 米，宽 6 米，水泥路面。始建于 1988 年，同年建成，名称沿用至今。

标准名称	汉语拼音	备注
南宴嬉路	Nányànxī Lù	位于砀山县境内，起于西关外侨，止于东关闸门桥，道路长2168米，宽6米，水泥路面。始建于1988年，同年建成，名称沿用至今。
晨光路	Chénguāng Lù	位于砀山县境内，起于人民路，止于东升家园小区，道路长756米，宽6米，水泥路面。始建于2000年，同年建成，名称沿用至今。
振兴二巷	Zhènxīng2 Xiàng	位于砀山县境内，起于振兴路，止于振百巷，道路长150米，宽5米，水泥路面。始建于1988年，同年建成，名称沿用至今。
振兴三巷	Zhènxīng3 Xiàng	位于砀山县境内，起于振兴路，止于振百巷，道路长150米，宽5米，水泥路面。始建于1988年，同年建成，名称沿用至今。
北沿河路	Běiyánhé Lù	位于砀山县境内，起于西沿河路，止于东沿河路，道路长1000米，宽4米，水泥路面。始建于1988年，同年建成，名称沿用至今。
东沿河路	Dōngyánhé Lù	位于砀山县境内，起于南沿河路，止于北沿河路，道路长600米，宽4米，水泥路面。始建于1988年，同年建成，名称沿用至今。
广电路	Guǎngdiàn Lù	位于砀山县境内，起于人民路，止于砀师路，道路长370米，宽4米，水泥路面。始建于2000年，同年建成，名称沿用至今。
振兴一巷	Zhènxīng 1 Xiàng	位于砀山县境内，起于振兴路，止于振百巷，道路长160米，宽4米，水泥路面。始建于1988年，同年建成，名称沿用至今。

第六章　萧县标准地名录

第一节　行政划分

龙城镇

龙城镇（Lóngchéng Zhèn）　属萧县管辖。萧县曾于北齐一度改称承高县，隋代改承高为龙城县（一说龙城与萧县并列，辖今萧东部及铜山），旋又复为萧县。明万历年间县城迁今址后，东门曰龙城。城东有龙山，龙湖。清乾隆年间建有龙城书院，后县城渐称龙城、萧城。境内大彭山、小彭山下的姬村原为彭祖被封的大彭国故址；是西汉著名经学家目录学家刘向、刘歆父子的家乡；南朝宋武帝刘裕故里；还有宋代苏轼探访过的古杏花村。也是清末进士段广瀛以及现代民主人士刘汉川、著名电影演员刘世龙等人的故里。地处安徽省宿州市北部，东部、东北部与淮北市段园镇、徐州市夹河镇接壤，东南部与白土镇、永堌镇为邻，南连丁里镇，西接杜楼镇，北邻圣泉乡。镇、县人民政府分驻镇区西南部、东北部。东距徐州市 25 千米，南距淮北市 27 千米。龙城镇下辖姬村、房庄、李台、刘行、王典、毛郢孜、魏楼、岱山口、帽山、王大庄、人民共 11 个村民委员会和龙山、龙湖、龙霄、城南、城北、城东、城西、凤山、虎山、前梅、后梅、黄桥共 12 个社区。辖区东西最大距离 15.5 千米，南北最大距离 10.8 千米，面积 95 平方千米。辖区总人口 113319 人。主要民族为汉族。属温带半湿润性季风气候区，四季分明，雨水较充沛，光照充足。农业以小麦、玉米、大豆为主，水果、蔬菜、帽山萝卜久负盛名。工业以建筑、建材为主。有镇文化广播站 1 处，有村、社区文化活动中心 23 处，各类图书室 36 个，除城区县属公、私立中小学外，镇属有小学 16 所，初中 2 所；有镇级医疗卫生机构 1 个（县属除外），社区和村医院（所）23 个；有镇属公益体育场 2 个，有学校体育场 18 个。境内有凤凰山、虎山、帽山、大小彭山、岱山、灵山、梅山（老鹳山）等。主要河流有龙河、岱河、闸河、两姜河及龙湖、岱湖和多座水库等。行政区划单位为镇。1949 年设龙城区龙城镇，1958 年成立萧城人民公社，1960 年改称萧城公社，1980 年再置龙城镇。该镇为安徽省“千年古镇”。

标准名称	汉语拼音	备注
龙湖社区居民委员会	Lónghú Shèqū Jūmínwěiyuánhuì	隶属萧县龙城镇，1949年前属萧县一区，1949年属龙城区，1958年后为萧城公社街道居委会，1980年属龙城镇，2004年调整划为龙湖社区。
上岗街	Shànggǎngjiē	1996年因当时国家企业下岗人员多，萧县为了安排下岗职工建立一商业街，命名上岗街，故名。
城隍庙	Chénghuángmiào	1995年在老体育场建市场，以城隍庙为名。
商贸城	Shāngmàochéng	2005年招商引资，在县招待所的原址上建成，因坐落在县城商业最繁华的地区，故命名商贸城。
滨河小区	Bīnhé Xiǎoqū	因该小区滨临龙河，故名。
城北社区居民委员会	Chéngběi Shèqū Jūmínwěiyuánhuì	隶属萧县龙城镇。地处县城北关。1949年属龙城镇，1958年先后为萧城公社革新大队、北关大队，1996年为北关居委会，2003年改为龙城镇城北社区。
东关小区	Dōngguān Xiǎoqū	该小区位于县城东关，故名，小区沿用。
文化小区	Wénhuà Xiǎoqū	该小区有四中、职业中学和文化路一条，故名，小区沿用。
县委小区	Xiànwěi Xiǎoqū	该小区内有县委、县政府驻地，故名，小区沿用。
党校小区	Dǎngxiào Xiǎoqū	该小区内原有萧县县委党校，故名，小区沿用。
拥军小区	Yōngjūn Xiǎoqū	该小区内是原人民武装部驻地，有拥军巷一条，故名。
城南社区居民委员会	Chéngnán Shèqū Jūmínwěiyuánhuì	隶属萧县龙城镇，位于城南。1949年属梅村乡，1958年后为梅村公社三里大队，1996年为龙城镇三里居民委员会，2003年改为龙城镇城南社区。
三里庄小区	Sānlǐzhuāng Xiǎoqū	三里庄，在县城西南部，旧时距离县政府三里路，故名。
纵庄小区	Zòngzhuāng Xiǎoqū	原为纵庄，后扩建为小区沿用村名。
秀才街小区	Xiùcáijiē Xiǎoqū	该小区有秀才街居中，故名。
地税局小区	Dìshuìjú Xiǎoqū	该小区友有萧县地税局居中，故名。
城东社区居民委员会	Chéngdōng Shèqū Jūmínwěiyuánhuì	隶属萧县龙城镇。位于县城东南部。1958年前萧属梅村乡。1958年后属梅村公社郝店大队。1958年属龙城镇。1992年改为郝店居委会。2003年至今为城东社区。
董庄小区	Dǒngzhuāng Xiǎoqū	旧时董姓从朔里（萧县杜楼镇）迁移此地建村，故名董庄，小区沿用。
郝店小区	Hǎodiàn Xiǎoqū	旧时郝姓在此开酒店，故名郝店，小区沿用。
龙祥小区	Lóngxiáng Xiǎoqū	该小区为商建住宅小区。
段庄小区	Duànzhuāng Xiǎoqū	旧时段姓在此建段家公馆，故名段庄，小区沿用。
金街小区	Jīnjiē Xiǎoqū	原为萧县汽车站旧址，后汽车站搬迁，建商业街名金街，故名。

标准名称	汉语拼音	备注
瑞景新城	Ruìjǐngxīnchéng	原是萧县白酒厂旧址，白酒厂破产拆迁后由开发商建设了住宅小区，故名。
龙河家苑	Lónghé Jiāyuàn	该小区为商建住宅小区。
瑞祥小区	Ruìxiáng Xiǎoqū	该小区为商建住宅小区。
嘉禾小区	Jiāhé Xiǎoqū	原为生资仓库，拆迁之后为商建住宅小区。
汉字苑	Hànzìyuàn	原为磷肥厂，拆迁之后为商建住宅小区。
左岸花园	Zuǒànhuāyuán	原为老瓷厂，拆迁之后为商建住宅小区。
金玉蓝庭	Jīnyùlántíng	该小区为商建住宅小区。
桂花苑	Guìhuāyuàn	该小区为商建住宅小区。
幸福家苑	Xìngfújiāyuàn	原为棉麻公司仓库，拆迁之后为商建住宅小区。
荣观商城	Róngguānshāng-chéng	原为大修厂，拆迁之后为商建住宅小区。
南关五队	Nánguān Wǔduì	原为龙城镇南关大队第五队，故称为南关五队。
城西社区居民委员会	Chéngxī Shèqū Jūmínwěiyuánhuì	隶属萧县龙城镇，位于城西。1949 年属龙城镇，1958 年后萧城公社西关大队（部分）。1983 年为龙城镇西关居委会，2003 年划改为城西社区。
虎山小区	Hǔshān Xiǎoqū	在虎山脚下，境内有虎山公园（包括瑞豪小区），故名。
瑞豪小区	Ruìháo Xiǎoqū	此小区为开发商命名小区。
医药公司家属院	Yīyàogōngsī Jiāshǔyuàn	此家属院内居住的为原医药公司的职工及家庭。
县医院小区	Xiànyīyuàn Xiǎoqū	因辖区内原有县人民医院，居民聚居周围，故名。
县医院家属院	Xiànyīyuàn Jiāshǔyuàn	此家属院内居住的为原县医院的职工及家属。
饮料公司家属院	Yǐnliàogōngsī Jiāshǔyuàn	此家属院内居住的为原饮料公司的职工及家属。
人大巷	Réndà Xiàng	此家属区居住的为原人大的工作人员及家属。
金盾巷	Jīndùn Xiàng	此家属区居住的为公安部门的工作人员及家属。
制药厂家属院	Zhìyàochǎng Jiāshǔyuàn	此家属院内居住的为原制药厂的职工及家属。
交通局车队家属院	Jiāotōngjúchēduì Jiāshǔyuàn	此家属院内居住的为原交通局车队的职工及家属。
林业局家属院	Línyèjú Jiāshǔyuàn	此家属院内居住的为原林业局的职工及家属。
种子公司家属院	Zhǒngzigōngsī Jiāshǔyuàn	此家属院内居住的为原种子公司的职工及家属。

标准名称	汉语拼音	备注
农机厂小区	Nóngjīchǎng Xiǎoqū	1958 年建萧县农机厂，后因为农机厂破产，2007 年农机厂拆迁改建为居住小区，故得名。
虎山农贸市场小区	Hǔshānnóngmàoshìchǎng Xiǎoqū	此处以设立虎山市场而得名。
农委家属院	Nóngwěi Jiāshǔyuàn	此家属院内居住的为原农委的工作人员及家属。
棉麻公司家属院	Miánmágōngsī Jiāshǔyuàn	此家属院内居住的为原棉麻公司的工作人员及家属。
罐头厂家属院	Guàntouchǎng Jiāshǔyuàn	此楼居住的为原罐头厂的职工及家属。
税务局家属院	Shuìwùjú Jiāshǔyuàn	此家属院居住的为原税务局的工作人员及属。
老农机厂家属院	Lǎonóngjīchǎng Jiāshǔyuàn	此家属院内居住的为原农机厂的职工及家属。
御园小区	Yùyuán Xiǎoqū	此小区为开发商命名的小区。
镜花园小区	Jìnghuāyuán Xiǎoqū	此小区为开发商命名的小区。
蒜油厂家属区	Suànyóuchǎng Jiāshǔqū	此家属区住户为原蒜油厂的职工及家属。
苗厂家属区	Miáochǎng Jiāshǔqū	此家属区住户为原苗厂的职工及家属。
贸易小区	Màoyì Xiǎoqū	此家属区住户为原贸易公司的职工及家属。
龙山社区居民委员会	Lóngshān Shèqū Jūmínwěiyuánhuì	隶属萧县龙城镇。1949 年属龙山乡，1958 年先后为萧城公社龙山大队、祖庄大队。随着县城建设改建扩大，1996 年为龙山居委会，2003 年改为龙山社区。
安粮小区	Ānliáng Xiǎoqū	该住宅是安粮集团所开发，故名。
香格里拉	Xiānggélǐlā	该小区为商建住宅小区。
凤山花园	Fèngshānhuāyuán	该居民区因靠近凤山而得名。
祖庄居民小区	Zǔzhuāngjūmín Xiǎoqū	清初知县祖永勋治萧有善政，升职走后，本县士民为其在此处建祠立碑。周围居民渐多成村，遂名祖庄。后小区沿用祖庄，故名。
凤祥小区	Fèngxiáng Xiǎoqū	该小区为商建住宅小区。
龙山庭院	Lóngshān Tíngyuàn	因小区内有一住宅小区龙山庭院，故名。
紫金花苑	Zǐjīnhuāyuàn	该小区为商建住宅小区。
公园世家	Gōngyuánshìjiā	该住宅因靠近龙山公园而得名。
梅林小区	Méilín Xiǎoqū	该小区为商建住宅小区。
化西院小区	Huàxīyuàn Xiǎoqū	原先此地有化肥厂居民区，故得名化西院小区。
鹏程小区	Péngchéng Xiǎoqū	因辖区内有鹏程中学一所，居民在周围居住，故名。

标准名称	汉语拼音	备注
陈井涯小区	Chénjǐngyá Xiǎoqū	几百年前陈井涯散居着十几户人家，以陈姓居多，朝南是一片水泽地，村南有一水井，因井临近湖边，故名陈井涯。
人民银行居民区	Rénmínyínháng Jūmínqū	因小区内有人民银行，居民在周围居住，故名。
龙庭御景	Lóngtíngyùjǐng	该小区为商建住宅小区。
龙梅小区	Lóngméi Xiǎoqū	该小区为商建住宅小区。
闽泰小区	Mǐntài Xiǎoqū	该小区为商建住宅小区。
东方明珠	Dōngfāngmíngzhū	该小区为商建住宅小区。
融翔江山府	Róngxiángjiāng-shānfǔ	该小区为商建住宅小区。
华达壹号	Huádáyīhào	该小区为商建住宅小区。
御龙小区	Yùlóng Xiǎoqū	该小区为商建住宅小区。
人寿保险公司小区	Rénshòubǎoxiǎn-gōngsī Xiǎoqū	因小区内有人寿保险公司，居民在周围居住，故名。
龙山园艺厂居民区	Lóngshānyuányì-chǎng Jūmínqū	因小区内有龙山园艺场，居民在周围居住，故名。
张江科技园小区	Zhāngjiāngkējìyuán Xiǎoqū	因小区内有张江科技园，居民在周围居住，故名。
人武部小区	Rénwǔbù Xiǎoqū	因小区内有人武部，居民在周围居住，故名。
龙山小区	Lóngshān Xiǎoqū	龙山名称由来已久，村庄旁边有龙山，居民在山下聚居，故名。
国际防腐院小区	Guójìfángfǔyuàn Xiǎoqū	原先此地有国际防腐院居民区，故得名国际防腐院小区。
凤山社区居民委员会	Fèngshān Shèqū Jūmínwěiyuánhuì	隶属萧县龙城镇，位于县城西关外。1949 年属龙城镇，1958 年为萧城公社西关大队，1984 年改为西关居委会，2003 年西关居委会分为两个社区，即凤山社区和城西社区。
一中小区	Yīzhōng Xiǎoqū	小区内有省重点中学萧城一中，居民在周围居住，故名。
西关小区	Xīguān Xiǎoqū	小区坐落在县城老西关，故名。
玻璃小区	Bōli Xiǎoqū	因小区内有萧县玻璃厂职工家属院，故名。
葡罐小区	Púguàn Xiǎoqū	小区内有一家企业葡萄酒罐头联合公司，简称葡罐公司，公司破产后职工居住在此，故名。
龙霄社区居民委员会	Lóngxiāo Shèqū Jūmínwěiyuánhuì	隶属萧县龙城镇。地处县城南关，1949 年属龙城镇，1958 年后属萧城公社南关大队，1996 年为南关居民委员会，2004 年龙城镇规划在城内建设龙霄公园，故命名为龙霄社区居民委员会至今。

标准名称	汉语拼音	备注
工交财贸巷小区	Gōngjiāocáimào-xiàng Xiǎoqū	该小区原以工交口和财贸口干部职工家属居住为主，故名。
新华巷小区	Xīnhuáxiàng Xiǎoqū	小区内30年前有一位叫王新华的人在此处开一家饭馆，饭馆取名叫新华饭店，故名。
马云桥居民小区	Mǎyúnqiáojūmín Xiǎoqū	小区内主要道路原有一座桥，名曰马云桥，小区以此得名。
虎山小区	Hǔshān Xiǎoqū	小区西面有一座山，名曰虎山，小区以此得名。
凤临阁小区	Fènglíngé Xiǎoqū	该小区为商建住宅小区，开发商命名。
黄桥社区居民委员会	Huángqiáo Shèqū Jūmínwěiyuánhuì	隶属萧县龙城镇。1949年初属龙城区梅村乡，1958年属梅村公社黄桥大队，1990年属龙城镇黄桥村村民委员会，2007年属龙城镇黄桥社区。
韩庄	Hánzhuāng	因该村韩姓村民居多，故名。
五里寺	Wǔlǐsì	此处原有座寺庙，离县城五里路，故名。
王庄	Wángzhuāng	因王姓人家较多而得名。
后黄桥	Hòuhuángqiáo	黄姓教书先生为方便学生上学，在东西向河沟上架一座木桥，桥南叫前黄桥，桥北为后黄桥。
龙翔佳苑	Lóngxiángjiāyuàn	该小区为商建住宅小区。
锦兴世家	Jǐnxìngshìjiā	该小区为商建住宅小区。
前梅社区居民委员会	Qiánméi Shèqū Jūmínwěiyuánhuì	隶属萧县龙城镇。1949年属萧县龙城区梅村乡前梅村，1958年为梅村公社前梅大队，1996年为萧县龙城镇前梅村，2007年改为龙城镇前梅社区。
李新庄	Lǐxīnzhuāng	清朝时期是状元李蟠的寄庄子，故取名李新庄。
刘庄	Liúzhuāng	旧时刘姓从河南迁至此处建村，故名。
杨庄	Yángzhuāng	该村以杨姓人较多而得名。
西梅村	Xīméicūn	梅村人口众多，庄体大，此在西部故称为西梅村。
陈刘巷	Chénliúxiàng	村中有一条小巷，巷子东以刘姓为主，巷子西以陈姓人为主，故名。
东梅村	Dōngméicūn	梅村人口众多，庄体大，此在东部故称为东梅村。
鹏程家属院	Péngchéng Jiāshǔyuàn	萧县中学的家属院。
瑞龙小区	Ruìlóng Xiǎoqū	该小区为安置住宅小区。
前梅村	Qiánméicūn	明朝洪武年间，从山西洪洞迁来梅姓在此落户建两村，此村在前，故名前梅村。

标准名称	汉语拼音	备注
后梅社区居民委员会	Hòuméi Shèqū Jūmínwěiyuánhuì	隶属萧县龙城镇，位于县城西南后梅村。1950 年属龙城区梅村乡后梅村，1958 年为梅村公社后梅大队，1990 年为萧县龙城镇后梅村，2007 年改为龙城镇后梅社区。
乐盛龙城国际小区	Lèshènglóngchéng-guójì Xiǎoqū	该小区为商建住宅小区。
副翔天街	Fùxiángtiānjiē	该小区为商建住宅小区。
虎山壹号	Hǔshānyīhào	东面临虎山路，故得名虎山壹号。
盛达新城	Shèngdáxīnchéng	该小区为商建住宅小区。
芈庄小区	Mǐzhuāng Xiǎoqū	清末年间，芈姓外来避难，在此落户，称芈庄，故名，小区沿用。
后梅小区	Hòuméi Xiǎoqū	明朝洪武年间，从山西洪洞迁来萧县七姓人家，其中梅姓落户此地，繁衍生息形成前后梅村，该村在后，故称后梅，小区以此得名。
虎山社区居民委员会	Hǔshān Shèqū Jūmínwěiyuánhuì	隶属萧县龙城镇。1958 年后属梅村公社三里大队。1992 年后属龙城镇。2010 年改设社区时因境内有虎山，故名。
许山头	Xǔshāntóu	许姓在山头附近建村，故名。
上庙	Shàngmiào	该村离县城五里，早年村中有纵家祠堂（长门家庙），俗称五里庙。南北纵林村的纵姓到此祭祖称上庙，久而久之，此村便称为上庙。
徐林	Xúlín	徐姓建村，村旁有一松林，故名。
老猫窝	Lǎomāowō	地形似猫窝，故得名老猫窝。
老宅子	Lǎozháizi	早年此村是吴家的老宅子，故名。
林厂佳苑	Línchǎngjiāyuàn	原林业局，属林业局棚改项目，就此命名。
岱湖社区居民委员会	Dàihú Shèqū Jūmínwěiyuánhuì	隶属萧县龙城镇。1949 年属明山乡，后属梅村公社岱山口大队。1985 年属龙城镇。2007 年将明山、岱桥、陈沟三个村合并成立岱山口村。2015 年 10 月岱山口村改为岱湖社区。
陈沟	Chéngōu	陈姓在此建村，因村西有条大沟，故名。
白楼	Báilóu	早年村中建有一座白楼，故称此村为白楼。
岱桥	Dàiqiáo	岱姓建桥，故名。
小朱庄	Xiǎozhūzhuāng	朱姓在此占产立庄，因当时人少村小，故名。
温孟庄	Wēnmèngzhuāng	早年温、孟两姓在此占产立庄，故名。
吴楼	Wúlóu	明代吴姓在此占产立庄建楼，故名。
丽景广场	Lìjǐngguángchǎng	该小区为商建住宅小区。
蓝石小区	Lánshí Xiǎoqū	该小区为商建住宅小区。
柏星小区	Bǎixīng Xiǎoqū	该小区为商建住宅小区。

标准名称	汉语拼音	备注
虎山安置小区	Hǔshān' ānzhì Xiǎoqū	该小区为商建住宅小区。
李台社区居民委员会	Lǐtái Shèqū Jūmínwěiyuánhuì	隶属萧县龙城镇。1949 年属龙城乡。1958 年之后属大庄公社、吴庄乡及孟庄乡李台大队（村）。1985 年属淮北市段园镇，1995 年回属萧县龙城镇，2008 年将李台村、二庄村、邵庄村三个村合并为李台村。2017 年 11 月由李台村转化为李台社区。
许谷堆	Xǔgǔduī	清朝末期，许姓在此买良田数百亩，并由佃户在此种田屯粮，由此得名许谷堆。
李台	Lǐtái	民国初期，城南格村李姓在此买良田数百亩，并将少部分田地挖坑，将土堆成高台子，一用于人居住，二用于屯粮，另外坑塘用于积水坑旱，因此得名李台。
邵庄	Shàozhuāng	这里原是萧城大户段姓的寄庄子，清朝末年佃户邵姓在此建村，故名。
二庄	Èrzhuāng	明末清初，该村为萧城大户段姓的寄庄子。因袁庄煤矿采煤塌陷，1965 年搬迁新的二庄。
小武庄	Xiǎowǔzhuāng	民国期间，武姓在此买良田 200 多亩，并立村，因村小故名小武庄。
孟庄	Mèngzhuāng	民国时期，孟姓在此屯田居住，并在此筑高台子建房，新中国成立前称东台子，新中国成立后称为孟庄。
许新庄	Xǔxīnzhuāng	清末，许谷堆村一支许姓人来此建新村，故名许新庄。
房庄社区居民委员会	Fángzhuāng Shèqū Jūmínwěiyuánhuì	属萧县龙城镇。1949 年属欧集乡，1958 年之后先属吴庄公社、大庄公社房庄大队，1981 年至 1991 年划归淮北市孟庄乡，1992 年回归萧县龙城镇，称房庄村。2018 年撤村改为房庄社区。下辖房庄、河滩、孟楼、太保庙、许井、纵圩等六个居民小组。
房庄	Fángzhuāng	19 世纪中期，黄河发大水，洪水去后，房姓来此地建庄，故名。
太保庙	Tàibǎomiào	传说早年间周姓是唐代十三太保之一，在该村建一祠堂（庙），故名太保庙。
许井	Xǔjǐng	公元 1515 年，有一个人叫许井仁，来到此地方并开荒种地，后形成村庄，简称许井。
河滩	Hétān	明朝万历年间，由山西迁至一户人家，在河滩建房居住，后形成村庄，故名。
孟楼	Mènglóu	明朝末年（1654 年），孟姓从孔家湾来此地买地盖楼立村，故名。
纵圩	Zòngwéi	早年，纵姓在此落户占产建庄，并在庄外建土圩子，故名。

标准名称	汉语拼音	备注
黄山社区居民委员会	Huángshān Shèqū Jūmínwěiyuánhuì	隶属萧县龙城镇。1949年后属龙山乡，1967年划归大庄公社卫东大队，1981年设为魏楼公社魏楼大队，1992年属龙城镇。后因城市区划调整以社区内黄山村命名该社区。
魏楼	Wèilóu	早年魏姓立村并有楼房，故名。
黄山	Huángshān	清道光年间黄姓在山坡上建庄，故取名为黄山。
南杨楼	Nányánglóu	清道光年间杨姓建村盖楼称杨楼，后杨姓分居南北，才有南北杨楼之称。
北杨楼	Běiyánglóu	清道光年间杨姓建村盖楼称杨楼，后杨姓分居南北，才有南北杨楼之称。
嘉泰龙城壹号小区	Jiātàilóngchéngyīhào Xiǎoqū	该小区为商建住宅小区，开发商命名。
学府花园	Xuéfǔhuāyuán	因离实验小学近，故名为学府花园
大观天下	Dàguāntiānxià	该小区为商建住宅小区，开发商命名。
桃林春风	Táolínchūnfēng	该小区为商建住宅小区，开发商命名。
御景新城	Yùjǐngxīnchéng	该小区为商建住宅小区，开发商命名。
王典社区居民委员会	Wángdiǎn Shèqū Jūmínwěiyuánhuì	隶属萧县龙城镇。1949年属龙城区牛眠乡，1958年属大庄公社，1981年属王典公社王典大队，1985年划归淮北市段园镇，1992年复属龙城镇，2008年合村为王典村至今。2020年，更名为王典社区。
王典	Wángdiǎn	相传早年此处为闸河渡口，有位名叫王一典的人在此摆渡，后建村，故名王一典村，后简称王典。
卢庄	Lúzhuāng	卢姓人在此占产立庄，故名。
廉庄	Liánzhuāng	该村为廉姓为主，故名。
梁圩子	Liángwéizi	梁姓人在此占产立庄，并在村周筑土圩子，故名。
姜场	Jiāngchǎng	姜姓在原打谷场上建村，故名。
靳场	Jìnchǎng	该村清代时为祝姓的寄庄子，设有打谷场。后靳姓在打谷场定居故名靳场。
毛新庄	Máoxīnzhuāng	毛姓在此建新村，故名。
毛郢孜社区居民委员会	Máoyǐngzī Shèqū Jūmínwěiyuánhuì	隶属萧县龙城镇。1949年属毛郢孜乡。1958年之后属牛眠公社、大庄公社毛郢孜大队，1980年属龙城区牛眠公社，1985年属白土镇。1986年重新划为龙城区王典镇，1992年撤区并乡属龙城镇，并分为毛中、毛东、毛西三个村，2007年这三个村合并为毛郢孜村，2020年1月成立毛郢孜社区，并分为毛中、毛东、毛西三个网格。
毛郢孜	Máoyǐngzī	清道光年间，建村时称为康家营，后改名为汪家营，后汪姓升官迁走，至民国时期因居民毛姓人口居多，改称毛营寨，1958年改名毛营子，1981年改称毛郢孜，沿用至今。

标准名称	汉语拼音	备注
盛达新城小区	Shèngdáxīnchéng Xiǎoqū	该小区为商建住宅小区，开发商命名。
副翔天街	Fùxiángtiānjiē	该小区为商建住宅小区，开发商命名。
帽山村村民委员会	Màoshāncūn Cūnmínwěiyuánhuì	隶属萧县龙城镇。古代曾先后为同孝里、安上里。1949 年属龙城区帽山乡，1958 年为梅村公社帽山大队，1980 年为帽山公社帽山大队，1992 年撤区并乡属龙城镇，2007 年合村后为龙城镇帽山村。
辘湾	Lùwān	村内有一条弯弯曲曲的小路，形似绞水桶用的辘轳把，故名。
帽山	Màoshān	此地有一座山，外形像一顶帽子，村民在山周边建村立庄，故而得名。汉代该山曾称同孝山，著名经学家刘向祖居此地，称同孝里，南朝宋时刘裕同宗左将军刘怀肃一支居此改为安上里。
纵林	Zònglín	纵姓祖上老林在此，纵姓又在此世代聚居住成村，遂名纵林。
李山	Lǐshān	李姓人在此山窝里建村，故名。
王大庄村村民委员会	Wángdàzhuāngcūn Cūnmínwěiyuánhuì	隶属萧县龙城镇。1949 年属龙城区梅村乡。1958 年属梅村公社王大庄大队，1980 年属帽山公社，1992 年属龙城镇，2007 年合村为王大庄村。
孟小寨子	Mèngxiǎozhàizi	该村祖居孟姓，村周围筑有寨墙，村较小，故名。
郭楼	Guōlóu	郭姓在此建村盖楼，故名。
赵庄	Zhàozhuāng	二百年前，赵姓在此立庄，故名。
陈土楼	Chéntǔlóu	该村世居陈姓，早年村中建一土楼，故名。
吴二庄	Wú'èrzhuāng	吴姓在离王大庄二里地建村庄，庄较小，故名吴二庄。
大北	Dàběi	因王大庄村较大，村庄北部叫大北。
大南	Dànán	因王大庄村较大，村庄南部叫大南。
刘楼	Liúlóu	刘姓来此买地建庄并建一土楼，故名。
人民村村民委员会	Rénmíncūn Cūnmínwěiyuánhuì	隶属萧县龙城镇。该村新中国成立前是大地主段家的寄庄子，名帽山寨（店），土改时人民翻身做主人，改名人民村。1950 年后属龙城区帽山乡、丁里乡，1958 年后为梅村公社人民大队，1985 年属龙城镇帽山乡，1992 年属龙城镇。
杨楼	Yánglóu	明代杨姓在此占产立庄，故名。
寨里	Zhàilǐ	1853 年大户在此建寨，因靠近名山帽山，故名帽山寨。为与寨外村庄相区别，故名为寨里。
围里	Wéilǐ	1853 年建寨的围墙以里，王家大地主在此居住，称围里。
西寨圈	Xīzhàiquān	该村是新中国成立前大地主段家的寄庄子，圈里住八大户，因在帽山寨以西，故而得名。
东门	Dōngmén	此处是帽山寨东寨门，居民在此聚居成一村庄，故名。

标准名称	汉语拼音	备注
祁庄	Qízhuāng	明代祁姓在此定居后形成村庄，故名。
刘庄	Liúzhuāng	刘姓人家1700年从河南迁至此处，故名。
姬村 村民委员会	Jīcūn Cūnmínwěiyuánhuì	隶属萧县龙城镇。1949年后属萧县姚楼乡。后姚楼乡、龙山乡、毛庄乡三乡合并为毛庄乡。1958年属牛眠公社姬村大队。1960年属萧城公社。1972年属大庄公社。1985年属魏楼乡。1992年属龙城镇姬村村民委员会。
姬村	Jīcūn	据记载，古大彭国和古彭城，在姬村北大小彭山附近。《彭城志》："大彭国都城在大彭山下，今徐州市城西三十里。"清同治《续萧县志》"萧县山水总图"及"东北乡村寨图"均标明，"大彭山"在姬村之北。当地曾有石雕遗存和民间传说。姬姓，定居于此，繁衍生息，形成村庄，故名姬村，沿用至今。
温孟庄	Wēnmèngzhuāng	早年温、孟两姓在此占产立庄，故名。
小朱庄	Xiǎozhūzhuāng	朱姓在此占产立庄，因当时人少村小，故名。
白楼	Báilóu	早年村中建有一座白楼，故称此村为白楼。
吴楼	Wúlóu	明代吴姓在此占产立庄建楼，故名。
陈沟	Chéngōu	陈姓人在此建村，因村西有条大沟，故名。
丽景广场	Lìjǐngguǎngchǎng	该小区为商建住宅小区，开发商命名。
蓝石小区	Lánshí Xiǎoqū	该小区为商建住宅小区，开发商命名。
柏星小区	Bǎixīng Xiǎoqū	该小区为商建住宅小区，开发商命名。
虎山安置小区	Hǔshān’ānzhì Xiǎoqū	该小区为商建住宅小区，位于老虎山附近，故名。
刘行村 村民委员会	Liúhángcūn Cūnmínwěiyuánhuì	隶属萧县龙城镇。早年刘姓大户建有集市，设有粮行、牛行等，故村名刘行。1949年后属刘行乡，1958年属吴庄公社，1970年为大庄公社刘行大队，1980年属龙城镇孟庄乡，1992年回属萧县龙城镇，2008年与龙城镇郑台子村合并，组成刘行村。
梁瓦房	Liángwǎfáng	早年间，梁姓人在此占产立庄建有瓦房，故名。
刘西	Liúxī	本村在刘行村以西建立，故名。
王庄	Wángzhuāng	因王姓较多而得名。
黄庄	Huángzhuāng	明代黄水过后，黄姓一家迁居此地耕种生活，人口越来越多，取名黄庄。
黄台子	Huángtáizi	该村清代属黄郢子的寄庄子，以黄姓居多，清末改为黄台子。
薛庄	Xuēzhuāng	薛庄西边有个高台子，名为薛台子，有薛姓人曾居于此。新中国成立后，王山窝的人陆续搬来此地，改称薛庄。
郑台子	Zhèngtáizi	早年间郑姓在土台子上建村，故名。

标准名称	汉语拼音	备注
孟庄	Mèngzhuāng	孟姓在此占产立庄，故名。
四南庄	Sìnánzhuāng	传说刘行毛姓有四子，分居在附近四处，第四子在此居住，故而得名。
二南庄	Èrnánzhuāng	传说刘行毛姓有四子，分居在附近四处，第二子在此居住，故而得名。
邱庄	Qiūzhuāng	邱姓早年在此建村定居，故名。
马楼村 村民委员会	Mǎlóucūn Cūnmínwěiyuánhuì	隶属萧县龙城镇。1949 年属萧县曹村区庙街乡，后属孤山乡。1958 年后属孤山公社、白土公社马楼大队。1984 年属皇藏区孤山乡。1992 年属白土镇马楼村。2007 年划归萧县经济开发区管辖。2019 年底划归龙城镇。该村辖马楼、西舆、杏园 3 个自然村。
马楼	Mǎlóu	清末马姓人家在此占产建楼立庄，称马楼。民国期间李姓大户人家把马姓家业土地收买，但村名一直沿用至今。
西舆	Xīyú	西舆即是古代彭城刘氏“三里”之一绥舆里。千百年来，逐渐将绥舆讹传为西峪（舆)。魏晋时，刘邦之弟楚元王刘交的后代刘裕祖上按朝西南方向“逢鱼可住”的宗家传说，从彭城迁此。因此处山势像鱼，又靠湖靠河，故移居此处，后刘氏渐成名门望族，此山取名“绥舆山”，村名“绥舆里”。史志均有记载，历代均有文人墨客慕名来此凭吊。刘裕出生此地，生后母亡，由其婶母抚养成人。后刘裕成为南朝宋的开国皇帝，其婶母葬此山上，民间称之为皇姑墓。民国时期县长王公玙因财政困难，曾掘此墓，得珍宝若干。
杏园	Xìngyuán	该村为唐宋时代著名的杏花村。苏轼当年任徐州知州时曾“劝农”到过该村和附近的古朱陈村。苏轼有诗曰，“我是朱陈旧使君，劝农曾入杏花村”，后来此村成为古代富有美名的杏花村之一。后又渐渐称为杏园村。
庙街村 村民委员会	Miàojiēcūn Cūnmínwěiyuánhuì	隶属萧县龙城镇。1949 年属皇藏区孤山乡，1958 年后属孤山公社、白土公社庙街大队，1986 年属孤山乡，1992 年属白土镇，2007 年划归萧县经济开发区管委会管辖，2019 年底划归龙城镇。
邵村	Shàocūn	邵村源于邵姓和李姓人家在此居住，原名邵李村，后简称邵村。
庙街村	Miàojiēcūn	早年该村建有 18 座庙，形成街市，故称庙街，有一座庙为祝融庙（火神庙)。每逢农历二月十五逢会。传说，该村逢会“不下雨就刮风”。

黄口镇

黄口镇（HuángkǒuZhèn） 属萧县管辖，黄口古称杼秋、汉县，又名曹马集，是三国时期曹操养马的地方，后因黄河决口而更名为黄口至今。位于安徽省萧县西北部，北与新庄镇接壤，东与阎集镇为邻，南与酒店乡相连，西与砀山县相接。镇人民政府驻黄口镇东社区。境内有三国曹马城、古杼秋城遗址、三圣阁古庙、董孝子墓和黄口炮楼等遗迹。黄口镇下辖杨阁、朱庄、陈土楼、张寨、徐洼、暗楼、唐庄、瓦房、马常庄、孙庙、唐园、邵庄、老黄口等13个村民委员会和镇南、镇北、镇东、镇西和镇中5个社区。全镇面积88.56平方千米。2011年底，辖区总人口85465人。属温带半湿润性季风气候区，四季分明，雨水较充沛，光照充足。农作物以小麦、玉米、大豆、棉花、花生、水果、蔬菜为主。工业主要有纱纺、机械制造、食品、农副产品加工、造纸等。镇设有文化站、广播站、电视台各一处，村级文化活动中心18处；各类图书室22个，有各类学校20所，有各级医疗卫生机构4个，卫生所18个。有学校体育场5个。电话区号0557，邮编235211。行政区划单位为镇。1915年筑成陇海铁路，借用老黄口的名字在此设黄口火车站。1927年6月蒋介石率李宗仁等在徐州将领乘专列西上迎接冯玉祥，在黄口火车站举行了隆重的欢迎仪式，蒋、冯在此结拜为兄弟。1930年7月10日，在中共萧县县委的领导下，发动了黄口暴动。1938年，中共苏鲁豫皖特委在黄口镇孙庙村召开第二次会议，郭子化传达了洛川会议精神，决定发动群众开展抗日游击战争，史称“黄口会议”。1949年设黄口乡，1958年设黄口公社，后改设区，1980年设黄口镇。

标准名称	汉语拼音	备注
镇东社区居民委员会	Zhèndōng Shèqū JūmínWěiyuánhuì	隶属萧县黄口镇。1949年属江苏徐州；1954年规划安徽省镇东社区。人民公社时期为原黄口镇三增大队，后三增大队分为东办和西办，各下辖5个居委会，后又分为6个居委会；2008年由原二居、三居、六居三个居委会合并成立镇东社区，居委会驻地黄口二居。
六居	Liùjū	六居是由老印庄演变而来。
三居	Sānjū	三居是由原来三增大队二队、四队演变而来。
二居	Èrjū	二居是由原老黄口镇街道东居委会和老三增大队的第一生产队演变而来。
镇南社区居民委员会	Zhènnán Shèqū Jūmínwěiyuánhuì	隶属萧县黄口镇。2008年前是王堂、陈庄两个村，一个居委会；2008年体制改革为黄口镇镇南社区至今。居委会驻地陈庄自然村。
一居	Yījū	1990年黄口镇行政管理划分为一居委会而得名。
陈庄	Chénzhuāng	本庄陈姓较多，故而得名。

标准名称	汉语拼音	备注
孙楼	Sūnlóu	三四百年前九户孙姓人家在此地除一虎害，官府立一牌楼纪念，取名孙家打虎楼，后简称孙楼。
王堂	Wángtáng	本村王姓较多，早年村中曾建一祠堂，故而得名。
镇西社区居民委员会	Zhènxī Shèqū Jūmínwěiyuánhuì	隶属萧县黄口镇。1958 年后为黄口镇人民公社三增大队十二生产队；1978 年在此设立新华大队；1984 年设为黄口镇第九居委会；1999 年合并为第四居委会；2008 年设置黄口镇镇西社区。居委会驻地朱暗楼自然村。
毛庄	Máozhuāng	清代毛姓在此占产立庄，故而得名。
新楼	Xīnlóu	清代李姓在此建村，曾建一新楼，故名新楼。
朱暗楼	Zhū'ànlóu	早在清朝时期，朱姓在此定居建村，盖有一座土楼，因无窗户，室内黑暗，故名朱暗楼。
镇北社区居民委员会	Zhènběi Shèqū Jūmínwěiyuánhuì	隶属萧县黄口镇。2008 年，黄口镇村民委员会统一规划，由原新楼村、丁寨村、张庄村，合并为镇北社区至今。居委会驻地王庄自然村。
大张庄	Dàzhāngzhuāng	清朝中期，张姓大户在此占产立户形成村庄，故名张庄，为了区分小张庄，更名为大张庄。
丁寨	Dīngzhài	清中期丁姓在此建村，村周筑有寨墙。故而得名。
胡庄	Húzhuāng	早年胡姓在此居住，故而得名。
李丹楼	Lǐdānlóu	清中期，原村名单楼村，李姓从山东金乡逃荒至此落脚，后经数代人经营，家产颇丰，并购置田产，盖红色楼房一座，遂改村名李丹楼。
梁庄	Liángzhuāng	清朝中期，原村名孟庄，民国期间，梁姓村民迁入，后家产丰厚，人丁兴旺，遂将村名改为梁庄。
马楼	Mǎlóu	清末马姓在此占产立庄，民国期间虽有李姓大户人家把马姓家业土地收买，但村名一直沿用至今。
沙楼	Shālóu	民国期间，沙姓在此占产立庄，因在其村东部建有一炮楼故而得名。
王庄	Wángzhuāng	因庄内王姓较多而得名。
小杨庄	Xiǎoyángzhuāng	因该村多为杨姓居住，人少村小，故而得名。
小张庄	Xiǎozhāngzhuāng	清初张姓兄弟二人自沛县沙河逃荒至此安家立业，因人口较少，故得名小张庄。
朱阁	Zhūgé	清朝初期，朱姓在此占产立户，建庙阁一座，故取村名朱阁。

标准名称	汉语拼音	备注
镇中社区居民委员会	Zhènzhōng Shèqū Jūmínwěiyuánhuì	隶属萧县黄口镇。1958 年三增大队有六、七、八三个生产队；1979 年为黄口镇西办事处新华大队、陇海大队。1984 年西办事处改划一居、六居、八居居民委员会；1987 年镇合黄口镇办事处，下分五居、六居、七居、八居居民委员会；1994 年合并为黄口镇三居委会；1997 年改为第五居委会；2008 年至今为黄口镇镇中社区。居委会驻地五居。
五居	Wǔjū	1990 年黄口镇行政划分为五居委会而得名。
徐洼村村民委员会	Xúwācūn Cūnmínwěiyuánhuì	隶属萧县黄口镇。1949 年属黄口区；1959 年又划归徐洼人民公社；1961 年划归黄口公社至 1970 年 3 月份合并大公社管辖；1984 年属徐洼乡；2007 年合并为徐洼村至今。村委会驻地后徐洼自然村。
大单庄	Dàshànzhuāng	明代中期单姓逃荒在此落户，逐渐兴旺发达，家大业大，故而得名大单庄。
后徐洼	Hòuxúwā	明代中期，徐姓在此居住，因地势低洼，故名徐洼。以后因人口太多分为两村，该村在后（北），故取名后徐洼。
马楼	Mǎlóu	清末马姓人家在此占产立庄，建一座楼房，故名马楼。民国期间被李姓大户人家把马姓家业土地收买，但村名一直沿用至今。
偏门	Piānmén	明代中期，徐姓在后徐洼落户，弟兄分家后，迁此。因地形关系，安门的方向不正，是偏的，故名偏门。
前徐洼	Qiánxúwā	明代中期徐姓在此建村，因村周地势低洼，得名徐洼。以后因人口太多，分为两村，此村在前（南），故而得名前徐洼。
小单庄	Xiǎoshànzhuāng	明代中期，单姓在大单庄落户定居，后弟兄分家立户，因此村略小，故而得名。
暗楼村村民委员会	Ànlóucūn Cūnmínwěiyuánhuì	隶属萧县黄口镇，1950—1957 年隶属黄口区徐洼乡，1958 年成立徐洼公社暗楼大队，后暗楼大队分成马楼、杜桥、王小屯、暗楼四个大队；1982 年撤区并乡建立黄口镇；1992 年，杜桥、暗楼、王小屯、大孟楼、小孟楼合并叫暗楼村；2008 年 3 月，杜小庄、暗楼、杜桥、大孟楼、小孟楼、王小屯合并叫暗楼村。村委会驻地暗楼自然村。
暗楼	Ànlóu	原名胡暗楼，清初富绅胡姓来此定居，盖了一座明三暗五的楼房，远近闻名，遂得名胡暗楼，以后简称为暗楼。
小孟楼	Xiǎomènglóu	此村较小，早年孟姓在此建有楼房，故名。
大孟楼	Dàmènglóu	此村较大，早年孟姓在此建有楼房，故名。
杜桥	Dùqiáo	杜姓较多，村子紧靠大沙河，河上曾建石桥一座，故名。
杜小庄	Dùxiǎozhuāng	以姓氏和人口规模命名。
王小屯	Wángxiǎotún	此村较小，早年王姓在此定居屯田，故名。

标准名称	汉语拼音	备注
马常庄村 村民委员会	Mǎchángzhuāngcūn Cūnmínwěiyuánhuì	隶属萧县黄口镇。1958 年属东方红公社；1980 至 1992 年属黄口镇徐洼管区马常庄大队；1995 年至今属黄口镇至今。村委会驻地欧井自然村。
熊庄	Xióngzhuāng	很久以前熊姓来此建庄，故名熊庄。
魏庄	Wèizhuāng	新中国成立前来了两个要饭的，一个田姓，一个魏姓，田姓在村后建了一个庙，遂取村名田庙魏庄，新中国成立后改为魏庄至今。
大张庄	Dàzhāngzhuāng	此村较大，清代出了个张姓秀才，故村名以张姓秀才姓氏命名。
东村	Dōngcūn	清代建村，因位于栾庄至徐洼的南北路东部而命名。
李庄	Lǐzhuāng	很久以前李姓来此建庄，故名。
欧井	Ōujǐng	欧姓建村后，曾打几眼水井，故取村名欧井。
孙庄	Sūnzhuāng	孙姓最早来此定居建庄，故名。
西村	Xīcūn	清代建村，因位于栾庄至徐洼的南北路之西而得名。
小张庄	Xiǎozhāng- zhuāng	旧时在此居住仅几户人家，且全都是张姓，故因人少村小而得名。
瓦房村 村民委员会	Wǎfángcūn Cūnmínwěiyuánhuì	隶属萧县黄口镇。1949 年属黄口八区；1954 年属黎明高级社；1961 年为徐洼公社瓦房大队；1984 年为徐洼乡瓦房大队；1992 年为黄口镇瓦房村至今。村委会驻地后油坊自然村。
后油坊	Hòuyóufāng	明代初期有邵姓在此占产立庄，开油坊磨油，故而得名邵油坊。随着家大业大，遂分两处定居，该村居后（北），故称后油坊。
孟瓦房	Mèngwǎfáng	早年，这里是卢村卢家的一片湖地，靠地的南头建有三间瓦房，是留作人们干活休息吃饭的地方。后来，不断有孟姓搬迁到此居住，形成了村落，遂取名孟瓦房。
陈庄	Chénzhuāng	本庄陈姓较多，故而得名。
前油坊	Qiányóufāng	明代初期有邵姓在此立庄，开油坊磨油，故而得名邵油坊。随着家大业大，遂分两处定居，该村居前（南），故称前油坊。
杜楼	Dùlóu	明代杜姓人在此占产立庄并建楼，故而得名。
黄楼	Huánglóu	清朝有一老黄口黄姓人家在此占产立户并建一门楼，故而得名。
王双楼	Wángshuānglóu	明代王姓在此定居，建有两座楼房，故而得名。
周楼	Zhōulóu	明代周姓在此定居，建有一座楼房，故而得名。
唐庄村 村民委员会	Tángzhuāngcūn Cūnmínwěiyuánhuì	隶属萧县黄口镇。1949 年属黄坝乡；1970 年属黄口公社徐洼乡；1980 年属黄口镇徐洼乡；1992 年至今属黄口镇。村委会驻地唐庄自然村。

标准名称	汉语拼音	备注
何庄	Hézhuāng	很久以前何姓在此居住建庄，故而得名。
胡庄	Húzhuāng	早年胡姓人在此居住立庄，故而得名。
黄坝	Huángbà	很久以前黄姓在此建村，为防黄河开口，在此打了个拦河坝，故而得名。
唐庄	Tángzhuāng	很久以前唐姓在此建村定居，出了不少官员和秀才，筑有庄园，富甲一方，故称村名唐庄。
玉皇阁	Yùhuánggé	在清朝时期，该村庄建在一座玉皇庙旁，故而得名玉皇阁。
瞎子营	Xiāziyíng	相传此村早年有个盲人（瞎子），因打赢了一场官司，为作永久纪念，遂取村名瞎子赢。后“赢”讹传为“营”。
唐园村 村民委员会	Tángyuáncūn Cūnmínwěiyuánhuì	隶属萧县黄口镇。1949 年属江苏省新庄区地藏阁乡；1954 年属安徽省萧县新庄区地阁乡；1957 年为黄口公社第八营六连；1961 年属黄口区孙庙乡；2008 年为唐园村至今。村委会驻地徐王楼自然村。
唐园	Tángyuán	明代唐姓在此种菜，故而得名。后来，这里出了一位教育家唐锦亭，深孚众望。
汪堤	Wāngdī	早年黄河发大水时，在此曾筑过大堤。后来汪姓在此建村，故取名汪堤。
徐王楼	Xúwánglóu	明代徐姓和王姓两姓在此占产盖楼立庄，因当时有两姓，故而得名。
扈庄	Hùzhuāng	明代扈姓在此占产居住立庄，故而得名。
大杨楼	Dàyánglóu	明代杨姓在此建楼定居，后来人丁兴旺，家大业大，遂分两处，都建有楼房，该村楼稍大，故名。
高庄	Gāozhuāng	明代高姓在此占产立庄，故而得名。
官庄	Guānzhuāng	明朝时期，一官员路过此处，见其风水颇佳，遂卜居在此，故而得名。
孟庄	Mèngzhuāng	明代孟姓在此占产立庄，故而得名。
小杨楼	Xiǎoyánglóu	明代杨姓在此建村，后来人丁兴旺，家大业大，遂分两处，都建有楼房，该村楼略小，故名。
杨庄	Yángzhuāng	据说，早在明代这里就曾建庄，因杨姓家族人较多而得名杨庄。
邵庄村 村民委员会	Shàozhuāngcūn Cūnmínwěiyuánhuì	隶属萧县黄口镇。1958 年属东方红人民公社邵庄大队；1980 年属黄口公社；1981 年属孙庙乡；2015 年去乡并镇属黄口镇至今。村委会驻地邵庄自然村。
邵庄	Shàozhuāng	明初，邵氏家族从山西迁移到此安家定居，故取名邵庄。
常庄	Chángzhuāng	常姓最早来此建庄定居，故名。
地藏阁	Dìzànggé	明末清初，该地曾建一座地藏阁，该村由此得名。

标准名称	汉语拼音	备注
东王楼	Dōngwánglóu	早期到此居住王姓为多，后分为两个王楼，该村居东，故名。
后唐庄	Hòutángzhuāng	清代唐姓在此占产立庄，因当时兄弟俩分家，老大在前唐，老二在后唐，故而得名。
李庄	Lǐzhuāng	明末清初李姓在此占产立庄，因当时李姓较多，又居住在水沟之西，故而得名沟西李庄，就是现在的李庄。
前唐庄	Qiántángzhuāng	清代唐姓在此占产立庄，因当时兄弟俩分家，老大在前唐，老二在后唐，故而得名。
西王楼	Xīwánglóu	早期来此居住的王姓为多，有两个王楼，该村居西，故名西王楼。
张丁庄	Zhāngdīngzhuāng	新中国成立前到此居住者为张、丁两姓人家，因张姓多，丁姓少，故而得名。
老黄口村 村民委员会	Lǎohuángkǒucūn Cūnmínwěiyuánhuì	隶属萧县黄口镇。1949 年后属黄口区周楼乡；1958 年属黄口公社；1980 年属黄口区孙庙公社；1984 年属黄口镇孙庙乡；1992 年撤区并乡后属黄口镇至今。村委会驻地老黄口自然村。
老黄口	Lǎohuángkǒu	老黄口原名曹马城，是三国时期曹操养马的地方，旧传是古杼秋城所在地，后因黄河决口取名黄口。1915 年陇海铁路贯通，在村东 3 公里处建有黄口火车站，遂将村名更名为老黄口至今。
北黄庄	Běihuángzhuāng	很久以前黄姓在老黄口北部居住建庄，故而得名。
南黄庄	Nánhuángzhuāng	很久以前黄姓在老黄口南部居住建庄，故而得名。
王行	Wángháng	王姓在此定居后并开粮行，故而得名。
孙庙村 村民委员会	Sūnmiàocūn Cūnmínwěiyuánhuì	隶属萧县黄口镇，1949 年属黄口区；1953 年实行乡制属黄口乡；1956 年撤乡后属黄口镇；1958 年成立人民公社，属黄口公社；1978 年成立孙庙村至今。村委会驻地李老家自然村。
孙庙东村	Sūnmiàodōngcūn	明末清初，有孙姓来此，在一座庙堂旁建村，人丁兴旺，香烟缭绕，后形成庙会，故名孙庙。该村居庙堂东侧故而得名。
李老家	Lǐlǎojiā	清末年间李姓家族系远近闻名的大地主，拥有土地几千顷。遂建家庙，修家谱，成为李姓的老家，故名李老家。
孟庄	Mèngzhuāng	明朝时期，孟姓在此开荒，建立村庄，故名。
孙庙西村	Sūnmiàoxīcūn	明末清初，有孙姓来此，在一座庙堂旁建村，人丁兴旺，后形成庙会，故名孙庙。因该村居庙堂之西，故名。
张寨村 村民委员会	Zhāngzhàicūn Cūnmínwěiyuánhuì	隶属萧县黄口镇。1949 年属张寨乡；1969 年撤乡为张寨大队；1985 年撤大队为小大队；2008 年张寨自然村梁吴楼、黑楼村又合并为张寨村至今。村委会驻地张寨自然村。
张寨	Zhāngzhài	明朝洪武四年从山西洪洞县老鸹窝张姓人家迁至此地，定居后，为防土匪，修筑圩寨，故而得名。

标准名称	汉语拼音	备注
黑楼	Hēilóu	明朝洪武年间，从山西洪洞县李姓人家迁至此地，定居后，以青砖黛瓦建筑楼房，故名黑楼。
梁吴楼	Liángwúlóu	清雍正年间，前梁庄梁姓十世祖作揖和其子文燕迁居至此。迁来时已有吴姓建村，但无楼房。梁姓到此不久，便建成二层楼房一座，以炫耀门庭。梁姓为求名实相符，便与吴姓商议改名梁吴楼。
杨阁村村民委员会	Yánggécūn Cūnmínwěiyuánhuì	隶属萧县黄口镇。2008 年以前为黄口镇杨阁村及黄口镇胡庄村；2008 年并村后为黄口镇杨阁村至今。村委会驻地胡庄自然村。
杨阁	Yánggē	战国时期，齐国为秦所灭，一部分齐军逃此建村，初名齐军村。唐时某位皇帝南下祭拜南海观音，下榻此村，因梦中得到三位圣佛的“圣点”，遂在此建寺，并塑三位圣佛金身像，因易村名为三圣阁。明朝时期，一个骗取皇帝赐予称号的“郑孝子”为争村名踢死该村王财主，引起诉讼。奸诈的杨县令终因自己的姓氏命名该村为“杨家阁”了结此案。后被简称为杨阁。
东陈河	Dōngchénhé	民国陈姓在此占产立村，一条小河把村分为两半，该村位于河东，因而称为东陈河。
东张庄	Dōngzhāngzhuāng	2008 年以前叫小张庄，2008 年以后杨阁、胡庄两村合并，因有东、西两个张庄，此村在东，故名。
胡油坊	Húyóufāng	胡姓最早在此建村，此后又开过油坊，故名胡油坊。
胡庄	Húzhuāng	早年胡姓在此居住，故而得名。
李楼	Lǐlóu	民国期间李姓在此居住，并建有楼阁，故而得名。
刘阁	Liúgé	清朝时期刘姓在此居住，并建有大阁楼，故而得名。
前楼	Qiánlóu	民国期间，一钱姓人家在此定居并盖有一座楼，故叫钱楼。后来因钱姓人家离开钱楼，该村又被改为前楼至今。
西陈河	Xīchénhé	民国陈姓在此建村，一条小河把村分为两半，此村在河西，故名西陈河。
西张庄	Xīzhāngzhuāng	2008 年以前叫小张庄。2008 年以后，杨阁、胡庄两村合并，因有东西两个张庄，此村在西，故名西张庄。
邢庄	Xíngzhuāng	民国期间，邢姓在此建村，不断繁衍，形成大庄，故名邢庄。
朱庄村村民委员会	Zhūzhuāngcūn Cūnmínwěiyuánhuì	隶属萧县黄口镇。1949 年属黄口区；1953 年实行乡制属黄口乡；1958 年成立人民公社属黄口公社；1978 年成立朱庄村至今。村委会驻地朱庄自然村。
包庄	Bāozhuāng	清代包姓在此占产立庄，聚众而居，故而得名。

标准名称	汉语拼音	备注
马庄	Mǎzhuāng	在明代初期，王文武率家族由山西洪洞县迁此，建房舍院落于田苗谷禾之中，安家落户，初名苗谷村，又称苗谷院，后又演变成了苗姑院。明朝中期，该村被洪水吞噬。后来马姓迁至此地，人丁增多，故而得名。
毛小楼	Máoxiǎolóu	明代毛姓在此占产立庄，在庄上盖有一座小楼，又因庄小人少，故而得名。
王庄	Wángzhuāng	明代王姓在此定居，故名王庄。
张六集	Zhāngliùjí	明代张姓兄弟六人来此定居，随着人口不断繁衍，村庄不断扩大，遂在此设集，故而得名。
张邢庄	Zhāngxíngzhuāng	清代张姓和邢姓共同居住此地，故名张邢庄。
赵楼	Zhàolóu	早年定居此地的赵姓为防匪患，建楼一座，故称赵楼。
朱孟庄	Zhūmèngzhuāng	明代孟姓和朱姓来此定居，故得名朱孟庄。
朱平庄	Zhūpíngzhuāng	明代时期，朱姓在此建村，愿平安无事，故取村名朱平庄。
朱庄	Zhūzhuāng	明代朱姓三兄弟在此占产立庄，当时人少村小叫小朱庄，后来人口不断增多，遂改为朱庄。
陈土楼村村民委员会	Chéntǔlóucūn Cūnmínwěiyuánhuì	隶属萧县黄口镇，1949—1950 年属黄口区管辖；1959 年又划归黄口东方红人民公社；1970 年合并大公社隶属黄口大公社；1980 年又重新划归黄口公社；1992 年撤乡置镇，该村隶属黄口镇；2007 年合并村以后至今，为黄口镇陈土楼村。村委会驻地陈土楼自然村。
常洼	Chángwā	常姓在此建村，因村周地势较洼，故名常洼。
陈八集	Chénbājí	明代嘉靖年间，陈姓最早在此建村，因村周是一片桃林，林中有一大坟，故取村名桃冢村。陈氏兄弟八人家族和睦，为人厚道，且善于经商，取财有道，在周边名望较高。为了带动大家致富，兄弟八人携手在此起集（当地方言，就是设立集市的意思），大获成功，众乡亲深受感动，遂改村名为陈八集。
陈土楼	Chéntǔlóu	以姓氏和所建土炮楼而得名。
大柳树	Dàliǔshù	明代初期，陈高两姓迁此居住，因此地有一大柳树，故而得名。
后陈楼	Hòuchénlóu	明代中期，陈姓在此居住，分前后两个庄，在两个庄之间有一个牌楼。故前面的庄叫前陈楼，后面的庄叫后陈楼。
小孟庄	Xiaomèngzhuāng	孟姓于清初在此落户，因庄小而得名。
杜牌坊	Dupáifāng	明末清初，杜姓在此定居，后成为书香之家，其子弟在外建立功勋，受到朝廷的表彰，特诏建牌坊一座，光宗耀祖，故得村名杜牌坊。

杨楼镇

杨楼镇（Yánglóu Zhèn） 属萧县管辖，早年杨姓在此建楼居住，形成村落取名杨楼。后在此形成村镇，取名杨楼镇。地处萧县北部，东与刘套镇接壤，南临圣泉乡、马井镇，西连闫集镇、新庄镇，北部与江苏省徐州市铜山县毗邻。距县城 25 千米，东距江苏省徐州市 35 千米，南距宿州市 115 千米，南距省会合肥 326 千米。镇人民政府驻杨楼村。该镇下辖杨楼、郝集、裴庄、路套、冯场、尹庄、新廷、张口、余洼、孟庄、孙庄、郜洼、刘庄、黄庙共 14 个村。辖区总人口 76399 人。辖区东西最大距离 13.3 千米，南北最大距离 14.2 千米，面积 102.33 平方千米，陇海铁路设有杨楼车站，310 国道横穿境内。黄河故道流经北部与刘套镇故道共同形成黄河故道湿地公园。属温带半湿润性季风气候区，四季分明，雨水较充沛，光照充足。农业以小麦、大豆、水果为主，工业有面粉厂、砖瓦厂、防腐公司、建筑公司 7 家。150 多个工程队施工于全国各地以及国外。有高中 1 所，初中 2 所，幼儿园 13 所。系著书名画家刘梦笔、刘惠民的家乡。电话区号是 0557，邮政编码是 235221。行政区划单位为镇。1949 年始设杨楼乡，1958 年设杨楼公社，1985 年改为杨楼乡，1992 年设杨楼镇。

标准名称	汉语拼音	备注
杨楼社区居民委员会	Yánglóu Shèqū Jūmínwěiyuánhuì	隶属萧县杨楼镇。1949 年后属杨楼区。1984 年建杨楼区杨楼镇，为杨楼办事处。1992 年撤区为杨楼镇杨楼居委会。2008 年合并杜庄、陆家、董庄、杨楼四个为杨楼居委会。
湾里	Wānlǐ	清朝末年，程姓系当时大户，拥有土地几十顷，居住程庄。其家族分出一支成员，搬迁至现湾里村居住。因村庄建于河湾处，所以取名湾里。
尹庄	Yǐnzhuāng	清末，尹姓在此建村称尹庄。
王集	Wángjí	王姓建村设集，取名王集。
新楼	Xīnlóu	早年此处为荒地，外地人来此开垦土地，盖楼定居，起名新楼。
冯庄	Féngzhuāng	清朝冯姓在此占地立庄，取名冯庄。
杨楼村	Yánglóucūn	明代以前此处为一片湖泊，杨姓在此打鱼编篓。鱼篓质量上乘，声誉较高，号称杨篓。后来人员渐增，成为村庄。“杨篓”传为“杨楼”。陇海铁路在此建杨楼站，以后又为杨楼区镇驻地。
杜庄	Dùzhuāng	早年杜姓在此占产立庄，故而得名。
冯楼	Fénglóu	清朝末年，冯姓是当地大户，在朝中做官，晚年辞官回乡，到此建村盖楼，故取名叫冯楼。
陆家	Lùjiā	明朝洪武年间，陆姓逃荒到此地建村，对外称陆家，内部还分前陆家、后陆家。

标准名称	汉语拼音	备注
刘庄	Liúzhuāng	刘姓建庄，故名。
董庄	Dǒngzhuāng	董姓建庄，故名董庄。
董楼	Dǒnglóu	董姓人家居住建楼，起名董楼。
郝集社区居民委员会	Hǎojí Shèqū Jūmínwěiyuánhuì	隶属萧县杨楼镇。郝集，原名雁门镇，明万历年以前这里是一片茫茫沼泽，森森芦荡，雁群在此留宿，商船泊此交易，故命雁门镇。后霍姓在此定居，取名霍集。当地“霍”“郝”谐音，后讹传霍集为郝集。曾为郝集区、杨楼区驻地。抗战时期成立过郝集区政府。因郝集村较大，成立人民公社时分郝北、郝南、郝东三个大队，后改为三个村。2008 年小村合并大村成立了郝集村民委员会。
郝北村	Hǎoběicūn	郝集因村庄太大，分北、南、东三村，此村位于北部，故称郝北村。
郝东村	Hǎodōngcūn	此村位于郝集东部，故称郝东村。
郝南村	Hǎonáncūn	此村位于郝集南部，故称郝南村。
新廷社区居民委员会	Xīntíng Shèqū Jūmínwěiyuánhuì	隶属萧县杨楼镇。1949 年属桃园乡。1955 年为纪念革命烈士萧新廷，成立农业生产合作社时定名为新廷合作社。1958 年为郝集人民公社新廷大队。1984 年为杨楼区郝集乡新廷村。2009 年为杨楼镇新廷村。
大刘庄	Dàliúzhuāng	明代刘姓在此占地立庄，庄大人多，故而得名。
小刘庄	Xiǎoliúzhuāng	明末刘姓立庄时人少村小，故而得名小刘庄。
段庄	Duànzhuāng	明代段姓在此占产立庄，故而得名。
穆楼	Mùlóu	明代穆姓在此占产立庄，命名穆楼。
黄台子	Huángtáizi	黄姓在此筑台建庄，取庄名黄台子。
李新庄	Lǐxīnzhuāng	清朝时期是官员李蟠的寄庄子，取名李新庄。
迎风口	Yíngfēngkǒu	明朝时期，住官兵，扎营房。后人在营房遗址建村，取名“营房口”，以后讹传为迎风口。
老杜庄	Lǎodùzhuāng	杜姓建村，取名杜庄，后有人迁出另建村，因村小人少，称小杜庄。此处便称老杜庄。
尹庄村村民委员会	Yǐnzhuāngcūn Cūnmínwěiyuánhuì	隶属萧县杨楼镇。1984 年属郝集乡，1992 年撤乡置镇为杨楼镇尹庄村，2008 年 3 月与张庄村、关帝庙村合并为尹庄村村民委员会。
尹庄	Yǐnzhuāng	1814—1816 年，尹姓在此居住建庄称尹庄。
前楼	Qiánlóu	民国期间，钱姓有一座楼叫钱楼，后来因钱姓人家离开钱楼，改为前楼至今。
小杜庄	Xiǎodùzhuāng	老杜庄杜姓在此占产立庄，庄小人少，故称小杜庄。
关帝庙	Guāndìmiào	因早年村西有关帝庙，而得名。

标准名称	汉语拼音	备注
袁庄	Yuánzhuāng	清同治元年，袁姓从尹庄村搬到此地，占产立庄故得名。
张庄	Zhāngzhuāng	张姓建庄，故名张庄。
祁场村	Qíchǎngcūn	清同治十二年，祁姓在此，建打谷场，故而得名。后成村庄，仍用名祁场。
张口村 村民委员会	Zhāngkǒucūn Cūnmínwěiyuánhuì	隶属萧县杨楼镇。1949年属桃园乡。1954年高级社时属大同社，社部设在董楼村。1958年属杨楼公社张口村。1984年体制改革属杨楼区郝集乡张口村。1993年杨楼设镇属杨楼镇张口村。2008年与吕里村合并为一个村，成立张口村村民委员会至今。
张口	Zhāngkǒu	清朝中期，姓张的在黄河堤口处建庄，取名张口。
彭新庄	Péngxīnzhuāng	早年彭姓从彭庄迁此另建新庄，故名彭新庄。
华祖庙	Huázǔmiào	清代陈姓在此立庄，因当时有古华祖庙，故而得名。
小陈马路	Xiǎochénmǎlù	该村位于黄河大堤南侧，堤上有条马路（大道）因陈姓建村，紧靠马路，庄小人少，称小陈马路。
董楼	Dǒnglóu	董姓居住在此建楼，起名董楼。
胡庄	Húzhuāng	早年胡姓在此居住，故而得名。
张连庄	Zhāngliánzhuāng	明代嘉靖三十六年，张连两姓在此占产立庄，故而得名。
吕里	Lǚlǐ	汉代吕布治徐州，东管辖60里为吕良，西管辖60里为吕里，故而得名。
程庄	Chéngzhuāng	清朝年间，程姓在此建庄，故而得名。
路套村 村民委员会	Lùtàocūn Cūnmínwěiyuánhuì	隶属萧县杨楼镇。1985年隶属杨楼区朱庄乡，1992年撤区并镇后属杨楼镇，2008年合村为路套村。
路楼	Lùlóu	新中国成立前路楼是一大庄，有一条大马路，路旁有一岗楼，故名路楼。
路套	Lùtào	1913年路姓在故黄河套里建庄定居，取名路套。
小郭庄	Xiǎoguōzhuāng	郭姓在此建庄，庄小人少，故名小郭庄。
杨庄	Yángzhuāng	杨姓建庄，名杨庄。
四庄	Sìzhuāng	早年有纵姓先在此处建了三个村庄，纵台子、纵新庄、大庄。后又建第四个村庄，取名四庄。
关庄	Guānzhuāng	此村原是大地主的寄庄子，地主为了夸耀自己的官势，故取名官庄，后讹传为关庄。
裴庄村 村民委员会	Péizhuāngcūn Cūnmínwěiyuánhuì	隶属萧县杨楼镇。1984年属杨楼区朱庄乡，1992年撤区属杨楼镇，2009年为杨楼镇裴庄村。
花庄	Huāzhuāng	以前村庄农户以种桃为生，每年一到春季，村庄四周全是桃花，故而得名，庄又分东西花庄，总称花庄村。

标准名称	汉语拼音	备注
耿庄	Gěngzhuāng	很久以前耿姓迁居此处，故起名耿庄。
纵台子	Zòngtáizi	明代纵姓地主占产立庄，房屋建在高台上，命名为纵台子。
纵新庄	Zòngxīnzhuāng	早年纵姓从三座楼迁此建新村，取名纵新庄。
石坝子	Shíbàzi	清朝时期在此建庄，因靠近故黄河拦河大石坝而得名。
连庄	Liánzhuāng	清朝末期，连姓在此建庄，故名。
裴庄	Péizhuāng	裴姓在明代由山西运城迁至此地，命名为裴庄。
陆庄	Lùzhuāng	早年陆姓在此居住，故得名。
冯场村村民委员会	Féngchǎngcūn Cūnmínwěiyuánhuì	隶属萧县杨楼镇。1949 年萧县杨楼区，成立人民公社属杨楼公社，撤社设乡属朱庄乡，撤区置镇属杨楼镇，2008 年合村后为冯场村民委员会至今。
李行	Lǐháng	清代时期，当地为黄河故道滩地，李姓在此开买卖行，故而得名。
孙庄	Sūnzhuāng	清代孙姓在此占产立庄，故而得名。
宋场	Sòngchǎng	明代宋姓在此设打谷场，后成村庄，故而得名。
冯场	Féngchǎng	冯姓因种地设打谷场，故叫冯场。
巩楼	Gǒnglóu	早年巩姓在此建庄盖楼，故名巩楼。
张庄	Zhāngzhuāng	张姓建庄居住，故名张庄。
赵场	Zhàochǎng	赵姓在此种地设场立庄，得名赵场。
房庄	Fángzhuāng	早年房姓在此种地立庄，叫房庄。
朱庄	Zhūzhuāng	明代朱姓在此占产立庄，故叫朱庄。
孟庄村村民委员会	Mèngzhuāngcūn Cūnmínwěiyuánhuì	隶属萧县杨楼镇。1949 年属杨楼区，1958 年属满堂红公社，1966 年属杨楼公社孟庄大队，1985 年属杨楼镇杨楼办事处，1995 年撤办事处属杨楼镇孟庄村，为村民委员会驻地。
大高楼	Dàgāolóu	清代高姓在此占产立庄盖楼，村庄大人口多，故而得名。
朱庄	Zhūzhuāng	明代朱姓在此占产立庄，故而得名。
孟庄	Mèngzhuāng	孟庄原名耿孟庄，因耿、孟两家立庄而得名，后因孟姓居多，更名孟庄。
祁楼	Qílóu	祁姓最先落户至此，故而得名。
刘新庄	Liúxīnzhuāng	1885 年郝集部分刘姓迁此新建村庄，取名刘新庄。
八庄	Bāzhuāng	因和周边马井、王集、郝集等集镇都相距八里路，故而得名。
小高楼	Xiǎogāolóu	清代高姓在此占产立庄盖楼，因庄小人少，故而得名。
河口	Hékǒu	传说古时这里有一条河，该村建在河口处，故而得名。

标准名称	汉语拼音	备注
余洼村 村民委员会	Yúwācūn Cūnmínwěiyuánhuì	隶属萧县杨楼镇，2008年由朱集村、许家村合并成立余洼村至今。
小朱集	Xiǎozhūjí	旧时从老朱集村迁出小部分村民户来定居此庄，后取名小朱集。
余洼	Yúwā	三百年前，有余姓、吉姓来此定居，因村四周地势低洼，取名余吉洼。后吉姓迁走，遂易名余洼。
王新庄	Wángxīnzhuāng	以姓氏命名。
胡楼	Húlóu	以前胡姓在这村建一座楼，名叫胡楼。
许家	Xǔjiā	清初，许姓在此生产居住，故而得名。
小程楼	Xiǎochénglóu	四百年前，程姓在此居住，盖一座小楼，故名小程楼。
黄庙村 村民委员会	Huángmiàocūn Cūnmínwěiyuánhuì	1949年前隶属黄口区，1949年后属杨楼区，1958年属杨楼公社，1986年属杨楼区纵庄乡，1992年属杨楼镇。
黄庙	Huángmiào	黄庙始建于康熙年间。清乾隆四十年袁姓总兵（四品），自汝南来此地居住，始称袁楼。后来黄姓买地建庙而取名黄庙。黄姓在庙西二千米处建庄，以庙为庄名。1938年8月23日这里曾发生“智取日军黄庙据点”战斗。萧县人民政府立纪念碑于此。
朱庄	Zhūzhuāng	明代朱姓在此占产立庄，故名朱庄。
杜土楼	Dùtǔlóu	清嘉庆年间杜姓占地立庄建一座土楼，故名。
黄庄	Huángzhuāng	明代黄水过后，黄姓一家迁居此地耕种建庄，取庄名为黄庄。
唐庄	Tángzhuāng	唐姓建庄，故名唐庄。
李楼	Lǐlóu	李姓在此居住，并建有楼阁，故而得名。
王窝	Wángwō	明洪武年间因王姓建庄而得名。
宋楼	Sònglóu	早年宋姓在此占产立庄并盖楼，故而得名。
刘庄村 村民委员会	Liúzhuāngcūn Cūnmínwěiyuánhuì	隶属萧县杨楼镇。1949年属杨楼区刘庄乡管辖，1958年属杨楼公社管辖，1982年属杨楼公社，1992年属杨楼镇至今。
刘庄	Liúzhuāng	明代刘姓从河南迁至此处建庄定居，命名为刘庄。
朱庄	Zhūzhuāng	明代朱姓在此占产立庄，故而得名。
马路口	Mǎlùkǒu	早年黄河河道通船时期，这地方是船运货物停靠的码头，也是通往濉溪口子的一条大马路路口，当时有饭店、客栈，非常热闹，故名马路口。后又有姓孟的在此居住，又有孟马路之称。
单庄	Shànzhuāng	该村原住民以单姓为主，故名单庄。
郜洼村 村民委员会	Gàowācūn Cūnmínwěiyuánhuì	隶属萧县杨楼镇。1958年公社化时属杨楼公社，1981年属杨楼区纵庄公社，1984年属杨楼区纵庄乡，1992年属杨楼镇。

标准名称	汉语拼音	备注
王老庄	Wánglǎozhuāng	约三百年前，王姓在此定居，故称王老庄。
谷庄	Gǔzhuāng	清代谷姓在此占产立庄，故而得名。
纵庄	Zòngzhuāng	以姓氏命名。
苏楼	Sūlóu	北宋徐州知府苏东坡之子苏迈在徐州南苏家湖定居（时属萧县），因水患其后裔中一支迁山东省微山县，又因地震回迁萧县，其中一支落户此地，取村名苏楼。
郜洼	Gàowā	清朝初期，郜姓在低洼处建村，因此取名郜洼。
郭庄	Guōzhuāng	明代郭姓从山西来此立庄，故而得名。
小杨楼	Xiǎoyánglóu	杨姓建庄盖楼，庄小人少，故名小杨楼。
丁木集	Dīngmùjí	明朝时代，有个丁姓人士的母亲在此起集。集市相当繁荣，连徐州人都知道此地有个丁母集，后又写成丁木集。
孙庄村村民委员会	Sūnzhuāngcūn Cūnmínwěiyuánhuì	隶属萧县杨楼镇。1958 年属杨楼公社，1984 年属杨楼区杨楼公社，1992 年撤区改为杨楼镇孙庄村至今。
小吴楼	Xiǎowúlóu	早年，吴姓迁至此处建一座楼，庄小人少，故名小吴楼。
小孙庄	Xiǎosūnzhuāng	清光绪年间，孙姓族人从大孙庄迁至此处，因当时人少村小，定名小孙庄。
大孙庄	Dàsūnzhuāng	清同治年间，江苏丰县孙姓族人一支迁至此处，人多庄大，定名大孙庄。
任庄	Rénzhuāng	以任姓家族为主，命名为任庄。
王庄	Wángzhuāng	因王姓人家建庄而得名。
油坊	Yóufāng	明代温姓在此占产立庄，并开设油坊，得名温油坊，现简称油坊。
刘楼	Liúlóu	刘姓来此买地建庄并建一土楼，故名。
常庄	Chángzhuāng	明初，常姓在此占产立庄，故而得名。

闫集镇

闫集镇（Yánjí Zhèn） 属萧县管辖，因镇政府驻地闫集村而得名闫集镇。东与杨楼镇毗邻，南与马井镇相连，西与黄口镇接壤，西南与酒店乡交界，北与新庄镇接壤。人民政府驻闫集村，南距萧县县城 26 千米，距宿州市区 95 千米，距省会合肥 325 千米。该镇下辖闫集、汪楼、高楼、郑集、刘店、塘沃涯、杨庄、孟楼、柳园、孙老家、赵堂，共 11 个村。境内有刘邦先祖家庙枌榆寺遗址。辖区东西最大距离 5.58 千米，南北最大距离 12 千米，面积 61.144 平方千米。总人口55020人。属温带半湿润性季风气候区，四季分明，雨水较充沛，光照充足。该镇以农业为主，粮食蔬菜种植是传统产业，辣椒种植业近年兴盛起来。养殖业以猪、山羊、鸡为主。建筑防腐业比较发达，全镇有30多个防腐工程大队，施工于全国各地以至国外。境内有陇海铁路、310国道、301省道穿过。另有利民沟、萧黄沟、黄杨沟等河流。有初中1所，小学8所，幼儿园10所。电话区号是0557，邮政编码是235210。行政区划单位为镇。该镇在萧县1992年撤区并乡时，由原闫集、黑楼、刘店3个小乡合并而成，1992年后，其建置没有再变动。

标准名称	汉语拼音	备注
柳园村 村民委员会	Liǔyuáncūn Cūnmínwěiyuánhuì	隶属萧县闫集镇，该村是2008年由孔楼村、宋行村、柳园村合并而成的大村。
前柳园	Qiánliǔyuán	此村位于后柳园前面，故名前柳园。
后柳园	Hòuliǔyuán	明朝时期，此处原是柳树园，建村后取名柳园，因前后有两个柳园，此村位于北，遂名后柳园。
宋行	Sòngháng	明代宋姓在此建村后开过商行，故名宋行。
郑庄	Zhèngzhuāng	明代郑姓在此占产立庄，故而得名。
纵庄	Zòngzhuāng	以姓氏命名，因纵姓较多而取名。
孔楼	Kǒnglóu	三百年前孔姓在此居住，取名孔楼。现已无孔姓，但仍叫孔楼。
权庄	Quánzhuāng	清朝年间，权姓在此建庄，故而得名。
高新庄	Gāoxīnzhuāng	旧时高姓在此建立新村，故名。
孟楼村 村民委员会	Mènglóucūn Cūnmínwěiyuánhuì	隶属萧县闫集镇。1949年属黄口区孟楼乡。1958年属黄口(东方红)人民公社，之后至1969年属孟楼公社。1980年属闫集人民公社。1984年属闫集镇。2008年与李老庄、孟楼、闫集村合并成孟楼村。
孟楼	Mènglóu	旧时此庄叫黄柚子楼。据说，黄柚子楼直属北京，西南院是朝庙。大户比较多且有势力，有土匪想到此村行窃，打听是黄柚子楼没敢下手。后将此村易名孟楼。
包庄	Bāozhuāng	清代包姓在此占地立庄，聚众而居，故而得名。
小闫屯	Xiǎoyántún	别名四大家。闫姓在此置地建村。因村西南有大闫屯，故取名小闫屯。
李老庄	Lǐlǎozhuāng	早年李姓建村，因村庄古老，故名李老庄。
小李庄	Xiǎolǐzhuāng	李氏在此村人数较多，村庄较小，故名小李庄。
刘桥	Liúqiáo	该村刘姓较多，村前有一小桥，故名刘桥。
暗楼	Ànlóu	原名曹庄。传说该村过去树木较多，有一楼房位于树丛之中，从远处望去，一片阴森昏暗，后将此庄取名暗楼。

标准名称	汉语拼音	备注
大闫屯	Dàyántún	早年闫姓在此屯田定居，取名闫屯，因村东侧有小闫屯，故名大闫屯。
赵堂村村民委员会	Zhàotángcūn Cūnmínwěiyuánhuì	隶属萧县闫集镇。1949 年属黄口区孟楼乡，1958 年属马井公社，1980 年属闫集公社，1984 年 5 月属闫集镇赵堂（大队）村民委员会至今。
腰庄	Yāozhuāng	黄河故道在此村南腰（土语同“绕”）了一个弯子，故名腰庄。
尹庄	Yǐnzhuāng	1814—1816 年间，尹姓在此居住建村称尹庄。
赵楼	Zhàolóu	早年赵姓为防匪患在村中建楼一座，故称赵楼。
赵堂	Zhàotáng	明代赵姓在此置地建庄，并在村中建一祠堂而得名。
侯楼	Hóulóu	早年有侯姓大户在此立庄建楼，故而得名。
边庄	Biānzhuāng	早年，此村位于区划的边界，故此得名。
孙老家村村民委员会	Sūnlǎojiācūn Cūnmínwěiyuánhuì	隶属萧县闫集镇，2008 年前，吴楼、郑庄两个自然村为孔楼村（大队）。2008 年后将吴楼，郑庄从孔楼村分离出来，与孙老家村合并至今。
郑庄	Zhèngzhuāng	明代郑姓在此占产立庄，故而得名。
孙老家	Sūnlǎojiā	孙姓祖居地，故名孙老家。
小朱楼	Xiǎozhūlóu	朱姓建此小村并盖有楼房，故名小朱楼。
范桥	Fànqiáo	范姓在此定居，庄中河上建有一座桥，取名范桥。
吴楼	Wúlóu	明代吴姓在此占产立庄建楼，故而得名。
苏楼	Sūlóu	北宋徐州知州苏东坡之子苏迈在徐州南苏家湖定居（时属萧县），因水患苏迈后裔一支迁山东省微山县，又因地震回迁萧县，其中一支落户此地，取村名苏楼。
闫集村村民委员会	Yánjícūn Cūnmínwěiyuánhuì	隶属萧县闫集镇。1949 年后属杨楼区马井乡，1958 年至 1983 年先后属马井公社、闫集公社管辖，1984 年属闫集镇至今。
李阁	Lǐgé	李姓在此立庄定居，建有一座阁楼，故名李阁。
赵楼	Zhàolóu	早年赵姓为防匪患建楼一座，故称赵楼。
周庄	Zhōuzhuāng	1340 年移民从河南迁到此地建庄，周姓人数占 95% 以上，因此名为周庄。
孙酒店	Sūnjiǔdiàn	孙姓在此定居，开设酒店，起名孙酒店。
陈楼	Chénlóu	清朝中期陈姓从河南迁此，村中盖有一楼，故取名陈楼。
朱庄	Zhūzhuāng	明代朱姓三兄弟在此占产立庄，当时人少村小，称小朱庄，后改为朱庄。
彭桥	Péngqiáo	彭姓在此定居，在村前河上架一座桥，故名彭桥。

标准名称	汉语拼音	备注
闫集村	Yánjícūn	旧时闫姓在此定居，设集市，故名。
聂园	Nièyuán	清末聂姓在此建村，村前有块菜园，村名取名聂园。
汪楼村 村民委员会	Wānglóucūn Cūnmínwěiyuánhuì	隶属萧县闫集镇。1949 年以来至 1992 年，均属刘店乡（公社）。1992 年后属闫集镇至今。
花王庄	Huāwángzhuāng	花王庄是多姓庄，因花姓、王姓人口居多，取名花王庄。
祁六子	Qíliùzǐ	早年间祁姓户主生有六子，在此建庄，故得名祁六子。
汪楼	Wānglóu	很久以前汪姓来此占产立庄建楼，故名汪楼。
马园	Mǎyuán	马姓在此建村，开园种菜，得名马园。
孙庄	Sūnzhuāng	100 多年前，孙姓在此置地立庄，故名孙庄。
小吴楼	Xiǎowúlóu	早年，吴姓迁至此处建一座楼，故名小吴楼。
唐楼	Tánglóu	早年，唐姓在此建庄立村，盖有楼房。故名唐楼。
李子园	Lǐziyuán	早年，村庄旁边有块李子园，故名。
郑集村 村民委员会	Zhèngjícūn Cūnmínwěiyuánhuì	隶属萧县闫集镇。1949 年属新庄区刘店乡，1958 年属黄口镇东方红公社，1961 年至 1983 年属刘店公社，1984 年属刘店乡，1992 年属闫集镇至今。
郑集村	Zhèngjícūn	郑姓建村，后设集市，故名。
新庄村	Xīnzhuāngcūn	1949 年前，莫集村几户人家迁来建立新村，取名新庄。
孙小楼子	Sūnxiǎolóuzi	早年孙姓建村，村中曾盖有一座小炮楼，故名。
新楼	Xīnlóu	清代建庄，一直沿用此名。
高楼村	Gāolóucūn	隶属萧县闫集镇，1949 年属黄口区刘店乡，1958 年属黄口镇东方红公社，1962 年属刘店公社，1969 年属闫集公社，1984 年属刘店乡，1992 年属闫集镇至今。
李庄	Lǐzhuāng	早年李姓在此建村，故名李庄。
高楼	Gāolóu	清朝初期，本村高姓是大户，建有楼房，故起名高楼。
杨庄 枌榆寺村	Yángzhuāng fényúsìcūn	此地以杨姓居多而得名杨庄。 此村内原有一座庙名枌榆社，后叫枌榆寺，据说是刘邦先祖的家庙。刘邦登基前，其兄弟常随父老回此处老家探亲祭祀，公元前 202 年，刘邦当了皇帝后，不忘先祖的护佑，下令重修枌榆寺，并设人管理主持。至东汉末年，汉朝衰落，祭祀渐稀，年久失修，至清朝逐渐坍塌。后村民在其旧址上盖了一座学校，名为枌榆寺小学。
桃园	Táoyuán	很久以前有祁、王、沈三姓逃荒到此居住建村，大家互相帮助，亲如兄弟，好似当年刘、关、张桃园三结义，故命名桃园。
赵庄	Zhàozhuāng	二百年前，赵姓在此立庄，故取名赵庄。

标准名称	汉语拼音	备注
张庄	Zhāngzhuāng	张庄是臧姓寄庄子，先前叫臧庄，后改成张庄。
郑土楼	Zhèngtǔlóu	郑姓建村后，盖土炮楼一座，故名。
窦楼	Dòulóu	清朝时窦姓从外地迁入此地，建楼居住，起名窦楼。
小庄	Xiǎozhuāng	清朝期间，李姓建村，村小，取名李小庄。后别姓迁入，更名小庄。
刘店村村民委员会	Liúdiàncūn Cūnmínwěiyuánhuì	隶属萧县闫集镇。1949 年属新庄区，1953 年属刘店乡，1959 年属黄口公社，1962 年属刘店公社，1985 年属刘店乡，1992 年属闫集镇至今。
前滕楼	Qiánténglóu	明代滕姓在此占地建庄，庄内为防匪患多建土炮楼。新中国成立前由村内南北路为界一分二庄，此村位于前，故名。
后滕楼	Hòuténglóu	明代滕姓在此占地建庄，庄内为防匪患多建土炮楼。新中国成立前以村内南北路为界，一分二。此村位于后，故名。
刘店	Liúdiàn	早年，刘姓在此开过客栈及杂货铺，故名。
新庄	Xīnzhuāng	1815 年徐姓从微山湖来此买地立庄，因此庄为新建，故取名新庄。
梁庄	Liángzhuāng	清朝中期，原村名孟庄。民国期间，梁姓迁入，后家产丰厚，人丁兴旺，改称为梁庄。
纵香铺	Zòngxiāngpù	宋朝末年纵姓在此占产立庄，庄内开店铺卖香，故名纵香铺。
杨庄村村民委员会	Yángzhuāngcūn Cūnmínwěiyuánhuì	隶属萧县闫集镇。1949 年至 1983 年，先后属黄口区黑楼子公社、刘店公社。1984 年属黑楼乡，1992 年属闫集镇至今。
大杨庄	Dàyángzhuāng	杨庄杨姓占 80% 的人口。杨姓在此居住已有一百余年历史，取名大杨庄。
韩堂村	Hántángcūn	早年韩姓大户在此建村居住，曾建堂庙一座，故名韩堂村。
姜黄庄	Jiānghuángzhuāng	村中姜姓黄姓较多，故名。
小黑楼	Xiǎohēilóu	李姓人家在此定居后建小楼一座，村南有大黑楼村，故取名小黑楼。
程楼村	Chénglóucūn	早年程姓在此建村立庄，庄内建有土楼，故而得名。
大吉店	Dàjídiàn	旧时该村有人在外当官，为图吉利，给本村起名大吉店。
胡寨村	Húzhàicūn	早年胡姓在此建村，村周围筑有寨圩，故名胡寨村。
塘沃涯村村民委员会	Tángwòyácūn Cūnmínwěiyuánhuì	隶属萧县闫集镇。2008 年，由原来的黑楼村、黄宋村、塘沃涯村合并为塘沃涯村。
杨楼	Yánglóu	明代杨姓在此占产立庄，取名杨楼。
陆庄	Lùzhuāng	早年陆姓在此居住，取名陆庄。

标准名称	汉语拼音	备注
朱梁庄	Zhūliángzhuāng	清朝末年，朱、梁两姓在此置地建庄，故取名朱梁庄。
前口	Qiánkǒu	旧时村前有一高堤，开一缺口，故名。
宋庄	Sòngzhuāng	宋姓在此建村，取名宋庄。
黑楼村	Hēilóucūn	早年叫荷花村，因为村中间有大坑盛开荷花，起名荷花村。后来，李姓用青砖建楼，楼呈黑色，将村名改为黑楼村。
黄庄	Huángzhuāng	明代黄水过后，黄姓迁居此地耕种生活，人口越来越多，取庄名为黄庄。
塘沃涯	Tángwòyá	明朝年间，两户李姓从山西洪洞县迁来建村，当时称李双楼，后来黄河改道从此村过，村后形成水塘，后改为塘窝涯，以后“窝”讹传为“沃”。
后滕楼	Hòuténglóu	明代滕姓建村，因该村处于前滕楼后面，故名。

新庄镇

新庄镇（Xīnzhuāng Zhèn） 属萧县管辖，境区内原为黄河故道，早年村民为避水患，移此高处建新村，筑寨墙，故名新庄寨。地处萧县西北，黄河故道南岸，北与江苏省丰县的李寨、梁寨镇接壤，东邻杨楼镇，南接黄口、闫集镇，西与砀山县唐寨镇接壤。距陇海铁路 10 千米，距徐州市 45 千米。下辖邵套、马郑庄、杜集、沟头、小桥、小集子、张庄、郭套、常庄、东阁、西阁、李庄、铁佛、李集共 14 个村委会和新庄居委会。辖区东西最大距离 28 千米，南北最大距离 5 千米，面积 114 平方千米。辖区总人口 76843 人。属温带半湿润性季风气候区，四季分明，雨水较充沛，光照充足。农业以小麦、大豆、玉米、山芋、棉花为主。辣椒制种业有 10 家公司，种子销往全国各地。工业有砖瓦厂、面粉厂等。有文化站 1 处、村级文化活动中心 19 处。各类图书室 19 个，有初中 1 所，小学 11 所，幼儿园 14 所，有镇村医疗卫生机构 19 个，301 省道穿境北至江苏丰县，南距陇海铁路黄口站 10 千米。电话区号：0557。邮政编码：235212。行政区划单位为镇。民国后期属黄口一区，1950 年设为新庄区，1958 年改为新庄公社，1985 年改为新庄区，1992 年设新庄镇至今。

标准名称	汉语拼音	备注
东阁村 村民委员会	Dōnggécūn Cūnmínwěiyuánhuì	隶属萧县新庄镇。1950 年属岳李乡。1958 年属新庄公社。1962 年属东阁公社。1984 年属东阁乡。1992 年属新庄镇管辖至今。
东阁	Dōnggé	早年，人们在相距 3 公里的东西两地建造阁楼，分别取名东阁和西阁。此村为东阁，为东阁村驻地。

标准名称	汉语拼音	备注
戴集	Dàijí	清朝咸丰年间，在老黄故道南岸，几户戴姓在此建村，设立集市，故起名为戴集。
刘口	Liúkǒu	清朝咸丰年间，刘姓从山西迁到老黄河故道决堤口处居住。故而得名。
王洼	Wángwā	清朝咸丰年间，戴集村迁出几户王姓到此居住，因土地较洼，故起名王洼。
王庄	Wángzhuāng	因王姓较多而得名。
刘台子	Liútáizi	明代期间刘姓在此处一高台建村，取名刘台子。
西南庄	Xīnánzhuāng	1935 年，王姓从东阁迁出，在东阁西南隅建庄，故得名。
常庄村 村民委员会	Chángzhuāngcūn Cūnmínwěiyuánhuì	隶属新庄镇。1949 年属黄口区刘口乡。1958 年为新庄公社。1984 年属新庄区东阁乡。1992 年属新庄镇至今。
常庄	Chángzhuāng	清朝时期常姓在此建村，故得名常庄。
前场	Qiánchǎng	清末，李姓道台家平整储存粮食的场地，分场北、场南两块地。后在两块地处建立村庄。此庄位于前面，故取名前场。
后场	Hòuchǎng	清末，李姓道台家平整储存粮食的场地，分场北、场南两块地。后在两块地处建立村庄。此庄位于后面，故取名后场。
刘庄	Liúzhuāng	刘姓于 1700 年左右此处，因刘姓村民居多，命名为刘庄。
小李庄	Xiǎolǐzhuāng	李姓在此村人数较多，且村子较小，故名小李庄。
陈庄	Chénzhuāng	本庄陈姓较多，故而得名。
大李庄	Dàlǐzhuāng	李姓在此村人数较多，且村庄较大，故名大李庄。
北门	Běimén	清朝年间，此庄位于寨子的北门，故取名为北门。
李集村 村民委员会	Lǐjícūn Cūnmínwěiyuánhuì	隶属萧县新庄镇。1950 年属新庄区李集乡。1958 年属新庄公社。1984 年属李集乡。1992 年属新庄镇至今。
朱小楼	Zhūxiǎolóu	朱姓在此建村时，曾盖两座小炮楼，取名朱小楼。
盐店	Yándiàn	早年有人在此开设盐店，故得名。
郭酒店	Guōjiǔdiàn	郭姓从山西迁此建村，并在此开酒店，故名。
马庄	Mǎzhuāng	在明代时期，名为西苗古院，现有遗址。后来马姓迁至此地，人丁增多，故而得名。
吉村	Jícūn	当时建村人以吉祥为意，故名吉村。
后李集	Hòulǐjí	李姓在此建村并设立集市，因居前李集之后，故名。
前李集	Qiánlǐjí	清朝咸丰年间，有李姓在此建村，并形成集市，故名李集。为区分后李集，故名前李集。
郭楼	Guōlóu	郭姓在此建村盖楼，故称郭楼。

标准名称	汉语拼音	备注
铁佛村村民委员会	Tiěfócūn Cūnmínwěiyuánhuì	隶属萧县新庄镇。1950 年属新庄区新庄乡。1958 年属新庄公社。1980 年属李集乡。1992 年属新庄镇至今。
铁佛寺	Tiěfósì	清朝咸丰年间，此村内建有寺庙，庙内佛像是铁铸造的，故起村名为铁佛寺。
西南嘴	Xīnánzuǐ	此村西南有一土坝，坝内有一缺口，行如鸡嘴，故取村名为西南嘴。
田楼	Tiánlóu	早年居民生活困难，因向往美好生活，故取名田楼。
贺庄	Hèzhuāng	清朝初期，贺姓在此建村，故名贺庄。
前梁庄	Qiánliángzhuāng	因该自然村在梁庄村南边，故取名前梁庄。
后梁庄	Hòuliángzhuāng	旧时梁姓在此占产立庄，得名梁庄，也称后梁庄。
腰庄	Yāozhuāng	黄河故道在此村南腰（土语同“绕”）了一个弯子，故名腰庄。
李庄村村民委员会	Lǐzhuāngcūn Cūnmínwěiyuánhuì	隶属萧县新庄镇。1950 年属新庄区新庄乡。1958 年属新庄公社。1962 年属李集公社。1969 年并入新庄公社。1992 年至今属新庄镇管辖至今。
孙庄	Sūnzhuāng	一百多年前，孙姓在此建村，故名孙庄。
前李庄	Qiánlǐzhuāng	明朝时期，李姓从山西洪洞县迁来，在此生活，位于后李庄之前。故名前李庄。
单庄	Shànzhuāng	该村原住民以单姓为主，故名单庄。
后李庄	Hòulǐzhuāng	一百多年前，李姓在此建村立庄，又因南部有前李庄，故名后李庄。
侯庄	Hóuzhuāng	清朝末年，侯姓在此建村立庄。取名侯庄。
沿河村	Yánhécūn	此村沿故黄河南岸兴建，故得其名。
杜集村村民委员会	Dùjícūn Cūnmínwěiyuánhuì	隶属萧县新庄镇。1949 年属黄口区沟头乡。1958 年先后属新庄公社，杜集公社，杜集乡。1992 年属新庄镇至今。
堤北	Dīběi	新中国成立初期在庄前修有大堤，故取名堤北。
杜集	DùJí	杜姓在此建村，旧时是个小集市，取名杜集。
柿园	Shìyuán	村里有很多柿子树，故名。
前集	Qiánjí	杜姓在此建村，旧时是个小集市，取名前杜集，后改为前集。该村自新中国成立以来一直属杜集村至今。
阎宫	Yángōng	此处多为盐碱地，早年村民多以盐业为主，取名“盐工”，后讹传为“阎宫”。
外新楼	Wàixīnlóu	农户在圩堤外定居，建造新楼，故取名外新楼。
圩子	Wéizi	早年，村周围曾筑有圩堤，故名。
井涯王庄	Jǐngyáwángzhuāng	王姓建庄，村旁有一口古井，故名井涯王庄。

标准名称	汉语拼音	备注
马郑庄村村民委员会	Mǎzhèngzhuāngcūn Cūnmínwěiyuánhuì	隶属萧县新庄镇。1950年属新庄区邵套乡。1958年后先后属新庄公社、杜集公社、杜集乡。1992年属新庄镇至今。
马郑庄	Mǎzhèngzhuāng	此村早年叫郑庄，后马姓迁来居住，改成马郑庄。
马楼	Mǎlóu	清末马姓在此占产立庄，民国期间李姓大户人家把马姓家业土地收买，但村名一直沿用至今。
徐窑	Xúyáo	旧时，徐姓在一座古窑北面建新村，取名徐窑。
杜套楼	Dùtàolóu	杜套楼在1905年以前叫套楼，后来姓杜的人多，1919年改为杜套楼。
小徐庄	Xiǎoxúzhuāng	徐姓在此占产立庄，村庄小，故取名小徐庄。
胡庄	Húzhuāng	早年胡姓在此居住，故而得名。
野场子王庄	Yěchǎngziwáng zhuāng	该村址原为荒野之地，早年王姓农民在此干活，每逢农忙季节，因离村远，多在此食宿，后成村，取名野场子王庄。
歪井	Wāijǐng	早年几户人家从小徐庄迁此定居，打的水井歪了，故名歪井。
邵套村村民委员会	Shàotàocūn Cūnmínwěiyuánhuì	隶属萧县新庄镇。1950年属新庄区邵套乡。1958年先后属新庄公社、杜集公社、杜集乡。1992年属新庄镇至今。
后邵套村	Hòushàotàocūn	早年邵姓迁此建村，因位于前邵套后面，故名。
前邵套	Qiánshàotào	邵姓建村于河套处，取名前邵套。
朱楼村	Zhūlóucūn	早年此地有朱姓建村并盖炮楼，故而得名。
欧套	Ōutào	欧姓在堤南河套处建村，故名。
张油坊	Zhāngyóufāng	张姓在此建村，以开油坊为业，故名。
沟头村村民委员会	Gōutóucūn Cūnmínwěiyuánhuìn	隶属萧县新庄镇。1950年属新庄区沟头乡。1958年属新庄公社。1962年属李集公社。1969年并入新庄公社。1992年属新庄镇至今。
沟头寺	Gōutóusì	此村建在一水沟前的寺庙附近，故名。
丁庄	Dīngzhuāng	明朝时期，丁姓在此屯田立村，故而得名。
李庄	Lǐzhuāng	旧时李姓在此占产立庄，故得名李庄。
王集	Wángjí	王姓建村设集，取名王集。
李新楼	Lǐxīnlóu	明朝李姓大户在水库里建一座土楼，后来迁移在此占产立庄，故而得名。
张庄村村民委员会	Zhāngzhuāngcūn Cūnmínwěiyuánhuì	隶属萧县新庄镇。1949年以来先后属新庄区新庄乡、新庄公社、新庄镇，1992年后属新庄镇至今。
肥庄	Féizhuāng	此村早年有一户人家很富裕，俗称真肥，故名。
桃园	Táoyuán	村周围多是桃树，故命名桃园。

标准名称	汉语拼音	备注
老王庄	Lǎowángzhuāng	明朝嘉靖年间，王姓由萧县东官桥分支到此地建庄，取名老王庄。
野场子	Yěchǎngzi	该村址原为荒野之地，早年农民在此干活，每逢农忙季节，因离村远，多在此食宿，后成村，取名野场子。
大后庄	Dàhòuzhuāng	村子建在新庄水库大堤后面，故名。
吴楼	Wúlóu	明代吴姓在此占产立庄建楼，故而得名。
后井	Hòujǐng	此村紧靠前井村，位于前井后面，故名。
前井	Qiánjǐng	300年前，李姓迁此定居，耗费巨资打造一眼井，取村名“钱井”，后讹传为前井。
云南王	Yúnnánwáng	早年江苏丰县的王姓到故黄河南建村落户，故名。
张迾庄	Zhāngllièzhuāng	以境内自然村张庄、迾庄首字合名。
张庄	Zhāngzhuāng	张庄是臧姓寄庄子，先前叫臧庄，后改成张庄。
郭套村 村民委员会	Guōtàocūn Cūnmínwěiyuánhuì	隶属萧县新庄镇。1949年属黄口区刘口乡。1958年属新庄公社。1984年属新庄区新庄镇。1992年属新庄镇至今。
郭套	Guōtào	清朝咸丰年间，郭姓在河套上建村，故取名郭套。
郭庄	Guōzhuāng	明代郭姓从山西来此立庄，故而得名。
张菜园	Zhāngcàiyuán	清朝乾隆年间，张姓在黄河故道南岸设立一堡，在堡的西边建村开园种菜，取名张菜园。
李庄	Lǐzhuāng	早年李姓在此建庄居住，故名李庄。
李小庄	Lǐxiǎozhuāng	清朝期间，李姓建村，村小，取名李小庄。
齐心庄	Qíxīnzhuāng	清朝咸丰年间，有一个王姓大地主，给长工在此处盖房居住。为了齐心合力干活，故取名齐心庄。
小刘庄	Xiǎoliúzhuāng	1700年从河南迁至此处，因刘姓村民居多，命名为小刘庄。
小集子村 村民委员会	Xiǎojízicūn Cūnmínwěiyuánhuì	隶属萧县新庄镇。1949年属黄口区新庄乡。1958年至1982年属新庄公社。1983年设立小集子村至今。
单场村	Shànchǎngcūn	清朝年间，单姓建村，在村南有一打麦子的晒场，故名单场村。
小集子	Xiǎojízi	该自然村有秦张两姓，旧时村名叫通京店，后改为小集子。
梁庄	Liángzhuāng	清朝中期，原村名孟庄，民国期间，梁姓迁入，后家产丰厚，人丁兴旺，遂改为梁庄。
小桥村 村民委员会	Xiǎoqiáocūn Cūnmínwěiyuánhuì	隶属萧县新庄镇。1950年属新庄区新庄乡。1955年属黄口区新庄乡。1958年属新庄公社。1992年属新庄镇至今。
小桥	Xiǎoqiáo	明朝末年村南利民沟上建小桥一座，该村取名小桥。
刘庄	Liúzhuāng	1700年从刘姓河南迁至此处，因刘姓村民居多，命名为刘庄。

标准名称	汉语拼音	备注
刘楼	Liúlóu	刘姓来此买地建庄并建一土楼，故名。
花楼	Huālóu	李姓迁此居住并建花式门楼一座，将村取名花楼。
郑庄	Zhèngzhuāng	明代郑姓在此占产立庄，故而得名。
寇王楼	Kòuwánglóu	清朝中期王姓在此村建土楼一座，称王楼。后来寇姓逐渐发达，并出了一官员，为了炫耀，改王楼为寇王楼至今。
关帝庙	Guāndìmiào	因早年村西建有关帝庙，而得名。
西南楼	Xīnánlóu	清朝年间，新庄李姓在该庄西南盖一座两层小楼居住，按新庄方位改称为西南楼。
营上	Yíngshàng	此村靠近黄河故道，早年管理河道的营盘设在村旁，故名。
小王庄	Xiǎowángzhuāng	该庄王姓居多，村庄较小，故取名小王庄。
西阁村村民委员会	Xīgécūn Cūnmínwěiyuánhuì	隶属萧县新庄镇，西阁属黄泛区。相传居民的祖先大都是明朝洪武年间从山西洪洞县迁来。1949 年前属黄口区岳李乡。1958 年后先后属新庄公社、东阁公社。1984 年属新庄区东阁乡。1992 年属新庄镇至今。
王楼	Wánglóu	明代洪武年间王姓在此占产立庄，因当时居住人的愿望是盖楼，取名王楼。
小戴庄	Xiǎodàizhuāng	清朝时期，戴姓在此建村立庄，因当时人少村小，故而得名。
西阁	Xīgé	清代初期，李姓在此居住，在相距几里处的东西两地建造阁楼，此处为西边，故名西阁。
后唐庄	Hòutángzhuāng	明代唐姓在此占产立庄，因当时村前面有前唐庄，故而得名后唐庄。
岳李庄	Yuèlǐzhuāng	因本庄岳姓、李姓人最多，故取名岳李庄。
前唐庄	Qiántángzhuāng	明代唐姓在此居住，因村庄后面是后唐，故而得名前唐庄。
陈庄	Chénzhuāng	本庄陈姓较多，故而得名。
张集	Zhāngjí	据传明朝崇祯年间，这里是后军都府张百亮的老家，此处逢集，故名张集。
大徐庄	Dàxúzhuāng	明代年间，徐姓在此建村立庄，故而得名。
小李庄	Xiǎolǐzhuāng	李姓在此村人数较多，且村子较小，故名小李庄。
新庄社区居民委员会	Xīnzhuāng Shèqū Jūmínwěiyuánhuì	隶属萧县新庄镇。1949 年属黄口区新庄乡。1958 年属新庄公社。1992 年属新庄镇至今。
北居	Běijū	早年李姓在此居住，取名新庄寨，后改为北居。
西居	Xījū	早年新庄寨成集后建寨圩，因在寨圩西北门处建村，故名西北门村，后改为西居。
南门	Nánmén	清朝年间，此庄建于新庄寨的南门口附近，故取名为南门。

标准名称	汉语拼音	备注
双楼	Shuānglóu	明末清初李姓在此占产立庄，盖了两座楼，故得此名双楼。
胡楼	Húlóu	旧时有一户很有钱的胡姓，在这村建一座楼，所以就起名叫胡楼。

刘套镇

刘套镇（Liútào Zhèn） 属萧县管辖，早年刘姓在此定居，位于故黄河河套附近，故名刘套，因镇政府驻刘套村而得名。位于萧县东北部，东、北与江苏徐州市铜山区接壤，南接圣泉乡，西接杨楼镇，下辖芈集、李圩子、赵庄、陈屯、徐庵、张庄、刘套、常楼、三大家、管粥集共10个村。面积55.76平方千米。总人口45142人。属温带半湿润性季风气候区，四季分明，雨水较充沛，光照充足。经济以农业为主。农业以种植小麦、大豆、山芋、玉米、水果为主。工业有面粉厂、砖瓦厂及多个防腐建筑公司，有产值超亿元的三氯化磷厂。有镇文化站、广播电视站各1个，全国首个农民书画院1座，书画街1条，各类图书室11个，有幼儿园1所、小学7所、初中2所，镇村卫生机构13个。境内有国道310、县道萧管路、陇海铁路穿境而过，东距徐州观音机场30千米，距徐州环城高速徐州西出口10千米。黄河故道流经境内，与杨楼镇故道共同组成黄河故道湿地公园。该镇为著名画家萧龙士的故乡，20世纪80年代著名画家郑正在刘套家中创办全国第一个农民书画院。刘套中学为省农村示范初中。行政区划单位为镇。建置沿革：1949年为萧县刘套乡，1958年改设为刘套公社，1985年改设为刘套镇，1992年撤区并乡设刘套镇至今。

标准名称	汉语拼音	备注
张庄村村民委员会	Zhāngzhuāngcūn Cūnmínwěiyuánhuì	隶属萧县刘套镇。1949年属郝集区刘套乡。1958年属刘套公社。1985年后属刘套镇管辖至今。
大张庄	Dàzhāngzhuāng	早年张姓在此落户，命名张庄。因张姓户门越来越大，又分为大张庄和小张庄，沿用至今。
小张庄	Xiǎozhāngzhuāng	早年有张姓在此落户，后命名张庄。因张姓户门越来越大，又分为大张庄和小张庄，沿用至今。
纵庄	Zòngzhuāng	以姓氏命名。
谢集	Xièjí	早前谢姓在此居住并开设集市，取名谢集。
三大家村村民委员会	Sāndàjiācūn Cūnmínwěiyuánhuì	隶属萧县刘套镇。1949年属郝集区刘套乡。1958年属刘套公社。1985年后属刘套镇陈庄村。2007年村庄合并后为刘套镇三大家村。

何庄	Hézhuāng	很久以前何姓在此居住，故而得名。
陈庄	Chénzhuāng	本庄陈姓较多，故而得名。
三大家	Sāndàjiā	早前，村里住着王姓、刘姓、张姓三姓人家，故此得名，沿用至今。
常楼村 村民委员会	Chánglóucūn Cūnmínwěiyuánhuì	隶属萧县刘套镇。1949 年属集区刘套乡。1958 年属刘套公社常楼大队。1985 年为刘套镇常楼村至今。
前常楼	Qiánchánglóu	二百多年前，常姓在此处建村立庄，将最前面的取名前常楼，居中的为中常楼，最后的为后常楼。
中常楼	Zhōngchánglóu	二百多年前，常姓在此处建村立庄，将最前面的取名前常楼，居中的为中常楼，最后的为后常楼。
后常楼	Hòuchánglóu	二百多年前，常姓在此处建村立庄，将最前面的取名前常楼，居中的为中常楼，最后的为后常楼。
魏庵	Wèiān	此地早年为黄泛区，后魏姓来此搭庵棚定居，故名。
徐庵村 村民委员会	Xú' āncūn Cūnmínwěiyuánhuì	隶属萧县刘套镇。1949 年属郝集区常楼乡。1958 年与三大家合为刘套公社徐安大队。1985 年属刘套镇徐安村。2008 年与冯庵村合并为徐庵村至今。
朱谢庄	Zhūxièzhuāng	早年朱谢两姓在此居住，取两姓为村名，得名朱谢庄。
后徐庵	Hòuxú' ān	早年徐姓在此地搭庵子居住，取名徐庵。后因村子大，分为前徐庵、中徐庵、后徐庵。
中徐庵	Zhōngxú' ān	早年徐姓在此地搭庵子居住，取名徐庵。后因村子大，分为前徐庵、中徐庵、后徐庵。
前徐庵	Qiánxú' ān	早年徐姓在此地搭庵子居住，取名徐庵。后因村子大，分为前徐庵、中徐庵、后徐庵。
冯庵	Féng' ān	早前冯姓在此搭庵子居住，故名为冯庵。
刘场	Liúchǎng	早年刘姓在此居住，并设置一个大型晒谷场，故取名刘场。
芈集村 村民委员会	Mǐjícūn Cūnmínwěiyuánhuì	隶属萧县刘套镇。1949 年属郝集区芈集乡，1955 年属杨楼区芈集乡，1958 年属芈集公社，1985 年属杨楼区芈集乡，1992 年属刘套镇，2008 年芈集村与东方红村（天齐庙）合并为芈集村。
芈集	Mǐjí	早年黄河泛滥时，此地一片汪洋，仅有两座高台，芈姓在此定居，台下停泊船只，台上设集市，故名芈集。
奶奶庙	Nǎinaimiào	早年此处有一座奶奶庙，后有人在此居住成村，取庙名为村名。
天齐庙	Tiānqímiào	早年此地有一座庙，名为天齐庙，后有人在此居住，以庙名为村名。
刘土楼	Liútǔlóu	早年刘姓在此定居，并建一座土楼，将村取名为刘土楼。
罗庄	Luózhuāng	早年罗姓在此落户，取名罗庄。

李圩子村村民委员会	Lǐwéizicūn Cūnmínwěiyuánhuì	隶属萧县刘套镇。1949 年属郝集区桃园乡。1958 年属芈集公社李圩大队。1985 年属芈集乡。1992 年属刘套镇至今。
李圩	Lǐwéi	早年李姓来此居住，周围挖沟筑圩防洪，故此得名。
南张庄	Nánzhāngzhuāng	原名为刘张台子，后取名张庄，以姓取名，后为区别北张庄村，取名南张庄至今。
陆庄	Lùzhuāng	早年陆姓在此居住，故得名。
李集	Lǐjí	早年李姓在此建村并设立集市，故名李集。
刘圩	Liúwéi	早年黄河泛滥时，刘姓在此筑圩定居，故为村名。
赵庄村村民委员会	Zhàozhuāngcūn Cūnmínwěiyuánhuì	隶属萧县刘套镇。1949 年隶属江苏省铜山县，1955 年划归安徽省萧县杨楼区芈集乡，1958 年属芈集公社，后属刘套公社赵庄大队，1992 年改名为刘套镇赵庄村。
马场	Mǎchǎng	早年马姓落居此地，有打谷场，故名马场。
小赵庄	Xiǎozhàozhuāng	早年赵姓在此占产立庄，因人少村小，得名小赵庄。
郝庄	Hǎozhuāng	早年郝姓在此立庄，故而得名。
陈圩	Chénwéi	早年，陈姓在此筑圩护家，后取名陈圩。
姬庄	Jīzhuāng	姬姓在此建村，故而得名。
陈屯村村民委员会	Chéntúncūn Cūnmínwěiyuánhuì	隶属萧县刘套镇。1949 年隶属郝集区刘套乡，后属芈集乡，1958 年为芈集公社陈屯大队，1969 年属刘套公社，1992 年属刘套镇，2009 年扩大村为陈屯村至今。
吴郑庄	Wúzhèngzhuāng	因吴郑两姓居多，故取其名。
宗台子	Zōngtáizi	很早以前有宗姓在此垫台子居住，取名宗台子。
陈屯	Chéntún	原名贾屯，以贾姓在此屯田定居而得名。后贾姓迁出，陈姓迁入，故命陈屯。
萧场	Xiāochǎng	很早以前此地是大户萧姓在此开荒种地晒庄稼的一个场，后在此居住，故取名萧场。
范庵	Fàn' ān	很早以前范姓人家逃荒到此，搭茅草庵在此居住，取名范庵。
管粥集村村民委员会	Guǎnzhōujícūn Cūnmínwěiyuánhuì	隶属萧县刘套镇。1949 年隶属江苏省铜山县，1950 年属萧县杨楼区刘套乡，1958 年属萧县黄河故道园艺场，1982 年改属萧县刘套镇，2009 年合并村，隶属管粥集村至今。
赵楼	Zhàolóu	早年赵姓为防匪患在庄内建楼一座，故称赵楼。
耿楼	Gěnglóu	清代在故黄河河床的一个小河头立庄，名曰河涯头，因村西头庙院主事姓耿，并建有楼房，很有声望，故而改名耿楼。
许楼	Xǔlóu	民间传说，清朝乾隆皇帝下江南，在新黄村饿得心慌，沿河西行到现许楼村前，言说此地将来必先盖楼，后果应验，许姓在此建楼立村，故而得名。

管粥集	Guǎnzhōují	清朝乾隆年间，宗、薛、杨姓居此设集卖粥。民间传说乾隆皇帝下江南在此喝过粥。后来灾荒年间，一大户来此施粥，管灾民喝粥，故得名。
刘套村村民委员会	Liútàocūn Cūnmínwěiyuánhuì	隶属萧县刘套镇。1949年属郝集区刘套乡。1958年属刘套公社。1985年属刘套镇。2009年扩大村，仍为刘套村至今。
靳海	Jìnhǎi	清朝后期，靳姓与海姓在此居住立村，故而得名。
刘套	Liútào	清朝初期有刘姓在此（黄河的河套地区）居住立庄，故而得名。
沙庵	Shā'ān	清朝时有沙姓在此沙地上种植庄稼时搭建庵房，故而得名。
瓦房	Wǎfáng	早年，这里是卢村卢家的一片湖地，靠地的南头建有三间瓦房，留作人们干活休息吃饭的地方。后来，不断有人搬迁到此居住，形成了村落，取名瓦房。
谢庄	Xièzhuāng	大约在一千年前，该村所处位置在黄泛区，每年秋季是一片汪洋，虽然土地可以耕种，但只有一季小麦可收。当时谢姓就在此地耕种收获，高筑宅基建房，取名谢庄。
月河	Yuèhé	清朝后期，为防外敌入侵，人们在村四周挖沟河，并留有东西南北四门，月河环绕，故而得名。

马井镇

马井镇（Mǎjǐng Zhèn） 属萧县管辖，因镇政府驻地在马井村而得名。地处萧县中部，东与圣泉乡为邻，南与杜楼镇接壤，西与酒店乡、闫集镇相连，东北靠杨楼镇。人民政府驻地马井村，距县城15千米。下辖道口、朱庄、长征、麻堤口、马井、黄楼、许破楼、曲里铺、吴瓦房、朱集、王楼、权楼、郝庄、孙庄、吴九店共15个村。辖区东西最大距离15.06千米，南北最大距离13.5千米，面积111.8平方千米。总人口83983人。属温带半湿润性季风气候区，四季分明，雨水较充沛，光照充足。农业主要有棉花、大豆、花生、小麦、玉米等作物，特产有韭菜、富士苹果等。工业有两个面粉厂，还有玉米加工、建材、陶瓷、服装、新能源开发等企业。境内有初中2所，小学14所，幼儿园6所，镇卫生院1所。境内有省道301和县道权酒路，北距陇海铁路15千米，南距连霍高速公路20千米。境内还有19世纪末法国神父建筑的马井天主教堂。电话区号是0557，邮政编码是235231。行政区划单位为镇。1949年属杨楼区马井乡，1958年为马井公社，1980年设马井区马井公社，1985年为马井区马井镇。1992年撤区并乡设马井镇至今。

标准名称	汉语拼音	备注
吴九店村村民委员会	Wújiǔdiàncūn Cūnmínwěiyuánhuì	隶属萧县马井镇。1950年属杨楼区，1951年属马井区，1958年属马井公社，1980年属马井区，1992年成立马井镇吴九店村委会至今。
吴酒店	Wújiǔdiàn	明朝年间吴姓在此建村，村内有蒸酒坊，故称吴酒店至今。民间讹作吴九店。
吴小庄	Wúxiǎozhuāng	明朝年间吴姓在此地建村居住，因村小人少，故而得名吴小庄。
张土楼	Zhāngtǔlóu	明朝年间张姓在此建村，村内有一小土楼，故而得名张土楼。
吴老家	Wúlǎojiā	吴姓最早在此地建村居住，故而得名吴老家。现有吴姓宗祠。
徐河涯	Xúhéyá	早年徐姓在沙河边建村，故而得名徐河涯。
马行	Mǎháng	早年马姓在此建村居住开行设市，故而得名马行。
王千集	Wángqiānjí	从前有个叫王谦人在此设集，取名王谦集，后演化王千集。
小新庄	Xiǎoxīnzhuāng	新中国成立前几户人家从王千集迁到此地建新庄，故而得名小新庄。
郝庄村村民委员会	Hǎozhuāngcūn Cūnmínwěiyuánhuì	隶属萧县马井镇。1950年属杨楼区，1951年属马井区，1958年属马井公社，1980年属马井区，1992年成立马井镇郝庄村村民委员会至今。
前瓦房	Qiánwǎfáng	早年附近建两个村，都盖有瓦房，此村在南称前瓦房。
官庄	Guānzhuāng	官姓在此建庄，故名。
后瓦房	Hòuwǎfáng	旧时有袁姓建瓦房而立名，在前瓦房后面，称后瓦房。
鲁楼	Lǔlóu	清朝末年，鲁姓在此建村立庄，其中一鲁姓大户建楼房，故取名鲁楼。
杜行	Dùháng	早年杜姓在此占产立庄并设集开行，故名杜行。
段阁	Duàngé	早年段姓在此占产立庄并建阁楼，故名段阁。
郑楼	Zhènglóu	早年郑姓在此占产立庄盖楼，故名郑楼。
黄庄	Huángzhuāng	明代黄水过后，黄姓迁居此地耕种生活，人口越来越多，取庄名为黄庄。
后郝庄	Hòuhǎozhuāng	明代郝姓在此占产立庄，起名郝庄。以后有人迁庄南建新庄，称前郝庄，此处便称为后郝庄。
陈庄	Chénzhuāng	本庄陈姓较多，故而得名。
前郝庄	Qiánhǎozhuāng	明代郝姓在此占产立庄，起村名郝庄。一部分郝姓人从郝庄迁出，在村前建村，故名前郝庄。
岳湾	Yuèwān	早年岳姓在小河拐弯处建村，取名岳湾，沿用至今。

标准名称	汉语拼音	备注
李楼	Lǐlóu	民国期间李姓在此居住，并建有楼阁，故而得名。
孙庄村村民委员会	Sūnzhuāngcūn Cūnmínwěiyuánhuì	隶属萧县马井镇。1949 年属郝集区，1950 年属杨楼区，1951 年属马井区，1958 年属杨楼区马井公社，1980 年属马井区，1992 年撤区并乡后成立马井镇孙庄村至今。
孙庄	Sūnzhuāng	早年孙姓在此占产立庄，故称孙庄。
大朱楼	Dàzhūlóu	早年朱姓在此占产立庄，邻村有小朱楼，故称大朱楼。
陈坡	Chénpō	明代陈姓在此占产立庄，因当时是一块平坡地，故称陈坡。
高庄	Gāozhuāng	明代高姓在此占产立庄，故称高庄。
姬洼	Jīwā	明代姬姓在此占产立庄，因低洼，故称姬洼。
李瓦房	Lǐwǎfáng	早年李姓在此建村并建有瓦房，故而得名。
夏庄	Xiàzhuāng	早年夏姓在此占产立庄，故称夏庄。
麻庄	Mázhuāng	明代麻姓在此占产立庄，故称麻庄。
吴庄	Wúzhuāng	吴姓在此占地立庄，故而得名。
罗庄	Luózhuāng	早年罗姓在此落户，取名罗庄。
吴瓦房村村民委员会	Wúwǎfángcūn Cūnmínwěiyuánhuì	隶属萧县马井镇。1950 年属杨楼区，1951 年属马井区，1958 年属马井公社，1980 年属马井区，1992 年成立马井镇吴瓦房村委会至今。
吴瓦房	Wúwǎfáng	早年吴姓在此定居并盖瓦房，故名吴瓦房。
郭庄	Guōzhuāng	明代郭姓从山西来此立庄，故而得名。
欧庄	Ōuzhuāng	欧姓在此建庄定居，故名欧庄。
刘洼	Liúwā	刘姓建庄，因地势低洼，故名刘洼。
史庄	Shǐzhuāng	很久以前史姓四兄弟从河北迁来占产立庄，故名史庄。
刘庄	Liúzhuāng	早年刘姓从河南迁至此处建庄定居，命名为刘庄。
纵小楼	Zòngxiǎolóu	纵姓定居后，盖了一座小楼，名纵小楼。
苏楼	Sūlóu	北宋徐州知州苏东坡之子苏迈在徐州南苏家湖定居（时属萧县），因水患苏迈后裔迁山东省微山县，又因地震回迁萧县，其中一支落户此地，取村名苏楼。
许破楼村村民委员会	Xǔpòlóucūn Cūnmínwěiyuánhuì	隶属萧县马井镇。1950 年属杨楼区，1951 年属马井区，1958 年属马井公社，1980 年属马井区，1992 年成立马井镇许破楼村村民委员会至今。
许破楼	Xǔpòlóu	早年许姓在此建村盖楼，不久楼被大水冲坏，新楼变破楼，故名许破楼。
朱庄	Zhūzhuāng	明代朱姓在此占产立庄，当时人少村小是小朱庄，后改为朱庄，故而得名。

标准名称	汉语拼音	备注
北袁庄	Běiyuán zhuāng	早年袁姓在此占产立庄，村名袁庄，因南边还有一个袁庄，为区分之，此处故称北袁庄。
小王楼	Xiǎowánglóu	王姓在此建楼，故名。
杨庄	Yángzhuāng	杨姓在此占产立庄，故名杨庄。
彭庄	Péngzhuāng	此村西部彭姓，称彭庄，东部刘姓，有柿园，称刘园，后并称彭庄。
孙庄	Sūnzhuāng	早年孙姓在此占产立庄，故称孙庄。
南袁庄	Nányuánzhuāng	早年袁姓在此占产立庄，村名袁庄，因北边还有一个袁庄，为区分之，此处故称南袁庄。
曲里铺村村民委员会	Qǔlǐpùcūn Cūnmínwěiyuánhuì	隶属萧县马井镇。1950年属陶楼区，1951年属马井区，1958年属马井公社，1980年属马井区，1992年成立马井镇曲里铺村委会至今。
曲东	Qǔdōng	古称曲里渡、曲里店、曲里铺。又有“屈驴肚”之传说。曲里铺村东西长达三里多路，人民公社化时期曾分曲东大队、曲西大队，现称曲东自然村和曲西自然村，此处为曲东。
曲西	Qǔxī	古称曲里渡、曲里店、曲里铺。又有“屈驴肚”之传说。曲里铺村东西长达三里多路，人民公社化时期曾分曲东大队、曲西大队，现称曲东自然村和曲西自然村，此处为曲西。
纵庄	Zòngzhuāng	以姓氏命名。
王庄	Wángzhuāng	王姓人家在此建庄而得名。
邱庄	Qiūzhuāng	邱姓早年在此建村定居，故名。
蒋庄	Jiǎngzhuāng	很久以前蒋姓在此占产立庄，故而得名。
小孟楼	Xiǎomènglóu	孟姓最早在此占产立庄，盖了一座楼，庄小人少，故称小孟楼。
马井村村民委员会	Mǎjǐngcūn Cūnmínwěiyuánhuì	隶属萧县马井镇。1950年属杨楼区，1951年属马井区，1958年属马井公社，1980年属马井区，1992年成立马井镇马井村委会至今。
大孙庄	Dàsūnzhuāng	清同治年间，江苏丰县孙姓一支迁至此处，人多庄大，定名大孙庄。
薛庄	Xuēzhuāng	薛姓人建庄定居，故命。
小孙庄	Xiǎosūnzhuāng	光绪年间，孙姓从大孙庄迁至此处，因当时人少村小，定名小孙庄。
程楼	Chénglóu	早年程姓在此建村盖楼，故名程楼。
黄水口	Huángshuǐkǒu	早年黄河泛滥，这里曾是黄河的一个泄水口，因而得名黄水口。
后马井	Hòumǎjǐng	马姓从马井村迁出在北里许建庄，称后马井。

标准名称	汉语拼音	备注
马井	Mǎjǐng	马姓从沛县马桥迁移此地。传说东汉马援领兵打仗，将士饥渴，其白马蹄踹地成井，定名马井。
黄楼村村民委员会	Huánglóucūn Cūnmínwěiyuánhuì	隶属萧县马井镇。1950年属杨楼区，1951年属马井区，1958年属马井公社，1980年属马井区，1992年成立马井镇黄楼村委会至今。
西黄楼	Xīhuánglóu	早年黄姓，在此地占产立庄建楼，故称黄楼，后有黄姓东迁一里建新庄，取名东黄楼，黄楼遂易名西黄楼。
东黄楼	Dōnghuánglóu	早年黄姓，在此地占地立庄建楼，故称黄楼，后有黄姓东迁一里建新村，取名东黄楼。
郭洼	Guōwā	清代郭姓兄弟从太原迁此，因庄前比较洼而存水，取名南洼。后因居住人多为郭姓，更名为郭洼。
谢桃园	Xiètáoyuán	约在1935年，谢家人从纵新庄迁到此处种植桃树，后来人数逐渐增多，形成村庄，故取名谢桃园。
朱楼	Zhūlóu	早年朱姓在此建村立庄，且建有一楼，故取名朱楼。
纵新庄	Zòngxīnzhuāng	早年纵姓从三座楼迁此建新村，取名纵新庄。
王楼村村民委员会	Wánglóucūn Cūnmínwěiyuánhuì	隶属萧县马井镇。1950年属杨楼区，1951年属马井区，1958年属马井公社，1980年属马井区，1992年成立马井镇王楼村委会至今。
小王楼	Xiǎowánglóu	王姓在此占地立庄盖楼。因当时人少村小故而得名。
鲁集	Lǔjí	清朝年间鲁姓从外地迁入此地设集市，得名鲁集。
王行	Wángháng	清朝年间王姓从外地迁入此地，后逢集开行，故得名王行。
阎庙	Yánmiào	此村东头有一座阎王庙，故而得名阎庙。
王阁	Wánggé	清朝年间王姓从外地迁入此地，建立一座阁楼，故得名王阁。
店子	Diànzi	早年朱姓从外地迁入此地开客店，取名朱客店，后改名为店子。
麻堤口村村民委员会	Mádīkǒucūn Cūnmínwěiyuánhuì	隶属萧县马井镇。1950年属杨楼区，1951年属马井区，1958年属马井公社，1980年属马井区，1992年成立马井镇麻堤口村委会至今。
麻堤口	Mádīkǒu	早年麻姓在大沙河堤口附近建村，故而得名麻堤口。
王庄	Wángzhuāng	因王姓人家较多而得名。
阎庙	Yánmiào	此村东头有一座阎王庙，故而得名阎庙。
王枣园	Wángzǎoyuán	早年王姓在此地建村，植枣树成园，故而得名王枣园。
杨土楼	Yángtǔlóu	早年杨姓在此地建村，村内有土炮楼，故而得名杨土楼。
权楼	Quánlóu	明代权姓在此占产立庄盖楼，故而得名。

标准名称	汉语拼音	备注
官庄	Guānzhuāng	明朝时期，一官员路过此处在此留住，故而得名。
小刘套	Xiǎoliútào	早年刘姓在一条小河套内建村居住，庄小人少，故得名小刘套。
朱庄村村民委员会	Zhūzhuāngcūn Cūnmínwěiyuánhuì	隶属萧县马井镇。1950年属杨楼区，1951年属马井区，1958年属马井区马井公社，1984年属马井区道口乡，1992年成立马井镇朱庄村村民委员会至今。
冯瓦房	Féngwǎfáng	冯姓在此建有瓦房，故名。
杜楼	Dùlóu	杜姓在此建楼，故名。
武庄	Wǔzhuāng	武姓在此建庄，故名。
胡楼	Húlóu	以前胡姓立村建楼，起名胡楼。
吴旗杆	Wúqígān	以前村中吴姓有功名，立一旗杆，故名。
杨坡	Yángpō	早年杨姓在坡地上建村，故称杨坡。
杜庄	Dùzhuāng	早年杜姓在此占产立庄，故而得名。
朱庄	Zhūzhuāng	明代朱姓占产立庄，故而得名。
关帝庙	Guāndìmiào	因早年村西有关帝庙，而得名。
丁楼	Dīnglóu	丁姓在此建村盖楼，故名丁楼。
王屯	Wángtún	旧时王姓在此屯田定居，故而得名。
长征村村民委员会	Chángzhēngcūn Cūnmínwěiyuánhuì	隶属萧县马井镇。农业合作化时成立长征农业生产合作社，后改长征大队，长征村。1949年属郝集区，1950年属杨楼区，1951年属马井区，1958年属杨楼区马井公社，1980年属马井区道口乡，1992年撤区并乡后属马井镇，2007年合并成立长征村村民委员会。
小李庄	Xiǎolǐzhuāng	李姓在此建村，村小人口少，故名小李庄。
耩子王庄	Jiǎngziwángzhuāng	原名王庄，后因村中木匠做出的耩子很有名气，遂易名耩子王庄。
郝庄	Hǎozhuāng	早年郝姓在此立庄，故而得名。
吴双楼	Wúshuānglóu	早年吴姓在此占产立庄，建两座楼，故称吴双楼。
学田	Xuétián	从前有一王姓人在此租种官府收租用的学田地，后在此建村定居，取名学田王庄，简称学田。
黄庄	Huángzhuāng	黄姓在此占产立庄，取庄名为黄庄。
熊楼	Xiónglóu	早年熊姓从外地迁来，在此占产立庄盖楼，故称熊楼。
夏楼	Xiàlóu	从前夏姓在此占产立庄并建楼，故称夏楼。
董井	Dǒngjǐng	很久以前董姓在此定居，挖了一口井，井水甘甜，故此取名董井。

标准名称	汉语拼音	备注
梁王庄	Liángwángzhuāng	从前梁姓和王姓一起在此占产立庄，故取名梁王庄。
包堤口	Bāodīkǒu	早年包姓在河堤口旁边建村，故取名包堤口。
岗叉楼	Gǎngchālóu	从前村内有一大户，盖一岗楼，楼上装有钢叉，故名岗叉楼。
道口村村民委员会	Dàokǒucūn Cūnmínwěiyuánhuì	隶属萧县马井镇。1950年属杨楼区，1951年属马井区，1958年成立马井公社，1980年属马井区，1992年成立马井镇道口村村民委员会至今。
韦道口	Wéidàokǒu	早年韦姓在古汴河道口建村，取村名韦道口。
陈楼	Chénlóu	清中期陈姓从河南迁此，村中盖有一楼，故取名陈楼。
大李庄	Dàlǐzhuāng	李姓建村人数较多，村庄较大，故名大李庄。
南高头	Nángāotóu	早年韦姓在古汴河道口南部高地上建村，故称南高头。
萧庄	Xiāozhuāng	早年萧姓迁居于此，故称萧庄。
小赵庄	Xiǎozhàozhuāng	早年赵姓在此占产立庄，因人少村小，得名小赵庄。
王新庄	Wángxīnzhuāng	王姓在此建庄较晚，故命王新庄。
杨孙楼	Yángsūnlóu	早年杨、孙两家迁此居住，各盖楼房一座，故称杨孙楼。
任桃园	Réntáoyuán	早年任姓迁居于此，此地有大片桃园，故称任桃园。
朱集村村民委员会	Zhūjícūn Cūnmínwěiyuánhuì	隶属萧县马井镇。1949年属郝集区。1950年属杨楼区。1951年属马井区。1958年属杨楼区马井公社。1980年属马井区马井公社。1992年撤区并乡后成立马井镇朱集村村民委员会至今。
范庄	Fànzhuāng	早年范姓在此占产立庄，故称范庄。
丁屯	Dīngtún	早年丁姓在此屯田定居，故名丁屯。
朱大庄	Zhūdàzhuāng	朱姓在此占产立庄村大人多，故称朱大庄。
小李庄	Xiǎolǐzhuāng	李氏在此村人少村小，故名小李庄。
尚庄	Shàngzhuāng	明代尚姓在此占产立庄，故称尚庄。
纵大楼	Zòngdàlóu	明代纵姓在此占产立庄建一座大楼，故称纵大楼。
半边峭	Bànbiānqiào	早年几户人家来此建村，垒好屋框，因灾未能盖成，就在山墙上搭了一些半坡的屋子，故称半边峭。
郝庄	Hǎozhuāng	早年郝姓在此立庄，故而得名。
韩庄	Hánzhuāng	因该村韩姓村民居多，故而取名为韩庄。
孙庄	Sūnzhuāng	早年孙姓在此占产立庄，故称孙庄。
朱楼	Zhūlóu	早年，朱姓在此建村立庄，且建有一楼，故取名朱楼。
石将军庙	Shíjiāngjūnmiào	早年一次发大水，有一将军石像顺水冲到此地，水后扶起，为之盖庙，名为石将军庙。
朱集	Zhūjí	清代朱姓在此占产立庄设集市，故称朱集。

标准名称	汉语拼音	备注
张庄	Zhāngzhuāng	张姓在此占产立庄，故命张庄。
权楼村 村民委员会	Quánlóucūn Cūnmínwěiyuánhuì	隶属萧县马井镇。1950年属杨楼区，1951年属马井区，1958年属马井公社，1980年属马井区，1992年成立马井镇权楼村委会至今。
权楼	Quánlóu	明代权姓在此占产立庄，故而得名。
鲁庄	Lǔzhuāng	从前鲁姓建庄，故命鲁庄。
三姓庄	Sānxìngzhuāng	清朝年间，有张姓、王姓、刘姓在此建庄，故而得名。
赵魏庄	Zhàowèizhuāng	早年赵魏两姓迁居于此，占产立庄，故称赵魏庄。
张瓦房	Zhāngwǎfáng	早年张姓定居，盖瓦房，故称张瓦房。
彭新庄	Péngxīnzhuāng	早年彭姓从彭庄迁此另建新庄，故名彭新庄。
潘楼	Pānlóu	早年潘姓在此占产立庄建楼，故称潘楼。
许堤口	Xǔdīkǒu	早年许姓在古汴河堤口附近建村，故称许堤口。

大屯镇

大屯镇（Dàtún Zhèn） 属萧县管辖，早年张姓在此屯田居住得名张大屯。一说汉初张良曾在此屯兵而得名。大屯镇以镇政府驻地张大屯的后二字命名大屯镇。地处萧县西部，东与萧县赵庄镇接壤，南与张庄寨镇为邻，西邻河南省永城市芒山镇、条河镇，北接酒店乡，西北与砀山县程庄镇相接。镇人民政府驻张大屯村，距萧县县城33千米。下辖关庄、胡集、瓦房、大屯、高楼、南海、林楼、土山、张楼、许楼、傅庄、郭阁共12个村。辖区东西最大距离10.1千米，南北最大距离11.2千米，面积92平方千米。辖区总人口7.2万人。属温带半湿润性季风气候区，四季分明，雨水较充沛，光照充足。农业以小麦、玉米、大豆、棉花为主。其中鹌鹑养殖远近闻名。有镇文化站1个，有村级文化活动中心12处，各类图书室13个，有幼儿园8所、小学26所、初中2所，有镇村医疗卫生机构13个，镇卫生院1所，境内有县道022、省道101等2条公路干线交会，南距连霍高速公路张庄寨入口10千米。村村通水泥路35.6千米，规划徐郑高铁纵贯境内10.03千米。境内有有着美丽传说的“中南海”等地名。系著名艺术家王子云的家乡。电话区号是0557，邮政编码是235242。行政区划单位为镇。1949年设大屯区，1958年建立大屯公社，1962年并入赵庄区，有大屯、南海公社，1970年为全县25个公社之一的大屯公社，1992年撤区并乡设大屯镇。

标准名称	汉语拼音	备注
大屯村村民委员会	Dàtúncūn Cūnmínwěiyuánhuì	隶属萧县大屯。1949 年属大屯区大屯乡，1958 年属大屯公社张大屯大队，1985 年大屯大队一分为三个村（镇南、镇北、新庄），2008 年由镇南、镇北、新庄村合为大屯村民委员会至今。
镇南	Zhènnán	1985 年大屯大队一分为三个村，在南，故名镇南。
东新庄	Dōngxīnzhuāng	1985 年大屯大队一分为三个村，在东，又因是最晚建立的，故名。
镇北 1—2 组	Zhènběi 1—2 Zǔ	1985 年大屯大队一分为三个村，在北，后拆分，故名。
镇北 3—4 组	Zhènběi 3—4 Zǔ	1985 年大屯大队一分为三个村，在北，后拆分，故名。
张大屯	Zhāngdàtún	明朝时期，1494 年黄水退去后，外地迁来张姓大户，屯田建村，故名张大屯，后简称大屯。另说因汉代张良在此屯兵而取名。
北新庄	Běixīnzhuāng	1939 年，本村人原住大屯，系地主纵家的佃户，又恐日军安据点，故买地居住，因此建村，因处大屯北，故名北新庄。
后新庄	Hòuxīnzhuāng	1939 年，本村人原住张大屯，系地主纵家的佃户，又恐日军安据点，由几家大姓买地居住建村，并分前后新庄。
晁楼	Cháolóu	清朝末期，河南许昌晁姓逃荒来到此地买地建庄，后建有楼房，故名。
前新庄	Qiánxīnzhuāng	1934 年，本村人原住张大屯，系地主纵家的佃户，又恐日军安据点，由几家大姓唐、刘、胡、路四家买地居住，因此建村，并分前后新庄。
王新庄	Wángxīnzhuāng	王姓迁建新村，故名。
朱新庄	Zhūxīnzhuāng	朱姓迁此建新村，故名。
林楼村村民委员会	Línlóucūn Cūnmínwěiyuánhuì	隶属萧县大屯镇。1949 年属永城县邵山乡，1958 年属邵山公社林楼大队，1963 年属林楼公社并划归安徽萧县赵庄区，后并入大屯公社，1985 年属大屯镇林楼村至今。
王集	Wángjí	王姓建村设集，取名王集。
桥东	Qiáodōng	该村原叫柳村集，因村西有两座小石桥，后改名桥东。
周庄	Zhōuzhuāng	周姓于 1340 年从河南迁到此地，且周姓人数占 95%以上，因此名为周庄。
王庄	Wángzhuāng	该村因王姓人家较多而得名。
洪楼	Hónglóu	洪姓建庄盖楼，故得名洪楼。
吕楼	Lǚlóu	吕姓建庄盖楼，故得名吕楼。
林楼	Línlóu	明朝林姓人来此立村，先买董庄，后买项桥，建起楼阁，故名。

标准名称	汉语拼音	备注
朱庄	Zhūzhuāng	明代朱姓三兄弟在此占产立庄，当时人少村小名小朱庄，后改为朱庄。
赵楼	Zhàolóu	早年赵姓为防匪患建楼一座，故称赵楼。
阮楼	Ruǎnlóu	明代阮姓在此占产并建有楼房，故名。
土山村 村民委员会	Tǔshāncūn Cūnmínwěiyuánhuì	隶属萧县大屯镇，1949年前隶属砀山县新兴区豫边乡，1950年划归河南省永城县条河乡，1958年后属林楼公社，1963年归属萧县赵庄区林楼公社、大屯公社，1985年属林楼乡，1992年属大屯镇至今。
余李庄	Yúlǐzhuāng	余李庄村建于清中期，由余姓和李姓二人落难至此，后立村，故名。
蒋庄	Jiǎngzhuāng	很久以前蒋姓在此占产立庄，故而得名。
夏王庄	Xiàwángzhuāng	夏、王两姓居民占地立庄。
土山村	Tǔshāncūn	该村以山取名，土山历史悠久，隶属芒砀山群，形成于0.8亿—1.3亿年前。据土山朱姓祖坟碑文记载，朱姓在明朝崇祯元年迁居土山至今。
前土山	Qiántǔshān	该村以山取名，土山历史悠久，隶属芒砀山群。据土山朱氏祖坟碑文记载，朱姓在明朝崇祯元年迁居土山至今。后因村大人多，分前后土山。
后土山	Hòutǔshān	该村以山取名，土山历史悠久，隶属芒砀山群。据土山朱氏祖坟碑文记载，朱姓在明朝崇祯元年迁居土山至今。后因村大人多，分前后土山。
张楼村 村民委员会	Zhānglóucūn Cūnmínwěiyuánhuì	隶属萧县大屯镇。1949年前属河南永城，1963年春划归安徽萧县，属赵庄区林楼公社张楼大队，后并入大屯公社，1985年属林楼乡，1992年属大屯镇张楼村民委员会至今。
何大庄	Hédàzhuāng	明末何姓在此立村，因当时村庄较大，故名。后林姓买何氏的地进村居住，仍名何大庄。
何小楼	Héxiǎolóu	何姓在此占产立庄并建有小楼，故名。
史楼	Shǐlóu	明末史姓在此立村建楼且户门大，人口多，故名。
后魏庄	Hòuwèizhuāng	明末有魏姓和王姓在此立村，因魏姓人多，并与前魏庄区别，故名。
张楼	Zhānglóu	张姓在此建庄盖楼，故而得名。
何楼	Hélóu	何姓在明代从山东受水灾坐大船来到此处，占产立庄并盖有楼房，故名。
瓦房村 村民委员会	Wǎfángcūn Cūnmínwěiyuánhuì	隶属萧县大屯镇。1949年属冯庄乡，后归属大屯乡，1958年后属大屯公社瓦房大队，1992年后属大屯镇瓦房村至今。
曹瓦房	Cáowǎfáng	清朝初期曹姓在此占产立庄，建有瓦房，故名。

标准名称	汉语拼音	备注
王官坑	Wángguānkēng	明末清初王姓在此庄居住，因庄内外有大小 18 个坑，又因王姓有在外为官者，故名。
董屯	Dǒngtún	清朝初期董姓在此占地立庄屯田，因董家有点名气，故名董屯。
武庄	Wǔzhuāng	明代武姓在此占产立庄，因当时人少村小故名。
刘庄	Liúzhuāng	刘姓于 1700 年前后从河南迁至此处，因刘姓村民居多，故名刘庄。
刘圩子	Liúwéizi	清朝末年，刘姓迁入此地，外筑土圩，故名。
纵徐楼	Zòngxúlóu	清朝时期，张大屯纵姓大地主买徐庄做寄庄子，当时有一炮楼，故而得名纵徐楼。
许楼村村民委员会	Xǔlóucūn Cūnmínwěiyuánhuì	隶属萧县大屯镇。1949 年后属大屯区大屯乡。1958 年后属大屯公社许楼大队。1985 年后属大屯镇。2008 年后为许楼村民委员会。
许楼	Xǔlóu	传说清朝乾隆皇帝下江南，在新黄村饿得心慌，沿河西行，到现许楼村前，言说此地将来必先盖楼，后果应验。许姓在此建楼立村，故而得名。
王新庄	Wángxīnzhuāng	以姓氏命名。
前魏庄	Qiánwèizhuāng	此庄由魏姓建于清朝时期，距今有 250 多年历史，故名魏庄，后因户大分居前后村，故有前后魏庄之分。
金楼	Jīnlóu	此庄建于清朝初期，金姓人由浙江绍兴迁此盖有楼房，故名。
小孙庄	Xiǎosūnzhuāng	光绪年间，孙姓从大孙庄迁至此处，因当时人少村小，定名小孙庄。
张庄	Zhāngzhuāng	早年张姓在此占产立村，故名。
前梁庄	Qiánliángzhuāng	因本自然村在梁庄村南边，故取名前梁庄。
谭楼	Tánlóu	此庄建于清朝，距今有 300 多年历史，立庄时第一户谭姓建有楼房，故名。
后梁庄	Hòuliángzhuāng	旧时梁姓在此占产立庄，当时人少村小，故而得名梁庄，也称后梁庄。
胡集村村民委员会	Hújícūn Cūnmínwěiyuánhuì	隶属萧县大屯镇。1949 年属屯东乡，1958 年属大屯公社王庄大队，1981 年属大屯公社胡集大队，1985 年为大屯镇胡集村至今。
毛菜园	Máocàiyuán	明代毛姓在此占产立庄，以种菜为业，故得此名。
王楼	Wánglóu	早年为王姓财主的寄庄子并建有楼房，取名王楼。
侯楼	Hóulóu	清代侯姓在此筑台建楼，故名侯楼，别名侯高台子。
小宫庄	Xiǎogōngzhuāng	早年宫姓占产立庄，因村小人少、故名。
小楼子	Xiǎolóuzi	旧时本村有个土炮楼，村子小，故名。

标准名称	汉语拼音	备注
潘庄	Pānzhuāng	明代时潘姓在此占产立庄，故名。
蒋庄	Jiǎngzhuāng	很久以前蒋姓在此占产立庄，故名。
任庄	Rénzhuāng	该村以任姓为主，故名。
刘庄	Liúzhuāng	因刘姓村民1700年从河南迁至此处，故名为刘庄。
毛小屯	Máoxiǎotún	明朝洪武六年，毛姓从山西迁来在此屯田，因村庄规模较小，故名。
四合庄	Sìhézhuāng	民国时期有侯楼、王楼、胡集、王庄四庄群众在此占地立庄，故得此名。
胡集	Hújí	明代胡姓在此立村并形成集市，故得此名。
王庄	Wángzhuāng	因王姓较多而得名。
关庄村 村民委员会	Guānzhuāngcūn Cūnmínwěiyuánhuì	隶属萧县大屯镇。1949年属石林区，1953年实行乡制属申河乡，1956年撤区并乡仍属大屯乡，1958年属大屯人民公社，1961年改为南海公社，后属大屯公社，1992年为大屯镇关庄村，2007年村庄合并时为关庄村村民委员会至今。
郑楼	Zhènglóu	早年郑姓在此占产立庄盖楼，故名郑楼。
杨屯	Yángtún	明代杨姓在此屯田立庄，故名。
李屯	Lǐtún	明代李姓在此屯田立庄，故名。
黄楼	Huánglóu	清朝老黄口黄姓在此占产立户并建一门楼，故而得名。
徐楼	Xúlóu	因村里徐姓居多并建有楼房，故名徐楼。
陈屯	Chéntún	早年陈姓人居此屯田，故名。
吴楼	Wúlóu	明代吴姓在此占产立庄建楼，故名。
关庄	Guānzhuāng	早年该村名关庄，后来赵庄一位赵姓的地主来关庄村居住，曾名赵关庄村。赵姓走后，改回关庄。
栾寨	Luánzhài	以前是孙庙的寄庄子，栾姓在村周围筑寨，故名。
陈楼	Chénlóu	清中期陈姓从河南迁此，村中盖有一楼，故取名陈楼。
高楼村 村民委员会	Gāolóucūn Cūnmínwěiyuánhuì	隶属萧县大屯镇。1949年后属南海乡，1958年属南海、大屯公社，1985年属南海乡，1992年属大屯镇，原胡高村、南梁村、徐屯三个村合并为高楼村民委员会。
王胡寨	Wánghúzhài	很早以前有一王姓男子，18岁时胡子已经长到胸前，传为奇闻，又因村周筑有寨墙，故名。
何楼	Hélóu	明代时期，一何姓人士在山东受水灾，坐大船来到此处，占产立庄并盖有楼房，故名。
高楼	Gāolóu	传说清朝初期本村高姓是大户，故起名高楼。
南梁庄	Nánliángzhuāng	梁姓于明洪武年间由山西洪洞县迁此，占产立庄，为与北部梁庄相区别，故名。

标准名称	汉语拼音	备注
崔楼	Cuīlóu	早年崔姓在此占产立庄，又有一座小土楼，故而得名。
萧赵庄	Xiāozhàozhuāng	明朝时杨姓在此建村，因柳树较多，名万柳村，并有楼房数间，后被洪水冲毁。后杨姓移此建楼，改名杨套楼。18 世纪中期有一赵姓大户迁此居住，取名赵庄。清末，萧姓富户迁此，又更名萧赵庄至今。
徐屯	Xútún	明代初期，山西有一徐姓搬到此地屯田居住，故名。
丰集	Fēngjí	明代丰姓在此居住立村并有集市，故名。
任小楼	Rénxiǎolóu	清朝末年任姓在此占产立庄，因当时人少村小，故名。
王小楼	Wángxiǎolóu	早年王姓人在此建庄定居并盖小楼一座，因人口少村庄小，故取名王小楼。
旗杆楼	Qígānlóu	该村从前有一官宦人家，在此立有旗杆，盖有楼房，故有此名。
守备庄	Shǒubèizhuāng	明代王姓、卢姓在此占产立庄，因当时有王姓人士在京城当守备官员，故而得名。
南海村村民委员会	Nánhǎicūn Cūnmínwěiyuánhuì	隶属萧县大屯镇。1949 年属大屯区大屯乡，1958 年属大屯公社，1985 年属南海乡，1992 年属大屯镇，2008 年南海村、董洼村、杨套楼村、潘楼村合并为南海村村民委员会至今。
南海	Nánhǎi	该村村名有两个传说：一说早年黄河故道以北的善男信女去江南朝拜南海观世音菩萨，一年到此处，遇连日大雨，无法继续前行，便在此插草为香，堆土为炉，朝拜南海观音，以了夙愿。后来此村即称中南海（意即中途朝拜南海观音之地），后简称南海。二说乾隆皇帝下江南路过这里，夜晚梦中遇见青龙，惊吓成疾，找人圆梦。农民王五顺苦于乾隆在此，百姓遭殃，便化装成道士，与其圆梦，说："这里原是南海的中部，是青龙的住处，后来沧海变桑田，二龙不能同压一地。"乾隆起驾离开后，此村称为中南海，简称南海。
潘楼	Pānlóu	早年潘姓在此占产立庄建楼，故称潘楼。
李楼	Lǐlóu	民国期间李姓在此居住，并建有楼阁，故而得名。
杨套楼	Yángtàolóu	早年杨姓在此定居，村中建套楼一座，故名。
张庄	Zhāngzhuāng	早年张姓立村，故名。
潘洼	Pānwā	潘姓在低洼处建村，取名潘洼。
董洼	Dǒngwā	董姓最早在此定居，村周边地势低洼，故名。
仇屯	Qiútún	清朝仇姓在此屯田立村，后来周姓仇姓同朝为官，告老还乡分东西两地居住，西边仇姓居住叫西仇屯，姓周的在此居住，也叫仇屯。
夏庄	Xiàzhuāng	早年夏姓在此占产立庄，故称夏庄。

标准名称	汉语拼音	备注
曹屯	Cáotún	早年曹姓在此屯田定居，故名。
丁庄	Dīngzhuāng	明朝时期，丁姓在此屯田立村，故而得名。
郭阁村村民委员会	Guōgécūn Cūnmínwěiyuánhuì	隶属萧县大屯镇。1949 年属河南省永城县条河乡，1958 年属林楼公社郭阁大队，1963 年划归安徽萧县，后属大屯公社，1985 年属大屯镇郭阁村，2008 年李口村、边西村、郭阁村合并为郭阁村民委员会至今。
郑楼	Zhènglóu	早年郑姓在此占产立庄盖楼，故名郑楼。
刘庄	Liúzhuāng	1700 年从河南迁至此处，因刘姓村民居多，命名为刘庄。
朱暗楼	Zhū’ ànlóu	清代朱姓大户在此建无窗暗楼，故而得名。
宋洼	Sòngwā	宋姓在此占地立庄，因当时所处地址处很洼，故而得名。
张庄	Zhāngzhuāng	早年张姓占产立村，故名。
郭阁	Guōgé	早年郭姓立村时建有阁楼一座，故名。郭阁又名郭集（因每月四、八逢集）。
小李庄	Xiǎolǐzhuāng	李姓在此村人数较多，比大李庄小，故名小李庄。
大李庄	Dàlǐzhuāng	李姓在此村人数较多，比小李庄大，故名大李庄。
李口	Lǐkǒu	据谱牒记载，该村原名李三座楼，后因洪河水决堤形成水患，将李姓祖坟冲坏淹没。环邻其他姓氏友人取笑李姓，说李三楼的坟茔被水冲个口子，以后管他叫李口吧，此自庄名传开。
聂庄	Nièzhuāng	聂姓在此占产立庄，故名。
郭楼	Guōlóu	郭姓在此建村盖楼，故称郭楼。
王西寨	Wángxīzhài	王姓离乡背井到此地，在旧村址的西边占产立庄，做土围寨，故名。
郭油坊	Guōyóufāng	郭姓在此占产立庄，后又办起油坊，故而得名。
慈楼	Cílóu	早年慈姓在此立庄，后盖起小楼，故而得名。
王小楼	Wángxiǎolóu	早年王姓人在此建庄定居并盖小楼一座，因人口少村庄小，故取名王小楼。
边庄	Biānzhuāng	早年，边姓人家在此占产立庄，故此得名。
付庄村村民委员会	Fùzhuāngcūn Cūnmínwěiyuánhuì	隶属萧县大屯镇。1949 年属石林区，1951 年属南海乡，1958 年属大屯公社，1985 年属大屯镇至今。
前傅庄	Qiánfùzhuāng	早年此庄住一家傅姓财主，故名。后因人多村大，分前后傅庄。
后傅庄	Hòufùzhuāng	早年此庄住一家傅姓财主，故名。后因人多村大，分前后傅庄。
赵庄	Zhàozhuāng	二百年前，赵姓在此立庄，故取名赵庄。

标准名称	汉语拼音	备注
王庄	Wángzhuāng	因王姓人家较多而得名。
李庄	Lǐzhuāng	清光绪年间，李姓由山西洪洞县迁至此地，占产立庄，故名。
西曹庄	Xīcáozhuāng	早年曹姓弟兄三人由山西洪洞县迁来此地，老三住在洪河边，老二住在东边，叫作东曹庄，弟住在西边叫作西曹庄。
曹破楼	Cáopòlóu	早年曹姓弟兄三人，老大迁居时这里有座破楼，故名。
东曹庄	Dōngcáozhuāng	有弟兄三人迁住此地，三人各分东、西、北向居住，老大北住曹破楼，老三西住西曹庄，老二东住叫东曹庄。
王楼	Wánglóu	早年为王姓财主的寄庄子，建有楼房，取名王楼。
破阁	Pògé	明朝时期，这里有一座破庙院，后有人迁往此居住，改名破阁。
小赵庄	Xiǎozhàozhuāng	早年赵姓在此占产立庄，因人少村小，得名小赵庄。
刘楼	Liúlóu	刘姓来此买地建庄并建一土楼，故名。
戴双楼	Dàishuānglóu	早年戴姓在此占产立村，建有两座楼，故名。

赵庄镇

赵庄镇（Zhàozhuāng Zhèn） 属萧县管辖，早年赵姓人家在此建村，后村子壮大，形成小镇，故名赵庄。地处萧县县城西部22.5千米，东与杜楼镇接壤，东南与王寨镇为邻，南连张庄寨，西邻大屯镇，北接酒店乡、马井镇。镇人民政府驻赵庄村，下辖赵庄、前韦、大孙庄、张朴楼、吴集、吴蒋庄、建华、汪屯、张老庄、桃园、三座楼、李酒店、王汉集、孙大庙共14个村。行政区域面积81.494平方千米，其中耕地面积8.2万亩，辖区东西最大距离15千米，南北最大距离10千米。人口73254人。属温带半湿润性季风气候区，四季分明，雨水较充沛，光照充足。农业以小麦、玉米、大豆、花生、棉花、蔬菜、辣椒制种为主，工业有水泥制品厂、面粉厂、旋木加工厂等。镇文化站、电脑房和儿童活动室、广播电视站各1处，有村级文化活动中心14处，各类图书室20个，有幼儿园8所，小学14所，初中2所，有各级医疗卫生机构18个，门诊部（所）18个，有学校体育场4个，境内有222县道南北穿境，324县道东西穿镇，距连霍高速张庄寨出口12千米。电话区号是0557，邮政编码是235241。行政区划单位为镇。1949年置赵庄乡属大屯区，1958年建立赵庄公社，1962年设赵庄区，辖赵庄、大屯等6个公社，1970年为全县25个公社之一的赵庄公社，1985年撤社改为赵庄区，1992年撤区并乡改为赵庄镇。

标准名称	汉语拼音	备注
赵庄村 村民委员会	Zhàozhuāngcūn Cūnmínwěiyuánhuì	隶属萧县赵庄镇。1949年属大屯区赵庄乡为乡公所驻地，1958年属赵庄乡赵庄大队，1962年设赵庄区，仍属赵庄公社赵庄大队，1992年属赵庄镇赵庄村至今。
陈堂寺	Chéntángsì	早年该村有陈家堂庙（寺）故名。
韩庄	Hánzhuāng	该村韩姓村民居多，故名。
盛屯	Shèngtún	该村盛姓村民在此屯田立村。
王庄	Wángzhuāng	王姓人家较多而得名。
温刘庄	Wēnliúzhuāng	该村以温刘两姓村民居多，故名。
赵庄	Zhàozhuāng	二百年前，赵姓在此立庄，故名。
建华村 村民委员会	Jiànhuácūn Cūnmínwěiyuánhuì	隶属萧县赵庄镇。1949年属黄口区酒店乡。因抗战期间，该村人李建华拉起整支队伍打日寇，威望高，后升任萧县新中国成立初期的县委书记，农业合作化时期使用他的名字称建华社。1958年后属赵庄公社建华大队，1985年后属赵庄镇建华村。
陈庄	Chénzhuāng	本庄陈姓较多，故名。
程洼	Chéngwā	民国初期程姓在此占产立庄，因地势低洼，故名。
丁庄	Dīngzhuāng	明朝时期，丁姓在此屯田立村，故名。
东李楼	Dōnglǐlóu	旧时有俩李姓人士同时在此占产立庄，都建有楼房，因此分为东李楼和西李楼，此为东李楼。
高洼	Gāowā	旧时高姓在此占产立庄，因庄外地势低洼，故名。
后任庄	Hòurénzhuāng	旧时任姓在此占产立庄，因两家任姓同时立庄，分前后任庄。
胡楼	Húlóu	早年有一户很有钱的胡姓，在此立村建一座楼，故名。
李酒店	Lǐjiǔdiàn	因旧时李姓在村内开一小酒坊得名。抗日时期，本村人区长李建华带着群众除汉奸、反“扫荡”。1952年调任萧县县委书记，人民为纪念他，在农业合作化时成立高级社便称建华社，后沿用至今。
庞庄	Pángzhuāng	旧时庞姓在此占产立庄，以庞庄为名。
前任庄	Qiánrénzhuāng	旧时任姓在此占产立庄，因两家任姓同时立庄，分前后任庄。
尚楼	Shànglóu	清末民初，尚姓在此占产立庄，因防匪修有小土炮楼，故名。
土楼	Tǔlóu	早年此村有一座土炮楼，故名土楼。
吴酒店	Wújiǔdiàn	明朝年间吴姓在此建村，村内有蒸酒坊，故称吴酒店。
西李楼	Xīlǐlóu	旧时有俩族李姓在此占产立庄，因分为东西李楼，此为西李楼。
小吴庄	Xiǎowúzhuāng	民国初期吴姓在此占产立庄，当时人少村小，故名。

标准名称	汉语拼音	备注
张朴楼村 村民委员会	Zhāngpǔlóucūn Cūnmínwěiyuánhuì	隶属萧县赵庄镇。1949 年为破楼乡政府所在地，1958 年属赵庄公社张朴楼大队，1984 年设为张朴楼村。
居洼	Jūwā	明代居姓在此居住，因庄内地势低洼，故名。
刘端午庄	Liúduānwǔzhuāng	明代洪武二年，刘姓自山西洪洞县迁此居住，有一个神汉子叫刘端午，故而得名刘端午庄。
罗楼	Luólóu	早年罗姓在此占产立庄建楼，故名。
罗庄	Luózhuāng	早年罗姓在此落户，取名罗庄。
平房	Píngfáng	民间传说，元朝末年，朱元璋被元兵追杀至此，藏身一楚姓人家中，将衣服藏于院内一土井中。楚姓人士为保护他，将茅屋推倒盖井。朱元璋称帝后为其建一平房，封其地为楚平房。后楚姓外迁，今称平房。
王朴楼	Wángpǔlóu	清朝时王姓在此占产立庄，因当时王姓大户为地主，家中建有楼房，故名。又因处张朴楼西，历史上也称为西朴楼。
王柿园	Wángshìyuán	明代王姓从陶楼迁来占产立庄，因庄南种植柿树而得名王柿园。
小赵庄	Xiǎozhàozhuāng	早年赵姓在此占产立庄，因人少村小，得名小赵庄。
新袁庄	Xīnyuánzhuāng	1976 年因挖港河，有 300 余亩地不宜耕种，次年有袁庄的一个生产队迁出至河东此处居住，经赵庄公社批准划为新袁庄村，故得名新袁庄。
袁庄	Yuánzhuāng	同治元年，袁姓从尹庄村后搬到此地，占产立庄，故名。
张朴楼	Zhāngpǔlóu	1850 年前后，张姓义门一族从王寨镇张平楼迁来此地占产立庄，并盖有门楼，原门楼上有“张朴楼”字样，该村即称张朴楼。
周庄	Zhōuzhuāng	周姓于 1340 年从河南迁到此地，故名。
前韦村 村民委员会	Qiánwéicūn Cūnmínwěiyuánhuì	隶属萧县赵庄镇。1949 年属赵庄乡，1958 年后属大吴集公社、赵庄公社，先后有温刘庄大队、新楼大队、路王庄大队、杨庄大队。1985 年属赵庄镇，合并为前韦村。
后韦	Hòuwéi	又名韦庄，早年韦姓在此立村，后来韦姓有人北迁立村，故有前后韦村，此为后韦。
毛庄	Máozhuāng	清代毛姓在此占产立庄，故名。
前韦	Qiánwéi	又名韦庄，早年韦姓人家在此立村，后来韦姓有人北迁立村，故有前后韦村，此为前韦。
陶楼	Táolóu	早年陶姓在此建楼居住，故名。
王楼	Wánglóu	早年为王姓财主的寄庄子，并建有楼房，取名王楼。
吴新庄	Wúxīnzhuāng	早年吴姓人家在此处建新村，故名。
小赵楼	Xiǎozhàolóu	原名赵庄，因与赵庄镇赵庄村重名，后改为小赵楼。

标准名称	汉语拼音	备注
杨庄	Yángzhuāng	此地以杨姓较多而得名杨庄。
张庄	Zhāngzhuāng	张姓立村，故名。
吴集村村民委员会	Wújícūn Cūnmínwěiyuánhuì	隶属萧县赵庄镇。1949 年以后曾设吴集乡，1958 年属大吴集公社吴东大队、吴西大队，后并入赵庄公社。1985 年后属赵庄镇吴东、吴西村。2008 年合并为吴集村。
双楼	Shuānglóu	明末清初徐姓在此占产立庄并建楼两座，故名。
陶屯	Táotún	明代初，陶姓在此屯田定居居，故而得名。
吴东	Wúdōng	吴东是吴集的东半部分，吴集由于村大，20 世纪 70 年代把吴集分为吴东和吴西，此为吴东。
吴西	Wúxī	吴西是吴集的西半部分，吴集由于村大，20 世纪 70 年代把吴集分为吴东和吴西，此为吴西。
龚庄	Gōngzhuāng	早年龚姓人家在此占产立庄，故名。
吴蒋庄村村民委员会	Wújiǎngzhuāngcūn Cūnmínwěiyuánhuì	隶属萧县赵庄镇。1949 年后属吴集乡，1958 年后属王寨公社吴丛大队、赵庄公社吴蒋庄大队，1985 年后属赵庄镇吴蒋庄村。2009 年与河东、蒋寺、阚楼四村合为吴蒋庄村。
东阚楼	Dōngkànlóu	清朝年间，阚姓从外地迁居此地，并建有土炮楼，故名阚楼。后田姓迁此村西居住，也建有土炮楼，占地，而得名西阚楼。原阚楼便成为东阚楼。
何庄	Hézhuāng	很久以前何姓在此居住，故名。
河东	Hédōng	新中国成立后，由湘西河西岸的几个村庄迁出部分村民在东岸建村，故名。
黄庄	Huángzhuāng	明代黄水过后，黄姓一家迁居此地耕种生活，取庄名为黄庄。
蒋寺	Jiǎngsì	早年该处有一座佛云寺，故村名佛云寺；后来村中有蒋姓人在京城为官，遂改名蒋寺。
马庄	Mǎzhuāng	在明代时期，此地名为西苗古院，现有遗址，后来马姓迁至此地，人丁增多，改现名。
孙楼	Sūnlóu	三四百年前，九户孙姓人家在此地除一虎害，官府立一牌楼纪念，取名孙家打虎楼，后简称孙楼。
孙庄	Sūnzhuāng	清朝年间孙姓从外地迁居此地，占产立庄，故名。
吴蒋庄	Wújiǎngzhuāng	吴姓、蒋姓人口居多，故名。
吴牌坊	Wúpáifāng	明朝时，该处有吴姓将军因功受朝廷旌表，在此立一牌坊，后来即称此村为吴牌坊。
西阚楼	Xīkànlóu	清朝年间由田姓从外地迁居阚楼西边，后也有阚姓从东头迁居西头，建以土炮楼，故名。

标准名称	汉语拼音	备注
汪屯村村民委员会	Wāngtúncūn Cūnmínwěiyuánhuì	隶属萧县赵庄镇。1949 年属吴集乡，1958 年后属大吴集公社、赵庄公社王屯大队，1992 年属赵庄镇汪屯村，2008 年把桥子村、任楼村合并为汪屯村至今。
菜园	Càiyuán	杂姓庄，老辈人喜爱种菜，故名菜园。
陈阁	Chéngé	陈姓建庄，有一座楼阁，故名陈阁。
大陈庄	Dàchénzhuāng	陈姓在此占地立庄，庄子较大，故名。
三座楼	Sānzuòlóu	早年纵姓来此定居，建立三座大楼，故名。
东吴楼	Dōngwúlóu	早年吴姓在此立村并建有楼房，故名吴楼，为与西吴楼相区别，该村称东吴楼。
段楼	Duànlóu	段姓建庄，有一座楼阁，故名段楼。
蒋庄	Jiǎngzhuāng	早年蒋姓在此占产立庄，故名。
桥子	Qiáozi	该村东有河，河上有桥，故名桥子村，曾讹传为“乔子”。
任楼	Rénlóu	早年任姓在此建村盖楼两座，故名。
田新庄	Tiánxīnzhuāng	新中国成立后，田姓自附近的任楼迁此建新村，故名。
汪屯	Wāngtún	早年汪姓在此屯田立村，故名。
王屯	Wángtún	旧时王姓在此居住，故名。
小陈庄	Xiǎochénzhuāng	陈姓建庄，因庄小人少，故名。
杨庄	Yángzhuāng	此地以杨姓较多而得名杨庄。
张小庄	Zhāngxiǎozhuāng	早年张姓建村，村庄不大，故名张小庄。
三座楼村村民委员会	Sānzuòlóucūn Cūnmínwěiyuánhuì	隶属萧县赵庄镇。1953 年属新民乡，1958 年属赵庄公社桃园大队，1980 年属王汉集公社三座楼大队，1992 年属赵庄镇三座楼村，2008 年并村属三座楼村。
仇屯	Qiútún	清朝仇姓在此屯田立村，后来周姓仇姓同朝为官，告老还乡，分东西两地居住。西边仇姓居住叫西仇屯，姓周的在此居住，也叫仇屯。
单庄	Shànzhuāng	该村原住民以单姓为主，故名单庄。
胡屯	Hútún	明末胡姓来此屯田定居，故名。
刘阁	Liúgé	清朝刘姓在此居住，并建有大阁楼，故名。
秦楼	Qínlóu	秦楼有四百年的历史，明末秦姓在此居住立村建楼，故名。
三座楼	Sānzuòlóu	早年纵姓来此定居，建立三座大楼，故名。
盛庄	Shèngzhuāng	早年盛姓在此居住，故名盛庄。
薛庄	Xuēzhuāng	早年，薛庄西边有个高台子，名为薛台子，有薛姓曾居于此，故名。
余庄	Yúzhuāng	清朝道光年间，余姓在此占产立庄，故名。

标准名称	汉语拼音	备注
张庄	Zhāngzhuāng	张姓立村，故名。
张老庄村 村民委员会	Zhānglǎozhuāngcūn Cūnmínwěiyuánhuì	隶属萧县赵庄镇。1949 年属大屯区赵庄乡，1958 年属赵庄公社张老庄大队，1961 年后属桃园公社张老庄大队，1980 年属王汉集公社（乡）张老庄大队（村），1992 年属赵庄镇张老庄村。
大新庄	Dàxīnzhuāng	旧时该村名郝新庄，后来李姓门户大、人多，改名为大新庄。
蒋新楼	Jiǎngxīnlóu	旧时蒋姓立村，在村后面盖一新炮楼，故名。
梁屯	Liángtún	旧时梁姓迁此屯田立村，故名。
旗杆楼	Qígānlóu	该村从前有一官宦人家，在此立有旗杆，盖有楼房，故名。
西吴楼	Xīwúlóu	早年吴姓立村位于港河西侧，又为与东三里吴楼相区别，故称西吴楼。
小新庄	Xiǎoxīnzhuāng	旧时几户人家从王千集迁到此地建新庄，故而得名小新庄。
张老庄	Zhānglǎozhuāng	明朝移民时，张姓从山东移民于此地，因居住年代久远，故名张老庄。
王汉集村 村民委员会	Wánghànjícūn Cūnmínwěiyuánhuì	隶属萧县赵庄镇。1949 年属港河乡，1958 年后属王汉集、赵庄公社王汉集大队，1992 年属赵庄镇，2008 年后称王汉集村。
郝楼	Hǎolóu	郝姓清朝中期从山西迁到此地，立村建楼，故名。
李楼	Lǐlóu	民国期间李姓在此居住，并建有楼阁，故名。
柿园	Shìyuán	清朝年间建村时，纪姓在此居住，植有柿子园，时名纪柿园。新中国成立后张姓家族壮大，又起名张柿园，1964 年后改为柿园。
王汉集	Wánghànjí	清朝后期，有叫王汉的大户在此设集市，后成村，故名王汉集。
王楼	Wánglóu	早年为王姓财主的寄庄子，并建有楼房，故名。
王小屯	Wángxiǎotún	该村属王楼一家王姓寄庄子，后得名为王小屯。
王小庄	Wángxiǎozhuāng	清朝前期王姓在此立庄，因当时人少村小，故名。
武破楼	Wǔpòlóu	早年武姓立村，因村中有一座破楼而得名。
尹庄	Yǐnzhuāng	1814—1816 年，尹姓在此居住建村，故称尹庄。
张塘	Zhāngtáng	张姓建村，村前有一水塘，故名张塘。
张小屯	Zhāngxiǎotún	张姓在此屯田定居，村小人少。故名张小屯。
孙大庙村 村民委员会	Sūndàmiàocūn Cūnmínwěiyuánhuì	隶属萧县赵庄镇。1949 年属赵庄乡，1958 年属赵庄公社孙大庙大队，1981 年属桃园公社孙大庙大队，1986 年属赵庄镇孙大庙村。
段集	Duànjí	民国末年，段姓在此立村并设有集市，故名。
高庄	Gāozhuāng	早年高姓在此立村，而且住的宅基地是高台，故取名高庄。

标准名称	汉语拼音	备注
郭庄	Guōzhuāng	明代郭姓人从山西来此立庄，故名。
贾庄	Jiǎzhuāng	旧时贾姓在此占产立庄，故名。
马阁	Mǎgé	早年马姓在此居住，村两头分别有大寺阁、火神庙，由此得名。
孙大庙	Sūndàmiào	孙大庙原为港南村（原港河之南），清康熙年间，此处修建庆云寺大庙，孙姓聚居于此，故而得名孙大庙。
武庄	Wǔzhuāng	明代武姓在此占产立庄，故名。
小杨庄	Xiǎoyángzhuāng	该村多为杨姓，人少村小，故名。
大杨庄	Dàyángzhuāng	杨庄王姓占 80% 人口，但杨姓居住早，有 100 年历史，故取名大杨庄。
桃园村村民委员会	Táoyuáncūn Cūnmínwěiyuánhuì	隶属萧县赵庄镇。1949 年曾设桃园乡，1958 年后设桃园公社桃园大队，后属赵庄公社，仍为桃园大队。1985 年后属赵庄镇桃园村至今。
陈洼	Chénwā	该村以山西迁来陈姓为主，当年地洼，故名陈洼。
程庄	Chéngzhuāng	清朝年间，程姓在此建庄，故名。
杜楼	Dùlóu	明代杜姓在此占产立庄并建楼，故而得名。
桃园	Táoyuán	很久以前有祁、王、沈三姓逃荒到此居住，大家互相帮助，亲如兄弟，好似当年刘、关、张桃园三结义，故命名桃园。
王庄	Wángzhuāng	因王姓较多而得名。
周庄	Zhōuzhuāng	周姓 1340 年从河南迁到此地，故名。
九店村村民委员会	Jiǔdiàncūn Cūnmínwěiyuánhuì	隶属萧县赵庄镇。1949 年属大屯区。1958 年后属桃园公社李酒店大队。1985 年属赵庄镇九店村至今。
大张庄	Dàzhāngzhuāng	从前张姓在此占产立庄，因张姓多，庄子大，故名。
樊小屯	Fánxiǎotún	清朝樊姓在此屯田立庄，村较小，故名。
港河涯	Gǎnghéyá	因港河在庄后，故而得名。
酒东	Jiǔdōng	旧时因该村有李家酒坊，故而得名李家酒店。而此村又分东西两村，简称酒东、酒西。此为酒东。
酒西	Jiǔxī	旧时因该村有李家酒坊，故而得名李酒店。因村大人多又分东西两村，简称酒东、酒西。此为酒西。
李庄	Lǐzhuāng	从前李姓在此占产立庄，故名。
毛楼	Máolóu	旧时毛姓在此占产立庄，因当时毛姓有座老楼房，故名。
彭庄	Péngzhuāng	四百年前，此地住着彭姓和辛姓两个大户，称为彭辛庄，后改为彭庄。
史庄	Shǐzhuāng	旧时史姓四兄弟从河北迁来占产立庄，故名。

标准名称	汉语拼音	备注
王庄	Wángzhuāng	因王姓较多而得名。
小新庄	Xiǎoxīnzhuāng	旧时几户人家从王汉集迁到此地建新庄，故名。
小张庄	Xiǎozhāngzhuāng	早年张姓在此占产立庄，因当时人少地少，故名。
大孙庄村村民委员会	Dàsūnzhuāngcūn Cūnmínwěiyuánhuì	隶属萧县赵庄镇。1949 年属大屯区破楼乡，1958 年后属赵庄公社大孙庄大队，1985 年属赵庄镇，2007 年合村为赵庄镇大孙庄村。
大孙庄	Dàsūnzhuāng	清同治年间，江苏丰县孙姓一支迁至此处，人多庄大，定名大孙庄。
东胡屯	Dōnghútún	1975 年，因扒河部分居民从西胡屯东迁至此，故而得名。
胡楼	Húlóu	早年，胡姓在此居住建村并盖一座楼，故名。
胡庄	Húzhuāng	早年胡姓在此居住，故名。
路庄	Lùzhuāng	该村因路姓居多而得名。
王屯	Wángtún	王姓在此居住屯田，故名。
王庄	Wángzhuāng	因王姓较多而得名。
西胡屯	Xīhútún	早年胡姓在此屯田建村，因为挖河迁一部分胡姓村民于河东，称东胡屯，故原胡屯改称西胡屯。
张庄	Zhāngzhuāng	张姓建村，故名。

杜楼镇

杜楼镇（Dùlóu Zhèn） 属萧县管辖，此地原为杜姓祖居地。早年村中建楼，故名杜老楼。杜楼镇是“省扩权强镇试点镇”“市经济十强镇”。镇内有“千年古村落”——春秋时期的“鞭打芦花车牛返村”和汉代红侯国故地红庙村，以及明初大将薛显故居薛村和古尚（书）村、清代龙城画派旗手吴作樟故里等。地处萧县中心腹地，东与龙城镇接壤，南与王寨镇为邻，西连赵庄镇，北接马井镇。镇人民政府驻杜老楼村，东距萧县县城 12 千米。下辖马阁、红庙、小圩子、纵袁庄、郝新庄、杜老楼、郝庄寨、杜集、孟窑、曹庄、彭村、八庄、朱解庄、业庄、杜庄共 15 个村。面积 99 平方千米。辖区总人口 70167 人。属温带半湿润性季风气候区，四季分明，雨水较充沛，光照充足。农业以小麦、大豆、山芋、棉花为主。工业有砖瓦厂、造纸厂、煤矿等。有幼儿园 7 所，小学 10 所，初中 2 所，有各级医疗卫生机构 16 个，门诊 16 个，境内有国道 311 公路、省道 302 公路干线。行政区划单位为镇。新中国成立后曾属陶楼区，1955 年、1962 年之后属龙城区、王寨区。1958 年建立杜楼公社、1985 年改属王寨区杜楼镇、1992 年撤区并乡设杜楼镇。

标准名称	汉语拼音	备注
孟窑村村民委员会	Mèngyáocūn Cūnmínwěiyuánhuì	隶属萧县杜楼镇。1949 年属闵贤乡。1958 年属杜楼公社孟窑大队。1980 年属王寨区芦花公社。1985 年属王寨区芦花乡。1992 年属杜楼镇。2008 年由车牛返村、薛村、孟窑村三个村组合而成。
鞭打芦花车牛返	Biāndǎlúhuā-chēniúfǎn	据《萧县志》记载，两千多年前，孔子的七十二大贤弟子之一的闵子骞，幼年随父和两个弟弟赶着牛车走亲戚路过此地，时为杜村。因其父叫其下车扶正歪倒的牛梭头，子骞冻得颤抖，好长时间没扶正。其父气愤之下，一鞭挥去，打破了子骞的棉袄，袄中芦花飞出。其父看其两个弟弟（同父异母）的棉袄均为棉絮。其父明白了，返回家中要休妻。子骞跪求父亲说："母在一子单，母去三子寒。"其父作罢，后其继母悔改，待子骞如己出。后人为纪念此孝行，改为此村名。《人民日报》海外版曾以最长村名做过报道。该村为安徽省"千年古村落"。"鞭打芦花"故事入选省级非物质文化遗产名录。
薛村	Xuēcūn	该村以明初大将薛显故里而得名。
孟窑村	Mèngyáocūn	元代，孟子后裔由邹县迁至车牛返村附近定居，并在此建窑烧石灰、烧罐盆等，故名。
杜集村村民委员会	Dùjícūn Cūnmínwěiyuánhuì	隶属萧县杜楼镇。1949 年属王寨区徐油坊乡。1958 年属杜楼公社。1985 年属王寨区芦花乡。1992 年属杜楼镇至今。
孙庄	Sūnzhuāng	早年由奶奶庙孙姓分支搬迁至此建庄，故名。
小袁楼	Xiǎoyuánlóu	早年袁姓在此占产立庄建楼。因当时人少村小，故名。
陈庄	Chénzhuāng	早年陈姓在此占产立庄，故名。
袁楼	Yuánlóu	早年袁姓分支在此建庄盖楼，故名。
杜集	Dùjí	早年杜姓建村，并建有集市。故名杜集。
曹庄村村民委员会	Cáozhuāngcūn Cūnmínwěiyuánhuì	隶属萧县杜楼镇。1949 年属闵贤乡。1958 年属杜楼公社黄庄大队。1985 年属芦花乡。1992 年属杜楼镇至今。
彭瓦房	Péngwǎfáng	明初，彭姓从彭城（即徐州）迁移到此，烧砖瓦建房，故名。
小赵庄	Xiǎozhàozhuāng	早年赵姓在此占产立庄，因人少村小，得名小赵庄。
彭小庄	Péngxiǎozhuāng	早年有彭姓家族分支，在彭瓦房东南另建新庄，取名彭小庄。
黄庄村	Huángzhuāngcūn	明末清初时期有黄姓兄弟几人来此占产立户，故名。
朱山窝	Zhūshānwō	明代朱姓在此山窝占产立庄，故名。
刘村	Liúcūn	明代刘姓在此山下占产立庄，故名。
古尚村	Gǔshàngcūn	相传古代有尚书官居住在此，死后葬于此，故名。1949 年曾设古尚乡公所。
曹庄村	Cáozhuāngcūn	早年曹姓从萧县圣泉寺迁居此地建村，取名曹庄村。
黄庄集	Huángzhuāngjí	20 世纪 80 年代开始在黄庄村旁设集市，故名黄庄集。

标准名称	汉语拼音	备注
彭村村民委员会	Péngcūn Cūnmínwěiyuánhuì	隶属萧县杜楼镇。1949年属古尚乡。1958年属杜楼公社。1985年属杜楼镇至今。2008年由彭南、彭北、高小楼、插花寿村合并为彭村村民委员会。
彭村	Péngcūn	早年彭姓来这里居住，故名彭村。
高小楼	Gāoxiǎolóu	早年高姓在此建有楼房，故名。
插花寿	Chāhuāshòu	早年村中吴某得功名后，建新房时在房上设有云龙燕子、插花兽等。故名插花兽。为求长寿，改插花兽为插花寿，又名云龙燕子村。
锁里	Suǒlǐ	传说此地从前有一道士曾到灵山，说“有奇宝锁在此山中，南大谷那棵枣树是两山之锁的钥匙”。于是人们不顾一切地满山寻找枣树，道士后悔泄露了天机，为防人们争夺财宝而斗殴流血，便施道术让那枣树消失，再无开锁的钥匙，而奇宝遂永远锁在山中。由此得名。
杜老楼村村民委员会	Dùlǎolóucūn Cūnmínwěiyuánhuì	隶属萧县杜楼镇。1949年属陶楼区，1958年属杜楼公社，1985年属王寨区杜楼镇，1992年属杜楼镇，2008年并村，由原杜老楼村和孟庄寨村两个村合并而成该村。
杜楼集	Dùlóují	清代康熙年间，杜姓从徐州迁此建楼立村，故名。民国时期，该村村民为方便生活，以40亩地建集设市，故名杜楼集。
杜老楼	Dùlǎolóu	清康熙年间，杜姓由江苏徐州迁徙来此居住，因该支杜姓为迁此最早者，故名。
龚楼	Gōnglóu	明末清初，龚姓在此建庄，并建有楼一座，故名。
小宅子	Xiǎozháizi	清朝初期，张姓兄弟分家，其中一人由北大张庄迁来，盘宅立家，因宅基地小，故名。
权洼	Quánwā	早年，有权姓在此耕种居住，因村周地洼，故名。
袁庄	Yuánzhuāng	同治元年，袁姓从尹庄村搬到此地，占产立庄故得名。
孟庄寨	Mèngzhuāngzhài	该村原由黄姓、叶姓立村建寨，名黄叶寨。后孟姓迁此居住，成为大户且人口众多，故更名为孟庄寨。
郝新庄集	Hǎoxīnzhuāngjí	新中国成立初期，郝新庄集原是郝新庄的一部分。1984年村两委和群众代表决定在此设集，为繁荣农村经济，并把此处作为居民点。
马阁村村民委员会	Mǎgécūn Cūnmínwěiyuánhuì	隶属萧县杜楼镇。1949年属陶楼区马阁乡。1958年后属红庙、杜楼公社马阁大队。1985年属赵庄区红庙乡。1992年后属杜楼镇至今。
马阁	Mǎgé	早年马姓在此居住，村两头分别有大寺阁、火神庙，故名。
孙庄	Sūnzhuāng	早年孙姓在此立村而得名。
王庄	Wángzhuāng	因王姓较多而得名。

标准名称	汉语拼音	备注
郝党庄	Hǎodǎngzhuāng	明代郝、党两姓在此立庄，故名。
郝庄	Hǎozhuāng	早年郝姓在此立庄，故名。
陶楼	Táolóu	早年陶姓在此建楼居住，故名。
孙庄	Sūnzhuāng	明朝时孙姓在此居住建村，故名。
郝庄寨村村民委员会	Hǎozhuāngzhàicūn Cūnmínwěiyuánhuì	隶属萧县杜楼镇。1949 年属陶楼区郝庄乡。1958 年属杜楼公社郝庄大队。1985 年属王寨区杜楼镇。2008 年与刘庄村合并为郝庄寨村。
李楼	Lǐlóu	民国期间李姓在此居住，并建有楼阁，故名。
郝庄寨	Hǎozhuāngzhài	早年有郝姓在此居住，在村四周打造寨墙防匪盗，故名。
李庄	Lǐzhuāng	早年李姓在此居住，逐步发展成一个村庄，故名。
小张楼	Xiǎozhānglóu	清朝时期，张姓在此建楼居住立村，故名。
耿刘庄	Gěngliúzhuāng	早年耿姓、刘姓相继来此定居建庄，故名。
八大家	Bādàjiā	早年有八姓人在此居住，故名。
王台子	Wángtáizi	清朝中期，王姓在此立庄，因地势较高，故名。
郝新庄村村民委员会	Hǎoxīnzhuāngcūn Cūnmínwěiyuánhuì	隶属萧县杜楼镇。1949 年属杜楼乡。1958 年后属腰庄、杜楼公社。1985 年属龙城镇业庄乡。1992 年属杜楼镇。2008 年与胡庄等五个自然村合并为郝新庄村。
郝新庄	Hǎoxīnzhuāng	郝姓明代自岱山口迁于红庙南立村，因黄河泛滥，村庄淹没地下，改于此处建新村，故名。
郝瓦房	Hǎowǎfáng	明代郝姓在此占产立庄，并建瓦房，故名。
李楼	Lǐlóu	民国期间李姓在此居住，并建有楼阁，故名。
吴楼	Wúlóu	明代吴姓在此占产立庄建楼，故名。
胡庄	Húzhuāng	早年胡姓在此居住，故名。
黄庄	Huángzhuāng	明代黄水过后，黄姓迁居此地耕种生活，取庄名为黄庄。
王屯	Wángtún	旧时王姓在此屯田居住，故名。
丁庄	Dīngzhuāng	明朝时期，丁姓在此屯田居住，故名。
万楼	Wànlóu	明朝时期，此处有一万贯富翁，与一进士比富争名望，在此置地建楼，耗资巨万，始名万贯楼，后简称万楼。
杜庄村村民委员会	Dùzhuāngcūn Cūnmínwěiyuánhuì	隶属萧县杜楼镇。1958 年后属杜楼公社杜庄大队，1992 年属杜楼镇至今。
蒋庄	Jiǎngzhuāng	旧时蒋姓在此占产立庄，得名。
黄庄	Huángzhuāng	明代黄水过后，黄姓迁居此地耕种生活，取庄名为黄庄。

标准名称	汉语拼音	备注
王楼	Wánglóu	早年为王姓财主的寄庄子，建有楼房，取名王楼。
侯楼	Hóulóu	早年有侯姓大户在此建楼，故名。
大张庄	Dàzhāngzhuāng	早年张姓在此占产立庄，人多村大故名。
杨庄	Yángzhuāng	此地以杨姓较多而得名杨庄。
小张庄	Xiǎozhāngzhuāng	早年张姓在此上占产立庄，因当时人少村小，故名。
杜庄	Dùzhuāng	早年杜姓在此占产立庄，故名。
红庙村村民委员会	Hóngmiàocūn Cūnmínwěiyuánhuì	隶属萧县杜楼镇。新中国成立前后曾设红亭乡、红庙乡，1958年成立红庙公社，1985年前先后隶属王寨区、赵庄区和杜楼公社红庙大队。1992年后属杜楼镇。
红庙集	Hóngmiàojí	新中国成立前后，红庙村东县道旁（三岔路口），陆续有人迁居于此经商，形成集市。
李瓦房	Lǐwǎfáng	早年李姓人家在此建村并建有瓦房，故名。
袁寺楼	Yuánsìlóu	早年袁姓在此建楼，并建寺庙，故名。
和庄	Hézhuāng	此地以和姓居多，故名。
红庙	Hóngmiào	春秋时鲁昭公曾“大蒐于红”即此地。汉代楚元王之子刘富及其子孙封为红侯，此地为红侯国，后名红亭。明清均设有红亭乡。民国至新中国成立初期设有红庙乡。因古时此地有“七井八庙十二坑”之称，俗称红庙。
郝小楼子	Hǎoxiǎolóuzi	新中国成立前，郝姓在此建村并建小楼，故名。
张楼	Zhānglóu	旧时张姓在此建庄盖楼，故名。
汪庄	Wāngzhuāng	早年汪姓在此建村定居，故名。
王庄	Wángzhuāng	因王姓较多而得名。
纵袁庄村村民委员会	Zòngyuánzhuāngcūn Cūnmínwěiyuánhuì	隶属萧县杜楼镇。1949年属陶楼区。1953年属红北乡。1958年后属红庙、杜楼公社。1985年属赵庄区红庙乡。1992年属杜楼镇纵袁庄村至今。
纵袁庄	Zòngyuánzhuāng	明代纵姓、袁姓在此占产立庄，故名。
大孟庄	Dàmèngzhuāng	因孟姓在此占产立庄。此庄较大，故而得名。
邢瓦房	Xíngwǎfáng	明代邢姓在此占产立庄并建有瓦房，故名。
杜楼	Dùlóu	明代杜姓在此占产立庄并建楼，故名。
陈柿园	Chénshìyuán	早年陈姓在此占产立庄，植有柿子园，故名。
张楼	Zhānglóu	旧时张姓在此建庄盖楼，故名。
黄塘窝	Huángtángwō	早年因大沙河泛滥，此处冲成一塘窝，后来黄姓在此建庄，故名。

标准名称	汉语拼音	备注
袁庄	Yuánzhuāng	清代同治元年，袁姓从尹庄村搬到此地，占产立庄。故名。
崔楼	Cuīlóu	早年崔姓在此占产立庄，又建有一座小土楼，故名。
朱解庄村村民委员会	Zhūxièzhuāngcūn Cūnmínwěiyuánhuì	隶属萧县杜楼镇。1949 年后属红亭乡。1958 年后属腰庄、杜楼公社朱解庄大队。1985 年属龙城镇业庄乡。1992 年至今归为杜楼镇。
黄庄村	Huángzhuāngcūn	明末清初，有黄姓兄弟几人来此占产立户，故名。
东张楼村	Dōngzhānglóucūn	明末清初，有张姓到此居住，取名张楼，为与沙河西的张楼相区别，故而得名东张楼村。
王庄	Wángzhuāng	因王姓立村，故名。
黄柿园村	Huángshìyuáncūn	清朝初期，有黄姓在此建庄，并种植一块柿子园，故名。
朱楼村	Zhūlóucūn	早年此地有朱姓在此建村并盖炮楼，故名。
朱解庄	Zhūxièzhuāng	早年有朱姓、徐姓、解姓共三家在此地居住，起名朱徐解庄。后因徐姓无人，故更名为朱解庄。
业庄村村民委员会	Yèzhuāngcūn Cūnmínwěiyuánhuì	隶属萧县杜楼镇。1950 年属陶楼区腰庄乡。1958 年后属腰庄、杜楼公社业庄大队。1985 年属龙城镇业庄乡。1992 年属杜楼镇至今。
徐瓦房	Xúwǎfáng	早年有徐姓从山西洪洞县迁此，并建有瓦房，故名。
陈老庄	Chénlǎozhuāng	早年陈姓在此占产立庄，故名。
业庄	Yèzhuāng	清朝年间，叶姓在此占产立庄，故名叶庄，后讹传为业庄。
陈腰庄	Chényāozhuāng	明朝中期，陈姓从山西省洪洞县迁来，在小葛庄和杜庄中间（俗说腰里）占产立庄，故名。
小葛庄	Xiǎogězhuāng	明朝有葛姓在此占产立户，因人少庄小，故名。
侯瓦房	Hóuwǎfáng	清朝末年，侯姓在此占产立户，盖有瓦房，故名。
纵张庄	Zòngzhāngzhuāng	明朝纵姓、张姓两家在此立庄，故名。
八庄村村民委员会	Bāzhuāngcūn Cūnmínwěiyuánhuì	隶属萧县杜楼镇。1949 年属腰庄乡。1958 年属腰庄、杜楼公社八庄大队。1985 年属龙城镇业庄乡。1992 年属杜楼镇。2007 年和王新庄合并为八庄村村民委员会。
大欧庄	Dà’ōuzhuāng	早年欧姓在此建庄，故名大欧庄。
纵井	Zòngjǐng	清朝顺治年间，纵姓从本县小纵林分支迁入此地，凿井一眼，故名。
大胡庄	Dàhúzhuāng	清朝雍正年间，胡世太从徽州逃荒来萧城居住。胡世太所生三子，后分居萧县西十八里，次子居住地因村大，故称大胡庄。
小杨庄	Xiǎoyángzhuāng	因该村多为杨姓居住，人少村小，故名。

标准名称	汉语拼音	备注
张八庄	Zhāngbāzhuāng	早年有张姓在此居住，因离老县城八里，简称为八里庄，又称张八庄。
小八庄	Xiǎobāzhuāng	早年吴姓迁此立庄，为与大八庄区别，故名。
大八庄	Dàbāzhuāng	早年吴姓在此建寄庄子，因离老县城八里，简称八里，当时得名吴八庄。因有人迁出建有小八庄，故后吴姓地主又改为大八庄。
小纵庄	Xiǎozòngzhuāng	清朝末期，纵姓自本县小纵林分支而来，在此地占地立庄，因当时人少村小，故名。
小胡庄	Xiǎohúzhuāng	在清朝时期胡姓第三个儿子到此地占产立庄，因当时人少，故名。
欧庄	Ōuzhuāng	欧姓在此建庄定居，故名。
金庄	Jīnzhuāng	清末该庄名叫吴台子，因被洪水淹没后无人居住，金姓从腰庄到王新庄租地，发家致富后就在王新庄北侧买地居住，取名金庄。
王新庄	Wángxīnzhuāng	早年王姓迁此建立新庄，故名。
小圩子村村民委员会	Xiǎowéizicūn Cūnmínwěiyuánhuì	隶属萧县杜楼镇。1949 年属陶楼区红庙乡。1958 年后属红庙、杜楼公社。1985 年属赵庄区红庙乡。1992 年属杜楼镇至今。
小圩子	Xiǎowéizǐ	早年任姓来此居住，为防盗，挖沟打墙，把自己家围起来，且庄小，故名。
台子	Táizi	村子建在半山腰，形似台子，故名。
徐楼	Xúlóu	徐姓在此建楼，故名。
李庄	Lǐzhuāng	李姓在此建庄，故名。
郭庄	Guōzhuāng	明代郭姓从山西来此立庄，故名。
袁寨	Yuánzhài	早年袁姓在此居住，村周筑寨，故名。
张屯	Zhāngtún	明代末年，张姓来此屯田居住，故名。
胡屯	Hútún	明代末年，胡姓来此屯田定居，后成村落，故名。
孙庄	Sūnzhuāng	早年孙姓在此居住立村，故名。
袁庄	Yuánzhuāng	同治元年，袁姓从尹庄村搬到此地，占产立庄，故名。
王新庄	Wángxīnzhuāng	早年王姓来此建新村，故名。
袁集	Yuánjí	清代袁钤（总兵）在此建寄庄，并形成集市，故名。
鲍庄	Bàozhuāng	早年鲍姓在此建庄居住，故名。
陶屯	Táotún	明代初，陶姓在此屯田定居，故名。

丁里镇

丁里镇（Dīnglǐ Zhèn） 属萧县管辖。公元前204年，刘邦率兵讨伐项羽新建的楚国国都彭城，项羽亲率精兵直抵萧县，刘邦惨败，逃至萧境丁里寨山南的一座小山坡，被楚将丁固追上，但丁固放走了刘邦。公元前202年秋，刘邦建立西汉王朝，丁固觐见刘邦，刘邦指责其为臣不忠，斩丁公，人们将丁固义释高祖之处的小山取名为丁公山。后又被人们简称为丁山。清朝时期，山下的村庄以山名谓之丁里。同治八年，丁里又名丁里寨，后又将附近的自然村统称为丁里。后设立政区均沿用丁里之名。地处萧县最南部，北与县城毗邻，南与淮北市接壤，距县城和淮北市区各13千米。丁里镇人民政府驻地郭庄村，南距宿州市60千米，东距江苏省徐州市30千米。下辖梁庄、许堂、丁里、胜利、郭庄5个社区和河头、张山头、瓦子口、武寺4个村。辖区面积74.94平方千米。辖区总人口42480人。属温带半湿润性季风气候区，四季分明，雨水较充沛，光照充足。农业以小麦、玉米、大豆、棉花为主，工业有水泥厂、采石厂等。有幼儿园12所，小学7所，初中1所，有医疗卫生机构10个，境内有连霍高速公路横穿，设有丁里出入口通往萧县、淮北市。省道202线、符夹铁路等3条公路、铁路干线交会，东距徐州观音机场45千米。该镇境内有春秋孔子学生颛孙子张父子以及其后代居住的古堀坊村，五代时王彦章摆渡的瓦子口，淮海战役总前委会议旧址蔡洼，20世纪70年代安徽省“农业学大寨”的典型郭庄，著名民主人士徐彬如的故乡徐王庄等。电话区号是0557，邮政编码是235271。行政区划单位为镇。1949年始设丁里区丁里乡，1958年属梅村公社，1961年从梅村公社划出属龙城区，建立丁里公社，1969年又并入梅村公社，1980年再置丁里公社，1985年再置丁里镇。1992年撤区并乡设丁里镇至今。

标准名称	汉语拼音	备注
许堂社区居民委员会	Xǔtáng Shèqū Jūmínwěiyuánhuì	隶属萧县丁里镇，许姓最早在明朝移民迁到老庄，后因水患再迁至西山许堂。
许堂	Xǔtáng	许姓由老庄迁来此处建村设堂，故名许堂。
中许堂	Zhōngxǔtáng	许堂村有人又到村中部建村，故称中许堂。
前许堂	Qiánxǔtáng	许堂村有人又到村南建村，故称前许堂。
老庄	Lǎozhuāng	老庄最早是周边许姓的发源地。最初许姓从山西洪洞县移民到此庄，后因水患，大部分人迁至西山，建许堂村。故许堂村人称原落户村为老庄，后来老庄逢集，又叫老庄集。
嶂山	Zhàngshān	因山而得名——很早时候有个道人要丈量嶂山的高度，多次都没有量准确，人们给将此村取名嶂山。
郝庄	Hǎozhuāng	早年郝姓在此立庄，故而得名。
王庄	Wángzhuāng	因本村王姓较多而得名。

标准名称	汉语拼音	备注
丁里社区 居民委员会	Dīnglǐ Shèqū Jūmínwěiyuánhuì	隶属萧县丁里镇，丁里村原名丁里寨，后易名丁里社区至今。
石婆	Shípó	该村西头曾建一庙宇，内有石雕的婆婆像，由此取名为石婆。
老集	Lǎojí	原名丁里寨，因此庄有一古老的集市而命名为老集。
前后大庄	Qiánhòudàzhuāng	旧时因村庄较大，故名大庄，后分前后两部分，故易名前后大庄。
南岗	Nángǎng	因此庄建在丁里南的高岗之上，故取名为南岗。
马井	Mǎjǐng	马姓迁移此地建村。为纪念东汉马援领兵打仗来此，将士饥渴，其白马蹄踹地成井，定名马井。
北门	Běimén	清朝年间，此庄位于丁里寨的北门，故取名为北门。
南门	Nánmén	清朝年间，此庄位于丁里寨的南门口附近，故取名为南门。
郭庄社区 居民委员会	Guōzhuāng Shèqū Jūmínwěiyuánhuì	隶属萧县丁里镇。1949 年属丁里区郝桥乡；1953 年属瓦口乡；1958 年 8 月撤区并乡，属朔里区瓦口乡；1958 年属朔里公社；1974 年由朔里公社改为郭庄公社胜利村隶属之；1978 年改属丁里区胜利乡胜利村；1990 年撤区并镇，郭庄村隶属丁里镇至今。
郭庄	Guōzhuāng	明代郭姓从萧县县城逃难至此建庄，取名郭庄。20 世纪 70 年代，郭庄为全省“农业学大寨”的典型。
王土山子	Wángtǔshānzi	很久以前这里有座山，这座山是关家卖给鲁家的，后来王家从张庄寨王柳园搬迁到此，鲁家嫁女到王家，便将土山作为嫁妆赠送给王家。王家四大“天王”土葬在山上，后来村子改名为王土山子。
朱庄	Zhūzhuāng	三百多年前的明朝时期，山西朱姓逃荒至此，因是朱姓建庄，故名朱庄。
纵瓦房	Zòngwǎfáng	明清时期，房姓从山东逃难至此，后来家族败落，纵姓人在此经商发迹，建造瓦屋，后得名纵瓦房，也简称瓦房。
王楼	Wánglóu	明末清初，王姓从大别山贩运木材，在此发家盖楼数间，故名王楼。
胜利社区 居民委员会	Shènglì Shèqū Jūmínwěiyuánhuì	隶属萧县丁里镇。1949 年后属丁里区陈谷乡；1955 年属朔里区；1970 年属朔里公社；1974 年朔里公社改名郭庄公社胜利村，隶属之；1986 年属丁里区；1992 年撤区属丁里镇至今。
宫庄	Gōngzhuāng	很久以前宫姓从山西洪洞县迁居此地建庄，故名宫庄。
石碑座	Shíbēizuò	相传有一驴贩子路过此地，见一女子在路边哭泣，欲上前搀扶，突遇鸡叫，乃变为一块石碑座。又说一纵姓女子年方 18 岁，婚后月余，丈夫去世，终身未嫁，立贞节牌坊，因坊身被盗，仅留下一块碑座，故得名。

标准名称	汉语拼音	备注
蔡洼	Càiwā	最早由蔡姓在此建村，因地势低洼而得名。淮海战役时在此设立华东野战军指挥部，总前委刘伯承、陈毅。邓小平、粟裕、谭震林在这里召开了淮海战役期间唯一的一次总前委全委会议，并在此留下了一张具有战斗风采的总前委五人合影照。这里现为全国重点文物保护单位，全国一百个红色旅游经典景区之一。
浮绥	Fúsuí	相传很早以前古黄河年年泛滥，此处一片汪洋，好似一面镜湖，此处的一座山好似漂浮在镜湖中的一叶小舟，在水中荡漾，故而得名浮绥山，村因之得名。
梁庄社区居民委员会	Liángzhuāng Shèqū Jūmínwěiyuánhuì	隶属萧县丁里镇，1949年至1958年属龙城区吴庄乡五一社；1958年属吴庄公社；1970年隶属梅村公社，为梁庄大队；1982年属丁里公社梁庄大队；1985年为丁里区丁里镇梁庄村；1997年撤区并乡，为丁里镇梁庄村至今。
前黄桥	Qiánhuángqiáo	相传在很久以前黄河发大水，村庄后边有一条10多米宽的大沟至西而东穿过。一位黄姓老石匠在村东头建了一座石桥（至今仍存），后人为纪念他，取村名为前黄桥。
穆楼	Mùlóu	民间传说，穆桂英带兵打仗经过此村，在此安营扎寨，打造兵器修建土楼，后人为纪念她，故取名为穆楼。
孟庄	Mèngzhuāng	最早是孟姓在此占产立庄，故而得名孟庄。
后梁庄	Hòuliángzhuāng	旧时梁姓在此占产立庄，故而得名梁庄，后扩为两庄。该村在北边，故称后梁庄。
前梁庄	Qiánliángzhuāng	在梁庄村南边，故取名前梁庄。
河头村村民委员会	Hétóucūn Cūnmínwěiyuánhuì	隶属萧县丁里镇。1949年属丁里区；1953年属瓦子口乡；1958年后属朔里公社；1974年改属郭庄公社河头大队；1983年撤社设区、乡，属丁里区瓦子口乡；1992年撤区并乡、镇，属丁里镇至今。
河头	Hétóu	数百年前，从外地迁来众多姓氏在此建村，因村小人少姓氏多不好命名，又因这里是老岱河的河头，故而起名河头。
皇避	Huángbì	民间传说，东汉时期光武帝刘秀，在被王莽追赶途中，曾在此躲避，故取名为皇避。
小皇避	Xiǎohuángbì	百年前葛姓一户人家从大皇避搬于皇避庄东，建小村，取名小皇避。
杨庄	Yángzhuāng	此庄因杨姓人口较多而得名杨庄。
任庄	Rénzhuāng	该庄以任姓为主，故名为任庄。
刘新庄	Liúxīnzhuāng	刘姓迁此建新庄，故名为刘新庄。
张山头村村民委员会	Zhāngshāntóucūn Cūnmínwěiyuánhuì	隶属萧县丁里镇。1949年属瓦子口乡；1954年属双合社；1958年属朔里公社郝桥营；1961年属朔里公社张山头大队；1992年后属胜利乡张山头大队、丁里镇张山头村村民委员会。

标准名称	汉语拼音	备注
张山头	Zhāngshāntóu	300 多年前，此处的山名为蛇山，张姓住在蛇山的山头上，得名张山头。
方庄	Fāngzhuāng	很早以前该庄有方姓、杨姓、陈姓、周姓、王姓、杜姓、马姓居住，其中方姓人数较多，故得名方庄。
郝桥	Hǎoqiáo	很早以前此村与石塘村之间有一条河，为方便交通，郝姓在村后建了一座石桥，故村名为郝桥。
梁店	Liángdiàn	很久以前梁姓在此开一饭店，得名为梁店。
石塘	Shítáng	从前石姓从瓦子口西石桃园迁来，因村旁有水塘，故名为石塘。
孙小林子	Sūnxiǎolínzi	相传春秋时期，孔子弟子、十哲之一的颛孙子张迁来此处林中建房落户，称子张庐。子张去世以后，在墓前立石坊，名曰堀坊，故村名改为堀坊村。后家族昌盛，一村分为两村，小村为孙小林子。村周围有堀坊八景。
王固庄	Wánggùzhuāng	很早以前有固姓和王姓住在此地，后来固姓把地卖给了王姓，故村名命为王固庄。
朱庄	Zhūzhuāng	明代朱姓三兄弟在此占产立庄，当时人少村小，称小朱庄，后来村子扩建了，便改为朱庄。
孙大林子	Sūndàlínzi	相传春秋时期，孔子弟子、十哲之一的颛孙子张迁来此处，在林中建草庐，被称子张庐。子张去世以后，墓前立坊，曰堀坊，于是该村便名堀坊村。后来颛孙子张家族昌盛，一村分两村，该村较大，故名孙大林子。这里以堀坊为中心，列有堀坊八景。
武寺村 村民委员会	Wǔsìcūn Cūnmínwěiyuánhuì	隶属萧县丁里镇。1954 年以前属徐州市萧县梅村乡，以后改为安徽省萧县梅村公社王老家大队；1980 年以后改为丁里镇武寺村。
刘庄	Liúzhuāng	1700 年前刘姓从河南迁至此处建庄，故名刘庄。
沈圈	Shěnquān	1343 年沈姓从河南迁到此处建村，名沈村。后在村周外围建寨圈，名为沈圈。
田村	Tiáncūn	据传很早以前两老翁挑担逃荒，歇脚于西龙头山下，谈话间方知两人都姓田，两人遂在山脚下搭庵为邻。繁衍形成小村庄，取名田遇村。后简称田村。
王老家	Wánglǎojiā	1369 年前，王姓从西华县迁到萧县，在尖山建村安家，后来东门大房迁到宿地，西门各房搬到徐州各地，他们都把萧县尖山视为王姓老家，故名王老家。
周庄	Zhōuzhuāng	1340 年周姓从河南迁到此地，落户建庄，周姓人数占 95% 以上，因名为周庄。
尖山自然村	Jiānshānzìráncūn	因村庄位于尖山脚下，故名。

标准名称	汉语拼音	备注
武薛寺	Wǔxuēsì	村内有武、薛二姓，并有寺庙，故称。
瓦子口村村民委员会	Wǎzikǒucūn Cūnmínwěiyuánhuì	隶属萧县丁里镇。1949 年属朔里区瓦子口乡。1957 年 10 月属朔里区。1958 年属瓦子口公社。1992 年属丁里镇管理至今。
瓦子口	Wǎzikǒu	瓦子口原名瓦江口，汉初行兵古道，由徐州通往长安，两边有大山，洪水泛滥，这里常积水，当地广泛流传唐末五代王彦章摆渡的故事。后演变为瓦子口。
杨庄	Yángzhuāng	杨姓由东杨庄迁来，有土地 70 亩，在此建庄，故名。
徐白楼	Xúbáilóu	徐姓占地建村，盖白色小楼，故名徐白楼。
王山窝	Wángshānwō	该村王姓人多，因村子处在山窝中，故名。
薛庄	Xuēzhuāng	该村地势较高，薛姓在此居住建庄，故名为薛庄。

王寨镇

王寨镇（Wángzhài Zhèn） 属萧县管辖，早年王姓在此建村，为防匪患，村周筑有寨墙，故而得名。地处县城西南 25 千米，东与本县杜楼镇接壤，南连孙圩子乡、祖楼镇，西接张庄寨镇，北和赵庄镇相邻。1981 年人民政府迁驻后洼，南距淮北市 20 千米，东距江苏省徐州市 50 千米。下辖苏庄、李楼、杨集、吴河涯、郝洼、吴丛、王寨、后洼、齐庄、大演武、三座楼、张楼、戴柿园、王集共 14 个村。面积为 99.36 平方千米。辖区总人口 79463 人。属温带半湿润性季风气候区，四季分明，雨水较充沛，光照充足。农业以小麦、玉米、大豆、棉花为主，工业以面粉厂、砖瓦厂、木材加工厂为主。有镇文化站、广播电视站 1 处，有村级文化活动中心 14 处，各类文化专业队 13 个，各类图书室 24 个，有幼儿园 11 所、小学 29 所、初中 3 所，有乡镇医疗机构 15 个，镇中心卫生院 1 处。境内有连霍高速公路东西横穿，311 国道南北穿境，县道与乡村公路连成一体。该镇有汉代侯国扶阳城旧址（即今吴丛）。本始三年，韦贤、韦玄成父子先后为宰相，并受封建立扶阳侯国。南北朝时期又为刘氏“彭城三里”之一的“丛亭里”；再后来又成为佛家著名寺庙（广济寺）吴家丛林。境内还有因东汉刘秀的故事而得名的杜马庄等名村。电话区号是 0557，邮政编码是 235261。行政区划单位为镇。1949 年设王寨区王寨乡，1958 年成立王寨公社，1985 年改为王寨区王寨镇，1992 年撤区并乡后设王寨镇。

标准名称	汉语拼音	备注
王寨村村民委员会	Wángzhàicūn Cūnmínwěiyuánhuì	隶属萧县王寨镇。1949 年属王寨区王寨乡；1958 年属王寨人民公社；1984 年属王寨镇。2007 年由程庄村、马庄村、郝楼村、原王寨村统一合并为王寨村民委员会。村委会驻地王寨自然村。
程庄	Chéngzhuāng	清朝年间，以程姓在此建庄，故而得名。
马庄	Măzhuāng	明代时期，马姓在此建庄，故名。
陈楼	Chénlóu	清朝中期，陈姓从河南迁此，村中盖有一楼，故取名陈楼。
郝楼	Hăolóu	清朝中期，郝姓从山西迁到此地盖楼一座，故名郝楼。
王寨	Wángzhài	早年王姓最早在此占产立庄，筑寨设集，故而得名。历为区、乡、公社、镇的治所。
后邵庄	Hòushàozhuāng	早年邵姓在此建前后两个庄，因此庄在后，故而取名为后邵庄。
戴楼	Dàilóu	明朝末年，戴姓迁居至此占产立庄，建土楼房，故而得名。该村人戴晓冬（1904—1988），1928 年加入中国共产党，一身武功，能耍二十斤重大刀，曾任中共贵州省委常委、副省长、省政协副主席、省人大常委会副主任等职。
小新庄	Xiăoxīnzhuāng	新中国成立前，几户人家从王千集迁到此地建新庄，故而得名小新庄。
王窑	Wángyáo	王姓最早来此定居后，又在村旁建砖窑一座，故而得名王窑。
宁园村	Níngyuáncūn	早年宁姓在此建庄居住，村周多果园，村后又有花园，故而得名。
任王集	Rénwángjí	早年任、王两姓在此建庄设集，故而得名任王集。
小徐庄	Xiăoxúzhuāng	徐姓在此占产立庄，因村庄较小，故而取名小徐庄。
王小楼	Wángxiăolóu	早年，王姓人在此建庄定居，并盖小楼一座，因人口少村庄小，故取名王小楼。
任楼	Rénlóu	早年任姓在此建村盖楼两座，故取名任楼。
齐庄村村民委员会	Qízhuāngcūn Cūnmínwěiyuánhuì	隶属萧县王寨镇。1958 年时属王寨公社齐庄大队；1981 年属王寨区王寨公社齐庄大队；1984 年改属王寨区王寨镇齐庄村；1992 年改属王寨镇齐庄村；2007 年与汪楼村合并为齐庄村村民委员会至今。村委会驻地张绪庄自然村。
张绪庄	Zhāngxùzhuāng	相传清朝初年，张、刘两姓同居此村，刘姓势力强大，常欺压张姓，甚至致死人命。张姓屡屡告官，后终申冤。地方有一出戏叫《三开棺》，就是据此编写，民国期间尚在萧县西部流行，新中国成立后失传。至清光绪年间，村中有老人名张次绪，财多无子，助人困危。去世前，将全部财物捐给村民。后人为纪念他，遂取村名张绪庄。
贾庄	Jiăzhuāng	贾姓在此占产立庄，故名贾庄。

标准名称	汉语拼音	备注
汪楼	Wānglóu	很久以前汪姓来此占产立庄建楼，故名汪楼。
蔡庄	Càizhuāng	很久以前蔡姓来此占产立庄，故名蔡庄。
前蒋庄	Qiánjiǎngzhuāng	很久以前蒋姓来此建两村，分别称为前蒋庄和后蒋庄。此村在前（南边），故称前蒋庄。
后蒋庄	Hòujiǎngzhuāng	很久以前蒋姓来此建两村，分别称前蒋庄和后蒋庄，此处在后（北边），故取名后蒋庄。
齐庄	Qízhuāng	很久以前齐姓来此占产立庄，故名齐庄。
周尹庄	Zhōuyǐnzhuāng	很久以前周姓与尹姓来此建村，故取名周尹庄。
后洼村村民委员会	Hòuwācūn Cūnmínwěiyuánhuì	隶属萧县王寨镇。1949 年属王寨区王洼乡；1958 年属王寨公社；1981 年属王寨区王寨公社；1984 年属王寨区王寨镇后洼村；1992 年属王寨镇后洼村；2007 年王洼村并为后洼村村民委员会。村委会驻地后洼自然村。
后宁园	Hòuníngyuán	明代宁姓在此占产建两个庄，并因种植大面积果园，故取名宁园。前边叫前宁园，后边叫后宁园。
余庄	Yúzhuāng	清朝道光年间，余姓在此占产立庄，故而得名。
李楼	Lǐlóu	民国期间李姓在此居住，并建有楼阁，故而得名。
杨庄	Yángzhuāng	此村以杨姓较多而得名杨庄。
后洼	Hòuwā	原为郝姓建村，因地势低洼，故名郝洼。后郝姓将村卖给叫王子石的人，因庄在王寨后，故改为后洼。
王新庄	Wángxīnzhuāng	王姓最早在此建新村庄，故名王新庄。
王洼	Wángwā	王姓建村，且因村周地势较洼，故而取名王洼。
张楼	Zhānglóu	张姓在此建庄盖楼，故而得名。
宋楼	Sònglóu	早年宋姓在此占产立庄并盖楼，故而得名。
郑楼	Zhènglóu	早年郑姓在此占产立庄盖楼，故名郑楼。
李楼村村民委员会	Lǐlóucūn Cūnmínwěiyuánhuì	隶属萧县王寨镇。1949 年属王寨区李楼乡；1969 年属祖楼公社；1980 年属王寨区李楼公社；1984 年属王寨区李楼乡；1992 年至今为王寨镇李楼村委会。村委会驻地李楼自然村。
李楼	Lǐlóu	早年李姓在此占产立庄建楼，故而得名。
小王堂	Xiǎowángtáng	王姓从大王堂迁此占地立庄，故取名为小王堂。
郭杨庄	Guōyángzhuāng	郭、杨两姓在此地占产立庄，故取名郭杨庄。
任新庄	Rénxīnzhuāng	清代后期，任姓在此建新庄，故取名任新庄。
孙小庄	Sūnxiǎozhuāng	清朝中期，颛孙子张后裔从邻村青柳园迁此居住，当时村小人口少，故取名孙小庄。
朱庄	Zhūzhuāng	明代朱姓在此占产立庄，故而得名。

标准名称	汉语拼音	备注
孙下湖	Sūnxiàhú	颛孙姓建村，因村周围地势低洼，经常积水如湖，故而得名。
谢庄	Xièzhuāng	大约在一千年前，该村所处位置在黄泛区，每年秋季是一片汪洋，虽然土地可以耕种，但水患为害，只有一季小麦可收。当时谢姓就在此地耕种收获，高筑宅基建房，这就成了谢庄的由来。
西郝楼	Xīhǎolóu	清朝中期，郝姓来此建村盖楼。因附近有两个郝楼，此村位于西，故名西郝楼。
后彭庄	Hòupéngzhuāng	约四百年前，此地住着彭姓和辛姓两个大户，称为彭辛庄，以后改为后彭庄。
高台孙庄	Gāotáisūnzhuāng	孙姓最早来此定居，因地势低洼，为防水患，故筑高台盖房，遂取名高台孙庄。
苏庄村 村民委员会	Sūzhuāngcūn Cūnmínwěiyuánhuì	隶属萧县王寨镇。1949 年属王寨区棠林乡；1958 年属王寨公社；1992 年属王寨镇；2007 年与棠林集、大王堂，欧庄村合并为苏庄村村民委员会。村委会驻地苏庄自然村。
大王堂	Dàwángtáng	王姓在此地建村盖高大堂屋，取村名为王堂。因近处有两个王堂，此处较大，故名大王堂。
杨楼	Yánglóu	明代杨姓在此占产立庄，盖有楼房，故而得名。
梁庄	Liángzhuāng	清朝中期，原村名孟庄。民国期间，梁姓村民迁入，后家产丰厚，人丁兴旺，逐渐改为梁庄。
棠林集	Tánglínjí	建村前这里棠林树较多，建村后设集，故取名棠林集。棠林集是一个古老的集市，清代嘉庆年间的《萧县志》中亦有“棠林集在县西南四十里”的记载。
任庄	Rénzhuāng	任姓来此建庄，故命村名为任庄。
子观寺	Zǐguānsì	早年村中有一人名子观，家产甚多无子嗣，本族因争分其财产不和，子观遂盖寺庙一座，将家产全部归寺，后人感其善举，故取村名子观寺。
前彭庄	Qiánpéngzhuāng	因附近有两个彭庄，此村在前（南），故名前彭庄。
袁庄	Yuánzhuāng	同治元年，袁姓从尹庄村后搬到此地，占产立庄，故得名袁庄。
欧庄	Ōuzhuāng	欧姓在此建庄定居，故名欧庄。
梁巷	Liángxiàng	梁姓最先在此定居，村中房舍排列为前后两排，中间有一条巷子，故名梁巷。
崔庄	Cuīzhuāng	两百年前，崔姓在此立庄，故名崔庄。
苏小楼	Sūxiǎolóu	苏姓建村时曾盖一座小楼，故名为苏小楼。
苏庄	Sūzhuāng	宋朝苏东坡为徐州知州，其长子苏迈定居于徐州南苏家湖。明代时，此地为水淹没，其长房迁往微山，后又因地震地陷，其中一支由微山迁此定居，故名苏庄。

标准名称	汉语拼音	备注
杨集村村民委员会	Yángjícūn Cūnmínwěiyuánhuì	隶属萧县王寨镇。1949 年属王寨区；1961 年属李楼公社；1969 年属祖楼公社；1981 年属李楼公社；1984 年属李楼乡；1992 年为王寨镇杨集村委会；2008 年与老家村合并为杨集村村民委员会。村委会驻地杨集自然村。
杨集	Yángjí	明朝杨姓在此建庄设集市，取名杨家集，简称杨集。杨集是一个古老的集市，清嘉庆年间的《萧县志》记载：杨家集在县西南三十里。
徐小楼	Xúxiǎolóu	徐姓在此建庄盖小楼一座，故而取名徐小楼。
东杨楼	Dōngyánglóu	杨姓最早在此附近建两个村，并分别盖两座楼，该村在东，故而得名东杨楼。
王庄	Wángzhuāng	村庄因王姓较多而得名。
东张老家	Dōngzhānglǎojiā	明朝初年，山东郓城县大户张诚率儿孙迁入此地占产立庄。明正统五年萧县大灾，张诚捐出麦谷 1010 石输官赈济。正统六年诏旌张家为“义门”，张诚为“义士”，入县义士祠。清嘉庆十二年在该村建张氏宗祠，此村称张老家。后又有张姓人在庄西一里许建庄，也称张老家，为区分之，故东称东张老家，而西称西张老家。张诚墓在东张老家村南，明景泰元年和雍正十二年所立墓碑尚存。宗祠完好。
西张老家	Xīzhānglǎojiā	早年张姓在张老家西建庄，故称西张老家。
徐庄	Xúzhuāng	该村庄因徐姓人口居多，故而得名。
张小洼	Zhāngxiǎowā	张姓最早在低洼处建村，村子较小取名张小洼，简称小洼。
西杨楼	Xīyánglóu	杨姓在附近两个庄都盖有楼房，故取名杨楼。为区分之，东边的称东杨楼，西边的称西杨楼。
蒋李庄	Jiǎnglǐzhuāng	蒋、李两姓在此建庄，故取名蒋李庄。
张楼村村民委员会	Zhānglóucūn Cūnmínwěiyuánhuì	隶属萧县王寨镇。1949 年属萧县王寨区；1958 年属王寨公社；1992 年属王寨镇；2007 年底原石桃园村民委员会、任楼村民委员会、张楼村民委员会三个村合并为张楼村民委员会。村委会驻地张楼自然村。
魏庄	Wèizhuāng	早年魏姓在此建庄，故而得名魏庄。
陶庄	Táozhuāng	陶姓和刘姓在此立庄，因陶姓人多故取名陶庄。
郭庄	Guōzhuāng	早年郭姓在此建庄，故而得名郭庄。
郭楼	Guōlóu	很久以前郭姓在此建村盖楼，故称郭楼。
任楼	Rénlóu	早年任姓在此建村并盖楼两座，故取名任楼。
前油坊	Qiányóufāng	明代初期有邵、徐两姓在此立庄开油坊磨油，故而得名油坊村。以后，人口越来越多，村庄越来越大，便分为两个村庄，因此村在前（南），故而得名。
杜平房	Dùpíngfáng	早年杜姓在此定居，盖平顶楼房六间，故取名为杜平房。

标准名称	汉语拼音	备注
汪庄	Wāngzhuāng	早年汪姓在此建村定居，故名汪庄。
小王庄	Xiǎowángzhuāng	王姓建村，村庄较小，故取村名小王庄。
后石桃园	Hòushítáoyuán	原名苗庄，后来石姓从陈蒋庄迁此管理桃园，遂改村名为石桃园。随着家大业大，以后石姓又在村南500米建一新村，取名前石桃园，原石桃园即易名后石桃园。
前石桃园	Qiánshítáoyuán	原名苗庄，后来石姓居民从陈蒋庄迁此管理桃园，遂改村名为石桃园。随着家大业大，以后石姓又在村南500米建一新村，并取名前石桃园。
罗王庄	Luówángzhuāng	早年有罗、王两姓在此建庄，故取名罗王庄。
武双楼	Wǔshuānglóu	早年武姓在此建村，盖楼两座，故取名武双楼。
张楼	Zhānglóu	张姓在此建庄盖楼，故而得名。
大演武村 村民委员会	Dàyǎnwǔcūn Cūnmínwěiyuánhuì	隶属萧县王寨镇。1949年属闵贤乡；1958年属王寨公社大演武大队；1984年属王寨镇演武村；1992年属王寨镇大演武村民委员会至今。村委会驻地大演武自然村。
大演武	Dàyǎnwǔ	明开国大将薛显早年曾在五洞山占山为王，在山下练兵大摆演武场。后来有人在演武场附近定居，形成村落，故而取名大演武。
王山窝	Wángshānwō	王姓最早在此山窝里建村，占地面积大，故而得名。
三座楼村 村民委员会	Sānzuòlóucūn Cūnmínwěiyuánhuì	隶属萧县王寨镇。1958年属张楼公社；1984年属芦花乡；1992年属王寨镇至今。村委会驻地三座楼自然村。
三座楼	Sānzuòlóu	明代某财主来此定居，盖了三座炮楼，故而得名三座楼。
陈楼	Chénlóu	清中期陈姓从河南迁此，在村中盖有一楼，故取名陈楼。
郝土楼	Hǎotǔlóu	明代郝姓在此居住并建土楼一座，故而得名郝土楼。
戴柿园村 村民委员会	Dàishìyuáncūn Cūnmínwěiyuánhuì	隶属萧县王寨镇。1949年属王寨区王集乡；1958年属王寨公社；1984年属张楼乡；1992年隶属王寨镇；2007年底，由原郝庄村、杜马庄、戴柿园村合并为戴柿园村至今。村委会驻地戴柿园自然村。
贾楼	Jiǎlóu	贾姓在此建村并盖楼，故而得名贾楼。
周洼	Zhōuwā	早年间周姓建村，因村周围地势低洼，故取名周洼。
王屯	Wángtún	旧时王姓在此屯田居住，故而得名。
郝庄	Hǎozhuāng	早年郝姓在此立庄，故而得名。
后油坊	Hòuyóufāng	明代初期有邵、徐两姓在此占产立户，开油坊磨油，故而得名油坊村。以后，人口越来越多，村庄越来越大，便分为两个村庄，因此村在后（北），故而得名。
夏庄	Xiàzhuāng	早年夏姓在此占产立庄，故称夏庄。

标准名称	汉语拼音	备注
杜马庄	Dùmǎzhuāng	相传汉光武帝刘秀走南阳路过此地，座下战马因疾驰而致肚皮裂开而死。后杜姓人迁此居住，为使人记住这段历史，故取名叫杜马庄。
吴玉楼	Wúyùlóu	相传明朝时村中吴某被招为驸马后，在家乡盖楼一座，取名吴御楼，后来“御”误传为“玉”，村名由此而得。
颛孙庄	Zhuānsūnzhuāng	嘉庆年间，颛孙子张后裔人来此建庄，故取名颛孙庄。
戴柿园	Dàishìyuán	明末清初，戴姓在此建村并种植柿树成园，故取名为戴柿园。
吴丛村 村民委员会	Wúcóngcūn Cūnmínwěiyuánhuì	隶属萧县王寨镇。1949 年属王寨区吴丛乡；1958 年属王寨公社；1962 年属王寨区吴丛公社；1969 年并入王寨大公社称吴丛大队；1981 年属王寨区吴丛公社；1984 年体制改革属王寨区吴丛乡；1992 年至今为王寨镇吴丛村民委员会。村委会驻地吴丛自然村。
吴丛	Wúcóng	汉代，萧县境内有侯国，称扶阳国，也称扶阳城。据《太平寰宇记》记载，扶阳城在萧县（旧县）西南六十五里，《大清一统志》记载在萧县西南。南北朝时期为彭城刘氏“三里”丛亭里；唐代武则天后人曾来此建寺庙，时称“武家丛林”，后改称“广济寺”“广济禅院”，是我国北方七十二丛林之一。清代嘉庆《萧县志》记载：广济禅院后由“邑人吴殿英创修”，士人呼为“吴家丛林”，后简称吴丛。
薛庄	Xuēzhuāng	薛姓最早来此定居，房屋都建在高台上，故取庄名为薛台子。随着泥土的淤积，高台子不显其高，遂改名为薛庄。
老王庄	Lǎowángzhuāng	明朝嘉靖年间，王姓由萧县东官桥分支迁到此处居住，因该村比较古老，故名老王庄。
尹屯	Yǐntún	相传尹姓在明朝初年由山西省移民来此屯田定居，故取名尹屯。
孙庵子	Sūn’ānzi	孙姓自明朝后期从萧城西岱山口迁到吴丛南孙庄。清朝期间又由孙庄迁到此地，搭草庵子居住，时人称孙庵子，自此得名至今。
王集村 村民委员会	Wángjícūn Cūnmínwěiyuánhuì	隶属萧县王寨镇。1949 年属吴丛乡，1958 年属吴丛公社；1984 年属王寨区吴丛乡；1992 年属王寨镇王集村；2008 年与谭庄村合并为王集村村民委员会。村委会驻地王集自然村。
东孙庄	Dōngsūnzhuāng	早在明朝时期，孙姓在路两侧建庄，路东取名东孙庄，路西取名西孙庄，该庄在东，故名东孙庄。
孙楼	Sūnlóu	约四百年前，九户孙姓人家在此地除一虎害，官府立一牌楼纪念，取名孙家打虎楼，后简称孙楼。
王集	Wángjí	王姓在此建村设集，故取名王集。
郭村	Guōcūn	早年郭姓来此建村，故而得名。
杨庄	Yángzhuāng	此地以杨姓较多而得名杨庄。

标准名称	汉语拼音	备注
谭孙庄	Tánsūnzhuāng	因本村孙姓人口多，且离谭庄近，为区分其他孙庄，故取名为谭孙庄。
谭庄	Tánzhuāng	清末有谭姓在此建庄，故名谭庄。
郝洼村村民委员会	Hǎowācūn Cūnmínwěiyuánhuì	隶属萧县王寨镇。1949 年属王寨区吴丛乡；1958 年属王寨公社吴河涯大队；1961 年属吴丛公社郝洼大队；1969 年属王寨公社郝洼大队；1981 年属王寨区吴丛公社郝洼大队；1992 年至今属王寨镇郝洼村。村委会驻地郝洼自然村。
郝洼	Hǎowā	郝姓建村，因周边地势较洼而得名。
张庄	Zhāngzhuāng	明朝时，张姓从山西洪洞县迁来定居建庄，故名。
小王庄	Xiǎowángzhuāng	王姓人口居多，村庄较小，故取名小王庄。
西孙庄	Xīsūnzhuāng	孙姓最早在此附近建两个孙庄，此村位于西部，故名西孙庄。
殷庄	Yīnzhuāng	早年殷姓迁居至此建庄，故取名殷庄。
吴大庄	Wúdàzhuāng	吴姓最早在此建村，因村庄较大，故而得名。
吴小楼	Wúxiǎolóu	清朝时期，武姓财主迁来建楼筑花园，取名为武楼。后来武姓搬走，吴姓迁来定居，遂改为吴小楼子，简称吴小楼。
吴河涯村村民委员会	Wúhéyēcūn Cūnmínwěiyuánhuì	隶属萧县王寨镇。1949 年属吴河涯乡；1955 年属吴丛乡；1958 年属王寨公社；1961 年属吴丛公社；1969 年属王寨公社；1981 年再属吴丛公社；1992 年并入王寨镇；2007 年底由保元店、吴河涯、松林子合并为吴河涯村至今。村委会驻地吴河涯自然村（涯，方言读作 yē，水边的意思）。
林堂	Líntáng	村址原为张姓后人在此看护张家的林堂子（坟地），后来人口渐多，形成村落，故取名林堂。
张双楼	Zhāngshuānglóu	张姓在此盖两座楼，故而取名张双楼。
张河涯	Zhānghéyē	张姓在港河河涯旁边建村，故而得名。
杨老庄	Yánglǎozhuāng	杨姓在此定居较早，故取名杨老庄。
贾庄	Jiǎzhuāng	贾姓最早在此占产立庄，故名贾庄。
东陶庄	Dōngtáozhuāng	早年陶姓在此建庄，取名陶庄。1974 年挖港河时，把陶庄冲为两半，该村在东称东陶庄。
宋庄	Sòngzhuāng	宋姓最早在此建村，故名宋庄。
西陶庄	Xītáozhuāng	早年陶姓在此建庄，取名陶庄。1974 年挖港河时，把陶庄冲为两半，东半称东陶庄，该村在河西称西陶庄，因该处在西面，故取名西陶庄。
陆庄	Lùzhuāng	早年陆姓在此居住建庄，故得名陆庄。
张杨庄	Zhāngyángzhuāng	张姓、杨姓在此建庄，故取名张杨庄。
吴河涯	Wúhéyē	吴姓人家在港河涯东建村，故而得名。

标准名称	汉语拼音	备注
松林子	Sōnglínzi	此处原是张家祠堂的松树林子，后有人迁此建庄居住，故取村名为松林子。
岗叉楼	Gǎngchālóu	从前高姓在此建造岗楼，因遭抢劫，只盖半截，留下岗楼叉子（当地方言，半截的意思），再无力盖成，故名岗叉楼。
程新庄	Chéngxīnzhuāng	原为张新集张姓的寄庄子，后来程姓在此居住，遂取名程新庄。
张平楼	Zhāngpínglóu	张姓在此建村盖平顶楼一座，故取名张平楼。
保元店	Bǎoyuándiàn	传说明朝初期，吴某在此开百货店名万全店，后某人来买墨斗子，一片店中无货，吴某自觉惭愧，遂易名保元店。
张大楼	Zhāngdàlóu	张姓在此建村，盖了一座大楼，故取名张大楼。

祖楼镇

祖楼镇（Zǔlóu Zhèn）　属萧县管辖，早年祖姓人家在此定居，后在村中盖楼，故而得名。祖楼镇是淮北平原上的一个老集镇，位于萧县西南，距县城31千米。北邻王寨镇，南邻淮北市相山区，东与孙圩子乡，西与青龙集镇、张庄寨镇、石林乡接壤，南北长约10千米，东西宽8千米。全镇面积34.158平方千米，镇人民政府驻吴楼桥，下辖孟苏庄、石桥、孙楼、穆寨、湘山庙、王楼、祖楼、张湾、刘憩、蒋庄共10个村。2011年末，辖区面积80平方千米。总人口46827人。属温带半湿润性季风气候区，四季分明，雨水较充沛，光照充足。农业以小麦、玉米、大豆为主，工业有木材加工等。全镇有文化站、广播电视站各1个，村级文化活动中心10处，各类文化专业户12户，各类图书室14个，有幼儿园8所、小学20所、初中2所，有乡村医疗卫生机构11个，门诊部（所）11个，境内有311国道贯穿，距离县城31千米，距离淮北市12千米。境内有古相县、相城兼泗水郡、沛郡、沛国故址所在地相山庙村，刘秀逃难休息化险为夷的刘憩村等。电话区号是0557，邮政编码是235262。行政区划单位为镇。1949年设祖楼区祖楼乡，1962年属王寨区，1958年建立祖楼公社，1985年再置祖楼区，1992年撤区并乡设祖楼镇。

标准名称	汉语拼音	备注
孙楼村 村民委员会	Sūnlóucūn Cūnmínwěiyuánhuì	隶属萧县祖楼镇。1949年设立乡公所，后设初级社，1958年属石林区孙楼公社孙楼大队，1985年撤社属祖楼区孙楼乡，1992年撤区并乡属祖楼镇孙楼乡。
王庄	Wángzhuāng	因王姓较多而得名。

标准名称	汉语拼音	备注
朱庄	Zhūzhuāng	明代朱姓三兄弟在此占产立庄，当时人少村小是小朱庄，后改为朱庄。
梁楼	Liánglóu	梁楼原名叫西大梁楼，以前住着武姓和梁姓两大户，都非常兴旺，后来武姓越来越少，梁姓人越来越多，庄名定为梁楼。
何庄	Hézhuāng	早年何姓在此居住，故名。
翟庄	Zháizhuāng	传说二百多年前叫曹庄，曹姓在这居住，后来翟姓从外地迁来在此居住，改名翟庄。
李庄	Lǐzhuāng	传说唐末五代，有一个李姓老妇人住在此庄，曾名李苦家庄。后又改为李庄。此庄后无一家李姓。
苏庄	Sūzhuāng	传说二百多年前叫孟土楼，后来苏姓迁到这里，人多了，便取名苏庄。
孙楼集	Sūnlóují	孙楼首为孙姓移居开拓之地，从明崇祯年间由山东迁移此地。建寨时有东西大门楼，寨四角皆有高楼，围绕村寨挖有壕沟，有东西寨门吊桥能出入。适逢乱世，周围几十个庄村民众都住这里，以防匪盗。村内建有市场，后渐称孙楼集。
穆寨村村民委员会	Mùzhàicūn Cūnmínwěiyuánhuì	隶属萧县祖楼镇。1949 年设穆寨乡属祖楼区，1958 年属祖楼公社穆寨大队，1985 年撤社设区属祖楼区祖楼镇，1992 并乡属祖楼镇穆寨村。
夏庄	Xiàzhuāng	早年夏姓在此占产立庄，故名。
苗吴庄	Miáowúzhuāng	该村苗、吴姓居多，故名。
韩庄	Hánzhuāng	该村韩姓居多，故名。
杨小楼	Yángxiǎolóu	早年杨姓人从外地迁移至此，建有小楼，故名。
赵庄	Zhàozhuāng	两百年前，赵姓在此立庄，故名。
后盛庄	Hòushèngzhuāng	盛姓建村，并分居后盛庄。
梁庄	Liángzhuāng	清朝中期，原村名孟庄。民国期间，梁姓迁入，逐渐改为梁庄。
秦楼	Qínlóu	秦楼有四百年的历史，明末秦姓在此居住立村建楼，故名。
穆刘庄	Mùliúzhuāng	根据当地穆氏族谱记载，1500 年穆姓后裔第二房迁此，后又迁入刘姓，故名。
穆寨	Mùzhài	明朝初年穆姓从山西迁民到穆浅子，后又从穆浅子来此筑寨，故名。
徐庄	Xúzhuāng	该村徐姓居多，故名。
宋楼	Sònglóu	早年宋姓在此占产立庄并盖楼，故名。

标准名称	汉语拼音	备注
黄武庄	Huángwǔzhuāng	黄武庄原是高家地主的寄庄子。后因黄、武两姓居多，故名。
甘楼	Gānlóu	甘楼现没有甘姓，很久以前甘姓在此建村，故名。
小蔡庄	Xiǎocàizhuāng	由大蔡庄蔡姓迁来此处建村。
三姓户	Sānxìnghù	因村中只有三种姓氏，故名三姓户。
刘庄	Liúzhuāng	1700 年前后，刘姓从河南迁至此处，故名。
孟苏庄村村民委员会	Mèngsūzhuāngcūn Cūnmínwěiyuánhuì	隶属萧县祖楼镇。1949 年属祖楼乡，1958 年属祖楼公社孟庄大队，1985 年撤社设区属祖楼区，1992 年撤区并乡后属祖楼镇，改为孟苏庄村。
张庄	Zhāngzhuāng	旧时张姓住在此处，名张庄，家有几十亩地，找个长工姓纵，后张姓无后，纵姓继承家产。
天齐庙	Tiānqímiào	此处自清朝嘉庆年间建一座天齐庙，后来村以庙名。
毛河涯	Máohéyá	村庄北边紧靠毛河，因此庄名叫毛河涯。
张塘	Zhāngtáng	村庄内有垫宅挖土挖的一口塘，张姓占人口的 90% 以上，因此叫张塘。
王志庄	Wángzhìzhuāng	很久以前王寨有个姓王名志的秀才迁居此地，外庄的人就把这个庄叫王志庄。
孟苏庄	Mèngsūzhuāng	孟苏庄原有孟姓、苏姓两家，故名。
陈庄	Chénzhuāng	本庄有陈姓、孟姓、尹姓、丁姓、刘姓、陈姓占三分之二，故名。
孟寨	Mèngzhài	早年十几户孟姓住在此处，为了防盗、防乱，庄的四周筑起墙，安上大门，成为一个寨圈，故名。
张庄	Zhāngzhuāng	本庄张姓多，故名。
闫庄	Yánzhuāng	闫姓立庄且人多，故名。
李台子	Lǐtáizi	以前李姓住在此处，房基垫得比较高，故名。
高庄	Gāozhuāng	高姓人多，故名。
祖楼村村民委员会	Zǔlóucūn Cūnmínwěiyuánhuì	隶属萧县祖楼镇。1949 年属祖楼区祖楼乡，1958 年属祖楼公社祖楼大队，1985 年撤社属祖楼区祖楼镇，1992 年撤区并乡属祖楼镇。
张楼	Zhānglóu	张姓在此建庄盖楼，故名。
朱楼	Zhūlóu	早年，朱姓在此建村立庄，且建有一楼，故名。
祖老楼	Zǔlǎolóu	以前本村庄姓祖的人最多且有楼房，故名。
苏集	Sūjí	该村苏姓人口多，又有集市，故名。
柘园	Zhèyuán	该村的外围长满了柘树，故名。

标准名称	汉语拼音	备注
张湾村 村民委员会	Zhāngwāncūn Cūnmínwěiyuánhuì	隶属萧县祖楼镇。1949 年后由吴庙子、小胡庄、火神庙、前楼组成张湾子初级社、高级社，1958 年属祖楼公社张湾大队，1985 年撤社设区属祖楼镇，1992 年撤区并乡属祖楼镇，改为张湾村。
荀楼	Xúnlóu	荀姓立村建楼，故名。
火神庙	Huǒshénmiào	明代此处建有火神庙，后王姓在此占产立庄，故名。
程庄	Chéngzhuāng	清朝年间，以程姓在此建庄，故名。
种庄	Chóngzhuāng	原村名吴庙子，吴姓较少，种姓较多，逐渐改称种庄。
张湾子	Zhāngwānzi	原张湾南有条河（现洪减河）。有一姓张人在这条河上摆渡为生，河向南拐一个湾，取名张湾子。
石桥村 村民委员会	Shíqiáocūn Cūnmínwěiyuánhuì	隶属萧县祖楼镇。1949 年属石林区孙楼乡、孙楼公社石桥大队，1985 年撤社属孙楼乡石桥村，1992 年撤区并乡属祖楼镇石桥村。
张庄	Zhāngzhuāng	张姓在此建村，故名。
石桥	Shíqiáo	该村有一座石桥，故名。
高楼	Gāolóu	清朝初期，本村高姓是大户，并建有楼房，故名。
迭路北	Diélùběi	原名大黄庄，清朝乾隆年间，村南有一条徐州至永城的迭路从此穿过，故改名迭路北。
孟庄	Mèngzhuāng	早年，孟姓在此居住建村，故名。
孙庄	Sūnzhuāng	早年，孙姓在此居住建村，故名。
众姓庄	Zhòngxìngzhuāng	因村庄姓氏众多，故名众姓庄。
玉皇阁	Yùhuánggé	该村中间有玉皇庙，故名。
董庄	Dǒngzhuāng	该村原住民以董姓为主，故名。
孙瓦房	Sūnwǎfáng	早年孙姓立村并建有瓦房，故名。
湘山庙村 村民委员会	Xiāngshānmiàocūn Cūnmínwěiyuánhuì	隶属萧县祖楼镇。1949 年属祖楼区相山乡，1958 年属祖楼公社相山庙大队，1985 年撤社设区属祖楼区祖楼镇，1992 年撤区并乡属祖楼镇相湘山庙村。
吴庄	Wúzhuāng	该村从前有一大户姓吴，故名吴庄。
孙庄	Sūnzhuāng	本庄孙姓人多，故名。
鲁庄	Lǔzhuāng	从前本庄做木工活的多，手艺出色，起名鲁（鲁班门徒）庄。
郑楼	Zhènglóu	早年郑姓在本庄建一座小楼，故名。
刘楼	Liúlóu	早年刘姓建一座庙及楼，故名。
谢庄	Xièzhuāng	早年谢姓在此建庄落户，故名。

标准名称	汉语拼音	备注
板桥	Bǎnqiáo	该庄南面大沟，以前用木板架座桥，故名。
谢桥	Xièqiáo	早年谢姓在庄西头建一座桥，故名谢桥。
相山庙	Xiāngshānmiào	旧传商代先王相土东征到此建城，名相城。秦汉为相县城、泗水郡、沛郡、沛国，郡国与相县同城。后城淹没地下，在故址建庙，便称相山庙。该村为安徽省“千年古村落”。朱氏“沛国堂”源于此，并在此建有纪念亭园。
王楼村 村民委员会	Wánglóucūn Cūnmínwěiyuánhuì	隶属萧县祖楼镇。1949 年属祖楼乡，1958 年属祖楼公社为王楼大队，1985 年撤社后属祖楼镇，改为王楼村。
柘园	Zhèyuán	柘园村子的外围原来长满了柘树，所以叫柘园。
新庄	Xīnzhuāng	1815 年徐姓从微山湖来此买地立庄，因此庄为新建，故名。
任楼	Rénlóu	早年任姓在此建村盖楼两座，故名。
王破楼	Wángpòlóu	以前王姓从外地逃荒逃到此地。当时此地有一座很破的楼，故名。
许井	Xǔjǐng	相传五百多年前，许姓在此立村，并在村中挖了一口井，故名。
武庄	Wǔzhuāng	明代武姓在此占产立庄，故名。
王楼	Wánglóu	早年为王姓财主的寄庄子并建有楼房，故名。
武平庄	Wǔpíngzhuāng	早年有个叫武平的搬到此地居住，时间久了，这个庄就叫武平庄。
朱庙	Zhūmiào	早年朱姓在此盖了一座庙，庙的周围都住着人家，由此得名叫朱庙。
时庄	Shízhuāng	此庄时姓比其他姓氏的人口多，故名。
双楼	Shuānglóu	明末清初徐姓在此占产立庄，并建有两座楼，故名。
王塘	Wángtáng	早年王姓在这个庄的西头挖了一个大塘，供洗衣等用，故名。
吴楼	Wúlóu	明代吴姓在此占产立庄建楼，故名。
刘憩村 村民委员会	Liúqìcūn Cūnmínwěiyuánhuì	隶属萧县祖楼镇。1949 年属洪滨乡，1958 年属祖楼公社刘憩大队，1985 年撤社属祖楼区刘憩乡，1992 年撤区并乡属祖楼镇。
刘歇集	Liúxiējí	该村名最早源于民间“王莽赶刘秀”的故事。刘秀喝过田井的甜水之后，非常解渴，虽天色已晚，但不敢滞留，就右转弯顺路向西逃。仅走七里的路程，天色已黑透，遇到一个村庄，就再也走不动了，只好在村东头一个小庙里栖身，躲过王莽的追杀。刘秀称帝后，人们便把这个村庄称为“刘憩”。后来又在这里设立集市，俗称为刘歇集。
墓上村	Mùshàngcūn	传说在汉代时期，李姓住在此村，在本地建了李家大墓，从此该村就叫墓上村。

标准名称	汉语拼音	备注
刘庄	Liúzhuāng	刘姓于1700年从河南迁至此处立村，故名。
范庄	Fànzhuāng	早年范姓在此占产立庄，故名。
大王庄	Dàwángzhuāng	该村以王姓居多，故该村叫大王庄。
穆楼	Mùlóu	早年穆姓立村建楼，故名。
徐楼	Xúlóu	早年徐姓立村建楼，故名。
徐韩庄	Xúhánzhuāng	该村以徐姓、韩姓两姓人较多，故名。
蒋庄村村民委员会	Jiǎngzhuāngcūn Cūnmínwěiyuánhuì	隶属萧县祖楼镇。1949年属祖楼区洪滨乡，1958年属祖楼公社蒋庄大队，1985年撤社属祖楼区刘憩乡，1992年撤区并乡属祖楼镇蒋庄村。
余小楼	Yúxiǎolóu	早年余姓在此建庄，有一个小土炮楼，故名。
周大楼	Zhōudàlóu	早年周姓在此建村并建有大楼，故名。
蒋庄	Jiǎngzhuāng	早年蒋姓在此筑台立村，名蒋看台，后改为蒋庄。
徐楼	Xúlóu	早年徐姓立村，建有土楼，故名。
北李庄	Běilǐzhuāng	早年李姓立村，因与南李庄相区别，故名。
南李庄	Nánlǐzhuāng	早年李姓立村，因与北李庄相区别，故名。
周土楼	Zhōutǔlóu	早年周姓立村并盖土炮楼，故名。
陈庄	Chénzhuāng	早年陈姓立村，故名。
纵庄	Zòngzhuāng	早年纵姓立村，故名。
蒋松林子	Jiǎngsōnglínzi	早年蒋姓立村，有松树林，故名。

永堌镇

永堌镇（Yǒnggù Zhèn） 属萧县管辖。永堌寨东南角有铙钹山一座，其山四周陡峭，顶端平坦，称为“崮”。因山得名，古为厥崮镇，后演化为永堌镇，镇政府驻永堌寨而得名。永堌镇地处萧县东南部，东靠4A级国家风景区皇藏峪，东与白土镇和庄里乡毗邻，南与淮北市接壤，西与丁里镇为邻，北接龙城镇。下辖前进、胜利、山窝、窦庄、马庄、吴庄、许岗子共7个村。辖区面积60.62平方千米。辖区总人口31497人。属温带半湿润性季风气候区，四季分明，雨水较充沛，光照充足。农作物有小麦、玉米、大豆、山芋、棉花、花生、蔬菜等。水果有梨、葡萄、苹果、桃、枣、金太阳杏、石榴等。养殖业有奶牛养殖场、大白鹅和渔业综合养殖场。工业有采煤、造纸、农产品加工。有镇文化站、广播站各1处，村级文化活动中心7处，各类文化专业户8户，各类图书室18个，有幼儿园2所，小学12所，初中1所，镇卫生院1个，村级卫生室7个。镇址距连霍、合徐高速公路的交会处萧县东出入口7千米。永马公路贯穿永堌镇南北，直通江苏省徐州市，距徐州观音机场30千米。朔永公路直达淮北市，距市区20千米。县内二级公路直通县城，距县城20千米。全市最大的水库和海拔最高的官山均在永堌境内。传说赵匡胤避难并结识大将郑恩于此，郑用82.5斤的大油锤现存县博物馆。传统戏剧《三打陶三春》故事发生于此。境内有北泉新石器时期文化遗址、永堌水库生态旅游区。电话区号：0557。邮政编码：235283。长山套内有圣寿寺，寺内供有国内最大的缅甸玉卧佛和最年轻的“肉身菩萨”常闻法师全身镀金塑像。行政区划单位为镇。据《萧县志》记载：隋唐时代即为厥固镇，金代、元代这里曾是县建制（永堌县），元代至元二年（1265年）撤治，并入萧县。明代改镇。1950年始设朔里区永堌乡，1958年建立永堌小公社（属朔里区），1970年设永堌大公社，1985年撤社属丁里区永堌镇，1992年撤区并乡设永堌镇。

标准名称	汉语拼音	备注
前进村 村民委员会	Qiánjìncūn Cūnmínwěiyuánhuì	隶属萧县永堌镇，前进村民委员会位于驻永堌寨南部。因永堌寨寨大人多，1956年成立农业生产合作社时寨南部成立前进社，寨北部成立胜利社。人民公社化时期称前进大队、胜利大队，现改称前进村、胜利村。
朱庄	Zhūzhuāng	明代朱姓三兄弟在此占产立庄，当时人少村小，名小朱庄，后改为朱庄。
石庄	Shízhuāng	清朝中期，此庄叫小梁庄，后来石姓在此定居繁衍，改名为石庄。
郭庄	Guōzhuāng	该村位于铙钹山下，传说当年俞伯牙与钟子期在此山下抚琴结友，产生“高山流水遇知音”的故事。该村后称集贤村。明代郭姓从山西来此立庄，故名。
前进村	Qiánjìncūn	位于永堌寨南部，农业合作化时成立前进社，后改前进大队，现为前进村。
胜利村 村民委员会	Shènglìcūn Cūnmínwěiyuánhuì	隶属萧县永堌镇，胜利村民委员会驻永堌寨北部。因永堌寨寨大人多，1956年成立农业生产合作社时寨南部成立前进社，寨北部成立胜利社，人民公社化时期称胜利大队，现改称胜利村。
胜利村	Shènglìcūn	位于永堌寨北部，农业合作化时成立胜利社，后改为胜利大队，今为胜利村。
北泉	Běiquán	庄在永堌寨北，有泉，故名北泉。
许岗村 村民委员会	Xǔgǎngcūn Cūnmínwěiyuánhuì	隶属萧县永堌镇，该村一直隶属永堌公社、永堌镇。
岗南村	Gǎngnáncūn	许岗子村沿山南北较长，该庄位于许岗子南，故而得名。

标准名称	汉语拼音	备注
岗北村	Gǎngběicūn	许岗子村沿山南北较长，该庄位于许岗子北，故而得名。
山窝村 村民委员会	Shānwōcūn Cūnmínwěiyuánhuì	隶属萧县永堌镇。1958年归吴庄公社，1969年属永堌人民公社，1981年属丁里区永堌公社，1984年属丁里区永堌镇，1992年属永堌镇，2008年并村时成立永堌镇山窝村民委员会至今。
王山窝	Wángshānwō	村子坐落在山窝里，王姓人多，故名王山窝。
李庄	Lǐzhuāng	明代时期，李姓在此立庄，取名李庄。
疃里	Tuǎnlǐ	疃，为禽兽践踏之地。据传四百年前此处在山脚之下，荒无人烟，禽兽出没，人称疃场。后来逐渐有人迁居，形成村庄，取名疃里。
窦庄村 村民委员会	Dòuzhuāngcūn Cūnmínwěiyuánhuì	隶属萧县永堌镇。1958年属吴庄公社，1970年属大庄公社，1981年属丁里区吴庄公社，1984年属丁里区吴庄乡新台村，1992年属永堌镇新台村，2007年新台村与腰庄村合并为窦庄村民委员会。
窦庄	Dòuzhuāng	窦姓建庄，故名窦庄。
赵台	Zhàotái	光绪年间，赵姓二兄弟从萧县帽山迁此筑台建房立庄，取名赵台。
梁庄	Liángzhuāng	清朝中期，原村名孟庄，民国期间，梁姓迁入，改名梁庄。
新台	Xīntái	早年杜庄人的分支在此筑台建庄，取名新台。
李庄	Lǐzhuāng	李姓在此建庄，故名。
魏庄	Wèizhuāng	明朝魏姓从山西省洪洞县迁此开垦荒地，安家落户，故名魏庄。
杜庄	Dùzhuāng	早年杜姓在此占产立庄，故而得名。
腰庄	Yāozhuāng	清末，姜姓在杜庄、赵庄中间建庄，起名腰庄。
许三村	Xǔsāncūn	清末许姓在此建村定居，该村与新台子、窦庄三村并排，从东数排第三，故名。
马庄村 村民委员会	Mǎzhuāngcūn Cūnmínwěiyuánhuì	隶属萧县永堌镇。1958年属吴庄公社，1970年属大庄公社马庄大队，1981年属丁里区吴庄公社，1984年属丁里区吴庄乡，1992年属永堌镇马庄村，2008年老河头村、石山子村合并为马庄村民委员会至今。
赵庄	Zhàozhuāng	200年前，赵姓在此立庄，故取名赵庄。
老河头	Lǎohétóu	明朝初年，张姓率众在此修河，带工的人被称为“老河头”。河修好以后，张姓带工的人便安家于此，以“老河头”为庄名。
马庄村	Mǎzhuāngcūn	早年马姓在此占产立庄，故而得名。
秦庄	Qínzhuāng	早年秦姓在此占产立庄，故而得名。
张庄	Zhāngzhuāng	张姓在此建庄，故名张庄。

标准名称	汉语拼音	备注
石山子	Shíshānzi	此处有一座山，南坡有块巨石，形似水牛，故称此山为石水牛山，简称石山子。山旁建村，以山为名。
石牛山	Shíniúshān	此处有一座山，南坡有块巨石，形似水牛，故称此山为石水牛。以山名庄。
胡台子	Hútáizi	胡姓在此占产筑台立庄，故而得名胡台子。
吴庄村村民委员会	Wúzhuāngcūn Cūnmínwěiyuánhuì	隶属萧县永堌镇。1950年属丁里区吴庄乡，1958年属吴庄公社吴庄大队，1970年属大庄公社，1981年属丁里区吴庄公社，1984年为丁里区吴庄乡吴庄村，1992年属永堌镇至今。
卢庄	Lúzhuāng	清末卢姓在此占产立庄，取名卢庄。
东项场	Dōngxiàngchǎng	清末项姓在此置买土地，占产立庄，兄弟三人分家，大哥建庄在西称西项场，老二、老三建庄在东称东项场。
冯庄	Féngzhuāng	清朝冯姓在此占地立庄，故名。
大南庄	Dànánzhuāng	清朝末年，毛姓家族一支从毛郢子分家分到此地建庄，因在毛郢子南起名大南庄。
小毛庄	Xiǎomáozhuāng	清朝末年，毛姓家族一支从毛郢子分家到此地建庄，庄小人少起名小毛庄。
毛寨村	Máozhàicūn	清代毛姓在此占产立庄，并在村周围建有寨墙，故而得名。
西项场	Xīxiàngchǎng	清末项姓在此置买土地，占产立庄，兄弟三人分家。老大建庄在西称西项场，老二、老三建庄在东，称东项场。
郑庄	Zhèngzhuāng	明代郑姓在此占产立庄，故而得名。
吴庄	Wúzhuāng	明、清代吴姓在此占地立庄，故而得名。
小马庄	Xiǎomǎzhuāng	旧时马姓迁此建庄，庄小人少，故而得名。

白土镇

白土镇（Báitǔ Zhèn） 属萧县管辖，唐宋时即为白土镇，亦称白土寨，因境内蕴藏丰富的白垩土而得名。地处萧县东南部，东与官桥镇相邻，南与庄里乡相连，西与永堌镇、龙城镇交界，北与江苏徐州市铜山区接壤。镇人民政府驻地在白土村，距萧城15千米。下辖董店、孤山、张村、花甲寺、费村、白土、欧盘共7个村。面积38.70413平方千米。人口28462人。属温带半湿润性季风气候区，四季分明，雨水较充沛，光照充足。农业以小麦、山芋、大豆、山羊养殖为主。工业有煤炭和采石业。境内有镇文化站1处，村级文化活动中心9处，有线电视站3个，幼儿园4所，小学12所，初中2所，镇级医疗机构1个，门诊部（所）10个，京台（G3）、连霍（G30）高速公路在境内交会，设有萧县东出入口，301省道穿境而过，东距206国道、京沪铁路10千米。境内有花甲寺和夏村西岗子两处新石器文化遗址，白土古萧窑遗址，苏轼发现煤炭处，白居易、苏轼先后歌颂的古朱陈村，4A景区皇藏峪天门山、天门寺，省级旅游示范点费村农家乐，世界著名艺术大师朱德群的故里。长途区号：0557，邮政编码：235281。行政区划单位为镇。1949年属白土乡，1958年属皇藏公社，1961年从皇藏公社划出，建立白土公社，1985年重设皇藏区白土镇，1992年撤区并乡设白土镇至今。2018年白土镇被认定为省级千年古镇。

标准名称	汉语拼音	备注
白土村 村民委员会	Báitǔcūn Cūnmínwěiyuánhuì	隶属萧县白土镇。1984年由白土公社白土大队改为皇藏区白土镇白土村，1992年改为白土镇白土村，2002年建立白土镇白土村村民委员会。村委会驻白土村。
白土	Báitǔ	因白垩土（瓷土）储量丰富，质量上乘，是制造瓷器的上好原料，故而得名白土村。村内有古萧窑遗址，唐代即为徐州五大镇之一。宋代苏轼在此寻得石炭，瓷窑发展到72座，成为长江以北最大的窑址。法籍华人艺术大师朱德群故里。
新庄	Xīnzhuāng	1815年徐姓从微山湖来此买地立庄，因此庄为新建，故取名新庄。
汪口	Wāngkǒu	因庄东有水塘一口，水塘亦称水汪，倒流河曾在此决口，故而得名汪口村。
费村 村民委员会	Fèicūn Cūnmínwěiyuánhuì	隶属萧县白土镇。1984年由白土公社费村大队改皇藏区白土镇费村，1992年改白土镇费村，2002年建立白土镇费村村民委员会，2007年，戴村、费村合并称戴费村，2011年改称费村。村委会驻费村，为安徽省宜居示范村。
戴村	Dàicūn	元代此地名申陈村。元末戴姓陆续迁居，逐渐形成多数，改名戴村。
费村	Fèicūn	天门寺西有富家村，后因费姓迁入，富、费两家争村名。终因费姓强而得村名费村。
董店村 村民委员会	Dǒngdiàncūn Cūnmínwěiyuánhuì	隶属萧县白土镇。1984年由白土公社董店大队改为皇藏区白土镇董店村，1992年改为白土镇董店村，2002年成立白土镇董店村村民委员会，村委会驻董店村。1994年12月4日，时任中共中央政治局常委、国家副主席、中央军委副主席胡锦涛到此视察农村基层党建工作。
张村	Zhāngcūn	传说，八仙中的张果老曾从此经过，在村东头一石板上留有一只脚印，故取名叫张过村，后简化叫张村。
董店	Dǒngdiàn	唐代董姓在此开设董家客栈，后人口逐渐增多，形成村落，取名董店。
石窗户	Shíchuānghù	传说庄西湖有座桥叫女人桥，桥边有块四方石，石上有洞眼，像窗户，村庄便取名石窗户。

标准名称	汉语拼音	备注
卢村	Lúcūn	此地原为牛姓居住，明朝末年卢姓从萧县城西锁里逃荒来此。后牛家衰败，卢姓兴旺，改村名为卢村。
瓦房	Wǎfáng	早年这里是卢村卢家的一片湖地，靠地的南头建有三间瓦房，留作人们干活休息吃饭之用。后来不断有人搬迁到此居住，形成了村落，取名瓦房。
张村村民委员会	Zhāngcūn Cūnmínwěiyuánhuì	隶属萧县白土镇。1984年由白土公社张村大队改为皇藏区白土镇张村，1992年改为白土镇张村，2002年建白土镇张村村民委员会，2005年与祝寺村合并，2008年又与冯楼村合并，仍为张村村民委员会。村委会驻张村。
张村	Zhāngcūn	张姓在此占产立庄，故而得名张村。
冯楼	Fénglóu	清朝末年，冯姓是当地大户，有人在朝中做官，晚年辞官回乡，到现在所居地，故取名叫冯楼。
祝寺	Zhùsì	陈、谢二姓迁在此建村，并在村南建寺庙一座，供奉火神祝融，故取名祝寺村。以后又有人在寺南居住，形成村庄，故寺北又称北祝寺，寺南又称南祝寺。
杜山头	Dùshāntóu	杜姓迁来此地，在山头建庄，因此得名杜山头。
欧盘村村民委员会	Ōupáncūn Cūnmínwěiyuánhuì	隶属萧县白土镇。1984年由孤山公社欧盘大队改为孤山乡欧盘村，1992年改为白土镇欧盘村，2002年成立白土镇欧盘村村民委员会，村委会驻前欧盘。境内有隋唐古瓷窑遗址。
姜庄	Jiāngzhuāng	清朝时姜姓在此占产立庄，故名姜庄。现存清代姜姓宅院一处。
许小庄	Xǔxiǎozhuāng	许姓建村，故而得名。
靳庄	Jìnzhuāng	早年靳姓在此建庄，得名靳庄。
靳庄新村	Jìnzhuāngxīncūn	早年靳姓在此建庄，后迁出新建，故名。
后欧盘	Hòuōupán	宋朝有一欧姓将军在此扎营，前后两座营盘，这里是后营，故名后欧盘。
前欧盘	Qiánōupán	宋朝有一欧姓将军在此扎营，前后两座营盘，这里是前营，故名前欧盘。
水泥厂新村	Shuǐníchǎngxīncūn	欧盘村在此建水泥厂，以后陆续有人迁居此处，形成村落，故名水泥厂新村。
孤山村村民委员会	Gūshāncūn Cūnmínwěiyuánhuì	隶属萧县白土镇，曾为孤山乡政府所在地。孤山公社孤山大队，以后分为孤山乡孤东、孤西两个村。1992年为白土镇孤山村，2002年建立孤山村村民委员会，村委会驻孤东村。
孤东	Gūdōng	因村处孤山脚下，名孤山寨。早年尹姓在此建寨墙，挖寨河，在西寨东，故名东寨，现名孤东。
团毛山	Tuánmáoshān	以境内的自然地理实体团毛山为名。

标准名称	汉语拼音	备注
孤西	Gūxī	因村处孤山脚下，名孤山寨。早年尹姓在此建寨墙，挖寨河，在东寨西，故名西寨，现名孤西。
老山口	Lǎoshānkǒu	因该村坐落在通往徐州的西老山山口处，且村庄较大，故取名老山口。
小老山口	Xiǎolǎoshānkǒu	因该村坐落在通往徐州的西老山山口处，且村庄较小，故取名小老山口。
刘楼	Liúlóu	古时刘姓在此立庄，庄内建有一楼，故取名为刘楼。
白虎山	Báihǔshān	因坐落在白虎山脚下而得名。
花甲寺村村民委员会	Huājiǎsìcūn Cūnmínwěiyuánhuì	隶属萧县白土镇。1984 年由孤山公社花甲寺大队改为孤山乡花甲寺村，1992 年改为白土镇花甲寺村，1997 年民政局试点，成立白土镇花甲寺村村民委员会，村委会驻地夏村。
陈庄	Chénzhuāng	本庄陈姓较多，故而得名。与前圩子、后圩子对外统称朱陈村，2018 年被认定为省级千年古村。
河湾	Héwān	因为村庄位于倒流河的转弯处，所以取名河湾。
后圩子	Hòuwéizi	该村位于倒流河边，地势低洼，村民筑圩防水，故称圩子。南北紧连三个村庄，前曰前圩子，中曰后圩子，前后圩子为朱姓人居住合称朱圩子。最北村陈姓居住，名陈庄，三个村庄对外统称朱陈村。朱陈村民风淳朴，朱陈联姻，世代和睦，如世外桃源。唐代大诗人白居易曾写长诗《朱陈村》赞颂，北宋大文学家、政治家苏轼任徐州知州时曾亲临考察，并留下《题陈季常所著〈朱陈嫁娶图〉》和《劝农》传世诗篇。2018 年朱陈村被认定为省级千年古村。
花甲寺新村	Huājiǎsìxīncūn	花甲寺村原在倒流河西。近一二十年，陆续有人从旧址迁到河东，形成村落，名花甲寺新村。旧址早年有华（佗）家寺和清泉寺，至元末徐达部将华云战败徐州，携全家隐居在该寺，后讹传为花甲寺。村旁有新石器时期遗址，为省级文物保护单位。
前圩子	Qiánwéizi	该村位于倒流河边，地势低洼，村民筑圩防水，故称圩子。南北紧连三个村庄，前曰前圩子，中曰后圩子，前后圩子为朱姓人居住，合称朱圩子。最北村陈姓居住，名陈庄，三个村庄对外统称朱陈村。朱陈村民风淳朴，朱陈联姻，世代和睦，如世外桃源。唐代大诗人白居易曾写长诗《朱陈村》赞颂，北宋大文学家、政治家苏轼任徐州知州时曾亲临考察，并留下《题陈季常所著〈朱陈嫁娶图〉》和《劝农》传世诗篇。2018 年被认定为省级千年古村。
夏村	Xiàcūn	古时夏姓在此居住，故名。村南有夏家林（墓地）。夏村西岗子有新石器时代遗址。
矿山	Kuàngshān	20 世纪中期江苏省在此地开矿，工人村坐落在青龙山脚下，后来形成村落，取名矿山。

官桥镇

官桥镇（Guānqiáo Zhèn） 属萧县管辖，源自古时官方驿站旁有迎来往高官达人之桥梁而得名，后沿用至今。官桥镇是国家4A级著名风景区皇藏峪所在地，皖北特色旅游乡镇。该镇位于萧县最东部，北与徐州铜山区相连，东南接宿州市埇桥区和萧县庄里乡，西邻白土镇，镇政府驻地官桥村。下辖吴集、高庄、赵楼、彭林、前白共5个村。面积64.142平方千米。辖区人口21008人。属温带半湿润性季风气候区，四季分明，雨水较充沛，光照充足。农业以小麦、玉米、大豆、花生、棉花、蔬菜、辣椒制种为主，工业有水泥制品厂、面粉厂、旋木加工厂等。现有镇广播站、文化站各1处，有村级文化室5个。有幼儿园10所，小学9所，初中1所。有乡村医疗卫生机构8个（含5个村卫生室）。境内交通四通八达，有301省道从镇内穿过，东距206国道2千米，北距徐州观音机场45千米，西距连霍、合徐高速公路交会处9千米。境内古有“一溜十八寺”之称，现有竹林寺及雍正皇帝下旨保护的龙泉禅寺遗址。有沈峪古洞群，有苏轼长子苏迈墓，传说是明代首富沈万三的故乡。行政区划单位为镇。1949年属皇藏乡，1958年属皇藏公社，1961年从皇藏公社划出，建立官桥公社，1969年并入赵楼公社，1980年从赵楼公社划出，再设官桥公社，1985年撤区并乡为官桥镇，1992年撤区并乡设官桥镇至今。

标准名称	汉语拼音	备注
前白村 村民委员会	Qiánbáicūn Cūnmínwěiyuánhuì	隶属萧县官桥镇。1949年以后前白为皇藏区皇藏乡，1961年为赵楼公社前白大队，1984年体制改革时为官桥镇前白村至今。
马庄	Mǎzhuāng	以前此处是一家大户养马的地方，后发展成村，故名马庄。
前白庄	Qiánbáizhuāng	南部濉溪县蔡里有个南庄与之对应，此村取名为“北庄”。久之口传为“白庄”。后发展为两村，此村位于后白庄南面，故名前白庄。
彭林村 村民委员会	Pénglíncūn Cūnmínwěiyuánhuì	隶属萧县官桥镇。1949年属皇藏区皇藏乡，1961年属赵楼公社彭林大队，1984年属官桥镇彭林村至今。
五眼泉	Wǔyǎnquán	北宋苏迈（苏轼长子）的岳父朝中侍御史吕陶遭贬时，曾一度隐居于小龙岗旁的龙岗泉边。苏迈晚年由苏家湖搬来此泉边居住。他去世时适逢一春大旱，泉水滞留，山花无艳，其后人遂将龙岗泉改称为无艳泉，后人护墓形成村庄，村以泉得名“无艳泉村”。今人为了书写方便，误写成“五眼泉村”，甚至写成“五泉”村。现苏迈墓仍在，被县人民政府公布为县文物保护单位。
陈林	Chénlín	此处为山区，树木成林，早年陈姓在此管理树林，后形成村庄，取名陈林。

标准名称	汉语拼音	备注
牛牦山头	Niúmáoshāntóu	该村庄北边紧靠山，因该地山头较多，人说多如牛毛，故山名为牛毛山，村以山得名故名牛毛山头，现名牛牦山头。
彭林	Pénglín	此处为山区，彭姓在此管理树林，后定居成村，人称彭林。
西土盆	Xītǔpén	早年此处一牌坊上有“玉盆林”三字，因字迹残损，似为“土盆村”，故名，又名聚宝盆。后扩为东、西两村，此村在西面，故名西土盆。
东土盆	Dōngtǔpén	早年此处一牌坊上有“玉盆林”三个字，因字迹残损，似为“土盆村”，故名。后由于人口增多，该庄扩大而分东、西两庄，该村在东面，故名东土盆。
林场	Línchǎng	村民住在山林之中，人称林场。
王集	Wángjí	王姓建村设集，取名王集。
滕庄	Téngzhuāng	滕姓在此建庄，取名滕庄。
土楼	Tǔlóu	早年此村有一座土炮楼，故名土楼。
纵窝	Zòngwō	因是纵姓在山窝建村，取名纵窝。
徐林	Xúlín	徐姓建村，村旁有一松林，故而得名。
胡林	Húlín	村址原为山林，胡姓建村，取名胡林。
腰庄	Yāozhuāng	村址在山腰，故名。
汪庄	Wāngzhuāng	早年汪姓在此建村定居，故名。
后白	Hòubái	南部的濉溪县蔡里有个南庄与之对应，此村取名北庄。后口传为白庄，发展为两村，此村在北，故名后白。
于楼	Yúlóu	因是于姓建村，在村中盖楼，故名于楼。
杜庄	Dùzhuāng	早年杜姓在此占产立庄，故而得名。
皇藏峪景区	Huángzàngyù Jǐngqū	传说此处是刘邦藏身处，故名。
赵楼村村民委员会	Zhàolóucūn Cūnmínwěiyuánhuì	隶属萧县官桥镇。1949 年属皇藏区皇藏乡，1961 年为赵楼公社赵楼大队，1984 年体制改革时为官桥镇赵楼村至今。
赵楼	Zhàolóu	早年赵姓在此建村，为防匪患建楼一座，故称赵楼。
新庄	Xīnzhuāng	1815 年，徐姓从微山湖迁来此买地立庄，因庄为新建，故取名新庄。
白场	Báichǎng	此处原是白姓牧羊场地，后在此建村，取村名白场。另一种说法是此地有庙，老百姓靠种和尚的土地维持生计，生活很贫穷，因此取名白场。
北荒	Běihuāng	从前有人逃荒来此地，这里为一山沟，沟北、沟南皆为荒地，因村建在沟北坡上，故取名北荒。
南荒	Nánhuāng	在清朝末年，逃荒的人们来到此地，开荒种地维持生计，后建成村庄，又因这是山沟以南的坡地，故名南荒。

标准名称	汉语拼音	备注
徐楼	Xúlóu	因村庄为徐姓所建，并建有楼房，故起名徐楼。
礼泉村	Lǐquáncūn	早年该村偏北处有一泉眼，是酿酒的好水，人称醴泉，后人书写成礼泉。北洋军阀名将徐树铮就是此村人，曾任陆军次长、上将、西北筹边使、威远将军、国务院秘书长等职。该村现有徐树铮墓。
高庄村村民委员会	Gāozhuāngcūn Cūnmínwěiyuánhuì	隶属萧县官桥镇。1949 年属皇藏区皇藏乡，1961 年属官桥公社龙泉寺大队，1984 年体制改革时属官桥镇高庄村至今。
沈峪	Shěnyù	民间传说元末明初富豪沈万三的祖居地在这里，因地势为山峪，故村名沈家峪，现简称为沈峪。他的祖辈由沈家峪迁居浙江湖州，后又迁居长洲（在今江苏苏州），他父亲又迁居苏州的周庄，在明朝时期社会影响很大。
刘林村	Liúlíncūn	传说此地原来是清代刘墉祖上老林，又传说胡姓人在此护刘家林。胡姓人参加科举考试，被刘墉父子考察发现系其老林护林者，无资格参加科考，刷掉。胡姓人一怒将刘家老林石碑全部砸碎，改村名“胡林”，但周围乡民及官府仍称“刘林”，胡姓人未能改成。后护林人居住成村，仍名刘林村。
高庄	Gāozhuāng	很久以前高姓在此居住建庄，故叫高庄。
李寨	Lǐzhài	李姓建村，村址原是一座古寨，故名李寨。
龙泉村	Lóngquáncūn	村西曾建有一处气势宏大的寺庙（1981 年被毁）。庙后有土垄，状如土龙。庙门右侧有泉水，故称龙泉寺。清雍正皇帝曾对该寺地产山界等有圣旨，并遗有圣旨碑，故称皇家寺庙。还发现不知年代的“后土”碑。当年周边寺院都属该寺管理。村因寺庙名称而得名。
前官桥村	Qiánguānqiáocūn	官桥原名英布村。传说因汉朝九江王英布的妹妹葬于此而得名。这里古为官道即驿道，后来在这官道的河上建了一座桥，故名官桥。因此村在桥的南边，故名前官桥村。
后官桥村	Hòuguānqiáocūn	官桥原名英布村。传说因汉朝九江王英布的妹妹葬于此而得名。这里古为官道即驿道，后来在这官道的河上建了一座桥，故名官桥。此村在前官桥的北边，故名后官桥村。
吴集村村民委员会	Wújícūn Cūnmínwěiyuánhuì	隶属萧县官桥镇。1949 年为皇藏区皇藏乡，1961 年为官桥公社吴集大队，1984 年体制改革时为官桥镇吴集村至今。
吴集	Wújí	清朝光绪二十五年前后，此地逢集，集主姓吴，很有权威，故名吴集。
潘林	Pānlín	此地为山区，早年这里树木成林，潘姓在此立庄，故而得名潘林。
孟村	Mèngcūn	此村孟姓居多，故得名孟村。
张集	Zhāngjí	明朝崇祯年间，这里是后军都府张百亮的老家，村中逢集，故名张集。

圣泉镇

圣泉镇（Shèngquán Zhèn） 属萧县管辖，名称源自乡南部三仙台村（金代）建有的圣泉寺。该镇地处萧县城北，北与杨楼镇、刘套镇接壤，东与徐州铜山区相连，南与龙城镇为邻，西与马井镇、杜楼镇毗邻。镇政府驻地郭庄社区。下辖岗子、穆集、袁新庄、单楼、红柳树5个村和圣泉、郭庄、金黄庄、郑腰庄、王山、营子、柴庄、黄庵子、北城集9个社区。面积121平方千米。人口总数75824人。属温带半湿润性季风气候区，四季分明，雨水较充沛，光照充足。农业以小麦、大豆、玉米为主，特产有桃、苹果、梨，工业有煤炭、面粉、砖瓦厂。有幼儿园4所，小学23所，初中2所，乡级医疗机构1个，村级卫生所14个，311和310国道穿境而过，萧杨公路、萧刘公路分别连通两条国道，“三纵三横”的环乡道路贯穿全乡，郑徐高铁在该乡南部设萧县北站。境内有古萧国、古萧县（两迁）的地下城，有著名的圣泉及圣泉寺、三仙台。电话区号：0557，邮政编码：235232。行政区划单位为镇。1950年属陶楼区郭庄乡，1958年建立郭庄公社，1974年更名为郑腰庄公社，1980年恢复为郭庄公社，1985年设圣泉区，1992年撤区并乡设圣泉乡，2021年撤乡设镇改为圣泉镇至今。

标准名称	汉语拼音	备注
郭庄社区居民委员会	Guōzhuāng Shèqū Jūmínwěiyuánhuì	隶属萧县圣泉镇。1958年属穆集人民公社，1972年属郑腰庄人民公社，后撤社改乡属圣泉乡，2008年为郭庄村村民委员会。2017年村改社区。
王大庄	Wángdàzhuāng	明代王姓在此占产立庄，故而得名。
孙庄	Sūnzhuāng	明代孙姓在此占产立庄，故而得名。
郭庄	Guōzhuāng	旧时郭姓建庄，故名。
小李庄	Xiǎolǐzhuāng	旧时李姓在此建庄，较小，故名小李庄。
前荒	Qiánhuāng	早年尚口村王姓财主占有荒地两块作为牧场，南边一块称前荒，北边一块称后荒。后来渐有人定居建庄。因位置在前，故名前荒。
后荒	Hòuhuāng	早年尚口村王姓财主占有荒地两块作为牧场，南边一块称前荒，北边一块称后荒。后来渐有人定居建庄。因位置在后，故名后荒。
袁楼	Yuánlóu	早年袁姓分支在此建庄盖楼，故而得名。
徐小庄	Xǔxiǎozhuāng	旧时徐姓建村，故而得名。
俞庄	Yúzhuāng	清朝俞姓在朝中做官，死后埋在此地，叫俞家林地，以后就叫这个村庄为俞庄。
孟店	Mèngdiàn	早年孟姓逃荒在此定居，开一小店，人称孟店，后来人多成村，沿用孟店为村名。

标准名称	汉语拼音	备注
徐楼	Xúlóu	旧时徐姓建村盖楼，故起名徐楼。
胡新庄	Húxīnzhuāng	清末胡姓来建新村，取名胡新庄。
萧庄	Xiāozhuāng	原名小庄，因庄小而得名，后讹传为萧庄。
小场	Xiǎochǎng	原为明代岱湖渡口的一个小场棚，称小场，后来有人定居，形成村庄，仍称小场。
段庄	Duànzhuāng	旧时段姓在此占产立庄，故而得名。
马庙	Mǎmiào	相传清代马举人进京赶考，夜宿庙中，许下誓愿，考中后重修此庙，故名马庙。
姜庄	Jiāngzhuāng	清朝时姜姓在此占产立庄，故名姜庄。
刘台子	Liútáizi	明代刘姓在此占产立庄，故而得名。
黄庵子社区居民委员会	Huáng'ānzi Shèqū Jūmínwěiyuánhuì	隶属萧县圣泉镇。1950 年属萧县陶楼区，1980 年属马井区穆集公社，1984 年属郑腰庄公社，1992 年属圣泉区陶楼乡，1995 年属圣泉乡，组成黄庵子村。2017 年村改社区。
黄庵子	Huáng'ānzi	明朝黄姓在此搭建一庵棚捕鱼，后来逐渐形成村庄，命名为黄庵子。
孟庄	Mèngzhuāng	明朝年间，原三仙台老县城西关有孟姓在此搭棚卖饭，原叫孟饭棚，后改名孟庄。
徐瓦房	Xúwǎfáng	早年有徐姓从山西洪洞县迁来此地，占产立户，建瓦房，故而得名。
三姓庄	Sānxìngzhuāng	清朝年间，有张姓、王姓、刘姓在此建庄，故而得名。
五里后	Wǔlǐhòu	明朝年间，距离三仙台老县城北五里，故而得名。
程庄	Chéngzhuāng	清朝年间，程姓在此建庄，故而得名。
权庄	Quánzhuāng	清朝年间，权姓在此建庄，故而得名。
罗沟	Luógōu	旧时罗姓在沟边建村，故而得名。
郑腰庄社区居民委员会	Zhèngyāozhuāng Shèqū Jūmínwěiyuánhuì	隶属萧县圣泉镇。1952 年属萧县龙城区。1972 年属郭庄公社。1984 年属圣泉区郑腰庄乡。1992 年撤区并乡属圣泉乡。2008 年体制改革为郑腰庄村民委员会。2017 年 11 月村改社区。居民委员会驻地郑腰庄。
前高堤	Qiángāodī	据传，明代丁蔡两姓来此落户建庄，取名丁蔡庄，因村子位于岱河堤旁，又称前高堤。
后郑楼	Hòuzhènglóu	明朝年间，郑姓在郑楼之后建庄，取名后郑楼。
郑腰庄	Zhèngyāozhuāng	明朝年间，郑姓在郑楼和前高堤中间建庄，取名郑腰庄。1964 年中共中央政治局委员、国务院副总理谭震林曾来郑腰庄视察。
王座	Wángzuò	传说宋高宗曾在此坐镇指挥抗金作战，由此得名。

标准名称	汉语拼音	备注
鲍沟	Bàogōu	旧时鲍姓建村，村旁有一条河沟故而得名。
芦屯	Lútún	明代岱湖东岸芦苇丛生，明成祖曾屯兵于此。后建庄取名芦屯。
陈圈	Chénquān	旧时陈姓建村，周围筑寨圈，因此取名陈圈。
耿石店	Gěngshídiàn	清朝末期，耿、石两家在此开店，故而得名。
王山头	Wángshāntóu	旧时王姓在山头占产立庄，而得名。
圣泉社区居民委员会	Shèngquán Shèqū Jūmínwěiyuánhuì	隶属萧县圣泉镇。1949 年属陶楼区；1954 年属杨楼区圣泉乡；1958 年属穆集公社；1962 年属龙城区郭庄公社；1971 年属郑腰庄公社；1984 年属圣泉区郭庄公社；1992 年改为圣泉乡圣泉村。2017 年村改社区。
三仙台	Sānxiāntái	传说一农夫打柴到玉皇顶庙前一块大石板上休息，见有两人在下棋，打柴人口渴了，端起下棋者的茶就喝。待欲下山回家时，砍柴的斧柄已烂掉，不知过去了多少年，原来两位下棋者是仙人。回村后，村里人都不认识他。因打柴人喝了两位下棋者的水，结果也成仙啦。村就在玉皇顶旁，故后来人们将村名改为三仙台。
盛村	Shèngcūn	明代盛姓在黄河水灾过后迁来，建房生产，耕田繁衍，后来人口渐旺成村，故起名盛村。
欧村	Ōucūn	明代黄河水灾过后，一欧阳姓迁来居住，建房耕田，繁衍生息，故得名欧村。处鹦鹉山下，原名鹦鹉村。清代萧县志有记载。
徐山头	Xúshāntóu	明代徐姓在黄水灾过后，从山西迁住此处，建房耕种，人口渐增，村庄靠山，故取名徐山头。清朝后期名曰鹦鹉村，山光水色，十分秀丽。萧县段家祖茔在此。
闫村	Yáncūn	明代闫姓在黄河水灾过后迁来此地居住，耕田养家，后人口渐旺，取村名为闫村。
刘村	Liúcūn	明代刘姓在此山下占产立庄，故而得名。
黄庄	Huángzhuāng	明代黄水过后，黄姓一家迁居此地耕种生活，人口越来越多，取庄名为黄庄。
王楼	Wánglóu	早年为王姓财主的寄庄子，建有楼房，取名王楼。
下庄	Xiàzhuāng	因王楼村人口不断增多，王姓分居在此处建房，成为村庄，此村地势在王楼下边，故称下庄。
柴庄社区居民委员会	Cháizhuāng Shèqū Jūmínwěiyuánhuì	隶属萧县圣泉镇。1949 年属萧县杨楼区，1958 年属穆集公社，1964 年改属郭庄公社，1984 年划为圣泉区，现属圣泉乡管辖，2008 年并村柴庄、王门、陶南、陶北合并为柴庄村。村民委员会驻陶北。2017 年村改社区。
王门	Wángmén	明朝嘉靖年间，王姓在村内建了一个很大的过车门，故名为王门。

标准名称	汉语拼音	备注
柴庄	Cháizhuāng	明朝柴姓从山西洪洞县迁来此地居住，故名柴庄。
陶南	Táonán	明朝嘉靖年间，陶姓在村内盖了座大楼，故名为陶楼。分南北两个村，此地位于南部，故名陶南。
陶北	Táoběi	明朝嘉靖年间，陶姓在村内盖了座大楼，故名为陶楼。1981年分南北两个大队，1992年改称陶北、陶南村。此村在北故名陶北。
王山社区居民委员会	Wángshān Shèqū Jūmínwěiyuánhuì	隶属萧县圣泉镇。1958年属郭庄人民公社王山大队，1968年属郑腰庄人民公社王山大队，1992年合并大乡属圣泉乡王山村。在山窝建村，故名王山窝，简称王山。村民委员会驻王山窝。2017年村改社区。
王山窝	Wángshānwō	王姓人多，占地面积大，故而得名。
吴山窝	Wúshānwō	吴姓在山窝建村，故而得名。
齐山窝	Qíshānwō	齐姓在山窝建村，故而得名。
耿山窝	Gěngshānwō	耿姓此山窝建村，故而得名。
安山	Ānshān	王姓和郑姓在安山旁建村，以山为村名。
陈山	Chénshān	陈姓靠山建村，故而得名。
北城集社区居民委员会	Běichéngjí Shèqū Jūmínwěiyuánhuì	隶属萧县圣泉镇。1949年属杨楼区，1958年属穆集人民公社，1966年属薛楼乡，1989年属圣泉乡至今。2002年成立北城集社区居民委员会，驻北城集。
北城集	Běichéngjí	北城集坐落在原萧县老城区北，故称北城，后有集市，故称北城集。西周时代为萧国都城，秦朝设县为萧县县城，并一度为沛郡治所。又名黄杨城、北辰集。
朱连屯	Zhūliántún	朱连屯以朱、连两姓屯居在此，故而得名。
金黄庄社区居民委员会	Jīnhuángzhuāng Shèqū Jūmínwěiyuánhuì	隶属萧县圣泉镇。2007年成立金黄庄社区居民委员会，驻地金黄庄。
孙秦庄	Sūnqínzhuāng	孙庄、秦庄相连，合成孙秦庄。
王集	Wángjí	王姓建村设集，取名王集。
薛庄	Xuēzhuāng	薛姓居于此，故称薛庄。
萧屯	Xiāotún	萧姓在此屯垦定居，故称萧屯。
王庄	Wángzhuāng	因王姓人家较多而得名。
张庄	Zhāngzhuāng	张姓建庄定居，故名。
魏楼	Wèilóu	以魏姓取此名。
郝楼	Hǎolóu	清朝中期郝姓人从山西迁到此地立村建楼，故郝楼。
寇堂	Kòutáng	寇姓建村，并建有寇家祠堂，故名寇堂。

标准名称	汉语拼音	备注
金黄庄	Jīnhuángzhuāng	以金、黄两姓取名。
营子社区居民委员会	Yíngzi Shèqū Jūmínwěiyuánhuì	隶属萧县圣泉镇。明代王姓由山西洪洞迁来建村，名王家庄，村中建有王家祠堂。黄河溃堤，官兵在此扎营保护黄河，村名被称为王营子。后来王家由此村迁出，人们便称此村为营子村。1958 年属郭庄人民公社，以后属郑腰庄乡，1992 年属圣泉乡营子村。
前营子	Qiányíngzi	此村本名为王营子，王姓从这里迁走后，一村变成两村。居住在村前的多为黄姓，更名称黄营子。因位于村前，故又称为前营子。和后营子合称为营子村。
后营子	Hòuyíngzi	此村原名王营子，王姓从这里迁出后，一村变成两村。居住在村后的窦姓，因取得了功名，故改称为窦营子。因位于该村的后边，故又称为后营子。和前营子合称为营子村。
权楼	Quánlóu	权姓在此占产立庄盖楼，故而得名。
小郭庄	Xiǎoguōzhuāng	郭姓建村，规模小，故名小郭庄。
夏园	Xiàyuán	夏姓建村，种菜园，取村名夏园。
前祖楼	Qiánzǔlóu	祖姓在附近前后两处建村盖楼，此村位于前，取名前祖楼。
后祖楼	Hòuzǔlóu	祖姓在附近前后两处建村盖楼，此村位于后，取名后祖楼。
苏冯庄	Sūféngzhuāng	苏庄在南，冯庄在北，紧之相连，合称苏冯庄。
红柳树村村民委员会	Hóngliǔshùcūn Cūnmínwěiyuánhuì	隶属萧县圣泉镇。1949 年前属陶楼区岱北乡，1958 年属穆集公社，1968 年属郭庄公社，1984 年属圣泉区陶楼乡，1992 年撤区并乡后属圣泉乡红柳树村至今。村民委员会驻红柳树。
红柳树	Hóngliǔshù	以前村中有一棵大粗黑柳树，故称黑柳树。1958 年改为红柳树。
权老家	Quánlǎojiā	清朝时期，权姓来此地占产立庄，故而得名。
徐新庄	Xúxīnzhuāng	清朝徐姓在此占产立庄，当时新建村庄，故此得名。
家谱庙	Jiāpǔmiào	清代有人建庙存放家谱，故名。
朱双楼	Zhūshuānglóu	清代朱姓在此建两座楼，故而得名。
祁洼	Qíwā	祁姓建庄，地势低洼，故名。
岗子村村民委员会	Gǎngzicūn Cūnmínwěiyuánhuì	隶属萧县圣泉镇。1953 年属马井区，1961 年属穆集人民公社，1992 年并入萧县圣泉乡至今。
纵老楼	Zònglǎolóu	宋朝末年纵姓迁到此处建村盖楼，取名纵老楼村。
周屯	Zhōutún	清朝中期，周姓建村，取名周屯。
梁老楼	Liánglǎolóu	清朝中期梁姓定居于此，建楼房，故名。
前岗	Qiángǎng	原为刘姓居住，叫小刘庄，后来从大岗移居胡、魏两姓来此，改称为前岗。

标准名称	汉语拼音	备注
小岗	Xiǎogǎng	旧时有人在一小块岗地上建庄，故称小岗。
陈圈	Chénquān	早年陈姓在此定居，为防火防水，村周挖沟筑圩，形似圈子，因此取名陈圈。
大岗	Dàgǎng	早年陈姓、周姓、胡姓在此选一块较大的岗地建庄，故而得名大岗。
刘楼	Liúlóu	刘姓来此买地建庄并建一土楼，故名。
衡楼	Hénglóu	1916 年衡姓从江苏徐州北迁到此地建庄而得名。
毛庄	Máozhuāng	清代毛姓在此占产立庄，故而得名。
连庄	Liánzhuāng	据查，清朝末期连得荣在此建庄，取其姓得庄名。
萧庄	Xiāozhuāng	1949 年，萧姓在此建庄而得名。
单楼村 村民委员会	Shànlóucūn Cūnmínwěiyuánhuì	隶属萧县圣泉镇。1956 年属大楼乡，1958 年属穆集人民公社，1961 年属蒋楼人民公社，1970 年属郑腰庄人民公社，1982 年属圣泉区北城乡，1992 年属圣泉乡。2002 年成立单楼村村民委员会，驻单楼。
单楼	Shànlóu	原为纵姓的寄庄子，早年黄河泛滥，村内房屋被冲坏，单剩下一座楼，故名。
刘楼	Liúlóu	刘姓来此买地建庄，并建一土楼，故名。
康玉庄	Kāngyùzhuāng	清朝年间在此地有康庄大道，因此名为康玉庄。
彭屯	Péngtún	明初，彭姓在此屯田定居，故名彭屯。
马路	Mǎlù	早年，黄河大堤上有条大马路（大道），人多庄大，取名马路。
纵堂	Zòngtáng	宋朝中期，从山东东营纵姓一脉迁至萧城北 30 里地建庄，并建有纵家祠堂，原庄名纵家堂，新中国成立后改名纵堂。
蒋楼	Jiǎnglóu	清初从河南省开封东郊蒋姓一脉迁至萧城北 30 里地立庄建楼，故得蒋楼。
李大楼	Lǐdàlóu	清朝雍正年间，李姓落户到此立庄建楼，故村名为李大楼。
连屯	Liántún	旧时有一户连姓地主从朱连屯迁居于此，故称连屯。
俞庄	Yúzhuāng	清朝年间俞姓在朝中做官，死后埋在此地，叫俞家林地，以后叫就这个村庄为俞庄。
袁新庄村 村民委员会	Yuánxīnzhuāngcūn Cūnmínwěiyuánhuì	隶属萧县圣泉镇。2008 年原五个村并村，因袁新庄村相比范围及人口较多，因此取名袁新庄。村民委员会驻袁新庄。
袁新庄	Yuánxīnzhuāng	传说早年一袁姓总兵在此建营房，后不断有人来此定居，取村名袁新庄。
孟集	Mèngjí	旧时孟姓在此定居，设集市，故名孟集。
小姬庄	Xiǎojīzhuāng	旧时姬姓占产立庄，村较小，以姓取名。

标准名称	汉语拼音	备注
陈楼	Chénlóu	清朝中期，陈姓从河南迁此，村中盖有一楼，取名陈楼。
彭屯	Péngtún	明初，彭姓人在此屯田定居，故名。
谢庄	Xièzhuāng	旧时谢姓在此占地立庄，故名。
苏楼	Sūlóu	北宋徐州知州苏东坡之子苏迈在徐州南苏家湖定居（时属萧县），因水患苏迈迁山东省微山县，又因地震回迁萧县，其中一支落户此地，取村名苏楼。
大姬庄	Dàjīzhuāng	约八百年前，此地处在黄泛区，每年秋季是一片汪洋，虽然土地可以耕种，但因水患为害只有一季小麦可收。姬姓就在此地耕种收获，收完后就运到很远的老家。黄河改道后，水患减少，姬姓人便迁来居住，就形成今天的大姬庄。
薛楼	Xuēlóu	相传六百年前，有薛姓大户，在此修建了一座高楼，故取名薛楼。
彭庄	Péngzhuāng	约四百年前，此地住着彭姓和辛姓两个大户，称为彭辛庄，后改为彭庄。
郑庄	Zhèngzhuāng	明代郑姓在此占产立庄，故而得名。
双庙	Shuāngmiào	康熙时名叫杨村镇，清乾隆时在此修庙两座，东大殿（关帝庙）西大殿（泰山奶奶庙），故改名为双庙。
胡行	Húháng	起初范姓建村，后卖给胡姓，胡姓在村内设鲜果行，故名。
王小屯	Wángxiǎotún	二百年前，这里原是官府的屯田，后来王姓秀才在此定居。故名。
三座楼	Sānzuòlóu	早年纵姓来此定居，建立三座大楼，故而得名。
穆集村 村民委员会	Mùjícūn Cūnmínwěiyuánhuì	隶属萧县圣泉镇。1949 年属陶楼区穆集乡，1958 年人民公社化属郝集区穆集公社，1969 年属郭腰庄公社穆集大队，1985 年撤社建乡属马井区穆集乡，1986 年归属圣泉区穆集镇，1992 年撤区并乡，归属圣泉乡，后于 2008 年小村合并大村，为圣泉乡穆集村。村民委员会驻穆集。
穆集	Mùjí	元末明初，建村时叫木集。民国时期，王公玙任萧县县长时，定名为穆集，村名沿用至今。
孟庄	Mèngzhuāng	清朝中期，孟姓在此立庄，因姓得村名。
丁庄	Dīngzhuāng	明朝时期，丁姓在此屯田立村，故而得名。
尚口	Shàngkǒu	明代尚姓在古河道的渡口处，建村取名尚口。
前杜六	Qiándùliù	本村杜姓一世始祖于明代洪武二年，奉移民诏书，从山东临淄迁来，居现村址南四百米处，古运河之北岸，大土堌之上，取村名杜留村。后一世始祖生一子又添六孙，而定名杜六村。后因水患，北迁至现址。

标准名称	汉语拼音	备注
后杜六	Hòudùliù	本村杜姓一世始祖于明代洪武二年，奉移民诏书，从山东临淄迁来，居现村址南四百米处，古运河之北岸，大土堌之上，取村名杜留村。后一世始祖生一子又添六孙，而定名杜六村，后因水患北迁至现址。
周庄	Zhōuzhuāng	早年周姓从河南迁到此地，因此名为周庄。
蒋庄	Jiǎngzhuāng	很久以前蒋姓在此占产立庄，故而得名。
彭新楼	Péngxīnlóu	早年彭姓迁此，盖一座新楼，取名彭新楼。
耿庄	Gěngzhuāng	很久以前耿姓迁至此处，故起名耿庄。
华寺庙	Huásìmiào	村内有一寺庙名叫华祖庙，后来讹传为华寺庙。20 世纪 60 年代尚有三间庙堂，后遭破坏，无存。

庄里镇

庄里镇（Zhuānglǐ Zhèn） 属萧县管辖。旧传庄里镇是春秋时期楚国大夫庄辛的封地，后成为故里（庄辛随楚庄王一度都于城阳）。所以乡以庄里为名。地处萧县东南部的皇藏山区，东南邻宿州市埇桥区的曹村镇，西南与淮北市蔡里镇接壤，四面环山，距县城 30 千米，北距徐州市，南距淮北市均 25 千米。人民政府驻庄里村，下辖高庄、黄山、大蔡、城阳、庄里、尠沟、陶墟、栾庄共 8 个村。辖区东西最大距离 10 千米，南北最大距离 16 千米，面积 87 平方千米，其中山林 40 平方千米。总人口 28935 人。属温带半湿润性季风气候区，四季分明，雨水较充沛，光照充足。农业以小麦、玉米、大豆、花生、棉花、蔬菜、辣椒制种为主，工业有水泥制品厂、面粉厂、旋木加工厂等。乡文化站、广播电视差转台各 1 处，有村级文化活动中心 8 处，图书室 8 个，有幼儿园 3 所、小学 12 所、初中 2 所，有乡卫生院 1 个，卫生室 8 个。境内有京台高速公路南北穿过，设有庄里服务区。境内有金寨、大蔡庄、城阳、陶墟等新石器文化遗址。城阳有春秋楚庄王都城旧址、汉代徐州牧陶谦墓（陶墟）、宋代苏公（轼）桥、明燕王朱棣“祭黄台”遗址等。电话区号是 0557，邮政编码是 235281。行政区划单位为镇。1950 年境内设有高庄、城阳、陶墟等乡，属皇藏区。1958 年属皇藏公社，1992 年撤区并乡后设庄里乡，2021 年撤乡设镇改为庄里镇至今。

标准名称	汉语拼音	备注
庄里村 村民委员会	Zhuānglǐcūn Cūnmínwěiyuánhuì	春秋时楚国大夫庄辛封地，后称庄辛故里，简称庄里。隶属萧县庄里镇。1949 年属萧县皇藏区，1958 年属庄里公社，为庄东大队、庄西大队，1984 年为庄里乡庄东村、庄西村，2008 年 8 月庄东、庄西村合并为庄里村。

标准名称	汉语拼音	备注
庄西	Zhuāngxī	清代初期，庄姓在庄里西又建新村，故得名庄西。
庄东	Zhuāngdōng	明代末年庄姓在此占产立庄，建庄里村，后来一部分村民迁到村东建村，故而得名庄东。
尤庄	Yóuzhuāng	明代尤姓在此占产立庄，故而得名。
龙峪	Lóngyù	宋朝时期官道（驿道）从这里经过，在此建立驿站，取东西两山为名（龙山、虎山）龙虎驿，后有陈姓、徐姓等在此居住，取名龙峪。系著名烈士陈履真的家乡。
白米山	Báimǐshān	明朝洪武年间，在山上建立白马寺，山下水质好，种植水稻口感好，香味纯正，被当时皇帝看中，遂成贡米，起名白米山。村庄因山得名。
高庄村村民委员会	Gāozhuāngcūn Cūnmínwěiyuánhuì	隶属萧县庄里镇。1954年属江苏省铜山县营村乡，1954年划为萧县孤山乡，1958年成立白土公社时，高庄村分为前高庄、东高庄、西高庄三个村，2007年前、东、西三个村又合并成高庄村，隶属庄里乡至今。
前高庄	Qiángāozhuāng	因前高庄村坐落在高庄村最南边，故称前高庄。
西高庄	Xīgāozhuāng	因西高庄村坐落在高庄村西边，故称西高庄。
东高庄	Dōnggāozhuāng	因东高庄村坐落在高庄村东边，故称东高庄。
黄山村村民委员会	Huángshāncūn Cūnmínwěiyuánhuì	隶属萧县庄里镇。1954年前属江苏省徐州市，后划为安徽省宿县地区萧县皇藏区友好社。1958年人民公社时属庄里乡人民公社卯山大队、西黄大队。1990年为庄里乡黄山村。
前卯山	Qiánmǎoshān	相传元朝末年农民起义军首领、永堌人芝麻李在徐州与元军作战大败，兵退到此山脚下，观察后无追兵，便在此处点卯，清点人数，以此得名卯山村。后来分前、后两村，该村在前，故得名前卯山自然村。
后卯山	Hòumǎoshān	相传元朝末年农民起义军首领、永堌人芝麻李在徐州与元军作战大败，兵退到此山脚下，观察后无追兵，便在此处点卯，清点人数，以此得名卯山村。南为前，北为后，故该村名后卯山自然村。
张庄	Zhāngzhuāng	明代张姓在此占产立庄，故名张庄。
中黄庄	Zhōnghuángzhuāng	由庄西头黄姓林地而得名。因有三个黄庄，该村居中间，故称中黄庄。
上黄庄	Shànghuángzhuāng	由于地势关系，该村在中黄庄西部，因为上方地势高，故称上黄庄。
大蔡村村民委员会	Dàcàicūn Cūnmínwěiyuánhuì	隶属萧县庄里镇。1979年底归高庄乡管辖。1992年归庄里乡管辖。2005年合并村时，大蔡庄村、河西村合并为大蔡庄村民委员会。

标准名称	汉语拼音	备注
韩村	Háncūn	据说是卯山村韩姓寄庄子，因此命名。
河西	Héxī	因在倒流河西岸而得名。
大蔡庄村	Dàcàizhuāngcūn	相传很久以前，该村蔡姓由丁里镇蔡洼村迁来。因蔡洼杨姓强盛，蔡姓人丁不旺，民间俗话说“羊吃菜”，故蔡姓衰落，为此该村蔡姓全部迁出到皇藏山区建庄，名蔡庄。村庄扩大后，又建小庄，形成两个蔡庄，该村较大，称大蔡庄。考古发现这里为新石器时期遗址。
小银庄	Xiǎoyínzhuāng	因庄上有个小银山，以此命名。
城阳村 村民委员会	Chéngyángcūn Cūnmínwěiyuánhuì	上古时期上官氏封于此处，故此处山名上官山，后简称官山。上官氏在官山之阳建城，故名城阳。隶属萧县庄里镇。1981年为城阳大队，1984年体制改革后属庄里乡城阳村至今。
前城阳	Qiánchéngyáng	旧传此处是春秋时期楚庄王城旧址，地处官山之阳，故取名城阳，后扩为三村，此村在南，得名前城阳。相传明朝燕王朱棣征战到此，得知黄河水大，无法通过，大军困于此。此处有桥称困龙桥，为渡河燕王在此设立祭台，令六月天黄河冰封。大军渡河后，回首一望满河是血，方知所谓冰桥是鱼鳖虾蟹搭架。燕王传旨，五百年后都封它们为大员、小员。现祭黄河遗址尚在。考古发现这里有新石器时期遗址。
中城阳	Zhōngchéngyáng	旧传此处是春秋时期楚庄王城旧址，又在官山之阳，故取名城阳，后扩为三村，此村在中，得名中城阳。
后城阳	Hòuchéngyáng	旧传此处是春秋时期楚庄王城旧址，又在官山之阳，故取名城阳，后扩为三村，此村在北，得名后城阳。
小蔡庄	Xiǎocàizhuāng	大蔡庄蔡姓迁来此处建村，故名。
小张庄	Xiǎozhāngzhuāng	因张姓居住成村，因庄小而得名小张庄。
勷沟村 村民委员会	Xiǎngōucūn Cūnmínwěiyuánhuì	隶属萧县庄里镇。1953年设营连，1958年属庄里公社勷沟大队，1984年体制改革属庄里勷沟村。
北山头	Běishāntóu	坐落在北山根下，村庄依山为庄名，北邻皇藏峪。
小北庄	Xiǎoběizhuāng	坐落在北山根下，村庄依山为庄名，较小，故名小北庄。
勷沟	Xiǎngōu	明朝年间，这里有个勷沟寺，寺里有株三人合围的白果树，因该寺独特，徐州以西甚少，故得名勷沟寺。寺边村庄因寺得名，称勷沟。
野鸡山	Yějīshān	村庄靠近野鸡山，故名。
尚庄	Shàngzhuāng	明代尚姓在此占产立庄，故称尚庄。
王堂	Wángtáng	本村王姓较多，建有王家祠堂，故而得名王堂。

标准名称	汉语拼音	备注
金寨	Jīnzhài	该地为新石器时期遗址，出土大量玉器、蛋壳黑陶器等，是部落首领居住地。该遗址延续时间较长，也曾出土春秋战国时期的青铜器。古时以铜为金，村大设寨，故称这里金寨。
牛头山村	Niútóushāncūn	靠近牛头山，村以山得名，故名。
爬山	Páshān	靠近爬山，村以山得名，故名。
栾庄村	Luánzhuāngcūn	隶属萧县庄里镇。1949 年属陶墟乡，1958 年后属庄里乡至今。
栾庄	Luánzhuāng	传说在清朝初年，有栾姓武状元力大无比，外号“栾千斤”，为避难逃于本地居住，栾庄村因此得名。
尚楼	Shànglóu	传说早年有一尚书避难于此，居此建有一楼，因此得名尚楼。
西黄庄	Xīhuángzhuāng	民间相传刘秀被王莽追赶时在此暂住，故得名皇庄，后因居民以黄姓居多，一分为二，此庄在西，故更名西黄庄。
椿横	Chūnhéng	该村村东有一个横山口，山口旁有一棵三人合抱的大椿树，东来西往，翻山都需从此处经过，故称为椿树横，现简称椿横。
陈庄	Chénzhuāng	本庄陈姓较多，故而得名。
陶墟村 村民委员会	Táoxūcūn Cūnmínwěiyuánhuì	隶属萧县庄里镇。清代属江苏徐州府萧县都仁乡，1949 年后属庄里乡陶墟营，2004 年东黄村、陶墟村合并为陶墟村。
陶墟	Táoxū	东汉末年将军陶谦（当涂县人），任徐州牧，有三让徐州的动人故事，去世后葬于庄里西边山坡上，从此该山称陶墟山。山下村庄因山得名，称陶墟。
东黄庄	Dōnghuángzhuāng	东黄庄早期有黄姓居民，本地还有西黄庄、南黄庄，此庄在东，故称为东黄庄。
胡窝	Húwō	早年胡姓在此居住建庄，因位于山窝，故名胡窝。
南岗	Nángǎng	因此庄建在海拔 304 米高的马山南坡，地势较高，故名南岗。

青龙集镇

青龙集镇（Qīnglóngjí Zhèn） 位于安徽省萧县西南，距县城 41 千米，镇域四邻，西与永城市交界，南与濉溪县毗连，东与萧县祖楼镇为邻，北接萧县石林乡。下辖青龙集、路口、黄药店、胡庄、张鲁庄、邱庄 6 个村。辖区东西最大距离 7.5 千米，南北最大距离 4.8 千米，面积 36 平方千米。辖区总人口 30058 人。属温带半湿润性季风气候区，四季分明，雨水较充沛，光照充足。农业主产小麦、玉米、大豆、棉花，还有养殖业和皮革制造，是全国四大皮毛市场之一。有镇文化站、广播电视站各 1 个，村级文化活动室 6 处，各类图书室7个，有小学12所，初中1所，有镇级卫生院1个，村级卫生室6个，境内有311国道、101省道2条公路干线在此交会，南距淮北火车站15千米，东距徐州国际机场70千米。行政区划单位为镇。1949年属石林区，1958年属淮海（石林）公社，1962年从石林公社划出，建立青龙公社，1969年并入淮海公社，1980年再置青龙公社，1985年改属淮海区石林镇，1992年撤区并乡设为青龙集镇。

标准名称	汉语拼音	备注
青龙集村 村民委员会	Qīnglóngjícūn Cūnmínwěiyuánhuì	隶属萧县青龙集镇。1949年属萧县四区青龙集乡，1958年属青龙公社，1984年属青龙集镇至今。
赵园	Zhàoyuán	旧时赵姓在此建村，得名赵园。
李庄	Lǐzhuāng	新中国成立初期李姓到此居住，起名李庄。
鲍庄	Bàozhuāng	早年一鲍姓人在此建庄居住，故而得名。
孙庄	Sūnzhuāng	新中国成立初期孙姓到此居住，起名孙庄。
朱庄	Zhūzhuāng	明代朱姓三兄弟在此占地立庄，当时人少村小称小朱庄，后改为朱庄。
青龙集	Qīnglóngjí	民间传说，明朝时此处卧一青龙，旱时作雨，五谷丰登。有一天，军师刘伯温路过此地，说这里是风水宝地，日后必出真龙天子和七十二员大将保驾，今日不破，必有大患，遂命人挖井七十二眼，盖火神庙八座，以镇青龙。从此青龙不得翻身，七十二员大将转生为七十二名园匠，开园种菜，后成集市。人们为纪念青龙，将此地取名青龙集。
西小庄	Xīxiǎozhuāng	居民由王楼西迁此地，建小村，取名西小庄。
北小庄	Běixiǎozhuāng	此村位于王楼北，庄小，故名北小庄。
东小庄	Dōngxiǎozhuāng	新中国成立后，王楼人口剧增，后来部分村民迁至村东居住，取名东小庄。
鲁楼	Lǔlóu	清朝末年，鲁姓在此建村立庄，其中一鲁姓大户建楼房，故取名鲁楼。
王楼	Wánglóu	该村早年为王姓财主的寄庄子，建有楼房，后取名王楼。
邱庄村 村民委员会	Qiūzhuāngcūn Cūnmínwěiyuánhuì	隶属萧县青龙集镇。1949年属石林区青龙乡，1958年属淮海公社邱庄大队，1962年属青龙公社邱庄大队，1984年属青龙集镇邱庄大队，2008年后属青龙集镇邱庄村至今。
臧洼	Zāngwā	臧姓建村，村周地势低洼，故名臧洼。
班洼	Bānwā	明末清初，班姓建村，村周地势低洼，故取名班洼。
邱庄	Qiūzhuāng	邱姓早年在此建村定居，故名。
吴楼	Wúlóu	明代吴姓在此占产立庄建楼，故而得名。
鲁老家	Lǔlǎojiā	明朝末年，鲁姓迁此安家立庄，故取名鲁老家。

标准名称	汉语拼音	备注
胡庄村村民委员会	Húzhuāngcūn Cūnmínwěiyuánhuì	隶属萧县青龙集镇。1949 年属四区青龙集乡，1958 年属青龙人民公社，1984 年属青龙集镇至今。
夏洼	Xiàwā	明末清初，夏姓在此立庄，周边低洼，故名。
望庄	Wàngzhuāng	明末清初，望姓在此立庄，故名望庄。
赵庄	Zhàozhuāng	两百年前，赵姓在此立庄，取名赵庄。
贾庄	Jiǎzhuāng	旧时贾姓在此占产立庄，故名贾庄。
马庄	Mǎzhuāng	明代时期，马姓迁至建村立庄，故名。
崔庄	Cuīzhuāng	两百年前，崔姓在此立庄，故名崔庄。
陈庄	Chénzhuāng	本庄陈姓较多，故名。
孔楼	Kǒnglóu	三百年前孔姓在此居住，取名孔楼。现已无孔姓，但仍叫孔楼。
胡庄	Húzhuāng	早年胡姓在此居住，故名。
周庄	Zhōuzhuāng	1340 年周姓从河南迁到此地，周姓人数占 95% 以上，因此名为周庄。
张鲁庄村村民委员会	Zhānglǔzhuāngcūn Cūnmínwěiyuánhuì	隶属萧县青龙集镇，该村 1949 年属萧县四区青龙集乡，1958 年属石林公社（淮海公社），为石林公社鲁菜园大队，1984 年属青龙集镇鲁菜园村（村民委员会），2008 年合并大村后为张鲁庄村至今。
罗庄	Luózhuāng	早年罗姓立村，故名。
鲁菜园	Lǔcàiyuán	清代光绪年间，鲁姓在此占产立庄，开园种菜，故而得名。
朱楼	Zhūlóu	早年朱姓在此建村立庄，且建有一楼房，故取名朱楼。
朱小庄	Zhūxiǎozhuāng	庄小且朱姓人居多，故名朱小庄。
朱暗楼	Zhū’ ànlóu	清代朱姓大户在此建一座无窗暗楼，故名。
邓楼	Dènglóu	清朝中期，邓姓从河南迁此，村中建有一楼房，故名邓楼。
陈楼	Chénlóu	清中期陈姓从河南迁此，村中盖有一楼，故取名陈楼。
王趔庄	Wánglièzhuāng	清光绪二十八年王姓在此立庄，因离大村较远，取名王趔庄。
鲁新庄	Lǔxīnzhuāng	1953 年鲁姓从鲁菜园迁出，在此建新村，取名鲁新庄。
刘庄	Liúzhuāng	1700 年，刘姓从河南迁至此处，因刘姓村民居多，故名。
张庄	Zhāngzhuāng	旧时张姓立村，故名。
路口村村民委员会	Lùkǒucūn Cūnmínwěiyuánhuì	隶属萧县青龙集镇。1949 年属萧县四区路口乡，1954 年属胜利社，1958 年属祖楼人民公社关路口大队，1984 年属青龙乡关路口大队，1984 年为青龙集镇路口村至今。
关路口	Guānlùkǒu	早年宿县通往砀山的官路，穿过此村，取名为官路口。以后“官”演化成“关”，故名“关路口”。

标准名称	汉语拼音	备注
宫楼	Gōnglóu	明朝时期，宫姓从南京迁此占地立庄，因盖有一楼，故而得名宫楼。
王挖勺庄	Wángwāsháozhuāng	明末，王姓迁入定居，以挖木勺为业，故得此名。
小刘庄	Xiǎoliúzhuāng	明末刘姓立庄时人少村小，故而得名小刘庄。
大刘庄	Dàliúzhuāng	明代刘姓在此占地立庄，且人口众多，故而得名。
张庄	Zhāngzhuāng	晚清时期，该地村民由山西迁此，张姓占主体，故名张庄。
余小庙	Yúxiǎomiào	明代余姓在此立庄，因当时人少，且有座小庙，故而得名。
管楼	Guǎnlóu	清中期管姓从河南迁此，村中盖有一楼，故名。
卓庄	Zhuózhuāng	清光绪二十八年卓姓在此立庄，因当时人少村小，别无他姓，故而得名。
黄月店村村民委员会	Huángyuèdiàncūn Cūnmínwěiyuánhuì	隶属萧县青龙集镇。1949 年属萧县青龙乡，1958 年属淮海公社（亦叫石林公社），1984 年属青龙集镇黄药店大队，2008 年为黄药店村，现为黄月店村。
穆楼	Mùlóu	民间传说，穆桂英带兵打仗经过此村，安营扎寨，打造兵器修建土楼，后人为纪念取名为穆楼。
高窑	Gāoyáo	早年高姓在此建村立庄，以烧窑为生，故而得名。
马庄	Mǎzhuāng	明朝时期，马姓在此居住，取名马庄，现此村已无马姓。
陶庄	Táozhuāng	旧时陶姓和刘姓在此立庄，取名陶庄。
张木匠楼	Zhāngmùjiànglóu	早年张姓和管姓在此建庄，一个姓张的木匠建了座木楼，将村取名张木匠楼。
王庄	Wángzhuāng	本庄因王姓较多而得名。
黄药店	Huángyàodiàn	早年黄姓建村并开药店，故而取名黄药店。
高庄户	Gāozhuānghù	宋朝有一高姓大户迁到此处居住，建村立庄，故而取名高庄户。

张庄寨镇

张庄寨镇（Zhāngzhuāngzhài Zhèn） 属萧县管辖。清朝嘉庆年间张姓在此建村，筑圩寨，故名张庄寨，镇人民政府以驻地张庄寨命名。属淮北平原，东与祖楼、王寨镇接壤，南与青龙集镇相邻，西临河南省永城市芒山镇，北连大屯镇、赵庄镇。南距淮北市 18 千米，东距徐州市观音机场 70 千米，西距河南永城市芒山风景区 10 千米。下辖张庄寨、众姓庄、袁圩、欧庙、王柳园、洪河、河西、寿楼、王衍庄、申河、崔口、杭子、武楼、张新集、白楼、海青共16个村。辖区东西最大距离15.6千米，南北最大距离9.5千米，面积213.077平方千米。辖区总人口82095人。属温带半湿润性季风气候区，四季分明，雨水较充沛，光照充足。农业以小麦、玉米、大豆、棉花为主，工业以木材加工业为主。有综合镇文化站、广播电视台各1处，有淮海书画协会1家，有村级文化活动中心16处，各类图书室31个，有小学13所、初中2所，镇区有中心卫生院1所，有村级医疗卫生机构16个，门诊部（所）17个，境内有连霍高速公路横贯东西，境内设有张庄寨出入口。101省道纵穿南北，并与高速公路进出口交会。明代将军王真故里即为该镇的王白楼村。行政区划单位为镇。1950年始置石林区，1958年建立石林（淮海）公社，1985年重置淮海区，辖石林镇、寿楼乡等6个乡镇，1992年撤区并乡设张庄寨乡，1992年设张庄寨镇至今。

标准名称	汉语拼音	备注
张庄寨村 村民委员会	Zhāngzhuāng- zhàicūn Cūnmínwěiyuánhuì	隶属萧县张庄寨镇。1949年后属张庄寨乡，1958年属张庄寨公社，至今属张庄寨镇。
祖小楼	Zǔxiǎolóu	祖姓在此立庄，并盖一座小楼，故名祖小楼。
赵庄	Zhàozhuāng	赵姓在此立庄，故取名赵庄。
章楼	Zhānglóu	章姓立村建楼，故称章楼。
褚洼	Chǔwā	褚姓定居形成村庄，因村周地势低洼，故名褚洼。
东任庄	Dōngrénzhuāng	任姓建村，故取名任庄，后扩展为东西两村，此村位于东，故名东任庄。
东老家	Dōnglǎojiā	当地王家祖居地，后扩展为东西两村，此村位于东，故名。
郭庄	Guōzhuāng	郭姓在此立庄，故而得名。
锦桥	Jǐnqiáo	萧县志载，古代在此庄附近有一座桥，名为锦川桥，村以桥得名，故名锦桥。
雷东	Léidōng	原雷姓居住建楼，后扩展为东西两村，此村位于东，故名。
雷西	Léixī	原雷姓居住建楼，后扩展为东西两村，此村位于西，故名。
李庄	Lǐzhuāng	因是李姓建庄，故称李庄。
刘庄	Liúzhuāng	刘姓在此建庄，故名。
木楼	Mùlóu	明代木姓在此占产立庄，命名木楼。
任大楼	Rréndàlóu	任姓在此居住，盖一座大楼，故名任大楼。
王桥	Wángqiáo	因王姓在桥头附近定居，村子以桥得名，故名王桥。
王庄	Wángzhuāng	因王姓居住，形成村庄而得名。
西任庄	Xīrénzhuāng	任姓建村，故取名任庄，后扩展为东西两村，此村位于西，故名西任庄。
西老家	Xīlǎojiā	当地王家祖居地，后扩展为东西两村，此村位于西，故名。

标准名称	汉语拼音	备注
新庄	Xīnzhuāng	早年有居民从张庄寨迁来建庄，此庄为新建，故取名新庄。
许庄	Xǔzhuāng	因许姓建庄，故称许庄。
张庄寨	Zhāngzhuāngzhài	张姓建村，取名张庄，后筑寨墙，取名张庄寨。现为张庄寨镇驻地。
尹庄	Yǐnzhuāng	尹姓在此居住建庄，故称尹庄。
雷楼	Léilóu	原以雷姓居住建楼，故称雷楼。
刘铁庄	Liútiězhuāng	原是刘姓铁匠在此居住建庄，故名刘铁庄。
邢庄	Xíngzhuāng	邢姓在此立户建庄，故而得名。
王老家	Wánglǎojiā	当地王家祖居地，后来不少王姓从此处迁出，故名。
袁圩村村民委员会	Yuánwéicūn Cūnmínwěiyuánhuì	隶属萧县张庄寨镇。1958 年为张庄寨公社袁圩大队，1984 年为张庄寨镇袁圩村至今。
袁圩	Yuánwéi	明代袁姓在此建村，村四周筑有圩子，故而得名。
丰楼村	Fēnglóucūn	明代末年丰姓在此占产立庄，并在村中盖有楼房，故而得名。
孟油坊	Mèngyóufāng	明代孟姓最早在此居住，村中有一油坊，故而得名。
芈庙	Mǐmiào	明代芈姓在此定居，村中建有庙，后形成村庄，故而得名。
商楼	Shānglóu	明代商姓在此定居，建楼，故而得名。
邝庄	Kuàngzhuāng	明代邝姓在此定居后形成村庄，故而得名。
小雷楼	Xiǎoléilóu	明代雷姓在此定居建楼，因村小，故而得名小雷楼。
孙庄	Sūnzhuāng	明代孙姓在此占产立庄，故而得名。
东任庄	Dōngrénzhuāng	任姓建庄，得名任庄，后发展为东西两庄，此庄位于东部，故名东任庄。
众姓庄村村民委员会	Zhòngxìng-zhuāngcūn Cūnmínwěiyuánhuì	隶属萧县张庄寨镇。1949 年后属淮海区。1958 年属淮海张庄寨公社，撤区并乡时属张庄寨镇。2005 年并村时魏庄并于本村。2008 年并村，屈楼村又并入。
孟庄	Mèngzhuāng	孟姓在此占产立庄，故名孟庄。
袁楼	Yuánlóu	早年袁姓分支在此建庄盖楼，故而得名。
张庄	Zhāngzhuāng	张姓在此建庄，故名。
众姓庄	Zhòngxìngzhuāng	因村庄姓氏众多，故名众姓庄。
屈楼	Qūlóu	屈姓在此建庄盖楼得名。
赵庄	Zhàozhuāng	很早以前赵姓在此立庄，故取名赵庄。
魏庄	Wèizhuāng	魏姓建庄，故名魏庄。
刘庙	Liúmiào	刘姓建村，村外有座庙，故名刘庙。
李楼	Lǐlóu	民国期间李姓在此立庄，并建有楼阁，故而得名。

标准名称	汉语拼音	备注
海青村 村民委员会	Hǎiqīngcūn Cūnmínwěiyuánhuì	隶属萧县张庄寨镇。1949 年后属石林区；1953 年 8 月实行乡制属洪河乡；1958 年属淮海公社张庄寨乡；1984 年撤乡置镇，属张庄寨镇海青村村民委员会。
三座楼	Sānzuòlóu	早年纵姓来此定居，建立三座大楼，故而得名。
王老庄	Wánglǎozhuāng	明朝时期，王姓大户在此定居，故称王老庄。
海青房	Hǎiqīngfáng	古时有人盖了一座海青色的房子。于是人们称此为海青房村，后简称海青村。
郑楼	Zhènglóu	早年郑姓在此占产立庄盖楼，故名郑楼。
腰庄	Yāozhuāng	因该村前有海青房，后有段庄，置两村中间，故名腰庄。
段庄	Duànzhuāng	明代时期段姓在此占产建庄，故而得名。
洪河村 村民委员会	Hónghécūn Cūnmínwěiyuánhuì	隶属萧县张庄寨镇。1953 年实行乡制属洪河乡，1956 年撤区并乡属郑楼乡管辖，1958 年属白楼人民公社管辖，1984 年 5 月撤社设乡，属洪河乡管辖，2007 年撤乡置镇，属张庄寨管辖，为洪河村。
吴楼村	Wúlóucūn	早年间吴姓在此定居盖楼，故名吴楼村。
臭元村	Chòuyuáncūn	很早以前有人在此地种植一个菜园，菜园四周长着臭蒺藜，后来在此地建房成村，取名臭园村，又为臭元村。
洪河村	Hónghécūn	清朝乾隆年间，洪姓在此占产立庄，因靠洪河又有集市，故叫洪河集，后来因集市撤除，故叫洪河村。1944 年 10 月，新四军第四师师长兼政委彭雪枫牺牲在河南夏邑八里屯，在洪河集召开追悼会。
朱小厂村	Zhūxiǎochǎngcūn	早年有朱大厂村朱姓迁来此处建村，故取名朱小厂村。
平楼	Pínglóu	早年间朱姓在此定居，盖了一幢平顶楼房，故取名平楼。
盘庄	Pánzhuāng	早年有人在此建房成村，因村有碾盘，故取名碾盘庄，后来简称盘庄。
吴庄	Wúzhuāng	早年吴姓在此占地立庄，故而得名。
黑柳树村	Hēiliǔshùcūn	早年此处有一片柳树，叶子乌黑深绿发亮，后有人在此建村，故而得名。
王衍庄村 村民委员会	Wángyǎnzhuāngcūn Cūnmínwěiyuánhuì	隶属萧县张庄寨镇。1949 年属寿楼乡；1950 年属石林区；1958 年属寿楼人民公社；1960 年复地名为王衍庄大队；1984 年为王衍庄村至今，现属张庄寨镇。
后糖坊	Hòutángfāng	明代建庄，因此庄在张姓糖坊的后边，故而得名。
小新庄	Xiǎoxīnzhuāng	糖坊几户人家迁到此地建新庄，故而得名小新庄。
闫庄	Yánzhuāng	明末清初，闫姓在此占产立庄，故而得名。
王衍庄	Wángyǎnzhuāng	明朝王姓设堡建村，称王家堡。当时王姓在此定居繁衍生息，故命名王衍庄。这里是抗日名将王仲廉的故里。

标准名称	汉语拼音	备注
梅庄	Méizhuāng	很早以前此村种植很多梅子，故而得名。20 世纪 70 年代因水利建设，村中一河隔为两村。1938 年萧县抗日妇女救国会在此成立，由张明担任会长。
郭圩	Guōwéi	旧时郭姓在此居住，因地势低洼用土垫高设圩子，因此起名叫郭圩。
郭庄	Guōzhuāng	很久以前郭姓、刘姓、张姓在此建庄，因郭姓人口最多，故名。
刘庄	Liúzhuāng	明末刘姓自本县赵庄镇温刘庄迁至此处建庄，故名刘庄。
雷庄	Léizhuāng	明代雷姓在此立庄，因当时全部是雷姓，故而命名雷庄。
前塘坊	Qiántángfāng	明代张姓在此开糖坊，故而得名。因历史久远，变名为前塘坊。
后屈王庄	Hòuqūwángzhuāng	因历史上本村屈、王两大姓人数居多，故取名为屈王庄。新中国成立后由于人口较多，村庄较大，便以村中大坑为界，划分为前后屈王庄。该村在后，故称后屈王庄。
后雷集	Hòuléijí	明代雷姓居住分散，为议事方便，集中为前后两个村庄，此村在后，故称后雷集。
前屈王庄	Qiánqūwángzhuāng	因历史上本村屈、王两大姓人数居多，故取名为屈王庄，新中国成立后由于人口较多，村庄较大，便以村中大坑为界，划分为前后屈王庄。该村在前，故称前屈王庄。
前雷集	Qiánléijí	明代雷姓居住分散，为议事方便，集中为前后两个村庄，此村在前，故称前雷集。
白楼村村民委员会	Báilóucūn Cūnmínwěiyuánhuì	隶属萧县张庄寨镇。1949 年属石林区张庄寨乡，1958 年人民公社化时期属张庄寨公社，1961 年设区划社时属白楼公社，1969 年撤区并社时，并入张庄寨公社，名为白楼大队。1992 年属张庄寨镇。
王新庄	Wángxīnzhuāng	王姓在此建立新庄，故名。
马楼	Mǎlóu	清末马姓在此占产立庄盖楼，故名。
前夏桥	Qiánxiàqiáo	夏姓建村盖楼，取名夏楼。后因村旁修一石桥，改名夏桥，不久扩建为前后两村，此村在前，故名前夏桥。
孙庄	Sūnzhuāng	旧时孙姓在此居住，形成村庄，故名孙庄。
蔡庄	Càizhuāng	旧时蔡姓在此居住，形成村庄，故名蔡庄。
后夏桥	Hòuxiàqiáo	夏姓建村盖楼，取名夏楼。后因村旁修一石桥，改名夏桥，日久扩建为前后两村，此村在后，故名后夏桥。
白楼	Báilóu	白姓在此建村盖楼，取名白楼。后来二十四孝“卧冰求鲤”的王祥后裔从山东迁来此处，便称为王白楼，又名白楼。

标准名称	汉语拼音	备注
秦庙	Qínmiào	秦姓建村，村中建一座庙，故名秦庙。1944 年，新四军第四师师长兼政委彭雪枫不幸在河南夏邑八里屯牺牲，在秦庙村为他成殓，在洪河集为他召开追悼大会。
王柳园村村民委员会	Wángliǔyuáncūn Cūnmínwěiyuánhuì	隶属萧县张庄寨镇。1949 年属石林区张庄寨乡；1958 年属淮海公社；1961 年设区划社时为张庄寨公社；1980 年属白楼公社；1992 年属张庄寨镇至今。
王柳园西	WángLiǔyuánxī	王姓建村，村周柳树成园，在西，故得名。
平庄	Píngzhuāng	李姓建村时，期望太平，取名李平庄，后有部分人迁碱河北建村，现名平庄。
王柳园东	Wángliǔyuándōng	王姓建村，村周柳树成园，在东，故得名。
后陈胡同	Hòuchénhútong	陈姓建村时，原名陈村，因村中有一狭长胡同，改名陈胡同。后扩两村，此村在后，故得名。
王柳园南	Wángliǔyuánnán	王姓建村，村周柳树成园，在南，故得名。
腰庄	Yāozhuāng	因该庄位于陈胡同和张庄之间，故取名腰庄。
前陈胡同	Qiánchénhútong	陈姓建村时，原名陈村，因村中有一狭长胡同，改名陈胡同，后扩两村，此村在前，故得名。
杜庄西	Dùzhuāngxī	早年杜姓在此占产立庄，在西，故而得名。
杜庄东	Dùzhuāngdōng	早年杜姓在此占产立庄，在东，故而得名。
杜庄	Dùzhuāng	早年杜姓在此占产立庄，故而得名。
吕楼	Lǚlóu	吕姓建庄，并在庄内建有高楼，故得名吕楼。
王柳园	Wángliǔyuán	王姓建村，村周柳树成园，故得名。
欧庙村村民委员会	Ōumiàocūn Cūnmínwěiyuánhuì	隶属萧县张庄寨镇。1950 年属石林乡朱大楼；1958 年属张庄寨人民公社欧庙大队；1980 年属淮海区白楼乡欧庙村；1992 年撤区并乡，为张庄寨镇欧庙村；2006 年与新明村合并为欧庙村委会至今。
赵破楼	Zhàopòlóu	早年有一赵姓财主在此盖有一座楼，一次狂风大作，吹去楼上的瓦片，主人认为不祥，此楼长年失修，故取名赵破楼。
武暗楼	Wǔ'ànlóu	早年武姓在此居住，建一座无窗暗楼，故名武暗楼。
王新庄	Wángxīnzhuāng	王姓建新村，取名王新庄。
赵庄	Zhàozhuāng	很久以前赵姓在此立庄，故取名赵庄。
褚庙	Chǔmiào	早年褚姓在此定居，村中建一庙，故称褚庙。
杨庄	Yángzhuāng	此地以杨姓较多而得名杨庄。
欧庙	Ōumiào	欧姓建村，盖一寺庙，故名欧庙。
孙楼	Sūnlóu	三四百年前九户孙姓人家在此地除一虎害，官府立一牌楼纪念，取名孙家打虎楼，后简称孙楼。

标准名称	汉语拼音	备注
黄店	Huángdiàn	黄姓早年在此开客店，故名黄店。
李庄	Lǐzhuāng	李姓建庄，故而称李庄。
申河村村民委员会	Shēnhécūn Cūnmínwěiyuánhuì	隶属萧县张庄寨镇。2008年并村，埝头寺村与胡楼村合为一村，两村以申河相隔，故名申河村。
胡楼	Húlóu	明末清初，胡姓在这里建村并盖一座楼，得名胡楼。
何庄	Hézhuāng	明末何姓在此建庄，故而得名。
孟庄	Mèngzhuāng	很早以前孟姓来此建立村庄，取名孟庄。
后许庄	Hòuxǔzhuāng	以前许姓在附近建两个村，此村位于后，故名后许庄。
前许庄	Qiánxǔzhuāng	以前许姓在此处建两个村，两村前后相距不远，此村位于前，故名前许庄。
张塘	Zhāngtáng	张姓建村，村前有一水塘，故名张塘。
刘楼	Liúlóu	刘姓来此买地建庄盖楼，故名。
河北	Héběi	此庄在河流以北，故名。
袁庄	Yuánzhuāng	很久以前袁姓来此建庄，故名，又名元庄。
青柳园	Qīngliǔyuán	很久以前此村柳树较多，一片青绿绕村成园，故名青柳园。
河南	Hénán	此庄在河流以南，故名。
孙大楼	Sūndàlóu	此村孙姓较多，曾建楼房数座，故名孙大楼。
埝头寺	Niàntóusì	早年村西有座古寺，名埝头寺，村庄因此而得名。
崔口村村民委员会	Cuīkǒucūn Cūnmínwěiyuánhuì	隶属萧县张庄寨镇。1949年属石林区寿楼乡；1958年人民公社化时期，属崔口公社；1969年撤区并社时，属张庄寨公社；1980年撤区划社时，属崔口公社。后为张庄寨镇崔口村民委员会。
姜庄	Jiāngzhuāng	清朝时姜姓在此占产立庄，故名姜庄。
邱庄	Qiūzhuāng	邱姓早年在此建村定居，故名。
党屯	Dǎngtún	党姓建村，开荒屯田，故名。
欧吴庄	Yùwúzhuāng	明代欧姓和吴姓在此占产立庄，因当时人少村小，就以两姓并称，故而得名。
丰庄	Fēngzhuāng	明代丰姓在此占产立庄，故而得名。
东街	Dōngjiē	村在集市的东面，故名。
西街	Xījiē	村在集市的西面，故名。
王小屯	Wángxiǎotún	始为王姓屯田定居，村庄小，故名。

标准名称	汉语拼音	备注
崔口	Cuīkǒu	该村名源于民间王莽赶刘秀的故事。刘秀从田井走出，一直向西逃跑，夜里住进一座小庙，躲过了王莽的追杀。天刚微亮，又向西北逃窜，大约走了二十里的路程，就听身后战马嘶鸣，杀声震天，于是就近躲进路口的一个小村庄，终于逢凶化吉。刘秀称帝后，人们把这个村庄叫作崔阵口，以后又简称为崔口。
杭子村 村民委员会	Hángzicūn Cūnmínwěiyuánhuì	隶属萧县张庄寨镇。1949 年属崔口大公社；1958 年属淮海公社；1981 年属崔口公社；1984 年属崔口乡；1992 年属张庄寨镇至今。
闫阁	Yángè	闫姓建村盖一座阁楼，故名闫阁。
杭子西	Hángzixī	此村过去为集市，各业交易设行，故名行子，后“行”误传为“杭”，又位置偏西，因此而得名。
郭楼	Guōlóu	郭姓在此建村盖楼，故称郭楼。
刘楼	Liúlóu	旧时刘姓来此买地建庄并建楼，故名。
小阁子	Xiǎogézi	此村较小，早年村东有座文阁庙，因此而得名，后误写为小格子。
黑楼子	Hēilóuzi	早年村中有一座楼砖色黑暗，故名黑楼子。
塘坊	Tángfāng	此村过去开过糖坊，故名糖坊，后“糖”误传为“塘”。
刘店子	Liúdiànzi	过去刘姓在此开店，故名刘店子。
腊楼	Làlóu	早年，有位乳名叫“腊”的人，在此定居建楼，故名腊楼。
杭子东	Hángzidōng	此村位于杭子村东面，因此而命名。
杭子后	Hángzihòu	此村位于杭子村后面，因此而命名。
武楼村 村民委员会	Wǔlóucūn Cūnmínwěiyuánhuì	隶属萧县张庄寨镇。1949 年属萧县崔口大公社；1958 年属淮海公社；1981 年属崔口公社；1984 年属崔口乡；1992 年属张庄寨镇至今。
武楼村	Wǔlóucūn	明朝时期，武姓从山西洪洞县移民于此地，盖土楼一座，故名武楼村。
张老庄	Zhānglǎozhuāng	明朝时期，张姓从山东移民于此地，因居住年代久远，故名张老庄。淮海战役中活捉杜聿明于此。
刘庄	Liúzhuāng	清朝刘姓移民在此建村，故名。
黄盆窑	Huángpényáo	明朝期间，张姓在此建窑烧黄盆，名黄盆窑。
丁庄	Dīngzhuāng	清初，丁姓在此屯田立村，故而得名。
寿楼村 村民委员会	Shòulóucūn Cūnmínwěiyuánhuì	隶属萧县张庄寨镇。1949 年属寿楼公社，当时为寿楼大队；后来寿楼设乡，乡址在寿楼村；至 2008 年与王园大队并村，合称寿楼村至今。

标准名称	汉语拼音	备注
张寿楼	Zhāngshòulóu	明初，张姓分支从张老家迁居此处建庄盖楼，取名张楼。明崇祯十四年五月初一，该村国琛太太李氏年三十二岁，以时疫暴殁。七日，复还阳，寿至九十三岁，无疾而终。张家搭建彩楼为老太太祝寿，改原村名为张寿楼至今。清咸丰年间筑寨，有“红亭古镇”之称，存有石碑。
王园	Wángyuán	明末清初有王姓弟兄六人，从外地逃荒至此建村，种植一菜园，得村名王园。
郝暗楼	Hǎo'ànlóu	新中国成立后，郝姓来此定居，盖无窗暗楼一座，故名郝暗楼。
宋楼	Sònglóu	早年宋氏在此占产立庄并盖楼，故而得名。
腰庄	Yāozhuāng	明末张姓从寿楼村搬至村南，建一村庄，从寿楼到许窑必经该村转弯，故而得名。
许窑	Xǔyáo	明朝时期，有许姓人家为张姓大户看护坟地，在此建房建窑，繁衍形成村庄，称许窑。
槐庄	Huáizhuāng	几百年前有人在此居住建庄，因此处有棵老槐树，以此取名为槐庄。
张土楼	Zhāngtǔlóu	明朝年间张姓在此建村，并在村内建土楼，故得名张土楼。
前杨石门	Qiányángshímén	从前，此处有石门一座，杨姓在石门前后建两村，该村在前，取名为前杨石门。
后杨石门	Hòuyángshímén	从前，此处有石门一座，杨姓在石门前后建两村，该村在后，取名为后杨石门。
河西村 村民委员会	Héxīcūn Cūnmínwěiyuánhuì	隶属萧县张庄寨镇。2008 年属萧县张庄寨镇河西村至今。2008 年毛桥村民委员会、一条脊村民委员会、陈楼村民委员会合并河西村民委员会。
条脊	Tiáojǐ	光绪年间，此村盖房，屋脊连在一起，故取村名条脊。有人将脊写成吉，也称条吉。
郝庄	Hǎozhuāng	早年郝姓在此立庄，故而得名。
陈楼村	Chénlóucūn	明代陈姓在此定居，建一楼房，故而得名陈楼村。
邬庄	Wūzhuāng	明代邬姓在此占产立庄，故而得名邬庄。
张庄	Zhāngzhuāng	明代张姓在此居住建庄，故名。
毛庄	Máozhuāng	清代毛姓在此占产立庄，故而得名。
邵庄	Shàozhuāng	清朝时期，邵姓在此定居成村，故而得名。
马庄	Mǎzhuāng	很早以前张姓在此居住，在家中养马，取名马庄。
陈庄	Chénzhuāng	清朝初年陈姓在此建庄，故而得名。
余庄	Yúzhuāng	很久以前余姓在此占产立庄，故而得名。
田庙	Tiánmiào	明代田姓在此建村，村中盖一寺庙，得名田庙。后扩展为东西两村，此村在东又叫东田庙。

标准名称	汉语拼音	备注
张新集村村民委员会	Zhāngxīnjícūn Cūnmínwěiyuánhuì	隶属萧县张庄寨镇。2005 年由张柳园村、后街村、前街村合并为张新集村。
张柳园	Zhāngliǔyuán	张姓在此建村，村四周柳树较多，环绕成园，故而得名。
前街	Qiánjiē	以驻地街道名称命名，因该街在前，故而得名。
后街	Hòujiē	以驻地街道名称命名，因该街在后，故而得名。
北小庄	Běixiǎozhuāng	此村位于王楼北，庄小，故名北小庄。
老楼	Lǎolóu	旧时村中有座炮楼，故为此名。
旗杆楼	Qígānlóu	该村从前有一官宦人家，在家立有旗杆，盖有楼房，故有此名。
梅庄	Méizhuāng	很早以前梅姓在此建庄定居，故而得名。20 世纪 70 年代因水利建设，村中一河分两个村。1938 年萧县抗日妇女救国会在此成立，由张明担任会长。

酒店乡

酒店乡（Jiǔdiàn Xiāng） 属萧县管辖。早年孙姓在此设店卖酒，故称酒店，以此得名。地处萧县西部，为两省三县交界处，东与马井镇接壤，东南与赵庄镇毗邻，南连大屯镇，西接砀山县程庄镇，西南与河南省永城市条河乡相连，北与黄口镇相邻。人民政府驻酒店村，电话区号是 0557，邮政编码是 235233，距萧县龙城镇 33 千米。下辖西赵楼、何寨、和谐、赵圈、孟暗楼、李庄、东镇、申河、旗杆、丹楼、杨楼、酒店、丁庄共 13 个村。辖区东西最大距离 16.4 千米，南北最大距离 9.6 千米，面积 83.4 平方千米。总人口 66052 人。属温带半湿润性季风气候区，四季分明，雨水较充沛，光照充足。农业以小麦、大豆、玉米、棉花为主。特产有水果、花生。工业有轧花厂。有乡文化广播电视工作站 1 处，各类图书室 34 个，有幼儿园 7 所、小学 20 所、初中 2 所，有乡卫生院 1 所，村级门诊部 13 个，境内有 101 省道、黄青路、黄赵路、权酒路四条主要道路交会贯通，南距连霍高速公路张庄寨入口 15 千米，北距黄口火车站 9 千米。境内有赵匡胤称帝后的行宫遗址（赵圈）、古安民镇（东镇）、古渡口赵家圈渡、东镇渡、省级生态示范村丁庄。行政区划单位为乡。1950 年属黄口区酒店乡，1958 年建立酒店公社，1985 年改属赵庄区东镇乡，后为酒店乡至今。

标准名称	汉语拼音	备注
丁庄村村民委员会	Dīngzhuāngcūn Cūnmínwěiyuánhuì	隶属萧县酒店乡，1949 年这里属黄口区滨河乡，1958 年人民公社化时期属酒店公社，1980 年设区划社时从酒店公社划归东镇公社，1981 年命名为酒店乡丁庄村至今。

标准名称	汉语拼音	备注
郝楼村	Hǎolóucūn	郝姓在此地建村盖楼，故名。
丁庄村	Dīngzhuāngcūn	因是丁姓在此建村，故得名。
吴松园	Wúsōngyuán	吴姓建村，并在松林旁建菜园，故名。现为吴松园。
刘庄村	Liúzhuāngcūn	刘姓在此地建村，故名。
韩楼村	Hánlóucūn	因韩姓在此建村并盖楼，故名。
李庄村 村民委员会	Lǐzhuāngcūn Cūnmínwěiyuánhuì	隶属萧县酒店乡，1949 年属滨河乡，1954 年属共和社；1958 年属酒店人民公社单庄大队；1981 年属东镇公社李庄大队；1992 年属酒店乡李庄村民委员会。
朱新庄	Zhūxīnzhuāng	早年朱姓迁此建新庄，故而得名。
夏王庄	Xiàwángzhuāng	夏姓、王姓占地立庄，故名夏王庄。
高台	Gāotái	因洪水冲积过后，留下一个高台子，有王姓从苗铺村搬迁过来居住建村，故叫高台。
郝庄	Hǎozhuāng	早年郝姓在此立庄，故而得名。
窦庄	Dòuzhuāng	因为窦姓建庄，故名窦庄。
张庄	Zhāngzhuāng	张庄是臧姓的寄庄子，先前叫臧庄，后因张姓人口较多，故改成张庄。
王楼	Wánglóu	王楼以前叫张柿园，后因王姓在村里建了一座楼，便将村名改为王楼。
胡大庄	Húdàzhuāng	此村胡姓家族大、人口多，故名胡大庄。
朱楼	Zhūlóu	因本村朱姓多，村以姓取名。
李庄村	Lǐzhuāngcūn	因本村李姓多，村以姓取名。
旗杆村 村民委员会	Qígāncūn Cūnmínwěiyuánhuì	隶属萧县酒店乡。1958 年属酒店人民公社陈庄大队，1981 年属东镇旗杆大队，1992 年属酒店乡旗杆村，1997 年属陈庄村，2006 年合并村时为酒店乡旗杆村至今。
纵王庄	Zòngwángzhuāng	很早以前村里有纵、王两姓居住，故名纵王庄。
罗庄	Luózhuāng	早年罗姓在此落户建庄，取名罗庄。
吴庄	Wúzhuāng	吴姓在此占地立庄，故而得名。
张小屯	Zhāngxiǎotún	张姓在此屯田定居成村，故名张小屯。
孙庄	Sūnzhuāng	孙姓在此村人数较多，故名孙庄。
北李庄	Běilǐzhuāng	李姓在此建村，人数较多，村庄在北，故名北李庄。
邓楼	Dènglóu	邓姓迁此居住成村，村中建有一楼，故名邓楼。
陈庄	Chénzhuāng	陈姓在此占地立庄，故名陈庄。
朱庄	Zhūzhuāng	明代朱姓三兄弟在此占产立庄，当时人少村小，名小朱庄，后改为朱庄。

标准名称	汉语拼音	备注
旗杆	Qígān	相传该村任姓得功名，有权势，在家门外立旗杆以显身份，故名旗杆。
南李庄	Nánlǐzhuāng	李姓在此建庄，村庄在南，故名南李庄。
王庄	Wángzhuāng	明代王姓在此定居，故名王庄。
孟暗楼村 村民委员会	Mèng’ànlóucūn Cūnmínwěiyuánhuì	隶属萧县酒店乡，2008年周孟庄村和孟暗楼村合并为孟暗楼村至今。
栾庄	Luánzhuāng	村里姓氏为栾姓，故名栾庄。
前坝子	Qiánbàzi	因位于黄坝村前面，故名前坝子。
周孟庄	Zhōumèngzhuāng	村里姓氏为周、孟两姓，故名周孟庄。
苇子园	Wěiziyuán	因村庄周边苇子较多，而得名为苇子园。
朱沙滩	Zhūshātān	明朝洪武年间，明太祖朱元璋为扩大朱姓领域范围，令朱姓各户独占一片地盘，因此支位于沙滩，故得名。
朱堤湾	Zhūdīwān	明朝洪武年间，明太祖朱元璋为扩大朱姓领域范围，令朱姓各户独占一片地盘，该朱姓迁居于堤坝拐弯处，因而得名。
孟暗楼	Mèng’ànlóu	早年孟姓在此建村并盖了一座没有窗户的楼，光线很暗，故而得名。
小堤湾	Xiǎodīwān	该村因建在小河堤湾处，故名小堤湾。
酒店村 村民委员会	Jiǔdiàncūn Cūnmínwěiyuánhuì	隶属萧县酒店乡。1949年属酒店乡；1954年属光辉社；1958年属酒店人民公社酒店大队；1981年恢复酒店乡酒店大队；1984年体制改革，属酒店乡酒店村至今。
刘水园	Liúshuǐyuán	本村以刘姓居多，大部分住户以种水果、蔬菜为生，故名刘水园。
丁庄	Dīngzhuāng	明朝时期，丁姓在此屯田立庄，故而得名。
杨水口	Yángshuǐkǒu	原名杨堤口，北边河流因大雨决堤冲成一个大口子，故名杨堤口。1957年前遭水淹，1957年政府又重新开挖了萧砀运河，从此没有水灾，时间一长就改名为杨水口。
马楼	Mǎlóu	马姓在此立村建楼，故称马楼。
刘楼	Liúlóu	刘姓在此立村建楼，故称刘楼。
潘杨庄	Pānyángzhuāng	此庄由潘姓、杨姓共同建庄，故名。
酒店	Jiǔdiàn	明朝时期，孙姓在此开一酒店，来往行人在此闲谈饮酒，后此处建村时故名孙酒店，后简称酒店，亦有人写作九店。
王新庄	Wángxīnzhuāng	王姓迁此建新庄，故名。
豆腐营	Dòufuyíng	早年本村有多家豆腐坊，以卖豆腐营生，故名豆腐营。

标准名称	汉语拼音	备注
杨楼村 村民委员会	Yánglóucūn Cūnmínwěiyuánhuì	隶属萧县酒店乡。1949年属萧县赵庄区劳动社；1958年属大屯公社杨楼大队；1981年恢复地名时属杨楼大队；1984年体制改革，属大屯区何寨乡杨楼村；1992年划分为酒店乡杨楼村至今。
新宫庄	Xīngōngzhuāng	1943年，部分大宫庄村民为种地方便到此立庄，因当时是从大宫庄迁出，故名新宫庄。
大宫庄	Dàgōngzhuāng	明代宫姓在此占产立庄，故而得名。
李小屯	Lǐxiǎotún	明代李姓在此占产屯田立庄，故而得名。
杨楼	Yánglóu	明代杨姓在此占产立庄，并建楼，故而得名。
刘庄	Liúzhuāng	明代刘姓在此占地立庄，故而得名。
高庄	Gāozhuāng	明代高姓在此占产立庄，故而得名。
刘蛮寺	Liúmánsì	明代“南蛮子”找风水来到此地，占产立庄，并建一座寺庙，因当时“蛮子”是刘姓，故名刘蛮寺。
郑庄	Zhèngzhuāng	明代郑姓在此占产立庄，故而得名。
丹楼村 村民委员会	Dānlóucūn Cūnmínwěiyuánhuì	隶属萧县酒店乡。1949年属寇楼乡。1954年属冯庄乡。1958年属酒店人民公社丹楼大队。1981年恢复酒店乡丹楼大队。1984年体制改革，属酒店乡丹楼村民委员会至今。
丹楼	Dānlóu	该村原为丹楼村，空心村治理，由老村改新村，仍沿用其名。
杨菜园	Yángcàiyuán	杨姓在此建村，因种菜园而得名。
朱楼村	Zhūlóucūn	早年此地有朱姓在此建村并盖炮楼，故而得名。
刘庄	Liúzhuāng	早年刘姓在此占地建庄，故名为刘庄。
吴庄	Wúzhuāng	明末清初吴姓在此占地立庄，故而得名。
王楼	Wánglóu	明代王姓在此占地立庄，并盖一楼房，故而得名。
黄楼	Huánglóu	清朝老黄口黄姓在此占产立庄，并建一门楼，故而得名。
孙集村	Sūnjícūn	清代孙姓在此占地立庄，后设集市，故而得名。
九里湾	Jiǔlǐwān	省道修建，大屯镇向北九里、砀山县王屯向东九里有一转弯，故而得名。
申河村 村民委员会	Shēnhécūn Cūnmínwěiyuánhuì	隶属萧县酒店乡，由原单庄村民委员会和吴集村民委员会于2008年合并而成，以村内的申河命名。
史庄	Shǐzhuāng	该村原住民以史姓为主，故名史庄。
王庄	Wángzhuāng	该村原住民以王姓为主，故名王庄。
杨庄	Yángzhuāng	该村村民全部姓杨，故名杨庄。
前寇庄	Qiánkòuzhuāng	该村原住民以寇姓为主，分为前后两庄，前庄为前寇庄。
后寇庄	Hòukòuzhuāng	该村原住民以寇姓为主，分为前后两庄，后庄为后寇庄。

标准名称	汉语拼音	备注
孙庄	Sūnzhuāng	该村原住民以孙姓为主，故名孙庄。
单庄	Shànzhuāng	该村原住民以单姓为主，故名单庄。
河申	Héshēn	该村原庄东庄西各有一条河，二河中间住几户村民，故取名河申。
吴集	Wújí	旧时村名为永兴集，新中国成立后改为吴集至今。
董庄	Dǒngzhuāng	该村原住民以董姓为主，故名董庄。
西赵楼村村民委员会	Xīzhàolóucūn Cūnmínwěiyuánhuì	隶属萧县酒店乡，1949 年属永城县；1956 年属永城县林楼社张庄乡；1982 年属大屯镇何寨乡西赵楼村；1993 年属酒店乡西赵楼村至今。
何集	Héjí	该村何姓人口居多，因集市设在本村，故名何集。
张庄	Zhāngzhuāng	张姓在此占产立庄，故名张庄。
赵楼	Zhàolóu	早年赵姓在此建村，为防匪患建楼一座，故称赵楼。
贾庄	Jiǎzhuāng	贾姓在此占产立庄，故名贾庄。
朱楼	Zhūlóu	早年朱姓在此建村，且建有一楼，故取名朱楼。
申庄	Shēnzhuāng	申姓在此占产立庄，因而得名。
郑庄	Zhèngzhuāng	明代郑姓在此占产立庄，故而得名。
和谐村村民委员会	Héxiécūn Cūnmínwěiyuánhuì	隶属萧县酒店乡。由三个自然村北赵楼、王老家、潘暗楼合并而来。1958 年属酒店乡人民公社，1979 年属大屯区何寨乡，1991 年底并入酒店乡，2007 年底合并村后取名至今。
小汪楼	Xiǎowānglóu	相传本庄汪姓始祖雄太爷原为广州周始县太子滩人，雄太爷辅佑明帝立大功，封为将军后入驻徐州，因避战乱迁来此处立村建楼，取村名为小汪楼。
王小屯	Wángxiǎotún	王姓人家来此屯田建村，故名王小屯。
唐庄	Tángzhuāng	唐姓来此占地建庄，故名唐庄至今。
王老家	Wánglǎojiā	该村原名孙老家。后因村中王家地位高，人口众多，故改名王老家。
冯庄	Féngzhuāng	清朝时冯姓在此占地立庄，故而得名。
李庄	Lǐzhuāng	李姓在此居住建庄，故而得名。
潘暗楼	Pān’ ànlóu	原先丁姓在此建村盖楼叫丁楼，而后王姓挑杆子又改名叫王暗楼，200 年后潘姓在此发迹，建一座青砖青瓦楼，故又改名叫潘暗楼至今。
龙新庄	Lóngxīnzhuāng	龙、王、谢、彭四姓一起迁到此地建庄，因龙姓较多，故而得名。
赵楼	Zhàolóu	早年张姓在此立村，建一座木楼，名张天木楼。后来赵姓迁来居住并发迹，赵姓为防匪患建楼一座，故更名赵楼。

标准名称	汉语拼音	备注
赵圈村村民委员会	Zhàoquāncūn Cūnmínwěiyuánhuì	隶属萧县酒店乡。1949年属大屯区，后实行乡制属酒店乡；1956年撤区并乡，仍属酒店乡；1958年人民公社化时期，属酒店公社赵圈大队，1977年并入赵圈村民委员会至今。
孟武楼	Mèngwǔlóu	孟姓在此占产立庄，建了五座楼，后又有武姓迁入，故名孟武楼。
邵李庄	Shàolǐzhuāng	清朝中期邵姓、李姓在此占产立庄，故名。
杨洼	Yángwā	元末战乱时杨姓在此占产立庄，因地势低洼，故得名。
朱楼	Zhūlóu	明朝时朱姓在此建村立庄，且建一楼，故取名朱楼。
张庄	Zhāngzhuāng	张姓在此占产立庄，故名张庄。
王庄	Wángzhuāng	清朝时期，王姓人家在此占产立庄，故名王庄。
赵圈	Zhàoquān	据传北宋皇帝赵匡胤南巡来到此处，圈地十亩建设碧霞行宫，此地故得名“赵家圈”。后此处挖河，发现明嘉靖间所立“赵家圈碧霞行宫碑”两块。
寇楼	Kòulóu	宋代寇准后裔在此占产立庄并建楼，故名。
何寨村村民委员会	Hézhàicūn Cūnmínwěiyuánhuì	隶属萧县酒店乡。1963年划分为萧县林楼乡何寨大队；后改为萧县何寨村民委员会至今。
何小庄	Héxiǎozhuāng	何姓在此建庄，因村子较小，故名。
何寨	Hézhài	何姓在此建村设寨，故名何寨。
何太楼	Hétàilóu	何姓在此建村盖楼者，在何姓中辈分较长，人称何老太爷，此村故名何太楼。明代该村人何岱在朝为官，因被朝廷错斩，后朝廷为他铸金头，以宰相之礼厚葬于此。
汪庄	Wāngzhuāng	早年汪姓在此建村定居，故名。
程庄	Chéngzhuāng	程姓在此建庄，故名。
前程庄	Qiánchéngzhuāng	程姓在此建两个庄，此村置前，故名。
刘楼	Liúlóu	刘姓在此建村，盖楼，故名。
王庄	Wángzhuāng	因村中王姓人家较多而得名。
东镇村村民委员会	Dōngzhèncūn Cūnmínwěiyuánhuì	隶属萧县酒店乡，原名东城店后更名为东镇店，现在分为镇东、镇西两个自然村。1966年属道口公社，1974年属酒店乡人民公社，1992年属酒店乡政府管理。
镇西	Zhènxī	相传古代获水（汴水）流经此地为渡口，隋唐时名为安民镇，是徐州五大名镇之一。北宋皇帝赵匡胤南巡在此西十里圈地建设银行宫，称赵家圈。并在东边设东城店，西边设西城店。1992年为酒店乡镇西。

标准名称	汉语拼音	备注
镇东	Zhèndōng	相传古代获水（汴水）流经此地为渡口，隋唐时名为安民镇，是徐州五大名镇之一。北宋皇帝赵匡胤南巡在此西十里圈地建设银行宫，称赵家圈。并在东边设东城店，西边设西城店，后来东城店便成了东镇店。1992 年为酒店乡镇东。
殷楼	Yīnlóu	早年殷姓在此建村盖楼，故名。
郑庄村	Zhèngzhuāngcūn	明朝晚期郑姓在此建村，故名。
任老家	Rénlǎojiā	很久以前任姓在此建村，故名。
任小庄	Rénxiǎozhuāng	任姓在此占地建庄，因村小，故名。
郝瓦房	Hǎowǎfáng	明代郝姓在此占产立庄，并建瓦房，故而得名。

石林乡

石林乡（Shílín Xiāng） 属萧县管辖。李石林，李姓建村，原名李全楼，因村西郊立有石牌坊及石猴、石羊、石马、石人等，远望似石林，遂得名李石林，乡以驻地自然村后两字命名。地处萧县西南部，距县城 45 千米，距淮北市区 22 千米。西部与河南永城市刘河乡、芒山镇接壤，距永城市区 34 千米，南部、东部、北部分别与青龙集镇、祖楼镇、张庄寨镇毗邻。人民政府驻石林村。下辖朱大楼、李庄、石林、陶楼、魏楼、崔阁共 6 个村。辖区面积 25.71 平方千米，东西最大距离 8.2 千米，南北最大距离 3.3 千米。总人口 26772 人。属温带半湿润性季风气候区，四季分明，雨水较充沛，光照充足。农业以小麦、玉米、大豆、棉花为主，工业有粮食加工、服装。乡综合文化站 1 个，有乡中心幼儿园 1 所，村幼儿园 5 所，标准化小学 4 所，初中 1 所。境内有 101 省道，距 311 国道 3 千米，距连霍高速张庄寨入口 7 千米。境内有著名民主人士李明扬的故居，此地也是淮海战役决战的中心战场。电话区号：0557。邮政编码：235252。行政区划单位为乡。1950 年为石林区，辖袁圩、石林等 15 个乡，1958 年成立石林公社。该乡为淮海战役决战中心地带，1970 年为了纪念淮海战役的胜利，将石林公社改为淮海公社，1985 年设淮海区石林镇，1992 年改设县直属的管理区，2000 年 8 月设石林乡。

标准名称	汉语拼音	备注
石林村 村民委员会	Shílíncūn Cūnmínwěiyuánhuì	隶属萧县石林乡。1958 年石林人民公社成立，石林村改称石林大队；1970 年属淮海人民公社；1985 年属淮海区石林镇；1992 年属青龙集镇石林乡；1996 年属石林管区；2000 年石林管区更名为石林乡，该村隶属之。村委会驻地石林自然村。

标准名称	汉语拼音	备注
石林	Shílín	明末清初，李姓迁萧在此建村，后因祖上军功显赫，其子孙遂成当地首富。发家后，他们扩展院落，并将原住房全部拆除改成楼房，以显耀自己的富贵，故人称“李全楼”。李某去世后，朝廷下圣旨为其营造陵园，陵园建造雄伟，气势恢宏，陵前修一甬道，两旁立有石牌坊、石猴、石羊、石马、石人等。远望似石林，故将该村易名为石林。
淮海	Huáihǎi	石林地区是淮海战役的主战场。为了纪念淮海战役，方便管理，1979 年经县政府批准，将石林大队分为淮海、石林两个大队。淮海大队辖原石林大队的六、七、八、九、十、十一、夏庄七个生产队，石林大队辖一、二、三、四、五、高楼六个生产队。
高楼	Gāolóu	清朝初期，高姓来此占产立村，建一高楼，故起村名高楼。
夏庄	Xiàzhuāng	早年夏姓在此占产立庄，故称夏庄。
崔阁村 村民委员会	Cuīgécūn Cūnmínwěiyuánhuì	隶属萧县石林乡。1949 年属石林区石林乡。1955 年属淮海高级农业社。1958 年属石林人民公社崔阁大队。1984 年撤社划乡属石林乡，后改为崔阁村。1999 年和万庄村合并，仍为崔阁村至今。村委会驻地崔阁自然村。
崔阁	Cuīgé	清末崔姓在此建村，因村东有座庙阁，故名。
何桥	Héqiáo	明代末年何姓从何集迁此建村，村东洪减河上有座桥，故名。
万庄	Wànzhuāng	清朝初期，万姓迁入此地，建立庄园，遂取名万庄。
程阁	Chénggé	明代程姓分支从萧县马井程楼搬迁于此建村，并在村东盖有庙阁，故取名程阁。
孙阁	Sūngé	明代孙姓在此建村立庄，因庄东盖有一座庙阁，故取名孙阁。
王李庄	Wánglǐzhuāng	明代王姓在此居住，因庄前有大树林，故取名王林庄。后来李姓又来此居住，遂改名为王李庄。
何土楼	Hétǔlóu	明代末年何姓从何集迁此建村，因村中早年建一座土楼，故名。
何小庄	Héxiǎozhuāng	何姓来此建庄，因人少庄小，故名。
鲁楼	Lǔlóu	清朝末年，鲁姓在此建村立庄，并建楼房一座，故取名鲁楼。
杨李庄	Yánglǐzhuāng	明代有杨、李两姓来此建庄，故名。
陶庄	Táozhuāng	陶姓和刘姓最早在此立庄，因陶姓人居多，故取名陶庄。
武庄	Wǔzhuāng	明代武姓在此建村立庄，因当时人少村小，又仅此一姓，故名。
马桥	Mǎqiáo	宋代马姓在此占地立庄，因靠近村北洪减河上一座桥，故而得名马桥。
徐庄	Xúzhuāng	徐姓最早在此建庄，故而得名。
于庄	Yúzhuāng	明末清初于姓在此建村立庄，故名。

标准名称	汉语拼音	备注
何庄	Hézhuāng	很久以前何姓在此居住，故而得名。
魏楼村村民委员会	Wèilóucūn Cūnmínwěiyuánhuì	隶属萧县石林乡。1949 年属张庄寨区崔口乡；1955 年属淮海高级农业社；1958 年属石林人民公社五营九连；1982 年属石林公社魏楼大队；1985 年属淮海公社詹阁大队；1992 年属石林乡魏楼村至今。村委会驻地魏楼自然村。
东詹阁	Dōngzhāngé	明代詹姓来此占产立庄，盖有阁楼，故取名詹阁。后部分村民西迁建村，取名西詹阁，原詹阁则易名为东詹阁。
西詹阁	Xīzhāngé	明代詹姓先来此地占产立庄，盖有阁楼，故取名詹阁。后部分村民西迁建村，取名西詹阁，原詹阁则易名为东詹阁。
谢楼	Xièlóu	早年谢姓迁此占产立庄，盖有楼房，故取名谢楼，沿用至今。
郭庄	Guōzhuāng	明代郭姓从山西来此立庄，故而得名。
周集	Zhōují	明代周姓在此占产立庄，曾设集市，故名周集。
魏楼	Wèilóu	早年魏姓总兵在此定居、盖楼，故名。
李庄村村民委员会	Lǐzhuāngcūn Cūnmínwěiyuánhuì	隶属萧县石林乡。1949 年属石林区石林乡；1958—1991 年先后属淮海公社、石林乡夏寨大队；1992 年后属石林乡李庄村。村委会驻李庄自然村。
高集	Gāojí	明代高姓在此最早建村，村中设集市，故名高集。
朱小楼	Zhūxiǎolóu	该村村民皆由朱大楼迁来，村的规模略小，故名。
刘场	Liúchǎng	刘姓在此建村，村旁设有窑厂，故名刘场。
李庄	Lǐzhuāng	清代李姓在此建村立庄，故名李庄。
刘庄	Liúzhuāng	1700 年前从河南迁至此处，因刘姓居多，故名为刘庄。
夏寨	Xiàzhài	明代夏姓在此建村，因村周筑有防护寨墙，故名。
陶楼村村民委员会	Táolóucūn Cūnmínwěiyuánhuì	隶属萧县石林乡。1949 年属石林区石林乡；1958 年属淮海公社陶楼大队；1984 年属陶楼村至今。村委会驻地陶楼自然村。
陶楼	Táolóu	明代温姓为朝廷派遣来萧县的屯户，在此卜居，建一土楼。数十年来，土楼历经风雨，安然无恙。温姓一家也富得流油，成为当地大财主。温财主迷信土楼有“神灵庇佑”，是“风水宝地”，而不舍遗弃，特在土楼外加筑砖墙两层相套，俗称“套楼”，故人称“温套楼”。后来，温财主去世，家道败落，村名变为“套楼”。以后，“套”又演化为“陶”，成为现在的陶楼。
土楼	Tǔlóu	早年此村有一座土炮楼，故名土楼。
王圈	Wángquān	清末王姓在此建村，因在村周筑有防护寨圈，故名。
阎庄	Yánzhuāng	很久以前阎姓在此占产立庄，故而得名。
蒋庄	Jiǎngzhuāng	很久以前蒋姓在此占产立庄，故而得名。

标准名称	汉语拼音	备注
前平庄	Qiánpíngzhuāng	早年李姓建庄，期望太平，遂取名李平庄。后有一部分人迁往减河北建村，取名后李平庄，原李平庄易名前平庄。
郭庄	Guōzhuāng	明代郭姓从山西来此立庄，故而得名。
王庄	Wángzhuāng	因王姓家最早在此建村而得名。
陈阁	Chéngé	陈姓建庄，因村旁盖有一座庙阁，故名陈阁。
朱大楼村村民委员会	Zhūdàlóucūn Cūnmínwěiyuánhuì	隶属萧县石林乡。1949 年属石林区石林乡；1958 年至 1984 年属淮海公社朱大楼大队；撤区并乡后，属石林乡朱大楼村至今。村委会驻朱大楼自然村。
朱大楼	Zhūdàlóu	清代年末，朱姓在此占产立庄，并建大楼一座，故名朱大楼。
安庄	Ānzhuāng	清代安姓在此占产立庄，故名安庄。
谷庄	Gǔzhuāng	清代谷姓在此占产立庄，故名谷庄。
赵庄	Zhàozhuāng	清末，赵姓在此立庄，故取名赵庄。
王花园	Wánghuāyuán	明代嘉靖年间，王姓富绅来此建有庄园，筑有别墅，还引来减河之水，仿江南风格建一大花园，被时人呼为王花园，故名。
王楼	Wánglóu	早年为王姓财主的寄庄子，并建有楼房，故名王楼。

孙圩子乡

孙圩子乡（Sūnwéizi Xiāng） 属萧县管辖。地处萧县西南部，东与丁里镇接壤，南连淮北市凤凰山经济开发区，西邻祖楼镇，北接王寨镇。乡人民政府驻孙圩子村，距淮北市区 12 千米，距萧县县城 28 千米。下辖孙圩子、程蒋山、王庄、徐双楼、港河、丁楼、马庄、侯楼、周圩、徐里村共 10 个村。辖区东西最大距离 8 千米，南北最大距离 12 千米，面积 82.7985 平方千米。辖区总人口 50881 人，属温带半湿润性季风气候区，四季分明，雨水较充沛，光照充足。农业以小麦、玉米、大豆、胡萝卜和山区干杂果为主，工业以建材和饲料加工为主。有乡文化站 1 个，有村级文化活动中心 10 个，各类图书室 12 个，有幼儿园 8 所、小学 18 所、初中 2 所，有医疗卫生机构 11 个，门诊所 11 个。境内有连霍高速公路、202 省道及 3 条县道等公路干线交会。境内有东汉逡遒侯蒋横墓（程蒋山）、破阁汉墓群和横山堂徐氏总祠等遗迹，有省级生态示范村徐里村，还有徐里村的软籽石榴、巴斗杏和黄庄的胡萝卜名闻遐迩。境内名人有著名考古学家蒋若是。电话区号是 0557，邮政编码是 235263。行政区划单位为乡。1950 年属祖楼区程山乡，1958 年属王寨区丁楼公社，1961 年从丁楼公社分出，以境内自然村徐双楼命名，建立徐双楼公社，1969 年并入丁楼公社，1980 年再设徐双楼公社，1985 年重设祖楼区丁楼乡，1992 年撤区并乡设孙圩子乡至今。

标准名称	汉语拼音	备注
孙圩子村村民委员会	Sūnwéizicūn Cūnmínwěiyuánhuì	隶属萧县孙圩子乡。1958年属丁楼人民公社，1981年恢复地名时属徐双楼乡孙圩子大队，后改属孙圩子乡孙圩子村民委员会。村委会驻地孙圩子。
孙东	Sūndōng	孙姓在此建村。在东，故名。
孙西	Sūnxī	孙姓在此建村。在西，故名。
接集	Jiējí	从前，村前有一条官道（大道），路旁设“驿站”，村内设集市，由此得名接驿集，简称接集。
刘庄	Liúzhuāng	刘姓于1700多年前从河南迁至此处，因刘姓居多，故名为刘庄。
蒋柿园	Jiǎngshìyuán	此村蒋姓较多，且村旁有一大柿子园，故名。
破阁	Pògé	又名九女阁。相传隋唐时期村中九女集资建造阁楼一座，故取名九女阁。后阁楼坍塌，无人修葺，破烂不堪，遂易名破阁。
孙圩子	Sūnwéizi	明初孙姓在此建村。为防水患，村周筑土圩，故名孙圩子。
程蒋山村村民委员会	Chéngjiǎngshāncūn Cūnmínwěiyuánhuì	隶属萧县孙圩子乡。1958年名称为蒋庄大队，1976年社教以后分三个大队——程山大队、蒋庄大队、黄庄大队，1987年合并村后命名为程蒋山村至今。村委会驻地黄庄自然村。
程山	Chéngshān	靠山，原程姓占山为王，故初名程山。
黄庄	Huángzhuāng	明代黄水过后，黄姓迁居此地耕种生活，人口越来越多，故取庄名为黄庄。
程蒋山	Chéngjiǎngshān	该村为安徽省千年古村落。靠山，原程姓占山为王，故初名程山村。东汉时，蒋横随光武帝刘秀南征北战，功勋卓著，被封为浚遒侯，官拜大将军。不久刘秀听信谗言，将蒋横杀害，其九子亡命在外。刘秀后来醒悟，蒋横冤案昭雪，九子就地封侯。并以王侯之礼迁葬蒋横于该村。人们出于对忠臣的敬仰和爱戴，遂将程山村改名为程蒋山村，并将村东的山改为横山。
李庄	Lǐzhuāng	很早以前李姓从江苏丰县逃荒，在此占产立庄，故名为李庄。
陈庄	Chénzhuāng	本庄陈姓较多，故而得名。
蒋庄	Jiǎngzhuāng	很久以前蒋姓在此占产立庄，故而得名。
小王庄	Xiǎowángzhuāng	王姓最早来此建村，因村庄较小，故取名小王庄。
王庄村村民委员会	Wángzhuāngcūn Cūnmínwěiyuánhuì	隶属萧县孙圩子乡。1949年属王寨区王庄乡，1958年属丁楼公社王庄大队，1992年为王庄村至今。村委会驻地张庄自然村。
后桃园	Hòutáoyuán	王姓最早在此建村，村旁有桃园，故得名王桃园。后扩展为前、中、后三个村，此村在后（最北边），故名。

标准名称	汉语拼音	备注
中桃园	Zhōngtáoyuán	王姓最早在此建村，村旁有桃园，故得名王桃园。后扩展为前、中、后三个村，该村居中，故名。
前桃园	Qiántáoyuán	王姓最早在此建村，村旁有桃园，故得名王桃园。后扩展为前、中、后三个村，此村居前（最南边），故名。
贾庄	Jiǎzhuāng	最早贾姓在此建村立庄，故名贾庄。
张庄	Zhāngzhuāng	张姓最早在此建庄居住，故名张庄。
王楼	Wánglóu	早年为王姓财主的寄庄子，建有楼房，故名王楼。
段庄	Duànzhuāng	清代段姓高官在此建村，并筑有庄园，故而得名。
王庄	Wángzhuāng	因王姓最早来此建村，且筑有庄园，故名。
郑楼	Zhènglóu	早年郑姓在此建村，并盖高楼一座，故名。
徐庄	Xúzhuāng	徐姓最早来此建村立庄，故而得名。
朱庄	Zhūzhuāng	明代朱姓曾迁此建村，并筑有庄园，故名。
萧庄	Xiāozhuāng	萧姓在此建村，并筑有庄园，故名萧庄。
徐双楼村村民委员会	Xúshuānglóucūn Cūnmínwěiyuánhuì	隶属萧县孙圩子乡。1949年属萧县王庄乡（三区）；1954年属利民一社；1958年属祖楼人民公社孙圩子大队；1981年恢复地名为徐双楼公社徐双楼大队；1984年体制改革，属孙圩子乡徐双楼村民委员会至今。村委会驻地徐双楼自然村。
郭楼	Guōlóu	很久以前郭姓在此建村盖楼，故称郭楼。
权庄	Quánzhuāng	清朝年间，因权姓在此建庄，故而得名。
朱楼	Zhūlóu	早年朱姓在此建村立庄，且盖有一楼，故取名朱楼。
孙庄	Sūnzhuāng	清朝末年孙姓在此建村立庄，故而得名。
火神庙	Huǒshénmiào	明末清初王姓在此建村，因该村靠近一座火神庙，故而得名。
孙楼	Sūnlóu	约三四百年前，孙姓在此建村，并盖一座大楼，初名孙大楼，后简称为孙楼。
石庄	Shízhuāng	明末清初石姓在此建村立庄，故而得名。
后刘庄	Hòuliúzhuāng	明末清初刘姓在此建村立庄，因近处有两个刘庄，此村在后，故而得名。
阎庄	Yánzhuāng	明末清初，阎姓在此建村立庄，故而得名。
李庄	Lǐzhuāng	明末清初，李姓在此建村立庄，故而得名。
前邵庄	Qiánshàozhuāng	清朝初期，邵姓在此建村立庄，故而得名。
前刘庄	Qiánliúzhuāng	刘姓在此建村，因该村在后刘庄之前，故名。
朱庄	Zhūzhuāng	明代朱姓在此占产立庄，当时人少村小叫小朱庄，后人口渐多，遂改称朱庄。

标准名称	汉语拼音	备注
杜庄	Dùzhuāng	早年杜姓在此建村立庄，故而得名。
徐双楼	Xúshuānglóu	明末清初徐姓在此建村，并盖大楼两座，故得此名。
港河村 村民委员会	Gǎnghécūn Cūnmínwěiyuánhuì	隶属萧县孙圩子乡。1976 年开挖港河。2008 年，原来的高魏庄村和神树村合并，因港河穿过两村，故命村名为港河村。村委会驻地苏楼自然村。
神树	Shénshù	很久以前，本庄一座庙前有一棵又高又粗的老槐树，枝叶茂盛，无人敢去树上断一枝条，据说违者便有病上身。据说村内人偶有灾难，祈求此树，均能逢凶化吉，以为神树，故而得名。
苏楼	Sūlóu	北宋徐州知州苏轼之子苏迈在徐州南苏家湖定居（时属萧县），因水患苏迈迁山东省微山县，又因地震回迁萧县，其中一支落户此地，并盖大楼 17 间，初名苏老楼，后简称为苏楼。
徐河涯	Xúhéyé	因徐姓早年在港河沿建村，故取名徐河涯。
王庄	Wángzhuāng	因王姓人家来此建村而得名。
高庄	Gāozhuāng	明代高姓在此建村，因当时高姓人多户门大，故而得名。
孙庄	Sūnzhuāng	很久以前孙姓在此建庄，故而得名。
朱庄	Zhūzhuāng	明代朱姓三兄弟在此建村，故而得名。
杨庄	Yángzhuāng	杨姓在此建村，故而得名。
大魏庄	Dàwèizhuāng	魏姓最早来此建村，因人口繁衍较快，村庄渐次增大，故而得名。
小魏庄	Xiǎowèizhuāng	此庄从大魏庄分迁而来，相对大魏庄略小，故而得名。
周圩村 村民委员会	Zhōuwéicūn Cūnmínwěiyuánhuì	隶属萧县孙圩子乡。1953 年属湘西乡；1956 年属马庄乡；1958 年属祖楼人民公社；1961 年属丁楼公社；1984 年属丁楼乡；同年 8 月体制改革属孙圩子乡周圩子村至今。村委会驻地陈庄自然村。
杨庄	Yángzhuāng	杨姓最早在此建村，故而得名。
周洼	Zhōuwā	明代周姓来此建村，因村周围地势低洼，故取名周洼。
魏庄	Wèizhuāng	因早年魏姓在此建庄，故称魏庄。
陈庄	Chénzhuāng	因陈姓最早在此建村，故而得名。
胡王庄	Húwángzhuāng	胡王两姓最早在此占产立庄，故名胡王庄。
黄庄	Huángzhuāng	明代黄河大水过后，黄姓迁居此地耕种生活，后来人口越来越多，遂取庄名为黄庄。
胡瓦房	Húwǎfáng	早年胡姓在此居住，并盖有崭新的瓦房，故名胡瓦房。
小周庄	Xiǎozhōuzhuāng	1340 年前周姓就从河南迁到此地，故名小周庄。
徐庄	Xúzhuāng	徐姓最早在此建村，故而得名。

标准名称	汉语拼音	备注
周圩子	Zhōuwéizi	周姓最早在此建村，村周曾筑圩壕，以防水灾和匪患，故名。
汤庙	Tāngmiào	新中国成立前，汤姓从外逃荒要饭，到此居住，因初住在庙里，故名汤庙。
杨小洼	Yángxiǎowā	杨姓最早来此建村，因村小且周围地势低洼，故名。
徐里村村民委员会	Xúlǐcūn Cūnmínwěiyuánhuì	隶属萧县孙圩子乡。1949 年属王寨区，1958 年属王寨人民公社，1981 年属丁楼公社徐里大队，1984 年体制改革属丁楼乡徐里村，1992 年撤区并乡后改属孙圩子乡徐里村至今。村委会驻地徐里自然村。
徐里	Xúlǐ	在古代，里是县以下的基层行政单位。清朝时期，此村是里的所在地之一，因村中徐姓较多，故名徐里。该村原有两座庙，其中一庙俗称“鱼骨庙”，庙屋大梁据说是一根巨型鱼骨。该庙系原祖楼相山庙迁此，后又迁山南，即今淮北市相山公园中显通寺。
葛新庄	Gěxīnzhuāng	同治年间，此村原系葛姓地主新建的寄庄子，故取名葛新庄。
下高村	Xiàgāocūn	明末清初，蒋姓永祺公从程蒋山分支迁到上高村下面居住，因地势稍低于上高村，故名为下高村。
上高村	Shànggāocūn	明初，周友之从山西洪洞县喜鹊窝分支迁至横山脚下居住，因地势高初名为高村。后来蒋姓分支亦到下面居住，便易名为上高村。
丁楼村村民委员会	Dīnglóucūn Cūnmínwěiyuánhuì	隶属萧县孙圩子乡，是中国著名考古学家蒋若是的故里。1949 年前属王寨区、马庄乡。人民公社时期，属祖楼区丁楼人民公社、丁楼大队，后改为丁楼乡丁楼村民委员会。撤区并乡后属孙圩子乡丁楼村民委员会。1998 年并村后与贾窝合并为丁楼村民委员会至今。村委会驻地徐新庄自然村。
贾沃	Jiǎwò	明代有贾姓来此，在山窝里定居，故名贾窝，后演化为贾沃。
王油坊	Wángyóufāng	很久以前此庄有一家王姓油坊，故而得名王油坊。
枣园	Zǎoyuán	以前该村种植的全部是枣树，故得名枣园。
后徐楼	Hòuxúlóu	早年徐姓在此附近两处建村盖楼，此村位于后（北），故名。
徐新庄	Xúxīnzhuāng	新中国成立后，徐姓在此建新村庄，故此得名。
王庄	Wángzhuāng	很久以前王姓来此建庄，故名。
丁楼	Dīnglóu	早年丁姓在此建村时，为防匪患，建有炮楼一座，故名丁楼。
前徐楼	Qiánxúlóu	早年徐姓在此附近两处建村盖楼，此村位于前（南），故名。
大周集	Dàzhōují	早年，周姓在此建村，因人口多，村庄大，又设集市，故名大周集。
周新庄	Zhōuxīnzhuāng	以前周姓人多，兄弟不和，其中一家从大周集迁此建新庄，故取名周新庄。

标准名称	汉语拼音	备注
西枣园	Xiǎozǎoyuán	以前该村种植的全部是枣树，因该村在西，故得名西枣园。
小周集	Xiǎozhōují	明代周姓在此占产立庄，曾设集市，因相对大周集略小，故名小周集。
马庄村村民委员会	Mǎzhuāngcūn Cūnmínwěiyuánhuì	隶属萧县孙圩子乡。1949年前马庄村隶属周圩子乡，1949年后隶属孙圩子乡，1954年划为金星三社，1957年成立人民公社，隶属祖楼公社马庄大队，1961年成立丁楼公社马庄大队，直到1992年撤区并乡隶属孙圩子乡管辖，2008年与王台村合并为马庄村至今。村委会驻地马庄自然村。
贾庄	Jiǎzhuāng	很久以前贾姓在此占产立庄，故名贾庄。
木李庄	Mùlǐzhuāng	穆姓李姓以前在此占地立庄，故而得名穆李庄，后名木李庄。
马庄	Mǎzhuāng	民间传说，西汉末年，王莽篡位，欲将刘秀子孙杀尽。这年秋初，刘秀逃经该村西头约有几十亩的大柿园时，天气炎热，饥渴难忍，便要摘柿子解渴。村民告诉他刚摘下的柿子太涩，不能进食。刘秀焦急地说，不能叫它不涩吗？于是摘下狼吞虎咽起来。据说从此以后，这一片大柿园里，总有一棵树上的柿子不涩。于是，人们就把马庄改称马柿园。后来一位老财主霸占了这片柿园，可不知怎么的，柿园里再也没有不涩的柿子，气得老财主把整园的柿树全部刨掉，于是该村又恢复了“马庄”的村名。
徐瓦房	Xúwǎfáng	早年徐姓从山西洪洞县迁来此庄占产立户，盖有瓦房，故而得名。
小集子	Xiǎojízi	该自然村有秦、张两姓，旧时村民叫通京店。又因村南原有唐集，集市较大，此时虽也逢集，但与唐集相比较小，故名小集子。
王庄	Wángzhuāng	因王姓人家较多而得名。
小郑庄	Xiǎozhèngzhuāng	小郑庄原为大郑庄的寄庄子，故名小郑庄。该村原以王姓较多，均来自大郑庄王姓长工，后又有赵姓李姓居住，但小郑庄的村名一直未变。
孟庄	Mèngzhuāng	孟姓最早来此居住建庄，故名。
大郑庄	Dàzhèngzhuāng	以前郑姓在此占地立庄，因当时人多村大，故取名大郑庄。后虽有梁姓、张姓同村居住生活，但村名一直沿用。
王台子	Wángtáizi	清朝中期，王姓在此居住，并在高台子上建村，故而得名。
徐店	Xúdiàn	从前徐姓在此建村并开一小客店，故取名叫徐店。
柳元	Liǔyuán	从前宗姓在此占地建村，由于地质较差且面积大，就栽植柳树，以柳条编织为生，故取名宗柳园，现为柳元。

标准名称	汉语拼音	备注
侯楼村村民委员会	Hóulóucūn Cūnmínwěiyuánhuì	隶属萧县孙圩子乡。1949年属马庄乡，后属祖楼乡。再后属丁楼人民公社侯楼大队，建区时属祖楼区丁楼乡。1980年分成三个村，分别是田井、李庄、崔店。1992年撤区并乡属孙圩子乡。2007年合村恢复为侯楼村至今。村委会驻地侯楼自然村。
侯楼前	Hóulóuqián	清初侯姓来此建村，盖楼房，安居乐业，人丁兴旺，遂成为大村，故名侯楼前。
侯楼后	Hóulóuhòu	清初侯姓在此占产立庄，盖楼定居，相对大侯楼而言，此村略小人也少，故而得名。
田井	Tiánjǐng	民间传说，西汉末年，刘秀为王莽追杀，刘自马柿园南逃，来到此村时，口渴难耐，急着要喝水。村民见其是一条好汉，可又没有开水，于是索性提桶井水，偷偷地放进一些糖，递给刘秀。刘秀接过来狠狠地喝了个够，满意地说："这井水好甜，真是个甜井啊！"从此田（甜）井村的名字就这样叫开了。
徐郑庄	Xúzhèngzhuāng	清朝年间，有崔店自然村村民徐姓迁居此地后，郑姓也迁此建村定居，故而得名。
崔店	Cuīdiàn	明末崔、张两姓在此占产立户，并设过客店，后崔姓有居高官者，故名崔店。
蒋楼	Jiǎnglóu	清初，蒋姓从河南省开封东郊迁至此地建庄，并在庄后建一座小楼，故得名蒋楼。
李庄	Lǐzhuāng	李姓最早在此建庄，故取村名李庄。
刘楼	Liúlóu	刘姓来此买地建庄并盖一土楼，故名。
刘阁	Liúgé	明末，刘姓在此占产立户建村，并盖有小阁楼一座，故而得名。

第二节　非行政区域

工业区与开发区

张庄寨镇新型乡村工业园（Zhāngzhuāngzhài Zhèn Xīnxíng Xiāngcūn Gōngyèyuán）　位于张庄寨镇众姓庄北侧。2011 年建成，园区占地面积 2.3 平方千米，总人口数 0.03 万人。累计引进项目 15 个，到位资金 21 亿元。

萧县轻化工业园（Xiāo Xiàn Qīnghuà Gōngyèyuán）　坐落在永堌镇，2011 年筹建。2016 年 7 月 11 日获市政府批复为萧县经济开发区化工集中区。该园区总体规划 3.65 平方千米，分三期建设：一期起步区 1 平方千米，已经竣工；二期发展闸河以西约 1 平方千米，其中 1000 亩已基本征迁结束；三期发展闸河以东约 1.65 平方千米。园区已入驻项目 23 个，总投资 23 亿元。现有规模以上企业 12 家，高新技术企业 3 家，专精特新企业 1 家，新三板挂牌上市辅导企业 1 家。

萧县食品工业园（Xiāo Xiàn Shípǐn Gōngyèyuán）　坐落于萧县城东 3 千米。成立于 2011 年，总占地面积 1446.7 平方千米。园区固定资产投资 18.65 亿元，工业总产值 14.36 亿元。园区已入驻企业 18 家，建成投产企业 9 家，在建 3 家，签约项目 6 家。

萧县泉山工业园（Xiāo Xiàn Quánshān Gōngyèyuán）　坐落于萧城东 5 千米，2013 年 10 月由萧县与徐州泉山区共建，规划面积 3266.7 平方千米。园区总人口 3000 余人。共有 18 家企业，投资项目 12 个，在建项目 6 个。

萧县循环经济工业园（Xiāo Xiàn Xúnhuánjīngjì Gōngyèyuán）　位于萧县圣泉乡境内，距萧县城北 10 千米，成立于 2011 年。园区规划面积 6.27 平方千米，园区内人口 8500 人，其中常住人口 3650 人，固定资产投资 27.01 亿元。签约项目 6 个，在建项目 6 个。是安徽省发改委批准的 100 家省级循环经济示范项目之一。2015 年被认定为“国家农业产业化示范基地”。

张江萧县高科技园（Zhāngjiāng Xiāo Xiàn Gāokējìyuán）　坐落于萧县城北，凤凰山南。2015 年 11 月 18 日成立。园区占地面积 134.87 平方千米，入驻企业 31 家，股权注资企业 16 家，完成股权注资 4.73 亿元。

安徽萧县经济开发区（Ānhuī Xiāo Xiàn Jīngjì Kāifāqū）　位于萧县城东南 8 千米，紧邻高速路出口，是 2006 年 2 月经安徽省人民政府批准成立的省级开发区，面积 20.7 平方千米，总人口约 1.2 万人。签约项目 56 个，建成或部分建成项目 44 个；现有高新技术企业 2 家，规模以上工业企业 26 家，其中产值超亿元企业 21 家，形成新型建材、绿色合成革、现代机械制造三大主导产业。

萧瓯合作共建工业园（Xiāoōuhézuògòngjiàn Gōngyèyuán）　位于萧县城东南 11 千米，在白土镇境内。2011 年 10 月 23 日开工建设，占地面积 1.1 平方千米，总人口 0.03 万人。园区水、电、路、通信等基础设施齐全。

农林牧渔区

袁楼果园场（Yuánlóu Guǒyuánchǎng） 位于圣泉乡。类型为农场。年均气温为 15.7℃。年均降水量为 774—895 毫米。年无霜期为 206 天。主要产业为水果。

苗山果园场（Miáoshān Guǒyuánchǎng） 位于龙城镇。类型为果园场。年均气温为 15.7℃。年均降水量为 774—895 毫米。年无霜期为 206 天。主要产业为种植水果。

孟庄寨棉花原种场（Mèngzhuāngzhài Miánhuā Yuánzhǒngchǎng） 位于杜楼镇。类型为林场。年均气温为 15.7℃。年均降水量为 774—895 毫米。年无霜期为 206 天。主要产业为林木。

龙山果园场（Lóngshān Guǒyuánchǎng） 位于龙城镇。类型为果园场。年均气温为 15.7℃。年均降水量为 774—895 毫米。年无霜期为 206 天。主要产业为种植水果。

蒋楼农场（Jiǎnglóu Nóngchǎng） 位于孙圩子乡。类型为林场。年均气温为 15.7℃。年均降水量为 774—895 毫米。年无霜期为 206 天。主要产业为林木。

傅庄农场（Fùzhuāng Nóngchǎng） 傅庄农场位于大屯镇。类型为果园场。年均气温为 15.7℃。年均降水量为 774—895 毫米。年无霜期为 206 天。主要产业为种植水果。

东阁果园场（Dōnggé Guǒyuánchǎng） 位于新庄镇。类型为果园场。年均气温为 15.7℃。年均降水量为 774—895 毫米。年无霜期为 206 天。主要产业为水果。

岱山果园场（Dàishān Guǒyuánchǎng） 位于杜楼镇。类型为果园场。年均气温为 15.7℃。年均降水量为 774—895 毫米。年无霜期为 206 天。主要产业为种植水果。

朱平庄林场（Zhūpíngzhuāng Línchǎng） 位于黄口镇。类型为林场。年均气温为 15.7℃。年均降水量为 774—895 毫米。年无霜期为 206 天。主要产业为林木。

沙河林场（Shāhé Línchǎng） 位于马井镇。类型为林场。年均气温为 15.7℃。年均降水量为 774—895 毫米。年无霜期为 206 天。主要产业为林木。

三里楼良种繁殖场（Sānlǐlóu Liángzhǒng Fánzhíchǎng） 位于黄口镇。类型为园艺场。年均气温为 15.7℃。年均降水量为 774—895 毫米。年无霜期为 206 天。主要产业为良种。

黄河故道园艺场（Huánghégùdào Yuányìchǎng） 位于刘套镇。类型为园艺场。年均气温为 15.7℃。年均降水量为 774—895 毫米。年无霜期为 206 天。主要产业为花卉。

何寨西林场（Hézhàixī Línchǎng） 位于酒店乡。类型为林场。年均气温为 15.7℃。年均降水量为 774—895 毫米。年无霜期为 206 天。主要产业为林木。

何寨东林场（Hézhàidōng Línchǎng） 位于酒店乡。类型为林场。年均气温为 15.7℃。年均降水量为 774—895 毫米。年无霜期为 206 天。主要产业为林木。

凤虎山林场（Fènghǔshān Línchǎng） 位于龙城镇。类型为林场。年均气温为 15.7℃。

年均降水量为 774—895 毫米。年无霜期为 206 天。主要产业为林木。

丁木集园艺场（Dīngmùjí Yuányìchǎng） 位于杨楼镇。类型为园艺场。年均气温为 15.7℃。年均降水量为 774—895 毫米。年无霜期为 206 天。主要产业为花卉。

北城集园艺场（Běichéngjí Yuányìchǎng） 位于圣泉乡。类型为林场。年均气温为 15.7℃。年均降水量为 774—895 毫米。年无霜期为 206 天。主要产业为栽培花卉植物。

暗楼林场（Ànlóu Línchǎng） 位于阎集镇。类型为林场。年均气温为 15.7℃。年均降水量为 774—895 毫米。年无霜期为 206 天。主要产业为林木。

永堌林场（Yǒnggù Línchǎng） 位于永堌镇。类型为林场。年均气温为 15.7℃。年均降水量为 774—895 毫米。年无霜期为 206 天。主要产业为林木。

萧县晨林石榴苗木培育场（Xiāo Xiàn Chénlínshíliumiáomù Péiyùchǎng） 位于龙城镇。类型为培育场。年均气温为 15.7℃。年均降水量为 774—895 毫米。年无霜期为 206 天。主要产业为果树苗。

县畜牧场（Xiàn Xùmùchǎng） 位于白土镇。类型为牧场。年均气温为 15.7℃。年均降水量为 774—895 毫米。年无霜期为 206 天。主要产业为牲畜。

皇藏岭林场（Huángcánglǐng Línchǎng） 位于官桥镇。类型为林场。年均气温为 15.7℃。年均降水量为 774—895 毫米。年无霜期为 206 天。主要产业为林木。

丁里林场（Dīnglǐ Línchǎng） 位于丁里镇。类型为林场。年均气温为 15.7℃。年均降水量为 774—895 毫米。年无霜期为 206 天。主要产业为林木。

安徽省萧县园艺总场（Ānhuī Shěng Xiāo Xiàn Yuányì Zǒngchǎng） 位于龙城镇。类型为园艺场。年均气温为 15.7℃。年均降水量为 774—895 毫米。年无霜期为 206 天。主要产业为花卉。

县鱼苗场（Xiàn Yúmiáochǎng） 位于龙城镇。类型为鱼苗场。年均气温为 15.7℃。年均降水量为 774—895 毫米。年无霜期为 206 天。主要产业为渔业。

第三节　自然地理实体

陆地地形

标准名称	汉语拼音	备注
白虎山	Báihǔ Shān	位于县城东南 14.5 千米的白土镇境内。形似老虎，山石呈白色，故而得名。海拔约为 165 米，南北走向长 1 千米，东西宽 600 米。此山有少量植被覆盖，四周已被开采山石。
八角山	Bājiǎo Shān	位于县城东 10 千米的萧县开发区境内。因山形有八个角而得名。海拔约为 130 米，南北走向约 1.8 千米，东西 1 千米。此山植被较少，四周被开采山石。
秤砣山	Chèngtuó Shān	位于县城东南 17.5 千米的官桥镇西部。因山形似秤砣，故而得名。海拔约 166 米，东西走向长 2.3 千米，南北宽 1 千米。此山有植被覆盖。
大顶山	Dàdǐng Shān	位于县城东南 21 千米处的庄里乡境内。因山顶较平而得名。海拔 392 米，山体走向西 30 度，延长 5.6 千米。大部分有植被覆盖率，古木参天，是皇藏峪自然保护区的一部分。
方山	Fāng Shān	位于县城东南 16 千米的白土镇东部。此山顶呈方形，故名。有大小两个山头，分别称大方山、小方山。大方山海拔 231 米，小方山海拔 194 米，南北走向长 2 千米，东西宽 1 千米处。有植被覆盖。
大虎山	Dàhǔ Shān	位于县城东南 19.5 千米的庄里乡境内。此山形似虎，故而得名。又名大龙峪。海拔 268 米，南北走向 1.3 千米，东西约 1 千米，山上有植被覆盖。
大龙暴峪	Dàlóngbàoyù	此山位于白土镇境内。因山形似龙而得名。海拔约 291 米，南北走向 1 千米，东西走向 700 米。有植被覆盖。
丁山	Dīng Shān	位于县城东侧，很久以前丁姓在山下居住，故称丁山。海拔 190 米，长 1.2 千米，宽 1 千米，海拔 193 米，有植被覆盖。
独山	Dú Shān	位于县城东南 24 千米的庄里乡境内。因此山独立存在而得名。海拔 210 米，南北走向 2.3 千米，东西宽 600 米。此山有植被覆盖。

标准名称	汉语拼音	备注
凤凰山	Fènghuáng Shān	位于县城北侧，山行似凤凰，故得名。由四峰组成，主峰海拔 241.4 米，其余三峰分别为 245.9 米、172.3 米、195.6 米，山体走向北东 45 度，长 3.25 千米，山上有名刹、亭廊、洞泉、森林，风景秀丽，闻名遐迩。一般坡度为 30 度左右，山中有人工开凿的山道，贯通南北，人称陡山口。古有“萧邑八景”之一“凤岭卿云”。
凤山	Fèng Shān	位于县城南偏东 18 千米的永堌镇境内。形似凤凰而得名。海拔 179 米，南北走向 800 米，东西 50 米。山上有植被覆盖。
浮绥山	Fúsuí Shān	位于县城南 10.5 千米的丁里镇东部。相传此地古时为湖，湖心有山头微露，似漂浮水面而又安稳不动，故名。海拔约为 72 米，形状为圆形，长、宽约 1.2 千米。已被开垦成梯田，种植有农作物。
孤山	Gū Shān	位于县城东南 12.5 千米的白土镇境内。因此处仅此一座独立的小山而得名。海拔约 150 米，南北走向长 900 米，东西宽 500 米。有植被覆盖。
官山	Guān Shān	位于县城东南 18 千米处，永堌镇境内。此山下村子出了一名朝廷官员，遂得名。海拔 395 米，是萧县境内及全市境内最高的山，山体走向西北 20 度，长 3.2 千米，南与黑石块相连，局部有植被覆盖，一般坡度为 20 度左右。山上有官山洞，可容百人。
黑老鸹山	Hēilǎoguā Shān	位于萧县白土镇境内。因此山上多此鸟类而得名，又名黑山。海拔 140 米，南北走向 400 米，东西宽 400 米，有植被覆盖。
黑石块	Hēishíkuài	位于县城南 21.5 千米处，永堌镇境内。山石呈黑色，故名，又名黑石头山。海拔 311.3 米，山体走向东北 30 度，长 8 千米。北侧山脚有永堌水库，山东北侧有植被覆盖，山脊西侧为淮北市。
老虎山	Lǎohǔ Shān	位于县城西侧。因形似老虎而得名。长约 2.2 千米，宽约 1.1 千米，海拔 201 米。山北坡植被茂密，南坡植被较少。多被开采山石。
黄包顶	Huángbāodǐng	位于县城东南 14 千米处，永堌镇境内。因山顶突兀，颜色显黄得名。海拔 365.2 米，山体走向为东北 40 度，长 8 千米，一般坡度为 30 度左右。南部有植被覆盖为永堌林场，东侧有萧桃公路通过。
黄山	Huáng Shān	位于县城南偏西 5 千米的丁里镇北部，紧邻龙城镇。因山土为黄土而得名。海拔约为 134 米，东西走向，长约 1.8 千米，宽 1.2 千米。此山有少量植被覆盖，四周被开采山石。
轿顶山	Jiàodǐng Shān	此山位于白土镇境内。因此山山形似轿子顶部而得名。海拔 220 米，南北走向 500 米，东西宽 200 米。山上有植被覆盖。

标准名称	汉语拼音	备注
锦屏山	Jǐnpíng Shān	位于县城东南 12 千米的白土镇境内。因形似一道美丽的屏障而得名。海拔约 210 米，南北走向长 600 米，东西宽 200 米。山上有植被覆盖。
炕山	Kàng Shān	位于县城西 5 千米处，杜楼镇境内。因形似炕，而得名。南北走向，长 3.2 千米，宽 1.5 千米。上有植被覆盖。
狼窝山	Lángwō Shān	位于县城东南 24 千米庄里乡境内。此山以前多狼，故而得名，又叫狼山。海拔 261 米，南北走向 900 米，东西宽约 600 米。山上有植被覆盖。
老鹳山	Lǎoguàn Shān	位于县城西南角。此山形似鹳鸟，故而得名。为南北走向，南北长 3.1 千米，宽 2.1 千米。有植被覆盖。此山部分被开采山石。
老鹰窝	Lǎoyīngwō	位于县城东 19 千米官桥镇境内。老鹰多在此山栖息，故得名。又名老鹰山。海拔 286 米，南北走向 2 千米，东西宽 1.7 千米处。山上有植被覆盖。
犁铧山	Líhuá Shān	此山位于庄里乡境内。因此山外形似犁铧，故而得名。海拔 205 米，南北走向 800 米，东西 900 米。山上有植被覆盖。
两瓣山	Liǎngbàn Shān	位于县城东南 13 千米白土镇北部。因此山中间有谷，分为两瓣而得名。海拔 220 米，东西走向 1.6 千米，南北走向 600 米。此山部分已被开采山石，有少量植被覆盖。该山有刘邦被项羽追杀、紧急之中山裂两瓣而刘邦得逃的神话传说。
灵山寨	Língshān Zhài	位于县城西 4.5 千米处，是龙城镇与杜楼镇的界山。早年人们祭祀此山，祈求风调雨顺，觉得很灵验，遂起名灵山。由五峰组成，主峰灵山海拔 286.5 米，其余四峰分别为 285.9 米、215.8 米、208.1 米、197.1 米。山体走向北东 45 度，长 2.5 千米。山上有成片松林，有洞穴。一般坡度为 35 度左右。主要由石灰岩组成，局部有火成岩漏出（风化后成瓷土）。西侧有公路，后来有人在山顶筑寨，故称灵山寨。
龙岗山	Lónggǎng Shān	位于县城东南 19 千米处，为官桥镇与庄里乡的界山。因山形而得名。海拔 225 米，南北走向约 700 米，东西宽 700 米。山上有植被覆盖。
龙山	Lóng Shān	位于县城东侧。因山形似龙得名。现存残体，为龙山公园内一景。长 160 米，宽 55 米，海拔 152 米。
马山	Mǎ Shān	位于县城东南 26.5 千米的庄里乡境内。山外形似马，故而得名。海拔 284 米，南北走向长 2.8 千米，东西 1.7 千米。山上有植被覆盖。
帽山	Mào Shān	位于县城西南 5 千米处。因山形似帽而得名。汉代曾称同孝山。为南北走向，南北长 2.3 千米，宽 1.6 千米，海拔 167 米。有少量植被覆盖。

标准名称	汉语拼音	备注
铙钹山	Náobá Shān	位于县城东南 17.5 千米的永堌镇境内。因山形像乐器铙钹而得名。海拔 274 米，南北走向长 1.5 千米，东西 1.1 千米处。山上有植被覆盖。
鲇山头	Niánshāntóu	位于县城西侧。因形似鲇鱼头，而得名。为南北走向，走向长 2.2 千米。海拔 164 米。此山有植被覆盖。
胖妈顶	Pàngmādǐng	位于县城东南 18 千米处的白土镇、官桥镇、庄里乡交界处。山形似女性乳房，故名。海拔 358 米，山体走向东北 40 度，延长 7 千米。一般坡度为 20—30 度。部分山坡有植被覆盖。有筛子泉、高吊泉、金泉、雾猪泉、开泉、五泉。有国家测绘点。
青龙山	Qīnglóng Shān	位于县城东南 13 千米的白土镇境内。因此山形似一条青龙而得名。海拔 100 米，南北走向 1 千米，东西宽 200 米。有少量植被覆盖。
纱帽山	Shāmào Shān	位于县城东南 16 千米，白土镇与官桥镇交界处。因此山形似古代官员乌纱帽而得名。海拔 208 米，南北走向长 1.5 千米，东西宽 1 千米。山上有少量植被覆盖。
石水牛山	Shíshuǐniú Shān	位于县城南 8 千米的丁里镇境内。山形似水牛，故而得名。海拔约为 134 米，南北走向，长 1.8 千米，宽 1.1 千米。有少量植被覆盖。
石塘山	Shítáng Shān	位于县城东北 3 千米处。此山有石塘坑，故得名。东西倾斜走向，长 1.2 千米，宽 1.5 千米。此山有稀少植被。
瓦口山	Wǎkǒu Shān	位于丁里镇境内。此处古为瓦江口山，因水得名。为南北走向，长 2.1 千米，宽 1.1 千米。此山有植被覆盖。
歪头山	Wāitóu Shān	位于县城东南 24 千米的庄里乡境内。因此山头而得名。海拔 236 米，南北走向长 1.6 千米，东西 1 千米。山上有植被覆盖。
乌牛山	Wūniú Shān	位于白土镇境内。此山形似乌牛，故而得名。海拔约 244 米，南北长 800 米，东西 700 米。山上有植被覆盖。
五洞山	Wǔdòng Shān	位于县城西南 9 千米处，杜楼镇境内。因山上有五洞而得名。由九峰组成，主峰五洞山海拔 247.5 米，其余八峰分别为 210.2 米、239.6 米、187.2 米、147.2 米、175.2 米、161.8 米、178.7 米、129.6 米。山体走向东北 35 度，长 4.8 千米，一般坡度为 25 度左右。局部有植被覆盖，有洞穴甚深，表层地质岩系性为石灰岩。西侧有公路。
小湖山	Xiǎohú Shān	位于县城西部。古时在湖中，露出另一个小山头，故名。海拔 105 米，长有 0.7 千米，此山有植被覆盖。山上原有朱浮墓、祠。
许山头	Xǔshāntóu	位于县城西部。因早年许姓在山下居住，以许姓定山名。海拔约 155 米，东西 900 米，南北 800 米。有少量植被覆盖，四周被开采山石。

标准名称	汉语拼音	备注
义安山	Yì'ān Shān	此山位于县城东北10千米处。为南北走向，长3.6千米，宽1.6千米，海拔262米。此山四周多处被开采山石。此山有植被覆盖。
饮牛坑	Yǐnniú Kēng	位于县城西南6.5千米处，杜楼镇境内。此山有一水坑，早年放牛多在此饮水，故而得名。有山峰饮牛坑、黄山、帽山、老鸹山、夹山等，主峰饮牛坑海拔242.6米，其余分别为189.4米、192.1米、143.9米、99.1米、245.5米、108.7米。山体呈东北走向，长3.75千米。局部植被覆盖。地层地质岩性主要是石灰岩，局部有火成岩出露。东侧有萧桃公路通过。
寨山	Zhài Shān	位于县城东南15千米的永堌镇境内。因古时山上有寨而得名。海拔273米，南北走向1.5千米，东西800米，山上有植被覆盖。
鱼头山	Yútóu Shān	萧县东部北部。因外形像鱼头而得名。淮北市和萧县的界山。东西走向，海拔226米。山体有少量低矮灌木，北麓山体被采挖。山中有老猫洞。
程蒋山	Chéngjiǎng Shān	位于县城西南17.5千米的孙圩子乡境内。原名程山，因东汉时期大将军蒋横葬于此，改名程蒋山，也称横山。南北长4.9千米，最宽处1.5千米，最高海拔175.31米。
红山	Hóng Shān	位于县城东南部。岩石为红色，故名。海拔129米，长1.67千米，宽0.6千米。东西方向延伸较长，京台高速从山体中部穿过。为淮北市和宿州市的界山。
台山	Tái Shān	位于萧县西南孙圩子乡。因此山形状像一个台子而得名。海拔129米，长度1.67千米，宽度0.6千米。东西方向延伸较长，为淮北市和宿州市的界山。
楼顶山	Lóudǐng Shān	位于萧县南部。因山顶较平而得名。海拔242米。主要植被有松树、杏树和小型低矮灌木等。
天门山	Tiānmén Shān	位于县城东南17.5千米，白土镇境内。因山高且陡而得名。古木参天，清泉溶洞，奇树宝刹，风光秀丽，为皇藏峪国家森林公园的一部分。海拔284米。
大小彭山	Dàxiǎopéng Shān	位于县城东北姬村北。为彭祖最初封地大彭古国故址，故称大彭山、小彭山。

陆地水系

标准名称	汉语拼音	备注
黄河故道	Huánghé Gùdào	位于萧县西北部，自萧砀界到贾楼。长度为49千米，流域面积292平方千米，河口宽57—100米、河底宽30—70米(其中单庄到三大家闸长14.4千米，属黄河水库，底宽200米)，河深4.5—5米。所跨行政区有新庄镇、杨楼镇、刘套镇，主要用于排洪、蓄水灌溉，不通航。河流级别为1级。河流类型为地上内流河，常年河。
洪河	Hóng Hé	位于萧县西部，发源于砀山县的杨庄，到崔口入洪减河。从萧砀边境起为萧砀、萧永界河，自张庄寨毛桥为内河。长31.3千米，积水面积113.7平方千米，河口宽27—38.1米，河底宽6—10.5米，河深3.5—4.6米。所跨行政区有大屯镇、张庄寨镇。主要用于排洪、灌溉，不通航。河流级别为3级。河流类型为地上内流河，常年河。
港河	Gǎng Hé	位于萧县西部，自马井镇道口村南高头到孙圩子乡周楼。长29.6千米，流域面积143.4平方千米，河口宽27.2—44.2米，河底宽5—19米，河深3.7—4.2米。所跨行政区有赵庄镇、王寨镇、孙圩子乡，注入湘西河。主要用于排洪、灌溉，不通航。河流级别为3级。河流类型为地上内流河，常年河。
湘西河	Xiāngxī Hé	位于萧县中部。该河自马井镇杨庄到萧濉边境与港河汇流。萧县段长30.0千米，流域面积144.84平方千米，河口宽28—48米，河底宽10—18米，河深3—5米。所跨行政区有马井镇、赵庄镇、杜楼镇、王寨镇、孙圩子乡。主要用于排洪、灌溉，不通航。河流级别为4级。河流类型为地上内流河，常年河。
利民沟	Lìmín Gōu	位于萧县西北部。该河发源于砀山县的定国寺，自砀萧界到杜楼镇朱解庄村的黄柿园入沙河。长25千米，流域面积159平方千米，河口宽25—55米，河底宽4—31米，河深3.5—4米。所跨行政区有新庄镇、黄口镇、闫集镇、杨楼镇、马井镇，主要用于排洪、灌溉。不通航。河流级别为3级。河流类型为地上内流河，常年河。
萧濉新河	Xiāosuī Xīnhé	位于萧县西南，系1959年冬开挖的新河道，北自瓦子口，南通濉河。萧县境内长9千米，流域面积761平方千米，河口宽87.1—98.4米，河底宽55—63米，河深5.35—5.9米。主要用于排洪、灌溉，不通航。河流级别为2级。河流类型为地上内流河，常年河。所跨行政区有孙圩子乡。
新岱河	Xīndài Hé	系为减轻岱湖汛期泄洪压力而新开挖的河道，自杨楼镇到杜楼镇锁里小李庄，入岱河。

标准名称	汉语拼音	备注
龙河	Lóng Hé	发源于萧县城北凤凰山麓。自萧城到萧濉界，长 14.5 千米，流域面积 128 平方千米，河口宽 41—54.8 米，河底宽 17—26 米，河深 4—4.8 米。所跨行政区有龙城镇、丁里镇。主要用于排洪、灌溉，不通航。河流级别为 3 级。河流类型为地上内流河，常年河。城内河段已成为龙河景观带。
闸河	Zhá Hé	位于县城东南部。发源于铜山县十八里屯。萧县境内长 17 千米，流域面积 324 平方千米，河口宽 42—61 米，河底宽 12—25 米，河深 5—6 米。所跨行政区有白土镇、龙城镇、永堌镇。主要用于排洪、灌溉，不通航。河流级别为 3 级。河流类型为地上内流河，常年河。
倒流河	Dàoliú Hé	位于县城东南。发源于濉溪县南庄，自萧濉界到冯楼。因该河流由南到北，拐而往西，故名倒流河。萧县境内长 25.6 千米，流域面积 140 平方千米，河口宽 29—45 米，河底宽 8—12 米，河深 3.5—5.5 米。所跨行政区有庄里乡、白土镇。注入闸河，主要用于排洪、灌溉，不通航。河流级别为 4 级。河流类型为地上内流河，常年河。
新申河	Xīnshēn Hé	位于县城西北。发源于酒店乡，流入洪碱河。全长 15 千米，河口宽 10—20 米，主要为排洪灌溉，不通航。流域面积为 0.17 平方千米。河流级别为 3 级。河流类型为地上内流河，常年河。所跨行政区有赵庄镇、张庄寨镇、祖楼镇。
北湘西河	Běixiāngxī Hé	位于萧县西北部。发源于砀山县程庄镇，流入大沙河。全长 20 千米，河口宽 10—20 米，主要作用是排洪灌溉，不通航。流域面积为 0.23 平方千米。河流级别为 3 级。河流类型为地上内流河，常年河。所跨行政区有酒店乡、马井镇。
大沙河	Dàshā Hé	位于县城西部。发源地为砀山县的程庄，流入萧濉新河。全长为 32 千米，河口宽为 10—20 米，主要作用为排洪灌溉，不通航。流域面积为 334 平方千米。河流级别为 3 级。河流类型为地上内流河，常年河。所跨行政区有黄口镇、马井镇、杜楼镇、王寨镇、丁里镇。
新港河	Xīngǎng Hé	位于县城西部。发源地为马井镇，流入萧濉新河。全长 17 千米，河口宽 10—20 米。主要作用是排洪灌溉，不通航。流域面积为 0.18 平方千米。河流级别为 2 级。河流类型为地上内流河，常年河。所跨行政区有王寨镇、祖楼镇、孙圩子乡。
运河	Yùn Hé	东起萧县开发区，流经丁里镇入萧濉新河。长 18 千米，宽 50 米。主要作用是排洪灌溉，不通航。流域面积为 0.2 平方千米。河流级别为 2 级。河流类型为地上内流河，常年河。所跨行政区有龙城镇、丁里镇。

标准名称	汉语拼音	备注
王引河	Wángyǐn Hé	又称罗河，位于石林乡、青龙集镇西部，向南流入淮北市。萧县境内长 8 千米，河面宽 8 米，主要作用是排洪灌溉，不通航。流域面积为 180 平方千米。河流级别为 2 级。河流类型为地上内流河，常年河。所跨行政区有石林乡、青龙集镇。
卫星河	Wèixīng Hé	北起石林乡西北部，向南流入王引河。总长度为 8 千米，河面宽 8 米。主要作用是排洪灌溉，不通航。流域面积为 0.1 平方千米。河流级别为 2 级。河流类型为地上内流河，常年河。所跨行政区有石林乡、青龙集镇。
黄杨沟	Huángyáng Gōu	西起黄口镇，东至杨楼镇。长 21 千米，宽 15 米，主要作用是排洪灌溉，不通航。流域面积为 0.23 平方千米。河流级别为 2 级。河流类型为地上内流河，常年河。所跨行政区有黄口镇、杨楼镇。
岱河	Dài Hé	北起圣泉乡，因流经岱湖而得名。南至丁里镇瓦子口，流入淮北市。萧县境内长 12 千米，宽 10 米，主要作用是排洪灌溉，不通航。流域面积为 10 平方千米。河流级别为 2 级。河流类型为地上内流河，常年河。跨圣泉、龙城、杜楼、王寨、丁里镇等。
新毛河	Xīnmáo Hé	北起酒店乡龙新庄，南至祖楼镇孙瓦坊入洪碱河。萧县境内长 22 千米，宽 10 米，主要作用是排洪灌溉，不通航。流域面积为 20 平方千米。河流级别为 2 级。河流类型为地上内流河，常年河。
减河	Jiǎn Hé	源于砀山县西，从河南省永城市界流入张庄寨镇，至萧县崔口南与洪河汇流。原为治理黄河减煞洪水的河道。萧县境内长 12 千米，宽 10 米，主要作用是排洪灌溉，不通航。流域面积为 10 平方千米。河流级别为 2 级。河流类型为地上内流河，常年河。
洪减河	Hóngjiǎn Hé	西起张庄寨镇崔口南洪河，与减河汇流成洪减河，往东流至孙圩子刘楼，入港河。萧县境内长 12 千米，宽 10 米，主要作用是排洪灌溉，不通航。流域面积为 10 平方千米。河流级别为 2 级。河流类型为地上内流河，常年河。

第四节　城镇道路街巷

标准名称	汉语拼音	备注
淮海东路	Huáihǎi Dōnglù	位于龙城镇，西起中山北路，东至龙山北路、长度约680米。路面宽度为20米。路面性质为沥青路。道路等级为主干道。
淮海西路	Huáihǎi Xīlù	位于龙城镇，西起西山口，东至中山北路。长度约2200米。路面宽度为18米。路面性质为沥青路。道路等级为主干道。
健康北路	Jiànkāng Běilù	位于龙城镇，北起凤山路，南至交通路。长度约650米。路面宽度为20米。路面性质为沥青路。道路等级为主干道。
健康南路	Jiànkāng Nánlù	位于龙城镇，北起交通路，南至教育路。长度约1300米。路面宽度为20米。路面性质为沥青路。道路等级为主干道。
交通东路	Jiāotōng Dōnglù	位于龙城镇，西起中山南路，东至铁道。长度约1650米。路面宽度为20米。路面性质为沥青路。道路等级为主干道。
交通西路	Jiāotōng Xīlù	位于龙城镇，西起西山口，东至中山南路。长度约2500米。路面宽度为20米。路面性质为沥青路。道路等级为主干道。
龙山北路	Lóngshān Běilù	位于龙城镇，北起龙凤大道，南至交通东路。长度约400米。路面宽度为16米。路面性质为沥青路。道路等级为主干道。
龙山南路	Lóngshān Nánlù	位于龙城镇，北起交通东路，南至教育路。长度约250米。路面宽度为20米。路面性质为沥青路。道路等级为主干道。
中山北路	Zhōngshān Běilù	位于龙城镇，北起凤山路，南至交通路。长度约1300米。路面宽度为20米。路面性质为沥青路。道路等级为主干道。
中山南路	Zhōngshān Nánlù	位于龙城镇，北起交通路，南至教育路。长度约1900米。路面宽度为15米。路面性质为沥青路。道路等级为主干道。
龙河东路	Lónghé Dōnglù	位于龙城镇，西起中山南路，东至道西路。长度约1100米。路面宽度为20米。路面性质为沥青路。道路等级为次干道。
爱民巷	Àimín Xiàng	位于龙城镇，南起大同街，北至同庆路。长度约300米。路面宽度为20米。路面性质为水泥混凝土。道路等级为支路。
安居巷	Ānjū Xiàng	位于龙城镇，东起祖庄路，西至龙河。长度约350米。路面宽度为18米。路面性质为水泥混凝土。道路等级为支路。
北关路	Běiguān Lù	位于龙城镇，西起萧师东巷北端，东至东方巷。长度约200米。路面宽度为10米。路面性质为水泥混凝土。道路等级为支路。

标准名称	汉语拼音	备注
滨塘巷	Bīntáng Xiàng	位于龙城镇，北起大同街，南至无名塘。长度约 150 米。路面宽度为 18 米。路面性质为水泥混凝土。道路等级为支路。
城北路	Chéngběi Lù	位于龙城镇，西起教师进修学校，东到文化路。长度约 600 米。路面宽度为 10 米。路面性质为水泥混凝土。道路等级为支路。
大同街	Dàtóng Jiē	位于龙城镇，西起健康路北端，东至曙光路。长度约 1600 米。路面宽度为 20 米。路面性质为沥青路。道路等级为支路。
道西路	Dàoxī Lù	位于龙城镇，北起龙河路，南至岱河路。长度约 1300 米。路面宽度为 15 米。路面性质为水泥混凝土。道路等级为支路。
东北巷	Dōngběi Xiàng	位于龙城镇，西南起大同街东，北行至祖庄。长度约 230 米。路面宽度为 18 米。路面性质为水泥混凝土。道路等级为支路。
东关巷	Dōngguān Xiàng	位于龙城镇，南起大同街弯曲，北行至安居巷。长度约 100 米。路面宽度为 16 米。路面性质为水泥混凝土。道路等级为支路。
富贵街	Fùguì Jiē	位于龙城镇，西行健康北路，东至龙湖路。长度约 750 米。路面宽度为 20 米。路面性质为水泥混凝土。道路等级为支路。
古城巷	Gǔchéng Xiàng	位于龙城镇，北起富贵街，向东南行。长度约 150 米。路面宽度为 20 米。路面性质为水泥混凝土。道路等级为支路。
韩井巷	Hánjǐng Xiàng	位于龙城镇，西南起中山北路，东行龙湖路。长度约 100 米。路面宽度为 18 米。路面性质为水泥混凝土。道路等级为支路。
红旗巷	Hóngqí Xiàng	位于龙城镇，北起城北路西端，南行至北关路。长度约 80 米。路面宽度为 12 米。路面性质为水泥混凝土。道路等级为支路。
互助巷	Hùzhù Xiàng	位于龙城镇，南起大同街，北行无名路。长度约 100 米。路面宽度为 18 米。路面性质为水泥混凝土。道路等级为支路。
坑北巷	Kēngběi Xiàng	位于龙城镇，北起凤山西路，南至万人坑北侧。长度约 100 米。路面宽度为 20 米。路面性质为水泥混凝土。道路等级为支路。
龙湖路	Lónghú Lù	位于龙城镇，北起城北路，南至交通东路。长度约 1180 米。路面宽度为 18 米。路面性质为沥青路。道路等级为支路。
民享街	Mínxiǎng Jiē	位于龙城镇，北起萧师大门，南行大同街。长度约 600 米。路面宽度为 20 米。路面性质为水泥混凝土。道路等级为支路。
民治西街	Mínzhì Xījiē	位于龙城镇，西起双喜路，东至中山北路。长度约 410 米。路面宽度为 18 米。路面性质为沥青路。道路等级为支路。
民治东街	Mínzhì Dōngjiē	位于龙城镇，西起中山南路，东至龙山南路。长度约 770 米。路面宽度为 20 米。路面性质为沥青路。道路等级为支路。

标准名称	汉语拼音	备注
前进路	Qiánjìn Lù	位于龙城镇，西起中山南路，东至徐阜线。长度约 60 米。路面宽度为 15 米。路面性质为水泥混凝土。道路等级为支路。
青年路	Qīngnián Lù	位于龙城镇，南起民治西街，北行凤山西路。长度约 650 米。路面宽度为 16 米。路面性质为水泥混凝土。道路等级为支路。
仁和巷	Rénhé Xiàng	位于龙城镇，南起北关路，北行山上。长度约 150 米。路面宽度为 15 米。路面性质为水泥混凝土。道路等级为支路。
仁义巷	Rényì Xiàng	位于龙城镇，南起北关路，北行顺河路。长度约 80 米。路面宽度为 15 米。路面性质为水泥混凝土。道路等级为支路。
三叉巷	Sānchā Xiàng	位于龙城镇，南起民治西街，北行无名路。长度约 80 米。路面宽度为 18 米。路面性质为水泥混凝土。道路等级为支路。
三中东巷	Sānzhōng Dōngxiàng	位于龙城镇，南起凤山西路，北行山坡。长度约 300 米。路面宽度为 20 米。路面性质为水泥混凝土。道路等级为支路。
曙光路	Shǔguāng Lù	位于龙城镇，北起大同街，南行至烈士陵园。长度约 200 米。路面宽度为 20 米。路面性质为水泥混凝土。道路等级为支路。
双喜路	Shuāngxǐ Lù	位于龙城镇，南起民治街，北行凤山路。长度约 80 米。路面宽度为 15 米。路面性质为水泥混凝土。道路等级为支路。
唐槐路	Tánghuái Lù	位于龙城镇，西起健康南路，东至中山路。长度约 350 米。路面宽度为 16 米。路面性质为水泥混凝土。道路等级为支路。
塘南路	Tángnán Lù	位于龙城镇，西起龙山北路，东至公园路。长度约 270 米。路面宽度为 20 米。路面性质为水泥混凝土。道路等级为支路。
通富北巷	Tōngfù Běixiàng	位于龙城镇，南起大同街，北至安居巷。长度约 80 米。路面宽度为 20 米。路面性质为水泥混凝土。道路等级为支路。
通富南巷	Tōngfù Nánxiàng	位于龙城镇，北起大同街。长度约 100 米。路面宽度为 20 米。路面性质为水泥混凝土。道路等级为支路。
同庆街	Tóngqìng Jiē	位于龙城镇，西起青年路，东至龙湖路。长度约 900 米。路面宽度为 18 米。路面性质为水泥混凝土。道路等级为支路。
团结巷	Tuánjié Xiàng	位于龙城镇，南起大同街西端，北至同庆街。长度约 300 米。路面宽度为 18 米。路面性质为水泥混凝土。道路等级为支路。
文化路	Wénhuà Lù	位于龙城镇，南起凤山东路，北行山坡。长度约 700 米。路面宽度为 20 米。路面性质为水泥混凝土。道路等级为支路。
西菜市街	Xīcàishì Jiē	位于龙城镇，南起交通西路，北至淮海西路。长度约 400 米。路面宽度为 18 米。路面性质为沥青路。道路等级为支路。

标准名称	汉语拼音	备注
县府巷	Xiànfǔ Xiàng	位于龙城镇，南起大同街，北行凤山路。长度约250米。路面宽度为18米。路面性质为水泥混凝土。道路等级为支路。
萧师东巷	Xiāoshī Dōng-xiàng	位于龙城镇，南起凤山西路，北行山坡。长度约110米。路面宽度为15米。路面性质为水泥混凝土。道路等级为支路。
小南门街	Xiǎonánmén Jiē	位于龙城镇，南起淮海东路，北行民治街。长度约220米。路面宽度为18米。路面性质为水泥混凝土。道路等级为支路。
新华巷	Xīnhuá Xiàng	位于龙城镇，北起城北路西端，南行至北关路。长度约80米。路面宽度为12米。路面性质为水泥混凝土。道路等级为支路。
兴华巷	Xìnghuá Xiàng	位于龙城镇，北起城北路西段，南行至北关路。长度约80米。路面宽度为12米。路面性质为水泥混凝土。道路等级为支路。
益民巷	Yìmín Xiàng	位于龙城镇，东起民治街，西至万人坑。长度约200米。路面宽度为18米。路面性质为水泥混凝土。道路等级为支路。
治国路	Zhìguó Lù	位于龙城镇，北起县委大门，南至民治东街。长度约100米。路面宽度为20米。路面性质为水泥混凝土。道路等级为支路。
祖庄路	Zǔzhuāng Lù	位于龙城镇，北行凤山南麓，南至大同街。长度约600米。路面宽度为20米。路面性质为水泥混凝土。道路等级为支路。
教育路	Jiàoyù Lù	位于龙城镇，西起梅村中学北侧，东至龙山路。长度约1200米。路面宽度为20米。路面性质为沥青路。道路等级为快速路。
虎山路	Hǔshān Lù	位于龙城镇，北行凤山南麓，南至世纪大道。长度约2700米。路面宽度为20米。路面性质为沥青路。道路等级为快速路。
世纪大道	Shìjì Dàdào	位于龙城镇，西起芈庄，东至民主东路。长度约2200米。路面宽度为20米。路面性质为沥青路。道路等级为快速路。
龙凤大道	Lóngfèng Dàdào	位于龙城镇，西起健康路，南至311国道。长为4000米，宽为30—50米。路面为沥青路。道路等级为次干道。
行政大道	Xíngzhèng Dàdào	位于龙城镇，北起顺河路，南至交通东路。长度约2200米。路面宽度为20米。路面性质为沥青路。道路等级为快速路。
八一路	Bāyī Lù	位于龙城镇，南起顺河路，南至萧县人民武装部。长度约400米。路面宽度为18米。路面性质为沥青路。道路等级为快速路。

标准名称	汉语拼音	备注
公园路	Gōngyuán Lù	位于龙城镇，南起淮海东路，东北至丁山村。长度约 4000 米。路面宽度为 40 米。路面性质为沥青路。道路等级为快速路。
顺河路	Shùnhé Lù	位于龙城镇，西起中山北路，东至萧县外环。长度约 3800 米。路面宽度为 30 米。路面性质为沥青路。道路等级为快速路。
小康路	Xiǎokāng Lù	位于龙城镇，西起丰收路，东至龙山南路。长度约 800 米。路面宽度为 20 米。路面性质为沥青路。道路等级为快速路。
小西环路	Xiǎoxīhuán Lù	位于龙城镇，北起交通北路，南至萧县外环路。长度约 3700 米。路面宽度为 40 米。路面性质为水泥混凝土。道路等级为快速路。
龙霄路	Lóngxiāo Lù	位于龙城镇，环绕龙霄公园而建。长度约 1400 米。路面宽度为 10 米。路面性质为水泥混凝土。道路等级为快速路。
丰收路	Fēngshōu Lù	位于龙城镇，北起交通路，南至世纪大道。长度约 1700 米。路面宽度为 30 米。路面性质为沥青路。道路等级为快速路。
巴黎商街	Bālíshāng Jiē	位于龙城镇，西起煜飞路，东至行政大道。长度约 500 米。路面宽度为 20 米。路面性质为沥青路。道路等级为快速路。
煜飞路	Yùfēi Lù	位于龙城镇，北起顺河路，南至龙凤大道。长度约 800 米。路面宽度为 12 米。路面性质为水泥混凝土。道路等级为快速路。
农场路	Nóngchǎng Lù	位于龙城镇，北起 311 国道，南至 301 省道。长度约 1300 米。路面宽度为 20 米。路面性质为沥青路。道路等级为快速路。
学苑路	Xuéyuàn Lù	位于龙城镇，此路北至世纪大道，南至黄桥村向东至 202 省道，全长 1.9 千米，宽 8 米。水泥混凝土路面。道路等级为快速路。

第七章 灵璧县标准地名录

第一节 行政划分

灵城镇

灵城镇（Língchéng Zhèn） 隶属宿州市，地处灵璧县城，是全县政治、经济、文化、交通的中心。东邻虞姬乡，东南与向阳乡为邻，南与黄湾镇隔北沱河相望，西与娄庄镇相连，北与杨疃镇、开发区、禅堂乡接壤。人民政府驻解放西路（徐杨村）497号，辖庄陈村、周田村、徐杨村、山西村、山桥村、山南村、七里村、罗田村、刘赵村、亢田村、界沟村、高许村、东北村共13个村及太平、隍庙、光明、虹川、南姚、东蔬、北关、西关、滨河共9个社区。辖区东西最大距离13.2千米，南北最大距离17.4千米，面积116.5平方千米，其中耕地面积96平方千米。总人口12.65万人，民族有苗族、回族等少数民族。境内大部分为平原，地势北高南低，西高东低。地形分为低丘岗地、河间平原和黄泛平原。表层土多为砂姜黑土，境内最高峰馍馍山，海拔101米。境内矿产资源主要为石灰岩。属半湿润季风气候，其特点是季风明显，四季分明，气候温和。春季气温多变，干燥多风；夏季雨量集中，晴热湿润；秋季天高气爽；冬季干燥寒冷。年平均气温14.4℃，1月气温最低，平均气温－0.2℃；7月份气温最高，平均气温27.5℃。年平均日照数为2442.7小时，年平均降雨量为881.4毫米。属淮河流域，新汴河水系。主要自然灾害为旱灾、涝灾、风灾、水灾。农作物以种植小麦、玉米、花生、蔬菜为主。形成了以服装加工、农副产品加工和建筑材料生产为主的工业体系。全镇文化站、广播电视站各1处。有村级社区文化活动中心，图书室共26个，藏书65万册。有民间艺术团体5个。境内有幼儿园24所，小学22所，普通初中2所，省示范中学（含初中部）2所，中等职业学校2所。有各级各类医疗卫生机构29个，床位1123张，各类专业技术人员732人。其中公立综合医院3所，疾病控制中心1个，卫生院2所；私立医院3所；社区卫生服务中心2个，社区卫生服务站10个，村级卫生室17个。境内有303省级公路和许泗高速、徐淮铁路（建设中）穿境东西，西距京沪高铁30千米。有正学书院、张氏园亭遗址等名胜古迹。有皮影戏、泗州戏、曲艺、民间舞蹈等地方艺术。行政区划单位为镇，行政级别为乡级，行政区划代码为 341323100。

标准名称	汉语拼音	备注
高许村 村民委员会	Gāoxǔcūn Cūnmínwěiyuánhuì	隶属灵璧县灵城镇。1958 年人民公社时期，为老高许大队。后期分为前进、高许、黑李三个小村，名称沿用至今。
高庄	Gāozhuāng	旧时，高姓名叫高百万在此居住，建造房屋，后形成村落，故名。
黑树李庄	Hēishùlǐzhuāng	旧时，有李姓逃荒要饭过来，在此繁衍生息，因庄四周树多，从远处看不到庄子，故名。
刘井家	Liújǐngjiā	现刘井东湖有无影山无影井，有姓刘来此开荒，故名。
刘庙庄	Liúmiàozhuāng	旧时，刘姓在朝中做官并在此庄建了一座庙，故名。
碾盘田家	Niǎnpántiánjiā	旧时，田姓在此居住，庄中有一个大碾盘，故名。
前李庄	Qiánlǐzhuāng	旧时，李姓要饭在此居住，在刘井庄前面建造房屋，故名。
小李庄	Xiǎolǐzhuāng	山东李姓来此卖马，以后在本地居住，逐渐壮大，故名。
小吴家	Xiǎowújiā	因该自然庄全部是吴姓，故名。
许庄	Xǔzhuāng	固镇许闸有许姓弟兄几个来此居住，故名。
枣树田家	Zǎoshùtiánjiā	旧时，田姓在此居住，屋前屋后种植枣树，故名。
对面张家	Duìmiànzhāngjiā	旧时，有两户张姓迁居至此，建造房屋面对面，故名。
赵庄	Zhàozhuāng	旧时，黄庙街有个赵姓，有几个儿子，其中有一儿子到此地开荒，故名。
陈宏庄	Chénhóngzhuāng	因村中陈姓为大户，故名。
界沟村 村民委员会	Jiègōucūn Cūnmín Wěiyuánhuì	隶属灵璧县灵城镇。1978 年由城关区划为界沟乡界沟大队，下辖界沟、彭家、陈宏、盐店四个自然庄。2005 年 5 月合并村，由郑家村、娄家村、界沟村合并，命名为界沟村。
东王	Dōngwáng	旧时王姓在此落户，又坐落在二墩东面，故名。
二墩	Èrdūn	明清时期，为了地方信息快速地传递到中央政府，政府在地方设立“五里一墩，十里一铺”。该自然庄是第二个墩，故名。
冯家	Féngjiā	冯姓在此置卖土地，在此建房落户，称之为冯家。
火神庙	Huǒshénmiào	该村庄正南方位建一所火神庙，被该村民供奉，故名。
界沟村	Jiègōucūn	旧传，西楚霸王项羽、汉高祖刘邦为了争天下，两支军队相遇在此地，两军首领为了士兵的短暂休整，就以自然形成的水沟为界，各自在水沟两边安营扎寨，互不侵犯，后来该村庄被称为界沟。

标准名称	汉语拼音	备注
娄家	Lóujiā	该自然庄有庄、娄、田三大姓氏居住，后来娄姓人口逐渐增多，在清朝后期变更为娄家。
马家	Mǎjiā	自然庄有朱、马、曹、李、鲁五姓，当时曹姓人口比较多，称呼为小曹家。后因曹姓外迁、衰落，该自然庄已经没有曹姓，马姓增多，后来叫马家。
南王	Nánwáng	因王姓较多，又地处界沟集市的南面，故名。
彭家	Péngjiā	自然庄有陈、彭两姓，因彭姓家族比较大，故名。
上陈	Shàngchén	旧时陈姓在此居住，又坐落在郑家东面，东为上，西为下，故名。
薛家	Xuējiā	旧时魏姓在此落户，形成村庄，称为小魏家。民国时期，薛姓又迁户到此地，并且薛姓中有政府官员，后更名薛家。
盐店	Yándiàn	早年，贩卖盐商在此落脚休息，对外卖盐，时间久了就形成了盐商的经销点，故名。
郑家	Zhèngjiā	本庄居民全部是郑姓，故名。
亢田村村民委员会	Kàngtiáncūn Cūnmínwěiyuánhuì	隶属灵璧县灵城镇。1958 年人民公社时期为亢田大队；1984 年更名为亢田村民委员会，沿用至今。
柴赵庄	Cháizhàozhuāng	旧时一赵姓由固镇迁居至此，此人高大疲惫，骨瘦如柴，外号叫柴郎，故得名柴郎赵家，病逝后改名柴赵庄。
东王庄	Dōngwángzhuāng	1966 年开挖新汴河，人们从汴河北大王庄搬到汴河南，相距 500 米，在东、西两个地点建房居住，东边故名东王庄。
后田庄	Hòutiánzhuāng	据说田姓由山西洪洞县迁居至此，故名田庄，后分庄居住，分成前田、后田。
前田庄	Qiántiánzhuāng	据说田姓由山西洪洞县迁居至此，故名田庄，后分庄居住，分成前田、后田。
西王庄	Xīwángzhuāng	因 1966 年开挖新汴河时，从汴河北大王庄搬到汴河南，相距 500 米，东、西两个地点建房居住，西边故名西王庄。
小亢庄	Xiǎokàngzhuāng	小亢庄原来叫亢庙，新中国成立前在亢庄东北角有一座庙，起名叫亢庙，“文革”期间被拆除，此后称小亢庄。
西小王庄	Xīxiǎowángzhuāng	因村中多为王姓，又位于村委会西侧，故名。
小徐庄	Xiǎoxúzhuāng	徐姓由固镇迁居此地，故名。
小闫庄	Xiǎoyánzhuāng	主要以闫姓为主，故名。
刘赵村村民委员会	Liúzhàocūn Cūnmínwěiyuánhuì	隶属灵璧县灵城镇。2005 年由仓赵村、张巷村、陈家村合并成，名称沿用至今。
仓赵庄	Cāngzhàozhuāng	因居民大都以赵姓为主，故名。
陈家	Chénjiā	因居民以陈姓为主，故名。
刘家庄	Liújiāzhuāng	原名皮条刘家，居民大部分姓刘，故更名刘家庄。

标准名称	汉语拼音	备注
彭家庄	Péngjiāzhuāng	因居民大都姓彭，故名。
三庙庄	Sānmiàozhuāng	自然庄上有三座古庙遗址，故名。
田家庄	Tiánjiāzhuāng	因居民大都姓田，故名。
小田	Xiǎotián	因村中主要三姓田、张、吕，其中以田姓为主，故名。
殷家庄	Yīnjiāzhuāng	因居民大都姓殷，故名。
张巷庄	Zhāngxiàng-zhuāng	因居民以张姓为主，故名。
周柳	Zhōuliǔ	因居民以周姓为主，且庄内有大片柳树，故名。
罗田村村民委员会	Luótiáncūn Cūnmínwěiyuánhuì	隶属灵璧县灵城镇。2005 年由罗桥村与田安村合并而成，名称沿用至今。
陈庄	Chénzhuāng	因村民以陈姓为主，故名。
程庄	Chéngzhuāng	因居民以程姓为主，故名。
椿树张庄	Chūnshùzhāng-zhuāng	因村民以张姓为主，原庄有棵大椿树，故名。
高庄	Gāozhuāng	因居民以高姓为主，故名。
黄庄	Huángzhuāng	因居民以黄姓为主，故名。
蒋庄	Jiǎngzhuāng	蒋姓聚居此地，故名。
梨树孙庄	Líshùsūnzhuāng	因村民以孙姓为主，且庄内种有大量梨树，故名。
罗桥庄	Luóqiáozhuāng	因居民以罗姓为主，又原有石桥一座，故名。
田安庄	Tián'ānzhuāng	因居民以安、田两姓为主，故名。
王贡庄	Wánggòngzhuāng	庄上曾有王姓人士在清朝考中贡士，故名。
小李庄	Xiǎolǐzhuāng	居民以李姓为主，故名。
小孙庄	Xiǎosūnzhuāng	居民以孙姓为主，故名。
小田庄	Xiǎotiánzhuāng	因居民以田姓为主，故名。
小吴庄	Xiǎowúzhuāng	因居民大都姓吴，故名。
七里村村民委员会	Qīlǐcūn Cūnmín Wěiyuánhuì	隶属灵璧县灵城镇。1999 年由南闵村和七里村合并成七里村，名称沿用至今。
代庄	Dàizhuāng	因居民以代、李为主，代姓居多，故名。
冯庄	Féngzhuāng	因居民以冯姓为主，故名。
陆庄	Lùzhuāng	因村民以陆姓为主，故名。
闵庄	Mǐnzhuāng	因村民以闵姓为主，故名。
桥王庄	Qiáowángzhuāng	因居民大多以王姓为主，且庄内有座古桥，故名。
小陆庄	Xiǎolùzhuāng	因村民以陆姓居多，故名。

标准名称	汉语拼音	备注
油坊庄	Yóufāngzhuāng	因村民多以榨油为主要经济来源，故名。
张庄	Zhāngzhuāng	张姓聚居，故名。
山南社区居民委员会	Shānnán Shèqū Jūmínwěiyuánhuì	隶属灵璧县灵城镇。2005 年 3 月在原来的山南村基础上合并成立，名称沿用至今。
程庄	Chéngzhuāng	程姓聚居，故名。
东王二	Dōngwáng' èr	由江苏睢宁喜鹊王迁入，王姓为主，分为两个庄，故名。
东王一	Dōngwángyī	由江苏睢宁喜鹊王迁入，王姓为主，分为两个庄，故名。
田庄	Tiánzhuāng	因居民以田姓为主，故名。
西王	Xīwáng	旧传王姓由山西省大槐树迁至此地，为与东边王庄区别，故名。
徐庄	Xúzhuāng	徐姓聚居耕作，故名。
张庄	Zhāngzhuāng	因居民主要以张姓为主，故名。
朱庄	Zhūzhuāng	从尤集朱楼迁来，多为朱姓，故名。
山桥村村民委员会	Shānqiáocūn Cūnmínwěiyuánhuì	隶属灵璧县灵城镇。1958 年人民公社时期名称为山桥大队，后由山桥大队更名为山桥村民委员会，名称未变，沿用至今。
何山庄	Héshānzhuāng	以何姓聚居，村东有山一座，故名。
薄山庄	Bóshānzhuāng	村东有山，又村民多薄姓，故名。
刘桥庄	Liúqiáozhuāng	庄西有闫河经过，河上有一座古老的石拱桥，又为刘姓居民聚居，故名。
山西村村民委员会	Shānxīcūn Cūnmínwěiyuánhuì	隶属灵璧县灵城镇。2005 年由卓闫村和张朱村合并成山西村，名称沿用至今。
陈店庄	Chéndiànzhuāng	居民以陈姓为主，故名。
大刘庄	Dàliúzhuāng	因村民刘姓居多，故名。
后李庄	Hòulǐzhuāng	因村民李姓居多，故名。
后朱庄	Hòuzhūzhuāng	因村民多以朱姓为主，为区别前朱庄，故名。
老汪闫庄	Lǎowāngyánzhuāng	旧传此庄先祖由山西省迁至此地，闫姓居多，庄头有水汪，故名。
前朱庄	Qiánzhūzhuāng	因居民以朱姓为主，为区别后朱，故名。
薛庄	Xuēzhuāng	因村民以薛姓为主，故名。
张瓦庄	Zhāngwǎzhuāng	张姓由河南省迁至这里，住房以瓦房为主，故名。
张庄	Zhāngzhuāng	张姓聚居，故名。
卓庄	Zhuózhuāng	因居民以卓姓为主，故名。

标准名称	汉语拼音	备注
徐杨社区居民委员会	Xúyáng Shèqū Jūmínwěiyuánhuì	隶属灵璧县灵城镇。1988 年改名为徐杨村，后改为徐杨社区。名称沿用至今。
鲍庄	Bàozhuāng	因居民以鲍姓为主，故名。
田果庄	Tiánguǒzhuāng	14 世纪中期，官方强行移民，有田姓胞弟俩逃荒到虞姬乡田洼村落户，在此开荒培植果园，又村民以田姓为主，故名。
汪田庄	Wāngtiánzhuāng	因该处北侧有汪塘，长满芦苇，又村民以田姓居多，称为苇汪田。后芦苇慢慢消失，更名汪田庄。
郗庄	Xīzhuāng	旧时郗姓从安徽六安逃荒至此，名郗庄。
徐庄	Xúzhuāng	因村民多以徐姓为主，故名。
杨庄	Yángzhuāng	杨姓最早聚居此地，故名。
奇石小区	Qíshíxiǎoqū	因为该小区紧邻奇石大市场，故名。
酒厂宿舍	Jiǔchǎngsùshè	早年为酒厂员工宿舍，故名。
开发公司小区	Kāifāgōngsī Xiǎoqū	早年紧邻开发公司，故名。
周田村村民委员会	Zhōutiáncūn Cūnmínwěiyuánhuì	隶属灵璧县灵城镇。1958 年人民公社时期名称为沱光大队，1980 年由沱光大队更名为周圩村委员会，后在 2005 年又改为周田村委会，沿用至今。
三周庄	Sānzhōuzhuāng	旧时有周姓三兄弟迁居至此，故名。
小田庄	Xiǎotiánzhuāng	最早田姓在此聚居耕作，故名。
姚庄	Yáozhuāng	因村中姚姓村民居多，故名。
周圩庄	Zhōuwéizhuāng	以村民多为周姓，早年曾建有圩墙以御外敌，故名。
大田庄	Dàtiánzhuāng	旧时田姓由南方迁居至此，故名。
庄陈社区居民委员会	Zhuāngchén Shèqū Jūmínwěiyuánhuì	隶属灵璧县灵城镇。1958 年人民公社时期名称为庄陈大队，1983 年由庄陈大队更名为庄陈村后改为庄陈社区，沿用至今。
陈家	Chénjiā	因最早陈姓聚居，故名。
大李	Dàlǐ	因村民多为李姓，故名。
化家	Huàjiā	该村先人从杨疃北化家搬来，故名。
团结庄	Tuánjiézhuāng	原名庄家，以姓氏命名，“文化大革命”时期改名团结庄。
小李	Xiǎolǐ	最早李姓在此聚居耕作，故名。
张合庄	Zhānghézhuāng	据传旧时张义和从尹集张渡口搬来居住，故名。
庄陈安置小区	Zhuāngchén Ānzhì Xiǎoqū	2008 年拆迁建设的小区，因隶属庄陈村，故名庄陈安置小区。

标准名称	汉语拼音	备注
东北社区居民委员会	Dōngběi Shèqū Jūmínwěiyuánhuì	隶属灵璧县灵城镇。1958 年人民公社时期名称为东北大队，后由东北大队更名为东北村民委员会，后改为东北社区居民委员会名称沿用至今。
吕巷庄	Lǚxiàngzhuāng	据吕氏家谱记载，先人是北宋时期从山西省洪洞县移民迁到此地，又因村中巷道较多，故名。
大寺刘	Dàsìliú	小张庄西头，建造一座庙，名叫大寺庙，庙东北边居住多为刘姓，故名。
小王庄	Xiǎowángzhuāng	小张庄西头，建造一座庙，名叫大寺庙，庙东南边居住多为王姓，故名。
小张庄	Xiǎozhāng zhuāng	小张庄西头，建造一座庙，名叫大寺庙，庙东边居住多为张姓，故名。
三张社区居民委员会	Sānzhāng Shèqū Jūmínwěiyuánhuì	隶属灵璧县灵城镇。2010 年 10 月以前属禅堂乡三张村。2010 年 10 月划为开发区三张村。2014 年 10 月至今为开发区三张社区居委会。
东后张庄	Dōnghòuzhāng-zhuāng	因地理位置在东边，张姓居多，故名。
前张庄	Qiánzhāng zhuāng	因地理位置靠南，张姓居多，故名。
西后张庄	Xīhòuzhāng-zhuāng	因地理位置在村北，张姓居多，故名。
十里社区居民委员会	Shílǐ Shèqū Jūmínwěiyuánhuì	隶属灵璧县灵城镇。1958 年人民公社时期名称为十里大队。1983 年由十里大队更名为十里村委会。2005 年十里村和五井村合并为十里村。2010 年 8 月从灵城镇划出并归属开发区管辖。2014 年经上级批准更名为十里社区居民委员会，名称沿用至今。
骑路王	Qílùwáng	村民以王姓居多，又因 042 县道穿庄而过，故名骑路王。
沈家	Shěnjiā	沈姓在此居住，建村立庄，故名。
十里店	Shílǐdiàn	因该庄距离县城十里，村民多以经商开店为生，故名。
五女井	Wǔnǚjǐng	旧传古代战乱期间，五位女子被骑兵追赶，被追至井口。为了避免受辱，五名刚烈女子先后跳入井中，故名为五女井。
小张	Xiǎozhāng	张姓在此居住，村庄人口少，故名。
小庄	Xiǎozhuāng	该庄人口较少，故名小庄。
义太	Yìtài	旧传此处出现一位抗元义士，后人为了纪念这位英雄，取名义太。新中国成立后，因“义太”与“姨太”音同，至此改名为“爱国”。“文革”后期又复名为义太，沿用至今。
枣林王	Zǎolínwáng	该庄种满了枣树，远近闻名，该庄又以王姓居多，故名。
张家庄	Zhāngjiāzhuāng	张姓迁此居住，建村立庄，故名。

标准名称	汉语拼音	备注
庄家	Zhuāngjiā	庄姓在此居住，故名。
小吴庄	Xiǎowúzhuāng	因村民多为吴姓，且村庄较小，故名。
西关社区居民委员会	Xīguān Shèqū Jūmínwěiyuánhuì	隶属灵璧县灵城镇。新中国成立前叫西关街，人民公社时期至 80 年代叫西关大队。1984 年至 2006 年叫西关村。2007 年以后更名西关社区，沿用至今。
度假小区	Dùjià Xiǎoqū	因为小区内有美利特度假村，故名。
凤河小区	Fènghé Xiǎoqū	凤河小区南临凤河路，北依凤河，故名。
花园小区	Huāyuán Xiǎoqū	因该小区位于灵璧县花园街东北角，故名。
兰亭小区	Lántíng Xiǎoqū	1996 年，西关村建立了兰亭宾馆，因为其宾馆在小区范围内，故名。
灵丰小区	Língfēng Xiǎoqū	原灵璧县化肥厂生产的碳酸氢铵注册为“灵丰”牌碳酸氢铵，故名。
外贸小区	Wàimào Xiǎoqū	该小区所在地原为灵璧县对外经济贸易局下属外贸公司的物资储备库 2000 年破产，储备库土地外卖。现都盖起居民楼，故名。
北关社区居民委员会	Běiguān Shèqū Jūmínwěiyuánhuì	隶属灵璧县灵城镇。新中国成立前叫北关街，人民公社时期至 80 年代为北关大队。1984 年至 2006 年叫北关村和马元居委会。2006 年 8 月成立社区以后，北关村和马元居委会合并一起，命名为北关社区居委会，沿用至今。
爱民小区	Àimín Xiǎoqū	因为灵璧县武装部仓库坐落在小区内，该小区被评为拥军爱民小区，故名。
凤泉小区	Fèngquán Xiǎoqū	因凤泉浴池坐落在本辖区，故名。
建设小区	Jiànshè Xiǎoqū	因为该小区坐落在建设路西侧，故名。
来璧小区	Láibì Xiǎoqū	小区内有来璧市场，故名。
灵双小区	Língshuāng Xiǎoqū	小区位于灵璧县灵双路东侧，故名。
马元小区	Mǎyuán Xiǎoqū	因坐落在马元巷，故名。
滨河社区居民委员会	Bīnhé Shèqū Jūmínwěiyuánhuì	隶属灵璧县灵城镇。1979 年之前为南李大队，1979 年改为南李革委会，1984 年改为南李村。2010 年更名为滨河社区，沿用至今。
酒厂小区	Jiǔchǎng Xiǎoqū	由原农机二厂改为南酒厂宿舍，故名。
南李小区	Nánlǐ Xiǎoqū	原为南李村，村改社区后，更名。
栖凤苑	Qīfèngyuàn	栖凤有凤凰落脚于此之意，给小区以美好夙愿。
山水御景花园	Shānshuǐyùjǐng Huāyuán	因环境较好，有山有水，像皇宫后花园，故名。
祥和庄园	Xiánghézhuāngyuán	有一片祥和之意，故名。

标准名称	汉语拼音	备注
移动小区	Yídòng Xiǎoqū	因靠近移动基站，故名。
状元府小区	Zhuàngyuánfǔ Xiǎoqū	取其寓意，希望小区的孩子都能高中状元，故名。
汴水苑	Biànshuǐyuàn	坐落在汴河岸边，取名于汴水苑。
东蔬社区居民委员会	Dōngshū Shèqū Jūmínwěiyuánhuì	隶属灵璧县灵城镇，原名东蔬村民委员会，成立于1977年6月，2006年8月更名为东蔬社区，沿用至今。
菜籽桥小区	Càizǐqiáo Xiǎoqū	因小区范围内有个菜籽桥，故名。
大寺门小区	Dàsìmén Xiǎoqū	位于原大寺门南边，故名。
凌元小区	Língyuán Xiǎoqū	该小区原来有两处石榴树园，且80%以上住户都是凌姓，故名。
龙桥小区	Lóngqiáo Xiǎoqū	相传有一块大薄匾石上被人刻上一条龙，放置在该区居民住户的范围内，故名。
鹿鸣小区	Lùmíng Xiǎoqū	过去灵城东关城门叫鹿鸣门，该小区住户都在该门的东边，故名。
光明社区居民委员会	Guāngmíng Shèqū Jūmínwěiyuánhuì	隶属灵璧县灵城镇。2006年镇划社区命名为光明社区，沿用至今。
大理石小区	Dàlǐshí Xiǎoqū	因大理石厂坐落在该小区内，故名。
光明小区	Guāngmíng Xiǎoqū	因光明社区坐落在本小区内，故名。
国税小区	Guóshuì Xiǎoqū	因国税新村坐落在该小区内，故名。
建材小区	Jiàncái Xiǎoqū	因建筑公司坐落在该小区内，故名。
龙山小区	Lóngshān Xiǎoqū	因龙山庄园坐落在该小区内，故名。
茂和小区	Màohé Xiǎoqū	因茂和大厦坐落在该小区，故名。
棉麻小区	Miánmá Xiǎoqū	因棉麻公司坐落在该小区内，故名。
四排楼小区	Sìpáilóu Xiǎoqū	因四排楼坐落在该小区内，故名。
文化小区	Wénhuà Xiǎoqū	因文化新村坐落在该小区内。故名。
种子小区	Zhǒngzi Xiǎoqū	因种子公司坐落在该小区内，故名。
虹川社区居民委员会	Hóngchuān Shèqū Jūmínwěiyuánhuì	隶属灵璧县灵城镇。旧时地名虹灵，人民公社时期至80年代叫西南大队，而后叫西蔬村。1984年至2006年叫西蔬村。2006年9月以后更名虹川社区，沿用至今。
虹川小区	Hóngchuān Xiǎoqū	因小区内有一个虹川市场，故名。
龙固小区	Lónggù Xiǎoqū	因龙固花园在小区范围内，故名。
南苑小区	Nányuàn Xiǎoqū	原西蔬村有四个蔬菜队，分为东园、西园、南园、北园。南园在小区范围内，故名。
牌坊小区	Páifāng Xiǎoqū	旧时有一个孟牌坊，社区成立以后起名牌坊小区。

标准名称	汉语拼音	备注
庆云小区	Qìngyún Xiǎoqū	因庆云市场在小区范围内，故名。
太白小区	Tàibái Xiǎoqū	该辖区内有一块太白石，社区成立以后起名太白小区。
铁巷小区	Tiěxiàng Xiǎoqū	旧时小区境内有一条巷子，住着一位很有名的打铁匠，故名。
玉带小区	Yùdài Xiǎoqū	旧时小区内有一条河叫玉带河，故名。
皇庙社区居民委员会	Huángmiào Shèqū Jūmínwěiyuánhuì	隶属灵璧县灵城镇。旧时为城隍庙，“文化大革命”期间被破坏，后来开一条街叫皇庙街，一道巷叫皇庙巷。2006 年更名为皇庙社区，沿用至今。
皇庙小区	Huángmiào Xiǎoqū	该小区所在地在皇庙，过去有一座大庙，庙里有大殿平台戏楼，凉亭里还有城隍老爷和城隍奶奶及各类大神，“文化大革命”期间被破坏，开一条街叫皇庙社区，一道巷叫皇庙巷，故名。
家得利小区	Jiādélì Xiǎoqū	该小区坐落在家得利超市境内，故名。
教育小区	Jiàoyù Xiǎoqū	该小区坐落在灵中教育局境内，故名。
庙东小区	Miàodōng Xiǎoqū	该小区坐落在皇庙社区的东边，故名。
明城小区	Míngchéng Xiǎoqū	该小区坐落在明城商贸城境内，故名。
盛世小区	Shèngshì Xiǎoqū	该小区坐落在盛世楼境内，故名。
水利小区	Shuǐlì Xiǎoqū	该小区坐落在水利巷，故名。
云路小区	Yúnlù Xiǎoqū	该小区坐落在云路街，故名。
南姚社区居民委员会	Nányáo Shèqū Jūmínwěiyuánhuì	隶属灵璧县灵城镇，2005 年镇划分社区后，沿用至今。
郭庄小区	Guōzhuāng Xiǎoqū	因为小郭庄在小区范围内，故名。
奇石小区	Qíshí Xiǎoqū	辖区因有奇石公园、奇石大市场，故名。
汽运小区	Qìyùn Xiǎoqū	该小区所在地有汽车运输公司，故名。
信合小区	Xìnhé Xiǎoqū	该小区因有信合花园宿舍，故名。
姚庄小区	Yáozhuāng Xiǎoqū	灵城镇划分社区时，以姚庄姚姓居多，故名。
钟馗小区	Zhōngkuí Xiǎoqū	该小区邻近钟馗路、标志性钟馗雕像，故名。
太平社区居民委员会	Tàipíng Shèqū Jūmínwěiyuánhuì	隶属灵璧县灵城镇。“文化大革命”期间称为防修街，后改为太平街。1975 年至 1980 年称为北关居委会，1995 年撤销北关居委会并花园井居委会，改为太平街居委会，2006 年更名为太平社区居民委员会，沿用至今。
地税小区	Dìshuì Xiǎoqū	因地税局宿舍坐落其中，故名。
凤河巷	Fènghéxiàng	旧时灵城西环城河有个凤河巷，故名。
凤仪小区	Fèngyí Xiǎoqū	旧时灵城西关桥头有个凤仪门，故名。

标准名称	汉语拼音	备注
花园井小区	Huāyuánjǐng Xiǎoqū	早年县医院急救中心院内有一口井，故名。
沈园小区	Shěnyuán Xiǎoqū	旧时名沈园巷，属北关村，合并社区以后改名为沈园小区。
实小小区	Shíxiǎo Xiǎoqū	曾经有实验小学，故名。
中心小区	Zhōngxīn Xiǎoqū	新中国成立初期，中心居委会坐落其中，故名。
东关社区居民委员会	Dōngguān Shèqū Jūmínwěiyuánhuì	隶属灵璧县灵城镇。原为灵城镇东关村，2006 年改为灵璧经济工业园区东关村，2012 年被安徽省划为灵璧经济开发区东关社区。名称沿用至今。
安置小区	Ānzhì Xiǎoqū	自东关社区成立以后就已经形成，主要负责安置东关社区居民。
道东小区	Dàodōng Xiǎoqū	东关社区自虞姬大道开通以来以此道分为道东、道西两个小区，道东小区以此命名。
道西小区	Dàoxī Xiǎoqū	东关社区自虞姬大道开通以来，以此道分为道东、道西两个小区，道西小区以此命名。
惠众苑小区	Huìzhòngyuàn Xiǎoqū	此小区是灵璧县政府用来安置困难居民和部分拆迁安置、公租房、廉租房等住户的，以此命名。
鹿鸣小区	Lùmíng Xiǎoqū	灵城东门城外 15 千米处有座鹿鸣山，旧传此山在汉以前称阴陵山。民间传说，楚汉相争时，项羽彭城兵败，撤至灵璧境内，原欲向东逃走，被阴陵山阻挡。阴陵山高万仞，树木森天有虎豹出没，雄鹿鸣叫，可见此山之大之险。灵城东门名曰鹿鸣，典故即出于此。
张园小区	Zhāngyuán Xiǎoqū	张姓先人名张梅，从山西省洪洞县喜鹊窝逃荒至此地，此地名曰张梅园，故名。
刘尧社区居民委员会	Liúyáo Shèqū Jūmínwěiyuánhuì	隶属灵璧县灵城镇。人民公社时期名刘尧大队，1980 年第一轮土地承包时改为刘尧村，2015 年灵璧县开发区成立时改为刘尧社区至今。
小李庄	Xiǎolǐzhuāng	旧传山西洪洞县李姓三兄弟迁此居住，故名。
刘尧庄	Liúyáozhuāng	因早年此处有窑厂，村民多为刘姓，故名。
小代庄	Xiǎodàizhuāng	隶属灵璧县灵城镇。自从清朝后期一直以来都叫小代庄，1980 年承包土地以来叫小代组。
后潘庄	Hòupānzhuāng	旧时山东潘姓迁居在东关居住，故名。
何庄	Hézhuāng	隶属灵璧县灵城镇。1958 年人民公社时属刘尧大队，1984 年属刘尧村委会，名称沿用至今。
罗河社区居民委员会	Luóhé Shèqū Jūmínwěiyuánhuì	旧时河北何姓到灵璧东关做生意，在东关卖地居住，形成了庄子，取名河庄，“河”音同“何”，故名。
王朋庄	Wángpéngzhuāng	早年，山西王姓迁居此地，在此经商且爱交朋友，该村以此命名。

标准名称	汉语拼音	备注
小代庄	Xiǎodàizhuāng	代姓在此居住，村庄面积小，故名。
小孙庄	Xiǎosūnzhuāng	早年孙姓迁居此地，在此经商为生，故名。
龙泉花园	Lóngquánhuāyuán	2003 年以前叫老干部宿舍，2003 年龙泉小区建立，开发商命名。
西集社区居民委员会	Xījí Shèqū Jūmínwěiyuánhuì	隶属灵璧县灵城镇。1958 年人民公社时期隶属灵城公社，1984 年改名为西集村委会，2005 年划归经济开发区，并命名为西集社区。
河南组	Hénánzǔ	1966 年新汴河施工，把老西集拆迁搬至河南，原来是一队，命名河南一队，后改为河南组。
红卫组	Hóngwèizǔ	1966 年因开挖新汴河拆迁，老西集一庄分为四庄，后搬迁至小西组东，原名为五队，现命名为红卫组。
前潘组	Qiánpānzǔ	老西集村原有两个潘组，一北一南，故取名前潘组和后潘组两组，后前潘组划为西集村。以姓潘为主。
小西组	Xiǎoxīzǔ	小西组原位于老西集北部，故名后西庄，后改名小西组。
小张组	Xiǎozhāngzǔ	以姓张为主，故名。
新建组	Xīnjiànzǔ	1966 年因开挖新汴河拆迁，老西集一庄分为四庄，原属三队，后因拆迁搬至新汴河北。因为是新建的组，改名为新建组。
叶庙社区居民委员会	Yèmiào Shèqū Jūmínwěiyuánhuì	隶属灵璧县灵城镇。人民公社时期称为叶庙大队。1983 年由叶庙大队分成庙西大队、庙东大队。1985 年底合并为叶庙村民委员会。2011 年 9 月份划入经济开发区管辖。2014 年成为叶庙社区，沿用至今。
丁汪庄	Dīngwāngzhuāng	因居民以丁姓为主，且庄后地面形成水汪一样的洼地，故名。
东冉庄	Dōngrǎnzhuāng	因本社有两个冉庄，该庄位于社区东部，故名。
东叶庄	Dōngyèzhuāng	因本社区有两个叶庄，该庄位于本社区东部，故名。
西冉庄	Xīrǎnzhuāng	因为本村有两个冉庄，此庄位于本村西部，故名。
西叶庄	Xīyèzhuāng	因本社区有两个叶庄，该庄位于本社区西部，故名。
张庄	Zhāngzhuāng	隶属灵璧县灵城镇。1958 年隶属灵城公社叶庙大队，1983 年由叶庙大队更换为叶庙村村民委员会，2010 年划入经济开发区，沿用至今。
刘赵村村民委员会	Liúzhàocūn Cūnmínwěiyuánhuì	隶属灵璧县灵城镇，2005 年由仓赵村、张巷村、陈家村合并成刘赵村。
周柳	Zhōuliǔ	因居民以周姓为主，且庄内有大片柳树林，故名。
刘家庄	Liújiāzhuāng	原名皮条刘家，大部分姓刘，故更名刘家庄。
陈家	Chénjiā	因居民以陈姓为主，故名。

标准名称	汉语拼音	备注
仓赵庄	Cāngzhàozhuāng	因居民大都以赵姓为主，故名。
三庙庄	Sānmiàozhuāng	因庄上有三座古庙遗址，故名。
小田	Xiǎotián	因村中主要三姓田、张、吕，其中以田姓为主，故名。
殷家庄	Yīnjiāzhuāng	因居民大都姓殷，故名。
张巷庄	Zhāngxiàngzhuāng	因居民以张姓为主，故名。
罗田村村民委员会	Luótiáncūn Cūnmínwěiyuánhuì	隶属灵璧县灵城镇，2005 年由罗桥村、椿树张与田安村合并为罗田村。
田安庄	Tián’ānzhuāng	因居民以安、田两姓为主，故名。
王贡庄	Wánggòngzhuāng	庄上曾有王姓在清朝考中贡士，故名。
小吴庄	Xiǎowúzhuāng	因居民大都姓吴，故名。
小李庄	Xiǎolǐzhuāng	居民以李姓为主，故名。
周田村村民委员会	Zhōutiáncūn Cūnmínwěiyuánhuì	隶属灵璧县灵城镇，2005 年大田村、周圩村并为周田村。
小田庄	Xiǎotiánzhuāng	因居民以田姓为主，故名。
姚庄	Yáozhuāng	因村中姚姓村民居多，故名。
大田庄	Dàtiánzhuāng	旧时田姓由南方迁居至此，故名。
罗桥庄	Luóqiáozhuāng	因居民以罗姓为主，又原有石桥一座，故名。
椿树张庄	Chūnshù-zhāngzhuāng	因村民以张姓为主，原庄里有棵大椿树，故名。
周圩庄	Zhōuwéizhuāng	以村民多为周姓，早年曾建有圩墙以御外敌，故名。
三周庄	Sānzhōuzhuāng	有周姓三兄弟迁居至此，故名。
南闵村村民委员会	Nánmǐncūn Cūnmínwěiyuánhuì	隶属灵璧县灵城镇，1999 年由南闵村和七里村合并成南闵村。
闵庄	Mǐnzhuāng	因村民以闵姓为主，故名。
高许村	Gāoyǔcūn	隶属灵璧县灵城镇，前进、高许、黑李三个小村合并为高许村。
黑树李庄	Hēishùlǐzhuāng	旧时有李姓逃荒要饭过来，在此繁衍生息，因庄四周种树多，从远处看不到庄子，故名。
刘井家	Liújǐngjiā	现刘井东湖有无影山无影井，有刘姓来此开荒，故名。
前李庄	Qiánlǐzhuāng	旧时李姓要饭在此居住，在刘井庄前面建造房屋，故名。
界沟村村民委员会	Jiègōucūn Cūnmínwěiyuánhuì	隶属灵璧县灵城镇，2005 年 5 月合并村，由郑家村、娄家村、界沟村合并为界沟村。
郑家	Zhèngjiā	本庄居民全部是郑姓，故名。

标准名称	汉语拼音	备注
薛家	Xuējiā	旧时魏姓在此落户，逐渐形成村庄，称为小魏家。在民国时期，薛姓又迁户到此地，并且薛姓有政府官员，后更名薛家。
南王	Nánwáng	自然庄因王姓人口较多，又地处界沟集市的南面，故名。
二墩	Èrdūn	在秦朝时代，为了地方信息快速地传递到中央政府，政府在地方设立“五里一墩，十里一铺”。该自然庄因是第二个墩，故名。

韦集镇

韦集镇（Wéijí Zhèn）　隶属宿州市，灵璧县东南端，东接泗县，南交五河、固镇县，西邻本县黄湾镇，北傍向阳乡。镇人民政府驻韦集村。辖陈园村、丁李村、韦集村、陈圩村、徐圩村、戴家村、东杨马村、双龙村、幸福村、垓下村、藕庄村、永久村、双圩村、金银山村共14个村民委员会。辖区东西最大距离15千米，南北最大距离14千米，面积138.5平方千米。辖区总人口5.37万人，以汉族为主，共有汉族、彝族、回族、壮族、瑶族等5个民族。地处淮北平原，地势西高东低，地面高程悬殊较小，海拔最高30米，海拔最低20米。属半湿润季风气候，其特点是四季分明，雨热同季，光照充足，无霜期长。春季干旱多风，夏季雨量集中，秋季温和凉爽，冬季干冷少雪。多年平均气温14.4℃，年平均降水量852.4毫米。年平均无霜期219天，年平均日照时数为2191.3小时。粮食作物以小麦、玉米为主。主要经济作物有棉花、西瓜、花生等。畜牧业以养殖生猪、黄牛、蛋鸡、肉鸡为主。工业以食品、塑料、服装等加工业为主。有镇文广站1处，农家书屋14个，藏书42000册。幼儿园1所，小学9所，初中1所。各级医疗卫生机构15个，门诊部1个。境内有329省道，县道灵杨路（X046）、敦马路（X057）。名胜古迹主要有楚汉相争中最后决战垓下大战的主战场中心区——垓下之战遗址，现为市级文物保护单位。位于金银山村的丁谷眼庄的“城后汉墓”（当地又叫“金银山”“丁谷堆”）为楚汉战争重要的遗迹点，现为县级文物保护单位。当地有民谣：“垓下谷堆三千三，说罢金山数银山。”有皮影戏、泗州戏、曲艺、民间舞蹈等地方艺术。行政区划单位为镇，行政级别为乡级，行政区划代码为341323101。

标准名称	汉语拼音	备注
陈圩村村民委员会	Chénwéicūn Cūnmínwěiyuánhuì	隶属灵璧县韦集镇。1958年人民公社时期名称为陈圩大队。1965年由陈圩大队改名为陈圩村村民委员会。2005年湖南村并入陈圩村。沿用至今。
陈圩庄	Chénwéizhuāng	以陈姓先居和早年村周筑有圩墙，故名。

标准名称	汉语拼音	备注
东陈庄	Dōngchénzhuāng	旧时陈姓山东迁居至此建村，故名。
东陆庄	Dōnglùzhuāng	因附近东西方向有三个居民多陆姓的村庄，此庄位于东，故名。
后陈庄	Hòuchénzhuāng	旧时陈姓山东迁居至此，因位置位于后方，取名。
桑陈庄	Sāngchénzhuāng	因陈姓村民喜欢养蚕种桑，故名。
西李庄	Xīlǐzhuāng	以村庄位于陈圩西，居民多李姓，故名。
西陆庄	Xīlùzhuāng	以村庄位于中陆西，故名。
小鄂庄	Xiǎoèzhuāng	以居民大多姓鄂，故名。
小顾庄	Xiǎogùzhuāng	因顾姓在此聚居，故名。
小胡庄	Xiǎohúzhuāng	最早为胡姓在此聚居，故名。
小余庄	Xiǎoyúzhuāng	因村庄里有棵榆树，取谐音称小余庄。
小赵庄	Xiǎozhàozhuāng	因居民大多姓赵，故名。
中陈庄	Zhōngchénzhuāng	因此村坐落于东陈庄和后陈之间，故名。
中陆庄	Zhōnglùzhuāng	因此村庄位于东陆和西陆中间，故名。
陈园村 村民委员会	Chényuáncūn Cūnmínwěiyuánhuì	隶属灵璧县韦集镇。1958 年人民公社时期名为郑光大队。1972 年郑光大队分为陈园、小徐、马圩三个大队，2004 年陈园、四马村合并为陈园村，沿用至今。
陈元庄	Chényuánzhuāng	旧时陈姓在此种菜，称陈园，“文革”后期“陈园”简化为“陈元”。陈元庄由此而来。
后马庄	Hòumǎzhuāng	位于四个马姓自然庄的最后，故称后马庄。
马圩庄	Mǎwéizhuāng	旧时马姓来此定居，有圩沟、圩墙，故名。
浦庄	Pǔzhuāng	旧时浦姓最早在此聚居，故名。
前张庄	Qiánzhāngzhuāng	位于三个张姓自然庄的最前边，故名。
王楼庄	Wánglóuzhuāng	原有王姓盖的土楼，故名。
西马庄	Xīmǎzhuāng	位于四个马姓自然庄的最西边，故名。
小陈园庄	Xiǎochényuán-zhuāng	从陈园庄分出的自然庄，比陈园庄小，故名。
小张庄	Xiǎozhāngzhuāng	因居民大多姓张，故名。
张后庄	Zhānghòuzhuāng	位于张姓自然庄的最后，故名。
张前庄	Zhāngqiánzhuāng	位于两个张姓自然庄偏前，故名。
中马庄	Zhōngmǎzhuāng	位于四个马姓自然庄的中间，故名。
戴家村 村民委员会	Dàijiācūn Cūnmínwěiyuánhuì	隶属灵璧县韦集镇。2005 年行政调整更名为戴家村村民委员会，名称沿用至今。

标准名称	汉语拼音	备注
大徐庄	Dàxúzhuāng	徐姓从萧县迁居固镇县，又从固镇县至此，因主要以徐姓为主，故名。
戴庄	Dàizhuāng	因村民多为戴姓，故名。
东金庄	Dōngjīnzhuāng	旧时金姓最早在此聚居，在庙的东边，故名。
东小徐庄	Dōngxiǎoxúzhuāng	因村民多以徐姓为主，又在徐庄东边，故名。
后陈庄	Hòuchénzhuāng	村民多以陈姓为主，又其所在位置在前陈后面，故名。
胡庄	Húzhuāng	因村民多以胡姓为主，故名。
庙西徐庄	Miàoxīxúzhuāng	因村民多以徐姓为主，在庙的西边，故名。
南北徐庄	Nánběixúzhuāng	因村民多以徐姓为主，村庄呈南北方向，故名。
南汤庄	Nántāngzhuāng	因其位置和村民多以汤姓为主，故名。
南小胡庄	Nánxiǎohúzhuāng	因村民多为胡姓，又村落位于村部南部，故名。
前陈庄	Qiánchénzhuāng	因陈姓最早在此聚居，又较靠南方位，故名。
前徐庄	Qiánxúzhuāng	因徐姓村民最早在此定居，庙的西边，故名。
邵庄	Shàozhuāng	因村民多为邵姓，故名。
小皮庄	Xiǎopízhuāng	因皮姓最早在此聚居，故名。
薛庄	Xuēzhuāng	因胡姓最早在此定居，故名。
中金庄	Zhōngjīnzhuāng	因金姓最早在此聚居，位于两个金庄中间，故名。
中徐庄	Zhōngxúzhuāng	徐姓最早聚居此地，又位于两个徐庄中间，故名。
丁李村 村民委员会	Dīnglǐcūn Cūnmínwěiyuánhuì	隶属灵璧县韦集镇。1958 年人民公社时期名称为丁李大队。1975 年由丁李大队更名为丁李村委会，2005 年王巷村并入丁李村，沿用至今。
大李庄	Dàlǐzhuāng	因村民多以李姓为主，故名。
大刘庄	Dàliúzhuāng	因村民均为刘姓，该庄多数村民辈分较长，故名。
大王庄	Dàwángzhuāng	因村民多为王姓，故名。
丁李庄	Dīnglǐzhuāng	最早丁姓由丁谷（现金银山村）搬来，后来李姓又迁到这里，居住在丁庄西头路西，故名。
后刘庄	Hòuliúzhuāng	村民多为刘姓，位于刘庄后，故名。
后王庄	Hòuwángzhuāng	因村民多为王姓，故名。
腊条张家	Làtiáozhāngjiā	因早年张姓在此种植蜡条，故得名腊（蜡）条张家。
刘园庄	Liúyuánzhuāng	刘姓在此耕作建村，故名。
四门李庄	Sìménlǐzhuāng	早年，南方迁来李姓，三代单传，第四代弟兄四人，每人一门，因此得名四门李。
王巷庄	Wángxiàngzhuāng	居民均为王姓，中间一条巷道把整庄一分为二，故名。

标准名称	汉语拼音	备注
西小李庄	Xīxiǎolǐzhuāng	居民以李姓为主，且人口较少，又在韦集西部，故名。
小刘庄	Xiǎoliúzhuāng	因村民多为刘姓，故名。
小王庄	Xiǎowángzhuāng	居民均为王姓，相对大王庄较小，故名。
闫庄	Yánzhuāng	村民多为闫姓和刘姓，以闫姓居多，故名。
垓下村村民委员会	Gāixiàcūn Cūnmínwěiyuánhuì	隶属灵璧县韦集镇。1958 年人民公社时期称为龙岗大队，1983 年由龙岗大队更名为垓下村村民委员会，沿用至今。
单胡东	Shànhúdōng	因村民多为胡姓，又形成两庄，此庄偏东，故名。
单胡西	Shànhúxī	因村民多为胡姓，又形成两庄，此庄偏西，故名。
渡口庄	Dùkǒuzhuāng	因庄内河上有一渡口而得名，后来政府组织整顿渡口行业，并于 2013 年成立渡口管理，韦集镇接管，故名渡口庄。
韩庄	Hánzhuāng	明代初期有韩姓来此定居，故名。
老庄	Lǎozhuāng	胡姓从藕庄东橡树庄搬迁到五河县韩庄，从韩庄搬迁到彭沟，从彭沟搬迁到现在的老庄，位于垓下遗址西边省道两侧。
龙岗庄	Lónggǎngzhuāng	庄里原有庙会，叫龙岗集，此庄被称为龙岗庄。
南单庄	Nánshànzhuāng	因村民多为单姓，又位于镇南，故名。
彭沟庄	Pénggōuzhuāng	早年村中一位人称彭老玉，有权有势，到处抓壮丁挖沟筑圩，人称彭沟庄。
小单庄	Xiǎoshànzhuāng	因单姓村民在此聚居，故名。
新胡庄	Xīnhúzhuāng	从彭沟搬迁到现在的老庄胡，老庄又分出去，即为新胡庄，故名。
新郑庄	Xīnzhèngzhuāng	明朝中期，郑姓在此开荒种地，建造房屋，逐渐形成郑庄，1959 年政府命名为新郑小组，1982 年正式更名为新郑庄。
金银山村村民委员会	Jīnyínshāncūn Cūnmínwěiyuánhuì	隶属灵璧县韦集镇。该村早期叫丁谷眼村，1958 年人民公社时期名称为金银山大队，1983 年更名为金银山村村民委员会，2005 年小徐村、城后村并入金银山村，沿用至今。
城后庄	Chénghòuzhuāng	因南靠濠城霸王城，有南沱河相隔，在霸王城后，故取名城后庄。
大徐庄	Dàxúzhuāng	因村民多为徐姓，又村庄较大，故名。
丁谷眼庄	Dīnggǔyǎn-zhuāng	因村民多为丁姓，又庄子旁边有座高土堆，名叫丁谷眼，故名。
东小丁庄	Dōngxiǎodīng-zhuāng	丁姓人丁兴旺，另立门户，故名。
后李庄	Hòulǐzhuāng	因村民多为李姓，故名。
黄庄	Huángzhuāng	因村民多为黄姓，故名。
瓦坊庄	Wǎfāngzhuāng	因早年村庄多建有瓦房，后写为瓦坊，故名。

标准名称	汉语拼音	备注
湾后庄	Wānhòuzhuāng	因原湾东庄人口增多，逐渐向后发展，遂以“湾后庄”取名。
湾前庄	Wānqiánzhuāng	因庄西有一条河湾，庄子位于河湾的西边，故取名为湾西，随着人口增多，向前面发展，取名为湾前庄。
湾西庄	Wānxīzhuāng	因庄西有一条河湾，庄子位于河湾的西边，故取名为湾西。
西李家	Xīlǐjiā	因最早以李姓聚居此地，遂取名为李家，因重名，现叫西李家。
西小丁庄	Xīxiǎodīngzhuāng	因村民多为丁姓，有东、西两庄，此庄位于西边，故名。
小徐庄	Xiǎoxúzhuāng	从大徐家迁出建村，故名。
小朱庄	Xiǎozhūzhuāng	因村民均为朱姓，庄小，故名。
小左庄	Xiǎozuǒzhuāng	左姓最早在此聚居，故名。
张洼庄	Zhāngwāzhuāng	因村民多为张姓，地势低洼，故名。
藕庄村 村民委员会	Ǒuzhuāngcūn Cūnmínwěiyuánhuì	隶属灵璧县韦集镇。1958 年人民公社时期名称为藕庄公社，1958 年改名藕庄公社，1975 年改名为藕庄乡，1995 年与韦集镇合并改为藕庄村，沿用至今。
东叶组	Dōngyèzǔ	因坐落在藕庄街东边，村民多为叶姓，故名。
吕东	Lǚdōng	庄后有座墓，人称淮王墓，据说委派吕姓在此看墓，后吕姓在沱河上修座桥，故此得名吕桥庄。因其所在的位置在吕桥的东边，后称吕东。
吕桥庄	Lǚqiáozhuāng	吕桥庄后有座墓，人称淮王墓，据说委派吕姓在此看墓，而后吕姓在沱河上修座桥，故此得名吕桥庄。
南东南西庄	Nándōngnánxī- zhuāng	村民迁入藕庄街南东、西两庄，后连在一起，称为南东南西庄。
藕庄街	Ǒuzhuāngjiē	过去藕庄地形低，适合养藕。陕西欧姓到此地养藕，生产的藕就在此地销售。后来搬来胡姓，人口兴旺，欧姓日渐衰败。后来“欧”改为“藕”，故取名为藕庄街。
橡树庄	Xiàngshùzhuāng	本庄有一棵橡树特别大，远近闻名，四方乡邻都称此地为橡树，此庄称为橡树庄。
小孙庄	Xiǎosūnzhuāng	因孙姓最早在此建村，故名。
小杨家	Xiǎoyángjiā	该庄以杨姓居多，村庄面积小，故名。
新庄	Xīnzhuāng	旧时战乱，几户人家漂泊于此，在此落户，定名为新庄。
双龙村 村民委员会	Shuānglóngcūn Cūnmínwěiyuánhuì	隶属灵璧县韦集镇。1958 年人民公社时期名称为双龙大队，1983 年更名为双龙村委会，2005 年和朱家村合并，仍为双龙村，沿用至今。
大蒋庄	Dàjiǎngzhuāng	因蒋姓最早在此聚居，故名。
大朱庄	Dàzhūzhuāng	因村民多为朱姓，故名。

标准名称	汉语拼音	备注
后翟庄	Hòuzháizhuāng	翟姓从河南迁来，故名。
老夏庄	Lǎoxiàzhuāng	夏姓从外地逃荒到此，故名。
南徐庄	Nánxúzhuāng	因此村位于藕庄村南且居民多徐姓，故名。
前翟庄	Qiánzháizhuāng	翟姓从河南迁来，故名。
小杨庄	Xiǎoyángzhuāng	因村民大多姓杨，故名。
小赵庄	Xiǎozhàozhuāng	因建村之初，人口稀少，又多赵姓，故名。
小朱庄	Xiǎozhūzhuāng	因建村之初，人口稀少，又多朱姓，故名。
新陈庄	Xīnchénzhuāng	因村民多为陈姓，故名。
新老闻庄	Xīnlǎowénzhuāng	因闻姓最早聚居，又多为外地迁人，所以有新老闻之称。
新夏庄	Xīnxiàzhuāng	由双龙老夏庄搬迁到此，故名。
双圩村 村民委员会	Shuāngwéicūn Cūnmínwěiyuánhuì	隶属灵璧县韦集镇，1958 年人民公社时期名称为双圩大队。1986 年由双圩大队更名为双圩村村民委员会后，名称沿用至今。
大韦庄	Dàwéizhuāng	早年此村原为一庙会，到清朝末期更名为大韦庄。
后王庄	Hòuwángzhuāng	因村民多以王姓为主，故名。
王圩庄	Wángwéizhuāng	因王姓居民早年在村周筑有圩墙，故名。
小姜庄	Xiǎojiāngzhuāng	最早姜姓在此聚居，故名。
小杨庄	Xiǎoyángzhuāng	因村民多为杨姓，故名。
仲庄	Zhòngzhuāng	旧时因仲姓在此聚居，故名。
韦集村 村民委员会	Wéijícūn Cūnmínwěiyuánhuì	隶属灵璧县韦集镇。新中国成立初期人们就以围集称之，后取其同音改为韦集。2005 年由韦集、东刘、南刘三个村合并成韦集村。1958 年人民公社时期名称为韦集大队，1980 年由韦集大队更名为韦集村民委员会后，沿用至今。
韦一组	Wéiyīzǔ	因韦集整条街由四个自然庄组成，按顺序排成一、二、三、四 4 个组。
韦二组	Wéi’èrzǔ	因韦集整条街由四个自然庄组成，按顺序排成一、二、三、四 4 个组。
韦三组	Wéisānzǔ	因韦集整条街由四个自然庄组成，按顺序排成一、二、三、四 4 个组。
韦四组	Wéisìzǔ	因韦集整条街由四个自然庄组成，按顺序排成一、二、三、四 4 个组。
老户王	Lǎohùwáng	最早王姓村民在此聚居，故名。
小王组	Xiǎowángzǔ	因村民多为王姓，故名。
南刘组	Nánliúzǔ	因刘姓在此聚居，故名。

标准名称	汉语拼音	备注
沟东刘庄	Gōudōngliú-zhuāng	因居民大多刘姓，且庄西有条沟渠，故名。
烧饼张庄	Shāobǐng-zhāngzhuāng	早年张姓在此打烧饼为生，烧饼味道极佳，故名。
后吴庄	Hòuwúzhuāng	传说宋朝时期，皇帝路过此处，路遇劫匪，吴姓村民及时护驾，皇上御封后吴庄。
东王组	Dōngwángzǔ	旧时五河县三河堂枣树王王姓到此居住，故名。
后姜组	Hòujiāngzǔ	因村民大多姜姓，故名。
后朱庄	Hòuzhūzhuāng	黄湾镇老户朱家搬迁至此，故得名后朱庄。
幸福村村民委员会	Xìngfúcūn Cūnmínwěiyuánhuì	隶属灵璧县韦集镇。1958 年人民公社时期名称为幸福大队。1980 年由幸福大队更名为幸福村村民委员会后，名称未变，沿用至今。
八张庄	Bāzhāngzhuāng	距离旧时垓下镇八里路，故称八里张，后改名为八张庄。
陈庄	Chénzhuāng	旧时陈姓有菜园，村民沿菜园建房，故名。
老庄	Lǎozhuāng	因此庄年代较为久远，故名。
七里王庄	Qīlǐwángzhuāng	距离旧时垓下镇七里路，村民多以王姓为主，故名。
土庙庄	Tǔmiàozhuāng	庄上原本有一小庙，简称土庙，故名。
新庄	Xīnzhuāng	因由老庄分离出去，由此称为新庄。
徐圩村村民委员会	Xúwéicūn Cūnmínwěiyuánhuì	隶属灵璧县韦集镇。1958 年人民公社时期名称为徐圩大队。1970 年由徐圩大队更名为徐圩村村民委员会。2005 年湖北村并入徐圩村，沿用至今。
祠西庄	Cíxīzhuāng	早年此地有一间祠堂，村落位于祠堂以西，故名。
大路庄	Dàlùzhuāng	因地方大，且居住人家均为路姓，故名。
大徐桥庄	Dàxúqiáozhuāng	此村较大，居民多徐姓，村外有座桥，故名。
耿家庄	Gěngjiāzhuāng	村民以耿姓居多，故名。
湖西王庄	Húxīwángzhuāng	因早年村东有一块湖洼地，居民多王姓，故名。
老庄	Lǎozhuāng	村落较为久远，故名。
庙李庄	Miàolǐzhuāng	早年村落旁有座庙宇，居民多李姓，故名。
炮店庄	Pàodiànzhuāng	早年村中制作炮仗较为出名，故名。
染坊庄	Rǎnfāngzhuāng	早年村中染布，较为出名，故名。
西金庄	Xījīnzhuāng	因村民多为金姓，故名。
小陆庄	Xiǎolùzhuāng	因村落人口较少，且陆姓居多，故名。
小路庄	Xiǎolùzhuāng	因村落人口较少，且路姓居多，故名。
小铁庄	Xiǎotiězhuāng	早年村中打铁，远近闻名，故得名小铁庄。

标准名称	汉语拼音	备注
新王庄	Xīnwángzhuāng	因当地人口王姓居多，且建庄比较晚，故名。
徐圩庄	Xúwéizhuāng	因徐姓早年在村周筑有圩墙，故名。
张王庄	Zhāngwángzhuāng	因东边的姓王，西边的姓张，故名。
张圩庄	Zhāngwéizhuāng	最早张姓在此聚居，建有圩墙以御外敌，故名。
杨马村村民委员会	Yángmǎcūn Cūnmínwěiyuánhuì	隶属灵璧县韦集镇。人民公社时期被称为杨马大队，后来改为杨马村，2005 年由小姜村并入杨马村，沿用至今。
后葛庄	Hòugězhuāng	因南北有两个居民多葛姓的村庄，此庄位于北，故而取名为后葛庄。
后张庄	Hòuzhāngzhuāng	因张姓居多，且所处位置偏后面，故而得名后张庄。
姜庄	Jiāngzhuāng	因村民多为姜姓，故名。
吕圩庄	Lǚwéizhuāng	因吕姓居民早年在村周筑有圩墙，故名。
马庄	Mǎzhuāng	因村民马姓居多，故名。
前葛庄	Qiángězhuāng	因村庄位于后葛家南，居民多姓葛，故名。
前张道庄	Qiánzhāngdào-zhuāng	因早年张姓在村中修一条大道，故名。
小孙庄	Xiǎosūnzhuāng	居民多为孙姓，且村庄小，人口少，故名。
小王庄	Xiǎowángzhuāng	居民多为王姓，且村庄小，人口少，故名。
小张庄	Xiǎozhāngzhuāng	居民多为张姓，且村庄小，人口少，故名。
新姜庄	Xīnjiāngzhuāng	姜庄分户小部分搬来，故名。
新吕庄	Xīnlǚzhuāng	此村是由吕圩迁出新建，居民多吕姓，因此得名。
杨庄	Yángzhuāng	隶属灵璧县韦集镇。1970 年政府命名为杨家人民公社，1981 年正式改名为杨庄，自此沿用至今。
尤沟庄	Yóugōuzhuāng	因居民姓氏和村庄位于尤沟，故名。
郑桥庄	Zhèngqiáozhuāng	此村依据居民姓氏和村东有座桥命名。
永久村村民委员会	Yǒngjiǔcūn Cūnmínwěiyuánhuì	隶属灵璧县韦集镇。1958 年以后一直称为永久公社，1983 年更名为永久村村民委员会，沿用至今。
大杨庄	Dàyángzhuāng	因村庄面积比较大，居民大多杨姓，故得名大杨庄。
单圩庄	Shànwéizhuāng	很久以前单圩四周全是围墙，居民大多单姓，故得名单圩庄。
后单庄	Hòushànzhuāng	后单庄是单姓搬迁到单圩东北角，取名为后单庄。
南单庄	Nánshànzhuāng	南单庄是单姓庄搬迁到单圩南边，取名为南单庄。
小赵庄	Xiǎozhàozhuāng	因村庄面积小，人口少，居民大多杨姓，故得名小杨庄。
小种庄	Xiǎochóngzhuāng	因村庄面积小，人口少，居民大多种姓，故得名小种庄。

黄湾镇

黄湾镇（Huángwān Zhèn） 隶属宿州市，地处灵璧县南端，东与韦集镇接壤，南与固镇县宋店乡隔南沱河相望，西北与娄庄镇相连，东北与灵城镇、向阳乡隔北沱河相望。镇政府驻黄湾街。辖胡桥村、双桥村、三桥村、王桥村、单营村、晏路村、张龙村、宋河村、红星村、陆集村、柯胡村、朱圩村、砂坝村、庙李村共14个村民委员会。辖区东西最大距离14.45千米，南北17千米。面积135平方千米。耕地面积70.2平方千米，全部为旱地。辖区总人口4.75万人，以汉族为主。境内为平原，呈西北向东南倾斜。可耕地中的低洼地较多，呈蝶形。海拔最高21米，最低19.8米。属半湿润季风气候。其特点是四季分明，雨热同季，光照充足，无霜期长。冬季气候干燥、寒冷、降雨少；夏季气温高，降雨量大而集中；秋季雨量减少；春季副热带高压增强，天气冷暖变化无常。境内春秋气温变化明显，3—5月气温回升明显，平均升温12.5℃。9—10月降温明显，平均降温12.8℃。平均初霜期为10月28日。平均终霜期为4月2日，平均无霜期209天，生长期年平均215天。极端高温40.2℃，出现在1978年6月11日；极端最低气温23.9℃，出现在1969年2月6日。年平均降雨为852.4毫米，年最大降雨为1191.1毫米，是1991年；降雨最少的年份是1978年，为611.2毫米。境内属澮潼河水系。境内风灾和旱涝灾害十分频繁。主要以种植小麦、花生、玉米为主。畜牧业以养殖猪、羊、牛、家禽为主。境内有镇办文化站、广播电视站各1处，有村文化活动中心14处，各类图书室32个，藏书5万余册。有各级医疗卫生机构15家，门诊部（室）15个。其中，镇卫生院1个，村卫生室14个，有病床152张；有幼儿园5所、有小学6所、中学1所。境内有省道201、县道057等4条公路干线交会，北距灵璧县城汴河码头20千米。有皮影戏、泗州戏、曲艺、民间舞蹈等地方戏曲。行政区划单位为镇，行政级别为乡级，行政区划代码为341323102。

标准名称	汉语拼音	备注
单营村村民委员会	Shànyíngcūn Cūnmínwěiyuánhuì	隶属灵璧县黄湾镇。1992年之前隶属晏路乡，后撤乡，单营村、大孙村、高圩村、位巷村合并为单营村委会，名称沿用至今。
大孙庄	Dàsūnzhuāng	原名孙家二郎庙，位于单营村西部。清朝时期该庄有一座寺庙，人们都把它称为二郎神庙，故该庄得名孙家二郎庙。20世纪90年代之后更名为大孙庄。
单营庄	Shànyíngzhuāng	旧时一单姓官员带兵打仗，在此扎营，故名。
高圩庄	Gāowéizhuāng	旧时因高姓村民在此聚居并建有圩墙御敌，故名。
孙湖庄	Sūnhúzhuāng	孙湖是在大孙庄之后才有的一个村庄，从大孙庄望过去，远看像一片湖，且孙姓居多，形成村庄便叫孙湖沿，后更名孙湖庄。

标准名称	汉语拼音	备注
魏巷庄	Wèixiàngzhuāng	因魏姓聚居此地，建村立庄，庄中有条长长的巷子，故名。
小金庄	Xiǎojīnzhuāng	金姓家族聚居此地，建村立庄，故名。
小罗庄	Xiǎoluózhuāng	罗姓迁居此地，开荒种地，建造房屋，因村庄面积小，故名。
红星村 村民委员会	Hóngxīngcūn Cūnmínwěiyuánhuì	隶属灵璧县黄湾镇。1960 年至 1969 年属红星大队。1980 年至 1991 年属红星乡。1992 年至今属黄湾镇，名称沿用至今。
前张庄	Qiánzhāngzhuāng	因该村有三个张庄，此庄位于大张前面，故名。
大张庄	Dàzhāngzhuāng	张姓从县北十里张迁来，因张姓迁居早，人口多，故名。
陈圩	Chénwéi	陈姓迁居此地，建村立庄，为避匪患村民在庄四周开沟筑圩，故名。
骆庄	Luòzhuāng	骆姓从山西迁居到此，故名。
小孙庄	Xiǎosūnzhuāng	该庄一直是村委会和小学驻地，因孙姓建庄居住较早，故名。
西张庄	Xīzhāngzhuāng	旧时张姓迁居此地，迁居建庄，因该庄靠西，故名。
小田庄	Xiǎotiánzhuāng	因田姓迁居较早，故名。
胡桥村 村民委员会	Húqiáocūn Cūnmínwěiyuánhuì	隶属灵璧县黄湾镇。1958 年人民公社时属新华社，1963 年改为胡桥大队，1980 年改为胡桥村委会。2008 年设黄湾镇，胡桥村在镇政府所在地，名称沿用至今。
程庄	Chéngzhuāng	旧时程姓迁居此地，故名。
高庄	Gāozhuāng	旧时高姓家族聚居此地，故名。
戈庄	Gēzhuāng	该庄靠近街道，做生意的人都在此居住，姓氏杂乱，村口有一条大沟，叫作戈沟，庄名简称戈庄。
胡庄	Húzhuāng	本庄胡姓居多，故名。
柯庄	Kēzhuāng	旧时柯姓迁居此地，故名。
李集	Lǐjí	本庄李姓居多，该庄曾是集市所在地，故称李集。
潘桥庄	Pānqiáozhuāng	该庄有一座古桥，自清朝时期附近村民常在此桥上进行货物交换，潘姓居多，故得名潘桥庄。
桑庄	Sāngzhuāng	该庄桑姓人口居多，故名。
田庄	Tiánzhuāng	该庄全部姓田，故名。
小陈庄	Xiǎochénzhuāng	旧时陈姓迁居此地，因村庄面积小，故名。
新湖	Xīnhú	新湖 1970 年分队，为了方便耕种，划出一片区域，命名为新湖。
徐庄	Xúzhuāng	旧时徐姓居此地，建村立庄，故名。
柯湖村 村民委员会	Kēhúcūn Cūnmínwěiyuánhuì	隶属灵璧县黄湾镇。2004 年 5 月经县政府批准，柯湖村、徐巷村进行合并，并后村名为柯湖村委会，名称沿用至今。

标准名称	汉语拼音	备注
石炉	Shílú	原名叫石香炉，因村庄后面有一个大青石制成的大香炉，供人们前来烧香，故名。
赵洼	Zhàowā	由固镇沱河西赵庄迁来，因村庄后面农田地势十分低洼，故名。
王桥	Wángqiáo	王姓移居建庄最早，人户多，原庄后有一座石桥，故名。
柯湖	Kēhú	民国时期，贺姓从炉店移居而来，又开染坊染布，故叫贺家染坊。与三桥贺姓同属一祖。新中国成立后，柯姓聚居较多，原庄北有个大湖，故名。
小张	Xiǎozhāng	该庄原名为张草庙，庄西南有座庙，庙内和四周长满荒草，庙四周土地都属小张庄，故称张草庙。新中国成立后庙被拆除，称为小张。
龙头张庄	Lóngtóuzhāng-zhuāng	新中国成立时该庄特别穷，家家都学会扎蒸馍用的笼圈卖。庄人均为张姓，后人将笼改写龙，圈字改写为头，故称龙头张庄。
小苏	Xiǎosū	现庄居住苏、陈、朱三姓，苏姓移居最早，人户多，故叫小苏。
后柯	Hòukē	全庄统姓柯，与柯巷庄属一祖，原从柯巷搬来建庄，因处在柯巷庄和原村委会的后面，故名。
柯巷	Kēxiàng	据说，柯姓始祖从山西省曲沃县迁来建庄，建庄历史较久，庄中间有个大巷子，故名。
徐圩	Xúwéi	因徐姓居住早，清末为了防止外来匪盗入侵，庄里共打起三道圩，四拐角处放着四门土炮，每天晚上四周村庄人都赶着牲畜前来避匪，故名。
东柯	Dōngkē	因柯姓原从石炉迁此建庄。四周庄柯姓较多，称叫庄名不一。另外村庄在灵固路桥的北边，曾叫桥后柯，后来为与其他柯姓村庄有所区别，又叫东柯。
陆集村 村民委员会	Lùjícūn Cūnmínwěiyuánhuì	隶属灵璧县黄湾镇。1948 年设陆集乡，也同设陆集村。1952 年撤乡设陈圩乡，属陈圩乡。后又设陆集乡。到 1969 年底黄湾设立公社时，设陆集大队。1983 年，改设村后，一直属黄湾公社、黄湾区、红星公社。1992 年至今属黄湾镇。2004 年 3 月 3 日，与王庄合并，合并后村名仍为陆集村委会，名称沿用至今。
陆集	Lùjí	旧传，陆姓从山西省喜鹊窝迁移到灵城南七里定居。二世祖陆遇春从七里移西南 25 里到北处建庄，叫陆圩庄。后起集逢集，故名陆集。
廖庄	Liàozhuāng	据庄人传说，廖姓始祖廖青云，原从芦岭老廖庄迁入此处建庄，故名。

标准名称	汉语拼音	备注
董王	Dǒngwáng	原是小董、小王两个自然庄，后因两庄连在一起，董姓无后，就合并称一个庄，更名为董王。
葛宅	Gězhái	原葛姓建庄居住最早，又是能组织起打响场的大户，故名。
魏庄	Wèizhuāng	据传，先祖魏思义于清朝乾隆年间从大山魏楼迁入建庄，故名。
王庄	Wángzhuāng	据传过去有个老妇人，带着一个姓王的儿子在此落户，后来儿子走了，下落不明，老妇人死后葬在庄地里，故称王庄。
庙李村村民委员会	Miàolǐcūn Cūnmínwěiyuánhuì	隶属灵璧县黄湾镇。1963 年到 1969 年设庙李大队。1983 年设庙李村。2005 年 2 月 25 日庙李村与龙水村合并，并后村名为庙李村委会，名称沿用至今。
薛桥	Xuēqiáo	据传薛姓在此建庄居住最早，庄西葛沟上建有一座石桥，是东部村庄人赶沱河集、去固镇的主桥，故名。
叶庄	Yèzhuāng	旧传叶姓先祖在明朝时期，从山西省迁移在此处建庄，故名。
晏庄	Yànzhuāng	旧传晏姓先祖是从县北浍沟镇晏湾迁入建庄，已有 12 辈，约近 300 年，与晏湾同祖，同续宗谱。因晏姓入居建庄早，故名。
庙李	Miàolǐ	该庄原叫缸碴庙李家。民国时期，庄人在庄东北处的葛沟西侧，用两口大缸倒卡在地，砸留小门，里面立起庙牌，供四周庄人前来烧香求神。庄人都姓李，故叫缸碴庙李家。李姓先祖是从本县灵西乡黑树李家迁来此处建庄，另有两家李姓是从龙水段迁入。新中国成立初期设大队时，就改名为庙李。
龙水	Lóngshuǐ	民国初年该庄名为龙水段，因庄西沱河岸发现有个泉眼，日夜向外流水不止，又称龙眼。民工在开挖沱河时实行工程分段，分在此处就叫龙水段，新中国成立后改为龙水。
姚庄	Yáozhuāng	旧传最早是姚姓在此庄定居，故名。
周王庄	Zhōuwángzhuāng	旧传周姓由山西曲沃县奉旨迁来，到明末已繁衍十多户，起名叫骑路周家。清末时期改为周王庄。
小李庄	Xiǎolǐzhuāng	据庄人传说，从五河县新集搬迁来李姓兄弟四人，李兆龙、李盘龙、李青龙、李汪龙，在原沱河堰上建起小庄，故名。
三桥村村民委员会	Sānqiáocūn Cūnmínwěiyuánhuì	隶属灵璧县黄湾镇。1967 年名为陈桥，2005 年王桥、双桥、陈桥并村更名为三桥村村民委员会，沿用至今。
魏巷	Wèixiàng	旧时魏姓迁居此地，因庄内有条古巷，故名。
前贺	Qiánhè	旧时贺姓迁居此地，后分为二庄，因该庄靠南，故名。
后贺	Hòuhè	旧时贺姓迁居此地，后分为二庄，因该庄靠北，故名。
炉店	Lúdiàn	旧时该庄曾有个铁炉，铁匠店较多，故名。
陈桥	Chénqiáo	该庄陈姓居多，庄北有座石桥，故名。
小钱庄	Xiǎoqiánzhuāng	该庄因钱姓人口多，庄小，故名。

标准名称	汉语拼音	备注
蒋庄	Jiǎngzhuāng	旧时蒋姓迁居此地，故名。
张庄	Zhāngzhuāng	旧时张姓聚居此地，建村立庄，故名。
砂坝村村民委员会	Shābàcūn Cūnmínwěiyuánhuì	隶属灵璧县黄湾镇。1942年国民党县政府在此设乡政府，挂牌为砂坝乡国民政府。1954年设砂坝乡人民政府。1978年设砂坝人民公社。1984年改设砂坝乡政府。1992年撤乡并镇，设砂坝村民委员会。2001年和大郑村民委员会合并为砂坝村民委员会，名称沿用至今。
砂坝街	Shābàjiē	砂坝原叫砂姜坝。民间传说，大禹治水时开挖一条小沟，叫沱河，两岸人民为了交通方便，用砂姜在沱河上修建一座水漫桥，古称砂姜坝，由此得名。明朝开始从山西移民在沱河北岸建起居民点。清末县府决定在此起集，取名砂坝街。
刘沟庄	Liúgōuzhuāng	旧传刘姓从山西曲沃迁来，在一条小沟西侧河沿建庄，故名叫刘沟沿。20世纪90年代并村后改名刘沟庄。
刘新庄	Liúxīnzhuāng	1953年从刘沟搬迁新建村庄，故名。
郑园庄	Zhèngyuánzhuāng	因郑姓搬迁建庄早，东有陈园，西有乔园，故名。
蒋李庄	Jiǎnglǐzhuāng	村庄以蒋姓和李姓居多，又与“讲理”两字同音好听，故名。
蒋庄	Jiǎngzhuāng	因蒋姓搬来建庄早，故名蒋庄。
小郑庄	Xiǎozhèngzhuāng	该庄郑姓人口居多，村庄小，故名。
大郑	Dàzhèng	旧传郑姓从山西曲沃县搬来建庄，因建庄早，又是郑姓，故名。
大董庄	Dàdǒngzhuāng	旧时因董姓搬来建庄早，村庄大，故名。
小董庄	Xiǎodǒngzhuāng	由大董董姓分支搬迁至此，村庄面积小，故名。
乔园	Qiáoyuán	该庄原乔姓居住最早，庄南有一个大菜园，故名。
双桥村村民委员会	Shuāngqiáocūn Cūnmínwěiyuánhuì	隶属灵璧县黄湾镇。1958年人民公社时期名为双桥大队。1983年更名为双桥村村民委员会，沿用至今。
后陈庄	Hòuchénzhuāng	此庄由两个陈姓居民始建，村庄在北边，故名。
双东	Shuāngdōng	原双桥村，后分为两庄，东面名为双东。
双西	Shuāngxī	原双桥村，后分为两庄，西面名为双西。
前陈庄	Qiánchénzhuāng	陈姓由大陈东迁来，建村立庄，因该庄位于南侧，故名。
瓦庙庄	Wǎmiàozhuāng	旧时庄前有座庙，名为瓦庙，庄人在此开荒种地，建造房屋，故名。
五里庄	Wǔlǐzhuāng	因村庄距黄湾五里，故名。
西柯庄	Xīkēzhuāng	村庄位于村委会驻地西南方向，居民以柯姓为主，故名。
姚桥庄	Yáoqiáozhuāng	姚姓迁居此地，建村立庄，庄西有姚沟，中间有桥，故名。

标准名称	汉语拼音	备注
宋河村村民委员会	Sònghécūn Cūnmínwěiyuánhuì	隶属灵璧县黄湾镇。新中国成立前夕曾为宋河乡，后又为宋河初级社、宋河高级社、宋河大队、宋河村委会，沿用至今。
陈圩庄	Chénwéizhuāng	一说是明朝万历年间从现娄庄镇峨山村乱陈庄搬迁而来的。另一说是全庄有两姓，一家陈姓，另一家万姓，抗战时期从山东巨野逃荒到此落户的。以陈姓人口最多，故名。
陈庄	Chénzhuāng	旧时陈姓迁居此地，故名。
顾庄	Gùzhuāng	旧时顾姓迁居此地，故名。
宋河庄	Sònghézhuāng	宋姓居多，又因庄子前面是南沱河，故名。
小封庄	Xiǎofēngzhuāng	小封庄原封姓是老户人家，清朝后期因犯了法，全家抄斩，没有后人，现还有封姓老坟见证。
小李庄	Xiǎolǐzhuāng	村民多姓李，多数是从五河县夹河搬来的，还有一户是清朝初年前从山西逃荒而来。
小殷庄	Xiǎoyīnzhuāng	旧时从固镇县大殷庄搬迁而来，全庄均为殷姓，故名。
卜庄	Bǔzhuāng	旧时卜姓家族聚居此地，建村立庄，故名。
王桥村村民委员会	Wángqiáocūn Cūnmínwěiyuánhuì	隶属灵璧县黄湾镇。1965 年属固镇区时（当时固镇隶属灵璧县）沱河乡划归灵璧县陆集乡，名称为王桥大队，1983 年由王桥大队更名为王桥村民委员会，沿用至今。
贺桥	Hèqiáo	赵姓是从固镇沱河西赵庄迁来，建庄最早，因庄后农田十分低洼，曾名为赵洼，现居住贺姓最多。原庄东有一座石桥，故名。
北陈	Běichén	现居住陈姓、李姓。2002 年从井栏村划入王桥村，在王桥村小陈庄北边，故名。
大刘	Dàliú	刘姓从砂坝村刘沟迁至此地居住，建村立庄，故名。
南小刘	Nánxiǎoliú	现居住刘姓，村庄靠南，故名。
小陈	Xiǎochén	现居住陈姓，李姓，陈姓人户多，故名。
小李庄	Xiǎolǐzhuāng	现庄内居住李姓、柯姓，李姓移居最早，人户多，故名。
王桥庄	Wángqiáozhuāng	王姓从张龙村前王庄迁至居住，原黑泥沟有座石桥，故名。
彭庄	Péngzhuāng	该庄彭姓人多，故叫彭庄。
西刘	Xīliú	因村民多为刘姓，故名。
晏路村村民委员会	Yànlùcūn Cūnmínwěiyuánhuì	隶属灵璧县黄湾镇。1958 年人民公社时期名为晏路大队。1983 年由晏路大队更名为晏路村村民委员会后，名称未变，沿用至今。
大奚庄	Dàxīzhuāng	以居民姓氏命名。
大杨庄	Dàyángzhuāng	旧时杨姓由黄湾东迁来，故名。
大周庄	Dàzhōuzhuāng	旧时周姓迁居此地，人丁兴旺，故名。

标准名称	汉语拼音	备注
郭庄	Guōzhuāng	旧时郭姓聚居此地，故名。
晏路街里	Yànlùjiēlǐ	晏路街里人在此开荒种地、建造房屋，故名。
井王庄	Jǐngwángzhuāng	因居民多为王姓，村中早年有井，故名。
张庄	Zhāngzhuāng	旧时张姓迁居此地，故名。
郑庄	Zhèngzhuāng	旧时郑姓聚居此地，故名。
张龙村	Zhānglóngcūn Cūnmínwěiyuánhuì	隶属灵璧县黄湾镇。1958 年人民公社时名称为张集大队，1991 年改名为张集村，2013 年合并命名为张龙村村民委员会，名称沿用至今。
张集	Zhāngjí	旧传从山西省洪洞搬迁而来定居，因张姓较多，后形成集市，故称张集庄。后因集市上土匪经常出没，新中国成立后就不存在集市。
后李	Hòulǐ	据传早年村内有座土地庙，因李姓居住早，因此叫李庙。又与前李分为两个庄，该庄靠北，故取名后李。
前李	Qiánlǐ	早年村内有座土地庙，因李姓居住早，因此叫李庙。与后李分为两个庄，该庄靠南，故取名前李。
井栏	Jǐnglán	早年以村庄内有口带栏杆的水井和居民多陈姓取名，故叫井栏陈，后改为井栏。
后王	Hòuwáng	王姓迁居此地，因该庄位于北侧，故名。
前王	Qiánwáng	旧时王姓迁居此地，建村立庄，因该庄位于南侧，故名。
小陈	Xiǎochén	因村庄小，陈姓居多，故名。
艾庄	Àizhuāng	该庄原名艾圩，后称艾府，现名为艾庄，因艾姓聚居而得名。
南陈圩	Nánchénwéi	陈姓居住较早，清末为了防止外来匪盗入侵，庄里共打起三道圩，在四拐角处放着四门土炮，每天晚上四周村庄的人都赶着牲畜前来避匪，故叫陈圩。20 世纪 90 年代合并村后叫南陈圩。
徐沟	Xúgōu	因徐姓居住早，三面均是河沟，故名。
小代	Xiǎodài	因代姓建庄，居住较早，故名。
东陈圩	Dōngchénwéi	据传陈姓居住最早，有子弟考取高官，回来后，竖一旗杆，从此称为旗杆圩。为防止外来匪盗入侵，从庄里一圈打起圩子，四角放着四门土炮，每天晚上四周村庄的人都赶着牲畜前来避匪，故名叫陈圩。合并村后改名叫东陈圩。
西张	Xīzhāng	张姓从本村张集庄搬来，张姓较多，故叫小张庄，本庄又在村委所在地西南，故名。
小张庄	Xiǎozhāngzhuāng	因庄中居民皆为张姓，建庄时人口少，故名。
小赵庄	Xiǎozhàozhuāng	赵姓迁居此地，因村庄面积小，故名。

标准名称	汉语拼音	备注
朱圩村村民委员会	Zhūwéicūn Cūnmínwěiyuánhuì	隶属灵璧县黄湾镇。1958年人民公社时名称为代圩大队，1983年名称为代圩村，2000年合并命名为朱圩村村民委员会，名称沿用至今。
小付庄	Xiǎofùzhuāng	该庄付姓占主要姓氏，故名。
代圩庄	Dàiwéizhuāng	旧时庄四周有一圈圩沟，代姓居多，故名。
小潘庄	Xiǎopānzhuāng	潘姓从外地迁来居住在此，建村立庄，因村庄面积小，故名。
老户朱	Lǎohùzhū	该庄老户均为朱姓，故名。
后朱庄	Hòuzhūzhuāng	从老户朱庄迁出，朱姓居多，村庄靠北，故名。
大陈庄	Dàchénzhuāng	旧传从陕西迁来，陈姓居多，村庄面积大，故名。
前朱	Qiánzhū	从老户朱庄迁出，朱姓人口居多，村庄靠南，故名。
小陈	Xiǎochén	因村民陈姓较多，村庄小，故名。

娄庄镇

娄庄镇（Lóuzhuāng Zhèn） 隶属宿州市，地处灵璧县西南部，东与灵城镇毗邻，东南与黄湾镇、淮北市大山林场相接，西南与固镇县仲兴乡隔南沱河相望，西面与埇桥区大店镇接壤，北与杨疃镇毗邻。人民政府驻地设在娄庄街。辖赵家村、永定村、姚山村、杨马村、南杨集村、淹周村、宣圩村、吴塘村、王赵村、沱北村、司房村、双任村、娄庄村、娄北村、刘胡村、蒋圩村、蒋邓村、黄圩村、葛店村、峨山村、大山村、长集村、汴河村共23个村民委员会。辖区东西最大距离19.1千米，南北最大距离19.1千米，面积227平方千米。辖区人口7.94万人，主要为汉族。地势呈北低南高走势，南部多山，北部多水，平均海拔23米，最高峰大山海拔98米。属半湿润季风气候。其特点是气候温和，雨量充沛，春夏秋冬四季分明，且多分布在农作物活跃生长之季节，年日照时数四季平均。多年平均气温14.4℃，年平均降水量852.4毫米。新汴河、灵西运河、北沱河三大河流穿境而过。主要自然灾害有旱涝、风灾、低温、霜冻等。农业为主，主要种植小麦、玉米、花生、黄豆等农作物。畜牧业是以饲养猪、牛、家禽为主。工业以山石加工和养殖加工为主。全镇文化站、广播电视站各1处，村级文化中心23处，各类图书室24个，藏书18万余册。有线电视台1所，有公立幼儿园1所、私立幼儿园8所、初级中学2所、小学21所，有卫生院2所，床位130张，专职医师92人，村级卫生室23个，专业卫生人员136人。303省道穿境而过，西距京沪高铁宿州站15千米。有玉石山新石器遗址、大山墓葬、龙山西麓汉墓群、龙山古井、东岳行宫、齐眉山大战遗址等名胜古迹。有皮影戏、泗州戏、曲艺、民间舞蹈等地方戏曲。行政区划单位为镇，行政级别为乡级，行政区划代码为341323103。

标准名称	汉语拼音	备注
沱北村村民委员会	Tuóběicūn Cūnmínwěiyuánhuì	隶属灵璧县娄庄镇。自1965年建村命名为荣花村，在2005年与沿沱村合并后，又改为沱北村。
大王庄	Dàwángzhuāng	因村中多王姓，又村庄较大，故名。
小王庄	Xiǎowángzhuāng	因村中多王姓，又村庄较小，故名。
孙郭庄	Sūnguōzhuāng	因村中多为孙、郭二姓，故名。
彭庄	Péngzhuāng	因村中多为彭姓，故名。
大魏庄	Dàwèizhuāng	因早年魏姓聚居耕作，又庄较大，故名。
北任	Běirén	任姓聚居此地，故名。
司圩庄	Sīwéizhuāng	以居民多为司姓，村周筑有圩墙，故名。
小汪庄	Xiǎowāngzhuāng	因村庄地势低洼，雨后积水，故名。
边王庄	Biānwángzhuāng	沱北村最西北方向，和钱刘村搭界，庄小，王姓居多，故名。
方庄	Fāngzhuāng	因村民多为方姓，故名。
小胡庄	Xiǎohúzhuāng	因村民多为胡姓，庄小，故名。
小蒋庄	Xiǎojiǎngzhuāng	最早蒋姓在此聚居，人口较少，故名。
南王庄	Nánwángzhuāng	在大王庄南边，王姓居多，故名。
倪圩庄	Níwéizhuāng	因倪姓最早在此聚居，筑有圩墙以御外敌，故名。
东王庄	Dōngwángzhuāng	在大王东南方向，王姓居多，故名。
小李庄	Xiǎolǐzhuāng	因李姓最早在此聚居耕作，故名。
小朱庄	Xiǎozhūzhuāng	因朱姓最早在此聚居耕作，故名。
王赵村村民委员会	Wángzhàocūn Cūnmínwěiyuánhuì	隶属灵璧县娄庄镇。1949年属娄庄乡，1958年属娄庄人民公社，1983年属娄庄乡，1984年属娄庄区，1992年属娄庄镇，2005年将东风村并入王赵村。
张铁庄	Zhāngtiězhuāng	早年一张姓居民（铁匠）在此建房居住，后发展成村落，遂得名。
黄庄	Huángzhuāng	最早黄姓在此聚居，故名。
小李庄	Xiǎolǐzhuāng	最早李姓在此耕作，故名。
王赵庄	Wángzhàozhuāng	早期王、赵两姓在此聚居，故名。
小田庄	Xiǎotiánzhuāng	因村民多为田姓，故名。
孙墩	Sūndūn	村庄北面坐落一座烽火台，村民做成墩子，又居民多姓孙，故名。
大王庄	Dàwángzhuāng	因王姓村民最早在此聚居，故名。
小吴庄	Xiǎowúzhuāng	因吴姓村民在此聚居，故名。
大吴庄	Dàwúzhuāng	因吴姓村民在此聚居，故名。

标准名称	汉语拼音	备注
团结庄	Tuánjiézhuāng	由卓庄和路西张合并而来，取名团结庄，有和睦友善之意。
前刘庄	Qiánliúzhuāng	旧时人工挖北沱河时，把刘庄分割为两个自然庄，北沱河南岸称为前刘庄。
河北刘庄	Héběiliúzhuāng	旧时人工开挖北沱河时，把刘庄分割为两个自然庄，河北称为河北刘庄。
小张庄	Xiǎozhāngzhuāng	因张姓在此聚居，故名。
吴塘村村民委员会	Wútángcūn Cūnmínwěiyuánhuì	隶属灵璧县娄庄镇。1949 年属娄庄乡，1958 年为娄庄人民公社吴塘大队，1983 年为娄庄乡吴塘村，1984 年属娄庄区，1992 年属娄庄镇，沿用至今。
庙西陈	Miàoxīchén	因村民多为陈姓，又庄东有古庙，故名。
庄家	Zhuāngjiā	因村民多为庄姓，故名。
邢家	Xíngjiā	因邢姓最早在此聚居，故名。
李巷	Lǐxiàng	因村民多为李姓，庄内巷子较多，故名。
吴塘	Wútáng	因村民多为吴姓，村内有水塘，故名。
小王庄	Xiǎowángzhuāng	王姓最早在此聚居，庄小，故名。
耿庄	Gěngzhuāng	因耿姓最早在此聚居，故名。
曹列王	Cáolièwáng	早年曹姓迁居至此，后来刘姓和王姓因亲戚联姻关系前来投靠，后取名曹列王。
汪北	Wāngběi	早年陈姓迁居至此，取名大陈家，后在村庄中间东西开挖一条汪塘，把村庄南北分开，汪塘以北居住的人家改名为汪北。
陈圩	Chénwéi	因村民多为陈姓，早期筑有圩墙，故名。
汪南	Wāngnán	早年陈姓迁居至此，开荒种地，取名大陈家，后在村庄中间东西开挖一条汪塘，把村庄南北分开，汪塘以南居住的人家改名为汪南。
宣圩村村民委员会	Xuānwéicūn Cūnmínwěiyuánhuì	隶属灵璧县娄庄镇。1949 年属娄庄乡，1958 年属娄庄人民公社，1983 年属娄庄乡，1984 年属娄庄区，1992 年属娄庄镇，2005 年八杨村并入宣圩村，沿用至今。
小崔庄	Xiǎocuīzhuāng	由大崔庄迁居此地，又崔姓较多，故名。
对面孙家	Duìmiànsūnjiā	此村有条东西大路，孙姓沿路两侧对面建房，故名。
小黄家	Xiǎohuángjiā	因早年黄姓聚居，故名。
笆斗杨家	Bādǒuyángjiā	因杨姓祖先专业从事编扎笆斗，故名。
小冉庄	Xiǎorǎnzhuāng	因村民多为冉姓，庄小，故名。
小徐家	Xiǎoxújiā	因早期居民多为徐姓，故名。

标准名称	汉语拼音	备注
宣圩庄	Xuānwéizhuāng	因居民以宣姓为主，又早年村周有圩墙，故名。
小邓家	Xiǎodèngjiā	因居民多姓邓，又建于“大邓家”后，故名。
大邓家	Dàdèngjiā	因村民多为邓姓，建村较早，庄大，故名。
前道庄	Qiándàozhuāng	以村庄位于后道庄南边取名。
陆沟庄	Lùgōuzhuāng	因居民多姓陆，村庄坐落在胜利沟东，故名。
淹周村村民委员会	Yānzhōucūn Cūnmínwěiyuánhuì	隶属灵璧县娄庄镇。1949年属娄庄乡，1958年为娄庄人民公社淹周大队，1978年由淹周大队更名为淹周村委会，1983年属娄庄乡，1984年属娄庄区，1992年属娄庄镇，2005年将坨南村李庄、危庄、赵庄、孙庄、冯庄共五个自然庄并入淹周村。
滩王庄	Tānwángzhuāng	早年北沱河流经此处，淤积成平地，后王姓在此建房居住，故名。
张家庄	Zhāngjiāzhuāng	因村民多为张姓，故名。
徐家庄	Xújiāzhuāng	因村民多为徐姓，故名。
淹周庄	Yānzhōuzhuāng	村周围地势低洼，早年庄稼常受水淹，居民多姓周，故名。
李庄	Lǐzhuāng	因村民以李姓居多，故名。
危庄	Wēizhuāng	因村民以危姓居多，故名。
赵庄	Zhàozhuāng	因早年赵姓在此聚居，故名。
孙庄	Sūnzhuāng	因孙姓人较多，故名。
冯庄	Féngzhuāng	因早年冯姓在此聚居，故名。
杨集村村民委员会	Yángjícūn Cūnmínwěiyuánhuì	隶属灵璧县娄庄镇。1949年属娄庄乡，1958年属娄庄人民公社，1981年由杨集大队更名为杨集村民委员会，1983年属娄庄乡，1984年属娄庄区，1992年属娄庄镇，2005年山东村并入杨集村。
大王庄	Dàwángzhuāng	因早年王姓在此耕作，故名。
杨集	Yángjí	隶属灵璧县娄庄镇。1949年属娄庄乡，1958年属娄庄人民公社，1983年属娄庄乡，1984年属娄庄区，1992年属娄庄镇。
张楼	Zhānglóu	隶属灵璧县娄庄镇。1949年前为张家楼。1949年属娄庄乡，改名为张楼。1958年属娄庄人民公社杨集大队。1983年属娄庄乡杨集村。1984年属娄庄区。1992年属娄庄镇。
曾庄	Zēngzhuāng	因曾姓在此聚居，故名。
吕庄	Lǚzhuāng	因吕姓聚居此地，故名。
陈巷	Chénxiàng	因村民多姓陈和村内巷子较多，故名。
先庄	Xiānzhuāng	早年村中有一祖孙为教书先生，遂得名叫先庄。
刘庄	Liúzhuāng	因村民多为刘姓，故名。

标准名称	汉语拼音	备注
杨圩庄	Yángwéizhuāng	因村民多为杨姓，村周有圩墙，故名。
火庙庄	Huǒmiàozhuāng	因早年村旁有座火神庙，故名。
扣元庄	Kòuyuánzhuāng	早年寇姓在此开种菜园，取名。后将“寇”演变成“扣”，“园”演变成“元”，故名扣元。
小张	Xiǎozhāng	因村民多为张姓，故名。
贺家	Hèjiā	因村民多为贺姓，故名。
胡家	Hújiā	因村民多为胡姓，故名。
东刘庄	Dōngliúzhuāng	因村民多为刘姓，故名。
永定村村民委员会	Yǒngdìngcūn Cūnmínwěiyuánhuì	隶属灵璧县娄庄镇。1949 年属娄庄乡永定村，1958 年属娄庄人民公社永定大队，1983 年属娄庄乡永定村，1984 年属娄庄区，1992 年属娄庄镇，2005 年汤圩村合并到永定村。
小李家	Xiǎolǐjiā	因村民多为李姓，故名。
大胡家	Dàhújiā	因村民多为胡姓，庄大，故名。
前侯家	Qiánhóujiā	村庄位于后侯家南，居民多姓侯，故名。
永定街	Yǒngdìngjiē	旧时此地连年发生战争，盗贼四起，人们盼望永远安定，故名。
后田家	Hòutiánjiā	因村民田姓居多，又因其位置，故名。
前汤	Qiántāng	因村民多为汤姓，故名。
小胡	Xiǎohú	因胡姓村民最早在此耕作，故名。
后汤家	Hòutāngjiā	因村民多为汤姓，又位于前汤北面，故名。
魏家	Wèijiā	因村民多为魏姓，故名。
从圩子	Cóngwéizi	因早年村周建有圩墙，故名。
小田家	Xiǎotiánjiā	因村民多为田姓，故名。
小孙家	Xiǎosūnjiā	因村民多为孙姓，故名。
厉侯家	Lìhóujiā	因村民多为厉姓，传说早年此庄曾有封侯者，故名。
长集村村民委员会	Chángjícūn Cūnmínwěiyuánhuì	隶属灵璧县娄庄镇。1949 年新中国成立前名长安，后来发展成集市，故名长安集。新中国成立初期，演变为长集，原长集人民公社长集乡人民政府所在地。1983 年由长集大队更名为长集村民委员会。2005 年 5 月由钱刘村委会、长集村委会合并成长集村民委员会。
长集街	Chángjíjiē	旧时连年发生战争，盗贼四起，人们盼望长久安定，遂取名长安，后发展为集市，故名长安集。新中国成立后演变为长集街。
大杨家	Dàyángjiā	因村民多为杨姓，故名。

标准名称	汉语拼音	备注
三司庄	Sānsīzhuāng	因由三个司姓居民始建，故名。
大刘家	Dàliújiā	因村民多为刘姓，故名。
顾家庄	Gùjiāzhuāng	旧时以顾姓、万姓居多，因此得名万顾庄，后更名为顾家庄。
小刘家	Xiǎoliújiā	因村民多为刘姓，故名。
钱家庄	Qiánjiāzhuāng	因村民多为钱姓，故名。
小司家	Xiǎosījiā	因村民多为司姓，故名。
刘胡村村民委员会	Liúhúcūn Cūnmínwěiyuánhuì	隶属灵璧县娄庄镇。1949 年属娄庄乡，1958 年为娄庄人民公社永定大队，1976 年 3 月与永定村分开命名为刘胡村，1983 年为娄庄乡，1984 年属娄庄区，1992 年属娄庄镇。
新建庄	Xīnjiànzhuāng	从外地迁入，建村较晚，故名。
小刘庄	Xiǎoliúzhuāng	因村民多为刘姓，故名。
大刘庄	Dàliúzhuāng	因村民多为刘姓，故名。
小胡	Xiǎohú	因村民多为胡姓，故名。
大王庄	Dàwángzhuāng	因村民多为王姓，故名。
孙庙庄	Sūnmiàozhuāng	因孙姓较多，村人集资建庙一座，故名。
尽头司	Jìntóusī	长集街沿张长路两侧一共有 18 个司庄，村民以司姓为主，并且位于路的尽头，故名。
蒋邓村村民委员会	Jiǎngdèngcūn Cūnmínwěiyuánhuì	隶属灵璧县娄庄镇。1949 年属娄庄乡，1958 年为娄庄人民公社蒋邓大队，1983 年为娄庄乡蒋邓村，1984 年属娄庄区，1992 年属娄庄镇。
赵刘庄	Zhàoliúzhuāng	因村民多为赵、刘二姓，故名。
前汪家	Qiánwāngjiā	因居民多为汪姓，相对靠南面，故名。
后汪家	Hòuwāngjiā	因居民多为汪姓，相对靠北面，故名。
蒋家	Jiǎngjiā	因村民多为蒋姓，故名。
邓家	Dèngjiā	因邓姓早年在此聚居，故名。
小张家	Xiǎozhāngjiā	因村民多为张姓，故名。
小刘家	Xiǎoliújiā	民国时期由小李家和小刘家合并为一村，取名为小刘家。
娄北村村民委员会	Lóuběicūn Cūnmínwěiyuánhuì	隶属灵璧县娄庄镇。1949 年属娄庄乡，1958 年属娄庄人民公社，1983 年属娄庄乡，1984 年属娄庄区，1992 年属娄庄镇，2005 年将家庙村、付桥村并入娄北村。
四庄	Sìzhuāng	因村庄位于三庄以南，故名。
三庄	Sānzhuāng	以原村委会驻地付桥为首，向南依次还有三个自然庄，居民按从北向南的顺序，称为三庄。

标准名称	汉语拼音	备注
小韩庄	Xiǎohánzhuāng	早年韩姓居民聚居此庄，故名。
二庄	Èrzhuāng	以原村委会驻地付桥为首，向南依次还有三个自然庄，居民按从北向南的顺序，称为二庄。
付桥庄	Fùqiáozhuāng	因居民多姓付和村西有座石桥，故名。
小尹庄	Xiǎoyǐnzhuāng	因村民多为尹姓，故名。
大尹庄	Dàyǐnzhuāng	以村民多为尹姓和村庄坐落在小尹庄北，故名。
小王庄	Xiǎowángzhuāng	因村民多为王姓，故名。
后道庄	Hòudàozhuāng	因南北两个自然村中间有一条道路，此庄位于北，故名。
陆湾庄	Lùwānzhuāng	以居民姓氏和村庄位于河湾取名。
家堂庙庄	Jiātángmiàozhuāng	因早年尹姓在村西建有堂庙，故名。
娄庄村村民委员会	Lóuzhuāngcūn Cūnmínwěiyuánhuì	隶属灵璧县娄庄镇。1949 年属娄庄乡，1958 年人民公社时期名称为娄庄大队，1983 年更名为娄庄村民委员会。
东一庄	Dōngyīzhuāng	东庄人口多，姓氏多，坐落在村委会东南部，故名。
中一庄	Zhōngyīzhuāng	中一庄坐落在娄庄村的中部，故名。
中四庄	Zhōngsìzhuāng	中二、中三、中四、中五面积大，人口多，中四庄坐落在中部，故名。
后张庄	Hòuzhāngzhuāng	因村民以张姓居多，在原张庄北面，故名。
前张庄	Qiánzhāngzhuāng	因张姓聚居此地，故名。
西一庄	Xīyīzhuāng	因坐落在村委会西南部，紧邻村部，故名。
田吴庄	Tiánwúzhuāng	该庄田姓占总人数 80%，吴姓占总人数 20%，故取名为田吴庄。
西二庄	Xī’ èrzhuāng	西二庄位于原楼子镇西大门，取名西二庄。
双任村村民委员会	Shuāngréncūn Cūnmínwěiyuánhuì	隶属灵璧县娄庄镇。1973 年前由双任大队分为任庙大队、双任大队，1983 年改为任庙村民委员会、双任村民委员会，2005 年撤乡并镇，任庙村双任村合并为双任村民委员会。
西任庄	Xīrénzhuāng	因村民多为任姓，又位于村部西侧，故名。
双后组	Shuānghòuzǔ	1960 年以前叫绝头人，人口不旺，后过路先生测算改名字，不改名不旺，改名为双后组。
任庙庄	Rénmiàozhuāng	任姓在此建庙宇，故名。
任圩	Rénwéi	该庄任姓较多，旧时为保护家园，在庄子周围挖土建圩用来防御，故名。
李圩	Lǐwéi	因村民多为李姓，村周筑有圩墙，故名。
小元组	Xiǎoyuánzǔ	小元庄的“元”是小袁的“袁”同音替代，因村民袁姓较多，故名。

标准名称	汉语拼音	备注
双前	Shuāngqián	任姓在此居住，分前、后两个任庄，前庄称为双前，故名。
桂庄	Guìzhuāng	因村民多为桂姓，故名。
小吴庄	Xiǎowúzhuāng	因村民多为吴姓，故名。
小刘组	Xiǎoliúzǔ	因村民多为刘姓，故名。
司房村 村民委员会	Sīfángcūn Cūnmínwěiyuánhuì	隶属灵璧县娄庄镇。1949 年属娄庄乡，1958 年为娄庄人民公社司房大队，1983 年为娄庄乡司房村，1984 年属娄庄区，1992 年属娄庄镇。
大刘家	Dàliújiā	因村民多为刘姓，庄大，故名。
高庙组	Gāomiàozǔ	因村民多为高姓，境内有庙，故名。
邵庄	Shàozhuāng	因村民多为邵姓，故名。
小刘庄	Xiǎoliúzhuāng	因村民多为刘姓，故名。
寿庄	Shòuzhuāng	“寿”取其长寿之意，故名寿庄。
小张庄	Xiǎozhāngzhuāng	因村民多为张姓，故名。
姚山村 村民委员会	Yáoshāncūn Cūnmínwěiyuánhuì	隶属灵璧县娄庄镇。1949 年属娄庄乡，1958 年属娄庄人民公社，1983 年属娄庄乡，1984 年属娄庄区，1992 年属娄庄镇，2005 年龙汪村并入姚山村。
陈营	Chényíng	因村民多为陈姓，早年驻过兵营，故名。
山前庄	Shānqiánzhuāng	因村庄位于姚山南，故名。
山后庄	Shānhòuzhuāng	因村庄位于姚山北角，故名。
小张庄	Xiǎozhāngzhuāng	因村民张姓居多，故名。
双庄	Shuāngzhuāng	因刘姓、王姓居民较多，其他姓氏较少，故名。
双陈庄	Shuāngchénzhuāng	该庄由早年两个陈姓始建，故名。
邢王庄	Xíngwángzhuāng	因邢姓居民和王姓居民较多，故名。
小高庄	Xiǎogāozhuāng	扒新汴河，由汴河小高庄搬迁至此，沿用原名。
南王庄	Nánwángzhuāng	村庄位于王圩南，居民多以王姓居多，故名。
二陈	Èrchén	由两个陈姓始建，故名。
陈圩庄	Chénwéizhuāng	陈姓居多，因旧时有土匪扰民不安，村民在庄子周围建起圩子，故名。
郭家庄	Guōjiāzhuāng	因村民多为郭姓为主，故名。
小王庄	Xiǎowángzhuāng	从王圩庄迁居至此，因村庄较小，故名。
王圩庄	Wángwéizhuāng	因村民多为王姓，早年村周筑有圩墙，故名。
陈元庄	Chényuánzhuāng	早年陈姓开种菜园取名。后“园”改为“元”。
小陈庄	Xiǎochénzhuāng	村民多为陈姓，故名。

标准名称	汉语拼音	备注
小庄	Xiǎozhuāng	小庄是小陈庄分出来，以前只有来户，所以取名小庄。
汴河村村民委员会	Biànhécūn Cūnmínwěiyuánhuì	隶属灵璧县娄庄镇。1949年属娄庄乡，1966年开挖新汴河，由此而取名汴河大队，1983年属娄庄乡，名汴河村，2005年将沟南村并入汴河村。
南小林家	Nánxiǎolínjiā	因村民林姓居多，又在汴河以南，故名。
刚桥刘庄	Gāngqiáoliúzhuāng	早年刚姓在此建有一座小桥，后刘姓较多，故名。
小陈庄	Xiǎochénzhuāng	陈姓最早在此聚居，故名。
陈元庄	Chényuánzhuāng	以早年陈姓开种菜园取名。后“园”改为“元”。
大郑庄	Dàzhèngzhuāng	因村民多为郑姓，庄较大，故名。
小高	Xiǎogāo	因村民多为高姓，又村较小，故名。
拐李庄	Guǎilǐzhuāng	因村庄坐落在岔路口的拐角，居民多姓李，故名。
王圩庄	Wángwéizhuāng	因居民多姓王，早年村周筑有圩墙，故名。
北小林家	Běixiǎolínjiā	因村民多为林姓，位于汴河以北，故名。
小杨庄	Xiǎoyángzhuāng	因村民多为杨姓，故名。
亢园庄	Kàngyuánzhuāng	因早年亢姓居民开种菜园，故名。
沟东崔家	Gōudōngcuījiā	因村东有沟和居民多姓崔，故名。
曾庄	Zēngzhuāng	因村民多为曾姓，故名。
位庄	Wèizhuāng	因村民位姓较多，故名。
杨庄	Yángzhuāng	因村民多为杨姓，故名。
武庄	Wǔzhuāng	武姓最早在此建村，故名。
小孙	Xiǎosūn	因孙姓最早在此聚居，故名。
小李庄	Xiǎolǐzhuāng	因李姓最早在此聚居，故名。
程左庄	Chéngzuǒzhuāng	因程姓最早在此聚居，故名。
大山村村民委员会	Dàshāncūn Cūnmínwěiyuánhuì	隶属灵璧县娄庄镇。1949年属娄庄乡，1958年属娄庄人民公社，1983年属娄庄乡，1984年属娄庄区，1992年属娄庄镇，2005年将坨南村的李圩庄、方家庄、安家庄、小娄庄共四庄并入大山村。
李圩庄	Lǐwéizhuāng	因李姓早年在村周筑有圩墙，故名。
方家庄	Fāngjiāzhuāng	以方姓在此聚居，故名。
安家庄	Ānjiāzhuāng	居民多以安姓为主，故名。
小娄庄	Xiǎolóuzhuāng	因村民多为娄姓，故名。
小程庄	Xiǎochéng zhuāng	因村民多为程姓，故名。

标准名称	汉语拼音	备注
娄家庄	Lóujiāzhuāng	原名娄庄，因重名，更为现名娄家庄。
前魏楼	Qiánwèilóu	因魏姓居多，故名。
后魏楼	Hòuwèilóu	因村庄位于“前魏楼”北，居民多为魏姓，故名。
大山庄	Dàshānzhuāng	此地有座大山，在大山旁建房，旧时有人开荒种地，故名。
团结庄	Tuánjiézhuāng	早年张姓多制作石磙，取名，后将磙写成滚，因“滚”谐音较为粗俗，改名为团结，“团结”取其寓意，希望全村团结一致、亲密无间。
峨山村村民委员会	Éshāncūn Cūnmínwěiyuánhuì	隶属灵璧县娄庄镇。1949 年属娄庄乡，1958 年名为娄庄人民公社峨山大队，1981 年更名为峨山村村委会，1983 年属娄庄乡，1984 年属娄庄区，1992 年属娄庄镇。
丁徐庄	Dīngxúzhuāng	曾有丁姓、徐姓到此山坡落户，故名。
峨西庄	Éxīzhuāng	因村落位于峨山西，故名。
峨东庄	Édōngzhuāng	因村落位于峨山东，故名。
安下庄	Ānxiàzhuāng	据传，庄后有座庵子，后“庵”改为“安”，后分安东队、安西队两队，后又改为安下庄。
乱陈家	Luànchénjiā	因陈姓建房散乱，故名。
大任家	Dàrénjiā	原由前任小队和后任小队组成，后来改名为大任组，居民多以任姓居多。
葛店村村民委员会	Gědiàncūn Cūnmínwěiyuánhuì	隶属灵璧县娄庄镇。1949 年属娄庄乡，1958 年名为娄庄人民公社葛店大队，1983 年为娄庄乡葛店村，1984 年属娄庄区，1992 年属娄庄镇。
高刘庄	Gāoliúzhuāng	因该庄高姓、刘姓居民居多，故名。
张桥庄	Zhāngqiáozhuāng	因居民张姓居多，早期境内有桥，故名。
葛店街	Gědiànjiē	徐姓沿古汴河故道建造房屋，开设客栈，形成徐园集。后来葛姓也在此做生意，徐家落败，改为葛店街。
后葛庄	Hòugězhuāng	早年葛姓在此建村，因在葛店街的后面，故名。
黄圩村村民委员会	Huángwéicūn Cūnmínwěiyuánhuì	隶属灵璧县娄庄镇。1949 年属娄庄乡，1958 年名为娄庄人民公社黄圩大队，1981 年更名为黄圩村村委会，1983 年属娄庄乡，1984 年属娄庄区，1992 年属娄庄镇。
周庄	Zhōuzhuāng	村民以周姓为主，故名。
陈庄	Chénzhuāng	因村民以陈姓为主，故名。
前余	Qiányú	因村庄位于后余南和居民，以余姓为主，故名。
后余	Hòuyú	因南北有两个居民多姓余的村庄，此庄位于北，故名后余。
张庄	Zhāngzhuāng	因村民以张姓为主，故名。
王庄	Wángzhuāng	因村民多为王姓，故名。

标准名称	汉语拼音	备注
黄庄	Huángzhuāng	因村民多为黄姓，故名。
小王庄	Xiǎowángzhuāng	因村民以王姓为主，相对面积较小，故名。
大王庄	Dàwángzhuāng	因村民以王姓为主，相对面积较大，故名。
小曹庄	Xiǎocáozhuāng	因村民多为曹姓，故名。
何庄	Hézhuāng	因村民多为何姓，故名。
小张	Xiǎozhāng	因村民以张姓为主，故名。
蒋圩村村民委员会	Jiǎngwéicūn Cūnmínwěiyuánhuì	隶属灵璧县娄庄镇。1949 年属娄庄乡，1958 年属娄庄人民公社，1983 年属娄庄乡，1984 年属娄庄区，1992 年属娄庄镇，2005 年将韩刘村并入蒋圩村。
蒋圩庄	Jiǎngwéizhuāng	因居民多为蒋姓，早年村周有圩，故名。
小田庄	Xiǎotiánzhuāng	因村民多为田姓，故名。
大余庄	Dàyúzhuāng	以村民多为余姓，庄大，故名。
小余庄	Xiǎoyúzhuāng	以村民多为余姓，庄小，故名。
二余庄	Èryúzhuāng	该庄早年由两个余姓始建，故名。
小张庄	Xiǎozhāngzhuāng	因村民以张姓为主，故名。
小赵庄	Xiǎozhàozhuāng	因村民以赵姓为主，故名。
小满庄	Xiǎomǎnzhuāng	因村民多为满姓，故名。
韩刘	Hánliú	旧时韩、刘二姓迁居至此，故名。
小杨庄	Xiǎoyángzhuāng	因村民多为杨姓，故名。
王岭家	Wánglǐngjiā	早年一位叫王岭的人在此建房居住，后发展为村落，故名。
余桥	Yúqiáo	因该庄余姓在此修桥，故名。
红桐庙	Hóngtóngmiào	因该庄有一庙叫红桐庙，故名。
赵家村村民委员会	Zhàojiācūn Cūnmínwěiyuánhuì	隶属灵璧县娄庄镇。1949 年属娄庄乡，1958 年属娄庄人民公社，1983 年属娄庄乡，1984 年属娄庄区，1992 年属娄庄镇，2005 年将曹山村并入赵家村。
小叶庄	Xiǎoyèzhuāng	因庄小居民以叶姓为主，故名。
小曹庄	Xiǎocáozhuāng	以村庄坐落在曹山脚下，故名。
小张庄	Xiǎozhāngzhuāng	因此庄多为张姓，故名。
小陈庄	Xiǎochénzhuāng	因村民多为陈姓，故名。
南范庄	Nánfànzhuāng	因位于村委会南和居民多姓范，故名。
北范庄	Běifànzhuāng	因村庄位于村委会北和居民多姓范，故名。
张圩庄	Zhāngwéizhuāng	因村民多为张姓，村周有圩墙，故名。
大赵庄	Dàzhàozhuāng	因村民多为赵姓，村落较大，故名。

标准名称	汉语拼音	备注
田集庄	Tiánjízhuāng	最早田姓在此聚居，吸引周边居民到此交易物品，形成集市，故名。
山前赵庄	Shānqián-zhàozhuāng	以村庄位于龙山南，居民多为赵姓，故名。
小高庄	Xiǎogāozhuāng	原为杨疃区张圩人民公社大曾村，1966 年因新汴河开挖，从原本高庄搬到大赵大队，田集庄南 300 米处建庄居住至今，取名小高庄。
小王庄	Xiǎowángzhuāng	因村民多为王姓，故名。
后赵庄	Hòuzhàozhuāng	因村庄坐落在龙山北，居民多姓赵，故名。
杨马村村民委员会	Yángmǎcūn Cūnmínwěiyuánhuì	隶属灵璧县娄庄镇。1958 年人民公社时期称为双杨大队、马圩大队，1983 年更名为双杨村、马圩村，2005 年更名为杨马村民委员会。
杨庄	Yángzhuāng	因村民以杨姓为主，故名。
苏庄	Sūzhuāng	因村民以苏姓为主，故名。
新司	Xīnsīzhuāng	早年来此开荒垦田的人们将此庄称为新司。
陈庄	Chénzhuāng	因村民多以陈姓为主，故名。
马圩	Mǎwéi	因村民多为马姓，早年村周建有圩墙，故名。
马庙	Mǎmiào	因村民多为马姓，境内有土庙，故名。

杨疃镇

杨疃镇（Yángtuǎn Zhèn） 隶属宿州市。全镇地处灵璧县中部西侧，东与禅堂乡为邻，南濒新汴河，西南与娄庄镇隔新汴河相望，西面与埇桥区苗庵乡、时村镇接壤，北靠尹集镇。人民政府驻地设在杨疃街。辖邱庙村、光明村、红光村、庙王村、张圩村、半店村、七井村、刘圩村、大余村、大亢村、杨集村、郑庙村、朱岗村、杨东村、杨疃村、一里王村共 16 个村民委员会。辖区东西最大距离 15 千米，南北最大距离 16 千米，面积 157 平方千米。辖区总人口 7.62 万人，人口以汉族为主。境内地势自然条件由西南向东北倾斜，海拔最高为 23.3 米，海拔最低为 19.8 米。耕地面积 89.87 平方千米，主要为旱地。属半湿润季风气候。其特点是冬寒干燥，夏热多雨，四季分明，日照充足。年日照平均值为 2073 小时。年气温平均值为 14.4℃，最冷为 1 月，平均气温为 0℃ ；最热为 7 月，年平均气温为 27.5℃。无霜期为年平均 209.2 天。境内属濉潼河水系。主要自然灾害有冰雹、雷击、旱涝、风灾、低温、霜冻等。农业以种植小麦、玉米、大豆为主，其次为蔬菜。畜牧业以养殖猪、羊、家禽为主。工业以面粉生产、农机制造、建材加工为主。全镇有文化站、广播电视站各 1 处，有村级文化活动中心 16

处，各类图书室及农家书屋 18 个，藏书 15 万余册。公立幼儿园 1 所，私立幼儿园 12 所，初中 1 所，小学 6 所，教学点 17 个。有卫生院 1 所，床位 105 张，专职医生 72 人。村卫生室 16 个，专业卫生人员 82 人。201 省道、宿泗高速、许淮铁路从境内通过，北距观音机场 51 千米。名胜古迹有泰山寺庙。有皮影戏、泗州戏、曲艺、民间舞蹈等地方戏曲。行政区划单位为镇，行政级别为乡级，行政区划代码为 341323104。

标准名称	汉语拼音	备注
半店村 村民委员会	Bàndiàncūn Cūnmínwěiyuánhuì	隶属灵璧县杨疃镇。1958 年属邱庙公社，为半店大队。1983 年属张圩乡，为半店村村民委员会。1992 年属杨疃镇。2005 年刘冉村并入，为半店村村民委员会。
半店庄	Bàndiànzhuāng	从杨疃至娄庄经此地恰好是一半的路程，且村内早年开有店铺，故名。
庙后崔家	Miàohòucuījiā	因崔姓聚居此地，村庄南有座庙，故名。
徐井	Xújǐng	因村民多为徐姓，早年村内有一口水井，故名。
南么家	Nányāojiā	因村民多为么姓，位置偏南，故名。
草窝刘	Cǎowōliú	早年刘姓在此编卖草鞋（俗称打草窝子），故名。
小冉	Xiǎorǎn	因村民多为冉姓，庄小，故名。
大亢村 村民委员会	Dàkàngcūn Cūnmínwěiyuánhuì	隶属灵璧县杨疃镇。1995 年大亢村、梁圩村二村合并，属杨疃镇，为大亢村村民委员会。2005 年傅余村并入，属杨疃镇，为大亢村村民委员会。
祠堂李	Cítánglǐ	早年李姓村民在此盖祠堂，故名。
朱东庄	Zhūdōngzhuāng	因村庄位于“大朱家”东和村民多姓朱，故名。
朱西庄	Zhūxīzhuāng	因村庄位于“大朱家”西和居民多姓朱，故名。
梁圩庄	Liángwéizhuāng	梁姓在此聚居，在四周都挖深 4 米、宽 3 米深围沟，故名。
后亢	Hòukàng	位于大亢庄后面，村民均为亢姓，故名。
前亢	Qiánkàng	从大亢庄搬到大亢庄前面，都姓亢，故名。
李建庄	Lǐjiànzhuāng	因李姓最早在此聚居，故名。
胡家庄	Hújiāzhuāng	因胡姓最早在此聚居，故名。
端午庄	Duānwǔzhuāng	民间传说屈原在此地居住过，后来为纪念屈原，取名为端午。
盛家庄	Shèngjiāzhuāng	因盛姓最早在此聚居，故名。
程家	Chéngjiā	因程姓最早在此聚居，故名。
付家	Fùjiā	因付姓最早在此聚居，故名。
大余村 村民委员会	Dàyúcūn Cūnmínwěiyuánhuì	隶属灵璧县杨疃镇。1992 年由大余村、陈余村合并而成，属杨疃镇，为大余村村民委员会。
盛汪	Shèngwāng	因居民多姓盛，早年村中有一口大汪塘，故名。

标准名称	汉语拼音	备注
徐巷	Xúxiàng	因村民多姓徐，早年村中巷道较多，故名。
小黄	Xiǎohuáng	因村民多为黄姓，故名。
大佘	Dàyú	因村民多为佘姓，故名。
陈佘	Chényú	因以陈、佘两姓居民为主，故名。
闫张	Yánzhāng	因村民多为闫、张二姓，故名。
陈条	Chéntiáo	因村民多陈姓和早年村内种植白蜡条较多，故名。
前张	Qiánzhāng	因村庄位于“闫张家”南和村民多姓张，故名。
邱庙村 村民委员会	Qiūmiàocūn Cūnmínwěiyuánhuì	隶属灵璧县杨疃镇。1992 年小胡村、四魏村二村合并，属杨疃镇，为邱庙村村民委员会。2005 年山李村并入，属杨疃镇，为邱庙村村民委员会。
大胡家	Dàhújiā	因村民多为胡姓，有庄较大，故名。
西小胡家	Xīxiǎohújiā	该村有两个胡庄，村庄都比较小，为便于区分，分为东小胡家、西小胡家，因此庄位于东部，故名。
东小胡家	Dōngxiǎohújiā	该村有两个胡庄，村庄都比较小，为便于区分，分为东小胡家、西小胡家，因此庄位于西部，故名。
小郭家	Xiǎoguōjiā	郭姓最早在此聚居，庄小，故名。
西魏家	Xīwèijiā	因村庄位于“魏集”西，居民多姓魏，故名。
后魏家	Hòuwèijiā	因村庄位于“魏集”北，居民多姓魏，故名。
魏集	Wèijí	因村民多以魏姓为主，早年是一个小集市，故名。
魏圩	Wèiwéi	因早年魏姓在此筑有圩墙，故名。
邱庙村	Qiūmiàocūn	因早年邱姓在村西建有石桥，故名。
姬家	Jījiā	因村民多为姬姓，故名。
孙家	Sūnjiā	因村民多为孙姓，故名。
山后李	Shānhòulǐ	村庄前有座土山，李姓在此居住，故名。
杨东村 村民委员会	Yángdōngcūn Cūnmínwěiyuánhuì	隶属灵璧县杨疃镇。2005 年三河村、姬井村、崔闫村三村合并，属杨疃镇，为杨东村村民委员会。
小杨庄	Xiǎoyángzhuāng	因村民多为杨姓，故名。
陈木家	Chénmùjiā	早年陈姓在此以木工为生，故名。
水牛张	Shuǐniúzhāng	张姓最早聚居此地，养水牛比较多，故名。
新庄	Xīnzhuāng	因此庄建成时间较晚，故名。
新王	Xīnwáng	从分田到户，王姓从大河以南吉王庄搬 12 户到大河以北居住，取庄名叫新王。
小庄	Xiǎozhuāng	早年此村名为雾王，后叫小庄。

标准名称	汉语拼音	备注
姬王	Jīwáng	因村民姬、王二姓最早聚居此地，故名。
井王庄	Jǐngwángzhuāng	王姓在此聚居，建房时有一口大井，井水甘甜，故名。
沟口王	Gōukǒuwáng	王姓最早在此聚居，建庄时有一条沟，故名。
小刘	Xiǎoliú	刘姓在此聚居，庄小，故名。
小赵庄	Xiǎozhàozhuāng	赵姓聚居此地，庄小，故名。
小闫家	Xiǎoyánjiā	因闫姓聚居此地，故名。
蒲包陈	Pǔbāochén	早年陈姓以打蒲包为生，故名。
石家	Shíjiā	因石姓村民在此聚居，故名。
崔沟庄	Cuīgōuzhuāng	崔姓坐落在崔沟西岸，得名叫崔沟庄。
杨集村村民委员会	Yángjícūn Cūnmínwěiyuánhuì	隶属灵璧县杨疃镇。1992年骑路王村、枪李村、李良玉村、解家村四村合并为解家村村民委员会，属杨疃镇，2005年更名为杨集村村民委员会。
扒锅李	Bāguōlǐ	早年李姓在此地以修理锅盆为生，称为巴锅李，后讹作扒锅李。
程家	Chéngjiā	因程姓最早在此聚居，故名。
顾家	Gùjiā	因顾姓最早在此聚居，故名。
蒋家	Jiǎngjiā	因蒋姓最早在此聚居，故名。
解家	Xièjiā	因解姓最早在此聚居，故名。
李良玉	Lǐliángyù	李良玉是最初来此定居的人，故名。
骑路王	Qílùwáng	因该村有一条大路穿村而过，村民以王姓为主，故称骑路王。
枪李	Qiānglǐ	早年李姓家族户户有枪支，人人会打枪，故名。
虾笼王	Xiālóngwáng	村民王姓以编制渔具为生，尤其善于编虾笼，故名。
小郭	Xiǎoguō	村民多为郭姓，庄小，故名。
小胡	Xiǎohú	村民多为胡姓，庄小，故名。
小朱	Xiǎozhū	因村民多为朱姓，庄小，故名。
杨集	Yángjí	隶属灵璧县杨疃镇。1958年属枪李大队，1983年属枪李村村民委员会，1992年属解家村村民委员会，2005年属杨集村村民委员会。
张楼	Zhānglóu	隶属灵璧县杨疃镇。1958年属李良玉大队，1983年属李良玉村村民委员会，1992年属解家村村民委员会，2005年属杨集村村民委员会。
杨疃村村民委员会	Yángtuǎncūn Cūnmínwěiyuánhuì	隶属灵璧县杨疃镇。2005年杨疃村、杨西村、孟魏村、朱冉村四村合并，属杨疃镇，为杨疃村村民委员会。

标准名称	汉语拼音	备注
杨疃	Yángtuǎncūn	早年此处是湖洼地，杨姓在此居住，名为杨屯湖，后改名为杨疃湖。明代万历年间出现集市，遂更名为杨疃集，新中国成立后更名为杨疃。
孟家	Mèngjiā	因村民多为孟姓，故名。
魏家	Wèijiā	因村民多为魏姓，故名。
朱勋	Zhūxūn	因早年村内有一名叫朱勋的人，在当地较有名望，故名。
小冉	Xiǎorǎn	冉姓聚居在此，以农耕为生，故名。
宣闫	Xuānyán	因宣姓和闫姓居多，故名。
姜家	Jiāngjiā	姜姓占聚居人口的绝大多数，故名。
侯家	Hóujiā	因侯姓在此聚居，故名。
小钱	Xiǎoqián	因村民多为钱姓，故名。
张圩村村民委员会	Zhāngwéicūn Cūnmínwěiyuánhuì	隶属灵璧县杨疃镇。1992年张圩村、大崔村二村合并，属杨疃镇，为张圩村村民委员会。
后张	Hòuzhāng	因村庄位于张圩子北，村民多张姓，故名。
张圩	Zhāngwéi	因村民多为张姓，早年村周筑有圩墙，故名。
黄家	Huángjiā	因村民多为黄姓，故名。
唐店	Tángdiàn	因早年唐姓在村内开有店铺，故名。
大崔	Dàcuī	因村民多为崔姓，故名。
徐家	Xújiā	因村民多为徐姓，故名。
小邱	Xiǎoqiū	因村民多为邱姓，故名。
新陈	Xīnchén	因村落始建较晚，村民多姓陈，故名。
朱岗村村民委员会	Zhūgǎngcūn Cūnmínwěiyuánhuì	隶属灵璧县杨疃镇。2005年大魏村、四胡村、大胡村、朱岗村四村合并，属杨疃镇，为朱岗村村民委员会。
新胡庄	Xīnhúzhuāng	民国初期，由四门胡庄迁到湖成新庄，故名新胡庄。
四门胡庄	Sìménhúzhuāng	胡姓在清末期由大胡庄迁到西部，兄弟四人分别组成家庭，不断繁衍生息，得名四门胡庄。
小徐	Xiǎoxú	因村民多为徐姓，故名。
前朱岗庄	Qiánzhūgǎngzhuāng	因村庄坐落于土岗上，村民多姓朱，且位于后朱岗南，故名。
后朱岗庄	Hòuzhūgǎngzhuāng	因村庄坐落于土岗上，居民多姓朱，且位于前朱岗北，故名。
小许庄	Xiǎoxǔzhuāng	许姓最早在此聚居，庄小，故名。
团王庄	Tuánwángzhuāng	因村民多为王姓，望全村团结，故名。
大魏庄	Dàwèizhuāng	因魏姓最早在此聚居，庄大，故名。
小周庄	Xiǎozhōuzhuāng	因周姓最早在此聚居，庄小，故名。

标准名称	汉语拼音	备注
大胡庄	Dàhúzhuāng	因胡姓最早在此聚居，庄大，故名。
西李	Xīlǐ	因该庄为西胡庄、宋宅李庄合并，故名。
七井村村民委员会	Qījǐngcūn Cūnmínwěiyuánhuì	隶属灵璧县杨疃镇。1958 年为七井大队，1983 年为七井村村民委员会。
小岳家	Xiǎoyuèjiā	因村民多为岳姓，庄小，故名。
小王家	Xiǎowángjiā	因村民多为王姓，庄小，故名。
倪家	Níjiā	因村民多为倪姓，故名。
李禄家	Lǐlùjiā	因村民多为李姓，早年曾吃朝廷俸禄，故名。
八里王	Bālǐwáng	因村民多为王姓，位于镇南八里，故名。
春张庄	Chūnzhāngzhuāng	村里原有一棵老春樟树，故得名春树张，后政府更名为春张庄。
胡圩庄	Húwéizhuāng	因早年胡姓村民在庄周围筑有圩墙，故名。
尖子庙庄	Jiānzimiàozhuāng	原村里有个寺庙，名为尖子庙，此村故而得名。
七里井	Qīlǐjǐng	因距北杨疃村、南邱庙村均为七里路，村里原本有一口老井，故名。
光明村村民委员会	Guāngmíngcūn Cūnmínwěiyuánhuì	隶属灵璧县杨疃镇。原属界沟公社灵杨大队，1971 年划出，命名为明光。1983 年属邱庙乡，为光明村村民委员会。
半曹庄	Bàncáozhuāng	半曹庄原为半路曹，即杨疃到县城的路程在此地恰好为一半。
南杨庄	Nányángzhuāng	因坐落于光明村南部，村内居民大多姓杨，故名。
东朱庄	Dōngzhūzhuāng	因居民以朱姓居多，且该村有两个朱庄，此庄位于东部，得名东朱庄。
蒋庄	Jiǎngzhuāng	因村民多为蒋姓，故名。
唐巷庄	Tángxiàngzhuāng	因村民多唐姓，庄内巷道多，故名。
杨沟庄	Yánggōuzhuāng	因村民多为杨姓，村内水沟，故名。
大王庄	Dàwángzhuāng	因村民多为王姓，故名。
西朱庄	Xīzhūzhuāng	因村民多为朱姓，且该村有两个朱庄，此庄位于西部，故名。
小黄庄	Xiǎohuángzhuāng	因黄姓最早在此聚居，庄小，故名。
刘圩村村民委员会	Liúwéicūn Cūnmínwěiyuánhuì	隶属灵璧县杨疃镇。1958 年为刘圩大队，1984 年为刘圩村民委员会。
打王组	Dǎwángzǔ	早年王氏兄弟在此聚居，以编苇席为生，故而得名打席王，后政府更名为打王组。
大程组	Dàchéngzǔ	程姓在此聚居，庄大，故名。
刘圩组	Liúwéizǔ	刘姓在此聚居，建有圩墙以御外敌，故名。

标准名称	汉语拼音	备注
盛汪组	Shèngwāngzǔ	盛姓在此聚居，编罩捕鱼，由于沟湖较多，被称为编罩盛汪。后更名为盛汪组。
松林组	Sōnglínzǔ	李姓在此聚居，村庄有一片松树林，故名。
小程组	Xiǎochéngzǔ	程姓迁居至此，庄小，故名。
小房组	Xiǎofángzǔ	房姓迁居至此，又庄小，故名。
小高组	Xiǎogāozǔ	因村民多为高姓，庄较小，故名。
西小刘组	Xīxiǎoliúzǔ	因村民多为刘姓，庄较小，故名。
东小刘组	Dōngxiǎoliúzǔ	因村民多为刘姓，庄较小，故名。
小吴组	Xiǎowúzǔ	因村民多为吴姓，庄较小，故名。
小宣组	Xiǎoxuānzǔ	因村民多为宣姓，庄较小，故名。
新陈组	Xīnchénzǔ	由盛汪村陈姓迁居至此，故名。
新盛组	Xīnshèngzǔ	因村民多为盛姓，庄较小，故名。
杨家组	Yángjiāzǔ	因村民多为杨姓，故名。
夭家组	Yāojiāzǔ	因村民多为夭姓，故名。
朱集组	Zhūjízǔ	因朱姓最早在此聚居，作为固定集市，故名。
郑庙村 村民委员会	Zhèngmiàocūn Cūnmínwěiyuánhuì	隶属灵璧县杨疃镇，1984 年为郑庙村村民委员会。
陡沟庄	Dǒugōuzhuāng	因村落地陡、沟深，故名。
关路王	Guānlùwáng	王姓最早在此聚居，现灵房路是清朝中期进京的主干道，原名官路王，后讹作关路王。
解台组	Xiètáizǔ	因解姓最早在此聚居，又均住在高宅基地上，故名。
亢井庄	Kàngjǐngzhuāng	最早亢姓在此聚居，当时庄里无水，无法生活，后在此挖井，故名。
陆家庄	Lùjiāzhuāng	因陆姓最早在此聚居，故名。
庙西王	Miàoxīwáng	因村民多为王姓，村落东边早年曾建有庙宇，故名。
欧渡口	Ōudùkǒu	该村原有渡口，村民多姓欧，故名。
汪家	Wāngjiā	因村民多为汪姓，故名。
小李	Xiǎolǐ	因村民多为李姓，故名。
郑庙庄	Zhèngmiàozhuāng	村民多姓郑，村中有庙，故名。
朱井庄	Zhūjǐngzhuāng	朱姓最早在此聚居，村中原有大井，故名。
朱圩庄	Zhūwéizhuāng	因朱姓在此聚居，又建有圩墙，故名。
吕家	Lǚjiā	因吕姓居多，故名。
小朱家	Xiǎozhūjiā	因庄子较小，朱姓居多，故名。

标准名称	汉语拼音	备注
邢家	Xíngjiā	因邢姓居多，故名。
一里王村村民委员会	Yīlǐwángcūn Cūnmínwěiyuánhuì	隶属灵璧县杨疃镇。1984 年为小吴乡一里王村村民委员会，1992 年为杨疃镇一里王村村民委员会。
北程组	Běichéngzǔ	因村民多为程姓，故名。
陈汪组	Chénwāngzǔ	因陈姓在此聚居，早年村有汪塘，故名。
花家组	Huājiāzǔ	花姓在此聚居，故名。
李庙庄	Lǐmiàozhuāng	因马姓在此居住，为压住他姓故盖一座庙叫泰山压马坊，后马姓搬走，改名李庙。
廖家组	Liàojiāzǔ	早年廖姓到此地给李姓打长工，由于此人善于经营，李姓一女子嫁与廖姓长工，并陪嫁 18 亩土地，不断繁衍生息，故名。
刘井组	Liújǐngzǔ	刘姓迁居至此，因居住地有古井一口，故名。
南程组	Nánchéngzǔ	因程姓在此聚居，故名。
孙集	Sūnjí	传说清朝初年，有个举人路过此地，病倒半年之余，是 70 岁孙大娘抚养医治。举人病好以后到北京上任，两年以后回来，得知孙大娘去世，举人为了纪念她，在庄东头盖一座庙，每年二月十二日举办庙会。后来庙会越来越大，把这庄改名孙集。
小闫新村	Xiǎoyánxīncūn	早年有小闫庄，于 2009 年 7 月土地复垦搬至禅梅路北侧，更名小闫新村。
新城小区	Xīnchéng Xiǎoqū	因新农村发展，在此规划居民点，因地标坐落在北程组地面，又以程姓先居住至此，故取名新城小区。
窑后陈	Yáohòuchén	因陈姓在此聚居，庄子前有一座砖瓦窑，故名。
一里王	Yīlǐwáng	王姓迁居至此，因距埇桥区苗安乡王集一里，更名为一里王。
尹桥口	Yǐnqiáokǒu	因尹姓最早在此聚居，又南湖有古桥一座，故名。
尹圩组	Yǐnwéizǔ	因尹姓最早聚居此地，村周建有圩墙，故名。
运河尹家	Yùnhéyǐnjiā	1976 年，开挖灵西运河，把尹桥口五分之二的土地隔在河东，为了种地方便，从尹桥口搬迁至此，故名。
张家组	Zhāngjiāzǔ	因张姓最早聚居此地，故名。
朱西组	Zhūxīzǔ	因村民多为朱姓，故名。
红光村村民委员会	Hóngguāngcūn Cūnmínwěiyuánhuì	隶属灵璧县杨疃镇。1958 年为红光大队，1984 年更名为红光村村民委员会。
小徐	Xiǎoxú	因居民多陈、徐二姓，故名。
小张庄	Xiǎozhāngzhuāng	因村民多为张姓，庄小，故名。
白庙庄	Báimiàozhuāng	早年白姓在村头建有庙宇，故名。

标准名称	汉语拼音	备注
南小刘	Nánxiǎoliú	因刘姓在此聚居，庄小靠南，故名。
新王	Xīnwáng	因村庄始建较晚，村民多王姓，故名。
马家庄	Mǎjiāzhuāng	因村民多为马姓，故名。
孙庄	Sūnzhuāng	因村民多为孙姓，故名。
小李庄	Xiǎolǐzhuāng	因村民多为李姓，庄小，故名。
张义组	Zhāngyìzǔ	早年一名叫张义的人在此先居，遂得名。
胡标组	Húbiāozǔ	清代此村有个名叫胡标的富翁，在当地较出名，后取其名为胡标组。
小刘组	Xiǎoliúzǔ	因村民多为刘姓，庄小，故名。
后刘组	Hòuliúzǔ	因村民多为刘姓，村落靠北，故名。
小付家	Xiǎofùjiā	因村民多为付姓，庄小，故名。
及家	Jíjiā	因村民多为及姓，故名。
庙王村村民委员会	Miàowángcūn Cūnmínwěiyuánhuì	隶属灵璧县杨疃镇。1958 年名为庙王大队，1984 年名为庙王村村民委员会。
唐圩组	Tángwéizǔ	因早年唐姓在村周筑有圩墙，故名。
娄家	Lóujiā	因村民多娄姓，故名。
庙王	Miàowáng	庄内居民多王姓，庄内有庙，故名。
马家	Mǎjiā	因村民多为马姓，故名。
小倪	Xiǎoní	因村民多为倪姓，故名。
小晁	Xiǎocháo	因村民多为晁姓，故名。
大曾	Dàzēng	因村民多为曾姓，故名。
张家	Zhāngjiā	因村民多姓张，故名。
陆家	Lùjiā	因村民多为陆姓，故名。
小唐	Xiǎotáng	因村民多为唐姓，故名。

尹集镇

尹集镇（Yǐnjí Zhèn） 隶属宿州市，全镇地处灵璧县城西侧，东与浍沟镇接壤，东南与禅堂乡相连，南与杨疃镇为邻，西南与埇桥区苗庵乡搭界，西与埇桥区时村镇相依，北与朱集乡隔拖尾河相望。人民政府驻地为尹集镇。辖圩疃村、杜庵村、程刘村、马楼村、尹集村、土桥村、姬贺村、解阁村、田路村、尹楼村、三村村、菠林村、尹北村、张集村、李大庄村、陈渡口村、霸王城村共17个村。辖区东西最大距离14.5千米，南北最大距离10.6千米，面积108.35平方千米。辖区总人口6.63万人，以汉族为主。地处黄河与淮河之间的平原地带，地势低洼。地形为东西长、南北略窄的不规则方形。海拔22.2—23.6米，最低点位于陈渡口村小郭庄，海拔22.0米。属半湿润季风气候。其特点是冬寒干燥，夏热多雨，四季分明，日照充足。年日照平均值为2073小时。无霜期为年平均209.2天。境内属奎濉河水系，主要河道有拖尾河、新濉河、唐河、青年沟，总长43千米。主要自然灾害有冰雹、雷击、旱涝、风灾、低温、霜冻等。粮食作物以小麦、大豆为主。主要经济作物有油料作物、蔬菜等。畜牧业以养猪、养鸡、养羊为主。工业以面粉生产、服装加工、食品加工为主。境内有镇文化站、有线电视转播站各1处，村级文化活动中心17处，各类文化专业户20户，各类图书室47个，藏书30余万册。省、市级文物保护单位7处，民间艺术团体25个。有幼儿园（所）8所，小学28所，初中1所。各类医疗卫生机构18个，其中卫生院1所，病床80张，专业卫生人员68人。有201省道和302省道在境内交会，西距京沪高铁苗庵车站15千米，北距观音机场35千米。有汉代古遗址霸王城和灵北抗日中学旧址等名胜古迹。有皮影戏、泗州戏、曲艺、民间舞蹈等地方戏曲。行政区划单位为镇，行政级别为乡级，行政区划代码为341323105。

标准名称	汉语拼音	备注
霸王城村村民委员会	Bàwángchéngcūn Cūnmínwěiyuánhuì	隶属灵璧县尹集镇。1958年成立李楼大队；1976年撤区并乡，李楼大队分堰头村、李楼村和刘集村；1992年8月三村合并为霸王城村。
小雷庄	Xiǎoléizhuāng	因村民多为雷姓，庄小，故名。
大雷庄	Dàléizhuāng	因村民多为雷姓，庄大，故名。
后王庄	Hòuwángzhuāng	原为霸王城庄，后开挖河流，流经霸王城，将其一分为二，并改名为后王庄。
前王庄	Qiánwángzhuāng	原为霸王城庄，后开挖河流，流经霸王城，将其一分为二，并改名为前王庄。
贺家	Hèjiā	因村民多为贺姓，故名。
李楼庄	Lǐlóuzhuāng	因李姓在此建楼，故名。
大堰头	Dàyàntóu	民间传说，北宋年间沈阁老微服私访到小李庄，认下一义女，为了走亲戚方便，修一条大堰到此为止，因此得名大堰头。
刘集庄	Liújízhuāng	刘姓在此聚居，又早年逢集，故名。
小郁家	Xiǎoyùjiā	村民均为郁姓，庄子小，故名。
小程家	Xiǎochéngjiā	从程圩迁址而来，庄小，故名。
菠林村村民委员会	Bōlíncūn Cūnmínwěiyuánhuì	隶属灵璧县尹集镇。1983年复为尹集区尹集公社菠林大队。1984年改为尹集区尹集镇菠林村。1992年3月撤区建镇为菠林村。
菠林子	Bōlínzi	因早年村庄有两棵菠子树，故名。

标准名称	汉语拼音	备注
贺家	Hèjiā	因贺姓较多，故名。
陈渡口村村民委员会	Chéndùkǒucūn Cūnmínwěiyuánhuì	隶属灵璧县尹集镇。1951 年属圩疃乡。1956 年属圩疃高级社。1980 年社区划社，属圩疃公社。1983 年属圩疃乡。1984 年更名为尹集区圩疃乡陈渡口村民委员会。1992 年 3 月撤区建镇为尹集镇陈渡口村。2005 年 4 月王仓屋村与胡王村、张渡口村、陈渡口村合并为陈渡口村民委员会。
陈渡口	Chéndùkǒu	古时因陈姓居住，又村庄有渡口，故名。
胡王	Húwáng	因村民多为王、胡两姓，故名。
刘宅子	Liúzháizi	早年因刘姓居住和宅基较多，故名。
穆渡口	Mùdùkǒu	古时因穆姓多和村南有渡口，故名。
王仓屋庄	Wángcāngwūzhuāng	早年王姓有专盛粮食的房屋，故名。
小郭家	Xiǎoguōjiā	早年以郭姓居住，故名。
小康家	Xiǎokāngjiā	因康姓居住，故名。
张渡口	Zhāngdùkǒu	古时因张姓多，庄南有渡口，故名。
程刘村村民委员会	Chéngliúcūn Cūnmínwěiyuánhuì	隶属灵璧县尹集镇。1949 年属尹西乡。1962 年属尹西公社。1984 年更名为尹集区尹西乡程刘村民委员会。1992 年 3 月撤区建镇为尹集镇程刘村。2005 年与桥口村合并为程刘村。
斜沟	Xiégōu	因村庄西头有一条西北—东南方向大沟，故名。
桥口	Qiáokǒu	王姓由西方迁居至此，因村庄北有一桥，故名。
李槽坊	Lǐcáofāng	李姓有西北方向迁居至此，因家家都开坊酿酒，故名。
白庙	Báimiào	因村庄东头有一庙宇，故名白庙。
吴家	Wújiā	因村民全部姓吴，故名。
刘菜园	Liúcàiyuán	因早年刘姓在此种菜，故名。
程圩	Chéngwéi	因村庄四周有圩河，且村民大都姓程，故名。
杜庵村村民委员会	Dù'āncūn Cūnmínwěiyuánhuì	隶属灵璧县尹集镇。1951 年属圩疃乡。1956 年属圩疃高级社。1966 年属尹集公社圩疃高级社。1980 年社区划社，复属圩疃公社，为杜庵大队。1984 年改为尹集区圩疃乡杜庵村。1992 年 3 月撤区建镇为杜庵村。2005 年 4 月杜庵村和盛汪村合并为杜庵村委会。
盛汪庄	Shèngwāngzhuāng	因村民多盛姓和村南有一大汪，故名。
张家庄	Zhāngjiāzhuāng	因村民多为张姓，故名。
梁家庄	Liángjiāzhuāng	因村民多为梁姓，故名。
杨家庄	Yángjiāzhuāng	因杨姓居多，故名。
杜庵庄	Dù'ānzhuāng	早年有一杜姓游民到此搭庵棚居住，后发展成村落，得名杜庵，后演化为杜庵庄。

标准名称	汉语拼音	备注
王圈圩子	Wángquānwéizi	因早年王姓在村周围圈有围墙，故名。
胡刘	Húliú	因胡姓和刘姓在此聚居，故名。
姬贺村 村民委员会	Jīhècūn Cūnmínwěiyuánhuì	隶属灵璧县尹集镇。1992 年以前为姬家村和贺家村。1992 年 8 月合并为姬贺村。2005 年 4 月姬贺村和亢刘村合并为姬贺村委会。
小新庄	Xiǎoxīnzhuāng	菠林村贺家庄的村民土地都在濉河北，午秋二季收庄稼都靠肩挑、板车拉，渡船过河，很不方便，于是一部分愿意到河北的村民在靠路边组建一个新的村庄，取名小新庄。
贺家庄	Hèjiāzhuāng	晚清时期，此地为侯姓和李姓两家有钱人居住，称为李宅子，后菠林贺家庄人搬到濉河北又叫贺北，新中国成立后，取名贺家庄。
丝网张东庄	Sīwǎngzhāngdōng-zhuāng	一说是菠林的西场，用于午秋粮食收获打碾的场地，都是菠林迁居过来的张姓。这里原先是湖，有芦苇，张姓靠下丝网捕鱼为生，取名丝网张。有两个庄，为便于区分，东边这个庄叫丝网张东庄。
丝网张西庄	Sīwǎngzhāngxī-zhuāng	一说是菠林的西场，用于午秋粮食收获打碾的场地，都是菠林迁居过来的张姓。这里原先是湖，有芦苇，张姓靠下丝网捕鱼为生，取名丝网张。有两个庄，为便于区分，西边这个庄叫丝网张西庄。
姬家	Jījiā	民国初年，姬姓迁居至此，故名。
小解家庄	Xiǎoxièjiāzhuāng	早年解姓在此聚居，又是从解阁移居出来，故名。
亢家庄	Kàngjiāzhuāng	亢姓在此聚居，取名亢家庄。
小刘家庄	Xiǎoliújiāzhuāng	刘姓从北方迁居至此，故名。
解阁村 村民委员会	Xiègécūn Cūnmínwěiyuánhuì	隶属灵璧县尹集镇。1951 年属田路乡，1957 年属田璐社，1958 年属尹楼公社，1969 年属尹集公社，1980 年设区划社，复属田路公社，1983 年由解阁大队更名为解阁村，属田路乡。1992 年 3 月撤区并镇仍为解阁村。2005 年 5 月由龙潭村、解阁村两个村并为解阁村。
龙潭庄	Lóngtánzhuāng	传说一条苍龙触犯天律，受到天庭处罚，降落该庄，卧落成泥潭，一日早晨乘雾腾飞，留下龙爪印，清晰可见，该庄由此得名龙潭。
圣庄	Shèngzhuāng	传说北宋年间，该庄有一圣姓大财主，雇用很多长工为其干活，有路人过往此庄，问其庄名，长工都说是姓圣的庄，故名圣庄。
老陈庄	Lǎochénzhuāng	因陈姓在此聚居，每户人家大门两旁都有一对老虎石座，故名老虎陈庄。“文化大革命”后，改为老陈庄。
解阁庄	Xiègézhuāng	民间传说解姓阁老到此落户，后来发展成一村庄，故名。

标准名称	汉语拼音	备注
李大庄村 村民委员会	Lǐdàzhuāngcūn Cūnmínwěiyuánhuì	隶属灵璧县尹集镇。1949年属尹西乡，1962年属尹西公社，1980年为尹集区尹西公社李大庄大队。1983年改为尹集区尹西乡李大庄村。1992年3月行政区划调整为尹集镇李大庄村。
李大庄	Lǐdàzhuāng	因李姓最多，遂改村名为李大庄，故名。
马楼村 村民委员会	Mǎlóucūn Cūnmínwěiyuánhuì	隶属灵璧县尹集镇。1983年为尹集区尹西公社马楼大队。1984年为尹集区尹西乡马楼村。1992年3月撤区建镇，为尹集镇马楼村。1992年8月马楼村和范家村合并为马楼村。2005年4月马楼村和小马村合并为马楼村，马楼为马楼村下辖居民点。
家苇棵	Jiāwěikē	因旧时多芦苇，后开荒形成村庄，故名。
李瓦房	Lǐwǎfáng	原名小李家，后因李姓两家经商致富，建起了小瓦盖的房屋，改名李瓦房。
西松林	Xīsōnglín	村内有松树林两处，张姓从外地迁住此地时，依林而居，居住在西边松树林的一支名叫西松林。
东松林	Dōngsōnglín	村内有松树林两处，张姓从外地迁住此地时，依林而居，居住在东边松树林的一支名叫东松林。
曹家庄	Cáojiāzhuāng	曹姓首先在此安家居住，故名。
周裴张庄	Zhōupéizhāng- zhuāng	旧时有周、裴、张三姓逃荒到此居住，由此得名周裴张庄。
马楼庄	Mǎlóuzhuāng	马姓搬迁到此居住，到民国初年，为防匪患，挖沟建圩，在四门建有土楼，故名。
小王庄	Xiǎowángzhuāng	早年为一片湖地，有一王姓来此地，结网捕鱼，在此安家居住，故名。
李元墙	Lǐyuánqiáng	旧时李姓到此居住，在房屋的四周拉起了围墙，遂得名李元墙。
小马庄	Xiǎomǎzhuāng	有一马姓人家首先到此居住，后又有多姓人家逃荒至此居住成庄，由于马姓居多，故名。
范家庄	Fànjiāzhuāng	前身是吴巷庄，随后有范姓叔侄逃荒落户于吴巷，人口增多，改名为范家庄。
三村村 村民委员会	Sāncūncūn Cūnmínwěiyuánhuì	隶属灵璧县尹集镇。1950年属尹楼乡，1962年属尹楼公社，1983年属尹楼乡，1992年2月撤区并乡属尹集镇。
郭穆庄	Guōmùzhuāng	因郭姓、穆姓合住，故名。
马沟庄	Mǎgōuzhuāng	在马沟庄东西两侧各有一条南北大沟，故名。
三村	Sāncūn	由三观庙及三个姓氏命名三村。
吴家	Wújiā	因吴姓聚居此地，故名。

标准名称	汉语拼音	备注
霸王城	Bàwángchéng	楚汉时期，霸王项羽在此屯兵安营扎寨，建围城，四周九里零八步，后称为霸王城。
西张庄	Xīzhāngzhuāng	旧时张姓到此落户，故名。
张李庄	Zhānglǐzhuāng	张、李两姓在此居住，故名。
张郁	Zhāngyù	村民主要以张、郁二姓为主，故名。
田路村村民委员会	Tiánlùcūn Cūnmínwěiyuánhuì	隶属灵璧县尹集镇。1951 年属田路乡。1958 年属田路公社。1983 年为尹集区田路公社田路大队。1984 年更名为尹集区田路乡田路村。1992 年 3 月撤区并镇，为尹集镇田路村。2005 年 4 月由田路村与王井村两个村合并为田路村。
东王井庄	Dōngwángjǐng-zhuāng	因村庄位于“西王井庄”东，故名。
田路庄	Tiánlùzhuāng	因田姓沿路建村，故名。
西王井庄	Xīwángjǐngzhuāng	因王姓在村东掘一水井，故名。
小田庄	Xiǎotiánzhuāng	因村民由田路庄搬迁至此，故名。
小王庄	Xiǎowángzhuāng	因村内王姓居多，故名。
小张庄	Xiǎozhāngzhuāng	因村内张姓居多，故名。
土桥村村民委员会	Tǔqiáocūn Cūnmínwěiyuánhuì	隶属灵璧县尹集镇。1983 年隶属尹集区尹集公社土桥大队。1984 年改名为尹集区尹集镇土桥村。1992 年 3 月撤区建镇，为尹集镇土桥村。2005 年 4 月陈滩村和土桥村合并为土桥村。
陈滩	Chéntān	陈姓居住在河滩边，故名。
东孙家	Dōngsūnjiā	孙姓较多，分支一处居住在最东边，取名东孙家。
前孙家	Qiánsūnjiā	村内孙姓较多，分支一处居住在孙家庄前边，取名前孙家。
后孙家	Hòusūnjiā	村内孙姓较多，分支一处居住位于孙家庄北，取名后孙家。
前土桥	Qiántǔqiáo	以前此地为荒地，有一条大沟，在此开荒种地的人搭了一个土桥，此地因此得名土桥。后居民逐渐增多，分为多个居民点，此地因地处南部，故名前土桥。
后土桥	Hòutǔqiáo	以前此地为荒地，有一条大沟，在此开荒种地的人搭了一个土桥，此地因此得名土桥。后居民逐渐增多，分为多个居民点，此地因地处北部，故名后土桥。
北桂庄	Běiguìzhuāng	因村庄位于后土桥北和早年村中开设的店铺柜台，故名，后将“柜”演变为“桂”。
大孙家	Dàsūnjiā	村民多孙姓，故名。
西土桥	Xītǔqiáo	以前此地为荒地，有一条大沟，在此开荒种地的人搭了一个土桥，此地因此得名土桥。后居民逐渐增多，分为多个居民点，此地因地处西部，故名西土桥。

标准名称	汉语拼音	备注
圩疃村 村民委员会	Wéituǎncūn Cūnmínwěiyuánhuì	隶属灵璧县尹集镇。1983 年由圩疃大队更名为圩疃村。1992 年撤区并镇为圩疃村。2005 年与东陈村合并为圩疃村。
小王庄	Xiǎowángzhuāng	因早年王姓居住，故名。
东陈庄	Dōngchénzhuāng	东陈是一片大湖，满湖芦苇。当时因战乱和水患等原因，陈姓从外地迁来，取名为苇陈。尹集成立人民公社后，苇陈地处尹集公社东南方向，因此改名为东陈庄。
张渡口庄	Zhāngdùkǒuzhuāng	因早年张姓居住，并在唐河岸边摆渡为生，建有一个小渡口，取名张渡口庄。
小曹家	Xiǎocáojiā	因曹姓最早在此居住，故名。
南小李庄	Nánxiǎolǐzhuāng	因位于圩疃村最南，又李姓居多，故名。
东小李家	Dōngxiǎolǐjiā	因位于圩疃村东部，又李姓居多，故名。
圩疃街	Wéituǎnjiē	因围壕长满芦苇，故称苇团。后逐渐演变成圩疃，并且是一个古集，称圩疃街。
尹北村 村民委员会	Yǐnběicūn Cūnmínwěiyuánhuì	隶属灵璧县尹集镇。1983 年为尹北大队。1984 年更名为尹集区尹集镇尹北村。1992 年 3 月撤区并镇，为尹集镇尹北村。1992 年 8 月由尹北与王家两个村合并为尹北村。
李家庄	Lǐjiāzhuāng	因村民李姓居多，故名。
张瓦房庄	Zhāngwǎfáng- zhuāng	因张姓先居住，又建造瓦房，故名。
王家庄	Wángjiāzhuāng	因村民以王姓为主，故名。
萧家庄	Xiāojiāzhuāng	因村民以萧姓为主，故名。
尹北庄	Yǐnběizhuāng	因位于濉河北，又村民多尹姓，故名。
大尹家庄	Dàyǐnjiāzhuāng	因村民以尹姓为主，故名。
尹楼村 村民委员会	Yǐnlóucūn Cūnmínwěiyuánhuì	隶属灵璧县尹集镇。1950 年属尹楼乡，1962 年属尹楼公社，1984 年属尹楼乡，1992 年撤区并乡属尹集镇。
单庄	Shànzhuāng	因单姓在此聚居，故名。
东南庄	Dōngnánzhuāng	尹楼的东南有个小庄，尹姓迁居在此，故名。
圩里	Wéilǐ	尹姓在此打个圩子，为了看家护院，在此建造房屋，故名。
路东	Lùdōng	因有一条从土楼直通尹集的南北路，把一个小庄一分两半，这个庄在路的东边，故名。
路西	Lùxī	因有一条从土楼直通尹集的南北路，把一个小庄一分两半，这个庄在路的西边，故名。
街里	Jiēlǐ	尹姓在尹楼门前开一条街道做生意，故名。
前王	Qiánwáng	因王姓在此聚居，故名。

标准名称	汉语拼音	备注
吕家	Lǚjiā	因吕姓最早在此聚居，故名。
温家	Wēnjiā	因早年温姓在此聚居，故名。
施沟	Shīgōu	施姓从河南迁居至此，村庄四周挖有圩沟，故名。
后楼	Hòulóu	尹楼尹姓分居至此，又建造一座土楼，故名。
张集村村民委员会	Zhāngjícūn Cūnmínwěiyuánhuì	隶属灵璧县尹集镇。1983 年由张东大队更名为张东村。1992 年 3 月撤区并镇，仍为张东村。1992 年 8 月由张东、张西、门王三个村并为张集村。
门王庄	Ménwángzhuāng	因王姓在村头建一座较大的门楼，故名。
张东庄	Zhāngdōngzhuāng	因张姓居多，两个张庄便于区分，称之为张东。
张西庄	Zhāngxīzhuāng	因张姓居多，两个张庄便于区分，称之为张西。
尹集村村民委员会	Yǐnjícūn Cūnmínwěiyuánhuì	隶属灵璧县尹集镇。1951 年属尹集乡，1958 年属尹集人民公社，1984 年 9 月属尹集镇，1992 年 2 月撤区并乡，设尹集村，属尹集镇。
王安庄	Wáng’ānzhuāng	相传，王姓在此搭庵棚居住，故名王庵，后逐渐演化为王安。
西李庄	Xīlǐzhuāng	因李姓居多，且在王安西，故得名西李。
尹集	Yǐnjí	因尹姓聚居此地，早年为一集市，故名。
朱路庄	Zhūlùzhuāng	因村民朱姓为主，又村中有条大路，故名。

浍沟镇

浍沟镇（Huìgōu Zhèn） 隶属宿州市，地处灵璧县中北部，南距灵璧县城 23 千米，东邻大路乡，东南与冯庙镇隔新濉河相望，南靠禅堂乡，西连尹集镇，西北与朱集乡相连，东北与渔沟镇接壤。镇政府驻浍沟街。辖张时村、叶赵村、土山村、大庄村、唐灵村、申村村、彭黄村、李宅村、浍沟村、后灵村、郭许村、郭沟村、凤山村、车李村、马庄村共 15 个村。辖区东西最大距离 8.1 千米，南北最大距离 15 千米，面积 93.6 平方千米，耕地面积 6.43 万亩，主要为旱地。辖区总人口 56839 人，以汉族为主。地处平原地带，河道纵横，水资源丰富，海拔多在 22.5—25.3 米，最低点在土山村，海拔在 12.6 米。北部与渔沟接壤处有凤凰山，东西走势，海拔 144 米。属半湿润季风气候。其特点是冬季寒冷干燥，夏季高温多雨。年日照平均值为 2089 小时。年气温平均值为 14.9℃，最冷为 1 月，平均气温为 0℃；最热为 7 月，平均气温为 27.8℃。无霜期为年平均 209 天；年平均降水量为 867 毫米。境内属奎濉河水系。境内大理石资源丰富，且石质优，石材好，是石材加工理想的原材料。主要灾害有冰雹、旱涝、风灾、低温、冰霜等。农业以种植小麦、玉米、大豆为主。畜牧业以养殖猪、羊、家禽为主。工业以粮食加工、石材加工、物流运输、服装加工为主。镇文化站、广播电视站各1处，有村级文化活动中心13处，各类图书室及农家书屋15个，藏书14万余册。有卫生院1所，村卫生室15个。公立幼儿园1个、小学9个、初中1所。302省道东西贯穿而过。北距徐州观音机场30千米。有皮影戏、泗州戏、曲艺、民间舞蹈等地方戏曲。行政区划单位为镇，行政级别为乡级，行政区划代码为341323106。

标准名称	汉语拼音	备注
车李村村民委员会	Chēlǐcūn Cūnmínwěiyuánhuì	隶属灵璧县浍沟镇。生产队时为前车村，属尹集公社，后来归为浍沟公社。2005年合并后改名车李村。
后车庄	Hòuchēzhuāng	早年有李姓来到此地，独轮车毁坏无法前行，后在此开荒种地，当时给村庄取名车崴耳，后改名车李。后来村庄扩大，村庄分为前车庄和后车庄。
前车庄	Qiánchēzhuāng	早年有李姓来到此地，独轮车毁坏无法前行，后在此开荒种地，当时给村庄取名车崴耳，后改名车李。后来村庄扩大，在濉河北部居住的村庄称为前车庄。
小许庄	Xiǎoxǔzhuāng	早年有许姓在此定居，故名。
大庄村村民委员会	Dàzhuāngcūn Cūnmínwěiyuánhuì	隶属灵璧县浍沟镇，原张大庄大队。1995年并村后更名为大庄村民委员会，2005年简吴村并入大庄村。
简吴庄	Jiǎnwúzhuāng	早期居住的人多简姓与吴姓，故名。
小吴家	Xiǎowújiā	早期居住的人吴姓居多，家族扩大后，一部分吴姓居民从简吴迁出，另取名小吴家。
张东庄	Zhāngdōngzhuāng	早期居住的人张姓居多，因位于东边，故名。
张西庄	Zhāngxīzhuāng	早期此地居住的人群中张姓居多，因位于西边，故名。
凤山村村民委员会	Fèngshāncūn Cūnmínwěiyuánhuì	隶属灵璧县浍沟镇，凤山公社时期名称为凤山大队。1983年由凤山大队更名为凤山村委会，名称未变。
杜堂庄	Dùtángzhuāng	民间传说，古时女英雄杜金娥在寨山拴马，后取名为杜堂庄。
凤山	Fèngshān	因有山形似凤凰，故村名凤山。
开合山	Kāihéshān	山上有一座开合山庙，迁居至此的人就把村名命名为开合山。
郭沟村村民委员会	Guōgōucūn Cūnmínwěiyuánhuì	隶属灵璧县浍沟镇。1962年更名为郭马村。1969年更名为郭沟村民委员会。
郭沟庄	Guōgōuzhuāng	此地郭姓占大多数，村口有一条小沟，故名。
郭许村	Guōxǔcūn	隶属灵璧县浍沟镇。自1949年后一直叫郭许村，2005年郭瓦村并入郭许村。
郭瓦庄	Guōwǎzhuāng	因郭姓在此地，居住砖瓦结构的房屋，得名郭瓦庄。
小杨庄	Xiǎoyángzhuāng	旧时杨姓在此定居，故名。

标准名称	汉语拼音	备注
许闸庄	Xǔzházhuāng	传说清朝时期有湖南人许国顺迁居此地，由于此地经常发洪水，许国顺组织人修闸蓄水，由此得名许闸庄。
后灵村 村民委员会	Hòulíngcūn Cūnmínwěiyuánhuì	隶属灵璧县浍沟镇。人民公社时期名称为灵马大队。1973年由灵马大队分为后灵大队。1979年由后灵大队分为后灵村委员会和蒲湾村委员会。2005年由蒲湾村民委员会和后灵村民委员会更改为后灵村民委员会。
后灵庄	Hòulíngzhuāng	以前是灵子城，由于地质变化沉没，成为一个湖，灵子城被分为前灵、后灵、中灵。
蒲湾庄	Púwānzhuāng	以前是一个大湖，因蒲姓迁此居住，名为蒲湾庄。
中灵庄	Zhōnglíngzhuāng	以前是灵子城，由于地质变化沉没，成为一个湖，灵子城被分为前灵、后灵、中灵。
浍沟村 村民委员会	Huìgōucūn Cūnmínwěiyuánhuì	隶属灵璧县浍沟镇，人民公社时期名称为浍沟大队。1982年由浍沟大队更名浍沟村民委员会。
浍沟村	Huìgōucūn	旧时名浍塘沟，后因塘被开发破坏，更名为浍沟村。
李宅村 村民委员会	Lǐzháicūn Cūnmínwěiyuánhuì	隶属灵璧县浍沟镇。人民公社时期称为郭瓦大队、李宅大队，1983年由李宅大队更名为李宅村民委员会。
李宅村	Lǐzháicūn	旧时李姓弟兄七人，此地为老七的住处，称为李七宅，后简称为李宅村。
西场庄	Xīchǎngzhuāng	土改时期，灵璧县在此建了一个农村，后来撤走，当时在此劳动的人就在这安家落户，又称为西场庄。
小王村	Xiǎowángcūn	村名以王姓为主，故名。
马庄村 村民委员会	Mǎzhuāngcūn Cūnmínwěiyuánhuì	隶属灵璧县浍沟镇。人民公社时期名称为灵马大队，后与唐灵村、后灵村分开，更名为马庄大队。1992年合并为马庄村。
仓屋	Cāngwū	旧时期有高楼来的大地主在此买地种粮，用土垫起一片高地用来放粮食，后来称为仓屋。
后马	Hòumǎ	据说以前有名人在此拴过马，留下拴马的木桩，取名马桩，后讹作马庄。
李庄	Lǐzhuāng	据说以前有李姓人家迁居在此，后来繁衍生息，故名。
前马	Qiánmǎ	以前村庄在周边挖河、筑墙用来防盗，取名围里，后来马姓逐渐增多，为与后马区分，取名前马。
小解庄	Xiǎoxièzhuāng	早年解姓在此定居，人少村小，故名。
许庄	Xǔzhuāng	早年许姓在此居住，故名。
彭黄村 村民委员会	Pénghuángcūn Cūnmínwěiyuánhuì	隶属灵璧县浍沟镇。1998年彭黄大队更名为彭黄村民委员会，2005年郭马村的马厂并入彭黄村。
黄家庄	Huángjiāzhuāng	黄姓从山西迁居至此，故名。

标准名称	汉语拼音	备注
马厂庄	Mǎchǎngzhuāng	旧时此地为马站，放马养马，故名。
毛唐庄	Máotángzhuāng	清朝初期为毛城，清朝中期经常有军队驻扎，定名为毛唐庄。
彭家庄	Péngjiāzhuāng	旧传彭姓从山西洪洞县迁居至此居住，故名。
小高庄	Xiǎogāozhuāng	早年高姓在此居住，人少村小，得名小高庄。
张谷庄	Zhānggǔzhuāng	张姓由西南迁居至此，故名。
申村村民委员会	Shēncūn Cūnmínwěiyuánhuì	隶属灵璧县浍沟镇，2005 年更名为申村村民委员会。
二王庄	Èrwángzhuāng	旧时王姓兄弟因灾荒，由南方来到此地居住，取名二王庄。
凡山子庄	Fánshānzizhuāng	民间传说，唐朝时期樊梨花随夫东征在此驻兵，种上槐树，留下子嗣，自此繁衍生息，得名樊山子庄，后讹作凡山子庄。
申村庄	Shēncūnzhuāng	申姓人家由北方迁居此地，在此开荒种地，繁衍生息，故名。
熊桥庄	Xióngqiáozhuāng	旧时熊治高兄弟由江西南昌迁居至此，取名熊桥庄。
唐灵村村民委员会	Tánglíngcūn Cūnmínwěiyuánhuì	隶属灵璧县浍沟镇。人民公社时期名称为灵马大队。1973 年后改为唐灵大队。1980 年为唐庄大队。2005 年更名为唐灵村。
前灵村	Qiánlíngcūn	以前是灵子城，由于地质变化沉没，成为一个湖，灵子城被分为前灵、后灵、中灵。
唐庄	Tángzhuāng	清朝时期为灵子城，后期为灵子唐，简称唐庄。
土山村村民委员会	Tǔshāncūn Cūnmínwěiyuánhuì	隶属灵璧县浍沟镇。人民公社时期名称为土山大队，1983 年更名土山村民委员会，2005 年吕解村并入土山村。
解家村	Xièjiācūn	解姓由南迁居至此，故名。
吕家村	Lǚjiācūn	吕姓由南迁居至此，故名。
土东	Tǔdōng	张姓和陈姓、吕姓、赵姓、朱姓由南方迁居至此，此地有土山，因而得名土东、土西。
土西	Tǔxī	张姓和陈姓、吕姓、赵姓、朱姓由南方迁居至此，此地有土山，因而得名土东、土西。
叶赵村村民委员会	Yèzhàocūn Cūnmínwěiyuánhuì	隶属灵璧县浍沟镇。人民公社时期名为叶赵大队。1983 年更名为叶赵村委会。1998 年叶赵村委会调整为叶蒋、詹赵两个建别村。2005 年，叶蒋、詹赵两村合并为叶赵村委会。
北蒋圩子	Běijiǎngwéizi	旧时蒋姓由山西迁居至此，为防盗匪，在村庄四周深挖壕沟，故名。
小蒋庄	Xiǎojiǎngzhuāng	村民以蒋姓为主，故名。
叶家	Yèjiā	村民叶姓居多，故名。
詹家	Zhānjiā	旧时詹姓由江苏徐州詹家湖迁居至此，故名。
赵家庄	Zhàojiāzhuāng	村民赵姓居多，故名。

标准名称	汉语拼音	备注
中蒋庄	Zhōngjiǎngzhuāng	旧时蒋姓由山西迁居至此居住，人口中等，故名。
张时村 村民委员会	Zhāngshícūn Cūnmínwěiyuánhuì	隶属灵璧县浍沟镇。原为张时大队，后与浍沟村合并，后期又分开为张时村。2004 年与河北濉河村合并为张时村委会。
河北胡宅	Héběihúzhái	河南、河北以濉河为界，分家族门房，此村在河北，又多为胡姓，故名。
河北闫庄	Héběiyánzhuāng	河南、河北以濉河为界，分家族门房，此村在河北，又多为闫姓，故名。
河南胡宅	Hénánhúzhái	河南、河北以濉河为界，分家族门房，此村在河南，又多为胡姓，故名。
河南闫庄	Hénányánzhuāng	河南、河北以濉河为界，分家族门房，此村在河南，又多为闫姓，故名。
张时村	Zhāngshícūn	因张姓和时姓在此居住，故名。

游集镇

游集镇（Yóují Zhèn）　隶属宿州市，全镇地处灵璧县北部西侧，东与渔沟镇为邻，西与埇桥区接壤，南连朱集乡，北靠下楼镇。人民政府驻地设在尤集街。辖张桥村、张楼村、尤东村、杨庄村、大康村、邱楼村、李楼村、九集村、解圩村、杜庄村、尤西村、尤圩村、李场村、张东湖村、元宝刘村、大章李村共 16 个村。辖区东西最大距离 12.1 千米，南北最大距离 11.9 千米，面积 82.2 平方千米。辖区总人口 60509 人，以汉族为主。境内地势自然条件由东北向西南倾斜，海拔一般在 22.5—25 米，最低点老汪湖，海拔 14.5 米。属半湿润季风气候。其特点是冬寒干燥，夏热多雨，四季分明，日照充足。年日照平均值为 2073 小时。年气温平均值为 14.4℃，最冷为 1 月，年平均气温为 0℃，最热为 7 月，年平均气温为 27.5℃。无霜期为年平均 209.2 天。境内属奎濉河水系。主要自然灾害有冰雹、雷击、旱涝、风灾、低温、霜冻等。农业以种植小麦、玉米、大豆为主，其次为蔬菜。主要经济作物为大豆、蔬菜。畜牧业以养殖猪、羊、家禽为主。工业以面粉生产、服装加工、物流运输、食品加工为主。全镇有文化站、广播电视站各 1 处，有村级文化活动中心 16 处，各类图书室及农家书屋 18 个，藏书 15 万余册。公立幼儿园 1 个，私立幼儿园 1 个，初中 1 所，小学 8 个，教学点 6 个。有卫生院 1 所，床位 60 张，专职医生 47 人。境内有 201 省道和 056 县道交会，北距观音机场 15 千米。有霸王桥遗址、灵北农民抗捐暴动旧址、邱楼碧云寺等名胜古迹。尤集香酥月饼是境内土特产之一。行政区划单位为镇，行政级别为乡级，行政区划代码为 341323107。

标准名称	汉语拼音	备注
大康村村民委员会	Dàkāngcūn Cūnmínwěiyuánhuì	隶属灵璧县游集镇。1951年属九集乡，1958年属九集人民公社，1984年4月九集人民公社改为九集乡，属九集乡，为大康村村民委员会，1992年2月撤区并乡，属游集镇，沿用至今。
大康家	Dàkāngjiā	康姓村民较多，村庄较大，故名。
小康家	Xiǎokāngjiā	康姓村民较多，村庄较小，故名。
东花家	Dōnghuājiā	花姓村民较多，故名。
大章李村村民委员会	Dàzhānglǐcūn Cūnmínwěiyuánhuì	隶属灵璧县游集镇。1951年属李场乡，1955年属大园乡，1962年属李场人民公社，为沙跃大队，1984年4月李场人民公社改为李场乡，为大章李村民委员会，1992年2月撤区并乡，属游集镇。
大章李村	Dàzhānglǐcūn	村民以章姓、李姓居多，村庄范围大，故名。
马巷村	Mǎxiàngcūn	原名马集，因重名且村内巷道较多，更名为马巷村。
杜庄村村民委员会	Dùzhuāngcūn Cūnmínwěiyuánhuì	隶属灵璧县游集镇。1951年属九集乡，1958年属九集人民公社，1984年4月九集人民公社改为九集乡，属九集乡，为杜庄村村民委员会，1992年2月撤区并乡，属游集镇，沿用至今。
司家河庄	Sījiāhézhuāng	早年村旁有一条河，名为司家河，故名。
贡庄	Gòngzhuāng	相传贡姓在灵璧县做官，家属居住在此地，故名。
杜庄	Dùzhuāng	因村民多为杜姓，故名。
孙桥	Sūnqiáo	因该村有一座桥，且村民大多姓孙，故名。
小李家	Xiǎolǐjiā	因村民多为李姓，村落较小，故名。
解圩村村民委员会	Xièwéicūn Cūnmínwěiyuánhuì	隶属灵璧县游集镇。1951年属九集乡，1958年属九集人民公社，为解圩大队，1984年4月九集人民公社改为九集乡，属九集乡，为解圩村村民委员会，1992年2月撤区并乡，属游集镇。
张更庄	Zhānggēngzhuāng	因早年村庄是一张姓更夫始建，故名。
解圩	Xièwéi	因村民多解姓，且有圩，故名。
王楼	Wánglóu	王姓最早在此居住，且村中有楼，故名。
彭家	Péngjiā	因村民多为彭姓，故名。
李场村村民委员会	Lǐchǎngcūn Cūnmínwěiyuánhuì	隶属灵璧县游集镇。1951年属李场乡，1955年属大园乡，1962年属李场人民公社，为李场大队，1984年4月李场人民公社改为李场乡，为李场村村民委员会，1992年2月撤区并乡，属游集镇。
田家庄	Tiánjiāzhuāng	因村民多为田姓，故名。
程家	Chéngjiā	因村民多为程姓，故名。

标准名称	汉语拼音	备注
邓庄	Dèngzhuāng	因村民多为邓姓，故名。
夏安庄	Xià'ānzhuāng	旧时夏姓在此搭建一个能居住的庵子，取名为夏庵子，后演化为夏安庄。
小解庄	Xiǎoxièzhuāng	因该村解姓居多，但庄小，故名。
尤楼庄	Yóulóuzhuāng	很早有尤姓迁居此地，建有楼房，故名。
前孟庄	Qiánmèngzhuāng	因村民多为孟姓，故名。
尤河	Yóuhé	尤姓最早在此居住，村旁有一条河，故名。
李场庄	Lǐchǎngzhuāng	场，意为平整宽阔的场地，该村因李姓居多，故名。
小尤河	Xiǎoyóuhé	该村尤姓居多，村旁边有一条小河，与尤河庄相对，故名。
小王家	Xiǎowángjiā	因王姓在此聚居，故名。
李楼村村民委员会	Lǐlóucūn Cūnmínwěiyuánhuì	隶属灵璧县游集镇。1949 年属尤集乡，1958 年属尤集公社，为李楼大队，1983 年由李楼大队更名为李楼村村民委员会，1992 年 2 月撤区并乡，属游集镇。
前刘	Qiánliú	此庄原来和元宝刘村的后刘庄为一个自然庄，新中国成立后，因该村调整，划为两个部分，前部分命名为前刘。
小李楼	Xiǎolǐlóu	大李楼、小李楼原来是一个自然庄，新中国成立后，开发九里沟，把李楼庄分为两部分，沟西部分人数较少，故名。
大李楼	Dàlǐlóu	大李楼、小李楼原来是一个自然庄，1949 年后开发九里沟，把李楼庄分为两部分，沟东部分人数较多，故名。
王巷子	Wángxiàngzi	因早年王姓聚居，又村庄内巷子较多，故名。
邱楼村村民委员会	Qiūlóucūn Cūnmínwěiyuánhuì	隶属灵璧县游集镇。1949 年属尤集乡，1958 年属尤集公社，为邱楼大队，1983 年由邱楼大队更名为邱楼村村民委员会，1984 年属游集镇。
后场	Hòuchǎng	南部有一块场地，由此得名后场。
小王家	Xiǎowángjiā	居民多王姓，村小，故名。
邱楼	Qiūlóu	旧时邱姓居多，且村中有楼房，故名。
小赵家	Xiǎozhàojiā	因村民多为赵姓，故名。
林家	Línjiā	因村民多为林姓，故名。
林圩	Línwéi	因村民多为林姓，有圩，故名。
王尤家	Wángyóujiā	因村中王姓、尤姓居民占多数，故名。
戴家	Dàijiā	因最早戴姓村民在此聚居，故名。
小林家	Xiǎolínjiā	旧时有林姓从林圩搬到西北角，取名小林家。
张家李家	Zhāngjiālǐjiā	旧时张姓和李姓到此居住，西边李家，东边张家，中间一条生产路，故名。

标准名称	汉语拼音	备注
河南庄	Hénánzhuāng	因此庄后有一条河沟，故名。
小庄	Xiǎozhuāng	由于庄子在防路沟东岸，人口少，故名。
中邱	Zhōngqiū	因村民多为邱姓，庄子在中间，取名中邱。
杨庄村村民委员会	Yángzhuāngcūn Cūnmínwěiyuánhuì	隶属灵璧县游集镇。1951 年属李场乡，1955 年属大园乡，1962 年属李场人民公社，为杨庄大队，1984 年 4 月李场人民公社改为李场乡，为杨庄村村民委员会，1992 年 2 月撤区并乡，属游集镇。
小张家	Xiǎozhāngjiā	因村民多为张姓，故名。
胡家	Hújiā	因村民多为胡姓，故名。
冯家	Féngjiā	因村民多为冯姓，故名。
程家	Chéngjiā	因村民多为程姓，故名。
旋家	Xuánjiā	因村民多为旋姓，故名。
杨庄	Yángzhuāng	因村民多为杨姓，故名。
小胡家	Xiǎohújiā	因村民多为胡姓，故名。
曹家	Cáojiā	因村民多为曹姓，故名。
大园	Dàyuán	早年村民种菜，面积较大，故名。
游东村村民委员会	Yóudōngcūn Cūnmínwěiyuánhuì	隶属灵璧县游集镇。1949 年属尤集乡，1958 年属尤集公社，为尤东大队，1983 年由尤东大队更名为游东村村民委员会，1992 年 2 月撤区并乡，属游集镇。
尤集街	Yóujíjiē	因此地在农历每月一、四、六、九逢集，且尤姓居多，故名。
后乡庄	Hòuxiāngzhuāng	原尤集乡后，所以叫后乡。
张桥村村民委员会	Zhāngqiáocūn Cūnmínwěiyuánhuì	隶属灵璧县游集镇。1951 年属九集乡，1958 年属九集公社，为张桥大队，1983 年由张桥大队划分为张桥东村村民委员会和张桥西村村民委员会。2000 年两村合并为张桥村村民委员会。
圩东	Wéidōng	因在圩壕东边，故名。
圩后	Wéihòu	因在圩壕后面，故名。
南尤庄	Nányóuzhuāng	先前有尤姓来此地居住，取名为南尤庄。
庙东	Miàodōng	此庄位于张桥古庙东边，故名。
张桥	Zhāngqiáo	旧时张姓定居古运河西侧，后来为了耕种方便架了一座浮桥，又重建一座石拱桥，故名。
前王	Qiánwáng	王姓最先在此居住，故名。

标准名称	汉语拼音	备注
九集村村民委员会	Jiǔjícūn Cūnmínwěiyuánhuì	隶属灵璧县游集镇。1951年属九集乡，1958年属九集人民公社，为九集大队，1984年4月九集人民公社改为九集乡，属九集乡，为九集村村民委员会，1992年2月撤区并乡，九集村村民委员会与尤庄村村民委员会合并为九集村村民委员会，属游集镇，沿用至今。
九集	Jiǔjí	1949年前此庄共有九户人家，九个姓氏，故名。
练河	Liànhé	四面靠河，地势低洼，渔民常在此捕鱼练网，故名。
杨庄	Yángzhuāng	杨姓居多，故名。
尤庄	Yóuzhuāng	尤姓居多，故名。
游圩村村民委员会	Yóuwéicūn Cūnmínwěiyuánhuì	隶属灵璧县游集镇。1951年属李场乡，1955年属大园乡，1962年属李场人民公社，为尤圩大队，1984年4月李场人民公社改为李场乡，为游圩村民委员会，1992年2月撤区并乡，属游集镇。
园西	Yuánxī	早先从游圩分居至此，因位于小园西边，故名。
小孟家	Xiǎomèngjiā	孟姓由北方迁居至此，由于人口不多，故名。
尤圩子	Yóuwéizi	尤姓由北方迁居至此，在此开荒种地，建造房屋，不断生息，为了防止外来者入侵，在庄外打圩子，故名。
六路	Liùlù	因村庄位于几条路岔路口处，故名六岔路，简称六路。
小园	Xiǎoyuán	早年村民以种植蔬菜出名，故名。
小王庄	Xiǎowángzhuāng	因王姓在此聚居，庄小，故名。
胡家	Hújiā	因村民多为胡姓，故名。
小尤家	Xiǎoyóujiā	因村民多为尤姓，庄小，故名。
小马家	Xiǎomǎjiā	因村民多为马姓，庄小，故名。
游西村村民委员会	Yóuxīcūn Cūnmínwěiyuánhuì	隶属灵璧县游集镇。1949年属尤集乡，1958年属尤集公社，为尤西大队，1983年由尤集西队更名为游西村村民委员会，1992年2月撤区并乡，属游集镇，沿用至今。
刘庙庄	Liúmiàozhuāng	因村庄旁201省道西边有个庙，且刘姓较多，故名。
前园	Qiányuán	因绝大多数农户种菜，所以叫菜园，后来更名为前园。
小李庄	Xiǎolǐzhuāng	村民李姓居多，故名。
南宅庄	Nánzháizhuāng	因该村庄处在尤西村西南面，尤西人称西南寨子，故名。
尤西	Yóuxī	村民尤姓居多，且处于尤集偏西方位，故名。
后孙庄	Hòusūnzhuāng	村民孙姓居多，故名。

标准名称	汉语拼音	备注
元宝刘村民委员会	Yuánbǎoliú Cūnmínwěiyuánhuì	隶属灵璧县游集镇。1951 年属九集乡，1958 年属九集人民公社，为后刘大队，1984 年 4 月九集人民公社改为九集乡，属九集乡，为后刘村村民委员会，因重名，1986 年更名为元宝刘村村民委员会，1992 年 2 月撤区并乡，属游集镇。
小张家	Xiǎozhāngjiā	村民因张姓居多，故名。
后刘	Hòuliú	该村庄位于前刘北部，因刘姓居多，故名。
后李楼	Hòulǐlóu	因在李楼后面，故名。
张楼村村民委员会	Zhānglóucūn Cūnmínwěiyuánhuì	隶属灵璧县游集镇。1949 年属尤集乡，1958 年属尤集公社，为张楼大队，1983 年由张楼大队更名为张楼村村民委员会，1992 年 2 月撤区并乡，属游集镇。
西张楼	Xīzhānglóu	旧时张姓在此建楼，分为东、西两张，故名。
小高庄	Xiǎogāozhuāng	因高姓村民居多，庄小，故名。
东张楼	Dōngzhānglóu	旧时张姓在此建楼，分为东、西两张，故名。
张东湖村村民委员会	Zhāngdōnghúcūn Cūnmínwěiyuánhuì	隶属灵璧县游集镇。1951 年属李场乡，1955 年属大园乡，1962 年属李场人民公社，为张东湖大队，1969 年属尤集人民公社，1980 年属李场人民公社，1984 年 4 月李场人民公社改为李场乡，为张东湖村村民委员会，1992 年 2 月撤区并乡，属游集镇。
张东湖	Zhāngdōnghú	因村民多为张姓，村庄坐落在老汪湖东，故名。

下楼镇

下楼镇（Xiàlóu Zhèn） 隶属宿州市。全镇地处灵璧县最北端，东南与朝阳镇接壤，南与游集镇为邻，西与埇桥区褚兰镇相连，西北与江苏省徐州市铜山区房村镇相接，东北与江苏省徐州市睢宁县双沟镇相连。人民政府驻杨山村。辖杨山村、谢楼村、小圩村、吴楼村、王集村、田口村、洛涧村、龙山村、刘庵村、凌堌村、火庙村、花楼村、古城村、高王村、傅寨村、东高村、程庙村、陈潭村、蔡塘村共 19 个村。辖区东西最大距离 14 千米，南北最大距离 15.3 千米。面积 128.5 平方千米。辖区总人口 77048 人，以汉族为主，其中有回、苗、藏、维吾尔族等少数民族。地势由西北向东南倾斜，海拔 23.0—27.8 米，最低点在刘庵村庄圩自然庄。境内有大小山丘 8 座，海拔 189.7 米的灵觉山（位于傅寨村）是最高点，也是县的最高峰。属半湿润季风气候。其特点是冬寒干燥，夏热多雨，四季分明，日照充足。年日照平均值为 2073 小时。年气温平均值为 14.4℃，最冷为 1 月，月平均气温为 0℃ ；最热为 7 月，月平均气温为 27.5℃。无霜期为年平均 209.2 天。境内属奎濉河水系。主要自然灾害有冰雹、旱涝、风灾、低温、霜冻、雷击等。农业以种植小麦、玉米、水稻、水果、莲藕为主。畜牧业以养殖猪、羊、牛、鸭为主。工业以面粉生产、食品加工、服装生产、医疗器械制造、机电产品为主。全镇文化站、广播电视站各 1 处，有村级文化活动中心 19 处，各类图书室及农家书屋 19 个，藏书 4 万余册。公立幼儿园 7 所、私立幼儿园 3 个，初中 2 所，小学 13 个、教学点 14 个。卫生院 1 个，床位 85 张，专职医生 29 人。村卫生室 19 个，专业卫生人员 96 人。境内北侧东西方向有 104 国道，南北有 201 省道，中心有朝褚路县道穿境而过，火庙村边界距观音国际机场仅 4 千米。有张氏宗祠。地方戏曲有皮影戏、泗州戏、曲艺、民间舞蹈等。行政区划单位为镇，行政级别为乡级，行政区划代码为 341323108。

标准名称	汉语拼音	备注
蔡塘村 村民委员会	Càitángcūn Cūnmínwěiyuánhuì	隶属灵璧县下楼镇。2006 年机构改革后更名为蔡塘村委会，名称未变。
后蔡塘	Hòucàitáng	因村庄位于蔡塘北，故名。
后刘家	Hòuliújiā	因村庄位于中谢村北和居民多姓刘，故名。
湖北孙	Húběisūn	相传早年庄南是一片湖洼地，后有孙姓在湖北建房居住，后发展成村落，故名。
前蔡塘	Qiáncàitáng	因村庄位于蔡塘南，故名。
中谢	Zhōngxiè	村民多谢姓，南面有火谢，北面有闫庙、火庙，本村庄位于中部，故名。
陈潭村 村民委员会	Chéntáncūn Cūnmínwěiyuánhuì	隶属灵璧县下楼镇。人民公社时期名称为陈潭大队。1983 年由陈潭大队更名为陈潭村委会。
河东庄	Hédōngzhuāng	旧时陈姓由河南迁居潭河东居住，故名。
河西庄	Héxīzhuāng	旧时陈姓由河南迁居潭西居住，故名。
张庄	Zhāngzhuāng	因村民张姓为主，故名。
程庙村 村民委员会	Chéngmiàocūn Cūnmínwěiyuánhuì	隶属灵璧县下楼镇，1958 年政府命名为程庙村。
程庙庄	Chéngmiàozhuāng	程姓在村西建座土地庙，故名。
东高村	Dōnggāocūn	隶属灵璧县下楼镇。1992 年撤区并乡前名称为东高大队，并为镇以后和原三楼大队合并，更名为东高村民委员会。
东陈家	Dōngchénjiā	因村庄位于谢楼东，居民多姓陈，故名。
东高家	Dōnggāojiā	因村庄位于谢楼东，居民多姓高，故名。
后李家	Hòulǐjiā	村庄位于北小刘北部，居民多姓李，故名。
小高庄	Xiǎogāozhuāng	旧时高姓迁居于此，故名。
新三楼	Xīnsānlóu	早年赵姓在老宅基上建了三座土楼，故名。
张坦家	Zhāngtǎnjiā	因村民多为张姓，故名。

标准名称	汉语拼音	备注
付寨村 村民委员会	Fùzhàicūn Cūnmínwěiyuánhuì	隶属灵璧县下楼镇，原名石集大队（李八湖在内），后改名付寨村民委员会。
傅寨	Fùzhài	因村民多为傅姓，故名。
岗子	Gǎngzi	据传，东汉末年曹操在徐州打仗兵败后，就跑到了这片比较高的黄泥岗子上休整，后来本地居民在此居住，就把“黄泥”二字去掉，取名岗子。
石集	Shíjí	居民多石姓，早年是一小集市，故名。
卧龙李	Wòlónglǐ	根据村前和灵山上石碑记载，在明朝以前卧龙李村叫展布村。传说明朝开国皇帝朱元璋的军师刘伯温看到了灵山是一块绝好的风水宝地，山前能出皇帝，山后能出娘娘。他为了能让朱家江山万古千秋，便破坏了此龙脉。他在灵山周围建了72座石灰窑，欲把龙脉给烧死。他这一烧，龙脉一“拱腰”，就顺坡而下直奔该村卧下了。恰巧该村居住着李姓，村名就顺理成章地改为卧龙李。
五家王	Wǔjiāwáng	据王氏家谱记载：因本村住着五个王姓房头，称为五家王。
小高家	Xiǎogāojiā	因村民多为高姓为主，故名。
小尤庄	Xiǎoyóuzhuāng	根据张氏家谱记载：大约一百多年以前，本镇东北楼村张姓祖先为了选风水宝地，就把部分祖先葬在灵山脚下。为了看管祖先的陵园，就迁部分张姓人员来此居住。因原先尤姓祖先想回到尤集街上居住，就把此处卖于张姓。由于原先住着尤姓而叫尤庄，张姓住下以后一直沿用此名。
高王村 村民委员会	Gāowángcūn Cūnmínwěiyuánhuì	隶属灵璧县下楼镇。人民公社时期名称为小高大队。1985年更名为高王村委会后，后又与火谢村委会合并。
火谢	Huǒxiè	早年村落曾被土匪放火烧过几次，居民多姓谢，遂得名。
梨园	Líyuán	因村庄附近原有一片小面积梨园，故名。
小高家	Xiǎogāojiā	因村民多为高姓，庄小，故名。
小刘家	Xiǎoliújiā	因村民多为刘姓，庄小，故名。
小王家	Xiǎowángjiā	因村民多为王姓，庄小，故名。
小谢家	Xiǎoxièjiā	因村民多为谢姓，庄小，故名。
新庄	Xīnzhuāng	以此庄由“火烧谢”迁出新建而得名。
朱庵	Zhū’ān	早年朱姓在此搭庵居住，后发展成村落，遂得名。
古城村 村民委员会	Gǔchéngcūn Cūnmínwěiyuánhuì	隶属灵璧县下楼镇。1954年9月至1955年12月称古城区委员会。人民公社时期为古城大队。1983年由古城大队更名为古城村委会。2002年与河东村委会、双庙村委会合并，仍沿用古城村委会一名称。

标准名称	汉语拼音	备注
古城	Gǔchéng	此处为一古老城镇，明朝末年被黄河洪水淹没变成废墟，后来人们在此建房居住，故得名古城。
河东	Hédōng	因其自然村位于古城河东，故名。
夹河滩	Jiáhétān	因村落所在位置被两个河滩夹着，故名。
双庙	Shuāngmiào	因早年村中有两座庙宇，故名。
谭楼	Tánlóu	因村民多为谭姓，早年村中筑有土楼，故名。
西程	Xīchéng	因村庄位于“黄泥沟”西，居民多为程姓，故名。
余圩	Yúwéi	因居民多余姓，早年村周筑有圩墙，故名。
花楼村村民委员会	Huālóucūn Cūnmínwěiyuánhuì	隶属灵璧县下楼镇。人民公社时期名称为花楼大队。1983年由花楼大队更名为花楼村委会。
花楼	Huālóu	因花姓早年在村中建有土楼，故名。
上村	Shàngcūn	因村庄位于下村北部（以北为上），故名。
土庄	Tǔzhuāng	因早年花姓在村中建有土楼，故名。
王堂庙	Wángtángmiào	旧时名为王唐庙，后讹作王堂庙。
火庙村村民委员会	Huǒmiàocūn Cūnmínwěiyuánhuì	隶属灵璧县下楼镇。人民公社时期为火庙大队。1983年更名为火庙村委会。
陈家庄	Chénjiāzhuāng	因村民多为陈姓，故名。
单家庄	Shànjiāzhuāng	因村民多为单姓，故名。
堌塘庄	Gùtángzhuāng	因早年村周筑有一道堤坝和村中有一较大汪塘，故名。
后赵庄	Hòuzhàozhuāng	因该村位于前赵庄北边，故名。
火神庙	Huǒshénmiào	因村内有一座庙，名曰火神庙，故名。
前赵庄	Qiánzhàozhuāng	因村民多为赵姓，故名。
申家庄	Shēnjiāzhuāng	因申姓最早在此聚居，故名。
小芦庄	Xiǎolúzhuāng	因村落盛产芦苇，且庄小，故名。
小吴庄	Xiǎowúzhuāng	因村民多为吴姓，故名。
阎王庙	Yánwángmiào	因早年村头有座阎王庙，故名。
赵楼庄	Zhàolóuzhuāng	因居民多赵姓，早年村中建有土楼，故名。
凌堌村村民委员会	Línggùcūn Cūnmínwěiyuánhuì	隶属灵璧县下楼镇。人民公社时期名称为凌堌大队。1983年由凌堌大队更名为凌堌村委会。
后凌堌	Hòulínggù	很早以前该村南有一山，名为二龙戏珠山，因该村位于山北，成为后凌堌。
凌堌新村	Línggùxīncūn	由后凌堌庄搬迁到此，建新村，故名。

标准名称	汉语拼音	备注
岐路陈	Qílùchén	因村落地处丘陵，道路崎岖，居民多陈姓，遂得名“崎路陈”。后将“崎”演变为“岐”，故名。
小陈庄	Xiǎochénzhuāng	旧时陈姓从河南颍川迁至地居住，故名。
小徐家	Xiǎoxújiā	因村民多为徐姓，故名。
刘庵村 村民委员会	Liú’āncūn Cūnmínwěiyuánhuì	隶属灵璧县下楼镇，1992 年并村后，由政府命名为刘庵村。
大吴家	Dàwújiā	因村民多为吴姓，故名。
后李家	Hòulǐjiā	村庄位于北小刘北部，居民多姓李，故名。
胡庄	Húzhuāng	因村民多为胡姓，故名。
花园	Huāyuán	因村民早年喜爱种植花草，在当地一带较为出名，故名。
刘庵	Liú’ān	村中刘姓居多，故名。
齐刘家	Qíliújiā	村中齐、刘姓居多，故名。
王楼	Wánglóu	因庄内旧时建有一座小楼，全村多为王姓，故名。
小吴家	Xiǎowújiā	因村民多为吴姓，故名。
小新庄	Xiǎoxīnzhuāng	原名庄圩子，因村落搬迁至此建新村，故名。
小杨家	Xiǎoyángjiā	该庄以杨姓居多，村庄面积小，故名。
小张家	Xiǎozhāngjiā	因村民多为张姓，故名。
庄圩子	Zhuāngwéizi	因庄姓居民早年在村周筑有圩墙，故名。
龙山村 村民委员会	Lóngshāncūn Cūnmínwěiyuánhuì	隶属灵璧县下楼镇。人民公社时期名称为张庄公社、高楼公社、丁阁公社。1992 年三个公社合并，更名为龙山村民委员会。
丁阁	Dīnggé	村民多姓丁，早年村头建有尼姑庵，形似阁楼，故名。
高楼	Gāolóu	因早年高姓在村中建有土楼，故名。
潘巷	Pānxiàng	因居民多姓潘，村内巷道较多，故名。
前凌堌	Qiánlínggù	因村庄位于后凌堌南，故名。
山后徐	Shānhòuxú	因村庄坐落于灵山北麓，居民多姓徐，故名。
申周王	Shēnzhōuwáng	因村民多为申、周、王三姓，故名。
张庄	Zhāngzhuāng	因居民多张姓，故名。
洛涧村 村民委员会	Luòjiàncūn Cūnmínwěiyuánhuì	隶属灵璧县下楼镇。人民公社时期名称为宣闸大队。1983 年由宣闸大队更名为洛涧村委会。
大王庄	Dàwángzhuāng	因此村大都姓王，故名。
沟湾	Gōuwān	因村庄位于大水沟拐弯处，称为沟湾。
红山头	Hóngshāntóu	因该村位于红山脚下，故名。

标准名称	汉语拼音	备注
洛涧	Luòjiàn	明朝时代已有洛涧自然庄，庄名原叫花涧沟，后洛姓居住，更名为洛涧。
乔何庄	Qiáohézhuāng	村民多为乔姓、何姓，故名。
土山	Tǔshān	因该村北有座土山，故名。
小王庄	Xiǎowángzhuāng	因此村大都姓王，而且人口较少，故名。
田口村村民委员会	Tiánkǒucūn Cūnmínwěiyuánhuì	隶属灵璧县下楼镇。人民公社时期名称为田口大队，由上朱庄、郑沟庄、南魏家、南程家、田口庄组成。公社时期代楼大队由程巷庄、代楼庄组成，叫代楼大队。2005 年由田口大队、代楼大队合并为田口村，村部由原来的代楼小学更名为田口村民委员会。
程巷孜	Chéngxiàngzī	因村民程姓居多，村内巷道较多，故名。
代楼庄	Dàilóuzhuāng	代姓在此建楼，故名。
上朱庄	Shàngzhūzhuāng	清朝光绪十四年，朱姓祖彦公有四子，其四子于此地居住，故名。
田口庄	Tiánkǒuzhuāng	因村民多为田姓，庄西有一口井，故名。
魏家庄	Wèijiāzhuāng	因村民多为魏姓，故名。
小程家	Xiǎochéngjiā	因程姓最早在此聚居，庄小，故名。
郑沟庄	Zhènggōuzhuāng	因郑姓最早在此聚居，该处南面有条水沟，故名。
王集村村民委员会	Wángjícūn Cūnmínwěiyuánhuì	隶属灵璧县下楼镇。人民公社时期名称为王集公社，后为王集区公所、王集乡。1992 年撤区并乡后改为王集村。
孟家	Mèngjiā	因村民多为孟姓，故名。
王集	Wángjí	清末民国时期称“无城寿”，后因居民多王姓，有一小集市，故更名。
下村	Xiàcūn	因村庄位于花楼村上村南（俗称下），故名。
张家庄	Zhāngjiāzhuāng	因村民多为张姓，故名。
赵家	Zhàojiā	因村民多为赵姓，故名。
吴楼村村民委员会	Wúlóucūn Cūnmínwěiyuánhuì	隶属灵璧县下楼镇，1983 年由吴楼大队更名为吴楼村委会。
吴楼	Wúlóu	传说清代的吴姓建了吴家楼，故名。
小刘家	Xiǎoliújiā	因村民多为刘姓，故名。
小徐家	Xiǎoxújiā	因村民多为徐姓，故名。
朱楼	Zhūlóu	旧时朱姓迁居至此，在村中建有土楼，故名。
小圩村村民委员会	Xiǎowéicūn Cūnmínwěiyuánhuì	隶属灵璧县下楼镇。人民公社时期名称为小圩大队。1983 年由小圩大队更名为小圩村委会。

标准名称	汉语拼音	备注
大北庄	Dàběizhuāng	因村落较大，位于现村委会驻地小圩北，故名。
后谭楼	Hòutánlóu	因村庄位于小谭楼北，故名。
李八湖	Lǐbāhú	因最早有位名叫李八的村民在此定居，后发展成为村落，且村外有一片湖洼地，故名。
小谭楼	Xiǎotánlóu	因谭姓最早在此聚居，故名。
小圩	Xiǎowéi	因早年村周围设有圩，故名。
谢楼村村民委员会	Xièlóucūn Cūnmínwěiyuánhuì	隶属灵璧县下楼镇。新中国成立初期名为谢楼公社，后划分为谢楼乡。1992 年撤区并乡改为谢楼村。
大西庄	Dàxīzhuāng	因村庄位于运料河西，故名。
东北楼	Dōngběilóu	因村庄位于古城东北，早年村中建有土楼，故名。
金庄	Jīnzhuāng	因村民多为金姓，故名。
小西庄	Xiǎoxīzhuāng	因村庄位于运料河西，庄小，故名。
谢楼街	Xièlóujiē	因早年谢姓在村中建有土楼，故名。
谢楼圩后	Xièlóuwéihòu	因该村位于谢楼街北部，故名。
杨山村村民委员会	Yángshāncūn Cūnmínwěiyuánhuì	隶属灵璧县下楼镇。1992 年该村与鄂山村合并以后，仍然沿用杨山村。
鄂山	È Shān	以境内鄂山而得名。
下楼	Xiàlóu	早年杨姓在杨山东南脚下建一座土楼，后发展成为村落，故名。
杨山东	Yángshāndōng	因村庄坐落在杨山东麓，故名。
杨山后	Yángshānhòu	因村庄坐落在杨山北麓，故名。
杨山前	Yángshānqián	因村庄坐落在杨山南麓，故名。

朝阳镇

朝阳镇（Cháoyáng Zhèn） 隶属宿州市，地处灵璧县北端，东连江苏睢宁县岚山镇，南与渔沟镇为邻，西南与游集镇隔运料河相望，西北与下楼镇相连，北面与江苏省睢宁县双沟镇接壤。辖周庄村、赵庄村、嶂渠村、杨桥村、旗杆村、戚楼村、裴集村、孟邵村、陆圩村、李寨村、京渠村、大湖村、崔巷村、崔楼村、朝阳村、韩家村共 16 个村。辖区东西最大距离 12.3 千米，南北最大距离 15.2 千米，面积 138.2 平方千米。辖区总人口 8.05 万人。境内地势自然条件由东北向西南倾斜，海拔在 22.5—25 米，最高点京渠 82.4 米，西部与北部地势平坦，中部与东南部多山。位于东部的九顶山海拔 188 米，是灵璧县最高山峰之一，位于江苏、安徽省交界处，区域面积 13 平方千米。境内含大量的红皖螺大理石、白灵石、灵璧奇石、观赏石、山峰石、石灰石等资源。地处北温带与北亚热带过渡的半湿润季风气候区。其特点是冬寒干燥，夏热多雨，四季分明，日照充足。年日照平均值为 2076 小时。年气温平均值为 14.4℃。最冷为 1 月，月平均气温为 0℃ ；最热为 7 月，月平均气温为 27.5℃。无霜期为年平均 209.2 天。年平均降水量为 856 毫米。境内属奎濉河水系。主要自然灾害有冰雹、雷击、旱涝、风灾、低温、霜冻等。农业以种植小麦、玉米、大豆为主，其次为蔬菜。畜牧业以养殖猪、羊、家禽为主。工业以面粉生产、服装加工、物流运输、食品加工为主。镇文化站、广播电视站各 1 处，有村级文化活动中心 16 处，各类图书室及农家书屋 18 个，藏书 18 万余册。有卫生院 1 所，床位 110 张，村卫生室 16 个。公立幼儿园 1 个、小学 8 个、初中 2 所。境内有 201 省道和 104 国道交会，徐明高速纵穿全镇。有朝阳集战斗遗址。有皮影戏、泗州戏、曲艺、民间舞蹈等地方戏曲。行政区划单位为镇，行政级别为乡级，行政区划代码为 341323109。

标准名称	汉语拼音	备注
朝阳村 村民委员会	Cháoyángcūn Cūnmínwěiyuánhuì	隶属灵璧县朝阳镇。1958 年人民公社时期称为朝阳大队。1992 年更名为朝阳村村民委员会，沿用至今。
保吴	Bǎowú	因居民以吴姓居多，遂得名吴庄子，后来形成村寨，更为现名。
朝阳集	Cháoyángjí	朝阳名称来自《诗经 · 大雅 · 卷阿》："凤凰鸣矣，于彼高冈；梧桐生矣，于彼朝阳。"有向往美好生活之义。
刘南场	Liúnánchǎng	位于凤凰山南麓，山前土地平坦一片，加上刘姓人家在此聚集生活，故名。
山前庄	Qiánzhuāng	因村庄在凤凰山山南脚下，故名。
山西庄	Shānxīzhuāng	因村庄位于牧猪山西边，故名。
绪庄	Xùzhuāng	因村庄是绪姓聚集形成，故名。
枕山	Zhěnshān	因村庄在枕山脚下，故名。
崔楼村 村民委员会	Cuīlóucūn Cūnmínwěiyuánhuì	隶属灵璧县朝阳镇。1958 年人民公社时期名称为九光社，后更名为崔楼大队。1983 年由崔楼大队更名为崔楼村民委员会。
崔楼	Cuīlóu	旧时崔姓在此建楼，故名。
军庄	Jūnzhuāng	抗日战争时期八路军军部医院所在地，新中国成立后就成为军庄，故名。
梁庄	Liángzhuāng	清代前期，梁姓由北向南迁居在此，得名为梁庄。
崔巷村 村民委员会	Cuīxiàngcūn Cūnmínwěiyuánhuì	隶属灵璧县朝阳镇。1958 年人民公社时期名称为东风大队。1981 年由东风大队更改为崔巷村委员会。
崔巷	Cuīxiàng	因居民以崔姓居多，又村中巷道较多，故名。

标准名称	汉语拼音	备注
大朱家	Dàzhūjiā	因村中居民多以朱姓为主，故名。
后钱	Hòuqián	因居民姓氏取名，又在钱庙后，故名。
李台子	Lǐtáizi	因村中居民均为李姓，故名。
鲁集	Lǔjí	因村中鲁姓居多且逢集，故名。
宁庄	Níngzhuāng	因村民以宁姓为主，故名。
钱庙	Qiánmiào	钱姓在大朱庄建有一庙，称为钱庙，故名。
吴楼	Wúlóu	旧时因吴姓在此建楼，故名。
小梁家	Xiǎoliángjiā	因村中梁姓居多，又相对梁庄在后，故名，后改为小梁家。
小钱	Xiǎoqián	因居民多为钱姓，又庄小，故名。
小张家	Xiǎozhāngjiā	因村中居民多为张姓，有庄小，故名。
小朱家	Xiǎozhūjiā	因庄小且以朱姓为主，故名。
姚庄	Yáozhuāng	姚姓在村边建造一座砖结构平房，故名。
余台子	Yútáizi	因村庄居民多余姓，故名。
臧庄	Zāngzhuāng	因村中居民多为臧姓，故名。
大湖村村民委员会	Dàhúcūn Cūnmínwěiyuánhuì	隶属灵璧县朝阳镇。1958 年人民公社时期名称为大湖大队。1984 年后由大湖大队更名为大湖村委会。
大湖庄	Dàhúzhuāng	因村周围地势低洼，长年积水，故名。
东园庄	Dōngyuánzhuāng	因位于村委会驻地“西南”东和居民多开种菜园，故名。
高圩庄	Gāo Wéizhuāng	因居民多高姓，早年村周筑有圩墙，故名。
泥湖	Níhú	因村边有一条泥水沟，附近地势低洼，故名。
吴庄	Wúzhuāng	因居民多为吴姓，故名。
西园	Xīyuán	因村庄位于东园西，故名。
朱园	Zhūyuán	因早年村庄附近有一片竹园，后改为朱园。
韩家村村民委员会	Hánjiācūn Cūnmínwěiyuánhuì	隶属灵璧县朝阳镇。1958 年人民公社时期名为韩家大队。1982 年由韩家大队更名为韩家村民委员会。1992 年撤区并乡，为韩家村民委员会。
大赵	Dàzhào	因村民多为赵姓，故名。
东朱家	Dōngzhūjiā	因村民多为朱姓，故名。
韩家	Hánjiā	因村民姓氏多为韩，故名。
黄家	Huángjiā	因居住在凤凰山脚下，多为黄姓，故名。
娄家	Lóujiā	因村民多以娄姓为主，故名。
上庄	Shàngzhuāng	据传此庄居住着赵姓和杨姓，因村庄在老韩家大队的南侧，紧靠山脚，故名。

标准名称	汉语拼音	备注
小圩子	Xiǎowéizi	旧时为预防盗匪的侵扰，在村庄四周筑了一道很高的围墙，故名。
小徐家	Xiǎoxújiā	小徐家、东朱家与赵巷为一个自然庄，居住着徐姓、朱姓和赵姓三个家族。徐姓以姓氏简称，故名。
小赵庄	Xiǎozhàozhuāng	因村民多为赵姓，又村庄较小，故名。
徐家	Xújiā	因村民多为徐姓，故名。
赵巷	Zhàoxiàng	赵姓由山西迁居至此，与徐姓为邻，因生活需要，两家族在居住地交界处筑了一道围墙，形成了一条长巷，赵姓以此巷命名，故名。
京渠村村民委员会	Jīngqúcūn Cūnmínwěiyuánhuì	隶属灵璧县朝阳镇。1958 年人民公社时期名称为京渠大队。1985 年由京渠大队更名为京渠村民委员会。
京渠庄	Jīngqúzhuāng	民间传说朱元璋准备建都，征求大臣刘伯温意见，刘伯温说，陛下站在城楼上射箭，箭头落在什么地方就在那里建京都。箭头落在京渠村附近，于是当地老百姓就把这个地方称为京城之地。后来在村西开了条沟，遂称为京渠，京渠村由此得名。
温楼庄	Wēnlóuzhuāng	因其姓氏和特征得名。
小新庄	Xiǎoxīnzhuāng	由京渠村十二组搬迁至此新建一庄，又庄小，故名。
李寨村村民委员会	Lǐzhàicūn Cūnmínwěiyuánhuì	隶属灵璧县朝阳镇。1958 年人民公社时期，曾叫李寨大队，后更名为李寨村民委员会。
陈庄	Chénzhuāng	因村庄地势低洼，取名“沉”庄，谐音为陈庄。
韩山	Hánshān	在小山北边，韩姓居住，称为韩山。
蒿王	Hāowáng	村民因王姓较多，故名。
后邢	Hòuxíng	村民因邢姓多，故名。
李寨	Lǐzhài	村民因李姓居多，又建寨防贼，故名。
前邢	Qiánxíng	村东边有个后邢，后来有人居住，故名。
圩外	Wéiwài	因村庄在寨（李寨）外，故名。
下薄	Xiàbó	因位于小山北地，村民多薄姓，故名。
下庄	Xiàzhuāng	因村落位于山下，故名。
小韩	Xiǎohán	因村庄人数较少，又多为韩姓，故名。
小山头	Xiǎoshāntóu	因村庄位于小山旁，故名。
殷寨	Yīnzhài	因村民多为殷姓，又靠山筑寨，故名。
尤家	Yóujiā	因村民以尤姓居多，故名。
张博	Zhāngbó	因早年建庄人叫张博，故名。

标准名称	汉语拼音	备注
张巷	Zhāngxiàng	因村民多为张姓，又村中小路较多，故名。
陆圩村 村民委员会	Lùwéicūn Cūnmínwěiyuánhuì	隶属灵璧县朝阳镇。1958 年命名为陆圩人民公社。1981 年春由公社扩大，现继续沿用陆圩村及村庄名称。
陆桥	Lùqiáo	因由陆圩庄迁居，故名。
陆圩庄	Lùwéizhuāng	因村民多为陆姓且早年四周建有围墙，故名。
马巷	Mǎxiàng	清代中期，马巷庄和陆圩庄连在一起，后统称为马巷。
张旺	Zhāngwàng	该庄因张姓人丁兴旺，故名。
孟邵村 村民委员会	Mèngshàocūn Cūnmínwěiyuánhuì	隶属灵璧县朝阳镇。1958 年人民公社时期为孟邵大队。1983 年更名。
黄庄村	Huángzhuāngcūn	新中国成立初期由黄东村和黄西村合并为黄庄村，由黄姓在此居住，故名。
孟家	Mèngjiā	该庄自古孟姓居多，故名。
邵家	Shàojiā	该庄自古邵姓占多，故名。
下宋庄	Xiàsòngzhuāng	南有山，山下有庄，以居宋姓为主，故名。
张山口	Zhāngshānkǒu	该庄自古张姓居多，又居山口，故名。
裴集村 村民委员会	Péijícūn Cūnmínwěiyuánhuì	隶属灵璧县朝阳镇。1958 年人民公社时，曾称为裴集大队。1984 年后称为裴集村委会。
冠山	Guànshān	因村庄位于冠山脚下，故名。
槐园	Huáiyuán	原村里有一棵大槐树，故名。
宁山口	Níngshānkǒu	该庄自古宁姓居多，又居山口，故名。
裴集	Péijí	旧时因裴姓聚居在此，故名。
三楼	Sānlóu	早年有三个兄弟迁居至此，盖了三栋楼，故名。
沈家	Shěnjiā	该庄因沈姓居多，故名。
小窑	Xiǎoyáo	该村庄原有窑口一座，故名。
朱赵陈	Zhūzhàochén	该村庄由朱姓、赵姓、陈姓组成，故名。
戚楼村 村民委员会	Qīlóucūn Cūnmínwěiyuánhuì	隶属灵璧县朝阳镇。旧传明朝嘉靖年间，戚继光领导的抗倭戚家军来此地剿匪，并在此建立了七个兵营，先在江苏睢宁县双沟镇安营驻扎，后因戚继光调往蓟州，戚家军就此解散。“七个兵营”讹称戚楼。
毛庄	Máozhuāng	因村庄以毛姓居多，故名。
戚楼庄	Qīlóuzhuāng	戚姓早年在本村建有炮楼，故名。
邵埝庄	Shàoniànzhuāng	村东边靠江苏交界处有一处较大的河埝，东边有姓邵的人员居住，故名。

标准名称	汉语拼音	备注
旗杆村村民委员会	Qígāncūn Cūnmínwěiyuánhuì	隶属灵璧县朝阳镇。1958 年人民公社时期，称为红旗大队。1984 年更名为旗杆村民委员会。
胡井	Hújǐng	因姓胡聚集居住在井边，故名。
刘八集	Liúbājí	因刘姓居多且庄户大，拥有集镇，故名。
陆村	Lùcūn	因该村由六户人家组成，“六”同“陆”，故名。
旗杆	Qígān	原名南园。传说明朝有位村民考中举人，在村中心竖立一杆旗，此后南园庄就改叫旗杆。
庄楼	Zhuānglóu	因庄姓居多，又盖小楼，故名。
杨桥村村民委员会	Yángqiáocūn Cūnmínwěiyuánhuì	隶属灵璧县朝阳镇。1958 年人民公社时期为杨桥大队，1983 年更名为杨桥村民委员会。
戚庄	Qīzhuāng	戚楼村迁来一户弟兄两个，故名。
唐庄	Tángzhuāng	因村民多为唐姓，故名。
武楼	Wǔlóu	因居民多为武姓，且盖一高楼，故名。
杨桥	Yángqiáo	因杨姓居多，又村中有桥，故名。
张庄	Zhāngzhuāng	因村中张姓居多，故名。
嶂渠村村民委员会	Zhàngqúcūn Cūnmínwěiyuánhuì	隶属灵璧县朝阳镇。1958 年人民公社时期名称为嶂渠大队。1985 年由嶂渠大队更名为嶂渠村民委员会。
陈家	Chénjiā	因村民陈姓居多，故名。
平山庄	Píngshānzhuāng	因背靠一座平山头，故名。
小丁公村	Xiǎodīnggōngcūn	建村取名，年代久远，无法考证。
嶂渠村	Zhàngqúcūn	因村东南有一条水渠名叫嶂渠，故名。
赵庄村村民委员会	Zhàozhuāngcūn Cūnmínwěiyuánhuì	隶属灵璧县朝阳镇。1958 年人民公社时期名称为赵庄大队。1985 年由赵庄大队更名为赵庄村民委员会。
大丁公	Dàdīnggōng	建村取名，年代久远，无法考证。
高庄	Gāozhuāng	因居民多高姓，故名。
马庄	Mǎzhuāng	因村民多为马姓，故名。
下洼子	Xiàwāzi	因村落地势比较低洼，并在洼地里建造仓库和住房，故名。
赵前	Zhàoqián	因赵姓居多，又在原毛庄前，故名。
赵庄	Zhàozhuāng	因村民多为赵姓，故名。
周庄村村民委员会	Zhōuzhuāngcūn Cūnmínwěiyuánhuì	隶属灵璧县朝阳镇。1958 年人民公社时期名称为前进大队。1984 年分为周庄、辛庄两个村。2004 年合并为周庄村。
郭庄	Guōzhuāng	因早年村中做铁锅生意，故称锅庄，后因谐音，改为现名。

标准名称	汉语拼音	备注
后炉	Hòulú	因王姓祖辈从外地迁来兄弟俩，两兄弟在路南支起铁匠炉，故称为“后铁炉”，又叫后炉。
练滩	Liàntān	在此村庄后有一河滩，有王姓祖辈兄弟俩来此撒鱼晒网，一个在河南，一个在河北，前练摊在周庄村，后练滩在游集镇。
前炉	Qiánlú	因王姓祖辈从外地迁来兄弟俩，两兄弟在路南支起铁匠炉，故称为“前铁炉”，又叫前炉。
小河沿	Xiǎohéyán	因本庄姓氏较杂，又紧邻运料河居住，后就叫作小河沿。
小王家	Xiǎowángjiā	因本庄王姓人多，故称小王家。
辛庄	Xīnzhuāng	因此庄最早来此居住的辛姓最多，故名。
赵小楼	Zhàoxiǎolóu	因本庄赵姓祖辈从外地迁来，在庄子中央垫土筑起一座土楼，故名。
周庄	Zhōuzhuāng	此村庄最先是由周姓经营木业社，外地都称为周庄，故名。

渔沟镇

渔沟镇（Yúgōu Zhèn）　隶属宿州市，全镇地处灵璧县中北部，东邻高楼镇，南靠大路乡，西南与浍沟镇相连，西接朱集乡，西北与游集镇隔运料河相望，北与朝阳镇毗邻，东北与江苏睢宁岚山镇接壤。人民政府驻渔沟村。辖渔沟村、钧台村、磬云村、杏山村、梁集村、跃娄村、申寨村、刘塘村、白马村、侯湖村、堌子村、张寨村、郑楼村、卓庄村、中莱村、马集村、申场村、纸房村、卞庄村共19个村。辖区东西最大距离17.4千米，南北最大距离12.3千米，面积113平方千米。辖区总人口7.2951万人，主要民族为汉族。境内处黄淮冲积平原南缘，地势东北高西南低，地貌特征为大平小不平。地面高度一般为海拔21—23米，最高点在堌子村，海拔28米；最低点刘塘村，海拔21米。境内山丘属低山丘陵，属淮阳山系，徐淮山脉余脉，共44座山头，最高峰在马山，海拔170米。矿藏主要为大理石和石灰石。磬石矿主要分布在磬云山。属半湿润季风气候，其特点是冬寒干燥，夏热多雨，四季分明。年日照平均值约2072小时，年平均气温约14.9℃。无霜期209天，年均降水量856毫米。境内属奎濉河水系，有三渠沟、项土沟、浍朝河、摸泥沟、劈山河、郑阳沟等主要河流。主要自然灾害有冰雹、雷击、旱涝、风灾、低温、霜冻等。粮食作物以小麦、玉米为主。畜牧业以饲养猪、牛、羊、家禽等为主。工业以非煤矿山开采、水泥生产销售、服装加工、农产品加工、磬石工艺品加工、红木家具生产为主。有综合性文化站1个，建筑面积2000平方米，全镇有村公共图书室20个，藏书5万余册。有幼儿园9所，小学24所，中学1所。渔沟镇有卫生院1所，病床50张，专业卫生人员70人。卫生室19个，卫生人员75人。境内有201省道穿境而过，境内长 10 千米。境内有天一园、磬云山省级地质公园、宋代摩崖石刻、龙山渠遗址、宋代采石坑遗址。有青龙山公园、灵璧石会展中心、卓庄徽派建筑群等。有皮影戏、泗州戏、曲艺、民间舞蹈等地方戏曲。行政区划单位为镇，行政级别为乡级，行政区划代码为 341323110。

标准名称	汉语拼音	备注
白马村村民委员会	Báimǎcūn Cūnmínwěiyuánhuì	隶属灵璧县渔沟镇。1962 年属郑楼公社，为白马大队，1983 年属郑楼乡，为白马村村民委员会，1992 年属渔沟镇。
白马	Báimǎ	以境内白马山二字取名。
后山	Hòushān	以村庄坐落在白马山北面，故取名后山。
前山	Qiánshān	以村庄位于白马山前取名。
西吕家	Xīlǚjiā	因村庄位于周寨西，居民多吕姓，故名。
周寨	Zhōuzhài	因村民多为周姓，故名。
卞庄村村民委员会	Biànzhuāngcūn Cūnmínwěiyuánhuì	隶属灵璧县渔沟镇。1962 年属郑楼公社，为卞庄大队，1983 年属郑楼乡，为卞庄村村民委员会，1992 年属渔沟镇。
卞庄	Biànzhuāng	早年卞姓由外地迁居至此，得名卞庄。
钓台村村民委员会	Diàotáicūn Cūnmínwěiyuánhuì	隶属灵璧县渔沟镇。1958 年属渔沟公社，为钓台大队，1983 年属渔沟乡，为钓台村村民委员会，1992 年属渔沟镇。
下土山	Xiàtǔshān	因村庄位于土山脚下，故名。
钓鱼台	Diàoyútái	早年村西有一钓鱼台，民间传说是姜子牙的钓鱼台，村庄得名钓鱼台。
赵庄	Zhàozhuāng	因赵姓最早在此聚居，故名。
郑巷	Zhèngxiàng	因村民多郑姓，村中巷道较多，故名。
上土山	Shàngtǔshān	因村庄坐落在上土坡上，故名。
堌子村村民委员会	Gùzicūn Cūnmínwěiyuánhuì	隶属灵璧县渔沟镇。1958 年属梁集公社，为堌子大队，1983 年属梁集公社，为堌子村村民委员会，1992 年属渔沟镇。
北堌	Běigù	因早年村外建筑有防洪小堤，且南面还有南堌、中堌两个自然庄，故而得名。
大刘山	Dàliúshān	因村民多为刘姓，境内有山，故名。
南堌	Nángù	因村庄位于中堌南，故名。
小花山	Xiǎohuāshān	因村民多为花姓，境内有山，故名。
小刘山	Xiǎoliúshān	因村民多为刘姓，境内有山，故名。
中堌	Zhōnggù	因村庄位于北堌、南堌中间，故名中堌。

标准名称	汉语拼音	备注
侯湖村 村民委员会	Hóuhúcūn Cūnmínwěiyuánhuì	隶属灵璧县渔沟镇。1958年属渔沟公社，为卓塘大队，1983年属渔沟乡，为卓唐村村民委员会，1992年与侯湖村合并，属渔沟镇。
侯湖	Hóuhú	居民多侯姓，村周地势低洼，积水成湖，故名。
卓塘庄	Zhuótángzhuāng	旧时因卓姓在村外开挖汪塘，故名。
马楼	Mǎlóu	因早年马姓居住在此地建有土楼，故名。
梁集村 村民委员会	Liángjícūn Cūnmínwěiyuánhuì	隶属灵璧县渔沟镇。1958年属梁集公社，为梁集大队，1983年属梁集乡，为梁集村村民委员会，1992年属渔沟镇。
梁集	Liángjí	早年梁姓在此造房居住，后发展为集市，故名。
山东	Shāndōng	因村民定居在山的东部，故名。
山前	Shānqián	因村民定居在山的南部，故名。
山西	Shānxī	因村民定居在山的西部，故名。
马山	Mǎshān	因村民多为马姓，又村落位于山旁，故名。
徐窝	Xúwō	居民徐姓居多，村庄位于山旁，故名。
砖山	Zhuānshān	村庄因位于砖山旁，故名。
刘塘村 村民委员会	Liútángcūn Cūnmínwěiyuánhuì	隶属灵璧县渔沟镇。1958年属渔沟公社，为刘塘大队，1983年属渔沟乡，为刘塘村村民委员会，1992年属渔沟镇。
北刘塘	Běiliútáng	因村民多为刘姓，村南有一较大的汪塘，故名。
赵井子	Zhàojǐngzi	因村民赵姓居多，庄中有一口老井，故名。
来坝子	Láibàzi	因西临三渠沟，早年先人来到坝子上建房，后发展成村落，遂得名。
刘塘	Liútáng	居民多刘姓，村中有一大洼塘，故名。
南刘塘	Nánliútáng	因村民刘姓居多，村落位于河塘南，故名。
韩巷	Hánxiàng	因韩姓村民为主，庄中巷道较多，故名。
秦湾	Qínwān	村民多秦姓，村落位于河湾，故名。
王塘	Wángtáng	因村民多以王姓为主，庄中有一个大溏，故名。
伙房	Huǒfáng	相传西楚霸王项羽的军队曾在此搭伙做饭，俗称伙房，后为村名。
马集村 村民委员会	Mǎjícūn Cūnmínwěiyuánhuì	隶属灵璧县渔沟镇。1969年属九顶公社，为马集大队，1980年属马集公社，1983年属马集乡，为马集村村民委员会，1992年属渔沟镇。
马程庄	Mǎchéngzhuāng	因村民多为马姓和程姓，故名。
菜园庄	Càiyuánzhuāng	因村庄种菜较多，故名。

标准名称	汉语拼音	备注
马集	Mǎjí	因村民多为马姓，村庄逢集，故名。
磬云村村民委员会	Qìngyúncūn Cūnmínwěiyuánhuì	隶属灵璧县渔沟镇。1958年属渔沟公社，为磬云大队，1983年属渔沟乡，为磬云村村民委员会，1992年属渔沟镇。
前崇山口	Qiánchóngshānkǒu	因村庄位于崇山坳口南，故名。
韩楼	Hánlóu	因韩姓早年在村内建有土楼，故名。
下庄	Xiàzhuāng	因村庄位于崇山坳口北，故名。
下陶	Xiàtáo	因村民多为陶姓，村落地势较低，故名。
小店子	Xiǎodiànzi	因村庄较小，早年开有卖货小店，故名。
解山头	Xièshāntóu	因村民多为解姓，村庄坐落山头上，故名。
上陶	Shàngtáo	因村民多为陶姓，村落地势较高，故名。
后崇山口	Hòuchóngshānkǒu	因村庄位于崇山坳口北，故名。
申场村村民委员会	Shēnchǎngcūn Cūnmínwěiyuánhuì	隶属灵璧县渔沟镇。1958年属申场公社，为申场大队，1983年属申场乡，为申场村村民委员会，1992年属渔沟镇。
泉沟子	Quángōuzi	因村西有一条水沟，且有泉水，水流从未间断，故名。
马庄	Mǎzhuāng	早年马姓迁到此地，得名马庄。
申场	Shēnchǎng	早年申姓居民在此开荒种地，打场晒粮，故名。
土楼	Tǔlóu	以早年建有土楼而得名。
小张场	Xiǎozhāngchǎng	早年张姓在此打场晒粮，起名张场，因重名且此庄较小，故名小张场。
申寨村村民委员会	Shēnzhàicūn Cūnmínwěiyuánhuì	隶属灵璧县渔沟镇。1958年属申场公社。1983年为属申场乡。1992年设立申寨村村民委员会。
申寨	Shēnzhài	因村民多为申姓，早期为山寨，故名。
王山头	Wángshāntóu	以居民姓氏和村庄坐落在山上取名，故而得名王山头。
韩庄	Hánzhuāng	因村民多为韩姓，故名。
杏山村村民委员会	Xìngshāncūn Cūnmínwěiyuánhuì	隶属灵璧县渔沟镇。1958年属梁集公社，为杏山大队，1983年为梁集乡，属杏山村村民委员会，1992年属渔沟镇。
杏山	Xìngshān	因早年村落旁有山，山上有杏树较多，故名。
渔沟村村民委员会	Yúgōucūn Cūnmínwěiyuánhuì	隶属灵璧县渔沟镇。1958年属渔沟公社，为渔沟大队，1983年属渔沟乡，为渔沟村村民委员会，1987年分为渔东村村民委员会和渔西村村民委员会，1992年渔东、渔西同属渔沟镇，2003年因区划调整渔东村、渔西村合并为渔沟村村民委员会。
渔东	Yúdōng	该庄位于渔沟村东部，故名。
何庄	Hézhuāng	以居民何姓较多而得名。

标准名称	汉语拼音	备注
渔西	Yúxī	因位于渔沟村西头，故名。
跃娄村村民委员会	Yuèlóucūn Cūnmínwěiyuánhuì	隶属灵璧县渔沟镇。2003 年由跃山和娄圩两村合并而来，为跃楼村村民委员会。
大门李家	Dàménlǐjiā	因早年李姓门户较大，故名。
耿庄	Gěngzhuāng	旧时耿姓在此居住，故名。
刘圩	Liúwéi	因原自然庄四周有圩子，且刘姓居多，故名。
娄圩	Lóuwéi	早年村落周围建有圩墙，村内建有土楼，故称楼圩，后更名为娄圩。
周圩	Zhōuwéi	早年此庄建有圩子，且周姓居多，故名。
张寨村村民委员会	Zhāngzhàicūn Cūnmínwěiyuánhuì	隶属灵璧县渔沟镇。1958 年属渔沟公社，为张寨大队，1983 年属渔沟乡，为张寨村村民委员会，1992 年属渔沟镇，2003 年因区划调整徽山村并入，沿用张寨村村民委员会至今。
张寨	Zhāngzhài	因村民多为张姓，早年为一山寨，故名。
山东李	Shāndōnglǐ	因村庄位于徽山东，居民多李姓，故名。
谷堆	Gǔduī	传说先世由原山西大槐树迁址谷堆，有一土丘貌似谷堆，故名。
王寨	Wángzhài	因村民王姓居多，建有山寨，故名。
郑楼村村民委员会	Zhènglóucūn Cūnmínwěiyuánhuì	隶属灵璧县渔沟镇。1958 年属渔沟公社，为郑楼大队，1983 年属渔沟乡，为郑楼村村民委员会，1992 年属渔沟镇，2003 年因区划调整吕庄村并入，沿用郑楼村村民委员会至今。
郑楼	Zhènglóu	早年郑姓在此造有座土楼，故名。
吕庄	Lǚzhuāng	因村民多为吕姓，故名。
西谷堆	Xīgǔduī	早年因村庄有一土丘貌似谷堆，且村庄位于谷堆西，故名。
小陈庄	Xiǎochénzhuāng	位于郑楼村南，以陈姓较多，故名。
西朱	Xīzhū	因村民以朱姓居多，村庄位于西部，故名。
纸房村村民委员会	Zhǐfángcūn Cūnmínwěiyuánhuì	隶属灵璧县渔沟镇。1958 年属渔沟公社，为纸房大队，1983 年属渔沟乡，为纸房村村民委员会，2008 年因区划调整，赵场村并入，沿用纸房村村民委员会至今。
前纸房	Qiánzhǐfáng	早年因位于后纸房之南，故名。
后纸房	Hòuzhǐfáng	因早年南北两个村庄有的居民以造纸为生，且将有造纸的房屋取名纸房。此庄位于北边，故名后纸房。
赵场	Zhàochǎng	早年该村赵姓居多，村里有一较大的打谷场，遂取名为赵场。
菜园	Càiyuán	因村民多种菜，取名菜园。
方家	Fāngjiā	因村民多为方姓，故名。

标准名称	汉语拼音	备注
中菜村村民委员会	Zhōngcàicūn Cūnmínwěiyuánhuì	隶属灵璧县渔沟镇。由两半村、马圩村、中菜村三村合并而成，此三村 1958 年同属九顶区九顶公社，1983 年同属马集乡，1994 年三村合并为中菜村村民委员会。
中菜园	Zhōngcàiyuán	中菜园位于北菜园和南菜园之间，因居民多种菜而得名。
马圩	Mǎwéi	因村民多为马姓，早年村西北角筑有圩墙，故名。
两半庄	Liǎngbànzhuāng	因村被南北大路汪塘隔成两半，故名。
卓庄村村民委员会	Zhuózhuāngcūn Cūnmínwěiyuánhuì	隶属灵璧县渔沟镇。1958 年为九顶公社卓庄大队，1983 年为马集乡卓庄村村民委员会，1992 年上杜村（后演化为上渡）并入，属渔沟镇，沿用卓庄村村民委员会至今。
卓庄	Zhuózhuāng	早年，卓姓由江苏迁入居住，故名卓庄。
上渡	Shàngdù	早年，村落西有一条大河，朱姓在大河上设有渡口，村庄在渡口的南方，故名。
下渡	Xiàdù	早年，村落西有一条大河，朱姓在大河上设有渡口，村庄在渡口的北方，故名。

高楼镇

高楼镇（Gāolóu Zhèn） 隶属宿州市，地处灵璧县东北部，南距灵璧县城 35 千米，东与江苏省睢宁县桃园镇毗邻，东南与江苏省睢宁县李集镇接壤，南与大庙乡为邻，西南与大路乡相连，西邻渔沟镇，北接江苏省睢宁县岚山镇。人民政府驻高楼村。辖高楼村、卓圩村、卓海村、朱庄村、张营村、王楼村、潼郡村、汤庄村、钱梁村、孟山村、毛庄村、徐营村、崔庄村、鳔张村、鲍庄村、高庄村、青谷堆村共计 17 个村。辖区东西最大距离 12.1 千米，南北最大距离 11.1 千米，面积 96.4 平方千米。辖区总人口 8.1 万人。北高南低，呈西北东南倾斜，海拔一般为 24.5—21.7 米，海拔最高点 51.2 米，海拔最低点 21.5 米。半湿润季风气候，其特点是四季分明，年平均降雨量 800 毫米，年气温平均值 14—15℃，无霜期 210 天。潼河是境内唯一河流。农业以种植小麦、玉米、蔬菜为主。主要经济作物为蔬菜。畜牧业以养殖猪、羊、家禽为主。有镇文化站、广播电视站各 1 处，有村级文化活动中心 17 处，各类图书室 25 个，藏书 30 余万册。有镇卫生院 1 所，村卫生室 18 个。有幼儿园 5 所、小学 7 所、初中 1 所。境内有 8 千米的鲍虞路和 14 千米的大小路在此交会，过境 4.2 千米的徐明高速。有皮影戏、泗州戏、曲艺、民间舞蹈等地方戏曲。行政区划单位为镇，行政级别为乡级，行政区划代码为 341323111。

标准名称	汉语拼音	备注
鲍庄村 村民委员会	Bàozhuāngcūn Cūnmínwěiyuánhuì	隶属灵璧县高楼镇。1958 年为鲍庄大队，1984 年由鲍庄大队更名为鲍庄村委会。
鲍庄	Bàozhuāng	旧时鲍姓迁居到此，建村立庄，故名。
吴楼	Wúlóu	旧时吴姓从外地迁居到此，有建楼活动，故名。
夭庄	Yāozhuāng	卓姓迁到此地，后来夭姓也迁居到此，取名卓夭庄。后期，因夭姓觉得“卓夭”谐音“捉妖”，对夭姓不利，就把卓姓赶走，改名夭庄。
赵庄	Zhàozhuāng	旧时赵姓迁居到此，建村立庄，故名。
芝麻滩	Zhīmatān	早年这个地方四面环水，中间有一小片滩地，上面年年长出芝麻，所以叫芝麻滩。
卓场	Zhuóchǎng	旧时卓圩大地主在此种地，在此处晒粮食，故名。
鳔张村 村民委员会	Biàozhāngcūn Cūnmínwěiyuánhuì	隶属灵璧县高楼镇。1958 年人民公社时为鳔张大队，1985 年由鳔张大队更名为鳔张村村民委员会。
鳔树张	Biàoshùzhāng	旧传张姓由山西喜鹊窝迁居于此，后有人栽两棵树长有 4 米，后来两树缠长在一起，遂被称为鳔树张。
单楼	Shànlóu	旧传单姓由山西喜鹊窝迁居至此，后有一富户造土木结构小楼，遂称为单楼。
后任庙	Hòurénmiào	清代任姓由山西喜鹊窝迁居至此，村民建庙，故称为任庙，因该庄靠北，故名。
前任庙	Qiánrénmiào	清代任姓由山西喜鹊窝迁居至此，村民建庙，故称为任庙，因该庄靠南，故名。
小魏庄	Xiǎowèizhuāng	旧传，魏姓由山西喜鹊窝迁居至此，故称为小魏庄。
崔庄村 村民委员会	Cuīzhuāngcūn Cūnmínwěiyuánhuì	隶属灵璧县高楼镇。1959 年名称为崔庄大队，1992 年改为崔庄村委会。
崔庄	Cuīzhuāng	旧时崔姓聚居此地，建村立庄，故名。
夹河滩	Jiáhétān	旧时两条河中间有土滩，后来土滩被大水冲平，钱姓在此居住，故名。
时庄	Shízhuāng	旧时时姓迁居此地，故名。
汤饭棚	Tāngfànpéng	旧时李集通徐州，一条土路经过此地，有汤姓在路边卖饭，取名汤饭棚。
新庄	Xīnzhuāng	旧时卓氏聚居此地，建造高楼一座，取名叫努楼，1970 年改为新庄。
张庄	Zhāngzhuāng	旧时因张姓聚居此地，故名。
高楼村 村民委员会	Gāolóucūn Cūnmínwěiyuánhuì	隶属灵璧县高楼镇。1958 年人民公社时期为高楼大队 ,1983 年由高楼大队更名为高楼村村民委员会。

标准名称	汉语拼音	备注
高楼	Gāolóu	旧时高姓到此地经商，后成为大地主，又盖有大楼，故名。
张刘庄	Zhāngliúzhuāng	旧时张、刘二姓迁居此地，故名。
高庄村村民委员会	Gāozhuāngcūn Cūnmínwěiyuánhuì	隶属灵璧县高楼镇。1958 年人民公社时名称为高场大队，1985 年由高场村委会更名为高庄村委会。
高场	Gāochǎng	原为高楼村地主晒粮场，后高楼村高姓迁居至此，故名。
高庄街	Gāozhuāngjiē	1996 年时任村支书耿士保主持新开大街一条，住户不断增多，街市逐渐发展壮大，故名。
耿庄	Gěngzhuāng	旧时耿姓迁居至此，故名。
河西毛庄	Héxīmáozhuāng	旧时毛姓迁居此地，因村庄位于闸河西侧。故名。
南小毛庄	Nánxiǎomáozhuāng	旧时毛姓人迁居至此，建村立庄，因北有毛庄，故名。
赵场	Zhàochǎng	清康熙年间黄河水泛滥，使原来的湖泊变为平地，赵姓在此落户，取名赵场。
毛庄村村民委员会	Máozhuāngcūn Cūnmínwěiyuánhuì	隶属灵璧县高楼镇。1958 年人民公社时名称为毛庄大队，1984 年由后路、南路、后厉、河东毛庄合并命名为毛庄村村民委员会。
后厉庄	Hòulìzhuāng	原厉毛徐八个庄中的一个庄，厉姓占多半，故名。
后路庄	Hòulùzhuāng	原厉毛徐八个庄中的一个庄，路姓占多半，与前路庄相对应，故名。
毛庄	Máozhuāng	旧时毛姓迁居此地，建村立庄，故名。
孟山村村民委员会	Mèngshāncūn Cūnmínwěiyuánhuì	隶属灵璧县高楼镇。人民公社时期为孟山大队，1983 年由孟山大队更名为孟山村民委员会。
半楼	Bànlóu	旧时刘姓家中富裕，正在盖楼，因事打官司，造成家中贫困，楼也无法完工，故名。
保庄	Bǎozhuāng	孟山湖形成后，刘姓在此居住，小名叫小保，故名。
孟山	Mèngshān	民间传说孟山湖形成后，孟子在孟山晒书，故名。
倪场	Níchǎng	旧时倪姓落户在此，故名。
许庄	Xǔzhuāng	旧时许姓聚居此地，故名。
钱梁村村民委员会	Qiánliángcūn Cūnmínwěiyuánhuì	隶属灵璧县高楼镇。1958 年人民公社时期名称为钱庄大队，后又分开为钱庄、梁庙两个大队，2003 年由钱庄、梁庙合并为钱梁村民委员会。
梁庙	Liángmiào	梁姓聚居此地，建村立庄，出资建庙一座，故名。
钱庄	Qiánzhuāng	旧时钱姓自本镇卓圩北搬迁到此，故名。
沈庄	Shěnzhuāng	旧时沈姓自山东搬来在此地居住，故名。
王庄	Wángzhuāng	旧时王姓自本镇东王胜庄搬来在此，故名。

标准名称	汉语拼音	备注
徐庄	Xúzhuāng	旧时徐姓由老家凤阳搬迁至此，故名。
青谷堆村村民委员会	Qīnggǔduīcūn Cūnmínwěiyuánhuì	隶属灵璧县高楼镇，原来名称为青谷堆大队，1983 年由青谷堆大队改名为青谷堆村民委员会。
腊园	Làyuán	此庄多栽桑腊树，故名。
柳庄	Liǔzhuāng	旧时柳姓迁居此庄，故名。
青谷堆庄	Qīnggǔduīzhuāng	据说很久以前，这里有一个像小山一样的土堆，土堆上长满各种各样的青草，故名。
小王庄	Xiǎowángzhuāng	本庄大多数王姓，故名。
许庄	Xǔzhuāng	旧时许姓迁居此地，故名。
汤庄村村民委员会	Tāngzhuāngcūn Cūnmínwěiyuánhuì	隶属灵璧县高楼镇。1958 年人民公社时期名称为汤庄大队，1984 年由卓圩大队更名为汤庄村民委员会。
大王庄	Dàwángzhuāng	旧时王姓从山东迁居到此，故名。
东小王庄	Dōngxiǎowáng zhuāng	旧时王姓迁入此地定居，因该庄位于东面，故名。
蒋庄	Jiǎngzhuāng	旧时蒋姓从南方迁居到此，故名。
汤庄	Tāngzhuāng	旧时汤姓从山东迁居到此，故名。
西小王庄	Xīxiǎowángzhuāng	旧时王姓迁入此地定居，因该庄位于西面，故名。
潼郡村村民委员会	Tóngjùncūn Cūnmínwěiyuánhuì	隶属灵璧县高楼镇。1958 年人民公社时期为潼郡大队，1983 年更名为潼郡村民委员会。
蔡庄	Càizhuāng	旧时蔡姓由西方迁居至此，故名。
崔圩子	Cuīwéizǐ	旧时崔姓由西方迁居至此，故名。
大车头	Dàchētóu	旧时张姓由西部迁居至此，生活富裕后买很多大车给人家运货，故名。
丁庄	Dīngzhuāng	旧时丁姓由徐州迁居至此，故名。
孔楼	Kǒnglóu	旧时孔姓由南方迁居至此，建造一座楼房，故名。
任庄	Rénzhuāng	旧时任姓由徐州迁居至此，故名。
潼郡	Tóngjùn	秦汉时期在此设城邑，旧传为西汉丞相匡衡封地，因该庄邻近潼河，得名潼郡。
小崔庄	Xiǎocuīzhuāng	旧时崔姓由南方迁居至此，故名。
小王庄	Xiǎowángzhuāng	旧时王姓由江苏迁居至此，故名。
小翟庄	Xiǎozháizhuāng	翟姓于 1953 年从蔡庄搬至此居住，故名。
小卓	Xiǎozhuó	旧时卓姓由江苏迁居至此，故名。
姚滩	Yáotān	该庄姚姓居多，地形两边低中间高，故名。

标准名称	汉语拼音	备注
王楼村村民委员会	Wánglóucūn Cūnmínwěiyuánhuì	隶属灵璧县高楼镇。1958 年人民公社时期名称为王楼大队，1970 年更名为王楼村委会。
大张庄	Dàzhāngzhuāng	旧时张姓由南方迁居到此，建村立庄，故名。
单庄	Shànzhuāng	单庄曾名年楼，因年姓富人居住此地，建造大楼，故名。后单姓人口居多，改名为单庄。
后王	Hòuwáng	旧时庄里住着一户王姓铁匠，善于打造各种农具，故名打铁王家。一路之隔的路南叫前王，该庄得名后王。
集主庄	Jízhǔzhuāng	先世从山西迁居到此，当时叫王庄，因本庄有一名男子在潼郡街是集主，该庄得名集主。
李楼庄	Lǐlóuzhuāng	旧时李姓从山西迁居至此，建造土楼，故名。
卢庄	Lúzhuāng	旧时卢姓从山西迁居至此，故名。
庙后庄	Miàohòuzhuāng	先世从山西迁居至此，后来建了一座庙，故名。
南北庄	Nánběizhuāng	先世由北方迁入此地，南北方向盖了一排房子，故名。
前王	Qiánwáng	旧时庄里住着一户王姓铁匠，善于打造各种农具，故名打铁王家，后因该庄靠南，故名。
万庄	Wànzhuāng	先世从山西迁居至此，后来又有从万里之外来的一户人家在本地生活，就叫万庄。
王楼	Wánglóu	旧时有一户王姓盖大楼，故名王楼。
王美庄	Wángměizhuāng	旧时王姓从山西迁居到此，生一女子，很美，后来此庄就叫王美。
王胜	Wángshèng	旧时由南方迁来王姓，在此居住，故名。
小胡庄	Xiǎohúzhuāng	旧时难民从江苏逃荒到此，胡姓最多，故名。
小李庄	Xiǎolǐzhuāng	旧时李姓夫妻，从徐州北莱庄迁居到此，故名。
小张庄	Xiǎozhāngzhuāng	旧时张姓两人从睢宁县小张家迁居到此，故名。
张刘庄	Zhāngliúzhuāng	旧时张姓迁入此地，后刘姓逐渐增多，故名。
张庄	Zhāngzhuāng	旧时张姓从外地迁居至此，建村立庄，故名。
张营村村民委员会	Zhāngyíngcūn Cūnmínwěiyuánhuì	隶属灵璧县高楼镇。新中国成立前叫张家营，人民公社时期叫光明社张营大队。1965 年称张营村委会。
南瓦房	Nánwǎfáng	旧时张姓由山西曲沃县逃荒来到睢宁县西乡，得名张营，此地后属灵璧。因村庄中瓦房居多，故名。
营西庄	Yíngxīzhuāng	旧时张姓由山西曲沃县逃荒来到睢宁县西乡，得名张营，此地后属灵璧。当时张姓兄弟有三人，张营庄当中有一条河，老二来到河西，老大来到河北居住，老三当时在张营居住，故名。

标准名称	汉语拼音	备注
张营子	Zhāngyíngzi	旧时张姓由山西曲沃县逃荒来到睢宁县西乡，得名张营，此地后属灵璧。当时张姓有兄弟三人。张营庄当中有一条河，老二来到河西，老大来到河北居住，老三当时在张营居住，故名。
朱庄村村民委员会	Zhūzhuāngcūn Cūnmínwěiyuánhuì	隶属灵璧县高楼镇。1958 年为朱庄人民公社，1984 年为朱庄村，2003 年为朱庄村村民委员会。
北洪村	Běihóngcūn	因该庄靠北，洪水灾害严重，故名。
北朱庄	Běizhūzhuāng	旧时朱姓始祖由山西曲沃县搬迁至此，故名。
陈庙	Chénmiào	旧时陈姓始祖由山西曲沃县搬迁至此，故名。
冯庄	Féngzhuāng	旧时冯姓始祖由山西曲沃县搬迁至此，建村立庄，繁衍生息，故名。
郭庄	Guōzhuāng	旧时郭姓始祖由山西曲沃县搬迁至此，故名。
邢庄	Xíngzhuāng	旧时邢姓始祖由山西曲沃县搬迁至此，故名。
张庄	Zhāngzhuāng	旧时张姓始祖由山西曲沃县搬迁至此，故名。
朱庄	Zhūzhuāng	旧时朱姓始祖自山西曲沃县战乱逃难到此，故名。
卓海村村民委员会	Zhuóhǎicūn Cūnmínwěiyuánhuì	隶属灵璧县高楼镇。新中国成立前隶属国民党第五区办公地。新中国成立后先后划为卓海人民公社卓海大队。该村下辖卓海、前海、任庙、范庄、汤庙、前徐、吴庙七个自然庄，1984 年更名为卓海村村民委员会。
范庄	Fànzhuāng	旧时范姓聚居此地，范庄由此得名。
前海庄	Qiánhǎizhuāng	旧时卓姓、王姓、宋姓等逃荒或搬迁到此，因村庄位于卓海庄南面，故名。
前徐庄	Qiánxúzhuāng	旧时徐姓逃荒到此，建村立庄，因村庄位于吴庙南面，故名。
任庙庄	Rénmiàozhuāng	该庄任姓居多，旧时有庙宇，故名。
汤庙	Tāngmiào	该庄原有一座庙，汤姓居多，故名。
吴庙	Wúmiào	庄东建有寺庙一座，因该庄吴姓居多，故得名吴庙。
卓海庄	Zhuóhǎizhuāng	该庄卓姓居多，故名。
卓圩村村民委员会	Zhuówéicūn Cūnmínwěiyuánhuì	隶属灵璧县高楼镇。1958 年人民公社时期名称为卓圩大队，1983 年由卓圩大队更名为卓圩村民委员会。
陈庄	Chénzhuāng	因陈姓聚集居住，故名。
大姚庄	Dàyáozhuāng	旧时姚姓迁居此地，故名。
丁庄	Dīngzhuāng	村民以丁姓居多，故名。
郭楼庄	Guōlóuzhuāng	旧时郭姓从江苏省睢宁县北部郭楼迁到此地，盖屋建楼，故名。
侯集	Hóují	村民侯姓居多，此地原为集市，故名。

标准名称	汉语拼音	备注
胡圩	Húwéi	据传清末一胡姓带着儿子从湖广来到此地做木匠生意，在这里盖房子。后来儿子和潼郡村一女孩结婚，婚后生育四子，得名胡圩。
小朱庄	Xiǎozhūzhuāng	旧时朱姓迁居此地，因村庄面积小，故名。
斜门李	Xiéménlǐ	据传原该庄各户房屋堂屋门面朝东南方向，故名。
卓圩	Zhuówéi	旧时有卓姓迁居至此，建有圩壕占据土地，名卓圩。
徐营村村民委员会	Xúyíngcūn Cūnmínwěiyuánhuì	隶属灵璧县高楼镇。1958 年人民公社时期为徐营大队，1983 年更名为徐营村村民委员会。
侯楼庄	Hóulóuzhuāng	旧时侯姓由山西省洪洞县迁居至此，建造楼房，故名。
王巷庄	Wángxiàngzhuāng	旧时王姓由江苏迁居至此，又因庄中有个巷子，故得名为王巷庄。
前吴庄	Qiánwúzhuāng	旧时吴姓由江苏省吴岗迁居至此，故名。
温庄	Wēnzhuāng	旧时温姓由山西喜鹊窝迁居至此，故名。
朱庄	Zhūzhuāng	旧时朱姓由江苏省睢宁县魏集迁居至此，故名。
新二村	Xīn’èrcūn	1970 年因当时种地离家比较远，经上级批准，从原徐营庄和朱庄搬迁一部分农户到此居住，方便种地。由于比新一村搬迁稍晚，故名新二村。
徐营庄	Xúyíngzhuāng	旧时徐姓由山西省喜鹊窝迁居至此，故名。
新一村	Xīnyīcūn	1970 年，因当时种地离家比较远，经上级批准，从原徐营庄和前吴庄搬迁一部分农户到此居住，方便种地，故得名新一村。

冯庙镇

冯庙镇（Féngmiào Zhèn） 隶属宿州市，地处灵璧县中东部，南距灵璧县城 20 千米，东与泗县黄圩镇为邻，南与虞姬乡，西与浍沟镇、禅堂乡隔新濉河相望，西北与大路乡接壤，北靠大庙乡。人民政府驻地设在冯庙街。辖黄家村、王刘村、邹圩村、大高村、东张集村、大卢村、四张村、三王村、木谷村、吴杨村、沟涯村、大陈村、高宅村、张汪村、大王村、王圩村、后朱村、冯庙村共 18 个村。辖区东西最大距离 9.9 千米，南北最大距离 17 千米，面积 103.4 平方千米。辖区总人口 85490 人。境内全部为平原，地势自然条件由东北向西南倾斜，海拔最高点 25 米，最低点黑牛张，海拔在 13.5 米。属半湿润季风气候，其特点是冬寒干燥，夏热多雨，四季分明，日照充足。年日照平均值为 2073 小时。年气温平均值为 14.4℃，最冷为 1 月，月平均气温为 0℃ ；最热为 7 月，月平均气温为 27.5℃。无霜期为年平均 209.2

天。年平均降水量为856毫米。境内属奎濉河水系。主要自然灾害有冰雹、雷击、旱涝、风灾、低温、霜冻等。农业以种植小麦、玉米、大豆为主，其次为蔬菜。主要经济作物为大豆、蔬菜。畜牧业以养殖猪、羊、家禽为主。工业以机械制造、面粉生产、板材加工、食品加工为主。有镇文化站、广播电视站各1处，有村级文化活动中心19处，各类图书室及农家书屋18个，藏书36万余册。有卫生院1所，村卫生室17个。公立幼儿园1个、小学13个、初中1所。境内有灵睢路（X044）、灵双路（X042）在此交会，南北有虞鲍公路通过。有皮影戏、泗州戏、曲艺、民间舞蹈等地方戏曲。行政区划单位为镇，行政级别为乡级，行政区划代码为341323112。

标准名称	汉语拼音	备注
大陈村村民委员会	Dàcūn Cūnmínwěiyuánhuì	隶属灵璧县冯庙镇。1958年人民公社时期为大陈大队。1983年由大陈大队更名为大陈村村民委员会。
大陈庄	Dàchénzhuāng	隶属灵璧县冯庙镇。1958年人民公社时为大陈小队，1983年改为大陈庄。
郭褚场	Guōchǔchǎng	该庄以郭、褚二姓居多，故取名郭褚场，简称郭场。
马万家	Mǎwànjiā	因该庄以马、万二姓居多，故名。
沈场庄	Shěnchǎngzhuāng	旧时沈家一块良田在此，沈姓在此地打造一块场地，供农作物晾晒，故名。
小陈庄	Xiǎochénzhuāng	隶属灵璧县冯庙镇。1958年人民公社时为小陈小队，1983年改为小陈庄，沿用至今。
小卢家	Xiǎolújiā	因村民多为卢姓，故名。
仲宅子	Zhòngzháizi	因最早聚居此地多为仲姓，故名曰仲宅子，简称仲宅。
大高村村民委员会	Dàgāocūn Cūnmínwěiyuánhuì	隶属灵璧县冯庙镇。1958年人民公社时期名称为大高大队。1983年更名为大高村村民委员会。
大高	Dàgāo	因最早聚居此地多为高姓，故名。
大朱	Dàzhū	因最早聚居此地多为朱姓，故名。
董刘庄	Dǒngliúzhuāng	因最早聚居此地多为董、刘二姓，故名。
王谋庄	Wángmóuzhuāng	因最早聚居此地多为王姓，故名。
小高庄	Xiǎogāozhuāng	因最早聚居此地多为高姓，故名。
小姚庄	Xiǎoyáozhuāng	姚姓迁居于此，因此得名。
大卢村村民委员会	Dàlúcūn Cūnmínwěiyuánhuì	隶属灵璧县冯庙镇。1958年人民公社时期称为冯东大队，1983年成立冯东乡人民政府时更名为大卢村委会。
大卢庄	Dàlúzhuāng	卢姓由陕西迁居至此，故名。
后三卢庄	Hòusānlúzhuāng	卢姓由北仝卢庄迁居至此，故名。
李道庄	Lǐdàozhuāng	旧时泗州州官李允后人在此建房开地，故名。

标准名称	汉语拼音	备注
三卢庄	Sānlúzhuāng	旧时卢姓由陕西迁居至此，称三卢庄。
小高庄	Xiǎogāozhuāng	传说黄河水冲南岸前，虹灵沟原是一条大路，路边有一棵桑树，高姓路过有病，拽一把树叶烧茶喝就好了，就在此居住，故名。
小卢庄	Xiǎolúzhuāng	大卢庄分支一小部分到此居住，因人口少，故得名小卢庄。
翟道庄	Zháidàozhuāng	旧时翟姓由高楼镇北潼郡迁居至此，故名。
大王村村民委员会	Dàwángcūn Cūnmínwěiyuánhuì	隶属灵璧县冯庙镇。1958 年人民公社时期名称为大王大队，1983 年由大王大队更名为大王村民委员会。
大王庄	Dàwángzhuāng	旧时王姓由北方迁居于此，故名。
后曹庄	Hòucáozhuāng	旧时曹姓由北方迁居于此，简称后曹庄。
后刘庄	Hòuliúzhuāng	旧时刘姓由北方迁居于此，简称后刘庄。
前曹庄	Qiáncáozhuāng	旧时曹姓由北方迁居于此，简称前曹庄。
高宅村村民委员会	Gāozháicūn Cūnmínwěiyuánhuì	隶属灵璧县冯庙镇。1958 年人民公社时期名称为高宅大队，1983 年由高宅大队更名为高宅村民委员会。
范东庄	Fàndōngzhuāng	旧时范姓和刘姓两家系表兄弟，分别迁居至此，形成村庄，故得名范刘家。后来两家人丁不断增多，又各自为庄，范姓居东故名范东庄，刘姓居西故名刘西庄。
高宅庄	Gāozháizhuāng	旧时高姓由山西迁居至此，形成村庄，故名。
刘西庄	Liúxīzhuāng	旧时范姓和刘姓两家系表兄弟，分别迁居至此，形成村庄，故得名范刘家。后来两家人丁不断增多，又各自为庄，范姓居东故名范东庄，刘姓居西故名刘西庄。
小张鲍	Xiǎozhāngbào	旧时王姓、孙姓从附近迁居至此，依附在张鲍圩庄旁边，称为小张鲍。
张鲍圩	Zhāngbàowéi	旧时张姓兄弟三人从凤阳逃荒至此，其中老大、老二先后病亡，老三名叫张鲍在此成家。为村庄安全，在庄周围开挖圩沟，人们便称此庄为张鲍圩。
沟涯村村民委员会	Gōuyácūn Cūnmínwěiyuánhuì	隶属灵璧县冯庙镇。1986 年之前为沟涯大队，之后由沟涯大队改为沟涯村民委员会。
后蒋庄	Hòujiǎngzhuāng	旧时蒋姓两户人家在此居住，一户住东头，一户住西头，中间有条南北路，别称两半蒋或骑路蒋。1986 年合并沟涯村，因该村前后有两个蒋家，该庄在村部北边，因此得名后蒋庄。
前场庄	Qiánchǎngzhuāng	旧时有刘姓从刘大庄迁居此处，在一个斜沟上建房居住，庄名叫斜沟涯。因收晒粮食，庄东北有一个场地，庄西南有一个场地，在清朝时期迁居一部分人在前场和后场边建房居住，住在庄东北场叫后场庄，住在庄西南场叫前场庄。

标准名称	汉语拼音	备注
刘西庄	Liúxīzhuāng	旧时刘姓从刘大庄迁居此处，在一个斜沟上建房居住，庄名叫斜沟涯。因人口多，庄子大，1980年分为两庄，该庄位于西面，故名刘西庄。
刘东庄	Liúdōngzhuāng	旧时刘姓从刘大庄迁居此处，庄名叫斜沟涯。因人口多，庄子大，1980年分为两庄，该庄位于东面，故名刘东庄。
后场庄	Hòuchǎngzhuāng	旧时刘姓从刘大庄迁居此处，庄名叫斜沟涯。因收晒粮食，庄东北有一个场地，庄西南有一个场地，清朝时期迁居一部分人在前场和后场边建房居住，住在庄东北场叫后场庄，住在庄西南场叫前场庄。
朱连庄	Zhūliánzhuāng	旧时有朱姓老二和老四从后朱村大朱庄迁居此处，因老二名朱连，老四名朱耿，按老二名字起名朱连庄。
小徐庄	Xiǎoxúzhuāng	旧时马姓、刘姓、徐姓在此处居住，之后马姓和刘姓搬走了，只有徐姓在此处居住，故名。
小马庄	Xiǎomǎzhuāng	旧时马姓迁居此地，故名。
前蒋庄	Qiánjiǎngzhuāng	旧时蒋姓在此居住，叫小蒋庄。1986年合并沟涯村，因该村前后有两个蒋家，该庄在村部南边，因此得名前蒋庄。
小彭庄	Xiǎopéngzhuāng	旧时彭姓在此居住，故名。
张周庄	Zhāngzhōuzhuāng	旧时张姓和周姓在此居住，得名张周庄。
小鲍庄	Xiǎobàozhuāng	旧时鲍姓在此居住，故名。
后朱村 村民委员会	Hòuzhūcūn Cūnmínwěiyuánhuì	隶属灵璧县冯庙镇。后朱村在合并前是个小村，名叫后朱村（后叫后朱大队），后四个小村合并为后朱村村民委员会。
大朱庄	Dàzhūzhuāng	该庄朱姓人口居多，村庄大，故名大朱庄。
后朱庄	Hòuzhūzhuāng	该庄朱姓居多，村庄位于冯庙集北部后面，故名后朱庄。
李课庄	Lǐkèzhuāng	该庄李姓占95%人口，起名李课庄。
集西刘庄	Jíxīliúzhuāng	该庄刘姓居多，位于冯庙集西侧，得名集西刘庄。
徐邢庄	Xúxíngzhuāng	旧时徐、邢二姓聚居此地，故起名徐邢庄。
小余庄	Xiǎoyúzhuāng	因村庄小，余姓居多，故名。
朱杨陈庄	Zhūyángchénzhuāng	因庄中朱、杨、陈三大姓人居多，故名。
黄家村 村民委员会	Huángjiācūn Cūnmínwěiyuánhuì	隶属灵璧县冯庙镇。1958年人民公社时称为黄家大队。1983年由黄家大队分成黄家、水牛陈、南周三个大队，三个月后命名为黄家、水牛陈、南周三个村民委员会。2005年三个村合并为一个村，即黄家村民委员会。
大司庄	Dàsīzhuāng	旧时司姓从灵璧县长集司房搬迁至此，建村立庄，故名。
黄家庄	Huángjiāzhuāng	旧时黄姓搬迁至此，建村立庄，故名。
刘庙庄	Liúmiàozhuāng	旧时刘姓迁移至此，然后盖了一座庙，故名。

标准名称	汉语拼音	备注
小张庄	Xiǎozhāngzhuāng	旧时张姓搬迁至此，起名小张庄。
南周庄	Nánzhōuzhuāng	旧时周姓从浍沟镇土山村迁移至此，因处在冯庙集南侧，遂起名为南周庄。
水牛陈庄	Shuǐniúchénzhuāng	旧时陈姓从灵璧县尹集镇龙潭村和土桥村迁移到此。一种传说因为喂养水牛较多，起名水牛陈庄。另一种传说是，在村中河塘里放进十头水牛，就会出现十一头。
小周庄	Xiǎozhōuzhuāng	该庄以周姓为主，庄小，故名。
木谷村 村民委员会	Mùgǔcūn Cūnmínwěiyuánhuì	隶属灵璧县冯庙镇。1958 年人民公社时期为木西大队，1989 年更名为木谷村村民委员会。
侯王	Hóuwáng	侯、王二姓迁居此地，故名侯王。
后靖	Hòujìng	此庄多为靖姓，故称靖家，按地理位置分为“前靖”和“后靖”。
路家	Lùjiā	因路姓聚居，故名。
木谷	Mùgǔ	相传萧木古堆，系金代将领萧木古葬身之处。南宋兴隆元年（1163 年）宋孝宗即位，意欲收复被金军侵占的江淮失地，命张浚为枢密使，督淮东西路军马出师渡淮，计划先收复虹县（泗县），再收复灵璧。于是金宋双方以灵南老营湖为中心摆开战场。金军大败，萧木古战死，被葬在现在萧木古村一高地，坟名又称“萧木古堆”，后被称“小木谷”，今称木谷。
前靖	Qiánjìng	此庄多为靖姓故称靖家，按地理位置分为“前靖”和“后靖”。
小谢	Xiǎoxiè	此庄姓氏多为谢姓，村庄面积小，故名。
三王村 村民委员会	Sānwángcūn Cūnmínwěiyuánhuì	隶属灵璧县冯庙镇。1958 年人民公社时期名称为三王大队，1983 年更名为三王村村民委员会。
高庵	Gāo’ān	此地原有一座尼姑庵，后来高姓迁来，傍庵建房而居，故而得名。
三王庄	Sānwángzhuāng	此庄王姓居多，村庄距离冯庙街三里，故名。
侯场庄	Hóuchǎngzhuāng	由东南侯王庄搬迁至此，故得名。
下宅庄	Xiàzháizhuāng	旧时有吕姓在此有土地，建造房屋，打谷坊，召集佃户在此耕作，因有上房（上宅），这里便称下宅庄。
小马庄	Xiǎomǎzhuāng	旧时王姓由高楼镇马庄迁来，建造房屋，沿用原庄名，称作小马庄。
赵场庄	Zhàochǎngzhuāng	清有赵姓在此建打谷场，故得名赵场庄。
朱牌坊	Zhūpáifāng	旧时朱姓迁居至此，后朱姓有媳妇丧夫守寡，至死未改嫁，其后人为了表彰贞节，树立石门牌坊（也叫贞节牌坊），因此得名朱牌坊。

标准名称	汉语拼音	备注
王刘村村民委员会	Wángliúcūn Cūnmínwěiyuánhuì	隶属灵璧县冯庙镇。1983 年由原来的前刘大队、王刘大队、井李大队合并，命名为王刘村村民委员会。
井家庄	Jǐngjiāzhuāng	此庄井姓居多，故名井家庄。
刘东庄	Liúdōngzhuāng	此庄刘姓居多，村庄位于县道东侧，故得名刘东庄。
刘西庄	Liúxīzhuāng	此庄刘姓居多，村庄位于县道西侧，故得名刘西庄。
毛翁李	Máowēnglǐ	此庄毛、翁、李三姓居多，故名毛翁李庄。
倪家庄	Níjiāzhuāng	此庄因倪姓占 90% 人口，故起名倪家庄。
钱家庄	Qiánjiāzhuāng	旧时钱姓在此安家落户，故名。
小刘庄	Xiǎoliúzhuāng	此庄刘姓居多，村庄面积小，故名。
小王庄	Xiǎowángzhuāng	旧时王姓迁居此地，因村庄面积小，故而得名。
小张庄	Xiǎozhāngzhuāng	旧时张姓聚居此地，因村庄人口少，故得名。
小朱庄	Xiǎozhūzhuāng	因村庄小，朱姓居多，故名。
王圩村村民委员会	Wángwéicūn Cūnmínwěiyuánhuì	隶属灵璧县冯庙镇。1958 年人民公社时期为王圩大队。1983 年由王圩大队更名为王圩村委会。
二徐庄	Èrxúzhuāng	旧时徐姓由南方迁居至此，其中有三兄弟分家，老二住在中间，故得名为二徐庄，也叫中徐庄。
火王庄	Huǒwángzhuāng	旧时王姓由北方迁居至此，故名。
前徐庄	Qiánxúzhuāng	旧时徐姓由南方迁居至此，故名。
三徐庄	Sānxúzhuāng	旧时徐姓由南方迁居至此，其中有三兄弟分家，故得名为三徐庄，也叫后徐庄。
王圩庄	Wángwéizhuāng	旧时王姓由南方迁居至此，因庄四周有圩，故名。
王英庄	Wángyīngzhuāng	旧时王姓由山西迁居至此，庄主名王英，故名。
小金庄	Xiǎojīnzhuāng	旧时金姓由南方迁居至此，故名。
小梁庄	Xiǎoliángzhuāng	旧时梁姓由北方迁居至此，故名。
吴杨村村民委员会	Wúyángcūn Cūnmínwěiyuánhuì	隶属灵璧县冯庙镇。1958 年人民公社时期为吴杨大队，1983 年由吴杨大队更名为吴杨村委会。
小吴庄	Xiǎowúzhuāng	此庄村民以吴姓为主，故名为小吴庄。
小杨庄	Xiǎoyángzhuāng	大约自新中国成立以来，此庄村民以杨姓为主，故名为小杨庄。
张集村村民委员会	Zhāngjícūn Cūnmínwěiyuánhuì	隶属灵璧县冯庙镇。1958 年人民公社时期为张集大队。1983 年由张集大队更名为张集村民委员会。
大董庄	Dàdǒngzhuāng	旧时董姓迁居此地，故名。
东唐庄	Dōngtángzhuāng	因村民唐姓居多，又位于张集村的东边，故名。

标准名称	汉语拼音	备注
南唐庄	Nántángzhuāng	因村民唐姓居多，又位于张集村的南边，故名。
西唐庄	Xītángzhuāng	因村民唐姓居多，又位于张集村的西边，故名。
张集庄	Zhāngjízhuāng	因村民张姓居多，又是集市，故名。
张宅庄	Zhāngzháizhuāng	因村民张姓居多，又临近张集，故名。
张汪村村民委员会	Zhāngwāngcūn Cūnmínwěiyuánhuì	隶属灵璧县冯庙镇，1985 年由张汪大队更名为张汪村民委员会。
九角杨庄	Jiǔjiǎoyángzhuāng	因庄内杨姓较多，人口占 90% 以上，故名。
刘汪庄	Liúwāngzhuāng	因庄内刘姓较多，汪塘较多，故名。
张汪庄	Zhāngwāngzhuāng	旧时张姓由山东迁居此地，因村庄内汪塘较多，故名。
邹圩村村民委员会	Zōuwéicūn Cūnmínwěiyuánhuì	隶属灵璧县冯庙镇。1949 年政府命名为邹圩乡，1958 年称为邹圩大队，1983 年更名为邹圩村委员会。
前邹庄	Qiánzōuzhuāng	旧时邹姓由北方迁居至此，因该庄位于南面，故名。
王场庄	Wángchǎngzhuāng	旧时王姓由外地迁居至此，建村立庄，故名。
后邹庄	Hòuzōuzhuāng	旧时邹姓由北方迁居至此，因该庄位于北面，故名。
杨场庄	Yángchǎngzhuāng	旧时杨姓迁居此地，建村立庄，村庄有一大的打谷场，故名。
李铺庄	Lǐpùzhuāng	旧时李姓聚居此地，建村立庄，取名李铺庄。
小耿庄	Xiǎogěngzhuāng	旧时耿姓聚居此地，因村庄人口少，故名。
东朱庄	Dōngzhūzhuāng	原名侯场村，后并入冯庙居委会，更改为东朱庄。
冯庙街	Féngmiàojiē	旧时冯姓逃荒到此地，所以称为冯庙街。
泗张村村民委员会	Sìzhāngcūn Cūnmínwěiyuánhuì	隶属灵璧县冯庙镇。1958 年人民公社时期为泗张大队，1983 年更名为泗张村民委员会。
大杨庄	Dàyángzhuāng	旧时杨姓由江苏迁居此地，故名。
黑牛张庄	Hēiniúzhāngzhuāng	此庄原有一张姓地主饲养很多黑牛，故名。
庙东杨庄	Miàodōngyáng-zhuāng	此庄位于杨庙的正东方位，故名。
庙前杨庄	Miàoqiányáng-zhuāng	此庄位于杨庙的正南面，故名。
庙西杨庄	Miàoxīyángzhuāng	在西杨庄正东方向，有一座庙宇，故名。
时家庄	Shíjiāzhuāng	此庄因时姓人口多，故名。
王杨庄	Wángyángzhuāng	此庄因王姓人口多，杨姓人口少，故名。
温庙庄	Wēnmiàozhuāng	此庄温姓居多，村庄有一座古庙，故名。
小杨庄	Xiǎoyángzhuāng	此庄杨姓居多，村庄人口少，故名。
小朱庄	Xiǎozhūzhuāng	旧时朱姓迁居此地，因村庄面积小，故名。

标准名称	汉语拼音	备注
泗张庄	Sìzhāngzhuāng	旧时由张姓四家建庄，故名。后讹作泗张。
小马庄	Xiǎomǎzhuāng	旧时马姓聚居此地，因村庄人口少，故名。

向阳乡

向阳乡（Xiàngyáng Xiāng） 隶属宿州市，地处灵璧县南部东侧，东与泗县瓦韩乡、草沟镇毗邻，南与韦集镇、西南与黄湾镇隔北沱河相望，西北与灵城镇相连，北与虞姬乡接壤。人民政府驻向阳村。辖大西村、大桥村、艳阳村、苏圩村、武圩村、向阳村、河王村、官庄村、汤圩村、新胡村、马桥村、南王集村共 12 个村。辖区东西最大距离 14.1 千米，南北最大距离 11.4 千米，面积 114.1 平方千米。辖区总人口 47629 人，总人口中以汉族为主，有土家族、仡佬族、侗族、满族等 7 个少数民族。地处淮北冲积平原，全乡地势平坦，西北高东南低。境内最高点高桥位于武圩村，海拔 21.1 米；最低点马桥位于马桥村，海拔 18.5 米。属半湿润季风气候区。其特点是冬季寒冷干燥，夏季炎热多雨，四季分明，日照充足，雨量适中。但降水年季变化大，年内分配不均。多年平均气温 14.5℃，1 月平均气温 0℃，7 月平均气温 27.5℃。无霜期年平均 210 天，年平均日照时数 2066.7 小时，年总辐射 128.24 千卡 / 平方厘米。年平均降水量 881.4 毫米。境内属濉潼河水系。主要自然灾害有冰雹、旱涝、风灾、低温、霜冻、雷击等。农业以种植小麦、玉米、大豆、花生为主。畜牧业以养殖猪、牛、羊、家禽为主。有乡文化站、广播电视站各 1 处，有村级文化活动中心 12 处，各类文化专业户 5 户，各类图书室 13 个，藏书 3 万册。有幼儿园 15 所，小学 17 所，初中 1 所。各级医疗卫生机构 12 个，门诊部（所）1 个，有床位 130 张，专业卫生人员 131 名。有 201 省道过境，官武路东西贯穿五个村，灵杨路南北贯穿三个村。有老营湖古战场遗址。有皮影戏、泗州戏、曲艺、民间舞蹈等地方戏曲。行政区划单位为乡，行政级别为乡级，行政区划代码为 341323200。

标准名称	汉语拼音	备注
大桥村 村民委员会	Dàqiáocūn Cūnmínwěiyuánhuì	隶属灵璧县向阳乡。1958 年为向阳公社张圩大队，后改名为张圩村委会。1983 年改张圩村委会为大桥村民委员会。
大桥庄	Dàqiáozhuāng	庄后靠岳罗河，河上架一座石桥，故名。
张圩庄	Zhāngwéizhuāng	因村民多为张姓，早年建有圩墙以御外敌，故名。
李圩	Lǐwéi	居民多李姓，又因早年庄周有一土圩子，故名。
前岳庄	Qiányuèzhuāng	居民多岳姓，又以庄北部有个岳河庄，故名。

标准名称	汉语拼音	备注
西张庄	Xīzhāngzhuāng	原庄西头有测绘部门竖一铁架，故得名“铁架张”，后竖官庄村委会，所辖村又是最西部的一个自然村，习惯叫西张庄。
小王庄	Xiǎowángzhuāng	以王姓居多，且庄小，故名。
小庄	Xiǎozhuāng	因其庄小，故名。
榆树庄	Yúshùzhuāng	以原来庄多榆树，居民多姓张，称榆树张庄，后更名。
岳河庄	Yuèhézhuāng	居民多以岳姓为主，门前又有一条大河，故名。
大西村 村民委员会	Dàxīcūn Cūnmínwěiyuánhuì	隶属灵璧县向阳乡。2005 年由政府命名，沿用至今。
从巷庄	Cóngxiàngzhuāng	从姓居多，又村中巷道较多，故名。
大西庄	Dàxīzhuāng	以居民多姓西，且庄子较大，故名。
东张巷	Dōngzhāngxiàng	原东、西两个张巷系一个自然庄。由于 1966 年开挖新汴河，村庄搬迁使其一分为二，东叫东张巷，西叫西张巷。
罗圩庄	Luówéizhuāng	因罗姓村民较多，又早年建有圩墙，故名。
西集庄	Xījízhuāng	新中国成立前该村庄是个集市，称为西集。
西张巷	Xīzhāngxiàng	原东、西两个张巷系一个自然庄。由于 1966 年开挖新汴河导致村庄搬迁，使其一分为二，东叫东张巷，西叫西张巷。
小张庄	Xiǎozhāngzhuāng	由于张河庄人口较多，土地面积大，部分村民重新到村庄以外建房，后形成一个小庄，取名小张庄。
张河庄	Zhānghézhuāng	从前该庄有个财主给两个儿子分家。为了考验两个儿子的孝心，特用食物做成一份狗屎，自己装病，告诫两儿子必须将狗屎吃掉，自己的病方可治愈，大儿子未吃，小儿子为了父亲病能治愈，吃掉了该食物。后人为了传颂该财主儿子，故将庄命名为狗屎张。后人认为该庄名难听，改为张河庄。
宗庄	Zōngzhuāng	因村民多宗姓，故名。
官庄村 村民委员会	Guānzhuāngcūn Cūnmínwěiyuánhuì	隶属灵璧县向阳乡。1980 年设区划社时，曾为官庄公社。1992 年 2 月撤区并乡，官庄乡被撤掉，属向阳乡，更名为官庄村民委员会。
东陈	Dōngchén	村民多陈姓，又以村庄坐落于东面，故名。
东张	Dōngzhāng	村民多张姓，又以村庄坐落于东面，故名。
官庄圩	Guānzhuāngwéi	早年此地层驻扎过官兵，后发展为官庄圩。
近胡	Jìnhú	此庄靠近老庄胡家，村民多姓胡，取名近胡庄，后演变为现名。
老营胡	Lǎoyínghú	宋代时期，此地为集中兵马的大营，故名。
老庄胡	Lǎozhuānghú	因村落胡姓聚居较早，年代久远，故名。
梨园	Líyuán	早年庄多植梨园，故名。

标准名称	汉语拼音	备注
圩后庄	Wéihòuzhuāng	因村庄位于胡圩北，故名。
西北庄	Xīběizhuāng	因村落位于村部西北，故名。
西陈	Xīchén	村民多陈姓，又以村庄坐落于西面，故名。
小高	Xiǎogāo	以高姓先居，庄小，故名。
小胡	Xiǎohú	因胡姓先居，庄小，故名。
小李	Xiǎolǐ	因李姓先居，庄小，故名。
小孙	Xiǎosūn	因孙姓先居，庄小，故名。
胡南	Húnán	近胡庄部分农民向南搬迁，所以叫胡南庄。
河王村村民委员会	Héwángcūn Cūnmínwěiyuánhuì	隶属灵璧县向阳乡，1983 年由河王大队更名为河王村委会。
庙东沈庄	Miàodōngshěn-zhuāng	沈姓最早在此聚居，庄西面有一院庄寺庙，故名。
庙东杨庄	Miàodōngyáng-zhuāng	因村民多为杨姓，该庄西面有一院庄寺庙叫院庄寺，故名。
圩东庄	Wéidōngzhuāng	因村落位于圩子东边，故名。
前门庄	Qiánménzhuāng	早前邓姓在此定居，因庄子北有一院寺圩子，有圩墙、圩沟、圩门，该庄在圩门前，故称前门庄。
小汤庄	Xiǎotāngzhuāng	因汤姓迁居于此，故名。
河王庄	Héwángzhuāng	旧时王姓迁居至此，故名。
前杨庄	Qiányángzhuāng	因村民多为杨姓，故名。
后杨庄	Hòuyángzhuāng	杨姓迁居至此，该庄在北部，故名。
大汤庄	Dàtāngzhuāng	由前汤迁居至此居住，庄大，故名。
印庄	Yìnzhuāng	因早年印姓在此聚居，故名。
小朱庄	Xiǎozhūzhuāng	因村民朱姓为主，庄小，故名。
小赵庄	Xiǎozhàozhuāng	因村民赵姓为主，庄小，故名。
小徐桥庄	Xiǎoxúqiáozhuāng	徐姓最先迁居于此，村旁有小桥，故名。
马桥村村民委员会	Mǎqiáocūn Cūnmínwěiyuánhuì	隶属灵璧县向阳乡。公社大队时期称大队。1983 年行政区改后，改马桥大队为马桥村民委员会。
桥东庄	Qiáodōngzhuāng	老草胡沟南北穿马桥村庄而过入北沱河，将整村庄一分为二，为了方便生产、生活，全村老百姓自发捐款，捐物修桥，桥以东的村庄称为桥东庄。
桥西庄	Qiáoxīzhuāng	老草胡沟南北穿马桥村庄而过入北沱河，将整村庄一分为二，为了方便生产、生活，全村老百姓自发捐款，捐物修桥，桥以西的村庄称为桥西庄。

标准名称	汉语拼音	备注
小新庄	Xiǎoxīnzhuāng	马桥大部分土地都在马桥村庄东及东北部，为了生产方便，从圩里生产队搬迁一小部分人口在东北湖建庄，故名。
南王集村村民委员会	Nánwángjícūn Cūnmínwěiyuánhuì	隶属灵璧县向阳乡。1980 年属金圩乡。1993 年并入向阳乡以后，改名为南王集村。
大张庄	Dàzhāngzhuāng	因村民多为张姓，庄大，故名。
东南庄	Dōngnánzhuāng	东南庄坐落于大张庄的东南部，故名。
谷点王庄	Gǔdiǎnwángzhuāng	相传西楚霸王在此筑起很多像谷堆似的大土墩，俗称“谷点”，又村民多姓王，故名。
荒地胡庄	Huāngdìhúzhuāng	因村民多为胡姓，早年此地为荒地，故名。
木庄	Mùzhuāng	因村民多为木姓，故名。
南王集	Nánwángjí	王姓最早在此聚居，并设集市，故名。
前巷庄	Qiánxiàngzhuāng	以村庄位于“老营胡”南，庄内巷道较多，故名。
沈庄	Shěnzhuāng	沈姓在此居住，故名。
五家胡	Wǔjiāhú	民国期间胡姓兄弟五人到此开荒种地，故名。
小张庄	Xiǎozhāngzhuāng	张姓在此居住，故名。
赵营庄	Zhàoyíngzhuāng	赵姓在此耕作，又有营姓迁入，故名。
苏圩村村民委员会	Sūwéicūn Cūnmínwěiyuánhuì	隶属灵璧县向阳乡。公社大队时期称大队。1983 年行政区改后，改苏圩大队为苏圩村民委员会。
大陈庄	Dàchénzhuāng	该庄以陈姓为主，庄较大，故名。
大孙庄	Dàsūnzhuāng	该庄以孙姓为主，且庄较大，故名。
庙西杨庄	Miàoxīyángzhuāng	庄东南有一座寺庙，杨姓居多，故名。
苏圩庄	Sūwéizhuāng	村民多以苏姓为主，早年村周建有圩墙，故名。
西陈庄	Xīchénzhuāng	居民多陈姓，又以村庄坐落于西面，故名。
小黄庄	Xiǎohuángzhuāng	该庄以黄姓为主，且庄小，故名。
小李庄	Xiǎolǐzhuāng	该庄以李姓为主，且庄小，故名。
小沈庄	Xiǎoshěnzhuāng	该庄以沈姓为主，而且户数比较少。故名。
小孙庄	Xiǎosūnzhuāng	该庄以孙姓为主，且庄小户少，故名。
院寺街	Yuànsìjiē	在该地背部 500 米处，原有一座寺庙叫院寺。这里有一条街，逢集，取名院寺街。
汤圩村村民委员会	Tāngwéicūn Cūnmínwěiyuánhuì	隶属灵璧县向阳乡。人民公社时期为汤圩大队。1983 年更名为汤圩村委会。2005 年九店村合并到汤圩村。
大路张	Dàlùzhāng	张姓原住在此，有一条南北走向大路穿过，故名。
固宅庄	Gùzháizhuāng	固姓在此居住，故名。

标准名称	汉语拼音	备注
后杨庄	Hòuyángzhuāng	杨姓迁居到此，后分居部分庄民到前庄居住。
九店王庄	Jiǔdiànwángzhuāng	王姓由外地迁入此地居住，并有一家酿造小酒坊，故名。
李宅庄	Lǐzháizhuāng	李姓由外地迁居此地，故名。
庙东庄	Miàodōngzhuāng	为东汤庙学校的东边庄子，故名庙东庄。
庙后庄	Miàohòuzhuāng	此地早年建有一座寺庙，在汤姓地面上，起名汤家庙。民国年间，人们在庙里办学，更名为汤庙学校，在庙的后边庄叫庙后庄。
南北张	Nánběizhāng	张姓自外地迁入居住在此，建造房屋，为南北走向，门向东开，故名。
前杨庄	Qiányángzhuāng	杨姓迁居到此居住。1958 年划分为前杨生产小队、后杨生产小队，由此前、后杨分开为两个庄。
圩里庄	Wéilǐzhuāng	汤圩庄为了防盗贼，在庄子四面扒有一条大沟，并用土筑成一堵围墙，后来更名叫圩里庄。
小邓庄	Xiǎodèngzhuāng	旧时邓姓在此居住，故名。
小马庄	Xiǎomǎzhuāng	旧时马姓从外地迁入此地居住，故名。
武圩村 村民委员会	Wǔwéicūn Cūnmínwěiyuánhuì	隶属灵璧县向阳乡。公社大队时期称大队。1983 年改武圩大队为武圩村民委员会。
韩孤堆庄	Hángūduīzhuāng	民间传说楚汉相争时期，汉王刘邦在此筑台点将，刘邦得天下后，为示纪念，取名汉孤堆，后韩姓在此定居，取其谐音改为韩孤堆。
后武庄	Hòuwǔzhuāng	旧时武姓从北方迁居到此，因庄位置居后，故得名后武庄。
老武庄	Lǎowǔzhuāng	旧时武姓在此定居，年代久远，故名。
路武庄	Lùwǔzhuāng	武姓迁居在灵固公路旁定居，故名路武庄，也称路边武。
武圩庄	Wǔwéizhuāng	因武姓村民居多，又庄外有圩沟，故称武圩庄，也叫圩里庄。
小武庄	Xiǎowǔzhuāng	旧时武姓迁居到此，庄小，故名。
向阳村 村民委员会	Xiàngyángcūn Cūnmínwěiyuánhuì	隶属灵璧县向阳乡。人民公社时期为向阳大队。1984 年更名为向阳村。2005 年三个村合并为向阳村。
东金组	Dōngjīnzǔ	因金姓在此聚居，位置偏东，故名。
后园组	Hòuyuánzǔ	早年村民搬迁至此，又位于圩里后，故名后园组。
金光组	Jīnguāngzǔ	因金姓最早在此聚居，故名。
陆庄组	Lùzhuāngzǔ	因村民多为陆姓，故名。
圩里组	Wéilǐzǔ	早年村民迁居至此，又庄外有圩沟，故名。
圩前组	Wéiqiánzǔ	早年村民迁居至此，又庄北有圩沟，故名。
西金组	Xījīnzǔ	因金姓村民聚居此地，又位置偏西，故名。

标准名称	汉语拼音	备注
小杨组	Xiǎoyángzǔ	此庄早年东西头统称为大杨庄，后分开将路西的称之为小杨。
杨东组	Yángdōngzǔ	此庄东西头统称为大杨庄，杨东在东头，叫杨东组。
杨西组	Yángxīzǔ	此庄东西头统称为大杨庄，杨西在杨东西边，叫杨西组。
中金组	Zhōngjīnzǔ	因金姓在此聚居，位于中部，故名。
新湖村村民委员会	Xīnhúcūn Cūnmínwěiyuánhuì	隶属灵璧县向阳乡，人民公社时期为前进大队。1983 年由前进大队更名为前进村民委员会。1993 年由前进村民委员会更名为新湖村民委员会。
河北汤庄	Héběitāngzhuāng	因汤姓在北沱河北聚居耕作，故名。
后胡庄	Hòuhúzhuāng	因村民多为胡姓，故名。
胡瓦坊庄	Húwǎfāngzhuāng	因胡姓在此建瓦房，开设作坊，故名。
前胡庄	Qiánhúzhuāng	因胡姓在此聚居，故名。
小北汤庄	Xiǎoběitāngzhuāng	由河北汤分出，称为小北汤庄。
小马桥庄	Xiǎomǎqiáozhuāng	旧时马姓在此聚居，又村旁有一小桥，故名。
小瓦坊庄	Xiǎowǎfāngzhuāng	因早年村内建有瓦房，故名。
艳阳村村民委员会	Yànyángcūn Cūnmínwěiyuánhuì	隶属灵璧县向阳乡，公社大队时期称大队 1983 年行政区改后，改朝阳大队为艳阳村。
大李	Dàlǐ	因居民多李姓，又比苏圩村李庄相比大一些，故名。
大沈庄	Dàshěnzhuāng	旧时沈姓聚居于此，且庄大，故名。
后八里张	Hòubālǐzhāng	由灵璧县城东门过渡口到此距离正值八里，该庄又以张姓居多，故称八里张庄，后简称八张庄，由于人口较多又分成前后两庄，本庄为后八里张。
骑路马庄	Qílùmǎzhuāng	由江苏大李集至濠城路穿庄而过，又骑路设有集市，似骑马之势，且以马姓居多，故名骑路马庄，后简称骑马庄。
前八张	Qiánbāzhāng	由灵璧县城东门过渡口到此距离正值八里，该庄又以张姓居多故称八里张庄，后简称八张庄，由于人口较多又分成前后两庄，本庄为前八张。
土李庄	Tǔlǐzhuāng	因李姓最早在此聚居，庄主名李土，本庄命名为土李庄。
小邵庄	Xiǎoshàozhuāng	以邵姓聚居此地较早，且庄较小，故名。
小杨庄	Xiǎoyángzhuāng	此庄因杨姓居多，且庄小户少，故名。

朱集乡

朱集乡（Zhūjí Xiāng） 隶属宿州市，全镇地处灵璧县中北部西侧，东靠渔沟镇，东南与浍沟镇相连，南邻尹集镇，西接宿州埇桥区栏杆镇，北与游集镇接壤。人民政府驻地设在朱集街。辖朱集村、张家村、岳巷村、星光村、潼山村、双杨村、双井村、苗河村、刘寨村、姜山村、湖光村、红旗村、固城村共 13 个村。辖区东西最大距离 13.2 千米，南北最大距离 10.2 千米，区域面积 78.5 平方千米。辖区总人口 48409 人，总人口中以汉族为主。境内大部分为平原，东南有零星山丘。地势自然条件由西北向东南倾斜，海拔一般在 21.5—24 米，最低点杨山洼、姜山洼、洼子北，海拔在 13.7 米。属半湿润季风气候。其特点是冬寒干燥，夏热多雨，四季分明，日照充足。年日照平均值为 2068 小时，最冷为 1 月，最热为每年 7—8 月，无霜期为年平均 209 天。境内属奎濉河水系。主要自然灾害有旱涝、风灾、冰雹、台风、霜冻等。农业以种植小麦、玉米、大豆为主。畜牧业以养殖猪、羊、家禽为主。工业以水泥、面粉为主。全镇乡文化站、广播电视站各 1 个，有村级文化活动中心 13 个，各类图书室及农家书屋 16 个，藏书 16 万余册。有公立幼儿园、私立幼儿园各 1 所，小学 8 所，教学点 5 个，初中 2 所。有乡级卫生院 1 所，床位 100 张，专职医生 45 人。村级卫生室 13 个，专业卫生人员 76 人。境内有 201 省道（灵房路），直接通往江苏省徐州市和观音机场。有皮影戏、泗州戏、曲艺、民间舞蹈等地方戏曲。行政区划单位为乡，行政级别为乡级，行政区划代码为 341323202。

标准名称	汉语拼音	备注
固城村村民委员会	Gùchéngcūn Cūnmínwěiyuánhuì	隶属灵璧县朱集乡。1958 年属朱集公社，为固城大队，1983 年属朱集乡，为固城村村民委员会。
固城子	Gùchéngzi	相传楚霸王项羽兵败溃退到此地，曾修筑比较坚固的护城圩，遂得名。
亢家	Kàngjiā	因村民多为亢姓，故名。
潘家	Pānjiā	因村民多为潘姓，故名。
张家	Zhāngjiā	因村民多为张姓，故名。
红旗村村民委员会	Hóngqícūn Cūnmínwěiyuánhuì	隶属灵璧县朱集乡。1992 年区划调整，红旗村、土楼村、岐张村三村合并，属虞姬乡，为红旗村村民委员会，沿用至今。
代家	Dàijiā	因村民多为代姓，故名。
东土楼	Dōngtǔlóu	旧时因村内有土楼，故名。
冯家	Féngjiā	因村民以冯姓为主，故名。
亢家	Kàngjiā	因村民以亢姓为主，故名。
李庙	Lǐmiào	因早年李姓在村头建有庙宇，故名。

标准名称	汉语拼音	备注
岐路陈	Qílùchén	因村庄多岔路口和居民以陈姓为主，故名。歧，讹作岐。
岐路张	Qílùzhāng	因村庄多岔路口和居民以张姓为主，故名。歧，讹作岐。
西条基	Xītiáojī	原名一条基，以村庄建房宅基为一排取名。后因开挖潼河，分成东西两庄，此庄位于西，故得名西条基。
西土楼	Xītǔlóu	因村庄位于东土楼西，故名。
小马庄	Xiǎomǎzhuāng	相传古时马姓随驾北上途经灵璧申村，恳请皇帝批准在此定居。后扩大范围到小马山，故名。
湖光村 村民委员会	Húguāngcūn Cūnmínwěiyuánhuì	隶属灵璧县朱集乡。2004 年由王店村、刘派村合并而成，属朱集乡，为湖光村村民委员会。
后李庄	Hòulǐzhuāng	因村民李姓居多，故名。
姜庄	Jiāngzhuāng	因村民姜姓居多，故名。
李庄	Lǐzhuāng	因村民李姓居多，故名。
刘贯庄	Liúguànzhuāng	相传早年刘姓家中富裕，俗称家产万贯，遂得绰号刘老贯，后取村名刘贯。
刘派庄	Liúpàizhuāng	据传很早以前有一刘姓的财主，因长得又高又胖，走路“派派拉拉”，故名刘派庄。
孟子	Mèngzi	因居民多孟姓，得名为孟庄子，后演化为孟子。
王店	Wángdiàn	旧时因多在此村赶集驻店，故名。
姜山村 村民委员会	Jiāngshāncūn Cūnmínwěiyuánhuì	隶属灵璧县朱集乡。1969 年属朱集公社，为姜山大队，1983 年属潼山乡，为姜山村村民委员会，1992 年属朱集乡。
姜山庄	Jiāngshānzhuāng	以居民多姜姓，村庄坐落在山脚下，故名。
刘寨村 村民委员会	Liúzhàicūn Cūnmínwěiyuánhuì	隶属灵璧县朱集乡。2005 年刘寨村、曹家村、浍庙村三村合并为刘寨村村民委员会。
曹家	Cáojiā	此庄因曹姓居多，故名。
东寨	Dōngzhài	村庄位于刘寨东，故名。
后王	Hòuwáng	村庄位于浍庙北，居民多王姓，故名。
浍庙	Huìmiào	相传早年村西有座土地庙，附近居民常在此聚会念佛，遂取名为浍庙。
季家	Jìjiā	旧时季姓逃荒至此，取名季家。
刘家	Liújiā	因刘姓居多，故名。
刘寨	Liúzhài	旧时刘姓逃荒至此，起初在山上安寨，取名刘寨。
马家	Mǎjiā	因村民多为马姓，故名。
前王	Qiánwáng	因村庄位于浍庙南，居民多王姓，故名。
邱家	Qiūjiā	因村民均邱姓，故名。

标准名称	汉语拼音	备注
洼北	Wāběi	因村庄位于一片湖洼地北，故名。
王家	Wángjiā	因王姓居多，故名。
小曹家	Xiǎocáojiā	因曹姓居多，称为小曹家。
小刘家	Xiǎoliújiā	因村民刘姓居多，故名。
赵家	Zhàojiā	因村民多赵姓，故名。
朱家	Zhūjiā	因村民朱姓居多，故名。
苗河村村民委员会	Miáohécūn Cūnmínwěiyuánhuì	隶属灵璧县朱集乡。2005 年苗河村、邱圩村二村合并，属朱集乡，为苗河村村民委员会。
陈庄	Chénzhuāng	因村民陈姓居多，故名。
郭家	Guōjiā	因村民郭姓居多，故名。
后付	Hòufù	因南北有两个多付姓的村庄，此庄位于北边，故名。
苗河庄	Miáohézhuāng	相传此地有一条苗河，居民沿河建房居住，后发展为村落，遂得名。
前付	Qiánfù	因村庄位于“后付”南，居民多姓付，故名。
邱圩庄	Qiūwéizhuāng	因早年邱姓在村周建有土圩子，故名。
小井	Xiǎojǐng	因村民多姓井，且庄小，故名。
小刘庄	Xiǎoliúzhuāng	因村民多姓刘，且庄小，故名。
小邵家	Xiǎoshàojiā	因村民多姓邵，且庄小，故名。
小王	Xiǎowáng	旧时王姓搬来此地，故名。
小周家	Xiǎozhōujiā	因村民多姓周，且庄小，故名。
双井村村民委员会	Shuāngjǐngcūn Cūnmínwěiyuánhuì	隶属灵璧县朱集乡。1958 年为井楼大队、前井大队，属刘寨公社；1983 年为井楼村委会、前井村委会，属刘寨乡；1992 年属朱集乡；2005 年 6 月合并为双井村民委员会，属朱集乡。
曹庄	Cáozhuāng	因村民曹姓居多，故名。
后井楼	Hòujǐnglóu	因南北有两个居民多井姓的村庄，此庄位于北，且早年村内建有土楼，故名。
后孙庄	Hòusūnzhuāng	因村庄位于小井家北，居民多姓孙，故名。
前井庄	Qiánjǐngzhuāng	因村庄位于后井楼南，居民多为井姓，故名。
前孙庄	Qiánsūnzhuāng	因村庄位于后孙庄南，居民多为孙姓，故名。
王圩子	Wángwéizi	因早年王姓在村周筑有土圩子，故名。
小王庄	Xiǎowángzhuāng	因村民多为王姓，故名。
许家	Xǔjiā	因村民多为许姓，故名。
周场	Zhōuchǎng	因早年周姓有一较大打谷场，故名。

标准名称	汉语拼音	备注
双杨村村民委员会	Shuāngyángcūn Cūnmínwěiyuánhuì	隶属灵璧县朱集乡。2004年杨家村、杨北村二村进行划调整，调整后得名双杨村村民委员会。
杨家庄	Yángjiāzhuāng	因村民多为杨姓，故名。
杨山庄	Yángshānzhuāng	因居民多杨姓，境内有小山，故名。
前杨庄	Qiányángzhuāng	因村庄位于杨家南和居民多杨姓，故名。
后杨庄	Hòuyángzhuāng	因村庄位于杨家北和居民多杨姓，故名。
后河庄	Hòuhézhuāng	因村庄位于河的东面，故名。
小杨家	Xiǎoyángjiā	该庄以杨姓居多，村庄面积小，故名。
刘庄	Liúzhuāng	因村民多为刘姓，故名。
潼山村村民委员会	Tóngshāncūn Cūnmínwěiyuánhuì	隶属灵璧县朱集乡。2010年潼山村、前楼村二村合并，属朱集乡，为潼山村村民委员会。
老集	Lǎojí	因早年是一古老的集市，故名。
前楼	Qiánlóu	因村庄位于潼山南，早年村中建有土楼，故名。
潼山	Tóngshān	因村庄坐落在潼山脚下，故名。
小山子	Xiǎoshānzi	因村庄附近有小山，故名。
星光村村民委员会	Xīngguāngcūn Cūnmínwěiyuánhuì	隶属灵璧县朱集乡，2005年由创新村、星光村、曹马村三村合并而成，属朱集乡，为星光村村民委员会。
曹马庄	Cáomǎzhuāng	因村民多为曹、马二姓，故名。
东条吉	Dōngtiáojí	早年和“西条吉”是一排房屋，称为“一条脊”。后因开挖潼河，把村庄分成东西两半，此庄位于河东，故名。讹作东条吉。
刘南塘	Liúnántáng	因居民多刘姓，村南有汪塘，故名。
马圩	Mǎwéi	因早年马姓在村周筑有围墙，故名。
马庄	Mǎzhuāng	因村民多为马姓，故名。
沈楼	Shěnlóu	因早年沈姓在村中建有土楼，故名。
岳巷村村民委员会	Yuèxiàngcūn Cūnmínwěiyuánhuì	隶属灵璧县朱集乡。1958年属朱集公社，为岳巷大队，1984年属朱集乡，为岳巷村村民委员会。
东杨家	Dōngyángjiā	因村民多为杨姓，又位于村部东部，故名。
小李山庄	Xiǎolǐshānzhuāng	因居民多李姓，村庄附近有一小山，故名。
小马庄	Xiǎomǎzhuāng	隶属灵璧县朱集乡。1958年属岳巷大队，1983年属岳巷村村民委员会。
岳巷庄	Yuèxiàngzhuāng	因村民多岳姓，村中巷道较多，故名。

标准名称	汉语拼音	备注
张家村村民委员会	Zhāngjiācūn Cūnmínwěiyuánhuì	隶属灵璧县朱集乡。1958 年属刘寨公社，为张家大队，1983 年属刘寨乡，为张家村村民委员会，1992 年属朱集乡。
冯家庄	Féngjiāzhuāng	因村民多为冯姓，故名。
李家庄	Lǐjiāzhuāng	因村民多为李姓，故名。
宋家庄	Sòngjiāzhuāng	因村民多为宋姓，故名。
武庄	Wǔzhuāng	因村民多为武姓，故名。
张家庄	Zhāngjiāzhuāng	因村民多为张姓，故名。
朱集村村民委员会	Zhūjícūn Cūnmín Wěiyuánhuì	隶属灵璧县朱集乡。2005 年由朱集村、瓦房村二村合并，属朱集乡，为朱集村村民委员会。
东南庄	Dōngnánzhuāng	因村庄位于朱集东南，故名。
后瓦房	Hòuwǎfáng	因南北两个自然村早年均建有瓦房，此庄位于北，故名。
庙东庄	Miàodōngzhuāng	因早年村西有一庙宇，故名。
前瓦房	Qiánwǎfáng	因村庄位于后瓦房南，故名。
孙家庄	Sūnjiāzhuāng	因村民多为孙姓，故名。
孙宅庄	Sūnzháizhuāng	因早年孙姓建房的宅基较高，故名。
王家庄	Wángjiāzhuāng	最早王姓在此聚居，故名。
园墙庄	Yuánqiángzhuāng	原名垣墙，以早年村内有一较大院墙取名，后演变为现名。
后李庄	Hòulǐzhuāng	因村落位于朱集西北，居民多姓李，故名。
庄洼庄	Zhuāngwāzhuāng	因村庄地势较低，村民多为庄姓，故名。
朱集庄	Zhūjízhuāng	因朱姓先居，早年形成交换物品的小集市，故名。

大路乡

大路乡（Dàlù Xiāng） 隶属宿州市，地处灵璧县中北部，东与大庙乡为邻，东南与冯庙镇接壤，西接浍沟镇，北临渔沟镇，东北与高楼镇相连。人民政府驻大路集。辖朱楼村、张杨村、晏湾村、王坊村、苏宅村、蒋庙村、蒋刘村、韩墩村、大路村、大龙村、陈场村、胡堆村、刘大庄村共 13 个村民委员会。辖区东西距离 8.3 千米，南北距离 10.9 千米，面积 61.7 平方千米。辖区总人口 43614 人。辖区境内均属平原地带，地势由东南向西北略为倾斜，海拔一般在 22—25 米，最低点晏湾村海拔 18.5 米。地处北温带与北亚热带过渡的半湿润季风气候区。特点是季风影响明显，四季分明，春季干旱少雨，夏季雨水集中，秋季阴雨连绵，冬季寒冷干燥。1 月平均气温 0.4℃，7 月平均气温 27.6℃。无霜期 210 天，生长期

215天。年平均降水量850毫米。属奎濉河水系，主要河道有老濉河、新濉河、三渠沟。自然灾害多发区，主要有水灾、旱灾、风灾、冰雹、霜冻等。辖区是农业区，粮食作物以小麦、玉米、大豆为主，经济作物以蔬菜为主。畜牧业主要养殖猪、羊、家禽等。工业以家具生产和面粉加工为主。有乡文化站1所，图书室1个，存书1万余册。有乡卫生院1个，村级卫生室13个。有公办幼儿园1所、中心小学1所、乡村小学6所、初中1所。南北走向的灵双公路（X042）、东西走向的302省道和大小路（X059）在境内交汇，交通便利。有八路军苏鲁豫支队司令部旧址、张大路会议遗址等红色遗址。有皮影戏、泗州戏、曲艺、民间舞蹈等地方戏曲。行政区划单位为乡，行政级别为乡级，行政区划代码为341323203。

标准名称	汉语拼音	备注
陈场村 村民委员会	Chénchǎngcūn Cūnmínwěiyuánhuì	隶属灵璧县大路乡。1958年人民公社时期为陈场大队。1985年由陈场大队改为陈场村和孙谷村委会。2005年合并后成立陈场村委会至今。
陈场庄	Chénchǎngzhuāng	因区划调整而得名。
孙谷堆	Sūngǔduī	因村民多为孙姓，又村中粮食丰收，常堆积在场中，形成谷物堆，故名。
大龙村 村民委员会	Dàlóngcūn Cūnmínwěiyuánhuì	隶属灵璧县大路乡。1958年人民公社时期为大龙嘴。1978年改为大龙村，与2005年分别与化口、卓场、陈庄、张庄、前姚、后姚、刘圩等10个自然庄合并为大龙村民委员会。
曹庄	Cáozhuāng	因村民多为曹姓，故名。
陈庄	Chénzhuāng	因村民多为陈姓，故名。
大龙	Dàlóng	据传说，很久以前突然天气大变，暴风骤雨，落下一条巨龙，刚好龙头落在此处，嘴大无比。龙尾至化口处受伤，经过朴实的村民治疗，龙伤好了感恩，乘雾而去，故名。
后姚庄	Hòuyáozhuāng	因其所在位置得名，村民多姚姓。
化口	Huàkǒu	因村中多化姓，早年村西河边有一渡口，故名。
刘圩庄	Liúwéizhuāng	因村民多为刘姓，又早期建有圩墙御敌，故名。
前姚庄	Qiányáozhuāng	相对前、后姚，故名。
张潭	Zhāngtán	此庄因张姓居首，故名。
张庄	Zhāngzhuāng	此庄因村民多为张姓，故名。
卓场庄	Zhuóchǎngzhuāng	因卓姓在此建打谷场，故名。
大路村 村民委员会	Dàlùcūn Cūnmínwěiyuánhuì	隶属灵璧县大路乡。1992年隶属浍沟区，1992年3月撤区并乡隶属大路乡。
大路庄	Dàlùzhuāng	因地处交通要道，居民沿路建房成街，后发展成小集市，故名。

标准名称	汉语拼音	备注
韩墩村村民委员会	Hándūncūn Cūnmínwěiyuánhuì	隶属灵璧县大路乡。1992年隶属高楼区韩墩村民委员会。1992年3月撤区并乡，隶属大路乡韩墩村。2005年5月小韩村、新张、韩墩村合并成韩墩村。
韩墩庄	Hándūnzhuāng	传说韩墩方圆几十里是湖，又叫孟山湖。有韩姓在此打鱼为生，在一个高土墩上居住，故名。
刘惯	Liúguàn	传说早年有刘姓在此居住，长期用瓦罐打水。有一天一逃荒户到此，问正在打水的刘姓，这叫什么庄？他脱口而出：刘罐。后不断有逃荒人家到此居住，从此以后讹作刘惯庄。
小韩庄	Xiǎohánzhuāng	因村中多为韩姓，故名。
新张庄	Xīnzhāngzhuāng	此庄因张姓居多，故名。
胡堆村村民委员会	Húduīcūn Cūnmínwěiyuánhuì	隶属灵璧县大路乡。1992年以前隶属浍沟区前胡村和后胡村。2005年合并后隶属大路乡胡堆村。
后胡庄	Hòuhúzhuāng	胡堆庄所在地是一片湖，因湖水逐渐干涸，有人在此开荒建房，因而得名胡堆，分为前胡和后胡。
前胡庄	Qiánhúzhuāng	胡堆庄所在地是一片湖，因湖水逐渐干涸，有人在此开荒建房，因而得名胡堆，分为前胡和后胡。
三姓庄	Sānxìngzhuāng	清代中期有王姓、赵姓、程姓在此居住，因而得名。
蒋刘村村民委员会	Jiǎngliúcūn Cūnmínwěiyuánhuì	隶属灵璧县大路乡。2004年与蒋圩村合并，政府命名为蒋刘村委员会。
大蒋庄	Dàjiǎngzhuāng	因村民多为蒋姓，又人口颇多，故名。
高场	Gāochǎng	因村民多为高姓，又早年为打场，故名。
蒋场庄	Jiǎngchǎngzhuāng	因村民多为蒋姓，又早年为打场，故名。
蒋圩庄	Jiǎngwéizhuāng	因村庄多为蒋姓，又早年建有圩墙，防外侵，故名。
小蒋庄	Xiǎojiǎngzhuāng	因村庄多为蒋姓且庄小，故名。
小朱庄	Xiǎozhūzhuāng	因庄小且多为朱姓，故名。
新宅庄	Xīnzháizhuāng	旧时蒋姓在此开荒种地，取名新宅，后改名新宅庄。
刘场	Liúchǎng	早年刘姓在此地占地打场，故名。
蒋庙村村民委员会	Jiǎngmiàocūn Cūnmínwěiyuánhuì	隶属灵璧县大路乡。1987年隶属浍沟区，2005年改名蒋庙村。
火彭庄	Huǒpéngzhuāng	因村中多为彭姓，后失大火烧掉重建，故名。
蒋大汪庄	Jiǎngdàwāngzhuāng	因蒋家门前有大汪，故名。
蒋庙庄	Jiǎngmiàozhuāng	此庄蒋姓为一大户，又早年村中有庙，故名。
刘大庄村村民委员会	Liúdàzhuāngcūn Cūnmínwěiyuánhuì	隶属灵璧县大路乡。1992年撤区并乡，2005年并村，下街合并为刘大庄村。

标准名称	汉语拼音	备注
刘大庄	Liúdàzhuāng	早年为多姓村庄，后由刘姓占大多数，故名。
西南庄	Xīnánzhuāng	因位于刘大庄村西南方向，故名。
下街庄	Xiàjiēzhuāng	1958 年人民公社时期为下街大队，原下街逢集与相邻孟山圩为上街，为此取名下街。
小吴庄	Xiǎowúzhuāng	因村民多为吴姓，又人口稀少，故名。
苏宅村 村民委员会	Sūzháicūn Cūnmínwěiyuánhuì	隶属灵璧县大路乡。1992 年隶属浍沟区。1993 年撤区并乡隶属大路乡苏宅村。
苏宅庄	Sūzháizhuāng	此庄苏姓较多，故名。
王安庄	Wáng' ānzhuāng	因村民王姓较多，且较为平安，故名。
王坊村 村民委员会	Wángfāngcūn Cūnmínwěiyuánhuì	隶属灵璧县大路乡。早期叫王油坊。1958 年人民公社时期归属大路大队。1978 年改为王坊大队。1995 年名为王坊村委会。
马宅庄	Mǎzháizhuāng	战争年代此地为高宅，后为练马训练场，故名。
王坊庄	Wángfāngzhuāng	因早年村中王姓在此开设油坊，故名。
赵梅庄	Zhàoméizhuāng	因居民以赵姓和梅姓居多，故名。
晏家湾村 村民委员会	Yànjiāwāncūn Cūnmínwěiyuánhuì	隶属灵璧县大路乡。1992 年隶属浍沟区，之后撤区并乡取名晏湾村。
晏家湾	Yànjiāwān	因村民多晏姓，又村庄坐落在河湾，故名。
张杨村 村民委员会	Zhāngyángcūn Cūnmínwěiyuánhuì	隶属灵璧县大路乡。1958 年人民公社时期为大路大队。1978 年以后与大路大队分开更名为张庄村民委员会。1995 年张庄村民委员会更名为张杨村民委员会。
后张庄	Hòuzhāngzhuāng	因早年建村为张姓先聚居，又有三张，据其各自位置，故名。
前张庄	Qiánzhāngzhuāng	因早年建村为张姓先聚居，又有三张，据其各自位置，故名。
沈庄	Shěnzhuāng	早年沈姓在此聚居，形成村落，故名。
杨庄	Yángzhuāng	早年杨姓在此聚居，形成村落，故名。
中张庄	Zhōngzhāngzhuāng	因早年建村为张姓先聚居，又有三张，据其各自位置，故名。
朱楼村 村民委员会	Zhūlóucūn Cūnmínwěiyuánhuì	隶属灵璧县大路乡。1992 年以前隶属浍沟区朱楼委员会。1992 年隶属大路乡朱楼村民委员会。
李庄	Lǐzhuāng	早年李姓在此聚居，形成村落，故名。
晏场庄	Yànchǎngzhuāng	旧时晏姓在此耕种，打麦子场大，故名。
岳宅庄	Yuèzháizhuāng	旧时因岳姓建房宅基较高，故名。
朱场庄	Zhūchǎngzhuāng	旧时朱姓在此耕种，打麦子场大，故名。
朱楼	Zhūlóu	旧时朱姓在此建有高楼，故名。
王晏庄	Wángyànzhuāng	早年是王姓和晏姓在此居住，故名。

标准名称	汉语拼音	备注
灵子	Língzi	由传说中的灵子城而得名，又在渠沟东边，也叫河东灵子。

大庙乡

大庙乡（Dàimiào Xiāng） 隶属宿州市，地处灵璧县中北部东侧，南距灵璧县城28千米，东与江苏省睢宁县李集镇相邻，东南与泗县黄圩接壤，南与冯庙镇为邻，西与大路乡相连，北与高楼镇毗邻。人民政府驻地设在大庙街。辖大庙、王海、齐张、王场、马庄、沟涯、大杨、殷庄、沙滩、王沈、王支、沙南、胡场、王谷、找营共15个村。辖区东西最大距离9.6千米，南北最大距离8.9千米，面积64.8平方千米。辖区总人口57392人。境内地势平坦，土壤结构以沙土、两合土为主，海拔最高点25米，最低点23米。地处北温带与北亚热带过渡的半湿润季风气候区。冬寒干燥，夏热多雨，四季分明，日照充足。年日照平均值为2073小时。年气温平均值为14.4℃，最冷为1月，平均气温为0℃；最热为7月，年平均气温为27.5℃。无霜期为年平均209.2天。年平均降水量为856毫米。境内属安河水系。主要自然灾害有冰雹、旱涝、风灾、低温、霜冻等，但均不严重。农业以种植小麦、玉米、大豆为主，其次为蔬菜，主要经济作物为大豆、蔬菜等，畜牧业以养殖猪、羊、家禽为主。工业以板材加工、服装加工、物流运输、食品加工为主。有乡综合文化站1处。有乡卫生院1所，村卫生室14个。公立幼儿园4所，小学5所，初中1所。境内有302省道和灵睢公路（044）交会，徐明高速穿境而过。名胜古迹有始建于明朝永乐三年（1406年）白龙庙一处，历经1925年和2002年二次修建，小白龙探母传说于2010年7月被宿州市批准为宿州市第一批非物质文化遗产。有皮影戏、泗州戏、曲艺、民间舞蹈等地方戏曲。行政区划单位为乡，行政级别为乡级，行政区划代码为341323204。

标准名称	汉语拼音	备注
沙南村村民委员会	Shānáncūn Cūnmínwěiyuánhuì	隶属灵璧县大庙乡。1958年人民公社时期为沙南大队。1978年由沙南大队更名为沙南村委会。
沙南庄	Shānánzhuāng	据传古代此地是孟山湖，湖水退去，出现沙滩，人们在此耕种，后因老濉河把沙滩一分两半，故濉河南岸得名沙南。
仲庄	Zhòngzhuāng	清朝宣统年间，多姓聚居此地，故名众姓庄，后演变为仲庄。
小徐庄	Xiǎoxúzhuāng	清末，徐姓聚居此地，村庄人口较少，故名。
大徐庄	Dàxúzhuāng	因村民多为徐姓，故名。
王安庄	Wáng’ānzhuāng	王姓最早建村，愿王家永久平安、昌盛，故名。
刘宅庄	Liúzháizhuāng	因村民多为刘姓，且早年有一大宅，故名。

标准名称	汉语拼音	备注
小卢庄	Xiǎolúzhuāng	因卢姓在此落户较早，故名。
殷庄村村民委员会	Yīnzhuāngcūn Cūnmínwěiyuánhuì	隶属灵璧县大庙乡。1958 年人民公社时期为殷庄大队。1983 年更名为殷庄村委会。
殷庄村	Yīnzhuāngcūn	因居民多殷姓得名。
邢场庄	Xíngchǎngzhuāng	因早年卓圩大地主在此打场，邢姓佃户在此管理、居住，故名。
小王	Xiǎowáng	此庄因王姓居多，又因村庄面积小，故名。
张玖庄	Zhāngjiǔzhuāng	据说张姓迁至此地，有弟兄十人，他排行老九，后以张老九之名为庄名，故得名张玖庄。
仝卢庄	Tónglúzhuāng	因仝、卢两姓在此立庄，故名。
赵宅庄	Zhàozháizhuāng	因赵姓在此建宅，故名。
小葛庄	Xiǎogězhuāng	因葛姓在此耕作，建村，故名。
西卢庄	Xīlúzhuāng	清代末期，卢姓从仝卢庄搬到西边来，故名。
沟涯村村民委员会	Gōuyácūn Cūnmínwěiyuánhuì	隶属灵璧县大庙乡。1958 年人民公社时期为沟涯大队，1983 年由沟涯大队更名为沟涯村民委员会。
沟涯庄	Gōuyázhuāng	沟涯庄曾名沟涯街，因地处虹灵沟东，且此地逢集，故名。
小沟东	Xiǎogōudōng	因村庄位于沟东，面积小，故名。
小高庄	Xiǎogāozhuāng	因村民高姓居多，故名。
后场	Hòuchǎng	因该庄为沟涯庄晒场，故名后场。
西北场	Xīběichǎng	因该庄为沟涯庄西北晒场，故名。
袁庄	Yuánzhuāng	据传该庄袁、赵曾是一家，在添祖坟期间，发生一点矛盾，就分开过，袁家取庄名叫袁庄。
赵庄	Zhàozhuāng	据传该庄袁、赵曾是一家，在添祖坟期间，发生一点矛盾，就分开过，赵家取庄名叫赵庄。
胡场村村民委员会	Húchǎngcūn Cūnmínwěiyuánhuì	隶属灵璧县大庙乡。1958 年人民公社时期为胡场大队，1983 年由胡场大队更名为胡场村委员会。
太平庄	Tàipíngzhuāng	旧时因本庄百岁老人多，做生意的外地人称该庄为老人鬼庄，新中国成立初期更名叫太平庄。
崔位庄	Cuīwèizhuāng	因该庄以崔姓居多，老者名为崔齐位，村民取崔齐位首尾二字，故名。
小王庄	Xiǎowángzhuāng	王姓聚居，庄小，故名。
新庄	Xīnzhuāng	因村庄姓氏众多，又为新建之庄，故名。
半楼子	Bànlóuzi	据传旧时王姓在沙李路北建筑一座楼房，预算建造三层，建盖二层后因经济不佳，就停止建造了，故名。

标准名称	汉语拼音	备注
小马庄	Xiǎomǎzhuāng	因村民以马姓居多，故名。
胡场村	Húchǎngcūn	因此地为一胡姓大地主的场地，故名。
崔老宅庄	Cuīlǎozháizhuāng	因村民多为崔姓，又祖辈留下老宅，故名。
马庄社区居民委员会	Mǎzhuāng Shèqū Jūmínwěiyuánhuì	隶属灵璧县大庙乡。1958 年人民公社时为马庄公社。1983 年更名为马庄村民委员会。2014 年更名为马庄社区村民委员会。
马庄	Mǎzhuāng	据传杨元郎经过此地，扎营拴马，故名。
崔埝庄	Cuīniànzhuāng	因北宋时期有一名朝廷大臣叫崔埝，居住此地，故名。
寿口庄	Shòukǒuzhuāng	北宋时期原崔埝庄是运河叉道，途经孟山湖，当时有寿姓在这运河摆渡，故名。
小杨庄	Xiǎoyángzhuāng	据传北宋时期杨元郎路过马庄，在此扎营，与手下商讨，认为西南角是块宝地，地形像马场。杨元郎就命名为杨氏马场，后更名为小杨庄。
宋宅庄	Sòngzháizhuāng	据说早年有五大姓氏居住在此庄。后因宋姓人丁不旺，搬至濉北，把宅基地送给李、王两家，仍使用宋宅庄名称。
小洪庄	Xiǎohóngzhuāng	因本庄全部为洪姓，村庄面积小，故名。
王海村村民委员会	Wánghǎicūn Cūnmínwěiyuánhuì	隶属灵璧县大庙乡。1949 年后隶属大杨乡，1958 年人民公社时期为王海大队，1983 年更名为王海村民委员会。
丁庄	Dīngzhuāng	因早期村民姓氏多为丁姓，故名。
小安	Xiǎo' ān	旧时王姓在此建村立庄，盼望本村平安，故名。
两面罗	Liǎngmiànluó	早年，睢宁县有两个庄子打官司，在打官司过程中有个人能言善辩，被县长认可。这个人打起官司来，嘴像两面锣，指能说会道，后人迁居此地，故名。
宋庄	Sòngzhuāng	因宋姓最先居住在此地，故名。
赵庄	Zhàozhuāng	原为戚庄，后来赵姓搬迁至此，人数越来越多，更名为赵庄。
王海庄	Wánghǎizhuāng	村民以王姓为主，又因地形较低，水位比较高，到处是水，一眼望不到边，故名。
后海庄	Hòuhǎizhuāng	以前有大户在此地打场，称西北场，因坐落于王海庄后面，更名为后海庄。
小卓场庄	Xiǎozhuóchǎng-zhuāng	早年卓圩大地主在此地打场，故名。
汉石庄	Hànshízhuāng	很久以前韩姓石匠在此落户，后讹成汉石庄。
徐场庄	Xúchǎngzhuāng	江苏桃元有一徐姓大户在此有部分土地，有仓库，有一大场，故名。
齐张村村民委员会	Qízhāngcūn Cūnmínwěiyuánhuì	隶属灵璧县大庙乡。1958 年人民公社时期为骑路张大队。1983 年更名为齐张村村民委员会。

标准名称	汉语拼音	备注
骑路张家	Qílùzhāngjiā	因村民张姓居多，沿沙李路两边建房，故名。
小王庄	Xiǎowángzhuāng	庄子比较小，王姓较多，故名。
大沟东庄	Dàgōudōngzhuāng	原名路庄，因后庄西边有红泥沟，故名。
刘家饭店	Liújiāfàndiàn	民间传说，清朝乾隆下江南，刘姓在此开饭店，乾隆在饭店吃饭，觉得口味不错，题“刘家饭店”，故名。
王谷村 村民委员会	Wánggǔcūn Cūnmínwěiyuánhuì	隶属灵璧县大庙乡。1958 年人民公社时期从高宅新光社分离，更名王谷大队，1988 年后分为王谷、小高、道口三个村，1992 年又合并为王谷、道口两个村，2003 年合并为王谷村村民委员会。
王斐	Wángfěi	相传王姓四人由山西迁居至此，有一人名为王老斐，该庄因而得名王斐。
小高庄	Xiǎogāozhuāng	原名叫黄泥沟，清末年间由高楼高家庄迁往此地，高姓居多，村庄面积小，故名小高家，后更名为小高庄。
朱场庄	Zhūchǎngzhuāng	该庄为冯庙朱牌坊庄朱姓的打谷场，故名。
小许庄	Xiǎoxǔzhuāng	原名许场，位于朱场庄北，许姓后搬迁至此，建村立庄，取名小许庄。
道口	Dàokǒu	因村庄位于道路口，故名。
王谷庄	Wánggǔzhuāng	原名小王梁庄，后改为王谷庄。
王场村 村民委员会	Wángchǎngcūn Cūnmínwěiyuánhuì	隶属灵璧县大庙乡。1958 年人民公社时期为王场大队。1983 年由王场大队更名为王场村委会。
路宅子	Lùzháizǐ	旧时路姓在此建造房屋，故名。
赵场	Zhàochǎng	因早年赵姓在此碾场，故名。
王场庄	Wángchǎngzhuāng	据传清代王姓在此碾场而得名。另一说王场原名袁场，袁场住一袁姓大户，膝下无子，有一女，在家招婿王姓。大户死后女婿用回了王姓，改袁场为王场。
沙滩村 村民委员会	Shātāncūn Cūnmínwěiyuánhuì	隶属灵璧县大庙乡，1983 年由沙滩大队更名为沙滩村村民委员会。
沙滩家	Shātānjiā	因早年此处地势低洼，是湖地，后逐渐形成河滩地，故得名。
张场家	Zhāngchǎngjiā	因村庄有一大的晒谷场，又多为张姓，故名。
丁家	Dīngjiā	此庄丁姓居民居多，故名。
前赵家	Qiánzhàojiā	因早年赵姓在此定居，后分为两庄，该庄靠南，故名。
后赵家	Hòuzhàojiā	因早年赵姓在此定居，后分为两庄，该庄靠北，故名。
小朱家	Xiǎozhūjiā	因村民以朱姓居多，且人口较少，故名。

标准名称	汉语拼音	备注
大庙村村民委员会	Dàmiàocūn Cūnmínwěiyuánhuì	隶属灵璧县大庙乡。1958 年名称为大庙人民公社。1981 年更名为大庙村委会属高楼区。2004 年 4 月堂场、高场、陈宅合并，仍名为大庙村村民委员会。
卓场庄	Zhuóchǎngzhuāng	民国时期，该庄为高楼卓圩大地主的场地和场屋，故得名卓场庄。
大庙	Dàmiào	清朝光绪年间，有大王庙坐落于现在大庙粮食站的东南边，故名。
高场	Gāochǎng	原高楼大地主的仓库，有老濉河、大李集的码头，故得名为高场。
陈宅	Chénzhái	因村民多为陈姓，故名。
大杨村村民委员会	Dàyángcūn Cūnmínwěiyuánhuì	隶属灵璧县大庙乡。1958 年人民公社时期为大杨大队。1983 年更名为大杨村委会，名称未变。
大杨庄	Dàyángzhuāng	因村民多为杨姓，又村落人口较多，故名。
小杨庄	Xiǎoyángzhuāng	以姓氏而得名，且相比大杨庄来说较小，故名。
邢庄	Xíngzhuāng	因村中多为邢姓，故名。
道庄	Dàozhuāng	因早年此地有道庙，刘姓起名为道庄。
梁庄	Liángzhuāng	因居民多为梁姓，故名。
任庄	Rénzhuāng	因居民多为任姓，故名。
翟庄	Zháizhuāng	清朝同治年间，翟姓聚居此地，故名。
小翟庄	Xiǎozháizhuāng	因村民翟姓居多，故名。
王支村村民委员会	Wángzhīcūn Cūnmínwěiyuánhuì	隶属灵璧县大庙乡，1983 年由王支大队更名为王支村村民委员会。
大王支	Dàwángzhī	因居民以王姓居多，且人口较多，故名。
卢沟庄	Lúgōuzhuāng	因村民多为卢姓，又村庄四面是沟，故名。
张宅	Zhāngzhái	早年张姓迁居此地，生了三个儿子，故取名张三宅，后更名为张宅。
小李场	Xiǎolǐchǎng	因李姓地主在此打场收粮，且庄小，故名。
小胡场	Xiǎohúchǎng	相传胡姓生了儿子，外出后未归，该庄取名胡居地，后改为小胡场。
小王支	Xiǎowángzhī	因村庄为大王支的分支，面积又小，故名。
找营村村民委员会	Zhǎoyíngcūn Cūnmínwěiyuánhuì	隶属灵璧县大庙乡，1983 年由找营大队更名为找营村村民委员会。
李桐庄	Lǐtóngzhuāng	因早年李姓先人李桐在此居住，故名。
找营村	Zhǎoyíngcūn	相传有寻找营地之意，故名。

标准名称	汉语拼音	备注
王沈村村民委员会	Wángshěncūn Cūnmínwěiyuánhuì	隶属灵璧县大庙乡。1958年前由王沈庄改为王沈大队。1983年由王沈大队更名为王沈村民委员会，由王沈庄和小崔庄合并而成。
王沈庄	Wángshěnzhuāng	因村中村民以王姓和沈姓居多，故名。
小崔庄	Xiǎocuīzhuāng	因早年崔姓落户在王沈庄东500米处居住，故名。

禅堂乡

禅堂乡（Chántáng Xiāng） 隶属宿州市，地处灵璧县中部，东与冯庙镇隔新濉河相望，东南与虞姬乡接壤，南与灵城镇相连，距灵璧县城16千米，西靠杨疃镇、西北与尹集镇相连，北接浍沟镇。人民政府驻地设在禅堂街。辖禅堂村、河北村、黄桥村、司庙村、双李村、八一村、郭海村、李闫村、张宋村、大吴村、凤河村、小潘村、三周村、王莽村共14个村民委员会。辖区面积为96平方千米，耕地57.7平方千米，主要为旱地。总人口51982人。境内地势自然条件：由东南向西北倾斜，海拔19—22米，最低处是龚洼自然庄，海拔19米。地处北温带与北亚热带过渡的半湿润季风气候区。其特点是冬寒干燥，夏热多雨，四季分明，日照充足。年日照平均值为2242.7小时。年气温平均值为14.25℃，最冷的是1月；最热为7月。无霜期为年平均205天。年平均降水量881.4毫米。境内属潆潼河水系。主要自然灾害有冰雹、雷击、旱涝、风灾、低温、霜冻等。农业以种植小麦、大豆、玉米为主。畜牧业以养猪、羊和家禽为主。工业以面粉加工、物流运输为主，拥有工业企业16家，其中招商引资6家。境内有乡文化站、广播电视站各1处，有村级文化活动中心14处，各类图书室14处，藏书24000册。公立幼儿园1个，小学5个，初中1所。有卫生院1所，床位50张，专职医生21人，村卫生室15个，专业卫生人员35人。境内有 042县道通过，乡道1条已通农用班车，另有4个村开通了公交车。过境客运干线1条，北可达徐州观音机场，南可达灵璧、合肥等地。有皮影戏、泗州戏、曲艺、民间舞蹈等。行政区划单位为乡，行政级别为乡级，行政区划代码为341323205。

标准名称	汉语拼音	备注
八一村村民委员会	Bāyīcūn Cūnmínwěiyuánhuì	隶属灵璧县禅堂乡。1958年人民公社时期为八一大队，1981年由八一大队更名为八一村委会，2005年大冉村并入八一村。
小杨庄	Xiǎoyángzhuāng	旧时杨姓迁此建村，故名。
大冉庄	Dàrǎnzhuāng	村民冉姓居多，故名。
小闫庄	Xiǎoyánzhuāng	村庄闫姓居多，故名。
小张庄	Xiǎozhāngzhuāng	因居民姓氏得名。

标准名称	汉语拼音	备注
禅堂村 村民委员会	Chántángcūn Cūnmínwěiyuánhuì	隶属灵璧县禅堂乡。1950 年前禅堂村也是禅堂乡人民政府所在地。1983 年更名为禅堂村民委员会。
禅堂村	Chántángcūn	相传该村历史上是无名湖，唐朝开发一条河——唐河，露出一点地，有人居住，起名禅堂湖，后改为禅堂村。禅堂庄（庙名）至今是禅堂乡所在地。
唐家	Tángjiā	相传唐朝时代在此地开一条唐河，露出一点地，有人住，离禅堂村有 300 米远，起名唐家。
大吴村 村民委员会	Dàwúcūn Cūnmínwěiyuánhuì	隶属灵璧县禅堂乡。初名创业村，从 1975 年一直沿用到 2008 年；2008 年大吴村、马山村、黄山村合并，更名为大吴村。
小闫庄	Xiǎoyánzhuāng	因村民以闫姓居多，故名。
小许庄	Xiǎoxǔzhuāng	原迁移之地名为西许闸，故名。
大闫庄	Dàyánzhuāng	因村中以闫姓居多且面积相对较大，故名。
新闫庄	Xīnyánzhuāng	原名叶庙，以闫姓居多，改名为新闫庄。
小胡庄	Xiǎohúzhuāng	因村民以胡姓居多，且庄小，故名。
八里高庄	Bālǐgāozhuāng	因村民高姓居多，据说距离禅堂乡有八里路程，故名。
马山庄	Mǎshānzhuāng	传说此地有无影山，紧靠黑水河，杨二郎在此拴过马，马踩到无影山后山就不见了，故名。
陈西庄	Chénxīzhuāng	早年村中有一座庙名陈庙庄，后由北向南开一条大河，此庄在西，故名。
大吴庄	Dàwúzhuāng	因村中吴姓居多且庄大，故名。
黄山庄	Huángshānzhuāng	因村中以黄姓居多且紧邻一小山，故名。
美好乡村	Měihǎoxiāngcūn	因建新农村，寓意美好，故名。
凤河村 村民委员会	Fènghécūn Cūnmínwěiyuánhuì	隶属灵璧县禅堂乡。1992 年名称为凤河村委会。2004 年闫山村与凤河村合并为凤河村民委员会。
闫山	Yánshān	因村中以闫姓居多且紧邻一山，故名。
陈庙东	Chénmiàodōng	早年村西有一庙且居民陈姓居多，故名。
潘集东	Pānjídōng	此庄潘姓居多且位于集市东，故名。
潘集西	Pānjíxī	此庄潘姓居多且位于集市西，故名。
郭海村 村民委员会	Guōhǎicūn Cūnmínwěiyuánhuì	隶属灵璧县禅堂乡。1958 年人民公社时期为郭海大队。1983 年由郭海大队更名为郭海村委会。
高场	Gāochǎng	原属高楼地主家打麦场地，故名。
邱家	Qiūjiā	因村中邱姓居多，故名。
郭海	Guōhǎi	此庄因郭姓居多，故名。

标准名称	汉语拼音	备注
大谷	Dàgǔ	此庄因地势相对较凹，故名。
谷圩	Gǔwéi	此庄以谷姓居多，又早年建圩墙，故名。
谷同	Gǔtóng	此庄因村中以谷姓居多，又由外地迁入，思念原迁徙之地，故名。
姬家	Jījiā	此庄以姬姓为主，故名。
金家	Jīnjiā	此庄以金姓为主，故名。
徐场	Xúchǎng	此庄因姓氏和原为一打场地，故名。
河北村村民委员会	Héběicūn Cūnmínwěiyuánhuì	隶属灵璧县禅堂乡。1968 年为沈闫大队。1980 年更名为河北村民委员会。2005 年河北村与解堂村合并，名为河北村民委员会。
小冉庄	Xiǎorǎnzhuāng	因从大冉庄迁移一部分人来定居，故名。
小卓庄	Xiǎozhuózhuāng	原高楼卓海的卓姓逃荒到此，故名。
沈余庄	Shěnyúzhuāng	建村初期沈姓和余姓在这里居住，故名。
前解庄	Qiánxièzhuāng	原从后解庄分支到此地，在后解庄前面，故名。
后解庄	Hòuxièzhuāng	原从尹集解阁分支过来，相对前解庄，故名。
小陈庄	Xiǎochénzhuāng	此庄陈姓人口多，故名。
王堂庄	Wángtángzhuāng	旧时王井人王堂迁居此地，故名。
黄桥村村民委员会	Huángqiáocūn Cūnmínwěiyuánhuì	隶属灵璧县禅堂乡。1958 年人民公社时期为黄桥大队。1983 年由黄桥大队变更为黄桥村委会。
磙桥庄	Gǔnqiáozhuāng	因刘姓住在磙桥的东边，故名。
老庄	Lǎozhuāng	此庄村民老祖坟石碑在此，故名。
黄桥庄	Huángqiáozhuāng	早年村中有桥且有黄姓大户，故名。
龚洼	Gōngwā	因村落地势较洼，又龚姓为一大户，故名。
李言村村民委员会	Lǐyáncūn Cūnmínwěiyuánhuì	隶属灵璧县禅堂乡。1958 年人民公社时期为李言大队。1978 年由李言大队更名为李言村委会。
小华	Xiǎohuá	由大华庄分支迁出建村，故名。
大华	Dàhuá	由固镇华巷迁至此处，故名。
李言	Lǐyán	因村民多以李姓和闫姓为主，“闫”讹作“言”，故名。
杨侠	Yángxiá	因村民以杨姓为主，故名。
王场	Wángchǎng	因村民以王姓为主，原为一打场之地，故名。
三周村村民委员会	Sānzhōucūn Cūnmínwěiyuánhuì	隶属灵璧县禅堂乡。陈屠村之名从 1975 年一直沿用到 2004 年，2004 年陈屠、三周合并，更名为三周村。
东周庄	Dōngzhōuzhuāng	因其位置和姓氏得名。

标准名称	汉语拼音	备注
后周庄	Hòuzhōuzhuāng	因村落位置及村民周姓为主，故名。
周吴庄	Zhōuwúzhuāng	旧时周姓与吴姓结亲，故名。
倪家庄	Níjiāzhuāng	因村民多为倪姓，故名。
陈屠庄	Chéntúzhuāng	旧时屠家与陈家结亲两庄合并，故名。
曹家庄	Cáojiāzhuāng	此庄居民多为曹姓，故名。
罗家庄	Luójiāzhuāng	由县南罗桥分支到此居住，罗姓为主，故名。
张杨庄	Zhāngyángzhuāng	此庄村民以张姓和杨姓为主，故名。
双李村 村民委员会	Shuānglǐcūn Cūnmínwěiyuánhuì	隶属灵璧县禅堂乡。1958 年人民公社时期为简吴大队双李生产队，1983 年更名为双李村民委员会，2005 年沈宅村划归双李村。
赵汪	Zhàowāng	因村中赵姓居多，又地势低洼，故名。
沈宅子	Shěnzháizi	此庄村民以沈姓为主，又庄北有一处比较高的宅子，故名。
双李	Shuānglǐ	因本庄被濉河分开，似两庄，又以李姓为主，故名。
小吴庄	Xiǎowúzhuāng	此庄因村民均为吴姓，故名。
司庙村 村民委员会	Sīmiàocūn Cūnmínwěiyuánhuì	隶属灵璧县禅堂乡。司庙大队于 1983 年改名为司庙村委会。2005 年周杨村并入司庙村。
东周庄	Dōngzhōuzhuāng	因地处禅堂街东，又村民以周姓为主，故名。
前周村	Qiánzhōucūn	此庄村民以周姓为主，故名。
小王庄	Xiǎowángzhuāng	此庄村民以王姓为主，故名。
后司庄	Hòusīzhuāng	此庄村民以司姓为主，又路南有前司庄，故名。
前司庄	Qiánsīzhuāng	此庄村民以司姓为主，又路北有后司庄，故名。
大杨庄	Dàyángzhuāng	此庄村民以杨姓为主，故名。
后张庄	Hòuzhāngzhuāng	因村民以张姓为主，又庄处庙后，故名。
王莽村 村民委员会	Wángmǎngcūn Cūnmínwěiyuánhuì	隶属灵璧县禅堂乡。1958 年人民公社时期为王莽大队。1983 年更名为王莽村委会。
刘秀庄	Liúxiùzhuāng	民间传说，汉朝王莽、刘秀后裔两户人家从北向南一路打斗到这里，因经济损失和人员伤亡较大，两家就主动停止战斗，在此安家落户，故名。
倪家村	Níjiācūn	一说清朝倪姓所建倪家庄；另一说该村为清朝宣统年间倪姓建造，故名。
王莽庄	Wángmǎngzhuāng	民间传说，汉朝王莽、刘秀两户人家从北向南一路打斗到这里，因经济损失和人员伤亡较大，两家就主动停止战斗，在此安家落户，故名。

标准名称	汉语拼音	备注
小潘村村民委员会	Xiǎopāncūn Cūnmínwěiyuánhuì	隶属灵璧县禅堂乡。1958年政府命名为小潘村，2005年刘场村、张山村并入小潘村。
刘场庄	Liúchǎngzhuāng	因村民以刘姓为主，又是打场之地，故名。
水李庄	Shuǐlǐzhuāng	旧时李姓在此捕鱼定居，故名。
屯刘庄	Túnliúzhuāng	因地势较洼且村民以刘姓为主，故名。
屯王庄	Túnwángzhuāng	本庄因王姓得名，其他来历不详。
张铁庄	Hāngtiězhuāng	旧时张姓在此打铁，故名。
小潘庄	Xiǎopānzhuāng	因村潘姓为主，故名。
柴董庄	Cháidǒngzhuāng	因村民多为董姓，故名。
张山庄	Zhāngshānzhuāng	村落位于山旁且以张姓居多，故名。
张宋村村民委员会	Zhāngsòngcūn Cūnmínwěiyuánhuì	隶属灵璧县禅堂乡。1958年人民公社时期为任庙大队。1983年任庙大队更名为任庙村民委员会。2005年任庙村民委员会与郭桥村民委员会合并，仍称张宋村民委员会。
小张庄	Xiǎozhāngzhuāng	此庄因张姓居多，故名。
黄家庄	Huángjiāzhuāng	旧时朱、冉、周、李等姓流落至此，与黄姓一起建庄耕种，史称九姓，因黄家人口居多，故名。
单家庄	Shànjiāzhuāng	此庄村民以单姓为主，故名。
郭桥河东	Guōqiáohédōng	清初在两庄中间的河上建有大石桥，后因战乱大石桥被毁，后在老桥北面200米处，由政府新建一座郭桥。两庄分别位于郭桥的东和西，故名。
郭桥河西	Guōqiáohéxī	清初在两庄中间的河上建有大石桥，后因战乱大石桥被毁，后在老桥北面201米处，由政府新建一座郭桥。两庄分别位于郭桥的东和西，故名。
小丁庄	Xiǎodīngzhuāng	因本村后有一石钉，据传石钉有上千年历史，故名。
西张庄	Xīzhāngzhuāng	相传在四百年前，张姓以贩卖狗皮的生意来养家糊口，由此得名狗皮张，后因其不雅，更为现名。
邱家庄	Qiūjiāzhuāng	因村中邱姓居多，故名。
小冉庄	Xiǎorǎnzhuāng	因本村居民皆为冉姓，故名。
小任庄	Xiǎorénzhuāng	此庄任姓为主，故名。
小周庄	Xiǎozhōuzhuāng	此庄周姓为主，故名。
小宋家	Xiǎosòngjiā	因由大宋家迁移至此，且多为宋姓，故名。
大宋家	Dàsòngjiā	村民多为宋姓，庄大，故名。
程圩庄	Chéngwéizhuāng	旧时为防盗匪在庄四周建有圩，村民多为程姓，故名。

虞姬乡

虞姬乡（Yújī Xiāng）　隶属宿州市，地处灵璧县南部东侧，东接泗县长沟镇，南连向阳乡，西接灵城镇，西北与禅堂乡接壤，东北与冯庙镇隔新濉河相望。乡政府驻地设在朱桥村朱腰庄。辖田万村、凌巷村、范桥村、陈埝村、朱桥村、后桥村、玄庙村、虞姬村、灵光村、黄岗村 10 个村。辖区东西最大距离 12.8 千米，南北最大距离 14.7 千米。面积 89 平方千米。辖区总人数 48793 人，总人口中以汉族为主。全镇地处淮北平原，辖区内地势平坦，其中北部偏高，平均海拔 22.5 米，南部偏低，平均海拔 20.5 米。最高点三山，海拔 90 米。属半湿润季风气候。特点是冬季干燥寒冷，夏季炎热多雨，四季分明，光照充足，适于多种农作物生长发育。年平均日照数为 2442.7 小时；年平均太阳辐射总量为 128.2 千卡／平方厘米；年平均气温 14.5℃；无霜期 205—213 天；年平均降水量 854.7 毫米。属新汴河水系，新汴河、新濉河、唐河、阎河、阎汴沟从境内穿过。农业以种植小麦、玉米、蔬菜为主。畜牧业以养殖猪、牛、羊、家禽为主。全镇有文化站 1 所，有文化站 1 所，中学 2 所，小学 6 所、教学点 5 个，幼儿园 8 所，其中公办 3 所，民办 5 所。医疗卫生机构 14 个，其中乡中心医院 1 所，医务人员 50 人。省道 303 穿街而过，有主干道 5 条，村村通皆为水泥路面。有虞姬文化园，占地 300 余亩，总投资 5000 万元，文化园包含虞姬文化展示区、霸王别姬休闲广场、霸王文化展示区，作为省级旅游景区现已全面向游人开放。有皮影戏、泗州戏、曲艺、民间舞蹈等地方戏曲。行政区划单位为乡，行政级别为乡级，行政区划代码为 341323206。

标准名称	汉语拼音	备注
后桥村村民委员会	Hòuqiáocūn Cūnmínwěiyuánhuì	隶属灵璧县虞姬乡。1958 年属虞姬公社，为后桥大队，1983 年属虞姬乡，为后桥村村民委员会，2005 年三山村并入。
前桥	Qiánqiáo	因庄子后面有一座桥，故名。
后桥	Hòuqiáo	因庄子前面有座桥，因有前桥庄，故名。
姜湾	Jiāngwān	因村民多为姜姓，东湖有河湾，故名。
潘圩	Pānwéi	因潘姓最早在此聚居，又村周建有圩墙，故名。
小王	Xiǎowáng	因王姓最早在此聚居，庄小，故名。
小张	Xiǎozhāng	因张姓最早在此聚居，庄小，故名。
小代	Xiǎodài	因代姓最早在此聚居，庄小，故名。
小朱	Xiǎozhū	因朱姓最早在此聚居，庄小，故名。
王尤	Wángyóu	相传旧时有一神医，名叫王士尤，曾在此庄居住，从而得名王尤。
蒋庙	Jiǎngmiào	因蒋姓最早在此聚居，又早年村中有庙，故名。

标准名称	汉语拼音	备注
梁唐	Liángtáng	因此庄梁姓居多，且庄子东部有个庙，取名梁唐庙。现庙已不复存在，取名梁唐。
陈埝村村民委员会	Chénniàncūn Cūnmínwěiyuánhuì	隶属灵璧县虞姬乡。由陈埝村、大马村、娄杨村三村合并而成，此三村1956年同属范桥公社，1983年同属范桥乡，2005年4月三村合并为陈埝村村民委员会。
大张庄	Dàzhāngzhuāng	此庄因张姓较多，又庄大，故名。
娄杨庄	Lóuyángzhuāng	因早年杨姓在此聚居建楼，“楼”讹作“娄”，故名。
小王庄	Xiǎowángzhuāng	因王姓在此聚居，庄小，故名。
枣树庄	Zǎoshùzhuāng	因早年村内枣树较多，故名。
大陈庄	Dàchénzhuāng	因陈姓在此聚居，庄大，故名。
小陈庄	Xiǎochénzhuāng	因陈姓在此聚居，庄小，故名。
谢陈庄	Xièchénzhuāng	因村民多为谢、陈二姓，故名。
新马庄	Xīnmǎzhuāng	为便于耕作，马姓由大马搬迁到唐河西，建村为新马庄。
大马庄	Dàmǎzhuāng	因马姓在此聚居，庄大，故名。
范桥村村民委员会	Fànqiáocūn Cūnmínwěiyuánhuì	隶属灵璧县虞姬乡。1958年属范桥公社，为范桥大队，1983年属范桥乡，为范桥村村民委员会，1992年三朱村并入，为虞姬乡范桥村村民委员会。
蒋胡	Jiǎnghú	因村民多为蒋、胡二姓，故名。
小谢庄	Xiǎoxièzhuāng	因村民多为谢姓，庄小，故名。
东朱	Dōngzhū	朱姓从大朱圩迁居到村庄东面建房，故名。
庙成	Miàochéng	成姓在此聚居，山边有一座庙，故名。
袁庄	Yuánzhuāng	因村民多为袁姓，故名。
范桥	Fànqiáo	因村民多为范姓，并在东头修了一座桥，故名。
王庄	Wángzhuāng	因村民多为王姓，故名。
后朱	Hòuzhū	村民由大朱圩搬到村庄后面建房，取名后朱。
周庄	Zhōuzhuāng	因村民多为周姓，故名。
大朱	Dàzhū	旧时朱姓在此聚居，四周建立圩墙，故名。
黄岗村村民委员会	Huánggǎngcūn Cūnmínwěiyuánhuì	隶属灵璧县虞姬乡。1956年属灵双公社，为黄岗大队，1961年属三山公社，1983年属三山乡，为黄岗村村民委员会，1992年为虞姬乡黄岗村村民委员会。
小王庄	Xiǎowángzhuāng	因村民王姓居多，且面积不大，故名。
卜塘庄	Bǔtángzhuāng	因庄内卜姓居多，因庄内有大塘，故称卜塘庄。
胡巷庄	Húxiàngzhuāng	旧时胡姓迁到此处，因家族不和而设立巷子，改名胡巷庄。

标准名称	汉语拼音	备注
黄岗庄	Huánggǎngzhuāng	早年此庄是一片乱岗，黄姓由山东迁居至此，故名。
五里井庄	Wǔlǐjǐngzhuāng	因庄内有一口井，距县城皇庙五里路，故名。
付园庄	Fùyuánzhuāng	付姓由山东迁居至此，以种菜为生，故名。
灵光村村民委员会	Língguāngcūn Cūnmínwěiyuánhuì	隶属灵璧县虞姬乡。1958 年属虞姬公社，为灵光大队，1985 年属虞姬乡，为灵光村村民委员会，2011 年胡杨村并入，沿用灵光村村民委员会之名。
大代庄	Dàdàizhuāng	因村民多为代姓，庄大，故名。
沈庄	Shěnzhuāng	因村民多为沈姓，故名。
宋庄	Sòngzhuāng	因村民多为宋姓，故名。
杨庄	Yángzhuāng	因村民多为杨姓，故名。
五里墩	Wǔlǐdūn	因距灵城五里，早年村外有一大土墩，故名。
小刘庄	Xiǎoliúzhuāng	因村民多为刘姓，庄小，故名。
付道庄	Fùdàozhuāng	因村民多为付姓，村落建在叉路口，故名。
小杨庄	Xiǎoyángzhuāng	因村民多为杨姓，庄小，故名。
小胡庄	Xiǎohúzhuāng	因村民多为胡姓，庄小，故名。
二哃庄	Èrtóngzhuāng	早年有两个铜匠在此居住，制作铜器，闻名于附近一带，随取名“二古铜”，后称为二哃庄。
夏庄	Xiàzhuāng	因村民多为夏姓，故名。
牌坊庄	Páifāngzhuāng	因早年村内建有牌坊，故名。
欧庄	Ōuzhuāng	因村民多为欧姓，故名。
大张庄	Dàzhāngzhuāng	因村民多为张姓，庄大，故名。
朱桥村村民委员会	Zhūqiáocūn Cūnmínwěiyuánhuì	隶属灵璧县虞姬乡。由朱桥、王丙二村合并而成，1956 年二村同属灵双公社，1961 年同属三山公社，1983 年同属三山乡，1992 年同属虞姬乡，为王丙村村民委员会、朱桥村村民委员会，2005 年二村合并，沿用朱桥村村民委员会之名。
王丙庄	Wángbǐngzhuāng	旧时冯庙镇大王圩搬迁过来弟兄俩，老大叫王丙学，老二叫王丙强，王丙庄由此得名。
申庄	Shēnzhuāng	很久以前有个申姓举人，在刘庙居住，因其做官，后改为申庄。
刘班庄	Liúbānzhuāng	刘班庄原名小张庄，因张姓居住早，刘姓后来，两姓同饮一口井水。有一天刘姓出来一大汉，用石块把水井围住，不让张姓取水，扬言若想用这口井水，就必须把庄名改为刘班庄。后来张姓没有人出来过问此事，就改为刘班庄。
程庄	Chéngzhuāng	因村民多为程姓，故名。

标准名称	汉语拼音	备注
邵庄	Shàozhuāng	因村民多为邵姓，故名。
小付庄	Xiǎofùzhuāng	因付姓久居、人多，故名。
小张庄	Xiǎozhāngzhuāng	因村民多为张姓，庄小，故名。
朱桥	Zhūqiáo	相传很久以前，此地有一位养猪的屠夫，每次外出给人家杀猪后，都把猪腰子带回家。此庄被人称为朱腰庄，后被读作朱桥。
虞姬村 村民委员会	Yújīcūn Cūnmínwěiyuánhuì	隶属灵璧县虞姬乡。1958 年属虞姬公社，为虞姬大队，1983 年属虞姬乡，为虞姬村村民委员会，1992 年霸离村并入，沿用虞姬村村民委员会之名。
张圩庄	Zhāngwéizhuāng	张姓村民在村周建有圩墙，故名。
小杨家	Xiǎoyángjiā	该庄以杨姓居多，村庄面积小，故名。
庙李庄	Miàolǐzhuāng	因此庄原有座火神庙，这个庄大多数人姓李，故名。
南庄	Nánzhuāng	只因为庄子的位置在虞墓下庄的南边，故名。
虞墓下庄	Yúmùxiàzhuāng	因楚汉相争，刘邦打败霸王，虞姬死在此地，此地南有一村落，故名。
虞姬	Yújī	楚汉相争，霸王被刘邦赶到此地，虞姬看追兵临近，拔剑自刎，死后葬墓在此，所以得名叫虞姬墓，此庄称之为虞姬。
茅湖李	Máohúlǐ	早年此地遍布茅草，地势低洼，居民多为李姓，故名。
张朱	Zhāngzhū	相传张朱为人名，此人家境富裕，故名。
桃园	Táoyuán	因早年此地有大片桃园，故名。
张孟花	Zhāngmènghuā	相传张孟花为人名，在此地小有名气，故名。
霸离铺	Bàlípù	相传楚汉相争，霸王退驻此处，后撤离，且村民曾开有店铺，得名霸离铺，后逐渐演化为霸离。
小徐	Xiǎoxú	因村民多为徐姓，庄小，故名。
小王	Xiǎowáng	因村民多为王姓，庄小，故名。
大胡	Dàhú	因村民多为胡姓，庄大，故名。
玄庙村 村民委员会	Xuánmiàocūn Cūnmínwěiyuánhuì	隶属灵璧县虞姬乡。1956 年属灵双公社，为玄庙大队，1958 年属玄庙公社，1983 年属三山乡，为玄庙村村民委员会，1992 年唐山湖村并入，沿用玄庙村村民委员会之名。
小卢庄	Xiǎolúzhuāng	因村民多为卢姓，庄小，故名。
大李庄	Dàlǐzhuāng	因村民李姓居多，故名。
小韩庄	Xiǎohánzhuāng	因村民韩姓居多，故名。
小代庄	Xiǎodàizhuāng	因村民代姓居多，故名。
前程	Qiánchéng	因村民多为程姓，故名。

标准名称	汉语拼音	备注
后杨庄	Hòuyángzhuāng	因村民多为杨姓，故名。
后程庄	Hòuchéngzhuāng	因村民多为程姓，故名。
小申庄	Xiǎoshēnzhuāng	因村民多为申姓，庄小，故名。
小贾庄	Xiǎojiǎzhuāng	因村民多为贾姓，庄小，故名。
前杨庄	Qiányángzhuāng	因村民多为杨姓，故名。
扁张庄	Biǎnzhāngzhuāng	因村民多为张姓，故名。
田万村村民委员会	Tiánwàncūn Cūnmínwěiyuánhuì	隶属灵璧县虞姬乡。2005年田万村、山董村、石园村三村合并，合并后属虞姬乡，名田万村村民委员会。
石头园	Shítóuyuán	该庄位于山边，一户人家用石头围起院落，菜地也用石头围起来，故名。
山董庄	Shāndǒngzhuāng	因董姓在此聚居，位于山边，故名。
卓家庄	Zhuójiāzhuāng	因村民多为卓姓，故名。
卜瓦房	Bǔwǎfáng	旧时因卜姓建了很多瓦房，故名。
双庙庄	Shuāngmiàozhuāng	清代末期，庄上有两座庙，故名。
前王巷庄	Qiánwángxiàng-zhuāng	因本村有两个王巷，以王姓为主，南为前，北为后，前王巷在后王巷南边，以此得名前王巷。
田万庄	Tiánwànzhuāng	因村民多为田、万二姓，故名。
小卢庄	Xiǎolúzhuāng	因村民多为卢姓，又庄小，故名。
刘明庄	Liúmíngzhuāng	因刘姓聚居，故名。
后王巷庄	Hòuwángxiàng-zhuāng	因本村有两个王巷，以王姓为主，南为前，北为后，南叫前王巷，北叫后王巷。
八岔路街	Bāchàlùjiē	因村中一个路口有八个岔道，故名。
小王庄	Xiǎowángzhuāng	因村民王姓居多，且庄小，故名。
凌巷村村民委员会	Língxiàngcūn Cūnmínwěiyuánhuì	隶属灵璧县虞姬乡，2005年由凌巷村、张埝村二村合并而成。
庄稼庄	Zhuāngjiazhuāng	因村民在此聚居耕作，种有庄稼，故名。
小冉庄	Xiǎorǎnzhuāng	因村民多为冉姓，庄小，故名。
小高庄	Xiǎogāozhuāng	此庄房子后由高埝挡水，后取名小高庄。
凌巷庄	Língxiàngzhuāng	因村民多为凌姓，庄内巷道较多，故名。
吕楼庄	Lǚlóuzhuāng	因吕姓在此建楼聚居，故名。
大张巷庄	Dàzhāngxiàng-zhuāng	因村民多为张姓，庄大且巷道较多，故名。
小张巷庄	Xiǎozhāngxiàng-zhuāng	因村民多为张姓，庄小且巷道较多，故名。

第二节 非行政区域

工业区与开发区

灵璧县农民工返乡创业园（Língbì Xiàn Nóngmíngōng Fǎnxiāngchuàngyèyuán） 位于灵城镇辖区范围内，东起平山路，西至沱山路，北靠界洪河，南邻新汴河。创业园面积0.33平方千米，总投资5000万元，分两期筹建，可安排项目60个，引进资金2亿元，年实现产值3亿元，创税收1000万元，解决就业2000人，是全民创业的试验区、小型企业的孵化器、开发区的后备基地。

灵璧经济开发区（Língbì Jīngjì Kāifāqū） 地处灵城东南2千米。东与虞姬乡为邻，南与向阳乡为邻，西与灵城镇接壤，西北与杨疃镇为邻，北与禅堂乡为邻。辖刘尧、罗河、东关、西集、叶庙、十里、三张共7个社区居委会。电话区号是0557，邮政编码是234200。辖区总人口2.1万人，主要民族为汉族。辖区面积为26平方千米，其中耕地面积为12.74平方千米。主要有纺织服装主导产业、农副产品深加工主导产业、私营及非私营企业。境内有虞姬大道、汴河路等。

第三节 自然地理实体

陆地地形

标准名称	汉语拼音	备注
龙晋山	Lóngjìn Shān	位于灵城镇西北55千米，下楼镇境内。长1000米，宽950米，海拔126米。
灵觉山	Língjué Shān	位于灵城镇西北54千米，下楼镇境内。长1255米，宽900米，海拔189.7米。
团山	Tuán Shān	位于灵城镇西北51千米，下楼镇境内。长785米，宽668米，海拔146米。

标准名称	汉语拼音	备注
茅山	Máo Shān	位于灵城镇西北 49 千米，游集镇境内。长 1749 米，宽 859 米，海拔 89 米。
红山	Hóng Shān	位于灵城镇西北 47 千米、埇桥区与灵璧县交界处，游集镇境内。长 458 米，宽 380 米，海拔 108 米。
邵山	Shào Shān	位于灵城镇东北 58 千米，朝阳镇境内。长 1514 米，宽 998 米，海拔 123.2 米。
耙齿山	Páchǐ Shān	位于灵城镇东北 58 千米，朝阳镇境内。长 2259 米，宽 700 米，海拔 102 米。
凤凰山	Fènghuáng Shān	位于灵城镇北 50 千米，朝阳镇境内。长 1771 米，宽 1273 米，海拔 116 米。
九顶山	Jiǔdǐng Shān	位于灵城镇东北 56 千米，朝阳镇境内。长 1327 米，宽 823 米，海拔 188.3 米。
耳毛山	Ěrmáo Shān	位于灵城镇北 45 千米，朝阳镇境内。长 1061 米，宽 450 米，海拔 50.5 米。灵璧县大理石厂在此设一采石厂，盛产红、灰皖螺，是加工板材的主要原料基地。
焦山	Jiāo Shān	位于灵城镇东北 45 千米，朝阳镇境内。长 302 米，宽 215 米，海拔 145 米。灵璧县焦山医院（麻风病院）设在山脚下。
狼窝山	Lángwō Shān	位于灵城镇东北 47 千米，朝阳镇境内，九顶、渔沟两区交界处。长 2477 米，宽 1380 米，海拔 170.5 米。
陇山	Lǒng Shān	位于灵城镇东北 40 千米，朝阳镇境内。长 1307 米，宽 932 米，海拔 154 米。
马山	Mǎ Shān	位于灵城镇东北 39 千米，朝阳镇境内。长 1052 米，宽 655 米，海拔 170 米。
花山	Huā Shān	位于灵城镇东北 40 千米，渔沟镇境内。长 628 米，宽 328 米，海拔 86 米。
砖山	Zhuān Shān	位于灵城镇东北 39 千米，渔沟镇境内。长 820 米，宽 695 米，海拔 77 米。
申弗山	Shēnfú Shān	位于灵城镇东北 38 千米，渔沟镇境内。长 1252 米，宽 790 米，海拔 94.8 米。
磬云山	Qìngyún Shān	位于灵璧县东北部，渔沟镇境内。长 1660 米，宽 565 米，海拔 114.2 米。磬云山地质独特，以典型的石灰岩地貌景观为特征，融自然景观与奇石文化为一体，地质遗迹奇特，地貌造型罕见；磬云山蕴藏美石，所产奇石玉振金声，余音悠长。宋代诗人方岩的诗句“灵璧一石天下奇，声如青铜色碧玉”，是对其声色之美的高度概括。磬云山文化内涵丰富，北麓有宋代采石坑遗址，南崖有宋代摩崖石刻，距今已有近千年的历史。整个山体保存完好，其地貌景观及地质遗迹具有典型性、稀有性、系统性和完整性。

标准名称	汉语拼音	备注
崇山	Chóng Shān	位于灵城镇北 41 千米，渔沟镇境内。长 1354 米，宽 580 米，海拔 109 米。
青龙山	Qīnglóng Shān	位于灵城镇北 30 千米，渔沟镇境内。长 899 米，宽 469 米，海拔 106.3 米。
潼山	Tóng Shān	位于灵城镇北 33 千米，朱集乡境内。长 486 米，宽 297 米，海拔 106 米。
孟山	Mèng Shān	位于灵城镇东北 38 千米，高楼镇境内。长 1085 米，宽 396 米，海拔 64.7 米。
馍馍山	Mómo Shān	位于灵城镇东北 2 千米，灵城镇境内。长 571 米，宽 515 米，海拔 101.4 米。
三注山	Sānzhù Shān	位于灵城镇东北 9 千米，虞姬乡境内。长 519 米，宽 239 米，海拔 90 米。
虎山	Hǔ Shān	位于灵城镇西南 15 千米，娄庄镇境内。长 786 米，宽 305 米，海拔 61 米。
姚山	Yáo Shān	位于灵城镇西 15 千米，娄庄镇境内。长 321 米，宽 200 米，海拔 46 米。
蛛山	Zhū Shān	位于灵城镇西南 22 千米，娄庄镇境内。长 483 米，宽 348 米，海拔 76 米。
磨盘山	Mòpán Shān	位于灵城镇西南 21 千米，娄庄镇境内。长 977 米，宽 450 米，海拔 82 米。
牛头山	Niútóu Shān	位于灵城镇西南 22 千米，娄庄镇境内。长 596 米，宽 484 米，海拔 62 米。
大山	Dà Shān	位于灵城镇西南 22 千米，娄庄镇境内。长 660 米，宽 609 米，海拔 95 米。
龙山	Lóng Shān	位于灵城镇西 13 千米，娄庄镇境内。长 1050 米，宽 879 米，海拔 73.1 米。山西南侧有汉墓群。
杜山	Dù Shān	位于灵城镇北 40 千米，渔沟镇境内。长 693 米，宽 455 米，海拔 61 米。
杨山	Yáng Shān	位于灵城镇北 53 千米，下楼镇境内。长 391 米，宽 335 米，海拔 70 米。
谷山	Gǔ Shān	位于灵城镇西北 48 千米，下楼镇境内。长 155 米，宽 141 米，海拔 148 米。
牧猪山	Mùzhū Shān	位于灵城镇北 44 千米，朝阳镇境内。长 662 米，宽 350 米，海拔 94.8 米。
无用山	Wúyòng Shān	位于灵城镇东北 44 千米，朝阳镇境内。长 576 米，宽 460 米，海拔 93 米。

标准名称	汉语拼音	备注
鱼山	Yú Shān	位于灵城镇东北 47 千米，朝阳镇境内。长 800 米，宽 390 米，海拔 108 米。
开合山	Kāihé Shān	位于灵城镇北 30 千米，浍沟镇境内。长 1020 米，宽 587 米，海拔 52 米。
何山	Hé Shān	位于灵城镇东北 8 千米，灵城镇境内。长 428 米，宽 365 米，海拔 59 米。
唐山	Táng Shān	位于灵城镇东北 9 千米，向阳乡境内。长 197 米，宽 187 米，海拔 28 米。
范山	Fàn Shān	位于灵城镇西南 13 千米，娄庄镇境内。长 860 米，宽 360 米，海拔 46 米。
金斗山	Jīndòu Shān	位于灵城镇北 4 千米，灵城镇境内。长 3000 米，宽 1445 米，海拔 73 米。
峨山	É Shān	位于灵城镇西南 13 千米，娄庄镇境内。长 622 米，宽 359 米，海拔 75 米。
二郎山	Èrláng Shān	位于灵城镇西南 14 千米，娄庄镇境内。长 987 米，宽 300 米，海拔 91.4 米。
凤凰山	Fènghuáng Shān	位于灵城镇西北 3 千米，灵城镇境内。长 1631 米，宽 1141 米，海拔 77.6 米。
鄂山	È Shān	位于灵城镇北 50 千米，下楼镇境内。长 868 米，宽 690 米，海拔 48.9 米。
团寨山	Tuánzhài Shān	位于灵城镇北 46 千米，下楼镇境内。长 791 米，宽 443 米，海拔 151 米。
寨山	Zhài Shān	位于灵城镇东北 44 千米，朝阳镇境内。长 1150 米，宽 622 米，海拔 143 米。
跃山	Yuè Shān	位于灵城镇东北 31 千米，渔沟镇境内。长 870 米，宽 436 米，海拔 124 米。
白马山	Báimǎ Shān	位于灵城镇东北 32 千米，渔沟镇境内。长 1162 米，宽 681 米，海拔 105 米。
姜山	Jiāng Shān	位于灵城镇北 29 千米，朱集乡境内。长 610 米，宽 445 米，海拔 101 米。
无影山	Wúyǐng Shān	位于灵城镇北 30 千米，朱集乡境内。长 362 米，宽 306 米，海拔 34 米。
凤山	Fèng Shān	位于灵城镇北 29 千米，浍沟镇境内。长 1085 米，宽 898 米，海拔 144 米。
土山	Tǔ Shān	位于灵城镇北 36 千米，浍沟镇境内。长 535 米，宽 508 米，海拔 31 米。

标准名称	汉语拼音	备注
薄山	Báo Shān	位于灵城镇东北 6 千米，灵城镇境内。长 680 米，宽 455 米，海拔 51 米。
叶家山	Yèjiā Shān	位于灵城镇东北 5 千米，灵城镇境内。长 521 米，宽 215 米，海拔 99 米。
北山	Běi Shān	位于灵城镇北 2 千米，灵城镇境内。长 566 米，宽 553 米，海拔 85 米。
茅山	Máo Shān	位于灵城镇西南 12 千米，娄庄镇境内。长 656 米，宽 556 米，海拔 89 米。
菜玉山	Càiyù Shān	位于灵城镇西南 12 千米，娄庄镇境内。长 316 米，宽 278 米，海拔 45 米。

陆地水系

标准名称	汉语拼音	备注
北沱河	Běituó Hé	源于埇桥区城东，北沱河的上源是小黄河，灵璧县境内称北沱河，流经韦集镇、娄庄镇、向阳乡、灵城镇。东流经娄庄北，由娄宋沟南来汇入；又东流余桥闸，穿省道 303 公路；又东流于晏路北高桥，穿省道 201 公路；又东南流过吕桥入泗县境内，于草沟集注入唐河。全长 83.2 千米。
洪山河	Hóngshān Hé	位于灵璧县的西北部，流经下楼镇、游集镇、朱集乡。流域面积 229.3 平方千米，县内流域面积为 106.2 平方千米；县内长度为 24 千米。
新虹灵沟	Xīnhónglíng Gōu	位于冯庙镇南部，西起王刘村，东至王杨庄，流经冯庙镇。县内流域面积为 34.08 平方千米；县内长度为 7.66 千米。
三渠沟	Sānqú Gōu	源于灵璧县东北部贯山，西南流，穿越京渠湖，折向南流，经渔沟、后灵，至浍塘沟注入濉河。县内流域面积为 196.1 平方千米；县内长度为 26.5 千米。
唐河	Táng Hé	源于埇桥区蒿沟集，自埇桥区界吴家村入灵璧县境，流经虞姬乡、禅堂乡、浍沟镇、尹集镇。东流经圩疃、许闸，折向东南，经禅堂集南流至潘集闸，新河西来注入；又东南流至陈埝大桥，阎河西来注入；又东南流从小桂庄林场入泗县境，穿过新汴河唐河地下涵，经草沟入五河县沱湖，汇入漴潼河入淮。全长 80.4 千米。

标准名称	汉语拼音	备注
拖尾河	Tuōwěi Hé	发源于埇桥区柏山闸下，横贯老汪湖，至小李庄闸出湖入灵璧县境，流经浍沟镇、尹集镇、朱集乡、游集镇、下楼镇。东南流至固城西，有新杨河北来汇入；又东南流，穿灵房公路，至草坝有北来运料河汇入；至浍塘沟北注入濉河。县内流域面积为98.7平方千米；县内长度为16.4千米。
新河	Xīn Hé	发源于埇桥区小孙家，自埇桥区界郭楼进入灵璧县境，流经虞姬乡、禅堂乡、杨疃镇。东流经欧家、倪家、沈余，于禅堂南潘集闸汇入唐河。县内流域面积为259.2平方千米；县内长度为38.66千米。
新杨河	Xīnyáng Hé	源于灵璧县北部鄂山北，流经下楼镇、游集镇、朱集乡。东南流至采石路，折向南流；经王集西、邱娄，过浍店南注入拖尾河。县内流域面积为229.3平方千米；县内长度为20.1千米。
新汴河	Xīnbiàn Hé	源出埇桥区城西北，于戚岭子截引沱河东流，穿过津浦铁路，至小吴家截引濉河东流，经蒿沟、苗庵南至芦湾入灵璧县境，流经虞姬乡、灵城镇、杨疃镇、娄庄镇。东南流，经新汴河大桥穿303省道，过岳河庄入泗县境，于江苏省泗洪县注入洪泽湖。县内流域面积为1395平方千米；县内长度为27千米。
新濉河	Xīnsuī Hé	源于埇桥区张树闸下，过时村东奎河口至贺家入灵璧县境，流经尹集镇、浍沟镇、冯庙镇、虞姬乡。东流经霸王城、尹集至浍塘沟，有拖尾河、三渠沟北来汇入；经浍塘沟东南流，过简吴、赵汪、娄畅，于时集入泗县境，至江苏省泗洪县注入洪泽湖。流域面积为2881.8平方千米，县内流域面积为814.8平方千米；全长139.8千米，县内长度为46.1千米。
运料河	Yùnliào Hé	源于江苏省铜山县小店孜，东南流过省界陈潭入灵璧县境，流经下楼镇、游集镇、朱集乡、渔沟镇。东南流，经小高家、小张家，至练滩，有老运料河北来汇入；又东南流至圩东，有孟家沟东来汇入；经小山头西、朱集东、岳巷，有沫泥沟东来汇入；至开合山南注入拖尾河。流域面积344.9平方千米，县内流域面积为184.6平方千米；全长43.13千米，县内长度为31.1千米。
阎河	Yán Hé	源于灵璧县城西北老窝阎家，东流经十里店北、刘桥西、阎北西，有凤河北来汇入；又东流至张巷，有阎汴河北段南来汇入；经范桥闸入唐河。流经冯庙镇、虞姬乡、禅堂乡、经济开发区。县内流域面积为125.2平方千米；县内长度为14.4千米。

标准名称	汉语拼音	备注
南沱河	Nántuó Hé	源于埇桥区西北戚岭子，东流经埇桥区城北，至宿东闸穿汴堤；东南流过沈桥入灵璧县境，流经娄庄镇、黄湾镇、韦集镇，成为灵璧县与固镇两县界河；又东南流至沱河集，有黑泥沟北来汇入；至周王庄有孙周沟北来汇入；至龙水东有葛沟北来汇入；又东南流至砂坝集，有朱河沟北来汇入；至城后庄西，有韦集沟（三八沟）北来汇入；又东南流经濠城集（古汶县城址）北，折东北流，经龙岗至老庄胡（垓下遗址）折向东南，入泗县境。县内流域面积为352.2平方千米；县内长度为40.9千米。
潼河	Tóng Hé	源于灵璧县高楼大刘山南，东南流经冯庄、梁庙、高楼。至友谊沟口出县境；流经睢宁县、泗县，于泗洪县大口子注入安河。县内流域面积为113平方千米；县内长度为13千米。
老濉河	Lǎosuī Hé	流经大庙乡、大路乡、浍沟镇、尹集镇。由浍塘沟北东北流经大路、沙滩；又东南流，过大庙入泗县境；再东流，经大庄镇北四山集南，再东流，经新吴集折南流，至江苏省泗洪县张庄调尾，与新濉河成两河三堤状，独流注入洪泽湖。县内流域面积为38.7平方千米；县内长度为18.3千米。
岳洪河	Yuèhóng Hé	源于灵璧县城西小杨庄，流经灵城镇、虞姬乡。东流绕县城折东南流，经西集子于虞姬墓东南入泗县境，于小余家南入唐河。县内流域面积为78平方千米；县内长度为16.5千米。
岳罗河	Yuèluó Hé	源于灵璧县城护城河，流经灵城镇、向阳乡，向东经新汴河，流至岳河庄。县内流域面积为51.15平方千米；县内长度为10.82千米。
虹灵沟	Hónglíng Gōu	源于大庙集南，老濉河南岸，南流至高集，有张高沟西来汇入；又南流至王杨涵洞，有新虹灵沟西来汇入；于老鹊脖入新濉河。流经冯庙镇、大路乡。县内流域面积为70.3平方千米；县内长度为15.8千米。主要支流：濉河，汴河；水位：23.19—21.0米，流量4.6—58.0立方米／秒；河口宽8.0—33.5米，河深2.1—4.5米，河底宽1.5—17.5米。河流级别为2级，类型为常年河、地上河、内流河，系新濉河支流。清乾隆二十二年（1757年），虹县知县李允升组织民工北起渭桥，南至长直沟集南，开浚河道，修筑东堤，长20多千米，上承濉水，下通古汴水。1953年、1955年春和1961年冬，均按三年一遇排涝标准，三次拓浚老虹灵沟，名称沿用至今。

第四节　城镇道路街巷

标准名称	汉语拼音	备注
解放东路	Jiěfàng Dōnglù	位于灵城镇境内，东起平山路，西至环城东路。长 1384 米，宽 40 米，为水泥路面的主干路。沿途主要有粮食市场、菜市场等重要的地理实体。
解放中路	Jiěfàng Zhōnglù	位于灵城镇境内，东起环城东路，西至环城西路。长 977 米，宽 40 米，为水泥路面的主干路。沿途主要有虞姬医院、水利局、人寿保险公司、新华书店、农业银行、县医院、县供销合作社联合社、建设银行等重要的地理实体。
解放西路	Jiěfàng Xīlù	位于灵城镇境内，东起环城西路，西至滨河路。长 2047 米，宽 40 米，为沥青砼路面的主干路。沿途主要有工人医院、灵城镇人民政府等重要的地理实体。
建设南路	Jiànshè Nánlù	位于灵城镇境内，南起浍河路，北至汴河路。长 1480 米，宽 40 米，为沥青砼路面的主干路。沿途主要有飞翔学校、光明小区、龙山广场等重要的地理实体。
建设中路	Jiànshè Zhōnglù	位于灵城镇境内，南起汴河路，北至环城北路。长 3485 米，宽 40 米，为水泥路面的主干路。沿途主要有灵城供电所、实验小学、幼儿园、中国银行、邮政局、电信局、移动公司、工商银行、房管局、灵璧剧场、文化馆、中医院、妇幼保健站、县总工会、地税局、国税局、工商局、供电局、财政局等重要的地理实体。
建设北路	Jiànshè Běilù	位于灵城镇境内，南起环城北路，北至龙山路。长 3057 米，宽 40 米，为水泥路面的主干路。沿途有第三中学、气象局、烟草公司仓库等重要的地理实体。
奇石大道	Qíshí Dàdào	位于灵城镇境内，东起平山路，西至滨河路。长 3267 米，宽 40 米，为沥青砼路面的主干路。沿途主要有奇石文化园、实验小学、新一中等重要的地理实体。
迎宾大道	Yíngbīn Dàdào	位于灵城镇境内，南起 201 省道，北至龙山路。长 4000 米，宽 40 米，为沥青砼路面的主干路。沿途主要有奇石小镇、美利特度假村、新合花园、人民银行、劳动培训中心、烟草公司、人保财险、物资总公司、师范附小、110 指挥中心、凤凰山社会公墓、农发行、灵西供电所、检察院、卫生局、血站等重要的地理实体。
钟灵大道	Zhōnglíng Dàdào	位于灵城镇境内，东起虞姬大道，西至迎宾大道。长 2400 米，宽 60 米，为水泥路面的主干路。沿途主要有政府大楼、检察院等重要的地理实体。

标准名称	汉语拼音	备注
虞姬大道	Yújī Dàdào	位于灵城镇境内，南起滨河路，北至龙山大道。长 4231 米，宽 60 米，为沥青砼路面的主干路。沿途主要有开发区管委会、检测站、政务服务中心等重要的地理实体。
汴河路	Biànhé Lù	位于灵城镇境内，东起南二环路，西至滨河路。长 3771 米，宽 40 米，为沥青砼路面的主干路。沿途主要有广志学校、龙山广场、交警大队等重要的地理实体。
龙山路	Lóngshān Lù	位于灵城镇境内，南起教育路，北至龙凤大道。长 1015 米，宽 10 米，为油路面的主干路。沿途主要有龙山广场、茂和大厦等重要的地理实体。
薄山路	Báoshān Lù	位于灵城镇境内，南起沿河路，北至解放东路。长 2440 米，宽 36 米，为沥青砼路面的主干路。沿途主要有南都商街、罗河小学等重要的地理实体。
潼河路	Tónghé Lù	位于灵城镇境内，东起项王路，西至虞姬大道。长 500 米，宽 20 米，为油路面的次干路。沿途主要有县人民法院、县检察院、市场监督管理局等重要的地理实体。
界洪河路	Jièhónghé Lù	位于灵城镇境内，东起平山路，西至建设南路。长 1520 米，宽 20 米，为沥青砼路面的次干路。沿途主要有阳光小区、教育印刷厂等重要的地理实体。
凌山路	Língshān Lù	位于灵城镇境内，南起兴业路，北至潼河路。长 1527 米，宽 16 米，为油路面的次干路。沿途主要有第二人民医院、东关小学等重要的地理实体。
磬山路	Qìngshān Lù	位于灵城镇境内，南起兴业路，北至振兴路。长 1473 米，宽 30 米，为水泥路面的次干路。沿途主要有新合、水上商城、建设局、中粮运输公司、通惠公司等重要的地理实体。
罗河路	Luóhé Lù	位于灵城镇境内，西起解放西路，东至解放东路。长 4623 米，宽 30 米，为沥青砼路面的次干路。沿途主要有议价公司、文化新村、交通局、军人接待站、汽车站、农机局等重要的地理实体。
花园路	Huāyuán Lù	位于灵城镇境内，东起赤山路，西至北二环路。长 760 米，宽 16 米，为水泥路面的次干路。沿途主要有农委、物价局等重要的地理实体。
花园街	Huāyuán Jiē	位于灵城镇境内，东起环城西路，西至迎宾大道。长 775 米，宽 30 米，为水泥路面的次干路。沿途主要有风山豪庭等重要的地理实体。
新河路	Xīnhé Lù	位于灵城镇境内，东起项王路，西至迎宾大道。长 681 米，宽 16 米，为水泥路面的次干路。沿途主要有钟灵广场等重要的地理实体。
铜山路	Tóngshān Lù	位于灵城镇境内，南起濉河东路，北至花园街路。长 1500 米，宽 30 米，为水泥路面的次干路。沿途主要有灵璧奇石文化园等重要的地理实体。

标准名称	汉语拼音	备注
焦山路	Jiāoshān Lù	位于灵城镇境内，东起凌山路，西至滨河路。长1680米，宽40米，为沥青砼路面的主干道。沿途主要有星河湾小区。
环城西路	Huánchéng Xīlù	位于灵城镇境内，南起罗河路，北至花园路。长980米，宽30米，为沥青砼路面的次干道。沿途主要有灵璧县城建监察大队、灵璧县规划管理局、灵璧县住房和城乡建设局。
环城北路	Huánchéng Běilù	位于灵城镇境内，东起环城东路，西至环城西路。长860米，宽30米，为沥青砼路面的次干道。
环城东路	Huánchéng Dōnglù	位于灵城镇境内，南起罗河路，北至环城北路。长1000米，宽30米，为沥青砼路面的次干道。沿途有灵璧县人民医院分院（灵璧县第二人民医院）、灵璧县安全生产监督管理局。
钟馗路	Zhōngkuí Lù	位于灵城镇境内，南起 303省道，北至罗河路。长476米，宽7米，为水泥路面的支路。沿途主要有审计局、灵城镇医院等重要的地理实体。
教育街	Jiàoyù Jiē	位于灵城镇境内，东起灵璧中学西门，西至灵璧一中东门。长220米，宽5米，为水泥路面的支路。沿途主要有灵璧老一中等重要的地理实体。
云路街	Yúnlù Jiē	位于灵城镇境内，南起灵璧中学西门，北至解放中路。长486米，宽5米，为水泥路面的支路。沿途主要有县幼儿园、灵璧中学等重要的地理实体。
隍庙街	Huángmiào Jiē	位于灵城镇境内，南起解放中路，向北再向西至建设中路。长390米，宽6米，为水泥路面的支路。沿途主要有财政局结算中心等重要的地理实体。
太平街	Tàipíng Jiē	位于灵城镇境内，南起广电局宿舍，北至县委党校。长268米，宽8米，为水泥路面的支路。沿途主要有县党校等重要的地理实体。
北太平街	Běitàipíng Jiē	位于灵城镇境内，东起建设中路，西至西太平街。长320米，宽8米，为水泥路面的支路。沿途主要有县委党校等重要的地理实体。
西太平街	Xītàipíng Jiē	位于灵城镇境内，南至解放中路，北至太平桥。长565米，宽8米，为水泥路面的支路。沿途主要有海澜之家、富茂特小区等重要的地理实体。
南太平街	Nántàipíng Jiē	位于灵城镇境内，东起建设中路，西至西太平街。长239米，宽8米，为水泥路面的支路。沿途主要有民政局、县委大院、人社局、计划委、政法委、司法局、公证处、灵城派出所等重要的地理实体。
胜利街	Shènglì Jiē	位于灵城镇境内，南起一中东门向北再向西，至磬山路。长662米，宽6米，为水泥路面的支路。沿途主要有地税小区、盛世小区等重要的地理实体。

标准名称	汉语拼音	备注
马园巷	Mǎyuán Xiàng	位于灵城镇境内，南起花园路，北至工商局宿舍。长382米，宽6米，为水泥路面的支路。沿途主要有工商局宿舍等重要的地理实体。
民政巷	Mínzhèng Xiàng	位于灵城镇境内，南起花园路，北至居民区。长244米，宽6米，为水泥路面的支路。沿途主要有民政宿舍等重要的地理实体。
财税巷	Cáishuì Xiàng	位于灵城镇境内，南起花园路，北至居民区。长282米，宽6米，为水泥路面的支路。沿途主要有财政、国税宿舍等重要的地理实体。
爱民巷	Àimín Xiàng	位于灵城镇境内，东起居民区北山部队宿舍，西至建设北路。长245米，宽6米，为水泥路面的支路。沿途主要有北山部队宿舍区等重要的地理实体。
三中巷	Sānzhōng Xiàng	位于灵城镇境内，东起三中，西至三中宿舍。长180米，宽4米，为水泥路面的支路。沿途主要有来壁农贸市场等重要的地理实体。
东蔬一巷	Dōngshū 1 Xiàng	位于灵城镇境内，东起居民区，西至灵山路。长546米，宽4米，为水泥路面的支路。沿途主要有居民区等重要的地理实体。
东蔬二巷	Dōngshū 2 Xiàng	位于灵城镇境内，东起居民区，西至灵山路。长97米，宽4米，为水泥路面的支路。沿途主要有居民区等重要的地理实体。
东蔬三巷	Dōngshū 3 Xiàng	位于灵城镇境内，东起居民区，西至灵山路。长413米，宽4米，为水泥路面的支路。沿途主要有居民区等重要的地理实体。
凤泉巷	Fèngquán Xiàng	位于灵城镇境内，东起老干部局宿舍，西至灵山路。长598米，宽4米，为水泥路面的支路。沿途主要有卫生材料厂等重要的地理实体。
罗河巷	Luóhé Xiàng	位于灵城镇境内，东起薄山中路，西至灵山路。长273米，宽4米，为水泥路面的支路。沿途主要有卫生巷等重要的地理实体。
建设一巷	Jiànshè 1 Xiàng	位于灵城镇境内，东起建设南路，西至钟馗路。长184米，宽4米，为水泥路面的支路。沿途主要有华夏超市等重要的地理实体。
建设二巷	Jiànshè 2 Xiàng	位于灵城镇境内，东起建设南路，西至钟馗路。长255米，宽4米，为水泥路面的支路。沿途主要有南都宾馆等重要的地理实体。
光明一巷	Guāngmíng 1 Xiàng	位于灵城镇境内，南起汴河路向南再向东，至建设南路。长304米，宽5米，为水泥路面的支路。沿途主要有龙山广场等重要的地理实体。

标准名称	汉语拼音	备注
光明二巷	Guāngmíng 2 Xiàng	位于灵城镇境内，南起汴河路，北至罗河路中路。长 693 米，宽 5 米，为水泥路面的支路。沿途主要有馨香酒楼等重要的地理实体。
沈园巷	Shěnyuán Xiàng	位于灵城镇境内，南起北太平街，北至环城河。长 146 米，宽 5 米，为水泥路面的支路。沿途主要有居民区等重要的地理实体。
花园一巷	Huāyuán 1 Xiàng	位于灵城镇境内，南起虹川小区，北至花园街北居民区。长 473 米，宽 4 米，为水泥路面的支路。沿途主要有虹川小区、花园街北居民区等重要的地理实体。
花园二巷	Huāyuán 2 Xiàng	位于灵城镇境内，南起东王巷，北至花园街北居民区。长 309 米，宽 4 米，为水泥路面的支路。沿途主要有花园街北居民区等重要的地理实体。
铁巷	Tiě Xiàng	位于灵城镇境内，南起落河西路，北至解放西路。长 428 米，宽 5 米，为水泥路面的支路。沿途主要有西风小区等重要的地理实体。
山南巷	Shānnán Xiàng	位于灵城镇境内，南起解放西路山南村部，北至轮窑厂。长 1170 米，宽 5 米，为水泥路面的支路。沿途主要有轮窑厂等重要的地理实体。
师范巷	Shīfàn Xiàng	位于灵城镇境内，东起迎宾大道，西至山南巷。长 740 米，宽 5 米，为水泥路面的支路。沿途主要有师范学校等重要的地理实体。
工农巷	Gōngnóng Xiàng	位于灵城镇境内，南起解放西路，北至凤山豪庭西。长 101 米，宽 3 米，为水泥路面的支路。沿途主要有工人医院等重要的地理实体。
民主巷	Mínzhǔ Xiàng	位于灵城镇境内，南起罗河路，北至西关大棚菜市场。长 473 米，宽 4 米，为水泥路面的支路。沿途主要有天主教堂等重要的地理实体。
西蔬巷	Xīshū Xiàng	位于灵城镇境内，南起西关菜市，北至解放西路。长 98 米，宽 4 米，为水泥路面的支路。沿途主要有磬云市场等重要的地理实体。
凤河巷	Fènghé Xiàng	位于灵城镇境内，东起磬山路建设局北侧，西至迎宾大道。长 747 米，宽 4 米，为水泥路面的支路。沿途主要有建设局等重要的地理实体。
榕树巷	Róngshù Xiàng	位于灵城镇境内，东起大田地，西至供电局宿舍。长 465 米，宽 6 米，为水泥路面的支路。沿途主要有畜牧水产局等重要的地理实体。

第八章　泗县标准地名录

第一节　行政划分

泗城镇

泗城镇（Sìchéng Zhèn）　泗城镇原名城关镇，因辖泗县县城及东南西北关而得名。从秦代到北周为夏丘城堡，唐开元二十九年（741年）改夏丘为虹县，本城为虹城。清康熙十九年（1680年）古泗州城陷没于洪泽湖中。乾隆四十二年（1777年）移治于虹县，并虹县入泗州，本城为州县驻地，改虹城为泗州。民国年间曾是专员公署驻地，沿称泗州。1945年至1946年秋，中共淮北地委驻该镇，设泗州市。1948年11月泗县解放，设泗城市。1950年1月17日成立城关镇，1952年5月5日又设立城关区，1954年11月1日撤区成立城关镇，1958年8月并入东风人民公社，划为城关大队，1958年8月设城关镇人民公社，1969年2月恢复城关镇，至2001年合并原三湾乡更名为泗城镇。泗城镇位于淮北平原东北部。距省城合肥东北185千米，东与开发区接壤，南与大路口乡隔河相望，西与长沟镇为邻，北与屏山镇相连。2018年末辖关庙、大吴、胡陈、赵庄4个村，有花园井、汴河、东关、西关、南关、北关、高尤、朱桥、四里桥、虹乡、大周、三湾12个社区。电话区号是0557，邮政编码是234300。2018年末，辖区户籍总人口9.1万人。人口以汉族为主。辖区东西最大距离13千米，南北最大距离6千米，面积76平方千米。境内为淮河流域的淮北平原，海拔19.5米。气候属暖温带半湿润气候，四季分明。境内水系属淮河水系分支，石梁河水系。境内有邓沟、黄沟、托泥沟、南柳沟、小汴河、东小汴河，全长51千米。境内基本无大的自然灾害，小灾害主要体现大汛期内涝。耕地面积6.47万亩（其中包括1个省级农业科技示范园）；粮食作物以小麦、玉米、蔬菜、山芋为主。工业以泗城镇新型工业试验区为主要载体，以化工、铸造、机械加工、塑料制品、建筑材料为主。2018年末，全镇拥有规模以上大型商贸企业16家，年消费品零售总额达2.9亿元，其中泗州商城、文庙商城、国际装饰城、农贸大市场等各类专业市场20多个，万德福、上海华联、苏果等大中型零售业20多家，从业人员4000多人，年成交额13亿元，年消费品零售总额达9亿元。人民银行、专业银行、商业银行、政策性银行、非贸易结算、外汇票据的承兑贴现、资信调查、咨询业务等金融机构网点遍布城乡。国道104、省道303穿境而过。水上运输以新汴河航运为主，经洪泽湖可达长江入东海，现有码头3个，年吞吐能力约55万吨。北距泗许高速5千米，南距宁洛高速30千米。实现了电话交换程控化、传输数字化、程控电话、移动通讯、宽带网络（ADSL、光纤）全覆盖。

标准名称	汉语拼音	备注
曹苗村 村民委员会	Cáomiáocūn Cūnmínwěiyuánhuì	隶属泗县泗城镇。1958年人民公社时期为五里大队，1984年更名为曹苗村民委员会。
曹庄	Cáozhuāng	因此村内多为曹姓，故名。
崔庄	Cuīzhuāng	村庄以崔姓居多，故名。
苗庄	Miáozhuāng	苗姓聚居此地，故名。
十里井庄	Shílǐjǐngzhuāng	因该村距城十里，村内有一口大井，故名。
五里庙庄	Wǔlǐmiàozhuāng	清末年间建村，取名五里庙庄。
大刘村 村民委员会	Dàliúcūn Cūnmínwěiyuánhuì	隶属泗县泗城镇。1958—1974年名称为东方红人民公社于刘大队，1984年更名为大刘村民委员会，2008年并入开发区。
大刘庄	Dàliúzhuāng	大刘庄原名瓦庙刘。传说明朝时期，朱元璋和刘伯温路过此地，听说大刘庄前有一苏姓祖坟，年年莫名变大。刘伯温观察后发现，苏姓祖坟下有一条龙脉。于是他就在坟的西南方建一青砖青瓦的大庙压住龙脉，以免影响朱元璋皇位。此地由此得名瓦庙刘，简称大刘庄。
大苏庄	Dàsūzhuāng	该庄前后有三个苏庄，该庄最大，故名。
后刘庄	Hòuliúzhuāng	因该庄位于瓦庙刘北面，刘姓居多，故名。
后苏庄	Hòusūzhuāng	该庄南有大苏庄，东有前苏庄，当地以北为后，故命名后苏庄。
前苏庄	Qiánsūzhuāng	该庄南有大苏庄，后有苏庄，故命名前苏庄。
水口魏庄	Shuǐkǒuwèizhuāng	据安徽泗县魏氏家谱记载，魏姓始祖在明朝初年偕眷属，由山西洪洞县大槐树下集中前来江苏睢宁，此后五世祖偕眷属来到濉河边一出水口岸上定居，故得名水口魏庄。
湾李庄	Wānlǐzhuāng	该庄离城九里，公路穿庄，有一道湾，故名九里湾庄，后因李姓居多，更名湾李庄。
小刘庄	Xiǎoliúzhuāng	因庄子很小，刘姓居多，故名。
小许庄	Xiǎoxǔzhuāng	清朝光绪年间，许姓从南方迁移定居此地，因庄子很小，故得名小许庄。

标准名称	汉语拼音	备注
赵魏村 村民委员会	Zhàowèicūn Cūnmínwěiyuánhuì	隶属泗县泗城镇。1958 年人民公社时期为孙湾大队，1980 由孙湾大队划分为赵魏村委会、孙湾村委会，2008 年该赵魏村委会与孙湾村委会合并为赵魏村民委员会。
孙湾庄	Sūnwānzhuāng	因村庄位于石梁河河湾处，孙姓居多，故名。
魏庄	Wèizhuāng	因此村内多为魏姓，故名。
小王庄	Xiǎowángzhuāng	因村庄面积小，王姓居多，故名。
赵庄	Zhàozhuāng	村庄以赵姓居多，故名。
大周村 村民委员会	Dàzhōucūn Cūnmínwěiyuánhuì	隶属泗县泗城镇。1958 年人民公社时期为大周大队。1984 年由大周大队更名为大周村。
小仇庄	Xiǎoqiúzhuāng	仇姓聚居此地，建村立庄，故得名小仇庄。
大苗庄	Dàmiáozhuāng	庄中以苗姓为主，故名。
高时庄	Gāoshízhuāng	高、时二姓聚居此地，故名。
时谷庄	Shígǔzhuāng	时姓聚居，村庄有一大谷堆，故名。
小时庄	Xiǎoshízhuāng	该庄时姓较多，户数较少，故名。
新时庄	Xīnshízhuāng	因时姓居多，建庄时间短，故名。
杨庄	Yángzhuāng	清末杨姓聚居此地，建村立庄，取名。
赵庄	Zhàozhuāng	该庄赵姓居多，故名。
庙庄	Miàozhuāng	缪姓人家从外地迁居至此，故得名为缪庄，后演变为庙庄。
时庄	Shízhuāng	据说很早以前村内草堆着火，引起全村火灾。大火烧了三天三夜，称火烧时。第一次地名普查时更名为时庄。
王洼庄	Wángwāzhuāng	此地在黄沟和石梁河交汇之处，地势极洼，王姓居多，故名。
吴孟庄	Wúmèngzhuāng	该庄以吴姓和孟姓居多，故得名为吴孟庄。
小高庄	Xiǎogāozhuāng	村庄以高姓居多，故名。
小刘庄	Xiǎoliúzhuāng	此庄刘姓以捕鱼为生，人人会撒网捕鱼，故得名为撒网刘，后称小刘庄。
小朱庄	Xiǎozhūzhuāng	朱姓居住的地方因地势低洼，称小朱洼庄，第一次地名普查时命名小朱庄。
大周庄	Dàzhōuzhuāng	周姓定居此地，此地为黄土地，遇下雨阴天黄泥粘脚，出行困难，故得名黄泥周，后更名为大周庄。
大吴村 村民委员会	Dàwúcūn Cūnmínwěiyuánhuì	隶属泗县泗城镇。1958 年人民公社时期为大吴大队，1984 年由大吴大队更名为大吴村，2008 年与彭铺村、周庄村合并仍名为大吴村民委员会。
大吴庄	Dàwúzhuāng	吴姓定居此地，开荒种地，不断壮大，故名。
高圩庄	Gāowéizhuāng	因村庄四周筑有土圩，高姓居多，故名。

标准名称	汉语拼音	备注
河北张庄	Héběizhāngzhuāng	因该地处汴河北岸，张姓居多，故名。
胡庄	Húzhuāng	胡姓聚居此地，故名。
黄庄	Huángzhuāng	因此村内多为黄姓，故名。
庙庄	Miàozhuāng	缪姓人家居住的地方原叫缪庄，因“缪”字音同“庙”字，后口传笔误得名庙庄。
彭铺街	Péngpùjiē	此处原是集市，以彭姓的商铺最大，故名。
周庄	Zhōuzhuāng	周姓定居此地，故名。
庄庄	Zhuāngzhuāng	村内以庄姓居多，故名。
胡陈村村民委员会	Húchéncūn Cūnmínwěiyuánhuì	隶属泗县泗城镇。1958 年人民公社时期为胡陈大队，1970 年分为许曹、武邓两个大队，2008 年 3 月许曹、武邓再次合并为胡陈村民委员会。
梁庄	Liángzhuāng	梁姓聚居于此，故名。
胡庄	Húzhuāng	胡姓居住于此，故名。
黄庄	Huángzhuāng	清朝末年，黄姓兄弟二人逃荒来到此地并定居，故名。
许曹庄	Xǔcáozhuāng	许姓、曹姓聚居此地，故名。
戈庄	Gēzhuāng	戈姓聚居此地，故名。
陈宅庄	Chénzháizhuāng	清朝末年，陈姓逃荒来到此地并定居，后建一处大宅院，故名。
武庄	Wǔzhuāng	村庄以武姓居多，故名。
邓庄	Dèngzhuāng	旧时邓姓居住于此，故名。
胡陈庄	Húchénzhuāng	原名胡陈圩子，因胡、陈二姓在此居住，并筑有圩子而得名。
关庙村村民委员会	Guānmiàocūn Cūnmínwěiyuánhuì	隶属泗县泗城镇。1958 年人民公社时期为关庙大队，1984 年由关庙大队更名为关庙村民委员会。
关庙庄	Guānmiàozhuāng	清初此地因建有关帝庙，故名。
孙圩庄	Sūnwéizhuāng	旧时孙姓聚居此地，因村庄四周挖有圩沟，故名。
义井庄	Yìjǐngzhuāng	清初此地有口古井，因靠近关帝庙，取“义勇倾三国”的“义”字，故得名义井。
墩前庄	Dūnqiánzhuāng	此地有汉代建立的古代传递军情信息的烟墩遗址，该庄位于烟墩遗址南面，故名。
腊条高庄	Làtiáogāozhuāng	旧时高姓在此居住，大量种植蜡条（“腊”条），故名。
板树庄	Bǎnshùzhuāng	此地原有一棵大槐树，因本地槐树又称板树，且“槐”字里含有“鬼”字，村人避用，故名板树庄。
小李庄	Xiǎolǐzhuāng	因村落小，李姓居多，故名。
后张庄	Hòuzhāngzhuāng	旧时张姓定居此地，后分支搬到村庄北面居住，故名。

标准名称	汉语拼音	备注
前张庄	Qiánzhāngzhuāng	张姓在此开荒种地，后分支迁到村庄南面居住，称之为前张庄。
韩王庄	Hánwángzhuāng	该村以韩姓、王姓居多，故名。
陈庄	Chénzhuāng	村庄以陈姓居多，故名。
尤庄	Yóuzhuāng	该庄以尤姓人口居多，故名。
曹庄	Cáozhuāng	因此村内多为曹姓，故名。
东发社区居民委员会	Dōngfā Shèqū Jūmínwěiyuánhuì	隶属泗县泗城镇。1958 年人民公社时期为刘赵大队、张何大队，1983 年改为刘赵村民委员会、张何村民委员会。2008 年为刘赵社区、张何社区。2009 年两社区合并为东发社区。
惠民苑小区	Huìmínyuàn Xiǎoqū	小区属政府保障房，“惠民”是人民得到国家实惠之义，故命名为惠民苑小区。
金地国际花园	Jīndìguójìhuāyuán	取房地产开发商名称为小区名称。
卞庄	Biànzhuāng	因此村多为卞姓，故名。
仇庄	Qiúzhuāng	原名东尹庄。在清朝末期，仇道中考取武举人，此后仇姓家族人丁兴旺，该村庄改名为仇庄。
何庄	Hézhuāng	旧时何姓迁居此地，故名。
蒋庄	Jiǎngzhuāng	民国时期，村庄原名蒋大埂，因此处有一条大埂，后来大埂改耕农田，地名也就改为蒋庄。
刘赵庄	Liúzhàozhuāng	清朝光绪年间，刘姓、赵姓从南方迁移，聚居此地，故名。
马庄	Mǎzhuāng	旧时马姓聚居此地，开垦荒地，繁衍生息，故名。
孙庄	Sūnzhuāng	清朝顺治年间，该庄有名叫孟传恩的大户从南方迁移聚居此地，建村立庄，该庄得名为孟庄。宣统年间，城西板树村孙姓迁居此地，人口逐渐增多，更名为孙庄。
王庄	Wángzhuāng	旧时王姓在此居住，故名。
岳庄	Yuèzhuāng	清朝道光年间，有一刘姓很有力气，用扁担挑东西，由南方迁居此地，村庄得名扁担刘。后来从京城来了一个岳姓退职官员，带着家眷落户此地，将该庄更名为岳庄。
翟庄	Zháizhuāng	旧时翟姓定居此地，故名。
张庄	Zhāngzhuāng	张姓始祖有三个儿子，在泗州城以卷爆竹为生，后爆竹店失火，生活无着落，各奔东西。第一支回苏北老家小张庄居住，第二支迁往黑塔镇蒋杨村大蒋庄落户，后代捕鱼为生，第三支来到四山湖张谷庄落户务农，该庄得名为张庄。
陈庄	Chénzhuāng	村庄以陈姓居多，故名。
衡尤社区居民委员会	Héngyóu Shèqū Jūmínwěiyuánhuì	隶属泗县泗城镇。1984 年由衡湾庄、尤庄合并为衡尤村民委员会，2008 年由衡尤村民委员会更名为衡尤社区。

标准名称	汉语拼音	备注
阜康联邦花园小区	Fùkāngliánbāng-huāyuán Xiǎoqū	取房地产开发商阜康集团名称，故名。
衡湾庄	Héngwānzhuāng	因村庄位于石梁河河湾处，衡姓居多，故名。
建材小区	Jiàncái Xiǎoqū	泗县建材公司所建小区，故名。
桃园小区	Táoyuán Xiǎoqū	属泗县安居工程，此地原有一片桃树园，故名。
尤庄	Yóuzhuāng	旧时尤姓定居此地，故名。
玉兰小区	Yùlán Xiǎoqū	取玉兰花芬芳、高洁之意，故名。
于圩社区居民委员会	Yúwéi Shèqū Jūmínwěiyuánhuì	隶属泗县泗城镇。1958 年人民公社时期为于圩大队，1984 年更名为于圩村委会，2008 年 8 月该村委会与张沟村合并，合并后名称仍为于圩村民委员会。2011 年 1 月划入泗县经济开发区，2013 年 4 月申报村改为社区，更名为于圩社区。
大丁庄	Dàdīngzhuāng	民国时期，该自然庄居民大多姓丁，故得名大丁庄。
顾庄	Gùzhuāng	民国时期，顾姓迁居至此，故名。
康庄	Kāngzhuāng	因此村内多为康姓，故名。
小丁庄	Xiǎodīngzhuāng	民国时期，该庄丁姓居多，因西边有个大丁庄，故名小丁庄。
于圩庄	Yúwéizhuāng	该庄于姓居多，旧时为防止土匪抢劫建有圩墙、圩沟，故名。
张沟庄	Zhānggōuzhuāng	该庄居民多为张姓，且有清水沟从庄中穿过，故名。
张庄	Zhāngzhuāng	旧时张姓定居此地，故名。
汴光社区居民委员会	Biànguāng Shèqū Jūmínwěiyuánhuì	隶属泗县泗城镇。1958 年人民公社时期为汴光大队，1984 年名称为汴光村委会，1992 年更名为汴光，2005 年命名为汴光社区。
汴光花园	Biànguānghuāyuán	地处汴光社区，有花园小区之意，故名。
汴光新村	Biànguāng Xīncūn	地处汴光社区，为新建小区，故名。
春港花苑	Chūngǎnghuāyuàn	安徽省泗县东港实业有限公司所建小区，有花园小区之意，故名。
东城虹郡	Dōngchénghóngjùn	因小区地处泗城东部，泗县古称虹县，故名。
东城美郡	Dōngchéngměijùn	因小区地处泗城东部，美郡有美好的寓意，故名。
东城英郡	Dōngchéngyīngjùn	因小区地处泗城东部，有英伦风范之意，故名。
东方明珠	Dōngfāngmíngzhū	小区地处泗城东部，喻为东方一颗明珠，故名。
家和花园	Jiāhéhuāyuán	取家和万事兴、花园小区之意。
锦绣华庭	Jǐnxiùhuátíng	希望环境美好的小区。
农发行宿舍	Nóngfāháng Sùshè	泗县农业发展银行为员工谋福利，出资兴建，故名。
瑞兴花园	Ruìxīnghuāyuán	祥瑞、兴旺像花园一样的小区，故名。

标准名称	汉语拼音	备注
桃李文苑	Táolǐwényuàn	寓有桃李满天下、文化气息浓郁之意，故名。
洋湖农场宿舍	Yánghúnóngchǎng Sùshè	泗县（长沟镇辖区）洋湖农场为员工谋福利，出资与职工集资共同兴建该小区，故名。
北关社区居民委员会	Běiguān Shèqū Jūmínwěiyuánhuì	隶属泗县泗城镇。1958 年人民公社时，称北关大队，1995 年改名北关居委会，2006 年改名北关社区。
保险公司宿舍	Bǎoxiǎngōngsī Sùshè	保险公司为方便职工生活，建造该小区，故名。
上海商贸城小区	Shànghǎishāng màochéng Xiǎoqū	2010 年 4 月由开发商取名。
北星花园	Běixīnghuāyuán	该小区位于泗城北关，有花园小区之意。
水厂宿舍	Shuǐchǎng Sùshè	自来水厂为方便职工生活，建造该小区，故名。
电视新村	Diànshì Xīncūn	因该小区位于泗县电视台东，故名。
阀北新村	Fáběi Xīncūn	该小区位于泗县阀门厂北侧，故名。
阀南新村	Fánán Xīncūn	因该小区位于泗县阀门厂南侧，故名。
检察院宿舍	Jiǎncháyuàn Sùshè	检察院为方便职工生活，建造该小区，故名。
北二环居民区	Běièrhuán Jūmínqū	因小区位于北二环路南侧，故名。
怡园小区	Yíyuán Xiǎoqū	景色怡人，宜居小区，故名。
交警队宿舍	Jiāojǐngduì Sùshè	泗县交警队为方便职工生活，建造该小区，故名。
土地局宿舍	Tǔdìjú Sùshè	泗县土地局为方便职工生活，建造该小区，故名。
四里桥社区居民委员会	Sìlǐqiáo Shèqū Jūmínwěiyuánhuì	隶属泗县泗城镇。1955 年名称为城北大队；1976 年更名为先进大队；1980 年改名为城北村委会；2004 年更名为四里桥社区居委会。
菜园新村	Càiyuán Xīncūn	因此地居民多以种菜、卖菜为生，故名。
陈园新村	Chényuán Xīncūn	因该地陈姓居多，多以种菜开园为业，故以陈园新村为名。
于陈庄	Yúchénzhuāng	因该庄以于姓、陈姓居多，故名。
涂庄	Túzhuāng	该村居民大多为涂姓，故名。
孟庄	Mèngzhuāng	因此村内多为孟姓，故名。
东园新村	Dōngyuán Xīncūn	因该处位于菜园新村东面，故以东园新村为名。
姚盘庄	Yáopánzhuāng	民国时期，姚姓逃荒盘踞在此，故名。
于园新村	Yúyuán Xīncūn	因该庄于姓居多，开园种菜居多，故名。
仇庄	Qiúzhuāng	清朝初年，仇姓从外地迁居至此，开荒种地，建造房屋，繁衍生息，故名。

标准名称	汉语拼音	备注
花园井社区居民委员会	Huāyuánjǐng Shèqū Jūmínwěiyuánhuì	隶属泗县泗城镇。新中国成立后成立一、二居委会，2009年8月一、二居委合并，因本辖区内的人民路南段水上商场和泗州商城之间历史遗留一口有着传奇色彩的老井，曾为古城一景，名为花园井，故命名为花园井社区。
华夏园小区	Huáxiàyuán Xiǎoqū	华夏为古代汉族的自称，小区以此命名。
交通局宿舍	Jiāotōngjú Sùshè	交通局为方便职工生活，建造该小区，故名。
粮食局宿舍	Liángshijú Sùshè	粮食局为方便职工生活，建造该小区，故名。
向阳苑小区	Xiàngyángyuàn Xiǎoqū	向往阳光生活，故名。
金福苑小区	Jīnfúyuàn Xiǎoqū	金福苑2003年由开发商命名。
秀水苑小区	Xiùshuǐyuàn Xiǎoqū	景色秀丽，临水而建，故名。
康乐城楼	Kānglèchénglóu	因一楼是康乐城大酒店，故名康乐城楼。
县医院小区	Xiànyīyuàn Xiǎoqū	该小区位于县医院生活区内，故名。
菜场楼小区	Càichǎnglóu Xiǎoqū	该小区楼房靠近西关菜场，故名。
公安局宿舍	Gōng' ānjú Sùshè	公安局为方便职工生活，建造该小区，故名。
高尤社区居民委员会	Gāoyóu Shèqū Jūmínwěiyuánhuì	隶属泗县泗城镇。1958年人民公社时称高尤大队，1995年改名高尤居委会，2006年改名高尤社区。
尤庄	Yóuzhuāng	村庄以尤姓居多，故名。
高庄	Gāozhuāng	因此村内多为高姓，故名。
叶庄	Yèzhuāng	旧时叶姓聚居，故名。
丝绸厂宿舍	Sīchóuchǎng Sùshè	丝绸厂为方便职工生活，建造该小区，故名。
程庄	Chéngzhuāng	此庄程姓居多，故名。
克庄	Kèzhuāng	因此村内多为克姓，故名。
南都贵苑	Nándūguìyuàn	地处泗城南部，追求高贵品质生活，故名。
化肥厂东生活区	Huàféichǎngdōng Shēnghuóqū	化肥厂为方便职工生活，在该厂东面建造该小区，故名。
石庄	Shízhuāng	旧时石姓定居此地，故名。
航运新村	Hángyùnxīncūn	泗县航运公司为方便职工生活，建造该小区，故名。
西关社区居民委员会	Xīguān Shèqū Jūmínwěiyuánhuì	隶属泗县泗城镇。新中国成立前名称为西关街，1958年人民公社时期为西关大队，1984年更名为西关村委会，2000年改名为西关居委会，2009年更名为西关社区。
河柳东村	Héliǔdōngcūn	此处原系古泗州城柳沟，因河道两面种植柳树，该村靠东，故名河柳东村。

标准名称	汉语拼音	备注
河柳西村	Héliǔxīcūn	此处原系古泗州城柳沟，因河道两面种植柳树，该庄靠西，故名河柳西村。
河柳路小区	Héliǔlù Xiǎoqū	该小区位于河柳路，故名。
泗州国际装饰城小区	Sìzhōuguójì Zhuāngshìchéng Xiǎoqū	该小区建有大型装饰材料、建材市场，故名。
梁园路小区	Liángyuánlù Xiǎoqū	清朝末期此处是梁姓地主家的菜园，后在该处修路命名梁园路，小区以梁园路命名。
和桥路小区	Héqiáolù Xiǎoqū	清朝时期，火神庙的和尚在建庙的同时在柳沟上架一座桥，俗称和尚桥，后简称和桥。路以桥名，修路后该小区位于和桥路，故名。
西关大街	Xīguāndàjiē	泗城西关桥以西的街道被称作西关大街，故名。
朱桥社区居民委员会	Zhūqiáo Shèqū Jūmínwěiyuánhuì	隶属泗县泗城镇。2001 年前属草庙区三湾乡，2001 年随三湾乡并入泗城镇，2007 年更名为朱桥社区。
泗州名城	Sìzhōumíngchéng	有泗县著名城市社区之意，故名。
景苑小区	Jǐngyuàn Xiǎoqū	临近清水湾公园，景色秀丽，故名。
荣辉国际花园小区	Rónghuīguójì-huāyuán Xiǎoqū	为泗县荣辉房地产开发有限公司所建，有花园小区之意。
南园庄	Nányuánzhuāng	地处泗城南部，村民开园种菜居多，故名。
朱西庄	Zhūxīzhuāng	因该庄地处西关附近，朱姓居多，故名。
东关社区居民委员会	Dōngguān Shèqū Jūmínwěiyuánhuì	隶属泗县泗城镇。1958 年名称为草庙公社汴光村，后改为草庙公社小圩大队，划入泗城镇改为东关村委会，2008 年更名为东关社区。
桃花源南区	Táohuāyuán Nánqū	有世外桃源之意，该区为南区，故名。
桃园东村	Táoyuándōngcūn	因此处原系桃园，东侧逐渐形成居民区，故名。
桃花源北区	Táohuāyuán Běiqū	有世外桃源之意，该区为北区，故名。
小圩庄	Xiǎowéizhuāng	该庄位于护城河岸边，因当地有把护城河称为圩沟的习惯，故名。
圩东小区	Wéidōng Xiǎoqū	因位于东关小圩东侧，故名圩东小区。
小街小区	Xiǎojiē Xiǎoqū	该小区原在泗城东门外（现广电局门前），居民多做小生意，故得名东小街。1980 年整体搬迁至此，因而命名小街小区。
小曹庄	Xiǎocáozhuāng	旧时曹姓聚居此地，建村立庄，故得名小曹庄。
公安新村	Gōng' ānxīncūn	泗县公安局为方便职工生活，建造该小区，故名。
桃园西村	Táoyuánxīcūn	因此处原系桃园，西侧逐渐形成居民区，故名。

标准名称	汉语拼音	备注
凤凰国际城南区	Fènghuáng-guójìchéng Nánqū	全城最大的国际化商住综合体，凤凰是完美主义的化身，故名。
和谐家园小区	Héxiéjiāyuán Xiǎoqū	和谐家园系政府安置房，喻居民生活幸福和谐。
凤凰国际城北区	Fènghuáng-guójìchéng Běiqū	全城最大的国际化商住综合体，凤凰是完美主义的化身，故名。
虹乡社区居民委员会	Hóngxiāng Shèqū Jūmínwěiyuánhuì	隶属泗县泗城镇。1958 年人民公社时期为三王大队，1984 年更名为三王村委会，2015 年命名为虹乡社区。
老许庄	Lǎoxǔzhuāng	旧时许姓在此居住，后因部分族人迁出建立小许庄，故称该庄为老许庄。
三里孟庄	Sānlǐmèngzhuāng	该庄距离老泗州城三里路，孟姓居多，故名。
三里朱庄	Sānlǐzhūzhuāng	该庄距离老泗州城三里路，朱姓居多，故名。
三里王庄	Sānlǐwángzhuāng	王姓在此聚居，因该庄距离老泗州城三里路，故名三里王庄。
陶宅子	Táozháizi	清朝中期，陶姓定居此地，此村土地全属陶姓一家地主所有。有过路人氏询问此地名，村中人皆称“陶宅子的”，故得名陶宅子。
小许庄	Xiǎoxǔzhuāng	因村庄小、许姓居多，故名。
学田马	Xuétiánmǎ	因距离老泗州城中的虹学院的田地较近，有马姓居住，故称学田马。
周瓦方庄	Zhōuwǎfāngzhuāng	清代中期，周姓在此购置宅基地，盖有瓦坊，人称周瓦房，后演变为周瓦方庄。
汴河社区居民委员会	Biànhé Shèqū Jūmínwěiyuánhuì	隶属泗县泗城镇，2008 年由三、四居委合并而成。
爱心小区	Àixīn Xiǎoqū	《礼记 · 乐记》：“其爱心感者，其声和以柔。”故名。
阳光小区	Yángguāng Xiǎoqū	因位于阳光大酒店后侧，故得名阳光小区。
翠园小区	Cuìyuán Xiǎoqū	小区景色秀丽、苍翠欲滴，故名。
大钟楼小区	Dàzhōnglóu Xiǎoqū	该小区境内有大钟楼，故名。
泗州第一街	Sìzhōu Dìyījiē	喻有泗州第一商贸大街之意。
东苑小区	Dōngyuàn Xiǎoqū	地处泗城东部，故名。
广场小区	Guǎngchǎng Xiǎoqū	因靠近泗州广场，故名。
健康小区	Jiànkāng Xiǎoqū	希望小区居民幸福健康，故名。
公太巷小区	Gōngtàixiàng Xiǎoqū	明朝年间，有闽人来泗居住，因闽人有参拜五代十国时期建立闽国的王审知（尊称各府公太）的习惯，故在此处建立庙宇，后人称此巷为公太巷。小区故名。

标准名称	汉语拼音	备注
二院小区	Èryuàn Xiǎoqū	因靠近泗县第二人民医院，故名。
虹都花园	Hóngdūhuāyuán	2005 年由开发商命名。
名仕花园小区	Míngshìhuāyuán Xiǎoqū	喻有高档、花园小区之意，故名。
新华小区	Xīnhuá Xiǎoqū	毗邻泗县新华书店，故名。
文庙小区	Wénmiào Xiǎoqū	因靠近泗县文庙，故名。
泗州商城小区	Sìzhōushāngchéng Xiǎoqū	因靠近泗州商城，故名。
一小小区	Yīxiǎo Xiǎoqū	因靠近泗县第一小学，故名。
渔园小区	Yúyuán Xiǎoqū	因靠近泗县老渔场，故名。
泗中小区	Sìzhōng Xiǎoqū	因小区靠近泗县中学，故名。
南关社区居民委员会	Nánguān Shèqū Jūmínwěiyuánhuì	隶属泗县泗城镇。1958 年为南关大队，1995 年改名为南关居委会，2007 年更名南关社区。
登达雅苑	Dēngdáyǎyuàn	登达房地产泗县分公司所建，故名。
泗水文苑	Sìshuǐwényuàn	该小区靠近石梁河，追求文化气息浓郁，故名。
工商宿舍	Gōngshāng Sùshè	工商局为方便职工生活，建造该小区，故名。
虹桥南苑	Hóngqiáonányuàn	地处泗城南关，泗县古称虹县，故名。
九龙新村	Jiǔlóngxīncūn	因靠近老泗州酒厂东，取谐音“九”，又因中华民族系龙的传人，故名。
二中新村	Èrzhōngxīncūn	临近泗县第二中学，故名。
顺河小区	Shùnhé Xiǎoqū	因小区建于南环城河沿线，故名。
南小街	Nánxiǎojiē	位于泗城南关外，居民多做小生意，故名。
水产宿舍	Shuǐchǎn Sùshè	水产公司为方便职工生活，建造该小区，故名。
富贵苑	Fùguìyuàn	追求富贵生活，故名。
幸福新村	Xìngfúxīncūn	寓意为拥有幸福生活，故名。
三湾社区居民委员会	Sānwān Shèqū Jūmínwěiyuánhuì	隶属泗县泗城镇。1958 年人民公社时期称三湾大队，1984 年更名为三湾村委会，2008 年更名三湾社区。
牌坊庄	Páifāngzhuāng	庄内曾建有横跨村路的上马、下马两座牌坊，故名。
新农村庄	Xīnnóngcūnzhuāng	开挖新汴河时，皮陈庄人口分迁一部分到陆庄北边新建村庄，故名新农村庄。
陆庄	Lùzhuāng	旧时陆姓聚居此地，故名。
小李庄	Xiǎolǐzhuāng	村庄占地面积小，李姓居多，故名。
大王庄	Dàwángzhuāng	旧时王姓从外地迁居至此，故名。

标准名称	汉语拼音	备注
小王庄	Xiǎowángzhuāng	王姓从大王庄分户至此，故名。
小韩庄	Xiǎohánzhuāng	清朝中期，韩姓从外地迁居至此，故名。
小孙庄	Xiǎosūnzhuāng	本庄村庄小，孙姓居多，故名。
小彭庄	Xiǎopéngzhuāng	清朝光绪年间，彭姓迁居至此，故名。
皮条陈庄	Pítiáochénzhuāng	因该村陈姓居多，且大多数人家都会割皮条编筐的手艺，故名。
沟东庄	Gōudōngzhuāng	该庄西头有一条通往柳沟的大排水沟，故名。
连桥庄	Liánqiáozhuāng	因该村在庄前的柳沟上东头和西头各架一座桥梁通往村外，故名。
三湾庄	Sānwānzhuāng	此庄距泗州城三里，且有三道湾，故名三里湾庄，后简称三湾庄。
西城丽苑小区	Xīchénglìyuàn Xiǎoqū	地处泗城西关，小区景色秀丽，故名。

草庙镇

草庙镇（Cǎomiào Zhèn） 相传，清朝此处建有一座土木结构、草顶的三官庙，该镇因此得名。草庙镇历史上属泗县，1980年设区划社时，由原东方红公社、红旗公社合并为草庙区；1986年至1992年，草庙区境内辖通海乡、草庙乡、三湾乡、汴光乡；1992年3月撤区并乡时，三湾乡划为独立乡镇，汴光乡划归泗县城关镇，草庙区改名为草庙镇。草庙镇地处泗县东部，东与江苏省泗洪县接壤，南依新汴河与墩集镇隔河相望，西接泗城镇，北靠新濉河与屏山镇相对。人民政府驻草庙村。2019年末，辖草庙、魏圩、通海、治岗等4个村，下设62个村民小组。电话区号是0557，邮政编码是234335。2019年末，辖区总人口22150人。以汉族为主。辖区东西最大距离10.8千米，南北最大距离9.44千米。面积54.3平方千米。本区地处淮北平原，东西呈长条形，西部、中部地势平坦，海拔19米左右，东部为隆起岗地，海拔为26.3米，土质多系黄淤土。气候温和湿润，四季分明。年平均气温14.3℃，最冷月1月，平均气温零下1℃；历史极端最低气温−11.7℃。最热月7月，平均气温27.5℃。历史极端最高气温39.0℃。年降水量895.6毫米，夏季偏多。无霜期204天。年平均日照时数2085.9小时。境内南有奎濉河，北有新汴河，东有藕塘沟，西有清水沟。区域内有老埂沟和拖泥沟。地表水资源主要来源于大气降水和奎濉河、新汴河上游的客水。主要自然灾害有龙卷风、冰雹、旱涝、低温、霜冻、雷击等。农业耕地面积23.2平方千米，粮食作物以小麦、玉米、水稻为主。畜牧业以养殖猪、羊、牛、家禽为主。工业以板材加工、面粉加工为主。拥有工业企业 3 家，职工 156 人。2019 年财政总收入 374.5 万元。从各主要税种看，完成营业税 83.2 万元、增值税 363 万元、企业所得税 11.5 万元。境内省道 303、县道泗找公路（048）2 条公路干线交会，东距宁宿徐高速 24 千米，西距泗许高速 15 千米。2019 年底有邮政支局 1 处，电信企业 1 家，固定电话用户 3100 户，固定电话普及率 58%。境内泗县县城至通海有公共交通运输车通过并有站点停靠；从泗县城至江苏省宿迁市、江苏省苏南方向的长途班车途经境内并有站点停靠。草庙镇供电站 1994 年建成，坐落在草庙镇草庙街。草庙街道两侧有绿化带。中学、小学校园均有绿化。过境 303 省道两侧有绿化。面积达 4000 平方米。

标准名称	汉语拼音	备注
魏圩村村民委员会	Wèiwéicūn Cūnmínwěiyuánhuì	隶属泗县草庙镇。1958 年人民公社时期为魏圩大队，1984 年更名为魏圩村民委员会。2008 年三蒋村、宋岗村、魏圩村合并，合并后仍命名为魏圩村民委员会。
三蒋庄	Sānjiǎngzhuāng	三蒋是由前蒋、中蒋、后蒋合并而得名。清朝末年，蒋氏三兄弟由外地迁往此处定居，所建村庄呈南北坐落。为便于区分，人们将老大所在村命名为中蒋，老二为前蒋庄，老三为后蒋庄。
上王庄	Shàngwángzhuāng	因村庄位于下王庄东面，王姓居多，民俗以东为上，故取名上王庄。
宋岗庄	Sònggǎngzhuāng	因该庄宋姓居多，地势偏高，故名宋岗庄。
魏圩庄	Wèiwéizhuāng	旧时魏姓在此定居，在本村周围修筑圩墙，中间留有大门，不同地方建有炮楼，故取名魏圩庄。
下王庄	Xiàwángzhuāng	村庄位于上王庄西部，王姓居多，民俗东为上，西为下，故名。
小倪庄	Xiǎonízhuāng	因人口比较少，几户居民都姓倪，故取名小倪庄。
小孙庄	Xiǎosūnzhuāng	因村庄面积小，且村民都姓孙，故取名小孙庄。
小尹庄	Xiǎoyǐnzhuāng	因村庄面积小，尹姓居多，故得名小尹庄。
小于庄	Xiǎoyúzhuāng	村庄小，于姓居多，故名。
小张庄	Xiǎozhāngzhuāng	清朝道光年间，张姓聚居此地，故得名小张庄。
草庙村村民委员会	Cǎomiàocūn Cūnmínwěiyuánhuì	隶属泗县草庙镇。1958 年人民公社时期为草庙大队，1984 年由草庙大队更名为草庙村。
草庙庄	Cǎomiàozhuāng	该庄建有一座土木结构草顶的三官庙，故名。
大贺庄	Dàhèzhuāng	1958 年人民公社时，贺姓迁居此地，为区分相邻的小贺庄，取名大贺庄。
贺梨园庄	Hèlíyuánzhuāng	此庄有一片几十亩的梨园，贺姓居多，故名。
后塘庄	Hòutángzhuāng	草庙街东面有一藕塘，此庄建在藕塘的北面，故以后塘庄命名。

标准名称	汉语拼音	备注
后朱庄	Hòuzhūzhuāng	因该庄位置处在朱庄的北面，故名。
李圩庄	Lǐwéizhuāng	此庄李姓居多，周围筑有土圩墙，故名。
前朱庄	Qiánzhūzhuāng	此处有两个朱庄，为便于区分，人们把处在南面的叫前朱庄，处在北面的叫后朱庄。
王岗庄	Wánggǎngzhuāng	村庄地势高，王姓居多，故名王岗庄。
王圩庄	Wángwéizhuāng	旧时王姓聚居此地，因村庄四周筑有土圩墙，故名王圩庄。
小陈庄	Xiǎochénzhuāng	村庄面积小，以陈姓为主，得名小陈庄。
小高庄	Xiǎogāozhuāng	村庄面积小，高姓居多，故得名小高庄。
小贺庄	Xiǎohèzhuāng	村庄小，贺姓居多，故名。
小李庄	Xiǎolǐzhuāng	村庄小，李姓居多，故名。
新张庄	Xīnzhāngzhuāng	因张姓居多，村庄新建，故名。
小吴庄	Xiǎowúzhuāng	此庄以吴姓居多，故得名小吴庄。
小沈庄	Xiǎoshěnzhuāng	清朝光绪年间，沈姓聚居此地，故得名小沈庄。
小刘庄	Xiǎoliúzhuāng	村庄小，刘姓居多，故名。
北李庄	Běilǐzhuāng	旧时李姓在此地定居，因地处小李庄北面，故而得名北李庄。
尤庄	Yóuzhuāng	此庄尤姓居多，故名。
小尹庄	Xiǎoyǐnzhuāng	清朝咸丰年间，尹姓聚居此地，故得名小尹庄。
治岗村村民委员会	Zhìgǎngcūn Cūnmínwěiyuánhuì	隶属泗县草庙镇，1984 年由治岗大队更名为治岗村民委员会。
大史庄	Dàshǐzhuāng	清朝顺治年间，史姓迁居此地，得名大史庄。
关庙庄	Guānmiàozhuāng	此村庄曾建有一座关公庙，故名。
后刘庄	Hòuliúzhuāng	治岗村有两个刘庄，因此庄位置靠后，故名后刘。
前刘庄	Qiánliúzhuāng	治岗村有两个刘庄，因此庄位置靠前，故名前刘。
魏老家庄	Wèilǎojiāzhuāng	因魏姓居住时间悠久，故名魏老家庄。
小李庄	Xiǎolǐzhuāng	因村庄面积小，李姓居多，故名。
小刘庄	Xiǎoliúzhuāng	因村庄人口少，刘姓居多，故名。
小岳庄	Xiǎoyuèzhuāng	村庄户数少，岳姓居多，故名。
徐岗庄	Xúgǎngzhuāng	村庄地势高，因徐姓居多，故名。
严庄	Yánzhuāng	村民以严姓居多，故名。
通海村村民委员会	Tōnghǎicūn Cūnmínwěiyuánhuì	隶属泗县草庙镇，1984 年由通海大队更名为通海村民委员会。

标准名称	汉语拼音	备注
通海街	Tōnghǎijiē	该庄位于奎濉河边，清朝宣统年间村民在打井时发现有五六厘米大的泉眼向外不停流水并伴有贝壳、海螺、海鸟头等物流出。很多人就说这泉眼可能是通到某海，故名。
相庄	Xiàngzhuāng	1958 年人民公社时期，相姓迁居此地，故而得名相庄。
小包庄	Xiǎobāozhuāng	清朝宣统年间，包姓迁居此地，得名小包庄。
小韩庄	Xiǎohánzhuāng	清朝宣统年间，韩姓聚居此地，因村庄面积小，得名小韩庄。
周庄	Zhōuzhuāng	旧时周姓迁居此地，得名周庄。
小魏庄	Xiǎowèizhuāng	此村庄小，魏姓居多，故名。
簸姚庄	Bòyáozhuāng	此庄姚姓居多，村民历来从事编织簸箕笆斗等副业生产，故名。
陈庄	Chénzhuāng	此庄因村民陈姓居多，故名。
大魏庄	Dàwèizhuāng	此庄魏姓居多，村庄面积大，故名。
大岳庄	Dàyuèzhuāng	民国初年，岳姓聚居此地，得名大岳庄。
关李庄	Guānlǐzhuāng	清末年间该庄是个关口，李姓居多，故名关李庄。
苏庄	Sūzhuāng	此庄苏姓居多，故名。

墩集镇

墩集镇（Dūnjí Zhèn） 传说，从前这里住一对穷苦老人，一仙人怜其贫寒，赠米三粒，并嘱其将米掰碎煮吃。岂知，老人饥饿乞食心切，一次将三粒米放进锅里，米饭越胀越多，锅里盛不下，就溢到外边堆成一个墩，因名冷饭墩。后此地兴集，简称墩集。1949 年 4 月设墩集区；1958 年 8 月人民公社时期成立墩集公社；1961 年 12 月设区划社时恢复墩集区；1969 年 2 月撤区并社为墩集公社；1980 年 1 月又设区划社恢复墩集区；1992 年 3 月撤区并乡，改为墩集镇，延续至今。墩集镇位于泗县东南部，东与江苏省泗洪县上塘镇接壤，南与五河县相邻，西靠石梁河与大路口乡相邻，是石梁河农民暴动起源地，北抵新汴河与草庙镇隔河相望。辖墩集村、界牌张村、项沟村、石龙岗村、霸王村、石梁河村、汴河新村 7 个村，下辖 193 个居民点。电话区号是 0557，邮政编码是 234333。辖区总人口 37280 人，总人口中以汉族为主。辖区东西最大距离 9.84 千米，南北最大距离 12.32 千米，面积 96 平方千米。东部为隆起的岗地，高程在 13—37 米之间，其余地势平坦，平均海拔在 19 米左右。岗地以砂姜黏土为主，其余多系黑淤土，黏性。地处中纬度，属暖温带半湿润性季风气候，是农作物生长有利的气候条件，温和湿润，四季分明。境内水系比较多，主要有石梁河、新汴河、火箭沟、项沟、老虎沟、藕塘沟等。主要自然灾害有冰雹、旱涝、风灾、低温、霜冻、雷击等。农业耕地面积 45.9 平方千米；

粮食作物以小麦、玉米、稻谷为主。经济作物有棉花、芝麻、西瓜、蔬菜等。蔬菜主要品种有叶菜类、白菜类、根菜类。畜牧业以养殖猪、羊、牛、家禽为主。工业以生产食品、木材加工、农业用肥为主。2018 年末辖区有个体工商户 282 户，农民专业合作社 20 户，私营企业 12 户，内资企业 7 户，集贸市场 3 个。2018 年财政总收入 220 万元。境内有县道 X049（泗上公路）、X057（草霸路），乡道 Y078（墩集—小黄庄）、Y079（界牌—石龙岗）、Y080（尹庙—石龙岗）。其中 X049 公路东与泗洪县公路网相连，西接 104 国道。村村通水泥路，总长度到 60 千米，交通运输便捷。2018 年末有邮政支局 1 处，代办所 3 处，邮政业务总量 182 万元，其中纯收入 96 万元（包括储蓄）。2000 年建成墩集公交车站，日发客运汽车 70 班次，日均客量 2000 人次。2018 年末建成自来水供水站 9 个，有深水井 21 眼，年供水 4.65 万立方米。镇区主要道路两侧铺设排水管道 5000 米。1985 年 3 月墩集镇供电站建成，位于墩集镇政府斜对面路南旁。

标准名称	汉语拼音	备注
霸王村 村民委员会	Bàwángcūn Cūnmínwěiyuánhuì	隶属泗县墩集镇。1958 年人民公社时期为任集大队，1984 年更名为任集村，1982 年—1992 年撤区并乡该村是霸王乡政府所在地，2008 年该村与孙庄村、朱庙村合并命名为霸王村民委员会。
霸王庄	Bàwángzhuāng	相传楚霸王项羽率兵驻地在此，为御敌兵，命士兵以衣兜土筑城，土高数尺，世人谓之霸王城，后得名霸王庄。
丁庄	Dīngzhuāng	因此村内多为丁姓，故名。
董庄	Dǒngzhuāng	因此村内多为董姓，故名。
刘庄	Liúzhuāng	此村庄刘姓居多，故名。
马姚庄	Mǎyáozhuāng	清朝初期，马姓和姚姓两户人家由北方迁居至此，故名。
任集庄	Rénjízhuāng	此村庄以任姓居多，周边逐渐形成集市，故名。
孙庄	Sūnzhuāng	因此村内多为孙姓，故名。
朱庙庄	Zhūmiàozhuāng	该庄以朱姓为主，因从前庄内建有一座土庙，故得名朱庙庄。
汴河新村 村民委员会	Biànhéxīncūn Cūnmínwěiyuánhuì	隶属泗县墩集镇。1958 年人民公社时期为草沟大队，1984 年更名为单沟村，2008 年该村与小贺村合并，合并后命名为汴河新村。
大贺庄	Dàhèzhuāng	清朝光绪年间，有张、杨、贺三家定居此地。其中贺姓先人力大无穷，背负 500 余斤石板面不改色；张姓先人，足智多谋，一文一武，远近闻名，故名大贺张，后演化为大贺庄。
老单庄	Lǎoshànzhuāng	清朝中期，单姓迁居至此，故而得名。
李黄庄	Lǐhuángzhuāng	该庄以李姓，黄姓为主，故名。

标准名称	汉语拼音	备注
陶牌坊庄	Táopáifāngzhuāng	旧时该庄有一位陶姓文人，为民办好事，官府为表彰他，在此处建一座牌坊，故得名陶牌坊庄。
小包庄	Xiǎobāozhuāng	该庄以包姓为主，且村庄小，故名。
小薄庄	Xiǎobózhuāng	此庄因薄姓居多，故得名小薄庄。
小韩庄	Xiǎohánzhuāng	该庄以韩姓为主，村庄面积小，故名。
小贺庄	Xiǎohèzhuāng	该庄以贺姓为主，庄小，故名。
小黄庄	Xiǎohuángzhuāng	因庄内黄姓居多，故名小黄庄。
小邹庄	Xiǎozōuzhuāng	清朝中期，邹姓迁居至此，故而得名。
新单庄	Xīnshànzhuāng	因居住地距老单庄较远，取名新单庄。
墩集村 村民委员会	Dūnjícūn Cūnmínwěiyuánhuì	隶属泗县墩集镇。1958 年人民公社时期为墩集大队，1984 年更名为墩集村委会，1982—1992 年撤区并乡，该村是墩集镇政府所在地。2008 年墩集村、周吴村、齐岗村三村合并，合并后仍命名为墩集村民委员会。
小孙庄	Xiǎosūnzhuāng	清朝时期，丁湖孙姓逃荒到此居住，故得名小孙庄。
刘王小区	Liúwáng Xiǎoqū	2000 年，新农村建设中刘、王、周三个自然庄构建的住宅新区，故名刘王小区。
齐岗庄	Qígǎngzhuāng	该庄齐姓居多，地处岗岭，故名。
墩集街	Dūnjíjiē	民间传说过去这里住一对穷苦老人，一仙人怜其贫寒，赠米三粒，嘱其将米掰碎煮吃，老人进食心切，一次将米放进锅里，米越涨越多，锅里盛不下，溢到外面堆成一个墩，故名冷饭墩，后兴集简称墩集。
董杨小区	Dǒngyáng Xiǎoqū	2000 年新农村建设中，为董圩、杨庄两个自然村村民构建的住宅新区，故名董杨小区。
大吴庄	Dàwúzhuāng	旧时吴姓定居此地，故名。
陶庄	Táozhuāng	隶属泗县墩集镇，2008 年隶属墩集村，村民以陶姓为主，故名。
小陈庄	Xiǎochénzhuāng	隶属泗县墩集镇，2008 年隶属墩集村，村民以陈姓为主，故名。
小黄庄	Xiǎohuángzhuāng	隶属泗县墩集镇，2008 年隶属墩集村，村民以黄姓为主，故名。
小吴见庄	Xiǎowújiànzhuāng	庄内吴姓居多，因与相邻董庄很近，且两庄村民关系融洽，出门见庄，故得名小吴见庄。
张庄	Zhāngzhuāng	隶属泗县墩集镇，2008 年隶属墩集村，村民以张姓为主，故名。

标准名称	汉语拼音	备注
界牌张村村民委员会	Jièpáizhāngcūn Cūnmínwěiyuánhuì	隶属泗县墩集镇。1958 年人民公社时期为恒庄大队、开庄大队、赵庄大队、张陶大队，1984 年更名为恒庄村委会、开庄村委会、赵庄村委会、张陶村委会，2008 年恒庄村、开庄村、赵庄村、张陶村合并，合并后仍命名为界牌张村民委员会。
何岗庄	Hégǎngzhuāng	因此庄建在高岗上，又以何姓居多，故名。
衡庄	Héngzhuāng	清代中期，衡姓由北方迁居此地，得名衡庄。
张庄	Zhāngzhuāng	此村庄多以张姓为主，故名。
开庄	Kāizhuāng	清代末年，开姓迁居此地，故名。
茅草董庄	Máocǎodǒngzhuāng	董姓在清代中期，由山东迁居此地，当时人少地多，生产工具缺少，无法开垦这么多土地，满地遍野都长着茅草，故此得庄名。
赵庄	Zhàozhuāng	因此村内多为赵姓，故名。
石梁河村村民委员会	Shíliánghécūn Cūnmínwěiyuánhuì	隶属泗县墩集镇。1958 年人民公社时是朱圩大队、尹庙大队两个生产队。1984 年更名为朱圩村民委员会和尹庙村民委员会。2008 年由两个村委会合并为石梁河村委会。
东尹庄	Dōngyǐnzhuāng	尹姓在此开荒种地，建造房屋，繁衍生息，人口众多，无法在一起居住，就兄弟分家，一个兄弟分到老尹庄，一个分到老尹庄东面，故得名东尹庄。
付后庄	Fùhòuzhuāng	旧时付姓在此居住，分为两个庄，因该庄靠北，故名付后庄。
付前庄	Fùqiánzhuāng	旧时付姓在此居住，分为两个庄，因该庄靠南，故名付前庄。
后陈庄	Hòuchénzhuāng	清末，陈姓在此居住，后分为两个庄，因该庄靠北，故名后陈庄。
胡庄	Húzhuāng	因村民胡姓居多，故名。
老尹庄	Lǎoyǐnzhuāng	明朝时期，尹姓由北方迁居至此，后来人多分支，父母所在村庄称老尹庄。
前陈庄	Qiánchénzhuāng	清末，陈姓在此居住，后分为两个庄，因该庄靠南，故名前陈庄。
王庄	Wángzhuāng	因庄内王姓居多，故名。
魏集庄	Wèijízhuāng	民国时期，该自然庄是个小集镇，魏姓较多，故得名为魏集庄。
小梁庄	Xiǎoliángzhuāng	因庄内梁姓居多，村庄小，故名。
小尹庄	Xiǎoyǐnzhuāng	民国初期，尹姓由北方迁居至此，后来人多分支，兄弟分家，最小的分到此地，得名小尹庄。
新魏庄	Xīnwèizhuāng	1958 年新汴河开挖后，该自然庄搬迁到墩集西南农科站，1973 年由于其他原因又搬迁到现居住地点，故得名新魏庄。
朱圩庄	Zhūwéizhuāng	旧时朱姓为防洪水，在庄四周筑有土圩墙，故名朱圩庄。

标准名称	汉语拼音	备注
石龙岗村 村民委员会	Shílónggǎngcūn Cūnmínwěiyuánhuì	隶属泗县墩集镇。1958 年人民公社时期为赵王大队，1984 年更名为赵王村，2008 年该村与下杨村、佃户村合并命名为石龙岗村民委员会。
佃户庄	Diànhùzhuāng	该庄在旧时较贫困，基本都是租种地主土地的佃户，故而得名佃户庄。
冯庄	Féngzhuāng	该庄以冯姓较多，故名。
上杨庄	Shàngyángzhuāng	因该村有两个杨庄，地势一高一低，因该庄地处高地，故取名上杨庄。
史庄	Shǐzhuāng	因庄内史姓较多，故名。
王庄	Wángzhuāng	该庄王姓较多，故名。
下杨庄	Xiàyángzhuāng	因该村有两个杨庄，地势一高一低，该庄地势较低，故取名下杨庄。
小杨庄	Xiǎoyángzhuāng	该庄以杨姓居多，且庄小，故名小杨庄。
赵庄	Zhàozhuāng	该庄以赵姓居多，故名。
项沟村 村民委员会	Xiànggōucūn Cūnmínwěiyuánhuì	隶属泗县墩集镇。1958 年人民公社时期为仇岗大队，1984 年更名为仇岗村，2008 年该村与严岗村、大魏村合并命名为项沟村民委员会。
仇岗庄	Qiúgǎngzhuāng	因该地地势较高，属岗地，仇姓居多，故名。
大陈庄	Dàchénzhuāng	清朝末年，陈姓迁居至此，得名大陈庄。
大魏庄	Dàwèizhuāng	清代中期，魏姓迁居至此，得名大魏庄。
管岗庄	Guǎngǎngzhuāng	因该处地势较高，属岗地，管姓居多，故名。
王岗庄	Wánggǎngzhuāng	该庄以王姓居多，地势较高，属岗地，故名。
萧杨庄	Xiāoyángzhuāng	清代顺治年间，萧、杨两姓由北方迁居至此，得名萧杨庄。
新庄	Xīnzhuāng	因村庄新建不久，姓氏复杂，故名新庄。
严岗庄	Yángǎngzhuāng	明朝嘉靖年间，严姓由北方迁居至此，因该居民点地势较高，属岗地，故得名严岗庄。
小魏庄	Xiǎowèizhuāng	因村庄较小，魏姓居多，故名。

草沟镇

草沟镇（Cǎogōu Zhèn） 在北宋年间名为草桥关，后因战乱挖沟，战后房舍尽毁，村民沿沟南迁，取名草沟。1949 年 4 月设沱东区；1956 年 3 月改为草沟区；1958 年 8 月人民公社时期成立草沟公社；1961 年 12 月恢复草沟区；1969 年 3 月重设草沟公社；1980 年 1 月复设草沟区。1992 年 3 月撤区分设草沟镇、瓦韩乡。2005 年 1 月原瓦韩乡整体并入草沟镇。草沟镇位于西南部，东邻本县丁湖镇，南隔沱河与五河相望，西与灵璧接壤，北与本县长沟镇相连。辖草沟、王楼、孙巷、于韩、桥东、官唐、侍圩、大梁、街西、汪尚、街南、李圩、大安、瓦韩、大张、秦桥、夏庙、于城等 18 个村，下辖 243 个自然庄。电话区号是 0557，邮政编码是 234324。辖区总人口 8.63 万人。辖区东西最大距离 15 千米，南北最大距离 30.5 千米，面积 218 平方千米。地处河间平原，地势平坦，海拔 14—16 米。气候属暖温带半湿润性季风气候，四季分明，气候温和，雨量适中，日照充足，无霜期长。属淮河支流唐、沱河水系，此水系主要有南沱河、北沱河、唐河 3 条河道，跨流全境。境内河道长 37.8 千米。矿藏和自然资源丰富，水资源可利用量为 94.08 万立方米。主要自然灾害有旱涝、冰雹、龙卷风等。农业耕地面积 94.8 平方千米。北部为旱地，南部为水田，粮食作物以小麦、玉米、水稻等作物为主。蔬菜种植面积 10 平方千米，产量 47386 吨，主要品种有叶菜类、白菜类、根茎类。畜牧业以养殖猪、羊、牛及家禽为主。工业以农副产品加工、服装加工、建筑材料为主。2018 年末辖区内有个体工商户 2400 户。2018 年社会商品零售总额达 2 亿元，较上年增长 3%。现有城乡农贸市场 4 个，年交易额 1.7 亿元。2018 年财政总收入 463 万元，较上年增长 11%。其中地方收入 380 万元，较上年增长 20%。交通运输有 329 省道（泗固公路）自东向西贯穿全镇，西连京沪高铁，东至 104 国道。环县西路纵贯南北，徐明高速穿过镇域。2018 年末镇内有水泥路面乡村公路 200 千米，覆盖 18 个村。2018 年末有邮政支局 1 个。镇内现有佘家台、杨家台等 2 处遗址，均为县级文物保护单位。佘家台遗址在镇西北秦桥村，属新石器晚期遗址。杨家台坐落在镇内孙巷村，为商周时期遗址。2018 年末有公共客运站 1 个，日发客运班车 80 班次，日均发送旅客 2400 人次。2018 年末镇区有自来水水厂 1 座。每天供水 100 吨，最多能同时供应 4000 户。镇区及新型工业园区主要道路两侧铺设排水管道 5200 米。2018 年末有供电站 1 个。变电电压等级 35 千伏。镇区供电线路总长 3.5 千米，电压等级 10 千伏。2018 年末镇区和新型工业园区主干道均完成了绿化亮化。

标准名称	汉语拼音	备注
桥东村 村民委员会	Qiáodōngcūn Cūnmínwěiyuánhuì	隶属泗县草沟镇。1958 年人民公社时期为杨彦、张圩、黄庄大队，1984 年并村后命名为桥东村委会，沿用至今。
沟北陈庄	Gōuběichénzhuāng	清朝末期，陈姓由南方迁居至此，因村庄南面有一条沟，故名。
圩外庄	Wéiwàizhuāng	清朝光绪年间，张姓迁居此地，因村庄挖有圩沟，故得名圩里庄。分支迁出圩里庄建房定居，故名。
圩里庄	Wéilǐzhuāng	清朝咸丰年间，张姓迁居此地，因村庄四周挖有圩沟，故名。
刘郭庄	Liúguōzhuāng	隶属泗县草沟镇。1958 年人民公社时隶属杨彦大队，1984 年隶属杨彦村委会，2008 年并入桥东村委会。刘郭两姓为主，故名。

标准名称	汉语拼音	备注
郭路庄	Guōlùzhuāng	隶属泗县草沟镇。1958 年人民公社时隶属杨彦大队，1984 年隶属杨彦村委会，2008 年并入桥东村委会。郭姓立庄，庄中有大路，故名。
石彦庄	Shíyànzhuāng	隶属泗县草沟镇。1958 年人民公社时隶属杨彦大队，1984 年隶属杨彦村委会，2008 年并入桥东村委会。石姓为主，故名。
杨彦庄	Yángyànzhuāng	隶属泗县草沟镇。1958 年人民公社时隶属杨彦大队，1984 年隶属杨彦村委会，2008 年并入桥东村委会。杨姓为主，故名。
东王庄	Dōngwángzhuāng	隶属泗县草沟镇。1958 年人民公社时隶属杨彦大队，1984 年隶属杨彦村委会，2008 年并入桥东村委会。王姓立庄，位置在东，故名。
小陈庄	Xiǎochénzhuāng	隶属泗县草沟镇。1958 年人民公社时隶属杨彦大队，1984 年隶属杨彦村委会，2008 年并入桥东村委会。陈姓立庄，故名。
小丁庄	Xiǎodīngzhuāng	隶属泗县草沟镇。1958 年人民公社时隶属杨彦大队，1984 年隶属杨彦村委会，2008 年并入桥东村委会。丁姓立庄，故名。
西王庄	Xīwángzhuāng	隶属泗县草沟镇。1958 年人民公社时隶属杨彦大队，1984 年隶属杨彦村委会，2008 年并入桥东村委会。王姓立庄，位置在西，故名。
黄庄	Huángzhuāng	隶属泗县草沟镇。1958 年人民公社时隶属黄庄大队，1984 年隶属黄庄村委会，2008 年并入桥东村委会。黄姓立庄，故名。
后梁庄	Hòuliángzhuāng	隶属泗县草沟镇。1958 年人民公社时隶属杨彦大队，1984 年隶属杨彦村委会，2008 年并入桥东村委会。梁姓立庄，位置在北，故名。
前梁庄	Qiánliángzhuāng	隶属泗县草沟镇。1958 年人民公社时隶属杨彦大队，1984 年隶属杨彦村委会，2008 年并入桥东村委会。梁姓立庄，位置在南，故名。
沟南陈庄	Gōunánchénzhuāng	隶属泗县草沟镇。1958 年人民公社时隶属杨彦大队，1984 年隶属杨彦村委会，2008 年并入桥东村委会。清末陈姓立庄，村北有河沟吗，故名。
王楼村 村民委员会	Wánglóucūn Cūnmínwěiyuánhuì	隶属泗县草沟镇。1958 年人民公社时期为王楼大队。1984 年由王楼大队更名为王楼村委会。2008 年该村委会与赵代村委会合并，仍命名为王楼村委会。
二楼庄	Èrlóuzhuāng	隶属泗县草沟镇。1958 年人民公社时隶属王楼大队，1984 年隶属王楼村委会。清末王姓从老楼庄分支建庄，故名。

标准名称	汉语拼音	备注
前稻王庄	Qiándàowángzhuāng	隶属泗县草沟镇。1958 年人民公社时隶属王楼大队，1984 年隶属王楼村委会。
后稻王庄	Hòudàowángzhuāng	清朝末期，原王姓从南方迁居此地，且以种稻为主，故得名稻地王庄，因有前后两庄，故后排为后稻王庄。
小李庄	Xiǎolǐzhuāng	清朝光绪年间，李姓从北方迁居此地，因人口少，故名。
新王楼庄	Xīnwánglóuzhuāng	1980 年前后，由大楼庄、二楼庄、新楼庄迁来，因楼房居多，故得名新王楼庄。
大楼庄	Dàlóuzhuāng	清朝末期，王姓从山西王楼搬迁到此地，因村庄较大，故名大楼庄。
赵后庄	Zhàohòuzhuāng	1970 年从赵庄向北迁，故得名赵后庄。
老楼庄	Lǎolóuzhuāng	清朝末期，王姓由山西王楼迁居此地，因居住时间长，故得名老楼庄。
新楼庄	Xīnlóuzhuāng	从老楼庄迁到此地，故得名新楼庄。
张庄	Zhāngzhuāng	清朝咸丰年间，张姓建村立庄，得名张庄。
戴庄	Dàizhuāng	清朝咸丰年间，戴姓建村立庄，得名戴庄。
赵庄	Zhàozhuāng	清朝末期，赵姓建村立庄，得名赵庄。
王庄	Wángzhuāng	清朝末期，王姓建村立庄，得名王庄。
任庄	Rénzhuāng	清朝末期，任姓建村立庄，得名任庄。
孙巷村 村民委员会	Sūnxiàngcūn Cūnmínwěiyuánhuì	隶属泗县草沟镇。1958 年人民公社时期为孙巷大队。1984 年由孙巷大队更名为孙巷村委会。2008 年该村委会与杨村、唐圩村合并后命名为孙巷村委会。
万巷庄	Wànxiàngzhuāng	清朝末期，万姓建村立庄，因该庄巷口非常多而有名，得名万巷庄。
郝庄	Hǎozhuāng	清朝咸丰年间，郝姓家族建村立庄，得名郝庄。
唐圩庄	Tángwéizhuāng	清朝初期，唐姓建村立庄，得名唐圩庄。
许庄	Xǔzhuāng	清朝咸丰年间，许姓建村立庄，得名许庄。
小张庄	Xiǎozhāngzhuāng	清朝道光年间，张姓建村立庄，因村庄人口少，故得名小张庄。
孙张庄	Sūnzhāngzhuāng	清朝雍正年间，孙、张二姓迁居此地，故命名为孙张庄。
孙巷庄	Sūnxiàngzhuāng	明朝嘉靖年间，孙姓由江苏迁居此地，因村中巷口太多，故得名孙巷庄。
严王庄	Yánwángzhuāng	清朝雍正年间，严、王二姓迁居此地，故命名为严王庄。
韦庄	Wéizhuāng	明朝永乐年间，韦姓由河南迁居此地，得名韦庄。
戴庄	Dàizhuāng	清朝末期，戴姓建村立庄，得名戴庄。

标准名称	汉语拼音	备注
夏庙村村民委员会	Xiàmiàocūn Cūnmínwěiyuánhuì	隶属泗县草沟镇。1958 年人民公社时期为夏庙大队。1984 年由夏庙大队更名为夏庙村委会。
夏庄	Xiàzhuāng	清朝末期，夏姓建村立庄，得名夏庄。
钱庄	Qiánzhuāng	清朝咸丰年间，钱姓建村立庄，得名钱庄。
后小秦庄	Hòuxiǎoqínzhuāng	清朝咸丰年间，秦姓建村立庄，因在大秦庄后面，故得名后小秦庄。
郝巷庄	Hǎoxiàngzhuāng	清朝咸丰年间，郝姓建村立庄，得名郝巷庄。
沟东李庄	Gōudōnglǐzhuāng	清朝咸丰年间，李姓建村立庄，因村庄西面有条大沟，得名沟东李庄。
大秦庄	Dàqínzhuāng	明朝永乐年间，秦姓由河南迁居此地，得名大秦庄。
新秦庄	Xīnqínzhuāng	明朝永乐年间，秦姓由河南迁居此地，从大秦庄分支，故得名新秦庄。
新钱庄	Xīnqiánzhuāng	清朝末期，钱姓由河南迁居此地，故得名新钱庄。
小孙庄	Xiǎosūnzhuāng	明朝末年，孙姓由陕西迁居此地，因村庄面积小，得名小孙庄。
张时庄	Zhāngshízhuāng	清朝雍正年间，张、时二姓迁居此地，故命名为张时庄。
小朱庄	Xiǎozhūzhuāng	明朝末年，朱姓由陕西迁居此地，因村庄面积小，故得名小朱庄。
郭宅	Guōzhái	清朝道光年间，郭姓建村立庄，因村庄人口少，故得名郭宅。
新庄	Xīnzhuāng	民国时期，郭姓由郭宅庄搬迁此地，建村立庄，故得名新庄。
时渡庄	Shídùzhuāng	此地为唐河渡口，清朝咸丰年间，时姓建村立庄，附近有渡口，故得名时渡庄。
老秦庄	Lǎoqínzhuāng	清朝末期，秦姓建村立庄，得名老秦庄。
解庄	Xièzhuāng	清朝咸丰年间，解姓建村立庄，得名解庄。
小胡庄	Xiǎohúzhuāng	清朝光绪年间，胡姓建造房屋，因村庄人口少，故而得名小胡庄。
斜沟沿庄	Xiégōuyánzhuāng	清朝末期，夏庄夏姓分支搬迁至此，建村立庄，因在斜沟边，故得名斜沟沿庄。
草沟村村民委员会	Cǎogōucūn Cūnmínwěiyuánhuì	隶属泗县草沟镇。1958 年人民公社时期为草沟大队。1984 年由草沟大队更名为草沟村民委员会。
新村	Xīncūn	因土地承包后，草沟街部分居民搬迁至此，故而得名新村。
南小营庄	Nánxiǎoyíngzhuāng	清朝末期，此庄因在草沟街南面，故得名南小营庄。
东巷庄	Dōngxiàngzhuāng	明朝末期即有居民小巷，且在草沟街东面，故而得名东巷庄。
老街	Lǎojiē	清朝咸丰年间，草沟开始逢集时的最早街道，故得名老街。

标准名称	汉语拼音	备注
西菜园庄	Xīcàiyuánzhuāng	因本庄自1949年前至1987年前，一直以种菜园为生，位置又在草沟集西面，故得名西菜园庄。
小王庄	Xiǎowángzhuāng	清朝光绪年间，王姓建庄，因村庄人口少，得名小王庄。
小石庄	Xiǎoshízhuāng	清朝光绪年间，石姓建庄，因村庄人口少，得名小石庄。
小邵庄	Xiǎoshàozhuāng	清朝光绪年间，邵姓建庄，因村庄人口少，得名小邵庄。
汪尚村村民委员会	Wāngshàngcūn Cūnmínwěiyuánhuì	隶属泗县草沟镇。1958年人民公社时期为汪尚大队。1984年更名为汪尚村民委员会。2008年该村委会与石圩村、小顾村三个小村合并后命名为汪尚村委会。
小蒋庄	Xiǎojiǎngzhuāng	清朝光绪年间，蒋姓建庄，因村庄人口少，故而得名小蒋庄。
后陈庄	Hòuchénzhuāng	明朝永乐年间，陈姓由河南迁居此地，得名后陈庄。
前庄	Qiánzhuāng	民国时期，汪姓分支搬迁至此，建村立庄，因前庄位于汪尚前面，故得名为前庄。
小顾庄	Xiǎogùzhuāng	清朝光绪年间，顾姓建庄，因村庄人口少，故而得名小顾庄。
赵庄	Zhàozhuāng	明朝永乐年间，赵姓家族由河南迁居此地，得名赵庄。
尚庄	Shàngzhuāng	明朝永乐年间，尚姓由河南迁居此地，得名尚庄。
汪庄	Wāngzhuāng	明朝中期，汪姓由河南迁居此地，得名汪庄。
石圩庄	Shíwéizhuāng	清朝康熙年间，石姓由山西迁居至此，因村庄四周挖有圩沟，故得名石圩庄。
秦桥村村民委员会	Qínqiáocūn Cūnmínwěiyuánhuì	隶属泗县草沟镇。1958年人民公社时期为秦桥大队，1984年更名为秦桥村民委员会，2008年该村委会与梁铺村合并，仍命名为秦桥村委会。
新梁庄	Xīnliángzhuāng	民国时期，由老梁铺分支迁到此庄，故得名新梁庄。
李铺庄	Lǐpùzhuāng	明朝嘉靖年间，李姓由江苏迁居此地，故得名李铺庄。
新高庄	Xīngāozhuāng	清朝末期，高姓由高徐庄搬去，故得名为新高庄。
东小孙庄	Dōngxiǎosūnzhuāng	民国时期，孙姓建村立庄，因人口较少，又位为东韩庄前面，故得名东小孙庄。
小韩庄	Xiǎohánzhuāng	清朝光绪年间，韩姓建庄，因村庄人口少，故得名小韩庄。
高徐庄	Gāoxúzhuāng	清朝末期，徐姓、高姓由南方迁居在此，故得名为高徐庄。
梁铺庄	Liángpùzhuāng	清朝末期，梁姓由南方迁居此地，得名为梁铺庄。
小臧庄	Xiǎozāngzhuāng	传说元朝末期，朱元璋幼时讨饭住在佘台，常到一个无名的小村庄偷东西吃，故得名为小臧庄。
秦关庄	Qínguānzhuāng	清朝末年，秦姓建庄，得名秦关庄。
大郑庄	Dàzhèngzhuāng	明朝末年，郑姓由陕西迁居此地，得名大郑庄。

标准名称	汉语拼音	备注
大孙庄	Dàsūnzhuāng	清朝末期，孙姓由北方迁居至此，早先名为小孙庄，因人口不断增加，故更名为大孙庄。
小王庄	Xiǎowángzhuāng	清朝中期，王姓由南方迁居此地，建村立庄，因人口较少，故得名小王庄。
小孙庄	Xiǎosūnzhuāng	清朝末期，孙姓由北方迁居至此，因村庄面积小，且人口少，故得名为小孙庄。
大张村村民委员会	Dàzhāngcūn Cūnmínwěiyuánhuì	隶属泗县草沟镇。1958 年人民公社时期为大张大队。1984 年更名为大张村民委员会。2008 年该村委会与大王村、高圩村、新庄村合并，仍名为大张村委会。
宋林庄	Sònglínzhuāng	清朝咸丰年间，宋姓建村立庄，村中树林多，故得名宋林庄。
小新庄	Xiǎoxīnzhuāng	村庄由宋林庄分支搬迁新建而成，故得名小新庄。
沟张庄	Gōuzhāngzhuāng	清朝咸丰年间，张姓建村立庄，故得名张庄，因一条沟穿庄而过，故而得名沟张庄。
小张庄	Xiǎozhāngzhuāng	清朝光绪年间，张姓建庄，因村庄人口少，得名小张庄。
高宅庄	Gāozháizhuāng	清朝咸丰年间，高姓建村立庄，得名高宅庄。
姚庄	Yáozhuāng	清朝道光年间，姚姓建村立庄，得名姚庄。
高圩庄	Gāowéizhuāng	清朝康熙年间，高姓由山西迁居至此，因村庄四周挖有圩沟，故得名高圩庄。
路庄	Lùzhuāng	清朝咸丰年间，路姓建村立庄，得名路庄。
小韩庄	Xiǎohánzhuāng	清朝道光年间，韩姓建村立庄，因村庄人口少，故得名小韩庄。
陈圩庄	Chénwéizhuāng	清朝康熙年间，陈姓由山西迁居至此，因村庄四周挖有圩沟，故得名陈圩庄。
大张庄	Dàzhāngzhuāng	清朝咸丰年间，张姓建村立庄，得名大张庄。
大王庄	Dàwángzhuāng	清朝咸丰年间，王姓建村立庄，得名大王庄。
于韩村村民委员会	Yúháncūn Cūnmínwěiyuánhuì	隶属泗县草沟镇。1958 年人民公社时期为于韩大队。1984 年更名为于韩村民委员会。2008 年该村委会与周庙村合并，仍名为于韩村委会。
周庙庄	Zhōumiàozhuāng	清朝咸丰年间，周姓聚居此地，因庄内有座古庙，故得名周庙庄。
曾李庄	Zēnglǐzhuāng	明朝末年，曾姓的大力士提着石头垫成一座滚桥，后来曾姓搬走，李姓到此地定居，故取名曾桥李，简称曾李庄。
沟韩庄	Gōuhánzhuāng	清朝咸丰年间，韩姓建村立庄，且有一条大沟从庄经过，得名沟韩庄。
于韩新村	Yúhánxīncūn	2010 年由于韩庄分支新搬迁到这里集中居住，故取名于韩新村。

标准名称	汉语拼音	备注
于庄	Yúzhuāng	清朝咸丰年间，于姓建村立庄，得名于庄。
西韩庄	Xīhánzhuāng	清朝咸丰年间，韩姓建村立庄，因位置在老韩庄西部，故取名西韩庄。
街南村村民委员会	Jiēnáncūn Cūnmínwěiyuánhuì	隶属泗县草沟镇。1958 年人民公社时期为张代大队。1984 年更名为张代村民委员会。2008 年该村委会与前刘铺村、朱良村合并，并命名为街南村民委员会。
小高庄	Xiǎogāozhuāng	清朝道光年间，高姓因村庄人口少，故得名小高庄。
刘铺庄	Liúpùzhuāng	清朝末期，最初因该庄坐落在老圩南边，曾名为圩南庄，后刘姓逐渐增多，更名为刘铺庄。
八大家庄	Bādàjiāzhuāng	清朝末期，本庄人口户数少，只有八家，故取名八大家庄。
水牛陈庄	Shuǐniúchénzhuāng	明朝末年，陈姓建村立庄，因饲养水牛，故得名水牛陈庄。
小王庄	Xiǎowángzhuāng	清朝道光年间，王姓建村立庄，因村庄人口少，得名小王庄。
小朱庄	Xiǎozhūzhuāng	清朝道光年间，朱姓建村立庄，因村庄人口少，得名小朱庄。
小梁庄	Xiǎoliángzhuāng	清朝道光年间，梁姓建村立庄，因村庄人口少，得名小梁庄。
烂瓜张庄	Lànguāzhāngzhuāng	清朝咸丰年间，张姓建村立庄，种植瓜类，得名烂瓜张庄。
戴庄	Dàizhuāng	清朝咸丰年间，戴姓建村立庄，得名戴庄。
井王庄	Jǐngwángzhuāng	清朝咸丰年间，王姓聚居此地，建村立庄，庄上有一口老井，故而得名井王庄。
窦庄	Dòuzhuāng	清朝咸丰年间，窦姓建村立庄，得名窦庄。
汪庄	Wāngzhuāng	清朝咸丰年间，汪姓建村立庄，得名汪庄。
东刘庄	Dōngliúzhuāng	清朝末期，此庄因刘姓居多，又因坐落于东边，故名为东刘庄。
倒门顾庄	Dàoméngùzhuāng	清朝咸丰年间，顾姓建村立庄，房屋多北向，故得名倒门顾庄。
曹园庄	Cáoyuánzhuāng	清朝咸丰年间，曹姓建村立庄，村民以种菜开园为主，得名为曹园庄。
张戴庄	Zhāngdàizhuāng	清朝雍正年间，张、戴二姓迁居此地，故名为张戴庄。
于城村村民委员会	Yúchéngcūn Cūnmínwěiyuánhuì	隶属泗县草沟镇。1958 年人民公社时期为于城大队。1984 年更名为于城村民委员会。2008 年与前于圩村，大翟村合并，仍名为于城村委会。
小于庄	Xiǎoyúzhuāng	民国时期，此庄从于城迁出，新盖小庄，故名为小于庄。
于城庄	Yúchéngzhuāng	清明中期，于姓建村立庄，传说此庄曾有人在京城做官。故得名为于城庄。
小翟庄	Xiǎozháizhuāng	清朝道光年间，翟姓建村立庄，因村庄人口少，故得名小翟庄。

标准名称	汉语拼音	备注
大翟庄	Dàzháizhuāng	清朝咸丰年间，翟姓建村立庄，故得名大翟庄。
北李庄	Běilǐzhuāng	清朝咸丰年间，李姓建村立庄，因该庄位于东小李庄北面故得名北李庄。
小李庄	Xiǎolǐzhuāng	清朝道光年间，李姓建村立庄，因村庄人口少，故得名小李庄。
圩南庄	Wéinánzhuāng	民国时期，于圩庄于姓分支迁居此地，因该村庄位置在于圩庄南部，故得名为圩南庄。
圩里庄	Wéilǐzhuāng	明末时期，于姓家族迁居此地，村庄周围有圩壕，故得名为圩里庄。
邵庄	Shàozhuāng	清朝道光年间，邵姓建村立庄，得名邵庄。
陶庄	Táozhuāng	清朝顺治年间，陶姓建村立庄，得名陶庄。
杨庄	Yángzhuāng	清朝咸丰年间，杨姓建村立庄，得名杨庄。
大新庄	Dàxīnzhuāng	1958 年人民公社时期，于姓从于圩庄分支迁居此地，因此庄是新建庄，故得名为大新庄。
小新庄	Xiǎoxīnzhuāng	1958 年人民公社时期，于姓从于圩庄分支迁居此地，村庄面积小，且人口少，故得名为小新庄。
圩北庄	Wéiběizhuāng	民国时期，于姓分支迁移于圩庄北部定居，故名为圩北庄。
侍圩村 村民委员会	Shìwéicūn Cūnmínwěiyuánhuì	隶属泗县草沟镇。1958 年人民公社时期为侍圩大队。1984 年更名为侍圩村委会。2008 年该村委会与关王村合并，仍名为侍圩村委会。
大侍家庄	Dàshìjiāzhuāng	1983 年侍姓分支从侍圩庄迁居东侍圩庄南面，得名大侍家庄。
薛庄	Xuēzhuāng	清朝咸丰年间，薛姓建村立庄，得名薛庄。
苗庄	Miáozhuāng	清朝咸丰年间，苗姓建村立庄，得名苗庄。
侍西庄	Shìxīzhuāng	清朝咸丰年间，侍姓迁居此地，村庄周围有圩壕，名为侍圩庄。后分支迁居侍圩庄西边。故得名侍西庄。
侍中庄	Shìzhōngzhuāng	清朝宣统年间，侍西庄侍姓迁入此地，建村立庄，因该庄位于侍西庄，大侍家的中间位置，故得名侍中庄。
小元庄	Xiǎoyuánzhuāng	清朝道光年间，元姓建村立庄，得名小元庄。
李庄	Lǐzhuāng	明朝建文年间，李姓建村立庄，故得名李庄。
侍圩庄	Shìwéizhuāng	因村民侍姓居多，村庄四周挖有圩沟，故名。
北园庄	Běiyuánzhuāng	因村庄靠北，种植菜园居多，故名为北园庄。
小王庄	Xiǎowángzhuāng	明朝末年，王姓由陕西迁居此地，因村庄面积小，故得名小王庄。
大胡庄	Dàhúzhuāng	清朝咸丰年间，胡姓建村立庄，故名为大胡庄。

标准名称	汉语拼音	备注
关王庄	Guānwángzhuāng	清朝末期，该村庄南部南唐河有渡口桥，故得名为关桥庄，后王姓居多，更名为关王庄。
大梁村 村民委员会	Dàliángcūn Cūnmínwěiyuánhuì	隶属泗县草沟镇。1958 年人民公社时期为大梁大队。1984 年由大梁大队更名为大梁村委会。
柏集庄	Bǎijízhuāng	此庄柏姓居多，村庄周边逐渐形成集市，故得名柏集庄。
梁张新村	Liángzhāngxīncūn	民国时期，梁、张二姓迁居此地，得名为梁张庄，后更名为梁张新村。
张集庄	Zhāngjízhuāng	此地张姓居多，村庄周边逐渐形成集市，故名。
大梁庄	Dàliángzhuāng	清朝咸丰年间，梁姓建村立庄，故得名大梁庄。
张东庄	Zhāngdōngzhuāng	清朝咸丰年间，张姓建村立庄，得名张东庄。
小南北梁	Xiǎonánběiliáng	此庄梁姓居多，村庄为南北走向，面积小，故得名。
新梁庄	Xīnliángzhuāng	民国时期，大梁庄梁姓分支迁居此地，故名。
沈石庄	Shěnshízhuāng	清朝雍正年间，沈、石二姓迁居此地，故名。
新张庄	Xīnzhāngzhuāng	清朝咸丰年间，张姓建村立庄，得名新张庄。
南北梁庄	Nánběiliángzhuāng	此庄梁姓居多，村庄为南北走向，故名。
官唐村 村民委员会	Guāntángcūn Cūnmínwěiyuánhuì	隶属泗县草沟镇。1958 年人民公社时期为官塘大队。1984 年由官塘大队分成官溏和沟陈两个村委会。2008 年关塘村委会与沟陈村合并为官唐村民委员会。
贾庄	Jiǎzhuāng	清朝末期，贾姓由南方迁居至此，故名为贾庄。
官唐庄	Guāntángzhuāng	清朝末期，官、唐二姓由南方迁居至此，故名。
小李庄	Xiǎolǐzhuāng	清朝末期，李姓由南方迁居至此，人口少，故名。
关戴庄	Guāndàizhuāng	清朝宣统年间，关、戴二姓由南方迁居至此，故名。
小张庄	Xiǎozhāngzhuāng	清朝末期，张姓由南方迁居至此，因村庄面积小，人口少，得名为小张庄。
沟陈庄	Gōuchénzhuāng	此庄陈姓居多，村庄周边有条大沟，故名。
李圩村 村民委员会	Lǐwéicūn Cūnmínwěiyuánhuì	隶属泗县草沟镇。1958 年人民公社时期为李圩大队。1984 年更名为李圩村民委员会。2008 年该村委会与周许村合并，仍名为李圩村委会。
西周庄	Xīzhōuzhuāng	清朝初期，周姓建村立庄，因村庄位于周许庄西面，故得名西周庄。
许圩庄	Xǔwéizhuāng	清朝康熙年间，许姓由山西迁居至此，因村庄四周挖有圩沟，故得名许圩庄。
周许庄	Zhōuxǔzhuāng	清朝雍正年间，周、许二姓迁居此地，故名。
寺陈庄	Sìchénzhuāng	此庄陈姓居多，庄内有座古庙，故得名寺陈庄。

标准名称	汉语拼音	备注
前李庄	Qiánlǐzhuāng	清朝宣统年间，李姓建村立庄，因该村后面有两个李庄，故得名前李庄。
后周庄	Hòuzhōuzhuāng	清朝咸丰年间，周姓建村立庄，因村庄靠前周庄后面，故得名后周庄。
官庄	Guānzhuāng	清朝道光年间，官姓建村立庄，得名官庄。
李圩庄	Lǐwéizhuāng	此庄李姓居多，因村庄四周挖有圩沟，故名。
后张庄	Hòuzhāngzhuāng	清朝咸丰年间，张姓建村立庄，因村庄靠前张庄后面，得名后张庄。
前张庄	Qiánzhāngzhuāng	清朝咸丰年间，张姓建村立庄，因村庄靠南，故名。
后李庄	Hòulǐzhuāng	清朝宣统年间，李姓建村立庄，因在前李庄后面，故得名后李庄。
瓦韩村村民委员会	Wǎháncūn Cūnmínwěiyuánhuì	隶属泗县草沟镇。1958 年人民公社时期称为瓦韩大队。1984 年更名为瓦韩村委员会。2008 年该村委会与周王村，宁庄村合并，仍名为瓦韩村委会。
宁庄	Níngzhuāng	清朝宣统年间，宁姓建村立庄，得名宁庄。
咬王庄	Yǎowángzhuāng	清朝咸丰年间，王姓建村立庄，起初庄小，养狗看门，名为狗咬王庄，后简称咬王庄。
韦庄	Wéizhuāng	清朝光绪年间，韦姓建村立庄，故得名韦庄。
小周庄	Xiǎozhōuzhuāng	清朝道光年间，周姓建村立庄，因村庄人口少，故得名小周庄。
窦井庄	Dòujǐngzhuāng	清朝道光年间，窦姓建村立庄，村庄有口大水井，故得名窦井庄。
苗东家庄	Miáodōngjiāzhuāng	此庄苗姓居多，因该庄位于唐河东面，故名。
东秦庄	Dōngqínzhuāng	1984 年以后，村民从老秦庄搬出，共有九家，又叫九家秦。全庄村民全部姓秦，在老秦庄东面，故简称东秦庄。
瓦韩庄	Wǎhánzhuāng	瓦韩庄以韩姓居多，原为乡政府所在地，是该村最早有瓦房的村庄，故得名为瓦韩庄。
老秦庄	Lǎoqínzhuāng	本自然庄分为三个庄，均为秦姓，该庄为最早的村庄，故名老秦庄。
苗庄	Miáozhuāng	清朝咸丰年间，苗姓建村立庄，得名苗庄。
中秦庄	Zhōngqínzhuāng	清朝末期，秦姓建村立庄，因位置在前秦与后秦中间，故得名中秦庄。
大安村村民委员会	Dà'āncūn Cūnmínwěiyuánhuì	隶属泗县草沟镇。1958 年人民公社时期为大安大队，1984 年由大安大队更名为大安村委会。
大安街	Dà'ānjiē	由于大安是附近自然庄居民进行经济贸易的农贸市场，杂姓居多，和睦相处，祈福平安，故得名大安街。

标准名称	汉语拼音	备注
后王庄	Hòuwángzhuāng	清朝光绪年间，王姓建村立庄，分为前后两个自然庄，这个自然庄居住在北面，故得名前王庄。
铁李庄	Tiělǐzhuāng	此庄李姓居多，村民以手工制造铁制农用工具，故名铁李庄。
前王庄	Qiánwángzhuāng	清朝光绪年间，王姓建村立庄，分为前后两个自然庄，这个自然庄居住在南面，故得名前王庄。
康王庄	Kāngwángzhuāng	清朝咸丰年间，王姓建村立庄，由于该村庄水质好，很少有村民生大病，身体健康并且全部姓王，故得名康王庄。
高低庄	Gāodīzhuāng	清朝末期，李姓迁居此地，建村立庄，由于该自然庄居住宅基高低不平，故得名高低庄。
尤庄	Yóuzhuāng	清朝咸丰年间，尤姓建村立庄，得名尤庄。
街西村村民委员会	Jiēxīcūn Cūnmínwěiyuánhuì	隶属泗县草沟镇。1958 年人民公社时期为君赵大队、许圩大队。1984 年君赵大队更名为君赵村名委员会，许圩大队更名为许圩村民委员会。2008 年由君赵村、许圩村合并而成为街西村。因君赵、许圩两个村委会位置都在草沟镇西面，合并后故名街西村。
梁圩庄	Liángwéizhuāng	梁姓居多，村庄四周挖有圩沟，故得名梁圩庄。
前赵庄	Qiánzhàozhuāng	清朝咸丰年间，赵姓建村立庄，因村庄在后赵庄前面，故得名前赵庄。
中赵庄	Zhōngzhàozhuāng	清朝光绪年间，赵姓建村立庄，在前赵庄和后赵庄之间，故而得名中赵庄。
新张庄	Xīnzhāngzhuāng	清朝咸丰年间，张姓建村立庄，得名新张庄。
巷王庄	Xiàngwángzhuāng	因村庄巷口多，王姓居多，故得名巷王庄。
柳树王庄	Liǔshùwángzhuāng	此庄王姓居多，栽柳树特别多，故名柳树王庄。
新桥王庄	Xīnqiáowángzhuāng	清朝咸丰年间，王姓建村立庄，因庄中桥多，得名新桥王庄。
老张庄	Lǎozhāngzhuāng	清朝咸丰年间，张姓建村立庄，得名老张庄。
新王庄	Xīnwángzhuāng	清朝宣统年间，王姓建村立庄，后分支迁居此处，故得名新王庄。
面东王庄	Miàndōngwáng zhuāng	此庄王姓居多，房屋门都朝东，故得名为面东王庄。
鸭滩王庄	Yātānwángzhuāng	民国时期，王姓建村立庄，以养鸭为生，故得名鸭滩王庄。
老梁庄	Lǎoliángzhuāng	清朝咸丰年间，梁姓建村立庄，得名老梁庄。
许圩庄	Xǔwéizhuāng	此庄因许姓居多，村庄四周挖有圩沟，故得名许圩庄。
后赵庄	Hòuzhàozhuāng	清朝宣统年间，赵姓建村立庄，因该庄位于前赵庄北面，故得名后赵庄。

丁湖镇

丁湖镇（Dīnghú Zhèn） 此处地势低洼，易被水淹，每逢雨季一片汪洋。此地丁姓居多，故名丁湖。1949年4月设丁湖乡，隶属沱东区；1958年8月设立丁湖人民公社；1980年1月改为丁湖区；1992年3月撤区并乡后设立丁湖镇。丁湖镇地处泗县西南，东与大路口乡接壤，南依沱河与蚌埠市五河县隔河相望，西与草沟镇接壤，北临汴河。辖丁湖、吴圩、苗尤、文湖、春韩、石丁、大桥、丁陈、索滩、汤湖、樊集、向阳等12个村。电话区号是0557，邮政编码是234331。辖区总人口6.3万人。辖区东西最大距离8.75千米，南北最大距离20.724千米，面积157平方千米。地处淮北平原东部，黄淮海平原南端，一般在海拔18米左右，全镇地势平坦，土质南部系碱化土，北部系黑黄土（漏风土）。属暖温带半湿润季风气候，适于各类农作物生长，尤其是农林牧生产条件得天独厚。境内属汴河、沱河水系。汴河自西向东经吴圩村、春韩村，沱河自北向东南，经丁陈村、索滩村、向阳村、樊集村，境内河道长约20千米。矿藏及其他自然资源：地下水资源丰富，正常储水105亿立方米。主要自然灾害有冰雹、旱涝、风灾、低温、霜冻、雷击等。农业耕地面积74.7平方千米，逐步形成以高产花生、脱毒山芋、特色农作瓜菜和优质水稻为代表的四大种植产业支柱和以三元杂交猪、高产蛋鸡、沱河鱼蟹及沱河蛋鸭为代表的四大养殖产业支柱，建立了以山芋淀粉加工、花生加工为主的农副产品加工企业。粮食作物以小麦、水稻为主。蔬菜主要品种有叶菜类、根茎类。畜牧业以养殖猪、羊、牛为主。2019年水果种植面积0.36万亩，产量6300吨。工业以服饰加工、家具制造等为主。2019年财政总收入701万元。境内有徐明高速、329省道、大丁县道、草霸路县道等4条公路干线交会，东距104国道6千米。2019年末有邮政局1处，代办所4处。1983年建成丁湖镇客运站，日发客运汽车60班次，日均容量1080余人次。城镇建设已形成“三纵五横”的街道格局。2007年建成丁湖镇自来水厂，有深水井1眼及成套净化设备，全镇范围内有深水井6眼，均投入使用；镇区主要道路两侧铺设D600排水管道5000米。1977年丁湖镇变电站、供电站建成。

标准名称	汉语拼音	备注
索滩村村民委员会	Suǒtāncūn Cūnmínwěiyuánhuì	隶属泗县丁湖镇。1958年人民公社时期为索滩大队，1984年更名为索滩村民委员会。
小郭庄	Xiǎoguōzhuāng	旧时郭姓迁于泗州西南沱河岸边，在此建庄，故名。
索滩街	Suǒtānjiē	相传清朝光绪年间，有一和尚姓索，在高滩上建庙，故名索滩庙，后简称索滩。以后不断有人搬迁至此，逐渐发展成商贸小街道，故名索滩街。
孙庄	Sūnzhuāng	据家谱记载，孙姓从五河县孙湖搬迁至此，孙姓居多，故名。

标准名称	汉语拼音	备注
老岗庄	Lǎogǎngzhuāng	该庄族源始于陕西，后迁于山西太原鹊巢。元末明初，大遭兵革之乱，先人迁于泗州西南沱河岸上。此处每年都有水灾，该庄处于高岗地带，免受影响，故名老岗庄。
冯巷庄	Féngxiàngzhuāng	旧时冯姓在此立庄，因庄内有一条长长的巷子，故得名冯巷庄。
大郭庄	Dàguōzhuāng	元末明初，郭姓从山西太原鹊巢迁于泗州西南沱河岸边，在此建庄。因庄民全部姓郭，起名大郭庄。
陈庄	Chénzhuāng	因村民陈姓居多而得名。
新庄	Xīnzhuāng	此庄是新中国成立初期新建的村庄，故名新庄。
于庄	Yúzhuāng	此村庄以于姓居多，故名。
袁桥	Yuánqiáo	因该庄袁姓居多，村前有一座石桥，故名。
耿家庄	Gěngjiāzhuāng	因庄内耿姓居多，故名。
荀庄	Xúnzhuāng	此村庄中荀姓居多，故名。
赵庄	Zhàozhuāng	因庄内赵姓居多，故得名赵庄。
丁陈村村民委员会	Dīngchéncūn Cūnmínwěiyuánhuì	隶属泗县丁湖镇。1958 年人民公社时期为大丁大队，1984 年更名为大丁村，2008 年大丁村、二陈村合并，合并后命名为丁陈村民委员会。
大丁庄	Dàdīngzhuāng	明代洪武年间，丁姓由外地搬迁至此地，逐渐形成村庄，故得名大丁庄。
大李庄	Dàlǐzhuāng	因村民李姓居多且村庄较大，故名。
后陈庄	Hòuchénzhuāng	因村庄建在陈庄北面，故名后陈庄。
二陈庄	Èrchénzhuāng	因前有三陈庄、后陈庄，故得名二陈庄。
齐路丁庄	Qílùdīngzhuāng	旧时丁姓建房于路南路北，形成骑路村庄，故得名骑路丁庄，后改为齐路丁庄。
三陈庄	Sānchénzhuāng	二陈庄陈姓为了方便生产生活，部分人家搬到庄外建房，形成村庄，故得名三陈庄。
小孟庄	Xiǎomèngzhuāng	因庄内孟姓居多，故得名小孟庄。
小朱庄	Xiǎozhūzhuāng	因庄内朱姓居多，故名。
吴圩村村民委员会	Wúwéicūn Cūnmínwěiyuánhuì	隶属泗县丁湖镇。1958 年人民公社时期为吴圩大队，1984 年更名为吴圩村民委员会。2008 年吴圩村、孙阎村、何梁村合并，合并后仍命名为吴圩村民委员会。
曹巷	Cáoxiàng	因庄内曹姓居多，且有一条巷子，故名。
何庄	Hézhuāng	村庄多以何姓为主，故名。
后小吴	Hòuxiǎowú	因村庄面积小，位于吴圩北侧，故名。
梁庄	Liángzhuāng	因村庄中梁姓居多，故名。

标准名称	汉语拼音	备注
时王庄	Shíwángzhuāng	因庄内时姓、王姓居多，故名。
孙阎	Sūnyán	此村庄孙姓、阎姓居多，故名。
吴圩	Wúwéi	因吴姓聚居，村庄四周筑圩，故名。
西小吴	Xīxiǎowú	因该庄建在吴圩西边，且村庄较小，故名。
杨庄	Yángzhuāng	此庄杨姓居多，故名。
陈圩	Chénwéi	旧时陈姓聚居此地，建庄筑圩，故名。
向阳村村民委员会	Xiàngyángcūn Cūnmínwěiyuánhuì	隶属泗县丁湖镇。1958 年人民公社时隶属向阳大队，1984 隶属陈圩村，2008 年并入向阳村民委员会。
大门	Dàmén	清朝孙姓迁居此地，因门楼比较大，故取名大门。
丁梁庄	Dīngliángzhuāng	因庄内丁姓、梁姓居多，故名丁梁庄。
东孙庙	Dōngsūnmiào	因村庄建在孙庙东面，故名。
东西骆	Dōngxīluò	东西骆庄是东骆庄和西骆庄的总称。
老荒庄	Lǎohuāngzhuāng	此地很久以前是一片荒无人烟的土地，清朝时期，有人家迁入至此，开荒种地，故取名老荒庄。
李庄	Lǐzhuāng	因庄内李姓居多，故取名李庄。
刘圩	Liúwéi	旧时刘姓在此开荒种地，建造房屋，村庄四周有圩，故名。
小胡庄	Xiǎohúzhuāng	此庄内胡姓居多，村庄面积较小，故名。
小李庄	Xiǎolǐzhuāng	旧时李姓在此立庄，故名。
小万庄	Xiǎowànzhuāng	因万姓居多，村庄小，故名。
小王庄	Xiǎowángzhuāng	因庄内王姓居多，故名小王庄。
许李庄	Xǔlǐzhuāng	因庄内许姓、李姓居多，故得名许李庄。
腰庄	Yāozhuāng	因村庄位于前后两个村庄中间，故名。
周王郑庄	Zhōuwángzhèng-zhuāng	清朝中期，周姓由南方迁居至此，后郑姓加入，故名周王郑庄。
石丁村村民委员会	Shídīngcūn Cūnmínwěiyuánhuì	隶属泗县丁湖镇。1958 年人民公社时期为石丁大队，1984 年更名为石丁村民委员会。
大袁庄	Dàyuánzhuāng	因袁姓多，村庄大，故名。
后孙庄	Hòusūnzhuāng	原老庄名，孙姓多，位于几个孙庄最后面，故得名后孙庄。
前丁庄	Qiándīngzhuāng	因丁姓居多，村庄位于丁庄前面，故名前丁庄。
石庄	Shízhuāng	因村庄中石姓居多，故名石庄。
西孙庄	Xīsūnzhuāng	因孙姓居多，村庄位于孙庄西面，故名。
小陈庄	Xiǎochénzhuāng	因陈姓居多，村庄小，故名。

标准名称	汉语拼音	备注
前孙庄	Qiánsūnzhuāng	因孙姓居多，村庄位于孙庄的前面，故名。
小丁庄	Xiǎodīngzhuāng	因村庄中丁姓居多，村庄较小，故名。
小付庄	Xiǎofùzhuāng	因村庄小，付姓居多，故名。
小黄庄	Xiǎohuángzhuāng	因村庄小，黄姓居多，故名。
小袁庄	Xiǎoyuánzhuāng	因袁姓居多，村庄小，故名。
小张庄	Xiǎozhāngzhuāng	因张姓居多，村庄小，故名。
大桥村 村民委员会	Dàqiáocūn Cūnmínwěiyuánhuì	隶属泗县丁湖镇。1958 年人民公社时期为桥部大队。1984 年更名为桥部村民委员会，2008 年并村后命名为大桥村民委员会。
大万庄	Dàwànzhuāng	旧时万姓在此立庄，故名。
纪湖庄	Jìhúzhuāng	因村庄建在湖边上，纪姓居多，故名。
林家庄	Línjiāzhuāng	旧时林姓在此立庄，故名。
桥郭庄	Qiáoguōzhuāng	村民为防洪抗灾和方便出行，在村庄四周建设几座桥，庄内郭姓居多，故名桥郭庄。
新桥庄	Xīnqiáozhuāng	相传明朝时期，为方便村民出行，此庄新建两座桥，故名新桥庄。
新万庄	Xīnwànzhuāng	建庄时间短，万姓居多，故名。
赵宅庄	Zhàozháizhuāng	因庄内有一座古老赵宅，故名。
樊集村 村民委员会	Fánjícūn Cūnmínwěiyuánhuì	隶属泗县丁湖镇。1958 年人民公社时期为樊集大队。1984 年更名为樊集村民委员会，2008 年东樊村、童沟村、樊集村合并，合并后仍命名为樊集村民委员会。
后童庄	Hòutóngzhuāng	因村庄建在童庄北面，当地以北为后，故名。
黄庄	Huángzhuāng	该庄黄姓居多，故名。
金宅	Jīnzhái	因该庄村民全部姓金，故名。
刘赵庄	Liúzhàozhuāng	清代咸丰年间，刘姓、赵姓聚居此地，故名。
南樊庄	Nánfánzhuāng	因村庄位于樊集南边，故名。
前樊庄	Qiánfánzhuāng	旧时樊姓在此建村立庄，分支搬至村庄南部居住，故名前樊庄。
前孙庄	Qiánsūnzhuāng	因村庄建在孙庄南面，且村民孙姓居多，故名前孙庄。
前童庄	Qiántóngzhuāng	因村庄建在童庄南面，故名。
西樊庄	Xīfánzhuāng	因村庄位于樊集街西侧，故名。
张庄	Zhāngzhuāng	因村民张姓居多，故名。
丁庄	Dīngzhuāng	因庄内居民全部姓丁，故名。

标准名称	汉语拼音	备注
后樊庄	Hòufánzhuāng	旧时樊姓在此建村立庄，分支搬至村庄北部居住，故名后樊庄。
后孙庄	Hòusūnzhuāng	因村庄建在孙庄北面，且村民多姓孙，故名后孙庄。
樊集街	Fánjíjiē	旧时樊姓聚居此地，建村立庄，后因逐渐形成集市，故名。
苗尤村村民委员会	Miáoyóucūn Cūnmínwěiyuánhuì	隶属泗县丁湖镇。1958 年人民公社时期为苗尤大队。1984 年更名为苗尤村民委员会。
歧李庄	Qílǐzhuāng	因该庄位于草坝路分岔口，故得名歧李庄。
周庄	Zhōuzhuāng	此村庄以周姓为主，故名。
苗尤庄	Miáoyóuzhuāng	明朝建文年间，苗、尤二姓聚居此地，故名苗尤庄。
张巷庄	Zhāngxiàngzhuāng	因村庄中有条古巷，故名。
毛庄	Máozhuāng	因村庄以毛姓为主，故名。
汤湖村村民委员会	Tānghúcūn Cūnmínwěiyuánhuì	隶属泗县丁湖镇。1984 年由汤湖大队更名为汤湖村民委员会。因该庄地势低洼，每到汛期，一眼望去，就像湖泊一样，故得名汤湖。
后汤湖庄	Hòutānghúzhuāng	因村庄房屋建在汤湖北边上，故名。
沟丁庄	Gōudīngzhuāng	因村庄中有一条大沟，丁姓居多，故名。
付湖庄	Fùhúzhuāng	因该处地势低洼，汛期遍地湖水，村民以付姓为主，故名付湖庄。
大朱庄	Dàzhūzhuāng	因庄内朱姓多，村庄较大，故名大朱庄。
沙刘庄	Shāliúzhuāng	清朝光绪年间，沙姓、刘姓由北方迁居至此，建村立庄，故名。
孙喜庄	Sūnxǐzhuāng	清代道光年间，孙姓由北方迁居至此，房屋建成是一件大喜事，故取名孙喜庄。
孙庄	Sūnzhuāng	因村民孙姓居多，故取名孙庄。
汤湖	Tānghú	因该庄地势低洼，雨季庄四周形成湖泊，村民以汤姓居多，故名。
小丁庄	Xiǎodīngzhuāng	因村庄面积小，村民以丁姓为主，故名。
小李庄	Xiǎolǐzhuāng	因村庄户数少，李姓居多，故名。
小孟庄	Xiǎomèngzhuāng	因村庄面积小，村民全部姓孟，故得名小孟庄。
小朱庄	Xiǎozhūzhuāng	因村庄面积小，庄内朱姓居多，故得名小朱庄。
杨庄	Yángzhuāng	因庄内杨姓居多，故名。
簸王	Bòwáng	因村民大多以卖簸箕为生，王姓居多，故名。
曹庄	Cáozhuāng	因村庄以曹姓为主，故名。

标准名称	汉语拼音	备注
大李庄	Dàlǐzhuāng	因村庄较大，村民李姓居多，故名。
文湖村 村民委员会	Wénhúcūn Cūnmínwěiyuánhuì	隶属泗县丁湖镇。1984 年由文湖大队更名为文湖村民委员会，该村委会有文湖自然村之义。清朝光绪年间，文姓迁居此地，因该地地势低洼，如凹形的湖泊，故名文湖。
北周庄	Běizhōuzhuāng	因村庄建在周庄北面，故名北周庄。
曹庄	Cáozhuāng	村庄多以曹姓为主，故名。
大刘庄	Dàliúzhuāng	原由前刘庄搬迁而来，村庄面积大，故取名大刘庄。
吴庄	Wúzhuāng	此村庄以吴姓为主，故名。
韩庄	Hánzhuāng	此村庄中韩姓居多，故名。
后刘庄	Hòuliúzhuāng	因村庄刘姓居多，位于刘庄北面，故名。
前刘庄	Qiánliúzhuāng	因村庄刘姓居多，位于刘庄南面，故名。
史庄	Shǐzhuāng	此村庄多以史姓为主，故名。
文湖庄	Wénhúzhuāng	因村庄建在像凹形的湖一样的地方，且村内文姓居多，故名。
西周庄	Xīzhōuzhuāng	因村庄建在周庄西边，且村民都姓周，故名。
小刘庄	Xiǎoliúzhuāng	因村庄面积小，且村民都姓刘，故取名小刘庄。
徐庄	Xúzhuāng	此村庄以徐姓为主，故名。
许庄	Xǔzhuāng	此村庄徐姓居多，故名。
中刘庄	Zhōngliúzhuāng	因村庄位于两个刘庄中间，故名中刘庄。
朱庄	Zhūzhuāng	因此村内多朱姓，故名。
春韩村 村民委员会	Chūnháncūn Cūnmínwěiyuánhuì	隶属泗县丁湖镇。2008 年椿韩村、大魏村、大牛村、张彭村合并命名为春韩村民委员会，该村委会有椿韩自然庄之义。民国年间，韩姓聚居此地，村庄内椿树种植多，故名椿韩村，后讹作春韩村。
小牛庄	Xiǎoniúzhuāng	因牛姓居多，村庄小，故名。
大牛庄	Dàniúzhuāng	因村庄大，牛姓居多，故名。
小魏庄	Xiǎowèizhuāng	因村庄小，魏姓居多，故名。
大魏庄	Dàwèizhuāng	清代末年，魏姓从北方迁居至此，故名大魏庄。
韩圩庄	Hánwéizhuāng	旧时韩姓在此定居，村民为防止土匪，修筑土圩，故名韩圩庄。
户陈庄	Hùchénzhuāng	清代光绪年间，陈姓迁居至此，逐渐在此地形成大户，故得名户陈庄。
腊韩庄	Làhánzhuāng	村庄内蜡条种植较多，且韩姓居多，故得名腊（蜡）条韩庄，后更名为腊韩庄。

标准名称	汉语拼音	备注
小张庄	Xiǎozhāngzhuāng	因村庄小，张姓居多，故名小张庄。
大彭庄	Dàpéngzhuāng	清代咸丰年间，彭姓迁居至此，故名大彭庄。
春韩庄	Chūnhánzhuāng	村民种植椿树较多，且村庄内韩姓居多，故得名椿韩庄，后讹作春韩庄。
小刘庄	Xiǎoliúzhuāng	因此村内多刘姓，村庄小，故名。
丁湖村村民委员会	Dīnghúcūn Cūnmínwěiyuánhuì	隶属泗县丁湖镇。1958年人民公社时期为丁湖大队，1984年更名为丁湖村民委员会，沿用至今。
明居小区	Míngjūxiǎoqū	由原前宅庄拆迁搬至此地，命名为明居小区。
后场庄	Hòuchǎngzhuāng	民国时期，蒋庙庄李姓在此种地晒粮，后建房居住，因地处蒋庙后面，故名。
老街周围	Lǎojiēzhōuwéi	丁湖老街集市周边有村民居住，故名老街周围。
小后庄	Xiǎohòuzhuāng	该庄原名圩后庄，民国时期丁姓迁居此地，得名小后庄。
炮庄	Pàozhuāng	旧时地主在圩沟西南建有炮台，佃户在此建房居住，故名炮庄。
圩后庄	Wéihòuzhuāng	清朝末年，张姓大地主在居住地的周边建有圩墙，挖有圩沟，佃户在圩沟外建房居住，故得名圩后庄。
袁庙庄	Yuánmiàozhuāng	此处旧有寺庙，村民以袁姓居多，每年周边农户都到此赶庙会，故名。
小彭庄	Xiǎopéngzhuāng	因村庄面积小，彭姓居多，故名。
北宅庄	Běizháizhuāng	因村庄在前宅北面，故名北宅庄。
蒋庙庄	Jiǎngmiàozhuāng	蒋姓居住此地，且村庄内建有寺庙，故名。
东小庄	Dōngxiǎozhuāng	因村庄位于蒋庙庄东面，村庄较小，故名。
西小庄	Xīxiǎozhuāng	因村庄位于蒋庙庄西面，故名。
三蒋庄	Sānjiǎngzhuāng	由蒋庙庄蒋姓分支而成，该庄为第三处分支，故名。
小任庄	Xiǎorénzhuāng	因任姓居多，村庄小，故名。
高庄	Gāozhuāng	因村庄地势比老街高，雨季该庄无积水，故得名高庄。
沟东刘庄	Gōudōngliúzhuāng	因该庄位于樊吴大沟东面，刘姓居多，故名。

长沟镇

长沟镇（Chánggōu Zhèn） 原名长直沟，地处虹灵沟的西岸，因虹灵沟长且直，故得名长直沟。20世纪60年代，长直沟易名长沟。民国元年（1912年）州改县后，长沟隶属泗州县第九自治区。1949 年 4 月设长沟区，1957 年 3 月撤区，长沟设联社。1980 年 1 月，再次设区划社，长沟为全县 10 区之一，辖 4 个乡（长沟、朱彭、前李、彭铺），面积 161 平方千米，人口达 3.98 万人。1992 年 3 月，撤区并乡，原长沟、朱彭、前李合并为长沟镇。长沟镇地处泗县西部，东邻泗城镇，南隔新汴河与草沟镇相望，西与灵璧县虞姬镇毗邻，北依奎濉河与大杨、屏山两乡镇接壤。辖大高圩村、戚庙村、马王村、大陈村、洋城湖村、邵庄村、朱彭村、长沟村、四河村、汴河村、小桂庄农场、洋湖农场、小桂庄麦豆场、种畜场 10 个村和 4 个农场，下设 178 个村民小组。电话区号是 0557，邮政编码是 234321。全镇总人口 5.07 万人。辖区东西最大距离 11.5 千米，南北最大距离 12 千米，面积 133 平方千米。地势平缓，海拔 20 米上下，多居于 20—22 米。气候：长沟镇地处中纬度，属暖温带半湿润性季风气候，具有对农作物生长有利的气候条件。长沟镇水系比较多，包括新濉河、新汴河、唐河、古汴河等。1965 年新濉河和老濉河改道分流竣工后，新濉河为排内水独立水系，汇水面积 193 平方千米，流域 98.8 平方千米。人工河一条：新汴河，位于长沟镇南端，在泗境 37.4 千米，1966 年开挖东西流向，贯穿泗境，东至徐岗入泗洪县，注入洪泽湖。长沟镇是全县主要的商品粮食生产基地，耕地面积 53.3 平方千米，粮食作物以玉米、小麦、蔬菜为主。工业以生产服装鞋帽、板材、建筑材料为主。2018 年工业生产总值 8.2 亿元。拥有泗县天佑制衣有限公司、安徽新盛时装有限公司等 20 家企业，职工 3000 余人，工业园区已基本形成服装鞋帽加工集聚区。商业外贸：长沟镇辖区内个体工商户累计达 300 余户。辖区内有 1 个工业品市场、3 个集贸市场。2018 年财政收入 432 万元。303 省道，在建的徐（州）明（光）、泗（洪）许（昌）高速、宿（州）淮（安）铁路均穿境而过。境内古迹较多，主要有西楚霸王项羽失利的阴陵山、隋炀帝时代开凿的运河北段汴河左道、明成祖朱棣南游时曾驻跸其上的鹿鸣山。303 省道长沟至泗县、053 县道大陈至泗县、073 乡道前李至泗县都设有公交线路。长沟镇区有自来水水厂 1 座，位于镇区西侧，取水为鹿鸣山的地下水，主管道 14700 米，日供水量达 600 吨左右，现在居民用水普及率达 10%，大多各自使用井水。1972 年建 1 个变电所，位于长沟街东加油站对面，容量为 7000 千伏安。鹿鸣大街两侧、工业园区有绿化带，栽植有桂花、冬青、槐树及松、柏等，绿化面积 4650 平方米。

标准名称	汉语拼音	备注
汴河村村民委员会	Biànhécūn Cūnmínwěiyuánhuì	隶属泗县长沟镇。1958 年人民公社时期为汴河大队，1983 年由汴河大队更名为汴河村民委员会，2008 年由汴河、宗邓、灰山三个村民委员会合并，合并后仍命名为汴河村民委员会。
大山庄	Dàshānzhuāng	很久以前鹿鸣山有两座山，名为大山和二山，该庄位置在大山附近，故而得名大山庄。
邓庄	Dèngzhuāng	因此村内多为邓姓，故名。
东孙庄	Dōngsūnzhuāng	该庄孙姓居多，在三个孙庄中位置在最东边，故名东孙庄。
二山庄	Èrshānzhuāng	鹿鸣山有两座山，为大山和二山，该村庄因位置处于二山前面，故而得名二山庄。

标准名称	汉语拼音	备注
刘庄	Liúzhuāng	因此村内多为刘姓，故名。
上马铺庄	Shàngmǎpùzhuāng	秦朝末年，楚汉相争，项羽从灵璧向东败退，走此村上马而得名上马铺庄。
时庄	Shízhuāng	时姓定居此地，故名。
王庄	Wángzhuāng	本庄王姓聚居，故名。
吴口庄	Wúkǒuzhuāng	因该村庄东面有一大缺口，村民吴姓为主，故得名为吴口庄。
西孙庄	Xīsūnzhuāng	旧时村庄孙姓居多，在三个孙庄中排在西边，故而得名西孙庄。
许庄	Xǔzhuāng	此庄许姓为主，故名。
张庄	Zhāngzhuāng	此庄以张姓居多，故名。
中孙庄	Zhōngsūnzhuāng	旧时，村中孙姓居多，在三个孙庄排在中间，故而得名中孙庄。
宗庄	Zōngzhuāng	此村多为宗姓，故名。
大陈村村民委员会	Dàchéncūn Cūnmínwěiyuánhuì	隶属泗县长沟镇。1958 年人民公社时期名为大陈大队，1983 年更名为大陈村民委员会。
大陈庄	Dàchénzhuāng	清朝咸丰年间，陈姓建村立庄，故名。
谷张庄	Gǔzhāngzhuāng	旧时谷姓、张姓家族在此立庄，故名。
李庄	Lǐzhuāng	旧时李姓在此立庄，故名。
侍庄	Shìzhuāng	1970 年开挖新汴河，四河村侍庄搬迁到此地，故名。
宋庄	Sòngzhuāng	旧时宋姓在此立庄，故名。
小尤庄	Xiǎoyóuzhuāng	旧时老尤庄搬迁几户人家到此地，发展成为现在的村庄，故名小尤庄。
熊庄	Xióngzhuāng	清朝咸丰年间，熊姓建村立庄，故名。
许沟庄	Xǔgōuzhuāng	因庄后有一大沟，许姓居多，故名许沟庄。
大高圩村村民委员会	Dàgāowéicūn Cūnmínwěiyuánhuì	隶属泗县长沟镇。1958 年人民公社时期为高圩大队。2008 年 4 月村级结构调整，由原高圩村委会、南尤村委会、刘庙村委会合并成大高圩村委会。
东高庄	Dōnggāozhuāng	明代洪武年间，高姓迁居至此，因村庄位于圩子东面且高姓居多，故名。
东郭庄	Dōngguōzhuāng	因该庄位于南郭庄东部，郭姓居多，故名。
郭庄	Guōzhuāng	旧时郭姓定居此地，故名。
尹庄	Yǐnzhuāng	因此村内多为尹姓，故名。
南高庄	Nángāozhuāng	因村庄位于大高圩南面，高姓居多，故名。
南郭庄	Nánguōzhuāng	因村庄在刘庙庄南部，郭姓居多，故名。

标准名称	汉语拼音	备注
桥南庄	Qiáonánzhuāng	因村庄北部有石桥一座，故名。
圩里庄	Wéilǐzhuāng	因村庄位于大高圩庄的圩子内，故名。
西高庄	Xīgāozhuāng	因村庄位于大高圩子西，故名。
谢庄	Xièzhuāng	旧时谢姓在此立庄，故名。
尤庄	Yóuzhuāng	该村庄尤姓居多，故名。
周庄	Zhōuzhuāng	该庄原名李沟涯，后村庄南移，且村庄以周姓为主，故名。
庄庄	Zhuāngzhuāng	该村庄以庄姓居多，故名。
马王村村民委员会	Mǎwángcūn Cūnmínwěiyuánhuì	隶属泗县长沟镇。1958 年人民公社时期为马王大队。1983 年更名为马王村民委员会。2008 年由顾马村、四王村、戚李村合并，命名为马王村民委员会。
大顾庄	Dàgùzhuāng	清朝中期，顾姓居住此地，得名为大顾庄。
后王庄	Hòuwángzhuāng	清末，王姓聚居此地，后分成三地居住，该庄地理位置靠北，故得名为后王庄。
李庄	Lǐzhuāng	该村庄以李姓居多，故名。
马庄	Mǎzhuāng	因此村内多为马姓，故名。
戚庄	Qīzhuāng	该庄戚姓聚居，故名。
前王庄	Qiánwángzhuāng	清末，王姓聚居此地，后分成三地居住，该庄地理位置靠南，故得名为前王庄。
桥口庄	Qiáokǒuzhuāng	庄西虹灵沟上有座古桥，故得名桥口庄。
西王庄	Xīwángzhuāng	清末，王姓聚居此地，后分成三地居住，该庄地理位置靠西，故得名为西王庄。
小顾庄	Xiǎogùzhuāng	旧时大顾庄顾姓家族分支移居此地，村庄面积小，故得名为小顾庄。
徐庄	Xúzhuāng	旧时徐姓聚居此地，故名。
戚庙村村民委员会	Qīmiàocūn Cūnmínwěiyuánhuì	隶属泗县长沟镇。1958 年人民公社时期名为戚庙大队，1983 年更名为戚庙村民委员会。
高圩庄	Gāowéizhuāng	旧时高姓定居此地，在村庄周围挖沟垒墙，以防土匪，故名高圩庄。
谷堆庄	Gǔduīzhuāng	旧时高、时二姓聚居此地，村庄中有土堆如谷堆，故名谷堆庄。
谷宅庄	Gǔzháizhuāng	因村庄内有很高的土堆，如五谷杂粮的谷堆，故名谷宅庄。
后戚庄	Hòuqīzhuāng	旧时戚姓定居此地，后分支迁至庄北居住，故名后戚庄。
庙上庄	Miàoshàngzhuāng	清末，高姓聚居此地，后其他姓氏逐渐迁入，因该村庄中有座古庙，故得名庙上庄。

标准名称	汉语拼音	备注
前李庄	Qiánlǐzhuāng	清朝末年，李姓从濉河北李圩庄分支迁往濉河南面建庄立户，故名前李庄。
前戚庄	Qiánqīzhuāng	旧时戚姓定居此地，后戚姓家族分支迁至庄南居住，故名前戚庄。
时庄	Shízhuāng	清朝末年，时姓迁居此地，故名时庄。
邵庄村村民委员会	Shàozhuāngcūn Cūnmínwěiyuánhuì	隶属泗县长沟镇。1958 年人民公社时期为胜利大队，后更名为邵庄大队，1983 年更名为邵庄村民委员会。
大李庄	Dàlǐzhuāng	旧时东、西两个村庄都是李姓，因该村庄面积大，户数多，故名为大李庄。
柳袁庄	Liǔyuánzhuāng	清朝宣统年间，袁姓从外地迁居此处，且栽植柳树多，故名。
邵庄	Shàozhuāng	因此村内多为邵姓，故名。
时集庄	Shíjízhuāng	该村庄中间有个集市，且时姓占多数，故名时集庄。
小李庄	Xiǎolǐzhuāng	旧时东、西两个村庄都为李姓，该庄面积小，户数少，故名小李庄。
谢宅庄	Xièzháizhuāng	旧时谢姓定居此地，故名谢宅庄。
旬集庄	Xúnjízhuāng	该庄荀姓居多，且村庄逢集，故名荀集庄。
袁庄	Yuánzhuāng	该村庄以袁姓居多，故名。
张谭庄	Zhāngtánzhuāng	清朝中期，张、谭二姓由外地迁居此地，故名。
四河村村民委员会	Sìhécūn Cūnmínwěiyuánhuì	隶属泗县长沟镇。2008 年由原裴堂、大李、唐河、三李四个村合并为四河村民委员会。
大李庄	Dàlǐzhuāng	清朝光绪年间，李姓从外地迁居此处，建村立庄，因村庄人口多，面积大，故得名大李庄。
后刘庄	Hòuliúzhuāng	旧时刘姓聚居此地，后分支迁至村庄北面居住，故名后刘庄。
李圩庄	Lǐwéizhuāng	该庄李姓居多，村庄四周挖有圩沟，故名。
裴堂庄	Péitángzhuāng	清朝末年，裴姓聚居此地，建村立庄，因村庄建有大的祠堂，故名。
前刘庄	Qiánliúzhuāng	旧时刘姓聚居此地，后分支迁至村庄南面居住，故名前刘庄。
侍庄	Shìzhuāng	旧时侍姓定居此地，建村立庄，故名侍庄。
小胡庄	Xiǎohúzhuāng	清朝末年，胡姓从南方迁居此地，村庄面积小，故名为小胡庄。
小李庄	Xiǎolǐzhuāng	该庄因村庄面积小，李姓居多，故名。
小于庄	Xiǎoyúzhuāng	清朝末年，于姓聚居此地，村庄小，故得名小于庄。
许韩庄	Xǔhánzhuāng	清朝宣统年间，许、韩二姓从南方迁居此处，建村立庄，故名。

标准名称	汉语拼音	备注
岳李庄	Yuèlǐzhuāng	1949年岳、李二姓聚居此地，故名。
中李庄	Zhōnglǐzhuāng	因本庄村民大部分姓李，且位于李圩、小李、岳李中间，故名。
洋城湖村村民委员会	Yángchénghúcūn Cūnmínwěiyuánhuì	隶属泗县长沟镇。1958年人民公社时期为洋城湖大队，1983年更名为洋城湖村民委员会，2008年由原刘圩村委会、姚王村委会、洋城村委会合并，合并后仍命名为洋城湖村民委员会。
陈庄	Chénzhuāng	因此村内多为陈姓，故名。
程庄	Chéngzhuāng	旧时程姓定居此地，故名程庄。
高圩庄	Gāowéizhuāng	清朝末年，高姓聚居此地，村庄四周筑有土圩墙，故名。
湖西李庄	Húxīlǐzhuāng	因村庄位于洋城湖农场西侧，李姓居多，故名。
老尤庄	Lǎoyóuzhuāng	因建庄时间久，尤姓居多，故名老尤庄。
李庄	Lǐzhuāng	因此村内多为李姓，故名。
刘圩庄	Liúwéizhuāng	清朝末年，刘姓聚居此地，村庄四周筑有土圩，故名。
王庄	Wángzhuāng	该庄王姓聚居，故名。
谢庄	Xièzhuāng	此村庄以谢姓居多，故名。
姚王庄	Yáowángzhuāng	姚、王二姓聚居此地，故名。
长沟村村民委员会	Chánggōucūn Cūnmínwěiyuánhuì	隶属泗县长沟镇。1958年人民公社时期为长沟大队，1984年更名为长沟村民委员会。2008年长南、长北、尤铺、王庄四个村合并，合并后仍命名为长沟村民委员会。
大郑庄	Dàzhèngzhuāng	1970年新汴河开挖把郑庄分为大郑和小郑，大郑人口比小郑多，故称为大郑庄。
东王庄	Dōngwángzhuāng	1970年新汴河开挖把原王庄一分为二，此庄在东面，故名东王庄。
东姚庄	Dōngyáozhuāng	旧时长沟北姚姓一小部分搬迁至虹灵沟和西姚东面，故称东姚庄。
付庄	Fùzhuāng	清朝末年，灵璧县付道庄逃荒过来，在此安家落户，付姓居多，故名。
西王庄	Xīwángzhuāng	1970年因新汴河开挖把原王庄一分为二，此庄在西面，故名西王庄。
西姚庄	Xīyáozhuāng	因本庄坐落在虹灵沟以西，姚姓居多，故名西姚庄。
小郑庄	Xiǎozhèngzhuāng	1970年新汴河开挖把郑庄分为大郑和小郑，小郑人口比大郑少，故得名为小郑庄。
尤铺庄	Yóupùzhuāng	清朝宣统年间，陕西尤姓逃荒到此地，故得名尤铺庄。

标准名称	汉语拼音	备注
长北庄	Chángběizhuāng	民国时期，尤姓聚居此地，建村立庄，因该庄位于长沟村北部方位，故名长北庄。
长南庄	Chángnánzhuāng	民国时期，尤姓聚居此地，建村立庄，因该庄位于长沟村南部方位，故得名为长南庄。
朱彭村村民委员会	Zhūpéngcūn Cūnmínwěiyuánhuì	隶属泗县长沟镇。1958 年人民公社时期名为朱彭大队，1984 年更名为朱彭村民委员会。
卜庄	Bǔzhuāng	因此村内多为卜姓，故名。
陈宅庄	Chénzháizhuāng	旧时陈姓聚居，故名。
范宅庄	Fànzháizhuāng	清朝光绪年间，范姓聚居此地，故名范宅庄。
葛庄组	Gězhuāngzǔ	该村庄以葛姓居多，故名。
关庄组	Guānzhuāngzǔ	该村庄以关姓居多，故名。
彭庄	Péngzhuāng	因此村内多为彭姓，故名。
陶庄	Táozhuāng	因此村内多为陶姓，故名。
小关庄	Xiǎoguānzhuāng	民国时期，关庄分支迁往此地，故得名小关庄。
朱庄	Zhūzhuāng	旧时朱姓聚居此地，故名。
宗庄	Zōngzhuāng	此村庄较小，宗姓居多，故名。

黄圩镇

黄圩镇（Huángwéi Zhèn） 地处南北交通要道，最初黄姓在此开店，店名黄村。后因防匪盗，筑土圩，故名黄圩。1949 年 4 月设黄圩区；1958 年 8 月成立黄圩公社；1961 年 12 月设区划社，恢复黄圩区；1969 年 2 月撤区并社，重设黄圩公社；1980 年 1 月设区划社，再设黄圩区；1992 年 3 月撤区并乡，设立黄圩镇。黄圩镇位于泗县西北部，东接本县大庄镇，南与大杨乡相接，西与灵璧冯庙镇接壤，北与江苏省徐州市睢宁县李集镇毗邻。辖黄圩村、卢圩村、时邵村、孙苏村、武圩村、巩沟村、东北村、华新村、三侯村、三官村、曹场村、红星村、王宅村、刘宅村等 14 个村民委员会。电话区号是 0557，邮政编码是 234314。辖区总人口 6.55 万人。总人口中以汉族为主。辖区东西最大距离 10.1 千米，南北最大距离 9.2 千米，面积 93 平方千米。境内为平原，地势平坦，海拔 21 米左右，南半部系淤黄土，北半部为沙黄土。境内属温带大陆性气候，四季分明，雨热同季，光照充足，无霜期长。境内主要有老濉河、民利河、虹灵沟等沟河。矿藏及自然资源：全镇林木资源丰富，森林覆盖率达 30%。主要自然灾害有冰雹、旱涝、风灾、低温、霜冻、雷击等。农业耕地面积 10.1 万亩。粮食作物以小麦、玉米、大豆为主。蔬菜种植主要品种有地芹类、白菜类、根茎类。畜牧业以养殖猪、羊、牛、家禽为主，是全县的养殖基地。林业资源丰富，被县政府定为速生林生产基地和板材加工基地。2019年瓜果种植面积0.32万亩，产量9525吨。工业以板材加工、面粉加工、机械铸造为主，2019年完成工业总产值18.55亿元。黄圩镇境内有黄圩、曹场、卢圩3个集市。2019年财政总收入2305.2万元。境内有环线西路、301省道、泗徐公路等3条公路干线，南距徐明高速20千米，北距徐州观音机场80千米。2019年末有邮政局1处，邮政业务总量16.7万元，其中纯收入14.03万元。1982年建成黄圩镇客运站，日发客运汽车48班次，日发送乘客800人次。全镇有深水井3眼及成套净化设备，东北、华新、曹场等村用上了自来水。镇区主要街道东大街和南大街两侧铺设排水管道1500米。2019年末有变电站1所，配电队1支。2019年末镇区共有绿化树木10万棵，绿化面积30万平方米。

标准名称	汉语拼音	备注
卢圩村村民委员会	Lúwéicūn Cūnmínwěiyuánhuì	隶属泗县黄圩镇。1958年人民公社时期为卢圩大队，1984年卢圩大队更名为卢圩村委会，2008年与大马村委会大梁村委会、梁庄村委会合并，合并后仍命名为卢圩村委会。
卢圩庄	Lúwéizhuāng	因村庄四周挖有圩沟，卢姓居多，故名。
大梁庄	Dàliángzhuāng	清朝咸丰年间，梁姓聚居此地，建村立庄，得名大梁庄。
大马庄	Dàmǎzhuāng	清朝同治年间，马姓聚居此地，建村立庄，得名大马庄。
梁庄	Liángzhuāng	因此村内多为梁姓，故名。
小郭庄	Xiǎoguōzhuāng	因村庄人口少，郭姓居多，故名。
小梁庄	Xiǎoliángzhuāng	因村庄人口少，梁姓居多，故名。
小彭庄	Xiǎopéngzhuāng	清朝光绪年间，彭姓聚居此地，开荒种地，建造房屋，因村庄人口少，故而得名小彭庄。
刘宅村村民委员会	Liúzháicūn Cūnmínwěiyuánhuì	隶属泗县黄圩镇。1958年人民公社时期称刘宅大队，1984年改称刘宅村委会，2008年该村与列宅、渭桥、陈宅三个村合并，合并后仍命名为刘宅村民委员会。
前刘庄	Qiánliúzhuāng	因村庄建在刘庄南面，刘姓居多，故名。
渭桥庄	Wèiqiáozhuāng	相传古时候有一财主在虹灵沟上为出嫁的女儿修了一座桥，名为嫁女桥，后人把嫁女桥改为渭桥，该村因此得名。
小阎庄	Xiǎoyánzhuāng	因村庄人口少，阎姓居多，故名。
中刘庄	Zhōngliúzhuāng	因村庄建在两个刘庄中间，故名。
朱埝庄	Zhūniànzhuāng	因该庄地势低洼，朱姓居多，故名。
卓场	Zhuóchǎng	村庄有一大的晒谷场，卓姓居多，故名。
陈宅	Chénzhái	旧时陈姓聚居此地，建村立庄，故名。
后刘庄	Hòuliúzhuāng	因村庄建在刘庄北面，刘姓居多，故名。

标准名称	汉语拼音	备注
黄圩村村民委员会	Huángwéicūn Cūnmínwěiyuánhuì	隶属泗县黄圩镇。1958 年人民公社时期为黄圩大队，1984 年更名为黄圩村，2008 年大陈村、黄圩村合并，合并后仍命名为黄圩村民委员会。
大陈庄	Dàchénzhuāng	因村庄面积大，陈姓居多，故名。
黄圩庄	Huángwéizhuāng	因村庄四周挖有圩沟，黄姓居多，故名。
小杜庄	Xiǎodùzhuāng	旧时杜姓聚居此地，村庄人口少，故而得名小杜庄。
小王庄	Xiǎowángzhuāng	旧时王姓聚居此地，村庄人口少，故而得名小王庄。
小杨庄	Xiǎoyángzhuāng	旧时杨姓聚居此地，村庄人口少，故名。
小岳庄	Xiǎoyuèzhuāng	旧时岳姓聚居此地，村庄人口少，故名。
华新村村民委员会	Huáxīncūn Cūnmínwěiyuánhuì	隶属泗县黄圩镇。2008 年更名为华新村民委员会，名称未变。
李寻场	Lǐxúnchǎng	清朝初期，李姓寻道场到此地定居，建村立庄，故得名为李寻场。
前行庄	Qiánhángzhuāng	清朝初年，江苏李集街有一李姓财主在江苏李潘圩村设生意买卖行点，起名后行，后又在老濉河南岸设行点，故名。
大李庄	Dàlǐzhuāng	清朝咸丰年间，李姓聚居此地，建村立庄，故得名大李庄。
魏场庄	Wèichǎngzhuāng	因村庄有一大的晒谷场，魏姓居多，故名。
小仲庄	Xiǎozhòngzhuāng	因村庄小，仲姓居多，故名。
小周庄	Xiǎozhōuzhuāng	因村庄小，周姓居多，故名。
杨张庄	Yángzhāngzhuāng	旧时杨、张二姓在此居住，故名。
张楼场	Zhānglóuchǎng	民国年间，恶霸地主张海生在晒谷场边建一座土楼，让人看场护庄稼，故得名张楼场。
卓场庄	Zhuóchǎngzhuāng	旧时卓姓聚居此地，因村庄有一大的晒谷场，故名。
红星村村民委员会	Hóngxīngcūn Cūnmínwěiyuánhuì	隶属泗县黄圩镇。1958 年人民公社时期为王场大队，1984 年更名为王场村委会，2008 年由王场村委会、刘庄村委会、林董村委会三个村合并为红星村委会。
林董庄	Líndǒngzhuāng	旧时林董二姓在此地居住，故名。
岳刘庄	Yuèliúzhuāng	旧时岳、刘二姓聚居此地，故名。
钱庄	Qiánzhuāng	因此村内多为钱姓，故名。
王场庄	Wángchǎngzhuāng	旧时王姓聚居此地，村庄有一大的晒谷场，故名。
张魏庄	Zhāngwèizhuāng	旧时张、魏二姓在此定居，故名。
巩沟村村民委员会	Gǒnggōucūn Cūnmínwěiyuánhuì	隶属泗县黄圩镇。1958 年人民公社时期为巩沟大队。1984 年更名为巩沟村民委会，1982—1992 年撤区并乡，该村是巩沟乡政府所在地。

标准名称	汉语拼音	备注
巩沟庄	Gǒnggōuzhuāng	此处地势低洼，积水成湖，沟河纵横，巩姓在高处定居，故得名巩家沟，后称巩沟庄。
巩时园庄	Gǒngshíyuán-zhuāng	旧时巩、时二姓迁居此地，村民种菜开园居多，故名。
陶宅庄	Táozháizhuāng	因庄内有一座陶家老宅，陶姓居多，故名。
东北村村民委员会	Dōngběicūn Cūnmínwěiyuánhuì	隶属泗县黄圩镇。2008年更名为东北村后，名称未变。
东巩庄	Dōnggǒngzhuāng	该庄因处在巩庄东面，故名。
郝张小五队	Hǎozhāngxiǎowǔduì	原是都郝村第五生产小队，后因濉河改道被划在老濉河北岸，独立成村，并保持习惯称谓郝张小五队。
郝张庄	Hǎozhāngzhuāng	清朝雍正年间，郝、张二姓迁居此地，故命名为郝张庄。
李场庄	Lǐchǎngzhuāng	该庄李姓居多，村庄有一大的晒谷场，故名。
时溜庄	Shíliūzhuāng	此村处在老濉河岸上的狭窄处，夏季涨水，水流很大，居民多姓时，故名时溜庄。
顺河庄	Shùnhézhuāng	此处有一条南北流向的河流，居民沿河岸居住，故名。
小花庄	Xiǎohuāzhuāng	此村庄小，花姓居多，故名。
小李庄	Xiǎolǐzhuāng	此村庄小，李姓居多，故名。
小赵庄	Xiǎozhàozhuāng	清朝宣统年间，赵姓聚居此地，得名小赵庄。
朱场庄	Zhūchǎngzhuāng	旧时朱姓地主在此晒粮打场，故名。
三侯村村民委员会	Sānhóucūn Cūnmínwěiyuánhuì	隶属泗县黄圩镇。1958年人民公社时期为三侯大队。1984年更名为三侯村委会。2008年该村委会与钱曹村委会、大梁村委会、大韩村委会合并，合并后仍命名为三侯村委会。
大韩庄	Dàhánzhuāng	清朝咸丰年间，韩姓聚居此地，建村立庄，得名大韩庄。
钱曹庄	Qiáncáozhuāng	旧时钱、曹二姓定居此地，故名。
小郭庄	Xiǎoguōzhuāng	清朝光绪年间，郭姓聚居此地，故名小郭庄。
周圩庄	Zhōuwéizhuāng	因村庄四周挖有圩沟，周姓居多，故名。
三侯庄	Sānhóuzhuāng	清朝咸丰年间，此处有三个侯庄，分别是西三侯、中侯、东三侯，三侯是三个侯庄的总称。
曹场村村民委员会	Cáochǎngcūn Cūnmínwěiyuánhuì	隶属泗县黄圩镇。1958年人民公社时期为曹场大队。1984年更名为曹场村委会。2008年该村委会与大董村委会、季墩村委会合并。1982—1992年撤区并乡时，该村委会是曹场乡政府所在地，仍名为曹场村委会。
季墩庄	Jìdūnzhuāng	因庄内季姓居多，村口有一个大石墩，故名。
史场庄	Shǐchǎngzhuāng	旧时是大地主张海生家的场地，史姓在此定居，晒粮打场，故名。

标准名称	汉语拼音	备注
小王庄	Xiǎowángzhuāng	因村庄人口少，王姓居多，故名。
曹场街	Cáochǎngjiē	此地原称小曹庄，曹姓的晒场，得名曹场，后来周围逐渐形成街市，故名。
大董庄	Dàdǒngzhuāng	清朝咸丰年间，董姓聚居此地，建村立庄，得名大董庄。
武圩村 村民委员会	Wǔwéicūn Cūnmínwěiyuánhuì	隶属泗县黄圩镇。1958 年人民公社时期称武圩大队。1984 年更名为武圩村民委员会。2008 年武圩村、靖沃村合并，合并后仍命名为武圩村民委员会。
靖沃庄	Jìngwòzhuāng	旧时靖姓定居此地，居住在河的南岸，得名靖家湾。后来人口增多，人们称这里是靖姓老窝，故得名靖窝，后改称靖沃。
武圩庄	Wǔwéizhuāng	因村庄四周挖有圩沟，武姓居多，故名。
小曹庄	Xiǎocáozhuāng	旧时曹姓定居此地，故名。
小段庄	Xiǎoduànzhuāng	因村民皆姓段，且村庄较小，故名。
小王庄	Xiǎowángzhuāng	因村民皆姓王，且村庄较小，故名。
王宅村 村民委员会	Wángzháicūn Cūnmínwěiyuánhuì	隶属泗县黄圩镇。1958 年人民公社时期为王宅大队，包括王宅庄、陈宅庄、郭场庄。1984 年王宅大队更名为王宅村委会，郭场大队为郭场村委会。2008 年该村与周杨村委会、郭场村委会合并，仍命名为王宅村委会。
前杨庄	Qiányángzhuāng	此庄建在杨庄南面，且村民多姓杨，故得名前杨庄。
郭场庄	Guōchǎngzhuāng	因该村原是旧时一地主的场地，且村民多姓郭，故得名郭场庄。
陈宅庄	Chénzháizhuāng	因该庄有一处陈家古宅，且村民多姓陈，故得名陈宅庄。
王宅庄	Wángzháizhuāng	因村内有一处王家古宅，且村民多姓王，故得名王宅庄。
周庙庄	Zhōumiàozhuāng	因庄内有座古庙，周姓居多，故名。
时邵村 村民委员会	Shíshàocūn Cūnmínwěiyuánhuì	隶属泗县黄圩镇。1958 年人民公社时期称大时大队和小时大队。1984 年大时大队更名为大时村民委员会，小时大队更名为小时村民委员会。2008 年由大时村民委员会和小时村民委员会合并，命名为时邵村民委员会。
李场庄	Lǐchǎngzhuāng	村庄李姓居多，有一大的晒谷场，故名。
邵庄	Shàozhuāng	因此村内多为邵姓，故名。
王巷庄	Wángxiàngzhuāng	因村庄以王姓为主，庄内有一条长长的古巷，故名。
大时庄	Dàshízhuāng	清朝宣统年间，时姓聚居此地，建村立庄，故名。
贾场庄	Jiǎchǎngzhuāng	旧时贾姓聚居此地，因村庄有一大的晒谷场，故名。
小董庄	Xiǎodǒngzhuāng	此村庄小，董姓居多，故名。
小付庄	Xiǎofùzhuāng	清朝光绪年间，付姓聚居此地，故名。

标准名称	汉语拼音	备注
小时庄	Xiǎoshízhuāng	旧时时姓聚居此地，村庄面积小，故名。
孙苏村村民委员会	Sūnsūcūn Cūnmínwěiyuánhuì	隶属泗县黄圩镇。1958 年人民公社时期称大苏大队。1984 年改称大苏村民委员会。2008 年由大孙、大苏、小武圩合并为孙苏村民委员会。
大孙庄	Dàsūnzhuāng	清朝宣统年间，孙姓聚居此地，建村立庄，得名大孙庄。
大苏庄	Dàsūzhuāng	清朝咸丰年间，苏姓聚居此地，建村立庄，得名大苏庄。
小武圩庄	Xiǎowǔwéizhuāng	旧时武姓居住此地，因村庄四周挖有圩沟，且又处在武圩村旁边，故名。
三官村村民委员会	Sānguāncūn Cūnmínwěiyuánhuì	隶属泗县黄圩镇。1958 年人民公社时期称为三官大队。1984 年更名为三官村民委员会。2008 年由岳庄村委会、三官村委会、张时村委会三个小村合并为三官村民委员会。
三官庄	Sānguānzhuāng	因庄内有一座三官庙，故名。
时宋庄	Shísòngzhuāng	旧时时、宋二姓聚居此地，建村立庄，故名。
小刘圩庄	Xiǎoliúwéizhuāng	因村庄四周挖有圩沟，刘姓居多，故名。
小史庄	Xiǎoshǐzhuāng	此村庄面积小，史姓居多，故名。
岳庄	Yuèzhuāng	因此村内多为岳姓，故名。
张时庄	Zhāngshízhuāng	清朝雍正年间，张、时二姓聚居此地，故命名为张时庄。
张庄	Zhāngzhuāng	此村庄以张姓居多，故名。
后曹庄	Hòucáozhuāng	因村庄建在曹庄后面，曹姓居多，故名。
满庄	Mǎnzhuāng	因此村内多为满姓，故名。
牧湖庄	Mùhúzhuāng	该庄旁边有一片湖泊，村庄中姓氏较为复杂，大多以放牧、饲养牛羊为生，故名。

大庄镇

大庄镇（Dàzhuāng Zhèn） 该镇很久以前就比附近的村庄大，许姓居多，故取名许大庄，后简称大庄。1949 年 4 月设大庄区，1958 年 8 月成立大庄公社，1961 年 12 月设区划社时恢复大庄区，1969 年 2 月重设大庄公社，1980 年 1 月恢复大庄区，1992 年 3 月撤区设镇至今。大庄镇位于泗县北部，东与瓦坊乡相邻，南与屏山镇接壤，西与黄圩镇相连，北与江苏省睢宁县官山镇为邻。辖大庄、佃庄、东风、田庄、王官、和谐、曙光、万安、新刘、朝阳、沿河、新集、向阳等 13 个村，下设 120 个自然村。电话区号是 0557，邮政编码是 234311。辖区总人口 6.9 万人。辖区面积 94.7 平方千米，东西最大距离 11.1 千米，南北最大距离 11.7 千米。农业耕地面积9.5万亩。粮食作物以小麦、玉米为主。畜牧业以生猪、山羊、牛、家禽养殖为主。工业建有大庄工业园区，2019年工业总产值10.4亿元，初步形成了以板材加工和纺织服装产业为主的工业体系。2019年末共有城乡农贸市场3个，商贸流通具备一定规模，已形成较强的畜禽市场、农副产品交易市场、建材市场等。市场可容纳1800户客商经营，日逢集人流量近3万人，集镇的辐射面积达900平方千米，年商贸流通额5亿元，成为皖北最大的农产品和木材交易中心之一。2019年财政总收入2802.3万元。金融机构各类存款余额13.4亿元；各项贷款余额2.9亿元。104国道穿镇而过，途经辖区10千米，有县级公路山闽路、新黄路、新王路3条，总长25.3千米，纵横交错，交通便利。2019年末有大庄邮政局1处，报纸、杂志累计发行1200万份，通邮率100%。电信服务网点33个，移动电话普及率80%，宽带接入用户7500户。

标准名称	汉语拼音	备注
朝阳村村民委员会	Cháoyángcūn Cūnmínwěiyuánhuì	隶属泗县大庄镇。1958年政府命名为新集公社大孟大队和东郭大队。1984年改名为新集乡东郭村、大孟村。2008年由东郭村和大孟村合并，合并后命名为朝阳村。
大孟庄	Dàmèngzhuāng	此村庄以孟姓居多，面积大，故名。
东郭庄	Dōngguōzhuāng	明朝中期，郭姓夫妻两人带四个小孩逃荒要饭，在此地搭建小棚居住，得名为东郭庄。
东苏场庄	Dōngsūchǎng-zhuāng	清朝末年，该地为苏家土地，被用作打谷场，此后为了种地方便，移居打谷场东侧，故名为东苏场庄。
郭圩庄	Guōwéizhuāng	因村庄四周挖有圩沟，郭姓居多，故名。
后王庄	Hòuwángzhuāng	此村庄以王姓居多，该庄位于前王庄北面，故得名后王庄。
南园庄	Nányuánzhuāng	清朝宣统年间，苏姓、刘姓、许姓因种菜、开园移居此地，故得名为南园庄。
埝头朱庄	Niàntóuzhūzhuāng	因村庄以朱姓为主，村庄西边有条大沟，故名。
前王庄	Qiánwángzhuāng	明朝末期，王姓夫妻二人带两个小孩逃荒要饭，在此居住，故得名为前王庄。
西苏场庄	Xīsūchǎngzhuāng	清朝末年，苏姓土地用作打谷场，此后为了种地方便，移居在此居住。因该庄位于东苏场西面，故得名为西苏场庄。
小吕庄	Xiǎolǚzhuāng	因村庄面积小，吕姓居多，故名。
小孟庄	Xiǎomèngzhuāng	因村庄人口少，孟姓居多，故名。
朱场庄	Zhūchǎngzhuāng	清朝末期，朱姓为了种地方便，移居此地，此后村庄命名为朱场庄。
朱培青庄	Zhūpéiqīngzhuāng	朱培青在此立庄，故名。
大庄村村民委员会	Dàzhuāngcūn Cūnmínwěiyuánhuì	隶属泗县大庄镇。1958年人民公社时期为大庄大队，1984年改称大庄村委会，2008年大庄街北、街南两个村委会合并，命名为大庄村。

标准名称	汉语拼音	备注
街北片	Jiēběipiàn	清朝宣统年间，大庄周围几个自然庄的居民迁到此地，建村立庄，因村庄位于集市街北边，故称街北片。
街南片	Jiēnánpiàn	清朝顺治年间，大庄周围几个自然庄的居民迁到此地，建村立庄，因村庄位于集市街南边，故称街南片。
佃庄村村民委员会	Diànzhuāngcūn Cūnmínwěiyuánhuì	隶属泗县大庄镇。1958 年人民公社时期为佃庄大队，1984 年大队改称村委会，命名为佃庄村。
佃庄	Diànzhuāng	清朝光绪年间，大地主许氏居住在此庄，土地千顷，不少佃户都被雇用。这些佃户越来越多，都居住在村庄周围，此后村庄便称为佃庄。
小集庄	Xiǎojízhuāng	村庄为集市所在地，故名。
小卢庄	Xiǎolúzhuāng	清朝同治年间，有一卢姓佃户在此地租用地主的土地，故名。
东风村村民委员会	Dōngfēngcūn Cūnmínwěiyuánhuì	隶属泗县大庄镇。2008 年由许超村、三杨村、安朋村合并，命名为东风村。
安朋庄	Ānpéngzhuāng	此地有一条大河，旧时王姓在此安棚居住，以摆渡为生，由此得名王安棚，现名安朋庄。
大岳庄	Dàyuèzhuāng	此村庄面积大，岳姓多，故名。
后杨庄	Hòuyángzhuāng	此地有两个杨庄，有杨庄沟从中穿过，故以前后杨庄区分，该庄靠北得名后杨庄。
后朱场	Hòuzhūchǎng	此地有两个朱场，故以前后朱场区分，该庄位置靠北，故名。
刘中庄	Liúzhōngzhuāng	因刘姓居住比较集中，位于村庄中间位置，故名。
前杨庄	Qiányángzhuāng	此地有两个杨庄，杨庄沟从中穿过，故以前后杨庄区分，该庄位置靠前，故得名前杨庄。
前朱场	Qiánzhūchǎng	当地有两个朱场，此庄位于南面，故名。
萧庄	Xiāozhuāng	因此村内多萧姓，故名。
小单庄	Xiǎoshànzhuāng	村庄面积小，单姓居多，故名。
小李宅庄	Xiǎolǐzháizhuāng	清朝末期，李姓聚居此地，故名。
小余庄	Xiǎoyúzhuāng	此村庄面积小，余姓居多，故名。
小岳庄	Xiǎoyuèzhuāng	因村庄人口少，以岳姓为主，故名。
许超庄	Xǔchāozhuāng	旧时此庄名许超之人考取功名，故名。
三许庄	Sānxǔzhuāng	明朝建文年间，许姓迁居此地，故名。
小庙庄	Xiǎomiàozhuāng	村庄中原建有一座庙，常逢庙会，故名。
元随庄	Yuánsuízhuāng	旧时此庄许元随，功成名就，在当地很有威望，故名。
元清宅庄	Yuánqīngzhái-zhuāng	旧时元清定居此地，后村庄因此得名。

标准名称	汉语拼音	备注
和谐村 村民委员会	Héxiécūn Cūnmínwěiyuánhuì	隶属泗县大庄镇。2008 年三村合并，命名为和谐村。
回庄	Huízhuāng	此地原名双庙许家。清光绪年间，庄里有人与大庄镇一个有钱有势的人打官司，官府被有钱人买通，庄里这人官司失败，世人叫此地为变脸回庄。后因许姓居多，称许回庄，后又演变为回庄。
漂陈庄	Piāochénzhuāng	因该地地形低洼，四周有水，居中住人，漂动至急，故称漂湖陈，后简称漂陈庄。
吴茂庄	Wúmàozhuāng	旧时吴克茂在当地很有威望，后以此命名吴克茂庄，简称吴茂庄。
小河庄	Xiǎohézhuāng	因村庄位于河北岸边，故名。
小庄	Xiǎozhuāng	原来四周村庄，唯它最小，只有六户，故名。
朱泗庄	Zhūsìzhuāng	清朝末期，该庄因朱姓祖先朱培泗而得名。
曙光村 村民委员会	Shǔguāngcūn Cūnmínwěiyuánhuì	隶属泗县大庄镇，2008 年由三个村委会合并命名曙光村。
东彭庄	Dōngpéngzhuāng	因此地有两个彭庄，此庄在东面，故名。
孙宜庄	Sūnyízhuāng	清朝中期，孙姓聚居此地，故名。
王场庄	Wángchǎngzhuāng	因村庄有一大的晒谷场，王姓居多，故名。
西彭庄	Xīpéngzhuāng	因此地有两个彭庄，此庄在西面，故名。
小郝庄	Xiǎohǎozhuāng	此村庄面积小，郝姓居多，故名。
小宋庄	Xiǎosòngzhuāng	因村庄人口少，宋姓居多，故名。
小张庄	Xiǎozhāngzhuāng	因村庄面积小，村内多张姓，故名。
田庄村 村民委员会	Tiánzhuāngcūn Cūnmínwěiyuánhuì	隶属泗县大庄镇。1958 年人民公社时期为新田大队，1984 年更名为田庄村，2008 年与程行村合并命名为田庄村。
程行庄	Chénghángzhuāng	民国时期，程姓聚居此地，建村立庄，得名程行庄。
郝庄	Hǎozhuāng	旧时郝姓在此建村，故名。
散许庄	Sànxǔzhuāng	旧时许姓聚居此地，房屋建造散乱，故名。
田庄	Tiánzhuāng	该庄田姓居多，故名。
小圩庄	Xiǎowéizhuāng	因村民在村庄四周挖沟打圩，故名。
小朱场	Xiǎozhūchǎng	此庄朱姓多，村庄面积小，故名。
许英圩庄	Xǔyīngwéizhuāng	旧时许姓在村庄四周开挖圩沟，故名。
朱祠堂庄	Zhūcítángzhuāng	旧时朱姓居住此地，后修建朱姓祠堂一座，故名。

标准名称	汉语拼音	备注
万安村村民委员会	Wàn'āncūn Cūnmínwěiyuánhuì	隶属泗县大庄镇。1958 年人民公社时期为万安大队，1984 年改称万安村委会，2008 年由万安村、后卢村、西卢村合并，命名为万安村民委员会。
后卢庄	Hòulúzhuāng	该庄位于万安庄北面，卢姓居多，故名。
后小刘庄	Hòuxiǎoliúzhuāng	此地有两个小刘庄，以“前后”二字区分，北面为后小刘庄。
卢埝庄	Lúniànzhuāng	村庄以卢姓居多，村庄旁边有一个大的池塘，用土筑成小堤，故名。
前小刘庄	Qiánxiǎoliúzhuāng	此地有两个小刘庄，“前后”二字区分，南面为前小刘庄。
万安庄	Wàn'ānzhuāng	村庄中曾有一尊铜佛，村庄取名万佛庵，后改名为万安庄。
西卢庄	Xīlúzhuāng	该庄位于万安西部，卢姓较多，故名。
小蔡庄	Xiǎocàizhuāng	村庄面积小，蔡姓居多，故名。
小高庄	Xiǎogāozhuāng	因村庄面积小，高姓居多，故名。
小卢庄	Xiǎolúzhuāng	清朝道光年间，卢姓聚居此地，故而得名。
小万庄	Xiǎowànzhuāng	该庄和万安庄位置上对称，且村庄面积小，万姓居多，故名。
小尤庄	Xiǎoyóuzhuāng	村庄尤姓居多，且村庄面积小，故名。
小仲庄	Xiǎozhòngzhuāng	清朝初期，村庄面积小，仲姓居多，故而得名。
小朱场庄	Xiǎozhūchǎng-zhuāng	该庄位于西卢庄南面，村民曾办过一个晒场，后因朱姓居多，故名。
王官村村民委员会	Wángguāncūn Cūnmínwěiyuánhuì	隶属泗县大庄镇。2008 年由王印村、关庄村、小顾村合并，命名为王官村。
王印庄	Wángyìnzhuāng	清朝中期，王姓聚居此地，后村庄取名王印庄。
官庄圩	Guānzhuāngwéi	旧时刘姓官员起名叫官庄，又因在村庄外打圩，故名官庄圩。
老庄	Lǎozhuāng	明朝永乐年间，王姓聚居此地，建村立庄，后其他姓氏陆续搬入此地，因该庄历史悠久，故名老庄。
万青庄	Wànqīngzhuāng	旧时因万青在当地很有名气，为了纪念此人，故名。
罗庄	Luózhuāng	因村庄以罗姓为主，故名。
小顾庄	Xiǎogùzhuāng	因村庄面积小，顾姓居多，故名。
许庙庄	Xǔmiàozhuāng	清朝末期，许姓聚居此地，村庄中原有座古庙，故名许庙庄。
向阳村村民委员会	Xiàngyángcūn Cūnmínwěiyuánhuì	隶属泗县大庄镇，2008 年由水刘村、塘张村、秦场村合并后命名向阳村。
大刘庄	Dàliúzhuāng	村庄大，刘姓居多，故名。
秦场庄	Qínchǎngzhuāng	旧时乡民在秦家晒场附近定居，故名。
水刘庄	Shuǐliúzhuāng	旧时该庄饲养水牛，刘姓居多，就叫水牛刘庄，后简称水刘庄。

标准名称	汉语拼音	备注
塘李圩庄	Tánglǐwéizhuāng	旧时李姓在大塘边建房定居，故名。
塘张庄	Tángzhāngzhuāng	旧时张姓在大塘边建房居住，故名。
小许庄	Xiǎoxǔzhuāng	此村庄面积小，许姓居多，故名。
小杨庄	Xiǎoyángzhuāng	因村庄人口少，杨姓居多，故名。
小祁庄	Xiǎoqízhuāng	清朝末年，祁姓立庄，村庄面积小，故而得名小祁庄。
新集村村民委员会	Xīnjícūn Cūnmínwěiyuánhuì	隶属泗县大庄镇。1958 年人民公社时期为新集大队，1984 年更名为新集村，2008 年由新集村、大朱村和小朱村合并而成命名为新集村。
大朱庄	Dàzhūzhuāng	清朝光绪年间，朱姓立庄，村庄面积大，得名大朱庄。
井朱庄	Jǐngzhūzhuāng	因村庄有口古井，朱姓居多，故名。
小董庄	Xiǎodǒngzhuāng	此村庄面积小，董姓居多，故名。
小朱庄	Xiǎozhūzhuāng	因村庄人口少，朱姓居多，故名。
小闵庄	Xiǎomǐnzhuāng	清朝末期，村庄面积小，闵姓居多，得名。
小马庄	Xiǎomǎzhuāng	清朝末期，马姓在此居住，村庄小，得名。
新集街	Xīnjíjiē	该地有集市逢集，取新庄之意，故名。
朱刘庄	Zhūliúzhuāng	清朝末期，此庄朱姓、刘姓居多，故而得名。
新刘村村民委员会	Xīnliúcūn Cūnmínwěiyuánhuì	隶属泗县大庄镇。2008 年由新河村、刘集村、程刘村三个村合并而成，命名为新刘村。
新河庄	Xīnhézhuāng	因靠近小曹河边，故名。
张宅庄	Zhāngzháizhuāng	村庄以张姓居多，故名。
小吕庄	Xiǎolǚzhuāng	此处吕姓居多，村庄小，故名。
小赵庄	Xiǎozhàozhuāng	此村庄面积小，赵姓居多，故名。
小彭庄	Xiǎopéngzhuāng	因村庄面积小，彭姓居多，故名。
小王庄	Xiǎowángzhuāng	此村庄面积小，王姓居多，故名。
小魏场	Xiǎowèichǎng	清朝末期，魏姓立庄，村庄有一大的晒谷场，故而得名小魏场。
小刘庄	Xiǎoliúzhuāng	因村庄人口少，刘姓居多，故名。
小朱场庄	Xiǎozhūchǎng-zhuāng	此庄朱姓居多，村庄有一大的打谷场，故而得名。
程庄	Chéngzhuāng	此村庄以程姓为主，故名。
东孙庄	Dōngsūnzhuāng	此庄孙姓居多，村庄靠东面，故名。
后刘集庄	Hòuliújízhuāng	此庄刘姓居多，此地逢集且该庄位置靠后，故名。
前刘集	Qiánliújí	此庄刘姓居多，此地逢集且该庄位置靠前，故名。

标准名称	汉语拼音	备注
孙圩庄	Sūnwéizhuāng	此地孙姓是地主，因防外人抢他财产，村庄四周打上圩墙，故名。
伍刘集	Wǔliújí	因村庄周围有五个刘集，故名。
小高庄	Xiǎogāozhuāng	村庄面积小，高姓居多，故名。
小黄庄	Xiǎohuángzhuāng	清朝末期，黄姓从北方迁来此地居住，得名小黄庄。
小蒋庄	Xiǎojiǎngzhuāng	村庄面积小，蒋姓居多，故名。
沿河村村民委员会	Yánhécūn Cūnmínwěiyuánhuì	隶属泗县大庄镇。2008年由张昌村和姚场村合并，命名为沿河村。
大彭宅	Dàpéngzhái	清朝中期，彭姓迁居此地，故名。
东姚场	Dōngyáochǎng	因为此地有两个姚场庄，此庄位于东边，故名。
刘场庄	Liúchǎngzhuāng	姓刘的大户在此地打场，前大刘庄搬出一小部分村民到此居住，故名刘场庄。
西姚场	Xīyáochǎng	因此地有两个姚场庄，此庄位于西边，故名。
小李场	Xiǎolǐchǎng	旧时李姓迁居此地，故名。
小刘庄	Xiǎoliúzhuāng	清代末期，由前大刘庄分支到此建庄，得名小刘庄。
新彭庄	Xīnpéngzhuāng	旧时彭姓从大彭宅迁到此地，故名新彭宅。
张昌庄	Zhāngchāngzhuāng	此庄张姓居多，故名。
庄场	Zhuāngchǎng	旧时庄姓从北方迁居至此，故名。

山头镇

山头镇（Shāntóu Zhèn） 因镇政府驻在境内赤山南头，故名山头镇。1949年4月设赤山乡，隶属刘圩区；1958年8月人民公社时属刘圩公社；1980年1月撤区设镇至今。地处泗县东北部，东与江苏省泗洪县的归仁接壤，南邻潼河和刘圩镇相连，西部与瓦坊乡相邻；北依老龙河与徐州市睢宁县的凌城相连，东北和宿迁市宿城区的龙河集隔河相望。辖山头、宋圩、惠庙、找沟、大柏、蔡圩、钓台、杨桥、张店、骆庙、骆场、潼城、袁张等13个村。电话区号是0557，邮政编码是234344。辖区总人口7.41万人。辖区东西最大距离10.36千米，南北最大距离9千米，面积为93.24平方千米。山头镇人口分布均匀。地势平坦，平均海拔18米左右，境内赤山最高峰46.3米，土质系红淤黏性土。气候境内气候温和，四季分明，光热较强，光、热、水同季。水文属古河床发育富水区，流经该镇的主要有潼河、老龙河、林河，地表水丰富，水质较好，易于开发，地下水位高，储量丰富，利于水利建设，发展井灌。境内赤山海拔46.3米，山地面积约为18平方千米，山石火红，因名赤山，表层可耕种，山下蕴藏大量的黄沙。农业耕地面积为66.7平方千米，农作物以小麦、玉米、大豆为主。畜牧业以养殖猪、羊、家禽为主。林业种植树种主要有柳树、刺槐、椿树等。工业有木材加工厂、轮窑厂、水泥构件厂、面粉厂、酱园厂等27家。商贸外贸有山头集市、找沟集市、骆庙集市、大柏集市、张店集市。各集市人流总量25000人，年商品交易额超5亿。财政金融主要有工商收入、地税收入、国税收入。2018年财政收入370.2万元，比上年增长86.5%。境内301省道、泗找路等2条公路干线交会，南距泗许高速21千米、宿淮铁路19.4千米，西距104国道21千米。2018年末有邮政支局1处，邮政业务总量590万元，其中纯收入260万元。报纸、杂志累计期发行1.3万份。电信企业1家，服务网点13个，电话交换机总容量5万门，固定电话用户1.4万户，电话普及率96%；移动电话用户2.35万户，互联网用户0.9万户。全年电信业务收入1100万元。

标准名称	汉语拼音	备注
蔡圩村 村民委员会	Càiwéicūn Cūnmínwěiyuánhuì	隶属泗县山头镇。1958年人民公社时期为胜利大队，1976年改为蔡圩大队，1984年更名为蔡圩村民委员会，2008年与小高村合并，仍名为蔡圩村民委员会。
蔡圩庄	Càiwéizhuāng	清朝咸丰年间，蔡姓搬迁至此，开挖圩沟，建造房屋，故名。
东门蔡庄	Dōngméncàizhuāng	旧时蔡姓居住此地，该村房屋与院落多为坐西面东且大门朝东，为区别其他蔡庄，故称东门蔡庄。
高王庄	Gāowángzhuāng	旧时高姓聚居此地，建村立庄，故称高庄。后王姓家族迁居至此，逐渐壮大，故命名为高王庄。
后蔡庄	Hòucàizhuāng	民国时期，蔡姓从江苏睢宁搬迁至此，集中居住在沙庄后面，故取名后蔡庄。
遛马庄	Liùmǎzhuāng	民间传说，唐朝名人罗成在此遛过马，该庄汛期四周一片汪洋，唯独罗成遛马的地方不被水淹没，故而得名遛马庄。
戚圩庄	Qīwéizhuāng	旧时戚姓聚居此地，开挖圩沟，建庄种地，故名。
秦沟庄	Qíngōuzhuāng	旧时秦姓在此居住，因庄前有条大沟，故名秦沟庄。
秦庄	Qínzhuāng	清朝咸丰年间，江苏睢宁县秦姓在此买地建宅，土地租给别人耕种，故取名秦庄。
沙庄	Shāzhuāng	民国年间，沙姓搬迁至此，故名。
圩庄	Wéizhuāng	清朝光绪年间，蔡姓从宿迁搬迁至此，开挖圩沟，建庄造房，土地多用来出租，故而得名圩庄。
武场庄	Wǔchǎngzhuāng	清朝同治年间，武姓在此开荒种地，打场晒粮，故名。
小高庄	Xiǎogāozhuāng	旧时高姓聚居此地，村庄面积小，故名。
长庄	Chángzhuāng	因村庄东西跨度较长，故名长庄。
大柏村 村民委员会	Dàbǎicūn Cūnmínwěiyuánhuì	隶属泗县山头镇。1958年人民公社时期称为大柏大队，1984年更名为大柏村民委员会，2008年与双庄村合并为大柏村民委员会。

标准名称	汉语拼音	备注
前庄	Qiánzhuāng	该庄以柏姓为主，当时柏姓弟兄分家，长兄分到圩外居住，也就是庄南，后来人称前庄。
大柏街	Dàbǎijiē	旧时柏姓聚居，此处逢集，故名。
双庄	Shuāngzhuāng	清朝道光年间，柏姓聚居此地，分支到西面村庄，东西两庄靠得很近，故称为双庄。
张场庄	Zhāngchǎngzhuāng	旧时张姓定居，有一比较大的打麦场，故名。
小代庄	Xiǎodàizhuāng	旧时代姓居住此地，人少村小，故名。
程宅庄	Chéngzháizhuāng	清朝乾隆年间，程姓由江苏迁居此地，建造宅院，故名。
钓台村村民委员会	Diàotáicūn Cūnmínwěiyuánhuì	隶属泗县山头镇。1958 年人民公社时期为钓台大队，1984 年更名为钓台村民委员会，2008 年由钓台、李圩、胡庄三村合并，合并后仍命名为钓台村民委员会。
小惠庄	Xiǎohuìzhuāng	清朝末年，惠姓聚居此地，因村庄人口少，故名小惠庄。
小柏庄	Xiǎobǎizhuāng	因村庄面积小，柏姓居多，故名。
腰庄	Yāozhuāng	因村庄位于大柏庄和林庄之间，犹如人之腰部，故名腰庄。
窦宅庄	Dòuzháizhuāng	旧时窦姓聚居于此，建造宅院，故名。
陈场庄	Chénchǎngzhuāng	旧时陈姓在此居住，村庄有大的晒谷场，故名。
关庄	Guānzhuāng	此村庄以关姓居多，故名。
李圩庄	Lǐwéizhuāng	此村庄四周筑有圩墙，李姓居多，故名。
石庄	Shízhuāng	此村庄以石姓居多，故名。
东台庄	Dōngtáizhuāng	民间传说该村庄原为姜太公钓鱼台旧址，故取名钓鱼台，简称钓台。该村属钓台村的东部，故名东台庄。
王场庄	Wángchǎngzhuāng	此村庄有大的晒粮场，王姓居多，故名。
胡庄	Húzhuāng	因此村内多为胡姓，故名。
老杨庄	Lǎoyángzhuāng	旧时杨姓定居此地，故名。
老吴庄	Lǎowúzhuāng	旧时吴姓在此地居住，故名。
李庄	Lǐzhuāng	旧时李姓定居此地，故名。
西台庄	Xītáizhuāng	民间传说该村庄原为姜太公钓鱼台旧址，故取名钓鱼台，简称钓台。该庄位于钓台村的西部，故名西台庄。
韩场庄	Hánchǎngzhuāng	此村庄韩姓居多，有一大的晒谷场，故名。
洪场庄	Hóngchǎngzhuāng	旧时洪姓聚居此地，因村庄有一大的晒谷场，故得名洪场庄。
惠庙村村民委员会	Huìmiàocūn Cūnmínwěiyuánhuì	隶属泗县山头镇。1958 年人民公社时期名为赤山大队，1984 年更名为惠庙村民委员会，2008 年该村委会与大李村委会合并为惠庙村民委员会。
山柏庄	Shānbǎizhuāng	旧时柏姓聚居，村庄建在山脚下，故名。

标准名称	汉语拼音	备注
惠庙庄	Huìmiàozhuāng	因村庄以前有座古庙，惠姓居多，故名。
惠祠庄	Huìcízhuāng	因早年庄中有惠姓一祠堂，故名。
三界庄	Sānjièzhuāng	因该庄地处泗县、宿迁、睢宁三县交界之处，故名三界庄。
大李庄	Dàlǐzhuāng	旧时李姓聚居，村庄面积大，故名。
骆场村村民委员会	Luòchǎngcūn Cūnmínwěiyuánhuì	隶属泗县山头镇。1958 年人民公社时期为骆场大队，1984 年更名为骆场村民委员会。
高巷庄	Gāoxiàngzhuāng	此庄高姓居多，庄中有一条长长的巷子，故名。
张庵棚庄	Zhāng' ānpéngzhuāng	旧时张姓在此搭一小庵棚，以养鸭为生，过往行人在此休息，故名张庵棚庄。
骆场庄	Luòchǎngzhuāng	此庄骆姓居多，庄中有一比较大的打麦场，故名。
段墩庄	Duàndūnzhuāng	因村庄东头有一个大的石墩，段姓居多，故名。
王宅庄	Wángzháizhuāng	旧时王姓聚居，故名。
前马庄	Qiánmǎzhuāng	旧时钱姓、马姓在此安家落户，得名钱马庄。后来钱姓搬走，只有马姓，故更名前马庄。
小陈庄	Xiǎochénzhuāng	民国时期，陈姓在此居住，故名小陈庄。
尤宅庄	Yóuzháizhuāng	旧时尤姓聚居此地，故名尤宅庄。
洪场庄	Hóngchǎngzhuāng	民国初年，洪姓讨饭到此，在此居住，收麦打场，故名洪场。
后马庄	Hòumǎzhuāng	该庄系前马庄马姓分支，且位于前马庄北面，故名。
朱条庄	Zhūtiáozhuāng	旧时朱姓从睢宁县迁居至此，因村庄成长条状，故名朱条庄。
骆庙村村民委员会	Luòmiàocūn Cūnmínwěiyuánhuì	隶属泗县山头镇。1958 年人民公社时期为骆庙大队。1984 年更名为骆庙村民委员会。2008 年大何村、小史村、骆庙村三村合并，仍命名为骆庙村民委员会。
大何庄	Dàhézhuāng	清朝咸丰年间，何姓从山东迁居至此，故名大何庄。
东大何庄	Dōngdàhézhuāng	民国时期，大何庄分支搬迁到村东面居住，建村立庄，故名东大何庄。
河西庄	Héxīzhuāng	此村庄位于沐河西面，故名。
后胡庄	Hòuhúzhuāng	该村原名胡庄，后胡姓一分支迁到村庄前面居住，人称前胡庄，该庄改为后胡庄。
刘让庄	Liúràngzhuāng	清朝光绪年间，刘姓地主（姓刘名让）定居此地，建村立庄，故名。
骆庙庄	Luòmiàozhuāng	该庄有古庙一座，骆姓居多，故名。
前胡庄	Qiánhúzhuāng	清末胡姓定居此地，后分支搬迁到村庄南面居住，故名前胡庄。
小崔庄	Xiǎocuīzhuāng	清朝末年，崔姓定居此地，因村庄面积小，故得名小崔庄。

标准名称	汉语拼音	备注
小段庄	Xiǎoduànzhuāng	此村庄面积小，段姓居多，故名。
小贺庄	Xiǎohèzhuāng	此庄贺姓居多，户数少，故名。
小李庄	Xiǎolǐzhuāng	因此村内多为李姓，故名。
小史庄	Xiǎoshǐzhuāng	旧时史姓由山东迁居此地，建村立庄，村庄户数少，故得名小史庄。
小夏庄	Xiǎoxiàzhuāng	旧时夏姓定居此地，因村庄面积小，故名。
山头村村民委员会	Shāntóucūn Cūnmínwěiyuánhuì	隶属泗县山头镇。1958 年时称为山头大队，1984 年更名为山头村民委员会，2008 年该村委会与徐井村委会合并，合并后仍命名为山头村民委员会。
徐井庄	Xújǐngzhuāng	因庄内有一口较深的水井，村民以徐姓为主，故而得名徐井庄。
陈庄	Chénzhuāng	旧时陈姓居住在此，故名。
杨庄	Yángzhuāng	旧时杨姓居住此地，故名。
王庄	Wángzhuāng	旧时王姓在此居住，故名。
山头庄	Shāntóuzhuāng	旧时马姓定居此地，后其他姓氏逐渐搬迁至此，因庄北有一小山岗，故名山头庄。
宋圩村村民委员会	Sòngwéicūn Cūnmínwěiyuánhuì	隶属泗县山头镇。1958 年人民公社时期为宋圩大队，1984 年更名为宋圩村民委员会，2008 年该村与蔡集村、王沟村合并，仍名为宋圩村民委员会。
蔡集庄	Càijízhuāng	旧时蔡姓迁居此地，沿用原蔡集名称，得名蔡集庄。
大杨庄	Dàyángzhuāng	此村庄以杨姓居多，故名。
董庄	Dǒngzhuāng	因此村内多为董姓，故名。
二杨庄	Èryángzhuāng	因该庄南有大杨庄，北有三杨庄，故得名二杨庄。
石狮庄	Shíshīzhuāng	清朝末年此地发水，冲来石狮一对，故名石狮庄。
宋圩庄	Sòngwéizhuāng	因村庄周边建有圩坝防山水，宋姓居多，故名。
王沟庄	Wánggōuzhuāng	因村前有一条河沟，王姓居多，故名。
小墩庄	Xiǎodūnzhuāng	该村庄原为四山湖中的一个土墩子，故名小墩庄。
严圩庄	Yánwéizhuāng	村庄周边筑有土圩，严姓居多，故名。
潼城村村民委员会	Tóngchéngcūn Cūnmínwěiyuánhuì	隶属泗县山头镇。1958 年人民公社时期为潼城大队，1984 年更名为潼城村民委员会。2008 年由黄墩村和潼城村合并，合并后命名为潼城村民委员会。
洪场庄	Hóngchǎngzhuāng	旧时该地原是打麦场，洪姓迁居此地，建村立庄，故名。
黄墩庄	Huángdūnzhuāng	该庄四周原是一片汪洋，该处有一土墩，后黄姓聚居此地，建村立庄，故称为黄墩庄。

标准名称	汉语拼音	备注
刘墩庄	Liúdūnzhuāng	因原村庄四周一片汪洋，有一渡口为土墩，故称刘墩庄。
毛董庄	Máodǒngzhuāng	该庄南面原无人居住，一片毛草，后董氏迁居至此，开垦荒地，故称为毛董庄。
仝城庄	Tóngchéngzhuāng	旧传汉朝期间王莽篡位，在此地建设城池，且铸有铜像，故名铜城，后更名为仝城庄。
小柏庄	Xiǎobǎizhuāng	因村庄面积小，柏姓居多，故名。
小王庄	Xiǎowángzhuāng	因村庄面积小，王姓居多，故名。
周宅庄	Zhōuzháizhuāng	旧时周姓在此建宅立庄，故名。
袁张村 村民委员会	Yuánzhāngcūn Cūnmínwěiyuánhuì	隶属泗县山头镇。1958 年人民公社时期为袁场大队，2008 年袁场村民委员会和张家村民委员会合并，更名为袁张村民委员会。
鲍前庄	Bàoqiánzhuāng	该庄原名烧饼店，因一户人家卖烧饼而得名。后鲍姓聚居此地，且该庄位于鲍圩庄南面，故得名鲍前庄。
鲍圩庄	Bàowéizhuāng	因村庄四周筑有土圩，鲍姓聚居，故名。
鲍宅庄	Bàozháizhuāng	旧时鲍姓定居此地，建造宅院，故名。
李湾庄	Lǐwānzhuāng	该处原来地势低洼一片湖泊，很多渔船在此停泊，土语称作湾船，后来李姓迁居此地，建村立庄，故得名李湾庄。
山庄	Shānzhuāng	旧时夏姓定居此地，拥良田千亩，多租地给佃户耕种，因该庄地处找沟山下，故得名山庄。
史宅庄	Shǐzháizhuāng	此村庄以史姓居多，故名。
仝圩庄	Tóngwéizhuāng	因村庄四周筑有土圩，仝姓居多，故名。
小陈庄	Xiǎochénzhuāng	因村庄面积小，陈姓居多，故名。
小高庄	Xiǎogāozhuāng	旧时高姓聚居此地，因村庄面积小，故得名小高庄。
小刘庄	Xiǎoliúzhuāng	因村庄面积小，刘姓居多，故名。
小秦庄	Xiǎoqínzhuāng	旧时秦姓聚居此地，因村庄小，故得名小秦庄。
小王庄	Xiǎowángzhuāng	因此村内多为王姓，故名。
小杨庄	Xiǎoyángzhuāng	旧时杨姓聚居此地，因庄小人少，故名。
小袁庄	Xiǎoyuánzhuāng	旧时袁姓由山西迁居此地，故名。
袁场庄	Yuánchǎngzhuāng	旧时因村庄有一个大的晒粮场，袁姓居多，故名。
张宅庄	Zhāngzháizhuāng	旧时张姓聚居此地，故名。
朱场庄	Zhūchǎngzhuāng	旧时因村庄有一大的晒粮场，朱姓居多，故名。
张店村 村民委员会	Zhāngdiàncūn Cūnmínwěiyuánhuì	隶属泗县山头镇。1958 年人民公社时期为张店大队，1984 年更名为张店村委员会，2008 年与胜宅村合并称为张店村民委员会。

标准名称	汉语拼音	备注
胜宅庄	Shèngzháizhuāng	旧时胜姓迁居此地，建造宅院，故名。
吴场庄	Wúchǎngzhuāng	旧时该庄为吴姓地主的祭庄，吴姓聚居此地，庄中有一大的打麦场，故名吴场庄。
小胡庄	Xiǎohúzhuāng	因村庄占地小，胡姓居多，故名。
小王庄	Xiǎowángzhuāng	旧时王姓在此居住，故名。
小杨庄	Xiǎoyángzhuāng	旧时杨姓在此买地建房，因村庄户数小，故名。
小张庄	Xiǎozhāngzhuāng	此村庄以张姓居多，故名。
姚场庄	Yáochǎngzhuāng	因村庄有一大的晒粮场，姚姓居多，故名。
张店街	Zhāngdiànjiē	旧时张姓聚居，此地逢集，故名。
朱场庄	Zhūchǎngzhuāng	旧时朱姓聚居，村庄有一个大的晒粮场，故名。
找沟村村民委员会	Zhǎogōucūn Cūnmínwěiyuánhuì	隶属泗县山头镇。1958 年人民公社时称找沟大队，1984 年更名为找沟村民委员会，2008 年该村与小郭村委会、塘坊村委会合并为找沟村民委员会。
红旗庄	Hóngqízhuāng	1958 年人民公社时期，该庄因经常得到红旗荣誉，故名。
红石桥庄	Hóngshíqiáozhuāng	民国时期，李姓聚居此地，后因该庄兴建红石桥梁一座，村庄以此命名，名红石桥庄。
林场庄	Línchǎngzhuāng	民国时期，此地原为林场，后张姓在此建村立庄，故名。
林业庄	Línyèzhuāng	民国时期，此地原为林场的一部分，故名。
陆庄	Lùzhuāng	旧时陆姓在此建村立庄，故名。
农业庄	Nóngyèzhuāng	该自然村位于林业庄边上，以农业为主，故名农业庄。
塘坊庄	Tángfāngzhuāng	旧时村庄旁边有一大塘，庄中开小作坊的人家较多，故名。
小郭庄	Xiǎoguōzhuāng	清朝咸丰年间，郭姓在此居住，故得名小郭庄。
新庄	Xīnzhuāng	民国时期，王姓聚居此地，因该庄为新建村庄，故名。
张瓦庄	Zhāngwǎzhuāng	民国初年，张姓在此居住，村庄中的瓦房居多，故名。
找沟庄	Zhǎogōuzhuāng	清朝道光年间，有个商人带着一条狗经过此地去南方做生意，过此地时走很远发现狗丢了，回来找到狗的时候，狗已经饿死了，而狗的身体下面是主人丢失的银子，故取名找狗庄，后因此地逢集又叫找沟街。
杨桥村村民委员会	Yángqiáocūn Cūnmínwěiyuánhuì	隶属泗县山头镇。1958 年人民公社时期为杨桥大队，1984 年更名为杨桥村民委员会，2008 年与杨娄村合并为杨桥村民委员会。
樊庄	Fánzhuāng	此村庄以樊姓居多，故名。
高周庄	Gāozhōuzhuāng	旧时高姓、周姓在此居住，故名。

标准名称	汉语拼音	备注
后场庄	Hòuchǎngzhuāng	因村庄位于小圩庄北面（习惯将北方称为后方）且庄里有一块比较大的打麦场，故名后场庄。
姜夏庄	Jiāngxiàzhuāng	清朝末期，该庄原为夏姓祭庄，后村庄中姜姓居多，故名姜夏庄。
南庄	Nánzhuāng	因该庄位于杨桥村正南方位，故名南庄。
潘庄	Pānzhuāng	此村庄以潘姓居多，故名。
魏圩庄	Wèiwéizhuāng	村庄周围建有防水土圩，魏姓居多，故名。
吴道庄	Wúdàozhuāng	此庄吴姓聚居，故名。
小柏庄	Xiǎobǎizhuāng	因村庄小，柏姓居多，故名小柏庄。
小圩庄	Xiǎowéizhuāng	旧时吴姓聚居此地，村庄四周筑有防水土圩墙，故名。
新庄	Xīnzhuāng	旧时蔡姓地主在此买地，由其他姓氏佃户耕种，村庄得名蔡场，新中国成立后更名为新庄。
杨楼庄	Yánglóuzhuāng	旧时杨姓曾在此庄兴建高楼一座，故名杨楼庄。
杨桥庄	Yángqiáozhuāng	因村庄西头有座石桥，杨姓居多，故名。
张吴尹庄	Zhāngwúyǐnzhuāng	旧时张姓由江苏睢宁迁入此地，该庄以张、吴、尹三姓居多，故取名为张吴尹庄。

刘圩镇

刘圩镇（Liúwéi Zhèn） 此处往日蒲草丛生，刘姓居多，四周又有土圩而得名蒲刘圩，久而久之，就直呼刘圩。因镇政府驻在刘圩，故命名刘圩镇。1949 年 4 月设刘圩区。1958 年 8 月人民公社时期成立刘圩公社。1980 年 1 月再次设区划社，增设刘圩镇。1985 年 9 月区划设置，刘圩乡为刘圩区所辖。1992 年 3 月撤区设镇至今。地处泗县东北部，东与江苏省泗洪县的归仁、梅花接壤，南依小黄河与黑塔镇相挨，西部与瓦坊乡毗邻，北与山头镇相连。辖刘圩、付圩、张谷、四山、高渡、西马、前戚、潼南、周道、秦场等 10 个村。电话区号是 0557，邮政编码是 234351。人口总数为 50230 人。辖区东西最大距离 15.2 千米，南北最大距离 6.16 千米，面积 80.6 平方千米。境内地势平坦，海拔 17 米左右，土质大部分系淤土，少部分是黑土。属暖温带半湿润气候，其特点是四季分明。刘圩镇属古河床发育富水区，镇内有小黄河、老濉河、余沟、潼河。最大的河流是老濉河，贯穿全镇 8 个村，在镇境内长 8 千米。矿藏及其他自然资源丰富。境内生物繁茂，种植业、养殖业等物产资源非常丰富。自然灾害有旱涝、风灾、低温、霜冻、雷击等。1961 年 4、5 月份遭霜灾和风灾，午季小麦单产只有 25 千克。农业耕地面积 7.55 万亩。土地肥沃，盛产小麦、棉花，又是无籽西瓜，黑豆，黑、红、黄心甘薯的生产基地。粮食作物以小麦、大豆为主。畜牧业以养殖猪、羊、牛、家禽为主。林业种植树种主要有柳树、杨树、刺槐、椿树，用材林以杨树为主；每年以平均 10 万株的速度递增，形成了沿路、沟渠旁处都有树的格局。工业拥有双福面粉、轮窑厂、正丰火机、鹏飞体育用品、桦枫木业、鼎信木业、文颖服饰等主要工业项目 13 个。现有刘圩集市、大侯集市、四山集市。各集市逢集日交替互补，互通有无，促进了贸易的流通。每 10 日内，各集市人流总量 27000 人，年商品交易额超 15 亿。2018 年财政收入 1250 万元，财政收入主要有工商收入、地税收入、国税收入。全镇有六纵六横十二条公路网。其中省道 2 条，泗找公路（414 省道）、山闽公路（301 省道），县道两条即刘大路（县道）和娄骆路（055 县道），8 条乡道均为公路四级水泥路面。2018 年末有邮政支局 1 处，邮政业务总量 1500 万元，其中纯收入 450 万元。报纸、杂志累计期发行 1.4 万份。电信企业 3 家，服务网点 15 个，电话普及率 96%。移动电话用户 4.5 万户，互联网用户 9000 户。全年电信业务收入 2500 万元。

标准名称	汉语拼音	备注
付圩村 村民委员会	Fùwéicūn Cūnmínwěiyuánhuì	隶属泗县刘圩镇。1958 年人民公社时期为付圩大队，1984 年更名为付圩村民委员会，2008 年该村委会与大杨村民委员会合并，仍命名为付圩村民委员会。
大杨庄	Dàyángzhuāng	旧时杨姓定居此地，故名。
马场庄	Mǎchǎngzhuāng	该地原是大地主张海生打场临时存放粮食和长工居住的寄庄，马姓居多，故名。
马圩庄	Mǎwéizhuāng	旧时村民为了防止盗贼修建圩沟，故得名马圩庄。
付圩庄	Fùwéizhuāng	旧时付姓在此建造房屋及防盗贼圩沟，得名付宽圩，后更名为付圩庄。
曹行庄	Cáohángzhuāng	该地原是湖滩，渔民捕鱼、卖鱼的地方，后形成鱼行。过去叫曹鱼行。随着湖水退去，不断有人迁居至此形成村落，故名。
冯庄	Féngzhuāng	旧时冯姓在此立庄，故名。
高渡村 村民委员会	Gāodùcūn Cūnmínwěiyuánhuì	隶属泗县刘圩镇。1958 年人民公社时期为高渡大队，1984 年更名为高渡村民委员会。
大侯集	Dàhóují	旧时侯姓聚居，周边逐渐形成集市，故名。
高渡庄	Gāodùzhuāng	旧时因高姓在此设渡船摆渡，故名。
小李庄	Xiǎolǐzhuāng	该庄李姓居多，面积较小，故名。
刘圩村 村民委员会	Liúwéicūn Cūnmínwěiyuánhuì	隶属泗县刘圩镇。1958 年人民公社时期为刘圩大队，1984 年更名为刘圩村民委员会，2008 年该村委会与小韩村民委员会合并，仍名为刘圩村民委员会。
刘圩庄	Liúwéizhuāng	因村庄四周筑有土圩，刘姓居多，故名刘圩庄。

标准名称	汉语拼音	备注
小韩庄	Xiǎohánzhuāng	因村庄面积小，韩姓居多，故名小韩庄。
前戚村村民委员会	Qiánqīcūn Cūnmínwěiyuánhuì	隶属泗县刘圩镇。1958 年人民公社时期为前戚大队，1984 年更名为前戚村民委员会，2008 年该村委会与双宅村委会、新建村委会合并，合并后仍命名为前戚村民委员会。
曹庄	Cáozhuāng	村庄以曹姓居多，故名。
后戚庄	Hòuqīzhuāng	旧时戚姓分支迁至村庄北面居住，故名。
路庄	Lùzhuāng	旧时路姓聚居此地，故名。
马邦庄	Mǎbāngzhuāng	清朝光绪年间，马邦庄原是洼地，山头镇崔庄马姓迁居到此，以捕鱼为生。为方便生活，从山上拉来鹅卵石垫宅盖房，该庄得名马邦庄。
前戚庄	Qiánqīzhuāng	旧时戚姓家分支迁至村庄南面居住，故名。
双宅庄	Shuāngzháizhuāng	旧时张姓定居此地，后逐渐形成东、西两片居民区，故名双宅庄。
宋庄	Sòngzhuāng	旧时宋姓定居此地，故名。
秦场村村民委员会	Qínchǎngcūn Cūnmínwěiyuánhuì	隶属泗县刘圩镇。1958 年人民公社时期为秦场大队，1984 年更名为秦场村民委员会，2008 年 4 月该村委会与黄圩村合并，仍名为秦场村委会。
秦场新区	Qínchǎngxīnqū	2013 年政府建设美好乡村工程，秦姓居多，故名秦场新区。
张庄	Zhāngzhuāng	旧时张姓定居此地，故名。
李场庄	Lǐchǎngzhuāng	旧时庄内有一大的晒谷场，李姓居多，故名。
刘庄	Liúzhuāng	旧时刘姓定居此地，故名。
黄圩庄	Huángwéizhuāng	旧时黄姓为防盗贼，在村庄挖建圩沟，故名。
杨圩庄	Yángwéizhuāng	清末杨老圣考取举人，从此庄名就叫杨圣圩，后更名为杨圩庄。
秦场庄	Qínchǎngzhuāng	旧时秦姓地主定居此地，后来其他姓氏到此帮工，秦姓人家管吃管住，还给工钱。后秦姓因家庭变故，搬家迁走，为了纪念秦姓，命名秦场庄。
贡庄	Gòngzhuāng	旧时贡姓定居此地，故名贡庄。
吴场庄	Wúchǎngzhuāng	旧时村庄有一大的打麦场，吴姓居多，故名吴场庄。
代庄	Dàizhuāng	旧时代姓聚居此地，故名。
夏场	Xiàchǎng	旧时因村庄有一大的打麦场，夏姓居多，故名。
周大昌圩	Zhōudàchāngwéi	清朝中期，财主周大昌定居此地，因村庄四周筑有土圩墙，故得名周大昌圩。

标准名称	汉语拼音	备注
周道村 村民委员会	Zhōudàocūn Cūnmínwěiyuánhuì	隶属泗县刘圩镇。1958 年人民公社时期为周道大队，1984 年更名为周道村民委员会，2008 年周道村民委员会与吴圩村民委员会合并，仍命名为周道村民委员会。
后场	Hòuchǎng	旧时吴姓雇佣长工在此看场种地，因该庄位于大吴圩北面，故得名后场。
翟庄	Zháizhuāng	旧时翟姓聚居此地，建村立庄，故名。
新兴庄	Xīnxìngzhuāng	1975 年洪灾过后，大吴圩庄每个生产组抽调 3—5 户迁居潼河两岸，建村立庄，命名为新兴庄。
大吴圩庄	Dàwúwéizhuāng	旧时因村庄四周筑有土圩墙，吴姓居多，故名大吴圩庄。
乱吴庄	Luànwúzhuāng	旧时吴姓定居此地，后来其他姓氏逐渐迁入，因村庄面积小，居住散乱，故命名为乱吴庄。
周步月庄	Zhōubùyuèzhuāng	旧时周步月夫妇二人在此开荒种地，繁衍生息，故名。
周道庄	Zhōudàozhuāng	此处原名安河渡口，因周姓在此摆渡而改名周道口，简称周道庄。
小吴圩庄	Xiǎowúwéizhuāng	旧时吴姓定居此地，因村庄四周筑有土圩墙，面积小，故名。
林庄	Línzhuāng	因此村内多为林姓，故名。
四山村 村民委员会	Sìshāncūn Cūnmínwěiyuánhuì	隶属泗县刘圩镇。1958 年人民公社时期为四山大队，1984 年更名为四山村民委员会，1992 年撤区并乡之前为四山乡所在地。
邓场庄	Dèngchǎngzhuāng	此处原是邓姓地主的打麦场，邓家佃户在该场附近居住，故名邓场。
东于庄	Dōngyúzhuāng	因该村有四个于庄，该庄位置靠东，故得名东于庄。
东周场	Dōngzhōuchǎng	旧时山西周姓兄弟三人过来经商，住朱山北周圩庄，后来家族分支迁到村庄东部居住，因村庄有一大的打麦场，故得名东周场。
后大庄	Hòudàzhuāng	清朝道光年间，周姓聚居此地，建村立庄，后来周姓分支迁到村北居住，故名后大庄。
老圩里庄	Lǎowéilǐzhuāng	旧时周姓在此立庄，因村庄四周筑有土圩墙，故名老圩里庄。
前大庄	Qiándàzhuāng	清朝道光年间，周姓兄弟分家，长兄占居此处，以前叫老圩子，因有老周圩庄，为区别，更名为前大庄。
前于庄	Qiányúzhuāng	民国时期，该庄原为大地主的寄庄，因于姓和余姓发生矛盾，余姓人寡弱，就迁至小余沟北西首居住，故名。

标准名称	汉语拼音	备注
四山街	Sìshānjiē	很早以前此地乃是湖泊一片，不知从何时起湖中渐渐长出一座山丘。民间传言山顶仍在增高，此处可能会有一位皇娘出现。又传说明朝开国之初，刘伯温路过此地，让人在山顶插一把铁锹，马上血流成河，从此山不再增高，且山顶有四个高点，因名四山。该村庄坐落在山的南坡，又因此地逢集，故名四山街。
陶场庄	Táochǎngzhuāng	清朝末年，县城有陶姓财主，因财产之多，素有陶半城之说。该庄是陶姓财主打场临时存放粮食和长工居住的寄庄，故名。
汪东庄	Wāngdōngzhuāng	原名汪南坊，1981 年分为东、西两组，因该组位于东侧，时称汪东组，后演变为汪东庄。
汪西庄	Wāngxīzhuāng	原名汪南坊，1981 年分为东、西两组，因该组位于西侧，时称汪西组，后演变为汪西庄。
西余庄	Xīyúzhuāng	民国时期，该村余姓与前于村于姓发生矛盾，搬迁至此。因该庄位于前于庄西北方位，故名西余庄。
西周场庄	Xīzhōuchǎng-zhuāng	清代有山西周姓兄弟三人过来经商，住朱山北周圩庄，后周氏家族分支迁到村庄西部居住，因村庄有一大的打麦场，故得名西周场庄。
夏场庄	Xiàchǎngzhuāng	旧时苏北几个人到此地打鱼，居住下来，以夏姓居多，故名。
小杨庄	Xiǎoyángzhuāng	因村庄面积小，杨姓居多，故名。
姚场庄	Yáochǎngzhuāng	清朝中期建村，姚姓居多，取名姚场庄。
中于庄	Zhōngyúzhuāng	因该村有四个于庄，该庄位置居中，故得名中于庄。
潼南村 村民委员会	Tóngnáncūn Cūnmínwěiyuánhuì	隶属泗县刘圩镇。1958 年人民公社时期为潼南大队，1984 年更名为潼南村民委员会。
后刘圩	Hòuliúwéi	因该庄位于刘圩庄北面，故名。
黄场	Huángchǎng	旧时村庄有一大的打谷场，黄姓居多，故名黄场。
姬湖庄	Jīhúzhuāng	旧时姬天宝、姬天成兄弟由山东搬迁至此，建村立庄，因该地原为沼泽地，故名姬湖庄。
李场	Lǐchǎng	旧时胡姓、张姓、袁姓三姓迁居此地，后被李姓地主买下作为寄庄，故得名为李场。
李庄	Lǐzhuāng	该村居民李姓为主，故名。
潘场庄	Pānchǎngzhuāng	旧时潘姓在此打场，故名。
小柏庄	Xiǎobǎizhuāng	此地原是一片湖地，汪姓在此立庄，命名为汪湖。清末，汪姓家族渐渐衰落，柏姓地主买下此庄，更名为小柏庄。
小惠庄	Xiǎohuìzhuāng	村庄惠姓居多，面积小，故名。
小秦庄	Xiǎoqínzhuāng	秦姓聚居之地，村小人少，故名小秦庄。
杨庄	Yángzhuāng	因此村内多为杨姓，故名。

标准名称	汉语拼音	备注
朱庄	Zhūzhuāng	此地原为一片湖地，一朱姓商人乘船做生意路过此地，因所乘的大船在此搁浅无法行走，朱姓留在此地，故得名为朱庄。
农科队	Nóngkēduì	1958年人民公社时期，农科队在此考察、技术推广，为方便工作在此建房居住，故名。
高庄	Gāozhuāng	旧时高姓定居此地，故名。
西马村村民委员会	Xīmǎcūn Cūnmínwěiyuánhuì	隶属泗县刘圩镇。1958年人民公社时期为西马大队，1984年更名为西马村民委员会，2008年该村民委员会和前沛村民委员会合并后，仍命名为西马村民委员会。
李场庄	Lǐchǎngzhuāng	旧时庄内有一大的打麦场，李姓居多，故名。
马场庄	Mǎchǎngzhuāng	旧时马姓定居此地，种地，打场，故名。
西马庄	Xīmǎzhuāng	因村庄位于墓河西面，马姓居多，故名。
小惠庄	Xiǎohuìzhuāng	因村庄面积小，惠姓居多，故名。
谢宅庄	Xièzháizhuāng	因该庄原为芦塘，芦塘中间有一凸起的土堆，谢姓在此立庄，故名。
张沛庄	Zhāngpèizhuāng	原该处所有土地都为地主张海生所有，张姓命名为张配庄，有配给张海生之义，后更名为张沛庄。
张谷村村民委员会	Zhānggǔcūn Cūnmínwěiyuánhuì	隶属泗县刘圩镇。1958年人民公社时期为张谷大队，1984年更名为张谷村民委员会，2008年该村委会与许宅村委会合并，仍名为张谷村民委员会。
张仝庄	Zhāngtóngzhuāng	旧时张姓仝字辈在此建村立庄，故名。
张银庄	Zhāngyínzhuāng	旧时张姓银字辈在此建村立庄，故名。
张沛庄	Zhāngpèizhuāng	该村张姓因祖辈姓张名佩，故得名张佩庄，后演变为张沛庄。
张谷庄	Zhānggǔzhuāng	该庄张姓祖辈姓张名谷，故名。
张彬庄	Zhāngbīnzhuāng	该庄张姓祖辈姓张名彬，故名张彬庄。
侯桥庄	Hóuqiáozhuāng	民国时期，侯姓定居此地，门前有条小河，出行不便，他把家中所有财产变卖，修建一座小桥，村庄因此得名侯桥庄。
前刘界庄	Qiánliújièzhuāng	旧时刘界庄本是刘界一个整体庄，不分前后刘庄。村庄有一刘姓人氏，力大无比，在争夺地边时与张海生较劲，背一大石碑，从张海生门前向东南方向走1.6千米处，立碑于此，故得名前刘界庄。
后刘界庄	Hòuliújièzhuāng	刘姓分支由前刘界庄搬迁至此，建村立庄，因该庄地处前刘界庄北面，故得名后刘界庄。
许宅庄	Xǔzháizhuāng	因地主张海生势力很大，有很多土地，他召集外来人口到此为他种地，许姓居多，故名。
王宅庄	Wángzháizhuāng	村庄以王姓居多，故名。

标准名称	汉语拼音	备注
刘宅庄	Liúzháizhuāng	村庄以刘姓居多，故名。
陈圩庄	Chénwéizhuāng	隶属泗县黑塔镇张谷村委会，1958 年人民公社时称陈圩小队，1984 年复称陈圩庄。

黑塔镇

黑塔镇（Hēitǎ Zhèn） 来源于传说中唐朝的“刘黑塔”(刘黑闼)，随着历史的变迁，“刘”字被去掉。“文革”时把“黑塔”改叫“红塔”，“文革”后又恢复“黑塔”。1949 年 4 月设黑塔乡，隶属汴河区。1958 年 8 月，人民公社化时期为八一公社。1961 年 12 月设区划社，设置黑塔区。1969 年 2 月撤区并社，命名红塔公社。1980 年 1 月又设区划社，恢复黑塔区。1992 年 3 月撤区并乡，设黑塔镇。2005 年 1 月撤乡并镇，原小梁乡并入黑塔镇。地处泗县东北部，东与江苏省宿迁市泗洪县青阳镇接壤，南依新濉河，与草庙镇隔河相望，西与屏山镇相毗连，北接刘圩镇。人民政府驻黑塔村。辖黑塔、韩徐、河西、顺河、倪姚、三甄、陈圩、王武、蒋杨、周黄、朱山、马厂、红旗、三葛、界牌、三陈、大魏、小梁等 18 个村。电话区号是 0557，邮政编码是 234341，距泗县城 19.5 千米。辖区总人口 8.6 万人。辖区东西最大距离 11 千米，南北最大距离 15 千米，面积 193 平方千米。全镇地势平坦，西高东低，西部有马鞍山、朱山等大小山丘 6 座。境内朱山主峰海拔 157.2 米。其余平均海拔 17 米左右。土质多系黑淤土，黏性质地。属暖温带季风区中的大陆性气候。境内主要河流：老濉河自王武村到三陈村段，长 23 千米；民利河自马厂村到三陈村，境内河道长 15 千米；新濉河自三葛村到三陈村，境内河道长 13 千米。境内资源主要为石灰石，地质储量 5 亿立方米，可采储量为 3 亿立方米，集中分布在马厂村、朱山村一带。地下水资源可利用量为 900 万立方米。农业耕地面积 105 平方千米，粮食作物以小麦、玉米、大豆、山芋为主。畜牧业以养殖猪、羊、牛、家禽为主。工业主要为山石开采和木材加工等。2018 年末共有个体工商户 1858 户。2018 年社会商品零售总额达 9.2 亿元，比上年增长 8%；城乡集贸市场 5 个，年成交额 7.5 亿元。2018 年财政总收入 811.41 万元，其中税收收入累计 827.09 万元，比上年增长 20%。从各主要税种看，2018 年末，境内金融机构各类存款余额 0.9 亿元，比上年增长 25%；人均财政收入 650 元。境内有县道 1 条，总长 138 千米，南与 303 省道交汇，北与江苏睢宁县交汇，宿州至淮安铁路，许昌至泗洪高速公路横穿该镇。2018 年末有邮政支局 1 处，邮政业务总量 275 万元，其中纯收入 100 万元。报纸、杂志累计发行 110 万份。电信企业 1 家，服务网点 14 个，固定电话用户 0.86 万户，电话普及率 40%；移动电话用户 3.8 万户，互联网用户 800 万户。全年电信业务收入 310 万元。

标准名称	汉语拼音	备注
陈圩村 村民委员会	Chénwéicūn Cūnmínwěiyuánhuì	隶属泗县黑塔镇。1958 年人民公社时期为陈圩大队，1984 年更名为陈圩村民委员会。
董庄	Dǒngzhuāng	因此村民多为董姓，故名。
后王庄	Hòuwángzhuāng	旧时王姓分支迁到村庄北面居住，当地以北为后，故名。
南场庄	Nánchǎngzhuāng	因村庄位于尤场的南面，有大的晒粮场，故得名南场庄。
双宅庄	Shuāngzháizhuāng	清朝咸丰年间，陈姓迁居此地，后一部分人搬到圩沟外面居住，形成这庄子里的人家都有两处宅基，故得名双宅庄。
孙庄	Sūnzhuāng	旧时孙姓定居此地，故名。
汤圩庄	Tāngwéizhuāng	旧时汤姓定居此地，村民在村庄周围开挖圩沟，故名。
团张庄	Tuánzhāngzhuāng	因村民居住点较为密集，张姓居多，故名。
小周圩庄	Xiǎozhōuwéizhuāng	因村庄面积小，周姓居多，故名。
姚庄	Yáozhuāng	此庄村民以姚姓为主，故名。
尤场庄	Yóuchǎngzhuāng	旧时尤姓在此立庄，村庄有一大的晒谷场，故得名尤场庄。
张鲍庄	Zhāngbàozhuāng	旧时张、鲍二姓迁居此地，故名。
大魏村 村民委员会	Dàwèicūn Cūnmínwěiyuánhuì	隶属泗县黑塔镇。1984 年人民公社时期为大魏大队，1984 年更名为大魏村民委员会。
大倪庄	Dànízhuāng	旧时倪姓定居此地，故名大倪庄。
东庄	Dōngzhuāng	因该庄地处大倪庄东面，故名东庄。
伙宅庄	Huǒzháizhuāng	清朝宣统年间，魏姓家兄弟三人看好一块地，合伙购买宅基地，在上面盖起房子定居下来，该庄取名为伙制宅。后来人们把中间的制字去掉，叫作伙宅庄。
老徐庄	Lǎoxúzhuāng	清代中期，徐姓迁居此地，因徐姓居住时间长，故得名老徐庄。
路广庄	Lùguǎngzhuāng	旧时路姓渔民定居此地，该庄得名路广家。民国后期不断有逃荒者落户至此，该庄得名路广庄。
骈胡庄	Piánhúzhuāng	旧时骈姓、胡姓迁居此地，故名。
小祁庄	Xiǎoqízhuāng	因村庄人口少，祁姓居多，故而得名小祁庄。
小徐庄	Xiǎoxúzhuāng	因村庄面积小，徐姓居多，故得名小徐庄。
徐谢庄	Xúxièzhuāng	民国时期，徐姓和谢姓由大倪庄搬迁至此，故名徐谢庄。
韩徐村 村民委员会	Hánxúcūn Cūnmínwěiyuánhuì	隶属泗县黑塔镇。1958 年人民公社时期为新韩大队，1984 年更名为新韩村委会，2008 年该村委会与徐赵村委会合并，合并后命名为韩徐村民委员会。
韩庄	Hánzhuāng	因此村内多为韩姓，故名。
河徐庄	Héxúzhuāng	因该庄徐姓居多，地处小凄河边，故名河徐庄。

标准名称	汉语拼音	备注
胡场庄	Húchǎngzhuāng	旧时胡姓聚居此地，因村庄有一大的打谷场，故得名胡场庄。
黄场庄	Huángchǎngzhuāng	村民黄姓居多，村庄有一大的晒谷场，故名。
小魏庄	Xiǎowèizhuāng	旧时魏姓在此立庄，因村庄面积小，故名小魏庄。
小袁庄	Xiǎoyuánzhuāng	因村庄人口少，袁姓居多，故名。
小周庄	Xiǎozhōuzhuāng	旧时周姓在此立庄，因村庄面积小，故名小周庄。
新庄	Xīnzhuāng	民国年间，大魏庄魏姓分支迁居此地，建村立庄，因村庄新建不久，故得名新庄。
许场庄	Xǔchǎngzhuāng	此村庄许姓居多，有一大的晒谷场，故名。
严圩庄	Yánwéizhuāng	因村庄四周筑有土圩墙，村民以严姓居多，故名。
赵桥庄	Zhàoqiáozhuāng	民国时期，赵姓聚居此地，因村庄旁边有一座石桥，故得名赵桥庄。
赵庄	Zhàozhuāng	因此村内多为赵姓，故名。
河西村 村民委员会	Héxīcūn Cūnmínwěiyuánhuì	隶属泗县黑塔镇。1958 年人民公社时期为朱王大队，1984 年更名为朱王村委会，2008 年该村委会与小夏村委会合并，命名为河西村民委员会。
林场庄	Línchǎngzhuāng	林业局曾在这里建立林场，村民在周围建造房屋定居，故名。
钱圩庄	Qiánwéizhuāng	该庄钱姓居多，村民为防土匪偷抢，在村庄周围挖了圩沟，故名钱圩庄。
小陈庄	Xiǎochénzhuāng	因村庄人口少，陈姓居多，故名小陈庄。
小韩庄	Xiǎohánzhuāng	因村庄人口少，韩姓居多，故得名小韩庄。
小胡庄	Xiǎohúzhuāng	旧时胡姓在此立庄，因村庄面积小，故名小胡庄。
小倪庄	Xiǎonízhuāng	因村庄人口少，倪姓居多，故名小倪庄。
小夏庄	Xiǎoxiàzhuāng	明朝末年，夏姓由陕西迁居此地，因村庄人口少，故名小夏庄。
小易庄	Xiǎoyìzhuāng	因村庄户数少，村民以易姓居多，故名小易庄。
徐六庄	Xúliùzhuāng	民国时期，徐姓兄弟不和，排行老六的负气离家搬居在此地，后来又搬来几户，形成一小居民点，因徐姓定居较早，故得名徐六庄。
朱王庄	Zhūwángzhuāng	清朝道光年间，朱、王二姓迁居此地，故名朱王庄。
黑塔村 村民委员会	Hēitǎcūn Cūnmínwěiyuánhuì	隶属泗县黑塔镇。1958 年人民公社时期为红塔大队，后改为黑塔大队，1984 年改为黑塔村民委员会。
河北庄	Héběizhuāng	因该庄地处小凄河北面，故得名河北庄。
河南庄	Hénánzhuāng	因该庄地处小凄河南面，故得名河南庄。
小胡场	Xiǎohúchǎng	此村庄胡姓居多，有一大的晒谷场，故得名小胡场。

标准名称	汉语拼音	备注
小惠庄	Xiǎohuìzhuāng	因村庄面积较小，惠姓居多，故名小惠庄。
红旗村 村民委员会	Hóngqícūn Cūnmínwěiyuánhuì	隶属泗县黑塔镇。1958 年人民公社时期为红旗大队，1984 年更名为红旗村委会，2008 年红旗村与娄园、双庙、舒圩三个小村合并，仍命名为红旗村民委员会。
娄元庄	Lóuyuánzhuāng	旧时娄姓定居此地，村庄中开园种菜的居多，故名。
毛刘张庄	Máoliúzhāngzhuāng	清朝宣统年间，村民以毛姓、刘姓、张姓为主，故名毛刘张庄。
毛庄	Máozhuāng	此村庄以毛姓居多，故名。
舒圩庄	Shūwéizhuāng	旧时舒姓在此立庄，因村庄四周筑有圩墙抵御外敌，故名舒圩庄。
双庙庄	Shuāngmiàozhuāng	旧时该庄建有两座古庙，一座土地庙，一座和尚庙，故名。
唐尤庄	Tángyóuzhuāng	清朝雍正年间，唐姓、尤姓迁居此地，故名唐尤庄。
唐庄	Tángzhuāng	因此村内多为唐姓，故名。
王井庄	Wángjǐngzhuāng	因庄内王姓居多，有口古井，故名王井庄。
吴海庄	Wúhǎizhuāng	清朝光绪年间，吴姓聚居此地，村庄命名为吴海庄。
小柏庄	Xiǎobǎizhuāng	因村庄面积小，柏姓居多，故名小柏庄。
小董庄	Xiǎodǒngzhuāng	清朝道光年间，董姓聚居此地，建村立庄，因村庄人口少，故得名小董庄。
小李庄	Xiǎolǐzhuāng	因村庄人口少，李姓居多，故名。
小苏庄	Xiǎosūzhuāng	清朝咸丰年间，苏姓聚居此地，因村庄面积小，故名小苏庄。
小朱庄	Xiǎozhūzhuāng	旧时朱姓定居此地，因村庄人面积小，故名小朱庄。
蒋杨村 村民委员会	Jiǎngyángcūn Cūnmínwěiyuánhuì	隶属泗县黑塔镇。1958 年人民公社时期为蒋杨大队，1984 年更名为蒋杨村民委会。
杨庄	Yángzhuāng	清朝咸丰年间，杨姓聚居此地，建村立庄，故名。
蒋庄	Jiǎngzhuāng	此村庄以蒋姓居多，故名。
苏巷庄	Sūxiàngzhuāng	因该庄苏姓居多，庄中有一条古巷，故得名苏巷庄。
曹刘庄	Cáoliúzhuāng	明朝末年，曹姓、刘姓定居此地，故名曹刘庄。
郑圩庄	Zhèngwéizhuāng	因村庄四周筑有土圩墙，郑姓居多，故名郑圩庄。
马庄	Mǎzhuāng	清朝光绪年间，马姓由北方迁居此地，故名马庄。
卢庄	Lúzhuāng	此村庄以卢姓居多，故名。
朱庄	Zhūzhuāng	此村庄以朱姓居多，故名。
界牌村 村民委员会	Jièpáicūn Cūnmínwěiyuánhuì	隶属泗县黑塔镇。1958 年人民公社时期为界牌大队，1984 年更名为界牌村民委员会。

标准名称	汉语拼音	备注
小屈庄	Xiǎoqūzhuāng	清朝光绪年间，屈姓聚居此地，因村庄人口少，故名小屈庄。
老吴庄	Lǎowúzhuāng	清朝咸丰年间，吴姓聚居此地，因吴姓定居较早，故名老吴庄。
小吴庄	Xiǎowúzhuāng	因村庄人口少，吴姓居多，故名。
小魏庄	Xiǎowèizhuāng	清朝道光年间，魏姓聚居此地，建村立庄，因村庄人口少，故名小魏庄。
龚李庄	Gōnglǐzhuāng	清朝道光年间，龚姓、李姓聚居此地，建村立庄，故名龚李庄。
界牌张	Jièpáizhāng	因村庄位于安徽江苏交界，张姓居多，故得名界牌张。
小戚庄	Xiǎoqīzhuāng	因村庄面积小，戚姓居多，故名。
小惠庄	Xiǎohuìzhuāng	因村庄面积小，惠姓居多，故名。
宋庄	Sòngzhuāng	因此村内多为宋姓，故名。
大顾庄	Dàgùzhuāng	旧时顾姓定居此地，故名。
小刘庄	Xiǎoliúzhuāng	明朝末年，刘姓由陕西迁居此地，因村庄户数少，故名。
小张庄	Xiǎozhāngzhuāng	清朝道光年间，张姓聚居此地，建村立庄，因村庄人口少，故名。
马场村村民委员会	Mǎchǎngcūn Cūnmínwěiyuánhuì	隶属泗县黑塔镇。1958 年人民公社时期为马场大队，1984 年更名为马场村民委员会。
陈庄	Chénzhuāng	此村庄以何姓居多，故名。
大程庄	Dàchéngzhuāng	旧时程姓定居此地，故名。
丁庄	Dīngzhuāng	此村庄以丁姓居多，故名。
高庄	Gāozhuāng	明朝永乐年间，高姓由河南迁居此地，故名高庄。
林业庄	Línyèzhuāng	清朝末年，陶姓聚居此地，建村立庄，因该庄梨树种植多，得名陶园，后土地改革时更名为林业庄。
卢庄	Lúzhuāng	旧时定居此地，故名卢庄。
马场庄	Mǎchǎngzhuāng	民间传说，隋末唐初，罗成在马厂北头老槐树拴马。另外传说朱山就是原来的瓦岗寨，该地有饮马池，山上有放马的遗址，故名。
谭圩庄	Tánwéizhuāng	旧时谭姓定居此地，因村庄四周筑有土圩墙，故名。
小程庄	Xiǎochéngzhuāng	因村庄面积小，程姓居多，故名。
倪姚村村民委员会	Níyáocūn Cūnmínwěiyuánhuì	隶属泗县黑塔镇。1958 年人民公社时期为倪姚大队，1984 年更名为倪姚村委会，2008 年行政区划调整，和三马村合并，合并后仍命名为倪姚村民委员会。
陈场庄	Chénchǎngzhuāng	清朝晚期，北方陈姓迁居至此，村庄有打谷场，故名陈场庄。

标准名称	汉语拼音	备注
大倪庄	Dànízhuāng	清代中期，倪姓由南方迁居至此，因比小倪庄人多面积大，故名大倪庄。
三马庄	Sānmǎzhuāng	明代中期，马姓由山东、山西两省迁居至此，分别为前马庄、二马庄、后马庄三个小居民点，后合并为三马庄。
吴场庄	Wúchǎngzhuāng	此村庄以吴姓居多，有一大的晒谷场，故名。
小倪庄	Xiǎonízhuāng	因村庄面积小，倪姓居多，故名为小倪庄。
小王庄	Xiǎowángzhuāng	清朝光绪年间，王姓由南方迁居至此，建村立庄，后来此地出一京官，戴红顶帽子，故得名为王红顶庄，民国后期改为小王庄。
新关庄	Xīnguānzhuāng	因此地有几条河交汇，老濉河通洪泽湖，旧时运输船只，多在此上岸交易，故称新关口，后简称新关庄。
姚庄	Yáozhuāng	因此村内多为姚姓，故名。
张场庄	Zhāngchǎngzhuāng	清末，张姓由北方迁居至此，因村庄有一大的晒谷场，故名。
三陈村 村民委员会	Sānchéncūn Cūnmínwěiyuánhuì	隶属泗县黑塔镇。1958 年人民公社时期为三陈大队，1984 年更名为三陈村民委员会。
陈台庄	Chéntáizhuāng	民国初年，陈姓兄弟三人中老大迁居至此，建村立庄，因村庄曾有一座炮台，故名。
大蒋庄	Dàjiǎngzhuāng	宋朝时期，蒋姓在此落户，逐渐形成村庄，后以姓氏命名大蒋庄。
路陈庄	Lùchénzhuāng	民国初年，陈姓兄弟三人中的老二定居此地，该庄命名为路陈庄。
桥头吴庄	Qiáotóuwúzhuāng	此庄因吴姓居多，村口有座大桥，故名。
小魏庄	Xiǎowèizhuāng	此庄因村庄小，魏姓居多，故名。
朱庙庄	Zhūmiàozhuāng	此地原有座古庙，朱姓在此立庄，故名。
小胡庄	Xiǎohúzhuāng	清末年间，胡姓兄弟二人到此居住，后兄弟分家，各占一方，弟弟选的地方面积较小，故得名小胡庄。
胡圩庄	Húwéizhuāng	清末年间，胡姓兄弟二人到此居住，后兄弟分家，各占一方，哥哥选的地方四周建有圩沟，故得名胡圩庄。
季桥庄	Jìqiáozhuāng	因老濉河流经此地，河上原有小桥，季姓居多，故名。
三陈庄	Sānchénzhuāng	旧时陈姓兄弟三人中的老三迁定居此地，建村立庄，因该庄为陈氏家族第三处分支，故名。
三葛村 村民委员会	Sāngěcūn Cūnmínwěiyuánhuì	隶属泗县黑塔镇。1958 年人民公社时期为三葛大队，1984 年更名为三葛村民委员会。
陈坝庄	Chénbàzhuāng	因此地处奎睢河北岸，房屋建筑于河堤坝上。陈姓为了便于河两岸种地，修了一条大坝，取名陈坝，该庄因此得名。

标准名称	汉语拼音	备注
大吴庄	Dàwúzhuāng	清代中期，吴姓由北方迁居至此，故名。
前赵庄	Qiánzhàozhuāng	明朝嘉靖年间，赵姓由江苏迁居此地，后分支搬迁到村庄南部居住，当地以南为前，故得名前赵庄。
三葛庄	Sāngězhuāng	清代末期，葛姓由河南省迁居至此，建立村庄，分为前葛、中葛、后葛三个居民点，后三个居民点合并，故名。
小刘庄	Xiǎoliúzhuāng	旧时刘姓定居此地，因村庄面积小，故名小刘庄。
小魏庄	Xiǎowèizhuāng	该庄地处奎濉河北，原有几户魏姓，因村庄人口少，故名。
小吴圩庄	Xiǎowúwéizhuāng	该庄吴姓人口居多，村庄面积很小，村庄东北有一条圩沟环绕半个村落，故名。
赵三庄	Zhàosānzhuāng	因该庄人口少，赵姓居多，经济贫困，故称为可怜赵。后因该庄为赵姓第三处分支，更名为赵三庄。
朱钱庄	Zhūqiánzhuāng	清朝乾隆年间，朱、钱二姓迁居此地，故名朱钱庄。
三甄村 村民委员会	Sānzhēncūn Cūnmínwěiyuánhuì	隶属泗县黑塔镇。1958 年人民公社时期为三甄大队，1984 年更名为三甄村民委员会。
高场庄	Gāochǎngzhuāng	旧时高姓在此立庄，村庄有一大的打谷场，故得名高场庄。
后甄庄	Hòuzhēnzhuāng	明朝末年，甄姓迁居此地，后分支搬迁到村庄北面居住，故名。
老陈庄	Lǎochénzhuāng	清代中期，陈姓由北方迁居至此，因陈姓居住时间久，故名老陈庄。
前王庄	Qiánwángzhuāng	清代顺治年间，王姓迁居至此，因该庄位于杨圩王庄南面，故名。
前甄庄	Qiánzhēnzhuāng	明朝末年，甄姓迁居此地，后分支搬迁到村庄南面居住，故名。
邱圩庄	Qiūwéizhuāng	因村庄四周挖有圩沟，邱姓居多，故得名邱圩庄。
许场庄	Xǔchǎngzhuāng	旧时许姓定居此地，村庄有一大的晒谷场，故名。
杨圩庄	Yángwéizhuāng	旧时杨姓在此立庄，因村庄四周筑有土圩墙，故名。
周英庄	Zhōuyīngzhuāng	明朝嘉靖年间，周姓由江苏迁居此地，取名周英庄。
顺河村 村民委员会	Shùnhécūn Cūnmínwěiyuánhuì	隶属泗县黑塔镇。1958 年人民公社时期为大张大队，1984 年更名为大张村民委员会，2008 年大张村与杨宅村、谢沟村合并，合并后命名为顺河村民委员会。
大张庄	Dàzhāngzhuāng	清朝咸丰年间，张姓建村立庄，故名大张庄。
董圩庄	Dǒngwéizhuāng	旧时董姓定居此地，因村庄四周挖有圩沟，故名。
桥口庄	Qiáokǒuzhuāng	因该庄东面有座石桥，故名桥口庄。
小王庄	Xiǎowángzhuāng	清末年间，王姓聚居此地，村里人多养水牛，得名水牛王庄，后逐渐演变为小王庄。

标准名称	汉语拼音	备注
谢沟	Xiègōu	旧时谢姓定居此地，因村庄南面有一条大沟名为新鸭沟，故名。
杨宅	Yángzhái	旧时杨姓聚居此地，故名杨宅。
小梁村 村民委员会	Xiǎoliángcūn Cūnmínwěiyuánhuì	隶属泗县黑塔镇。1958 年人民公社时期为汴河大队，1984 年更名为董圩村委会，2008 年董圩村、大黄村、魏岗村合并，命名为小梁村民委员会。
大黄庄	Dàhuángzhuāng	明朝永乐年间，黄姓由河南迁居此地，故名大黄庄。
董圩庄	Dǒngwéizhuāng	旧时董姓为防御外人入侵，在村庄周围挖了一道圩沟，故名。
魏岗庄	Wèigǎngzhuāng	清朝道光年间，魏姓由北方迁居此地，因该庄地势较高，故名为魏岗庄。
魏杨庄	Wèiyángzhuāng	清朝雍正年间，魏、杨二姓迁居此地，故名魏杨庄。
小端庄	Xiǎoduānzhuāng	清朝中期，江苏涟水端姓由于家庭不和，分家时老二骑马负气，出走到此落户，该庄全为端姓，故名。
小葛庄	Xiǎogězhuāng	民国时期，葛姓男子到此庄入赘，带领全庄人抵御外敌入侵，发展生产。战争时期此人失踪，后人为了纪念他，此庄取名小葛庄。
小顾庄	Xiǎogùzhuāng	因村庄面积小，顾姓居多，故名。
小侯庄	Xiǎohóuzhuāng	因村庄人口少，侯姓居多，故名。
小黄庄	Xiǎohuángzhuāng	明朝嘉靖年间，黄姓定居此地，因村庄面积小，故得名小黄庄。
小蒋庄	Xiǎojiǎngzhuāng	因村庄面积小，蒋姓居多，故名。
小梁庄	Xiǎoliángzhuāng	清朝咸丰年间，梁姓聚居此地，因村庄人口少，故名。
小汤庄	Xiǎotāngzhuāng	清末年间，岳姓最早定居此地，后汤姓带领三个儿子逃荒到此落户，建村立庄，故名小汤庄。
小魏圩庄	Xiǎowèiwéizhuāng	旧时魏姓为了抵御外人入侵，在村庄周围挖了圩沟，故名。
小杨庄	Xiǎoyángzhuāng	明朝末年，杨姓由陕西迁居此地，因村庄面积小，故得名小杨庄。
小尹庄	Xiǎoyǐnzhuāng	因村庄人口少，尹姓居多，故名。
小周庄	Xiǎozhōuzhuāng	因村庄人口少，周姓居多，故名。
周黄村 村民委员会	Zhōuhuángcūn Cūnmínwěiyuánhuì	隶属泗县黑塔镇。1958 年人民公社时期为周黄大队，1984 年更名为周黄村委会，2008 年李庄村、曹庄村合并，合并后仍命名为周黄村民委员会。
曹庄	Cáozhuāng	旧时曹姓在此立庄，故名。
大黄庄	Dàhuángzhuāng	清末时期，黄姓为躲避战乱，逃荒到此落户立庄，故名。
李庄	Lǐzhuāng	村庄以李姓居多，故名。

标准名称	汉语拼音	备注
梁庄	Liángzhuāng	旧时梁姓在此立庄，故名。
娄庄	Lóuzhuāng	旧时娄姓在此立庄，故名。
孟庄	Mèngzhuāng	此村内多为孟姓，故名。
小黄庄	Xiǎohuángzhuāng	清朝宣统年间，大黄庄黄姓分支搬迁至此，故名。
小李庄	Xiǎolǐzhuāng	清朝同治年间，李姓财主定居此地，因村庄面积小，故名。
小周圩	Xiǎozhōuwéi	因村庄户数少，周姓居多，故名。
杨圩	Yángwéi	旧时杨姓定居此地，因村庄四周挖有圩沟，故名。
袁庄	Yuánzhuāng	清朝咸丰年间，袁姓聚居此地，建村立庄，故名。
朱山村 村民委员会	Zhūshāncūn Cūnmínwěiyuánhuì	隶属泗县黑塔镇。1958 年人民公社时期为周圩大队，1984 年更名为周圩村委会，2008 年娄马村、周圩村、孙刘村三个村合并，命名为朱山村民委员会。
鲍庄	Bàozhuāng	此村庄以鲍姓居多，故名。
顾庄	Gùzhuāng	明朝末年，顾姓由南方迁居此地，故名。
后场庄	Hòuchǎngzhuāng	因村庄有一大的打谷场，且村庄位于张庄北侧，故取名后场庄。
刘湾庄	Liúwānzhuāng	旧时刘姓定居此地，村庄又在河道拐弯处，故名。
娄庄	Lóuzhuāng	宋朝时期，娄姓在此定居，故名。
马庄	Mǎzhuāng	此村庄以马姓居多，故名。
孙庄	Sūnzhuāng	民国时期，孙姓在此定居，故名。
王庄	Wángzhuāng	因此村内多为王姓，故名。
尹庄	Yǐnzhuāng	旧时尹姓定居此地，故名。
张庄	Zhāngzhuāng	此村庄以张姓居多，故名。
周庄	Zhōuzhuāng	清朝同治年间，周姓在此定居，故名。
王武村 村民委员会	Wángwǔcūn Cūnmínwěiyuánhuì	隶属泗县黑塔镇。1958 年人民公社时期为王武大队，1984 年更名为王武村民委员会，2008 年王武村、陈场村合并，仍命名为王武村民委员会。
周西庄	Zhōuxīzhuāng	旧时周姓聚居此地，因村庄位于村部西侧，故得名周西庄。
陈场庄	Chénchǎngzhuāng	因村庄原为地主晒粮场地，村庄陈姓居多，故名。
崔庄	Cuīzhuāng	旧时崔姓在此定居，故名。
当央场	Dāngyāngchǎng	村庄四周筑有土圩，庄子在中间，故取名当央场。
高场庄	Gāochǎngzhuāng	因村庄原为地主晒粮场地，高姓居多，故名。
夹河庄	Jiáhézhuāng	该庄地处小黄河、老濉河中间位置，故得名夹河庄。
钱圩庄	Qiánwéizhuāng	旧时钱姓为防土匪偷抢，在村庄四周筑有土圩，故名。

标准名称	汉语拼音	备注
群墙庄	Qúnqiángzhuāng	因村庄四周筑有土圩墙，村民姓氏复杂，故名。
吴赵场庄	Wúzhàochǎng-zhuāng	村庄有一大的打谷场，以吴、赵二姓为主，故名。
新周圩庄	Xīnzhōuwéizhuāng	旧时周姓定居此地，村庄四周挖有圩沟且新建不久，故名新周圩庄。
姚场庄	Yáochǎngzhuāng	明朝正德年间，姚姓聚居此地，村庄有一大的晒谷场，故名。
姚圩庄	Yáowéizhuāng	明朝末年，姚姓在此定居，村庄四周筑有土圩，故名姚圩庄。
后场庄	Hòuchǎngzhuāng	因村庄位于大队部北侧，当地以北为后，故名。
周海庄	Zhōuhǎizhuāng	明朝末年，周海由江苏迁居此地，故名。
杨圩庄	Yángwéizhuāng	清朝咸丰年间，杨姓在此定居，村庄四周筑有土圩，故得名杨圩庄。
王武庄	Wángwǔzhuāng	明朝嘉靖年间，王姓、武姓在此定居，故名。

屏山镇

屏山镇（Píngshān Zhèn） 屏山山形似虎睡状，又名卧虎山，夕阳西照，远眺似屏障，故名。因镇政府驻地于海拔 119.2 米的屏山附近而得名。1949 年 4 月设屏山区；1958 年 8 月人民公社时期成立屏山公社；1961 年 12 月设区划社，恢复屏山区；1969 年 3 月撤区并社，重设屏山公社；1980 年 1 月设区划社，再设屏山区；1992 年 3 月撤区并乡，屏山区改为屏山镇；2005 年 1 月，屏山镇与徐贺乡合并为屏山镇，名称沿用至今。地处泗县北部。东接黑塔镇，南靠新濉河与泗城镇草庙镇隔河相望，西连大杨乡，北与大庄镇毗连，距离泗县 10 千米。人民政府驻地屏山村。辖屏山、屏东、屏北、屏西、徐贺、老山、彭鲍、涂山、张乔、白庙、大彭、陈刘、吴店、大李、枯河 15 个村。电话区号是 0557，邮政编码是 234316。辖区总人口 6.92 万人，居民以汉族为主。辖区东西最大距离 20.8 千米，南北最大距离 12.8 千米，面积 186.2 平方千米。境内西部为平原，东部多山丘岗地，共有山丘 12 座，以屏山、老山为主山丘（海拔分别为 119.2 米、95.7 米）。小山丘有涂山、茶山、陈山、张山、洼张山、韩山、邢山等，地势西高东低。属暖温带半湿润季风气候，适于各类农作物生长，尤其是农林牧生产条件得天独厚。属淮河水系，地表水资源主要来源于大气降水和奎濉河，以及民利河引来的客水。有民利河、赵沟、搜箭沟、大徐沟等河流纵横，排灌便利。矿藏及其他自然资源主要为石灰岩，地质储量 3500 万吨。中部屏山为石英岩，储量 2370 万吨。非矿业资源主要为屏山、陈山、老山以及沟河两岸、村庄路旁的人工种植林木等。农业耕地资源 133.3 平方千米，实有耕地面积 86.8 平方千米，粮食作物以小麦、玉米、大豆、水稻为主。畜牧业以养殖猪、羊、牛、家禽为主。工业东部以采矿、砖瓦制造为主，中西部以面粉加工、服装加工、新型建筑材料生产为主。辖区内有4个规模较大的集贸市场——屏山街、老山街、徐贺街及枯河街，共有商铺2000多家，年成交额2亿多元。商业网点5个，遍及辖区各个村庄。境内有104国道，通贯南北全长12.8千米，县乡道路为屏山至徐贺沙石路、屏山至大杨水泥路，环乡路途经大李、屏西、陈刘、吴店4个村。

标准名称	汉语拼音	备注
屏北村 村民委员会	Píngběicūn Cūnmínwěiyuánhuì	隶属泗县屏山镇。1958年人民公社时期为屏北大队，1984年更名为屏北村民委员会，2008年由陆邵村、中苏村合并，合并后仍命名为屏北村民委员会。
西苏庄	Xīsūzhuāng	因村庄位于中苏庄西部，故名。
小房庄	Xiǎofángzhuāng	旧时房姓分支到庄北居住，人口较少，故名。
小李庄	Xiǎolǐzhuāng	因村庄面积小，李姓居多，故名。
小陆庄	Xiǎolùzhuāng	村庄户数少，多为卢姓，故名。
小毛滩郭庄	Xiǎomáotānguō zhuāng	村庄小，郭姓居多，又村庄处于洼地小毛滩，故称小毛滩郭庄。
小邵庄	Xiǎoshàozhuāng	村庄小，邵姓居多，故名。
小苏庄	Xiǎosūzhuāng	村庄户数少，苏姓居多，故名小苏庄。
小伍郭庄	Xiǎowǔguōzhuāng	清末，五户郭姓定居此地，故名。
小周庄	Xiǎozhōuzhuāng	清朝道光年间，周姓迁居此地，故名小周庄。
中苏庄	Zhōngsūzhuāng	清末，苏姓分支搬到此地，村庄位于东苏庄、西苏庄中间位置，故名中苏庄。
草孟庄	Cǎomèngzhuāng	村庄西湖长满茅草，庄上孟姓用茅草编织草鞋作为营生，故得名草鞋孟庄，后简称草孟庄。
大房庄	Dàfángzhuāng	因村庄四周筑有土圩子，房姓居多，故名大房圩子，后简称大房庄。
大毛滩郭庄	Dàmáotānguō-zhuāng	旧时毛、郭二姓迁居至此，因该庄地势低洼，故名。
东李庄	Dōnglǐzhuāng	此村庄以李姓居多，位置靠东，故名。
东苏庄	Dōngsūzhuāng	因村庄地处104国道东侧，苏姓居多，故名。
剪桥郭庄	Jiǎnqiáoguōzhuāng	旧时郭姓定居此地，做戗刀磨剪的生意，后郭姓出资在庄北修桥一座，故名剪桥郭庄。
庙旁郭庄	Miàopángguōzhuāng	因村庄西头有一座庙宇，郭姓居多，故名庙旁郭庄。
大李村 村民委员会	Dàlǐcūn Cūnmínwěiyuánhuì	隶属泗县屏山镇。1958年人民公社时期为大李大队，1984年更名为大李村民委员会，2008年由大苏村、大李村、大祁村合并，合并后仍命名为大李村民委员会。

标准名称	汉语拼音	备注
小郭庄	Xiǎoguōzhuāng	因村庄人口少，郭姓居多，故名。
大祁庄	Dàqízhuāng	旧时祁姓定居此地，故名大祁庄。
后刘庄	Hòuliúzhuāng	旧时刘姓定居此地，后刘氏家族分支迁到村北居住，故名后刘庄。
前于庄	Qiányúzhuāng	因村庄靠南，于姓居多，故名。
南程庄	Nánchéngzhuāng	程姓定居此地，后程姓家族分支搬迁到村庄南部居住，故名南程庄。
史马庄	Shǐmǎzhuāng	清朝雍正年间，史、马二姓迁居此地，故名为史马庄。
韩仝庄	Hántóngzhuāng	清朝咸丰年间，韩、仝二姓迁居此地，故名为韩仝庄。
小何庄	Xiǎohézhuāng	因村庄户数少，何姓居多，故名。
大何庄	Dàhézhuāng	旧时何姓聚居此地，故名大何庄。
大李庄	Dàlǐzhuāng	旧时李姓定居此地，故名大李庄。
大苏庄	Dàsūzhuāng	旧时苏姓在此立庄，故名。
陈庄	Chénzhuāng	因此村内多为陈姓，故名。
岳宅庄	Yuèzháizhuāng	旧时岳姓在此地建一座深宅大院，故名。
孙庄	Sūnzhuāng	旧时孙姓在此立庄，繁衍生息，故名。
陈刘村	Chénliúcūn	隶属泗县屏山镇。1984 年由姜圩大队、姜刘大队合并为姜刘村民委员会，2008 年由邢陈村和姜刘村合并为陈刘村民委员会。
小娄庄	Xiǎolóuzhuāng	因村庄人口少，娄姓居多，故名。
雍渡庄	Yōngdùzhuāng	旧时雍姓聚居此地，因奎濉河开挖，为方便行人，形成渡口，故名。
邵湾庄	Shàowānzhuāng	旧时邵姓聚居，一条小河从村庄环绕而过，故名。
戚圩庄	Qīwéizhuāng	旧时戚姓迁居此地，庄子周围建有圩墙，故名。
邢庄	Xíngzhuāng	此村庄以邢姓居多，故名。
刘庄	Liúzhuāng	因此村内多为刘姓，故名。
斜门王庄	Xiéménwángzhuāng	因村庄后面有一条大沟，东南斜着，该村房门都朝向东南，故名斜门王庄。
白菜王庄	Báicàiwángzhuāng	旧时王姓聚居，该庄盛产白菜，故名。
姜圩庄	Jiāngwéizhuāng	旧时姜姓聚居此地，村庄四周筑有土圩，故名。
小姜庄	Xiǎojiāngzhuāng	因村庄人口少，姜姓居多，故名。
小苗庄	Xiǎomiáozhuāng	因村庄面积小，苗姓居多，故名小苗庄。
丁庄	Dīngzhuāng	旧时丁姓定居此地，故名。

标准名称	汉语拼音	备注
大彭村村民委员会	Dàpéngcūn Cūnmínwěiyuánhuì	隶属泗县屏山镇，1958年人民公社时期为大彭大队，1984年更名为大彭村民委员会。
小孟庄	Xiǎomèngzhuāng	旧时孟姓聚居此地，庄小，故名。
大孟庄	Dàmèngzhuāng	旧时孟姓在此立庄，故名。
大彭庄	Dàpéngzhuāng	旧时彭姓聚居此地，故名。
大许庄	Dàxǔzhuāng	因此村内多为许姓，故名。
枯河村村民委员会	Kūhécūn Cūnmínwěiyuánhuì	隶属泗县屏山镇，1958年人民公社时期为枯河大队，1984年更名为枯河村民委员会，2008年枯河村委会和湖半岗村委会合并，合并后仍命名为枯河村民委员会。
谷杨庄	Gǔyángzhuāng	该庄东南角有一高土坡，取名谷堆。后杨姓在此居住，故名谷杨庄。
湖半岗庄	Húbàngǎngzhuāng	因村东部低洼为湖地，西部岗形地貌，村庄姓氏复杂，故名湖半岗庄。
枯河庄	Kūhézhuāng	民间传说，秦朝末年，西楚霸王项羽战败，携爱妻虞姬东逃，虞姬自刎，项羽带着虞姬头颅逃至此地，伤心痛哭，虞姬头颅出现睁眼流泪的现象，俗称“哭活头”。当地“河”与“活”同音，讹作“哭河头”，后又称“枯河”，故名枯河庄。
小赵庄	Xiǎozhàozhuāng	该庄东南角和西面有两个大水塘，水塘周围种植大面积洋槐树，赵姓立庄，因村庄面积小，故名小赵庄。
老山村村民委员会	Lǎoshāncūn Cūnmínwěiyuánhuì	隶属泗县屏山镇，1958年人民公社时期为老山大队，1984年由老山大队更名为老山村民委员会。
大张庄	Dàzhāngzhuāng	清朝光绪年间，张姓聚居此地，故名。
沟沿赵庄	Gōuyánzhàozhuāng	因村庄地处搜箭沟沿，赵姓居多，故名。
老山集	Lǎoshānjí	该山西面坡大部分石头呈龙鳞形状，名为蟠龙山。清朝顺治年间，江苏丹阳人刘道玄在此建庙，内供如来佛神像，故称老佛爷庙，山名为老佛爷山，后演变为老山。后老山周边逐渐形成集市，故名老山集。
老庄赵庄	Lǎozhuāngzhào zhuāng	清朝光绪年间，赵姓聚居此地，后分支迁居至老山脚下，故得名老庄赵庄。
路口张庄	Lùkǒuzhāngzhuāng	因该村庄位于乡道岔路口，张姓居多，故名。
秦集圩庄	Qínjíwéizhuāng	旧时秦姓定居此地，村庄周边逐渐形成集市，故名。
小许庄	Ziǎoxǔzhuāng	因村庄户数少，许姓居多，故名。
小张庄	Xiǎozhāngzhuāng	民国时期，张姓迁居此地，村庄面积小，故名。
彭鲍村村民委员会	Péngbàocūn Cūnmínwěiyuánhuì	隶属泗县屏山镇，1958年人民公社时期为彭鲍大队，1984年更名为彭鲍村民委员会。
小周庄	Xiǎozhōuzhuāng	因村庄人口少，周姓居多，故名。

标准名称	汉语拼音	备注
彭圩庄	Péngwéizhuāng	彭姓聚居，村庄四周筑有土圩，故名。
小张庄	Xiǎozhāngzhuāng	因村庄人口少，张姓居多，故名。
张山刘庄	Zhāngshānliúzhuāng	刘姓聚居，村庄靠近张山，故名。
小朱庄	Xiǎozhūzhuāng	村庄人口少，朱姓居多，故名。
沟王庄	Gōuwángzhuāng	王姓聚居，庄中有条大沟，故名。
张鲍庄	Zhāngbàozhuāng	张、鲍二姓聚居此地，故名。
朱圩庄	Zhūwéizhuāng	该庄以朱姓居多，村庄四周筑有土圩，故名。
白庙村 村民委员会	Báimiàocūn Cūnmínwěiyuánhuì	隶属泗县屏山镇。1958 年人民公社时期为白庙大队，1984 年更名为白庙村民委员会。2008 年白庙村委会与高郜村委会合并，合并后仍命名为白庙村民委员会。
白庙庄	Báimiàozhuāng	庄中曾有古庙一座，白姓居多，故名。
陈庄	Chénzhuāng	此村庄以陈姓居多，故名。
姜庄	Jiāngzhuāng	旧时姜姓迁居此地，建村立庄，故名。
井东庄	Jǐngdōngzhuāng	因庄西有一口老井，故名。
马庄	Mǎzhuāng	此村庄以马姓居多，故名。
庙后庄	Miàohòuzhuāng	因庄前面有一座古庙，故名庙后庄。
邵庄	Shàozhuāng	因此村内多为邵姓，故名。
小高庄	Xiǎogāozhuāng	因村庄面积小，高姓居多，故名。
小湖郭庄	Xiǎohúguōzhuāng	明朝末期，郭姓到此居住建村立庄，又因村庄北面有一个小湖，故名。
小许庄	Xiǎoxǔzhuāng	因村庄面积小，许姓居多，故名。
小张庄	Xiǎozhāngzhuāng	因村庄人口少，张姓居多，故名。
小朱庄	Xiǎozhūzhuāng	旧时朱姓定居此地，该庄人口较少，故名。
徐庄	Xúzhuāng	村庄以徐姓居多，故名。
叶庄	Yèzhuāng	旧时叶姓定居此地，故名。
张圩庄	Zhāngwéizhuāng	旧时张姓聚居，村庄四周筑有土圩，故名。
周陶庄	Zhōutáozhuāng	旧时周、陶二姓迁居此地，故名。
屏东村 村民委员会	Píngdōngcūn Cūnmínwěiyuánhuì	隶属泗县屏山镇。1958 年人民公社时期为后姚大队、大史大队，1984 年分别更名为后姚村民委员会和大史村民委员会，2008 年两村合并后更名屏东村民委员会。
大史圩	Dàshǐwéi	旧时史姓为防土匪，在村庄四周筑上土圩，故名。

标准名称	汉语拼音	备注
后房庄	Hòufángzhuāng	后房庄原名秦房庄，清朝咸丰年间，秦、房二姓迁居此地，建村立庄。当时秦姓势力较大，所以秦字在先，后来秦姓逐年败落，直至消失，更名房庄。因村庄位于山后，故命名后房庄。
后姚庄	Hòuyáozhuāng	清朝同治年间，姚姓从长沟迁至此地，传说有姚姓在地方做官，来到该地骑马圈地，凡是马跑到之处，都属姚姓所有，该庄得名姚庄。因姚庄南面有屏山，山南为前，山北为后，故命名为后姚庄。
上房庄	Shàngfángzhuāng	大房庄居民因水灾迁至此处，村民皆为房姓，取名房庄。后为了和村庄北面房庄区别，故名为上房庄。
孙房庄	Sūnfángzhuāng	明朝建文年间，孙、房二姓迁居此地，早期孙姓较多，而且势力较大，所以孙姓在前，故名孙房庄。
小陈庄	Xiǎochénzhuāng	因村庄人口少，陈姓居多，故名。
小郭庄	Xiǎoguōzhuāng	因村庄面积小，郭姓居多，故名。
小刘庄	Xiǎoliúzhuāng	明朝建文年间，刘、李二姓聚居此地，因该庄半截姓李，半截姓刘，所以叫半截刘。后来刘姓逐渐壮大，更名为小刘庄。
姚圩庄	Yáowéizhuāng	村庄四周筑有土圩，姚姓居多，故名。
张庄	Zhāngzhuāng	因此村内多为张姓，故名。
屏西村 村民委员会	Píngxīcūn Cūnmínwěiyuánhuì	隶属泗县屏山镇。1958 年人民公社时期为大刘大队、褚马大队、占邱大队，1984 年更名为大刘村、褚马村、占邱村，2008 年大刘、褚马、占邱三村合并命名为屏西村民委员会。
褚马庄	Chǔmǎzhuāng	旧时褚、马二姓迁居此地，故名。
大刘庄	Dàliúzhuāng	此村内多为刘姓，故名。
大周庄	Dàzhōuzhuāng	旧时周姓聚居，故名。
邓庄	Dèngzhuāng	大营邓姓分支迁到此处，建村立庄，故名。
蒋圩庄	Jiǎngwéizhuāng	旧时蒋姓在此立庄，村庄四周筑有土圩，故名。
邱庄	Qiūzhuāng	旧时邱姓在此立庄，故名。
小凡庄	Xiǎofánzhuāng	因村庄人口少，樊姓居多，故名。
小郭庄	Xiǎoguōzhuāng	因村庄人口少，郭姓居多，故名。
刘圩庄	Liúwéizhuāng	此庄刘姓居多，村庄四周有圩沟，故名。
小雍庄	Xiǎoyōngzhuāng	村庄人口少，雍姓居多，故名。
小张庄	Xiǎozhāngzhuāng	村庄面积小，张姓居多，故名。
小周庄	Xiǎozhōuzhuāng	旧时周姓聚居此地，村庄小，故名。
谢庄	Xièzhuāng	此村庄以谢姓居多，故名。

标准名称	汉语拼音	备注
许庄	Xǔzhuāng	旧时许姓聚居此地，故名。
占庄	Zhànzhuāng	旧时占姓定居此地，故名。
涂山村村民委员会	Túshāncūn Cūnmínwěiyuánhuì	隶属泗县屏山镇。2008 年由那沟村、姜陈村合并，命名为涂山村民委员会。
韩庄	Hánzhuāng	清朝道光年间，此庄出了个韩举人，该庄由此得名。
姜庄	Jiāngzhuāng	此村内多为姜姓，故名。
那庄	Nàzhuāng	此村庄以那姓居多，故名。
涂庄	Túzhuāng	旧时涂姓聚居此地，故名。
小陈庄	Xiǎochénzhuāng	清朝光绪年间，陈姓迁居此地，在山上采石烧成石灰，故得名为石灰陈庄，后更名为小陈庄。
小王庄	Xiǎowángzhuāng	旧时王姓聚居此地，村庄人口少，故名。
杨庄	Yángzhuāng	明朝万历年间，有三户杨姓到此建村立庄，故名。
寨程庄	Zhàichéngzhuāng	明朝末年，程姓定居此地，以打鱼为生，每逢雨季，该地汪洋一片。程姓用树棒把船拽住，不被水冲走，后起名寨程庄。
吴店村村民委员会	Wúdiàncūn Cūnmínwěiyuánhuì	隶属泗县屏山镇。1958 年人民公社时期为吴店大队，1984 年更名为吴店村民委员会。
大吴庄	Dàwúzhuāng	旧时吴姓定居此地，故名。
大徐庄	Dàxúzhuāng	相传大徐庄原来是徐国遗址，受封于西周武王，封疆从盱眙到徐州一带。后因徐王反周叛乱，徐国臣民逃难，只留一徐姓老农带一个不到一周岁幼子在此居住，故名大徐庄。
大元庄	Dàyuánzhuāng	旧时元姓定居此地，故名。
邓宅庄	Dèngzháizhuāng	旧时邓姓在此立庄，故名。
高云庄	Gāoyúnzhuāng	清代道光年间，高姓由泗县西关迁居至此，故名。
老庄	Lǎozhuāng	明朝永乐年间，吴姓由江苏迁居至此，后来其他姓氏逐渐在此安家入户，因该庄历史悠久，故名老庄。
孟浅庄	Mèngqiǎnzhuāng	旧时孟姓聚居此地，地高水浅，故名。
吴店庄	Wúdiànzhuāng	明末清初，村庄因离老泗州城北门五里路，故名叫五里店，后因村庄中吴姓居多，故得名吴店庄。
小高庄	Xiǎogāozhuāng	因村庄户数少，高姓居多，故名。
小黄庄	Xiǎohuángzhuāng	清代宣统年间，黄姓由江苏省濉宁县关山南前黄庄迁居至此，故名。
小徐庄	Xiǎoxúzhuāng	因村庄面积较小，徐姓居多，故名。
小张庄	Xiǎozhāngzhuāng	清朝道光年间，张姓聚居此地，村庄人口少，故名小张庄。

标准名称	汉语拼音	备注
徐贺村村民委员会	Xúhècūn Cūnmínwěiyuánhuì	隶属泗县屏山镇。1958 年人民公社时期为徐贺大队，1984 年更名为徐贺村民委员会。
徐贺新街	Xúhèxīnjiē	1995 年由贺庄、赵庄、蒲刘庄搬迁至此，居住徐贺街道两侧，故命名为徐贺新街。
徐贺老街	Xúhèlǎojiē	1958 年人民公社时，徐、贺二姓聚居此地，村庄周边逐渐形成集市，名为徐贺街，故该庄命名为徐贺老街。
小吴庄	Xiǎowúzhuāng	此村庄人口少，吴姓居多，故名。
下刘庄	Xiàliúzhuāng	因该庄地理位置低洼，刘姓居多，故名。
小赵庄	Xiǎozhàozhuāng	因村庄户数少，赵姓聚居，故名小赵庄。
上刘庄	Shàngliúzhuāng	因该庄地势很高，刘姓居多，故名。
曹庄	Cáozhuāng	此村庄以曹姓居多，故名。
贺庄	Hèzhuāng	因此村内多为贺姓，故名。
洼张庄	Wāzhāngzhuāng	旧时张姓聚居此地，村庄靠山，东面有白虎堆，地势两面高、中间洼，故名洼张庄。
高秦庄	Gāoqínzhuāng	明末，高、秦二姓迁居至此，建村立庄，故名。
任邓庄	Réndèngzhuāng	任、邓二姓人家迁居此地，故名。
蒲刘庄	Púliúzhuāng	此庄刘姓居多，此地产蒲苇，故名。
邢路庄	Xínglùzhuāng	明朝建文年间，邢、路二姓迁居至此，建村立庄，故名。
张乔村村民委员会	Zhāngqiáocūn Cūnmínwěiyuánhuì	隶属泗县屏山镇。1958 年人民公社时期为张巷大队和乔圩大队，1984 年更名为张巷村、乔圩村，2008 年两村合并命名为张乔村民委员会。
小许庄	Xiǎoxǔzhuāng	因村庄面积小，许姓居多，故名。
小张庄	Xiǎozhāngzhuāng	因村户数少，多为张姓，故名小张庄。
张巷庄	Zhāngxiàngzhuāng	旧时张姓聚居，村庄中有条古巷，故名。
周宅庄	Zhōuzháizhuāng	民国时期，陶姓地主到此买地，周姓租佃耕种，故名。
后王庄	Hòuwángzhuāng	因村庄在范圩后面，多为王姓，故名。
姬家庄	Jījiāzhuāng	清朝光绪年间，姬姓从刘圩姬湖迁到此地，故名姬家庄。
孟圩庄	Mèngwéizhuāng	旧时孟姓聚居，村庄四周筑有土圩，故名。
乔圩庄	Qiáowéizhuāng	因村庄四周筑有土圩，居民多为乔姓，故名。
时铺庄	Shípùzhuāng	唐朝末年，时姓由大运河北岸迁到此地，开了一处茶铺，故名时铺庄。
屏山村村民委员会	Píngshāncūn Cūnmínwěiyuánhuì	隶属泗县屏山镇。1958 年人民公社时期为屏山大队，1984 年更名为屏山村民委员会。

标准名称	汉语拼音	备注
大蒋庄	Dàjiǎngzhuāng	旧时蒋姓定居此地，故名。
大张庄	Dàzhāngzhuāng	清朝宣统年间，张姓聚居此地，故名。
高庄	Gāozhuāng	此村庄以高姓居多，故名。
刘东庄	Liúdōngzhuāng	因村庄在屏邢路东面，刘姓居多，故名。
刘西庄	Liúxīzhuāng	因村庄在屏邢路西面，刘姓居多，故名。
刘庄	Liúzhuāng	旧时刘姓在此立庄，故名。
屏山街	Píngshānjiē	清朝咸丰年间，王姓迁居此地，村庄周边逐渐形成集市，因村庄地处屏山脚下，故得名屏山街。
小郭庄	Xiǎoguōzhuāng	此村庄小，郭姓居多，故名。
小王庄	Xiǎowángzhuāng	此村庄人口少，王姓居多，故名。
于庄	Yúzhuāng	因此村内多为于姓，故名。
张庄	Zhāngzhuāng	旧时张姓聚居此地，故名。

大杨乡

大杨乡（Dàyáng Xiāng） 因乡政府驻地位于杨集村大杨庄而得名。1949 年设杨集乡，1958 年 8 月人民公社时期属黄圩公社；1961 年 12 月，从黄圩公社划出设置杨集公社，为黄圩区所辖；1969 年 2 月撤区并社时为赵集公社；1980 年 1 月又设区划社，恢复杨集公社；1985 年 10 月改为杨集乡，为黄圩区所辖；1992 年 3 月撤区并乡时，和高集乡合并成立大杨乡。地处安徽省宿州市泗县西北部，东以屏山镇小黄河为界，南以长沟镇新濉河为界，西以灵璧县冯庙镇小虹灵沟为界，北以黄圩镇高马沟、民利河为界。人民政府驻杨集街。辖杨集、马宅、小丁、时圩、吴集、三时、高集、李庙、赵集、曹安共 10 个村，127 个村民小组。电话区号是 0557，邮政编码是 234315，乡驻地距县城 18.5 千米。辖区总人口 47985 人。辖区东西最大距离 13 千米，南北最大距离 7.5 千米，面积 97 平方千米。南部黏土，北部沙土，境内地势平坦，海拔 22 米左右。属暖温带湿润季风气候，四季分明。境内属奎濉河水系。奎濉河自三时村南入境，由西向东，入洪泽湖，境内河道长 10 千米。农业耕地面积 51.1 平方千米，全部为水浇地，以种植小麦、玉米、豆类、蔬菜、瓜果为主。粮食作物以小麦、玉米、豆类为主。畜牧业以养殖猪、羊、家禽为主。工业主要有农产品加工、砖瓦烧制、塑料加工、服装加工业等。交通运输有 031 乡道和 020 乡道、052 县道。

标准名称	汉语拼音	备注
赵集村村民委员会	Zhàojícūn Cūnmínwěiyuánhuì	隶属泗县大杨乡。1958 年人民公社时期为赵集大队，1984 年更名为赵集村民委员会。
二卢庄	Èrlúzhuāng	清朝后期，两户卢姓由南方迁居至此，故名二卢庄。
赵集庄	Zhàojízhuāng	村中以赵姓居多，后来村庄周边形成集市，故名。
大史庄	Dàshǐzhuāng	村庄面积较大，以史姓居多，故名。
沙陶庄	Shātáozhuāng	旧时沙姓和陶姓迁居至此，故得名为沙陶庄。
谷卢庄	Gǔlúzhuāng	此庄卢姓居多，此地有一大土丘叫谷顶，故名。
孙圩庄	Sūnwéizhuāng	清朝光绪年间，孙姓由南方迁居至此，因村庄四周挖有圩沟，故得名孙圩庄。
马宅村村民委员会	Mǎzháicūn Cūnmínwěiyuánhuì	隶属泗县大杨乡。1980 年以前隶属为杨集大队，1980 年始设马宅大队，1984 年更名为马宅村委会，2008 年该村与庙涂村、卢林村合并，仍命名为马宅村民委员会。
郭墩圩	Guōdūnwéi	民国初年，郭姓村庄北边有个烟墩遗址，后为防匪患，庄子四周围墙外边挖有圩沟，故名。
庙涂庄	Miàotúzhuāng	清朝末年，涂姓聚居此地，后来有一缪姓将女儿嫁到此地，而且随女儿来此居住，故叫缪涂庄，后演变成庙涂庄。
南小涂庄	Nánxiǎotúzhuāng	因村民大部分姓涂，又因同村还有一个小涂庄位于北边，故称南小涂庄。
吴王庄	Wúwángzhuāng	清朝咸丰年间，该庄原名小王庄，后有吴姓从北方逃荒流落到此，居住在小王庄西头，以沟为界，王姓住沟东，吴姓住沟西，合称吴王庄。
双郭庄	Shuāngguōzhuāng	此村庄以郭姓居多，庄内有一条南北方向的路把村庄隔成东西两个部分，故名双郭庄。
前马宅	Qiánmǎzhái	因郭姓庄子东南有两座庙，故名双庙郭庄。该村北面有马宅郭庄，人们习惯称为前马宅。
后马宅	Hòumǎzhái	早年马姓在此建村立庄，后郭姓迁居此地。传说唐朝郭子仪之子曾在此跑马圈地，故得名马宅郭庄。因该村位于前马宅北面，故简称为后马宅。
小杨庄	Xiǎoyángzhuāng	因村庄人口少，杨姓居多，故名。
北小涂	Běixiǎotú	庄上大部分人姓涂，又因还有一个小涂庄位于南边，故称北小涂庄。
卢林	Lúlín	早年该地芦苇丛生，外地卢姓流浪到此地，见遍地芦苇无人问津，遂在此处搭一芦巷，以卖芦苇为生。芦苇荡西南角，生长着一片茂密的树林，其中有棵大树直插云霄，传说爬上去能与星星对话，卢姓在此居住下来，故称芦林，后演变成卢林。

标准名称	汉语拼音	备注
李庙村 村民委员会	Lǐmiàocūn Cūnmínwěiyuánhuì	隶属泗县大杨乡。1958 年人民公社时期为李庙大队。1984 年更名为李庙村委会。2008 年该村委会与张徐村委会合并，仍名为李庙村委会。
张圩庄	Zhāngwéizhuāng	因村庄四周挖有圩沟，以张姓居多，故名。
吴牌坊庄	Wúpáifāngzhuāng	旧时因庄内曾立有吴姓女子的贞节牌坊，故名。
时黄庄	Shíhuángzhuāng	旧时时、黄二姓迁居此地，故名为时黄庄。
时李大庄	Shílǐdàzhuāng	旧时时、李二姓由江苏迁居此地，故名为时李大庄。
后场庄	Hòuchǎngzhuāng	该处原是一打谷场，形成居民点后，居民点位于打谷场的北部，故得名后场庄。
前场庄	Qiánchǎngzhuāng	该居民点位于后场庄南面，故而得名前场庄。
李庙庄	Lǐmiàozhuāng	因村中以李姓居多，庄内有座古庙，故名。
张徐庄	Zhāngxúzhuāng	旧时张、徐二姓迁居此地，故命名为张徐庄。
小刘庄	Xiǎoliúzhuāng	因村庄面积小，刘姓居多，故名。
曹安村 村民委员会	Cáo’āncūn Cūnmínwěiyuánhuì	隶属泗县大杨乡。1958 年人民公社时期为曹安大队，1984 年更名为曹安村委会。2008 年该村委会与大曹村委会合并，仍命名为曹安村民委员会。
小陈庄	Xiǎochénzhuāng	陈姓迁居此地，因村庄面积小，故名小陈庄。
小连庄	Xiǎoliánzhuāng	旧传该村原来村小人少，当地村民称为可怜庄，后更名为小连庄。
小许庄	Xiǎoxǔzhuāng	因村庄面积小，许姓居多，故名。
安前庄	Ānqiánzhuāng	曹安村自然形成三个居民点，该居民点位置偏南，故得名为安前庄。
安中庄	Ānzhōngzhuāng	曹安村自然形成三个居民点，该居民点位于安前与安后中间，故而得名安中庄。
安后庄	Ānhòuzhuāng	曹安村自然形成三个居民点，该居民点位置偏北，故而得名安后庄。
小姚庄	Xiǎoyáozhuāng	因村庄人口少，姚姓居多，故名。
家宅庄	Jiāzháizhuāng	旧时曹姓弟兄三人在此定居，建造宅院，故得名家宅庄。
集南庄	Jínánzhuāng	曹集村自然形成两个居住点，该居住点位于南部，故称为集南庄。
集北庄	Jíběizhuāng	曹集村自然形成两个居住点，该居住点位于北部，故称为集北庄。
苇汪庄	Wěiwāngzhuāng	该庄因汪塘多，土地少，又盛产芦苇，故名。
大曹庄	Dàcáozhuāng	此村中以曹姓居多，面积大，故名。

标准名称	汉语拼音	备注
小严庄	Xiǎoyánzhuāng	因村庄面积小，以严姓居多，故名。
满谷庄	Mǎngǔzhuāng	旧时满、谷二姓迁居此地，故命名为满谷庄。
小曹庄	Xiǎocáozhuāng	旧时曹姓聚居此地，且该村靠近大曹庄，故名小曹庄。
吴集村村民委员会	Wújícūn Cūnmínwěiyuánhuì	隶属泗县大杨乡。1958 年人民公社时期为李圩大队，1982 年更名为吴集大队，1984 年更名为吴集村委会。2008 年该村委会与大熊村委会、谷李村委会合并，仍名为吴集村民委员会。
李渡庄	Lǐdùzhuāng	此村庄李姓居多，位于石渡口边上，故得名李渡庄。
李圩庄	Lǐwéizhuāng	因村庄以李姓居多，村庄四周挖有圩沟，故名。
吴集庄	Wújízhuāng	该庄吴姓居多，村庄周边形成集市，故名。
小徐庄	Xiǎoxúzhuāng	因村庄人口少，徐姓居多，故名。
谷李庄	Gǔlǐzhuāng	因庄后有一高土堆名谷坊，村庄李姓居多，故而得名。
大徐庄	Dàxúzhuāng	旧时徐姓由江苏迁居此地，故得名大徐庄。
李场庄	Lǐchǎngzhuāng	此村庄李姓居多，且村庄原为晒谷场，故名。
大熊庄	Dàxióngzhuāng	此村庄以熊姓居多，面积较大，故名。
高集村村民委员会	Gāojícūn Cūnmínwěiyuánhuì	隶属泗县大杨乡。1958 年人民公社时期为高集大队，1984 年更名为高集村委会。2008 年该村委会与双吴村委会合并，仍名为高集村民委员会。
小卢庄	Xiǎolúzhuāng	此村庄以卢姓居多，面积小，故名。
小许庄	Xiǎoxǔzhuāng	旧时许姓聚居此地，故名小许庄。
大吴庄	Dàwúzhuāng	此村中吴姓居多，村庄面积大，故名。
小吴庄	Xiǎowúzhuāng	因村庄面积小，吴姓居多，故名。
河西庄	Héxīzhuāng	因村庄位于虹灵沟西岸，故得名河西庄。
小张庄	Xiǎozhāngzhuāng	因村庄小，张姓居多，故名。
小时庄	Xiǎoshízhuāng	民国初期，该庄村庄小，时姓居多，村庄较小，故名小时庄。
郭黄庄	Guōhuángzhuāng	旧时郭、黄两姓迁居此地，故得名郭黄庄。
高集街	Gāojíjiē	村中以高姓居多，后在村庄周边形成集市，故名。
小丁村村民委员会	Xiǎodīngcūn Cūnmínwěiyuánhuì	隶属泗县大杨乡。1958 年人民公社时期为小丁大队。1984 年更名为小丁村委会。2008 年该村委会与大万村委会合并，仍名为小丁村民委员会。
孙行庄	Sūnhángzhuāng	因村中以孙姓居多，故名。
小丁庄	Xiǎodīngzhuāng	旧时丁姓聚居此地，因村庄面积小，故名小丁庄。
小杨庄	Xiǎoyángzhuāng	民国时期，杨姓由大杨庄杨姓分支迁居此地，因村庄面积小，故得名小杨庄。

标准名称	汉语拼音	备注
小熊庄	Xiǎoxióngzhuāng	旧时熊姓聚居此地，因村庄人口少，因该村庄靠近大熊庄，故得名小熊庄。
小于庄	Xiǎoyúzhuāng	因村庄面积小，于姓居多，故名。
刘庄	Liúzhuāng	此村中以刘姓居多，故名。
大张庄	Dàzhāngzhuāng	因张姓居多，村庄面积大，故名。
大万庄	Dàwànzhuāng	此庄中以万姓居多，面积较大，故名。
小张庄	Xiǎozhāngzhuāng	因村庄面积小，张姓居多，故名。
小魏庄	Xiǎowèizhuāng	因村庄户数少，大多姓魏，故名。
小万庄	Xiǎowànzhuāng	旧时万姓由南方迁居至此，因位于大万庄附近，村庄面积小，故得名为小万庄。
杨集村村民委员会	Yángjícūn Cūnmínwěiyuánhuì	隶属泗县大杨乡。1958 年人民公社时期为杨集大队，1984 年更名为杨集村民委员会，2008 年该村与三王村、双李村合并，合并后仍命名为杨集村民委员会。
大杨庄	Dàyángzhuāng	旧时杨姓由河南迁居此地，故名大杨庄。
杨集庄	Yángjízhuāng	该庄杨姓居多，后村庄周边逐渐形成集市，故名。
双李庄	Shuānglǐzhuāng	因村中以李姓居多，一条大路把村庄隔成两个部分，故名双李庄。
赵集庄	Zhàojízhuāng	因村庄中以赵姓居多，后来村庄周边逢集，故名。
小孔庄	Xiǎokǒngzhuāng	因村庄面积小，孔姓居多，故名。
三王庄	Sānwángzhuāng	该地有三个互相连接的居民点，均以王姓居多，故得名三王庄。
西三王庄	Xīsānwángzhuāng	因位于三王庄西且王姓居多，故而得名西三王庄。
小史庄	Xiǎoshǐzhuāng	因村庄中史姓居多，人口较少，故名。
时圩村村民委员会	Shíwéicūn Cūnmínwěiyuánhuì	隶属泗县大杨乡。1958 年人民公社时期为时圩大队，1984 年更名为时圩村民委会，2008 年该村与三田村合并，仍名为时圩村民委员会。
小卢庄	Xiǎolúzhuāng	因村庄面积小，卢姓居多，故名。
大卢庄	Dàlúzhuāng	村庄以卢姓居多，面积较大，故名。
郭圩庄	Guōwéizhuāng	因村庄四周挖有圩沟，以郭姓为主，故名。
时圩庄	Shíwéizhuāng	旧时时姓迁居至此，因村庄四周挖有圩沟，故名时圩庄。
刘李庄	Liúlǐzhuāng	旧时刘、李二姓迁居此地，故得名为刘李庄。
西田庄	Xītiánzhuāng	该庄田姓居多，在三个田庄中位于最西面，故名西田庄。
后田庄	Hòutiánzhuāng	该庄田姓居多，在三个田庄中位于北面，当地以北为后，故名后田庄。

标准名称	汉语拼音	备注
东田庄	Dōngtiánzhuāng	该庄田姓居多，在三个田庄中位于东面，故名东田庄。
三时村村民委员会	Sānshícūn Cūnmínwěiyuánhuì	隶属泗县大杨乡。1958 年为三时大队，1984 年更名为三时村委会，2008 年与陈严村合并，仍名为三时村民委员会。
时塘圩	Shítángwéi	旧时时姓兄弟六人在庄周围挖塘、筑土圩子，故名。
小李庄	Xiǎolǐzhuāng	因村庄人口少，李姓居多，故名。
大庄	Dàzhuāng	此庄面积大且姓氏复杂，故名。
前圩庄	Qiánwéizhuāng	因村庄四周挖有圩沟，且该庄在两个圩庄中靠南，故得名前圩庄。
小场庄	Xiǎochǎngzhuāng	因该面积庄小，曾为晒谷场，故名。
小圩庄	Xiǎowéizhuāng	旧时村民防土匪偷抢，在村庄四周筑有土圩墙，又因村庄面积小，姓氏复杂，故名。
小朱庄	Xiǎozhūzhuāng	旧时朱姓由陕西迁居此地，因村庄面积小，故名小朱庄。
后圩庄	Hòuwéizhuāng	民国时期，时姓聚居此地，因村庄四周挖有圩沟，且该庄在两个圩庄中靠北，故得名后圩庄。
陈庄	Chénzhuāng	因村庄中以陈姓居多，故名。
小严圩庄	Xiǎoyánwéizhuāng	因严姓聚居，四周有土圩子且该庄靠近大严圩庄，故得名小严圩庄。
孙场庄	Sūnchǎngzhuāng	此庄孙姓居多，庄内原有一大的晒谷场，故名。
大严圩庄	Dàyánwéizhuāng	因村庄四周挖有圩沟，村庄面积大，故名。

瓦坊乡

瓦坊乡（Wǎfāng Xiāng） 以前有一周姓财主，在此建瓦房作坊，后演变为瓦坊。乡政府以驻地瓦坊村得名。1961 年 12 月设区划社时从大庄公社划出，设置瓦坊公社，属大庄区管辖。1969 年 2 月撤区并社入大庄公社。1980 年 1 月设区划为瓦坊公社。1992 年 3 月撤区并乡名为瓦坊乡人民政府，由瓦坊乡、小骆乡、王集乡合并至今。地处泗县北部，东接本县刘圩镇、山头镇，南隔民利河与屏山镇隔河相望，西与大庄镇相邻，北与江苏省徐州市睢宁县官山镇接壤。人民政府驻地瓦坊村。辖小薛、陡张、张楼、岳场、王集、吴宅、瓦坊、郭集、应宅、苌圩 10 个村，共 107 个村民小组。电话区号是 0557，邮政编码是 234312。南距泗城 30 千米。辖区总人口 6.32 万人。辖区东西最大距离 9 千米，南北最大距离 17 千米，面积 10275.9 公顷，其中陆地面积 9069.6 公顷，占 88%；水域面积 1206.3 公顷，占 12%。全乡地势平坦，海拔 21 米左右，土质多系淤黑土，北部有半沙土。属暖温带半湿润性季风气候，四季分明，气候温和。水文：潼、濉、黄、民利四河穿境而过，河道总长度17.6千米，流域面积95平方千米，属淮河流域水系。农业耕地面积56.1平方千米。畜牧业以养殖猪、羊、牛、家禽为主。工业以农副产品加工、服装加工、建筑材料为主。辖区内有瓦坊、王集、张楼、郭集4个集贸市场。现有城乡农贸市场4个，年交易额12亿元。高山公路（山闵路）自东向西贯穿瓦坊乡北部，东由山头镇经瓦坊向西连接至104国道。泗瓦路（县道）纵贯南北。2018年末全乡10个村全部通水泥路，总长度60千米，实现村村通。

标准名称	汉语拼音	备注
小薛村村民委员会	Xiǎoxuēcūn Cūnmínwěiyuánhuì	隶属泗县瓦坊乡。1958年人民公社时期为小薛大队，由陈宅、王道圩、小薛、大卢、大季五个自然庄组成。1984年分开为陈宅、王道圩、小薛三个村。2008年4月由大季村、小薛村、王赵村、埝苌村合并，合并后仍命名为小薛村民委员会。
王赵庄	Wángzhàozhuāng	因村庄中王姓、赵姓居多，故名。
周汪庄	Zhōuwāngzhuāng	因村庄中周姓、汪姓居多，故名。
陈宅庄	Chénzháizhuāng	因此村内多为陈姓，故名。
大季庄	Dàjìzhuāng	旧时季姓定居此地，故名。
前王庄	Qiánwángzhuāng	因村庄位于两个王庄前面，王姓居多，故名。
小车庄	Xiǎochēzhuāng	因村庄中车姓居多，面积小，故名。
刘布庄	Liúbùzhuāng	清朝中期，此村庄有一刘姓以卖布为生，生意逐渐做大，该庄因此得名。
王道圩庄	Wángdàowéizhuāng	因村庄中王姓居多，旧时为防土匪偷抢，村庄四周曾筑圩，故名。
小薛庄	Xiǎoxuēzhuāng	因村庄小，薛姓居多，故名。
姚场庄	Yáochǎngzhuāng	因此村多为姚姓，故名。
大卢庄	Dàlúzhuāng	旧时卢姓定居此地，故而得名大卢庄。
埝苌庄	Niànchángzhuāng	村庄位于老濉河南岸，苌姓人口居多，故名。
火烧卢庄	Huǒshāolúzhuāng	明末清初，此地为一片湖泊，湖边生长很多芦苇。有卢姓夫妻以捕鱼为生，在湖边搭个芦苇棚子，没过多久，就被火烧掉了。他们又搭建了一个棚子，没多长时间，又被火烧了。后来搭建很多棚子，都被火烧了，故取名火烧卢庄。
郭集村村民委员会	Guōjícūn Cūnmín Wěiyuánhuì	隶属泗县瓦坊乡。1958年至1983年名称为郭集大队，1984年更名为郭集村民委员会。2008年该村委会与周庄村委会合并，合并后仍命名为郭集村民委员会。
小许庄	Xiǎoxǔzhuāng	因村庄面积小，许姓居多，故名。
小苌庄	Xiǎochángzhuāng	苌圩庄苌姓家族分支迁往此地，在庄西北角安个打谷场，故名。

标准名称	汉语拼音	备注
小傅庄	Xiǎofùzhuāng	因村庄面积小，傅姓居多，故名。
小张庄	Xiǎozhāngzhuāng	因村庄面积小，张姓居多，故名。
小魏庄	Xiǎowèizhuāng	因魏姓居多，村庄小，故名。
郭集街	Guōjíjiē	旧时郭姓定居此地，村庄周边常有农贸交易，逐渐形成集市，故名。
小高庄	Xiǎogāozhuāng	清朝末年，高姓聚居此地，因村庄面积小，故得名小高庄。
周庄	Zhōuzhuāng	因此村内多为周姓，故名。
岳场村村民委员会	Yuèchǎngcūn Cūnmínwěiyuánhuì	隶属泗县瓦坊乡。1958 年人民公社时期为岳场大队。1984 年更名为岳场村，2008 年由周马村、岳场村合并为岳场村民委员会。
小河沿庄	Xiǎohéyánzhuāng	清末，有几户不同姓氏人家迁居此地，村庄后边有一条河，故名。
岳场庄	Yuèchǎngzhuāng	旧时岳姓在此开荒种地，故名。
新庄	Xīnzhuāng	旧时北方几户人家搬迁到此定居，村庄新建，故名。
刘场庄	Liúchǎngzhuāng	旧时刘姓聚居此地，村庄东侧有几个大的晒谷场，故名。
小岳场	Xiǎoyuèchǎng	清朝末年，岳姓迁居此地，村庄面积小，故名小岳场庄。
小仝庄	Xiǎotóngzhuāng	该庄仝姓人口居多，面积小，故名。
周芝庄	Zhōuzhīzhuāng	清末，此庄的周芝很有威望，后以此命名为周芝庄。
散刘庄	Sànliúzhuāng	因村民居住较为分散，刘姓居多，故名散刘庄。
小卢宅	Xiǎolúzhái	因村庄面积小，卢姓居多，故名。
小马庄	Xiǎomǎzhuāng	清末，马姓迁居此地，因村庄占地面积小，故名小马庄。
应宅村村民委员会	Yīngzháicūn Cūnmínwěiyuánhuì	隶属泗县瓦坊乡。1958 年人民公社时期为应宅大队，1984 年更名为应宅村。2007 年 11 月与孙位村、小凡村合并后仍命名为应宅村民委员会。
红场庄	Hóngchǎngzhuāng	旧时洪姓在此以租种洪姓地主家的土地为生，种地打场，故得名洪场庄，后演变为红场庄。
应宅庄	Yīngzháizhuāng	因村庄以应姓居多，故名。
孙魏庄	Sūnwèizhuāng	村庄孙、魏二姓居多，故名。
小韩庄	Xiǎohánzhuāng	村庄面积小，韩姓居多，故名小韩庄。
张宅庄	Zhāngzháizhuāng	张姓家族在此开荒种地，繁衍生息，故名。
小凡庄	Xiǎofánzhuāng	清朝同治年间，樊姓逃荒到此，村庄因此得名小樊庄，后简化为小凡庄。
新凡庄	Xīnfánzhuāng	小凡庄分支迁到河南岸居住，村庄命名为新凡庄。
生铁吴庄	Shēngtiěwúzhuāng	旧时吴姓在此地做生铁，生意逐渐做大，村庄因此得名。

标准名称	汉语拼音	备注
小王庄	Xiǎowángzhuāng	因村庄面积小，皆为王姓，故名。
王集村村民委员会	Wángjícūn Cūnmínwěiyuánhuì	隶属泗县瓦坊乡。1958 年人民公社时属学田大队。1963 年划分为王集大队。1984 年更名为王集村民委员会。2008 年 4 月王集村、小王村、学田村、土山村四村合并，合并后仍命名为王集村民委员会。
土山庄	Tǔshānzhuāng	该庄后面有一空地，地下全是板石，故名土山庄。
王官庄	Wángguānzhuāng	旧时王姓在此定居，后来有人在南京做官，故名王官庄。
阳光新区	Yángguāngxīnqū	阳光新区有生活美好、阳光之义，为新农村工程。
汪北庄	Wāngběizhuāng	村庄中有一大的池塘，池塘北面居住很多人家，故名。
圩里庄	Wéilǐzhuāng	旧时村庄周围建有圩墙，抵抗土匪，故名圩里庄。
王集街	Wángjíjiē	王集庄居民搬迁至此，居住在街道两边，故名。
大王集	Dàwángjí	因村庄附近即为街道、集市，村庄占地面积大，王姓居多，故名。
小王庄	Xiǎowángzhuāng	因王姓居多，村庄小，故名。
河西庄	Héxīzhuāng	清朝末年，几户不同姓氏的人家迁居此地，因村庄位于大沟西边，故而得名沟西庄。
后刘庄	Hòuliúzhuāng	因刘姓居多，村庄靠北，故名后刘庄。
吴宅村村民委员会	Wúzháicūn Cūnmínwěiyuánhuì	隶属泗县瓦坊乡。人民公社前名称为吴宅乡，1958 年人民公社时期为吴宅大队，1984 年更名为吴宅村民委员会，2008 年该村与良场村、何宅村合并后更名为吴宅村民委员会。
新庄	Xīnzhuāng	旧时此地为地主家土地，后来几位佃户搬迁至此，种地打场，因村庄新建不久，故命名为新庄。
张海庄	Zhānghǎizhuāng	旧时张姓定居此地，村人张海考取功名，在当地很有威望，后命名为张海庄。
伏良庄	Fúliángzhuāng	清朝末年，伏、梁二姓迁居此地，故名伏梁庄，后更名为伏良庄。
梁场庄	Liángchǎngzhuāng	旧时梁姓居住此地，村庄西侧有几个大的晒谷场，故名。
苌罗庄	Chángluózhuāng	清朝末年，苌、罗二姓定居此地，后取名苌罗庄。
吴宅庄	Wúzháizhuāng	因此村内多为吴姓，故名。
魏丙庄	Wèibǐngzhuāng	传说魏姓生活贫困，拿饼喂狗，狗不吃，故名魏丙庄。
侉宅庄	Kuǎzháizhuāng	清朝中期，东北人逃荒至此建宅，取名侉宅庄。
前宅庄	Qiánzháizhuāng	旧时钱姓在此迁居此地，取名钱宅庄，后更名为前宅庄。
何宅庄	Hézháizhuāng	旧时何姓在此建宅定居，故名。
江宅庄	Jiāngzháizhuāng	清朝末年，江姓迁居于此地，故名。

标准名称	汉语拼音	备注
杨训庄	Yángxùnzhuāng	旧时杨姓聚居此地，村人杨训名声较大，故名。
苌圩村村民委员会	Chángwéicūn Cūnmínwěiyuánhuì	隶属泗县瓦坊乡。1958 年人民公社时期为苌圩大队。1983 年更名为苌圩村民委员会，2008 年苌圩村和小董村合并，合并后仍命名为苌圩村民委员会。
小史庄	Xiǎoshǐzhuāng	旧时史姓聚居此地，庄子面积小，故取名小史庄。
卓场庄	Zhuóchǎngzhuāng	因此村内多为卓姓，故名。
苌庚庄	Chánggēngzhuāng	此庄苌姓居多，故名。
苌郭庄	Chángguōzhuāng	旧时苌姓定居此地，当时有兄弟三人分别叫苌郭、苌其、苌滚，因老大名叫苌郭，故名苌郭庄。
苌圩庄	Chángwéizhuāng	因苌姓居多且庄周围设有圩沟，故名。
小杨庄	Xiǎoyángzhuāng	因村庄小，杨姓聚居，故名小杨庄。
小卞庄	Xiǎobiànzhuāng	因村庄面积小，卞姓居多，故名。
大董庄	Dàdǒngzhuāng	因董姓居多，且居住在该庄的董姓排行老大，故名。
小董庄	Xiǎodǒngzhuāng	清朝宣统年间，该庄董姓人口多，村庄小，故取名小董庄。
王场庄	Wángchǎngzhuāng	因村庄有一大的晒谷场，王姓居多，故名。
萧庄	Xiāozhuāng	旧时萧姓家族在此定居，故名。
张楼村村民委员会	Zhānglóucūn Cūnmínwěiyuánhuì	隶属泗县瓦坊乡。1958 年为张楼大队，1984 年更名为张楼村，2008 年 4 月小唐村、小骆村、张楼村三村合并，仍称张楼村民委员会。
张楼街	Zhānglóujiē	该庄原名张家楼，因民国时期地主张海生定居此地，张家建有炮楼，取名张楼。后来此地逐渐形成集市，得名张楼街。
小杨庄	Xiǎoyángzhuāng	因村庄面积小，杨姓居多，故名。
魏玉庄	Wèiyùzhuāng	清朝末年，魏姓居住此地，该庄曾产玉，取名魏玉庄。
程吴庄	Chéngwúzhuāng	旧时程、吴二姓迁居此地，故名。
小李庄	Xiǎolǐzhuāng	庄内李姓居多，村庄小，故名。
小张庄	Xiǎozhāngzhuāng	庄内张姓居多，村庄小，故名。
小骆庄	Xiǎoluòzhuāng	庄内骆姓居多，村庄小，故名。
杨渡庄	Yángdùzhuāng	旧时杨姓定居此地，村庄中间有一条南北大沟，有个行船渡口，故名杨渡庄。
小陈庄	Xiǎochénzhuāng	庄内陈姓居多，村庄小，故名。
小朱场	Xiǎozhūchǎng	庄内朱姓居多，村庄有一大的打谷场，故名。
对面张	Duìmiànzhāng	清朝光绪年间，张姓居住在村庄中南北路两侧，故名对面张庄。
小唐庄	Xiǎotángzhuāng	庄内唐姓居多，村庄小，故名。

标准名称	汉语拼音	备注
陡张村 村民委员会	Dǒuzhāngcūn Cūnmínwěiyuánhuì	隶属泗县瓦坊乡。1958 年人民公社时期为陡张大队。1984 年更名为陡张村民委员会。2008 年陡张村、大侯村、前行村、陆沟村、杨刘村合并，合并后仍命名为陡张村民委员会。
苌宅庄	Chángzháizhuāng	旧时苌姓在此定居，逐渐壮大，故名。
后刘庄	Hòuliúzhuāng	清朝中期，刘姓迁居至此，取名后刘庄。
大侯庄	Dàhóuzhuāng	旧时侯姓迁居此地，故名。
小袁庄	Xiǎoyuánzhuāng	因村庄面积小，袁姓居多，故名。
小侯庄	Xiǎohóuzhuāng	清朝末年，侯姓居住在高岗上，村庄小，故名。
张曾庄	Zhāngzēngzhuāng	清朝末期，张、曾二姓定居此地，故取名张曾庄。
后行庄	Hòuhángzhuāng	清朝末期，村民在村庄附近做柳条生意，逐渐形成鱼行、柳条行，此庄位置靠北，故名。
杨刘庄	Yángliúzhuāng	清代末期，杨、刘二姓由北方三棵树沿途乞讨到达此地，故名。
前行庄	Qiánhángzhuāng	清朝时期，村民在村庄附近做柳条生意，逐渐形成鱼行、柳条行，此庄位置靠南，故名前行庄。
陡张庄	Dǒuzhāngzhuāng	清朝时期，张姓在此定居，后出官员陡升三级，村民就把此庄称为陡张庄。
小史庄	Xiǎoshǐzhuāng	因史姓多，村庄小，故名。
小张庄	Xiǎozhāngzhuāng	旧时张姓在此定居，村庄面积小，故名小张庄。
陆沟庄	Lùgōuzhuāng	旧时陆姓为防土匪在村庄四周挖沟，故名陆沟庄。
周场庄	Zhōuchǎngzhuāng	清朝末年，周姓定居此地，兄弟四人，老二为了晒粮方便，在庄东头整地做场，故名。
岳宅庄	Yuèzháizhuāng	清代末期，岳姓财主在此居住，村庄因此得名。
小罗庄	Xiǎoluózhuāng	清朝宣统年间，罗姓聚居此地，因村庄面积小，故名小罗庄。
刘灰庄	Liúhuīzhuāng	清代中期，刘姓由北方乞讨到达此地，定居立庄。为了发扬祖业，取名刘辉庄，后更名为刘灰庄。
瓦坊村 村民委员会	Wǎfāngcūn Cūnmínwěiyuánhuì	隶属泗县瓦坊乡。1958 年人民公社时期为瓦坊大队，1984 年更名为瓦坊村民委员会。
丰收队庄	Fēngshōuduìzhuāng	1958 年人民公社时，在此地搞试验田，大丰收，故名。
杨俭庄	Yángjiǎnzhuāng	清代末期，杨姓迁居至此，故名。
歧路周庄	Qílùzhōuzhuāng	清代初期，周姓定居此地，村中多岔路口，故名。
三周庄	Sānzhōuzhuāng	清朝末年，三户周姓在此居住，故名三周庄。
张美宅庄	Zhāngměizhái-zhuāng	民国时期，张姓在此填土建宅，建造房屋，因此宅好看、美丽，故名。

标准名称	汉语拼音	备注
夹庄	Jiázhuāng	该庄处于三周庄、陈场庄中间位置，呈现被包围之势，故名。
陈场庄	Chénchǎngzhuāng	此村庄陈姓居多，有一大的晒谷场，故名。
小邰庄	Xiǎotáizhuāng	清朝宣统年间，该庄邰姓居多，村庄小，故名。
小池庄	Xiǎochízhuāng	此村庄池姓居多，故名。
瓦坊街	Wǎfāngjiē	清朝宣统年间，周姓地主在此地建造瓦房住宅，村庄因此得名周瓦坊。后此地逐渐形成集市，更名为瓦坊街。
后场庄	Hòuchǎngzhuāng	因村庄位于大队部北面，当地以北为后，故名后场庄。
小曹庄	Xiǎocáozhuāng	该庄曹姓居多，村庄面积小，故名。

大路口乡

大路口乡（Dàlùkǒu Xiāng） 以乡政府驻地处泗（县）五（河县）公路和104国道路边命名。1969年2月撤区并社，设泗县城南公社。1980年1月设区划乡，改名为大营乡和九里沟乡。1992年3月撤区并乡，改名大路口乡至今。地处泗县南部，是泗县南大门，东接墩集镇，南与蚌埠市五河县武桥乡接壤，西与丁湖镇比邻，北与泗城镇隔新汴河相望。乡政府驻地邓公村。大路口乡辖邓公、皇姑、龙沟、大张、龙湖、河平、网周、大季、西李、石霸等10个村，全乡有138个自然庄，287个村民小组。电话区号是0557，邮政编码是234334，距县城11千米。辖区总人口4.73万人，总人口中主要是汉族。辖区南北最大跨度14.3千米，东西最大跨度6.1千米，面积81.5平方千米，其中陆地面积78.6平方千米，占总面积的97%，水域面积2.4平方千米，占总面积的3%。辖区境内全部为平原地带，地势较为平坦，北部海拔为19.3米，南部海拔为9米，土质系黑、白淤土。本乡气候属温带大陆性气候，其特点是气候温和，四季分明，光照充足，无霜期长。河道属淮河流域，有二级河石梁河。农业全乡耕地面积50.1平方千米，粮食作物以小麦为主，畜牧养殖业以泗县成安牧业有限公司为龙头，以养殖猪、羊、牛、家禽为主。全乡现有规模以上工业企业5家：泗县合力水泥有限公司、安徽天隆薯业有限公司、安徽泗县德农实业有限公司、泗县徽扬门业有限公司、泗县鑫晨生物油脂有限公司，规模以下工业企业中生产黏土砖11家，山芋粉丝加工13家，龙太、昌峰牌粉丝畅销20多个大中城市。现有乡级敬老院1所，正在扩建中，建成后，床位达175张，现收养农村五保人员75人；全乡参加新型农村养老保险人数3.41万人，参保率96%。交通运输：104国道直穿南北，境内国道14千米；县道草霸公路横贯东西，境内6.1千米；北部有新汴河水上运输；北部另有312省道相通，距许淮高速17.4千米。乡政府到县城公交车每10—20分钟一班，全天候运营。

标准名称	汉语拼音	备注
大季村村民委员会	Dàjìcūn Cūnmínwěiyuánhuì	隶属泗县大路口乡。1958 年人民公社时为大季大队，1984 年更名为大季村民委员会，2008 年该村民委员会与龙庙村民委员会合并，仍名为大季村民委员会。
卢庄	Lúzhuāng	清末年间，卢姓从山东迁居于此，故名卢庄。
张庄	Zhāngzhuāng	清朝光绪年间，张姓从山东梁山迁居至此，养鸭为生，故得名为鸭棚张庄，后简称为张庄。
任庄	Rénzhuāng	此村庄中以任姓居多，故名。
吴邓庄	Wúdèngzhuāng	清朝咸丰年间，吴姓从山东迁居至此，后来邓姓加入，故名为吴邓庄。
西大季庄	Xīdàjìzhuāng	清末，季姓从山东迁居至此，得名为西大季庄。
谢庄	Xièzhuāng	因村中以谢姓居多，故名。
严庄	Yánzhuāng	因村中以严姓居多，后吴姓迁入，仍名为严庄。
大季庄	Dàjìzhuāng	因季姓居多，村庄面积大，故名。
小季庄	Xiǎojìzhuāng	清朝道光年间，季姓从山东南部迁至此定居，故名为大季庄。1913 年季庄分支迁到北面一千米处，故名为小季庄。
九里沟庄	Jiǔlǐgōuzhuāng	因村庄前有一条沟通到县城，长达九里，故名。
陈庄	Chénzhuāng	旧时陈姓在大季庄附近定居，故名。
西李村村民委员会	Xīlǐcūn Cūnmínwěiyuánhuì	隶属泗县大路口乡。1958 年人民公社时期为西李大队，1984 年更名为西李村，2012 年与周陈村合并，仍名为西李村。
小刘庄	Xiǎoliúzhuāng	民国时期，刘姓就已在此定居，因村庄面积小，故名为小刘庄。
东墩庄	Dōngdūnzhuāng	因村庄东面有大石墩一个，故名。
东李庄	Dōnglǐzhuāng	清朝光绪年间，李姓就定居此地，后分支迁到该庄东面村庄，故取名为东李庄。
周庄	Zhōuzhuāng	该庄周姓居多，故名。
西李庄	Xīlǐzhuāng	清朝末年，李姓迁居此地，后分支到该庄西面村庄，故命名为西李庄。
陈庄	Chénzhuāng	此庄陈姓居多，故名。
大张村村民委员会	Dàzhāngcūn Cūnmínwěiyuánhuì	隶属泗县大路口乡。1958 年人民公社时期为大张大队。1984 年更名为大张村民委员会。2008 年该村民委员会与横刘村民委员会合并，仍名为大张村民委员会。
大小苗庄	Dàxiǎomiáozhuāng	清朝咸丰年间，苗姓定居此处，分支为小苗庄，故名为大小苗庄。
小邓庄	Xiǎodèngzhuāng	因邓姓居多，村庄面积小，故名。

标准名称	汉语拼音	备注
横刘庄	Héngliúzhuāng	原名横地刘庄，因为该庄四周土地都是东西方向耕作，称为横地，且该庄皆为刘姓，故名。
杨圩庄	Yángwéizhuāng	因杨姓居多，村民环沟垒土筑圩，故名。
新刘庄	Xīnliúzhuāng	1983 年，横刘庄刘姓分支迁到此处居住，刘姓居多，故名为新刘庄。
张安庄	Zhāng' ānzhuāng	明朝末年，张姓由山东迁到此地，安家落户，故名。
桥李庄	Qiáolǐzhuāng	清末年间李姓住在桥头边，故名桥李庄。
张庄	Zhāngzhuāng	明朝万历年间，张姓由北方迁居此地，故得名为张庄。
皇姑村村民委员会	Huánggūcūn Cūnmínwěiyuánhuì	隶属泗县大路口乡。1958 年人民公社时期为邓圩大队，1984 年更名为邓圩村民委员会，2012 年并村后命名为皇姑村民委员会。
花桥庄	Huāqiáozhuāng	因村庄坐落在一座古桥边，四季如花，故名。
西袁庄	Xīyuánzhuāng	清朝光绪年间，袁姓从南方迁移聚居此处，分支搬迁至袁庄西面，故称西袁庄。
段庄	Duànzhuāng	明朝永乐年间，段姓从南方迁移聚居此地，故名为段庄。
邓圩庄	Dèngwéizhuāng	因邓姓居多，环沟垒土为圩，故名。
牌坊庄	Páifāngzhuāng	因邓姓中有寡居贞洁女子，家族为其立下贞节牌坊，故名。
西圩庄	Xīwéizhuāng	明朝建文年间，邓姓就在此居住，环沟垒土为圩，故名邓圩庄。后分支到邓圩庄西面三里处建造房屋居住，故得名为西圩庄。
谷堆庄	Gǔduīzhuāng	因庄内有汉朝古堆，传说为皇姑之墓，后讹作谷堆，故名。
中谭庄	Zhōngtánzhuāng	清朝末年，谭姓就在此居住，分支为前、中、后三个谭庄，因此庄居中，故称中谭庄。
后谭庄	Hòutánzhuāng	清朝光绪年间，谭姓分支为前、中、后三个谭庄，因此庄位置靠后，故称后谭庄。
大黄庄	Dàhuángzhuāng	清朝道光年间，黄姓从北方迁居此地，故称大黄庄。
后袁庄	Hòuyuánzhuāng	清朝光绪年间，袁姓从南方迁移，聚居此处，分支搬迁至前袁庄后面，故称后袁庄。
前袁庄	Qiányuánzhuāng	清朝同治年间，袁姓从南方迁移，聚居此处，分支搬迁至前面村庄，袁姓居多，故称前袁庄。
网周村村民委员会	Wǎngzhōucūn Cūnmínwěiyuánhuì	隶属泗县大路口乡。2008 年该村委会与程庙村委会合并，仍名为网周村民委员会。
石庄	Shízhuāng	因村民石姓居多，取名。
马庄	Mǎzhuāng	因庄中马姓居多，故名。
网周庄	Wǎngzhōuzhuāng	村民多以织网捕鱼为业，周姓居多，故名。

标准名称	汉语拼音	备注
金庄	Jīnzhuāng	因村民金姓居多，故名。
庙东庄	Miàodōngzhuāng	村庄西侧曾经有古庙一座，故名。
程庄	Chéngzhuāng	因村民程姓居多，故名。
大横堰庄	Dàhéngyànzhuāng	村庄四周扒沟筑圩，土堆很多，故名。
小周庄	Xiǎozhōuzhuāng	清朝末年，周姓从山东迁入此地，因村庄面积小，故名小周庄。
河平村村民委员会	Hépíngcūn Cūnmínwěiyuánhuì	隶属泗县大路口乡。1958 年人民公社时属张圩大队，1984 年由张圩大队更名为张圩村民委员会，河平庄又隶属张圩村委会，2008 年该村民委员会与魏桥村民委员会合并，命名为河平村民委员会。
王庄	Wángzhuāng	清朝同治年间，王姓从南方迁移聚居此地，建村立庄，故名王庄。
魏庄	Wèizhuāng	明朝嘉靖年间，魏姓聚居此地，故名魏庄。
新圩庄	Xīnwéizhuāng	民国时期，由张圩庄张姓分支搬迁至此，因建庄时间不久，故而得名新圩庄。
戴庄	Dàizhuāng	明朝建文年间，戴姓从南方迁移，聚居此地，故名戴庄。
新张庄	Xīnzhāngzhuāng	民国初期，由张庄张姓分支搬迁此地，建村立庄，故名新张庄。
张庄	Zhāngzhuāng	因村民张姓居多，故名。
小滩庄	Xiǎotānzhuāng	该庄中有土滩堆，以卢姓较多，故名卢滩庄。因该庄面积小，人口少，当地约定俗成称小滩庄。
贺庄	Hèzhuāng	清朝光绪年间，贺姓从山东迁移，聚居此地，建村立庄，故得名为贺庄。
张圩庄	Zhāngwéizhuāng	因该庄张姓居多，村庄四周筑有圩墙，故名。
田邓庄	Tiándèngzhuāng	清朝乾隆年间，田、邓二姓迁居此地，建村立庄，故名为田邓庄。
邓庄	Dèngzhuāng	民国初年，邓姓迁居此地，故名邓庄。
龙湖村村民委员会	Lónghúcūn Cūnmínwěiyuánhuì	隶属泗县大路口乡。1958 年人民公社时期为邓湾大队、卢刘大队、顾庄大队。1984 年由三个大队合并后，命名为龙湖村民委员会。2008 年并村后仍用龙湖村名。
小营庄	Xiǎoyíngzhuāng	该庄邓姓居多，为明朝功臣邓愈后人，祖居大营，后分支移居此地，故名为小营庄。
大刘庄	Dàliúzhuāng	此村庄面积大，刘姓居多，故名。
赵庄	Zhàozhuāng	清朝光绪年间，赵姓从南方迁移聚居此地，建村立庄，故名为赵庄。

标准名称	汉语拼音	备注
孔庄	Kǒngzhuāng	孔庄孔姓是孔子后人，从山东迁居此地，故名为孔庄。迁来年代不详。
谷庄	Gǔzhuāng	明朝正德年间，谷姓从南方迁移，聚居此地，建村立庄，故名为谷庄。
西邓庄	Xīdèngzhuāng	因该庄在两个邓庄中处于西面位置，故名。
东邓庄	Dōngdèngzhuāng	因该庄在两个邓庄中处于东面位置，故名。
刘庄	Liúzhuāng	民国初期，刘姓定居此地，建村立庄，故名刘庄。
小许庄	Xiǎoxǔzhuāng	清朝咸丰年间，许姓从北方迁居此地，因村庄户数少，故名为小许庄。
刘渡口庄	Liúdùkǒuzhuāng	村庄临湖，北面有渡口，刘姓以摆渡为生，故名。
卢庄	Lúzhuāng	清朝光绪年间，卢姓从北方迁居此地，故得名为卢庄。
张庄	Zhāngzhuāng	1958 年人民公社时期，张姓由江苏迁居于此，建村立庄，故得名为张庄。
大荒庄	Dàhuāngzhuāng	清朝道光年间，此处土地荒芜，后来刘姓与许姓迁到此处建屋居住，后人以荒地为名，称为大荒庄。
顾庄	Gùzhuāng	因村民顾姓居多，故名。
陈桥	Chénqiáo	因庄东侧有石桥一座，故名。
查庄	Zhāzhuāng	村中有查姓在朝中做官，权势很大，故名。
龙沟村 村民委员会	Lónggōucūn Cūnmínwěiyuánhuì	隶属泗县大路口乡。1958 年人民公社时期为龙沟大队，1984 年更名为双梁村民委员会，龙沟庄又隶属双梁村委会，2008 年该村民委员会与尹巷村民委员会合并，命名为龙沟村民委员会。
斜庄	Xiézhuāng	该庄全部是邓姓，因为庄东头有自然形成的从西北通向东南的一条小河（名曰龙沟）。当时刚迁入，人少地多，农田无力修整，经长时间雨水冲刷形成斜坡，故名斜庄。
大苗庄	Dàmiáozhuāng	明朝末年，苗姓由北方迁居此地，故称大苗庄。
小梁庄	Xiǎoliángzhuāng	清朝康熙年间，梁姓从北方迁移定居，因村庄占地小，故名小梁庄。
昌湖庄	Chānghúzhuāng	因该处土地肥沃，鱼虾满湖粮满仓，故名。
西陈庄	Xīchénzhuāng	该庄以陈姓为主，因紧靠昌湖西侧，故名。
曹庄	Cáozhuāng	因村民以曹姓居多，故名。
小新庄	Xiǎoxīnzhuāng	因该庄建庄时间短，姓氏繁杂，故名小新庄。
小黄庄	Xiǎohuángzhuāng	因黄姓为主，村庄人口较少，故名。
尹巷庄	Yǐnxiàngzhuāng	清代康熙年间，该庄由尹姓从山西迁入，后来虽邓曹二姓迁入居住在此，仍沿袭称为尹巷庄。

标准名称	汉语拼音	备注
二邓庄	Èrdèngzhuāng	清朝末年，邓大营邓姓分支迁居本地，故得名二邓庄。
双庄	Shuāngzhuāng	该庄由邓大营邓姓迁出两支，一支住东边庄，一支住西边庄，后来两个自然庄不断壮大，住户相连，故得名为双邓庄，简称双庄。
后梁庄	Hòuliángzhuāng	清朝中期，由本村前梁庄梁姓分支迁居此地，因在前梁庄的后面，故而得名后梁庄。
前梁庄	Qiánliángzhuāng	该庄以梁姓为主，清朝乾隆年间由五河县武桥迁入本地。因建庄时间早于后来的后梁庄、小梁庄，故称为前梁庄。
邓公村村民委员会	Dènggōngcūn Cūnmínwěiyuánhuì	隶属泗县大路口乡。1958年人民公社时期为大营大队。1982—1992年撤区并乡，该村为大营乡政府所在地。2008年大营、高李两个村委会合并，命名为邓公村民委员会。
南园庄	Nányuánzhuāng	因村庄位于大营南部，且种菜开园农户较多，故名。
大营庄	Dàyíngzhuāng	该庄为明代名将邓愈故里，故得名为邓大营庄，简称大营庄。
邓圩庄	Dèngwéizhuāng	因邓姓居多，村民在村庄四周环沟垒土筑圩，故名。
戴庄	Dàizhuāng	因村中以戴姓居多，故名。
大李庄	Dàlǐzhuāng	清朝初期，李姓分支迁居此处，弟兄二人分家，老大住李庄，称大李庄。
小李庄	Xiǎolǐzhuāng	清朝初期，李姓从大李庄分支迁居此处，弟兄二人分家，老二迁居地称小李庄。
高庄	Gāozhuāng	清朝末期，高姓由南方迁居至此，故名高庄。
路口庄	Lùkǒuzhuāng	明末时期，各地拾荒讨饭人员在此落户，姓氏比较繁杂，村庄又处于路口位置，故得名为路口庄。
张庄	Zhāngzhuāng	民国时期，张姓由北方迁居此地，故起名为张庄。
石霸村村民委员会	Shíbàcūn Cūnmínwěiyuánhuì	隶属泗县大路口乡。1958年人民公社时期为赵湖、舒邓、孟庄三个大队。1984年三个大队分别更名为赵湖村民委员会、舒邓村民委员会、孟庄村民委员会。2008年赵湖、舒邓、孟庄三个村民委员会合，并命名为石霸村民委员会。
西赵湖庄	Xīzhàohúzhuāng	该庄以赵姓为主，此地过去地势低洼，遇连阴雨天，地里一片汪洋，又因地处石霸村西北方，故名。
梁庄	Liángzhuāng	该村庄以梁姓居多，故名。
陈庄	Chénzhuāng	该村庄以陈姓居多，故名。
孟庄	Mèngzhuāng	清代末期，孟姓聚居此地，故得名为孟庄。
尤庄	Yóuzhuāng	明朝中期，尤姓从南方迁移，聚居此地，故取名尤庄。
小邓庄	Xiǎodèngzhuāng	因村庄中邓姓居多，村庄面积小，故名。
舒庄	Shūzhuāng	因庄内舒姓较多，故名舒庄。

标准名称	汉语拼音	备注
西周庙庄	Xīzhōumiàozhuāng	明朝末年，周姓从南方迁居至此，因在东周、西周两庄中间有一座土地庙，故名西周庙庄。
后场庄	Hòuchǎngzhuāng	因东西周庙庄周姓分支搬至原东西周庙之间的一处打麦场后方，故得名后场庄。
东周庙庄	Dōngzhōumiào-zhuāng	因在东周、西周两庄中间有一座土地庙，故名。
卢圩庄	Lúwéizhuāng	因村民卢姓居多，村庄四周筑有圩沟，故名。
东赵湖庄	Dōngzhàohúzhuāng	因此地过去地势低洼，遇连阴雨天，地里一片汪洋，故而得名为赵湖庄。以大路为界，东面为东赵湖庄。

第二节　非行政区域

工业区与开发区

草沟镇新型工业试验区（Cǎogōu Zhèn Xīnxíng Gōngyè Shìyànqū）　位于草沟镇区东2千米处，北起329省道，南至草霸路，西接大草路，东临明光—徐州高速公路入口。占地面积近133万平方米，主要产业为农副产品深加工、高科技乡村养殖、轻纺、电子业。2013年全面完成其他相关配套设施建设，整体完善，规范管理，全面达到规划设计的承载水平。入园企业超80家，年产值8亿元以上。

大庄镇新型乡村工业园区（Dàzhuāng Zhèn Xīnxíng Xiāngcūn Gōngyèyuánqū）　位于泗县大庄镇主镇区南1千米，紧靠104国道。占地面积167.8万平方米，主要产业为板材加工和纺织服装。大庄镇政府充分利用镇域资源和产业基础，突出发展板材加工业和纺织服装业两个主导产业。

泗城镇新型乡村工业园区（Sìchéng Zhèn Xīnxíng Xiāngcūn Gōngyèyuánqū）　位于泗县泗城镇辖区范围内，地址为泗城镇南二环和西二环交口。占地面积为133万平方米，主要产业为化工、铸造、机械加工、塑料制品、建筑材料。2011年工业产值20.6亿元，拥有工业企业124家，职工13480人。

惠丰产业园（Huìfēng Chǎnyèyuán）　位于泗城镇辖区范围内，地址为开发区东二环路和潼河路交口。占地面积为20万平方米，主要产业为生产钢结构、环保机械设备，现在正在建设物流商场、建材交易中心。年销售额20亿人民币左右。

泗县经济开发区（Sì Xiàn Jīngjìkāifāqū）　位于泗县县城东部，东临草庙镇，西靠泗城镇，南至新汴河，北临屏山镇。规划面积为22.31平方千米。辖衡尤、汴光、东发、于圩四个社区和曹苗、赵位、大刘、三村及国营苗圃，常住人口2.6万人。泗县经济开发区按照高规格、多功能、环保型建设标准设计，以规划科学、市场运营、机构创新、机制灵活、管理高效为原则，建成招商引资的载体、城市发展的新区。近年来，经过不懈的招商努力，泗县经济开发区现已初步形成了“园区产业化、产业集群化”的“一区多园”发展格局。纺织服装产业园、粮食产业园、惠丰产业园、中体产业园等正在建设中。泗海产业园、新加坡智慧产业城即将开工建设。泗县经济开发区在规模、功能和效益方面，成为皖东北最具活力的省级开发区。

第三节　自然地理实体

陆地地形

标准名称	汉语拼音	备注
阴陵山	Yīnlíng Shān	该山位于鹿鸣山西3千米，长沟镇四河村境内。海拔32.9米，长1.3千米，宽1千米。
鹿鸣山	Lùmíng Shān	该山位于县城西17千米，长沟镇汴河村境内。海拔51米，长2千米，宽0.75千米。
灰山	Huī Shān	该山位于鹿鸣山西北2千米，长沟镇境汴河村内。海拔30米，长1.25千米，宽0.8千米。
赤山	Chì Shān	该山位于县城东北30.6千米处，山头镇惠庙村境内。海拔46.3米，南北长7.5千米，东西宽2千米。
峰山	Fēng Shān	该山位于黑塔镇境马厂村内。海拔124.2米。南北长1.4千米，东西宽0.6千米。
朱山	Zhū Shān	该山位于县城东北18千米处，黑塔镇马厂村境内。主峰海拔157.2米，长1.35千米，宽1千米。
马鞍山	Mǎ’ān Shān	该山位于朱山北1千米，黑塔镇朱山村境内。海拔136.8米，长1千米，宽0.75千米。
茶山	Chá Shān	该山位于老山西1千米，屏山镇涂山村境内。海拔52米，长1千米，宽0.5千米。

标准名称	汉语拼音	备注
老山	Lǎo Shān	该山位于泗县县城北 15 千米，屏山镇老山村境内。海拔 95.7 米，长 1.25 千米，宽 0.8 千米。
涂山	Tú Shān	该山位于老山西 0.75 千米，屏山镇涂山村境内。海拔 63.4 米，长 0.85 千米，宽 0.7 千米。
陈山	Chén Shān	该山位于老山西 0.5 千米，屏山镇涂山村境内。海拔 52 米，长 1.2 千米，宽 0.7 千米。
邢山	Xíng Shān	该山位于老山东南 3.5 千米，屏山镇徐贺村境内。海拔 69 米，长 1.2 千米，宽 0.7 千米。
张山	Zhāng Shān	该山位于老山东 3 千米，邢山之北，屏山镇彭鲍村境内。海拔 47.5 米，长 1.1 千米，宽 0.6 千米。
屏山	Píng Shān	该山位于县城北 10 千米，屏山镇屏山村境内。主峰海拔 119.2 米。东西长 2.5 千米，南北宽 2 千米。

陆地水系

标准名称	汉语拼音	备注
潼河	Tóng Hé	所跨行政区域为瓦坊乡、山头镇，东流至安河汊，折向东北抵伊吴张三道口出县境，经乌鸦岭到大口子，在泗县境内长 22.9 千米，流域面积 180 平方千米。
龙河	Lóng Hé	所跨行政区域为瓦坊乡、山头镇，源于江苏省睢宁县，沿泗县、睢宁县、宿豫县界东流；上游为睢宁县白马河，自二郎庙入境，东流至安河汊，折向东北抵伊吴张三道口。老龙河全长 60 千米，现有流域面积 109 平方千米，泗县境内长 21.5 千米，流域面积 20 平方千米。
老濉河	Lǎosuī Hé	所跨行政区域为黄圩镇、大庄镇、瓦坊乡、刘圩镇、黑塔镇。源出灵璧县侩塘沟东，下流入泗县中部，东入江苏。老濉河在泗县境内长 39.265 千米，宽 40 米，流域面积约 196.2 平方千米。
小黄河	Xiǎohuáng Hé	所跨行政区域为刘圩镇、瓦坊乡、大庄镇、屏山镇。小黄河西起北新集乡，流经大庄、瓦坊、小王集、四山、马厂、杨圩、刘圩流入老濉河。长 26 千米，宽 46 米，流域面积约 126.3 平方千米。
民利河	Mínlì Hé	所跨行政区域为大杨乡、黄圩镇、大庄镇、瓦坊乡、屏山镇、黑塔镇。民利河位于小黄河之南，上起王巷，下至魏庄入老濉河。全长 39.8 千米，宽 46 米，流域面积约 273.5 平方千米。

标准名称	汉语拼音	备注
新濉河	Xīnsuī Hé	所跨行政区域为长沟镇、泗城镇、草庙镇，起点为长沟镇时集，终点为黑塔镇胡陈圩。泗县境内长43.6千米，宽130米，流域面积约196平方千米。
唐河	Táng Hé	所跨行政区域为草沟镇、长沟镇。唐河北起长沟镇，流经夏庙、草沟、于韩村，南入沱湖。长19千米，宽60米，流域面积约241.2平方千米。
北沱河	Běituó Hé	所跨行政区域为草沟镇、丁湖镇，出宿州东小马庄，过灵璧流入泗县西南部，流经草沟镇、丁湖镇，南下入淮。泗县境内长19千米，宽100米。
南沱河	Nántuó Hé	所跨行政区域为草沟镇、丁湖镇。源出宿州七岭，过灵璧入泗县西南部大梁、大安、樊集三个村边缘，东入淮河。泗县境内长14.5千米，宽60米，流域面积约48.2平方千米。
石梁河	Shíliáng Hé	所跨行政区域为泗城镇、大路口乡、墩集镇。石梁河起于城北八里桥，经泗城南下，入天井湖。全长25.1千米，宽80米，流域面积411平方千米。
樊吴大沟	Fánwú Dàgōu	所跨行政区域为丁湖镇。樊吴大沟北起吴圩村，南至樊集村。长20.1千米，宽20米，流域面积约75平方千米。
杨庄沟	Yángzhuāng Gōu	所跨行政区域为黄圩镇、大庄镇、瓦坊乡。杨庄沟西起西卢村，东至梁场村，入老濉河。全长11.9千米，宽22米，流域面积约71.75平方千米。
虹灵沟	Hónglíng Gōu	所跨行政区域为黄圩镇、大杨乡、长沟镇。虹灵沟北起黄圩镇刘宅村，流经黄圩镇、大杨乡、长沟镇，南至长沟镇长沟村。全长27千米，宽15米，流域面积约61.5平方千米。
新汴河	Xīnbiàn Hé	所跨行政区域为长沟镇、泗城镇、墩集镇、草庙镇。新汴河西起长沟镇泗县与灵璧交界处，流经长沟镇、泗城镇、草庙镇，东至草庙镇，流入江苏省境内。全长37.4千米，宽138米，流域面积约910平方千米。
小凄河	Xiǎoqī Hé	所跨行政区域为屏山镇、黑塔镇。小凄河位于黑塔镇境内，连接民利河与老濉河，起点为娄桥，终点为新关。全长11.2千米，宽40米，流域面积约24平方千米。
岳罗河	Yuèluó Hé	所跨行政区域为草沟镇。源于灵璧县城护城河，流经草沟镇，至于城庄汇入唐河。县内流域面积为51.15平方千米；县内长度3.22千米。
岳洪河	Yuèhóng Hé	所跨行政区域为黑塔镇。源于灵璧县城西小杨庄，流经灵城镇、虞姬乡、长沟镇，至四河村汇入唐河。流域面积78平方千米；长度4.27千米。

第四节　城镇道路街巷

标准名称	汉语拼音	备注
汴河大道	Biàhé Dàdào	位于泗城镇，西起西二环路，东至343国道，长7038米，宽50米，水泥路面。始建于1993年。
泗州大道	Sìzhōu Dàdào	位于泗城镇，北起八里桥，南至泗五大桥，长7000米，宽30米，水泥路面。始建于1993年。
西二环路	Xī 2 Huánlù	位于泗城镇，北起北二环路，南至南二环路，长2485米，宽18米，水泥路面。始建于2001年。
北二环路	Běi 2 Huánlù	位于泗城镇，西起西二环路，东至南二环路，长2953米，宽18米，水泥路面。始建于2001年。
南二环路	Nán 2 Huánlù	位于泗城镇，西起西二环路，东至东二环，长3000米，宽18米，水泥路面。始建于2002年。
东二环路	Dōng 2 Huánlù	位于泗城镇，北起北二环路，南至南二环路，长2507米，宽18米，水泥路面。始建于2002年。
南一环路	Nán 1 Huánlù	位于泗城镇，西起泗州广场，东至南关社区虹桥南苑，长696米，宽18米，水泥路面。始建于1983年。
西一环路	Xī 1 Huánlù	位于泗城镇，北起花园井社区向阳苑宿舍，南至南关社区虹桥南苑，长874米，宽18米，水泥路面。始建于1983年。
北一环路	Běi 1 Huánlù	位于泗城镇，西起泗州大道，东至泗县东方广场，长1080米，宽18米，水泥路面。始建于1983年。
东一环路	Dōng 1 Huánlù	位于泗城镇，北起汴河大道，南至泗州广场，长757米，宽18米，水泥路面。始建于1983年。
虹乡路	Hóngxiāng Lù	位于泗城镇，北起宾河大道，南至二环南路，长1535米，宽25米，水泥路面。始建于2008年。
丹凤路	Dānfèng Lù	位于泗城镇，北起宾河大道，南至东二环路，长2113米，宽18米，水泥路面。始建于2008年。
朝阳路	Cháoyáng Lù	位于泗城镇，北起泗水大道，南至南柳路，长2256米，宽18米，水泥路面。始建于2008年。
桃园路	Táoyuán Lù	位于泗城镇，东起东二环路，西至环城河，长2921米，宽35米，水泥路面。始建于2007年。
玉兰路	Yùlán Lù	位于泗城镇，西起学士南路，东至343国道，长2885米，宽40米，水泥路面。始建于2007年。
和桥路	Héqiáo Lù	位于泗城镇，东起幸福闸，西至汴河大道，长860米，宽15米，水泥路面。始建于1995年。

标准名称	汉语拼音	备注
人民路	Rénmín Lù	位于泗城镇，北起北一环路，南至南一环路，长776米，宽20米，水泥路面。始建于1969年。
学士中路	Xuéshì Zhōnglù	位于泗城镇，北起汴河大道，南至南一环路，长965米，宽15米，水泥路面。始建于1994年。
西关大街	Xīguān Dàjiē	位于泗城镇，东起西关大桥，西至泗县汽车站，长660米，宽40米，水泥路面。始建于1990年。
顺河路	Shùnhé Lù	位于泗城镇，北起南一环路，南至原酒厂北门，长865米，宽16米，水泥路面。始建于1989年。
梁园路	Liángyuán Lù	位于泗城镇，北起西关大街，南至南二环路，长350米，宽16米，水泥路面。始建于1994年。
商南街	Shāngnán Jiē	位于泗城镇，东起东一环路，西至西一环路，长940米，宽10米，水泥路面。始建于1984年。
中城街	Zhōngchéng Jiē	位于泗城镇，东起汴河大道，西至西一环路，长1071米，宽18米，水泥路面。始建于1989年。
铁市街	Tiěshì Jiē	位于泗城镇，北起北一环路，南至南一环路，长811米，宽16米，水泥路面。始建于1993年。
学士南路	Xuéshì Nánlù	位于泗城镇，北起南一环路，南至南二环路，长804米，宽15米，水泥路面。始建于1994年。
道院街	Dàoyuàn Jiē	位于泗城镇，东起东一环路，西至铁市街，长425米，宽20米，水泥路面。始建于1983年。
牛市巷	Niúshì Xiàng	位于泗城镇，南起道院街，北至中城街，长210米，宽6米，水泥路面。始建于1993年。
镇前街	Zhènqián Jiē	位于泗城镇，东起铁市街，西至人民路，长100米，宽20米，水泥路面。始建于1991年。
晴波路	Qíngbō Lù	位于泗城镇，西起丹凤路，东至东三环路，长2035米，宽25米，水泥路面。始建于2002年。
潼河路	Tónghé Lù	位于泗城镇，西起东二环路，东至东三环路，长2283米，宽40米，水泥路面。始建于2002年。
南柳路	Nánliǔ Lù	位于泗城镇，西起石龙湖路，东至东三环路，长6045米，宽25米，水泥路面。始建于2002年。
赤山路	Chìshān Lù	位于泗城镇，北起北三环路，南至潼河路，长5836米，宽40米，水泥路面。始建于2002年。
蟠龙山路	Pánlóngshān Lù	位于泗城镇，北起汴河大道，南至潼河路，长5550米，宽25米，水泥路面。始建于2002年。
羊城湖路	Yángchénghú Lù	位于泗城镇，西起东二环路，东至东三环路，长2700米，宽40米，水泥路面。始建于2002年。

标准名称	汉语拼音	备注
石梁河路	Shíliánghé Lù	位于泗城镇，北起北三环路，南至北二环路，长 2300 米，宽 40 米，水泥路面。始建于 2002 年。
清水湾路	Qīngshuǐwān Lù	位于泗城镇，西起西二环路，东至泗县大道，长 4440 米，宽 40 米，水泥路面。始建于 2002 年。
彩虹大道	Cǎihóng Dàdào	位于泗城镇、屏山镇，南起羊城湖路，北至 104 国道，长 10896 米，宽 60 米，沥青混凝土路面。始建于 2013 年。
花园路	Huāyuán Lù	位于泗城镇，西起西三环路，东至东三环路，长 7590 米，宽 40 米，水泥路面。始建于 2002 年。
来庵巷	Lái' ān Xiàng	位于泗城镇，北起汴河大道，南至和桥路，长 485 米，宽 16 米，水泥路面。始建于 2002 年。
唐河路	Tánghé Lù	位于泗城镇，西起西三环路，东至南二环路，长 2340 米，宽 40 米，水泥路面。始建于 2002 年。

第二篇

宿州市市辖区、县专业设施类标准地名录

第九章　交通运输设施类标准地名录

第一节　公路、铁路

埇桥区公路、铁路

标准名称	汉语拼音	备注
张疃—柏山公路	Zhāngtuǎn Bǎishān Gōnglù	道路类型为乡道，道路等级为四级以下，起点为变化点，止点为路町，长度为 7.91 千米，宽度为 5 米，路面性质为砂石路。修建年度为 1975 年，改建年度为 2002 年，竣工日期为 2002 年。1975 年，宿县交通部门批准名称。因该道路连接张疃村与柏山村，故而得名。
烟台—汕头公路	Yāntái Shàntóu Gōnglù	道路类型为国道，道路等级为一级，起点为交 S301，止点为澥河，长度为 96.2 千米，宽度为 20 米，路面性质为柏油路。修建年度为 2012 年，改建年度为 2014 年。2014 年，国家交通部批准名称。由国家部门统一编号而得名，代码为 G206。
北京—台北高速公路	Běijīng Táiběi Gāosùgōnglù	道路类型为国道，道路等级为一级，起点为澥河，止点为交 S101，长度为 58 千米，宽度为 20 米，路面性质为柏油路。修建年度为 2012 年，改建年度为 2014 年。2014 年，国家交通厅批准名称。由国家部门统一编号而得名。
大李集—符离公路	Dàlǐjí Fúlí Gōnglù	道路类型为省道，道路等级为二级，起点为交 G206，止点为时村镇，长度为 32.6 千米，宽度为 12 米，路面性质为柏油路。修建年度为 2012 年，改建年度为 2014 年。2014 年，安徽省交通部批准名称。由国家部门统一编号而得名。
泗洪—永城公路	Sìhóng Yǒngchéng Gōnglù	道路类型为省道，道路等级为二级，起点为西二铺，止点为交 144 乡道，长度为 39.2 千米，宽度为 12 米，路面性质为柏油路。修建年度为 2013 年，改建年度为 2015 年。2015 年，安徽省交通厅批准名称。由国家部门统一编号而得名。

标准名称	汉语拼音	备注
泗洪—许昌高速公路	Sìhóng Xǔchāng Gāosù Gōnglù	道路类型为省道，道路等级为二级，起点为交 S306，止点为灵西运河，长度为 46.2 千米，宽度为 12 米，路面性质为柏油路。安徽省交通厅批准名称。由国家部门统一编号而得名。
王堂—五柳公路	Wángtáng Wǔliǔ Gōnglù	道路类型为县道，道路等级为三级，起点为王堂，止点为五柳，长度为 22.66 千米，宽度为 7 米，路面性质为水泥路。修建年度为 1986 年，竣工日期为 1986 年。1986 年，宿县交通部门批准名称。因该道路连接王堂与五柳，故而得名。
陈李—洼窝刘公路	Chénlǐ Wāwōliú Gōnglù	道路类型为县道，道路等级为三级，起点为胜利桥，止点为交叉点，长度为 10.98 千米，宽度为 8 米，路面性质为水泥路。修建年度为 1985 年，竣工日期为 1985 年。1985 年，宿县交通部门批准名称。因该道路连接陈李与洼窝刘，故而得名。
杨庄—支河公路	Yángzhuāng Zhīhé Gōnglù	道路类型为县道，道路等级为三级，起点为交叉点，止点为城孜村委会，长度为 18.83 千米，宽度为 6.5 米，路面性质为水泥路。修建年度为 1984 年，改建年度为 2012 年，竣工日期为 2014 年。1984 年，宿县交通部门批准名称。因该道路连接杨庄乡与支河乡，故而得名。
夹沟—蒿沟公路	Jiágōu Hāogōu Gōnglù	道路类型为县道，道路等级为三级，起点为徐桥，止点为蒿沟乡，长度为 34.47 千米，宽度为 6.5 米，路面性质为水泥路。修建年度为 1981 年，改建年度为 2011 年，竣工日期为 2014 年。1981 年，宿县交通部门批准名称。因该道路连接夹沟镇与蒿沟乡，故而得名。
苗庵—大店公路	Miáo’ān Dàdiàn Gōnglù	道路类型为县道，道路等级为三级，起点为交叉点，止点为大店，长度为 21.68 千米，宽度为 7 米，路面性质为水泥路。修建年度为 1989 年，改建年度为 2009 年，竣工日期为 2010 年。1989 年，宿县交通部门批准名称。因该道路连接苗庵乡与大店镇，故而得名。
西寺坡—涉故台公路	Xīsìpō Shègùtái Gōnglù	道路类型为县道，道路等级为三级，起点为西寺坡，止点为与县道 037 交叉，长度为 10.04 千米，宽度为 6.5 米，路面性质为水泥路。修建年度为 1986 年，改建年度为 2015 年。1986 年，宿县交通部门批准名称。因该道路连接西寺坡村与涉故台村，故而得名。
后王寨—门东李家公路	Hòuwángzhài Méndōnglǐjiā Gōnglù	道路类型为县道，道路等级为三级，起点为路面变化，止点为祁县，与国道交叉，长度为 17.15 千米，宽度为 6.5 米，路面性质为水泥路。修建年度为 1983 年，改建年度为 2011 年，竣工日期为 2011 年。1983 年，宿县交通部门批准名称。因该道路连接后王寨与门东李家，故而得名。

标准名称	汉语拼音	备注
符北—五柳公路	Fúběi Wǔliǔ Gōnglù	道路类型为县道，道路等级为三级，起点为交叉点，止点为符离，长度为21.71千米，宽度为6.5米，路面性质为水泥路。修建年度为1983年，改建年度为2011年，竣工日期为2014年。1983年，宿县交通部门批准名称。因该道路连接符北村与小五柳村，故而得名。
方店—禅堂公路	Fāngdiàn Chántáng Gōnglù	道路类型为县道，道路等级为三级，起点为与国道交叉点，止点为禅堂，长度为4.01千米，宽度为7米，路面性质为水泥路。修建年度为1984年，竣工日期为2010年。1984年，宿县交通部门批准名称。因该道路连接方店街与禅堂村，故而得名。
丁牌坊—年庄公路	Dīngpáifāng Niánzhuāng Gōnglù	道路类型为县道，道路等级为三级，起点为交叉口，止点为白安，长度为11.31千米，宽度为6.5米，路面性质为水泥路。修建年度为1981年，改建年度为2012年，竣工日期为2012年。1981年，宿县交通部门批准名称。因该道路连接丁牌坊与年庄，故而得名。
邵杨—红旗公路	Shàoyáng Hóngqí Gōnglù	道路类型为县道，道路等级为三级，起点为王集，止点为梅庵，长度为59.89千米，宽度为6.5米，路面性质为水泥路。修建年度为1986年，改建年度为2011年，竣工日期为2012年。1986年，宿县交通部门批准名称。因该道路连接邵阳与红旗，故而得名。
钱营—八里公路	Qiányíng Bālǐ Gōnglù	道路类型为县道，道路等级为三级，起点为交叉点，止点为南坪镇，长度为56.4千米，宽度为7.5米，路面性质为水泥路。修建年度为1989年，改建年度为2014年，竣工日期为2015年。1989年，宿县交通部门批准名称。因该道路连接钱营社区与八里村，故而得名。
李院—后程公路	Lǐyuàn Hòuchéng Gōnglù	道路类型为乡道，道路等级为四级以下，起点为李院，止点为后程，长度为5.92千米，宽度为4米，路面性质为水泥路。修建年度为1970年，竣工日期为1970年。1970年，宿县交通部门批准名称。因该道路连接李院与后程，故而得名。
西岗—街西公路	Xīgǎng Jiēxī Gōnglù	道路类型为乡道，道路等级为四级以下，起点为转换交叉口，止点为街东，长度为15.45千米，宽度为5米，路面性质为水泥路。修建年度为1972年，竣工日期为1972年。1972年，宿县交通部门批准名称。因该道路连接西岗与街西，故而得名。
林庄—冯楼公路	Línzhuāng Fénglóu Gōnglù	道路类型为乡道，道路等级为四级以下，起点为宝光寺，止点为马桥，长度为13千米，宽度为4米，路面性质为水泥路。修建年度为1971年，竣工日期为1979年。1979年，宿县交通部门批准名称。因该道路连接林庄村与冯楼村，故而得名。

标准名称	汉语拼音	备注
宝光寺—东岗公路	Bǎoguāngsì Dōnggǎng Gōnglù	道路类型为乡道，道路等级为四级以下，起点为冯楼村，止点为冯楼，长度为6.29千米，宽度为4米，路面性质为水泥路。修建年度为1977年，竣工日期为1977年。1977年，宿县交通部门批准名称。因该道路连接宝光寺村与东岗，故而得名。
林庄—马楼公路	Línzhuāng Mǎlóu Gōnglù	道路类型为乡道，道路等级为四级以下，起点为大韩，止点为张家庄，长度为10.12千米，宽度为3米，路面性质为砂石路。修建年度为1951年，竣工日期为1951年。1951年，宿县交通部门批准名称。因该道路连接林庄村与马楼村，故而得名。
谢炉—小圩公路	Xièlú Xiǎowéi Gōnglù	道路类型为乡道，道路等级为四级以下，起点为吴楼村，止点为与县道交叉，长度为19.17千米，宽度为5米，路面性质为水泥路。修建年度为1956年，竣工日期为1956年。1956年，宿县交通部门批准名称。因该道路连接谢炉村与小圩村，故而得名。
林庄—刘楼公路	Línzhuāng Liúlóu Gōnglù	道路类型为乡道，道路等级为四级以下，起点为林庄（与江苏交界），止点为X030，长度为6.85千米，宽度为5米，路面性质为沥青。修建年度为1964年，改建年度为1998年，竣工日期为1998年。1964年，宿县交通部门批准名称。因该道路连接林庄村与刘楼村，故而得名。
三铺—十里公路	Sānpù Shílǐ Gōnglù	道路类型为乡道，道路等级为四级以下，起点为宋庙村，止点为交叉，长度为14.85千米，宽度为4米，路面性质为砂石路、水泥路、沥青。修建年度为1965年，竣工日期为1965年。1965年，宿县交通部门批准名称。因该道路连接三铺村与十里村，故而得名。
房上—杨庄公路	Fángshàng Yángzhuāng Gōnglù	道路类型为乡道，道路等级为四级以下，起点为交点，止点为与赵集—李营路交点，长度为5.84千米，宽度为3.5米，路面性质为水泥路、砂石路。修建年度为1969年，改建年度为2011年，竣工日期为2011年。1969年，宿县交通部门批准名称。因该道路连接房上村与杨庄村，故而得名。
房上—郑楼公路	Fángshàng Zhènglóu Gōnglù	道路类型为乡道，道路等级为三级，起点为X030，止点为朝褚路，长度为6.63千米，宽度为6.5米，路面性质为水泥路、沥青。修建年度为1981年，改建年度为1998年，竣工日期为2013年。1981年，宿县交通部门批准名称。因该道路连接房上村与郑楼村，故而得名。
高庄—杨庄公路	Gāozhuāng Yángzhuāng Gōnglù	道路类型为乡道，道路等级为四级以下，起点为变化点，止点为杨庄，长度为5.63千米，宽度为6米，路面性质为水泥路、沥青。修建年度为1982年，改建年度为1997年，竣工日期为1997年。1982年，宿县交通部门批准名称。因该道路连接高庄村与杨庄村，故而得名。

标准名称	汉语拼音	备注
湖庄—四铺公路	Húzhuāng Sìpù Gōnglù	道路类型为乡道，道路等级为四级以下，起点为王庄村，止点为王庄，长度为 14 千米，宽度为 4.5 米，路面性质为水泥路、沥青。修建年度为 1961 年，竣工日期为 1961 年。1961 年，宿县交通部门批准名称。因该道路连接湖庄村与四铺村，故而得名。
三环—左洼公路	Sānhuán Zuǒwā Gōnglù	道路类型为乡道，道路等级为四级以下，起点为张疃村，止点为洪庙（Y035），长度为 12.89 千米，宽度为 4.5 米，路面性质为水泥路、沥青。修建年度为 1965 年，竣工日期为 1968 年。1968 年，宿县交通部门批准名称。因该道路连接三环村与左洼村，故而得名。
梅庄—王村公路	Méizhuāng Wángcūn Gōnglù	道路类型为乡道，道路等级为四级以下，起点为梅庄村，止点为王村，长度为 14.23 千米，宽度为 4.5 米，路面性质为水泥路、沥青。修建年度为 1970 年，竣工日期为 1970 年。1970 年，宿县交通部门批准名称。因该道路连接梅庄村与王村，故而得名。
小阎庄—余桥公路	Xiǎoyánzhuāng Yúqiáo Gōnglù	道路类型为乡道，道路等级为四级以下，起点为阎尚村，止点为小阎庄，长度为 10.15 千米，宽度为 3.5 米，路面性质为水泥路。修建年度为 1979 年，竣工日期为 1979 年。1979 年，宿县交通部门批准名称。因该道路连接小阎庄与余桥，故而得名。
河北—么李公路	Héběi Melǐ Gōnglù	道路类型为乡道，道路等级为四级以下，起点为么李，止点为 G206，长度为 2.6 千米，宽度为 4.5 米，路面性质为水泥路。修建年度为 1977 年，竣工日期为 1977 年。1977 年，宿县交通部门批准名称。因该道路连接么李村与河北村，故而得名。
大山口—马湾公路	Dàshānkǒu Mǎwān Gōnglù	道路类型为乡道，道路等级为四级以下，起点为马湾村，止点为马湾（G206），长度为 4.68 千米，宽度为 3 米，路面性质为砂石路。修建年度为 1978 年，竣工日期为 1978 年。1978 年，宿县交通部门批准名称。因该道路连接大山口与马湾村，故而得名。
闵祠—欧庄公路	Mǐncí Ōuzhuāng Gōnglù	道路类型为乡道，道路等级为四级以下，起点为变化点，止点为 144，长度为 2.43 千米，宽度为 5 米，路面性质为砂石路。修建年度为 1984 年，竣工日期为 1984 年。1984 年，宿县交通部门批准名称。因该道路连接闵祠村与欧庄，故而得名。
左洼—小山口公路	Zuǒwā Xiǎoshān kǒu Gōnglù	道路类型为乡道，道路等级为四级以下，起点为交 X041，止点为马湾，长度为 4.78 千米，宽度为 4 米，路面性质为砂石路。修建年度为 1961 年，竣工日期为 1961 年。1961 年，宿县交通部门批准名称。因该道路连接左洼村与小山口，故而得名。

标准名称	汉语拼音	备注
后泉井—孙寨公路	Hòuquánjǐng Sūnzhài Gōnglù	道路类型为乡道，道路等级为四级以下，起点为Y024，止点为孙寨村，长度为7.8千米，宽度为4.5米，路面性质为砂石路。修建年度为1962年，竣工日期为1962年。1962年，宿县交通部门批准名称。因该道路连接后泉井与孙寨村，故而得名。
前楼—前塔山公路	Qiánlóu Qiántǎshān Gōnglù	道路类型为乡道，道路等级为四级以下，起点为前塔山南，止点为前楼北（X028），长度为3.82千米，宽度为3.5米，路面性质为水泥路。修建年度为1965年，改建年度为2013年，竣工日期为2013年。1965年，宿县交通部门批准名称。因该道路连接前塔山南与前楼，故而得名。
清湖—前塔山公路	Qīnghú Qiántǎshān Gōnglù	道路类型为乡道，道路等级为四级以下，起点为二号沟，止点为团结桥，长度为5.92千米，宽度为4米，路面性质为水泥路。修建年度为1966年，竣工日期为1966年。1966年，宿县交通部门批准名称。因该道路连接清湖与前塔山，故而得名。
大王庙—沟上公路	Dàwángmiào Gōushàng Gōnglù	道路类型为乡道，道路等级为四级以下，起点为梁桥，止点为大州，长度为8.16千米，宽度为4米，路面性质为砂石路。修建年度为1967年，竣工日期为1967年。1967年，宿县交通部门批准名称。因该道路连接大王庙与沟上村，故而得名。
马台—吴楼公路	Mǎtái Wúlóu Gōnglù	道路类型为乡道，道路等级为三级，起点为马台，止点为吴楼，长度为5.89千米，宽度为6.5米，路面性质为水泥路。修建年度为1967年，改建年度为2012年，竣工日期为2012年。1967年，宿县交通部门批准名称。因该道路连接马台村与吴楼，故而得名。
刘楼—椿树王公路	Liúlóu Chūnshùwáng Gōnglù	道路类型为乡道，道路等级为四级以下，起点为交叉X029，止点为交叉X056，长度为5.37千米，宽度为3.5米，路面性质为砂石路。修建年度为1969年，竣工日期为1969年。1969年，宿县交通部门批准名称。因该道路连接解集乡刘楼与椿树王，故而得名。
解集—官庄公路	Jiějí Guānzhuāng Gōnglù	道路类型为乡道，道路等级为四级以下，起点为官庄，止点为解集，长度为6.43千米，宽度为4米，路面性质为砂石路。修建年度为1970年，竣工日期为1970年。1970年，宿县交通部门批准名称。因该道路连接官庄与解集，故而得名。
刘楼—黄山前公路	Liúlóu Huángshānqián Gōnglù	道路类型为乡道，道路等级为四级以下，起点为黄山前，止点为刘楼，长度为7.27千米，宽度为3.5米，路面性质为水泥路，砂石路。修建年度为1971年，改建年度为2014年，竣工日期为2014年。1971年，宿县交通部门批准名称。因该道路连接黄山前与刘楼，故而得名。

标准名称	汉语拼音	备注
清泉—贡山公路	Qīngquán Gòngshān Gōnglù	道路类型为乡道，道路等级为四级以下，起点为大庙，止点为大庙，长度为 37.6 千米，宽度为 5 米，路面性质为砂石路、水泥路。修建年度为 1972 年，改建年度为 2012 年，竣工日期为 2013 年。1972 年，宿县交通部门批准名称。因清泉与贡山，故而得名。
马台—孙寨公路	Mătái Sūnzhài Gōnglù	道路类型为乡道，道路等级为四级以下，起点为孙寨村，止点为孙寨（与时村镇交界），长度为 10.89 千米，宽度为 4.5 米，路面性质为水泥路。修建年度为 1972 年，竣工日期为 1985 年。1985 年，宿县交通部门批准名称。因该道路连接马台村与孙寨村，故而得名。
云光—黄林公路	Yúnguāng Huánglín Gōnglù	道路类型为乡道，道路等级为三级，起点为交叉 X056，止点为交叉 X028，长度为 7.75 千米，宽度为 6.5 米，路面性质为水泥路。修建年度为 1966 年，改建年度为 2013 年，竣工日期为 2013 年。1966 年，宿县交通部门批准名称。因该道路连接云光村与黄林，故而得名。
刁山—栏西公路	Diāoshān Lánxī Gōnglù	道路类型为乡道，道路等级为四级以下，起点为变化点，止点为刁山村，长度为 13.31 千米，宽度为 5 米，路面性质为沥青。修建年度为 1967 年，改建年度为 2002 年，竣工日期为 2002 年。1967 年，宿县交通部门批准名称。因该道路连接刁山村与栏西村，故而得名。
曹庄—路疃公路	Cáozhuāng Lùtuǎn Gōnglù	道路类型为乡道，道路等级为四级以下，起点为变化点，止点为 Y035，长度为 3.93 千米，宽度为 6 米，路面性质为沥青、砂石路。修建年度为 1954 年，竣工日期为 1954 年。1954 年，宿县交通部门批准名称。因该道路连接曹庄村与路疃村，故而得名。
孟家—孟寨公路	Mèngjiā Mèngzhài Gōnglù	道路类型为乡道，道路等级为四级以下，起点为孟家村，止点为孟家，长度为 4.93 千米，宽度为 5 米，路面性质为砂石路。修建年度为 1965 年，改建年度为 2002 年，竣工日期为 2002 年。1965 年，宿县交通部门批准名称。因该道路连接孟家村与孟寨村，故而得名。
栏杆—小集公路	Lángăn Xiăojí Gōnglù	道路类型为乡道，道路等级为三级，起点为老庄村，止点为小集，长度为 7.08 千米，宽度为 6.5 米，路面性质为水泥路。修建年度为 1977 年，改建年度为 2012 年，竣工日期为 2012 年。1977 年，宿县交通部门批准名称。因该道路连接老庄村委会与小集，故而得名。
张庄—赵小楼公路	Zhāngzhuāng Zhàoxiăolóu Gōnglù	道路类型为乡道，道路等级为四级以下，起点为王庄村，止点为张庄，长度为 7.94 千米，宽度为 4.5 米，路面性质为砂石路。修建年度为 1951 年，竣工日期为 1951 年。1951 年，宿县交通部门批准名称。因该道路连接赵小楼与张庄，故而得名。

标准名称	汉语拼音	备注
化楼—纵楼公路	Huàlóu Zònglóu Gōnglù	道路类型为乡道，道路等级为四级以下，起点为变化点，止点为化楼（X033），长度为6.65千米，宽度为5米，路面性质为水泥路。修建年度为1951年，竣工日期为1951年。1951年，宿县交通部门批准名称。因该道路连接化楼村与纵楼，故而得名。
黄李—安北公路	Huánglǐ Ānběi Gōnglù	道路类型为乡道，道路等级为四级以下，起点为黄李村，止点为西李（与支河乡交界），长度为6.97千米，宽度为6米，路面性质为水泥路。修建年度为1958年，竣工日期为1958年。1958年，宿县交通部门批准名称。因该道路连接黄李村与安北村，故而得名。
路疃—柏山公路	Lùtuǎn Bǎishān Gōnglù	道路类型为乡道，道路等级为三级，起点为与二徐路，止点为西李，长度为7.77千米，宽度为6.5米，路面性质为水泥路。修建年度为1964年，改建年度为2011年，竣工日期为2012年。1964年，宿县交通部门批准名称。因该道路连接路疃村与柏山村，故而得名。
孙楼—韩东公路	Sūnlóu Hándōng Gōnglù	道路类型为乡道，道路等级为四级以下，起点为韩东村，止点为韩东，长度为3.85千米，宽度为5米，路面性质为砂石路。修建年度为1969年，竣工日期为1969年。1969年，宿县交通部门批准名称。因该道路连接孙楼村与韩东村，故而得名。
曹庵—张埝公路	Cáoān Zhāngniàn Gōnglù	道路类型为乡道，道路等级为四级以下，起点为大秦村，止点为张埝地下涵，长度为10.37千米，宽度为6米，路面性质为砂石路。修建年度为1974年，竣工日期为1974年。1974年，宿县交通部门批准名称。因该道路连接曹庵与张埝，故而得名。
张庄—团结公路	Zhāngzhuāng Tuánjié Gōnglù	道路类型为乡道，道路等级为四级以下，起点为黄庙村，止点为与禅梅路交点，长度为9.58千米，宽度为7米，路面性质为砂石路。修建年度为1981年，竣工日期为1981年。1981年，宿县交通部门批准名称。因该道路连接张庄村与团结村，故而得名。
城孜—么庄公路	Chéngzī Yāozhuāng Gōnglù	道路类型为乡道，道路等级为四级以下，起点为城后村，止点为城后，长度为10.38千米，宽度为4.5米，路面性质为砂石路。修建年度为1960年，竣工日期为1960年。1960年，宿县交通部门批准名称。因该道路连接城孜与么庄，故而得名。
南刘桥—高巷子公路	Nánliúqiáo Gāoxiàngzi Gōnglù	道路类型为乡道，道路等级为四级以下，起点为交点，止点为戈林村，长度为7.09千米，宽度为10米，路面性质为砂石路。修建年度为1962年，竣工日期为1962年。1962年，宿县交通部门批准名称。因该道路连接南刘桥与高巷子，故而得名。

标准名称	汉语拼音	备注
高李—大张家公路	Gāolǐ Dàzhāngjiā Gōnglù	道路类型为乡道，道路等级为四级以下，起点为大张村，止点为交叉，长度为5.26千米，宽度为3米，路面性质为水泥路。修建年度为1965年，竣工日期为1965年。1965年，宿县交通部门批准名称。因该道路连接高李与大张家，故而得名。
秦湾—徐桥公路	Qínwān Xúqiáo Gōnglù	道路类型为乡道，道路等级为三级，起点为鸭湖村，止点为与夹沟镇交界，长度为7.57千米，宽度为6.5米，路面性质为水泥路。修建年度为1970年，改建年度为2014年，竣工日期为2014年。1970年，宿县交通部门批准名称。因该道路连接秦湾村与徐桥村，故而得名。
团结—徐桥公路	Tuánjié Xúqiáo Gōnglù	道路类型为乡道，道路等级为四级以下，起点为郭园村，止点为马楼，长度为7.8千米，宽度为4米，路面性质为沥青。修建年度为1977年，改建年度为2005年，竣工日期为2005年。1977年，宿县交通部门批准名称。因该道路连接团结村与徐桥村，故而得名。
黄沟沿—大庄公路	Huánggōuyán Dàzhuāng Gōnglù	道路类型为乡道，道路等级为四级以下，起点为X031，止点为方桥，长度为12.93千米，宽度为4米，路面性质为砂石路。修建年度为1977年，竣工日期为1977年。1977年，宿县交通部门批准名称。因该道路连接黄沟沿与大庄，故而得名。
七里—夏刘寨公路	Qīlǐ Xiàliúzhài Gōnglù	道路类型为乡道，道路等级为四级以下，起点为离山村，止点为与G206交点，长度为7.5千米，宽度为9米，路面性质为砂石路。修建年度为1982年，竣工日期为1982年。1982年，宿县交通部门批准名称。因该道路连接七里村与夏刘寨村，故而得名。
青山—于家公路	Qīngshān Yújiā Gōnglù	道路类型为乡道，道路等级为四级以下，起点为武李村，止点为与X034交点，长度为9.12千米，宽度为7米，路面性质为砂石路。修建年度为1979年，竣工日期为1979年。1979年，宿县交通部门批准名称。因该道路连接青山村与于家，故而得名。
青山—大山头公路	Qīngshān Dàshāntóu Gōnglù	道路类型为乡道，道路等级为四级以下，起点为大南，止点为交S303，长度为5.97千米，宽度为3米，路面性质为砂石路。修建年度为1981年，竣工日期为1981年。1981年，宿县交通部门批准名称。因该道路连接青山村与大山头，故而得名。
赵集—李营公路	Zhàojí Lǐyíng Gōnglù	道路类型为乡道，道路等级为四级以下，起点为唐张村，止点为与夹沟—夏刘寨路交点，长度为3.48千米，宽度为7米，路面性质为砂石路。修建年度为1983年，竣工日期为1983年。1983年，宿县交通部门批准名称。因该道路连接赵集与李营，故而得名。

标准名称	汉语拼音	备注
青山—西南公路	Qīngshān Xīnán Gōnglù	道路类型为乡道，道路等级为四级以下，起点为胡李村，止点为交叉，长度为7.58千米，宽度为4米，路面性质为砂石路。修建年度为1985年，竣工日期为1985年。1985年，宿县交通部门批准名称。因该道路连接青山村与西南庄，故而得名。
中场—魏寨公路	Zhōngchǎng Wèizhài Gōnglù	道路类型为乡道，道路等级为四级以下，起点为周波村，止点为与王五路交点，长度为4.68千米，宽度为7米，路面性质为水泥路。修建年度为1961年，竣工日期为1985年。1985年，宿县交通部门批准名称。因该道路连接中场与魏寨，故而得名。
辛丰—五柳公路	Xīnfēng Wǔliǔ Gōnglù	道路类型为乡道，道路等级为四级以下，起点为胡疃村，止点为与G206交点，长度为8.77千米，宽度为10米，路面性质为水泥路。修建年度为1964年，竣工日期为1964年。1964年，宿县交通部门批准名称。因该道路连接辛丰村与五柳村，故而得名。
东北—邱村公路	Dōngběi Qiūcūn Gōnglù	道路类型为乡道，道路等级为四级以下，起点为交点(YO61)，止点为与G206交点，长度为5.96千米，宽度为9米，路面性质为砂石路。修建年度为1966年，竣工日期为1966年。1966年，宿县交通部门批准名称。因该道路连接东北村与邱村，故而得名。
镇头—津浦公路	Zhèntóu Jīnpǔ Gōnglù	道路类型为乡道，道路等级为四级以下，起点为镇头村，止点为交叉点，长度为5.66千米，宽度为3米，路面性质为水泥路。修建年度为1971年，竣工日期为1971年。1971年，宿县交通部门批准名称。因该道路连接镇头村与津浦村，故而得名。
七里—五柳公路	Qīlǐ Wǔliǔ Gōnglù	道路类型为乡道，道路等级为四级以下，起点为函，止点为与G206交点，长度为6.25千米，宽度为9米，路面性质为砂石路。修建年度为1972年，竣工日期为1972年。1972年，宿县交通部门批准名称。因该道路连接七里村与五柳村，故而得名。
李桥—杨楼公路	Lǐqiáo Yánglóu Gōnglù	道路类型为乡道，道路等级为四级以下，起点为Y065，止点为Y065，长度为6.82千米，宽度为6米，路面性质为砂石路。修建年度为1979年，竣工日期为1983年。1983年，宿县交通部门批准名称。因该道路连接李桥村与杨楼村，故而得名。
振兴—周寨公路	Zhènxìng Zhōuzhài Gōnglù	道路类型为乡道，道路等级为三级，起点为灵寺村，止点为弹药库，长度为5.41千米，宽度为6.5米，路面性质为水泥路。修建年度为1985年，竣工日期为1985年。1985年，宿县交通部门批准名称。因该道路连接振兴社区与周寨村，故而得名。

标准名称	汉语拼音	备注
灵寺—北山公路	Língsì Běishān Gōnglù	道路类型为乡道，道路等级为四级以下，起点为交叉，止点为小沈庄，长度为5.46千米，宽度为4米，路面性质为水泥路。修建年度为1967年，竣工日期为1967年。1967年，宿县交通部门批准名称。因该道路连接灵寺村与北山庄，故而得名。
黄桥—灵寺公路	Huángqiáo Língsì Gōnglù	道路类型为乡道，道路等级为四级以下，起点为小圩村，止点为单圩村委会，长度为4.61千米，宽度为6米，路面性质为砂石路。修建年度为1968年，竣工日期为1968年。1968年，宿县交通部门批准名称。因该道路连接黄桥村与灵寺村，故而得名。
丁寨—曹庄公路	Dīngzhài Cáozhuāng Gōnglù	道路类型为乡道，道路等级为四级以下，起点为四山村，止点为与G206交点，长度为2.16千米，宽度为8米，路面性质为水泥路。修建年度为1970年，竣工日期为1970年。1970年，宿县交通部门批准名称。因该道路连接丁寨与曹庄，故而得名。
芦村—尖山公路	Lúcūn Jiānshān Gōnglù	道路类型为乡道，道路等级为四级以下，起点为X038，止点为尖山村支部，长度为12.66千米，宽度为7米，路面性质为水泥路。修建年度为1972年，竣工日期为1972年。1972年，宿县交通部门批准名称。因该道路连接尖山村与芦村村，故而得名。
高太—王闸公路	Gāotài Wángzhá Gōnglù	道路类型为乡道，道路等级为四级以下，起点为王闸村，止点为王闸，长度为2.31千米，宽度为7米，路面性质为水泥路。修建年度为1956年，竣工日期为1956年。1956年，宿县交通部门批准名称。因该道路连接高太与王闸，故而得名。
马梨园—梅庵公路	Mǎlíyuán Méi’ān Gōnglù	道路类型为乡道，道路等级为四级以下，起点为徐下（起点），止点为马庄村，长度为5.22千米，宽度为3.5米，路面性质为砂石路。修建年度为1959年，竣工日期为1959年。1959年，宿县交通部门批准名称。因该道路连接马梨园庄与梅庵村，故而得名。
大王—杨圩公路	Dàwáng Yáng wéi Gōnglù	道路类型为乡道，道路等级为四级以下，起点为交Y083，止点为与Y084交点，长度为3.41千米，宽度为3.5米，路面性质为砂石路。修建年度为1963年，竣工日期为1963年。1963年，宿县交通部门批准名称。因该道路连接大王村与杨圩，故而得名。
杨圩—汴北公路	Yángxū Biànběi Gōnglù	道路类型为乡道，道路等级为四级以下，起点为杨圩子村，止点为与禅梅路交点，长度为6.57千米，宽度为8米，路面性质为砂石路。修建年度为1971年，竣工日期为1971年。1971年，宿县交通部门批准名称。因该道路连接杨圩与汴北社区，故而得名。

标准名称	汉语拼音	备注
北十里—邵杨公路	Běishílǐ Shàoyáng Gōnglù	道路类型为乡道，道路等级为四级以下，起点为素张村，止点为李庄，长度为4.99千米，宽度为6米，路面性质为水泥路、沥青、砂石路。修建年度为1979年，竣工日期为1979年。1979年，宿县交通部门批准名称。因该道路连接北十里与邵杨，故而得名。
刁山—东风公路	Diāoshān Dōngfēng Gōnglù	道路类型为乡道，道路等级为四级以下，起点为变化点，止点为时村，长度为9.91千米，宽度为4米，路面性质为砂石路。修建年度为1983年，改建年度为2014年，竣工日期为2015年。1983年，宿县交通部门批准名称。因该道路连接刁山村与东风村，故而得名。
刁山—梁寨公路	Diāoshān Liángzhài Gōnglù	道路类型为乡道，道路等级为四级以下，起点为巩家村，止点为Y090，长度为4.96千米，宽度为7米，路面性质为砂石路。修建年度为1985年，竣工日期为1985年。1985年，宿县交通部门批准名称。因该道路连接刁山村与梁寨村，故而得名。
冲疃集—汪南公路	Chōngtuǎnjí Wāngnán Gōnglù	道路类型为乡道，道路等级为四级以下，起点为与Y102交点，止点为与秦皇路交点，长度为4.47千米，宽度为8米，路面性质为砂石路。修建年度为1962年，竣工日期为1962年。1962年，宿县交通部门批准名称。因该道路连接冲疃集与汪南，故而得名。
大蒲—团结公路	Dàpú Tuánjié Gōnglù	道路类型为乡道，道路等级为三级，起点为圣家村，止点为蒲庄村委会，长度为7.62千米，宽度为6.5米，路面性质为水泥路、砂石路。修建年度为1963年，改建年度为2014年，竣工日期为2014年。1963年，宿县交通部门批准名称。因该道路连接大蒲村与团结村，故而得名。
红旗—时西公路	Hóngqí Shíxī Gōnglù	道路类型为乡道，道路等级为四级以下，起点为时夏村，止点为四河村委会，长度为2.59千米，宽度为4.5米。修建年度为1964年，竣工日期为1964年。1964年，宿县交通部门批准名称。因该道路连接红旗与时西村，故而得名。
冲疃—时东公路	Chōngtuǎn Shídōng Gōnglù	道路类型为乡道，道路等级为四级以下，起点为X028，止点为与时营路，长度为14.42千米，宽度为5米，路面性质为沥青。修建年度为1967年，改建年度为1999年，竣工日期为1999年。1967年，宿县交通部门批准名称。因该道路连接冲疃村与时东村，故而得名。
桃沟—时西公路	Táogōu Shíxī Gōnglù	道路类型为乡道，道路等级为三级，起点为交点，止点为与禅梅路交点，长度为5.63千米，宽度为6.5米，路面性质为水泥路。修建年度为1980年，改建年度为2014年，竣工日期为2014年。1980年，宿县交通部门批准名称。因该道路连接桃沟村与时西村，故而得名。

标准名称	汉语拼音	备注
新合—南秦公路	Xīnhé Nánqín Gōnglù	道路类型为乡道，道路等级为四级以下，起点为与桃沟镇交界，止点为与S302交点，长度为1.25千米，宽度为10米，路面性质为沥青。修建年度为1979年，竣工日期为1979年。1979年，宿县交通部门批准名称。因该道路连接新合村与南秦村，故而得名。
高寨—后楼公路	Gāozhài Hòulóu Gōnglù	道路类型为乡道，道路等级为三级，起点为交叉，止点为后楼村，长度为5千米，宽度为6.5米，路面性质为水泥路。修建年度为1980年，改建年度为2014年，竣工日期为2014年。1980年，宿县交通部门批准名称。因该道路连接高寨村与后楼村，故而得名。
小刘家—刘瓦公路	Xiǎoliújiā Liúwǎ Gōnglù	道路类型为乡道，道路等级为四级以下，起点为宁圩村，止点为交叉点，长度为6.3千米，宽度为4米，路面性质为水泥路。修建年度为1983年，竣工日期为1983年。1983年，宿县交通部门批准名称。因该道路连接小刘家与刘瓦村，故而得名。
永安—马场公路	Yǒngān Mǎchǎng Gōnglù	道路类型为乡道，道路等级为四级以下，起点为永安，止点为Y104，长度为7.17千米，宽度为4米，路面性质为砂石路。修建年度为1966年，竣工日期为1966年。1966年，宿县交通部门批准名称。因该道路连接永安村与马场村，故而得名。
鹤山—团结公路	Hèshān Tuánjié Gōnglù	道路类型为乡道，道路等级为三级，起点为山前，止点为小尹村（与时村镇交界），长度为17.67千米，宽度为6.5米，路面性质为水泥路。修建年度为1967年，改建年度为2000年，竣工日期为2012年。1967年，宿县交通部门批准名称。因该道路连接鹤山村与团结村，故而得名。
土楼—孙庄公路	Tǔlóu Sūnzhuāng Gōnglù	道路类型为乡道，道路等级为四级以下，起点为Y107，止点为小林庄（桃沟镇交界），长度为6.93千米，宽度为5米，路面性质为砂石路。修建年度为1968年，竣工日期为1968年。1968年，宿县交通部门批准名称。因该道路连接土楼与孙庄，故而得名。
新合—团结公路	Xīnhé Tuánjié Gōnglù	道路类型为乡道，道路等级为四级以下，起点为夏桥村，止点为夏桥，长度为9.45千米，宽度为5米，路面性质为砂石路、水泥路、沥青。修建年度为1971年，竣工日期为1971年。1971年，宿县交通部门批准名称。因该道路连接新合村与团结村，故而得名。
孙安—双兴公路	Sūnān Shuāngxìng Gōnglù	道路类型为乡道，道路等级为四级以下，起点为刘瓦村，止点为瓜村，长度为7.73千米，宽度为5米，路面性质为砂石路、水泥路。修建年度为1976年，竣工日期为1976年。1976年，宿县交通部门批准名称。因该道路连接孙安村与双兴村，故而得名。

标准名称	汉语拼音	备注
双鑫—新合公路	Shuāngxīn Xīnhé Gōnglù	道路类型为乡道，道路等级为四级以下，起点为 Y112，止点为小桥孜，长度为 13.89 千米，宽度为 5 米，路面性质为砂石路、沥青。修建年度为 1980 年，竣工日期为 1980 年。1980 年，宿县交通部门批准名称。因该道路连接双鑫村与新合村，故而得名。
鹤山—双鑫公路	Hèshān Shuāngxīn Gōnglù	道路类型为乡道，道路等级为四级以下，起点为 Y109，止点为老街村，长度为 8.45 千米，宽度为 4.5 米。修建年度为 1985 年，竣工日期为 1985 年。1985 年，宿县交通部门批准名称。因该道路连接鹤山村与双鑫村，故而得名。
芦南—陈堂公路	Lúnán Chéntáng Gōnglù	道路类型为乡道，道路等级为四级以下，起点为陈堂村，止点为与 S101 交点，长度为 1.23 千米，宽度为 6 米，路面性质为砂石路。修建年度为 1966 年，竣工日期为 1966 年。1966 年，宿县交通部门批准名称。因该道路连接陈堂村与芦南村，故而得名。
永安集—李庄公路	Yǒngānjí Lǐzhuāng Gōnglù	道路类型为乡道，道路等级为四级以下，起点为 X026，止点为 S302，长度为 4.61 千米，宽度为 4.5 米，路面性质为砂石路。修建年度为 1967 年，竣工日期为 1967 年。1967 年，宿县交通部门批准名称。因该道路连接永安集与李庄，故而得名。
新合—夏桥公路	Xīnhé Xiàqiáo Gōnglù	道路类型为乡道，道路等级为四级以下，起点为朱庄，止点为与逃沟镇交界，长度为 5.8 千米，宽度为 5 米，路面性质为砂石路。修建年度为 1971 年，竣工日期为 1971 年。1971 年，宿县交通部门批准名称。因该道路连接新合村与夏桥村，故而得名。
孙寨—顺河公路	Sūnzhài Shùnhé Gōnglù	道路类型为乡道，道路等级为四级以下，起点为尖山村，止点为马山头桥，长度为 6.19 千米，宽度为 6 米，路面性质为沥青。修建年度为 1972 年，竣工日期为 1972 年。1972 年，宿县交通部门批准名称。因该道路连接孙寨村与顺河村，故而得名。
夏刘寨—鹤山公路	Xiàliúzhài Hèshān Gōnglù	道路类型为乡道，道路等级为四级以下，起点为与蒿夹路交点，止点为岳西村支部，长度为 2.22 千米，宽度为 6 米，路面性质为沥青。修建年度为 1974 年，竣工日期为 1974 年。1974 年，宿县交通部门批准名称。因该道路连接夏刘寨村与鹤山村，故而得名。
周寨—鹤山公路	Zhōuzhài Hèshān Gōnglù	道路类型为乡道，道路等级为四级以下，起点为鹤山，止点为周寨，长度为 4.98 千米，宽度为 3.5 米，路面性质为砂石路。修建年度为 1975 年，竣工日期为 1975 年。1975 年，宿县交通部门批准名称。因该道路连接周寨村与鹤山村，故而得名。

标准名称	汉语拼音	备注
土楼—后杨公路	Tǔlóu Hòuyáng Gōnglù	道路类型为乡道，道路等级为四级以下，起点为镇东村，止点为与国道交叉，长度为2.02千米，宽度为6米，路面性质为砂石路。修建年度为1976年，竣工日期为1976年。1976年，宿县交通部门批准名称。因该道路连接土楼与后杨，故而得名。
王井涯—顺河公路	Wángjǐngyá Shùnhé Gōnglù	道路类型为乡道，道路等级为四级以下，起点为四里中村，止点为与S302交点，长度为8.64千米，宽度为6米，路面性质为沥青、砂石路。修建年度为1978年，竣工日期为1978年。1978年，宿县交通部门批准名称。因该道路连接王井涯村与顺河村，故而得名。
王井涯—大许	Wángjǐngyá Dàxǔ	道路类型为乡道，道路等级为三级，起点为王井涯村，止点为顺河边界，长度为9.24千米，宽度为6.5米，路面性质为沥青、砂石路。修建年度为1959年，改建年度为2012年，竣工日期为2012年。1959年，宿县交通部门批准名称。因该道路连接王井涯村与大许村，故而得名。
魏庄—顺河公路	Wèizhuāng Shùnhé Gōnglù	道路类型为乡道，道路等级为四级以下，起点为交叉点，止点为张庄村，长度为11.07千米，宽度为6米，路面性质为沥青、砂石路。修建年度为1977年，竣工日期为1977年。1977年，宿县交通部门批准名称。因该道路连接魏庄与顺河村，故而得名。
后杨家—王珑公路	Hòuyángjiā Wánglóng Gōnglù	道路类型为乡道，道路等级为四级以下，起点为翟家，止点为双庆河桥，长度为4.17千米，宽度为3.5米，路面性质为砂石路。修建年度为1951年，竣工日期为1951年。1951年，宿县交通部门批准名称。因该道路连接后杨家与王珑，故而得名。
顺河—杨段公路	Shùnhé Yángduàn Gōnglù	道路类型为乡道，道路等级为四级以下，起点为杨段村，止点为交叉点，长度为3.31千米，宽度为6米，路面性质为砂石路。修建年度为1952年，竣工日期为1952年。1952年，宿县交通部门批准名称。因该道路连接顺河村与杨段，故而得名。
祝窑—万桥公路	Zhùyáo Wànqiáo Gōnglù	道路类型为乡道，道路等级为四级以下，起点为祝窑村，止点为与万桥村支部交点，长度为2.75千米，宽度为6米，路面性质为沥青、水泥路。修建年度为1955年，竣工日期为1955年。1955年，宿县交通部门批准名称。因该道路连接祝窑村与万桥村，故而得名。
王集—苗庵公路	Wángjí Miáo’ān Gōnglù	道路类型为乡道，道路等级为三级，起点为编绰村，止点为交叉点，长度为3.57千米，宽度为6.5米，路面性质为砂石路。修建年度为1956年，改建年度为2013年，竣工日期为2014年。1956年，宿县交通部门批准名称。因该道路连接王集村与苗庵村，故而得名。

标准名称	汉语拼音	备注
中马—王集公路	Zhōngmǎ Wángjí Gōnglù	道路类型为乡道，道路等级为四级以下，起点为大湾村，止点为中湖马村支部，长度为9.37千米，宽度为4米，路面性质为砂石路、沥青。修建年度为1957年，竣工日期为1957年。1957年，宿县交通部门批准名称。因该道路连接中马与王集，故而得名。
祝圩—大庄公路	Zhùxū Dàzhuāng Gōnglù	道路类型为乡道，道路等级为四级以下，起点为大张村，止点为与禅梅路交点，长度为3.59千米，宽度为4米，路面性质为砂石路。修建年度为1968年，竣工日期为1968年。1968年，宿县交通部门批准名称。因该道路连接祝圩与大庄，故而得名。
苗庵—新庄公路	Miáo'ān Xīnzhuāng Gōnglù	道路类型为乡道，道路等级为三级，起点为交点，止点为交叉点，长度为4.57千米，宽度为6.5米，路面性质为水泥路。修建年度为1971年，改建年度为2013年，竣工日期为2013年。1971年，宿县交通部门批准名称。因该道路连接苗庵村与新庄村，故而得名。
吴家—元疃公路	Wújiā Yuántuǎn Gōnglù	道路类型为乡道，道路等级为四级以下，起点为与蒿余路交点，止点为余元村支部，长度为7.84千米，宽度为7米，路面性质为沥青、砂石路。修建年度为1972年，竣工日期为1972年。1972年，宿县交通部门批准名称。因该道路连接吴家与元疃，故而得名。
高滩—巩家公路	Gāotān Gǒngjiā Gōnglù	道路类型为乡道，道路等级为三级，起点为与蒿夹路焦点，止点为南圩村支部，长度为4.68千米，宽度为6.5米，路面性质为水泥路。修建年度为1979年，改建年度为2012年，竣工日期为2012年。1979年，宿县交通部门批准名称。因该道路连接高滩村与巩家村，故而得名。
蒿东—柳沟公路	Hāodōng Liǔgōu Gōnglù	道路类型为乡道，道路等级为四级以下，起点为伊楼村，止点为蒿余路交点，长度为5.74千米，宽度为6米，路面性质为砂石路。修建年度为1980年，竣工日期为1980年。1980年，宿县交通部门批准名称。因该道路连接蒿东村与柳沟村，故而得名。
药闫—枪河公路	Yàoyán Qiānghé Gōnglù	道路类型为乡道，道路等级为四级以下，起点为与蒿夹路交点，止点为Y131，长度为3.56千米，宽度为8米，路面性质为砂石路。修建年度为1983年，竣工日期为1983年。1983年，宿县交通部门批准名称。因该道路连接药闫村与枪河村，故而得名。
灰古—傅湖公路	Huīgǔ Fùhú Gōnglù	道路类型为乡道，道路等级为四级以下，起点为交点，止点为与四青路交点，长度为8.03千米，宽度为7米，路面性质为砂石路。修建年度为1984年，竣工日期为1984年。1984年，宿县交通部门批准名称。因该道路连接灰古村与傅湖村，故而得名。

标准名称	汉语拼音	备注
后孙—小张家公路	Hòusūn Xiǎozhāngjiā Gōnglù	道路类型为乡道，道路等级为四级以下，起点为路面变化点，止点为交叉点，长度为2.35千米，宽度为5米，路面性质为砂石路。修建年度为1962年，竣工日期为1962年。1962年，宿县交通部门批准名称。因该道路连接后孙与小张家，故而得名。
灰古—李桥公路	Huīgǔ Lǐqiáo Gōnglù	道路类型为乡道，道路等级为四级以下，起点为新庄村，止点为与禅梅路交点，长度为5.55千米，宽度为7米，路面性质为砂石路、修建年度为1964年，竣工日期为1964年。1964年，宿县交通部门批准名称。因该道路连接灰古村与李桥村，故而得名。
碾盘—耿家公路	Niǎnpán Gěngjiā Gōnglù	道路类型为乡道，道路等级为四级以下，起点为碾盘村，止点为张集村支部，长度为8.29千米，宽度为7米，路面性质为砂石路、水泥路。修建年度为1967年，竣工日期为1967年。1967年，宿县交通部门批准名称。因该道路连接碾盘村与耿家村，故而得名。
灰古—八张公路	Huīgǔ Bāzhāng Gōnglù	道路类型为乡道，道路等级为三级，起点为八张村，止点为与S302交点，长度为3.62千米，宽度为12米，路面性质为沥青、砂石路。修建年度为1972年，改建年度为2012年，竣工日期为2012年。1972年，宿县交通部门批准名称。因该道路连接八张村与灰古村，故而得名。
后场—四铺公路	Hòuchǎng Sìpù Gōnglù	道路类型为乡道，道路等级为四级以下，起点为秦沟，止点为联备桥，长度为2.91千米，宽度为4米，路面性质为砂石路。修建年度为1974年，竣工日期为1974年。1974年，宿县交通部门批准名称。因该道路连接后场村与四铺村，故而得名。
四铺—双王公路	Sìpù Shuāngwáng Gōnglù	道路类型为乡道，道路等级为四级以下，起点为八大家，止点为交叉，长度为14.81千米，宽度为4米，路面性质为砂石路。修建年度为1977年，竣工日期为1977年。1977年，宿县交通部门批准名称。因该道路连接四铺村与双王村，故而得名。
张桥—龙王庙公路	Zhāngqiáo Lóngwángmiào Gōnglù	道路类型为乡道，道路等级为四级以下，起点为交叉，止点为与X037交点，长度为3.73千米，宽度为4米，路面性质为砂石路。修建年度为1979年，竣工日期为1979年。1979年，宿县交通部门批准名称。因该道路连接张桥村与龙王庙村，故而得名。
天门—张庙公路	Tiānmén Zhāngmiào Gōnglù	道路类型为乡道，道路等级为四级以下，起点为河南，止点为与S303交点，长度为13.99千米，宽度为4米，路面性质为砂石路。修建年度为1983年，竣工日期为1983年。1983年，宿县交通部门批准名称。因该道路连接天门村与张庙村，故而得名。

标准名称	汉语拼音	备注
天门—汪刘公路	Tiānmén Wāngliú Gōnglù	道路类型为乡道，道路等级为四级以下，起点为交叉，止点为交 S303，长度为 9.11 千米，宽度为 4 米，路面性质为砂石路。修建年度为 1966 年，竣工日期为 1970 年。1970 年，宿县交通部门批准名称。因该道路连接天门村与汪刘村，故而得名。
大东—汪圩公路	Dàdōng Wāngwéi Gōnglù	道路类型为乡道，道路等级为四级以下，起点为李寿，止点为汪圩，长度为 8.38 千米，宽度为 4 米，路面性质为砂石路。修建年度为 1971 年，竣工日期为 1971 年。1971 年，宿县交通部门批准名称。因该道路连接大东村与汪圩村，故而得名。
徐桥—邱园公路	Xúqiáo Qiūyuán Gōnglù	道路类型为乡道，道路等级为四级以下，起点为交叉，止点为交叉，长度为 3.05 千米，宽度为 4 米，路面性质为砂石路。修建年度为 1974 年，竣工日期为 1974 年。1974 年，宿县交通部门批准名称。因该道路连接徐桥与邱园，故而得名。
张庙—梁场公路	Zhāngmiào Liángchǎng Gōnglù	道路类型为乡道，道路等级为四级以下，起点为梁场村，止点为交叉，长度为 4.15 千米，宽度为 4 米，路面性质为水泥路。修建年度为 1976 年，竣工日期为 1976 年。1976 年，宿县交通部门批准名称。因该道路连接张庙村与梁场村，故而得名。
大北—五一公路	Dàběi Wǔyī Gōnglù	道路类型为乡道，道路等级为三级，起点为西张村，止点为交叉，长度为 2.91 千米，宽度为 6.5 米，路面性质为砂石路。修建年度为 1977 年，改建年度为 2014 年，竣工日期为 2014 年。1977 年，宿县交通部门批准名称。因该道路连接大北村与五一村，故而得名。
路口—王老庄公路	Lùkǒu Wánglǎozhuāng Gōnglù	道路类型为乡道，道路等级为四级以下，起点为交叉，止点为交中兴北路，长度为 1.99 千米，宽度为 4 米，路面性质为砂石路。修建年度为 1978 年，竣工日期为 1978 年。1978 年，宿县交通部门批准名称。因该道路连接路口村与王老庄村，故而得名。
路口—陈堂公路	Lùkǒu Chéntáng Gōnglù	道路类型为乡道，道路等级为四级以下，起点为 X057，止点为交叉点，长度为 3.33 千米，宽度为 6 米，路面性质为砂石路。修建年度为 1979 年，竣工日期为 1979 年。1979 年，宿县交通部门批准名称。因该道路连接路口村与陈堂村，故而得名。
花庄—桥口公路	Huāzhuāng Qiáokǒu Gōnglù	道路类型为乡道，道路等级为四级以下，起点为花东村支部，止点为交叉点，长度为 4.09 千米，宽度为 6 米，路面性质为水泥路。修建年度为 1980 年，竣工日期为 1980 年。1980 年，宿县交通部门批准名称。因该道路连接花庄村与硚口村，故而得名。

标准名称	汉语拼音	备注
大廖庄—东小化公路	Dàliàozhuāng Dōngxiǎohuà Gōnglù	道路类型为乡道，道路等级为四级以下，起点为申单，止点为化圩，长度为6.65千米，宽度为5米，路面性质为水泥路、砂石路。修建年度为1983年，改建年度为2014年，竣工日期为2014年。1983年，宿县交通部门批准名称。因该道路连接大廖庄与东小化，故而得名。
古店—王老庄公路	Gǔdiàn Wánglǎo-zhuāng Gōnglù	道路类型为乡道，道路等级为四级以下，起点为交点，止点为刘寨村，长度为4.15千米，宽度为7米，路面性质为砂石路。修建年度为1967年，竣工日期为1967年。1967年，宿县交通部门批准名称。因该道路连接古店庄与王老庄村，故而得名。
南王寨—王老庄公路	Nánwángzhài Wánglǎozhuāng Gōnglù	道路类型为乡道，道路等级为四级以下，起点为王岭村，止点为王岭村（自），长度为5.01千米，宽度为6.2米，路面性质为水泥路。修建年度为1968年，竣工日期为1968年。1968年，宿县交通部门批准名称。因该道路连接南王寨村与王老庄村，故而得名。
王各新庄—古店公路	Wánggèxīnzhuāng Gǔdiàn Gōnglù	道路类型为乡道，道路等级为四级以下，起点为交点，止点为黄园村（自），长度为4.31千米，宽度为7米，路面性质为水泥路。修建年度为1972年，改建年度为2014年，竣工日期为2014年。1972年，宿县交通部门批准名称。因该道路连接王各新庄与古店庄，故而得名。
北王寨—相王公路	Běiwángzhài Xiàngwáng Gōnglù	道路类型为乡道，道路等级为三级，起点为相山村，止点为交叉点，长度为7.37千米，宽度为6.5米，路面性质为水泥路。修建年度为1973年，改建年度为2013年，竣工日期为2014年。1973年，宿县交通部门批准名称。因该道路连接北王寨村与相王，故而得名。
北王寨—曹坊公路	Běiwángzhài Cáofāng Gōnglù	道路类型为乡道，道路等级为四级以下，起点为安杨家村，止点为交叉点，长度为3.99千米，宽度为7米，路面性质为砂石路。修建年度为1976年，竣工日期为1976年。1976年，宿县交通部门批准名称。因该道路连接北王寨村与曹坊村，故而得名。
安阳—曹坊公路	Ānyáng Cáofāng Gōnglù	道路类型为乡道，道路等级为四级以下，起点为马圩村，止点为交叉点，长度为6.83千米，宽度为6米，路面性质为砂石路。修建年度为1979年，竣工日期为1979年。1979年，宿县交通部门批准名称。因该道路连接安阳村与曹坊村，故而得名。
小邹家—下湖许公路	Xiǎozōujiā Xiàhúxǔ Gōnglù	道路类型为乡道，道路等级为四级以下，起点为与铁路交点，止点为顾家（自），长度为4.6千米，宽度为8米，路面性质为砂石路、水泥路。修建年度为1971年，竣工日期为1971年。1971年，宿县交通部门批准名称。因该道路连接小邹家与下湖许，故而得名。

标准名称	汉语拼音	备注
花庄—芦老庄公路	Huāzhuāng Lúlǎo-zhuāng Gōnglù	道路类型为乡道，道路等级为四级以下，起点为孟家村（自），止点为大廖村，长度为3.42千米，宽度为5米，路面性质为水泥路。修建年度为1977年，改建年度为2014年，竣工日期为2014年。1977年，宿县交通部门批准名称。因该道路连接花庄村与芦老庄，故而得名。
沈牌坊—大张公路	Shěnpáifāng Dàzhāng Gōnglù	道路类型为乡道，道路等级为四级以下，起点为交叉，止点为宋桥村，长度为4.09千米，宽度为4米，路面性质为砂石路。修建年度为1951年，竣工日期为1968年。1968年，宿县交通部门批准名称。因该道路连接沈牌坊与大张村，故而得名。
支家—詹家公路	Zhījiā Zhānjiā Gōnglù	道路类型为乡道，道路等级为三级，起点为蔡桥村，止点为交S303，长度为5.88千米，宽度为6.5米，路面性质为水泥路、砂石路。修建年度为1952年，改建年度为2013年，竣工日期为2014年。1952年，宿县交通部门批准名称。因该道路连接支家与詹家，故而得名。
南沈家—詹家公路	Nánshěnjiā Zhān jiā Gōnglù	道路类型为乡道，道路等级为四级以下，起点为涵洞，止点为昌圩村，长度为6.2千米，宽度为5米，路面性质为砂石路。修建年度为1954年，竣工日期为1954年。1954年，宿县交通部门批准名称。因该道路连接南沈家与詹家，故而得名。
孙家—潘谷眼公路	Sūnjiā Pāngǔyǎn Gōnglù	道路类型为乡道，道路等级为四级以下，起点为集东（交S303），止点为交叉，长度为7.54千米，宽度为6米，路面性质为沥青。修建年度为1957年，竣工日期为1957年。1957年，宿县交通部门批准名称。因该道路连接孙家与潘谷眼，故而得名。
汴南—宋庙公路	Biànnán Sòngmiào Gōnglù	道路类型为乡道，道路等级为四级以下，起点为大江村，止点为交S303，长度为8.58千米，宽度为3.5米，路面性质为水泥路、砂石路。修建年度为1958年，改建年度为2011年，竣工日期为2011年。1958年，宿县交通部门批准名称。因该道路连接汴南与宋庙，故而得名。
黄树泰—吴家公路	Huángshùtài Wújiā Gōnglù	道路类型为乡道，道路等级为三级，起点为黄树秦村，止点为卓刘村，长度为7.78千米，宽度为6.5米，路面性质为水泥路、砂石路。修建年度为1962年，改建年度为2013年，竣工日期为2014年。1962年，宿县交通部门批准名称。因该道路连接黄树秦新村与吴家，故而得名。
新河—后场公路	Xīnhé Hòuchǎng Gōnglù	道路类型为乡道，道路等级为四级以下，起点为新河小学，止点为交叉，长度为8.55千米，宽度为5米，路面性质为砂石路。修建年度为1962年，竣工日期为1962年。1962年，宿县交通部门批准名称。因该道路连接新河村与后场村，故而得名。

标准名称	汉语拼音	备注
塔桥—矿南公路	Tǎqiáo Kuàngnán Gōnglù	道路类型为乡道，道路等级为四级以下，起点为交叉，止点为河东村，长度为7.72千米，宽度为4米，路面性质为砂石路。修建年度为1962年，竣工日期为1962年。1962年，宿县交通部门批准名称。因该道路连接塔桥村与矿南村，故而得名。
后曾家—十二里曾公路	Hòuzēngjiā Shí-èrlǐzēng Gōnglù	道路类型为乡道，道路等级为四级以下，起点为曹家庄，止点为交叉点，长度为4.91千米，宽度为4米，路面性质为砂石路。修建年度为1971年，竣工日期为1971年。1971年，宿县交通部门批准名称。因该道路连接后曾家与十二里曾，故而得名。
小张家—小邬家公路	Xiǎozhāngjiā Xiǎowūjiā Gōnglù	道路类型为乡道，道路等级为三级，起点为汴河村，止点为津浦村，长度为4.53千米，宽度为6.5米，路面性质为水泥路、砂石路。修建年度为1975年，改建年度为2012年，竣工日期为2012年。1975年，宿县交通部门批准名称。因该道路连接小张家与小邬家，故而得名。
北关社区—新河公路	Běiguān Shèqū Xīnhé Gōnglù	道路类型为乡道，道路等级为四级以下，起点为草王，止点为沱河堤，长度为14.85千米，宽度为5米，路面性质为砂石路。修建年度为1976年，竣工日期为1976年。1976年，宿县交通部门批准名称。因该道路连接北关社区与新河村，故而得名。
港口社区—闫店公路	Gǎngkǒu Shèqū Yándiàn Gōnglù	道路类型为乡道，道路等级为三级，起点为交S303，止点为与朱仙庄交界点，长度为4.97千米，宽度为6.5米，路面性质为水泥路、砂石路。修建年度为1978年，改建年度为2011年，竣工日期为2011年。1978年，宿县交通部门批准名称。因该道路连接港口社区与闫店村，故而得名。
段家—杨家公路	Duànjiā Yángjiā Gōnglù	道路类型为乡道，道路等级为四级以下，起点为站北村，止点为交S101，长度为5.95千米，宽度为5米，路面性质为砂石路。修建年度为1979年，竣工日期为1979年。1979年，宿县交通部门批准名称。因该道路连接段家与杨家，故而得名。
前进—和谐公路	Qiánjìn Héxié Gōnglù	道路类型为乡道，道路等级为四级以下，起点为连沟村，止点为与S101交点，长度为5.87千米，宽度为4米，路面性质为砂石路、沥青。修建年度为1982年，竣工日期为1984年。1984年，宿县交通部门批准名称。因该道路连接前进村与和谐村，故而得名。
兴隆—和谐公路	Xìnglóng Héxié Gōnglù	道路类型为乡道，道路等级为四级以下，起点为路面变化，止点为渡口（码头），长度为12.23千米，宽度为6米，路面性质为砂石路。修建年度为1962年，竣工日期为1962年。1962年，宿县交通部门批准名称。因该道路连接兴隆村与和谐村，故而得名。

标准名称	汉语拼音	备注
三官—水池公路	Sānguān Shuǐchí Gōnglù	道路类型为乡道，道路等级为四级以下，起点为高李庄，止点为水池，长度为8.09千米，宽度为4米，路面性质为砂石路。修建年度为1965年，竣工日期为1969年。1969年，宿县交通部门批准名称。因该道路连接三官村与水池村，故而得名。
西寺坡—和谐公路	Xīsìpō Héxié Gōnglù	道路类型为乡道，道路等级为四级以下，起点为大宋，止点为桥头2，长度为4.33千米，宽度为5米，路面性质为砂石路、沥青。修建年度为1967年，竣工日期为1967年。1967年，宿县交通部门批准名称。因该道路连接西寺坡村与和谐村，故而得名。
西寺坡—洪庙公路	Xīsìpō Hóngmiào Gōnglù	道路类型为乡道，道路等级为四级以下，起点为Y006，止点为大张，长度为3.04千米，宽度为4米，路面性质为砂石路。修建年度为1970年，竣工日期为1971年。1971年，宿县交通部门批准名称。因该道路连接西寺坡村与洪庙村，故而得名。
雪花—涉故台公路	Xuěhuā Shègùtái Gōnglù	道路类型为乡道，道路等级为四级以下，起点为涉故台桥，止点为交叉，长度为3.32千米，宽度为3米，路面性质为砂石路。修建年度为1973年，竣工日期为1973年。1973年，宿县交通部门批准名称。因该道路连接西寺坡村与涉故台村，故而得名。
李桥—王桥公路	Lǐqiáo Wángqiáo Gōnglù	道路类型为乡道，道路等级为四级以下，起点为王桥村，止点为与省道101交叉，长度为4.45千米，宽度为4米，路面性质为砂石路。修建年度为1977年，竣工日期为1977年。1977年，宿县交通部门批准名称。因该道路连接李桥村与王桥村，故而得名。
丁楼—徐庄公路	Dīnglóu Xúzhuāng Gōnglù	道路类型为乡道，道路等级为四级以下，起点为与S303交点，止点为与X027交点，长度为3.65千米，宽度为6米，路面性质为砂石路。修建年度为1983年，竣工日期为1983年。1983年，宿县交通部门批准名称。因该道路连接丁楼与徐桥，故而得名。
五里—西杨寨公路	Wǔlǐ Xīyángzhài Gōnglù	道路类型为乡道，道路等级为四级以下，起点为Y195，止点为与县道交叉，长度为10.11千米，宽度为7米，路面性质为砂石路。修建年度为1981年，竣工日期为1985年。1985年，宿县交通部门批准名称。因该道路连接五里村与西杨寨村，故而得名。
柳沟—蒿东公路	Liǔgōu Hāodōng Gōnglù	道路类型为乡道，道路等级为四级以下，起点为马庙村，止点为与蒿余路交点，长度为3.72千米，宽度为7米，路面性质为砂石路。修建年度为1982年，竣工日期为1982年。1982年，宿县交通部门批准名称。因该道路连接柳沟村与蒿东村，故而得名。

标准名称	汉语拼音	备注
谷岭—东坪集公路	Gǔlǐng Dōngpíng-jí Gōnglù	道路类型为乡道，道路等级为四级以下，起点为邵寨村，止点为外环路，长度为 13.54 千米，宽度为 4 米，路面性质为砂石路。修建年度为 1985 年，竣工日期为 1985 年。1985 年，宿县交通部门批准名称。因该道路连接谷岭庄与东坪集村，故而得名。
宋刘—邵圩公路	Sòngliú Shàowéi Gōnglù	道路类型为乡道，道路等级为四级以下，起点为与省道交叉，止点为宋刘村委会，长度为 12.35 千米，宽度为 7 米，路面性质为砂石路。修建年度为 1970 年，竣工日期为 1973 年。1973 年，宿县交通部门批准名称。因该道路连接宋刘村与邵圩村，故而得名。
王曹坊—大张公路	Wángcáofāng Dàzhāng Gōnglù	道路类型为乡道，道路等级为四级以下，起点为骑路村，止点为与国道交叉，长度为 5.26 千米，宽度为 7 米，路面性质为砂石路。修建年度为 1974 年，竣工日期为 1977 年。1977 年，宿县交通部门批准名称。因该道路连接王槽坊与大张村，故而得名。
池湖—徐桥公路	Chíhú Xúqiáo Gōnglù	道路类型为乡道，道路等级为四级以下，起点为邢李园村，止点为交叉点，长度为 1.53 千米，宽度为 7 米，路面性质为砂石路。修建年度为 1978 年，竣工日期为 1978 年。1978 年，宿县交通部门批准名称。因该道路连接池湖村与徐桥村，故而得名。
吕寺—蔡家公路	Lǚsì Càijiā Gōnglù	道路类型为乡道，道路等级为四级以下，起点为与国道交叉，止点为吕寺村，长度为 1.44 千米，宽度为 7 米，路面性质为砂石路。修建年度为 1979 年，竣工日期为 1979 年。1979 年，宿县交通部门批准名称。因该道路连接吕寺村与蔡家村，故而得名。
小张家—王堂孜公路	Xiǎozhāngjiā Wángtángzī Gōnglù	道路类型为乡道，道路等级为四级以下，起点为王湾村，止点为大吴村，长度为 2.48 千米，宽度为 7 米，路面性质为砂石路。修建年度为 1980 年，竣工日期为 1980 年。1980 年，宿县交通部门批准名称。因该道路连接小张家与王堂孜，故而得名。
西杨寨—蕲东公路	Xīyángzhài Qídōng Gōnglù	道路类型为乡道，道路等级为四级以下，起点为交叉点，止点为抹房，长度为 1.57 千米，宽度为 7 米，路面性质为砂石路。修建年度为 1981 年，竣工日期为 1981 年。1981 年，宿县交通部门批准名称。因该道路连接西杨寨村与蕲东村，故而得名。
西杨寨—桃园公路	Xīyángzhài Táoyuán Gōnglù	道路类型为乡道，道路等级为三级，起点为与县道交叉，止点为西杨寨村，长度为 2.31 千米，宽度为 6.5 米，路面性质为砂石路。修建年度为 1982 年，改建年度为 2013 年，竣工日期为 2013 年。1982 年，宿县交通部门批准名称。因该道路连接西杨寨村与桃园村，故而得名。

标准名称	汉语拼音	备注
邱园—团结公路	Qiūyuán Tuánjié Gōnglù	道路类型为乡道，道路等级为四级以下，起点为袁桥村，止点为与G206交点，长度为6.81千米，宽度为4米，路面性质为砂石路。修建年度为1983年，竣工日期为1983年。1983年，宿县交通部门批准名称。因该道路连接邱园与团结村，故而得名。
石桥—徐桥公路	Shíqiáo Xúqiáo Gōnglù	道路类型为乡道，道路等级为四级以下，起点为交G206，止点为灯塔村，长度为4.25千米，宽度为4米，路面性质为砂石路。修建年度为1984年，竣工日期为1984年。1984年，宿县交通部门批准名称。因该道路连接石桥村与徐桥村，故而得名。
新村—张家庄公路	Xīncūn Zhāngjiāzhuāng Gōnglù	道路类型为乡道，道路等级为四级以下，起点为八里刘家，止点为灯塔，长度为3.17千米，宽度为4米，路面性质为砂石路。修建年度为1967年，竣工日期为1967年。1967年，宿县交通部门批准名称。因该道路连接新村与张家庄，故而得名。
团结—灯塔公路	Tuánjié Dēngtǎ Gōnglù	道路类型为乡道，道路等级为四级以下，起点为交叉，止点为龙王庙村，长度为5.7千米，宽度为4米，路面性质为砂石路。修建年度为1968年，竣工日期为1968年。1968年，宿县交通部门批准名称。因该道路连接团结村与灯塔村，故而得名。
小马—袁大桥公路	Xiǎomǎ Yuándà-qiáo Gōnglù	道路类型为乡道，道路等级为四级以下，起点为交固镇交界点，止点为交G206，长度为4.61千米，宽度为4米，路面性质为砂石路。修建年度为1972年，竣工日期为1972年。1972年，宿县交通部门批准名称。因该道路连接小马与袁大桥，故而得名。
袁楼—王楼公路	Yuánlóu Wánglóu Gōnglù	道路类型为乡道，道路等级为四级以下，起点为刘圩，止点为王楼，长度为8.74千米，宽度为4米，路面性质为砂石路。修建年度为1972年，竣工日期为1972年。1972年，宿县交通部门批准名称。因该道路连接袁楼村与王楼村，故而得名。
刘圩—大江公路	Liúwéi Dàjiāng Gōnglù	道路类型为乡道，道路等级为四级以下，起点为刘闸（终点），止点为交叉点，长度为3.19千米，宽度为7米，路面性质为砂石路。修建年度为1975年，竣工日期为1975年。1975年，宿县交通部门批准名称。因该道路连接刘圩村与大江村，故而得名。
团结—刘圩公路	Tuánjié Liúwéi Gōnglù	道路类型为乡道，道路等级为四级以下，起点为吴谢村，止点为白陈小学，长度为8.58千米，宽度为4米，路面性质为砂石路。修建年度为1976年，竣工日期为1976年。1976年，宿县交通部门批准名称。因该道路连接团结村与刘圩村，故而得名。

标准名称	汉语拼音	备注
大江—永镇公路	Dàjiāng Yǒngzhèn Gōnglù	道路类型为乡道，道路等级为四级以下，起点为Y102，止点为与Y124交点，长度为4.14千米，宽度为4米，路面性质为砂石路。修建年度为1978年，竣工日期为1978年。1978年，宿县交通部门批准名称。因该道路连接大江村与永镇村，故而得名。
前场—大王公路	Qiánchǎng Dàwáng Gōnglù	道路类型为乡道，道路等级为三级，起点为张陈村，止点为与国道交叉，长度为3.1千米，宽度为6.5米，路面性质为砂石路。修建年度为1979年，竣工日期为2011年。2011年，埇桥区交通局批准名称。因该道路连接前场村与大王村，故而得名。
禅堂—关湖公路	Chántáng Guānhú Gōnglù	道路类型为乡道，道路等级为四级以下，起点为孙夏村，止点为与国道交叉，长度为4.44千米，宽度为6米，路面性质为砂石路。修建年度为1954年，竣工日期为1954年。1954年，宿县交通部门批准名称。因该道路连接禅堂村与关湖村，故而得名。
陈李—张圩公路	Chénlǐ Zhāngwéi Gōnglù	道路类型为乡道，道路等级为四级以下，起点为郭家，止点为交叉点，长度为2.96千米，宽度为4米，路面性质为砂石路。修建年度为1959年，竣工日期为1959年。1959年，宿县交通部门批准名称。因该道路连接陈李与张圩，故而得名。
后韩—路拐王公路	Hòuhán Lùguǎi-wáng Gōnglù	道路类型为乡道，道路等级为四级以下，起点为交点，止点为X028，长度为2.22千米，宽度为4米，路面性质为砂石路。修建年度为1965年，竣工日期为1965年。1965年，宿县交通部门批准名称。因该道路连接后韩与路拐王，故而得名。
永镇—镇东公路	Yǒngzhèn Zhèndōng Gōnglù	道路类型为乡道，道路等级为四级以下，起点为与县道交叉，止点为瓦方村委会，长度为2.03千米，宽度为5米，路面性质为砂石路。修建年度为1971年，竣工日期为1971年。1971年，宿县交通部门批准名称。因该道路连接永镇村与镇东村，故而得名。
陈李—瓦房公路	Chénlǐ Wǎfáng Gōnglù	道路类型为乡道，道路等级为四级以下，起点为瓦坊，止点为交叉点，长度为7.32千米，宽度为4米，路面性质为砂石路。修建年度为1977年，竣工日期为1977年。1977年，宿县交通部门批准名称。因该道路连接陈李村与瓦房村，故而得名。
关湖—瓦房公路	Guānhú Wǎfáng Gōnglù	道路类型为乡道，道路等级为四级以下，起点为与国道交叉，止点为与乡道交叉，长度为2.7千米，宽度为6米，路面性质为砂石路。修建年度为1977年，竣工日期为1977年。1977年，宿县交通部门批准名称。因该道路连接关湖村与瓦房村，故而得名。

标准名称	汉语拼音	备注
耿湾—大营公路	Gěngwān Dàyíng Gōnglù	道路类型为乡道，道路等级为四级以下，起点为邢吴村，止点为自然村，长度为3.9千米，宽度为6米，路面性质为砂石路。修建年度为1977年，竣工日期为1977年。1977年，宿县交通部门批准名称。因该道路连接耿湾村与大营村，故而得名。
孙庄—小徐庄公路	Sūnzhuāng Xiǎoxúzhuāng Gōnglù	道路类型为乡道，道路等级为四级以下，起点为交双大路，止点为荒南庄，长度为4.8千米，宽度为4米，路面性质为砂石路。修建年度为1951年，竣工日期为1951年。1951年，宿县交通部门批准名称。由连接孙庄与小徐庄，故而得名。
大营—镇西公路	Dàyíng Zhènxī Gōnglù	道路类型为乡道，道路等级为四级以下，起点为交X032，止点为交怀远边界点，长度为6.63千米，宽度为6米，路面性质为砂石路。修建年度为1954年，竣工日期为1954年。1954年，宿县交通部门批准名称。因该道路连接大营村与镇西村，故而得名。
韩圩—镇东公路	Hánwéi Zhèndōng Gōnglù	道路类型为乡道，道路等级为四级以下，起点为交X032，止点为大营镇政府，长度为7.82千米，宽度为5米，路面性质为砂石路。修建年度为1955年，竣工日期为1955年。1955年，宿县交通部门批准名称。因韩圩村与镇东村，故而得名。
刘石桥—王余公路	Liúshíqiáo Wángyú Gōnglù	道路类型为乡道，道路等级为四级以下，起点为常湖庄，止点为东王庄，长度为4.92千米，宽度为4米，路面性质为砂石路。修建年度为1960年，竣工日期为1960年。1960年，宿县交通部门批准名称。因该道路连接刘石桥与王余，故而得名。
后王—刘圩公路	Hòuwáng Liúwéi Gōnglù	道路类型为乡道，道路等级为四级以下，起点为张许，止点为交蕲县边界点，长度为9.14千米，宽度为6米，路面性质为砂石路。修建年度为1961年，竣工日期为1961年。1961年，宿县交通部门批准名称。因该道路连接后王与刘圩，故而得名。
陶大巷—孙庄公路	Táodàxiàng Sūnzhuāng Gōnglù	道路类型为乡道，道路等级为四级以下，起点为周刘，止点为交濉溪边界点，长度为1.61千米，宽度为4米，路面性质为砂石路。修建年度为1966年，竣工日期为1966年。1966年，宿县交通部门批准名称。因该道路连接陶大巷与孙庄，故而得名。
大营—张圩公路	Dàyíng Zhāngwéi Gōnglù	道路类型为乡道，道路等级为四级以下，起点为刘圩，止点为交X032，长度为2.79千米，宽度为4米，路面性质为砂石路。修建年度为1969年，竣工日期为1969年。1969年，宿县交通部门批准名称。因该道路连接大营村与张圩村，故而得名。

标准名称	汉语拼音	备注
二铺—沈家公路	Èrpù Shěnjiā Gōnglù	道路类型为乡道，道路等级为四级以下，起点为大黄，止点为韩岭小学，长度为3.26千米，宽度为3.5米，路面性质为砂石路。修建年度为1970年，竣工日期为1970年。1970年，宿县交通部门批准名称。因该道路连接二铺与沈家，故而得名。
二铺—邵圩公路	Èrpù Shàowéi Gōnglù	道路类型为乡道，道路等级为三级，起点为符北村，止点为交叉点，长度为4.18千米，宽度为6.5米，路面性质为水泥路。修建年度为1971年，改建年度为2013年，竣工日期为2014年。1971年，宿县交通部门批准名称。因该道路连接二铺与邵圩，故而得名。
二铺—沟西公路	Èrpù Gōuxī Gōnglù	道路类型为乡道，道路等级为四级以下，起点为交点（与S303交点），止点为城西中学，长度为3.52千米，宽度为3.5米，路面性质为砂石路。修建年度为1973年，竣工日期为1973年。1973年，宿县交通部门批准名称。因该道路连接二铺与沟西，故而得名。
双盛—梨园公路	Shuāngshèng Líyuán Gōnglù	道路类型为乡道，道路等级为四级以下，起点为朱李村，止点为前马，长度为3.21千米，宽度为4米，路面性质为砂石路。修建年度为1975年，竣工日期为1975年。1975年，宿县交通部门批准名称。因该道路连接双盛村与梨园村，故而得名。
东风—营孜公路	Dōngfēng Yíngzī Gōnglù	道路类型为乡道，道路等级为四级以下，起点为小桥，止点为马桥村，长度为4.85千米，宽度为4米，路面性质为沥青。修建年度为1977年，竣工日期为1977年。1977年，宿县交通部门批准名称。因该道路连接东风与营孜，故而得名。
杨庄—苏湖公路	Yángzhuāng Sūhú Gōnglù	道路类型为乡道，道路等级为四级以下，起点为路面变化点，止点为韩庄，长度为13.37千米，宽度为3.5米，路面性质为砂石路、水泥路。修建年度为1978年，竣工日期为1978年。1978年，宿县交通部门批准名称。因该道路连接杨庄村与苏湖村，故而得名。
十里—九里公路	Shílǐ Jiǔlǐ Gōnglù	道路类型为乡道，道路等级为四级以下，起点为黄家村，止点为城西中学，长度为2.29千米，宽度为4米，路面性质为砂石路。修建年度为1984年，竣工日期为1984年。1984年，宿县交通部门批准名称。因该道路连接十里村与九里村，故而得名。
池湖—桃园公路	Chíhú Táoyuán Gōnglù	道路类型为专用，道路等级为一级，起点为206国道，止点为桃园矿，长度为2.46千米，宽度为7米，路面性质为沥青。修建年度为1995年，竣工日期为1995年。1995年，宿县交通部门批准名称。因该道路连接池湖村与桃园村，故而得名。

标准名称	汉语拼音	备注
大丰—卢氏公路	Dàfēng Lúshì Gōnglù	道路类型为国道，道路等级为一级，起点为大店镇梁场村，止点为大店镇展桥村。长度为17.22千米，宽度为43米，路面性质为沥青混凝土。大丰—卢氏公路埇桥段于2016年开工建设，2016年6月建成通车，名称沿用至今。根据起讫点方向顺序排名，采用所在地的主要行政区划名称命名。因该道路连接江苏大丰区和河南卢氏县两个城市，故名。
山头—闵贤公路	Shāntóu Mǐnxián Gōnglù	道路类型为乡道，道路等级为四级以下，起点为支河乡团结村，止点为曹村镇闵贤村。长度为4.48千米，宽度为8.5米，路面性质为沥青混凝土。修建于2012年7月，建成于2013年4月。根据起讫点方向顺序排名，采用所在地的主要行政区划名称命名。因该道路连接泗县山头镇和埇桥区闵贤村两个地方，故名。
东二铺—徐州公路	Dōng’èrpū Xúzhōu Gōnglù	道路类型为县道，道路等级为三级，起点为朱仙庄镇二铺村，止点为徐州市铜山区。长度为62.55千米，宽度为10米，路面性质为水泥路面。修建时间为2016年。根据起讫点方向顺序排名，采用所在地的主要行政区划名称命名。因该道路连接埇桥区朱仙庄镇二铺村和徐州市两个地方，故名。
柏山—路疃公路	Bǎishān Lùtuǎn Gōnglù	道路类型为乡道，道路等级为四级以下，起点为张疃村，止点为路疃村。长度为3.23千米，宽度为7.5米，路面性质为水泥路面。修建年度为2015年，竣工日期为2015年。根据起讫点方向顺序排名，采用所在地的主要行政区划名称命名。因该道路连接柏山与路疃两个地方，故名。
曹村—马桥公路	Cáocūn Mǎqiáo Gōnglù	道路类型为县道，道路等级为三级，起点为曹村，止点为马桥村。长度为16.63千米，宽度为8.8米，路面性质为水泥路面。修建年度为2016年，竣工日期为2016年。根据起讫点方向顺序排名，采用所在地的主要行政区划名称命名。因该道路连接曹村与马桥两个地方，故名。
时村—褚兰公路	Shícūn Chǔlán Gōnglù	道路类型为县道，道路等级为三级，起点为时村镇，止点为褚兰镇。长度为42.78千米，宽度为8.5米，路面性质为水泥路面。修建年度为2009年，竣工日期为2010年。根据起讫点方向顺序排名，采用所在地的主要行政区划名称命名。因该道路连接时村镇与褚兰镇两个地方，故名。
龙王庙—蕲县公路	Lóngwángmiào Qíxiàn Gōnglù	道路类型为县道，道路等级为三级，起点为龙王庙村，止点为蕲县镇。长度为16.23千米，宽度为9米，路面性质为水泥路面。修建年度为2010年，竣工日期为2011年。根据起讫点方向顺序排名，采用所在地的主要行政区划名称命名。因该道路连接龙王庙村与蕲县镇两个地方，故名。
永镇—陈巷子公路	Yǒngzhèn Chénxiàngzi Gōnglù	道路类型为县道，道路等级为三级，起点为镇南村陈巷，止点为永镇乡。长度为11.83千米，宽度为9米，路面性质为水泥路面。竣工日期为2010年。根据起讫点方向顺序排名，采用所在地的主要行政区划名称命名。因该道路连接镇南村陈巷子与永镇乡两个地方，故名。

标准名称	汉语拼音	备注
杨套—黄闸公路	Yángtào Huángzhá Gōnglù	道路类型为乡道，道路等级为四级以下，起点为杨套，止点为小黄庄。长度为9.25千米，宽度为7米，路面性质为水泥路面。修建年度为2007年。根据起讫点方向顺序排名，采用所在地的主要行政区划名称命名。
万桥—祝楼公路	Wànqiáo Zhùlóu Gōnglù	道路类型为乡道，道路等级为四级以下，起点为万桥村，止点为祝窑村。长度为6.19千米，宽度为7米，路面性质为水泥路面。修建年度为2005年。根据起讫点方向顺序排名，采用所在地的主要行政区划名称命名。
胡家—小王家公路	Hújiā Xiǎo-wángjiā Gōnglù	道路类型为乡道，道路等级为四级以下，起点为胡家，止点为小王家。长度为3.64千米，宽度为6米，路面性质为水泥路面。修建年度为1975年，竣工日期为1975年。根据起讫点方向顺序排名，采用所在地的主要行政区划名称命名。因该道路连接胡家与小王家两个地方，故名。
解放路—徐山头公路	Jiěfànglù Xú-shāntóu Gōnglù	道路类型为乡道，道路等级为四级以下，起点为符离镇站东社区，止点为符离镇横口村徐山头。长度为4.59千米，宽度为4.5米，路面性质为水泥路面。修建年度为2000年。根据起讫点方向顺序排名，采用所在地的主要行政区划名称命名。
站东—横口公路	Zhàndōng Héngkǒu Gōnglù	道路类型为乡道，道路等级为四级以下，起点为符离镇站东社区，止点为符离镇横口村。长度为5.09千米，宽度为8米，路面性质为水泥路面。修建年度为2000年。根据起讫点方向顺序排名，采用所在地的主要行政区划名称命名。因该道路连接符离镇站东社区与符离镇横口村两个地方，故名。
宿州—阜阳公路	Sùzhōu Fùyáng Gōnglù	道路类型为省道，道路等级为二级，东北至西南走向，自拂晓大道起至宿州与濉溪县交界处止，途经桃园镇、双堆集镇。境内长6.01千米，路基宽15米，路面宽12米。民国11年(1922年)，华洋义赈会赈济皖北水灾，利用原有官道修筑成土路。民国22年，铺设宽3—4米的碎石路。1969年，建成四级砂姜路。1985年修三级砂姜路面。1991年4月，半铺至蒙城交界处15.5千米，渣油表处路面。2002年对市辖段进行改建，将原三级渣油路面改建为宽12米二级沥青混凝土路面。2012年，对路面进行维修。因公路起止点名称得名。为宿州至阜阳公路，起止点各取一字，故名宿州—阜阳公路，简称宿阜路。路线代码S305，又称305省道。
肥东—马良公路	Féidōng Mǎliáng Gōnglù	道路类型为省道，道路等级为一级，起点为符离镇，止点为埇桥区与烈山区交界处。长度为3.78千米，宽度为20米，路面性质为水泥路面。始建于民国23年（1934年）。2005年铺设沥青混凝土路面至今。因公路起止点得名。为合肥至符离的省道，路线代码S101。

标准名称	汉语拼音	备注
宿州—涡阳公路	Sùzhōu Guōyáng Gōnglù	位于埇桥区西南部，东西走向，东起西二环路，西至埇桥区与濉溪县相交处，途经西二铺乡、三八街道。类型为县道，路线代码 X016。境内公路全长 7.82 千米。为双向两车道沥青混凝土路面。类型为县道，路线代码 X016，道路等级为三级。民国时期，形成宽 3 米的土路。1955 年路基加宽至 6—8 米。1958 年利用挖白尤沟富余土方加宽路基至 10 米。薛堂至五沟 23 公里铺筑砂姜路。1990 年五沟至白沙段进行渣油表面处理。2010 年 5 月重新铺设沥青混凝土路面至今。因公路起止点名称得名。为宿州至涡阳公路，起止点各取一字，故名宿州—涡阳公路，简称宿涡路。路线代码 X016。
于槽坊—双堆公路	Yúcáofáng Shuāngduī Gōnglù	道路类型为乡道，道路等级为四级以下，途经大营镇，东西走向，起于大营镇，止于宿州淮北界线，类型为乡道。全长 7.628 千米，路基宽 5 米，路面宽 3.5 米，单车道，路面性质为水泥混凝土路面。1958 年铺成路面，1970—1983 年复修，1998 年铺修加宽。由公路起止点名称得名。因该道路连接于槽坊与双堆，故名于双路，公路代码 Y034。
合肥—相山公路	Héféi Xiāngshān Gōnglù	道路类型为省道，起于合肥市肥东县，原止点到淮北市相山，现止于宿州市砀山县。固镇段长度为 5.45 千米，宽度为 12 米。道路等级为一级；路面性质为沥青混凝土。1987 年在两段基础上建设完成固镇段，1987 年省公路局对固宿段进行升级，1988 年省公路局对城关镇 8.9 公里路段进行改进，1996—1997 年对固宿路段进行拓宽，1999 年建成城关镇前台至三里路段，2000 年改建新马桥怀洪新河路段，2001—2002 年对新马桥至蚌埠路段进行大修，拓宽路面。名称由起始点所在的行政区域而得名。该路由合肥市至淮北市相山，故名。
铁浍路	Tiěhuì Lù	道路类型为乡道，起于任桥镇铁路，止于蚌埠宿州线。长 7.86 千米，宽 4.5 米。道路等级为四级以下，路面性质为水泥混凝土。该道路在 1965—2000 年为乡村泥土路，于 2005 年进行改造升级，铺设水泥混凝土，于 2006 年建设完成。公路名称来源于起始点所在地。该道路由铁路至浍河，以起止两地的地名中各一个字进行组合命名，故得名铁浍路。
芦湖路	Lúhú Lù	道路类型为乡道，起于湖沟镇芦岭，终于湖沟镇湖沟，穿过埇桥区大泽乡镇龙王庙村。芦湖路在埇桥区境内长 4.42 千米，宽 4.5 米。道路等级为四级以下，路面性质为水泥混凝土。该道路在 1965—2000 年为乡村泥土路，于 2003 年进行改造升级，铺设水泥混凝土，于 2004 年建设完成。公路名称来源于起始点所在地。该道路由芦岭至湖沟，以起止两地的地名中各一个字进行组合命名，故得名芦湖路。

标准名称	汉语拼音	备注
高白路	Gāobái Lù	起于任桥镇高韩，终于任桥镇白塔、吴庙。从埇桥区芦岭镇境内穿过。高白路在埇桥区境内长 1.27 千米，宽 4.5 米。道路类型为乡道，道路等级为四级以下，路面性质为水泥混凝土。该道路在 1965—2000 年为乡村泥土路，于 2005 年进行改造升级，铺设水泥混凝土，于 2006 年建设完成。公路名称来源于起始点所在地。该道路由高韩至白塔、吴庙，以起止两地的地名中各一个字进行组合命名，故得名高白路。
禅梅路	Chánméi Lù	道路类型为县道，道路等级为四级以下，自埇桥区符离镇到灵璧县与埇桥区交界处，禅梅路在埇桥区境内 6.48 千米，宽 4.5 米。路面性质为水泥混凝土。朱冉—杨疃——里王段建于 1976 年，初铺沙石路面。1996 年改建成四级沥青路面。沈佘桥至朱冉段建于 2001 年，初为土路基。2003 年，改建沈佘桥至杨疃段（8.7 千米），铺设三级沥青路面。2004 年，改建杨疃至一里王段（7.4 千米），铺设三级沥青路面。2012 年，实施县乡公路升级改造，按三级公路标准，改建混凝土路面。1976 年命名为禅梅路。因该道路连接灵璧县禅堂乡和宿州市梅村的公路，故名。
朝褚路	Cháochǔ Lù	道路类型为县道，道路等级为四级以下，自埇桥区杨庄乡到灵璧县与埇桥区交界处，朝褚路在埇桥区境内长度为 16.2 千米，宽度为 4.5 米。路面性质为水泥混凝土。朝褚路始建于 1980 年，为泥结碎石路面。1995 年，该路段 9K+925—14K+100 路面沥青表处。2003 年，大修路段 0K—14K+100，铺设沥青路面。2004 年，大修路段 14K+100—21K+300，铺设沥青路面。2012 年，实施县乡公路升级改造，按三级公路标准，改建混凝土路面。1980 年命名为朝褚路。因该道路连接灵璧县朝阳镇和宿州市褚兰镇的公路，故名。
桃山—唐庄公路	Táoshān Táng-zhuāng Gōnglù	道路类型为省道，道路等级为二级，从曹庄镇进入，在埇桥区境内长 2.59 千米，路面宽 12 米。此路于 1968 年建成。1968 年建成并由交通局命名。因该道路连接桃山与唐庄，故而得名。又名 301 省道。
官栾路	Guānluán Lù	道路类型为县道，道路等级为三级，起点为交叉点，止点为栾庄。长度为 3.2 千米，路面宽度为 6.5 米，路面性质为水泥混凝土。始建时间 1977 年，建成时间 1977 年。1977 年建成并由交通局命名。此路以起止点地名命名。又名 X020 县道。
曹村—朔里公路	Cáocūn Shuòlǐ Gōnglù	道路类型为县道，道路等级为四级以下，起点为交叉点，止点为栾庄。长度为 3.2 千米，路面宽度为 6.5 米，路面性质为水泥混凝土。始建时间 1961 年，建成时间 1961 年。由交通局命名。因该道路连接曹村村与朔里。又名 008 县道、曹朔线。

标准名称	汉语拼音	备注
墩集—马店公路	Dūnjí Mǎdiàn Gōnglù	道路类型为县道，道路等级为四级以下，自黄湾晏路村到韦集垓下村，全长40千米，宽7米，途经韦集镇，为混凝土、沥青路面的国家县级道路。维修年份为2001年。公路名称来源于起始点所在地。因该道路连接墩集与马店，故名墩集—马店公路，简称墩马路。
陇秦—豫海铁路	Lǒngqín Yùhǎi Tiělù	横贯砀山县南部，途经曹庄镇、赵屯镇、砀城镇、李庄镇、良梨镇、唐寨镇等6个乡级行政区。砀山县境内，起点曹庄镇曹庄社区，止点唐寨镇文双村。境内长度为39千米；境内主要车站为文庄站、李庄站、范庄站、砀山站、赵屯站；铁路类型为复线普通线路。为一级双线电气化线路。起点甘肃兰州（陇），止点江苏连云港（海），途经砀山县，取各自简称和本区段，故名。始建于1905年，建成于1952年，1953年7月全线通车，名称沿用至今。1953年，国家批准名称。
郑徐客运专线	Zhèngxú Kèyùn Zhuānxiàn	西北东南走向，途经曹庄镇、赵屯镇、关帝庙镇等3个乡级行政区。砀山县境内，起点曹庄镇曹庄社区，止点关帝庙镇利民社区。境内长度为30千米；境内主要车站为砀山南站；铁路类型为复线客运专线。起点河南郑州，止点江苏徐州，途经砀山，取各自简称和本区段，故名。始建于2012年12月26日，建成于2016年3月，2016年10月1日开通运营，名称沿用至今。2012年，铁道部批准命名。
宿淮铁路	Sùhuái Tiělù	宿淮铁路起点为黑塔镇河西村，终点为长沟镇邵庄村，主要车站为泗县站。宿淮铁路长42.2千米，类型为单线铁路，普通线路，途经行政区为长沟镇、屏山镇、黑塔镇。高速铁路起点泗县，终点宿州，故得名宿淮铁路。宿淮铁路2013年开工建设，2014年12月建成通车，名称沿用至今。因铁路起讫点名称，采用所在地行政区划名称命名。
符离集—夹河寨铁路	Fúlíjí Jiāhézhài Tiělù	符离集到夹河寨铁路。在萧县境内长5千米。途经乡镇有龙城镇、丁里镇。此铁路以两地城市地名命名。此铁路修建于1978年。
陇秦—豫海铁路	Lǒngqín Yùhǎi Tiělù	从萧县圣泉乡进入萧县，从黄口镇出萧县。境内长55千米。途经乡镇有刘套镇、杨楼镇、圣泉乡、马井镇、闫集镇、黄口镇。此铁路以两地城市地名命名。此铁路修建于1968年。此铁路1968年贯通，起名陇海线。
郑州—徐州高速铁路	Zhèngzhōu Xúzhōu Gāosù Tiělù	郑徐高铁横穿萧县，萧县段长44千米。铁路等级为高速铁路，为双线铁轨。以铁路两端地名命名为郑州—徐州高速铁路。2012年12月26日，郑徐高铁正式开工。2014年10月底，郑徐高铁全面完成铺轨。2016年4月1日起，郑徐高铁全线进行联调联试。2014年由国家铁路总公司和安徽省人民政府批复同意建设，而得名。

标准名称	汉语拼音	备注
京沪铁路	Jīnghù Tiělù	起点为埇桥区曹村镇寺后村东1千米，终点为埇桥区芦岭镇陈堂村南1千米。京沪铁路宿州段铁路长84.5千米，由北向南贯穿宿州市，途经埇桥区曹村镇、夹沟镇、符离镇、桃园镇、大泽乡镇、芦岭镇6个乡镇，类型为复线，客运、货运混用。主要车站有桃山集站、曹村站、夹沟站、符离站、十里堡站、西寺坡站。高速铁路起点北京，终点上海，取各自简称得名京沪高速铁路。京沪铁路宿州段建于1910年。因高速铁路起讫点名称，2011年国家命名。
北京—上海高速铁路	Běijīng Shànghǎi Gāosùtiělù	起点埇桥区杨庄乡林庄村西北约1千米，终点为埇桥区大店镇汪圩村南约1.5千米，主要车站为宿州东站。京沪高铁宿州段长65.5千米，由北向南贯穿宿州市，途经埇桥区杨庄乡、栏杆镇、支河乡、永安镇、桃沟乡、蒿沟乡、大店镇7个乡镇，类型为复线铁路，客运专线。高速铁路起点北京南站，终点上海虹桥站，取各自简称得名京沪高铁。京沪高速铁路宿州段于2011年5月22日竣工，6月30日开通运营。因高速铁路起讫点名称，2011年国家命名。
龟山采石场专用铁路	Guīshān Cǎishíchǎng Zhuānyòngtiělù	位于埇桥区西部。类型为单线、普通线路。全长0.52千米，与符夹铁路线相接，为龟山采石场货运专线。途经符离镇。为方便中铁四局龟山采石场运输石料而修建。1984年作为龟山采石场的配套设施建设，1985年建成，命名龟山采石场专用铁路至今。因铁路用途得名。
符夹铁路	Fújiā Tiělù	位于埇桥区西部，途经符离镇。类型为单线、普通线路。符夹铁路由宿州市符离集至徐州市夹河寨，全长85.4千米，另有1.6千米符陇联络线。其中宿州市境内19.6千米。铁路起点为符离集，终点为夹河寨，各取一字，故名。符夹铁路于1958年8月开工，全线划分符离集至濉溪、濉溪至萧县、萧县至夹河寨3个区段。符濉段率先动工，1959年4月，路基站线、站场先后完成，其后由铁道部8504部队继续施工，1960年1月完成。1966年7月1日符夹铁路全线建成通车至今。因铁路起止点得名。
青疃芦岭专用线	Qīngtuǎn Lúlǐng Zhuānyòngxiàn	位于濉溪县西南部，东西走向。起点为芦岭站，止点为青疃站。长度48.96千米。主要车站有芦岭站。类型为单线、普通铁路。途经行政区有蕲县镇。专线西起青阜线涡阳县青疃站，东至津浦县宿州芦岭站，为淮北矿物局运煤专线，故名青疃芦岭专用线。1985年4月，淮北矿务局铁运处组织施工，1992年2月，青小段交付使用。1994年全线通车，命名至今。因铁路起止点车站名称得名。

标准名称	汉语拼音	备注
宿淮铁路	Sùhuái Tiělù	宿淮铁路位于埇桥区东部。宿淮铁路西起京沪铁路符离集车站，东至新长铁路袁北站，途经安徽省宿州市、灵璧县、泗县，江苏省泗洪县、宿迁市、泗阳县、淮安市。正线全长210.4千米，江苏境内97.5千米，宿城区32.1千米，建设标准为国铁Ⅰ级，以货运为主、客运为辅。宿淮铁路为宿州—宿迁—淮安，故名宿淮铁路。2009年宿淮铁路江苏段征地拆迁。2010年，宿淮铁路跨宁宿徐高速，宿淮高速公路桥桥墩已经建成。2012年8月27日，宿淮铁路洋河站成功铺轨。2013年12月30日，首趟宿州市符离集站开往淮安市袁北站的货物列车开行。2014年12月10日，宿淮铁路正式通车。2014年建成投入使用后，命名为宿淮铁路。

砀山县公路、铁路

标准名称	汉语拼音	备注
连云港—天水公路	Liányúngǎng Tiānshuǐ Gōnglù	道路类型为国道，道路等级为一级，起点为曹庄镇陈屯，止点为唐寨镇侯口，长度为45千米，宽度为16米，路面性质为沥青砼、水泥砼。始建于2006年，建成于2008年，名称沿用至今。因起止点名称得名。
丰县—夏邑公路	Fēngxiàn Xiàyì Gōnglù	道路类型为省道，道路等级为二级，起点为砀山县砀郡路，止点为江苏丰县，长度为35.18千米，宽度为7米，路面性质为沥青砼。始建于1928年，建成于1934年，名称沿用至今。丰县至夏邑砀山路段，故名。
合肥—淮北公路	Héféi Huáiběi Gōnglù	道路类型为省道，道路等级为二级，起点为玄庙镇马良集，止点为程庄镇坡里王屯，长度为50千米，宽度为9米，路面性质为沥青砼。始建于1979年，建成于1982年，名称沿用至今。初为合肥至淮北路段，后延伸至砀山，故名。
砀葛路	Dànggě Lù	道路类型为县道，道路等级为二级，起点为砀山县城，止点为葛集镇，长度为24.53千米，宽度为9米，路面性质为沥青表面处治。始建于1973年，同年建成，名称沿用至今。砀城镇与葛集镇路段，故名。
砀官路	Dàngguān Lù	道路类型为县道，道路等级为三级，起点为003乡道，止点为官庄，长度为13.47千米，宽度为7米，路面性质为沥青贯入式。始建于1980年，建成于1981年，名称沿用至今。砀城镇与官庄坝镇路段，故名。
砀夏路	Dàngxià Lù	道路类型为县道，道路等级为二级，起点为砀山县，止点为夏邑县，长度为9.5千米，宽度为9米，路面性质为沥青表面处治。始建于1986年，同年建成，名称沿用至今。砀城镇与河南省夏邑县路段，故名。

标准名称	汉语拼音	备注
砀杨路	Dàngyáng Lù	道路类型为县道，道路等级为三级，起点为梨花二路，止点为油坊村，长度为23.67千米，宽度为7米，路面性质为水泥混凝土。始建于1986年，同年建成，名称沿用至今。由该公路起止点地名而得名。
砀永路	Dàngyǒng Lù	道路类型为县道，道路等级为二级，起点为007乡道，止点为黄楼，长度为9.15千米，宽度为9米，路面性质为沥青混凝土。始建于1985年，同年建成，名称沿用至今。砀山县与永城县路段，故名。
葛玄路	Gěxuán Lù	道路类型为县道，道路等级为三级，起点为009乡道，止点为玄庙，长度为38.33千米，宽度为6.5米，路面性质为沥青混凝土。始建于1987年，同年建成，名称沿用至今。葛集镇与玄庙镇路段，故名。
果刘路	Guǒliú Lù	道路类型为县道，道路等级为三级，起点为三省界，止点为012乡道，长度为17.13千米，宽度为7米，路面性质为沥青贯入式。始建于1983年，同年建成，名称沿用至今。果园社区与刘楼村路段，故名。
黄薛路	Huángxuē Lù	道路类型为县道，道路等级为三级，起点为002县道，止点为025县道，长度为36.35千米，宽度为7米，路面性质为沥青贯入式。始建于1988年，同年建成，名称沿用至今。黄庄寨村与薛楼庄路段，故名。
李永路	Lǐyǒng Lù	道路类型为县道，道路等级为二级，起点为李庄镇汪阁，止点为回龙集，长度为12千米，宽度为9米，路面性质为沥青表面处治。始建于1970年，同年建成，名称沿用至今。李庄镇与永城县路段，故名。
潘梁路	Pānliáng Lù	道路类型为县道，道路等级为三级，起点为010县道，止点为梁寨村，长度为23.36千米，宽度为6.5米，路面性质为沥青混凝土。始建于1983年，同年建成，名称沿用至今。潘坝村与梁寨村路段，故名。
西曹路	Xīcáo Lù	道路类型为县道，道路等级为三级，起点为101省道，止点为曹庄，长度为36.34千米，宽度为8米，路面性质为沥青贯入式。始建于1984年，同年建成，名称沿用至今。由该公路起止点地名而得名。
园黄路	Yuánhuáng Lù	道路类型为县道，道路等级为二级，起点为园新，止点为黄楼，长度为13.99千米，宽度为12米，路面性质为沥青碎石。始建于1981年，同年建成，名称沿用至今。由该公路起止点地名而得名。
园新路	Yuánxīn Lù	道路类型为县道，道路等级为三级，起点为园艺场，止点为砀萧界，长度为14.28千米，宽度为7米，路面性质为沥青贯入式。始建于1982年，同年建成，名称沿用至今。园艺场与新华村路段，故名。

标准名称	汉语拼音	备注
周刘路	Zhōuliú Lù	道路类型为县道，道路等级为三级，起点为012县道，止点为刘暗楼，长度为14.03千米，宽度为7米，路面性质为沥青贯入式。始建于1986年，同年建成，名称沿用至今。由该公路起止点地名而得名。
卞高路	Biàngāo Lù	道路类型为乡道，道路等级为四级以下，起点为与山东交界处，止点为005县道，长度为7.17千米，宽度为4米，路面性质为石质路面。始建于1972年，同年建成，名称沿用至今。由该公路起止点地名而得名。
卞三路	Biànsān Lù	道路类型为乡道，道路等级为四级以下，起点为008县道，止点为310国道，长度为2.8千米，宽度为5米，路面性质为沥青贯入式。始建于1978年，同年建成，名称沿用至今。由该公路起止点地名而得名。
曹前路	Cáoqián Lù	道路类型为乡道，道路等级为四级以下，起点为曹三座楼，止点为前段庄，长度为6.98千米，宽度为5米，路面性质为石质路面。始建于1960年，同年建成，名称沿用至今。由该公路起止点地名而得名。
程王路	Chéngwáng Lù	道路类型为乡道，道路等级为四级以下，起点为程庄，止点为王屯村委会，长度为6.29千米，宽度为6米，路面性质为石质路面。始建于1953年，同年建成，名称沿用至今。由该公路起止点地名而得名。
程吴路	Chéngwú Lù	道路类型为乡道，道路等级为四级以下，起点为010乡道，止点为040县道，长度为4.28千米，宽度为6米，路面性质为石质路面。始建于1952年，同年建成，名称沿用至今。由该公路起止点地名而得名。
大蒋路	Dàjiǎng Lù	道路类型为乡道，道路等级为四级以下，起点为汪屯村，止点为063县道，长度为6.39千米，宽度为4米，路面性质为石质路面。始建于1975年，同年建成，名称沿用至今。由该公路起止点地名而得名。
大马路	Dàmǎ Lù	道路类型为乡道，道路等级为四级以下，起点为杜油坊，止点为006县道，长度为5.31千米，宽度为4米，路面性质为石质路面。始建于1957年，同年建成，名称沿用至今。由该公路起止点地名而得名。
砀化路	Dànghuà Lù	道路类型为乡道，道路等级为四级以下，起点为310国道，止点为310国道，长度为0.45千米，宽度为6米，路面性质为石质路面。始建于1961年，同年建成，名称沿用至今。由该公路起止点地名而得名。
定前路	Dìngqián Lù	道路类型为乡道，道路等级为四级以下，起点为藏路口村，止点为079县道，长度为8.89千米，宽度为3.5米，路面性质为石质路面。始建于1968年，同年建成，名称沿用至今。由该公路起止点地名而得名。

标准名称	汉语拼音	备注
东环路	Dōng Huán Lù	道路类型为乡道，道路等级为三级，起点为223省道，止点为小孟庄，长度为7.19千米，宽度为6.5米，路面性质为水泥混凝土。始建于1979年，同年建成，名称沿用至今。周寨镇东环形道路，故名。
东南环路	Dōngnán Huán Lù	道路类型为乡道，道路等级为四级以下，起点为001县道，止点为001县道，长度为4.24千米，宽度为7米，路面性质为石质路面。始建于1967年，同年建成，名称沿用至今。砀城镇东南环形道路，故名。
窦林路	Dòulín Lù	道路类型为乡道，道路等级为四级以下，起点为汪沙滩村，止点为李胡窑，长度为1.62千米，宽度为4米，路面性质为石质路面。始建于1977年，同年建成，名称沿用至今。窦庄与林庄路段，故名。
杜大路	Dùdà Lù	道路类型为乡道，道路等级为四级以下，起点为杜油坊，止点为大寨中学，长度为6.85千米，宽度为4米，路面性质为沥青贯入式。始建于1960年，同年建成，名称沿用至今。杜油坊与大寨村路段，故名。
段后路	Duànhòu Lù	道路类型为乡道，道路等级为四级以下，起点为镇东村，止点为008县道，长度为4.85千米，宽度为4米，路面性质为石质路面。始建于1984年，同年建成，名称沿用至今。段楼村与后周庙路段，故名。
封闭线	Fēngbì Xiàn	道路类型为乡道，道路等级为四级以下，起点为006乡道，止点为101乡道，长度为9.97千米，宽度为4米，路面性质为渣石路面。始建于1964年，同年建成，名称沿用至今。建设初期不同其他道路相连，故名。
甘三路	Gānsān Lù	道路类型为乡道，道路等级为四级以下，起点为柑楼，止点为008乡道，长度为2.86千米，宽度为5米，路面性质为石质路面。始建于1981年，同年建成，名称沿用至今。甘楼与三陈楼路段，故名。
关小路	Guānxiǎo Lù	道路类型为乡道，道路等级为四级以下，起点为101省道，止点为杨庄寨，长度为11.75千米，宽度为3.5米，路面性质为沥青贯入式。始建于1981年，同年建成，名称沿用至今。由于该公路的起点和止点所在的乡镇村落而命名。
官庄坝中心路	Guānzhuāngbà Zhōngxīn Lù	道路类型为乡道，道路等级为四级以下，起点为075县道，止点为中心路，长度为11.06千米，宽度为7米，路面性质为沥青贯入式。始建于1959年，同年建成，名称沿用至今。由于该公路的所处位置而命名。
郭梁路	Guōliáng Lù	道路类型为乡道，道路等级为四级以下，起点为071县道，止点为梁李屯，长度为10.5千米，宽度为4米，路面性质为石质路面。始建于1979年，同年建成，名称沿用至今。郭曹庄与梁庄路段，故名。

标准名称	汉语拼音	备注
郭赵路	Guōzhào Lù	道路类型为乡道，道路等级为四级以下，起点为北苑庄，止点为南小李庄，长度为5.12千米，宽度为4米，路面性质为石质路面。始建于1981年，同年建成，名称沿用至今。郭楼与赵庄路段，故名。
后张路	Hòuzhāng Lù	道路类型为乡道，道路等级为四级以下，起点为310国道，止点为丰屯村，长度为8.55千米，宽度为6米，路面性质为石质路面。始建于1960年，同年建成，名称沿用至今。后庄与张庄路段，故名。
黄大路	Huángdà Lù	道路类型为乡道，道路等级为四级以下，起点为003乡道，止点为025县道，长度为16.41千米，宽度为4米，路面性质为石质路面。始建于1970年，同年建成，名称沿用至今。由于该公路的起点和止点所在的乡镇村落而命名。
黄侯路	Huánghóu Lù	道路类型为乡道，道路等级为四级以下，起点为贾寨村，止点为009乡道，长度为7.22千米，宽度为3.5米，路面性质为石质路面。始建于1985年，同年建成，名称沿用至今。黄庙与侯寨路段，故名。
蒋张路	Jiǎngzhāng Lù	道路类型为乡道，道路等级为三级，起点为周寨环镇路，止点为丰夏路，长度为5.19千米，宽度为6.5米，路面性质为水泥混凝土。始建于1983年，同年建成，名称沿用至今。蒋庄村与张庄路段，故名。
康白路	Kāngbái Lù	道路类型为乡道，道路等级为四级以下，起点为范集村，止点为001县道，长度为9.74千米，宽度为3.5米，路面性质为水泥混凝土。始建于1963年，同年建成，名称沿用至今。由该公路起止点地名而得名。
李后路	Lǐhòu Lù	道路类型为乡道，道路等级为四级以下，起点为061乡道，止点为后赵村，长度为7.59千米，宽度为4.5米，路面性质为石质路面。始建于1971年，同年建成，名称沿用至今。由于该公路的起点和止点所在的乡镇村落而命名。
李黄路	Lǐhuáng Lù	道路类型为乡道，道路等级为四级以下，起点为李桃园，止点为黄窑，长度为6.1千米，宽度为4.5米，路面性质为石质路面。始建于1974年，同年建成，名称沿用至今。由于该公路的起点和止点所在的乡镇村落而命名。
李邵路	Lǐshào Lù	道路类型为乡道，道路等级为四级以下，起点为101省道，止点为孟饭棚社区，长度为11.18千米，宽度为3米，路面性质为水泥混凝土。始建于1973年，同年建成，名称沿用至今。由于该公路的起点和止点所在的乡镇村落而命名。
李试路	Lǐshì Lù	道路类型为乡道，道路等级为四级以下，起点为101省道，止点为试验厂，长度为16.54千米，宽度为4米，路面性质为石质路面。始建于1961年，同年建成，名称沿用至今。由该公路起止点地名而得名。

标准名称	汉语拼音	备注
李杨路	Lǐyáng Lù	道路类型为乡道，道路等级为四级以下，起点为101省道，止点为杨庄，长度为2.32千米，宽度为4米，路面性质为石质路面。始建于1968年，建成于1969年，名称沿用至今。由于该公路的起点和止点所在的乡镇村落而命名。
梁回路	Liánghuí Lù	道路类型为乡道，道路等级为四级以下，起点为小桥，止点为008县道，长度为7.39千米，宽度为3.5米，路面性质为石质路面。始建于1956年，同年建成，名称沿用至今。梁寨村与回龙集村路段，故名。
蔺权路	Lìnquán Lù	道路类型为乡道，道路等级为四级以下，起点为炭场，止点为223省道，长度为3.83千米，宽度为4米，路面性质为砂石路面。始建于1982年，同年建成，名称沿用至今。由该公路起止点地名而得名。
刘许路	Liúxǔ Lù	道路类型为乡道，道路等级为四级以下，起点为001县道，止点为004县道，长度为4.51千米，宽度为5米，路面性质为石质路面。始建于1975年，同年建成，名称沿用至今。刘楼与许庄路段，故名。
吕杜路	Lǚdù Lù	道路类型为乡道，道路等级为四级以下，起点为杜田庄，止点为河南界，长度为10.04千米，宽度为5米，路面性质为石质路面。始建于1985年，同年建成，名称沿用至今。由于该公路的起点和止点所在的乡镇村落而命名。
吕市路	Lǚshì Lù	道路类型为乡道，道路等级为四级以下，起点为012县道，止点为002乡道，长度为8.16千米，宽度为4米，路面性质为石质路面。始建于1952年，同年建成，名称沿用至今。由该公路起止点地名而得名。
毛郭路	Máoguō Lù	道路类型为乡道，道路等级为四级以下，起点为汤四村，止点为道南路社区，长度为10千米，宽度为5米，路面性质为石质路面。始建于1970年，同年建成，名称沿用至今。
蜜杨路	Mìyáng Lù	道路类型为乡道，道路等级为四级以下，起点为龙潭村，止点为刘楼村，长度为4.46千米，宽度为8米，路面性质为石质路面。始建于1975年，同年建成，名称沿用至今。
木王路	Mùwáng Lù	道路类型为乡道，道路等级为四级以下，起点为310国道，止点为园新路，长度为8.68千米，宽度为5米，路面性质为沥青贯入式。始建于1971年，同年建成，名称沿用至今。
庞苗路	Pángmiáo Lù	道路类型为乡道，道路等级为四级以下，起点为007县道，止点为薛楼苗圃场村，长度为10.37千米，宽度为5米，路面性质为水泥混凝土。始建于1976年，同年建成，名称沿用至今。庞桥与苗庄路段，故名。

标准名称	汉语拼音	备注
青年路	Qīngnián Lù	道路类型为乡道，道路等级为四级以下，起点为006乡道，止点为101省道，长度为3.11千米，宽度为4米，路面性质为沥青贯入式。始建于1961年，同年建成，名称沿用至今。起点为青年厂，故名。
三文路	Sānwén Lù	道路类型为乡道，道路等级为四级以下，起点为310国道，止点为文庄，长度为1.29千米，宽度为8米，路面性质为石质路面。始建于1979年，同年建成，名称沿用至今。由该公路起止点地名而得名。
山唐路	Shāntáng Lù	道路类型为乡道，道路等级为四级以下，起点为山寨村，止点为004县道，长度为7千米，宽度为6米，路面性质为石质路面。始建于1983年，同年建成，名称沿用至今。山寨村与唐寨村路段，故名。
邵邵路	Shàoshào Lù	道路类型为乡道，道路等级为四级以下，起点为101省道，止点为邵寨村，长度为5.18千米，宽度为7米，路面性质为砂石路面。始建于1958年，同年建成，名称沿用至今。邵庄村与邵寨村路段，故名。
孙董路	Sūndǒng Lù	道路类型为乡道，道路等级为四级以下，起点为吴庄寺村部，止点为董口，长度为7.21千米，宽度为4米，路面性质为石质路面。始建于1978年，同年建成，名称沿用至今。由该公路起止点地名而得名。
孙汤路	Sūntāng Lù	道路类型为乡道，道路等级为四级以下，起点为刘新庄村，止点为006县道，长度为6.96千米，宽度为4米，路面性质为石质路面。始建于1977年，同年建成，名称沿用至今。孙老家与汤集路段，故名。
孙朱路	Sūnzhū Lù	道路类型为乡道，道路等级为四级以下，起点为012县道，止点为朱庄，长度为4.37千米，宽度为4米，路面性质为石质路面。始建于1977年，同年建成，名称沿用至今。孙集村与朱庄路段，故名。
土后路	Tǔhòu Lù	道路类型为乡道，道路等级为四级以下，起点为吴庄村，止点为076乡道，长度为8.09千米，宽度为8米，路面性质为石质路面。始建于1973年，同年建成，名称沿用至今。
汪梨路	Wānglí Lù	道路类型为乡道，道路等级为四级以下，起点为005县道，止点为005县道，长度为4.32千米，宽度为3米，路面性质为石质路面。始建于1977年，同年建成，名称沿用至今。
汪张路	Wāngzhāng Lù	道路类型为乡道，道路等级为四级以下，起点为310国道，止点为吕集村，长度为8.83千米，宽度为4.5米，路面性质为石质路面。始建于1977年，同年建成，名称沿用至今。

标准名称	汉语拼音	备注
王柴路	Wángchái Lù	道路类型为乡道，道路等级为四级以下，起点为025县道，止点为柴市，长度为6.73千米，宽度为6米，路面性质为石质路面。始建于1955年，同年建成，名称沿用至今。王明集村与柴市村路段，故名。
王陈路	Wángchén Lù	道路类型为乡道，道路等级为四级以下，起点为王庄，止点为310国道，长度为4.5千米，宽度为4米，路面性质为沥青混凝土。始建于1976年，同年建成，名称沿用至今。王庄与陈马路村路段，故名。
文四路	Wénsì Lù	道路类型为乡道，道路等级为四级以下，起点为朱楼交界处，止点为101省道，长度为14.09千米，宽度为4米，路面性质为石质路面。始建于1977年，同年建成，名称沿用至今。文庄村与四新中学路段，故名。
西大路	Xīdà Lù	道路类型为乡道，道路等级为四级以下，起点为010县道，止点为大王庄村，长度为6.63千米，宽度为3.5米，路面性质为石质路面。始建于1973年，同年建成，名称沿用至今。西王屯与大王庄路段，故名。
西环路	Xīhuán Lù	道路类型为乡道，道路等级为四级以下，起点为006县道，止点为006县道，长度为4.7千米，宽度为4米，路面性质为石质路面。始建于1951年，同年建成，名称沿用至今。周寨镇西环形道路，故名。
西毛路	Xīmáo Lù	道路类型为乡道，道路等级为四级以下，起点为交叉点，止点为毛堤口，长度为8.68千米，宽度为3.5米，路面性质为石质路面。始建于1970年，同年建成，名称沿用至今。起点为西毛庄，故名。
西南环路	Xīnán Huán Lù	道路类型为乡道，道路等级为四级以下，起点为001县道，止点为009县道，长度为6.47千米，宽度为3.5米，路面性质为石质路面。始建于1969年，同年建成，名称沿用至今。砀城镇西南环镇道路，故名。
县曹路	Xiàncáo Lù	道路类型为乡道，道路等级为四级以下，起点为林场，止点为310国道，长度为12.63千米，宽度为3.5米，路面性质为石质路面。始建于1985年，同年建成，名称沿用至今。县城与曹庄路段，故名。
乡仇路	Xiāngqiú Lù	道路类型为乡道，道路等级为四级以下，起点为路面转化点，止点为003县道，长度为19.36千米，宽度为5米，路面性质为石质路面。始建于1985年，同年建成，名称沿用至今。
小李路	Xiǎolǐ Lù	道路类型为乡道，道路等级为三级，起点为冯集，止点为310国道，长度为9.34千米，宽度为6.5米，路面性质为沥青混凝土。始建于1977年，同年建成，名称沿用至今。起点为小翟庄，终点李庄中学，故名。

标准名称	汉语拼音	备注
小罗路	Xiǎoluó Lù	道路类型为乡道，道路等级为四级以下，起点为八一场村，止点为罗庄村，长度为7.83千米，宽度为6米，路面性质为石质路面。始建于1982年，同年建成，名称沿用至今。由该公路起止点地名而得名。
小张路	Xiǎozhāng Lù	道路类型为乡道，道路等级为四级以下，起点为潘坝，止点为011县道，长度为4.67千米，宽度为4米，路面性质为沥青贯入式。始建于1982年，同年建成，名称沿用至今。起点为小张庄，故名。
谢窦路	Xièdòu Lù	道路类型为乡道，道路等级为四级以下，起点为009县道，止点为交叉口，长度为14.16千米，宽度为3.5米，路面性质为石质路面。始建于1971年，同年建成，名称沿用至今。谢庄与窦集村路段，故名。
新八路	Xīn 8 Lù	道路类型为乡道，道路等级为四级以下，起点为新庄，止点为006县道，长度为9.44千米，宽度为3.5米，路面性质为石质路面。始建于1962年，同年建成，名称沿用至今。
新曹路	Xīncáo Lù	道路类型为乡道，道路等级为四级以下，起点为徐井村，止点为曹庄，长度为5.96千米，宽度为4米，路面性质为石质路面。始建于1978年，同年建成，名称沿用至今。
玄董路	Xuándǒng Lù	道路类型为乡道，道路等级为四级以下，起点为009县道，止点为果园场14连，长度为4.61千米，宽度为6米，路面性质为石质路面。始建于1963年，同年建成，名称沿用至今。玄庙村与董庄路段，故名。
阎张路	Yánzhāng Lù	道路类型为乡道，道路等级为四级以下，起点为005县道，止点为067乡道，长度为5.25千米，宽度为3米，路面性质为石质路面。始建于1956年，同年建成，名称沿用至今。由于该公路的起点和止点所在的乡镇村落而命名。
杨彭路	Yángpéng Lù	道路类型为乡道，道路等级为四级以下，起点为005县道，止点为郑庄村，长度为1.55千米，宽度为4米，路面性质为石质路面。始建于1969年，建成于1970年，名称沿用至今。
油南路	Yóunán Lù	道路类型为乡道，道路等级为四级以下，起点为004县道，止点为034乡道，长度为5.87千米，宽度为3.5米，路面性质为石质路面。始建于1966年，同年建成，名称沿用至今。油坊村与南唐集路段，故名。
岳梅路	Yuèméi Lù	道路类型为乡道，道路等级为四级以下，起点为段庄村，止点为梅屯，长度为10.25千米，宽度为5米，路面性质为石质路面。始建于1964年，建成于1965年，名称沿用至今。
岳王路	Yuèwáng Lù	道路类型为乡道，道路等级为四级以下，起点为002县道，止点为王庄村，长度为12.82千米，宽度为7米，路面性质为石质路面。始建于1981年，同年建成，名称沿用至今。

标准名称	汉语拼音	备注
张枣路	Zhāngzǎo Lù	道路类型为乡道，道路等级为四级以下，起点为曹庄社区王屯，止点为310国道，长度为8千米，宽度为5米，路面性质为石质路面。始建于1977年，同年建成，名称沿用至今。
赵曹路	Zhàocáo Lù	道路类型为乡道，道路等级为三级，起点为005县道，止点为曹庄，长度为15.82千米，宽度为6.5米，路面性质为水泥混凝土。始建于1953年，建成于2012年，名称沿用至今。
赵汤路	Zhàotāng Lù	道路类型为乡道，道路等级为四级以下，起点为002县道，止点为刷集村，长度为12.18千米，宽度为4米，路面性质为石质路面。始建于1979年，同年建成，名称沿用至今。
镇中心路	Zhèn Zhōngxīn Lù	道路类型为乡道，道路等级为四级以下，起点为史新庄，止点为006县道，长度为13.46千米，宽度为3.6米，路面性质为砂石路面。始建于1975年，同年建成，名称沿用至今。位于周寨镇环镇路中部，故名。
周何路	Zhōuhé Lù	道路类型为乡道，道路等级为四级以下，起点为025县道，止点为与萧县交界处，长度为8.47千米，宽度为6米，路面性质为石质路面。始建于1954年，同年建成，名称沿用至今。周集村与何庄路段，故名。
周寨环镇路	Zhōuzhài Huánzhèn Lù	道路类型为乡道，道路等级为四级以下，起点为223省道，止点为009县道，长度为13.52千米，宽度为7米，路面性质为砂石路面。始建于1969年，同年建成，名称沿用至今。周寨镇环形道路，故名。
朱范路	Zhūfàn Lù	道路类型为乡道，道路等级为四级以下，起点为赵庄村，止点为101省道，长度为3.88千米，宽度为4米，路面性质为石质路面。始建于1979年，同年建成，名称沿用至今。朱寨村与范庄路段，故名。
朱徐路	Zhūxú Lù	道路类型为乡道，道路等级为四级以下，起点为005县道，止点为徐庄，长度为4.95千米，宽度为4米，路面性质为石质路面。始建于1977年，同年建成，名称沿用至今。由该公路起止点地名而得名。
朱张路	Zhūzhāng Lù	道路类型为乡道，道路等级为四级以下，起点为汤四村，止点为朱楼镇，长度为27.24千米，宽度为3.5米，路面性质为砂石路面。始建于1962年，同年建成，名称沿用至今。由该公路起止点地名而得名。
济祁高速公路	Jìqígāosù Gōnglù	道路类型为国道，道路等级为高速，起点为玄庙镇马良村，止点为朱楼镇邵宅村，长度为39.58千米，宽度为40米，路面性质为沥青表面处治。始建于2010年，建成于2016年，名称沿用至今。起于山东济南，止于安徽祁门，故名。

标准名称	汉语拼音	备注
省果园场路	Shěng Guǒyuán chǎng Lù	道路类型为专用，道路等级为四级以下，起点为十六队，止点为十四队，长度为12.61千米，宽度为4米，路面性质为砂石路面。始建于1990年，建成于2005年，名称沿用至今。因位于安徽省果园场而得名。
园艺场东片专用路	Yuányìchǎng Dōngpiàn Zhuānyòng Lù	道路类型为专用，道路等级为四级以下，起点为砀高路，止点为五分场，长度为3.1千米，宽度为5米，路面性质为沥青表面处治。始建于1992年，建成于2005年，名称沿用至今。因位于园艺场东，且为园艺场专用道路，故得名。
园艺场西片专用路	Yuányìchǎng Xīpiàn Zhuānyòng Lù	道路类型为专用，道路等级为四级以下，起点为八分场，止点为砀高路，长度为4.85千米，宽度为5米，路面性质为沥青表面处治。始建于1991年，建成于1992年，名称沿用至今。因位于园艺场西，且为园艺场专用道路，故得名。
权酒路	Quánjiǔ Lù	道路类型为县道，道路等级为三级，起点为萧县北赵楼村，止点为东洪河，长度为2.51千米，宽度为7米，路面性质为石质路面。始建时间1977年，建成时间1977年。1977年建成并由交通局命名。此路以起止点地名命名。又名021县道。

灵璧县公路、铁路

标准名称	汉语拼音	备注
房村—固镇公路	Fángcūn Gùzhèn Gōnglù	道路类型为省道，道路等级为二级，起点为灵璧县黄湾镇，止点为灵璧县下楼镇，长度为80.89千米，宽度为10米，路面性质为油路。房固路于2012年12月经省交通厅批准实施改建，2014年建成通车。连接江苏省徐州市房村镇和安徽省蚌埠市固镇县的公路，故名。
大李集—符离公路	Dàlǐjí Fúlí Gōnglù	道路类型为省道，道路等级为三级，起点为灵璧县尹集镇，止点为灵璧县大路镇，长度为38.8千米，宽度为10米，路面性质为油路。自2012年开始修建，同年建成通车后沿用至今。2012年建成。连接大李集和符篱的公路，故名。
泗洪—永城公路	Sìhóng Yǒngchéng Gōnglù	道路类型为省道，道路等级为二级，起点为灵璧县娄庄镇，止点为灵璧县虞姬乡，长度为34千米，宽度为10米，路面性质为油路。自修建通车后，命名为泗洪—永城公路，并沿用至今。连接江苏省泗洪县和河南省永城县的公路，故名。
泗县—固镇公路	Sì Xiàn Gùzhèn Gōnglù	道路类型为省道，道路等级为三级，起点为灵璧县韦集镇庄胡村，止点为韦集杨马村，长度为8千米，宽度为10米，路面性质为油路。自修建通车后，命名为泗县—固镇公路，并沿用至今。连接泗县和固镇县的公路，故名。

标准名称	汉语拼音	备注
朝褚路	Cháochǔ Lù	道路类型为县道，道路等级为四级以下，起点为高楼，止点为朝阳镇塘庄村，长度为 22 千米，宽度为 6.5 米，路面性质为油路、砂石路。朝褚路始建于 1980 年，为泥结碎石路面。1995 年，该路段 9K+925—14K+100 路面沥青表处。2003 年，大修路段 0K—14K+100，铺设沥青路面。2004 年，大修路段 14K+100—21K+300，铺设沥青路面。2012 年，实施县乡公路升级改造，按三级公路标准，改建混凝土路面。1980 年建成，命名为朝褚路。连接灵璧县朝阳镇和宿州市褚兰镇的公路，故名。
双灵路	Shuānglíng Lù	道路类型为县道，道路等级为三级，起点为灵城镇，止点为朝阳镇，长度为 55 千米，宽度为 9 米，路面性质为油路。自修建通车后，命名为双灵路，并沿用至今。连接安徽省灵璧县和江苏省徐州市双钩镇的公路，故名。
禅梅路	Chánméi Lù	道路类型为县道，道路等级为四级以下，起点为灵璧杨疃镇，止点为灵璧县禅堂乡，长度为 16 千米，宽度为 6.5 米，路面性质为混凝土、沥青。朱冉—杨疃——里王段建于 1976 年，初铺砂石路面。1996 年改建成四级沥青路面。沈佘桥至朱冉段建于 2001 年，初为土路基。2003 年，改建沈佘桥至杨疃段（8.7 千米），铺设三级沥青路面。2004 年，改建杨疃至一里王段（7.4 千米），铺设三级沥青路面。2012 年，实施县乡公路升级改造，按三级公路标准，改建混凝土路面。1976 年建成，命名为禅梅路。连接灵璧县禅堂乡和宿州市梅村的公路，故名。
鲍虞路	Bàoyú Lù	道路类型为县道，道路等级为四级以下，起点为灵璧县虞姬乡，止点为灵璧县高楼镇，长度为 43 千米，宽度为 5.5 米，路面性质为混凝土、沥青。高楼以北的大（路）小（王庄）路，1978 年修建砂石路。高楼以南至大庙段，1958 年修建土路基，当时称跃进路。1980 年铺筑砂石路面，1994 年改建成沥青路面。大庙至冯庙段，新中国成立前是土公路。1969 年改建成砂石路，该路段在大庙乡与大（李集）符（离集）路（S302）相交。1977 年，将全路段（冯庙至大庙东苏皖交界处）改建成沥青路面。2002 年，大修该路段。2005 年，将鲍庄至大庙段改建成三级沥青路面。2005 年，将冯庙至大马桥段（11 千米）改建成三级沥青路面。2007 年，将大庙至冯庙段（7.4 千米）改建成混凝土路面。2007 年，将范桥至 S303 交界处（6 千米），改建成混凝土路面。2010 年，将鲍庄至大庙段（13.1 千米）改建成混凝土路面。1978 年建成，命名为鲍虞路。连接鲍庄和虞姬村道的公路，故名。

标准名称	汉语拼音	备注
张唐路	Zhāngtáng Lù	道路类型为县道，道路等级为四级以下，起点为灵璧县娄庄镇张桥村，止点为灵璧县长集乡钱刘村，长度为 12 千米，宽度为 9 米，路面性质为混凝土、沥青。张桥至长安集路段始建于 1975 年，为泥结碎石路。1994 年改建成四级沥青路面。长安集至陀河段，1991 年建成砂石路。2003 年，改建县境内路段为三级沥青路面。2011 年，改建县境内路段为混凝土路面。1975 年建成，命名为张唐路。连接灵璧县娄庄镇张桥村和青龙闸的路，故名。
灵杨路	Língyáng Lù	道路类型为县道，道路等级为四级以下，起点为灵璧县灵城镇，止点为灵璧县韦集镇，长度为 26 千米，宽度为 9 米，路面性质为油路、砂石路。自修建通车后，命名为灵杨路，并沿用至今。连接灵城镇和杨马村的公路，故名。
渔禅路	Yúchán Lù	道路类型为县道，道路等级为四级以下，起点为灵璧县渔沟镇，止点为灵璧县禅堂乡，长度为 23 千米，宽度为 6 米，路面性质为混凝土、沥青。1976 年，浍塘沟至熊桥段铺筑砂石路。1987 年，渔沟至熊桥段铺筑砂石路，渔沟至浍塘沟接通。1980 年，浍塘沟至土山段（4 千米）铺筑砂石路。1986 年，土山至张大庄段铺筑砂石路。1992 年，张大庄至禅堂段铺筑砂石路。1994 年，浍塘沟至禅堂段改建成沥青路面。2001 年，该路段大修，铺设四级沥青路面。2002 年，改建浍塘沟至禅堂段（8.6 千米）为成三级沥青路面。2009 年，改建渔沟至浍塘沟段（14.4 千米）为混凝土路面。2009 年，改建浍塘沟至禅堂段（8.6 千米）为混凝土路面。2010 年，改建浍塘沟至禅堂段（8.6 千米）为沥青路面。1976 年建成，命名为渔禅路。连接渔沟街和禅堂街的公路，故名。
山头—闵贤公路	Shāntóu Mǐnxián Gōnglù	道路类型为县道，道路等级为四级以下，起点为灵璧县游集镇，止点为灵璧县渔沟镇，长度为 35 千米，宽度为 9 米，路面性质为砂石路。自修建通车后，命名为山头—闵贤公路，并沿用至今。连接山头镇和闵贤的公路，故名。

标准名称	汉语拼音	备注
墩集—马店公路	Dūnjí Mǎdiàn Gōnglù	道路类型为县道，道路等级为四级以下，起点为黄湾晏路村，止点为韦集垓下村，长度为 40 千米，宽度为 7 米，路面性质为混凝土、沥青。原称三南路，1991 年全线贯通，2000 年改称墩马路。彭沟至韦集段，1984 年修筑砂石路，1992 年重修。1998 年改建成沥青路面。2005 年，大修该路段（6.4 千米）。2010 年，将路段改建成混凝土路面。韦集至堰路段，1963 年修筑砂石路。原由陈圩、后王至韦集，1994 年将路段取直，由大杨庄、小李庄至韦集，并改建成沥青路面。2009 年，将韦集东至堰路段（8.2 千米）改建成混凝土路面。堰路北小罗庄至大山段，1974 年修筑土路。1981 年改建成砂石路，1984 年和 1987 年先后重修。1998 年改建成沥青路面（至山阳集）。2005 年，将高桥至大山段（7.9 千米）改建成沥青路面。山阳集至长安集段，1986 年修建砂石路面。1990 年底至 1991 年修建“三南路”时，将山阳集以西（至大杨家）改建成泥结碎石路面。2005 年，投资 246 万元将该段（8.2 千米）改建成沥青路面。1963 年建成，命名为墩集—马店公路。连接墩集和马店的公路，故名。
腊向路	Làxiàng Lù	道路类型为县道，道路等级为四级以下，起点为向阳乡官庄村，止点为向阳乡武家村，长度为 15 千米，宽度为 6.5 米，路面性质为混凝土、沥青。1969 年修建武家至向阳段砂石路。1974 年修建向阳至官庄段土路基。1979 年铺设向阳至官庄砂石路。1993 年向阳至汤圩段改建成沥青路面。1994 年武家至向阳段改建成沥青路面。2005 年，改建向阳至 S201 交界处（5.6 千米）为沥青路面。2009 年，改建官庄至向阳段（9.3 千米）为混凝土路面。2012 年，实施县乡公路升级改造，按照三级公路标准，改建混凝土路面。1969 年建成，命名为腊向路。连接官庄和武家的公路，故名。
大小路	Dàxiǎo Lù	道路类型为县道，道路等级为四级以下，起点为高楼镇小王庄，止点为大路乡，长度为 15.5 千米，宽度为 9 米，路面性质为油路、砂石路。自修建通车后，命名为大小路，并沿用至今。自建成以来，命名为大小路。连接大路和小王庄的公路，故名。
灵朝路	Língcháo Lù	道路类型为乡道，道路等级为四级以下，起点为灵璧县睢宁县交界处，止点为灵璧县朝阳镇，长度为 10.5 千米，宽度为 6.5 米，路面性质为砂石路。朝阳集至崔楼段建于 1981 年；崔楼至邵堰以北段建于 1986 年。1981 年建成，命名为灵朝路。连接灵璧县与睢宁县交界处和灵璧县朝阳镇朝阳街的公路，故名。
朝王路	Cháowáng Lù	道路类型为乡道，道路等级为四级以下，起点为灵璧朝阳镇，止点为王集闸，长度为 14 千米，宽度为 6.5 米，路面性质为砂石路。1993 年修建，命名为朝王路，并沿用至今。连接朝阳街和王集闸的公路，故名。

标准名称	汉语拼音	备注
灵王路	Língwáng Lù	道路类型为乡道，道路等级为四级以下，起点为灵璧县睢宁县交界处，止点为王集街，长度为16千米，宽度为6.5米，路面性质为砂石路。丁阁至洛涧段1980年修建；丁阁以北至江苏鹿湾1987年修建。1980年建成，命名为灵王路。连接灵睢交界处和王集街的路，故名。
高渔路	Gāoyú Lù	道路类型为乡道，道路等级为四级以下，起点为高楼，止点为渔沟，长度为11千米，宽度为6.5米，路面性质为混凝土。渔沟至梁庙段1974年修筑土路基，1990年铺筑砂石路面。梁庙至高楼段1981年修建砂石路。2012年，实施县乡公路升级改造项目，按照三级公路标准，修建混凝土路。1974年建成，命名为高渔路（Y005）。连接高楼和渔沟的公路，故名。
渔孟路	Yúmèng Lù	道路类型为乡道，道路等级为四级以下，起点为灵璧县渔沟镇，止点为朝阳镇孟家，长度为16千米，宽度为6.5米，路面性质为混凝土。渔沟至白马山段1975年修建。白马山以西至朱集再至孟庄子1976年修建。2011年，实施县乡公路升级改造，按照三级公路标准，改建混凝土路面。1975年建成，命名为渔孟路。连接渔沟街和孟家的公路，故名。
大沙路	Dàshā Lù	道路类型为乡道，道路等级为四级以下，起点为大路大杨家，止点为大庙沙滩，长度为8.6千米，宽度为6.5米，路面性质为沥青。1988年修建大杨至小高段砂石路。2001年改建成沥青路。1995年修建小高至沙滩段砂石路。1999年改建成沥青路。1988年建成，命名为大沙路。连接大杨志和沙滩的公路，故名。
沙冯路	Shāféng Lù	道路类型为乡道，道路等级为四级以下，起点为大庙沙滩，止点为高楼找营，长度为9千米，宽度为6.5米，路面性质为沥青。1992年修建沙滩至小芦家段砂石路。1993年修建小芦家至冯庙段砂石路。1999年，大庙乡境内段（后赵至芦沟）改建成沥青路。2001年，冯庙镇境内段（芦沟至三王）改建成沥青路。1992年建成，命名为沙冯路。连接沙滩和冯庙的公路，故名。
大徐路	Dàxú Lù	道路类型为乡道，道路等级为四级以下，起点为大杨，止点为灵璧县徐杨村，长度为4.7千米，宽度为6.5米，路面性质为沥青。1990年铺筑砂石路。2000年改建成沥青路。1990年建成，命名为大徐路。连接大杨和徐杨的公路，故名。
泗冯路	Sìféng Lù	道路类型为乡道，道路等级为四级以下，起点为灵璧泗县交界处，止点为冯庙镇，长度为4千米，宽度为6.5米，路面性质为砂石路。1986年修筑，命名为泗冯路，并沿用至今。1986年建成，命名为泗冯路。连接灵璧县与泗县交界处和冯庙镇的公路，故名。

标准名称	汉语拼音	备注
张土路	Zhāngtǔ Lù	道路类型为乡道，道路等级为四级以下，起点为浍沟镇张时村，止点为浍沟镇土山村，长度为6.6千米，宽度为6.5米，路面性质为混凝土。李七宅子至土山段3.5千米，1986年修建。2012年实施县乡公路升级改造，改建混凝土路面。1986年建成，命名为张土路。连接张时和土山的公路，故名。
禅欧路	Chán’ōu Lù	道路类型为乡道，道路等级为四级以下，起点为禅堂，止点为欧家，长度为15千米，宽度为6.5米，路面性质为砂石路。建于1974年，建成通车命名为禅欧路，并沿用至今。连接禅堂街和欧家的公路，故名。
禅创路	Chánchuàng Lù	道路类型为乡道，道路等级为四级以下，起点为禅堂，止点为禅堂乡创业村，长度为9千米，宽度为6.5米，路面性质为混凝土。1974年修筑庙前周家至红山段砂石路。1980年修筑红山至创业村段砂石路。1998年将红山至创业村段3千米改建成沥青路。2012年，实施县乡公路升级改造，改建混凝土路面。1974年建成，命名为禅创路。连接禅堂街和创业的公路，故名。
灵郑路	Língzhèng Lù	道路类型为乡道，道路等级为四级以下，起点为灵房路，止点为郑庙，长度为4千米，宽度为6.5米，路面性质为砂石路。1976年始建，1976年建成，命名为灵郑路。连接灵房路和郑庙的公路，故名。
郑张路	Zhèngzhāng Lù	道路类型为乡道，道路等级为四级以下，起点为郑庙，止点为张圩，长度为8.6千米，宽度为6.5米，路面性质为砂石路。1988年修建，1988年建成，命名为郑张路。连接郑庙和张圩的公路，故名。
灵张路	Língzhāng Lù	道路类型为乡道，道路等级为四级以下，起点为灵房路，止点为张圩，长度为6千米，宽度为6.5米，路面性质为沥青。1983年修建砂石路。1992年改建成四级沥青路。1983年建成，命名为灵张路。连接灵房路和张圩的公路，故名。
庙虞路	Miàoyú Lù	道路类型为乡道，道路等级为四级以下，起点为庙成，止点为虞姬墓，长度为5千米，宽度为6.5米，路面性质为砂石路。庙程至小朱家段修建于1985年。1985年建成，命名为庙虞路。连接庙成与虞姬墓的公路，故名。
张宋路	Zhāngsòng Lù	道路类型为乡道，道路等级为四级以下，起点为张巷，止点为宋庄，长度为7.5千米，宽度为6.5米，路面性质为砂石路。1985年修建，1985年建成，命名为张宋路。连接张巷和宋庄的公路，故名。

标准名称	汉语拼音	备注
小黄路	Xiǎohuáng Lù	道路类型为乡道，道路等级为四级以下，起点为小韩，止点为黄岗，长度为6.2千米，宽度为6.5米，路面性质为油路、砂石路。1985年修建小韩至小朱段砂石路。1989年修建小朱至黄岗小学段砂石路。1985年建成，命名为小黄路。连接小韩和皇岗的公路，故名。
拐宿路	Guǎisù Lù	道路类型为乡道，道路等级为四级以下，起点为拐李，止点为宿泗路，长度为4.8千米，宽度为6.5米，路面性质为砂石路。1986年至1987年修建，此名沿用至今。连接拐李和宿泗路的公路，故名。
蒋大路	Jiǎngdà Lù	道路类型为乡道，道路等级为四级以下，起点为娄庄镇蒋圩村，止点为娄庄镇大山村，长度为5千米，宽度为6.5米，路面性质为砂石路。1986年至1987年修建，此名沿用至今。连接蒋圩和大山的公路，故名。
拐宣路	Guǎixuān Lù	道路类型为乡道，道路等级为四级以下，起点为拐李，止点为娄庄镇宣圩村，长度为3.6千米，宽度为6.5米，路面性质为砂石路。自1975年修建通车以来，命名为拐宣路，并沿用至今。连接拐李和宣圩的公路，故名。
宣三路	Xuānsān Lù	道路类型为乡道，道路等级为四级以下，起点为娄庄镇宣圩村，止点为三南路，长度为12.5千米，宽度为6.5米，路面性质为砂石路。张田至姚山段1975年修建，宣圩至张田段1986年修建。1975年建成，命名为宣三路。连接宣圩和三南路的公路，故名。
葛西路	Gěxī Lù	道路类型为乡道，道路等级为四级以下，起点为长集乡戈店村，止点为西大杨，长度为8.6千米，宽度为6.5米，路面性质为砂石路。葛店至马圩段建于1986年。马圩至西大杨段建于1987年。1986年建成，命名为葛西路。连接戈店和西大杨的公路，故名。
汤藕路	Tāngǒu Lù	道路类型为乡道，道路等级为四级以下，起点为汤圩，止点为藕庄，长度为8.1千米，宽度为6.5米，路面性质为沥青、砂石路。1983年修建砂石路，1994年改建成沥青路。1983年建成，命名为汤藕路。连接汤庄和藕庄的路，故名。
泗韦路	Sìwéi Lù	道路类型为乡道，道路等级为四级以下，起点为泗灵交界，止点为韦集，长度为9千米，宽度为6.5米，路面性质为砂石路。建于1983年，1983年建成，命名为泗韦路。连接泗县与灵璧交界处和韦集的路，故名。
韦黄路	Wéihuáng Lù	道路类型为乡道，道路等级为四级以下，起点为韦集，止点为黄湾，长度为10千米，宽度为6.5米，路面性质为砂石路。黄湾至老户朱家段建于1981年。老户朱家至韦集段建于1992年。1981年建成，命名为韦黄路。连接韦集镇和黄湾镇的路，故名。

标准名称	汉语拼音	备注
硪黄路	Wòhuáng Lù	道路类型为乡道，道路等级为四级以下，起点为娄庄镇硪山村，止点为黄湾，长度为10千米，宽度为6.5米，路面性质为油路、砂石路。始建于1980年，1980年建成，命名为硪黄路。连接硪山和黄湾的路，故名。
泗洪—许昌高速公路	Sìhóng Xǔchāng Gāosù Gōnglù	道路类型为专用，道路等级为高速，起点为灵璧县虞姬乡，止点为灵璧县杨疃镇，长度为25千米，宽度为23.5米，路面性质为沥青。泗洪—许昌高速公路于2008年开工建设，2010年12月灵璧段建成通车。2008年建成，命名为泗洪—许昌高速公路。连接江苏省泗洪县和河南省许昌市的高速公路，故名。
徐州—明光高速公路	Xúzhōu Míngguāng Gāosù Gōnglù	道路类型为专用，道路等级为高速，起点为灵璧县朝阳镇，止点为灵璧县冯庙镇，长度为40千米，宽度为20米，路面性质为沥青。2011年4月30日全线开工。2014年12月26日，徐州至明光高速公路安徽段正式通车。2011年建成，命名为徐州—明光高速公路。连接江苏省徐州市和安徽省明光市的高速公路，故名。
大丰—卢氏公路	Dàfēng Lúshì Gōnglù	道路类型为国道，道路等级为一级，起点为向阳乡大桥村，止点为娄庄镇娄北村，长度为30.85千米，宽度为43米，路面性质为沥青混凝土。大丰—卢氏公路于2016年开工建设，2016年6月建成通车，名称沿用至今。根据起讫点方向顺序排名，采用所在地的主要行政区划名称命名。因该道路连接江苏大丰区和河南卢氏县两个城市，故名。
高楼—渔沟公路	Gāolóu Yúgōu Gōnglù	道路类型为乡道，道路等级为三级，起点为渔沟镇渔沟村，止点为高楼镇高楼街，长度为14.95千米，宽度为6.5米，路面性质为砂石路。2013年7月开工建设，2014年12月建成通车，名称沿用至今。根据起讫点方向顺序排名，采用所在地的主要行政区划名称命名。因该道路连接高楼、渔沟两镇，故名。
草许路	Cǎoxǔ Lù	道路类型为乡道，道路等级为四级以下，起点为双圩村，止点为街西村许圩庄，长度为70千米，宽度为6米，路面性质为砂石路。该公路始建于1980年，建成于1980年，养护、使用至今。因该道路连接草沟村和许圩村，故名。

泗县公路、铁路

标准名称	汉语拼音	备注
北京—福州公路	Běijīng Fúzhōu Gōnglù	道路类型为国道，道路等级为二级，起点为北京，止点为福州，长度为45.2千米，宽度为20米，路面性质为水泥混凝土。北京—福州公路简称京福线，又称104国道。该公路是在原泗（县）五（河）路、泗（县）睢（宁）路的基础上铺筑的。建成于1978年10月。1985年至2000年6月泗县公路部门先后投资6000多万元，由宿县地区公路局设计室设计，泗县公路局组织施工，对104国道泗县段的部分路段进行路基加宽、裁弯取直和路面改建工程。1978年建成，取名北京—福州公路。
泗洪—永城公路	Sìhóng Yǒngchéng Gōnglù	道路类型为省道，道路等级为二级，起点为西二铺，止点为交144乡道，长度为39.2千米，路面宽度为12米，路面性质为柏油路。泗洪—永城公路简称泗永路，又称329省道，始建于1922年，1929年5月被列为省道规划路。原为土路，后经1955年和1962年两次铺筑，全线完成泥结碎石路面，使之成为泗县第一条晴雨通车公路。1966年，安徽省公路局拨给经费，对泗县西关—彭铺路段进行渣油表处，这是泗县第一次铺筑油路。1968年至1972年，逐年逐段拓宽改建。1985年以来，公路部门先后投入700多万元，对路面进行拓宽改建为7—9米，并达到二级路的技术标准。1922年建成，取名泗洪—永城公路。因该道路连接泗洪和永城两个城市，故名。
泗县—固镇公路	Sì Xiàn Gùzhèn Gōnglù	道路类型为省道，道路等级为二级，起点为泗城镇，止点为K26.807。长度为26.807千米，宽度为9米，路面性质为水泥混凝土。泗县—固镇公路简称泗固路，又称329省道。原为土路，路基宽仅4—5米，线型弯曲，勉强行驶单车。1985年投资8.61万元，对草沟段进行底层灰土补强，路面由原宽5米改建为7—9米，按二级路标准实施。1988年，对路基下沉路段投资51.5万元进行大修。1990年投资43.8万元，对20千米—28千米路段进行大修，以灰土补强底层，并将原路面拓宽为7米。1996年至2000年投资数百万元对部分路段进行中修和渣油表处。1980年建成，取名泗县—固镇公路。因该道路连接泗县和固镇两个城市，故名。

标准名称	汉语拼音	备注
泗墩路	Sìdūn Lù	道路类型为县道，道路等级为二级，起点为泗县新汴河大桥，止点为K26.807。长度为16.73千米，宽度为6米，路面性质为水泥混凝土。泗墩路始建于1933年，土路宽8米。后毁坏。1958年泗县至墩集10公里整修通车。1975年，鲁沪输油管道途经泗县，为解决工程运输问题，全线整修铺筑宽6米的砂浆碎石路面。1985—1987年，县公路部门利用104国道老油路面层，在该路线试铺再生路面，碎石灰土补强底层，技术状况良好，路宽5米。1989—1992年，由公路部门先后投资50万元，对部分路基加宽，灰土补强，渣油表处。近几年，由于养护经费紧张，路况下降，只能维持通车。1933年建成，取名泗墩路。因该道路连接泗县和墩集两地，故名。
泗找路	Sìzhǎo Lù	道路类型为县道，道路等级为二级，起点为泗城镇草庙镇，止点为K36.037。长度36.037千米，宽度6米，路面性质为水泥混凝土。泗找公路始建于1933年，土路基宽8米，1938年为阻止日军侵略，将路毁坏。1952年，扩宽路基8—16米，恢复土路通车。1958—1964年，先后铺筑3米宽砂浆路面。1973—1978年，经沿线群众和公路部门逐年施工，改建成泥结碎石，路面宽5—7米，并对黑塔至山头北14公里做了渣油表处。1985—1986年，宿县地区桥梁队承建了龙河桥，县公路部门接通了断头路，便利了两省交往。1996年，泗县群众集资545万余元，由县公路局施工，将部分路基加宽或裁弯取直，底层用灰土补强，铺筑渣油路面宽7米。当年全线竣工通车，达三级油路标准。1933年建成，得名泗找路。因该道路连接泗县和找沟两地，故名。
大丁路	Dàdīng Lù	道路类型为县道，道路等级为四级以下，起点为大吴圩，止点为樊集。长度16千米，宽度6米，路面性质为砂浆路面。大丁路始建于1972年，路基宽12米，砂浆路面，宽4米，后经逐年养护成泥结碎石路面。1993年，县公路部门和丁湖镇用以工代赈款共同投资100万元，改建成5米宽渣油路面，灰土底层。1972年建成，得名大丁路。因该道路连接大吴圩和丁湖街，故名。
梁樊路	Liángfán Lù	道路类型为县道，道路等级为四级以下，起点为小樊村，止点为小梁村。长度为35.48千米，路面宽度为6米，路面性质为水泥混凝土。该公路始建于1983年，建成于1983年，名称沿用至今。因该道路连接瓦坊乡小樊村和黑塔镇小梁村，故名。
老黄路	Lǎohuáng Lù	道路类型为县道，道路等级为四级以下，起点为老山集，止点为红星村林董庄。长度为39.68千米，路面宽度为7米，路面性质为水泥混凝土。该公路始建于1981年，建成于1981年，名称沿用至今。因该道路连接老山集和黄圩镇，故名。

标准名称	汉语拼音	备注
大草路	Dàcǎo Lù	道路类型为县道，道路等级为三级，起点为大杨乡小丁村，止点为草沟东。长度为37.25千米，路面宽度为7米，路面性质为水泥混凝土。该公路始建于1986年，建成于1986年，名称沿用至今。因该道路连接大杨乡小丁村和草沟镇草沟村，故名。
大黄路	Dàhuáng Lù	道路类型为县道，道路等级为三级，起点为黄圩镇曹安村，止点为瓦坊乡王集村。长度为26.03千米，路面宽度为7米，路面性质为水泥混凝土。该公路始建于1985年，建成于1985年，名称沿用至今。因该道路连接黄圩、大庄两镇，故名。
吴睢路	Wúsuī Lù	道路类型为县道，道路等级为四级以下，起点为睢集，止点为吴海。长度为21.09千米，路面宽度为6.5米，路面性质为水泥混凝土。始建时间1982年，建成时间1982年，名称沿用至今。因该道路连接红旗村吴海庄和睢集两地，故名。
墩马路	Dūnmǎ Lù	道路类型为县道，道路等级为三级，起点为墩集镇墩集街，止点为草沟镇桥东村。长度为11.188千米，路面宽度为6.5米，路面性质为水泥混凝土。始建于1989年，建成于1989年，名称沿用至今。因该道路连接墩集镇墩集街和草沟镇桥东村两地，故名。
腊向路	Làxiàng Lù	道路类型为乡道，道路等级为四级以下，起点为丁湖镇腊条韩庄，止点为草沟镇秦桥村。长度为23.74千米，路面宽度为6米，路面性质为水泥混凝土。始建于1989年，建成于1989年，名称沿用至今。
三骆路	Sānluò Lù	道路类型为乡道，道路等级为四级以下，起点为惠庙村大李庄，止点为与X055交叉口。长度为9.91千米，路面宽度为4米，路面性质为水泥混凝土。该公路始建于1984年，建成于1984年，名称沿用至今。因该道路连接原三界村和骆庙村，故名。
山盛路	Shānshèng Lù	道路类型为乡道，道路等级为四级以下，起点为山头后街，止点为盛宅与Y002叉路口。长度为8.979千米，路面宽度为3.5米，路面性质为水泥混凝土。该公路始建于1977年，建成于1977年，名称沿用至今。因该道路连接山沟街和盛宅村，故名。
惠吴路	Huìwú Lù	道路类型为乡道，道路等级为四级以下，起点为惠庙村山柏庄，止点为吴道村村部。长度为16.39千米，路面宽度为5米，路面性质为石质路面。该公路始建于1978年，建成于1978年，名称沿用至今。因该道路连接惠庙村山柏庄和原吴道村，故名。

标准名称	汉语拼音	备注
李王路	Lǐwáng Lù	道路类型为乡道，道路等级为四级以下，起点为小李庄与Y004叉路口，止点为王圩庄X048叉路口。长度为5.086千米，路面宽度为4米，路面性质为水泥混凝土。该公路始建于1983年，建成于1983年，名称沿用至今。因该道路连接小李庄和王圩庄，故名。
刘山路	Liúshān Lù	道路类型为乡道，道路等级为四级以下，起点为小刘庄与Y004叉路口，止点为山头大街与X048叉路口。长度为5.23千米，路面宽度为4米，路面性质为石质路面。该公路始建于1984年，建成于1984年，名称沿用至今。因该道路连接山头街与小刘庄，故名。
李许路	Lǐxǔ Lù	道路类型为乡道，道路等级为四级以下，起点为许宅村部，止点为李场庄。长度为1.781千米，路面宽度为5米，路面性质为石质路面。该公路始建于1985年，建成于1985年，名称沿用至今。因该道路连接许宅村和李场庄，故名。
后戚路	Hòuqī Lù	道路类型为乡道，道路等级为四级以下，起点为后场庄，止点为前戚村委会。长度为6.27千米，路面宽度为3.5米，路面性质为水泥混凝土。该公路始建于1968年，建成于1968年，名称沿用至今。因该道路连接前戚庄和后场庄，故名。
后刘路	Hòuliú Lù	道路类型为乡道，道路等级为四级以下，起点为后场庄，止点为刘圩。长度为6.04千米，路面宽度为4米，路面性质为石质路面。该公路始建于1972年，建成于1972年，名称沿用至今。因该道路连接后场庄和刘圩，故名。
刘小路	Liúxiǎo Lù	道路类型为乡道，道路等级为四级以下，起点为刘圩街，止点为小朱庄。长度为1千米，路面宽度为4米，路面性质为水泥混凝土。该公路始建于1973年，建成于1973年，名称沿用至今。因该道路连接刘圩街和小朱庄，故名。
刘大路	Liúdà Lù	道路类型为乡道，道路等级为四级以下，起点为刘圩镇刘圩街，止点为大庄镇。长度为22.21千米，路面宽度为3.5米，路面性质为水泥混凝土。该公路始建于1974年，建成于1974年，名称沿用至今。因该道路连接刘圩镇和大庄镇田庄村，故名。
张周路	Zhāngzhōu Lù	道路类型为乡道，道路等级为四级以下，起点为张楼村张楼街，止点为郭集村周庄。长度为8.46千米，路面宽度为4米，路面性质为水泥混凝土。该公路始建于1979年，建成于1979年，名称沿用至今。因该道路连接张楼村和郭集村周庄，故名。
王杨路	Wángyáng Lù	道路类型为乡道，道路等级为四级以下，起点为王集街，止点为杨刘庄。长度为4.164千米，路面宽度为4米，路面性质为石质路面。该公路始建于1984年，建成于1984年，名称沿用至今。因该道路连接王集村王集街和陡张村杨刘庄，故名。

标准名称	汉语拼音	备注
许孟路	Xǔmèng Lù	道路类型为乡道，道路等级为四级以下，王官村许庙庄，止点为朝阳村大孟庄。长度为10.096千米，路面宽度为4米，路面性质为石质路面。该公路始建于1985年，建成于1985年，名称沿用至今。因该道路连接王官村许庙庄和朝阳村大孟庄，故名。
张秦路	Zhāngqín Lù	道路类型为乡道，道路等级为四级以下，起点为G104交叉口，止点为秦场村村部。长度为4.524千米，路面宽度为4米，路面性质为石质路面。该公路始建于1968年，建成于1968年，名称沿用至今。因该道路连接沿河村张昌庄和向阳村秦场庄，故名。
水新路	Shuǐxīn Lù	道路类型为乡道，道路等级为四级以下，起点为向阳村水刘庄，止点为新集。长度为4.542千米，路面宽度为5米，路面性质为石质路面。该公路始建于1969年，建成于1969年，名称沿用至今。因该道路连接向阳村水刘庄和新集村，故名。
田黄路	Tiánhuáng Lù	道路类型为乡道，道路等级为四级以下，起点为Y018，止点为十字路口。长度为4.921千米，路面宽度为4米，路面性质为水泥混凝土。该公路始建于1971年，建成于1971年，名称沿用至今。因该道路连接黄圩村和田庄村，故名。
郝大路	Hǎodà Lù	道路类型为乡道，道路等级为四级以下，起点为东北村郝张庄，止点为大杨乡杨集村。长度为0.636千米，路面宽度为3.5米，路面性质为石质路面。该公路始建于1977年，建成于1977年，名称沿用至今。因该道路连接原郝张村和大杨乡杨集村，故名。
杨卢路	Yánglú Lù	道路类型为乡道，道路等级为四级以下，起点为华新村杨张庄，止点为卢圩村卢圩庄。长度为7.393千米，路面宽度为5米，路面性质为石质路面。该公路始建于1952年，建成于1952年，名称沿用至今。因该道路连接原杨张村和卢圩村，故名。
苏黄路	Sūhuáng Lù	道路类型为乡道，道路等级为四级以下，起点为孙苏村大苏庄，止点为黄圩街。长度为1.63千米，路面宽度为5米，路面性质为石质路面。该公路始建于1955年，建成于1955年，名称沿用至今。因该道路连接大苏庄（原苏武村）和黄圩街，故名。
刘李路	Liúlǐ Lù	道路类型为乡道，道路等级为四级以下，起点为三官村小刘圩庄，止点为吴集村李场庄。长度为10.79千米，路面宽度为3.5米，路面性质为石质路面。该公路始建于1966年，建成于1966年，名称沿用至今。因该道路连接三官村小刘圩庄和吴集村李场庄，故名。

标准名称	汉语拼音	备注
岳时路	Yuèshí Lù	道路类型为乡道，道路等级为四级以下，起点为三官村岳庄，止点为李庙村时李大庄。长度为5.79千米，路面宽度为4米，路面性质为石质路面。该公路始建于1969年，建成于1969年，名称沿用至今。因该道路连接原岳满村和时李庄，故名。
陈时路	Chénshí Lù	道路类型为乡道，道路等级为四级以下，起点为刘宅村陈宅，止点为三时村时塘圩。长度为14.65千米，路面宽度为4.5米，路面性质为水泥混凝土。该公路始建于1976年，建成于1976年，名称沿用至今。因该道路连接陈宅和时塘圩，故名。
史曹路	Shǐcáo Lù	道路类型为乡道，道路等级为四级以下，起点为赵集村大史庄，止点为曹安村小曹庄。长度为4.064千米，路面宽度为3.5米，路面性质为石质路面。该公路始建于1981年，建成于1981年，名称沿用至今。因该道路连接大史庄和原大曹村，故名。
三高路	Sāngāo Lù	道路类型为乡道，道路等级为四级以下，起点为杨集村三王庄，止点为高集村高集街。长度为9.13千米，路面宽度为6米，路面性质为石质路面。该公路始建于1982年，建成于1982年，名称沿用至今。因该道路连接原三王村和高集村，故名。
杨高路	Yánggāo Lù	道路类型为乡道，道路等级为四级以下，起点为杨集村大杨庄，止点为高集村高集街。长度为8.21千米，路面宽度为4.5米，路面性质为水泥混凝土。该公路始建于1984年，建成于1984年，名称沿用至今。因该道路连接杨集村和高集村，故名。
陈杨路	Chényáng Lù	道路类型为乡道，道路等级为四级以下，起点为大李村陈庄，止点为杨集村赵集庄。长度为3.572千米，路面宽度为3.5米，路面性质为石质路面。该公路始建于1964年，建成于1964年，名称沿用至今。因该道路连接陈庄和杨集村，故名。
小陈路	Xiǎochén Lù	道路类型为乡道，道路等级为四级以下，起点为小丁村小熊庄，止点为三时村大严圩。长度为3.78千米，路面宽度为4米，路面性质为水泥混凝土。该公路始建于1965年，建成于1965年，名称沿用至今。因该道路连接小丁村和原陈严村，故名。
郭三路	Guōsān Lù	道路类型为乡道，道路等级为四级以下，起点为马宅村郭墩圩，止点为三时村时塘圩。长度为12.76千米，路面宽度为3.5米，路面性质为石质路面。该公路始建于1966年，建成于1966年，名称沿用至今。因该道路连接三时圩和郭墩圩，故名。

标准名称	汉语拼音	备注
陈王路	Chénwáng Lù	道路类型为乡道，道路等级为四级以下，起点为三甄村老陈庄，止点为王武村陈场庄。长度为 8.01 千米，路面宽度为 4.5 米，路面性质为石质路面。该公路始建于 1967 年，建成于 1967 年，名称沿用至今。因该道路连接老陈庄和王武村，故名。
陈黑路	Chénhēi Lù	道路类型为乡道，道路等级为四级以下，起点为陈圩与 Y035 交叉口，止点为黑塔村小惠庄。长度为 4.604 千米，路面宽度为 3.5 米，路面性质为石质路面。该公路始建于 1968 年，建成于 1968 年，名称沿用至今。因该道路连接陈圩村和黑塔村，故名。
杨曹路	Yángcáo Lù	道路类型为乡道，道路等级为四级以下，起点为周黄村曹庄，止点为陈圩村陈庄。长度为 5.495 千米，路面宽度为 4.5 米，路面性质为石质路面。该公路始建于 1969 年，建成于 1969 年，名称沿用至今。因该道路连接原曹庄村和杨圩村，故名。
蒋侯路	Jiǎnghóu Lù	道路类型为乡道，道路等级为四级以下，起点为蒋杨村杨庄，止点为陡张村小史庄。长度为 0.858 千米，路面宽度为 3 米，路面性质为石质路面。该公路始建于 1970 年，建成于 1970 年，名称沿用至今。因该道路连接蒋杨村和原大侯村，故名。
蒋娄路	Jiǎnglóu Lù	道路类型为乡道，道路等级为四级以下，起点为叉路口，止点为娄马南头与 Y041 交点。长度为 4.505 千米，路面宽度为 4 米，路面性质为水泥混凝土。该公路始建于 1974 年，建成于 1974 年，名称沿用至今。因该道路连接蒋杨村和原娄马村，故名。
倪杨路	Níyáng Lù	道路类型为乡道，道路等级为四级以下，起点为倪姚村新关庄，止点为杨圩与 X048 交叉口。长度为 1.416 千米，路面宽度为 4.5 米，路面性质为水泥混凝土。该公路始建于 1975 年，建成于 1975 年，名称沿用至今。因该道路连接倪姚村和原杨圩村，故名。
谢黑路	Xièhēi Lù	道路类型为乡道，道路等级为四级以下，起点为顺河村谢沟，止点为黑塔街。长度为 4.241 千米，路面宽度为 4 米，路面性质为石质路面。该公路始建于 1975 年，建成于 1975 年，名称沿用至今。因该道路连接谢沟和黑塔街，故名。
黑程路	Hēichéng Lù	道路类型为乡道，道路等级为四级以下，起点为黑塔街，止点为马厂村大程庄。长度为 4.974 千米，路面宽度为 3.5 米，路面性质为石质路面。该公路始建于 1979 年，建成于 1979 年，名称沿用至今。因该道路连接黑塔街和原大程村，故名。
黑界路	Hēijiè Lù	道路类型为乡道，道路等级为三级，起点为黑塔街，止点为界牌庄与 Y049 交叉口。长度为 9.613 千米，路面宽度为 6.5 米，路面性质为水泥混凝土。该公路始建于 1983 年，建成于 1983 年，名称沿用至今。因该道路连接黑塔街和界牌村，故名。

标准名称	汉语拼音	备注
大胡路	Dàhú Lù	道路类型为乡道，道路等级为四级以下，起点为大魏村大倪庄，止点为胡魏圩与Y044岔路口。长度为7.616千米，路面宽度为4.5米，路面性质为砂石路面。该公路始建于1984年，建成于1984年，名称沿用至今。因该道路连接大魏村和胡魏圩，故名。
倪徐路	Níxú Lù	道路类型为乡道，道路等级为四级以下，起点为大魏村大倪庄，止点为小徐庄与Y043岔路。长度为0.932千米，路面宽度为4米，路面性质为石质路面。该公路始建于1985年，建成于1985年，名称沿用至今。因该道路连接小徐庄和原大倪村，故名。
火汤路	Huǒtāng Lù	道路类型为乡道，道路等级为四级以下，起点为大魏村火宅庄，止点为小汤庄与X047岔路口。长度为1.012千米，路面宽度为3.5米，路面性质为石质路面。该公路始建于1979年，建成于1979年，名称沿用至今。因该道路连接火宅庄和小汤庄，故名。
韩梁路	Hánliáng Lù	道路类型为乡道，道路等级为四级以下，起点为韩桥，止点为小梁村小梁庄。长度为4.81千米，路面宽度为4米，路面性质为砂石路面。该公路始建于1983年，建成于1983年，名称沿用至今。因该道路连接韩桥和小梁村，故名。
胡枯路	Húkū Lù	道路类型为乡道，道路等级为四级以下，起点为胡魏圩，止点为枯河村。长度为12.55千米，路面宽度为3.5米，路面性质为石质路面。该公路始建于1985年，建成于1985年，名称沿用至今。因该道路连接胡魏圩和枯河村，故名。
下那路	Xiànà Lù	道路类型为乡道，道路等级为四级以下，起点为徐贺村下刘庄，止点为涂山村那庄。长度为11.29千米，路面宽度为4米，路面性质为石质路面。该公路始建于1965年，建成于1965年，名称沿用至今。因该道路连接下刘庄和那庄，故名。
下枯路	Xiàkū Lù	道路类型为乡道，道路等级为四级以下，起点为徐贺村下刘庄，止点为枯河村枯河庄。长度为5.58千米，路面宽度为3.5米，路面性质为水泥混凝土。该公路始建于1971年，建成于1971年，名称沿用至今。因该道路连接下刘庄和枯河庄，故名。
下任路	Xiàrén Lù	道路类型为乡道，道路等级为四级以下，起点为徐贺村下刘庄，止点为徐贺村任邓庄。长度为5.484千米，路面宽度为3.5米，路面性质为水泥混凝土。该公路始建于1974年，建成于1974年，名称沿用至今。因该道路连接下刘庄和任邓庄，故名。

标准名称	汉语拼音	备注
湾徐路	Wānxú Lù	道路类型为乡道，道路等级为四级以下，起点为三葛村大吴庄，止点为徐贺老街。长度为4.24千米，路面宽度为3.5米，路面性质为水泥混凝土。该公路始建于1975年，建成于1975年，名称沿用至今。因该道路连接原湾吴庄和徐贺老街，故名。
彭徐路	Péngxú Lù	道路类型为乡道，道路等级为四级以下，起点为彭鲍村彭圩庄，止点为徐贺村小赵庄。长度为4.779千米，路面宽度为4米，路面性质为水泥混凝土。该公路始建于1976年，建成于1976年，名称沿用至今。因该道路连接彭鲍村和徐贺村，故名。
徐张路	Xúzhāng Lù	道路类型为乡道，道路等级为四级以下，起点为老山村大张庄，止点为徐贺街。长度为4.244千米，路面宽度为4米，路面性质为石质路面。该公路始建于1977年，建成于1977年，名称沿用至今。因该道路连接大张庄和徐贺街，故名。
枯孟路	Kūmèng Lù	道路类型为乡道，道路等级为四级以下，起点为枯河村枯河庄，止点为张乔村孟圩庄。长度为5.428千米，路面宽度为4米，路面性质为石质路面。该公路始建于1978年，建成于1978年，名称沿用至今。因该道路连接枯河庄和孟圩庄，故名。
徐白路	Xúbái Lù	道路类型为乡道，道路等级为四级以下，起点为徐贺中学，止点为白庙村白庙庄。长度为7.877千米，路面宽度为4米，路面性质为石质路面。该公路始建于1979年，建成于1979年，名称沿用至今。因该道路连接徐贺村和白庙村，故名。
李姚路	Lǐyáo Lù	道路类型为乡道，道路等级为三级，起点为新塘小学，止点为屏东村姚圩庄。长度为2千米，路面宽度为8.71米，路面性质为水泥混凝土。该公路始建于1980年，建成于1980年，名称沿用至今。因该道路连接大李村和姚圩庄，故名。
大剪路	Dàjiǎn Lù	道路类型为乡道，道路等级为四级以下，起点为大李村大李庄，止点为屏北村剪桥郭庄。长度为5.20千米，路面宽度为4米，路面性质为水泥混凝土。该公路始建于1981年，建成于1981年，名称沿用至今。因该道路连接大李庄和剪桥郭庄，故名。
屏吴路	Píngwú Lù	道路类型为乡道，道路等级为四级以下，起点为屏山村大张庄，止点为吴集村吴集庄。长度为7.392千米，路面宽度为5米，路面性质为沥青贯入式。该公路始建于1984年，建成于1984年，名称沿用至今。因该道路连接屏山村和吴集村，故名。
屏詹路	Píngzhān Lù	道路类型为乡道，道路等级为四级以下，起点为屏山街，止点为屏西村邱庄。长度为10.451千米，路面宽度为4米，路面性质为砂石路面。该公路始建于1967年，建成于1967年，名称沿用至今。因该道路连接屏山街和原詹邱庄，故名。

标准名称	汉语拼音	备注
白邢路	Báixíng Lù	道路类型为乡道，道路等级为四级以下，起点为陈刘村邢庄，止点为白庙村小湖郭庄。长度为2.695千米，路面宽度为5米，路面性质为沥青贯入式。该公路始建于1968年，建成于1968年，名称沿用至今。因该道路连接白庙村和邢庄，故名。
通大路	Tōngdà Lù	道路类型为乡道，道路等级为三级，起点为通海村通海街，止点为治岗村大史庄。长度为4.19千米，路面宽度为6.5米，路面性质为水泥混凝土。该公路始建于1969年，建成于1969年，名称沿用至今。因该道路连接通海村和大史庄，故名。
草魏路	Cǎowèi Lù	道路类型为乡道，道路等级为四级以下，起点为草庙村草庙庄，止点为魏圩村魏圩庄。长度为3.62千米，路面宽度为4米，路面性质为水泥混凝土。该公路始建于1970年，建成于1970年，名称沿用至今。因该道路连接草庙村和魏圩村，故名。
徐魏路	Xúwèi Lù	道路类型为乡道，道路等级为四级以下，起点为治岗村徐岗庄，止点为魏圩村魏圩庄。长度为5.842千米，路面宽度为4米，路面性质为水泥混凝土。该公路始建于1974年，建成于1974年，名称沿用至今。因该道路连接原徐岗村和魏圩庄，故名。
治下路	Zhìxià Lù	道路类型为乡道，道路等级为四级以下，起点为治岗村后刘庄，止点为下湖陈庄。长度为5.335千米，路面宽度为3.5米，路面性质为渣石路面。该公路始建于1975年，建成于1975年，名称沿用至今。因该道路连接治岗村和下湖陈庄，故名。
小下路	Xiǎoxià Lù	道路类型为乡道，道路等级为四级以下，起点为后小刘庄，止点为下湖陈庄。长度为3.75千米，路面宽度为3.5米，路面性质为石质路面。该公路始建于1977年，建成于1977年，名称沿用至今。因该道路连接后小刘庄和下湖陈庄，故名。
曹东路	Cáodōng Lù	道路类型为乡道，道路等级为四级以下，起点为曹苗村十里井庄，止点为泗县东方广场。长度为6.39千米，路面宽度为3.5米，路面性质为水泥混凝土。该公路始建于1979年，建成于1979年，名称沿用至今。因该道路连接曹苗村和东关社区，故名。
尤赵路	Yóuzhào Lù	道路类型为乡道，道路等级为四级以下，起点为衡尤社区尤庄，止点为赵魏村赵庄。长度为0.411千米，路面宽度为4.5米，路面性质为石质路面。该公路始建于1971年，建成于1971年，名称沿用至今。因该道路连接衡尤社区和赵魏村，故名。

标准名称	汉语拼音	备注
大三路	Dàsān Lù	道路类型为乡道，道路等级为四级以下，起点为大周村赵庄，止点为三湾社区牌坊庄。长度为6.01千米，路面宽度为5米，路面性质为水泥混凝土。该公路始建于1977年，建成于1977年，名称沿用至今。因该道路连接大周村和三湾社区，故名。
赵义路	Zhàoyì Lù	道路类型为乡道，道路等级为四级以下，起点为大周村赵庄，止点为关庙村义井庄。长度为4.877千米，路面宽度为3.5米，路面性质为石质路面。该公路始建于1977年，建成于1977年，名称沿用至今。因该道路连接赵庄和原义井村，故名。
刘彭路	Liúpéng Lù	道路类型为乡道，道路等级为四级以下，起点为大高圩村尹庄，止点为彭铺村彭铺街。长度为7.345千米，路面宽度为5米，路面性质为石质路面。该公路始建于1951年，建成于1951年，名称沿用至今。因该道路连接原刘庙村和彭铺街，故名。
戚周路	Qīzhōu Lù	道路类型为乡道，道路等级为四级以下，起点为戚庙村庙上庄，止点为大吴村周庄。长度为6.59千米，路面宽度为6米，路面性质为石质路面。该公路始建于1954年，建成于1954年，名称沿用至今。因该道路连接戚庙村和原周庄村，故名。
刘官路	Liúguān Lù	道路类型为乡道，道路等级为四级以下，起点为大高圩村尹庄，止点为朱彭村关庄。长度为10.46千米，路面宽度为5米，路面性质为石质路面。该公路始建于1959年，建成于1959年，名称沿用至今。因该道路连接原刘庙村和原官庄村，故名。
时大路	Shídà Lù	道路类型为乡道，道路等级为四级以下，起点为邵庄村时集，止点为大陈村大陈庄。长度为7.724千米，路面宽度为5米，路面性质为石质路面。该公路始建于1960年，建成于1960年，名称沿用至今。因该道路连接时集村和大陈村，故名。
时王路	Shíwáng Lù	道路类型为乡道，道路等级为四级以下，起点为邵庄村时集庄，止点为汴河村王庄。长度为10.95千米，路面宽度为6米，路面性质为石质路面。该公路始建于1961年，建成于1961年，名称沿用至今。因该道路连接原时集村和汴河村王庄，故名。
袁灰路	Yuánhuī Lù	道路类型为乡道，道路等级为四级以下，起点为邵庄村袁庄，止点为汴河村吴口庄。长度为8.50千米，路面宽度为3.5米，路面性质为石质路面。该公路始建于1963年，建成于1963年，名称沿用至今。因该道路连接袁庄和原灰山村，故名。

标准名称	汉语拼音	备注
墩黄路	Dūnhuáng Lù	道路类型为乡道，道路等级为四级以下，起点为界牌张村小黄庄，止点为墩集街。长度为10.77千米，路面宽度为4米，路面性质为砂石路面。该公路始建于1966年，建成于1966年，名称沿用至今。因该道路连接墩集街和界牌张村小黄庄，故名。
界孙路	Jièsūn Lù	道路类型为乡道，道路等级为四级以下，起点为界牌张村衡庄，止点为霸王中学。长度为3.413千米，路面宽度为4米，路面性质为石质路面。该公路始建于1970年，建成于1970年，名称沿用至今。因该道路连接界牌张村和霸王村孙庄，故名。
尹赵路	Yǐnzhào Lù	道路类型为乡道，道路等级为四级以下，起点为石梁河村老尹庄，止点为石龙岗村赵庄。长度为10.59千米，路面宽度为4米，路面性质为石质路面。该公路始建于1972年，建成于1972年，名称沿用至今。因该道路连接石梁河老尹庄和石龙岗村赵庄，故名。
网顾路	Wǎnggù Lù	道路类型为乡道，道路等级为四级以下，起点为网周村网周庄，止点为龙湖村顾庄。长度为14.995千米，路面宽度为4米，路面性质为砂石路面。该公路始建于1974年，建成于1974年，名称沿用至今。因该道路连接网周村和顾庄，故名。
龙双路	Lóngshuāng Lù	道路类型为乡道，道路等级为四级以下，起点为大季村卢庄，止点为龙沟艻曹庄。长度为9.62千米，路面宽度为3.5米，路面性质为石质路面。该公路始建于1975年，建成于1975年，名称沿用至今。因该道路连接原龙庙村和双梁村，故名。
王农路	Wángnóng Lù	道路类型为乡道，道路等级为四级以下，起点为河平村王庄，止点为西李村东郭庄。长度为3.281千米，路面宽度为4米，路面性质为石质路面。该公路始建于1977年，建成于1977年，名称沿用至今。
田苗路	Tiánmiáo Lù	道路类型为乡道，道路等级为四级以下，起点为河平村田邓庄，止点为小苗庄。长度为4.49千米，路面宽度为4.5米，路面性质为石质路面。该公路始建于1978年，建成于1978年，名称沿用至今。因该道路连接田邓庄和小苗庄，故名。
顾丁路	Gùdīng Lù	道路类型为乡道，道路等级为四级以下，起点为龙湖村顾庄，止点为丁湖中学。长度为7.543千米，路面宽度为5米，路面性质为砂石路面。该公路始建于1979年，建成于1979年，名称沿用至今。因该道路连接顾庄和丁湖街，故名。
牛蒋路	Niújiǎng Lù	道路类型为乡道，道路等级为四级以下，起点为春韩村大牛庄，止点为丁湖村三蒋庄。长度为8.628千米，路面宽度为4米，路面性质为砂石路面。该公路始建于1980年，建成于1980年，名称沿用至今。因该道路连接大牛庄和三蒋庄，故名。

标准名称	汉语拼音	备注
丁汤路	Dīngtāng Lù	道路类型为乡道，道路等级为四级以下，起点为丁湖街，止点为汤湖村沙刘庄。长度为5.87千米，路面宽度为3.5米，路面性质为砂石路面。该公路始建于1981年，建成于1981年，名称沿用至今。因该道路连接丁湖街和汤湖村，故名。
丁朱路	Dīngzhū Lù	道路类型为乡道，道路等级为四级以下，起点为丁湖街，止点为汤湖村大朱庄。长度为8.27千米，路面宽度为5米，路面性质为石质路面。该公路始建于1983年，建成于1983年，名称沿用至今。因该道路连接丁湖街和大朱庄，故名。
丁郭路	Dīngguō Lù	道路类型为乡道，道路等级为四级以下，起点为丁湖街，止点为索滩村大郭庄。长度为5.65千米，路面宽度为3.5米，路面性质为石质路面。该公路始建于1962年，建成于1962年，名称沿用至今。因该道路连接丁湖街和原大郭村，故名。
大索路	Dàsuǒ Lù	道路类型为乡道，道路等级为四级以下，起点为丁陈村大丁庄，止点为索滩街。长度为7.094千米，路面宽度为3.5米，路面性质为渣石路面。该公路始建于1964年，建成于1964年，名称沿用至今。因该道路连接大丁庄和索滩街，故名。
张官路	Zhāngguān Lù	道路类型为乡道，道路等级为四级以下，起点为大张村大张庄，止点为官塘村贾庄。长度为5.88千米，路面宽度为4米，路面性质为石质路面。该公路始建于1969年，建成于1969年，名称沿用至今。因该道路连接大张村和官塘村，故名。
杨黄路	Yánghuáng Lù	道路类型为乡道，道路等级为四级以下，起点为桥东村杨彦庄，止点为桥东村黄庄。长度为3.93千米，路面宽度为4米，路面性质为石质路面。该公路始建于1974年，建成于1974年，名称沿用至今。因该道路连接杨彦庄和原黄庄村，故名。
侍孙路	Shìsūn Lù	道路类型为乡道，道路等级为四级以下，起点为侍圩村李庄，止点为孙巷村张庄。长度为3.282千米，路面宽度为3.5米，路面性质为砂石路面。该公路始建于1978年，建成于1978年，名称沿用至今。因该道路连接侍圩村和孙巷村，故名。
赵草路	Zhàocǎo Lù	道路类型为乡道，道路等级为三级，起点为赵庄村，止点为草沟街。长度为3.8千米，路面宽度为6.5米，路面性质为水泥混凝土。该公路始建于1980年，建成于1980年，名称沿用至今。因该道路连接赵庄村和草沟街，故名。

标准名称	汉语拼音	备注
大前路	Dàqián Lù	道路类型为乡道，道路等级为四级以下，起点为王楼村赵庄，止点为王楼村前稻王庄。长度为 3.398 千米，路面宽度为 3.5 米，路面性质为石质路面。该公路始建于 1981 年，建成于 1981 年，名称沿用至今。因该道路连接原大赵家和前稻王庄，故名。
草大路	Cǎodà Lù	道路类型为乡道，道路等级为四级以下，起点为草沟镇草沟街，止点为大安村大安街。长度为 8.844 千米，路面宽度为 4 米，路面性质为水泥混凝土。该公路始建于 1982 年，建成于 1982 年，名称沿用至今。因该道路连接草沟村和大安村，故名。
草铁路	Cǎotiě Lù	道路类型为乡道，道路等级为四级以下，起点为草沟村草沟街，止点为李圩村寺陈庄。长度为 7.84 千米，路面宽度为 4 米，路面性质为砂石路面。该公路始建于 1985 年，建成于 1985 年，名称沿用至今。
草汪路	Cǎowāng Lù	道路类型为乡道，道路等级为四级以下，起点为草沟村草沟街，止点为汪尚村汪庄。长度为 5.568 千米，路面宽度为 4 米，路面性质为水泥混凝土。该公路始建于 1979 年，建成于 1979 年，名称沿用至今。因该道路连接草沟村和汪尚村，故名。
草许路	Cǎoxǔ Lù	道路类型为乡道，道路等级为四级以下，起点为草沟村草沟街，止点为街西村许圩庄。长度为 3.617 千米，路面宽度为 6 米，路面性质为石质路面。该公路始建于 1980 年，建成于 1980 年，名称沿用至今。因该道路连接草沟村和原许圩村，故名。
徐州—明光高速公路	Xúzhōu Míngguāng Gāosù Gōnglù	道路类型为省道，道路等级为高速，起点为大杨乡高集村，止点为丁湖镇汤湖村。长度为 43.61 千米，宽度为 24 米，路面性质为沥青混凝土。徐明高速公路 2011 年 4 月 30 日全线开工，2014 年 12 月 26 日正式通车。根据起讫点方向顺序排名，采用所在地的主要行政区划名称命名。因该道路连接徐州和明光两个城市，故名。
泗洪—许昌高速公路	Sìhóng Xǔchāng Gāosù Gōnglù	道路类型为省道，道路等级为高速，起点为黑塔镇大魏村，止点为长沟镇邵庄村。长度为 43.23 千米，宽度为 20 米，路面性质为沥青混凝土。泗洪—许昌高速公路于 2008 年初开工建设，2010 年 12 月建成通车。根据起讫点方向顺序排名，采用所在地的主要行政区划名称命名。因该道路连接泗洪和许昌两个城市，故名。

标准名称	汉语拼音	备注
大丰—卢氏公路	Dàfēng Lúshì Gōnglù	道路类型为国道，道路等级为一级，起点为草庙镇魏圩村，止点为草沟镇于城村。长度为 34.36 千米，宽度为 43 米，路面性质为沥青混凝土。大丰—卢氏公路于 2016 年开工建设，2016 年 6 月建成通车，名称沿用至今。根据起讫点方向顺序排名，采用所在地的主要行政区划名称命名。因该道路连接江苏大丰区和河南卢氏县两个城市，故名。
山头—闵贤公路	Shāntóu Mǐnxián Gōnglù	道路类型为县道，道路等级为三级，起点为山头镇，止点为黄圩镇刘宅村。长度为 39.23 千米，宽度为 6.5 米，路面性质为水泥混凝土。该公路始建于 1985 年，建成于 1985 年，名称沿用至今。根据起讫点方向顺序排名，采用所在地的主要行政区划名称命名。又称 056 县道，因该道路连接山头镇和闵贤两地，故名。
黑桥路	Hēiqiáo Lù	道路类型为乡道，道路等级为四级以下，起点为黑塔街，止点为桥头吴村。长度为 13.88 千米，宽度为 4 米，路面性质为水泥混凝土。该公路始建于 1982 年，同年建成，名称沿用至今。根据起讫点方向顺序排名，采用所在地的主要行政区划名称命名。又称 042 乡道，因该道路连接黑塔镇和桥头吴村，故名。
汤刘路	Tāngliú Lù	道路类型为乡道，道路等级为四级以下，起点为汤湖村，止点为刘圩村。长度为 6.56 千米，宽度为 4.5 米，路面性质为水泥混凝土。该公路始建于 1965 年，同年建成，名称沿用至今。根据起讫点方向顺序排名，采用所在地的主要行政区划名称命名。又称 091 乡道，因该道路连接汤湖村和刘圩村，故名。
吴娄路	Wúlóu Lù	道路类型为乡道，道路等级为四级以下，起点为吴海庄，止点为娄元庄。长度为 4.07 千米，宽度为 4 米，路面性质为水泥混凝土。该公路始建于 1985 年，同年建成，名称沿用至今。根据起讫点方向顺序排名，采用所在地的主要行政区划名称命名。又称 048 乡道，因该道路连接吴海和娄元两村，故名。
前李路	Qiánlǐ Lù	道路类型为乡道，道路等级为四级以下，起点为前王庄，止点为李圩村。长度为 3.51 千米，宽度为 4 米，路面性质为水泥混凝土。该公路始建于 1981 年，同年建成，名称沿用至今。根据起讫点方向顺序排名，采用所在地的主要行政区划名称命名。又称 102 乡道，因该道路连接前王村和李圩村，故名。
朱新路	Zhūxīn Lù	道路类型为乡道，道路等级为三级，起点为朝阳村东郭庄，止点为新集村。长度为 8.09 千米，宽度为 6.5 米，路面性质为水泥混凝土。该公路始建于 1970 年，同年建成，名称沿用至今。根据起讫点方向顺序排名，采用所在地的主要行政区划名称命名。又称 017 乡道，因该道路连接朱场和新集村，故名。

标准名称	汉语拼音	备注
王场—杨张公路	Wángchǎng Yángzhāng Gōnglù	道路类型为乡道，道路等级为四级以下，起点为曙光村王场，止点为杨张村。长度为7.07千米，宽度为6.5米，路面性质为水泥混凝土。该公路始建于1970年，同年建成，名称沿用至今。根据起讫点方向顺序排名，采用所在地的主要行政区划名称命名。又称019乡道，因该道路连接王场和杨张村，故名。
杨张—黄圩公路	Yángzhāng Huángwéi Gōnglù	道路类型为乡道，道路等级为三级，起点为杨张村，止点为黄圩街。长度为4.27千米，宽度为6.5米，路面性质为水泥混凝土。该公路始建于1953年，同年建成，名称沿用至今。根据起讫点方向顺序排名，采用所在地的主要行政区划名称命名。又称022乡道，因该道路连接杨张村和黄圩街，故名。
徐湖路	Xúhú Lù	道路类型为县道，道路等级为四级以下，起点为G104，止点为徐湖，长度为1.15千米，宽度为5米，路面性质为水泥混凝土。始建时间为2000年，建成时间为2002年，名称沿用至今。根据起讫点方向顺序排名，采用所在地的主要行政区划名称命名。该道路起点为G104，止点为徐湖，故名。

萧县公路、铁路

标准名称	汉语拼音	备注
连云港—天水公路	Liányúngǎng Tiānshuǐ Gōnglù	道路类型为国道，道路等级为一级，长度为2.8千米，宽度为20米，路面性质为沥青贯入式。始建时间1965年，建成时间1965年，由交通局命名。又名连天线、310国道。
徐州—西峡公路	Xúzhōu Xīxiá Gōnglù	道路类型为国道，道路等级为一级，长度为47千米，宽度为20米，路面性质为沥青贯入式。此路于1965年建成通车至今。由交通局命名。又名连天线、310国道。
砀杨路	Dàngyáng Lù	道路类型为县道，道路等级为三级，起点为欧套小学，止点为欧套小学，长度为7.25千米，宽度为12米，路面性质为石质路面。此路于1969年建成通车至今。由交通局命名。又名004县道。
园新路	Yuánxīn Lù	道路类型为县道，道路等级为三级，起点为张新集，止点为张新集，长度为2.38千米，宽度为12米，路面性质为石质路面。此路于1978年建成并由交通局命名。又名011县道。

标准名称	汉语拼音	备注
彭屯—陈沟公路	Péngtún Chéngōu Gōnglù	道路类型为县道，道路等级为三级，北起圣泉乡北城集村，南至萧县柏星小区，长度为 12 千米，宽度为 12 米，路面性质为石质路面。此路于 1983 年建成并由交通局命名。又名 014 县道。
大屯—黄口公路	Dàtún Huángkǒu Gōnglù	道路类型为县道，道路等级为三级，北起黄口镇，南到大屯镇，长度为 12 千米，宽度为 12 米，路面性质为石质路面。此路于 1984 年建成并由交通局命名。又名 015 县道、大黄路。
梁钟路	Liángzhōng Lù	道路类型为县道，道路等级为三级，起点为新桥，止点为桃园，长度为 12.3 千米，宽度为 12 米，路面性质为石质路面。始建时间为 1966 年，改建时间为 1970 年，建成时间为 1970 年，并由交通局命名。又名 016 县道。
刘孙路	Liúsūn Lù	道路类型为县道，道路等级为三级，起点为 G311 交叉，止点为刘店，长度为 5 千米，宽度为 12 米，路面性质为石质路面。始建时间为 1970 年，改建时间为 1974 年，建成时间为 1974 年，并由交通局命名。又名 017 县道。
姚楼—毛郢公路	Yáolóu Máoyǐng Gōnglù	道路类型为县道，道路等级为三级，起点为毛郢，止点为永固，长度为 13.2 千米，宽度为 12 米，路面性质为石质路面。始建时间为 1974 年，改建时间为 1978 年，建成时间 1978 年，并由交通局命名。又名 018 县道。
欧庄路	Ōuzhuāng Lù	道路类型为县道，道路等级为三级，起点为县道交叉口，止点为北山头，长度为 4.51 千米，宽度为 12 米，路面性质为石质路面。始建时间 1977 年，1978 年建成并由交通局命名。又名 019 县道。
官栾路	Guānluán Lù	道路类型为县道，道路等级为三级，起点为后官庄，止点为栾庄，长度为 3.2 千米，宽度为 12 米，路面性质为石质路面。始建时间 1977 年，1977 年建成并由交通局命名。又名 020 县道。
权酒路	Quánjiǔ Lù	道路类型为县道，道路等级为三级，起点为 X021 与 Y019 交点，止点为营子，长度为 3.21 千米，宽度为 12 米，路面性质为石质路面。始建时间 1977 年，1977 年建成并由交通局命名。又名 021 县道。
大张路	Dàzhāng Lù	道路类型为县道，道路等级为三级，起点为大吴集，止点为孟庄，长度为 12.5 千米，宽度为 12 米，路面性质为石质路面。始建时间 1951 年，建成时间 1951 年。1951 年建成并由交通局命名。又名 023 县道。
王孙路	Wángsūn Lù	道路类型为县道，道路等级为三级，起点为大吴集，止点为孟庄，长度为 7.97 千米，宽度为 12 米，路面性质为石质路面。始建时间 1951 年，建成时间为 1952 年并由交通局命名。又名 024 县道。

标准名称	汉语拼音	备注
黄薛路	Huángxuē Lù	道路类型为县道，道路等级为三级，起点为王明集，止点为黄口，长度为5.72千米，宽度为12米，路面性质为沥青贯入式。始建时间为1952年，改建时间为1955年，建成时间为1955年并由交通局命名。又名025县道。
祖纵路	Zǔzòng Lù	道路类型为县道，道路等级为三级，起点为部队仓库，止点为河南界，长度为5.79千米，宽度为12米，路面性质为石质路面。始建时间1956年，1957年建成并由交通局命名。又名029县道。
萧县外环	Xiāo Xiàn Wàihuán	道路类型为县道，道路等级为三级，此路为萧县的西外环，北起龙城镇岱桥村，长度为9千米，宽度为30米，路面性质为沥青贯入式。始建时间1959年，1959年建成并由交通局命名。
曹村—朔里公路	Cáocūn Shuòlǐ Gōnglù	道路类型为县道，道路等级为三级，此路穿永堌镇境内，北起永堌镇吴庄，南至018县道，长度为6千米，宽度为12米，路面性质为石质路面。始建时间1961年，同年建成。1961年由交通局命名。又名008县道、曹朔线。
常杜路	Chángdù Lù	道路类型为乡道，道路等级为四级以下，起点为圩子村部，止点为刘口村委会，长度为3.28千米，宽度为5米，路面性质为沥青贯入式。始建时间1963年，同年建成并由交通局命名。又名001乡道。
张贺路	Zhānghè Lù	道路类型为乡道，道路等级为四级以下，起点为道路变化点，止点为X004与北居路交点，长度为1.13千米，宽度为6米，路面性质为沥青贯入式。始建时间1964年，建成时间1964年，并由交通局命名。又名002乡道。
管纵路	Guǎnzòng Lù	道路类型为乡道，道路等级为四级以下，起点为耿庄初中，止点为管粥集与X013交点，长度为4.42千米，宽度为3米，路面性质为石质路面。始建时间1967年，建成时间1967年，并由交通局命名。又名003乡道。
巩杨路	Gǒngyáng Lù	道路类型为乡道，道路等级为四级以下，起点为巩楼村，止点为杨庄，长度为5.71千米，宽度为3米，路面性质为石质路面。始建时间1970年，建成时间1970年，并由交通局命名。又名004乡道。
魏刘路	Wèiliú Lù	道路类型为乡道，道路等级为三级，起点为魏安自然村，止点为Y006与Y005交点，长度为0.78千米，宽度为6.5米，路面性质为水泥混凝土。始建时间1974年，建成时间1974年，并由交通局命名。又名005乡道。
赵刘路	Zhàoliú Lù	道路类型为乡道，道路等级为四级以下，起点为与Y007交点，止点为X013与Y006交点，长度为3.42千米，宽度为6米，路面性质为沥青贯入式。始建时间1982年，建成时间1982年，并由交通局命名。又名006乡道。

标准名称	汉语拼音	备注
陈黄路	Chénhuáng Lù	道路类型为乡道，道路等级为四级以下，起点为郝集，止点为陈屯，长度为10.2千米，宽度为5米，路面性质为砂石路面。始建时间1960年，建成时间1960年。同年由交通局命名。又名007乡道。
王胡路	Wánghú Lù	道路类型为乡道，道路等级为四级以下，起点为郜洼村，止点为胡庄，长度为1.68千米，宽度为5米，路面性质为石质路面。始建时间1964年，建成时间1964年，并由交通局命名。又名008乡道。
李丁路	Lǐdīng Lù	道路类型为乡道，道路等级为四级以下，起点为Y009交点，止点为X004与Y00交点，长度为1.37千米，宽度为5米，路面性质为沥青贯入式。始建时间1969年，建成时间1969年，并由交通局命名。又名009乡道。
黄周路	Huángzhōu Lù	道路类型为乡道，道路等级为四级以下，起点为周楼自然村，止点为S301与Y010交点，长度为3.2千米，宽度为6米，路面性质为沥青贯入式。始建时间为1969年改建时间1975年，并由交通局命名。又名010乡道。
柳徐路	Liǔxú Lù	道路类型为乡道，道路等级为四级以下，起点为路面转换点，止点为G310，长度为4.95千米，宽度为4米，路面性质为沥青贯入式。始建时间1981年，建成时间1981年，并由交通局命名。又名011乡道。
闫吴路	Yánwú Lù	道路类型为乡道，道路等级为四级以下，起点为Y009与Y012交点，止点为与S301交点，长度为2千米，宽度为5米，路面性质为水泥混凝土。始建时间1977年，建成时间1977年。1977年建成并由交通局命名。又名012乡道。
王纵路	Wángzòng Lù	道路类型为乡道，道路等级为四级以下，起点为Y012，止点为S301，长度为19.4千米，宽度为4米，路面性质为砂石路面。始建时间1981年，建成时间1981年，并由交通局命名。又名013乡道。
段马路	Duànmǎ Lù	道路类型为乡道，道路等级为四级以下，起点为X021，止点为Y012交叉（大朱庄），长度为8.55千米，宽度为4米，路面性质为砂石路面。始建时间1982年，建成时间1982年，并由交通局命名。又名014乡道。
纵尹路	Zòngyǐn Lù	道路类型为乡道，道路等级为四级以下，起点为尹庄与X004交点，止点为纵新庄，长度为5.96千米，宽度为3米，路面性质为沥青贯入式。始建时间1964年，建成时间1964年。1964年建成并由交通局命名。又名015乡道。
何刘路	Héliú Lù	道路类型为乡道，道路等级为四级以下，起点为交叉口，止点为与Y006交叉口，长度为2.7千米，宽度为6米，路面性质为沥青贯入式。始建时间1965年，建成时间1965年，并由交通局命名。又名016乡道。

标准名称	汉语拼音	备注
常芈路	Chángmǐ Lù	道路类型为乡道，道路等级为四级以下，起点为交叉口，止点为江苏界，长度为2.57千米，宽度为5米，路面性质为石质路面。始建时间1968年，建成时间1968年，并由交通局命名。又名017乡道。
李陶路	Lǐtáo Lù	道路类型为乡道，道路等级为四级以下，起点为X021与Y019交点，止点为起点，长度为4.85千米，宽度为5米，路面性质为沥青贯入式。始建时间1975年，建成时间1975年，并由交通局命名。又名018乡道。
吕农路	Lǚnóng Lù	道路类型为乡道，道路等级为四级以下，起点为G310，止点为G311，长度为14.7千米，宽度为5米，路面性质为沥青贯入式。始建时间1977年，建成时间1977年，并由交通局命名。又名019乡道。
杨马路	Yángmǎ Lù	道路类型为乡道，道路等级为三级，起点为河口村南，止点为G310交叉，长度为3.89千米，宽度为6.5米，路面性质为水泥混凝土。始建时间1979年，建成时间1979年，并由交通局命名。又名020乡道。
高刘路	Gāoliú Lù	道路类型为乡道，道路等级为四级以下，起点为交汇点，止点为杜楼，长度为2.53千米，宽度为5米，路面性质为石质路面。始建时间1982年，建成时间1982年，并由交通局命名。又名021乡道。
王梁路	Wángliáng Lù	道路类型为乡道，道路等级为四级以下，起点为X013，止点为王集村部，长度为4.14千米，宽度为4米，路面性质为沥青贯入式。始建时间1983年，建成时间1983年，并由交通局命名。又名022乡道。
曲杜路	Qǔdù Lù	道路类型为乡道，道路等级为四级以下，起点为S301交叉，止点为Y013交叉，长度为4.02千米，宽度为5米，路面性质为石质路面。始建时间1984年，建成时间1984年，并由交通局命名。此路环绕大屯镇而得名。又名023乡道。
郝杨路	Hǎoyáng Lù	道路类型为乡道，道路等级为四级以下，起点为交叉口，止点为岔路口，长度为1.94千米，宽度为4米，路面性质为沥青贯入式。始建时间1972年，建成时间1972年，并由交通局命名。又名024乡道。
郑赵路	Zhèngzhào Lù	道路类型为乡道，道路等级为四级以下，起点为交叉口，止点为任庄，长度为0.83千米，宽度为5米，路面性质为沥青贯入式。始建时间1977年，建成时间1977年，并由交通局命名。又名025乡道。

标准名称	汉语拼音	备注
吴九路	Wújiǔ Lù	道路类型为乡道，道路等级为四级以下，起点为东庄自然村，止点为X016与Y027交叉口，长度为2.8千米，宽度为7米，路面性质为沥青贯入式。始建时间1978年，建成时间1978年，并由交通局命名。又名026乡道。
东孙路	Dōngsūn Lù	道路类型为乡道，道路等级为四级以下，起点为涵洞，止点为东刘路与X016交叉口，长度为0.29千米，宽度为5米，路面性质为沥青贯入式。始建时间1959年，建成时间1959年，并由交通局命名。又名027乡道。
孙李路	Sūnlǐ Lù	道路类型为乡道，道路等级为四级以下，起点为赵庄界，止点为交叉口（与X022），长度为2.07千米，宽度为6米，路面性质为沥青贯入式。始建时间1965年，建成时间1965年，并由交通局命名。又名028乡道。
安郭路	Ānguō Lù	道路类型为乡道，道路等级为四级以下，起点为X013，止点为Y030，长度为4.5千米，宽度为4米，路面性质为沥青贯入式。始建时间1977年，建成时间1977年，并由交通局命名。又名029乡道。
王农路	Wángnóng Lù	道路类型为乡道，道路等级为四级以下，起点为交叉口，止点为江苏义安矿，长度为1.97千米，宽度为4米，路面性质为石质路面。始建时间1951年，建成时间1951年，并由交通局命名。又名030乡道。
徐纵路	Xúzòng Lù	道路类型为乡道，道路等级为四级以下，起点为吴村，止点为交叉口，长度为7.3千米，宽度为6米，路面性质为石质路面。始建时间1952年，建成时间1952年，并由交通局命名。又名031乡道。
芦三路	Lú 3 Lù	道路类型为乡道，道路等级为四级以下，起点为闫村村部，止点为X014，长度为2.43千米，宽度为5米，路面性质为沥青贯入式。始建时间1953年，建成时间1953年，并由交通局命名。又名032乡道。
周任路	Zhōurén Lù	道路类型为乡道，道路等级为四级以下，起点为Y034终点，止点为交叉口（与X016），长度为5.98千米，宽度为5米，路面性质为沥青贯入式。始建时间1961年，建成时间1961年，并由交通局命名。又名033乡道。
罗吴路	Luówú Lù	道路类型为乡道，道路等级为四级以下，起点为交叉口，止点为交叉口（与X022），长度为2.39千米，宽度为5米，路面性质为石质路面。始建时间1964年，建成时间1964年，并由交通局命名。又名034乡道。
蒋王路	Jiǎngwáng Lù	道路类型为乡道，道路等级为四级以下，起点为王屯庄，止点为交叉口（与X022），长度为0.91千米，宽度为6米，路面性质为石质路面。始建时间1967年，建成时间1967年，并由交通局命名。又名035乡道。

标准名称	汉语拼音	备注
胡赵路	Húzhào Lù	道路类型为乡道，道路等级为四级以下，起点为小赵庄桥1，止点为交叉口（与X022），长度为2.17千米，宽度为6米，路面性质为石质路面。始建时间1970年，建成时间1970年，并由交通局命名。又名036乡道。
居张路	Jūzhāng Lù	道路类型为乡道，道路等级为四级以下，起点为交叉口（与Y036），止点为交叉口（与Y034），长度为2.73千米，宽度为6米，路面性质为石质路面。始建时间1975年，建成时间1975年，并由交通局命名。又名038乡道。
李王路	Lǐwáng Lù	道路类型为乡道，道路等级为四级以下，起点为交叉口，止点为与X023交叉口，长度为1.53千米，宽度为4米，路面性质为石质路面。始建时间1976年，建成时间1976年，并由交通局命名。又名039乡道。
张党路	Zhāngdǎng Lù	道路类型为乡道，道路等级为四级以下，起点为X029，止点为张寿楼街，长度为8.14千米，宽度为5.5米，路面性质为石质路面。始建时间1977年，建成时间1977年，并由交通局命名。又名040乡道。
魏洪路	Wèihóng Lù	道路类型为乡道，道路等级为四级以下，起点为Y041交叉口，止点为县道交叉口，长度为3.98千米，宽度为6米，路面性质为石质路面。始建时间1978年，建成时间1978年，并由交通局命名。又名041乡道。
大屯环镇路	Dàtúnhuánzhèn Lù	道路类型为乡道，道路等级为四级以下，起点为X022，止点为与S101交叉口，长度为5.97千米，宽度为6米，路面性质为石质路面。始建时间1979年，建成时间1979年，并由交通局命名。又名042乡道。
史李路	Shǐlǐ Lù	道路类型为乡道，道路等级为四级以下，起点为Y042，止点为Y043起点，长度为2.01千米，宽度为6米，路面性质为石质路面。始建时间1980年，建成时间1980年，并由交通局命名。又名043乡道。
何曹路	Hécáo Lù	道路类型为乡道，道路等级为四级以下，起点为曹屯，止点为S101，长度为7.07千米，宽度为4米，路面性质为石质路面。始建时间1963年，建成时间1963年，并由交通局命名。又名044乡道。
孟红路	Mènghóng Lù	道路类型为乡道，道路等级为四级以下，起点为纵袁庄村部，止点为县道（X017）交叉，长度为5.65千米，宽度为5米，路面性质为石质路面。始建时间1964年，建成时间1964年，并由交通局命名。又名045乡道。
杜袁路	Dùyuán Lù	道路类型为乡道，道路等级为四级以下，起点为杜楼庄，止点为县道X017，长度为2.96千米，宽度为5米，路面性质为沥青贯入式。始建时间1967年，建成时间1967年，并由交通局命名。又名046乡道。

标准名称	汉语拼音	备注
彭马路	Péngmǎ Lù	道路类型为乡道，道路等级为四级以下，起点为终点，止点为彭村村部，长度为4.95千米，宽度为6米，路面性质为砂石路面。始建时间1968年，建成时间1968年，并由交通局命名。又名047乡道。
孟郝路	Mènghǎo Lù	道路类型为乡道，道路等级为四级以下，起点为交叉口，止点为Y047，长度为1.48千米，宽度为4米，路面性质为石质路面。始建时间1969年，建成时间1969年，并由交通局命名。又名048乡道。
龙王路	Lóngwáng Lù	道路类型为乡道，道路等级为四级以下，起点为S202，止点为G311交叉口，长度为10.3千米，宽度为6米，路面性质为砂石路面。始建时间1974年，建成时间1974年，并由交通局命名。又名049乡道。
张人路	Zhāngrén Lù	道路类型为乡道，道路等级为四级以下，起点为松林子，止点为张大墓，长度为5.36千米，宽度为4米，路面性质为石质路面。始建时间1975年，建成时间1975年，并由交通局命名。又名050乡道。
吴张路	Wúzhāng Lù	道路类型为乡道，道路等级为四级以下，起点为吴河涯村部，止点为吴河涯西桥，长度为0.56千米，宽度为5米，路面性质为石质路面。始建时间1976年，建成时间1976年，并由交通局命名。又名051乡道。
薛张路	Xuēzhāng Lù	道路类型为乡道，道路等级为四级以下，起点为路面转换点，止点为孟尧村，长度为3.46千米，宽度为4米，路面性质为石质路面。始建时间1977年，建成时间1977年，并由交通局命名。又名052乡道。
张杨路	Zhāngyáng Lù	道路类型为乡道，道路等级为四级以下，起点为保元店村部，止点为张大楼，长度为0.86千米，宽度为6米，路面性质为石质路面。始建时间1978年，建成时间1978年，并由交通局命名。又名053乡道。
王杨路	Wángyáng Lù	道路类型为乡道，道路等级为四级以下，起点为G311，止点为交叉口（与X016），长度为3.99千米，宽度为7米，路面性质为石质路面。始建时间1981年，建成时间1981年，并由交通局命名。又名054乡道。
张陆路	Zhānglù Lù	道路类型为乡道，道路等级为四级以下，起点为交叉口（与G311），止点为齐庄村村部，长度为1.39千米，宽度为5米，路面性质为沥青贯入式。始建时间1983年，建成时间1983年，并由交通局命名。又名055乡道。
张张路	Zhāngzhāng Lù	道路类型为乡道，道路等级为四级以下，起点为交叉口，止点为S101交叉口，长度为11.9千米，宽度为6米，路面性质为水泥混凝土。始建时间1977年，建成时间1977年，并由交通局命名。又名056乡道。

标准名称	汉语拼音	备注
后屈路	Hòuqū Lù	道路类型为乡道，道路等级为四级以下，起点为 Y056 西，止点为 Y056，长度为 4.86 千米，宽度为 5 米，路面性质为石质路面。始建时间 1979 年，建成时间 1979 年，并由交通局命名。又名 057 乡道。
张赵路	Zhāngzhào Lù	道路类型为乡道，道路等级为三级，起点为赵破楼（自然庄），止点为 S101 交叉口，长度为 8.2 千米，宽度为 6.5 米，路面性质为水泥混凝土。始建时间 1982 年，建成时间 1982 年，并由交通局命名。又名 058 乡道。
寿张路	Shòuzhāng Lù	道路类型为乡道，道路等级为四级以下，起点为 X016，止点为张庄寨，长度为 5.56 千米，宽度为 5 米，路面性质为石质路面。始建时间 1983 年，建成时间 1983 年，并由交通局命名。又名 059 乡道。
张陶路	Zhāngtáo Lù	道路类型为乡道，道路等级为四级以下，起点为张庄寨桥，止点为张庄寨，长度为 7.08 千米，宽度为 5 米，路面性质为石质路面。始建时间 1985 年，建成时间 1985 年，并由交通局命名。又名 060 乡道。
祖高路	Zǔgāo Lù	道路类型为乡道，道路等级为四级以下，起点为与 X029 交叉口，止点为与 S101 交叉口，长度为 5.1 千米，宽度为 5 米，路面性质为石质路面。始建时间 1960 年，建成时间 1960 年，并由交通局命名。又名 061 乡道。
李余路	Lǐyú Lù	道路类型为乡道，道路等级为四级以下，起点为与 X029 交叉口，止点为 X016，长度为 11.1 千米，宽度为 5 米，路面性质为石质路面。始建时间 1961 年，建成时间 1961 年，并由交通局命名。又名 062 乡道。
谷陶路	Gǔtáo Lù	道路类型为乡道，道路等级为四级以下，起点为谷庄村部，止点为 Y063 起点，长度为 0.77 千米，宽度为 6 米，路面性质为砂石路面。此路于 1985 年建成通车至今。1985 年建成并由交通局命名。又名 063 乡道。
北周路	Běizhōu Lù	道路类型为乡道，道路等级为四级以下，起点为周陈庄，止点为与 G311 交叉口，长度为 3.84 千米，宽度为 6 米，路面性质为石质路面。始建时间 1965 年，建成时间 1965 年，并由交通局命名。又名 064 乡道。
火蒋路	Huǒjiǎng Lù	道路类型为乡道，道路等级为四级以下，起点为 X024，止点为交叉口（与 X024），长度为 3.5 千米，宽度为 5 米，路面性质为石质路面。始建时间 1966 年，建成时间 1966 年，并由交通局命名。又名 065 乡道。
徐孟路	Xúmèng Lù	道路类型为乡道，道路等级为四级以下，起点为陈庄村村部，止点为杨小洼桥，长度为 1.48 千米，宽度为 5 米，路面性质为石质路面。始建时间 1970 年，建成时间 1970 年，并由交通局命名。又名 066 乡道。

标准名称	汉语拼音	备注
蒋孙路	Jiǎngsūn Lù	道路类型为乡道，道路等级为四级以下，起点为G311，止点为丁楼桥，长度为9.62千米，宽度为5米，路面性质为石质路面。始建时间1971年，建成时间1971年，并由交通局命名。又名067乡道。
汤青路	Tāngqīng Lù	道路类型为乡道，道路等级为四级以下，起点为Y067，止点为S101，长度为16.5千米，宽度为5米，路面性质为石质路面。始建时间1972年，建成时间1972年，并由交通局命名。又名068乡道。
后徐路	Hòuxú Lù	道路类型为乡道，道路等级为四级以下，起点为X024，止点为X024，长度为6.06千米，宽度为4.5米，路面性质为石质路面。始建时间1975年，建成时间1975年，并由交通局命名。又名069乡道。
马周路	Mǎzhōu Lù	道路类型为乡道，道路等级为四级以下，起点为Y066，止点为S202，长度为6.72千米，宽度为4米，路面性质为石质路面。始建时间1980年，建成时间1980年，并由交通局命名。又名070乡道。
王杜路	Wángdù Lù	道路类型为乡道，道路等级为四级以下，起点为交汇点，止点为与Y054交叉口，长度为3.65千米，宽度为4.5米，路面性质为石质路面。始建时间1981年，建成时间1981年，并由交通局命名。又名071乡道。
郝王路	Hǎowáng Lù	道路类型为乡道，道路等级为四级以下，起点为交叉口，止点为S202，长度为3.91千米，宽度为4米，路面性质为石质路面。始建时间1982年，建成时间1982年，并由交通局命名。又名072乡道。
沈瓦路	Shěnwǎ Lù	道路类型为乡道，道路等级为四级以下，起点为郭庄村，止点为浮绥村委会，长度为6.43千米，宽度为4米，路面性质为石质路面。始建时间1983年，建成时间1983年，并由交通局命名。又名073乡道。
石纵路	Shízòng Lù	道路类型为乡道，道路等级为四级以下，起点为胜利村，止点为S202交叉口，长度为1.79千米，宽度为4米，路面性质为石质路面。始建时间1984年，建成时间1984年，并由交通局命名。又名074乡道。
瓦任路	Wǎrén Lù	道路类型为乡道，道路等级为四级以下，起点为交叉口，止点为任庄（自然庄），长度为1.28千米，宽度为6米，路面性质为石质路面。始建时间1985年，建成时间1985年，并由交通局命名。又名075乡道。
廉梁路	Liánliáng Lù	道路类型为乡道，道路等级为四级以下，起点为县道交叉口，止点为Y050交叉口，长度为3.73千米，宽度为6米，路面性质为石质路面。始建时间1968年，建成时间1968年，并由交通局命名。又名076乡道。

标准名称	汉语拼音	备注
武许路	Wǔxǔ Lù	道路类型为乡道，道路等级为四级以下，起点为铁路道口，止点为X018，长度为9.07千米，宽度为6米，路面性质为石质路面。始建时间1972年，建成时间1972年，并由交通局命名。又名 077 乡道。
卢胡路	Lúhú Lù	道路类型为乡道，道路等级为四级以下，起点为郑台子，止点为X018，长度为4.45千米，宽度为6米，路面性质为石质路面。此路于1985年建成并由交通局命名。又名078乡道。
胡丁路	Húdīng Lù	道路类型为乡道，道路等级为四级以下，起点为X018，止点为S202，长度为5.8千米，宽度为5米，路面性质为沥青贯入式。此路于2003年建成并由交通局命名。又名079乡道。
梁浮路	Liángfú Lù	道路类型为乡道，道路等级为四级以下，起点为沈集，止点为Y077，长度为4.53千米，宽度为4.5米，路面性质为石质路面。此路于1975年建成并由交通局命名。又名080乡道。
马冯路	Mǎféng Lù	道路类型为乡道，道路等级为四级以下，起点为S301交叉口，止点为交叉口，长度为4.53千米，宽度为6米，路面性质为沥青贯入式。此路于1964年建成并由交通局命名。又名081乡道。
老汪路	Lǎowāng Lù	道路类型为乡道，道路等级为四级以下，起点为小老口庄，止点为X019交叉口，长度为2.54千米，宽度为5米。此路于1968年建成并由交通局命名。又名082乡道。
白山路	Báishān Lù	道路类型为乡道，道路等级为四级以下，起点为小桥，止点为白土村，长度为0.88千米，宽度为4.5米，路面性质为石质路面。此路于1968年建成并由交通局命名。又名083乡道。
孤戴路	Gūdài Lù	道路类型为乡道，道路等级为四级以下，起点为戴村，止点为交S301，长度为6.28千米，宽度为6米，路面性质为石质路面。此路于1958年建成并由交通局命名。又名084乡道。
张戴路	Zhāngdài Lù	道路类型为乡道，道路等级为四级以下，起点为S301，止点为X019，长度为8.24千米，宽度为10米，路面性质为沥青贯入式。此路于1960年建成并由交通局命名。又名085乡道。
潘后路	Pānhòu Lù	道路类型为乡道，道路等级为四级以下，长度为11.8千米，宽度为4米，路面性质为砂石路面。此路于1959年建成并由交通局命名。又名086乡道。

标准名称	汉语拼音	备注
河陶路	Hétáo Lù	道路类型为乡道，道路等级为四级以下，起点为 X029，止点为县道（X019）交叉，长度为 3.74 千米，宽度为 4.5 米，路面性质为石质路面。此路于 1975 年建成并由交通局命名。又名 087 乡道。
永胜路	Yǒngshèng Lù	道路类型为乡道，道路等级为四级以下，起点为县道 X060 交叉口，止点为 X029。长度为 5.69 千米，宽度为 4 米，路面性质为石质路面。此路于 1964 年建成并由交通局命名。又名 088 乡道。
鲜尚路	Xiānshàng Lù	道路类型为乡道，道路等级为四级以下，起点为县道（X020）交叉，止点为 X020。长度为 3.74 千米，宽度为 8 米，路面性质为沥青贯入式。此路于 1968 年建成并由交通局命名。又名 089 乡道。
南马路	Nánmǎ Lù	道路类型为乡道，道路等级为四级以下，起点为道路交汇点，止点为 X018，长度为 5.23 千米，宽度为 4 米，路面性质为石质路面。此路于 1968 年建成并由交通局命名。又名 090 乡道。
吴大路	Wúdà Lù	道路类型为乡道，道路等级为四级以下，起点为大演武南，止点为吴楼，长度为 14.2 千米，宽度为 6 米，路面性质为沥青贯入式。此路于 1958 年建成并由交通局命名。又名 091 乡道。
郝皇路	Hǎohuáng Lù	道路类型为乡道，道路等级为四级以下，起点为 S202，止点为 X029，长度为 7.67 千米，宽度为 6 米，路面性质为石质路面。此路于 1960 年建成并由交通局命名。又名 092 乡道。
淮翟路	Huáizhái Lù	道路类型为乡道，道路等级为四级以下，起点为与 S101 交叉口，止点为交叉口，长度为 3.47 千米，宽度为 4 米，路面性质为石质路面。此路于 1959 年建成并由交通局命名。又名 093 乡道。
合肥—淮北公路	Héféi Huáiběi Gōnglù	道路类型为省道，道路等级为二级，长度为 12 千米，宽度为 12 米，路面性质为沥青贯入式。此路于 1975 年建成并由交通局命名。又名 101 省道。
萧县—淮北公路	Xiāo Xiàn Huáiběi Gōnglù	道路类型为乡道，道路等级为二级，长度为 14 千米，宽度为 12 米，路面性质为沥青贯入式。此路于 1964 年建成并由交通局命名。又名 202 省道。
桃山—唐庄公路	Táoshān Tángzhuāng Gōnglù	道路类型为省道，道路等级为二级，从新庄镇进入，到萧县县城，长度为 40 千米，宽度为 12 米，路面性质为沥青贯入式。此路于 1968 年建成并由交通局命名。又名 301 省道。

标准名称	汉语拼音	备注
红庙—大屯公路	Hóngmiào Dàtún Gōnglù	道路类型为乡道，道路等级为二级，从大屯镇进入萧县，到杜楼镇，长度为12千米，宽度为12米，路面性质为沥青贯入式。此路于1958年建成并由交通局命名。又名335省道。
连云港—霍尔果斯高速公路	Liányúngǎng Huò'ěrguǒsī Gāosù Gōnglù	道路类型为国道，道路等级为高速，长度为40千米，宽度为40米，路面性质为沥青贯入式。此路于2008年建成并由交通局命名。为连云港到霍尔果斯的高速公路。又名G30连霍高速。
北京—台北高速公路	Běijīng Táiběi Gāosù Gōnglù	道路类型为专用，道路等级为一级，从老山口村进入萧县，南到庄里乡，长度为25千米，宽度为50米，路面性质为沥青贯入式。此路于2014年建成并由交通局命名。此路环绕萧县而修建。又名京台高速。
萧县北外环路	Xiāo Xiàn Běiwàihuán Lù	道路类型为县道，道路等级为三级，起点为萧县车管所，终点为萧县东部高架桥，长度为13千米，宽度为30米，路面性质为沥青贯入式。此路于1983年建成并由交通局命名。
萧管路	Xiāoguǎn Lù	道路类型为县道，道路等级为三级，起点为萧县龙凤大道东段，止点为管粥集，长度为22千米，宽度为20米，路面性质为水泥混凝土。1967年建成，萧县人民政府批准得名。以萧县和管粥集两地名称首字取名。又名013县道。
赵胡路	Zhàohú Lù	道路类型为乡道，道路等级为四级以下，起点为赵庄镇，止点为胡庄。长度为5千米，路面宽度为8米，路面性质为水泥混凝土。1975年建设，1975年通车。1975年萧县交通局路桥管理所建设取名。以首尾两地赵庄和胡庄地名取名。路线代号为 037乡道。
袁庄—马庄公路	Yuánzhuāng Mǎzhuāng Gōnglù	道路类型为乡道，道路等级为四级以下，起于徐州界，止于S311，类型为乡道。全长6.87千米，路基宽6米，路面宽4米，路面性质为沥青、水泥混凝土路面。1993年始建，1993年建成。2012年10月铺设沥青混凝土路面至今。根据道路起止点地名命名。路线代码Y013。为袁庄至马庄道路，起止点各取一字得名。
毛庄—施庄公路	Máozhuāng Shīzhuāng Gōnglù	道路类型为乡道，道路等级为四级以下，起于S311，止于施庄，类型为乡道。全长8.09千米，路基宽6米，路面宽4米，路面性质为水泥混凝土路面。1993年9月始建，1993年建成，2005年12月改建通车至今。根据道路起止点地名命名。为毛庄至施庄道路，起止点各取一字得名。路线代码Y007。

第二节　桥梁

埇桥区桥梁

标准名称	汉语拼音	备注
双秦桥	Shuāngqín Qiáo	双秦桥位于城东乡境内。所在线路为汴阳二路。所在河流为新汴河。最大载重量10吨，桥长48米，宽度5米，桥拱最大跨度为25米。类型为人行桥。高度为5米。因位于埇桥区城东街道，故而得名。双秦桥始建于1977年，建成于1978年，沿用至今。
沱河堤桥	Tuóhédī Qiáo	沱河堤桥位于城东乡境内。所在线路为东三环路。所在河流为沱河。最大载重量10吨，桥长20米，宽度7米，桥拱最大跨度为7米。类型为人行桥。高度为7米。因位于埇桥区城东街道沱河上，故而得名。沱河堤桥始建于1968年，建成于1968年，沿用至今。
梅圩桥	Méiwéi Qiáo	梅圩桥位于城东乡境内。所在线路为东二环路。所在河流为沱河。最大载重量10吨，桥长20米，宽度5米，桥拱最大跨度为7米。类型为人行桥。高度为5米。因位于埇桥区梅圩村，故而得名。梅圩桥始建于1968年，建成于1969年，沿用至今。
张楼桥	Zhānglóu Qiáo	张楼桥位于大营镇境内。所在线路为大营路。所在河流为澥河。最大载重量10吨，桥长84.9米，宽度5米，桥拱最大跨度为20米，始建于1970年，建成于2011年。类型为人行桥。高度为5米。以附近张楼自然庄命名。张楼桥始建于1970年，建成于2011年，沿用至今。
陈楼老桥	Chénlóu Lǎoqiáo	陈楼老桥位于时村镇境内。所在线路为时营路。所在河流为末路沟。最大载重量10吨，桥长46米，宽度8米，桥拱最大跨度为8米，始建于1970年，建成于1971年。类型为人行桥。高度为8米。以附近陈楼老自然庄命名，沿用至今。
陈疃桥	Chéntuǎn Qiáo	陈疃桥位于曹村镇境内。所在线路为王村张庄，所在河流为欧河。最大载重量10吨，桥长20米，宽度5米，桥拱最大跨度为7米，始建于1975年，建成于1976年。类型为人行桥。高度为5米。以附近陈疃自然庄命名，沿用至今。
界洪河桥	Jièhónghé Qiáo	界洪河桥位于朱仙庄镇境内。所在线路为陈东路。所在河流为界洪河。最大载重量10吨，桥长10米，宽度6米，桥拱最大跨度为10米，始建于1969年，建成于1969年。类型为人行桥。高度为6米。因坐落于界洪河上而得名，沿用至今。

标准名称	汉语拼音	备注
中心沟桥	Zhōngxīngōu Qiáo	中心沟桥位于朱仙庄镇境内。所在线路为新后路。所在河流为小黄河。最大载重量10吨，桥长10米，宽度5米，桥拱最大跨度为10米，始建于1968年，建成于1968年。类型为人行桥。高度为5米。因坐落于中心沟上而得名，沿用至今。
韩楼桥	Hánlóu Qiáo	韩楼桥位于杨庄乡境内。所在线路为郑瓦路。所在河流为阎河。最大载重量10吨，桥长10米，宽度6米，桥拱最大跨度为10米，始建于1970年，建成于1970年。类型为人行桥。高度为6米。以附近韩河自然庄命名，沿用至今。
小寨子桥	Xiǎozhàizi Qiáo	小寨子桥位于栏杆镇境内。所在线路为孟阮路。所在河流为奎河。最大载重量10吨，桥长50米，宽度6米，桥拱最大跨度为38米，始建于1972年，建成于1972年。类型为人行桥。高度为6米。以附近小寨子自然庄命名，沿用至今。
张疃桥	Zhāngdīng Qiáo	张町桥位于栏杆镇境内。所在线路为孟阮路。所在河流为奎河。最大载重量10吨，桥长50米，宽度6米，桥拱最大跨度为38米，始建于1971年，建成于1971年。类型为人行桥。高度为6米。以附近张疃自然庄命名，沿用至今。
桃沟大桥	Táogōu Dàqiáo	桃沟大桥位于桃沟乡境内。所在线路为秦李路。所在河流为濉河。最大载重量10吨，桥长70米，宽度5米，桥拱最大跨度为8米，始建于1974年，建成于1974年。类型为人行桥。高度为5米。以附近地理实体命名，沿用至今。
祝窑桥	Zhùyáo Qiáo	祝窑桥位于顺河乡境内。所在线路为黄孙路。所在河流为唐河。最大载重量10吨，桥长70米，宽度4米，桥拱最大跨度为5米，始建于1969年，建成于1970年。类型为人行桥。高度为4米。以附近祝窑自然庄命名，沿用至今。
戴家北桥	Dàijiā Běiqiáo	戴家北桥位于灰古镇境内。所在线路为毛付路。所在河流为双庆河。最大载重量10吨，桥长16米，宽度5米，桥拱最大跨度为16米，始建于1968年，建成于1968年。类型为人行桥。高度为5米。以附近戴家庄自然庄命名，沿用至今。
戴家东桥	Dàijiā Dōngqiáo	戴家东桥位于灰古镇境内。所在线路为三塔路。所在河流为双庆河。最大载重量10吨，桥长10米，宽度6米，桥拱最大跨度为10米，始建于1969年，建成于1969年。类型为人行桥。高度为6米。以附近戴家庄自然庄命名，沿用至今。
海孜桥	Hǎizī Qiáo	海孜桥位于符离镇境内。所在线路为黄曹路。所在河流为黄涧沟。最大载重量10吨，桥长28米，宽度6米，桥拱最大跨度为8米，始建于1971年，建成于1972年。类型为人行桥。高度为6米。以附近地理实体命名，沿用至今。
李楼桥	Lǐlóu Qiáo	李楼桥位于符离镇境内。所在线路为黄曹路。所在河流为黄涧沟。最大载重量10吨，桥长20米，宽度6米，桥拱最大跨度为18米，始建于1975年，建成于1975年。类型为人行桥。高度为6米。以附近地理实体命名，沿用至今。

标准名称	汉语拼音	备注
祖李桥	Zǔlǐ Qiáo	祖李桥位于芦岭镇境内。所在线路为王芦路。所在河流为老马沟。最大载重量 10 吨，桥长 12 米，宽度 5 米，桥拱最大跨度为 12 米，始建于 1969 年，建成于 1969 年。类型为人行桥。高度为 5 米。以附近祖李自然庄命名，沿用至今。
沱河大桥	Tuóhé Dàqiáo	沱河大桥位于芦岭镇境内。所在线路为申单路。所在河流为沱河。最大载重量 10 吨，桥长 60 米，宽度 6 米，桥拱最大跨度为 12 米，始建于 1969 年，建成于 1969 年。类型为人行桥。高度为 6 米。以附近沱河命名，沿用至今。
沱河闸	Tuóhézhá	沱河闸位于芦岭镇境内。所在线路为申单路。所在河流为沱河。最大载重量 10 吨，桥长 30 米，宽度 6 米，桥拱最大跨度为 12 米，始建于 1970 年，建成于 1970 年。类型为人行桥。高度为 6 米。因坐落于沱河闸上而得名，沿用至今。
孟家沟桥	Mèngjiāgōu Qiáo	孟家沟桥位于芦岭镇境内。所在线路为环镇路。所在河流为官沟。最大载重量 10 吨，桥长 12 米，宽度 5 米，桥拱最大跨度为 12 米，始建于 1972 年，建成于 1972 年。类型为人行桥。高度为 5 米。因坐落于孟家沟上而得名，沿用至今。
敬老院桥	Jìnglǎoyuàn Qiáo	敬老院桥位于芦岭镇境内。所在线路为环镇路。所在河流为官沟。最大载重量 10 吨，桥长 12 米，宽度 5 米，桥拱最大跨度为 12 米，始建于 1974 年，建成于 1974 年。类型为人行桥。高度为 5 米。因附近敬老院而命名，沿用至今。
中沟桥	Zhōnggōu Qiáo	中沟桥位于蒿沟乡境内。所在线路为蒿余路。所在河流为濉河。最大载重量 10 吨，桥长 25 米，宽度 7 米，桥拱最大跨度为 10 米，始建于 1969 年，建成于 1970 年。类型为人行桥。高度为 7 米。因坐落于中沟上而得名，沿用至今。
刘岗桥	Liúgǎng Qiáo	刘岗桥位于蒿沟乡境内。所在线路为陈张路。所在河流为唐河。最大载重量 10 吨，桥长 20 米，宽度 5 米，桥拱最大跨度为 5 米，始建于 1971 年，建成于 1972 年。类型为人行桥。高度为 5 米。以附近刘岗自然庄命名，沿用至今。
地下涵桥	Dìxiàhán Qiáo	地下涵桥位于褚兰镇境内。所在线路为高贾路。最大载重量 10 吨，桥长 10 米，宽度 6 米，桥拱最大跨度为 10 米，始建于 1971 年，建成于 1971 年。类型为人行桥。高度为 6 米。因附近地下涵洞而得名，沿用至今。
宝南路西桥	Bǎonánlù Xīqiáo	宝南路西桥位于褚兰镇境内。所在线路为李付路。最大载重量 10 吨，桥长 17 米，宽度 6 米，桥拱最大跨度为 9 米，始建于 1970 年，建成于 1970 年。类型为人行桥。高度为 6 米。以附近宝桥自然庄命名，沿用至今。
傅集北桥	Fùjí Běiqiáo	傅集北桥位于褚兰镇境内。所在线路为李付路。最大载重量 10 吨，桥长 26 米，宽度 5 米，桥拱最大跨度为 5 米，始建于 1971 年，建成于 1971 年。类型为人行桥。高度为 5 米。以附近傅集自然庄命名，沿用至今。

标准名称	汉语拼音	备注
陈沟大桥	Chéngōu Dàqiáo	陈沟大桥位于大泽乡镇境内。所在线路为西高路。最大载重量10吨，桥长12米，宽度6米，桥拱最大跨度为12米，始建于1970年，建成于1970年。类型为人行桥。高度为6米。因坐落于陈沟而得名，沿用至今。
杨圩西桥	Yángwéi Xīqiáo	杨圩西桥位于顺河乡境内。所在线路为杨大路。最大载重量10吨，桥长11米，宽度5米，桥拱最大跨度为5米，始建于1980年，建成于1981年。类型为人行桥。高度为5米。以附近杨圩自然庄命名，沿用至今。
杨圩东桥	Yángwéi Dōngqiáo	杨圩东桥位于顺河乡境内。所在线路为杨大路。最大载重量10吨，桥长15米，宽度6米，桥拱最大跨度为5米，始建于1978年，建成于1978年。类型为人行桥。高度为6米。以附近杨圩自然庄命名，沿用至今。
石桥	Shí Qiáo	石桥位于褚兰镇境内。所在线路为时褚路。最大载重量55吨，桥长35米，宽度4.5米，桥拱最大跨度为11米，始建于1970年，建成于1970年。类型为公路桥。高度为4.5米。以附近石桥自然庄命名，沿用至今。
盛家桥	Shèngjiā Qiáo	盛家桥位于褚兰镇境内。所在线路为时褚路。最大载重量55吨，桥长40米，宽度7米，桥拱最大跨度为8米，始建于1973年，建成于1974年。类型为公路桥。高度为7米。以附近盛家庄自然庄命名，沿用至今。
时村南门桥	Shícūn Nánmén Qiáo	时村南门桥位于时村镇境内。所在线路为时褚路。最大载重量吨，桥长33.96米，宽度8米，桥拱最大跨度为10米，始建于1985年，建成于1985年。类型为公路桥。高度为8米。以附近时村自然庄命名，沿用至今。
时村北桥	Shícūn Běiqiáo	时村北桥位于时村镇境内。所在线路为时褚路。最大载重量55吨，桥长65米，宽度4米，桥拱最大跨度为20米，始建于1957年，建成于1957年。类型为公路桥。高度为4米。以附近时村自然庄命名，沿用至今。
大营桥	Dàyíng Qiáo	大营桥位于大营镇境内。所在线路为永陈路。所在河流为澥河。最大载重量55吨，桥长80米，宽度6米，桥拱最大跨度为15米，始建于1976年，建成于1976年。类型为公路桥。高度为6米。以附近大营自然庄命名，沿用至今。
沈桥	Shěn Qiáo	沈桥位于苗庵乡境内。所在线路为苗大路。最大载重量55吨，桥长52.8米，宽度5米，桥拱最大跨度为16米，始建于1973年，建成于1973年。类型为公路桥。高度为5米。以附近沈桥自然庄命名，沿用至今。
高口桥	Gāokǒu Qiáo	高口桥位于蕲县镇境内。所在线路为祁龙路。最大载重量55吨，桥长50米，宽度5米，桥拱最大跨度为15米，始建于1966年，建成于1966年。类型为公路桥。高度为5米。以附近高口自然庄命名，沿用至今。

标准名称	汉语拼音	备注
阎河桥	Yánhé Qiáo	阎河桥位于褚兰镇境内。所在线路为朝褚路。最大载重量55吨，桥长90米，宽度6米，桥拱最大跨度为20米，始建于1970年，建成于1971年。类型为公路桥。高度为6米。以附近阎河自然庄命名，沿用至今。
琅溪河桥	Lángxīhé Qiáo	琅溪河桥位于褚兰镇境内。所在线路为朝褚路。所在河流为琅溪河。最大载重量55吨，桥长90米，宽度5米，桥拱最大跨度为8米，始建于1964年，建成于1965年。类型为公路桥。高度为5米。以琅溪河命名，沿用至今。
孤山河桥	Gūshānhé Qiáo	孤山河桥位于褚兰镇境内。所在线路为朝褚路。最大载重量55吨，桥长80米，宽度6米，桥拱最大跨度为15米，始建于1969年，建成于1970年。类型为公路桥。高度为6米。以附近孤山河命名，沿用至今。
药闫桥	Yàoyán Qiáo	药闫桥位于蒿沟乡境内。所在线路为禅梅路。最大载重量吨，桥长80米，宽度11米，桥拱最大跨度为7米，始建于1989年，建成于1990年。类型为公路桥。高度为11米。以附近药闫自然庄命名，沿用至今。
秦圩桥	Qínwéi Qiáo	秦圩桥位于蒿沟乡境内。所在线路为禅梅路。所在河流为新河。最大载重量55吨，桥长24.5米，宽度6米，桥拱最大跨度为12米，始建于1993年，建成于1993年。类型为公路桥。高度为6米。以附近秦圩自然庄命名，沿用至今。
宿县十里桥	Sùxiàn Shílǐ Qiáo	宿县十里桥位于汴河街道境内。所在线路为禅梅路。最大载重量55吨，桥长70米，宽度4米，桥拱最大跨度为16米，始建于1967年，建成于1967年。类型为公路桥。高度为4米。以距离命名，沿用至今。
东平桥	Dōngpíng Qiáo	东平桥位于芦岭镇境内。所在线路为墩马路。最大载重量吨，桥长98米，宽度6米，桥拱最大跨度为20米，始建于1989年，建成于1989年。类型为公路桥。高度为6米。以附近东平自然庄命名，沿用至今。
钱营桥	Qiányíng Qiáo	钱营桥位于芦岭镇境内。所在线路为墩马路。最大载重量55吨，桥长60米，宽度5米，桥拱最大跨度为15米，始建于1964年，建成于1964年。类型为公路桥。高度为5米。以附近钱营自然庄命名，沿用至今。
芦花沟闸桥	Lúhuāgōuzhá Qiáo	芦花沟闸桥位于大泽乡镇境内。所在线路为墩马路。所在河流为楼沟。最大载重量55吨，桥长50米，宽度6米，桥拱最大跨度为10米，始建于1972年，建成于1973年。类型为公路桥。高度为6米。以附近芦花沟命名，沿用至今。
付集桥	Fùjí Qiáo	付集桥位于褚兰镇境内。所在线路为大高路。所在河流为黄泥沟。最大载重量55吨，桥长31米，宽度4米，桥拱最大跨度为15.5米，始建于1962年，建成于1963年。类型为公路桥。高度为4米。以附近付集自然庄命名，沿用至今。

标准名称	汉语拼音	备注
杜楼桥	Dùlóu Qiáo	杜楼桥位于杨庄乡境内。所在线路为三乡路。所在河流为界洪河。最大载重量 10 吨，桥长 42.96 米，宽度 6 米，桥拱最大跨度为 13 米，始建于 1982 年，建成于 2011 年。类型为人行桥。高度为 6 米。以附近杜楼自然庄命名，沿用至今。
闵王桥	Mǐnwáng Qiáo	闵王桥位于杨庄乡境内。所在线路为三乡路。所在河流为界洪河。最大载重量 55 吨，桥长 26 米，宽度 4 米，桥拱最大跨度为 12 米，始建于 1964 年，建成于 1965 年。类型为人行桥。高度为 4 米。以附近闵王自然庄命名，沿用至今。
胡桥	Hú Qiáo	胡桥位于曹村镇境内。所在线路为王湖路。所在河流为一号沟。最大载重量 10 吨，桥长 9.6 米，宽度 5.1 米，桥拱最大跨度为 5 米，始建于 1971 年，建成于 2011 年。类型为人行桥。高度为 5.1 米。以附近胡桥自然庄命名，沿用至今。
寺后桥	Sìhòu Qiáo	寺后桥位于曹村镇境内。所在线路为大山口马湾，所在河流为欧河。最大载重量 10 吨，桥长 15 米，宽度 8 米，桥拱最大跨度为 7 米，始建于 1975 年，建成于 1976 年。类型为人行桥。高度为 8 米。以附近地理实体命名，沿用至今。
温山西桥	Wēnshān Xīqiáo	温山西桥位于解集乡境内。所在线路为泉井孙寨，所在河流为拖尾河。最大载重量 55 吨，桥长 24 米，宽度 4 米，桥拱最大跨度为 8 米，始建于 1980 年，建成于 1981 年。类型为人行桥。高度为 4 米。以附近温山自然庄命名，沿用至今。
湾里桥	Wānlǐ Qiáo	湾里桥位于支河乡境内。所在线路为后旺秦山，所在河流为欧河。最大载重量 55 吨，桥长 50 米，宽度 5 米，桥拱最大跨度为 7 米，始建于 1970 年，建成于 1971 年。类型为人行桥。高度为 5 米。以附近地理实体命名，沿用至今。
刘小街桥	Liúxiǎojiē Qiáo	刘小街桥位于支河乡境内。所在线路为曹埝路。所在河流为支河。最大载重量 10 吨，桥长 40 米，宽度 7 米，桥拱最大跨度为 6 米，始建于 1972 年，建成于 1973 年。类型为人行桥。高度为 7 米。以附近刘圩自然庄命名，沿用至今。
陈塘桥	Chéntáng Qiáo	陈塘桥位于支河乡境内。所在线路为曹埝路。所在河流为支河。最大载重量 10 吨，桥长 50 米，宽度 5 米，桥拱最大跨度为 7 米，始建于 1969 年，建成于 1970 年。类型为人行桥。高度为 5 米。以附近陈塘自然庄命名，沿用至今。
胡庄桥	Húzhuāng Qiáo	胡庄桥位于支河乡境内。所在线路为曹埝路。所在河流为双庆河。最大载重量 10 吨，桥长 90 米，宽度 6 米，桥拱最大跨度为 8 米，始建于 1968 年，建成于 1969 年。类型为人行桥。高度为 6 米。以附近胡庄自然庄命名，沿用至今。
刘桥	Liú Qiáo	刘桥位于支河乡境内。所在线路为陈沟路，所在河流为霞河。最大载重量 55 吨，桥长 50 米，宽度 4.5 米，桥拱最大跨度为 7 米，始建于 1970 年，建成于 1971 年。类型为人行桥。高度为 4.5 米。以附近刘闵自然庄命名，沿用至今。

标准名称	汉语拼音	备注
新清桥	Xīnqīng Qiáo	新清桥位于符离镇境内。所在线路为站东—横口公路。所在河流为濉河。最大载重量 10 吨，桥长 30 米，宽度 5 米，桥拱最大跨度为 8 米，始建于 1972 年，建成于 1973 年。类型为人行桥。高度为 5 米。以附近地理实体命名，沿用至今。
灵寺桥	Língsì Qiáo	灵寺桥位于符离镇境内。所在线路为符灵路。所在河流为双庆河。最大载重量 55 吨，桥长 23 米，宽度 4 米，桥拱最大跨度为 10 米，始建于 1971 年，建成于 1972 年。类型为人行桥。高度为 4 米。以附近灵寺自然庄命名，沿用至今。
邻肥场桥	Línféichǎng Qiáo	邻肥场桥位于符离镇境内。所在线路为符灵路。所在河流为濉河。最大载重量 55 吨，桥长 64 米，宽度 12 米，桥拱最大跨度为 8 米，始建于 1964 年，建成于 1965 年。类型为人行桥。高度为 12 米。因当地居民称为邻肥肠桥，故而得名，沿用至今。
罗桥	Luó Qiáo	罗桥位于符离镇境内。所在线路为小圩路。所在河流为浍澥新河。最大载重量 55 吨，桥长 38 米，宽度 4 米，桥拱最大跨度为 18 米，始建于 1963 年，建成于 1964 年。类型为人行桥。高度为 4 米。以附近罗桥自然庄命名，沿用至今。
黄涧沟桥	Huángjiàngōu Qiáo	黄涧沟桥位于符离镇境内。所在线路为小圩路。所在河流为黄涧沟。最大载重量 55 吨，桥长 74.5 米，宽度 11 米，桥拱最大跨度为 8 米，始建于 1973 年，建成于 1974 年。类型为人行桥。高度为 11 米。因坐落于黄涧沟上，故而得名，沿用至今。
符离小桥	Fúlí Xiǎoqiáo	小桥位于符离镇境内。所在线路为横牛路。所在河流为黄涧沟。最大载重量 10 吨，桥长 45 米，宽度 8 米，桥拱最大跨度为 38 米，始建于 1973 年，建成于 1974 年。类型为人行桥。高度为 8 米。因当地居民称之为小桥，故而得名，沿用至今。
赵凤桥	Zhàofèng Qiáo	赵凤桥位于汴河镇境内。所在线路为黄梅路。所在河流为沱河。最大载重量 55 吨，桥长 39.2 米，宽度 4.4 米，桥拱最大跨度为 5.6 米，始建于 1980 年，建成于 2011 年。类型为人行桥。高度为 4.4 米。以附近赵凤自然庄命名，沿用至今。
亲岭桥	Qīnlǐng Qiáo	亲岭桥位于汴河镇境内。所在线路为王杨路。所在河流为沱河。最大载重量 55 吨，桥长 21.8 米，宽度 8 米，桥拱最大跨度为 18 米，始建于 1991 年，建成于 1992 年。类型为人行桥。高度为 8 米。以附近亲岭自然庄命名，沿用至今。
四清桥	Sìqīng Qiáo	四清桥位于汴河镇境内。所在线路为人民路，所在河流为新汴河。最大载重量 55 吨，桥长 20 米，宽度 8 米，桥拱最大跨度为 18 米，始建于 1991 年，建成于 1992 年。类型为人行桥。高度为 8 米。以附近四清自然庄命名，沿用至今。

标准名称	汉语拼音	备注
林口大桥	Línkǒu Dàqiáo	林口大桥位于时村镇境内。所在线路为刁山—东风公路。所在河流为奎河。最大载重量 55 吨，桥长 105 米，宽度 8.4 米，桥拱最大跨度为 26 米，始建于 1994 年，建成于 1995 年。类型为人行桥。高度为 8.4 米。以附近林口自然庄命名，沿用至今。
刁山大桥	Diāoshān Dàqiáo	刁山大桥位于时村镇境内。所在线路为孙巩路。所在河流为唐河。最大载重量 55 吨，桥长 85 米，宽度 5 米，桥拱最大跨度为 10 米，始建于 1970 年，建成于 1971 年。类型为人行桥。高度为 5 米。以附近刁山自然庄命名，沿用至今。
时西桥	Shíxī Qiáo	时西桥位于时村镇境内。所在线路为蒲圣路。所在河流为唐河。最大载重量 55 吨，桥长 32 米，宽度 4 米，桥拱最大跨度为 9 米，始建于 1976 年，建成于 1977 年。类型为人行桥。高度为 4 米。以附近时桥自然庄命名，沿用至今。
柳园东桥	Liǔyuán Dōngqiáo	柳园东桥位于桃沟乡境内。所在线路为三诸路。所在河流为双庆河。最大载重量 55 吨，桥长 60 米，宽度 5 米，桥拱最大跨度为 20 米，始建于 1973 年，建成于 1974 年。类型为人行桥。高度为 5 米。以附近柳园自然庄命名，沿用至今。
柳园西桥	Liǔyuán Xīqiáo	柳园西桥位于桃沟乡境内。所在线路为高寨后楼，所在河流为连沟。最大载重量 10 吨，桥长 60 米，宽度 6 米，桥拱最大跨度为 10 米，始建于 1976 年，建成于 1977 年。类型为人行桥。高度为 6 米。以附近柳园自然庄命名，沿用至今。
大曹家桥	Dàcáojiā Qiáo	大曹家桥位于桃沟乡境内。所在线路为高寨后楼，所在河流为连沟。最大载重量 10 吨，桥长 60 米，宽度 4 米，桥拱最大跨度为 20 米，始建于 1968 年，建成于 1969 年。类型为人行桥。高度为 4 米。以附近大曹自然庄命名，沿用至今。
大秦家桥	Dàqínjiā Qiáo	大秦家桥位于桃沟乡境内。所在线路为高寨后楼，所在河流为柳沟。最大载重量 10 吨，桥长 60 米，宽度 4 米，桥拱最大跨度为 20 米，始建于 1968 年，建成于 1969 年。类型为人行桥。高度为 4 米。以附近大秦家庄自然庄命名，沿用至今。
戴楼桥	Dàilóu Qiáo	戴楼桥位于永安镇境内。所在线路为东二铺—徐州公路。所在河流为方河。最大载重量 55 吨，桥长 30 米，宽度 5.5 米，桥拱最大跨度为 6 米，始建于 1972 年，建成于 1973 年。类型为人行桥。高度为 5.5 米。以附近戴楼自然庄命名，沿用至今。
潘湖桥	Pānhú Qiáo	潘湖桥位于永安镇境内。所在线路为李戴路。所在河流为股河。最大载重量 55 吨，桥长 40 米，宽度 5 米，桥拱最大跨度为 8 米，始建于 1969 年，建成于 1970 年。类型为人行桥。高度为 5 米。以附近潘湖自然庄命名，沿用至今。

标准名称	汉语拼音	备注
小王桥	Xiǎowáng Qiáo	小王桥位于永安镇境内。所在线路为三朱路。所在河流为永中沟。最大载重量55吨，桥长30米，宽度4米，桥拱最大跨度为15米，始建于1969年，建成于1970年。类型为人行桥。高度为4米。以附近小王家庄自然庄命名，沿用至今。
塘河桥	Tánghé Qiáo	塘河桥位于顺河乡境内。所在线路为周寨—鹤山公路，所在河流为方河。最大载重量55吨，桥长70米，宽度6米，桥拱最大跨度为15米，始建于1978年，建成于1979年。类型为人行桥。高度为6米。因坐落于塘河上而得名，沿用至今。
濉河桥	Suīhé Qiáo	濉河桥位于顺河乡境内。所在线路为顺河—杨段公路，所在河流为濉河。最大载重量10吨，桥长80米，宽度4米，桥拱最大跨度为16米，始建于1974年，建成于1975年。类型为人行桥。高度为4米。因坐落于濉河上而得名，沿用至今。
后湖桥	Hòuhú Qiáo	后湖桥位于顺河乡境内。所在线路为夹沟—蕲沟公路，所在河流为双庆河。最大载重量55吨，桥长70米，宽度7米，桥拱最大跨度为18米，始建于1972年，建成于1973年。类型为人行桥。高度为7米。以附近后湖自然庄命名，沿用至今。
大夏桥	Dàxià Qiáo	大夏桥位于苗庵乡境内。所在线路为中湖马王集，最大载重量55吨，桥长42米，宽度8米，桥拱最大跨度为10米，始建于1970年，建成于1971年。类型为人行桥。高度为8米。以附近大夏自然庄命名，沿用至今。
海汪大桥	Hǎiwāng Dàqiáo	海汪大桥位于苗庵乡境内。所在线路为造纸厂贺家，最大载重量55吨，桥长40米，宽度7米，桥拱最大跨度为10米，始建于1972年，建成于1973年。类型为人行桥。高度为7米。因当地老百姓称之为海汪桥，故而得名，沿用至今。
枪里桥	Qiānglǐ Qiáo	枪里桥位于蕲沟乡境内。所在线路为牛栏沟路。最大载重量55吨，桥长16米，宽度8米，桥拱最大跨度为16米，始建于1997年，建成于1998年。类型为人行桥。高度为8米。以附近枪里自然庄命名，沿用至今。
丰收桥	Fēngshōu Qiáo	丰收桥位于蕲沟乡境内。所在线路为牛栏沟路。最大载重量55吨，桥长16米，宽度8米，桥拱最大跨度为16米，始建于1997年，建成于1998年。类型为人行桥。高度为8米。象征丰收之意。1997年建设单位取名，沿用至今。
大戴家桥	Dàdàijiā Qiáo	大戴家桥位于灰古镇境内。所在线路为灰古傅湖，最大载重量55吨，桥长40米，宽度7米，桥拱最大跨度为10米，始建于1968年，建成于1969年。类型为人行桥。高度为7米。以附近大戴家庄自然庄命名，沿用至今。

标准名称	汉语拼音	备注
杨柳沟桥	Yángliǔgōu Qiáo	杨柳沟桥位于灰古镇境内。所在线路为灰古傅湖，最大载重量55吨，桥长25米，宽度6米，桥拱最大跨度为7米，始建于1972年，建成于1973年。类型为人行桥。高度为6米。因坐落于杨柳沟上，故而得名，沿用至今。
潘王桥	Pānwáng Qiáo	潘王桥位于灰古镇境内。所在线路为灰古傅湖，最大载重量10吨，桥长33.2米，宽度4.8米，桥拱最大跨度为6.6米，始建于1980年，建成于2011年。类型为人行桥。高度为4.8米。以附近潘王自然庄命名，沿用至今。
小李家桥	Xiǎolǐjiā Qiáo	小李家桥位于灰古镇境内。所在线路为韩岭二铺中，最大载重量55吨，桥长80米，宽度5米，桥拱最大跨度为20米，始建于1978年，建成于1979年。类型为人行桥。高度为5米。以附近小李自然庄命名，沿用至今。
小闸桥	Xiǎozhá Qiáo	小闸桥位于灰古镇境内。所在线路为韩岭二铺中，最大载重量55吨，桥长15米，宽度4米，桥拱最大跨度为5米，始建于1969年，建成于1970年。类型为人行桥。高度为4米。因坐落于小闸上，故而得名，沿用至今。
吕山头桥	Lǚshāntóu Qiáo	吕山头桥位于灰古镇境内。所在线路为灰古毛湖，最大载重量55吨，桥长35米，宽度4米，桥拱最大跨度为8米，始建于1970年，建成于1971年。类型为人行桥。高度为4米。以附近吕山头自然庄命名，沿用至今。
李桥	Lǐ Qiáo	李桥位于灰古镇境内。所在线路为碾盘八张，最大载重量55吨，桥长70米，宽度5米，桥拱最大跨度为7米，始建于1975年，建成于1976年。类型为人行桥。高度为5米。以附近李卢自然庄命名，沿用至今。
联备桥	Liánbèi Qiáo	联备桥位于大店镇境内。所在线路为代湖路。最大载重量55吨，桥长32米，宽度8米，桥拱最大跨度为32米，始建于1982年，建成于1983年。类型为人行桥。高度为8米。因当地老百姓称之联备桥，故而得名，沿用至今。
苑家桥	Yuànjiā Qiáo	苑家桥位于大店镇境内。所在线路为外环路。最大载重量55吨，桥长50米，宽度8米，桥拱最大跨度为5米，始建于1986年，建成于1987年。类型为人行桥。高度为8米。以附近苑家庄自然庄命名，沿用至今。
刘闵桥	Liúmǐn Qiáo	刘闵桥位于大店镇境内。所在线路为余东张桥，最大载重量55吨，桥长50米，宽度6米，桥拱最大跨度为32米，始建于1974年，建成于1975年。类型为人行桥。高度为6米。以附近刘家庄自然庄命名，沿用至今。
粮站桥	Liángzhàn Qiáo	粮站桥位于大店镇境内。所在线路为余东张桥，最大载重量55吨，桥长16米，宽度4米，桥拱最大跨度为8米，始建于1974年，建成于1975年。类型为人行桥。高度为4米。因坐落在大店镇粮站附近，故而得名，沿用至今。

标准名称	汉语拼音	备注
小李桥	Xiǎolǐ Qiáo	小李桥位于大店镇境内。所在线路为张大路。最大载重量 55 吨，桥长 46 米，宽度 6 米，桥拱最大跨度为 11 米，始建于 1962 年，建成于 1963 年。类型为人行桥。高度为 6 米。以附近小李自然庄命名，沿用至今。
罗家桥	Luójiā Qiáo	罗家桥位于大店镇境内。所在线路为肖汪路。最大载重量 55 吨，桥长 16 米，宽度 8 米，桥拱最大跨度为 16 米，始建于 1985 年，建成于 1986 年。类型为人行桥。高度为 8 米。以附近罗家庄自然庄命名，沿用至今。
关路陈桥	Guānlùchén Qiáo	关路陈桥位于芦岭镇境内。所在线路为沱展路。最大载重量 55 吨，桥长 22 米，宽度 6 米，桥拱最大跨度为 18 米，始建于 1984 年，建成于 1985 年。类型为人行桥。高度为 6 米。以附近关家庄自然庄命名，沿用至今。
秦家桥	Qínjiā Qiáo	秦家桥位于朱仙庄镇境内。所在线路为唐赵路。最大载重量 10 吨，桥长 60 米，宽度 6 米，桥拱最大跨度为 7 米，始建于 1969 年，建成于 1970 年。类型为人行桥。高度为 6 米。以附近秦家自然庄命名，沿用至今。
塔路桥	Tǎlù Qiáo	塔路桥位于朱仙庄镇境内。所在线路为三塔路。最大载重量 55 吨，桥长 43 米，宽度 6 米，桥拱最大跨度为 38 米，始建于 1993 年，建成于 1994 年。类型为人行桥。高度为 6 米。以所在线路命名，沿用至今。
小马桥	Xiǎomǎ Qiáo	小马桥位于朱仙庄镇境内。所在线路为朱宋路。最大载重量 55 吨，桥长 31 米，宽度 6 米，桥拱最大跨度为 31 米，始建于 1993 年，建成于 1994 年。类型为人行桥。高度为 6 米。以附近小马自然庄命名，沿用至今。
关桥	Guān Qiáo	关桥位于朱仙庄镇境内。所在线路为曾家路。最大载重量 10 吨，桥长 37.2 米，宽度 5.7 米，桥拱最大跨度为 13 米，始建于 1974 年，建成于 2011 年。类型为人行桥。高度为 5.7 米。以附近关桥自然庄命名，沿用至今。
曾家桥	Zēngjiā Qiáo	曾家桥位于朱仙庄镇境内。所在线路为曾家路。最大载重量 55 吨，桥长 28 米，宽度 7 米，桥拱最大跨度为 6 米，始建于 1969 年，建成于 1970 年。类型为人行桥。高度为 7 米。以附近曾家庄自然庄命名，沿用至今。
姬家桥	Jījiā Qiáo	姬家桥位于朱仙庄镇境内。所在线路为三乡路。最大载重量 55 吨，桥长 13 米，宽度 6 米，桥拱最大跨度为 13 米，始建于 1985 年，建成于 1986 年。类型为人行桥。高度为 6 米。以附近姬家庄自然庄命名，沿用至今。
小张家桥	Xiǎozhāngjiā Qiáo	小张家桥位于城东乡境内。所在线路为沱水路。最大载重量 55 吨，桥长 28 米，宽度 5 米，桥拱最大跨度为 12 米，始建于 1978 年，建成于 1979 年。类型为人行桥。高度为 5 米。以附近小张自然庄命名，沿用至今。

标准名称	汉语拼音	备注
后乔桥	Hòuqiáo Qiáo	后乔桥位于大泽乡镇境内。所在线路为龙四路。最大载重量10吨，桥长36米，宽度5米，桥拱最大跨度为9米，始建于1970年，建成于1971年。类型为人行桥。高度为5米。以附近后乔自然庄命名，沿用至今。
林伐桥	Línfá Qiáo	林伐桥位于大泽乡镇境内。所在线路为龙四路。最大载重量10吨，桥长15米，宽度6米，桥拱最大跨度为8米，始建于1971年，建成于1972年。类型为人行桥。高度为6米。因当地居民称之为林伐桥，故而得名，沿用至今。
陈桥	Chén Qiáo	陈桥位于大泽乡镇境内。所在线路为西门路。最大载重量55吨，桥长25米，宽度6米，桥拱最大跨度为18米，始建于1994年，建成于1995年。类型为人行桥。高度为6米。以附近陈桥自然庄命名，沿用至今。
涉故台桥	Shègùtái Qiáo	涉故台桥位于大泽乡镇境内。所在线路为陈全路。最大载重量55吨，桥长18.5米，宽度6米，桥拱最大跨度为18.5米，始建于1983年，建成于1984年。类型为人行桥。高度为6米。因坐落在大泽乡镇涉故台遗迹附近，故而得名，沿用至今。
桑水桥	Sāngshuǐ Qiáo	桑水桥位于大泽乡镇境内。所在线路为桑谷路。最大载重量55吨，桥长23.5米，宽度4米，桥拱最大跨度为11米。类型为人行桥。高度为4米。以附近桑水自然庄命名。桑水桥始建于1957年，建成于1958年，沿用至今。
脏水桥	Zāngshuǐ Qiáo	脏水桥位于北杨寨乡境内。所在线路为杨寨大张，最大载重量55吨，桥长19米，宽度4米，桥拱最大跨度为9米。类型为人行桥。高度为4米。因当地老百姓称之为脏水桥，故而得名。脏水桥始建于1974年，建成于1975年，沿用至今。
曹桥	Cáo Qiáo	曹桥位于北杨寨乡境内。所在线路为杨寨大张，最大载重量55吨，桥长61米，宽度6米，桥拱最大跨度为10米。类型为人行桥。高度为6米。以附近曹桥自然庄命名。曹桥始建于1974年，建成于1975年，沿用至今。
丁楼桥	Dīnglóu Qiáo	丁楼桥位于北杨寨乡境内。所在线路为道口石圩，最大载重量55吨，桥长17.2米，宽度4.6米，桥拱最大跨度为5.5米。类型为人行桥。高度为4.6米。以附近丁楼自然庄命名。丁楼桥始建于1972年，建成于2011年，沿用至今。
张沈桥	Zhāngshěn Qiáo	张沈桥位于北杨寨乡境内。所在线路为谷岭—东坪集公路。最大载重量10吨，桥长85米，宽度5米，桥拱最大跨度为10米。类型为人行桥。高度为5米。以附近张沈自然庄命名。张沈桥始建于1976年，建成于1977年，沿用至今。

标准名称	汉语拼音	备注
曹塘桥	Cáotáng Qiáo	曹塘桥位于蕲县镇境内。所在线路为徐桥—邱园公路。最大载重量55吨，桥长30米，宽度6米，桥拱最大跨度为10米。类型为人行桥。高度为6米。以附近曹塘自然庄命名。曹塘桥始建于1977年，建成于1978年，沿用至今。
单寨大桥	Shànzhài Dàqiáo	单寨大桥位于蕲县镇境内。所在线路为西杨寨—蕲东公路。最大载重量55吨，桥长31.4米，宽度4米，桥拱最大跨度为15.5米。类型为人行桥。高度为4米。以附近单寨自然庄命名。单寨大桥始建于1963年，建成于1964年，沿用至今。
后孙大桥	Hòusūn Dàqiáo	后孙大桥位于蕲县镇境内。所在线路为邱园—团结公路。最大载重量55吨，桥长20.7米，宽度6米，桥拱最大跨度为18米。类型为人行桥。高度为6米。以附近后孙自然庄命名。后孙大桥始建于1979年，建成于1980年，沿用至今。
陈拐子大桥	Chénguǎizi Dàqiáo	陈拐子大桥位于蕲县镇境内。所在线路为邱园—团结公路。最大载重量55吨，桥长11米，宽度6米，桥拱最大跨度为11米。类型为人行桥。高度为6米。以附近陈拐子自然庄命名。陈拐子大桥始建于1974年，建成于1975年，沿用至今。
黄沟桥	Huánggōu Qiáo	黄沟桥位于蕲县镇境内。所在线路为邱园—团结公路。最大载重量55吨，桥长16.8米，宽度6米，桥拱最大跨度为16.8米。类型为人行桥。高度为6米。以附近黄沟自然庄命名。黄沟桥始建于1984年，建成于1985年，沿用至今。
双龙桥	Shuānglóng Qiáo	双龙桥位于蕲县镇境内。所在线路为团结—刘圩公路。最大载重量55吨，桥长13.6米，宽度6米，桥拱最大跨度为13.6米。类型为人行桥。高度为6米。以附近双龙沟命名。双龙桥始建于1993年，建成于1994年，沿用至今。
土楼桥	Tǔlóu Qiáo	土楼桥位于永镇乡境内。所在线路为邵杨—红旗公路。最大载重量55吨，桥长85米，宽度6米，桥拱最大跨度为26米。类型为人行桥。高度为6米。以附近土楼自然庄命名。土楼桥始建于1974年，建成于1975年，沿用至今。
张巷桥	Zhāngxiàng Qiáo	张巷桥位于永镇乡境内。所在线路为邵杨—红旗公路。最大载重量55吨，桥长15.8米，宽度6米，桥拱最大跨度为15.8米。类型为人行桥。高度为6米。以附近张巷自然庄命名。张巷桥始建于1977年，建成于1978年，沿用至今。
小单桥	Xiǎoshàn Qiáo	小单桥位于永镇乡境内。所在线路为禅堂—关湖公路。最大载重量55吨，桥长12米，宽度6米，桥拱最大跨度为12米。类型为人行桥。高度为6米。以附近小单自然庄命名。小单桥始建于1975年，建成于1976年，沿用至今。
西方桥	Xīfāng Qiáo	西方桥位于永镇乡境内。所在线路为陈李—张圩公路。最大载重量55吨，桥长85米，宽度5米，桥拱最大跨度为25米。类型为人行桥。高度为5米。因当地老百姓称之为西方桥，故而得名。西方桥始建于1974年，建成于1975年，沿用至今。

标准名称	汉语拼音	备注
张圩桥	Zhāngwéi Qiáo	张圩桥位于永镇乡境内。所在线路为陈李—瓦房公路。最大载重量 55 吨，桥长 85.54 米，宽度 5 米，桥拱最大跨度为 20 米。类型为人行桥。高度为 5 米。以附近张圩自然庄命名。张圩桥始建于 1978 年，建成于 2011 年，沿用至今。
方店大河桥	Fāngdiàn Dàhé Qiáo	方店大河桥位于永镇乡境内。所在线路为中马—王集公路。最大载重量 55 吨，桥长 37.7 米，宽度 4 米，桥拱最大跨度为 18 米。类型为人行桥。高度为 4 米。以附近方店大河命名。方店大河桥始建于 1957 年，建成于 1958 年，沿用至今。
方桥	Fāng Qiáo	方桥位于永镇乡境内。所在线路为陈李—瓦房公路。最大载重量 10 吨，桥长 15 米，宽度 6 米，桥拱最大跨度为 15 米。类型为人行桥。高度为 6 米。以附近方桥自然庄命名。方桥始建于 1957 年，建成于 1958 年，沿用至今。
杨家地桥	Yángjiādì Qiáo	杨家地桥位于永镇乡境内。所在线路为关湖—瓦房公路。最大载重量 55 吨，桥长 85 米，宽度 7 米，桥拱最大跨度为 26 米。类型为人行桥。高度为 7 米。以附近杨家庄自然庄命名。杨家地桥始建于 1971 年，建成于 1972 年，沿用至今。
后楼桥	Hòulóu Qiáo	后楼桥位于大营镇境内。所在线路为芦南—陈堂公路。最大载重量 55 吨，桥长 21 米，宽度 4 米，桥拱最大跨度为 6 米。类型为人行桥。高度为 4 米。以附近后楼自然庄命名。后楼桥始建于 1970 年，建成于 1971 年，沿用至今。
后户桥	Hòuhù Qiáo	后户桥位于大营镇境内。所在线路为永镇—镇东公路，最大载重量 10 吨，桥长 18 米，宽度 5 米，桥拱最大跨度为 7 米。类型为人行桥。高度为 5 米。以附近后户自然庄命名。后户桥始建于 1982 年，建成于 1983 年，沿用至今。
团结沟桥	Tuánjiégōu Qiáo	团结沟桥位于大营镇境内。所在线路为刘石桥—王余公路。最大载重量 55 吨，桥长 21 米，宽度 4 米，桥拱最大跨度为 10 米。类型为人行桥。高度为 4 米。以美好寓意命名。团结沟桥始建于 1980 年，建成于 1981 年，沿用至今。
袁家桥	Yuánjiā Qiáo	袁家桥位于大营镇境内。所在线路为陶大巷—孙庄公路。最大载重量 10 吨，桥长 20 米，宽度 4 米，桥拱最大跨度为 7 米。类型为人行桥。高度为 4 米。以附近袁家庄自然庄命名。袁家桥始建于 1968 年，建成于 1969 年，沿用至今。
前左桥	Qiánzuǒ Qiáo	前左桥位于大营镇境内。所在线路为陶大巷—孙庄公路。最大载重量 55 吨，桥长 21 米，宽度 5 米，桥拱最大跨度为 10 米。类型为人行桥。高度为 5 米。以附近前马自然庄命名。前左桥始建于 1969 年，建成于 1970 年，沿用至今。
碾盘桥	Niǎnpán Qiáo	碾盘桥位于大营镇境内。所在线路为大营—张圩公路。最大载重量 55 吨，桥长 30 米，宽度 6 米，桥拱最大跨度为 10 米。类型为人行桥。高度为 6 米。以附近碾盘自然庄命名。碾盘桥始建于 1970 年，建成于 1971 年，沿用至今。

标准名称	汉语拼音	备注
解放桥	Jiěfàng Qiáo	解放桥位于大营镇境内。所在线路为大营—张圩公路。最大载重量55吨，桥长20米，宽度4米，桥拱最大跨度为10米。类型为人行桥。高度为4米。以附近解放自然庄命名。解放桥始建于1964年，建成于1965年，沿用至今。
三八车桥	Sānbā Chēqiáo	三八车桥位于三八乡境内。所在线路为育才路。最大载重量55吨，桥长28米，宽度6米，桥拱最大跨度为18米。类型为公路桥。高度为6米。以附近三八车自然庄命名。三八车桥始建于1963年，建成于1964年，沿用至今。
六里桥	Liùlǐ Qiáo	六里桥位于三八乡境内。所在线路为银河二路。最大载重量55吨，桥长22.5米，宽度4米，桥拱最大跨度为11米。类型为人行桥。高度为4米。以附近六里自然庄命名。六里桥始建于1963年，建成于1964年，沿用至今。
胡家桥	Hújiā Qiáo	胡家桥位于三八乡境内。所在线路为银河二路。最大载重量55吨，桥长21米，宽度4米，桥拱最大跨度为10米。类型为人行桥。高度为4米。以附近胡家庄自然庄命名。胡家桥始建于1965年，建成于1966年，沿用至今。
马料沟桥	Mǎliàogōu Qiáo	马料沟桥位于永镇乡境内。所在线路为方店—禅堂公路。所在河流为澥河。桥梁长度为18米，最大载重量为25吨，宽度为6米，高度为2米，最大跨度为22米。桥梁为预制板梁结构，平面公路桥梁。类型为公路桥。高度为8米。因该桥位于固镇县湖沟镇旗王村马料沟之上，故得名马料沟桥。1987年修建，建成于1987年，因所跨排水沟得名。其间经历改造修建，一直至今。

砀山县桥梁

标准名称	汉语拼音	备注
北关护城河桥	Běiguān Hùchénghé Qiáo	位于砀城镇芒砀路。类型为公路桥，所在线路为芒砀路，所跨河流为护城河，最大载重量为20吨，长度为25米，宽度为15米，高度为13米，最大跨度为6米。以北关护城河名称得名。北关护城河桥始建于1955年，建成于1956年，名称沿用至今。
程楼桥	Chénglóu Qiáo	位于周寨镇东环路。类型为公路桥，所在线路为东环路，所跨河流为无名沟，最大载重量为20吨，长度为39米，宽度为4米，高度为2米，最大跨度为38米。以程楼名称得名。程楼桥始建于1977年，同年建成，名称沿用至今。

标准名称	汉语拼音	备注
大洪河桥	Dàhónghé Qiáo	位于程庄镇潘梁路。类型为公路桥，所在线路为潘梁路，所跨河流为东洪河，最大载重量为20吨，长度为11米，宽度为5.7米，高度为3.7米，最大跨度为8米。以大洪河名称得名。大洪河桥始建于1984年，同年建成，名称沿用至今。
东关护城河桥	Dōngguān Hùchénghé Qiáo	位于砀城镇人民东路。类型为公路桥，所在线路为人民东路，所跨河流为护城河，最大载重量为20吨，长度为25米，宽度为15米，高度为13米，最大跨度为6米。以东关护城河名称得名。东关护城河桥始建于1955年，建成于1956年，名称沿用至今。
东关外环桥	Dōngguān Wàihuán Qiáo	位于砀城镇人民东路。类型为公路桥，所在线路为人民东路，所跨河流为护城河，最大载重量为20吨，长度为26米，宽度为25米，高度为23米，最大跨度为7米。以东关外环名称得名。东关外环桥始建于1956年，建成于1957年，名称沿用至今。
丰屯桥	Fēngtún Qiáo	位于李庄镇毛徐路。类型为公路桥，所在线路为毛徐路，所跨河流为无名沟，最大载重量为20吨，长度为20米，宽度为3.5米，高度为2米，最大跨度为13米。以丰屯名称得名。丰屯桥始建于1984年，同年建成，名称沿用至今。
李庵桥	Lǐ’ān Qiáo	位于砀城镇谢窦路。类型为公路桥，所在线路为谢窦路，所跨河流为无名沟，最大载重量为20吨，长度为15米，宽度为4米，高度为2米，最大跨度为15米。以李庵庄名称得名。李庵桥始建于1978年，同年建成，名称沿用至今。
李楼桥	Lǐlóu Qiáo	位于程庄镇程王路。类型为公路桥，所在线路为程王路，所跨河流为无名沟，最大载重量为20吨，长度为50米，宽度为5米，高度为3米，最大跨度为40米。以李楼名称得名。李楼桥始建于1975年，同年建成，名称沿用至今。
南关护城河桥	Nánguān Hùchénghé Qiáo	位于砀城镇芒砀路。类型为公路桥，所在线路为芒砀路，所跨河流为护城河，最大载重量为20吨，长度为30米，宽度为15米，高度为13米，最大跨度为8米。以南关护城河名称得名。南关护城河桥始建于1957年，同年建成，名称沿用至今。
三八桥	Sānbā Qiáo	位于李庄镇汪毛路。类型为公路桥，所在线路为汪毛路，所跨河流为杨沟，最大载重量为20吨，长度为16.04米，宽度为4.5米，高度为2.5米，最大跨度为6米。以三八沟名称得名。三八桥始建于1994年，同年建成，名称沿用至今。
三里河桥	Sānlǐhé Qiáo	位于关帝庙镇赵汤路。类型为公路桥，所在线路为赵汤路，所跨河流为三里河，最大载重量为20吨，长度为12米，宽度为4米，高度为2米，最大跨度为12米。以三里河名称而得名。三里河桥始建于1979年，同年建成，名称沿用至今。

标准名称	汉语拼音	备注
王明集桥	Wángmíngjí Qiáo	位于程庄镇黄薛路。类型为公路桥，所在线路为黄薛路，所跨河流为无名沟，最大载重量为20吨，长度为26米，宽度为4.5米，高度为2.5米，最大跨度为26米。以王明集庄名称得名。王明集桥始建于1978年，同年建成，名称沿用至今。
王湾桥	Wángwān Qiáo	位于朱楼镇朱张路。类型为公路桥，所在线路为朱张路，所跨河流为无名沟，最大载重量为20吨，长度为29米，宽度为4米，高度为2米，最大跨度为17.6米。以王湾庄名称得名。王湾桥始建于1982年，同年建成，名称沿用至今。
王窑桥	Wángyáo Qiáo	位于关帝庙镇毛郭路。类型为公路桥，所在线路为毛郭路，所跨河流为阚沟，最大载重量为20吨，长度为28.44米，宽度为4.9米，高度为2.9米，最大跨度为12米。以王窑庄名称得名。王窑桥始建于1964年，同年建成，名称沿用至今。
王药铺桥	Wángyàopù Qiáo	位于周寨镇葛玄路。类型为公路桥，所在线路为葛玄路，所跨河流为无名沟，最大载重量为20吨，长度为16.5米，宽度为5.5米，高度为3.5米，最大跨度为6.6米。以王药铺庄名称得名。王药铺桥始建于1979年，同年建成，名称沿用至今。
魏集桥	Wèijí Qiáo	位于良梨镇王陈路。类型为公路桥，所在线路为王陈路，所跨河流为文家河，最大载重量为20吨，长度为26.3米，宽度为4.5米，高度为2.5米，最大跨度为24米。以魏集庄名称得名。魏集桥始建于1977年，同年建成，名称沿用至今。
五中桥	Wǔzhōng Qiáo	位于砀城镇人民路。类型为公路桥，所在线路为人民路，所跨河流为利民河，最大载重量为15吨，长度为40米，宽度为8米，高度为6米，最大跨度为15米。以砀山县第五中学简称五中得名。五中桥始建于1989年，同年建成，名称沿用至今。
西关护城河桥	Xīguān Hùchénghé Qiáo	位于砀城镇人民路。类型为公路桥，所在线路为人民路，所跨河流为护城河，最大载重量为20吨，长度为25米，宽度为15米，高度为13米，最大跨度为15米。以西关护城河名称得名。西关护城河桥始建于1955年，建成于1956年，名称沿用至今。
西关桥	Xīguān Qiáo	位于砀城镇砀官路。类型为公路桥，所在线路为砀官路，所跨河流为环城河，最大载重量为20吨，长度为30米，宽度为4.5米，高度为2.5米，最大跨度为30米。以西关名称得名。西关桥始建于1980年，同年建成，名称沿用至今。
西关外环桥	Xīguān Wàihuán Qiáo	位于砀城镇人民路。类型为公路桥，所在线路为人民路，所跨河流为护城河，最大载重量为20吨，长度为25米，宽度为15米，高度为13米，最大跨度为6米。以西关外环名称得名。西关外环桥始建于1959年，同年建成，名称沿用至今。

标准名称	汉语拼音	备注
金山桥	Jīnshān Qiáo	位于砀城镇西毛路。类型为公路桥，所在线路为西毛路，所跨河流为多民河，最大载重量为20吨，长度为28米，宽度为4米，高度为2米，最大跨度为28米。以金山名称得名。金山桥始建于1971年，同年建成，名称沿用至今。
样板桥	Yàngbǎn Qiáo	位于唐寨镇西大路。类型为公路桥，所在线路为西大路，所跨河流为无名沟，最大载重量为20吨，长度为14.04米，宽度为4.5米，高度为2.5米，最大跨度为13米。作为样板为其他桥所参考，故名。样板桥始建于1978年，同年建成，名称沿用至今。
姚屯桥	Yáotún Qiáo	位于赵屯镇时杨路。类型为公路桥，所在线路为时杨路，所跨河流为无名沟，最大载重量为20吨，长度为13米，宽度为5.2米，高度为3.2米，最大跨度为10米。以姚屯名称得名。姚屯桥始建于1985年，同年建成，名称沿用至今。
殷庄闸桥	Yīnzhuāngzhá Qiáo	位于李庄镇殷庄路。类型为公路桥，所在线路为殷庄路，所跨河流为利民河，最大载重量为20吨，长度为20米，宽度为6米，高度为4米，最大跨度为4米。以殷庄闸名称得名。殷庄闸桥始建于1875年，建成于1877年，名称沿用至今。
引黄桥	Yǐnhuáng Qiáo	位于曹庄镇西曹路。类型为公路桥，所在线路为西曹路，所跨河流为引黄沟，最大载重量为20吨，长度为10.5米，宽度为3.45米，高度为2米，最大跨度为5.5米。以引黄沟名称得名。引黄桥始建于1972年，同年建成，名称沿用至今。
英雄桥	Yīngxióng Qiáo	位于砀山001县道。类型为公路桥，所在线路为001县道，所跨河流为黄河故道，最大载重量为20吨，长度为127米，宽度为13米，高度为11米，最大跨度为16米。为纪念朝鲜上甘岭战斗中英勇牺牲的战士，故名。1973年，砀山县人民政府批准命名。英雄桥始建于1973年，同年建成，名称沿用至今。
迎建桥	Yíngjiàn Qiáo	位于李庄镇黄薛路。类型为公路桥，所在线路为黄薛路，所跨河流为利民河，最大载重量为20吨，长度为25米，宽度为6.56米，高度为2米，最大跨度为24米。以迎建庄名称得名。迎建桥始建于1972年，同年建成，名称沿用至今。
永红桥	Yǒnghóng Qiáo	位于关帝庙镇砀永路。类型为公路桥，所在线路为砀永路，所跨河流为汤沟，最大载重量为20吨，长度为30.04米，宽度为7.2米，高度为5.2米，最大跨度为20米。取“星旗永扬国运红”中“永、红”二字得名。永红桥始建于1973年，同年建成，名称沿用至今。
张新庄桥	Zhāngxīnzhuāng Qiáo	位于赵屯镇吕下路。类型为公路桥，所在线路为吕下路，所跨河流为无名沟，最大载重量为20吨，长度为11米，宽度为5.2米，高度为3.2米，最大跨度为8米。以张新庄名称得名。张新庄桥始建于1984年，同年建成，名称沿用至今。

标准名称	汉语拼音	备注
赵堤口桥	Zhàodīkǒu Qiáo	位于砀城镇毛油坊路。类型为公路桥，所在线路为毛油坊路，所跨河流为无名沟，最大载重量为20吨，长度为15.54米，宽度为7.7米，高度为5.7米，最大跨度为10米。以赵堤口庄名称得名。赵堤口桥始建于1977年，同年建成，名称沿用至今。
周楼桥	Zhōulóu Qiáo	位于周寨镇葛玄路。类型为公路桥，所在线路为葛玄路，所跨河流为无名沟，最大载重量为20吨，长度为12.8米，宽度为6.5米，高度为4.5米，最大跨度为12米。以周楼庄名称得名。周楼桥始建于2002年，同年建成，名称沿用至今。
周平庄桥	Zhōupíngzhuāng Qiáo	位于周寨镇环镇路。类型为公路桥，所在线路为环镇路，所跨河流为无名沟，最大载重量为20吨，长度为17.24米，宽度为4.7米，高度为2.7米，最大跨度为16米。以周平庄名称得名。周平庄桥始建于1982年，同年建成，名称沿用至今。
周寨北桥	Zhōuzhài Běiqiáo	位于周寨镇葛玄路。类型为公路桥，所在线路为葛玄路，所跨河流为无名沟，最大载重量为20吨，长度为26米，宽度为4.5米，高度为2.5米，最大跨度为26米。以周寨名称得名。周寨北桥始建于2003年，同年建成，名称沿用至今。
周寨桥	Zhōuzhài Qiáo	位于周寨镇葛玄路。类型为公路桥，所在线路为葛玄路，所跨河流为无名沟，最大载重量为20吨，长度为24米，宽度为6米，高度为4米，最大跨度为12.4米。以周寨名称得名。周寨桥始建于1977年，同年建成，名称沿用至今。
周庄桥	Zhōuzhuāng Qiáo	位于朱楼镇朱张路。类型为公路桥，所在线路为朱张路，所跨河流为汤沟，最大载重量为20吨，长度为15米，宽度为4米，高度为2米，最大跨度为15米。以周庄名称得名。周庄桥始建于1985年，同年建成，名称沿用至今。
周庄闸桥	Zhōuzhuāngzhá Qiáo	位于关帝庙镇砀永路。类型为公路桥，所在线路为砀永路，所跨河流为无名沟，最大载重量为20吨，长度为42米，宽度为7.4米，高度为5.4米，最大跨度为20米。以周庄闸名称得名。周庄闸桥始建于1976年，同年建成，名称沿用至今。
朱店桥	Zhūdiàn Qiáo	位于李庄镇新蒋路。类型为公路桥，所在线路为新蒋路，所跨河流为利民河，最大载重量为20吨，长度为7.24米，宽度为4.5米，高度为2.5米，最大跨度为6米。以朱店庄名称得名。朱店桥始建于1978年，同年建成，名称沿用至今。

灵璧县桥梁

标准名称	汉语拼音	备注
新濉河桥	Xīnsuīhé Qiáo	又称小杨桥，位于禅堂东边双（沟）灵（璧）公路35K+970处(小杨庄)，跨新濉河。新濉河桥，10孔桥，桥全长134.9米，桥面全宽8.5米，桥面净宽7米，最大跨度132.6米，单孔最大跨径13.3米。设计荷载为公路－Ⅱ级。桥梁最大载重量为40吨。因该桥梁所跨河流为新濉河，故名新濉河桥。1983年建成，灵璧县交通部门命名为新濉河桥。新濉河桥原为木架桥，建于1955年。后因腐朽，于1965年改建为钢筋混凝土排架墩、台，木梁木面桥。1981年，安徽省公路管理局投资，在原桥上游15米处另建新桥。后改为工型梁微弯板桥结构，大桥于1982年4月动工，全工程1983年5月竣工，名称沿用至今。
禅堂桥	Chántáng Qiáo	位于禅堂街双（沟）灵（璧）公路16K+500处，跨唐河。禅堂桥，四孔桥，桥全长86米，桥面全宽12米，桥面净宽10.5米，最大跨度80米，单孔最大跨径20米。设计荷载为公路－Ⅱ级。桥梁最大载重量为40吨。因该桥梁坐落于禅堂村，故名禅堂桥。2005年建成，灵璧县交通部门命名为禅堂桥。禅堂桥原为木架桥，建于1955年。因木桥腐朽，1967年省公路局投资改建。由宿县地区公路站测设与施工，同年12月动工。由于“文化大革命”干扰，施工人员不固定，时干时停，于1969年底竣工，工期长达2年。2004年在该桥下游300米处另建新桥，名称沿用至今。
沈佘桥	Shěnshé Qiáo	位于禅堂街南约2千米沈佘庄，在双（沟）灵（璧）路上，跨新河。沈佘桥，四孔桥，桥全长68米，桥面全宽9米，最大跨度60米，单孔最大跨径15米，上部结构为钢筋混凝土工型梁，下部为钢筋混凝土灌注桩桥墩。设计荷载为公路－Ⅱ级。桥梁最大载重量为40吨。因该桥梁坐落于沈佘庄，故名沈佘桥。1956年建成，灵璧县交通部门命名为沈佘桥。沈佘桥原为木桥，1955年建。因木桥腐朽，1966年在木桥东侧改建了钢筋混凝土板梁桥。1991年6月又在原木桥址重建了现在的桥梁，名称沿用至今。
潘集闸桥	Pānjízhá Qiáo	位于禅堂乡潘集庄北0.5千米，在禅（堂）创（业）路上，跨唐河。潘集闸桥，六孔桥，桥全长64米，桥面全宽6米，最大跨度12.9米，单孔最大跨径4米，原闸桥为石墩台，后建的为钢筋混凝土墩台。设计荷载为公路－Ⅱ级桥梁最大载重量为40吨。因该桥梁坐落于潘集庄，闸桥两用，故名潘集闸桥。该闸桥初建于1958年，1959年建成，灵璧县交通部门命名为潘集闸桥。1999年，又在其南端加建4孔，原闸桥为石墩台，后建的为钢筋混凝土墩台，名称沿用至今。

标准名称	汉语拼音	备注
张禅桥	Zhāngchán Qiáo	位于禅堂北约 1 千米，在渔（沟）禅（堂）路上。三孔桥，桥全长 28 米，桥面全宽 5 米，最大跨度 28 米，单孔最大跨径 24 米。设计荷载为公路－Ⅱ级。桥梁最大载重量为 40 吨。因该桥梁坐落于张禅村，故灵璧县交通部门命名为张禅桥。该桥建成于 1995 年 12 月，为空腹式钢筋混凝土双曲线拱桥，名称沿用至今。
小许桥	Xiǎoxǔ Qiáo	位于禅堂乡小潘村小许家。小许桥为板拱石单孔桥，桥全长 16 米，桥面全宽 6 米，桥面净宽 5 米，最大跨度 10 米，单孔最大跨径 10 米。设计荷载为汽车 −10 级。桥梁最大载重量为 10 吨。因该桥梁坐落于小许家，故灵璧县交通部门命名为小许桥。1980 年动工，1981 年竣工启用，沿用此名称至今。
蒿王桥	Hāowáng Qiáo	位于朝阳镇蒿王韩山村。蒿王桥为板拱石三孔桥，桥全长 23 米，桥面全宽 6 米，桥面净宽 4.5 米，最大跨度 15 米，单孔最大跨径 5 米。设计荷载为汽车 −10 级。桥梁最大载重量为 10 吨。因该桥梁坐落于蒿王韩山村，故灵璧县交通部门命名为蒿王桥。1975 年动工，1976 年竣工启用，沿用此名称至今。
大湖桥	Dàhú Qiáo	位于朝阳镇大湖村。大湖桥为空心板梁钢筋混凝土双孔桥，桥全长 24.04 米，桥面全宽 5.5 米，桥面净宽 4.5 米，最大跨度 20 米，单孔最大跨径 10 米。设计荷载为汽车 −10 级。桥梁最大载重量为 10 吨。因该桥梁坐落于大湖村，故灵璧县交通部门命名为大湖桥。大湖桥 1978 年动工，2011 年竣工启用，沿用此名称至今。
陆圩南桥	Lùxū Nánqiáo	位于朝阳镇陆圩村。陆圩南桥为板拱石双孔桥，桥全长 16 米，桥面全宽 6 米，桥面净宽 5.5 米，最大跨度 8 米，单孔最大跨径 4 米。设计荷载为汽车 −10 级。桥梁最大载重量为 10 吨。因该桥梁坐落于陆圩村南部，故灵璧县交通部门命名为陆圩南桥。陆圩南桥 1973 年动工，1974 年竣工启用，沿用此名称至今。
枕山东桥	Zhěnshān Dōngqiáo	位于朝阳镇陆圩村。枕山东桥为板拱石单孔桥，桥全长 13 米，桥面全宽 6 米，桥面净宽 4 米，最大跨度 5 米，单孔最大跨径 5 米。设计荷载为汽车 −10 级。桥梁最大载重量为 10 吨。因该桥梁坐落于枕山东部，故灵璧县交通部门命名为枕山东桥。枕山东桥 1973 年动工，1974 年竣工启用，沿用此名称至今。
朱元桥	Zhūyuán Qiáo	朱元桥位于朝阳镇贯山村。朱元桥为板拱石三孔桥，桥全长 44 米，桥面全宽 5 米，桥面净宽 4 米，最大跨度 36 米，单孔最大跨径 12 米。设计荷载为汽车 −10 级。桥梁最大载重量为 10 吨。因该桥梁坐落于朱元庄，灵璧县交通部门命名为朱元桥。朱元桥 1973 年动工，1974 年竣工启用，沿用此名称至今。

标准名称	汉语拼音	备注
八集桥	Bājí Qiáo	八集桥位于朝阳镇八集村。八集桥为板拱石三孔桥，桥全长44米，桥面全宽6米，桥面净宽5米，最大跨度36米，单孔最大跨径12米。设计荷载为汽车−10级。桥梁最大载重量为10吨。因该桥梁坐落于八集村，灵璧县交通部门命名为八集桥。八集桥1971年动工，1972年竣工启用，沿用此名称至今。
孟邵东桥	Mèngshào Dōngqiáo	位于朝阳镇孟邵村。孟邵东桥为板拱石单孔桥，桥全长13米，桥面全宽5米，桥面净宽4.5米，最大跨度5米，单孔最大跨径5米。设计荷载为汽车−10级。桥梁最大载重量为10吨。因该桥梁坐落于孟邵村东部，灵璧县交通部门命名为孟邵东桥。孟邵东桥1974年动工，1975年竣工启用，沿用此名称至今。
旗杆桥	Qígān Qiáo	位于朝阳镇旗杆村。旗杆桥为板拱石双孔桥，桥全长22米，桥面全宽6米，桥面净宽5.5米，最大跨度16米，单孔最大跨径8米。设计荷载为汽车−10级。桥梁最大载重量为10吨。因该桥梁坐落于旗杆村，故灵璧县交通部门命名为旗杆桥。旗杆桥1977年动工，1978年竣工启用，沿用此名称至今。
大赵西桥	Dàzhào Xīqiáo	位于朝阳镇大赵村。大赵西桥为板拱石单孔桥，桥全长10米，桥面全宽6米，桥面净宽4米，最大跨度10米，单孔最大跨径10米。设计荷载为汽车−10级。桥梁最大载重量为10吨。因该桥梁坐落于大赵村西部，故灵璧县交通部门命名为大赵西桥。1974年动工，1975年竣工启用，沿用此名称至今。
枕山北桥	Zhěnshān Běiqiáo	枕山北桥位于朝阳镇枕山村。枕山北桥为板拱石单孔桥，桥全长10米，桥面全宽6米，桥面净宽4米，最大跨度10米，单孔最大跨径10米。设计荷载为汽车−10级。桥梁最大载重量为10吨。因该桥梁坐落于枕山村北部，故灵璧县交通部门命名为枕山北桥。1974年动工，1975年竣工启用，沿用此名称至今。
枕山西桥	Zhěnshān Xīqiáo	位于朝阳镇枕山村。枕山西桥为板拱石单孔桥，桥全长16米，桥面全宽6米，桥面净宽4米，最大跨度12米，单孔最大跨径12米。设计荷载为汽车−10级。桥梁最大载重量为10吨。因该桥梁坐落于枕山村西部，故灵璧县交通部门命名为枕山西桥。1974年动工，1975年竣工启用，沿用此名称至今。
陆圩北桥	Lùxū Běiqiáo	位于朝阳镇陆圩村。陆圩北桥为板拱石三孔桥，桥全长16米，桥面全宽6米，桥面净宽4米，最大跨度12米，单孔最大跨径4米。设计荷载为汽车−10级。桥梁最大载重量为10吨。因该桥梁坐落于陆圩村北部，故灵璧县交通部门命名为陆圩北桥。1974年动工，1975年竣工启用，沿用此名称至今。

标准名称	汉语拼音	备注
大赵桥	Dàzhào Qiáo	位于朝阳镇大赵村。大赵桥为板拱石双孔桥，桥全长16米，桥面全宽5米，桥面净宽4.5米，最大跨度10米，单孔最大跨径5米。设计荷载为汽车－10级。桥梁最大载重量为10吨。因该桥梁坐落于大赵村，故灵璧县交通部门命名为大赵桥。1975年动工，1976年竣工启用，沿用此名称至今。
赵前桥	Zhàoqián Qiáo	位于朝阳镇大赵村。赵前桥为板拱石单孔桥，桥全长21米，桥面全宽6米，桥面净宽4米，最大跨度15米，单孔最大跨径15米。设计荷载为汽车－10级。桥梁最大载重量为10吨。因该桥梁坐落于赵前村，故灵璧县交通部门命名为赵前桥。1974年动工，1975年竣工启用，沿用此名称至今。
嶂渠南桥	Zhàngqú Nánqiáo	位于朝阳镇嶂渠村。嶂渠南桥为板拱石单孔桥，桥全长11米，桥面全宽6米，桥面净宽4米，最大跨度5米，单孔最大跨径5米。设计荷载为汽车－10级。桥梁最大载重量为10吨。因该桥梁坐落于嶂渠村南部，故灵璧县交通部门命名为嶂渠南桥。1974年动工，1975年竣工启用，沿用此名称至今。
京渠南桥	Jīngqú Nánqiáo	位于朝阳镇京渠村。京渠南桥为板拱石单孔桥，桥全长12米，桥面全宽6米，桥面净宽4米，最大跨度6米，单孔最大跨径6米。设计荷载为汽车－10级。桥梁最大载重量为10吨。因该桥梁坐落于京渠村南部，故灵璧县交通部门命名为京渠南桥。1974年动工，1975年竣工启用，沿用此名称至今。
大路街桥	Dàlùjiē Qiáo	位于大路街里，在双（沟）灵（璧）路上，跨老濉河。大路街桥是三孔桥，桥全长46米，桥面全宽12米，最大跨度26米，单孔最大跨径13米。设计荷载为公路－Ⅱ级。桥梁最大载重量为40吨。因该桥梁坐落于大路街里，故灵璧县交通部门命名为大路街桥。原桥为1941年日本侵略者所建，石墩木梁；新中国成立后曾更换木梁，1971年改建为钢筋混凝土板梁桥，2003年被山东一过路重车压塌；2004年改建为钢筋混凝土灌注桩T型梁桥，2005年竣工，名称沿用至今。
灵子桥	Língzǐ Qiáo	位于大路乡化口路。桥全长46米，桥面全宽9米，最大跨度42米。设计荷载为公路－Ⅱ级。桥梁最大载重量为40吨。因该桥梁坐落于灵子村，故灵璧县交通部门命名为灵子桥。始建于1994年，1995年建成，沿用至今。
新陈沟桥	Xīnchéngōu Qiáo	位于大路乡陈场路。新陈沟桥为板拱石单孔桥，桥全长13米，桥面全宽6米，桥面净宽5米，最大跨度5米，单孔最大跨径5米。设计荷载为汽车－10级。桥梁最大载重量为10吨。因该桥梁跨于新陈沟之上，故灵璧县交通部门命名为新陈沟桥。1977年动工，1978年竣工启用，沿用此名称至今。

标准名称	汉语拼音	备注
新陈沟中桥	Xīnchéngōu Zhōngqiáo	位于大路乡陈场路。新陈沟中桥为板拱石单孔桥，桥全长 13 米，桥面全宽 6 米，桥面净宽 5 米，最大跨度 5 米，单孔最大跨径 5 米。设计荷载为汽车 –10 级。桥梁最大载重量为 10 吨。因该桥梁跨于新陈沟中部，故灵璧县交通部门命名为新陈沟中桥。1977 年动工，1978 年竣工启用，沿用此名称至今。
富民桥	Fùmín Qiáo	位于大路乡老濉河上。富民桥为双曲拱石单孔桥，桥全长 28 米，桥面全宽 9 米，桥面净宽 8 米，最大跨度 20 米，单孔最大跨径 20 米。设计荷载为汽车 –10 级。桥梁最大载重量为 10 吨。该桥梁跨于老濉河上，寓有村民生活富贵之意，故灵璧县交通部门命名为富民桥。富民桥 1994 年动工，1995 年竣工启用，沿用此名称至今。
凌子桥	Língzi Qiáo	位于大路乡后灵村。凌子桥为双曲拱石六孔桥，桥全长 46 米，桥面全宽 9 米，桥面净宽 8 米，最大跨度 42 米，单孔最大跨径 7 米。设计荷载为汽车 –10 级。桥梁最大载重量为 10 吨。因该桥梁坐落于凌子村，故灵璧县交通部门命名为凌子桥。凌子桥 1994 年动工，1995 年竣工启用，沿用此名称至今。
老濉河桥	Lǎosuīhé Qiáo	位于大路乡赵梅村老濉河上。老濉河桥为双曲拱石双孔桥，桥全长 14 米，桥面全宽 9 米，桥面净宽 8 米，最大跨度 12 米，单孔最大跨径 6 米。设计荷载为汽车 –10 级。桥梁最大载重量为 10 吨。该桥梁跨于老濉河上，故灵璧县交通部门命名为老濉河桥。1994 年动工，1995 年竣工启用，沿用此名称至今。
团结桥	Tuánjié Qiáo	位于大路乡将刘村。团结桥为板拱石单孔桥，桥全长 12 米，桥面全宽 9 米，桥面净宽 8 米，最大跨度 6 米，单孔最大跨径 6 米。设计荷载为汽车 –10 级。桥梁最大载重量为 10 吨。因该桥梁坐落于团结村，故灵璧县交通部门命名为团结桥。1994 年动工，1995 年竣工启用，沿用此名称至今。
劈山桥	Pīshān Qiáo	位于大路乡后灵村。劈山桥为板拱石单孔桥，桥全长 12 米，桥面全宽 5 米，桥面净宽 4.6 米，最大跨度 12 米，单孔最大跨径 12 米。设计荷载为公路 – Ⅱ级。桥梁最大载重量为 40 吨。因该桥梁坐落于劈山，故灵璧县交通部门命名为劈山桥。1979 年动工，1979 年竣工启用，沿用此名称至今。
沙滩桥	Shātān Qiáo	位于大庙乡沙滩街南头，在沙（滩）冯（庙）路上，跨老濉河。沙滩桥，钢筋混凝土双曲线拱桥，石墩台，五孔桥，桥全长 32 米，桥面全宽 4 米，最大跨度 25 米，单孔最大跨径 23 米。设计荷载为公路 – Ⅱ级。桥梁最大载重量为 40 吨。因该桥梁坐落于沙滩村，故灵璧县交通部门命名为沙滩桥。该桥建成于 1981 年，为钢筋混凝土双曲线拱桥，名称沿用至今。

标准名称	汉语拼音	备注
大杨桥	Dàyáng Qiáo	位于大庙乡大杨村。大杨桥为空心板梁混凝土双孔桥，桥全长 23 米，桥面全宽 4 米，桥面净宽 4 米，最大跨度 22 米，单孔最大跨径 11 米。设计荷载为公路－Ⅱ级。桥梁最大载重量为 40 吨。因该桥梁坐落于大杨村，灵璧县交通部门命名为大杨桥。1983 年动工，1984 年竣工启用，沿用此名称至今。
沙南桥	Shānán Qiáo	位于大庙乡沙南村。沙南桥为双曲拱石单孔桥，桥全长 32 米，桥面全宽 5 米，桥面净宽 5 米，最大跨度 30 米，单孔最大跨径 30 米。设计荷载为公路－Ⅱ级。桥梁最大载重量为 40 吨。因该桥梁坐落于沙南村，故灵璧县交通部门命名为沙南桥。1982 年动工，1983 年竣工启用，沿用此名称至今。
管道沟桥	Guǎndàogōu Qiáo	位于大庙乡张宅村。管道沟桥为双曲拱石单孔桥，桥全长 12 米，桥面全宽 5 米，桥面净宽 5 米，最大跨度 9 米，单孔最大跨径 9 米。设计荷载为公路－Ⅱ级。桥梁最大载重量为 40 吨。因该桥梁跨于管道沟之上，故灵璧县交通部门命名为管道沟桥。1982 年动工，1983 年竣工启用，沿用此名称至今。
小高桥	Xiǎogāo Qiáo	位于大庙乡高杨村。小高桥为空心板梁钢筋混凝土单孔桥，桥全长 16.26 米，桥面全宽 7.5 米，桥面净宽 6.5 米，最大跨度 10 米，单孔最大跨径 10 米。设计荷载为公路－Ⅱ级。桥梁最大载重量为 40 吨。因该桥梁坐落于小高村，故灵璧县交通部门命名为小高桥。1993 年动工，2011 年竣工启用，沿用此名称至今。
水牛陈桥	Shuǐniúchén Qiáo	位于冯庙镇黄家村水牛陈。水牛陈桥为板拱石单孔桥，桥全长 13 米，桥面全宽 9 米，桥面净宽 7 米，最大跨度 5 米，单孔最大跨径 5 米。设计荷载为汽车－10 级。桥梁最大载重量为 10 吨。因该桥梁坐落于水牛陈庄，故灵璧县交通部门命名为水牛陈桥。1978 年动工，1978 年竣工启用，沿用此名称至今。
利民桥	Lìmín Qiáo	位于冯庙镇黄家村大司庄。利民桥为板拱石单孔桥，桥全长 17 米，桥面全宽 6 米，桥面净宽 5.5 米，最大跨度 13 米，单孔最大跨径 13 米。设计荷载为汽车－10 级。桥梁最大载重量为 10 吨。寓有便利村民生活之意，故灵璧县交通部门命名为利民桥。1998 年动工，1999 年竣工启用，沿用此名称至今。
大陈桥	Dàchén Qiáo	位于冯庙镇大陈村。大陈桥为板拱石单孔桥，桥全长 12 米，桥面全宽 5 米，桥面净宽 4.5 米，最大跨度 8 米，单孔最大跨径 8 米。设计荷载为汽车－10 级。桥梁最大载重量为 10 吨。因该桥梁坐落于大陈村，故灵璧县交通部门命名为大陈桥。1978 年动工，1980 年竣工启用，沿用此名称至今。
大陈北桥	Dàchén Běiqiáo	位于冯庙镇大陈村。大陈北桥为板拱石双孔桥，桥全长 12 米，桥面全宽 5 米，桥面净宽 4.5 米，最大跨度 10 米，单孔最大跨径 5 米。设计荷载为汽车－10 级。桥梁最大载重量为 10 吨。因该桥梁坐落于大陈北村，故灵璧县交通部门命名为大陈北桥。1978 年动工，1980 年竣工启用，沿用此名称至今。

标准名称	汉语拼音	备注
仲宅世纪桥	Zhòngzháishìjì Qiáo	位于冯庙镇大陈村仲宅子。仲宅世纪桥为板拱石单孔桥，桥全长 14 米，桥面全宽 6 米，桥面净宽 4.5 米，最大跨度 10 米，单孔最大跨径 10 米。设计荷载为汽车 –10 级。桥梁最大载重量为 10 吨。因该桥梁坐落于仲宅村，故灵璧县交通部门命名为仲宅世纪桥。1975 年动工，1976 年竣工启用，沿用此名称至今。
前刘南桥	Qiánliú Nánqiáo	位于冯庙镇前刘。前刘南桥为板拱石单孔桥，桥全长 9 米，桥面全宽 6 米，桥面净宽 5.5 米，最大跨度 5 米，单孔最大跨径 5 米。设计荷载为汽车 –10 级。桥梁最大载重量为 10 吨。因该桥梁坐落于前刘村南部，故灵璧县交通部门命名为前刘南桥。1998 年动工，1999 年竣工启用，沿用此名称至今。
张宅桥	Zhāngzhái Qiáo	位于冯庙镇张集村张宅。张宅桥为板拱石单孔桥，桥全长 20 米，桥面全宽 6 米，桥面净宽 5 米，最大跨度 12 米，单孔最大跨径 12 米。设计荷载为汽车 –10 级。桥梁最大载重量为 10 吨。因该桥梁坐落于张宅村，故灵璧县交通部门命名为张宅桥。1983 年动工，1984 年竣工启用，沿用此名称至今。
王圩桥	Wángwéi Qiáo	位于冯庙镇王圩村。王圩桥为板拱石单孔桥，桥全长 16 米，桥面全宽 6 米，桥面净宽 5 米，最大跨度 10 米，单孔最大跨径 10 米。设计荷载为汽车 –10 级。桥梁最大载重量为 10 吨。因该桥梁坐落于王圩村，故灵璧县交通部门命名为王圩桥。1980 年动工，1981 年竣工启用，沿用此名称至今。
新虹灵沟桥	Xīnhónglínggōu Qiáo	位于冯庙镇张集村。新虹灵沟桥为板拱石孔桥，桥全长 12 米，桥面全宽 5 米，桥面净宽 4.5 米，最大跨度 12 米，单孔最大跨径 12 米。设计荷载为公路 –Ⅱ级。桥梁最大载重量为 40 吨。因该桥梁所跨河流为新虹灵沟，故灵璧县交通部门命名为新虹灵沟桥。1986 年动工，1986 年竣工启用，沿用此名称至今。
陈埝桥	Chénniàn Qiáo	位于冯庙镇陈埝村。陈埝桥为双曲拱石四孔桥，桥全长 80 米，桥面全宽 7 米，桥面净宽 4.5 米，最大跨度 78 米，单孔最大跨径 39 米。设计荷载为公路 –Ⅱ级。桥梁最大载重量为 40 吨。因该桥梁坐落于陈埝村，故灵璧县交通部门命名为陈埝桥。1977 年动工，1977 年竣工启用，沿用此名称至今。
梁庙桥	Liángmiào Qiáo	位于高楼镇西梁庙庄，在高（楼）渔（沟）路上（南路），跨潼河。梁庙桥，为钢筋混凝土空腹式双曲线拱桥，石墩台，三孔桥，桥全长 33.5 米，桥面全宽 9 米，桥面净宽 7 米，最大跨度 23 米，单孔最大跨径 21 米。设计荷载为汽车 –10 级。桥梁最大载重量为 10 吨。因该桥梁坐落于梁庙村，故灵璧县交通部门命名为梁庙桥。该桥建于 1998 年，当年建成，为钢筋混凝土空腹式双曲线拱桥，名称沿用至今。

标准名称	汉语拼音	备注
陈庙桥	Chénmiào Qiáo	位于高楼镇陈庙村。陈庙桥为板拱石单孔桥，桥全长 20 米，桥面全宽 6 米，桥面净宽 5.5 米，最大跨度 10 米，单孔最大跨径 10 米。设计荷载为汽车 –10 级。桥梁最大载重量为 10 吨。因该桥梁坐落于陈庙村，故灵璧县交通部门命名为陈庙桥。1995 年动工，1996 年竣工启用，沿用此名称至今。
张潼桥	Zhāngtóng Qiáo	位于高楼镇张潼村。张潼桥为板拱石单孔桥，桥全长 20 米，桥面全宽 5 米，桥面净宽 4 米，最大跨度 8 米，单孔最大跨径 8 米。设计荷载为汽车 –10 级。桥梁最大载重量为 10 吨。因该桥梁坐落于张潼村，故灵璧县交通部门命名为张潼桥。2002 年动工，2003 年竣工启用，沿用此名称至今。
连心桥	Liánxīn Qiáo	位于高楼镇西小王庄。连心桥为板拱石三孔桥，桥全长 25 米，桥面全宽 5 米，桥面净宽 4.5 米，最大跨度 12 米，单孔最大跨径 4 米。设计荷载为汽车 –10 级。桥梁最大载重量为 10 吨。因该桥为三孔桥，形状像是心连心，故灵璧县交通部门命名为连心桥。1985 年动工，1986 年竣工启用，沿用此名称至今。
崔圩桥	Cuīwéi Qiáo	位于高楼镇崔圩村。崔圩桥为板拱石三孔桥，桥全长 26 米，桥面全宽 6 米，桥面净宽 5.5 米，最大跨度 15 米，单孔最大跨径 5 米。设计荷载为汽车 –10 级。桥梁最大载重量为 10 吨。因该桥梁坐落于崔圩村，故灵璧县交通部门命名为崔圩桥。1986 年动工，1987 年竣工启用，沿用此名称至今。
高楼南桥	Gāolóu Nánqiáo	位于高楼镇汤张路。高楼南桥为板拱石双孔桥，桥全长 38 米，桥面全宽 6 米，桥面净宽 4 米，最大跨度 16 米，单孔最大跨径 5 米。设计荷载为汽车 –10 级。桥梁最大载重量为 10 吨。因该桥梁坐落于高楼村南部，故灵璧县交通部门命名为高楼南桥。1964 年动工，1965 年竣工启用，沿用此名称至今。
张营大桥	Zhāngyíng Dàqiáo	位于高楼镇张营村。张营大桥为板拱石双孔桥，桥全长 14 米，桥面全宽 8 米，桥面净宽 6 米，最大跨度 10 米，单孔最大跨径 5 米。设计荷载为公路 – Ⅱ级。桥梁最大载重量为 40 吨。因该桥梁坐落于张营村，故灵璧县交通部门命名为张营大桥。1987 年动工，1988 年竣工启用，沿用此名称至今。
高桥	Gāo Qiáo	位于黄湾镇堰路街北约 2 千米，房（村）固（镇）路上 69K+161 处，跨北沱河，高桥，三孔桥，桥全长 65.5 米，桥面全宽 7 米，桥面净宽 6 米，最大跨度 19 米，单孔最大跨径 19 米。设计荷载为公路 – Ⅱ级。桥梁最大载重量为 40 吨。因该桥梁坐落于高村，故名高桥。沱河治理后，于 1953 年 8 月改建为九孔木桥，长 56.9 米。后木桥腐朽，在“木桥歼灭战”中，安徽省公路局于 1966 年投资 8.4 万元，安排在厚桥下游 30 米处修建石拱桥，由宿县地区公路段组织测设和施工，同年 2 月动工。全部工程于当年 6 月竣工，二期为 4 个月。2003 年又在上述桥东侧加修姊妹桥，名称沿用至今。

标准名称	汉语拼音	备注
后朱桥	Hòuzhū Qiáo	位于黄湾镇后朱家。后朱桥为板拱石单孔桥，桥全长24米，桥面全宽6米，桥面净宽5米，最大跨度20米，单孔最大跨径20米。设计荷载为汽车−10级。桥梁最大载重量为10吨。因该桥梁坐落于后朱家，故灵璧县交通部门命名为后朱桥。1984年动工，1985年竣工启用，沿用此名称至今。
高田桥	Gāotián Qiáo	位于黄湾镇湖桥村。高田桥为板拱石单孔桥，桥全长26米，桥面全宽6米，桥面净宽5米，最大跨度20米，单孔最大跨径20米。设计荷载为汽车−10级。桥梁最大载重量为10吨。因该桥梁坐落于高田村，故灵璧县交通部门命名为高田桥。1984年动工，1985年竣工启用，沿用此名称至今。
戈沟桥	Gēgōu Qiáo	位于黄湾镇湖桥村。戈沟桥为板拱石单孔桥，桥全长26米，桥面全宽6米，桥面净宽5米，最大跨度20米，单孔最大跨径20米。设计荷载为汽车−10级。桥梁最大载重量为10吨。因该跨于戈沟之上，故灵璧县交通部门命名为戈沟桥。1984年动工，1985年竣工启用，沿用此名称至今。
王桥	Wáng Qiáo	位于黄湾镇王桥村。王桥为板拱石三孔桥，桥全长40米，桥面全宽6米，桥面净宽5米，最大跨度30米，单孔最大跨径10米。设计荷载为汽车−10级。桥梁最大载重量为10吨。因该桥梁坐落于王桥村，故灵璧县交通部门命名为王桥。1984年动工，1985年竣工启用，沿用此名称至今。
贺桥	Hè Qiáo	位于黄湾镇三桥村。贺桥为板拱石单孔桥，桥全长24米，桥面全宽6米，桥面净宽5米，最大跨度20米，单孔最大跨径20米。设计荷载为汽车−10级。桥梁最大载重量为10吨。因该桥梁坐落于贺村，故灵璧县交通部门命名为贺桥。1984年动工，1985年竣工启用，沿用此名称至今。
陈桥	Chén Qiáo	位于黄湾镇三桥村陈庄。陈桥为板拱石单孔桥，桥全长18米，桥面全宽6米，桥面净宽4米，最大跨度18米，单孔最大跨径18米。设计荷载为公路−Ⅱ级。桥梁最大载重量为40吨。因该桥梁坐落于陈庄，故灵璧县交通部门命名为陈桥。1984年动工，1985年竣工启用，沿用此名称至今。
潘桥	Pān Qiáo	位于黄湾镇李集村潘庄。潘桥为双曲拱石单孔桥，桥全长22米，桥面全宽8米，桥面净宽5米，最大跨度22米，单孔最大跨径18米。设计荷载为汽车−10级。桥梁最大载重量为10吨。因该桥梁坐落于潘庄，故灵璧县交通部门命名为潘桥。1981年动工，1982年竣工启用，沿用此名称至今。
车李桥	Chēlǐ Qiáo	位于浍沟镇车李村濉河上。车李桥，六孔桥，桥全长120米，桥面全宽5.8米，最大跨度100米，单孔最大跨径20米。设计荷载为公路−Ⅱ级。桥梁最大载重量为40吨。因该桥梁坐落于车李村，故灵璧县交通部门命名为车李桥。2008年10月，投资300万元实施渡改桥，2009年4月竣工，名称沿用至今。

标准名称	汉语拼音	备注
新濉河闸桥	Xīnsuī Hézhá Qiáo	位于浍塘沟镇东侧，大（李集）符（离集）路19K+998处，跨新濉河。新濉河闸桥，七孔桥，桥全长90米，桥面全宽6.5米，最大跨度84米，单孔最大跨径12米。设计荷载为公路－Ⅱ级。桥梁最大载重量为40吨。因该桥梁所跨河流为新濉河，闸桥两用，故2006年灵璧县交通部门命名为新濉河闸桥。1957年11月动工，1958年5月竣工。2005年3月经国家发展和改革委员会批准，并投资3030万元，在原闸桥上游100米处新建闸带桥。2006年5月竣工，原闸桥随之拆除，名称沿用至今。
郭沟桥	Guōgōu Qiáo	位于浍沟镇郭沟村。郭沟桥为板拱石单孔桥，桥全长13米，桥面全宽6米，桥面净宽5米，最大跨度5米，单孔最大跨径5米。设计荷载为汽车－10级。桥梁最大载重量为10吨。因该桥梁坐落于郭沟村，故灵璧县交通部门命名为郭沟桥。1984年动工，1985年竣工启用，沿用此名称至今。
李宅桥	Lǐzhái Qiáo	位于浍沟镇李宅村。李宅桥为双曲拱石单孔桥，桥全长40米，桥面全宽6米，桥面净宽6米，最大跨度40米，单孔最大跨径20米。设计荷载为公路－Ⅱ级。桥梁最大载重量为40吨。因该桥梁坐落于李宅村，故灵璧县交通部门命名为李宅桥。1980年动工，1981年竣工启用，沿用此名称至今。
灵西闸桥	Língxīzhá Qiáo	位于县城西南角，跨新汴河。钢筋混凝土双曲拱，五孔桥，桥全长184米，桥面全宽8.5米，桥面净宽7米，高度28米，最大跨度122.8米，单孔最大跨径30.7米。设计荷载为公路－Ⅱ级。桥梁最大载重量为40吨。因该桥梁坐落于原灵西村，闸桥两用，故灵璧县交通部门命名为灵西闸桥。1968年3月动工，1969年12月竣工，名称沿用至今。
新汴河桥	Xīnbiànhé Qiáo	位于县城南侧，在灵西闸桥下游约1千米处，跨新汴河。1三孔桥，桥全长332米，桥面全宽12米，桥面净宽9米，最大跨度320米，单孔最大跨径30米，桥面铺装为水泥混凝土，下部构造采用桩基础，双柱式墩、重力式U型桥台。设计荷载为公路－Ⅱ级。桥梁最大载重量为40吨。因该桥梁跨于新汴河之上，故灵璧县交通部门命名为新汴河桥。1993年8月由宿县地区路桥公司桥梁工程处施工，1995年5月竣工，名称沿用至今。

标准名称	汉语拼音	备注
大庙桥	Dàmiào Qiáo	位于大庙街南侧去冯庙的公路上，跨老濉河。大庙桥，双孔桥，桥全长39.6米，桥面全宽11.5米，桥面净宽9米，净空高4.5米，最大跨度30米，单孔最大跨径15米，桥面铺装为水泥混凝土，下部构造为重力式墩、U型桥台。设计荷载为公路－Ⅱ级。桥梁最大载重量为40吨。因该桥梁坐落于大庙村，故1990年灵璧县交通部门命名为大庙桥。大庙桥始建于1958年（此之前是渡口），为闸带桥，1965年又在原桥北侧约15米处重建新桥，为折线拱桥。1990年又投资52.7万元，在紧靠上述折线拱桥北侧再建一钢筋混凝土实心板梁桥。该桥由宿县地区公路局组织测设，宿县地区路桥工程队施工，1990年10月竣工，名称沿用至今。
向阳桥	Xiàngyáng Qiáo	位于向阳乡西部苏圩庄东头，在腊（条韩）向（阳）路上，跨八汤沟。向阳桥为钢筋混凝土双曲线拱桥，石墩台，三孔桥，桥全长35米，桥面全宽7米，最大跨度26米，单孔最大跨径26米。设计荷载为公路－Ⅱ级。桥梁最大载重量为40吨。因该桥梁坐落于向阳村，故灵璧县交通部门命名为向阳桥。建于1977年6月，名称沿用至今。
马桥	Mǎ Qiáo	位于向阳乡南部马桥庄南，在汤（圩）藕（庄）路上，跨北沱河。马桥，为钢筋混凝土双曲线拱桥，石墩台，双孔桥，桥全长60米，桥面全宽6米，最大跨度50米，单孔最大跨径25米。设计荷载为公路－Ⅱ级。桥梁最大载重量为40吨。因该桥梁坐落于马桥庄，故灵璧县交通部门命名为马桥。该桥建于1983年，名称沿用至今。
吕桥	Lǚ Qiáo	位于藕庄集东边吕桥庄，在泗（县）韦（集）路上，跨北沱河。吕桥为钢筋混凝土双曲线拱桥，石墩台，三孔桥，桥全长70米，桥面全宽6米，最大跨度60米，单孔最大跨径20米。设计荷载为公路－Ⅱ级。桥梁最大载重量为40吨。因该桥梁坐落于吕桥庄南部，故灵璧县交通部门命名为吕桥。该桥始建于1992年，1993年建成，名称沿用至今。
黄家桥	Huángjiā Qiáo	位于娄庄镇西北黄家庄南，在宣（圩）三（南路）跨北沱河。黄家桥，为钢筋混凝土双曲线拱桥，石墩台，五孔桥，桥全长42米，桥面全宽5米，最大跨度32米，单孔最大跨径32米。设计荷载为公路－Ⅱ级。桥梁最大载重量为40吨。因该桥梁坐落于黄家村，故灵璧县交通部门命名为黄家桥。该桥建于1992年，名称沿用至今。
圩疃桥	Wéituǎn Qiáo	位于圩疃街北头，跨唐河。圩疃桥为钢筋混凝土板梁桥，石墩台，三孔桥，桥全长59米，桥面全宽7米，最大跨度24米，单孔最大跨径8.9米。设计荷载为公路－Ⅱ级。桥梁最大载重量为40吨。因该桥梁坐落于圩疃街北头，故灵璧县交通部门命名为圩疃桥。圩疃桥原为木桥，新中国成立初期建成。1992年11月改建为钢筋混凝土板梁桥，2003年改建现桥，名称沿用至今。

标准名称	汉语拼音	备注
张庄桥	Zhāngzhuāng Qiáo	位于下楼镇北张庄前，跨新运料河。张庄桥上部结构为钢筋混凝土空心板梁，下部结构为钢筋混凝土灌注桩，六孔桥，桥全长 50 米，桥面全宽 4.2 米，最大跨度 41.4 米，单孔最大跨径 13.8 米。设计荷载为汽车 −10 级。桥梁最大载重量为 10 吨。因该桥梁坐落于张庄村，故灵璧县交通部门命名为张庄桥。建于 1964 年，1984 年从两侧加宽至 6 米，2003 年整修房（村）固（镇）路时重建，名称沿用至今。
幸福村桥	Xìngfúcūn Qiáo	位于灵城镇幸福村。幸福村桥为板拱石双孔桥，桥全长 15 米，桥面全宽 5 米，桥面净宽 4 米，最大跨度 8 米，单孔最大跨径 4 米。设计荷载为汽车 −10 级。桥梁最大载重量为 10 吨。因该桥梁坐落于幸福村，故灵璧县交通部门命名为幸福村桥。1979 年动工，1980 年竣工启用，沿用此名称至今。
农场桥	Nóngchǎng Qiáo	位于灵城镇淹周村。农场桥为板拱石单孔桥，桥全长 22 米，桥面全宽 5 米，桥面净宽 4 米，最大跨度 14 米，单孔最大跨径 14 米。设计荷载为汽车 −10 级。桥梁最大载重量为 10 吨。因该桥梁系农场修建，供生产使用，故灵璧县交通部门命名为农场桥。1979 年动工，1980 年竣工启用，沿用此名称至今。
早田桥	Zǎotián Qiáo	位于灵城镇何山村。早田桥为板拱石三孔桥，桥全长 20 米，桥面全宽 6 米，桥面净宽 5 米，最大跨度 12 米，单孔最大跨径 4 米。设计荷载为汽车 −10 级。桥梁最大载重量为 10 吨。因该桥梁坐落于早田庄，故灵璧县交通部门命名为早田桥。1980 年动工，1981 年竣工启用，沿用此名称至今。
大余桥	Dàyú Qiáo	位于娄庄镇东约 2.5 千米的大余庄前，泗（洪）永（城）路 75K+650 处，跨北沱河。大余桥，五孔桥，桥全长 85.6 米，桥面全宽 11 米，桥高 7.5 米，最大跨度 80 米，单孔最大跨径 16 米，上部结构为钢筋混凝土工型梁微弯板，水泥混凝土桥面，下部为钢筋混凝土双柱式墩、台，灌注桩基础。设计荷载为公路 − II 级。桥梁最大载重量为 40 吨。因该桥梁坐落于大余庄，故名大余桥。1990 年建成，灵璧县交通部门命名为大余桥。大余桥原为木架桥，建于 1955 年 6 月，后木桥腐朽被拆除，路线改走大余闸桥。大余闸桥在原木桥北侧，建于 1970 年，由水利部门投资 17 万元建成。为改善线型，提高通行能力，1989 年安徽省公路管理局投资 76.2 万元，在原木桥址重建新桥。同年 8 月正式动工。当年底完成下部工程，1990 年 5 月新桥竣工，名称沿用至今。
红旗桥	Hóngqí Qiáo	位于娄庄镇娄杨路。桥全长 46 米，桥面全宽 6 米，最大跨度 40 米。设计荷载为汽车 −10 级。桥梁最大载重量为 10 吨。因该桥梁坐落于红旗村，故灵璧县交通部门命名为红旗桥。始建于 1980 年，1981 年建成以来，沿用至今。

标准名称	汉语拼音	备注
民兵桥	Mínbīng Qiáo	位于娄庄镇小学长集。桥全长46米，桥面全宽6米，最大跨度40米。设计荷载为汽车－10级。桥梁最大载重量为10吨。因该桥梁坐落于原民兵村，故灵璧县交通部门命名为民兵桥。始建于1980年，1981年建成以来，沿用至今。
娄北桥	Lóuběi Qiáo	位于娄庄镇叉口二庄。桥全长36米，桥面全宽6米，最大跨度30米。设计荷载为汽车－10级。桥梁最大载重量为10吨。因该桥梁坐落于娄北村，故灵璧县交通部门命名为娄北桥。始建于1980年，1981年建成以来，沿用至今。
钱桥	Qián Qiáo	位于娄庄镇钱刘村。钱桥为板拱石双孔桥，桥全长40米，桥面全宽8米，桥面净宽5.9米，最大跨度26米，单孔最大跨径13米。设计荷载为公路－Ⅱ级。桥梁最大载重量为40吨。因该桥梁坐落于钱刘村，故灵璧县交通部门命名为钱桥。1970年动工，1970年竣工启用，沿用此名称至今。
黑泥沟桥	Hēinígōu Qiáo	位于娄庄镇赵家村。黑泥沟桥为空心板梁钢筋混凝土双孔桥，桥全长8米，桥面全宽6米，桥面净宽4.5米，最大跨度8米，单孔最大跨径8米。设计荷载为公路－Ⅱ级。桥梁最大载重量为40吨。因该桥梁所跨河流为黑泥沟，故灵璧县交通部门命名为黑泥沟桥。1995年动工，1995年竣工启用，沿用此名称至今。
娄沟桥	Lóugōu Qiáo	位于娄庄镇赵家村。娄沟桥为钢架拱钢筋混凝土孔桥，桥全长12米，桥面全宽5米，桥面净宽4.5米，最大跨度12米，单孔最大跨径12米。设计荷载为公路－Ⅱ级。桥梁最大载重量为40吨。因该桥梁所跨河流为娄沟，故灵璧县交通部门命名为娄沟桥。1980年动工，1980年竣工启用，沿用此名称至今。
菜花沟桥	Càihuāgōu Qiáo	位于娄庄镇任庙村菜花沟。菜花沟桥为钢架拱钢筋混凝土孔桥，桥全长12米，桥面全宽5米，桥面净宽4.5米，最大跨度12米，单孔最大跨径12米。设计荷载为公路－Ⅱ级。桥梁最大载重量为40吨。因该桥梁所跨河流为菜花沟，故灵璧县交通部门命名为菜花沟桥。1970年动工，1970年竣工启用，沿用此名称至今。
陆沟桥	Lùgōu Qiáo	位于娄庄镇八杨村陆沟。陆沟桥为板拱石单孔桥，桥全长15米，桥面全宽8米，桥面净宽6米，最大跨度15米，单孔最大跨径15米。设计荷载为公路－Ⅱ级。桥梁最大载重量为40吨。因该桥梁坐落于陆沟，故灵璧县交通部门命名为陆沟桥。1983年动工，1984年竣工启用，沿用此名称至今。

标准名称	汉语拼音	备注
娄北大桥	Lóuběi Dàqiáo	位于娄庄镇宣三路。娄北大桥为双曲拱石单孔桥，桥全长41.5米，桥面全宽6米，桥面净宽6米，最大跨度40米，单孔最大跨径20米。设计荷载为公路－Ⅱ级。桥梁最大载重量为40吨。因该桥梁坐落于娄庄北部，故灵璧县交通部门命名为娄北大桥。1987年动工，1988年竣工启用，沿用此名称至今。
韦集桥	Wéijí Qiáo	位于韦集街里，在墩（集）马（店）路上，跨三八沟。韦集桥为钢筋混凝土双曲线拱桥，下部为石墩台，五孔桥，桥全长31米，桥面全宽7米，桥面净宽6米，最大跨度22米，单孔最大跨径20米。设计荷载为公路－Ⅱ级。桥梁最大载重量为40吨。因该桥梁坐落于韦集村，故名韦集桥。该桥建于1972年，1973年建成，灵璧县交通部门命名，为钢筋混凝土双曲线拱桥。1991年韦集街拓宽时，将桥面也加宽，名称沿用至今。
运料河桥	Yùnliàohé Qiáo	位于下楼镇蔡唐村路。桥全长34米，桥面全宽5米，最大跨度30米。设计荷载为汽车－10级。桥梁最大载重量为10吨。因该桥梁所跨河流为运料河，故灵璧县交通部门命名为运料河桥。始建于1979年，1980年建成，沿用至今。
新杨河桥	Xīnyánghé Qiáo	位于下楼镇双杨路。桥全长36米，桥面全宽5米，最大跨度32米。设计荷载为汽车－10级。桥梁最大载重量为10吨。因该桥梁所跨河流为新杨河，故灵璧县交通部门命名为新杨河桥。始建于1979年，1980年建成以来，沿用至今。
东北楼	Dōngběilóu	位于下楼镇东北楼村双杨路运料河上。桥全长37.04米，桥面全宽5米，最大跨度32米。设计荷载为汽车－10级。桥梁最大载重量为10吨。因该桥梁坐落于东北楼村，故灵璧县交通部门命名为东北楼桥。始建于1979年，2011年建成，沿用至今。
三五大桥	Sānwǔ Dàqiáo	位于下楼镇双杨路。桥全长37.04米，桥面全宽5.5米，最大跨度32米。设计荷载为汽车－10级。桥梁最大载重量为10吨。因该桥梁建于“三五”期间，故灵璧县交通部门命名为三五大桥。始建于1968年，2011年建成，沿用至今。
九集桥	Jiǔjí Qiáo	位于下楼镇飞渡路。桥全长50米，桥面全宽5米，最大跨度40米。设计荷载为汽车－10级。桥梁最大载重量为10吨。因该桥梁坐落于九集村，故灵璧县交通部门命名为九集桥。始建于1975年，1976年建成以来，沿用至今。
古杨沟桥	Gǔyánggōu Qiáo	位于下楼镇蔡唐村路。古杨沟桥为板拱石四孔桥，桥全长24米，桥面全宽5米，桥面净宽4米，最大跨度20米，单孔最大跨径5米。设计荷载为汽车－10级。桥梁最大载重量为10吨。因该桥梁建于古杨沟之上，故灵璧县交通部门命名为古杨沟桥。1974年动工，1975年竣工启用，沿用此名称至今。

标准名称	汉语拼音	备注
古城沟桥	Gǔchénggōu Qiáo	位于下楼镇古城村。古城沟桥为板拱石单孔桥，桥全长 21 米，桥面全宽 5 米，桥面净宽 4 米，最大跨度 15 米，单孔最大跨径 15 米。设计荷载为汽车 −10 级。桥梁最大载重量为 10 吨。因该桥梁所跨河流为古城沟，故灵璧县交通部门命名为古城沟桥。1973 年动工，1974 年竣工启用，沿用此名称至今。
高王桥	Gāowáng Qiáo	位于下楼镇高王村。高王桥为板拱石三孔桥，桥全长 28 米，桥面全宽 5 米，桥面净宽 4 米，最大跨度 24 米，单孔最大跨径 8 米。设计荷载为汽车 −10 级。桥梁最大载重量为 10 吨。因该桥梁坐落于高王村，故灵璧县交通部门命名为高王桥。1974 年动工，1975 年竣工启用，沿用此名称至今。
上村桥	Shàngcūn Qiáo	位于下楼镇上村。上村桥为板拱石单孔桥，桥全长 24 米，桥面全宽 5 米，桥面净宽 4.5 米，最大跨度 18 米，单孔最大跨径 18 米。设计荷载为汽车 −10 级。桥梁最大载重量为 10 吨。因该桥梁坐落于上村，故灵璧县交通部门命名为上村桥。1971 年动工，1972 年竣工启用，沿用此名称至今。
花楼村桥	Huālóucūn Qiáo	位于下楼镇花楼村。花楼村桥为板拱石三孔桥，桥全长 34 米，桥面全宽 6 米，桥面净宽 5.5 米，最大跨度 15 米，单孔最大跨径 5 米。设计荷载为汽车 −10 级。桥梁最大载重量为 10 吨。因该桥梁坐落于花楼村，故灵璧县交通部门命名为花楼村桥。1971 年动工，1972 年竣工启用，沿用此名称至今。
上朱桥	Shàngzhū Qiáo	位于下楼镇田口村上朱家。上朱桥为板拱石六孔桥，桥全长 33 米，桥面全宽 6 米，桥面净宽 5 米，最大跨度 27 米，单孔最大跨径 4.5 米。设计荷载为汽车 −10 级。桥梁最大载重量为 10 吨。因该桥梁坐落于上朱家，故灵璧县交通部门命名为上朱桥。1981 年动工，1982 年竣工启用，沿用此名称至今。
火庙桥	Huǒmiào Qiáo	位于下楼镇火庙村。火庙桥为板拱石五孔桥，桥全长 31 米，桥面全宽 6 米，桥面净宽 5 米，最大跨度 25 米，单孔最大跨径 5 米。设计荷载为汽车 −10 级。桥梁最大载重量为 10 吨。因该桥梁坐落于火庙村，故灵璧县交通部门命名为火庙桥。1973 年动工，1974 年竣工启用，沿用此名称至今。
蔡东沟桥	Càidōnggōu Qiáo	位于下楼镇程庙村蔡塘。蔡东沟桥为板拱石单孔桥，桥全长 14 米，桥面全宽 5 米，桥面净宽 4 米，最大跨度 8 米，单孔最大跨径 8 米。设计荷载为汽车 −10 级。桥梁最大载重量为 10 吨。因该桥梁所跨河流为蔡东沟，故灵璧县交通部门命名为蔡东沟桥。1975 年动工，1976 年竣工启用，沿用此名称至今。
徐桥	Xú Qiáo	位于下楼镇丁阁村山后徐。徐桥为板拱石单孔桥，桥全长 20 米，桥面全宽 7 米，桥面净宽 6 米，最大跨度 20 米，单孔最大跨径 18 米。设计荷载为公路 −Ⅱ级。桥梁最大载重量为 40 吨。因该桥梁坐落于山后徐，故灵璧县交通部门命名为徐桥。1969 年动工，1970 年竣工启用，沿用此名称至今。

标准名称	汉语拼音	备注
丁阁桥	Dīnggé Qiáo	位于下楼镇丁阁村。丁阁桥为板拱石五孔桥，桥全长40米，桥面全宽7米，桥面净宽5米，最大跨度40米，单孔最大跨径38米。设计荷载为公路－Ⅱ级。桥梁最大载重量为40吨。因该桥梁坐落于丁阁村，故灵璧县交通部门命名为丁阁桥。1969年动工，1970年竣工启用，沿用此名称至今。
代楼桥	Dàilóu Qiáo	位于下楼镇戴楼村。代楼桥为板拱石五孔桥，桥全长24米，桥面全宽13米，桥面净宽10米，最大跨度18米，单孔最大跨径6米。设计荷载为公路－Ⅱ级。桥梁最大载重量为40吨。因该桥梁坐落于代楼村，故灵璧县交通部门命名为代楼桥。1995年动工，1996年竣工启用，沿用此名称至今。
岳罗河桥	Yuèluóhé Qiáo	位于向阳乡大桥村路。桥全长60米，桥面全宽6米，最大跨度45米。设计荷载为汽车－10级。桥梁最大载重量为10吨。因该桥梁所跨河流为岳罗河，故灵璧县交通部门命名为岳罗河桥。始建于1972年，1973年建成以来，沿用至今。
长春桥	Zhǎngchūn Qiáo	位于向阳乡长春桥。长春桥为板拱石单孔桥，桥全长14米，桥面全宽5米，桥面净宽4米，最大跨度8米，单孔最大跨径8米。设计荷载为汽车－10级。桥梁最大载重量为10吨。因该桥梁坐落于长春村，故灵璧县交通部门命名为长春桥。1965年动工，1966年竣工启用，沿用此名称至今。
谷点桥	Gǔdiǎn Qiáo	位于向阳乡前巷村五家湖。谷点桥为板拱石单孔桥，桥全长13米，桥面全宽5米，桥面净宽4米，最大跨度7米，单孔最大跨径7米。设计荷载为汽车－10级。桥梁最大载重量为10吨。因该桥梁坐落于谷点村，故灵璧县交通部门命名为谷点桥。1965年动工，1966年竣工启用，沿用此名称至今。
新湖桥	Xīnhú Qiáo	位于向阳乡新湖。新湖桥为板拱石单孔桥，桥全长16米，桥面全宽5米，桥面净宽4米，最大跨度10米，单孔最大跨径10米。设计荷载为汽车－10级。桥梁最大载重量为10吨。因该桥梁坐落于新湖，故灵璧县交通部门命名为新湖桥。1985年动工，1986年竣工启用，沿用此名称至今。
沱河桥	Tuóhé Qiáo	位于向阳乡马桥村。沱河桥为双曲拱石双孔桥，桥全长63米，桥面全宽9米，桥面净宽7.4米，最大跨度63米，单孔最大跨径38米。设计荷载为公路－Ⅱ级。桥梁最大载重量为40吨。因该桥梁坐落于沱河村，故灵璧县交通部门命名为沱河桥。1981年动工，1982年竣工启用，沿用此名称至今。
马湖沟桥	Mǎhúgōu Qiáo	位于向阳乡新街村。马拉沟桥为双曲拱石单孔桥，桥全长16.8米，桥面全宽7米，桥面净宽7米，最大跨度16米，单孔最大跨径8米。设计荷载为公路－Ⅱ级。桥梁最大载重量为40吨。因该桥梁坐落于马湖沟村，故灵璧县交通部门命名为马湖沟桥。1967年动工，1968年竣工启用，沿用此名称至今。

标准名称	汉语拼音	备注
欧渡桥	Ōudù Qiáo	位于杨疃镇北约6千米欧渡口庄东侧，房（村）固（镇）路上32K+929处，跨新河。欧渡桥，水泥混凝土桥面，下部结构为浆砌块石重力式台身和块石基础，三孔桥，桥全长56.9米，桥面全宽9米，桥高5米，最大跨度48米，单孔最大跨径16米。设计荷载为公路－Ⅱ级。桥梁最大载重量为40吨。因该桥梁坐落于欧渡村，故灵璧县交通部门命名为欧渡桥。欧渡桥原为木桥，建于新中国成立初，1965年改建为钢筋混凝土排架墩、台板梁桥，因载重小、行车道窄，不能适应交通量日益增长的需要。为提高通行能力，1989年安徽省公路总局投资45.3万元在原桥下游15米处另建新桥，由宿县地区公路总站组织测设并施工。是年3月11日动工，9月12日竣工，工期6个月，名称沿用至今。
新王桥	Xīnwáng Qiáo	位于杨疃镇新王村新河上。新王桥全长90米，设计为人行桥，桥面全宽3米，最大跨度60米，上部结构为5×16米预应力空心板，下部结构为灌注桩桥台。设计荷载为公路－Ⅱ级。桥梁最大载重量为40吨。因该桥梁坐落于新王村新河上，故灵璧县交通部门命名为新王桥。2009年11月实施渡改桥项目，总投资为85万元，2010年4月竣工，名称沿用至今。
小黄桥	Xiǎohuáng Qiáo	位于杨疃镇大余村小黄家。小黄桥为板拱石单孔桥，桥全长16米，桥面全宽6米，桥面净宽5米，最大跨度12米，单孔最大跨径12米。设计荷载为汽车－10级。桥梁最大载重量为10吨。因该桥梁坐落于小黄家，故灵璧县交通部门命名为小黄桥。小黄桥1980年动工，1981年竣工启用，沿用此名称至今。
杨集桥	Yángjí Qiáo	位于杨疃镇杨集。杨集桥为板拱石四孔桥，桥全长22米，桥面全宽6米，桥面净宽4米，最大跨度20米，单孔最大跨径5米。设计荷载为汽车－10级。桥梁最大载重量为10吨。因该桥梁坐落于杨集村，故灵璧县交通部门命名为杨集桥。1994年动工，1995年竣工启用，沿用此名称至今。
庙王桥	Miàowáng Qiáo	位于杨疃镇邱庙村庙王。庙王桥为板拱石单孔桥，桥全长12米，桥面全宽5米，桥面净宽4.5米，最大跨度8米，单孔最大跨径8米。设计荷载为汽车－10级。桥梁最大载重量为10吨。因该桥梁坐落于庙王，故灵璧县交通部门命名为庙王桥。1975年动工，1976年竣工启用，沿用此名称至今。
大崔桥	Dàcuī Qiáo	位于杨疃镇张圩村大崔。大崔桥为板拱石单孔桥，桥全长12米，桥面全宽6米，桥面净宽5.5米，最大跨度8米，单孔最大跨径8米。设计荷载为汽车－10级。桥梁最大载重量为10吨。因该桥梁坐落于大崔，故灵璧县交通部门命名为大崔桥。1983年动工，1984年竣工启用，沿用此名称至今。

标准名称	汉语拼音	备注
白庙桥	Báimiào Qiáo	位于杨疃镇白庙村。白庙桥为板拱石单孔桥，桥全长12米，桥面全宽6米，桥面净宽5米，最大跨度8米，单孔最大跨径8米。设计荷载为汽车－10级。桥梁最大载重量为10吨。因该桥梁坐落于白庙，故灵璧县交通部门命名为白庙桥。1992年动工，1993年竣工启用，沿用此名称至今。
龙潭桥	Lóngtán Qiáo	位于尹集镇龙潭村拖尾河上。龙潭桥，上部结构为8×20米预应力空心板，下部结构为灌注桩桥台，桥全长160米，桥面全宽5.8米，最大跨度120米，单孔最大跨径20米。设计荷载为汽车－10级。桥梁最大载重量为10吨。因该桥梁坐落于龙潭村，故灵璧县交通部门命名为龙潭桥。1990年木桥损毁被拆除，设置渡口。2008年10月，投资400万元实施渡改桥，2009年4月竣工，名称沿用至今。
田路桥	Tiánlù Qiáo	位于尹集镇北约5千米的田路庄，在房固路上，跨拖尾河。龙潭桥，上部为钢筋混凝土空心板梁，下部为钢筋混凝土灌注桩，共5孔，桥全长111.6米，桥面全宽14米，最大跨度90米，单孔最大跨径18.5米。设计荷载为汽车－10级。桥梁最大载重量为10吨。因该桥梁坐落于田路庄，故名田路桥。2006年建成，灵璧县交通部门命名为田路桥。田路桥原为木架桥，建于1958年。后腐朽成为险桥，1974年3月2日，安徽省交通厅批准改建。1977年3月在木桥西侧动工，1978年4月竣工。2003年，房（村）固（镇）路大修时，又紧靠上述桥西侧重建新桥，名称沿用至今。
尹集桥	Yǐnjí Qiáo	位于尹集镇东侧房固路31K+467处，跨濉河。桥梁上部结构为T型梁，下部结构为灌注桩桥台，5孔，桥全长146米，桥面全宽12米，最大跨度140米，单孔最大跨径28米。设计荷载为公路－Ⅱ级。桥梁最大载重量为40吨。该桥梁坐落于尹集村，1959年建成，灵璧县交通部门命名为尹集桥。尹集桥原为钢筋混凝土排架墩、台，木桁架桥，建于1958年。因桥上部木质结构腐朽，1964年宿县地区公路站投资1.9万元整修。1975年，宿县地区公路总站投资12万元利用钢筋混凝土排架墩、台，将桥上部改建为钢筋混凝土双曲线拱结构。同年10月动工，1976年6月竣工。2009年，紧靠该桥下方又建新桥，名称沿用至今。
李楼桥	Lǐlóu Qiáo	位于尹集镇西部大雷家庄，在大（李集）符（离集）路上，跨青年沟（灵西运河）。该桥建于1975年，为空腹式石拱桥；桥长44米，宽7米；共5孔，主孔1个，跨径22米，两头各两个偏孔，每孔跨径1.5米。设计荷载为公路－Ⅱ级。桥梁最大载重量为40吨。该桥梁坐落于李楼村，1976年建成，灵璧县交通部门命名为李楼桥，名称沿用至今。

标准名称	汉语拼音	备注
马楼桥	Mălóu Qiáo	位于尹集镇马楼村。马楼桥为板拱石三孔桥，桥全长21.5米，桥面全宽5米，桥面净宽4.5米，最大跨度13.5米，单孔最大跨径4.5米。设计荷载为汽车–10级。桥梁最大载重量为10吨。因该桥梁坐落于马楼村，故灵璧县交通部门命名为马楼桥。1979年动工，1980年竣工启用，沿用此名称至今。
小马西桥	Xiăomă Xīqiáo	位于尹集镇吴家村小马家。小马西桥为板拱石三孔桥，桥全长21.6米，桥面全宽5米，桥面净宽4.5米，最大跨度13.5米，单孔最大跨径4.5米。设计荷载为汽车–10级。桥梁最大载重量为10吨。因该桥梁坐落于小马家西部，故灵璧县交通部门命名为小马西桥。1979年动工，1980年竣工启用，沿用此名称至今。
刘寨桥	Liúzhài Qiáo	位于尹集镇刘寨村。刘寨桥为板拱石单孔桥，桥全长9米，桥面全宽5米，桥面净宽4.5米，最大跨度5米，单孔最大跨径5米。设计荷载为汽车–10级。桥梁最大载重量为10吨。因该桥梁坐落于刘寨村，故灵璧县交通部门命名为刘寨桥。1979年动工，1980年竣工启用，沿用此名称至今。
刘南塘桥	Liúnántáng Qiáo	位于游集镇东南角约2千米刘南唐庄北侧山（头）闵（贤）路上，跨运料河。单孔桥，桥全长64米，桥面全宽7米，桥面净宽5米，最大跨度40米，单孔最大跨径40米。设计荷载为汽车–10级。桥梁最大载重量为10吨。该桥梁坐落于刘南塘庄，1975年建成，灵璧县交通部门命名为刘南塘桥。刘南塘桥原为木架桥，因木桥腐朽，1974年宿县地区公路总站决定改建。同年11月，大桥动工修建，全部工程于1975年9月竣工，名称沿用至今。
孙桥	Sūn Qiáo	位于游集镇东北部孙桥庄，在朝（阳集）王（集闸）路上，跨运料河。该桥原为木桥，现改建为钢筋混凝土双曲线拱桥，桥长68米，宽5.5米；共6孔，最大跨度55米，主孔两个，每孔跨径26.5米，两端各两个偏孔，每孔跨径2米。设计荷载为汽车–10级。桥梁最大载重量为10吨。因该桥梁坐落于孙桥庄，故名孙桥。1987年建成，灵璧县交通部门命名为孙桥。该桥原为木桥，建于20世纪50年代；1987年改建为现在的钢筋混凝土双曲线拱桥，名称沿用至今。
张楼桥	Zhānglóu Qiáo	位于游集镇南张楼庄东头，跨老运料河。上部结构为钢筋混凝土空心板梁，下部结构为钢筋混凝土灌注桩，三孔桥，桥全长50.5米，桥面全宽14米，最大跨度22.6米，单孔最大跨径11.3米。设计荷载为汽车–10级。桥梁最大载重量为10吨。因该桥梁坐落于张楼庄，故名张楼桥。1971年7月建成，灵璧县交通部门命名为张楼桥。2003年整修房（村）固（镇）路时再建，名称沿用至今。

标准名称	汉语拼音	备注
王巷桥	Wángxiàng Qiáo	位于游集镇红旗路。桥全长 60 米，桥面全宽 5 米，最大跨度 50 米。设计荷载为汽车 –10 级。桥梁最大载重量为 10 吨。因该桥梁坐落于王巷，故灵璧县交通部门命名为王巷桥。始建于 1975 年，1976 年建成以来，沿用至今。
南寨桥	Nánzhài Qiáo	位于游集镇茂林路。桥全长 48 米，桥面全宽 6 米，最大跨度 40 米。设计荷载为汽车 –10 级。桥梁最大载重量为 10 吨。因该桥梁坐落于南寨，故灵璧县交通部门命名为南寨桥。始建于 1959 年，1960 年建成以来，沿用至今。
林圩桥	Línwéi Qiáo	位于游集镇尤九路。桥全长 47 米，桥面全宽 6 米，最大跨度 39 米。设计荷载为汽车 –10 级。桥梁最大载重量为 10 吨。因该桥梁坐落于林圩，故灵璧县交通部门命名为林圩桥。始建于 1970 年，1971 年建成以来，沿用至今。
杏山北桥	Xìngshān Běiqiáo	位于渔沟镇杏山村。杏山北桥为板拱石单孔桥，桥全长 13 米，桥面全宽 5 米，桥面净宽 4.5 米，最大跨度 5 米，单孔最大跨径 5 米。设计荷载为汽车 –10 级。桥梁最大载重量为 10 吨。因该桥梁坐落于杏山村北部，故灵璧县交通部门命名为杏山北桥。1977 年动工，1978 年竣工启用，沿用此名称至今。
浮磬桥	Fúqìng Qiáo	位于渔沟镇堌子村。浮磬桥为板拱石单孔桥，桥全长 70 米，桥面全宽 5 米，桥面净宽 4.5 米，最大跨度 40 米，单孔最大跨径 40 米。设计荷载为汽车 –10 级。桥梁最大载重量为 10 吨。因该桥梁坐落于浮磬庄，故灵璧县交通部门命名为浮磬桥。1977 年动工，1978 年竣工启用，沿用此名称至今。
赵井桥	Zhàojǐng Qiáo	位于渔沟镇赵井村。赵井桥为板拱石三孔桥，桥全长 23 米，桥面全宽 5 米，桥面净宽 4.5 米，最大跨度 15 米，单孔最大跨径 5 米。设计荷载为汽车 –10 级。桥梁最大载重量为 10 吨。因该桥梁坐落于赵井村，故灵璧县交通部门命名为赵井桥。1977 年动工，1978 年竣工启用，沿用此名称至今。
王塘桥	Wángtáng Qiáo	位于渔沟镇王塘村。王塘桥为板拱石三孔桥，桥全长 26 米，桥面全宽 5 米，桥面净宽 4.5 米，最大跨度 18 米，单孔最大跨径 6 米。设计荷载为汽车 –10 级。桥梁最大载重量为 10 吨。因该桥梁坐落于王塘村，故灵璧县交通部门命名为王塘桥。1977 年动工，1978 年竣工启用，沿用此名称至今。
大马桥	Dàmǎ Qiáo	位于虞姬乡陈堰村大马庄北新濉河上。10 孔桥，桥全长 206 米，桥面全宽 19 米，最大跨度 180 米，单孔最大跨径 20 米。设计荷载为公路 –Ⅱ级。桥梁最大载重量为 40 吨。因该桥梁坐落于大马庄，故灵璧县交通部门命名为大马桥。2010 年实施渡改桥项目，总投资为 680 万元，2012 年 10 月竣工，名称沿用至今。

标准名称	汉语拼音	备注
双届桥	Shuāngjiè Qiáo	位于虞姬乡东北双庙庄东头，在鲍（庄）虞（姬乡）路上，跨灵东运河（阎汴河）。钢筋混凝土双曲线拱桥，石墩台；桥长35米，宽5.5米，最大跨度27.5米，共3孔，1个主孔，跨径25.5米，两头各一偏孔，跨径分别为2米。设计荷载为公路－Ⅱ级。桥梁最大载重量为40吨。因该桥梁坐落于双庙村，故灵璧县交通部门命名为双届桥。该桥建于1983年，名称沿用至今。
陈堰桥	Chényàn Qiáo	位于虞姬乡东北部陈堰庄南，在鲍虞路上，跨唐河。陈堰桥，为钢筋混凝土双线拱桥，石墩台；桥长96米，宽7米，最大跨度83米，共6孔，4个主孔，各跨径20米，两头各一偏孔，各跨径3米。设计荷载为公路－Ⅱ级。桥梁最大载重量为40吨。因该桥梁坐落于陈堰庄，故灵璧县交通部门命名为陈堰桥。该桥于1978年5月动工，1979年元旦竣工，名称沿用至今。
创业东桥	Chuàngyè Dōngqiáo	位于朱集街东头，在渔（沟）孟（庄子）路上，跨运料河。空腹式石拱桥，石墩台，桥长65米，宽6米，最大跨度36米，共4孔，每孔跨径12米。设计荷载为公路－Ⅱ级。桥梁最大载重量为40吨。当地企业修建，位于厂房东部，故名创业东桥。1998年建成，灵璧县交通部门命名。该桥初建于1977年10月，名称沿用至今。
创业西桥	Chuàngyè Xīqiáo	位于朱集西约2.5千米，在渔（沟）孟（庄子）路上，跨新杨河。空腹式石拱桥，石墩台，桥长62米，宽6米，最大跨度39米，共4孔，每孔跨径13米。设计荷载为公路－Ⅱ级。桥梁最大载重量为40吨。当地企业修建，位于厂房西部，故名创业西桥。1997年建成，灵璧县交通部门命名。该桥初建1977年，名称沿用至今。
后瓦房桥	Hòuwǎ Fángqiáo	位于朱集乡后瓦房。板拱石单孔桥，桥全长9米，桥面全宽5米，桥面净宽4.5米，最大跨度5米，单孔最大跨径5米。设计荷载为公路－Ⅱ级。桥梁最大载重量为40吨。因该桥梁坐落于后瓦房，故灵璧县交通部门命名为后瓦房桥。1980年动工，1981年竣工启用，沿用此名称至今。
姜山运料河桥	Jiāngshān Yùnliàohé Qiáo	位于朱集乡姜山村。姜山运料河桥为板拱石双孔桥，桥全长56米，桥面全宽6米，桥面净宽5米，最大跨度50米，单孔最大跨径25米。设计荷载为汽车－10级。桥梁最大载重量为10吨。因该桥梁坐落于姜山村，运料河之上，故灵璧县交通部门命名为姜山运料河桥。1982年动工，1983年竣工启用，沿用此名称至今。

标准名称	汉语拼音	备注
岳巷闸桥	Yuèxiàngzhá Qiáo	位于朱集乡岳巷村。岳巷闸桥为板拱石四孔桥，桥全长 60 米，桥面全宽 6 米，桥面净宽 5 米，最大跨度 52 米，单孔最大跨径 13 米。设计荷载为汽车 −10 级。桥梁最大载重量为 10 吨。因该桥梁坐落于岳巷村，闸桥两用，故灵璧县交通部门命名为岳巷闸桥。1982 年动工，1983 年竣工启用，沿用此名称至今。
会庙闸桥	Huìmiàozhá Qiáo	位于朱集乡会庙村。会庙闸桥为板拱石单孔桥，桥全长 44 米，桥面全宽 6 米，桥面净宽 5 米，最大跨度 38.5 米，单孔最大跨径 3.5 米。设计荷载为汽车 −10 级。桥梁最大载重量为 10 吨。因该桥梁坐落于会庙村，闸桥两用，故灵璧县交通部门命名为会庙闸桥。1982 年动工，1983 年竣工启用，沿用此名称至今。
岐路张桥	Qílùzhāng Qiáo	位于朱集乡岐路张。岐路张桥为板拱石双孔桥，桥全长 58 米，桥面全宽 6 米，桥面净宽 5 米，最大跨度 50 米，单孔最大跨径 25 米。设计荷载为汽车 −10 级。桥梁最大载重量为 10 吨。因该桥梁坐落于岐路张庄，故灵璧县交通部门命名为岐路张桥。1982 年动工，1983 年竣工启用，沿用此名称至今。
一中桥	Yīzhōng Qiáo	位于灵城镇境内。板拱石单孔桥，桥全长 29.8 米，桥面全宽 5.8 米，最大跨度 24.8 米，路面性质为混凝土。设计荷载为汽车 −10 级。桥梁最大载重量为 10 吨。因该桥梁坐落于灵璧一中旁，故灵璧县交通部门命名为一中桥。2008 年 5 月动工，2009 年 1 月竣工启用，沿用此名称至今。
许圩桥	Xǔwéi Qiáo	位于韦集镇境内，所在线路为草许路。桥梁全长 12.8 米，桥梁宽度 9 米，最大跨度 6 米，最大载重量为 15 吨。桥梁类型为石桥。桥梁最大载重量为 15 吨。因该桥梁坐落于许圩庄，故名许圩桥。1988 年修建，灵璧县交通部门命名。始建于 1988 年，建成于 1989 年，名称沿用至今。
虹灵桥	Hónglíng Qiáo	位于冯庙镇境内，所在线路为老黄路。桥梁全长 36 米，桥梁宽度 6.4 米，最大跨度 23 米，最大载重量为 15 吨。桥梁类型为石桥。因该桥梁所跨河流为虹灵沟，故名虹灵桥，灵璧县水利局批准名称。始建于 1984 年，建成于 1985 年，名称沿用至今。

萧县桥梁

标准名称	汉语拼音	备注
方庄南桥	Fāngzhuāng Nánqiáo	位于萧县丁里镇。此桥为公路桥，跨越类型为河流，类别为三类，桥梁全长 30 米，跨径总长 30 米，桥梁全宽 5 米，桥梁结构为板拱。高度为 3 米。载重为 5 吨。以附近自然村方庄取名。1985 年建成，并由交通局路桥管理所命名。此桥始建时间为 1985 年。
河头南桥	Hétóu Nánqiáo	位于萧县丁里镇。此桥为公路桥，跨越类型为河流，类别为三类，桥梁全长 70 米，跨径总长 70 米，桥梁全宽 5 米，桥梁结构为板拱。高度为 2 米。载重为 10 吨。以附近自然村河头取名。1969 年建成，并由交通局路桥管理所命名。此桥始建时间为 1969 年。
河头村桥	Hétóucūn Qiáo	位于萧县丁里镇。此桥为公路桥，跨越类型为河流，类别为三类，桥梁全长 40 米，跨径总长 40 米，桥梁全宽 5 米，桥梁结构为板拱。高度为 2.6 米。载重为 10 吨。以附近自然村河头取名。1974 年建成，并由交通局路桥管理所命名。此桥始建时间为 1974 年，建成时间为 1974 年。
东方红大桥	Dōngfānghóng Dàqiáo	位于萧县刘套镇。此桥为公路桥，跨越类型为河流，类别为四类，桥梁全长 30 米，跨径总长 28 米，桥梁全宽 8 米，桥梁结构为板拱。高度为 2 米。载重为 10 吨。此桥以东方红为吉祥寓意。1913 年建成，并由交通局路桥管理所命名。此桥始建时间为 1913 年。
李口西桥	Lǐkǒu Xīqiáo	位于萧县大屯镇。此桥为公路桥，跨越类型为河流，类别为三类，桥梁全长 10 米，跨径总长 10 米，桥梁全宽 6 米，桥梁结构为板拱。高度为 2.6 米。载重为 10 吨。以其附近自然村李口取名。1981 年建成，并由交通局路桥管理所命名。始建时间为 1981 年。
程山桥	Chéngshān Qiáo	位于萧县孙圩子镇。此桥为公路桥，跨越类型为河流，类别为四类，桥梁全长 108 米，跨径总长 108 米，桥梁全宽 6 米，桥梁结构为板拱。高度为 2.4 米。载重为 10 吨。以其附近自然村程山取名。1988 年建成，并由交通局路桥管理所命名。始建时间为 1988 年。
周圩桥	Zhōuwéi Qiáo	位于萧县孙圩子镇。此桥为公路桥，跨越类型为河流，类别为四类，桥梁全长 50 米，跨径总长 24 米，桥梁全宽 7 米，桥梁结构为板拱。高度为 2.5 米。载重为 10 吨。以其附近自然村周圩取名。1989 年建成，并由交通局路桥管理所命名。始建时间为 1989 年，建成时间为 1989 年。

标准名称	汉语拼音	备注
栾庄桥	Luánzhuāng Qiáo	位于萧县庄里镇。此桥为公路桥，跨越类型为河流，类别为四类，桥梁全长 50 米，跨径总长 39 米，桥梁全宽 4 米，桥梁结构为板拱。高度为 3 米。载重为 10 吨。此桥以附近自然村栾庄取名。1982 年建成，并由交通局路桥管理所命名。始建时间为 1982 年。
段庄桥	Duànzhuāng Qiáo	位于萧县张庄寨镇。此桥为公路桥，跨越类型为河流，类别为五类，桥梁全长 14 米，跨径总长 9 米，桥梁全宽 5 米，桥梁结构为板拱。高度为 3 米。载重为 10 吨。此桥以附近自然村段庄取名。1978 年建成，并由交通局路桥管理所命名。始建时间为 1978 年，建成时间为 1978 年。
张集桥	Zhāngjí Qiáo	位于萧县新庄镇。此桥为公路桥，跨越类型为河流，类别为四类，桥梁全长 19 米，跨径总长 8 米，桥梁全宽 4 米，桥梁结构为板拱。高度为 2.4 米。载重为 10 吨。此桥以附近自然村张集取名。1967 年建成，并由交通局路桥管理所命名。始建时间为 1967 年。
窦楼桥	Dòulóu Qiáo	位于萧县闫集镇。此桥为公路桥，跨越类型为河流，类别为四类，桥梁全长 20 米，跨径总长 12 米，桥梁全宽 5 米，桥梁结构为板拱。高度为 4 米。载重为 10 吨。此桥以附近自然村窦楼取名。1974 年建成，并由交通局路桥管理所命名。此桥始建时间为 1974 年。
六郑桥	Liùzhèng Qiáo	位于萧县闫集镇。此桥为公路桥，跨越类型为河流，类别为四类，桥梁全长 20 米，跨径总长 15 米，桥梁全宽 4 米，桥梁结构为板拱。高度为 3 米。载重为 10 吨。此桥以附近自然村六郑取名。1971 年建成，并由交通局路桥管理所命名。始建时间为 1971 年。
古尚村桥	Gǔshàngcūn Qiáo	位于萧县杜楼镇。此桥为公路桥，跨越类型为河流，类别为四类，桥梁全长 50 米，跨径总长 40 米，桥梁全宽 5 米，桥梁结构为板拱。高度为 3 米。载重为 10 吨。此桥以附近自然村古尚取名。1995 年建成，并由交通局路桥管理所命名。始建时间为 1995 年。
薛村桥	Xuēcūn Qiáo	位于萧县杜楼镇。此桥为公路桥，跨越类型为河流，类别为四类，桥梁全长 50 米，跨径总长 40 米，桥梁全宽 5 米，桥梁结构为空心板梁。高度为 2.5 米。载重为 10 吨。此桥以附近自然村薛村取名。1991 年建成，并由交通局路桥管理所命名。此桥始建时间为 1991 年。
孟尧北桥	Mèngyáo Běiqiáo	位于萧县杜楼镇。此桥为公路桥，跨越类型为河流，类别为四类，桥梁全长 52 米，跨径总长 25 米，桥梁全宽 6 米，桥梁结构为空心板梁。高度为 2 米。载重为 10 吨。此桥以附近自然村孟尧取名。1981 年建成，并由交通局路桥管理所命名。始建时间为 1981 年。

标准名称	汉语拼音	备注
孟尧南桥	Mèngyáo Nánqiáo	位于萧县杜楼镇。此桥为公路桥，跨越类型为河流，类别为四类，桥梁全长 50 米，跨径总长 40 米，桥梁全宽 5 米，桥梁结构为板拱。高度为 2.6 米。载重为 10 吨。此桥以附近自然村孟尧取名。1991 年建成，并由交通局路桥管理所命名。始建时间为 1991 年。
车牛返桥	Chēniúfǎn Qiáo	位于萧县杜楼镇。此桥为公路桥，跨越类型为河流，类别为五类，桥梁全长 52 米，跨径总长 25 米，桥梁全宽 5 米，桥梁结构为板拱。高度为 2 米。载重为 10 吨。此桥以附近自然村车牛返取名。1981 年建成，并由交通局路桥管理所命名。始建时间为 1981 年。
常林闸	Chánglín Zhá	位于萧县王寨镇。此桥为公路桥，跨越类型为河流，类别为四类，桥梁全长 80 米，跨径总长 80 米，桥梁全宽 6 米，桥梁结构为板拱。高度为 2 米。载重为 10 吨。此桥以附近自然村常林取名。1982 年建成，并由交通局路桥管理所命名。始建时间为 1982 年。
胡屯桥	Hútún Qiáo	位于萧县赵庄镇。此桥为公路桥，跨越类型为河流，类别为四类，桥梁全长 30 米，跨径总长 15 米，桥梁全宽 5 米，桥梁结构为板拱。高度为 3 米。载重为 10 吨。此桥以附近自然村胡屯取名。1967 年建成，并由交通局路桥管理所命名。始建时间为 1967 年。
黄楼桥	Huánglóu Qiáo	位于萧县酒店镇。此桥为公路桥，跨越类型为河流，类别为四类，桥梁全长 38 米，跨径总长 15 米，桥梁全宽 9 米，桥梁结构为板拱。高度为 3 米。载重为 10 吨。此桥以附近自然村黄桥取名。1975 年建成，并由交通局路桥管理所命名。始建时间为 1975 年。
朱小庄桥	Zhūxiǎozhuāng Qiáo	位于萧县青龙集镇。此桥为人行桥，跨越类型为河流，类别为三类，桥梁全长 25 米，跨径总长 10 米，桥梁全宽 5 米，桥梁结构为板拱。高度为 2.5 米。载重为 10 吨。此桥以附近自然村朱小庄取名。1981 年建成，并由交通局路桥管理所命名。始建时间为 1981 年。
道口桥	Dàokǒu Qiáo	位于萧县马井镇。此桥为公路桥，跨越类型为河流，类别为四类，桥梁全长 48 米，跨径总长 38 米，桥梁全宽 5 米，桥梁结构为空心板梁。高度为 3 米。载重为 10 吨。此桥以附近自然村道口取名。1976 年建成，并由交通局路桥管理所命名。始建时间为 1976 年。
黄河桥	Huánghé Qiáo	位于萧县刘套镇。此桥为公路桥，跨越类型为河流，类别为三类，桥梁全长 80 米，跨径总长 90 米，桥梁全宽 7 米，桥梁结构为拱板。高度为 2.5 米。载重为 10 吨。此桥以所跨河流故黄河取名。1989 年建成，并由交通局路桥管理所命名。始建时间为 1989 年。

标准名称	汉语拼音	备注
刘行中沟桥	Liúháng Zhōnggōu Qiáo	位于萧县龙城镇。此桥为公路桥，跨越类型为河流，类别为五类，桥梁全长 18 米，跨径总长 16 米，桥梁全宽 6 米，桥梁结构为板拱。高度为 2.5 米。载重为 10 吨。此桥以所跨河流刘行中沟河取名。1991 年建成，并由交通局路桥管理所命名。始建时间为 1991 年。
蒋丁楼桥	Jiǎngdīnglóu Qiáo	位于萧县祖楼镇。此桥为公路桥，跨越类型为河流，类别为四类，桥梁全长 45.4 米，跨径总长 34.3 米，桥梁全宽 6 米，桥梁结构为连续 T 梁。高度为 2 米。载重为 10 吨。以附近自然村蒋丁楼取名。1970 年建成，并由交通局路桥管理所命名。始建时间为 1970 年。
蒋庄桥	Jiǎngzhuāng Qiáo	位于萧县王寨镇。此桥为公路桥，跨越类型为河流，类别为三类，桥梁全长 45 米，跨径总长 40 米，桥梁全宽 5 米，桥梁结构为连续 T 梁。高度为 2.4 米。载重为 10 吨。此桥以附近自然村蒋庄取名。1973 年建成，并由交通局路桥管理所命名。始建时间为 1973 年。
黄河故道桥	Huánghégùdào Qiáo	位于萧县刘套镇。此桥为公路桥，跨越类型为河流，类别为三类，桥梁全长 21 米，跨径总长 16 米，桥梁全宽 7 米，桥梁结构为板拱。高度为 2.5 米。载重为 10 吨。此桥以所跨河流黄河故道取名。1963 年建成，并由交通局路桥管理所命名。始建时间为 1963 年。
高头桥	Gāotóu Qiáo	位于萧县刘套镇。此桥为公路桥，跨越类型为河流，类别为三类，桥梁全长 45 米，跨径总长 40 米，桥梁全宽 7 米，桥梁结构为空心板梁。高度为 3 米。载重为 10 吨。此桥以附近自然村高头村取名。1963 年建成，并由交通局路桥管理所命名。始建时间为 1963 年。
桂公桥	Guìgōng Qiáo	位于萧县祖楼镇。此桥为公路桥，跨越类型为河流，类别为三类，桥梁全长 35 米，跨径总长 30 米，桥梁全宽 4.8 米，桥梁结构为空心板梁。高度为 3 米。载重为 10 吨。此桥以附近自然村桂公取名。1971 年建成，并由交通局路桥管理所命名。始建时间为 1971 年。
团结桥	Tuánjié Qiáo	位于萧县白土镇。此桥为公路桥，跨越类型为河流，类别为三类，桥梁全长 25 米，跨径总长 20 米，桥梁全宽 11 米，桥梁结构为板拱。高度为 2.6 米。载重为 10 吨。此桥以团结为寓意。1969 年建成，并由交通局路桥管理所命名。始建时间为 1969 年。
穆集桥	Mùjí Qiáo	位于萧县圣泉镇。此桥为公路桥，跨越类型为河流，类别为三类，桥梁全长 15 米，跨径总长 10 米，桥梁全宽 6 米，桥梁结构为板拱。高度为 2 米。载重为 10 吨。此桥以附近自然村穆集取名。1971 年建成，并由交通局路桥管理所命名。始建时间为 1971 年。

标准名称	汉语拼音	备注
孙酒店桥	Sūnjiǔdiàn Qiáo	位于萧县圣泉镇。此桥为公路桥，跨越类型为河流，类别为三类，桥梁全长15米，跨径总长15米，桥梁全宽5米，桥梁结构为板拱。高度为2.6米。载重为10吨。此桥以附近自然村孙酒店取名。1971年建成，并由交通局路桥管理所命名。始建时间为1971年。
权楼桥	Quánlóu Qiáo	位于萧县圣泉镇。此桥为公路桥，跨越类型为河流，类别为三类，桥梁全长20米，跨径总长15米，桥梁全宽6米，桥梁结构为板拱。高度为2米。载重为10吨。此桥以附近自然村权楼取名。1971年建成，并由交通局路桥管理所命名。始建时间为1971年。
崔口桥	Cuīkǒu Qiáo	位于萧县官桥镇。此桥为公路桥，跨越类型为河流，类别为三类，桥梁全长35米，跨径总长30米，桥梁全宽5米，桥梁结构为连续T梁。高度为2.6米。载重为10吨。此桥以附近自然村崔口取名。1962年建成，并由交通局路桥管理所命名。始建时间为1962年。
洪河集桥	Hónghéjí Qiáo	位于萧县官桥镇。此桥为公路桥，跨越类型为河流，类别为四类，桥梁全长30米，跨径总长25米，桥梁全宽5.5米，桥梁结构为空心板梁。高度为2米。载重为10吨。此桥以附近自然村洪河集取名。1976年建成，并由交通局路桥管理所命名。始建时间为1976年。
永固桥	Yǒnggù Qiáo	位于萧县丁里镇。此桥为公路桥，跨越类型为河流，类别为三类，桥梁全长17米，跨径总长12米，桥梁全宽5米，桥梁结构为板拱。高度为3米。载重为10吨。此桥以附近自然村永固取名。1962年建成，并由交通局路桥管理所命名。始建时间为1962年。
程蒋山桥	Chéngjiǎngshān Qiáo	位于萧县丁里镇。此桥为公路桥，跨越类型为河流，类别为三类，桥梁全长17米，跨径总长12米，桥梁全宽6米，桥梁结构为板拱。高度为3米。载重为10吨。此桥以附近自然村程蒋山取名。1961年建成，并由交通局路桥管理所命名。始建时间为1961年。
武庄桥	Wǔzhuāng Qiáo	位于萧县张庄寨镇。此桥为公路桥，跨越类型为河流，类别为三类，桥梁全长47米，跨径总长42米，桥梁全宽5米，桥梁结构为双曲拱。高度为3米。载重为10吨。此桥以附近自然村武庄取名。1961年建成，并由交通局路桥管理所命名。始建时间为1961年。
圩子桥	Wéizi Qiáo	位于萧县新庄镇。此桥为公路桥，跨越类型为河流，类别为四类，桥梁全长24.3米，跨径总长15米，桥梁全宽6米，桥梁结构为板拱。高度为3米。载重为10吨。此桥以附近自然村圩子取名。1965年建成，并由交通局路桥管理所命名。始建时间为1965年。

标准名称	汉语拼音	备注
腰沟桥	Yāogōu Qiáo	位于萧县新庄镇。此桥为公路桥，跨越类型为河流，类别为三类，桥梁全长 13 米，跨径总长 6 米，桥梁全宽 9 米，桥梁结构为板拱。高度为 2.5 米。载重为 10 吨。此桥以附近自然村腰沟取名。1976 年建成，并由交通局路桥管理所命名。始建时间为 1976 年。
刘口桥	Liúkǒu Qiáo	位于萧县新庄镇。此桥为公路桥，跨越类型为河流，类别为四类，桥梁全长 18.9 米，跨径总长 7 米，桥梁全宽 7 米，桥梁结构为板拱。高度为 2 米。载重为 10 吨。此桥以附近自然村刘口取名。1993 年建成，并由交通局路桥管理所命名。始建时间为 1993 年。
鲁楼桥	Lǔlóu Qiáo	位于萧县马井镇。此桥为公路桥，跨越类型为河流，类别为三类，桥梁全长 41.6 米，跨径总长 41.6 米，桥梁全宽 7 米，桥梁结构为连续 T 梁。高度为 2.6 米。载重为 10 吨。此桥以附近自然村鲁楼取名。1978 年建成，并由交通局路桥管理所命名。始建时间为 1978 年。
纵庄桥	Zòngzhuāng Qiáo	位于萧县刘套镇。此桥为公路桥，跨越类型为河流，类别为五类，桥梁全长 43.1 米，跨径总长 32 米，桥梁全宽 9 米，桥梁结构为连续 T 梁。高度为 3 米。载重为 10 吨。此桥以附近自然村纵庄取名。1967 年建成，并由交通局路桥管理所命名。始建时间为 1967 年。
彭村石桥	Péngcūnshí Qiáo	位于萧县杜楼镇。此桥为公路桥，跨越类型为河流，类别为四类，桥梁全长 48 米，跨径总长 40 米，桥梁全宽 5 米，桥梁结构为连续 T 梁。高度为 3 米。载重为 10 吨。此桥以附近自然村彭村取名。1970 年建成，并由交通局路桥管理所命名。始建时间为 1970 年。
彭村桥	Péngcūn Qiáo	位于萧县杜楼镇。此桥为公路桥，跨越类型为河流，类别为三类，桥梁全长 51.5 米，跨径总长 50 米，桥梁全宽 5 米，桥梁结构为连续 T 梁。高度为 2 米。载重为 10 吨。此桥以附近自然村彭村取名。1983 年建成，并由交通局路桥管理所命名。始建时间为 1983 年。
段阁桥	Duàngé Qiáo	位于萧县马井镇。此桥为公路桥，跨越类型为河流，类别为五类，桥梁全长 40 米，跨径总长 34 米，桥梁全宽 5 米，桥梁结构为空心板梁。高度为 2.4 米。载重为 10 吨。此桥以附近自然村段阁取名。1965 年建成，并由交通局路桥管理所命名。始建时间为 1965 年。
尹庄黄河桥	Yǐnzhuāng Huánghé Qiáo	位于萧县杨楼镇。此桥为公路桥，跨越类型为河流，类别为五类，桥梁全长 28.96 米，跨径总长 16 米，桥梁全宽 8 米，桥梁结构为空心板梁。高度为 4 米。载重为 10 吨。此桥以附近自然村尹庄和所跨河流故黄河取名。1976 年建成，并由交通局路桥管理所命名。始建时间为 1976 年。

标准名称	汉语拼音	备注
三座楼桥	Sānzuòlóu Qiáo	位于萧县圣泉镇。此桥为公路桥，跨越类型为河流，类别为四类，桥梁全长40米，跨径总长20米，桥梁全宽7米，桥梁结构为板拱。高度为3米。载重为10吨。此桥以附近自然村三座楼取名。1968年建成，并由交通局路桥管理所命名。始建时间为1968年。
朱集桥	Zhūjí Qiáo	位于萧县马井镇。此桥为公路桥，跨越类型为河流，类别为四类，桥梁全长20米，跨径总长18米，桥梁全宽8米，桥梁结构为板拱。高度为2.5米。载重为10吨。此桥以附近自然村朱集取名。1976年建成，并由交通局路桥管理所命名。始建时间为1976年。
张瓦房庄桥	Zhāngwǎfáng-zhuāng Qiáo	位于萧县马井镇。此桥为公路桥，跨越类型为河流，类别为三类，桥梁全长25米，跨径总长25米，桥梁全宽7米，桥梁结构为板拱。高度为2米。载重为10吨。此桥以附近自然村张瓦房庄取名。1955年建成，并由交通局路桥管理所命名。始建时间为1955年。
七里庵桥	Qīlǐ' ān Qiáo	位于萧县马井镇。此桥为公路桥，跨越类型为河流，类别为三类，桥梁全长14.7米，跨径总长14.7米，桥梁全宽8米，桥梁结构为板拱。高度为2.4米。载重为10吨。此桥以附近自然村取名。1980年建成，并由交通局路桥管理所命名。始建时间为1980年。
梁老楼桥	Liánglǎolóu Qiáo	位于萧县圣泉镇。此桥为公路桥，跨越类型为河流，类别为三类，桥梁全长12米，跨径总长12米，桥梁全宽8米，桥梁结构为板拱。高度为2.5米。载重为10吨。此桥以附近自然村取名。1968年建成，并由交通局路桥管理所命名。始建时间为1968年。
沙河拱桥	Shāhégǒng Qiáo	位于萧县马井镇。此桥为公路桥，跨越类型为河流，类别为三类，桥梁全长65米，跨径总长65米，桥梁全宽6米，桥梁结构为连续T梁。高度为4米。载重为10吨。此桥以所跨河流取名。1971年建成，并由交通局路桥管理所命名。始建时间为1971年。
沙河大桥	Shāhé Dàqiáo	位于萧县王寨镇。此桥为公路桥，跨越类型为河流，类别为五类，桥梁全长96米，跨径总长60米，桥梁全宽23米，桥梁结构为梁式拱。高度为3米。载重为10吨。此桥以所跨河流取名。1966年建成，并由交通局路桥管理所命名。始建时间为1966年。
沙河桥	Shāhé Qiáo	位于萧县王寨镇。此桥为公路桥，跨越类型为河流，类别为五类，桥梁全长110米，跨径总长90米，桥梁全宽5米，桥梁结构为空心板梁。高度为3米。载重为10吨。此桥以所跨河流取名。1971年建成，并由交通局路桥管理所命名。始建时间为1971年。

标准名称	汉语拼音	备注
民敬桥	Mínjìng Qiáo	位于萧县圣泉镇。此桥为公路桥，跨越类型为河流，类别为四类，桥梁全长24.1米，跨径总长15米，桥梁全宽9米，桥梁结构为空心板梁。高度为2.6米。载重为10吨。以民族敬仰为寓意而得名。1967年建成，并由交通局路桥管理所命名。始建时间为1967年。
黄庵子桥	Huángānzi Qiáo	位于萧县圣泉镇。此桥为公路桥，跨越类型为河流，类别为四类，桥梁全长40.05米，跨径总长32.4米，桥梁全宽9米，桥梁结构为板拱。高度为2米。载重为10吨。此桥以附近自然村黄庵子取名。1967年建成，并由交通局路桥管理所命名。始建时间为1967年。
文革桥	Wéngé Qiáo	位于萧县圣泉镇。此桥为公路桥，跨越类型为河流，类别为三类，桥梁全长40.1米，跨径总长40米，桥梁全宽5米，桥梁结构为板拱。高度为2.4米。载重为10吨。此桥以附近自然村文革取名。1968年建成，并由交通局路桥管理所命名。始建时间为1968年。
桃楼桥	Táolóu Qiáo	位于萧县圣泉镇。此桥为公路桥，跨越类型为河流，类别为三类，桥梁全长25.3米，跨径总长25.3米，桥梁全宽6米，桥梁结构为桁架拱。高度为2.5米。载重为10吨。此桥以附近自然村桃楼取名。1982年建成，并由交通局路桥管理所命名。始建时间为1982年。
红柳树桥	Hóngliǔshù Qiáo	位于萧县圣泉镇。此桥为公路桥，跨越类型为河流，类别为四类，桥梁全长18米，跨径总长10米，桥梁全宽8米，桥梁结构为空心板梁。高度为4米。载重为10吨。此桥以附近自然村红柳树取名。1969年建成，并由交通局路桥管理所命名。始建时间为1969年。
祁洼桥	Qíwā Qiáo	位于萧县圣泉镇。此桥为公路桥，跨越类型为河流，类别为三类，桥梁全长20米，跨径总长5米，桥梁全宽7米，桥梁结构为板拱。高度为3米。载重为10吨。此桥以附近自然村祁洼取名。1973年建成，并由交通局路桥管理所命名。始建时间为1973年。
王集桥	Wángjí Qiáo	位于萧县王寨镇。此桥为公路桥，跨越类型为河流，类别为三类，桥梁全长51米，跨径总长51米，桥梁全宽9米，桥梁结构为板拱。高度为3米。载重为10吨。以附近自然村王集取名。1983年建成，并由交通局路桥管理所命名。始建时间为1983年。
蒋寺桥	Jiǎngsì Qiáo	位于萧县赵庄镇。此桥为公路桥，跨越类型为河流，类别为三类，桥梁全长37米，跨径总长37米，桥梁全宽6米，桥梁结构为板拱。高度为2.5米。载重为10吨。此桥以附近自然村蒋寺取名。1984年建成，并由交通局路桥管理所命名。始建时间为1984年。

标准名称	汉语拼音	备注
小赵庄桥	Xiǎozhàozhuāng Qiáo	位于萧县赵庄镇。此桥为公路桥，跨越类型为河流，类别为四类，桥梁全长 32 米，跨径总长 15 米，桥梁全宽 7 米，桥梁结构为板拱。高度为 4 米。载重为 10 吨。此桥以附近自然村小赵庄取名。1967 年建成，并由交通局路桥管理所命名。始建时间为 1967 年。
魏庄一桥	Wèizhuāng Yīqiáo	位于萧县祖楼镇。此桥为公路桥，跨越类型为河流，类别为三类，桥梁全长 85 米，跨径总长 77 米，桥梁全宽 6 米，桥梁结构为板拱。高度为 2.6 米。载重为 10 吨。此桥以附近自然村取名。1962 年建成，并由交通局路桥管理所命名。始建时间为 1962 年。
徐楼桥	Xúlóu Qiáo	位于萧县大屯镇。此桥为公路桥，跨越类型为河流，类别为三类，桥梁全长 50 米，跨径总长 50 米，桥梁全宽 7.5 米，桥梁结构为板拱。高度为 2 米。载重为 10 吨。此桥以附近自然村徐楼取名。1978 年建成，并由交通局路桥管理所命名。始建时间为 1978 年。
边庄桥	Biānzhuāng Qiáo	位于萧县大屯镇。此桥为公路桥，跨越类型为河流，类别为五类，桥梁全长 20 米，跨径总长 15 米，桥梁全宽 6 米，桥梁结构为板拱。高度为 2.4 米。载重为 10 吨。此桥以附近自然村边庄取名。1967 年建成，并由交通局路桥管理所命名。始建时间为 1967 年。
魏庄桥	Wèizhuāng Qiáo	位于萧县孙圩子镇。此桥为公路桥，跨越类型为河流，类别为五类，桥梁全长 52.3 米，跨径总长 31.8 米，桥梁全宽 8 米，桥梁结构为板拱。高度为 2.5 米。载重为 10 吨。以附近自然村魏庄取名。1981 年建成，并由交通局路桥管理所命名。始建时间为 1981 年。
南海桥	Nánhǎi Qiáo	位于萧县大屯镇。此桥为公路桥，跨越类型为河流，类别为三类，桥梁全长 52 米，跨径总长 52 米，桥梁全宽 6 米，桥梁结构为板拱。高度为 2.4 米。载重为 10 吨。此桥以附近自然村南海取名。1979 年建成，并由交通局路桥管理所命名。始建时间为 1979 年。
董洼桥	Dǒngwā Qiáo	位于萧县大屯镇。此桥为公路桥，跨越类型为河流，类别为四类，桥梁全长 40 米，跨径总长 21 米，桥梁全宽 7 米，桥梁结构为板拱。高度为 2.5 米。载重为 10 吨。此桥以附近自然村董洼取名。1966 年建成，并由交通局路桥管理所命名。始建时间为 1966 年。
马阁桥	Mǎgé Qiáo	位于萧县杜楼镇。此桥为公路桥，跨越类型为河流，类别为三类，桥梁全长 70 米，跨径总长 70 米，桥梁全宽 4 米，桥梁结构为空心板梁。高度为 2.6 米。载重为 10 吨。此桥以附近自然村马阁取名。1992 年建成，并由交通局路桥管理所命名。始建时间为 1992 年。

标准名称	汉语拼音	备注
张家墓桥	Zhāngjiāmù Qiáo	位于萧县龙城镇。此桥为公路桥，跨越类型为河流，类别为三类，桥梁全长 22.5 米，跨径总长 22.5 米，桥梁全宽 11 米，桥梁结构为空心板梁。高度为 2.5 米。载重为 10 吨。此桥以附近张家墓取名。1971 年建成，并由交通局路桥管理所命名。始建时间为 1971 年。
运河五女桥	Yùnhéwǔnǚ Qiáo	位于萧县龙城镇。此桥为公路桥，跨越类型为河流，类别为四类，桥梁全长 43 米，跨径总长 24 米，桥梁全宽 9 米，桥梁结构为板拱。高度为 2 米。载重为 10 吨。此桥以所跨河流取名。1968 年建成，并由交通局路桥管理所命名。始建时间为 1968 年。
吴大庄桥	Wúdàzhuāng Qiáo	位于萧县王寨镇。此桥为公路桥，跨越类型为河流，类别为四类，桥梁全长 51.3 米，跨径总长 38.7 米，桥梁全宽 8 米，桥梁结构为板拱。高度为 2.5 米。载重为 10 吨。此桥以附近自然村吴大庄取名。1979 年建成，并由交通局路桥管理所命名。始建时间为 1979 年。
薛村桥	Xuēcūn Qiáo	位于萧县王寨镇。此桥为公路桥，跨越类型为河流，类别为三类，桥梁全长 48.8 米，跨径总长 48.8 米，桥梁全宽 7 米，桥梁结构为连续 T 梁。高度为 2 米。载重为 10 吨。以附近自然村薛村取名。1972 年建成，并由交通局路桥管理所命名。始建时间为 1972 年。
张大楼桥	Zhāngdàlóu Qiáo	位于萧县王寨镇。此桥为公路桥，跨越类型为河流，类别为四类，桥梁全长 36 米，跨径总长 36 米，桥梁全宽 5 米，桥梁结构为空心板梁。高度为 2.6 米。载重为 10 吨。以附近自然村取名。1968 年建成，并由交通局路桥管理所命名。始建时间为 1968 年。
岱河桥	Dàihé Qiáo	位于萧县王寨镇。此桥为公路桥，跨越类型为河流，类别为四类，桥梁全长 60 米，跨径总长 40 米，桥梁全宽 4 米，桥梁结构为板拱。高度为 2.5 米。载重为 10 吨。此桥以所跨河流岱河取名。1968 年建成，并由交通局路桥管理所命名。始建时间为 1968 年。
翟庄桥	Zháizhuāng Qiáo	位于萧县祖楼镇。此桥为公路桥，跨越类型为河流，类别为三类，桥梁全长 42.6 米，跨径总长 40 米，桥梁全宽 6 米，桥梁结构为空心板梁。高度为 3 米。载重为 10 吨。以附近自然村翟庄取名。1980 年建成，并由交通局路桥管理所命名。始建时间为 1980 年。
张破楼桥	Zhāngpòlóu Qiáo	位于萧县赵庄镇。此桥为公路桥，跨越类型为河流，类别为四类，桥梁全长 32 米，跨径总长 15 米，桥梁全宽 7 米，桥梁结构为板拱。高度为 2 米。载重为 10 吨。此桥以附近自然村取名。1967 年建成，并由交通局路桥管理所命名。始建时间为 1967 年。

标准名称	汉语拼音	备注
穆寨桥	Mùzhài Qiáo	位于萧县祖楼镇。此桥为公路桥，跨越类型为河流，类别为三类，桥梁全长30米，跨径总长30米，桥梁全宽7米，桥梁结构为板拱。高度为2.6米。载重为10吨。以附近自然村穆寨取名。1969年建成，并由交通局路桥管理所命名。始建时间为1969年。
杨小楼桥	Yángxiǎolóu Qiáo	位于萧县祖楼镇。此桥为公路桥，跨越类型为河流，类别为三类，桥梁全长66.7米，跨径总长66.7米，桥梁全宽8米，桥梁结构为连续T梁。高度为2米。载重为10吨。以附近自然村取名。1984年建成，并由交通局路桥管理所命名。始建时间为1984年。
荀楼桥	Xúnlóu Qiáo	位于萧县祖楼镇。此桥为公路桥，跨越类型为河流，类别为三类，桥梁全长53.9米，跨径总长53.9米，桥梁全宽7米，桥梁结构为板拱。高度为2.5米。载重为10吨。以附近自然村荀楼取名。1975年建成，并由交通局路桥管理所命名。始建时间为1975年。
周圩子桥	Zhōuwéizi Qiáo	位于萧县祖楼镇。此桥为公路桥，跨越类型为河流，类别为三类，桥梁全长20米，跨径总长5米，桥梁全宽8米，桥梁结构为板拱。高度为2米。载重为10吨。以附近自然村周圩子取名。1966年建成，并由交通局路桥管理所命名。始建时间为1966年。
李庄闸桥	Lǐzhuāngzhá Qiáo	位于萧县祖楼镇。此桥为公路桥，跨越类型为河流，类别为三类，桥梁全长50米，跨径总长50米，桥梁全宽4米，桥梁结构为空心板梁。高度为2.6米。载重为10吨。以附近自然村取名。1970年建成，并由交通局路桥管理所命名。始建时间为1970年。
蒋楼桥	Jiǎnglóu Qiáo	位于萧县祖楼镇。此桥为公路桥，跨越类型为河流，类别为三类，桥梁全长58.2米，跨径总长58.2米，桥梁全宽8米，桥梁结构为连续T梁。高度为2米。载重为10吨。以附近自然村蒋楼取名。1986年建成，并由交通局路桥管理所命名。始建时间为1986年。
张庄寨西桥	Zhāngzhuāngzhài Xīqiáo	位于萧县张庄寨镇。此桥为公路桥，跨越类型为河流，类别为三类，桥梁全长32.8米，跨径总长32.8米，桥梁全宽6米，桥梁结构为连续T梁。高度为2.4米。载重为10吨。以附近自然村取名。1963年建成，并由交通局路桥管理所命名。始建时间为1963年。
贾窝闸	Jiǎwō Zhá	位于萧县孙圩子镇。此桥为公路桥，跨越类型为河流，类别为三类，桥梁全长87米，跨径总长87米，桥梁全宽8米，桥梁结构为板拱。高度为2.5米。载重为10吨。以附近自然村取名。1959年建成，并由交通局路桥管理所命名。始建时间为1959年。

标准名称	汉语拼音	备注
徐里桥	Xúlǐ Qiáo	位于萧县孙圩子镇。此桥为公路桥，跨越类型为河流，类别为四类，桥梁全长 110 米，跨径总长 60 米，桥梁全宽 7 米，桥梁结构为连续 T 梁。高度为 4 米。载重为 10 吨。以附近自然村徐里取名。1971 年建成，并由交通局路桥管理所命名。始建时间为 1971 年。
杜平坊桥	Dùpíngfāng Qiáo	位于萧县王寨镇。此桥为公路桥，跨越类型为河流，类别为三类，桥梁全长 90 米，跨径总长 90 米，桥梁全宽 8 米，桥梁结构为板拱。高度为 2.6 米。载重为 10 吨。以附近自然村杜平坊取名。1982 年建成，并由交通局路桥管理所命名。始建时间为 1982 年。
陈楼桥	Chénlóu Qiáo	位于萧县王寨镇。此桥为公路桥，跨越类型为河流，类别为三类，桥梁全长 33.7 米，跨径总长 32 米，桥梁全宽 6 米，桥梁结构为板拱。高度为 2 米。载重为 10 吨。以附近自然村陈楼取名。1958 年建成，并由交通局路桥管理所命名。始建时间为 1958 年。
马庄闸	Mǎzhuāng Zhá	位于萧县王寨镇。此桥为公路桥，跨越类型为河流，类别为三类，桥梁全长 36 米，跨径总长 36 米，桥梁全宽 9 米，桥梁结构为板拱。高度为 2.4 米。载重为 10 吨。以附近自然村取名。1975 年建成，并由交通局路桥管理所命名。始建时间为 1975 年。
朱楼桥	Zhūlóu Qiáo	位于萧县酒店镇。此桥为公路桥，跨越类型为河流，类别为四类，桥梁全长 34 米，跨径总长 18 米，桥梁全宽 9 米，桥梁结构为板拱。高度为 2.4 米。载重为 10 吨。此桥以附近自然村朱楼取名。1979 年建成，并由交通局路桥管理所命名。始建时间为 1979 年。
青年桥	Qīngnián Qiáo	位于萧县丁里镇。此桥为公路桥，跨越类型为河流，类别为三类，桥梁全长 22.8 米，跨径总长 22.8 米，桥梁全宽 9 米，桥梁结构为板拱。高度为 2.5 米。载重为 10 吨。以青年健壮为寓意取名。1977 年建成，并由交通局路桥管理所命名。始建时间为 1977 年。
龙河闸	Lónghé Zhá	位于萧县丁里镇。此桥为公路桥，跨越类型为河流，类别为四类，桥梁全长 35 米，跨径总长 12 米，桥梁全宽 8 米，桥梁结构为空心板梁。高度为 4 米。载重为 10 吨。以附近自然村取名。1971 年建成，并由交通局路桥管理所命名。始建时间为 1971 年。
花甲寺大桥	Huājiǎsì Dàqiáo	位于萧县白土镇。此桥为公路桥，跨越类型为河流，类别为四类，桥梁全长 60 米，跨径总长 10.5 米，桥梁全宽 10 米，桥梁结构为板拱。高度为 3 米。载重为 10 吨。以附近自然村花甲寺取名。1979 年建成，并由交通局路桥管理所命名。始建时间为 1979 年。

标准名称	汉语拼音	备注
冯楼桥	Fénglóu Qiáo	位于萧县白土镇。此桥为公路桥，跨越类型为河流，类别为三类，桥梁全长36米，跨径总长36米，桥梁全宽7米，桥梁结构为板拱。高度为2米。载重为10吨。以附近自然村冯楼取名。1999年建成，并由交通局路桥管理所命名。始建时间为1999年。
天门寺桥	Tiānménsì Qiáo	位于萧县白土镇。此桥为公路桥，跨越类型为河流，类别为三类，桥梁全长18米，跨径总长15米，桥梁全宽6米，桥梁结构为板拱。高度为2.6米。载重为10吨。以附近天门寺取名。1991年建成，并由交通局路桥管理所命名。始建时间为1991年。
孟村桥	Mèngcūn Qiáo	位于萧县永固镇。此桥为公路桥，跨越类型为河流，类别为三类，桥梁全长18米，跨径总长18米，桥梁全宽8米，桥梁结构为板拱。高度为2.4米。载重为10吨。以附近自然村孟村取名。1985年建成，并由交通局路桥管理所命名。始建时间为1985年。
北山坝桥	Běishānbà Qiáo	位于萧县永固镇。此桥为公路桥，跨越类型为河流，类别为三类，桥梁全长10米，跨径总长10米，桥梁全宽8米，桥梁结构为板拱。高度为2.5米。载重为10吨。以附近自然村取名。1981年建成，并由交通局路桥管理所命名。始建时间为1981年。
郝桥	Hǎo Qiáo	位于萧县丁里镇。此桥为公路桥，跨越类型为河流，类别为三类，桥梁全长40.4米，跨径总长40米，桥梁全宽5米，桥梁结构为板拱。高度为3米。载重为10吨。以附近自然村取名。1982年建成，并由交通局路桥管理所命名。始建时间为1982年。
朱庄桥	Zhūzhuāng Qiáo	位于萧县马井镇。此桥为公路桥，跨越类型为河流，类别为三类，桥梁全长28米，跨径总长28米，桥梁全宽7米，桥梁结构为板拱。高度为3米。载重为10吨。此桥以附近自然村朱庄取名。1972年建成，并由交通局路桥管理所命名。始建时间为1972年。
祖楼桥	Zǔlóu Qiáo	位于萧县圣泉镇。此桥为公路桥，跨越类型为河流，类别为五类，桥梁全长32米，跨径总长24米，桥梁全宽11米，桥梁结构为板拱。高度为3米。载重为10吨。此桥以附近自然村祖楼取名。1968年建成，并由交通局路桥管理所命名。始建时间为1968年。
运粮河大桥	Yùnliáng Hé Dàqiáo	坐落于萧县丁里镇西部，此桥为公路桥，跨越类型为河流，类别为三类，桥梁全长60米，跨径总长10米，桥梁全宽12米，桥梁结构为板拱。高度为10米。载重为20吨。因坐落于运粮河上而得名。1968年建设，1969年建成。

泗县桥梁

标准名称	汉语拼音	备注
八里桥	Bālǐ Qiáo	位于泗县泗城镇境内，所在线路为104国道，所跨河流为新濉河。八里桥长81米，桥面净宽13米，设有防撞护栏，上部结构为预应力空心板梁，下部为钻孔灌注桩，设计荷载为汽－超20，挂－120。该桥位于泗城北八里104国道，跨新濉河，故得名八里桥。1958年，泗县水利局批准名称。始建于1958年，1998年在原闸桥下游30米处重建新桥。
草沟大桥	Cǎogōu Dàqiáo	位于泗县草沟镇境内，所在线路为329省道，所跨河流为北沱河。草沟大桥上部结构为6肋5波空腹式钢筋混凝土双曲拱，5孔，每孔净跨25米，矢跨比1/5，桥长153米，桥面做渣油表处，行车道宽7米，下部构造为石砌重力式墩台和钻孔灌注桩基础，设计荷载汽－13，拖－60。原名七孔桥，因该桥位于草沟集东北沱河上，故得名草沟大桥。1977年，泗县水利局批准名称。始建于1977年8月，建成于1979年3月。
娄桥	Lóu Qiáo	位于黑塔镇红旗村境内，所在线路为048县道。娄桥为空腹石拱桥，共3孔，每孔净跨20米，矢跨比1/4，全长75米，行车道宽6米，上部结构为空腹式石拱，下部构造为石砌重力式墩台，桥高5.4米，载重为汽－13，拖－60。因该桥坐落于原黑塔镇娄桥村，故得名娄桥。1978年，泗县水利局批准名称。娄桥原为木桥，1956年改建为钢筋混凝土板梁桥，1969年扩建为石拱桥，1978年修建为3孔20米的石拱桥。
山头闸桥	Shāntóuzhá Qiáo	位于山头镇山头街南侧，所在线路为泗找路，所跨河流为潼河。山头闸桥上部结构为石拱和钢筋混凝土板梁，下部构造为石砌墩台，共12孔，其中石拱4孔，板梁8孔，每孔净跨4.6米，全长70米，桥高7.4米，载重为汽－13，拖－60。因该桥位于山头集南头泗找路潼河上，是水利蓄排和公路交通综合利用工程，故得名山头闸桥。1958年，泗县水利局批准名称。山头闸桥始建于1958年，1968年扩建为12孔闸桥。
上马铺桥	Shàngmǎpù Qiáo	位于泗县长沟镇汴河村境内，所在线路为303省道，所跨河流为唐河。上马铺桥为泗县单跨最大的石拱桥，上部结构为空腹式石拱，一孔净跨40米，矢跨比1/6，桥长68米，桥面净宽7米，下部构造为浆砌石重力式台身。该桥位于上马铺庄，故得名上马铺桥。1995年，泗县水利局批准名称。原为木架桥，建于1954年，1963年改建为钢筋混凝土梁桥，1995年在此地重新建桥一座，1996年4月竣工通车。

标准名称	汉语拼音	备注
石梁河桥	Shíliánghé Qiáo	位于泗县泗城镇境内，所在线路为104国道，所跨河流为石梁河。石梁河桥上部结构为钢筋混凝土工字型微弯板，4孔，每孔跨径16米，全长68米，行车道宽9米，两侧各设1.5米宽人行道。下部构造为钢筋混凝土双柱式墩、台和灌注桩基础，桥高4.6米，设计荷载为汽－20，挂－100。该桥位于泗城镇北关，跨于石梁河上，故得名石梁河桥。1979年，泗县水利局批准名称。石梁河桥始建于1979年3月，同年12月竣工。
泗五大桥	Sìwǔ Dàqiáo	位于泗城镇境内，所在线路为104国道，所跨河流为新汴河。泗五大桥是泗县境内最长的空腹式钢筋混凝土双曲拱公路桥。桥的上部结构为钢架拱，7孔净跨30米，矢跨比1/6，全长246米，下部构造为钻孔灌注桩，设计荷载为汽－超20、挂－120。根据当地群众习称和该桥建于泗县、五河之间，故名为泗五大桥。1968年，泗县水利局批准名称。1968年10月动工，1969年10月竣工，1999年3月进行加固处理，当年7月完工。
龙河桥	Lónghé Qiáo	位于山头镇找沟村境内，所在线路为泗找路，所跨河流为龙河。龙河桥共4孔，每孔跨径16米，全长68米，水泥混凝土桥面净宽7米，两侧人行道各宽1米。下部构造为钢筋混凝土双柱式墩、台和钻孔灌注桩基础，桥高8米，设计荷载为汽－15，挂－80。该桥位于泗睢交界处找沟集北老龙河上，故得名龙河桥。1985年，泗县水利局批准名称。龙河桥始建于1985年，1986年6月竣工通车。
墓河大桥	Mùhé Dàqiáo	位于瓦坊乡境内，所在线路为梁凡路，所跨河流为潼河。桥梁全长71.5米，桥梁宽度6.1米，最大跨度50米，最大载重量为15吨。桥梁类型为石桥。该地名来源于所在位置。1989年，泗县水利局批准名称。该桥始建于1989年，建成于1990年，名称沿用至今。
位玉桥	Wèiyù Qiáo	位于瓦坊乡境内，所在线路为梁凡路，所跨河流为傅沟。桥梁全长16米，桥梁宽度5米，最大跨度10米，最大载重量为15吨。桥梁类型为石桥。该地名来源于所在位置。1997年，泗县水利局批准名称。该桥始建于1997年，建成于1998年，名称沿用至今。
瓦北桥	Wǎběi Qiáo	位于瓦坊乡境内，所在线路为梁凡路。桥梁全长21米，桥梁宽度7.2米，最大跨度6米，最大载重量为15吨。桥梁类型为石桥。该地名来源于所在位置。1997年，泗县水利局批准名称。该桥始建于1997年，建成于1998年，名称沿用至今。
三王桥	Sānwáng Qiáo	位于屏山镇境内，所在线路为老黄路。桥梁全长41.4米，桥梁宽度5.5米，最大跨度30米，最大载重量为15吨。桥梁类型为石桥。该地名来源于所在位置。1983年，泗县水利局批准名称。该桥始建于1983年，建成于1984年，名称沿用至今。

标准名称	汉语拼音	备注
创业桥	Chuàngyè Qiáo	位于黄圩镇境内，所在线路为老黄路。桥梁全长 28.2 米，桥梁宽度 8 米，最大跨度 12 米，最大载重量为 15 吨。桥梁类型为钢筋混凝土桥。该地名来源于所在位置。1976 年，泗县水利局批准名称。该桥始建于 1976 年，建成于 1977 年，名称沿用至今。
反帝桥	Fǎndì Qiáo	位于黄圩镇境内，所在线路为老黄路，所跨河流为民利河。桥梁全长 37.1 米，桥梁宽度 8 米，最大跨度 12 米，最大载重量为 15 吨。桥梁类型为钢筋混凝土桥。该地名来源于所在位置。1976 年，泗县水利局批准名称。该桥始建于 1976 年，建成于 1977 年，名称沿用至今。
前李桥	Qiánlǐ Qiáo	位于大杨乡境内，所在线路为大草路。桥梁全长 12 米，桥梁宽度 5.7 米，最大跨度 6 米，最大载重量为 15 吨。桥梁类型为石桥。该地名来源于所在位置。1997 年，泗县水利局批准名称。该桥始建于 1997 年，建成于 1998 年，名称沿用至今。
宋大桥	Sòngdàqiáo	位于长沟镇境内，所在线路为大草路，所跨河流为邓沟。桥梁全长 32 米，桥梁宽度 7 米，最大跨度 24 米，最大载重量为 15 吨。桥梁类型为石桥。该地名来源于所在位置。1967 年，泗县水利局批准名称。该桥始建于 1967 年，建成于 1968 年，名称沿用至今。
霸王桥	Bàwáng Qiáo	位于墩集镇境内，所在线路为墩马路，所跨河流为石梁河。桥梁全长 89 米，桥梁宽度 8 米，最大跨度 80 米，最大载重量为 15 吨。桥梁类型为钢筋混凝土桥。该地名来源于所在位置。1986 年，泗县水利局批准名称。该桥始建于 1986 年，建成于 1987 年，名称沿用至今。
三陈桥	Sānchén Qiáo	位于草沟镇境内，所在线路为墩马路，所跨河流为汴沱大沟。桥梁全长 20 米，桥梁宽度 6 米，最大跨度 14 米，最大载重量为 15 吨。桥梁类型为石桥。该地名来源于所在位置。1991 年，泗县水利局批准名称。该桥始建于 1991 年，建成于 1992 年，名称沿用至今。
韩圩桥	Hánwéi Qiáo	位于长沟镇境内，所在线路为腊向路，所跨河流为樊吴大沟。桥梁全长 22 米，桥梁宽度 7 米，最大跨度 16 米，最大载重量为 15 吨。桥梁类型为石桥。该地名来源于所在位置。1981 年，泗县水利局批准名称。该桥始建于 1981 年，建成于 1982 年，名称沿用至今。
小高桥	Xiǎogāo Qiáo	位于山头镇境内，所在线路为高秦路，所跨河流为林河。桥梁全长 22.4 米，桥梁宽度 6 米，最大跨度 13 米，最大载重量为 15 吨。桥梁类型为钢筋混凝土桥。该地名来源于所在位置。1983 年，泗县水利局批准名称。该桥始建于 1983 年，建成于 1984 年，名称沿用至今。

标准名称	汉语拼音	备注
三界桥	Sānjiè Qiáo	位于山头镇境内，所在线路为三骆路。桥梁全长 12 米，桥梁宽度 5 米，最大跨度 6 米，最大载重量为 15 吨。桥梁类型为石桥。该地名来源于所在位置。1982 年，泗县水利局批准名称。该桥始建于 1982 年，建成于 1983 年，名称沿用至今。
童圩东桥	Tóngwéi Dōngqiáo	位于山头镇境内，所在线路为三骆路。桥梁全长 20 米，桥梁宽度 6.3 米，最大跨度 8 米，最大载重量为 15 吨。桥梁类型为石桥。该地名来源于所在位置。1981 年，泗县水利局批准名称。该桥始建于 1981 年，建成于 1982 年，名称沿用至今。
大柏东桥	Dàbǎi Dōngqiáo	位于山头镇境内，所在线路为惠吴路，所跨河流为林河。桥梁全长 22.4 米，桥梁宽度 6 米，最大跨度 13 米，最大载重量为 15 吨。桥梁类型为钢筋混凝土桥。该地名来源于所在位置。1983 年，泗县水利局批准名称。该桥始建于 1983 年，建成于 1984 年，名称沿用至今。
老吴南桥	Lǎowú Nánqiáo	位于山头镇境内，所在线路为惠吴路，所跨河流为山河。桥梁全长 28 米，桥梁宽度 6 米，最大跨度 21 米，最大载重量为 15 吨。桥梁类型为石桥。该地名来源于所在位置。1981 年，泗县水利局批准名称。该桥始建于 1981 年，建成于 1982 年，名称沿用至今。
东风桥	Dōngfēng Qiáo	位于山头镇境内，所在线路为刘山路，所跨河流为林河。桥梁全长 23 米，桥梁宽度 6 米，最大跨度 13 米，最大载重量为 15 吨。桥梁类型为钢筋混凝土桥。该地名来源于所在位置。1984 年，泗县水利局批准名称。该桥始建于 1984 年，建成于 1985 年，名称沿用至今。
张沛桥	Zhāngpèi Qiáo	位于刘圩镇境内，所在线路为李许路。桥梁全长 23 米，桥梁宽度 6 米，最大跨度 13 米，最大载重量为 15 吨。桥梁类型为钢筋混凝土桥。该地名来源于所在位置。1982 年，泗县水利局批准名称。该桥始建于 1982 年，建成于 1983 年，名称沿用至今。
傅圩桥	Fùwéi Qiáo	位于刘圩镇境内，所在线路为李许路。桥梁全长 19 米，桥梁宽度 6 米，最大跨度 10 米，最大载重量为 15 吨。桥梁类型为钢筋混凝土桥。该地名来源于所在位置。1982 年，泗县水利局批准名称。该桥始建于 1982 年，建成于 1983 年，名称沿用至今。
于沟桥	Yúgōu Qiáo	位于刘圩镇境内，所在线路为后戚路。桥梁全长 20.5 米，桥梁宽度 5.2 米，最大跨度 13 米，最大载重量为 15 吨。桥梁类型为石桥。该地名来源于所在位置。1982 年，泗县水利局批准名称。该桥始建于 1982 年，建成于 1983 年，名称沿用至今。

标准名称	汉语拼音	备注
歧路东桥	Qílù Dōngqiáo	位于刘圩镇境内，所在线路为刘大路，所跨河流为顺利沟。桥梁全长 20.1 米，桥梁宽度 5.8 米，最大跨度 12.8 米，最大载重量为 15 吨。桥梁类型为石桥。该地名来源于所在位置。1974 年，泗县水利局批准名称。该桥始建于 1974 年，建成于 1975 年，名称沿用至今。
瓦坊桥	Wǎfāng Qiáo	位于刘圩镇境内，所在线路为刘大路。桥梁全长 18 米，桥梁宽度 13 米，最大跨度 10 米，最大载重量为 15 吨。桥梁类型为石桥。该地名来源于所在位置。1985 年，泗县水利局批准名称。该桥始建于 1985 年，建成于 1986 年，名称沿用至今。
郭集东桥	Guōjí Dōngqiáo	位于刘圩镇境内，所在线路为刘大路，所跨河流为杨庄沟。桥梁全长 13 米，桥梁宽度 6 米，最大跨度 6 米，最大载重量为 15 吨。桥梁类型为钢筋混凝土桥。该地名来源于所在位置。1974 年，泗县水利局批准名称。该桥始建于 1974 年，建成于 1975 年，名称沿用至今。
小卢西桥	Xiǎolú Xīqiáo	位于刘圩镇境内，所在线路为刘大路，所跨河流为杨庄沟。桥梁全长 17 米，桥梁宽度 6 米，最大跨度 10 米，最大载重量为 15 吨。桥梁类型为钢筋混凝土桥。该地名来源于所在位置。1975 年，泗县水利局批准名称。该桥始建于 1975 年，建成于 1976 年，名称沿用至今。
刘集北桥	Liújí Běiqiáo	位于大庄镇境内，所在线路为许孟路，所跨河流为杨庄沟。桥梁全长 32.5 米，桥梁宽度 5.8 米，最大跨度 20 米，最大载重量为 15 吨。桥梁类型为石桥。该地名来源于所在位置。1972 年，泗县水利局批准名称。该桥始建于 1972 年，建成于 1973 年，名称沿用至今。
后小王桥	Hòuxiǎowáng Qiáo	位于大庄镇境内，所在线路为许孟路。桥梁全长 22 米，桥梁宽度 5.4 米，最大跨度 10 米，最大载重量为 15 吨。桥梁类型为石桥。该地名来源于所在位置。1972 年，泗县水利局批准名称。该桥始建于 1972 年，建成于 1973 年，名称沿用至今。
付家沟桥	Fùjiāgōu Qiáo	位于大庄镇境内，所在线路为张秦路。桥梁全长 16 米，桥梁宽度 6 米，最大跨度 10 米，最大载重量为 15 吨。桥梁类型为钢筋混凝土桥。该地名来源于所在位置。1972 年，泗县水利局批准名称。该桥始建于 1972 年，建成于 1973 年，名称沿用至今。
姚场南桥	Yáochǎng Nánqiáo	位于大庄镇境内，所在线路为张秦路，所跨河流为和平沟。桥梁全长 20 米，桥梁宽度 6 米，最大跨度 10 米，最大载重量为 15 吨。桥梁类型为钢筋混凝土桥。该地名来源于所在位置。1974 年，泗县水利局批准名称。该桥始建于 1974 年，建成于 1975 年，名称沿用至今。

标准名称	汉语拼音	备注
老民利河桥	Lǎomínlìhé Qiáo	位于黄圩镇境内，所在线路为郝大路，所跨河流为民利河。桥梁全长29.2米，桥梁宽度5.2米，最大跨度16米，最大载重量为15吨。桥梁类型为石桥。该地名来源于所在位置。1961年，泗县水利局批准名称。该桥始建于1961年，建成于1962年，名称沿用至今。
新民利河桥	Xīnmínlìhé Qiáo	位于黄圩镇境内，所在线路为郝大路，所跨河流为民利河。桥梁全长35米，桥梁宽度6米，最大跨度24米，最大载重量为15吨。桥梁类型为钢筋混凝土桥。该地名来源于所在位置。1975年，泗县水利局批准名称。该桥始建于1975年，建成于1976年，名称沿用至今。
大马桥	Dàmǎ Qiáo	位于黄圩镇境内，所在线路为大三路。桥梁全长27.7米，桥梁宽度5.1米，最大跨度21.2米，最大载重量为15吨。桥梁类型为石桥。该地名来源于所在位置。1981年，泗县水利局批准名称。该桥始建于1981年，建成于1982年，名称沿用至今。
小刘圩南桥	Xiǎoliúwéi Nánqiáo	位于大杨乡境内，所在线路为刘李路。桥梁全长19米，桥梁宽度6米，最大跨度10米，最大载重量为15吨。桥梁类型为钢筋混凝土桥。该地名来源于所在位置。1986年，泗县水利局批准名称。该桥始建于1986年，建成于1987年，名称沿用至今。
赵集北桥	Zhàojí Běiqiáo	位于大杨乡境内，所在线路为刘李路，所跨河流为高马沟。桥梁全长24.6米，桥梁宽度4.3米，最大跨度10.5米，最大载重量为15吨。桥梁类型为石桥。该地名来源于所在位置。1982年，泗县水利局批准名称。该桥始建于1982年，建成于1983年，名称沿用至今。
小万桥	Xiǎowàn Qiáo	位于大杨乡境内，所在线路为刘李路，所跨河流为马前沟。桥梁全长20.5米，桥梁宽度7米，最大跨度8米，最大载重量为15吨。桥梁类型为石桥。该地名来源于所在位置。1997年，泗县水利局批准名称。该桥始建于1997年，建成于1998年，名称沿用至今。
高集桥	Gāojí Qiáo	位于大杨乡境内，所在线路为杨高路，所跨河流为张高沟。桥梁全长42米，桥梁宽度5.5米，最大跨度26米，最大载重量为15吨。桥梁类型为石桥。该地名来源于所在位置。1982年，泗县水利局批准名称。该桥始建于1982年，建成于1983年，名称沿用至今。
东赵集桥	Dōngzhàojí Qiáo	位于大杨乡境内，所在线路为陈杨路，所跨河流为废小黄河。桥梁全长31.5米，桥梁宽度4.6米，最大跨度16米，最大载重量为15吨。桥梁类型为混凝土桥。该地名来源于所在位置。1977年，泗县水利局批准名称。该桥始建于1977年，建成于1978年，名称沿用至今。

标准名称	汉语拼音	备注
大万桥	Dàwàn Qiáo	位于大杨乡境内，所在线路为郭三路，所跨河流为魏沟。桥梁全长 29 米，桥梁宽度 6 米，最大跨度 25.2 米，最大载重量为 15 吨。桥梁类型为混凝土桥。该地名来源于所在位置。1964 年，泗县水利局批准名称。该桥始建于 1964 年，建成于 1965 年，名称沿用至今。
马前沟桥	Mǎqiángōu Qiáo	位于大杨乡境内，所在线路为郭三路。桥梁全长 19.6 米，桥梁宽度 6 米，最大跨度 19.6 米，最大载重量为 15 吨。桥梁类型为石桥。该地名来源于所在位置。1976 年，泗县水利局批准名称。该桥始建于 1976 年，建成于 1977 年，名称沿用至今。
三时桥	Sānshí Qiáo	位于大杨乡境内，所在线路为郭三路，所跨河流为丰收沟。桥梁全长 29 米，桥梁宽度 7 米，最大跨度 18 米，最大载重量为 15 吨。桥梁类型为石桥。该地名来源于所在位置。1978 年，泗县水利局批准名称。该桥始建于 1978 年，建成于 1979 年，名称沿用至今。
姚场桥	Yáochǎng Qiáo	位于黑塔镇境内，所在线路为陈王路，所跨河流为杨大路沟。桥梁全长 20 米，桥梁宽度 6 米，最大跨度 13 米，最大载重量为 15 吨。桥梁类型为钢筋混凝土桥。该地名来源于所在位置。1979 年，泗县水利局批准名称。该桥始建于 1979 年，建成于 1980 年，名称沿用至今。
新关桥	Xīnguān Qiáo	位于黑塔镇境内，所在线路为倪杨路，所跨河流为小凄河。桥梁全长 29.4 米，桥梁宽度 5.2 米，最大跨度 15.6 米，最大载重量为 15 吨。桥梁类型为石桥。该地名来源于所在位置。1978 年，泗县水利局批准名称。该桥始建于 1978 年，建成于 1979 年，名称沿用至今。
新关小桥	Xīnguān Xiǎoqiáo	位于黑塔镇境内，所在线路为倪杨路，所跨河流为小黄河。桥梁全长 10 米，桥梁宽度 6 米，最大跨度 10 米，最大载重量为 15 吨。桥梁类型为石桥。该地名来源于所在位置。1978 年，泗县水利局批准名称。该桥始建于 1978 年，建成于 1979 年，名称沿用至今。
黑塔西桥	Hēitǎ Xīqiáo	位于黑塔镇境内，所在线路为黑程路，所跨河流为小凄河。桥梁全长 27.5 米，桥梁宽度 8 米，最大跨度 10 米，最大载重量为 15 吨。桥梁类型为石桥。该地名来源于所在位置。1989 年，泗县水利局批准名称。该桥始建于 1989 年，建成于 1990 年，名称沿用至今。
唐河桥	Tánghé Qiáo	位于黑塔镇境内，所在线路为黑程路，所跨河流为唐沟。桥梁全长 20.6 米，桥梁宽度 4.4 米，最大跨度 10 米，最大载重量为 15 吨。桥梁类型为石桥。该地名来源于所在位置。1983 年，泗县水利局批准名称。该桥始建于 1983 年，建成于 1984 年，名称沿用至今。

标准名称	汉语拼音	备注
大位桥	Dàwèi Qiáo	位于黑塔镇境内，所在线路为黑桥路。桥梁全长20米，桥梁宽度6米，最大跨度13米，最大载重量为15吨。桥梁类型为钢筋混凝土桥。该地名来源于所在位置。1970年，泗县水利局批准名称。该桥始建于1970年，建成于1971年，名称沿用至今。
陈台沟桥	Chéntáigōu Qiáo	位于黑塔镇境内，所在线路为黑桥路，所跨河流为陈台沟。桥梁全长16米，桥梁宽度7米，最大跨度6米，最大载重量为15吨。桥梁类型为石桥。该地名来源于所在位置。1979年，泗县水利局批准名称。该桥始建于1979年，建成于1980年，名称沿用至今。
界牌桥	Jièpái Qiáo	位于黑塔镇境内，所在线路为黑界路，所跨河流为陈台沟。桥梁全长16.5米，桥梁宽度7米，最大跨度8米，最大载重量为15吨。桥梁类型为石桥。该地名来源于所在位置。1973年，泗县水利局批准名称。该桥始建于1973年，建成于1974年，名称沿用至今。
火宅西桥	Huǒzhái Xīqiáo	位于黑塔镇境内，所在线路为大胡路。桥梁全长21米，桥梁宽度6米，最大跨度13米，最大载重量为15吨。桥梁类型为钢筋混凝土桥。该地名来源于所在位置。1972年，泗县水利局批准名称。该桥始建于1972年，建成于1973年，名称沿用至今。
大黄桥	Dàhuáng Qiáo	位于黑塔镇境内，所在线路为火汤路，所跨河流为民利河。桥梁全长33米，桥梁宽度6米，最大跨度33米，最大载重量为15吨。桥梁类型为石桥。该地名来源于所在位置。1964年，泗县水利局批准名称。该桥始建于1964年，建成于1965年，名称沿用至今。
富民桥	Fùmín Qiáo	位于黑塔镇境内，所在线路为韩梁路。桥梁全长9.5米，桥梁宽度8米，最大跨度5米，最大载重量为15吨。桥梁类型为石桥。该地名来源于所在位置。1988年，泗县水利局批准名称。该桥始建于1988年，建成于1989年，名称沿用至今。
小周北桥	Xiǎozhōu Běiqiáo	位于黑塔镇境内，所在线路为韩梁路。桥梁全长11米，桥梁宽度8米，最大跨度6米，最大载重量为15吨。桥梁类型为石桥。该地名来源于所在位置。1984年，泗县水利局批准名称。该桥始建于1984年，建成于1985年，名称沿用至今。
小梁东桥	Xiǎoliáng Dōngqiáo	位于黑塔镇境内，所在线路为韩梁路。桥梁全长21.5米，桥梁宽度6.1米，最大跨度11米，最大载重量为15吨。桥梁类型为石桥。该地名来源于所在位置。1979年，泗县水利局批准名称。该桥始建于1979年，建成于1980年，名称沿用至今。

标准名称	汉语拼音	备注
位杨西桥	Wèiyáng Xīqiáo	位于黑塔镇境内，所在线路为韩梁路。桥梁全长 14 米，桥梁宽度 6 米，最大跨度 8 米，最大载重量为 15 吨。桥梁类型为钢筋混凝土桥。该地名来源于所在位置。1988 年，泗县水利局批准名称。该桥始建于 1988 年，建成于 1989 年，名称沿用至今。
小吴桥	Xiǎowú Qiáo	位于黑塔镇境内，所在线路为胡枯路，所跨河流为陈台沟。桥梁全长 18 米，桥梁宽度 7 米，最大跨度 8 米，最大载重量为 15 吨。桥梁类型为石桥。该地名来源于所在位置。1977 年，泗县水利局批准名称。该桥始建于 1977 年，建成于 1978 年，名称沿用至今。
大刘桥	Dàliú Qiáo	位于屏山镇境内，所在线路为屏吴路。桥梁全长 22 米，桥梁宽度 5.9 米，最大跨度 12 米，最大载重量为 15 吨。桥梁类型为石桥。该地名来源于所在位置。1987 年，泗县水利局批准名称。该桥始建于 1987 年，建成于 1988 年，名称沿用至今。
张蒋桥	Zhāngjiǎng Qiáo	位于屏山镇境内，所在线路为屏吴路。桥梁全长 17 米，桥梁宽度 9 米，最大跨度 17 米，最大载重量为 15 吨。桥梁类型为石桥。该地名来源于所在位置。1989 年，泗县水利局批准名称。该桥始建于 1989 年，建成于 1990 年，名称沿用至今。
吴集桥	Wújí Qiáo	位于屏山镇境内，所在线路为屏吴路，所跨河流为孟沟。桥梁全长 37.5 米，桥梁宽度 7 米，最大跨度 21 米，最大载重量为 15 吨。桥梁类型为石桥。该地名来源于所在位置。1983 年，泗县水利局批准名称。该桥始建于 1983 年，建成于 1984 年，名称沿用至今。
小张庄桥	Xiǎozhāngzhuāng Qiáo	位于屏山镇境内，所在线路为屏詹路。桥梁全长 34 米，桥梁宽度 6 米，最大跨度 18 米，最大载重量为 15 吨。桥梁类型为石桥。该地名来源于所在位置。1992 年，泗县水利局批准名称。该桥始建于 1992 年，建成于 1993 年，名称沿用至今。
赵魏北桥	Zhàowèi Běiqiáo	位于泗城镇境内，所在线路为尤赵路，所跨河流为清水沟。桥梁全长 32 米，桥梁宽度 7 米，最大跨度 13.5 米，最大载重量为 15 吨。桥梁类型为石桥。该桥坐落于赵魏村北部，故名。1967 年，泗县水利部门批准名称。该桥始建于 1967 年，建成于 1968 年，名称沿用至今。
王洼桥	Wángwā Qiáo	位于泗城镇境内，所在线路为大三路，所跨河流为黄沟。桥梁全长 14 米，桥梁宽度 7 米，最大跨度 8.6 米，最大载重量为 15 吨。桥梁类型为石桥。该地名来源于所在位置。1963 年，泗县水利局批准名称。该桥始建于 1963 年，建成于 1964 年，名称沿用至今。
小汴河桥	Xiǎobiànhé Qiáo	位于泗城镇境内，所在线路为大三路。桥梁全长 20 米，桥梁宽度 7 米，最大跨度 18 米，最大载重量为 15 吨。桥梁类型为石桥。该地名来源于所在位置。1983 年，泗县水利局批准名称。该桥始建于 1983 年，建成于 1984 年，名称沿用至今。

标准名称	汉语拼音	备注
老尹南桥	Lǎoyǐn Nánqiáo	位于墩集镇境内，所在线路为尹赵路。桥梁全长22.4米，桥梁宽度6米，最大跨度18米，最大载重量为15吨。桥梁类型为石桥。该地名来源于所在位置。1987年，泗县水利局批准名称。该桥始建于1987年，建成于1988年，名称沿用至今。
高庄桥	Gāozhuāng Qiáo	位于丁湖镇境内，所在线路为丁朱路。桥梁全长30米，桥梁宽度7米，最大跨度16米，最大载重量为15吨。桥梁类型为石桥。该地名来源于所在位置。1996年，泗县水利局批准名称。该桥始建于1996年，建成于1997年，名称沿用至今。
侍圩大桥	Shìwéi Dàqiáo	位于草沟镇境内，所在线路为侍孙路，所跨河流为唐河。桥梁全长35米，桥梁宽度8米，最大跨度35米，最大载重量为15吨。桥梁类型为石桥。该地名来源于所在位置。1990年，泗县水利局批准名称。该桥始建于1990年，建成于1991年，名称沿用至今。
侍圩桥	Shìwéi Qiáo	位于草沟镇境内，所在线路为侍孙路。桥梁全长124米，桥梁宽度8.4米，最大跨度104米，最大载重量80吨。桥梁类型为石桥。该地名来源于所在位置。1991年，泗县水利局批准名称。该桥始建于1991年，建成于1992年，名称沿用至今。
草沟北桥	Cǎogōu Běiqiáo	位于草沟镇境内，所在线路为赵草路，所跨河流为北沱河。桥梁全长84米，桥梁宽度9米，最大跨度61米，最大载重量为15吨。桥梁类型为石桥。该地名来源于所在位置。1981年，泗县水利局批准名称。该桥始建于1981年，建成于1982年，名称沿用至今。
大安窑场桥	Dà'ān Yáochǎng Qiáo	位于草沟镇境内，所在线路为前李路。桥梁全长17.8米，桥梁宽度6米，最大跨度11米，最大载重量为15吨。桥梁类型为石桥。该地名来源于所在位置。1981年，泗县水利局批准名称。该桥始建于1981年，建成于1982年，名称沿用至今。

第三节　火车站、汽车站

标准名称	汉语拼音	备注
砀山县火车站	Dàngshān Xiàn Huǒchēzhàn	位于砀城镇中原路。所在行政区为砀城镇。站区面积为20500平方米。类型为客运、货运混合，年客运量85万人，年货运量44万吨。紧邻310国道。始建于1915年，建成于1953年。因火车站位于砀山县辖区范围内，故名。1953年，砀山县人民政府批准命名。

标准名称	汉语拼音	备注
砀山县高铁南站	Dàngshān Xiàn Gāotiě Nánzhàn	位于高铁新区薛口村，砀山火车站西南约5千米处。所在行政区为砀城镇。站区面积为5000平方米。类型为客运站，年客运量72万人。距002县道较近。始建于2012年12月26日，建成于2016年3月，2016年10月1日开通运营。因火车站位于砀山县辖区南部，故名。2012年，砀山县人民政府批准命名。
灵璧火车站	Língbì Huǒchēzhàn	位于灵璧县城北白庙村。灵璧火车站集货运客运于一体，货运为主，年客运量50万余人，年货运量为50000万吨，占地面积为180000平方米。灵璧县火车站于宿淮铁路2009年破土动工后兴建。2013年8月底9月初基本完工。2013年12月30日，首趟宿州市符离集站开往淮安市袁北站的货物列车开行。2014年12月10日，宿淮铁路正式通车。因位于灵璧县，为灵璧县铁路运输站点，故名灵璧县火车站。2014年建成投入使用后，命名为灵璧火车站。
泗县站	Sì Xiàn Zhàn	位于屏山镇辖区范围内，地址是屏山镇陈刘村。占地面积为2500平方米；始建时间为2009年8月，建成于2014年12月；年客运量为100万人。职能范围是负责旅客铁路运输。机构组成为后勤组、售票组、检票组、安检组。泗县站建于2009年8月，建成于2014年12月，名称沿用至今。因其为宿淮铁路泗县段的车站，故而得名泗县站。
黄口站	Huángkǒu Zhàn	坐落于黄口镇人民路南段。类型为客货混合运，年客运量为1万人次，年货运量11万吨，占地面积8000平方米。上行方向为徐州站，下行方向为砀山站，隶属上海铁路局管辖，四等站。因其属性和所在位置命名。1915年建成，名称沿用至今。
杨楼站	Yánglóu Zhàn	杨楼站坐落于杨楼镇。类型为货运，年货运量为5万吨，占地面积4000平方米。1915年建立使用至2009年，现已无车停靠。因其属性和所在位置命名。1915年建成。
萧县站	Xiāo Xiàn Zhàn	萧县站位于安徽省萧县龙城镇城东社。截至2015年12月，萧县老火车站正在进行该区域拆迁，新火车站广场规划图和站房效果图均已设计完毕，明确于2017年7月1日恢复客运。面积3000平方米。1966年建成，现只有货运列车停靠。承载萧县铁路客运、货运任务。名称沿用至今。

标准名称	汉语拼音	备注
萧县北站	Xiāo Xiàn Běizhàn	坐落于凤城新区龙腾大道北端，隶属上海铁路局徐州站管辖。距离龙城老城区 5 千米。面积 8000 平方米，是郑徐高铁经过城市中最大的县级站。萧县北站面积 8000 平方米。整体融入汉韵风格，主体外形似汉代官帽，并将当地的书画艺术元素设计其中，以白灰为主色调，体现简约大气的建筑特点。此站为二等站。萧县北站于 2014 年底开工建设，2016 年 4 月 1 日进行联调联试，2016 年 9 月 10 日与郑徐客运专线同步投入使用。因坐落在萧县城区北部而得名萧县北站。2014 年由国家铁路总公司和安徽省人民政府批复同意建设，萧县县政府取名。
宿州站	Sùzhōu Zhàn	位于宿州市区东部，东关街道辖区内。归属上海铁路局，客运、货运混合，占地面积 160 万平方米，建筑面积 2.6 万平方米，其中，候车室面积 1135 平方米，总长度为 139.42 千米，2 个接车月台，是皖北重要的交通枢纽。206 国道与胜利路交口正东。年客运量 390 万人，年货运量 15 万吨。所在行政区为埇桥区。原名宿县站，建于 1912 年。以火车站坐落于宿州而得名。1910 年，铁道部门批准命名。
宿州东站	Sùzhōu Dōngzhàn	位于宿州市埇桥区蒿沟乡，宿州马鞍山现代产业园区内。是京沪高铁的一个车站，客运专线，隶属上海铁路局蚌埠站管辖。设计近期年客运量 511 万人，远期 704 万人。京沪高铁全线设 21 个停靠站，宿州东站为第 11 个站，铁路线上距北京 767 千米。占地面积约 13.3 万平方米，建筑面积为 4998 平方米。2015 年 8 月 11 日，宿州东站启动站房面积扩建工程，设计站房面积 3 万平方米，工期 450 天。2011 年 5 月 22 日建成。因坐落于宿州东，为高铁站，故得名。2011 年，铁道部门批准命名。
砀山汽车总站	Dàngshān Qìchē Zǒngzhàn	位于永顺路与 310 国道交叉口东北。面积为 40000 平方米。年客运量为 73 万人，法人代表是安中准，职工有 77 人。紧邻 310 国道，为国家二级站。所获荣誉：2010 年、2011 年、2012 年被宿州市委、市政府授予第六届、第七届、第八届文明单位，2012 年、2013 年、2014 年被宿州市交通运输局评为交通系统先进单位。始建于 1949 年，同年建成。2013 年，砀山县人民政府批准更名。
朱楼客运汽车站	Zhūlóu Kèyùn Qìchēzhàn	位于 101 省道与 210 省道交叉口。面积为 2159 平方米。年客运量 18 万人，职工有 20 人。紧邻 101 省道、201 省道。始建于 1987 年，建成于 1988 年。承载客运事务，位于朱楼镇境内，故名。1988 年，砀山县人民政府批准得名。
砀山汽车南站	Dàngshān Qìchē Nánzhàn	位于砀山高铁站西北方向。面积为 31500 平方米。年客运量 10 万人，职工有 20 人。紧邻砀山高铁站。始建于 2014 年，建成于 2016 年。承载客运事务，位于砀山县南部，故名。2016 年，砀山县人民政府批准命名。

标准名称	汉语拼音	备注
新国线集团灵璧汽车客运站	Xīnguóxiàn Jítuán Língbì Qìchē Kèyùnzhàn	位于灵璧县灵城镇，地址为灵璧县环城西路与环城北路交叉口西北侧。占地面积为6060平方米，建筑面积为3630平方米，年客运量76.5万余人，年货运量17865万吨。主要道路为环城西路、环城北路。2004年12月始建，2006年竣工投入使用。新开辟国有的线路，为汽车客运服务站点，故名新国线集团灵璧汽车客运站。
灵璧汽车站	Língbì Qìchēzhàn	位于灵璧县灵城镇，地址为灵璧县宿泗路（和谐医院路南边）。占地面积为6000多平方米，年客运量1373万余人，年货运量7536万吨。主要道路为宿泗路。1951年始建，1984年8月县汽车站进行机构改革。因位于灵璧县，为汽车客运服务站点，故名灵璧县汽车站。
泗县汽车站	Sì Xiàn Qìchēzhàn	位于泗城镇四里桥社区，年客运量255万人，占地面积8666平方米。周边有泗州大道、泗县人民医院等。始建时间1951年，建成时间1952年。因承载客运事务，位于泗城镇辖区范围内，故得名泗县汽车站。
萧县客运西站	Xiāo Xiàn Kèyùn Xīzhàn	位于萧县县城西部。占地面积23310平方米，总建筑面积4330平方米，计划总投资1600万元，年客运周转量可达200万人次。该项目由安徽省东方建筑设计院设计，萧县第二建筑公司承担建设任务。萧县汽车客运西站是2013年1月建成投入营运的新站，因其属性和坐落位置而得名。
萧县汽车总站	Xiāo Xiàn Qìchē Zǒngzhàn	坐落于萧县东部立交桥下311国道旁。新建成的萧县汽车总站占地34632平方米，设60个发车位，日发班次600余次，发送旅客可达8000人次。该站配备了现代化的调频显示系统，微机售票、检票系统，以及自动语音广播系统和监控系统等。始建于1950年，原名萧县汽车站。2014年搬迁至城东，改名为萧县汽车总站。因其属性和坐落位置而得名。
宿州快客汽车站	Sùzhōu Kuàikè Qìchēzhàn	位于合徐高速公路宿州出口北1000米、拂晓大道东侧，所（跨）行政区为三八街道。年客运量182万人，占地面积66600平方米。周边有拂晓大道。2006年6月投入使用。承载客运事务，宿州汽车运输集团有限公司命名。2006年，埇桥区人民政府批准命名。
宿州汽车东站	Sùzhōu Qìchē Dōngzhàn	位于宿怀路与汴河路交叉路口，所跨行政区为东关街道。年客运量240万人，占地面积11388平方米。周边有汴河路。始建时间为1990年，建成时间为1993年。1993年，埇桥区人民政府批准命名。
符离汽车站	Fúlí Qìchēzhàn	位于符离镇西北部，所跨行政区宿州市符离镇。年客运量15万人，占地面积5000平方米。周边有101省道。2015年9月1日试运行。承载客运事务，位于符离镇辖区范围内，故而得名。2015年，埇桥区人民政府批准命名。

标准名称	汉语拼音	备注
市运客车站	Shìyùn Kèchēzhàn	位于北关街道东部滨河路北部，所跨行政区北关街道。年客运量 18 万人，占地面积 6000 平方米。周边有滨河路。始建时间 2006 年，建成时间 2006 年，承载宿州市民出行客运事务，故而得名。2006 年，埇桥区人民政府批准命名。

第四节 其他交通附属设施

标准名称	汉语拼音	备注
彭铺渡	Péngpù Dù	隶属泗城镇，位于三湾乡彭铺村境内的新汴河上。年客运量 7.3 万人，渡程长度 125 米，平均水深 2.5 米，最大水深 4.5 米。渡口位于彭铺村境内，故名。始建于 1989 年，同年建成使用，名称沿用至今。
汪尚渡	Wāngshàng Dù	隶属草沟镇，位于草沟境内的南沱河上。年客运量 21.9 万人，渡程长度 111 米，平均水深 2.5 米，最大水深 3 米。该渡口位于草沟镇汪尚村，故名。始建于 1986 年，同年建成使用，名称沿用至今。
唐河地下涵渡	Tánghé Dìxiàhándù	隶属长沟镇，位于长沟镇境内的新汴河上。年客运量 21.9 万人，渡程长度 182 米，平均水深 2.5 米，最大水深 4.5 米。该渡口位于长沟镇境内的唐河上，为方便河北岸六百亩耕地的生产而设置，故名。始建于 1988 年，同年建成使用，名称沿用至今。
顾马渡	Gùmǎ Dù	隶属长沟镇，位于长沟镇顾马村境内的新濉河上。年客运量 14.6 万人，渡程长度 110 米，平均水深 2.8 米，最大水深 5 米。该渡口位于长沟镇顾马村境内的新濉河上，故名。始建于 1988 年，1989 年建成使用，名称沿用至今。
三蒋渡	Sānjiǎng Dù	隶属草庙镇，位于草庙镇境内的新汴河上。年客运量 14.6 万人，渡程长度 131 米，平均水深 2 米，最大水深 4.5 米。该渡口位于草庙镇境内的三蒋村，故名。始建于 1989 年，同年建成使用，名称沿用至今。
小丁渡	Xiǎodīng Dù	隶属草庙镇，位于草庙镇张沟村境内的新汴河上。年客运量 7.3 万人，渡程长度 127 米，平均水深 2.5 米，最大水深 5 米。该渡口位于草庙镇的小丁庄附近，故名。始建于 1989 年，同年建成使用，名称沿用至今。

标准名称	汉语拼音	备注
冠丰港	Guànfēng Găng	位于山头镇蔡圩村东北徐洪新河南岸，所在行政区为山头镇。港口类型为河港，设1万吨级和0.3万吨级通用泊位各1个，年运货量为150万吨，岸线长为200米，所在水域为徐洪河，平均水深2.5米，最大水深4.5米。码头建成后，主要以煤炭、粮食、水泥、矿石运输为主，将逐步形成具有装卸、储存、交易、物流、临港工业等多功能的综合性服务平台。其中物流园共分港口运输区、粮食仓储区、加工区等多个区域。隶属泗县冠丰港口有限公司，故名。2014年12月，由江苏新艺建设投资集团有限公司投资兴建，2016年9月投入运营，名称沿用至今。
042乡道环岛	042 Xiāngdào Huándăo	位于042乡道与041乡道交汇处。所在行政区为程庄镇，所在线路为042乡道，类型为环岛。占地面积为2194平方米。附近有供销社加油站、程庄中学。位于042乡道，故名。始建于2004年，同年建成，名称沿用至今。
人民路环岛	Rénmínlù Huándăo	位于人民路与梁王路交汇处。所在行政区为砀城镇，所在在线路为人民路，类型为环岛。占地面积为2723平方米。附近有移动公司砀山分公司。位于人民路，故名。始建于1998年，同年建成，名称沿用至今。
砀山高速收费站	Dàngshān Gāosù Shōufèizhàn	位于经济开发区管理委员会东南4.5千米。站区面积23256平方米。所在道路为S97济祁高速。出口方向为310国道。位于砀山县南部，为高速公路服务站点，故名。始建于2013年，建成于2015年12月，名称沿用至今。
灵璧高速公路收费站	Língbì Gāosùgōng-lù Shōufèizhàn	位于灵璧县开发区境内，在灵城镇北6千米。占地面积7000平方米，建筑面积3000平方米，所在道路为泗宿高速公路。因位于灵璧县，为高速公路服务站点，故名。2008年1月12日，安徽省泗许高速公路（泗县至许昌高速公路）宿州段正式开工。2010年12月28日，江苏泗洪至河南许昌的泗许高速公路宿州段正式建成通车。
泗县收费站	Sì Xiàn Shōufèizhàn	位于屏山镇境内。占地面积5000平方米，建筑面积1020平方米，所在道路为北京—福州公路。泗县收费站原名泗县城关收费站，由县城建局收费管理。自建成后由县城建局管理。1995年11月，改由公路部门统一管理，并正式命名为泗县收费站。1999年7月，由市编委批为事业单位，隶属公路局管理。1996年1月，正式运转收费工作。
长沟东收费站	Chánggōudōng Shōufèizhàn	位于长沟镇洋城湖村境内。占地面积9922平方米，建筑面积4780平方米，所在道路为徐州—明光高速公路。因收费站位于长沟镇境内，镇政府东侧，故名。2014年，宿州市公路局批准名称。2014年12月26日正式通车使用，沿用至今。
丁里收费站	Dīnglĭ Shōufèizhàn	所在道路为连霍高速。占地面积为3000平方米，建筑面积1000平方米。以其所在区域和性质命名。2011年，由高速公路管理单位取名。始建时间为2003年，建成时间为2008年。

标准名称	汉语拼音	备注
朱圩子收费站	Zhūwéizi Shōufèizhàn	所在道路为G3京台高速。占地面积为3000平方米，建筑面积1000平方米。以其所在区域和性质命名。2012年，由高速公路管理单位取名。始建时间为2003年，建成时间为2008年。
宿州北收费站	Sùzhōuběi Shōufèizhàn	位于宿州市埇桥区北，汴河街道境内。206国道与泗宿高速交口，京沪高速以西。所在道路为206国道。占地面积约5600平方米。为高速公路服务站点，位于宿州市埇桥区北部，故名宿州北收费站。1988年，安徽省交通厅批准命名。始建于1988年，2001年改建。名称沿用至今。
宿州收费站	Sùzhōu Shōufèizhàn	位于宿州市埇桥区西南，是G3京台高速的重要进出口。所在道路为迎宾大道。占地面积约1800平方米。为高速公路服务站点，是G3高速宿州出入口，故名宿州收费站。1988年，安徽省交通厅批准命名。始建于1988年，名称沿用至今。
宿州南收费站	Sùzhōunán Shōufèizhàn	位于宿州南。所在道路为北京—台北高速公路。占地面积约800平方米。为高速公路服务站点，位于宿州市埇桥区南部，故名宿州南收费站。1988年，安徽省交通厅批准命名。始建于1988年，名称沿用至今。
宿州东收费站	Sùzhōudōng Shōufèizhàn	位于宿州南。所在道路为泗洪—许昌高速公路。占地面积约3700平方米。为高速公路服务站点，位于宿州市埇桥区东部，故名宿州东收费站。1988年，安徽省交通厅批准命名。始建于1988年，名称沿用至今。
凤凰山隧道	Fènghuángshān Suìdào	位于灵城镇境内，钟灵大道与迎宾大道交叉口，以钟灵大道为轴心自东向西穿越凤凰山，与201省道即西外环交汇，西接城市大外环。隧道全长1412米，净宽14.25米，净高5米，采取上下行分离双孔模式的地下通道，所在山峰为凤凰山。因隧道修建在凤凰山下，故名凤凰山隧道。2015年建成投入使用后，命名为凤凰山隧道。2013年4月24日，灵璧县凤凰山隧道及接线工程项目举行开工典礼仪式，2015年竣工，沿用此名称至今。
石梁河地下涵	Shíliánghé Dìxiàhán	该涵闸所在行政区为泗城镇，位于开发区衡尤社区境内。所跨河流为石梁河，闸门型式为砼薄壳，启闭型式为电动卷扬，泄洪流量为270立方米／秒，孔数为6孔，孔高为5.7米，孔宽为4.2米，该涵闸作用为排涝灌溉。因该涵闸位于衡尤社区石梁河上，故而得名石梁河地下涵。1967年，泗县水利部门批准名称。该涵闸始建于1967年，建成于1968年，名称沿用至今。

标准名称	汉语拼音	备注
张巷涵洞	Zhāngxiàng Hándòng	该涵闸所在行政区为屏山镇，位于屏山镇张乔村境内。所跨河流为新濉河，闸门型式为钢板闸门，启闭型式为电动卷扬，泄洪流量为 13 立方米／秒，孔数为 1 孔，孔高为 4.5 米，孔宽为 3 米，该涵闸作用为排涝灌溉。因该涵闸位于屏山镇张乔村张巷，故而得名张巷涵洞。2006 年，泗县水利局批准名称。该涵闸始建于 2006 年，建成于 2007 年，名称沿用至今。
岳宅涵洞	Yuèzhái Hándòng	该涵闸所在行政区为屏山镇，位于屏山镇大李村境内。所跨河流为民利河，闸门型式为砼平板，启闭型式为螺杆，泄洪流量为 13 立方米／秒，孔数为 1 孔，孔高为 4 米，孔宽为 2 米，该涵闸作用为节制闸。因该涵闸位于屏山镇大李村岳宅，故而得名岳宅涵洞。1973 年，泗县水利部门批准名称。该涵闸始建于 1973 年，建成于 1974 年，名称沿用至今。
西马涵洞	Xīmǎ Hándòng	该涵闸所在行政区为刘圩镇，位于刘圩镇西马村境内。所跨河流为潼河，闸门型式为砼平板，启闭型式为螺杆，泄洪流量为 10 立方米／秒，孔数为 1 孔，孔高为 3.5 米，孔宽为 3 米，该涵闸作用为节制闸。因该涵闸位于刘圩镇西马村，故而得名西马涵洞。1970 年，泗县水利部门批准名称。该涵闸始建于 1970 年，建成于 1971 年，名称沿用至今。
东周场涵洞	Dōngzhōuchǎng Hándòng	该涵闸所在行政区为刘圩镇，位于刘圩镇四山村境内。所跨河流为老濉河，闸门型式为砼平板，启闭型式为卷扬，泄洪流量为 8 立方米／秒，孔数为 2 孔，孔高为 3 米，孔宽为 1.5 米，该涵闸作用为排涝灌溉。因该涵闸位于刘圩镇四山村东周场，故而得名东周场涵洞。1971 年，泗县水利部门批准名称。该涵闸始建于 1971 年，建成于 1972 年，名称沿用至今。
新集南涵	Xīnjí Nánhán	该涵闸所在行政区为大庄镇，位于大庄镇新集村境内。所跨河流为民利河，闸门型式为砼平板，启闭型式为螺杆，泄洪流量为 8 立方米／秒，孔数为 1 孔，孔高为 3.5 米，孔宽为 2 米，该涵闸作用为排涝灌溉。因该涵闸位于大庄镇新集村南部，故而得名新集南涵。1973 年，泗县水利部门批准名称。该涵闸始建于 1973 年，建成于 1974 年，名称沿用至今。
丰收沟涵	Fēngshōugōu Hán	该涵闸所在行政区为大庄镇，位于大庄镇东风村境内。所跨河流为杨庄沟，闸门型式为砼平板，启闭型式为螺杆，泄洪流量为 8 立方米／秒，孔数为 1 孔，孔高为 3 米，孔宽为 2 米，该涵闸作用为排涝灌溉。因该涵闸位于大庄镇东风村丰收沟上，故而得名丰收沟涵。1966 年，泗县水利部门批准名称。该涵闸始建于 1966 年，建成于 1967 年，名称沿用至今。

标准名称	汉语拼音	备注
三杨涵洞	Sānyáng Hándòng	该涵闸所在行政区为大庄镇，位于大庄镇东风村境内。所跨河流为杨庄沟，闸门型式为砼平板，启闭型式为卷扬，泄洪流量为 9 立方米／秒，孔数为 1 孔，孔高为 3 米，孔宽为 2.2 米，该涵闸作用为排涝灌溉。因该涵闸位于大庄镇东风村后杨庄（原名三杨村），故而得名三杨涵洞。1963 年，泗县水利部门批准名称。该涵闸始建于 1963 年，建成于 1964 年，名称沿用至今。
清水沟涵	Qīngshuǐgōu Hán	该涵闸所在行政区为草庙镇，位于草庙镇大刘村境内。所跨河流为新濉河，闸门型式为砼平板，启闭型式为螺杆，泄洪流量为 14 立方米／秒，孔数为 1 孔，孔高为 4 米，孔宽为 3 米，该涵闸作用为节制闸。因该涵闸位于草庙镇大刘村清水沟上，故而得名清水沟涵。1999 年，泗县水利部门批准名称。该涵闸始建于 1999 年，建成于 2000 年，名称沿用至今。
索沟涵洞	Suǒgōu Hándòng	该涵闸所在行政区为丁湖镇，位于丁湖镇索滩村境内。所跨河流为唐河，闸门型式为砼平板，启闭型式为螺杆，泄洪流量为 14 立方米／秒，孔数为 2 孔，孔高为 4 米，孔宽为 3 米，该涵闸作用为排涝灌溉。因该涵闸位于丁湖镇索滩村，故而得名索沟涵洞。1974 年，泗县水利部门批准名称。该涵闸始建于 1974 年，建成于 1995 年，名称沿用至今。
单沟涵洞	Shàngōu Hándòng	该涵闸所在行政区为墩集镇，位于墩集镇汴河村境内。所跨河流为新汴河，闸门型式为砼平板，启闭型式为螺杆，泄洪流量为 12 立方米／秒，孔数为 1 孔，孔高为 4 米，孔宽为 3 米，该涵闸作用为排涝灌溉。因该涵闸位于墩集镇汴河村小韩庄（原名为单沟村），故而得名单沟涵洞。1972 年，泗县水利部门批准名称。该涵闸始建于 1972 年，建成于 1972 年，名称沿用至今。
三蒋涵洞	Sānjiǎng Hándòng	该涵闸所在行政区为草庙镇，位于草庙镇于圩社区境内。所跨河流为新汴河，闸门型式为砼平板，启闭型式为螺杆，泄洪流量为 10 立方米／秒，孔数为 1 孔，孔高为 3 米，孔宽为 2 米，该涵闸作用为引水。因该涵闸位于于圩社区三蒋村，故而得名三蒋涵洞。1972 年，泗县水利部门批准名称。该涵闸始建于 1972 年，建成于 1972 年，名称沿用至今。
汴石涵洞	Biànshí Hándòng	该涵闸所在行政区为泗城镇，位于泗城镇高尤社区境内。所跨河流为新汴河，闸门型式为砼平板，启闭型式为螺杆，泄洪流量为 21 立方米／秒，孔数为 2 孔，孔高为 4 米，孔宽为 3 米，该涵闸作用为排涝灌溉。因该涵闸位于泗城镇高尤社区汴石村，故而得名汴石涵洞。1990 年，泗县水利部门批准名称。该涵闸始建于 1990 年，建成于 1991 年，名称沿用至今。

标准名称	汉语拼音	备注
彭铺涵洞	Péngpù Hándòng	该涵闸所在行政区为泗城镇，位于泗城镇大吴村境内。所跨河流为新汴河，闸门型式为砼平板，启闭型式为螺杆，泄洪流量为13立方米／秒，孔数为1孔，孔高为3米，孔宽为2.5米，该涵闸作用为排涝灌溉。因该涵闸位于泗城镇大吴村彭浦，故而得名彭铺涵洞。1972年，泗县水利部门批准名称。该涵闸始建于1972年，建成于1972年，名称沿用至今。
大郑涵洞	Dàzhèng Hándòng	该涵闸所在行政区为长沟镇，位于长沟镇长沟村境内。所跨河流为新汴河，闸门型式为砼平板，启闭型式为卷扬，泄洪流量为10立方米／秒，孔数为1孔，孔高为4.5米，孔宽为4米，该涵闸作用为排涝灌溉。因该涵闸位于长沟镇长沟村大郑，故而得名大郑涵洞。1990年，泗县水利部门批准名称。该涵闸始建于1990年，建成于1991年，名称沿用至今。
大王涵洞	Dàwáng Hándòng	该涵闸所在行政区为草沟镇，位于草沟镇瓦韩村境内。所跨河流为新汴河，闸门型式为砼平板，启闭型式为卷扬，泄洪流量为10立方米／秒，孔数为1孔，孔高为4.5米，孔宽为4米，该涵闸作用为排涝灌溉。因该涵闸位于草沟镇瓦韩村大王，故而得名大王涵洞。1990年，泗县水利部门批准名称。该涵闸始建于1990年，建成于1991年，名称沿用至今。
大彭涵洞	Dàpéng Hándòng	该涵闸所在行政区为丁湖镇，位于丁湖镇春韩村境内。所跨河流为新汴河，闸门型式为砼平板，启闭型式为螺杆，泄洪流量为5.5立方米／秒，孔数为1孔，孔高为3米，孔宽为2.5米，该涵闸作用为排涝灌溉。因该涵闸位于丁湖镇春韩村大彭，故而得名大彭涵洞。1972年，泗县水利部门批准名称。该涵闸始建于1972年，建成于1973年，名称沿用至今。
大季涵洞	Dàjì Hándòng	该涵闸所在行政区为大路口乡，位于大路口乡大季村境内。所跨河流为新汴河，闸门型式为砼平板，启闭型式为螺杆，泄洪流量为5.5立方米／秒，孔数为1孔，孔高为3米，孔宽为2.5米，该涵闸作用为排涝灌溉。因该涵闸位于大路口乡大季村，故而得名大季涵洞。1972年，泗县水利部门批准名称。该涵闸始建于1972年，建成于1972年，名称沿用至今。
草沟涵洞	Cǎogōu Hándòng	该涵闸所在行政区为草沟镇，位于草沟镇草沟村境内。所跨河流为唐河，闸门型式为砼平板，启闭型式为螺杆，泄洪流量为9立方米／秒，孔数为1孔，孔高为3米，孔宽为2米，该涵闸作用为节制闸。因该涵闸位于草沟镇草沟村，故而得名草沟涵洞。1973年，泗县水利部门批准名称。该涵闸始建于1973年，建成于1974年，名称沿用至今。

标准名称	汉语拼音	备注
小韩湾涵洞	Xiǎohánwān Hándòng	该涵闸所在行政区为草沟镇，位于大张村境内。所跨河流为唐河，闸门型式为砼平板，启闭型式为螺杆，泄洪流量为5立方米／秒，孔数为1孔，孔高为3米，孔宽为1.5米，该涵闸作用为进水。因该涵闸位于大张村小韩，故而得名小韩湾涵洞。1965年，泗县水利部门批准名称。该涵闸始建于1965年，建成于1966年，名称沿用至今。
稻王涵洞	Dàowáng Hándòng	该涵闸所在行政区为草沟镇，位于草沟镇王楼村境内。所跨河流为唐河，闸门型式为砼平板，启闭型式为螺杆，泄洪流量为6立方米／秒，孔数为1孔，孔高为3米，孔宽为1.5米，该涵闸作用为节制闸。因该涵闸位于草沟镇王楼村稻王，故而得名稻王涵洞。1965年，泗县水利部门批准名称。该涵闸始建于1965年，建成于1966年，名称沿用至今。
臭蒲沟涵洞	Chòupúgōu Hándòng	该涵闸所在行政区为黑塔镇，位于黑塔镇倪姚村境内。所跨河流为小黄河，闸门型式为砼平板，启闭型式为螺杆，泄洪流量为8立方米／秒，孔数为1孔，孔高为3米，孔宽为2米，该涵闸作用为排涝灌溉。因该涵闸位于黑塔镇倪姚村臭蒲沟上，故而得名臭蒲沟涵洞。1971年，泗县水利部门批准名称。该涵闸始建于1971年，建成于1972年，名称沿用至今。
老陈涵洞	Lǎochén Hándòng	该涵闸所在行政区为黑塔镇，位于黑塔镇三甄村境内。所跨河流为小黄河，闸门型式为砼平板，启闭型式为螺杆，泄洪流量为8立方米／秒，孔数为1孔，孔高为3米，孔宽为2米，该涵闸作用为排涝灌溉。因该涵闸位于黑塔镇三甄村老陈，故而得名老陈涵洞。1972年，泗县水利部门批准名称。该涵闸始建于1972年，建成于1973年，名称沿用至今。
杨大路沟涵	Yángdàlùgōu Hán	该涵闸所在行政区为黑塔镇，位于黑塔镇王武村境内。所跨河流为小黄河，闸门型式为砼平板，启闭型式为螺杆，泄洪流量为9立方米／秒，孔数为1孔，孔高为4米，孔宽为3米，该涵闸作用为排涝灌溉。因该涵闸位于黑塔镇王武村杨大路沟上，故而得名杨大路沟涵。1985年，泗县水利部门批准名称。该涵闸始建于1985年，建成于1986年，名称沿用至今。
丁沟涵洞	Dīnggōu Hándòng	该涵闸所在行政区为黑塔镇，位于黑塔镇王武村境内。所跨河流为小黄河，闸门型式为砼平板，启闭型式为螺杆，泄洪流量为10立方米／秒，孔数为1孔，孔高为4米，孔宽为3米，该涵闸作用为排涝灌溉。因该涵闸位于黑塔镇王武村丁沟，故而得名丁沟涵洞。1975年，泗县水利部门批准名称。该涵闸始建于1975年，建成于1976年，名称沿用至今。

标准名称	汉语拼音	备注
崔沟涵洞	Cuīgōu Hándòng	该涵闸所在行政区为黑塔镇，位于黑塔镇王武村境内。所跨河流为小黄河，闸门型式为砼平板，启闭型式为螺杆，泄洪流量为 10 立方米 / 秒，孔数为 1 孔，孔高为 3 米，孔宽为 2.5 米，该涵闸作用为排涝灌溉。因该涵闸位于黑塔镇王武村崔沟上，故而得名崔沟涵洞。1972 年，泗县水利部门批准名称。该涵闸始建于 1972 年，建成于 1973 年，名称沿用至今。
陈坝涵洞	Chénbà Hándòng	该涵闸所在行政区为黑塔镇，位于黑塔镇三葛村境内。所跨河流为新濉河，闸门型式为砼平板，启闭型式为卷扬，泄洪流量为 14 立方米 / 秒，孔数为 1 孔，孔高为 4 米，孔宽为 3 米，该涵闸作用为排涝灌溉。因该涵闸位于黑塔镇三葛村陈坝村，故而得名陈坝涵洞。1973 年，泗县水利部门批准名称。该涵闸始建于 1973 年，建成于 1973 年，名称沿用至今。
界牌涵洞	Jièpái Hándòng	该涵闸所在行政区为黑塔镇，位于黑塔镇界牌村境内。所跨河流为新濉河，闸门型式为砼平板，启闭型式为螺杆，泄洪流量为 14 立方米 / 秒，孔数为 1 孔，孔高为 4 米，孔宽为 3 米，该涵闸作用为排涝灌溉。因该涵闸位于黑塔镇界牌村，故而得名界牌涵洞。1999 年，泗县水利部门批准名称。该涵闸始建于 1999 年，建成于 2000 年，名称沿用至今。
陈台沟涵洞	Chéntáigōu Hándòng	该涵闸所在行政区为黑塔镇，位于黑塔镇三陈村境内。所跨河流为老濉河，闸门型式为砼平板，启闭型式为螺杆，泄洪流量为 14 立方米 / 秒，孔数为 1 孔，孔高为 4 米，孔宽为 3 米，该涵闸作用为排涝灌溉。因该涵闸位于黑塔镇三陈村陈台沟上，故而得名陈台沟涵洞。2006 年，泗县水利局批准名称。该涵闸始建于 2006 年，建成于 2007 年，名称沿用至今。
朱沟涵洞	Zhūgōu Hándòng	该涵闸所在行政区为黑塔镇，位于黑塔镇三陈村境内。所跨河流为老濉河，闸门型式为砼平板，启闭型式为螺杆，泄洪流量为 14 立方米 / 秒，孔数为 1 孔，孔高为 4 米，孔宽为 3 米，该涵闸作用为排涝灌溉。因该涵闸位于黑塔镇三陈村朱沟上，故而得名朱沟涵洞。2006 年，泗县水利局批准名称。该涵闸始建于 2006 年，建成于 2007 年，名称沿用至今。
老尹沟涵洞	Lǎoyǐngōu Hándòng	该涵闸所在行政区为黑塔镇，位于黑塔镇大魏村境内。所跨河流为老濉河，闸门型式为砼平板，启闭型式为螺杆，泄洪流量为 14 立方米 / 秒，孔数为 1 孔，孔高为 4 米，孔宽为 3 米，该涵闸作用为排涝灌溉。因该涵闸位于黑塔镇大魏村老尹沟上，故而得名老尹沟涵洞。2006 年，泗县水利局批准名称。该涵闸始建于 2006 年，建成于 2007 年，名称沿用至今。
新倪沟涵洞	Xīnnígōu Hándòng	该涵闸所在行政区为黑塔镇，位于黑塔镇大魏村境内。所跨河流为老濉河，闸门型式为砼平板，启闭型式为螺杆，泄洪流量为 14 立方米 / 秒，孔数为 1 孔，孔高为 4 米，孔宽为 3 米，该涵闸作用为排涝灌溉。因该涵闸位于黑塔镇大魏村新倪沟上，故而得名新倪沟涵洞。2006 年，泗县水利局批准名称。该涵闸始建于 2006 年，建成于 2007 年，名称沿用至今。

标准名称	汉语拼音	备注
新鸭沟涵洞	Xīnyāgōu Hándòng	该涵闸所在行政区为黑塔镇，位于黑塔镇河西村境内。所跨河流为老濉河，闸门型式为砼平板，启闭型式为螺杆，泄洪流量为 14 立方米 / 秒，孔数为 1 孔，孔高为 4 米，孔宽为 3 米，该涵闸作用为排涝灌溉。因该涵闸位于黑塔镇河西村新鸭沟上，故而得名新鸭沟涵洞。2006 年，泗县水利局批准名称。该涵闸始建于 2006 年，建成于 2007 年，名称沿用至今。

第十章　水利电力通信设施类标准地名录

第一节　蓄水区

标准名称	汉语拼音	备注
小寨水库	Xiǎozhài Shuǐkù	因水库坐落于砀山县玄庙镇小寨村，故名。建成于1965年，名称沿用至今。面积为0.15平方千米，长度为0.5千米，宽度为0.3千米，平均水深为2.5米，总库容为12.5万立方米。主要水源为苗城河。
龙潭水库	Lóngtán Shuǐkù	因水库坐落于砀山县官庄坝镇龙潭村，故名。建成于1958年，名称沿用至今。面积为0.52平方千米，长度为1.3千米，宽度为0.4千米，平均水深为3米，总库容为52万立方米。主要水源为西洪河。
岳庄坝水库	Yuèzhuāngbà Shuǐkù	因水库坐落于砀山县官庄坝镇岳庄村，故名。建成于1982年，名称沿用至今。面积为13.76平方千米，长度为16千米，宽度为0.86千米，平均水深为2.5米，总库容为2815万立方米，正常年份库容量较少，主要水源为黄河故道。
洪山水库	Hóngshān Shuǐkù	以坐落在下楼镇红山头附近得名（红，音同“洪”）。1959年建成，名称沿用至今。长1千米，平均水深48米，宽0.11千米，面积为2.2平方千米。总库容量155万立方米。主要水源为洪山河。
黄泥岗水库	Huángnígǎng Shuǐkù	以坐落在渔沟镇黄泥岗附近得名。1972年建成，名称沿用至今。长0.23千米，宽0.03千米，面积为1.6平方千米，平均水深34.3米。总库容量72万立方米。主要水源为三渠沟。
焦山水库	Jiāoshān Shuǐkù	以坐落在下楼镇焦脚下得名。于1966年建成，名称沿用至今。长0.4千米，宽0.02千米，平均水深44.1米，面积为0.54平方千米，总库容量16万立方米。主要水源为三渠沟。
九顶水库	Jiǔdǐng Shuǐkù	以坐落在下楼镇九顶山脚下得名。1975年建成，名称沿用至今。长0.33千米，宽0.33千米，面积为2.2平方千米，平均水深39.5米。总库容量300万立方米。主要水源为三渠沟。

标准名称	汉语拼音	备注
灵山水库	Língshān Shuǐkù	以坐落在下楼镇灵山脚下得名。1960 年 5 月完工，名称沿用至今。长 0.44 千米，宽 0.07 千米，面积为 1 平方千米，平均水深 46 米，总库容量 38.88 万立方米。主要水源为洪山河。
马山水库	Mǎshān Shuǐkù	以坐落在朝阳镇马山脚下得名。1971 年 12 月建成，名称沿用至今。长 0.5 千米，宽 0.02 千米，面积为 0.6 平方千米，平均水深 29.5 米，总库容量 31.22 万立方米。主要水源为洪山河。
茅山水库	Máoshān Shuǐkù	以坐落在游集镇茅山脚下得名。1961 年建成，名称沿用至今。长 0.33 千米，宽 0.06 千米，面积为 0.93 平方千米，平均水深 47.5 米，总库容量 66 万立方米。主要水源为洪山河。
卧李水库	Wòlǐ Shuǐkù	以坐落在下楼镇卧李自然村境内得名。1976 年建成，名称沿用至今。长 0.6 千米，宽 0.1 千米，面积为 1.28 平方千米，平均水深 49.1 米，总库容量 30.7 万立方米。主要水源为洪山河。
周吴水库	Zhōuwú Shuǐkù	因该水库坐落于墩集镇墩集村（原周吴村）境内，故而得名周吴水库。建成于 1965 年，名称沿用至今。面积为 47203 平方米，长 407 米，宽 220 米。平均水深为 2.5 米。总库容为 11.8 万立方米。主要水源为自然降水。
项沟滚水坝	Xiànggōu Gǔnshuǐbà	因该水库坐落于项沟境内，故而得名项沟滚水坝。建成于 1978 年，名称沿用至今。面积为 14960 平方米，长 534 米，宽 66 米，平均水深为 2.5 米。总库容为 3.74 万立方米。主要水源为自然降水。
下杨水库	Xiàyáng Shuǐkù	因该水库坐落于石龙岗村下杨庄境内，故而得名下杨水库。建成于 1965 年，名称沿用至今。面积为 131129 平方米，长 1142 米，宽 168 米，平均水深为 2.5 米。总库容为 32.78 万立方米。主要水源为自然降水。
鹿鸣山水库	Lùmíngshān Shuǐkù	因该水库坐落于鹿鸣山境内，故而得名鹿鸣山水库。建成于 1959 年，名称沿用至今。面积为 83578 平方米，长 392 米，宽 117 米，平均水深为 2.5 米。总库容为 20.89 万立方米。主要水源为自然降水。
上孟水库	Shàngmèng Shuǐkù	因该水库坐落于大彭村小孟庄境内，故而得名上孟水库。建成于 1957 年，名称沿用至今。面积为 47203 平方米，长 407 米，宽 220 米，平均水深为 2.5 米。总库容为 11.8 万立方米。主要水源为自然降水。
上房水库	Shàngfáng Shuǐkù	因该水库坐落于屏东村上房庄境内，故而得名上房水库。建成于 1959 年，名称沿用至今。面积为 26328 平方米，长 298 米，宽 128 米，平均水深为 2.5 米。总库容为 6.58 万立方米。主要水源为自然降水。

标准名称	汉语拼音	备注
张庄水库	Zhāngzhuāng Shuǐkù	因该水库坐落于屏东村张庄境内，故而得名张庄水库。建成于1958年，名称沿用至今。面积为16783平方米，长227米，宽104米，平均水深为2.5米。总库容为4.2万立方米。主要水源为自然降水。
姚圩水库	Yáowéi Shuǐkù	因该水库坐落于屏东村姚圩庄境内，故而得名姚圩水库。建成于1958年，名称沿用至今。面积为12084平方米，长216米，宽90米，平均水深为2.5米。总库容为3.02万立方米。主要水源为自然降水。
涂山水库	Túshān Shuǐkù	因该水库坐落于涂山村境内，故而得名涂山水库。建成于1975年，名称沿用至今。面积为25660平方米，长266米，宽122米，平均水深为2.5米。总库容为6.42万立方米。主要水源为自然降水。
小张水库	Xiǎozhāng Shuǐkù	因该水库坐落于老山村小张庄境内，故而得名小张水库。建成于1959年，名称沿用至今。面积为47203平方米，长407米，宽220米，平均水深为2.5米，总库容为11.8万立方米。主要水源为自然降水。
朱山水库	Zhūshān Shuǐkù	因该水库坐落于朱山村境内，故而得名朱山水库。建成于1959年，名称沿用至今。面积为15578平方米，长230米，宽95米，平均水深为2.5米。总库容为3.89万立方米。主要水源为自然降水。
周圩水库	Zhōuwéi Shuǐkù	因该水库坐落于朱山村周庄（原周圩子）境内，故而得名周圩水库。建成于1977年，名称沿用至今。面积为31367平方米，长685米，宽88米，平均水深为2.5米。总库容为7.84万立方米。主要水源为自然降水。
鞍山水库	Ānshān Shuǐkù	因该水库坐落于马鞍山境内，故而得名鞍山水库。建成于1977年，名称沿用至今。面积为19732平方米，长188米，宽172米。平均水深为2.5米，总库容为4.93万立方米。主要水源为自然降水。
黑山水库	Hēishān Shuǐkù	因该水库坐落于原黑塔镇马厂乡黑山西侧境内，故而得名黑山水库。建成于1978年，名称沿用至今。面积为47203平方米，长407米，宽220米，平均水深为2.5米。总库容为11.8万立方米。主要水源为自然降水。
高原水库	Gāoyuán Shuǐkù	因位置坐落在官桥镇高原而得名。1976年6月建成至今。总设计容量为1.2万立方米，水深3米，面积为0.04平方千米。主要水源为自然降水。
高庄水库	Gāozhuāng Shuǐkù	因位置坐落在官桥镇高庄而得名。1976年6月建成至今。总设计容量0.96万立方米，面积为0.96平方千米。主要水源为自然降水。

标准名称	汉语拼音	备注
老毛沃水库	Lǎomáowò Shuǐkù	因位置坐落在龙城镇老毛沃而得名。1973年4月建成至今。始建于1967年，总设计库容为1.26万立方米，面积为0.042平方千米。主要水源为自然降水。
老山口水库	Lǎoshānkǒu Shuǐkù	因位置坐落在白土镇老山口而得名。1959年5月建成至今。总设计库容为0.9万立方米，面积为0.03平方千米。主要水源为自然降水。
丽山水库	Lìshān Shuǐkù	因位置坐落在官桥镇丽山而得名。2011年9月建成至今。总设计容量为1.8万立方米，面积为0.6平方千米。主要水源为自然降水。
龙泉水库	Lóngquán Shuǐkù	因位置坐落在官桥镇龙泉而得名。1971年1月建成至今。总设计容量为1.4万立方米，面积为0.07平方千米。主要水源为自然降水。
栾庄水库	Luánzhuāng Shuǐkù	因位置坐落在庄里乡栾庄而得名。1977年6月建成至今。总设计库容为1.50万立方米，面积为0.005平方千米。主要水源为自然降水。
马庄水库	Mǎzhuāng Shuǐkù	因位置坐落在官桥镇马庄而得名。1960年5月建成至今。总设计库容为0.40万立方米，面积为0.2平方千米。主要水源为自然降水。
帽山水库	Màoshān Shuǐkù	因位置坐落在龙城镇帽山而得名。1973年5月建成至今。总设计容量为0.90万立方米，面积为0.003平方千米。主要水源为自然降水。
南岗水库	Nángǎng Shuǐkù	因位置坐落在庄里乡南岗而得名。1976年12月建成至今。总设计库容为1万立方米，面积为0.01平方千米。主要水源为自然降水。
牛山水库	Niúshān Shuǐkù	因位置坐落在庄里乡牛山而得名。1969年10月建成至今。总设计容量为1.5万立方米，面积为0.5平方千米。主要水源为自然降水。
潘林水库	Pānlín Shuǐkù	因位置坐落在官桥镇潘林而得名。1959年3月建成至今。总设计库容为1.6万立方米，面积为0.8平方千米。主要水源为自然降水。
圈里水库	Quānlǐ Shuǐkù	因位置坐落在庄里乡圈里而得名。1967年10月建成至今。总设计容量为1.2万立方米，面积为0.6平方千米。主要水源为自然降水。
沈峪水库	Shěnyù Shuǐkù	因位置坐落在沈峪而得名。1970年6月建成至今。位于官桥镇沈峪村，总设计容量为0.8万立方米，面积为0.4平方千米。主要水源为自然降水。
泰山水库	Tàishān Shuǐkù	因位置坐落在泰山而得名。1968年5月建成至今。位于白土镇，总设计库容为0.9万立方米，面积为0.003平方千米。主要水源为自然降水。

标准名称	汉语拼音	备注
土山水库	Tǔshān Shuǐkù	因位置坐落在土山而得名。1970 年 1 月建成至今。位于龙城镇，总设计库容为 1 万立方米，面积为 0.005 平方千米。主要水源为自然降水。
五眼泉水库	Wǔyǎnquán Shuǐkù	因位置坐落在五眼泉而得名。2011 年 9 月建成至今。位于官桥镇赵楼，总设计容量为 1.4 万立方米。面积为 3.8 平方千米。主要水源为自然降水。
尠沟水库	Xiǎngōu Shuǐkù	因位置坐落在尠沟而得名。1970 年 4 月建成至今。位于庄里乡，总设计容量为 0.63 万立方米，面积为 0.21 平方千米。主要水源为自然降水。
杏山水库	Xìngshān Shuǐkù	因位置坐落在杏山而得名。1971 年 12 月建成至今。位于庄里乡杏山，总设计容量为 5.1 立方米，面积为 1.7 平方千米。主要水源为自然降水。
永堌水库	Yǒnggù Shuǐkù	因位置坐落在永堌而得名。1958 年 3 月建成至今。位于永堌镇胜利村，总设计库容 60.8 立方米。面积为 15.2 平方千米。主要水源为自然降水。
陈疃水库	Chéntuǎn Shuǐkù	因位于宿州市埇桥区曹村镇陈疃村境内，故得名。始建于 1959 年，同年竣工。名称沿用至今。位于曹村镇陈疃村境内。水库长 45 米，宽 30 米，平均水深 4.58 米，水库总库容 22.69 万立方米，面积 1 平方千米。主要水源为欧河。
曹村水库	Cáocūn Shuǐkù	因位于埇桥区曹村镇曹村境内，故得名。1971 年 4 月竣工。名称沿用至今。水库长约 154 米，宽约 109 米，面积 1 平方千米，平均水深 5.15 米。水库总库容 5.15 万立方米。主要水源来源于欧河。
后旺水库	Hòuwàng Shuǐkù	因位于曹村镇境后旺村内，故得名。1971 年竣工。名称沿用至今。水库长 335 米，宽 294 米，面积约 2.5 平方米，平均水深为 5.4 米，库容量 13.5 万立方米。主要水源为欧河。
湖庄水库	Húzhuāng Shuǐkù	因位于曹村镇湖庄村境内，故得名。1968 年竣工。名称沿用至今。水库长 61 米，宽 56 米，面积约 1.2 平方千米，平均水深为 5.03 米，库容量达 6.04 万立方米。主要水源为欧河。
马湾一库	Mǎwān Yīkù	因位于曹村镇马湾村境内，故名马湾水库。1958 年竣工。名称沿用至今。水库长 228 米，宽 203 米，面积约 1.2 平方千米，平均水深 5.65 米，库容量 6.78 万立方米。主要水源为欧河。
秦山水库	Qínshān Shuǐkù	因坐落曹村镇西南 7 千米，秦山附近处而得名。1959 年竣工，名称沿用至今。水库长 436 米，宽 384 米，面积约 2.3 平方千米，平均水深为 5.25 米，库容量 12.08 万立方米。主要水源为欧河。

标准名称	汉语拼音	备注
黄山水库	Huángshān Shuǐkù	因位于褚兰镇褚兰村黄山脚下，故而得名。1956年竣工。名称沿用至今。水库长208米，宽85米，面积约1平方千米，平均水深为4.8米，库容量为4.8万立方米。主要水源为孤山河。
狼窝水库	Lángwō Shuǐkù	因位于埇桥区褚兰镇褚兰村境内，故得名。始建于1958年，同年竣工。名称沿用至今。水库长208米，宽85米，面积约1平方千米，平均水深为4.8米，库容量为4.8万立方米。主要水源为孤山河。
李院水库	Lǐyuàn Shuǐkù	因位于褚兰镇李院自然村境内，故而得名。1978年竣工。名称沿用至今。水库长660米，宽460米，平均水深为5.71米。库容量28.55万立方米。面积约5平方千米。主要水源为奎河。
山前水库	Shānqián Shuǐkù	因位于褚兰镇君保山前，故得名。始建于1958年，建成于1959年。名称沿用至今。水库长496米，宽188米，平均水深约3.24米，库容量为4.95万立方米，面积约1.1平方千米。主要水源来源于奎河。
梁套水库	Liángtào Shuǐkù	因坐落于符离集西北5千米梁套自然村境内，故而得名。1956年建，1958年竣工。名称沿用至今。水库长836米，宽707米，平均水深为4.59米，库容量42.29万立方米，面积约9.2平方千米。主要水源为黄涧沟。
牛口水库	Niúkǒu Shuǐkù	因坐落于符离镇牛口村东山而命名。始建于1958年，建成于1972年4月，名称沿用至今。水库长492米，宽350米，平均水深5.8米，总库容为10.44万立方米，面积为1.8平方千米。主要水源为新濉河。
清水水库	Qīngshuǐ Shuǐkù	因位于清水、武山村西山，故得名。始建于1958年，1976年、1977年两年加深、加高、重建。名称沿用至今。大坝高10米，坝长350米。主要水源为自然降水。
张楼水库	Zhānglóu Shuǐkù	因位于符离镇张楼村西山，故名张楼水库。建于1958年。名称沿用至今。水库长334米，宽260米，面积约0.9平方千米，平均水深为5.5米，库容量为4.95万立方米。主要水源来源于新濉河。主要水源为自然降水。
张窝水库	Zhāngwō Shuǐkù	由符离公社组织的水利专业队兴建，因位于褚庄村的张窝庄南，故得名。建于1958年。名称沿用至今。水库长43米，宽37米，面积约0.5平方千米，平均水深为5.35米，库容量为2.68万立方米。主要水源来源于新濉河。
褚庄水库	Chǔzhuāng Shuǐkù	由当时符离公社组织全村的水利专业队兴建，因符离镇褚庄村境内东山根，故而得名。建于1976年。名称沿用至今。水库长378米，宽155米，面积约0.6平方千米，平均水深为5米，库容量为3万立方米。主要水源来源于新濉河。

标准名称	汉语拼音	备注
草场水库	Cǎochǎng Shuǐkù	因位于夹沟镇草场村境内，故名草场水库。始建于1971年，同年竣工。名称沿用至今。水库长约131米，宽约49米，面积约0.4平方千米。平均水深约7.9米。库容量约3.16万立方米。要水源为欧河。
长山套水库	Zhǎngshāntào Shuǐkù	因位于埇桥区夹沟镇西北部胡疃村境内，故名长山套水库。始建于1971年，同年竣工。名称沿用至今。水库长56米，宽20米，面积3.5平方千米，平均水深71.3米，水库总库容24.95万立方米。主要水源为欧河。
五柳水库	Wǔliǔ Shuǐkù	因坐落于大五柳自然村而命名。1968年建，1970年竣工。名称沿用至今。位于夹沟镇西北5千米，水库长1833米，宽740米，面积约5.5平方千米，平均水深4.55米，库容量25.03万立方米。主要水源来源于欧河。
镇头水库	Zhèntóu Shuǐkù	因位于夹沟镇镇头村北，故得名。1968年始建，1971年5月建成。名称沿用至今。水库长约1118米，宽约400米，面积约4.2平方千米，平均水深约4.3米，库容量约18.06万立方米。主要水源来源于欧河。
贡山水库	Gòngshān Shuǐkù	位于埇桥区解集乡南部贡山村境内，故得名。1975年竣工。名称沿用至今。水库长224米，宽153米，面积0.37平方千米，平均水深5.65米，库容量水库总库容2.09万立方米。主要水源为拖尾河。
纪湖水库	Jìhú Shuǐkù	因位于解集乡纪湖村境内，故名纪湖水库。始建于1968年，建成于1969年。名称沿用至今。水库长702米，宽441米，面积约3平方千米，平均水深为4.55米，库容量13.65万立方米。主要水源为奎河。
马台水库	Mǎtái Shuǐkù	因位于埇桥区解集乡南部马台村境内，故得名。1977年竣工。名称沿用至今。水库长182米，宽92米，面积1.2平方千米，平均水深为4.78米，水库设计总库容5.74万立方米。主要水源为拖尾河。
前杨水库	Qiányáng Shuǐkù	因位于解集乡前杨村境内，故得名。1976年竣工。名称沿用至今。水库长173米，宽89米，面积约0.5平方千米，平均水深为6.46米，库容量3.23万立方米。主要水源为柳须河。
宣山水库	Xuānshān Shuǐkù	因位于解集乡宣山村境内，故而得名。1969年竣工。名称沿用至今。水库长989米，宽496米，面积约5.5平方千米，平均水深为4.88米，库容量为26.84万立方米。主要水源来源于柳须河。
云台水库	Yúntái Shuǐkù	因位于埇桥区解集乡南部云台村境内，故得名。1970年竣工。名称沿用至今。水库长144米，宽74米，面积0.7平方千米。平均水深为3.9米。库容量为2.73万立方米。主要水源来源于拖尾河。

标准名称	汉语拼音	备注
大望水库	Dàwàng Shuǐkù	因位于栏杆镇大望村境内，故而得名。建成于1966年。名称沿用至今。水库长515米，宽277米，面积约1.3平方千米，平均水深为4.1米，库容量5.33万立方米。主要水源为奎河。
纪湖水库灌区	Jìhú Shuǐkù Guànqū	主要担负解集乡桥桂村辖区内的灌溉任务，主要水源来源于辖区内的纪湖水库，故而得名。纪湖水库灌区建成于1969年，沿用至今。位于埇桥区解集乡桥桂村境内，管理单位为埇桥区解集乡桥桂村委会，灌溉面积为1.66675平方千米。主要水源为自然降水。
花园灌区	Huāyuán Guànqū	主要负责蒿沟乡花园村辖区内的灌溉任务，故而得名。花园灌区建成于1971年，沿用至今。位于埇桥区蒿沟乡花园村境内，管理单位为埇桥区蒿沟乡花园村委会，灌溉面积为1.3334平方千米。主要水源为自然降水。
李院水库灌区	Lǐyuàn Shuǐkù Guànqū	主要负责褚兰镇后程村、小圩村辖区内的灌溉任务，主要水源来源于辖区内的李院水库，故而得名。李院水库灌区建成于1978年，沿用至今。位于埇桥区褚兰镇后程村、小圩村境内，管理单位为埇桥区褚兰镇后程村委会，灌溉面积为2.0001平方千米。
梁套水库灌区	Liángtào Shuǐkù Guànqū	主要负责符离镇梁套村辖区内的灌溉任务，主要水源来源于辖区内的梁套水库，故而得名。梁套水库灌区建成于1958年，沿用至今。位于埇桥区符离镇梁套村境内，管理单位为埇桥区符离镇梁套村委会，灌溉面积为1.86676平方千米。主要水源为梁套水库。
马梨园灌区	Mǎlíyuán Guànqū	主要负责汴河街道办事处马梨园村辖区内的灌溉任务，故而得名。马梨园灌区建成于1969年，沿用至今。位于埇桥区汴河街道办事处马梨园村境内，管理单位为埇桥区汴河马梨园村委会，灌溉面积为2.33345平方千米。主要水源为自然降水。
五柳水库灌区	Wǔliǔ Shuǐkù Guànqū	主要负责夹沟镇五柳村、津浦村辖区内的灌溉任务，主要水源来源于辖区内的五柳水库，故而得名。五柳水库灌区建成于1970年，沿用至今。位于埇桥区夹沟镇五柳村、津浦村，管理单位为埇桥区夹沟镇五柳村委会，灌溉面积为5.3336平方千米。主要水源为自然降水。
新汴河灌区	Xīnbiànhé Guànqū	该灌区主要负责埇桥区、灵璧县、泗县辖区内的灌溉任务，主要水源来源于新汴河，故而得名。建成于1970年，沿用至今。新汴河灌区贯穿埇桥区、灵璧县、泗县，管理单位为宿州市河道管理局，灌溉面积为92.40462平方千米。主要水源为自然降水。
宣山水库灌区	Xuānshān Shuǐkù Guànqū	主要负责解集乡宣杨村辖区内的灌溉任务，主要水源来源于辖区内的宣山水库，故而得名。宣山水库灌区建成于1969年，沿用至今。位于埇桥区解集乡宣杨村境内，管理单位为埇桥区解集乡宣扬村委会，灌溉面积为1.73342平方千米。主要水源为自然降水。

标准名称	汉语拼音	备注
镇头水库灌区	Zhèntóu Shuǐkù Guànqū	主要负责夹沟镇镇头村辖区内的灌溉任务，主要水源来源于辖区内的镇头水库，故而得名。镇头水库灌区建成于 1971 年，沿用至今。位于埇桥区夹沟镇镇头村境内，管理单位为埇桥区夹沟镇镇头村委会，灌溉面积为 2.0001 平方千米。主要水源为自然降水。
北铁路运河	Běitiělù Yùnhé	1971 年开挖的一条人工运河，沿用至今。北铁路运河位于汴河街道境内，南起沱河沿铁路东侧向北，过汴河至北十里，全长 8.87 千米。人工开挖，无支流，混凝土和夯土护坡。运河主要用于防洪排涝、农作物灌溉。主要水源为自然降水。
南铁路运河	Nántiělù Yùnhé	1971 年开挖的一条人工运河，沿用至今。南铁路运河北起淮河路与宿固路交口，南至芦岭镇陈堂村，途经桃园镇、大泽乡镇、芦岭镇，全长 28.56 千米。人工开挖，无支流，混凝土和夯土护坡。运河主要用于防洪排涝、农作物灌溉。主要水源为自然降水。
濉符沟	Suīfú Gōu	1976 年开挖，1998 年经过疏浚至今，沿用至今。位于埇桥区符离镇，东西走向。长度 14 千米，宽 30 米，最大水深 5 米。
薛堂沟	Xuētáng Gōu	1959 年 11 月 10 日开始沿公路一侧开挖沟渠，薛堂沟于此时开挖，命名至今。位于埇桥区西部，南北走向，起于二铺村，止于大刘家，途经西二铺乡二铺村、葛林村，沟深 6 米。
刘超沟	Liúchāo Gōu	20 世纪初经过疏浚，沿用至今，位于汴河街道西部，南北方向。最大水深 4 米。
黄沟	Huáng Gōu	始建于 1958 年，建成于 1960 年，沿用至今。位于埇桥区西部，南北走向，起于芦沟，止于胡圩孜，沟深 6 米。
禅堂沟	Chántáng Gōu	始建于 2010 年，建成于 2012 年，沿用至今。该排水沟位于埇桥区芦岭镇。该排水沟起于大韩家，止于小沟沿。最大水深为 4.3 米。
马沟	Mǎ Gōu	始建于 2006 年，建成于 2008 年，沿用至今。该排水沟起于西黄溜，止于 101 省道。最大水深为 3.2 米。
官沟	Guān Gōu	始建于 1997 年，建成于 1999 年，沿用至今。该排水沟流经固镇县任桥镇、湖沟镇。该排水沟起于埇桥区芦岭镇，止于湖沟镇。最大水深为 3.1 米。
马料沟	Mǎliào Gōu	始建于 1990 年，建成于 1992 年，沿用至今。该排水沟位于埇桥区永镇乡。该排水沟起于澥河，止于禅堂村路庄。最大水深为 2.5 米。
宿蒙沟	Sùméng Gōu	1959 年 11 月 10 日宿县开始沿公路一侧开挖沟渠，命名宿蒙沟至今。位于埇桥区西南部，南北走向，途经桃园镇、金海街道。沟深 5 米。
稻香河	Dàoxiāng Hé	1964 年开挖，沿用至今。流经马井镇、杜楼镇。实体概况为长 4 千米，宽 6 米，流域面积为 10 平方千米。

标准名称	汉语拼音	备注
萧张运河	Xiàozhāng Yùnhé	1965年开挖，为农村水利工程。流经杜楼镇。实体概况为长4千米，宽6米，主要作用是排洪灌溉，不通航。流域面积为11平方千米。
湘西沟	Xiāngxī Gōu	1966年开挖，为农村水利工程。流经杜楼镇。实体概况为长4千米，宽6米，主要作用是排洪灌溉，不通航。流域面积为12平方千米。
罗娄河	Luólóu Hé	1967年开挖，为农村水利工程。流经马井镇。实体概况为长4千米，宽6米，主要作用是排洪灌溉，不通航。流域面积为13平方千米。
梁河	Liáng Hé	1968年开挖，为农村水利工程。流经圣泉乡、马井镇。实体概况为长4千米，宽6米，主要作用是排洪灌溉，不通航。流域面积为14平方千米。
曲仙河	Qūxiān Hé	1969年开挖，为农村水利工程。流经圣泉乡、马井镇。实体概况为长4千米，宽6米，主要作用是排洪灌溉，不通航。流域面积为12平方千米。
燎原河	Liáoyuán Hé	1964年开挖，为农村水利工程。流经圣泉乡。实体概况为长4千米，宽6米，主要作用是排洪灌溉，不通航。流域面积为13平方千米。
幸福河	Xìngfú Hé	1965年开挖，为农村水利工程。流经圣泉乡、龙城镇。实体概况为长20千米，宽6米，主要作用是排洪灌溉，不通航。流域面积为14平方千米。
双楼沟	Shuānglóu Gōu	1967年开挖，为农村水利工程。流经祖楼镇、孙圩子乡。实体概况为长4千米，宽6米，主要作用是排洪灌溉，不通航。流域面积为15平方千米。
王寨沟	Wángzhài Gōu	1974年开挖，为农村水利工程。流经王寨镇。实体概况为长4千米，宽6米，主要作用是排洪灌溉，不通航。流域面积为19平方千米。
青龙沟	Qīnglóng Gōu	1960年开挖命名至今。位于青龙集镇境内。南北流向，北起后柳园，南至高溪，汇入王引河。全长3.75千米，沟口宽16米，沟底宽4米，最大水深4米。
大庙沟	Dàmiào Gōu	1970年开挖的水利沟渠，命名至今。位于萧县西南部，南北流向，北起钟楼村马庄，汇入王引河。全长6.12千米，沟口宽25米，沟底宽13米，最大水深3米。
徐洼沟	Xúwā Gōu	1962年建成命名至今。位于青龙集镇境内。南北流向，全长5.86千米，沟口宽15米，沟底宽4米，最大水深4米。
新庄西大沟	Xīnzhuāng Xīdàgōu	1958年为种植水稻开挖的排灌沟。位于青龙集镇境内。南北流向，北起鲁楼北，南至张庄，汇入王引河。全长2.84千米，最大水深3.5米。

标准名称	汉语拼音	备注
斜河	Xié Hé	1960年开挖，命名至今。位于龙城镇，东北至西南流向。为段园镇和萧县的界沟。境内长2.23千米，宽20米，沟深3米。
增产沟	Zēngchǎn Gōu	1958年开挖修建至今。位于丁里镇，东西走向，主要用于沿岸农田的排涝灌溉。全长3.7千米，沟底宽10米，沟深4米。
民生支沟	Mínshēng Zhīgōu	1975年开挖命名，1992年按五年一遇的除涝标准进行治理。位于丁里镇，东西走向，起于纵庄，止于龙河，全长4千米，平均宽度20米，平均深度4米。
四号河	Sìhào Hé	1968年开挖，命名至今。位于龙城镇，东西流向，境内长3.2千米，宽30米，沟深4米。
三龙支河	Sānlóng Zhīhé	1958年开挖修建至今。位于龙城镇境内。起于萧县龙山子，汇入龙河。全长10千米，平均宽度20米。沟底宽5米，沟深3.5米。
山河沟	Shānhé Gōu	1958年开挖至今。位于永堌镇，南北流向，起于梧桐村北，止于闸河。主要用于山洪排涝、农田灌溉。全长15千米，平均宽度10米，平均深度4米。
脊谷河	Jīgǔ Hé	1953年为防汛开挖的人工河并使用至今。位于丁里镇境内，东西流向，起于徐阜线铁路，止于龙河。长度3.07千米，平均宽度50米，平均深度1.5米。
申家沟	Shēnjiā Gōu	1960年稻改时期开挖的水利沟渠。位于萧县西南部，青龙集镇境内。南北流向，北起东申洼，南至张店孜，汇入合众沟，最终入王引河。全长6.14千米，沟口宽16米，最大水深3米。
阚沟	Kàn Gōu	自得名义以来，名称未发生改变。起赵屯镇汪屯西，止利民河。最大水深4米，途经政区砀山县。长度20千米，水深3米。
李寨沟	Lǐzhài Gōu	自得名义以来，名称未发生改变。起夏朱庄，止故黄河。最大水深2米，途经政区葛集镇。长度7.55千米。
中心沟	Zhōngxīn Gōu	自得名义以来，名称未发生改变。起刘楼村，止于故黄河。最大水深2米，长度为8.83千米，途经政区官庄坝镇。
利民沟	Lìmín Gōu	自得名义以来，1951年进行修整后得现名，名称沿用至今。起于定国寺，止于萧县界。最大水深3米，途经政区唐寨镇。长度5.54千米。
汤沟	Tāng Gōu	自得名义以来，名称未发生改变。起于赵楼镇李新楼，止点大沙河。最大水深5米，途经政区赵屯镇。长度19千米。

第二节 排灌设施

标准名称	汉语拼音	备注
杨圩子站	Yángwéizi Zhàn	位于汴河街道杨圩村境内。建成于 1973 年 5 月，沿用至今。所在河流为新汴河。
王村排涝站	Wángcūn Páilàozhàn	位于曹村镇张庄村境内。建成于 2010 年 5 月，沿用至今。所在河流为欧河。
张庄排涝旧站	Zhāngzhuāng Páilàojiùzhàn	位于曹村镇张庄村境内。建成于 1996 年 5 月，沿用至今。所在河流为欧河。
张庄排涝站	Zhāngzhuāng Páilàozhàn	位于曹村镇张庄村境内。所在河流为欧河。建成于 2010 年 5 月，沿用至今。
韩庄站	Hánzhuāng Zhàn	位于褚兰镇谢炉村境内。建成于 2006 年 9 月，沿用至今。所在河流为看溪河。
王菜园东站	Wángcàiyuán Dōngzhàn	位于褚兰镇桂山村境内。建成于 2006 年 9 月，沿用至今。所在河流为看溪河。
王菜园站	Wángcàiyuán Zhàn	位于褚兰镇桂山村境内。建成于 2006 年 9 月，沿用至今。所在河流为看溪河。
夏疃站	Xiàtuǎn Zhàn	位于褚兰镇马桥村境内。建成于 2006 年 9 月，沿用至今。所在河流为看溪河。
武小庄排涝东站	Wǔxiǎozhuāng Páilào Dōngzhàn	位于夹沟镇周坡村境内。建成于 2003 年 4 月，沿用至今。所在河流为方河。
武小庄排涝西站	Wǔxiǎozhuāng Páilào Xīzhàn	位于夹沟镇周坡村境内。建成于 2003 年 4 月，沿用至今。所在河流为方河。
柏山排涝站	Bǎishān Páilàozhàn	位于栏杆镇柏山村境内。建成于 2007 年 6 月，沿用至今。所在河流为奎河。
曹庄排涝站	Cáozhuāng Páilàozhàn	位于栏杆镇张町村境内。建成于 2007 年 5 月，沿用至今。所在河流为奎河。
前乡排涝站	Qiánxiāng Páilàozhàn	位于栏杆镇路町村境内。建成于 2002 年 5 月，沿用至今。所在河流为奎河。
淮北矿业芦岭站	Huáiběikuàngyè Lúlǐng Zhàn	位于芦岭镇芦岭矿境内。建成于 1978 年 3 月，沿用至今。所在河流为沱河。
大胡站	Dàhú Zhàn	位于三八街道大吴村境内。建成于 1978 年 3 月，沿用至今。所在河流为戚家沟。
杨庙老站	Yángmiào Lǎozhàn	位于三八街道杨庙村境内。所在河流为戚家沟。
北大桥站	Běidàqiáo Zhàn	位于时村镇东风村境内。建成于 1958 年 4 月，沿用至今。所在河流为奎河。

标准名称	汉语拼音	备注
红旗站	Hóngqí Zhàn	位于时村镇红旗村境内。站建成于1968年5月，沿用至今。所在河流为新濉河。
马楼站	Mǎlóu Zhàn	位于时村镇马楼村境内。建成于1968年5月，沿用至今。所在河流为拖尾河。
双庆河排涝站	Shuāngqìng Hé Páilàozhàn	位于时村镇红旗村境内。建成于2000年6月，沿用至今。所在河流为双庆河。
大周电灌站	Dàzhōu Diànguànzhàn	位于西二铺乡二铺村境内。建成于1979年12月，沿用至今。所在河流为新汴河。
城后排涝站	Chénghòu Páilàozhàn	位于支河乡城孜村境内。建成于1996年3月，沿用至今。所在河流为欧河。
城孜排涝站	Chéngzī Páilàozhàn	位于支河乡城孜村境内。所在河流为欧河。
康湖排涝北站	Kānghúpáilào Běizhàn	位于支河乡城孜村境内。建成于1998年11月，沿用至今。所在河流为欧河。
康湖排涝站	Kānghú Páilàozhàn	位于支河乡城孜村境内。所在河流为欧河。建成于1998年11月，沿用至今。
路湖排涝站	Lùhú Páilàozhàn	位于支河乡路湖村境内。成于1996年3月，沿用至今。所在河流为欧河。
马庄排涝站	Mǎzhuāng Páilàozhàn	位于支河乡曹庄村境内。建成于2010年11月，沿用至今。所在河流为霞河。
西学排涝站	Xīxué Páilàozhàn	位于支河乡路湖村境内。建成于2009年2月，沿用至今。所在河流为欧河。
徐桥排涝站	Xúqiáo Páilàozhàn	位于支河乡徐桥村境内。建成于2008年11月，沿用至今。所在河流为欧河。
鸭湖排涝站	Yāhú Páilàozhàn	位于支河乡鸭湖村境内。建成于2010年12月，沿用至今。所在河流为欧河。
杨桥排涝站	Yángqiáo Páilàozhàn	位于支河乡路湖村境内。建成于1994年3月，沿用至今。所在河流为欧河。
梁家沟站	Liángjiāgōu Zhàn	位于朱仙庄镇沱北村境内。建成于1963年10月，沿用至今。所在河流为沱河。
杨宅泵站	Yángzhái Bèngzhàn	位于黑塔镇顺河村杨宅庄。始建于2009年，同年建成。所在河流为小凄河。
倪姚泵站	Níyáo Bèngzhàn	位于黑塔镇倪姚村新关庄。始建于2009年，同年建成，所在河流为小凄河。
孟沟泵站	Mènggōu Bèngzhàn	位于大杨乡孟沟。始建于2010年，同年建成，所在河流为民利河。

标准名称	汉语拼音	备注
陈坝泵站	Chénbà Bèngzhàn	位于屏山镇三葛村陈坝庄。始建于 2011 年，同年建成，所在河流为新濉河。
邢陈泵站	Xíngchén Bèngzhàn	位于屏山镇陈刘村邢庄。始建于 2008 年，同年建成，所在河流为新濉河。
小许沟泵站	Xiǎoxǔgōu Bèngzhàn	位于白苗村小许庄。始建于 2008 年，同年建成。所在河流为新濉河。
樊集泵站	Fánjí Bèngzhàn	位于丁湖镇攀集村。始建于 2011 年，同年建成，所在河流为北沱河。
大安泵站	Dà' ān Bèngzhàn	位于草沟镇大安庄。始建于 2011 年，同年建成，名称沿用至今。所在河流为北沱河。
大史泵站	Dàshǐ Bèngzhàn	位于草庙镇治岗村大史庄。始建于 2010 年，同年建成，所在河流为新汴河。
大刘泵站	Dàliú Bèngzhàn	位于草庙镇大刘村。始建于 2004 年，同年建成，所在河流为清水沟。
枯河泵站	Kūhé Bèngzhàn	位于草庙镇枯河村。始建于 2007 年，同年建成，所在河流为新濉河。
小高泵站	Xiǎogāo Bèngzhàn	位于山头镇蔡圩村小高庄。始建于 2001 年，同年建成，所在河流为林河。
马鞍头泵站	Mǎ' āntóu Bèngzhàn	位于屏山镇马鞍山鞍头位置。始建于 2009 年，同年建成，所在河流为民利河。
胡半岗泵站	Húbàngǎng Bèngzhàn	位于屏山镇枯河村胡半岗庄。始建于 2009 年，同年建成，所在河流为小凄河。
小雍泵站	Xiǎoyōng Bèngzhàn	位于屏山镇屏西村小雍庄。建于 2009 年，同年建成，所在河流为赵沟。
八一站	Bāyī Zhàn	位于禅堂乡境内，始建于 1971 年，同年建成，使用至今。所在河流为新河。
白马站	Báimǎ Zhàn	位于渔沟镇境内，始建于 1978 年，同年建成，使用至今。所在河流为三渠沟。
菠林南站	Bōlín Nánzhàn	位于尹集镇境内，始建于 1977 年，同年建成，使用至今。所在河流为新濉河。
程刘站	Chéngliú Zhàn	位于尹集镇境内，始建于 2009 年，同年建成，使用至今。所在河流为唐河。
大魏站	Dàwèi Zhàn	位于杨疃镇境内，始建于 1976 年，同年建成，使用至今。所在河流为运料河。
大章李站	Dàzhānglǐ Zhàn	位于游集镇境内，始建于 2008 年，同年建成，使用至今。所在河流为拖尾河。

标准名称	汉语拼音	备注
大庄站	Dàzhuāng Zhàn	位于浍沟镇境内，始建于 2010 年，同年建成，使用至今。所在河流为唐河。
东陈站	Dōngchén Zhàn	位于尹集镇境内，始建于 2010 年，同年建成，使用至今。所在河流为唐河。
东风站	Dōngfēng Zhàn	位于尹集镇境内，始建于 1973 年，同年建成，使用至今。所在河流为拖尾河。
杜安站	Dùān Zhàn	位于尹集镇境内，始建于 1973 年，同年建成，使用至今。所在河流为唐河。
沟南站	Gōunán Zhàn	位于娄庄镇境内，始建于 1975 年，同年建成，使用至今。所在河流为北沱河。
固城站	Gùchéng Zhàn	位于朱集乡境内，始建于 1986 年，同年建成，使用至今。所在河流为拖尾河。
红旗站	Hóngqí Zhàn	位于浍沟镇境内，始建于 1972 年，同年建成，使用至今。所在河流为拖尾河。
胡王站	Húwáng Zhàn	位于尹集镇境内，始建于 1976 年，同年建成，使用至今。所在河流为唐河。
胡宅站	Húzhái Zhàn	位于浍沟镇境内，始建于 1971 年，同年建成，使用至今。所在河流为拖尾河。
黄桥站	Huángqiáo Zhàn	位于禅堂乡境内，始建于 1978 年，同年建成，使用至今。所在河流为新河。
伙房站	Huǒfáng Zhàn	位于渔沟镇境内，始建于 1978 年，同年建成，使用至今。所在河流为三渠沟。
姬贺站	Jīhè Zhàn	位于尹集镇境内，始建于 1976 年，同年建成，使用至今。所在河流为新濉河。
简吴站	Jiǎnwú Zhàn	位于浍沟镇境内，始建于 2010 年，同年建成，使用至今。所在河流为唐河。
姜山站	Jiāngshān Zhàn	位于朱集乡境内，始建于 1987 年，同年建成，使用至今。所在河流为运料河。
蒋家站	Jiǎngjiā Zhàn	位于杨疃镇境内，始建于 1994 年，同年建成，使用至今。所在河流为新河。
解家站	Xièjiā Zhàn	位于杨疃镇境内，始建于 1994 年，同年建成，使用至今。所在河流为新河。
井王东站	Jǐngwáng Dōngzhàn	位于黄湾镇境内，始建于 1986 年，同年建成，使用至今。所在河流为北沱河。
老集站	Lǎojí Zhàn	位于朱集乡境内，始建于 2004 年，同年建成，使用至今。所在河流为运料河。

标准名称	汉语拼音	备注
李楼站	Lǐlóu Zhàn	位于游集镇境内，始建于2005年，同年建成，使用至今。所在河流为运料河。
李言站	Lǐyán Zhàn	位于禅堂乡境内，始建于1976年，同年建成，使用至今。所在河流为新河。
凌固站	Línggù Zhàn	位于下楼镇境内，始建于2007年，同年建成，使用至今。所在河流为运料河。
灵西闸站	Língxīzhá Zhàn	位于灵城镇境内，始建于1971年，同年建成，使用至今。所在河流为新汴河。
刘菜园站	Liúcàiyuán Zhàn	位于尹集镇境内，始建于1973年，同年建成，使用至今。所在河流为唐河。
刘派北站	Liúpài Běizhàn	位于朱集乡境内，始建于1984年，同年建成，使用至今。所在河流为新杨河。
刘派东站	Liúpài Dōngzhàn	位于朱集乡境内，始建于2006年，同年建成，使用至今。所在河流为新杨河。
六路站	Liùlù Zhàn	位于游集镇境内，始建于1999年，同年建成，使用至今。所在河流为新杨河。
龙潭站	Lóngtán Zhàn	位于尹集镇境内，始建于1998年，同年建成，使用至今。所在河流为拖尾河。
娄南站	Lóunán Zhàn	位于娄庄镇境内，始建于1998年，同年建成，使用至今。所在河流为北沱河。
芦上站	Lúshàng Zhàn	位于下楼镇境内，始建于2007年，同年建成，使用至今。所在河流为运料河。
吕桥站	Lǚqiáo Zhàn	位于韦集镇境内，始建于1971年，同年建成，使用至今。所在河流为北沱河。
马桥站	Mǎqiáo Zhàn	位于向阳乡境内，始建于1993年，同年建成，使用至今。所在河流为北沱河。
马洼站	Mǎwā Zhàn	位于朱集乡境内，始建于1983年，同年建成，使用至今。所在河流为运料河。
苗河站	Miáohé Zhàn	位于朱集乡境内，始建于1984年，同年建成，使用至今。所在河流为新杨河。
庙西杨站	Miàoxīyáng Zhàn	位于冯庙镇境内，始建于2006年，同年建成，使用至今。所在河流为新濉河。
蒲湾站	Púwān Zhàn	位于浍沟镇境内，始建于1972年，同年建成，使用至今。所在河流为三渠沟。
歧张站	Qízhāng Zhàn	位于朱集乡境内，始建于1987年，同年建成，使用至今。所在河流为新杨河。

标准名称	汉语拼音	备注
骑路王站	Qílùwáng Zhàn	位于杨疃镇境内，始建于 1984 年，同年建成，使用至今。所在河流为新河。
前进站	Qiánjìn Zhàn	位于灵城镇境内，始建于 1970 年，同年建成，使用至今。所在河流为新汴河。
邱东站	Qiūdōng Zhàn	位于游集镇境内，始建于 1999 年，同年建成，使用至今。所在河流为新杨河。
邱南站	Qiūnán Zhàn	位于游集镇境内，始建于 1999 年，同年建成，使用至今。所在河流为新杨河。
三里湾水站	Sānlǐwānshuǐ Zhàn	位于灵城镇境内，始建于 2002 年，同年建成，使用至今。所在河流为新汴河。
三周站	Sānzhōu Zhàn	位于禅堂乡境内，始建于 1976 年，同年建成，使用至今。所在河流为新河。
沈杨站	Shěnyáng Zhàn	位于朱集乡境内，始建于 1984 年，同年建成，使用至今。所在河流为运料河。
沈余站	Shěnyú Zhàn	位于禅堂乡境内，始建于 1975 年，同年建成，使用至今。所在河流为新河。
盛汪站	Shèngwāng Zhàn	位于尹集镇境内，始建于 2009 年，同年建成，使用至今。所在河流为新河。
胜利站	Shènglì Zhàn	位于娄庄镇境内，始建于 1976 年，同年建成，使用至今。所在河流为北沱河。
施沟站	Shīgōu Zhàn	位于尹集镇境内，始建于 2007 年，同年建成，使用至今。所在河流为拖尾河。
孙宅站	Sūnzhái Zhàn	位于朱集乡境内，始建于 1986 年，同年建成，使用至今。所在河流为新杨河。
汤桥闸站	Tāngqiáozhá Zhàn	位于向阳乡境内，始建于 1971 年，同年建成，使用至今。所在河流为北沱河。
条基站	Tiáojī Zhàn	位于朱集乡境内，始建于 1990 年，同年建成，使用至今。所在河流为运料河。
土山站	Tǔshān Zhàn	位于浍沟镇境内，始建于 2010 年，同年建成，使用至今。所在河流为唐河。
团结站	Tuánjié Zhàn	位于朱集乡境内，始建于 1985 年，同年建成，使用至今。所在河流为运料河。
王井站	Wángjǐng Zhàn	位于尹集镇境内，始建于 1976 年，同年建成，使用至今。所在河流为拖尾河。
王莽站	Wángmǎng Zhàn	位于禅堂乡境内，始建于 1976 年，同年建成，使用至今。所在河流为新河。

标准名称	汉语拼音	备注
王圩站	Wángxū Zhàn	位于娄庄镇境内，始建于 1976 年，同年建成，使用至今。所在河流为北沱河。
小杨站	Xiǎoyáng Zhàn	位于虞姬乡境内，始建于 2000 年，同年建成，使用至今。所在河流为岳洪河。
小张站	Xiǎozhāng Zhàn	位于尹集镇境内，始建于 1973 年，同年建成，使用至今。所在河流为拖尾河。
新陈站	Xīnchén Zhàn	位于大路乡境内，始建于 2007 年，同年建成，使用至今。所在河流为新濉河。
兴农站	Xìngnóng Zhàn	位于尹集镇境内，始建于 2009 年，同年建成，使用至今。所在河流为新河。
鸭厂站	Yāchǎng Zhàn	位于尹集镇境内，始建于 2006 年，同年建成，使用至今。所在河流为唐河。
杨北站	Yángběi Zhàn	位于朱集乡境内，始建于 1997 年，同年建成，使用至今。所在河流为运料河。
杨集站	Yángjí Zhàn	位于杨疃镇境内，始建于 1994 年，同年建成，使用至今。所在河流为新河。
杨疃团结站	Yángtuǎn Tuánjié Zhàn	位于杨疃镇境内，始建于 1974 年，同年建成，使用至今。所在河流为新汴河。
尹北站	Yǐnběi Zhàn	位于尹集镇境内，始建于 2005 年，同年建成，使用至今。所在河流为新濉河。
尹南站	Yǐnnán Zhàn	位于尹集镇境内，始建于 1972 年，同年建成，使用至今。所在河流为新濉河。
尤庄站	Yóuzhuāng Zhàn	位于游集镇境内，始建于 2001 年，同年建成，使用至今。所在河流为运料河。
余桥站	Yúqiáo Zhàn	位于娄庄镇境内，始建于 1971 年，同年建成，使用至今。所在河流为北沱河。
跃进站	Yuèjìn Zhàn	位于灵城镇境内，始建于 1970 年，同年建成，使用至今。所在河流为新汴河。
岳巷站	Yuèxiàng Zhàn	位于朱集乡境内，始建于 1984 年，同年建成，使用至今。所在河流为运料河。
张李站	Zhānglǐ Zhàn	位于尹集镇境内，始建于 1979 年，同年建成，使用至今。所在河流为新濉河。
张禅站	Zhāngchán Zhàn	位于禅堂乡境内，始建于 1970 年，同年建成，使用至今。所在河流为唐河。
周寨站	Zhōuzhài Zhàn	位于渔沟镇境内，始建于 1977 年，同年建成，使用至今。所在河流为三渠沟。

标准名称	汉语拼音	备注
朱北站	Zhūběi Zhàn	位于朱集乡境内，始建于 1986 年，同年建成，使用至今。所在河流为运料河。
朱东站	Zhūdōng Zhàn	位于朱集乡境内，始建于 1999 年，同年建成，使用至今。所在河流为运料河。
朱西站	Zhūxī Zhàn	位于朱集乡境内，始建于 2003 年，同年建成，使用至今。所在河流为新杨河。
圩疃站	Xūtuǎn Zhàn	位于尹集镇境内，始建于 2006 年，同年建成，使用至今。所在河流为唐河。
浍北站	Huìběi Zhàn	位于朱集乡境内，始建于 1984 年，同年建成，使用至今。所在河流为新杨河。
浍西站	Huìxī Zhàn	位于浍沟镇境内，始建于 1976 年，同年建成，使用至今。所在河流为唐河。
潼山站	Tóngshān Zhàn	位于朱集乡境内，始建于 1987 年，同年建成，使用至今。所在河流为运料河。
晏湾站	Yànwān Zhàn	位于大路乡境内，始建于 1972 年，同年建成，使用至今。所在河流为三渠沟。
高寨东泵站	Gāozhàidōng Bèngzhàn	位于砀山县葛集镇高寨村。始建于 1957 年，同年建成。所在河流为黄河故道。
高寨西泵站	Gāozhàixī Bèngzhàn	位于砀山县葛集镇高寨村。始建于 1957 年，同年建成。所在河流为黄河故道。
张庵泵站	Zhāng'ān Bèngzhàn	位于和谐村张庵庄。始建于 1988 年，同年建成，所在河流为黄河故道。
杨李庄泵站	Yánglǐzhuāng Bèngzhàn	位于和谐村杨李庄。始建于 1988 年，同年建成，所在河流为黄河故道。

第三节　堤堰

标准名称	汉语拼音	备注
立新防洪闸	Lìxīn Fánghóngzhá	所在行政区域为薛楼板材加工园，位于关帝庙镇庞桥村北利民河上。长度 5.5 米，顶宽 3 米，高度 14 米。
王寨水闸	Wángzhài Shuǐzhá	所在行政区域为家和村委会，位于文家河中下游唐寨镇家和村。长度 20.4 米，顶宽 12.5 米，高度 37.1 米。

标准名称	汉语拼音	备注
岳庄水闸	Yuèzhuāng Shuǐzhá	所在行政区域为官庄坝镇，位于岳庄坝村后岳庄自然村东北300米黄河故道上。长度70米，顶宽15米，高度40米。
崔庄水闸	Cuīzhuāng Shuǐzhá	所在行政区域为良梨村委会，位于文家河中游良梨镇郭庄村。长度15米，顶宽12.5米，高度39.8米。
董庄水闸	Dǒngzhuāng Shuǐzhá	所在行政区域为周寨村委会，位于周寨镇周寨村。长度18米，顶宽15米，高度25米。
固口水闸	Gùkǒu Shuǐzhá	所在行政区域为利民村委会，位于王引河上游的薛楼板材园区利民村。长度79米，顶宽18米，高度34.6米。
殷庄水闸	Yīnzhuāng Shuǐzhá	所在行政区域为贾楼村委会，位于利民河中游李庄镇贾楼村。长度30米，顶宽16米，高度33米。
周庄水闸	Zhōuzhuāng Shuǐzhá	所在行政区域神湖村委会，位于大沙河中游李庄镇贾楼村。长度32.5米，顶宽16米，高度36.2米。
利民水闸	Lìmín Shuǐzhá	所在行政区域为砀城镇，位于利民河上游砀城镇境内。长度40米，顶宽33米，高度40米。
陈屯水闸	Chéntún Shuǐzhá	所在行政区域为曹庄村委会，位于西洪河曹庄镇。长度15米，顶宽12米，高度31米。
东关水闸	Dōngguān Shuǐzhá	所在行政区域为东城社区居委会，位于砀城镇东城社区。长度15米，顶宽14米，高度33米。
薛口水闸	Xuēkǒu Shuǐzhá	所在行政区域为薛口村委会，位于赵屯镇薛口村。长度17米，顶宽12米，高度35米。
于昌楼水闸	Yúchānglóu Shuǐzhá	所在行政区域为周平庄村委会，位于周寨镇周平庄村。长度12.2米，顶宽10米，高度30米。
况楼水闸	Kuànglóu Shuǐzhá	所在行政区域为家和村委会，位于唐寨镇文庄村。长度20米，顶宽8米，高度29米。
徐庄水闸	Xúzhuāng Shuǐzhá	所在行政区域为邵楼村委会，位于关帝庙镇邵楼村。长度22米，顶宽8米，高度40米。
灵西闸	Língxī Zhá	灵西闸所在行政区域为灵城镇。位于灵城西南新汴河上。桥长162.6米，桥面高程28米，路面净宽7米，5孔，单孔宽30.7米，孔高9米。
浍沟闸	Huìgōu Zhá	浍沟闸所在行政区域为浍沟镇。位于浍塘沟北新濉河上。该闸5孔，孔高9米，单孔宽12米，闸底高程18米，桥面高程27米，路面宽6.5米，长60米。
潘集节制闸	Pānjí Jiēzhìzhá	潘集闸所在行政区域为浍沟镇。位于唐、新、凤河相交处下游1千米处。桥面宽3米，长24米，6孔，孔高6米，单孔宽4米，桥面高程29.6米。
汤桥闸	Tāngqiáo Zhá	汤桥闸所在行政区域为韦集镇。位于北沱河与灵韦公路相交处。桥面宽7米，长21米，7孔，单孔宽3米，孔高6米，桥面高程22.8米。

标准名称	汉语拼音	备注
沱河闸	Tuóhé Zhá	沱河闸所在行政区域为黄湾镇。位于黄湾区西南部。控制面积580平方千米，长20米，有5个弧形孔，孔宽4米，孔高6米。
潼山闸	Tóngshān Zhá	潼山间所在行政区域为朱集乡。位于朱集南运料河上。长33米，11孔，单孔宽3米，孔高5米。
尤圩闸	Yóuwéi Zhá	尤圩闸所在行政区域为游集镇。位于尤集区新杨河上。长21米，7孔，单孔宽3米，孔高6米。
浍庙闸	Huìmiào Zhá	浍庙闸所在行政区域为朱集乡。位于朱集新杨河上。长33米，11孔，单孔宽3米，孔高5.5米。
余桥闸	Yúqiáo Zhá	余桥闸所在行政区域为娄庄镇。位于娄庄区北沱河上。长27米，9孔，单孔宽3米，孔高7米。
陈桥闸	Chénqiáo Zhá	陈桥闸所在行政区域为黄湾镇。位于黄湾镇境内，沱河河道上。单孔闸，闸孔总净宽4米。
大丁闸	Dàdīng Zhá	大丁闸所在行政区域为朝阳镇。位于朝阳镇境内，三渠沟河道上。双孔闸，闸孔总净宽6米。
大刘闸	Dàliú Zhá	大刘闸所在行政区域为黄湾镇。位于黄湾镇境内，沱河河道上。双孔闸，闸孔总净宽4米。
大埝沟闸	Dàniàngōu Zhá	大埝沟闸所在行政区域为尹集镇。位于尹集镇境内，唐河河道上。四孔闸，闸孔总净宽12米。
代楼闸	Dàilóu Zhá	代楼闸所在行政区域为下楼镇。位于下楼镇境内，洪山河河道上。六孔闸，闸孔总净宽30米。
代娄分水闸	Dàilóu Fēnshuǐzhá	代娄分水闸所在行政区域为下楼镇。位于下楼镇境内，洪山河河道上。三孔闸，闸孔总净宽12米，节制闸过闸流量为210.3立方米／秒，主要建筑物3级的分（泄）洪闸。
东风闸	Dōngfēng Zhá	东风闸所在行政区域为虞姬乡。位于虞姬乡境内，闫河河道上。双孔闸，闸孔总净宽6米。
陡沟闸	Dǒugōu Zhá	陡沟闸所在行政区域为杨疃镇。位于杨疃镇境内，新河河道上。单孔闸，闸孔总净宽2米。
范桥闸	Fànqiáo Zhá	范桥闸所在行政区域为虞姬乡。位于虞姬乡境内，闫河河道上。三孔闸，闸孔总净宽12米。
凤河闸	Fènghé Zhá	凤河闸所在行政区域为禅堂乡。位于禅堂乡境内，唐河河道上。单孔闸，闸孔总净宽3米。
耿王闸	Gěngwáng Zhá	耿王闸所在行政区域为韦集镇。位于韦集镇境内，北沱河河道上。单孔闸，闸孔总净宽4米。
固家闸	Gùjiā Zhá	固家闸所在行政区域为娄庄镇。位于娄庄镇境内，沱河河道上。单孔闸，闸孔总净宽3米。

标准名称	汉语拼音	备注
桂沟涵	Guìgōu Hán	桂沟涵所在行政区域为娄庄镇。位于娄庄镇境内，北沱河河道上。双孔闸，闸孔总净宽 6 米。
黑泥沟闸	Hēinígōu Zhá	黑泥沟闸所在行政区域为黄湾镇。位于黄湾镇境内，沱河河道上。单孔闸，闸孔总净宽 4 米。
黑牛张闸	Hēiniúzhāng Zhá	黑牛张闸所在行政区域为冯庙镇。位于冯庙镇境内，新濉河河道上。双孔闸，闸孔总净宽 2 米。
黄家闸	Huángjiā Zhá	黄家闸所在行政区域为灵城镇。位于灵城镇境内，北沱河河道上。单孔闸，闸孔总净宽 4 米。
九集北涵	Jiǔjí Běihán	九集北涵所在行政区域为游集镇。位于游集镇境内，运料河河道上。单孔闸，闸孔总净宽 2 米。
九集涵	Jiǔjí Hán	九集涵所在行政区域为游集镇。位于游集镇境内，运料河河道上。单孔闸，闸孔总净宽 2 米。
九角杨闸	Jiǔjiǎoyáng Zhá	九角杨闸所在行政区域为冯庙镇。位于冯庙镇境内，新濉河河道上。双孔闸，闸孔总净宽 6 米。
亢南闸	Kàngnán Zhá	亢南闸所在行政区域为杨疃镇。位于杨疃镇境内，新河河道上。单孔闸，闸孔总净宽 2 米。
老虹灵沟闸	Lǎohónglínggōu Zhá	老虹灵沟闸所在行政区域为冯庙镇。位于冯庙镇境内，新濉河河道上。三孔闸，闸孔总净宽 12 米。
李楼闸	Lǐlóu Zhá	李楼闸所在行政区域为游集镇。位于游集镇境内，运料河河道上。单孔闸，闸孔总净宽 2 米。
练河北闸	Liànhé Běizhá	练河北闸所在行政区域为游集镇。位于游集镇境内，运料河河道上。单孔闸，闸孔总净宽 2 米。
练河闸	Liànhé Zhá	练河闸所在行政区域为游集镇。位于游集镇境内，运料河河道上。单孔闸，闸孔总净宽 2 米。
灵马涵	Língmǎ Hán	灵马涵所在行政区域为浍沟镇。位于浍沟镇境内，新濉河河道上。单孔闸，闸孔总净宽 4 米。
刘桥闸	Liúqiáo Zhá	刘桥闸所在行政区域为娄庄镇。位于娄庄镇境内，沱河河道上。双孔闸，闸孔总净宽 3 米。
刘尧闸	Liúyáo Zhá	刘尧闸所在行政区域为灵城镇。位于灵城镇境内，岳洪河河道上。双孔闸，闸孔总净宽 6 米。
六路闸	Liùlù Zhá	六路闸所在行政区域为游集镇。位于游集镇境内，新杨河河道上。单孔闸，闸孔总净宽 2 米。
庐上闸	Lúshàng Zhá	庐上闸所在行政区域为下楼镇。位于下楼镇境内，运料河河道上。双孔闸，闸孔总净宽 8 米。
马沟闸	Mǎgōu Zhá	马沟闸所在行政区域为尹集镇。位于尹集镇境内，拖尾河河道上。单孔闸，闸孔总净宽 3 米。

标准名称	汉语拼音	备注
毛河闸	Máohé Zhá	毛河闸所在行政区域为朝阳镇。位于朝阳镇境内，运料河河道上。单孔闸，闸孔总净宽 2.5 米。
倪家闸	Níjiā Zhá	倪家闸所在行政区域为娄庄镇。位于娄庄镇境内，沱河河道上。双孔闸，闸孔总净宽 6 米。
农场闸	Nóngchǎng Zhá	农场闸所在行政区域为禅堂乡。位于禅堂乡境内，唐河河道上。单孔闸，闸孔总净宽 3 米。
彭庄闸	Péngzhuāng Zhá	彭庄闸所在行政区域为浍沟镇。位于浍沟镇境内，三渠沟河道上。五孔闸，闸孔总净宽 20 米。
劈山河闸	Pīshānhé Zhá	劈山河闸所在行政区域为渔沟镇。位于渔沟镇境内，三渠沟河道上。三孔闸，闸孔总净宽 9 米。
前灵涵	Qiánlíng Hán	前灵涵所在行政区域为浍沟镇。位于浍沟镇境内，新濉河河道上。单孔闸，闸孔总净宽 3.2 米。
邱楼东闸	Qiūlóu Dōngzhá	邱楼东闸所在行政区域为游集镇。位于游集镇境内，新杨河河道上。单孔闸，闸孔总净宽 2 米。
邱楼南闸	Qiūlóu Nánzhá	邱楼南闸所在行政区域为游集镇。位于游集镇境内，新杨河河道上。单孔闸，闸孔总净宽 3 米。
三八闸	Sānbā Zhá	三八闸所在行政区域为高楼镇。位于高楼镇境内，潼河河道上。四孔闸，闸孔总净宽 16 米。
三里湾涵	Sānlǐwān Hán	三里湾涵所在行政区域为灵城镇。位于灵城镇境内，新汴河河道上。单孔闸，闸孔总净宽 3 米。
三乡沟涵	Sānxiānggōu Hán	三乡沟涵所在行政区域为大路乡。位于大路乡境内，三渠沟河道上。双孔闸，闸孔总净宽 6 米。
沙坝闸	Shābà Zhá	沙坝闸所在行政区域为黄湾镇。位于黄湾镇境内，沱河河道上。单孔闸，闸孔总净宽 4 米。
胜利涵	Shènglì Hán	胜利涵所在行政区域为娄庄镇。位于娄庄镇境内，新汴河河道上。双孔闸，闸孔总净宽 4 米。
宋河闸	Sònghé Zhá	宋河闸所在行政区域为黄湾镇。位于黄湾镇境内，沱河河道上。单孔闸，闸孔总净宽 4 米。
孙集涵	Sūnjí Hán	孙集涵所在行政区域为杨疃镇。位于杨疃镇境内，新汴河河道上。单孔闸，闸孔总净宽 5 米。
唐圩闸	Tángwéi Zhá	唐圩闸所在行政区域为冯庙镇。位于冯庙镇境内，新濉河河道上。三孔闸，闸孔总净宽 7.5 米。
条山沟闸	Tiáoshāngōu Zhá	条山沟闸所在行政区域为浍沟镇。位于浍沟镇境内，三渠沟河道上。单孔闸，闸孔总净宽 3.5 米。
土山沟闸	Tǔshāngōu Zhá	土山沟闸所在行政区域为浍沟镇。位于浍沟镇境内，唐河河道上。单孔闸，闸孔总净宽 3.5 米。

标准名称	汉语拼音	备注
团结涵	Tuánjié Hán	团结涵所在行政区域为杨疃镇。位于杨疃镇境内，新汴河河道上。双孔闸，闸孔总净宽 4 米。
韦集黄家闸	Wéijí Huángjiāzhá	韦集黄家闸所在行政区域为韦集镇。位于韦集镇境内，北沱河河道上。双孔闸，闸孔总净宽 3 米。
武余涵	Wǔyú Hán	武余涵所在行政区域为娄庄镇。位于娄庄镇境内，北沱河河道上。单孔闸，闸孔总净宽 2 米。
下楼辛庄闸	Xiàlóu Xīnzhuāngzhá	下楼辛庄闸所在行政区域为下楼镇。位于下楼镇境内，运料河河道上。三孔闸，闸孔总净宽 18 米。
夏庵闸	Xiàān Zhá	夏庵闸所在行政区域为游集镇。位于游集镇境内，新杨河河道上。单孔闸，闸孔总净宽 2 米。
小张闸	Xiǎozhāng Zhá	小张闸所在行政区域为下楼镇。位于下楼镇境内，运料河河道上。五孔闸，闸孔总净宽 18 米。
小赵闸	Xiǎozhào Zhá	小赵闸所在行政区域为大路乡。位于大路乡境内，老濉河河道上。双孔闸，闸孔总净宽 6 米。
小朱闸	Xiǎozhū Zhá	小朱闸所在行政区域为娄庄镇。位于娄庄镇境内，沱河河道上。双孔闸，闸孔总净宽 6 米。
辛庄闸	Xīnzhuāng Zhá	辛庄闸所在行政区域为朝阳镇。位于朝阳镇境内，运料河河道上。单孔闸，闸孔总净宽 2.5 米。
新陈涵	Xīnchén Hán	新陈涵所在行政区域为大路乡。位于大路乡境内，新濉河河道上。双孔闸，闸孔总净宽 4 米。
邢家闸	Xíngjiā Zhá	邢家闸所在行政区域为尹集镇。位于尹集镇境内，新河河道上。单孔闸，闸孔总净宽 3 米。
幸福闸	Xìngfú Zhá	幸福闸所在行政区域为禅堂乡。位于禅堂乡境内，唐河河道上。单孔闸，闸孔总净宽 3 米。
徐场闸	Xúchǎng Zhá	徐场闸所在行政区域为大庙乡。位于大庙乡境内，老濉河河道上。三孔闸，闸孔总净宽 6 米。
杨疃马沟闸	Yángtuǎnmǎgōu Zhá	杨疃马沟闸所在行政区域为杨疃镇。位于杨疃镇境内，新河河道上。单孔闸，闸孔总净宽 3 米。
杨疃闸	Yángtuǎn Zhá	杨疃闸所在行政区域为杨疃镇。位于杨疃镇境内，新河河道上。三孔闸，闸孔总净宽 12 米。
榆树涵	Yúshù Hán	榆树涵所在行政区域为向阳乡。位于向阳乡境内，新汴河河道上。单孔闸，闸孔总净宽 4 米。
张东湖闸	Zhāngdōnghú Zhá	张东湖闸所在行政区域为游集镇。位于游集镇境内，洪山河河道上。四孔闸，闸孔总净宽 12 米。
张楼闸	Zhānglóu Zhá	张楼闸所在行政区域为游集镇。位于游集镇境内，新杨河河道上。单孔闸，闸孔总净宽 2.5 米。

标准名称	汉语拼音	备注
张铁闸	Zhāngtiě Zhá	张铁闸所在行政区域为禅堂乡。位于禅堂乡境内，唐河河道上。单孔闸，闸孔总净宽 3 米。
张巷涵	Zhāngxiàng Hán	张巷涵所在行政区域为灵城镇。位于灵城镇境内，新汴河河道上。单孔闸，闸孔总净宽 3 米。
赵井闸	Zhàojǐng Zhá	赵井闸所在行政区域为渔沟镇。位于渔沟镇境内，三渠沟河道上。五孔闸，闸孔总净宽 15 米。
赵汪闸	Zhàowāng Zhá	赵汪闸所在行政区域为禅堂乡。位于禅堂乡境内，新濉河河道上。三孔闸，闸孔总净宽 12 米。
闫汴涵	Yánbiàn Hán	闫汴涵所在行政区域为虞姬乡。位于虞姬乡境内，新汴河河道上。三孔闸，闸孔总净宽 12 米。
浍沟李沟闸	HuìgōuLǐgōu Zhá	浍沟李沟闸所在行政区域为浍沟镇。位于浍沟镇境内，唐河河道上。单孔闸，闸孔总净宽 3 米。
黑树李涵	Hēishùlǐ Hán	黑树李涵所在行政区域为灵城镇。位于灵城镇境内，北沱河河道上。单孔闸，闸孔总净宽 3.5 米。
沱河河堤南段	Tuóhé Hédī Nánduàn	所跨行政区域为灵璧县黄湾镇，沱河河堤南段所在行政区域为黄湾镇。位于灵璧县沱河沿岸。该段河堤长 330 米。
山头闸	Shāntóu Zhá	山头闸所在行政区为山头镇，位于山头镇山头村境内。孔数为 12 孔，孔高为 6 米，孔宽为 4 米。
枯河闸	Kūhé Zhá	枯河闸所在行政区为黑塔镇，位于黑塔镇三葛村境内。孔数为 9 孔，孔高为 6.5 米，孔宽为 10 米。
刘圩闸	Liúwéi Zhá	刘圩闸所在行政区为刘圩镇，位于刘圩镇刘圩村境内。孔数为 5 孔，孔高为 5.5 米，孔宽为 3 米。
周庄闸	Zhōuzhuāng Zhá	周庄闸所在行政区为瓦坊乡，位于瓦坊乡苌圩村境内。孔数为 5 孔，孔高为 5.5 米，孔宽为 3 米。
魏岗闸	Wèigǎng Zhá	魏岗闸所在行政区为黑塔镇，位于黑塔镇三陈村境内。孔数为 8 孔，孔高为 6.65 米，孔宽为 4 米。
草沟闸	Cǎogōu Zhá	草沟闸所在行政区为草沟镇，位于草沟镇街南村境内。孔数为 10 孔，孔高为 8 米，孔宽为 6 米。
童沟闸	Tónggōu Zhá	童沟闸所在行政区为丁湖镇，位于丁湖镇樊集村境内。孔数为 3 孔，孔高为 6 米，孔宽为 4 米。
幸福闸	Xìngfú Zhá	幸福闸所在行政区为泗城镇，位于泗城镇南关社区境内。孔数为 5 孔，孔高为 5.5 米，孔宽为 4 米。
孟沟闸	Mènggōu Zhá	孟沟闸所在行政区为大杨乡，位于大杨乡吴集村境内。孔数为 3 孔，孔高为 3 米，孔宽为 3 米。
大徐沟闸	Dàxúgōu Zhá	大徐沟闸所在行政区为屏山镇，位于屏山镇陈刘村境内。孔数为 3 孔，孔高为 4 米，孔宽为 3 米。

标准名称	汉语拼音	备注
赵沟闸	Zhàogōu Zhá	赵沟闸所在行政区为屏山镇，位于屏山镇张乔村境内。孔数为 3 孔，孔高为 5.4 米，孔宽为 3 米。
枯河头闸	Kūhétóu Zhá	枯河头闸所在行政区为黑塔镇，位于黑塔镇三葛村境内。孔数为 4 孔，孔高为 6.8 米，孔宽为 4 米。
港河口闸	Gǎnghékǒu Zhá	港河口闸所在行政区为泗城镇，位于泗城镇大周村境内。孔数为 1 孔，孔高为 6 米，孔宽为 4 米。
鱼场小闸	Yúchǎng Xiǎozhá	鱼场小闸所在行政区为泗城镇，位于泗城镇花园井社区境内。孔数为 2 孔，孔高为 3.2 米，孔宽为 2.4 米。
邢陈闸	Xíngchén Zhá	邢陈闸所在行政区为屏山镇，位于屏山镇陈刘村境内。孔数为 2 孔，孔高为 4.5 米，孔宽为 3 米。
小许沟闸	Xiǎoxǔgōu Zhá	小许沟闸所在行政区为屏山镇，位于屏山镇白庙境内。孔数为 1 孔，孔高为 4.5 米，孔宽为 3 米。
曹鱼沟闸	Cáoyúgōu Zhá	曹鱼沟闸所在行政区为屏山镇，位于屏山镇白庙境内。孔数为 1 孔，孔高为 4.5 米，孔宽为 2.5 米。
尹吴张闸	Yǐnwúzhāng Zhá	尹吴张闸所在行政区为山头镇，位于山头镇杨乔村境内。孔数为 4 孔，孔高为 3 米，孔宽为 2.4 米。
西秦沟涵闸	Xīqíngōu Hánzhá	西秦沟涵闸所在行政区为山头镇，位于山头镇衣张村境内。孔数为 2 孔，孔高为 3 米，孔宽为 2 米。
双潼沟涵闸	Shuāngtónggōu Hánzhá	双潼沟涵闸所在行政区为山头镇，位于山头镇骆庙村境内。孔数为 1 孔，孔高为 3 米，孔宽为 2.5 米。
大何涵闸	Dàhé Hánzhá	大何涵闸所在行政区为山头镇，位于山头镇骆庙村境内。孔数为 1 孔，孔高为 3 米，孔宽为 2.5 米。
吴群墙涵闸	Wúqúnqiáng Hánzhá	吴群墙涵闸所在行政区为山头镇，位于山头镇杨桥村境内。孔数为 1 孔，孔高为 3 米，孔宽为 2.5 米。
洪沟涵闸	Hónggōu Hánzhá	洪沟涵闸所在行政区为山头镇，位于山头镇杨桥村境内。孔数为 2 孔，孔高为 4 米，孔宽为 2 米。
潼城涵闸	Tóngchéng Hánzhá	潼城涵闸所在行政区为山头镇，位于山头镇潼城村境内。孔数为 1 孔，孔高为 3.5 米，孔宽为 2 米。
周宅涵闸	Zhōuzhái Hánzhá	周宅涵闸所在行政区为山头镇，位于山头镇仝城村境内。孔数为 1 孔，孔高为 3.5 米，孔宽为 2 米。
姚沟涵闸	Yáogōu Hánzhá	姚沟涵闸所在行政区为山头镇，位于山头镇张店村境内。孔数为 2 孔，孔高为 2 米，孔宽为 1.8 米。
张沟涵闸	Zhānggōu Hánzhá	张沟涵闸所在行政区为山头镇，位于山头镇张店村境内。孔数为 2 孔，孔高为 2.5 米，孔宽为 1.8 米。
小墩涵闸	Xiǎodūn Hánzhá	小墩涵闸所在行政区为山头镇，位于山头镇宋圩村境内。孔数为 2 孔，孔高为 3.5 米，孔宽为 2.5 米。

标准名称	汉语拼音	备注
西山河涵闸	Xīshānhé Hánzhá	西山河涵闸所在行政区为山头镇，位于山头镇宋圩村境内。孔数为 3 孔，孔高为 2.5 米，孔宽为 2 米。
山头小涵闸	Shāntóuxiǎo Hánzhá	山头小涵闸所在行政区为山头镇，位于山头镇山头村境内。孔数为 2 孔，孔高为 4 米，孔宽为 2 米。
东秦沟涵闸	Dōngqíngōu Hánzhá	东秦沟涵闸所在行政区为山头镇，位于山头镇蔡圩村境内。孔数为 1 孔，孔高为 3.5 米，孔宽为 3 米。
西拦山沟涵闸	Xīlánshāngōu Hánzhá	西拦山沟涵闸所在行政区为山头镇，位于山头镇找沟村境内。孔数为 1 孔，孔高为 3 米，孔宽为 2 米。
秦庄涵闸	Qínzhuāng Hánzhá	秦庄涵闸所在行政区为山头镇，位于山头镇找沟村境内。孔数为 1 孔，孔高为 2 米，孔宽为 1.5 米。
蔡圩涵闸	Càiwéi Hánzhá	蔡圩涵闸所在行政区为山头镇，位于山头镇蔡圩村境内。孔数为 1 孔，孔高为 2 米，孔宽为 1.5 米。
姫沟涵闸	Zhěngōu Hánzhá	姫沟涵闸所在行政区为刘圩镇，位于刘圩镇潼南村境内。孔数为 1 孔，孔高为 2.5 米，孔宽为 2 米。
小余沟闸	Xiǎoyúgōu Zhá	小余沟闸所在行政区为刘圩镇，位于刘圩镇周道村境内。孔数为 4 孔，孔高为 4.2 米，孔宽为 3 米。
老潼河闸	Lǎotónghé Zhá	老潼河闸所在行政区为刘圩镇，位于刘圩镇潼南村境内。孔数为 4 孔，孔高为 3 米，孔宽为 2.4 米。
刘嘴闸	Liúzuǐ Zhá	刘嘴闸所在行政区为刘圩镇，位于刘圩镇周道村境内。孔数为 2 孔，孔高为 2.5 米，孔宽为 2 米。
双宅闸	Shuāngzhái Zhá	双宅闸所在行政区为刘圩镇，位于刘圩镇前戚村境内。孔数为 1 孔，孔高为 3 米，孔宽为 3 米。
苌庚闸	Chánggēng Zhá	苌庚闸所在行政区为瓦坊乡，位于瓦坊乡苌圩村境内。孔数为 1 孔，孔高为 3 米，孔宽为 3 米。
凤凰嘴闸	Fènghuángzuǐ Zhá	凤凰嘴闸所在行政区为瓦坊乡，位于瓦坊乡张楼村境内。孔数为 2 孔，孔高为 3.5 米，孔宽为 3 米。
顺利沟闸	Shùnlìgōu Zhá	顺利沟闸所在行政区为瓦坊乡，位于瓦坊乡瓦坊村境内。孔数为 3 孔，孔高为 3.5 米，孔宽为 3 米。
四山闸	Sìshān Zhá	四山闸所在行政区为瓦坊乡，位于瓦坊乡瓦坊村境内。孔数为 2 孔，孔高为 3.5 米，孔宽为 3 米。
瓦坊闸	Wǎfāng Zhá	瓦坊闸所在行政区为瓦坊乡，位于瓦坊乡瓦坊村境内。孔数为 1 孔，孔高为 3.5 米，孔宽为 3 米。
小王闸	Xiǎowáng Zhá	小王闸所在行政区为瓦坊乡，位于瓦坊乡应宅村境内。孔数为 1 孔，孔高为 4 米，孔宽为 2.5 米。
应宅闸	Yīngzhái Zhá	应宅闸所在行政区为瓦坊乡，位于瓦坊乡应宅村境内。孔数为 1 孔，孔高为 4 米，孔宽为 3 米。

标准名称	汉语拼音	备注
应宅东闸	Yīngzháidōng Zhá	应宅东闸所在行政区为瓦坊乡，位于瓦坊乡应宅村境内。孔数为 1 孔，孔高为 4 米，孔宽为 3 米。
新集闸	Xīnjí Zhá	新集闸所在行政区为大庄镇，位于大庄镇新集村境内。孔数为 2 孔，孔高为 3.5 米，孔宽为 2 米。
周庄进水闸	Zhōuzhuāng Jìnshuǐzhá	周庄进水闸所在行政区为大庄镇，位于大庄镇东风村境内。孔数为 1 孔，孔高为 3 米，孔宽为 2.5 米。
魏沟闸	Wèigōu Zhá	魏沟闸所在行政区为大杨乡，位于大杨乡小丁村境内。孔数为 4 孔，孔高为 3 米，孔宽为 2.5 米。
前李闸	Qiánlǐ Zhá	前李闸所在行政区为长沟镇，位于长沟镇戚庙村境内。孔数为 1 孔，孔高为 3.9 米，孔宽为 2.5 米。
上马铺闸	Shàngmǎpù Zhá	上马铺闸所在行政区为长沟镇，位于长沟镇汴河村境内。孔数为 2 孔，孔高为 4 米，孔宽为 3 米。
孙圩闸	Sūnwéi Zhá	孙圩闸所在行政区为泗城镇，位于泗城镇关庙村境内。孔数为 2 孔，孔高为 4.5 米，孔宽为 4 米。
高时闸	Gāoshí Zhá	高时闸所在行政区为泗城镇，位于泗城镇大周村境内。孔数为 3 孔，孔高为 4.5 米，孔宽为 4 米。
黄沟闸	Huánggōu Zhá	黄沟闸所在行政区为泗城镇，位于泗城镇大周村境内。孔数为 2 孔，孔高为 4 米，孔宽为 3 米。
大营闸	Dàyíng Zhá	大营闸所在行政区为大路口乡，位于大路口乡邓公村境内。孔数为 4 孔，孔高为 5 米，孔宽为 3 米。
老虎沟闸	Lǎohǔgōu Zhá	老虎沟闸所在行政区为墩集镇，位于墩集镇石梁河村境内。孔数为 2 孔，孔高为 5 米，孔宽为 4 米。
樊集闸	Fánjí Zhá	樊集闸所在行政区为丁湖镇，位于丁湖镇樊集村境内。孔数为 1 孔，孔高为 3.5 米，孔宽为 2.5 米。
化肥厂闸	Huàféichǎng Zhá	化肥厂闸所在行政区为泗城镇，位于泗城镇高尤社区境内。孔数为 1 孔，孔高为 6 米，孔宽为 4 米。
丁庄闸	Dīngzhuāng Zhá	丁庄闸所在行政区为草沟镇，位于草沟镇桥东村境内。孔数为 3 孔，孔高为 4 米，孔宽为 3 米。
王楼进水闸	Wánglóu Jìnshuǐzhá	王楼进水闸所在行政区为草沟镇，位于草沟镇王楼村境内。孔数为 1 孔，孔高为 4 米，孔宽为 3 米。
杨宅闸	Yángzhái Zhá	杨宅闸所在行政区为黑塔镇，位于黑塔镇顺河村境内。孔数为 1 孔，孔高为 4 米，孔宽为 3 米。
白米山闸	Báimǐshān Zhá	所在行政区域为永堌镇。位于永固镇境内，倒流河河道上。四孔闸，闸孔总净宽 36 米。
蔡庄闸	Càizhuāng Zhá	所在行政区域为永固镇。位于永固镇境内，倒流河河道上。四孔闸，闸孔总净宽 38 米。

标准名称	汉语拼音	备注
岱山口闸	Dàishānkǒu Zhá	所在行政区域为杜楼镇。位于杜楼镇境内，新岱河河道上。六孔闸，闸孔总净宽 26 米。
费村大闸	Fèicūn Dàzhá	所在行政区域为白土镇。位于白土镇境内，倒流河河道上。四孔闸，闸孔总净宽 34 米。
贾窝闸	Jiǎwō Zhá	所在行政区域为孙圩子乡。位于孙圩子乡境内，萧濉河河道上。三孔闸，闸孔总净宽 28 米。
龙河闸	Lónghé Zhá	所在行政区域为丁里镇。位于丁里镇境内，龙河河道上。六孔闸，闸孔总净宽 27 米。
马井闸	Mǎjǐng Zhá	所在行政区域为马井镇。位于马井镇境内，利民沟河道上。五孔闸，闸孔总净宽 35 米。
守备庄闸	Shǒubèizhuāng Zhá	所在行政区域为张庄寨镇。位于张庄寨镇境内，毛河河道上。三孔闸，闸孔总净宽 27 米。
桃园闸	Táoyuán Zhá	所在行政区域为王寨镇。位于王寨镇境内，湘西河河道上。四孔闸，闸孔总净宽 36 米。
团结闸	Tuánjié Zhá	所在行政区域为白土镇。位于白土镇境内，倒流河河道上。三孔闸，闸孔总净宽 28 米。
汪口闸	Wāngkǒu Zhá	所在行政区域为白土镇。位于白土镇境内，倒流河河道上。三孔闸，闸孔总净宽 28 米。
王台子闸	Wángtáizi Zhá	所在行政区域为杜楼镇。位于杜楼镇境内，大沙河河道上。三孔闸，闸孔总净宽 22 米。
运河闸	Yùnhé Zhá	所在行政区域为丁里镇。位于丁里镇境内，运河河道上。六孔闸，闸孔总净宽 24 米。
张村闸	Zhāngcūn Zhá	所在行政区域为白土镇。位于白土镇境内，倒流河支流河道上。三孔闸，闸孔总净宽 18 米。
穆集闸	Mùjí Zhá	所在行政区域为圣泉乡。位于圣泉乡境内，岱河支流河道上。五孔闸，闸孔总净宽 30 米。
棠林闸	Tánglín Zhá	所在行政区域为王寨镇。位于王寨镇境内，支流河道上。三孔闸，闸孔总净宽 20 米。
柏山闸	Bǎishān Zhá	柏山闸所在行政区域为栏杆镇。位于栏杆镇柏山村境内。闸孔数量为 5 孔，闸孔宽度为 35 米，闸长 20 米，孔高 4 米，宽 5 米。
柏山朱寨闸	Bǎishānzhūzhài Zhá	柏山朱寨闸所在行政区域为栏杆镇。位于栏杆镇柏山村境内。闸孔数量为 2 孔，闸孔宽度为 10 米。
半楼闸	Bànlóu Zhá	半楼闸所在行政区域为顺河乡。位于顺河乡王垅村境内。闸孔数量为 3 孔，闸孔宽度为 12 米。
北大桥涵	Běidàqiáo Hán	北大桥涵所在行政区域为时村镇。位于时村镇东风村境内。闸孔数量为 1 孔，闸孔宽度为 3 米。

标准名称	汉语拼音	备注
卜陈沟闸	Bǔchéngōu Zhá	卜陈沟闸所在行政区域为芦岭镇。位于芦岭镇曹坊村境内。闸孔数量为 2 孔，闸孔宽度为 8 米。
蔡楼闸	Càilóu Zhá	蔡楼闸所在行政区域为杨庄乡。位于杨庄乡杜楼村境内。闸孔数量为 1 孔，闸孔宽度为 1.5 米。
蔡桥闸	Càiqiáo Zhá	蔡桥闸所在行政区域为芦岭镇。位于芦岭镇南王寨村境内。闸孔数量为 1 孔，闸孔宽度为 2 米。
曹塘闸	Cáotáng Zhá	曹塘闸所在行政区域为蕲县镇。位于蕲县镇团结村境内。闸孔数量为 2 孔，闸孔宽度为 5 米。
草坝闸	Cǎobà Zhá	草坝闸所在行政区域为时村镇。位于时村镇时东村境内。闸孔数量为 10 孔，闸孔宽度为 60 米，孔高 8.4 米，宽 6 米。
长园闸	Zhǎngyuán Zhá	长园闸所在行政区域为时村镇。位于时村镇冲疃村境内。闸孔数量为 1 孔，闸孔宽度为 2.5 米。
陈村闸	Chéncūn Zhá	陈村闸所在行政区域为时村镇。位于时村镇陈村村境内。闸孔数量为 2 孔，闸孔宽度为 5 米。
程房沟闸	Chéngfánggōu Zhá	程房沟闸所在行政区域为杨庄乡。位于杨庄乡程庄村境内。闸孔数量为 1 孔，闸孔宽度为 2 米。
大店闸	Dàdiàn Zhá	大店闸所在行政区域为大店镇。位于大店镇五一村境内。闸孔数量为 6 孔，闸孔宽度为 24 米。
大顾闸	Dàgù Zhá	大顾闸所在行政区域为大店镇。位于大店镇汪圩村境内。闸孔数量为 2 孔，闸孔宽度为 3.8 米。
大胡引水闸	Dàhúyǐnshuǐ Zhá	大胡引水闸所在行政区域为三八街道。位于三八街道大吴村境内。闸孔数量为 1 孔，闸孔宽度为 4 米。
大夏闸	Dàxià Zhá	大夏闸所在行政区域为苗庵乡。位于苗庵乡苗庵村境内。闸孔数量为 1 孔，闸孔宽度为 3.5 米。
戴夏闸	Dàixià Zhá	戴夏闸所在行政区域为桃沟乡。位于桃沟乡戴夏村境内。闸孔数量为 1 孔，闸孔宽度为 2 米。
电站小闸	Diànzhàn Xiǎozhá	电站小闸所在行政区域为时村镇。位于时村镇马楼村境内。闸孔数量为 1 孔，闸孔宽度为 1.5 米。
丁闸	Dīng Zhá	丁闸所在行政区域为大泽乡镇。位于大泽乡镇和谐村境内。闸孔数量为 3 孔，闸孔宽度为 9 米。
东风涵	Dōngfēng Hán	东风涵所在行政区域为时村镇。位于时村镇东风村境内。闸孔数量为 1 孔，闸孔宽度为 2 米。
二里庄闸	Èrlǐzhuāng Zhá	二里庄闸所在行政区域为金海街道。位于金海街道办事处五里村境内。闸孔数量为 3 孔，闸孔宽度为 10 米。
方店闸	Fāngdiàn Zhá	方店闸所在行政区域为永镇乡。位于永镇乡方店村境内。闸孔数量为 4 孔，闸孔宽度为 16 米。

标准名称	汉语拼音	备注
方桥闸	Fāngqiáo Zhá	方桥闸所在行政区域为永安镇。位于永安镇潘湖村境内。闸孔数量为3孔，闸孔宽度为8.1米。
符离闸	Fúlí Zhá	符离闸所在行政区域为符离镇。位于符离镇符离村境内。闸孔数量为13孔，闸孔宽度为78米。
傅沟闸	Fùgōu Zhá	傅沟闸所在行政区域为时村镇。位于时村镇付楼村境内。闸孔数量为3孔，闸孔宽度为9米。
傅家闸	Fùjiā Zhá	傅家闸所在行政区域为朱仙庄镇。位于朱仙庄镇塔桥村境内。闸孔数量为1孔，闸孔宽度为2米。
沟西闸	Gōuxī Zhá	沟西闸所在行政区域为西二铺乡。位于西二铺乡沟西村境内。闸孔数量为1孔，闸孔宽度为3.4米。
郭园闸	Guōyuán Zhá	郭园闸所在行政区域为支河乡。位于支河乡曹庄村境内。闸孔数量为5孔，闸孔宽度为20米。
郭沱沟闸	Guōtuógōu Zhá	郭沱沟闸所在行政区域为芦岭镇。位于芦岭镇曹坊村境内。闸孔数量为2孔，闸孔宽度为6米。
海汪闸	Hǎiwāng Zhá	海汪闸所在行政区域为苗庵乡。位于苗庵乡新庄村境内。闸孔数量为1孔，闸孔宽度为3.5米。
韩岭闸	Hánlǐng Zhá	韩岭闸所在行政区域为西二铺乡。位于西二铺乡沈家村境内。闸孔数量为1孔，闸孔宽度为1.9米。
韩庄闸	Hánzhuāng Zhá	韩庄闸所在行政区域为杨庄乡。位于杨庄乡杜楼村境内。闸孔数量为2孔，闸孔宽度为3米。
红旗涵	Hóngqí Hán	红旗涵所在行政区域为时村镇。位于时村镇红旗村境内。闸孔数量为1孔，闸孔宽度为2米。
后楼涵	Hòulóu Hán	后楼涵所在行政区域为杨庄乡。位于杨庄乡程庄村境内。闸孔数量为1孔，闸孔宽度为2米。
胡集二号闸	Hújí Èrhào Zhá	胡集二号闸所在行政区域为时村镇。位于时村镇胡梁村境内。闸孔数量为1孔，闸孔宽度为1.8米。
胡集三号闸	Hújí Sānhào Zhá	胡集三号闸所在行政区域为时村镇。位于时村镇胡梁村境内。闸孔数量为1孔，闸孔宽度为1.8米。
化家闸	Huàjiā Zhá	化家闸所在行政区域为时村镇。位于时村镇马楼村境内。闸孔数量为2孔，闸孔宽度为5.2米。
黄闸	Huáng Zhá	黄闸所在行政区域为顺河乡。位于顺河乡魏庄村境内。闸孔数量为2孔，闸孔宽度为4米。
黄沱沟闸	Huángtuógōu Zhá	黄沱沟闸所在行政区域为大店镇。位于大店镇八里村境内。闸孔数量为2孔，闸孔宽度为4.6米。
灰古闸	Huīgǔ Zhá	灰古闸所在行政区域为灰古镇。位于灰古镇碾盘村境内。闸孔数量为5孔，闸孔宽度为20米。

标准名称	汉语拼音	备注
季槽坊闸	Jìcáofāng Zhá	季槽坊闸所在行政区域为符离镇。位于符离镇李桥村境内。闸孔数量为 3 孔，闸孔宽度为 15 米。
夹栏闸	Jiálán Zhá	夹栏闸所在行政区域为夹沟镇。位于夹沟镇周坡村境内。闸孔数量为 6 孔，闸孔宽度为 18 米。
解集闸	Jiějí Zhá	解集闸所在行政区域为解集乡。位于解集乡解集村境内。闸孔数量为 2 孔，闸孔宽度为 6 米。
矿排涝闸	Kuàngpáilào Zhá	矿排涝闸所在行政区域为朱仙庄镇。位于朱仙庄镇朱仙庄村境内。闸孔数量为 1 孔，闸孔宽度为 1.5 米。
李渡口闸	Lǐdùkǒu Zhá	李渡口闸所在行政区域为桃沟乡。位于桃沟乡后寨村境内。闸孔数量为 3 孔，闸孔宽度为 6 米。
李家豁闸	Lǐjiāhuō Zhá	李家豁闸所在行政区域为西二铺乡。位于西二铺乡沈家村境内。闸孔数量为 1 孔，闸孔宽度为 1.9 米。
李台东闸	Lǐtáidōng Zhá	李台东闸所在行政区域为杨庄乡。位于杨庄乡苏湖村境内。闸孔数量为 1 孔，闸孔宽度为 2 米。
李郢闸	Lǐyǐng Zhá	李郢闸所在行政区域为蕲县镇。位于蕲县镇大江村境内。闸孔数量为 3 孔，闸孔宽度为 10.5 米。
梁家沟闸	Liángjiāgōu Zhá	梁家沟闸所在行政区域为朱仙庄镇。位于朱仙庄镇沱北村境内。闸孔数量为 2 孔，闸孔宽度为 5 米。
梁寨闸	Liángzhài Zhá	梁寨闸所在行政区域为时村镇。位于时村镇梁寨村境内。闸孔数量为 1 孔，闸孔宽度为 2.5 米。
梁庄闸	Liángzhuāng Zhá	梁庄闸所在行政区域为桃沟乡。位于桃沟乡濉河村境内。闸孔数量为 1 孔，闸孔宽度为 3 米。
刘楼闸	Liúlóu Zhá	刘楼闸所在行政区域为解集乡。位于解集乡柳源村境内。闸孔数量为 3 孔，闸孔宽度为 9 米。
刘潭窝闸	Liútánwō Zhá	刘潭窝闸所在行政区域为灰古镇。位于灰古镇灰古村境内。闸孔数量为 5 孔，闸孔宽度为 17.5 米。
刘魏闸	Liúwèi Zhá	刘魏闸所在行政区域为苗庵乡。位于苗庵乡王集村境内。闸孔数量为 1 孔，闸孔宽度为 3.5 米。
龙河公园闸	Lónghégōngyuán Zhá	龙河公园闸所在行政区域为金海街道。位于金海街道办事处河拐居委会。闸孔数量为 1 孔，闸孔宽度为 5 米。
龙王庙闸	Lóngwángmiào Zhá	龙王庙闸所在行政区域为朱仙庄镇。位于朱仙庄镇新河村境内。闸孔数量为 1 孔，闸孔宽度为 2 米。
路庄闸	Lùzhuāng Zhá	路庄闸所在行政区域为符离镇。位于符离镇李桥村境内。闸孔数量为 1 孔，闸孔宽度为 1.2 米。
马盘闸	Mǎpán Zhá	马盘闸所在行政区域为时村镇。位于时村镇时东村境内。闸孔数量为 2 孔，闸孔宽度为 5 米。

标准名称	汉语拼音	备注
马山头闸	Mǎshāntóu Zhá	马山头闸所在行政区域为褚兰镇。位于褚兰镇马桥村境内。闸孔数量为6孔，闸孔宽度为15.6米。
马元闸	Mǎyuán Zhá	马元闸所在行政区域为栏杆镇。位于栏杆镇柏山村境内。闸孔数量为5孔，闸孔宽度为40米。
孟家沟闸	Mèngjiāgōu Zhá	孟家沟闸所在行政区域为芦岭镇。位于芦岭镇芦岭矿境内。闸孔数量为2孔，闸孔宽度为8米。
蕲县闸	Qíxiàn Zhá	蕲县闸所在行政区域为蕲县镇。位于蕲县镇蕲县村境内。闸孔数量为10孔，闸孔宽度为50米。
清湖闸	Qīnghú Zhá	清湖闸所在行政区域为解集乡。位于解集乡清泉村境内。闸孔数量为5孔，闸孔宽度为12.5米。
清泉二号沟闸	Qīngquánèrhàogōu Zhá	清泉二号沟闸所在行政区域为解集乡。位于解集乡清泉村境内。闸孔数量为3孔，闸孔宽度为10米。
清泉三号沟闸	Qīngquánsānhàogōu Zhá	清泉三号沟闸所在行政区域为解集乡。位于解集乡清泉村境内。闸孔数量为1孔，闸孔宽度为2米。
如意沟闸	Rúyìgōu Zhá	如意沟闸所在行政区域为大店镇。位于大店镇汪刘村境内。闸孔数量为3孔，闸孔宽度为12米。
三孔桥闸	Sānkǒngqiáo Zhá	三孔桥闸所在行政区域为朱仙庄镇。位于朱仙庄镇曹凌村境内。闸孔数量为2孔，闸孔宽度为3米。
尚庄东闸	Shàngzhuāngdōng Zhá	尚庄东闸所在行政区域为苗庵乡。位于苗庵乡石桥村境内。闸孔数量为1孔，闸孔宽度为3米。
尚庄西闸	Shàngzhuāngxī Zhá	尚庄西闸所在行政区域为苗庵乡。位于苗庵乡石桥村境内。闸孔数量为1孔，闸孔宽度为3米。
邵曹沟闸	Shàocáogōu Zhá	邵曹沟闸所在行政区域为桃沟乡。位于桃沟乡马圩村境内。闸孔数量为2孔，闸孔宽度为6米。
涉故台闸	Shègùtái Zhá	涉故台闸所在行政区域为大泽乡镇。位于大泽乡镇涉故台村境内。闸孔数量为2孔，闸孔宽度为6.6米。
沈桥闸	Shěnqiáo Zhá	沈桥闸所在行政区域为大店镇。位于大店镇八里村境内。闸孔数量为3孔，闸孔宽度为10.5米。
时村小李庄闸	Shícūnxiǎolǐzhuāng Zhá	时村小李庄闸所在行政区域为时村镇。位于时村镇马楼村境内。闸孔数量为3孔，闸孔宽度为7.5米。
双庆涵	Shuāngqìng Hán	双庆涵所在行政区域为时村镇。位于时村镇红旗村境内。闸孔数量为2孔，闸孔宽度为5米。
水桥闸	Shuǐqiáo Zhá	水桥闸所在行政区域为夹沟镇。位于夹沟镇辛丰村境内。闸孔数量为4孔，闸孔宽度为13.2米。
四清沟闸	Sìqīnggōu Zhá	四清沟闸所在行政区域为朱仙庄镇。位于朱仙庄镇后场村境内。闸孔数量为2孔，闸孔宽度为6米。

标准名称	汉语拼音	备注
宋路涵	Sònglù Hán	宋路涵所在行政区域为时村镇。位于时村镇马楼村境内。闸孔数量为 3 孔，闸孔宽度为 7.5 米。
宿东闸	Sùdōng Zhá	宿东闸所在行政区域为城东街道。位于城东街道沱河村境内。闸孔数量为 7 孔，闸孔宽度为 28 米。
宿县闸	Sùxiàn Zhá	宿县闸所在行政区域为灰古镇。位于灰古镇付湖村境内。闸孔数量为 10 孔，闸孔宽度为 100 米。
孙大沟闸	Sūndàgōu Zhá	孙大沟闸所在行政区域为杨庄乡。位于杨庄乡林庄村境内。闸孔数量为 1 孔，闸孔宽度为 2 米。
孙桥闸	Sūnqiáo Zhá	孙桥闸所在行政区域为杨庄乡。位于杨庄乡杨庄村境内。闸孔数量为 1 孔，闸孔宽度为 2 米。
唐家闸	Tángjiā Zhá	唐家闸所在行政区域为朱仙庄镇。位于朱仙庄镇汴南村境内。闸孔数量为 1 孔，闸孔宽度为 2 米。
唐赵涵	Tángzhào Hán	唐赵涵所在行政区域为朱仙庄镇。位于朱仙庄镇汴南村境内。闸孔数量为 2 孔，闸孔宽度为 4.5 米。
桃沟闸	Táogōu Zhá	桃沟闸所在行政区域为桃沟乡。位于桃沟乡桃沟村境内。闸孔数量为 4 孔，闸孔宽度为 14 米。
桃山闸	Táoshān Zhá	桃山闸所在行政区域为曹村镇。位于曹村镇桃山村境内。闸孔数量为 3 孔，闸孔宽度为 9 米。
桃园闸	Táoyuán Zhá	桃园闸所在行政区域为桃园镇。位于桃园镇桃园村境内。闸孔数量为 5 孔，闸孔宽度为 15 米。
拖尾河闸	Tuōwěihé Zhá	拖尾河闸所在行政区域为时村镇。位于时村镇胡梁村境内。闸孔数量为 1 孔，闸孔宽度为 2.5 米。
汪楼闸	Wānglóu Zhá	汪楼闸所在行政区域为栏杆镇。位于栏杆镇栏东村境内。闸孔数量为 1 孔，闸孔宽度为 2 米。
王村北闸	Wángcūnběi Zhá	王村北闸所在行政区域为曹村镇。位于曹村镇张庄村境内。闸孔数量为 4 孔，闸孔宽度为 12 米。
王村南闸	Wángcūnnán Zhá	王村南闸所在行政区域为曹村镇。位于曹村镇张庄村境内。闸孔数量为 1 孔，闸孔宽度为 3 米。
王桥闸	Wángqiáo Zhá	王桥闸所在行政区域为芦岭镇。位于芦岭镇相王村境内。闸孔数量为 7 孔，闸孔宽度为 28 米。
望河闸	Wànghé Zhá	望河闸所在行政区域为曹村镇。位于曹村镇尚桥村境内。闸孔数量为 3 孔，闸孔宽度为 9 米。
望山闸	Wàngshān Zhá	望山闸所在行政区域为曹村镇。位于曹村镇尚桥村境内。闸孔数量为 3 孔，闸孔宽度为 9 米。
吴家闸	Wújiā Zhá	吴家闸所在行政区域为苗庵乡。位于苗庵乡夏王村境内。闸孔数量为 1 孔，闸孔宽度为 2.5 米。

标准名称	汉语拼音	备注
吴楼闸	Wúlóu Zhá	吴楼闸所在行政区域为解集乡。位于解集乡解集村境内。闸孔数量为 3 孔，闸孔宽度为 6 米。
大泽乡龙王庙闸	Dàzéxiāng Lóngwángmiào Zhá	大泽乡龙王庙闸所在行政区域为大泽乡镇。位于大泽乡镇兴隆村境内。闸孔数量为 4 孔，闸孔宽度为 12 米。
夏庙闸	Xiàmiào Zhá	夏庙闸所在行政区域为苗庵乡。位于苗庵乡新庄村境内。闸孔数量为 1 孔，闸孔宽度为 3 米。
夏桥闸	Xiàqiáo Zhá	夏桥闸所在行政区域为永安镇。位于永安镇夏桥村境内。闸孔数量为 5 孔，闸孔宽度为 45 米。
夏桥朱园涵	Xiàqiáozhūyuán Hán	夏桥朱园涵所在行政区域为永安镇。位于永安镇夏桥村境内。闸孔数量为 4 孔，闸孔宽度为 11 米。
小李庄闸	Xiǎolǐzhuāng Zhá	小李庄闸所在行政区域为时村镇。位于时村镇马楼村境内。闸孔数量为 4 孔，闸孔宽度为 24 米。
小刘闸	Xiǎoliú Zhá	小刘闸所在行政区域为时村镇。位于时村镇时东村境内。闸孔数量为 2 孔，闸孔宽度为 5 米。
小山西闸	Xiǎoshānxī Zhá	小山西闸所在行政区域为曹村镇。位于曹村镇闵贤村境内。闸孔数量为 3 孔，闸孔宽度为 9 米。
小山闸	Xiǎoshān Zhá	小山闸所在行政区域为顺河乡。位于顺河乡鹤山村境内。闸孔数量为 2 孔，闸孔宽度为 4 米。
谢洼闸	Xièwā Zhá	谢洼闸所在行政区域为杨庄乡。位于杨庄乡郑楼村境内。闸孔数量为 5 孔，闸孔宽度为 10 米。
新河闸	Xīnhé Zhá	新河闸所在行政区域为苗庵乡。位于苗庵乡李圩村境内。闸孔数量为 5 孔，闸孔宽度为 15 米。
徐王闸	Xúwáng Zhá	徐王闸所在行政区域为夹沟镇。位于夹沟镇权元村境内。闸孔数量为 3 孔，闸孔宽度为 12.6 米。
杨家闸	Yángjiā Zhá	杨家闸所在行政区域为大店镇。位于大店镇汪圩村境内。闸孔数量为 2 孔，闸孔宽度为 4.6 米。
迎宾大道闸	Yíngbīndàdào Zhá	迎宾大道闸所在行政区域为金海街道。位于金海街道陈营村境内。闸孔数量为 1 孔，闸孔宽度为 5 米。
永镇闸	Yǒngzhèn Zhá	永镇闸所在行政区域为永镇乡。位于永镇乡永镇村境内。闸孔数量为 3 孔，闸孔宽度为 10.5 米。
于庄闸	Yúzhuāng Zhá	于庄闸所在行政区域为蕲县镇。位于蕲县镇团结村境内。闸孔数量为 2 孔，闸孔宽度为 8 米。
御桥闸	Yùqiáo Zhá	御桥闸所在行政区域为夹沟镇。位于夹沟镇津浦村境内。闸孔数量为 3 孔，闸孔宽度为 8.4 米。
跃进闸	Yuèjìn Zhá	跃进闸所在行政区域为朱仙庄镇。位于朱仙庄镇新河村境内。闸孔数量为 2 孔，闸孔宽度为 4 米。

标准名称	汉语拼音	备注
运沙闸	Yùnshā Zhá	运沙闸所在行政区域为杨庄乡。位于杨庄乡高庄村境内。闸孔数量为 1 孔，闸孔宽度为 2 米。
张安闸	Zhāngān Zhá	张安闸所在行政区域为苗庵乡。位于苗庵乡新庄村境内。闸孔数量为 1 孔，闸孔宽度为 3.5 米。
张老庄闸	Zhānglǎozhuāng Zhá	张老庄闸所在行政区域为蕲县镇。位于蕲县镇蕲县村境内。闸孔数量为 2 孔，闸孔宽度为 7 米。
张山闸	Zhāngshān Zhá	张山闸所在行政区域为解集乡。位于解集乡张山村境内。闸孔数量为 5 孔，闸孔宽度为 10 米。
张树闸	Zhāngshù Zhá	张树闸所在行政区域为顺河乡。位于顺河乡祝窑村境内。闸孔数量为 8 孔，闸孔宽度为 32 米。
张疃曹庄闸	Zhāngtuǎncáo zhuāng Zhá	张疃曹庄闸所在行政区域为栏杆镇。位于栏杆镇张疃村境内。闸孔数量为 1 孔，闸孔宽度为 2.8 米。
赵桥闸	Zhàoqiáo Zhá	赵桥闸所在行政区域为苗庵乡。位于苗庵乡苗庵村境内。闸孔数量为 2 孔，闸孔宽度为 7 米。
赵圩闸	Zhàowéi Zhá	赵圩闸所在行政区域为苗庵乡。位于苗庵乡苗庵村境内。闸孔数量为 1 孔，闸孔宽度为 3.5 米。
支河闸	Zhīhé Zhá	支河闸所在行政区域为支河乡。位于支河乡城孜村境内。闸孔数量为 8 孔，闸孔宽度为 40 米。
支河埝闸	Zhīhéniàn Zhá	支河埝闸所在行政区域为桃沟乡。位于桃沟乡大秦村境内。闸孔数量为 1 孔，闸孔宽度为 1.5 米。
支濉沟闸	Zhīsuīgōu Zhá	支濉沟闸所在行政区域为桃沟乡。位于桃沟乡马圩村境内。闸孔数量为 3 孔，闸孔宽度为 9 米。
朱庄闸	Zhūzhuāng Zhá	朱庄闸所在行政区域为永安镇。位于永安镇新合村境内。闸孔数量为 2 孔，闸孔宽度为 8 米。
阻寺闸	Zǔsì Zhá	阻寺闸所在行政区域为栏杆镇。位于栏杆镇化楼村境内。闸孔数量为 3 孔，闸孔宽度为 12 米。
闫庄闸	Yánzhuāng Zhá	闫庄闸所在行政区域为杨庄乡。位于杨庄乡刘楼村境内。闸孔数量为 3 孔，闸孔宽度为 12 米。
闵贤闸	Mǐnxián Zhá	闵贤闸所在行政区域为曹村镇。位于曹村镇闵贤村境内。闸孔数量为 4 孔，闸孔宽度为 12 米。
沱河进水闸	Tuóhéjìnshuǐ Zhá	沱河进水闸所在行政区域为三八街道。位于三八街道大吴村境内。闸孔数量为 5 孔，闸孔宽度为 18 米。
联备闸	Liánbèi Zhá	联备闸所在行政区域为大店镇。位于大店镇展桥村境内。闸坝孔数为 3 孔，闸孔宽度为 9 米。
光明闸	Guāngmíng Zhá	光明闸所在行政区域为桃园镇。位于桃园镇光明村境内。闸坝孔数为 2 孔，闸孔宽度为 6 米。

标准名称	汉语拼音	备注
桃东闸	Táodōng Zhá	桃东闸所在行政区域为桃园镇。位于桃园镇桃东村境内。闸坝孔数为 2 孔，闸孔宽度为 6 米。
徐家闸	Xújiā Zhá	徐家闸所在行政区域为蒿沟乡。位于蒿沟乡蒿东村境内。闸坝孔数为 3 孔，闸孔宽度为 9 米。
沱河河堤南段	Tuóhédī Nánduàn	所跨行政区域为埇桥区芦岭镇。所在行政区域为埇桥区。堤顶宽 3.6 米，高 2.8 米。河堤主要为夯土建造。
澥河河堤北段	Xièhédī Běiduàn	所跨行政区域为埇桥区永镇乡、大营镇。所在行政区域为永镇乡、大营镇。堤顶宽 3.1 米，高 3 米。河堤主要为夯土建造。
浍河河堤北段	Huìhédī Běiduàn	所跨行政区域为埇桥区芦岭镇、桃园镇。所在行政区域为芦岭镇、桃园镇。堤顶宽 4.2 米，高 4.2 米。河堤主要为夯土建造。

第四节　电力设施

标准名称	汉语拼音	备注
砀山供电公司 220kV 陇海变电所	Dàngshān Gòngdiàn Gōngsī 220kV Lǒnghǎi Biàndiànsuǒ	该变电站位于原陇海乡辖区范围内。始建于 1992 年，同年建成。
砀山供电公司 35kV 北关变电所	Dàngshān Gòngdiàn Gōngsī 35kV Běiguān Biàndiànsuǒ	该变电站位于砀城镇北关辖区范围内。始建于 2005 年，同年建成。
砀山供电公司 35kV 东城变电所	Dàngshān Gòngdiàn Gōngsī 35kV Dōng chéng Biàndiànsuǒ	该变电站位于砀城镇东关辖区范围内。始建于 2010 年，同年建成。
砀山供电公司 35kV 高寨变电所	Dàngshān Gòngdiàn Gōngsī 35kV Gāozhài Biàndiànsuǒ	该变电站位于高寨村辖区范围内。始建于 1992 年，同年建成。
砀山供电公司 35kV 葛集变电所	Dàngshān Gòngdiàn Gōngsī 35kV Gějí Biàndiànsuǒ	位于葛集镇辖区范围内。始建于 2008 年，同年建成。

标准名称	汉语拼音	备注
砀山供电公司35kV关帝庙变电所	Dàngshān Gòngdiàn Gōngsī 35kV Guāndì miào Biàndiànsuǒ	位于关帝庙镇辖区范围内。始建于1987年，同年建成。
砀山供电公司35kV官庄变电所	Dàngshān Gòngdiàn Gōngsī 35kV Guānzhuāng Biàndiànsuǒ	位于官庄坝镇辖区范围内。始建于2010年，同年建成。
砀山供电公司35kV黑楼变电所	Dàngshān Gòngdiàn Gōngsī 35kV Hēilóu Biàndiànsuǒ	位于黑楼村辖区范围内。始建于2010年，同年建成。
砀山供电公司35kV化肥厂变电所	Dàngshān Gòngdiàn Gōngsī 35kV Huàféichǎng Biàndiànsuǒ	位于化肥厂辖区范围内。始建于2008年，同年建成。
砀山供电公司35kV黄楼变电所	Dàngshān Gòngdiàn Gōngsī 35kV Huánglóu Biàndiànsuǒ	位于原黄楼村辖区范围内。始建于2008年，同年建成。
光大新能源电厂	Guāngdà Xīnnéngyuán Diànchǎng	所在行政区域为砀山县砀城镇，位于砀山县经济开发区曹集村310国道南侧。发电类型类型火力发电，总装机容量为4100千瓦，日发电量98400度，年发电量35916000度。
110kV灵璧变电站	110kV Língbì Biàndiànzhàn	位于灵璧县辖区范围内，地址是灵城镇姚庄村。始建于1969年，2010年进行增容改造。现占地面积7139.22平方米，建筑面积439.2平方米。
220kV刘尧变电站	220kV Liúyáo Biàndiànzhàn	位于灵璧县辖区范围内，地址是虞姬乡刘尧村。始建于1999年，2000年投入运行。现占地面积24538平方米，建筑面积1538平方米。
110kV浍沟变电站	110kV Huìgōu Biàndiànzhàn	位于灵璧县辖区范围内，地址是浍沟镇。始建于1997年，2009年进行增容改造。现占地面积9939.3平方米，建筑面积439.3平方米。
110kV磬石变电站	110kV Qìngshí Biàndiànzhàn	位于灵璧县辖区范围内，地址是渔沟镇。始建于2014年，2015年投入运行。
35kV工业园区变电站	35kV Gōngyèyuánqū Biàndiànzhàn	位于灵璧县辖区范围内，地址是虞姬乡刘尧村。始建于2010年，建成于2011年。现占地面积717.75平方米，建筑面积209平方米。
35kV十里变电站	35kV Shílǐ Biàndiànzhàn	位于灵璧县辖区范围内，地址是灵城镇张瓦村。始建于1995年，2010年进行增容改造。现占地面积7843平方米，建筑面积785.11平方米。

标准名称	汉语拼音	备注
35kV 虞姬变电站	35kV Yújī Biàndiànzhàn	位于灵璧县辖区范围内，地址是虞姬乡。始建于 2005 年，建成于 2005 年。现占地面积 5171.4 平方米，建筑面积 86.94 平方米。
35kV 向阳变电站	35kV Xiàngyáng Biàndiànzhàn	位于灵璧县辖区范围内，地址是向阳乡。始建于 1991 年，2012 年进行增容改造。现占地面积 2214 平方米，建筑面积 241.28 平方米。
35kV 韦集变电站	35kV Wéijí Biàndiànzhàn	位于灵璧县辖区范围内，地址是韦集镇。始建于 1976 年，2009 年进行增容改造。现占地面积 3356.8 平方米，建筑面积 117.36 平方米。
35kV 黄湾变电站	35kV Huángwān Biàndiànzhàn	位于灵璧县辖区范围内，地址是黄湾镇。始建于 1976 年，2010 年进行增容改造。现占地面积 5669.3 平方米，建筑面积 747.58 平方米。
35kV 娄庄变电站	35kV Lóuzhuāng Biàndiànzhàn	位于灵璧县辖区范围内，地址是娄庄镇。始建于 2001 年，2011 年进行增容改造。现占地面积 4357 平方米，建筑面积 369.24 平方米。
35kV 禅堂变电站	35kV Chántáng Biàndiànzhàn	位于灵璧县辖区范围内，地址是禅堂乡。始建于 2008 年，2015 年进行增容改造。现占地面积 7020 平方米，建筑面积 117.36 平方米。
35kV 冯庙变电站	35kV Féngmiào Biàndiànzhàn	位于灵璧县辖区范围内，地址是冯庙镇。始建于 1986 年，2011 年进行增容改造。现占地面积 6211.3 平方米，建筑面积 240.16 平方米。
35kV 大庙变电站	35kV Dàmiào Biàndiànzhàn	位于灵璧县辖区范围内，地址是大庙乡。始建于 2001 年，2013 年进行增容改造。现占地面积 6885.58 平方米，建筑面积 368.05 平方米。
35kV 高楼变电站	35kV Gāolóu Biàndiànzhàn	位于灵璧县辖区范围内，地址是高楼镇。始建于 1988 年，2013 年进行增容改造。现占地面积 3601.8 平方米，建筑面积 450.74 平方米。
35kV 大路变电站	35kV Dàlù Biàndiànzhàn	位于灵璧县辖区范围内，地址是大路乡。始建于 1998 年，2012 年进行增容改造。现占地面积 7750.88 平方米，建筑面积 83.6 平方米。
35kV 渔沟变电站	35kV Yúgōu Biàndiànzhàn	位于灵璧县辖区范围内，地址是渔沟镇。始建于 1987 年，2011 年进行增容改造。现占地面积 5348 平方米，建筑面积 240.3 平方米。
35kV 朝阳变电站	35kV Cháoyáng Biàndiànzhàn	位于灵璧县辖区范围内，地址是朝阳镇。始建于 2002 年，2011 年进行增容改造。现占地面积 3145.7 平方米，建筑面积 466.24 平方米。
35kV 夏楼变电站	35kV Xiàlóu Biàndiànzhàn	位于灵璧县辖区范围内，地址是下楼镇。始建于 1987 年，2011 年进行增容改造。现占地面积 3335 平方米，建筑面积 235.96 平方米。

标准名称	汉语拼音	备注
35kV 尤集变电站	35kV Yóují Biàndiànzhàn	位于灵璧县辖区范围内，地址是游集镇。始建于 1989 年，投运于 1989 年，2013 年进行增容改造。现占地面积 5820 平方米，建筑面积 250.64 平方米。
35kV 朱集变电站	35kV Zhūjí Biàndiànzhàn	位于灵璧县辖区范围内，地址是朱集乡。始建于 1995 年，2012 年进行增容改造。现占地面积 4002 平方米，建筑面积 75.56 平方米。
35kV 尹集变电站	35kV Yǐnjí Biàndiànzhàn	位于灵璧县辖区范围内，地址是尹集镇。始建于 1984 年，2014 年进行增容改造。现占地面积 2442 平方米，建筑面积 260.98 平方米。
35kV 杨疃变电站	35kV Yángtuǎn Biàndiànzhàn	位于灵璧县辖区范围内，地址是杨疃镇。始建于 1985 年，2011 年进行增容改造。现占地面积 5220 平方米，建筑面积 641.62 平方米。
泗城变电站	Sìchéng Biàndiànzhàn	位于泗城镇西关街道，所在行政区为泗城镇。该变电站为 110 千伏变电站，输入容量为 20000 千瓦，输出容量为 17000 千瓦。
屏山变电站	Píngshān Biàndiànzhàn	位于屏山镇屏山街，所在行政区为屏山镇。该变电站为 110 千伏变电站，输入容量为 20000 千瓦，输出容量为 17000 千瓦。
长沟变电站	Chánggōu Biàndiànzhàn	位于上沟镇长沟村，所在行政区为长沟镇。该变电站为 35 千伏变电站，输入容量为 5000 千瓦，输出容量为 4000 千瓦。
丁湖变电站	Dīnghú Biàndiànzhàn	位于丁湖镇吴圩村，所在行政区为丁湖镇。该变电站为 35 千伏变电站，输入容量为 8000 千瓦，输出容量为 6400 千瓦。
新集变电站	Xīnjí Biàndiànzhàn	位于大庄镇大庄村，所在行政区为大庄镇。该变电站为 35 千伏变电站，输入容量为 5000 千瓦，输出容量为 4000 千瓦。
墩集变电站	Dūnjí Biàndiànzhàn	位于墩集镇墩集村，所在行政区为墩集镇。该变电站为 35 千伏变电站，输入容量为 5000 千瓦，输出容量为 4000 千瓦。
草沟变电站	Cǎogōu Biàndiànzhàn	位于草沟镇草沟村，所在行政区为草沟镇。该变电站为 35 千伏变电站，输入容量为 5000 千瓦，输出容量为 4000 千瓦。
山头变电站	Shāntóu Biàndiànzhàn	位于山头镇山头村，所在行政区为山头镇。该变电站为 35 千伏变电站，输入容量为 5000 千瓦，输出容量为 4000 千瓦。
黑塔变电站	Hēitǎ Biàndiànzhàn	位于黑塔镇黑塔村，所在行政区为黑塔镇。该变电站为 35 千伏变电站，输入容量为 5000 千瓦，输出容量为 4000 千瓦。
黄圩变电站	Huángwéi Biàndiànzhàn	位于黄圩镇黄圩村，所在行政区为黄圩镇。该变电站为 35 千伏变电站，输入容量为 5000 千瓦，输出容量为 4000 千瓦。
刘圩变电站	Liúwéi Biàndiànzhàn	位于刘圩镇刘圩村，所在行政区为刘圩镇。该变电站为 35 千伏变电站，输入容量为 5000 千瓦，输出容量为 4000 千瓦。
瓦坊变电站	Wǎfāng Biàndiànzhàn	位于瓦坊乡小薛村，所在行政区为瓦坊乡。该变电站为 35 千伏变电站，输入容量为 5000 千瓦，输出容量为 4000 千瓦。

标准名称	汉语拼音	备注
城东变电站	Chéngdōng Biàndiànzhàn	位于泗城镇城东街道，所在行政区为泗城镇。该变电站为35千伏变电站，输入容量为5000千瓦，输出容量为4000千瓦。
徐贺变电站	Súhè Biàndiànzhàn	位于屏山镇徐贺村，所在行政区为屏山镇。该变电站为35千伏变电站，输入容量为5000千瓦，输出容量为4000千瓦。
萧城变电站	Xiāochéng Biàndiànzhàn	位于龙城镇。现占地面积1800平方米，建筑面积600平方米，输入容量16000千瓦，输出容量13600千瓦。1985年建成投运。
三里变电站	Sānlǐ Biàndiànzhàn	位于龙城镇。现占地面积1200平方米，建筑面积600平方米，输入容量10000千瓦，输出容量8500千瓦。1997年建成投运。
岱湖变电站	Dàihú Biàndiànzhàn	位于龙城镇。现占地面积3300平方米，建筑面积1500平方米，输入容量8150千瓦，输出容量6700千瓦。1977年建成投运。
圣泉乡变电站	Shèngquánxiāng Biàndiànzhàn	位于圣泉乡。现占地面积4000平方米，建筑面积1500平方米，输入容量15000千瓦，输出容量12500千瓦。1995年建成投运。
杨楼变电站	Yánglóu Biàndiànzhàn	位于杨楼。现占地面积600平方米，建筑面积300平方米，输入容量8150千瓦，输出容量7000千瓦。1970年建成投运。
黄口变电站	Huángkǒu Biàndiànzhàn	位于黄口。现占地面积1200平方米，建筑面积300平方米，输入容量13000千瓦，输出容量11000千瓦。1970年建成投运。
赵庄变电站	Zhàozhuāng Biàndiànzhàn	位于赵庄。现占地面积3500平方米，建筑面积1000平方米，输入容量6300千瓦，输出容量5355千瓦。1985年建成投运。
祖楼变电站	Zǔlóu Biàndiànzhàn	位于祖楼。现占地面积1200平方米，建筑面积400平方米，输入容量8150千瓦，输出容量6700千瓦。1985年建成投运。
丁里变电站	Dīnglǐ Biàndiànzhàn	位于丁里。现占地面积3200平方米，建筑面积1200平方米，输入容量6300千瓦，输出容量5355千瓦。1976年建成投运。
永堌镇变电站	Yǒnggùzhèn Biàndiànzhàn	位于永堌。现占地面积2000平方米，建筑面积800平方米，输入容量6300千瓦，输出容量5355千瓦。1999年建成投运。
白土镇变电站	Báitǔzhèn Biàndiànzhàn	位于白土镇。现占地面积800平方米，建筑面积400平方米，输入容量5650千瓦，输出容量4800千瓦。1986年建成投运。
庄里变电站	Zhuānglǐ Biàndiànzhàn	位于庄里。现占地面积600平方米，建筑面积200平方米，输入容量3150千瓦，输出容量2500千瓦。1998年建成投运。
张庄寨变电站	Zhāngzhuāngzhài Biàndiànzhàn	位于张庄寨。现占地面积1200平方米，建筑面积500平方米，输入容量4500千瓦，输出容量3900千瓦。1990年建成投运。

标准名称	汉语拼音	备注
红庙变电站	Hóngmiào Biàndiànzhàn	位于杜楼镇。现占地面积1500平方米，建筑面积600平方米，输入容量6300千瓦，输出容量5355千瓦。1995年建成投运。
黄桥变电站	Huángqiáo Biàndiànzhàn	位于龙城镇。现占地面积3000平方米，建筑面积1500平方米，输入容量80000千瓦，输出容量70000千瓦。2003年建成投运。
汇源电厂	Huìyuán Diànchǎng	在宿州市区北关街道境内，电厂类型为火力发电站，总装机容量为4×60万千瓦，日发电量为69.284万度，年发电量为25288.66万度。
华电宿州电厂	Huádiàn Sùzhōu Diànchǎng	在宿州市埇桥区符离镇西。电厂类型为火力发电站，总装机容量为4×60万千瓦，年发电量为29584.38万度，日发电量为81.0531万度。

第十一章　纪念地、旅游景点类标准地名录

第一节　纪念地

标准名称	汉语拼音	备注
阿灵王墓	Ālíngwáng Mù	所在位置为蒿沟乡。占地面积 200 平方米。旧传为秦代墓葬，该文物等级为三级，年代为秦。
闵子墓	Mǐnzǐmù	坐落埇桥区曹村镇闵祠村。占地面积 280 平方米。旧传为闵子骞墓，该文物等级为四级，年代为春秋时期。
皮日休墓	Pírìxiū Mù	在符离集东 15 里之顺河集濉河北岸。旧传为皮日休墓，占地面积 150 平方米。该文物等级为四级，年代为唐。
王绩墓	Wángjì Mù	位于夹沟镇。占地面积 120 平方米。旧传为王绩墓，该文物等级为四级，年代为隋唐。
徐王墓	Xúwáng Mù	位于夹沟集北丰山左，龟山右，外墙周围约 9 里，明洪武四年（1371 年）建。占地面积 130 平方米。该文物等级为四级，年代为明。
雪姑墓	Xuěgū Mù	位于大泽乡镇涉故台往南三里处，占地面积 150 平方米。该文物等级为四级，年代为秦。
白居易在符离东林草堂	Báijūyì Zài Fúlí Dōnglíncǎotáng	白居易故居，在宿州市城北 20 里古符离东莱园。旧传为白居易故居地，占地面积 100 平方米。该文物等级为四级，年代为唐。
蕲县古城址	Qíxiàn Gǔchéngzhǐ	位于宿州市区东南 21 千米处，南北长 1.5 千米，东西宽 1 千米，面积约 4 平方千米。城内有自然村，城外有护城河，里有古城内河，古城墙残段尚有两丈多高的突出地面，是安徽省一级重点文物保护单位。1987 年在古城北部兴建烈士陵园，有 158 名烈士安葬于此，他们均在淮海战役的双堆之战中壮烈牺牲。
盛圩烈士陵园	Shèngwéi Lièshì Língyuán	位于宿州市区东南芦岭镇东 4.4 千米，占地 0.016 平方千米，陵园南北长 160 米，宽 100 米，为纪念抗日战争中英勇牺牲的烈士而建。该文物等级为四级。

标准名称	汉语拼音	备注
九女坟	Jiǔnǚfén	位于埇桥区东北65.5千米之褚兰乡墓山孜。占地面积100平方米，年代为东汉。为安徽省级文物保护单位。
老海寺汉墓群	Lǎohǎisì Hànmùqún	位于解集乡，占地面积100平方米。年代为汉。该文物等级为四级。
秦始皇与秦王塔	Qínshǐhuáng Yǔ Qínwáng Tǎ	位于夹沟镇秦湾村，占地面积100平方米。旧传为秦汉古迹，该文物等级为三级，年代应晚于秦。
刘邦与高皇庙	Liúbāng Yǔ Gāohuáng Miào	位于符离镇高皇山上，旧传刘邦曾在此驻足，现遗址犹存。占地面积100平方米。该文物等级为四级，年代为汉。
田千秋墓与车家湖	Tiánqiānqiūmù Yǔ Chējiāhú	位于大店镇八里铺东南沱河北岸。传说为西汉丞相田千秋墓地。田千秋，亦名轩秋。占地面积100平方米。该文物等级为四级，年代为汉。
隋炀帝与看花沟	Suíyángdì Yǔ Kànhuāgōu	据《宿州志》记载：看花沟又名嫁女沟，从南股河起，行至莲花池，又东折至塔桥。莲花池在宿州城东北4公里，占地面积100平方米。该文物等级为四级，年代为隋。
朱元璋与上龙寺	Zhūyuánzhāng Yǔ Shànglóngsì	坐落在符离镇褚庄村东凤山之阳，三面环山，一面临水(水库)。占地面积100平方米。该文物等级为四级，年代为明。
朱棣与草场	Zhūdì Yǔ Cǎochǎng	位于夹沟镇西北，旧传原名朱陈村。占地面积100平方米。该文物等级为四级，年代为明。
乾隆与黄花洞	Qiánlóng Yǔ Huánghuādòng	位于符离镇东黄花山上，占地面积100平方米。该文物等级为四级，年代为清。
乐天园	Lètiānyuán	位于市区西昌路，占地面积100平方米。建成于20世纪80年代末。
涉故台	Shègùtái	位于埇桥区南20公里，大泽镇刘村集南端。占地面积3600平方米。为安徽省文物保护单位。年代为秦。
芦村暴动	Lúcūnbàodòng	位于京沪铁路西500米，符离镇北15千米处。占地面积500平方米。
闵子骞祠	Mǐnzǐqiāncí	坐落于埇桥区北部，曹村镇南闵贤村，距区政府44千米。占地面积500平方米。
萧宿铜陵边区革命烈士陵园	Xiāosùtónglíng Biānqū Gémìng Lièshì Língyuán	位于萧县皇藏峪国家森林公园大门右侧。陵园占地40000平方米，保护级别为四级。管理单位为萧县民政局。
萧县烈士陵园	Xiāo Xiàn Lièshì Língyuán	位于萧城以东龙山西麓。占地12153平方米，园内有烈士墓96座，南北烈士碑廊各1座，面积2233平方米。保护级别为四级。管理单位为萧县民政局。
元宝山生态陵园	Yuánbǎoshān Shēngtài Língyuán	位于孙圩子乡徐里村南部半山腰。占地面积60000平方米。保护级别为四级。管理单位为萧县民政局。

标准名称	汉语拼音	备注
陈展真烈士纪念碑	Chénzhǎnzhēn Lièshì Jìniànbēi	位于官桥镇南020县道南侧。占地面积50平方米。保护级别为四级。管理单位为萧县民政局。
王青芳故居	Wángqīngfāng Gùjū	坐落于萧县大屯镇守备庄村中，该文物等级为四级。遗址现状为古民居。
王子云故居	Wángzǐyún Gùjū	坐落于萧县大屯镇守备庄村村中，该文物等级为四级。遗址现状为故居房屋四间。
苏东坡寻石炭旧址	Sūdōngpō Xúnshítàn Jiùzhǐ	位于白土镇费村西部。保护级别为四级。管理单位为萧县民政局。
黄庙战斗纪念碑	Huángmiào Zhàndòu Jìniànbēi	在杨楼镇黄庙村东公路西侧设立纪念碑。此碑为石碑，高3.5米。宽1.6米。碑上有碑文。
淮海战役总前委会议旧址	Huáihǎi Zhànyì Zǒngqiánwěi Huìyì Jiùzhǐ	位于丁里镇蔡洼村。占地面积200平方米。为安徽省文物保护单位。
林探花府	Líntànhuā Fǔ	位于杨庄乡林庄，系清代武探花林方标的府地。为安徽省文物保护单位。
萧窑遗址	Xiāoyáo Yízhǐ	位于萧县白土镇。经考证萧窑始建于隋朝，因白土镇既产瓷土，又有木柴、煤炭等燃料，为萧窑的发展创造了条件，到南宋时已成为金朝在徐淮地区的大瓷窑之一。
白土寨老文化馆窑址	Báitǔzhài Lǎo-wénhuàguǎnyáozhǐ	处于白土镇老文馆门前，该文物等级为二级。遗址现存物为瓷豌。
胡楼遗址	Húlóu Yízhǐ	遗址在马井镇朱庄村胡楼自然村，该文物等级为四级。遗址现状为青砖、石磨。
孟庄寨炮楼	Mèngzhuāngzhài Pàolóu	位于萧县杜楼镇孟庄寨村西头。该文物等级为四级。遗址现状为炮楼西北角。
魏楼古庙遗址	Wèilóu Gǔmiào Yízhǐ	位于萧县石林乡魏楼村中心，该文物等级为四级。遗址现状为寺庙遗址。
纵堂普济庵	Zòngtángpǔjì Ān	坐落于萧县圣泉乡单楼村纵堂自然村东，该文物等级为四级。遗址现状为普济庵遗址（碑刻二通）。
铁佛寺节孝碑	Tiěfósì Jiēxiàobēi	位于新庄镇铁佛寺村铁佛寺自然村中心，该文物等级为四级。遗址现状为节孝碑。
城阳遗址	Chéngyáng Yízhǐ	位于庄里乡庄里中学西北200米，倒流河西岸，城阳村东100米，该文物等级为三级。遗址现状为古遗址一处。
王台子圣旨碑	Wángtáizi Shèngzhǐ Bēi	位于萧县杜楼镇王台子自然村小学门前4米，该文物等级为四级。遗址现状为圣旨碑石周刻一块，碑文二块。
褚庙遗址	Chǔmiào Yízhǐ	位于萧县张庄寨镇褚庙村东南角，该文物等级为四级。遗址现状为寺庙遗址。

标准名称	汉语拼音	备注
马井教堂	Mǎjǐng Jiàotáng	位于马井镇政府西北处，该文物等级为四级。遗址现状为教堂一座。
大蔡庄遗址	Dàcàizhuāng Yízhǐ	位于庄里乡大蔡庄村小学西南200米处，该文物等级为三级。遗址现状为聚落址一处。
蔡庙歇马亭	Càimiào Xiēmǎtíng	位于张庄寨镇白楼村蔡庙自然村东北角。该文物等级为四级。遗址现状为寺庙一座、房屋三间、碑刻二通。
谷庄古碑	Gǔzhuāng Gǔbēi	位于萧县石林乡谷庄东南200米处的田地里，该文物等级为四级。遗址现状为古碑碑刻一通。
云南王古民居	Yúnnánwáng Gǔmínjū	位于萧县新庄镇云南王村云南王自然村中心，该文物等级为四级。遗址现状为古民居。
刘楼护国寺	Liúlóu Hùguósì	位于萧县酒店乡刘楼村西南角，刘楼小学东侧，该文物等级为四级。遗址现状为寺庙一座。
金寨遗址	Jīnzhài Yízhǐ	位于萧县庄里乡金寨村东南100米处，该文物等级为三级。遗址现状为聚落址一处。
朱小楼清代碑群	Zhūxiǎolóu Qīngdài Bēiqún	位于萧县新庄镇盐店村朱小楼自然村西南角，该文物等级为四级。遗址现状为碑刻六通，坟茔一座。
北泉遗址	Běiquán Yízhǐ	永固镇北泉村新石器遗址处在北泉村西北角的一片杨树林内，面积约5万平方米。该文物等级为三级。遗址现状为新石器遗址一处。
土山炮楼	Tǔshān Pàolóu	位于萧县大屯镇土山村土山自然村中心，该文物等级为四级。遗址现状为炮楼一座。
马阁节孝碑	Mǎgé Jiéxiàobēi	位于萧县杜楼镇马阁村东桥头，该文物等级为四级。遗址现状为节孝碑碑刻一通。
花甲寺遗址	Huājiǎsì Yízhǐ	位于萧县白土镇花甲寺村花甲寺自然村北约100米处的高台田地上，该文物等级为二级。遗址现状为聚落址一处。
韩村水渠	Háncūn Shuǐqú	位于庄里乡韩庄村北200米处，该文物等级为四级。遗址现状为水渠一处。
周孟庄贤孝碑	Zhōumèngzhuāng Xiánxiàobēi	位于萧县酒店乡周孟庄村村东，该文物等级为四级。遗址现状为贤孝碑（碑刻一通）。
王白楼古民居	Wángbáilóu Gǔmínjū	位于萧县张庄寨镇王白楼村中心。该文物等级为四级。遗址现状为古民居（房屋五间）。
郝新庄牌坊石刻	Hǎoxīnzhuāng Páifāng Shíkè	位于萧县郝新庄村，该文物等级为四级。遗址现状为牌坊构件九块。
白土寨小学窑址	Báitǔzhài Xiǎoxué Yáozhǐ	位于萧县白土镇中心小学西200米处，窑址面积约1.9万平方米。该文物等级为二级。遗址现状为白土寨古窑址一处。
林楼古民居	Línlóu Gǔmínjū	坐落于萧县大屯镇林楼自然村西北角，该文物等级为四级。遗址现状为古民居一处。

标准名称	汉语拼音	备注
朱圩子古井	Zhūwéizi Gǔjǐng	位于萧县白土镇朱圩子村前朱圩子自然村西边，该文物等级为四级。遗址现状为古井一处。
魏正斌烈士墓	Wèizhèngbīn Lièshìmù	位于泗县墩集镇辖区范围内，地址为墩集镇项沟村仇岗庄。墓体呈半球形，砖和水泥结构，面积9平方米，高2.2米。墓前立有石碑1方，高约1米，正面刻有“魏正斌烈士之墓”几个大字，背侧镌附烈士传略。墓的周围砌有花墙，高1.3米，约20米见方。墓地植有青松44棵，龙柏10棵，雪松2棵，白杨60余棵。管理单位为泗县墩集镇人民政府。魏正斌烈士墓保护级别为县级。
泗县烈士陵园	Sì Xiàn Lièshì Língyuán	位于泗县经济开发区辖区范围内，地址为汴河大道和东二环交口。烈士陵园占地面积6万平方米，建筑面积2500平方米。该园被省民政厅命名为文明窗口单位，成为县内外游客重要的参观地。
李月华墓	Lǐyuèhuá Mù	位于泗县丁湖镇辖区范围内，地址为丁湖镇丁湖村。面积16平方米，高2.5米。管理单位为泗县丁湖镇人民政府。
江上青烈士陵园	Jiāngshàngqīng Lièshì Língyuán	位于泗县刘圩镇辖区范围内，地址为刘圩镇秦场村。该陵园占地面积约13万平方米，其中江上青烈士纪念馆占地6000平方米，展馆面积1000平方米。管理单位为泗县刘圩镇人民政府。
邓公墓	Dènggōng Mù	位于大路口乡邓公村城南中学西侧大营庄西部。该墓为县文物保护单位，该墓高约3米，面积约100平方米，该文物等级为三级。
石梁河农民暴动遗址	Shíliánghé Nóngmín Bàodòng Yízhǐ	位于泗县墩集镇境内，石龙湖国家湿地公园东侧。
佘家台	Shéjiātái	位于草沟镇秦桥村小张庄西约200米，臧庄自然村西约200米，遗址呈南北走向，面积约6万平方米。
灵璧县大庙乡烈士陵园	Língbì Xiàn Dàmiào Xiāng Lièshì Língyuán	位于大庙辖区范围内，大庙村东南900米老濉河北岸。占地面积为800平方米。管理单位为灵璧县民政局。
灵璧县朝阳镇烈士陵园	Língbì Xiàn Cháoyáng Zhèn Lièshì Língyuán	位于朝阳镇辖区范围内，朝阳村北面双灵以西500米。占地面积为6200平方米，建筑面积为260平方米。管理单位为灵璧县民政局。
灵璧县烈士陵园	Língbì Xiàn Lièshì Língyuán	位于灵城镇辖区范围内，灵璧县凤凰山（南山）东麓。占地面积为10000平方米，建筑面积为680平方米。管理单位为灵璧县民政局。
灵璧县凤凰山社会公墓	Língbì Xiàn Fènghuángshān Shèhuìgōngmù	位于灵璧县灵城北路光荣院北侧。占地面积为57333.33平方米，建筑面积为250.5平方米。管理单位为灵璧县民政局。

标准名称	汉语拼音	备注
灵璧县下楼镇程庙烈士陵园	Língbì Xiàn Xiàlóu Zhèn Chéngmiào Lièshì Língyuán	位于下楼镇辖区范围内，程庙村 201 省道西边。中心占地面积为 4800 平方米，建筑面积为 260 平方米。管理单位为灵璧县民政局。
虞姬墓	Yújī Mù	坐落在灵璧县城东 7.5 千米处，灵泗（303 省道）公路的南侧，唐河东首。原墓区范围南北宽 20 米，东西长 100 米，管理单位为灵璧县民政局。
张锡嵘家族墓	Zhāngxīróng Jiāzú Mù	位于灵璧县虞姬乡扁张村西北三注山东麓，管理单位为灵璧县民政局。
刘继文墓	Liújìwén Mù	位于虞姬乡玄庙村小韩庄北三注山南侧，墓冢坐北面南，墓高 1.5 米左右，占地约 18 平方米。管理单位为灵璧县民政局。
张氏园亭遗址	Zhāngshìyuántíng Yízhǐ	位于县城西关，解放西路东段电影院西侧糖业炯卓公司宿舍处。占地面积 700 平方米。
正学书院	Zhèngxué Shūyuàn	位于城内东南隅，现灵璧中学院内西侧，占地面积 494 平方米。
大山墓葬	Dàshān Mùzàng	位于娄庄镇大山东麓，为单室石室墓。占地面积 1000 平方米。
龙山西麓汉墓群	Lóngshānxīlù Hànmùqún	位于灵璧县娄庄镇赵家村北范庄龙山西麓一高台上，县城西南 10 千米。墓区范围面积约 2 平方千米，墓群南北长 350 米，东西 200 米，面积约 7 万平方米。1956 年，安徽省公布为省级重点文物保护单位。其类型与三山墓群相同，随葬品相似。
城后汉墓葬	Chénghòu Hànmùzàng	城后汉墓葬（金、银山），位于韦集镇丁谷眼村丁谷眼庄东北面，其主体为两座汉墓，均为高大的谷堆状，高近 20 米，占地面积为 1100 平方米。1980 年灵璧县革命委员会公布为县级文物保护单位。
张氏光祠	Zhāngshìguāng Cí	位于灵璧县下楼镇古城村灵房路东 200 米，占地面积 432 平方米。
灵山楚王陵	Língshān Chǔwáng Líng	位于下楼镇境内，南距县城约 65 千米，西北距徐州约 30 千米，北距黄河故道约 7.5 千米。其主峰海拔 190 米，占地面积 6369 平方米。
解氏祠堂	Xièshì Cítáng	位于尹集镇解阁村小刘庄解阁小学院内，坐北朝南，墙为砖石结构，灰色小板瓦布顶，内顶部为砖木结构，梁架为三叉形，高 4.5 米，东西 8.5 米，南北 5.0 米，建筑面积约 42.5 平方米。从建筑风格判断，应为清代建筑。
三注山西麓汉墓群	Sānzhùshān Xīlù Hànmùqún	墓群位于县城东北 9 千米的三注山西麓。墓群区，南北长约 1000 米，东西约 500 米，占地面积 15051 平方米。
朝阳集战斗遗址	Cháoyángjízhàndòu Yízhǐ	位于灵城北 50 千米，现为朝阳镇政府所在地。占地面积 1100 平方米。管理单位为灵璧县文化广播电视新闻出版局。

标准名称	汉语拼音	备注
张大路会议遗址	Zhāngdàlùhuìyì Yízhǐ	位于灵璧县大路乡，占地面积60平方米。管理单位为灵璧县文化广播电视新闻出版局。
灵城突破口遗址	Língchéngtūpòkǒu Yízhǐ	位于灵璧县灵城镇，占地面积40平方米。管理单位为灵璧县文化广播电视新闻出版局。
中共灵璧独立区委党员代表大会遗址	Zhōnggòng Língbì Dúlìqūwěi Dǎngyuán Dàibiǎodàhuì Yízhǐ	位于灵城西南4千米皮条刘家南湖，具有很好的隐蔽性。占地面积45平方米。管理单位为灵璧县文化广播电视新闻出版局。
大山农民暴动旧址	Dàshānnóngmín Bàodòng Jiùzhǐ	大山农民暴动旧址小吴庄戴氏住宅位于县城西南5千米处，现属城关区灵西乡前进村民委员会。管理单位为灵璧县文化广播电视新闻出版局。
齐眉山大战遗址	Qíméishāndàzhàn Yízhǐ	齐眉山位于娄庄镇南4千米，北靠龙山，南临曹山，西临虎山，东临红桥湖，面积约6平方千米。管理单位为灵璧县文化广播电视新闻出版局。
垓下遗址	Gāixià Yízhǐ	位于灵璧县韦集镇垓下村，县城东南24.5千米。面积约25万平方米，管理单位为灵璧县文化广播电视新闻出版局。
老营湖古战场遗址	Lǎoyínghú Gǔzhànchǎng Yízhǐ	位于向阳乡东部，面积约10平方千米。管理单位为灵璧县文化广播电视新闻出版局。
灵北县委县政府旧址	Língběi Xiànwěi Xiànzhèngfǔ Jiùzhǐ	灵北县委县政府旧址——马厂菠林位于县城北30千米，尹集镇东3千米处，现属尹集区尹集镇菠林村民委员会。占地面积1000平方米。管理单位为灵璧县文化广播电视新闻出版局。
霸王城	Bàwáng Chéng	位于灵璧县尹集镇西北的霸王城村，古濉水之滨，为西楚霸王屯兵处。东西约1800米，南北约1400米，面积约252万平方米。为县级文物保护单位。管理单位为灵璧县文化广播电视新闻出版局。
灵北抗日中学旧址	Língběikàngrì Zhōngxué Jiùzhǐ	位于灵璧县尹集镇菠林村，占地面积75平方米。管理单位为灵璧县文化广播电视新闻出版局。
霸王桥遗址	Bàwángqiáo Yízhǐ	位于游集镇西张东湖自然庄北角，占地面积35平方米。管理单位为灵璧县文化广播电视新闻出版局。
灵北农民抗捐暴动旧址	Língběi Nóngmín Kàngjuān Bàodòng Jiùzhǐ	位于县城北游集镇40千米处。占地面积80平方米。管理单位为灵璧县文化广播电视新闻出版局。
八路军苏鲁豫支队司令部旧址	Bālùjūn Sūlǔyù Zhīduìsīlìngbù Jiùzhǐ	八路军苏鲁豫支队司令部旧址原名张大路，现名大路，位于县城北27千米处，占地面积5200平方米。
大运河遗址	Dàyùnhé Yízhǐ	隋唐大运河以洛阳为中心，南起杭州，北到涿郡，隋朝开凿全长2700千米，占地面积200平方米。大运河在2013年3月被国务院公布为第七批全国重点文物保护单位。

标准名称	汉语拼音	备注
玉石山新石器遗址	Yùshíshān Xīnshíqì Yízhǐ	位于娄庄镇，面积 2 万多平方米。
龙山古井	Lóngshān Gǔjǐng	位于娄庄镇赵家村龙山南麓，占地面积 500 平方米。
东岳行宫	Dōngyuè Xínggōng	位于娄庄镇赵家村。占地面积 1379 平方米。
双龙沟遗址	Shuānglónggōu Yízhǐ	位于韦集镇双龙村，即龙山文化为主的新石器时期聚落遗址。占地面积 3500 平方米。该遗址为县级文物保护单位。
三注山蒋庙新石器遗址	Sānzhùshān Jiǎng miàoxīnshíqì Yízhǐ	为汉代聚落遗址。位于虞姬乡东北方向蒋庙村，占地面积 4500 平方米。1956 年，安徽省人民委员会公布为省级重点文物保护单位。
龙山渠	Lóngshān Qú	位于渔沟镇，占地面积 2023 平方米。
瓦房遗址	Wǎfáng Yízhǐ	位于灵璧县韦集镇瓦房庄自然村，南邻沱河，地势高出周边约 3 米，遗址东西约 400 米，南北约 200 米，面积约 8 万平方米。这些遗物的出土对了解该遗址的文化内涵有着重要意义。
狐父陈氏祠堂	Húfù Chénshì Cítáng	位于砀山县朱楼镇陈寨村西门萧砀公路北侧。占地面积 60 平方米，管理单位是砀山县文物局，尚未核定为保护单位。
大觉院遗址	Dàjuéyuàn Yízhǐ	位于地处苏、鲁、皖三省处的周寨镇刘暗楼村北刘新庄自然村。占地面积 200 平方米，管理单位是砀山县文物局，尚未核定为保护单位。
朱楼古墓葬	Zhūlóu Gǔmùzàng	位于邵寨村西南角，占地约 2400 平方米。占地面积 2400 平方米，管理单位是砀山县文物局，尚未核定为保护单位。
烈士陵园	Lièshì Língyuán	位于砀山县砀城镇苇子园村戚寺自然村南。占地面积 9990 平方米，管理单位是砀山县文物局，尚未核定为保护单位。
怀盛德烈士墓	Huáishèngdé Lièshìmù	位于关帝庙沙河村肖刘屯自然村西。占地面积 8 平方米，管理单位是砀山县文物局，尚未核定为保护单位。
邵氏家庙	Shàoshì Jiāmiào	位于朱楼镇邵寨。占地面积 60 平方米，管理单位是砀山县文物局，尚未核定为保护单位。
朱广山烈士碑	Zhūguǎngshān Lièshìbēi	位于朱楼镇朱楼村小学西。占地面积 1 平方米，管理单位是砀山县文物局，尚未核定为保护单位。
清代进士墓	Qīngdài Jìnshìmù	位于砀山县唐寨镇光明村光明自然村。占地面积 16.6 平方米，管理单位是砀山县文物局，尚未核定为保护单位。
李怀远、李心公纪念碑	Lǐhuáiyuǎn Lǐxīn-gōng Jìniànbēi	位于砀山县周寨镇市力集村西 200 米路北。占地面积 1 平方米，管理单位是砀山县文物局，尚未核定为保护单位。
“万人坑”纪念碑	Wànrénkēng Jìniànbēi	位于砀山县周寨镇周寨村吴庄自然村九队南边。占地面积 1 平方米，管理单位是砀山县文物局，尚未核定为保护单位。
铁观老爷庙	Tiěguān Lǎoyémiào	位于周寨镇张老家村朱楼组朱楼小学院内。占地面积 2000 平方米，管理单位是砀山县文物局，尚未核定为保护单位。

标准名称	汉语拼音	备注
革命烈士纪念碑	Gémìng Lièshì Jìniànbēi	位于砀山县周寨镇解楼村陈集组东北角。占地面积 15 平方米，管理单位是砀山县文物局，尚未核定为保护单位。
关帝庙遗址	Guāndìmiào Yízhǐ	位于李庄镇李园新村吴庙自然村东南。占地面积 400 平方米，管理单位是砀山县文物局，尚未核定为保护单位。
姬全清、孙汉文老民居	Jīquánqīng Sūnhànwén Lǎomínjū	位于砀山县李庄镇贾楼村蒋庄自然村中间最北边。占地面积 40 平方米，管理单位是砀山县文物局，尚未核定为保护单位。
刘开山老院	Liúkāishān Lǎoyuàn	位于砀山县玄庙镇吴寨村西刘自然村西。占地面积 3600 平方米，管理单位是砀山县文物局，尚未核定为保护单位。
范氏家茔	Fànshì Jiāyíng	位于砀城镇徐井村范庄自然村。占地面积 22 平方米，管理单位是砀山县文物局，尚未核定为保护单位。
果园场二分场毛泽东画像、语录墙群	Guǒyuánchǎng 2 Fēnchǎng Máozédōng Huàxiàng Yǔlù Qiángqún	位于砀山县官庄坝镇胡庄村。占地面积 1.58 平方米，管理单位是砀山县文物局，尚未核定为保护单位。
魏氏宗祠遗址	Wèishì Zōngcí Yízhǐ	位于砀山县良梨镇马庄村魏寨自然村路东，长宽均为 23 米。占地面积 459 平方米，管理单位是砀山县文物局，尚未核定为保护单位。
房沟崖烈士墓	Fánggōuyá Lièshìmù	位于程庄镇赵楼村房沟崖自然村东南 200 米处。占地面积 120 平方米，管理单位是砀山县文物局，尚未核定为保护单位。
张成兰献梨纪念碑	Zhāngchénglánxiànlí Jìniànbēi	张成兰向毛泽东献梨四十周年纪念碑位于程庄镇衡楼村刘庄自然村东南 1 千米处。占地面积 144 平方米，管理单位是砀山县文物局，尚未核定为保护单位。
王次青烈士陵园	Wángcìqīng Lièshì Língyuán	位于程庄镇王明集村王明集自然村南边。占地面积 60 平方米，管理单位是砀山县文物局，尚未核定为保护单位。
东岳天齐大帝庙	Dōngyuè Tiānqí Dàdìmiào	位于朱楼镇邵寨村邵桥自然村。占地面积 50 平方米，管理单位是砀山县文物局，尚未核定为保护单位。
曹口关帝庙	Cáokǒu Guāndì Miào	关帝庙位于关帝庙镇曹口村曹口自然村南面。占地面积 70 平方米，管理单位是砀山县文物局，尚未核定为保护单位。
陈氏祖茔	Chén shì Zǔyíng	位于陈氏四门祠堂北，南北 200 米，东西 100 米。占地面积 1.58 平方米，管理单位是砀山县文物局，尚未核定为保护单位。
小神碑	Xiǎoshén Bēi	位于砀山县关帝庙镇黄楼村黄楼自然村。占地面积 1.4 平方米，管理单位是砀山县文物局，尚未核定为保护单位。
絅轩亭碑	Jiōngxuāntíng Bēi	位于唐寨镇唐寨小学内。占地面积 1 平方米，管理单位是砀山县文物局，尚未核定为保护单位。

标准名称	汉语拼音	备注
杜观庙	Dùguān Miào	位于砀山县赵屯镇万楼村南头100米左右，坐北朝南。占地面积60平方米，管理单位是砀山县文物局，尚未核定为保护单位。
单古珍老屋	Shànġǔzhēn Lǎowū	位于朱楼镇梁寨村四队。占地面积60平方米，管理单位是砀山县文物局，尚未核定为保护单位。
圣旨碑	Shèngzhǐ Bēi	位于良梨镇于黄楼村于黄楼自然村东南角。占地面积1.5平方米，管理单位是砀山县文物局，尚未核定为保护单位。
魏庙遗址	Wèimiào Yízhǐ	位于砀山县曹庄镇科技新村魏庙自然村魏庙学校内。占地面积40平方米，管理单位是砀山县文物局，尚未核定为保护单位。
泰山奶奶庙遗址	Tàishān Nǎinaimiào Yízhǐ	位于砀山县曹庄镇希望新村蒋庙自然村西南部。占地面积7500平方米，管理单位是砀山县文物局，尚未核定为保护单位。
薛显墓	Xuēxiǎn Mù	位于砀山县赵屯镇薛口村薛口自然村东。占地面积1000平方米，管理单位是砀山县文物局，尚未核定为保护单位。
白衣阁遗址	Báiyīgé Yízhǐ	位于砀山县程庄镇宋楼村宋楼自然村。占地面积600平方米，管理单位是砀山县文物局，尚未核定为保护单位。
僧王庙	Sēngwáng Miào	位于砀山县唐寨镇唐寨村南门自然村，现仅位于唐寨医院后。占地面积70平方米，管理单位是砀山县文物局，尚未核定为保护单位。
三官庙	Sānguān Miào	位于砀山县李庄镇镇东村前刘屯自然村东南。占地面积68平方米，管理单位是砀山县文物局，尚未核定为保护单位。
齐氏古墓	Qíshì Gǔmù	位于李庄镇镇东村后刘屯自然村东地下道北路东。占地面积12平方米，管理单位是砀山县文物局，尚未核定为保护单位。
唐公振仪懿行碑	Tánggōngzhènyíyì Xíng Bēi	位于砀山县唐寨镇光明村唐庄自然村。占地面积1.58平方米，管理单位是砀山县文物局，尚未核定为保护单位。
曹昶皇封碑	Cáochǎng Huáng-fēngbēi	位于砀山县砀城镇徐井村曹阁自然村后面。占地面积1平方米，管理单位是砀山县文物局，尚未核定为保护单位。
大觉寺碑	Dàjuésì Bēi	地处苏、鲁、皖三省处的周寨镇刘暗楼村北刘新庄自然村。占地面积4平方米，管理单位是砀山县文物局，尚未核定为保护单位。
双里庙小区古墓葬	Shuānglǐmiào Xiǎoqū Gǔmùzàng	位于砀山县城东关，利民路南的县政府安置小区。占地面积20平方米，管理单位是砀山县文物局，尚未核定为保护单位。
贾楼村老大队部	Jiǎlóucūn Lǎodàduìbù	位于李庄镇贾楼村贾楼自然村中间最南边。占地面积20平方米，管理单位是砀山县文物局，尚未核定为保护单位。

标准名称	汉语拼音	备注
于效程纪念碑	Yúxiàochéng Jìniànbēi	位于砀山县良梨镇于楼村于楼自然村西头。占地面积 1 平方米，管理单位是砀山县文物局，尚未核定为保护单位。
周庄闸	Zhōuzhuāng Zhá	位于周庄村东大沙河中下游。占地面积 200 平方米，管理单位是砀山县文物局，尚未核定为保护单位。
范集北桥	Fànjí Běi Qiáo	位于砀山县关帝庙镇范集村东。占地面积 80 平方米，管理单位是砀山县文物局，尚未核定为保护单位。
黄楼跃进桥	Huánglóu Yuèjìn Qiáo	位于砀山县黄楼小麦良种场，大沙河下游。占地面积 82 平方米，管理单位是砀山县文物局，尚未核定为保护单位。
节孝碑	Jiéxiào Bēi	位于利民村张小楼西街。占地面积 1 平方米，管理单位是砀山县文物局，尚未核定为保护单位。
张姓墓碑冢	Zhāngxìng Mùbēi Zhǒng	位于赵屯镇万楼村李新楼自然村东南 50 米处。占地面积 40 平方米，管理单位是砀山县文物局，尚未核定为保护单位。
武举人墓碑	Wǔjǔrén Mùbēi	位于砀山县唐寨镇光明村翟庄自然村后。占地面积 1.7 平方米，管理单位是砀山县文物局，尚未核定为保护单位。
武王寺碑	Wǔwángsì Bēi	位于砀山县程庄镇赵楼村房庄自然村中心。占地面积 10 平方米，管理单位是砀山县文物局，尚未核定为保护单位。
苦节纯孝碑	Kǔjié Chúnxiào Bēi	位于唐寨镇光明村訾庄自然村东头。占地面积 6 平方米，管理单位是砀山县文物局，尚未核定为保护单位。
火神庙碑	Huǒshénmiào Bēi	位于李庄镇镇东村赵庙自然村东头池塘内。占地面积 2 平方米，管理单位是砀山县文物局，尚未核定为保护单位。
蒋家祠堂遗址	Jiǎngjiā Cítáng Yízhǐ	位于曹庄镇希望新村蒋祠堂自然村。占地面积 45.6 平方米，管理单位是砀山县文物局，尚未核定为保护单位。
三省碑	Sānshěng Bēi	位于砀山县官庄坝镇三省庄村。占地面积 1.8 平方米，管理单位是砀山县文物局，保护级别为省级。
宴嬉亭	Yànxī Tíng	位于砀山县砀城镇南关社区。占地面积 6 平方米，管理单位是砀山县文物局，保护级别为省级。
北山书院义田记事碑	Běishān Shūyuàn Yìtián Jìshìbēi	位于砀山县砀城镇东关社区。占地面积 1.58 平方米，管理单位是砀山县文物局，尚未核定为保护单位。
三省井	Sānshěng Jǐng	位于砀山县周寨镇刘新庄村北安徽省、江苏省、山东省交界处。占地面积 9 平方米，管理单位是砀山县文物局，尚未核定为保护单位。
黄河故道大堤	Huánghé Gùdào Dàdī	位于砀城镇徐井村刘堤口自然村西 500 米。占地面积 30000 平方米，管理单位是砀山县文物局，尚未核定为保护单位。
国务院奖状碑	Guówùyuàn Jiǎngzhuàng Bēi	位于砀山县唐寨镇光明村光明自然村。占地面积 0.5 平方米，管理单位是砀山县文物局，尚未核定为保护单位。
火神阁	Huǒshén Gé	位于朱楼镇回龙集村。占地面积 18 平方米，管理单位是砀山县文物局，尚未核定为保护单位。

标准名称	汉语拼音	备注
光明村古梨树群	Guāngmíngcūn Gǔlíshù Qún	位于唐寨镇光明村。占地面积 1000 平方米，管理单位是砀山县文物局，尚未核定为保护单位。
追远楼遗址	Zhuīyuǎnlóu Yízhǐ	位于唐集自然村中部。占地面积 70 平方米，管理单位是砀山县文物局，尚未核定为保护单位。
黄堌寺遗址	Huánggùsì Yízhǐ	位于砀山县曹庄镇科技新村魏楼自然村东部。占地面积 7500 平方米，管理单位是砀山县文物局，尚未核定为保护单位。
丁字楼	Dīngzì Lóu	位于砀山县砀城镇东关社区砀山中学院内。占地面积 430 平方米，管理单位是砀山县文物局，尚未核定为保护单位。
古砀城护城河	Gǔdàngchéng Hùchénghé	位于现县城四周。占地面积 5 万平方米，管理单位是砀山县文物局，尚未核定为保护单位。
砀城古遗址	Dàngchéng Gǔyízhǐ	位于砀山县砀城镇四关社区外环路以里。占地面积 4 万平方米，管理单位是砀山县文物局，尚未核定为保护单位。
定国寺遗址	Dìngguósì Yízhǐ	位于砀山县唐寨镇政府西南约 2000 米的定国寺村，是一个拥有 5000 余人的村。遗址现位于村后。占地面积 800 平方米，管理单位是砀山县文物局，尚未核定为保护单位。
元代沉船遗址	Yuándài Chénchuán Yízhǐ	位于砀山县玄庙镇戚套村果园场六分场故黄河南岸滩涂。占地面积 30 平方米，管理单位是砀山县文物局，尚未核定为保护单位。
白塔寺遗址	Báitǎsì Yízhǐ	位于李庄镇东村董屯自然村东、夏桥自然村西。占地面积 1200 平方米，管理单位是砀山县文物局，尚未核定为保护单位。
四关城门桥遗址	Sìguānchéngmén-qiáo Yízhǐ	位于砀山县砀城镇四关村的县城四关城门桥。占地面积 720 平方米，管理单位是砀山县文物局，尚未核定为保护单位。
邵普宅	Shàopǔ Zhái	位于邵普宅砀山县朱楼镇邵寨村邵寨自然村。占地面积 130 平方米，管理单位是砀山县文物局，尚未核定为保护单位。
扬名碑	Yángmíng Bēi	位于曹阁自然村东。占地面积 1.6 平方米，管理单位是砀山县文物局，尚未核定为保护单位。
范庄桥	Fànzhuāng Qiáo	位于砀城镇陇海新村范庄。占地面积 105 平方米，管理单位是砀山县文物局，尚未核定为保护单位。
大王庙	Dàwáng Miào	位于砀山县葛集镇吕堤湾村南约 200 米处。占地面积 60 平方米，管理单位是砀山县文物局，尚未核定为保护单位。
王庄古民居	Wángzhuāng Gǔmínjū	位于砀山县程庄镇柴市村王庄自然村南北大路西侧 20 米。占地面积 60 平方米，管理单位是砀山县文物局，尚未核定为保护单位。

标准名称	汉语拼音	备注
固口闸	Gùkǒu Zhá	位于王引河上游，河南省夏邑县与砀山县交界处的陈堤口村西，也是砀山县巴清河、大沙河、利民河三条大河的汇合处。占地面积700平方米，管理单位是砀山县文物局，尚未核定为保护单位。
山西会馆碑	Shānxī Huìguǎn Bēi	现存于砀山县文化馆院内。占地面积4平方米，管理单位是砀山县文物局，尚未核定为保护单位。
百年紫藤树群	Bǎinián Zǐténgshù Qún	位于砀城镇侯楼村，黄堤口自然村后的大堤上。占地面积1万平方米，管理单位是砀山县文物局，尚未核定为保护单位。
汪六楼清代墓	Wāngliùlóu Qīngdài Mù	墓及碑位于李庄镇海升新村汪六楼自然村。占地面积1平方米，管理单位是砀山县文物局，尚未核定为保护单位。
西二里桥	Xīèrlǐ Qiáo	位于李庄镇曹三子楼西村顺堤河上。占地面积57平方米，管理单位是砀山县文物局，尚未核定为保护单位。
龙泉寺遗址	Lóngquánsì Yízhǐ	位于程庄镇龙泉寺村王庄自然村后50米。占地面积480平方米，管理单位是砀山县文物局，尚未核定为保护单位。
宴嬉台碑	Yànxītái Bēi	位于砀山开发区宴嬉台酒厂内。占地面积1.5平方米，管理单位是砀山县文物局，尚未核定为保护单位。
大觉院碑	Dàjuéyuàn Bēi	地处苏、鲁、皖三省处的周寨镇刘暗楼村北刘新庄自然村，在修通往三省井的响马路时，在路基东侧约70米处。占地面积4.1平方米，管理单位是砀山县文物局，尚未核定为保护单位。
黄河故道遗址	Huánghé GùdàoYízhǐ	位于城北30里。占地面积500万平方米，管理单位是砀山县文物局，尚未核定为保护单位。
利民桥	Lìmín Qiáo	位于砀山县东升路南段利民河上。占地面积90平方米，管理单位是砀山县文物局，尚未核定为保护单位。
老海寺	Lǎohǎi Sì	位于宿州东北90里，栏杆区石相集东三里之群山环抱中。占地1993.2平方米。管理单位为文广新局，保护级别为一级。
镇疃寺	Zhèntuǎn Sì	位于宿州北60里，津浦铁路夹沟站西北龙顶山麓东侧。占地2571.6平方米。管理单位为文广新局，保护级别为一级。
清真寺	Qīngzhēn Sì	位于沱河路与淮河路交叉口附近，占地938.04平方米。管理单位为文广新局，保护级别为二级。
龙泉寺	Lóngquán Sì	位于宿州市筛子泉东南方向400米左右，占地3813.1平方米，管理单位为文广新局。保护级别为二级。
少林禅武文化中心	Shàolín Chánwǔ Wénhuà Zhōngxīn	占地5500平方米，位于苗庵乡境内。占地5500平方米。管理单位为文广新局。
基督教堂	Jīdū Jiàotáng	位于大店镇卫生院北，占地178.72平方米。管理单位为文广新局。

标准名称	汉语拼音	备注
王徐基督教会	Wángxú Jīdū Jiàohuì	位于第十九小学东北方向 200 米左右，占地 364.15 平方米。管理单位为文广新局。
蕲县教会	Qíxiàn Jiàohuì	位于蕲县大王村王庄北 250 米左右，占地 317.98 平方米。管理单位为文广新局。
黄魏教堂	Huángwèi Jiàotáng	位于蕲县单寨村小魏庄西，占地 612.30 平方米。管理单位为文广新局。
寿家教堂	Shòujiā Jiàotáng	位于大店镇李寿村北，占地 965.89 平方米。管理单位为文广新局。
文明禅寺	Wénmíng Chánsì	位于萧县圣泉乡双庙村双庙自然村东北角，主殿长 21.3 米，宽 6.3 米，高约 5.5 米，西厢房长 10.1 米，宽 5 米，高约 4.5 米。该文物等级为四级。
林云寺	Línyún Sì	位于永固镇许岗子村东 1 千米五龙山下。寺庙长 9.5 米，宽 5 米，高约 11 米。石碑座长 0.95 米，宽 0.7 米。石碑高 1.5 米，宽 0.6 米，厚 0.2 米。该文物等级为四级。
净梵寺	Jìngfàn Sì	坐落在萧县白土镇南白土小学院内，该文物等级为四级。
锦桥精蓝寺	Jǐnqiáo Jīnglán Sì	位于萧县张庄寨镇锦桥村锦桥自然村北 200 米小学校东侧，寺长约 12.5 米，宽约 9.9 米，高约 9.5 米。该文物等级为四级。
天门寺	Tiānmén Sì	位于萧县县城东南 17.5 千米，天门寺占地 1180 平方米。
瑞云寺	Ruìyún Sì	位于萧县县城东南 21 千米皇藏峪内，原名白云寺。瑞云寺占地面积 2 万余平方米，坐落于皇藏峪中间的石台上。
圣泉寺	Shèngquán Sì	位于萧县县城北 2.5 千米。圣泉寺景区占地约 5460 平方米，主要以寺庙为核心，多种景点环绕。
圣寿寺	Shèngshòu Sì	位于永堌镇 060 县道北侧。占地面积 800 平方米。
曲里铺奶奶庙	Qǔlǐpù Nǎinai Miào	位于马井镇南一千米处曲里铺，占地面积 533 平方米，该文物等级为四级。
泰山奶奶庙	Tàishān Nǎinai Miào	白土镇庙街村庙街自然村发现寺庙一处，该文物等级为四级。
唐庙古庙	Tángmiào Gǔmiào	位于萧县杜楼镇唐庙绵羊改良场院内，该文物等级为四级。
石将军庙	Shíjiāngjūn Miào	位于萧县马井镇朱楼村石将军庙自然村西石将军庙小学东侧，该文物等级为四级。
许楼古寺庙	Xǔlóu Gǔsì Miào	位于大屯镇杨许楼村偏东南处，整体建筑面积约 34.5 平方米。该文物等级为四级。
曲里铺天齐庙	Qǔlǐpù Tiānqí Miào	坐落在马井镇曲里铺村东，该文物等级为四级。
麻堤口阎王庙	Mádīkǒu Yánwáng Miào	位于萧县马井镇麻堤口村，该文物等级为四级。

标准名称	汉语拼音	备注
关公庙	Guāngōng Miào	坐落于萧县杨楼镇关帝庙村北，该文物等级为四级。
阎阁古庙	Yángé Gǔmiào	位于阎桥村南部，该文物等级为四级。
寇堂古庙	Kòutáng Gǔmiào	位于萧县圣泉乡金黄庄村寇堂自然村东侧，该文物等级为四级。
文庙	Wén Miào	位于县城小南门街北端，占地面积1200平方米。所跨行政区为龙城镇。
三圣阁	Sānshènggé	坐落在黄口镇杨阁村。圣泉寺景区占地约5000平方米。
萧县基督教堂	Xiāoxiàn Jīdū Jiàotáng	位于龙城镇中山北路路西。占地面积600平方米。是现在萧县最大的基督教堂。
庆云寺	Qìngyún Sì	坐落于赵庄镇孙大庙村。庆云寺占地360平方米，建筑面积140平方米，有主堂3间。庙内供奉地藏王。
释迦寺	Shìjiā Sì	位于泗县泗城镇辖区范围内，地址为泗城镇东关。大殿为砖木结构，长16米，宽15.5米，面积248平方米。管理单位为泗县文物局。
大成殿	Dàchéng Diàn	位于泗县泗城镇辖区范围内，地址为泗城镇汴河大道文庙商城内。大成殿长21米，宽12米，面积为252平方米，管理单位为泗县文物局。
朝海寺遗址	Cháohǎisì Yízhǐ	位于大庄镇万安村万安街西南角，面积约4000平方米。该文物等级为四级。
垚阜院遗址	Yáofùyuàn Yízhǐ	位于大庄镇东风村小庙自然村中心，遗址地表散布大量青砖，砖厚7厘米，宽12厘米，该文物等级为四级，遗址位于淮北平原，地势略高于四周，周围地势平坦，海拔高度约36米。
小雷音寺遗址	Xiǎoléiyīnsì Yízhǐ	位于丁湖镇索滩村索滩街南部，面积约4000平方米，该文物等级为四级，年代待定。遗址位于淮北平原地势平坦，南约260米为一条南北走向的自然沟，海拔约26米。
山头庙遗址	Shāntóumiào Yízhǐ	位于山头镇山头村山头街西侧，面积约1500平方米。遗址现为山头小学校地。该文物等级为四级。遗址现为山头小学校地，北侧有一条东西走向街道。西约20米有一条南北走向的生产路。
唐庙遗址	Tángmiào Yízhǐ	位于大庄镇秦场村秦场自然村东北约800米，面积500平方米左右。该文物等级为四级。
大熊庙遗址	Dàxióngmiào Yízhǐ	位于大杨乡吴集村大熊自然村中心，该文物等级为四级。
陶庙遗地	Táomiào Yídì	位于山头宋圩村王沟庄东部，面积900平方米，现为王沟小学校址，该文物等级为四级。
大柏庙遗址	Dàbǎimiào Yízhǐ	位于泗县山头镇大柏村林河小学校地，先为林河小学校地。面积东西为80米，南北50米，约4000平方米。该文物等级为四级。

标准名称	汉语拼音	备注
尝思庙遗址	Chángsīmiào Yízhǐ	位于黄圩镇三官村三官自然村中心，面积约6万平方米。该文物等级为四级，年代为汉、明、清。遗址位于淮北平原为黄泛区，地势平坦，海拔14米。
朱庙遗址	Zhūmiào Yízhǐ	位于墩集镇霸王村前朱自然村西部，石梁河东岸。据说，该寺庙遗址上建筑原有三间大殿和三间前殿，面积约250平方米，该文物等级为四级，年代为宋。该遗址西临石梁河，遗址地势略高于四周，东西两侧形成40度坡地，海拔20米。
大刘周庙遗址	Dàliúzhōumiào Yízhǐ	位于屏山镇屏西村大刘自然村南，面积约1200平方米，遗址现为大刘小学，该文物等级为四级，年代为待定。遗址位于淮北平原地表略高于四周，周围地势平坦，海拔15米。
李庙遗址	Lǐmiào Yízhǐ	位于大杨乡李庙村李庙自然庄中心，面积约为5000平方米，该文物等级为四级。遗址位于淮北平原，地势平坦。南侧有一个面积约1000平方米的水塘，海拔约21米。
老山庙遗址	Lǎoshānmiào Yízhǐ	位于屏山镇老山村老山自然村老山山顶，面积约3200平方米，南北约80米，东西约40米，该文物等级为四级。遗址地处淮北平原，位于老山山顶，地势高，海拔约98米。
龙庙遗址	Lóngmiào Yízhǐ	位于大路口乡大季村谢庄自然村南侧，现为龙庙小学校址，该文物等级为四级，年代为宋。遗址周围平原地带地势平坦，海拔14米。
伊庙遗址	Yīmiào Yízhǐ	位于墩集镇石梁河村付庄自然村东南部，为寺庙遗址，分布面积500平方米左右，该文物等级为四级，年代为新石器、宋。遗址东侧及北侧有一自然沟环绕，遗址地势略高于四周，形成一级高地。
老陈庙遗址	Lǎochénmiào Yízhǐ	位于黑塔镇陈圩村老陈庄东侧，面积3000平方米左右。该文物等级为四级，年代为清。遗址位于淮北平原，地势略高于四周，周地势平进，海拔11米。
程庙遗址	Chéngmiào Yízhǐ	位于大路口乡网舟村程庙小学东约150米，该文物等级为四级。遗址地处淮北平原南部，西800米为南北走向的石梁河，北1.5千米为新汴河。遗址地势平坦海拔13米。
牛王庙遗址	Niúwángmiào Yízhǐ	位于草沟镇桥东村牛王郭自然庄中部，遗址面积约1000平方米，海拔9米，该文物等级为四级。遗址位于淮北平原地势略高于四周，海拔高度为9米，西400米为一条西北至东南走向的河流。
樊集庙	Fánjí Miào	位于丁湖镇樊集村樊集街西部，现为樊集村委会办公场所，面积500平方米左右。该文物等级为四级。遗址位于淮北平原，南约1500米为东西走向的沱河，地势平坦，海拔15米。
戚庙	Qī Miào	位于泗县长沟镇戚庙村戚庙自然村中部，占地面积64.3平方米。该文物等级为四级，年代为明。戚庙地处淮北平原周围地势平坦，东侧有一条南北走向的水沟，海拔22米。

标准名称	汉语拼音	备注
周庙遗址	Zhōumiào Yízhǐ	位于黄圩镇周杨自然村中心，遗址处有一高台，四周略低，面积约 3000 平方米，该文物等级为四级，年代不详。遗址位于淮北平原，地势略高于四周，形成一阶台地，遗址东侧为一干枯池塘，遗址面积约 3000 平方米，海拔 17 米。
惠庙遗址	Huìmiào Yízhǐ	位于山头镇惠庙村惠庙庄，面积约 1500 平方米。该文物等级为四级，年代不详。遗址地势较低，西约 500 米为赤山，东侧地势平坦，海拔约 6 米。
夏庙遗址	Xiàmiào Yízhǐ	位于草沟镇夏庙村郭庄自然村东，面积约 4000 平方米，该文物等级为四级，年代不详。遗址位于淮北平原，地势平坦，东为南北走向唐河。海拔 16 米。
大王庙遗址	Dàwángmiào Yízhǐ	位于黄圩镇巩沟村巩沟自然村北部，面积约 500 平方米，该文物等级为四级。遗址位于淮北平原，地势平坦。东侧有一条南北走向的水沟，海拔 11 米。
马厂庙遗址	Mǎchǎngmiào Yízhǐ	位于黑塔镇马厂村马厂街北部，面积约 500 平方米，该文物等级为四级。遗地向南约 500 米为峰山，向北约 800 米为黑山，海拔 33 米。
新集庙遗址	Xīnjímiào Yízhǐ	位于大庄镇新集村新集街中心，面积约 500 平方米，该文物等级为四级。新集庙遗址位于淮北平原，遗址地势平坦，海拔 15 米。
关庙遗址	Guānmiào Yízhǐ	位于泗城镇关庙村关庙自然村 303 省道北侧，面积 1000 平方米左右。该文物等级为四级，年代为待定。遗址位于淮北平原，北侧为东西走向的汴河，地势平坦，海拔 19 米。
泗县天主堂	Sì Xiàn Tiānzhǔtáng	位于泗县泗城镇辖区范围内，地址为桃园社区卫生服务站东北。管理单位为泗县民族宗教事务局。
泗县基督教会	Sì Xiàn Jīdūjiàohuì	位于泗县泗城镇辖区范围内，地址为泗城镇国防路。管理单位为泗县民族宗教事务局。
泰山寺庙	Tàishān Sìmiào	位于杨疃镇李庙村，东西 11 米，南北 7 米，东西两面山墙绘有古代宗教图腾，四角滴水檐装饰（钩状）清晰，梁上可见木雕，硬山顶，观仅存后殿。
邱楼碧云寺	Qiūlóubìyún Sì	位于游集镇邱楼村，为清代寺庙，据碑文记载，寺庙于清光绪十二年迁址重建。保存原始风格、风貌，整体为砖石结构，硬石顶，两边的山墙房檐下刻有花卉砖雕，庙内顶部为砖木结构，三叉形脊梁，庙内原有观音像，原前殿供奉火神，现存后殿，门楣处有砖雕宗图案。
三山玄帝庙	Sānshānxuándì Miào	位于灵璧县城东北 9 千米的三山南麓。占地面积 1300 平方米，1980 年，灵璧县革命委员会公布为县重点文物保护单位。
灵璧县基督教堂	Língbì Xiàn Jīdū Jiàotáng	位于灵城镇辖区范围内，地址是灵璧县经济开发区东关村。占地面积为 1286.67 平方米，建筑面积为 1400 平方米。管理单位为灵璧县民族宗教事务局。

标准名称	汉语拼音	备注
尹集镇土桥基督教堂	Yǐnjí Zhèn Tǔqiáo Jīdūjiàotáng	位于尹集镇辖区范围内，地址是灵璧县尹集镇土桥村。占地面积为1200平方米，建筑面积为701平方米。管理单位为灵璧县民族宗教事务局。
大庙乡丁庄基督教堂	Dàmiào Xiāng Dīngzhuāng Jīdūjiàotáng	位于大庙乡辖区范围内，地址是灵璧县大庙乡王海村。占地面积为3046.68平方米，建筑面积为1250平方米。管理单位为灵璧县民族宗教事务局。
游集镇尤集基督教堂	Yóují Zhèn Yóují Jīdūjiàotáng	位于游集镇辖区范围内，地址是灵璧县游集镇尤东村。占地面积为1800平方米，建筑面积为1100平方米。管理单位为灵璧县民族宗教事务局。
禅堂乡禅堂基督教堂	Chántáng Xiāng Chántáng Jīdūjiàotáng	位于禅堂乡辖区范围内，地址是灵璧县禅堂乡禅堂村。占地面积为446.67平方米，建筑面积为460平方米。管理单位为灵璧县民族宗教事务局。
大路乡韩墩基督教堂	Dàlù Xiāng Hándūn Jīdūjiàotáng	位于大路乡辖区范围内，地址是灵璧县大路乡韩墩村。占地面积为1300平方米，建筑面积为580平方米。管理单位为灵璧县民族宗教事务局。
高楼镇孟山基督教堂	Gāolóu Zhèn Mèng-shān Jīdūjiàotáng	位于高楼镇辖区范围内，地址是灵璧县高楼镇孟山村。占地面积为900平方米，建筑面积为540平方米。管理单位为灵璧县民族宗教事务局。
灵璧县天主堂	Língbì Xiàn Tiānzhǔtáng	位于灵城镇辖区范围内，地址是灵璧县灵城镇西关社区。占地面积为2000平方米，建筑面积为1128平方米。管理单位为灵璧县民族宗教事务局。
清真寺	Qīngzhēn Sì	位于砀山县砀城镇南关社区。占地面积170平方米，管理单位是砀山县文物局，1986年县政府公布为县级重点文物保护单位。2007年公布为市级文物保护单位。
天主教堂	Tiānzhǔ Jiàotáng	位于砀山县砀城镇高台井社区中心医院南50米。占地面积770平方米，管理单位是砀山县文物局，保护级别为省级。
汪阁教堂	Wānggé Jiàotáng	位于砀山县李庄镇汪阁村汪阁自然村西汪阁小学北边。占地面积476平方米，管理单位是砀山县文物局，尚未核定为保护单位。

第二节　旅游景点

标准名称	汉语拼音	备注
三角洲生态公园	Sānjiǎozhōu Shēngtài Gōngyuán	宿州三角洲公园，即宿州三角洲生态公园，位于汴河与沱河之间，人民路西侧。为三角形用地，沿人民路南北长约1740米，沿新汴河东西长约1250米，沿沱河东西长约1650米，包括汴河、沱河岸共计占地1.53平方千米，核心区面积1.01平方千米，水域面积约0.54平方千米。归城市园林管理处管辖。
宿州烈士陵园	Sùzhōu Lièshì Lìnyuán	宿县烈士陵园，今为雪枫公园，在宿城东北隅护城河北岸。占地面积0.1平方千米。归宿州市退役军人事务局管辖。
龙河公园	Lónghé Gōngyuán	位于金海三路与外环南路交叉口。占地面积0.035平方千米。归城市园林管理处管辖。
运粮河公园	Yùnliánghé Gōngyuán	位于宿州市浍水路以南沿运粮河崖边。占地19.8142平方千米。归城市园林管理处管辖。
环城公园	Huánchéng Gōngyuán	位于宿州环城河边上。新建成的环城公园绿地面积0.1785平方千米，占地0.1785平方千米。归城市园林管理处管辖。
滨河公园	Bīnhé Gōngyuán	位于宿州市沿沱河两侧。占地0.3平方千米。归城市园林管理处管辖。
五柳仙境	Wǔliǔxiānjìng	地处宿州夹沟镇境内。面积35平方千米。归城市园林管理处管辖。
八角琉璃井	Bājiǎoliúlíjǐng	位于埇桥区东北解集东南二家张村北，从老海寺东行至前程村，折向南行至解集镇，再向东南方向行驶约5公里即到。系有两千多年的古井。管理单位为埇桥区旅游局。
黄花洞	Huánghuādòng	黄花山又名卧虎山，距宿州市北约18千米。管理单位为埇桥区旅游局。
烟寺晨钟	Yānsìchénzhōng	坐落于埇桥区夹沟镇西北龙顶山东侧的大龙泉寺，又名镇头寺。管理单位为埇桥区旅游局。
五柳古文化遗址	Wǔliǔgǔwénhuà Yízhǐ	位于宿县北70里之大五柳村西南处。西南临近壮马山，西边距水库约140米，南边是公路和庄稼地，面积约20亩，管理单位为埇桥区旅游局。
扶疏亭	Fúshūtíng	位于宿州市市区原古城北城墙上。管理单位为埇桥区旅游局。
符离晓渡	Fúlíxiǎodù	濉河流经老符离，是一条古老的河流，发源于砀山黄河故道，流经萧县、濉溪、埇桥、灵璧，至泗洪入洪泽湖。濉河是淮北地区主要河流之一，流域面积381.3平方千米，在埇桥区境内长34.9千米，流域面积232.2平方千米。管理单位为埇桥区旅游局。

标准名称	汉语拼音	备注
陴湖	Píhú	湖面相当宽广，是宿州市最大的湖泊。管理单位为埇桥区旅游局。
古汴河与隋堤	Gǔbiànhé Yǔ Suídī	流经今之杞县、睢阳、宁陵、商丘、夏邑、永城、宿县、灵璧、泗县、泗洪、盱眙入淮河，共二市七县，长1300余里。隋堤横亘埇桥区中部南北宽30—500米，部分地段高约20米。管理单位为埇桥区旅游局。
龙泉湖景区	Lóngquánhú Jǐngqū	位于宿州市区北约30千米的夹沟镇，处于徐州、淮北、宿州三市的中心，面积35平方千米。管理单位为埇桥区旅游局。
古盟台	Gǔméngtái	古盟台南面五里有鲁营集，再往南三里有吴王城，鲁营集前左方有虎头山，右方有马头山，后面有奶奶山、蔡子湖。管理单位为埇桥区旅游局。
彭雪枫塑像	Péngxuěfēng Sùxiàng	位于埇桥区雪峰公园内。管理单位为埇桥区旅游局。
鸿鹄苑	Hónghúyuàn	位于宿州市南大泽乡起义遗址——涉故台左前方100米处，占地2330平方米，管理单位为埇桥区旅游局。
林探花府	Líntànhuāfǔ	坐落在宿州市杨庄乡林庄。探花府原有房屋81间，占地面积4万平方米。管理单位为埇桥区旅游局。
百虎园	Bǎihǔyuán	三八街道十里村凤凰堤百虎园内有皖北野生动物救护中心、中国马戏驯兽员培训基地、宿州市动物科普教育基地、马戏综合表演馆、东北虎繁育基地、熊园、猴山、鸟园等。管理单位为埇桥区旅游局。
龙湖公园	Lónghú Gōngyuán	位于萧县淮海路东段。占地面积60000平方米，建筑面积2210平方米，城内玄武山（乌龟山）西侧，与萧县体育场紧紧相连。园内植物主要有柳树、枫树、松树、竹林等。
龙霄公园	Lóngxiāo Gōngyuán	位于龙城镇中山南路南段。占地38000平方千米。园内现有六角双层凉亭2座，花架3个，花样彩灯喷泉1座，花坛32个，汉白玉动物雕塑6尊，路灯20盏，道路、设施占地5500平方米，绿化面积2万平方米。
龙山公园	Lóngshān Gōngyuán	坐落于龙城镇凤山东路与行政大道交叉口东。龙山公园占地173333平方米，建成规模13万平方米，其中绿化面积达9.2万平方米。

标准名称	汉语拼音	备注
皇藏峪自然保护区	Huángcángyù Zìránbǎohùqū	位于皖北萧县东南。东靠京浦铁路、206国道，西有连霍、合徐两条高速公路可达。北临陇海铁路，310、311国道。北距徐州市区30千米，距徐州观音机场60千米；南距宿州市区50千米；西南距淮北市25千米。是国家森林公园、中国历史文化遗产保护区、国家4A级旅游景区、安徽省风景名胜区、安徽省自然保护区、宿州市爱国主义教育基地。占地2.7平方千米，主要景点有皇藏洞、瑞云寺、拔剑泉、天门寺、晒书场等。管理单位为萧县皇藏峪园林管理处。
清水湾公园	Qīngshuǐwān Gōngyuán	位于泗城镇清水湾路。占地面积为40万平方米，其中水域面积约10万平方米，观赏园面积约为22万平方米。归泗县园林管理处管辖。
古汴河风情园	Gǔbiànhé Fēngqíngyuán	位于泗城镇虹乡路和汴河大道交叉口。占地面积为4280平方米，归泗县园林管理处管辖。
环城公园	Huánchéng Gōngyuán	位于泗城镇环城河沿岸。该公园沿岸长度为3600米，绿地面积为54000平方米，归泗县园林管理处管辖。
安徽泗县沱河湿地自然保护区	Ānhuī Sìxiàn Tuó-hé Shīdì Zìrán Bǎohùqū	位于泗县丁湖镇、草沟镇境内。占地面积为2463.0万平方米，管理单位为泗县林业局。
磬云地质公园	Qìngyún Dìzhì Gōngyuán	位于渔沟镇东，东与江苏接壤，北与徐州相连，南距县城35千米，北距徐州观音机场30千米、京沪高铁徐州东站50千米，东距连云港150千米，灵双公路、山闵路两条省道在渔沟境内交会，徐明高速穿境通过，并在渔沟留有出口。规划占地面积约4.25平方千米。管理单位为灵璧县国土资源局。
摩崖石刻	Móyáshíkè	碧云山摩崖造像坐落在县北渔沟镇磬石山上。造像雕凿在一块巨石上，长16米，高2米，雕像100座。有十八罗汉，此处十八罗汉雕刻与磬云山西面摩崖石刻时代相同，风格相似，雕刻层位一致，但形态差异很大，为罗汉造像。由于历史时期的人为破坏，现仅存一尊。
钟馗文化园	Zhōngkuí Wénhuàyuán	钟馗文化园规划占地1.25平方千米，以钟馗风塔为主的山体景观是规划建设的四大功能区之一，整个项目严格按照国家级风景区标准建设，立足打造国家4A级，争创国家5A级旅游景区。管理单位为灵璧县文化广播电视新闻出版局。
虞姬文化园	Yújī Wénhuàyuán	虞姬文化园坐落于灵城东部，南接垓下古战场，北临古汴河，其中虞姬墓冢墓阜高6米，基宽11米，墓侧有碑。室内陈列着垓下和虞姬墓中出土的文物、有关的史料和诗词歌赋。管理单位为灵璧县文化广播电视新闻出版局。
灵璧奇石文化园	Língbìqíshí Wénhuàyuán	灵璧奇石文化园位于县城西南的汴水之滨，占地0.2平方千米，其中水面53333平方米，核心区即博物馆建筑面积6000平方米，管理单位为灵璧县文化广播电视新闻出版局。

标准名称	汉语拼音	备注
现代农业博览园	Xiàndàinóngyè Bólǎnyuán	现代农业博览园项目位于三河省级现代农业示范区核心区，面积1平方千米，计划投资5亿元，建设期限3年。管理单位为灵璧县住房和城乡建设局。
贡梨园	Gònglíyuán	距离砀山县人民政府东北8.4千米，位于砀城镇东南门村。西南门镇耕地面积3.4万亩，果树面积3万亩，其中贡梨面积1.2万亩。管理单位为砀山县林业局。
欣雨花园	Xīnyǔ Huāyuán	距离砀山县人民政府正北13.6千米处，位于砀山县玄庙镇009县道旁。占地面积为2000平方米。管理单位为玄庙镇人民政府。
神湖公园	Shénhú Gōngyuán	距离砀山县人民政府正南方向14千米，位于关帝庙镇苗圃中学旁。占地面积为1514平方米。管理单位是关帝庙镇人民政府。
凌霄地质公园	Língxiāo Dìzhì Gōngyuán	距离砀山县人民政府东北13千米，位于砀山县园艺场。占地面积3平方千米。管理单位是砀山县园艺场。
砀山环城公园	Dàngshān Huánchéng Gōngyuán	砀山环城河公园位于城区中心位置。占地面积4平方千米。管理单位是砀山县城市管理行政执法局。一期项目面积300多亩，拆迁面积达62000平方米。
和谐园	Héxiéyuán	距离砀山县人民政府东15千米，位于安徽省砀山县李庄镇。占地面积为75000平方米。管理单位为李庄镇文化产业园。
西地亚湿地公园	Xīdìyà Shīdì Gōngyuán	距离砀山县人民政府西北2千米，位于砀山县中原路与梨都西路交叉口。占地面积为0.08平方千米。管理单位是西地亚集团有限公司。
薛楼板材加工园农民公园	Xuēlóu Bǎncái Jiāgōngyuán Nóngmín Gōngyuán	位于砀山县人民政府南19千米。占地面积0.11平方千米。管理单位是薛楼板材加工园。
碧清庄园	Bìqīng Zhuāngyuán	位于砀山县黄河故道风景区中心地带，砀山县人民政府东北9千米。主体建设面积0.035平方千米，生态风景区0.565平方千米。管理单位是四砀山县旅游局。
梨树王景区	Líshùwáng Jǐngqū	位于砀山县良梨镇人民政府东南2.5千米。占地面积0.003平方千米，管理单位是砀山县林业局。
鳌头观海	Áotóuguānhǎi	位于砀山县县园艺场和良梨镇接壤部，良梨镇东北3.8千米。占地面积33.33平方千米，管理单位为砀山县林业局。
突山风景区	Tūshān Fēngjǐngqū	位于砀山县官庄坝镇。占地面积0.006平方千米，管理单位为砀山县旅游局。
天鹅洲	Tiān’ézhōu	位于砀山县李庄镇。占地面积0.24平方千米，管理单位为砀山县林业局。

标准名称	汉语拼音	备注
砀山县黄河故道省级自然保护区	Dàngshān Xiàn Huánghé Gùdào Shěngjí Zìrán-bǎohùqū	位于砀山县西北部官庄坝镇，东端从官庄坝镇岳庄坝闸开始，向上游沿黄河故道至西端鲁、豫、皖三省交界处。省级自然保护区面积21.8平方千米，其中核心区面积5.86平方千米，季节性核心区面积8.68平方千米，实验区面积7.26平方千米。管理单位为砀山县林业局。
砀山酥梨种植资源省级自然保护区	Dàngshān Sūlí Zhǒngzhí Zīyuán Shěngjí Zìrán-bǎohùqū	位于砀山县人民政府东北20千米，省级自然保护区，面积88.92平方千米，核心区面积26.67平方千米，缓冲区面积44.46平方千米，实验区面积17.79平方千米。核心区分为梨树王核心区块和故黄核心区块，面积分别为17.78平方千米和8.89平方千米。管理单位为砀山县林业局。

第十二章　建筑物类标准地名录

第一节　房屋

标准名称	汉语拼音	备注
安厦时代广场	Ānshà Shídài Guǎngchǎng	地处安徽省宿州市汴河路和宿怀路交叉口，北临宿城经济中轴的汴河中路，东靠城市南北主干道宿怀路。占地面积为59760平方米，建筑面积约66112平方米，其中商业16015平方米，住宅39402平方米。主体层数30层，主体高度110米。安厦时代广场由中煤三建安徽安厦房地产有限公司投资开发建设，以其公司取名为安厦时代广场。
安厦新街坊	Ānshà Xīnjiēfāng	位于汴河西路与矿建街交叉口西侧，拂晓大道以东。占地面积约37500平方米，建筑面积约90万平方米。主体层数为24层，主体高度为84米。由安徽安厦房地产有限公司投资开发建设，故名。
城隍庙商城	Chénghuángmiào Shāngchéng	位于胜利路与淮海中路东侧100米。占地面积约32757平方米，建筑面积约196542平方米。主体层数为6层，主体高度为20米。城隍庙商城曾经是宿州市的商业繁华地带，因靠近城隍庙而得名。
德全大厦	Déquán Dàshà	位于胜利路与环城东路交叉口以西。占地面积约6772平方米，建筑面积约67720平方米。德全大厦由宿州德全房地产开发有限公司开发建设，故名。
电信大楼	Diànxìn Dàlóu	位于西昌南路与葫芦巷交叉口西南侧，西昌南路以西。占地面积为9259平方米，建筑面积为111108平方米。主体层数为12层，主体高度为42米。因为是中国电信股份有限公司宿州分公司办公大楼，故而得名电信大楼。
东方大厦	Dōngfāng Dàshà	位于埇桥区汴河东路159号。占地面积约7486平方米，建筑面积约142234平方米。主体层数为19层，主体高度为66米。东方大厦是集休闲娱乐、商业、住宅于一体的综合性建筑，故名。

标准名称	汉语拼音	备注
东方商城	Dōngfāng Shāngchéng	位于符离镇中心，镇政府以西。占地面积约 10640 平方米，建筑面积约 63840 平方米。主体层数为 6 层，主体高度为 21 米。东方商城建于埇桥区符离镇，是一个商业中心，服务于符离镇及周边居民生活，故名。
法务楼	Fǎwù Lóu	位于胜利路与淮海中路交叉口以西。占地面积约 2955 平方米，建筑面积约 14775 平方米。主体层数为 5 层，主体高度为 18 米。法务楼为宿州市仲裁委员会办公楼，故而得名。
福盛商业楼	Fúshèng Shāngyèlóu	位于符离镇政府以北 500 米。占地面积约 4660 平方米，建筑面积约 18640 平方米。主体层数为 4 层，主体高度为 14 米。取其德茂福盛之意，故名。
供电大楼	Gòngdiàn Dàlóu	位于淮海中路与环城南路交叉口以西。占地面积约 2820 平方米，建筑面积约 33840 平方米。主体层数为 12 层，主体高度为 42 米。供电大楼为国家电网宿州供电营业厅办公大楼，故而得名。
广电大楼	Guǎngdiàn Dàlóu	位于淮海中路与顺河路交叉口以西。占地面积约 1600 平方米，建筑面积约 9600 平方米。主体层数为 6 层，主体高度为 21 米。广电大厦为宿州市广播电视台营业厅，办理有线电视服务，故而得名。
国贸购物广场	Guómào Gòuwù Guǎngchǎng	位于淮海中路与环城南路交叉口以东。占地面积约 4980 平方米，建筑面积约 24900 平方米。主体层数为 5 层，主体高度为 21 米。国贸购物广场为宿州市较为繁华的地带，故名。
恒丰大厦	Héngfēng Dàshà	位于汴河中路与淮海南路交叉口以东，市立医院旁。占地面积约 5380 平方米，建筑面积约 86080 平方米。主体层数为 16 层，主体高度为 52 米。由宿州市恒丰集团有限公司开发建设，故名。
恒馨财富广场	Héngxīn Cáifù Guǎngchǎng	位于西昌路 131 号，西昌南路与汴河中路交叉口以南，葫芦巷以北。占地面积约 16000 平方米，建筑面积约 8 万平方米。主体层数为 5 层，主体高度为 18 米。恒馨财富广场由宿州恒馨房地产开发公司开发建设，集商业住宅于一体，故而得名。
红烛楼	Hóngzhú Lóu	位于人民路与宿蒙路交叉口以南。占地面积约 1040 平方米，建筑面积约 6240 平方米。主体层数为 6 层，主体高度为 21 米。红烛楼为下关中学教职工宿舍，用来比喻桃李满天下，故名。
花园大厦	Huāyuán Dàshà	位于宿怀路与胜利路交叉口以南。占地面积约 5920 平方米，建筑面积约 59200 平方米。主体层数为 10 层，主体高度为 36 米。花园大厦位于花园小区旁，故而得名。

标准名称	汉语拼音	备注
华夏世贸广场	Huáxià Shìmào Guǎngchǎng	位于人民路与汴河路交叉口东南方位，宿蒙路以西。占地面积约 22456 平方米，建筑面积约 516488 平方米。主体层数为 23 层，主体高度为 81 米。该广场由安徽宿州华夏房地产开发（集团）有限公司开发建设，故而得名华夏世贸广场。
皇冠国际家居建材城	Huángguàn Guójì Jiājū Jiàncáichéng	位于 206 国道以西，北方中学北 800 米。占地面积约 126600 平方米，建筑面积约 506400 平方米。主体层数为 4 层，主体高度为 15 米。皇冠国际家居建材城由安徽宿州皇冠家居发展有限公司开发建设，故而得名。
家乐福世纪广场	Jiālèfú Shìjì Guǎngchǎng	位于汴河中路以南，二中巷旁。占地面积约 14200 平方米，建筑面积约 426000 平方米。主体层数为 30 层，主体高度为 105 米。由世界 500 强零售连锁企业家乐福入驻宿州建造的一个休闲购物中心，故而得名。
健康大厦	Jiànkāng Dàshà	位于银河一路 530 号，磬云路以东。占地面积约 17200 平方米，建筑面积约 103200 平方米。主体层数为 6 层，主体高度为 21 米。健康大厦为宿州市卫生局办公所在地，故而得名。
交通大厦	Jiāotōng Dàshà	位于胜利路与环城东路交叉口以西。占地面积约 700 平方米，建筑面积约 4900 平方米。主体层数为 7 层，主体高度为 24 米。交通大厦为原宿州市老汽车站所在地，老汽车站不复存在，大厦依然保留。
金茂大厦	Jīnmào Dàshà	位于汴河中路以南，家乐福东侧。占地面积约 4290 平方米，建筑面积约 51480 平方米。主体层数为 12 层，主体高度为 42 米。金茂大厦集休闲娱乐、商业、写字楼于一体，是宿州比较繁华的一个地方，故名。
金源大厦	Jīnyuán Dàshà	位于金海大道与鹏程路交叉口以北。占地面积约 15900 平方米，建筑面积约 254400 平方米。主体层数为 16 层，主体高度为 56 米。金源大厦集休闲娱乐、商业、住宅于一体，由开发商申报，政府批准命名。
蓝石春天花园	Lánshíchūntiān Huāyuán	位于金海大道与鹏程路交叉口以东，金湖大道以北。占地面积约 66700 平方米，建筑面积约 400200 平方米。主体层数为 6 层，主体高度为 21 米。由合肥蓝石房地产开发有限公司开发建设，故而得名。
劳动大厦	Láodòng Dàshà	位于胜利路 583 号，复兴巷以东。占地面积约 900 平方米，建筑面积约 3600 平方米。主体层数为 4 层，主体高度为 14 米。劳动大厦为宿州市人力资源与社会保障局办公大楼，故而得名。
莲都大厦	Liándōu Dàshà	位于淮海中路与小河南街交叉口以西。占地面积约 5240 平方米，建筑面积约 62880 平方米。主体层数为 12 层，主体高度为 42 米。由宿州市莲都房地产开发有限公司开发建设，故而得名。

标准名称	汉语拼音	备注
两淮宿州新城	Liǎnghuái Sùzhōu Xīnchéng	位于淮海中路与人民路交叉口以西。占地面积约 54300 平方米，建筑面积约 988200 平方米。主体层数为 18 层，主体高度为 64 米。两淮宿州新城是宿州市政府重点工程，也是本市最大的旧城改造项目，由两淮置业宿州公司建设开发，故而得名。
凌枫大厦	Língfēng Dàshà	位于浍水路与市府巷交叉口以东。占地面积约 2475 平方米，建筑面积约 29700 平方米。主体层数为 12 层，主体高度为 42 米。由宿州市凌枫房地产开发有限公司开发建设，故而得名。
茂祥大厦	Màoxiáng Dàshà	位于西昌南路 551 号。占地面积约 2264 平方米，建筑面积约 40752 平方米。主体层数为 18 层，主体高度为 64 米。茂祥大厦由开发商申报，政府批准命名，集商业、住宅于一体。
明丽大厦	Mínglì Dàshà	位于胜利东路 607 号，复兴巷以西。占地面积约 2800 平方米，建筑面积约 50400 平方米。主体层数为 18 层，主体高度为 64 米。明丽大厦由开发商申报，政府批准命名，集商业、住宅、写字楼于一体。
赛润大厦	Sàirùn Dàshà	位于淮海路 123 号，胜利路以南。占地面积约 884 平方米，建筑面积约 5304 平方米。主体层数为 6 层，主体高度为 21 米。赛润大厦由开发商取名。
桑田大厦	Sāngtián Dàshà	位于宿怀路与道东大街交叉口以东。占地面积约 650 平方米，建筑面积约 3900 平方米。主体层数为 6 层，主体高度为 21 米。桑田大厦由开发商取名。
尚街国际新天地	Shàngjiē Guójì Xīntiāndì	位于东昌路 159 号。占地面积约 11500 平方米，建筑面积约 207000 平方米。主体层数为 18 层，主体高度为 64 米。由安徽沪丰实业有限公司开发建设，故名。
盛景大厦	Shèngjǐng Dàshà	位于西昌南路与汴河中路交叉口西南角。占地面积约 1820 平方米，建筑面积约 7280 平方米。主体层数为 4 层，主体高度为 14 米。安徽圣玛房地产开发有限公司开发建设，故名。
体育大楼	Tǐyù Dàlóu	位于沱河路与教场路交叉口东南角。占地面积约 5600 平方米，建筑面积约 33600 平方米。主体层数为 6 层，主体高度为 21 米。体育大楼为宿州市体育局办公大楼，故而得名。
铁龙大厦	Tiělóng Dàshà	位于宿州火车站广场南侧。占地面积约 1060 平方米，建筑面积约 6360 平方米。主体层数为 6 层，主体高度为 21 米。铁龙大厦为上海铁路局蚌埠货运站宿州经营部办公大楼，故而得名。
欣意国际城	Xīnyì Guójìchéng	位于淮海中路与环城北路交会处。占地面积约 9300 平方米，建筑面积约 279000 平方米。主体层数为 30 层，主体高度为 105 米。欣意国际城由开发商申报，政府批准命名，集商业、住宅于一体，取欣欣向荣之意。

标准名称	汉语拼音	备注
宿州宾馆	Sùzhōu Bīnguǎn	位于淮海中路西侧，胜利路以北。占地面积约2500平方米，建筑面积约3万平方米。主体层数为12层，主体高度为42米。宿州宾馆为宿州当地修建较早的一家宾馆，是宿州具有代表性的宾馆。
宿州东安大厦	Sùzhōudōngān Dàshà	位于汴河西路南侧，建筑巷以西。占地面积约3140平方米，建筑面积约37680平方米。主体层数为12层，主体高度为42米。宿州东安大厦由开发商命名。
宿州房产大楼	Sùzhōu Fángchǎn Dàlóu	位于淮河路与西昌南路交叉口以西。占地面积约3940平方米，建筑面积约59100平方米。主体层数为15层，主体高度为54米。宿州房管大楼为宿州市房管局办公大楼，故而得名。
宿州供销商厦	Sùzhōu Gòngxiāo Shāngshà	位于宿怀南路908号。占地面积约450平方米，建筑面积约5400平方米。主体层数为12层，主体高度为42米。宿州供销商厦为宿州市埇桥区供销合作社办公大楼，故而得名。
宿州市百货大楼	Sùzhōu Shì Bǎihuò Dàlóu	位于胜利路与淮海中路交叉口275号。占地面积为8000平方米，建筑面积为4万平方米。主体层数为5层，主体高度为18米。宿州百货大楼坐落于市中心，是一个具有环境优美、服务一流、有着规范的物业管理以及丰富文化内涵的新时代新型综合商场，是一个集购物、娱乐、餐饮、居住为一体的购物中心。
宿州市行政大楼	Sùzhōu Shì Xíngzhèng Dàlóu	位于宿蒙路与淮河路交叉口东南角。占地面积约13700平方米，建筑面积约137000平方米。主体层数为10层，主体高度为36米。宿州市行政大楼为宿州市行政服务中心办公大楼，故而得名。
宿州市青年公社	Sùzhōu Shì Qīngnián Gōngshè	位于浍水路与拂晓大道交叉口东北角。占地面积约10840平方米，建筑面积约195120平方米。主体层数为18层，主体高度为64米。宿州市青年公社由宿州市大泽林木实业有限公司开发建设，故名。
亿龙大厦	Yìlóng Dàshà	位于汴河中路与武夷东路交叉口东南角。占地面积约5180平方米，建筑面积约124320平方米。主体层数为24层，主体高度为84米。亿龙大厦是集写字楼、商业、购物于一体的综合性建筑，故名。
埇桥大厦	Yǒngqiáo Dàshà	位于环城北路与书院巷交叉口以东。占地面积约1900平方米，建筑面积约30400平方米。主体层数为16层，主体高度为54米。埇桥大厦为埇桥街道办事处办公所在地，故而得名。
邮局大楼	Yóujú Dàlóu	位于淮海中路与环保巷交叉口东北角。占地面积约3780平方米，建筑面积约37800平方米。主体层数为10层，主体高度为36米。邮局大楼为中国邮政储蓄银行北关邮局办公大楼，故而得名。

标准名称	汉语拼音	备注
证券大楼	Zhèngquàn Dàlóu	位于汴河中路与葫芦巷交叉口西北角。占地面积约 1920 平方米，建筑面积约 9600 平方米。主体层数为 5 层，主体高度为 18 米。证券大楼为华安证券宿州营业部办公大楼，故而得名。
中安大厦	Zhōng'ān Dàshà	位于浍水路与淮海南路交叉口西北角。占地面积约 1860 平方米，建筑面积约 14880 平方米。主体层数为 8 层，主体高度为 28 米。
中煤大厦	Zhōngméi Dàshà	位于汴河中路与大泽路交叉口以东。占地面积约 5940 平方米，建筑面积约 89100 平方米。主体层数为 15 层，主体高度为 54 米。中煤大厦为中煤三建安徽安厦房地产有限责任公司所在地，故而得名。
中央广场	Zhōngyāng Guǎngchǎng	位于汴河中路与淮海中路交叉口西北角。占地面积约 8440 平方米，建筑面积约 236320 平方米。主体层数为 28 层，主体高度为 98 米。中央广场为宿州商业中心，故而得名。
紫云楼	Zǐyún Lóu	位于宿蒙路旁，下关中学以南。占地面积约 460 平方米，建筑面积约 1380 平方米。主体层数为 3 层，主体高度为 11 米。取祥瑞之兆，故名。
萧县城隍庙	Xiāo Xiàn Chénghuángmiào	始建于明朝万历年间，建筑面积 11814 平方米。以其坐落位置和所属性质命名。
萧县工商银行大楼	Xiāo Xiàn Gōngshāngyínháng Dàlóu	位于中山北路新世纪大厦附近。占地面积为 1000 平方米，建筑面积为 8000 平方米。主体层数为 8 层，主体高度为 24 米。因是工商银行所建所用，故而得名。
萧县民政局大楼	Xiāo Xiàn Mínzhèng jú Dàlóu	位于东环路中段。占地面积为 1000 平方米，建筑面积为 5000 平方米。主体层数为 5 层，主体高度为 17 米。因是民政局所在地，故而得名。
萧县供电局大楼	Xiāo Xiàn Gòngdiànjú Dàlóu	位于东环路中段。占地面积为 1000 平方米，建筑面积为 12000 平方米。主体层数为 12 层，主体高度为 30 米。因是供电局所在地，故而得名。
粮食大厦	Liángshí Dàshà	位于淮海西路与健康北路交叉口。占地面积为 1000 平方米，建筑面积为 6000 平方米。主体层数为 6 层，主体高度为 15 米。因是粮食局所在地，故而得名。
新世纪大厦	Xīnshìjì Dàshà	位于中山北路与淮海东路交叉口。占地面积为 1000 平方米，建筑面积为 8000 平方米。主体层数为 8 层，主体高度为 20 米。为了迎接新世纪而得名新世纪大厦。
供销大楼	Gòngxiāo Dàlóu	位于龙城镇。占地面积为 800 平方米，建筑面积为 4000 平方米。主体层数为 5 层，主体高度为 18 米。因供销社所在地而得名。
安徽省防腐大厦	Ānhuī Shěng Fángfǔ Dàshà	位于 11 国道与淮海北路交叉口。占地面积为 800 平方米，建筑面积为 4000 平方米。主体层数为 5 层，主体高度为 16 米。因是安徽防腐总公司所在地，故而得名。

标准名称	汉语拼音	备注
财政综合大楼	Cáizhèng Zōnghé Dàlóu	位于中山南路，龙萧公园北侧。占地面积为300平方米，建筑面积为3000平方米。主体层数为10层，主体高度为30米。因是财政局所在地，故而得名。
萧县地税局大楼	Xiāo Xiàn Dìshuìjú Dàlóu	位于中山南路东侧。占地面积为500平方米，建筑面积为5000平方米。主体层数为10层，主体高度为30米。因是萧县地税局所在地，故而得名。
泗县文庙商城	Sì Xiàn Wénmiào Shāngchéng	位于泗县泗城镇汴河路58号。占地面积为24000平方米，建筑面积为20000平方米。主体层数为3层，主体高度为12米。因商场院内有文庙大成殿一座，故名。
财富广场	Cáifù Guǎngchǎng	位于泗县北二环路与泗州大道交叉口。占地面积为5750平方米，建筑面积为21600平方米。主体层数为18层，主体高度为54米。安徽众联置业有限公司承建，有居民生活富裕之意，故名。
泗县博物馆	Sì Xiàn Bówùguǎn	位于泗县经济开发区府前广场南侧。占地面积为8000平方米，建筑面积为15000平方米。主体层数为3层，主体高度为15米。地处泗县，为室内体育比赛、体育锻炼的场馆，故名。
灵璧县电信大楼	Língbì Xiàn Diànxìn Dàlóu	位于灵璧县建设中路128号。主体层数为6层，主体高度为27米。占地面积为552平方米，建筑面积为1930平方米。以承担电信业务而得名。
公安局110指挥中心	Gōng'ānjú 110 Zhǐhuī Zhōngxīn	位于灵城镇迎宾大道中段路东凤山北路43号。主体层数为12层，主体高度为36米。占地面积为15150平方米，建筑面积为11145平方米。以110报警电话得名。
灵璧县地税大楼	Língbì Xiàn Dìshuì Dàlóu	位于建设中路中段路西。主体层数为6层，主体高度为20米。占地面积为2065平方米，建筑面积为2700平方米。以地税局办公楼而得名。
灵璧县供电大楼	Língbì Xiàn Gòngdiàn Dàlóu	位于宿州市灵璧县建设中路88号。主体层数为6层，主体高度为20米。占地面积为660平方米，建筑面积为3960平方米。以供电局办公大楼而得名。
灵璧县房产大楼	Língbì Xiàn Fángchǎn Dàlóu	位于建设中路南段路东。主体层数为6层，主体高度为24米。占地面积为380平方米，建筑面积为1900平方米。以房产局办公大楼而得名。
灵璧县法院办公楼	Língbì Xiàn Fǎyuàn Bàngōnglóu	位于灵城镇汴河路西段南路。主体层数为12层，主体高度为36米。占地面积为8857平方米，建筑面积为12900平方米。以法院工作楼而得名。
灵璧县检察院大楼	Língbì Xiàn Jiǎnchráyuàn Dàlóu	位于迎宾大道北段路东。主体层数为12层，主体高度为36米。占地面积为7992平方米，建筑面积为10616平方米。以检察院办公大楼而得名。

标准名称	汉语拼音	备注
灵璧县卫生办公楼	Língbì Xiàn Wèi-shēng Bàngōnglóu	位于迎宾大道北段路西。主体层数为 7 层，主体高度为 24 米。占地面积为 688 平方米，建筑面积为 4670 平方米。以卫生局办公大楼而得名。
灵璧县交通大楼	Língbì Xiàn Jiāotōng Dàlóu	位于南环中路西段路南。主体层数为 5 层，主体高度为 15 米。占地面积为 800 平方米，建筑面积为 3870 平方米。以交通局办公楼而得名。
灵璧县茂和大厦	Língbì Xiàn Màohé Dàshà	位于汴河路中段路南。主体层数为 14 层，主体高度为 50 米。占地面积为 9870 平方米，建筑面积为 38700 平方米。取“茂盛和谐”中的“茂、和”而命名。
灵璧县政府大楼	Língbì Xiàn Zhèngfǔ Dàlóu	位于钟灵大道西段路北。主体层数为 12 层，主体高度为 40 米。占地面积为 6500 平方米，建筑面积为 78411 平方米。以政府办公场所而得名。
灵璧县中沛大厦	Língbì Xiàn Zhōngpèi Dàshà	位于灵璧县 303 省道与建设中路西南龙山庄园旁。主体层数为 18 层，主体高度为 55 米。占地面积为 800 平方米，建筑面积为 14400 平方米。由开发商申请，政府审批命名。
灵璧县新华书店大楼	Língbì Xiàn Xīnhuá-shūdiàn Dàlóu	位于解放中路中段路南。主体层数为 4 层，主体高度为 13 米。占地面积为 240 平方米，建筑面积为 356 平方米。以新华书店而得名。
灵璧石博物馆	Língbìshí Bówùguǎn	位于灵璧县渔沟镇境内。因展览灵璧石、观赏石、景观石、园林石、刻字石、假山石，故名灵璧石博物馆。
钟馗酒文化博物馆	Zhōngkuí Jiǔwénhuà Bówùguǎn	坐落在灵璧县经济开发区内，总占地面积 3000 多平方米，总建筑面积 1000 多平方米，管理单位为灵璧县文化广播电视新闻出版局。该地名来源于传说人物钟馗，为展现钟馗酒文化的发展，故名钟馗酒文化博物馆。
九州大厦	Jiǔzhōu Dàshà	位于砀山县砀城镇人民西路 229 号。占地面积为 3333 平方米，建筑面积为 5250 平方米。主体层数 5 层，主体高度 20 米。意为可容纳九州旅客住宿，取名九州大厦。
梨都商业大厦	Lídōu Shāngyè Dàshà	位于砀山县砀城镇人民东路 6 号。占地面积为 300 平方米，建筑面积为 325 平方米，主体层数 5 层，主体高度 18 米。以砀山县生产砀山梨而命名。
邮政通信生产楼	Yóuzhèng Tōngxìn Shēngchǎnlóu	位于砀山县砀城镇人民东路。占地面积为 433 平方米，建筑面积为 2500 平方米。主体层数 6 层，主体高度 24 米。因原址是邮电局，故名。
砀山县新长江宾馆	Dàngshān Xiàn Xīn-chángjiāng Bīnguǎn	位于砀山县砀山道北中路 12 号。占地面积为 3866 平方米，建筑面积为 5222 平方米。主体层数 6 层，主体高度 27 米。以长江二字命名。
香港商城	Xiānggǎng Shāngchéng	位于砀山县砀城镇人民中路。占地面积为 1 万平方米，建筑面积为 5 万平方米。主体层数 5 层，主体高度 20 米。因香港特色的商务购物市场而命名。

标准名称	汉语拼音	备注
爱客来专卖场	Àikèlái Zhuānmàichǎng	位于砀山县砀城镇境内。占地面积为6333平方米，建筑面积为12849平方米。主体层数5层，主体高度18米。意为欢迎民众前去购物，故名。
好又多购物中心	Hǎoyòuduō Gòuwù Zhōngxīn	位于砀山县砀城镇人民东路与芒砀路交叉口。占地面积为3667平方米，建筑面积为6285平方米。主体层数5层，主体高度22米。因商品又好又多，故名。
铁树缘大酒店	Tiěshùyuán Dàjiǔdiàn	位于砀山县砀城镇健康路。占地面积为2667平方米，建筑面积为1500平方米。主体层数5层，主体高度24米。因建楼前此处有一棵百年铁树，故名。
砀山国际大酒店	Dàngshān Guójì Dàjiǔdiàn	位于砀山县砀城镇芒砀北路。占地面积为27000平方米，建筑面积为7000多平方米。包括8层和12层大楼各一栋，会议中心一个，主体高度45米，楼房造型别致幽雅，富于现代特色。因位于金利工业园附近而命名为金利国际大酒店，后又改为砀山国际大酒店。
华迪时代广场	Huádí Shídài Guǎngchǎng	位于砀山县砀城镇中原路与人民西路交叉口。占地面积为4000平方米，建筑面积为2230平方米。主体层数6层，主体高度20米。取地产商公司名称，故名。
砀山农资大厦	Dàngshān Nóngzī Dàshà	位于砀山县砀城镇道北西路附近。占地面积为12000平方米，建筑面积为1000平方米。主体层数6层，主体高度22米。根据自身性质，得名砀山农资大厦。
冠隆商厦	Guànlóng Shāngshà	位于砀山县砀城镇310省道交通局斜对面。占地面积为18万平方米，建筑面积为1000平方米。主体层数5层，主体高度18米。属冠隆集团，得名冠隆商厦。
财富广场商务中心	Cáifù Guǎngchǎng Shāngwù Zhōngxīn	位于砀山县砀城镇西内沿河路与芒砀路交叉口。占地面积为1500平方米，建筑面积为1200平方米。主体层数6层，主体高度25米。以商贸经营和住宅一体，取名财富广场。
时代广场	Shídài Guǎngchǎng	位于砀山县砀城镇人民西路与健康路交界处。占地面积为39600平方米，建筑面积为88000平方米。主题层14数层，主体高度50米。小区开发商命名，为凸显该广场的重要地位，故名时代广场。

第二节　亭台碑塔

标准名称	汉语拼音	备注
烈士陵园纪念碑	Lièshì Língyuán Jìniànbēi	位于龙城镇萧县烈士陵园内。纪念碑高 10 米，混凝土结构。为纪念抗日烈士而建立。
宴嬉亭	Yànxī Tíng	位于砀山县砀城镇南关社区。主体层数一层，主体高度 5 米，钢筋混凝土结构。仿古燕喜台亭建，为砀山宴嬉台遗址代表性建筑，得名宴嬉台亭。
三省亭	Sānshěng Tíng	位于砀山县周寨镇刘新庄村北安徽省、江苏省、山东省交界处。主体层数一层，主体高度 4 米，钢筋混凝土结构。三省亭位于周寨镇刘新庄村北，地处安徽省、江苏省、山东省交界处，得名三省亭。
静心亭	Jìngxīn Tíng	位于砀山廉政文化广场老城护城中心。主体层数一层，主体高度 5 米，钢筋混凝土结构。由于该亭建于平静的护城河中心，又因这里清风徐来，使人安逸、静心，因而得名静心亭。

第三节　广场

标准名称	汉语拼音	备注
银河广场	Yínhé Guǎngchǎng	位于银河一路与人民路交叉口西南方位，市政府对面。广场长约 300 米，宽约 152 米，占地面积约 45600 平方米。银河广场是集商业、住宅、休闲为一体的综合性广场。因广场修建在银河一路旁，故而得名银河广场。
科技文化广场	Kējì Wénhuà Guǎngchǎng	位于汴河中路南，东至家乐福，西至市立医院，南至宿州市原第二中学。广场长约 200 米，宽约 164 米，占地面积约 3200 平方米。科技文化广场简称二中广场，位于宿州市中心繁华地带，是集休闲娱乐、商业、购物、写字楼、住宅于一体的综合式广场。
火车站广场	Huǒchēzhàn Guǎngchǎng	位于宿州市火车站前，胜利路与怀远路交叉口正东。广场长约 132 米，宽约 85 米，占地面积约 10400 平方米。因位于宿州市火车站前，故而得名火车站广场。
雪枫广场	Xuěfēng Guǎng chǎng	位于环城北路以北，沱河路以南，雪枫公园西南角。广场长约 179 米，宽约 105 米，占地面积约 1800 平方米。因位于宿州市雪枫公园前，故而得名雪枫广场。

标准名称	汉语拼音	备注
安徽省宿州市亚洲精武馆	Ānhuī Shěng Sùzhōu Shì Yàzhōu Jīngwǔguǎn	位于桃园镇中北部，206国道以西。占地面积约3500平方米，建筑面积约2430平方米。旨在弘扬中国武术文化，故名。
宿州市九中体育馆	Sùzhōu Shì Jiǔzhōng Tǐyùguǎn	位于埇桥区纺织路与西昌南路交叉口东南100米处，宿州市第九中学正西，西昌南路420号。占地面积约1500平方米，建筑面积约800平方米。因体育馆位于宿州市第九中学正西，故得名宿州市九中体育馆。
宿州市体育馆	Sùzhōu Shì Tǐyùguǎn	位于埇桥区人民路与汴阳三路交叉口东北角。占地面积约105890平方米，建筑面积约25238平方米，建筑总高度30.2米。为宿州市大型体育馆，故名。
宿州市城市规划展示馆	Sùzhōu Shì Chéngshì Guīhuà Zhǎnshìguǎn	位于埇桥区人民路与汴阳三路交叉口西北角。占地面积约18340平方米，建筑面积约6840平方米，建筑物高约12米。因该馆用于城市规划与展览，故名。
萧县凤翔体育馆	Xiāo Xiàn Fèng-xiáng Tǐyùguǎn	位于顺河路北侧萧县实验中学旁。场馆占地40000平方米。凤翔意为凤凰腾飞。
萧县体育场	Xiāo Xiàn Tǐyùchǎng	位于萧县龙湖公园东侧。场馆占地40000平方米。供群众休闲娱乐运动，举办大型体育赛事。
泗州广场	Sìzhōu Guǎngchǎng	位于东一环和南一环交叉口。占地面积为67000平方米。该广场为集运动、健身、集会、休闲于一体的综合性广场，荣获“全省人居环境范例奖”。该广场地处泗城中心位置，因泗县古称泗州，故得名泗州广场。
府前广场	Fǔqián Guǎngchǎng	位于泗县县政府南大门正对面。占地面积为97200平方米。因地处泗县人民政府南大门正对面，故得名府前广场。
泗县中学体育场	Sì Xiàn Zhōngxué Tǐyùchǎng	位于泗城镇辖区范围内，地址为道院街4号。占地面积为14020平方米。因该体育场位于泗县中学教学楼南部，是师生们开展体育运动的场地，故得名泗县中学体育场。
泗县第一中学体育场	Sì Xiàn Dì 1 Zhōngxué Tǐyùchǎng	位于泗县开发区辖区范围内，地址为泗县东二环路。占地面积为14400平方米。因该体育场位于泗县第一中学教学楼东部，是师生们开展体育运动的场地，故得名泗县第一中学体育场。
泗县第二中学体育场	Sì Xiàn Dì 2 Zhōngxué Tǐyùchǎng	位于泗县泗城镇南关居委会辖区范围内，地址为泗城镇二中新村1号。占地面积为15881平方米。因该体育场为泗县第二中学师生开展体育运动的场地，故得名泗县第二中学体育场。
泗县第三中学体育场	Sì Xiàn Dì 3 Zhōngxué Tǐyùchǎng	位于泗城镇辖区范围内，地址为泗城镇北104国道东三中新村一号。占地面积为10950平方米。因该体育场位于泗县第三中学教学楼东部，是师生们开展体育运动的场地，故得名泗县第三中学体育场。

标准名称	汉语拼音	备注
泗县双语中学体育场	Sì Xiàn Shuāngyu Zhōngxué Tǐyùchǎng	位于泗城镇辖区范围内，地址为泗城镇北二环西路。占地面积为 15350 平方米。因该体育场位于泗县双语中学教学楼西南部，是师生们开展体育运动的场地，故得名泗县双语中学体育场。
泗县体育馆	Sì Xiàn Tǐyùguǎn	位于泗县经济开发区辖区范围内，地址为泗县经济开发区丹凤路与桃园路交口。占地面积为 7515 平方米，建筑面积为 22000 平方米。主体层数为 3 层，主体高度为 33 米。该体育馆地处泗县，为泗县群众运动休闲的综合场馆，故名。
全民健身中心	Quánmínjiànshēn Zhōngxīn	位于灵璧县宿泗路与钟馗路交叉口西 150 米。占地面积 30776 平方米。其中有 2000 多座的看台塑胶田径场 13775 平方米，篮球场 3293 平方米，室内健身馆（房）面积为 4600 平方米，康乐楼面积为 1400 平方米。因位于城市中心供全民健身场地，故名全民健身中心。
龙山广场	Lóngshān Guǎngchǎng	位于灵璧县建设南路与汴河路交叉口西南 100 米。占地面积 20000 平方米。因位于龙山路旁，故名龙山广场。
钟灵文化广场	Zhōnglíngwénhuà Guǎngchǎng	位于钟灵大道人民政府对面。占地面积 13.2 万平方米。因屹立在广场中心的雕塑——“灵璧之门”，是一个繁体的“灵”字矗立在广场中间，象征着灵璧的快速崛起；雕塑下面三个圆形底座，象征着灵璧的“三元文化”为依托，用以纪念 2012 年 5 月 6 日灵璧县首届“一会两节”的圆满举办，故名钟灵文化广场。
梨花广场	Líhuā Guǎngchǎng	位于砀山县砀山梨花路与东升路交叉口。占地面积 15000 平方米。由于建筑物是按照梨花瓣的形状而建的，故而得名梨花广场。
火车站广场	Huǒchēzhàn Guǎngchǎng	位于砀山县 310 国道与中原路交叉口南。占地面积 8000 平方米。因地处火车站，故而得名火车站广场。
廉政文化广场	Liánzhèng Wénhuà Guǎngchǎng	坐落在砀城镇老城护城河东北岸边，廉政文化广场占地面积约 7000 平方米。围绕“梨花廉政”主题，广场主体工程造型也为梨花形状，把廉政文化理念融入建设格局，故而命名廉政文化广场。
老体育场	Lǎo Tǐyùchǎng	位于砀山县砀城镇人民东路老年大学对面。占地面积 2240 平方米。由其用途而命名。

第十三章　单位类标准地名录

第一节　党政机关

标准名称	汉语拼音	备注
宿州市人民政府	Sùzhōu Shì Rénmínzhèngfǔ	埇桥区银河一路 506 号。
宿州市统计局	Sùzhōu Shì Tǒngjìjú	埇桥区银河一路政务中心 9 楼。
宿州市国家税务局	Sùzhōu Shì Guójiā Shuìwùjú	埇桥区淮河西路 129 号。
宿州市林业局	Sùzhōu Shì Línyèjú	埇桥区淮河中路 114 号。
宿州市文化和旅游局	Sùzhōu Shì Wénhuà hé Lǚyóujú	埇桥区银河二路 468 号。
宿州市埇桥区交通运输局	Sùzhōu Shì Yǒngqiáo Qū Jiāotōngyùnshūjú	埇桥区浍水西路 830 号。
宿州市埇桥区水利局	Sùzhōu Shì Yǒngqiáo Qū Shuǐlìjú	埇桥区环城北路 11 号。
宿州市埇桥区国土资源局	Sùzhōu Shì Yǒngqiáo Qū Guótǔzīyuánjú	埇桥区浍水东路 376 号。
宿州市埇桥区档案局	Sùzhōu Shì Yǒngqiáo Qū Dàng'ànjú	埇桥区政务中心 G 座。
宿州市公安局埇桥分局	Sùzhōu Shì Gōng' ānjú Yǒngqiáo Fēnjú	埇桥区胜利东路 638 号。
宿州市委组织部	Sùzhōu Shìwěi Zǔzhībù	埇桥区汴河路 517 号。
宿州市委宣传部	Sùzhōu Shìwěi Xuānchuánbù	埇桥区胜利路 292 号。

标准名称	汉语拼音	备注
宿州市委统战部	Sùzhōu Shìwěi Tǒngzhànbù	埇桥区汴河路市委大院。
宿州市委政法委	Sùzhōu Shìwěi Zhèngfǎwěi	埇桥区银河一路 506 号政务中心主楼。
宿州市信访局	Sùzhōu Shì Xìnfǎngjú	埇桥区银河一路 506 号政务中心主楼。
宿州市直属工委	Sùzhōu Shì Zhíshǔ Gōngwěi	埇桥区汴河路 517 号。
宿州市城乡规划局	Sùzhōu Shì Chéngxiāngguīhuàjú	埇桥区银河一路 559 号。
宿州市埇桥区卫生局	Sùzhōu Shì Yǒngqiáo Qū Wèishēngjú	埇桥区胜利路 318 号。
宿州市埇桥区物价局	Sùzhōu Shì Yǒngqiáo Qū Wùjiàjú	埇桥区胜利东路 636 号。
宿州市埇桥区粮食局	Sùzhōu Shì Yǒngqiáo Qū Liángshijú	埇桥区浍水东路 362 号。
宿州市埇桥区民政局	Sùzhōu Shì Yǒngqiáo Qū Mínzhèngjú	埇桥区浍水东路 706 号。
宿州市埇桥区审计局	Sùzhōu Shì Yǒngqiáo Qū Shěnjìjú	埇桥区环城北路 91 号。
宿州市埇桥区统计局	Sùzhōu Shì Yǒngqiáo Qū Tǒngjìjú	埇桥区政府大院。
宿州市埇桥区商务局	Sùzhōu Shì Yǒngqiáo Qū Shāngwùjú	埇桥区淮海中路 206 号。
宿州市埇桥区财政局	Sùzhōu Shì Yǒngqiáo Qū Cáizhèngjú	埇桥区胜利路 304 号。
宿州市埇桥区林业局	Sùzhōu Shì Yǒngqiáo Qū Línyèjú	埇桥区西昌南路 866 号。
宿州市埇桥区司法局	Sùzhōu Shì Yǒngqiáo Qū Sīfǎjú	埇桥区市府巷 12 号。
宿州市埇桥区教育体育局	Sùzhōu Shì Yǒngqiáo Qū Jiàoyùtǐyùjú	埇桥区浍水东路 726 号。
宿州市埇桥区人民法院	Sùzhōu Shì Yǒngqiáo Qū Rénmínfǎyuàn	埇桥区淮河西路 148 号。
宿州市埇桥区人民政府	Sùzhōu Shì Yǒngqiáo Qū Rénmínzhèngfǔ	胜利东路 636 号。

标准名称	汉语拼音	备注
砀山县环境保护局	Dàngshān Xiàn Huánjìng Bǎohùjú	砀城镇政务新区东 500 米路北。
砀山县农业委员会	Dàngshān Xiàn Nóngyè Wěiyuánhuì	砀郡路中段路北政务新区 9 楼。
砀山县统计局	Dàngshān Xiàn Tǒngjìjú	砀城镇政务新区。
砀山县效能督查局	Dàngshān Xiàn Xiàonéng Dūchájú	砀郡路中段路北政务新区 2 楼。
砀山县交通运输局	Dàngshān Xiàn Jiāotōngyùnshūjú	砀城道北东路。
砀山县国土资源局	Dàngshān Xiàn Guótǔzīyuánjú	砀山县砀城镇人民东路古城商业街北侧。
砀山县审计局	Dàngshān Xiàn Shěnjìjú	砀城镇政务新区三楼。
砀山县财政局	Dàngshān Xiàn Cáizhèngjú	砀郡路与科技路交叉口往北 200 米路西。
砀山县林业局	Dàngshān Xiàn Línyèjú	县政府东 200 米，华府名都北 300 米处。
砀山县公安局	Dàngshān Xiàn Gōng’ānjú	政务新区东砀郡路北侧。
砀山县拘留所	Dàngshān Xiàn Jūliúsuǒ	砀城镇政务新区。
砀山县看守所	Dàngshān Xiàn Kānshǒusuǒ	砀城镇政务新区，砀山县公安局办公大楼北侧。
砀山县科学技术局	Dàngshān Xiàn Kēxuéjìshùjú	砀城镇人民东路 215 号。
砀山县司法局	Dàngshān Xiàn Sīfǎjú	砀山县砀城镇旭日路西侧。
砀山县人民法院	Dàngshān Xiàn Rénmín Fǎyuàn	砀城镇芒砀南路与 310 国道交叉口男 100 米。
砀山县水务局	Dàngshān Xiàn Shuǐwùjú	砀城镇人民东路 30 号。
砀山县地方税务局	Dàngshān Xiàn Dìfāng Shuìwùjú	砀城镇道北中路南侧。
砀山县民政局	Dàngshān Xiàn Mínzhèngjú	砀城镇人民东路 9 号。

标准名称	汉语拼音	备注
砀山县教育体育局	Dàngshān Xiàn Jiàoyùtǐyùjú	砀城镇 310 国道道北中路 15 号。
中共砀山县委统战部	Zhōnggòng Dàngshān Xiànwěi Tǒngzhànbù	砀城镇政务新区四楼。
砀山县人民检察院	Dàngshān Xiàn Rénmín Jiǎncháyuàn	砀郡路政务新区东 1 千米处。
砀山县国家税务局	Dàngshān Xiàn Guójiā Shuìwùjú	砀山县城芒砀南路 5 号。
砀山县人民武装部	Dàngshān Xiàn Rénmín Wǔzhuāngbù	砀山县城芒砀北路 63 号。
砀山县人民政府	Dàngshān Xiàn Rénmínzhèngfǔ	砀城镇政务新区。
砀山县气象局	Dàngshān Xiàn Qìxiàngjú	砀城镇中原路与人民西路交叉口东北角。
灵璧县人民政府	Língbì Xiàn Rénmínzhèngfǔ	灵城镇钟灵大道与迎宾大道交汇处，反贪局旁。
灵璧县财政局	Língbì Xiàn Cáizhèngjú	灵璧县灵城镇建设中路 88 号。
灵璧县物价局	Língbì Xiàn Wùjiàjú	灵璧县灵城镇灵城南太平街 6 号。
灵璧县国土资源局	Língbì Xiàn Guótǔzīyuánjú	灵璧县灵城镇南太平街 19 号。
灵璧县交通运输局	Língbì Xiàn Jiāotōngyùnshūjú	灵城镇罗河路与钟馗路交叉口，南环路 7 号。
灵璧县民政局	Língbì Xiàn Mínzhèngjú	灵城镇南太平社区 20 号，灵璧县政府院内。
灵璧县司法局	Língbì Xiàn Sīfǎjú	灵城镇灵城南太平街政法大楼。
灵璧县卫生局	Língbì Xiàn Wèishēngjú	灵城镇迎宾大道与广场东路交叉口。
灵璧县教育体育局	Língbì Xiàn Jiàoyùtǐyùjú	灵城镇南内环 1 号。
灵璧县环境保护局	Língbì Xiàn Huánjìngbǎohùjú	灵璧县工业园区，303 省道。
灵璧县科学技术局	Língbì Xiàn Kēxuéjìshùjú	灵城镇钟灵大道政务办公大楼 3 楼。

标准名称	汉语拼音	备注
灵璧县林业局	Língbì Xiàn Línyèjú	灵城镇灵城解放中路 42 号。
灵璧县旅游局	Língbì Xiàn Lǚyóujú	灵城镇政务新区党政办公大楼 201、203 室。
灵璧县审计局	Língbì Xiàn Shěnjìjú	灵城镇钟馗路 53 号。
灵璧县水利局	Língbì Xiàn Shuǐlìjú	灵璧县灵城镇解放路东段。
灵璧县统计局	Língbì Xiàn Tǒngjìjú	灵璧县灵城南太平街 6 号。
灵璧县人民法院	Língbì Xiàn Rénmínfǎyuàn	灵璧县政务新区。
灵璧县人民检察院	Língbì Xiàn Rénmínjiǎncháyuàn	灵璧县政务新区县政府后。
灵璧县公安局	Língbì Xiàn Gōng' ānjú	灵璧县灵城南太平街 12 号。
灵璧县森林公安局	Língbì Xiàn Sēnlín Gōng' ānjú	灵城镇解放中路。
灵璧县看守所	Língbì Xiàn Kànshǒusuǒ	灵城镇庄陈村辖区范围内。
灵璧县粮食局	Língbì Xiàn Liángshíjú	灵城镇解放街 6 号。
灵璧县气象局	Língbì Xiàn Qìxiàngjú	灵城镇建设北路 222 号。
泗县水利局	Sì Xiàn Shuǐlìjú	泗城镇汴河路 19 号。
泗县环境保护局	Sì Xiàn Huánjìng-bǎohùjú	泗城镇环城西路 9 号。
泗县交通运输局	Sì Xiàn Jiāotōngyùnshūjú	泗城镇国防路。
泗县科学技术局	Sì Xiàn Kēxuéjìshùjú	泗县汴河大道与西一环路交汇处东北，汴河路 72 号。
泗县文物局	Sì Xiàn Wénwùjú	泗县经济开发区国土资源局 8 楼。
泗县旅游局	Sì Xiàn Lǚyóujú	泗县经济开发区国土资源局 8 楼。
泗县农业委员会	Sì Xiàn Nóngyè Wěiyuánhuì	泗县经济开发区南二环东段。
泗县人民法院	Sì Xiàn Rénmínfǎyuàn	泗县开发区汴河大道。

标准名称	汉语拼音	备注
泗县审计局	Sì Xiàn Shěnjìjú	泗城镇朝阳路。
泗县教育体育局	Sì Xiàn Jiàoyùtǐyùjú	泗城镇北二环。
泗县国家税务局	Sì Xiàn Guójiā Shuìwùjú	泗城镇泗县朝阳路。
泗县商务局	Sì Xiàn Shāngwùjú	泗城镇泗州大道与北一环路交汇处附近东南。
泗县财政局	Sì Xiàn Cáizhèngjú	泗城镇汴河路大道 15 号。
泗县人民检察院	Sì Xiàn Rénmínjiǎncháyuàn	泗城镇北二环路。
泗县人民政府	Sì Xiàn Rénmín zhèngfǔ	泗城镇汴河大道。
泗县城市管理局	Sì Xiàn Chéngshìguǎnlǐjú	泗城镇泗州大道。
泗县公安局	Sì Xiàn Gōng’ ānjú	泗县汴河大道与赤山路交会处附近东。
泗县国土资源局	Sì Xiàn Guótǔzīyuánjú	泗县经济开发区汴河大道北侧。
泗县卫生局	Sì Xiàn Wèishēngjú	泗城镇国防北路 23 号。
泗县林业局	Sì Xiàn Línyèjú	泗县经济开发区朝阳路与桃园路交会处。
泗县粮食局	Sì Xiàn Liángshijú	泗县泗城镇国防北路 77 号。
泗县统计局	Sì Xiàn Tǒngjìjú	泗城汴河路 58 号。
泗县监察局	Sì Xiàn Jiāncájú	泗城镇汴河大道北侧县行政中心 1 楼、8 楼。
泗县气象局	Sì Xiàn Qìxiàngjú	泗城镇梁园路 11 号。
泗县物价局	Sì Xiàn Wùjiàjú	泗县经济开发区汴河路 58 号。
泗县司法局	Sì Xiàn Sīfǎjú	泗县经济开发区汴河路。
泗县民政局	Sì Xiàn Mínzhèngjú	泗县经济开发区汴河大道 5 号。
泗县城乡规划局	Sì Xiàn Chéngxiāng Guīhuàjú	泗县开发区住建大楼东楼，不动产登记中心。
泗县房地产管理局	Sì Xiàn Fángdìchǎn Guǎnlǐjú	泗州大道与汴河大道交汇处西北，泗县住建委综合办公楼西楼。
萧县审计局	Xiāo Xiàn Shěnjìjú	龙城镇龙湖公园北侧。
萧县人民检察院	Xiāo Xiàn Rénmínjiǎncháyuàn	龙城镇龙霄公园西段南侧。

标准名称	汉语拼音	备注
萧县民政局	Xiāo Xiàn Mínzhèngjú	龙城镇龙山路 99 号。
萧县司法局	Xiāo Xiàn Sīfǎjú	龙城镇大同街县政府东侧。
萧县人民政府	Xiāo Xiàn Rénmínzhèngfǔ	龙城镇大同街中段路北 138 号。
萧县物价局	Xiāo Xiàn Wùjiàjú	萧县中山南路县发改委楼内。
萧县公安局	Xiāo Xiàn Gōng' ānjú	萧县龙城镇健康南路路西。
萧县人民法院	Xiāo Xiàn Rénmínfǎyuàn	萧县龙城镇张江科技园东侧。

第二节　事业单位

标准名称	汉语拼音	备注
安徽省宿州市第二人民医院	Ānhuī Shěng Sùzhōu Shì Dì 2 Rénmín Yīyuàn	埇桥区淮海南路与迎宾大道交叉口处，地址为宿州市淮海南路 398 号。
安徽省宿州市立医院	Ānhuī Shěng Sùzhōu Shìlì Yīyuàn	埇桥区汴河中路 299 号。
安徽省宿州市中医院	Ānhuī Shěng Sùzhōu Shì Zhōngyīyuàn	埇桥区西昌北路 175 号。
宿州市卫生局卫生监督局	Sùzhōu Shì Wèishēngjú Wèishēngjiāndūjú	埇桥区银河路 530 号。
宿州市卫生局	Sùzhōu Shì Wèishēngjú	埇桥区银河路 530 号。
宿州市埇桥区财政直属分局	Sùzhōu Shì Yǒngqiáo Qū Cáizhèng Zhíshǔ Fēnjú	与区财政检察局共同使用，市府路薛芦巷 45 号。
东城财政办	Dōngchéng Cáizhèngbàn	宿州东站东侧。
宿州市第一人民医院	Sùzhōu Shì Dì 1 Rénmín Yīyuàn	埇桥区淮海北路周庄新村 1 号。

标准名称	汉语拼音	备注
苗庵乡卫生院	Miáo’ān Xiāng Wèishēngyuàn	苗庵街南头路西。
蕲县镇卫生院	Qíxiàn Zhèn Wèishēngyuàn	蕲县镇浍水路。
宿州市埇桥区中医院	Sùzhōu Shì Yǒngqiáo QūZhōngyīyuàn	埇桥区大河南街 136 号。
宿州市第十八小学	Sùzhōu Shì Dì 18 Xiǎoxué	埇桥区金海大道古沱路 28 号。
宿州市沱河小学	Sùzhōu Shì Tuóhé Xiǎoxué	埇桥区沱河路和金泰路交叉口西侧。
宿州市第十一小学	Sùzhōu Shì Dì 11 Xiǎoxué	埇桥区观音堂街 110 号。
宿州市第五小学	Sùzhōu Shì Dì 5 Xiǎoxué	埇桥区淮海北路 441 号。
宿州市第一小学	Sùzhōu Shì Dì 1 Xiǎoxué	埇桥区胜利中路 313 号。
宿州市大店中学	Sùzhōu Shì Dàdiàn Zhōngxué	埇桥区大店镇静安街 14 号。
宿州市第八小学	Sùzhōu Shì Dì 8 Xiǎoxué	埇桥区道东大街 240 号。
宿州市第十九小学	Sùzhōu Shì Dì 19 Xiǎoxué	埇桥区宿怀南路 326 号。
宿州市第二十小学	Sùzhōu Shì Dì 20 Xiǎoxué	埇桥区三里湾办事处五里村。
宿州市第二小学	Sùzhōu Shì Dì 2 Xiǎoxué	埇桥区西关大街 250 号。
宿州市灰古中学	Sùzhōu Shì Huīgǔ Zhōngxué	埇桥区灰古镇街西。
宿州市苗庵中学	Sùzhōu Shì Miáo’ān Zhōngxué	埇桥区两高连接线南禅梅路北。
宿州市第三小学	Sùzhōu Shì Dì 3 Xiǎoxué	埇桥区西关大街 183 号。
宿州市第四小学	Sùzhōu Shì Dì 4 Xiǎoxué	埇桥区汴河路育才巷 14 号。
宿州市蕲县中学	Sùzhōu Shì Qíxiàn Zhōngxué	埇桥区蕲县镇邱园村庞庄。

标准名称	汉语拼音	备注
宿州市曹村中学	Sùzhōu Shì Cáocūn Zhōngxué	埇桥区曹村镇。
宿州市第六小学	Sùzhōu Shì Dì 6 Xiǎoxué	埇桥区淮海北路 269 号。
宿州市芦岭中学	Sùzhōu Shì Lúlǐng Zhōngxué	埇桥区求知路西端。
砀山县光荣敬老院	Dàngshān Xiàn Guāngróng Jìnglǎoyuàn	砀城镇苇子园社区戚寺村。
砀山县李庄中学	Dàngshān Xiàn Lǐzhuāng Zhōngxué	砀山县李庄镇 310 国道北侧。
砀山县唐寨中学	Dàngshān Xiàn Tángzhài Zhōngxué	砀山县唐寨镇局子街。
砀山县黄集中学	Dàngshān Xiàn Huángjí Zhōngxué	砀山县官庄坝镇黄集村。
砀山县突山幼儿园	Dàngshān Xiàn Tūshān Yòu’éryuán	砀山县突山风景区。
砀山县圣博学校	Dàngshān Xiàn Shèngbó Xuéxiào	朱楼镇东 3 公里。
砀山县四新中学	Dàngshān Xiàn Sìxīn Zhōngxué	朱楼镇政府东 1 公里。
砀山县第二中学	Dàngshān Xiàn Dì 2 Zhōngxué	砀城镇红山路 15 号。
砀山县第四中学	Dàngshān Xiàn Dì 4 Zhōngxué	砀城镇东关宴嬉路。
砀山县劳动就业局	Dàngshān Xiàn Láodòngjiùyèjú	砀城镇道北中路。
砀山县人民医院	Dàngshān Xiàn Rénmín Yīyuàn	砀城镇南关社区辖区范围内，地址是健康路 174 号。
砀山县中医医院	Dàngshān Xiàn Zhōngyī Yīyuàn	砀城镇芒砀南路 71 号。
砀山县第二人民医院	Dàngshān Xiàn Dì 2 Rénmín Yīyuàn	砀城镇芒砀南路 71 号。
砀山县粮食局	Dàngshān Xiàn Liángshijú	砀城镇金利大道 28 号。
砀山县物价局	Dàngshān Xiàn Wùjiàjú	砀城镇民主街 12 号。

标准名称	汉语拼音	备注
宿州市第七人民医院	Sùzhōu Shì Dì 7 Rénmín Yīyuàn	砀城镇砀城路北侧、101 省道东侧。
砀山县招商局	Dàngshān Xiàn Zhāoshāngjú	砀山县政务新区 2 楼。
砀山县商务局	Dàngshān Xiàn Shāngwùjú	砀山县政务新区 1 楼。
砀山县旅游局	Dàngshān Xiàn Lǚyóujú	砀山县政务新区大楼 323 室。
砀山县档案局	Dàngshān Xiàn Dàng'ànjú	砀山县政务新区西楼 1 楼。
砀山县红十字医院	Dàngshān Xiàn Hóngshízì Yīyuàn	砀山县人民东路（老检查院）。
砀山县公证处	Dàngshān Xiàn Gōngzhèngchù	砀山县砀城镇旭日路司法局 1 楼。
砀山县民族学校	Dàngshān Xiàn Mínzú Xuéxiào	砀城镇道北中路 12 号。
砀山县实验小学	Dàngshān Xiàn Shíyàn Xiǎoxué	砀城镇治安西街 39 号。
砀山县幼儿园	Dàngshān Xiàn Yòu'éryuán	砀城镇民主西街 29 号。
砀山县大寨中学	Dàngshān Xiàn Dàzhài Zhōngxué	玄庙镇大寨村。
砀山县周寨镇卫生院	Dàngshān Xiàn Zhōuzhài Zhèn Wèishēngyuàn	周寨镇十字街东 100 米路南。
砀山县周寨初级中学	Dàngshān Xiàn Zhōuzhài Chūjí Zhōngxué	周寨镇周寨村。
梅屯幼儿园	Méitún Yòu'éryuán	梅屯村西头。
砀山县小屯学校	Dàngshān Xiàn Xiǎotún Xuéxiào	薛楼工业园小屯村。
砀山县薛口学校	Dàngshān Xiàn Xuēkǒu Xuéxiào	新城社区薛口村。
灵璧县人民医院	Língbì Xiàn Rénmín Yīyuàn	灵城凤河中路。
灵璧县中医医院	Língbì Xiàn Zhōngyī Yīyuàn	灵城建设中路 286 号。

标准名称	汉语拼音	备注
灵璧县东风学校	Língbì Xiàn Dōngfēng Xuéxiào	虞姬乡政府斜对面。
灵璧县范桥学校	Língbì Xiàn Fànqiáo Xuéxiào	虞姬乡范桥村。
灵璧中学	Língbì Zhōngxué	灵城镇教育路 1 号。
灵璧县第五中学	Língbì Xiàn Dì 5 Zhōngxué	位于灵城北关，地处钟灵大道北侧，西靠灵双路。
灵璧县渔沟中学	Língbì Xiàn Yúgōu Zhōngxué	渔沟镇文化路西，青龙山侧。
灵璧县高楼中学	Língbì Xiàn Gāolóu Zhōngxué	灵璧县 005 乡道。
火庙幼儿园	Huǒmiào Yòu’éryuán	灵璧县下楼镇火庙村。
大路乡敬老院	Dàlù Xiāng Jìnglǎoyuàn	灵璧县大路乡大龙村。
灵璧县朝阳敬老院	Língbì Xiàn Cháoyáng Jìnglǎoyuàn	朝阳镇灵双路路西。
虞姬乡敬老院	Yújī Xiāng Jìnglǎoyuàn	宿泗路虞姬村部，303 省道旁。
灵璧县商务局	Língbì Xiàn Shāngwùjú	灵城镇解放中路 41 号。
灵璧县规划管理局	Língbì Xiàn Guīhuàguǎnlǐjú	灵璧县环城西路。
灵璧县档案局	Língbì Xiàn Dàng’ànjú	规划局院内（钟灵大道与迎宾大道交汇处）。
灵璧县房产管理局	Língbì Xiàn Fángchǎnguǎnlǐjú	灵璧县灵城建设中路房产大楼。
灵璧县招商局	Língbì Xiàn Zhāoshāngjú	灵璧县政务新区。
灵璧县第一中学	Língbì Xiàn Dì 1 Zhōngxué	灵城镇奇石大道宏泰世纪城南。
灵璧师范学校	Língbì Shīfàn Xuéxiào	灵城镇东风后街 4 号。
泗县通海小学	Sì Xiàn Tōnghǎi Xiǎoxué	草庙镇通海村。

标准名称	汉语拼音	备注
泗县于圩小学	Sì Xiàn Yúwéi Xiǎoxué	泗县开发区于圩村。
泗县万安小学	Sì Xiàn Wàn'ān Xiǎoxué	大庄镇万安村街东。
泗县小贺小学	Sì Xiàn Xiǎohè Xiǎoxué	墩集镇汴河新村。
泗县尹庙小学	Sì Xiàn Yǐnmiào Xiǎoxué	墩集镇石梁河村。
泗县逸夫学校	Sì Xiàn Yìfū Xuéxiào	黄圩镇三关村。
泗县张巷小学	Sì Xiàn Zhāngxiàng Xiǎoxué	平山镇张乔村。
泗县第二中学	Sì Xiàn Dì 2 Zhōngxué	泗城镇二中新村 1 号。
泗县雪枫小学	Sì Xiàn Xuěfēng Xiǎoxué	泗县雪枫路 1 号。
泗县虹坤学校	Sì Xiàn Hóngkūn Xuéxiào	泗城镇东关二环东路东北角。
泗县新集中学	Sì Xiàn Xīnjí Zhōngxué	大庄镇新集街。
泗县二轻医院	Sì Xiàn Èrqīng Yīyuàn	泗城镇汴河路 33 号。
泗县中医院	Sì Xiàn Zhōngyīyuàn	泗县经济开发区汴河大道 098 号。
泗县人民医院	Sì Xiàn Rénmín Yīyuàn	泗城镇花园路 120 号。
泗县自来水厂	Sì Xiàn Zìláishuǐchǎng	泗县国防路 72 号。
泗县水产站	Sì Xiàn Shuǐchǎnzhàn	泗城镇国防北路 14 号。
泗县泗城财政分局	Sì Xiàn Sìchéng Cáizhèng Fēnjú	泗城镇。
泗县劳动就业管理局	Sì Xiàn Láodòngjiùyèguǎnlǐjú	泗城镇铁市街 22 号。
泗县技工学校	Sì Xiàn Jìgōng Xuéxiào	泗城镇桃园东村 11 号。
泗县森林公安局	Sì Xiàn Sēnlín Gōng'ānjú	朝阳路与桃园路交汇处。

标准名称	汉语拼音	备注
泗县第一中学	Sì Xiàn Dì 1 Zhōngxué	泗城东关二环路东。
泗县中学	Sì Xiàn Zhōngxué	泗县 303 省道。
萧县畜牧水产局	Xiāo Xiàn Xùmùshuǐchǎnjú	位于龙山南路路东。
萧县穆集小学	Xiāo Xiàn Mùjí Xiǎoxué	圣泉乡穆集村。
萧县穆集幼儿园	Xiāo Xiàn Mùjí Yòu'éryuán	圣泉乡穆集村。
萧县永堌中学	Xiāo Xiàn Yǒnggù Zhōngxué	永堌镇前进村。
萧县张庄寨中学	Xiāo Xiàn Zhāngzhuāngzhài Zhōngxué	张庄寨镇政府西 300 米。
萧县新庄中学	Xiāo Xiàn Xīnzhuāng Zhōngxué	新庄镇南居双楼村。
萧县技工学校	Xiāo Xiàn Jìgōng Xuéxiào	龙城镇交通路 88 号。
安徽省萧县地方税务局	Ānhuī Shěng Xiāo Xiàn Dìfāng Shuìwùjú	龙城镇淮海路 34—12 号。
萧县城市管理行政执法局	Xiāo Xiàn Chéngshì Guǎnlǐxíngzhèng Zhífǎjú	淮海路中段北侧老实小院内。
萧县市容环卫处	Xiāo Xiàn Shìrónghuánwèichù	小西环路北段东侧。
萧县梆剧团	Xiāo Xiàn Bāngjùtuán	龙城镇民治街 132 号。
萧县第二人民医院	Xiāo Xiàn Dì 2 Rénmín Yīyuàn	黄口镇红旗路 136 号。
萧县统计局	Xiāo Xiàn Tǒngjìjú	龙城镇民治街 18—3 号。
萧县林业局	Xiāo Xiàn Línyèjú	龙城镇交通西路。
萧县人民剧场	Xiāo Xiàn Rénmín Jùchǎng	龙城镇城隍庙北门。
萧县人民医院	Xiāo Xiàn Rénmín Yīyuàn	健康路 58 号。

标准名称	汉语拼音	备注
萧县第四人民医院	Xiāo Xiàn Dì 4 Rénmín Yīyuàn	杨楼镇杨楼村。
萧县中医医院	Xiāo Xiàn Zhōngyī Yīyuàn	龙城镇同庆街 12 号。
萧县地震局	Xiāo Xiàn Dìzhènjú	中山路北端路西。
萧县兽医院	Xiāo Xiàn Shòu Yīyuàn	杜楼镇业庄中学路西。
萧县函授学校	Xiāo Xiàn Hánshòu Xuéxiào	龙城镇民治街 11 号。
萧县孟楼小学	Xiāo Xiàn Mènglóu Xiǎoxué	闫集镇孟楼村。
萧县师范学校	Xiāo Xiàn Shīfàn Xuéxiào	龙城镇顺河路于龙凤大道交叉口西北。
安徽省萧县中学	Ānhuī Shěng Xiāo Xiàn Zhōngxué	县城南梅村。
萧县孤山初中	Xiāo Xiàn Gūshān Chūzhōng	白土镇西北部孤山村。
萧县凤山中学	Xiāo Xiàn Fèngshān Zhōngxué	龙城镇文化路北段。
萧县梅村小学	Xiāo Xiàn Méicūn Xiǎoxué	龙城镇前梅社区。
萧县科学技术局	Xiāo Xiàn Kēxuéjìshùjú	龙城镇民治街和龙湖路交叉口。
萧县烟草专卖局	Xiāo Xiàn Yāncǎozhuānmàijú	龙城镇公园路路东。
萧县盐务管理局	Xiāo Xiàn Yánwùguǎnlǐjú	交通西路与健康北路南 100 米。
萧县气象局	Xiāo Xiàn Qìxiàngjú	生态大道西段路南。

第三节 民间组织

标准名称	汉语拼音	备注
砀山县李庄实验幼儿园	Dàngshān Xiàn Lǐzhuāng Shíyàn Yòu’éryuán	李庄镇卞楼村。
砀山县李庄实验学校	Dàngshān Xiàn Lǐzhuāng Shíyàn Xuéxiào	李庄镇政府西南 700 米。
砀山县李庄镇镇西小学	Dàngshān Xiàn Lǐzhuāng Zhèn Zhènxī Xiǎoxué	李庄镇 053 乡道南侧。
砀山县圣华医院	Dàngshān Xiàn Shènghuá Yīyuàn	唐寨镇文庄街。
砀山县欣康医院	Dàngshān Xiàn Xīnkāng Yīyuàn	葛集镇葛集村。
砀山县白蜡园医院	Dàngshān Xiàn Báilàyuán Yīyuàn	葛集镇葛集白蜡园村。
砀山县华康医院	Dàngshān Xiàn Huákāng Yīyuàn	葛集镇新华联村。
宿州市残疾人康复医院	Sùzhōu Shì Cánjírén Kāngfù Yīyuàn	周寨镇市力集村北。
砀山县博爱医院	Dàngshān Xiàn Bóài Yīyuàn	砀城镇道南早城。
砀山县曲楼医院	Dàngshān Xiàn Qǔlóu Yīyuàn	砀城西北内环路。
砀山县远大医院	Dàngshān Xiàn Yuǎndà Yīyuàn	砀城镇中原路火车站北 1800 米。
砀山县中山医院	Dàngshān Xiàn Zhōngshān Yīyuàn	砀城镇御都星城。
砀城镇杨庙敬老院	Dàngchéng Zhèn Yángmiào Jìnglǎoyuàn	砀城镇杨庙村辖区范围内，地址是杨庙村。

标准名称	汉语拼音	备注
砀山县金山实验小学	Dàngshān Xiàn Jīnshān Shíyàn Xiǎoxué	砀山县苇子园村。
砀山县振兴小学	Dàngshān Xiàn Zhènxīng Xiǎoxué	砀城镇中原路北端。
砀山县王集医院	Dàngshān Xiàn Wángjí Yīyuàn	权集乡王集村王集街。
砀山县张庄医院	Dàngshān Xiàn Zhāngzhuāng Yīyuàn	周寨镇市力集村北。
砀山县防震医院	Dàngshān Xiàn Fángzhèn Yīyuàn	周寨镇刘暗楼大街。
砀山县长征医院	Dàngshān Xiàn Chángzhēng Yīyuàn	周寨镇孙老家村朱庄。
砀山县爱馨老年公寓	Dàngshān Xiàn Àixīn Lǎonián Gōngyù	高铁新区曾庄。
灵璧风华学校	Língbì Fēnghuá Xuéxiào	大路乡大龙村。
灵璧和谐医院	Língbì Héxié Yīyuàn	灵璧县罗河西路东段。
灵璧恒实医院	Língbì Héngshí Yīyuàn	灵璧县建设南路飞翔学校对面。
泗州学校	Sìzhōu Xuéxiào	泗县开发区泗州大道。
泗县育才学校	Sì Xiàn Yùcái Xuéxiào	泗县大路口乡西李村。
泗县灵童学校	Sì Xiàn Língtóng Xuéxiào	泗县经济开发区路西。
泗县虹坤武校	Sì Xiàn Hóngkūn Wǔxiào	山头镇潼城村。
萧县中医研究所	Xiāo Xiàn Zhōngyī Yánjiūsuǒ	大屯镇卫生院北侧。
萧县协和医院	Xiāo Xiàn Xiéhé Yīyuàn	龙城镇凤山东路同济巷 1 号。
萧县中山医院	Xiāo Xiàn Zhōngshān Yīyuàn	龙城镇健康路南段。
萧县吴集医院	Xiāo Xiàn Wújí Yīyuàn	官桥镇吴集村。
萧县友好医院	Xiāo Xiàn Yǒuhǎo Yīyuàn	龙城镇交通路西段。

标准名称	汉语拼音	备注
萧县新兴医院	Xiāo Xiàn Xīnxīng Yīyuàn	龙城镇中山南路。
萧县虎山小学	Xiāo Xiàn Hǔshān Xiǎoxué	龙城镇西虎山脚下。
萧县妇康医院	Xiāo Xiàn Fùkāng Yīyuàn	杨楼镇西 310 国道南。
萧县彭庄医院	Xiāo Xiàn Péngzhuāng Yīyuàn	圣泉乡彭庄村。
萧县海天中学	Xiāo Xiàn Hǎitiān Zhōngxué	黄口镇地下道北首。
萧县仁爱医院	Xiāo Xiàn Rénài Yīyuàn	龙城镇东环路中段。
萧县爱康医院	Xiāo Xiàn Àikāng Yīyuàn	龙城镇虎山路中段路西。
萧县庄里幼儿园	Xiāo Xiàn Zhuānglǐ Yòu'éryuán	庄里乡庄里村。
萧县金蕾幼儿园	Xiāo Xiàn Jīnlěi Yòu'éryuán	龙城镇北环路凤山花园。
萧县为民医院	Xiāo Xiàn Wéimín Yīyuàn	龙城镇东环路 301 号。
萧县鹏程中学	Xiāo Xiàn Péngchéng Zhōngxué	龙城镇交通路南侧。
萧县眼病康复医院	Xiāo Xiàn Yǎnbìng Kāngfù Yīyuàn	龙城镇交通路西段 27 号。
萧县新庄镇敬老院	Xiāo Xiàn Xīnzhuāng Zhèn Jìnglǎoyuàn	新庄镇西南 4 千米小集子村。
宿州和美医院	Sùzhōu Héměi Yīyuàn	埇桥区人民路西侧 159 号。
宿州今日幼儿园	Sùzhōu Jīnrì Yòu'éryuán	埇桥区东关道东大街。
宿州市鲲鹏学校	Sùzhōu Shì Kūnpéng Xuéxiào	埇桥区淮河中路 678 号。
宿州和平医院	Sùzhōu Hépíng Yīyuàn	埇桥区沱河路 156 号。
宿州康寿老年公寓	Sùzhōu Kāngshòu Lǎonián Gōngyù	埇桥区北关汇源新村吕家路。

标准名称	汉语拼音	备注
宿州瑞金骨伤医院	Sùzhōu Ruìjīn Gǔshāng Yīyuàn	埇桥区胜利中路德全大厦。
宿州同济医院	Sùzhōu Tóngjì Yīyuàn	埇桥区汴河中路 516 号。
宿州鼓楼医院	Sùzhōu Gǔlóu Yīyuàn	埇桥区汇源大道西侧奇石文化一条街 A1 楼。
宿州西苑医院	Sùzhōu Xīyuàn Yīyuàn	埇桥区磬云大市场 S8 栋 2—3 层、S9 栋、S10 栋 2—3 层。
宿州外国语学校	Sùzhōu Wàiguóyǔ Xuéxiào	埇桥区符离集西郊。
宿州中山医院	Sùzhōu Zhōngshān Yīyuàn	埇桥区宿州市宿怀南路 17 号。
宿州机械电子学校	Sùzhōu Jīxiè Diànzǐ Xuéxiào	埇桥区境内。
宿州 33 医院	Sùzhōu 33 Yīyuàn	埇桥区汴河东路 27 号。
北关幼儿园	Běiguān Yòu' éryuán	埇桥区银河三路华电小区西侧。
东城福乐老年公寓	Dōngchéng Fúlè Lǎonián Gōngyù	埇桥区韩池子路向东 100 米。
宿州市诚孝养老院	Sùzhōu Shì Chéngxiào Yǎnglǎoyuàn	埇桥区时村镇北大桥。
宿州市幸福院	Sùzhōu Shì Xìngfúyuàn	埇桥区时村镇。
宿州市平安医院	Sùzhōu Shì Píng' ān Yīyuàn	埇桥区外环南路优顺汽车运输销售有限公司东南 50 米。
宿州清美艺术学校	Sùzhōu Qīngměi Yìshù Xuéxiào	埇桥区宿州第一职业高中西侧。
宿州国际实验学校	Sùzhōu Guójì Shíyàn Xuéxiào	埇桥区淮海南路五里。

第四节　企业

标准名称	汉语拼音	备注
安徽砀山兴益化工有限公司	Ānhuī Dàngshān Xīngyì Huàgōng Yǒuxiàngōngsī	砀城北三环路东端。
安徽金瑞源面粉有限公司	Ānhuī Jīnruìyuán Miànfěn Yǒuxiàngōngsī	砀城经济开发区。
安徽兰星玻璃有限公司	Ānhuī Lánxīng Bōlí Yǒuxiàngōngī	砀城镇御都星城摇光星居 12 栋 103 室。
安徽省砀山果园场	Ānhuī Shěng Dàngshān Guǒyuánchǎng	砀城西北 13 公里处。
安徽省砀山兴达罐业食品有限公司	Ānhuī Shěng Dàngshān Xīngdá Guànyè Shípǐn Yǒuxiàngōngsī	砀山县砀城镇花园工业开发区。
安徽添福酒业有限公司	Ānhuī Tiānfú Jiǔyè Yǒuxiàngōngsī	砀城三环北路西段。
安徽宿州科技食品有限公司	Ānhuī Sùzhōu Kējì Shípǐn Yǒuxiàngōngsī	砀山县城关镇冯园村段庄（经济开发区）。
安徽宿州润达纺织集团有限公司	Ānhuī Sùzhōu Rùndá Fǎngzhī Jítuányǒu-xiàngōngsī	砀山县砀城镇道南路 122 号。
砀山国际大酒店有限公司	Dàngshān Guójì Dàjiǔdiàn Yǒuxiàngōngsī	砀山县砀城镇政务新区。
砀山金果园食品有限公司	Dàngshān Jīnguǒyuán Shípǐn Yǒuxiàngōngsī	砀山县砀城镇御都星城开阳星居 C2# 楼 407 室。
砀山县恒祥纺织有限公司	Dàngshān Xiàn Héngxiáng Fǎngzhī Yǒuxiàngōngsī	砀城道南路原水利局仓库。
砀山县梨都商业有限公司	Dàngshān Xiàn Lídū Shāngyè Yǒuxiàngōngsī	砀城芒砀北路 2 号。

标准名称	汉语拼音	备注
砀山县绿源生态肥料有限公司	Dàngshān Xiàn Lǜyuán Shēngtài Féiliào Yǒuxiàngōngsī	砀城东工业区 8 号。
安徽强英鸭业集团有限公司	Ānhuī Qiángyīng Yāyè Jítuán Yǒuxiàngōngsī	砀山县关帝庙镇北果园场。
安徽亿佳面粉有限公司	Ānhuī Yìjiā Miànfěn Yǒuxiàngōngsī	砀山县赵屯镇薛口村。
安徽砀山海升果业有限责任公司	Ānhuī Dàngshān Hǎishēng Guǒyè Yǒuxiànzérèngōngsī	砀山县经济开发区。
砀山圣沣食品有限公司	Dàngshān Shèngfēng Shípǐn Yǒuxiàngōngsī	砀山县经济开发区。
安徽达园粮油有限公司	Ānhuī Dáyuán Liángyóu Yǒuxiàngōngsī	冯庙镇冯庙街。
安徽百方针织有限公司	Ānhuī Bǎifāng Zhēnzhī Yǒuxiàngōngsī	灵城经济开发区。
安徽兴程食品有限责任公司	Ānhuī Xìngchéng Shípǐn Yǒuxiànzérèngōngsī	安徽省经济开发区。
安徽荣业纺织有限公司	Ānhuī Róngyè Fǎngzhī Yǒuxiàngōngsī	经济开发区。
灵璧县东城商贸有限公司	Língbì Xiàn Dōngchéng Shāngmào Yǒuxiàngōngsī	灵城东北村。
灵璧天诺商贸有限公司	Língbì Tiānnuò Shāngmào Yǒuxiàngōngsī	灵璧灵城光明小区。
宿州市优思克精工制造有限公司	Sùzhōu Shì Yōusīkè Jīnggōng Zhìzào Yǒuxiàngōngsī	宿州市北部工业园。
灵璧县飞龙钢结构有限公司	Língbì Xiàn Fēilóng Gāngjiégòu Yǒuxiàngōngsī	禅堂乡大吴村。

标准名称	汉语拼音	备注
灵璧县通力商贸有限公司	Língbì Xiàn Tōnglì Shāngmào Yǒuxiàngōngsī	经济开发区。
安徽东尼测绘设计有限公司	Ānhuī Dōngní Cèhuì Shèjì Yǒuxiàngōngsī	灵城建设北路。
安徽德泰建筑工程有限公司	Ānhuī Détài Jiànzhù Gōngchéng Yǒuxiàngōngsī	灵城钟馗路劳动局宿舍。
灵璧县天层建筑有限公司	Língbì Xiàn Tiāncéng Jiànzhù Yǒuxiàngōngsī	游集镇尤东村。
灵璧县鼎东园林设计有限责任公司	Língbì Xiàn Dǐngdōng Yuánlín Shèjì Yǒuxiànzérèngōngsī	高楼镇高楼街北环路北侧。
灵璧县天健工贸有限公司	Língbì Xiàn Tiānjiàngōngmào Yǒuxiàngōngsī	经济开发区。
安徽虹天纺织有限公司	Ānhuī Hóngtiān Fǎngzhī Yǒuxiàngōngsī	泗县东关开发区南虹大道 1 号。
泗县逍遥港口有限公司	Sì Xiàn Xiāoyáo Gǎngkǒu Yǒuxiàngōngsī	泗县泗城镇东关居委电视塔路北段。
安徽壹度网络科技发展有限公司	Ānhuī Yīdùwǎngluò Kējì Fāzhǎn Yǒuxiàngōngsī	泗县经济开发区南二环路北。
泗县东来投资发展有限公司	Sì Xiàn Dōnglái Tóuzī Fāzhǎn Yǒuxiàngōngsī	泗县东二环路凤凰国际城 31 栋 102 号。
泗县鸿程新型建材有限公司	Sì Xiàn Hóngchéng Xīnxíng Jiàncái Yǒuxiàngōngsī	泗县泗五大桥南村。
泗县宝莱纺织品有限公司	Sì Xiàn Bǎolái Fǎngzhīpǐn Yǒuxiàngōngsī	泗县开发区工业路南侧。
安徽道纪新材料有限公司	Ānhuī Dàojì Xīncáiliào Yǒuxiàngōngsī	泗县经济开发区万兴科技园。

标准名称	汉语拼音	备注
安徽省运河酒业有限公司	Ānhuī Shěng Yùnhé Jiǔyè Yǒuxiàngōngsī	泗县经济开发区东大道东侧。
安徽南虹纺织集团有限公司	Ānhuī Nánhóng Fǎngzhī Jítuán Yǒuxiàngōngsī	泗县经济开发区。
安徽新林进出口贸易集团有限公司	Ānhuī Xīnlín Jìnchūkǒu Màoyì Jítuán Yǒuxiàngōngsī	泗县经济开发区管理委员会大楼八楼。
安徽省泗县惠丰面粉有限公司	Ānhuī Shěng Sì Xiàn Huìfēng Miànfěn Yǒuxiàngōngsī	泗县经济开发区东大道南首。
安徽泗州面粉有限公司	Ānhuī Sìzhōu Miànfěn Yǒuxiàngōngsī	泗县南二环东段北侧。
安徽惠丰钢结构有限公司	Ānhuī Huìfēng Gāngjiégòu Yǒuxiàngōngsī	泗县经济开发区。
安徽泗州酒业有限公司	Ānhuī Sìzhōu Jiǔyè Yǒuxiàngōngsī	泗县经济开发区赤山路与玉兰大道交口东南角。
泗县面粉厂	Sì Xiàn Miànfěnchǎng	泗县南环路。
泗县化肥厂	Sì Xiàn Huàféichǎng	泗县国防路 49 号。
萧县长青塑料厂	Xiāo Xiàn Chángqīng Sùliàochǎng	萧县圣泉乡马路村。
安徽省萧县东方玻璃有限公司	Ānhuī Shěng Xiāo Xiàn Dōngfāngbōli Yǒuxiàngōngsī	萧县经济开发区。
萧县圣泉新型墙体材料厂	Xiāo Xiàn Shèngquán Xīnxíng Qiángtǐ Cáiliàochǎng	萧县圣泉乡。
安徽省萧县耐火材料工业公司	Ānhuī Shěng Xiāo Xiàn Nàihuǒcáiliào-gōngyè Gōngsī	萧县龙城镇淮海路 333 号。
萧县博泰石料有限公司	Xiāo Xiàn Bótài Shíliào Yǒuxiàngōngsī	萧县庄里乡庄里村。

标准名称	汉语拼音	备注
安徽岱河酒业有限公司	Ānhuī Dàihé Jiǔyè Yǒuxiàngōngsī	萧县龙城镇靳场西湖开发区。
安徽新陇海药业有限公司	Ānhuī Xīnlǒnghǎi Yàoyè Yǒuxiàngōngsī	萧县龙城镇交通路 248 号。
宿州市皖北气体有限责任公司	Sùzhōu Shì Wǎnběi Qìtǐ Yǒuxiànzérèngōngsī	汴河西路 579 号。
宿州市方嘉混凝土有限公司	Sùzhōu Shì Fāngjiā Hùnníngtǔ Yǒuxiàngōngsī	朱仙庄镇乡村工业园内。
宿州市华润化工有限责任公司	Sùzhōu Shì Huárùn Huàgōng Yǒuxiànzérèngōngsī	宿州市开发区金江五路南侧。
安徽雪龙纤维科技股份有限公司	Ānhuī Xuělóng Xiānwéi Kējì Gǔfènyǒuxiàngōngsī	怀远南路 318 号。
宿州市鑫磊新型建材有限公司	Sùzhōu Shì Xīnlěi Xīnxíng Jiàncái Yǒuxiàngōngsī	埇桥区蕲县镇祁南矿西。
宿州中联水泥有限公司	Sùzhōu Zhōngliánshuǐní Yǒuxiàngōngsī	埇桥区符离镇 206 国道西华电路北侧。
安徽科苑化工有限公司	Ānhuī Kēyuànhuàgōng Yǒuxiàngōngsī	浍水路 271 号。
宿州市符离集刘老二烧鸡有限公司	Sùzhōu Shì Fúlíjíliúlǎoèrshāojī Yǒuxiàngōngsī	符离集镇南。
安徽华洋啤酒股份有限公司	Ānhuī Huáyángpíjiǔ Gǔfènyǒuxiàngōngsī	宿州市循环经济示范园。
安徽宝德服饰有限公司	Ānhuī Bǎodé Fúshì Yǒuxiàngōngsī	宿州市循环经济示范园。
安徽华康医药集团有限公司	Ānhuī Huákāng Yīyào Jítuán Yǒuxiàngōngsī	宿州市经济开发区金河路路南。
绿洲森工股份有限公司	Lǜzhōusēngōng Gǔfènyǒuxiàngōngsī	宿州市朱仙庄二铺。

第三篇

宿州市市辖区历史地名录

第十四章 居民点

第一节 埇桥区

标准名称	汉语拼音	备注
蒋邓村	Jingdèngcūn	隶属大店镇，1958 年成立大队，1968 年更名为蒋邓村委会。消失于 2008 年。
谷楼子	Gŭlóuzi	隶属桃沟乡，1958 年隶属防口大队，1986 年隶属防口村委会。消失于 2008 年。
蒲家	Pújiā	隶属时村镇，1958 年隶属四合大队，1986 年隶属四合村委会。消失于 2008 年。
盛圩子	Shèngwéizi	隶属时村镇，1958 年隶属四合大队，1986 年隶属四合村委会。消失于 2008 年。
李渡口	Lĭdùkŏu	隶属时村镇，1958 年隶属傅张大队，1986 年隶属傅张村委会。消失于 2008 年。
西柳园	Xiliŭyuán	隶属桃沟乡，1958 年隶属后刘大队，1986 年隶属后刘村委会。消失于 2008 年。
三家王	Sānjiāwáng	隶属桃沟乡，1958 年隶属后刘大队，1986 年隶属后刘村委会。消失于 2008 年。
小张庄	Xiáozhāngzhuāng	隶属时村镇，1958 年隶属关庙大队，1986 年隶属关庙村委会。消失于 2008 年。
后刘家	Hòuliújiā	隶属时村镇，1958 年隶属关庙大队，1986 年隶属关庙村委会。消失于 2008 年。
大王庄	Dàwángzhuāng	隶属时村镇，1958 年隶属关庙大队，1986 年隶属关庙村委会。消失于 2008 年。
马盘窑	Măpányáo	隶属时村镇，1958 年隶属大陈楼大队，1986 年隶属大陈楼村委会。消失于 2008 年。
马大庄	Mădàzhuāng	隶属时村镇，1958 年隶属大陈楼大队，1986 年隶属大陈楼村委会。消失于 2008 年。

标准名称	汉语拼音	备注
前马	Qiánmǎ	隶属时村镇，1958 年隶属大陈楼大队，1986 年隶属大陈楼村委会。消失于 2008 年。
石东李	Shídōnglǐ	隶属大泽乡镇，1958 年隶属全湖大队，1986 年隶属全湖村委会。消失于 2008 年。
汪寨	Wāngzhài	隶属桃园镇，1980 年隶属桃北大队，1986 年隶属桃北村委会。消失于 2008 年。
韩巷子	Hánxiàngzi	隶属桃园镇，1958 年隶属杨寨大队，1985 年隶属杨寨村委会。消失于 2008 年。
东陈家	Dōngchénjiā	隶属桃园镇，1958 年隶属庙东大队，1985 年隶属庙东村委会。消失于 2008 年。
楼家	Lóujiā	隶属桃园镇，1958 年隶属庙东大队，1985 年隶属庙东村委会。消失于 2008 年。
李寨	Lǐzhài	隶属桃园镇，1958 年隶属大陈大队，1985 年隶属大陈村委会。消失于 2008 年。
小邢家	Xiǎoxíngjiā	隶属桃园镇，1958 年隶属黄沟大队，1985 年隶属黄沟村委会。消失于 2008 年。
邢老庄	Xínglǎozhuāng	隶属桃园镇，1958 年隶属黄沟大队，1985 年隶属黄沟村委会。消失于 2008 年。
下湖许	Xiàhúxǔ	隶属芦岭镇，1958 年隶属祖李大队，1986 年隶属祖李村委会。消失于 2008 年。
小陈庄	Xiǎochénzhuāng	隶属大泽乡镇，1958 年隶属前楼大队，1986 年隶属前楼村委会。消失于 2008 年。
盛圩子	Shèngwéizi	隶属芦岭镇，1958 年隶属祖李大队，1986 年隶属祖李村委会。消失于 2008 年。
八里集	Bālǐjí	隶属大店镇，1958 年隶属八里大队，1986 年隶属八里村委会。消失于 2008 年。
小张家	Xiǎozhāngjiā	隶属芦岭镇，1958 年隶属祖李大队，1986 年隶属祖李村委会。消失于 2008 年。
孟家	Mèngjiā	隶属芦岭镇，1958 年隶属祖李大队，1986 年隶属祖李村委会。消失于 2008 年。
王圩子	Wángwéizi	隶属芦岭镇，1958 年隶属祖李大队，1986 年隶属祖李村委会。消失于 2008 年。
马圩子	Mǎwéizi	隶属芦岭镇，1958 年隶属申单大队，1986 年隶属申单村委会。消失于 2008 年。
碾盘郓	Niǎnpányùn	隶属芦岭镇，1958 年隶属申单大队，1986 年隶属申单村委会。消失于 2008 年。

标准名称	汉语拼音	备注
南王家	Nánwángjiā	隶属芦岭镇，1958 年隶属申单大队，1986 年隶属申单村委会。消失于 2008 年。
小杨家	Xiǎoyángjiā	隶属芦岭镇，1958 年隶属张李大队，1986 年隶属张李村委会。消失于 2008 年。
小史家	Xiǎoshǐjiā	隶属芦岭镇，1958 年隶属张李大队，1986 年隶属张李村委会。消失于 2008 年。
小王家	Xiǎowángjiā	隶属芦岭镇，1958 年隶属张李大队，1986 年隶属张李村委会。消失于 2008 年。
小窦家	Xiǎodòujiā	隶属芦岭镇，1958 年隶属张李大队，1986 年隶属张李村委会。消失于 2008 年。
小邹家	Xiǎozōujiā	隶属芦岭镇，1958 年隶属北曹大队，1986 年隶属北曹村委会。消失于 2008 年。
刘家	Liújiā	隶属芦岭镇，1958 年隶属北曹大队，1986 年隶属北曹村委会。消失于 2008 年。
小王家	Xiǎowángjiā	隶属芦岭镇，1958 年隶属北曹大队，1986 年隶属北曹村委会。消失于 2008 年。
闵岭子	Mǐnlǐngzi	隶属芦岭镇，1958 年隶属北曹大队，1986 年隶属北曹村委会。消失于 2008 年。
小郭家	Xiǎoguōjiā	隶属芦岭镇，1958 年隶属北曹大队，1986 年隶属北曹村委会。消失于 2008 年。
叶家	Yèjiā	隶属芦岭镇，1958 年隶属北曹大队，1986 年隶属北曹村委会。消失于 2008 年。
封建张	Fēngjiànzhāng	隶属蒿沟乡，1958 年隶属濉河大队，1986 年隶属濉河村委会。消失于 2008 年。
土楼张	Tǔlóuzhāng	隶属大店镇，1958 年隶属四铺大队，1986 年隶属四铺村委会。消失于 2008 年。
孙岭子	Sūnlǐngzi	隶属大店镇，1958 年隶属四铺大队，1986 年隶属四铺村委会。消失于 2008 年。
王家	Wángjiā	隶属大店镇，1958 年隶属姜刘大队，1986 年隶属姜刘村委会。消失于 2008 年。
东四铺	Dōngsìpù	隶属大店镇，1958 年隶属四铺大队，1986 年隶属四铺村委会。消失于 2008 年。
顾家	Gùjiā	隶属大店镇，1958 年隶属四铺大队，1986 年隶属四铺村委会。消失于 2008 年。
前赵家	Qiánzhàojiā	隶属朱仙庄镇，1958 年隶属塔桥大队，1987 年隶属塔桥村委会。消失于 2008 年。

标准名称	汉语拼音	备注
小陈家	Xiǎochénjiā	隶属朱仙庄镇，1958 年隶属塔桥大队，1987 年隶属塔桥村委会。消失于 2008 年。
小史庄	Xiǎoshǐzhuāng	隶属蒿沟乡，1958 年隶属濉河大队，1986 年隶属濉河村委会。消失于 2008 年。
小丁家	Xiǎodīngjiā	隶属蒿沟乡，1958 年隶属濉河大队，1986 年隶属濉河村委会。消失于 2008 年。
小王家	Xiǎowángjiā	隶属蒿沟乡，1958 年隶属龚赵大队，1986 年隶属龚赵村委会。消失于 2008 年。
夏家	Xiàjiā	隶属蒿沟乡，1958 年隶属龚赵大队，1986 年隶属龚赵村委会。消失于 2008 年。
潘红庙	Pānhóngmiào	隶属蒿沟乡，1958 年隶属龚赵大队，1986 年隶属龚赵村委会。消失于 2008 年。
展家	Zhǎnjiā	隶属蒿沟乡，1958 年隶属龚赵大队，1986 年隶属龚赵村委会。消失于 2008 年。
小李家	Xiǎolǐjiā	隶属朱仙庄镇，1958 年隶属关吴大队，1987 年隶属关吴村委会。消失于 2008 年。
小曹家	Xiǎocáojiā	隶属朱仙庄镇，1958 年隶属关吴大队，1987 年隶属关吴村委会。消失于 2008 年。
小王家	Xiǎowángjiā	隶属朱仙庄镇，1958 年隶属二铺大队，1987 年隶属二铺村委会。消失于 2008 年。
大卜家	Dàbǔjiā	隶属朱仙庄镇，1958 年隶属朱庙大队，1987 年隶属朱庙村委会。消失于 2008 年。
小卜家	Xiǎobǔjiā	隶属朱仙庄镇，1958 年隶属朱庙大队，1987 年隶属朱庙村委会。消失于 2008 年。
大吴家	Dàwújiā	隶属朱仙庄镇，1958 年隶属朱庙大队，1987 年隶属朱庙村委会。消失于 2008 年。
垤路赵家	Diélùzhàojiā	隶属朱仙庄镇，1980 年隶属垤路大队，1987 年隶属垤路村委会。消失于 2008 年。
小端家	Xiǎoduānjiā	隶属城东街道，1958 年隶属大刘大队，1986 年隶属大刘村委会。消失于 2008 年。
岗小庙	Gǎngxiǎomiào	隶属朱仙庄镇，1980 年隶属垤路大队，1987 年隶属垤路村委会。消失于 2008 年。
小陈家	Xiǎochénjiā	隶属金海街道，1958 年隶属李瓦房村大队，1986 年隶属李瓦房村委会。消失于 2008 年。
大王家	Dàwángjiā	隶属三八街道，1958 年隶属杨庙大队，1986 年隶属杨庙村委会。消失于 2008 年。

标准名称	汉语拼音	备注
赵家	Zhàojiā	隶属三八街道，1958 年隶属杨庙大队，1986 年隶属杨庙村委会。消失于 2008 年。
小孟家	Xiǎomèngjiā	隶属三八街道，1958 年隶属杨庙大队，1986 年隶属杨庙村委会。消失于 2008 年。
前陈营	Qiánchényíng	隶属三八街道，1958 年隶属三里大队，1986 年隶属三里村委会。消失于 2008 年。
小高家	Xiǎogāojiā	隶属三八街道，1958 年隶属三里大队，1986 年隶属三里村委会。消失于 2008 年。
黄家	Huángjiā	隶属三八街道，1958 年隶属周尚大队，1986 年隶属周尚村委会。消失于 2008 年。
大薛家	Dàxuējiā	隶属三八街道，1958 年隶属周尚大队，1986 年隶属周尚村委会。消失于 2008 年。
刘潭窝	Liútánwō	隶属蒿沟乡，1958 年隶属龚赵大队，1986 年隶属龚赵村委会。消失于 2008 年。
杜家	Dùjiā	隶属永安镇，1958 年隶属高彭大队，1986 年隶属高彭村委会。消失于 2008 年。
小营家	Xiǎoyíngjiā	隶属顺河乡，1958 年隶属大武大队，1986 年隶属大武村委会。消失于 2008 年。
小王家	Xiǎowángjiā	隶属永安镇，1958 年隶属高台大队，1986 年隶属高台村委会。消失于 2008 年。
小翟家	Xiǎozháijiā	隶属顺河乡，1958 年隶属大武大队，1986 年隶属大武村委会。消失于 2008 年。
高庄	Gāozhuāng	隶属永镇乡，1961 年隶属姚庄大队，1986 年隶属姚庄村委会。消失于 2008 年。
单王庄	Shànwángzhuāng	隶属永镇乡，1961 年隶属单圩大队，1986 年隶属单圩村委会。消失于 2008 年。
大杨庄	Dàyángzhuāng	隶属永镇乡，1961 年隶属张圩大队，1986 年隶属张圩村委会。消失于 2008 年。
河上杨	Héshàngyáng	隶属永镇乡，1961 年隶属杨圩大队，1986 年隶属杨圩村委会。消失于 2008 年。
庙西杨	Miàoxīyáng	隶属大营镇，1958 年隶属大郝大队，1986 年隶属大郝村委会。消失于 2008 年。
小后庄	Xiǎohòuzhuāng	隶属大营镇，1958 年隶属大郝大队，1986 年隶属大郝村委会。消失于 2008 年。
刘小庄	Liúxiǎozhuāng	隶属大营镇，1958 年隶属常湖大队，1986 年隶属常湖村委会。消失于 2008 年。

标准名称	汉语拼音	备注
大韩家	Dàhánjiā	隶属大营镇，1958年隶属常湖大队，1986年隶属常湖村委会。消失于2008年。
小韩家	Xiǎohánjiā	隶属大营镇，1958年隶属常湖大队，1986年隶属常湖村委会。消失于2008年。
洼窝刘	Wāwōliú	隶属大营镇，1958年隶属常湖大队，1986年隶属常湖村委会。消失于2008年。
吴家	Wújiā	隶属芦岭镇，1958年隶属张李大队，1986年隶属张李村委会。消失于2008年。
后许	Hòuxǔ	隶属大泽乡镇，1958年隶属前楼大队，1986年隶属前楼村委会。消失于2008年。
前许	Qiánxǔ	隶属大泽乡镇，1958年隶属前楼大队，1986年隶属前楼村委会。消失于2008年。
陈家	Chénjiā	隶属芦岭镇，1958年隶属张李大队，1986年隶属张李村委会。消失于2008年。
大周庄	Dàzhōuzhuāng	隶属芦岭镇，1958年隶属张李大队，1986年隶属张李村委会。消失于2008年。
小李庄	Xiǎolǐzhuāng	隶属大泽乡镇，1958年隶属前楼大队，1986年隶属前楼村委会。消失于2008年。
王家	Wángjiā	隶属大泽乡镇，1958年隶属高寨大队，1986年隶属高寨村委会。消失于2008年。
小余庄	Xiǎoyúzhuāng	隶属永镇乡，1961年隶属杨圩大队，1986年隶属杨圩村委会。消失于2008年。
菜园子	Càiyuánzi	隶属永镇乡，1961年隶属陈瓦房大队，1986年隶属陈瓦房村委会。消失于2008年。
王庄	Wángzhuāng	隶属永镇乡，1961年隶属陈瓦房大队，1986年隶属陈瓦房村委会。消失于2008年。
陈圩子	Chénwéizi	隶属永镇乡，1961年隶属姚庄大队，1986年隶属姚庄村委会。消失于2008年。
荒东	Huāngdōng	隶属永镇乡，1961年隶属大圩大队，1986年隶属大圩村委会。消失于2008年。
沟南王	Gōunánwáng	隶属永镇乡，1967年隶属新河大队，1986年隶属新河村委会。消失于2008年。
路南陈	Lùnánchén	隶属永镇乡，1961年隶属破圩大队，1986年隶属新圩村委会。消失于2008年。
小陈家	Xiǎochénjiā	隶属永镇乡，1961年隶属土楼大队，1986年隶属土楼村委会。消失于2008年。

标准名称	汉语拼音	备注
常庄	Chángzhuāng	隶属大营镇，1958年隶属常湖大队，1986年隶属常湖村委会。消失于2008年。
刘庄	Liúzhuāng	隶属蕲县镇，1958年隶属吴谢大队，1986年隶属吴谢村委会。消失于2008年。
东王庄	Dōngwángzhuāng	隶属大营镇，1958年隶属刘圩大队，1986年隶属刘圩村委会。消失于2008年。
小常庄	Xiǎochángzhuāng	隶属大营镇，1958年隶属刘圩大队，1986年隶属刘圩村委会。消失于2008年。
王楼	Wánglóu	隶属蕲县镇，1958年隶属吴谢大队，1986年隶属吴谢村委会。消失于2008年。
李营子	Lǐyíngzi	隶属蕲县镇，1958年隶属吴谢大队，1986年隶属吴谢村委会。消失于2008年。
小王庄	Xiǎowángzhuāng	隶属蕲县镇，1958年隶属吴谢大队，1986年隶属吴谢村委会。消失于2008年。
小李家	Xiǎolǐjiā	隶属大泽乡镇，1958年隶属高寨大队，1986年隶属高寨村委会。消失于2008年。
许湾	Xǔwān	隶属蕲县镇，1958年隶属吴谢大队，1986年隶属吴谢村委会。消失于2008年。
陈菜园	Chéncàiyuán	隶属蕲县镇，1958年隶属沈寨大队，1986年隶属沈寨村委会。消失于2008年。
大邱家	Dàqiūjiā	隶属蕲县镇，1958年隶属沈寨大队，1986年隶属沈寨村委会。消失于2008年。
铁棍陈家	Tiěgùnchénjiā	隶属大泽乡镇，1958年隶属三陈大队，1986年隶属三陈村委会。消失于2008年。
圩东	Wéidōng	隶属大泽乡镇，1958年隶属三陈大队，1986年隶属三陈村委会。消失于2008年。
楼台子	Lóutáizi	隶属大泽乡镇，1958年隶属三陈大队，1986年隶属三陈村委会。消失于2008年。
高小街	Gāoxiǎojiē	隶属大泽乡镇，1958年隶属王寨大队，1986年隶属王寨村委会。消失于2008年。
沈庄	Shěnzhuāng	隶属大泽乡镇，1958年隶属王寨大队，1986年隶属王寨村委会。消失于2008年。
新庄	Xīnzhuāng	隶属大泽乡镇，1958年隶属王寨大队，1986年隶属王寨村委会。消失于2008年。
高小庄	Gāoxiǎozhuāng	隶属大泽乡镇，1958年隶属王寨大队，1986年隶属王寨村委会。消失于2008年。

标准名称	汉语拼音	备注
丁桥	Dīngqiáo	隶属大泽乡镇，1958年隶属王寨大队，1986年隶属王寨村委会。消失于2008年。
小欧家	Xiǎo'ōujiā	隶属大泽乡镇，1958年隶属后楼大队，1986年隶属后楼村委会。消失于2008年。
朱曹王庄	Zhūcáowángzhuāng	隶属大泽乡镇，1958年隶属后楼大队，1986年隶属后楼村委会。消失于2008年。
小王家	Xiǎowángjiā	隶属大泽乡镇，1958年隶属后楼大队，1986年隶属后楼村委会。消失于2008年。
小胡家	Xiǎohújiā	隶属大泽乡镇，1958年隶属后楼大队，1986年隶属后楼村委会。消失于2008年。
小陈家	Xiǎochénjiā	隶属大泽乡镇，1958年隶属高家大队，1986年隶属高家村委会。消失于2008年。
大林	Dàlín	隶属大泽乡镇，1958年隶属高家大队，1986年隶属高家村委会。消失于2008年。
王庄	Wángzhuāng	隶属大泽乡镇，1958年隶属高家大队，1986年隶属高家村委会。消失于2008年。
后邱寨	Hòuqiūzhài	隶属桃园镇，1958年隶属大吴大队，1985年隶属大吴村委会。消失于2008年。
小张庄	Xiǎozhāngzhuāng	隶属大营镇，1958年隶属刘圩大队，1986年隶属刘圩村委会。消失于2008年。
于庄	Yúzhuāng	隶属大营镇，1958年隶属刘圩大队，1986年隶属刘圩村委会。消失于2008年。
袁湖	Yuánhú	隶属大营镇，1958年隶属刘圩大队，1986年隶属刘圩村委会。消失于2008年。
刘小圩	Liúxiǎowéi	隶属大营镇，1958年隶属陈巷大队，1986年隶属陈巷村委会。消失于2008年。
门东李	Méndōnglǐ	隶属大营镇，1958年隶属陈巷大队，1986年隶属陈巷村委会。消失于2008年。
马炮楼	Mǎpàolóu	隶属蕲县镇，1958年隶属徐家桥大队，1986年隶属徐家桥村委会。消失于2008年。
西刘圩子	Xīliúwéizi	隶属蕲县镇，1958年隶属徐家桥大队，1986年隶属徐家桥村委会。消失于2008年。
于园	Yúyuán	隶属蕲县镇，1958年隶属徐家桥大队，1986年隶属徐家桥村委会。消失于2008年。
徐庄	Xúzhuāng	隶属蕲县镇，1958年隶属徐家桥大队，1986年隶属徐家桥村委会。消失于2008年。

标准名称	汉语拼音	备注
吕家	Lǚjiā	隶属蕲县镇，1958 年隶属徐家桥大队，1986 年隶属徐家桥村委会。消失于 2008 年。
陈楼	Chénlóu	隶属蕲县镇，1958 年隶属雷楼大队，1986 年隶属雷楼村委会。消失于 2008 年。
小潘家	Xiǎopānjiā	隶属蕲县镇，1958 年隶属雷楼大队，1986 年隶属雷楼村委会。消失于 2008 年。
陈沟口	Chéngōukǒu	隶属蕲县镇，1958 年隶属雷楼大队，1986 年隶属雷楼村委会。消失于 2008 年。
金庄	Jīnzhuāng	隶属蕲县镇，1958 年隶属雷楼大队，1986 年隶属雷楼村委会。消失于 2008 年。
郑庄	Zhèngzhuāng	隶属蕲县镇，1958 年隶属雷楼大队，1986 年隶属雷楼村委会。消失于 2008 年。
吕家	Lǚjiā	隶属桃园镇，1958 年隶属大吴大队，1985 年隶属大吴村委会。消失于 2008 年。
马小庄	Mǎxiǎozhuāng	隶属桃园镇，1958 年隶属大吴大队，1985 年隶属大吴村委会。消失于 2008 年。
魏庄	Wèizhuāng	隶属蕲县镇，1958 年隶属雷楼大队，1986 年隶属雷楼村委会。消失于 2008 年。
马园	Mǎyuán	隶属栏杆镇，1958 年隶属曹庄大队，1986 年隶属曹庄村委会。消失于 2008 年。
小夏庄	Xiǎoxiàzhuāng	隶属栏杆镇，1958 年隶属曹庄大队，1986 年隶属曹庄村委会。消失于 2008 年。
腰西	Yāoxī	隶属栏杆镇，1958 年隶属孙庄大队，1986 年隶属孙庄村委会。消失于 2008 年。
腰东	Yāodōng	隶属栏杆镇，1958 年隶属孙庄大队，1986 年隶属孙庄村委会。消失于 2008 年。
柏山集	Bǎishānjí	隶属栏杆镇，1958 年隶属孙庄大队，1986 年隶属孙庄村委会。消失于 2008 年。
上马台	Shàngmǎtái	隶属解集乡，1958 年隶属魏山大队，1986 年隶属魏山村委会。消失于 2008 年。
王家	Wángjiā	隶属解集乡，1958 年隶属魏山大队，1986 年隶属魏山村委会。消失于 2008 年。
苍山前	Cāngshānqián	隶属栏杆镇，1958 年隶属曹庄大队，1986 年隶属曹庄村委会。消失于 2008 年。
苍山后	Cāngshānhòu	隶属栏杆镇，1958 年隶属院山大队，1986 年隶属院山村委会。消失于 2008 年。

标准名称	汉语拼音	备注
河西	Héxī	隶属栏杆镇，1958年隶属院山大队，1986年隶属院山村委会。消失于2008年。
拐庄	Guǎizhuāng	隶属杨庄乡，1980年隶属岸楼大队，1986年隶属岸楼村委会。消失于2008年。
后场	Hòuchǎng	隶属栏杆镇，1958年隶属院山大队，1986年隶属院山村委会。消失于2008年。
王楼	Wánglóu	隶属栏杆镇，1958年隶属院山大队，1986年隶属院山村委会。消失于2008年。
后王家	Hòuwángjiā	隶属支河乡，1858年隶属楼房大队，1986年隶属楼房村委会。消失于2008年。
土楼孜	Tǔlóuzī	隶属支河乡，1858年隶属楼房大队，1986年隶属楼房村委会。消失于2008年。
李园	Lǐyuán	隶属支河乡，1858年隶属楼房大队，1986年隶属楼房村委会。消失于2008年。
四连	Sìlián	隶属支河乡，1858年隶属鸭湖大队，1986年隶属鸭湖村委会。消失于2008年。
桥北	Qiáoběi	隶属符离镇，1958年隶属戚闸大队，1986年隶属戚闸村委会。消失于2008年。
桥南	Qiáonán	隶属符离镇，1958年隶属戚闸大队，1986年隶属戚闸村委会。消失于2008年。
大王庄	Dàwángzhuāng	隶属汴河街道，1958年隶属冯圩大队，1986年隶属冯圩村委会。消失于2008年。
凉粉店	Liángfěndiàn	隶属汴河街道，1958年隶属北十里大队，1986年隶属北十里村委会。消失于2008年。
余庄	Yúzhuāng	隶属汴河街道，1958年隶属冯圩大队，1986年隶属冯圩村委会。消失于2008年。
秦小湖	Qínxiǎohú	隶属汴河街道，1958年隶属江庄大队，1986年隶属江庄村委会。消失于2008年。
小江庄	Xiǎojiāngzhuāng	隶属汴河街道，1958年隶属江庄大队，1986年隶属江庄村委会。消失于2008年。
梅庄	Méizhuāng	隶属汴河街道，1958年隶属江庄大队，1986年隶属江庄村委会。消失于2008年。
孙园	Sūnyuán	隶属符离镇，1958年隶属戚闸大队，1986年隶属戚闸村委会。消失于2008年。
后梁套	Hòuliángtào	隶属符离镇，1958年隶属三山大队，1986年隶属三山村委会。消失于2008年。

标准名称	汉语拼音	备注
前梁套	Qiánliángtào	隶属符离镇，1958 年隶属三山大队，1986 年隶属三山村委会。消失于 2008 年。
小侯园	Xiǎohóuyuán	隶属符离镇，1958 年隶属三山大队，1986 年隶属三山村委会。消失于 2008 年。
王庄	Wángzhuāng	隶属符离镇，1958 年隶属三山大队，1986 年隶属三山村委会。消失于 2008 年。
西刘	Xīliú	隶属符离镇，1958 年隶属三山大队，1986 年隶属三山村委会。消失于 2008 年。
尖下	Jiānxià	隶属符离镇，1958 年隶属三山大队，1986 年隶属三山村委会。消失于 2008 年。
前瓦房	Qiánwǎfáng	隶属杨庄乡，1980 年隶属瓦房大队，1986 年隶属瓦房村委会。消失于 2008 年。
后官庄	Hòuguānzhuāng	隶属杨庄乡，1980 年隶属官庄大队，1986 年隶属官庄村委会。消失于 2008 年。
前官庄	Qiánguānzhuāng	隶属杨庄乡，1980 年隶属官庄大队，1986 年隶属官庄村委会。消失于 2008 年。
宋园	Sòngyuán	隶属大店镇，1958 年隶属大东大队，1986 年隶属大东村委会。消失于 2008 年。
小王庄	Xiǎowángzhuāng	隶属蒿沟乡，1958 年隶属尹圩大队，1986 年隶属尹圩村委会。消失于 2008 年。
萧家	Xiāojiā	隶属大店镇，1958 年隶属大东大队，1986 年隶属大东村委会。消失于 2008 年。
小张家	Xiǎozhāngjiā	隶属大店镇，1958 年隶属大南大队，1986 年隶属大南村委会。消失于 2008 年。
张家	Zhāngjiā	隶属大店镇，1958 年隶属陈桥大队，1986 年隶属陈桥村委会。消失于 2008 年。
魏家	Wèijiā	隶属大店镇，1958 年隶属平安大队，1986 年隶属平安村委会。消失于 2008 年。
赵家	Zhàojiā	隶属大店镇，1958 年隶属平安大队，1986 年隶属平安村委会。消失于 2008 年。
邓家	Dèngjiā	隶属大店镇，1958 年隶属双王大队，1986 年隶属双王村委会。消失于 2008 年。
小郓家	Xiǎoyùnjiā	隶属大店镇，1958 年隶属双王大队，1986 年隶属双王村委会。消失于 2008 年。
陈家	Chénjiā	隶属大店镇，1958 年隶属洪马大队，1986 年隶属洪马村委会。消失于 2008 年。

标准名称	汉语拼音	备注
大湾村	Dàwāncūn	隶属苗庵乡，1966年为大湾大队，1984年更名为大湾村委会。消失于2007年。
郭王马村	Guōwángmǎcūn	隶属苗庵乡，1966年为郭王马大队，1984年更名为郭王马村委会。消失于2007年。
朱李村	Zhūlǐcūn	隶属苗庵乡，1966年为朱李大队，1984年更名为朱李村委会。消失于2007年。
赵夏村	Zhàoxiàcūn	隶属苗庵乡，1966年为赵夏大队，1984年更名为赵夏村委会。消失于2007年。
刘小庄村	Liúxiǎozhuāngcūn	隶属苗庵乡，1966年为刘小庄大队，1984年更名为刘小庄村委会。消失于2007年。
防口村	Fángkǒucūn	隶属桃沟乡，1980年设立防口大队，1986年更名为防口村民委员会至今。消失于2008年。
曹桥村	Cáoqiáocūn	隶属时村镇，1986年更名为曹桥村。消失于2007年。
夏湾村	Xiàwāncūn	隶属桃沟乡，1986年更名为夏湾村。消失于2008年。
余元村	Yúyuáncūn	隶属蒿沟乡，1986年更名为余元村。消失于2008年。
尹圩村	Yǐnwéicūn	隶属蒿沟乡，1986年更名为尹圩村。消失于2008年。
张庵村	Zhāng' āncūn	隶属苗庵乡，1966年为张庵大队，1984年更名为张庵村委会。消失于2007年。
中新村	Zhōngxīncūn	隶属苗庵乡，1966年为中新大队，1984年更名为中新村委会。消失于2007年。
盛家村	Shèngjiācūn	隶属时村镇，1986年更名为盛家村委会。消失于2007年。
赵新庄村	Zhàoxīnzhuāngcūn	隶属桃沟乡，1951年设新庄大队，1986年更名为新庄村委会，后因重名，改为现名至今。消失于2008年。
四合村	Sìhécūn	隶属时村镇，1986年更名为四合村委会。消失于2007年。
南丁楼村	Nándīnglóucūn	隶属时村镇，原名丁楼村委会，因重名改为现名。消失于2007年。
高台村	Gāotáicūn	隶属永安镇，1961年成立高台大队，1986年更名为高台村委会至今。消失于2007年。
傅张村	Fùzhāngcūn	隶属时村镇，1986年更名为傅张村。消失于2007年。
柳园村	Liǔyuáncūn	隶属桃沟乡，1986年更名为柳园村。消失于2008年。
后刘村	Hòuliúcūn	隶属桃沟乡，1986年设立为后刘村。消失于2008年。
南大桥村	Nándàqiáocūn	隶属时村镇，1986年更名为南大桥村。消失于2007年。
马大庄村	Mǎdàzhuāngcūn	隶属时村镇，1986年更名为马大庄村。消失于2007年。
网寨村	Wǎngzhàicūn	隶属时村镇，1986年更名为网寨村。消失于2007年。

标准名称	汉语拼音	备注
关庙村	Guānmiàocūn	隶属时村镇，1986 年更名为关庙村。消失于 2007 年。
大陈楼村	Dàchénlóucūn	隶属时村镇，1986 年更名为大陈楼村。消失于 2007 年。
时北村	Shíběicūn	隶属时村镇，1986 年更名为时北村。消失于 2007 年。
双桥村	Shuāngqiáocūn	隶属时村镇，1986 年更名为双桥村。消失于 2007 年。
三马村	Sānmǎcūn	隶属时村镇，1986 年更名为三马村。消失于 2007 年。
葛山村	Gěshāncūn	隶属时村镇，1986 年更名为葛山村。消失于 2007 年。
蔡家村	Càijiācūn	隶属时村镇，1986 年更名为蔡家村。消失于 2007 年。
花园村	Huāyuáncūn	隶属蒿沟乡，1986 年更名为花园村。消失于 2008 年。
濉河村	Suīhécūn	隶属蒿沟乡，1986 年更名为濉河村。消失于 2008 年。
龚赵村	Gōngzhàocūn	隶属蒿沟乡，1986 年更名为龚赵村。消失于 2008 年。
吕湖村	Lǚhúcūn	隶属永安镇，1986 年更名为吕湖村。消失于 2007 年。
野楼村	Yělóucūn	隶属永安镇，1986 年更名为野楼村。消失于 2007 年。
张光村	Zhāngguāngcūn	隶属永安镇，1986 年更名为张光村。消失于 2007 年。
大曹村	Dàcáocūn	隶属桃沟乡，1986 年更名为大曹村。消失于 2008 年。
朱圩村	Zhūwéicūn	隶属桃沟乡，1986 年更名为朱圩村。消失于 2008 年。
后娄家村	Hòulóujiācūn	隶属桃沟乡，原名后楼村，因重名，1986 年更名为后娄家村。消失于 2008 年。
刘瓦房村	Liúwǎfángcūn	隶属永安镇，1986 年更名为刘瓦房村。消失于 2007 年。
魏渡口村	Wèidùkǒucūn	隶属桃沟乡，1977 年由桃沟大队划出成立魏渡口大队，1986 年更名为魏渡口村委会。消失于 2008 年。
张塘村	Zhāngtángcūn	隶属符离镇，1958 年成立张塘大队，1986 年更名为张塘村委会。消失于 2007 年。
大武村	Dàwǔcūn	隶属顺河乡，1961 年建立大武大队，1986 年更名为大武村委会。消失于 2008 年。
安水村	Ānshuǐcūn	隶属灰古镇，1965 年由灰古大队划出，成立安水大队，1986 年更名为安水村委会。消失于 2008 年。
黄庄村	Huángzhuāngcūn	隶属符离镇，1958 年成立黄庄大队，1986 年更名为黄庄村委会。消失于 2007 年。
张集村	Zhāngjícūn	隶属大营镇，1958 年成立张集大队，1986 年更名为张集村委会。消失于 2007 年。
曹闸村	Cáozhácūn	隶属符离镇，1958 年成立曹闸大队，1986 年更名为曹闸村委会。消失于 2007 年。
单家村	Shànjiācūn	隶属永安镇，1961 年成立单家大队，1986 年更名为单家村委会。消失于 2007 年。

标准名称	汉语拼音	备注
高彭村	Gāopéngcūn	隶属永安镇，1958年成立高彭大队，1986年更名为高彭村委会，1993年9月，合并高彭、马家二村为高彭村委会至今。消失于2007年。
白庄村	Báizhuāngcūn	隶属永安镇，1984年从永安村划出，成立白庄大队，1986年更名为白庄村委会，1993年8月合并白庄、刘圩二村为白庄村委会至今。消失于2007年。
苏秦村	Sūqíncūn	隶属永安镇，1958年成立苏秦大队，1986年更名为苏秦村委会至今。消失于2007年。
翟家村	Zháijiācūn	隶属顺河乡，1961年成立翟家大队，1986年更名为翟家村委会。消失于2008年。
吴赵村	Wúzhàocūn	隶属永安镇，1961年成立吴赵大队，1986年更名为吴赵村委会。消失于2007年。
四里中村	Sìlǐzhōngcūn	隶属顺河乡，1961年成立四里中大队，1986年更名为四里中村委会。消失于2008年。
后湖村	Hòuhúcūn	隶属桃园镇，1980年从东坪大队划出，1986年后湖村委会。消失于2008年。
大寺刘村	Dàsìliúcūn	隶属顺河乡，1961年成立大寺刘大队，1986年更名为大寺刘村委会。消失于2008年。
张庄村	Zhāngzhuāngcūn	隶属顺河乡，1961年成立张庄大队，1986年更名为张庄村委会。消失于2008年。
尖山村	Jiānshāncūn	隶属顺河乡，1961年成立尖山大队，1986年更名为尖山村委会。消失于2008年。
刘家楼村	Liújiālóucūn	隶属永安镇，1961年成立刘楼大队，1976年由夹沟划归永安，1986年更名为刘家楼村委会，1993年9月合并刘楼、边家、山前三村为刘家楼村委会。消失于2007年。
姚庄村	Yáozhuāngcūn	隶属永镇乡，1961年成立姚庄大队，1986年更名为姚庄村委会。消失于2008年。
刘圩村	Liúwéicūn	隶属大营镇，1961年成立刘圩大队，1986年更名为刘圩村委会。消失于2007年。
大郝村	Dàhǎocūn	隶属大营镇，1958年成立大郝大队，1986年更名为大郝村委会。消失于2007年。
陈巷村	Chénxiàngcūn	隶属大营镇，1958年成立陈巷大队，1986年更名为陈巷村委会。消失于2007年。
北曹村	Běicáocūn	隶属芦岭镇，1986年更名为北曹村委会。消失于2008年。
王巷子村	Wángxiàngzicūn	隶属芦岭镇，1986年更名为王巷子村委会。消失于2008年。
祖李村	Zǔlǐcūn	隶属芦岭镇，1990年前属西大吴村委会，1991年与大吴分开。消失于2008年。

标准名称	汉语拼音	备注
大吴村	Dàwúcūn	隶属芦岭镇，1984 年成立村委会。消失于 2008 年。
申单村	Shēndāncūn	隶属芦岭镇，1985 年成立村委会。消失于 2008 年。
张李村	Zhānglǐcūn	隶属芦岭镇，1985 年成立村委会。消失于 2008 年。
戴庵村	Dài'āncūn	隶属蕲县镇，1958 年成立戴庵大队，1986 年更名为戴庵村委会。消失于 2007 年。
王楼村	Wánglóucūn	隶属蕲县镇，1958 年成立王楼大队，1986 年更名为王楼村委会。消失于 2007 年。
马桥村	Mǎqiáocūn	隶属蕲县镇，1958 年成立马桥大队，1986 年更名为马桥村委会。消失于 2007 年。
常湖村	Chánghúcūn	隶属大营镇，1986 年更名为常湖村委会，1994 年与团结村合并为常湖村委会。消失于 2007 年。
赵新村	Zhàoxīncūn	隶属桃沟乡，1951 年设新庄大队，1986 年更名为新庄村委会，后因重名，改为现名至今。消失于 2008 年。
镇东村	Zhèndōngcūn	隶属永镇乡，1961 年成立镇东大队，1986 年更名为镇东村委会。消失于 2008 年。
张陈村	Zhāngchéncūn	隶属永镇乡，1961 年成立张陈大队，1986 年更名为张陈村委会。消失于 2008 年。
土楼村	Tǔlóucūn	隶属永镇乡，1961 年成立土楼大队，1986 年更名为土楼村委会。消失于 2008 年。
大圩村	Dàwéicūn	隶属永镇乡，1961 年成立大圩大队，1986 年更名为大圩村委会。消失于 2008 年。
萧店子村	Xiāodiànzicūn	隶属大泽乡镇，1961 年从兴隆大队划出设萧店大队，1986 年为萧店子村委会。消失于 2008 年。
全湖村	Quánhúcūn	隶属大泽乡镇，1969 年建全湖大队，1986 年更名为全湖村委会。消失于 2008 年。
南杨村	Nányángcūn	隶属大泽乡镇，1969 年建南杨大队，1986 年更名为南杨村委会。消失于 2008 年。
前楼村	Qiánlóucūn	隶属大泽乡镇，1972 年从郭庙大队划出，设前楼大队，1986 年更名为前楼村委会。消失于 2008 年。
后楼村	Hòulóucūn	隶属大泽乡镇，1972 年从郭庙大队划出，设后楼大队，1986 年更名为后楼村委会。消失于 2008 年。
高寨村	Gāozhàicūn	隶属大泽乡镇，1972 年成立高寨大队，1986 年更名为高寨村委会。消失于 2008 年。
三陈村	Sānchéncūn	隶属大泽乡镇，1986 年成立村委会。消失于 2008 年。
王寨村	Wángzhàicūn	隶属大泽乡镇，1961 年成立王寨大队，1986 年更名为王寨村委会。消失于 2008 年。

标准名称	汉语拼音	备注
段家村	Duànjiācūn	隶属大泽乡镇，1972 年成立段家大队，1986 年更名为段家村委会。消失于 2008 年。
莲沟村	Liángōucūn	隶属大泽乡镇，1977 年成立莲沟大队，1986 年更名为莲沟村委会。消失于 2008 年。
高家村	Gāojiācūn	隶属大泽乡镇，1972 年成立高家大队，1986 年更名为高家村委会。消失于 2008 年。
丁闸村	Dīngzhácūn	隶属大泽乡镇，1972 年成立丁闸大队，1986 年更名为丁闸村委会。消失于 2008 年。
门东村	Méndōngcūn	隶属大泽乡镇，1961 年成立门东大队，1986 年更名为门东村委会。消失于 2008 年。
韩寨村	Hánzhàicūn	隶属桃园镇，1978 年从桃东村划出，设韩寨大队，1986 年更名为韩寨村委会。消失于 2008 年。
陈湖村	Chénhúcūn	隶属大泽乡镇，1969 年成立陈胡大队，1986 年更名为陈胡村委会。消失于 2008 年。
王余村	Wángyúcūn	隶属大营镇，1958 年成立王余大队，1986 年更名为王余村委会。消失于 2007 年。
张许村	Zhāngxǔcūn	隶属大营镇，1958 年成立张许大队，1986 年更名为张许村委会。消失于 2007 年。
吴谢村	Wúxiècūn	隶属蕲县镇，1958 年成立吴谢大队，1986 年更名为吴谢村委会。消失于 2007 年。
徐家桥村	Xújiāqiáocūn	隶属蕲县镇，1958 年建徐桥大队，1986 年更名为徐家桥村委会。消失于 2007 年。
新王村	Xīnwángcūn	隶属蕲县镇，1958 年成立新王大队，1986 年更名为新王村委会。消失于 2007 年。
沈寨村	Shěnzhàicūn	隶属蕲县镇，1958 年成立沈寨大队，1986 年更名为沈寨村委会。消失于 2007 年。
王湾村	Wángwāncūn	隶属桃园镇，1985 年成立王湾大队，1986 年更名为王湾村委会。消失于 2008 年。
雷楼村	Léilóucūn	隶属蕲县镇，1958 年成立雷楼大队，1986 年更名为雷楼村委会。消失于 2007 年。
李家寨村	Lǐjiāzhàicūn	隶属蕲县镇，1958 年成立李寨大队，1986 年更名为李家寨村委会。消失于 2007 年。
魏山村	Wèishāncūn	隶属解集乡，1961 年由藕塘大队划出，成立魏山大队，1986 年更名为魏山村委会。消失于 2007 年。
灵土庙村	Língtǔmiàocūn	隶属解集乡，1961 年由藕塘大队划出，成立灵土庙大队，1986 年更名为灵土庙村委会。消失于 2007 年。

标准名称	汉语拼音	备注
大尚庄村	Dàshàngzhuāngcūn	隶属解集乡，1961年由藕塘大队划出，成立大尚庄大队，1986年更名为大尚庄村委会。消失于2007年。
藕塘村	Ǒutángcūn	隶属解集乡，1958年成立藕塘大队，1986年更名为藕塘村委会。消失于2007年。
小尚庄村	Xiǎoshàngzhuāng-cūn	隶属解集乡，1961年成立小尚庄大队，1986年更名为小尚庄村委会，1993年，原王吴村委会并入该村。消失于2007年。
孙寨村	Sūnzhàicūn	隶属解集乡，1961年由藕塘大队划出，成立孙寨大队，1986年更名为孙寨村委会，后因重名，名孙家寨村委会。消失于2007年。
祝山村	Zhùshāncūn	隶属栏杆镇，1958年成立祝山大队，1986年更名为祝山村委会。消失于2008年。
孟寨村	Mèngzhàicūn	隶属栏杆镇，1958年成立孟寨大队，1986年更名为孟寨村委会。消失于2008年。
颜村	Yáncūn	隶属栏杆镇，1958年成立颜村大队，1986年更名为颜村村委会。消失于2008年。
李院村	Lǐyuàncūn	隶属褚兰镇，1980年从张楼大队划出，设李院大队，1986年更名为李院村委会。消失于2008年。
椿树王村	Chūnshùwángcūn	隶属解集乡，1958年成立椿树王大队，1986年更名为椿树王村委会。消失于2007年。
夏寨村	Xiàzhàicūn	隶属解集乡，1961年由张山大队划出，成立夏寨大队，1986年更名为夏寨村委会。消失于2007年。
瑚树王村	Húshùwángcūn	隶属解集乡，1961年由张山大队划出成立瑚树王大队，1986年更名为瑚树王村委会。消失于2007年。
卞后村	Biànhòucūn	隶属解集乡，1988年由卞刘村委会划出，成立卞后村委会。消失于2007年。
张西村	Zhāngxīcūn	隶属解集乡，1961年由张山大队划出，设张西大队，1986年更名为张西村委会。消失于2007年。
沟上村	Gōushàngcūn	隶属解集乡，1980年从桥上大队划出，成立沟上大队，1986年更名为沟上村委会。消失于2007年。
前程村	Qiánchéngcūn	隶属解集乡，1980年由桥上大队划出，成立前程大队，1986年更名为前程村委会。消失于2007年。
史家村	Shǐjiācūn	隶属解集乡，1986年从沟上村委会划出，成立史家村委会。消失于2007年。
杜家村	Dùjiācūn	隶属支河乡，1975年从王塘大队划出，设立杜家大队，1986年更名为杜家村委会。消失于2007年。
腰庄村	Yāozhuāngcūn	隶属栏杆镇，1958年成立腰庄大队，1986年更名为腰庄村委会。消失于2008年。

标准名称	汉语拼音	备注
西李村	Xīlǐcūn	隶属栏杆镇，1958 年成立西李大队，1986 年更名为西李村委会。消失于 2008 年。
洪家村	Hóngjiācūn	隶属栏杆镇，1986 年从腰庄村委会划出，建立洪家村委会。消失于 2008 年。
王家村	Wángjiācūn	隶属栏杆镇，1986 年从西李大队划出，建立王家村委会。消失于 2008 年。
赵小楼村	Zhàoxiǎolóucūn	隶属栏杆镇，1986 年从孙楼村委会划出，成立赵小楼村委会。消失于 2008 年。
沟北村	Gōuběicūn	隶属支河乡，1958 年成立沟北大队，1986 年更名为沟北村委会。消失于 2007 年。
任桥村	Rénqiáocūn	隶属支河乡，1975 年从方河大队划出，设立任桥大队，1986 年更名为任桥村委会。消失于 2007 年。
南刘桥村	Nánliúqiáocūn	隶属支河乡，1958 年成立刘桥大队，1986 年更名为刘桥村委会。消失于 2007 年。
王大庄村	Wángdàzhuāngcūn	隶属栏杆镇，1958 年成立王庄大队，1986 年更名为王庄村委会。后因重名，更名为大庄村委会。消失于 2008 年。
朱庄村	Zhūzhuāngcūn	隶属永安镇，1958 年成立朱庄大队，1986 年更名为朱庄村委会。消失于 2007 年。
陈楼村	Chénlóucūn	隶属栏杆镇，1958 年成立陈楼大队，1986 年更名为陈楼村委会。消失于 2008 年。
前乡村	Qiánxiāngcūn	隶属栏杆镇，1958 年成立前乡大队，1986 年更名为前乡村委会。消失于 2008 年。
城后村	Chénghòucūn	隶属支河乡，1969 年从城孜大队划出，设城后大队，1986 年更名为城后村委会。消失于 2007 年。
三官庙村	Sānguānmiàocūn	隶属支河乡，1958 年成立曹庄大队，因重名，改为三官庙大队，1986 年更名为三官庙村委会。消失于 2007 年。
耿庙村	Gěngmiàocūn	隶属支河乡，1958 年设立耿庙大队，1986 年更名为耿庙村委会。消失于 2007 年。
接桥村	Jiēqiáocūn	隶属支河乡，1958 年成立接桥大队，1986 年更名为接桥村委会。消失于 2007 年。
徐西村	Xúxīcūn	隶属支河乡，1969 年从徐桥大队划出，设徐桥大队，1986 年更名为徐西村委会。消失于 2007 年。
霞东村	Xiádōngcūn	隶属支河乡，1975 年从王塘大队划出，设立霞东大队，1986 年更名为霞东村委会。消失于 2007 年。
楼房村	Lóufángcūn	隶属支河乡，1958 年成立楼房大队，1986 年更名为楼房村委会。消失于 2007 年。

标准名称	汉语拼音	备注
小张楼村	Xiǎozhānglóucūn	隶属支河乡，1980 年从湾里大队划出，设张楼大队，因重名，改为小张楼大队，1986 年更名为小张楼村委会。消失于 2007 年。
杨桥村	Yángqiáocūn	隶属支河乡，1958 年成立杨桥大队，1986 年更名为杨桥村委会。消失于 2007 年。
西学村	Xīxuécūn	隶属支河乡，1980 年从杨桥大队划出，设立西学大队，1986 年更名为西学村委会。消失于 2007 年。
前丁楼村	Qiándīnglóucūn	隶属栏杆镇，1958 年成立丁楼大队，1986 年更名为丁楼村委会。消失于 2008 年。
韩西村	Hánxīcūn	隶属栏杆镇，1986 年从韩村村委会划出，成立韩西村委会。消失于 2008 年。
韩东村	Hándōngcūn	隶属栏杆镇，1986 年从韩村村委会划出，成立韩东村委会。消失于 2008 年。
前郭村	Qiánguōcūn	隶属栏杆镇，1958 年成立前郭大队，1986 年更名为前郭村委会。消失于 2008 年。
梁庄村	Liángzhuāngcūn	隶属栏杆镇，1986 年从段楼村委会划出，成立梁庄村委会。消失于 2008 年。
姜楼村	Jiānglóucūn	隶属栏杆镇，1986 年从小集村委会划出，成立姜楼村委会。消失于 2008 年。
郭赵村	Guōzhàocūn	隶属栏杆镇，1958 年成立郭赵大队，1986 年更名为郭赵村委会。消失于 2008 年。
冯庄村	Féngzhuāngcūn	隶属栏杆镇，1958 年成立冯庄大队，1986 年更名为冯庄村委会。消失于 2008 年。
徐庄村	Xúzhuāngcūn	隶属栏杆镇，1958 年成立徐庄大队，1986 年更名为徐庄村委会。消失于 2008 年。
阻寺村	Zǔsìcūn	隶属栏杆镇，1958 年成立阻寺大队，1986 年更名为阻寺村委会。消失于 2008 年。
海孜村	Hǎizīcūn	隶属支河乡，1980 年从赵楼大队划出，设海孜大队，1986 年更名为海孜村委会。消失于 2007 年。
幺李村	Yāolǐcūn	隶属支河乡，1958 年成立幺李大队，1986 年更名为幺李村委会。消失于 2007 年。
梅庄村	Méizhuāngcūn	隶属曹村镇，1958 年建梅庄大队，1986 年更名为梅庄村委会。消失于 2007 年。
尚山村	Shàngshāncūn	隶属曹村镇，1958 年建尚山大队，1986 年更名为尚山村委会。消失于 2007 年。
王村	Wángcūn	隶属曹村镇，1958 年建王村大队，1986 年更名为王村村委会。消失于 2007 年。

标准名称	汉语拼音	备注
赵台村	Zhàotáicūn	隶属支河乡，1958年成立赵台大队，1986年更名为赵台村委会。消失于2007年。
马家楼村	Mǎjiālóucūn	隶属支河乡，1959年成立马楼大队，因重名，改名马家楼大队，1986年更名为马家楼村委会。消失于2007年。
后吴村	Hòuwúcūn	隶属栏杆镇，1958年成立后楼大队，1986年更名为后楼村委会。后因重名，更名为后吴村委会。消失于2008年。
黄李村	Huánglǐcūn	隶属栏杆镇，1958年成立黄李大队，1986年更名为黄李村委会。消失于2008年。
祝王村	Zhùwángcūn	隶属栏杆镇，1958年成立祝王大队，1986年更名为祝王村委会。消失于2008年。
东北村	Dōngběicūn	隶属夹沟镇，1949年后历称东北大队，1984年改为东北村委会。消失于2008年。
山头村	Shāntóucūn	隶属夹沟镇，1958年为山头大队，1984年改为山头村委会。消失于2008年。
汪楼村	Wānglóucūn	隶属栏杆镇，1986年从姚楼村委会划出，成立汪楼村委会。消失于2008年。
黄疃村	Huángtuǎncūn	隶属夹沟镇，1958年建黄疃大队，1986年更名为黄疃村委会。消失于2008年。
秦山村	Qínshāncūn	隶属曹村镇，1958年建秦山大队，1986年更名为秦山村委会。消失于2007年。
小山西村	Xiǎoshānxīcūn	隶属曹村镇，1958年建小山西大队，1986年更名为小山西村委会。消失于2007年。
大沟西村	Dàgōuxīcūn	隶属曹村镇，1958年建大沟西大队，1986年更名为大沟西村委会。消失于2007年。
后旺村	Hòuwàngcūn	隶属曹村镇，1958年建后旺村大队，1986年更名为后旺村委会。消失于2007年。
小李庄村	Xiǎolǐzhuāngcūn	隶属曹村镇，1958年建小李庄大队，1986年更名为小李庄村委会。消失于2007年。
欧庄村	Ōuzhuāngcūn	隶属曹村镇，1958年建欧庄大队，1986年更名为欧庄村委会。消失于2007年。
小五柳村	Xiǎowǔliǔcūn	隶属夹沟镇，1949年后为小五柳大队，1984年更名为小五柳村委会。消失于2008年。
杜山子村	Dùshānzicūn	隶属符离镇，1958年为杜山大队，1986年更名为杜山村委会。消失于2007年。
徐王村	Xúwángcūn	隶属夹沟镇，1958年为徐王大队，1984年更名为徐王村委会。消失于2008年。

标准名称	汉语拼音	备注
武李村	Wǔlǐcūn	隶属夹沟镇，1958年为武李大队，1984年更名为武李村委会。消失于2008年。
前王村	Qiánwángcūn	隶属夹沟镇，1958年为前王大队，1984年更名为前王村委会。消失于2008年。
康湖村	Kānghúcūn	隶属支河乡，1958年成立康湖大队，1986年更名为康湖村委会。消失于2007年。
三山村	Sānshāncūn	隶属符离镇，1958年成立三山大队，1986年更名为三山村委会。消失于2007年。
观音堂村	Guānyīntángcūn	隶属褚兰镇，1961年建陈桥大队，1986年更名为观音堂村委会。消失于2008年。
道庄村	Dàozhuāngcūn	隶属褚兰镇，1980年成立道庄大队，1986年更名为道庄村委会。消失于2008年。
营里村	Yínglǐcūn	隶属褚兰镇，1958年成立营里大队，1986年更名为营里村委会。消失于2008年。
宝里村	Bǎolǐcūn	隶属褚兰镇，1961年设宝里大队，1986年更名为宝里村委会。消失于2008年。
梅山村	Méishāncūn	隶属褚兰镇，1961年成立梅山大队，1986年更名为梅山村委会。消失于2008年。
石板村	Shíbǎncūn	隶属褚兰镇，1980年从桂山大队划出时，设石板大队，1986年更名为石板村委会。消失于2008年。
马小庄村	Mǎxiǎozhuāngcūn	隶属褚兰镇，1961年成立马小庄大队，1986年更名为马小庄村委会。消失于2008年。
夏疃村	Xiàtuǎncūn	隶属褚兰镇，1961年成立夏疃大队，1986年更名为夏疃村委会。消失于2008年。
闫庄村	Yánzhuāngcūn	隶属杨庄乡，1986年更名为闫庄村委会。消失于2007年。
孙小庄村	Sūnxiǎozhuāngcūn	隶属褚兰镇，1986年更名为孙小庄村委会。消失于2008年。
鲁山村	Lǔshāncūn	隶属褚兰镇，1961年从褚兰公社划出，1986年更名为鲁山村委会。消失于2008年。
街西村	Jiēxīcūn	隶属褚兰镇，1961年属褚兰大队，1961年区划时，撤销褚兰大队，设街西大队，1986年更名为街西村委会。消失于2008年。
街东村	Jiēdōngcūn	隶属褚兰镇，1961年属褚兰大队，1961年区划时，撤销褚兰大队，设街西大队，1986年更名为街东村委会。消失于2008年。
韩楼村	Hánlóucūn	隶属杨庄乡，1980年从原包林大队划出，设韩楼大队，1984年设韩楼村委会。消失于2007年。
包庄村	Bāozhuāngcūn	隶属褚兰镇，1961年建包庄大队，1986年更名为包庄村委会。消失于2008年。

标准名称	汉语拼音	备注
林庄村	Línzhuāngcūn	隶属杨庄乡，1980年从包林大队划出，设林庄大队，1984年更名为林庄村委会。消失于2007年。
苗庄村	Miáozhuāngcūn	隶属褚兰镇，1961年成立苗庄大队，1986年更名为苗庄村委会。消失于2008年。
谢洼村	Xièwācūn	隶属杨庄乡，1984年更名为谢洼村委会。消失于2007年。
商芦村	Shānglúcūn	隶属大店镇，1981年由大店大队划出，成立商芦大队，1986年更名为商芦村委会。消失于2008年。
双王村	Shuāngwángcūn	隶属大店镇，1958年成立双庙大队，1986年更名为双庙村委会。消失于2008年。
苏庙村	Sūmiàocūn	隶属大店镇，1958年成立苏庙村大队，1986年更名为苏庙村委会。消失于2008年。
孟圩村	Mèngwéicūn	隶属大店镇，1958年成立孟圩村大队，1986年更名为孟圩村委会。消失于2008年。
西张村	Xīzhāngcūn	隶属大店镇，1993年钢王村委会并入西张村委会。消失于2008年。
汤虎村	Tānghǔcūn	隶属大店镇，1958年成立汤虎大队，1986年更名为汤虎村委会。消失于2008年。
马庙村	Mǎmiàocūn	隶属大店镇，1958年成立马庙大队，1986年更名为马庙村委会。消失于2008年。
尹陈村	Yǐnchéncūn	隶属苗庵乡，1966年为尹陈大队，1984年更名为尹陈村委会。消失于2007年。
北马庙村	Běimǎmiàocūn	隶属苗庵乡，1966年为北马庙大队，1984年更名为北马庙村委会。消失于2007年。
李寿村	Lǐshòucūn	隶属大店镇，1961年成立李寿大队，1986年更名为李寿村委会。消失于2008年。
大顾村	Dàgùcūn	隶属大店镇，1958年成立大顾大队，1986年更名为大顾村委会。消失于2008年。

第二节 萧县

标准名称	汉语拼音	备注
北黑楼子	Běihēilóuzi	隶属黄口镇，1949 年前建村，得名北黑楼子。1992 年区划调整后，该地名消失。
曹和庄	Cáohézhuāng	隶属龙城镇，清末以姓氏取名。1992 年区划调整后，该地名消失。
陈河	Chénhé	隶属黄口镇，1949 年前陈姓在此居住，起名。1992 年区划调整后，该地名消失。
陈井涯	Chénjǐngyá	隶属龙城镇，清末建村，自建村以来，一直叫陈井涯。1992 年区划调整后，该地名消失。
陈楼	Chénlóu	隶属张庄寨镇，1949 年前，陈姓迁居至此建楼，故而得名。1992 年区划调整后，该地名消失。
陈庄	Chénzhuāng	隶属祖楼镇，陈姓起名，得名陈庄。1992 年区划调整后，该地名消失。
陈庄	Chénzhuāng	隶属黄口镇，陈姓起名，得名陈庄。1992 年区划调整后，该地名消失。
崔店子	Cuīdiànzi	隶属孙圩子乡，1949 年前建村，命名为崔店子。1992 年区划调整后，该地名消失。
大曹庄	Dàcáozhuāng	隶属大屯镇，1949 年前建村，命名为大曹庄。1992 年区划调整后，该地名消失。
大孟楼	Dàmènglóu	隶属黄口镇，1949 年建村，命名为大孟楼。1992 年区划调整后，该地名消失。
大杨庄村	Dàyángzhuāngcūn	隶属闫集镇，1949 年建村，命名为大杨庄。1992 年区划调整后，该地名消失。
大张庄	Dàzhāngzhuāng	隶属黄口镇，1949 年前建村，命名为大张庄。1992 年区划调整后，该地名消失。
戴庄	Dàizhuāng	隶属张庄寨镇，自建村以来至 1992 年一直叫戴庄。1992 年区划调整后，该地名消失。
东汪楼	Dōngwānglóu	隶属王寨镇，1949 年前建村，命名为东汪楼。1992 年区划调整后，该地名消失。
东王庄	Dōngwángzhuāng	隶属孙圩子乡，1949 年建村，命名为东王庄。1992 年区划调整后，该地名消失。
段寺庙	Duànsìmiào	隶属圣泉乡，自建村以来，一直叫段寺庙。1992 年区划调整后，该地名消失。

标准名称	汉语拼音	备注
范庙子	Fànmiàozi	隶属祖楼镇，早间建村，一直叫范庙子。1992 年区划调整后，该地名消失。
粉寺村	Fěnsìcūn	隶属闫集镇，早间建村，一直叫粉寺村。1992 年区划调整后，该地名消失。
冯瓦房	Féngwǎfáng	隶属白土镇，早年冯姓建村，一直叫冯瓦房。1992 年区划调整后，该地名消失。
宫庄村	Gōngzhuāngcūn	隶属酒店乡，早年建村，一直叫宫庄村。1992 年区划调整后，该地名消失。
孤山寨	Gūshānzhài	隶属白土镇，早年建村，命名为孤山寨。1992 年区划调整后，该地名消失。
孤西	Gūxī	隶属白土镇，早年建村，命名为孤西。1992 年区划调整后，该地名消失。
官庄	Guānzhuāng	隶属马井镇，早年建村，命名为官庄。1992 年区划调整后，该地名消失。
郭套村	Guōtàocūn	隶属新庄镇，早年建村，命名为郭套村。1992 年区划调整后，该地名消失。
郭庄	Guōzhuāng	隶属石林乡，早年建村，命名为郭庄。1992 年区划调整后，该地名消失。
郭庄	Guōzhuāng	隶属新庄镇，清末，郭姓在此居住，故而得名。1992 年区划调整后，该地名消失。
韩庄	Hánzhuāng	隶属祖楼镇，早年韩姓在此居住，故而得名。1992 年区划调整后，该地名消失。
郝林	Hǎolín	隶属龙城镇，清末郝姓在此建村，取名郝林。1992 年区划调整后，该地名消失。
后八庄	Hòubāzhuāng	隶属杨楼镇，早年建村，命名为后八庄。1992 年区划调整后，该地名消失。
后场	Hòuchǎng	隶属新庄镇，早年建村，命名为后场。1992 年区划调整后，该地名消失。
胡菜园	Húcàiyuán	隶属马井镇，自建村以来，一直叫胡菜园。1992 年区划调整后，该地名消失。
胡屯	Hútún	隶属赵庄镇，自建村以来，一直叫胡屯。1992 年区划调整后，该地名消失。
胡庄	Húzhuāng	隶属黄口镇，自建村以来，一直叫胡庄。1992 年区划调整后，该地名消失。
胡庄	Húzhuāng	隶属杨楼镇，自建村以来，一直叫胡庄。1992 年区划调整后，该地名消失。

标准名称	汉语拼音	备注
花庄	Huāzhuāng	隶属杨楼镇，清末建村，命名为花庄。1992年区划调整后，该地名消失。
黄宋庄	Huángsòngzhuāng	隶属闫集镇，早年建村，命名为黄宋庄。1992年区划调整后，该地名消失。
黄庄	Huángzhuāng	隶属杜楼镇，自建村以来，一直叫黄庄。1992年区划调整后，该地名消失。
姬庄	Jīzhuāng	隶属龙城镇，早年建村，命名为姬村。1992年区划调整后，该地名消失。
姜黄庄	Jiānghuángzhuāng	隶属闫集镇，清末建村，命名为姜黄庄。1992年区划调整后，该地名消失。
邝庄	Kuàngzhuāng	隶属张庄寨镇，早年建村，命名为邝庄。1992年区划调整后，该地名消失。
李集村	Lǐjícūn	隶属新庄镇，早年建村，命名为李集村。1992年区划调整后，该地名消失。
李小庄	Lǐxiǎozhuāng	隶属新庄镇，清末建村，命名为李小庄。1992年区划调整后，该地名消失。
李庄	Lǐzhuāng	隶属青龙集镇，清末建村，命名为李庄。1992年区划调整后，该地名消失。
廉庄	Liánzhuāng	隶属龙城镇，清末建村，命名为廉庄。1992年区划调整后，该地名消失。
林新庄	Línxīnzhuāng	隶属大屯镇，明代建村，命名为林新庄。1992年区划调整后，该地名消失。
刘楼	Liúlóu	隶属酒店乡，1949年前建村，命名为刘楼。1992年区划调整后，该地名消失。
刘庙	Liúmiào	隶属新庄镇，清末建村，命名为刘庙。1992年区划调整后，该地名消失。
刘庄	Liúzhuāng	隶属龙城镇，1949年前建村，命名为刘庄。1992年区划调整后，该地名消失。
刘庄	Liúzhuāng	隶属酒店乡，早年建村，命名为刘庄。1992年区划调整后，该地名消失。
罗庄	Luózhuāng	隶属龙城镇，清朝时期，以姓氏取名。1992年区划调整后，该地名消失。
马家寨	Mǎjiāzhài	隶属张庄寨镇，清末建村，命名为马家寨。1992年区划调整后，该地名消失。
毛楼	Máolóu	隶属王寨镇，早年建村，命名为毛楼。1992年区划调整后，该地名消失。

标准名称	汉语拼音	备注
帽山寨	Màoshānzhài	隶属龙城镇，早年建村，命名为帽山寨。1992年区划调整后，该地名消失。
孟楼	Mènglóu	隶属龙城镇，清末建村，命名为孟楼。1992年区划调整后，该地名消失。
南荒	Nánhuāng	隶属官桥镇，清末建村，命名为南荒。1992年区划调整后，该地名消失。
潘庄	Pānzhuāng	隶属孙圩子乡，清末建村，命名为潘庄。1992年区划调整后，该地名消失。
彭窝	Péngwō	隶属龙城镇，早年建村，命名为彭窝。1992年区划调整后，该地名消失。
葡萄园	Pútáoyuán	隶属大屯镇，早年建村，命名为葡萄园。1992年区划调整后，该地名消失。
前常庄	Qiánchángzhuāng	隶属新庄镇，早年建村，命名为前常庄。1992年区划调整后，该地名消失。
前场	Qiánchǎng	隶属马井镇，早年建村，命名为前场。1992年区划调整后，该地名消失。
前寨	Qiánzhài	隶属马井镇，早年建村，命名为前寨。1992年区划调整后，该地名消失。
屈庄	Qūzhuāng	隶属张庄寨镇，早间建村，命名为屈庄。1992年区划调整后，该地名消失。
任林	Rènlín	隶属龙城镇，早年建村，命名为任林。1992年区划调整后，该地名消失。
沈南园	Shěnnányuán	隶属圣泉乡，早年建村，命名为沈南园。1992年区划调整后，该地名消失。
宋庄	Sòngzhuāng	隶属杨楼镇，早年建村，命名为宋庄。1992年区划调整后，该地名消失。
宋庄	Sòngzhuāng	隶属杨楼镇，早年建村，命名为宋庄。1992年区划调整后，该地名消失。
孙小庄	Sūnxiǎozhuāng	隶属赵庄镇，清末建村，命名为孙小庄。1992年区划调整后，该地名消失。
孙庄	Sūnzhuāng	隶属王寨镇，清末建村，命名为孙庄。1992年区划调整后，该地名消失。
孙庄	Sūnzhuāng	隶属黄口镇，清末建村，命名为孙庄。1992年区划调整后，该地名消失。
王高台子	Wánggāotáizi	隶属酒店乡，早年建村，命名为王高台子。1992年区划调整后，该地名消失。

标准名称	汉语拼音	备注
王楼	Wánglóu	隶属青龙集镇，清末建村，命名为王楼。1992 年区划调整后，该地名消失。
王楼	Wánglóu	隶属马井镇，早年建村，命名为王楼。1992 年区划调整后，该地名消失。
王庄	Wángzhuāng	隶属龙城镇，早年建村，命名为王庄。1992 年区划调整后，该地名消失。
王庄	Wángzhuāng	隶属龙城镇，早年建村，命名为王庄。1992 年区划调整后，该地名消失。
王庄	Wángzhuāng	隶属新庄镇，早年建村，命名为王庄。1992 年区划调整后，该地名消失。
王庄	Wángzhuāng	隶属黄口镇，早年建村，命名为王庄。1992 年区划调整后，该地名消失。
王庄	Wángzhuāng	隶属酒店乡，早年建村，命名为王庄。1992 年区划调整后，该地名消失。
王庄	Wángzhuāng	隶属赵庄镇，早年建村，命名为王庄。1992 年区划调整后，该地名消失。
韦道口	Wéidàokǒu	隶属马井镇，清末建村，命名为韦道口。1992 年区划调整后，该地名消失。
吴关庄	Wúguānzhuāng	隶属马井镇，清末建村，命名为吴关庄。1992 年区划调整后，该地名消失。
吴庙	Wúmiào	隶属祖楼镇，清末建村，命名为吴庙。1992 年区划调整后，该地名消失。
吴庄	Wúzhuāng	隶属新庄镇，早年建村，命名为吴庄。1992 年区划调整后，该地名消失。
西花庄	Xīhuāzhuāng	隶属杨楼镇，早年建村，命名为西花庄。1992 年区划调整后，该地名消失。
新庄镇西南庄	Xīnzhuāng Zhèn Xīnánzhuāng	隶属赵庄镇，早年建村，命名为西南庄。1992 年区划调整后，该地名消失。
西汪楼	Xīwānglóu	隶属王寨镇，清末建村，命名为西汪楼。1992 年区划调整后，该地名消失。
西王庄	Xīwángzhuāng	隶属孙圩子乡，1949 年前建村，命名为西王庄。1992 年区划调整后，该地名消失。
小陈庄	Xiǎochénzhuāng	隶属新庄镇，1949 年建村，命名为小陈庄。1992 年区划调整后，该地名消失。
小屯	Xiǎotún	隶属新庄镇，清末建村，命名为小屯。1992 年区划调整后，该地名消失。

标准名称	汉语拼音	备注
小阎屯	Xiǎoyántún	隶属闫集镇，清末建村，命名为小阎屯。1992 年区划调整后，该地名消失。
小庄	Xiǎozhuāng	隶属青龙集镇，清末建村，命名为小庄。1992 年区划调整后，该地名消失。
谢圈	Xièquān	隶属张庄寨镇，明朝建村，命名为谢圈。1992 年区划调整后，该地名消失。
新村	Xīncūn	隶属赵庄镇，明代建村，命名为林新庄。1992 年区划调整后，该地名消失。
新郭洼	Xīnguōwā	隶属马井镇，清末建村，命名为新郭洼。1992 年区划调整后，该地名消失。
新农村	Xīnnóngcūn	隶属新庄镇，1984 年建村，命名为新农村。1992 年区划调整后，该地名消失。
徐王庄	Xúwángzhuāng	隶属丁里镇，清末建村，命名为徐王庄。1992 年区划调整后，该地名消失。
徐新庄	Xúxīnzhuāng	隶属孙圩子乡，清末建村，命名为徐新庄。1992 年区划调整后，该地名消失。
杨阁	Yánggé	隶属孙圩子乡，明末清初建村，命名为杨阁。1992 年区划调整后，该地名消失。
杨楼	Yánglóu	隶属闫集镇，清末建村，命名为杨楼。1992 年区划调整后，该地名消失。
杨庄	Yángzhuāng	隶属孙圩子乡，清末建村，命名为杨庄。1992 年区划调整后，该地名消失。
尹巷子	Yǐnxiàngzi	隶属龙城镇，清末建村，命名为尹巷子。1992 年区划调整后，该地名消失。
袁楼	Yuánlóu	隶属杨楼镇，清末建村，命名为袁楼。1992 年区划调整后，该地名消失。
詹阁	Zhāngé	隶属石林乡，自建村以来，一直叫詹阁。1992 年区划调整后，该地名消失。
张新楼	Zhāngxīnlóu	隶属杜楼镇，清末建村，命名为张新楼。1992 年区划调整后，该地名消失。
张庄	Zhāngzhuāng	隶属祖楼镇，自建村以来，一直叫张庄。1992 年区划调整后，该地名消失。
张庄	Zhāngzhuāng	隶属新庄镇，自建村以来，一直叫张庄。1992 年区划调整后，该地名消失。
张庄	Zhāngzhuāng	隶属刘套镇，清末建村，命名为张庄。1992 年区划调整后，该地名消失。

标准名称	汉语拼音	备注
赵园	Zhàoyuán	隶属青龙集镇，清末建村，命名为赵园。1992 年区划调整后，该地名消失。
周瓦房	Zhōuwǎfáng	隶属祖楼镇，1949 年前建村，命名为周瓦房。1992 年区划调整后，该地名消失。
周庄	Zhōuzhuāng	隶属龙城镇，1949 年建村，命名为周庄。1992 年区划调整后，该地名消失。
朱楼	Zhūlóu	隶属酒店乡，早年建村，命名为朱楼。1992 年区划调整后，该地名消失。
朱新庄	Zhūxīnzhuāng	隶属大屯镇，清末建村，命名为朱新庄。1992 年区划调整后，该地名消失。
纵老楼村	Zònglǎolóucūn	隶属圣泉乡，早年建村，命名为纵老楼村。1992 年区划调整后，该地名消失。
祖楼村	Zǔlóucūn	隶属圣泉乡，清朝建村，命名为祖楼村。1992 年区划调整后，该地名消失。
二新庄	Èrxīnzhuāng	隶属圣泉乡，早年建村，后一直叫此名。1958 年属高杨庄大队。1984 年属高杨庄村民委员会。2008 年区划调整后该地名消失。
李新庄	Lǐxīnzhuāng	隶属圣泉乡，早年建村，后一直叫此名。1958 年属王新庄大队。1984 年属王新庄村民委员会。2008 年区划调整后该地名消失。
郑楼	Zhènglóu	隶属圣泉乡，早年建村，后一直叫此名。1958 年属陆家大队。1984 年属陆家村民委员会。2008 年区划调整后该地名消失。
纵庄	Zòngzhuāng	隶属龙城镇，早年建村，后一直叫此名。1958 年属郑庄大队。1984 年属郑庄村民委员会。2008 年区划调整后该地名消失。
张斜地	Zhāngxiédì	隶属马井镇，早年建村，后一直叫此名。1958 年属河口大队。1984 年属河口村民委员会。2008 年区划调整后该地名消失。
袁楼园艺场	Yuánlóuyuányì-chǎng	隶属圣泉乡，早年建村，后一直叫此名。1958 年属宋行大队。1984 年属宋行村民委员会。2008 年区划调整后该地名消失。
蔡庄	Càizhuāng	隶属张庄寨镇，早年建村，后一直叫此名。1958 年属万楼大队。1984 年属万楼村民委员会。2008 年区划调整后该地名消失。
东街	Dōngjiē	隶属张庄寨镇，早年建村，后一直叫此名。1958 年属八庄大队。1984 年属八庄村民委员会。2008 年区划调整后该地名消失。

标准名称	汉语拼音	备注
朱庄	Zhūzhuāng	隶属孙圩子乡，早年建村，后一直叫此名。1958 年属丁山大队。1984 年属丁山村民委员会。2008 年区划调整后该地名消失。
东场屋	Dōngchǎngwū	隶属祖楼镇，早年建村，后一直叫此名。1958 年属河东大队。1984 年属河东村民委员会。2008 年区划调整后该地名消失。
小孙庄	Xiǎosūnzhuāng	隶属祖楼镇，早年建村，后一直叫此名。1958 年属徐王庄大队。1984 年属徐王庄村民委员会。2008 年区划调整后该地名消失。
前盛庄	Qiánshèngzhuāng	隶属祖楼镇，早年建村，后一直叫此名。1958 年属武寺大队。1984 年属武寺村民委员会。2008 年区划调整后该地名消失。
后荀楼	Hòuxúnlóu	隶属祖楼镇，早年建村，后一直叫此名。1958 年属孤山大队。1984 年属孤山村民委员会。2008 年区划调整后该地名消失。
韩庄	Hánzhuāng	隶属祖楼镇，早年建村，后一直叫此名。1958 年属高庄大队。1984 年属高庄村民委员会。2008 年区划调整后该地名消失。
阎庄	Yánzhuāng	隶属石林乡，早年建村，后一直叫此名。1958 年属庄东大队。1984 年属庄东村民委员会。2008 年区划调整后该地名消失。
尹庄	Yǐnzhuāng	隶属张庄寨镇，早年建村，后一直叫此名。1958 年属郭魏庄大队。1984 年属郭魏庄村民委员会。2008 年区划调整后该地名消失。
徐楼	Xúlóu	隶属张庄寨镇，早年建村，后一直叫此名。1958 年属西赵楼大队。1984 年属西赵楼村民委员会。2008 年区划调整后该地名消失。
赵庄	Zhàozhuāng	隶属张庄寨镇，早年建村，后一直叫此名。1958 年属北赵楼大队。1984 年属北赵楼村民委员会。2008 年区划调整后该地名消失。
后屯	Hòutún	隶属张庄寨镇，早年建村，后一直叫此名。1958 年属官坑大队。1984 年属官坑村民委员会。2008 年区划调整后该地名消失。
穆楼	Mùlóu	隶属张庄寨镇，早年建村，后一直叫此名。1958 年属高杨庄大队。1984 年属高杨庄村民委员会。2008 年区划调整后该地名消失。
邱庄青年队	Qiūzhuāng-qīngniánduì	隶属青龙集镇，早年建村，后一直叫此名。1958 年属王新庄大队。1984 年属王新庄村民委员会。2008 年区划调整后该地名消失。

标准名称	汉语拼音	备注
陈庄	Chénzhuāng	隶属祖楼镇，早年建村，后一直叫此名。1958年属陆家大队。1984年属陆家村民委员会。2008年区划调整后该地名消失。
小朱庄	Xiǎozhūzhuāng	隶属孙圩子乡，早年建村，后一直叫此名。1958年属郑庄大队。1984年属郑庄村民委员会。2008年区划调整后该地名消失。
东田井	Dōngtiánjǐng	隶属孙圩子乡，早年建村，后一直叫此名。1958年属河口大队。1984年属河口村民委员会。2008年区划调整后该地名消失。
前土楼	Qiántǔlóu	隶属祖楼镇，早年建村，后一直叫此名。1958年属宋行大队。1984年属宋行村民委员会。2008年区划调整后该地名消失。
王楼	Wánglóu	隶属青龙集镇，早年建村，后一直叫此名。1958年属万楼大队。1984年属万楼村民委员会。2008年区划调整后该地名消失。
王白楼	Wángbáilóu	隶属张庄寨镇，早年建村，后一直叫此名。1958年属丁山大队。1984年属丁山村民委员会。2008年区划调整后该地名消失。
郝庄	Hǎozhuāng	隶属王寨镇，早年建村，后一直叫此名。1958年属河东大队。1984年属河东村民委员会。2008年区划调整后该地名消失。
唐山子	Tángshānzi	隶属永堌镇，早年建村，后一直叫此名。1958年属徐王庄大队。1984年属徐王庄村民委员会。2008年区划调整后该地名消失。
上庄	Shàngzhuāng	隶属龙城镇，早年建村，后一直叫此名。1958年属武寺大队。1984年属武寺村民委员会。2008年区划调整后该地名消失。
郝楼	Hǎolóu	隶属龙城镇，早年建村，后一直叫此名。1958年属孤山大队。1984年属孤山村民委员会。2008年区划调整后该地名消失。
武薛寺	Wǔxuēsì	隶属丁里镇，早年建村，后一直叫此名。1958年属高庄大队。1984年属高庄村民委员会。2008年区划调整后该地名消失。
大郭庄	Dàguōzhuāng	隶属丁里镇，早年建村，后一直叫此名。1958年属庄东大队。1984年属庄东村民委员会。2008年区划调整后该地名消失。
孙庄	Sūnzhuāng	隶属龙城镇，早年建村，后一直叫此名。1958年属郭魏庄大队。1984年属郭魏庄村民委员会。2008年区划调整后该地名消失。

标准名称	汉语拼音	备注
吴林	Wúlín	隶属龙城镇，早年建村，后一直叫此名。1958 年属西赵楼大队。1984 年属西赵楼村民委员会。2008 年区划调整后该地名消失。
后楼	Hòulóu	隶属王寨镇，早年建村，后一直叫此名。1958 年属北赵楼大队。1984 年属北赵楼村民委员会。2008 年区划调整后该地名消失。
高村	Gāocūn	隶属孙圩子乡，早年建村，后一直叫此名。1958 年属官坑大队。1984 年属官坑村民委员会。2008 年区划调整后该地名消失。
徐新庄	Xúxīnzhuāng	隶属孙圩子乡，早年建村，后一直叫此名。1958 年属高杨庄大队。1984 年属高杨庄村民委员会。2008 年区划调整后该地名消失。
丁里村	Dīnglǐcūn	隶属丁里镇，早年建村，后一直叫此名。1958 年属王新庄大队。1984 年属王新庄村民委员会。2008 年区划调整后该地名消失。
朱庄	Zhūzhuāng	隶属永堌镇，早年建村，后一直叫此名。1958 年属陆家大队。1984 年属陆家村民委员会。2008 年区划调整后该地名消失。
胜利村	Shènglìcūn	隶属丁里镇，早年建村，后一直叫此名。1958 年属郑庄大队。1984 年属郑庄村民委员会。2008 年区划调整后该地名消失。
孟楼	Mènglóu	隶属龙城镇，早年建村，后一直叫此名。1958 年属河口大队。1984 年属河口村民委员会。2008 年区划调整后该地名消失。
腰庄	Yāozhuāng	隶属官桥镇，早年建村，后一直叫此名。1958 年属宋行大队。1984 年属宋行村民委员会。2008 年区划调整后该地名消失。
腰庄	Yāozhuāng	隶属官桥镇，早年建村，后一直叫此名。1958 年属万楼大队。1984 年属万楼村民委员会。2008 年区划调整后该地名消失。
花甲寺村	Huājiǎsìcūn	隶属白土镇，早年建村，后一直叫此名。1958 年属河东大队。1984 年属河东村民委员会。2008 年区划调整后该地名消失。
南祝寺	Nánzhùsì	隶属白土镇，早年建村，后一直叫此名。1958 年属徐王庄大队。1984 年属徐王庄村民委员会。2008 年区划调整后该地名消失。
后高庄	Hòugāozhuāng	隶属庄里乡，早年建村，后一直叫此名。1958 年属武寺大队。1984 年属武寺村民委员会。2008 年区划调整后该地名消失。

标准名称	汉语拼音	备注
城阳	Chéngyáng	隶属庄里乡，早年建村，后一直叫此名。1958年属孤山大队。1984年属孤山村民委员会。2008年区划调整后该地名消失。
野鸡山	Yějīshān	隶属庄里乡，早年建村，后一直叫此名。1958年属高庄大队。1984年属高庄村民委员会。2008年区划调整后该地名消失。
爬头山	Pátóushān	隶属庄里乡，早年建村，后一直叫此名。1958年属高杨庄大队。1984年属高杨庄村民委员会。2008年区划调整后该地名消失。
小北庄	Xiǎoběizhuāng	隶属庄里乡，早年建村，后一直叫此名。1958年属王新庄大队。1984年属王新庄村民委员会。2008年区划调整后该地名消失。
武庄	Wǔzhuāng	隶属马井镇，早年建村，后一直叫此名。1958年属陆家大队。1984年属陆家村民委员会。2008年区划调整后该地名消失。
侯楼	Hóulóu	隶属大屯镇，早年建村，后一直叫此名。1958年属郑庄大队。1984年属郑庄村民委员会。2008年区划调整后该地名消失。
洪楼	Hónglóu	隶属大屯镇，早年建村，后一直叫此名。1958年属河口大队。1984年属河口村民委员会。2008年区划调整后该地名消失。
小李庄	Xiǎolǐzhuāng	隶属大屯镇，早年建村，后一直叫此名。1958年属宋行大队。1984年属宋行村民委员会。2008年区划调整后该地名消失。
郭庄	Guōzhuāng	隶属赵庄镇，早年建村，后一直叫此名。1958年属万楼大队。1984年属万楼村民委员会。2008年区划调整后该地名消失。
杜楼	Dùlóu	隶属马井镇，早年建村，后一直叫此名。1958年属八庄大队。1984年属八庄村民委员会。2008年区划调整后该地名消失。
王丹楼	Wángdānlóu	隶属酒店乡，早年建村，后一直叫此名。1958年属丁山大队。1984年属丁山村民委员会。2008年区划调整后该地名消失。
大王庄	Dàwángzhuāng	隶属赵庄镇，早年建村，后一直叫此名。1958年属河东大队。1984年属河东村民委员会。2008年区划调整后该地名消失。
大吴集	Dàwújí	隶属赵庄镇，早年建村，后一直叫此名。1958年属徐王庄大队。1984年属徐王庄村民委员会。2008年区划调整后该地名消失。

标准名称	汉语拼音	备注
冯瓦房村	Féngwǎfángcūn	隶属马井镇，早年建村，后一直叫此名。1958年属武寺大队。1984年属武寺村民委员会。2008年区划调整后该地名消失。
陆庄	Lùzhuāng	隶属马井镇，早年建村，后一直叫此名。1958年属孤山大队。1984年属孤山村民委员会。2008年区划调整后该地名消失。
袁庄台子	Yuánzhuāngtáizi	隶属杜楼镇，早年建村，后一直叫此名。1958年属高庄大队。1984年属高庄村民委员会。2008年区划调整后该地名消失。
万楼村	Wànlóucūn	隶属杜楼镇，由镇政府、县政府批准得名。1958年为万楼大队。1984年为万楼村村民委员会。1992年区划调整后消失。
八庄村	Bāzhuāngcūn	隶属杜楼镇，由镇政府、县政府批准得名。1958年为八庄大队。1984年为八庄村村民委员会。1992年区划调整后消失。
曹破楼村	Cáopòlóucūn	隶属大屯镇，1986年由县政府审批得名。1958年为曹破楼大队，1984年改为曹破楼村民委员会。2007年后由于村庄合并该地名消失。
边西村	Biānxīcūn	隶属大屯镇，1986年由县政府审批得名。1958年为边西大队，1984年改为边西村民委员会。2007年后由于村庄合并该地名消失。
程庄村	Chéngzhuāngcūn	隶属酒店乡，1986年由县政府审批得名。1958年为程庄大队，1984年改为程庄村民委员会。2007年后由于村庄合并该地名消失。
岱桥村	Dàiqiáocūn	隶属龙城镇，1986年由县政府审批得名。1958年为岱桥大队，1984年改为岱桥村民委员会。2007年后由于村庄合并该地名消失。
戴双楼村	Dàishuānglóucūn	隶属大屯镇，1986年由县政府审批得名。1958年为戴双楼大队，1984年改为戴双楼村民委员会。2007年后由于村庄合并该地名消失。
单庄村	Shànzhuāngcūn	隶属酒店乡，1986年由县政府审批得名。1958年为单庄大队，1984年改为单庄村民委员会。2007年后由于村庄合并该地名消失。
东方红村	Dōngfānghóngcūn	隶属刘套镇，1986年由县政府审批得名。1958年为东方红大队，1984年改为东方红村民委员会。2007年后由于村庄合并该地名消失。
高台村	Gāotáicūn	隶属酒店乡，1986年由县政府审批得名。1958年为高台大队，1984年改为高台村民委员会。2007年后由于村庄合并该地名消失。

标准名称	汉语拼音	备注
邝庄村	Kuàngzhuāngcūn	隶属张庄寨镇，1986 年由县政府审批得名。1958 年为邝庄大队，1984 年改为邝庄村民委员会。2007 年后由于村庄合并该地名消失。
李口村	Lǐkǒucūn	隶属大屯镇，1986 年由县政府审批得名。1958 年为李口大队，1984 年改为李口村民委员会。2007 年后由于村庄合并该地名消失。
栾寨村	Luánzhàicūn	隶属大屯镇，1986 年由县政府审批得名。1958 年为栾寨大队，1984 年改为栾寨村民委员会。2007 年后由于村庄合并该地名消失。
马路村	Mǎlùcūn	隶属圣泉乡，1986 年由县政府审批得名。1958 年为马路大队，1984 年改为马路村民委员会。2007 年后由于村庄合并该地名消失。
马庄村	Mǎzhuāngcūn	隶属永堌镇，1986 年由县政府审批得名。1958 年为马庄大队，1984 年改为马庄村民委员会。2007 年后由于村庄合并该地名消失。
南陈村	Nánchéncūn	隶属龙城镇，1986 年由县政府审批得名。1958 年为南陈大队，1984 年改为南陈村民委员会。2007 年后由于村庄合并该地名消失。
三里村	Sānlǐcūn	隶属龙城镇，1986 年由县政府审批得名。1958 年为三里大队，1984 年改为三里村民委员会。2007 年后由于村庄合并该地名消失。
三新庄村	Sānxīnzhuāngcūn	隶属圣泉乡，1986 年由县政府审批得名。1958 年为三新庄大队，1984 年改为三新庄村民委员会。2007 年后由于村庄合并该地名消失。
王集村	Wángjícūn	隶属大屯镇，1986 年由县政府审批得名。1958 年为王集大队，1984 年改为王集村民委员会。2007 年后由于村庄合并该地名消失。
吴东村	Wúdōngcūn	隶属赵庄镇，1986 年由县政府审批得名。1958 年为吴东大队，1984 年改为吴东村民委员会。2007 年后由于村庄合并该地名消失。
吴集村	Wújícūn	隶属酒店乡，1986 年由县政府审批得名。1958 年为吴集大队，1984 年改为吴集村民委员会。2007 年后由于村庄合并该地名消失。
吴西村	Wúxīcūn	隶属赵庄镇，1986 年由县政府审批得名。1958 年为吴西大队，1984 年改为吴西村民委员会。2007 年后由于村庄合并该地名消失。
西张楼村	Xīzhānglóucūn	隶属杜楼镇，1986 年由县政府审批得名。1958 年为西张楼大队，1984 年改为西张楼村民委员会。2007 年后由于村庄合并该地名消失。

标准名称	汉语拼音	备注
夏王庄村	Xiàwángzhuāngcūn	隶属大屯镇，1986年由县政府审批得名。1958年为夏王庄大队，1984年改为夏王庄村民委员会。2007年后由于村庄合并该地名消失。
阎庙村	Yánmiàocūn	隶属马井镇，1986年由县政府审批得名。1958年为阎庙大队，1984年改为阎庙村民委员会。2007年后由于村庄合并该地名消失。
愈庄村	Yùzhuāngcūn	隶属圣泉乡，1986年由县政府审批得名。1958年为愈庄大队，1984年改为愈庄村民委员会。2007年后由于村庄合并该地名消失。
镇西村	Zhènxīcūn	隶属酒店乡，1986年由县政府审批得名。1958年为镇西大队，1984年改为镇西村民委员会。2007年后由于村庄合并该地名消失。
朱集村	Zhūjícūn	隶属杨楼镇，1986年由县政府审批得名。1958年为朱集大队，1984年改为朱集村民委员会。2007年后由于村庄合并该地名消失。
高杨庄村	Gāoyángzhuāngcūn	隶属赵庄镇，由镇政府、县政府批准得名。1958年为高杨庄大队。1984年为高杨庄村村民委员会。1992年区划调整后消失。
王新庄村	Wángxīnzhuāngcūn	隶属杜楼镇，由镇政府、县政府批准得名。1958年为王新庄大队。1984年为王新庄村村民委员会。1992年区划调整后消失。
陆家村	Lùjiācūn	隶属杨楼镇，由镇政府、县政府批准得名。1958年为陆家大队。1984年为陆家村村民委员会。1992年区划调整后消失。
郑庄村	Zhèngzhuāngcūn	隶属刘套镇，由镇政府、县政府批准得名。1958年为郑庄大队。1984年为郑庄村村民委员会。1992年区划调整后消失。
河口村	Hékǒucūn	隶属杨楼镇，由镇政府、县政府批准得名。1958年为河口大队。1984年为河口村村民委员会。1992年区划调整后消失。
宋行村	Sòngxíngcūn	隶属闫集镇，由镇政府、县政府批准得名。1958年为宋行大队。1984年为宋行村村民委员会。1992年区划调整后消失。
丁山村	Dīngshāncūn	隶属龙城镇，由镇政府、县政府批准得名。1958年为丁山大队。1984年为丁山村村民委员会。1992年区划调整后消失。
河东村	Hédōngcūn	隶属赵庄镇，由镇政府、县政府批准得名。1958年为河东大队。1984年为河东村村民委员会。1992年区划调整后消失。

标准名称	汉语拼音	备注
徐王庄村	Xúwángzhuāngcūn	隶属丁里镇，由镇政府、县政府批准得名。1958 年为徐王庄大队。1984 年为徐王庄村民委员会。1992 年区划调整后消失。
武寺村	Wǔsìcūn	隶属丁里镇，由镇政府、县政府批准得名。1958 年为武寺大队。1984 年为武寺村村民委员会。1992 年区划调整后消失。
高庄村	Gāozhuāngcūn	隶属庄里乡，由镇政府、县政府批准得名。1958 年为高庄大队。1984 年为高庄村村民委员会。1992 年区划调整后消失。
庄东村	Zhuāngdōngcūn	隶属庄里乡，由镇政府、县政府批准得名。1958 年为庄东大队。1984 年为庄东村村民委员会。1992 年区划调整后消失。
郭魏庄	Guōwèizhuāng	隶属大屯镇，由镇政府、县政府批准得名。1958 年为郭魏庄大队。1984 年为郭魏庄村民委员会。1992 年区划调整后消失。
北赵楼村	Běizhàolóucūn	隶属酒店乡，由镇政府、县政府批准得名。1958 年为北赵楼大队。1984 年为北赵楼村村民委员会。1992 年区划调整后消失。
官坑村	Guānkēngcūn	隶属大屯镇，由镇政府、县政府批准得名。1958 年为官坑大队。1984 年为官坑村村民委员会。1992 年区划调整后消失。

第三节　泗县

标准名称	汉语拼音	备注
东刘集	Dōngliújí	隶属黄圩镇，1958 年人民公社时隶属新刘大队，1984 年属新刘村村民委员会，2008 年并村后撤销。
南刘集	Nánliújí	隶属黄圩镇，1958 年人民公社时隶属新刘大队，1984 年属新刘村村民委员会，2008 年并村后撤销。
西刘集	Xīliújí	隶属黄圩镇，1958 年人民公社时隶属新刘大队，1984 年属新刘村村民委员会，2008 年并村后撤销。
张楼场	Zhānglóuchǎng	隶属瓦坊乡，1958 年人民公社时隶属小董大队，1984 年属小董村村民委员会，2008 年并村后撤销。
张木车	Zhāngmùchē	隶属瓦坊乡，1958 年人民公社时隶属孙位大队，1984 年属孙位村村民委员会，2008 年并村后撤销。
后李庄	Hòulǐzhuāng	隶属瓦坊乡，1958 年人民公社时隶属小骆大队，1984 年属小骆村村民委员会，2008 年并村后撤销。

标准名称	汉语拼音	备注
胡魏圩	Húwèiwéi	隶属黑塔镇，1958年人民公社时隶属桥头吴大队，1984年属桥头吴村村民委员会，2008年并村后撤销。
老魏庄	Lǎowèizhuāng	隶属黑塔镇，1958年人民公社时隶属桥头吴大队，1984年属桥头吴村村民委员会，2008年并村后撤销。
圩里	Wéilǐ	隶属草沟镇，1958年人民公社时隶属街南大队，1984年属街南村村民委员会，2008年并村后撤销。
南刘	Nánliú	隶属草沟镇，1958年人民公社时隶属街南大队，1984年属街南村村民委员会，2008年并村后撤销。
小曹庄	Xiǎocáozhuāng	隶属草沟镇，1958年人民公社时隶属街南大队，1984年属街南村村民委员会，2008年并村后撤销。
小刘庄	Xiǎoliúzhuāng	隶属草沟镇，1958年人民公社时隶属周许大队，1984年属周许村村民委员会，2008年并村后撤销。
小李庄	Xiǎolǐzhuāng	隶属草沟镇，1958年人民公社时隶属周许大队，1984年属周许村村民委员会，2008年并村后撤销。
小陈庄	Xiǎochénzhuāng	隶属草沟镇，1958年人民公社时隶属周许大队，1984年属周许村村民委员会，2008年并村后撤销。
店曹庄	Diàncáozhuāng	隶属黄圩镇，1958年人民公社时隶属店曹大队，1984年属店曹村村民委员会，2008年并村后撤销。
新郭庄	Xīnguōzhuāng	隶属刘圩镇，1958年人民公社时隶属小吴圩大队，1984年属小吴圩村村民委员会，2008年并村后撤销。
竹元庄	Zhúyuánzhuāng	隶属刘圩镇，1958年人民公社时隶属小吴圩大队，1984年属小吴圩村村民委员会，2008年并村后撤销。
陈庄	Chénzhuāng	隶属刘圩镇，1958年人民公社时隶属小吴圩大队，1984年属小吴圩村村民委员会，2008年并村后撤销。
秦场	Qínchǎng	隶属刘圩镇，1958年人民公社时隶属秦场大队，1984年属秦场村村民委员会，2008年并村后撤销。
小湾	Xiǎowān	隶属刘圩镇，1958年人民公社时隶属老湾大队，1984年属老湾村村民委员会，2008年并村后撤销。
西陈庄	Xīchénzhuāng	隶属刘圩镇，1958年人民公社时隶属刘圩大队，1984年属刘圩村村民委员会，2008年并村后撤销。
东北场	Dōngběichǎng	隶属刘圩镇，1958年人民公社时隶属双宅大队，1984年属双宅村村民委员会，2008年并村后撤销。
小侯	Xiǎohóu	隶属刘圩镇，1958年人民公社时隶属双宅大队，1984年属双宅村村民委员会，2008年并村后撤销。
王场	Wángchǎng	隶属刘圩镇，1958年人民公社时隶属刘圩大队，1984年属刘圩村村民委员会，2008年并村后撤销。

标准名称	汉语拼音	备注
西北场	Xīběichǎng	隶属刘圩镇，1958 年人民公社时隶属双宅大队，1984 年属双宅村村民委员会，2008 年并村后撤销。
周八圩	Zhōubāwéi	隶属黑塔镇，1958 年人民公社时隶属周圩大队，1984 年属周圩村村民委员会，2008 年并村后撤销。
小杨圩	Xiǎoyángwéi	隶属黑塔镇，1958 年人民公社时隶属杨圩大队，1984 年属杨圩村村民委员会，2008 年并村后撤销。
陈场	Chénchǎng	隶属黑塔镇，1958 年人民公社时隶属陈场大队，1984 年属陈场村村民委员会，2008 年并村后撤销。
小朱庄	Xiǎozhūzhuāng	隶属黑塔镇，1958 年人民公社时隶属杨圩大队，1984 年属杨圩村村民委员会，2008 年并村后撤销。
中甄庄	Zhōngzhēnzhuāng	隶属黑塔镇，1958 年人民公社时隶属三甄大队，1984 年属三甄村村民委员会，2008 年并村后撤销。
小邱圩	Xiǎoqiūwéi	隶属黑塔镇，1958 年人民公社时隶属三甄大队，1984 年属三甄村村民委员会，2008 年并村后撤销。
后马	Hòumǎ	隶属黑塔镇，1958 年人民公社时隶属三马大队，1984 年属三马村村民委员会，2008 年并村后撤销。
前马	Qiánmǎ	隶属黑塔镇，1958 年人民公社时隶属三马大队，1984 年属三马村村民委员会，2008 年并村后撤销。
中马	Zhōngmǎ	隶属黑塔镇，1958 年人民公社时隶属三马大队，1984 年属三马村村民委员会，2008 年并村后撤销。
前董庄	Qiándǒngzhuāng	隶属黑塔镇，1958 年人民公社时隶属董圩大队，1984 年属董圩村村民委员会，2008 年并村后撤销。
郑庄	Zhèngzhuāng	隶属丁湖镇，1958 年人民公社时隶属刘圩大队，1984 年属刘圩村村民委员会，2008 年并村后撤销。
丁庄	Dīngzhuāng	隶属丁湖镇，1958 年人民公社时隶属刘圩大队，1984 年属刘圩村村民委员会，2008 年并村后撤销。
梁庄	Liángzhuāng	隶属丁湖镇，1958 年人民公社时隶属刘圩大队，1984 年属刘圩村村民委员会，2008 年并村后撤销。
高佃庄	Gāodiànzhuāng	隶属丁湖镇，1958 年人民公社时隶属陈圩大队，1984 年属陈圩村村民委员会，2008 年并村后撤销。
前田	Qiántián	隶属丁湖镇，1958 年人民公社时隶属孙庙大队，1984 年属孙庙村村民委员会，2008 年并村后撤销。
小刘庄	Xiǎoliúzhuāng	隶属山头镇，1958 年人民公社时隶属袁场大队，1984 年属袁场村村民委员会，2008 年并村后撤销。
同圩	Tóngwéi	隶属山头镇，1958 年人民公社时隶属袁场大队，1984 年属袁场村村民委员会，2008 年并村后撤销。

标准名称	汉语拼音	备注
小王庄	Xiǎowángzhuāng	隶属山头镇，1958 年人民公社时隶属张店大队，1984 年属张店村村民委员会，2008 年并村后撤销。
小新圩	Xiǎoxīnwéi	隶属山头镇，1958 年人民公社时隶属惠庙大队，1984 年属惠庙村村民委员会，2008 年并村后撤销。
小惠庄	Xiǎohuìzhuāng	隶属山头镇，1958 年人民公社时隶属大柏大队，1984 年属大柏村村民委员会，2008 年并村后撤销。
小苏庄	Xiǎosūzhuāng	隶属山头镇，1958 年人民公社时隶属蔡圩大队，1984 年属蔡圩村村民委员会，2008 年并村后撤销。
王庄	Wángzhuāng	隶属山头镇，1958 年人民公社时隶属小高大队，1984 年属小高村村民委员会，2008 年并村后撤销。
徐圩	Xúwéi	隶属山头镇，1958 年人民公社时隶属小高大队，1984 年属小高村村民委员会，2008 年并村后撤销。
新庄	Xīnzhuāng	隶属山头镇，1958 年人民公社时隶属小郭大队，1984 年属小郭村村民委员会，2008 年并村后撤销。
大柏圩	Dàbǎiwéi	隶属山头镇，1958 年人民公社时隶属大柏大队，1984 年属大柏村村民委员会，2008 年并村后撤销。
新宅	Xīnzhái	隶属山头镇，1958 年人民公社时隶属钓台大队，1984 年属钓台村村民委员会，2008 年并村后撤销。
五家柏	Wǔjiābǎi	隶属山头镇，1958 年人民公社时隶属钓台大队，1984 年属钓台村村民委员会，2008 年并村后撤销。
丁场	Dīngchǎng	隶属山头镇，1958 年人民公社时隶属杨楼大队，1984 年属杨楼村村民委员会，2008 年并村后撤销。
周庄	Zhōuzhuāng	隶属山头镇，1958 年人民公社时隶属杨楼大队，1984 年属杨楼村村民委员会，2008 年并村后撤销。
团结庄	Tuánjiézhuāng	隶属山头镇，1958 年人民公社时隶属胡庄大队，1984 年属胡庄村村民委员会，2008 年并村后撤销。
小姬庄	Xiǎojīzhuāng	隶属刘圩镇，1958 年人民公社时隶属潼南大队，1984 年属潼南村村民委员会，2008 年并村后撤销。
小刘庄	Xiǎoliúzhuāng	隶属刘圩镇，1958 年人民公社时隶属潼南大队，1984 年属潼南村村民委员会，2008 年并村后撤销。
小赵家	Xiǎozhàojiā	隶属刘圩镇，1958 年人民公社时隶属潼南大队，1984 年属潼南村村民委员会，2008 年并村后撤销。
许场	Xǔchǎng	隶属刘圩镇，1958 年人民公社时隶属前戚大队，1984 年属前戚村村民委员会，2008 年并村后撤销。
盛场	Shèngchǎng	隶属刘圩镇，1958 年人民公社时隶属付圩大队，1984 年属付圩村村民委员会，2008 年并村后撤销。

标准名称	汉语拼音	备注
新庄	Xīnzhuāng	隶属刘圩镇，1958 年人民公社时隶属付圩大队，1984 年属付圩村村民委员会，2008 年并村后撤销。
张榜	Zhāngbǎng	隶属刘圩镇，1958 年人民公社时隶属新建大队，1984 年属新建村村民委员会，2008 年并村后撤销。
张面圩	Zhāngmiànwéi	隶属刘圩镇，1958 年人民公社时隶属新建大队，1984 年属新建村村民委员会，2008 年并村后撤销。
小王庄	Xiǎowángzhuāng	隶属刘圩镇，1958 年人民公社时隶属大杨大队，1984 年属大杨村村民委员会，2008 年并村后撤销。
西高渡	Xīgāodù	隶属刘圩镇，1958 年人民公社时隶属高渡大队，1984 年属高渡村村民委员会，2008 年并村后撤销。
东高渡	Dōnggāodù	隶属刘圩镇，1958 年人民公社时隶属高渡大队，1984 年属高渡村村民委员会，2008 年并村后撤销。
后刘墩	Hòuliúdūn	隶属刘圩镇，1958 年人民公社时隶属潼城大队，1984 年属潼城村村民委员会，2008 年并村后撤销。
小时庄	Xiǎoshízhuāng	隶属黄圩镇，1958 年人民公社时隶属小时大队，1984 年属小时村村民委员会，2008 年并村后撤销。
北新集	Běixīnjí	隶属大庄镇，1958 年人民公社时隶属新集大队，1984 年属新集村村民委员会，2008 年并村后撤销。
沟刘圩子	Gōuliúwéizi	隶属瓦坊乡，1958 年人民公社时隶属王集大队，1984 年属王集村村民委员会，2008 年并村后撤销。
小冒庄	Xiǎomàozhuāng	隶属瓦坊乡，1958 年人民公社时隶属学田大队，1984 年属学田村村民委员会，2008 年并村后撤销。
王场	Wángchǎng	隶属瓦坊乡，1958 年人民公社时隶属学田大队，1984 年属学田村村民委员会，2008 年并村后撤销。
学田彭	Xuétiánpéng	隶属瓦坊乡，1958 年人民公社时隶属学田大队，1984 年属学田村村民委员会，2008 年并村后撤销。
桥北	Qiáoběi	隶属瓦坊乡，1958 年人民公社时隶属瓦坊大队，1984 年属瓦坊村村民委员会，2008 年并村后撤销。
北卢庄	Běilúzhuāng	隶属黑塔镇，1958 年人民公社时隶属卢庄大队，1984 年属卢庄村村民委员会，2008 年并村后撤销。
小马庄	Xiǎomǎzhuāng	隶属黑塔镇，1958 年人民公社时隶属卢庄大队，1984 年属卢庄村村民委员会，2008 年并村后撤销。
小曹庄	Xiǎocáozhuāng	隶属黑塔镇，1958 年人民公社时隶属苏巷大队，1984 年属苏巷村村民委员会，2008 年并村后撤销。
袁圩	Yuánwéi	隶属黑塔镇，1958 年人民公社时隶属大张大队，1984 年属大张村村民委员会，2008 年并村后撤销。

标准名称	汉语拼音	备注
三苏	Sānsū	隶属屏山镇，1958 年人民公社时隶属中苏大队，1984 年属中苏村村民委员会，2008 年并村后撤销。
上孟庄	Shàngmèngzhuāng	隶属屏山镇，1958 年人民公社时隶属大彭大队，1984 年属大彭村村民委员会，2008 年并村后撤销。
小杨庄	Xiǎoyángzhuāng	隶属屏山镇，1958 年人民公社时隶属老山大队，1984 年属老山村村民委员会，2008 年并村后撤销。
小张庄	Xiǎozhāngzhuāng	隶属屏山镇，1958 年人民公社时隶属湖半岗大队，1984 年属湖半岗村村民委员会，2008 年并村后撤销。
毛圩子	Máowéizi	隶属屏山镇，1958 年人民公社时隶属枯河大队，1984 年属枯河村村民委员会，2008 年并村后撤销。
姜马庄	Jiāngmǎzhuāng	隶属屏山镇，1958 年人民公社时隶属白庙大队，1984 年属白庙村村民委员会，2008 年并村后撤销。
小园庄	Xiǎoyuánzhuāng	隶属屏山镇，1958 年人民公社时隶属吴店大队，1984 年属吴店村村民委员会，2008 年并村后撤销。
高徐庄	Gāoxúzhuāng	隶属屏山镇，1958 年人民公社时隶属大徐大队，1984 年属大徐村村民委员会，2008 年并村后撤销。
许谢庄	Xǔxièzhuāng	隶属屏山镇，1958 年人民公社时隶属大刘大队，1984 年属大刘村村民委员会，2008 年并村后撤销。
小姜庄	Xiǎojiāngzhuāng	隶属屏山镇，1958 年人民公社时隶属姜刘大队，1984 年属姜刘村村民委员会，2008 年并村后撤销。
池庄	Chízhuāng	隶属长沟镇，1958 年人民公社时隶属宋李大队，1984 年属宋李村村民委员会，2008 年并村后撤销。
小余庄	Xiǎoyúzhuāng	隶属长沟镇，1958 年人民公社时隶属洋城湖大队，1984 年属洋城湖村村民委员会，2008 年并村后撤销。
良种场北队	Liángzhǒngchǎng-běiduì	隶属长沟镇，1958 年人民公社时隶属洋城湖大队，1984 年属洋城湖村村民委员会，2008 年并村后撤销。
良种场东队	Liángzhǒngchǎng-dōngduì	隶属长沟镇，1958 年人民公社时隶属洋城湖大队，1984 年属洋城湖村村民委员会，2008 年并村后撤销。
小孟庄	Xiǎomèngzhuāng	隶属长沟镇，1958 年人民公社时隶属刘庙大队，1984 年属刘庙村村民委员会，2008 年并村后撤销。
李沟沿	Lǐgōuyán	隶属长沟镇，1958 年人民公社时隶属刘庙大队，1984 年属刘庙村村民委员会，2008 年并村后撤销。
高匀	Gāoyún	隶属屏山镇，1958 年人民公社时隶属大徐大队，1984 年属大徐村村民委员会，2008 年并村后撤销。
于南	Yúnán	隶属草沟镇，1958 年人民公社时隶属于城大队，1984 年属于城村村民委员会，2008 年并村后撤销。

标准名称	汉语拼音	备注
于西	Yúxī	隶属草沟镇，1958 年人民公社时隶属于城大队，1984 年属于城村村民委员会，2008 年并村后撤销。
花板桥	Huābǎnqiáo	隶属草沟镇，1958 年人民公社时隶属秦桥大队，1984 年属秦桥村村民委员会，2008 年并村后撤销。
新高	Xīngāo	隶属草沟镇，1958 年人民公社时隶属大王大队，1984 年属大王村村民委员会，2008 年并村后撤销。
新孙	Xīnsūn	隶属草沟镇，1958 年人民公社时隶属大王大队，1984 年属大王村村民委员会，2008 年并村后撤销。
小孙庄	Xiǎosūnzhuāng	隶属草沟镇，1958 年人民公社时隶属大王大队，1984 年属大王村村民委员会，2008 年并村后撤销。
新时家	Xīnshíjiā	隶属草沟镇，1958 年人民公社时隶属夏庙大队，1984 年属夏庙村村民委员会，2008 年并村后撤销。
崔庄	Cuīzhuāng	隶属草沟镇，1958 年人民公社时隶属赵庄大队，1984 年属赵庄村村民委员会，2008 年并村后撤销。
新赵庄	Xīnzhàozhuāng	隶属草沟镇，1958 年人民公社时隶属赵庄大队，1984 年属赵庄村村民委员会，2008 年并村后撤销。
小秦家	Xiǎoqínjiā	隶属草沟镇，1958 年人民公社时隶属夏庙大队，1984 年属夏庙村村民委员会，2008 年并村后撤销。
孙李庄	Sūnlǐzhuāng	隶属草沟镇，1958 年人民公社时隶属夏庙大队，1984 年属夏庙村村民委员会，2008 年并村后撤销。
小李家	Xiǎolǐjiā	隶属草沟镇，1958 年人民公社时隶属夏庙大队，1984 年属夏庙村村民委员会，2008 年并村后撤销。
六家孙	Liùjiāsūn	隶属草沟镇，1958 年人民公社时隶属夏庙大队，1984 年属夏庙村村民委员会，2008 年并村后撤销。
孙吕	Sūnlǚ	隶属草沟镇，1958 年人民公社时隶属夏庙大队，1984 年属夏庙村村民委员会，2008 年并村后撤销。
新沟陈庄	Xīngōuchénzhuāng	隶属草沟镇，1958 年人民公社时隶属沟陈大队，1984 年属沟陈村村民委员会，2008 年并村后撤销。
小胡庄	Xiǎohúzhuāng	隶属草沟镇，1958 年人民公社时隶属官王大队，1984 年属官王村村民委员会，2008 年并村后撤销。
严庄	Yánzhuāng	隶属草沟镇，1958 年人民公社时隶属杨台大队，1984 年属杨台村村民委员会，2008 年并村后撤销。
老唐庄	Lǎotángzhuāng	隶属草沟镇，1958 年人民公社时隶属杨台大队，1984 年属杨台村村民委员会，2008 年并村后撤销。
小郭庄	Xiǎoguōzhuāng	隶属草沟镇，1958 年人民公社时隶属官王大队，1984 年属官王村村民委员会，2008 年并村后撤销。

标准名称	汉语拼音	备注
腰楼庄	Yāolóuzhuāng	隶属草沟镇，1958 年人民公社时隶属王楼大队，1984 年属王楼村村民委员会，2008 年并村后撤销。
北小丁庄	Běixiodīngzhuāng	隶属草沟镇，1958 年人民公社时隶属杨彦大队，1984 年属杨彦村村民委员会，2008 年并村后撤销。
北老岗庄	Běilǎogǎngzhuāng	隶属草沟镇，1958 年人民公社时隶属黄庄大队，1984 年属黄庄村村民委员会，2008 年并村后撤销。
小沈庄	Xiǎoshěnzhuāng	隶属草沟镇，1958 年人民公社时隶属草沟大队，1984 年属草沟村村民委员会，2008 年并村后撤销。
小庄	Xiǎozhuāng	隶属草沟镇，1958 年人民公社时隶属大梁大队，1984 年属大梁村村民委员会，2008 年并村后撤销。
梁后	Liánghòu	隶属草沟镇，1958 年人民公社时隶属大梁大队，1984 年属大梁村村民委员会，2008 年并村后撤销。
小马庄	Xiǎomǎzhuāng	隶属长沟镇，1958 年人民公社时隶属谷张大队，1984 年属谷张村村民委员会，2008 年并村后撤销。
西谷庄	Xīgǔzhuāng	隶属长沟镇，1958 年人民公社时隶属谷张大队，1984 年属谷张村村民委员会，2008 年并村后撤销。
东谷庄	Dōnggǔzhuāng	隶属长沟镇，1958 年人民公社时隶属谷张大队，1984 年属谷张村村民委员会，2008 年并村后撤销。
歧路张庄	Qílùzhāngzhuāng	隶属长沟镇，1958 年人民公社时隶属谷张大队，1984 年属谷张村村民委员会，2008 年并村后撤销。
小桂庄	Xiǎoguìzhuāng	隶属长沟镇，1958 年人民公社时隶属朱彭大队，1984 年属朱彭村村民委员会，2008 年并村后撤销。
西侍庄	Xīshìzhuāng	隶属长沟镇，1958 年人民公社时隶属新侍大队，1984 年属新侍村村民委员会，2008 年并村后撤销。
许家庄	Xǔjiāzhuāng	隶属长沟镇，1958 年人民公社时隶属新侍大队，1984 年属新侍村村民委员会，2008 年并村后撤销。
小高庄	Xiǎogāozhuāng	隶属泗城镇，1958 年人民公社时隶属朱桥大队，1984 年属朱桥村村民委员会，2008 年并村后撤销。
北园	Běiyuán	隶属泗城镇，1958 年人民公社时隶属朱桥大队，1984 年属朱桥村村民委员会，2008 年并村后撤销。
小王庄	Xiǎowángzhuāng	隶属泗城镇，1958 年人民公社时隶属大周大队，1984 年属大周村村民委员会，2008 年并村后撤销。
叶庄	Yèzhuāng	隶属泗城镇，1958 年人民公社时隶属康梁大队，1984 年属康梁村村民委员会，2008 年并村后撤销。
康庄	Kāngzhuāng	隶属泗城镇，1958 年人民公社时隶属康梁大队，1984 年属康梁村村民委员会，2008 年并村后撤销。

标准名称	汉语拼音	备注
李庄	Lǐzhuāng	隶属泗城镇，1958 年人民公社时隶属康梁大队，1984 年属康梁村村民委员会，2008 年并村后撤销。
梁庄	Liángzhuāng	隶属泗城镇，1958 年人民公社时隶属康梁大队，1984 年属康梁村村民委员会，2008 年并村后撤销。
仇庄	Qiúzhuāng	隶属泗城镇，1958 年人民公社时隶属汴光大队，1984 年属汴光村村民委员会，2008 年并村后撤销。
小高庄	Xiǎogāozhuāng	隶属泗城镇，1958 年人民公社时隶属汴光大队，1984 年属汴光村村民委员会，2008 年并村后撤销。
陈庄	Chénzhuāng	隶属泗城镇，1958 年人民公社时隶属汴光大队，1984 年属汴光村村民委员会，2008 年并村后撤销。
朱场	Zhūchǎng	隶属泗城镇，1958 年人民公社时隶属高尤大队，1984 年属高尤村村民委员会，2008 年并村后撤销。
刘庄	Liúzhuāng	隶属草庙镇，1958 年人民公社时隶属簸姚大队，1984 年属簸姚村村民委员会，2008 年并村后撤销。
关老庙	Guānlǎomiào	隶属草庙镇，1958 年人民公社时隶属治岗大队，1984 年属治岗村村民委员会，2008 年并村后撤销。
孙阎庄	Sūnyánzhuāng	隶属丁湖镇，1958 年人民公社时隶属孙阎大队，1984 年属孙阎村村民委员会，2008 年并村后撤销。
小宋林	Xiǎosònglín	隶属草沟镇，1958 年人民公社时隶属新庄大队，1984 年属新庄村村民委员会，2008 年并村后撤销。
大宋林	Dàsònglín	隶属草沟镇，1958 年人民公社时隶属新庄大队，1984 年属新庄村村民委员会，2008 年并村后撤销。
小王庄	Xiǎowángzhuāng	隶属丁湖镇，1958 年人民公社时隶属张巷大队，1984 年属张巷村村民委员会，2008 年并村后撤销。
小雁刘	Xiǎoyànliú	隶属丁湖镇，1958 年人民公社时隶属文湖大队，1984 年属文湖村村民委员会，2008 年并村后撤销。
桥丁庄	Qiáodīngzhuāng	隶属丁湖镇，1958 年人民公社时隶属桥郭大队，1984 年属桥郭村村民委员会，2008 年并村后撤销。
新郭庄	Xīnguōzhuāng	隶属丁湖镇，1958 年人民公社时隶属桥郭大队，1984 年属桥郭村村民委员会，2008 年并村后撤销。
小新庄	Xiǎoxīnzhuāng	隶属丁湖镇，1958 年人民公社时隶属桥郭大队，1984 年属桥郭村村民委员会，2008 年并村后撤销。
小于庄	Xiǎoyúzhuāng	隶属丁湖镇，1958 年人民公社时隶属桥郭大队，1984 年属桥郭村村民委员会，2008 年并村后撤销。
小陈庄	Xiǎochénzhuāng	隶属丁湖镇，1958 年人民公社时隶属桥郭大队，1984 年属桥郭村村民委员会，2008 年并村后撤销。

标准名称	汉语拼音	备注
西陈	Xīchén	隶属丁湖镇，1958 年人民公社时隶属桥郭大队，1984 年属桥郭村村民委员会，2008 年并村后撤销。
小赵宅	Xiǎozhàozhái	隶属丁湖镇，1958 年人民公社时隶属大万大队，1984 年属大万村村民委员会，2008 年并村后撤销。
谭湖	Tánhú	隶属大路口乡，1958 年人民公社时隶属西圩大队，1984 年属西圩村村民委员会，2008 年并村后撤销。
前张庄	Qiánzhāngzhuāng	隶属大路口乡，1958 年人民公社时隶属大营大队，1984 年属大营村村民委员会，2008 年并村后撤销。
蒋王庄	Jiǎngwángzhuāng	隶属墩集镇，1958 年人民公社时隶属尹庙大队，1984 年属尹庙村村民委员会，2008 年并村后撤销。
小史庄	Xiǎoshǐzhuāng	隶属墩集镇，1958 年人民公社时隶属小贺大队，1984 年属小贺村村民委员会，2008 年并村后撤销。
周刘王庄	Zhōuliúwáng-zhuāng	隶属墩集镇，1958 年人民公社时隶属周吴大队，1984 年属周吴村村民委员会，2008 年并村后撤销。
小董圩	Xiǎodǒngwéi	隶属墩集镇，1958 年人民公社时隶属周吴大队，1984 年属周吴村村民委员会，2008 年并村后撤销。
旗杆杨庄	Qígǎnyángzhuāng	隶属墩集镇，1958 年人民公社时隶属周吴大队，1984 年属周吴村村民委员会，2008 年并村后撤销。
小苗庄	Xiǎomiáozhuāng	隶属大路口乡，1958 年人民公社时隶属大张大队，1984 年属大张村村民委员会，2008 年并村后撤销。
小新庄	Xiǎoxīnzhuāng	隶属大路口乡，1958 年人民公社时隶属尹巷大队，1984 年属尹巷村村民委员会，2008 年并村后撤销。
田庄	Tiánzhuāng	隶属大路口乡，1958 年人民公社时隶属张圩大队，1984 年属张圩村村民委员会，2008 年并村后撤销。
新季庄	Xīnjìzhuāng	隶属墩集镇，1958 年人民公社时隶属朱庙大队，1984 年属朱庙村村民委员会，2008 年并村后撤销。
后朱庄	Hòuzhūzhuāng	隶属墩集镇，1958 年人民公社时隶属朱庙大队，1984 年属朱庙村村民委员会，2008 年并村后撤销。
前朱庄	Qiánzhūzhuāng	隶属墩集镇，1958 年人民公社时隶属朱庙大队，1984 年属朱庙村村民委员会，2008 年并村后撤销。
小马庄	Xiǎomǎzhuāng	隶属墩集镇，1958 年人民公社时隶属朱庙大队，1984 年属朱庙村村民委员会，2008 年并村后撤销。
下湖宅	Xiàhúzhái	隶属大路口乡，1958 年人民公社时隶属舒邓大队，1984 年属舒邓村村民委员会，2008 年并村后撤销。
西三侯	Xīsānhóu	隶属黄圩镇，1958 年人民公社时隶属三侯大队，1984 年属三侯村村民委员会，2008 年并村后撤销。

标准名称	汉语拼音	备注
东三侯	Dōngsānhóu	隶属黄圩镇，1958 年人民公社时隶属三侯大队，1984 年属三侯村村民委员会，2008 年并村后撤销。
小李庄	Xiǎolǐzhuāng	隶属黄圩镇，1958 年人民公社时隶属三侯大队，1984 年属三侯村村民委员会，2008 年并村后撤销。
西南孙庄	Xīnánsūnzhuāng	隶属黄圩镇，1958 年人民公社时隶属大孙大队，1984 年属大孙村村民委员会，2008 年并村后撤销。
小朱场	Xiǎozhūchǎng	隶属大庄镇，1958 年人民公社时隶属新河大队，1984 年属新河村村民委员会，2008 年并村后撤销。
小鲍宅	Xiǎobàozhái	隶属黑塔镇，1958 年人民公社时隶属大张大队，1984 年属大张村村民委员会，2008 年并村后撤销。
小魏圩	Xiǎowèiwéi	隶属黑塔镇，1958 年人民公社时隶属大魏大队，1984 年属大魏村村民委员会，2008 年并村后撤销。
小何宅	Xiǎohézhái	隶属瓦坊乡，1958 年人民公社时隶属何宅大队，1984 年属何宅村村民委员会，2008 年并村后撤销。
孔庄	Kǒngzhuāng	隶属草沟镇，1958 年人民公社时隶属大安大队，1984 年属大安村村民委员会，2008 年并村后撤销。
姚南	Yáonán	隶属黑塔镇，1958 年人民公社时隶属陈圩大队，1984 年属陈圩村村民委员会，2008 年并村后撤销。
桥南	Qiáonán	隶属瓦坊乡，1958 年人民公社时隶属瓦坊大队，1984 年属瓦坊村村民委员会，2008 年并村后撤销。
小言庄	Xiǎoyánzhuāng	隶属草沟镇，1958 年人民公社时隶属瓦韩大队，1984 年属瓦韩村村民委员会，2008 年并村后撤销。
独庄	Dúzhuāng	隶属泗城镇，1958 年人民公社时隶属汴光大队，1984 年属汴光村村民委员会，2008 年并村后撤销。
袁庄	Yuánzhuāng	隶属丁湖镇，1958 年人民公社时隶属袁桥大队，1984 年属袁桥村村民委员会，2008 年并村后撤销。
官李村	Guānlǐcūn	隶属草庙镇，1958 年人民公社时隶属官李大队，1984 年隶属官李村村民委员会，2008 年行政区划调整后撤销。
徐岗村	Xúgǎngcūn	隶属草庙镇，1958 年人民公社时隶属徐岗大队，1984 年隶属徐岗村村民委员会，2008 年行政区划调整后撤销。
前王村	Qiánwángcūn	隶属草沟镇，1958 年人民公社时隶属前王大队，1984 年隶属前王村村民委员会，2008 年行政区划调整后撤销。
高安村	Gāo’āncūn	隶属草沟镇，1958 年人民公社时隶属高安大队，1984 年隶属高安村村民委员会，2008 年行政区划调整后撤销。
寺陈村	Sìchéncūn	隶属草沟镇，1958 年人民公社时隶属寺陈大队，1984 年隶属寺陈村村民委员会，2008 年行政区划调整后撤销。

标准名称	汉语拼音	备注
陈宅村	Chénzháicūn	隶属黄圩镇，1958 年人民公社时隶属陈宅大队，1984 年隶属陈宅村村民委员会，2008 年行政区划调整后撤销。
周杨村	Zhōuyángcūn	隶属黄圩镇，1958 年人民公社时隶属周杨大队，1984 年隶属周杨村村民委员会，2008 年行政区划调整后撤销。
岳刘村	Yuèliúcūn	隶属黄圩镇，1958 年人民公社时隶属岳刘大队，1984 年隶属岳刘村村民委员会，2008 年行政区划调整后撤销。
岳满村	Yuèmǎncūn	隶属黄圩镇，1958 年人民公社时隶属岳满大队，1984 年隶属岳满村村民委员会，2008 年行政区划调整后撤销。
三关村	Sānguāncūn	隶属黄圩镇，1958 年人民公社时隶属三关大队，1984 年隶属三关村村民委员会，2008 年行政区划调整后撤销。
孙庙村	Sūnmiàocūn	隶属丁湖镇，1958 年人民公社时隶属孙庙大队，1984 年隶属孙庙村村民委员会，2008 年行政区划调整后撤销。
许李村	Xǔlǐcūn	隶属丁湖镇，1958 年人民公社时隶属许李大队，1984 年隶属许李村村民委员会，2008 年行政区划调整后撤销。
大朱村	Dàzhūcūn	隶属丁湖镇，1958 年人民公社时隶属大朱大队，1984 年隶属大朱村村民委员会，2008 年行政区划调整后撤销。
大马村	Dàmǎcūn	隶属黄圩镇，1958 年人民公社时隶属大马大队，1984 年隶属大马村村民委员会，2008 年行政区划调整后撤销。
三田村	Sāntiáncūn	隶属大杨乡，1958 年人民公社时隶属三田大队，1984 年隶属三田村村民委员会，2008 年行政区划调整后撤销。
张昌村	Zhāngchāngcūn	隶属大庄镇，1958 年人民公社时隶属张昌大队，1984 年隶属张昌村村民委员会，2008 年行政区划调整后撤销。
学田村	Xuétiáncūn	隶属瓦坊乡，1958 年人民公社时隶属学田大队，1984 年隶属学田村村民委员会，2008 年行政区划调整后撤销。
杨位村	Yángwèicūn	隶属瓦坊乡，1958 年人民公社时隶属杨位大队，1984 年隶属杨位村村民委员会，2008 年行政区划调整后撤销。
陶场村	Táochǎngcūn	隶属刘圩镇，1958 年人民公社时隶属陶场大队，1984 年隶属陶场村村民委员会，2008 年行政区划调整后撤销。
卢庄村	Lúzhuāngcūn	隶属黑塔镇，1958 年人民公社时隶属卢庄大队，1984 年隶属卢庄村村民委员会，2008 年行政区划调整后撤销。
双李村	Shuānglǐcūn	隶属大杨乡，1958 年人民公社时隶属双李大队，1984 年隶属双李村村民委员会，2008 年行政区划调整后撤销。
韩同村	Hántóngcūn	隶属屏山镇，1958 年人民公社时隶属韩同大队，1984 年隶属韩同村村民委员会，2008 年行政区划调整后撤销。
那杨村	Nàyángcūn	隶属屏山镇，1958 年人民公社时隶属那杨大队，1984 年隶属那杨村村民委员会，2008 年行政区划调整后撤销。

标准名称	汉语拼音	备注
朱钱村	Zhūqiáncūn	隶属黑塔镇，1958 年人民公社时隶属朱钱大队，1984 年隶属朱钱村村民委员会，2008 年行政区划调整后撤销。
高邵村	Gāoshàocūn	隶属屏山镇，1958 年人民公社时隶属高邵大队，1984 年隶属高邵村村民委员会，2008 年行政区划调整后撤销。
刘庙村	Liúmiàocūn	隶属长沟镇，1958 年人民公社时隶属刘庙大队，1984 年隶属刘庙村村民委员会，2008 年行政区划调整后撤销。
南尤村	Nányóucūn	隶属长沟镇，1958 年人民公社时隶属南尤大队，1984 年隶属南尤村村民委员会，2008 年行政区划调整后撤销。
许曹村	Xǔcáocūn	隶属长沟镇，1958 年人民公社时隶属许曹大队，1984 年隶属许曹村村民委员会，2008 年行政区划调整后撤销。
大苗村	Dàmiáocūn	隶属泗城镇，1958 年人民公社时隶属大苗大队，1984 年隶属大苗村村民委员会，2008 年行政区划调整后撤销。
大翟村	Dàzháicūn	隶属草沟镇，1958 年人民公社时隶属大翟大队，1984 年隶属大翟村村民委员会，2008 年行政区划调整后撤销。
于圩村	Yúwéicūn	隶属草沟镇，1958 年人民公社时隶属圩大队，1984 年隶属圩村村民委员会，2008 年行政区划调整后撤销。
姚王村	Yáowángcūn	隶属长沟镇，1958 年人民公社时隶属姚王大队，1984 年隶属姚王村村民委员会，2008 年行政区划调整后撤销。
赵庄村	Zhàozhuāngcūn	隶属草沟镇，1958 年人民公社时隶属赵庄大队，1984 年隶属赵庄村村民委员会，2008 年行政区划调整后撤销。
周王村	Zhōuwángcūn	隶属草沟镇，1958 年人民公社时隶属周王大队，1984 年隶属周王村村民委员会，2008 年行政区划调整后撤销。
杨台村	Yángtáicūn	隶属草沟镇，1958 年人民公社时隶属杨台大队，1984 年隶属杨台村村民委员会，2008 年行政区划调整后撤销。
赵戴村	Zhàodàicūn	隶属草沟镇，1958 年人民公社时隶属赵戴大队，1984 年隶属赵戴村村民委员会，2008 年行政区划调整后撤销。
君赵村	Jūnzhàocūn	隶属草沟镇，1958 年人民公社时隶属君赵大队，1984 年隶属君赵村村民委员会，2008 年行政区划调整后撤销。
朱梁村	Zhūliángcūn	隶属草沟镇，1958 年人民公社时隶属朱梁大队，1984 年隶属朱梁村村民委员会，2008 年行政区划调整后撤销。
时李村	Shílǐcūn	隶属大杨乡，1958 年人民公社时隶属时李大队，1984 年隶属时李村村民委员会，2008 年行政区划调整后撤销。
时集村	Shíjícūn	隶属大杨乡，1958 年人民公社时隶属时集大队，1984 年隶属时集村村民委员会，2008 年行政区划调整后撤销。
戚李村	Qīlǐcūn	隶属长沟镇，1958 年人民公社时隶属戚李大队，1984 年隶属戚李村村民委员会，2008 年行政区划调整后撤销。

标准名称	汉语拼音	备注
葛陈村	Gěchéncūn	隶属长沟镇，1958 年人民公社时隶属葛陈大队，1984 年隶属葛陈村村民委员会，2008 年行政区划调整后撤销。
宋李村	Sònglǐcūn	隶属长沟镇，1958 年人民公社时隶属宋李大队，1984 年隶属宋李村村民委员会，2008 年行政区划调整后撤销。
尤铺村	Yóupùcūn	隶属长沟镇，1958 年人民公社时隶属尤铺大队，1984 年隶属尤铺村村民委员会，2008 年行政区划调整后撤销。
灰山村	Huīshāncūn	隶属长沟镇，1958 年人民公社时隶属灰山大队，1984 年隶属灰山村村民委员会，2008 年行政区划调整后撤销。
陈尤村	Chényóucūn	隶属泗城镇，1958 年人民公社时隶属陈尤大队，1984 年隶属陈尤村村民委员会，2008 年行政区划调整后撤销。
孙湾村	Sūnwāncūn	隶属泗城镇，1958 年人民公社时隶属孙湾大队，1984 年隶属孙湾村村民委员会，2008 年行政区划调整后撤销。
张何村	Zhānghécūn	隶属泗城镇，1958 年人民公社时隶属张何大队，1984 年隶属张何村村民委员会，2008 年行政区划调整后撤销。
王岗村	Wánggǎngcūn	隶属草庙镇，1958 年人民公社时隶属王岗大队，1984 年隶属王岗村村民委员会，2008 年行政区划调整后撤销。
大贺村	Dàhècūn	隶属草庙镇，1958 年人民公社时隶属大贺大队，1984 年隶属大贺村村民委员会，2008 年行政区划调整后撤销。
张彭村	Zhāngpéngcūn	隶属丁湖镇，1958 年人民公社时隶属张彭大队，1984 年隶属张彭村村民委员会，2008 年行政区划调整后撤销。
龙庙村	Lóngmiàocūn	隶属丁湖镇，1958 年人民公社时隶属龙庙大队，1984 年隶属龙庙村村民委员会，2008 年行政区划调整后撤销。
何梁村	héliángcūn	隶属丁湖镇，1958 年人民公社时隶属何梁大队，1984 年隶属何梁村村民委员会，2008 年行政区划调整后撤销。
桥郭村	Qiáoguōcūn	隶属丁湖镇，1958 年人民公社时隶属桥郭大队，1984 年隶属桥郭村村民委员会，2008 年行政区划调整后撤销。
尹庙村	Yǐnmiàocūn	隶属墩集镇，1958 年人民公社时隶属尹庙大队，1984 年隶属尹庙村村民委员会，2008 年行政区划调整后撤销。
朱庙村	Zhūmiàocūn	隶属墩集镇，1958 年人民公社时隶属朱庙大队，1984 年隶属朱庙村村民委员会，2008 年行政区划调整后撤销。
卢刘村	Lúliúcūn	隶属大路口乡，1958 年人民公社时隶属卢刘大队，1984 年隶属卢刘村村民委员会，2008 年行政区划调整后撤销。
邓湾村	Dèngwāncūn	隶属大路口乡，1958 年人民公社时隶属邓湾大队，1984 年隶属邓湾村村民委员会，2008 年行政区划调整后撤销。
单沟村	Shàngōucūn	隶属墩集镇，1958 年人民公社时隶属单沟大队，1984 年隶属单沟村村民委员会，2008 年行政区划调整后撤销。

标准名称	汉语拼音	备注
北汤湖	Běitānghú	隶属丁湖镇，1958 年人民公社时隶属汤湖大队，1984 年至今隶属汤湖村会，2009 年废弃。
苌萝庄	chángluózhuāng	隶属瓦坊乡，1958 年建村，2007 年废弃。
陈圩子	Chénwéizi	隶属瓦坊乡，1958 年建村，2007 年废弃。
池宅	Chízhái	隶属丁湖镇，1958 年建村，2007 年废弃。
程庙村	Chéngmiàocūn	隶属大路口乡，1958 年建村，2003 年废弃。
大曹村	Dàcáocūn	隶属大杨乡，1958 年建村，2004 年废弃。
大董村	Dàdǒngcūn	隶属黄圩镇，1958 年建村，2003 年废弃。
大关	Dàguān	隶属黑塔镇，1958 年建村，2006 年废弃。
大王园	Dàwángyuán	隶属泗城镇，1958 年人民公社时隶属康梁大队，1984 年属康梁村村民委员会，2008 年并村后撤销。
大魏村	Dàwèicūn	隶属黑塔镇，1958 年人民公社时隶属大魏大队，1984 年属大魏村村民委员会，2008 年并村后撤销。
东赵集	Dōngzhàojí	隶属大庄镇，1958 年人民公社时隶属新集大队，1984 年属新集村村民委员会，2008 年并村后撤销。
沟陈	Gōuchén	隶属草沟镇，1958 年人民公社时隶属沟陈大队，1984 年属沟陈村村民委员会，2008 年并村后撤销。
洪山	Hóngshān	隶属山头镇，1958 年人民公社时隶属宋圩大队，1984 年属宋圩村村民委员会，2008 年并村后撤销。
后丁庄	Hòudīngzhuāng	隶属丁湖镇，1958 年人民公社时隶属石丁大队，1984 年属石丁村村民委员会，2008 年并村后撤销。
后李	Hòulǐ	隶属瓦坊乡，1958 年人民公社时隶属张楼大队，1984 年隶属张楼村委会，沿用至今。
后汤湖	Hòutānghú	隶属丁湖镇，1958 年人民公社时隶属汤湖大队，1984 年属汤湖村村民委员会，2008 年并村后撤销。
后小时庄	Hòuxiǎoshízhuāng	隶属黄圩镇，1958 年人民公社时隶属三官大队，1984 年属三官村村民委员会，2008 年并村后撤销。
后小王	Hòuxiǎowáng	隶属大庄镇，1958 年人民公社时隶属朝阳大队，1984 年属朝阳村村民委员会，2008 年并村后撤销。
姜徐	Jiāngxú	隶属草沟镇，1958 年人民公社时隶属大梁大队，1984 年属大梁村村民委员会，2008 年并村后撤销。
蒋庄新村	Jiǎngzhuāngxīncūn	隶属黑塔镇，1958 年人民公社时隶属蒋杨大队，1984 年隶属蒋杨村委会，沿用至今。
旧集	Jiùjí	隶属屏山镇，1958 年人民公社时隶属屏山大队，1984 年属屏山村村民委员会，2008 年并村后撤销。

标准名称	汉语拼音	备注
李园	Lǐyuán	隶属泗城镇，1958 年设立，2008 年并村后撤销。
刘宅子	Liúzháizi	隶属刘圩镇，1958 年人民公社时隶属张谷大队，1984 年隶属张谷村委会，沿用至今。
路东	Lùdōng	隶属草沟镇，1958 年人民公社时隶属街南大队，1984 年属街南村村民委员会，2008 年并村后撤销。
路东场	Lùdōngchǎng	隶属大杨乡，1958 年人民公社时隶属马宅大队，1984 年属马宅村村民委员会，2008 年并村后撤销。
路口刘	Lùkǒuliú	隶属长沟镇，1958 年人民公社时隶属刘庙大队，1984 年属刘庙村村民委员会，2008 年并村后撤销。
南北庄	Nánběizhuāng	隶属草沟镇，1958 年人民公社时隶属孙巷大队，1984 年属孙巷村村民委员会，2008 年并村后撤销。

第四节　灵璧县

标准名称	汉语拼音	备注
秦郑	Qínzhèng	隶属韦集镇，2005 年秦郑、李后、李前合并为西李庄。
李后	Lǐhòu	隶属韦集镇，2005 年秦郑、李后、李前合并为西李庄。
李前	Lǐqián	隶属韦集镇，2005 年秦郑、李后、李前合并为西李庄。
前丁家	Qiándīngjiā	隶属韦集镇，2005 年前丁家合并到丁谷眼。
葛店子	Gědiànzi	隶属娄庄镇，2005 年葛店子拆分为葛东、葛西。
小杨家	Xiǎoyángjiā	隶属娄庄镇，2005 年小杨家合并到大杨。
后李家	Hòulǐjiā	隶属娄庄镇，2005 年后李家合并到小刘家。
曾魏庄	Zēngwèizhuāng	隶属娄庄镇，2005 年曾魏庄拆分为曾庄和魏庄。
西后李家	Xīhòulǐjiā	隶属朱集乡，2005 年西后李家拆分为西李和后李。
西时	Xīshí	隶属冯庙镇，2005 年西时和东时合并为时家庄。
东时	Dōngshí	隶属冯庙镇，2005 年西时和东时合并为时家庄。
靖家	Jìngjiā	隶属冯庙镇，2005 年靖家拆分为前靖和后靖。
沟涯	Gōuyá	隶属冯庙镇，2005 年沟涯被拆分为 3 个自然村。
刘塘	Liútáng	隶属渔沟镇，2004 年刘塘被拆分为南刘塘、北刘塘。

第五节 砀山县

标准名称	汉语拼音	备注
孙庄	Sūnzhuāng	隶属官庄坝镇，2004 年区划调整后，该地名消失。
马庄	Mǎzhuāng	隶属玄庙镇，2004 年区划调整后，该地名消失。
小秦庄	Xiǎoqínzhuāng	隶属官庄坝镇，2004 年区划调整后，该地名消失。
黄集	Huángjí	隶属官庄坝镇，2004 年区划调整后，该地名消失。
孙庄	Sūnzhuāng	隶属玄庙镇，2004 年区划调整后，该地名消失。
前张王庄	Qiánzhāngwáng-zhuāng	隶属玄庙镇，2004 年区划调整后，该地名消失。
许庄	Xǔzhuāng	隶属玄庙镇，2004 年区划调整后，该地名消失。
小庞庄	Xiǎopángzhuāng	隶属玄庙镇，2004 年区划调整后，该地名消失。
庞小庄	Pángxiǎozhuāng	隶属玄庙镇，2004 年区划调整后，该地名消失。
杨新庄	Yángxīnzhuāng	隶属玄庙镇，2004 年区划调整后，该地名消失。
小张庄	Xiǎozhāngzhuāng	隶属周寨镇，2004 年区划调整后，该地名消失。
孙庄	Sūnzhuāng	隶属周寨镇，2004 年区划调整后，该地名消失。
孟庄	Mèngzhuāng	隶属周寨镇，2004 年区划调整后，该地名消失。
杨庄	Yángzhuāng	隶属周寨镇，2004 年区划调整后，该地名消失。
赵庄	Zhàozhuāng	隶属周寨镇，2004 年区划调整后，该地名消失。
腰庄	Yāozhuāng	隶属周寨镇，2004 年区划调整后，该地名消失。
西沈屯	Xīshěntún	隶属周寨镇，2004 年区划调整后，该地名消失。
东沈屯	Dōngshěntún	隶属周寨镇，2004 年区划调整后，该地名消失。
小张庄	Xiǎozhāngzhuāng	隶属周寨镇，2004 年区划调整后，该地名消失。
小李庄	Xiǎolǐzhuāng	隶属周寨镇，2004 年区划调整后，该地名消失。
段李庄	Duànlǐzhuāng	隶属周寨镇，2004 年区划调整后，该地名消失。
后张老家	Hòuzhānglǎojiā	隶属周寨镇，2004 年区划调整后，该地名消失。
黄庄	Huángzhuāng	隶属周寨镇，2004 年区划调整后，该地名消失。
周窑	Zhōuyáo	隶属周寨镇，2004 年区划调整后，该地名消失。
李庵	Lǐ’ ān	隶属周寨镇，2004 年区划调整后，该地名消失。
李庄	Lǐzhuāng	隶属周寨镇，2004 年区划调整后，该地名消失。
后尉屯	Hòuwèitún	隶属朱楼镇，2004 年区划调整后，该地名消失。

标准名称	汉语拼音	备注
前尉屯	Qiánwèitún	隶属朱楼镇，2004年区划调整后，该地名消失。
中尉屯	Zhōngwèitún	隶属朱楼镇，2004年区划调整后，该地名消失。
张屯	Zhāngtún	隶属程庄镇，2004年区划调整后，该地名消失。
小王庄	Xiǎowángzhuāng	隶属程庄镇，2004年区划调整后，该地名消失。
王双楼	Wángshuānglóu	隶属程庄镇，2004年区划调整后，该地名消失。
大毛楼	Dàmáolóu	隶属程庄镇，2004年区划调整后，该地名消失。
朱庄	Zhūzhuāng	隶属程庄镇，2004年区划调整后，该地名消失。
黄庄	Huángzhuāng	隶属程庄镇，2004年区划调整后，该地名消失。
大汪楼	Dàwānglóu	隶属程庄镇，2004年区划调整后，该地名消失。
后陈庄	Hòuchénzhuāng	隶属官庄坝镇，2004年区划调整后，该地名消失。
前陈庄	Qiánchénzhuāng	隶属官庄坝镇，2004年区划调整后，该地名消失。
贾庄	Jiǎzhuāng	隶属官庄坝镇，2004年区划调整后，该地名消失。
李庄	Lǐzhuāng	隶属官庄坝镇，2004年区划调整后，该地名消失。
小曹庄	Xiǎocáozhuāng	隶属官庄坝镇，2004年区划调整后，该地名消失。
朱庄	Zhūzhuāng	隶属官庄坝镇，2004年区划调整后，该地名消失。
康楼	Kānglóu	隶属曹庄镇，2004年区划调整后，该地名消失。
前赵楼	Qiánzhàolóu	隶属赵屯镇，2004年区划调整后，该地名消失。
后赵楼	Hòuzhàolóu	隶属赵屯镇，2004年区划调整后，该地名消失。
郭庄	Guōzhuāng	隶属赵屯镇，2004年区划调整后，该地名消失。
周庄	Zhōuzhuāng	隶属赵屯镇，2004年区划调整后，该地名消失。
后段洼	Hòuduànwā	隶属赵屯镇，2004年区划调整后，该地名消失。
李庄	Lǐzhuāng	隶属赵屯镇，2004年区划调整后，该地名消失。
戴庄	Dàizhuāng	隶属赵屯镇，2004年区划调整后，该地名消失。
王油坊	Wángyóufāng	隶属赵屯镇，2004年区划调整后，该地名消失。
前许庄	Qiánxǔzhuāng	隶属曹庄镇，2004年区划调整后，该地名消失。
段庄	Duànzhuāng	隶属曹庄镇，2004年区划调整后，该地名消失。
后许庄	Hòuxǔzhuāng	隶属曹庄镇，2004年区划调整后，该地名消失。
中许庄	Zhōngxǔzhuāng	隶属曹庄镇，2004年区划调整后，该地名消失。
河叉徐庄	Héchāxúzhuāng	隶属曹庄镇，2004年区划调整后，该地名消失。
小彭楼	Xiǎopénglóu	隶属曹庄镇，2004年区划调整后，该地名消失。
万庄	Wànzhuāng	隶属关帝庙镇，2004年区划调整后，该地名消失。

标准名称	汉语拼音	备注
赵庄	Zhàozhuāng	隶属关帝庙镇，2004 年区划调整后，该地名消失。
陈堤口	Chéndīkǒu	隶属关帝庙镇，2004 年区划调整后，该地名消失。
王屯	Wángtún	隶属朱楼镇，2004 年区划调整后，该地名消失。
前王楼	Qiánwánglóu	隶属朱楼镇，2004 年区划调整后，该地名消失。
刘庄	Liúzhuāng	隶属程庄镇，2004 年区划调整后，该地名消失。
宋庄	Sòngzhuāng	隶属程庄镇，2004 年区划调整后，该地名消失。
房寨	Fángzhài	隶属程庄镇，2004 年区划调整后，该地名消失。
孙花楼	Sūnhuālóu	隶属唐寨镇，2004 年区划调整后，该地名消失。
南李寨	Nánlǐzhài	隶属唐寨镇，2004 年区划调整后，该地名消失。
西马楼	Xīmǎlóu	隶属唐寨镇，2004 年区划调整后，该地名消失。
梁马路口	Liángmǎlùkǒu	隶属李庄镇，2004 年区划调整后，该地名消失。
魏楼	Wèilóu	隶属李庄镇，2004 年区划调整后，该地名消失。
张庄	Zhāngzhuāng	隶属李庄镇，2004 年区划调整后，该地名消失。
张庄	Zhāngzhuāng	隶属良梨镇，2004 年区划调整后，该地名消失。
小王庄	Xiǎowángzhuāng	隶属良梨镇，2004 年区划调整后，该地名消失。
小庄	Xiǎozhuāng	隶属唐寨镇，2004 年区划调整后，该地名消失。
外于集	Wàiyújí	隶属唐寨镇，2004 年区划调整后，该地名消失。
新张集	Xīnzhāngjí	隶属唐寨镇，2004 年区划调整后，该地名消失。
旧张集	Jiùzhāngjí	隶属唐寨镇，2004 年区划调整后，该地名消失。
小王庄	Xiǎowángzhuāng	隶属唐寨镇，2004 年区划调整后，该地名消失。
里于集	Lǐyújí	隶属唐寨镇，2004 年区划调整后，该地名消失。
封庄	Fēngzhuāng	隶属良梨镇，2004 年区划调整后，该地名消失。
赵庄	Zhàozhuāng	隶属唐寨镇，2004 年区划调整后，该地名消失。
王庄	Wángzhuāng	隶属朱楼镇，2004 年区划调整后，该地名消失。
李庄	Lǐzhuāng	隶属李庄镇，2004 年区划调整后，该地名消失。
卞楼	Biànlóu	隶属李庄镇，2004 年区划调整后，该地名消失。
小华庄	Xiǎohuázhuāng	隶属李庄镇，2004 年区划调整后，该地名消失。
华庄	Huázhuāng	隶属李庄镇，2004 年区划调整后，该地名消失。
小刘庄	Xiǎoliúzhuāng	隶属李庄镇，2004 年区划调整后，该地名消失。
单庄	Shànzhuāng	隶属李庄镇，2004 年区划调整后，该地名消失。
张庄	Zhāngzhuāng	隶属李庄镇，2004 年区划调整后，该地名消失。

标准名称	汉语拼音	备注
小翟庄	Xiǎozháizhuāng	隶属李庄镇，2004 年区划调整后，该地名消失。
小李楼	Xiǎolǐlóu	隶属关帝庙镇，2004 年区划调整后，该地名消失。
卢屯	Lútún	隶属关帝庙镇，2004 年区划调整后，该地名消失。
王胡	Wánghú	隶属关帝庙镇，2004 年区划调整后，该地名消失。
小邵庄	Xiǎoshàozhuāng	隶属关帝庙镇，2004 年区划调整后，该地名消失。
李庄	Lǐzhuāng	隶属李庄镇，2004 年区划调整后，该地名消失。
东曹集	Dōngcáojí	隶属砀城镇，2004 年区划调整后，该地名消失。
曹集	Cáojí	隶属砀城镇，2004 年区划调整后，该地名消失。
陈庄	Chénzhuāng	隶属关帝庙镇，2004 年区划调整后，该地名消失。
蒋庄	Jiǎngzhuāng	隶属关帝庙镇，2004 年区划调整后，该地名消失。
小陈楼	Xiǎochénlóu	隶属关帝庙镇，2004 年区划调整后，该地名消失。
李庄	Lǐzhuāng	隶属关帝庙镇，2004 年区划调整后，该地名消失。
前仝庄	Qiántóngzhuāng	隶属关帝庙镇，2004 年区划调整后，该地名消失。
黄庄	Huángzhuāng	隶属关帝庙镇，2004 年区划调整后，该地名消失。
汪楼	Wānglóu	隶属砀城镇，2004 年区划调整后，该地名消失。
花庄	Huāzhuāng	隶属关帝庙镇，2004 年区划调整后，该地名消失。
段双坑	Duànshuāngkēng	隶属砀城镇，2004 年区划调整后，该地名消失。
张庄	Zhāngzhuāng	隶属砀城镇，2004 年区划调整后，该地名消失。
高庄	Gāozhuāng	隶属砀城镇，2004 年区划调整后，该地名消失。
殷楼	Yīnlóu	隶属关帝庙镇，2004 年区划调整后，该地名消失。
大杨庄	Dàyángzhuāng	隶属关帝庙镇，2004 年区划调整后，该地名消失。
岳庄	Yuèzhuāng	隶属赵屯镇，2004 年区划调整后，该地名消失。
徐楼	Xúlóu	隶属官庄坝镇，2004 年区划调整后，该地名消失。
冯庄	Féngzhuāng	隶属官庄坝镇，2004 年区划调整后，该地名消失。
前陈屯	Qiánchéntún	隶属官庄坝镇，2004 年区划调整后，该地名消失。
姚楼	Yáolóu	隶属官庄坝镇，2004 年区划调整后，该地名消失。
范寨	Fànzhài	隶属玄庙镇，2004 年区划调整后，该地名消失。
后王庄	Hòuwángzhuāng	隶属玄庙镇，2004 年区划调整后，该地名消失。
西河	Xīhé	隶属玄庙镇，2004 年区划调整后，该地名消失。
席庄	Xízhuāng	隶属玄庙镇，2004 年区划调整后，该地名消失。
王庄	Wángzhuāng	隶属玄庙镇，2004 年区划调整后，该地名消失。

标准名称	汉语拼音	备注
小李庄	Xiǎolǐzhuāng	隶属玄庙镇，2004 年区划调整后，该地名消失。
三里庙	Sānlǐmiào	隶属砀城镇，2004 年区划调整后，该地名消失。
李屯	Lǐtún	隶属砀城镇，2004 年区划调整后，该地名消失。
小李庄	Xiǎolǐzhuāng	隶属砀城镇，2004 年区划调整后，该地名消失。
小郭庄	Xiǎoguōzhuāng	隶属砀城镇，2004 年区划调整后，该地名消失。
马庄	Mǎzhuāng	隶属赵屯镇，2004 年区划调整后，该地名消失。
许庄	Xǔzhuāng	隶属赵屯镇，2004 年区划调整后，该地名消失。
冯庄	Féngzhuāng	隶属赵屯镇，2004 年区划调整后，该地名消失。
臧庙	Zāngmiào	隶属砀城镇，2004 年区划调整后，该地名消失。
姬庄	Jīzhuāng	隶属砀城镇，2004 年区划调整后，该地名消失。
土山	Tǔshān	隶属砀城镇，2004 年区划调整后，该地名消失。
曹庄	Cáozhuāng	隶属砀城镇，2004 年区划调整后，该地名消失。
东关	Dōngguān	隶属砀城镇，2004 年区划调整后，该地名消失。
许窑	Xǔyáo	隶属砀城镇，2004 年区划调整后，该地名消失。
汪林	Wānglín	隶属砀城镇，2004 年区划调整后，该地名消失。
蒋楼	Jiǎnglóu	隶属砀城镇，2004 年区划调整后，该地名消失。
纪庄	Jìzhuāng	隶属砀城镇，2004 年区划调整后，该地名消失。
朱庄	Zhūzhuāng	隶属砀城镇，2004 年区划调整后，该地名消失。
刘庄	Liúzhuāng	隶属砀城镇，2004 年区划调整后，该地名消失。
万庄	Wànzhuāng	隶属砀城镇，2004 年区划调整后，该地名消失。
毛庄	Máozhuāng	隶属砀城镇，2004 年区划调整后，该地名消失。
姬庄	Jīzhuāng	隶属砀城镇，2004 年区划调整后，该地名消失。
王庄	Wángzhuāng	隶属砀城镇，2004 年区划调整后，该地名消失。
许楼	Xǔlóu	隶属砀城镇，2004 年区划调整后，该地名消失。
万庄	Wànzhuāng	隶属砀城镇，2004 年区划调整后，该地名消失。
常楼	Chánglóu	隶属砀城镇，2004 年区划调整后，该地名消失。
前焦庄	Qiánjiāozhuāng	隶属砀城镇，2004 年区划调整后，该地名消失。
小徐庄	Xiǎoxúzhuāng	隶属砀城镇，2004 年区划调整后，该地名消失。
侯庙	Hóumiào	隶属砀城镇，2004 年区划调整后，该地名消失。
夏庄	Xiàzhuāng	隶属良梨镇，2004 年区划调整后，该地名消失。
小孙庄	Xiǎosūnzhuāng	隶属李庄镇，2004 年区划调整后，该地名消失。

标准名称	汉语拼音	备注
马庄	Mǎzhuāng	隶属良梨镇，2004 年区划调整后，该地名消失。
胡套村	Hútàocūn	隶属玄庙镇，2004 年区划调整后，该地名消失。
胡庄村	Húzhuāngcūn	隶属官庄坝镇，2004 年区划调整后，该地名消失。
五爱村	Wǔàicūn	隶属玄庙镇，2004 年区划调整后，该地名消失。
堤口村	Dīkǒucūn	隶属周寨镇，2004 年区划调整后，该地名消失。
梨花湾村	Líhuāwāncūn	隶属周寨镇，2004 年区划调整后，该地名消失。
邵楼村	Shàolóucūn	隶属朱楼镇，2004 年区划调整后，该地名消失。
尉屯村	Wèitúncūn	隶属朱楼镇，2004 年区划调整后，该地名消失。
沈庄村	Shěnzhuāngcūn	隶属程庄镇，2004 年区划调整后，该地名消失。
汪楼村	Wānglóucūn	隶属程庄镇，2004 年区划调整后，该地名消失。
林场村	Línchǎngcūn	隶属官庄坝镇，2004 年区划调整后，该地名消失。
张集村	Zhāngjícūn	隶属官庄坝镇，2004 年区划调整后，该地名消失。
汪平村	Wāngpíngcūn	隶属曹庄镇，2004 年区划调整后，该地名消失。
汪小楼村	Wāngxiǎolóucūn	隶属葛集镇，2004 年区划调整后，该地名消失。
尚庄村	Shàngzhuāngcūn	隶属曹庄镇，2004 年区划调整后，该地名消失。
枣园村	Zǎoyuáncūn	隶属曹庄镇，2004 年区划调整后，该地名消失。
陈楼村	Chénlóucūn	隶属曹庄镇，2004 年区划调整后，该地名消失。
杨楼村	Yánglóucūn	隶属曹庄镇，2004 年区划调整后，该地名消失。
平寨村	Píngzhàicūn	隶属程庄镇，2004 年区划调整后，该地名消失。
王寨村	Wángzhàicūn	隶属唐寨镇，2004 年区划调整后，该地名消失。
侯口村	Hóukǒucūn	隶属唐寨镇，2004 年区划调整后，该地名消失。
汪庄村	Wāngzhuāngcūn	隶属唐寨镇，2004 年区划调整后，该地名消失。
卢庄村	Lúzhuāngcūn	隶属良梨镇，2004 年区划调整后，该地名消失。
黄庙村	Huángmiàocūn	隶属良梨镇，2004 年区划调整后，该地名消失。
訾庄村	Zīzhuāngcūn	隶属良梨镇，2004 年区划调整后，该地名消失。
马庄村	Mǎzhuāngcūn	隶属唐寨镇，2004 年区划调整后，该地名消失。
套中村	Tàozhōngcūn	隶属唐寨镇，2004 年区划调整后，该地名消失。
封卢庄村	Fēnglúzhuāngcūn	隶属良梨镇，2004 年区划调整后，该地名消失。
李寨村	Lǐzhàicūn	隶属葛集镇，2004 年区划调整后，该地名消失。
曹桥楼村	Cáoqiáolóucūn	隶属关帝庙镇，2004 年区划调整后，该地名消失。
唐庄村	Tángzhuāngcūn	隶属李庄镇，2004 年区划调整后，该地名消失。

标准名称	汉语拼音	备注
前屯村	Qiántúncūn	隶属李庄镇，2004年区划调整后，该地名消失。
孙观村	Sūnguāncūn	隶属李庄镇，2004年区划调整后，该地名消失。
大华楼村	Dàhuálóucūn	隶属关帝庙镇，2004年区划调整后，该地名消失。
小毛庄村	Xiǎomáozhuāng-cūn	隶属关帝庙镇，2004年区划调整后，该地名消失。
陆庄村	Lùzhuāngcūn	隶属砀城镇，2004年区划调整后，该地名消失。
赵平坊村	Zhàopíngfāngcūn	隶属关帝庙镇，2004年区划调整后，该地名消失。
郭庄村	Guōzhuāngcūn	隶属关帝庙镇，2004年区划调整后，该地名消失。
权王庄村	Quánwángzhuāng-cūn	隶属官庄坝镇，2004年区划调整后，该地名消失。
范寨村	Fànzhàicūn	隶属玄庙镇，2004年区划调整后，该地名消失。
高屯村	Gāotúncūn	隶属砀城镇，2004年区划调整后，该地名消失。
宋屯村	Sòngtúncūn	隶属砀城镇，2004年区划调整后，该地名消失。
郭刘村	Guōliúcūn	隶属砀城镇，2004年区划调整后，该地名消失。
范刘村	Fànliúcūn	隶属赵屯镇，2004年区划调整后，该地名消失。
毛李庄村	Máolǐzhuāngcūn	隶属砀城镇，2004年区划调整后，该地名消失。
毛油坊村	Máoyóufāngcūn	隶属砀城镇，2004年区划调整后，该地名消失。
阚油坊	Kànyóufāng	隶属砀城镇，2004年区划调整后，该地名消失。
五里庙村	Wǔlǐmiàocūn	隶属砀城镇，2004年区划调整后，该地名消失。
白庄村	Báizhuāngcūn	隶属砀城镇，2004年区划调整后，该地名消失。
黄楼村	Huánglóucūn	隶属砀城镇，2004年区划调整后，该地名消失。
陆湾村	Lùwāncūn	隶属砀城镇，2004年区划调整后，该地名消失。
芦徐庄村	Lúxúzhuāngcūn	隶属砀城镇，2004年区划调整后，该地名消失。
沙滩村	Shātāncūn	隶属葛集镇，2004年区划调整后，该地名消失。
拐楼村	Guǎilóucūn	隶属砀城镇，2004年区划调整后，该地名消失。
常河村	Chánghécūn	隶属砀城镇，2004年区划调整后，该地名消失。
汪集村	Wāngjícūn	隶属砀城镇，2004年区划调整后，该地名消失。
阎王庙村	Yánwángmiàocūn	隶属良梨镇，2004年区划调整后，该地名消失。
吴庙村	Wúmiàocūn	隶属李庄镇，2004年区划调整后，该地名消失。
冯集村	Féngjícūn	隶属李庄镇，2004年区划调整后，该地名消失。

附录

地名文件

一、国务院关于发布《地名管理条例》的通知
（国发［1986］11号）

现将《地名管理条例》发给你们，请遵照执行。国务院委托中国地名委员会管理全国地名工作，其办事机构由城乡建设环境保护部代管。县（市）以上地名机构的设置问题，由当地政府根据实际情况决定。

国务院

1986年1月23日

地名管理条例

第一条　为了加强对地名的管理，适应社会主义现代化建设和国际交往的需要，制定本条例。

第二条　本条例所称地名，包括：自然地理实体名称，行政区划名称，居民地名称，各专业部门使用的具有地名意义的台、站、港、场等名称。

第三条　地名管理应当从我国地名的历史和现状出发，保持地名的相对稳定。必须命名和更名时，应当按照本条例规定的原则和审批权限报经批准。未经批准，任何单位和个人不得擅自决定。

第四条　地名的命名应遵循下列规定：(一）有利于人民团结和社会主义现代化建设，尊重当地群众的愿望，与有关各方协商一致。(二）一般不以人名作地名。禁止用国家领导人的名字作地名。(三）全国范围内的县、市以上名称，一个县、市内的乡、镇名称，一个城镇内的街道名称，一个乡内的村庄名称，不应重名，并避免同音。(四）各专业部门使用的具有地名意义的台、站、港、场等名称，一般应与当地地名统一。(五）避免使用生僻字。

第五条　地名的更名应遵循下列规定：(一）凡有损我国领土主权和民族尊严的，带有

民族歧视性质和妨碍民族团结的，带有侮辱劳动人民性质和极端庸俗的，以及其他违背国家方针、政策的地名，必须更名。（二）不符合本条例第四条第三、四、五款规定的地名，在征得有关方面和当地群众同意后，予以更名。（三）一地多名、一名多写的，应当确定一个统一的名称和用字。（四）不明显属上述范围的、可改可不改的和当地群众不同意改的地名，不要更改。

第六条　地名命名、更名的审批权限和程序如下：（一）行政区划名称的命名、更名，按照国务院《关于行政区划管理的规定》办理。（二）国内外著名的或涉及两个省（自治区、直辖市）以上的山脉、河流、湖泊等自然地理实体名称，由省、自治区、直辖市人民政府提出意见，报国务院审批。（三）边境地区涉及国界线走向和海上涉及岛屿归属界线以及载入边界条约和议定书中的自然地理实体名称和居民地名称，由省、自治区、直辖市人民政府提出意见，报国务院审批。（四）在科学考察中，对国际公有领域新的地理实体命名，由主管部门提出意见，报国务院审批。（五）各专业部门使用的具有地名意义的台、站、港、场等名称，在征得当地人民政府同意后，由专业主管部门审批。（六）城镇街道名称，由直辖市、市、县人民政府审批。（七）其他地名，由省、自治区、直辖市人民政府规定审批程序。（八）地名的命名、更名工作，可以交地名机构或管理地名工作的单位承办，也可以交其他部门承办；其他部门承办的，应征求地名机构或管理地名工作单位的意见。

第七条　少数民族语地名的汉字译写，外国地名的汉字译写，应当做到规范化。译写规则，由中国地名委员会制定。

第八条　中国地名的罗马字母拼写，以国家公布的“汉语拼音方案”作为统一规范。拼写细则，由中国地名委员会制定。

第九条　经各级人民政府批准和审定的地名，由地名机构负责汇集出版。其中行政区划名称，民政部门可以汇集出版单行本。出版外国地名译名书籍，需经中国地名委员会审定或由中国地名委员会组织编纂。各机关、团体、部队、企业、事业单位使用地名时，都以地名机构或民政部门编辑出版的地名书籍为准。

第十条　地名档案的管理，按照中国地名委员会和国家档案局的有关规定执行。

第十一条　地方人民政府应责成有关部门在必要的地方设置地名标志。

第十二条　本条例在实施中遇到的具体问题，由中国地名委员会研究答复。

第十三条　本条例自发布之日起施行。

二、民政部关于颁发《地名管理条例实施细则》的通知
（民行发［1996］17号）

各省、自治区、直辖市民政厅（局）、地名委员会：

为了更好地贯彻落实1986年国务院颁发的《地名管理条例》，推进我国地名标准化进

程，不断提高地名管理水平，我部制定了《地名管理条例实施细则》。现印发你们，请遵照执行。

民政部

1996年6月18日

地名管理条例实施细则

第一章　总则

第一条　根据《地名管理条例》(以下简称《条例》）的规定，制定本实施细则。

第二条　凡涉及地名的命名与更名、地名的标准化处理、标准地名的使用、地名标志的设置、地名档案的管理等行为，均适用本细则。

第三条　《条例》所称自然地理实体名称，包括山、河、湖、海、岛礁、沙滩、岬角、海湾、水道、地形区等名称；行政区划名称，包括各级行政区域和各级人民政府派出机构所辖区域名称；居民地名称，包括城镇、区片、开发区、自然村、片村、农林牧渔点及街、巷、居民区、楼群（含楼、门号码）、建筑物等名称；各专业部门使用的具有地名意义的台、站、港、场等名称，还包括名胜古迹、纪念地、游览地、企业事业单位等名称。

第四条　地名管理的任务是：依据国家关于地名管理的方针、政策和法规，通过地名管理的各项行政职能和技术手段，逐步实现国家地名标准化和国内外地名译写规范化，为社会主义建设和国际交往服务。

第五条　国家对地名实行统一管理、分级负责制。

第六条　民政部是全国地名管理的主管部门。其职责是：指导和协调全国地名管理工作；制定全国地名工作规划；审核地名的命名和更名；审定并组织编纂全国性标准地名资料和工具图书；指导、监督标准地名的推广使用；管理地名标志和地名档案；对专业部门使用的地名实行监督和协调管理。

第七条　县级以上民政管理部门（或地名委员会）主管本行政区域的地名工作。其职责是：贯彻执行国家关于地名工作的方针、政策、法律、法规；落实全国地名工作规划；审核、承办本辖区地名的命名、更名；推行地名的标准化、规范化；设置地名标志；管理地名档案；完成国家其他地名工作任务。

第二章　地名的命名与更名

第八条　地名的命名除应遵循《条例》第四条的规定外，还应遵循下列原则：

（一）有利于国家统一、主权和领土完整。

（二）反映当地人文或自然地理特征。

（三）使用规范的汉字或少数民族文字。

（四）不以外国人名、地名命名我国地名。

（五）人民政府不驻在同一城镇的县级以上行政区域名称，其专名不应相同。一个县（市、区）内的乡、镇、街道办事处名称，一个乡、镇内自然村名称，一个城镇内的街、巷、居民区名称，不应重名；国内著名的自然地理实体名称不应重名；一个省、自治区、直辖市行政区域内，较重要的自然地理实体名称不应重名；上述不应重名范围内的地名避免使用同音字。

（六）不以著名的山脉、河流等自然地理实体名称作行政区域专名；自然地理实体的范围超出本行政区域的，亦不以其名称作本行政区域专名。

（七）县、市、市辖区不以本辖区内人民政府非驻地村镇专名命名。

（八）乡、镇、街道办事处一般应以乡、镇人民政府驻地居民点和街道办事处所在街巷名命名。

（九）新建和改建的城镇街巷、居民区应按照层次化、序列化、规范化的要求予以命名。

第九条　地名的更名除应遵循《条例》第五条的规定外，凡不符合本细则第八条（四）、（五）、（七）、（八）项规定的地名，原则上也应予以更名。需要更改的地名，应随着城乡发展的需要，逐步进行调整。

第十条　地名命名、更名的审批权限按照《地名管理条例》第六条（一）至（七）项规定办理。

第十一条　申报地名的命名、更名时，应将命名、更名的理由及拟废止的旧名、拟采用的新名的含义、来源等一并加以说明。

第十二条　地名的命名、更名由地名管理部门负责承办。行政区域名称的命名、更名，由行政区划和地名管理部门共同协商承办。专业部门使用的具有地名意义的名称，其命名、更名由该专业部门负责承办，但应事先征得当地地名管理部门的同意。

第三章　地名的标准化处理

第十三条　凡符合《地名管理条例》规定，并经县级以上人民政府或专业主管部门批准的地名为标准地名。

第十四条　标准地名原则上由专名和通名两部分组成。通名用字应反映所称地理实体的地理属性（类别）。不单独使用通名词组作地名。具体技术要求，以民政部制定的技术规范为准。

第十五条　汉语地名中的方言俗字，一般用字音（或字义）相同或相近的通用字代替。对原有地名中带有一定区域性或特殊含义的通名俗字，经国家语言文字工作委员会审音定字后，可以保留。

第十六条　少数民族自治地方及民族乡名称，一般由地域专名、民族全称（包括“族”字）和相应自治区域通名组成。由多个少数民族组成的民族自治地方名称，少数民族的称谓至多列举三个。

第十七条　少数民族语地名的译写

（一）少数民族语地名，在各自民族语言、文字的基础上，按其标准（通用）语音，依据汉语普通话读音进行汉字译写。对约定俗成的汉字译名，一般不更改。

（二）多民族聚居区的地名，如不同民族有不同的称谓并无惯用汉语名称时，经当地地名管理部门征得有关少数民族的意见后，选择当地使用范围较广的某一语种称谓进行汉字译写。

（三）少数民族语地名的汉字译写，应尽可能采用常用字，避免使用多音、贬义和容易产生歧义的字词。

（四）有文字的少数民族语地名之间的相互译写，以本民族和他民族规范化的语言文字为依据，或者以汉语拼音字母拼写的地名为依据。

（五）少数民族语地名译写的具体技术要求，以民政部商同国务院有关部门制定的或经民政部审定的有关规范为依据。

第十八条　国外地名的汉字译写

（一）国外地名的汉字译写，除少数惯用译名外，以该国官方语言文字和标准音为依据；有两种以上官方语言文字的国家，以该地名所属语区的语言文字为依据。国际公共领域的地理实体名称的汉字译写，以联合国有关组织或国际有关组织颁布的标准名称为依据。

（二）国外地名的汉字译写，以汉语普通话读音为准，不用方言读音。尽量避免使用多音字、生僻字、贬义字。

（三）国外地名专名实行音译，通名一般实行意译。

（四）对国外地名原有的汉译惯用名采取“约定俗成”的原则予以保留。

（五）国外地名译写的具体技术要求，以国家地名管理部门制定的外国地名译名规范为依据。国外地名的译名以国家地名管理部门编纂或审定的地名译名手册中的地名为标准化译名。

第十九条　中国地名的罗马字母拼写

（一）《汉语拼音方案》是使用罗马字母拼写中国地名的统一规范。它不仅适用于汉语和国内其他少数民族语，同时也适用于英语、法语、德语、西班牙语、世界语等罗马字母书写的各种语文。

（二）汉语地名按《中国地名汉语拼音字母拼写规则（汉语地名部分）》拼写。

（三）少数民族的族称按国家技术监督局制定的《中国各民族名称的罗马字母拼写法和代码》的规定拼写。

（四）蒙、维、藏语地名以及惯用蒙、维、藏语文书写的少数民族语地名，按《少数民族语地名汉语拼音字母音译转写法》拼写。

（五）其他少数民族语地名，原则上以汉译名称按《中国地名汉语拼音字母拼写规则（汉语地名部分）》拼写。

（六）台湾省和香港、澳门地区的地名，依据国家有关规定进行拼写。

（七）地名罗马字母拼写具体规范由民政部商同国务院有关部门负责修订。

第四章　标准地名的使用

第二十条　各级地名管理部门和专业主管部门，应当将批准的标准地名及时向社会公布，推广使用。

第二十一条　各级地名管理部门和专业主管部门，负责编纂本行政区域或本系统的各种标准化地名出版物，及时向社会提供法定地名。其他部门不得编纂标准化地名工具图书。

第二十二条　机关、部队、团体、企业、事业单位的公告、文件、证件、影视、商标、广告、牌匾、地图以及出版物等方面所使用的地名，均应以正式公布的标准地名（包括规范化译名）为准，不得擅自更改。

第二十三条　对尚未公布规范汉字译写的外国地名，地名使用单位应根据国家地名管理部门制定的译名规则进行汉字译写。

第五章　地名标志的设置

第二十四条　行政区域界位、城镇街巷、居民区、楼、院、自然村屯、主要道路和桥梁、纪念地、文物古迹、风景名胜、台、站、港、场和重要自然地理实体等地方应当设置地名标志。一定区域内的同类地名标志应当力求统一。

第二十五条　地名标志的主要内容包括：标准地名汉字的规范书写形式；标准地名汉语拼音字母的规范拼写形式。在习惯于用本民族文字书写地名的民族自治区域，可依据民族区域自治法有关文字书写规定，并列该民族文字规范书写形式。

第二十六条　地名标志的设置和管理，由当地地名管理部门负责。其中街、巷、楼、门牌统一由地名主管部门管理，条件尚不成熟的地方，地名主管部门应积极取得有关部门的配合，共同做好标志的管理工作，逐步实现统一管理。专业部门使用的具有地名意义的名称标志，由地名管理部门协调有关专业部门设置和管理。

第二十七条　地名标志的设置和管理所需费用，当地人民政府根据具体情况，可由财政拨款，也可采取受益单位出资或工程预算费列支等方式筹措。

第六章　地名档案的管理

第二十八条　全国地名档案工作由民政部统一指导，各级地名档案管理部门分级管理。地名档案工作在业务上接受档案管理部门的指导、监督。

第二十九条　各级地名档案管理部门保管的地名档案资料，应不少于本级人民政府审批权限规定的地名数量。

第三十条　地名档案的管理规范，应执行民政部和国家档案局制定的有关规定。

第三十一条　各级地名档案管理部门，要在遵守国家保密规定原则下，积极开展地名信息咨询服务。

第七章　奖励与惩罚

第三十二条　各级地名管理部门应当加强地名工作的管理、监督和检查。对擅自命名、更名或使用不规范地名的单位和个人，应发送违章使用地名通知书，限期纠正；对逾期不改或情节严重、造成不良后果者，地名管理部门应根据有关规定，对其进行处罚。

第三十三条　地名标志为国家法定的标志物。对损坏地名标志的，地名管理部门应责令其赔偿；对偷窃、故意损毁或擅自移动地名标志的，地名管理部门报请有关部门，依据《中华人民共和国治安管理处罚条例》的规定予以处罚；情节恶劣、后果严重触犯刑律的，依法追究刑事责任。

第三十四条　当地人民政府对推广使用标准地名和保护地名标志作出贡献的单位和个人，应当给予表彰或奖励。

第八章　附则

第三十五条　各省、自治区、直辖市人民政府可根据本细则，制定本行政区域的地名管理办法。

第三十六条　本细则由民政部负责解释。

第三十七条　本细则自发布之日起施行。

三、安徽省人大常委会公告
（第9号）

《安徽省地名管理条例》已由安徽省第十二届人民代表大会常务委员会第九次会议于2014年3月28日通过，现予公布，自2014年7月1日起施行。

安徽省人民代表大会常务委员会

2014年3月28日

安徽省地名管理条例

第一章　总则

第一条　为了加强地名管理，推进地名标准化、规范化、信息化，方便人民群众生产生活，适应经济社会发展和国内外交往需要，根据国务院《地名管理条例》和有关法律、行政法规，结合本省实际，制定本条例。

第二条　本省行政区域内地名的命名、更名和销名，标准地名的使用、地名标志的设置与管理，历史地名的保护、地名公共服务等活动，适用本条例。

第三条　本条例所称地名，是指具有特定方位、一定范围的地理实体的专用名称，包括：

（一）山脉、丘陵、山峰、河流、湖泊、海湾、岛屿、礁石、沙洲、滩涂等自然地理实体名称；

（二）设区的市、县（市、区）、乡镇等行政区划名称，街道办事处、居民委员会、村民委员会名称；

（三）自然村、住宅区、区片等居民地名称；

（四）路、街、巷（里、弄、坊）等名称；

（五）高层建筑、商业中心等大型建筑物（群）名称；

（六）开发区、工业园区、保税区、农场、林场、渔场、盐场、油田、矿山等专业经济区名称；

（七）台、站、港口（码头）、机场、铁路、公路、轨道交通、桥梁、隧道、河道、水库、渠道、堤坝、水（船）闸、泵站等专业设施名称；

（八）公园、广场、风景名胜区、自然保护区、旅游度假区、历史古迹、纪念地等休闲旅游文化设施名称；

（九）门楼牌号（含门号、楼栋号、楼单元号、户室号）；

（十）具有重要方位意义的其他名称。

地名一般由专名和通名两部分组成。专名是地名中用来区分地理实体个体的专有名词，通名是地名中用来区分地理实体类别的名词。

第四条　县级以上地方人民政府应当加强对地名管理工作的组织领导，成立健全地名管理工作协调机制。地名的管理、历史地名的保护、地名公共服务等工作经费，列入本级财政预算。

第五条　全省地名工作实行统一领导、分级负责、分类管理。

县级以上地方人民政府民政部门是本行政区域的地名主管部门。地名委员会是本行政区域地名工作的协调机构，其日常工作由民政部门承担。

公安、国土资源、住房城乡建设、交通运输、水利、海洋渔业等部门按照各自职责分工，做好地名管理工作，做好本辖区的地名管理具体事务，业务上接受县级地名主管部门的指导。

第六条　设区的市和县（市）地名主管部门应当根据城乡规划，会同有关部门编制本级行政区域的地名规划，经本级人民政府批准后组织实施。土地利用总体规划、城乡规划和水利、交通、旅游等专项规划，涉及地名命名的，应当与地名规划确定的名称相衔接。

第二章　地名的命名、更名与销名

第七条　地名的命名、更名，应当遵循下列原则：

（一）不得损害国家主权与领土完整；
（二）不得破坏民族团结与社会和谐；
（三）符合地名规划；
（四）反映当地历史、地理、文化等地方特色；
（五）尊重当地居民意愿，方便人民群众生产生活；
（六）维护地名稳定性。

第八条　地名的命名，应当符合下列要求：

（一）不以本行政区域以外或者超出本行政区域的山脉、河流、湖泊等自然地理实体名称作行政区划名称的专名；
（二）乡镇、街道办事处的专名一般应当与驻地主地名一致；
（三）新建、改建的路、街、巷（里、弄、坊）等名称，应当体现层次化、序列化；
（四）用地名命名的专业设施名称，其专名应当与当地主地名一致；
（五）禁止使用当代人名、国家领导人名、外国人名、外国地名和外文音译词命名地名；
（六）禁止使用企业名、商标名、产品名命名地名。

第九条　下列地名不得重名，并避免使用字形混淆、字音相同的词语：

（一）省内主要自然地理实体的名称；
（二）省内乡镇的名称（历史上已形成的除外）；
（三）同一设区的市内街道办事处的名称；
（四）同一县（市、区）内居民委员会、村民委员会的名称（历史上已形成的除外）；
（五）同一设区的市市区内、同一县（市）内住宅区、区片、路、街、巷（里、弄、坊）、桥梁、隧道、大型建筑物（群），以及公共场所、休闲旅游文化设施的名称。

第十条　门楼牌号的编排，应当符合下列规定：

（一）使用阿拉伯数字编号；
（二）同一标准地名范围内的建筑物，按照坐落顺序统一编排，不得跳号、同号；
（三）道路两侧的建筑物按照规定的间距标准编排，相邻建筑间距超过规定标准的，预留备用门牌号；
（四）居民区的门号、楼栋号、楼单元号、户室号按照统一序列编排。

第十一条　地名的更名，按照下列规定办理：

（一）违反本条例第七条第一项、第二项，第八条第五项规定的地名，应当更名；
（二）违反本条例第八条第一项、第四项规定的地名，在征得有关方面同意和征求当地居民意见后，予以更名；
（三）因行政区划调整需要变更行政区划名称的，予以更名；
（四）因地名指称的地理实体属性、范围、外部环境等发生变化需要更名的，予以更名；
（五）因所有权人提出申请需要变更建筑物名称的，可以更名。

不属前款规定范围的地名，以及当地居民多数不同意更改的地名，不予更名。

第十二条　因行政区划调整、城乡建设改造或者自然变化等原因使原指称地理实体消失的地名，地名主管部门或者专业主管部门应当及时依法注销并公布。

第三章　地名的申报与办理

第十三条　地名的命名、更名，应当按照规定的程序进行申报与办理。任何单位和个人不得擅自命名、更名。

第十四条　自然地理实体名称的命名、更名，按照下列权限办理：

（一）国内外著名的自然地理实体名称，报国务院批准；涉及邻省（直辖市）的，经与邻省（直辖市）人民政府协商一致后，报国务院批准；

（二）涉及本省两个以上设区的市的自然地理实体名称，由相关设区的市人民政府协商一致后，报省人民政府批准；

（三）涉及同一设区的市内两个以上县（市、区）的自然地理实体名称，相关县（市、区）人民政府协商一致后，由设区的市人民政府批准；

（四）设区的市市区内的自然地理实体名称，由设区的市人民政府批准；

（五）县（市）内的自然地理实体名称，由县（市）人民政府批准。

第十五条　行政区划名称、街道办事处名称的命名、更名，按照国家行政区划管理等有关规定办理。

居民委员会、村民委员会名称的命名、更名，由县（市、区）人民政府批准，报上一级地名主管部门备案。

第十六条　设区的市市区内的居民地和路、街名称的命名、更名，由设区的市人民政府批准；巷（里、弄、坊）、大型建筑物（群）名称的命名、更名，由设区的市人民政府或者其授权的地名主管部门批准。

县（市）内的居民地和路、街名称的命名、更名，由县（市）人民政府批准；巷（里、弄、坊）、大型建筑物（群）名称的命名、更名，由县（市）人民政府或者其授权的地名主管部门批准。

第十七条　门楼牌号的编排和审定，由建设单位或者建房个人提出申请，由设区的市、县（市）人民政府授权地名主管部门或者公安机关办理。

第十八条　本条例第三条第六项、第七项、第八项、第十项所列地名的命名、更名，按照隶属关系和管理权限，由有关单位向专业主管部门提出申请。专业主管部门批准前应当征求所在地地名主管部门的意见，批准后报所在地地名主管部门备案。

地名主管部门应当对前款所列地名及其拼写是否符合国家标准予以审定。

第十九条　有关单位向地名主管部门或者专业主管部门申请办理地名命名、更名时，应当提供命名、更名方案及其理由的书面材料和相关图件。

第二十条　地名未发生变化，但指称的地理实体范围发生变化的，有关单位应当按照地名命名的批准权限，报地名主管部门或者专业主管部门批准并重新公布。

第二十一条　下列地名在命名、更名前，地名主管部门或者专业主管部门应当予以公示，并组织论证或者听证：

（一）在国内、省内、设区的市内具有较大影响的；

（二）在县（市）内具有重大影响的；

（三）风景名胜区、文物保护单位；

（四）地名主管部门或者专业主管部门认为需要予以公示、组织论证或者听证的其他地名。

第二十二条　地名主管部门或者专业主管部门批准地名命名、更名的，应当向申请人出具批准文件。地名主管部门、专业主管部门批准或者认定地名的，应当自批准或者认定之日起十个工作日内向社会公布。

第四章　标准地名的使用

第二十三条　经县级以上地方人民政府或者地名主管部门、专业主管部门批准或者认定的地名，为标准地名。

第二十四条　标准地名应当符合下列规定：

（一）一个地理实体只有一个标准地名，一地多名、一名多写的，应当确定一个标准名称；

（二）使用国家规范汉字书写标准地名。汉语地名的罗马字母拼写和标注，应当遵循《汉语拼音方案》和《中国地名汉语拼音字母拼写规则》；

（三）通名用字应当名实相符，恰当反映指称地理实体的属性、规模和类别。不得单独使用通名作标准地名，同类通名不得重叠使用。通名具体规范由地名主管部门制定。

住宅区、建筑物标准地名的通名应当与建筑面积、占地面积、高度、绿地率等条件相适应。

第二十五条　下列情形涉及地名使用的，应当使用标准地名：

（一）涉外协定、文件；

（二）机关、团体、企业事业单位的公告、文件；

（三）报刊、书籍、广播、电视、地图和信息网络；

（四）合同、证件、印信；

（五）地名标志；

（六）法律、法规规定应当使用标准地名的其他情形。

第二十六条　住宅区、城镇道路或者大型建筑物（群）需要命名的，建设单位应当在申领《建设工程规划许可证》之前办理地名报批手续。

商品房预售许可证、房屋所有权证等标注的项目名称以及房地产广告中的地名应当与申请人提供的标准地名批准文件上的地名一致。

第二十七条　省内地方铁路站、长途汽车站、轨道交通站站名应当使用当地标准地名命名；与当地标准地名并用其他名称的，其他名称应当置于当地标准地名之后。

公共汽车站站名，一般应当使用当地标准地名命名；当地标准地名不足以明确指示该站地理位置信息的，可以使用风景名胜区、标志性建筑物或者与人民群众生产生活密切相关的其他名称命名。

第五章　地名标志的设置与管理

第二十八条　地名标志是标示地名以及相关信息的标志物。地名标志的制作和设置应当符合国家标准和有关规定，同类地名标志应当统一。

第二十九条　新建住宅区、城镇道路、大型建筑物（群）、专业设施以及门楼牌号等地名标志应当在交付使用前设置完毕，其他地名标志应当自地名批准之日起六十日内设置完毕。

路、街、巷（里、弄、坊）的交叉路口应当设置地名标志；路、街、巷（里、弄、坊）较长的，可以根据需要适当增加地名标志的数量。

临街建筑物交付使用后门楼牌号缺失的，所有权人应当及时申请补设。地名主管部门、公安机关应当在接到申请后二十个工作日内补设完毕。

第三十条　地名标志的设置与管理，按照下列规定执行：

（一）行政区域界线界桩，由地名主管部门按照国家行政区域界线管理的有关规定办理；

（二）行政区划、城镇的住宅区、路、街、巷（里、弄、坊）、广场、门楼牌号等的地名标志，由地名主管部门、公安机关、专业主管部门按照职责分工负责设置与管理；

（三）农村的地名标志，由乡镇人民政府、街道办事处负责设置与管理；

（四）其他地名标志，由有关专业主管部门或者专业设施建设、经营管理单位负责设置与管理。

第三十一条　地名标志的设置与管理所需经费，按照下列规定安排：

（一）自然地理实体、行政区划、城镇路、街、巷（里、弄、坊）的地名标志，以及原有的住宅区、门楼牌号的地名标志所需经费，由本级财政承担；

（二）新建、改建、扩建建设项目的地名标志所需经费，由建设单位承担，列入工程预算；

（三）农村的地名标志所需经费，由乡镇人民政府、街道办事处承担；

（四）其他地名标志所需经费，由有关专业主管部门或者专业设施建设、经营管理单位承担。

第三十二条　任何单位和个人负有保护地名标志的义务，不得有下列行为：

（一）涂改、玷污、遮挡地名标志；

（二）偷盗、损毁或者擅自移动、拆除地名标志；

（三）在地名标志上拴、挂物品；

（四）损坏地名标志、影响地名标志使用功能的其他行为。

第三十三条　建设单位因工程施工需要移动或者拆除地名标志的，应当征得地名标志的设置单位或者管理单位同意，并在施工结束前按照有关规定重新设置地名标志。

第三十四条　有下列情形之一的，地名标志设置单位或者管理单位应当及时予以更换或者维护：

（一）地名标志未使用标准地名，或者书写、拼写、式样等不符合国家有关标准和规定的；

（二）地名已经更名但地名标志未更改的；

（三）地名标志污损或者字迹模糊的；

（四）地名标志设置位置不当的。

地名主管部门、专业主管部门应当加强对地名标志设置、维护情况的监督检查。

第六章　历史地名的保护

第三十五条　地方各级人民政府应当加强本行政区域内历史地名的保护工作。地名主管部门具体实施历史地名保护监督管理工作。

本条例所称历史地名，包括：

（一）具有历史文化价值的地名；

（二）具有纪念意义的地名；

（三）历史悠久或者其他使用五十年以上的地名。

第三十六条　县级以上地方人民政府地名主管部门应当对本行政区域内的历史地名进行普查，做好资料收集、记录、统计等工作，成立历史地名档案。

设区的市人民政府地名主管部门应当成立历史地名评价体系，制定历史地名保护名录，经设区的市人民政府批准后公布。

对历史地名实行分级管理，对列入保护名录的历史地名实行分级保护。

第三十七条　列入保护名录的历史地名不予更名，禁止在历史地名前后并用其他名称。

因城乡建设、改造或者行政区划调整等原因，确需对历史地名作出是否保留使用决定的，地名主管部门应当科学论证，采取听证会、论证会等形式听取意见，并予以公示；确需对历史地名保护名录中涉及的地理实体予以拆除或者迁移的，住房城乡建设部门应当会同地名主管部门制订地名保护方案。

指称的地理实体消亡的历史地名，可以就近在现存或者新建的地理实体的命名、更名中使用。

第三十八条　地方各级人民政府应当合理利用本地区历史地名资源，形成地缘文化特质和区域品牌特征。鼓励和支持社会各界参与历史地名的保护与利用。

第七章　地名公共服务

第三十九条　地名主管部门应当成立地名档案。地名档案的管理，按照档案管理法律、法规和有关规定执行。各级地名档案管理工作业务上接受上级地名主管部门和同级档案行政管理部门的指导。

第四十条　地名主管部门应当加强地名信息化建设，成立包含具有地理坐标系的地名信息系统，及时更新地名信息，积极采用全球定位、遥感等技术，提升管理服务科技水平。地名信息化建设应当遵循有关规定和技术规范。

第四十一条　地名主管部门应当向社会提供基础性地名公共服务，并根据社会发展需要组织开发地名服务产品，引导社会力量参与地名文化建设、地名服务开发。

第四十二条　公安、国土资源、住房城乡建设、测绘等部门应当与地名主管部门及时互通信息，共同做好地名公共服务建设，实现资源共享。

第八章　法律责任

第四十三条　地名主管部门和专业主管部门及其工作人员不依法履行本条例规定的职责，有下列情形之一的，由上级机关责令改正，可以对直接负责的主管人员和其他直接责任人员依法给予处分；构成犯罪的，依法追究刑事责任：

（一）不依法办理地名命名、更名等管理事项的；

（二）未按规定在路、街、巷（里、弄、坊）交叉路口等设置地名标志的；

（三）不进行地名标志监督检查，或者在监督检查时发现问题不及时处理的；

（四）利用职权非法牟取利益的；

（五）法律、法规规定的其他违法行为。

第四十四条　违反本条例第八条第五项、第六项规定，使用当代人名、国家领导人名、外国人名、外国地名、外文音译词以及企业名、商标名、产品名作地名的，由地名主管部门责令限期改正，并可以处一万元以上五万元以下罚款。

第四十五条　违反本条例第十三条规定，擅自对地名命名、更名的，由地名主管部门或者专业主管部门责令限期改正，并可以处二千元以上一万元以下罚款；情节严重的，处一万元以上三万元以下罚款。

第四十六条　违反本条例第二十四条第一款规定，未按国家规范书写、拼写、标注标准地名的，由地名主管部门责令限期改正，并可以处二百元以上一千元以下罚款。

第四十七条　违反本条例第二十六条第二款规定，房地产建设单位、销售单位发布的房地产广告中的地名与申请人提供的标准地名批准文件上的地名不一致的，由地名主管部门责令限期改正，并可以处二万元以上十万元以下罚款。

第四十八条　违反本条例第二十七条第一款规定，省内地方铁路站、长途汽车站、轨道交通站站名未使用当地标准地名，或者与当地标准地名并用其他名称时其他名称置于当地标准地名之前的，由专业主管部门责令限期改正、没收违法所得，并可以处一万元以上五万元以下罚款。

第四十九条　违反本条例第三十二条规定，涂改、玷污、遮挡地名标志的，由地名主管部门、公安机关或者专业主管部门责令限期改正，并可以处二百元以上一千元以下罚款；损毁、擅自移动、拆除地名标志的，由地名主管部门、公安机关或者专业主管部门责令限期改正，并可以处一千元以上五千元以下罚款；造成损坏的，依法承担赔偿责任；构成违反治安管理行为的，依法给予治安管理处罚。

第五十条　违反本条例第三十三条规定，建设单位未按照有关规定重新设置地名标志的，由地名主管部门或者专业主管部门责令限期改正，并可以处一千元以上五千元以下罚款。

第九章　附则

第五十一条　专业设施的命名、更名等，法律、法规或者国家标准、行业标准另有规定的，从其规定。

第五十二条　海岛名称的确定、发布和地名标志的设置，按照《中华人民共和国海岛保护法》及有关规定执行。

第五十三条　本条例自 2014 年 7 月 1 日起施行。1987 年 9 月 11 日安徽省人民政府发布的《安徽省地名管理规定》同时废止。

后 记

为了贯彻落实国家地名标准化的规定，广泛传播宿州地名文化，延续宿州地名文脉，我们以第二次全国地名普查成果为依托，编纂了《宿州市地名录》。

本书共分为四篇十四章，所收录的地名及其解释，以2014—2018年第二次全国地名普查形成的宿州市地名数据库资料为基本依据。原始资料由各区县民政系统提供，经专业化机构加工整理，由专家学者加以审查。因此，本书具有科学性、资料性、知识性和工具性等特点。

本书从第二次全国地名普查开始编纂筹备到书稿形成，前后历时七年之久。初稿形成后，征求区县民政局地名规划部门意见，加以认真核校与修改。修改稿经相关专家学者审查并修订后，由本市地名委员会负责定稿。

中共宿州市委、宿州市人民政府高度重视本书的编纂与出版工作。本书编纂得到安徽省民政厅区划地名处的学术指导，保证本书编纂的科学性与严谨性。宿州市民政局领导对这项工作作了具体而周详的安排。各区县民政系统及地名工作者承担了基础性和建设性的工作，提供了基本材料和原始数据。中共宿州市委宣传部、市财政局等单位，对本书的编纂与出版给予了大力支持。市地名专家委员会的成员，为本书的审稿付出了辛勤的劳动。安徽嗣搏信息科技有限公司承担了资料信息处理的业务工作，该单位驻宿工作人员夜以继日地奋战。对于上级领导的大力支持和社会各界的热情帮助，谨此表示衷心的感谢！

由于编者水平和客观条件所限，本书无疑会存在一些疏漏与讹误。对此，我们诚挚地欢迎社会各界和广大读者批评指正，以利于在将来适当的时机认真修订。

编 者

2021年12月16日

宿州地名丛书

宿州地名印记

宿州市民政局——编

中国文史出版社
CHINA CULTURAL AND HISTORICAL PRESS

图书在版编目（C I P）数据

宿州地名印记 / 宿州市民政局编 . -- 北京 : 中国文史出版社 , 2020.12

（宿州地名丛书）

ISBN 978-7-5205-2725-5

Ⅰ . ①宿… Ⅱ . ①宿… Ⅲ . ①地名—介绍—宿州 Ⅳ . ① K927.543

中国版本图书馆 CIP 数据核字 (2020) 第 249506 号

责任编辑：梁玉梅

出版发行：中国文史出版社

社　　址：北京市海淀区西八里庄路 69 号院　邮编：100142

电　　话：010-81136606　81136602　81136603（发行部）

传　　真：010-81136655

印　　装：北京新华印刷有限公司

经　　销：全国新华书店

开　　本：16 开

印　　张：197.25

字　　数：4229 千字

版　　次：2022 年 12 月北京第 1 版

印　　次：2022 年 12 月第 1 次印刷

定　　价：898.00 元（全三册）

《宿州地名印记》编辑委员会

20 世纪 50 年代后期的宿城航拍图（高传业 摄）

宿州古城东南侧，城墙上建筑为奎星阁。美国布克摄于 1916 年

宿州古城墙（韩飞 摄）

宿州东城门瓮圈。日本小野正男摄于 1938 年春

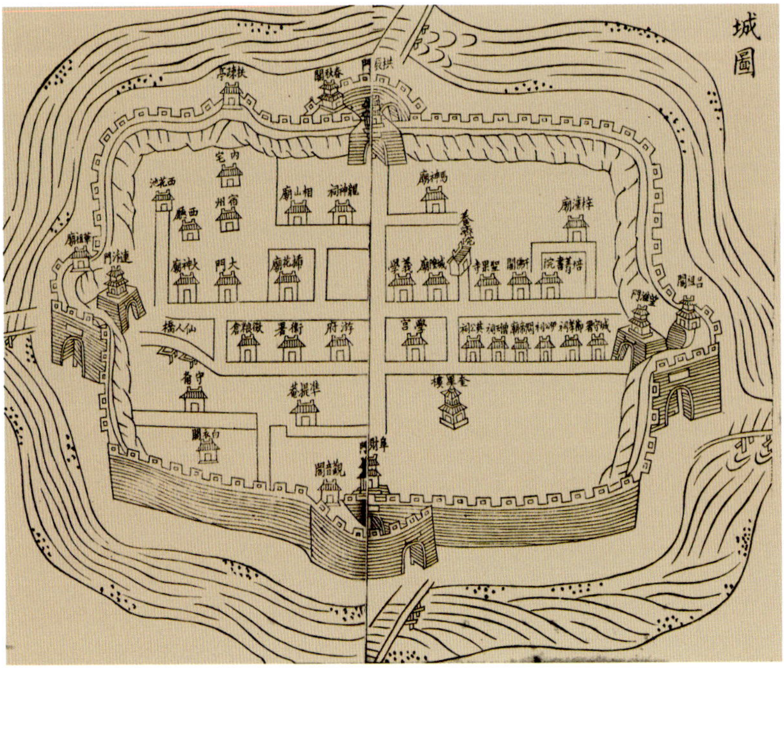

《光绪宿州志》宿州城图

宿州大河南街。日本小野正男摄于 1938 年 5 月

宿州城区（2010年）

宿州城区（2010年前后）

宿城银河一路

五柳风景区（韩飞 摄）

宿州地标：鲲鹏展翅

雪枫公园的彭雪枫将军铜像

宿州运粮河公园

宿州乐天园

蕲县古城遗址

埇桥区杨庄镇林探花府

埇桥区大泽乡的陈胜吴广起义浮雕

埇桥区曹村镇树驮桥（韩飞 摄）

萧县皇藏峪远眺

皇藏峪国家森林公园

皇藏峪正门及汉高祖铜像

瑞云寺与千年银杏树

泗县文庙

隋唐大运河泗县遗址

泗县城关镇段古汴河护坡

泗县石龙湖湿地

新汴河朝晖

宿州三角洲公园

序 言

地名是人类活动的产物。古老的地名犹如历史化石，记录着这一地区自然、政治、经济、文化、社会的发展脉络，昭示着先辈生存环境与众不同的特点。因此，地名不是一个简单的标识代号，而是特定条件下产生的一种以地缘文化为形式的融汇亲缘、物缘、业缘、文缘诸元素的历史文化。

作为人们赋予某一特定空间位置上自然或人文地理实体的专有名称，地名与具体的历史事件、神话传说、民间故事、人物、物产、环境特征等密切相关。毫无疑义，地名文化是地方文化资源的重要组成部分。每个地名都承载着当地独有的历史与命运，寄托着人们的乡情与乡愁。地名文化蕴含着中华文化的血脉根系，记载着人们对自然环境和人文环境的认识和思考，见证着社会生活的变迁与发展，是中华五千年文明不可或缺的一部分。保护地名文化遗产，弘扬优秀地名文化，是地名工作者的责任。

宿州市位于安徽省的偏东北部，地处黄淮大平原的南缘，是上古淮河文化的发源地之一。早在八千多年前的大汶口文化中晚期时代，宿州大地就留下了先民生产和生活的印记。埇桥区小山口文化遗址及其出土的大量文物就是最好的证明。从那时起，人类进入农业革命时代，开始了定居生活。自从农耕社会开始，由于生产与生活的相对稳定性，逐渐形成人类聚落。于是，作为聚落标识的地名也就诞生了。自先秦以来，携带着深厚历史文化内涵的地名纷至沓来，符离、蕲、萧、砀、虹、大泽乡、垓下、埇桥、汴水，直到今天，依然是我们现实生活中不可或缺的组成部分。宿州大地平畴旷野，自古以来就是兵家必争之地，自战国时代以来上演了一幕又一幕惊天动地的历史活剧，关涉的每一个地名都凝聚着厚重的军事文化。隋朝开凿南起吴越、北达幽燕的大运河，其中汴水河段流经宿州大地，宿州的战略地位日益凸显。职是之故，唐宪宗元和四年，即公元 809 年，为保护大运河漕运，正式建置宿州。宿州，在大运河的波涛中诞生，在大运河的襁褓中发育成长。1210 多年来，大运河流淌着多少与宿州地名有关的故事？制造了一代又一代宿州儿女的乡愁。

新中国成立以来，中国历史进入急剧的大变革时代。国家在省一级行政区划相对稳定的同时，市县以下则变动不居。改革开放以来，随着现代化和城镇化进程加快，随着美丽乡村建设的推进，一些老地名悄悄地消失了，一些异彩纷呈的新地名纷纷问世，令人目不暇接。作为老地名，承载着一段聚落或区位的历史记忆，应该抢救性地记载下来。作为新地名，反映着改革开放以来，特别是进入中国特色社会主义新时代以来全面推进“五个文明建设”所取得的卓越成就，更应该留下浓墨重彩的篇章。这项历史使命，具体落实到第二次全国地名普查工作中。

第二次全国地名普查工程已是大功告成。在编纂《宿州市地名录》和《宿州地名志》这两部大型典籍的同时，如何利用其中的重要成果，编辑一部普及性的地名文化读本，以供大众了解宿州地名变迁，这项工作显得刻不容缓。在这种强烈的时代需求背景下，《宿州地名印记》应运而生。这部地名印记，采用了讲故事形式的篇章结构，共设置“建置沿革”“行政区划”“道路街巷”“山水桥梁”“庙宇寺观”“遗址古迹”“城市地标”“故事传说”“名村古镇”九个单元，全面翔实地记述宿州市地名的历史与现状，是宿州地名文化建设中的又一硕果。本书从收集资料、梳理考辨、整理汇编到最终成稿，前后用了两年多的时间。其间，市直与区县民政系统和广大地名工作者以高度的责任心，精心组织筹划，膏晷相继，辛勤笔耕，把宿州地名沧桑与民间故事凝结成了新时代地名文化的精彩华章。尽管稿件出于多位作者手笔，叙事能力和文字水平参差不齐，但瑕不掩瑜。有些条目重复，但诠释的角度各取所需，不妨共存一书。过来人看了不忘历史，年轻人看了会受教育。

今天，宿州迈入建设“产业宿城、创新宿城、文明宿城、美丽宿城”、创造美好未来的新阶段。我们充分相信，宿州大地的容颜必将日新月异。在实现党的第二个百年目标的滚滚洪流中，我们要像保护有形文物一样保护地名这种非物质文化遗产，不至于使一些富有传承价值的地名因无实体可载而消亡或湮灭。爱国者无不爱家乡，游子忘不了故乡的一草一木，忘不了养育自己的亲人、童年时代的玩伴及一起玩耍的地方。地名文化是增进人们地缘亲和力的纽带。海内外的宿州儿女关心宿州、关注宿州，情有独钟；

即使不是出生在宿州的新宿州人，从知我居区、知我宿州，进而爱我居区、爱我宿州，献身宿州建设，以根在宿州为幸福，以扎根宿州为荣耀。《宿州地名印记》的编辑出版，不是适逢其时吗？

《宿州地名印记》编辑委员会

2022 年 5 月 1 日

目录

第四章 山水桥梁

第五章　庙宇寺观

第六章　遗址古迹

第七章　城市地标

第八章　故事传说

第九章　名村古镇

第一章 建置沿革

宿州地区在夏商时期为徐夷、淮夷等部族分布的地区。西周至春秋时期，此地属宋国地面。公元前684年，宋国将位于今山东东平境内的附属国宿国，强行迁徙到今天的苏皖淮北中部交界一带。战国时期，宋亡于齐，宿州地面分别为魏楚领有，大致魏领有砀山，其余的归楚。楚在此地设蕲、铚、符离等聚落。秦统一后，此地分属砀郡、泗水郡，分置萧县、符离、竹邑、取虑、下邑、僮县。西汉改砀郡为梁国，改泗水郡为沛郡，分置砀县、扶阳、杼秋、符离、竹邑、蕲县、取虑、夏丘等县。东汉今宿州辖区分属梁国、沛国、下邳国。三国两晋时属魏谯郡、沛国、梁国和下邳郡。东晋该地先后隶属前秦和前燕、后燕，东晋北伐尽复宿地。北魏孝昌二年（526年）废下邑设砀郡，下设砀县、安阳两县。北周改夏丘为晋陵县，设夏丘郡，州郡管理晋陵（今泗县）。东魏武定六年（548年），设临潼郡。北魏在今萧县设龙城，改萧县为承高县，属彭城郡；今灵璧境取虑改为睢陵县，属晋陵郡。隋将符离、蕲县改属徐州；改安阳县为砀山县，属梁郡；将承高并入龙城，复改为萧县，属彭城郡；改晋陵复为夏丘，属泗州；灵璧县境内，北部分属符离、夏丘所管，南部则为谷阳县所管。唐沿袭隋的旧制度，将谷阳并入蕲县，属徐州。唐初析夏丘设虹县、龙亢二县，后又撤掉夏丘、龙亢，都并入虹县，设在原夏丘城（今泗县城附近），属泗州。

隋唐时代，大运河汴水（通济渠）河段流今泗县、灵璧、埇桥三县区。唐朝中期以前，在宿州老城区大隅口设埇桥，作为北上徐州、南下濠州的津梁，埇桥以北属符离县，以南属蕲县。唐元和四年（809年），因保护大运河漕运的需要，割徐州境内的符离、蕲县，泗州境内的虹县置州以镇。因该地域古属宿国之地，故取名“宿州”。州治最初设在虹县，稍后不久即移治埇桥。元和九年（814年），又割亳州的临涣县为宿州所管辖。当时宿州辖符离、蕲县、虹县、临涣四个县。唐宿州属河南道武宁军徐泗濠节度使军事辖区。五代十国时期，宿州先后隶属于北方的后梁、后唐、后晋、后汉、后周。自梁后皆属武宁军节度使管辖。唐五代期间，今宿州辖区的萧县一直属徐州武宁军所辖；砀山则属宋州（今河南商丘），归德节度使所辖。北宋宿州属淮南东路，增设保靖军军事辖区。北宋元祐元年（1086年），析虹县零壁镇置零壁县。政和七年（1117年），改零壁为灵璧，属宿州。其间，今砀山县域在北宋初属京东西路宋州（今商丘）归德军节度使所管辖。至道三年（997年），改属京东西路单州。萧县则归京东西路徐州所管辖。南宋绍兴十一年（1141年），宿州辖区属金。此时的宿州辖区隶属金南京（今开封）路；萧县隶属金山东西路徐州；砀山县初属金南京路单州，后又改为南京路归德府。元实行省、路府、州县三级行政区划制，时宿州地区属河南江北行省归德府。至元二年（1265年），萧县因黄河水灾人丁稀少，废入徐州，亦属河南江北行省归德府辖。同年，砀山县被废入单县，隶属中书省济宁路；废蕲县、临涣、符离三县入宿州，三县原治所称集；灵璧属河南江北行省归德府；虹县属河南江北行省淮安路。三年（1266年），又复置砀山县，仍属济宋路。四年（1267年），拨宿州灵璧县归淮安路泗州。十二年（1275年），重新设置萧县，仍隶属归德府。十三年（1276年），拨泗州属虹县入宿州。十七年（1280年），复拨虹县归泗州，灵璧县入宿州。明实行直隶区和布政使司、府、县三级行政区划制。当时宿州及所属灵璧县和虹县均属南京直隶区凤阳府；萧县、砀山县则属南京直隶区徐州府。清初，行政区划沿袭明制未变，仅将南京直隶区改为江南省，今宿州所辖各县区名称及隶属关系亦未变。康熙元年（1662年）恢复行省名称并撤销江南省，分置江苏、安徽两省，宿州成为不辖县的散州，与灵璧县同属安徽凤阳府；砀山县、萧县属江苏省徐州府；虹县在清初属江南省凤阳府泗州。康熙元年改属安徽省凤阳府泗州。康熙十九年（1680年）原泗州城沉没于洪泽湖，泗州寄治今江苏盱眙。乾隆四十二年（1777年），泗州移治虹县城，同时撤销虹县改为泗州。乾隆以后，泗州为省辖直隶州。

辛亥革命后，国民政府将各省的散州和直隶州改州设县。1912年，宿州改宿县，泗州改泗县，加上灵璧县，同属安徽省淮泗道，萧县、砀山县则属江苏省徐海道。1932年，改道为行政督察区，宿县、灵璧、泗县三县属安徽省第六督察区，专员公署驻泗县；砀山县、萧县属江苏省铜山行政督察区，专员公署驻徐州。1938年5月，今宿州辖区各县先后沦陷为日占区，日伪、国民政府和共产党领导的抗日人民政府三方政权并存，辖区相互重叠交叉。日伪曾于1942年以徐州为中心，设立伪淮海省，今宿州辖五县区皆在其范围内。同日伪政权相对，共产党则在各县城之外的农村及毗邻周边县的边区建立抗日政权，且多以临边县名连缀命名。国民政府则在偏远乡集上建立流亡政府。抗日战争胜利后，宿县、灵璧、泗县三县属安徽省第四行政督察专员公署，公署驻宿县城；砀山县、萧县则属江苏省徐州专员公署。

1949年10月1日，中华人民共和国成立。稍后今宿州市辖区的原宿县分为宿县、宿西县和宿城市及泗县、灵璧、萧县、砀山、永城县等11个县（市），归属皖北行政公署宿县专区，专员公署驻宿城。1952年撤销皖北、皖南两个行政公署，恢复安徽省建置。萧县、砀山划归江苏徐州专区，永城县划归河南商丘专区。1953年宿西县改名为濉溪县，宿城市撤销并入宿县，宿县县治由符离迁至今宿州城区。1955年，宿县专区所属泗洪县划归江苏省淮阴专区，而原属江苏省徐州专区的砀山县、萧县又划回宿县专区。

1956年2月，宿县、滁县两专区并为蚌埠专区。1961年3月，蚌埠专区撤销，重新设立宿县专区，辖砀山、萧县、濉溪、宿县、灵璧、泗县、五河、怀远8个县。1964年，析宿县、灵璧、五河、怀远毗邻连接区各一部分，置固镇县，此后宿县专区共辖9个县。1977年宿县专区更名为宿县地区。1971年濉溪县划归淮北市。1979年10月，析宿县城关镇及城郊、城西区各一部分设置县级宿州市。1983年7月，五河、固镇、怀远三县划入蚌埠市辖。此时宿县地区辖砀山、萧县、宿县、灵璧、泗县、宿州市计五县一市。1992年12月，原宿县、县级宿州市合并组建县级宿州市，此时宿县地区辖砀山、萧县、灵璧、泗县和宿州市四县一市。1998年12月，撤销原宿县地区设立省辖宿州市，原县级宿州市辖区更名为宿州市辖埇桥区，宿州市辖砀山、萧县、灵璧、泗县和埇桥区四县一区。1999年5月省辖地级宿州市正式成立。

第二章 行政区划

宿州市

宿州市位于安徽省北部，位于黄淮大平原的偏东南部，前靠淮河，后连中原，东望黄海，西接豫州。素有安徽省北大门之称。东至东北与江苏省宿迁、徐州接壤，西至西北与河南省商丘、山东省菏泽毗邻，南与安徽省蚌埠、北与淮北相连。截至2018年末，宿州市户籍人口656.56万人，以汉族为主体，少数民族有壮族、满族、蒙古族、回族、藏族、白族、苗族等46个。总面积9787平方公里。是“省际交汇区域中心城市”“长三角城市群”成员城市。宿州又称宿城，按徐淮方言传统，宿州的“宿”读作“xù”，由于徐州与宿州地理位置相距较近，“徐”与“宿”读音相近，为了区分，本地人将徐州称为北徐州，宿州称为南宿（xù）州。由于现代汉语普通话的普及，又方便和徐州区分，于是将“宿”读作“sù”。追本溯源，宿州的宿本念“xù”。宿州方言，语音有尖音与团音之分。“宿”，在当地旧读为“xǔ”，但这个语音在普通话系统中消失了。

宿州市位于黄淮大平原偏东南部，地貌要素的差异较大，大体上可分为丘陵、台地、平原三大类型。丘陵主要集中分布在濉河以北，面积597平方公里，占全市总面积的6.1%。丘陵地的基岩除极少数为酸性和基性岩浆岩外，主要为震旦纪—奥陶纪的石灰岩及少量砂岩、页岩。水热条件虽不足以使灰岩发育成大规模的喀斯特地貌，但崎岖石牙和小型溶洞发育相当普遍。台地主要分布于丘陵地的四周，面积292平方公里，占宿州市土地总面积的2.9%。台地根据其台面组成的物质不同可分为两类：一是剥蚀堆积台地，其地面先被夷平，后抬升，再经剥蚀堆积的台地，主要紧挨丘陵分布。二是沉积台地，主要分布于泗县东南的墩集一带。平原是宿州市地貌中的主体，面积8897.06平方公里，占全市土地总面积的91%。以五千分之一至万分之一的比降由北向南、由西向东呈缓倾斜状。各地的中、小地貌形态及沉积物的性质又各自迥异，大致分为三种类型：

一是洪积扇和洪积平原，二是黄泛平原，三是黄泛砂姜黑土平原。在濉河以北地区的萧县、埇桥、灵璧、泗县部分，分布着绵延的岛状低山残丘，属于淮阳山脉余脉，系古生代构造带。在2500万年前开始的新构造运动中，为缓升降交替区，大部分地区沉陷，少数地区相对隆起而形成。高度多在200米左右，最高的大官山在萧县境内，海拔395米。境内属暖温带半湿润季风气候，多年平均气温为14—14.5℃，1月份平均气温最低为−0.6—1.0℃，小于−10℃的极端最低气温平均每年0.8—5.8天，小于或等于−20℃的极端最低气温约10年一遇。7月平均气温为27.2—27.6℃，大于或等于35℃的最高气温为每年14—18天，大于或等于40℃的极端最高气温年平均为0—0.5天。气温年较差一般在26.5—28.1℃，平均日较差9.1—10.7℃。全年太阳辐射总量为124.1—129.4千卡／平方厘米之间，全年日照时数为2322.9—2471.7小时，日照百分率为50%—60%，日照时数和百分率由南向北同步增加。年平均降水量在774—896.3毫米之间，其地理分布东南多，西北少。年降水总量虽较充沛，但各季降水分布极不均匀，一般春季降水量136.1—180.8毫米，占全年总降水量的18%—26%。春雨年际间变化较大，相对变率在35%—45%，春播期的4月，各地降水往往仅占全年降水量的8%左右。因此，常常出现春旱。夏季降水高度集中，历年平均为449.1—500.8毫米，占全年降水量的50%—60%。秋季降水量在141—159.1毫米之间，变率亦在30%—40%之间。冬季雨雪较少，一般在45.6—60.1毫米，仅占全年降水量的5%—7%。其相对变率在35%—50%之间。个别年份雨雪多时可达100毫米以上，少时仅几毫米。

宿州市属淮河流域，全市有主要河道70多条，分别属于黄河、淮河水系。较大的河流有浍河、沱河、解河、濉河、奎河、萧濉新河、新汴河、废黄河（黄河故道）、闸河、萧濉引河、阎河、孤山河、灌沟河、股河、唐河、浍解河、方河、新河、郎溪河、欧河、新霞河、倒流河、洪河、减河、洪减河、大沙河、王引河、龙河、积谷河、岱河、利民河、湘西河、毛河、港河、萧濉运河、三龙支河、石梁河、龙河、潼河、老濉河、小黄河、小凄河、新濉河、新沱河。

辖区树种有53科270余种。天然林仅存于皇藏峪和大方寺、秦山等地区，计有140余种。上层木有黄檀、青檀、黄连木、栓皮栎、五角枫、椴、黄桢，并有楝树、山槐、大果榆、枫杨、八角枫等。小乔木层，林下灌木主要有鸡麻、卫茅、山胡椒、五加、小叶鼠李、二色胡枝子等。村庄附近，道路两旁常见树种有侧柏、水杉、榔榆、刺槐、槐、臭椿、香椿、苦楝、泡桐、梓楸、小叶杨、旱柳、银杏、桂花、白榆、大官杨、梧桐等。常见灌木有蜡条、杞柳、紫穗槐等。有中药材236科1065种。其中植物药材162科893种；动物药材74科115种；矿物药材9种；其他类药材84种，主要品种有紫菀、薏米、荆芥、芦巴子、红花、莲心、芡实等。经济价值较高的药材有半夏、元胡、百合、贝母、金银花、芋肉、杜仲等。水生植物有9科11种，主要有苦草、金鱼藻等。水生经济作物有芦苇、藕、蒲草、茭白等。野生动物有獾猪、獾狗、狐狸、野猫、黄鼠狼、野兔等。鸟类有鹰、雁、白鹭、鸳鸯、灰鹤、斑鸠、鸽、雀、燕、鹊、鹌鹑、黄莺、画眉、鹞鹰、猫头鹰、百灵、布谷鸟、鸬鹚、鸦、托白练鶺鸰、鹩鸽、雉等110多种。鱼类有7目15科49种，主要鱼种有鲫鱼、鲢鱼、青鱼、鳙鱼、鲤鱼、鳝鱼、泥鳅、鳜鱼等。底栖生物11种，有螺、蚌、蚂蟥等。还有中华新米虾、秀丽虾等类和蟹、龟、鳖等。

辖区内有矿产资源28种，其中已探明一定储量的有17种，现已开发利用的有11种，以能源、非金属矿产为主，保有储量大，主要矿产地分布集中。其特点：一是矿产种类多，潜在价值大。发现的矿产有煤、煤层气、铁、铅、钾、白云岩、石灰岩、石英岩、硬质高岭土、耐火黏土、瓷石、金刚石、矿泉水等；已查明储量的有煤、铁、铅、白云岩、水泥用灰岩、硬质高岭土、耐火黏土、瓷石、饰面石材等。大宗矿产为煤炭、煤层气、白云岩、石灰岩、硬质高岭土、瓷石、铁；有找矿前景的为石油、天然气、金刚石、含钾类岩石、石膏、金、铜、铅、石灰岩类观赏石、矿泉水等。二是矿产分布广，优势矿产储量大。白云岩、大理石（饰面用灰岩）、耐火黏土位居安徽省第一，瓷石居安徽省第四。

2018年，宿州市实现地区生产总值（GDP）1630.22亿元，按可比价格计算，增长8.5%。其中：第一产业增加值253.62亿元，增长3.2%；第二产业增加值600.57亿元，增长9.1%；第三产业增加值776.03亿元，增长10.3%。三次产业结构比为15.6∶36.8∶47.6。人均生产总值28757元（折合4346美元），比上年增加2035元。全员劳动生产率42465元／人，比上年增加2784元／人。宿州市粮食作物种植面积94.23万公顷，比上年下降0.8%；油料种植面积2.80万公顷，增长5.4%；棉花种植面积0.21万公顷，下降14.4%；蔬菜及食用菌种植面积4.79万公顷，增长4.9%。全年粮食产量430.02万吨，比上年下降3.7%；油料产量12.77万吨，增长5.2%；棉花产量0.22万吨，下降10.5%；蔬菜及食用菌产量199万吨，增长5.3%。宿州市有林地面积30.74万公顷，四旁（零星）植树34030公顷。森林覆盖率达31.67%，林业绿化率达35.8%，活立木总蓄积量达1897.8万立方米。宿州市肉类总产量46.11万吨，增长4.6%；牛奶产量0.25万吨，增长1.1%；水产品产量4.39万吨，增长3.7%；禽蛋产量27.48万吨，增长3.0%。宿州市规模以上工业企业1323家，规模以上工业增加值增长10.1%。其中，农副食品加工业增长7.4%，食品制造业增长3.4%，纺织业增长4.2%，木材加工和木竹藤棕草制品业增长11.0%，电力、热力生产和供应业增长13.2%，煤炭开采和洗选业增长16.9%，皮革羽毛制品和制鞋业增长4.6%。全年战略性新兴产业产值增长20.1%，高新技术产业增加值增长27.6%，农产品加工业产值增长5.2%。35个工业大类行业中有29个增加值保持增长。规模以上工业统计的主要产品产量中，小麦粉增长2.1%，饲料下降8.4%，罐头增长10.0%，饮料酒下降33.6%，机制纸及纸板增长9.2%，塑料制品增长32.2%，水泥增长23.1%。全年规模以上工业企业实现利润总额增长21.6%，利税增长18.9%。建筑业总产值370.07亿元，增长19.9%。建筑企业房屋建筑施工面积1312.02万平方米，增长15.7%。房屋建筑竣工面积624.01万平方米，下降11.2%。宿州市社会消费品零售总额554.34亿元，比上年增长13.0%，其中，限额以上消费品零售额248.98亿元，增长14.9%。分城乡看，城镇零售额455.38亿元，增长13.2%；乡村零售额98.96亿元，增长11.8%。限额以上企业商品零售额中，书报杂志、日用品、文化办公用品、家具、煤炭及制品、汽车等零售额分别增长1.3%、18.0%、11.7%、14.3%、19.0%和8.6%。境内进出口总额7.42亿美元，比上年增长28.3%。其中，进口总额0.93亿美元，增长31.1%；出口总额6.49亿美元，增长27.9%。全年引进外资项目10个；合同利用外资1.74亿美元，增长240.1%；外商直接投资9.18亿美元，增长16.9%。实际利用内资1295亿元，增长10.7%。宿州市入境旅游人数5.13万人次，比上年增长14.0%；国内旅游人数2613.58万人次，增长16.0%。国际旅游外汇收入2331.78万美元，增长13.7%；国内旅游收入178.17亿元，增长18.7%；旅游总收入179.71亿元，增长19.0%。

2018年，宿州市高新技术企业95家，其中当年新增企业10家。全年专利申请量3996件，其中发明专利申请量1881件。市级以上科技计划项目53个。省科技成果登记95项。全市省级以上研发平台61个，其中省级工程技术研究中心13个，省级院士工作站8个，国家级创新平台1个。宿州市普通高等学校招生1.28万人，在校学生3.20万人，毕业生0.91万人。高中阶段招生2.75万人，在校生8.37万人，毕业生3.41万人。高中阶段毛入学率94.82%。中等职业学校招生2.55万人，在校生5.82万人，毕业生2.77万人。初中阶段招生6.50万人，在校生18.28万人，毕业生5.44万人。初中学龄人口入学率100%。小学招生9.19万人，在校生49.93万人，毕业生6.38万人。小学学龄儿童入学率100%。幼儿园在园幼儿23.90万人。特殊教育在校学生0.25万人。各类民办学校在校学生23.87万人。宿州市共有公共图书馆6个，图书馆藏书量127.34万册。群众艺术馆、文化馆109个。年末有线电视入户率26.0%，广播节目综合人口覆盖率99.7%；电视节目综合人口覆盖率99.7%。全年组织文艺活动5809次。宿州市体育社团组织机构数172个，青少年体育俱乐部30个。全市社会体育指导员4549人。全年共开展各项全民健身活动120次。省及省以上比赛共获得金牌72枚，银牌32枚，铜牌50枚。宿州市拥有卫生机构1826个。其中，基层医疗卫生机构1720个，专业公共卫生机构22个，其他卫生机构3个。医院、卫生院189个，社区卫生服务中心（站）104个。全市实有床位2.40万张，其中医院1.63万张，乡镇卫生院0.69万张。全市卫生技术人员 2.35 万人，其中，执业（助理）医师 0.94 万人，注册护士 0.97 万人。宿州市从业人员 387.4 万人。分产业看，第一产业 138.7 万人，第二产业 113.5 万人，第三产业 135.2 万人。全年城镇新增就业 5.3 万人，安置下岗失业人员再就业 1.1 万人，转移农业劳动力 5.86 万人。年末城镇登记失业率 2.6%。宿州市参加城乡居民养老保险人数 356.94 万人。其中，城镇居民参保 7.40 万人，农村居民参保 349.54 万人。城乡居民社会养老保险金领取人数 92.31 万人，下降 0.2%。年末城镇基本医疗保险参保人数 82.79 万人，增长 0.7%。其中，城镇职工参保 32.81 万人，增长 0.9%；城镇居民参保 49.98 万人，增长 0.9%。年末参加农村新型合作医疗人数达 514.10 万人，参合率达 103.7%。

宿州市境内连霍高速、泗许高速公路、京台高速公路、徐明高速公路等纵横贯穿。在建的济祁高速公路即将通车。2013 年宿州市公路总里程达 12789.2 公里。其中：高速公路 118.2 公里，国道 266.2 公里，省道 524.8 公里，县道 601702.8 公里，乡村道路 10177.2 公里。104 国道京福线、206 国道烟九线、310 国道连天线、311 国道徐峡线穿境而过。全市公路密度分别为每百平方公里 130.69 公里和每万人 21.15 公里。京沪、陇海两大铁路干线呈 L 字状贯穿宿州全境，宿淮铁路于 2014 年 12 月 10 日通车运行，京沪高速铁路经过宿州市，并设有车站。徐淮宿城际铁路也在稳步推进建设中，为日后宿州的发展奠定了极为快捷的交通。宿州车务段是上海铁路局蚌埠铁路分局运营基层单位，担负京沪干线和符夹线接发列车以及安徽省宿州市、灵璧县、泗县、固镇县、五河县和蚌埠市经济区域的客货运输，管辖符离集、十里堡、宿州、宿州南、陵家桥、曹老集、徐家港等 15 个车站，全长 117.5 公里。宿州是安徽省距离出海口最近的城市，市区域内有浍河、新汴河、沱河、萧濉新河等河流。2013 年，有 7 级以上航道里程 176.23 公里。其中五级航道 142.41 公里，六级航道 15.73 公里，七级航道 18.09 公里。新汴河和浍河沿线设有 5 个港口。主要航线由宿州港经洪泽湖至长江中下游各港口城市，经大运河至江、浙、沪等地；或经淮河到淮河沿岸各港口城市。宿州市城区距徐州观音机场 70 多公里，距合肥骆岗机场，南京禄口机场均只 200 多公里，宿州机场项目推进中。2018 年，宿州市公路客运量 0.33 亿人，下降 11.0%，旅客周转量 20.28 亿人公里，下降 7.0%。公路货物运输量 2.55 亿吨，增长 1.1%，货物周转量 518.83 亿吨公里，增长 5.2%。2018 年末全市汽车保有量 52.4 万辆，比上年增长 19.1%，其中个人汽车保有量 46.9 万辆，增长 20.3%。

早在五千年前，就有徐夷、淮夷等部落在宿州市境内繁衍生息。春秋战国时期，又有宿国、萧国、徐国等小诸侯国，秦汉设立蕲县、符离等县。隋大业年间，通济渠（汴水）开通，古城宿州随着汴水漕运的兴盛逐步发展起来。唐宪宗元和四年建置宿州，1210 多年来，宿城一直是历代州府的治所。秦朝末年，中国第一次农民大起义在宿州大泽乡揭竿而起。楚汉相争，垓下之战，霸王别姬的故事在此发生。南宋时期，这里又是张浚、韩世忠抗击金兵的重镇。抗日战争时期，新四军四师在宿州与日本侵略者浴血奋战。解放战争时期，刘、邓、陈、粟指挥的中原、华东两大野战军，在宿州开辟了淮海战役的主战场，扭转了内战的形势，为渡江战役奠定了坚实的基础。宿州历史文化源远流长，有萧县汉画像石为代表的汉代石刻艺术，以萧县画家群体为代表的“龙城画派”。辖区内目前境内有 33 处自然景观，163 处人文景观。4 处全国重点文物保护单位，16 处省级文物保护单位，A 级景区 12 家，其中 4A 级景区 4 家、3A 级景区 5 家、2A 级 3 家。其中人文景观有皇藏峪国家森林公园、虞姬墓、龙脊山、林探花府、虞姬文化园、扶疏亭、林探花府、宴嬉台、灵璧奇石文化园、中国百孝文化园、花果山旅游区、三仙台、萧县博物馆、汉墓群、陶谦墓、苏轼发现煤炭处、朱陈村、车牛返、郭庄、苏迈墓、宿州博物馆、宿州白居易文化园、赛珍珠故居、雪枫公园、宿州古城墙、中国古鞋博物馆、永堌古镇、白居易东林草堂遗址、闵子墓、阴陵山、中国灵璧石博物馆等，自然景观有五柳风景区、宿州三角洲公园、砀山梨树王、磬云山、灵璧农业观光示范园、梅山森林公园、黄河故道湿地公园、石龙湖公园、龙霄公园、费村、永堌水库、梅山森林公园、凤山森林公园、龙山公园、黄河故道湿地自然保护区、天一角地下溶洞、故道夕照、凤翔体育场馆、岱湖公园、栲栳泉、雾湝泉、蚂虾泉、拔枣泉、银河公园、沱河景观带、五柳韵曲溪景区、新汴河景观带、南环公园、运粮河公园、三八河景观带、宿州市植物园等，古刹寺庙有地藏禅寺、圣泉寺、天门寺、瑞云寺、广济寺、萧县孔庙、龙泉寺、竹林寺、三圣阁、千佛禅寺、枌榆寺等，战场遗址有淮海战役总前委旧址、淮海战役包围杜聿明部中心战场、垓下古战场、涉故台。古代文化遗址有金寨文化遗址、花甲寺遗址、萧城旧址、大蔡庄遗址、北泉遗址、陶墟遗址、城阳遗址、萧窑遗址。革命烈士纪念馆有彭雪枫烈士纪念馆、黄庙战役纪念碑、陈展真烈士纪念碑、萧宿铜灵抗日纪念馆。

宿州物产非富多彩，特色小吃以砀山澂汤、搅粥、泗县豆腐脑、地锅鸡远近闻名，特产砀山酥梨已有两千年栽培史，以皮薄色美、甘甜酥脆驰名海内外，曾是宫廷贡品，

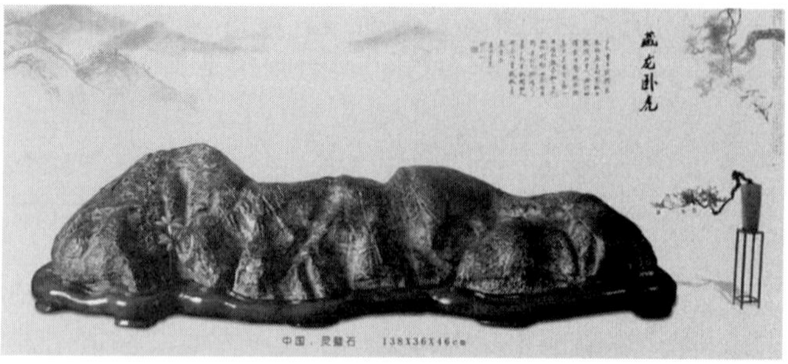

灵璧奇石

系中国十大名优水果之一。年产 1.5 亿公斤，远销 40 多个国家和地区。

灵璧县盛产玉石，故得名“灵璧”。灵璧石分奇石、磬石和大理石。奇石天然神韵，叩之有道，清乾隆帝封其为“天下第一石”。磬石为灵璧独有，色如墨玉，敲击可发出美妙的声音，俗称“八音石”，四千年前古人即用之制作编磬。

灵璧奇石　灵璧石质地细腻温润，滑如凝脂，石纹褶皱缠结、肌理缜密，石表起伏跌宕、沟壑交错，形状粗犷峥嵘、气韵苍古。常见的石表纹理有胡桃纹、蜜枣纹、鸡爪纹、蟠螭纹、龟甲纹、璇玑纹等多种，有些纹理交相异构、窦穴委婉，富有韵律感。2010 年 9 月，灵璧石成功获批国家地理标志保护产品称号。

非物质文化遗产众多，其中著名的有以下这些：

龙城画派　指发端于明末，形成于清代中期，发展壮大于清末民初，因为活动中心在安徽萧县龙城镇，故称“龙城画派”。这一时期，影响较大的书画家有王之麟、许辉祖、吴作樟、张太平、路荫南、侯子安、谢来占、王为翰、袁汝霖、刘云巢等，他们冲破笼罩画坛的“四王”画风，追逐时代新潮，以强烈的个性阔笔写意，以泼辣豪放的笔触写实，师法自然，具有浓厚的生活气息。他们艺术思想趋于一致，技法意趣趋于相同，融合南北，形成了一种新的画风和流派。

砀山梨　砀山酥梨，安徽省砀山县特产，中国国家地理标志产品。

符离集烧鸡　符离集烧鸡是安徽省宿州市埇桥区的特色传统名菜，因原产于符离镇而得名。中国地理标志产品，也是中华历史名肴，和德州扒鸡、河南道口烧鸡、锦州沟帮子熏鸡并称为“中国四大名鸡”。正宗的符离集烧鸡色佳味美，香气扑鼻，肉白嫩，肥而不腻，肉烂脱骨，嚼骨而有余香。

埇桥马戏　埇桥马戏全国出名。埇桥马戏前身是始于明末清初的民间杂技，清末年已颇具规模。自 20 世纪 20 年代以来，在埇桥区的蒿沟、桃沟、柳沟一带，杂技名人们率先将马、猴子、狗等动物表演引入演出，很受观众喜爱，后又开始尝试用杂技表演的形式来驯化动物，并很快收到成效。至 20 世纪 30 年代末，诸如狗熊站立行走、羊蹬花瓶、猴子拉车、老虎钻圈、小狗识数等演出节目已经成熟，埇桥区真正意义上的马戏艺术由此逐步形成。2007 年 9 月 27 日上午，中国杂技家协会在北京人民大会堂隆重举行命名授牌仪式，宿州市埇桥区被正式授予“中国马戏之乡”称号，成为中国首个、也是唯一一个获此荣誉的县区。

坠子戏　坠子戏是国家级非物质文化遗产保护项目，在安徽戏曲史上占有一定的位置。坠子戏是一个具有浓郁淮北乡土气息、艺术个性化很强的地方戏曲剧种。其基本唱腔委婉多姿、丰富多彩，抒情性很强，大气动人；花腔小调幽默诙谐，衬词衬腔优美华丽；悲苦的“大寒韵”可催人泪下。坠子戏的表演，具有浓郁的生活气息，有些表演程式是从当地农民的日常生活中模拟提炼而成的，具有较强的乡土化色彩。坠子戏的剧目大多由单口坠子戏中的“段子话”（说唱小段）与“蔓子话”（大部书）改编而成。其中传统大戏百余出，小戏、折子戏40余出，大小现代戏50多出。

泗州戏　与江苏徐州一带流行的柳琴戏是同属一个剧种的不同流派，在淮北地区盛为流传。此剧起源于江苏海州（今江苏省连云港市），发展于安徽省泗州，故称。泗州戏起源于清乾隆年间海州一带的“太平调”。后被猎人传唱，称“猎户腔”，因唱腔尾声翻高八度，也称“拉后腔”。由于唱腔优美，听唱者不思寝食，赶场听看，似“魂”被唱腔拉去，故又称“拉魂腔”。后因连年灾荒，张氏在海州一带沿门卖唱，发展出现在的淮海戏；葛氏流浪于苏北鲁南一带卖唱，发展出柳琴戏；邱氏则于淮北泗州一带传艺卖唱，名为“唱门子”。因以狗皮绷成手鼓，串门扭唱，故称“扭鼓子”或“走鼓子”。清末民初，泗州戏已由说唱阶段发展为两小戏（小生、小旦）、三小戏（小生、小旦、小丑），出现了职业性的班社。正式登上舞台后，受京剧的影响，角色行当大致与京剧相同。

埇桥区

埇桥区位于安徽省宿州市中部，地理坐标为东经116°59′—117°20′，北纬33°20′—34°02′。东部接灵璧县，东南与固镇县为邻，南部与怀远县接壤，西部与淮北烈山区和濉溪县相连，北部毗邻萧县及江苏省的徐州市铜山区。面积2907平方公里。人口187.93万。辖埇桥、沱河、道东、东关、三里湾、南关、西关、北关、汴河、三八、城东、金海等12个街道，符离、芦岭、朱仙庄、褚兰、曹村、夹沟、栏杆、时村、永安、灰古、大店、大泽乡、桃园、蕲县、大营等15个镇，杨庄、支河、解集、桃沟、顺河、蒿沟、苗庵、永镇、西二铺等9个乡。区人民政府驻埇桥街道。地处黄淮海平原南部，境内山丘岗地、平原湖洼均有。地势北部和西北部较高，南部和东南部较低，呈西北往东南倾斜。北部和东北部，分布着岛状低山残丘，属淮阳山脉余脉。地貌类型比较复杂，总的可分为山丘和平原两大地貌单元。其中，山丘分低山残丘、山间盆地两种类型，山丘分布在以东北部解集为中心的老汪湖以北地区和符离以北京沪铁路两侧的低山残丘，最高海拔311.7米。三山子湖等处为山间盆地。平原分河湖沉积平原（简称河间平原）、黄泛平原。河湖沉积平原分布在浍河、澥河沿岸较高的部位，主要为黄土，亦有部分坡黄土和青白土。黄泛平原分为黄泛高滩地、黄泛低滩地、黄泛缓倾斜坡地、黄泛洼地。黄泛高滩地分布在宿灵、宿永公路两侧，土壤是沙土或两合土；黄泛低滩地主要分布在浍河河谷，奎河河谷也有部分，土壤为沙土、两合土、淤土；黄泛缓倾斜坡地分布在北部，多离黄泛河道不远。黄泛洼地主要分布在老汪湖一带，土壤以淤土为主。属于暖温带半湿润季风气候，冬、夏季风的进退，使之兼有南方和北方过渡类型的气象特点。受冷暖气流的影响，冬季干寒，夏热多雨，日照充足，四季分明。多年平均气温14.4℃，1月份平均气温为0℃，极端最低气温为−23.2℃（1955年1月26日）；7月份平均气温为

27.4℃，极端最高气温为40.3℃（1978年7月9日）。多年平均无霜期210天，最短无霜期179天。年日照时数2200—2500小时。多年平均降水量为877.1毫米，极端年最大降水量为1481.3毫米（1954年）；极端最少降水量为560.4毫米（1978年）。降雨集中在每年6月至9月，其中7月份最多。有大泽乡、符离、蕲县等3个国家历史文化名镇，小山口、五柳、闵祠等3个国家历史文化名村。

埇桥交通便利。京沪高铁（设宿州站）、京沪铁路（设宿州火车站）、京台高速和206国道纵贯区境南北，泗许高速、宿淮铁路横穿东西。有省道5条，可2小时抵达上海、3小时抵达北京。水运从新汴河经洪泽湖通江达海，空港经徐州观音机场可与全国20多个大城市通航。

埇桥区是“中国书法之乡”“中国马戏之乡”“中华烧鸡之乡”“全国双拥模范城”；是全国重要的粮食、棉花和煤炭生产基地，先后荣获“全国超级产粮大区”“产油大区”“无公害农产品生产基地”“国家绿色农业示范区”，以及安徽省“生猪调出大县（区）”“蔬菜产业化十强县（区）”等称号。

【地名沿革】春秋属宋。战国属楚。秦属泗水郡。汉属沛郡。三国属汝阴郡。隋属符离县。唐建宿州，治所在埇桥。元属河南归德府，领有符离、蕲县、临涣、灵璧四县。明属凤阳府，只领灵璧一县。民国初改宿州为宿县，属安徽省。

埇桥区的前身是县级宿州市。在这片古老的土地上，早在四五千年前就有徐夷、淮夷等部落定居、繁衍、生息。西周至春秋时期属宋国地面。公元前684年，宋国将位于山东东平的宿国迁往苏皖淮北中部地区。战国七雄纷争时，宿地属楚。秦朝统一后，宿地属泗水郡，置蕲县、符离等县。西汉时属沛郡。东汉属沛国。三国鼎立时，曹操曾划部分宿地入魏之谯郡；魏明帝时分沛国置汝阴郡，宿地大部属之。西晋时，宿地分属沛国和谯郡。南北朝对峙，宿地长期沦为战场，归属无定。隋代统一南北，宿地属彭城郡。唐宪宗元和四年（809年）置宿州于埇桥，符离、虹、蕲、临涣四县属之。宋代属淮南东路，元代属河南江北行省归德府。明代属南直隶区凤阳府，清代属安徽省凤阳府。民国肇建，废宿州称宿县，属安徽省。中华人民共和国成立后，宿县隶属安徽省宿县地区。

1979年，由于城镇经济体制改革的需要，经国务院批准，以宿县的城关镇为基础，设立宿州市（县级）。1980年8月，宿州市（县级）成立。自此，原宿县行政区划一分为二，变成宿县和宿州市（县级），面积125平方公里。1992年12月，为了精简机构，宿县和宿州市（县级）合并，成立新的宿州市（县级），面积2868平方公里。

1998年，全国地方行政区划建制改革，在条件具备的地区撤销省政府派出机构行署，实行市管县（区）的体制，即撤地设市。1998年12月6日，宿县行署撤销后，设立省辖宿州市。随之，1992年成立的宿州市（县级）改建制为宿州市埇桥区。

【地名异名】宿县：唐建宿州，治所在埇桥，符离县附设于此城。元属河南归德府，领有符离、蕲县、临涣、灵璧四县。明属凤阳府，只领灵璧一县。民国改宿州为宿县。

【境内地名概况】根据第二次全国地名普查结果，埇桥区境内共有地名 8800 个，其中自然地理实体地名 620 个，人文地理实体地名 8180 个。

1. 因移民定居和姓氏聚居而得名。

由外地移民迁来定居，形成带有那个时代烙印的地名，像李家村、李马庄、王家村、张家村、马家村、曹家村、朱陈村等。

2. 以村落地理环境得名。

村落因所处的地理环境有别于其他村庄，便以其环境特色命名村落。如陈渡口、闫渡口、高滩、大泽乡、夹沟等。

3. 因村落及其周围的建筑特征得名。

古人为了彰显自己村庄的房屋建筑特色，或者突出村落的坐落特点，便以此取村名。如前楼、郑楼、中楼、尹楼、赵楼、孙瓦坊、史瓦房、刘瓦房等。

4. 以村庄功能特色命名。

乡村集市为一方百姓的物资集散地。庙宇是信徒聚会的活动场所。寨子是为了防备土匪滋扰而筑，而屯子往往是官府垦田养兵、积措军粮的地方。长此以往，这些功能特色也就成为该村庄的名字。如赵集、谢集、符离集、大方寺、老海寺、镇头寺。

【地名社会应用】埇桥区历史文化底蕴深厚，有些地名与历史名人有关，有些地名蕴含着趣味横生的故事。如：

闵子骞祠　在曹村镇闵祠村。三面环山，泉水涌流，环境幽雅。紧傍 206 国道，交通便利。是宿州市重点名胜古迹之一，为省级文物保护单位。

闵子骞墓　闵子墓坐北朝南，高 6 米，直径 40 米，是闵子骞的墓地。墓地松柏藏密，“闵墓松风”旧时为宿州八景之一。

闵贤　又称闵贤集、闵子集，古称闵子乡，是孝贤闵子骞少年时期居住生活的地方。

小山口　小山口遗址位于安徽省宿州市埇桥区曹村镇小山口村，是新石器时代的古遗址。面积约 2 万平方米，距今约八千年。被国务院核定公布为第七批全国重点文物保护单位。

符离东林草堂　唐代诗人白居易故居遗址。

大泽乡　中国历史上第一次农民起义发生地。

大泽乡涉故台　中国历史上第一次农民起义的旧址，在 1961 年就被列为安徽省重点文物保护单位。

蕲县象窝　位于蕲县古城西徐桥南靠近浍河的地方。传说上古时代，从交趾国（现在越南境内）招引来一头大象。大象擅掏洞戏水，河湾一带被大象掏了许多窟窿，人们便把这一带称为象窝。

古台寺遗址　目前安徽已发现的最早的新石器时代早期遗存，距今约八千年。

埇桥扶疏亭　扶疏亭坐落在埇桥街道埇桥区人民政府院内的北城墙上，始建于宋代，现已重修成西式中高低殿堂五间，为县级文物保护单位。

石相老海寺　位于石相村风景秀丽的凤凰山麓，毗连褚兰、解集三乡镇交界处。此处群山起伏，层峦叠嶂，怪石峥嵘，溪水潺潺，以老寨山为主的六座山峰连绵起伏，状如卧龙，形似莲花。山场内森林茂盛，鸟语花香，苍松翠柏遮天蔽日，刺槐白杨郁郁葱葱，古刹老海寺由于环境清幽、景色秀丽而闻名遐迩。

五柳　旧传陶谦、嵇康、刘伶、白居易、王绩、苏东坡游览赋诗的地方。

夹沟香稻米　稻种珍异，依水而生。曾被列为清朝贡品，安徽名特产，有“一家煮饭十家香，十家煮饭香满庄”之美誉。

高滩萝卜　蒿沟乡高滩村的特产。蒿沟高滩萝卜，久负盛名，以皮薄质脆、甘甜多汁、风味独特而著称。

符离集烧鸡　安徽省宿州市埇桥区的特色传统名菜，因原产于符离镇而得名。中国地理标志产品，也是中华历史名肴，和德州扒鸡、河南道口烧鸡、锦州沟帮子熏鸡并称为“中国四大名鸡”。

蕲县马蹄酥烧饼　传说陈胜吴广起义，将士们就食用这种烧饼。烧饼色如黄金，形如满月，香酥可口。

萧 县

县级行政单位，宿州市辖县。1993年被文化部命名为中国书画艺术之乡。县治龙城为千年古镇，是龙城画派的发源地。

【地理位置】地处安徽省淮北平原北部，黄淮海平原南端，苏鲁豫皖四省交界处。东和北部与江苏省徐州市铜山区、丰县接壤，西与砀山县及河南省永城市毗邻，南同淮北市杜集区、濉溪县交界，东南与宿州市埇桥区相连。面积1885平方公里，人口148万。辖龙城、黄口、杨楼、张庄寨等18个镇，庄里、圣泉等5个乡。县人民政府驻地龙城镇。萧县历史悠久，文化底蕴深厚。风景名胜众多，素有“徐州的西大门”之称。区位优势明显，交通便捷，资源丰富，环境优美，工农业发展良好。地势由北向南微倾。分为丘陵、平原两大自然区，大部分为平原，东南部为低山缓丘。属淮河水系，暖温带季风气候，年均降水量811毫米，年均气温25℃。是国家商品粮和优质棉花基地。

辖区内有龙城镇、白土镇、丁里镇3个千年古镇；有鞭打芦花车牛返村、相山庙村、朱陈村、绥舆里村、程蒋山村、红庙村6个千年古村。该地名胜古迹有花甲寺等10处新石器文化遗址；有古萧国城、古相城（泗水郡、沛郡、沛国所在地）、楚国临时都城城阳、楚大夫庄辛故里庄里、古萧县城等10多个古城遗址；有古村“鞭打芦花车牛返村”（孔子高徒闵子骞称贤处），孔子高徒颛孙师（字子张）世居地掘坊村，汉代刘邦家庙枌榆寺（村），南朝刘裕故里绥舆里村，白居易、苏轼诗咏的朱陈村（朱陈村有多处传说），苏轼发现石炭的白土镇，4A级景区皇藏峪，黄河故道湿地公园，全国100家红色旅游经典景区之一的“淮海战役总前委会议暨华野指挥部（蔡洼）旧址”等。名人有孔门弟子春秋三贤闵子骞、颛孙子张、颜子柳（颜幸字子柳）；汉代经学家、文学家、目录学家刘向；东汉大将军、新息侯朱浮；南朝宋开国皇帝刘裕；明代开国大将军薛显；

清代大将军袁铃；民国名将徐树铮、李明扬、张季英、刘云昭。近现代书画名家与美术家王子云、刘开渠、王肇民、朱德群、王青芳、萧龙士、郑正；军政界名人有原解放军后勤部长上将王克、副政委中将董宜胜，原国家发改委主任、全国人大常务委员会副委员长张平等。

【地名异名】曾名萧、萧邑、萧国。这里远古时期就有人类居住，因遍地长满萧茅神草，被先民作为图腾，以萧为部落名称。父系氏族公社晚期，这里演变为方国（古时以城池为中心的小国），称萧邑。夏代、春秋、三国曹魏时分别封国号为萧，三称萧国。《路史》卷十六载："大廉事夏后启，后有孟亏，孟亏能率翳者，作土于萧。"清代《萧县志》载：因其地多萧茅，故国号为萧，建萧国。周武王灭商，周公旦平定三监之乱，萧国被灭，改称萧邑。春秋时，宋国大将南宫长万叛乱，杀了宋闵公，萧邑大夫大心平定叛乱，立公子御说为国君，称桓公。公元前 681 年大心因功，萧邑升为萧国（今安徽萧县城西北），附庸于宋国。公元前 597 年萧国被楚国灭亡。三国曹魏时，封曹雄为萧王，其子袭爵建萧国，因后无嗣，萧国被撤销。

【历史沿革】秦王政二十三年（前 224 年），始设为县，名萧县，正式成为县级行政区名称。秦时隶属泗水郡；西汉泗水郡改沛郡，隶属沛郡；东汉沛郡改沛国，隶属沛国（郡、国治所先后在今萧县祖楼镇相山庙村、圣泉乡北城村，一度移至沛县）。公元 420 年，南朝萧县人刘裕称帝，隶属徐州沛郡。北齐一度改萧县为承高县，属彭城郡。隋代先后改称龙城县、临沛县，大业初（605 年）复为萧县。直至新中国成立初期均属徐州管辖。1955 年划属安徽省宿县专区、蚌埠专署，1961 年隶属宿县地区，1998 年隶属宿州市至今。

【境内地名概况】从专名来看，辖区内行政区划地名和居民点地名有以下特征：

1．以姓氏命名。如赵姓建庄称赵庄，张姓建庄称张庄，还有吴庄、孟庄、郝庄、王庄、丁庄、邱庄等；村中杨姓建楼称杨楼，杜姓建楼称杜楼，又有祖楼、袁楼、郑楼、刘楼、常楼、苏楼、武楼、冯楼等；李姓庄起集称李集，王姓庄起集称王集，还有穆集、杜集、孙集、吴集、芈集等；唐姓村建庙称唐庙，孙姓村建庙称孙庙，还有黄庙、蒋寺、汤庙、孙大庙、刘庙、欧庙、蔡庙、褚庙等；王姓村建寨称王寨，李姓村建寨称李寨，还有张庄寨、穆寨、何寨、陈寨等。

2．以姓氏和自然景象共同命名。如：姓氏加山命名的有丁山、李山、帽山、卯山、安山、徐山头、程蒋山等；姓氏加村庄特征命名的有王柳园、鲁菜园、吴旗杆、蒋松林、陈胡同等；姓氏加河命名的有洪河、陈河、麻堤口、朱堤湾等。

3．以自然地理实体命名。如牌坊村、碾盘庄、一条脊、黄台子、黄盆窑、小阁子、老槐庄、三座楼等。

4．以祥瑞、希冀命名的有金寨、锦桥、圣泉、寿楼、塘沃涯、金黄庄等。

5．以历史古迹或人文地理实体命名的有鞭打芦花车牛返、石林、皇避、丁里、孟窑、红庙、吴丛、皇藏峪、天门寺等。

从总体情况来看，以姓氏命名的村庄居多，其次是以姓氏加自然景象命名，再次是地理实体命名，也有些以祥瑞希冀命名的，这反映出居民的家族观念和地域观念比较强，同时体现人们对美好生活的向往。

【地名社会应用】萧县历史悠久，有很多名村、名地及有影响的事物，居民点常捆绑或冠其名。如：

以萧县冠名的有：萧县葡萄、萧县石榴、萧县西瓜、萧县韭黄、萧县芦笋、萧县书画、萧县皮袄会等。

以龙城冠名的有：龙城画派、龙城商贸、龙城小吃、龙城酱菜、龙城夜市、龙城野味等。

以圣泉冠名的有：圣泉寺、圣泉龙爪沟、圣泉白茅岗、圣泉三仙台、圣泉郑公墓、圣泉桃花洞、圣泉全羊宴等。

以帽山冠名的有：帽山画岩、帽山萝卜、帽山白水泥、帽山汉代铸钱遗址、帽山汉墓群等。

以皇藏冠名的有：皇藏峪、皇藏洞、皇藏青檀、皇藏蘑菇、皇藏白米山、皇藏瑞云寺、皇藏天门寺、皇藏果老洞、皇藏小龙岗、皇藏无艳泉等。

以永堌冠名的有：永堌水库、永堌夹山套、永堌长山套、永堌玉卧佛、永堌集贤村、永堌老豆腐、永堌度假村等。

龙城画派　龙城画派发端于明末，形成于清代中期，发展壮大于清末民初。该时期，影响较大的书画家有王之麟、许辉祖、吴作樟、张太平、路荫南、侯子安、谢来占、王为翰、袁汝霖、刘云巢等，他们冲破笼罩画坛的“四王”画风，追逐时代新潮，以强烈的个性阔笔写意，以泼辣豪放的笔触写实，师法自然，具有浓厚的生活气息。他们艺术思想趋于一致，技法意趣趋于相同，融合南北，形成了一种新的画风和流派。因其影响较大，活动中心又在龙城，故称“龙城画派”。

皇藏峪　皇藏峪原名黄桑峪，因汉高祖刘邦曾躲避秦军追踪隐藏于此，故更名皇藏峪，位于安徽省萧县东南部，宿州北部，总面积 31 平方公里。皇藏峪属喀斯特地形的石灰岩山地，多溶洞、流泉和山石景观，为山东古老丘陵向南的延伸，统称龙岗山。最高峰为平顶山，海拔 389 米，一般山峰高度在 100—300 米之间。皇藏峪集山、水、泉、涧等自然景观浑然一体，小气候明显，素有“幽谷圣地”“淮海佳境”“天然氧吧”之称。皇藏峪有皇藏洞、三仙洞、拔剑泉、马扒泉、仙人床、瑞云寺、六合塔、玻璃隧道等 72 处

景点。截至2014年，景区内百年以上的古树名木有1000多棵，其中千年以上的有300多棵，中草药700多种，鸟类58种。皇藏峪是中国历史文化遗产、中国最大古树群落、国家4A级旅游景区、国家森林公园。

灵璧县

县级行政单位，宿州市辖县。灵璧县是“中国观赏石之乡”“中国民间艺术（钟馗画）之乡”“全国粮食生产百强县”“全省畜禽业生产十强县”。

【地理概况】宿州市辖县。位于安徽省东北部，东临泗县，西连宿州市埇桥区，南接蚌埠市固镇、五河两县，北与江苏省徐州市铜山区、睢宁接壤。面积2125平方公里。（户籍）人口128.7万人。民族以汉族为主。辖13个镇、6个乡和1个省级经济开发区。县人民政府驻灵城镇。灵璧县地处淮河流域，地势低平，地形北高南低，呈西北东南倾斜。地面坡度较小，坡降比为1:7300—1:10000。海拔高度一般多在20米左右。属暖温带半湿润季风气候，地处暖温带与北亚热带的过渡带上。四季分明，雨量充沛，光照充足，年均气温14.7℃。年均降雨量935.3毫米。境内河流分属4条水系，各水系干支流合计15条，总长度达388.9公里，流域面积达2052平方公里。灵璧县无金属矿床，非金属矿点虽多，但形成矿床并具备开采价值的，只有大理石矿和水泥灰岩矿。灵璧县有普通中学29所，中等职业学校招生6所，普通小学105所，公共图书馆1个，文化馆21个，文物管理所1个。乡镇综合文化站和公共文化馆全部免费开放，体育社团组织机构数19个，社区体育健身俱乐部2个。各级各类卫生机构379个，其中，基层医疗卫生机构349个，专业公共卫生机构28个，其他卫生机构2个。境内省级风景名胜区有磬云山国家地质公园1个；省级以下风景名胜区有灵璧奇石文化园、钟馗文化园、虞姬文化园等3个。重点名胜古迹有睢水之战遗址、垓下之战遗址、老营湖之战遗址、齐眉山之战遗址、蒋庙新石器遗址、大运河遗址等。地方特色的民间艺术有唢呐（菠林周家唢呐班列入国家级非物质文化遗产名录）、皮影戏、琴书、大鼓、拉魂腔、舞狮子、旱船等。独具地方特色的是灵璧石文化、钟馗文化、虞姬文化。素有“灵璧三绝甲天下，奇石虞姬钟馗画”之誉。第一产业：种植业主要以小麦、玉米、山芋、大豆、花生、蔬菜为主；畜牧业主要以生猪、黄牛、山羊、家禽等为主。其中，荷金来金牌雪花牛肉，2009年由国家绿办认定为绿色食品。林业主要以速生杨、银杏、花木等为主。第二产业：工业以农产品加工、轻工业为主。其中，灵璧磬石雕历史可以追溯到三千多年前的殷商时代，灵璧磬石雕于2010年列入安徽省第三批非物质文化遗产保护名录。第三产业：以旅游业、餐饮服务业为主。国道、省道、“三高一铁”贯穿境内；新汴河横贯东西，通向洪泽湖，与淮河、长江相连；距连云港和南京两大港口均200余公里。宿淮铁路，紧邻京沪铁路、陇海铁路，境内长28公里。泗许高速公路、徐（州）明（光）高速公路过境，在境内均设有出口，总长度91公里。宿淮高速公路25公里横穿县境中部。有201、303、302、329四条省道过境，其中303省道与201省道在灵城交会，总长度161公里。有县道4条，一般县道11条，乡道29条。总长度533公里。

【地名沿革】灵璧境内置县始于秦汉时期。至今约2200年。宋元祐元年（1086年），零壁镇从虹县析出置零璧县，后改称灵璧，属宿州，同年七月复为镇。宋哲宗元祐七年二月，复为县。此后几经建废。元初，复立灵璧县，属宿州。元朝时分属归德府；明朝先后归泗州、凤阳府，后归凤阳府宿州辖县。清康熙六年（1667年）隶属安徽省凤阳府。民国21年安徽省设10个行政区，灵璧县属第六行政区。抗日战争爆发后，灵璧县行政区域和隶属关系极不稳定。中国共产党为开辟革命根据地，在灵璧边缘建立多个抗日民主政权。民国32年，中国共产党灵北县委在尹集菠林村建立。其间，国民党在县境北部建立灵璧县，日伪政府在县境南部建立灵璧县。民国37年（1948年）11月25日，共产党领导的人民政府在灵城成立。中华人民共和国成立后，灵璧县属皖北行署宿县专区，1952年4月属安徽省宿县专区，1956年1月改属蚌埠专区，1961年4月复属宿县专区，1971年3月宿县专区改名为宿县地区行署，属宿县地区行署。1999年5月宿县地区行署改为省辖宿州市，灵璧县属宿州市至今。（《灵璧县志》2016年版）据《史记》《汉书》记载：秦汉间有一小县曰灵壁，在彭城（今徐州）南，境内睢水（今称老濉河）之滨曾发生一场著名的以少胜多的战役，睢水之战（楚汉战争）。此灵壁在今淮北市境内。此时的“璧”书之为“壁”，史家称“壁垒之名也”。唐宋后灵璧石盛名于世，“山川灵秀，石皆如璧”，由“壁”书为“璧”，故名灵璧县。

【地名异名】零璧县：宋元祐元年（1086年）零壁镇脱离虹县管辖改建制为零璧县，宋政和七年（1117年），因境内产磬石，该石声如青铜、色如碧玉，朝廷下诏改“零璧”为“灵璧”。

【境内地名概况】从地名专名来看，辖区内行政区划地名和居民点地名有以下特征：

1. 以自然地理实体命名。如五女井、李八湖等。

2. 以地理位置命名。如杨山东、八里王等。

3. 以自然景象、自然现象命名。如古堆。

4. 以祥瑞、希冀命名，表达了人们对美好的向往和追求。如山水御景花园、星河湾书香门第小区等。

5. 以历史古迹或人文地理实体命名。如朱牌坊、虞姬乡等。

6. 以著名人物命名。如张孟花、虞姬、霸离铺等。

7. 以姓氏命名。如谢陈庄、蒋胡等。

【地名社会应用】灵璧县是安徽省历史文化名城。历史名人和人文特色非常丰富。其中著名的有灵璧石、灵璧钟馗画等。

灵璧石　又称磬石（八音石），产于本县渔沟镇磬石山北麓平畴间。宋人杜绾在《云林石谱》中汇载石品116种，灵璧石位居首位。“灵璧一石天下奇，声如青铜色如玉”，这是宋代诗人方岩对灵璧石发出的由衷赞叹。灵璧石的开发已有三四千年的历史，《尚书·禹贡》载“泗滨浮磬”。殷商时期有灵璧石雕制宫廷乐器——虎纹石磬的记载。《晋书》记载：皇帝诏令镇西将军谢尚来灵璧采磬石以备大乐江左。灵璧石除磬石以外，还有更奇特的观赏石，其出产地也不限于磬石山一带，主要分布在县境北部，如灵觉山、朝阳山、白马山、耳毛山、邵山、九顶山等，在县境中部的三注山和南部的大山、峨山一带也有少量的分布。从已产出的灵璧石来看，其真正魅力不仅在于天赋，其内在的灵气和形态的神奇，其质、形、色、纹皆具有很高的艺术欣赏价值，故清乾隆帝曾赞誉它为“天下第一石”。

灵璧钟馗画　灵璧钟馗画又称灵璧判子，它有别于其他地方的木版年画或门神画作品，是手工绘画，有其独特的民间风味，历经宋、明、清各代，迄今经久不衰，尤其在清代的灵璧古城内，画店林立，画商如云。清乾隆年间《灵璧志略》称：“每岁可售数万纸”“画工衣食于斯”，现作品商品化程度极高。灵璧钟馗画在继唐代吴道子之后，至宋元祐灵璧置县时期，便有一批民间画家云集此地，初步形成钟馗画（民俗画）艺术中心。北宋画家杨斐所绘钟馗，深得吴道子之味，气势伟岸。后居淮楚，与灵璧画家友情深厚，因传道子之法，为灵璧钟馗画奠定了良好的基础。南宋淮阴画家龚开入元不仕，喜作钟馗墨鬼，笔墨酣和，妙趣横生。灵璧画家深受影响，钟馗画风为之一变，形象怪诞，风格新奇。清初，指画家高其佩出任宿州知州，时灵璧为宿州所辖，经常往来，对灵璧钟馗画家大加扶掖，使灵璧钟馗画创作水平整体得到提高。清人齐周华在《名山藏画副本·钟馗像赞》中赞道：“由吴道子画能通神也，无如天下传写，渐失其真，惟灵璧所画，往往不失吴道子原格，故世群推之。”1915年，灵璧民间钟馗画师翟光远绘制的钟馗画参加巴拿马万国博览会（也有称“万国艺术赛会”）并荣膺金奖，现收藏于北京故宫博物院。

砀山县

县级行政单位，宿州市辖县。中国种植梨树规模最大的县，全国水果生产十强县、全国科技进步先进县、全国教育先进县、全国武术之乡。砀山唢呐和砀山四平调为国家级非物质文化遗产。

【地理概况】砀山县位于黄淮平原中部，是安徽省最北部的一个县，隶属宿州市管辖。其东北部与江苏省丰县接壤，西北部与山东省单县毗邻，西部和南部与河南省虞城、夏邑、永城交界，东部与本省萧县相连，乃四省七县交会之处。面积1193平方公里。人口98.68万，多系汉族，还有回族等少数民族。辖良梨、唐寨、葛集等13个镇。县人民政府驻砀城镇。

自然环境特点：地处山东台背斜徐蚌拗折带。地势平坦，系黄河冲积而成。境内中部略高，南北稍低。黄河故道以北海拔平均47.8米，以南海拔平均44米。地表中小起伏，岗、坡、洼相间，形成废黄河高滩地、决口扇形地、缓平坡地、浅平洼地、背河洼地五种地貌类型。属暖温带季风半湿润气候，季风明显，四季分明，春季少雨，夏季炎热多雨，秋季凉爽干燥，冬季寒冷少雪。常年平均气温14.2℃，无霜期年平均202天。年平均降水量757.5毫米，年平均降水日数83天，降雨集中在每年6—8月，7月最多。

境内河道属新汴河、南四湖两大水系，同属淮河流域。两水系以故黄河南堤为分水岭，以北为南四湖水系，主要河流有故黄河、复兴河、苗城河等；以南为新汴河水系，主要河流有大沙河、巴清河、利民河、东洪河、文家河等。境内已探明地下矿藏有焦煤，总储量约7亿吨。

砀山交通便利：陇海铁路（设砀山火车站）、郑徐高速铁路（设砀山南站）、310国道横穿县境东西，济祁高速公路（设砀山和砀山北两个出口）纵贯县境南北。有省道2

条，重要县道 3 条，一般县道 11 条。

【地名沿革】砀山县初名砀县，因山得名。《水经注》载：“获水又东迳砀县故城北，秦立砀郡，盖取山之名。”北京《太平寰宇记》注：“砀，文石也。其山出焉，故以名县。”

秦、汉时砀县属砀郡、梁国，其区域规模比现在要大；三国、两晋时，砀县一度与下邑分开，同属梁国；南北朝时砀县改为安阳县，属梁国；隋代改为砀山县，属宋州梁郡，区域规模为砀县与下邑的合并；唐代先后属河南道宋州、辉州；五代后梁升辉州砀山县为“赤县”；宋代属京东西路单州；金代属南京路单州，改隶归德府，其区域规模大致与现在相同；元代属中书省东平路，后改属济州、济宁路；明代属南京直隶京师徐州府，区域规模比现在略大；清代先后属江南省直隶徐州、江苏省直隶徐州。民国时期，先后属江苏省徐海道、江苏省行政督察铜山区。抗日战争时期，划为砀南、砀北两县。1948 年 11 月砀城解放，砀南、砀北两县合并，属豫皖苏三分区，黄河故道以北的周寨、高寨划归华山县，玄庙、陈集划归单县。1949 年元月，属中原行政区商丘专署。同年 10 月，属皖北行政区宿县专署。1952 年 2 月，芒砀山一带的新兴、雨亭两个区划归河南省永城。1953 年 2 月，砀山属江苏省徐州专署。同年 8 月，华山县撤销，高寨、周寨重新划归砀山，玄庙、陈集亦从单县划回，县域为现在规模。1955 年 2 月，属安徽省宿县专署。1956 年，属蚌埠专署。1961 年，属宿县专署。1999 年，宿县地区行政公署撤销，改设宿州市，砀山县属宿州市至今。

【地名异名】砀县　以芒砀山取名。砀山县的前期用名，从西汉到南北朝时期用此名。芒砀山旧属砀山县辖，今归河南永城。

下邑　区别于彭城等城市的谦称。汉代为砀县的驻地。两晋升改为行政区域建制，从砀县分开，隋朝复合并。

安阳　取安乐、光明之意。南北朝时期砀县的更名，隋朝改为砀山县。

赤县　取辉煌、开创之意。五代后梁皇帝朱温把故里砀山改为赤县，并作为京师直属县。宋代恢复砀山县称谓。

【境内地名概况】根据第二次全国地名普查结果，砀山县境内共用地名 4060 个，其中自然地理实体地名 320 个。

其地名特征来自自然环境的形成、人口迁徙的变化和社会环境的需要。如，古黄河流经砀山数百年，人们为防水而修堤筑坝，砀山就留下许多与古黄河有关的地名。又如，明朝初年社会大移民，许多来自山西洪洞县的先民搬迁到黄泛区砀山，搭建窝棚，兴建新庄，这就留下一些与移民有关的地名。再如，明末清初社会动乱，人们为防御土匪而筑寨盖楼成风，便留下此类历史印记的地名。还如，不少村落因姓氏聚居、地理环境、建筑特征及功能特色而得名，不一而足，现分述如下：

1. 因古黄河自然实体而得名：古黄河经常决口泛滥，筑堤防洪便留下许多此类地名，如赵堤口、毛堤口、刘堤头、夹堤子、吕河涯、汪沙滩、戚套、潘坝、官庄坝、木龙坝、高寨河、黑龙潭、王闸口等。

2. 因移民定居而得名：由外地移民迁来定居，就形成带有那个时代烙印的地名，如张新庄、刘新庄、冯老家、孙老家、黄盆窑、炭场、柴市、孟饭棚、杂户地、张野场、阚油坊、黄菜园、丁花园等。

3. 因姓氏聚居而得名：土著先民开发世代繁衍，形成村庄。也有的为便于相互照应，同姓同族聚居一起形成村庄，便以其姓氏命村名。如老范庄、李老庄、谢庄、程庄、大郭庄、汪阚庄、蒋李庄、张王庄、周平庄、张老家等。

4. 以村落地理环境得名：村落因所处的地理环境有别于其他村庄，故人们便以其环境特色叫起了村名。如孟堤口、赵岗、庞小洼、房沟涯、下河陈庄、陆湾、坝上、徐井、高台井、小神湖等。

5. 因村落及其周围的建筑特征得名：古人为了彰显自己村庄的房屋建筑特色，或者突出村落的坐落特点，便以此取村名。如庞大楼、朱小楼、汪六楼、于黄楼、刘暗楼、陈土楼、大华楼、邵陈楼、朱楼、老邵楼、庞桥、王牌坊、固口闸等。

6. 以村庄功能特色命名：乡村集市为一方百姓的物资集散地。庙宇是信徒聚会的活动场所。寨子是为了防御土匪滋扰而筑，而屯子往往是官府垦荒养兵、积措军粮的地方。长此以往，这些功能特色也就成为该村庄的名字了。如葛集、谢集、市力集、回龙集；张阁、杜阁、玄庙、关帝庙、孙观、汤寺、定国寺、蒋祠堂；唐寨、高寨、周寨、陈寨；小屯、梅屯、王屯、赵屯、大张屯等。

【地名社会应用】砀山县历史文化底蕴深厚，有一些地名与历史名人有关，有些地名有着趣味横生的故事。如：

午沟里　是五代后梁开国皇帝朱温的故里。

宴嬉台　唐代大诗人李白游览赋诗的地方。

礼河集　元末红巾军农民起义领袖韩林儿避难的地方。

薛显墓　明朝开国大将薛显的墓地。

闸口王集　清代黄河水利枢纽工程遗址。

回龙集　清代皇帝视察水利工程的地方。

故黄湿地　黄河故道遗迹。

鳌头观海　梨花观赏景点。

泗 县

县级行政单位，宿州市辖县。全国科技进步县，全国健康扶贫工程示范县，中国山芋之乡，中国民间文化艺术之乡。有国家级非物质文化遗产泗州戏，有隋唐大运河通济渠遗址、石龙湖湿地等文物旧址和名胜古迹。

【地理概况】在安徽省宿州市东北部，东部与江苏省宿迁市泗洪县接壤，南部与蚌埠市五河县毗邻，西部与灵璧县相连，北部与江苏省睢宁县接界，东北部与宿迁市宿城区隔河相望，是两省五县交界地带。面积1787平方公里，人口96.1万人。辖草沟镇、山头镇等12个镇，瓦坊乡等3个乡，1个省级经济开发区。县人民政府驻泗城镇。

自然环境特点：地处淮北平原，地势较为平坦，自西北向东南方倾斜，但东南边缘有少量隆起岗地。地形具有平原山丘相间、湖洼地岗地相抱的特点。有自东北向西南走向的17座山丘群，主要有赤山、屏山、朱山、鹿鸣山、老山、峰山、马鞍山、茶山、阴陵山等山丘，境内最高处朱山位于县城东北18公里处，海拔157.2米。气候属暖温带半湿润季风气候，其特点是四季分明，雨量适中，春季回暖快、天气多变，夏季炎热、降水集中、光热水同季，秋季雨水减少、常有秋旱发生，冬季寒冷、雨雪较少。

境内河道属淮河流域。主要河道有一级河新汴河、新濉河、唐河、南沱河4条，总长134.0公里；二级河有石梁河、老濉河、民利河、小黄河、北沱河、龙河、潼河7条，长202.3公里；三级河62条，总长507.94公里；四级河392条，总长1086.9公里。境内已探明矿产有6种，分别为石灰石、石英岩、建筑石料用灰岩、水泥用灰岩、建筑用沙和砖瓦用黏土。森林覆盖率达25%，活立木蓄积量达460万立方米，林木年生长量为65.3万立方米，现年采伐量为55万立方米，是皖北地区重要林业县。

泗县交通便利，通车公路里程1600公里。泗许高速公路贯穿东西，境内全长43.49

公里。徐明高速南北方向过境，境内全长43.62公里，设有长沟、泗县北两个高速出入口。有104、343两条国道过境，境内全长44.9公里和34.4公里。有宿淮铁路穿境而过，全长42.2公里，设有泗县火车站。

有安徽省千年古镇泗城镇、千年古村落潼城村。

【地名沿革】西汉置夏丘县。唐置虹县。宋元明历代相沿。清康熙十九年（1680年），泗州城沉没后，州署于乾隆四十二年（1777年）移治于虹县，州县合一，仍为泗州，虹县降称虹乡。1912年中华民国成立后，废州为县，称泗县，直属安徽省。民国期间，先后是安徽省第七区首席县，安徽省第六区行政督察专员公署和解放区淮北七专署所在地。1949年4月，恢复泗县建制，属皖北行署宿县地区。1952年4月12日属安徽省宿县专区。1956年1月12日属蚌埠专区。1961年4月13日属宿县专区。1971年3月29日属宿县地区。1979年2月27日属宿县行署。1999年5月属宿州市，延续至今。

【地名异名】夏丘　文献记载上古时期尧封禹为夏伯，在此建邑，名夏丘。

晋陵县　北周改夏丘为晋陵县，后与沛郡的高平县并置泗州。

泗州　唐武德四年（621年），置虹县（治今五河县境）。六年废夏丘入虹县。虹县属泗州。元和四年（809年）改属宿州。大和四年（830年），废宿州，复属泗州。稍后复置宿州，虹县再属宿州。五代时沿唐制。清朝乾隆年间，移泗州州治于虹县，虹县降为乡，此后改称泗州。

泗县　民国元年（1912年）4月废州制，改称泗县，泗县因泗州而得名。

【境内地名概况】根据第二次全国地名普查结果，泗县境内共有地名4440个，其中自然地理实体地名310个，人文地理实体地名4130个。

其地名特征来自自然地理环境的、人口世代繁衍和社会环境的需要，因社会的变化而发展，从地名专名来看，有以下特点：

1. 以自然地理实体命名，泗县境内多有丘陵沟壑，以山水命名的较普遍，如草沟镇、屏山镇、山头、丁湖、长沟、四山、石龙湖等。

2. 因姓氏聚居而得名，由于世代繁衍，同姓同族聚居形成村庄，便以其姓氏命名，如张庄、小李庄、大彭村、大刘庄、高徐、侍圩、刘圩等。

3. 以村落地理环境而得名的有孙湾、三湾、三里孟、窦井、十里庄、索滩、齐冈等。

【地名社会应用】泗县历史文化底蕴深厚，有些地名与历史人物和历史遗址有关。

【非物质文化遗产】泗县非物质文化遗产种类较多，著名的有泗州戏、琴书。

泗州戏　与江苏徐州一带流行的柳琴戏同属一个剧种的不同流派，在淮北地区广为流传。此剧起源于江苏海州（今江苏省连云港市），发展于安徽省泗州，故称。

据传，泗州戏起源于清乾隆年间海州一带的“太平调”。后被猎人传唱，称“猎户腔”，因唱腔尾声翻高八度，也称“拉后腔”。由于唱腔优美，听唱者不思寝食，赶场听看，似“魂”被唱腔拉去，故又称“拉魂腔”。后因连年灾荒，伶人张氏在海州一带沿门卖唱，将之发展为现在的淮海戏；葛氏流浪于苏北鲁南一带卖唱，将之发展为柳琴戏；邱氏则于淮北泗州一带传艺卖唱，将之名为“唱门子”。因以狗皮绷成手鼓，串门扭唱，故称“扭鼓子”或“走鼓子”。

清末民初，泗州戏已由说唱阶段发展为两小戏（小生、小旦）、三小戏（小生、小旦、小丑），出现了职业性的班社。正式登上舞台后，受京剧的影响，角色行当大致与京剧相同。

琴书　泗县琴书为山东琴书南路，有200余年历史。琴书的表演形式有单口、对口和多口三种。清末和民国初年多为一人演唱，俗称“单脚戏”，以唱为主，偶有对白。对口最为流行，多口仅见于舞台演出。琴书唱腔柔和、优美，长于抒情。泗县琴书艺人有柴门和儒门（又称陆门）之分，柴门历史较久，系山东艺人李永杰、李成所传。儒门为泗县艺人陆成修所创。

第三章

道路街巷

迎宾大道

位于市境南部。东起金海六路，西止拂晓大道。沿线与金海大道、宿怀路、淮海路、西昌路、人民路、磬云路相交。长度为6.6公里，宽50.0米，沥青路面。始建于2006年，经两次改扩建。因其西接合徐高速宿州出入口，寓意迎接宾客之意，经市政府批准得名。此路段集政治、经济、文化展示为一体，沿路有四季绿化景观和大型LED宣传屏幕。沿线路侧有宿州市第二中学、宿州国际大酒店、宿州市第二人民医院、陈河公园。是市区南部东西交通主干道，通多条公交线路。

宿州大道

位于市境东北部，从人民路起，至宿州东高速出入口止，沿线与汇源大道、港口路、东二环路、学府大道、东三环路相交。长度为28公里。宽为72米，沥青路面。始建于2005年，2014年改扩建。寓意为高速发展，经市政府批准得名。此路段是市区东西交通大动脉，是集政治、经济、文化展示为一体的四季绿化景观道路。沿线路侧有埇桥区人民法院、宿州市野生动物园、宿州市植物园、京沪高速铁路、宿州东站等。是城区与宿马园区唯一主干通道，通多条公交线路。

人民路

此路原名南坪路。因紧邻市政府，按道路方向区分，得名人民路。从唐河南岸起至南三环路止，全长16公里，宽为50米，沿线与北三环、银河一路、胜利路、西关大街、汴河路、浍水路、淮河路、纺织路、迎宾大道等相交。始建于2006年，2012年改扩建，沥青路面。路段是集政治、文化为一体的四季景观道路。沿路有宿州体育馆、宿州市市立医院、宿州市人民政府、三角洲公园等，也是市区南北交通主干道，通多条公交线路。

汴河路

汴河路是市区东西走向的主要干道之一，全长 7000 米，宽 46 米，机动车道宽 14 米，非机动车道宽 4 米 ×2，人行道 10 米 ×2，绿化带 2 米 ×2。1965 年辟建中段，1976 年开始拓建西段。沿路有沱河桥、兴华桥。全路分东路、中路、西路三段，自京沪铁路立交桥至西昌路一段称中路，立交桥以东称东路，西昌路以西称西路。中路全长 1450 米，是较为繁华的路段，宿州学院西校区、淮北煤矿建设公司、宿州市立医院南区（安医附院）、埇桥区委、华夏商场、苏宁商业广场、吾悦商业广场均坐落此段。

胜利路

胜利路全长 5200 米，宽 34 米，柏油路面。全路分东、中、西三段，以环城东路和西路为分界。东路即原小东门大街，全长 520 米。民国 18 年（1929 年），在大东门北开辟小东门，并修成土路直通火车站。1948 年 11 月，宿城解放时，人民解放军先攻克小东门，沿此路入城，因以得名。1981 年翻修成柏油路面。1984 年拓宽，车行道 14 米，人行道 4 米 ×2。中路即原城区的中正路（又称后大街），原宽不及 10 米，小部分为石板路面，大部分为土路面。1958 年将城隍庙至宿县人民政府一段改建成水泥板路面，1965 年把小东门至城隍庙一段改建成砂石路面，1970 年将小东门至小隅口一段路面统一改建成柏油路面，并拓宽到 15 米，以后陆续完成全段的改建任务。西路，全长 2780 米，车行道宽 14 米，人行道 10 米 ×2，柏油路面，1977 年辟建，同年 12 月竣工。1985 年从三监狱向西修至陈营子。

淮海路

淮海路是纵贯市区南北的主要干道，全长 6150 米，分北路、中路、南路，北起汴河桥，南以浍水路为界。北路长 2100 米，宽 40 米，中路北起北关桥，南至浍水路，长 2400 米，机动车道 14 米，非机动车道 3.5 米 ×2，人行道 5.7 米 ×2，绿化带 2 米 ×2。中路原为北关大街、北门大街、南门大街、南关大街四段。原路面宽仅 5—7 米。1958 年后，渐次拓宽了北关大街、南关大街。1984 年 3 月起拆除沿街房屋 338 间，拓宽改建，1985 年底全部竣工。南路长 1650 米，宽 10 米，除中间 400 米为碎石路面外，余皆为柏油路面。中路为全市繁华区，万达广场、百货大楼、供电大楼、人民银行、工商银行、华夏商场均坐落于此段。

中山街

中山街由唐宋汴河堙废后形成。原河床较高，金元明清时期成为街道。清代分为西门大街、前大街、东门大街，通称衙前街。1927 年南京国民政府建立后，为纪念孙中山改称中山街。“文化大革命”期间，一度改称红旗路。中山街是旧城区最主要的一条街道，商店集中，全长 1230 米，宽 10 米，已经有千余年的历史。市总体建设规划确定该街仍做商业步行街，今后沿街新建楼房均后退 3—5 米。

浍水路

原称桃园路，东起京沪铁路西侧，西至拂晓大道。全长 5700 米，规划宽度 40 米。东平路至淮海路口一段，于 1982 年开始拆迁，1983 年形成路基，1985 年由皖北矿务局出资修成宽 7 米的水泥路面。从淮海路至怀远路一段，于 1986 年修成宽 14 米的水泥路面。

西昌路

原称江庄路，全长 2700 米，宽 30 米。西昌桥至汴河路一段，于 1982 年，由宿县地区供电局出资修成宽 4 米的泥结碎石路面。1984 年，又拆迁房屋 520 间，重新铺筑，1985 年修成柏油路面。1986 年汴河路至浍水路一段修成柏油路面，浍水路至外环南路陆续修成柏油马路。

东昌路

曾名新建路，全长 550 米，机动车道宽 7 米，非机动车道 2 米 ×2，人行道 5—7 米 ×2，1975 年修建，1980 年翻修。2018 年，越汴河路南延至纺织路，沿线有国购广场、苏宁广场、大润发等大型商场。

雪枫路

位于城区中部。从校场路起，至淮海中路止。其沿线不与其他街巷相交。长度为 1 公里，宽 10 米，水泥路面。始建于 20 世纪 70 年代。此路为纪念抗日英雄彭雪枫而命名的道路，此路段寓居密集、店铺林立，是城区中部东西交通支路，通行多条公交线路。

环城路

位于宿州历史城区环城河以内，从环城北路经西路，再经南路至环城东路止。全长共 3030 米，宽 20 米，沿线与胜利东路、淮海中路等相交。始建于 20 世纪 50 年代前期，沥青路面。因是环绕宿州古城墙的道路，按方向区分，故得名。此路段为居民住宅区，民居密集，商铺林立。周围有护城河、环城公园。路侧有古城墙遗址、地藏禅寺、中国人民银行宿州市支行、宿州市供电公司、宿州市第十一中学。

建设路

位于城区东部，从金鹏路起，至崔园路止。全长 2.6 公里，宽 10 米。沿线与淮河东路、汴河东路相交。始建于 20 世纪 80 年代，部分路段为修复建设，沥青路面。此路段寓居集中，商铺密集，路段两侧多超市、饭店，附近有矿建医院。

菜市街

位于南关街区，北起淮海南路，南止浍水路，长 570 米，宽 4.5 米，1972 年始建，因此街有菜市场而得名。1973 年，宿县人民政府批准命名。水泥路面。

工人路

位于宿州东部，南起汴河路，北止火车站。为市区南北干道之一，长 0.7 公里，宽 10 米，始建于 1966 年，以搬运工人集居地而得名，1967 年，宿县人民政府批准命名。水泥路面。主要为生活道路。途经有新鑫快捷宾馆、红苹果宾馆等。

联络街

位于宿城东关，南起东关大街，北至胜利路，长 230 米，宽 7 米，始建于民国初年，因其所处地理位置得名。1982 年，原县级宿州市人民政府批准命名。水泥路面。为主要生活道路，沿途有宿州市埇桥区中医门诊部、宿州惠爱医院等。

师范路

位于宿城东关，南起纺织路，北止汴河中路，长1350米，宽7米，始建于1980年，因宿州师范专科学校而得名。1981年，原县级宿州市人民政府批准命名。水泥路面。为主要生活道路，沿途有宿州学院附属实验中学、宿州学院、师专教工小区等。

农林巷

位于宿州老城区，南起胜利路，北止环城北路。长360米，宽3.5米，始建于1980年。1981年，原县级宿州市人民政府批准命名。水泥路面。为主要生活道路，沿途有农业生活小区、埇桥街道雪枫社区卫生服务站等。

市府巷

位于宿城南关，北起汴河中路，南至浍水中路，全长490米，宽6米。始建于1982年，因原县级宿州市委市政府坐落在此得名。1983年，原县级宿州市人民政府批准命名。水泥路面。巷内多为民居，沿途有健宁药房、凌枫小区等。

韩池子路

位于宿城东部，从淮河东路起，至蒿沟路止。全长7.8公里，宽30米，原路段始建于70年代，新规划路段未建。沥青路面。沿线与凤鸣路、宿州大道、凤至路、黄沟路、银河一路、崔园路、道东大街、汴河东路等相交。因当地原有聚落“韩池子”而得名。此路段热闹繁华，店铺林立。路侧现有新世纪花园、宿州市第十五小学、矿建中学、沱河街道办事处等。是城区东侧南北交通的主干道，通行多条公交线路。

西关大街

在宿城西部，从环城西路起，至拂晓大道止。全长2.5公里，宽8米。原名睢阳古道，后多次修筑，沥青路面。沿线与人民中路、磬云北路等相交。沿用老地名。位于古城西门外之西关，故名。路段为居民住宅区，民居密集。路侧有宿州监狱、宿州市第二小学、宿州隋唐大运河遗址公园等。

西仙桥街

在宿城老城区西部，从大河南街起，经中山街至胜利东路止。全长0.54公里，宽6米。沿线不与其他街巷相交。始建于20世纪50年代，水泥路面。一直沿用老地名。此路段民居密集，店铺林立。路段两侧有众多商铺，经营百货产品。是环城以内城区西部南北交通支路。

大王庙巷

位于宿城西部，南起宿蒙路，北止西关大街。长1150米，宽8米，沿线与西关大街、兴福巷汴河西路相交，始建于1973年，水泥路面。为主要生活道路。一直沿用老地名，此路段民居密集，店铺林立，两侧商铺众多，经营百货产品。沿途地理实体有宿州市吾悦广场、宋园小区、下关中学等。

张仙庙巷

位于宿城西部，南起汴河西路，北止西关大街，长750米，宽3米，水泥路面。为主要生活道路，沿途有灵璧奇石、园园超市。道路等级为次干道。

第四章 山水桥梁

凤凰山

凤凰山，位于萧县城北，山上松柏四季常青，风景秀丽。山低谷宽，分布错落，以水流侵蚀为主。山脉走向为北东向；山顶光秃，起伏不大，坡角 15°—20°，少数达 40°，海拔 180—350 米。

相传，凤凰山过去叫北山。当年，山脚下住着兄弟二人，他们的爹娘死得早，撇下三间草屋、一间锅屋、一个破锅和一些零碎家具。兄弟二人相依为命，终日靠打柴为生，日子还算过得去。

转眼几年过去了，老大娶了老婆。从此，老二便跟着哥嫂过活。老二虽然忠厚勤劳，但日子一长，哥嫂便渐渐对他冷淡起来。老二吃剩饭，穿破衣裳，每天干重活，晚上还得睡在破锅屋里，像雇用的长工一样，哥哥还动不动就打他几下，嫂子不顺眼就骂他几句。老二年龄也不小了，知道哥嫂想分家，心里很难过，每次受了气，就跑到爹娘的坟上哭诉一场，回家后仍卖力干活，低声下气吃饭。

一天，老大把老二叫到跟前，装作很亲热的样子说：“小二，如今我也把你拉扯大了，你也该成家立业了。咱爹娘留下的一点家产，咱就分了吧！”分家后，三间草屋、几分地都被哥嫂占去了，只给老二留下一把破斧头和那间破锅屋。

忠厚老实的老二接过这些“家产”，开始了自己的独立生活。他每天起早贪黑，上山打柴，把打的柴劈好晒干，挑到集市上去卖，换点米面自己吃，换点火纸逢年过节到爹娘的坟上去烧。逢上阴天下雨，不能进山，老二就得在家挨饿受冻。狠心的哥嫂一点也不管他的事，就是逢年过节，他们也不去爹娘的坟上烧张纸、添添土。村里人都夸老二心眼好，骂老大两口子没良心。

一天，天正下着大雪，老二穿着一件破单衣，在北山半山腰上砍柴。他已经断了炊，不干不行。砍了几把柴后，他又累又饿，浑身冻得发抖，便坐在一块大石头上休息。忽然，一只凤凰飞来，落在他的面前，对他说：“天这么冷，你还上山打柴，怪可怜的。你家里都有些什么人呢？”老二把自己的遭遇说了一遍。凤凰听后，很同情地对他说：“小二，你很善良老实，又极孝顺，我想帮帮你。你别砍柴啦，跟我到山顶拾金子去吧！”老二心想，我天天在这里打柴，还没见到一块金子呢！他就一阵迟疑，凤凰知道了他的意思，就拍打了一下自己的翅膀说：“你只要闭上眼，趴在我的背上就行了。”

老二照凤凰说的做了。他趴在凤凰背上，只觉得暖暖的，耳边风在呼呼作响。一会儿凤凰落了下来，对小二说："睁开眼吧！"老二慢慢把眼睁开，一看，自己已到了山顶，黄闪闪、金灿灿的一片金子在雪地上发光。老二心眼好，觉得"外财不发命穷人"，拾够用的就行了，只顺手捡了几块，就对凤凰说："够我用几年的了，咱们走吧。"凤凰说："你真是一个知足的好人！"于是，凤凰又扇动翅膀，把老二送到了山下。

老二回到家里，买来了米面，又买来了棉衣，从此不再挨饿受冻，还不断地拿些金子接济村上的穷乡亲，日子过得红红火火。这样一来，老大便对他产生了怀疑，还嫉妒他，说他偷了别人的钱，把他打了一顿。老二打死都不承认自己偷了人家的东西。老大两口子知道老二肯定是发了外财，他们就来软的，为老二做了一顿丰盛的饭，还说："哥打你是为你好，是怕你做坏事，给咱死去的爹娘丢脸。其实，你只要说出前因后果就没事了。"老大假装关心地劝说，嫂子也在一旁殷勤地劝着酒菜，善良忠厚的老二终于道出了实话。

第二天一大早，太阳还没出来，老大就和他老婆拿着几个口袋来到老二砍柴的北山坡。不一会儿，那只凤凰又飞过此地，老大两口子双双跪倒在地上，可怜巴巴地说："神明的凤凰啊，我们的孩子病得很厉害，没钱医治，求你帮帮俺吧！"

凤凰看到他俩那可怜的样子，就把他们带到了山顶。遍地的黄金把老大两口子的眼珠子都染成了金黄色。他们贪婪地拾了几口袋黄金，还把身上能装的地方都装满了。这时凤凰说话了："拾够就行了。再说拾多了，你们也背不动，快走吧！"老大两口子哪里肯听，仍是忙不迭地大把大把往怀里揣黄金。凤凰气愤地说："你们快走吧，再不走，太阳一出来，你们就会死在这儿的！"他们还是不听。凤凰不耐烦了，独自飞离了山顶。

太阳出来了，山顶黄灿灿的大片金子变成了一片火海，老大和他老婆被大火活活烧死了。大火烧了三天三夜，后来有人看见有一只凤凰闪着金光打山上飞走了。从此，这萧城城北的北山，就被人们称为"凤凰山"，以后又被简称为"凤山"。

阴陵山

泗州城西四十里有阴陵山，山虽不大却名见《史记》，久负盛名。从古至今，素有"阴陵山万丈高，雀鸟难行"之说。世人只知所以，而不知其所以然。

为什么阴陵山这个小小的山包会有这样神奇的传说呢？这还要从楚汉战争的最后决战——垓下之战说起。垓下之战的古战场在灵璧东南40里的沱河北岸，项王以十万兵挡汉军的三十万。项王中了韩信的十面埋伏，重围之中和爱妃虞姬在帐中夜闻四面楚歌，甚为悲伤。虞姬为能使丈夫轻装突围，无后顾之忧，遂拔剑自刎。项王在悲痛中率军突围来

阴陵山

到阴陵山下，迷失了方向，遂问农夫，农夫骗他说："向左走。"项王向左陷入沼泽中，复引兵回。项王正在极度伤感之际，忽有小军来报："大王，敌军已追来！"项王听后怒火中烧，他说："我率江东八千子弟，八年七十余战，所当者破，所击者服，未尝败北，而今困于此地，我八千子弟都快打光了，刘邦呀刘邦，你还这样逼我，干脆拼了。"项王遂喝令小军："抬我方天画戟。"四个小军忙去抬戟，没有抬动。项王见状怒说："蠢夫无用！"遂抓戟准备上马，忽然地陷一洞，项王连人带戟跌入洞中。乌骓马"咴咴"乱叫，驮着盛有虞姬头颅的皮囊向东跑去。项王部将忙看那洞，见深不可测，喊无人应，皆以为项王摔死，也就随乌骓马向东逃去。

刘邦闻说项王败到阴陵，令小军哨探。许久，小军来报，阴陵山下未见项羽兵马。汉军主帅韩信闻说以为谎报，遂将小军杀了。如此这般，连杀三个小军后，另派小军再探。这小军探后仍未见项王兵马，心想，我若如实说了不是还得杀我吗？唉，干脆我扯个谎吧。于是，这小军见了韩信报说："大帅，之所以未见项羽兵马，是因为阴陵山万丈高，雀鸟难行！"将帅闻说，出帐观看。时值早晨，但见阴陵山上黑雾蒙蒙，上顶天，下扯地，巍峨险峻，韩信叹曰："阴陵山真是万丈高，雀鸟难行啊，雀鸟尚且飞不过去，何况项羽？"汉军遂信以为真。

就这样，小军在谎报中捡了条性命，却给阴陵山蒙上了千古神秘的色彩。自此，"阴陵山万丈高，雀鸟难行"一说闻名遐迩，千古流传。为什么汉军到阴陵山探不到项王兵马呢？前面说了，项王在阴陵山下迷路时已跌入无底洞中，乱军已走，那小军当然打探不到喽！项王连人带戟跌入洞中之后，见洞中有洞，于是顺洞前行，他在黑暗中走啊走啊，走了好久好久才走到洞的尽头，只见上面透着光亮。项王往上一看，哦，是口旱井，但是上不去，项王正在着急，忽听上面乌骓马"咴咴"乱叫。项王大喊："马啊！马啊！你还能是神马吗？你要是真有灵性，就把缰绳垂下来，救我上去。”项王说完，只见乌骓马跪在井口，头一甩把缰绳垂入井中，项王抓住马缰绳，手提方天画戟，用力上攀，只见乌骓马腾地站起，头一抬把项王拖出井来。这就是乌骓马垂缰救主的由来。

项王出井后抚着乌骓马更加疼爱，不觉落下泪来。转念一想，此地不能久留，遂抓鬃踏镫上马前行。那口旱井就在安徽泗县长沟镇的上马铺，抓鬃踏蹬的地方大致在紧挨上马铺东面的宗庄和邓庄。

帽山

萧县县城西南距外环路不远处，突兀而起一座形似帽子的山峰，名曰帽山，汉至魏前后曾称同孝山。北与虎山相望，南与簸箕山、升高山相对，东北和老鹳山毗连，西北、西南与县电视塔所在的明山和五洞山遥望。簸箕山形成簸箕峪，峪下即是有名的箕谷水。东北相连的鹳山山脚下即是著名的黑龙潭、黑龙庙遗址。登上帽山峰顶，举目四望，群山、田畴、村落、县城，尽收眼底，大有“一览众山小”之慨！更令人神往的是，这里蕴藏着说不尽的自然人文历史以及传奇般的故事，主要是帽山、箕谷水、刘向的传说。

清代同治《徐州府志》：“帽山”（冒、帽相通）条下载：

清代同治《萧县志》：县西南十里，翘峙众峰，山麓有石，嵌空玲珑如太湖石。《水经注》云：萧县南有冒山，即此。《州志》作帽山。

明李绍芳《冒陵石诗》：“云身绣骨自玲珑，栉栉鳞鳞结翠屏。应下米癫袍笏拜，太湖一片欲浮青。”山有箕谷，亦名箕谷山。

（《水经注》刘澄之云：县南有冒山，山有箕谷，水北流注获。）

这里所谓“获”指“获水”，即现在的岱河河道。因为原获水北流入古汴水，黄河夺汴后，此处支流或消失或变道，岱河取代获水后，多南流。在周边山麓各处常可见到的是与灵璧石相近的磬石。

萧县旧方志在“冒山寺”条下又记载：

明人孙重光《憩冒山寺》：萧寺饶佳境，公余此憩游。山形随地变，水势抱村流。日静松篁昼，风清禾黍秋。吟怀发天际，咫尺即丹丘。

陈策次韵相和：裙屐余高兴，溪山逐胜游。生涯甘白屋，名籍负清流。棋局能消日，文章易感秋。凭栏登眺处，招手呼浮丘。

孙重光系当时知县，陈系孙同事。东南一沟之隔的箕谷山，又称簸箕峪。此沟即箕谷水。清顺治萧志载：箕谷山：山下有箕谷泉，《水经注》云：谷水北流注获，谓之西流水。城东西及南三面侧临获水（此城指北魏郦道元时期之古萧城，在今圣泉乡北城集附近）。

《水经注》：颜延之谓之同孝山，取汉阳城侯刘德所居里名冒山也。

清同治萧志“山水古迹考”中考证肯定了“南山”“同孝山”“冒山”“通指一山”。又在《箕谷水考》中写道：“今县治西南有箕谷水，西南出，折而东南，流入龙山河，河水南流，东隔闸河。”此则沧海桑田之变。

清末萧县最后一位进士、翰林院编修、河南粮储盐法道段广瀛，在他晚年参与续修的同治萧志中，载有他撰写的《萧县十二胜境图赞并序》，其中就有《箕谷》：冒山有箕谷，谷水北流注获，谓之西流水，见《水经注》。在天有箕，星芒作作；在山有箕，巢许槃礴。清汴东流，澮不可收；后水萦带，如龙如虬。山箕临颍，星箕旁汉，有谷汴南，志我古县。由以上引文可知，冒山寺（碧霞宫）、簸箕山（峪）、箕谷水等，均以帽山为核心标志。这里的山、庙、水等虽都不大，但却既古老又名闻遐迩。

帽山之所以又称同孝山，地方志书和刘氏族谱记载，西汉刘邦的四弟楚元王刘交后裔一支居此，始称此山为同孝山、村寨为同孝里，里以山名。刘交的二儿子刘富先封红侯，后封休侯。红、休均在萧地，刘富那时可能就已移居此处。刘富有五个儿子，长子刘辟疆（光禄大夫、宗正）；辟疆三子，二子刘德曾封黄杨城侯（即古萧县城）、阳城侯。刘氏族谱序说道，刘德“居同孝里即邑之冒山。县志云：冒山为阳城侯故里，其确证也”。他有两个儿子刘安民、刘向。众所周知，刘向、刘歆父子乃汉代著名的大经学家、目录学家、文学家。古萧县志和萧县刘氏族谱均曾收录。时过五六百年，到南朝刘宋时的刘裕，已传22代，在萧县境内形成著名的“彭城刘氏三里”——刘裕一族居绥舆里（今萧县经济开发区所属之马楼村附近），豫州刺史刘怀武一族居丛亭里（今萧县西南35里的王寨镇吴家丛林，简称吴丛），刘裕之弟、左将军刘怀肃一族居安上里，即此处的帽山原同孝里。

刘德、刘向一族在帽山居住的证据，不仅上述史籍、族谱有载，而且还有许多考古实物。先后在帽山周围和不远处的县城东北郊祖庄农田里发现的汉代钱范，以及周边汉墓群出土的汉代青铜器、陶器等，是最有说服力的佐证。特别是汉代青铜器和钱范的出土，一方面说明这里早在汉代就生产力发达，另一方面也印证了正史及刘氏族谱中有关刘德、刘向曾因家族中人私造“伪黄金”被人举报，受到皇帝降罪的记载是属实的；同时也说明，这里的山川地理，现在看来虽然偏僻狭小，然而在汉朝时期却非一般乡野。刘氏王侯定然选居的是风水宝地。有关资料还显示，古彭城曾在离此十多里的今萧县境内。

龙山

萧县城东郊有座山叫作龙山。其实，这山的形状就像一只大老鳖趴在那儿，所以这座山最早的名字叫老鳖山。提起这老鳖山，还有一段不寻常的来历呢！

相传很久以前，萧县并没有这座老鳖山。城东原是一片大湖，湖水清得能照见底儿，鱼儿、虾儿养满了湖。可不知道在哪一年，出了个老鳖精，把好好的一个湖搅和成一个烂泥塘。

有人说，这老鳖精本是东海龙王手下的一个小官，因为做的坏事太多，被龙王贬到下界看管这汪湖。无奈江山易改，本性难移，没过多久，这只老鳖就耐不住寂寞，老毛病又犯了。它每次在湖底吃饱睡足后，就现出人形，在湖里吞水吐浪，上下翻腾，搅得老百姓日夜不得安宁。

这一年秋天，眼看就要收割庄稼了，不承想老鳖又出来作恶。起先，人们只看到湖水泛黑，"咕嘟、咕嘟"地直冒泡，谁知越冒越凶，大股大股的水乱冲乱撞，淹没了庄稼，冲毁了房屋。人们眼睁睁地看着，又惊又怕，一年的吃食没有指望了，官府还要收租纳税，这日子可怎么过啊！

看到这光景，最难过的要数当地人李柱了。李柱是谁呀？说起来让人伤心，李柱是个苦孩子，从小死了爹妈，多亏街坊邻居你舍一口米他舍一口饭地把他拉扯大。李柱没忘记乡亲的恩情，只要有空，总是给东家挑桶水、西家砍捆柴，从不知吝惜自己的力气，大家都很喜欢他。

现在看到大水淹得乡亲们无家可归，李柱心里能不难受吗？他想照这样下去，众乡亲谁都难保活命。自己一个人无牵无挂的倒没啥，可大伙对俺有大恩，俺得报答呀，俺哪能撒手不管？凭自己一身好力气，一副好水性，兴许能斗过老鳖精，给大伙解难。李柱就把自己的想法告诉了大家。

大伙听了又喜又忧，老鳖精的本事大，万一斗不过它，岂不让一个好后生白白地送

龙山

死吗？几个白发老人摇摇头，叹了口气说：“李柱呀，你的好心大伙领了，可还是不要去冒这个险吧。”

李柱安慰大家说：“老鳖的身子笨，打起来不见得能占上风，只要能救了大伙，我一个人就是死也心甘情愿！”人们没办法，只好千叮万嘱，含泪为他佩上剑，求神保佑他平安归来。

李柱辞别了众乡亲，身上佩戴一把宝剑，很快地游到水底，他小心留神着周围的动静，不由得纳闷：咦？怎么啥声也没有？老鳖精藏在哪儿呢？

正在寻思的工夫，李柱猛听湖水一阵翻腾，接着便觉得眼前游过一个黑影，他稳住神一看，面前竟站着一个乌不溜秋的黑大汉，头圆脖子细，脸色红不红、黑不黑的挺吓人。李柱心想，这大概就是老鳖精了。

黑汉哈哈一笑：“好小子，算你有本事，竟敢闯我的府第，快来送死吧。”说着便扑了过来。李柱灵活地一扭身，黑汉扑了个空，气得哇哇大叫。李柱用剑一指，说：“老鳖怪，你搬弄妖法坑害老百姓，今天我饶不了你！”将剑便朝黑汉肚皮刺去。李柱为啥专刺老鳖精的肚皮呢？原来他早就听人讲，老鳖背上的甲是极硬的，一剑很难刺透它。但他的腹部很软，是老鳖精的致命弱点。老鳖精一看李柱的剑迎面刺来，也吃了一惊，慌忙中一张嘴，喷出一股黑水。李柱被水冲得站不住，身子不由得向后仰去。黑大汉得意地又是一阵大笑，便伸出黑爪要抓李柱。李柱双腿一蹬，游出好远，转回身又举剑刺来。就这样，你来我去，两个人打了半晌，李柱已累得没了气力，身上也被抓了几处伤。而老鳖精呢，由于身体重，也累得直喘粗气。

再说湖边高地上围观的人们，左等右等不见李柱回来，看见湖面波涛冲天，都说李柱这回是凶多吉少。他们想到这孩子平日的好处来，纷纷跪在地上，求龙王保佑李柱平安。

说起来也巧，这天，龙王从天庭返回东海龙宫，恰好打这儿路过，听到下面吵吵嚷嚷，便按下云头，变成一个老翁，挤进人群，小声问一个正在祷告的老人：“老哥，出了什么事？”老人叹了一声，指着周边的大水，把老鳖精如何作恶、李柱怎么去斗老鳖精一去不返的事说了一遍。龙王一听，勃然大怒，便现出真身，朝湖中喝道：“本王在此，鳖怪何在？”老鳖精正和李柱杀得不可开交，忽听龙王在叫，慌忙撇下李柱浮出水面，恭恭敬敬地低声应道：“小的在。”龙王怒道：“畜生，你作恶多端，为害百姓，罪不可赦，本王要让你化作石身，永远住守在此，还不速现原身！”只见黑汉一抖身子，变成一只巨大的老鳖伏在龙王脚下。只听“咔嚓”两声炸雷，老鳖精不见了，龙王也不见了，只是在老鳖先前趴着的地方出现一座山，形状与老鳖一模一样。人们欢天喜地地救出李柱，朝东海方向连连作揖，感谢龙王大恩。

这座老鳖山是龙王点化而成，所以叫龙山，这个大湖呢，从此也被叫作龙湖了。

不知多少年过去了，龙湖已被人们渐渐填平，而那老鳖呢，本来受龙王之命趴在城东，一动不动地守着龙湖。可它到底没有守住龙湖，以致连自己的鳞片也都被铲去，不知龙王知晓又该归罪于何人了。

乾山

位于埇桥区顺河乡西部，符离镇正东，官山南，由四峰组成。山上有乾闵婆祠，有古碑，有洞穴甚深，出云则雨。长 3500 米，宽 1000 米，海拔 311.8 米。

乾闵婆祠最为有名，遗址位于乾山脚下，为四合院，正厅塑有乾婆奶奶。当地老人们说：乾婆家在顺河乡杨套村，是一位超龄姑娘，自幼聪明好善，乐于助人，经常给人卜卦算命，消灾治病。一次，她在过河时，误入贼船，被贼人掀入河里溺死。过了一段时间，有人在河里打鱼，打到了一尊石像，怎么也拖不动，渔人惊讶，问："你是谁？"石像不说话。正好巡天御使太白金星走到这里，见是乾婆，传玉帝口谕："你是乾婆，此处有山，风景秀美，玉帝封你为乾婆奶奶，为山之神，你愿意吗？"

话刚落音，渔人便一网把石像拉到了乾山脚下。人们一看是乾婆，选择三月初六，喇叭号子、红毡铺地送乾婆，并在此盖庙，供奉石像。从此这里风调雨顺，百业兴旺。人们为纪念乾婆，便给山起名为乾山，山上盖座奶奶庙，并规定每年的农历三月初六为香火大会。当地人说，香火大会很隆重，方圆百里的人们都来赶庙会，商人在几天前就着手准备，他们租地皮、抢房子，摆摊设点。到了那一天，山坡上戏台高筑，锣鼓喧天，高跷、狮子、坠子、花鼓、扬琴、丝弦、大鼓书，四邻八乡的善男信女们都来给乾婆奶奶烧香磕拜，有求平安的，有求财富的，有拴儿子的。山坡上下人群涌动，少男俊女对对双双，他们在攀登高峰，有的三步一叩，十步九拜，向行宫挪动。黑白棚下，包子、油条、烧饼，各种小吃形成一条临时街道；日杂百货，儿童玩具，农贸市场鳞次栉比，叫卖声不绝于耳，鞭炮声响彻云霄，喧闹声震惊数十里。

如今，旧的乾婆祠已不复存在，新建的已落成，每年仍有一次香火会，为宿州市一著名景点。云窟在乾山西侧，半山腰，直径约有一米，黑黑的望不到底，用石子投入洞内，断续有声。有人传说，此洞通东海，也有人说，从这里放只鸭子，可以从灵鹫山的黄花洞出来。每当大雨来之前，窟中出云。当地人说：云窟出云不用问神；乾山云戴帽，大雨就要到。

神泉位于乾山南麓，它的神奇主要是，无论旱涝，始终不受气候影响，水晶莹剔透，熠熠闪光，潺潺地流入皇姑墓前，随即消失，从不远流。由于其行为若君子，因此人又称"君子泉"。

磬云山

磬云山位于安徽省灵璧县渔沟镇东。地质遗迹共可分为沉积构造、典型岩石、岩石地貌景观、地震遗迹景观、古生物遗迹、地层剖面、构造形迹和岩浆岩八大类。人文景观含摩崖石刻、宋采石坑遗址、拔剑泉、御安庙、十八罗汉、将军洞、飞来石等。

磬云山国家地质公园始建于 2011 年 6 月，同年 11 月被批准为省级地质公园。2014 年 5 月 8 日，灵璧县磬云山国家地质公园正式揭牌。

磬云山因盛产灵璧奇石而名扬中外。磬云山地质公园被誉为元古代地球演变的“黑匣子”、地壳运动历史的活教科书。它以独特的地质科考意义和美学观赏价值，成为学术研究、科普教育、旅游观光的胜地。地处北纬 33°18′—34°02′，东经 117°17′—117°44′，气候温和，阳光充足，平均气温 14℃，年平均降水量 868—922 毫米，雨量充沛，属暖温带半湿润气候。

磬云山地质独特，以石灰岩地貌景观为特征。自然景观与奇石文化融为一体。磬云山是典型的喀斯特地貌特征，在地表水和地下水的双重溶蚀改造下，形成形态各异的灵璧奇石。磬云山所产奇石玉振金声、余音悠长，宋代诗人方岩以“灵璧一石天下奇，声如青铜色碧玉”的诗句，对其声色之美做高度概括。自礼制严明的汉代以来，用灵璧磬石制作的乐器已成为皇权和礼制的象征。灵璧奇石之所以能做乐器，因其以原藻类为礁体，经过亿万年的地质运动，吸附了大量的钙、镁、锌等微量元素，加上自身的原藻类成分，密度最接近于铜。长期把玩，可去除体内酸毒，有改善体质、愉悦身心之功效。

山美，石灵，水秀！

磬云山下的深岩泉水和灵璧石一起，历经七亿年沉淀相守，已然融为一体。口感细腻甘甜，富含多种原藻类成分及微量元素，此水和磬云山的地质构造一样稀世罕见。用其泡茶可聚气凝神、滋身养颜，使人皮肤白皙，血气通畅。

2019 年 9 月 8 日，国家林业和草原局组织验收并正式命名了七处国家地质公园和一处国家矿山公园，其中包括磬云山国家地质公园。

黄河故道

黄河故道是黄河决口改道后遗留下来的废河道。据清乾隆《砀山县志》记载：“黄河原在砀山县南，因明大学士沈鲤奏称黄河水经凤阳恐惊皇陵，且入海迤远，议定将黄河自虞城东之黄固坝堵塞，改开新河于砀城之北。”以上记载，其地理环境甚明，与现在的黄河故道亦甚吻合。

1855年以前，黄河在兰考以南行走，经河南商丘、虞城，山东单县、曹县，江苏丰县、沛县，安徽砀山、萧县至徐州合泗夺淮，东注黄海。自南宋、元、明至清咸丰五年(1855年)，行河750余年。1855年，黄河在兰考铜瓦厢决口改道后，夺大清河从山东利津入渤海，即黄河现行河道。自此，黄河下游复归汉唐旧河道。古黄河以前名南河，改道后又称明清故道，现称黄河故道。

明清两代黄河决口频繁，商丘、虞城、曹县、丰县、砀山一带决口更多。咸丰元年(1851年)，在砀山县高寨东蟠龙集决口，堵而复决数次。如今头坝、二坝的决口残断带仍依稀可见。由黄河决口冲击形成的小杨楼、黑龙潭、小寨、高寨等潭坑和西洪河、大沙河、东洪河、文家河、苗城河等几条主要坡河，是砀山县解放初期和以前的主要排水河道。

黄河故道由砀山县中部偏北，自西向东流经官庄、大寨、周寨、陇海、朱寨、李庄、唐寨、高寨等地，流域面积329平方公里，河面本身50平方公里。流经砀山县46.4公里，河床宽一般为1000米左右。滩地高程从官庄54米至高寨48.5米，地面比降约1/8400；河底高程一般为46.5—41.5米。历史上的最大流量，1932年黄马庄处通过1981立方米／秒，1978年高寨通过993立方米／秒。

新中国成立前，黄河故道经常泛滥成灾，成千上万的人被洪水吞没，许多人流离失所，无家可归，饿死他乡。新中国成立后，在党和政府的领导下，经过多次治理，疏通了河道，修建了16处机电灌溉站，最大抽水量8.77立方米／秒，设计灌溉面积6.8万亩。其中高寨东、西电灌站设计灌溉面积为3.5万亩。

1978年国家投资210万元，在官庄区后岳庄河段上建大型节制闸一座，这也是目前砀山县最大的水利工程之一。节制闸规模为9孔，每孔净宽为5米，拦河坝1006米左

黄河故道

右。按五年一遇标准设计，流量为515立方米／秒，洪水按20年一遇设计，流量为820立方米／秒；50年一遇校核，流量为982立方米／秒，最大兴利库容3160万立方米，可灌溉农田6万亩。并修建了砀（山）单（县）、砀（山）丰（县）、砀（山）高（寨）等大型公路桥，对发展工农业生产起到了很大作用。如今，古老的黄河故道焕发了青春，正是："看地成方，看树成行，春天百花争放，秋天果品喷香。"它正按照人们的意志，造福于子孙后代。

为充分利用黄河故道滩地，防止水土流失，国家和村社先后植树5万亩，其中果树3.5万亩，用材林1.5万亩，年产水果约5000万公斤，年产木材2640方。驰名中外的砀山酥梨大部分产于黄河故道滩地，昔日满目荒凉、飞沙蔽日的黄河故道，如今变成了绿树成荫、果香四溢的百里果园。

近年来，为了搞活经济，砀山县举办梨花观赏节活动，沿黄河故道两侧设有观赏点八处。观赏节定于每年4月举行，国内外各界人士前来观赏。

运粮河

宿州历史城区原是一座古聚落，春秋时属宋国。秦统一后，在全国兴修驿道，以土扬其上而名埇上，成为高阜驿道。隋开凿的大运河流经此地，由于"西翼梁宋，北控徐泗，南襟濠寿，东限淮泗，舟车会要，战守所资"（清顾祖禹《读史方舆纪要》）的战略位置，唐代在此设立盐铁院，并于元和四年（809年）设置宿州。

隋唐大运河纵贯中国东南西北，是古代中国的交通运输大动脉。大运河保证了南粮北运和南财北运需求，有利于商品流通，可以说，隋唐大运河是一条最大的"运粮河"。

在隋、唐、宋三代，宿州是这条最大的"运粮河"的重要码头。不仅如此，地处千里沃野的黄淮平原，自古就是粮食的重要产地，所以在承接南来北往的运粮船的同时，宿州本身也在向这条黄金水道上供给粮食，运往京师。这便有了向隋唐大运河运输粮食的支流运粮河——宿州运粮河。

由此看来，宿州运粮河是为隋唐大运河而生，而不是为环城河而生，虽然环城河也有上千年的历史，但宿州运粮河比环城河更为古老。

隋唐大运河宏观的方向是纵贯南北，但它并不是笔直的。它在宿州，基本由西向东，经濉溪县的柳孜镇，进入宿州辖区西二铺乡，然后沿西关大街进入宿州历史城区，沿大河南街穿城而过，进入灵璧县。

运粮河则是南北向。从符离镇的濉河南下，进入城区隋唐大运河，再经城南分流，流向蕲县的浍河。隋唐大运河和运粮河呈十字架形，在城区南门外以西的环城河交会，贯穿南北西东，使宿州城成为物流交汇的繁华所在。

宿州运粮河是隋唐大运河的一部分，这一说法并非空穴来风。虽然历经千年沧桑，隋唐大运河宿城段早已沉入地下，运粮河也成了一条不通舟楫的小河，但是从浩瀚的史籍中，还是能找到曾经的辉煌。

宿州运粮河在清代有明确的记载。《光绪宿州志》卷五：“北运粮沟牌，闸夫四名，每名日给工食银三分，知州经营。”又说：“南运沟，在州南门外。道光十一年，知州周天爵以州北豫水为灾，拟由涵洞引北水入城河，达南运沟，由蕲县入浍河，派夫挑运粮沟四十里，惜沟底砂礓，畚挶难施，未能畅通舟楫。”

运粮河在州志里被称作“运粮沟”，可见没有了隋唐大运河，运粮河也辉煌不再。北运粮河派出开闭闸门劳役的人四名，每天轮流值守，每人每天给白银工钱三分，这事由知州亲自负责。南运粮河在州城南门外，知州周天爵为了防范河南的黄河客水给城市带来洪灾，准备修建涵洞引城北的水进入环城河，然后由环城河到达南运粮河，再从蕲县入浍河。可惜运粮河底砂姜太多，难以施工，结果没能畅通舟楫。

不难看出，当时政府对运粮河十分重视，通舟楫倒在其次，关键是运粮河承担着泄洪防灾的作用。宿州地势以隋堤为界，堤北怕黄河来袭，堤南怕阴雨连绵。从乾隆年间开始，多年来官府一直大兴水利。

宿州运粮河因为其重要性，还上了国家层面的志书。明代州志对宿州运粮河也有记载。明嘉靖宿州志载：“南运粮沟在州南门外，水涨可通浍河。北运粮沟，在州北门外，水涨可通睢河。”又说：“自睢河至浍河，南北相去五十余里，运粮二沟界其中，因故道而开浚之，则二河舟楫可抵州城。宿之军民，欲举是役者众，盖因用力少而为利多也。或谓睢水泛滥，恐有灌城之虞，故当事者未敢主议云。”《大清一统志》卷八十八记载：运粮沟“在宿州有二：南运粮沟在州南门外，水涨可通浍水；北运粮沟在州北门外，水涨可通睢水”。

依据记载，濉河和浍河南北相距五十多里，运粮河沟通其间。疏浚这条运粮河故道，宿州军民从浍河和濉河划船就能进入州城，所以都愿意干这事。只是有人害怕滩水一旦泛滥，就有灌城的危险，所以州官害怕担责，没敢拿主意。疏浚这事也就不了了之。

枯河头

枯河头在泗县东北。提起“枯河头”，可谓名闻遐迩，其原因就是它与霸王别姬有关。经介绍得知，它的原名叫“哭活头”，经过历史的演变曾经三易其名，才又改叫今天的“枯河头”。

相传在楚汉战争的垓下之战中，霸王项羽以十万兵马挡韩信三十万人马而告失败，由此上演了一出“霸王别姬”的千古悲剧。在四面楚歌的穷途末路上，霸王的爱妃虞姬为能使他无后顾之忧轻装突围而拔剑自刎身亡。霸王悲痛欲绝，他舍不得离开虞姬，就将虞姬的头割下来装在了马背囊里，然后把她的遗体掩埋后恋恋不舍地离开。霸王牵着乌骓马，带着残兵一路悲伤向东走去，走到离现虞姬墓八里的一个小村庄，因后有追兵才上马奔逃。这个霸王当年上马的地方，就是现在泗县城西长沟镇境内的上马铺，据说当年的那块上马石还留有霸王踩下的脚印，可惜这块石头在“文革”中被破坏了。当霸王摆脱追兵来到泗县城东的一个地方歇息时，就把虞姬的头从马背囊里取出来，左看右看哭了起来，哭着哭着，只见虞姬的眼睁开了，还眨巴了一下，好像被哭活了。从此，这个地方就叫“哭活头”。遗憾的是，当年埋葬虞姬头颅的高土堆，开挖通济渠和新濉河时被挖掉了大部。

民间传说，“哭活头”这个地名一直叫到隋朝，就改叫“枯河头”了。为什么改叫“枯河头”呢？说来也有一段故事：

相传隋炀帝在东都洛阳，为到扬州观看琼花，于 605 年由麻叔谋负责征用河南、淮北百万余民夫开挖通济渠（就是现在泗宿公路北旁的古汴河），通济渠从洛阳一路东来，当挖到“哭活头”这个地方时，由于这个地方是低山残丘的岗地，河挖三丈还是一片干枯。因为没有水，所以这个地方就改叫“枯河头”了。

河道挖好后，隋炀帝乘坐龙舟，携带万艘楼船前后 200 余里出游江都（扬州）。两岸柳荫龙舟，旌旗招展，水陆照耀，护卫森严，正可谓“春风举国裁宫锦，半作障泥半作帆”。隋炀帝下诏，所过州县沿河两岸五百里内的所有官吏都要献食。当走到枯河头时，由于河内无水，就用大量的稷子拌上香油，代水行舟，由八万纤夫拉纤前行，才使万艘楼船得以顺利通过。就在这时，隋炀帝要吃熊掌，可当地临时又弄不到这样的美味佳肴，怎么办？酷吏麻叔谋就派人到两岸农家，强行把小孩抢来杀死后用刀把手脚剁掉，烹饪好后献给隋炀帝，冒充熊掌。隋炀帝吃“熊掌”吃上了瘾。麻叔谋为投其所好，在这里不知杀死多少无辜儿童，害得当地百姓哭声遍地，恨之入骨，怨声载道。从此，这个地方老百姓就叫它“哭孩头”了。那时，当地的老百姓只要小孩一哭，就拿“麻叔谋”的名字来吓唬说：“‘麻叔谋’来了！”小孩一听，就立即吓得往大人的怀里钻，不敢吱声。久而久之，在吓唬小孩时所用的“麻叔谋”就被误传为“麻叔了”“麻猴了”“猫猴子”了。这就是至今民间流传的用来吓唬小孩的撒手锏“猫猴子”的来历。

后来，当地村人觉得“哭活头”“哭孩头”这两个名字都不好听也不吉利，就又把这个地方改叫“枯河头”了。另外，泗县话中的“活”与“河”两个字同音，都读作“hé”，于是“哭活头”也就成了“哭河头”，后来演变为“枯河头”。

欧河

位于埇桥区境内，始点为曹村镇前旺村北约200米，终点为永安镇方河大桥上游约600米入方河口。河流长度28.3公里，流域面积217平方公里，河流级别4级，河流类别为内流河，地上河，常年河。

唐朝时，这里是陴湖的一部分。到了明朝中期，人们为了治水，在陴湖的中央南北开挖了一条奎河，把湖分为东西两半，东边是老汪湖，西边仍叫陴湖。后来随着水位的下降，人们又开挖了支河、欧河、斜河，把西半陴湖分为若干小块，逐渐形成许多小湖。

新汴河

新汴河，是安徽省宿州市和江苏省宿迁市泗洪县境内的一条现代人工河流，主要用于解决外洪内涝灾害，兼顾农业灌溉与航运开发，属淮河水系。因在唐宋汴河大堤以北，平行东流，命名为“新汴河”。

新汴河河道全长127.2公里，西起自安徽省宿州市西北的戚岭子，经灵璧县、泗县、江苏省泗洪县，于洪泽湖西缘注入洪泽湖西端的溧河洼。截引濉河、沱河及新北沱河上游来水，流域面积6562平方公里，自成小水系。

新汴河，1966年10月动工兴建，1970年竣工，为淮北地区增加一条排水入湖的河道，减轻了中下游的洪涝威胁及五河地区的洪水压力，改变了洪涝长期制约农业生产的局面，还为沿河地区的灌溉、航运、供水、水产养殖提供了水源，改善了生态环境。

黄河夺淮后，淮北地区水灾频仍。1963年大水，宿县专区（今宿州）受灾严重。1964年元月，安徽、江苏两省协商治理沱河、濉河，下游改道入洪泽湖溧河洼。提出开挖的河道，原定名新沱河，截浍河、沱河、濉河、奎河，后因河道平行于隋炀帝所开挖的汴河旧迹（开封至洪泽湖），因此，将“新沱河”易名新汴河。

安徽省宿州地区，古代有睢、蕲、浍诸水，为南北水运要冲。睢水东北流入泗水，是秦汉时期水运干道，沟通黄淮且可经邗沟入江；再由淮水溯涡水经鸿沟入黄河，亦通商旅兵运。隋大业元年利用汴、睢水上段和蕲水所开挖的通济渠（唐宋时称汴河），是唐宋皇朝的国家生命线。

古汴水（通济渠）自河南荥阳上承黄河来水，东经虞城夏邑，又经砀山故城北，萧县东南北流，在彭城郡（今徐州）之（南）东北角与泗水交会。唐白居易有“汴泗交流郡城角”之诗句。隋大业元年（605年），凿通济渠，使汴水“别而东南入于淮，于是汴水（故道）竭”。通济渠从浚仪（今开封）东，与原汴水故道分途，经陈留、雍丘（今杞县)、宋城(今商丘)、永城、宿州、灵璧、虹县(今泗县)至清口入淮。因上游从板渚至开封的一段仍沿用入泗的汴河上游故道,故亦名汴河。唐宋时,经埇桥的汴水为京师至东南的主要漕运要道。经汴水调进的粮食,从初时的20万担,至宋太宗太平兴国年间达300万担,后又增至800万担。所以《宋史》称“汴河乃建国之本”。后来,宋室南迁,汴河已不为运道所经,逐渐荒于疏浚而淤没。

黄河夺淮后,先堙汴水,继塞睢水上游,再淤汴河,终夺淮水尾闾并滞为洪泽湖。改流入淮的睢水也和涡、浍、沱、浉一样,河床淤浅,出口受阻,排水不畅,每至汛期,洪水横流,村舍田野顿成泽国,如遇干旱,赤地千里。

20世纪50年代,对淮北主要支流进行了低标准治理,排水条件有所改善,但主客水这一主要矛盾没有解决。濉河流域面积6872平方公里,出口平槽泄洪量仅343立方米/秒。潼河流域面积16197平方公里,出口排洪流量仅为1000立方米/秒。1954年发大水,潼河流域有28亿立方米来水量滞留于宿县专区沿河洼地。

1963年发大水,宿县专区午秋两季遭灾,成灾面积达1380万亩,受灾人口422万人,占全区农业人口99.2%。

为彻底解决行洪排涝问题及保证河南客水的畅通下泄,从而使淮北地区濉河河水和内水高低分排、洪涝分开,消除上下游的治水矛盾,减轻平原地区的内涝灾害,时宿县专区开始提出对淮北水系进行综合治理。1964年元月,安徽、江苏两省协商提出了《关于苏皖边界水利问题处理意见的报告》,决定濉河下游改道入洪泽湖溧河洼。是年2月,安徽、河南两省协商提出《关于豫东地区与安徽省边界水利问题的处理意见》,双方同意尽快治理沱河。以上两个报告均上报国务院审批。是年3月10日,宿县专区水电局按中共宿县地委指示,提出截浍河、沱河、濉河、奎河的新沱河方案发至各县征求意见。中共宿县地委常委扩大会议听取专区水电局关于讨论意见的汇报后,决定采用新沱河方案。是年8月,新沱河易名新汴河。是年9月,安徽省水电厅勘测设计院在宿县专区水电局派员参与下,吸取各方面建议和意见,编制出《新汴河工程规划报告》和《新汴河工程设计任务书》。

沱河

沱河位于黄淮平原之间,起源于河南商丘,流经虞城、夏邑、永城、濉溪、埇桥、灵璧、固镇、泗县、五河、泗洪汇入洪泽湖。全长275.13公里,流经了三省10多个县区。它虽没有黄河一泻千里和长江惊涛拍岸的气势,却有着自己独特的风姿。匍匐前行,肩负使命,不张扬不争宠,几乎是无声无息默默地承载和奉献。从河流的成因上考察,沱河既有天然的河段，又有人工的巧夺，人工疏浚开凿河流的时候常会因势利导，利用洼地和故有的沟渠顺势而为。沱河主要的还应该是一条人工河，传说开挖于隋炀帝时代似乎可信。古代人工开凿河流的主要目的是解决运输问题，有如今天的架桥修路，所以又把人工河叫作运河。其次是防洪排涝，引水灌溉的功能只能放在第三位。由此可以认定，沱河在古代是有漕运功能的，但考虑它与古汴河相距不远且大体同向的因素，加上自身通航条件受限，漕运不会是沱河的主要功能，应该还是以防汛为主。

弯曲有情直行无意，沱河来到宿州古城，竟然出现了弓腰怀抱之形，环绕宿州大半个城市。河流是城市的母亲，河水像乳汁哺育滋养着城市的成长。沱河对宿州最为亲近和偏爱，和汴河一起成为宿州的母亲河。无论是古汴河还是新汴河，沱河都是在宿州这个地方和汴河相汇合，然后再奔向各自的前方，实际上宿州成了两河汇聚的风水宝地。不过沱河的天然段落可能早于汴河，淮河以北地区古文化的遗存可能更多地出现在沱河流域。单就对宿州地区古文化的孕育和推动来说，沱河可能起到了更重要的作用。在古汴河堙废之后的数百年间，是沱河在独立地滋养着宿州，沱河对宿州一直不离不弃，呵护有加。

宿州是中华孝文化的故土，宿州人懂得感恩回报。宿州人对沱河的热爱与回报，集中体现在对沱河的治理与美化上。近年来对沱河景观带的规划建设，真可谓是大手笔、高起点、管长远。沱河经历千年的奔波奉献，已是严重地透支和疲惫，确实应该静养歇息了。治理后的沱河景观带，给人们的直观印象是一河碧水、两岸绿树、四季花开，最突出的特色是沿河森林长廊。两边堤岸实行了无间隙森林全覆盖，置身其中，仿佛走进了森林。沱河林海已经被成功地打造为宿州市的天然氧吧。沱河景观带串联了三角洲公园、荷叶田田城市湿地和雄壮河湾等以水为主的自然色彩极为浓厚的风景区，正可谓是“文化沱河，水木宿州”。沱河最美在宿州、宿州最美在沱河，宿州与沱河，千年的荣辱与共，终于迎来了今日的珠联璧合、相得益彰、和谐共融。

沱河美名已成了宝贵的无形资产和文化品牌，共享沱河美名的有沱河街道、沱河社区、沱河路、沱水路、沱河公园、沱河中学、古沱酒厂、沱河文化等。天厚宿州，一湾绿水胜过万桶黄金。

濉河

濉河，淮河水系的分支，是宿州地区历史较久、流经面积较大的河流之一。黄河溃堤南徙后，为历代黄河决口的主要溢洪道。由于历史上河道多有变迁，现代水文通常指1968年截流后的河道，也有称“新濉河”。也有将其干流与其支流奎河合称为奎濉河。

濉河古称睢水，上承大梁（开封）鸿沟水，下至小河口（邳州境）入泗水。濉河源远流长，累受黄泛侵夺，河道多变。上游夏邑以西，下游浍塘沟以东，故道久已堙废。到20世纪中叶，路线变为源于砀山县洪河，止于洪泽湖。1968年截流后，起点变为宿州张树闸。新濉河全长140公里，流域面积为2882平方公里。

在灵璧县境内，濉河（新濉河）过宿州时村东奎河口至贺家入灵璧县境，东流经霸王城、尹集至浍唐沟，有拖尾河、三渠沟北来汇入；经浍塘沟东南流，过简昊、赵汪、娄杨，于时集入泗县境，县境内长46.1公里，流域面积814.8平方公里。在泗县境，濉河（新濉河）起于时集（长沟镇），出于胡陈圩（黑塔镇），全长43公里，横贯县中部。该河上部为港河（荀沟、犁沟），中部八里桥至水口魏为平地开挖，下为20世纪50年代开挖的新濉河。

1951年，上游疏浚，下游自灵璧县境浍塘沟起改道东南流，于时集入泗县境，至泗洪县张庄调尾，新、老濉河成三堤两河并流注入洪泽湖，改道河段连同上游统称新濉河。浍塘沟闸以东称老濉河，仍然沿故道东流。1968年，上游截源入新汴河，上游河道变为萧濉新河，入新汴河。濉河干流改为自宿州张树闸起，止于洪泽湖，称为“新濉河”。途经闸口有八里桥闸，位于泗县城北新濉河上；浍塘沟闸，位于灵璧县浍塘沟北新濉河上；濉河闸，在濉河入洪泽湖湖口处；张树闸，位于宿州市符离镇张树濉河上。

大运河

2012年4月，国家正式将大运河泗县段列入中国大运河申遗名单。泗县县委县政府为推动大运河申遗，2012年专门成立了“大运河泗县段保护申遗工作办公室”，作为大运河保护管理的综合机构。2006年泗县运河故道被确立为市级文物保护单位；2012年6月泗县运河故道升格为省级文物保护单位；2013年上半年，泗县运河故道被国务院公布为第六批全国重点文物保护单位。当地政府多次制定运河保护制度。2003年以来考古发掘，附近出土了大量瓷器残片和唐宋古钱等珍贵文物。泗县运河出土的文物资料足以表明，泗县运河故道曾在历史上承担着文化交流、经济沟通、军事运输等重要的社会功能与国家职能。

大运河含京杭大运河和隋唐大运河，宿州市境内为隋唐大运河遗址通济渠段，开凿于隋大业元年（605年），是贯通黄河、淮河与长江水系的重要通道。通济渠在隋、唐、宋三代一直沿用，入南宋后逐渐堙废，通漕约500年，对促进当时政治、经济和文化发展起到十分重要的作用。通济渠全长650公里，宿州市境内118公里。宿州市境内（除泗县段）运河本体及本体南北各外扩15米为大运河保护区。

老汪湖

老汪湖横跨埇桥、灵璧，北起埇桥区的褚兰镇和栏杆镇的东南低山残丘，南抵时村镇梁寨大坝，东和西有沿湖圩逦。新中国成立前湖里有大面积的明水，芦苇水草丛生，鸥鹭成群，叫声嘈天。

老汪湖，名籍史册是清同治八年，即1869年。《同治徐州府志》载："据同治八年萧县知县顾景廉勘送县图云：张山（今栏杆张山集）东五里九顶山为灵璧界山，南五里大庙圩逦，南有青冢湖，西岸也有湖，南接老汪湖，中有洲曰曹家楼，东里许有三界碑，东北有灵璧，东南有宿，西为萧也。"看来这里当时是灵璧、宿县、萧县的交界处。

经考察，老汪湖水域，原为陴湖的一部分，《铜山县志》载："宿、徐之界有陴湖，周数百里。"明嘉靖《宿州志》载："脾湖堤，唐书注云宿州东北九十里，有隋故脾堤，灌田五百余顷。显庆中修复，金史作脾湖。"《水经注》中"陴湖"又作"脾湖"。《新唐书·地理志》中把"陴湖"作"脾湖"。《古今图书集成·方舆编》载："水东与陴湖水会，上承甾丘县之陴坡，南北百余里，东西四十里，东至朝斛亭（今栏杆一带）。"从上述记载和图标，结合地貌，陴湖大概是绕夹沟群山、栏杆一带条山下的低洼地，经时村的刁山延伸至贡山北的青冢湖、成山湖。清雍正四年至嘉庆十九年，88年间先后发生洪水15次。州北田庐尽没，成为黄泛冲积平原。水系被打乱，河湖相通，连年灾害。明万历十八年即1590年，徐州大水，年余不退。明朝河道总督潘季驯受命开凿奎河，从徐州奎山前南下如今宿州市埇桥区的尹桥、杨庄、石相、柏山，直插时村镇入濉河。这样把陴湖切成两半，奎西一半，陴湖先后通过开挖欧河、方河、斜河等大小不等的沟渠，引放积水，依次形成如今的康湖、潘湖、鸭湖、路湖、田湖、吕湖等。这些小湖先后干涸，人们在此垦荒种植，择岗而居，后形成以湖为庄的村名。奎东一半，陴湖西南、西北、东北大部环山，东南临奎堤，圈成死水湖，故前人形象地称它为老汪湖。

民间故事说，老汪湖境跨春秋时代的吴、鲁两国，有很多名人逸事，古盟台就是其中之一。古盟台为春秋鲁哀公与吴王夫差的会盟处。春秋时，吴、鲁两国为邻国。一天，鲁国营地军马脱缰跑越国界，到了吴国的夏路吴庄，吴国营地巡边士卒把马逮去杀了。从此，吴、鲁两国关系紧张起来，各自集结军队，严阵以待。在这关键时刻，鲁国外交官子贡主张先礼后兵，于是双方约定在鲁境会盟。鲁国在云台山前筑起盟台，子贡凭着自己的才能，用三寸不烂之舌，促使吴国不得不割夏路吴庄，赔偿鲁国军马。从此，夏路吴便更名为夏鲁吴。两千多年过去了，庄名沿称至今，古盟台传说也流传至今。如今古盟台依然存在，就坐落在今安徽省宿州市埇桥区解集乡前，台呈斗形，上小底大，东西长约60米，南北宽约50米，高约4.5米，面积约3000平方米。台上树木葱茏，松柏滴翠，实为宿州一景。

湖南侧有吴国驻军的鸡山，即刁山。山下有吴王城。明朝天启年间，古城犹存，后为纪念吴王曾在这里垦荒种田，建吴王夫差庙。湖西奶奶山前，有鲁国营地，今称鲁营集。马头山下，有鲁吴庄，是吴国的边陲庄，当时称下吴庄。因吴割地与鲁，后改名为下鲁庄。庄名已延续两千多年，为宿州市最古老的村庄。

老汪湖边有子贡山，因子贡久居而得名。子贡在鲁国做官时，经常在山上晒书，晒书的巨石如今还在。相传有一天，子贡把书放在阳光下沐浴，自己在树下乘凉，暴雨急至。子贡赤背以身遮书。清周承缙题子贡山诗云："山以名贤著，秋来叠翠深。数年劳梦想，落日自登临。月送孤雁影，风声老树音。悠悠尘外境，谁识晒书心。"如今留下很多地名，如子贡庙、贡山村、贡山集等。

老汪湖北岸，有子张山，为孔子的弟子子张来这里讲学而得名。传说汉朝时在子张山南麓建有子张庙，庙上香火很旺，民国年间庙被毁，今尚有遗址。张山集因此而得名。张山集后有青冢湖，楚汉战争时项羽从彭城败走，到了灵璧，其爱妃虞姬自刎，后人为纪念虞姬，在她死的地方建墓为青冢。于是便有了青冢湖的名字。当年湖上客运达下邳、宿迁等地。清朝顺治年间，有一皇子来此游山，夜宿张山集东天门寺，后巡检司高隆凯立石作记，今石碑的下半截还在，以供游人参观。

新中国成立后，宿州市人民政府着手治理老汪湖，沿边筑圩打坝。20 世纪 50 年代兴建柏山分洪闸、小李庄分洪闸，把明水面限制在最小的范围内，变死湖为活湖，有洪则蓄洪，无洪则耕种，消除了奎河两岸的灾害。如今，老汪湖已成为宿州市最大的湖泊，三面环山一面湖，小洲滴翠入画图。碧波荡漾，环境优美，成为宿州市一大风景区。

宿州大道新汴河大桥

新汴河大桥是宿州第一座斜拉桥，也是宿州主跨最长、单桥投资最大的一座桥梁。桥梁工程位于宿州大道东端跨新汴河处，紧邻宿州高铁站区，由南岸引桥、主桥及北岸引桥三部分组成，大桥全长 937 米（主桥 315 米，南岸引桥 300 米，北岸引桥 322 米），主桥桥型为三跨连续四索面矮塔斜拉桥，全宽 43.5 米；引道工程全长 2396.6 米（北引道 325.5 米，南引道 2071.1 米），沥青路面，使用年限 15 年；联比沟小桥全长 42.884 米，桥梁中心线与河道中心斜交，呈 20 度斜交角，采用肋式埋置式桥台与柱式桥墩的方式扩大桥梁基础。

符离桥

符离古镇位于宿县之北20里处的濉水之畔，贯通南北二京的古驿道穿街而过。为方便交通，明洪武二十四年（1391年）在集镇中心的濉水之上修建永济桥，即符离桥。数百年间，由于洪水冲击、地震和战争的破坏，古桥几修几废。明世宗嘉靖十四年（1535年）濉水决于符离，南北驿路中断，符离淹漫皆成水乡。次年，明朝主管黄河治理的官吏刘天和在黄河治理竣工时立一块大碑，上绘黄河治理图。此图把符离桥的方位标得十分明显，说明当时黄水多次夺濉泛滥成灾的情景，此碑现存西安碑林。明神宗万历二十一年（1593年）河决虞城，符离堤桥俱废，宿州沦为泽国，次年民多流亡。明人阎尔梅有《符离桥》一诗吊古战场："石桥零乱瓦楼残，濉水东流下浅滩。试问项刘争胜处，烟波无数血光寒。"另有绝句形容宿地之荒凉："徐南风景最苍凉，宿子城边草更荒。偏是我来新雨后，山花村酒一齐香。"清乾隆三年（1738年），宿州知州把倒塌的符离桥改建为浮桥，后毁之。后任知州张开仕清重修驿路，设置桥兵、船只以渡行人。清人李心锐有《符离晓渡》诗云："谁唤符离渡，苍茫送客舟。野烟低水面，初日上滩头。两岸人声聚，中流浪影浮。前村鸡唱晓，黄叶一鞭秋。"

"符离晓渡"为古宿州八景之一。相传乾隆皇帝南巡，路经此地小憩候渡，下御旨重修符离桥。大桥建成后，繁华的渡口即废。地方官民为示感谢，在桥北西侧立一尊高大的乾隆碑，上书"皇恩浩荡"四个大字。"文革"时期此碑被砸烂，但现在残碑"浩荡"二字犹存。桥北有白公祠，桥下三里处有白居易故居东林草堂遗址，与大桥遥遥相对。古符离桥原为五孔石桥，1952年因濉河拓宽，在桥北加接四孔，将下湾村书法能手杨在品书写的"符离大桥"四字石刻镶嵌于西栏杆中段。符离古桥因长期受流水的冲击，桥墩倾斜，岌岌可危，1976年5月2日中孔倒塌。大营区农民运货的马车刚巧至桥上，随桥石坠入桥下而车毁人亡。从此古桥即废，交通受阻。该桥于1989年拆除。

宿符公路原是古驿道，因路窄桥狭，不能适应现代化交通需要，1970年宿县革命委员会将公路改道西移，投资110万元，新建符离大桥。大桥桥闸两用，桥长百米，宽8米，共13孔，每孔跨度6米，为薄壳波浪卷扬式。最高蓄水位28米，蓄水量55万立方米，泄洪量1005立方米／秒，控制面积2158平方公里，是一座大型的排蓄桥闸。1977年新建的桥、闸、路全部完工，正式通车。公路面宽20米，为水泥路面，是206国道的重要一段。符高大桥也是206国道的主要桥梁之一。每天来自全国各地的客车、货车、拖拉机、摩托车，满载货物和乘客，依次鱼贯入桥，川流不息。

第五章

庙宇寺观

天门寺

天门寺，又称钻天峪、小黄山。位于安徽萧县白土镇戴村，始建于425年。南朝宋开国皇帝刘裕之子刘义隆在天门山兴建寺院，因一山中劈，双峰壁立，过此步步登高，如上天门，故名此山为天门山。天门寺因山得名。

唐，天门寺毁于战乱。北宋，重建天门寺。元至正年间，禅僧静本等扩建天门寺。明宣德四年，知州杨秘重建，更名为“天门禅院”。“文革”期间，天门寺文物大多受到破坏。1990年，源戒法师修缮天门寺。1993年，时任全国政协副主席、中国佛教协会会长赵朴初居士书写天门寺牌匾。山中多有青檀树。

寺庙四面环山，地势险要，唯有西南有山径可通。天门寺占地1.68平方公里，主要以寺庙为核心，多种景点环绕。寺周围有孔子晒书台、砚墨池、飞来佛、蚂虾泉等景点。有殿堂20余间，供有缅甸玉佛6尊及各种佛像40余尊。寺内有一石佛，叫飞来佛，当地人称二佛爷。传说当年建寺时，当大殿落成、如来佛像塑成，石匠们抬头一看，见寺后山岩“金鸟踝”伸头探脑，虎视眈眈，大有跃下之势。

石匠戏曰：你若能飞下院中不碰大殿，我便雕你为二佛爷。石匠话音刚落，一声响亮，一巨石似从天而降，飞落在大殿前，因之，天门寺大殿上就有了泥塑的大佛爷及石雕的二佛爷，即飞来佛。二佛爷法相庄严，与如来佛无二，只是略小了点。

天门寺

定国寺

当年黄河古道流经古砀山时，在黄河古道的南岸（今唐寨镇定国寺村），有一个高坡（即黄河大堤），坡下有一寺庙，寺内一住持，法号法空。在寺庙的后面土坡上有一座用红松树干做成的灯塔，每天晚上为古黄河上的来往船只导航。

民间传说，在南北朝时，有一位皇帝微服私访，准备找一处风水宝地建都。走到古砀山境内时一时兴起，就对随从说："我看芒砀山这个地方风水不错，我要在此射箭打猎。箭射到哪里，我们就在哪里建都（国）。"话音刚落，只见利箭已射向远处。正巧，箭到之处，射中一只野兔。就在故黄河南岸的寺庙门口（今唐寨镇定国寺村），皇帝刚准备下旨封古砀山为都时，那只野兔又死而复生，爬起来就跑，一口气就跑到南京。这皇上也傻眼了，只好把国都建在了南京。古黄河南岸的这座寺庙则被皇帝赐名叫"定国寺"。现在听定国寺附近的老年人说："从清末到解放前后，还有寺庙和一座石龟驮着一块石碑，上有碑文，记载着定国寺的建筑过程。在石龟的旁边还有一口古井，井壁内镶有许多翡翠、玛瑙和珠宝玉器。现如今只剩下一口枯井和已断头的石龟了。"

另外，还有一种传说：古代，定国寺庙附近小麦快到成熟的时候，半夜里总有一种动物出来偷吃。后来人们终于逮住了这只动物，原来是一只大乌龟。人们怕它再来偷吃麦苗，就用一块石碑压在它身上。后来乌龟化为神仙，变成了一只石龟，永远留在定国寺这个地方。为此，当地老百姓就视石龟为神龟，并把这座寺庙改叫"定龟寺"。当地方言中"龟"与"国"同音，后来随着"定龟寺"寺庙的消失，"定龟寺"又改名为"定国寺"。

帽山寺

萧县帽山峰顶正中微凹处原有一座道观，俗称"泰山奶奶庙"，文称碧霞元君宫（祠），简称碧霞宫（民间一般对庙、观、寺、院混称）。而今由于庙碑碎烂，字迹漫漶不可识，无法确认其修造年代。但从残留的宫址断垣、烂砖碎瓦及庙旁古戏台台基和古县志记载来看，至少明代中期已有此宫，据说几经毁修。清嘉庆县志卷首之《十二胜境图》中，画有《箕谷》图，图上并注"冒山有箕谷，谷水北流"云云，峰顶、山脚既画有冒山寺的上下两院，又标写有"冒山""箕谷""西流水"的位置字样，形象可辨。

现在在碧霞宫正殿残垣上，有善男信女们自费临时搭建的活动板房，里面供有泰山奶奶的神像及祭品，门前立有香炉，香炉里有不少香灰，可见虽无正式的庙观，来此烧香祭拜者还是不少。据山下的村民说，不管山上有庙无庙，来这里烧香的人一直没断过。因为民间长期以来，传说这里的泰山奶奶很灵验。"文革"期间中断的每年农历四月十八泰山奶奶生日庙会，改革开放以后恢复了，庙会也日益红火。

这里有关泰山奶奶显灵的民间传奇故事很多。关于泰山奶奶的来历，与东岳泰山碧霞元君（泰山奶奶）的传说基本一致。萧县民间传说虽然有差异，但其精神相同。据说泰山奶奶有仨姊妹，泰山顶上的碧霞元君是老大，徐州泰山庙里的碧霞元君是老二，这里帽山顶上的是老三。三位女神神通广大，正义善良，驱恶佑善，洞察一切善恶生死之事，护佑农耕商旅和婚育，还有“送子娘娘”之称，乐善好施，且能治病救人。善男信女们说，有求必应，可灵啦。这里略举三例。

一是白马石故事。康熙、嘉庆《萧县志》及《徐州府志》对白马石均有记载。康熙《萧志》卷十载：

> 白马石在冒山下，高七尺，阔五尺。相传刘六反时，百姓避难山巅，刘经其下，声势吓人，碧霞神力令山半大小石震奔如雷。此石滚下压一白马死，众寇不敢侵山，遂奔去。人赖以安。大小石压落山畔，宛然元君走石阵也。行人犹指之曰：白马石云云。

嘉庆《萧志》在基本照录这段文字后，又加一句：“相传碧霞元君最灵，此其显神也。”

民间传说没有具体到刘六是什么农民起义军的领袖，而是说白马石压死的是得罪了碧霞元君又欺压百姓的恶人。古代官家史志站在封建统治阶级立场上污蔑农民起义，连锄强扶弱的碧霞元君都不惜栽赃。其实刘六、刘七起义于河北霸州地区，时处明代中叶正德年间，中原一带土地兼并剧烈，封建统治者残酷压榨，民不聊生，各地纷纷揭竿而起。不几年义军由几万人发展到十几万人，星火燎原于大半中国。史载，义军也曾转战南下至湖北并沿江东下，可能经过此地。正义善良、扶弱济困的“泰山奶奶”神灵，应是会护佑苦难百姓组成的义军。白马石实际上压死的是追杀义军的官军首领的坐骑，也未可知。

二是泰山奶奶显灵，吓退日本骑兵队。1938 年夏天，萧城军民虽经顽强抵抗，仍未能阻挡日军侵占。日军占领萧城后，不仅血洗县城，还于城东牛眠村、城南房庄村集体屠杀了数千逃难群众，尸横遍野，平地鲜血深及脚踝以上！为了“剿杀”城周反日军民，一天，日军派一骑兵队耀武扬威地出城，驰向帽山方向。日军到达帽山东北不远处的望城岗上，稍停驻足往西南一望，一片汪洋。日军惊呆了，再一看，浩浩渺渺，波光粼粼，山树缥缈，混混沌沌，且水汽逼人……日军惊悚一阵，便勒马掉头，返回城里。地图上没有标注湖水啊！怎么回事？日军百思不得其解。此事让周围百姓知道，便风传开了：

帽山上的泰山奶奶显灵了！她制造了烟水迷魂阵，吓退了日本鬼子骑兵队。——此事虽然已时过七八十年，但是老年人讲起这个故事，依然讲得眉飞色舞。

三是泰山奶奶惩戒不孝媳妇。从前，几个妇女相约上山给泰山奶奶烧香，各有所求。其中一个年轻媳妇恭敬地燃着香，跪下磕第一个头的瞬间，哇地吐出一大片饭食。众人一看，鸡蛋白、鸡蛋黄等隐约可见，恶臭难闻。有的问道，你不是常说自己从来不舍得吃鸡蛋，把鸡蛋都省下给老婆婆吃了吗？你这吐的不是鸡蛋吗？那年轻媳妇又羞又愧，无言以对。其实与她一起烧香的邻居大婶们，都知她虐待婆婆的底细，这次在神灵面前现了原形，都对她说，啥事都瞒不过泰山奶奶，以后还是改了吧！那年轻媳妇连连五体投地地不知磕了多少个头，发誓从今往后一定孝敬婆婆。众人说，你今后真的孝敬婆婆了，泰山奶奶一准叫你生个胖娃娃！原来她出嫁多年未怀上孩子，听说这庙上的泰山奶奶还是送子娘娘，就来烧香求子。后来这媳妇回去改邪归正，不久又求送子娘娘让她生子，果然生了个大胖小子。

上龙寺

上龙寺坐落在符离镇褚庄村东丰山之阳，三面环山，一面临水，地势独特，风景优美。上龙寺有一龙泉，泉水澄清，入口甘甜，是上等的矿泉水。千百年来，龙泉一如既往，不论洪水暴发，还是年逢大旱，都能保持水位，细流潺潺，汲取不竭，供人们灌溉和饮用。历来宿州知州都雇专人汲运泉水，供他们沏茶饮用。当地有钱之家也效法官僚，专门雇人汲泉饮用。

上龙寺建于洪武三年（1370年）。相传明太祖朱元璋在南京称帝的第三年，一天夜里忽然做了一个梦，梦见江北宿州地界呈现天子气，有一条苍龙将出蛰南游。次日早朝，朱元璋请刘伯温解梦，刘说：“龙者乃天子也，出蛰南游，即宿地将有真龙天子出世，要争夺大明的一统江山，皇上要速作对策灭之。”因此，朱元璋钦命刘伯温挑选几个很有学识的天文星相专家和精通阴阳八卦的风水先生，前往江北宿州地界勘察。刘伯温一行考察了江北山川湖泊、河流水系，并未发现龙脉。当他们一行人路过褚庄丰山脚下时，感到此山怪异，风水独特，有龙脉的迹象。刘伯温和星相阴阳先生登高远眺，左右观察，上下勘测，认为丰山之下有一苍龙卧伏。刘伯温回朝复命交旨，朱元璋饬令凤阳府在褚庄丰山之阳建一上龙寺，以镇压天子气，困截苍龙不得南游。事隔三年之后，朱元璋又做了一个梦，梦见苍龙没有被镇住，仍在游动。朱元璋心神不宁，又命刘伯温再次观察勘测，结果发现苍龙已掉头往北游动，故刘伯温又命地方官在丰山之阴张窝村南建一座回龙堂，意欲困禁苍龙在地下不能再游动，不能出世争夺明朝的天下。所以现在褚庄村东的丰山之阴、阳，有回龙堂和上龙寺的遗址。

上龙寺的另一传说是清乾隆皇帝下江南，游历名山大川，私访国情民事。当这位皇上路过褚庄时，到丰山上一游。他由山南而上，山北而下。宿州官府为纪念皇上驾临，故在丰山之阳建一上龙寺，丰山之阴建一回龙堂。

据《宿县志》记述，晋朝镇北大将军刘弘墓在此。1948 年 11 月 12 日，在淮海战役中的小李庄战斗中牺牲的人民解放军 13 位英烈葬在此地，建有陵园碑记。

大芳寺

大芳寺位于符离尖山之北，夹沟五柳之西，符离、夹沟、濉溪、萧县之交界处，是宿州市林场，总面积达 7000 余亩。林场四面环山，森林茂密，野草没径，古木参天。自然森林内现已查明的树木有 70 多种，还有不少稀有树种，连林业专家也无法辨认和鉴别树名。

大芳寺就位于古松掩映下的森林深处。此寺建于何时已无从考究，只有残碑上记载着唐王李世民重修过。大芳寺隐于深山老林，依山而建，环境优美，风景极佳，是一处世外桃源。寺前有一古井，寺西有一滴水泉，泉水甘甜，四季不干。寺西崖的鸽子岩为峭壁悬崖。寺院内有两棵古檀树，据史料记载和专家鉴定，树龄已有 1700 多年。青檀历尽沧桑，虬枝劲发，夏季立于树下，清风徐徐，凉气习习，蝉鸣阵阵，实为纳凉之绝佳境地。

大芳寺这一优美的灵山胜境，历史上有过辉煌的时代，也有艰难悲惨的岁月。1920 年前后，匪首王昆仑纠集 200 余名土匪，把寺院 30 多名和尚赶走，以此为匪巢，从事绿林生涯。他们绑票打家劫舍，杀人放火，为害四方。“文革”时期，造反派冲进寺院打砸、抢抄，把古碑记、石柱雕刻、文物尽行砸碎。如今寺院内只存有几十块碑座和支离破碎的碑块。少数没被砸碎的石碑，面上的字形也被砸残，难以辨认。

为开发大芳寺，恢复这一古老的自然人文景观，1993 年宿县地区拨款修建一座望火楼，用来监测预防林场的火灾。1996 年春季，符离镇委、镇政府为方便游客，发动尖山群众修建了一条盘山路。近年来，大芳寺自然景观已被大家所了解，濉溪、萧县及宿州市等地常有游客前来游玩。

圣泉寺

圣泉寺，又名龙泉禅院。位于安徽省萧县龙城镇西北 1.5 公里的陡山口北坡凤山森林公园内，是一座建筑风格独特的山门向北的千年古刹，萧城八景之一。

圣泉寺始建于北宋年间，乡贤窦师道在此隐居，并修筑拱翠堂，明清时期亦有修扩，历来是游人雅士流连之地。已有1000余年历史，有房舍30余间，寺依山势，殿庭门廊，颇为壮观。因寺旁有一泉曰“圣泉”而得名。清朝诗人王维翰《题圣泉》赞云：“不经陆羽煎茶过，谁定江南第几泉。”苏轼任徐州知州时曾亲往圣泉寺猎奇，留下“东坡品茶识圣水”的美谈，并作《枯木怪石图》，有“圣泉寺的水——喝一梆子”的歇后语。

圣泉寺占地约10000平方米，建筑面积约5000平方米。以寺庙为核心，多种景点环绕。山阴之左有桃花洞，传为桃花仙子修行的地方，寺北有石洞，深丈余，名“贤洞书声”。寺东圣泉，虽仅一小池，但四季不涸，泉水甘洌，来此取水游乐者络绎不绝。

北宋时，乡贤窦师道隐居于此，卒后，其侄窦明远（敦礼）在泉旁建“拱翠堂”，为此处最早建筑。元丰元年（1078年），苏轼到徐州任知州，在晁补之等人的陪同下，来到萧县拱翠堂，为窦明远挥毫泼墨，画了一张《枯木竹石图》。金明昌三年（1192年），改为“龙泉禅院”，始为佛教寺院。明初，改称圣泉寺，后寺庙倾塌。明嘉靖十九年（1540年），知县孙重光又于泉旁建虚谷堂。嘉靖三十七年（1558年），虚谷堂毁于大风。隆庆二年（1568年），满聪和尚化缘重修。清朝后期，寺院开始败落，古殿宇大部坍塌，仅存遗址。1994年12月，恢复佛教活动场所。由智渡法师、乐渡法师多次出资塑三尊金身佛像并新建山门。2006年，僧人入住以来，修建围墙、地面、山门，新建二层东、西寮房，改建念佛堂，修复三圣殿。2006年8月，圣泉寺被批准为宿州市文

圣泉寺

物保护单位。2013 年 3 月 13 日，萧县圣泉寺举行山门落成暨四大天王像开光庆典活动。2013 年，成立萧县凤山森林公园管理委员会，统管凤山森林公园景区。

瑞麟庵

泗县山头镇骆庙村骆庙街北侧潼河南岸，有一座年代久远的古建筑——瑞麟庵。

瑞麟庵本不是庵，原为“家堂庙”“镇水庙”。据骆氏家族谱牒记载，骆姓自元初时因避战乱迁居虹乡，定居后经商，遂富甲一方，于明朝宣德年间（426—436）拨地约 30 亩建筑寺庙，取名“家堂庙”，后称“镇水庙”，距今已经 590 多年历史。明崇祯年间，寺庙一度无人居住。一日，几位尼姑化缘到此，见庙宇空闲，地处乡间，难得清静，便据庙为庵。某日，尼庵上空突现状似麒麟之物，时人以为祥瑞，故改称“瑞麟庵”。后瑞麟庵年久失修，据“重修瑞麟庵记碑”记载，此庵在顺治十年（1653 年）原址重建，其后于顺治十一年（1654 年）、道光四年（1824 年）、咸丰五年（1885 年）、1996 年、2008 年，200 年间先后六次重修，其中顺治十一年、道光四年、咸丰五年留有碑文，现存于庵中。瑞麟庵得名至今已有 300 多年历史。

目前，瑞麟庵占地 2000 多平方米，四周垒有院墙，院落正中是三间清代古建筑——瑞麟庵，面阔 2 米，进深 7 米；砖木结构，庵内东西两硬山，间隔匀称，地面砌 3 块条石。庵内有“重修瑞麟庵记碑”一通，记载此庵在顺治十年（1653 年）重建过程。庵中供奉观世音菩萨像。据说 30 年前，瑞麟庵有一名叫刘青远的老尼姑在此修行，10 多年前老尼姑圆寂后，又来了一位年近六旬的尼姑居守瑞麟庵。

在瑞麟庵的东侧有一座建成不久的土地庙，里面的土地爷爷和土地奶奶笑容可掬。在瑞麟庵东南角悬挂一口大钟，捐几十元的功德钱，便可撞钟一次，据说可以撞出好运气。在院子的西南角建有三间门朝东的厢房，是守庵尼姑的饮食起居所在。

因瑞麟庵路修建在瑞麟庵北侧，故瑞麟庵原本朝南的大门常年紧闭，改以北门迎客；门前有放生大池塘，碧水青荷颇有韵致。

当地骆姓家族长期精心保护瑞麟庵，曾多次维修。2003 年 2 月，瑞麟庵被列为县级文物保护单位。

闵子骞祠

闵子墓坐北朝南，高 6 米，直径 40 米。近旁有两座中型墓，传说为闵子骞的两个弟弟之墓，墓高 2 米，直径 24 米，总占地约 6400 平方米。墓地松柏藏密，“闵墓松风”

素为旧时宿州八景之一。闵祠始建于宋，现存殿宇 14 间，祠内存有古柏和千年银杏。祠外有两座碑亭，祠东公路旁还有牌坊一座，上书“先贤闵子故里”。祠东南有孝泉和闵子故居。闵祠近旁还有骞山、晒书台、洗漱沟、荷花池、芦花坡、洗砚池等景点。这里不仅有迷人的自然风光，还有动人的传说故事。

闵子名损，字子骞，春秋鲁国人，孔子弟子，名列七十二贤，德行与颜渊齐名。闵子以孝名天下，孔子赞曰：“孝哉！闵子骞，人不间于其父母昆弟之言。”宋朝皇帝褒封闵子为“畿圣”，历代皇帝赐匾封公，文人墨客赋诗题记，其懿行美德千古传为佳话。

据西汉刘向《说苑》载：子骞少时为后母虐待，冬天，后母以芦花衣损，以棉絮衣所生二子。子骞寒冷不禁，父不知情，反斥之为惰，笞之，见衣绽处芦花飞出，复查后母之子皆厚絮，愧忿之极，欲出后母。子骞跪求曰：“母在一子寒，母去三子单。”父觉得有理，遂罢。后母为此感悟，深悔往事所非，后待诸子如一。后人根据这一历史故事，改编一出戏剧叫“鞭打芦花”，观者无不戚然泪下。

《芦衣顺母》(也叫《鞭打芦花》）是《论语 · 先进》中的典故。住在当时鲁国的一个少年名字叫闵损，因为幼时丧母，失去了慈母之爱，童年的生活很孤苦。父亲闵公后来给他找了个继母，生活才算有了改变，刚开始继母待闵损还好，等到她自己生了儿子后，情形却逐渐改变了，她只关爱自己所生的骨肉，对闵损开始冷落了下来，处处看着都不顺眼。父亲在家时还好些，等父亲做生意离开家后，母亲对闵损便没有什么好脸色，不但让他看管弟弟，而且家中所有的脏活累活都叫他干。饱受苦难的孩子竟然懂事早，九岁的他不但乐意去干一切脏苦累活儿从无怨言，而且对待打骂也能逆来顺受，能以德报怨，对人讲话总是彬彬有礼；特别是对五岁的弟弟非常疼爱友好，处处关心、谦让弟弟，兄弟俩心心相印，亲密无间。

这年冬天，父亲从远方做完生意归来，全家人欢欢喜喜得以团圆。闵损给父亲送上一碗热水，但因为身上发冷，两个手臂不由自主地哆哆嗦嗦抖个不停，碗中的水竟洒了一多半。母亲瞪了他一眼，赶紧告诉小儿子又奉上一碗。这种情形父亲看在眼里，心里

闵子骞祠

不是滋味，骂闵损不长进、没出息。

饭后，父亲带上兄弟两个赶着马车去拉货，一路上迎着凛冽的寒风，闵损冻得身体缩成一团，父亲看他穿着厚厚的棉衣，不觉火从心起，并斥责说："看看弟弟穿得比你少，也没有冻成你那样，你怎么活像个冻死鬼托生似的，太没出息啦！"说着便顺手抽了闵损一鞭子。弟弟见状心疼哥哥，扑在哥哥身上，这第二鞭子打下去后，闵损的棉衣被打破了，突然从破洞处露出一些芦苇花撒了一车。父亲一看愣住了，刹那间他就明白过来——继母竟如此狠心待儿子，气得当下掉了眼泪。

待到拉完货回到家里，闵公立即写了一纸休书，令其妻快快回返娘家。继母吓得跪地磕头如捣蒜，盛怒的闵公只说："你心太狠了，是绝不可原谅的。"看母亲头已磕破，闵损和弟弟慌忙跪了下来。那时女人地位很低，一旦被夫家休了，这一生就算是完了，为此走投无路而轻生寻短见的不在少数。

眼看丈夫不肯饶恕自己，继母感到绝望了，这时闵损开口道："孩儿请父亲息怒，恳求您就饶了母亲这一回吧，家里是不能没有母亲的，没有母亲的家不像一个家，更何况'母在一子单，母去三子寒'。如果父亲不答应，孩儿绝不起来！"说罢与弟弟叩头不止，这时闵公被儿子一番合乎情理的言语打动了，看了看几乎快要昏倒的妻子，心肠软了下来，深深地叹了一口气说道："罢了，罢了，你们都下去吧。"两个儿子赶紧扶起母亲，这时如梦初醒的母亲，激动地抱着两个儿子痛哭失声。她万万没有想到，在这关键的时刻，大儿子竟然救了她一命。从此，被感化过来的继母对大儿子又敬又爱，弟弟对兄长更是敬重有加。从此，闵公的家成为一个和睦美满的家庭。

灵璧城隍庙

城隍庙香火最盛。城隍庙位于城隍庙街北端，坐北面南，面积约四亩。庙前不远处有桥一座，名曰"升仙桥"。庙门两侧置石狮一对，雕工甚精，很有生气。进庙时，首先映入眼帘的是戏楼，即演员化妆的地方。下层是过道楼，宽约三米，东西两间，各开一山窗，窗呈六角形，直径不过半米，窗棂雕花，颇为典雅。戏台建在戏楼的前面，长度是戏楼的三分之一，宽约四米，亭榭式。亭的正面，悬红匾一块，匾面刻有"神祈和平"四个黑色大字。站台两边的红柱上刻对联一副，上联："真真假假，假亦为真，无非唱戏。"下联："说说笑笑，笑里含说，即可正风。"

出戏楼过道往东约 30 米，有一间瓦房，门楣刻"速报祠"三个黑色大字，内塑一神，头戴圆乌纱帽，红顶后拖短雉尾，白面短须，上身穿黄马褂，内穿黑色长袍，足蹬皂靴，端坐高台，一手扶膝，一手前指，似为斥责。左右各塑一小神像，各手持一带长把的扇形小牌，左边牌上则写：“你来了么？”右边牌上则写：“正要拿你。”那些为非作歹的人，到此便心惊胆战了。离开速报祠，往西北不远处便是三间坐东面西的十大阎王殿，南北两间，正中开门，内筑高半米、长 10 米的长台两个，每个长台上塑阎王像五尊。除五殿阎王皱眉怒目、表现凶狠外，其余各阎王形态容貌大都面善。民间传说，五殿阎王貌虽严恶，心却很善，怕哭，因此有灾难的人，只要向他一哭，便可免灾赎罪。因此五殿阎王面前的香火较盛。十殿阎王前，南北两端台上各塑小神，南北小神，形貌文雅，右手持笔，左手握册，称为“判官”。北端塑一小神，红毛青脸，血舌獠牙，两手握拳怀抱，曰“避风鬼”。

出阎王殿往西北走约 50 步，便是城隍殿堂。殿堂建筑很雄伟，高脊建锥，锥锁二神，螭尾翘山，山脊伏兽。殿堂三间，前檐出厦，中间开门，左右两间各以雕花木屏做障，四柱擎梁门前数步置香炉两个，一铁一铜。铁炉在西，高约 1.1 米，宽 0.6 米，炉翅一对，向上翘起。铜炉在东，形比铁炉小。殿堂中间塑有城隍爷像，一前一后，后者是泥塑的，头戴乌纱，身穿彩服，足穿皂靴，是扶椅端坐的像；前者是木雕的像，头戴绒球冠，身着绣红袍，腰勒犀角带，足蹬高脑靴，白面慈颜。内设机关，稍踏椅下暗板，便能站立，栩栩如生。每到农历正月初六，市民则抬着这尊木像游街，县内知名绅士随后，号曰：“城隍巡街。”殿堂东置大铁钟一口，西置大鼓一个放在架上。

灵城农历五月二十八的古会，沿承于由来已久的城隍庙会。城隍，是民间历史悠久的神祇文化之一，是古代神话中守护城池的神，其来历可追溯到周朝。周朝除夕要祭祀八种神，包括水（即隍）和庸（即城）。城隍作为神明来崇拜，据说就是由此衍化而来的。自汉代开始，特别是唐宋年间，由于城市经济的发展，城隍庙如雨后春笋，城隍祭祀还被列入国家祭典中，后唐起册封城隍的活动不断。明太祖朱元璋对城隍尤其重视，他在洪武元年开始将战争中牺牲的将士封到各地做城隍老爷，并且严格规定了城隍的都、府、州、县的四级制度，还下令各地城隍庙统统不得杂祀其他神灵。由于统治者的大力提倡，明清时期，每座县城都相继修建了城隍庙，城隍信仰达到鼎盛。

庙会期间，上海、南京、蚌埠等地客商前来经营买卖。农忙初罢的乡民，无不穿红着绿，从四面八方前来烧香赶会。满城人声如潮，到处摩肩接踵。庙门两旁设两排卖香烛的地摊，再两旁则设有卖饭的黑篷，庙东边的空地是日间经营的牛市。牛市旁又是说书、唱洋琴、打拳卖艺的场所。城隍庙往南的城隍街头两旁，设有各色布摊，应有尽有，买卖和行人有时挤得水泄不通。城隍庙街卖土白布、铁木器等物品的摊位一直延伸到北关大街，生意兴隆，亦是行人拥挤的地方。庙门外叫买叫卖，人声嘈杂，天气酷热，挥汗如雨。庙院内的戏台前，则万头攒动，站满了听戏的人，殿堂前则跪满了许愿男女，香炉内则烟火冲天。会期三天后，才逐渐冷清下来。

高皇庙

民间传说，秦朝末年，楚汉相争，汉王刘邦与楚霸王项羽逐鹿中原。汉王三年春，刘邦率领各路诸侯兵马56万人，东向伐楚。项羽乃挥兵西向，从萧地攻击汉军，在彭城大破汉军。项羽追逐汉军到谷水和泗水，杀汉军10万人，汉军南逃，走山路。楚兵又追击到灵璧东濉水之上（古灵璧在今符离东北褚庄附近），汉军因无船可渡不得已后退，被楚兵追及包围。汉军10万人落于濉河，濉水因之不流。楚兵包围三层，无法逃走，正在危急之际，忽然大风从西北起，风势狂暴，折断大树，吹倒房屋，沙石飞扬，天昏地暗。楚军遭此大风，军阵大乱，汉王因此乃得与数十骑逃出。

相传楚汉符离濉水之战时，汉王刘邦就住在今符离西横口山上的一座庙宇内指挥战斗。刘邦当了皇帝后，旧地重游，命名此山为高皇山。地方官府在高皇山上重建庙宇，为刘邦塑造金身，命名为高皇庙。

高皇庙风雨沧桑，寒暑交替，几修几废，至今只有遗址尚存。每年农历三月十八日的高皇庙会仍如期举行，热闹非凡。如今高皇山下已矗立起一座现代化的中型企业——宿州市水泥厂。

铁关帝庙

该庙宇位于周寨镇东则的朱楼自然村西北角，因供奉一尊铁铸的关公而得名。据横躺在院墙角落的一段残碑记载，该庙宇最后一次修缮在清朝光绪年间。现庙宇形貌完好，古香古色。大殿和东西廊房供奉着关帝、阎君、财神、火神、土地、华祖、送子观音等诸神塑像。从香炉里的香灰可以看出，这里目前仍香火鼎盛，信众繁多。

铁关帝庙

萧县孔庙

萧县城中西部有一坐北朝南的明代古建筑——孔庙，又称圣庙黉学、学宫、文庙，始建于明万历四十六年（1618年）。现前院辟为县博物馆，后院辟为县广播电视台，为省级文物保护单位，原来该处，“中为先师庙，东西两厢。前为庙门，门外东为名宦、西为乡贤二祠。前为泮池，跨以石桥，又前为棂星门，门之前为屏墙。棂星门西为儒学大门，由大门直北，东向为仪门。先师庙后为明伦堂，堂东为崇德斋，西为敬业斋，东北为启圣祠，堂西北为敬一箴亭”（清顺治《萧县志》）。古时既是祭祀孔子的地方，又是县内最高学府。现棂星门、大成殿及东西厢房尚保存完好。新中国成立前后这里仍然是萧县文化中心，新中国成立前设过群众教育馆，新中国成立后至今设过文化馆、博物馆、广播电视台。大成殿及东西厢房成为每年展览数十次的书画展览中心。

黑龙潭、黑龙庙

萧县帽山东北麓的“帽翅”连着鹳山，山岗下就是以奇幻闻名于世的黑龙潭（又名化龙潭）及其庙宇遗址处。

萧志记载康熙萧志卷首之“萧县八景图”，其中第六幅即“龙潭皎月图”，元若氏（萧县知县祖永勋，字元若）画，萧县文士祖箕芳在画图上撰题《谒金门》一阕：

田畴沃，飞见威光时瞩，直至嫦娥秋下浴，看纹漪冷玉。大地影归水曲，搅碎一天新绿，童观依稀参妙舞，镌空龙不毒。

清顺治《萧志》载有欧阳修后裔欧阳伦《化龙潭庙碑记》一文，碑文所记故事，虽与民间传说有异，但基本内容相一致。碑文说，过去有一招赘女婿，暑天在潭附近耕田，炎热难耐，下潭冲凉，洗罢竟化龙而去。其妻给他送饭，刚巧见他化龙腾云而去。其妻向潭而泣，天下大雨。后来，其妻思夫，便到潭边哭泣，每哭必有雨。再后来，凡遇旱天，乡民便找招赘的寡妇到潭边哭夫，哭罢便下雨。

除此，碑文还记写了明代嘉靖癸巳年，余姚人朱侯（同芳）任萧县知县，冬无雨雪。朱忧愁，斋戒，默祝求雨，感动一位道士。道士下潭取水，得两个蟾蜍一只泥鳅。道士把这三个小动物放进一个坛子，当夜三更天，便下起了大雨。第二天开坛一看，三物竟都不见了。作者赞叹曰：“异哉神龙乎？”还说此潭之龙去此不知几载，若存若没，每旱呼之，大都应验。

民间关于黑龙潭的说法，却是另一个版本，可以说是一个美丽的传奇：很久以前的一个龙年，此潭附近住着一对老实巴交的中年农民（丈夫可能是招赘女婿），经营几亩薄田和亩把菜园艰难度日。一个雨季的傍晚，异常炎热，只见黑云从北边的凤凰山、东北的龙山、西北的老虎山黑压压地压过来。天黑后，雷声隆隆，地动山摇，下起了倾盆大雨。就在这时，这对结婚多年一直没有生育的夫妇喜得一个黑胖小子。因为是龙年，孩子又黑，夫妇俩就叫他小黑龙。可是不久，小黑龙的爹病故了，娘俩成了孤儿寡母。

小黑龙长到十来岁，过早地承担起耕田浇园的活计。一年夏天大旱，邻居家的菜园都开始抗旱浇水，小黑龙母亲忧愁难耐，说道："小黑龙呀，咱家菜园的辣椒都快旱死了，咋办哪？"小黑龙也已忧愁多日，怎样浇园为母分忧呢？听罢母亲言说，小黑龙似乎胸有成竹地说："俺娘您老不用愁，孩儿尽力挑水浇园就是喽！"娘说："小黑龙你才多大，哪有力气浇这亩把辣椒子？"小黑龙说："孩儿已长大了，白天太热，夜里凉快，我照一夜地干，准能浇好！"小黑龙趁母亲睡熟后，便去浇园。第二天一早，母亲去菜园一看，果真满园浇了个透，辣椒精神多了。这样几次过后，邻居们怀疑起小黑龙娘俩怎么浇的园。母亲也有些奇怪起来。一天夜间，她偷偷推开小黑龙的房门，一瞥间惊倒在地。原来房梁上盘绕着一条又黑又粗的大蟒蛇！小黑龙立时幻回人身，扶起母亲，可母亲已经没气了！小黑龙十分懊悔，悲痛不已。回想十多年的养育之恩，怎能不又痛又悔又恨自己？

小黑龙在亲邻们帮助下葬了母亲，"五七"刚过，又是一个黑云暴雨之夜，第二天，人们不见了小黑龙。人们传说，小黑龙驾云飞天了。有的说，曾经偷看过小黑龙变作一条大蟒蛇，夜间从潭里翻水浇菜园；有的说，见他跳进井里翻水；有的说，有一个雷暴雨天里，看见一条小黑龙落到小黑龙娘的坟前盘绕一圈后又腾空而去……

后来，有人还讲到一个更神奇的故事：有位萧县人当兵到了黑龙江，一次渡江时，本来风平浪静，突然间江心翻起大浪，眼看要翻船！在这危急时刻，这位萧县兵扑腾一跪，大呼道："黑龙爷，俺是您萧县老乡。求求您让俺平安过江吧！"一会儿奇迹出现了，风停浪下，战船平稳到达彼岸！原来，小黑龙当年就是从黑龙江下凡到了萧县，这位萧

黑龙潭

县兵当然听过有关小黑龙的传说，紧急之下，他猛然想起了这个故事。后来又传开，小黑龙知道这船上有萧县老乡，想要打个招呼，并无翻船之意，云云。

再后来，直到现在，萧县每遇黑云怪风雷暴雨，都说可能又是小黑龙回家看他娘来了。此潭此庙，遗址仍在，潭虽不大也不太起眼，潭周边原来镶嵌的青石也没有了。附近的塘库水不黑，唯独此潭水看上去是黑的，可用手掬水，却是晶莹的。村民们说，黑龙潭从来未干过，谁也不知它有多深。而且，谁也不敢在潭边洗涮脏东西。还说过去不光旱时在黑龙庙求雨灵验，而且在狂风暴雨时，求小黑龙保佑勿伤庄稼房舍之类，也很灵验。

第六章 遗址古迹

大泽乡起义遗址

涉故台位于埇桥区大泽乡镇南刘村集，台为覆斗形，东西长近70米，南北宽约65米，总面积约4500平方米，北高南低，平均高度4.2米左右，四周植树。原台上有明万历年间人们为纪念陈胜、吴广集资兴建的楼、台、寺，并铸钟一口，盖钟楼一座。新中国成立后此处一直是涉故台小学的校舍，“文革”的时候扒掉了。还有明万历十四年（1586年）、清道光二十九年（1849年）、清光绪十七年（1891年）和民国32年（1943年）时的石碑四块。1961年被定为省级重点文物保护单位。1984年重修。

1986年落成陈胜、吴广雕像纪念碑。碑高11米，宽6.5米，厚1.2米。自重120吨，画面由14块黑色大理石组成，巍峨雄伟。这座雕像纪念碑由安徽著名雕塑家阎玉敏、阎玉琨姐弟设计。阎玉敏是雕塑大师刘开渠的学生。为建造这座雕像纪念碑，阎氏姐弟辛苦操劳长达四年之久。雕像中的陈胜人物造型，让他们煞费苦心，终于找到附近村民赵守岭做模特儿，按照赵守岭的模样进行艺术加工，做成了挥剑而起的农民起义领袖形象。张爱萍将军为纪念碑题词：“义旗动天地，丰碑照日月。”1991年在台东南侧新建陈胜吴广起义陈列馆——鸿鹄苑。

陈胜吴广起义旧址

顾名思义，大泽乡是一方地势低洼的地方。遥想当年，这里曾是芦苇丛生、野草遍地的荒原。它的范围很广，由此东去，与生长着一种紫根芦苇的紫芦湖连成一体。也正是因为这种低洼的地势，才演绎出2200余年前那惊天动地、可歌可泣的一幕。

秦二世元年（前209年）的七月，正是淮北平原上的雨季。千里平野，阴雨连绵，大泽乡成了一片名副其实的泽国水乡。就在这样恶劣的天气情况下，一群被苦难折磨的人，陷入了绝望的境地。

这是被官府征召去戍守渔阳（今北京市密云区西南）临时屯住在大泽乡的九百名戍卒。连绵的阴雨，把他们围困在这一片无边的泥沼之中。阴沉的天空，雨云涌动，丝毫没有放晴的迹象。何时才能开拔北上？谁也不知道。饥饿的威胁是次要的，最严重的是，按照当时秦朝严酷的条律，误期当斩。九百名戍卒，面临着死亡的威胁！

就在这生死攸关的重要时刻，绝望的戍卒人群中站出两个人来。这就是与九百名戍卒生死与共、带领弟兄们赶赴边关的屯长陈胜（字涉）和吴广（字叔）。他们二人的挺身而出，无异于在风雨茫茫的荒原上升腾起两团烈焰，重新点燃起九百名戍卒心中即将熄灭的希望之火。也就是从这一刻起，“陈胜”“吴广”的名字，被深深地镌刻在中华民族的青史简册上。

在司马迁的《史记》中，有关陈胜、吴广的记载见于多处。《陈涉世家》称：陈胜为河南阳城（今河南商水县）人，吴广为河南阳夏（今太康县）人。但是，在《大明一统志》中却又有这样的记载：阳城，在宿州南，秦县，陈胜生于此。而唐、宋之前的古籍所载秦汉旧县，都没有此县。长期以来，对于陈胜、吴广的出生地，有不少人提出质疑：如果按《史记》所载，那么，陈胜、吴广和九百名戍卒在急如星火赶赴渔阳的时候，为什么会绕道数百里东行大泽乡，再北折而去渔阳呢？为此，质疑者提出大胆的设想，认为陈胜、吴广的出生地，可能就在安徽的宿州一带。他们二人和九百名戍卒，可能就是在淮北地区被征召的。

陈胜、吴广的出生地到底在哪里，还是留给历史学家们去研究、去考证吧。人们更关心的，是被困于大泽乡泥沼中那九百名戍卒的命运。两位有着共同经历和命运的屯长，对于眼前所面临的严峻形势，作了冷静的分析。他们深知，在秦朝暴政的严酷统治之下，百姓陷入水深火热之中，“天下苦秦久矣”。在这种民不聊生、怨声载道的情况之下，沸腾的民心，犹如干柴，一遇火种，便会烈焰冲天。因此，他们决定抓住时机，高举义旗，率领戍卒们于绝境中杀出一条生路。但是，陈胜和吴广又是冷静和理性的，他们没有盲动，而是首先在戍卒们中间制造舆论。

两个有勇有谋的屯长，先是在帛条上用朱砂写下“陈胜王”三个字，塞入鱼腹之内，后被戍卒买回剖洗烹食时发现，疑是“天书”在传达“天意”，一时传为奇事。吴广又于子夜时分，潜进神庙旁的丛林之中，点燃篝火，并装狐狸呼叫“大楚兴，陈胜王”。戍卒们听了无不惊异万分，更加确信这是“天意”。这就是后世广为流传的“鱼腹天书”和“篝火狐鸣”的故事。经过这一番舆论工作之后，戍卒们的期望，集于陈胜一身。看到时机已经成熟，陈胜、吴广又经过一番周密的策划，果断地借机杀死了押解戍卒的两名秦尉，立即集合戍卒破天荒地喊出了那个时代的最强音——“王侯将相宁有种乎?”这句极具鼓动力的话语，强烈地激发起大家奋起推翻秦朝暴虐统治的勇气！它犹如一道闪电，划破黑暗的夜空，点燃了戍卒们胸中郁积已久的怒火。这时，陈胜便自立为将军，吴广为都尉，“斩木为兵，揭竿为旗”，筑台盟誓，诛伐暴秦，拉开了中国历史上第一次农民大起义的序幕。

由于陈胜、吴广与戍卒们有着情同手足的深厚感情和生死与共的同样命运，所以，能够齐心合力，一呼百应。据《史记》记载，当时，符离人葛婴、朱鸡石，取虑（灵璧）人郑布也成了起义军中的骨干将领。义军首先占领了大泽乡，继而攻占了蕲县，一个月之内，连克铚（今安徽省濉溪县临涣）、酂（今河南永城）、苦（今河南鹿邑）、柘（今河南柘城）、谯（今安徽亳州），克陈（今河南淮阳）之后，在这里建立了政权，号称“张楚”。其时，四面八方，纷纷响应，如火如荼，军威大振。拥有兵车六七百乘，骑兵千余，步兵数万。有了如此强大的兵力，义军便以陈为中心，迅速向四方发展，极力扩大势力范围。与此同时，派出周章率领义军主力西进，攻打秦都咸阳。路上，旌旗蔽日，浩浩荡荡，兵至函谷关，已有兵车千乘、战士数十万。这样一支斗志高昂的大军，一路过关斩将，很快打到距离咸阳不足百里的地方，使得秦王朝上上下下一片惊恐，处于风雨飘摇之中。

这时，秦二世胡亥深深感到了事态的严重，意识到不能再让义军向京城逼近。由于兵力的不足，他立即下令释放并武装了一大批修筑骊山墓的刑徒，补充了兵员，组成了一支30万人的大军，由大将章邯率领，起兵东进迎战义军。交战，异常惨烈。由于义军将士没有经受过正规的军事训练，战斗素质普遍较差，一经与章邯的大军交手，立刻溃不成军。在败退的乱马军中，周章自杀身亡。章邯则乘胜东进，一路追杀，各路义军，屡遭惨败。吴广于荥阳附近死于他的部下田臧之手。陈胜也在退出陈后，一路向东败退。在他退却到下城父（今安徽涡阳县）时，被他的车夫庄贾杀害。

陈胜、吴广发难于宿州大泽乡的这次起义，是中国封建社会史上农民阶级第一次向地主阶级发起的强大进攻，并建立了我国历史上第一个农民政权。它最终虽然失败了，但意义重大，流誉千古。毛主席在《贺新郎·读史》中“更陈王奋起挥黄钺”的词句，不仅生动地描绘了陈胜叱咤风云的英雄形象，更高度赞美了他代表人民登上历史舞台的那种无比自豪自信的英雄气概。

垓下遗址

垓下遗址

垓下古战场的遗址，位于灵璧县以南的沱河北岸，今天的城后村带，是一片北部平缓、南部崎岖的高岗土崖。这里的汉墓群颇多，与沱河北岸其他地方的汉墓群连成一片，构成了一个长13.5公里、宽约4公里的汉墓群落带。曾有大量汉砖、汉瓦和楚汉兵器等文物出土，现为省级文物保护单位。

垓下遗址坐落在台地之上，城墙依地势而建，夯土筑成，呈不太规整的四方形。城墙的每个拐角都筑成弧形，西城墙微弯，长340米，其中部被沱河旧河道冲毁。其余三面墙均为直线形。其中南墙长240米，东墙长260米，北墙长260米。历代取土和风雨剥蚀造成城墙坍毁严重，几乎与城内地面相平，仅微微隆起呈斜坡状，但仍比城外平地高2.2—2.5米。城外东、西、南三面有护城河与沱河相通，形成城池的一道防线。

城内南半部为居民生活区，北半部为耕作区。城内地表随处可见到残破的绳纹筒瓦片、云纹瓦当片、板瓦片、碎青砖块、陶器碎片等。城外为农田。沱河水从垓下遗址西南向北流过霸王城西、北城墙外，直流向东，护城河与沱河相通，城南门与濠城镇霸王街相连。

在垓下遗址发现了保存较好的始筑于大汶口文化晚期、汉代增筑的城墙，还发现大汶口文化晚期至龙山文化初期排房1组、台形基址1座、陶窑1座、墓葬11座。大汶口文化晚期至龙山文化初期及秦汉时期的灰坑74个，沟12条，汉代开凿大型水槽1处、水井3口，宋代墓葬2座等。

1976年在城南濠城村冬菜园出土了一套青铜明器，有鼎、盒、壶、钫、甑、灯、灶等。1991年5月11日，在城址南一公里处抢救清理出两座石室墓M2与M3。M2出土了玉衣片、染炉、青铜镜、海贝壳、铁剑、镇墓兽；M3出土了成套的造型精美、色泽如新的釉陶器，有壶、瓶、罐、鼎、楼、仓、猪圈等，并有青铜鼎、洗、镜等出土。

垓下遗址历年出土的文物还有陶器鼎、壶、罐、瓶、仓、灶、井、楼、圈等；青铜器鼎、盒、洗、钫、灶、镳、壶、匜、带钩、鎏金龟、镜等；铜钱有秦半两、五铢钱、新莽布币、契刀五百、大泉五十等，以及大铁釜、云纹玉璧、玉蝉等器物。

公元前208年，楚怀王遣项、刘分道伐秦，并共约“先入定关中者王之”。结果项羽于巨鹿一战全歼秦军主力20万，迟滞了进军速度；而刘邦自武关入秦，用张良的计策，采取了符合民意的策略，招揽降秦官员，迂回前进，避免攻坚，结果却最先顺利进入关中。迫于形势，子婴杀赵高，投降刘邦，秦朝于公元前206年灭亡。项羽在消灭秦军主力之后，闻刘邦已破咸阳，于是立即率兵入函谷关，与刘军相对峙。“当是时，项羽兵四十万，在新丰鸿门。沛公兵十万，在霸上。”鸿门宴后，项羽以胜利者的身份，入主咸阳，大肆杀戮，处死了秦朝降王子婴，并放火焚烧了秦朝宫室。同时派英布将义帝（楚怀王）追杀于郴县（今湖南省郴州市），自立为西楚霸王，定都彭城（今江苏省徐州市）。接着，项羽又分封了17个诸侯王，将刘邦封为汉王。

项羽的一连串大动作，步步显示了他的霸主雄心，“赤帝之子”刘邦当然不服。于是，双雄并起的两位反秦武装领袖在打垮了共同的敌人之后，立刻变成了争夺封建统治权的政敌，并开启了一场长达五年的楚汉战争。

刘邦以萧何为丞相，拜韩信为大将，从汉中发兵，东进洛阳，并以为义帝发丧的名义，讨伐项羽。他亲率56万大军，一举攻入楚都彭城。此时，项羽闻讯，自齐回师，以三方精兵大破汉军，夺回彭城。然而，世事难料，棋局常新。几场恶战后，战争的天平倾向了刘邦。楚军在军事上渐处劣势，刘邦乘机派人游说项羽，达成了以鸿沟为界、中分天下的盟约，东属楚，西属汉。

公元前202年10月，刘邦撕毁了墨迹未干的鸿沟盟约，亲率大军追击向彭城撤退的项羽。追到阳夏（今河南省太康县）的南边，他下令停止追击。12月，刘邦采用了张良、陈平的意见，并与韩信、彭越、英布等合兵。其时，韩信率军自齐南下，切断了项羽向彭城的退路。彭越率领的数万兵马在固陵与刘邦会师后，担任了主攻。刘贾与英布自寿春北上，切断了项羽南逃之路。五六十万汉军将项羽的10万兵马围困于今安徽省灵璧县东南的垓下。

垓下的地形地貌基本上是一马平川，山地大都集中在灵璧的北部。这些山脉，也并非巍峨高耸、直插云天的大山，而只是一些山丘。这样的地理环境，最适合战马的驰骋、兵勇的冲杀，双方的兵力都可以得到最极致的发挥。

韩信的30万大军逼临垓下，布下天罗地网般的十面埋伏，使得10万楚军难以突围。这时候，张良命汉军士兵唱起了楚歌。项羽闻听帐外四面楚歌，以为汉军尽占楚地，他知道军情有变，大势已去，加之自己的军队人困马乏，矢尽粮绝，且兵力众寡悬殊，心中惶恐不安。项羽夜不能寐，借酒浇愁，饮于帐中。

此刻，常伴随项羽征战的虞姬深深理解霸王的心情，于军帐之中进酒献舞，以慰藉他那颗忧虑的心。面对伴随自己多年的爱姬，面对跟随自己征战南北的乌骓骏马，项羽不禁感慨万千，慷慨悲歌："力拔山兮气盖世，时不利兮骓不逝。骓不逝兮可奈何？虞兮虞兮奈若何！"

此时，虞姬双手持剑，载歌载舞。她不愿自己成为项羽的累赘，知道与丈夫诀别的时刻到了。于是，军帐之中，响起了她那哀婉凄绝的歌声："汉兵已略地，四方楚歌声。大王意气尽，贱妾何聊生。"一曲歌罢，引颈自刎，满腔碧血，洒落君前，上演了一场"霸王别姬"的千古悲剧。

垓下战场的附近，有一座山丘，名叫阴陵。虞姬自刎后，项羽带领八百壮士，慌不择路，夜走阴陵。当时，夜色浓重，路径不熟，加上农夫的误导，项羽迷了路。

由于汉军一路追击，交战惨烈，项羽的乌骓马日行千里，非一般战马所能赶上，以致来到乌江口（今安徽省和县东北）时，霸王身边仅余 28 人。前有大江拦路，后有刘邦五千重兵追赶，英雄已至末路。这位力可拔山、气可盖世的反秦英雄，虽然在"东城决战"中仍然所向披靡，并获得"斩将、刈旗、溃围"的局部胜利，但终于无法扭转整体败局。在发出"此天之亡我，非战之罪也"的仰天浩叹之后，在乌江边拔剑自刎，年仅 32 岁。

叱咤风云的西楚霸王，就这样化作了历史深处的一缕烟云，正如清人郑板桥在他的诗篇中所咏叹的那样："霸业一场无片土，美人千载有芳踪。"但是，他在反抗秦王朝斗争中建立的历史功勋，以及他的豪气和柔情，都永远地留在了人们的心中。宋人李清照就曾经用她那千古不朽的诗篇，为项羽唱了一曲激越的挽歌："生当作人杰，死亦为鬼雄。至今思项羽，不肯过江东。"

"拔山力尽，忽悲歌，欲罢虞兮奈若何。"垓下一役，留下了胜利者走向帝王宝座的脚印，也留下了惨败者惊天地泣鬼神的爱情悲歌。这些珍贵的历史片断，都为宿州大地增添了几多厚重、几多壮美的诗意！

霸王城遗址

位于灵璧县尹集镇西北，古濉水之滨，为县级文物保护单位。相传当年为项王楚军驻地，曾出土大量秦汉时代的绳纹筒瓦、绳纹陶片及楚国蚁鼻钱、铜箭镞等文物。遗址有近 2 米厚的文化层，清晰可见陶瓦片堆积层。城墙突出的轮廓仍然依稀可见，而霸王城的城垣，也被一道高出地平线的土坝清晰地勾勒出来，这道土坝就是当年城垣的遗迹。时过境迁，当年的城垣遗址上，如今已栽满了树木，布满了坟茔。现在的城垣遗址依然

霸王城遗址

要高出地面近一米，东、西、北三面均有城墙遗址可见，南面被新濉河所隔断。遗址东西长约2500米，南北约2400米，在当地开阔的原野上，显得特别突出。从城垣范围来看，霸王城遗址呈正方形，对于其占地面积，在当地历来有着“九里十八步”的说法。

尝思庙遗址

位于泗县黄圩镇三官村三官自然村中心，面积约60000平方米。此地原建有明代尝思庙一座，故名。据说，原庙为三间大殿，东西各有一耳室，同时在前两侧各有三间厢房，庙体为泥土，毁于1963年的大水。在庙前池塘一侧，清光绪十一年的碑记中记载，尝思庙原名为三元宫，始建于明代，清代曾因风雨倾倒、重修。同时，在遗址中还发现大量板瓦及陶器残片，板瓦多为外绳纹内菱形花纹，陶器多为带弦纹的陶釜口沿。在遗址南侧的一处水塘塘南，距地表约2.5米处发现一厚约50厘米的汉代文化层，其中包含大量板瓦及器物残片。该文物等级为四级，年代为汉、明清。遗址位于淮北平原，为黄泛区，地势平坦，海拔14米。

古台寺遗址

古台寺遗址位于埇桥区曹村镇闵祠村腰庄自然村，是安徽省文物保护单位。总面积近10万平方米。遗址南部有一长方形高台，面积约3万平方米。遗址北部和东部边缘有一条自然沟。古台寺遗址的发现，为皖北早期新石器文化与大汶口文化的地层提供了依据，揭示了早于大汶口文化遗存在皖北存在的事实，对研究皖北地区新石器时代文化提供了重要的实物资料。古台寺遗址发掘部分文化层厚2.5—3米，地层堆积共分四层，除耕土层外，包括汉代、大汶口文化和新石器早期文化三个时期的文化层。

古台寺遗址外，还有灵璧玉石山、萧县花甲寺、泗县佘家台文化遗存，出土的文化遗物按质料分，有石、骨、蚌、角和陶器等。石器和骨器大部分加工精细，器表经过磨光，钻孔技术成熟，器型规整。具有典型特征的生产和生活用具有石钺、楔形石锛、石刀、骨凿、蚌刀和蚌镰等。据专家介绍，宿州的文化遗存中，陶器数量最多，型制稳定特点突出。主要器物有鼎、罐、长颈壶、短颈壶、高柄杯、缸、樽、钵、碗、盆、豆、瓶、筒形杯、陶坠等，其中有不少陶器已被列为国家一级文物。陶器制作主要是手制，采用泥条盘筑法；小型器物，直接捏塑而成。陶器按质料分为夹砂和泥质两大类。夹砂陶中羼和少量碎蚌壳，陶色以红色和灰色为基本色调，分为红褐、灰褐和浅灰色，另外还有橙黄、灰黑和褐色等几种。陶器器型，主要是三足器、平底器和圈足器，圆底器极少见。

野兽出没、鱼雁成群的古宿大地，为人类的生存、繁衍提供了理想的场所。采集狩猎是他们取得食物的主要方式。石器的细小化，尤其是磨盘、磨棒、渔网陶坠的出现，便是这种情况的真实反映。

在人类历史的长河中，农业无疑是划时代的革命，也是确定新石器时代的有力标志。缸、钵、碗、盆、蚌镰，这些器物的出土表明，采集，在远古的宿州，便是农业的代名词。考古发掘表明，当时的皖北地区，普遍种植粟类作物，因为在多处遗址中都发现了这种农作物的硅酸体实体。在小山口、花甲寺红烧土房基倒塌的墙体土块中，还可以清晰地看到用稻壳、稻草做料拌泥的现象。黄淮地区是我国南、北两方的自然分隔区，古宿州具有优越的地理环境和良好的气候条件，既适合喜水农作物的生长，也可从事旱地农作物的栽培，使原始农业在这里得到了迅速的发展。

宿州的小山口、古台寺遗址和萧县花甲寺遗址，为考古专家们提供了“皖北史前考古文化发展相对关系在地层上的依据”，这是宿州悠久文明的实证，是宿州对华夏历史文明的贡献，更是宿州人民再创物质文明和精神文明的厚重基础和先天优裕条件。

大觉院遗址

该遗址在砀山县刘暗楼村东北二里许，响马路东侧。有明朝嘉靖年间古碑一座。碑高约3.8米，宽约0.82米，厚约0.3米，碑顶镂刻双龙戏珠图案，碑座为无头巨型赑屃。石碑上刻有796字，碑文《重修大觉院记》清晰可辨，详细记载了古刹的宏大规模及嘉靖二十二年重修时的盛况。据碑文记录，大觉寺始建于东汉明帝时（58—76），系佛教刚传入中原时修建的我国最早寺院之一。大觉寺到明朝初年仍“壮然秀丽，四绝烟村，乃四海神僧驻锡之方”。明朝建立百余年后，大觉寺院“殿相倾颓，惟有古碑而存”；成化年间，礼公和尚重修寺院，后因黄水泛涨再次废颓。明朝嘉靖年间，由本境住持和尚兴诱携六位徒弟募捐重修，嘉靖二十二年完工。重修后的大觉寺规模庞大，气势宏伟，“鼎构殿宇三楹，凌空叠翠；中塑大佛一尊，香花菩萨；列按十八罗汉，伽蓝祖师。威容变尔，金碧交辉；钟楼两廊，厨库僧房”，皆齐整如初。现古刹的地面遗存仅有此碑。

另据当地老人忆说，在古碑的附近还有古铜底井一眼。如向该井中投下小石块，井中便会发出轰然声响，如击铜锣之声，故曰“铜底井”。现此井已开掘显现。

附：重修大觉院记

（原碑文为繁体字，无标点符号。为方便阅读，现改为简体，加标点。）据碑文文理可知，作者文字水平低下，语句佶屈聱牙。年代久远，风雨剥蚀，个别刻字残泐，难以识辨。过录或有舛误，保存文献而已。

夫鸿蒙未判之先，阴阳造化之后，天生地设，立坤维于八表；布疆安界，统山河于万方。详观佛之一教，审其先代有之。自大佛持世，尔后释氏当兴，肇自周时。传化应迹，原于西土，千龄之外，教法影图，梦于汉帝。孔氏以五德而润身，四毋而洁心，化齐鲁兴变之道。俾觉有已灵不昧，共跻纯赜之诚。不浇下薄者，岂小圣而可谐之哉？况吾佛之道，而王化三界，乃至王公贵人，印沾其利者，亦不多乎？而宗崇敬信者非之乎？一起寺造相者，而山城有之；吾理证性者，而有儒道之。凡所发扬动用，无非導民为善，化愚为智，岂小补哉，则与老氏孔子之教理其然也！释谓复还元觉，小沉诸妄心，受诸变，故曰真常。儒谓复则（有）三；老谓

大觉院遗址

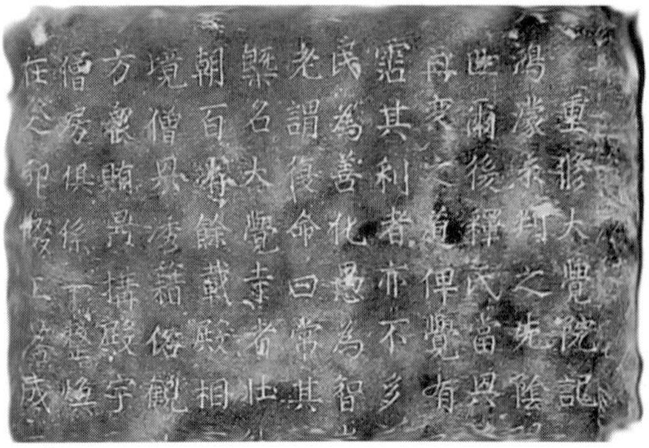

《重修大觉院记》碑文

复命曰常，其教有三，其理本矣。须暨明时，惟有古砀之北，四十余里许，曰居敬乡双沟社张村，有古刹一区，累代传扬，概名大觉寺者。壮然秀丽，四绝烟村，实五爪龙像蹴踏之处，乃四海神僧驻锡之方。至圣朝百有余载，殿相倾颓，惟有古碑而存，乩今于成化年间，授受业师礼公和尚，重修院整。因被横水泛涨，迄今废颓，幸遇本境僧兴诱籍俗，观其叹曰："虽先古之丛林，失四方之授敬！"留心养道，并募十方众贿，鼎构殿宇三楹，凌空叠翠。中塑大佛一尊，香花菩萨；列按十八罗汉，伽蓝祖师，威容亦尔，金碧交辉。钟楼两廊，厨库僧房，俱系一整，焕然一新。巍巍乎，乃佛子修行之地；荡荡乎，是檀那作福之场！凡曰祷祈，乡人便矣。又于嘉靖贰拾贰年，岁在癸卯，辍工落成而已。其中焚修香火，讽诵殊勋，上祝皇□巩固，风清四海；下佑万民雍丰，日朗八荒。其有住持僧兴诱，有徒隆璋、隆瑞、隆珝、隆玟、隆瑗、隆瑀，皆有运动，纯粹循其性而各有自然之理。思惟前后殿堂已整，内外圣像同隆，吾不勒碑刻石，他日善功忘迹，野衲非此用哉！却辞弗获，罪无所非，于是俾言镂石为记，以为后日者焉。

颂曰：大觉圣人，应迹西方。后汉明帝，夜梦金光。竺法摩腾，白马初彰。筑台焚验，烈焰生香。化民为善，与国为祥。大觉古刹，久废秋霜。当代重整，海宇云翔。微言立石，遐远莫忘。

砀山县知县：李坦；典史：邹云瀚

性宗野衲：后学海霞、兴诱

永庆寺住持：永深、永沧、永河

徒：兴环、兴玷、兴圣、兴禄

大明嘉靖三十年，岁在辛亥二月辛卯吉

嘉祥县石匠：翟清、庞山、庞洪、徐兴、翟世魁

花甲寺遗址

花甲寺遗址位于萧县白土镇花甲寺自然村东侧，遗址原为一个大土台，长360米，宽300米。这个部落当年曾有古陶窑，后来在其上建了庙宇，早已坍塌。1957年倒流河改道从遗址中穿过，遗址被分割成东西两部分。

1960年12月安徽省博物馆专家来萧县考古调查，发现这里地表有大量陶片，并采集到穿孔石斧一件，摸清了该遗址的文化属性，于是进行试掘。从发掘探沟的断层看，第一层为黄土层，被扰乱，土质坚硬。第二层为灰土层，土质松软，出土器物呈龙山文化特征。第三层分上下两部分，上部分为一层灰白色木质灰烬，灰烬中含有大量木质黑炭粒，

白土花甲寺新石器遗址出土的石斧、陶器

出土器物呈大汶口文化特征；下部分为一层坚硬的红烧土。整个文化层深约 5 米，有明显的文化层叠压关系。

这次发掘出土有石器、陶器、骨角器等。尤其是陶器制品，陶胎均匀规整，纹饰有绳纹、弦纹、指甲纹、篦齿纹、斜线纹、聚点纹等。这不仅说明陶器已应用到先民生活的各个领域，同时也说明花甲寺的先民已有了美的艺术追求。

中国社会科学院考古研究所所长吴加安带领相关专家，通过对白土花甲寺新石器遗址考察后，写论文指出："白土镇花甲寺遗址，是皖北地区最早经过发掘的大汶口文化遗存。第一次提供了大汶口文化分布可能进入皖北的资料，同时也提供了该文化遗存早于当地龙山文化的地层依据。"大汶口文化的界定年代：距今约 6500—4300 年（截止年代各地不同）。白土镇花甲寺能提供"皖北史前考古文化发展相对关系在地层上的依据"，这是对中国考古的重要贡献。

薛显墓

薛显墓位于砀山县城西南二公里的薛口村附近，是大明朝开国名将薛显的陵园。据说，该陵园以前规模庞大，古木参天，墓碑高耸，庄严肃穆，有着排列有序、长达里许的石像生。由于清末水患灾害，这些古迹都被淤积在地下了。我们现在所能看到的规模较小的薛显墓，是近些年重新修建的。洪武二十一年，薛显死于山海关，死后归葬砀山薛口村，朝廷赠封永国公，谥"桓襄"。其墓 1971 年被平，1981 年重筑坟冢，底部直径约 5 米，冢高 2.5 米，墓前竖有民国 13 年重立的墓碑。

元朝末年，年轻的薛显在砀山便因勇略过人、急公好义而小有名气。后来又与萧县的赵均用等人歃血为盟，结交了不少江湖好汉。他们积极响应韩山童、刘福通等人反元起义的号召，于八月十五日夜，在丰、萧、砀同时起义。而后又攻占了徐州、宿州、灵璧、五

薛显墓

河、安丰、濠州等地，成为一支攻无不克、战无不胜的劲旅。此后，薛显以地方军元帅戍守泗州时率军归顺了朱元璋，被任命为江南行省指挥司下的亲兵指挥，后随徐达、常遇春收复了安庆，攻破了江州，驻守在洪都（今江西省南昌市）。

陈友谅进犯江西围攻洪都时，薛显奋勇抵抗，乘机出奇兵，以迅雷不及掩耳之势斩杀陈友谅的平章刘进昭，擒其副枢赵祥。这一年的九月，朱元璋发兵武昌，激战六个月，迫使陈理衔璧肉袒而降。薛显因参加武昌大战有功，升为江西行省参政。

而后，薛显随军进攻湖州，与常遇春一起首战南路，大败湖州舟师。接着与徐达攻克苏州，俘获张士诚，遂使东吴国灭、东南平定。薛显又因军功升为行省右丞相。再后，薛显随徐达、常遇春北伐中原，挺进河南，攻取汴梁、许昌等地后，又北渡黄河，拔卫辉、彰德，进驻临清。略事休整后，即挥师北上，攻占了德州、沧州，水陆并进，直逼大都（今北京）。元顺帝仓皇出逃，大军破城，占领了元大都。这一年十二月，薛显又随徐达挺进山西，攻榆次，占太原，一路所向披靡，势如破竹。接着，又马不停蹄地进军陕西，抵临洮，克庆阳；再接再厉，北征大漠，进军甘肃、宁夏，为大明江山扫平了最后的障碍。

按说，一直南征北战、功勋卓著的薛显在朱元璋大封功臣时理应封为国公，可他却被封为永城侯，并且不给世袭铁券。薛显不服，朱元璋当面指责说："你虽然作战勇敢，屡立战功，但性格猛烈，滥杀无辜。功过不相掩，虽封侯，却要贬谪海南。并把你的食禄一分为三，一份用于赡养所杀人家的老小，一份用于赡养你的老母与妻儿，一份自用。"薛显谪居海南一年有余后，朱元璋念其勇略及战功，下令召回，并给予世袭铁券，食禄一千五百石。接着派其随徐达远征漠北，屯田守关去了。明洪武二十年冬，薛显奉诏回家，走到山海关时，突患疾病，医治无效而卒。灵柩南归，葬于家乡砀山薛口村东南。征战几十年，跋涉了大半个中国的将军，终于叶落归根、魂息故土了。薛显卒后，朱元璋追封其为永国公，谥号桓襄。

有道是，"福兮祸所伏，祸兮福所倚"，那些当时拿到免死铁券的功臣大概以为功成名就、有恃无恐了，所以便居功自傲、肆无忌惮、胡作非为起来，以致大多悍将勋臣受胡惟庸案、蓝玉案的株连而命丧黄泉。唯有薛显，因贬谪海南和戍边漠北而躲过了这一劫。

萧县汉墓葬群落

宿州市萧县县城西关老虎山下，310 国道西侧，当地群众挖地时，意外地发现一处古墓。该墓为双人石室墓，分前室和左右两墓室三部分。墓门两道，墓顶用大石板覆盖，墓长 4.05 米，宽 2.54 米，高 0.85 米。

经抢救性清理和挖掘，发现此处为汉墓葬群落，在南北约250米、东西150米的范围内均有墓葬。埋葬时间约为西汉至东汉晚期。因年代久远，墓已淤入地下，墓葬埋深1—5米。其墓式有土坑墓、石室墓、砖室墓、单人墓、双人墓等，一般为中小型墓葬。估计该地当时属公墓区。该墓区出土文物主要有陶器、铁器、铜器、画像石、汉代钱币等。近年来，配合连霍、合徐高速公路施工，萧县境内又发现大型汉墓群数处，发掘汉墓400多座。截至目前，在萧县发现的600多处汉代墓葬中，比较集中的是萧城老虎山、庄里镇城阳、白土镇冯楼以及孙圩子汉墓群。

萧县，汉代属沛郡，是汉高祖刘邦的家乡，所以说这里是汉文化的发源地。汉代历时400多年，国家统一，疆域辽阔，经济发达，文化进步。现今的“汉族”“汉语”等词汇，都源于汉朝。在这样一个相对长期稳定的社会环境里，大大丰富发展了华夏民族的传统。

在萧县发掘的600多处汉代墓葬中，石刻壁画墓占60多座，出土汉代壁画石刻160多块。石刻之多，壁画之精，涵盖内容之丰富，让人叹为观止。

这些石刻壁画墓，大者从墓门到后室有墓石20余块，包括门额、门楣、立柱、门扉、后墙，这些墓石的可视面大多刻有画饰，有的单面刻，有的双面刻，有的三面、四面刻，且题材丰富多样。古人充分利用石料板块这一载体，大胆铺陈，将天上、人间、地下三界的诸多物象、事件及理想化的意境，以艺术形象表现出来。《百戏图》《六博图》《饮马图》《纺织图》《车马出行图》等代表性画像石作品中，不乏天上诸神、地下众怪，以及人间明君贤相，日常生活中的宴饮、百戏、饮马出行、下棋，还有诸如禽兽、牲畜、

汉墓葬群落

汉代石刻壁画

花木等各种事物，在画像石中均有涉及。

从汉画像石反映的内容来看，无论是生产、生活，还是神仙、灵异，无不表现出浓郁的民间气息，是研究汉代民俗民风全面而直观的资料，也构成了古宿州一幅内容丰富、艺术水准很高的历史画卷。

汉石刻，是汉代彩绘壁画演绎出的一种壁画艺术形式，是我国早期的浮雕艺术，是华夏民族艺术宝库中一颗璀璨的明珠，具有很高的文献价值。萧县出土的汉代画像石，艺术手法可以分为高浮雕、中浮雕、浅浮雕，同时伴有线刻。这些技法在商周青铜器中早已有之，有的甚至可追溯到原始社会的一些雕刻制作。但在技法上，汉代则发挥得最为淋漓尽致，画面细腻传神，造型生动逼真。

在《六博图》画像石上，为充分表达对弈的趣味性，作者将下棋者刻造成一胜一负形态，胜者手舞足蹈，面容喜悦，似在称快；负者神情茫然，双手摊开，表现得无可奈何。再如《百戏图》，献艺者有的神情专注，有的喜形于色，动作优美绝伦，让人如临其境，如闻其声，十分贴近生活，造型均较写实，笔笔有出处，表现十分清晰明朗。有的画面则较为粗犷、奔放，造型率意，似作者即兴速写。寥寥数笔，便勾勒出一幅生动画面。如《龙虎图》《门吏》等，作者仅用浅浮雕手法，物象用粗线条表达，颇似中国写意画，天真逸野，有意到笔不到之妙。

萧县汉墓葬群落的确是一座历史的地下宝库，它见证了宿州市悠久的历史与灿烂文明。以画像石为代表的出土文物，虽经两千年的磨砺，大汉雄风依然犹存。这种或大气磅礴或细腻写意的艺术风格，也成为宿州书画繁荣的源头。那大大小小的600多处汉墓，让踏上宿州这块土地的人们，感受到源远流长的人文气息，扑面而来。

宿州古城墙

古城墙初建于唐朝，距今已有1200多年的历史，当时的城墙是用土筑而成。明朝洪武十年，即1377年开始改用石头作基础，两边用大砖，中间用土筑城。史载，当时的城墙周围六里三十步，长1115丈。每丈筑两个城垛，共有2230个城垛，城墙连垛高3.3丈，厚2.5丈。城墙上每一里设8个铺，共49铺，每铺驻守城防的铺兵一人。城下设四个城门：东门在今中山街与东环城路相接处，名为望淮门；西门在中山街与西环城路相接处，名为连汴门；南门在淮海路与南环城路相接处，名为阜财门；北门在淮海路与北环城路相接处，名为拱辰门。

每门设有城楼，作为守城打更之用，城外筑瓮圈，用来巩固城墙。四门上建有庙宇：南北为和尚庙，东西为道士庙。据宿城老人回忆：东城上是吕祖庙，供奉的是吕洞宾。吕庙颇为壮观，有山门一间，大殿三间。大殿两旁有楹联："大道勿他求，只立德立功，便是丹成九转；神仙无别术，能全忠全孝，自然名著千秋。"每逢春秋佳日，香火特盛，远近善男信女前往进香者，络绎不绝。吕祖庙为四门中最大的庙宇。西门城墙上，为华祖庙，供奉我国东汉名医华佗。殿前楹联为："与阿瞒，本属同乡，具将医国神针，千秋大名侪管辂；想先生，素怀壮志，听到谯楼暮鼓，满腔忠愤让祢衡。"城墙外开挖护城河，护城河长8里188步。历史上宿州古城墙曾多次毁于战火又经多次修补。1938年日军用大炮轰塌西门至南门城墙5米。新中国成立后，1952年人民政府为了旧城改造，古城墙相继拆除，只保留如今尚存的一段。现有古城墙上有很多古迹，扶疏亭就是其中之一。扶疏是枝叶茂盛、疏密有致的意思，古代有句，"秋雨潇潇，烂漫黄花都满径；春风袅袅，扶疏绿竹正盈窗"。宋朝大文学家苏轼在任徐州太守期间，曾以萧县白土镇的石

宿州南城墙东部奎星楼。1938年5月摄

20 世纪 90 年代的宿州古城墙

宿州古城墙

炭为题，写《石炭歌》一首。《宿州志》载："东坡守徐时，遗墨竹一本于宿，好事者刻诸石，构亭贮之，名曰扶疏。元季毁于兵，明弘治间，知州曾显追寻旧刻，得残碑两块，构亭已复其旧。"又载："崇祯末知州李燕林，清康熙间知州高其佩，历任皆加修，其真迹于乾隆甲辰乙巳间失去。"这两段文字说明了扶疏亭的来历与经过。新中国成立后尚存殿堂三间。1950 年为修环城路拆除。后来又在古城墙上重建新式殿堂，殿堂的西墙壁上镶嵌着苏轼那一方宝贵的墨竹图。另有苏轼的五言诗一首："寄卧虚寂堂，明月浸疏竹。泠然洗我心，欲饮不可掬。"这幅墨竹图，应是清人摹刻，原碑已是踪迹无觅了。

宿州古运河

宿州市是安徽的北大门，位于黄淮平原南端，秦汉时期已成为"舟车会聚，九州通衢之地"。605 年，随着隋唐大运河通济渠的开通，古老的宿州又成为"扼汴控淮，当南北冲要"的军事重镇。这条古运河，因由古汴水东向而下，后人习惯上称作汴水、汴河。

2006 年 9 月，在中山街木牌坊建筑工地，发现距今 1400 多年的隋唐大运河遗址。考古部门自 4 月开始抢救性挖掘以来，仅在 600 多平方米的发掘面积上就已经出土各类文物1440件，瓷片数十万件。其中瓷器占出土文物总数85%左右，不光品种繁多，而且涉及的窑口多达数十个。

大运河的开凿，有重要的政治、军事和经济意义。鱼米之乡的江南，早在南朝时期，经济就有了显著发展。隋统一中国后，当时政治中心虽在北方，但都城长安、洛阳和边防军所需的粮食仍然要靠江淮流域供应。陆路运输的局限性无法满足北方的这一需求，因此开通运河，利用水路运输，成为当时社会经济发展的客观需要。从政治上看，为了加强对东北和富庶的江南地区的控制，隋政府也需要开通一条南北向的大运河；从隋炀帝个人角度说，也抱有开运河、乘龙舟游幸江南的愿望。当时，隋朝社会经济发展速度较快，这也为开通运河提供了相应的物质条件。于是，隋炀帝杨广即位后不久，便征调豫皖地区100余万人，利用天然河流和旧有渠道，开始了挖凿大运河的庞大工程。

根据历史记载，隋唐大运河从隋炀帝大业元年（605年）始，通济渠自河南的开封折向东南，沿河南杞县、睢县、商丘、永城，经过安徽的濉溪，宿州埇桥、灵璧、泗县，至江苏盱眙入淮，全长大约500公里，沟通了海河、黄河、淮河、长江和钱塘江等五大水系，是当时隋唐时期重要的商贸通道，成为我国古代南北交通的大动脉。

隋唐大运河，造就了埇桥，滋润了古宿州的成长。隋唐大运河，流经宿州市境内130多公里，在宿城，大运河经今西关大街、中山街至道东穿城而过。唐代的埇桥，是汴河上的一个重要关津渡口，《元和郡县图志》记载："宿州本徐州符离县也，元和四年以其地南临汴河，有埇桥为舳舻之会。"至唐宪宗时，为了防御淮西叛乱，加强汴河漕运的保卫力量，元和四年（809年）设置宿州。至文宗大和七年（833年），辖符离、蕲县（原属徐州）、虹县（原属泗州）。至此，宿州迎来了她"地当要冲、舟车交会、帆樯如林、商旅云集"的繁华时期。

到了南宋后期，宋金对峙，淮河南北形成两个政治中心，双方都没有整治运河、疏浚漕运的迫切需要和客观条件，加上汴河泥沙日益淤积，运营了数百年的古运河逐渐废弃。

埇桥，昔日的沿汴重镇，已深埋在宿州城内车水马龙的大隅口下，所幸考古人员的抢救性挖掘，又为我们展现了古运河在宿州的旧痕。1400个春秋过去了，汴河残迹犹存。宿州市境内，大运河堙废后形成的隋堤，至今蜿蜒可见。1972年，泗县鹿鸣山北一公里的汴河故道中曾出土木船一只，前后两舱，长约10米，经专家鉴定，为宋代以前的木船。

近年发现的隋唐大运河遗址，位于宿城西门口老桥西侧，这验证了史载的汴水穿城而过。特别引人注目的是，此次考古活动，出土了不同年代、不同窑口、品种丰富的瓷器。从其釉色看，有青釉、黄釉、白釉、黑釉、酱釉、白底黑花、影青釉等10多个品种；从其型制来分，则有碗、罐、壶、钵、瓶、盏、盘、盆、缸等。这些瓷器虽然在水中和地下经过上千年的岁月，但色泽仍然光鲜如初，有些甚至完好无损。其制造的窑口更是多得惊人，有安徽的寿州窑、烈山窑、东门渡窑，河南的鹤壁窑、钧窑，河北的定窑系和磁州窑系，陕西的耀州窑系，湖南的长沙窑系。另外，还有福建的建窑，江西的吉州窑、景德镇窑，浙江的越窑等窑系。

考古人员认为，出现那么多不同年代、不同窑口、品种丰富的瓷器，除了说明隋唐大运河在隋、唐、宋三个历史时期历史地位非常重要外，更说明当时宿州经济繁荣、物流兴盛。此外，该遗址地处运河的中下游，黄河的频频泛滥，将运河一些沉船和河道两岸的日常瓷器冲刷下来，从而导致大量瓷器在这里堆积。

古汴河，留下了太多血泪的故事和亡国伤痛的诗篇，“汴水东流无限春”。古汴河，也经历了几多舟楫云集、商贸鼎盛的辉煌。如今的宿州，不见了隋堤烟柳，不见了古汴河上的龙舟帆影，取而代之的是宽阔平坦的高速公路、国道、省道，是一条兼顾农业灌溉和航运交通的大型人工新汴河道，还有那浓荫铺地的沿岸绿色。

淮海战役总前委会址——蔡洼

蔡洼，又名胜利村，坐落在萧县城西南 28 里处，其村史既有趣闻，更有意义。

清朝时期，这里居住着几户姓蔡的人家，由于地势低洼，故名蔡洼。蔡氏宗族在此繁衍，人口越来越多，后来又有几户姓杨的人家迁入蔡洼居住。谁知从此以后，蔡氏家族人丁不兴，常有无故死亡者，六畜不旺，病疫时有发生，杨氏家族却异常兴旺。蔡家认为本族发生诸多的不幸事故，盖因杨姓克蔡姓，即杨（羊）吃蔡（菜）所致，若不搬走，蔡姓不但无兴旺可能，且仍会有灾难降临。于是，姓蔡的人家陆续搬迁至东边 20 里皇藏峪西侧的小银庄居住，从此，蔡洼村已没有蔡姓在这里生活，仅留下一些蔡氏祖坟。蔡氏族人搬离蔡洼以后，又有几户姓郝的人家搬进来，其他姓氏人家也陆续迁来居住，蔡洼就成了众姓庄。杨家与郝家是蔡洼的大族人家，两姓中都有几户占有大量的土地、房产，成为本村的地主。其中杨姓为防水患，筑了一个杨家台子，高出平地 2.5 米，面积有 4000 余平方米。

1948 年 11 月 6 日，由华东野战军和中原野战军对国民党军徐州集团进行的战略决战——淮海战役开始了。随着战局的发展，华东野战军司令部驻进了蔡洼，华野代司令员粟裕坐镇这里。中央军委鉴于战局迅速发展，淮海战役的规模日趋扩大，于 11 月 16 日决定成立总前委，统一指挥前线作战和领导战区支前工作与后勤保障工作。总前委由刘伯承、陈毅、邓小平、粟裕、谭震林五人组成，刘伯承、陈毅、邓小平三人为常委，负责处置一切。邓小平为总前委书记。由于战争条件的限制，总前委五个成员主要靠电报、电话联系，难得聚会。在全歼国民党军黄维兵团、淮海战役第二阶段胜利结束时，总前委在蔡洼召开了全委会。12 月 16 日晚，邓小平、刘伯承、陈毅到达蔡洼，17 日晨，谭震林也由前线赶来。当天，总前委五位成员在会上研究了今后作战和部队整编等问题。会后，刘伯承、陈毅去中央汇报。这次会议，是淮海战役总前委唯一的一次全委会。会议休息时，五位总前委委员在会议室前合影留念。蔡洼，由于是淮海战役总前委会址，从此以后也就闻名遐迩。

淮海战役总前委会议的会场是在蔡洼的杨台子，五间堂屋，三明两暗，东西各一间为粟裕等人的宿舍，中间三间为会议室。现该房保存完好，当时用的桌、椅、床、几等仍原位安放。这里被定为全国重点文物保护单位，时常有人前往参观，成为教育后人的课堂。

在淮海战役中，蔡洼人民毁家纾难，踊跃支前，作出了积极的贡献。本村青年郝圣堂、郝圣标参军后，在淮海战役中英勇捐躯。

1980 年，为纪念淮海战役的胜利，蔡洼改名为胜利村。蔡洼人民在党的领导下，走社会主义道路，生产发展，生活改善，五谷丰登，全村一派欣欣向荣的景象。

第七章

城市地标

城门

望淮门（大东门）　又名大东门，位于中山大街与东环城路交会处。望淮门俗名大东门。宿城古城墙筑于唐元和四年（809年），筑土为城，宋、金、元三朝因袭。金代宿州《瞻宸楼记》记载，州城有四门，东曰望淮，西曰连汴，南曰阜财，北曰拱辰。明洪武十年（1377年），始垒石为城，外砌城砖，周围六里三十步，四门沿用旧称，东门曰“望淮”。唐代建置宿州，大运河汴水河段东西方向穿城而过，直达淮河。望淮之意，即登上城楼眺望淮水，乃为古人诗意之想象。

小东门　位于胜利路与东环城路交会处。清末民初，津浦铁路（今京沪铁路）修建，在宿州城东桑园附近设置南宿州车站。宿州之“宿”，徐淮之地俗读作“虚”，与徐州之“徐”音近。因此，前人分别称为“北徐州”“南宿州”。为方便城内与火车站之间的往来，民国18年（1929年）在东城墙大东门以北增开新城门一处，通称“小东门”。

连汴门　又名西门口，位于中山大街与西环城路交会处。连汴门俗名西门口。宿城古城墙筑于唐元和四年，筑土为城，宋、金、元三朝因袭。金代宿州《瞻宸楼记》记载，州城有四门，东曰望淮，西曰连汴，南曰阜财，北曰拱辰。明洪武十年（1377年），始垒石为城，外砌城砖，周围六里三十步，四门沿用旧称。西城门名连汴门，指汴水穿宿州城而过、城池西接汴水之意。

阜财门　又名南门口，位于淮海

连汴门

路与南环城路交会处。阜财门俗名南门口。宿城古城墙筑于唐元和四年，筑土为城，宋、金、元三朝因袭。金代宿州《瞻宸楼记》记载，州城有四门，东曰望淮，西曰连汴，南曰阜财，北曰拱辰。明洪武十年（1377 年），始垒石为城，外砌城砖，周围六里三十步，四门沿用旧称。阜财，典故出自先秦《南风歌》："南风之薰兮，可以解吾民之愠兮。南风之时兮，可以阜吾民之财兮。"所谓阜财，指主政者希望天下万民财物丰富。

拱辰门　又名北门口，位于淮海路与北环城路交会处。拱辰门俗名北门口。宿城古城墙筑于唐元和四年，筑土为城，宋、金、元三朝因袭。金代宿州《瞻宸楼记》记载，州城有四门，东曰望淮，西曰连汴，南曰阜财，北曰拱辰。明洪武十年始垒石为城，外砌城砖，周围六里三十步，四门沿用旧称。北门名拱辰，典故出自《论语 · 为政》："子曰：'为政以德，譬如北辰，居其所而众星共之。'"共，通拱。大意为，孔子说："用道德治理国政，自己便会像北极星一般，在一定的位置上，别的星辰都围绕着它。"

四关

东关　宿州老城区由大东门向东至京沪铁路北地下道的街道，通称大街。

西关　宿州老城区由西门口向西至大王庙巷的大街，通称西关大街。现街道西延至拂晓大道东侧。

南关　宿州老城区由南门口向南至运粮河桥的街道，通称南关大街。现街道延伸到浍水路北侧。

北关　宿州老城区由北门口至沱河南岸的街道，通称北关大街。现街道向北有所延伸。

路口

大隅口　位于中山大街与淮海路交会处。大隅口为宿州环城河以内老城区中心路口。隅，角落与方角之意；口，指出入至通道。大隅口，指城池中心四通八达之处。

北小隅口　在大隅口之北，位于胜利东路与淮海中路交会处，为宿州环城河以内老城区主要路口之一。隅，角落与方角之意；口，指出入之通道。

南小隅口　位于大河南街与淮海中路交会处，为宿州环城河以内老城区主要路口之一。隅，角落与方角之意；口，指出入至通道。

木牌坊　位于中山大街与八一路交会处。木牌坊得名于清代咸丰年间宿州官衙前的木质牌坊。此处牌坊为标志坊，两柱一间，主楼为单檐式，檐下名牌正面题写"枕山带河"，背面题写"南疆锁钥"，意为宿州北部有绵延不断的山丘，南部有浍河并直达淮河，是通往南国的门户。牌坊毁于1938年春的日本侵略军大轰炸，后稍加维修。新中国成立后，为拓宽八一路而全部拆除。

衙门口　位于胜利路与八一路交会处的丁字路口，现埇桥区政府所在地。宿州市埇桥区人民政府驻地系唐代至清代宿州州衙旧址，门前为胜利路与八一路交会处丁字路口。清代以前，通称此地为“衙门口”。民国时期称宿县“县政府”。新中国成立后，通称“县委会”。1993年以后，为县级宿州市政府驻地。1999年省辖宿州市成立后，原县级市辖区易名埇桥区，此地又称“区政府”。

街巷

中山大街　东起大东门，西至西门口。明清时期通称衙前街。民国17年（1928年），为纪念孙中山先生，易名中山大街。新中国成立后，沿用此名称。“文革”期间曾一度易名“红旗路”。改革开放后，恢复中山大街地名。

大河南街　东起东仙桥，西至西仙桥。隋唐宋时期，大运河汴水河段经宿州城池东西穿城而过。城内河段南岸，人烟稠密，商业繁荣，通称“河南大街”。南宋以后，汴水堙废，成为堤垄。城内河床演变成街衢，通称衙前街。“河南大街”在衙前街以南，其地名演变成“大河南街”，沿用至今。

小河南街　在大河南街以南，与大河南街平行。隋唐宋时期，大运河汴水河段经宿州城池东西穿城而过。城内河段南岸，人烟稠密，商业繁荣，通称“河南大街”。此地在“河南大街”以南，通称“河南小街”。南宋以后，汴水堙废，“河南大街”地名演变成“大河南街”，此地则通称“小河南街”。沿用至今。

东仙桥　位于大东门东环城路西侧，中山大街南侧。民间传说，此处是八仙之一蓝采和手执排板唱“莲花落”升天处。又说是二郎神杨戬的哮天犬升天处。相对西仙桥，民间通称东仙桥。

西仙桥　位于西门口环城路东侧，大河南街南侧。明清时期，此地有南北向淌水沟，上有东西向小桥，俗称“仙人桥”，传为二郎神杨戬的哮天犬升天处。相对东仙桥，民间通称西仙桥。

药店巷　位于北起十一中西大门稍北，南至中山大街。明清时期，此巷两侧有多处药材店，故名。

书院巷　位于胜利路北侧，原宿县行署西侧。书院巷得名于清代培菁书院。乾隆五十一年（1786年），宿州知州赵霦捐资在此巷东侧创建培菁书院。道光十三年（1833年），知州周天爵捐资，并动员绅商集资，共计白银2.3万两，加以扩建，并易名“正谊书院”。

青龙巷　位于宿州市一小东侧，中山大街与胜利路之间。青龙巷位于明清宿州学宫东侧，南北通往衙前街（今中山大街）和后街（今胜利路）。按汉代以来方位观念，“左青龙，右白虎，上朱雀，下玄武”，此巷位于学宫东侧，故名青龙巷。西侧原有白虎巷，已废。

城隍庙巷　位于胜利东路南侧，南起中山大街，北止城隍庙。巷北口为明清至民国城隍庙坐落处。因此巷正对城隍庙山门，故名。

地藏庙巷　位于胜利路北侧，东方宾馆东侧。此巷北端坐落于地藏庙，故名。相传唐代新罗高僧金乔觉乃地藏王菩萨化身，经汴水西上长安，曾驻锡宿州。后金乔觉在九华山结庐修行，世称金地藏。唐宋以来，宿州僧俗建地藏庙加以供奉。今易名地藏禅寺。

五道庙巷　位于东起药店巷，与书院巷相交，西止地藏庙巷。因此地原有五道庙一座，故名。此庙是供奉东岳大帝属下五道将军的庙宇。按佛道两教的说法，五道将军是冥间掌管世人生死与荣禄的神祇，还具有监督阎罗王判案或纠正不公行为的权力。他富有正义感和同情心，救助弱者，成全有情人，开释无辜，故民间多有建庙供奉。

大寺巷　位于胜利路北侧，书院巷与城隍庙之间。北宋治平四年（1076 年），此地始建圣果寺，供奉皇帝龙牌，供官员于冬至元旦两节拜谒。金元明清历代因袭，民间通称大寺。康熙五十六年（1717 年），因破旧而停用。另筹建万寿宫，因故未成。

竹竿巷　位于书院巷与大寺巷之间，巷口道路狭窄，形似一根竹竿，故名。

九道弯　位于东方宾馆北侧至五道庙巷。此地从淮海路小隅口稍北东侧，经地藏庙巷，进入五道庙巷，街巷曲折，共有九道，俗称“九道弯”。

花墙子　位于中山大街与大河南街之间，花墙子巷北部。花墙子是明清学宫棂星门的照壁。旧时大街至棂星门前转弯呈 U 字形，俗称玉带街，街南至大河南街，为一小型广场。照壁主体为砖石结构，两侧呈透空花墙形状，民间俗称“花墙子”。照壁面南壁檐下正中分别嵌入四通方形石碑，镌刻清末宿州知州李铭楚题写的“宫墙万仞”。新中国成立后，因街道改造，照壁拆除，花墙子地名沿用至今。

龙祠巷　位于原宿州宾馆北侧，淮海路与插花庙巷之间。龙祠巷位于插花巷北，东接淮海路，西连一人巷。此地原有供奉龙王的庙宇一座，故名。

井巷　位于小河南街与南环城路之间，埇桥区防疫站东侧。此巷原有古井一口，供居民汲取生活用水，故名。

水巷　位于小河南街与南环城路之间，井巷东侧。水巷，位于井巷东侧，南起环城南路，北止小河南街。旧时此巷两侧居民多数从井巷古井汲水挑卖给富裕人家，故名。

插花庙巷　位于原宿州宾馆西侧，胜利路与北环城路之间。此巷原有插花庙一座，供奉观世音菩萨化身之一插花娘娘。传说主神插花娘娘左胸前插有黄花，故名。插花起源于佛教中的供花，唐宋以后流行于民间。“文革”时期，曾易名光荣巷。1980年恢复插花庙巷原名。

泰山庙巷　位于雪枫小学西侧，胜利路与北环城路之间。此巷北部原有泰山庙一座，故名。此庙供奉东岳大帝，东岳大帝又称泰山神，传说是上天与人间沟通的使者、历代帝王的保护神。抗日战争期间，泰山庙毁于日本侵略军的大轰炸。

白衣阁巷　位于今宿州市三中东侧，小河南街与南环城路之间。此巷原有供奉白衣观音的小型庙宇一座，故名。传说白衣观音是观世音菩萨的化身之一，身着白衣，立于白莲之中，显示圣洁纯净的菩提慈心。

秦巷口　位于西关大街与兴福寺路之间。因秦姓聚居，故名秦巷口。元明时期，此地有秦姓人家居住，到明代中期以后，秦姓成为当地大族，在宿城西郊拥有大量宗族田地。清代以来，秦姓人丁兴旺，直到民国末年，仍多有富家。秦巷口延至兴福寺路以南的地面，又称卞关。

寺庙

福音堂　位于花墙子南口南侧稍东，大河南街南侧。宿州基督教福音堂，美国基督教长老会在清末民初派遣传教士所建。有大小礼拜堂两座，牧师院一处，钟楼一座，建筑风格为中西合璧，大体维持民国初年原有风貌。美国著名作家、诺贝尔文学奖得主、传教士布克夫人赛珍珠曾在此居住四年。福音堂是皖北地区保存较完整的基督教堂建筑群体，有独特的文物价值和文化内涵。现为宿州市基督教会所在地。

地藏庙　位于地藏庙巷北尽头，北环城路南侧。相传唐代新罗高僧金乔觉乃地藏王菩萨化身，经汴水西上长安，曾驻锡宿州。后金乔觉在九华山结庐修行，世称金地藏。唐宋以来，宿州僧俗在州治以东约一里处建地藏庙加以供奉，香火绵延至今。近年，庙宇扩建，供奉释迦三圣和地藏王菩萨。2014年易名地藏禅寺。

兴福寺　旧址位于宿州市八中。此地原有佛教寺院一座，名兴福寺。寺内有佛塔一座，为宿州城池内外唯一佛塔。民间传说，一名以憨傻显身的高僧，每天捻搓草绳，问其何用，对曰“拉塔”，世人听作“邋遢”，不复置问。后来，高僧用一夜时间，用草绳将佛塔从蒙城县拉至此处。新中国成立后，将兴福寺塔拆除，曾在此建立宿县第三小学，现为宿州市八中。

张仙庙　旧址位于西关大街与磬云路交会处，现宿州市二小。张仙庙坐落在隋唐大运河汴水堙废形成的隋堤上，其始建年代应在元明以后。庙中正殿供奉张仙。民间传说，五代时期射手张远霄以弓箭射杀专吃儿童的天狗，世人尊称他为张仙。又说张仙就是“福禄寿”三星中的福星，保护儿童安全。福星怀抱幼儿，成为道教神祇中的唯一男性送子大仙，世称“张仙送子”。清末以前，张仙庙原由道士主持，因道士不守清规，被由地方士绅组成的山主驱逐，改请比丘尼住持。比丘尼在山门东间加供送子观音。从此，张仙庙佛道两教男女送子神祇并存，阴阳和合，香火旺盛，民间善男信女多有前往求子者。新中国成立后，在此庙原址建张仙庙小学，现为宿州市第二小学。

名胜

老鹰膀子　本名鲲鹏展翅，原位于北关沱河桥南侧，现迁于新汴河景观带北岸。大型钢塑“鹏程”，又名“鲲鹏展翅”，原位于宿城淮海路与沱河路交叉口，1998 年 11 月动工修建，1999 年 3 月完成。在此期间，撤销宿县地区，建立省辖宿州市，故被称为建市之作。“鹏程”如展翅翱翔的雄鹰，象征宿州从此进入突飞猛进的新时代。民间俗称“老鹰膀子”。现移至新汴河北岸景观带。

老槐树　位于汴河路与淮海路交会处西南侧，市立医院体检中心北侧。原位于民爱医院（今市立医院）院内，后因街道拓宽，现身于街道快慢车道之间。老槐树为清代乾隆年间所植，至今躯干遒劲、枝繁叶茂，是宿州老城区重要地标。

学宫古槐　现存宿州市一小院内，经鉴定植于元代，为明清时期学宫景观。民间传说植于唐初，唐代名将罗成曾于此拴马。古槐主干朽空，唯凭树皮支撑并输送营养。近几十年间，年年有新枝抽出，绿叶荫荫。

棂星门　原宿州文庙南门，位于现宿州市一小南门西侧。棂星门为宿州文庙正门前面中轴线上牌楼式木质与石质结合的建筑，民间称为大成坊。四柱三间，柱为石材。上有砖木结构牌楼，主楼两侧有次楼各一。1938 年春，棂星门毁于日本侵略军大轰炸，后

『鲲鹏展翅』塑像

稍有修复。新中国成立后，学宫改建为宿县第一小学，棂星门牌楼等被拆除，现仅存四根石柱与横枋。棂星即灵星，又称天田星或天镇星，为二十八星宿中龙宿中左角的一组，星相家称为天门。门呈窗棂形，故称棂星，古人又以它为天上文星。以棂星门命名文庙正门牌坊，象征着孔子为天上文星下凡，堪与施行教化、广育英才的天田星相比。

古城墙　淮海路以西的环城路南侧，现为埇桥区政府大院的后墙。古城墙为明代宿州城墙遗存。为保护大运河汴水段的漕运，唐宪宗元和四年（809 年）建置宿州。宿州古城池由隋唐时代的埇桥镇扩建而形成。古城墙原为土墙，因大运河穿城而过，辟有四门，东门曰“望淮”。西门曰“连汴”，南门曰“阜财”，北门曰“拱辰”。明太祖洪武十年（1377 年），官府在宿州夯土城墙外侧垒石为基，墙面以大砖砌筑，同时加固城垛，设置雉堞。城墙周围维持六里三十步的旧制，共长 1115 丈，约合公制 3024 米。每丈筑两个雉堞（箭垛口），共计 2230 个。城墙高三丈三尺，厚二丈五尺。四个城门上各建城楼一座，城门外筑一月城，俗称瓮圈。明清两代以迄民国，曾多次维修。新中国成立后，为了适应城市建设需要，政府在 1954 年前后把宿州古城墙相继拆除，并在旧城基上修筑环城路。因宿县政府（今埇桥区政府）沿袭民国旧例，驻于明清宿州州衙院内，北城墙西部一段作为县政府的北院墙赖以保存下来。1975 年，为拓宽环城路，将遗留下的唯一城垛拆除重建，往里缩进两米左右。改建后的城垛用石料砌成外墙。城垛东面一段因修路时成为濒危建筑，拆除后利用旧砖重建。唯有城垛以西一段，尚保留明清时期原貌。

环城河　亦名护城河，围绕宿州旧城池。为保护大运河汴水段的漕运，唐宪宗元和四年建置宿州。宿州古城池由隋唐时代的埇桥镇扩建而形成。古城墙原为土墙，明太祖洪武十年（1377 年），官府在宿州夯土城墙外侧垒石为基，墙面以大砖砌筑。同时，拓宽环城河，以资守备。明清以迄民国，历代均有疏浚。1999 年，省辖宿州市成立以来，对环城河进行大规模的疏浚治理，辟为环城河公园。

雪枫公园　位于宿州市城区东北部，雪枫路东尽头，教场路东侧，环城河东北侧，为了纪念抗日民族英雄彭雪枫将军以及为宿州解放而牺牲的革命烈士而建的综合性公园。始建于 20 世纪 50 年代前期，后屡经扩建，占地面积近 14 万平方米。现有主体建筑彭雪枫烈士纪念馆、革命烈士纪念塔、彭雪枫将军汉白玉矗立雕像、雪枫公园牌坊、宿州与革命战争雕塑等。雪枫公园是宿州市的爱国主义教育基地。

宿州火车站

宿州火车站，是中国铁路上海局集团有限公司管辖的二等站，离北京站 889 公里，离上海站 574 公里。建成于 1910 年。1949 年 5 月，上海解放，京沪区铁路管理局由人民政府接管，该线路由上海铁路管理局管辖。从上海到南京的路段，依旧名为沪宁铁路。从北京到南京江北浦口的路段，仍名津浦铁路。1954年，将旧候车室拆除，在原址改建成面积150平方米的中型候车室，同时新建设机务折返段。1960年，在宿县站北，再建一座面积为750平方米的候车室。1963年，又新添货运线一股，并修筑宿东电厂专用线。1968年，南京长江大桥通车后，津浦铁路、沪宁铁路两条铁路实现接轨，接轨后铁路称为京沪铁路。1969年，建设津浦铁路复线时，宿县站又增加正线一股、站线一股。新建一面积为1135平方米的大型候车室，扩建新候车室门前的车站广场，面积为10000平方米。1973年，将原站东侧两条货物线各延长400米，另外增加货物线两股。1976年，再建宿县站南货场。1981年，建北仓库露天货棚一列。1982年，经铁道部批准，宿县站升为二等车站。1984年，宿县站一号月台风雨棚落成，同时进行一号月台至二号月台间的地下人行道工程，并于次年建成，投入使用。不久二号月台的风雨棚也建成。1986年4月，京沪直达特别快车开行，全程缩短为16小时59分。

2006年，中国铁路第六次大提速，部分路段提速至200公里／小时，京沪铁路安徽段首次停靠动车组列车。2007年4月，京沪快速列车开行，全程缩短为9小时59分。2008年5月，宿州站进行1、3号高站台及雨棚施工。同年10月5日，宿州站接发动车组列车。2016年，宿州站改建进站天桥，同时将三站台改为低站台，并改善二楼候车室的内部结构。9月起，宿州站改扩建概念性设计工作启动，由中铁第四勘察设计院集团有限公司（铁四院）负责。2017年12月，宿州站综合改造工程正式启动。2018年12月，宿州站综合改造工程已上报上海铁路局进行技术审查。2019年4月30日，宿州站

宿州火车站新貌

综合改造工程中涉铁道路主要部分——银河一路东延上跨工程正式开工；5月16日安徽省人民政府发布《安徽省人民政府办公厅关于印发2019年省重大前期工作项目推进计划的通知》，宿州火车站预计在2019年10月完成用地审批，12月通过铁总审查；6月11日宿州市发改委发布消息，宿州站改造工程已通过上海铁路局技术审查，即将上报给中国铁总进一步审查，审查完成后即可开工建设；8月12日，宿州市公共资源交易中心发布《改建铁路京沪线宿州站改建工程及周边配套设施勘察设计项目》标志着本项目正式进入实质阶段；11月15日，中国国家铁路集团公司联合安徽省人民政府批复宿州站改建工程，文件批复站房面积15000平方米，站场规模3台8线（其中到发线6条，站台面5个），工期2.5年。2020年3月16日，宿州站初步设计即将完成审查，项目建设单位确定为中国铁路上海局集团合肥铁路枢纽工程指挥部；6月2日，安徽招标投标咨询网发布《宿州市火车站客运中心改造及周边绿化提升项目设计施工总承包招标公告》；6月20日起，宿州站实施电子客票；7月22日，铁路建设工程网发布《改建铁路京沪线宿州站改建工程施工总价承包招标公告》与《改建铁路京沪线宿州站改建工程监理招标公告》，标志项目进入开工前最后阶段；8月21日，《改建铁路京沪线宿州站改建工程》施工监理中标结果出炉；8月29日，京沪铁路宿州站改建及站前广场配套工程开工，工程建设期暂定24个月，预计宿州站2022年10月建成投入使用。

一是站房迁改工程，拆除既有宿州站西站房及生产配套房屋，在铁路东侧新建15000平方米新站房和铁路生产房屋，建筑风格采用楚汉建筑原色和文化符号，将既有站场规模2台6线扩大为3台8线（含正线），新建3座高站台及配套雨棚，一个侧式站台（9×550×1.25），两个岛式站台（12×550×1.25），共计5个站台面。此5个站台面均不临近正线，可更高效利用站台接发客运列车。采用旅客上进下出布局模式，新建10米宽天桥1座、8米宽地道1座。

二是货场搬迁工程，拆除既有北货场，外迁至符离集站，按照铁路二级物流基地标准规划新建货场。将宿州站北货场和轨料基地搬迁至符离集站，建设占地540亩的京沪铁路符离集物流基地，总平面布置为3束6线，新建货物装卸线4条、仓库雨棚20000平方米、堆场40000平方米、综合办公用房4000平方米；将宿州原轨料基地搬迁至符离集站老货场附近，新建3条段管线。

三是涉铁道路工程，规划新建银河一路上跨、纺织路上跨、胜利路下穿、浍水路下穿等4条涉铁道路。

四是站区规划，待站房方案确定后，启动新站房东侧站前广场及商业配套设施的规划。[站前区含站前广场（约3万平方米）、公交首末站、综合开发等；地下空间按2万平方米规划，主要为地下车库]

鹏程雕塑

原位于宿城淮海路与沱河路交叉口，本名“鹏程”，于1998年11月动工修建，1993年3月制作完成，在此期间，撤销宿县地区，建立地级宿州市，所以又被称为建市之作。

在宿州人的眼中，它是一只威风凛凛的老鹰，英姿飒爽、展翅欲飞，镇守在宿城的北大门。

“老鹰”向东，高铁风驰电掣而过；向南，老城区繁华依旧；向西，政务新区日新月异；向北，一条大道贯穿符离。在这只“老鹰”的眼前，是沿沱河而建的滨河公园，公园内繁花似锦，绿树成荫……

大家都叫它“老鹰膀子”，久而久之也就忘记了它原本的名字——“鹏程”。“鹏程”寓意着宿州腾飞、鹏程万里，包含着宿州人期待家乡崛起的殷切心愿。

“鹏程”如一只威风凛凛的老鹰，张开翅膀，凌空飞翔，象征着新宿州从此进入突飞猛进的时代。宿州，在古代是行政区划，在当代是新成立的地级宿州市。州，是作为城市的后缀名称。宿州，是一座古老而又新兴的城市。出于城市交通流畅的需求，大型钢塑“鹏程”，已被转移到新汴河北岸的景观带安放。“老鹰”俯瞰新汴河波涛，扑闪着两只巨大的翅膀，凌空待飞。

宿州市体育馆

宿州市体育馆建设在宿州市人民路与唐河路交叉口东北角，占地面积159亩。

体育馆的设计采用刚柔并举的处理手法，像一幅徐徐展开的“竹简”，有机地和现代

宿州市体育馆

宿州、时尚宿州融为一体，象征着迸发时代激情与动感的体育精神。这座现代化体育建筑在城北新区拔地而起后，不仅成为宿州人健身休闲的好去处，而且可以承办世界性和全国性的单项体育赛事。这是宿州市精神文明建设的重要体现，体育馆将成为市民健身、娱乐、休闲的新场所，为宿城增添一道亮丽的风景线，也将成为宿州市一张亮丽的城市名片。

体育馆集比赛、演艺、展示展览于一体，功能较多。而其附属设施有景观平台、街角景观公园、室外活动场地，其中停车场也同步修建，最少可容纳汽车 500 辆。同时，在体育馆屋顶布置的太阳能电池板与雨水收集系统和带有中空玻璃的幕墙体系体现出绿色与生态的当代建筑理念，突出了宿州市可持续发展的理念。

该馆是以承接手球比赛为主，同时也可承接篮球、排球、羽毛球、体操等其他赛事的新建场馆，由主场馆和运营用房两部分组成，这两部分通过永久性结构缝分开。主场馆主要包括主赛场区、热身场区和其他相关配套用房，主赛场区拥有 6176 座席，属于乙类大型体育建筑。主场馆平面尺寸为 120 米 ×135 米，建筑面积为 25238 平方米，局部地下一层，层高为 5.7 米；地上三层，首层层高为 6.0 米，二层层高为 3.423—6.000 米，地下三层为地上二层顶至屋盖，屋盖周边柱顶标高为 10.129—27.126 米，屋盖完成面最高点标高为 30.2 米。主场馆外形南高北低，整体为一个结构单元。

彭雪枫纪念馆

坐落在宿州雪枫公园内，1986 年建馆。因年久失修，馆内房屋有的已漏雨，并出现展板霉变、图片缺损等情况。维修改造，包括纪念馆的维修、纪念馆展厅改造、庭院内

彭雪枫塑像

彭雪枫塑像

改造、纪念碑广场改造、电力线路改造等五大部分。

彭雪枫，河南省镇平县人，1907 年生，1926 年 9 月加入中国共产党。1930 年 5 月被派到苏区，1934 年 10 月参加长征，任军委第一野战纵队一梯队队长、红三军团五师师长、陕甘支队第二纵队司令员、红一军团四师政治委员。在中央红军进行的历次战斗中，他无役不从，每次都披坚执锐，身先士卒，且多次担任先锋部队的指挥员。1936 年秋被派往太原等地，做团结各界爱国人士、联合阎锡山抗日的统一战线工作。

抗日战争全面爆发后，任八路军总部参谋处处长兼驻晋办事处主任。1938 年春调赴河南确山竹沟，任中共河南省委军事部部长，组织训练抗日武装。同年 9 月组建新四军游击支队，任司令员兼政治委员，领导开辟豫皖苏边区抗日根据地，任中共豫皖苏边区委员会书记。后任新四军第六支队司令员兼政治委员、八路军第四纵队司令员。1941 年皖南事变后，任新四军第四师师长兼政治委员、淮北军区司令员，领导根据地军民同日伪军及国民党顽固派军队进行艰苦斗争，先后取得 1942 年冬季淮北反“扫荡”和 1943 年 3 月山子头战役的胜利，巩固和发展了淮北抗日根据地。其间他刻苦学习毛泽东军事著作，博览中外兵书，总结实践经验，对抗日战争的游击战术和政治工作问题进行了论述。亲自编写《游击战术》《战略战术讲授提纲》等教材，经常到抗日军政大学第四分校授课。

1944 年 8 月，彭雪枫执行中共中央关于向河南敌后进军的指示，指挥所部进行西进战役。9 月 11 日在河南夏邑八里庄指挥作战时牺牲，时年 37 岁。新四军陈毅代军长在《哭彭八首》中深情地写道：“淮北哀音至，灯前意黯然。生平供追想，终夜不成眠。”“廿年老战士，今有几人存？新生千百万，浩荡慰英灵。”“尔我竟长别，多年患难同。我身惜后死，努力贯初衷。”

彭雪枫短暂而光辉的一生，表现了一位共产党员为民族、为人民忠贞不渝的革命精神和崇高的思想品德。他光明磊落，不畏艰苦，克己为人，廉洁奉公，爱护军队，爱护人民，深受人民群众的爱戴。他刻苦好学，文武兼备，机智顽强，是卓越的军事家。他在河南竹沟创办了《拂晓报》，深受广大干部和军民喜爱，受到党中央的赞扬。并主持创办四师拂晓剧团。写有《娄山关前后》《豫皖边两年来平原游击战总结》等文。

1945 年 2 月 7 日，中共中央在延安、中共淮北区党委在洪泽湖边大王庄，分别为彭雪枫将军隆重举行追悼大会。中共中央的挽词是：“为民族为群众二十年奋斗出生入死功垂祖国，打日本打汉奸千百万同胞自由平等泽被长淮。”毛泽东、朱德、彭德怀、陈毅的共同挽词是：“二十年艰难事业，即将彻底完成，忍看功绩辉煌，英名永在，一世忠贞，是共产党人好榜样；千万里山河破碎，正待从头收拾，孰料血花飞溅，为国牺牲，满腔悲愤，为中华民族悼英雄。”在江苏省泗洪县半城镇和安徽省宿州市建有彭雪枫将军陵墓和纪念碑。

宿州市博物馆

宿州市博物馆位于安徽省宿州市埇桥区通济一路 8 号，在宿州市政务中心对面。宿州市博物馆是地方性综合博物馆，国家二级博物馆。建筑风格充分吸纳了汉文化元素，仿汉式高台大屋顶规制，大理石外墙，正立面镶嵌着取自汉画像石图案的浮雕，庄重古朴。该馆于 2010 年 10 月建成开放，占地 50 亩，建筑面积 1 万平方米。

截至 2019 年 7 月，宿州市博物馆展陈文物 700 余件，馆内集展览、收藏、陈列、研究、传播于一体。全馆共分为三层：一层为库房、办公区域、临时展厅和民间艺术馆。其中，民间艺术馆包括地方戏曲、埇桥马戏、民间工艺、书画艺术和灵璧奇石五个部分。二、三层是展示宿州历史文化展厅，包括九州通衢、人文溯源、秦汉雄风、汴水咽喉、明清遗韵、现代风云、人杰地灵等七个部分。

宿州市博物馆是安徽省“十一五”十大地标性建筑，第四届安徽省爱国主义教育基地，国家 4A 级旅游景区。

“人文溯源”展厅的展柜中陈列了新石器时期到春秋战国时期的陶器、玉器和铜器的代表性器物；“秦汉雄风”展厅主要展示了两汉时期陶器、玉器、铜器等珍贵文物，以及汉画像石艺术；“汴水咽喉”展厅展示了宿州两次大运河考古发掘的成果、宋代码头的重要发现及瓷器等各类珍贵文物；“明清遗韵”展厅主要以瓷器为主，展柜中展示了具有代表性的瓷器、玉器、铜造像等文物及典型清代建筑群落——林探花府缩微模型；“人杰地灵”展厅集中介绍了远至闵子骞近至赛珍珠、刘开渠等历史名人典故；“民间艺术馆”主要展示宿州民间艺术、非物质文化遗产；“萧龙士艺术馆”展览共展出萧龙士不同时期书画作品31幅。

明后土娘娘像，长21.8厘米、宽13厘米、高36厘米，是宿州市博物馆馆藏珍贵文物，现陈列于明清遗韵展厅。后土娘娘像面颊丰腴，面目慈祥平和，身着凤冠霞帔，手握笏板，足蹬朝靴，膝间垂饰莲花坠，端坐于六龙头靠椅上。

宿州市科技馆

宿州科技馆坐落在宿州市高新经济开发区，科技馆位于人民路与北二环路交叉口处东北角，北邻宿州市立医院，南靠丰大汴河小镇，距宿州体育馆约500米，建筑面积为1.18万平方米，其中展厅面积为5606平方米。

场馆内共有展项198个，所有展项分三个楼层分布。一层展厅面积709平方米，活动面积约650平方米，最多大约容纳325人，展项为儿童游乐体验区，适合10岁以下的小朋友前来参观游玩。

三层展厅面积1540平方米，活动面积1285平方米，最多大约容纳600人，展项分为力学区、前沿科技人工智能区、电磁区、数学区和声光区。主要针对10—18岁中学生参观学习。

宿州市科技馆

四层展厅面积 791 平方米，活动面积 631 平方米，最多大约容纳 300 人，展项分为宇宙区和生命科学区。

宿州科技馆是以展览教育为主要功能的公益性科普教育机构。主要通过常设和短期展览，以参与、体验、互动性的展品及辅助性展示手段，以激发科学兴趣、启迪科学观念为目的，对公众进行科普教育；也可举办其他科普教育、科技传播和科学文化交流活动。在未来，宿州科技馆将努力成为宿州百姓喜爱的文化休闲场所和宿州的主要旅游景点，在宿州精神文明建设和提高公众科学文化素质方面发挥重要的作用。

场馆所有科技展项内容精彩纷呈，操作过程简单易懂，观众体验之佳溢于言表，是宿州青少年学习科普知识、掌握科学原理、了解科学近现代发展的首选之地。

宿州市文化艺术中心

位于宿城城市规划的南北主轴（市政府办公楼—博物馆—文化艺术中心）线上，选址在人民路以西、银河公园（三八河）南侧、政新路东侧、胜利路北侧地段上，规划用地约 50 亩，总投资约 1.5 亿元，2012 年底竣工投入使用。该项目是一幢整体性现代感很强的地标性建筑，建筑主体由七朵花瓣组成。主要提供非物质文化遗产展示。

根据国家文化馆建设的规范标准，参照各地文化馆建设的规模大都在 500—8000 平方米的实际情况，设计方建议宿州文化馆建设规模控制在 6000 平方米以内。按照设计方案，文化馆就是布置在文化中心西侧的“两个花瓣”，有供市民活动和工作人员办公的两个单独出入口，并根据要求设计了各种专业空间。

在文化馆设计方案中，主要设置群众文化活动室（多功能厅）、学习辅导室（包括舞蹈房、琴房、辅导教室、综合排练室）、专业工作室（包括美术书法、摄影、音乐、舞蹈、戏剧工作室及录音室）、行政管理室、辅导用房等部分。

宿州市文化艺术中心

其设计萃取了宿州市独特的地方文化——奇石、国画、书法、戏曲、马戏等魅力文化的内涵，建筑单体外观呈花朵形状，犹如一朵美丽的奇葩，绽放在市博物馆、市老干部活动中心、青少年活动中心、职工活动中心等建筑群体丛中。文化艺术中心总建筑面积15700平方米，其功能主要设有宿州大剧院（约6000平方米）、宿州图书馆（约3000平方米）、宿州文化馆（约6000平方米）及配套功能设置（约2000平方米，主要包括接待服务中心、会议用房、办公用房等设施），另外设有室外剧场、多功能厅和两个出入口雨篷等群众文化业余活动的辅助设施，是服务大众，向大众传播文化的重要阵地。

宿州学院

宿州学院是安徽省省属全日制普通本科院校，是安徽省示范应用型本科高校、安徽省高等教育振兴计划“地方应用型高水平大学建设项目”高校。

1949年，皖北宿县专区师范学校创办，后改为宿县地区师范学校。1977年，宿县地区师范学校与安徽大学宿县地区师范专科班（新设）合署。1979年，安徽大学宿县地区师范专科班更名为安徽师范大学宿州专科学校。1983年，宿县地区师范学校、安徽师范大学宿州专科学校升格更名为宿州师范专科学校，为三年制师范专科学校。2002年，宿州市农业干部学校（宿州农干校）并入。2004年，宿州师范专科学校升格为普通本科院校，更名为宿州学院。2008年，宿州学院获学士学位授予权。2009年10月，安徽省教育厅、财政厅批准宿州学院成为安徽省首批示范应用型本科高校立项建设单位。2013年8月，宿州学院通过省示范应用型本科院校项目验收。同年，成为中国国家级大学生创新创业训练计划实施高校。2014年4月，宿州学院顺利通过教育部本科教学工作合格评估。2015年，成功获批为安徽省地方应用型高水平大学立项建设单位。2019年，学校正式被纳

宿州学院

入安徽省省级硕士立项建设单位。

截至2014年2月，学校引进“安徽省高校领军人才”1人（入选教育部2010年跨世纪优秀人才支持计划）；引进2013—2017年教育部教学指导委员会财政教学指导委员会委员1人；聘任大泽学者3人，其中，国家工程（技术）研究平台首席科学家1人，入选教育部2012年新世纪优秀人才支持计划、安徽省百人计划1人，国家863项目负责人1人；获批安徽省学术技术带头人2人、安徽省教学名师5人、安徽省教学团队5个。

截至2019年10月，学校占地1146亩，预留用地1160亩，建筑面积44.47万平方米，教学科研仪器设备总值2.07亿元，馆藏纸质图书123万册，电子图书513万册；设有15个二级学院，64个普通本科专业；全日制在校生17360人，成人教育生3600人。学校学科涵盖工学、管理学、理学、文学、经济学、艺术学、教育学、医学等八大学科门类。拥有国家级特色专业1个、国家级综合改革试点专业1个、省级重点学科1个，省级特色专业9个、省级综合改革试点专业12个。现有教职工1070人，其中正高级专业技术职务79人、副高级专业技术职务224人、硕士及以上学位792人（含博士92人）；有全国优秀教师1人、全国模范教师1人，省学术和技术带头人2人、省学术和技术带头人后备人选1人，省优秀教师10人、省教学名师13人、省教坛新秀16人。全日制在校本科生17800余人，成人教育在籍生1000余人。

宿州市第一人民医院

宿州市第一人民医院始建于1961年，前身为宿县人民医院，1992年县市合并后，改称宿州市第一人民医院。

医院技术力量雄厚，学科设置齐全，设施设备先进，是一所集医疗、预防、保健、康复、教学、科研、急救为一体的国家公立三级综合性医院、国家爱婴医院、全国七十佳百姓放心示范医院、全国综合医院中医药工作示范单位、国家级节约型公共机构示范单位、国家级胸痛中心、国家级示范卒中防治中心、中国创伤救治联盟创伤救治中心建设单位、安徽省健康促进医院、安徽省住院医师规范化培训基地协同单位。承担着宿州市埇桥区医疗和突发公共卫生事件的应急处理和救治任务。是城镇职工基本医疗保险、城乡居民基本医疗保险、各商业保险定点医疗机构。

医院编制床位1000张，开放床位1300张，现有在职职工1630余人，专业技术人员占职工总数的86%。其中高级职称105人，中级职称340人，硕士研究生78人。医院分为两个院区，本部院区地处银河一路与淮海北路交会处，占地面积23100平方米，医疗用房面积52000平方米。南院区位于淮海南路与外环三路交会处，占地3000平方米，建筑面积 12000 多平方米。

医院注重人才培养，不断引进高级医疗技术人才，购进大量先进医疗设备，增强医院总体实力，医疗服务水平和科技能力不断提高。医院现有 64 排 CT、1.5T 超导核磁、米 R、DSA、大型肺功能仪、血管机、骨科 C 型臂、“天玑”骨科手术机器人、钼靶乳腺机、直线加速器、球囊反搏器和血管内超声等先进医疗设备，可为患者提供及时、准确的诊断依据和治疗手段。医院科室设置齐全，技术力量雄厚，设有职能科室 34 个、临床科室 45 个、医技科室 16 个。普外科为省级重点专科，市级临床医学重点学科 6 个：心血管内科、消化内科、重症医学科、神经内科、泌尿外科、麻醉科。市级临床医学特色专科 2 个：普外科、内分泌科。“宿州名科”培养对象 2 个：心血管内科、神经外科。医院神经内科、心血管内科、脑血管病诊疗中心、胃肠外科、胸心血管外科、骨科等均有很强的专业特色和实力。医院每年开展多项新技术、新项目，经安徽省卫生厅批准心血管内科具备开展冠心病介入治疗术资格。

近年来，医院落实政府办医责任，坚持医院公益性，持续开展以病人为中心的多项改革，实现了公益回归、群众受益的目标。现为 27 家乡镇卫生院和 10 家社区卫生服务中心的医疗服务共同体牵头单位。埇桥区血液病救治中心、胸痛中心、卒中中心、病理检验中心、危急重孕产妇和新生儿救治中心、急救中心、创伤救治中心七个医疗中心在医院设立。

医院重视文化建设，崇尚“科教兴院”的发展理念，秉承“救死扶伤、立院为民、关爱健康、呵护生命”的办院宗旨，崇尚“诚信、求实、精医、创新”的院训，倡导“以人为本、患者至上、忠于职守、乐于奉献”的医院精神。多次获省、市、区“文明单位”“先进单位”“消费者信得过单位”“文明服务示范单位”“行风评议满意单位”“青年文明号”“物价信得过先进单位”等荣誉称号。

医院以“服务、质量、安全、满意”为标准，医德共济，合心同力，守护生命，致力于宿州市医疗卫生事业。

宿州市立医院

宿州市立医院位于汴河中路 299 号，始建于 1913 年，前身是美国基督教会创办的民爱医院，已有百年的发展历史。是一家集医疗、教学、科研、保健预防、康复为一体的综合性医疗机构，是安徽医科大学临床学院、蚌埠医学院教学医院、爱婴医院、卫生部国际紧急救援中心网络医院。

医院现有在职员工 1466 人，其中卫生技术人员 1266 人，正高级技术人员 42 人，副

宿州市立医院

高级技术人员99人。编制床位850张，设有26个临床学科，1个省级特色专科，9个市级重点学科。医院技术力量雄厚，诊疗设备齐全，拥有核磁共振、多排螺旋CT、多探头彩色B超、钬激光治疗仪、全自动生化分析仪、C型臂；电子胃镜、电子十二指肠镜、腹腔镜、体外循环机、电子直线加速器、血液透析机，普放实现数字化等多种先进诊疗设备。

市立医院是医保、新农合和多家商业保险公司定点医疗机构，是埇桥区、萧县、砀山、灵璧、泗县、濉溪县新农合定点医疗单位，住院病人可直接结算。先后荣获全省优质护理服务先进单位、省首届院前急救大赛团体第一名、省诚信单位、市级文明单位、十佳文明窗口等称号，并于2012年成功晋级为三级甲等医院，成为宿州市医疗行业的首家三级甲等医院。医院坚持“病人至上，安全为天”的服务宗旨；坚持依法执业，狠抓医疗质量，确保医疗安全；开展陪检陪送服务，设立无陪病房，全面提升护理质量；坚持“树名医、建名科、创名院”的办院宗旨，以优质的服务，竭诚为人民群众的健康服务。

三角洲生态公园

三角洲生态公园，位于安徽省宿州市新汴河与沱河之间，人民路西侧，为三角形用地，沿人民路南北长约1740米，沿新汴河东西长约1250米，沿沱河东西长约1650米，包括汴河、沱河岸共计占地2300亩，核心区面积1520亩，水域面积约810亩。

三角洲生态公园是安徽省宿州市城市环境建设的重点工程之一，由上海市园林工程有限公司规划设计。项目采用国际先进的园林规划设计理念，集生态、自然、文化、休

三角洲生态公园

闲为一体，实现了文化功能、休闲功能和旅游功能。三角洲生态公园分为一核（城市共享空间）、二线（公园游憩路线、城市亲水岸线）、八个功能分区：南入口为主出入口（布有文化长廊）、北入口（设有音乐喷泉广场）、灵璧石园、湖心鸟岛、儿童乐园、高山流水、家庭聚会区域、滨湖休闲等景点，是一个集自然、生态、文化、休闲、旅游等功能为一体的综合性公园。

皇藏峪国家森林公园

皇藏峪国家森林公园为中国历史文化遗产保护区、安徽省风景名胜区、省级自然保护区、省级爱国主义教育基地、国家4A级旅游景区。它位于皖北萧县东南，东靠京沪铁路、206国道，西有连霍、合徐两高速公路可达，北临陇海铁路、310国道、311国道。北距徐州市区30公里，距徐州观音机场60公里；南距宿州市50公里；西南距淮北市25公里。这里是江北罕见的暖温带落叶阔叶林区、亚热带和暖温带交汇地带，为皖北地区保存最为完整的原始森林。景区内有木本植物199种，700多种中草药，58种鸟类和野生动物。据史料记载，此山原名黄桑峪。民间传说，公元前205年春，刘邦曾在皇藏洞中避过难，后来战胜项羽，成为西汉王朝的开国皇帝，人们便将此峪改名为皇藏峪。

皇藏峪总面积为26.5平方公里，公园内山幽林茂，洞泉百出，古木参天。景区的汉文化底蕴深厚，古树名木众多，寺庙建筑风格独特。主要景观有锁龙桥、九龙潭、拔剑泉、马扒泉、仙人床、瑞云寺、皇藏洞、洗钵池、三仙洞、碑林艺术馆、美人洞、仙人桥、观景峰、果老洞、龙泉庵、龙泉洞、果老洞瀑布、萧宿铜灵边区革命烈士陵园、天门寺、蝙蝠洞、碑驮树、桃花洞、天门寺瀑布、异境天开、圣场寺、晒书场、洗砚池、砚墨泉、藏书洞等七十二处。北宋大文学家苏轼、明朝两淮运同许一诚、清朝进士陈观国、民国知县赖以平等大批文人墨客都曾亲临皇藏峪。近代，康有为于1917年春在徐州小住时曾专程来皇藏峪游览，寺僧以盐施香椿芽款待他。他听说刘邦当年落难此峪时曾以香椿芽充饥，感慨良久，并留下“但愿香椿长春”的祝语。每年农历三月十六，景区内天门寺举行大型庙会。

管委会按照“合理开发、科学发展、严格保护、永续利用”的原则，科学编制发展总体规划，精心落实旅游发展项目。景区内11.5公里旅游步道的顺利完成，使景区内游览面积扩大到原来的两倍。观光草坪的种植、山体护坡的建设、古树名木的保护使景区的环保方略落到实处。引水上山解决了山中枯水期用水问题。景区山门、九龙潭、瑞云寺、天门寺、皇藏洞、马扒泉、仙人亭等新旧景点的建设使景区面貌焕然一新。游客中心、星级公厕、新购物场所、生态停车场、旅游观光车道的建成和使用使景区更具有现代化的气息。全新的无纸化办公体系使景区的资讯更加便捷。

未来几年，管委会将继续加大皇藏峪的旅游规划和开发力度，主动融入徐州汉文化旅游圈，加强区域旅游合作，力争把皇藏峪打造成皖北大地旅游业一颗璀璨的新星。

砀山突山风景区

突山风景区位于安徽省砀山县境内。该风景区由青岛明园开发公司投资建设，占地面积100多亩。景区楼台亭榭，曲径回廊，繁花似锦，风景秀丽，景色宜人，各种树艺造型修剪得惟妙惟肖，构成了一幅清新优美的田园画卷。同时，古式花轿、花车、骑马、骑骆驼游园、花船荡水等游玩项目富有浓郁的乡村气息。

突山国家2A级风景区于2008年4月28日揭牌，是砀山首家被评定为国家2A级旅游区的景区。

符离烧鸡

符离集烧鸡是宿州市埇桥区的特色传统名菜，因原产于符离镇而得名。中国地理标志产品，也是中华历史名肴，和德州扒鸡、河南道口烧鸡、锦州沟帮子熏鸡并称为“中国四大名鸡”。正宗的符离集烧鸡色佳味美，香气扑鼻，肉白嫩，肥而不腻，肉烂脱骨，嚼骨而有余香。

符离集烧鸡历史悠久，正式形成于20世纪初，创始人被认为是韩景玉。原名韩家扒鸡，1951年，政府正式命名为符离集烧鸡，并逐步形成为当地最大的产业。1956年在全国食品工业会议上，符离集烧鸡被评为中国名菜，列入中国经济出版社出版的《中国名菜谱》。2005年7月18日申报了符离集烧鸡原产地域保护并取得成功，成为国家地理标志产品；2008年，符离集烧鸡成为省级非物质文化遗产。

符离属黄淮地区。符离镇因北有离山、南产符草而得名。这里水草茂盛，沼泽遍布，野鸡结群出没其间，当地居民擒而饲之，逐步演化成远近闻名的符离麻鸡。后来野鸡已经很少了，当地农家饲养的土麻鸡也都是离山野鸡的后代。以这种土麻鸡做原料，制作的符离集烧鸡色佳味美，肥而不腻，熟而不破。正是因为这种原材料，符离集烧鸡才得以名扬天下。

因津浦铁路经过符离镇，带来了大量客流，当时的韩家扒鸡以味道好吸引了大量乘客，口口相传作为最主要的传播方式，促进了符离集烧鸡制作技艺的提高和知名度的提高。

新中国成立后，符离镇烧鸡生产有了很大发展。除国营符离烧鸡厂、符离镇烧鸡厂、搬运站烧鸡厂、街道综合烧鸡厂、铁路烧鸡厂、黄山乡烧鸡厂外，还有150多家个体经营户。1983年，符离集烧鸡罐头厂试产成功。1998年，随着烧鸡真空包装保鲜技术试验成功，符离集烧鸡的外运与保质问题得以解决，使大范围推广成为可能。据1984年统计，全镇烧鸡日产量达4000只左右。烧鸡生产的发展，带动了其他行业的兴起，有饲料加工厂11个，还有羽毛工艺、羽绒、羽粉加工厂，鸡内金加工作坊等。全县有集体养鸡场11个、养鸡专业户475户、孵化雏鸡的联合体30多家。21世纪初，埇桥区以符离

符离烧鸡

镇为中心向周边地区辐射，充分利用埇桥区北部丘陵建设生态散养基地，到 2012 年建成年出栏符离麻鸡 1 亿只，年销售收入 50 亿元的符离烧鸡产业基地。同时，在符离烧鸡产业基地已经形成了以刘老二烧鸡集团、徽香源食品有限公司、百汇食品有限公司等为龙头的加工企业。这些烧鸡加工企业根据符离集烧鸡产业的发展现状，建立以企业为主导，联系生产基地养殖场和养殖户，从孵化、养殖、加工、流通到销售等环节于一体的链条产业。烧鸡产业基地以符离麻鸡保种为基础，构建产学研基地，增加符离麻鸡品种配套系，培育新品种，推广符离麻鸡标准化养殖集成技术；同时以中国农科院畜牧研究所为依托，加快烧鸡食品品种、品相的研发，整合家禽屠宰加工资源，推进企业提档升级。积极开展养殖业标准化基地认证，提高养殖业的标准化程度，建设生态友好型烧鸡产业。

乾隆御植园

乾隆御植园位于砀山县唐寨镇光明村。民间传说，乾隆皇帝下江南时路过此地亲手栽下的梨树，距今已有 300 多年。这里有树身分五枝，有像老佛爷之手的玉佛手树，有相依为命的夫妻树，有像情人热恋的情侣树，有威严刚劲的大将军树、二将军树和像兄弟俩团结齐心的兄弟树。真是千姿百态，无奇不有。到每棵大树前，可以施展丰富的想象力，欣赏大自然造就的奇特姿态。像这样百岁以上的老梨树，这里有几百棵，所以称此处为老梨树群。

乾隆亲植树　坐落在光明村老梨树群，相传为乾隆下江南路过此地时亲植的大梨树，目前保存 8 棵。

酥梨王　是乾隆亲植树之一，此树占地 0.48 亩，每年结果在 3000 斤以上。

玉佛手树　是乾隆亲植树之一。此树从主干分出五个树枝，像人的手一样，故称作玉佛手树。此树占地约 0.46 亩，每年结果 3000 斤左右，树干需要两个人才能合抱过来。

夫妻树　两个树并排，一高一矮，树干相差甚少，而且树与树交叉，很像夫妻相依相偎，故得名。

情侣树　两树并排，粗细相差不多，树与树交叉，互相攀附，很像情人在谈悄悄话，故称为情侣树。

古树生辉　此为一片古树群，树龄约一百岁，20 世纪 80 年代此片树濒临枯萎；改革开放后，广大梨农加强科技管理，认真施肥、浇水和修剪，使古树充满了生机，枯木又逢春。

大将军树　此树坐落在杨庄村村东北角，乾隆路过此地时看到此树高大茂盛，树干苍劲有力，很像威严刚劲的大将军，心生喜悦，便亲封此树为“大将军”树。此树占地在0.5亩左右，结果每年在3500斤以上。

二将军树　此树坐落在杨庄村东北角，乾隆刚刚封过“大将军”树，又见另一棵大梨树更加高大茂盛，树体超过“大将军”，非常高兴，因皇家金口玉言不可更改，就幽默地说，刚才那棵树已封过“大将军”了，只好委屈你为“二将军”了。后来传说有“大将军不大、二将军不小”的说法。“二将军”树占地0.5亩左右，年结果在3000斤以上。

兄弟树　两树并拢，亲如兄弟一样，坐落在光明村小学校处。

宿州烈士陵园

宿州烈士陵园，坐落在安徽省宿州市东北角，为缅怀杰出的无产阶级革命家、军事家，功勋卓著的抗日民族英雄彭雪枫将军以及自新民主主义革命以来宿州市牺牲的革命烈士，经安徽省委、省政府批准，1951年开始建设，1959年建成，对外接待参观。陵园占地面积156亩，绿化面积达64%，是全额拨款的事业单位。

以彭雪枫汉白玉雕像、革命烈士纪念碑、彭雪枫纪念馆为主体的纪念建筑物呈南北向，依次坐落在陵园的中心轴线上。

高8米的彭雪枫将军汉白玉雕像，由著名雕塑家邹佩珠女士主持雕塑，1959年建成。塑像栩栩如生，英姿飒爽，再现了彭雪枫将军的光辉形象。雕像基座上镌刻由吴芝圃、张震撰写的“彭故师长革命事略”碑文。

造型美观、气势宏伟的彭雪枫纪念馆是一座具有浓厚的徽派建筑风格的仿古建筑群。建筑面积1100多平方米，馆名为张爱萍将军题写。纪念馆分为三个展厅，中厅为雪枫同志生平业绩陈列馆，展出数百幅珍贵的历史图片和各种文物资料，从不同历史时期、不同角度，全面客观地介绍了彭雪枫同志光辉战斗的一生。东厅为淮海战役纪念厅，西厅为宿州市自新民主主义革命以来的革命烈士事迹展厅。

在雪枫塑像和纪念馆的中点，耸立着革命烈士纪念碑，碑为塔形建筑，高26.7米，基座长宽各为44米，全部为白色大理石砌成，正南面镌刻着陈毅元帅题写的“革命先烈永垂不朽”八个大字，苍劲雄浑。碑前广场有3000平方米，全部为花岗岩地板，彰显了革命烈士纪念碑的雄伟高大，突出了庄严、肃穆的氛围。

宿州市烈士陵园先后被国务院授予“全国重点烈士纪念建筑物保护单位”，被民政部授予“全国百家爱国主义教育示范基地”称号，多次被安徽省政府命名为“安徽省爱国主义教育基地”“安徽省重点烈士纪念建筑物保护单位”“安徽省对外接待参观先进单位”“安徽省民政系统文明窗口单位”和“民族精神代代传”安徽省少先队教育基地、安徽省小公民道德建设活动实践基地。

涉故台

涉故台，又称射故台、射鼓台、射鹿台、陈胜吴广起义旧址，位于安徽省宿州市埇桥区大泽乡镇。

公元前209年，陈胜、吴广与九百闾左同赴渔阳戍边，至蕲县大泽乡时，因雨受阻爆发戍卒起义，率众斩木为兵，揭竿为旗，筑坛盟誓，诛伐暴秦。因陈胜字涉，后人遂将其盟誓之坛命名为“涉故台”。

涉故台作为中国第一次农民起义的发祥地，是中国农民战争和农民革命的源头，是历史的载体和见证，是一座伟大的历史丰碑。1961年，涉故台被公布为安徽省重点文物保护单位。

涉故台有篝火狐鸣处、鱼腹丹书湾、龙眼井、七十二连营等景点。

涉故台呈覆斗形，北高4.6米，南高3.2米，东西长67.6米，南北宽65.5米，面积4427.8平方米，台周围绿树掩映，环境幽雅。台上有古柏数株。

台南70米中轴线上矗立一座陈胜、吴广起义大型浮雕像，雕像通高9米，宽6.2米，厚1.7米，总重120吨。雕像外形为火炬形，象征陈胜、吴广点燃第一次农民大起义的熊熊烈火，陈胜右手持剑指向蕲县，左手振臂呼唤起义军，吴广怒目举棒，首冲在前。此稿样在1984年全国城市雕塑评比会上获得铜牌奖。

台东南建有陈胜、吴广起义纪念馆“鸿鹄苑”，仿古建筑，总面积2475平方米，集碑

涉故台

扶疏亭

廊、文物陈列于一处，内有名家碑刻数十方，并陈列全国知名书画家馈赠书画近五百件。

台东沿尚存一口古井，深20余米，曰“龙眼井”，为寺庙遗存。台上存有明万历、清道光、清光绪、民国29年四块碑记。据碑文记载，明代以前曾于此台设置过楼台寺。

扶疏亭

相传宋朝时期建成，命名为扶疏亭。宋朝苏轼为徐州知州时曾画墨竹一本，赠予宿州知州，并附有画竹，诗曰：寂卧虚寂堂，月明浸疏竹。冷然洗我心，欲饮不可掬。苏轼去世后，宿州知州将画与诗镌于石，构亭储之，名曰扶疏，取“竹影扶疏”之意。

元末毁于兵火。明弘治年间（1488—1505），宿州知府曾显重新筑亭，且将墨竹二段残碑嵌置亭壁。明清两代屡加修葺。亭内歌颂苏轼的碑刻甚多，为皖北名胜之一。此后历经动乱，亭毁，题刻大多损坏，现亭已恢复，刻石墨竹重新嵌入亭壁，碑长约1米，宽约0.7米，亭侧种竹林，以待游人。现在的扶疏亭位于仅存的明代古城墙上，是一座具有近代西式风格的建筑物。

鳌头观海

在砀山县园艺场和良梨镇接壤部，良梨镇东北3.8公里，残存有故黄河河坝，坝头向前凸显，如鳌头探望，故名。占地面积33.33平方公里。

漫漫黄河故道，茫茫花的海洋。独立这当年镇锁黄龙的大堤坝头，放眼俯瞰，花的浪头从脚下铺开，向天边涌去，云漫雪舞，浩瀚无边，鳌头登临，占尽故黄春色。全镇耕地面积 5 万亩，果园占地 4.3 万亩，1993 年水果总产量万吨，占全县总产量的五分之一。全镇现有半地下式贮藏窖 1880 个，贮果量年可增值 380 万元。历届梨王大赛中，该镇产品均获金奖。

“鳌头观海”是砀山县梨花观赏景点之一，该景点 1996 年设立，2008 年重建。景区的南半部和北半部非常平坦，像甲鱼的脊背。中部的故黄大坝，地势险要，高高耸立，像头部高昂的甲鱼在看花观海，故曰“鳌头观海”。

在镇锁黄龙的故黄大堤坝头，建有一座观花台，8 米高，占地 1300 平方米。在观花台的东面，有一块石碑，上面有中国书协主席沈鹏题写的“鳌头观海”四个字。

第八章

故事传说

佘家台

在泗县草沟镇境内的古唐河东岸有个高台，名叫佘家台。台东的虹灵沟上有一座水关，名曰“秦桥关”。佘家台，相传北宋时的佘老太君曾在此驻扎过，故名。据安徽省文物部门考证，佘家台和距这里十多里地的杨家台一样，同属新石器晚期遗址，现均为县级文物保护单位。

相传佘家台原名不叫佘家台，而是叫何唐寨。据说在唐朝中期，在这个高台上最早居住的是何姓人家。户主姓何名信，家有银钱万贯，良田千顷。何信性情粗暴凶顽，在方圆几十里地范围内欺男霸女，奸淫掳掠，无恶不作，百姓对其恨之入骨。何信为保家产安全，在台的周围设立了唐寨，因右边又是唐河，所以人称何唐寨。何信招募乡勇，日日练兵，年复一年，逐渐坐大。他不但鱼肉乡里，横行霸道，而且还拥兵自重，欺讹官府。久而久之，朝廷闻报，派兵镇压。何信哪里是官兵的对手，全家被满门抄斩后，何唐寨被官兵一把火烧成灰烬。百姓闻之见之，无不称快说：“这下何唐寨不叫何唐寨，成了火塘寨了！”自此，这个高台就叫火塘寨了。

到了唐朝末年，有一对夫妻带着一个七岁男孩逃荒逃到河南境内，这对夫妻，男的叫佘先敬，女的叫刘美声，儿子叫佘尚志。佘先敬一家三口，因在一大户人家帮工而在此安顿下来。佘先敬在这里谋生期间结识了一个好友，名叫陈广义，陈有一女名唤陈燕燕，比佘尚志小两岁。12年后，佘尚志和陈燕燕相继成人，两人青梅竹马，情投意合。后来，佘陈两家托人做媒，结成亲家。佘尚志和陈燕燕成亲一年后，佘尚志被征兵征走，一去不

返，杳无音信。其间，陈燕燕怀孕难产不幸夭亡，留下一女，取名佘赛花。佘先敬夫妇在日夜思子心切之中又痛失儿媳，心情更加悲伤。为了养活赛花，佘先敬跑遍附近的村庄，买来一只正在哺乳期的母羊，就用这只羊的奶喂养了赛花。等到赛花长到五岁的一天，一个贼人伺机偷走了赛花。当这个贼人将赛花带到山西的一座山下时，遇到了一群喽啰。这伙喽啰杀死盗贼，把赛花抢到了山上。寨主于横生见赛花长得如花似玉，十分可爱，就把小赛花交给侍女养了起来。从此，佘赛花就在这座山上习文练武，苦度春秋。

再说佘先敬夫妇见小赛花失踪，到处寻找，都无踪影。两年后，佘先敬的妻子刘美声在抑郁悲痛中得病不治身亡。佘先敬在埋葬妻子后就变得疯疯癫癫，到处乱跑，不知归宿。亲家陈广义就把他弄到家中进行照料。半年后，没想到佘先敬一去经年不归，陈广义就收拾行囊，踏上了寻亲的道路。

七年过后，佘赛花在山上已经长到 12 岁，出落得亭亭玉立，貌若天仙。寨主于横生见了更是心花怒放，一日醉酒后说："再过几年，赛花就可以当我的压寨夫人啦！"佘赛花闻听大惊，心想，噢，怪不得寨主将我养活起来，原来是想叫我给他当压寨夫人。哼，没门！我怎么能给强盗当夫人呢?！俗话说，"小孩子，记三不记四"，赛花是五岁时被偷到此地的，家中的情况和爷爷奶奶的形象，在她的心中已经有了一些大概的印象。为了脱离虎口，她决定去寻找爷爷奶奶。于是，佘赛花在一天夜里乘人不备，私自逃下山来。佘赛花走了月余，也没走出山西地界。一天，她来到一座城市，在街头流浪。正巧，这座城市是朝廷大将杨衮带兵驻扎的地方。一天，杨衮的夫人在侍女的陪同下到街上买东西，正巧遇上赛花。杨夫人见赛花虽然衣衫不整，有些脏兮兮的，但人长得天生丽质，随之心生爱意，就把赛花带到了杨府。赛花经过一番梳理打扮，更是俏丽无比。杨夫人将赛花介绍给杨衮，杨衮见了十分欢喜，遂把赛花收为义女。在杨家的调教下，赛花一边习文，一边和哥哥杨继业苦练杨家枪法。在这三年的日子里，杨夫人见赛花尽管在杨家学有长进，文武双优，衣食不愁，可是还经常能看到她不时面露不悦之色。于是，杨夫人问她："赛花，娘看你好像有什么心事，有时愁眉不展的。好孩子，什么事？别憋着，说出来娘给你担当！"赛花说："娘，我在你身边虽然什么都好，衣食无忧，可是我还是想弄清我的身世，我记得我好像姓佘，在我的家里，我还有爷爷奶奶！"杨夫人说："孩子，这个你不必担忧，待有机会，我一定帮你归宗认祖！"赛花说："谢谢娘亲！"

一日，杨夫人带着赛花和侍女乘轿从东岳庙降香归来，路过大街时，忽听外面有吆喝吵打之声，杨夫人轻挑轿帘一看，原来是一群地痞在殴打一位六十上下的老人。杨夫人遂令落轿，一声喝道："住手！"此时佘赛花已拔剑在手，怒目而视。众地痞见是杨夫人，纷纷退去。杨夫人问："老人家，请问你是哪里人氏？缘何流落此地？"老人说："多谢贵人救命之恩，我是河南归德府人，姓陈名广义，我是来寻找我的亲家佘先敬的！"

佘赛花闻听这个老人是来寻找一个和自己一样姓佘的人，于是就问："那个叫佘先敬的人，他的家里都有些什么人啊？"老人看着赛花，这才慢慢道出实情……佘赛花一听才知道是自己的外公来到此地，遂道个万福，扑通一跪说："外公在上，不孝外孙女佘赛花这厢有礼了！"老人一听大喜，忙扶起赛花，激动地说："啊哈，这是苍天有眼啊，叫我在这里遇到了我的外孙女！赛花啊，你可把俺全家想死啦！"杨夫人一见如此场面，喜在心头，笑上眉梢，忙将老人带到府中和杨衮相见，叙上亲戚，盛情款待，不在话下。

话说在佘赛花 19 岁那年，杨衮的儿子杨继业终于按捺不住青春的激情，暗地向佘赛花吐露心迹，传递爱意。佘赛花心想，哥哥虽然长得堂堂仪表，凛凛一躯，文武双全，自己也曾萌生爱意，可这是我的哥哥啊，情同手足，怎能有非分之想？今日一见哥哥道出心事，不觉手足无措，满面绯红，只得嫣然一笑，跑开了。

杨继业和佘赛花的相互爱慕和频繁接触，已经被杨衮夫妇看出破绽。夫妻俩几经商议都没达成统一意见，杨衮认为，儿子和赛花结为连理也未尝不可，他们虽是兄妹，可毕竟是异姓，没有血缘关系。可杨夫人就是不同意，她说："既是兄妹，怎能成亲？"杨衮为了既不得罪夫人，又能成全儿女的婚事，就想了一个点子，上书向朝廷推荐儿子杨继业和义女佘赛花领兵去泗州镇守秦桥关火塘寨。圣上准奏后，杨继业和佘赛花就领兵来到了泗州的秦桥关火塘寨，驻扎下来镇守关隘。就在秦桥关火塘寨，杨继业和佘赛花结为连理，并相继生下七子。

后来，待孩子长大成人后，杨继业父子因朝廷战事需要，离开火塘寨。在战争进程中，杨家军看到朝廷腐败，气数已尽，就弃暗投明与赵匡胤联合反周。经过几十年，赵匡胤建立大宋王朝，天下太平。杨继业与佘赛花第二次来到火塘寨，为大宋镇守秦桥关。此间，也就有了杨家的点将台，现名杨家台。后来辽人进攻边关，杨家将再度出征，离开火塘寨，战争惨烈，得胜还朝后，佘太君为安度晚年，带着亡夫丧子的痛苦，又第三次来到火塘寨。这时，有一道人对佘太君说："火塘寨的名字不好，不吉利，得改名了！"于是，火塘寨就改成了佘家寨。

南宋灭亡后，佘家早已离开。元军来到佘家寨后，放火将其烧为废墟。佘家寨被大火焚烧后，房舍寨栅荡然无存，仅剩高台一座，故名佘家台。直到现在，佘家台上暴露的文化层里，到处都是散落的鹿角、兵器、陶器、瓷器、灰烬等。

现在，佘家台的周围没有一家佘姓人家，据说这可能是因为佘赛花是女性，既然嫁给杨家，那后代就必然都随杨姓。所以，现在只有杨家庄静静地坐落在佘家台的东侧，杨姓人家也在世代传说着这个发生在佘家台上的"佘太君三下火塘寨"的故事。

生铁吴家

在泗县瓦坊乡境内有一个村庄叫生铁吴家。为什么叫生铁吴家呢？说起来还有一段故事。

据传，这个村庄以前有一个饱读诗书的吴老先生，精于神算，上知天文，下知地理。老先生有三个儿子，活到八十多岁才驾鹤西归。老先生在临终前把三个儿子叫到跟前交代说：“我死以后，你们把我盛殓起来，就放在这个屋里。你们每天晚上都摆一桌上八仙酒席放在这里，你们弟兄三个轮流单独在暗地值夜，不管看到什么，你们都不要害怕，见着就上前抱住不放，看会有什么动静。切记！”

老先生嘱罢，溘然长逝。三个儿子按照父亲的嘱咐，一一照办。第一天晚上轮到老大值夜，他躲在棺后观察动静，上半夜安然无事。到了下半夜，只听外面一阵风响，从门外进来一个彪形大汉，奇丑无比，浑身黄色，闪闪发光。老大吓得浑身哆嗦，不敢动弹。那大汉进来见有酒席，坐下就吃，一阵狼吞虎咽，酒足饭饱，起身离去。

次日，老二、老三问大哥昨晚可有什么动静。老大如实相告，只见老二、老三面有惧色。第二天晚上，轮到老二值夜，他躲在门后，心里打怵，不知今晚会发生什么事情。上半夜也和大哥经历的一样，屋内没有动静，到了下半夜，忽听一阵风声，一片毫光，从门外进来一人，身高体大，一身雪白，丑陋无比。老二吓得瘫在地上，直打哆嗦。那人往椅子上一坐，自斟自饮，吃得酩酊大醉，起身扬长而去。

天明后老大、老三前来打听情况，老二将前情一一叙说。老大说：“怎么样？害怕吧！你也不敢抱他啊？”老二说：“都快把我吓死啦，我哪还敢去抱他哦！”老三说：“我就不信，有什么了不起？今晚我去。管他什么，先把他抱住再说，我看他能怎么样？你们两个也真是，既然老父临终有交代，他老人家还能坑俺?！你俩都是胆小鬼。今晚我去，看我的！”老大、老二不服气地说：“哼，听你说得倒轻巧，到时你有胆抱住，才算你能嘞！”老三说：“大哥、二哥，你们看，今晚我保证按照父亲说的办！”

第三天晚上，老三在摆酒席的桌子上铺一层布，布四周垂到地面。他就躲在桌底下，从布缝里观察动静。到了下半夜，忽然天昏地暗，外面狂风大作，飞沙走石。风静后从门外走进一人，浑身乌黑，青面獠牙。老三看到后心中不免有七分害怕，可一想到老父的遗嘱，还有昨天在两个哥哥面前夸下的海口，就壮起胆来。只见那个黑人坐在桌前如狼似虎，猛吃猛喝，酒足饭饱后，起身就走。这时，老三忽然从桌底下猛地钻出，伸出双手紧紧抱住那人不放。那人出乎老三的意料，竟然不动，没有任何反抗。老三心想，这就好了，起码他不会伤害我了。老三见那人不动，就试图松手，可稍一松动，那人就想往外走。无奈之下，老三就这么一直抱着不放，抱着抱着只觉得越抱越凉。及至天明，等老大、老二来到时才发现，老三抱住的是一个铁人！

兄弟三人见是铁人才猛然醒悟，那第一天晚上来的浑身发黄的是个金人，第二天晚上来的浑身发白的是个银人。可是老大、老二都没那个命得到，唯有老三胆大听从老父遗嘱，他得到了一个铁人。

就为这个原因，从此，这个村庄就叫生铁吴家了。

刘饭店

刘饭店庄是泗县齐张社区的一个居民点，此庄因何得名？该庄西头路边一块石碑正中刻有“刘饭店”三个大字，题字者乃何方人士也？石碑的下端还有几行小字，碑文写着：1765 年，乾隆第四次南巡，途经此地，闻香下马，酒足饭饱后，挥毫写下了“刘饭店”三个大字，以示谢意。大清皇帝为刘家饭店题字，可了不得，百八十里的巨豪富贾皆来看个究竟。当地官府官员也乘轿前来考证，一看果真如此。乾隆皇帝再次微服私访，他们为讨好皇帝，就出榜招标当地最好的石匠、篆刻家制碑刻字，把乾隆皇帝的题字“刘饭店”给刻上了。你可能要问，哪家的饭店运气这么好？情况是这样的：现居住在这里的刘姓人的二世祖在 280 年前住在睢宁城里，做卖饭生意，生意不够景气，于是刘姓人的二世祖得仁、三洛兄弟俩于 1737 年举家搬迁，来到离马庄驿站东四里虹灵沟东岸的高地上，搭庵支灶，重新做起卖饭生意。由于兄弟俩做的饭手艺精湛，他集八方风味寓以自己的饭菜之中，凡来往客商都要驻足餐饮。当然，乾隆皇帝南巡路经此地，即下轿就餐。高兴之余，让随从取出文房四宝，挥毫泼墨，欣然写下了“刘饭店”三个大字。从此，本来不靠街、不靠店的野外小吃“刘饭店”生意便红火起来。

当然，时空跨越了二百七八十年，几经战乱，几经灾荒，传说中当年乾隆皇帝题字的石碑早已荡然无存。前文所讲到的石碑，乃是齐张村委会根据刘氏的家谱记载重新复制的。

后人也就把乾隆所题的“刘饭店”当作此地的庄名“刘饭店”了。

桃花洞

相传北宋末年，金兵南侵，宋宗室白马王偕其夫人邱丽娘率领的三千人马，孤军战斗在萧砀一带。丽娘系将门之后，自幼习武，身怀绝技。金兵十几万四路围追，白马夫妇激战三昼夜，渐不能支，相约各带亲兵向东南方向突围。白马王快马先行，逃向萧境东南白土山区。丽娘因有身孕，急中生智，脱掉盔甲战袍，解开马缰并猛抽三鞭，战马

三月桃花开

狂闯敌阵，咬死踢死金兵无数。丽娘趁乱突出重围。金兵于乱军尸首中发现丽娘盔甲战袍，以为她已战死，便鸣金收兵。丽娘脱险后沿着汴河南岸向东南疾走，欲与夫君会合。分手后白马王寡不敌众，但誓不投降，被金兵掳杀。

丽娘随逃难人群潜至周洼村周姥姥家，不久生下个男孩名安北。金兵侦悉此情，派大队人马围村搜查，扬言窝藏和知情不报者，一律杀头。周姥姥怀抱安北与丽娘藏于秫秸穳内。金兵未能搜到，其头领大怒，下令两天内再搜不出，凡三岁以下幼儿和年轻妇女统统杀掉。

丽娘为保住白马王的后代，又不连累百姓，心生一计：将安北托付周姥姥，用麦秸扎个假娃娃，外包红布，捆在后背，手持宝剑，大吼一声："我就是邱丽娘！我背上就是白马王的后代安北！"杀向敌阵，金兵措手不及，纷纷倒下、倒退。丽娘英姿飒爽，腾挪跳跃，且战且走，不觉到了泉山这里的山林之中。金兵渐至，将此处山林团团围住。丽娘决心以死相拼！突然一声巨响，山坡裂开一个洞，丽娘遂躲入洞中，洞口又戛然闭合。待金兵赶到，四处不见了丽娘踪影，个个目瞪口呆。山前山后又搜查了三天三夜，终无所获。

翌年三月桃花盛开时节，此处满山桃红柳绿松柏翠。忽一日洞口开裂，丽娘手持宝剑，翩然走出洞口，吟歌起舞，声震山谷。牧童樵夫循声前来探视，远远看去，只见丽娘一会儿歌舞，一会儿进出洞口，飘飘若天仙。待人走近时，又突然不见踪影。有大胆者走进洞内，只见丽娘面如桃花，右手抚剑，左手持莲花，微笑端坐，面朝西北——已是石像一尊，但却栩栩如生。此事很快传扬开来，皆知邱丽娘在洞中坐化成了神女。人们为防金人再来搜查，不约而同地将其传为桃花娘娘，纷纷来此烧香磕头祭拜，感其恩德，祈求太平、家安、子贵，皆言十分灵验。小安北及其子孙长大后，成为抗金反元的农民英雄。

此后，这个古洞被人们称为桃花洞。从前，洞口两边有一副篆体古联："桃花隐古洞；青松映蓝天。"明代进士、萧县知县张镜心秋游桃花古洞，有诗曰："八月桃花不见花，沿溪何处觅鱼槎。山容淡荡惟秋水，流向人间作野茶。”洞中的桃花娘娘石雕像便成为人们祈福求安的偶像，特别是每年三月三，这里的香火特旺。近年，县内外的善男信女和当地山民自筹资金，在这里建起一座莲花寺，清理了古洞，美化了山容，在洞口竖起了桃花娘娘雕像暨桃花洞传奇故事古今诗联碑。这里现已成为一个具有教化、祈福、旅游休闲等多功能的好去处。

蟠龙集

蟠龙集是安徽省砀山县黄河岸边的一个历史文化古镇，居砀山县城东北约 30 公里。现在的蟠龙集是 1851 年后人们在原址重建的，已与砀山葛集镇高寨村连为一体。蟠龙湖就坐落在现高寨村南，被人们誉为镶嵌在黄河故道上一颗璀璨的明珠，既光彩夺目又鲜为人知。这波光粼粼的蟠龙湖位于皖苏边境的砀山和丰县交界处，距历史文化名城徐州约 60 公里，为清咸丰元年（1851 年）黄河决口时，旋涡暗流冲刷坝底而形成。黄河于清咸丰五年（1855 年）改道后，为砀、丰两县人民留下的历史文化遗产。该湖东西长约 12 里，南北宽约 5 里，与丰县的大沙河相连，东北与山东微山湖遥遥相望，水域面积近 5 万亩，虽历经大旱而不枯。目前，湖面大部分养鱼和种植莲藕，与众不同的是，其莲荷多开红花。盛夏时节，湖面碧波荡漾，荷花映日，莲叶接天，渔舟唱晚，是人们观光旅游、休闲避暑的好去处。

据史料记载，明清时期，现在的砀山县高寨村东有一历史重镇蟠龙集，那时的蟠龙集规模很大，传说有 32 座衙门 81 道街。这里长年车水马龙，商贾云集，昼夜灯火辉煌，生意兴隆。素有“南有金陵城，北有蟠龙集”之说。据传说，乾隆皇帝下江南时，有一次计划走陆路，朝廷拨大量专款，准备在蟠龙集修建一座豪华行宫。当时大量的精石料已经运抵蟠龙集，准备破土动工时，正赶上黄河决口，砀山境内饥民遍野，匪患猖獗，

蟠龙湖

加上地方官吏贪污银两，朝廷所拨专款被挥霍一空，修造行宫的计划只得泡汤。后来，当地百姓便将大量石料趁黑夜偷偷拉走建房。

到清中期道光年间，地方官员意识到蟠龙集将面临黄河泛滥的威胁，便召集百姓在蟠龙集河段的上游，修筑了两条呈南北走向的人工拦河大坝，西面的一坝与东面的二坝相距约6里，大坝南北长350丈，宽33丈。这一治水方略，也为清咸丰元年（1851年）黄河在蟠龙集决口留下隐患。在砀山高寨村前的一坝遗址，现在依然隐约可见，因二坝而得名的丰县二坝自然村，村名一直沿用至今。清咸丰元年，黄河再次泛滥，河水以铺天盖地之势直泻而下，当波涛汹涌的黄河水行至现在的高寨村时，却遇到了两条巍巍大坝的拦截。在势如猛兽的黄河面前，第一道拦河坝很快被洪水冲破，当洪水冲到第二坝时，固若金汤的二坝硬是挡住了黄河的去路。人们也把保住蟠龙集的希望寄托在了二坝上，数万民工在加固增高大堤，日夜奋战在大坝上，人与自然展开了一场生死搏斗。坝越筑越高，水越积越深，此时的黄河如一条怒不可遏的蛟龙，波涛汹涌，横冲直撞，不几天二坝终于经不住黄河排浪如山的冲撞和浸泡，被拦腰冲开，无数民工如泥丸一般，霎时被洪水席卷而去。随之，蟠龙集这座繁华的重镇，被黄河扬起的滔天巨浪掩埋在了数丈深的泥沙之下。而那旋涡暗流冲刷的坝底，便形成了现在的蟠龙湖，也就是现在人们常说的高寨河。现在的高寨村东这一片，人们还是习惯叫作“蟠龙集”。

黑龙潭

黑龙潭位于砀山县官庄坝镇境内，属龙潭村管辖，在现今黄河故道大堤南侧，潭水面积2.5平方公里，潭深有四两生丝够不到底的说法，潭水清澈，碧波荡漾。东侧是千亩生态养鱼塘，西侧是碧叶红荷、争奇斗艳的莲花池，秀丽的自然风光，丰厚的文化底蕴，众多的传奇故事，成为当地乡镇构建黄河故道生态旅游的一个重要组成部分，2010年6月被列为省级生态自然保护区。

在龙潭村及周边地域，关于黑龙潭的神话传说很多。因为这里的自然环境独特，大面积波光粼粼的水面，紧靠高达20多米的黄河故道大堤，站在堤顶往下看，澄澈的水面变成了黑漆漆的潭影，与其他各处清澈透明、碧波荡漾的潭水形成鲜明的反差。

黑龙潭的水有多深，没人量过，“四两生丝够不到底”只是一个模糊的数字，近二百年来从没干涸过，倒是事实。据当地流传很广的一个传说，潭里有个修炼三百多年、当年黄河改道时没来得及随黄河而去的鲤鱼精。这鲤鱼精是位美丽的少妇，在潭底建有洞府，卧榻下压着泉眼，每逢旱季水少，鲤鱼精稍一动身，即可溢满水潭，因此，无论天气多么干旱，黑龙潭从未见干涸露底过。若是碰到涝天，潭水暴涨，鲤鱼精便在夜深人静之时，张口吸足潭水，喷向黄河，潭水流走，黑龙潭水依然保持原来的水位。

有一年麦收过后，官庄坝集上唱大戏，鲤鱼精凡心萌动想去听戏，就派她的部下黑鱼精出水打探。黑鱼精幻化成一个白胡子老汉浮出水面，在潭四周转了一圈，没有见到人的踪影，就回去禀告鲤鱼精，说四周无人。鲤鱼精说："好，待我变幻成人形，前去看戏，你去为我准备好车马行头。"只见她右手一指，念了几句咒语，一辆马车停在面前，又点化鱼鳖虾蟹，变成赶车老汉和男女随从，黑鱼精幻化成跟班的管家，护送着鲤鱼精变成的少妇一行车马向岸边驶去。

说来也巧，一位赶集卖菜的青年人正在黑龙潭岸边苘棵里避雨，由于苘叶稠密，黑鱼精没有发现。青年眼见水面上三匹骏马拉着五彩轿车，一位绝世佳丽稳坐轿车软座上，男女随从十多人，从水中上岸径直向官庄坝集疾速而去。他赶忙出了苘棵，担着蔬菜紧跟马车，想探个究竟。来到集上，小伙越想越觉得蹊跷，就给自己的熟人讲了，于是一传十，十传百，听戏的人不顾看戏而围观马车了。鲤鱼精知道事情败露，急忙伸出兰花指向天空一指，下起一阵骤雨，驱散围观人群，飞速回到河里。第二天清晨，人们看到丈余长的黑鱼精浮在水面。原来，这是鲤鱼精惩罚黑鱼精巡查失误而处死了它。

在岸上围观的人群中，也有那位卖菜的年轻人，就在大家议论纷纷的时候，家里来人说他老婆生了，是个男孩。小伙一听，急忙回到家里。见刚出生的孩子全身黑不溜秋，头大嘴扁，猜想这便是黑鱼精转世，不过也只好将这孩子拉扯成人。

18 年后，黑孩长大成人，说要去河里报仇，并对爹娘说："你们蒸上三笆斗馒头，我只要张嘴，你们就向嘴里倒，等三笆斗馒头全部吃完，我就有力量战胜鲤鱼精。"

到黑孩生日那天，他先让爹娘蒸好三笆斗馒头，便独自划船来到河心，一个猛子扎下去，只见浪花翻滚，水柱一丈有余，整个黑龙潭如开锅一般。黑孩一会儿站在浪头，一会儿沉入潭底，突然，一只大口张开，老两口急忙倒下一笆斗馒头，须臾水柱升腾，浪涛翻涌。一袋烟工夫，那张大嘴又张开，老两口再次把馒头倒进去，紧接着第三笆斗馒头也被一口吞下。此时天昏水暗，浊浪排空，一股股紫血涌向水面，小船颠来颠去，眼看就要沉底，只见黑孩子刹那间拉长了身子，变成一条黑龙，直扑鲤鱼精。经过一阵激烈搏斗，鲤鱼精遍体鳞伤，逃进了黄河故道，再也不敢出来。

这砀山县官庄坝镇西侧三省交界的一泓碧波，从此被当地百姓叫作黑龙潭，这个村庄也就叫作龙潭村，一直沿用至今。

闸口王集

闸口王集位于砀山县境东部的李庄火车站东南侧，是当地的一个小集市，因居民多王姓，故名王集。可为什么又叫闸口王集呢？这里边就流传着个故事。

以前，古黄河曾流经此地，且连年决口泛滥。滔滔黄水像一头凶猛的巨兽，张开无情的血盆大口，吞噬了万顷良田，吞噬了万家农舍，吞噬了万人性命。千里沃野，一朝变成水乡泽国。大水过后，幸存的百姓便纷纷要求官府拨款建闸，节制水流，消除水患，以保人们温饱生息。

于是，官府呈文一级级到达朝廷。朝廷便批拨巨款，派一河官来砀，专办建闸之事。

这位贪官来到砀山王集的水利工地后，首先修造公馆，营建别墅，然后搜刮四乡时鲜特产，罗集八方名伶美姬，终日沉溺酒色，醉生梦死，肆意挥霍，恣情享受。至于建闸之事，也只是慢吞吞地干着，做些表面文章，反正只要能忽悠住上级、作秀哄住百姓就行。

就这样历时两年，这项偷工减料、草草收兵的豆腐渣工程宣告竣工。河官操起生花妙笔，潜心编造起奏章来：

"……惟皇恩浩荡，洪福齐天。小吏不才，历时两载，方将王集闸口建成——铁底铜帮银钉扣，玉石栏杆金小虫（麻雀）；大闸巍峨，于川原绿秀间凌空耸起；长河清澈，将浣衣村姑印映碧波；十里柳堤人如云，满河画舫满河歌……"

奏章至京，适逢皇帝欲巡幸江南，故即回旨一道："朕幸江南，路经此地，赏玩一宿。"这下河官可着了慌，怎么办？大闸建成这副熊模样，皇帝一看岂不全露馅了？他在房内踱来踱去，愁眉不展。窗外的鸣蝉鼓噪更给他增添了烦恼。想着想着，突然茅塞顿开：对，就从这地理位置和鸣蝉身上打主意吧！

这日，在皇帝巡幸闸口的路上，河官飞马至前，伏地叩头如鸡餐碎米："吾主万岁，闸口是万万去不得的！请看地图，这里南十余里有个回龙集，北十余里有个蟠龙集。此地有句农谚：'南回龙，北蟠龙，二龙相斗，必有一伤！'乞望吾主三思？"皇帝闻言拊掌大笑："哈哈，我当犯什么大忌呢，区区两个小鸟龙，能斗得过朕这条真龙天子吗？……哈哈，谁让爱卿把大闸修得那么好呢，朕今定要凭玉石栏杆欣赏村女浣衣，乘画舫轻舟倾听满河渔歌哪！"

河官不禁吐了下舌头：糟，坏就坏在自己在奏章里把闸口描绘得太美了！他眼皮一眨，连爬几步，抱住皇帝的腿说："陛下，臣纵有天胆，也不敢放吾主前往啊。那里虽风景幽雅，但蚊子忒多忒大，走一趟将会把人咬得体无完肤的！"

一提到蚊子，皇帝稍有迟疑，因为他确实怕草丛中有蚊虫叮咬。这时，河官故意摸了摸蟒袍袖子说:“怪，怎么说着蚊子，像有蚊子正在咬我呢，陛下，烦您给小臣看看，我袖内可有个蚊子?”

皇帝刚一探头，一只鸣蝉“吱”的一声从袖中飞出，把个皇帝吓得一下仰面瘫倒，连说:“乖乖，这儿的蚊子太大了！去不得，去不得啊!”昏君佞臣们走了，而政绩烜赫、名噪一时、轰动朝野的黄河水利枢纽工程——王集大闸口，被黄水一冲即垮。此地空留一片乱石，空留一个闸口的名字，人们依然遭受着水害的威胁。

苏轼筑城

因为扶疏亭，宿州忘不了苏轼。因为他给皇上的一封奏议，灵璧得以正式由镇升为县；因为他的诗、文、画，灵璧石熠熠生辉，宿州的灵璧，更忘不了苏轼。

诗人、画家、“宋代第一才子”苏东坡，在1092年竟然当上了大宋的国防部长（兵部尚书）。文干武差，官衔虽大，但由于宋代兵部和枢密院合并，军事大权掌握在枢密院，兵部形同虚设，顶多是个文书转移、上通下达的文牍机关而已。但恰恰是这点文牍功能，苏轼便为灵璧做了一件功德无量的大好事。

其实，在这之前，苏轼已经数次到访灵璧，不能不说，这也是他向宋哲宗建议升格灵璧建制的前期情感铺垫：

第一次是北宋熙宁四年（1071年），苏轼赴杭州就任通判，途中作《濠州七绝》，其一为《虞姬墓》。诗云：帐下佳人拭泪痕，门前壮士气如云。仓黄不负君王意，独有虞姬与郑君。

第二次是神宗元丰二年七月二十七日（1079年），苏轼由徐州知府改任湖州知府，途经灵璧，应当地显达张氏之子张硕的邀请，参观张氏兰皋园，后专门撰写了美文《灵璧张氏园亭记》，传为文坛佳话。文章写道：我打算在泗水滨买地归老，“……因汴之余浸，以为陂池，取山之怪石，以为岩阜……南望灵璧，鸡犬之声相闻，幅巾杖屦，岁时往来于张氏之园”，苏轼的灵璧情结以及他对灵璧石的喜爱，溢于言表。

据《墨庄漫录》记载，苏东坡与园主畅饮，醉卧在园内一块巨型灵璧石上睡着了，醒来后便在该石题写:“东坡居士醉卧此石然酒醒。”今灵璧县仍存有张氏园亭宋代遗石一块。

六年后的1085年，东坡离黄州去南京、扬州等地，道经灵璧，再次来到张氏兰皋园。后苏轼在《苏子瞻集》中记载此次灵璧之行道:“灵璧出石，然多一面。张氏园中砌台下，有一株独巉，然反复可观，作麋鹿宛颈状。东坡居士欲得之，乃画临华阁壁，作丑石风竹。主人喜，乃以遗予。居士载归阳羡。”这次的灵璧之行，记载了苏东坡以画换取灵璧石的趣事，这也使得苏轼和灵璧石结下了奇缘。

一年后，也就是宋元祐元年（1086年），灵璧始置灵璧县，因条件不成熟而夭折，当年七月即废去，仍恢复为镇级建制。灵璧正式升格为县，是在这六年之后的宋元祐七年（1092年），即苏轼新任兵部尚书，在宿州视察期间，这在《苏轼文集·卷六十二·奏议八首·乞罢宿州修城状》中写得明明白白：

元祐七年九月某日，龙图阁学士左朝奉郎新除兵部尚书苏轼状奏。臣近自淮南东路钤辖被召，过所部宿州，体访得本州见将零壁镇改作零壁县，及本州见准朝旨展筑外城两事，各有利害，既系臣前任部内公事，而改镇作县，又系兵部所管，所以须至奏陈，谨具条件如后。

零壁镇人户靳琮等，先经本路及朝省陈状，乞改零壁镇为县。却准转运使赵状称，看详得元只是本镇官势有力人户，意欲置县，增添诸般营运，妄有陈状。寻准敕依奏，依旧为镇。后来有转运使张修等及知州周秩别行奏请，却欲置县，仍取得本镇人户状称，所有置县费用，情愿自备钱物。致朝廷信凭，许令置县。臣今体访得零壁人户出办上件钱物，深为不易。元料置县用钱四千五十余贯，至今年八月终，已纳二千八百五十余贯，其余未纳钱数，认是催纳不行，纵使尽行催纳，亦恐使用不足。看详始议置县，只为本镇居民曾被惊劫，及人户输纳词讼，去县稍远。然未置县时，本镇已有守把兵士八十人，及京朝官一员，专领本镇烟火盗贼，别有监务官一员，又已移虹县尉一员，弓手六十人，在本镇足以弹压盗贼。而本镇去虹县六十里，至符离县一百二十里，至蕲县一百里，即非地远，又至符离县，各系水路，本不须添置一县。委只是本镇豪民靳琮等私自为计，却使近下人户一时出钱，深为不便。

宿州自唐以来，罗城狭小，居民多在城外。本朝承平百余年，人户安堵，不以城小为病，兼诸处似此城小人多，散在城外，谓之草市者甚众，岂可一一展筑外城。近年周秩奏论，过为危语，以动朝廷。意谓恐有盗贼窃据，以断运路，遂奏乞展筑外城一十一里有余，役兵及雇夫共五十七万有余工，每夫用七十省钱，召募雇夫及物料，合用钱一万九千余贯，约五年毕工。已蒙朝廷支赐抵当息钱一万贯，欲取来年春兴工。臣体访得元只是宿州豪民，多有园宅在外，扇摇此说，官吏不察，遂与奏请。况宿州土脉疏恶，若不有砖砌沘，随即颓毁，若待五年毕工，则东城未了，西城已坏，或更用砖，其费不赀。又七十省钱，亦恐召募不行，官吏避罪，必行差雇，搔扰不细，其间一事，深害仁政。缘今来踏逐外城基地，合起遣人户大坟墓六千九百所，小者犹不在数。不知本州有何急切利害，而使居民六千九百家暴露父祖骸骨，费耗擘画改葬，若家贫无力，便致弃捐，劳费公私，痛伤存殁，已上并有公案，可以覆验。

右臣今相度上件改镇作县事，系已行之命，兼构筑廨宇，略已见功，恐难中辍。而展城一事，有大害而无小利，兼未曾下手，犹可止罢。欲乞速赐指挥，更不展筑，却于已支赐一万贯钱内，量新置县合用数目，特与支拨修盖了当。其人户未纳到钱数，均乞与放免。谨录奏闻，伏候敕旨。

大文豪苏轼体恤民间疾苦，他为宿州、为宿州的灵璧写的这份奏议，也确实关系到国计民生，他的建议很清楚：个别人自筹置县费用，骗得朝廷批准设县，其实是借建县为名，向百姓摊派，只收到半数经费，其余征派不下来；但灵璧“改镇作县”是大势所趋，钱的缺口如何弥补？宿州外城扩建，“有大害无小利”，宜缓不宜急。不如减轻百姓负担，先停建宿州外城，拨出建城经费作为“灵璧”升格为县的开销。宋哲宗采纳了苏轼的建议，灵璧当年正式升格为县。

苏轼是中国历史上一位罕见的通才人物，他的一声“大江东去，浪淘尽，千古风流人物”开创了中国豪放派词风的先河；他的绘画向有“一灯分焰，照耀古今”之誉，是“湖州竹派”的代表人物；他的书法洒脱遒劲，独具风格，名列“唐宋四大家”（颜真卿、柳公权、欧阳询、苏轼）之列，又独占“宋代四大家”（苏轼、黄庭坚、米芾、蔡襄）之首；他的“石文而丑，一丑字则石之千态万状皆从此出。丑而雄，丑而秀也”的著名论断，丰富和发展了奇石鉴赏理论，成为后来鉴赏奇石的理论本源之一。能得到他为宿州、为灵璧操心费力地去经营文字，去上书奏议，真是一大幸事。

今天，当我们梳理宿州历史文化的时候，当我们打造灵璧石这块亮丽名片的时候，我们不仅应该想到宿州扶疏亭上的风竹碑画，我们更应该铭记：灵璧的成长、灵璧石文化的羽翼丰满，确确实实离不开苏轼。

凤岭卿云

如今萧县县城城北的凤凰山，几年前已列入凤山森林公园景区项目，作为以“山在城中”“宜业、宜居、宜游”为目标的新县城建设重要规划之一。目前，随着凤北新区建设的启动、凤山隧道的开通，以及萧县高铁站的建成投运、岱湖湿地公园的开建，“凤凰山上凤要舞，龙腾凤舞大萧城”的崭新面貌业经初露端倪，萧人们期待着、憧憬着更加美丽的大萧城……

其实，古萧先贤们早就有过凤凰山的美丽畅想。列入康熙萧志“萧县八景”之一的

“凤岭卿云”，志书上语焉不详，而民间的传说却具体而美丽、引人入胜：早在大明隆庆年间（1567—1572），县城尚在山北，凤山脚下有个赵家寨，赵家寨有个寨主赵延春，人称赵员外。赵员外虽富甲一方，娶有一妻两妾，可只生有个独生女儿，名唤卿云。赵氏一家之宠爱、期望，自然集于卿云一身。卿云14岁便念完“四书五经”一类，且写得一手好字，喜吟《木兰辞》。由于娇生惯养，卿云姑娘虽才貌双全，但却任性而豪放，自幼喜扮男装。

一年秋节刚过，雨后艳阳高照，秋高气爽，正是登高游览、观花赏景的好时光。卿云又是女扮男装，偕春兰丫鬟登上凤凰山顶，一路上她向春兰指点述说着三仙台、桃花洞、龙爪沟、圣泉寺、书声洞等名胜的故事，春兰听得入了迷，卿云雅兴也达到高潮。这时卿云说要小解，走到山坡下的草丛中僻静处。春兰便高兴地采花扑蝶去了。突然间，一只大黄狼向卿云猛扑过来。卿云毫无防备，大喊“救命”！可此时已近午时，山顶上哪有闲人？春兰已走远，连救命的喊声她也没听到。当她回过神来喊姑娘下山回家，却怎么也喊不应，一种恐怖感激得她哭着喊呀喊，找呀找，直到晌午后，只得一人哭着返回报信去了。

一个娇小的弱女子，怎敌得过一只大恶狼？但是说也凑巧，正当大黄狼叼着卿云向树林中跑去，救命的喊声传到了正在林边割红草的一个汉子耳中。原来这边山坡下有个叫刘村的小村庄，庄里住着一家四口看林的穷苦人家。老两口生有一儿一女，儿子叫石牛，闺女叫梅梅。听到救命的喊声，石牛循声搭眼一看，只见一只大黄狼扯着一个喊救命的少年“男子”，石牛一手持镰刀，一手摸起扁担，呼喊着跑过去，抡起扁担朝恶狼狠狠打去。恶狼惨叫着逃走，石牛赶紧俯下身子瞧看被咬的少年。一看“他”被咬破的蓝缎子上衣，血迹斑斑，人已奄奄一息。这是谁家的富贵公子？他来不及细想，立即背起她往家里跑。

石牛很快把卿云背到家中，一家人忙活着给她掐人中、挖草药、烧开水、洗血斑，命石牛赶紧蹚过河去县城买狼药。直到第二天，卿云才苏醒过来。但高烧不退，伤处红肿起来，用了狼药才退了烧。老实憨厚的石牛在给卿云擦伤时发现两个乳房肿大，还惊叹这位公子伤肿得太厉害了！晚上又陪“公子”服侍药汤。石牛的母亲看救活的“公子”年少漂亮，就想把闺女许配给他，梅梅听说后也动了心。待卿云大好后，石牛母亲问起“公子”等事时，卿云大跪不起，这才以实相告。

且说赵员外这边，卿云父母听了春兰的哭告，大惊失色。特别是赵员外，更是心如刀割，发疯似的派人到处寻找。几天过去了，音信全无。赵员外不得不亲自写了帖子，四处张贴。帖曰女儿年龄形貌，何时走失，凡有知情报信者赏银五百两，若是青年义士搭救，愿以爱女许配为婚云云。帖子一出，周遭遍知。石牛更是高兴万分，去下村扯了帖子回家给一家人和卿云看了。卿云多日来不仅对石牛一家人的救命之恩感恩戴德，朦胧间也对石牛产生了说不出的好感。这一看帖子上父亲的承诺，心里陡然升起一股对石牛这个憨厚、老实的救命恩人的倾慕爱恋之情。卿云红着脸，害羞地说要石牛哥送她回家“领赏”。

卿云的蓝缎子上衣被狼撕咬破了，她换上了梅梅的粗布衫，与石牛一同欢快地回到家。赵员外一家的惊喜劲就甭提了。赵家大摆筵席，既是感谢义士石牛，也是为卿云压惊补养。宴罢赵员外拿出准备好的五百两白银，放到石牛面前，千恩万谢地说要按帖子所说，决不食言。憨厚的石牛一再说救人理所当然，家里虽穷，但绝不受这厚赏，说罢施礼告辞而去。

卿云见父母不提许配之事，很是纳闷，亦很是为石牛及其一家抱不平！赵家立即掀起了波澜——赵员外虽然很是感谢石牛及其一家的救女之恩，但无论如何不愿意把自己唯一的千金小姐嫁给一个穷小子。而卿云眼看父母要食言赖婚，哪里甘心？赵员外早就有巴结县太爷并看上县太爷公子之意，这时便抓紧时间，亲自登门致意。县太爷及其公子亦早已对卿云垂涎三尺，于是立即送了聘礼。这边厢卿云密派春兰给石牛送信，约会于凤凰山顶商讨对策。卿云石牛在凤凰山顶约会的事，渐渐被寨里人和赵员外两口子知道了，赵家一方面加紧了对卿云的看管，一方面怕夜长梦多，与县太爷议定提前了婚期。卿云再拗也不拗不过父母，眼看婚期将至。严密的看管使得卿云几天里未能寻机约会，哀伤恸哭得连春兰都受不了了。这天是个约会的双日子，卿云决心一搏，早早偷偷地越墙上山，天刚蒙蒙亮，那痴情的石牛便也已到了山顶。二人相拥，卿云哭诉狠心的父母赖婚食言、嫌贫爱富，自己早已下定决心，非石牛不嫁！

旭日冉冉升起，山下忽然间人声鼎沸，赵家寨的男男女女找上山顶来了。怎么办？石牛劝卿云回去，就此罢手。卿云哪里答应，拉着石牛向刘村方向跑。但又一想，家里人肯定不会放过石牛一家，打算暂时到草丛里躲一躲，再做计较。

山上传下话来，没找到。赵员外下令放火烧山，以为卿云无处可藏，肯定会回来。谁知满山红草、树木即将全部化为灰烬，也不见女儿踪影。员外和众家丁仰望凤凰山顶，突然间一股浓烟直冲碧霄，顿时化作五彩祥云，只见卿云和石牛携手并肩，端坐祥云之上，卿卿我我，谈笑自若。员外和夫人连声呼唤“卿云我儿赶快下来”，而卿云和石牛却含笑不答，踩着五彩祥云向西飘去……

后来，又到了秋高气爽的日子，乃至许多年后的秋节后，都有人看到凤凰山顶，五彩祥云中卿云和石牛相拥端坐、含情脉脉的美丽形象。于是，“凤岭卿云”便成了凤凰山凄美的传奇。

这是萧县民间版本的“凤岭卿云”，一个梁祝般的美丽传说。而另外的一个说法则较切合当年的自然状况：

当年，凤凰山两边是水乡泽国，北有黄河、汴水、岱山湖，东有姬村湖，南有龙湖龙河、浮绥湖等，常年水雾缭绕。加上黄河常常泛滥，淹没城乡村舍，甚至浪冲至北面半山腰，凤岭上的云雾水汽自然常常涌现，特别是雨停雪霁之时，随着风吹日照以及间或出现的虹霓幻光，可能于山顶变幻出五彩斑斓、缥缈不定的祥云瑞气，各种奇形怪状的景物、形象，给人种种神秘莫测之感和丰富的想象空间。于是，富有想象力的萧人们，便共同创造了上述故事。

关于“卿云”一词，第一，从字面讲，“卿”“庆”古时通用。《康熙字典》“庆”字条下有：“盖庆乃卿字去声转平声，即卿卿也。故卿云亦曰庆云。”“庆字本声之卿音也。”故卿云亦有庆云、景云、祥云、瑞云等同义词。第二，古代朝臣有“三公九卿”之设，故君王尊称大臣为爱卿。第三，后来民间夫妻和朋友之间亦称“卿”，所谓“卿卿我我”是也。

有关“卿云”的记载：远古时舜禹交替之际，执政22年寿达83岁的舜帝，在那隆重的禅让大典上，欢快地唱道：“卿云烂兮，纠缦缦兮，日月光华，旦复旦兮！”群臣和唱曰：“明明上天，烂然星陈，日月光华，弘于一人。”好一幅君臣和谐、政通人和、美满交接的清明图画！

又于是，官家、文人们便根据凤凰山顶时或出现又难得一睹的祥云瑞气，寄托仕途顺畅、政治清明、社会和谐的吉祥预兆和美好愿景，或加上上述民间传说，把它评定为古萧一景。

靖难之战

燕王征北，朱棣第一次到夹沟。

先从皇殿湖的传说说起。在夹沟镇西北不远处，群山环抱之下，是一块平原沃野之地，方圆十多平方公里，这片平原的中心地带是一块低洼地，即近代被称为皇殿湖的地方。传说朱棣非正宫娘娘马皇后所生，朱元璋给他的是老兵老马，让他去征北。朱棣带着兵马征北来到了夹沟，自知难以胜敌，便在这里安营扎寨驻扎下来，一驻就是12年。这12年，“马生双驹，麦挑二祺”(麦长二穗)。小兵长大了，老马换成了小马。正是兵强马壮之时，朱棣要起兵北征，便派人到徐州黄河察看冰冻情况，六月天气，黄河哪里上冻？朱棣便斩了探子，又派探马再看，又报没有上冻，再杀，再派探马察看，不料探马来报：“黄河上冻了，可以过河。”于是朱棣自夹沟起兵北上，到了30公里外的徐州黄河边，果然冰冻三尺，千军万马顺利渡过黄河。这是夹沟一带代代相传、至今几乎家喻户晓的一段关于燕王征北歇兵皇殿湖的故事。后来因为朱棣成了永乐皇帝，这里原本没有统一的名称，周围村庄各叫“东湖”“南湖”的，便均称这里为“皇殿湖”。当年燕王为运粮草，在皇殿湖里开挖运粮河修的三孔桥，便成为“御桥”，几经重建，今天小桥已是蓄排兼有的御桥闸了。

燕王第二次过夹沟，那是靖难战役正吃紧之时。何谓靖难战役？明朝洪武三十一年（1398年），明太祖朱元璋去世，按照嫡长子世袭的封建制度，皇帝应为朱元璋嫡（正宫皇后生）长子朱标继承，然而朱标已于洪武二十五年（1392年）38岁时英年早逝。嫡长子去世，只有嫡长孙接任，不料嫡长孙朱雄英亦在八岁夭折。接下来唯有嫡长子之次子朱允炆继承皇位了。然而，事情仍不顺利。朱元璋总结元朝统治的教训，登基后不久（洪武三年夏四月）就开始将他的儿子们先后三次封为全国各地的亲王——称为封藩，旨在“分茅胙土，藩屏国家”（《明太祖实录》卷五）。这些藩王，特别是北方“塞王”拥有三千至数万人的护卫甲士或军队，及各种管理地方的权力。“时诸王以拥重兵，多不法。”（《明史》卷五）朱允炆登基后（史称建文帝），要叫这些居于各地小皇帝之位的叔叔们在年轻的侄子（23岁）面前俯首称臣，可不是一件容易的事。于是“帝纳齐泰、黄子澄谋，欲因事依次削除之”（《明史》卷五），齐、黄之谋史称“削藩”。削藩，就是削除各地分封的藩王，实际上矛头直指燕王朱棣，只是“惮燕王强，未发。乃先废周王橚，欲以牵引燕”（《明史》卷五）。建文帝锐意削藩，就要削到燕王的头上，朱棣认为皇帝身边出了奸臣，应予以清除。建文元年（1399年）秋七月，燕王上书天子。“书既发，遂举兵。”七月五日，燕王朱棣发起了历史上有名的“靖难之战”。“靖”者，平定清除之意也。朱棣带着兵马自北平起兵，先占据北平，接着南下。建文帝命耿炳文以13万大军率师至讨，兵败，又遣曹国公李景龙率师50万与燕军对垒。仗打了三年近百场，燕王“仅据有北平、保定、永平三府而已。无何，中官被黜者来奔，具言京师空虚可取状”（《明史》卷五）。密报京城（南京）防守空虚。这一情报给朱棣似乎打了一针强心剂，于是他改变战略，不恋一城一池得失，以最快的速度直取京师南京。建文三年“十二月丙寅（初二）复出师”（《明史》卷五）。三月“甲申，朔燕军自徐州趋宿州。在徐州，乙卯，燕王遣都指挥李让祭外祖徐王坟，上戒将士曰，‘闵子骞、外祖坟墓及其家在焉，勿有侵扰，违者不宥’，遂召王亲族赐钞万锭慰劳而遣之”（《大明太宗文皇帝实录》卷之九上）。在徐州燕王除派都指挥李让先去夹沟辛丰徐王陵墓祭祀之外，又召徐王陵墓奉祀祀丞等马皇后亲族到徐州，予以安慰。

之后，燕王自徐州到宿州，没有在夹沟停留的记载。在宿州一带，燕军转战北至徐州，南至蒙城、涡河、五河、淮河以北，进行了近一月的拉锯战。此后在灵璧打了一个大仗，很快打到了南京。

靖难之战，血雨腥风，生灵涂炭。历时四年。建文帝江山不保，朱棣遂登临皇位。

年号“建文”改“永乐”。这就是靖难之战的前因后果。

永乐八年，明成祖朱棣第三次到夹沟。光绪《宿州志》是这样记载的：“永乐七年帝北巡道宿州，亲谒祠，下命拓展墙垣，增植树木，守冢。以戬为建阳卫镇抚，犯法逮至，责而宥之，十五年帝抚复亲祭，以戬为徐州卫指挥佥事。”清道光丁亥年（1767年）清啸堂版《武氏支谱》记载：“永乐八年，成祖驾到，徐王坟祀事，祀丞武聚老故，无嗣，选（武选）除以亲弟次，及已老，未承袭，故本署官缺。帝命镇抚武戬举公后（武选之子）应为祀丞，戬以语选子俊（武俊），俊村居去祠颇远，且质朴，务农，选遂以年老子幼辞。戬举武贵，遂命袭之，时龙江卫镇抚原（武原）之侄也。寻复升戬世巡守王坟封域林木焉。”

永乐十五年，明成祖朱棣第四次到夹沟。《大明太宗文皇帝实录》卷一百八十七：“永乐十五年壬戌，车驾次夹沟亲祀徐王坟，以镇抚武勘为徐州卫指挥佥事世守王坟。”《武氏支谱》是这样记载的：永乐十五年四月五日圣驾到夹沟驿席殿，钦升武戬指挥佥事，本日晚又遣内官高骧传旨：升武戬徐州卫世袭指挥佥事，支俸不管事。又召见面命之，曰：“而勿谓官小，与国同休，任而穿衣戴帽，任而骑马坐轿，种地不纳粮，养儿不当兵，尔其志之朕言，不在忘。”这一次明成祖皇帝不仅来了，且还住下了，晚上还与徐州卫指挥佥事武戬等见面。

水漫兰桥

明朝万历年间，灵璧东北九顶山下有一小村，村名兰家庄。村里有一赵姓大户人家，家中富有，遗憾的是家中独子从小体弱多病，一直卧床。儿子10岁时，赵家为了给他冲喜，就买了本村一名叫兰瑞莲的女孩做童养媳。

兰瑞莲自小父母双亡，跟着叔婶生活。在她13岁那年，叔婶把她卖于赵家。

自从进了赵家，家中所有的杂活家务全是她操持，可怜她年纪尚小，却要承受劳累之苦，还要伺候丈夫，端屎端尿，喂饭喂药。婆婆视她如草芥，打骂已成常事，兰瑞莲只能背地里落泪，自叹命比黄连苦三分。有一次实在受不了婆婆藤条之苦，跑回叔叔家中，叔婶却冷言冷语，说她不守妇道，要她任劳任怨，不能动不动就跑回家，休要让赵家说她没家风。从此，她只能把苦痛藏在心底。

兰瑞莲在赵家煎熬了四个春秋，已长成俊俏的大姑娘。可她的双眸是幽怨的，脸上从未见一丝笑容。

随着年龄的增长，婆婆对她看守更紧，从不让她出门，最远只能到井台打水。她无亲无友，只有赵家的一条黄狗对她不离不弃，她也很怜爱小黄狗。一天清晨，她又照例去井台打水，当她打满欲挑走之时，忽然一男子声音道："大姐留步，可否讨口水喝？"

兰瑞莲忙转身一看，一位青年男子身穿灰布衣，背负包裹，彬彬有礼。她遂放下扁担，让他喝水，忽然又道："且慢，公子。"男子一愣，兰瑞莲抓住井畔的垂柳，揪了一把柳叶撒于木桶上层，又道："公子必行远途，饥渴难忍，这样可以慢点喝，防热冷相浸腹痛。"男子暗觉一股热流侵袭全身，暗道："多么善良的女子啊！"

"哎呀，这水真甜！"男子喝完水，用衣袖擦擦嘴说："谢谢大……""姐"字还没有说出，他抬头看到兰瑞莲，双目相对，瞬时愣在那儿。这个女子仿佛出现在梦里，又依稀相识于前世。

兰瑞莲看见男子痴痴望向自己，心也猛地一颤，这男子长得多俊秀啊，剑眉星目，轮廓分明，声音温文尔雅，润泽心田。她也忍不住多打量他几眼，脸上荡起绯红的云霞，娇羞万分。

"公子这么早欲往何处？为何如此这般渴？"兰瑞莲避开男子的目光，嚅嚅地询问。

男子道："小生家住此地偏南十里的魏家楼，今年 18 岁，名叫魏学士，今日前往京城赶考，由于早起心急，一路急行，至此口渴难耐。"

这时从远处传来婆婆骂骂咧咧的声音："该死的，挑个水这么长时间，看我等一下不收拾你！"

"我婆婆催我了，我得回家了。"

"你婆婆？你丈夫呢？为何让你一女子担水？"

"哦，他卧病在床，我是他们家买来的童养媳。"

"唉，你还会出来挑水吗？我这一走，不知何日能相见。"

"我家水缸已满，公子如有意，请于今夜一更后，至村后二里远的桥畔等我。"说毕，兰瑞莲扭头担水而去。

"请小姐放心，小生一定相候，绝不辜负你的一片心意！"魏学士对着兰瑞莲的背影说。

兰瑞莲回到家中，难免又是一阵谩骂捶打，可她仿佛感觉不到一丝疼痛，心里暖暖的。她从厨房端出汤药去喂丈夫。"噗，这么烫，你想烫死我，你这个死丫头。"丈夫愤怒地吼骂。今天她忘了试温度，整个儿失魂落魄一般。这时婆婆顺手操起擀面杖，劈头砸下："这个小狐狸，看我今天不治死你。"地上溅起了鲜血，瑞莲蜷缩在角落，痛苦地呻吟着，所有的往事一幕幕出现在脑海，她已经没有了眼泪，慢慢地，她觉得好累，就迷迷糊糊躺在了墙角。突然一个惊雷，外面瓢泼般的大雨从天而下，她起身看了看熟睡的丈夫，爬至门口，对着夜空祈祷着，老天爷，雨停了吧，老天爷，雨停了吧。雨慢慢下得小了。

她从家门悄悄溜了出去，向小桥奔去，可是到处是水，茫茫一片，也寻觅不到石桥和魏学士，再往前行，突然发现桥东畔的柳树杈上挂着一件衣服，细瞧，啊，是他，是他的衣服，可他人呢！被大水卷走了吗？这时她的心死了，夜更黑了。原来当天天一黑，魏学士已经来到桥上等候，这座石桥跨在山下的一条山涧上，陈旧低矮，雨越下越大，慢慢地淹没了石桥。他原想去别处躲雨，又唯恐兰瑞莲来了寻不到他，虽然冻得牙齿咯吱响，仍死守在桥旁。他又想，万一我被水冲走，她来了见不到咋办？遂脱下外衣罩在树杈上。

兰瑞莲把魏学士的衣服紧紧拥在怀中，喃喃自语："对不起呀，魏相公，我来晚了，害你丢了性命。天呐，为什么有情人却要天人永隔？魏相公，等等我，我来了！"说罢便纵身跃入水中。

第二天，人们在桥附近发现了他们的衣服和下游他俩的尸首，明白了是咋回事，这个故事也传开了。

金银山的传说

在灵璧县垓下村南约七里有一个宁静的村庄。这个村子原来叫作城后村，意思是指村子位于古濠城的后方。现在这个村子已经更名为金银山村，这是因为村中有两个大大的土堆，而当地人把这两个土堆称为金山和银山。这两座名为"山"的土堆都是高10多米，周长约300米，其间距离约200米，一座位于东南，一座位于西北，相对而立。两山周围多是刺槐树，土堆之上杂草丛生、野花遍地，顺着小路很容易就爬到山顶，举目四望，可见周围禾菽繁茂，瓜果飘香。很难想象，就是这样两个看似平常无奇的土堆，竟被冠以金银的富贵名字。

关于金、银山的来历一直是众说纷纭，归纳起来主要有两种。其一，金银两山是韩信的点将台和刘邦的观兵台。按照这种说法，作为点将台和观兵台的金银山最初的规模一定比现在宏伟很多。当地也另有传说，金银山是刘邦的汉军兜土造山，一天筑就，此举只是为了验将点兵、测试实力，而且金银山最初的规模是方圆百丈、高五十余丈。但是也有人对这种说法表示质疑，因为从金银山的形状来看，并不是典型的、传统的点将台制式。于是又有了一种说法：金银两山其实是汉墓。那么它们究竟是何人的墓室呢？按照金银山的规模，所葬者应当是有相当身份的人。为何史料没有记载呢？当年战事激烈，又怎么会有时间修建这么大规模的墓葬呢？"濠城故堆三千三，数罢金山数银山。"这是流传在灵璧县的一句顺口溜，指的就是墓室的封土堆。由此判断，民间传说中一直被人们认定是韩信点将台的金银山，其实也被一些人认定是两座大的汉墓。金银山也因此引起了盗墓贼的关注，不止一次被人盗掘。

远远望去，金山和银山的确很像是两座墓室的封土堆。至今，金、银两座山上仍留有三处盗洞的痕迹。据说，当时盗墓贼并未从金银山中寻得珍宝。事后有胆大的村民曾经沿着盗洞下到山体中一探究竟，结果发现金银山是中空的，不要说墓石，就连半片汉瓦都没见到。

莲花池与看花沟

据清光绪《宿州志》记载："莲花湖即理花池，在宿州东北八里。池宽阔多菱，河旁有古祠，松竹映户清幽，州人周钺、王永康、王永寿、卜梦熊诸名士尝肄业于此，今废。"又载："看花沟又名嫁女沟，南股河起，行至莲花池，又东折至塔桥集。"以上记载证明，莲花池与看花沟均位于宿州市东北角 4 公里处。

据民间传说，早在隋朝年间，这一带就有水池河沟纵横数里。池内植有莲花，沟畔有垂柳，沟旁有大庙名曰关帝庙。此庙南起隋堤，北至后屯，长约 6 公里，宽约 0.5 公里，规模之大有"骑马关庙门"之说。此庙当其鼎盛时期，香烟缭绕，终年不绝。附近景色幽雅，遐迩闻名，因此招引着众多香客游人。

相传公元 605 年隋炀帝去江都看琼花，曾路过此地，闻此胜景，即往观看。传说隋炀帝乘龙舟曾用稷子拌着香油铺在河底，两岸八百童男童女拉纤。稷子拌香油的传说在淮北流传甚广。《唐宋运河考察记》记载："泗县枯河头在公路北二里处，系一马鞍形的高坡地，由于地高水浅，行舟困难，据说隋炀帝路过这里时，用稷子拌香油铺在河底，两岸八百童男童女拉着，龙舟才划过去，所以当地流传着'隋炀帝下扬州、稷子拌香油'的民谣。"1956 年治濉时，曾于枯河头南岸挖出炭化稷子数石，实物发现证明传说有因。这就是莲花池、看花沟地名的由来。

后来，由于黄河夺淮入海，汴河水道受到严重破坏，使得这一颇负盛名的风景区为黄水浸漫，逐渐沦为沼泽国。新中国成立后，在人民政府的领导下，大搞农田水利基本建设，疏通了河道，修建了灌溉渠，使这片沉睡数百年的水滩，变成旱涝保收的良田。现在莲花池荡然无存，看花沟仍残留一段痕迹（看花沟一段在盛庄东首），当地群众为了使子孙后代永远记住这段故事，把附近的小刘庄改名为莲花刘庄。

鹦鹉（哥）村

萧县县城北山后原有一个美丽名字的古村落——鹦鹉（哥）村。然而现在叫徐山头村和欧（阳）村。该村起于何时不得而知，但村以山而名是可以肯定的。而山名究竟是

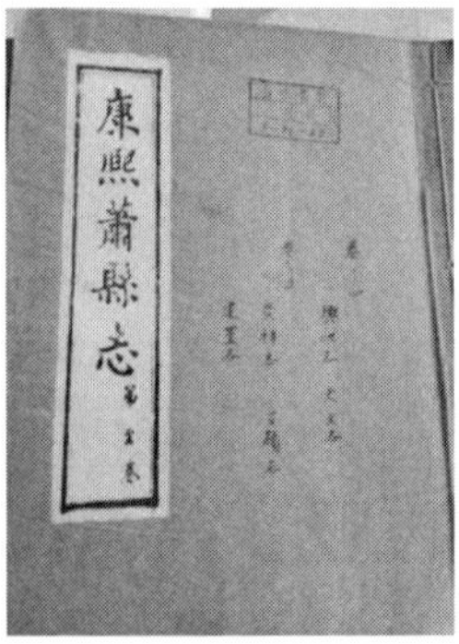

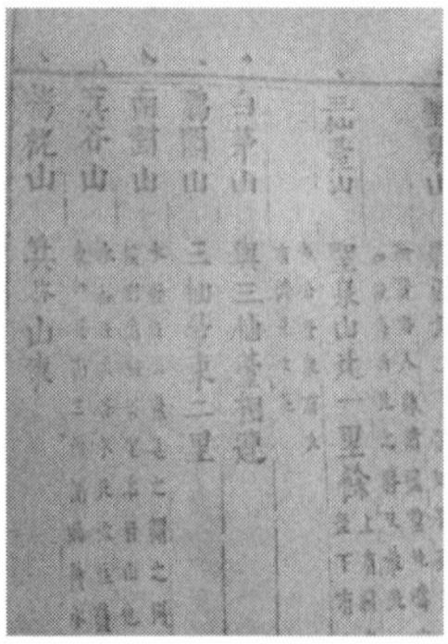

《萧县志》(光绪元年刊刻)

因此处山形像鸜鹆，还是此山当年鸜鹆这种鸟多而得名，不得而知，两种可能都有。现在大多村民说不清，甚至不知道“鸜鹆村”的村名，只是有文化的人说到有这样两种可能：现在被称为“徐山头”的山连带着它后边的山脊，亦有鸜鹆的形似；另外，此村东南不远处的山窝曾名“野狼窝”，这也说明，此处当年因鸜鹆聚集而得名也有可能。

清代几部《萧县志》对此山均有记载。康熙《萧县志》称此山为“鸜哥山”；嘉庆《萧县志 · 山川》比较详细地记载：“三仙台山：……相连者为白茅山，其东鸜哥山，西为香山，鸜哥之东为簸箕山。”“鸜哥山：《通志》，白茅山左为鸜哥山。《府志》，三仙台山东。”同治《续康熙萧县志》将鸜鹆（哥）山记载在《村寨图》里，标有“鸜鹆山”，亦即嘉庆萧志“鸜哥山”之位置。

先说较早迁此居住的欧阳氏。明初，欧阳修后裔、翰林院庶吉士江西庐陵人，参修《永乐大典》的欧阳安，因上书奏章惹恼了明成祖，贬谪萧县。他先居萧之东南山区桃山，并建立欧阳氏祠堂。因其学识渊博，敦亲睦邻，又勤于教习，乡里多受其教化，他被推荐为萧县训导。在任上“日进诸生论文讲道，由是萧人始知向学”(嘉庆《萧县志》)。加之他有 96 岁高龄，故对萧县明初的教育复兴贡献甚巨。欧阳氏家谱明确记载，其坟茔在“萧城之南、岱山之麓”，即今萧城之西岱山口村的东南奶奶庙附近。此处距今之欧村七八里地，说明欧阳安在世时，尚未迁居鸜哥山下。由于其有六子，人丁兴旺，嗣后其后人分居多处，鸜哥山下的鸜哥村，即现欧村不久就成了欧阳氏的重要聚居地。后来他们又在此村新建祠堂。新中国成立后，祠堂改成了小学。现在，祠堂仅留下四面残墙和台阶基础。《萧县徐氏（东海堂）族谱》在几则序言中，都提到其先祖迁来“莺歌村”(应为“鸜哥村”)。如清雍正十二年“凤岭徐氏后人弘勋”所作《旧萧县城西门外徐氏族谱序》中写道：“元末，徐属人民寥落，土地荒芜，惟有茂林丰草而已。顺帝二年（1334 年）均民驱山东蕃衍之众，任徐属荒芜之田。”接着叙述了其祖上辗转迁徙的所在，其中写道：“嗣后，复治产于莺歌村。”五年后的乾隆五年，还是这位徐弘勋先生在同一族谱之《再志》中明确地写道："康熙十五年（1676年），霜打小麦，始买莺歌村地五顷余；十七年（1678年）黄水为虐……十八年（1679年）……仍至莺歌村。"即是说，徐氏于康熙十五年迁来之前，这里已有莺歌村。另外，证明这里具有更为久远历史的传说和物证是，该村原有一座华佗（祖）庙，徐氏祠堂也设在庙里。当地村民传说，神医华佗自家乡亳州往返徐州，经萧县在此山采过药，为不少百姓治过病，救过不少人命。特别是当地一个患有疑难杂症绞肠痧的病人，花光了家产，看遍了远近的名医，均未看好，在一棵大树下无奈地躺着等死。这天正巧华佗遇见，治好了他的不治之症。此后，百姓便在这里建起一座华佗庙。不知何年，华佗庙又增加了徐氏祠堂的三间堂屋。院门前原来还有据说是华佗捣药的石臼。院内有一棵树龄上千年的古杜仲。遗憾的是，前些年因为修建县城通往高铁站的大通道，该庙不得不东迁到山坡上。——此是后话。

关于这个世外桃源式的美丽山村的记载，见于上述清同治《续修萧县志·艺文志》所收张吉梁撰《鹦鹉村记》。该文生动简约地描绘了这里美丽的山水、幽静的方位、恬静的风物、淳朴的民情，好一幅世外桃源画图！文章很短，兹录于下：

> 三月初十日，天气清明，与段紫沧、邵坦园、冯汉卿诸君，复游圣泉寺。由寺北行半里许，折而东，逾小山头，地面豁然开朗，则鹦鹉村在焉。其东、西、南三面傍山，势皆悬崖峭壁；北一面襟带大湖，沿山人家三五处，疏离茅屋，掩映山谷水湄间；松楸最茂处，为紫沧祖茔；再东南里许，土埠周环，合围老杏数百株，花发浓密，望之如云舒霞蔚。坐石上少憩，行至湖滨，水光澄澈，连山倒垂；中有渔家数十艇，倏忽往来，见客至，若无睹，似不知人世干戈扰攘之苦者。桃源处处有之，何必武陵耶？夫萧城四面环山，于此最为佳境！生于斯长于斯，行将老矣，而游未能遍，况天下之大乎？

作者张吉梁，系清末萧籍嘉庆至光绪年间人，廪贡生，有文才，曾署理河南鄢陵知县。同治《续修萧县志·艺文志》既收有他八类著作书目（收录的历代萧籍作者中，仅次于九类书目之刘向），还选载他的诗文作品多篇。在清廷镇压太平军和捻军起义期间，张应萧籍进士、翰林院编修段广瀛（字紫沧）之邀，曾与段氏合作参与镇压农民起义军务。大概在军务基本结束后，即同治八年（1869年）或其后至同治十三年（1864年），又应约"协修"《续修萧县志》。这之间的某一年农历三月初十，应该在清明之前，从张文中尚能感觉到，他们在经历过战场"干戈扰攘"或县志编纂大功告成后的闲适之情、些许感慨。由此文所记时间来看，同治到光绪年间，鹦鹉村之美丽的村名及其幽美的山水村野尚在。"大湖"的消失是在新中国成立后兴修水利、疏浚岱湖、岱河之后，原村名的消失可能是在辛亥革命前后至民国初年的事。据查新老县志，民国至今的乡村建置均无“鹦鹉（哥或歌）村”之名，乡间俗称及见诸书面者，均称为欧村、徐山头村。

如今，北一面襟带的“大湖”已是现代化的萧县高铁北站的所在地；这里的段家老林经老年人指点，尚依稀可见，但已被村民房舍所占；同时，为了新萧城的建设，古萧这处美丽的世外桃源鹦鹉村，再次作出了贡献——县城北凤山隧道通往萧县高铁北站的龙凤大道，正好穿越欧村和徐山头村两村紧密相连的中间，华佗庙（含徐氏祠堂）及许多村民的房舍都不得不拆迁；还是欧阳氏家族有眼光，在开通隧道之前，他们在隧道东侧之“土埠周环，合围老杏”处建起了古典式“宿州市欧阳修文化研究会”（含欧阳氏祠堂），为萧县增添了一处亮丽的文化风景。

幽静的世外桃源鹦鹉村，她那古典的村名虽然消失了，但是，这里再次成为萧县一块货真价实的“风水宝地”，今天，她更加具有现代加古典的诱人魅力！

榆（鱼）上桥

位于灵璧县北部游集镇李楼村王巷庄和朝阳镇殷寨村之间的运料河上原有一座五孔石桥，两岸 70 岁以上的居民不但清楚地记得这座桥的故事，而且目睹了这座桥的兴衰。据说 20 世纪 50 年代曾吸引不少外地猎奇者，千里迢迢来到这里一探究竟。这座神秘的石桥就是当地人所说的“桥上榆（鱼），榆（鱼）上桥”。

相传这座石桥建于明嘉靖五年（1526 年），是由河西岸有名的富户、王巷庄乡绅王文恭捐资修建的。据说他当年雇用 28 名神錾手（石匠），在东岸的耳毛山上开山凿石，昼夜不停，风雨无阻，历时三年，倾其所有家产。在石桥即将合龙的关键时刻，连续几天的大暴雨使得河水猛涨，滔滔的洪水顺流而下，波涛汹涌不可阻挡，即将竣工的桥身顷刻有被冲垮的危险。王员外与工匠们急得手足无措，不知如何是好。

就在这千钧一发的危急关头，一个骑着一头小毛驴，嘴里哼哼叽叽念叨着什么的跛脚道士飘然而至，随即对着心急如焚的王员外说道：“莫急莫急，我来解决。”只见他先向空中作了一个长揖，然后用右手两指点点画画，口中念念有词，双手合十向前一推，大喝一声：“退去退去！”此时，汹涌的洪水驯服地往石桥的两边退去。这时，道士手执拂尘向上一招，铺设桥面用的巨型条石便依次从山上的石塘中一块块地飞到指定地点，扣结得严丝合缝。随后道士口念“无量天尊”，飘然而去。一旁看呆了的王员外和工匠们这才意识到，这是八仙之一的张果老奉玉皇之命到此解决难题的。王员外随即率众人跪地，叩谢救难之恩。从此运料河床上一座东西长五丈、宽七尺的五孔石桥建成。石桥竣工后，为了纪念张果老仙长的搭救之恩，王文恭经常带着供品香烛到耳毛山上的庆寿寺去上香叩拜，所以将石桥取名为“庆仙桥”。石桥建好以后，大大方便了两岸百姓的出行。王文恭也因修建这座石桥功德无量，名声大震，被十里八乡尊称为“王善人”。

到了清代，这里交通便利，不但成为水上码头，而且是灵邑北部最重要的邑道之一。每日都有赶考赴任者、买卖客商，车轿往来，肩挑车推，驴驮马拉，络绎不绝。久而久之，桥面上的青花石板亦被车轮碾成条条深沟，却仍坚固如初。也不知何时起，从石桥东边第二孔缝隙里长出一棵榆树（掉皮榆，每年春夏老皮都要脱落，重新长出新树皮）来，不但枝繁叶茂而且盘根交错。开始粗如碗口，渐渐地汲日月之精华，径若面盆，树梢高耸入云，根入桥底，桥和树融为一体，形成一奇特景观，过往行人无不叹为观止。

据殷寨村现年 87 岁的居民张兴文和王巷庄的 73 岁居民王言义说，他们小时候每到春夏枝叶繁茂的季节，都能看到这棵榆树像是给桥面和过往行人撑开一顶巨大的绿伞。他们也会爬到树上嬉戏玩耍，摘些榆钱回家食用。当地人常说是“王善人”的建桥恩德感动了上苍，恩赐这棵榆树，在灾荒之年救济两岸百姓。

传说树影曾投到离桥十余里的一户人家院子里，主人为了证实树影来自何方，便放一水盆在院中，哪想到树影立刻映在水里。主人端着水盆，看着树影一直走了十几里，终于来到桥上，找到了这棵榆树，从此这棵树便被乡民称为“荫庇十里、叶济一方”的神树。还有传说，有人夜里看到一条长约七尺的大虫（水龙）横卧在桥上，看到有人来便腾空而起，然后缓缓钻到桥下盘踞桥墩。这座桥的故事便被周围百姓一传十，十传百，越传越远，越传越神。从此“桥上榆（鱼），榆（鱼）上桥”也把原来“恭庆桥”的名字给替代了，并且吸引不少外地游客来此一游看“稀奇”。久而久之，这里便成了灵邑北部的神奇风景之一。

可惜到了 1958 年夏天，暴雨连连，洪水泛滥。两岸农田大面积被淹，运料河床急需加宽。当时的九顶公社奉上级命令，必须毁桥泄洪。但是当地百姓无人愿拆。情况紧急，为了确保两岸百姓的生命财产安全，公社负责人只得带领几十名民兵用铁锨、大锤、钢丝等下河拆桥，因桥身坚固、桥石硕大，费了九牛二虎之力才把桥石撬开，就在石桥轰然倒下和榆树被连根掘起的那一刻，两岸百姓纷纷跪在岸边，烧香磕头祭拜“桥上榆（鱼），榆（鱼）上桥”的逝去。

这座历经 400 余年风雨、见证三个政权更迭（明、清、民国），闻名一方的“桥上榆（鱼），榆（鱼）上桥”的景观，便彻底地消失了。此后两岸居民一直靠摆渡来往。直到 2005 年，县政府才在这里重新建一座新大桥，取名为“同心桥”。

第九章

名村古镇

第一节　埇桥区

符离镇

符离镇是“全国小城镇重点镇”“全国投资环境300佳乡镇”“省级新农村建设示范镇”“省中心建制镇”“省级综合示范镇”“省强镇扩权试点镇”“省经济实力百强镇”“全国综合实力千强镇”。

位于宿州市埇桥区北部，东邻顺河乡，南临汴河办事处，西靠淮北烈山区马桥镇、古饶镇，北接夹沟镇。辖区居民30843户，总人口88819人，总面积138平方公里。辖镇南、站东、振兴3个居委会，符离、符北、沈圩、杨楼、李桥、横口、灵寺、黄桥、丁集、王楼、褚庄、四山、张楼、清水、尖山、芦村、梁套等17个村民委员会，共计20个村居。人民政府驻镇南居委会。

秦始皇统一中国，在全国推行郡县制，首设符离县，属泗水郡。符离汉属沛国沛郡。王莽新政乱改地名，把符离改为符合，三国划属谯郡。东魏武定六年（548年）在符离设睢南郡，领斛城、新丰二县。北齐天宝七年（556年）睢南郡原治于符离，后移治于斛城，不久仍移治符离。南梁收复符离后改为睢州。隋代符离县属彭城郡。唐代符离县属河南道徐州所辖。元和四年（809年）划徐州的符离、蕲县，泗州的虹县，初建宿州。宋代符离县属淮南东路宿州所辖。元朝初年（1265年），废符离、蕲县、临涣三县，并入宿州。从此，符离县降县为集，到明清、民国一直称符离集。

1938年日伪建立符离特别区，1942年属淮海省。1949年初成立符离区，1958年9月25日成立符离人民公社。1961年8月15日恢复符离区。1965年5月，符离镇升格为县辖区级镇。1980年1月，撤销符离公社，成立符离区。1984年符离区、符离镇合并，成立新的副县级镇符离镇。

1993年至今符离镇属宿州市。2016年被评为全国小城镇重点镇。

皮日休墓　位于宿县北顺河集濉河北岸，墓石门尚存，题曰“皮日休之墓”。皮日休（约834—883），唐代文学家，襄阳人，字逸少，后改袭美，又号醉吟先生，亦称醉士，又曰醉民。早年住鹿门山，自号鹿门子，又号间气布衣。性傲诞，能文章。大中末年（859年），移家宿州之符离，在此写有《寓居宿州和陆鲁望白菊诗》和《汴河怀古二首》等诗篇。咸通进士，曾任太常博士，后避广明之难流落江南，民间相传晚年病卒于符离，葬于符离东顺河集濉河北岸，墓今犹存。

刘弘墓　刘弘祖父刘馥，相城人，字原颖。汉建安初为扬州刺史，数年恩化大行，百姓乐其政。弘父刘靖，魏黄初为庐江太守，为政举措初显琐碎，终于百姓便之。刘弘有刘馥遗风，封广陵亭侯，官至镇北将军，假节都河北军事。卒谥景。

据史料记载，刘弘，字季和，一字叔和，有干略。少时家居洛阳，与晋武帝（司马炎）同居永安里。又因年共研席，以旧恩起家，累官侍中，为宁朔将军，假节，监幽州诸军事。领乌丸校尉，甚著威惠，寇盗屏迹。以勋德兼茂，封宣城公。时天下大乱，刘弘任荆州都督、车骑将军。选拔人才，叙功铨德，随才授住，人皆服其公当。弘专督江汉时，威行南服。每有兴废，手书守相，丁宁款密，人皆感悦争赴之。弘在荆州，劝课农桑，宽刑省赋，百姓爱悦。推诚群下，尽其能，将士用命。时流民十余万在荆州，弘乃给其田，有贤才擢用之，流民乃得安集。襄阳士女嗟痛苦丧所亲。表赠新城郡公，谥曰元。归葬于褚庄北山坡。

高皇庙　秦朝末年，楚汉相争，汉王刘邦与楚霸王项羽逐鹿中原。汉王三年，刘邦率领各路诸侯兵马五六十万人，东向伐楚。项羽乃挥兵西向，从萧北攻击汉军，在彭城，大破汉军。汉军南逃，至符离濉河因无船可渡被楚兵围困。后汉王刘邦只与数十骑兵逃出。在濉水之战中，汉王刘邦住在符离西横口山上的一座庙宇内指挥战斗。民间传说刘邦称帝后，旧地重游，命名此山为高皇山。地方官府在山上重建庙宇，为刘邦塑造金身，名为高皇庙。

高皇庙风雨沧桑，寒暑交替，几修几废，至今只有遗址尚存。

筹河台　清人阮兆麟《甬上怀古》一诗的最后两句曰：“遥望筹河台上月，清光犹自照符离。”此诗道出了符离一处名胜古迹——筹河台。据史书记载，筹河台在符离濉河北岸，古符离桥北两侧50米处，是明朝弘治二年刑部侍郎白昂、兵部侍郎娄性二人奉皇命治理濉水水患之处，后人在筹划治河处筑台纪念，称为筹河台。亦说是白昂在治河工地用土筑起的高台。他在此召集督工开会，筹划治河策略，解决在治河中发现的问题。此台也是召集治河民工集会的一个讲台。当地百姓称为白台、白堆，遗址清晰可见。

符离晓渡　符离古县城位于宿北20公里处的濉水之畔，贯通南北二京的古驿道穿城而过。

为方便交通，明洪武二十四年（1391年）在城中心的濉水之上修建永济桥，即符离桥。数百年间，由于洪水冲击、地震和战争的破坏，古桥几修几废。清乾隆三年（1738年），宿州知州把倒坍的符离桥改建为浮桥，后毁之。后任知州张开仕请修驿路，设置桥兵、船只以渡行人。清人李心锐有《符离晓渡》诗云：“谁唤符离渡，苍茫送客舟。野烟低水面，初日上滩头。两岸人声聚，中流浪影浮。前村鸡唱晓，黄叶一鞭秋。”

“符离晓渡”为古宿州八景之一。相传乾隆皇帝南巡，路经此地小憩候渡，下御旨重修符离桥。建成后，渡口即废，地方官民为示感谢，在桥北西侧立一尊高大的乾隆碑，上书“皇恩浩荡”四个大字。“文革”时期，此碑虽被砸烂，但在残碑上“浩荡”二字犹存。桥北有白公祠，桥下三里处有白居易故居——东林草堂遗址，与大桥遥遥相对。大桥因公路西移，新建桥闸两用大桥，故于1989年拆除。

黄花洞　符离镇东五里黄花洞村，村东有山，山腰有一古洞，名叫黄花洞。古代此山原叫卧虎山，古洞叫采隐洞，洞侧不远有一青龙泉，三年不雨水涓流，日降千厘不暴

符离晓渡

涨。泉边有一龙泉寺，四周树木参天，野草青青，杏花满坡，清香浓郁，环境优美。通往古洞的道路弯弯曲曲，拾级而上。洞前有三棵巨槐，并有一尊高大的石碑。山下是黄桥湖畔芦苇荡，故有“九曲十八盘，一碑单三槐，紧靠芦苇湖”之说。后因一段优美的黄花女传说，改名黄花山、黄花洞。相传乾隆皇帝南巡时，路经此地曾赋诗一首：“草色青青云色霞，黄桥湖畔几人家。孤家面临黄花洞，未见黄花见杏花。”

蕲县镇

蕲县镇是“全国亿万农民健身活动先进乡镇”“省文明创建先进集体”“省依法治省和法制教育先进集体”“省婚育新风进万家活动先进集体”“省造林绿化先进集体”“省抗洪抢险先进集体”“安徽省五四红旗团（工）委”“安徽省森林村庄”，以及省“十一五”计划生育科技工作先进集体、全省第六次人口普查先进集体。

该镇地处宿州市埇桥区南部，东南与固镇县湖沟镇接壤，南部与永镇乡、大营镇毗邻，西连濉溪县双堆镇、南坪镇，北接桃园镇，东北同西寺坡镇相连。2018 年末辖有许寨、白安、忠陈、徐桥、灯塔、袁小寨、大江、刘圩、白陈、周王、戴庵、邱元、团结、蕲县 14 个村民委员会。辖区居民 21017 户，总人口 73615 人，总面积 102.93 平方公里。人民政府驻蕲县村，北距城区 22 公里。

西周时出现蕲地聚落，春秋后期属宋国，战国属楚。秦始皇二十六年（前 221 年）蕲设县，名蕲县，属泗水郡。王莽元年（9 年）设蕲城郡。唐宪宗元和四年（809 年）设宿州，蕲县隶之。元世祖至元二年（1265 年）蕲县被废为集。明清设蕲县乡，属宿州。民国属宿县六区。1949 年 2 月设立蕲县乡。1958 年 9 月设立蕲县人民公社。1992 年 3 月改为蕲县镇。

蕲县镇历史源远流长，是公元前 209 年秦末农民大起义——陈胜吴广起义的发源地。1988 年蕲县古城遗址被列为省级文物保护区，其上秦砖汉瓦，俯首可拾。境内有民间故事中的陈胜吴广起义点将台、陈胜之妹陈雪花墓地所在地雪花山，以及后人为纪念陈胜吴广而建的三贤庙。陈胜、吴广农民大起义、汉刘邦征讨淮南王英布、淮海战役双堆集大血战，均发于镇域东西。

七十二连营　位于蕲县古城的北、东、南三面有大小不等的 72 个土堆。这些土堆俗称“七十二连营”。在蕲县地区的平面图上，用线把“七十二连营”串联起来，你会惊奇地发现，“连营”原来是一只体形巨大的蝎子阵。它的头部在城东后夏庄一带，身体向东南延伸，到王寨转向西北，尾部端点毒钩就是涉故台。从头部两侧向南、向北然后分别转西，把蕲县城紧紧拥抱，这便形成了蝎子阵两只巨大的“前螯”。古代军事家从迷信的理念出发，设计营造蝎子形状的防御工事，目的是保护蕲县城的安全。

雪花山　位于蕲县集东10多里的王寨庄南面，有一个5米多高的大土堆，四周地势平坦，它就是“七十二连营”之一的雪花山，又名雪花公主墓。站在雪花山顶上，向北可见涉故台，向西过了于沟，“七十二连营”则逶迤延伸到蕲县古城附近。雪花山是蕲县城特殊的防御体系——蝎子形防御工事尾部弯曲之处，涉故台则位于工事的尾部顶端，乃“蝎子钩”。

桥上阁　在美丽如画的古城中央，蕲县老街南头，距浍河100多米处有一条清澈的小溪，潺潺流动，横穿街道。溪中金色鲤鱼翱翔浅底，争相前行，人称“鱼赶集”。小溪岸边红花绿草，游人、美景同入画卷。

小溪上横跨一座拱形小桥，桥上用檀香木构筑阁楼一座，登阁可遥望浍水。阁中塑有陈胜、吴广之像，外面有名匠精雕细琢的各种图案和花纹。夜深人静时，阁上钟声长鸣，响彻古蕲。置身此景，使人心旷神怡，如痴如迷。登阁高眺，繁星密布，渔帆点点，顿觉古今浩茫，悠思潮涌。

古人咏曰：

小小溪桥不记年，上临高阁面映川。
钟声冷透三更月，夜半偏迎百道泉。
市景能观鱼赶集，登桥影立水中天。
蕲城如在桃源处，惟见风帆送客船。

仙人桥　蕲县集西南郊浍河上有桥一座，谓仙人桥。由于隐王庙位于蕲县集西南浍河对岸，人们烧香凭吊却要从东边绕七八里路过河，太不方便。于是，四乡百姓就自发献工献料建桥一座，还请雕刻家在桥两边玉石栏杆上刻了许多山水花鸟、飞禽走兽，非常美丽。又因传说陈胜吴广死后被仙人点化为神龙，人们就称此桥为仙人桥。

百余尺的长桥横跨浍水之上，桥两侧玉石栏杆宛如彩虹凌波。桥面上行人如梭，渔矶上常有渔翁垂钓。白天，来往帆船穿桥而过；夜晚，万点渔火胜似繁星。

古人咏曰：

百尺长桥落彩虹，仙湖有径路难通。
桃遮神庙三千尺，精刻栏杆十二丛。
古渡留云不知处，绿波佳影有无中。
渔矶钓罢风微起，疑是神仙曲未终。

五柳龙泉湖景区

夹沟镇

位于宿州市埇桥区北部，是“安徽省环境优美乡镇”。东接支河乡，东南与永安镇为邻，南连顺河乡、符离镇，西与濉溪县新蔡镇接壤，西北与萧县庄里乡相连，北接曹村镇。总面积178平方公里，总人口71840人，民族为汉族。辖夹沟、津浦、辛丰、七里、周坡、五柳、湖町、镇头、黄山、秦湾、赵集、权园、魏寨、青山、李营、孙寨、夏刘寨17个村民委员会。镇政府驻夹沟村。

1949年4月成立夹沟镇人民政府。1950年9月撤镇改区。1958年9月成立夹沟人民公社，1978年2月改为夹沟区。1992年4月撤区设镇。

五柳龙泉湖景区　五柳省级风景名胜区的核心景区。位于埇桥区夹沟镇。面积3.4平方公里，三面环山，以“上善若水，五柳仙境”而闻名遐迩。区内龙泉、珍珠泉喷珠溅玉，汇涓涓细流而成清溪。水质为天然矿泉水，浇灌香飘十里的夹沟香稻米。龙泉湖中的太阳岛、月亮岛、鸳鸯岛、梅花岛、桃花岛、闵公台等湖心岛中奇花异木，各具特色，景区有“珍珠瀑布”“五柳紫竹”“青龙吐水”“水涟翠竹”“湖光山色”“林湖柳趣”等景观，令游人陶醉。湖边山坡有大面积的石榴园、竹园、牡丹园、梅园、桂园、梨园、苹果园、月季园、银杏园、枣园等十大植物园。景区内的思贤、卧龙、乐天等桥梁，伏波、鹤泉、孝慈、醉乡等楼台亭榭形成人文景观，异彩缤纷，自然形成一种浓郁的文化旅游氛围。相传明代开国皇帝朱元璋之妻马皇后儿时曾在此拾柴、割草，留下不少传说。明代永乐皇帝朱棣登基之前，曾在此屯过兵，留下了曾经牧马的壮马山等一些著名景点。此外，陶谦、嵇康、刘伶、白居易、王绩、苏东坡，清代的乾隆皇帝等历代名人、骚人墨客都曾在这里留下了墨宝和足迹。

大芳寺景区　是省级五柳风景名胜区的游赏区，也是省级自然保护区。位于符离尖山之西，包括芳岩寺、龙脊山，面积万余亩。区内森林茂密，野草没径，古木参天。属天

大芳寺景区

然次生林，有“天然氧吧”之称。有120多种树木，还有不少稀有树种，大芳寺（大芳岩寺）位于古檀掩映下的森林深处，此寺建于何时已无从考究，只有残碑上记载着唐王李世民重修过。大芳寺隐于深山老林，依山而居，环境优美，风景极佳。寺前一古井，名果老泉。寺西有一滴水泉，泉水甘甜，四季不干。寺西崖的斧劈崖为峭壁，悬崖峭壁中有芳岩洞。寺院内有两棵古檀树，称为“九龙檀”，树龄已有1700多年。青檀历经沧桑，虬枝劲发，夏季纳凉树下，清风徐徐，凉风习习，蝉鸣阵阵，实为绝佳境地。这一优美的灵山胜境，是传说中张果老成仙的地方。有不少文人墨客游览寺庙，留下许多诗文。

大泽乡镇

地处宿州市埇桥区东南部，是“省级千年古镇”。东与芦岭镇相依，东南与固镇县交界，南邻蕲县镇，西接桃园镇，北与朱仙庄镇一河之隔。辖区居民16956户，总人口67445人，总面积137.06平方公里。人民政府驻西寺坡村。

大泽乡在秦朝属蕲县，是陈胜吴广领导的中国历史上第一次农民大起义的发端之地。秦朝至元朝，均属蕲县管辖。明朝以后归宿州。清代至民国，此地有著名集镇水池铺。1938年，日寇侵占宿县以后，准备在津浦铁路的水池铺修建小火车站。日本人询问当地人这里叫什么名字？当地人回答“水池铺”。日本人听走音了，讹作“西寺坡”，于是建立西寺坡车站。此后，人们将错就错，把此地称为“西寺坡”，直到今天，还有人把此地叫作“西寺坡”。1949—1950年，设水池乡、关沟乡、谷店乡和高刘乡，分属湖沟区和蕲县区。1950年末，增设时桥乡、洪庙乡，高刘乡改称站南乡，划属桃园区。1958年实行政社合一，成立西寺坡人民公社，1973年后一度改称大泽乡人民公社。1979年改设西寺坡区公所，下辖花庄、芦岭、丁桥、水池、西寺坡、刘村（后改称大泽乡）、高口、龙王庙八个小公社。1983年社改乡。1984年底成立芦岭建制镇，花庄、芦岭、丁桥三乡划属芦岭镇辖区。1992年2月撤区并乡，合并水池、西寺坡、大泽三个乡共21个村，成立西寺坡镇。龙王庙、高口两乡共16个村合并成立龙王庙乡。2005年龙王庙乡并入西寺坡镇。2014年2月11日西寺坡镇更名为大泽乡镇。

雪花姑　雪花山墓坐落在宿州市大泽乡镇距涉故台只有3里的王寨村南50米处。传说秦末农民起义领袖陈胜之妹陈雪花葬于此。现墓高5米，直径50米，占地2000多平方米。雪花墓前，据说是当年陈胜亲手植的红果树，经历了两千多年历史风雨，仍然枝叶繁盛，象征着“哪里有压迫，哪里就有反抗”的真理光辉永存。

传说当年，陈胜和吴广在前方领兵向暴秦进攻，雪花姑便在故乡阳城领导妇女辛勤生产，筹军饷，做寒衣，支援起义军。雪花姑热爱劳动，关心穷人，常以自己劳动所得周济贫苦农民。凡遇婚丧嫁娶，雪花姑无不尽量照顾，深得贫苦农民爱戴。

秦二世元年冬天，起义军失败，秦军进攻阳城。雪花姑率领当地起义军奋起抵抗。秦军进攻了无数次，都被城头守兵打得死的死、伤的伤。每次发起攻城，城墙上射箭、投砖瓦、倒开水、掷火把，就像雨点飞下，秦军无处可逃。

秦军攻城十几天，能够想到的方法都想到了，死伤无数，却没有一点进展。雪花姑每天都身先士卒，身披红披风，手持双剑在城门前奋力砍杀秦兵。不料这一天，等到雪花姑杀退进攻的秦兵刚要返回城中，城外飞来一支冷箭，射中她的后胸，雪花姑顿时倒在了马背上，不幸阵亡。阳城被秦军攻破。秦军把她的尸首挂在城外的一棵大树上，告示百姓：“有敢收殓埋葬者，斩！”入夜，北风呼啸，大雪纷飞。当地百姓忧心如焚，惦念雪花姑遗体被风雪欺辱。

第二天早晨，风停云散，雪花姑的遗体和那棵大树都没有了，却在那里出现一座五六丈高的大雪山。秦军闻讯赶来，恼羞成怒，挥舞斧凿，企图把雪山毁掉。谁知雪堆坚硬冰块，被斧凿一击，便发出惊天动地的巨响，满天冰块乱飞，砸得秦军血肉狼藉，尸横遍野，秦兵只好逃之夭夭。

第二年春天，冰消雪融，一座青冢，巍然屹立。墓上芳草萋萋，野花飘香。

两千多年过去了，雪花山已很模糊，但人们仍然不忘记雪花姑。据传说，雪花姑葬后，常常显灵。附近穷苦人遇有婚丧事，只要在坟前焚香祈祷，所需要的用具，次日即可到坟旁取，事后再如数送还。如此习用很久。后来村里有一户财主，为儿子结婚，也跑到雪花姑墓前祈祷，借银碗筷等使用，并保证三天送还。财主贪心，在送还时竟然扣留银碗一个、银筷一双。雪花姑发觉后十分生气，从此虽再有祈祷，也不将银碗筷等借人用了。

马蹄烧饼　公元前209年，陈胜、吴广率领农民起义军在蕲县大泽乡揭竿而起，向秦王朝发起进攻。陈胜、吴广率领农民起义后，首先攻克的县城就是蕲县。随后陈胜将

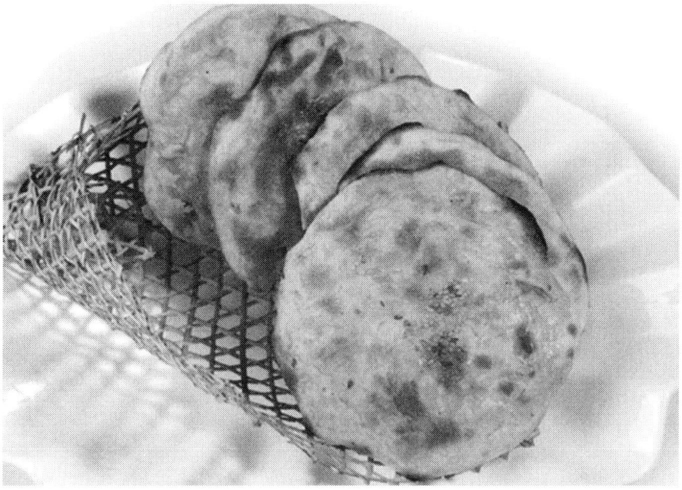

马蹄烧饼

军指挥起义军，铲除恶霸，向百姓开仓放粮，使受尽折磨的穷苦百姓得以生存、解放，有了自己的土地和家园。为彻底推翻秦王暴政，陈胜整顿义军，被义军推举为王，老百姓也纷纷加入义军。

传说在陈胜率领近三千人的义军，准备西征推翻秦王朝的时候，百姓纷纷从家里提来鸡蛋，宰杀了猪、羊，送给陈胜王及义军。这时候从人群中挤出来一位年近七旬的老翁，手捧一摞烧饼，走到陈胜王跟前说："陈将军，我这烧饼是用豆秸火烧烤，用驴油、黑芝麻、大白面做成的，吃起来香酥可口，您就收下这摞烧饼，留做沿途充饥吧。"此时，陈胜在马背上双手抱拳，感谢老人家，推辞不要。言毕，一提马缰就要上路，谁知缰绳把老者的一摞烧饼碰掉一只，正好被刚抬起的马蹄踏得烂碎。陈胜急忙跳下马来，向老者致歉，并风趣地说："哎呀，真对不起，大爷，你的烧饼真酥！还和我的马蹄一样大小呢！"

从此，马蹄酥烧饼流传至今。

五柳村

夹沟镇五柳的来历有三种说法：一说，五柳有五里山，山下五里村，白居易有诗云："五里村花落复开，流沟山色应如故。"说的就是五里村。方言中，五"里"与五"柳"接近，因而人们误把"五里"说成"五柳"。二说，相传唐朝诗人王绩居住此处，喜欢喝酒，门前有五棵大柳树，因此人称五柳先生。从此，"五里"便改成了"五柳"。三说，此系三国陶谦所为。陶谦，字恭祖，任徐州太守时，经常来此消遣，死后葬于五里，人们为纪念他，在他墓上栽了五棵柳树。十几年后，柳树长成，遮天蔽日，人们便以“五柳”称之。事实上，此地有武里山，明清时期将“武里”讹作“五柳”。日久天长，积非成是。

明代曾棨有诗《夹沟》云：“东风吹暖柳枝柔，十里青山绕夹沟。马上行人相借问，计程两驿到徐州。”五柳位于十里青山之间，距埇桥区政府所在地31公里，东临夹沟集，西靠白龙山、马山，南连符离集的离山。由于五柳坐落在青山绿水之间，风景宜人，有许多风景名胜、人文掌故。

龙浣潭　就是今天的龙泉湖。民间故事说，宿州是古宿国的领地。有一年，古宿国大旱，地里裂开了口子，树叶卷黄，庄稼枯死，老百姓流离失所。就在这个时候，东海龙王之子小青龙云游天下，路过古宿国的上空。突然云不动了，他很奇怪，不知是谁阻挡了云的去路，定神一看，一股干热气流从古宿国直冲上空。小青龙掐指一算，知道不好，原来是玉皇大帝意欲惩罚这里的国王，要让这里大旱七七四十九天。小青龙犯了愁：咋办呢？不管吧，怎能眼睁睁地看着百姓受苦？管吧，是玉皇大帝的旨意，怎好违背？最后他决定还是请教父亲，让父亲给他拿主意。于是他拨转云头，准备返回东海。但转念一想：不妥。假如父亲坚决按玉皇旨意办，咋办呢？即便是请示玉皇同意，也需要一定时间，但这里的百姓等不起。自己不如见机行事，想法拯救百姓。想罢，小青龙掉转云头，突然他看到了百里外的明水湾，心里一亮，随即按下云头，一头插进明水湾，张开大口，把明水吸进腹中，然后到古宿国行了一场大雨。雨后天晴，庄稼成活，树木返绿。小青龙非常高兴，但转念一想，如果以后再旱，怎么办？得想个长久之计。于是它运足力气，在五柳壮马山下挖了一眼泉，泉里汩汩地冒着清水，常年不干，四季不涸，水质甜美，浇出的庄稼特别好吃，尤其以香稻为甚。当地人感恩于小青龙，因此叫它“龙浣潭”，后又称龙泉湖。不承想，小青龙的做法触怒了玉皇，玉皇以触犯天条罪，把小青龙斩头剁尾，扒皮抽筋。百姓将龙头埋在一个小山丘上，第二天小山丘变成了一座大山，百姓们称“龙顶山”。接着龙顶山向南北延伸，形成夹沟的十里青山，百姓们称“十里长山”。

思贤桥　“二十四孝”之首的闵子骞，东汉的桓谭，三国时期徐州太守陶谦，晋朝竹林七贤的刘伶、嵇康，唐朝诗人王绩、白居易、韩愈、皮日休，宋朝苏轼，明孝慈高皇后马氏等，他们或出生于此，或居住于此，或游历于此，后世为纪念先贤，建桥于壮马山麓的泉溪上，命名为“思贤桥”。

卧龙桥　五柳区内，十里青山掩映处，有龙泉湖。龙泉湖古称龙浣潭，湖内有很多清泉，如青龙泉、珍珠泉等，它们从不同方向流出清水，汇集成泉，然后成湖。湖上波声震荡，在风的吹送下，响及十几里，人称青伏波，以汉朝伏波将军马援之名为名。古代《宿州志》载，龙浣潭在闵子乡武城里之左，潭流分派，灌田数千亩。岁旱祷雨，辄应。村民为答谢龙王，在湖边建龙王庙，庙前建桥，人称卧龙桥。

乐天桥　白居易，字乐天，号香山居士，唐朝大诗人。白居易在宿州生活了多年，幼年读书时，同刘翕习、张仲素、张美退、贾握中、贾沅犀，并称符离五子。他们经常泛陴湖，留恋流沟寺，登五里山。白居易为宿州作出过贡献，民众非常喜爱他，因而建乐天桥纪念这位大诗人。

鹤皋桥　传说为纪念唐朝诗人王绩所建。王绩字无功，号东皋子。所谓东皋，就是武里山东麓龙泉汇成的水塘，估计是今天的龙泉湖。王绩喜欢喝酒，又善于酿酒，常常亲自开荒，种黍子酿酒，种植草药自用。人们建桥，取东皋遗址，名“鹤皋”，取自“鹤鸣于九皋，声闻于天”，寄寓千年归鹤，犹识旧巢之意。

孝慈亭　建在埇桥区五柳风景区雏凤山上，为纪念明朝孝慈高皇后马氏所建。马氏，宿州市夹沟镇辛丰村人。元朝末年，马皇后的父亲马二公因躲避仇家追杀，逃难到定远。马皇后随父亲马二公参加郭子兴的红巾军，又随朱元璋南征北战，不但照顾朱元璋的饮食起居，还为他出谋划策，甚至参与军事，是一位贤淑、温厚的女性。人们为纪念这位贤后，遂建此亭，做永久的纪念。

注：马皇后，生于元朝末年，按古人习俗，民妇有姓无名，即正式的名字。马皇后身世卑微，在古籍上只留下姓氏。《明史》等古籍均称“孝慈高皇后马氏”。

响梁　建于埇桥区五柳风景区雏凤山下。由于地势的原因，雏凤山下有很多泉眼，它们从不同的方向，以不同的姿势流向鉴池，然后汇成溪流，汇入龙泉湖。其中有一条溪流最为有趣，溪流如蛇，蜿蜒曲折，隐行于荆棘草莽之中，或淙淙，或叮咚，或低吟，或咆哮，只闻其声，不见其踪，形成五柳独特的响沟。为了观景，人们建小桥于其上，起名响梁。

永乐桥　相传为纪念明朝成祖朱棣所建。朱棣北征，路过夹沟五柳，时值六月，暴雨如注，四周山洪一泻而来。朱棣亲率将士，组织百姓排洪、建桥、筑路，并让士兵摆成一字长蛇阵，从夹沟巴山运土，在皇殿湖中央垫了数十亩地，扎下兵营。从此朱棣便招兵买马，积草屯粮。朱棣学着东晋的祖逖，闻鸡起舞，每天练剑于二郎寺前的银杏树下。由于他勤于政务，励精图治，当地连年丰收。

几年后朱棣兵强马壮，浩浩荡荡地开往北平，一举平定了北方。接着又南下逼走了建文帝，成为中国历史上较有作为的皇帝，年号永乐，谥号明成祖。后人为纪念他，建桥于御山之巅，人称永乐桥。

果老洞　此洞系岩溶洞，洞内蜿蜒曲折几百米，藏有千奇百怪的钟乳石，为五柳风景区的一大奇观。当地人传说，此洞系张果老成仙修炼之洞，因此人称果老洞。又传，明朝皇后马氏幼年在山上打柴，遇见猛虎，她于慌乱之中躲入此洞，因此此洞又称“马娘娘避难处”。五柳山美水美人更美，是埇桥区的最大风景区，被称为淮北平原上的“祖母绿”。此外，五柳水库边，还有壮马山、醉乡亭、升仙古台等名胜景点。尤其是壮马山，不仅山色优美，形象壮观，而且还有生动的传说。

今人朝兰有诗《夹沟五柳行》云：

千塍香稻百池连，
十里青山护水田。
胜似江南春一片，
更添壮马饮龙泉。

五柳主景区内龙泉湖碧波荡漾，水质甘甜，岸边垂柳、龙柏、雪松相托，景色非常秀丽；景区的盆山洞内石笋、石柱千奇百怪，给人以丰富的想象；五柳矿泉丰富，著名的有呵泉、龙泉、珍珠泉等，属优质矿泉水；优质的矿泉水润育了著名的夹沟香稻米，宋代至明、清朝为皇宫贡米，素有“一家煮饭十家香，十家煮饭香满庄”之誉。

镇头村

五柳景区龙顶山下，东侧有寺庙曰镇头寺（又叫镇疃寺、流沟寺、大龙泉寺），镇头村因此得名，距今有1200年的历史。镇头村坐落在夹沟镇北部7公里处，三面环山，自然景色极为优美，水利资源较为丰富，下辖草场村、老山口村、邱村等8个自然庄，18个村民组，人口4356人，可耕地面积5600亩，山林面积4700亩。

本村特产香米，历史悠久，被安徽省政府列为安徽名优特产。从1960年起在全国历次农业博览会、交易会展出，均获好评。在1999年中国国际农业博览会获名牌产品证书。2003年国家财政拨款120万元给予扶持，种植香稻米。

村名由来

五柳景区龙顶山下东侧有寺庙曰镇头寺，唐代诗人白居易曾游此寺，寺内有一古泉名曰呵泉，喷珠溅玉流入龙潭，再经数条支渠绕村环流，供当地村民饮用和灌溉。镇头古寺远近闻名，此村故而得名。闻名遐迩的夹沟香稻米即产于此。古寺和呵泉常年绿荫覆盖，古木参天，竹树掩映，风景优美，为淮北平原少有的避暑胜地。

历史典故

“徐州古丰县，有村曰朱陈。去县百余里，桑麻青氛氲。机梭声札札，牛驴走纭纭。女汲涧中水，男采山上薪。”这一幅山水田园，似人间仙境的美丽卷轴出自唐代大诗人白居易长诗《朱陈村》，而今叫草场村，位于埇桥区夹沟镇镇头村境内。该村四面环山，环

镇头寺

夹沟香稻科技开发中心

境清幽，物草丰美，东南有白居易常去的流沟寺（现名镇头寺），南接大五柳风景区，村北不远便是皇藏峪风景区。白居易在符离集生活了多年，经常偕友到附近陴湖、濉水、五里村（今五柳村）、流沟寺、朱陈村等符离、夹沟一带游览，留下了《赋得古原草送别》《乱后过流沟寺》《朱陈村》等名篇。镇头村因白居易而闻名，更因此地山清水秀、民风淳朴而被各代文人雅士所慕名，留下了大量文学作品。苏轼为陈季常所藏《朱陈村嫁娶图》题诗二首，王安石曾赋："相看楚越常千里，不及朱陈是一家。"这些传诵至今的名诗雅作的创作灵感，无疑来源于朱陈村（今草场村）这地处深山的世外桃源。为何古时朱陈村而今名叫草场村？原来明朝初期燕王朱棣北征，发现朱陈村地势险要隐蔽，易于积草屯粮，便将该村作为草料场，朱、陈二姓全部外迁，邀请马皇后表舅武忠一家来此看管草料。从此，朱陈村改名为草场村，武姓家族在此定居繁衍。镇头村的草场村，据文字可考的历史就有 1200 多年，并大量出现在古代诗人文豪的笔墨中，具有宝贵的历史文化价值。

名胜古迹

流沟寺（镇头寺）又名大龙泉寺，位于镇头景区龙顶山下东侧。唐代诗人白居易曾游此寺，寺内有一古泉名曰呵泉，喷珠溅玉，流入龙潭，再经数条支渠绕村环流，供当地村民饮用和灌溉。古寺和呵泉常年绿荫覆盖，古木参天，竹树掩映，风景优美，为淮北平原少有的避暑胜地。传说寺内有一老僧，以松鹤为友，焚香诵经，趺坐终日。早晨，微烟自树梢出，雾霭弥漫，钟声悠悠，故有烟寺晨钟之称。清人李心锐诗云："红尘飞不到，古寺锁秋烟。塔影浮空界，钟声度晓天。敲残僧带梦，警钟鹤参禅。谁向云中听，悠然断复连。"

古台寺遗址位于镇头村北部，面积约6万平方米，一处呈覆斗形的古台形状。地层堆积从上而下除耕土层外，包括了汉代堆积、大汶口文化堆积和早期新石器时代文化堆积。文化内涵丰富，是目前安徽已发现的最早的新石器时代早期遗存，最早距今约八千年。古台寺遗址发掘的最大收获，是发现了皖北早期新石器文化与大汶口文化的地层依据，揭示出早于大汶口文化遗存在皖北存在的事实，对研究皖北地区新石器时代文化提供了十分重要的实物资料。2013年5月，被国务院核定为第七批全国重点文物保护单位。

闵祠村

民间传说闵祠村因距今2500多年前，孔子弟子闵子骞晚年生活于此，并葬于此地，

闵子骞祠

修有祠堂闵祠，故而得名。闵祠村在今宿州市曹村镇，全村现有人口4951人，11个村民组，1260余户。作为省级示范村的闵祠，全村上下凝心聚力，农民生活有新提高，乡风文明有新变化，村容村貌有新改观，管理机制有新改进。闵祠村是孝文化之乡，拥有省级文物保护单位闵子骞祠堂、闵子墓和全国重点文物保护单位古台寺遗址。

闵子骞祠坐落在曹村镇闵祠村。三面环山，泉水涌流，环境幽雅。紧傍206国道，交通便利，是宿州市重点名胜古迹。闵子名损，字子骞，春秋鲁国人，孔子弟子，名列七十二贤之一，德与颜渊齐名。闵子以孝名天下，孔子赞曰："孝哉！闵子骞，人不间于其父母昆弟之言。"宋朝皇帝褒封闵子为"畿圣"，历代皇帝赐匾封公，文人墨客赋诗题记，其懿行美德传为千古佳话。

闵祠旁还有骞山、晒书台、洗漱沟、荷花池、芦花坡、洗砚池等景点。这里不仅有迷人的自然风光，还有动人的传说故事。

村名由来

民间故事说闵子父亲闵老先生的祖上为鲁国国君鲁闵公，按当时制度，五世之后将别于公族，降为庶民。又逢鲁国"三桓弄权"，于是闵父举家迁居相邑之东的萧地（今埇桥区曹村镇闵祠村）安家落户，受聘于王姓大户做塾师。

据《萧县资源集》记叙的民间故事说："闵子骞少年时丧母，父继娶姚氏，生二子(闵革、闵蒙)，继母偏爱己生"，虐待闵损。某年正月初二日，闵子骞同两弟随父去外婆家（闵父前妻的娘家）拜年。闵子骞驾车，当车行至萧县城西南象山脚下的杜村时，天气骤变，朔风怒吼，雪花纷飞，寒气刺骨，闵子骞禁不住风寒，浑身直打战，缩作一团，因手指被冻僵，牛绳和牛鞭皆滑落于地，牛车失去驾驭，倾于山坡翻倒于雪地。

然而闵子骞之弟闵革、闵蒙却未怕冷，身无寒意。其父见状十分气恼："你这个孩子，真是个没有出息的东西！"随着一声呵斥，举鞭向闵损抽去，转瞬之间，惊人的现象出现了。鞭打之处，棉袄绽开，芦花飞扬，其父顿时惊呆了，看着厚厚实实的棉袄，里面全是芦花。撕开闵革、闵蒙的棉袄看，里面尽是崭新丝绒。目睹眼前这一切，父亲恍然大悟，这分明是后妻虐待前子。被激怒的父亲二话没说，当即掉转车头，返回家中，写下了休书，决心要将继妻赶出家门。

看到父亲的举动，眼看这个家就要破裂，闵损不计前嫌，扑通一声跪倒在父亲面前说："母在一子寒，母去三子单。"哭着苦苦哀求父亲看在他弟兄三人的分上，留住母亲，保全这个家。闵父看到此情此景，深受感动，觉得言之有理，更知儿子深明大义，孝行可嘉。再看继妻确也有所悔悟，于是也就断了休妻之念。从此以后，这后母洗心革面，痛改前非，悔而向善，把闵损当作亲儿子看待，爱护备至，一家人过上了幸福美满的生活。

后人为了纪念闵子的孝行，将鞭打芦花这个山坡上的"杜村"改名叫"鞭打芦花车牛返村”，今人为图方便，简称“车牛返村”。把每年的正月二十四日（闵子骞的生日）定为古会，在“鞭打芦花车牛返”处举办三天，引来方圆几十里的群众，人山人海，热闹非凡。

文化遗存

闵子祠　据《太平寰宇记》记载，始建于宋，元初毁于兵火，明万历年间以巨资重修，清道光年间、民国元年均重修过。闵子祠现存三道庭院，前有影壁墙，殿宇19间。正堂中塑有一坐北朝南的闵子像，须生文面，一派大儒风度。院内有一株古圆柏，树龄约在2500年，高16米，胸径1.56米，相传为闵子骞亲手所植。后院有银杏一棵，树龄也在2500年左右。闵子祠后有闵子之墓。闵墓东旁有一山丘，名曰骞山，祠东为洗砚池，西为洗须沟，东南有高台，名曰晒书台。西有芦花湖，见证了“鞭打芦花”的故事发生。

闵祠外有两座碑亭，原存碑100余座。现存在大殿内的清朝康熙二十五年（1686年）宿州知州高其佩手书碑一通，诗文曰：“内外言无间，诗歌谁无论。独能传圣道，一德共乾坤。墓树朝常静，冢山夜不昏。匪徒瞻拜起，相与励贤孙。”祠东公路旁还有牌坊“先贤闵子故里”。祠东南有孝泉和闵子故居。

闵子骞墓　闵子骞墓坐北朝南，高6米，直径40米，近旁有两座中型墓，传说为闵子骞的两个弟弟之墓。墓高2米，直径24米，总占地约6400平方米，墓地松柏浓密，“闵墓松风”素为宿州八景之一。

关湖村

关湖村位于宿州市埇桥区南部，为永镇乡所辖，距今有三千多年的历史。商朝开始有王权象征的鹿台（鹿苑），鹿台与观鹿台亦有遗留。传说关湖是秦朝权贵饲养鹿的地

关湖村

方。据说他在离自家不远的湖边关养梅花鹿数百头，除了观赏与食用外，还供王公贵族射鹿娱乐，纵猎于荒郊旷野。

大泽乡涉故台，又名射鹿台，远近闻名，据传当时陈胜射中的鹿就是关鹿湖里饲养的梅花鹿。秦朝末年，秦二世连年征粮抓兵，统治十分残暴。而老天也不作美，连日暴雨，庄稼全被洪水淹了，关鹿湖围栏因此遭到破坏，里面的鹿群四散而去。老百姓实在活不下去了。这时，恰逢陈胜、吴广大泽乡起义，为了使百姓们都来响应他们起义的号召，陈胜在大泽乡召开起义大会。陈胜和大家正在土台上商量着起义大计，忽然看见一只梅花鹿远远地跑来，他“嗖”地拔出箭，豪气大发，说道：“他日我若能得王位，这箭就能将鹿射死！”说罢，弓开弦响，一箭中鹿。鹿中箭受伤后向前跑去，跑到不远处的湖边，伤势过重而亡，因此那个湖就被当地人叫作死鹿湖，后来就被传成现在的紫芦湖（今北杨寨境内）。后人又将陈胜射鹿的土台称作“射鹿台”（今大泽乡境内），将当地权贵养鹿的地方叫作关鹿湖（今永镇乡关湖村）。后经时代变迁，加上本地口音影响，到了隋唐时期，关鹿湖这个地名逐渐演变成现在的关湖。

历史典故

伯牙抚琴，子期再生　在永镇乡关湖村东部约500米处，有一座高高堆起的古墓，虽然墓前无碑，但村民都把它称为伯牙墓。千年以来，这一带的百姓在集前设置一个“淘药台”，凡遇到身体不舒服，便在墓前上香、祈愿，然后取墓前之水饮用，据说可以医治百病。“文革”前，甚至有徐州、蚌埠、商丘等地的病人在此进香取水。“文革”时为破除迷信，将坟推平，有村民反映，挖坟时曾见过人的齿骨。

民间传说，春秋时期，俞伯牙奉晋王之命出使楚国。晋国的疆城在山西南部和河南北部一带，当时从山西临汾有一条河流流经永镇乡，当地百姓称为“汾洪江”。伯牙乘船沿汾洪江南下入楚（当时的永镇乡属楚地）。伯牙来到此地后，遇雨而滞，便在江边抚琴。钟子期是楚国相城人，即今固镇县北部的湖沟镇人，以种地为生。

那一年的八月十五，钟子期来到汾洪江边砍柴，遇雨后便借船檐避雨，听到琴声后，不由得大声称赞。伯牙不以为然，认为一个樵夫如何听懂他的琴声？便将自己最得意的《高山流水》弹奏出来。不想在弹到高山情景时，樵夫说道：“真好！雄伟而庄重，似高耸入云的泰山。”当弹到奔腾澎湃的波涛时，樵夫又说：“真好！宽广浩荡，好似滚滚流水。”此时，伯牙兴奋至极。从此，世上有了知音之交。钟子期懂音乐，不足为奇，他的祖上钟仪就是周朝有名的乐师，精通古琴，后家道中落，且国家混乱，到钟子期时虽只能以种地为生，但音乐的天赋却很高。

伯牙出使楚国要往返晋楚，所以他们约定来年八月十五，在汾洪江畔相会。第二年的八月十五，伯牙乘船来时，一位老人指着江边的一座坟墓告诉他，他的儿子钟子期因病去世，临终前告诉他来年的约会，谓其灵魂可以听到琴声。

相传，伯牙所弹瑶琴乃伏羲琴，能够“反其天真”，有让人起死回生之效，但需琴艺高超之人弹奏七七四十九天方才有效。伯牙为再见子期一面，选择最佳抚琴时日和地点，面对子期的魂归之处把伏羲琴搁在拜石上，开始抚琴，这一弹就是七七四十九天，思念之情愈深，弹奏之音愈凄！当最后一个音符被弹出古琴的刹那，琴弦断裂。伯牙一见，思念之情越发浓重，拔出解刀，割断琴弦，举起瑶琴，往拜石上一摔，高声哭唱：“摔碎瑶琴凤尾寒，子期不在对谁弹？春风满面皆朋友，欲觅知音难上难。”摔碎琴身，发誓今后永不鼓琴。

因为思念知音，伯牙染上重病，仅一个月便去世。由于是在村中治病，百姓知道他是晋国大官，以及和钟子期的知音之交，所以在伯牙去世后，便在村的东部为他筑建了一座土坟。由于黄河入淮，填平了汾洪江，伯牙墓仍在，钟子期的坟墓已无览处。

这就是永镇关湖村流传的俞伯牙与钟子期的知音故事，永镇正在挖掘知音文化，打造中国音乐主题文化第一村关湖中心村。

文物景观

老槐树　据地方志记载，知音苑中的老槐树已有近千年历史，本已枯萎腐朽，但是近年来重开新枝，颇为顽强。老槐树旁，有一棵椿树，二者相互守望，槐树在左，椿树在右，颇有“怀里报春”之意，寄托了人们对于美好生活的向往！

知音苑　知音大舞台、知音苑，因伯牙鼓琴遇知音、钟子期领会琴曲志在高山流水的故事而得名。知音大舞台举办各种文艺节目，宣传发展乡村文化，丰富群众文化生活。知音苑中的伯牙祠放置伯牙抚琴雕塑群，周边布置相关历史资料、人机交互体验设施，实现互联网＋纪念馆双重体验，打造关湖中心村的特色文化。

乐曲桥与心乐亭　水上公园由一桥、一亭、两山组成。桥名为乐曲桥，中心的亭子叫心乐亭，当人们踏上桥的那一刻，耳畔缭绕着《高山流水》的乐曲，身临其境，可谓妙趣横生。西边是两个小型假山，也是两个观景平台，站在上面可以看到中心村的大部分风景。

陶乐台　陶乐台（又名淘药台），在今永镇乡关湖中心村东，俞伯牙墓地旁边。据传说，俞伯牙原来的墓地就在小圩庄东头（现政府修缮的大墓地下面），这里曾是伯牙宣传音乐的地方。相传凡是对生活不太满意、心灵有创伤的人，听到伯牙抚琴之后，就奇迹般地释然了。为此后人修建了一个高地，美其名曰陶乐台。此外，相传此处为俞伯牙魂归之处，人们因而在此供奉伯牙。据说伯牙每 12 年显一次小灵，一个甲子（60 年）显一次大灵。届时过来喝墓地旁边的井水，可以治愈各种疑难杂症；把井水舀回去泼在门上，还可驱邪避灾。因此，每到显灵之时，周边十里八乡的村民都来此处淘药。虽然遗址已毁，但是这个故事一直流传至今。

朱陈村

白居易的长诗《朱陈村》，描写了唐代徐州辖区朱陈村的特殊村风和村貌，对后世影响颇大。有关朱陈村故事，有多种流传，但都在徐州附近。夹沟镇朱陈村的故事，是其中之一。

朱陈村是紧靠萧县东南边境的一个小山村，现属宿州市埇桥区夹沟镇。朱陈村地处深山，过去只有条羊肠小道通往镇里，村民到镇里赶集，天不亮离家，翻山越岭，山高路险，从集上回来，已是万家灯火。

因为交通不便，大大影响了经济的发展。2018 年初，上级拨了 200 万元，修建了一条从镇上通往村里的长 10.6 公里的水泥盘山路，进村出村都方便得多了。

朱陈村四面环山，几乎与外界隔绝，白居易长诗《朱陈村》对该村环境的描写与实地对照非常相似：“女汲涧中水，男采山上薪。县远官事少，山深人俗淳。”只是近年来家家安装了自来水，再用不着到山沟里打水了。

村里路口有两棵古槐，两树之间约有 20 米，树干要数人合围，村人叫它“唐槐”，约有千年树龄，树干已空，但枝繁叶茂。两棵古树足以证明小山村的沧桑。村人说，树南边是古代的寨门，现在山寨没有了。唐宋起叫朱陈村，也叫杏花村，村中有两大姓，朱姓和陈姓。明初燕王朱棣北征时，发现这个地方适于屯兵，带着军队在这里驻扎下来，积草屯粮，朱陈村成了燕王的草料场，朱、陈两大姓被迫外迁，朱陈村又为“草场村”了。后来有一武姓人家即燕王母亲孝慈高皇后马氏的表舅武忠迁此定居，看管粮草，繁衍至今。现在全村共有 175 户，700 余口人，几乎全属于武氏家族。全村共有三个村民组，属镇头寺村管辖。

政区沿革

此地在南北朝至隋代属“新丰县”。东魏武定六年（548 年）设睢南郡，领斛城、新丰二县。隋开皇三年（583 年）废。新丰县在隋初撤销建制后，此地归属符离县（符离县为唐代徐州所辖七县之一），后属宿州。此村地处深山，环境清幽，物草丰美。

村南北原有两个寨门，南门内有两棵千年古槐，两树东西相距约 20 米。据《村志》记载：“古时朱陈两姓互通婚姻，为示婚盟，特在寨门内左右植两株槐树，表示婚姻永固与山河同在。”

该村四面环山，东南紧靠的山名陡峭山，山势甚险。山东南麓便是白居易常去的流沟寺（现名大龙泉寺），两地相距四里，村东北为鹰嘴山、爬山，村南为十里长山套，南接大五柳风景区，村北不远便是萧县皇藏峪风景区了。村西为卧牛山，下有黑龙湖、岗子泉，村北有水库一座，岸边有古橡树林，蔚为大观。

白居易与“符离五子”

白居易与刘五、张仲素、张美退、贾握中、贾沅犀五人友善，白居易有首长诗《醉后走笔酬刘五主簿长句之赠，兼简张大、贾二十四昆季》共98句，叙述了自己与五友的关系，他们去长安赶考：“操词握赋为干戈，锋锐森然胜气多。齐人文场同苦战，五人十载九登科。”“二张得隽名居甲，美退争雄重告捷。唯有沅犀屈未伸，握中自谓骇鸡珍。三年不鸣鸣必大，岂独骇鸡当骇人。”

诗中人物如下：

刘五　符离人，名不详。贞元进士，任岐阳主簿。

张仲素　字绘之，善诗文，贞元进士，宪宗时为中书舍人。《全唐诗》卷367收其诗作39首。

张美退　张仲素之弟，同为贞元进士。

贾握中　贞元进士，隐陴湖不仕。

贾沅犀　贾握中之弟，刻苦好学。

时二贾、二张与刘五齐名，时称“符离五子”。

白居易在诗中提到的这些地名分别是：

陴湖　在夹沟镇东北部，以今日栏杆村为中心。原有康湖、鸭湖、潘湖、吕湖、三山湖，唐时为宿徐之界，今已无水。

濉水　老符离白居易故居北的一条河。

北巷与东林旧院　白居易青年时代的住处。

五里村　现在的五柳村，在夹沟镇的西南部，今为大五柳风景区，是一个山清水秀的地方。初唐诗人王绩曾隐居于此。

流沟山　即流沟寺所在的山。流沟寺后的山叫龙顶山，紧靠陡峭山，在今夹沟镇西北部。这里深山古寺，泉清稻香，为古宿州八景之一。白居易于贞元十六年（800年）、长庆四年（824年）两次在流沟寺留有佳篇。寺中有古银杏树一株，有珍珠泉流经寺外，灌溉数百亩稻田，“皖北小天府”也由此而得名。

第二节 萧县

龙城镇

龙城镇是“全国小城镇建设试点乡镇”“全国农业科技入户工程示范乡镇”“全国亿万农民健身活动示范乡镇”，以及全省发展乡镇企业“百强乡镇”、全市“十强乡镇”。政府所在地龙城是徐淮历史文化名城。

龙城镇地处安徽省宿州市北部，东部、东北部与淮北市段园镇、宿州市夹沟镇接壤，东南部与白土镇、永堌镇为邻，南连丁里镇，西接杜楼镇，北邻圣泉乡，镇、县人民政府分驻老城西南部、东北部，辖区总人口148513人，总面积105平方公里。

龙城镇地域，春秋时属宋之附属国——萧国，秦时属萧县，隋时属龙城县，后长期属江苏省徐州之萧县。方志记载，龙城古为军城，是屯兵重镇，民国初年曾设龙城市，新中国成立之初改为城关镇、龙城镇，后易名为龙城、萧县公社、龙城公社、龙城区。1982年复置龙城镇，1984年批准为副县级建制镇，辖五个乡镇（乡级）、两个办事处。1992年撤区并乡，业庄乡划归杜楼镇，淮北市孟庄乡和牛眠乡二庄、邵庄两个村回归龙城镇。

龙城保卫战　1937年12月，日军占领南京、济南后，集中华北方面军和华中派遣军8个师团、5个独立混成旅团共24万之兵力，沿津浦路南北对进，夹击徐州。企图歼灭中国主力部队于徐州地区。

在北线日军发起进攻之后，南线日军第3、第9、第13师团于1938年5月3日由蚌埠、凤阳等地出发，5月9日占领蒙城，12日占领永城。随后，两师团主力直驱陇海路砀山地区；与北线第16师团取得联系，切断第五战区向西的退路，并向徐州迂回。

5月15日晨，第9师团的一个旅团，从百善附近出发，分两路进犯萧县。其一部在蒋丁楼、孙圩子、瓦子口一带遭国民革命军六十八军第一一九师阻击，到了晚上才逼近萧城。与此同时，第五战区司令长官李宗仁下令第三十二军一三九师驰援萧县。

中国守军之所以如此重视这个小县城的得失，是因为它距军事重镇徐州仅25公里，是徐州的西南门户，具有重要的战略地位。至5月中旬，日军已完成对徐州的包围态势，从敌人的兵力摆布看，徐州以西是主攻方向。为了让60万大军安全撤退，李宗仁决定在萧县部署一场阻击战，以滞缓敌人进攻徐州的时间。

5月15日下午前，刚从台儿庄战场撤下来未及休整补充的三十二军一三九师2000余名官兵到达萧城，迅即构筑工事。县长王雪琴配合师长李兆瑛勘察阵地，制定守城方案。他们把兵力部署在萧城老虎山、凤凰山、龙山等处，严阵以待。

16日凌晨，日军1000多人，用六七门重炮，10余辆战车，猛攻县城西南的老虎山。一三九师一个营的兵力在此设防，他们借助有利地形，大量杀伤敌人，坚守阵地。日军久攻不下，转向城北凤凰山进攻。下午3时，日军增至2000余人，又向老虎山、凤凰山发起新一轮进攻，上有飞机，下有大炮、坦克，两山头一片火海。至晚，防御工事多被日军摧毁，老虎山、凤凰山及城郊附近其他阵地相继失守。守军遂放弃山头阵地，退入城内。

17日凌晨，日军又占领了城东的龙山。守军虽顽强拼杀，反复数次，终未能收复阵地。县城完全陷入被包围钳制之困境。日军居高临下，用大炮、机枪封锁城内各街道，使部队调动十分困难。下午，日军在周围的山头上对城内轮番炮击，并用气球指挥飞机扫射，用坦克冲击南门。守军凭借城防工事与敌人血战，战况异常惨烈。此时，由蒙城北犯的日军，攻陷永城及黄口后，也沿萧黄公路向萧城逼近，形成对萧城的三路合围，情况十分危急。守军一面加紧修补工事，一面迎击攻城之敌，师长李兆瑛下令对已堵死的四门进一步加固，誓与萧城共存亡。

当日，抗日名将张自忠所率五十九军之一八〇师由孤山集附近增援萧城，该师奋勇冲杀，所属三十九旅一鼓作气，攻占离萧城六七里的张二庄和孟油坊，并与濉溪方面前来增援的日军交火，打得日军节节败退，损失惨重。日军随后大量施放毒气，一八〇师官兵虽奋不顾身，反复拼搏，终因中毒严重，战斗力下降，被迫撤退。

5月18日，天刚破晓，日军即以密集的火炮攻城，上午8时发起总攻。日军用坦克把北城门东侧的城墙打开一个缺口，冲入城内。一三九师与敌人展开激烈巷战达两小时之久，满城血肉横飞，尸体遍地。因敌人分段包围，守城官兵伤亡惨重，损失大半，兵力难支，形势对我方极端不利，师长李兆瑛遂令各部突围。

李兆瑛师长带领指挥部20多人，从东城门北侧缒城，王雪琴县长带领10余人从东南小奎楼方向缒城。他们约定，缒城后穿过东门外一条小街，奔向龙山与凤凰山之间的山坳处，然后向徐州方向撤退。李师长等人穿过小街，见敌人的火力点正好集中在龙山与凤凰山之间的山坳处，乃转变方向，沿着凤凰山上的一条小路且战且退，竟得以越凤凰山而北撤出战场。王雪琴县长就是向这个山坳撤退时，中弹身亡。

此役，一三九师牺牲少将参谋长邓佐虞，上校副旅长马骥德、吕汝爽（皆收录在徐向前题字的《中国阵亡将士传》）及以下官兵千余人。邓佐虞，师参谋长，为国家民政部第一批公布的全国300名著名烈士之一。同时牺牲的有萧县县长王雪琴、县警备大队长耿继贤（已载入萧县民政局烈士名录）。日寇入城后，见人就杀，无辜百姓无一幸免。此后，为报复萧城军民的抵抗，日寇还先后制造城东牛眠村和城东南房庄村的大屠杀惨案，惨遭屠杀的无辜群众达3000多人！萧城保卫战虽然失败了，但它争取了三天时间，牺牲了小我，用血肉之躯为大部队铺就一条转战之路，顺利完成撤退任务；用鲜血铸造一座英雄城市，它的每一寸土地都是不屈的；它给后人留下不畏强暴，敢于自我牺牲、勇于抗击外国侵略者的英雄气概和爱国主义情怀，也记下了日本帝国主义的一笔血债！

白土镇

白土镇位于安徽省最北部，苏、鲁、豫、皖四省交界处。萧县县城东南约15公里，东依石磨山，西望锦屏山，南邻泰山（炭山），北靠青龙山。辖区内常住人口3.3万人，面积58.56平方公里。倒流河由南向北，折而由东向西从镇内经过，这里有山，有水，有密林，有平原，是适于人类居住的地区。

白土寨窑址

白土镇历史悠久，考古发现镇内有花甲寺、夏村西岗子二处新石器时期遗址，属大汶口文化，距今6400多年。这里矿产资源丰厚，素有“淮北矿产摇篮”之称，尤其盛产白垩土（瓷土），汉代已开始开采；西晋已会烧造原始的青瓷；隋、唐时期制瓷业已形成规模；宋代最为兴盛，全镇有瓷窑72座，是江北最大的民窑。《徐州府志》《萧县志》记载，唐、宋时这里已称白土镇，元、明、清至今一直延续镇的建制。按唐代设镇计算，至今已1300多年的历史，可谓千年古镇。

白土镇交通十分便利，连霍（连云港—霍尔果斯）、合徐（合肥—徐州）两条高速公路，萧桃（萧县城至桃山集）、萧庄（萧县城至庄里乡）两条省、县级公路从境内穿过。这里为重点产粮区，以小麦、玉米、山芋、豆类为主。矿业以煤炭、黏土为主。

天门山的抗清斗争　明末清初，萧县接连发生过反明、抗清的农民起义。毛奇龄《后鉴录》记载：（明）崇祯八年（1635年），农民大起义时，萧砀有程继孔、王道善、张方造聚义，曾破萧城，焚徐州北关，击杀明军指挥、守备等武官，永城、邳州、宿州间大震。当时程继孔是以萧县白土镇山南永堌长山套、夹山套一带为根据地的。其后不久爆发的抗清斗争，则是发生在白土镇境内的天门山及其周边。《皖志述略》一书综合《清史稿》《清高宗圣训》及《续萧县志》等资料写道：清顺治二年（1645年），徐州爆发抗清斗争，义军散踞山险，抗击官兵。王清宇、徐库、赵世科等据萧县天门山、皇藏峪，曾经攻克砀山城。清军总兵王之钢领兵镇压，大肆屠杀，仅在萧县白土洞，即焚死避难百姓五百余人。至咸丰三年（1853年），淮北捻军兴起，萧县周围也遍地捻军。朔里、白土、永堌、黄口等地，都是捻军战场。

天门山的抗日斗争　抗日战争期间，萧县皇藏峪山区是萧县、萧铜（山）、彭南游击队乃至萧宿铜灵边区抗日的主战场和根据地。游击队凭借深山密林和寺庙，沉重地打击了日伪军。其中“许大脚大战天门寺”的著名故事，就发生在这里。

1945年5月的一天，许致远受萧东办事处主任许西连派遣，翻越天门山探路，身带两支枪和手榴弹上了山。午后到天门寺附近，于庙门口突然发现西边20多米远处来了一支伪军，吃过午饭，正向庙里走来。这时敌人也发现了他，问他：“是哪一部分的？”许答：“四营的。”敌问：“营长是谁？”许答：“王洪斌。”说罢一脚跨进庙门，边喊“打”边用马步枪向外射击，又拔出盒子枪打了几个点射，还大声命令：“一排这边，二排那边。”敌人以为庙内有埋伏，不知有多少人，先头部队乱了套，掉头鼠窜。许又从庙内打了几排子枪，敌人向西逃走。许边打枪边从庙后门退回天门山，翻山返回。

此战，许致远一人打跑敌人一个营。因其身材高大，脚板大，有个外号“许大脚”。此后抗日队伍和敌伪都传出了“许大脚大战天门寺”的故事。敌人到处捉拿他，始终未获，而一旦听到许大脚的威名，便心惊胆战。

淮海战役中惨烈的纱帽山战场　闻名世界的淮海战役，第一阶段歼灭黄百韬兵团之后，徐州国民党军企图南逃。人民解放军华东野战军和中原野战军分别于津浦路宿县段和徐州南萧县东南阻击、围歼敌人。其中以在白土东南纱帽山的战场最为惨烈。

1948 年 11 月 26 日，国民党徐州“剿总”虚构了“徐东大捷”，蒋介石派遣了一个由国民党中央宣传部长张道藩为团长、南京市长马超骏的太太沈慧莲为副团长，国民党党、政、军、商、学、工、农、妇等机关团体代表和美国五个记者为团员的慰劳团，到徐南前线慰劳观战，孙元良亲自给四十一军副军长陈远湘打电话说：“你们要攻纱帽山，一定要咬紧牙关，不惜任何牺牲，打一个胜仗给美国盟友看，这有关国际视听，不是好玩的。”军长胡临聪亲自指挥一个团攻击纱帽山，命两个山炮营助攻，还电话约请四十七军支援，用山炮截断纱帽山东南解放军的后援和退路，同时还有飞机轰炸配合。

这天上午 8 时许，慰劳团来到国民党军四十一军防地白虎山。五个美国记者大摇大摆走在前面，那些西装革履、长袍马褂、旗袍高跟鞋的绅士、太太尾随其后。战斗开始，枪炮声震耳，慰劳团成员们有的吓得面如土色，撤到距纱帽山 3 公里远的四十一军指挥所。张道藩代表“蒋总统”奖给前线官兵每人三块大洋。

此役，纱帽山顶不过方圆五丈，全被炮弹掀翻一层，据敌山炮营报告，发射炮弹 1000 多发（其中有许多野炮、化学炮），另外还有飞机投下许多燃烧弹。战后核实，我军的一个排的兵力据守纱帽山，伤亡 17 人。敌人以一个团的兵力、伤亡 300 余人的代价攻打纱帽山。我军粉碎了徐州国民党军队弃徐南逃的计划，为在青龙集、陈官庄一带全歼杜聿明、邱清泉部队奠定了基础。

丁里镇

丁里镇，位于淮北市和萧县城区的中间地带。南邻淮北市，北接龙城镇，东邻永堌镇，西接孙圩子乡、杜楼镇。丁里镇属亚热带与温带季风气候过渡区，境内符夹铁路穿境而过，萧淮公路纵穿南北，连霍高速公路横贯东西，并在境内郭庄设有出入口。

境内大部分为平原地带，地势为北高南低。龙河发源于龙城镇，由黄桥入境，由北而南流出，境内长 9.2 公里。民生支河位于辖区东部，自北向南流出；运河从龙河出口向西南流入岱河，境内长度 17.6 公里，沙河自北向南流入萧濉新河；境内有黄桥水库、马井山塘、北门水库、王老家水库。有武寺闸、刘窑闸、瓦子口闸三个河闸。境内矿产资源主要为页岩石，地质储量丰富，分布在许堂、瓦子口、张山头、武寺、丁里等村。

丁公山与丁里镇　丁公山位于萧县城南 6 里许，别看它一无泰山的峻拔，二无黄山的秀奇，但却是一座颇有来历而不容小觑的名山。据《史记 · 项羽本纪》记载：汉高祖

三年（前 204 年），项羽率兵北上攻打齐王田荣，楚都彭城空虚。刘邦乘此之机，引各路诸侯 56 万人马讨伐楚国，一举占领了项羽都邑彭城。项羽闻讯，勃然大怒，亲自率领 3 万精兵自鲁南急下，直抵萧县，“晨击汉军而东，至彭城，日中，大破汉军”。刘邦惨败，损兵 20 余万，突围时仅有随从数十骑，其父与妻子吕雉也被楚军所俘。

当刘邦仓皇逃至萧县城南约有 6 里的一座小山坡时，不料又被楚将丁固追上，真是冤家路窄，生命系于千钧一发之际。对此，《史记 · 季布栾布列传》作了较为详细的描述：“季布母弟丁公，为楚将。丁公为项羽逐窘高祖彭城西，短兵接，高祖急，顾丁公曰：‘两贤岂相厄哉！’”于是丁固放走了刘邦，“引兵而还，汉王遂解去”。

公元前 202 年秋，楚汉两军经垓下一战，项羽乌江自刎，刘邦建立了西汉王朝。一日，丁固去晋见刘邦，满以为可以得到款待和封赏，谁知刘邦不仅不认账，反而怒斥丁固徇私于军中，指责：“丁公为项王臣不忠，使项王失去天下者，乃丁公也。”于是当即下令“斩丁公”，并以儆效尤：“使后世为人臣者无效丁公。”

其实，丁公与季布都是楚汉之争时期项羽手下的大将，都曾奉命追杀过刘邦。季布虽然没有直接追杀到刘邦，但也多次逼得刘邦走投无路。丁公却是不同了，他不仅确实追赶上了刘邦，而且在可能下手的情况下主动放了刘邦一条生路。按理讲，在刘邦取得政权后，两人一个作为刘邦的仇人，一个作为刘邦的恩人，前者应当受到惩处，后者理应当得到奖赏。但事实上却出人意料，其结局也实在令后人深思。

史志对这段历史的记载，既跌宕起伏，又颇具故事情节：项羽自刎乌江以后，其部下皆处于溃散状态。在这溃散的项羽部下中间，有几个人是刘邦点名要追杀的，其中第一个就是季布，这在刘邦看来是非杀不可的。原因是季布曾经作为项羽的部下，多次奉项羽之命追杀刘邦，在刘邦和项羽作战的几年间，吃尽了季布的苦头。那么季布这时候在哪儿呢？自从项羽自刎以后，季布就深感不妙，于是潜逃了。他逃到濮阳一个周姓人家藏了起来，但是刘邦的追杀令，不仅是一定要查到季布，而且一定要捉拿杀死季布。这一周姓人士在收留季布的时候就告诉他说，朝廷追得非常紧，按照这样一个追查线索很快就会追到我们家来，所以你的情况非常危急。你要是相信我，我给你献上一计，解救你的危难，你如果不相信我，认为我是想把你赶走，那么我愿意先自杀。季布说，我相信你。这个姓周的人就把季布的头发剃掉了，并用铁箍束住脖子，这在古代有一个专有的词叫“髡钳”，再穿上一个粗布短衣，把项羽手下这员大将打扮成一个奴隶。

这一周姓人士确实很有智谋，他叫上家里的几十个奴隶跟季布混到一块儿，坐上一辆大货车来到鲁地，找到非常有名的大侠朱家，把季布推出来，告诉朱家，说要把这个奴隶卖给你。朱家也很聪明，只看了一眼，便知道这个人绝不是一般的奴隶，一定是刘邦正在追杀的项羽大将季布，就付钱买了下来。季布被卖到朱家以后，朱家就把他儿子叫过来，交代了两句话："田事听此奴，必与同食。"就是说，这个奴隶卖到咱们家里来，对于庄稼活他干和不干，干多干少，什么时候干，什么时候不干，你不要管，听他的。"必与同食"，一天三餐，你要陪着这个奴隶吃同样的伙食。儿子谨遵父命，在家里小心翼翼地热情招待季布。

安排妥当之后，朱家就坐了辆轻便的小车，直接从山东跑到洛阳，因为当时刘邦是在洛阳建都的，到了洛阳便去晋见汝阴侯滕公。这个人的职务是太仆，专门给刘邦驾车。太仆是九卿之一，也是刘邦最信任的人。滕公的原名叫夏侯婴，因为刘邦封他做过滕县县令，所以史书上一般称他叫滕公。

找到夏侯婴，朱家就自报家门，说我是鲁地朱家。夏侯婴这个人当然早就听说过朱家在江湖上的大名，知道朱家一定有事相求，就留朱家在自己家里，好酒好肉款待了好几天。几天以后，朱家不再转弯子，单刀直入地就问，季布犯了什么大罪，皇上一定要抓住他，非要杀了他不行？滕公说，这是因为季布在做项羽手下将军的时候，多次搞得皇上十分狼狈，所以"上怨之，故必欲得之"，皇上对季布是恨之入骨，非要抓住他。朱家又问，那么您看季布是个什么人？滕公说，是个有才能的人，是个贤者。

这时朱家就趁机为季布开脱：忠于自己的主人是臣子的职责，季布作为项羽的部将，他忠实于项羽的命令，打得刘邦狼狈不堪，那是他应该完成的职责，你作为一个臣子，若不执行你主公的命令，那行吗？季布执行项羽的命令不是他的错，是他忠于职守的表现，这是第一。第二，项羽的部将，你刘邦能够杀得完吗？第三，不能凭自己的私人怨恨来追捕一个人，你皇上恨季布，不就是因为季布多次打败你，打得你很狼狈，你想报你的私仇，出一出你心中的窝囊气。为了个人的私怨去追杀一个人，显得你的胸怀非常狭隘，这不损害皇上的形象吗？第四，不能够逼人太甚。现在汉朝刚刚建立，北边有匈奴，南面有南越，像季布这样的人你把他逼急了，他不北走匈奴就南下南越，无论逃到北边、南边，都是你的大敌。历史上楚平王的教训还不够深刻吗？他追杀伍子胥就追得太急，先是把伍子胥的家人杀了，又去追杀伍子胥。伍子胥逃到了吴国，得到了吴国的信任，后来带着军队攻陷了楚国的都城。此时楚平王已经死了，伍子胥为了发泄心中的怨愤，把楚平王的尸体挖出来，打了三百鞭子。掘坟、鞭尸，楚平王遭此大辱，就是因为他逼人太甚。

朱家一口气给滕公讲了这四点之后，又给滕公提了个建议，您方便的时候，能不能把我说的这几点原原本本地给皇上说一下，我够不着，嘴短，你的嘴够得着，你替我把这个话传达一下。这滕公一听，心里就明白了，朱家家里一定藏有季布，不然的话朱家不会从山东大老远地跑到洛阳来。于是滕公满口答应，朱家这才放心地走了。刚好过了不久，就有一个合适的机会，滕公就把朱家讲的四点原原本本地全部告诉了刘邦。刘邦一听打了个激灵，思索一阵后，便下令赦免季布，不再追杀。然后亲自召见季布，封季布为郎中。后来季布一直做到中郎将，成了西汉职位很高的一个将军。刘邦这样做的根本原因就在于，朱家所讲的这四点，表面上看都是为季布开脱，但是骨子里都是为刘邦着想，只不过他话说得非常艺术、巧妙而已。

其实，刘邦对于季布，内心并不是不记恨，只是他此时已贵为天子，对此必须谨慎，以免天下之人笑他心胸狭窄。又一想，自己刚刚取得政权，正需要季布这样的忠臣来辅佐，于是就不再记仇，不但放了他，还封他为郎中。

然而，丁公就不同了。在彭城大战之中，刘邦的车上只拉着两个人（一个是他的儿子，一个是他的女儿）在前面拼命地跑，丁公在后面使劲地追，最后在萧县境内被追上。刘邦眼看着逃不脱了，只得说了一句近乎求饶的话——两个好汉非要这样互相不放过吗？丁公听了这句话，再看看刘邦一脸的可怜相，心想，也是啊，心一软便放了刘邦一马。就这样，刘邦的儿子、后来的汉惠帝刘盈和他的女儿鲁元公主三人才各自捡得一条小命，落荒而逃。公元前 202 年，经过垓下之战，项羽乌江自刎，其手下的将领都由地上转入地下，只有丁公不识时务，挺着胸脯跑到洛阳，大摇大摆地去找刘邦。丁公为什么敢去找刘邦？就是因为他救过刘邦一家三口人的命，心想，我怎么也是你们家的大恩人啊，项羽死了你无论如何也得给我个官做做吧。然而等到见到刘邦，却是令他大失所望！刘邦根本就不认他的账，当场指着丁公的鼻子说："你丁公为项王臣，不忠，使项王失天下者，就是你丁公！"遂下令把丁固给杀了。刘邦还不罢休，郑重地告诫后人："使后世为人臣者，无效丁公！"意思是每个做臣子的都要忠于自己的主人，不能学习丁公做二臣。

丁公跟季布两个人，一个是亲舅舅，一个是亲外甥，一个是刘邦的仇人，一个是刘邦的恩人。仇人还下了必杀令，最后却被赦免了，恩人没有下必杀令，结果反而被杀了，所以他们两个的人生对比太鲜明了。其实，这也不难理解，历史上但凡开国的帝王，大多数都有一种担心伤疤被揭的心理。对于自己过去的不光彩记录，总要千方百计地抹掉，知道这些事情的人，往往都会被以各种奇怪的名义杀掉。

善良的人们对丁固还是抱有同情之心的，尽管有失小节，仍不失为一个英雄。感念丁固义释刘邦，使其成就了帝业，萧人把"丁公追高祖处"的小山尊称为"丁公山"。关于丁公山的来历，《太平寰宇记》亦有相应记述："楚汉相攻，高祖败，薛人丁固追之，即此也，号曰丁公山。"唐人李吉甫所撰《元和郡县图志》更有确切记载："丁公山，在（萧）县东南二十里，丁公追高祖处。"

随着岁月的流逝，以后丁公山被人们简称为丁山。迨至清朝时，萧县划分八乡三十六里（里为古代县以下的基层行政区划单位），山下的村庄便以山名，谓之丁里。同治八年

(1869 年)，地方乡绅为防捻军，各自筑寨，故又将丁里名为丁里寨。当时，人们多聚居于寨南门，因而又称小南门。

由于丁里在历史上与刘邦、项羽和丁固的特殊关系，再加上《史记》的记载，其村名广为人知，以至于后来成为一个较为典型的片村，后来将附近的马井、石婆婆、老庄等八个自然村统称为丁里。丁里建镇以后，治所虽然移至郭庄，但仍被命名为丁里镇，可见人文历史对地名的影响之深。

相山庙村

相山庙是 4000 多年前的古村落，据传是殷商部落首领、商汤的十一世祖相土所建之城，名相城，简称“相”。这里是相土向东扩张地盘时的据点，亦作为附都。因相城内建相山老爷庙，后简称“相山庙”至今。相山庙位于萧城西南 25 公里处，现为萧县祖楼镇下辖的村，下含 9 个自然村，全村共有 17 个姓氏，有 5000 多人口。

该村内现存历史遗址遗迹 20 多处。有相山庙遗址、洪減河堤遗址、古相邑遗址、护城河堤遗址、古相城碑刻、沛国堂朱氏祠堂、沛国堂朱氏祖碑亭、古墓汉墓群、古井、古树、古碾盘等，现为全国第三次文物普查定点保护单位。

村名由来

“相山庙”一词属于汉语政区地名，其标准读音为 Xiāngshānmiào，它所指代的是自然村，位于安徽省宿州市西北部、萧县西南部，地处东经 116°42′，北纬 34°01′，东距萧县城 25 公里。相山庙村现为平原上的农村，以农业为主，种植小麦、山芋、大豆、玉米、芝麻等。旧传相山庙村的村名起源于商部落首领相土所建的相城。商部落原为游牧民族，迁徙定居平原商丘后，很快强盛起来，商王相土欲扩大地盘，便向东部扩张，到达并占领萧地一个弱小聚落后，定居这里，大兴土木建城，作为据点及附都。因为该城是商王相土所建，故称“相城”，简称“相”。后来相城南边的山得名“相山”。《安徽省萧县地名录》记载，一年发大水，顺相城西边的洪減河从上游西北方冲来一个木雕神像，人们认为这是吉祥的兆头，便把它捞出来，为它专门建了一座庙，把它作为相山老爷供奉，香火旺盛。久而久之，人们就称这里为“相山老爷庙”，简称“相山庙”，一直延续至今。前些年有人把它误写为“湘山庙”，以讹传讹，以作更正。

政区沿革

远古属东夷族淮夷部落。相传殷商部落首领相土攻占此处并建城，属殷商部落。周武王伐纣灭商，以纣王庶兄微子启代殷，立国号宋，相城属宋。战国时，公元前 268 年宋国被齐、楚、魏所灭，相城属楚。

秦朝采取郡县制。泗水郡郡治、相县县治均设在相城。相城隶属泗水郡、相县。泗水郡管辖范围为山东南部、江苏苏北西半部、安徽淮河以北、河南西肥河以东地区的16个县，诸如城父、铚、蕲、符离、竹邑、取虑、萧、相、沛、彭城、下邳、下相等县。汉高帝四年（前203年）改泗水郡为沛郡。相城属沛郡相县，并为沛郡郡治、相县县治。王莽新朝，将沛郡改为吾符郡，相县改为容符亭，吾符郡治在相城。东汉刘秀推翻新朝，恢复汉室，吾符郡复为沛郡，吾行亭复为相县，隶属豫州。建武二十年（44年）六月，光武帝刘秀封他与郭皇后所生之子刘辅于沛，改沛郡为沛国，都城在相城。三国时曹操划沛国、相县大部分土地建谯郡，相城隶属谯郡。晋武帝司马炎于265年取代曹魏政权建立西晋，泰始元年（265年）十二月，封司马景为沛国沛王，属豫州。沛国又获得了原谯郡及下邳郡的部分地区，因范围扩大，沛国都城又迁回相城。东晋，沛郡治由相城徙于萧县黄杨城（今萧县北城集），相城属沛郡。

北魏天赐二年（405年），相县入北魏。义熙北伐，相县复入东晋。南朝时，相县城归刘宋，属徐州沛郡，沛郡治仍设在萧县黄杨城。南朝齐（479年），萧县萧姓后裔萧道成称帝，建国号“齐”，为齐高帝，沛郡郡治设在萧县黄杨城，相县、萧县等隶属沛郡。南朝梁（502年），萧县萧姓后裔萧衍称帝，建国号“梁”，为梁武帝。延设沛郡，郡治在萧县黄杨城，萧县、相县等属沛郡。北齐高洋代东魏称帝，天保七年（556年）废除相县，相县南部划归符离县，北部包括相城并入徐州彭城郡承高县（县治改驻萧县龙城）。从此相城再也没有县治以上的建制，隶属彭城郡承高县（今萧县）。后承高县复名萧县。南朝陈（557年）陈霸先称帝，建国号陈，为陈武帝。废除沛郡，改设彭城郡，郡治设在徐州，萧县、相城均隶属彭城郡。从此沛郡的建制也被撤销了。

沛郡、相县被撤销后，相城沦为一般村落。因相山庙香火旺盛，方圆百里虔诚的信徒求神纳福，络绎不绝，这里的地名就以相山庙代替了古相城，直至现在，这个村落依然叫相山庙村。隋、唐、宋、元、明、清相山庙村一直隶属萧县。

历史事件

相王造乘马　相王是契之孙，殷人先公之一。上古之初，人们尚不知驾马拉车驮物，牧马则是用群放散养之法。相传相土用槽喂、圈养之法饲养马匹，将马驯服，再加训练，于是马能拉车驮物，成为重要运输工具之一。可见，相土时，商族已经从逐水草而迁徙的游牧生活，进入定居备牧和农业种植时代。相土用武力向东方发展势力，达于黄海之滨和附近海岛。

商王相土建相城　殷商部落首领相土是个大有作为的人，为了扩大地盘，扩张势力，他亲自率领队伍向东方进军。所到之处，弱小部落相继被征服，当他来到前地时，意识到所占领的地盘应该巩固，于是停军休整，大兴土木建立城堡，设立据点，作为附都，以便于对周围的统治。相土建城，故称相城，简称“相”。

宋共公迁都　公元前 11 世纪，周武王灭商，建立周朝。周成王时，代王摄政的周公旦把旧都商丘周围的地区分封给了商纣王的庶兄微子启，爵为公，国号宋，子姓。宋国拥有今河南东部和山东、江苏、安徽各一小部分地区，相城即是属于宋国的一个较大的聚落。

公元前 589 年 9 月，宋文公病逝，由公子固（或作瑕）继位，是为宋共公。此时遇大水，都城受威胁。相城地势较高，同时人群聚落大，环境好，又靠河，便于出行，于是决定迁都于此。南朝陈顾野王撰《舆地志》云：“宋共公自睢阳徙相子城，又还睢阳。”睢阳在商丘南，宋国都城，相子城即相城。北魏郦道元的《水经注》也说：“睢水又东经相县故城南，宋恭（共）公患严重，为避水灾宋迁都相城，之所都也。”

绥舆里

绥舆里是南朝刘宋皇帝刘裕的故里，位于安徽省萧县东南 11 公里处，闸河从村前蜿蜒绕流，东倚绥舆山，北接马楼自然村，南临冯瓦房、杏园和朱陈村，现属白土镇马楼村。绥舆里现有村民 71 户，全村 7 个姓氏，总人口在 500 人以上。

该村南侧有安徽省文物保护单位萧窑遗址、夏村新石器遗址，有朱圩子立体交通枢纽；东南侧有国家 4A 级旅游风景区皇藏峪，有安徽省文物保护单位花甲寺遗址；东侧有苏轼首次发现的石炭遗址，有苏轼祈雪雾猪泉遗址，有欧盘隋唐时期瓷窑遗址。

村名由来

绥舆里村名属于汉语地名。其标准拼音为 Suíyúlǐ，它所指代的是自然村。地处东经 116°9′45″，北纬 34°185′34″。绥舆里的农业以粮为主，有小麦、山芋、大豆、芝麻、玉米等。

绥舆里起源于魏晋，成名于刘裕。据南朝梁沈约《宋书 · 刘延孙传》记载：“刘氏居彭城县者，又分为三里，帝室居绥舆里，左将军刘怀肃居安上里，豫州刺史刘怀武居丛亭里，及吕县凡四刘。虽同出楚元王，由来不序昭穆。”（吕县，西汉置，属楚国。治所在今江苏徐州铜山区东南吕梁集。东汉属彭城国。南朝宋属彭城郡。隋废。）另据《金史》记载：“萧有绥舆山、丁公山、古汴渠。镇二。”又据《元和郡县图志》：“绥舆山，在县东二十五里。宋高祖绥舆里人，盖因里以名山也。”《太平寰宇记》记载与《元和郡县图志》稍异：“绥舆山，在县东三十五里，宋高祖绥舆里人，盖因山为里名也。”《读史方舆纪要》亦云：“绥舆山，在今县东北二十里。刘裕为绥舆里人，里盖因山以名也。”《刘氏族谱》上亦记载，“彭城绥舆里，今里在萧境”。《旧唐书 · 刘子元传》更有端倪可循："宋氏帝族居绥舆里，今萧县绥舆山，即其地。"

政区沿革

远古时期，该村属东夷族淮夷萧部落。春秋时隶属萧国（附庸于宋）。秦朝时隶属泗水郡萧县。西汉，汉王元年（前206年），隶属项羽西楚国泗水郡萧县。高祖五年（前202年），改属韩信楚国泗水郡萧县。高祖六年（前201年），改泗水郡为沛郡，该村隶属沛郡萧县。公元9年王莽篡政，改沛郡为吾符郡，该村隶属吾符郡萧县。东汉改吾符郡为沛国，该村隶属沛国萧县。三国，封曹熊为萧公。太和二年（229年），改萧公国为萧王国，该村隶属萧王国。西晋咸熙二年（265年），撤销萧国置萧县，该村隶属萧县。东晋，侨置沛郡辖萧县，该村隶属萧县。南北朝，该村隶属沛郡萧县。其中，东魏武定六年（548年）设置睢南郡，辖斛城、新丰二县。该村一度隶属新丰县。

隋开皇三年（583年）新丰县并入符离，绥舆里隶属之。后改萧县为承高县，该村隶属承高县。唐朝，改设萧县（治萧故城）并划归徐州，该村隶属徐州萧县。宋朝，设京东西路徐州武宁军，该村隶属徐州武宁军萧县。元朝，该村隶属归德府萧县。明朝，该村隶属徐州萧县都仁乡。清朝光绪初年（1875年），该村隶属徐州萧县都仁乡。1931年，该村隶属徐州萧县第九区。1945年，隶属徐州萧铜县。1949年，该村隶属徐州萧县曹村区白土乡。1950年9月，该村隶属徐州萧县皇藏区白土乡。1955年，萧县划归安徽，该村隶属安徽省萧县皇藏区。1958年9月，撤销区建制，成立皇藏公社，该村隶属萧县皇藏公社。1962年元月，重设皇藏区，该村隶属白土公社。1970年，白土、皇藏、庄里3个公社合并为白土大公社，该村隶属白土公社。1980年，设立皇藏区，辖赵楼、白土、庄里、官桥、孤山、高庄6个公社，该村隶属白土公社。1984年，撤销区、公社建制，改设白土镇，该村隶属白土镇，一直沿用至今。

历史文化

历史渊源　绥舆里历史悠久，因闸河、倒流河从村头穿过，早在6400多年前，这里就有原始先民繁衍生息。遗址和出土文物证明，这里曾是原始部落首领和大祭司的居住地。花甲寺遗址位于绥舆里东南8公里的花甲寺自然村东侧，遗址原为一个大土台，长360米，宽300米。这个部落当年曾在此建古陶窑，后又在其上建了庙宇，庙宇早已坍塌。

民国21年（1932年），萧县县长王公玙得悉绥舆山坡有一皇墓，据传葬的是刘裕的养母，当地百姓称作"皇母"，墓内殉葬着不少珍贵宝物。为解决财政经费的不足，遂派宪兵队前往掘墓。掘至10多米深时才露出了墓门，系一石门，门扇高约1.2米，宽约70厘米，上端雕有二龙戏珠的图案，下端镂繁写的"寿"字（此墓门现深埋于杏园村内）。打开墓门，继续挖掘，见有石椁一口，内棺和尸体均已化作灰土，棺内存有稀世宝珠12颗，金镯1对，闪闪发光，同时还掘出陶瓷器数十件，大都完整无缺。另外还掘出珍贵玉马件，高约50厘米，长约1米，均系皇室珍品。令人遗憾的是，在挖掘玉马的过程中，由于宪兵队的人员不专业，不慎将玉马的一条腿碰断，甚是可惜。除此之外，还挖掘有银铃铛，拳头大小，摇之清脆悦耳，随风可传三四里。时隔半个多世纪，这些珍品已不知去向。

1960年12月，安徽省博物馆专家来萧县考古调查，发现绥舆山南花甲寺地表有大量陶片，并采集到穿孔石斧一件，摸清了该遗址的文化属性，于是进行试掘。从发掘探沟的断层看，第一层为黄土层，被扰乱，土质坚硬；第二层为灰土层，土质松软，出土器物呈龙山文化特征；第三层分上下两部分，上部分为一层灰白色木质灰烬，灰烬中含有大量木质黑炭粒，出土器物呈大汶口文化特征，下部分为一层坚硬的红烧土。整个文化层深约5米，有明显的文化层叠压关系。

这次发掘出土有石器、陶器、骨角器等。尤其是陶器制品，陶胎均匀规整，纹饰有绳纹、弦纹、指甲纹、篦齿纹、斜线纹、聚点纹等。这不仅说明陶器已应用到先民生活的各个领域，同时也说明花甲寺的先民已有了对美的艺术追求。

中国社会科学院考古研究所所长吴加安带领相关专家，通过对花甲寺新石器时代遗址考察后，在论文中指出：“白土镇花甲寺遗址，是皖北地区最早经过发掘的大汶口文化遗存。第一次提供了大汶口文化分布可能进入皖北的资料，同时也提供了该文化遗存早于当地龙山文化的地层依据。”大汶口文化的界定年代：距今6500年至4300年（截止年代各地不同）。花甲寺能为中国古代考古提供“皖北史前考古文化发展相对关系在地层上的依据”，这是萧县对中国考古的重大贡献。2015年5月，安徽省301公路萧县段拓宽工程路段在进行文物普查时，在绥舆里稍南的欧盘村路基下发现古瓷窑遗址。为做好工程沿线的文物保护工作，安徽省文物考古研究所联合萧县博物馆对欧盘窑址进行了抢救性考古发掘。经发掘清理出窑址2座、房址类遗迹6座和灰坑9座，出土了4000多件文物，其中以瓷器为最多，另有少量陶器和钱币。瓷器类主要有碗、高足杯、四系罐和瓷盆等，年代以唐代为主，另有部分典型的隋代瓷器。这次考古发掘，使埋藏近1500年的瓷器重见天日，使萧窑的历史由唐向隋推进了一个朝代。

文物古迹 绥舆里周围文物古迹众多，风景名胜遍布。

（一）绥舆里南侧的白土窑，是唐、宋时期瓷窑遗址。唐代有窑30余座，北宋元丰元年，苏轼在白土镇发现石炭，解决了烧窑的燃料难题，于是瓷窑迅速发展到72座，分布于白土、夏村东岗子、欧盘等村庄。（二）绥舆里东南侧的花甲寺、夏村西岗子两个新石器时代遗址，出土了很多文物。（三）绥舆里东南侧的国家4A级风景区皇藏峪森林公园和天门寺，为省级自然保护区。（四）绥舆里南临朱陈村，唐代白居易曾游此村，写下340字的长诗《朱陈村》。（五）北宋徐州知州苏轼曾来绥舆里相邻的朱陈村和杏花村劝农，后来曾题诗二首，并在“我是朱陈旧使君”句后自注：“朱陈村在徐州萧县。”（六）绥舆里之东有苏轼首次发现的石炭遗址和苏轼祈雪雾猪泉遗址。（七）绥舆里之南相邻的欧盘村，有隋唐时期瓷窑遗址2座。（八）绥舆山西坡，有南朝宋开国皇帝刘裕故里绥舆里和其婶母的墓。（九）绥舆里稍北有马楼汉墓群，发现有大量的条石和汉砖。

出土文物　绥舆里周围出土文物众多，按历史时期可以分为三类：（一）新石器时代代表性器物。石器：石斧、石凿、石锛、石刀等；玉器：玉琮、玉刀、玉璧、玉锥形器等；陶器：陶鼎、陶豆、陶鬲、陶罐等；骨角器：骨锥、骨针、蚌镰、蚌刀、蚌镞等。（二）汉代的代表性器物。青铜器：青铜镜、青铜釜、青铜奁、青铜剑等；陶器：陶鼎、陶罐、陶灶、陶仓、陶猪圈等；画像石：高浮雕、浅浮雕、阴线刻等。（三）隋、唐、宋、元时期的瓷器、建筑构件、生活用具、神龛佛像、儿童玩具等。

程蒋山村

程蒋山村，位于萧县西南部17.5公里，隶属于孙圩子乡。村前萧濉新河南北横卧，程蒋山大桥直贯东西，是萧县西南部的重要锁钥。北接瓦子口、王桃园，因大河前横，两山耸峙（南有横山，北有瓦岗山，两山相距不到1.5公里），自古以来是出入县城的重要关卡。东倚横山，与淮北市杜集区刘窑村（著名雕塑家刘开渠故里）隔山相望。南邻破阁、孙圩子，与淮北市近在咫尺。朔里（隶属淮北市）至徐双楼（隶属萧县孙圩子乡）的县级公路穿境而过，连霍高速在村北蜿蜒。萧濉新河水运发达。该村依山傍水，水陆交通方便，自古就为兵家必争之地。

境内大部分为平原地带，小部分为丘陵，地势为东高西低。发源于萧县境内的萧濉新河流经孙圩子乡至淮北市濉溪县，全长9.1公里。截至2013年底，全村有耕地781亩，223户，共1015人。该村有东汉时期的蒋横、蒋稔父子墓葬，距今已有1900多年的历史。

村名由来

“程蒋山”一词属于汉语政区地名，其标准读音为Chéngjiǎngshān，它所指代的是自然村，位于安徽省宿州市萧县孙圩子乡。地处东经116°31′，北纬34°56′，北距丁里镇瓦子口村1.5公里；西距蒋庄2公里；南距孙圩子乡政府所在地1.5公里，距淮北市9公里；东距萧县人民政府所在地龙城镇17.5公里。

在东汉之前，程蒋山原名程山。据《安徽省萧县地名录》记载：“此村靠山。相传早年此地有程、蒋二姓，程姓占山为王；蒋姓九子中有八子封侯，故名。”另据《汉书》和

《蒋氏宗谱》记述：蒋姓第47世蒋横，字承先，佐刘秀讨赤眉有功，拜大将军、太尉，封浚遒侯。后遭司隶校尉羌路之谗，刘秀将蒋横诛杀。为了免遭灭族，蒋横九子除了老七蒋稔为父守灵外，其余八子全部逃往江南。蒋横蒙冤被杀后，一时间朝野不平，京城民谣四起："君用谗慝，忠烈是殛（jí）。鬼怨神怒，妖氛充塞。"刘秀闻听之后，下旨清查蒋横案，最终冤情大白于天下，蒋横得到平反昭雪，羌路则被处斩。为了安抚人心，刘秀以王侯之礼迁葬蒋横于沛国萧县瓦岗山南的程山村，赐墓号为"显忠"，并将蒋横的九个儿子就地封侯。

人们出于对忠臣的敬仰和爱戴，遂将程山村改为程蒋山村，蒋横墓之东的山被称为横山。

政区沿革

远古时期属东夷族淮夷萧部落。春秋时隶属萧国（附庸于宋）。秦朝时隶属泗水郡萧县。西汉，汉王元年（前206年），隶属项羽西楚国泗水郡萧县。高祖五年（前202年），改属韩信楚国泗水郡萧县。高祖六年（前201年），改泗水郡为沛郡，该村隶属沛郡萧县。公元9年，王莽篡政，改沛郡为吾符郡，该村隶属吾符郡萧县。东汉改吾符郡为沛国，该村隶属沛国萧县。三国，封曹熊为萧公。太和二年（228年）改萧公国为萧王国，该村隶属萧王国。西晋咸熙二年（265年），撤销萧国置萧县，该村隶属萧县。东晋，侨置沛郡辖萧县，该村隶属萧县。南北朝，该村隶属沛郡萧县。

隋朝，改萧县为承高县，该村隶属承高县。唐朝，改设萧县（治萧故城）并划归徐州，该村隶属徐州萧县。宋朝，设京东西路徐州武宁军，该村隶属徐州武宁军萧县。元朝，该村隶属归德府萧县。明朝，该村隶属徐州萧县仁智乡。清朝光绪初年（1875年），该村隶属徐州萧县仁智乡。1931年，该村隶属徐州萧县第三区王桃园乡。1945年，隶属徐州萧铜县第三区王桃园乡。1949年，该村隶属徐州萧县王寨区。1950年9月，该村隶属徐州萧县祖楼区。1955年，萧县划归安徽，该村重属安徽省萧县王寨区。1958年9月，撤销区建制，成立王寨公社，该村为其所辖。1962年元月，隶属于王寨区徐双楼公社。1970年，隶属于丁楼公社。1980年，隶属于王寨区丁楼公社。1985年，隶属于祖楼区徐双楼乡。1992年至今，隶属于孙圩子乡。

历史古迹

蒋横、蒋稔父子墓葬　东汉大将蒋横随光武帝刘秀南征北战，功勋卓著，被封为浚遒侯，又封九江侯，官拜大将军。不久刘秀因听信奸臣羌路谗言，将蒋横杀害。为了免遭灭族，蒋横九子除了七子蒋稔为父守灵外，其余八子全部逃往江南。刘秀后来醒悟，下旨清查蒋横案，最终冤情大白于天下，蒋横得到平反昭雪，羌路则被处斩。为了安抚人心，刘秀以王侯之礼，将窀穸于北中山的蒋横，迁葬于沛国萧县瓦岗山南，即现在的

程蒋山村，并钦赐号曰“显忠”。七子蒋稔袭父九江侯在此守灵，后又封平河侯，及至终老，亦葬于此。

瓦关对峙　瓦桥关（今瓦子口）南距程蒋山三里，南北两山（即横山、瓦岗山）对峙，天然屏障，俨如门户。淇水流其下，北山有古庙，庙前大石十丈余壁立，旁有方孔二十四，上有圆孔一。相传为柳展雄树帜守隘处，及至宋时亦以此置关。

王彦章摆渡瓦子口遗址　瓦子口，古称瓦渡口、瓦桥关，南有横山，北有瓦岗山，早年曾是徐州通往河南省的咽喉要地，是萧县县城西南的重要关隘，历代县衙均在此设卡驻军把守。相传隋末翟让领导的农民起义军（瓦岗军）曾涉水来萧，在此武装抗击隋朝军队。五代名将王彦章曾在此渡口摆渡，留下摆渡（铁篙眼）遗迹。后在渡口建桥一座，遂改村名为瓦桥口，日久讹传为瓦子口。

历史事件

孙圩子痛歼日寇　1938年5月15日，日军侵占了孙圩子。孙圩子距程蒋山仅有1.5公里，是一个较大的村庄，东西南北都有二三里长，周围有高高的城垣，那是民国初年地方闹土匪时修的。村子里的村民密集，最盛时期有数百户人家，还有一些商店和饭馆，分布在东西门的一条长街上。日军的一个联队指挥部就设在这个村子里。此时，适值国民党原西北军刘汝明的部队驻在附近，乘日军白天行军过度疲劳，立足未稳，夜间遂向敌人发起了袭击。战斗开始，西北军挥动大刀从西门杀入，接着就是巷战，一直把日军逼到东门外的徐家祠堂，激烈的战斗进行了一夜又一天。从西门到东门，处处是弹痕，子弹壳和手榴弹的木柄碎片散布遍地，地面上留下斑斑血迹，日军死伤不下数十人。

后据日军随军记者小野苇萍记述，日军入侵孙圩子的联队从杭州湾登陆，一路进占杭州、南京、临淮关，然后又进占濉溪，以便迂回到徐州的西南进攻萧县，以拊徐州的侧背，这是他们当时的意图。5月14日夜，他们来到濉溪，疲惫不堪，把濉溪一些酒店里的酒抢来洗脚，以解行军之疲劳。5月15日，从濉溪出发，沿着渠沟、黄里向程蒋山、瓦子口线北进。联队当晚驻在瓦子口西南5里的孙圩子，谁知当晚就遭到了袭击，伤亡惨重，随后被压迫到东门外的徐家祠堂里死守，一直等到16日下午飞来一架飞机，扔下来一个通信筒，才知道前方也受到阻击，无兵来援，日军士兵感到绝望。后来，随着萧城的失陷，这些日军才算解了围。

罗里击毙日军大尉松井谷治　程蒋山与罗里只一山之隔，山西为横山，山东就是罗里山。1939年10月14日，濉溪的日伪军100多人，沿清汪山东侧向北“扫荡”。敌人的队形是：前锋是伪军，约30人，中间为伪步兵多人，后边是日军步骑兵50多人。萧县常备总队驻扎瓦子口、程蒋山、刘密的三营进行伏击。指战员迅速进入阵地待命。二营各连获得情报后也分头出动，驻河头的一连向南而来，驻刘楼的二连向西南挺进，执行任务回来驻在坡里的警卫连也跟着上来，扼守程蒋山。保卫县政府的二营三连二排也从山上下来。北犯的日伪军，上午 9 时进入二营三连二排的防卫阵地，该排共三个班，50 多人，有一挺捷克式机枪，首先对敌人发起进攻。敌人遭到猛烈的射击，没有还击，仍继续前进，他们是想从瓦子口包抄过去。当敌人前进到刘窑附近，三连的一、三排和从河头南来的一连予以迎头痛击；从刘楼来的二连原打算翻过山到总部待命，连长谢长恒听到枪声，即把全连布防在老岱河的河堤上，占据了有利的地形，立即投入战斗。敌人受到三面夹击，狼狈而逃。

二营三连二排居高临下，毙伤敌人 10 余人。有两名日本兵一名伪兵，逃到罗里村东一个小洼坑内，被我军团团围住。他们以小树林和坟头为掩护，边射击边喊话，敌人拒不投降。二连长谢长恒、三连二排六班长胡传林、一连战士王启昌，用手榴弹往坑内扔。随着爆炸的烟尘冲上去，坑内抛下三具尸体。谢连长与胡传林各缴获三八式步枪一支，还有军用地图、指挥刀、望远镜等战利品。三具尸体中有大尉松井谷治，他是这股日军的头目。此外还缴获战马一匹。

吴丛村

吴丛村位于萧县西南部，王寨镇北部辖村，北部、西部与本县赵庄镇吴蒋庄村、张老庄村接壤，东部与杜楼镇马阁村相连，南部分别与本镇王集村、郝洼村和戴柿园村毗邻。311 国道穿境而过。距县城 20 公里。全村辖吴丛、老王庄、薛庄、尹屯、孙庵子 4 个自然村，13 个村民小组，耕地面积 4121 亩，人口 4345 人。村中有逢双日古集市和千年古寺广济寺，有原县棉麻公司吴丛轧花厂，原有粮站、供销合作社、食品站等，已拍卖或承包。

该村汉代为扶阳县治、韦贤韦玄成父子和韩歆扶阳侯国。“以境内诸水像人手有所扶，县、邑位水北而名”（《安徽省志 · 建置沿革志》）。

村名由来

吴丛村村名由古“吴家丛林砦”简化而来。汉代为扶阳县治、韦氏和韩歆扶阳侯国；东汉县撤国除。南北朝时期为刘宋豫州刺史刘怀肃所居之“丛亭里”（彭城刘氏三里之一）。后为吴家丛林砦，简称吴丛。

政区沿革

《安徽省志 · 建置沿革志》：“扶阳侯国以境内诸水像人手有所扶，县、邑位水北而名。据《汉书 · 外戚恩泽表》说为本始三年（前 71 年）六月甲辰，宣帝封丞相韦贤为扶阳侯。历四世，王莽时绝，国除为县，改名合治，后汉撤销，存在期间属沛郡。考其遗址，位于今萧县与淮北市交界处的岱河东岸，即《太平寰宇记》所说在萧县西南 32.5

公里。宋《路史·国名记》："扶阳在沛之萧，宣帝封。"宋郑樵《通志》："扶阳，今隶萧县。"《太平寰宇记》："扶阳城在萧县西南六十五里。"《安徽历代政区治地通释》："扶阳县，西汉置，侯国。王莽改曰合治，故址在今萧县西南 65 里。"扶阳古城即今吴丛村所在处。清代，吴丛属萧县红亭乡，民国时属三区吴丛乡，新中国成立后属王寨区吴丛乡，后成立吴丛初高级合作社和吴丛人民公社，1984 年撤社设乡属吴丛乡，1992 年撤区并乡属王寨镇至今。

文化遗存

历史上，由于吴丛村地处多条河流交错流经地带，古汴水、古获水、古淇水及黄河夺汴的多次水灾使古城多次被淹没地下，现仅存古寺广济寺一座，寺院内有古井一眼。原大雄宝殿前一架铸有许多文字的巨型古钟，于战争年代不知去向。由于水淹和历代战争破坏，广济寺古碑几乎荡然无存，故不知该寺建于何时。但据说，至少在唐代时已有该寺。汉代作为县治和侯国，以及后来的巨族刘氏丛亭里，可能已有家庙或寺观。后来称为"武家丛林""吴家丛林寨"，显然这里已经是远近闻名的大型寺庙（"丛林"一般是众僧聚居之寺庙所在，以"丛林"名村落者，必定是大型寺庙）。新中国成立前夕，该寺大和尚善一才由此寺转至皇藏峪瑞云寺。该寺原占地几十亩，僧众最多时达数十位，几个寄庄子，庙产土地至今属淮北市杜集区的杜集村七顷、吴丛四顷。每年夏秋收获季节，送缴粮食的大车（四轮太平车）数十辆，排成长达一里把路的车队。寺内有大型粮仓，庙产收入除维持僧众生活及维修庙宇外，每年庙会期间都向穷人和各地来寺庙拜佛的善男信女施粥。

红庙村

萧县杜楼镇红庙村，是一个具有 2500 多年历史的古村，是西汉早期红侯国的故址，位于安徽省萧县城西 13 公里。全村 2500 人。大沙河从村东流过，311 国道和 022 县道在村中交会，是从县城前往西部七个乡镇和永城市、砀山县的必经之地。村内有集市、供销社、小学、幼儿园、敬老院、110 千伏变电所、粮站、医疗室。张氏烧伤医疗专科，享誉苏鲁豫皖边区。

古村红庙曾以"七井、八庙、十二坑"著称于世，今尚存部分遗址。

村名由来

"红庙"一词属汉语地名，其标准读音为 Hóngmiào，它所指代的是自然村（地名实体）。位于安徽省宿州市西北部，萧县城中部，地处东经 116°85′，北纬 34°19′。粮食作物以小麦、玉米为主，水果以桃为主，并种上大棚蔬菜。

红庙村是春秋时代萧国之乡邑，称“红”，秦朝及西汉早期称“红亭”“红亭里”，为西汉时红侯国故址。《左传》《史记》以及《中国古今地名大辞典》等重要典籍都曾提及“红”“红亭”“红亭里”的名字。此地有“七井、八庙、十二坑”留传于世。后人取“红侯国”之“红”字和“八庙”中的“庙”字，合称为“红庙村”。萧县人民政府在此立“红侯国城”碑。

政区沿革

远古时期属东夷族淮夷、萧部落。春秋时期属萧国（附属于宋）。秦时隶属萧县。西汉汉王元年（前206年），隶属项羽西楚国泗水郡萧县；高祖五年（前202年），改属韩信楚国泗水郡萧县；高祖六年（前201年），改泗水郡为沛郡，该村隶属沛郡萧县；公元9年王莽篡政，改沛郡为吾符郡，该村隶属吾符郡萧县。东汉改吾符郡为沛国，该村隶属沛国萧县。三国时，封曹熊为萧公，太和三年（229年），改萧公国为萧王国，该村隶属萧国。西晋咸熙二年（265年），撤销萧国置萧县，该村隶属萧县。东晋置沛郡辖萧县，该村隶属萧县。南北朝，该村隶属萧县。隋朝，改萧县为承高县，该村隶属承高县。唐朝，改称萧县（治萧故城），并划归徐州，该村隶属徐州萧县。宋朝，设京东西路徐州武宁军，该村隶属徐州武宁军萧县。元朝，该村隶属归德府萧县。明代，该村隶属徐州萧县红亭乡。清光绪初年（1875年），该村隶属徐州萧县仁寿乡，为红庙寨。民国时期，该村隶属徐州萧县陶楼区（六区）。

1950年9月，该村隶属徐州萧县。1955年萧县划归安徽省，该村隶属安徽省萧县赵庄区。1958年9月，撤销区建制，成立人民公社，该村隶属萧县赵庄公社。1980年全县设九个区，该村隶属赵庄区红庙公社，1985年该村属萧县赵庄区红庙乡。1992年，该村隶属萧县杜楼镇至今。

古迹文物

七井　红庙村原有井七眼，可见当年之繁华程度。由于20世纪手压井的普及，七井大都已填平，不复存在。

八庙　八庙从另一个侧面体现了红侯国统治者往日的辉煌。红侯国绵延四代，子孙多有封侯受爵之人，家庙必不可少。其建筑形制虽然比不上太庙，有等级上的差异，但大都气派雄伟，屋宇高敞，装饰豪华，成为地方最为显赫的地标性建筑。现在八庙虽不存在，但60岁以上的老人都能指出庙的遗址。

十二坑　水塘在当地曰坑。一个钟鸣鼎食的阀阅之家、簪缨之族，每日迎来送往、车水马龙，再加上浣衣漂纱、浇园灌田、防火排积、人畜生活、点缀环境，便在村里有规划地开挖12面水坑，现在红庙小学以西，沿公路两沿，还有水坑四五个，村后尚有两三个，只是面积比原来小了很多。

寺庙　佛教是西汉末年从印度经中亚传入的，东汉明帝永平十年（67年），在洛阳修建白马寺，这是中国正式建寺院、造佛像、译佛经的开始，很快波及徐州萧县。东汉明帝年间，红懿侯刘富的后人刘俊已是阳城侯的传人，一心皈依佛门，做行善积德之事，向皇帝申请出家为僧，得到批准，成为皇帝批准的出身地位高的中国第一代僧人。刘俊出家后，红庙也建起寺院。

积善禅寺　该寺将儒释道融为一体，寺院建筑多参照印度模式，以塔为中心，四周建有殿堂。一时间，佛风浩荡，寺内香火逐渐兴盛。后因寺内管理不善，遭遇大火，焚烧殆尽。北宋仁宗景祐三年（1058年）重修后改名为积善寺，至清同治末年坍塌。

九圣禅寺　积善禅寺建成后，信众不断增多，一座寺院已难以满足教徒的需求，又建起了九圣禅寺。九圣禅寺的规模略大于积善禅寺，寺内计有三阶院落，分别供奉着释迦牟尼、观音菩萨、文殊菩萨、普贤菩萨、地藏菩萨以及四大天王、十八罗汉等。西晋惠帝元康九年（299年），因火烛引发大火，被焚为灰烬。两年后即西晋惠帝太安二年（303年）重建，限于当时的财力，规模比以前略小，寺名也改为“九圣寺”。以后九圣寺又经几毁几修，规模有大有小，直至清嘉庆年间尚存，至同治末年该寺再次损毁，以后再无人续修，致使延续1800多年的寺院最终倾圮湮没。

鞭打芦花车牛返村

“鞭打芦花车牛返村”简称车牛返村，是2500多年的古村，系全国最长的村庄地名，中国孝文化教育基地，有“中国最美地名”之誉。位于安徽省萧县西南约10公里处，五洞山的南麓，隶属杜楼镇孟窑村。全村共有23个姓氏，人口大约1000人。

古村内现存历史遗址遗迹20余处，现有完好的百年古井2口、古石桥2座、闵子骞覆车古道1处、四贤祠遗址1处、古泉3处、百年古树30余棵等。其中“鞭打芦花传说”是安徽省非物质文化遗产，千佛禅寺是萧县文物保护单位。

村名由来

“鞭打芦花车牛返”一词属于汉语地名，其标准读音为Biāndǎlúhuāchēniúfǎn，它所指代的是自然村（地名实体）。位于安徽省宿州市西北部、萧县西南部。地处东经116°85′，北纬34°19′，北距萧县13公里，南距淮北市15公里。农业以粮为主，有小麦、山芋、豆类、芝麻等。

村名来源

鞭打芦花车牛返村的村名起源于闵子骞的孝行故事，闵子骞孝行可嘉，被世人传颂，人们为了弘扬他的孝行精神，就把杜村象山口该故事的发生地称为“鞭打芦花处”，把杜村更名为“鞭打芦花车牛返村”。

政区沿革

远古时期，鞭打芦花车牛返村属东夷族淮夷、萧部落。春秋时隶属萧国（附属于宋）。秦朝时隶属泗水郡萧县。西汉，汉王元年（前206年），隶属项羽西楚国泗水郡萧县。高祖五年（前202年），改属楚国泗水郡萧县。高祖六年（前201年），改泗水郡为沛郡，该村隶属沛郡萧县。公元9年王莽篡政，改沛郡为吾符郡，该村隶属吾符郡萧县。东汉改吾符郡为沛国，该村隶属沛国萧县。三国，封曹熊为萧公，太和三年（229年），改萧公国为萧王国，该村隶属萧国。西晋咸熙二年（265年），撤销萧国置萧县，该村隶属萧县。南北朝，该村隶属沛郡萧县。隋朝改萧县为承高县，该村隶属承高县。唐朝改设萧县（治萧故城）并划归徐州，该村隶属徐州萧县。宋朝设京东西路徐州武宁军，该村隶属徐州武宁军萧县。元朝，该村隶属归德府萧县。明代，该村隶属徐州萧县红亭乡。清光绪二年（1876年），该村隶属徐州萧县红亭乡。

1950年9月，该村隶属徐州萧县。1955年萧县划归安徽，该村隶属安徽萧县王寨区。1958年9月，撤销区建制，成立杜楼公社。该村隶属萧县杜楼公社。1984年，撤销区、公社建制，改设杜楼镇，该村隶属安徽省萧县杜楼镇，一直延续至今。

历史典故

鞭打芦花车牛返村位于安徽省最北部，苏鲁豫皖四省交界处的萧县县城西南约15公里，南、东依山，西北为平原。岱河由北向南，从村内经过，这里有山、有水、有平原，被人们称为一方宝地。

鞭打芦花车牛返村的前身为杜村，是杜氏定居形成的村庄。《杜氏宗谱》记载：西周时，刘累（据传为尧的后裔）的后代建唐国，周成王灭唐国，把自己的弟弟虞封在唐，而把唐国国君迁到杜，改为杜国，以杜为姓称杜伯，始有杜姓。周宣王时（前827—前782）杜国灭亡，杜伯无罪被杀，杜伯的子孙四处迁逃，一支逃到象山（今车牛返之象山）脚下落户，以姓为村名，故为杜村，因此该村至今已有2800多年的历史。相传春秋时，孔子弟子闵子骞驾车与父亲一起路过杜村时，留下了“鞭打芦花车牛返”的动人故事。人们为了颂扬闵子骞的孝行，将杜村更名为“鞭打芦花车牛返村”，成为全国字数最多的村庄名，今人简称“车牛返村”。按更名时计算，鞭打芦花车牛返村也已有2500多年的历史。闵子骞这个生动感人的“芦花顺母”故事，被列为“二十四孝”之一，影响一代又一代人，直至现在。这个村可谓具有两千多年历史的文化名村。

古迹遗址

鞭打芦花处　在象山脚下杜村山道上。

四贤祠遗址　元大德年间，乡人在该村增建四贤祠，分别祭祀闵损、颛孙子张、颜子柳和孟子。祠位于鞭打芦花处西侧约200米处。

孔子讲学处　位于鞭打芦花处北侧。

孔门弟子对诗处　位于鞭打芦花处东侧20米处。

孔子洗墨泉　位于鞭打芦花处西北30米处。

孔子晒书岩　位于鞭打芦花处东南500米处。

千佛禅寺　位于鞭打芦花处西侧300米处，是皖北较大的寺院，占地200亩。

祛疼谷　位于鞭打芦花处东南山道口。

堀坊　居象山之阳，孔门弟子颛孙子张定居处，建石坊，名堀坊。颛孙氏续修宗谱，亦名《堀坊志》。

孟窑　鞭打芦花车牛返村北侧相邻，孟子后裔定居处。因作土烧窑，故取村名孟窑。

五洞山　原名五经洞山，是颛孙子张藏所编经书的山洞，为堀坊八景之一。位于鞭打芦花车牛返村之北山上。

百孝园　位于鞭打芦花处东北300米处。

汉墓群　位于鞭打芦花处东侧山坳中，有60余座。

一年一度的庙会　鞭打芦花处北侧300米处。

出土文物

汉代的代表性器物：青铜器，如青铜镜、青铜釜、青铜衣、青铜剑等；陶器，如陶鼎、陶罐、陶灶、陶仓、陶猪圈等；还有玉器。

汉墓群出土的汉画像石：高浮雕、浅浮雕、阴线刻。

第三节　灵璧县

灵城镇

灵城镇是灵璧县人民政府所在地，是全县政治、经济、文化、交通、信息中心。东邻虞姬乡、县经济开发区。西与娄庄镇相连，北与杨疃镇、禅堂乡接壤，南与向阳乡和黄湾镇为邻。全镇总面积116.50平方公里，可耕地面积7.8万亩，其中城区面积12.25平方公里。城内中心街隅顶口海拔高度为27米。2017年辖13个社区居委会、56个小区和9个村委会、116个自然村，总人口11万，其中农业人口41475人、非农业人口68525人，以汉族为主。

据《灵璧县志》1991年版记载：灵璧故城，在（符离）东北九十里。《元和郡县志》在宿州符离下注："灵璧故城，在（符离）县东北九十里。"符离县故城在今宿城北符离集。今灵璧县城在符离集东偏南，而不在东北。光绪《宿州志》："宋元祐时复置于宿州之东者，乃今之灵璧县，非古地灵璧也。"灵璧古城近汴水，古灵璧则近濉水。

灵璧原属虹县。北宋元祐元年（1086年）析虹县之"零壁镇"，置县名沿袭镇名（镇名由来无考）同年七月复为镇。元祐七年（1092年）二月复为县，属宿州。隶淮南东路；政和七年（1117年）改零壁为灵璧。南宋建炎年间（1127—1130）没于金。元初复为县，属宿州，隶河南行省归德府，元至元四年（1267年）改属泗州。至元十七年（1280年）复属宿州。明洪武四年（1371年）改属临濠府，后属凤阳府，直隶南京。明弘治八年（1495年）知县陈玉创筑土城。正德元年（1506年）土城圮荡；正德七年（1512年）夏，知县陈伯安为防流贼，修城，伐石为垣，陶壁为堞，高丈有九尺，厚丈有五尺，周六里，辟四门，东临鹿鸣山，名为鹿鸣门；南对怀远荆山，名为望荆门；西有凤凰山，名为凤仪门；北向磬石山，名为来璧门。并于城凿池，广二丈，深八尺，周八里有奇，架桥如门之数。明年二月工竣。(《灵璧志略》) 县城北倚龙车山，山麓有坛西、白莲等湖。城北龙车山，东北三注山，有云洞、蜘蛛洞。凤凰山在城西北五里。鹿鸣山今属泗县。山均低矮，是平原丘陵。唐宋后灵璧石盛名于世，石俱六声，如璧玉，由璧书之为璧，寓意“山川灵秀，石皆如璧”，故灵璧也。灵城镇建城以来，历代都是县衙所在地。1948 年 11 月 25 日灵璧解放后，一直是县人民政府所在地，镇名沿用至今。

灵城，历史悠久，文明源远流长。五千年前，先人就在这里繁衍生息，从茹毛饮血到钻燧取火，从采集野果到刀耕火种，从穴居到建房，从渔猎到驯养家畜，从披兽皮、树叶到缝制衣服，不断进化，一步步迈进文明的门槛。

夏商时期，这里属淮夷部落。春秋战国之际，夏后氏后裔杞国的遗族从山东洙水流域迁于本地，公元前 445 年国灭于楚。“是时越已灭吴而不能正江淮北；楚东侵，广地至泗上。”(《史记 · 楚世家》) 当时楚地宽广，按其所处方位，分为南楚、东楚、西楚。灵璧一带属西楚。

秦统一六国后在今安徽、江苏的淮北一带北置泗水郡。本地区属泗水郡。现有据可考，秦在本地区置有取虑县，治所位于高楼镇潼郡村。公元前 206 年，秦朝被推翻以后，项羽将楚怀王徙长沙，自封为西楚霸王，王梁、楚地九郡，建都彭城，灵璧属西楚。刘邦建立汉王朝后，在秦朝郡县制的基础上，推行郡国并行的地方政制。灵璧分属洨(国)、虹、谷阳、符离、夏丘、取虑、下邳诸县领辖。

三国鼎立时期，灵璧在魏的统治下，属徐州之下邳郡。西晋统一中国后，仍推行州、郡、县三级政权，建置与三国魏时相同，唯下邳郡改名下邳国。东晋属阳平郡阳平县。南北朝时期本地区先后在北魏拓跋氏王朝及北齐的控制之下，由于南北战争不断，形成拉锯战形势，疆界变动频繁，政区混乱，侨置州县增多，形成侨实不明、治地难考的状况。此时的州郡范围缩小，仅管两三个县。这时的洨县被废，辖区划属阳平郡阳平县。东魏阳平郡改为谷阳郡，又置连城、高昌二县，灵璧县南郊隶属连城县。南朝梁在取虑县置潼州，北魏置临潼郡，北齐改为潼郡，辖今县境北部。

公元 589 年隋统一全国，结束了 200 多年的分裂割据局面，同时也结束了政区混乱情况。隋文帝开皇三年（583 年）改郡为州，实行以州统县的二级地方行政机构。潼郡被废，入夏丘县。隋炀帝大业三年（607 年）将全国所置州县加以省并，并改州为郡，推行郡县二级制。本地初属彭城郡，后改属下邳郡。唐代沿隋初建置体制，改郡为州，实行州县二级制。初属谷阳县，隶徐州。显庆元年（656 年），夏丘更为虹，废谷阳入蕲县，灵璧县分属虹、蕲两县。元和四年（809 年），虹县部分属宿州，隶河南道。五代十国，灵璧县分属宿州、泗州之地。

北宋统一全国后，在行政区划方面实行路、州（府、军）、县三级制。宋元祐元年

(1086年)析虹县的灵璧镇置灵璧县，属宿州，隶淮南东路。北宋末年，金兵南下，宋室南渡，偏安于南方。公元1141年，宋金双方订立《绍兴条约》，东起淮水，西以大散关为界，淮北之地尽入于金，灵璧因之成为金国南部疆土。金代基本沿用宋代路、府(州)、县三级管理制，灵璧属南京路宿州。元代结束了南北长期对峙局面，在地方政权建设方面实行省、路府、州县三级政权制，灵璧县属宿州，隶河南归德府。至元四年(1338年)改属泗州，十七年复属宿州。明代废行省制，设立两京及十三布政使司。灵璧明初属宿州，洪武四年(1371年)，宿州改属临濠府，六年属中立府，七年属中书省凤阳府，后属凤阳府，直属南京。清初沿明制，南京直隶区改为江南省。顺治二年(1645年)灵璧属江南省凤阳府；康熙六年(1667年)撤销江南省分为江苏、安徽两个省，灵璧改属安徽省，先后属凤阳府、凤颍六泗道管辖。

辛亥革命后，民国成立，废道、府两级，改州为县，县均直属于省。1912年改宿州为县，灵璧直属安徽省。民国3年恢复道制，灵璧属淮泗道。1927年废道，又直属安徽省。1932年各省设行政区，安徽省设10个行政区，灵璧县属第六行政区。1935年改为9个行政督察区，灵璧县属第六督察区。抗日战争期间，先后裁并改设8个专署，灵璧县隶属第六专署。1945年，抗战胜利后，安徽省设9个行政区，灵璧县属第四行政区。1948年11月25日，灵璧解放，属江淮解放区第三行署。1949年4月21日改属皖北行署宿县专区。

新中国成立后，灵璧县仍属皖北行署宿县专区，1952年4月12日改属安徽省宿县专区，1956年1月12日改属安徽省蚌埠专区。1961年4月13日，蚌埠专区划分为滁县、宿县两专区，灵璧县属宿县专区。1971年3月29日，宿县专区改名为宿县地区，灵璧县属宿县地区。1979年2月27日，宿县地区改名为宿县地区行政公署，灵璧县属宿县地区行政公署。1999年5月25日，宿县地区行政公署更名为安徽省辖宿州市，灵璧县隶属宿州市至今。

古灵城位于古汴水北岸。悠悠千载古汴水滋养了两岸人民，留下了数不胜数的历史遗存，积淀了深厚悠久的文化底蕴，孕育了沿线周边无数的名城古镇，串联着散落在中华大地上的一颗颗璀璨多彩的文化明珠，古灵城就是其中耀眼的一颗。

古灵城的前身为灵璧镇治所，属虹县管辖。隋唐大运河的通航，经济飞速发展，文化不断繁荣，其重要地位越来越凸显。北宋元祐元年(1086年)析虹县之灵璧镇置灵璧县，当年七月即废去。元祐七年(1092年)再拟建县。苏轼当时由知扬州军州事改任兵部尚书，回京赴任途经宿州。当时宿州知州向朝廷申请修筑宿州外城，需耗巨资。苏轼了解到宿州修筑外城是因为“宿州豪民多有园宅在外”，故“煽谣此说”。苏轼认为修筑外城，劳民伤财，弊大于利，乃极力阻止。此时正逢灵璧由镇建县，费用需摊派到老百姓头上，苏轼认为不可，于是给朝廷上《乞罢宿州修城状》，建议停建宿州外城，从朝廷已下拨的一万贯建城经费中用于灵璧建县，不再向百姓征收钱物。

宋代灵璧虽已建县，并未建城。据清乾隆《灵璧志略》记载，灵璧县自宋始，历金、元至明初尚未有城。灵璧县城建于弘治八年（1495年），由知县陈玉创筑土城。明正德元年（1506年），土城倾圮荡尽。知县陈伯安伐石为垣，陶甓为堞，重筑新城。城高一丈九尺，厚一丈五尺，周六里，辟四门楼于门之上。城外凿池，广二丈，深八尺，周八里。当时，东、西、南、北四关城门分别为鹿鸣门、望荆门、凤仪门、来璧门。此后百余年，城池渐毁。明崇祯九、十年间（1636—1637），彻底毁于兵事。十二年，知县王世俊亲自带领民众重新修筑城墙，新开城河宽约三丈三尺，深一丈二尺。从康熙三十五年以后的五十年间，城池无完整的地方。乾隆十九年，知县贡震开始复修。石墙高一丈六尺六寸，堞高五尺四寸，基厚二丈五尺八寸，顶厚八尺，周约一千一百八十丈。开凤河引濉水入城池。自此，池水澄清，四时不断，门外设吊桥横跨城河。以城中隅顶口为中心，向东西南北开辟街道，直通四关城门。四街长度几乎相等，约500米，宽约5米，为青石板路面。抗日战争至解放战争期间，城墙城门毁坏严重，新中国成立初拆除。

宋时县署设在城内东南隅，毁于金兵。元至元二十四年（1287年），移建于隅顶口西北角百米处，大门向阳，后又毁于兵事。明洪武二年（1369年），知县穆政重建。弘治八年，知县陈玉加修。正德七年，知县陈伯安重修未成，后知县邢隆完成。以后，知县初芳、杜冠时、钟大章、陈泰交先后扩建，房舍逐渐增多。崇祯九年之后，县署屡遭兵毁，官室荡为平地。清康熙十七年（1678年），知县姜玉创建大堂仪门。后逐年添设

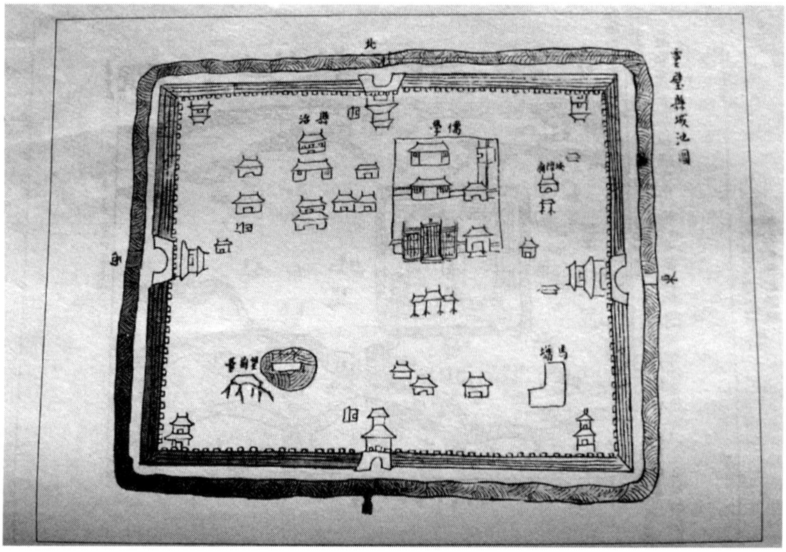

灵璧城池图

房舍，至乾隆年间，有大堂五间，堂前东西吏舍各六间，仪门三间。民国时期，县行政机关设在原县署内。中华人民共和国成立后，中共灵璧县委、县人民政府机关仍在原县署内办公。经过改建和扩建，原县署建筑物已无痕迹。

古城内过去有许多庙宇。在县衙东院内、大堂东南方有土地祠，县城东南、望荆门内有马神庙，祭祀马神。县城东关外有三官庙，庙祀天官、地官、水官，又称三元大帝，为道教的神。在县城北关街有关帝庙，始建于明朝，为关帝庙，祭祀关羽。民国初，始增祀宋代抗金名将岳飞，改称“关岳庙”。原有大殿等建筑数十间，后为县直机关利用。在县城东门内，县儒学东有城隍庙。

城隍庙是城内最大的庙宇，始建于明初，坐北面南，面积约四亩。城隍庙有大殿、速报祠、阎王殿、戏台等建筑。大殿殿堂三间，建筑雄伟壮观，高脊建锥，锥锁二神，螭尾翘山，山脊伏兽。殿堂前檐出厦，中间开门，左右两间各以雕花木屏做障，四柱擎梁。殿堂中间塑有城隍爷像，一前一后，后者是泥塑的，头戴乌纱，身穿彩服，足穿皂靴，扶椅端坐；前者是木雕的像，头戴绒球冠，身着绣红袍，腰勒犀角带，足蹬高脑靴，白面慈颜。每到农历五月二十八城隍庙会，市民则抬着这尊木像游街，县内知名绅士随后，号曰“城隍巡街”。

从元代至民国年间，古城内相继建有儒学、正学书院、社学等官办地方学校。

县儒学也称黉学、县学，系元世祖二十六年（1289 年）县尹李良佐所建，明清时期都有重建和扩建。黉学遗址在县衙东城隍庙巷西，南临东关大街，北接隍庙西街，东靠隍庙巷，西至龟驮碑巷；前有屏墙，有东、西两门；屏墙后有棂星门，穿门过泮池是戟门，戟门两侧有乡贤祠、名宦祠。戟门后即是黉学建筑主体——大成殿，亦称文庙。大成殿东西偏房为两庑，殿后为明伦堂，明伦堂后有敬一亭，又称四箴亭。大成殿东北角有崇圣祠，也叫五王殿，殿后有“忠孝”“节义”二祠。

渔沟镇

渔沟镇分别被国家、省授予“综合开发区示范镇”“安徽省环保先进镇”“全国创建文明村镇工作先进集体”“安徽省文化产业示范基地”“安徽省优秀旅游乡镇”“文明集镇”“扩权强镇”“全国百强示范镇”等称号。

渔沟镇位于安徽省北部，东邻江苏睢宁县，南距灵璧县城 41 公里，西近淮北市，北依黄河古道距观音机场 20 公里，总人口 67115 人，总面积 110.5 平方公里，耕地面积 90849.7 亩。

旧志记载，秦时，渔沟称鱼勾，归泗水郡下邳领辖（前 243 年）。汉高祖四年，归彭城

渔沟镇

沛郡（前199年）。西晋时，属沛国，彭城郡。北宋元祐元年（1086年）灵璧置县，鱼勾改为鱼沟。元初，渔沟隶河南归德府，改属泗州，十七年后又复属宿州。洪武元年改属凤阳府。清康熙六年改归淮泗道管辖。

民国16年（1927年），属安徽省第六行政区。民国34年改为渔沟乡，属朱集区所辖。民国35年，建立渔沟区。1949年11月渔沟乡划入九顶区。1950年7月设渔沟区。1958年成立渔沟人民公社。1979年设区划社，渔沟区辖梁集、申场、郑楼、渔沟四个公社。1999年12月，安徽省人民政府批准渔沟镇为中心建制镇。

渔沟镇因磬石名冠古今。《尚书·禹贡》就有“泗滨浮磬”记载。《晋书》记载：皇帝敕令镇西将军谢尚来磬石山采制石磬，“以备大乐江左”。古有“园无石不秀，斋无石不雅”“山高月小，水落石出”之说。宋徽宗酷爱灵璧石，为建艮岳曾大量采集渔沟美石。米芾爱石拜石，留下千古名篇《砚山铭》。乾隆皇帝六下江南，因渔沟美石三次改道，亲临磬石山，并御题“天下第一石”。1950年在河南安阳殷墟文化遗址出土的虎纹石磬，据此推算至今已有三千余年，渔沟镇被称为千年古镇，当之无愧了。

唐末宋初时期渔沟设有东门、西门，另设东北门、东南门、偏南门、偏北门。东北门外有一小村——东小寨，传说“门内生意买卖，门外种地种菜”。小南门外是水路码头，来往商人将船只停放在小南门外，偏南门门外临山，顺山坡一条大道通镇内，来往贸易车辆大都是从偏南门进出。偏西门又称西大门，大门内有小门，大门到小门有几户人家叫西小寨。当时渔沟形成井字形街，街道窄小，分东西前后四条街，前街主要是交易猪、马、牛、羊、五谷杂粮；后街典当、药铺各种作坊；东街小贩、商铺、店铺；西街制作豆腐、绿饼、杀猪宰羊。至今老一辈还在议论大南门、小南门、东小寨、西小寨，似乎说起古老的名字就贴近了年代的亲切。

朝阳镇

朝阳镇（原九顶区）位于灵璧县北部偏东，与江苏睢宁县岚山、苏塘两镇接壤，北依江苏睢宁县双沟镇，面积138.2平方公里。2011年辖16个村民委员会，354个村民小组，19758户，总人口72087人，耕地面积11310亩。

“朝阳”一名的来源：朝阳集东倚凤凰山，西靠母猪山，二物含珠。南北良田沃土，一马平川。凤凰山，传说昆仑山西天瑶池王母娘娘宫内一位仙女，按捺不住天宫寂寞，私自下凡，被王母发现，贬落朝阳集东侧，幻变成凤凰山形，首西尾东，头部朝西，山上还有两只“凤眼”。不论寒暑冬夏，常年流水不断，水质甘甜。特别是得了眼疾的人，用泉水洗了就好，因此招致不少远客迁来，取水治疾，俗称圣水泉。朝阳集在宋真宗以前名为“圣水寨”，当时该寨为彭城郡邳州府管辖。是年春日，邳州府里来了一名陈姓府官，名巨府，到圣水寨巡视。看到此地是个风水宝地，凤凰展翅，依据古词，“凤鸣朝阳”，便改圣水寨为朝阳镇，并题写匾额悬挂。从此朝阳镇设在圣水寨，并建立镇公所，管辖附近200多个村庄。镇名沿用至今。

1946年6月下旬内战全面爆发后，国民党军队向华东解放区大举进攻，淮北是其主要进攻方向之一。7月18日，国民党徐州绥靖公署主任薛岳指挥五个整编师共12个旅的兵力，自津浦铁路（天津—浦口）沿线徐州、夹沟、固镇等地出动，分三路东进。其中，由夹沟出动的整编第六十九师、第九十二师第六十旅和整编第五十七师预备第三旅于7月25日进占徐州东南，安徽省北部的双沟集、朝阳集、渔沟集地区。

为保卫淮北解放区，新四军军长、山东野战军司令员兼政治委员陈毅指挥山东野战军第二纵队、第七师第二十旅及华中野战军第九纵队等部共13个团，趁国民党军第九十二旅立足未稳，驻地分散，于27日晨突然对其发起反击。担任主攻的第二纵队第四旅在第九旅配合下勇猛攻击，迫使第九十二旅大部退缩于朝阳集内。

28日拂晓，第四旅向朝阳集猛攻，突破北门、西门，歼灭守军所在部。下午，九十二旅余部丢弃辎重，在飞机掩护下向刘八集撤退溃逃，被预伏部队歼灭。在此期间，第二纵队一部向渔沟集第六十旅发起攻击，歼其一部。担任阻援的第七师第二十旅逼近双沟集，袭扰整编第五十七师，保证了主攻部队顺利歼敌，29日下午结束战役。此役，共歼国民党军整编九十二旅全部和第六十旅一部，共5000余人。

皇庙社区

皇庙社区位于灵城中心东部。东、南、北皆临环城河，西至建设中路。总人口为

5592人，设八个居民小区，即隍庙小区、水利小区、庙东小区、家得利小区、云路小区、教育小区、明城小区、盛世小区。皇庙社区交通便利，人口集中。辖区内商店林立，单位众多。自灵城作为县治以来，皇庙社区始终位于灵城乃至灵璧的政治、经济、文化中心。

皇庙社区处于灵城中心，自有古汴通航以来，隍庙地名就已出现。据史料记载，古灵城为零壁镇治所，属虹县管辖。隋大业元年（605年），大运河（通济渠，灵璧段古称汴水）通航后，零壁镇人口开始聚居，商贾云集，店铺林立，逐渐成为南北水上漕运重镇，城隍庙也随之兴建，城隍专司漕运。村落也因之取名庙东、庙西，形成的道路，初称皇庙巷，后有街即称为隍庙街。北宋元祐元年（1086年），析虹县之“零壁镇”置灵壁县，宋政和七年（1117年），“零壁”两字“诏改”为“灵璧”。现在皇庙社区的名称，源于辖区内有古城隍庙，旧址即今天隍庙街的南端，建筑规模宏大，祭祀香火旺盛。

城隍庙初设于隋。及至明，知县周荣重建在县治东北。万历四十七年，知县陈泰交又更新之。清朝康熙十二年，知县马骕又新之。

随着灵城行政设置及区划的变化，皇庙社区也几经变迁。新中国成立前，通称隍庙，本地居民简单区分庙东、庙西。新中国成立后，设立隍庙选区。1965年，灵城划分两个居委会，东关居委会和西关居委会，皇庙社区属东关居委会。1986年，灵城设六个居委会，皇庙社区属东关居委会。1995年8月，灵城设八个居委会，其中有隍庙居委会、云路居委会。2006年灵城镇成立社区，将隍庙居委会和云路居委会合并，成立皇庙社区。此时，将“隍庙”改为“皇庙”。

城隍，是古代神话中守护城池的神。祭祀城隍最早起源于周朝，历经汉、唐、宋几个朝代的大力发展。到了明、清时期，城隍信仰达到鼎盛。据史料记载，灵璧城隍庙始建于隋。

城隍庙位于隍庙街北端，坐北面南，庙前不远处有桥一座，名曰“升仙桥”。庙门两侧置石狮一对，雕工精湛，很有生气。进庙时，首先映入眼帘的是戏楼，上层为演员化妆的地方，下层是过道楼，宽约3米，东西两间，各开一窗，窗呈六角形，直径约半米，雕花窗棂，颇为典雅。

戏台建在戏楼的前面，长度是戏楼的三分之一，宽约4米，亭榭式，亭的正面悬红匾一块，匾面刻有“神祈和平”四个黑色大字。

旗杆村

旗杆村位于灵璧县朝阳镇西部，与本县的下楼镇、游集镇接壤，东距徐明高速渔沟出口 10 公里，北距 104 国道、徐州观音机场 8 公里。历史悠久，文化底蕴丰厚，是闻名遐迩的灵璧钟馗画发源地之一，灵璧非物质文化遗产钟馗画传承人赵英汉是旗杆村人。

隋、唐及宋朝，隶属下邳郡、彭城郡。元、明及清朝，分别隶属归德府、泗州府、凤阳府。明朝，灵璧县设三乡四十里，旗杆村属北乡古城保领辖。民国时期隶属淮泗道第六行政区、江淮行政区、皖北行署、灵璧县朝阳镇。1948 年至 20 世纪 50 年代初期，属江苏睢宁县。此后，一直属灵璧县，分别隶属朝阳镇、九顶区、学栋人民公社、九顶公社、九顶区、朝阳镇管辖。1984 年以前旗杆村称旗杆大队，1984 年以后，人民公社建制撤销，属唐庄乡领辖，称旗杆村村民委员会。其间与陆村、刘八集分合频繁，但旗杆村名一直沿用至今。

1943 年，春、秋二季发生历史少有的大洪水，运料河上游来水较多，下游水泄不通，河水倒灌，旗杆村和附近村庄一片汪洋，午秋二季颗粒无收，房屋因水浸倒塌无数，牲畜死伤殆尽，人们背井离乡，乞讨四方。

1946 年 6 月下旬，抗日战争胜利后，国民党反动政府迫不及待地向华东解放区大举进攻，而淮北地区是主攻方向之一。7 月 18 日，国民党徐州绥靖公署主任薛岳指挥的五个整编师共 12 个旅的兵力，自津浦铁路沿线的徐州、夹沟、固镇等地出动，分路东进。其中由夹沟出动的国民党整编六十八师第九十二旅、六十旅和五十七师预备旅，于 7 月 25 日进占徐州东南安徽北部的双沟（今属江苏）、朝阳、渔沟等集镇。而九十二旅使用美式装备，国民党王牌旅进占朝阳集，形成犄角之势。

为了保卫淮北解放区，使人民的生命财产不受损失，新四军军长、山东野战军司令员兼政委陈毅，审时度势，抓住战机，迅速调集韦国清、张震、张爱萍所部共 13 个团，趁国民党九十二旅立足未稳、驻地分散之不利态势，决定对其全歼，打掉国民党的锐气。7 月 28 日夜 7 时，开始对其发动总攻，拂晓攻下北门、西门、东门，歼敌大部。唯有南门残余在国民党飞机掩护下，丢下辎重，疯狂向朝阳集的西北方向旗杆逃窜。此次战役全歼国民党美式装备六十九师九十二旅全部和六十旅一部 5000 余人。这一胜利战果，得到毛泽东主席和中央军委的嘉奖。

当朝阳再度冉冉升起，现在的旗杆村以崭新的风貌笑迎八方宾朋。

霸王城村

隶属于尹集镇，位于灵璧县城西北方位，距离县城约 27 公里，村委会驻李楼，总户数为 939 户，总人口为 3944 人，总面积为 1.4 平方公里。

楚汉相争时期，霸王项羽自彭城兵败后，退向东南方向的第一个屯兵的地方，就是

霸王城遗址

霸王城。这是一个土围城。经过两千余年的风雨洗礼及无数次的黄河泛滥，围城仍然没有被冲平。围城城墙现在高出地面 1.5 米左右，有四个城门，均在城墙的正中，是濉水之战的古战场。

楚汉战争之后，土围城被用来防御洪涝等自然灾害，人们长期在此居住、繁衍。因霸王在此屯兵并有围城，居住的人们用“霸王城村”命名，并沿用至今。

相传 2200 多年前，将门之后项羽有拔山之力、盖世之气。在徐州九里山一战，项羽察觉到刘邦、韩信用阴谋诡计，因山地易埋伏，不利作战，项羽就指挥率领大军往东南来到了霸王城，一人一兜土，筑起一座霸王城，城是四方城，四周长度为九里零十八步，东西南北有四门，现在的高度比地平面还有两米多高。城上的土质是山黄土，城里、城外都是沙淤两合土。项羽起兵八年，就在这个神奇的血染的霸王城屯兵五年，兵力非常强大，从来未打过败仗。

据说项羽与刘邦有一次很残酷的战争，就在濉河北岸，刘邦的将士被杀死十多万人，跌入濉水，濉水为之不流。突然刮起一场暴风，天昏地暗，吹得项羽的兵马睁不开眼，刘邦才乘机逃出来。战争结束后，刘邦十多万将士的鲜血，就把项羽率领的将士染红了，像血人一样。项羽率领大军回到霸王城屯兵处，这个霸王城也就变成红色的了，所以说，这个霸王城是神奇的血染的霸王城。

论实力，刘邦无论哪一路兵马都不是项羽的对手，刘邦总是吃败仗。项羽自认为天下无敌，只想用武力，不重视人才，不听范增的话，赶走了韩信，后来就中了韩信的诡计。刘邦、韩信见用武力不能取胜，想出一个迷信的手段：第一个计策是在霸王城四门以外，凡是岔路口都用糖稀写下如下字的形状：霸王洪福尽了，不要跟霸王受罪了，有家奔家吧，有朋奔朋吧！蚂蚁最爱吃甜食，吃食间就形成了字的样子，霸王的将士见此情况一传十、十传百，全军都知道了。大家都认为这是上神点化，谁也不能违抗，全军将士思想都不稳定，军队里就乱了。刘邦、韩信又用第二个计策，在濉河南边小郁家庄子后边建一个放风筝品箫台，用牛皮做一个大风筝，在一天夜里起东南风时，风筝尾巴上拴一个大筐，张良坐在筐里。风筝升起到濉河北岸、城里上空时，张良吹玉箫说：霸王洪福已尽了，不要跟霸王受罪了，有家奔家吧！有朋奔朋吧！

霸王和全军将士在夜深人静时，听到城里上空有声音说霸王洪福已尽，不要跟霸王受罪了，都认为这真是上神点化，情况属实。主要的大将就在一起商量说：咱得请示，请霸王做主。他们共同请示霸王，我主，前天蚂蚁形成字，今夜天空上神又点化说，我主洪福已尽。在这个情况下，我主应当怎么办呢？楚霸王说：我起兵八年，共打七十余仗，从未打过败仗，不知为什么蚂蚁能形成字说我的洪福已尽呢？今夜天空上神也说我的洪福尽了。看起来呀，这真是上神要我的命，我怎能违抗上神呢？霸王心乱如麻，没有主张，就说，你们看怎么办都行，我也不阻拦。这几位大将说：谢我主。就离开霸王，兵分四路：一路到濠城，二路到固镇西南，三路到泗县，四路到吴鹤，都借霸王名声，各打一个小霸王城。

霸王全军都中了刘邦、韩信迷信的圈套，所以全军将士一夜之间都走完了，失去江山。项羽虽有拔山之力、盖世之气，但最终却败下阵来。

天刚亮，霸王骑着乌骓马，带着虞姬，挥泪辞别了这个神奇的血染的霸王城，往东南而去。

垓下村

位于灵璧县韦集镇东南角 9 公里，距县城 24 公里，南隔沱河（古洨水）与五河、固镇相望，东与泗县毗邻。现有人口 3170 人，耕地面积 7180 亩，辖 12 个自然庄。

相传，早年村外有一土垄，人们说是天上降下的龙，遂得名龙岗，即现在的垓下村，公元前 202 年垓下之战发生地。唐朝显庆元年（656 年），夏丘更名为虹，废谷阳入蕲县，灵璧县分属虹、蕲两县。垓下属灵璧县。五代十国期间，灵璧县分属宿州、泗州之地。宋元祐元年（1086 年），析虹县的零壁镇置零壁县，属宿州。民国元年（1912 年）4 月废府州设县，灵璧县直属安徽省。民国 3 年置道，属淮泗道。民国 16 年废道，又直属安徽省。民国 21 年，安徽省设 10 个行政区，灵璧县属第六行政区，民国 24 年改为 9 个行政督察区。垓下村属灵璧县第六督察区。中华人民共和国成立后，灵璧县仍属皖北行署宿县专区，1952 年 4 月 12 日改属安徽省宿县专区，1956 年元月 12 日改属安徽省蚌埠专区。1961 年 4 月 13 日，蚌埠专区划分为滁县、宿县两专区，灵璧县属宿县专区。1971 年 3 月

29 日，宿县专区改名为宿县地区。1979 年 2 月 27 日，宿县地区改名为宿县地区行政公署。现垓下村由原单胡村和龙岗村于 1992 年合并而成，2005 年经安徽省民政厅批准成立新的垓下村。

公元前 202 年，楚汉战争后期，项羽率十余万大军退至垓下，以河为屏障，堆土为营垒，深堑拒敌。刘邦率数十万汉军四面包围，展开决战攻势。汉军夜唱楚歌，项羽闻之慷慨悲歌：“力拔山兮气盖世，时不利兮骓不逝。骓不逝兮可奈何，虞兮虞兮奈若何！”爱妃虞姬弹剑哀和：“汉兵已略地，四方楚歌声；大王意气尽，贱妾何聊生。”遂伏剑自刎，留下了“霸王别姬”的千古绝唱。

垓下之战，是楚汉相争中决定性的战役，既是楚汉相争的终结点，又是汉王朝繁荣强盛的起点，奠定了汉王朝四百年基业。

墒子村

墒子村位于渔沟镇东北隅，与江苏睢宁接壤，全村由南墒、中墒、北墒、花山、小刘山、大刘山六个自然庄组成。面积约 4.2 平方公里，耕地面积为 5567 亩，总人口 4032 人，外来务工、经商 2000 余人。境内有大龙山、小龙山、白鹭山、凤凰山、牛头山、磨盘山等 6 座山。占地 7000 平方米的墒子烈士陵园坐落在村部东北角，约 50 名抗日烈士安葬于此。墒子村以种植业和养殖业为主，是著名观赏石白灵石的唯一产地。

墒子村依山傍湖，风景秀美，宜于居住。宋初，先后有张、王、李、赵、徐、宋、周、刘、陈等姓氏迁徙到此建村。并以两姓一村划分居住，分别为张氏、徐氏于北墒庄居

白灵石珍品

住，赵氏、宋氏于南堌居住，李氏、周氏于花山居住，陈氏、刘氏于大刘山居住，唯王氏于中堌庄、小刘山庄居住。

改革开放后的堌子，早已是旧貌换新颜。交通便利，四通八达，连接堌子至渔沟、朝阳、睢宁（江苏省）的水泥路穿村而过。村里的自然生态得到有效保护，凤凰山松柏林保护完好，无一破坏。近年来，又开辟新建了花山软籽石榴景观带、美国薄壳山核桃采摘园；大龙山奇峰异秀和天然溶洞融为一体；白灵石加工园、白灵石展厅各具特色。具有丰厚历史底蕴的百年村落保存完好。文武秀才徐炳祥的公墓陵、千年古柿树、北堌庄古庙遗址、火烧南院墙遗址等人文景观和天然景观相互映衬。堌子村集观光、旅游、购物、餐饮、住宿为一体的整体格局正在形成，一个美丽的乡村呈现在人们面前。走进堌子犹如走进一个绿色的世界、一个天然氧吧、一个欲醉欲仙的仙境。

堌子村历史悠久，人才辈出。明清时期出过多名举人和秀才、进士，新中国成立后，为国家培养出众多栋梁之材。

村名由来

堌子村始于北宋初，据张氏族谱记载，堌子村原为库子村。其形酷似裤子，北依九顶山，地势险要，像裤腰，西邻的牛头山、狼窝山、白鹭山和南邻的大龙山、小龙山像两条裤腿，遂改为裤子村。北宋末年，战乱频仍，此地山多路少，易守难攻，村名演变为崮子村。后有堪舆家路过此地，见此处三面环山，整体格局金胜土衰，有失风水平衡，故“山”改为“土”，“土”和“固”二字合一，“土”为人接地气，便于劳作耕耘，“固”意为坚固，不易攻破，改名为堌子村，沿用至今。

政区沿革

堌子村原隶属江苏省睢宁县岚山乡跃山村，于 1958 年划为安徽省灵璧县渔沟区梁集乡管辖。1990 年撤区并乡属灵璧县渔沟镇管辖。2003 年 4 月在原南堌、中堌、北堌三庄一村的基础上，与相邻的刘山村合并成立堌子村至今。

历史事件

中堌子战斗　1941 年 2 月 5 日，八路军苏鲁豫支队第一大队获取的情报说：驻东北大王集的日军，于 2 月 15 日上午前往堌子、跃娄、砖山、马山等地“扫荡”。八路军苏鲁豫支队第一大队在胡炳云大队长的带领下，于 2 月 14 日夜进驻堌子、跃娄、刘山等村庄。2 月的天气非常寒冷，为了不打搅百姓，战士们只是随便找个避风的地方坐下休息。天刚拂晓，在胡炳云大队长的指挥下，各自奔赴埋伏的地点，对前来“扫荡”的日军形成口袋之势。日军毫无顾虑，大摇大摆地向我村进发，待其全部进入埋伏圈时，埋伏在南堌东边大松林的八路军战士冲出了松林，切断了敌人的后退之路，把这个大口袋的口子封起来。只听胡队长一声枪响，战士们从四面同时向日军发起了攻击。经过一个多小时的激战，共歼灭日军100余人，缴获了不少枪炮弹药，还烧毁敌人的汽车数辆。

火烧南堰墙　1923年初春的一天，南堌东谢庄至大刘山的路上，有两个土匪骑马，从北向南，不紧不慢地走着。突然两声枪响，其中一个应声落马，另一个落荒而逃。

那时土匪横行，时常骚扰百姓。南堌村为防匪患，修建了一道环村圩墙，四角建有炮楼，村民轮流站岗放哨。当天村民赵其彪和赵其里二人值班打赌，比试枪法，适逢两土匪打此经过，出现了上述一幕，因此惹下祸端。

村民闻听此事，吓得纷纷拥进南堰墙以防不测。不出所料，第三天天没亮，人们还在梦中，一时枪声大作，几百个土匪冲进南堰墙，点燃村庄房屋，130多位村民惨被烧死。

虞姬村

古贤古风古魂韵，一墓一园一瓦当。

虞姬村位于灵璧县城东部，与泗县长沟镇接壤，303省道穿境而过。由于该村文化底蕴丰厚，2013年7月被安徽省住建厅、省旅游局评为省级特色景观旅游名村，2014年被安徽省委宣传部、省文化厅确定为“农民文化乐园”建设试点村。全村共有土地9910亩，耕地面积7536亩，总人口5340人，辖9个自然庄、11个村民组，是灵璧县重点打造的楚汉文化旅游特色村。以商贸、文化旅游、农业为主导产业，2016年农民人均纯收入达10560元。

村名由来

虞姬村得名于西楚霸王之妻虞姬。司马迁在《史记·项羽本纪》中写道：“有美人名虞，常幸从。”公元前202年，楚汉争霸，在垓下（今安徽省灵璧县东南沱河北岸）进行

虞姬村

了一场令人扼腕断肠的“霸王别姬”。美人虞姬自刎后葬于此地，后来人们为了纪念虞姬，把村庄命名为“虞姬村”，沿袭至今。

文化遗存

霸王别姬　垓下决战中，西楚霸王项羽在四面楚歌的情形下上演了与虞姬的生离死别。楚霸王的英雄末路，虞姬的自刎殉情，成为中国古典爱情中最经典、最荡气回肠的传奇之一。

《史记 · 项羽本纪》载：“项王军壁垓下，兵少食尽，汉军及诸侯兵围之数重。夜闻汉军四面皆楚歌，项王乃大惊曰：‘汉皆已得楚乎？是何楚人之多也！’项王则夜起，饮帐中。有美人名虞，常幸从；骏马名骓，常骑之。于是项王乃悲歌慷慨，自为诗曰：力拔山兮气盖世，时不利兮骓不逝。骓不利兮可奈何，虞兮虞兮奈若何！歌数阕，美人和之。项王泣数行下，左右皆泣，莫能仰视。”两千多年前，楚汉相争的最后决战，就是在灵璧县虞姬乡虞姬村这块古老的土地上进行的。那位“力拔山兮气盖世”的英雄项羽，就在这里发出了“虞兮虞兮奈若何”的仰天长吟。跟随项羽南征北战的绝代佳人虞姬，面对四面楚歌、兵败如山倒的绝境，唱出了“大王意气尽，贱妾何聊生”的悲歌，随后拔剑自刎而死。

虞姬墓　灵璧县城东、宿泗公路南侧，有一片终年常绿的树林，树林中沉睡着一座古墓。墓基隆起，碑石林立，静穆凝重。这就是安徽省文物保护单位——虞姬墓，东濒鹿鸣，西达阴陵诸山，南接垓下古战场，北临古汴河。暖阳斜照，微风轻拂，片片桃花飘落。

虞姬墓历经千年，时坏时修。墓侧曾建有虞姬庙，庙内塑有项羽和虞姬像，人物造型极为生动。虞姬柳眉凤眼，明眸皓齿；项羽气宇轩昂，刚强彪悍。塑像四周，诗词歌赋的石刻林立。在唐宋年间，灵璧是京师通往东南地区的必经之地，文人墨客三五成群地到虞姬墓前凭吊览胜，吟诗填词，以发思古之幽情。院内有陈列室，陈列室为砖木结构，粉墙小窗，青灰小瓦，雕梁画栋，结构巧妙。室内陈列着垓下和虞姬墓中出土的文物、有关的史料和诗词歌赋，园内还有一副对联，颇为伤感：

虞兮奈何，自古红颜多薄命；

姬耶安在，独留青冢向黄昏。

虞姬墓就在墓园门侧，不足两米高的土丘，北部有低矮的石垣环护。墓前则有“西楚虞姬之墓”六个大字，墓旁有明代所立虞姬墓碣，还有清代所立重修虞姬墓碑，全都是大理石材质。然而，墓丘和碑碣看上去都是新的，全然没有久经沧桑的痕迹。原来，

“文革”期间，墓碣都被砸碎，墓丘全被铲平。1980年灵璧县政府认为虞姬墓就是楚汉战争的遗迹之一，将之正式确定为县级文物保护单位，拨出专款，依照原样，重修了墓丘，并用县内所产的大理石重刻了墓碑和明清碑碣。还将附近闲散土地并入墓区，形成一座占地近2000平方米的墓园，并将墓园划分成两个部分，东部为墓区，西部修建了花圃凉亭，作为游人休息喝茶的地方，从而使虞姬墓成为3A级旅游景点。

虞姬墓西侧的老唐河自北向南穿村而过，在民国时期主要用于水上运输，承担灵璧至五河、蚌埠的货物运输。当时在虞姬墓北侧的河道上，建有一座三孔石桥，石桥北面有专用码头，不分昼夜，每天忙碌不停，为当地的经济、生活发挥了巨大的作用。抗日战争时期，因抗战需要，该码头被拆除。唐河码头虽不在了，但唐河却一直哺育着两岸的人民群众，是虞姬村的母亲河。

历史事件

垓下之战　汉高祖刘邦在汉初三杰（萧何、张良、韩信）的辅佐下势力日盛，为争夺政权和帝位，于公元前202年同西楚霸王项羽进行了一场大规模的楚汉战争。从此，霸王城、虞姬墓、散楚山、垓下古战场、张良吹箫台、金银山韩信点将台、十面埋伏、四面楚歌、霸王别姬一幕幕经典的故事及其发生地点响彻在灵璧、结束在灵璧，也深刻影响着灵璧。垓下之战作为楚汉战争的决定性战役，不仅在我国古代战争史上有着举足轻重的地位，还奠定了大汉王朝400多年的宏伟基业，开启了中华民族博大精深的汉文化之序幕。汉族、汉字、汉语，对我国历史和文化的传承和发展产生着极其深远的影响。

十面埋伏　相传中国古代大战争阵法有：一字长蛇阵、二龙出水阵、天地三才阵、四门兜底阵、五虎群羊阵、六丁六甲阵、七星北斗阵、八门金锁阵、九子连环阵、十面埋伏阵。十面埋伏阵即诱敌进入指定场景，通过刺杀、陷阱等模式使其身心疲惫，在最脆弱之时给予致命一击。阵法无固定模式，依据天时、地形和敌我态势随时随地变化。垓下决战时期，韩信率领56万汉军联盟设下十面埋伏阵法，将项羽团团围困于垓下，迫使霸王乌江自刎，从而彻底击败楚军。金银山的韩信点将台，便是其指挥汉军与楚军决战的地方，至今还流传“人心皆背楚，天下已属刘，韩信屯垓下，要斩霸王头”的民谣。

四面楚歌　在灵璧城东，有几座南北走向的山，当地流传“头山没有二山高，三山洼洼腰，四面蘑菇顶，五山盖座庙，六山水里泡，七山无影高，百鸟难筑巢”的歌谣，其中第二座山便是散楚山，因楚汉垓下决战，张良在此吹箫散楚兵而得名。据传说，当时楚汉双方处于胶着状态，楚军虽被韩信30万大军十面埋伏，但斗志昂扬，战斗力极强。张良为尽快结束战斗，解决粮草不足的后顾之忧，布下四面楚歌之计。用玉箫在深夜吹起断断续续、凄婉的楚调，并命令将士在月夜唱起楚歌，唤起楚军将士的思乡之情，导致楚军军心涣散，丧失战斗力。四面楚歌后，霸王别姬的千古绝唱也悲情上演。

固城村

固城村位于灵璧县北部，南隔拖尾河与尹集镇相望，东与本乡潼山村、姜山村接壤，北与朱集村毗邻，西连新阳河。201省道穿境而过。目前，全村共有土地3360亩，耕地面积2999.8亩，总人口2186人，辖5个自然庄、9个村民组。

固城村东依姜山、潼山、无影山、亢山、开合山，南有拖尾河，西有新阳河，东有运料河流经，有“头顶五山、脚踏三河”之说。依山傍水，环境秀丽，交通便利。这里历史悠久，遗迹众多。楚汉相争时期，楚军所筑的高大城堡依稀可见。

本村以种植业、养殖业为主，商贸、文化旅游方兴未艾。2016年，农民人均年纯收入达8660元。

村名由来

固城是一个历史悠久的村落。2200多年前，楚汉相争时，西楚霸王项羽被刘邦大军追至此地，在这里筑城屯兵，取“固若金汤、坚不可摧”之意，命名为固城。

明孝宗弘治年间，三品大员固城村人张从易为官清廉，深受百姓爱戴。衣锦还乡后，看到家乡孩童无从就学，慷慨解囊，捐资办了一所学堂，广教子弟而分文不取，被当地人称为“贤人”。人们为颂扬他，把“固城”取名为“固贤城”。新中国成立后，复名固城至今。

政区沿革

秦末，因项羽在此筑城屯兵，取名固城，属古灵璧所辖，明初，设四乡，固贤保属南华乡。明嘉靖十六年（1537年），灵璧县分为南北中三乡，固贤保为北乡十二保之一，直至民国8年（1919年）。

固城村

抗日战争时期，分别属朱集区、尹集区。1961年，属尹集区。1969年，区级建制撤销，划小公社为大公社，属朱集人民公社。1984年，人民公社建制撤销，恢复区级建制，属尹集区田路乡。1992年，撤区并乡，属朱集乡人民政府，称固城村至今。

历史事件

公元前202年，楚汉两军在垓下进行了一场战略决战。公元前202年十月下旬，灌婴引兵进占固城，同时攻下楚地许多地区。被刘邦封为淮南王的英布也遣将进入九江地区，诱降了守将、楚大司马周殷，随后合军北上，进攻城父（今安徽省涡阳县东部）。刘邦也由固陵东进，形势对楚极为不利，项羽被迫由固城向东南撤退。十一月，项羽退至垓下（今安徽省灵璧县东南部），筑垒安营，整顿军队，恢复军力，此时楚军尚有约10万人。

韩信、彭越、英布等与刘邦会合后，汉军参战兵力已超过30万人，十二月（前202年初，当时以十月为岁首）在垓下将向南撤退的10万楚军层层包围。项羽见大势已去，乘夜率八百精锐骑兵突围南逃。汉军追杀至淮水后，项羽仅剩百余骑相随，行至乌江仅剩二十八骑，自知无颜见江东父老，遂拔剑自刎。

李寨村

李寨村位于灵璧县朝阳镇西南，与游集镇、渔沟镇接壤，下辖李寨、韩山、张博、殷寨等9个自然庄，共1230户，5023人。李寨村区位优势明显，交通便利，东距徐明高速10公里，北距104国道、徐州观音国际机场15公里。辖区内的耳猫山是全国唯一一处红皖螺石产地，开采历史悠久，明清时期作为贡品用于建造宫廷，新中国成立后开采用于人民大会堂建设。李寨村，村落形成可追溯至隋朝初年，村内文化遗迹众多，耳猫山十二条石龙、登高庙旧址、庆寿寺旧址、圆枣古树、古王井、石婆婆、响场舞遗址等，是李寨人民智慧的结晶，也是李寨人民宝贵的物质及精神财富。

村名由来

相传李寨建村可追溯至隋朝初年。隋初，该地荒芜，杂草丛生，渺无人烟。河南安阳商人李伯仲由河南至江宁经商，路过此地。熟知天文地理、八卦周易的李伯仲看到此处从西南向东北绵延三座山丘，远看如一只长着大耳朵的猫，因此取名猫耳山，从西南向东北的三座山丘分别为猫头山、猫腰山、猫尾山。李伯仲看中此处风水极好，又靠近江淮富庶之地，遂携父母妻儿迁居至此，在猫腰山的东麓建宅立院。

隋末年间，战乱不断，为保护族人，当地人建立山寨，修寨墙，在寨墙外挖护寨沟，设立南北两个寨门，南门为同德门，北门为同心门，寓意族人同心同德。随着时间推移，李姓族人及亲戚逐步向寨子迁移，由于村民大部分姓李或者是李姓的亲戚，所以为山寨起名曰李寨，一直沿用至今。

政区沿革

隋初村落形成，属彭城郡。唐初属谷阳县，隶徐州。唐元和四年（809 年），隶属于虹县。民国时期，李寨村隶属于灵璧县九顶区。新中国成立后，李寨村先后隶属灵璧县九顶区陆圩乡、九顶人民公社、九顶区陆圩乡，1992 年 2 月陆圩乡撤区并乡后隶属朝阳镇至今。

历史事件

相传楚汉相争时期（前 202 年），彭越率领军队南下垓下与刘邦会师攻打项羽，路经猫耳山，在猫耳山北安营扎寨。为解决军队饮水问题，开挖水井（位于今李寨村蒿王庄），供士兵饮用，此井一直留存至今，井水从未枯竭。汉朝建立，彭越被封为梁王，后人称为古王井。

民间故事说，隋朝末年（619 年），秦琼骑马路经此地，在猫耳山西南麓休息，将马拴在一棵圆枣树下，并将双锏挂于此树。后秦琼成为唐朝开国元勋，被民间奉为门神，此树一直被百姓保护，秦琼挂锏的故事也一直流传下来。

旧传唐元和四年（809 年），李寨村民人数不断增加，开始建设山寨，设有南北两个寨门，南门挂“同德”匾额，北门挂“同心”匾额，寓意村民同心同德。元朝大德十一年（1307 年），猫耳山西南麓建一座寺庙，名为庆寿寺，住持为普实大师，该寺于 20 世纪 60 年代损毁。

清嘉庆四年（1799 年），李寨村韩山庄人士韩连成参加院试，成为秀才，官至灵璧县衙主簿。清咸丰九年（1859 年），李寨村殷寨庄殷允秀考中拔贡。

潼郡

潼郡，现为安徽省灵璧县高楼镇的一个村。位于县城灵璧东北 75 里，高楼街东偏北 1 里处。潼郡东与江苏省睢宁县毗邻，距睢城 50 里，与睢宁县地界最近处仅有 4 里。

潼郡在民国时期是高楼区潼郡乡政府所在地，当时辖潼东村、大街村、潼西村、崔圩村、姚滩村、龙庙村。现在潼郡村辖 12 个自然庄，分别为潼郡、崔圩、小王庄、小卓庄、小崔庄、小任庄、姚滩、翟庄、蔡庄、孔楼、丁庄、大车头，共 1172 户人家，总人口为 4787 人，土地面积为 5498 亩。全村人均为汉族，姓氏以王姓、杨姓、崔姓、卓姓、任姓为主，另有十余单姓。全村民知礼厚德，团结和谐，文明向上。

政区沿革

潼郡，远古为取虑（音同间、庐，意为茅舍、草屋、街口、巷道）聚落。历史悠久，公元前221年，秦始皇统一中国后，实行郡县制。把全国划分为三十六郡，潼郡为其中郡（有待考证）。传说秦朝末年陈胜吴广起义失败后，曾在潼郡西头大户人家避难，得到潼郡村村民的庇护。

潼郡地名源于北魏，置临潼郡，因潼郡位于当时的潼河北岸，临潼河而得名。汉置潼县，属临淮郡，西汉置僮侯国，封丞相匡衡为僮侯。晋为县，属下邳郡，北魏置临潼郡，梁为潼州，北齐废临潼郡为潼郡。隋废郡入夏丘、唐省（直属），夏丘入虹县，宋属灵璧。《金史 · 河渠志》载：潼郡原有土城，因黄水淤积，城几没。《金史 · 河渠志》载：元光之初（1222年），于灵璧潼郡设仓都监（国家的粮仓）。明嘉靖《宿州志》载：潼郡城在县东北七十五里，本虹县地（泗县泗洪一带），今属灵璧县潼郡乡。康熙十九年（1680年）大水灾，千年古城惨遭灭顶之灾。

潼郡是千年古城邑，隋唐以后一直为集墟。每年的四月初八是潼郡庙会。四月初八日，本为佛诞节，即释迦牟尼的出生纪念日，北魏孝文帝太和九年（485年）迁都洛阳后，大兴佛事，每年释迦牟尼诞日都要举办行像大会。所谓“行像”，是把神佛塑像装上彩车，在城乡巡行的一种宗教仪式，又称“行城”“巡城”。出行的队伍中以辟邪的狮子为前导，宝盖幡帷等随后，音乐百戏、诸般杂耍，热闹非凡。

佛诞节在潼郡的民间传承中，又与社火、祭拜奶奶庙，祭拜玄帝、关公、龙王，尝鲜（四月初，樱桃、黄瓜、番茄等瓜果成熟，开始上市）等活动联系在一起。外来神逐渐被地方神所取代，演变成具有地方特色的民俗文化和商贸交易的盛大活动。直到20世纪60年代“文革”前夕，潼郡大街西的大桥口仍有烟店、茶馆、酒店、卤菜店、糖果瓜子摊等，晚上经常有唱古书、说评书、唱拉魂腔的。人们用小马灯照明，从事打纸牌、下象棋等活动，直至深夜。大街为东西向，西从奶奶庙前向东延伸一里多。新中国成立后，大街从桥口向东，仍有石板铺地，可见当初全街均为石板所铺，是方圆近百里集市之唯一。

第四节　砀山县

周寨镇

周寨镇位于安徽省砀山县的东北部，为苏、鲁、皖三省交界处，距砀山县城17公里。其东南部与本县的葛集镇相连，东北和北部与江苏的丰县接壤，西北部与山东的单县毗邻，西南部与本县的玄庙镇交界。南北长约14公里，东西宽约8.57公里，行政区域面积120平方公里。全镇辖13个村委会，158个自然村。耕地面积62767亩，其中水果面积62004亩。总人口81054人，其中外来人口900人，镇政府所在地人口1640人。

据镇内80多岁的周衍露老人讲，他们的祖先名周鲸，是汉朝开国大将周勃的哥哥。自从周勃跟随刘邦造反以后，沛县老家连年闹灾荒，因而周鲸就奔西南逃荒来到这里。看这里的人热情好客，就居住下来。后来周勃当了宰相，还专程来这里看望，并给了不少资

周寨镇

助。此地后来便兴旺发达起来，至隋朝，就发展成一个较大的村落。隋末闹响马，就筑起寨子，取名周寨。自唐代以来，周寨镇就远近闻名。到了明朝初年，山东嘉祥的周姓又迁来居住，这就更使周寨镇人丁兴旺，加速发展。况且，此地又是丰、沛、鱼台一带人至砀山、商丘的必经之路，所以商贾云集，热闹繁华，发展迅猛，周寨镇的村落规模逐步扩大，形成了闻名遐迩的重镇、名镇。

1938年5月16日，侵华日军华北方面军第16师团在师团长中岛今朝吾的率领下，步兵、骑兵、装甲兵押着沿途抓来的老百姓，沿丰（县）砀（山）公路分三路进入砀境，而后会集于周寨。在寨北，日军发现公路路基被破坏，路面上倒放着耙齿；入寨时，又看到寨门上贴有“打倒日本帝国主义”等标语，大为恼怒。当先头部队进入寨门时，迎面碰见寨主周则汉（外号“三聋子”）和速算员王贵一。日军对他俩乱喊乱叫，拍屁股打手势，示意要“花姑娘”。他俩不懂日语，认为日军想大小便，便把日军领进了厕所，被日军狠狠打了几记耳光。无奈，又把日军领到昌传忠家，日军还是号叫，拍屁股。两人仍是不解其意。恼怒的日军咆哮着，端起刺刀将他俩活活刺死。周、王二人被日军杀害的消息迅速传开，寨里的老百姓惊慌起来，凡是能走的人都逃走了，仅剩下一些鳏寡孤独、年老体弱、行动不便的老人和孩子。少数没有逃走的人，便躲藏在家里。

当天傍晚，日军在寨外设岗布哨，严禁寨民外出，并开始挨门逐户搜查，无论男女老幼，见一个抓一个，抓一个绑一个，凡抗拒者，就地杀死。据从日军屠刀下逃出来的罗广德的母亲说：“日军挨家搜查抓人，搜到人，先是一阵毒打，再用绳子拴紧，一个一个连在一起。尤其是抓到女人，那没有人性的鬼子兵就号叫着撕下她们的衣服……”全寨四个自然村，除葛德运的妻子因正在生孩子没被抓外，其余未逃走的人全部被抓，然后分几处关押。

5月17日清晨，日军把从周寨及沿途抓来的老百姓分别押到吴庄的涵洞、寨南、寨北、寨西北和寨东北的堤壕里，强迫他（她）们排好队，逐个用刺刀刺，刺累了就用马刀砍、枪托砸。据被日军刺刀戳穿的幸存者周作法的母亲说：当时面对日军的刺刀，老人们齐声哭喊：“我们都是好老百姓，我们没有罪！……”哭喊声震天动地。但野兽不如的日军还是在一阵号叫声中把明晃晃的刺刀穿进了这些无辜人的胸膛。一时血流成河，惨不忍睹。当时惨遭杀害的有360余人，其中本寨的260余人。全寨被杀的有68户，被杀绝的有18户。周则法和周老聂的妻子被刺后又苏醒过来，从死人堆里爬回了家，又活了很多年。青年申喜诚的父母被杀后，他精神失常，誓死替父母报仇。他搬了一张桌子，手执一把三股铁叉，站在公路中央拦截日军的汽车，被日军用马刀砍下首级。

17日早饭后，日军又纵火烧房。顿时浓烟滚滚，烈火冲天，墙倒屋塌。全寨1800多间民房，除日军暂住的一二百间没焚烧外，其余全部被烧光，连吴庄的天主教堂也化为灰烬。

日军侵砀前，周寨镇是国民党砀山县第三区区公所所在地，全寨由周寨、前黄楼、后黄楼、吴庄四个自然村组成，计500余户，2100多口人，1800多间房屋。寨的周围修建了东西长约二里，南北宽一里的高大、厚实的寨墙，四面各留一个寨门。周寨人民依靠丰砀公路，开菜馆、饭馆、烟酒店等，种着几亩薄地，过着半商半农的生活。可日军在周寨的暴行，使这个拥有2000余人的大镇一度化为一片荒无人烟的废墟，尸骨遍地，野草丛生。据吴庄的吴材玉老人回忆说，他从外地逃亡回来时看到，周寨东头吴庄的大坑里有73具尸体；周寨堤南的壕沟里有45具尸体；后黄楼路西的坑里有43具尸体；寨北丰砀公路边的沟里有12具尸体。当时寨里被抓约260人，从外地来的百十人，全部惨遭杀害。群众把惨遭杀害的360余人中无人认领的尸骨集中埋在吴庄附近的大坑里。从此，这里被后人称为“万人坑”。日寇在周寨两天，杀人放火，无恶不作，整个周寨阴森森一片。一直到现在，老人们谈起日军屠杀我无辜百姓惨不忍睹的场面时，都是声泪俱下，纷纷表示：这种民族的血海深仇，我们子子孙孙永远都不会忘记。

附：周寨惨案纪念碑

周寨惨案纪念碑位于砀山县周寨镇吴庄村南侧，碑基为混凝土浇铸，底边边长4米，建有三级台阶。纪念碑底座为一块长1.5米、宽0.7米、高0.4米的大青石，纪念碑高3.2米，宽1米，厚0.3米。碑的正面镌刻着“周寨惨案纪念碑”字样，背面刻着纪念碑碑文，两侧分别刻着由李侠撰写的“将日军大屠杀我同胞铁的事实永远牢记中国人心里；把日寇毁灭周寨镇的罪行永远钉死在历史的耻辱柱上”。此碑系徐州市人民政府砀山籍离休干部、历史见证人李侠捐款，于1998年5月修建，以悼念遇难同胞。

其碑文如下：

公元一九三八年五月十七日上午是周寨镇蒙难日。是年五月十五日上午，日本侵略军今田师团侵占该镇，封锁路口，疯狂扑杀禽兽，掠夺财物，奸淫妇女，杀人放火。翌日十六时，复四处纵火，搜捕村民，激起村民奋力反抗。李心公、李怀礼等拿起锄头同日寇搏斗，不敌被捕。五月十七日上午，日军将全镇未脱险老弱妇孺三百七十二人押至寨内吴庄东南开阔地，用刺刀、东洋刀尽行杀戮，后又枪杀收尸者三十余人。血泊尸横，惨不忍睹！惟李氏叔侄、周大娘、秦大爷尚存一息。日军在占领该镇期间，计杀害我百姓五百余人，有十八户被杀绝，烧毁民房一千八百余间，文明古镇遂成废墟！此血案是苏鲁豫边区最大惨案之一。日军暴行催人觉醒，淮北人民奋起抗战，在中国共产党领导下，前仆后继，浴血斗争，终于一九四五年九月三日赢得抗日战争伟大胜利。贫穷受欺凌，落后必挨打。为牢记历史，让周寨惨案为世人留下侵华日军暴行之铁证，亦为遇难同胞在天之灵，特勒石纪念，启示后人。

此碑系徐州市人民政府砀山籍离休干部历史见证人李侠捐供。

砀山县人民政府

一九九八年五月十七日

吴庙村

果海梨都、古砀李庄吴庙，地处黄淮平原，苏鲁豫皖四省交界之处，为暖温带大陆性半湿润气候。人文传统深厚，果香四季飘溢，自古以来就是一块钟灵毓秀之地。毗邻陇海铁路、310国道，地理位置优越。

吴庙遗址位于李庄镇境内的小礼河上游北岸一处沟坡上，南宋年间抗金名将吴玠为拒外敌，渡黄河南下，曾在此屯兵，组织军民抗击外辱，迄今已980多年。全村共有土地2000余亩，耕地面积1500亩，总人口1500多人，辖两个自然庄。本村以农业为主导产业，2016年农民人均纯收入达11060元。

村名由来

相传南宋高宗年间，抗金名将吴玠奉旨东征，抗御外敌，东渡黄河南下，直驱中原，一路厮杀，所向披靡。当吴玠率兵途经古砀城东20里吴庙一带，正值夏季，电闪雷鸣，大雨如注。一时河床暴满四溢，水流奔腾，险象丛生，挡住了吴玠将士行军的路程，加之连续征战厮杀，兵马疲惫不堪，军饷武器匮乏，吴玠见此情况，号令将士在河北岸高地安营扎寨，发动百姓治理水灾，发展生产。当年吴玠率兵开凿的小礼河至今依稀可见，为蓄水排洪发挥了作用。吴玠为人谦和沉稳，重情重义。他严令士兵不得掠夺百姓钱财、侵扰社会治安，深得将士和百姓爱戴。他崇拜三国蜀将关云长，便节约军饷，在

吴庙村

大军营地为关公塑像，修建庙宇，并立碑留念。

在此休整一年多的吴玠队伍，兵强马壮，粮草充足，士气大振。又奉旨西征，铁马金戈，驰骋沙场，抗击金兵，捍卫疆域。后人为纪念吴玠抗金杀敌的功绩和建造关帝庙，把原来的张姓村庄改名为吴庙村。日月交替，斗转星移，吴玠在吴庙村的印记，留下世代传唱的佳话。吴玠修建的关帝庙也历经风雨沧桑，曾四次组织修葺重建。

文化遗存

吴庙村关帝庙　始建于南宋时期，初为抗金名将吴玠所立，后屡遭损毁，多次重建。2015年吴庙人张卫民出资，史上第四次复建此关帝庙，历时一年始成。关帝庙坐北朝南，多幢雄伟的建筑沿南北方向的中轴线有序排列，正楼高耸叠加，雕梁画栋，色彩艳丽悦目，形制峻峭玲珑，做工精巧细致，匠心独运。正门上书烫金大字“关帝庙”，门两侧由张卫民亲自书题抱柱楹联：“云霞薄青天鲲鹏扶摇九万里；长善致胜境孝悌和顺八千春。”正殿为财神殿，两侧由蒋克平书题：“神武壮山河，义忠辉明月。”庙内还建有积善亭，亭内设祈福钟，并立关帝庙铭文碑。

历史人物

吴玠　宋徽宗年间，朝政腐败，奸臣当道，生灵涂炭，民不聊生，西夏趁机犯边，金国大肆入侵中原，一时祸乱不断。为抗击入侵金兵，一代名将岳飞精忠报国，率将士横扫中原，英勇抗金。在砀山李庄镇，也有家喻户晓的抗金名将，叫吴玠。他抵抗金兵，守卫疆域，立下了赫赫战功。在砀山吴庙休整的一年多时间里，与吴庙村人结下了千年渊源，为后人留下了动人故事。

据史料记载，吴玠原籍德顺军陇干县，后因其父吴展葬于水洛城（今甘肃省平凉市庄浪县城）而迁居该地。少年时性格沉毅，崇尚气节，通晓兵法且善于骑射，读书时能通晓大义。北宋末年，尚未满20岁的吴玠以良家子的身份在泾原路军队从军。

宋徽宗政和年间（1118年），西夏犯边，吴玠率军鏖战，因其英勇，晋升为进义副尉、权任队将。宣和二年（1120年），又参与镇压方腊起义，“破其众，擒酋长一人”，再破“河北贼”。累功至忠训郎、权任泾原第十一正将（《宋史》作第十将）。靖康元年（1126年），西夏进攻怀德军，吴玠率百余骑兵追击，斩首一百四十六级。以功补授乘义郎、泾原路第十二副将（《宋史》作第二副将）。凭借这几次战役，吴玠在军中初露锋芒。

吴玠保卫疆域安全，抗击西夏、金国，金戈铁马，征战沙场，立下赫赫战功。因久战沙场，积劳成疾，英年早逝，南宋孝宗追封其为涪王。

第五节　泗县

泗城镇

泗县乡级行政单位，县人民政府驻地镇，安徽省千年古镇。

泗城镇曾名“夏丘城堡”“虹城”“泗州市”。南邻新汴河，北依奎濉河，东西宽 18 公里，南北长 8 公里，水运环拥泗城，104 国道纵贯南北，303 省道横自东西，水陆运输四通八达，历来为泗县政治、经济、文化中心。总面积 76 平方公里，总人口 9.1 万人。现亦为泗县县委、县政府驻地。境内有古汴河（隋唐大运河遗址）、大成殿、释迦寺等古迹，有“虹乡八景”中令人神往的汴水晴波、隋堤烟柳。

有一种穿越，叫隋堤烟柳；有一处美景，叫汴水晴波；有条流淌千年的河，叫隋唐大运河。

隋唐大运河通济渠（泗县段）28 公里故道是隋唐大运河唯一遗留下来的活态遗址，尤其是泗城东段 8 公里故道原始风貌，保存完好。泗县“虹乡八景”中的“隋堤烟

通济渠

通济渠

柳”“汴水晴波”均源于隋唐大运河当年的盛景。

2014年6月22日，第38届世界遗产大会上通过决议，把中国大运河列入《世界文化遗产名录》。

唐朝著名诗人白居易的《长相思》中写道：“汴水流，泗水流，流到瓜洲古渡头。吴山点点愁。思悠悠，恨悠悠，恨到归时方始休。月明人倚楼。”寄情汴水，充满无限深情。泗县段的古运河即为汴水的一段，通济渠现存有水的28公里河段均在泗县境内，亦是古汴水流经泗县的重要历史遗迹之一。这条古运河，隋时名通济渠，唐宋时期通称汴水、汴河，今泗县当地人称之为“古汴河”或“小汴河”。

宋金对峙时期，由于连年战乱、疏于维护等原因，千里通济渠因此而荒废。至今绝大部分已成为尘封地下的遗址，部分仍在利用的河段也因历史变迁，运河原始风貌几无遗存。但贯穿泗县的运河故道，虽不能通航，却从未干涸，至今依然发挥泄洪、灌溉作用。

特别是运河流出泗城的一段，隋唐大运河的原始风貌依稀可辨。百姓自古滨水而居，沿县城向东绵延十余里，村庄连成一片，至今当地仍称“十里长庄”。村民们口口相传一句话：“五里一座庙，八里一座桥，十里一座井。”经过1000多年的历史变迁，故道仍旧保持着原有的风韵，是现存隋唐大运河活态遗址中最真实的存在，有水，有堤，有渠，有桥。

泗县“虹乡八景”中的“隋堤烟柳”“汴水晴波”均源于古时通济渠千里长堤的繁华景象。据清代叶兰编纂的《泗州志》记载：“北枕屏山，南襟淮河，扼淮徐之门户，通兖豫之舟车，虽原平野旷之区，而风水结聚昌明，东南一大都会也。”可见古泗州的兴盛。

当年隋炀帝下扬州从这里通过时，“千里长堤，夹岸植柳，表阳一带，水阔而深，飞桥似长虹。依桥俯视，汴水滔滔，船行如梭”，故有古泗州著名的虹乡八景之“隋堤烟柳”“汴水晴波”之说。

唐代著名诗人白居易在《隋堤柳》诗中写道：“大业年中炀天子，种柳成行夹水流。

西自黄河东接淮，绿影一千三百里。大业末年春暮月，柳色如烟絮如雪。”赞美汴河隋堤的美景。当年隋堤之上盛植杨柳，叠翠成行，风吹柳絮，腾起似烟。每当清晨，登堤遥望，但见晓雾蒙蒙，翠柳被笼罩在淡淡烟雾之中，苍翠欲滴，仿佛半含烟雾半含愁，景致格外妩媚，故而被誉为“隋堤烟柳”。

康熙年间虹县县令龚起翚作《汴水晴波》赞汴水之韵：“寻芳临水曲，轻蔼荡春晖。波映蘋光绿，风扬花片飞。莺啼声婉啭，树合色霏微。遥见青帘挂，何妨典春衣。”春水清清，垂柳依依，浮光倒影，思绪万千。打鱼的小船行于碧波之上，那一份恬淡闲适，让人置身于自然美景间，转瞬间忘却了尘世的烦恼。

追溯到北宋时期，苏东坡沿运河游赏，停船泗州，盛赞泗州才女薛媛书法，“百金竞买蒲葵扇，不必更求王右军”，并为其画作配诗。“宋四家”中米芾泛舟风光明媚的虹县时，写下“快霁一天清淑气，健帆千里碧榆风”等两首七言绝句，成就千古名帖——《虹县诗卷》；蔡襄亦在此写下传世的《虹县帖》。

时至今日，沿河行于泗城东段的运河故道，昔日“隋堤烟柳”“汴水晴波”的风貌犹存。

潼城村

在今泗县东北部，古时为一座县城僮县，秦始皇二十六年（前 221 年）置，以潼水为名。可能是时人将“僮”与“潼”二字混用，把县名写成僮县。《水经注 · 淮水》曰：潼水“首受潼县西南潼陂”，“又南经夏丘县故城西”，“又东南流经临潼戍西”，“又东南至巉石西，南入淮”。潼水可谓一波三折。汉武帝二十四年（前 132 年）为僮侯国，划归临淮郡。

公元 530 年左右，几次洪水将僮县淹没，大量泥沙将建筑掩埋，一片汪洋，只能看到城墙及城的轮廓。故人们把被淹没的潼县叫作潼城。现潼城遗址后边的河即为潼河。

又相传汉朝王莽率兵路过这里，安营扎寨，筑此都城，因其坚固，取名铜城，后演变为潼城村。

秦始皇二十六年置僮县，以潼水为名。考其故址，位今泗县城东北潼城村东北约 400 米的潼河南岸。属泗水郡。汉高祖六年（前 201 年）属沛郡。汉武帝元狩六年（前 117 年）为僮侯国，划归临淮郡。公元 9 年，王莽新朝建立，改僮县为成信县，属淮平郡。东汉建武元年（25 年）复置僮县，仍属临淮郡。永平十五年，改属下邳郡。齐、周时废。

1958 年，人民公社时成为潼城大队。1984 年由潼城大队更名为潼城村民委员会。

2008年由黄墩村和潼城村合并后，仍命名为潼城村民委员会，沿用至今。

传说公元9年，王莽杀婿篡位，当上了皇帝，除刘氏家族对王莽充满仇恨外，王氏家族也因权力分配不均，密谋夺权，取而代之。于是，有人心生一计，扎上大大的风筝，趁深夜飘到王莽卧室的屋顶上，敲击房顶说：我受上神点化，你不宜在长安，宜到潼县建都，在那里可以稳坐江山。王莽做贼心虚，笃信“上神”安排，就派亲信到潼县观察地势、规划。而后大兴土木，计划把皇都迁至潼县，因而把潼县改成诚信县，仍属临淮郡。皇都已粗具规模，后来，王莽的一个亲信似乎看破迁都的诡计，告诉王莽说，潼县是个好地方，土地肥沃又是平原，可一旦发生兵变，易攻难守。这是有人利用调虎离山之计，欲夺陛下皇权啊。王莽思忖片刻，遂终止在潼县建都。

从潼县留下的遗址看，内主城两边各有一堵长约800米的城墙，东西相距600多米。20世纪60年代时，还可以看见底宽约10米、高约3米的土埂。西城墙西北约400米处，有一高地，传说是粮草库。东城墙东南约1500米处有一大墩，相传为点将台，台前是练兵场，东西有一条跑马道。城东约500米处，也有一大墩，为护城兵和指挥部驻地。公元25年，诚信县复为潼县，仍属临淮郡，三国时属魏国下邳郡管，公元341年，五胡十六国时期，设为下邳国。潼县属下邳国。公元466年，北魏吞宋，潼县均属下邳。公元530年左右，几次洪水将潼县淹没，大量泥沙将建筑掩埋，一片汪洋，只能看到城墙及城的轮廓。故人们把被淹没的潼县叫作潼城，遗址后边的河为潼河。

直至80年代，潼城村村民挖沟扒塘，仍挖到一些陶器、青砖、古石，还有王莽钱和一些箭头。

潼城村

后 记

为了广泛传播宿州地名文化、延续宿州地名文脉，我们以第二次全国地名普查成果为依托，结合先期积累的地名文化资料，编辑了《宿州地名印记》。

《宿州地名印记》是面向大众的地名文化普及性读本，共设置“建置沿革”“行政区划”“道路街巷”“山水桥梁”“庙宇寺观”“遗址古迹”“城市地标”“故事传说”“名村古镇”九个单元。选题标准明确后，举凡有宿州地理特征、语言特征、物产特征、行政区划特征的地名，史志典章中有记载、表述的地名，能反映区域经济社会发展、历史文化变迁的地名，具有一定历史文化底蕴和人文内涵的地名，民间广为流传、脍炙人口的地名，都在备选之列，并尽力加以溯流探源。在“把握整体，布局合理，归属得当，层次分明，排列有序；要素不缺，详略得当，点面结合，突出特色”的前提下，根据不同条目类别和名称，尽量写得丰富多彩与简练精彩，具有故事性与可读性，以便于读者对宿州地名文化的记忆、理解与接受，充分发挥在宿州特色文化建设中的作用。

本书文稿来源具有多样化的特点，表述与文字风格存在较大差异。尽管在编辑时尽量朝着文风统一的方向看齐，惜乎水平所限，依然未能尽如人意。个别条目在不同的单元里有所重复，但各有诠释的侧重点。不同类别，归属划分难免进退失据、捉襟见肘，还请读者予以理解与谅解！

本书作为宿州第二次全国地名普查成果的转化与拓展，选题、设计、取材、编辑、成文、定稿，历时两年多的时间。初稿形成后，征求区县民政局地名规划部门意见，加以认真核校与修改。修改稿经相关专家学者审查并修订后，由本书编辑委员会负责定稿。

中共宿州市委、宿州市人民政府高度重视本书的编辑与出版工作。在宿州市民政局的领导下，本书编辑与出版工作按照既定方案有序推进。市民政局、区县民政局及地名工作者提供了基本材料和照片。中共宿州市委宣传部和市财政局对本书的编辑与出版给予了大力支持。市地名专家委员会的成员，为本书的审稿付出了辛勤的劳动。对于上级领导的大力支持和社会各界的热情帮助，谨此表示衷心的感谢！

本书是宿州市首次编写文化地名印记，在入选地名、编撰体例、条目内容等方面的粗疏、缺漏和错误，在所难免，有待于今后修订或续编时加以调整完善。对此，我们诚挚地欢迎社会各界和广大读者批评指正。

编　者

2022 年 6 月 10 日

宿州地名丛书

宿州地名志

上部

宿州市民政局——编

中国文史出版社
CHINA CULTURAL AND HISTORICAL PRESS

图书在版编目（C I P）数据

宿州地名志 / 宿州市民政局编 . -- 北京 : 中国文史出版社 , 2020.12

（宿州地名丛书）

ISBN 978-7-5205-2725-5

Ⅰ . ①宿… Ⅱ . ①宿… Ⅲ . ①地名—宿州 Ⅳ . ① K925.43

中国版本图书馆 CIP 数据核字 (2020) 第 249507 号

责任编辑：梁玉梅

出版发行：中国文史出版社

社　　址：北京市海淀区西八里庄路 69 号院　邮编：100142

电　　话：010-81136606　81136602　81136603（发行部）

传　　真：010-81136655

印　　装：北京新华印刷有限公司

经　　销：全国新华书店

开　　本：16 开

印　　张：197.25

字　　数：4229 千字

版　　次：2022 年 12 月北京第 1 版

印　　次：2022 年 12 月第 1 次印刷

定　　价：898.00 元（全三册）

《宿州地名志》编纂委员会

宿州市人民政府

宿州市博物馆

宿州学院图书馆

宿城第一中学

埇桥区人民政府

雪枫公园鸟瞰（武正彪 摄）

三角洲一隅（张启伟 摄）

埇桥夜景（武正彪 摄）

萧城新貌（郑纪纲 摄）

淮海战役总前委会议暨华东野战军指挥部旧址——蔡洼

雪后瑞云寺（秦凤森 摄）

萧县皇藏峪（耿黄平 摄）

灵城远眺

钟灵文化广场

虞姬文化园

钟馗文化园

奇石公园夜景

砀山县政府办公楼

砀山县市民广场夜景

梨树神景点

砀山民俗——斗羊

泗县人民政府

泗县博物馆

泗县中心公园

泗县清水湾公园

沱河风景

银河广场晨练

序 言

地名志属地方志中的一个门类。编纂地名志，在我国有着悠久的历史文化传统。成书于战国时期的《尚书·禹贡》，作为中国最早的地理著作，记述了天下九州岛疆界、山川河流、物产人文等信息。东汉班固《汉书·地理志》开创了历代正史记载地理沿革的体例，记载州郡所辖各县地理实体信息，后世历代史家加以发扬光大。毕竟作为正史的组成部分，地理志承载的地名信息有限，自东晋常璩《华阳国志》问世以来，记载特定区域地名信息的典籍日渐增多。记载地名信息的古籍浩如烟海，以唐代李吉甫《元和郡县图志》、北宋乐史《太平寰宇记》、清代顾炎武《天下郡国利病书》和顾祖禹《读史方舆纪要》最具有代表性。在这四部历史地理学著作中，都有宿州地理沿革的记载。清代学者章学诚把地方志归入史学的范畴，认为这是治国理政的重要依据。一个地名，在国家治理体系当中具有不可或缺与不可替代的特殊意义。由此可见，地名学与地理学和历史学有着密切的交叉关系。从地理学的角度看，横向记载了特定区域的地名；从历史学的角度看，纵向反映了特定区域的地名变迁。

地名作为人类赋予一定地域或某一地理实体的专用代号，指代的是它们的方位和范围，包括行政区划、自然地理实体、居民居住地和其他具有地名意义的名称。做好地名工作对于我国的社会主义现代化建设，具有非常重要的作用。第一，有效维护国家主权。地名作为国家主权的一个重要标志，在国防建设和外交事务方面具有极强的宣示意义；对于提高军事行动的信息服务和指向定位能力，保障军事任务的完成具有重要的应用价值。当然，地名也是开展外交事务的重要依据。第二，提高国家治理水平。充分利用地名资料，加强地名的数字化管理，政府可向社会提供各类地名信息的查询和咨询，为经济社会发展和人民群众日常生活提供便利化服务。第三，发挥桥梁纽带作用。地名资料在一定程度反映了特定区域的自然、经济、社会、文化、人口、民族等基本面貌，揭示了当地自然和人文环境的变迁。准确、翔实的地名信息方便了社会交往、城乡管理，对国家的经济社会发展规划发挥着重要的基础作用。第四，弘扬优秀地域文化。地名作为一个地域文化的载体，一种特定文化的象征，更是一种牵动乡土情怀的称谓。对于公众来说，地名有着和生命一样丰富和深刻的含义，潜含着强烈的凝聚力和浓郁的亲和力，寄托着人们复杂的情感。对地名文化遗产的弘扬，就是要筑牢人民大众的精神家园，永续乡愁情结。

2014年开始，国家开展第二次全国地名普查。按照国家民政部的统一部署和安徽省民政厅的具体安排，宿州市民政系统实施了为时四年的地名普查工作，积累了大量的地名文献资料。根据这些资料形成的普查成果，及时进行转化和利用，先后编纂了一批具有工具性、知识性、人文性的地名文化图籍，充分展示了宿州地名文化的基本风貌，提高了宿州的知名度和美誉度，增强了宿州的软实力。《宿州地名志》，是本次地名普查成果转化的代表性成果之一。

《宿州地名志》作为一部大型地名工具性典籍，分为“总述”与“分述”两大部分，“总述”记述宿州市概况和跨界自然地理实体地名；“分述”为市辖各区县概况和地名分类详述，包括政区地名、聚落与非政区地名、基层群众自治组织地名、自然地理实体、纪念地、风景区、建筑物、基础设施地名、历史地名、地名管理、附录、附图等篇章。这些地名工作成果，是宿州市加强地名管理和推进地名使用标准化的重要依据，对各级各部门规范地名使用管理，对加强地名文化建设，对基建、交通、邮政、信息、快递、农业、水利、文化旅游等事业都有较大的实用价值。该书作为“地缘文化”，为历史、地理、经济、文化、民俗等各个学科，提供了丰富的研究资料，为国内关注宿州经济社会发展者熟悉宿州市情创造了有利的条件，也为海内外宿州儿女寻根访友提供了线索。

《宿州地名志》告诉世人，地名的形成，本身就打着深刻的历史烙印。随着宿州“五个文明”建设与发展的进程，这片热土的地貌正发生着巨大的变化。一部分旧的地名将在城乡建设中消失，新的地名应运而生，这些变化本身就是历史的一部分。近年来，无论是在宿州新老城区，还是在各区县，由于城市更新和乡村振兴战略的实施，一大批新聚落、新社区、新道路、新景观相继诞生，由此衍生一大批新地名。这些新地名需要及时地收录，为经济社会发展和人民群众生活提供便利。因此，无论从现实的资政参考、惠民便民需要，还是从历史文化传承、对后世负责的角度，都需要编修一部集科学性、实用性、地方性、时代性于一体的地名志，以“为当代提供资政辅治之参考，为后世留下堪存堪鉴之记述”。

《宿州地名志》的编纂，在宿州市历史上尚属首次。作为一项具有开创性意义的工作，是今后做好地名工作的坚实基础和新的起点。在编纂的过程中，全市民政系统同心协力、开拓进取、上下联动，克服了许多困难，才取得了如此辉煌的成绩。专家学者们不辞劳苦，从制定编写大纲，到校勘审查，保证了本志的学术质量。当然，本志无疑会存在着一定的疏漏和错误，有待于将来择机修订。

《宿州地名志》编纂委员会

2021年11月11日

凡 例

一、本志以马克思主义方志学和地名学理论为指导，按照现代方志学和地名学的专业要求，力求全面、客观、真实记述宿州市行政区域内各类地名的产生、现状、发展与变迁，勉力保证思想性、科学性和资料性的统一。

二、本志编纂的工作流程和操作规范，遵循国务院颁发的《地名管理条例》（国发〔1986〕11号）、民政部颁发的《地名管理条例实施细则》（民行发〔1996〕17号）、安徽省政府颁发的《安徽省地名管理办法》（2001年8月21日安徽省人民政府令135号）。

三、本志属地方志中的专志类典籍，遵循《地方志工作条例》（国务院令467号，2006年5月18日发布）、《安徽省地方志工作条例》（2007年2月28日公布）、中国地方志指导小组及其办公室发布的规范性文件，按程序实施编纂。

四、本志以2014—2018年第二次全国地名普查形成的宿州市地名数据库资料为基本依据。所收录地名，均以本市或区县政府及地名委员会颁布的地名为标准地名，凡未经批准并颁布的非标准地名，不予收录。

五、本志收录地名，限于宿州市现有行政区域范围，以现有地名为主，兼顾地名沿革。地名涉及时间，上溯始至文献最早记载和民间记忆初始年代，下限一般截至2018年，部分顺延至2020年。

六、本志分为“总述”与“分述”两大部分。“总述”记述宿州市概况和跨界自然地理实体地名。“分述”为市辖各区县概况和地名分类详述，每一事类为一章节。

七、本志采用汉语语体文记述，遵循《中华人民共和国国家通用语言文字法》（第九届全国人大常委会第十八次会议通过，2000年10月31日发布）、《安徽省实施〈中华人民共和国国家通用语言文字法〉办法》（第十届安徽省人大常委会第二十五次会议通过，2006年8月25日发布）、国家新闻出版署等颁发的《出版物汉字使用管理规定》（1992年7月7日发布）。

八、本志地名汉语拼音表达，遵循中国地名委员会等颁发的《中国地名汉语拼音字母拼写规则（汉语地名部分）》（1984年12月25日发布）、《地名分类与类别代码编制规则》（GB/

T18521—2001）。

九、本志标题格式、历史纪年、标点符号、数字书写、计量单位、图表制作，均以相关国家标准和《安徽省地名志行文格式》为准则。清代及之前年号纪年使用汉字数字，民国纪年使用阿拉伯数字，公历纪年使用阿拉伯数字。叙述性数字使用汉字数字，统计性数字使用阿拉伯数字。

十、本志每一地名为一词条，在首行汉字地名后以括号标注地名汉语拼音；正文记述地名方位、区划归属、四至八到、得名由来、面积、人口等基本要素。

十一、本志以相关地理实体和地名实体图片置于卷首。图片均为照片，分为黑白照片与彩色照片两类。照片由市民政局收集，区县民政局和支持地名工作的摄影家提供。

目录

第三篇　萧县

第四篇　灵璧县

第五篇　砀山县

第六篇　泗　县

第一篇

宿州市

第一章　宿州市概况

宿州市（Sùzhōu Shì）　中国地级行政单位。宿州是安徽省历史文化名城。

【地理概况】位于安徽省北部，襟连沿海，背倚中原，素有安徽省北大门之称。东至东北与江苏省宿迁、徐州接壤，西至西北与河南省商丘、山东省菏泽毗邻，南与安徽省蚌埠、淮北相连。面积 9939 平方千米。人口 658.27 万。下设一个市辖区：埇桥区；两个功能区：宿州马鞍山现代产业园区和宿州经济技术开发区，管辖萧县、灵璧县、砀山县、泗县四个县。人民政府驻埇桥区。有符离镇、蕲县镇、大泽乡镇等三个国家历史文化名镇。

【地形地貌】宿州市地处华北平原（亦称黄淮海平原）的南部，地势由西北向东南略微倾斜，海拔在 14—18 米之间，其中西北黄河故道两岸滩地海拔 53 米，东南泗县河间洼地海拔只有 14 米。全市地貌类型大体上可以分为平原、丘陵和岗地三种。

平原为本市地貌的主体，约达 8897 平方千米，占全市面积的 89.51%。根据沉积物的性质不同，本市平原分为洪积平原、黄泛平原和河间平原三种类型。洪积平原集中分布于濉河以北丘陵之间和丘陵岗地的边缘，面积约 260 平方千米，占全市平原面积的 2.92%。这种平原形成的地质年代较早，基本上是第四纪以来的现代沉积，黄土覆盖于砂姜黑土之上，土质肥沃，是丘陵与岗地边缘的重要耕作地带。黄泛平原是因黄河从汉武帝元光三年（前 132 年）起多次溃堤决口，改道南泛淤积形成，面积为 5657 平方千米，占全市平原面积的 63.58%，主要分布于萧县、砀山和埇桥、灵璧、泗县的北部，是本市主要农业区。这种平原的沉积物质主要来源于黄土高原，可溶性盐类的含量较多，因此地表易干盐化或碱化。河间平原（亦称砂姜黑土平原），面积为 2980 平方千米，占全市平原面积的 33.49%，分布于濉河以南的广阔地带，主要集中在埇桥、灵璧、泗县的南部。这种平原的形成是由于此地有多条淮河支流平行穿过，将地面自然分割成条块状，平原位于两河之间，并且广泛发育着砂姜黑土，故称河间平原或砂姜黑土平原。

丘陵主要分布于濉河以北，面积为 597 平方千米，占全市国土面积的 6.01%，集中在萧县东南部，埇桥、灵璧、泗县的北部。丘陵基岩的岩性除少数为酸性和基性岩浆岩外，大多由石灰岩及少量砂页岩构成。本市的水热条件虽不足以使石灰岩发育成大规模的喀斯特地貌，但崎岖石牙和小型溶洞的发育还是比较普遍的。丘陵类型有高丘和低丘两类。高丘主要分布在濉河以北的京沪铁路两侧，海拔一般为200—250米，少数高达250米以上，其中萧县的大官山最高，海拔为395米。低丘主要分布在埇桥东北部和灵璧九顶、渔沟一带，海拔一般为100—200米。

岗地（亦称台地）主要分布于石灰岩丘陵的周围和泗县东南部的墩集一带，面积为292平方千米，占全市国土面积的2.94%。根据台面组成的物质不同，本市岗地可分为剥蚀堆积岗地和沉积岗地两类。前者是地面先被夷平而后抬升经剥蚀堆积而形成的残留阶地，通常与丘陵连成一片，其物质组成主要是残积物和坡积物；后者主要分布于泗县墩集一带，物质组成主要为河流冲积物。

【气候特征】宿州市地处暖温带的南缘，全市属暖温带半湿润季风气候，其主要特点是季风明显、四季分明；光照充足、气候温和；雨量适中，多集中在夏季；春温多变，秋高气爽。从总体上看，本市气候条件较为优越，气候资源丰富，适于多种作物和树木生长。由于地处暖温带与亚热带气候的过渡地带，冷暖气流交锋频繁，加之每年季风进退时间及强弱不同，因此天气多变，降水的年际变化较大，并且空间分布不均，常有旱、涝、冻、冰雹等自然灾害出现，成为气候资源开发利用的限制因素。

气温和积温　宿州市多年平均气温为14℃—14.5℃，气温的年内变化各地都是1月份最低，平均在0℃左右，小于−10℃的极端最低气温较为少见；7月份最高，平均气温在27℃—28℃之间，≥35℃的高温为每年20天左右。全市气温的年较差平均约为27.6℃。全市日平均气温≥0℃持续期为310—313天，积温为5174.6℃—5309.2℃；≥10℃的持续期为210—220天，积温为4613.5℃—4718.5℃。从热量条件看，宿州市可以满足一年两熟或两年三熟耕作制度的要求。

太阳辐射和日照　宿州市的太阳辐射年平均值为124—130千卡／平方厘米，居全省之冠。南部阴天和雨日较北部多，故年辐射量呈现北多南少的趋势。在季节分配上，全市都是夏季最多，春季次之，秋冬依次递减。平均日照时数为2300—2500小时，以6月份最多（230—260小时），1月份最少（163—170小时）；另一方面，日照时数的年际变化较大，多的年份可达2500—2700小时，少的年份仅2050—2200小时。

初终霜日期和无霜期　宿州市初霜日期为10月下旬，平均终霜日期为4月上旬。近年各县区出现最早初霜和最晚终霜的日期，往往比平均日期提前或推迟半个月左右。全市平均无霜期为201—210天，有利于提高农作物的产量和质量。

降水量　宿州市年平均降水量为774—895.6毫米，一般在827毫米左右，是全省降水量最少的地区。降水量的空间分布是东南多而西北少。虽然年降水总量比较充沛，但各季降水分布极不均匀，一般春季降水量为136.1—180.8毫米，占全年总降水量的18%—20%，并且年际变化较大，相对变化率保持在35%—45%。夏季降水高度集中，历年平均为449.1—500.8毫米，占全年降水量的50%—60%，容易出现暴雨，造成水土流失或洪涝灾害。秋季降水量在141—159.1毫米之间，相对变化率在30%—40%之间。冬季雨雪较少，一般在45.6—60.1毫米，仅占全年降水量的5%—7%，其相对变化率在35%—50%之间，个别年份雨雪多时可达100毫米以上，少时仅为几毫米。

【地名异名】别称“宿县”。1912年，民国将宿州改名宿县。别称“宿县专区”。1949年10月1日，中华人民共和国成立后，今宿州市辖区属皖北行政公署宿县专区，专员公署驻宿县县城。

【地名沿革】春秋时属宋国、徐国，战国中期以后属楚国。秦统一后，此地分属砀郡、泗水郡。西汉改砀郡为梁国，改泗水郡为沛郡。东汉时今宿州辖区分属梁国、沛国、下邳国。三国两晋时属魏谯郡、沛国、梁国和下邳郡。东晋十六国时，该地先后隶属前秦和前燕、后燕，东晋北伐尽复宿地。唐元和四年（809年）置宿州，以该地古属宿国地面，故以“宿”命名。属河南道徐泗濠节度使辖区。五代十国时期，宿州先后为后梁、后唐、后晋、后汉、后周所辖。自梁后皆属武宁军节度使辖区。北宋曾于宿州置保靖军，属淮南东路。公元12—13世纪，宋金对峙之际，宿州地面属金朝，属南京（今开封）路。元代宿州地面属河南江北行省归德府。明代宿州及所属灵璧县和虹县均属南京直隶区凤阳府；萧县、砀山县则属南京直隶区徐州。清初，行政区划沿袭明制，将南京直隶区改为江南省，今宿州所辖各县区名称及隶属关系不变。康熙元年（1662年），江南省被分置江苏、安徽两省，宿州为不辖县的散州，与灵璧县同属安徽凤阳府；砀山县、萧县属江苏省徐州府；虹县在清初属江南省凤阳府泗州。康熙元年（1662年）改属安徽省凤阳府泗州。

1912年，民国将宿州改名宿县，泗州改名泗县，与灵璧县，同属安徽省淮泗道；萧县、砀山县则属江苏省徐海道。1932年，改道为行政督察区，宿县、灵璧、泗县三县属安徽省第六督察区，专员公署驻泗县；砀山县、萧县属江苏省铜山行政督察区，专员公署驻徐州。1938年5月，今宿州辖区各县先后沦陷于日本侵略军，日伪、国民政府和中共抗日民主政府三方政权并存，辖区互有交叉。汪伪政权曾于1942年以徐州为中心，设立伪淮海省，今宿州辖四县一区皆在其范围。抗日战争胜利后，宿县、灵璧、泗县三县属安徽省第四行政督察专员公署，公署驻宿县县城；砀山县、萧县则属江苏省徐州专员公署。

1949年10月1日，中华人民共和国成立后，今宿州市辖区属皖北行政公署宿县专区，专员公署驻宿县县城。1952年，安徽省建置恢复，宿县专区归辖。1956年2月，宿县、滁县两专区并为蚌埠专区。1961年3月，蚌埠专区撤销，宿县专区恢复。1971年宿县专区更名为宿县地区。1979年10月，析宿县城关镇及城郊、城西区各一部分设置县级宿州市。1992年12月，原宿县、县级宿州市合并组建县级宿州市。1998年12月，撤销原宿县地区，设立省辖宿州市。1999年5月，省辖宿州市正式成立。

【境内地名概况】根据第二次全国地名普查结果，宿州市境内共有地名29633个，其中自然地理实体地名3426个。

宿州市位于黄河中下游平原，农业较为发达，居民定居呈分散分布，村落大多以姓氏取名，某某村、某某庄。称呼较为普通。

从地名专名来看，辖区内行政区划地名和居民点地名有以下特征：

1. 以自然地理实体命名。如新汴河村、石林乡、虎山村等。

2. 以地理位置命名。如五里庄、北十里村等。

3. 以自然景象、自然现象命名。如雪花村等。

4. 以祥瑞、希冀命名，表达了中华传统文化中对美好的向往和追求。如光明村、前进村、幸福村等。

5. 以历史古迹或人文地理实体命名。如鞭打芦花车牛返村、虞姬乡、大泽乡镇等。

6. 以著名人物命名。如建华村、闵贤村。

7. 因避讳或避免混淆而命名。如旗杆村罗庄、孙庄村罗庄。

8. 其他命名原则。如马庄村、赵庄村。

从地名通名来看，辖区内行政区划地名和居民点地名地方特色更为浓郁。宿州是安徽省历史文化名城。历史名人辈出，人文特色非常显著。

【地名社会应用】宿州市是安徽省文明城市、国家园林城市、国家智慧城市、"宽带中国"示范城市、"质量之光"年度质量魅力城市。宿州有新汴河、五柳风景区、宿州三角洲公园、闵子骞祠、乐天园、宿州古城墙等旅游景点，有闵子骞、子张、刘伶、嵇康、嵇绍等历史名人。非物质文化遗产丰富，其中著名的有：

龙城画派　诞生于宿州的一个画派。它发端于明末，形成于清代中期，发展壮大于清末民初，因为活动中心在安徽萧县龙城镇，故称"龙城画派"。这一时期，影响较大的书画家有王之麟、许辉祖、吴作樟、张太平、路荫南、侯子安、谢来占、王为翰、袁汝霖、刘云巢等，他们冲破笼罩画坛的"四王"画风，追逐时代新潮，以强烈的个性阔笔写意，以泼辣豪放的笔触写实，师法自然，具有浓厚的生活气息。他们艺术思想趋于一致，技法意趣趋于相同，融合南北，形成了一种新的画风和流派。

埇桥马戏　埇桥马戏全国出名。埇桥马戏前身是始于明末清初的民间杂技，清朝末年已颇具规模。自20世纪20年代以来，在埇桥区的篙沟、桃沟、柳沟一带，杂技名人们率先将马、猴子、狗等动物表演引入演出，很受观众喜爱，后又开始尝试用杂技表演的形式来驯化动物，并很快收到成效。至30年代末，诸如狗熊站立行走、羊蹬花瓶、猴子拉车、老虎钻圈、小狗识数等演出节目已经成熟，埇桥区真正意义上的马戏艺术由此逐步形成。2007年9月27日上午，中国杂技家协会在北京人民大会堂隆重举行命名授牌仪式，宿州市埇桥区被正式授予"中国马戏之乡"称号，成为中国首个、也是唯一一个获此荣誉的县区。

灵璧奇石　灵璧石质地细腻温润，滑如凝脂，石纹褶皱缠结、肌理缜密，石表起伏跌宕、沟壑交错，造型粗犷峥嵘、气韵苍古。常见的石表纹理有胡桃纹、蜜枣纹、鸡爪纹、蟠螭纹、龟甲纹、璇玑纹等多种，有些纹理交相异构、窦穴委婉，富有韵律感。

2010年9月，灵璧石成功获批国家地理标志保护产品称号。

砀山梨　砀山酥梨，安徽省砀山县特产，中国国家地理标志产品。

符离集烧鸡　符离集烧鸡是安徽省宿州市埇桥区的特色传统名菜，因原产于符离

镇而得名。中国地理标志产品，也是中华历史名肴，和德州扒鸡、河南道口烧鸡、锦州沟帮子熏鸡并称为“中国四大名鸡”。正宗的符离集烧鸡色佳味美，香气扑鼻，鸡肉白嫩，肥而不腻，肉烂脱骨，嚼骨而有余香。

坠子戏　坠子戏是国家级非物质文化遗产保护项目，在安徽戏曲史上占有一定的位置。坠子戏是一个具有浓郁淮北乡土气息、艺术个性化很强的地方戏曲剧种。其基本唱腔委婉多姿、丰富多彩，抒情性很强，大气动人；花腔小调幽默诙谐，衬词衬腔优美华丽；悲苦的“大寒韵”可催人泪下。坠子戏的表演，具有浓郁的生活气息，有些表演程序是从当地农民的日常生活中提炼而成的，具有较强的乡土化色彩。坠子戏的剧目大多由单口坠子戏中的“段子话”（说唱小段）与“蔓子话”（大部书）改编而成。其中传统大戏百余出，小戏、折子戏40余出，大小现代戏50多出。

第二章　宿州市跨界自然地理实体地名

利民沟

利民沟（Lìmín Gōu）　位于宿州市境内段，流经萧县、砀山县行政区域。原为无名小沟，后因深挖、扩建，取“有利于人民群众”之意，故而得名。河流长度为25千米，流域面积为159平方千米。

黄杨沟

黄杨沟（Huángyáng Gōu）　位于宿州市境内段，流经萧县、砀山县行政区域。取境内起止点村落名称，故而得名。河流长度为29.8千米，流域面积为183平方千米。

洪山河

洪山河（Hóngshān Hé）　位于宿州市境内段，流经埇桥区、灵璧县行政区域。洪山河原名黄泥沟，为濉河流域的一条支流河道，后更名为洪山河。河流长度为42千米，流域面积为229.3平方千米。

新濉河

新濉河（Xīnsuī Hé）　位于宿州市境内段，流经泗县、灵璧县行政区域。濉河河道改断，改道河段连同上游统称新濉河。河流长度为139千米，流域面积为2981平方千米。

唐河

唐河（Táng Hé）　位于宿州市境内段，流经埇桥区、灵璧县、泗县行政区域。原名沘水，又名泌河，因河流纵贯唐州地段，故而得名。河流长度为104千米，流域面积为1491平方千米。

新汴河

新汴河（Xīnbiàn Hé）　位于宿州市境内段，流经埇桥区、灵璧县、泗县行政区域。因流经古汴河河道，故得名新汴河。河流长度为127千米，流域面积为7290平方千米。

南沱河

南沱河（Nántuó Hé）　位于宿州市境内段，流经埇桥区、灵璧县、泗县行政区域。沱河古称洨水，今称南沱河，俗称沱河。南沱河位于宿州市主城区南部，故而得名。河流长度为126千米，流域面积为3211平方千米。

拖尾河

拖尾河（Tuōwěi Hé）　位于宿州市境内段，流经埇桥区、灵璧县行政区域。乾隆十九年（1754年）春，知县贡震呈请疏浚河道，奉准后，于当年十二月十六日动工，该河自源头起河面越来越宽，上游一段河面窄而浅，蜿蜒如拖着一条尾巴，故而得名拖尾河。河流长度为43千米，流域面积为906平方千米。

虹灵沟

虹灵沟（Hónglíng Gōu） 位于宿州市境内段，流经灵璧县、泗县行政区域。虹灵沟为灵璧县、泗县之界沟，故而得名。河流长度为26.5千米，流域面积为211.1平方千米。

岳洪河

岳洪河（Yuèhóng Hé） 位于宿州市境内段，流经灵璧县、泗县行政区域。取境内起止点村落名称，故而得名。河流长度为11千米，流域面积为69.6平方千米。

岳罗河

岳罗河（Yuèluó Hé） 位于宿州市境内段，流经灵璧县、泗县行政区域。取境内起止点村落名称，故而得名。河流长度为10.82千米，流域面积为51.15平方千米。

沱河

沱河（Tuó Hé） 位于宿州市境内段，流经埇桥区、灵璧县、泗县行政区域。文水资料及古今名称皆为沱河。河流长度为83.2千米，流域面积为471平方千米。

老濉河

老濉河（Lǎosuī Hé） 位于宿州市境内段，流经灵璧县、泗县行政区域。据水文资料将原濉河称为“老濉河”，故而得名。河流长度为80千米，流域面积为737平方千米。

鱼头山

鱼头山（Yútóu Shān） 位于萧县境内，跨宿州市萧县、淮北市杜集区行政区域。因山体外形像鱼头，故而得名。海拔为226.1米。

程蒋山

程蒋山（Chéngjiǎng Shān） 位于萧县境内，跨宿州市萧县、淮北市杜集区行政区域。取境内村落名称，故而得名程蒋山。海拔为175.21米。

红山

红山（Hóng Shān） 位于萧县境内，跨宿州市萧县、淮北市杜集区行政区域。山体岩石为红色，故而得名。海拔为100.9米。

台山

台山（Tái Shān） 位于萧县境内，跨宿州市萧县、淮北市杜集区行政区域。因此山形状像一个平台，故而得名。海拔为235.5米。

楼顶山

楼顶山（Lóudǐng Shān） 位于萧县境内，跨宿州市萧县、淮北市杜集区行政区域。因山顶较平建有楼房，故而得名。海拔为241.9米。

相山

相山（Xiāng Shān） 位于萧县境内，跨宿州市萧县、淮北市杜集区行政区域。《寰宇志》载：“相之古城，即相土所居，盖人山一号。自虞夏之时已然矣。”传说商族部落领袖商汤十一世祖相土率领其部落驾驶着自己发明的马车，一路风尘向东行进，路途中被葱茏叠翠的淮北古相山所吸引，于是便在这里夯土围城，定居于淮北相山脚下，日久形成城邑，后人为纪念相土来居，便把此地命名为相城、相山。海拔为324.8米。

百石山

百石山（Bǎishí Shān） 位于张山东北方向，与灵璧县相交，跨埇桥区、灵璧县行政区域。因山里石头千奇百怪，故而得名百石山。海拔为108.3米。

谷山

谷山（Gǔ Shān） 位于埇桥区解集乡宣扬村东侧，君保山南侧，与灵璧县相交，跨埇桥区、灵璧县行政区域。因山谷间夹道较多，故名。海拔为148米。

红山

红山（Hóng Shān） 位于埇桥区解集乡张山村东侧，百石山北侧，与灵璧县相交，跨埇桥区、灵璧县行政区域。因山体颜色偏红，故名。海拔为149.1米。

塔山

塔山（Tǎ Shān） 位于埇桥区符离镇西部，与淮北市濉溪县相交，跨宿州市埇桥区、淮北市濉溪县行政区域。山体塌陷，原名塌山，后称塔山。海拔为240.2米。

第二篇

埇桥区

第一章　埇桥区概况

埇桥区（Yǒngqiáo Qū）　宿州市辖区，地处安徽省东北部，为古黄河流域的文化古址，迄今已有2000多年的历史。是“中国书法之乡”“中国马戏之乡”“中华烧鸡之乡”“全国双拥模范城”；是全国重要的粮食、棉花和煤炭生产基地，先后荣获“全国超级产粮大区”“产油大区”“无公害农产品生产基地”“国家绿色农业示范区”，以及安徽省“生猪调出大县（区）”“蔬菜产业化十强县（区）”等称号。

【地理概况】在安徽省宿州市中部，东经116°59′—117°20′，北纬33°20′—34°02′。东部接灵璧县，东南与固镇县为邻，南部与怀远县接壤，西部与淮北烈山区和濉溪县相连，北部毗邻萧县及江苏省徐州市铜山区。面积2907平方千米。人口192.80万。辖埇桥、沱河、道东、东关、三里湾、南关、西关、北关、汴河、三八、城东、金海等12个街道，符离、芦岭、朱仙庄、褚兰、曹村、夹沟、栏杆、时村、永安、灰古、大店、大泽乡、桃园、蕲县、大营等15个镇，杨庄、支河、解集、桃沟、顺河、蒿沟、苗庵、永镇、西二铺等9个乡。区人民政府驻埇桥街道。地处黄淮海平原南部，境内山丘岗地，平原湖洼均有，地势北部和西北部较高，南部和东南部较低，呈西北往东南倾斜。北部和东北部，分布着岛状低山残丘，属淮阳山脉余脉。地貌类型比较复杂，总的可分为山丘和平原两大地貌单元。其中，山丘分低山残丘、山间盆地两种类型，东北部以解集为中心老汪湖以北地区和符离以北。津浦铁路两侧为低山残丘，最高海拔311.7米；三山子湖等处为山间盆地。平原分河湖沉积平原（简称河间平原）、黄泛平原。河湖沉积平原分布在浍河、澥河沿岸较高的部位，主要为黄土，亦有部分坡黄土和青白土。黄泛平原分为黄泛高滩地、黄泛低滩地、黄泛缓倾斜坡地、黄泛洼地。黄泛高滩地分布在宿灵、宿永公路两侧，土壤是沙土或两合土；黄泛低滩地主要分布在浍河河谷，奎河河谷也有部分，土壤为沙土、两合土、淤土；黄泛缓倾斜坡地分布在北部，多离黄泛河道不远；黄泛洼地主要分布在老汪湖一带，土壤以淤土为主。属暖温带半湿润季风气候区，冬、夏季风的进退，使之兼有南方和北方过渡类型的气象特点。受冷暖气流的影响，冬季干寒，夏热多雨，日照充足，四季分明。多年平均气温14.4℃，1月份平均气温为0℃，极端最低气温为零下23.2℃（1955年1月26日）；7月份平均气温为27.4℃，极端最高气温为40.3℃（1978年7月9日）。多年平均无霜期210天，最短无霜期179天。年日照时数2200—2500小时。多年平均降水量为877.1毫米，极端年最大降水量为1481.3毫米（1954年）；极端最少降水量为560.4毫米（1978年）。降雨集中在每年6—9月，其中7月份最多。有大泽乡、符离、蕲县等三个国家历史文化名镇，小山口、五柳、闵祠等三个国家历史文化名村。

埇桥交通便利。京沪高铁（设宿州站）、陇海铁路（设宿州火车站）、京台高速和206国道纵贯区境南北，泗许高速、宿淮铁路横穿东西。有省道5条。可2个小时抵达上海、3个小时抵达北京；水运从新汴河经洪泽湖通江达海，空港经徐州观音机场可与全国20多个大城市通航。

【地名沿革】春秋属宋。战国属楚。秦属泗水郡。汉属沛郡。三国属汝阴郡。隋属符离县。唐建宿州，治甬桥镇。元属河南归德府，领有符离、蕲县、临涣、灵璧四县。明属凤阳府，只领灵璧一县。1912年民国改宿州为宿县，属安徽省。

埇桥区的前身是宿县。在这片古老的土地上，早在四五千年前就有徐夷、淮夷等部落定居，繁衍生息。周代为宿国。春秋时，宋国曾一度迁都于宿地的相城。七雄纷争时，宿地属楚。秦朝统一后，宿地属泗水郡，置蕲县、符离等县。西汉时属沛郡。东汉属沛国。三国鼎立时，曹操曾划部分宿地入魏之谯郡；魏明帝时分沛国置汝阴郡，宿地大部属之。西晋时，宿地分属沛国和谯郡。南北朝对峙，宿地长期沦为战场，归属无定。隋代统一南北，宿地属彭城郡。唐宪宗元和四年（809年）置宿州于甬桥镇，符离、虹县、蕲县、临涣四县属之。宿州，宋代属淮南路，元代属河南行省归德府，明代属江南临濠府，清代属安徽省凤阳府。民国肇建，废宿州称宿县，属安徽省。中华人民共和国成立后，宿县隶属安徽省宿县地区。

1979年，由于城镇经济体制改革的需要，经国务院批准，以宿县的城关镇为基础，设立宿州市（县级）。1980年8月，宿州市（县级）成立。自此，原宿县行政区划一分为二，变成宿县和宿州市（县级），面积125平方千米。1992年12月，为了精简机构，宿县和宿州市（县级）合并，成立新的宿州市（县级），面积2868平方千米。

1998年，全国行政体制发生重大变革，撤销省政府派出机构行署，实行市管县（区）的体制，即撤地设市。1998年12月6日，宿县行署撤销后，设立省辖市——宿州市。随之，1992年成立的宿州市（县级）改建制为宿州市埇桥区。

【地名异名】宿县——唐建宿州，治甬桥镇。元属河南归德府，领有符离、蕲县、临焕、灵璧四县。明属凤阳府，只领灵璧一县。民国元年（1912年）改宿州为宿县。

【境内地名概况】根据第二次全国地名普查结果，埇桥区境内共有地名8800个，其中自然地理实体地名620个，人文地理实体地名8180个。

1. 因移民定居和姓氏聚居而得名：由外地移民迁来定居，就形成带有那个时代烙印的地名。如李家村、李马庄、王家村、张家村、马家村、曹家村、朱陈村等。

2. 以村落地理环境得名：村落因所处的地理环境有别于其他村庄，故人们便以其环境特色叫起了村名。如陈渡口、闫渡口、高滩、大泽乡、夹沟等。

3. 因村落及其周围的建筑特征得名：古人为了彰显自己村庄的房屋建筑特色，或者突出村落的坐落特点，便以此取村名。如前楼、郑楼、中楼、尹楼、赵楼、孙瓦坊、史瓦房、刘瓦房等。

4. 以村庄功能特色命名：乡村集市为一方百姓的物资集散地。庙宇是信民聚会的活动场所。寨子是为了防护土匪滋扰而筑。屯子往往是官府垦荒养兵、积措军粮的地方。长此以往，这些功能特色也就成为该村庄的名字。如赵集、谢集、符离集、大方寺、老海寺、镇头寺。

【地名社会应用】埇桥区历史文化底蕴深厚，有些地名与历史名人有关，有些地名蕴含着趣味横生的故事。如：

闵子骞祠　在曹村镇闵祠村。三面环山，泉水涌流，环境幽雅。紧傍206国道，交通便利。是我市重点名胜古迹之一，为省级重点文物保护单位。

闵子骞墓　闵子骞墓坐北朝南，高6米，直径40米，是闵子骞的墓地。墓地松柏茂密，“闵墓松风”素为宿州八景之一。

闵贤　又称闵贤集、闵子集，古称闵子乡，是孝贤闵子骞少年居住生活的地方。

小山口　小山口遗址位于安徽省宿州市埇桥区曹村镇小山口村，是新石器时代的古遗址。面积约2万平方米，距今约8000年。被国务院批准为第七批全国重点文物保护单位。

符离东林草堂　唐代诗人白居易故居。

大泽乡　中国第一次农民起义发生地。

大泽乡涉故台　中国历史上第一次农民起义的旧址，在1961年就被列为省重点文物保护单位。

蕲县象窝　位于蕲县古城西徐桥南靠近浍河的地方。传说是范王坐蕲县时，交趾国（现在越南境内）供来一头大象。大象擅掏洞戏水，河湾一带被大象掏了许多窟窿，人们便把这一带称为象窝。

古台寺遗址　目前安徽已发现的最早的新石器时代早期遗存，时代最早距今约8000年。

埇桥扶疏亭　扶疏亭坐落在埇桥街道埇桥区人民政府院内的北城墙上，始建于宋代，现已重修成古式中高低殿堂五间，为县级文物重点保护单位。

石相老海寺　位于石相村风景秀丽的凤凰山麓，毗连褚兰、解集三乡镇交界处。此处群山起伏，层峦叠嶂，怪石峥嵘，溪水潺潺。以老寨山为主的六座山峰连绵起伏，状如卧龙，形似莲花。山场内森林茂密，鸟语花香，苍松翠柏遮天蔽日，刺槐白杨郁郁葱葱。古刹老海寺由于环境清幽、景色秀丽而闻名遐迩。

五柳　陶谦、嵇康、刘伶、白居易、王绩、苏东坡游览赋诗的地方。

夹沟香稻米　稻种珍异，依水而生。曾被列为清朝贡品，安徽名特产。固有“一家煮饭十家香，十家煮饭香满庄”之美誉。

高滩萝卜　蒿沟乡高滩村的特产。蒿沟高滩萝卜久负盛名，以皮薄质脆、甘甜多汁、风味独特而著称。

符离集烧鸡　符离集烧鸡是安徽省宿州市埇桥区的特色传统名菜，因原产于符离镇而得名。中国地理标志产品，也是中华历史名肴，和德州扒鸡、河南道口烧鸡、锦州沟帮子熏鸡并称为“中国四大名鸡”。

萧县马蹄酥烧饼 从陈胜吴广起义时期流传至今，烧饼色如黄金，形如满月，香酥可口。

第二章　埇桥区街道、镇、乡地名

埇桥街道

埇桥街道（Yǒngqiáo Jiēdào）　乡级行政单位。

【地理概况】位于宿州市埇桥区城区的中部。东与东关街道为邻，南连南关街道，西邻西关街道，北接北关街道。面积为1.26平方千米，总人口42832人，民族为汉族。辖东仙桥、西仙桥、城隍庙、雪枫4个社区居委会。街道人民政府驻环城北路1号。境内有扶疏亭、老城墙、福音堂等重点保护景点。辖区内有环城公园、明丽大厦、国贸购物中心、同盛广场等。是埇桥区政治、经济、文化中心。

【地名沿革】周朝时此地为宿国，春秋时属宋国。1992年2月以前，该地存有宿州市市南街道办事处、宿州市市北街道办事处。1992年2月，撤区并乡时将市南、市北两个办事处撤销，合并成立埇桥街道办事处，并将原所属北关校场居委会划归北关街道办事处管辖。

【境内地名概况】从地名专名来看，辖区内居民点地名有以下特点：

1. 以自然地理实体命名。如东仙桥社区、西仙桥社区、城隍庙社区等。

2. 以地理位置命名。如东仙桥小区、党校小区、凤凰小区等。

3. 以祥瑞、希冀命名，表达了中华传统文化中对美好的向往和追求。如龙祠小区、共和世家小区等。

4. 以历史古迹或人文地理实体命名。如东仙桥小区、人武部小区等。

从地名通名来看，辖区内居民点地名主要有以下地方特色：

1. 具有明显的区位特色。如东仙桥社区、西仙桥社区等。

2. 具有反映村名来历的特色。如青龙组，今宿州市一小原为文庙旧址。文庙东西两侧有青龙、白虎两条南北街巷。

【地名社会应用】埇桥街道历史文化底蕴深厚，其中，环城公园是人们休闲、游玩、娱乐的场所。区政府、区人武部坐落辖区，扶疏亭、老城墙、福音堂、地藏庙是古建筑重点保护景点。

扶疏亭，据县志所载的旧图新建的。苏轼于北宋元丰元年（1078年）被任命为徐州太守，他曾经应宿州太守之请作墨竹以赠。但“东坡居士”显然并非当时题署，因为苏轼给自己取号“东坡”，是三年以后被谪到黄州时候的事。碑上的署题或许是后来刻诗刻画时所加。为了保存诗画碑，当时便建了一座亭，取名“扶疏”，点明所藏珍品为墨竹。

沱河街道

沱河街道（Tuóhé Jiēdào） 第七批全国民族团结进步示范区。

【地理概况】位于宿州市埇桥区城区东部，东至沱河，南依宿州市经济开发区，西邻道东街道，北接城东街道。面积8.8平方千米，总人口37543人，民族为汉族。辖泰康、春光、宿东、韩池孜4个居民委员会，下设13个居民组4个村民组。政府驻地为韩池孜社区。辖区有闻名全市的城隍庙保留原貌，有城隍庙市场等。

【地名沿革】1982年6月成立沱河街道，隶属宿州市（县级）人民政府。1992年县市合并后仍用沱河街道办事处。1998年12月，沱河街道隶属宿州市人民政府。

【境内地名概况】从地名专名来看，辖区内居民点地名有以下特点：

1. 以自然地理实体命名。如宿东社区、韩池子社区等。

2. 以地理位置命名。如康居苑南北区、北苑世家、二十九处小区等。

3. 以祥瑞、希冀命名，表达了中华传统文化中对美好的向往和追求。如花园小区、康居苑小区等。

4. 以历史古迹或人文地理实体命名。如韩池孜、安装处小区等。

从地名通名来看，辖区内居民点地名主要有以下地方特色：

1. 具有明显的区位特色。如宿东社区、物测队小区等。

2. 具有反映村名来历的特色。如韩池孜，此地因韩氏家族居住人口较多，村中有一池塘，故名韩池孜。

3. 具有反映村民姓氏多寡的特色。如李瓦房、小崔家。

【地名社会应用】沱河街道经济发展迅速，采取有力措施，促进经济工作又上一个新台阶。现代农业发展势头强劲。以项目为载体，积极推行订单农业，完成了2万亩的优质粮食生产示范基地，5000亩的优质棉、种子棉生产基地，3500亩的反季节无公害蔬菜种植基地，梅庵养鸭基地、华夏奶牛等大规模养殖基地，通过以点带面，示范引导，带动了街道农业产业化的发展。加快协会建设，通过协会带动农户，巩固发展龙头企业3个，新发展大王蔬菜、邵杨大葱、大江花卉等经济组织3个，大王、丁许、戚岭、邵杨4个特色蔬菜种植村，产品远销全国各地。

道东街道

道东街道（Dàodōng Jiēdào） 乡级行政单位。

【地理概况】位于宿州市老城区东部。东与沱河街道接壤，南与宿州市开发区为邻，西靠京沪铁路，北依沱河。面积4平方千米，人口3.2万人，民族为汉族。辖港口社区、东方社区、翠园社区3个居民委员会。政府驻地港口社区。境内紧邻宿州火车站，淮河路、汴河路、滨河路、宿州大道、港口路穿境而过；通多路公交车。

【地名沿革】从新中国成立初期至1958年属东关镇；1970年属东关街道；1980年成

立道东街道办事处；1992年属县级宿州市；1997年属宿州市埇桥区。

【境内地名概况】从地名专名来看，辖区内居民点地名有以下特点：

1. 以自然地理实体命名。如东方社区、港口社区等。

2. 以地理位置命名。如桥西小区、海事局居民组、港口小区等。

3. 以祥瑞、希冀命名，表达了中华传统文化中对美好的向往和追求。如团结巷。

4. 以历史古迹或人文地理实体命名。如棉织厂小区、良苑小区等。

从地名通名来看，辖区内居民点地名主要有以下地方特色：

1. 具有明显的区位特色。如桥西小区、港口小区等。

2. 具有反映来历的特色。如碧玉豪庭小区，原来是居民棚户区，2002年由房地产开发公司开发建设为集商务办公、酒店公寓、居民住宅于一体的多功能小区。小区坐落于沱河岸边，环境幽雅，别具一格，故命名为碧玉豪庭。

【地名社会应用】道东街道经济发展迅速，其中驻地企业中煤七十一工程处、中煤七十二工程处、第三建设公司机电安装处、金三维集团、水文勘探队等5家都是国家一级资质企业，多项工程获国家、省级殊荣。其固定资产投入及招商引资均达到亿元。宿州市古沱酒厂连续多年评为省优企业。

东关街道

东关街道（Dōngguān Jiēdào） 乡级行政单位。

【地理概况】位于宿州市主城区中部，北与北关街道办事处接壤，南与三里湾街道办事处接界，东和道东办事处相连，西临埇桥街道办事处。面积2.5平方千米，总人口4.2万人，民族为汉族。辖13个居（村）委会。2003年，辖区调整为站下、观李、南苑、大泽、观音堂、马号、北苑7个社区居委会和北园村。2008年，区划调整为铁路、马号、观李、大泽、马号、北苑6个社区居委会。

【地名沿革】1951年11月成立宿城市东关镇。1953年撤市并县为宿县城关镇东关办事处。1979年成立宿州市时，站下街道办事处和东关街道办事处合并为东关街道办事处。1992年市县合并仍为东关街道办事处。

【境内地名概况】从地名专名来看，辖区内居民点地名有以下特点：

1. 以自然地理实体命名。如客运小区、北苑小区等。

2. 以地理位置命名。如北苑小区、师范路小区、东昌小区等。

3. 以祥瑞、希冀命名，表达了中华传统文化中对美好的向往和追求。如花园大厦小区、幸福小区。

从地名通名来看，辖区内居民点地名主要有以下地方特色：

1. 具有明显的区位特色。如北苑小区、路东小区等。

2. 具有反映来历的特色。如幸福小区，因坐落于幸福路菜市街，故命名为“幸福小区”。

【地名社会应用】东关街道经济发展迅速，长期以来，东关街道党委、办事处充分考虑到辖区的区位优势，坚持以人为本，树立争创一流的思想，始终把党建促经济作为重中之重，以优化环境发展经济为主线，以招商引资工作为抓手，以企业改制为突破口，发展民营经济，不断加快社区建设，全面推动东关经济的持续、健康、快速发展。

东关街道充分发挥和挖掘地域优势、资源优势和人才优势，深入开展“创建和谐温馨的文明社区”活动，以立党为公、执政为民为出发点，充分为社区单位和居民服务，坚持超前思维、超前规划、超前服务，全力推进社区建设。

三里湾街道

三里湾街道（Sānlǐwān Jiēdào） 乡级行政单位。

【地理概况】位于宿州市埇桥区东南方向，东以京沪铁路与道东街道为界；南以纺织路与市经济技术开发区金海街道相邻；西以淮海南路与南关街道相接；北以浍水路与东关街道为界。面积 3.9 平方千米，总人口 46179 人，民族为汉族。辖凤池、三里湾、纺织路、淮河路、陈营、南方、拂晓共 7 个社区居民委员会。街道政府驻三里湾社区。境内各类生活设施齐全，有迎宾路景观路。206 国道穿境而过，浍水路、淮河路、纺织路、迎宾路横贯东西，怀远路纵贯南北，通多路公交车。

【地名沿革】1980 年为城南乡，1992 年撤市并乡后改为三里湾街道办事处。

【境内地名概况】从地名专名来看，辖区内居民点地名有以下特点：

1. 以自然地理实体命名。如三里湾社区、凤池社区等。

2. 以地理位置命名。如纺织路社区、淮河路社区等。

【地名社会应用】近年来，三里湾街道在赢得群众“点赞”的同时，也先后获得“全国社区教育示范街道”“安徽省第二批学习型党组织建设工作示范点”“全省基层工会帮扶示范站”“全市党建工作先进集体”“全市基层双拥共建先进单位”“市第八届文明单位”“全区先进基层党组织”“党风廉政建设责任先进单位”等 68 项荣誉。6 万三里湾人，用心血和汗水构筑了埇桥一隅的地绿、水清、人和；用热情和激情描绘出美好家园的独特魅力！无论是投资兴业还是安居乐业，这里都是最好的选择。兴业在埇桥，安居在三里。

南关街道

南关街道（Nánguān Jiēdào） 乡级行政单位。

【地理概况】位于宿州市埇桥区城区的南部。北与埇桥街道办事处搭界，南与三里湾街道办事处接壤，东和东关街道办事处相连，西临西关街道办事处。面积 4.2 平方千米，总人口 37013 人，民族为汉族。辖二中、葛园、万里桥、恒馨、南园、一中 6 个社区居委会。乡政府驻淮海南路与浍水路交叉口。辖区有夜市小商品步行街、九中体育馆、科技文化广场、武夷商城等大中型商场 460 多家，是城区经济、文化、商贸中心。

【地名沿革】1948 年 11 月成立宿城市人民政府为南关镇。1953 年撤市并县为宿县城关镇市南办事处。1979 年成立宿州市时，由市南街道办事处分出，成立南关街道办事处。1992 年市县合并仍名为南关街道办事处。

【境内地名概况】从地名专名来看，辖区内居民点地名有以下特点：

1. 以历史人文地理实体命名。如万里桥社区，1978 年以前，万里桥社区的前身是双庆居民委员会，后又叫圆月居民委员会，地域范围包括葛园和万里桥居民委员会。1993年9月，成立江庄居民委员会和万里桥居民委员会。2003年9月，江庄居民委员会和万里桥居民委员会合并，以万里桥居民委员会命名。2009年8月，成立万里桥社区居民委员会。

2. 以自然地理位置命名。从地名通名来看，具有反映历史人文的特色。如恒馨社区，1982年因卫校坐落于本辖区所以命名为卫校社区。后因卫校搬迁，于2008年恒馨房地产公司在本辖区内开发恒馨财富广场小区，故本社区取名为恒馨社区居民委员会。

【地名社会应用】南关街道历史文化的多元性，2011年末南关街道省社区文艺团体2家，知青艺术团和夕阳红艺术团现有成员200人，各类文化专业户50户，各类图书室8处，藏书16万余册。音乐、美术、书法、摄影及文学业余创作队伍80人，其中国家级书协、美协会员12人，省级书协、美协会员35人。社区夕阳红艺术团编排演出的花鼓灯《我们正年轻》曾获全国文联、中国舞蹈家协会举办的“全国中老年广场舞蹈大赛”一等奖，2007年1月参加中华民族商会艺术团国际联合会在香港举办的全国第三届中国香港“金紫荆花奖”中老年大赛中，其节目《凤阳欢歌》荣获金奖。

西关街道

西关街道（Xīguān Jiēdào）　乡级行政单位。

【地理概况】位于宿州市埇桥区城区的西部。东起西昌路，南至浍水路向西至人民路向南到淮河路，西到磬云路，北到银河路向东至人民路北拐至沱河。面积6.76平方千米，总人口47722人，民族为汉族。辖环宇社区、振兴社区、和园社区、下关社区、美庐社区、祥安社区6个社区居民委员会。辖区有银河广场、宿州市博物馆、市文艺中心。有华洋集团、宝龙集团、中煤三十处、安徽工程技术学校等30多家企业单位。以工业、商业外贸为主。有“三纵六横”路网交通，四通八达。通多路公交车。

【地名沿革】1981年7月8日，由宿县地区行署在原市北街道的西关、薛园、酒厂居民委员会及西关大队11个生产队基础上设立西关街道，属原宿州市，为其派出的正科级建制的城市区域机构，领导机构设党委和办事处。1992年2月，撤区并乡，增划原城西乡李园村、张仙庙村及何家村杜家组和沱河街道煤技校居民委员会。2008年9月，城区行政区划调整后设6个社区居民委员会。

【境内地名概况】从地名专名来看，辖区内居民点地名有以下特点：

1. 以历史人文地理实体命名。如大王庙，大王庙于监狱起名，区内有武警系列服装品牌，商业网点，又集社区服务中心于一体，故名为监狱生活小区。

2. 以姓氏命名。如董园、薛庄小区等。

从地名通名来看，辖区内居民点地名主要有以下特色：

1. 具有反映历史人文的特色。如一人巷，因该庄以东有段巷子很窄、很长，仅够一人通行，故而得名。

2. 具有反映自然地理的特色。如渔场小区、秦巷口小区等。

【地名社会应用】古隋唐大运河孕育了西关文明，下辖社区先后获得“全国安全示范社区”、全国“侨法宣传角”、安徽省“文明上网先进社区”、安徽省首批“无传销”社区。华夏世贸广场、苏果超市、瑞景国际、环宇国际广场、磬云路大市场等商贸综合体坐落西关，环宇银河绿苑、美庐花园、华洋新世界广场、元一新天地、凤凰假日等一批宜居高档小区相继落成，华夏世贸广场、苏果超市等大型商贸企业发展态势良好，物流等服务体系功能完善，是集人文与现代文明生活气息于一体的新型街道。

北关街道

北关街道（Běiguān Jiēdào） 乡级行政单位。

【地理概况】位于宿州市埇桥区城区北部，东至京沪铁路，南起北环城河，西至沱河节制闸，北至新汴河。面积7.5平方千米，总人口23553人，民族为汉族。辖华地、教场、北关、汇源4个社区居民委员会，街道政府驻地北关社区。境内有雪枫路商业一条街、全市最大的室内菜场等商业区，有各类企事业单位100余家；有教场社区体育广场、雪枫烈士公园等大型公共活动中心；有宿州第一职业高中、宿州十一中北校区、第五小学、第六小学等4所学校。

【地名沿革】1948年12月至1952年6月，属宿城市北关镇。1952年6月北关镇、县后镇合并为市北镇。1953年8月，宿城市建制撤销，其辖区归属宿县。1953年9月，宿县城关成立了城关区，市北镇属城关区，直至1955年12月成立城北乡，境地属城北乡，1958年至1961年11月，属三八人民公社。1961年11月，三八人民公社改为城郊区，境地属城郊区北关公社。1963年6月，北关公社改为城郊公社。1979年12月设城西区，境地属其下辖的城北公社。1984年体制改革，撤销人民公社建制，设乡人民政府，乡名沿用原社名。1992年2月，撤销城北乡人民政府建制，成立北关街道办事处至今。

【境内地名概况】从地名专名来看，辖区内居民点地名有以下特点：

1. 以历史人文地理实体命名。如响李，该庄以李姓为主，生活比其他地方富裕，秋收在打谷场打谷时，骡马身上戴着响铃，以显示丰收富足，故而得名响李。

2. 以自然地理位置命名。如恒大御景湾因单位规模大，实力强，靠近三角洲生态公园、新汴河景观带，景色优美，取名意思为豪华的住宅。

3. 其他命名原则。如大姓聚居村庄黄庄、张庄、李家等。

从地名通名来看，辖区内居民点地名主要有以下特色：

1. 具有反映历史人文的特色。如上述所说响李。

2. 具有反映自然地理的特色。如腾龙小区，该小区坐落于北关“大鹏展翅”标志南边，象征北关在展翅腾飞，故名为腾龙小区。

【地名社会应用】长期以来，北关街道党工委、办事处充分考虑到辖区的功能定位，在工作中以社区党建为抓手，充分发挥和挖掘地域优势、资源优势和人才优势，积极贯彻“以人为本”的宗旨，深入开展“创建生机盎然、安居乐业、和谐温馨的文明社区”活动，以立党为公、执政为民为出发点，立足为社区单位和居民服务，坚持超前思维、超前规划、超前服务，全力推进社区建设。在创建文明城市工作中，街道党委及政府安排认真查处、拆除违法建设项目，取缔马路市场、店外经营，实施亮化工程和环境污染整治工程，处理乱贴小广告等现象，全面加强市场规范化管理，开展了多次集中整治活动；社区党建工作中，建立健全各级网络，在社区设立党员联络站（组），对党员实行分片、分类管理机制。在工作体制上，实行“菱形”工作法，在机关设立“全程代理服务大厅”，对城建、计生、民政、土地等各项社区服务实行一站式的全程代理服务。

三八街道

三八街道（Sānbā Jiēdào） 乡级行政单位。

【地理概况】位于宿州市埇桥区西南部，东邻西关街道，南毗金海街道，西与西二铺乡接壤，北到新汴河。面积 29 平方千米，总人口 39867 人，民族为汉族。辖九里村、十里村、光彩社区、迎宾社区、银河社区、港利社区、三八社区、杨庙社区、大吴社区、三里社区。地处淮北平原中部地带，平均海拔 25—30 米之间。地形单一，地势平坦，土质软松，多以旱地集中。属暖温带湿润气候，特点是春夏秋冬四季分明、季风明显、温和湿润。

【地名沿革】1958 年 3 月设立宿县三八人民公社。1971 年 3 月三八人民公社分为城西公社和城郊公社。1980 年宿县分为宿县、宿州市，三八乡隶属宿州市。1984 年撤区并乡机构改革，城西公社改为城西区，下设三八乡。1992 年 3 月地改市机构变化后成立三八乡。2005 年 8 月撤乡改三八街道。

【境内地名概况】从地名专名来看，辖区内居民点地名有以下特点：

1. 以历史人文地理实体命名。如光彩城小区，宿州光彩城大市场由全国知名的民营企业——江西民生集团投巨资精心打造，全国光彩促进直属重点项目之一，是一项现代商贸物流与光彩事业相得益彰的宏伟工程，故命名为光彩城小区。

2. 其他命名原则。如大姓聚居村庄毛家、余家、张家等。

从地名通名来看，辖区内居民点地名主要有以下特色：

1. 具有反映历史人文的特色。如上光彩城小区等村的来历。

2. 具有反映自然地理的特色。如胜利路小区等。

【地名社会应用】三八街道历史文化底蕴深厚，一些地名与历史文化或名人有关，如陈淑贞（1925—1980），女，汉族，安徽宿州市人。1952 年被评为省级劳动模范，后以陈淑贞带领的农业合作联社为基础成立了三八人民公社，陈淑贞被推为三八人民公社社长。后陈淑贞又被评为“全国劳动模范”和“三八红旗手”。在国庆十周年时，受中央领导人接见，并与毛泽东主席合影留念，周恩来在家设宴招待陈淑贞等全国著名女劳动模范。陈淑贞后随中国妇女代表团赴苏联访问。在周恩来总理的直接关怀下，以陈淑贞为原型的电影《三八河边》在全国公映。1958 年 10 月刘少奇来安徽宿县视察时，接见了陈淑贞。1979 年陈淑贞再次被评为全国“三八红旗手”，并当选为安徽省妇联常委。1980 年 1 月陈淑贞因车祸去世，终年 55 岁。

汴河街道

汴河街道（Biànhé Jiēdào） 乡级行政单位。

【地理概况】位于宿州市区北部，与埇桥区灰古镇接壤，南靠汴河，西邻三八乡和淮北市烈山区，北接符离镇，东北与顺河乡为邻。面积63平方千米，总人口26261人，民族为汉族。辖汴北、新汴河、北十里、邵杨、梅庵、杨圩、大王、马梨园8个村民委员会。街道政府驻汴北社区。合徐高速、206国道、京沪铁路贯穿全境。

【地名沿革】1992年2月，原梅庵乡、北十里乡合并为汴河镇。2005年更名为汴河街道。

【境内地名概况】从地名专名来看，辖区内居民点地名有以下特点：

1. 以历史人文地理实体命名。如刘香庄，清代有位姓刘名秀的在此居住，名声较差，因为“秀”与“臭”同音，当地人叫他“刘臭”。因臭是多音字，后人又称为刘臭（音chòu）。

2. 以自然地理位置命名。如玉帝庙庄。符离善姓、张姓的四个儿子修建庙宇：玉帝庙。听老人讲，一二百年前，玉帝庙庄原先叫小孙庄，后来姓孙的人家都没有了，庄西头有座玉帝庙，故改称为玉帝庙庄。

3. 其他命名原则。如大姓聚居村庄张洼、小吴家、张庄等。

从地名通名来看，辖区内居民点地名主要有以下特色：

1. 具有反映历史人文的特色。如丁里的来历、刘乡庄的来历。

2. 具有反映自然地理的特色。如东任井，该地方地势较洼，容易打井，老百姓在此重新填土盘宅基地，起初在此居住的是任姓家族，因此叫任井。1964年开挖新汴河时，把原任井庄搬迁至现在的位置，东边的庄叫东任井，西边的小庄叫西任井。

【地名社会应用】王寨镇，高3.5米，直径25米，占地约5000平方米，历史文化底蕴深厚。岗子汉墓群，位于褚栏镇岗子村南山，汉墓分布在从山顶至山脚的北坡、东坡上，占地约1.5万平方米，为东汉时期的墓群。雪花山，该墓位于西寺坡镇雪花村北1千米，墓高4米，占地约2000平方米。

金海街道

金海街道（Jīnhǎi Jiēdào） 乡级行政单位。

【地理概况】位于宿州市主城区的南部，东与大泽乡镇接壤，南抵桃园镇，西与濉溪县相邻，西北与三八街道和西关街道相连，北接南关街道和三里湾街道，东北与朱仙庄镇接壤。面积36平方千米，总人口49640人，民族为汉族。辖河拐、紫金（前付、后付合并）、金江（王桥、闫店、丁李合并）、金河、金泰（七里、李桥合并）5个社区。街道政府驻宿州市经济技术开发区。

【地名沿革】2007年9月经过安徽宿民政厅〔2007〕138号文件批准设立金海街道办事处。2009年4月30日正式挂牌成立，将埇桥区桃园镇的河拐、后付2个居委会，王桥、闫店、李桥、刘合、邵王5个村委会和三里湾街道的王徐居委会、陈营居委会以及城东街道的七里村委会划出，设立金海街道办事处。

【境内地名概况】从地名专名来看，辖区内居民点地名有以下特点：

1. 以历史人文地理实体命名。如古堆，清朝年间，人们由山东迁居至此，为防黄泛，挖村四周土，筑堆建房，经数代人不断堆积，形成一个四周低洼、中间如岛屿的形状，又因离宿州有八里之遥，故而得名城西八里王古堆，简称古堆。

2. 以自然地理位置命名。如三里庄，因该庄当时距离城区有三里，故名。

3. 其他地名命名原则。如大姓聚居村庄名汪家、陆家、吕家等。

从地名通名来看，辖区内居民点地名主要有以下特色：

1. 具有反映历史人文的特色。如上述所说古堆等村的来历。沈家，明朝中期，从现朱仙庄村沈牌坊迁至此地，在此地开荒种植，建造房屋，不断繁衍生息，家族人丁旺盛，逐渐壮大，因故得名为沈老荒，1949年后因生活的逐渐转好和口音的转变称呼沈老庄，后称沈家。

2. 具有反映自然地理的特色。如谷岭庄，主要以居住谷姓居多，又以村有条岭子，故而得名等。

【地名社会应用】金海街道历史悠久，有很多名地及有影响的事物，居民点常捆绑或冠其名。如河拐社区、紫金社区。其中人民公社时期属前付大队、后付小队；2007年后付大队更名为后付社区，沿用至今。

城东街道

城东街道（Chéngdōng Jiēdào） 乡级行政单位。

【地理概况】位于宿州市埇桥区城区东部，东与朱仙庄镇接壤，西南与宿州市开发区为邻，西靠沱河，北依汴河。面积24平方千米，总人口18239人，民族为汉族。辖八里、津浦、沱河、十里4个社区居委会。街道政府驻地沱河村。地处北温带，属半湿润季风气候，特点是气候温和，日照充足，四季分明。境内有宿州市循环经济示范园、四季绿化景观道路。以工业、商业外贸为主。303省道横贯东西，有“四纵四横”交通路网；通多路公交车。

【地名沿革】1980年隶属原宿州市郊区城东公社。1985年4月由郊区城东公社改为小城东乡。1992年3月撤区并乡以后成立城东乡。2004年12月，经省民政厅批准，设立城东街道办事处。2007年经安徽省发改委批准设立的宿州市循环经济示范园坐落在城东境内。

【境内地名概况】从地名专名来看，辖区内居民点地名有以下特点：

1. 以历史人文地理实体命名。如曾家，曾姓人家由山西洪洞县大槐树迁此居住至今，在此开荒种地，建造房屋，有孔、孟、颜、曾四大家族之盛誉，不断流传逐渐扩大，发展很快，因此此地得名曾家。

2. 以自然地理位置命名。如莲花刘，刘家地形很洼，后出现一湖莲花，连年不败，后来刘家就叫莲花刘。

3. 其他命名原则。如大姓聚居村庄卢家、赵家、沈家等。

从地名通名来看，辖区内居民点地名主要有以下特色：

1. 具有反映历史人文的特色。如上述所说曾家。

2. 具有反映自然地理的特色。有一个姓蕲的大户，老家地方小，住不下，就从山西洪洞县迁来此地，开荒种地，建设家园，后来姓段的、姓王的都搬来居住，因姓蕲的家族大，此庄就叫蕲家庄。

【地名社会应用】城东街道历史悠久，有很多名地及有影响的事物，居民点常捆绑或冠其名。东蕲家，清朝末年，蕲氏家族从山西洪洞县大槐树迁入此地，在此开荒种地，建造房屋，由于姓蕲的是大户，故而得名。

符离镇

符离镇（Fúlí Zhèn）　乡级行政单位。符离镇是“全国小城镇重点镇”“全国投资环境300佳乡镇”“省级新农村建设示范镇”“省中心建制镇”“省级综合示范镇”“省强镇扩权试点镇”。

【地理概况】位于宿州市埇桥区北部，东邻顺河乡，南临汴河办事处，西靠淮北市烈山区马桥镇、古饶镇，北接夹沟镇。面积142.52平方千米。人口88776人。辖镇南、站东、振兴3个居委会，符离、符北、沈圩、杨楼、李桥、横口、灵寺、黄桥、丁集、王楼、褚庄、四山、张楼、清水、尖山、芦村、梁套等17个村民委员会，共计20个村居。人民政府驻镇南居委会。境内有濉河、濉引河、唐河、股河、龙脊山、皮日休墓、刘弘墓、黄花洞、褚庄上龙寺、大芳寺。

【地名沿革】始建于周，战国属楚，秦始建符离县，汉属沛郡。三国划属谯郡。隋符离县属彭城郡。唐符离县属河南道徐州所辖。元划入宿州，从此符离县隐县为集，直到民国。1938年日伪建立符离特别区，1942年属淮海省。1949年初成立符离区，1958年9月25日成立符离人民公社，1961年8月15日恢复符离区，下辖顺河、大秦、灰古、褚庄、黄山、王楼、符离、灵寺等8个公社和1个符离镇。1965年5月，符离镇升格为县辖区级镇。1980年1月，撤销符离公社，成立符离区，下辖灵寺、褚庄、丁集、黄山、老符离、十里、梅安等7个人民公社。1984年符离区、符离镇合并成立新的副县级符离镇，下辖灵寺、褚庄、丁集、黄山、老符离、十里、梅安等7个乡。1992年2月，全省统一撤区并乡，撤销灵寺、褚庄、老符离、丁集、黄山、十里、梅安7个乡和镇办事处，统属符离。1993年至今符离镇属埇桥区。

【境内地名概况】从地名专名来看，辖区内居民点地名有以下特点：

1. 以历史人文地理实体命名。如黄花洞，位于符离东北部，村东有山，山腰有一古洞，名叫黄花洞，古代此山原名叫卧虎山，古洞叫采隐洞，洞侧不远处有一青龙泉，泉边有一龙泉寺，四周树木参天，黄花满地，以后此山改名黄花山，此洞改名为黄花洞，村名故此命名。老符离街，地理环境特殊，处在华北大平原，北有濉河，自唐朝至今是经济文化的中心，商铺贸易往来频繁，即称古符离集，在后称老符离街至今。

2. 以自然地理位置命名。如黄堤湾，黄姓人家迁居至此，开荒种地，因百姓都姓黄，位置处于濉河拐弯处，因而得名黄堤湾。

3. 其他命名原则。如大姓聚居村庄名黄庄、朱庄、张塘等。

从地名通名来看，辖区内居民点地名主要有以下特色：

1. 具有反映历史人文的特色。如上述黄花洞、老符离街等村的来历。

2. 具有反映自然地理的特色。如黄堤湾等。

【地名社会应用】符离镇历史文化底蕴深厚，一些地名与历史文化或名人有关。符离是个古战场，历来为兵家必争之地。刘邦、项羽逐鹿中原的大战，宋金时期的符离之战，淮海战役中的符离小李庄战斗，一个个历史上的著名战役，成就了“百战道”和“符离古塞”。陈毅元帅在淮海战役中曾亲自来过符离，在符离东五里的黄花洞村设立前敌指挥部，前后停留过十几天的时间。

符离之战，宋金战争重要战役之一。隆兴元年（1163年），宋孝宗以张浚为都督，主持北伐。四五月，张浚部署李显忠与邵宏渊两军十三万北伐，复灵璧（今属安徽）、虹县（今安徽泗县），进据宿州州治符离（今安徽省宿州市）。金纥石烈志宁率军反攻，宋军败入城中。李显忠与邵宏渊不睦，宏渊不肯力战，诸将相继违令逃遁，金军追击，宋军大溃。此后宋丧失再战之力，遂被迫议和，是谓隆兴和议。

白居易与东林草堂，宿县老符离乡古符离村东北二里处的濉水南畔，有一片高台宅基地，当地老百姓叫白堆，这就是唐代诗人白居易故居——东林草堂遗址。白居易11岁随家迁居符离，住毓村东林草堂。

芦岭镇

芦岭镇（Lúlǐng Zhèn） 乡级行政单位。

【地理概况】位于宿州市埇桥区东南部，东接大店镇，南邻固镇县任桥镇，西连西寺坡镇，北同朱仙庄镇搭界。面积130.04平方千米，总人口87184人，民族为汉族。辖北王寨、南王寨、相王、曹坊、安阳、王老庄、路口、桥口、丁桥、花庄、芦南、陈堂等12个村民委员会和沱中、沱南、沱北3个居民委员会。镇政府驻沱中居委会。境内有西汉置安阳县、安阳亭遗址，盛圩烈士陵园和北海公园等人文景观。

【地名沿革】1969年5月23日，成立芦岭人民公社（区级）。1984年11月4日，成立芦岭镇。

【境内地名概况】从地名专名来看，辖区内居民点地名有以下特点：

1. 以历史人文地理实体命名。如花庄村，明朝洪武七年（1374年）宿州划归凤阳府，取名荒庄，后更改为花庄集，抗日战争时期为花庄乡政府，1993年行政区域调整撤销花庄乡变更为花庄村。

2. 以自然地理位置命名。如芦岭矿食堂小区，该小区坐落在芦岭矿食堂东面，以食堂命名，故名矿食堂小区。1963年1月，命名为芦岭矿食堂小区。

3. 其他命名原则。如大姓聚居村庄名邢庄、邓庄、杨庄等。

从地名通名来看，辖区内居民点地名主要有以下特色：

1. 具有反映历史人文的特色。如上述黄花村等村的来历。

2. 具有反映自然地理的特色。如花庄等。

【地名社会应用】以芦岭冠名的有芦岭矿，是华东地区大型矿井，于1969年投产，原设计生产能力150万吨，经改扩建后，2008年以来原煤年产量保持在200万吨左右。井口选煤厂建成于1981年，经多次改扩建后，年入洗能力已提高到240万吨。所有产品均通过了2000版ISO9000的质量认证，深受国内外用户好评。

朱仙庄镇

朱仙庄镇（Zhūxiānzhuāng Zhèn） 乡级行政单位，安徽省“轻纺产业集群专业镇”、省“扩权强镇试点镇”。

【地理概况】位于宿州市埇桥区中东部，东与大店镇相连，东南部与芦岭镇相接，南部隔沱河与西寺坡镇相望，西部与城东办事处相连，北部隔新汴河与灰古镇、蒿沟乡相邻。面积150平方千米，总人口84194人，民族为汉族。辖朱仙庄、三铺、宋庙、后场、汴南、塔桥、新河、朱庙、镇西、二铺、曹凌、沱北、矿南13个村民委员会和六合1个居委会。镇政府驻朱仙庄村。境内国家大型统配煤矿——朱仙庄煤矿、宿东煤矸石发电厂坐落镇中，303省道和宿州大道横贯东西。

【地名沿革】朱仙庄前身为宿县三铺人民公社，驻三铺村。1982年，撤销三铺公社，成立三铺区，隶属宿县。1984年12月，撤销三铺区成立朱仙庄建制镇，镇址迁到朱仙庄村，行政辖区不变，辖朱仙庄、镇东、三铺三个办事处和二郎、后场、新河、二铺四个乡。1992年2月，撤掉四乡三办，直管40个村。1992年12月，经国务院批准宿县、宿州市（县级）合并成立宿州市（县级），朱仙庄镇隶属宿州市。1997年撤销龙王庙、曾家两村划归新河村，撤销沈老庄划归曹凌村，合并后场、潘湖成立洪湖村。1998年12月，撤地建市，撤销县级宿州市，设埇桥区，朱仙庄镇隶属埇桥区。

【境内地名概况】从地名专名来看，辖区内居民点地名有以下特点：

1. 以历史人文地理实体命名。如沟沿张，许姓人家在此居住，1938年日本人放火烧庄，故得村名火烧许。后张姓人搬迁此地，繁衍生息，日渐繁荣，故得名沟沿张。

2. 以自然地理位置命名。如黄树丁，丁姓人家由山西省迁居至此，在此开荒种地、建造房屋，不断繁衍生息，家族人丁兴旺，逐渐壮大，村里有棵黄连树，故而得名黄树丁。

3. 其他命名原则。如大姓聚居村庄谢家、大许、小吴等。

从地名通名来看，辖区内居民点地名主要有以下特色：

1. 具有反映历史人文的特色。如上述沟沿张等村的来历。

2. 具有反映自然地理的特色。如黄树丁等。

【地名社会应用】朱仙庄历史悠久，隋朝时位于古汴河下游，因地势低洼，形成一片汪洋，当地人称为“湖”。湖的南岸有个村庄，叫刘家湖。刘家湖，顾名思义，是因刘姓居多而形成的村庄。刘家湖很小，不过百余人居住，地方偏僻，所以无人知晓。到了明朝，村里出个儒生，姓朱，人称朱生。朱生为人厚道，聪明好学，尤其擅医书。有一年，刘家湖染上了瘟疫，加之久旱不雨，庄稼颗粒无收，农民流离失所，到处哀鸿遍野。朱生心疼乡邻，因本人颇通医术，便变卖了家产为乡邻购药治病。久而久之，朱生医术渐高，成为方圆百里的名医，人称“神仙一把抓”。四邻亲切地称他为“朱先生”，称他所在的村庄为“朱先生村”。多年以后，人们便把“朱先生庄”改为“朱仙庄”。这便是朱仙庄名字的来历。

褚兰镇

褚兰镇（Chǔlán Zhèn）　乡级行政单位，“安徽省拥军优属模范镇”。

【地理概况】位于宿州市埇桥区东北部，东连灵璧县夏楼镇，南靠栏杆镇，西接杨庄乡，北毗江苏省铜山区。面积132.2平方千米，总人口49799人，民族为汉族。辖褚兰、马桥、岗孜、宝光寺、冯楼、桂山、谢炉、后程、小圩、大杨10个村民委员会。镇政府驻地褚兰村。境内有省级文物保护单位九女坟、褚兰山、广龙山。

【地名沿革】夏商时属徐州鲁地，春秋战国属宋地雍门，1949年设褚兰乡属金山区，是萧铜宿灵四县办事处驻地，1951年属山东省徐州市郊十二区。1958年建褚兰公社，1984年公社设乡，设乡人民政府，1992年撤区设镇。

【境内地名概况】从地名专名来看，辖区内居民点地名有以下特点：

1. 以自然地理实体命名。如宝光寺、观音堂等。

2. 因姓氏聚居命名。如冯楼、王庄、海楼等。

3. 以祥瑞、希冀命名，表达中华传统文化对美好的向往和追求命名。如黑沃、金山。

4. 以方位大小命名。如东岗、西岗等。

【地名与社会应用】褚兰镇历史文化底蕴深厚，一些地名与历史文化或名人有关，如九女坟，是安徽省迄今发现规模较大、保存比较完好的东汉晚期画像石墓，是研究汉代的政治、经济、文化等诸多方面历史的重要文化遗产。始建于东汉末年的九女坟，经过1600多年的历史至今保存完整，这里最为人称道的是汉代画像石，画像石雕刻精美，栩栩如生，展现了当年汉代人的生活场景。九女坟一共有13幅画像石，其中最具有代表性、最精美的一幅叫舞女图。舞女图做工非常精细，栩栩如生，雕刻非常细致，其场景反映着东汉时期社会的一种繁荣景象，也预示着当时老百姓对幸福生活的一种祈求。

曹村镇

曹村镇（Cáocūn Zhèn） 乡级行政单位。

【地理概况】位于宿州市埇桥区北部，东与杨庄乡相连，南与夹沟镇、支河乡为邻，西与萧县接壤，北与徐州市铜山区毗邻。面积133平方千米，总人口65933人，民族为汉族。辖桃山、三环、寺后、小山口、左洼、马湾、湖庄、曹村、闵祠、前旺、闵贤、张庄、河北、陈疃、尚桥15个村民委员会。镇政府驻曹村村民委员会。境内灌沟河、倒流河、望洲河、母子河、欧河、闵子骞祠堂。

【地名沿革】春秋属鲁地。明嘉靖年间设闵子乡。清朝中晚期间，设湖心庄乡。民国初年，隶属山东省徐州萧县第九区。1952年9月，划归安徽省宿县。1957年10月，成立曹村乡。1958年9月，设立曹村人民公社。1980年1月，设立曹村区。1992年2月撤区设镇。

【境内地名概况】从地名专名来看，辖区内居民点地名有以下特点：

1. 以历史人文地理实体命名。如闵祠，春秋战国时期，孔门高弟闵子骞的墓地，当时孔子的治国方略遭到鲁国权臣排斥，闵子之父为避祸携妻带子逃至鲁梁两国接壤处，故取名闵祠村。

2. 以自然地理位置命名。如三环村，1738年（乾隆三年）每逢汛期，西部皇藏山区洪水顺淝河东下，清廷下旨使兵部侍郎杨三公在此立三座碑镇子，数年后桥缝中生一株槐树，为中原一绝。由于此处土地肥沃，来往人数较多，有人在此建一饭庄，称饭庵子，还有一处住几户人家叫记庄。另外还有大户人家姓杨，清朝时期在此做武官，家人在此定居，这三处后称三槐庄。1949年10月后改称三环大队，2007年与宋湖村合并为三环。

3. 其他命名原则。如大姓聚居村庄孟村、王庄、尚庄等。

从地名通名来看，辖区内居民点地名主要有以下特色：

1. 具有反映历史人文的特色。如上述闵祠等村的来历。

2. 具有反映自然地理的特色。如三环村等。

【地名社会应用】曹村镇历史文化底蕴深厚，一些地名与历史文化或名人有关，如孙象涵（1909.8.5—2003.10.17），原名孙绍坤，外号“孙豁子”。男，汉族，埇桥区曹村镇桃山村人，抗战初属江苏省铜山区七区桃山乡。少年读私塾多年，徐州美术专科学校毕业后，回家任小学教师，1932 年民选为桃山乡乡长。1937 年 5 月在西安八路军办事处参加革命后，由西安去延安抗大学习。1937 年 10 月，在组织的同意下，从延安回到家乡桃山，受命预留敌后，组织领导敌后抗日游击队活动。1938 年 10 月参加中国共产党，是创建萧宿铜边区抗日游击队的主要发起人、领导人。

抗日战争期间历任桃山抗日游击队第十八大队队长、萧县人民抗日义勇队支队长、八路军苏鲁豫支队七大队副大队长、新四军三师（后为四师）九旅副旅长兼二十五团团长、新四军军工部副部长、新四军三师军工部部长、淮北行署建设处处长、两淮华中军工部副部长、新四军军工部副部长。在山东解放至新中国成立后，历任山东工矿部副部长、华东工业部山东办事处主任、山东省工业厅副厅长、东北电业管理局副局长、国家计委第一机械工业部成套总局副局长、第一机械工业部机械科学研究院调研组组员、机械科学研究院顾问（享受副部级待遇）。1982 年 12 月离休。

顾寒星（1914.10—2011.12.7），又名梁鸿志，男，埇桥区曹村镇桃山村人。

顾寒星在抗日战争、解放战争时期，历任青年抗日自卫队和彭南抗日游击队小队长，八路军山东纵队人民抗日义勇队第二总队第十八大队中队长，八路军苏鲁豫支队四大队指导员、教导员，八路军五纵队七团、新四军三师（四师）九旅二十五团政治处主任，九旅独立营（原亢营）、淮北军区萧铜独立营营长，萧宿铜总队队长，淮北三分区独立团、新四军四师十二旅三十六团、淮北九总队七十九团、中国人民解放军华东二纵队五师十五团团长，华东特种兵纵队军械处处长，山东南下干部长江支队参谋长，第三野战军特种兵纵队后勤部部长。1955 年被授予大校军衔。新中国成立后任华东军区后勤部油料部部长、南京军区后勤部司令部参谋长等职。1964 年 10 月因病提前离职休养，享受正军级待遇。

夹沟镇

夹沟镇（Jiágōu Zhèn） 乡级行政单位，是“安徽省环境优美乡镇”。

【地理概况】位于宿州市埇桥区北部，东接支河乡，东南与永安镇为邻，南连顺河乡、符离镇，西与烈山区宋町镇接壤，西北与萧县庄里乡相连，北接曹村镇。面积 164 平方千米，总人口 71840 人，民族为汉族。辖夹沟、津浦、辛丰、七里、周坡、五柳、湖疃、镇头、黄山、秦湾、赵集、杈圆、魏寨、青山、李营、孙寨、夏刘寨 17 个村民委员会。镇政府驻夹沟村。境内有五柳汉文化遗址、天然溶洞、二郎寺、大龙泉寺等。

【地名沿革】夏商地属徐州。春秋时属青州为鲁地。秦朝时属泗水郡。西汉时属徐州刺史部楚国甾丘县。东汉时属徐州刺史部沛国。三国时属魏国谯郡符离县。东魏武定六年（548 年）设新丰县（县城在现夹沟辛丰村）。西晋时属沛国和谯郡。隋朝属彭城郡符离县。唐初建宿州，夹沟正式成为宿州的一部分。宋代属宿州符离县。元朝属河南省归德府。明代属凤阳府，夹沟始设驿站，成为集市。清康熙六年（1667 年）属凤阳府，新中国成立后夹沟属安徽宿县。1949 年 4 月成立夹沟镇人民政府。1950 年 9 月撤镇改区。1958 年 9 月成立夹沟人民公社，1978 年 2 月改为夹沟区。1992 年 4 月撤区设镇。

【境内地名概况】从地名专名来看，辖区内居民点地名有以下特点：

1. 以历史人文地理实体命名。如青山村，明代末期，军阀混战，于姓由山东迁居至此，首先定居在现在村西北角 1 千米处青山山上，开荒种地，不断繁衍生息，家族人丁兴旺，逐渐壮大，后来迁到青山东南角 1 千米处开荒种田，故而得名青山村。

2. 以自然地理位置命名。如后场，明朝燕王朱棣征北时，此地为练兵场、草料场，共分前、后、中三个地方，所以延续前场、中场、后场。

3. 其他命名原则。如大姓聚居村庄万庄、高庄、王村等。

从地名通名来看，辖区内居民点地名主要有以下特色：

1. 具有反映历史人文的特色。如青山村等村的来历。

2. 具有反映自然地理的特色。如前述后场等。

【地名社会应用】夹沟镇历史文化底蕴深厚，一些地名与历史文化或名人有关，如五柳龙泉湖景区，是五柳省级风景名胜区的核心景区。面积 3.4 平方千米，三面环山，以“上善若水，五柳仙境”而闻名遐迩。区内龙泉、珍珠泉喷珠溅玉，汇涓涓细流而成清溪。水质为天然矿泉水，浇灌香飘十里的夹沟香稻米。龙泉湖中的太阳岛、月亮岛、鸳鸯岛、梅花岛、桃花岛、闵公台等湖心岛中奇花异木，各具特色，景区有“珍珠瀑布”“五柳紫竹”“青龙吐水”“水涟翠竹”“湖光山色”“林湖柳趣”等景观，令游人陶醉。湖边山坡有大面积的石榴园、竹园、牡丹园、梅园、桂园、梨园、苹果园、月季园、银杏园、枣园等十大植物园。景区内的思贤、卧龙、乐天等桥梁，伏波、鹤泉、孝慈、醉乡等楼台亭榭形成人文景观，异彩缤纷，自然形成一种浓郁的文化旅游氛围。明代开国皇帝朱元璋之妻马氏儿时曾在此拾柴、割草，留下不少传说。明代永乐皇帝朱棣登基之前，曾在此屯过兵，留下了牧马的壮马山等一些著名景点。此外，陶谦、嵇康、刘伶、白居易、王绩、苏东坡，清代的乾隆皇帝等历代先贤、骚人墨客都曾在这里留下了名篇墨宝和足迹。

流沟寺（镇疃寺）又名大龙泉寺，位于五柳景区龙顶山下东侧。唐代诗人白居易曾游此寺，寺内有一古泉名曰呵泉，喷珠溅玉流入龙潭，再经数条支渠绕村环流，供当地村民饮用和灌溉。名闻遐迩的夹沟香稻米即产于此。传说寺内有一老僧，以松鹤为友，焚香诵经，趺坐终日。早晨，微烟自树梢出，雾霭弥漫，钟声悠悠，故有烟寺晨钟之称，为宿州八景之一。清朝诗人李心锐作诗云：“红尘飞不到，古寺锁秋烟。塔影浮空界，钟声试晓天。敲残僧带梦，惊醒鹤参禅。谁向云中听，悠然断复连。”

栏杆镇

栏杆镇（Lángān Zhèn） 乡级行政单位。

【地理概况】位于埇桥区东北部，东与解集乡相连，南与永安镇、时村镇为邻，西靠支河乡，北接褚兰镇、杨庄乡。面积为141.5平方千米，总人口为8.467万人，民族为汉族。下辖石相、大旺、栏东、石河、张疃、柏山、王庄、路疃、孙楼、安水、韩村、阚疃、丁李、化楼、小集、段楼、新庄、栏西村，共18个村民委员会，镇人民政府驻栏西村。境内大部为平原，东部为山区，境内的低矮山脉呈南北向，地势北高南低。属暖温带湿润季风气候区，冬季干寒，夏季多雨，四季分明，日照充足。境内有老海寺、老寨山古战场等。

【地名沿革】1958年9月区乡机构调整，张山区撤销，分化为栏杆、解集、褚兰3个乡人民政府。1960年4月，撤销乡建制。1961年10月原栏杆、解集两个人民公社合并改划为栏杆区。1980年1月，成立栏杆区公所，驻地栏杆集，辖8个公社管委会（后8个公社改为乡政府）。1992年2月，撤区并乡，栏杆区所辖的栏杆乡、柏山乡、路町乡、小集乡、阚町乡合并为栏杆镇。下辖53个村民委员会，2007年合并成18个村民委员会。

【境内地名概况】从地名专名来看，辖区内居民点地名有以下特点：

1. 以历史人文地理实体命名。如葛山庄。明初，葛氏族人由曲沃迁居来此，选择栖息地，东有吴王城，西有鸡保山，后有仙翁棋盘，前有张果老由此而过，葛氏高祖自建城隍庙，后因姓氏而改名葛山庄，1964年划葛山大队，至2008年合并归刁山村。

2. 以自然地理位置命名。如北大桥。清末，奎河建一大桥（距现大桥东500米），设水旱码头，桥南逢集，有马姓迁与河北居住，后成规模，庄名起北大桥。

3. 其他命名原则。如大姓聚居村庄郭家、李集等。

从地名通名来看，辖区内居民点地名主要有以下特色：

1. 具有反映历史人文的特色。如上述葛山庄的来历。

2. 具有反映自然地理的特色。如龙港、东湾等。

【地名社会应用】栏杆镇历史文化底蕴深厚，有很多名村、名地及有影响的事物，居民点常捆绑或冠其名。如老海寺位于栏杆镇境内，坐落于风景秀丽的栏杆山麓，毗连褚兰、解集三乡镇交界处，此处群山起伏，层峦叠嶂，怪石峥嵘，溪水潺潺，以老寨山为主的六座山峰连绵起伏，状如卧龙，形似莲花，山场内森林茂密，鸟语花香，苍松翠柏遮天蔽日，刺槐白杨郁郁葱葱，古刹老海寺以环境清幽、景色秀丽而闻名遐迩。

时村镇

时村镇（Shícūn Zhèn） 乡级行政单位。

【地理概况】位于埇桥区东北部，东与灵璧县尹集镇接壤，南邻苗庵乡，西连永安镇，北靠解集、栏杆两乡镇。人民政府驻东风村北大街。面积为126.82平方千米，总人口为8.611万人，民族为汉族。下辖曹蒲、从营、时南、时东、东风、红旗、梁寨、时西、大蒲、付楼、营孜、奎北、陈村、冲疃、胡梁、马楼、林口、棒场、油坊、刁山20个村民委员会，镇人民政府驻东风村北大街。境内属淮北平原，地势略为西高东低，平均海拔13.5米。最高点为刁山、葛山，海拔178米，最低点为老汪湖，海拔10.2米。气候温和，四季分明，土地肥沃，日照雨水充足。

【地名沿革】公元前476年属楚地，汉献帝建安二十四年（219年）曹操分沛国立谯郡，属沛国。洪武七年（1374年）属凤阳府。1912年属宿县。1958年9月设立时村人民公社。1984年7月撤销人民公社。1992年2月撤区设镇。

【境内地名概况】从地名专名来看，辖区内居民点地名有以下特点：

1. 以历史人文地理实体命名。如棒场庄。在清朝时期，张氏人家从南方迁来，在此做木料生意，开一棒行，长此以往，生意做得非常红火。由此而得名棒场庄。

2. 以自然地理位置命名。如龙港，古时经常洪水泛滥，经上游刁山、葛山两山的阻挡，留下有东西方向约20里的一缕条岗，此地是岗子的尽头，俗称龙头岗，向东就是一片沼泽汪洋，冲疃人分支到此地居住，取名龙岗。

3. 其他命名原则。如大姓聚居村庄关庙庄、梁寨等。

从地名通名来看，辖区内居民点地名主要有以下特色：

1. 具有反映历史人文的特色。如上述黄沟沿的来历。

2. 具有反映自然地理的特色。如吕湖等。

【地名社会应用】时村镇历史文化底蕴深厚，有很多名村、名地及有影响的事物，居民点常捆绑或冠其名。如300多年前，这里河流交汇，船桅林立，多是船家休憩之地。早期一姓时人家发现商机，在此居住，繁衍生息，故起名“时村”。经过数百年文化、政治、经济积淀，清末时已成为皖北三大商贸名镇之一。“时村”之“时”，宿州方言多读作“持”。

永安镇

永安镇（Yǒng' ān Zhèn） 乡级行政单位。

【地理概况】位于埇桥区东北部，东与时村镇，南与灰古镇，西与顺河乡，北与支河乡为邻。面积为120平方千米，总人口为6.239万人，民族为汉族。下辖永安、双鑫、双兴、孙安、股河新村、大许、街西、夏桥、团结、新合、所圩、潘湖、周家、薛赵14个村民委员会，镇人民政府驻永安村。境内大部分为平原，地势西高东低，平均海拔15—30米。属半湿润季风气候，特点是气候温和，日照充足，四季分明。

【地名沿革】1992年3月宿县撤区并乡，撤销永安区及所辖乡，成立永安镇。原大秦乡划入桃沟乡，原王塘乡划入支河乡。

【境内地名概况】从地名专名来看，辖区内居民点地名有以下特点：

1. 以历史人文地理实体命名。如黄沟沿，皇帝命宿县开挖方河，当时方河叫黄沟（意为皇帝开挖的沟），本村在方河（黄沟）边上，故名黄沟沿。

2. 以自然地理位置命名。如老街，张姓人家从山西洪洞县迁居此地，开荒种地，繁衍生息，形成村庄，人们把住房盖在路两边，中间有人做生意，形成大街，因此处逢集较早，故名老街。1949年10月新中国成立前，因战乱集市被迫取消。

3. 其他命名原则。如大姓聚居村庄高

彭、段庄子等。

从地名通名来看，辖区内居民点地名主要有以下特色：

1. 具有反映历史人文的特色。如上述黄沟沿的来历。

2. 具有反映自然地理的特色。如刘桥、吕湖等。

【地名社会应用】永安镇历史文化底蕴深厚，有很多名村、名地及有影响的事物，居民点常捆绑或冠其名。如永安镇是以一个叫永安的道士为名。永安道长在此地建白云观，四邻八乡的人闻道而来，于是观前便出现了茶摊饭铺，渐渐形成了小集市。“白云”之名，取《庄子·天地》“乘彼白云，至于帝乡”，胜似仙乡，而且比神仙居住的地方还要温煦可人。

灰古镇

灰古镇（Huīgǔ Zhèn） 乡级行政单位。

【地理概况】地处埇桥区东北部中心位置，东邻蒿沟乡，南靠朱仙庄镇，西接汴河街道，西北与顺河乡接壤，北依永安镇，西北与桃沟乡相连。面积67平方千米，总人口3.589万人。下辖李桥、灰古、曹庙、付湖、秦圩、碾盘、八张7个村民委员会。镇人民政府驻灰古村。境内无山脉，平均海拔15—30米，地势较为平坦，呈西高东低，北突南洼之势，为黄淮冲积平原。属半湿润季风气候，气候温和，日照充足，四季分明。

【地名沿革】灰古镇原称灰堆、古堆、灰古堆，后称灰古集。1945年9月宿东县设立灰古区，1958年9月成立灰古人民公社，1992年3月，撤区并乡，成立灰古镇。1992年12月，灰古镇属县级宿州市。1998年12月，设立省辖宿州市，灰古镇属宿州市埇桥区。

【境内地名概况】从地名专名来看，辖区内居民点地名有以下特点：

1. 以历史人文地理实体命名。如文昌集，1949年10月新中国成立前后筑有文昌阁等历史性建筑，二月二文昌集逢会，得名文昌集。

2. 以自然地理位置命名。如桥头，古时灰古建一木桥，桥北岸因有一村落起名为桥头，延续至今。

3. 其他命名原则。如大姓聚居村庄大代家、吴家、赵家等。

【地名社会应用】灰古镇历史文化底蕴深厚，有很多名村、名地及有影响的事物，居民点常捆绑或冠其名。如1738年，两江总督那苏图经过安徽宿州淮北等地时，路过王圩村发现“沿途目击地方广阔，但田亩土色不能肥沃”。那苏图动了心思，下了轿子直接奔到地里仔细察看，发现麦子、豆类等庄稼一概萎靡不振，庄稼长势不好，责任肯定在人。那苏图把目光转向当地百姓，发现“男妇半习嬉游，不事工作”，老百姓根本没有尽心尽力在地里干农活，主要时间和精力都放在“嬉游”一类的寻欢作乐上。那苏图找来熟悉当地政务的布政使一番询问才知道，不好好种地，竟然是江北地区的一大传统。不好好种地，不是因为当地风调雨顺，不用花费心思就能年年丰收，也不是因为当地人东跑西颠忙着做生意挣钱，到当地转悠转悠，就发现本地百姓生活并不宽裕。那为什么不专心种地呢？原因竟然是“该处地土广阔”。既然家家户户都有用不完的土地，于是扬手撒种，坐待收割，打心眼里就没琢磨过开展精耕细作，提高土地使用效率，灌溉水利、修筑堤坝、春夏耕耘、储粪施肥等事一律没人操心，民间一贯有“望天收”的俗谚。那苏图把所见所闻记在心上，他认为，收成不好，症结在人。在南方，一个人所耕种的田不过10亩，最多20亩，于是“力聚而功专”，人人都花费心思琢磨怎么精耕细作，把这一块地伺候得无比周到，所以收获颇丰。至于北方，“地土辽阔，农民唯图广种”，一个人种的地能达到七八十亩，甚至100多亩，大家的想法是“多种则多收”，反正土地有得是，种上了就不算浪费，种上了就能打点粮食。然而，地多则粪肥不敷使用，使得地力稀薄，且人力也被分摊，不能够精心耕种，最终收获反倒有限。那苏图找到地方官员，掀起了土地改革，限一名劳动力所耕种的田地为15亩。经过那苏图的土地改革，王圩人的耕种热情有所增加，粮食一年比一年丰收，很快就成了周边比较富裕的村庄。村民们为了感谢那苏图为村民们所做的贡献，在村庄里建了那苏图祠堂。

大店镇

大店镇（Dàdiàn Zhèn） 乡级行政单位。

【地理概况】地处埇桥区东部，东与灵璧县接壤，南毗固镇，西邻朱仙庄镇、芦岭镇及两大国有煤矿，北依新汴河。面积196平方千米，总人口7.7万人。下辖大店、大东、大南、三里、静安、张庙、汪刘、梁场、五一、天门、瓦房、大北、四铺、八里、汪圩15个村民委员会。镇人民政府驻大店村。境内为平原地带，地势略为西高东低、南低北高，地面高程22—24米。最高点在展桥，海拔24米，最低点在汪圩，海拔22米。境内河道属淮河流域。沱河、小黄河、新汴河流经长度分别为21里、22.5里、23里，均向东流，集水面积分别为26.25万平方米、16.9万平方米、10903万平方米，年径流量分别为657万立方米、486万立方米、3686.5万立方米。三条主要河流均在江苏省境内，分别流入洪泽湖和大运河。

【地名沿革】汉代曾设安阳亭，后为大店驿。唐时取名东五铺。后称大店。1945年，建立大店区，1958年改称公社。1961年复置区，1969年撤区建社，1980年恢复区建制，1992年撤区并乡，成立大店镇。

【境内地名概况】从地名专名来看，辖区内居民点地名有以下特点：

1. 以历史人文地理实体命名。如姚家庄，早在宋朝时期，姚家庄原有姓姚的一人为山西总兵，在任职时，不幸病故于此村庄，因此此村庄被称为总兵坟，后村庄命名为姚家庄。

2. 以自然地理位置命名。如张瓦，多年以前张氏家族在此定居，因此地低洼，一直叫张家洼。1949年10月新中国成立后称为张洼。小荒地，1949年10月前这片都是荒地，又因该庄稍小，故得名小荒地。

从地名通名来看，辖区内居民点地名主要有以下特色：

具有反映历史人文的特色。如尖顶树。曹姓迁居至此，庄东头有一棵很高大的杨树，据说太阳出来后，照出来的影子有十来里长，故名尖顶树曹，简称尖顶树。

【地名社会应用】大店镇历史悠久，有很多名村、名地及有影响的事物，居民点常捆绑或冠其名。如堡顾家，为商代烽火台遗址；车家湖，是大丞相田千秋（一名车千秋）的府第；西南安阳村，是古安阳县安阳亭的遗址；唐槐东面与灵璧交界处，有“唐槐”一株，四人合抱粗，虽历经沧桑，却虬枝盘旋，枝叶茂盛。传说唐槐上秦琼挂过锏，罗成拴过马。1995年，当地政府和群众捐资数千元对古树进行去腐填空修救，并树碑立传，昭示后人保护历史文物。镇内有“马号汪”(是古驿站旧址)。1996年集镇开发建街，驿站旧址上竖起一座20米高的骏马奔腾雕塑。镇西北展桥原名“斩桥”，传说因农夫斩神羊、神羊变无头石羊而修的。展桥烈士陵园安葬着早年革命领导人王恒照等20多名烈士。陵园占地十多亩，苍松翠柏数百株，每逢清明节，这里成为对青少年学生进行传统教育的场所。

大泽乡镇

大泽乡镇（Dàzéxiāng Zhèn） 乡级行政单位。中国历史文化名镇。大泽乡镇有着厚重的历史积淀和文化底蕴，自古为兵家必争之地，是历史上第一次农民起义——陈胜吴广起义的发源地。

【地理概况】在安徽省宿州市南部、淮河中游。东与芦岭镇相依，东南与固镇县湖沟镇交界，南邻蕲县镇，西接桃园镇，北与朱仙庄镇一河之隔。面积137.06平方千米。人口6.53万。辖西寺坡、水池、洪庙、大韩、刘村、涉故台、雪花、高口、和谐、前进、龙王庙、兴隆、张桥、幸福等14个村民委员会。镇人民政府驻西寺坡村。地处淮北平原，地势偏低，平均海拔25米。属暖温带季风气候区。四季交替，以3—5月为春季，6—8月为夏季，9—11月为秋季，12月—次年2月为冬季。全年日照时数多在2200—2500小时之间。年平均气温为14.4℃，一年之中7月最热，平均气温在27.2℃—28.1℃之间。无霜期年平均为206天，初霜日多在10月下旬，终霜日多在4月份清明节前后。年平均降水量为904毫米。雨量集中在夏季，一般在6月下旬至8月中旬，多雷雨大风。

【地名沿革】大泽乡得名于行道途中的一片低洼湖泊（该湖泊历经千百年，经由沼泽已演化成洼地作为农耕区，在京沪铁路宿州市凌家桥站附近，在铁路以北)。在20世纪30年代，日军在津浦线（天津至南京浦口，现延长为京沪线）宿州段，水池铺设火车站，为给站定名，文书询问当地人此处名称，因铁路穿过大泽乡的水池铺（隶属大泽乡，位居西北部)，答曰“水池铺”(发声类似天津话)，文书听不懂，根据发音，记作“西寺坡”。1958年9月，实行政社合一，成立西寺坡公社。1973年2月，改称大泽乡公社。1979年11月，改设西寺坡区公所，下辖花庄、芦岭、丁桥、水池、西寺坡、刘村（后改称大泽乡)、高口、龙王庙8个小公社。1983年4月社改乡。1992年2月撤区并乡，合并水池、西寺坡、大泽3个乡共21个村，成立西寺坡镇。龙王庙、高口两乡共16个村合并成立龙王庙乡。2005年9月龙王庙乡并入西寺坡镇。安徽省民政厅于2014年2月11日下发了《关于同意宿州市埇桥区西寺坡镇更名为大泽乡镇的批复》的文件，同意将西寺坡镇更名为大泽乡镇。

【地名异名】“大泽”“西寺坡”。

【境内地名概况】从地名专名来看，辖区内居民点地名有以下特点：

1. 因自然实体命名。如水池、全湖、渡口、高口等。

2. 因姓氏聚居而得名，先民开发世代繁衍，形成村庄。也有的为便于相处，同姓同族聚居形成村庄，便以其姓氏命村名。如李家、刘家、孙家、杨家、吴家、张庄、丁庄、新庄、老庄等。

3. 以村落地理环境得名。村落因所处的地理环境有别于其他村庄，人们便以其环境特色取名。如桑土桥、桑庄户、桑岭孜、沟崖等。

4. 以村庄功能特色命名乡村集市。为一方百姓的物资集散地。庙宇是信民聚会的活动场所。寨子是为了防护土匪滋扰而筑。屯子往往是官府垦荒养兵、积措军粮的地方。长此以往，这些功能特色也就成为该地的地名了。如白庙、寨里、寨后、小寨子、洪庙、韩寨、前寨、后寨、庙东、庙西、牌坊、圩东、圩西等。

【地名社会应用】大泽乡镇有深厚的历史文化积淀，故一些地名与历史名人有关，一些地名蕴含着有趣的故事。如有涉故台、雪花等两个省级历史文化名村。

涉故台，涉故台村是以中国历史上第一次农民起义的旧址而命名。

民间传说，农民起义领袖陈胜之妹陈雪花葬于雪花山。

桃园镇

桃园镇（Táoyuán Zhèn） 乡级行政单位。是“第五届安徽省文明村镇”。

【地理概况】位于埇桥区南部，东接西寺坡镇，南与蕲县镇为邻，西连濉溪县，西北与三八街道相连，北依金海街道。面积161平方千米，总人口4.035万人，民族为汉族。下辖桃园、桃东、桃西、光明、吕寺、西杨寨、浍光、东坪集、曹坊、陈岭、池湖、大王、大张、丁楼、蒋湖、刘合、骑路、三官、邵圩、张吴、振北21个村民委员会和钱营1个社区。镇人民政府驻桃园村。境内全部为平原地带，地势略微西高东低，地面一般在海拔200米。境内属浍河水系，最长河流为运粮河，长约10千米，由北向南流入浍河。另有黄泥沟、娄沟、东西牛沟、二沟、三沟等，均流入浍河。境内有芦古城、王古堆、三义殿、泰山庙、天齐庙等名胜古迹。

【地名沿革】春秋时属宋国，战国时属楚地，清朝时属宿州，民国32年（1943年），成立桃园联庄分会，隶属宿南区管辖，民国33年（1944年），成立桃园乡抗日民主政府，先后隶属祁县区、宿南区。1950年9月设立桃园区，驻地桃园集，辖10个乡，至1954年10月，辖18个乡，面积约400千米。1955年12月，区乡合并，桃园区撤销，划入祁县区管理。1961年10月，成立桃园人民公社，仍属祁县区管辖，1969年2月，原祁县区所辖的桃园、东坪两个小公社和原城郊区所辖的刘合、紫芦湖、运河3个小公社合并为桃园人民公社。1979年12月，设立桃园区，驻地桃园集。1984年5月公社改为乡，1992年2月撤区并乡，原桃园、东坪两个乡合并，成立桃园镇，驻地桃园集，辖18个村。同时，桃园区分出北杨寨乡，成立北杨寨乡政府。2005年北杨寨乡又并入桃园镇。

【境内地名概况】从地名专名来看，辖区内居民点地名有以下特点：

1. 以历史人文地理实体命名。如桃园集，相传汉末年间，桃园集这个地方有方圆数百亩桃树林，取名为桃园。另有传说，在桃园集有座泰山庙，供奉着东海三仙岛主三霄女即云霄、琼霄、碧霄，也就是赵公明元帅的三个胞妹，她们美貌绝伦。汉末年间，刘、关、张仰慕三霄女，多次从涿州来泰山庙拜谒，并在桃树林中习武饮酒，议论天下大事，并在桃树林中结拜，更使桃园集名声远播。

2. 以自然地理位置命名。如芦城。据传说这里原是一座古城，始于新石器时代的后期，是一个部落的首府，1990 年、2000 年、2010 年有文物考古研究所多次在此地开挖，发掘出大批文物，考古价值很高，被列为县级文物保护单位。陈浅子，此庄东边有一条运粮河，在庄东头拐弯处有一片浅滩，所以此庄姓陈的多，由此就叫陈浅子。

从地名通名来看，辖区内居民点地名主要有以下特色：

1. 具有反映历史人文的特色。如王伦。

2. 具有反映自然地理的特色。如骑桥。

【地名社会应用】桃园镇历史文化底蕴深厚，有很多名村、名地及有影响的事物，居民点常捆绑或冠其名。如芦城孜遗址，是以新石器时代遗存为主体的古文化遗址，位于侩光村浍河北岸。芦城孜遗址面积约 6 万平方米，遗址文化层约 3 米高，时间跨度非常大，最早可追溯到大汶口文化、龙山文化时期，经过商、周、汉、唐直到近现代，是个文化遗存非常丰富的遗址。

蕲县镇

蕲县镇（Qíxiàn Zhèn） 乡级行政单位

【地理概况】位于埇桥区南部，东南与固镇县湖沟镇接壤，南部与永镇乡、大营镇毗邻，西连濉溪县双堆镇、南坪镇，北接桃园镇，东北同西寺坡镇相连。面积为 102.93 平方千米，总人口为 7.361 万人，民族为汉族。下辖许寨、白安、忠陈、徐桥、灯塔、袁小寨、团结、大江、刘圩、白陈、周王、代安、邱元、蕲县 14 个村民委员会。镇人民政府驻蕲县村。境内为黄淮平原，地势西北高，东南低，地面海拔高程 20.8—23.2 米。境内有西上航、东上航、桥上阁、鱼赶集、观星台、金銮殿、二龙戏珠、隐王庙、象窝、古战场、七十二连营等名胜古迹。

【地名沿革】西周属蕲国，春秋后期属宋国，战国属楚。秦始皇二十六年（前 221 年）蕲设县，名蕲县，属泗水郡。王莽元年（9 年）设蕲城郡。唐宪宗元和四年（809 年）设宿州，蕲县隶属之。元世祖至元二年（1265 年）蕲县被废为集。明、清设蕲县乡，属宿州。民国属宿县。1949 年 2 月设立蕲县乡。1958 年 9 月设立蕲县人民公社。1992 年 3 月改为蕲县镇。

【境内地名概况】从地名专名来看，辖区内居民点地名有以下特点：

1. 以历史人文地理实体命名。如小街，民国初期浍河南岸村民为了赶蕲县集，架设一座木质小桥，人多拥挤，小商小贩便于南岸经营，从此命名为小街子。后从其他地方搬来几户人家盖房居住。

2. 以自然地理位置命名。如王洲子。四面环水，中间约有 245 亩土地，王姓居民在此居住，故称王洲子。圩拐，早先有人居住在白圩营地，后来出现个圩子，圩子拐角外面有人居住，故称圩拐。

3. 其他命名原则。如大姓聚居村庄吕庄、大马。

从地名通名来看，辖区内居民点地名主要有以下特色：

1. 具有反映历史人文的特色。如上述小街等村的来历。

2. 具有反映自然地理的特色。如上述王洲子。

【地名社会应用】蕲县镇历史悠久，有

很多名村、名地及有影响的事物，居民点常捆绑或冠其名。如隐王庙，位于蕲县集浍水南岸的戴庵村，与蕲县古城隔河相望。庙建于何时，已无从查考。隐王庙虽不复存在，但遗址尚存。

遗址上有棵红果树，据说已经1000多岁，还很茂盛地生长着，被当地人尊奉为神树，是蕲县著名的景点之一。1958年，苏联史学家来蕲县考察古城，专程到隐王庙观赏红果树。20世纪80年代初，著名评书艺术家刘兰芳也慕名专程到隐王庙观赏红果树。

大营镇

大营镇（Dàyíng Zhèn） 乡级行政单位。是第五届“安徽省文明村镇”、第六届“全国文明村镇”。

【地理概况】位于埇桥区西南部，东与永镇乡接壤，南与怀远县双桥集镇为邻，西邻濉溪县双堆集镇，北邻蕲县镇。面积为96平方千米，总人口为4.307万，民族为汉族。下辖大营、耿湾、韩圩、镇东、镇西、镇南、陈李7个村民委员会。镇人民政府驻大营村，境内为黄淮平原，地势略为西北高东南低、北高南低，地面高程一般在海拔22.2—23.4米。

【地名沿革】大营古称会甀，西周初属宋，秦朝至元朝属祁县，祁县废止后，属宿州，新中国成立后大营隶属宿县，1999年撤地建宿州市，大营属宿州市埇桥区。1952年成立初级社，1955年成立高级社，1958年成立大营人民公社，1969年撤区并社，永镇公社并入大营公社。1980年设大营区公所，成立公社。1992年2月撤区并乡时，永镇、大营分开，设大营镇。

【境内地名概况】从地名专名来看，辖区内居民点地名有以下特点：

1. 以历史人文地理实体命名。如碾盘庄，迁到此处，本庄有个碾盘碾谷子用，起名叫碾盘庄。

2. 以自然地理位置命名。如门东、东韩等。

3. 其他命名原则。如大姓聚居村庄王余新村、大营村等。

从地名通名来看，辖区内居民点地名主要有以下特色：

1. 具有反映历史人文的特色。如上述碾盘庄。

2. 具有反映自然地理的特色。如常湖等。

【地名社会应用】大营镇历史文化底蕴深厚，有很多名村、名地及有影响的事物，居民点常捆绑或冠其名。民间故事说，在3000多年前的商朝，宰相比干曾在大营一带为官。当时此处遍地荆棘，野兽肆虐，比干贴出告示，鼓励民众打猎食肉，将剩下的兽皮收集起来，进行反复炮制，终于发明了熟皮技艺，使生硬的各种兽皮变成柔软的皮张。进而将不同色泽、不同毛眼的皮张分类缝制成衣服，是为裘服。他将这一技艺传授乡里，造福人民，为人乐道。

杨庄乡

杨庄乡（Yángzhuāng Xiāng） 乡级行政单位。

【地理概况】位于埇桥区北部，东连褚兰镇，南接栏杆镇，西邻曹村镇，北部与徐州市铜山区三堡镇、棠张镇接壤。面积76.5平方千米，总人口4.351万人，民族为汉族。下辖杨庄、街东、杜楼、刘楼、林庄、苏湖、高庄、房上、程庄、郑楼10个村民委员会。镇人民政府驻地杨庄村。地处黄河冲积平原。属温带大陆性季风气候区，处于北亚热带和暖温带的过渡带，兼有南方和北方的气候特点。冬季寒冷，夏季炎热，日照充足，雨量适中。境内有清代林探花府第、段家牌坊、苏家湖李君（传贤）纪念碑、杜楼万寿寺等名胜古迹 。

【地名沿革】1940—1945年8月归萧县，为肖十区，即后来的褚兰区。1941年夏至1945年8月又划为中共铜山七区（路东区），后设萧宿铜县，杨庄乡又归桃山区所辖，1949年撤销萧宿铜县，改名萧县，原铜七区改名曹村区，十区改名褚兰区。杨庄乡所辖范围当时设奎河乡（郑楼乡）、房上乡、杨庄乡、包庄乡、苏湖乡、兴隆乡（大庄乡）、闫河乡。1952年7月，萧县从山东徐州划出，归安徽宿县地区，同时，曹村、褚兰两区归宿县所辖。1952年2月，在原6个小乡的基础上，又划小增设了孙楼乡（驻程庄）、杜楼乡、高庄乡、丁庄乡为10个小乡。

【境内地名概况】从地名专名来看，辖区内居民点地名有以下特点：

1. 以历史人文地理实体命名。如牌坊。段姓七世长孙段继京自幼聪慧，才华横溢，赴京赶考落第，含愤辞世。其幼聘河北袁督军之女为妻，又由其妹代娶进门，其妻独居三年，因孤独寂寞吞金而死。乾隆皇帝下旨，建造贞烈牌坊，故名牌坊村。

2. 以自然地理位置命名。如苏湖、伊桥等。

3. 其他命名原则。如大姓聚居村庄程庄、段庄、郭庄等。

【地名社会应用】杨庄乡历史悠久，有很多名村、名地及有影响的事物，居民点常捆绑或冠其名。如林探花府坐落在宿州市杨庄乡林庄，系清代武探花林方标的府第，省级文物保护单位。林方标，字锦堂，力大过人，善使兵器，武艺高强，清嘉庆辛未武科探花，清代名将，历任甘州提标、城守参将、衢州总兵、浙江提督等职。探花府尚存房屋58间，是一处保存较为完整的建筑群，其建筑布局、房屋结构、砖雕、木雕、彩绘等装饰都具有典型的北方建筑风格，有着重要的科学价值和艺术价值。探花府原有房屋81间，占地面积4万平方米。府门前空场竖立旗杆4根，高11米左右，旗杆座分列大门两侧。主体建筑四进院落，明三暗五式，主体建筑的西部还有三进侧院建筑。主体建筑后面原设有花园和养鱼池，花园左侧有练武场，陈设有各式武器，可供参观。

支河乡

支河乡（Zhīhé Xiāng） 乡级行政单位。

【地理概况】位于埇桥区北部，东邻栏杆镇，南依永安镇，西靠夹沟镇，北接曹村镇。面积为84平方千米，总人口为3.86万人，民族为汉族。下辖赵楼、团结、湾里、路湖、城孜、鸭湖、曹庄、徐桥、方河、王塘10个村民委员会。镇人民政府驻地城孜村。地处黄海平原，自然条件良好，土壤肥沃，西部淤黑土，东部为沙质土壤。海拔36米，地势平坦，土壤多为沙淤二合土。

【地名沿革】1948年前称支城孜，1949年至1957年为支河乡，1958年改称公社。1984年政社分治，恢复支河建制。新中国成立后属夹沟区管辖，其间曾单独设立支河人民公社。1992年2月，全省统一撤区并乡，原夹沟区支河乡（小乡）、赵台乡和永安区的王塘乡（小乡）合并成立了现在的支河乡（大乡）。

【境内地名概况】从地名专名来看，辖区内居民点地名有以下特点：

1. 以历史人文地理实体命名。如杨桥。徐州卫指挥明威将军武昆是长眉公武原八世孙，后调南京任太常寺指挥，因家中土地无法管理，发现胡管家有贪占财物和不法行为，便将胡管家一家赶走，让内弟杨某管理。杨某发现从前柳村向西学庄的欧河桥石板桥梁断裂，决定在原桥向南五六百米处新建一座桥。此桥位置比之前更利于交通运输，取名为杨桥庄。

2. 以自然地理位置命名。如路湖。路湖在陴湖中，原先是个岛屿，岛上树木茂密，引来很多白鹭，飞起来遮天蔽日，白茫茫的一片。后来湖水下沉，岛屿变成了陆地，便从南方迁来居民开荒定居，形成村庄。村民和白鹭生活一起很有感情，便称白鹭途经的村庄为鹭湖。因“路”与“鹭”同音，再加上当地村民多姓路，该地名逐渐演变为路湖并沿用至今。

3. 其他命名原则。如大姓聚居村庄钱庄、大庄、温桥等。

从地名通名来看，辖区内居民点地名主要有以下特色：

1. 具有反映历史人文的特色。如城孜、康湖等村的来历。

2. 具有反映自然地理的特色。如圩里，开挖老支河时，路过本地，绕了个大弯，从那时起称为湾里，后期又打圩，称为圩里。

【地名社会应用】支河乡历史悠久，有很多名村、名地及有影响的事物，居民点常捆绑或冠其名。如早在汉晋时代，支河乡就是富甲一方的诸侯封地，是古甾邱县城遗址，至今宿北群众仍习惯地称支河为“甾王城”。

解集乡

解集乡（Xièjí Xiāng） 乡级行政单位。

【地理概况】位于埇桥区东北部，东与灵璧县接壤，南接时村镇，西与栏杆镇为邻，北连褚兰镇。面积为138平方千米，总人口为1.779万人，民族为汉族。下辖解集、马台、龙山、桥桂、大灵山、鲁营、贡山、黄林、云光、清泉、张山、柳源、宣杨13个村民委员会。镇人民政府驻地解集村。境内东、北、西部为山区，南部为老汪湖区。老汪湖是重要滞洪湖。地势北高南低，境内最高峰海拔130米，湖区海拔22米。

【地名沿革】春秋时称朝斛城。1948年前分属萧县、灵璧、宿县治理。新中国成立后，划归宿县。1958年建解集公社。1986年与栏杆合并为栏杆区，1992年撤区并乡，成立解集乡至今。

【境内地名概况】从地名专名来看，辖区内居民点地名有以下特点：

1. 以历史人文地理实体命名。如鲁吴庄。此地原属吴国，吴鲁结盟后，割让给了鲁国，故名下鲁吴，现更名为鲁吴庄。

2. 以自然地理位置命名。如虎山头、后泉井等。

3. 其他命名原则。如大姓聚居村庄二张庄、陈寨、罗庄等。

从地名通名来看，辖区内居民点地名主要有以下特色：

1. 具有反映历史人文的特色。如上述鲁吴庄等庄的来历。

2. 具有反映自然地理的特色。如清湖等。

【地名社会应用】解集乡历史文化底蕴深厚，有很多名村、名地及有影响的事物，居民点常捆绑或冠其名。如鲁营集、子贡晒书石、子张讲学故址、八角琉璃井（为伍子胥逃亡马娘娘殉节处）、老汪湖青冢（楚霸王青姬之墓）。

桃沟乡

桃沟乡（Táogōu Xiāng） 乡级行政单位。

【地理概况】位于埇桥区东北部，东邻时村镇，南临蒿沟乡，西靠灰古镇，北接永安镇。面积60.6平方千米，总人口3.801万人，民族为汉族。下辖桃沟、濉河、后寨、戚庄、南秦、大秦、戴夏、耿家、马圩9个村民委员会。镇人民政府驻地桃沟村。地面高程一般在海拔24—30米，属淮北平原，地势西高东低，地势平坦。

【地名沿革】1949年设桃沟乡。1958年改为大队，属时村公社。1961年建桃沟公社。1969年复为大队。1980年区划时复置桃沟公社；1984年政社分治社乡。

【境内地名概况】从地名专名来看，辖区内居民点地名有以下特点：

1. 以历史人文地理实体命名。如柳园，过去在老濉河以打鱼为生的住在老濉河，两岸全是柳树，庄子形成后取名为柳园。

2. 其他命名原则。如大姓聚居村庄杨家、陈圩、新庄等。

【地名社会应用】桃沟乡历史文化底蕴深厚，有很多名村、名地及有影响的事物，居民点常捆绑或冠其名。如相传战国时，这里是黄河淤积的平原，隋朝时隋炀帝杨广南巡，为了运粮方便，在这里开挖了一条大沟。数年后，沟里和两岸长满了桃树，岸边大片桃林，每年春天，方圆几十里桃花盛开，灿若红霞，久而成集市。

顺河乡

顺河乡（Shùnhé Xiāng） 乡级行政单位。

【地理概况】位于埇桥区中部，西距京沪铁路8千米，东距京沪高铁20千米，改线后的206国道纵穿南北，302省道横贯东西。面积80.3平方千米，总人口4.62万人，民族为汉族。下辖顺河、王垅、万桥、魏庄、祝窑、王井涯、马场、周寨、岳桥、鹤山10个村民委员会。镇人民政府驻地顺河村。境内为顺河乡属黄淮平原，地势较为平坦，南部为沙壤土和沙淤两合土，北部山区为黏土和山红土。平均海拔15—30米。境内有埇桥区最高峰大干山、唐诗人皮日休墓、皇姑墓、云窟、神泉等景点。

【地名沿革】新中国成立后，沿河大堤盖起了住房，逐渐形成村落，故将新集孜改称顺河。1949年设顺河乡。1958年改称公社。1969年为大队。1980年复置公社。1983年划为灰古区顺河乡。1984年政设分治恢复乡建制，驻地顺河集。1992年2月，宿县撤区并乡，将原灰古区的顺河乡、秦圩乡（部分），符离区的灵寺乡（部分），夹沟区的鹤山乡（部分）、青龙乡（部分）划入新建的顺河乡。1998年12月，撤销原宿县地区及县级宿州市，设立省辖宿州市，顺河乡属宿州市埇桥区。

【境内地名概况】从地名专名来看，辖区内居民点地名有以下特点：

1. 以历史人文地理实体命名。如后杨家。后杨家很早以前叫杨家，因一郭姓人家犯了国法，为了逃避官府的抓捕逃到了杨家落户，后来官府到杨家调查郭姓人家，杨家人说我们杨家都姓杨，没有郭姓，从此就有郭改杨一说，命名后杨家。

2. 其他命名原则。如大姓聚居村庄名贾庄、万庄、祝庄等。

从地名通名来看，辖区内居民点地名主要有以下特色：

1. 具有反映历史人文的特色。如后杨家、王垅等村的来历。

2. 具有反映自然地理的特色。如半楼。有一个人到南方贩卖牲畜，赚了钱回来盖楼，盖了一半就没有钱了，故名半楼，曾用名半截楼子。

【地名社会应用】顺河乡历史悠久，有很多名村、名地及有影响的事物，居民点常捆绑或冠其名。相传晚唐著名诗人皮日休在顺河生活直到病逝，皮日休墓距乡政府1千米；顺河小王场人王效白1932年领导了宿县现代史上最大的一次暴动（王效白打烟款）。

蒿沟乡

蒿沟乡（Hāogōu Xiāng）乡级行政单位。

【地理概况】位于埇桥区东北部，东邻苗安乡，南与大店镇和朱仙庄镇接壤，西靠灰古镇，北依桃沟乡，东北接时村镇。面积78.2平方千米，总人口5.519万人，民族为汉族。下辖枪河、大史、赵楼、高滩、尹楼、柳沟、巩家7个村民委员会。乡人民政府设在蒿沟村。全乡地处黄淮平原，地势平坦。

【地名沿革】秦朝称阿灵郡。唐朝安史之乱时，在此开挖一条运粮沟，通大运河，此沟因蒿草得名蒿沟。1949年前名北新乡，新中国成立后改名新集乡。1958年公社化时属新集公社。区划几经变动，1980年改名淝河公社。1984年撤社建乡改名淝河乡。2004年撤区并乡，原淝河乡、看疃乡合并为淝河乡。

【境内地名概况】从地名专名来看，辖区内居民点地名有以下特点：

1. 以自然地理实体命名。如孙桥、王桥、张桥等。

2. 因姓氏聚居命名。如赵家、郭庄、曹家等。

3. 以方位大小命名。如高马、后史、大张庄等。

从地名通名来看，辖区内居民点地名主要有以下特色：

1. 具有反映历史人文的特色。如集东、刘楼等村的来历。

2. 具有反映自然地理的特色。如白莲坡。原居住有一条沟叫坡，沟里长满了莲藕，盛开白莲花，故而得名。

【地名与社会应用】蒿沟乡历史文化底蕴深厚，有很多名村、名地及有影响的事物，居民点常捆绑或冠其名。如高滩萝卜，久负盛名，以皮薄质脆、甘甜多汁、风味独特而著称；高滩中日友好示范园果品种类繁多，果质奇佳；药闫粉丝搏击市场，数十年不衰，被称为皖北粉丝加工第一村；70多个民间艺术团体常年活跃于全国各地，被称为杂技之乡；汴北公路养护中心建设在蒿沟。

苗庵乡

苗庵乡（Miáo’ ān Xiāng） 乡级行政单位。

【地理概况】位于埇桥区东北部，东连灵璧县杨疃镇，南与大店镇相望，西接蒿沟乡，北依时村镇。面积110.0平方千米，总人口4.651万人，民族为汉族。辖曹集、新庄、夏王、李圩、中湖、宁刘、梨园、双盛、王集、石桥10个村民委员会。镇人民政府驻地是苗庵村。境内为淮北平原，地势平坦，西部稍高，东部略低，属北温带，气候湿润，四季分明。

【地名沿革】1949年12月设苗庵乡，属大店区。1954年11月归蒿沟区，1955年12月重归大店区。1958年划归草寺人民公社，苗庵为大队。1961年建苗庵人民公社。1966年9月草寺公社并入苗庵公社。1969年2月，原时村区所辖李圩公社和蒿沟公社东部地区划归苗庵公社。1980年1月设苗庵区，下设苗庵、李圩、王集、石桥、孙瓦房5个公社。1984年5月，各公社更名为乡。1992年撤区并乡，孙瓦房划归蒿沟乡，苗庵、李圩、王集、石桥4个乡合并为苗庵乡，名称沿用至今。

【境内地名概况】从地名专名来看，辖区内居民点地名有以下特点：

1. 以自然地理实体命名。如梨园、刘桥等。

2. 以地理位置命名。如后刘、前马、东谷堆等。

3. 以历史古迹或人文地理实体命名。如相传庄东头有一个铜钟，清朝年间被大水冲到北边的塘河后，人们把铜钟找回，为防止再次被冲走，用链子把铜钟勒在一个石桩上，自此这个村庄就叫钟勒子。1958年人民公社成立，钟勒子正式改名为中勒，沿用至今。

从地名专名来看，辖区内居民点地名主要有以下地方特色：

1. 具有明显的区位特色。如草寺、三里赵等。

2. 具有反映居民姓氏多寡的特色。如刘家庄、丁庄、老庄等。

3. 具有反映村名来历的特色。如小庄居民点。该庄有四户人家，姓李、王、宣、朱，组成一个村庄，人们称这个庄叫小庄。人民公社时，叫小庄生产队，1983年叫小庄生产组，小庄沿用至今。

【地名社会应用】庙庵乡历史文化底蕴深厚，有很多名村、名地及有影响的事物，居民点常捆绑或冠其名。如春秋时代，这里是一片汪洋，渔业十分发达。后来在濉河、唐河所带泥沙的冲击下，逐渐形成陆地。隋唐时，大店、时村已成村落，且大店的香火、时村的渔业，都十分繁荣。他们为了方便往来，便修了一条马路，互通有无。大约唐代后期，在从大店到时村的马路旁，有一户姓苗的商人，搭了一个草庵，外设茶棚，内安床铺，供来往行人歇脚喝茶。随着商业的发展，渐渐地移民增多，他们在此摆摊设点，久而成集。

永镇乡

永镇乡（Yǒngzhèn Xiāng） 乡级行政单位。

【地理概况】位于埇桥区南部，东与固镇县相邻，南与怀远县接壤，西与大营镇毗邻，北与蕲县镇相邻。面积为68平方千米，总人口为3.185万，民族为汉族。下辖永镇、单圩、瓦坊、方店、禅堂、关湖、张圩7个村民委员会。乡人民政府驻地永镇村。境内多为平原地带，地势略为西高东低、北高南低。地面高度一般在海拔20—40米，最高点土楼海拔40米，最低点禅堂海拔20米。

【地名沿革】新中国成立前又名奶奶庙，原是古老的集镇。民国34年（1945年）属宿南区。1949年2月属祁县区。1951年12

月设永镇乡。1958年10月成立人民公社，属大营区公所管辖。1959年并为大营人民公社。1960年并为祁县人民公社。1961年10月重设祁县区。1969年2月隶属大营公社所辖。1979年12月属祁县区所辖。1984年5月由人民公社改为乡，属祁县区所辖。1992年3月属县级宿州市。1999年11月属宿州市埇桥区管辖。

【境内地名概况】从地名专名来看，辖区内居民点地名有以下特点：

1. 以历史人文地理实体命名。如庙后。因村庄坐落在庙的后面取名为庙后。

2. 以自然地理位置命名。如潘湖。空湖，方圆十余里无人，故得名潘湖。

3. 其他命名原则。如大姓聚居村庄名胡庄、刘东、大王等。

从地名通名来看，辖区内居民点地名主要有以下特色：

1. 具有反映历史人文的特色。如潘湖、陈井等村的来历。

2. 具有反映自然地理的特色。如龙庄等。

【地名社会应用】永镇乡历史悠久，有很多名村、名地及有影响的事物，居民点常捆绑或冠其名。如永安村以稳定粮食生产为基础，积极发展扶持个体企业；白庄支部以大棚瓜菜为龙头，积极扩大种植面积，努力培育种植优质的蔬菜，扩大市场需求量；刘圩支部重点发展优质良种生产，保持粮食增收增产。

西二铺乡

西二铺乡（Xī' èrpù Xiāng） 乡级行政单位。西二铺是省级乡村治理试点示范乡镇。

【地理概况】位于埇桥区最西部，东临三八街道，南接金海大道，西与濉溪县接壤，北依淮北市烈山区。面积38.5平方千米，总人口2.23万人，民族为汉族。辖二铺、沈家、沟西、葛林4个村民委员会。乡人民政府驻地二铺村。属暖温带半湿润季风气候，四季分明，雨热同季，阳光充足。春季干旱多风，夏季雨量中等，秋季温和凉爽，冬季干冷少雪。境内属平原，地势西高东低。境内有埇桥区最高峰大干山、唐诗人皮日休墓、皇姑墓、云窟、神泉等景点。

【地名沿革】唐朝设置宿州，宿州设置铺堡，十里一铺，五里一堡，传递文书。宿州城西有西二铺、西三铺、西四铺、西五铺等铺。1948年前是颍东二铺乡。1950年属大店区，后改称二铺区。1956年初并入大店区。1958年复置二铺公社。1984年体制改革，政社分治恢复二铺乡，驻地东二铺集。

【境内地名概况】从地名专名来看，辖区内居民点地名有以下特点：

1. 以历史人文地理实体命名。如演礼寺。该村庄中有一所寺庙，名为演礼寺，拥有2000多年的历史，因此该村庄被称为演礼寺。

2. 以自然地理位置命名。如拐李。因该村居于一条公路拐角处的大弯地上，于是就叫拐弯李家，简称拐李。

3. 其他命名原则。如大姓聚居村庄名大刘家、大王家、大黄家等。

从地名通名来看，辖区内居民点地名主要有以下特色：

1. 具有反映历史人文的特色。如演礼寺的来历。

2. 具有反映自然地理的特色。如湖里彭、伯油坊等。

【地名社会应用】西二铺乡历史文化底

蕴深厚，有很多名村、名地及有影响的事物，居民点常捆绑或冠其名。如“后张庄老人节”被安徽省誉为“全国农民自办老人节第一村”“全省先进老年协会示范点”“全国先进模范村居”。随着农庄内农民广场的建成，老人节将越办越红火。该区以农博馆、农民文化广场、农民大舞台、仿古一条街和“后张庄老人节”举办为特色，把尊老敬老的美德和各种皖北民俗在当地和前来农庄休闲的所有客人中传承。

第三章　村民委员会、社区居委会地名

埇桥街道

城隍庙社区居民委员会

城隍庙社区居民委员会（Chénghuáng miào Shèqū Jūmín Wěiyuánhuì）隶属埇桥区埇桥街道。有崇真小区、大寺组、共和世家小区、花园组、教委小区、水文站小区、同盛广场、文昌小区、武后组、武前组、欣意国际城、药店巷。其辖区范围东至环城东路，南至胜利路，西至淮海路，北至环城北路。居住人口12019人。占地面积0.3平方千米。境内主要单位有宿州市十一中、东方宾馆。境内主要街巷有青年巷、武道前街、武道后街、药店巷、花园巷等。

此地旧有城隍庙，1949年后拆除，因该社区位于原城隍庙一带而得名。城隍庙居委会2003年与大寺居委会合并，2008年与武道居委会合并成城隍庙社区居委会。

东仙桥社区居民委员会

东仙桥社区居民委员会(Dōngxiānqiáo Shèqū Jūmín Wěiyuánhuì）隶属埇桥区埇桥街道。有党校小区、东风小区、东仙桥小区、东仙桥组、行署小区、红学组、花墙小区、南环小区、青龙组、染坊小区、水巷小区、天丰小区、文化小区、向阳组、药店小区、一中南组。其辖区范围东至环城东路，南至环城南路，西至淮海路，北至胜利路。居住人口6274人。占地面积0.25平方千米。境内主要街巷有中山街、青龙巷、药店巷、水巷、大河南街。境内主要单位有宿州市第一小学、宿州市百货大楼、国贸购物有限公司。

东仙桥相传是八仙之一蓝采和唱歌的地方，后被人称为仙桥。老城区有东西两条街，称为东仙桥和西仙桥。2008年，青龙居委会、水巷居委会、东仙桥居委会合并成东仙桥社区居民委员会。

西仙桥社区居民委员会

西仙桥社区居民委员会（Xīxiānqiáo Shèqū Jūmín Wěiyuánhuì）隶属埇桥区埇桥街道。有大院组、广场组、隅口组、牌坊组、西门组、干校组、东区、西区、十组、一组、二组、三组、四组、五组、六组、七组、八组、九组。其辖区范围东至淮海中路，南至环城南路，西至西昌路，北至胜利西路。居住人口8900人。占地面积0.348平方千米。境内主要有中山西街、大河南街、西街、小河南街、西街、八一路等 10 条街巷。境内主要单位有供电局、邮电局、移动公司、地税局、农机局等。

因境内有重要道路西仙桥街，故以路命名居民委员会。2008 年原西仙桥居委会和木牌坊居委会合并，称西仙桥社区。

雪枫社区居民委员会

雪枫社区居民委员会（Xuěfēng Shèqū Jūmín Wěiyuánhuì） 隶属埇桥区埇桥街道。有人武部小区、大院小区、雪枫小区、凤凰小区、泰山小区、新马小区、农林小区、行管小区、插花小区、龙祠小区。其辖区范围东至淮海中路，南至胜利中路，西至环城西路，北至环城北路。居住人口 3743 人。占地面积 0.16 平方千米。境内主要街巷有一人巷、插花巷、土祠巷、龙祠巷、新马街等。境内主要单位有埇桥社区医院、雪枫小学、埇桥区政府、区公安局、徽商银行。

2008 年社区重组，以彭雪枫将军名字命名为雪枫社区居委会。1977 年建雪枫居民委员会，2008 年 9 月与插花居民委员会合并，称雪枫社区居民委员会。

沱河街道

泰康社区居民委员会

泰康社区居民委员会（Tàikāng Shèqū Jūmín Wěiyuánhuì） 隶属埇桥区沱河街道。有总机厂小区、春光小区、二十九处小区、七十二处小区、曙光小区。其辖区范围东至韩池孜北路，南至汴河东路，西至曙光北路，北至沱河路。居住人口 10580 人。占地面积 1.63 平方千米。境内主要街巷有道东大街、泰康路。境内主要单位有二十九处、七十二处、机电处、古沱酒厂、轻工机械厂、沱河卫生院。

因埇桥区对社区进行统一规划，取国泰、民康之意，成立新泰康社区。2008 年底，在社区统一规划中，将原来的道东办事处曙光社区部分区域、沱河办事处二十九处小区、七十二处小区、总机厂小区、春光小区统一规划为泰康社区。

春光社区居民委员会

春光社区居民委员会（Chūnguāng Shèqū Jūmín Wěiyuánhuì） 隶属埇桥区沱河街道。有七十一处东院、七十一处西院、北苑世家、帝景名都、小崔家、花园小区、矿建总医院。其辖区范围东至滨河路，南至汴河路，西至韩池孜路，北至滨河路。居住人口 9688 人。占地面积 1.36 平方千米。境内主要街巷有建设北路、道东大街、泰康路。境内主要单位有中煤第七十一工程处、矿建总医院。

沱河街道原有个春光居委会，后成立社区，故命名为春光社区居民委员会。2008 年成立社区，七十一处、小崔家村、花园小区、矿建总医院、沱河居委会合并成立春光社区居委会。

宿东社区居民委员会

宿东社区居民委员会（Sùdōng Shèqū Jūmín Wěiyuánhuì） 隶属埇桥区沱河街道。有水文队小区、物测队小区、李瓦房、三十三处小区、安装处小区、新建一村、新建二村、康居苑南北区。其辖区范围东至沱河外环东路，南至开发区金海办事处，西至韩池孜路，北至汴河东路。居住人口 22642 人。占地面积 2.1 平方千米。境内主要街巷有地质路、李瓦房西路、矿建路、建设南路等。境内主要单位有物探测量队、安装工程处、三十三工程处、水文勘探队、三十三医院、矿建中学、矿建一小。

淮北筹备处在宿县东关筹建淮北市，命名宿东。2009年9月由7个居民组重组沱河办事处宿东社区。

韩池孜社区居民委员会

韩池孜社区居民委员会（Hánchízī Shèqū Jūmín Wěiyuánhuì） 隶属埇桥区沱河街道。有韩池孜、小李家、供应处小区、康居苑小区。其辖区范围东至韩池孜路，南至开发区，西至曙光南路，北至汴河东路。居住人口7060人。占地面积1.5平方千米。境内主要街巷有韩池孜路、民生路、矿建路、小李村中路、学生路、曙光南路、韩池孜中巷。境内主要单位有沱河街道办事处、中煤三建工程公司、沱河市场监督所等。

因社区办公室驻地坐落在韩池孜，故得名韩池孜社区居民委员会。2008年底，韩池孜村与小李家村以及供应处居民区组建为社区居民委员会，命名为韩池孜社区居委会。

道东街道

翠园社区居民委员会

翠园社区居民委员会（Cuìyuán Shèqū Jūmín Wěiyuánhuì） 隶属埇桥区道东街道。有河畔雅苑小区、崔园二组、崔园三组、挂车厂小区、港口小区、崔园一组、翠园小区、碧玉豪庭小区、食品巷宿舍、肉厂南院宿舍、棉织厂小区、茂源小区、桥西小区。其辖区范围东至商场北路，南至汴河路，西至港口北路，北至滨河路。居住人口4509人。占地面积1.6平方千米。境内主要街巷有道东大街、崔园东路、商场北路、滨河路、曙光北路、食品巷、崔园七巷。

翠园社区坐落在道东街道辖区崔园村周边，崔园村属社区管辖范围内，崔园村人口占辖区人口一半以上，社区以崔园谐音翠园命名，故命名为翠园社区居委会。翠园社区居民委员会成立于2009年9月。

东方社区居民委员会

东方社区居民委员会（Dōngfāng Shèqū Jūmín Wěiyuánhuì） 隶属埇桥区道东街道。有烟草小区、沈庄五巷、沈庄六巷、沈庄二巷、沈庄一巷、桥东小区、肉厂小区、恒星小区、路桥小区、曙光南路小区、营埂巷、团结巷、良苑小区。其辖区范围东至沱河办事处，南至开发区，西至津浦铁路线，北至汴河东路。居住人口5933人。占地面积0.32238平方千米。境内主要街巷有宿固路、汴河东路、淮河东路、曙光南路。境内主要单位有国家粮食储备库、市污水处理厂、区军粮供粮站。

辖区内有东方面粉厂，故命名东方社区居委会。2009年9月，桥西社区与沈庄社区合并为东方社区。

港口社区居民委员会

港口社区居民委员会（Gǎngkǒu Shèqū Jūmín Wěiyuánhuì） 隶属埇桥区道东街道。有八小居民组、畜产公司宿舍、崔元六组、崔元四组、崔元五组、道东池元巷组、道东粮店组、道东盐店组、道东盐业东一巷组、海事局居民组、木材公司居民组、汽车二队居民小组、铁路安全村、盐业公司居民组、港口小区、马桥居民小组、面粉厂居民小组。其辖区范围东至港口路，南至港口小区，西至中兴路，北至道东大街。居住人口11326人。占地面积1.321平方千米。境内主要街巷有汴河东路、淮河东路、曙光南路、港口路。境内主要单位有国家粮食储备库、市污水处理厂、区军粮供粮站。

港口社区坐落在港口路边，故以路命名。2009年由原桥东社区，马盐社区，崔元村四、五、六组合并为港口社区居民委员会。

东关街道

北苑社区居民委员会

北苑社区居民委员会（Běiyuàn Shèqū Jūmín Wěiyuánhuì） 隶属埇桥区东关街道。有蓝水湾小区、同科小区、桑园小区、北苑小区。其辖区范围东至怀远路，南至胜利路，西至环城河，北至滨河路。居住人口12295人。占地面积0.35平方千米。境内主要街巷有五金路、北苑路、公园路等。境内主要单位有东关派出所、区二轻协会、市粮食局、东关卫生院。

因境内居民小区名称为北苑小区，且居委会驻地在北苑小区，故以小区名命名为北苑社区居委会。1955年建立搬运、柴油、联络街、桑园四个居委会，2000年拆迁建成北苑小区，2003年10月四个居委会合并重组，建立北苑社区居民委员会。

大泽社区居民委员会

大泽社区居民委员会（Dàzé Shèqū Jūmín Wěiyuánhuì） 隶属埇桥区东关街道。有五金小区、仪器小区、石油小区、农机小区、矿建小区、剧团小区、机关小区、公路局小区、城建小区。其辖区范围东至宿淮路，南至浍水路，西至二中路，北至汴河路。居住人口11380人。占地面积0.33平方千米。境内主要街巷有大泽路、汴河路、二中路、袁刘巷、宿淮路等。境内主要单位有宿州二中、天乐幼儿园、矿建幼儿园、埇桥区国土资源局、埇桥区粮食局。

因境内重要道路大泽路，且驻地在大泽路，故以路命名居民委员会。大泽社区居民委员会建于1991年，大泽路坐落在宿州市繁华地段，周边有金茂商城，因此命名大泽社区居民委员会。

观李社区居民委员会

观李社区居民委员会（Guānlǐ Shèqū Jūmín Wěiyuánhuì） 隶属埇桥区东关街道。有师范路小区、师专小区、供销小区、客运小区、齐顾小区。其辖区范围东至京沪铁路，南至浍水路，西至宿怀路，北至汴河中路。居住人口5480人。占地面积0.27平方千米。境内主要街巷有师范路、满仓巷、公寓路、浍水东路、宿怀路、齐顾巷、物资巷等。境内主要单位有宿州学院、宿州学院附属实验中学、宿州客运公司第二分公司、青芦铁路有限公司、市供销合作联合社、华美家具大世界。

观李社区原有一座观音堂庙，地处宿州市第十一小学附近，当时附近的大队称为观音堂大队。70年代经过“农转非”改革，办理了非农业户口的居民成为党校居委会居民（党校居委会后改为观音堂居委会），另一部分农业户口居民结合李园生产队组成了观李大队。后期称为观李居委会，2008年更名为观李社区，沿用至今。2008年10月，观李社区与南苑社区合并，称为观李社区。

马号社区居民委员会

马号社区居民委员会（Mǎhào Shèqū Jūmín Wěiyuánhuì） 隶属埇桥区东关街道。有东武小区、木器小区、东昌小区、观东小区、观西小区、站下二小区、花园大厦小区、联络街小区、医药小区。其辖区范围东至宿怀路，南至汴河中路，西至环城河东昌路，北至胜利路。居住人口8084人。占地面积1.3平方千米。境内主要街巷有东关大街商业街、联络街干货市场、观音堂街、顺河路、幸福路、菜市街、马庙巷、静园巷、沿河路。境内主要单位有宿州市第十一小学、东关卫生服务站、宿州市建行、宿州市建筑总公司、埇桥区畜牧水产局。

古代是官方拴马的驿站（送信），抗日解放战争为地下党交通通信的落脚点。“文化大革命”期间是红卫居委会。1949年后是马号巷居委会，后改名为劲松居委会，后分为观音堂居委会和马号居委会。2008年12月两个社区合并命名为马号社区居民委员会。

铁路社区居民委员会

铁路社区居民委员会（Tiělù Shèqū Jūmín Wěiyuánhuì） 隶属埇桥区东关街道。有铁路小区、幸福小区、沟东小区、观李五区、路东六区、古沱小区、柴油小区。其辖区范围东至京沪线，南至汴河中路，西至宿怀路，北至滨河路。居住人口10532人。占地面积600平方千米。境内主要街巷有工人路、李园巷、金城街、东关大街、幸福路、汴河路、宿怀路、滨河路、沟东巷、沟西巷、物资巷、铁路巷、路东巷，境内主要单位有火车站、汽车站、地方海事局、铁路幼儿园、贝乐幼儿园、观李社区。

因辖区距京沪线较近，故以此命居民委员会名。1949年建铁路居委会，2009年9月站下居委会、道口居委会与铁路居委会合并，因辖区靠近京沪线，故称为铁路社区居民委员会。

三里湾街道

陈营社区居民委员会

陈营社区居民委员会（Chényíng Shèqū Jūmín Wěiyuánhuì） 隶属埇桥区三里湾街道。有第一网格、第二网格、第三网格、第四网格、第五网格、第六网格、第七网格、第八网格、第九网格、第十网格、第十一网格、第十二网格、第十三网格、第十四网格、第十五网格。其辖区范围东至京沪铁路，南至迎宾大道，西至金海大道，北至淮河路与京沪铁路高架桥。居住人口12348人。占地面积2.753平方千米。周边有国际花园小区、兰石春天小区、金源尚郡小区、明丽学林雅苑小区、大型超市、学校、幼儿园、酒店、小吃群、浴池、银行以及娱乐场所等。

陈营居民委员会由陈营村民委员会沿袭而来，故名陈营社区居民委员会。人民公社时期名为陈营大队。1983年由陈营大队更名为陈营村民委员会。2010年由陈营村民委员会更名为陈营社区委员会。

纺织路社区居民委员会

纺织路社区居民委员会（Fǎngzhīlù Shèqū Jūmín Wěiyuánhuì） 隶属埇桥区三里湾街道。有第一网格、第二网格、第三网格、第四网格、第五网格、第六网格、第七网格、第八网格、第九网格、第十网格。其辖区范围东至金海大道，南至纺织东路，西至宿怀路，北至淮河东路。总人口为10093人。面积为0.8平方千米。境内交通设施有浍纺南路、师专南路、高织东路、高庄北路。其他设施有南苑宾馆、医药公司、农机校、军分区。

地址位于纺织路上，主要服务对象是纺织厂生活区的居民，故而得名。1994年9月成立纺织路居委会。

凤池社区居民委员会

凤池社区居民委员会（Fèngchí Shèqū Jūmín Wěiyuánhuì） 隶属埇桥区三里湾街道。有第一网格、第二网格、第三网格、第四网格、第五网格、第六网格、第七网格、第八网格、第九网格。其辖区范围东至宿怀路，南至淮河中路，西至淮海南路，北至浍水东路。总人口为6184人。面积为0.6平方千米。境内交通设施有运粮河路、农科路、中八路、小王路。其他设施有市农业科学院、市教育局、市财政局、市地税局、区农业委员会、区国土资源局、市气象局、中国农业银行、中国建设银行、中国银行、中国工商银行、农商行。

凤池居民委员会坐落在凤池小区院内，故名凤池社区居民委员会。2008年，南关街道办事处的凤池社区与三里湾街道的怀远社区合并为三里湾街道凤池社区。

拂晓社区居民委员会

拂晓社区居民委员会（Fúxiǎo Shèqū Jūmín Wěiyuánhuì） 隶属埇桥区三里湾街道。有第一网格、第二网格、第三网格、第四网格、第五网格、第六网格、第七网格、第八网格。其辖区范围东至宿怀南路，南至迎宾大道，西至运粮河路，北至纺织东路。居住人口8720人。占地面积0.378平方千米。境内主要街巷有交通一巷、交通二巷、观李一至八巷。境内主要单位有汽配城。

2016年1月28日成立。

淮河路社区居民委员会

淮河路社区居民委员会（Huáihélù Shèqū Jūmín Wěiyuánhuì） 隶属埇桥区三里湾街道。有第一网格、第二网格、第三网格、第四网格、第五网格、第六网格、第七网格。其辖区范围东至怀远南路，南至纺织路，西至淮海南路，北至淮河中路。总人口为3375人。面积为1.4平方千米。境内设施有宿州市广播电视台、拂晓报社、宿州市交通警察支队、公交公司。

因境内重要道路淮河路，且驻地在淮河路，故以路名为居民委员会名。因境内重要道路淮河路，2008年命名为淮河路社区居民委员会。

南方社区居民委员会

南方社区居民委员会（Nánfāng Shèqū Jūmín Wěiyuánhuì） 隶属埇桥区三里湾街道。有雪龙化纤小区、朱家居民组、双陈居民组、邱庄居民组、利民小区、新天华城小区、东方明珠小区、南方国际花园、前九居民组、孟家居民组。其辖区范围东至金海大道，南至迎宾大道，西至宿怀路，北至纺织路。居住人口23000人。占地面积0.2893平方千米。境内主要街巷有鹏程路、宿怀南路、纺织路、迎宾大道。境内主要单位有利民路桥有限公司。

南方社区2016年1月28日成立，坐落在南方国际与东方明珠小区5个居民小组之间，故名南方社区居民委员会。

三里湾社区居民委员会

三里湾社区居民委员会（Sānlǐwān Shèqū Jūmín Wěiyuánhuì） 隶属埇桥区三里湾街道。有第一网格、第二网格、第三网格、第四网格、第五网格、第六网格、第七网格、第八网格、第九网格。其辖区范围东至京沪铁路，南至淮河东路，西至宿怀路，北至浍水东路。总人口为11362人。面积为0.9平方千米。境内交通设施有师专路、浍纺路、龙口路、五中路。教育设施有宿州市第五中学、宿州市第十七小学。其他设施有中国人民财产保险公司、宿州市质量检测中心、埇桥区残疾人联合会。

从宿城老城墙南门口往南再往东拐弯，大约三里路，当时有一个大水塘，地势较洼，雨水都往这里流淌聚集，故称为三里湾。人民公社时期为三里湾大队，1984年撤销大队成立三里湾村，2008年以三里湾村、三里湾居委会、浍纺居委会的各一部分合并为三里湾社区居委会。

南关街道

二中社区居民委员会

二中社区居民委员会（Èrzhōng Shèqū Jūmín Wěiyuánhuì） 隶属埇桥区南关街道。有天使小区、恒丰大厦、香蕉老窝小区、农行宿舍、商干校小区、供销社小区、家具厂宿舍、二中宿舍、市委小区、运河新村、两淮小区。其辖区范围东至二中巷，南至浍水中路，西至淮海南路，北至汴河中路。总人口为3327人。面积为0.2平方千米。境内交通设施有运粮河路。教育设施有宿州电大。医疗设施有宿州市市立医院。其他设施有苏果超市、二中广场。

因二中学校坐落在南关街道辖区内，命名为居民委员会名。2003年8月与农林居民委员会合并，至今为南关街道二中社区居民委员会。

葛园社区居民委员会

葛园社区居民委员会（Gěyuán Shèqū Jūmín Wěiyuánhuì） 隶属埇桥区南关街道。有工行宿舍、葛园新村、针织厂宿舍、印刷厂宿舍、葛园四巷、尚街国际新天地、龙德苑小区、金泰商城、华丽园小区、恒丰嘉苑、农行宿舍。其辖区范围东至东昌路，南至汴河路，西至淮海路，北至环城河。总人口为3392人。面积为0.6平方千米。境内交通设施有顺河路。教育设施有宿州市第十二小学。其他设施有工商银行、区国税局、华夏集团、大润发超市、苏宁电器。

因为当时辖区内有葛园巷，且葛姓居民为多，故称为葛园社区居民委员会。1965年援越居民委员会成立，后改名为双庆居民委员会。1978年双庆居民委员会以淮海路为界线，拆分为葛园居民委员会和万里桥居民委员会，淮海路东为葛园居民委员会。

万里桥社区居民委员会

万里桥社区居民委员会（Wànlǐqiáo Shèqū Jūmín Wěiyuánhuì） 隶属埇桥区南关街道。有中央广场、邮电小区、百惠园小区、玉生街东区、人和花园小区、二机厂小区、科委小区、四小育才小区、金三角小区、广电小区、裕城花园小区、金桂佳苑干休所小区、爱民巷小区、裕城花园小高层小区、防疫站小区、劳动局小区、干休所小区、劳动巷小区、玉生街西区。其辖区范围东至淮海路，南至汴河路，西至西昌路，北至环城河。总人口为10280人。面积为0.38平方千米。境内交通设施有顺河路。教育设施有宿州市第四小学。医疗设施有市立医院。其他设施有宿州市审计局、宿州市农业银行。

杨紫霞是一位巾帼英雄，三岁丧父，跟随其母回到外婆家居住，原住址为现在的玉生街东区，俗称高台子。历史上此处常发生洪涝灾害，常常是天连水、水连天。杨紫霞的母亲邱藕清，跟随父亲学医、办学堂。为了方便百姓出行修建此桥，杨紫霞的老师康有为曾来过此处，并题名万里桥。1978年8月，万里桥居民委员会成立，故以此桥命名为万里桥居民委员会。1978年以前，万里社区的前身是双庆居民委员会，后又叫圆月居民委员会，地域范围包括葛园和万里桥居民委员会。1993年9月，成立江庄居民委员会和万里桥居民委员会。2003年9月，江庄居民委员会和万里桥居民委员会合并，以万里桥居民委员会命名。2009年8月，成立万里桥社区居民委员会。

恒馨社区居民委员会

恒馨社区居民委员会（Héngxīn Shèqū Jūmín Wěiyuánhuì） 隶属埇桥区南关街道。有财富广场小区、交通巷小区、建行小区、武夷商城小区、芦庄小区、育苗巷小区、党校小区、金融巷小区、花园小区、恒丰花园。其辖区范围东至淮海南路，南至浍水路，西至西昌路，北至汴河路。总人口为9758人。面积为0.98平方千米。境内其他设施有埇桥区交通局、社保局、民政局、教育局、住建委、林业局、区委、南关街道办事处、农发行、物价局、司法局。

1982年卫校坐落于本辖区，所以命名为卫校社区，后因卫校搬迁，于2008年恒馨房地产公司开发，在本辖区内开发恒馨财富广场小区，故本社区取名为恒馨社区居民委员会。

南园社区居民委员会

南园社区居民委员会（Nányuán Shèqū Jūmín Wěiyuánhuì） 隶属埇桥区南关街道。有明丽小区、锦绣家园、符离建行、芳园路、春森小区、一队楼、药材公司、水木华庭、九中宿舍、建委宿舍、华丰、鸿儒世家、翰林苑、海芳小区、光华庭院、二里庄、地区建行、大花园、翠竹园、瑞隆小区、南苑小区、黄河怡心苑、光华园、工商干校、平安小区。其辖区范围东至运粮河，南至迎宾大道，西至西昌路，北至淮河路。总人口为16124人。面积为3.5平方千米。境内交通设施有芳园路、平安路。教育设施有九中学校。其他设施有物资能源公司、电力公司。

南园社区地址处于南苑小区7区31号，故命名为南园社区。南园社区于1997年11月成立。

一中社区居民委员会

一中社区居民委员会（Yīzhōng Shèqū Jūmín Wěiyuánhuì） 隶属埇桥区南关街道。有教委宿舍小区、转播台小区、一中宿舍北区、光明巷小区、祥居小区、十中宿舍小区、北统建楼小区、菜场小区、法检宿舍小区、工商银行小区、烟草小区、金科苑小区、公路局小区、科苑小区、东坪路建委宿舍小区、锦润悦府小区、粮园巷小区、浍园小区、粮干校小区、南统建楼小区、环保局小区、物价局小区、锅检所小区、一中宿舍南区、武警宿舍小区、水厂小区、康苑小区。其辖区范围东至淮海南路，南至淮河中路，西至人民路，北至浍水中路。总人口为7287人。面积为0.51平方千米。境内交通设施有统建路、东坪路。教育设施有宿州第一初级中学、市第九小学。其他设施有联通公司、烟草公司。

由著名的宿州市宿城一中而得名。20世纪50年代的老地委居民委员会到1994年2月规划分为一中居民委员会，2003年改为一中社区居民委员会。

西关街道

和园社区居民委员会

和园社区居民委员会（Héyuán Shèqū Jūmín Wěiyuánhuì） 隶属埇桥区西关街道。有瞰景苑小区、西李小区、河畔一号小区、秦楼小区、董园小区、薛园小区、龙河小区。其辖区范围东至西昌北路，南至胜利西路，西至磬云路，北至银河一路。居住人口5633人。占地面积1.3平方千米。境内主要街巷有薛园路、沿河路、小康路、瞰景苑路、薛北路、幸福路、周庄路。境内主要单位有市建委、宿州市博物馆、宿州市文化馆、宿州市青少年宫。

因辖区内有薛园村、李园村、西关村、董园村，故以三园命名为和园社区居民委员会。2008 年因社区重组，由龙河居委会、薛园村、李园村、西关村、董园村合并成和园社区居民委员会。

环宇社区居民委员会

环宇社区居民委员会（Huányǔ Shèqū Jūmín Wěiyuánhuì） 隶属埇桥区西关街道。有特酒厂宿舍、环宇银河绿苑北区、环宇银河绿苑南区、银沱小区。其辖区范围东至西昌北路，南至银河一路，西至人民路，北至滨河路。居住人口 7730 人。占地面积 0.6 平方千米。境内主要街巷有 U 型路、银河一路、银河二路。境内主要单位有宿州一小环宇校区、宿州市中医院、埇桥区老年大学、银河双语幼儿园。

因辖区内居民约有三分之二居住在环宇银河绿苑，且社区办公地点设在环宇银河绿苑院内，故以小区名命名。原来属西关街道和园社区，2005 年 6 月宿州市政务中心在此附近建设，随之开建环宇银河绿苑小区，2008 年筹建环宇社区，2009 年 1 月正式挂牌成立。

美庐社区居民委员会

美庐社区居民委员会（Měilú Shèqū Jūmín Wěiyuánhuì） 隶属埇桥区西关街道。有何家小区、黄家小区、建筑巷小区、梅石牌坊小区、美庐花园小区、太阳城小区、薛家小区、张家小区、秀峰苑。其辖区范围东至人民路，南至淮河路，西至磬云路，北至汴河路。居住人口 8155 人。占地面积 1.61 平方千米。境内主要街巷有浍水西路宿蒙路。境内主要单位有宿州市城市管理局、市检察院、市环保局、市园林处、市环卫处、市环境保护局、市中心血站、博文公司、市政公司、下关中学。

因辖区内有美庐花园小区，故以小区命名为美庐社区居民委员会。2008 年社区重组，由何家村、下关村、张仙庙村、振兴居委会合并成为美庐社区居民委员会。

下关社区居民委员会

下关社区居民委员会（Xiàguān Shèqū Jūmín Wěiyuánhuì） 隶属埇桥区西关街道。有大泽小区、新桥小区、供电小区、秦巷口小区、上马台小区、春下小区。其辖区范围东至西昌路，南至汴河西路，西至人民路，北至胜利西路。居住人口 11758 人。占地面积 1.65 平方千米。境内设施周边有西关苏果超市、农业银行、西关农商行、新三佳超市、宿州市明丽大酒店、天都大酒店、果卉酒店、宿州市第八中学、宿州光明幼儿园等。

因区域内 20 世纪 70 年代成立下关生产大队管委会，以原下关生产大队命名为下关社区居民委员会。下关社区居民委员会于 2009 年 9 月命名，由原来下关社区、秦巷口社区、春城社区、上马台社区、供电社区等社区合并重组而来。

祥安社区居民委员会

祥安社区居民委员会（Xiáng' ān Shèqū Jūmín Wěiyuánhuì） 隶属埇桥区西关街道。有恒丰小区、林泉苑小区、宏源小区、吴家小区、祥和小区、薛庄小区、渔场小区、蓝天小区。其辖区范围东至西昌路，南至浍水路，西至人民路，北至汴河路。居住人口 10750 人。占地面积 1.2 平方千米。境内主要街巷有东坪路、杜家中路、薛庄路、薛庄南二路、薛庄北路、城南小学路、宿蒙路。境内主要单位有区刑警队、交警支队三中队、市商务局、血检中心、中国电信宿州分局、华夏世贸广场、中国银行宿州汴河路支行。

因执法机关单位刑警队、交警支队三中队、区检察院驻地单位在此，保护居民安全，使居民生活祥和安定，故此称为祥安社区。1993年初建，由秦巷口社区划分，有7个居民组，且公安局、检察院、刑警队驻地单位在此，保护居民生活祥和安定，故此称为祥安社区居民委员会。

振兴社区居民委员会

振兴社区居民委员会（Zhènxīng Shèqū Jūmín Wěiyuánhuì） 隶属埇桥区西关街道。有大王庙、薛园、董园、磬云大市场、庙西、一人巷。其辖区范围东至人民路，南至汴河路，西至磬云路，北至胜利路。居住人口4560人。占地面积1.2平方千米。境内主要街巷有西关大街、长征路、大王庙路、宋元路。境内主要单位有市第二小学、第三小学，看守所，第三监狱。

因境内有重要道路西关大街、长征路、振兴小区（已征收），故以振兴小区命名。2008年社区重组，命名为振兴社区。

北关街道

华地社区居民委员会

华地社区居民委员会（Huádì Shèqū Jūmín Wěiyuánhuì） 隶属埇桥区北关街道。有北关新城、华地园。其辖区范围东至淮海北路，南至北环城河，西至西昌北路，北至沱河南岸滨河路。总人口为9661人，民族为汉族。面积为0.5平方千米。境内有市第一人民医院、乐天玛特超市、区眼防所、沱河公园、省第三勘探队。

因华地集团坐落在辖区内而得名。1992年以前，该辖区的三勘隶属沱河街道，一部分隶属市北街道，一部分隶属北关村。1992年3月北关街道成立，划为三勘居委会和淮海居委会。2008年11月社区重组，将三勘居委会、淮海居委会和北关村的一部分合并，更名为华地社区居委会。

汇源社区居民委员会

汇源社区居民委员会（Huìyuán Shèqū Jūmín Wěiyuánhuì） 隶属埇桥区北关街道。有单庄、东二、东三、汇源老区、汇源新村、建河新村、李家、吕家、孙家、西三、响李、张芳。其辖区范围东至京沪铁路，南至沱河，西至汇源大道，北至新汴河。总人口为10687人，民族为汉族。面积为2.75平方千米。境内有十一中分校、第五小学、国电汇源热电股份有限公司。

因原汇源电力公司坐落在辖区内得名。该辖区内1992年以前有电厂居委会，隶属沱河街道，北关村一部分与吕家村一部分隶属城北乡。1992年3月北关街道成立，划归北关街道管理，并且增设了响李居委会管理非农居民。2008年11月社区重组将该辖区合并，更名为汇源社区居委会至今。

北关社区居民委员会

北关社区居民委员会（Běiguān Shèqū Jūmín Wěiyuánhuì） 隶属埇桥区北关街道。有公园道一号、黄庄、新农村、药厂小区、恒大御景湾、天鹅湾小区、两淮融景苑、绿洲嘉园。其辖区范围东至汇源大道，南至沱河，西至三角洲公园西边线，北至新汴河。总人口为6955人，民族为汉族。面积为3平方千米。周边有三角洲公园、北关社区医院。

因该社区坐落在原北关村内而得名。该辖区1992年以前由城北乡北关村委会管理。1992年3月北关街道成立，隶属北关街道，为便于管理，在辖区内分别设立了药厂居委会和化工总厂居委会，2008年11月社区重组合并，更名为北关社区居委会。

教场社区居民委员会

教场社区居民委员会（Jiàochǎng Shèqū Jūmín Wěiyuánhuì） 隶属埇桥区北关街道。有滨河小区、邮政小区、办事处宿舍、腾龙小区、六小宿舍、二饮宿舍、环北新村、雪枫新村、中行宿舍、教南、阳光公寓、教场新村、阳光小区、新兴小区。其辖区范围东至雪枫公园东墙，南至环城河，西至淮海北路，北至沱河南岸滨河路。总人口为8260人，民族为汉族。面积为0.66平方千米。周边有北苏果超市、市邮政局、市一职高、市环保局、北关办事处办公楼、雪枫公园、市体育学校、市直幼儿园、第六小学。

因辖区内过去有一块场地名为校场（练兵场所），后来书写成教场。该辖区1992年以前隶属原市北街道办事处城隍居委会。1992年3月撤区并乡，隶属新成立北的关街道办事处，取名为教场居委会。2008年11月社区重组，将北关村和淮海居委会的一部分并入，更名为教场社区居委会。

城东街道

八里社区居民委员会

八里社区居民委员会（Bālǐ Shèqū Jūmín Wěiyuánhuì） 隶属埇桥区城东街道。有曾家、小李家、大徐家、小王家、小周家、莲花刘、东崔家、沈家、东蕲家、卢家、草王、赵家、大刘、小刘、胡家、西蕲家、崔家。其辖区范围南至十里村、沱河村，西至津浦村，北至新汴河。总人口为4273人，主要民族为汉族。面积为0.756平方千米。境内交通设施有公交车站。教育设施有学校。医疗设施有3个诊所。

由宿城大隅口离八里村正好八里路，八里村由此得名。1983年，由八里大队更名为八里村民委员会，2007年由原八里村、蕲芦村、大刘村合并为八里村，2014年改名为八里社区。

津浦社区居民委员会

津浦社区居民委员会（Jīnpǔ Shèqū Jūmín Wěiyuánhuì） 隶属埇桥区城东街道。有马后、马前、小张家、闫家、谢家、黄店、周窑、小郇家。其辖区范围东至莲花刘，南至沱河桥，西至北苑小区，北至新汴河。总人口为4448人，主要民族为汉族。面积为3.031平方千米。境内交通设施有公交车站。教育设施有津浦小学、津浦幼儿园。医疗设施有津浦村卫生室。其他设施有义务商贸城。

坐落在宿州市埇桥区东郊，因紧靠津浦铁路而得名。津浦村于2008年3月命名。

沱河社区居民委员会

沱河社区居民委员会（Tuóhé Shèqū Jūmín Wěiyuánhuì） 隶属埇桥区城东街道。有青庙王、大曾、小曾、东王、五里、端家、南刘、新庄。其辖区范围东至十里村，南至沱河大堤，西至沱河桥，北至八里村。总人口为4030人，主要民族为汉族。面积为0.46平方千米。境内交通设施有公路、公共汽车和公交车。教育设施有沱河中学、中心小学。医疗设施有城东医院。其他设施有乐万家超市、新万家超市。

因地处沱河岸边，故而得名。人民公社时期名称为沱河大队；1983年由沱河大队更名为沱河村民委员会。

十里社区居民委员会

十里社区居民委员会（Shílǐ Shèqū

Jūmín Wěiyuánhuì） 隶属埇桥区城东街道。有前梅家、梅圩、后梅家、东梅家、大王庄、湾王、徐刘、堤北曾、小张家、农场。其辖区范围东至徐刘村，南至沱河村，西至沱河村，北至八里村、新河村。总人口为4546人，主要民族为汉族。面积为1.604平方千米。境内交通设施有303省道、公交车站。教育设施有梅圩小学。医疗设施有村内私人诊所3个。其他设施有村委所在地十里铺303省道路南有一个私人超市。

原名十里村，宿城大隅口距十里村正好十里路，由此得名，后更名十里社区居民委员会。2014年改名为十里社区居民委员会。

三八街道

大吴社区居民委员会

大吴社区居民委员会（Dàwú Shèqū Jūmín Wěiyuánhuì） 隶属埇桥区三八街道。有大胡庄、朱家庄、小戚家。其辖区范围东至拂晓大道，南至三八沟，西至西二铺韩岭子，北至戚家沟。总人口为1070人，主要民族为汉族。面积为1.5平方千米。

以下辖大吴自然村命名，但因合并村庄，大吴自然村已不存在。人民公社时期为大胡大队，1983年为大吴村村民委员会。

九里村村民委员会

九里村村民委员会（Jiǔlǐcūn Cūnmín Wěiyuánhuì） 隶属埇桥区三八街道。有白果树庄、大张家、高家庄、何家、黄庄、江家、九里、秦营、沈家、王久、殷家、余家、张寨、周家、高家、周尚庄。其辖区范围东至三里村，南至北杨寨乡，西至西二铺，北至三八村。总人口为6163人，主要民族为汉族。面积为7.1平方千米。境内交通设施有公路；教育设施有小学；医疗设施有村卫生室。

因九里村驻地离市中心九里路，因此得名九里村。人民公社时期名为九里大队，1983年由九里大队更名为九里村村民委员会，2008年由九里、周尚、高殷三村合并，命名为九里村。

三八社区居民委员会

三八社区居民委员会（Sānbā Shèqū Jūmín Wěiyuánhuì） 隶属埇桥区三八街道。有陈营子、小杨家、薛家。其辖区范围东至拂晓大道，南至宿永公路，西至青年路，北至康复路。总人口为4521人，主要民族为汉族。面积为2平方千米；境内交通设施有拂晓大道、宿永路；教育设施有三八小学；医疗设施有村卫生室。

明代初，陈姓人家由山西省洪洞县迁居至此，不断繁衍生息，逐渐壮大，因此起名为陈营孜。1957年陈营村被命名为三八村，1981年改名为三八村村民委员会。

三里社区居民委员会

三里社区居民委员会（Sānlǐ Shèqū Jūmín Wěiyuánhuì） 隶属埇桥区三八街道。有拂晓一号、千亩园、西庭凯旋门、新景第、名宿华府、中辰一品、拂晓新城。其辖区范围东至张仙庙村，南至宋刘村委会，西至高殷村委会，北至宿永公路。总人口为31032人，主要民族为汉族。面积为1.47平方千米。交通设施有快客站。

由于本村距离大隅口三里路，故称三里村。人民公社时期名称为东风大队，1964年和三义大队合并后，更名为三里大队。

十里村村民委员会

十里村村民委员会（Shílǐcūn Cūnmín Wěiyuánhuì） 隶属埇桥区三八街道。有后李、后赵、花家、蒋家、前李、十里铺、王家、张家、赵家、周家。其辖区范围东至九里和三八，南至九里村，西至二铺乡，北至二铺乡沈家村。总人口为5351人，主要民族为汉族。面积为7.6平方千米，境内交通设施有303省道宿涡路穿村经过，19路公交车和6路公交车；教育设施有花家小学；医疗设施有村卫生室；其他设施有交管站、特殊学校。

因到宿县小隅口的距离为十里而得名。人民公社时期为十里大队，1984年由原来的十里大队更名为十里村村民委员会，该村委会于2008年由前赵村和十里村合并为十里村委员会。

杨庙社区居民委员会

杨庙社区居民委员会（Yángmiào Shèqū Jūmín Wěiyuánhuì） 隶属埇桥区三八街道。有黄家、杨庄。其辖区范围东至拂晓大道，南至三八村柳树行路，西至三八村银杏路，北至大吴村民委员会。总人口为4972人，主要民族为汉族。面积为2.9平方千米。境内交通设施，主要道路为公路，开通城乡公共交通及汽车；教育设施有宿州第一中学、十一中西校区；医疗设施有私人诊所。其他设施有一个便民超市。

杨庙村名起源于原杨庄，因庄内有一寺庙，称杨庙，杨庙村由此而来。人民公社时期为杨庙大队，1983年杨庙大队更名为杨庙村民委员会。

港利社区居民委员会

港利社区居民委员会（Gǎnglì Shèqū Jūmín Wěiyuánhuì） 隶属埇桥区三八街道。有上河城小区、港利小区。其辖区范围东至人民路，南至银河一路，西至磬云路，北至滨河路。总人口为12800人。占地面积1.3平方千米。境内主要街巷有银河一路、银河二路、银河三路、步行街、滨河路、政通一路、政通二路、磬云路，境内主要单位有市委市政府、市公安局、市法院、市卫生局、市食品药监督局、市法院、市水利局等。

辖区由连云港房地产开发公司承建，环境幽雅美丽，故名港利社区。港利社区是改革开放30年之际新建的社区。

光彩社区居民委员会

光彩社区居民委员会（Guāngcǎi Shèqū Jūmín Wěiyuánhuì） 隶属埇桥区三八街道。有三十处小区、轻校小区、宝龙小区、汴河西路小区、安厦小区、七十二处小区、花径苑、技校小区、青年公社、光彩城小区。其辖区范围东至磬云路，南至淮河路，西至拂晓大道，北至胜利小区。总人口为14872人，面积为1.4平方千米。境内主要街巷有汴河西路、浍水路、西关大街。境内主要单位有快客站、宿州市轻工业学校、安徽工程技术学校、龙飞幼儿园二部。

2008年11月，西园小区和李村子合并为光彩社区。境内有大型商业区光彩城，故命名光彩社区居委会。

银河社区居民委员会

银河社区居民委员会（Yínhé Shèqū Jūmín Wěiyuánhuì） 隶属埇桥区三八街道。有华庭小区、梦园小区、明日小区、胜利路小区、水木清华小区、吴东组、吴西组、御品华府小区、万达华城、万成哈佛国际、首钢首御。其辖区范围东至磬云路，南至胜利路，西至拂晓大道，北至汴河。总人口为6859人。面积为1.9平方千米。周边有宿城一中、港利社区、三八街道、宿州工业园。

原是董园村民委员会，因境内主要道路有银河一、二、三、四路，2008年12月命名为银河社区居民委员会。

迎宾社区居民委员会

迎宾社区居民委员会（Yíngbīn Shèqū Jūmín Wěiyuánhuì） 隶属埇桥区三八街道。有祁东新村。其辖区范围东至西昌路，南至迎宾大道，西至拂晓大道，北至淮沙路。总人口为 17400 人。面积为 3 平方千米。境内主要街巷有迎宾大道、纺织路、磬云路、鹏程路。境内主要单位有宿州市供水公司、市土地局、消防大队。

辖区内有迎宾大道，故以迎宾命名居委会。1958 年为城西公社六里大队，1978 年为城南乡六里村，1992 年为三八乡六里村，2006 年为三八街道办事处迎宾社区居民委员会。

汴河街道

汴北社区居民委员会

汴北社区居民委员会（Biànběi Shèqū Jūmín Wěiyuánhuì） 隶属埇桥区汴河街道。有石油花园小区、汴水人家、徐庄、黄庄、刘香庄、邱庄、十里。其辖区范围东至杨圩村赵凤组，南至小黄沟，西至 206 国道，北至十里村孔庄。总户数为 486 户，总人口为 1854 人，主要民族为汉族。面积为 2.53 平方千米。境内交通设施有引河、铁路引河、津浦铁路、206 国道。教育设施有北方中学、心连心幼儿园、天骄幼儿园。其他设施有城北超市、华夏超市、鸿正服饰、文博园、新安物流。

该社区位于新汴河北岸，故而得名汴北社区居民委员会。1984 年以前属城郊公社吕家大队。1984 年以后因县、市区划调整，从吕家大队分离出来，成立汴北村，2014 年 10 月成立汴北社区村委会。

梅庵村村民委员会

梅庵村村民委员会（Méi' āncūn Cūnmín Wěiyuánhuì） 隶属埇桥区汴河街道。有余桥、吴家、张家、朱家、康家、梅庵、后屯、张井涯、张老庄、单家。其辖区范围东至黄庙，南至汴河，西至梅庵集，北至宿淮铁路。总户数为 988 户，总人口为 3892 人，主要民族为汉族。面积为 9.8 平方千米。境内教育设施有梅庵中学，交通设施有北外环路、梅庵桥，其他设施有梅庵农贸市场、梅庵蛋鸭养殖、禽蛋加工基地等。

2008 年由原余桥村、张老庄村部分组和后屯村正式合并为梅庵村。梅庵村是集市所在地，又是三个村中心地，故得名梅庵村村民委员会。2013 年 1 月划归高新区管辖，2015 年 6 月又划回汴河街道办事处。

新汴河社区居民委员会

新汴河社区居民委员会（Xīnbiànhé Shèqū Jūmín Wěiyuánhuì） 隶属埇桥区汴河街道。有西双庄、东双庄、东任井、小戚庄、小吴家、张洼、陆湾、大戚庄、周庄、张庄、大江庄、陈芦、大蔡家、小蔡庄、大秦、西任井。其辖区范围东至 206 国道，南至新汴河北岸，西至淮北市烈山区秦桥庄，北至高新区秦湖社区。总户数为 1066 户，总人口为 3842 人，主要民族为汉族。面积为 9.4 平方千米。境内有合徐高速公路穿过，人民路、拱辰路、拂晓大道、泗州路、灵磬路、龙城路、芒砀路形成强大的路网。其他设施有皇冠家居城、华夏酒业、市立医院、展览馆、体育馆、汴北水厂，南边紧挨新汴河风景区。

2007 年 10 月由原双秦村、戚岭村、大江村合并为新汴河村，因新汴河村紧挨新汴河北岸，故称为新汴河社区村民委员会。

2014年11月份改制时成立新汴河社区村民委员会。

马梨园社区居民委员会

马梨园社区居民委员会（Mǎlíyuán Shèqū Jūmín Wěiyuánhuì） 隶属埇桥区汴河街道。有玉帝庙庄、洼北庄、素张庄、王道庄、竹杆园庄、小庙庄、前瓦坊、后瓦坊、马梨园庄。其辖区范围东至顺河乡万桥村，南至梅庵村，西至濉引河，北至符离镇杨楼村。总户数为850户，总人口为3341人，主要民族为汉族。面积为6.9平方千米。境内交通设施有村村通公路。教育设施有马梨园小学。医疗设施有村卫生室。其他设施有汴河养老服务中心。

该村委会有马梨园自然村。1958年人民公社时期名为马梨园大队，1983年马梨园大队更名为马梨园村民委员会，2014年11月份成立马梨园社区居民委员会。

金海街道

曹凌村村民委员会

曹凌村村民委员会（Cáolíngcūn Cūnmín Wěiyuánhuì） 隶属埇桥区金海街道。有曹家庄、孙家、张家、童家、阮家、沈家、饶家、金家、小凌家、大凌庄。其辖区范围东至朱仙庄镇，南至沱河，西至梅圩村，北至303省道。总户数为1131户，总人口为4421人，主要民族为汉族。面积为9.1平方千米。境内交通设施有303省道、外环东路、金江路、金海七路、2路公交车。医疗设施有村卫生室。其他设施有砖窑厂、苗甫厂。

取曹家与大凌家首字与第二字命名。1949年为闫店乡荣光四社，后划入人民公社，为二铺人民公社杨庙大队，1966年“文化大革命”时期改名为曹凌大队，1983年由政府命名为曹凌村村民委员会。

谷岭村村民委员会

谷岭村村民委员会（Gǔlǐngcūn Cūnmín Wěiyuánhuì） 隶属埇桥区金海街道。有谷岭庄、刘桥庄、张陆庄。其辖区范围东至张池村，南至曹坊村，西至刘合村，北至邵王村。总户数为255户，总人口为872人，主要民族为汉族。面积为3平方千米。境内交通设施有拂晓大道、磬云路、人民南路三条南北路，通17路公交车至宿州市里。教育设施有七里小学。其他设施有东艺鞋业、康奈鞋业、欣兴皮革、鹏宇皮革、金雅丽鞋材等。

村部驻地在谷岭村庄，故命名为谷岭村村民委员会。1983年以前名称为谷岭大队，1983年由谷岭大队更名为谷岭村民委员会。

七里村村民委员会

七里村村民委员会（Qīlǐcūn Cūnmín Wěiyuánhuì） 隶属埇桥区金海街道。有凌家、吕家、后王庄。其辖区范围东至闫店村，南至李桥村，西至李凌河，北至李瓦房村。总户数为357户，总人口为1340人，主要民族为汉族。面积为2.2平方千米。境内交通设施有28路公交车。教育设施有七里小学。医疗设施有村卫生室。

该村距城区有七里，故而得名。人民公社时期称七里大队，1990年由七里大队更名为七里村村民委员会。

前付村村民委员会

前付村村民委员会（Qiánfùcūn Cūnmín Wěiyuánhuì） 隶属埇桥区金海街道。有梁家庄、前付庄、姬家庄、黄寨庄、孟家庄。其辖区范围东至农学院部队，南至骑路村，西至运粮河，北至后付社区。总户数为391

户，总人口为1585人，主要民族为汉族。面积为3.1平方千米。境内交通设施有公交车站。教育设施有前付小学。医疗设施有前付卫生室。其他设施有便民超市。

村民委员会坐落于前付庄，故而得名。人民公社时期名称为前付大队，1985年由前付大队更名为前付村村民委员会。

邵王村村民委员会

邵王村村民委员会（Shàowángcūn Cūnmín Wěiyuánhuì） 隶属埇桥区金海街道。有古堆、谭家、岳家庄、小张家、邵寨庄、陆家。其辖区范围东至五里村，南至谷岭村，西至陈岭村，北至六里村。总户数为720户，总人口为2404人，主要民族为汉族。面积为5.7平方千米。境内交通设施有外环路、磬云南路、拂晓大道。教育设施有邵王小学。医疗设施有村卫生室。其他设施有百丽鞋业、白马商城、闵江大理石厂等。

因1994年由邵寨村和王古堆村合并为一个村，各取其前一字，合成村名。人民公社时期为邵寨大队和王古堆大队；1983年改为邵寨村、王古堆村；1994年两村合并取名为邵王村。

王桥村村民委员会

王桥村村民委员会（Wángqiáocūn Cūnmín Wěiyuánhuì） 隶属埇桥区金海街道。有汪家、王桥、小南庄。其辖区范围东至幸福，南至津浦铁路，西至李桥村，北至闫店村。总户数为422户，总人口为1805人，主要民族为汉族。面积为5.3平方千米。境内交通设施有28路公交车站台、金泰路、金江路。教育设施有幼儿园。医疗设施有村卫生室。

以驻地王桥自然村命名。1983年由王桥大队更名为王桥村。

五里村村民委员会

五里村村民委员会（Wǔlǐcūn Cūnmín Wěiyuánhuì） 隶属埇桥区金海街道。有三里庄、五里庄、八里庄、南翔上城、三里洋房。其辖区范围东至王徐社区，南至张沈村，西至邵王村，北至南苑社区。总户数为2103户，总人口为6576人，主要民族为汉族。面积为16平方千米。境内交通设施有8路车站、淮海南路。教育设施有二十小学、一中南校。医疗设施有第二人民医院。其他设施有武警支队、三里洋房小区、市福利中心、运粮河、天下第一石城小区。

因村民委员会坐落于五里庄而得名。人民公社时期称五里大队；1990年由五里大队更名为五里村民委员会。

闫店村村民委员会

闫店村村民委员会（Yándiàncūn Cūnmín Wěiyuánhuì） 隶属埇桥区金海街道。有闫店子、小李家、小闫家、刘家、小王家。其辖区范围东至幸福村，南至李桥村，西至七里村，北至城东十里村。总户数为415户，总人口为1672人，主要民族为汉族。面积为2.4平方千米。境内交通设施有28路公交车站。教育设施有沱河小学。医疗设施有闫店村卫生室。

原有闫姓人家在此开店经商，故而得名。人民公社时期名为闫店大队；1983年由闫店大队更名为闫店村民委员会，后属前付乡，现属金海街道办事处管辖。

张沈村村民委员会

张沈村村民委员会（Zhāngshěncūn Cūnmín Wěiyuánhuì） 隶属埇桥区金海街道。有洪学庄、张家庄、朱家庄、沈家庄、莫家庄。其辖区范围东至前付村，南至骑路村，西至谷岭村，北至五里村。总户数为

524户，总人口为2087人，主要民族为汉族。面积为2.945平方千米。境内医疗设施有村卫生室。其他设施有南海某城、美克瑞星东艺鞋厂、新百丽包装。

因村部驻地在沈家庄，故以张沈村村民委员会命名。1971年以前名称为张沈村大队，1971年以后由张沈村大队更名为张沈村村民委员会。

李桥村村民委员会

李桥村村民委员会（Lǐqiáocūn Cūnmín Wěiyuánhuì） 隶属埇桥区金海街道。有李桥、小李庄。其辖区范围东至王桥村，南至津浦铁路，西至河拐村，北至七里村。总户数为288户，总人口为1270人，主要民族为汉族。面积为4.4平方千米。境内交通设施有28路公交车站台、金江路、宿固路。医疗设施有村卫生室，其他设施有中元集团、宏润物流园、华康药业等。

古沱河东西横贯全村，河上有一桥名为李桥，故而得名。人民公社时期称李桥大队；1990年由李桥大队更名为李桥村民委员会。

和谐苑社区居民委员会

和谐苑社区居民委员会（Héxiéyuàn Shèqū Jūmín Wěiyuánhuì） 隶属埇桥区金海街道。有和谐苑小区。其辖区范围东至淮海路，南至外环二路，西至大陈沟，北至外环一路。居住人口3256人。占地面积0.16平方千米。境内交通设施有淮海路、外环一路、外环二路。教育设施有国际实验小学。

由五个村村民拆迁安置在一起，国家提倡和谐社会，故以和谐苑居民委员会为名。和谐苑2013年底居民开始陆续入住，2014年10月埇桥区政府正式成立和谐苑社区。

河拐社区居民委员会

河拐社区居民委员会（Héguǎi Shèqū Jūmín Wěiyuánhuì） 隶属埇桥区金海街道。有龙河小区、重德祥福园、桑尼小区、香格里拉小区、君悦学府小区。其辖区范围东至李桥，南至前付，西至后付，北至陈营。居住人口5890人。面积为3.7平方千米。境内交通设施有外环路、金河路、金海二路、金海三路、金海五路、金海六路、外环一路。其他设施有金海办事处、金海派出所。

境内有三八河从此拐弯，故起名河拐村。1979年成立河拐村；2009年划为河拐社区居民委员会。

后付社区居民委员会

后付社区居民委员会（Hòufù Shèqū Jūmín Wěiyuánhuì） 隶属埇桥区金海街道。有小王庄、八里庄、东陈庄、西陈庄、付东组、付西组。其辖区范围东至金海三路，南至南外环，西至宿怀路、206国道，北至金海路。居住人口2117人。面积为2.8平方千米。境内交通设施有金海大道、宿怀路、金海三路、南外环。教育设施有英华学校、技师学院。其他设施有紫金塑业、污水处理厂、金安驾校、市车管所。

居委会办公地坐落于后付庄，因此得名。人民公社时期属前付大队，为后付小队；2007年后付大队更名为后付社区。

王徐社区居民委员会

王徐社区居民委员会（Wángxú Shèqū Jūmín Wěiyuánhuì） 隶属埇桥区金海街道。有观李新村、邱庄、大王庄、徐庄、小杨庄。其辖区范围东至金海大道，南至后付村，西至运粮河，北至迎宾大道以南。居住人口16300人。面积为3平方千米。境内交通设施有206国道、迎宾大道、外环南路、金河西路。教育设施有十九小学。其他设施有汽车配件城、钢材大市场、雪龙化纤厂、华康医药。

辖区内有大王庄、徐庄两组人口较多，面积较大，故以姓氏命名为王徐社区居民委员会。1958年至1960年为药材厂；1961年至1966年属紫葫芦湖公社三里大队；1967年至1979年属城郊公社前付大队；1980至1990年属城郊区城南乡王徐大队；1991年至2000年属三里湾办事处王徐村；2001年至2005年属宿州开发区王徐村；2006年至今属金海街道办事处王徐社区居委会。

符离镇

褚庄村村民委员会

褚庄村村民委员会（Chǔzhuāngcūn Cūnmín Wěiyuánhuì） 隶属埇桥区符离镇。有褚庄、张沃、刘庄、西陈、菜园。其辖区范围东至夏刘寨村，南至四山村，西至王楼村，北至芦村。总户数为1105户，总人口为3520人，主要民族有汉族、回族、苗族、壮族、土家族、布依族，共6种。面积为7.9平方千米。境内交通设施有206国道。教育设施有褚庄小学。医疗设施有褚庄卫生室。其他设施有便民超市、邦友饭店、浴池。

以驻地褚庄自然村命名。人民公社时期是褚庄大队，后更名为褚南村，1992年合并为褚庄村。

丁集村村民委员会

丁集村村民委员会（Dīngjícūn Cūnmín Wěiyuánhuì） 隶属埇桥区符离镇。有谷庄、丁集、陈庄、庙下、王庄、董庄、杨庄、王牌坊、张场、马庄、江庄、曹庄、杨小楼、侯庄、丁庄。其辖区范围东至津浦铁路，南至振兴村民委员会，西至濉溪县东边，北至王楼村。总户数为1666户，总人口为5816人，主要民族为汉族。面积为9.6平方千米。境内交通设施有公交车站。教育设施有丁集小学。医疗设施有丁集村卫生室。

以驻地丁集自然村命名。人民公社时期命名丁集大队，1983年由丁集大队更名为丁集村民委员会，2008年丁集、马庄、陈庄三村合并后成为丁集村委会。

符北村村民委员会

符北村村民委员会（Fúběicūn Cūnmín Wěiyuánhuì） 隶属埇桥区符离镇。有高太、丁庄、曾庄、王闸、符北、符北新村、马庄。其辖区范围东至李桥村，南至符离村，西至濉溪县，北至镇南居委会。总户数为1052户，总人口为3868人，主要民族有汉族、回族。面积为5.5平方千米。境内交通设施有206省道。教育设施有符北小学。医疗设施有符北村卫生室。

以驻地符北自然村命名。人民公社时期为符北大队，后改为符北村村民委员会。

符离村村民委员会

符离村村民委员会（Fúlícūn Cūnmín Wěiyuánhuì） 隶属埇桥区符离镇。有老符离街、东蔡园、唐庄、蔡庄、郑圩孜、龙庄、何庄、孙庄孜、张庄。其辖区范围东至杨楼村委会，南至打王、唐河两委会为界，西至沈圩村委会，北至李桥。总户数为1023户，总人口为3632人，主要民族为汉族。面积为5.5平方千米。境内交通设施有公交车站。教育设施有符离初级中学。医疗设施有符离村卫生室。其他设施有超市。

战国时期就有该地名，南有符草，北有离山，合称符离。该地名由原来符离大队变更为符离人民公社，后被撤，改为符离村委会。

横口村村民委员会

横口村村民委员会（Héngkǒucūn Cūnmín Wěiyuánhuì） 隶属埇桥区符离镇。有横口庄、郑小楼、武楼村、徐山头、王山头、彭山头。其辖区范围东至符离镇，南至振兴居委会，北至丁集村、陈庄村。总户数为1355户，总人口为4778人，主要民族有汉族、回族，共2种。面积为7.6平方千米。境内交通设施有101省道、高速公路。教育设施有武楼小学、幼儿园。医疗设施有横口村卫生室。其他设施有便民超市。

以横口庄命名横口村。

黄桥村村民委员会

黄桥村村民委员会（Huángqiáocūn Cūnmín Wěiyuánhuì） 隶属埇桥区符离镇。有黄桥、三山。其辖区范围东至四山村，南至振兴社区，西至王楼村，北至褚庄村。面积5.9平方千米。总户数为990户，总人口为2900人，主要民族为汉族。境内医疗设施有黄桥村卫生院。其他设施有超市、饭店。

1983年由三山孜大队更改为黄桥村委会，三山自然村是由三座小山得名。人民公社时期称为三山大队，1983年由两村合并改为黄桥村。

尖山村村民委员会

尖山村村民委员会（Jiānshāncūn Cūnmín Wěiyuánhuì） 隶属埇桥区符离镇。有西刘、尖山、南刘、北刘。其辖区范围东至东沟小五柳村，南至清水村，西至淮北祁烈小区，北至尖沟王柳村。总户数为1069户，总人口为3750人，主要民族为汉族。面积为10.6平方千米。境内交通设施有城乡公交车。教育设施有尖山小学。医疗设施有尖山村卫生室。其他设施有便民超市。

以驻地尖山自然村命名。

李桥村村民委员会

李桥村村民委员会（Lǐqiáocūn Cūnmín Wěiyuánhuì） 隶属埇桥区符离镇。有郭庄、路庄、杨庄、韩家、李家、季曹坊、路家、杨家。其辖区范围东至顺河乡，南至濉河，西至符北村站东居委会，北至股河。总户数为1013户，总人口为3579人，主要民族为汉族。面积为4.4平方千米。境内交通设施有302省道。医疗设施有李桥村卫生室。其他设施有便民超市。

李桥是在村北李家自然庄边缘有一座桥，称作李桥。人民公社时期称为李桥大队，后来叫黄山乡李桥村，1992年撤区并乡，更名为李桥村委会。

梁套村村民委员会

梁套村村民委员会（Liángtàocūn Cūnmín Wěiyuánhuì） 隶属埇桥区符离镇。有梁套、苗家、张汪、李寨。其辖区范围东至张楼，南至丁集，西至淮北，北至清水。总户数为663户，总人口为3381人，主要民族为汉族。面积为13.2平方千米。境内交通设施有乡村公路。医疗设施有梁套村卫生室。

以驻地梁套自然庄命名。以前梁套大队、牛口大队两个大队，后来合并为梁套村。

灵寺村村民委员会

灵寺村村民委员会（Língsìcūn Cūnmín Wěiyuánhuì） 隶属埇桥区符离镇。有曹闸庄、黄花洞、王寨、灵寺村、陈沃、北山庄、下林。其辖区范围东至王井涯村，南至李桥村民委员会，西至黄桥村委会，北至黄桥村、四山村。总户数为1486户，总人口为5219人，主要民族为汉族。面积为9.5平方千米。境内交通设施有公路。教育设施有灵寺小学、灵寺中学、灵寺幼儿园。医疗设施有灵寺村卫生室。其他设施有敬老院、福利院。

山南头有一座寺庙叫作灵鹫寺，后来简称灵寺，附近村落就以灵寺为村名。人民公社时期为灵寺大队，后改为灵寺村。

清水村村民委员会

清水村村民委员会（Qīngshuǐcūn Cūnmín Wěiyuánhuì） 隶属埇桥区符离镇。有清下庄、武山孜、清上庄、西山庄。其辖区范围东至卢村，南至张楼，西至濉溪县，北至尖山村。总户数为1257户，总人口为4506人，主要民族有汉族、回族，共2种。面积为10.3平方千米。境内交通设施有公交车。教育设施有清水小学。医疗设施有清水卫生室。其他设施有集市、旅游景点。

2007年村区划调整中由清水村、清上村和武山村合并而成清水村。

沈圩社区居民委员会

沈圩社区居民委员会（Shěnwéi Shèqū Jūmín Wěiyuánhuì） 隶属埇桥区符离镇。有小翟家、戚闸庄、江庄、谭庄、张楼庄、余庄、郭庙、薛庵庄、李炉庄、赵庄、张庄、崔圩子、孙沃子、沈圩子、丁桥庄。其辖区范围东至符离村委会，南至十里村，西至王店村，北至王闸村。总户数为1760户，总人口为6778人，主要民族为汉族。面积为10.3平方千米。境内交通设施有乡村公路。教育设施有沈圩小学。医疗设施有沈圩村卫生室。其他设施有便民超市。

以驻地沈圩自然村命名。人民公社时期名称为沈圩大队，1983年由沈圩大队更名为沈圩村民委员会。

四山村村民委员会

四山村村民委员会（Sìshāncūn Cūnmín Wěiyuánhuì） 隶属埇桥区符离镇。有四山、上陈、丁寨。其辖区范围东至山脊，南至黄桥村，西至铁路，北至褚庄村。总户数为898户，总人口为3048人，主要民族有汉族、彝族、壮族，共3种。面积为6.1平方千米。境内交通设施有四山村水泥路。教育设施有银果寺小学。医疗设施有四山村红十字会医院。其他设施有便民超市。

以驻地四山自然村命名。人民公社时期为四山大队，现改为四山村村民委员会至今。

王楼村村民委员会

王楼村村民委员会（Wánglóucūn Cūnmín Wěiyuánhuì） 隶属埇桥区符离镇。有曹庄、王楼、杨庄、吴庄。其辖区范围东至津浦铁路，南至丁集大沟，西至符尖公路，北至张楼村。总户数为1280户，总人口为3980人，主要民族为汉族。面积为6.6平方千米。境内交通设施有公交车站。医疗设施有王楼村卫生室。

以驻地王楼自然村命名。人民公社时期名称为王楼大队，1983年由王楼大队更名为王楼村委会。

杨楼村村民委员会

杨楼村村民委员会（Yánglóucūn Cūnmín Wěiyuánhuì） 隶属埇桥区符离镇。有张井子、东季楼、西季楼、杨楼、黄堤湾、王庄、张塘、沈庄、黄庄、朱庄。其辖区范围东至祝窑村，南至马梨园村，西至符离村，北至李桥村。总户数为1300户，总人口为4500人，主要民族为汉族。面积为6.3平方千米。境内交通设施有杨楼村水泥路、砂石路。教育设施有杨楼小学。医疗设施有卫生室。其他设施有白居易故居旧址、便民店。

以驻地杨楼自然村命名。人民公社时期名称为杨楼大队，后由杨楼大队更名为杨楼村村民委员会。

张楼村村民委员会

张楼村村民委员会（Zhānglóucūn Cūnmín Wěiyuánhuì） 隶属埇桥区符离镇。有张北、张南。其辖区范围东至铁路，南至吴庄，西至牛口，北至清沟。总户数为840户，总人口为3020人，主要民族为汉族。面积为6.2平方千米。境内交通设施有公交车站。教育设施有张楼小学。医疗设施有张楼村卫生室。

以驻地张楼村命名。1958年成立张楼大队，1986年更名张楼村委会。

站东社区居民委员会

站东社区居民委员会（Zhàndōng Shèqu Jūmín Wěiyuánhuì） 隶属埇桥区符离镇。有站北、道东、站东。其辖区范围东至李桥村委会，南至杨楼村民委员会，西至振兴居民委员会，北至黄桥居民委员会。总户数为2180户，总人口为6120人，主要民族为汉族。面积为1.2平方千米。境内交通设施有206国道。教育设施有灵寺小学、灵寺中学、灵寺幼儿园。医疗设施有站东卫生室。其他设施有汽车站、大型超市。

1984年由黄山大队更名为站东村民委员会。因位于符离镇东侧，故取名站东。2015年4月，被政府批准为站东社区，纳入城市社区管理。

振兴社区居民委员会

振兴社区居民委员会（Zhènxīng Shèqū Jūmín Wěiyuánhuì） 隶属埇桥区符离镇。有圩南、山东、圩西、圩东、街北新村、宋庄、山西。其辖区范围东至津浦铁路，南至股河，西至横口，北至马庄。总户数为2300户，总人口为7600人，主要民族为汉族。面积为3.4平方千米。境内交通设施有城乡公共汽车站。其他设施有超市。

振兴村民委员会是1985年政府命名成立的村委会，2008年与原黄山村委会合并，政府命名为符离镇振兴村民委员会。2015年4月被区政府批准设立振兴社区，纳入城市社区统一管理。

镇南社区居民委员会

镇南社区居民委员会（Zhènnán Shèqū Jūmín Wěiyuánhuì） 隶属埇桥区符离镇。有创业、中兴、朝阳、雪枫、津浦新村、股河村、公园村、新华村、镇南新村。其辖区范围东至京沪铁路，南至环镇南路，西至符北村，北至股河村。总户数为1755户，总人口为5565人，主要民族有汉族、回族、土家族，共3种。面积为1.4平方千米。境内交通设施有公路、铁路客运站、汽车站。教育设施有符离镇三小、幸福幼儿园、蓓蕾幼儿园、小天使幼儿园、蓝天幼儿园、符离镇第一幼儿园。医疗设施有符离镇卫生院、镇南卫生室。其他设施有爱尚超市、淮光友谊超市。

镇南居民委员会因坐落在符离镇南部，故取名镇南居委会。人民公社时期名称为符北大队。1984年因征地建房，从符北大队分出四队、五队、八队、九队，划为符离镇农工商公司。1986年更名为镇南居民委员会。2007年由股河居委会和原镇南居委会合并为镇南居委会。2015年4月被区政府批准为镇南社区。

芦岭镇

安阳村村民委员会

安阳村村民委员会（Ānyángcūn Cūnmín Wěiyuánhuì）隶属埇桥区芦岭镇。有安县、北陈庄、大杨庄、大展庄、高庄、后顾庄、姜顾庄、马圩新村、前顾庄、乔庄、小陈庄、小顾、小史庄、小杨庄、小朱庄、叶庄。其辖区范围东至大店镇，南至曹坊村，西至北王寨村，北至大店镇。总户数为1520户，总人口为4900人，主要民族为汉族。面积为15.8平方千米。境内教育设施有安阳小学；医疗设施有村卫生室；其他设施有北王寨村水厂。

2008年，由原来的大展村、马圩村、安阳村合并为安阳村。

北王寨村村民委员会

北王寨村村民委员会（Běiwángzhàicūn Cūnmín Wěiyuánhuì） 隶属埇桥区芦岭镇。有丁家庄、黄家庄、芦北新区、北王寨庄、下湖许庄、杨廖庄、詹家庄。其辖区范围东至安阳村，南至芦岭矿，西至相王村，北至大店镇。总户数为1038户，总人口为3908人，主要民族为汉族。面积为10.5平方千米。境内交通设施有芦四路；教育设施有芦北新区幼儿园；医疗设施有北王寨村卫生室；其他设施有北王寨村水厂。

以村委会驻地命名。1983年由北王寨大队更名为北王寨村村民委员会。2008年，由许詹村、北王寨村、闵岭村合并为北王寨村。

曹坊村村民委员会

曹坊村村民委员会（Cáofāngcūn Cūnmín Wěiyuánhuì） 隶属埇桥区芦岭镇。有北小马庄、卜桥庄、大谷庄、大王庄、豆桥庄、南小马庄、沈王庄、双杨庄、王曹坊庄、王沟涯、小史庄、小展庄。其辖区范围东至大店镇，南至古沱河，西至芦四路，北至安阳村。总户数为902户，总人口为3802人，主要民族为汉族。面积为10.6平方千米。境内交通设施有公路；医疗设施有村卫生室。

古时候庄内有个酿酒的小作坊曹坊，因此得名。人民公社时期叫曹坊大队，1984年底由曹坊大队更名为曹坊村村委会，1984年底更名为曹坊村村民委员会。

陈堂村村民委员会

陈堂村村民委员会（Chéntángcūn Cūnmín Wěiyuánhuì） 隶属埇桥区芦岭镇。有北曹、曹庄、陈堂新村、陈堂、陈庄、大周、后刘、王巷、小周、徐圩、张叶。其辖区范围东至申单大沟，南至101省道，西至芦花路东，北至芦南村。总户数为1155户，总人口为4370人，主要民族有汉族、回族，共2种。面积为8.7平方千米。境内交通设施有村主干道；教育设施有北曹小学；医疗设施有陈堂卫生室；其他设施有陈堂超市。

很久以前称陈堂庙，之后称陈堂村。1983年为陈堂村村民委员会。

丁桥村村民委员会

丁桥村村民委员会（Dīngqiáocūn Cūnmín Wěiyuánhuì） 隶属埇桥区芦岭镇。有大小丁庄、单庄、窦盛庄、韩庄、前后张、前王庄、申庄、肖家庄、小王庄、张家庄。其辖区范围东至固镇高韩村，南至桥口村，西至路口村，北至沱河。总户数为1056户，总人口为4417人，主要民族为汉族。面积为11.1平方千米。境内交通设施有新修丁桥大闸；教育设施有丁盛小学。

1978年以前人民公社时称为丁盛大队，1978年分村后称丁桥大队，之后更名为丁桥村村民委员会。

花庄村村民委员会

花庄村村民委员会（Huāzhuāngcūn Cūnmín Wěiyuánhuì） 隶属埇桥区芦岭镇。有后乡、花庄、花西、西大旲。其辖区范围东至桥口村，南至芦南村，西至大泽乡镇，北至路口。总户数为1005户，总人口为3380人，主要民族有汉族、回族，共2种。面积为6.4平方千米。境内交通设施有公路；教育设施有花庄小学；医疗设施有花庄卫生院。

明朝洪武七年（1374年），从宿州到凤阳重修南北驰道，有人在驿站旁边建茶庵为行人服务，后来又在茶庵旁建驿站，周边群众会集交易，逐年发展成集市，得名花庄集，后更名花庄村。明朝洪武七年宿州划归凤阳府，取名荒庄，后更改为花庄集。抗日战争时期为花庄乡政府。1993年行政区域调整，撤销花庄乡，更名为花庄集。

芦南村村民委员会

芦南村村民委员会（Lúnáncūn Cūnmín Wěiyuánhuì） 隶属埇桥区芦岭镇。有东刘庄、路东吴、路西吴、门东李、苇汪庄、小高家、小吴庄、邢庄、祖李庄。其辖区范围东至陈堂村，南至固镇，西至龙王庙，北至花庄。总户数为1006户，总人口为3542人，主要民族有汉族、回族，共2种。面积为6.7平方千米。境内交通设施有公路、公交车站、汽车站；教育设施有花庄中学、祖李小学；医疗设施有芦南村卫生室。

坐落在芦岭镇最南部，故取名芦南村。2008年，祖李村和邢吴村两村合并为芦岭镇芦南村。

路口村村民委员会

路口村村民委员会（Lùkǒucūn Cūnmín Wěiyuánhuì） 隶属埇桥区芦岭镇。有大廖庄、大潘庄、邓庄、路口郑、马鞍桥、潘圩庄、小胡庄、小廖庄、小刘庄、小马庄、小潘庄、小王庄、小郑庄、杨庄。其辖区范围东至桥口村，南至花庄村，西至西寺坡肖店，北至王老庄。总户数为990户，总人口为4139人，主要民族有汉族、回族共2种。面积为10.1平方千米。境内交通设施有公路、公交车站、汽车站；教育设施有芦岭小学；医疗设施有路口村卫生室。

以驻地自然村命名。1983年成立路口村村民委员会。

南王寨村村民委员会

南王寨村村民委员会（Nánwángzhàicūn Cūnmín Wěiyuánhuì） 隶属埇桥区芦岭镇。有荒地庄、王寨庄、蔡桥庄、董家庄、王二庄、王各新庄、王沟涯庄、王岭庄、王桥庄、杨家庄。其辖区范围东至王老庄，南至王老庄，西至大泽乡镇，北至沱河。总户数为996户，总人口为3512人，主要民族有汉族、哈尼族，共2种。面积为9.6平方千米。境内交通设施有村庄道路、公交车站、汽车站；教育设施有王岭小学；医疗设施有村卫生室；其他设施有乡农超市。

以下辖自然村命名。2007年成立南王寨村村民委员会。

桥口村村民委员会

桥口村村民委员会（Qiáokǒucūn Cūnmín Wěiyuánhuì） 隶属埇桥区芦岭镇。有大张、东小化、高家、沟崖化、后王、化圩、李庄、前王、邱庄、圩子、小欧、小张、叶庄、张马庄、张庄、大后庄。其辖区范围东至固镇县，南至固镇县，西至花庄村，北至丁桥村。总户数为1228户，总人口为5230人，主要民族为汉族。面积为12平方千米。教育设施有桥南小学；医疗设施有桥口村卫生室；其他设施有幼儿园。

2007年成立桥口村村民委员会。

王老庄村村民委员会

王老庄村村民委员会（Wánglǎozhuāngcūn Cūnmín Wěiyuánhuì） 隶属埇桥区芦岭镇。有曹坊、古店庄、黄园、刘寨、孟庄、庙前、孙庄、王老庄、张庄。其辖区范围东至陈堂村，南至固镇，西至龙王庙，北至花庄。总户数为1004户，总人口为3840人，主要民族有汉族、回族，共2种。面积为8平方千米。境内交通设施有公路、公交车站、汽车站；教育设施有花庄中学、祖李小学；医疗设施有芦南村卫生室。

2007年成立王老庄村村民委员会。

相王村村民委员会

相王村村民委员会（Xiāngwángcūn Cūnmín Wěiyuánhuì） 隶属埇桥区芦岭镇。有蔡家、大王家、二廖庄、老廖庄、李家、棉线张、潘家、松林王、滕家、王圩、相山廖、小李家、小廖、小吴家、徐家、郑家。其辖区范围东至北王寨村，南至沱河北岸，西至朱仙庄沱北村，北至朱仙庄宋庙村。总户数为1028户，总人口为4319人，主要民族为汉族。面积为6.7平方千米。境内交通设施有公路、沱堤路；教育设施有王桥小学；医疗设施有相王村卫生室、蔡氏中医诊所。

从被合并村——相山村、王桥村各取一字，得名相王村。2007年成立相王村村民委员会。

沱北社区居民委员会

沱北社区居民委员会（Tuóběi Shèqū Jūmín Wěiyuánhuì） 隶属埇桥区芦岭镇。有87–1小区、教育小区、王圩居民组、小闵庄居民组、许王居民组。其辖区范围东至路口村，南至路口村，西至王老庄村，北至沱南社区。居住人口10453人。面积为1.5平方千米。境内主要街巷有中兴路、芦花路、西外环路、陵园路、工农路等。境内主要单位有芦岭中学、芦岭财政分局、芦岭派出所、好又多超市等。

在居委会境内有一条沱河，因居委会居民大多居住在沱河以北，故命名为沱北居委会。1985年以前系芦岭大队，1985年建立沱北居委会。

沱南社区居民委员会

沱南社区居民委员会（Tuónán Shèqū Jūmín Wěiyuánhuì） 隶属埇桥区芦岭镇。有老廖新区、芦东小区、芦西小区、模范楼小区、南苑小区、校南小区、校西小区、郑桥新区。其辖区范围东至环镇路，南至陵园路，西至中兴路，北至求知路。居住人口10994人。面积为1.73平方千米。境内主要街巷有中兴路、求知路、陵园路、工人路等。境内主要单位有芦岭镇政府、芦岭矿小学等。

在居委会境内有一条沱河，因居委会居民大多居住在沱河以南，故命名为沱南居委会。1985年以前系芦岭公社，1985年建立沱南居委会。

沱中社区居民委员会

沱中社区居民委员会（Tuózhōng Shèqū Jūmín Wěiyuánhuì） 隶属埇桥区芦岭镇。有87–2小区、大郑桥居民组、改造楼小区、工行小区、康乐小区、矿食堂小区、孟北小区、小郑桥居民组、校北小区、院北小区、院东小区、院西小区。其辖区范围东至路口村，南至沱南居委会，西至王老庄村，北至芦岭矿。居住人口13361人。面积为1.9平方千米。境内主要街巷有健康路、求知路、工人路、中兴路、沱河路。境内主要单位有工商银行、建设银行、芦岭镇医院、芦岭矿医院。

居民点分布在沱河两岸，故名沱中居委会。1985年建立沱中社区居委会。

朱仙庄镇

二铺村村民委员会

二铺村村民委员会（Èrpùcūn Cūnmín Wěiyuánhuì） 隶属埇桥区朱仙庄镇。有丁家庄、集东、集西、李家庄、刘家庄、南姬家庄、南王庄、沈家庄、田家庄、西姬家、夏家庄、谢家庄、徐家庄、枣园庄、周家庄、朱家庄。其辖区范围东至大外环路，南至丁李村，西至城东办事处十里村，北至小黄河。总户数为1159户，总人口为4272人，主要民族为汉族。面积为7.8平方千米。境内交通设施有公交站；教育设施有二铺小学、幼儿园；医疗设施有村卫生室、诊所。

地处宿县东二十里处小集市，原有铁匠铺、染坊、木匠铺，故称二铺。1958年人民公社时期名为二铺大队，2007年由二铺村、岗小庙村、谢徐村合并为二铺村村民委员会。

矿南村村民委员会

矿南村村民委员会（Kuàngnáncūn Cūnmín Wěiyuánhuì） 隶属埇桥区朱仙庄镇。有大魏家、二郎新村、沟沿张、三许新村、南许、小张庄、邢家庄、张家组、北沈庄。其辖区范围东至三铺村，南至沱北村，西至曹凌村，北至朱仙庄煤矿。总户数为936户，总人口为3695人，主要民族为汉族。面积为10.9平方千米。境内交通设施有303省道；教育设施有大魏小学；医疗设施有村卫生室。

村委会驻地位于朱仙庄煤矿南部，故得名矿南村村民委员会。2007年由大魏村、二郎村、大许村三村合并命名为矿南村村民委员会。

三铺村村民委员会

三铺村村民委员会（Sānpùcūn Cūnmín Wěiyuánhuì） 隶属埇桥区朱仙庄镇。有北园、东场组、二组、高家庄、光明、后孙、街北、矿东、李马庄、刘家、南沈家、欧庄、前孙、桑家、胜利、四组、窑后魏、一组、赵家。其辖区范围东至宋庙村，南至芦岭镇王桥村，西至朱仙庄煤矿，北至朱庙村。总户数为1438户，总人口为6034人，主要民族为汉族。面积为12.3平方千米。境内交通设施有公路；教育设施有三铺中学、三铺小学；医疗设施有三铺村卫生室；其他设施有广场、健身设施。

几百年前就有古老的三铺集，1958年为三铺人民公社，驻地三铺区。2007年村区划调整，由原集西村、集东村、路口村三个小村合并，命名为三铺村村民委员会。

宋庙村村民委员会

宋庙村村民委员会（Sòngmiàocūn Cūnmín Wěiyuánhuì） 隶属埇桥区朱仙庄镇。有茶庵、陈圩、陈家、关家、郭家、黄家、蒋家、梁家、刘家、潘家、宋庙、吴家、卓家。其辖区范围东至大店镇四铺村，南至芦岭镇相山村，西至朱仙庄镇三铺村，北至宿马新区后场村。总户数为941户，总人口为4070人，主要民族为汉族。面积为11.6平方千米。境内交通设施有公路；教育设施有宋庙小学；医疗设施有村卫生室。

原宋庙庄有座庙，后起名叫宋庙，村委会驻地于此，故得名宋庙村村民委员会。2007年由宋庙村、郭庙村、卓刘村三村合并，合并后命名为宋庙村村民委员会。

塔桥村村民委员会

塔桥村村民委员会（Tǎqiáocūn Cūnmín Wěiyuánhuì） 隶属埇桥区朱仙庄镇。有大尹庄、丁家庄、付家庄、后史庄、孔园庄、路东、路南、路西、牌坊庄、前史庄、孙家庄、塔桥集、魏家、小陈庄、大陈庄、闫炉庄。其辖区范围东至宿马汴南村，南至朱庙村，西至新河村，北至新汴河。总户数为893户，总人口为3790人，主要民族为汉族。面积为10.2平方千米。境内教育设施有塔桥小学；医疗设施有诊所；其他设施有3个超市。

据传，张果老在此修仙，压塌村庄一座桥，塌和塔读音相近，故名塔桥。1983年由塔桥村更名为塔桥村村民委员会。

沱北村村民委员会

沱北村村民委员会（Tuóběicūn Cūnmín Wěiyuánhuì） 隶属埇桥区朱仙庄镇。有丁家、冯孟、高二组、高三组、高一组、黄家、孔寨、雷家、李寨、梁家、宋桥、大陈、小陈、小李、詹家、张庄、支家。其辖区范围东至芦岭镇，南至沱河，西至金海开发区，北至曹凌村。总户数为1033户，总人口为4384人，主要民族为汉族。面积为13.4平方千米。境内教育设施有宋桥小学；医疗设施有村卫生室。

村委会坐落在沱河以北，故而得名沱北村村民委员会。2007年宋桥村、蔡桥村、李寨村、冯岭村四村合并，合并后命名为沱北村村民委员会。

新河村村民委员会

新河村村民委员会（Xīnhécūn Cūnmín Wěiyuánhuì） 隶属埇桥区朱仙庄镇。有卜胡、陈家、程孜、东李家、二王、后曾家、金家庄、李家庄、梁家、刘家庄、龙王庙二队、龙王庙三队、龙王庙一队、陆家、干谷堆庄、十二里曾、孙家、小李家庄、张赵庄。其辖区范围东至朱仙庄镇塔桥村，南至朱仙庄镇朱庙村，西至城东办事处八里村，北至灰古镇付湖村。总户数为1380户，总人口为6231人，主要民族为汉族。面积为14.8平方千米。境内教育设施有新河小学、胡李小学、新河中学；医疗设施有新河村卫生室；其他设施有7个超市。

浍澥新河流经此村，因而得名。1967年成立五大队，1986年更名新河村村民委员会。

镇西村村民委员会

镇西村村民委员会（Zhènxīcūn Cūnmín Wěiyuánhuì） 隶属埇桥区朱仙庄镇。有曹家庄、大吴家、大张家、关家庄、沈家庄、王小庄、姚家庄。其辖区范围东至朱仙庄村，南至303省道，西至二铺村，北至朱庙村。总户数为1021户，总人口为3921人，主要民族为汉族。面积为9.3平方千米。境内教育设施有大张小学、朱仙庄中学；医疗设施有新河村卫生室；其他设施有7个超市。

该村委会位于朱仙镇中心西侧，故名镇西村村民委员会。2007年村级区划调整，由后沈村、大张村、关吴村三村合并为镇西村村民委员会。

朱庙村村民委员会

朱庙村村民委员会（Zhūmiàocūn Cūnmín Wěiyuánhuì） 隶属埇桥区朱仙庄镇。有蔡家、陈家、大曹、大马、后赵、后朱、李楼、前赵、前朱、小马、小吴、小赵家、朱陈。其辖区范围东至宿马后场，南至三铺村，西至城东办事处，北至新河村。总户数为1065户，总人口为4236人，主要民族为汉族。面积为13.6平方千米。境内教育设施有埋路小学；医疗设施有村卫生室；其他设施有植物公园。

该村朱姓人口居多，庄里有座庙，故

名朱庙。2007年村级区划调整，由曹李村、朱庙村、埕路村三个小村合并，合并后命名为朱庙村村民委员会。

朱仙庄村村民委员会

朱仙庄村村民委员会（Zhūxiānzhuāngcūn Cūnmín Wěiyuánhuì） 隶属埇桥区朱仙庄镇。有卜后魏庄、大王庄、沈牌坊、魏瓦房、杨家庄、周家庄、朱仙庄。其辖区范围东至矿南村，南至沱北村，西至镇西村，北至朱庙村。总户数为986户，总人口为3387人，主要民族为汉族。面积为2.3平方千米。境内教育设施有朱仙庄中心小学；医疗设施有私人诊所；其他设施有超市4家。

明代一位朱姓儒生居住此庄，此庄命名朱先生村，后改名为朱仙庄。1983年由朱仙庄村更名为朱仙庄村村民委员会。

六合社区居民委员会

六合社区居民委员会（Liùhé Shèqū Jūmín Wěiyuánhuì） 隶属埇桥区朱仙庄镇。有卜家庄、大许、冯家组、王家、小芦家、谢家庄、黄树丁。其辖区范围东至姚家地，南至姚家村庄，西至二徐路，北至小黄河。总户数为582户，总人口为1856人，主要民族为汉族。面积为4.87平方千米。境内交通设施有公交站；教育设施有幼儿园；医疗设施有医院。

因朱仙庄煤矿采煤塌陷，原沱北村4个组、矿南村2个组搬迁到此，2014年5月成立六合社区居民委员会。

褚兰镇

宝光寺村村民委员会

宝光寺村村民委员会（Bǎoguāngsìcūn Cūnmín Wěiyuánhuì） 隶属埇桥区褚兰镇。有河西、张楼、宝光寺、苗庄、包庄。其辖区范围东至冯楼村，南至褚兰村，西至丁庄村，北至江苏铜山区。总户数为1690户，总人口为5975人，主要民族为汉族。面积为13.7平方千米。境内交通设施有徐褚公路。教育设施有宝光寺中学、小学、幼儿园。医疗设施有宝光寺卫生室。其他设施有宝光寺农贸市场。

清初所建寺庙宝光寺，后来用作村名。人民公社时期名称为褚北大队；1984年由褚北大队更名为宝光寺村村民委员会。

大杨村村民委员会

大杨村村民委员会（Dàyángcūn Cūnmín Wěiyuánhuì） 隶属埇桥区褚兰镇。有戴家、大杨、山前、梅山、纪家。其辖区范围东至灵璧县，南至谢集乡，西至小圩村，北至梅山村。总户数为964户，总人口为3944人，主要民族为汉族。面积为9.1平方千米。境内有乡村公路、眉山小学等。

1958年为张楼大队大杨村；2008年与原梅山村合并为大杨村。

冯楼村村民委员会

冯楼村村民委员会（Fénglóucūn Cūnmín Wěiyuánhuì） 隶属埇桥区褚兰镇。有冯楼、海楼、王庄、宝里、汪楼、申庄、观音堂、陈桥、王村庄。其辖区范围东至江苏省郭集村，南至岗孜、褚兰两村，西至宝光寺村，北至江苏省半山村。总户数为1600户，总人口为6023人。面积为19.4平方千米。境内交通设施有冯楼村水泥路。教育设施有初中、小学。医疗设施有冯楼村卫生院。

人民公社期间是褚兰公社冯楼大队；1984年底改为冯楼村委会；2008年由冯楼、宝里、陈桥三个村合并为一个村，名叫冯楼村村民委员会。

岗孜村村民委员会

岗孜村村民委员会（Gǎngzīcūn Cūnmín Wěiyuánhuì）隶属埇桥区褚兰镇。有金山、东岗、西岗、营里、徐家。其辖区范围东至铜山区，南至大杨村、小圩村，西至褚兰村，北至冯楼村。总户数为1075户，总人口为3842人，主要民族为汉族。面积为4.3平方千米。境内交通设施有乡村公路。教育设施有岗孜小学、幼儿园。医疗设施有岗孜村卫生室。其他设施有超市。

明朝期间，东西两岗人员来此居住，因住在土岗子上，因而得名岗孜。人民公社时，称岗孜大队；1984年由岗孜大队更名为岗孜村民委员会；2006年又把营里村并入岗孜村。

桂山村村民委员会

桂山村村民委员会（Guìshāncūn Cūnmín Wěiyuánhuì）隶属埇桥区褚兰镇。有吴楼、石板、王菜园、山前、于寨。其辖区范围东至谢炉，南至谢炉，西至杨庄乡，北至马桥村。总户数为1421户，总人口为3899人，主要民族为汉族。面积为11.7平方千米。境内交通设施有公交车站。教育设施有桂山小学。医疗设施有桂山村卫生院。

在很久以前，本村有一户桂姓人家是地主，所以得名为桂山村。在2008年合村以后称为桂山村村民委员会。

后程村村民委员会

后程村村民委员会（Hòuchéngcūn Cūnmín Wěiyuánhuì）隶属埇桥区褚兰镇。有后程、上刘、李院、高墙。其辖区范围东至傅集村，南至前程，西至平山，北至褚兰。总户数为1410户，总人口为5100人，主要民族为汉族。面积为10.9平方千米。境内交通设施有环镇公路。教育设施有李院学校。医疗设施有后程村卫生室。

以程姓人家居多，故取名后程。人民公社时期属后程大队；1984年改为后程村委会；2008年由后程、上刘、李院、高墙合并为后程村委会。

马桥村村民委员会

马桥村村民委员会（Mǎqiáocūn Cūnmín Wěiyuánhuì）隶属埇桥区褚兰镇。有夏疃、张庄、孙小庄、马小庄、马山头。其辖区范围东至褚兰，南至桂山，西至刘楼，北至林庄。总户数为1149户，总人口为4712人，主要民族为汉族。面积为18.8平方千米。境内交通设施有二徐路，教育设施有马桥小学。

人民公社时期名称为马桥大队；1983年由马桥大队更名为马桥村委会；2008年合村以来，因马桥是中心，所以仍然叫马桥村民委员会。

小圩村村民委员会

小圩村村民委员会（Xiǎowéicūn Cūnmín Wěiyuánhuì）隶属埇桥区褚兰镇。有傅集、张楼庄、道庄、贾家、潘家、小圩、芷房、火盆、夏庄。其辖区范围东至大杨村，南至后程村，西至褚兰村，北至岗孜村。总户数为1208户，总人口为4760人，主要民族为汉族。面积为13.1平方千米。境内交通设施有公路离褚兰5千米。教育设施有李院小学。医疗设施有卫生室。

小圩自然村几百年前搬来三家张姓居民，在芷房以北修圩子，在圩子里居住，因此得名小圩子。人民公社时期名称为小圩大队；1984年由小圩大队更名为小圩村委会。

谢炉村村民委员会

谢炉村村民委员会（Xièlúcūn Cūnmín Wěiyuánhuì）隶属埇桥区褚兰镇。有平山、黑沃、沟后、吴庄、谢炉、王寨、刘菜园、谢小庄。其辖区范围东至后程村，南至栏杆镇石相村，西至桂山村，北至桂山村。总户数为1492户，总人口为4616人，主要民族为汉族。面积为3.6平方千米。境内交通设施有二徐路。教育设施有桂山小学。医疗设施有谢炉村卫生室。

传说，明代末期北方黄河发水泛滥成灾，谢姓人家兄弟俩逃荒至此，开荒种地，建房居住，繁衍生息，家族壮大。后来兄弟俩知晓，居住地所在的山名叫广龙山，对面南山叫凤凰山，谢家兄弟商议后决定，兄靠龙，弟靠凤。于是弟弟到凤凰山脚下建房居住，弟弟会建炉打铁，以铸造兵器和农具为生，后来招收徒弟，增建到18盘铸炉，此地成为一个生意红火的小村庄，立名谢炉村。人民公社时期称谢炉大队，1984年改为谢炉村村民委员会。

褚兰村村民委员会

褚兰村村民委员会（Chǔláncūn Cūnmín Wěiyuánhuì） 隶属埇桥区褚兰镇。有街东、郭庄、后韩楼、街西、鲁山。其辖区范围东至后程村委会，南至栏杆镇石相村委会，西至桂山村委会，北至桂山村委会。总户数为1611户，总人口为4715人，主要民族为汉族。面积为10.1平方千米。境内交通设施有二徐路。教育设施有桂山小学。医疗设施有谢炉村卫生室。

300年前有褚姓和兰姓两家逃荒到此地居住，故得名褚兰。人民公社时期称褚兰大队，1984年改为褚兰村村民委员会。

曹村镇

曹村村民委员会

曹村村民委员会（Cáocūn Cūnmín Wěiyuánhuì） 隶属埇桥区曹村镇。有陈庄、道东、道西、丁庵、拐山、李庄、路东、寨里。其辖区范围东至陈疃村，南至闵祠村，西至萧县前白庄村，北至湖庄村。总户数为1022户，总人口为3271人，主要民族为汉族。面积为6.1平方千米。境内教育设施有村东北中学、小学；医疗设施有镇中心医院。

清朝末年，姓曹人家最早在此地落户，因此得名。人民公社时期，为曹村大队。1983年由曹村大队更名为曹村村委会。2007年由曹村、李庄村合并成曹村村民委员会。

陈疃村村民委员会

陈疃村村民委员会（Chéntuǎncūn Cūnmín Wěiyuánhuì） 隶属埇桥区曹村镇。有高庄、火神庙、孟庄、前陈疃、尚山、西庄、寨里。其辖区范围东至杨庄，南至梅庄，西至曹村，北至尚桥。总户数为1476户，总人口为4758人，主要民族为汉族。面积为11平方千米。境内交通设施有道路、公路；教育设施有中心小学、幼儿园；医疗设施有村级卫生室。

1949年10月新中国成立后命名为陈疃村。人民公社时期为陈疃大队。1983年更名为陈疃村村委会。2007年村区划调整时由陈疃村、尚山村合并为陈疃村村民委员会。

河北村村民委员会

河北村村民委员会（Héběicūn Cūnmín Wěiyuánhuì） 隶属埇桥区曹村镇。有河北、梅庄。其辖区范围东至支河乡赵楼村，南至闵贤村，西至206国道，北至闵祠村。总户数为1056户，总人口为3320人，主要民族为汉族。面积为6平方千米。境内交通设施有公共汽车站、206国道；教育设施有闵贤学校；医疗设施有卫生室。

1958年人民公社成立后，命名为河北连队。1960年更名为河北生产大队。1981

年更名为河北村民委员会，该村有河北自然村之义。人民公社时期为河北大队，1983年更名为河北村村委会，2007年村区划调整时，由河北村、梅庄村合并为河北村村民委员会。

湖庄村村民委员会

湖庄村村民委员会（Húzhuāngcūn Cūnmín Wěiyuánhuì） 隶属埇桥区曹村镇。有高庄、郝庄、湖庄、潘庄、王庄、长山窝。其辖区范围东至马湾，南至曹村，西至萧县，北至桃山。总户数为1087户，总人口为3773人，主要民族为汉族。面积为9.9平方千米。境内交通设施有公共汽车站；教育设施有曹村中小学；医疗设施有村卫生室。

此地原是荒草湖泊，后来由朱、刘两家逃荒落户，得名湖心庄，后更名为湖庄村。人民公社时期为湖心庄大队，1983年更名为湖庄村村委会，2007年村区划调整时由湖庄村、郝庄村、潘庄村合并为湖庄村村民委员会。

马湾村村民委员会

马湾村村民委员会（Mǎwāncūn Cūnmín Wěiyuánhuì） 隶属埇桥区曹村镇。有陈庄、和尚庄、贾庄、马湾、泉口、徐岗、余桥。其辖区范围东至尚桥村，南至湖庄村，西至小山口村，北至桃山村。总户数为1400户，总人口为4207人，主要民族为汉族。面积为10.8平方千米。境内交通设施有水泥路；教育设施有村教学点；医疗设施有村卫生室。

马湾自然村原名古寺村，村内有一寺庙，后因村内居住马姓人较多，故改名马湾村。1958年人民公社时期为马湾大队，1983年由马湾大队更名为马湾村民委员会，2007年村区划调整时由马湾村、徐岗村、余桥村合并为马湾村村民委员会。

闵祠村村民委员会

闵祠村村民委员会（Mǐncícūn Cūnmín Wěiyuánhuì） 隶属埇桥区曹村镇。有后旺、姜庄、幺庄、欧庄、闵祠、张庄。其辖区范围东至小集村，南至河北村，西至前旺村，北至曹村。总户数为1597户，总人口为4951人，主要民族为汉族。面积为12.78平方千米。境内交通设施有国道；教育设施有镇中心校；医疗设施有村卫生室。

闵祠村有战国时期闵子骞的墓地。人民公社时期为闵祠大队，1983年更名为闵祠村村委会，2007年更名为闵祠村村民委员会。

闵贤村村民委员会

闵贤村村民委员会（Mǐnxiáncūn Cūnmín Wěiyuánhuì） 隶属埇桥区曹村镇。有闵贤、小山西。其辖区范围东至王村自然村，南至张庄村，西至前旺村，北至闵祠、河北村。总户数为1122户，总人口为4320人，主要民族为汉族。面积为7.15平方千米。境内交通设施有公路、公共汽车站；教育设施有学校、幼儿园；医疗设施有村卫生室。

人民公社时期为闵贤大队。1983年由闵贤大队更名为闵贤村村民委员会，2007年村区划调整时由闵贤村、小山西村合并为闵贤村村民委员会。

前旺村村民委员会

前旺村村民委员会（Qiánwàngcūn Cūnmín Wěiyuánhuì） 隶属埇桥区曹村镇。有大沟西、大栗园、岗孜、前旺、泰山寺、张庄。其辖区范围东至闵贤小山西村，南至夹沟黄町村，西至萧县庄里镇，北至闵祠村后旺村。总户数为1270户，总人口为5100人，主要民族为汉族。面积为13.1平方千米。境内交通设施有公路；教育设施有小学；医疗设施有村卫生室。

朱元璋打天下后，给马皇后表舅封地，为一望之地，问前旺，观后旺，所以就形成了前旺和后旺，后来就变为前旺、后旺。从明朝开始沿用至今。人民公社时期为前旺大队，1983年更名为前旺村村委会，2007年前旺村、秦山村、沟西村合并为前旺村。

三环村村民委员会

三环村村民委员会（Sānhuáncūn Cūnmín Wěiyuánhuì） 隶属埇桥区曹村镇。有三环、宋湖。其辖区范围东至左洼村，南至桃山村，西至寺后村，北至江苏省铜山区三堡镇四堡村。总户数为729户，总人口为2468人，主要民族为汉族。面积为4.3平方千米。境内交通设施有206国道；医疗设施有村卫生室。

人民公社时期为三环大队，1983年为三环村委会，2007年村区划调整时与宋湖村合并为三环村。

尚桥村村民委员会

尚桥村村民委员会（Shàngqiáocūn Cūnmín Wěiyuánhuì） 隶属埇桥区曹村镇。有温村、大闫庄、孟村、尚桥、尚庄、王庄、望湖、望山、李闫庄。其辖区范围东至杨庄乡，南至陈疃村委会，西至马湾村委会，北至左洼村委会。总户数为1619户，总人口为5049人，主要民族为汉族。面积为12平方千米。境内交通设施有公路；教育设施有望寺小学；医疗设施有村卫生室。

1974年尚桥村下辖，闫庄、王孟、温村三个村，后分为四个村，2007年7月份由尚桥、尚庄、王孟、望山、温村五个村合并而成。

寺后村村民委员会

寺后村村民委员会（Sìhòucūn Cūnmín Wěiyuánhuì） 隶属埇桥区曹村镇。有段庄、高园、后寺后、前寺后、四堡湖、王庄。其辖区范围东至京沪铁路，南至小山口村委会，西至萧县官桥镇，北至江苏铜山区。总户数为1350户，总人口为4430人，主要民族为汉族。面积为6.6平方千米。境内交通设施有301省道；教育设施有村中心小学；医疗设施有村卫生室。

明末清初一胡姓人氏，三人从山西洪洞县迁来居住，在一个寺庙后安家，后逐渐形成寺后村。1958年人民公社时名称为寺后大队。1984年后更名为寺后村村民委员会。2007年寺后村、王庄村合并为寺后村村民委员会。

桃山村村民委员会

桃山村村民委员会（Táoshāncūn Cūnmín Wěiyuánhuì） 隶属埇桥区曹村镇。有东新庄、刘林、桃山、小店子。其辖区范围东至左洼村，南至马湾村，西至小山口村，北至三环村。总户数为1419户，总人口为4872人，主要民族为汉族。面积为6.7平方千米。境内交通设施有汽车站；教育设施有中学、小学、幼儿园；医疗设施有村卫生室。

北宋年间著名诗人陈师道曾任徐州知府，后被奸臣告发，削官为民，被贬至高山，因其医术高明，为民看病，不收分文，得到乡民的拥护。乡民知其爱好桃树，遂在高山上种下许多桃树，几年之后漫山遍野尽是桃树，桃山因而得名。1958年人民公社时期为桃山大队，1983年由桃山大队更名为桃山村村民委员会。

小山口村村民委员会

小山口村村民委员会（Xiǎoshānkǒucūn Cūnmín Wěiyuánhuì） 隶属埇桥区曹村

镇。有大山口、小山口、杨堡。其辖区范围东至桃山村，南至郝庄村，西至萧县新庄村，北至寺后村。总户数为1247户，总人口为4327人，主要民族为汉族。面积为8.1平方千米。境内教育设施有中心小学；医疗设施有村卫生室。

小山口村名由村东山口命名。1958年成立人民公社后名为小山口大队，1983年由小山口大队更名为小山口村村民委员会。2007年村区划调整时，由小山口村、大山口村、杨卜村合并为小山口村村民委员会。

张庄村村民委员会

张庄村村民委员会（Zhāngzhuāngcūn Cūnmín Wěiyuánhuì） 隶属埇桥区曹村镇。有葛村、路楼、王村、小李庄、张庄。其辖区范围东至支河乡赵台村、杨桥村，南至夹沟镇的农场、辛丰，西至本镇闵贤村，北至本镇的河北村。总户数为1494户，总人口为4684人，主要民族为汉族、哈尼族，共2种。面积为9.6平方千米。境内交通设施有水泥路、柏油路；教育设施有张庄小学；医疗设施有村卫生室。

很早以前有张姓人家在此居住，故名张庄村。1958年成立人民公社后为张庄大队，1983年后更名为张庄村村民委员会，2007年张庄村和王村合并，两村合并后称张庄村。

左洼村村民委员会

左洼村村民委员会（Zuǒwācūn Cūnmín Wěiyuánhuì） 隶属埇桥区曹村镇。有高庄、秦宅孜、孙庄、王山、王庄、魏宅孜、袁洼、左洼。其辖区范围东至房上，南至望寺，西至开发区，北至江苏潘楼。总户数为1400户，总人口为4500人，主要民族为汉族、拉祜族，共2种。面积为9平方千米。境内交通设施有公路；教育设施有学校；医疗设施有医院。

明初洪武年间，有一左姓先祖来这块风水宝地，后有滕姓入住，左、滕两家在村南建家庙一座，又立碑传，而后其他姓氏不断入住。因为此地低洼，左姓先至，故称左洼。新中国成立后左洼村属徐州市郊区第十一区桃山区，1951年划归宿县桃山区，现属宿州市埇桥区曹村镇左洼村。2007年村区划调整时，左洼村、袁洼村、孙庄村合并为左洼村。

夹沟镇

权园村村民委员会

权园村村民委员会（Chāyuáncūn Cūnmín Wěiyuánhuì） 隶属埇桥区夹沟镇。有土山、权园、徐王。其辖区范围东至老庄村，南至鹤山村，西至赵集村，北至赵集村。总户数为625户，总人口为2409人，主要民族为汉族。面积为7.55平方千米。境内交通设施有城乡公路、汽车站。教育设施有小学、幼儿园。医疗设施有村卫生室。

因该村生产白蜡条，村人加工制作农具杈子而得名。人民公社时期称为权园大队；1982年由权园大队更名为权园村民委员会后；2007年村级区划调整时，由权园村、徐王村、土山村合并为权园村。

湖疃村村民委员会

湖疃村村民委员会（Hútuǎncūn Cūnmín Wěiyuánhuì） 隶属埇桥区夹沟镇。有后邓、梅山、涂庄、冯庄、刘庄、前邓、寨里。其辖区范围东至黄山村，南至津浦村，西至五柳村，北至镇头村。总户数为983户，总人口为3556人，主要民族为汉族。面积为4.94平方千米。境内交通设施有乡道、公共汽车站。教育设施有皇殿中学、湖疃小学。医疗设施有卫生院。

2007年村级区划调整时，由前邓村、湖町村合并为湖疃村。

黄山村村民委员会

黄山村村民委员会（Huángshāncūn Cūnmín Wěiyuánhuì） 隶属埇桥区夹沟镇。有黄疃、西山头、东山头。其辖区范围东至辛丰村，南至津浦村，西至东村，北至曹村镇。总户数为1040户，总人口为3776人，主要民族为汉族。面积为8.7平方千米。境内教育设施有小学。医疗设施有卫生室。

2007年由黄疃村、东山头村、西山头村合并为黄山村。

夹沟村村民委员会

夹沟村村民委员会（Jiágōucūn Cūnmín Wěiyuánhuì） 隶属埇桥区夹沟镇。有西南庄、东北庄。其辖区范围东至周坡，南至李营，西至津浦村，北至辛丰村。总户数为1357户，总人口为5757人，主要民族为汉族。面积为6.5平方千米。境内交通设施有206国道、县道。教育设施有幼儿园、小学。医疗设施有夹沟中心医院。

本村中间有一道沟，因此得名夹沟。人民公社时期名为夹沟大队；2007年东北村、西南村合并为夹沟村。

津浦村村民委员会

津浦村村民委员会（Jīnpǔcūn Cūnmín Wěiyuánhuì） 隶属埇桥区夹沟镇。有冯吉、梁庄、河南庄、小刘、张庄、于庄、大刘。其辖区范围东至夹沟村，南至七里村，西至五柳村，北至胡疃村。总户数为1242户，总人口为4734人，主要民族为汉族。面积为5.6平方千米。境内交通设施有公共汽车站。教育设施有梁庄幼儿园。医疗设施有村卫生室。

1960年属津浦社；1970年分为大刘大队、梁庄大队、冯吉大队；1983年分为大刘村、梁庄村和冯吉村；2007年大刘村、冯吉村、梁庄村合并为津浦村。

李营村村民委员会

李营村村民委员会（Lǐyíngcūn Cūnmín Wěiyuánhuì） 隶属埇桥区夹沟镇。有夏寨、张场、上山王、郭家、小张家、韩家、唐家。其辖区范围东至赵集，南至青山，西至七里，北至夹沟村。总户数为845户，总人口为3472人，主要民族为汉族。面积为8.9平方千米。境内有教育设施有唐张小学。医疗设施有李营卫生院。

原有一名李姓大将在此安营，称李营，后来有人家迁入至此，人丁兴旺，又出现两名夏姓秀才，更名为夏寨，1964年又改回原名李营。原为李营大队，后来改名为李营村，2007年李营村、唐张村合并为李营村。

七里村村民委员会

七里村村民委员会（Qīlǐcūn Cūnmín Wěiyuánhuì） 隶属埇桥区夹沟镇。有七里、离山、武小楼、小五柳、谭庄、小刘庄、沙庄、曹庄。其辖区范围东至滑山，南至符离镇，西至尖山村，北至津浦村。总户数为1181户，总人口为4509人，主要民族为汉族。面积为12平方千米。境内交通设施有206国道。教育设施有中心小学。医疗设施有七里村中心医院。

因该村距离夹沟镇七里路，故而得名七里村。人民公社时期名称为七里大队；1983年由七里大队更名为七里村民委员会，2007年由七里村、小五柳村、离山村合并为七里村。

秦湾村村民委员会

秦湾村村民委员会（Qínwāncūn Cūnmín Wěiyuánhuì）隶属埇桥区夹沟镇。有秦湾、后湖、前王。其辖区范围东至夹沟农场，南至赵集村，西至干山，北至夹支公路。总户数为1433户，总人口为5700人，主要民族为汉族。面积为9.8平方千米。境内交通设施有夹蒿公路。教育设施有秦湾小学。医疗设施有村卫生室。

早在春秋战国时期就是宋朝的一座边塞小城，名曰监城。公元前221年秦始皇统一六国时，巡淮泗时曾住驿于此，据说赐名万村，后来更名为秦湾村。2007年由秦湾村、前王村合并为秦湾村。

青山村村民委员会

青山村村民委员会（Qīngshāncūn Cūnmín Wěiyuánhuì）隶属埇桥区夹沟镇。有青山、端村、姚庄、耿庄、陈庄、来庄、孟寨。其辖区范围东至赵集村，南至孙寨村，西至七里村，北至李营村。总户数为1120户，总人口为4431人，主要民族为汉族。面积为8.1平方千米。境内交通设施有公交车站。教育设施有初中、小学。医疗设施有村卫生室。

青山自然村建于明朝末年，于氏占全村85%。于氏在青山居住，后来兴旺，迁到青山边，故而取名青山。人民公社时期称为青山大队；1982年由青山大队更名为青山村委会后；2007年由青山村、来庄村合并为青山村。

孙寨村村民委员会

孙寨村村民委员会（Sūnzhàicūn Cūnmín Wěiyuánhuì）隶属埇桥区夹沟镇。有孙寨、大井、金山、高庄。其辖区范围东至青山村，南至夏刘寨，西至206国道，北至小楼村。总户数为735户，总人口为2960人，主要民族为汉族。面积为7.4平方千米。境内交通设施有054乡道。医疗设施有卫生室。

由孙姓人家迁居至此，不断繁衍生息，不断壮大，故而得名。原由孙寨、张庄、夏刘寨合并为孙寨村；2007年村级区划调整时，金山、高庄、孙寨村合并，仍以孙寨村命名。

魏寨村村民委员会

魏寨村村民委员会（Wèizhàicūn Cūnmín Wěiyuánhuì）隶属埇桥区夹沟镇。有南山、后武庄、赵庄、张油坊、郭于庄、王村、魏寨。其辖区范围东至秦湾村，南至李营村，西至夹沟村，北至周坡村。总户数为744户，总人口为2549人，主要民族为汉族。面积为5.1平方千米。境内医疗设施有村卫生室。

由魏寨村、王村合并为魏寨村。人民公社时期称为魏寨大队；1983年由魏寨大队更名为魏寨村村民委员会；2007年由魏寨村、王村合并为魏寨村。

五柳村村民委员会

五柳村村民委员会（Wǔliǔcūn Cūnmín Wěiyuánhuì）隶属埇桥区夹沟镇。有五柳庄、唐山孜。其辖区范围东至津浦村，南至七里村，西至淮北宋庄，北至镇头村。总户数为1150户，总人口为4425人，主要民族为汉族。面积为15.4平方千米。境内交通设施有汽车站。教育设施有五柳小学。医疗设施有村卫生室。

2007年村级区划调整时，五柳村、唐山孜村合并为五柳村。

夏刘寨村村民委员会

夏刘寨村村民委员会（Xiàliúzhàicūn Cūnmín Wěiyuánhuì）隶属埇桥区夹沟镇。

有夏刘寨。其辖区范围东至顺河乡岳乔村，南至顺河乡尖山村，西至褚庄村，北至孙寨村。总户数为500户，总人口为2226人，主要民族为汉族。面积为4.2平方千米。境内交通设施有公路。教育设施有夏刘寨小学。医疗设施有夏刘寨卫生院。

2007年张庄村与夏刘寨村合并，更名为夏刘寨村。

辛丰村村民委员会

辛丰村村民委员会（Xīnfēngcūn Cūnmín Wěiyuánhuì） 隶属埇桥区夹沟镇。有前乡、辛丰、河南庄、童楼、前场、中场、后场、万庄。其辖区范围东至康湖，南至东北村，西至东山头，北至曹村镇。总户数为1638户，总人口为5030人，主要民族为汉族。面积为11.2平方千米。境内交通设施有公共汽车站。教育设施有辛丰小学。医疗设施有辛丰卫生院。

宋朝时期，辛丰是个县。1949年后为辛丰大队；1983年演变为辛丰村委会；2007年村级区划调整时，由辛丰村、前乡村、中场村合并为辛丰村。

赵集村村民委员会

赵集村村民委员会（Zhàojícūn Cūnmín Wěiyuánhuì） 隶属埇桥区夹沟镇。有张圩子、赵集、武家、于家、顾家、李家。其辖区范围东至鸭湖，南至权园，西至青山、李营，北至秦湾。总户数为1454户，总人口为4171人，主要民族为汉族。面积为9.6平方千米。境内交通设施有夹蒿路。教育设施有赵集小学。医疗设施有赵集卫生室。

赵集村自1949年10月新中国成立前就在此逢集，又因赵姓人口居多，故而得名。2007年村级区划调整时，赵集村、于顾村、武李村合并为赵集村。

镇头村村民委员会

镇头村村民委员会（Zhèntóucūn Cūnmín Wěiyuánhuì） 隶属埇桥区夹沟镇。有草场、吴庄、张庄、邱村、曹楼、董黄庄、老山口、半山李。其辖区范围东至黄山村，南至津浦村，西至湖疃，北至室沟。总户数为1047户，总人口为4680人，主要民族为汉族。面积为14.5平方千米。境内交通设施有公路、公共汽车站。教育设施有镇头小学。医疗设施有镇头村卫生室。

因村委会西方向有寺庙名为镇头寺，故而得名。原为镇头寺村，1949年10月新中国成立后改名为镇头村。2007年村级区划调整时，由镇头村、草场村合并为镇头村。

周坡村村民委员会

周坡村村民委员会（Zhōupōcūn Cūnmín Wěiyuánhuì） 隶属埇桥区夹沟镇。有武小庄、赵庄、周坡。其辖区范围东至路湖村，南至秦湾沟，西至夹沟村，北至辛丰村。总户数为1100户，总人口为3887人，主要民族为汉族。面积为10.5平方千米。境内交通设施有乡路。医疗设施有村卫生室。

因该村委会位于夹沟镇周坡村，故而得名。1982年由周坡大队更名为周坡村；2007年村级区划调整时，周坡村、武小庄村合并称周坡村。

栏杆镇

安水村村民委员会

安水村村民委员会（Ānshuǐcūn Cūnmín Wěiyuánhuì）隶属埇桥区栏杆镇。有安北村、安南村。其辖区范围东至奎河，南至孙楼村，西至韩河，北至闵山路。总户数为671户，总人口为2659人，主要民族为汉族。面积为4.7平方千米。境内交通设施有安水村水泥路。医疗设施有安水村卫生室。

以驻地安水自然村命名。1965 年由灰古大队划出，成立安水大队；1986 年更名为安水村委会。

柏山村村民委员会

柏山村村民委员会（Bǎishāncūn Cūnmín Wěiyuánhuì）隶属埇桥区栏杆镇。有柏山、孙庄。其辖区范围东至解集，南至时村，西至王庄，北至张町。总户数为 720 户，总人口为 3799 人，主要民族为汉族。面积为 8.6 平方千米。境内交通设施有公路、公交车站。教育设施有柏山小学。医疗设施有柏山村卫生室。

因村委会驻地于柏山村，故而得名柏山村村民委员会。原是柏山大队，2008 年由孙庄、刘寨、柏山合并成为柏山村。

大旺村村民委员会

大旺村村民委员会（Dàwàngcūn Cūnmín Wěiyuánhuì）隶属埇桥区栏杆镇。有大旺、小周家、大周家、小旺庄。其辖区范围东至解集乡，南至栏东村，西至新庄村，北至石相村。总户数为 733 户，总人口为 2582 人，主要民族为汉族。面积为 7.8 平方千米。境内医疗设施有大旺村卫生室。

因村委会驻地于大旺村，故而得名大旺村村民委员会。1983 年由大旺大队更名为大旺村；1949 年 10 月前叫旺头村，后改为大旺村。

丁李村村民委员会

丁李村村民委员会（Dīnglǐcūn Cūnmín Wěiyuánhuì）隶属埇桥区栏杆镇。有李村、小黄村、阚庄、耿庄、丁楼、万庄。其辖区范围东至孙楼村，南至王塘村，西至楼房村，北至阚疃村。总户数为 976 户，总人口为 3487 人，主要民族为汉族。面积为 6.6 平方千米。境内教育设施有丁楼小学。

丁楼村与黄李村合并为一村，命名为丁李村。明朝时期，名为丁楼村；2008 年与李村合并为丁李村。

段楼村村民委员会

段楼村村民委员会（Duànlóucūn Cūnmín Wěiyuánhuì）隶属埇桥区栏杆镇。有姚楼、汪楼、梁庄、段楼。其辖区范围东至新庄村，南至新庄村，西至小集村，北至奎河。总户数为 1006 户，总人口为 3712 人，主要民族为汉族。面积为 6.7 平方千米。境内有教育设施有小学。医疗设施有段楼村卫生室。

村委会驻地段楼村，因段姓人口居多，故而得名段楼村村民委员会。1958 年为段楼大队，1985 年至今为段楼村委会。

韩村村民委员会

韩村村民委员会（Háncūn Cūnmín Wěiyuánhuì）隶属埇桥区栏杆镇。有前郭庄、韩西庄、韩东庄。其辖区范围东至安水村，南至孙楼村，西至阚疃村，北至园艺场。总户数为 978 户，总人口为 3410 人，主要民族为汉族。面积为 5.3 平方千米。境内交通设施有韩村水泥路。教育设施有韩村小学。医疗设施有韩村卫生室。

村委会驻韩村，韩姓人口居多，故而得名韩村村民委员会。人民公社时期称为韩村大队；1984 年大队更名为韩村。

化楼村村民委员会

化楼村村民委员会（Huàlóucūn Cūnmín Wěiyuánhuì）隶属埇桥区栏杆镇。有段庄、草塘、化楼、前庄、金庄、阻寺。其辖区范围东至新庄村，南至阚村，西至支河，北至小集村。总户数为 908 户，总人口为 3940 人，主要民族为汉族。面积为 6.9 平方千米。境内交通设施有杨支路。教育设施有化楼小学。医疗设施有化楼村卫生室。

1958年为化楼大队，1983年更名为化楼村。

阚疃村村民委员会

阚疃村村民委员会（Kàntuǎncūn Cūnmín Wěiyuánhuì） 隶属埇桥区栏杆镇。有后楼、祝庄、吴窑、王庄、阚疃。其辖区范围东至栏西村，南至丁李村，西至团结村，北至化楼村。总户数为1438户，总人口为5322人，主要民族为汉族。面积为8.6平方千米。境内教育设施有小学、中学。医疗设施有阚疃卫生室。

有两户姓阚的人家最早在此居住，得名阚疃集，后来演变为阚疃村。人民公社时期名为阚疃大队、阚疃公社，现该村由阚疃、后楼、祝庄、王庄、吴窑组成。

栏东村村民委员会

栏东村村民委员会（Lándōngcūn Cūnmín Wěiyuánhuì） 隶属埇桥区栏杆镇。有栏东、严村、范村、苍山庄、祝山庄、小安水庄、孟小庄。其辖区范围东至解集村，南至石汤村，西至栏西村，北至大旺村。总户数为1400户，总人口为5990人，主要民族有汉族、回族，共2种。面积为10.2平方千米。境内交通设施有公路、车站。教育设施有幼儿园、小学、初中。医疗设施有栏东村卫生室、栏杆镇卫生院。

该村委会位于栏东自然村，故名为栏东村民委员会。人民公社时期名为栏东大队；1983年后，有栏东大队更名为栏东村委会；2008年由栏东、严村、祝山三个村合并为栏东村。

栏西村村民委员会

栏西村村民委员会（Lánxīcūn Cūnmín Wěiyuánhuì） 隶属埇桥区栏杆镇。有刘小山庄、栏西庄、林湖庄、袁庄子。其辖区范围东至栏东村，南至安水村，西至新庄村，北至新庄村。总户数为1100户，总人口为2900人，主要民族为汉族。面积为8.5平方千米。境内教育设施有学校。医疗设施有医院、诊所。

由栏西、林湖、元庄、刘小山四个自然村组成，因村委会驻地栏西村，故而得名。体制改革后，由栏西大队更名为栏西村。

路疃村村民委员会

路疃村村民委员会（Lùtuǎncūn Cūnmín Wěiyuánhuì） 隶属埇桥区栏杆镇。有路疃集、前乡庄、机房庄、仲庄、腰庄、东楼庄、洪家、后乡、西丁庄、石河村。其辖区范围东至柏山村，南至王庄村，西至王塘村，北至孙楼村。总户数为1496户，总人口为5637人，主要民族为汉族、回族。面积为7.9平方千米。境内交通设施有路疃村水泥路、公路。教育设施有路疃小学、路疃初中、路疃幼儿园。医疗设施有路疃村卫生室。

因该村委会驻地路疃，故而称路疃村村民委员会。1954年前后，张山区政府设在此处；1958年为路疃前进社，后又设路疃大队、路疃人民公社、路疃乡政府；1983年由路疃大队更名为路疃村。

石河村村民委员会

石河村村民委员会（Shíhécūn Cūnmín Wěiyuánhuì） 隶属埇桥区栏杆镇。有金山寨、石河、孟寨、院山。其辖区范围东至吴楼村，南至张疃村，西至孙楼村，北至栏东村。总户数为1112户，总人口为4190人，主要民族为汉族。面积为8.1平方千米。境内交通设施有沿山公路。教育设施有孟寨小学。医疗设施有石河村卫生室。

明朝年间有一条贯穿南北的黄疃大运河，简称石河村，因而得名。1962年为柏山人民公社石河大队；1981年为柏山乡石河村；2007年体制改革时为栏杆镇石河村。

石相村村民委员会

石相村村民委员会（Shíxiàngcūn Cūnmín Wěiyuánhuì） 隶属埇桥区栏杆镇。有凤山、石相。其辖区范围东至老海寺，南至大旺村，西至二徐路，北至谢芦村。总户数为1052户，总人口为3665人，主要民族为汉族。面积为7.5平方千米。境内教育设施有学校、幼儿园。医疗设施有石相村卫生室。

石相村与凤山村合并为一村，合并后仍命名为石相村。

孙楼村村民委员会

孙楼村村民委员会（Sūnlóucūn Cūnmín Wěiyuánhuì） 隶属埇桥区栏杆镇。有黄村、孙楼庄、赵小楼、孟家、王家、马园庄、班园庄、西李。其辖区范围东至张町村，南至路町村，西至丁西李村，北至安水村。总户数为1124户，总人口为4665人，主要民族为汉族。面积为7.8平方千米。境内交通设施有公路、汽车站。教育设施有小学。医疗设施有孙楼村卫生室。

该村委会驻地孙楼庄，故而得名孙楼村村民委员会。人民公社时期名称为孙楼大队；1983年由孙楼大队更名为孙楼村。

王庄村村民委员会

王庄村村民委员会（Wángzhuāngcūn Cūnmín Wěiyuánhuì） 隶属埇桥区栏杆镇。有王庄、孟圩子、陈楼、王菜园、小张楼、张庄、河口。其辖区范围东至马元，南至孙庄，西至刘桥，北至张楼村。总户数为696户，总人口为2670人，主要民族为汉族。面积为5.5平方千米。境内交通设施有033县道、039乡道。

因村委会驻王庄，故而得名王庄村村民委员会。1949年10月新中国成立后属宿县栏杆区路疃乡；1954年为双胜高级社；1958年为栏杆人民公社王庄大队；1981年为栏杆区路疃乡王庄村；1984年体制改革后为栏杆镇王庄村。

小集村村民委员会

小集村村民委员会（Xiǎojícūn Cūnmín Wěiyuánhuì） 隶属埇桥区栏杆镇。有姜楼、小集、徐庄、纵楼。其辖区范围东至梁庄村，南至化楼村，西至陈町，北至赵庄。总户数为990户，总人口为3462人，主要民族为汉族。面积为8.5平方千米。境内交通设施有杨支路、曹栏路。教育设施有幼儿园、小集小学、中学。

清朝前期初建村时为周家楼村，清朝中期村内人口兴旺，经济发达改为中兴集，后期更名为小集村。1949年属萧县桃山区；1954年为光明农业合作社；1958年为栏杆人民公社小集大队；1984年为栏杆镇小集村。

新庄村村民委员会

新庄村村民委员会（Xīnzhuāngcūn Cūnmín Wěiyuánhuì） 隶属埇桥区栏杆镇。有新庄、老庄、郭庄、赵庄。其辖区范围东至奎河，南至栏西村，西至小集村，北至段楼村。总户数为1180户，总人口为3681人，主要民族为汉族。面积为7.4平方千米。境内交通设施有京沪高铁。

原为马欣庄，1958年属宿县栏杆公社新建大队；1981年恢复地名时为栏杆区小集乡新庄村。

张疃村村民委员会

张疃村村民委员会（Zhāngtuǎncūn Cūnmín Wěiyuánhuì） 隶属埇桥区栏杆镇。有张疃、张楼、洪庙、曹庄。其辖区范围东至张町山，南至柏山村，西至奎河，北至石河村。总户数为1270户，总人口为4880人，主要民族为汉族。面积为8.9平方千米。境内有奎河。

1949年10月新中国成立后属宿县栏杆区柏山乡；1981年恢复地名为栏杆区柏山乡张疃村；1992年撤区并乡后为栏杆镇张疃村。

时村镇

棒场村村民委员会

棒场村村民委员会（Bàngchǎngcūn Cūnmín Wěiyuánhuì） 隶属埇桥区时村镇。有棒场庄、北丁楼、宫庄、梁庄、六岔路。其辖区范围东至林口村，南至奎河，西至油坊村，北至刁山村城东庄。总户数为566户，总人口为2306人，主要民族为汉族。面积为3.2035平方千米。境内交通设施有时刁路、村中心路；教育设施有棒场小学。医疗设施有棒场村卫生室。

在人民公社时期称为棒场大队。1983年由棒场大队更名为棒场村。

曹蒲村村民委员会

曹蒲村村民委员会（Cáopúcūn Cūnmín Wěiyuánhuì） 隶属埇桥区时村镇。有巴家、曹桥、曹圩子庄、东湾、谷楼、蒲庄、前庄、西湾。其辖区范围东至从营村，南至苗安乡中心村，西至蒿沟乡巩家村，北至桃沟乡濉河南岸。总户数为1032户，总人口为4565人，主要民族为汉族。面积为8.5平方千米。境内教育设施有曹蒲小学。医疗设施有村卫生室。

人民公社时期为曹蒲大队，1960年分为曹桥大队、蒲庄大队，后改为曹桥村、蒲庄村，2007年合并为曹蒲村。

陈村村民委员会

陈村村民委员会（Chéncūn Cūnmín Wěiyuánhuì） 隶属埇桥区时村镇。有陈村、陈楼村、小陈庄。其辖区范围东至灵璧，南至营孜村，西至时尤路，北至宋路沟。总户数为900户，总人口为3700人，主要民族有汉族、苗族，共2种。其中汉族3690人，占比99.7%；苗族10人，占比0.3%。面积为7平方千米。境内教育设施有陈村小学、幼儿园；医疗设施有村卫生室。

人民公社时期为陈村大队，1990年更改为陈村。

冲疃村村民委员会

冲疃村村民委员会（Chōngtuǎncūn Cūnmín Wěiyuánhuì） 隶属埇桥区时村镇。有冲疃集、龙岗、四支李、汪南、小陈楼、中心。其辖区范围东至胡梁村，南至陈村、时北村，西至梁寨村，北至贡山村、张山村。总户数为1370户，总人口为5970人，主要民族为汉族。面积为8.78平方千米。境内交通设施有客运车站；教育设施有幼儿园、中小学；医疗设施有医疗定点机构。

原地名老汪湖，1370年山东农民奉命南迁至徐州以南，蚌埠以北，李姓人择团居住。当时沉积土岗称为团。由于人烟稀少，李姓人召集远处农民前来本地充实人力，开凿土地，取名充团。清代属萧邑都仁乡，后改名冲疃，1955年名为冲疃红星社，1958年名为冲疃大队，1983年名为冲疃村。

从营村村民委员会

从营村村民委员会（Cóngyíngcūn Cūnmín Wěiyuánhuì） 隶属埇桥区时村镇。有从家庄、丁庄、后元庄、马家庄、涂王庄、营马路庄。其辖区范围东至时南村，南至苗安乡，西至曹蒲村，北至濉河。总户数为820户，总人口为3600人，主要民族有汉族、回族，共2种。面积为4.399平方千米。境内交通设施有水泥路；教育设施有时南小学；医疗设施有村卫生室。

人民公社时期名称为从马大队、营马路大队，1983年由从营大队更名为从营村。

大蒲村村民委员会

大蒲村村民委员会（Dàpúcūn Cūnmín Wěiyuánhuì） 隶属埇桥区时村镇。有陈家庄、大蒲庄、丁庄、晋庄、郜家庄、谭庄、小蒲庄。其辖区范围东至东风村，南至时西村，西至付楼村，北至林口村。总户数为544户，总人口为2217人，主要民族为汉族。面积为2.9平方千米。医疗设施有大蒲村卫生室。

1984年10月由大蒲大队更名为大蒲村。

刁山村村民委员会

刁山村村民委员会（Diāoshāncūn Cūnmín Wěiyuánhuì） 隶属埇桥区时村镇。有北小庄、城东、城后、刁山庄、东南庄、葛山庄、西小庄。其辖区范围东至梁寨村，南至油坊村，西至永安镇夏桥村，北至栏杆镇柏山村。总户数为1070户，总人口为4174人，主要民族为汉族。面积为8平方千米。境内交通设施有公路、汽车站；教育设施有刁山小学；医疗设施有村卫生室两所。

人民公社时期名称为刁山大队，后由刁山、葛山、城东三个村合并为刁山村。1983年由刁山大队更名为刁山村。

东风社区居民委员会

东风社区居民委员会（Dōngfēng Shèqū Jūmín Wěiyuánhuì） 隶属埇桥区时村镇。有北大桥、东风、梁桥。其辖区范围东至时北村丁风寨与时东村马大庄，南至红旗村，西至大蒲村、林口村，北至梁寨村。总户数为1135户，总人口为4492人，主要民族为汉族。面积为4.8平方千米。境内交通设施有公路、车站；教育设施有中心校、时村中学、幼儿园；医疗设施有镇卫生室、村卫生室。

东风村坐落在时村镇北部，奎河穿村而过，村内有302省道、苗褚路（县道），交通便利，是镇委、政府所在地，全镇政治经济文化中心。1964年“四清”运动时，由虹桥大队、北关大队合并为东风生产大队。2005年双桥与东风并村，定名为东风村。

付楼村村民委员会

付楼村村民委员会（Fùlóucūn Cūnmín Wěiyuánhuì） 隶属埇桥区时村镇。有丁楼、丁庄、付沟、付洼、付张、付楼、侯家、后侯、李家、梁寨、刘宇、马蒲庄、前刘、王庄、小西庄。其辖区范围东至大蒲村，南至桃沟乡，西至永安镇团结村，北至奎河。总户数为1046户，总人口为4300人，主要民族有汉族、苗族、回族，共3种。面积为6.9平方千米。境内交通设施有环村路；教育设施有付张小学；医疗设施有村卫生室。

2007年11月区划调整，把原付张村和原丁楼村合并为付楼村。

红旗村村民委员会

红旗村村民委员会（Hóngqícūn Cūnmín Wěiyuánhuì） 隶属埇桥区时村镇。有红旗、桥南庄。其辖区范围东至时东村，南至时西村四合庄，西至时西村，北至东风村。总户数为986户，总人口为4009人，主要民族为汉族。面积为3.7平方千米。境内交通设施有302省道通往市内；教育设施有二小、第二初中；医疗设施有村卫生室。

清代中期，由丁氏家族在时村集南头建造红同庙用于本族祭祖，得名红庙村，1958年更名为红旗大队，1981年命名为红旗村。

胡梁村村民委员会

胡梁村村民委员会（Húliángcūn Cūnmín Wěiyuánhuì） 隶属埇桥区时村镇。有大李庄、后李、胡集庄、瓦屋、小李庄。其辖区范围东至马楼，南至陈村村，西至冲疃村，北至解集乡。总户数为1320户，总人口为5676人，主要民族有汉族、彝族，共2种。面积为11平方千米。境内教育设施有学校两所；医疗设施有村卫生室。

2006年原胡集村、瓦屋村合并，更名为胡梁村民委员会。

奎北村村民委员会

奎北村村民委员会（Kuíběicūn Cūnmín Wěiyuánhuì） 隶属埇桥区时村镇。有曹马庄、草坝庄、李家庄、马小庄、网寨、新化、澡堂、张家。其辖区范围东至灵璧县尹集镇，南至奎河，西至东风村，北至营孜村。总户数为960户，总人口为4110人，主要民族为汉族。面积为5.1平方千米。

2007年网寨村与三马村合并，因两村都在奎河的北岸，取名奎北村。

梁寨村村民委员会

梁寨村村民委员会（Liángzhàicūn Cūnmín Wěiyuánhuì） 隶属埇桥区时村镇。有蔡家、关庙庄、梁寨、路北、南楼、宋王徐、瓦房、汪北组、汪南、王庄、张巷、张庄。其辖区范围东至冲疃村，南至东风村、林口村、棒场村，西至刁山村，北至解集乡孙寨村、贡山村。总户数为1217户，总人口为5840人，主要民族为汉族。面积为10.5平方千米。境内交通设施有公路、汽车站；教育设施有梁寨小学；医疗设施有村卫生室、南楼卫生站。

2007年村级合并，更名为梁寨村。

林口村村民委员会

林口村村民委员会（Línkǒucūn Cūnmín Wěiyuánhuì） 隶属埇桥区时村镇。有林口庄。其辖区范围东至东风村双桥庄，南至奎河，西至棒场村，北至宋路沟与梁寨村接壤。总户数为716户，总人口为2890人，主要民族为汉族。面积为3.9平方千米。境内交通设施有水泥路、砂石路；教育设施有林口小学；医疗设施有村卫生室。

林口自然村，因明清时代林姓人家在奎河上设一渡口，即林家渡口而得名。人民公社时期为林口大队，后来更名为林口村。

马楼村村民委员会

马楼村村民委员会（Mǎlóucūn Cūnmín Wěiyuánhuì） 隶属埇桥区时村镇。有打王、郭家、化家、李集、马楼、腰庄、朱家。其辖区范围东至拖尾河，南至灵璧县张集，西至胡梁村，北至拖尾河。总户数为617户，总人口为2982人，主要民族为汉族。面积为5.3平方千米。境内教育设施有马楼小学；医疗设施有村卫生室。

人民公社时期名称为马楼大队，1983年由马楼大队更名为马楼村。

时东村村民委员会

时东村村民委员会（Shídōngcūn Cūnmín Wěiyuánhuì） 隶属埇桥区时村镇。有东庄、官路庄、井东、李家庄、刘家庄、马盘庄、前王庄、王家庄、西庄。其辖区范围东至灵璧县，南至苗安乡，西至时南村，北至奎北村。总户数为1093户，总人口为4670人，主要民族为汉族。面积为7.0平方千米。境内交通设施有公路；教育设施有马庄小学、官路小学；医疗设施有村卫生室。

时东村因在时村镇东部而得名。人民公社时期称为时东大队，1983年由时东大队更名为时东村。

时南村村民委员会

时南村村民委员会（Shínáncūn Cūnmín Wěiyuánhuì） 隶属埇桥区时村镇。有北园庄、程庄、晋庄、李家庄、马楼、马王庄、南园、盛家、郃家、吴家、朱家庄。其辖区范围东至时东村，南至苗安乡塘南村，西至从营村，北至红旗村。总户数为1125户，总人口为4860人，主要民族为汉族。面积为6.0平方千米。境内交通设施有公路、汽车站；教育设施有学校；医疗设施有医院。

时南村位于时村镇的正南方，1960年至1992年称时南大队，后来称时南村。

时西村村民委员会

时西村村民委员会（Shíxīcūn Cūnmín Wěiyuánhuì） 隶属埇桥区时村镇。有大李庄、东马庄、后李家、前李庄、西马场、小王家、许家庄、堰渡口。其辖区范围东至大蒲村，南至桃沟乡后寨村，西至桃沟乡后寨村，北至付楼村。总户数为540户，总人口为2699人，主要民族为汉族。面积为4.1平方千米。境内交通设施有公路；医疗设施有村卫生室。

时西村位于时村镇西3.5千米，故名为时西村。人民公社时期称为时西大队，1980年由时西大队更名为时西村。

营孜村村民委员会

营孜村村民委员会（Yíngzīcūn Cūnmín Wěiyuánhuì） 隶属埇桥区时村镇。有丁亭寨、丁王庄、前林、营河口、营孜、张刘李、长园。其辖区范围东至灵璧，南至奎北，西至东风，北至陈村。总户数为1332户，总人口为5545人，主要民族为汉族。面积为7.7平方千米。境内交通设施有汽车站；教育设施有幼儿园、小学；医疗设施有卫生室。

人民公社时期称为营孜大队，1983年由营孜大队更名为营孜村。

油坊村村民委员会

油坊村村民委员会（Yóufāngcūn Cūnmín Wěiyuánhuì） 隶属埇桥区时村镇。有东亭子、侯家庄、后尹庄、前湾庄、王家庄、夏渡口、张油坊庄。其辖区范围东至棒场村，南至奎河岸，西至奎河岸，北至刁山村。总户数为781户，总人口为3473人，主要民族有汉族、苗族，共2种。面积为4.4平方千米。境内教育设施有油坊村小学；医疗设施有油坊村卫生室。

油坊村因以前打油、开油坊得名。人民公社时期称为油坊大队，1983年由油坊大队更名为油坊村。

永安镇

大许社区居民委员会

大许社区居民委员会（Dàxǔ Shèqū Jūmín Wěiyuánhuì） 隶属埇桥区永安镇。有大许集、小王家、娄家沟、戴楼、小戴家、戴老八、双戴、小许家、玉盛店、吴家、张家、前王家、赵家、后王家。其辖区范围东至股河新村、街西村，南至灰古镇碾盘村，西至灰古镇八张村、顺河乡马场村，北至街西村。总户数为1673户，总人口为6551人，主要民族为汉族。面积为9.9平方千米。境内交通设施有302省道、026县道、七号路、客运车站；教育设施有大许小学、幼儿园；医疗设施有村卫生室。

以驻地大许集取名。1956年置大许大队，1978年置大许乡，1983年更名大许村，1992年撤区并乡建镇时撤销大许乡，2007年合并大许村、戴楼村、吴赵村为大许村，

2014年区民政局批准为大许社区。

股河新村村民委员会

股河新村村民委员会（Gǔhéxīncūn Cūnmín Wěiyuánhuì） 隶属埇桥区永安镇。有陈庄、李庄、土楼、刘桥、路庄。其辖区范围东至桃沟乡戴夏村，南至老股河，西至大许村，北至永安村。总户数为871户，总人口为3553人，主要民族为汉族。面积为5.3平方千米。境内交通设施有302省道、026县道穿境而过，双庆河客运车站；教育设施有丁庙小学；医疗设施有村卫生室。

因新股河在本村穿境而过，故名股河新村。2007年由李庄村、刘桥村、路庄村三村合并而成。

街西村村民委员会

街西村村民委员会（Jiēxīcūn Cūnmín Wěiyuánhuì） 隶属埇桥区永安镇。有马家、高彭、王菜园、黄家、小张家、单家、魏家、边家、小许家、山前。其辖区范围东至永安村、双鑫村，南至大许，西至顺河乡鹤山村，北至薛赵村、周家村。总户数为1434户，总人口为5691人，主要民族为汉族。面积为10.68平方千米。境内交通设施有永中路、七号路；教育设施有高彭小学；医疗设施有村卫生室。

1961年属褚兰大队，1961年区划时，褚兰大队撤销，设街西大队。1986年更名街西村委会。

潘湖村村民委员会

潘湖村村民委员会（Pānhúcūn Cūnmín Wěiyuánhuì） 隶属埇桥区永安镇。有潘湖、刘老庄、东南场、徐家、张垣墙、小庄。其辖区范围东至孙安村，南至所圩村、薛赵村，西至夹沟镇权园村、赵集村，北至支河乡鸭湖村。总户数为1066户，总人口为4306人，主要民族为汉族。面积为9.7平方千米。境内交通设施有七号路、026县道、环村水泥路；教育设施有潘湖小学幼儿园；医疗设施有村卫生室。

以驻地潘湖取名潘湖村。1956年置潘湖大队，1983年更名潘湖村，2007年合并潘湖村、老庄村、垣墙村为潘湖村。

双鑫村村民委员会

双鑫村村民委员会（Shuāngxīncūn Cūnmín Wěiyuánhuì） 隶属埇桥区永安镇。有吕湖、丁场、江场、秦楼、苏家、小秦家。其辖区范围东至孙安村、双兴村，南至永安村，西至所圩村、街西村，北至孙安村。总户数为1080户，总人口为4256人，主要民族为汉族。面积为7.3平方千米。境内交通设施有026县道、永中路、环村水泥路；医疗设施有村卫生室。

取共同发财之意，故名双鑫村。2007年由吕湖村、苏秦村合并而成。

双兴村村民委员会

双兴村村民委员会（Shuāngxīngcūn Cūnmín Wěiyuánhuì） 隶属埇桥区永安镇。有野楼、前王、陈场、圩里、宁家、大张光、二张光。其辖区范围东至新合村，南至桃沟乡大秦村、戴夏村，西至永安村、双鑫村，北至双鑫村。总户数为780户，总人口为3310人，主要民族为汉族。面积为8.5平方千米。境内交通设施有环村水泥路四通八达；医疗设施有村卫生室。

取共同兴旺之意，故名双兴村。2007年由野楼村、张光村合并而成。

孙安村村民委员会

孙安村村民委员会（Sūn’āncūn Cūnmín Wěiyuánhuì） 隶属埇桥区永安镇。有孙安、陈圩子、大陈家、小梁家、常庄、腰庄、黄沟沿、卞家、瓜村、小吴家、小刘家。其辖区范围东至新合村，南至双兴村、新合村，西至双鑫村、所圩村、潘湖村，北至方河。总户数为1185户，总人口为4931人，主要民族为汉族。面积为11.1平方千米。境内交通设施有026县道、3号路、环村水泥路；教育设施有孙安小学；医疗设施有村卫生室、瓜村卫生站。

以驻地孙安取名孙安村。1949年10月新中国成立后置孙安大队，1983年更名孙安村，2007年合并孙安村、瓜村为孙安村。

所圩村村民委员会

所圩村村民委员会（Suǒwéicūn Cūnmín Wěiyuánhuì） 隶属埇桥区永安镇。有所圩子、西王、后场、后高、前王、前西、前高、解家、小李家。其辖区范围东至双鑫村，南至洪路沟，西至薛赵村，北至潘湖村。总户数为1051户，总人口为4114人，主要民族为汉族。面积为8.13平方千米。境内交通设施有026县道、三号路、客运车站；教育设施有所圩小学、幼儿园；医疗设施有村卫生室。

以驻地所圩子取名所圩村。1956年置所圩大队，1978年置薛庙乡驻地所圩子，1983年更名所圩村，1992年撤区并乡建镇时撤销薛庙乡，2007年合并所圩村、解李村、后高村、前高村为所圩村。

团结村村民委员会

团结村村民委员会（Tuánjiécūn Cūnmín Wěiyuánhuì） 隶属埇桥区永安镇。有小尹家、枪梁、小营家、夏谷堆、小李家、林庄子、张楼、小王家、高台子、小高台、小范家、骑路。其辖区范围东至时村镇付楼村，南至时村镇付楼村、桃沟乡南秦村，西至新合村，北至夏桥村、时村镇油坊村。总户数为1257户，总人口为5678人，主要民族为汉族。面积为10平方千米。境内交通设施有永中路、环村水泥路、客运车站；教育设施有小尹小学、幼儿园；医疗设施有村卫生室。

2007年小村并大村时，由小尹村、高台村两村合并而成，取相互团结之意，故名团结村。1956年置小尹大队，1973年将村部迁营林沟西，1983年更名小尹村，2007年合并小尹村、高台村为团结村。

夏桥村村民委员会

夏桥村村民委员会（Xiàqiáocūn Cūnmín Wěiyuánhuì） 隶属埇桥区永安镇。有夏桥集、朱园、河涯、许园、土楼、河西、小桥子、孙庄。其辖区范围东至时村镇油坊村、刁山村，南至团结村，西至新合村，北至栏杆镇柏山村、王庄村。总户数为1022户，总人口为4205人，主要民族为汉族。面积为6.15平方千米。境内交通设施有孙庄路、永中路、刘夏路、三号路、客运车站；教育设施有夏桥中小学、幼儿园；医疗设施有永安医院夏桥分院、村卫生室。

以驻地夏桥集取名夏桥村。1956年置夏桥大队；1978年置夏桥乡；1983年更名夏桥村；1992年撤区并乡建镇时撤销夏桥乡，复为夏桥村；2007年合并夏桥村、孙庄村为夏桥村。

新合村村民委员会

新合村村民委员会（Xīnhécūn Cūnmín Wěiyuánhuì） 隶属埇桥区永安镇。有段庄子、刘瓦房、小薄家、风哨子、朱楼、王林家、张楼、朱家、朱庄、小夏家、仓屋。其辖区范围东至团结村、夏桥村，南至桃沟乡南秦村、大秦村，西至双兴村、孙安村，北至方河。总户数为1087户，总人口为4723

人，主要民族为汉族。面积为12平方千米。境内交通设施有永中路、刘夏路、三号路、三朱路；医疗设施有村卫生室、朱庄卫生站。

2007年小村并大村时，由刘瓦村、朱楼村、朱庄村三村合并而成，取新合成之意，故名新合村。

薛赵村村民委员会

薛赵村村民委员会（Xuēzhàocūn Cūnmín Wěiyuánhuì） 隶属埇桥区永安镇。有东洪路、西洪路、小芦家、张火椒、薛庙、赵家、西朱家、大朱家、东朱家。其辖区范围东至所圩村，南至街西村，西至周家村，北至潘湖村。总户数为788户，总人口为3177人，主要民族为汉族。面积为5.72平方千米。境内交通设施有七号路、三号路、环村路；教育设施有薛庙小学、幼儿园；医疗设施有村卫生室。

以辖区内薛庙、赵家两庄首字取名薛赵村。1956年置薛庙大队，1978年置薛庙乡驻地所圩子，1983年更名薛赵村，1992年撤区并乡建镇时撤销薛庙乡，2007年合并薛赵村、洪路村、大朱村为薛赵村。

永安社区居民委员会

永安社区居民委员会（Yǒng' ān Shèqū Jūmín Wěiyuánhuì） 隶属埇桥区永安镇。有永安集、梅园、后场、三张光、白庄、小魏家、刘圩。其辖区范围东至双兴村、桃沟乡戴夏村，南至股河新村，西至街西村，北至双鑫村。总户数为1091户，总人口为5289人，主要民族为汉族。面积为7.1平方千米。境内交通设施有026县道、永中路、客运车站；教育设施有永安中小学、幼儿园；医疗设施有永安医院、村卫生室。

以驻地永安集取名永安村。1949年10月新中国成立后置永安大队，1983年更名为永安村，2007年合并永安村、白庄村、刘圩村为永安村。

周家村村民委员会

周家村村民委员会（Zhōujiācūn Cūnmín Wěiyuánhuì） 隶属埇桥区永安镇。有周家、周新庄、小李家、张家、刘家、老街、罗家、刘楼、王家。其辖区范围东至薛赵村，南至街西村，西至顺河乡鹤山村，北至夹沟镇权园村。总户数为989户，总人口为4248人，主要民族为汉族。面积为9.3平方千米。境内交通设施有永中路、七号路、周家路；教育设施有刘楼小学；医疗设施有村卫生室。

以驻地周家取名周家村。1956年置周家大队属夹沟公社，1976年划归永安公社，1983年更名为周家村，2007年合并周家村、老街村、刘楼村为周家村。

灰古镇

八张村村民委员会

八张村村民委员会（Bāzhāngcūn Cūnmín Wěiyuánhuì） 隶属埇桥区灰古镇。有八张、大代家、沟楼、王圩、吴家、小代家、赵家、周桥。其辖区范围东至代楼，南至碾盘村，西至顺河乡，北至大许村。总户数为1586户，总人口为5430人，主要民族为汉族。面积为6.7平方千米。境内交通设施有水泥路；教育设施有两所小学；医疗设施有村卫生院。

相传张果老、吕洞宾等八位仙人曾云游至此，留下美丽传说，人称八仙村。由于村里张氏族人不断发展壮大，人口众多，形成张姓大村。后来吕姓人入住，改为八吕张。再后来吕姓人越来越少，以致后继无人。又因村距离灰古、顺河、鹤山 3 个集镇都是八里地，故改为八里张村，后更名为八张村。1958 年成立人民公社时称为八张大队，1983 年改为八张村。

碾盘村村民委员会

碾盘村村民委员会（Niǎnpáncūn Cūnmín Wěiyuánhuì） 隶属埇桥区灰古镇。有文昌集、下刘桥、安水、高家、碾盘、桥头、胡菜园、小路庄、许庄。其辖区范围东至桃沟乡界，南至灰古村，西至八张村，北至永安镇界。总户数为 912 户，总人口为 3800 人，主要民族为汉族。面积为 6.7 平方千米。境内交通设施有乡村水泥路；教育设施有碾盘小学、张集东部张集小学；医疗设施有碾盘卫生室。

经考证，很早以前一戴氏兄弟在此做碾米、面生计，故称戴碾庄，现旧址无存，仅碾盘还在。1983 年由碾盘大队更名为碾盘村；2007 年由碾盘、安水、张集村合并成碾盘村。

李桥村村民委员会

李桥村村民委员会（Lǐqiáocūn Cūnmín Wěiyuánhuì） 隶属埇桥区灰古镇。有李桥、魏桥、河南、新庄、董场、小尹、毛湖、韩付。其辖区范围东至花园村，南至新汴河，西至曹庙村，北至灰古村。总户数为 886 户，总人口为 4079 人，主要民族为汉族。面积为 4.4 平方千米。境内教育设施有灰南中学、李桥小学；医疗设施有李桥卫生室。

人民公社时期被上级命名为李桥大队，而后改为李桥村民委员会。2007 年李村级区划调整时桥村、董场村、毛湖村合并为李桥村。

曹庙村村民委员会

曹庙村村民委员会（Cáomiàocūn Cūnmín Wěiyuánhuì） 隶属埇桥区灰古镇。有大曹家、中孙、杜楼、李家、前孙、涂家、赵家、曹沈杨、后孙、张刘、徐家、潘桥、黄家。其辖区范围东至李桥村，南至付湖村，西至顺河乡杨段村，北至灰古村。总户数为 1094 户，总人口为 5288 人，主要民族为汉族。面积为 10.9 平方千米。医疗设施有村卫生室。

清朝时期曹庙村有座庙，人称曹庙。2007 年村级合并，曹庙、孙庙、潘桥三村合成曹庙村。

灰古村村民委员会

灰古村村民委员会（Huīgǔcūn Cūnmín Wěiyuánhuì） 隶属埇桥区灰古镇。有灰古、曹家、李寺、堤北、堤南、后徐、后朱、路南、南集、路北、苏家、前徐、前朱、西北组、武家、张井涯、郑家、北集。其辖区范围东至高滩村，南至新汴河，西至潘桥村，北至碾盘村。总户数为 1451 户，总人口为 5810 人，主要民族为汉族。面积为 6.7 平方千米。境内交通设施有公路、公交车站、汽车站。

以前叫作灰古堆，又叫灰古集。相传以前陈胜吴广带兵打仗在此埋锅做饭，由于其声势浩大，留下一个大土堆，所以叫作灰古堆。人民公社时名灰古大队，2007 年和徐桥村合并为灰古村。

秦圩村村民委员会

秦圩村村民委员会（Qínwéicūn Cūnmín Wěiyuánhuì） 隶属埇桥区灰古镇。有安滩、大秦家、陈家、前黄庄、松林王家、小张家、小潘家、小王家、小高家、小秦家、后黄庄。其辖区范围东至黄庙村，南至汴河镇界，西至汴河界，北至顺河界。总户数为 931 户，总人口为 3559 人，主要民族为汉族。面积为 9.5 平方千米。境内交通设施有公交车站；教育设施有小学；医疗设施有村卫生室。

2007 年秦圩村与黄庙村合村，定名为秦圩村。

付湖村村民委员会

付湖村村民委员会（Fùhúcūn Cūnmín Wěiyuánhuì）隶属埇桥区灰古镇。有大童、付湖新村、后付、前付、后周、前周、小童、周段。其辖区范围东至毛湖大沟，南至新汴河，西至跃进沟，北至曹庙村。总户数为 1285 户，总人口为 4620 人，主要民族为汉族。面积为 12.5 平方千米。境内交通设施有二徐路、外环路、禅梅路；教育设施有中学、小学、幼儿园；医疗设施有卫生院。

傅氏先祖友德公，宿州人，生于元末明初，籍江苏句容。后徙河南武涉县，又徙于宿州城东北的湖边（傅湖）而得名，择地而居。再由宿州徙于砀山，友德公早年参加元末刘福通起义后归顺朱元璋，为明朝统一立下赫赫战功，是威震四方的明朝开国名将。2007 年村级合并后称付湖村。

大店镇

八里村村民委员会

八里村村民委员会（Bālǐcūn Cūnmín Wěiyuánhuì）隶属埇桥区大店镇。其辖区范围东至大店镇汪圩村，南至固镇县交界，西至芦岭镇交界，北至大店镇静安村。总户数为 838 户，总人口为 3665 人，主要民族为汉族。面积为 14.4 平方千米。境内教育设施有 1 所小学（村民委员会东南 0.5 千米有八里小学）；医疗设施有村卫生室。

明代中期，此地建有寺庙回龙寺，方圆八里之内有钱之士捐款建寺，故称八里座子。人民公社时期称八里大队，1983 年改为八里村。

大北村村民委员会

大北村村民委员会（Dàběicūn Cūnmín Wěiyuánhuì）隶属埇桥区大店镇。有冯家、沟北闵、后李庄、蒋家、前李、营家、郑二、郑圩、郑一、祝新庄。其辖区范围东至五一村，南至大店村，西至昌圩村，北至双王村。总户数为 843 户，总人口为 3101 人，主要民族为汉族。面积为 8.5 平方千米。境内交通设施有村水泥路；教育设施有小学；医疗设施有村卫生室。

以大北自然村命名。人民公社时期称为大北大队，1983 年更名为大北村。

大店村村民委员会

大店村村民委员会（Dàdiàncūn Cūnmín Wěiyuánhuì）隶属埇桥区大店镇。有刘闵庄、童元庄、西史堰、街后、六组、五组、四组、三组、二组、一组、大东村。其辖区范围东至大东村，南至静安村，西至大店村，北至大北村。总户数为 1005 户，总人口为 3927 人，主要民族为汉族。面积为 5.3 平方千米。境内交通设施有 303 省道；教育设施有中心小学；医疗设施有村卫生室。

以驻地大店自然村命名。人民公社时期为大店大队，1979 年更名为大店村。

大东村村民委员会

大东村村民委员会（Dàdōngcūn Cūnmín Wěiyuánhuì）隶属埇桥区大店镇。有北刘、东史堰、高余、黄家、史刘、史卢、唐家、肖柳、小史。其辖区范围东至灵璧县，南至大南村，西至大店村，北至五一村。总户数为 711 户，总人口为 4737 人，主要民族为汉族。面积为 8.5 平方千米。境内交通设施有 303 省道，教育设施有大东小学。

以驻地大东自然村命名。人民公社时期为大东大队，1983年更名为大东村。

大南村村民委员会

大南村村民委员会（Dànáncūn Cūnmín Wěiyuánhuì）　隶属埇桥区大店镇。有北小张庄、小王庄、李家、张圩、关家、闫家、南小张庄、侯杨庄、康家、熊家、西李庄、东李庄、益泥顾寿、大贠家、寿家、王家、关罗庄。其辖区范围东至灵璧县娄庄镇葛店村，南至大店镇汪圩村，西至大店镇静安村，北至大店镇大东村。总户数为1034户，总人口为5068人，主要民族为汉族。面积为13.68平方千米。境内交通设施有公路；教育设施有1所小学；医疗设施有村卫生室。

以驻地大南自然村命名。人民公社时期为大南大队，1996年更名为大南村。

静安村村民委员会

静安村村民委员会（Jìng' āncūn Cūnmín Wěiyuánhuì）　隶属埇桥区大店镇。有宋东、宋西、屈巷、卢家、商家、赖家、小贠庄、姚家、魏家、平一、平二、平中、平南。其辖区范围东至大店镇大南村，南至大店镇八里村，西至大店镇三里村，北至大店镇大店村。总户数为946户，总人口为3961人，主要民族为汉族。面积为9.2平方千米。境内交通设施有八大县道；教育设施有平安小学、大店小学；医疗设施有村卫生室。

此为合并后的新村名，静安即安静之意。2008年农村改革中，商卢村民委员会与平安村民委员会合并为一个村。

梁场村村民委员会

梁场村村民委员会（Liángchǎngcūn Cūnmín Wěiyuánhuì）　隶属埇桥区大店镇。有梁场庄、梁圩庄、李炉庄、小王家庄、丰收王庄、张宅庄、前曹庄、后曹庄、姜家、昌家、桓曹庄、小刘家。其辖区范围东至灵璧县加庙村，南至大店镇汪刘村，西至大店镇瓦房村，北至新汴河。总户数为809户，总人口为3360人，主要民族为汉族。面积为8.8平方千米。境内交通设施有洪河路；教育设施有梁场小学；医疗设施有村卫生室。

以驻地梁场自然村命名。人民公社时期为梁场大队，1983年更名为梁场。

三里村村民委员会

三里村村民委员会（Sānlǐcūn Cūnmín Wěiyuánhuì）　隶属埇桥区大店镇。有老闵家、小闵家、小崔家、大闵家、三里庄、王家、盛家、小潘家、谷家、孙家、吴家、田家。其辖区范围东至大店村，南至芦岭镇小史家，西至四铺村民委员会，北至宿马新区。总户数为1006户，总人口为4246人，主要民族为汉族。面积为10平方千米。境内交通设施有村水泥路；教育设施有三里小学；医疗设施有三里村卫生院。

以驻地三里自然村命名。人民公社时期叫三里大队，1983年三里大队更名为三里村。

四铺村村民委员会

四铺村村民委员会（Sìpùcūn Cūnmín Wěiyuánhuì）　隶属埇桥区大店镇。有史圩、小史家、秦合孜庄、小秦家、小张家、唐家、土张、王家、孙岭、四铺街、卜家组、张巷、前丁、后丁、小宋。其辖区范围东至三里村，南至北王寨村民委员会，西至宋庙村民委员会，北至展桥村民委员会。总户数为1310户，总人口为5195人，主要民族有汉族、彝族，共2种。面积为14.3平方千米。境内教育设施有四铺小学；医疗设施有四铺村卫生院。

隋唐大运河堙废后形成堤防，故称隋堤。堤南则为官道，世称睢阳古道，即宿州通向睢阳的官道。睢阳即今河南商丘。元代在官道上相隔十里设一具有驿站性质的急递铺。此地在宿州东向十里，被命名为东四铺，后简称四铺。人民公社时期为四铺大队，1983 年更名为四铺村。

天门村村民委员会

天门村村民委员会（Tiānméncūn Cūnmín Wěiyuánhuì） 隶属埇桥区大店镇。有大王庄、大张庄、马家、孟圩、骑路马庄、前赵桥、苏家、天门庄、王圩、小马庄、小张庄。其辖区范围东至瓦房村，南至五一村，西至双王村，北至汴河。总户数为 755 户，总人口为 3492 人，主要民族为汉族。面积为 8.5 平方千米。境内交通设施有公交车站；教育设施有学校；医疗设施有村卫生室。

人民公社时期为天门大队，自 1983 年天门大队更名为天门村，天门原是南天门曹，因一连十八曹，曹姓为最南边，故名南天门，因本庄人都姓曹，故叫南天门曹，现以驻地天门自然村命名。

瓦房村村民委员会

瓦房村村民委员会（Wǎfángcūn Cūnmín Wěiyuánhuì） 隶属埇桥区大店镇。有大曹家、东西曹、荒地曹、尖顶树、刘庙、庙东曹、盛家、瓦坊、夏家、小王家、新王庄。其辖区范围东至梁场村，南至张庙村，西至天门村，北至苗庵乡草寺村。总户数为 722 户，总人口为 3560 人，主要民族为汉族。面积为 8.6 平方千米。境内交通设施有公路、水泥路；教育设施有小学；医疗设施有村卫生室。

以驻地瓦房自然村命名。人民公社时期为瓦坊大队，1983 年由更名为瓦房村。

汪刘村村民委员会

汪刘村村民委员会（Wāngliúcūn Cūnmín Wěiyuánhuì） 隶属埇桥区大店镇。有大刘庄、邵家、河南张、后大李、罗家、吕家、马庙、前大李、苏圩、汪西、小李家、小刘、新庄、张魏庄。其辖区范围东至灵璧县，南至灵璧县，西至张庙村，北至梁场村。总户数为 963 户，总人口为 4467 人，主要民族为汉族。面积为 12 平方千米。境内交通设施有水泥路 10 千米；教育设施有汪刘小学；医疗设施有村卫生室。

以驻地汪刘自然村命名。人民公社时期为汪西大队，1978 年更名为汪刘村。

汪圩村村民委员会

汪圩村村民委员会（Wāngwéicūn Cūnmín Wěiyuánhuì） 隶属埇桥区大店镇。有大顾庄、司家、汪圩、王家、小陈、小王家、小吴庄、张魏、陈圩、大谭家、大汤家。其辖区范围东至灵璧县，南至固镇县，西至八里村，北至大南村。总户数为 698 户，总人口为 3427 人，主要民族为汉族。面积为 11.4 平方千米。境内教育设施有汪圩小学；医疗设施有村卫生室。

以驻地汪圩自然村命名。人民公社时期为汪圩大队，1983 年更名为汪圩村。

五一村村民委员会

五一村村民委员会（Wǔyīcūn Cūnmín Wěiyuánhuì） 隶属埇桥区大店镇。有大王家、大张家、刚家、后罗、虎家、穆家、倪家、前罗、谭胡、吴家、肖家、小李家、小汤家、小王家、张家。其辖区范围东至张庙村，南至大东村，西至大北村，北至天门村。总户数为 1231 户，总人口为 5780 人，主要民族为汉族。面积为 16.7 平方千米。境内教育设施有小学、幼儿园；医疗设施有村卫生室。

以驻地五一自然村命名。人民公社时期为五一大队，1983年更名为五一村。

张庙村村民委员会

张庙村村民委员会（Zhāngmiàocūn Cūnmín Wěiyuánhuì） 隶属埇桥区大店镇。有大荒地、东刘、河西张、后梁、路东庄、路西庄、马庙庄、前梁庄、邵家、西刘庄、小荒地、张庙街、张洼。其辖区范围东至汪刘村，南至灵璧县，西至五一村，北至梁场村。总户数为1053户，总人口为4702人，主要民族为汉族。面积为12.2平方千米。境内教育设施有小学、幼儿园；医疗设施有村卫生室。

以驻地张庙自然村命名。人民公社时期为张庙大队，1998年更名为张庙村。

大泽乡镇

高口村村民委员会

高口村村民委员会（Gāokǒucūn Cūnmín Wěiyuánhuì） 隶属埇桥区大泽乡镇。有高老庄、小节、郭庄、张庄、庙前李、圩东、渡口、魏家、圩里、连沟吴、高口集。其辖区范围东至连沟，南至浍河，西至雪花村，北至和谐村。总户数为1084户，总人口为4624人，主要民族为汉族。面积为8.5平方千米。境内交通设施有西祁路；教育设施有高口中学、高口小学；医疗设施有村卫生室一所。

以驻地高集自然村命名，故名高口村村民委员会。1966年后集北大队与原高寨村合并，改为高口村。2008年高口村与高寨村合并称高口村。

幸福村村民委员会

幸福村村民委员会（Xìngfúcūn Cūnmín Wěiyuánhuì） 隶属埇桥区大泽乡镇。有小王家、后丁、西丁、寨后、寨里、南庄、大庄、蔡家、草庙、罗丁、大王、小宋、大宋、小李家、白庙、刘合、高李、余家。其辖区范围东至水池村，南至101省道，西至开发区，北至朱仙庄。总户数为1347户，总人口为4932人，主要民族为汉族。面积为16.3平方千米。境内交通设施有28路公交车、101省道；教育设施有思仙小学、丁寨小学；医疗设施有村卫生室一所。

以驻地幸福自然村命名，故名幸福村。2008年由原丁寨村、大宋村、谷家村三个小村合并，取名幸福村。

西寺坡村村民委员会

西寺坡村村民委员会（Xīsìpōcūn Cūnmín Wěiyuánhuì） 隶属埇桥区大泽乡镇。有马牙、岳家、沟涯韩、小韩家、刘家、小张家、大张、韩土桥。其辖区范围东至张桥，南至大韩村、洪庙村，西至北杨寨乡三官村，北至幸福村、水池村。总户数为1050户，总人口为4300人，主要民族为汉族。面积为8.3平方千米。境内交通设施有西涉路、101省道；教育设施有西寺坡中学、西寺坡小学；医疗设施有镇卫生院一所、村卫生室一所。

20世纪初，英国人在此修铁路，一说是日本人在此设立火车站，把附近水池铺自然村读音为西寺坡。该车站故名西寺坡车站，此村以车站得名。1984年由岳家大队更名为西寺坡村。

大韩村村民委员会

大韩村村民委员会（Dàháncūn Cūnmín Wěiyuánhuì） 隶属埇桥区大泽乡镇。有大韩庄、付李、南王、二韩、孙家、韩寨、杜家、李庄、陈胡、前胡、后胡。其辖区范围东至张桥村，南至刘村，西至洪庙村，北至西寺坡村。总户数为1302户，总人口为5652人，主要民族为汉族。面积为9.8平方千米。境内交通设施有西涉路；教育设施有大寨小学；医疗设施有村卫生室一所。

以驻地大韩自然村命名，故名大韩村。1983年由大韩大队更名为大韩村，2008年大韩村、韩寨村、陈胡村三个村合并成大韩村。

雪花村村民委员会

雪花村村民委员会（Xuěhuācūn Cūnmín Wěiyuánhuì） 隶属埇桥区大泽乡镇。有西陈、全湖、牛刘、丁刘、东陈、前王寨、刘家、韩圩、后王寨、小韩。其辖区范围东至和谐村，南至高口，西至蕲县镇，北至刘村。总户数为1357户，总人口为5001人，主要民族为汉族。面积为10.3平方千米。境内交通设施有西涉路；教育设施有王寨小学、西陈小学；医疗设施有村卫生室三所。

民间传说，秦末陈胜、吴广起义，陈胜的妹妹陈雪花死后葬于此地，该村用陈雪花的名字命名村名。2008年由全湖大队、王寨大队、铁棍陈大队合并称为雪花村。

刘村村民委员会

刘村村民委员会（Liúcūn Cūnmín Wěiyuánhuì） 隶属埇桥区大泽乡镇。有汪家、刘村集、杨家、孙家、吴家、欧家、东王。其辖区范围东至陈沟，南至涉故台，西至蕲县镇，北至大韩村。总户数为917户，总人口为3374人，主要民族为汉族。面积为5.6平方千米。境内交通设施有西涉路；教育设施有刘村中学、刘村小学；医疗设施有村卫生室两所。

以驻地刘村集自然村命名，故名刘村。1949年10月前为刘村乡恒兴社，1958年为刘村公社，1964年为刘村大队，1983年更名刘村村民委员会。

张桥村村民委员会

张桥村村民委员会（Zhāngqiáocūn Cūnmín Wěiyuánhuì） 隶属埇桥区大泽乡镇。有张圩子、前连沟、后冯、前冯、后连沟、张桥、小张、刘荒、大时、小时、门东韩、后胡东、前胡东、杨寨。其辖区范围东至龙王庙村，南至和谐村，西至大韩村，北至水池村。总户数为1004户，总人口为4792人，主要民族为汉族、哈尼族、傣族。面积为12平方千米。境内教育设施有张桥小学；医疗设施有村卫生室两所。

以驻地张桥自然村命名，故名张桥村。1984年由张桥大队更名为张桥村。2008年由张桥村、连沟村、胡东村合并称为张桥村。

涉故台村村民委员会

涉故台村村民委员会（Shègùtáicūn Cūnmín Wěiyuánhuì） 隶属埇桥区大泽乡镇。有何庄、涉故台新村、小赵家、尹家、大赵家、吴家、江家。其辖区范围东至雪花村，南至蕲县镇，西至老团沟，北至刘村。总户数为673户，总人口为2437人，主要民族为汉族。面积为4.3平方千米。境内交通设施有西涉路；教育设施有涉故台小学；医疗设施有村卫生室一所。

此村以涉故台古迹命名，故名涉故台村。

龙王庙村村民委员会

龙王庙村村民委员会（Lóngwángmiàocūn Cūnmín Wěiyuánhuì） 隶属埇桥区大泽乡镇。有陈家、牌坊、余东、余西、后余、小张家、高家、庄家组、黄家、朱家、曹家、东王、西王。其辖区范围东至关沟，南至和谐三陈，西至张桥村，北至津铁路。总户数为847户，总人口为4100人，主要民族为汉族。面积为8.6平方千米。境内交通设施有县道龙高路；教育设施有龙王庙中小学；医疗设施有龙王庙卫生院。

以驻地龙王庙自然村命名，故名龙王庙村。1992年1月为龙王庙村。2008年大余村、高家村、朱曹王村三村合并为龙王庙村。

和谐村村民委员会

和谐村村民委员会（Héxiécūn Cūnmín Wěiyuánhuì） 隶属埇桥区大泽乡镇。有陈圩、后丁、前丁、三陈家、沟西组、小郭家、滕家、陈桥。其辖区范围东至任桥，南至前进村，西至高口村，北至张桥村。总户数为854户，总人口为3920人，主要民族为汉族。面积为7.8平方千米。境内教育设施有小学两所；医疗设施有医务室。

取和平安详之义，故名和谐村。1958年为三丁大队，2008年与郭庙村合并改为和谐村。

洪庙村村民委员会

洪庙村村民委员会（Hóngmiàocūn Cūnmín Wěiyuánhuì） 隶属埇桥区大泽乡镇。有张家庄、李寨、后路涯庄、前路涯庄、洪庙庄、滕庄、杨王庄、小李庄、雷家、石桥、大林庄、双庄、门东庄、汪家、徐家、欧家庄、谢家。其辖区范围东至西寺坡村，南至灯塔村，西至桃东村，北至西寺坡村。总户数为1798户，总人口为6624人，主要民族有汉族、回族，共2种，其中汉族6374人，占比97%；回族250人，占比3%。面积为12.7平方千米。境内交通设施有西桃路；教育设施有洪庙小学；医疗设施有村医务室。

该村委会取洪庙自然村之意。1949年前本村自然庄里有个庙叫洪庙，故得名。1951年为洪光公社，1958年改为洪庙大队，1984年由洪庙大队更名为洪庙村。

前进村村民委员会

前进村村民委员会（Qiánjìncūn Cūnmín Wěiyuánhuì） 隶属埇桥区大泽乡镇。有余圩庄、喻家、朱庄、后楼庄、郭庄、蒋州新庄、前楼新庄、小乔庄、前楼老庄、后桥东、后桥西。其辖区范围东至固镇县，南至浍河，西至和谐村，北至固镇任桥。总户数为947户，总人口为4099人，主要民族为汉族。面积为8.6平方千米。境内教育设施有朱庙小学；医疗设施有医务室。

以驻地前进自然村命名，故名前进村。1958年成立前进高级社，2008年由后朱、前楼、后楼三个村合并成为现在的前进村。

水池村村民委员会

水池村村民委员会（Shuǐchícūn Cūnmín Wěiyuánhuì） 隶属埇桥区大泽乡镇。有魏家、蔡家、丁家、廖家、小李家、韩家、桑岭孜、桑小寨、桑庄户、桑大庄、杨家、桑土桥、后场、后乡、小张家、水池。其辖区范围东至芦岭南王寨村，南至铁路运河，西至幸福村，北至芦岭南王寨村。总户数为1250户，总人口为5771人，主要民族为汉族。面积为12.3平方千米。境内交通设施有水泥路3千米；教育设施有小学一所；医疗设施有村卫生室。

以驻地水池自然村命名，故名水池村。人民公社时期称为水池大队，2008年由水池村、丁蔡村、桑大庄村合并取名水池村。

兴隆村村民委员会

兴隆村村民委员会（Xīnglóngcūn Cūnmín Wěiyuánhuì） 隶属埇桥区大泽乡镇。有桑老庄、王家、祖家、西王、小李家、小王家、庙西、庙东、李圩、杨家、李家、肖店庄、段家、闫刘庄、小张庄。其辖区范围东至芦岭镇祖李家，南至101省道，西至水池村桑庄桥，北至芦岭镇刘寨村。总户数为1065户，总人口为4586人，主要民族为汉族。面积为10.5平方千米。境内教育设施有小学。

以驻地兴隆自然村命名，故名兴隆村。1949年10月前把庙改成了学校，即兴隆寺小学，小学在肖店村境内。2008年西寺坡镇人民政府把肖店、站北、段家三个自然庄合并为兴隆村。

桃园镇

东坪集村村民委员会

东坪集村村民委员会（Dōngpíngjícūn Cūnmín Wěiyuánhuì） 隶属埇桥区桃园镇。有东坪集、刘庄、冯庄、王家、邓庄。其辖区范围东至浍光村，南至浍河，西至钱营社区，北至北杨寨乡张吴村。总户数为798户，总人口为3125人，主要民族为汉族。面积为11.5平方千米。境内交通设施有公路、公交车站。教育设施有村中心小学。医疗设施有卫生室。

相传568年，杨广乘龙船游天下，龙船沿浍河在此处搁浅，杨广取名为杨浅子。一千多年以来，杨浅子经过几度兴废，1956年土改时改为东坪集，与上游南坪集相呼应。1949年10月新中国成立后曾命名东坪公社东坪大队。2007年村级区划调整时，由钱营村、张站村、后湖村、东坪集合并为东坪集村。

光明村村民委员会

光明村村民委员会（Guāngmíngcūn Cūnmín Wěiyuánhuì） 隶属埇桥区桃园镇。有小张、小任、小李、李园、潘家、沈寨、邢家、徐家庄、前徐。其辖区范围东至大泽镇门东村，南至蕲县邱元村，西至吕寺村，北至桃东村。总户数为991户，总人口为3361人，主要民族为汉族。面积为5.6平方千米。境内交通设施有城乡公交站。教育设施有小学、幼儿园。医疗设施有村卫生室。

1952年成立光明大队，包括黄沟、桃东、韩寨、桃北等村。2007年由原黄沟村、光明村合并成立光明村。1958年成立人民公社时期称为光明大队，1983年光明大队更名为光明村，2007年原黄沟村与光明村合并称为光明村。

浍光村村民委员会

浍光村村民委员会（Huìguāngcūn Cūnmín Wěiyuánhuì） 隶属埇桥区桃园镇。有小王家、许家、芦城、小张家、王菜园、大吴家、雷楼、抹房子、王小庄、王大庄、王塘、沟东、沟西、王湾、前后园。其辖区范围东至桃西村，南至浍河，西至陈沟，北至西杨寨村。总户数为1387户，总人口为5482人，主要民族有汉族、彝族，共2种。面积为10.9平方千米。境内教育设施有王湾小学、大吴小学。医疗设施有村卫生室。

取义浍河北岸光明一片，故称为浍光大队。2007年由原大吴村、王湾村合并称为浍光村。

吕寺村村民委员会

吕寺村村民委员会（Lǚsìcūn Cūnmín Wěiyuánhuì） 隶属埇桥区桃园镇。有李家、庙东、圩孜、蔡庄、庙前、欧寨、吕大庄。其辖区范围东至206国道，南至蕲县镇，西至运粮河，北至桃园村。总户数为798户，总人口为3254人，主要民族为汉族。面积为4.3平方千米。境内交通设施有环村公路。教育设施有吕寺小学。医疗设施有村卫生室。

明朝初期，朱棣坐皇位时在此建庙一

座，吕姓人家由东北方迁居此地，在此生活繁衍，人丁兴旺，逐渐壮大，故得名吕寺村。1949年10月新中国成立后为光明村，1978年改革开放后，正式命名为吕寺村。

钱营社区居民委员会

钱营社区居民委员会（Qiányíng Shèqū Jūmín Wěiyuánhuì） 隶属埇桥区桃园镇。有小岳家、张站、大岳庄、白家、丁河套、小许家、小杨家、腰前、营东、吴家、营西、李家。其辖区范围东至张吴村，南至南坪镇路东村民，西至路东村，北至张吴村。总户数为871户，总人口为3442人，主要民族有汉族、彝族，共2种。面积为8.9平方千米。境内交通设施有公路、公交站。教育设施有钱营小学。医疗设施有村卫生室。

清朝末年，钱姓人家人丁兴旺，在其居住地取名钱营，后钱营几经变迁，现为钱营社区。1949年10月新中国成立初期，钱营等七个自然庄属张站大队。1988年划为钱营大队。2007年同张站村、后湖村、东坪村合并为东坪集村。2006年皖北局在其辖区建矿，取名钱营煤矿。2015年5月原钱营村、张站村划为钱营社区。

桃东村村民委员会

桃东村村民委员会（Táodōngcūn Cūnmín Wěiyuánhuì） 隶属埇桥区桃园镇。有王家、陈家、邢李园、小吴、韩寨、梅家。其辖区范围东至大泽乡镇，南至光明村，西至桃园村，北至北杨寨乡池湖村。总户数为851户，总人口为3376人，主要民族为汉族。面积为7平方千米。境内有教育设施有桃东小学。医疗设施有村卫生室。

因在桃园镇东侧而得名桃东村。1958年成立人民公社时期为光明大队。1961年分开成为桃东大队。1981年分为三个小村即桃东、韩寨、邢李元。2007年重新合并为桃东村。

桃西村村民委员会

桃西村村民委员会（Táoxīcūn Cūnmín Wěiyuánhuì） 隶属埇桥区桃园镇。有西张、小孙、陈斜、孙老庄、东张、石庄、前孙、大余家、小沈、新谢、大谢、小秦庄、程庄、吕柿园、大赵、陈浅子、小赵庄。其辖区范围东至运粮河，南至蕲县镇，西至浍光西杨寨，北至桃园村。总户数为1245户，总人口为4856人，主要民族为汉族。面积为9平方千米。境内交通设施有县道。教育设施有桃南小学。医疗设施有桃西卫生室。

原桃南村位于桃园集的南边，原桥西村位于运粮河大桥西边。2008年村级区域合并，原桃南村、桥西村合并后称为桃西村。

桃园村村民委员会

桃园村村民委员会（Táoyuáncūn Cūnmín Wěiyuánhuì） 隶属埇桥区桃园镇。有曹蔡、蔡寨、萧家、孙寨、梅家、蔡家、五合庄、桃园集。其辖区范围东至桃东村，南至吕寺村，西至西杨寨村，北至北杨寨乡。总户数为1850户，总人口为6250人，主要民族为汉族。面积为8.9平方千米。境内交通设施有国道公路、公交车。教育设施有中学、小学、幼儿园。医疗设施有镇医院和卫生室。

相传汉末年间，桃园集这个地方有方圆数百亩桃树林，取名为桃园。另有传说，在桃园集有座泰山庙，供奉着东海三仙岛主三霄女即云霄、琼霄、碧霄，也就是赵公明元帅的三个胞妹，美貌绝伦。汉末年间，刘、张、关仰慕三霄女，多次从涿州来泰山庙拜谒，并在桃树中习武饮酒，议论国家大事，并在桃树林中结拜，更使桃园集名声远播。桃园集在1949年10月新中国成立以前是桃园区公所驻地。1949年10月新中国成立后曾是桃园人民公社，桃园区桃园镇人民政府驻地。1958年成立人民公社时期名称为桃园大队。1983年更名为桃园村。2007年原桃北村、运西村又并入桃园村。

西杨寨村村民委员会

西杨寨村村民委员会（Xīyángzhàicūn Cūnmín Wěiyuánhuì）隶属埇桥区桃园镇。有骑桥、庙后、小丁家、邱家、张六庄、杨寨、双庄、小杨、王伦。其辖区范围东至桃园村，南至浍光村，西至北杨寨乡大黄村，北至北杨寨乡大王村。总户数为916户，总人口为3517人，主要民族有汉族、彝族，共2种。面积为7.2平方千米。境内交通设施有村内光明大道。教育设施有村内有小学。医疗设施有村卫生室。

1949年10月新中国成立初为杨寨大队，1958年成立人民公社时称为大队，为与桃园集北边的杨寨区别，后改为西杨寨大队。1983年西杨寨大队更名为西杨寨村，西杨寨村由西杨寨自然庄而得名。

曹坊村村民委员会

曹坊村村民委员会（Cáofāngcūn Cūnmín Wěiyuánhuì）隶属埇桥区桃园镇。有王曹坊、邵家、丁家、何家、陈家、张家、周屯。其辖区范围东至骑路村，南至丁楼村，西至张吴村、蒋湖村，北至古岭村。总户数为646户，总人口为2417人，主要民族为汉族。面积为10.6平方千米。境内有教育设施曹坊小学。医疗设施有曹坊村诊所。

以境内王曹坊后二字命名。人民公社时期为王曹坊大队；1983年由王曹坊大队更名为曹坊村民委员会。

陈岭村村民委员会

陈岭村村民委员会（Chénlǐngcūn Cūnmín Wěiyuánhuì）隶属埇桥区桃园镇。有苏家、南陈、松林、东陈、西陈、杜家、唐湖、二郎村、小李、大宋、小宋、小刘。其辖区范围东至刘合村，南至邵圩村，西至二铺乡，北至三八乡。总户数为869户，总人口为3272人，主要民族为汉族。面积为6.4平方千米。境内交通设施有陈岭村水泥路。教育设施有小学、幼儿园。医疗设施有陈岭村卫生室。

该村有一条南北走向的土岭，陈姓居多，故名陈岭。1949年10月新中国成立前，该村名为周圩，自1958年更名为陈岭。

池湖村村民委员会

池湖村村民委员会（Chíhúcūn Cūnmín Wěiyuánhuì）隶属埇桥区桃园镇。有朱曹庄、王家、杨家、枣林庄、雷顾庄、小顾家、路南张庄、曹家、杨寨。其辖区范围东至三官，南至桃北、车水东，西至镇北村，北至大张、镇北。总户数为1429户，总人口为4407人，主要民族为汉族。面积为10平方千米。境内交通设施有市公交站。教育设施有杨寨小学。医疗设施有池湖村卫生室。

因境内较低洼，每逢雨季，形似水池和大湖，故村名为池湖。2008年前为池湖村。2008年后由杨寨、池湖、柳沟三个村合并为池湖村。

大王村村民委员会

大王村村民委员会（Dàwángcūn Cūnmín Wěiyuánhuì）隶属埇桥区桃园镇。有大王、李家、夏家、岳家、小寨、高家、顾陈、瓦坊、小黄庄、毛家。其辖区范围东至运粮河振北村，南至顾陈，西至曹坊，北至骑路村。总户数为950户，总人口为3980人，主要民族为汉族。面积为9平方千米。境内交通设施有206国道。教育设施有运河中学、大王小学。医疗设施有大王村卫生室。

以驻地大王家自然村命名。人民公社时期称为大王大队；1984年由大王大队更名为大王村；2008年大王村与顾陈村合并。

大张村村民委员会

大张村村民委员会（Dàzhāngcūn Cūnmín Wěiyuánhuì） 隶属埇桥区桃园镇。有大张、大陈、大杨、小杨、李寨、段家、骑路杨、张桥、小张。其辖区范围东至振北村委会，南至振北村，西至骑路村，北至金海街道前何村。总户数为1428户，总人口为4968人，主要民族为汉族。面积为9.3平方千米。境内交通设施有市公交站。教育设施有大陈小学。医疗设施有大张村卫生室。

以驻地大张自然村命名。2008年以后由原来的大张村、大陈村合并为一个大村，称为大张村，沿用至今。

丁楼村村民委员会

丁楼村村民委员会（Dīnglóucūn Cūnmín Wěiyuánhuì） 隶属埇桥区桃园镇。有大黄庄、大谢庄、后谢庄、丁沟套、张徐庄、杨寨庄、丁楼庄、杨家庄。其辖区范围东至桃元镇，南至桃元镇，西至张吴村，北至曹坊村。总户数为917户，总人口为3794人，主要民族为汉族。面积为7平方千米。境内医疗设施有丁楼村卫生室。

以驻地丁楼自然村命名。

蒋湖村村民委员会

蒋湖村村民委员会（Jiǎnghúcūn Cūnmín Wěiyuánhuì） 隶属埇桥区桃园镇。有蒋家、曹家、柳元庄、穆家、张家。其辖区范围东至鞋城管委会，南至曹坊村，西至陈岭村，北至刘合村。总户数为479户，总人口为1188人，主要民族为汉族。面积为2.64平方千米。境内医疗设施有蒋湖村卫生室。

以驻地蒋湖自然村命名。人民公社时期称为蒋湖大队。后来改为蒋湖村。

刘合村村民委员会

刘合村村民委员会（Liúhécūn Cūnmín Wěiyuánhuì） 隶属埇桥区桃园镇。有刘合、小邵家。其辖区范围东至合徐高速，南至蒋湖村，西至陈岭村，北至顺通管业。总户数为310户，总人口为1368人，主要民族为汉族。面积为10.4平方千米。境内交通设施有合徐高速、305省道。教育设施有刘合小学。

以驻地刘合自然村命名。人民公社时期名称为刘合大队；1982年由刘合大队更名为刘合村。

骑路村村民委员会

骑路村村民委员会（Qílùcūn Cūnmín Wěiyuánhuì） 隶属埇桥区桃园镇。有孙家、齐家、胡杨庄、邵谢、余家、薛家。其辖区范围东至大张村，南至大王村，西至曹坊村，北至张沈村。总户数为523户，总人口为2080人，主要民族为汉族。面积为8平方千米。境内交通设施有骑路村水泥路。教育设施有骑路小学。医疗设施有骑路村卫生室。

以驻地骑路孙家自然村前三字命名。1949年10月新中国成立前叫十五里孙家；1949年10月新中国成立后成立骑路高级社，后由骑路公社改称骑路大队；1983年由骑路大队更名为骑路村。

三官村村民委员会

三官村村民委员会（Sānguāncūn Cūnmín Wěiyuánhuì） 隶属埇桥区桃园镇。有任家、顾家、老家、道房、老斗、前李、后李、巷西、后刘、巷东、曹坊。其辖区范围东至西寺坡，南至大泽乡，西至振北村委会，北至幸福村委会。总户数为681户，总人口为3363人，主要民族为汉族。面积为14.9平方千米。境内教育设施有三官小学。医疗设施有三官村卫生室。

以境内三官庵前二字命名。人民公社时期名称三官大队，1983年由大队更名为三官村。

邵圩村村民委员会

邵圩村村民委员会（Shàowéicūn Cūnmín Wěiyuánhuì） 隶属埇桥区桃园镇。有邵圩、周圩、耿家、小张家、曹湖、雷家、代家、张和、刘圩、张圩、行宫铺。其辖区范围东至蒋湖村委会，南至濉溪县半铺村，西至濉溪县门无村，北至西二铺乡葛林村。总户数为965户，总人口为4100人，主要民族为汉族。面积为7.4平方千米。境内交通设施有宿蒙公路。教育设施有邵圩幼儿园。医疗设施有邵圩村医疗所。

人民公社时期称为邵圩大队，1983年由邵圩大队更名为邵圩村。

张吴村村民委员会

张吴村村民委员会（Zhāngwúcūn Cūnmín Wěiyuánhuì） 隶属埇桥区桃园镇。有江家、蔡家、小朱庄、大朱家、谢圩、赵家、张圩、岳家、杜家、顾刘、后吴庄、大吴庄、谢家、林家、周元庄、前冯庄、后冯庄、大岳家。其辖区范围东至丁楼村，南至钱营矿，西至濉溪县南坪镇，北至蒋湖村。总户数为1001户，总人口为4444人，民族为汉族。面积为12.21平方千米。境内教育设施有中心小学。

1994年张圩村和大吴村合并，各取第一个字，取名张吴村。1994年朱湖村和冯林村合并称朱湖村，张圩村和大吴村合并称张吴村；2008年朱湖村和张吴村合并为张吴村。

振北村村民委员会

振北村村民委员会（Zhènběicūn Cūnmín Wěiyuánhuì） 隶属埇桥区桃园镇。有东陈庄、雷家、庙后陈庄、后杨庄、娄家、闫家、小吴庄、曹桥、马家庄、韩巷庄、小李庄、赵家庄。其辖区范围东至池湖村，南至桃园镇，西至大王村，北至大张村。总户数为1207户，总人口为4668人，主要民族为汉族。面积为2.95平方千米。境内交通设施有206国道。医疗设施有私人诊所。

以驻地振北自然村命名。人民公社时期名称为杨寨大队，1983年名为杨寨村。

蕲县镇

白安村村民委员会

白安村村民委员会（Bái' āncūn Cūnmín Wěiyuánhuì） 隶属埇桥区蕲县镇。有杨家、圩拐、白圩、庙前、庙西、前白、东王、后张、前张、王洲子、宋庄、王寨、新王。其辖区范围东至忠陈村，南至双堆镇，西至许寨村，北至浍河。总户数为962户，总人口为3510人，主要民族为汉族。面积为7.5平方千米。境内教育设施有白安小学；医疗设施有镇中心医院。

1948年11月前此地是一座尼姑庵，白姓人口较多，故称白庵村，为方便书写，约定俗成，庵便写成了安，故得名白安村。

白陈村村民委员会

白陈村村民委员会（Báichéncūn Cūnmín Wěiyuánhuì） 隶属埇桥区蕲县镇。有大柳元、小柳元、石寨、庙后、吴谢、杨庄、白陈庄、西湖新村、张庄、潘庄、王塘坊、小邱、小陈、陈圩、大邱、白陈新村、潘庄新村、陈圩新村。其辖区范围东至代安村，南至大营镇耿湾村，西至双堆镇张圩村，北至忠陈村。总户数为1104户，总人口为4502人，主要民族为汉族。面积为5.1平方千米。境内交通设施有公交车站；医疗设施有诊所。

1983年前为白陈大队，后更名为白陈村，因原村部建在白陈庄，所以取名为白陈村，2008年区域调整，白陈村、吴谢村合并为白陈村。

大江村村民委员会

大江村村民委员会（Dàjiāngcūn Cūnmín Wěiyuánhuì） 隶属埇桥区蕲县镇。有大马、小江庄、江西、顿西、李西、小马、杨庄、年庄、李郢、大江庄、顿桥、后谷眼、前谷眼。其辖区范围东至袁小寨村，南至刘圩村，西至代安村，北至蕲县村。总户数为822户，总人口为3175人，主要民族为汉族。面积为4.3平方千米。境内交通设施有环村路；医疗设施有村卫生室。

大江村很久以前沿浍河水多，故称大江大队，后改为大江村。1983年沿用至今。

代安村村民委员会

代安村村民委员会（Dài’ āncūn Cūnmín Wěiyuánhuì） 隶属埇桥区蕲县镇。有王楼新村、黄桥新村、吕楼、代安新村、小街。其辖区范围东至周王村，南至大江村，西至蕲县村，北至灯塔村。总户数为1034户，总人口为4162人，主要民族为汉族。面积为5.3平方千米。境内交通设施有公路；教育设施有蕲县二小；医疗设施有村卫生室。

明朝万历年间在庄后建一座尼姑庵，因此得名戴常庵，后来由于战乱尼姑庵被毁坏，常姓人家迁到怀远常坟居住，陈姓人家又不断迁入此庄，人们逐渐简化此庄叫作戴庵，后写成代安。人民公社时期名称为代安大队，1983年由代安大队更改为代安村。

灯塔村村民委员会

灯塔村村民委员会（Dēngtǎcūn Cūnmín Wěiyuánhuì） 隶属埇桥区蕲县镇。有文城庄、小邱家、吕家、刘庄、郑家、大邱庄、林场、王庄、谷眼、城拐子、王家。其辖区范围东至周王村，南至蕲县集，西至邱元村，北至大泽乡镇。总户数为902户，总人口为3999人，主要民族为汉族。面积为7平方千米。境内教育设施有明德小学；医疗设施有村卫生室。

人民公社时期名称为灯塔大队，1983年由灯塔大队更名为灯塔村委会。

刘圩村村民委员会

刘圩村村民委员会（Liúwéicūn Cūnmín Wěiyuánhuì） 隶属埇桥区蕲县镇。有刘圩新村、学屋、刘圩集、门西张、小马庄、门东张、吕庄、代庄、八里顿、松林庄、袁庄、刘圩、王庄、程庄、刘庄。其辖区范围东至206国道，南至永镇、大营、刘石桥，西至大营镇耿湾村，北至大江村。总户数为1435户，总人口为5762人，主要民族为汉族。面积为10平方千米。境内教育设施有刘圩小学；医疗设施有刘圩村卫生室。

以驻地刘圩自然村命名。1961年成立刘圩大队，1986年更名刘圩村。

蕲县村村民委员会

蕲县村村民委员会（Qíxiàncūn Cūnmín Wěiyuánhuì） 隶属埇桥区蕲县镇。有蕲县集、王庄、张庄、后夏、前夏、徐庄、李庄、孟庄、邢庄。其辖区范围东至周王村，南至大江村，西至徐桥村，北至邱园村。总户数为1300户，总人口为5067人，主要民族为汉族。面积为4.1平方千米。境内交通设施有206国道；教育设施有学校；医疗设施有镇中心医院。

人民公社时期称为蕲县大队，1983年该大队改为蕲县村。

邱园村村民委员会

邱园村村民委员会（Qiūyuáncūn Cūnmín Wěiyuánhuì）隶属埇桥区蕲县镇。有东王、吕楼、沟南、沟北、庞庄、西王、后潘、前潘、邱寨、孙园。其辖区范围东至灯塔村，南至蕲县村，西至运粮河，北至桃园镇。总户数为1146户，总人口为4402人，主要民族为汉族。面积为5平方千米。境内交通设施有206国道、铁路；教育设施有蕲县镇中学、邱元小学；医疗设施有邱元卫生室。

1983年由邱园大队更名为邱园村。

团结村村民委员会

团结村村民委员会（Tuánjiécūn Cūnmín Wěiyuánhuì）隶属埇桥区蕲县镇。有单寨、东于、西于、后苗、前苗、陈家、刘圩、张家、杨家、曹塘、夏家、陶家、王刘、大魏、小魏、黄庄、蒋庄、前陈、后陈、新庄、王家。其辖区范围东至大泽乡镇高寨村，南至浍河北岸，西至蕲县村，北至周王村。总户数为1619户，总人口为5876人，主要民族为汉族。面积为8.5平方千米。境内交通设施有206国道；教育设施有团结小学；医疗设施有团结村卫生室。

1949年新中国成立后为团结片，1958年改为团结大队，1981年更名为团结村。2007年村级区划调整，将单寨村、团结村、曹塘村合并为团结村。

徐桥村村民委员会

徐桥村村民委员会（Xúqiáocūn Cūnmín Wěiyuánhuì）隶属埇桥区蕲县镇。有吴赵庄、林场、小徐家、蕲北新城、沈寨。其辖区范围东至蕲县村，南至浍河，西至浍光村，北至桃南村。总户数为1200户，总人口为4440人，主要民族为汉族。面积为4平方千米。境内交通设施有砂石路；教育设施有学校；医疗设施有2所村卫生室。

徐桥村因徐大桥而得名。人民公社时期名称为徐桥大队，1983年徐桥大队更名为徐桥村。

许寨村村民委员会

许寨村村民委员会（Xǔzhàicūn Cūnmín Wěiyuánhuì）隶属埇桥区蕲县镇。有黄桥、许寨、丁牌坊、丁庄、汪庄、王庄、雷楼、刘庄、李寨、河西、陈庄。其辖区范围东至白安村，南至双堆镇，西至南坪镇，北至浍河。总户数为1114户，总人口为3985人，主要民族为汉族。面积为7.6平方千米。境内交通设施有水泥路；教育设施有学校；医疗设施有村卫生室。

1983年由许寨大队更名为许寨村。

袁小寨村村民委员会

袁小寨村村民委员会（Yuánxiǎozhàicūn Cūnmín Wěiyuánhuì）隶属埇桥区蕲县镇。有对门刘、袁圩、沟北、袁大桥、袁小庄、中心袁、袁老荒、袁楼、李陈、李王、袁沟南、沟西、袁新庄。其辖区范围东至蚌埠市，南至永镇乡，西至206国道，北至浍河。总户数为1398户，总人口为5672人，主要民族为汉族。面积为9.5平方千米。境内交通设施有砂石路、水泥路；教育设施有两所学校；医疗设施有两个诊所。

人民公社时期名称为小寨大队，2007年由袁楼、大桥、小寨三个村合并以后更名为袁小寨村。

忠陈村村民委员会

忠陈村村民委员会（Zhōngchéncūn

Cūnmín Wěiyuánhuì） 隶属埇桥区蕲县镇。有前韩、王小圩、周庄、忠义、刘庄、吕庄、王小庄、王瓦坊、崔庄、王文庄新村、蔡庄、于渡口新村、陈楼新村。其辖区范围东至浍河，南至白陈，西至白安，北至浍河。总户数为1115户，总人口为4436人，主要民族为汉族。面积为11.2平方千米。境内交通设施有公交车站；教育设施有一所忠义小学；医疗设施有蕲县镇中心医院忠陈村卫生室。

1983年前为陈楼大队，后更名为陈楼村；2007年区域调整，陈楼、忠义两村合并为忠陈村。

周王村村民委员会

周王村村民委员会（Zhōuwángcūn Cūnmín Wěiyuánhuì） 隶属埇桥区蕲县镇。有前孙庄、小潘庄、后孙庄、陆桥庄、大王庄、小周庄、周寨、曹庄、张庄、仓屋、刘庄、袁桥、朱夏、朱庄、石桥、戚庄、小夏庄、闫夏、金家。其辖区范围东至西寺坡，南至团结村，西至蕲县村，北至灯塔村。总户数为1267户，总人口为4954人，民族为汉族。面积为8.9平方千米。境内教育设施有周寨学校；医疗设施有周寨、石桥二所卫生院。

1987年由周寨、大王两村合并为一村，取名为周王村。

大营镇

陈李村村民委员会

陈李村村民委员会（Chénlǐcūn Cūnmín Wěiyuánhuì） 隶属埇桥区大营镇。有左大庄、北李庄、碾盘庄、李老家、柿元庄、左圩庄、陈李庄、年赵庄、小朱家、年家庄、大朱庄、前左庄、韩圩庄、尹家庄、袁家庄、年小湖庄、大郝庄、小郝庄。其辖区范围东至大营村，南至怀远，西至濉溪，北至澥河。总户数为1122户，总人口为14590人，主要民族为汉族。面积为13.9平方千米。境内交通设施有省道、032县道、客运车站；教育设施有小学；医疗设施有村卫生室。

1968年为陈李大队。1984年改为陈李村。2007年由陈李、大郝、韩左村合并而成陈李村。

大营村村民委员会

大营村村民委员会（Dàyíngcūn Cūnmín Wěiyuánhuì） 隶属埇桥区大营镇。有大营村、小袁庄、孔庄、于庄、张楼、后楼、后户、熊庄、王亢、娄庄、刘庄、张集、袁庄。其辖区范围东至镇东村，南至镇南村，西至张楼，北至孔庄。总户数为2205户，总人口为7766人，主要民族为汉族。面积为15.3平方千米。境内交通设施有合徐高速公路、032县道、客运车站；教育设施有大营小学；医疗设施有村卫生室。

大营村地处宿州市埇桥区西南端，是宿州市南大门，据《史记·高祖本纪》第八记载，高祖十一年七月，淮南王黥布造反，高祖带兵平叛，大军至此安营寨扎故取名大营。2008年3月由张楼村、张集村、大营村三村合并为现在的大营村。

耿湾村村民委员会

耿湾村村民委员会（Gěngwāncūn Cūnmín Wěiyuánhuì） 隶属埇桥区大营镇。有大王、后王、陈庄、邓庄、张许、张庄、娄庄、后于、前小于、杨沟西、前大于、后小庄、耿湾、前刘、中刘、门东、后刘。其辖区范围东至韩圩村，南至大营村，西至濉溪县，北至蕲县镇。总户数为1300户，总人口为

5202人，主要民族为汉族。面积为12.9平方千米。境内交通设施有合徐高速公路、环村水泥路、县道、客运车站；教育设施有小学；医疗设施有村卫生室。

明朝年间耿姓人家从山东迁居此地，命名为耿湾。2007年耿湾村、张许村合并命名耿湾村。

韩圩村村民委员会

韩圩村村民委员会（Hánwéicūn Cūnmín Wěiyuánhuì）隶属埇桥区大营镇。有东韩、陈庄、沟东、沟西、韩圩、后胡、娄庄、马庄、庙后、于圩、庙西、小于、张庄、刘石桥、顿庄、中王、常湖、南王、韩圩新村。其辖区范围东至永镇乡，南至大营村，西至耿湾村，北至蕲县镇。总户数为1418户，总人口为5876人，主要民族为汉族。面积为12.7平方千米。境内交通设施有县道、客运车站；教育设施有一个小学；医疗设施有村卫生室。

自明朝末年，先人从山西省迁居于此，繁衍生息，1949年10月新中国成立前为防土匪筑造土圩子，取名韩圩庄，后改名韩圩村。2007年由韩圩村、常湖村合并而成韩圩村。

镇南村村民委员会

镇南村村民委员会（Zhènnáncūn Cūnmín Wěiyuánhuì）隶属埇桥区大营镇。有永集、刘大庄、集南陈、杨刘熊、湖底刘、西韩、前胡、韩老家、陈庄、沟西、王余新村、刘圩新村。其辖区范围东至方店村村民委员会，南至陈李村村民委员会，西至蒙城县杨家，北至镇西村村民委员会。总户数为1335户，总人口为5361人，主要民族为汉族。面积为12.2平方千米。境内交通设施有032县道穿境而过，客运车站；教育设施有陈巷小学；医疗设施有村卫生室。

镇南村位于大营镇的南部，所以叫镇南村。2007年由周刘、陈巷村合并而成。

镇西村村民委员会

镇西村村民委员会（Zhènxīcūn Cūnmín Wěiyuánhuì）隶属埇桥区大营镇。有西白庄、东白庄、大小刘、孙庄、陶小庄、荒西、荒南、大王、苑家、小徐庄、陶大庄、陶柿元、沟南陶、张王、庙后陶、陶大巷、塘西、李家、陶王、门西陶。其辖区范围东至大营村，南至怀远，西至濉溪，北至澥河。总户数为1978户，总人口为6895人，主要民族为汉族。面积为17.7平方千米。境内交通设施有合徐高速公路、032县道、客运车站；教育设施有荒南小学；医疗设施有村卫生室。

镇南村位于大营镇的西部，所以叫镇西村。2007年由三关、孙白村合并而成。

杨庄乡

程庄村村民委员会

程庄村村民委员会（Chéngzhuāngcūn Cūnmín Wěiyuánhuì）隶属埇桥区杨庄乡。有程庄、段庄、后楼、后瓦房、幺庄、孙楼庄、滕庄、瓦房。其辖区范围东至奎河，南至杨庄村，西至曹村镇尚桥村，北至曹村镇左洼村。总户数为1412户，总人口为4629人，主要民族为汉族。面积为7.9平方千米。境内交通设施为公路；教育设施有程庄小学、程庄中学；医疗设施有程庄村卫生室。

以驻地自然村命名。人民公社时期称为程庄大队，1983年更名程庄村委会。

杜楼村村民委员会

杜楼村村民委员会（Dùlóucūn Cūnmín

Wěiyuánhuì） 隶属埇桥区杨庄乡。有东莱楼、杜楼、韩庄、西菜楼。其辖区范围东至刘楼村，南至褚兰镇吴楼村，西至街东村，北至苏湖村。总户数为1666户，总人口为3500人，主要民族为汉族。面积为6.4平方千米。境内教育设施有杜楼小学；医疗设施有村卫生室。

以驻地自然村命名。人民公社时期名称为杜楼大队，1983年由杜楼大队更名为杜楼村。

房上村村民委员会

房上村村民委员会（Fángshàngcūn Cūnmín Wěiyuánhuì） 隶属埇桥区杨庄乡。有房上、伊桥。其辖区范围东至万庄村，南至程庄村，西至曹村镇，北至江苏三下镇胜阳村。总户数为870户，总人口为5078人，主要民族为汉族。面积为5.6平方千米。境内教育设施有房上小学、房上幼儿园；医疗设施有村卫生室。

以驻地自然村命名。1961年房上乡更名为房上大队，1983年由房上大队更名为房上村。

高庄村村民委员会

高庄村村民委员会（Gāozhuāngcūn Cūnmín Wěiyuánhuì） 隶属埇桥区杨庄乡。有大高庄、郝庄、沙庄、万庄、夏堂、翁庄、小高庄。其辖区范围东至苏湖村，南至万杜沟，西至郎溪河，北至北运河。总户数为1100户，总人口为3968人，主要民族为汉族。面积为8.1平方千米。境内交通设施有041县道；教育设施有高庄小学；医疗设施有村卫生室。

以驻地自然村命名。原三个村合并为一个村，因该村人口多，故取名为高庄村。

街东村村民委员会

街东村村民委员会（Jiēdōngcūn Cūnmín Wěiyuánhuì） 隶属埇桥区杨庄乡。有东阁、后关庄、后庄、前关庄。其辖区范围东至杜楼村，南至杨庄村，西至杨庄村，北至高庄。总户数为790户，总人口为3140人，主要民族为汉族。面积为4.9平方千米。境内交通设施有公路、水泥路；教育设施有幼儿园；医疗设施有卫生室。

以驻地褚兰自然村东部而命名。1961年属褚兰大队；1961年区划时，褚兰大队撤销，设街西大队；1986年更名街东村。

刘楼社区居民委员会

刘楼社区居民委员会（Liúlóu Shèqū Jūmín Wěiyuánhuì） 隶属埇桥区杨庄乡。有白庄、丁瓦房、东闫庄、范庄、韩大庄、刘楼、西闫庄、小马庄。其辖区范围东至孙小庄村，南至褚兰镇楼山村，西至杜楼村，北至林庄村。总户数为1140户，总人口为4173人，主要民族为汉族。面积为8.9平方千米。境内交通设施有008乡道、006乡道；教育设施有大庄小学；医疗设施有刘楼村卫生室。

以驻地自然村命名。生产公社时称为刘楼大队，2014年由刘楼村更名为刘楼社区。

苏湖村村民委员会

苏湖村村民委员会（Sūhúcūn Cūnmín Wěiyuánhuì） 隶属埇桥区杨庄乡。有丁楼、李台、苏湖。其辖区范围东至林庄村，南至杜楼村，西至高庄村，北至江苏铜山马兰村。总户数为886户，总人口为3053人，民族为汉族。面积为7.7平方千米。境内交通设施有011乡道、京沪高速铁路等；教育设施有苏湖小学；医疗设施有村卫生室。

以驻地自然村命名。人民公社时期名称为苏湖大队，1983年由苏湖大队更名为苏湖村。

杨庄村村民委员会

杨庄村村民委员会（Yángzhuāngcūn Cūnmín Wěiyuánhuì） 隶属埇桥区杨庄乡。有岸楼、郭庄、牌坊、孙桥庄、杨楼、杨庄。其辖区范围东至万庄村，南至程庄村，西至曹村镇，北至江苏三下镇胜阳村。总户数为1128户，总人口为4807人，主要民族为汉族。面积为8.4平方千米。境内交通设施有030县道、011乡道等；教育设施有杨庄小学、杨庄中学、杨庄幼儿园；医疗设施有杨庄乡卫生院。

以驻地自然村命名。人民公社时期名称为街东大队，1983年由街东大队更名为杨庄村。

郑楼社区居民委员会

郑楼社区居民委员会（Zhènglóu Shèqū Jūmín Wěiyuánhuì） 隶属埇桥区杨庄乡。有大柳庄、贾庄、小李庄、谢洼、赵庄、郑楼、庄庄。其辖区范围东至奎河，南至小集村，西至尚桥村，北至程庄村。总户数为1217户，总人口为3932人，主要民族有汉族、水族，共2种。其中汉族3927人，占比99.88%；水族5人，占比0.12%。面积为8.9平方千米。境内交通设施有012乡道、030县道；教育设施有赵庄小学；医疗设施有村卫生室。

以驻地自然村命名。人民公社时期名称为郑楼大队，1983年由郑楼大队更名为郑楼村。

支河乡

曹庄村村民委员会

曹庄村村民委员会（Cáozhuāngcūn Cūnmín Wěiyuánhuì） 隶属埇桥区支河乡。有曹庄、大楼房、郭元、接庄、李庄、马庄、田湖、小楼房、小路湖、杨树底。其辖区范围东至栏杆镇路町村，南至徐桥村，西至湾里村，北至湾里村。总户数为1060户，总人口为4196人，主要民族为汉族。面积为8.9平方千米。境内交通设施有公路；教育设施有曹庄小学；医疗设施有村卫生室。

以驻地西曹庄后二字命名。1958年成立曹庄大队，1986年更名曹庄村。

城孜村村民委员会

城孜村村民委员会（Chéngzīcūn Cūnmín Wěiyuánhuì） 隶属埇桥区支河乡。有城后、城孜、康湖。其辖区范围东至乡政府、曹庄村，南至徐桥，西至夹沟农场，北至张楼、路湖。总户数为1368户，总人口为3799人，主要民族为汉族。面积为8平方千米。境内教育设施有城孜小学、支河中心校；医疗设施有村卫生室、支河医院。

传说因清朝一个皇帝曾居住此地，被称作孜皇城，后来全城被洪水冲走，改名为城孜。1982年由城孜大队更名为城孜村，2007年由城孜村、城后村康湖村合并命名为城孜村。

方河村村民委员会

方河村村民委员会（Fānghécūn Cūnmín Wěiyuánhuì） 隶属埇桥区支河乡。有大吴家、高家、刘小街、南刘桥、任桥、张圩孜。其辖区范围东至老斜河栏杆，南至方河南永安，西至欧河徐桥村，北至老斜河王塘村。总户数为720户，总人口为3237人，主要民族为汉族。面积为6.7平方千米。境内教育设施有方河小学；医疗设施有村卫生室。

以境内方河命名。1985年前是方河大队，1985年改为方河村。

路湖村村民委员会

路湖村村民委员会（Lùhúcūn Cūnmín Wěiyuánhuì） 隶属埇桥区支河乡。有仓堆、胡庄、路湖、钱庄、王海孜、西学、杨桥。其辖区范围东至湾里刘桥，南至城孜村，西至欧河，北至赵台。总户数为1053户，总人口为4300人，主要民族为汉族。面积为9.9平方千米。境内教育设施有杨桥小学；医疗设施有村卫生室。

1992年由路湖大队更名为路湖村。从2007年由路湖村、西学村、杨桥村合并而成，称为路湖村。

团结村村民委员会

团结村村民委员会（Tuánjiécūn Cūnmín Wěiyuánhuì） 隶属埇桥区支河乡。有大宋庄、大庄、丁宅、郭小庄、侯桥、阚庄、李台、李元、刘桥、马楼、赵台庄。其辖区范围东至栏杆镇，南至湾里村，西至曹村镇王村，北至赵楼村。总户数为1393户，总人口为4245人，主要民族为汉族。面积为10平方千米。境内交通设施有公共汽车站；教育设施有刘桥小学、赵台小学；医疗设施有村卫生室两所。

2007年赵台村、马楼村、刘桥村三个村合并称为团结村。

湾里村村民委员会

湾里村村民委员会（Wānlǐcūn Cūnmín Wěiyuánhuì） 隶属埇桥区支河乡。有后圩、后庄、前湾、前圩、前庄、桥孜、圩里、西门、张楼、张庄、赵闸、中心、董家、杜家庄。其辖区范围东至曹庄村，南至城孜村，西至路湖村，北至团结村。总户数为1027户，总人口为4095人，主要民族为汉族。面积为8.8平方千米。境内交通设施有公共汽车站；教育设施有湾里小学、金种子幼儿园；医疗设施有村卫生室。

土地改革时期为红星初级社、高级社，人民公社时期称湾里大队。后人民公社改乡，大队改为湾里村。2007年并村时湾里村、郭楼村、张楼村合并命名为湾里村。

王塘村村民委员会

王塘村村民委员会（Wángtángcūn Cūnmín Wěiyuánhuì） 隶属埇桥区支河乡。有后孟、后王塘、李台、刘庄、前孟、前王塘、滕家、温桥、侠东。其辖区范围东至栏杆镇，南至方河村，西至徐桥村，北至曹庄村。总户数为801户，总人口为3281人，主要民族为汉族。面积为6.3平方千米。境内教育设施有王塘小学；医疗设施有王塘卫生室。

宋朝末期，王姓人家挖掘一口池塘，王塘村由此得名。1958年成立人民公社后称王塘大队，1983年改为王塘村。

徐桥村村民委员会

徐桥村村民委员会（Xúqiáocūn Cūnmín Wěiyuánhuì） 隶属埇桥区支河乡。有陈塘、后耿、接西、接桥、刘东、南刘、前耿、谭徐、西圩、徐桥、张家、张新庄。其辖区范围东至王塘村，南至方河村，西至欧河，北至曹庄村及支河乡政府。总户数为1281户，总人口为4676人，主要民族为汉族。面积为10.6平方千米。境内教育设施有徐桥小学；医疗设施有村卫生室。

因清朝某个皇帝经此地修桥而得名徐桥。1958年成立人民公社后称徐桥大队，

1982年由徐桥大队更名为徐桥村。

鸭湖村村民委员会

鸭湖村村民委员会（Yāhúcūn Cūnmín Wěiyuánhuì） 隶属埇桥区支河乡。有沟北、小鸭湖、鸭湖。其辖区范围东至徐桥村，南至永安镇潘湖村，西至夹沟镇秦湾村，北至夹沟农场。总户数为678户，总人口为2140人，主要民族为汉族。面积为6.8平方千米。境内交通设施有公共汽车站；教育设施有鸭湖小学；医疗设施有村卫生室。

鸭湖村地势低洼，早年连年发水，湖中有野鸭子，故得名鸭湖。1958年成立人民公社后称为鸭湖大队，后更名为鸭湖村。

赵楼村村民委员会

赵楼村村民委员会（Zhàolóucūn Cūnmín Wěiyuánhuì） 隶属埇桥区支河乡。有段庄、海孜、李庄、柳庄、幺庄、赵楼。其辖区范围东至栏杆镇朱寺村，南至本乡赵台村，西至曹村镇河北村梅庄，北至曹村镇栏杆镇交界。总户数为942户，总人口为3880人，主要民族为汉族。面积为8.3平方千米。境内交通设施有公共汽车站；教育设施有赵楼小学；医疗设施有村卫生室。

早年间，赵姓人家在此建楼，故而得名赵楼村。土地改革时期为红星初级社、高级社。1958年成立人民公社后称赵楼大队。后人民公社改为乡，大队改为赵楼村。2007年并村时由赵楼村、海孜村、幺李村合并命名为赵楼村。

解集乡

大灵山村村民委员会

大灵山村村民委员会（Dàlíngshāncūn Cūnmín Wěiyuánhuì） 隶属埇桥区解集乡。有巍山、杜家、大尚庄、灵土庙。其辖区范围东至云光村，南至鲁营村，西至张町村，北至解集村。总户数为1370户，总人口为5350人，主要民族为汉族。面积为9.5平方千米。境内交通设施有公路、公交车站；教育设施有大尚庄小学；医疗设施有大灵山村卫生室。

大灵山村名系由大尚庄、灵土庙、巍山各取一字所组成。人民公社时期为大尚大队、灵土庙大队、巍山大队，1983年更名为大尚庄村、灵土庙村、巍山村，2007年合并时取各村村名的一个字组成，更名为大灵山村。

黄林村村民委员会

黄林村村民委员会（Huánglíncūn Cūnmín Wěiyuánhuì） 隶属埇桥区解集乡。有黄林、二张村、前塔山、后塔山。其辖区范围东至灵璧县，南至时村镇，西至巍山村，北至云光村。总户数为1360户，总人口为4886人，主要民族为汉族。面积为12.75平方千米。境内交通设施有公交车站，教育设施有黄林小学、幼儿园；医疗设施有黄林村卫生室。

以驻地黄林自然村命名。1950年前称黄树林村。1951年后称黄林村，人民公社时期为黄林大队。2007年由前塔山村、后塔山村、二张村、黄林村合并，称为黄林村。

贡山村村民委员会

贡山村村民委员会（Gòngshāncūn Cūnmín Wěiyuánhuì） 隶属埇桥区解集乡。有贡东、贡西、西王吴。其辖区范围东至黄林村，西至鲁营村，南至贡西村，北至黄林村。总户数为1236户，总人口为5328人，主要民族为汉族。面积为11.8平方千米。境内交通设施有苗褚路、黄列路；教育设施有中学、小学；医疗设施有黄山村卫生室。

以驻地贡山自然村命名。人民公社时期称为贡东大队、贡西大队。1983年更名为贡山村委会、贡西村委会。2007年合并为贡山村。

解集村村民委员会

解集村村民委员会（Xièjícūn Cūnmín Wěiyuánhuì）隶属埇桥区解集乡。有彭家、吴楼、前王、白楼、解家、黄山前、后王、前泉井、解集、后泉井。其辖区范围东至马台村，南至大灵山村，西至石河村，北至桥桂村。总户数为1592户，总人口为5926人，主要民族为汉族。面积为11.3平方千米。境内交通设施有公路、公交车站，教育设施有幼儿园、解集中学、解集小学、鱼台小学；医疗设施有解集卫生站、解王卫生站。

以驻地解集自然村命名。人民公社时期为解集大队。1983年更名为解集村。2007年3月村级区划调整时由解集村、解王村、吴楼村、泉井村四村合并为解集村。

柳源村村民委员会

柳源村村民委员会（Liǔyuáncūn Cūnmín Wěiyuánhuì）隶属埇桥区解集乡。有椿树王、卞前、刘楼、卞后。其辖区范围东至张山村，南至张山村，西至龙山村，北至后程村。总户数为1210户，总人口为4800人，主要民族为汉族。面积为9.5平方千米。境内交通设施有公路、开通公交车。教育设施有卞家小学。医疗设施有柳源村卫生室。

以驻地柳源自然村命名。人民公社时期为刘楼大队、卞前大队、卞后大队、椿树王大队。1983年更名为刘楼村、卞前村、卞后村、椿树王村。2007年四村合并为柳源村。

龙山村村民委员会

龙山村村民委员会（Lóngshāncūn Cūnmín Wěiyuánhuì）隶属埇桥区解集乡。有前程、沟上、史家、官庄。其辖区范围东至柳源村，南至桥桂村，西至大旺村，北至后程村。总户数为721户，总人口为3620人，主要民族有汉族、彝族、哈尼族，共3种。面积为8.4平方千米。境内交通设施有苗褚路。教育设施有沟上小学。医疗设施有医院。

因境内有座大龙山，故名龙山村。人民公社时期为前程大队、沟上大队、史家大队。1983年为前程村、沟上村、史家村。2007年三村合并为龙山村。

鲁营村村民委员会

鲁营村村民委员会（Lǔyíngcūn Cūnmín Wěiyuánhuì）隶属埇桥区解集乡。有小尚庄、虎山头、孙寨、小孙寨、张小山、藕塘、罗庄、鲁营集、鲁吴庄、马山头。其辖区范围东至小尚庄，西至刘寨村，北至藕塘王村。总户数为1561户，总人口为5554人，主要民族为汉族。面积为12平方千米。境内交通设施有公路。教育设施有鲁营小学。医疗设施有鲁营村卫生室。

以境内鲁营集命名。人民公社时期为孙家寨大队、藕塘大队、小尚庄大队。1983年更名为孙家寨村、藕塘村、小尚庄村。2007年由孙家寨、藕塘、小尚庄三个村合并为鲁营村。

马台村村民委员会

马台村村民委员会（Mătáicūn Cūnmín Wěiyuánhuì）隶属埇桥区解集乡。有陈寨、刘家、前李、朱王、后李。其辖区范围东至云光村，南至云光村，西至解集村，北至桥桂村。总户数为1084户，总人口为3460人，主要民族为汉族。面积为7平方千米。境内交通设施有公路。教育设施有马台小学。医疗设施有马台村卫生室。

以驻地马台自然村命名。人民公社时期为马台大队、陈李大队。1983年更名为马台村、陈李村。2007年两村合并为马台村。

桥桂村村民委员会

桥桂村村民委员会（Qiáoguìcūn Cūnmín Wěiyuánhuì） 隶属埇桥区解集乡。有桂家、前纪、中纪、后纪、前桥、后桥、香庄、时庄。其辖区范围东至刘楼，南至马台、解集，西至栏杆镇，北至龙山村。总户数为842户，总人口为3674人，主要民族为汉族，少数民族有回族、彝族，共3种。面积为9.5平方千米。境内交通设施有公路。医疗设施有桥桂村卫生室。

人民公社时期为桥上大队、桂时大队，后改为桥上村、桂时村。1996年合并为桥桂村。

清泉村村民委员会

清泉村村民委员会（Qīngquáncūn Cūnmín Wěiyuánhuì） 隶属埇桥区解集乡。有大王庙、清湖、付桥、前李、方家。其辖区范围西至云光村，北至张山村。总户数为1769户，总人口为6277人，主要民族为汉族，少数民族有苗族。面积为12.2平方千米。境内交通设施有清泉村水泥路。教育设施有清泉村小学。医疗设施有清泉村卫生室。

因境内有清湖、泉崖自然村，故名清泉村。2007年由清湖、前李、付桥三个村合并为清泉村。

宣杨村村民委员会

宣杨村村民委员会（Xuānyángcūn Cūnmín Wěiyuánhuì） 隶属埇桥区解集乡。有前道庄、后道庄、前许、宣山、前杨。其辖区范围东至灵璧，南至张山村。总户数为493户，总人口为1860人，主要民族为汉族。面积为8.5平方千米。境内交通设施有公路。教育设施有小学。医疗设施有宣杨村卫生室。

取境内宣山、前杨各一字组成宣杨村名。人民公社时期为宣山大队、前杨大队。1983年为宣山村、前杨村。2007年合并为宣杨村。

云光村村民委员会

云光村村民委员会（Yúnguāngcūn Cūnmín Wěiyuánhuì） 隶属埇桥区解集乡。有王家、韩山口、时窑、窑上、云台。其辖区范围东至清泉村，南至黄林村，西至马台村，北至张山村。总户数为1078户，总人口为4851人，主要民族为汉族。面积为8.9平方千米。境内交通设施有公路、公交车站。教育设施有云台小学、时窑小学。医疗设施有云光村卫生室。

因境内有云台自然村，且村委会驻云台村，故取名云光村。人民公社时期为云台大队、时窑大队、韩王大队。1983年更名为云台村、时窑村、韩王村。2007年合并为云光村。

张山村村民委员会

张山村村民委员会（Zhāngshāncūn Cūnmín Wěiyuánhuì） 隶属埇桥区解集乡。有瑚树王、张西、张东、夏寨。其辖区范围东至大章李村，南至清泉村，西至柳源村，北至宣杨村。总户数为1230户，总人口为4986人，主要民族为汉族。面积为11.3平方千米。境内交通设施有公路、公交车站。教育设施有张山中学、张山小学。医疗设施有张山卫生室。

以前张东、张西未分开时称为张山，故村以此命名。人民公社时期称为张山大队。1983年由张山大队分为张东村、张西村。2007年合并为张山村。

桃沟乡

大秦村村民委员会

大秦村村民委员会（Dàqíncūn Cūnmín Wěiyuánhuì） 隶属埇桥区桃沟乡。有大曹庵北、大曹庵南、大秦庄、后楼、李庵庄、宁家庄、前楼庄、小曹庄、院沟庄、支河埝。其辖区范围东至时村，南至小马圩，西至戴夏村，北至永安镇。总户数为1307户，总人口为4602人，主要民族为汉族。面积为11.1平方千米。境内交通设施有公路；教育设施有学校；医疗设施有医院。

大秦庄秦姓人多，故得名为大秦庄。1961年为大秦公社，1983年更名为大秦村。

戴夏村村民委员会

戴夏村村民委员会（Dàixiàcūn Cūnmín Wěiyuánhuì） 隶属埇桥区桃沟乡。有戴家、侯家、李家、廖宅、马家、吴家、吴尹、夏家、夏园。其辖区范围东至大秦村，南至耿家村，西至永安镇李庄村，北至永安镇廖宅。总户数为929户，总人口为3571人，主要民族为汉族。面积为7.5平方千米。境内交通设施有公路302省道；教育设施有戴夏小学，西边有吴尹中学；医疗设施有村卫生室。

戴夏村原戴姓与夏姓入住早，人口户数较多，由此得名戴夏村。人民公社时期称为侯戴夏大队。1983年侯戴夏大队更名为戴夏村。

耿家村村民委员会

耿家村村民委员会（Gěngjiācūn Cūnmín Wěiyuánhuì） 隶属埇桥区桃沟乡。有邵家、耿家、侯家、贾家、狼庄、南园、骑路尹、小张集、小张家、新庄、袁家、张埝。其辖区范围东至桃沟村，南至蒿沟乡尹窝子村，西至永安镇股河新村，北至戴夏村。总户数为1192户，总人口为5513人，主要民族为汉族。面积为7.8631平方千米。境内交通设施有水泥路；教育设施有耿家小学；医疗设施有村级卫生室。

以耿氏人数多而得名。2008年张埝、耿家、袁家三村合为耿家村。

后寨村村民委员会

后寨村村民委员会（Hòuzhàicūn Cūnmín Wěiyuánhuì） 隶属埇桥区桃沟乡。有大刘、大王、后场、后寨、罗庄、孟庄、前刘楼、中刘楼。其辖区范围东至时西村，南至濉河村，西至戚庄村，北至302省道。总户数为936户，总人口为4233人，主要民族为汉族。面积为5.56平方千米。交通设施有环乡公路；教育设施有后寨庄小学、大刘庄小学；医疗设施有卫生室。

1969年是后寨大队。1982年改为后寨村。2008年后寨村和大刘村两村合并称为后寨村。

马圩村村民委员会

马圩村村民委员会（Mǎwéicūn Cūnmín Wěiyuánhuì） 隶属埇桥区桃沟乡。有大马圩、小马圩、潘家、邵家、小杨家。其辖区范围东至老股河，南至老股河，西至邵曹沟，北至大秦村。总户数为1159户，总人口为4175人，主要民族为汉族。面积为5.66平方千米。境内交通设施有公路、公共汽车站；教育设施有马圩小学；医疗设施有村级卫生室；其他设施：村委会所在地马圩村有4个便民超市。

马圩是清代中期为防卫外来侵略时修建的圩子，故得名马圩。人民公社时期称为小马圩大队。1983年小马圩大队更名为小马圩村。2008年和大马圩村合并，为马圩村。

南秦村村民委员会

南秦村村民委员会（Nánqíncūn Cūnmín Wěiyuánhuì） 隶属埇桥区桃沟乡。有柳元庄、马宅、小秦、南秦庄、张楼、朱圩。其辖区范围东至时村镇大李村，南至桃沟村，西至大秦村，北至新合、团结两村。总户数为1156户，总人口为4868人，主要民族有汉族及其他民族。面积为8平方千米。境内交通设施有公路；教育设施有朱圩、南秦、柳园小学；医疗设施有村级卫生室。

传说一秦氏家人逃荒此地，在此开荒种地，建造房屋，不断繁衍生息，家族人丁旺盛，因故得名秦瓦房，即南秦。人民公社时期称为南秦大队。南秦大队时期由朱圩、南秦两个自然村组成，1984年两村合并，成立了南秦村。2008年原柳元村、朱圩村、南秦村合并称为南秦村。

戚庄村村民委员会

戚庄村村民委员会（Qīzhuāngcūn Cūnmín Wěiyuánhuì） 隶属埇桥区桃沟乡。有后仓、柳园、戚庄、前仓、前新庄、新场、新庄、中仓。其辖区范围东至四号沟，南至濉河村，西至桃沟村，北至老股河。总户数为1191户，总人口为4219人，主要民族为汉族。面积为5.47平方千米。境内交通设施有公路、公共汽车站；教育设施有西桃沟中学；医疗设施有戚庄村卫生室。

1982年由七庄大队更名为戚庄村，该村由七个小村组成，戚庄村由此得名。人民公社时期名称为七庄大队。

濉河村村民委员会

濉河村村民委员会（Suīhécūn Cūnmín Wěiyuánhuì） 隶属埇桥区桃沟乡。有防口、靳家、梁庄、戚王庄、夏家、赵庄。其辖区范围东至时村镇四河，南至濉河，西至桃沟村南埝，北至桃时沟。总户数为903户，总人口为3258人，主要民族为汉族。面积为4.8平方千米。境内交通设施有公路、公共汽车站；教育设施有夏湾小学、防口小学；医疗设施有濉河村卫生室。

因境内濉河而得名。1958年为濉河大队，1986年更名为濉河村。

桃沟村村民委员会

桃沟村村民委员会（Táogōucūn Cūnmín Wěiyuánhuì） 隶属埇桥区桃沟乡。有南埝、桃沟、魏渡口、西秦前王、小王家庄。其辖区范围东至戚庄村，南至蒿沟乡，西至耿家村，北至南秦村。总户数为791户，总人口为3108人，主要民族为汉族。面积为3.5平方千米。境内交通设施有公交车站；教育设施有中心小学；医疗设施有乡医院。

明末清初时为桃花县，因洪水泛滥桃花县城塌陷，历经多年更名为桃沟集，简称为桃沟。1958年为桃沟人民公社桃沟大队，1983年桃沟大队改为桃沟村。

顺河乡

鹤山村村民委员会

鹤山村村民委员会（Hèshāncūn Cūnmín Wěiyuánhuì） 隶属埇桥区顺河乡。有鹤山、小山子庄、杨家庄、赵家庄。其辖区范围东至鹤山，南至马场村，西至祝东沟，北至夹沟镇徐王村。总户数为865户，总人口为5343人，主要民族为汉族。面积为8.1平方千米。境内交通设施有公路、公共汽车站；教育设施有鹤山小学校；医疗设施有卫生院。

以驻地鹤山自然村命名，故名鹤山村。1958年为鹤山大队。1983年由鹤山大队更名为鹤山村。

马场村村民委员会

马场村村民委员会（Mǎchǎngcūn Cūnmín Wěiyuánhuì） 隶属埇桥区顺河乡。有北刘、陈家、大姜家、大寺刘、马场、南祝、前张、邱家、四里中、王新庄、杨家、翟家、张马。其辖区范围东至永安镇，南至王垅村，西至周寨村，北至沙山村。总户数为1391户，总人口为5343人，主要民族有汉族、朝鲜族、回族，共3种。面积为9.8平方千米。境内交通设施有公路、汽车站；教育设施有中心小学；医疗设施有村卫生室。

因境内有马场，故名马场村。2008年原四个小村合并为马场村。

顺河村村民委员会

顺河村村民委员会（Shùnhécūn Cūnmín Wěiyuánhuì） 隶属埇桥区顺河乡。有东南滩、后湖、后乡、顺河集、西南滩、小李家、小于家。其辖区范围东至王垅村，南至万桥村，西至魏庄村，北至周寨村。总户数为1395户，总人口为5191人，主要民族为汉族。面积为6.1平方千米。境内交通设施有村村通公路、省道；教育设施有顺河村中心小学；医疗设施有顺河乡卫生院。

以驻地顺河自然村命名。1958年为顺河大队。1983年由顺河大队更名为顺河村。

万桥村村民委员会

万桥村村民委员会（Wànqiáocūn Cūnmín Wěiyuánhuì） 隶属埇桥区顺河乡。有大潘家、北关家、两半秦、万桥庄、南吴家、小杨庄、杨段庄。其辖区范围东至灰古镇孙庙村，南至宿淮铁路，西至祝窑村界，北至濉河。总户数为1170户，总人口为4250人，主要民族为汉族。面积为8.8平方千米。境内交通设施有环乡公路；教育设施有万桥小学；医疗设施有万桥村卫生室。

以驻地万桥自然村命名，故名万桥村。1958年为万桥大队。1983年由万桥大队更名为万桥村。

王井涯村村民委员会

王井涯村村民委员会（Wángjǐngyácūn Cūnmín Wěiyuánhuì） 隶属埇桥区顺河乡。有蔡窝庄、后李庄、山上武庄、王井涯庄、小黄庄、新庄、祝庄。其辖区范围东至马山公墓，南至双庆河北岸，西至吕山头山西陈沃路，北至干山根。总户数为1102户，总人口为4747人，主要民族为汉族。面积为8.9平方千米。境内交通设施有村村通公路；教育设施有干山小学；医疗设施有王井涯村卫生室。

以驻地王井涯自然村命名，故名王井涯村。1958年为王井涯大队。1983年由大队更名为王井涯村。

王垅村村民委员会

王垅村村民委员会（Wánglǒngcūn Cūnmín Wěiyuánhuì） 隶属埇桥区顺河乡。有半楼、蔡家、大王场、后杨家、李家、刘楼、刘桃园、权家、孙家、王垅、小王场、新庄、徐家、杨套、杨圩子。其辖区范围东至八张村民委员会，南至濉河，西至顺河村，北至马场村。总户数为1986户，总人口为6765人，主要民族为汉族。面积为9.5平方千米。境内交通设施有公路；教育设施有半楼、孙家、杨套小学；医疗设施有村卫生室。

以驻地王垅自然村命名，故名王垅村。1958年王垅大队。1983年由王垅大队改名为王垅村。

魏庄村村民委员会

魏庄村村民委员会（Wèizhuāngcūn Cūnmín Wěiyuánhuì） 隶属埇桥区顺河乡。有八孔桥、黄嘴、贾庄、吕井孜、埝上武、前余、万庄、魏庄、小王家、小武庄、张树、张庄。其辖区范围东至顺河村，南至祝窑村，西至符离镇，北至王井涯村。总户数为1226户，总人口为5052人，主要民族为汉族。面积为4.6平方千米。境内交通设施有乡村水泥公路；教育设施有小学两所；医疗设施有村卫生室。

以境内魏庄自然村命名，故名魏庄村。1983年前称魏庄大队。1983年由魏庄大队更名为魏庄村。2008年魏庄、张庄两个村合并仍称为魏庄村。

岳桥村村民委员会

岳桥村村民委员会（Yuèqiáocūn Cūnmín Wěiyuánhuì） 隶属埇桥区顺河乡。有后马庄、后王塘庄、胡寨庄、尖山庄、将家庄、牛汪庄、前王塘庄、乔家庄、时庄、岳家庄。其辖区范围东至鹤山村，南至周寨村，西至符离镇，北至夹沟镇。总户数为1071户，总人口为4023人，主要民族为汉族。面积为10.4平方千米。境内交通设施有村村通公路；教育设施有岳桥小学；医疗设施有村卫生室。

以境内岳家村、乔家村，因此取名岳桥村，故名岳桥。1958年为岳桥大队。1983年由岳桥大队更名为岳桥村。

周寨村村民委员会

周寨村村民委员会（Zhōuzhàicūn Cūnmín Wěiyuánhuì） 隶属埇桥区顺河乡。有薄庄、卜窝、季小庄、马山头村、秦庄、周寨村。其辖区范围东至鹤山村，南至马场、顺河两村，西至王井涯村，北至岳桥村。总户数为1146户，总人口为4125人，主要民族为汉族。面积为8.5平方千米。境内交通设施有乡村公路岳杨路；教育设施有周寨小学；医疗设施有村卫生室。

以驻地周寨自然村命名，故名周寨村。1958年为周寨大队，1983年由周寨大队更名为周寨村。

祝窑村村民委员会

祝窑村村民委员会（Zhùyáocūn Cūnmín Wěiyuánhuì） 隶属埇桥区顺河乡。有大武庄、邱渡口组、孙庙组、小武组、桥前新庄组、张东组、祝窑。其辖区范围东至万桥，南至汴河村，西至符离镇，北至濉河。总户数为678户，总人口为2689人，主要民族为汉族。面积为5.3平方千米。境内交通设施有公路；教育设施有中学、小学；医疗设施有村卫生室。

该村最早由一大户祝姓所建而得名。1983年前称祝窑大队。1983年由祝窑大队更名为祝窑村。

蒿沟乡

大史村村民委员会

大史村村民委员会（Dàshǐcūn Cūnmín Wěiyuánhuì） 隶属埇桥区蒿沟乡。有大史、龚家、后马、后小史、马庙、前马、三义村、湾陈、王李、西小史、新庄、赵家。其辖区范围东至药闫村，南至新汴河，西至灰古镇，北至赵楼村。总户数为1675户，总人口为5139人，主要民族为汉族。面积为9.1平方千米。境内交通设施有村村通水泥路；教育设施有大史小学、龚赵小学；医疗设施有村级卫生室。

1979年以前称大史大队。1985年改名大史村。2007年与龚赵村合并成一个村，仍叫大史村。

高滩村村民委员会

高滩村村民委员会（Gāotāncūn Cūnmín

Wěiyuánhuì）隶属埇桥区蒿沟乡。有董场、高滩、郭庄、花园、邵家、史瓦房、孙桥、王桥、小高家。其辖区范围东至枪河村，南至赵楼村，西至灰古镇，北至桃沟乡。总户数为1674户，总人口为6977人，主要民族为汉族。面积为5.1平方千米。境内交通设施有村村通水泥路；教育设施有高滩小学、高滩中学、花园小学；医疗设施有村级卫生室。

明代中期，黄河泛滥形成沙滩，由高姓迁居在此开荒种地，建造房屋。因海拔比周边高近一米，故名高滩。人民公社时期称高滩大队。1985年由高滩大队更名为高滩村。2010年和花园村合并成一个村，名称不变。

巩家村村民委员会

巩家村村民委员会（Gǒngjiācūn Cūnmín Wěiyuánhuì）隶属埇桥区蒿沟乡。有菜园、曹家、高马、刘瓦房、芦元、邵庄、孙庄、尹家、尹圩、余家、元疃、张桥。其辖区范围东至苗安乡，南至蒿东村，西至柳沟村，北至柳沟村。总户数为1284户，总人口为4649人，主要民族为汉族。面积为7.5平方千米。境内交通设施有村村通水泥路；教育设施有柳沟小学、柳沟中学；医疗设施有村级卫生室。

1979年称巩家大队。1985年改名巩家村。2007年与尹圩村、余元村合并成一个村，仍叫巩家村。

柳沟村村民委员会

柳沟村村民委员会（Liǔgōucūn Cūnmín Wěiyuánhuì）隶属埇桥区蒿沟乡。有大潘家、后马、李马路、柳沟、前马、小潘家、小尹家、岳庄。其辖区范围东至巩家村余家，南至蒿东村，西至尹楼村，北至桃沟乡。总户数为1029户，总人口为4411人，主要民族为汉族。面积为6平方千米。境内交通设施有村村通水泥路；教育设施有柳沟小学、蒿东中学；医疗设施有村级卫生室。

传说公元611年，隋炀帝沿运河南巡至此，看沟边柳树茂盛整齐，掩映的村庄无名，遂赐名柳沟集。在人民公社时期称柳沟大队，1985年由柳沟大队更名为柳沟村。2007年和马庙村合并成一个村。

枪河村村民委员会

枪河村村民委员会（Qiānghécūn Cūnmín Wěiyuánhuì）隶属埇桥区蒿沟乡。有陈渡口、陈家、关家、齐家、徐家、闫渡口、张家、赵家。其辖区范围东至尹楼村，南至蒿沟村，西至赵楼村，北至桃沟乡。总户数为1127户，总人口为3315人，主要民族为汉族。面积为4平方千米。境内交通设施有村村通水泥路；教育设施有枪李小学、蒿沟中学、蒿沟小学；医疗设施有村级卫生室。

2008年由枪李村和河北村合并成一个村，取名枪河村。

尹楼村村民委员会

尹楼村村民委员会（Yǐnlóucūn Cūnmín Wěiyuánhuì）隶属埇桥区蒿沟乡。有大尹家、后史、闵家、南圩、南园、前楼、王家、吴家、小尹家、中楼。其辖区范围东至柳沟村，南至蒿东村，西至枪河村，北至濉河。总户数为916户，总人口为3777人，主要民族为汉族。面积为5.9平方千米。境内交通设施有村村通水泥路；教育设施有尹楼小学；医疗设施有村级卫生室。

1979年前称尹楼大队，辖尹楼、南圩、王尹；1985年改名尹楼村，并分出南圩村、王尹村；2007年恢复1985年前辖区，与南圩村、王尹村合并成一个村，仍叫尹楼村。

赵楼村村民委员会

赵楼村村民委员会（Zhàolóucūn Cūnmín Wěiyuánhuì） 隶属埇桥区蒿沟乡。有代家、冯滩、花庄、双星、田陈、徐土庙、赵楼、赵窑。其辖区范围东至枪河村，南至药闫村，西至大史村，北至高滩村。总户数为718户，总人口为3552人，主要民族为汉族。面积为6.7平方千米。境内交通设施有村村通水泥路；教育设施有赵楼小学；医疗设施有村级卫生室。

赵楼自然村在清代称下楼，后因赵姓大户在此建楼，故名赵家楼，1950年后改称赵楼。在人民公社时期称赵楼大队，1985年由赵楼大队更名为赵楼村。2007年和滩河村合并成一个村。

苗庵乡

曹集村村民委员会

曹集村村民委员会（Cáojícūn Cūnmín Wěiyuánhuì） 隶属埇桥区苗庵乡。有编绰庄、曹集、刘家庄、蒲家庄、西谷堆、小曹家。其辖区范围东至双盛村，南至新汴河，西至苗安村，北至宿淮铁路。总户数为758户，总人口为3576人，主要民族为汉族。面积为7.7平方千米。境内交通设施有公路；教育设施有一所小学；医疗设施有一所卫生室。

明朝初期，曹姓人家由山西省洪洞县迁移至此，在此开荒种地，建造房屋，不断繁衍生息，家族人丁兴旺，逐渐壮大，因此故得名曹集村。自明朝以来，名为曹集村，简称曹集。2007年村区划调整时，由曹集村、编绰村合并为曹集村。

梨园村村民委员会

梨园村村民委员会（Líyuáncūn Cūnmín Wěiyuánhuì） 隶属埇桥区苗庵乡。有草寺、丁庄、东刘、后刘、后马、荒东、荒西、老庄、梨园、马庙、前马、双庄、周家。其辖区范围东至苗庵乡王集村，南至新汴河，西至苗庵乡曹集村，北至苗庵乡李圩村。总户数为1023户，总人口为4850人，主要民族为汉族。面积为10.3平方千米。境内交通设施有公交站；教育设施有梨园小学；医疗设施有梨园村卫生室；其他设施有幸福院。

人民公社时期名称为梨园大队。1983年由梨园大队更名为梨园村。2007年村区划调整时，由梨园村、马庙村、草寺村合并为梨园村。

李圩村村民委员会

李圩村村民委员会（Lǐwéicūn Cūnmín Wěiyuánhuì） 隶属埇桥区苗庵乡。有营家、王庄、刘家、李圩、三里赵、刘瓦房、肖家、后大场、罗家、前李、中李。其辖区范围东至中湖村，南至双盛村，西至夏王村，北至石桥村。总户数为1190户，总人口为4600人，主要民族为汉族。面积为10平方千米。境内交通设施有公交车站；教育设施有小学、中学；医疗设施有村卫生室。

该村由于李姓较多，并筑圩防患，故取名李圩。人民公社时期名称为李圩大队。1983年更名为李圩村。2007年村区划调整时，由李圩、刘李村合并为李圩村。

宁刘村村民委员会

宁刘村村民委员会（Níngliúcūn Cūnmín Wěiyuánhuì） 隶属埇桥区苗庵乡。有曹家、宁家、刘桥、刘小庄、刘园、孟家、小宁家、新庄、赵店、周家。其辖区范围东至石桥村盛圩，南至新河，西至时村镇曹桥村和苗庵乡中新村，北至唐河。总户数为907户，总人口为3210人，主要民族为汉族。

面积为7.3平方千米。境内交通设施有公路；医疗设施有村卫生室。

宁刘村是由宁家村和刘小庄村合并在一起的，所以叫宁刘村。在人民公社时期分为两个村，大宁家村和刘小庄村。2007年两村合并为宁刘村。

石桥村村民委员会

石桥村村民委员会（Shíqiáocūn Cūnmín Wěiyuánhuì）隶属埇桥区苗庵乡。有曹圩、丁庄、郭家、河马、梁家、六里王、前马、三里王、尚庄、盛圩、棠林王、赵家、中马。其辖区范围东至程刘村，南至新河，西至刘小庄，北至唐河。总户数为1180户，总人口为4046人，主要民族为汉族。面积为10.9平方千米。境内交通设施有公路；教育设施有石桥小学、曹圩小学；医疗设施有村卫生室。

该村原有一座清朝中期修建的石桥，因而得名。2007年由原郭王马村和塘南村合并而成石桥村。

双盛村村民委员会

双盛村村民委员会（Shuāngshèngcūn Cūnmín Wěiyuánhuì）隶属埇桥区苗庵乡。有西朱家、大曹家、东谷堆、东朱家、黄家、窦家、后盛家、马家、四支李、小曹家、盛西、盛东、营家。其辖区范围东至王集村，南至梨园村，西至曹集村，北至李圩村。总户数为1136户，总人口为4764人，主要民族为汉族。面积为8.7平方千米。境内交通设施有公共汽车站，医疗设施有医院。

由于该村委会坐落在前后盛境内，所以得名为双盛村。2007年并村时由双盛村、朱李村合并为双盛村。

王集村村民委员会

王集村村民委员会（Wángjícūn Cūnmín Wěiyuánhuì）隶属埇桥区苗庵乡。有戈马家、后程、后王、刘家、南陈、王集、魏家、尹小庙。其辖区范围东至一里王，南至新汴河，西至梨园村，北至双盛村。总户数为1258户，总人口为5488人，主要民族为汉族。面积为10.7平方千米。境内交通设施有公路、公交车站；教育设施有小学两所；医疗设施有两所村卫生室。

王姓人口居多，后成交易场所变成集镇，故得名。人民公社时期名称为王集大队。1983年由王集大队更名为王集村。2007年并村时，由王集村、尹陈村合并为王集村。

夏王村村民委员会

夏王村村民委员会（Xiàwángcūn Cūnmín Wěiyuánhuì）隶属埇桥区苗庵乡。有双河、宁圩、刘岗、杨庄、王宅、吴家、营家、烙馍刘、瓦坊、曹老庄、菜园、夏王、刘大宅、曹坊刘。其辖区范围东至李圩村，南至曹集村，西至苗安村，北至宁刘村会。总户数为952户，总人口为4350人，主要民族为汉族。面积为8.4平方千米。境内交通设施有公路；教育设施有夏王小学。

人民公社时期名称为夏王大队。1984年夏王大队更名为夏王村。2007年夏王村、宁圩村合并为夏王村。

新庄村村民委员会

新庄村村民委员会（Xīnzhuāngcūn Cūnmín Wěiyuánhuì）隶属埇桥区苗庵乡。有北小张家、海汪、火马、南小张家、石碑、夏庙、新庄、张安、中勒、祝王。其辖区范围东至宁刘村，南至苗安村，西至巩家村，北至蒿沟乡余园村。总户数为1718户，总人口为5709人，主要民族有汉族、彝族、苗族，共3种。面积为7.4平方千米。境内交通设施有公路；教育设施有新庄小学；医疗设施有村卫生室。

1958年前新庄村隶属曹庙乡。1958年人民公社成立，新庄被命名为新庄大队。1996年改为中新村。2007年由中新村、张安村合并为新安村。

中湖村村民委员会

中湖村村民委员会（Zhōnghúcūn Cūnmín Wěiyuánhuì）隶属埇桥区苗庵乡。有大湾、郭炉庄、后中湖、郭家、前中湖、营家、小庄、中湖王。其辖区范围东至杨集村，南至双盛村，西至李圩村，北至石桥村。总户数为623户，总人口为2846人，主要民族为汉族。面积为7.3平方千米。境内交通设施有乡村公路；医疗设施有村卫生室。

中湖村建于清朝宣统年间，因地势低洼，故得此名。人民公社时期称为中湖大队。1983年由中湖大队更名为中湖村委会。2007年村级区划调整时，由中湖村、大湾村合并为中湖村。

永镇乡

禅堂村村民委员会

禅堂村村民委员会（Chántángcūn Cūnmín Wěiyuánhuì）隶属埇桥区永镇乡。有陈井、傅庄、沟口、路庄、庙后、庙前、前马庄、孙庄、吴庄、夏圩、中马庄。其辖区范围东至固镇，南至怀远县，西至方店村，北至固镇位庙村。总户数为1215户，总人口为5107人，民族为汉族。面积约为8.1平方千米。辖区内有湖河、幸福沟、林湖沟。

清朝初期，建庙时僧人用作禅寺，原名禅堂寺，后期改为禅堂。1949年隶属方店乡。1955年为东方红二社。1961年隶属蕲县区永镇公社。1969年隶属大营公社方店管理区。1981年隶属大营区方店公社。1985年隶属大营区方店乡。1990年隶属永镇乡。2007年隶属永镇乡。

单圩村村民委员会

单圩村村民委员会（Shànwéicūn Cūnmín Wěiyuánhuì）隶属埇桥区永镇乡。有大王、单圩、东马、傅庄、后杨、潘湖、前杨、西马、小陈、小王、张陈。其辖区范围东至固镇，南至单天圩子村，西至永镇村，北至固镇位庙村。总户数为974户，总人口为4582人，民族为汉族。面积为10.8平方千米。

1500年前后，村民取名单景思圩子，后改为单圩子。1954年至1956年为红星农业生产合作社。1958年改为大队单圩村。

方店村村民委员会

方店村村民委员会（Fāngdiàncūn Cūnmín Wěiyuánhuì）隶属埇桥区永镇乡。有东南元庄、方店街、方圩庄、前方店、西方庄、谢庄。其辖区范围东至禅堂村，南至澥河，西至张圩村，北至关湖村。总户数为912户，总人口为3271人，民族为汉族。面积为5平方千米。辖区内交通设施有206国道。教育设施有方店中学、方店小学。医疗设施有村卫生室。其他设施有方店敬老院、基督教堂、方店信用合作社。

在400年前，有方姓先人在此交通便利的地方经营小店，得名方店。由于交通便利，周边及外来人口逐渐迁入形成集市，故称方店集。抗日战争时期，方店集属宿县湖沟区方店乡。新中国成立后划入蕲县区方店集。“文化大革命”前期属宿县永镇公社。1980年永镇大营合并为大营公社。1990年称为永镇乡方店村。

关湖村村民委员会

关湖村村民委员会（Guānhúcūn Cūnmín Wěiyuánhuì）隶属埇桥区永镇乡。有大陈庄、大圩庄、关湖庄、河东单、河西单、河西王、后关路口、前关路口、黄庄、龙庄、门东庄、吴付沟东庄、小陈庄、小单、小方、小王庄、小圩庄、新单庄、杨家地。其辖区范围东至固镇，南至方店，西至瓦坊村，北至单圩村。总户数为1642户，总人口为6600人，民族为汉族。面积为13.7平方千米。辖区内教育设施有关湖小学、大圩小学。医疗设施有村卫生室。其他设施有敬老院。

清末有位私塾王先生管教孩子读书严格，得名管子湖，后来叫作关湖庄。1949年10月新中国成立后因庄子较大、人口较多取名为关湖村。1949年以后成立关湖村，2008年大圩村、小圩村、关湖村合并为关湖村。

瓦坊村村民委员会

瓦坊村村民委员会（Wǎfāngcūn Cūnmín Wěiyuánhuì） 隶属埇桥区永镇乡。有曹坊、陈瓦坊、陈圩新村、大村、店庄、胡庄、南北院、前中陈、姚庄、张陈。其辖区范围东至大圩庄，南至关湖村，西至大营镇，北至永镇村。总户数为757户，总人口为5137人，民族为汉族。面积为8.8平方千米。辖区内有木材加工、制砖厂、超市、卫生院、养鸡场、养猪场和商店。

据查建村在清朝中期，时称瓦坊村。1958年称为瓦坊大队，隶属蕲县区永镇公社。1969年属大营公社。1980年称为瓦坊村。隶属永镇乡。2008年由姚庄村和瓦坊村合并为瓦坊村。

永镇村村民委员会

永镇村村民委员会（Yǒngzhèncūn Cūnmín Wěiyuánhuì） 隶属埇桥区永镇乡。有汉庄、后韩、后王、刘庄、路拐王、门南陈、门西王、破圩、前韩、前王、四户陈、土楼、言店、张巷。其辖区范围东至固镇，南至瓦坊村，西至大营镇，北至蕲县镇。总户数为1482户，总人口为5166人，民族为汉族。面积为10.6平方千米。辖区内有学校、幼儿园、商场、陈氏宗祠、关公庙。206国道和浍澥新河纵贯南北，永大公路横穿而过。

1949年10月新中国成立后属永镇乡管辖。1969年为大营公社。1980年为大营区永镇乡。1990年属永镇乡管辖。2008年由永镇乡的破圩村、土楼村和新河村三村合并而成。

张圩村村民委员会

张圩村村民委员会（Zhāngwéicūn Cūnmín Wěiyuánhuì） 隶属埇桥区永镇乡。有北圩、何庄、李庄、门东李、门南李、门西杨、南圩、小杨、杨圩。其辖区范围东至方店村，南至怀远县陈集乡，西至大营镇刘圩村，北至瓦坊村、关湖村。总户数为854户，总人口为3100人，民族为汉族。面积为9平方千米。辖区内教育设施有张圩小学；医疗设施有村卫生室；其他设施有宇洋面粉厂。

清朝末年，张姓先人张宣江带领张姓人家十余人从山东迁徙至此，建房开荒。村子周围有开挖的围沟，用于防御，也称为圩沟，故得名张圩。1961年为张圩大队，划归大营公社。后来改为张圩村。1989年属方店乡，后划归永镇乡。

西二铺乡

葛林村村民委员会

葛林村村民委员会（Gělíncūn Cūnmín Wěiyuánhuì） 隶属埇桥区西二铺乡。有薛堂集、拐李、雷家、葛林庄、南小李、谢家、樊家、石圩、小何、何井子、小马家。其辖区范围东至三八街道九里村，南至雷家、大何家，西至薛堂集，北至大陈家。总户数为1290户，总人口为4782人，主要民族为汉族。面积为9.131平方千米。境内交通设施有宿禹路。

因村里葛姓为大户，故命名为葛林村。1949年为曹湖乡葛林村；1950年划为濉溪县杨柳区薛堂乡；1960年划为宿县西二铺乡葛林村，后为城西人民公社葛林大队；1980年又划为西二铺葛林村；2007年由葛林村、石圩村合并为葛林村。

二铺村村民委员会

二铺村村民委员会（Èrpùcūn Cūnmín Wěiyuánhuì） 隶属埇桥区西二铺乡。有大刘家、小王家、大王家、大黄家、小黄家、张家、唐庙、魏家、杨家、二铺、大周家。其辖区范围东至沈家村，南至沟西村，西至沱河，北至淮北市濉溪县。总户数为1729户，总人口为6158人，主要民族为汉族。面积为9.3平方千米。境内交通设施有303省道，教育设施有西二铺中学、西二铺小学，医疗设施有红十字医院。

因村民委员会驻地于二铺村，故而称二铺村。1949年10月后，属薛堂乡二铺大队。1961年为二铺大队，隶属城西公社。1968年隶属二铺乡。2007年底，由大周村、大黄村、二铺村合并为二铺村。

沟西社区居民委员会

沟西社区居民委员会（Gōuxī Shèqū Jūmín Wěiyuánhuì） 隶属埇桥区西二铺乡。有小伯家、大伯家、小张家、老李圩子、大陈家、当陈、沟西庄、湖里彭、黄马家、演礼寺、伯油坊。其辖区范围东至邱沟，南至207县道，西至薛堂大沟，北至西二铺乡。总户数为1006户，总人口为4203人，主要民族为汉族。面积为8.9平方千米。境内交通设施有演寺大道、沟西大道。

以驻地沟西自然村命名。1949年10月后属薛堂乡。1958年后属薛堂大队。1961年成立沟西大队，隶属城西人民公社。1985年城西人民公社撤销，沟西大队改名为沟西村，隶属西二铺乡政府。2007年底演礼寺村与沟西村合并，称沟西村。

沈家社区居民委员会

沈家社区居民委员会（Shěnjiā Shèqū Jūmín Wěiyuánhuì） 隶属埇桥区西二铺乡。有韩岭、新庄、吕道口、沈家、汤家、铺孜、小李庄、梅家、吕圩、吕家、蒋家、张黄、陈家。其辖区范围东至三八办事处九里村，南至沟西村，西至二铺村，北至戚家沟。总户数为1352户，总人口为5074人，主要民族为汉族。面积为8平方千米。境内交通设施有303省道、233乡道、韩岭路；医疗设施有沈家卫生室；教育设施有城西中学、韩岭小学。

因村里沈姓为大户，故命名为沈家村。1949年10月后属薛堂乡。1958年后属薛堂大队。1961年成立沈家大队，隶属城西人民公社。1985年城西人民公社撤销，沈家大队改名为沈家村，隶属西二铺乡政府。

第四章　居民点

埇桥街道

崇真小区

崇真小区（Chóngzhēn Xiǎoqū）　隶属埇桥街道城隍庙社区居民委员会，地理实体类型为城镇居民点。距离街道办事处驻地0.121千米，东至环城东路，南至市军供站，西至药店巷，北至东环新村。居住人口525人，民族为汉族。占地面积0.02平方千米。

该社区胜利路北，药店巷路东原有天主教会开办的崇真中学，即今宿州第二中学的前身。居民点因崇真中学而得名。

东仙桥小区

东仙桥小区（Dōngxiānqiáo Xiǎoqū）　隶属埇桥街道东仙桥社区居民委员会，地理实体类型为城镇居民点。距离街道办事处驻地0.8千米，东至环城路，南至环城南路，西至药店巷，北至大河南街。居住人口586人，民族为汉族。占地面积0.0082平方千米。

相传是八仙之一蓝采和唱歌的地方，后人称之为仙桥，有东西仙桥。因小区在东面，称为东仙桥小区。

红学组

红学组（Hóngxuézǔ）　隶属埇桥街道东仙桥社区居民委员会，地理实体类型为城镇居民点。距离街道办事处驻地0.8千米，东至青龙巷，南至中山街，西至淮海路，北至胜利路。居住人口310人，民族为汉族。占地面积0.0311平方千米。

现宿州市一小为清代宿州黉学，后传为红学。1949年以后，黉学又被讹作红学，该小区以红学命名，称为红学组。

花墙小区

花墙小区（Huāqiáng Xiǎoqū）　隶属埇桥街道东仙桥社区居民委员会，地理实体类型为城镇居民点。距离街道办事处驻地0.8千米，东至染坊巷，南至大河南街，西至花墙巷，北至中山街。居住人口358人，民族为汉族。占地面积0.021968平方千米。

小区所在的中山大街路北，今宿州市一小原为文庙所在地。文庙正门牌坊南侧有一座照壁，上有“宫墙万仞”四字，俗称花墙子。照壁西侧南北小巷称为花墙巷。以花墙巷命名的小区，称为花墙小区。

文化小区

文化小区（Wénhuà Xiǎoqū）　隶属埇桥街道东仙桥社区居民委员会，地理实体类型型为城镇居民点。距离街道办事处驻地 0.8 千米，东至药店小区，南至大河南街，西至水巷，北至中山街。居住人口 380 人，民族为汉族。占地面积 0.015679 平方千米。

埇桥区文化馆，原为清末江北提督雷振春的宅院，俗称雷公馆。1949 年以后改为宿县文化馆，以文化馆命名的小区，称为文化小区。

向阳组

向阳组（Xiàngyángzǔ） 隶属埇桥街道东仙桥社区居民委员会，地理实体类型为城镇居民点。距离街道办事处驻地 0.8 千米，东至行署小区，南至环城南路，西至党校小区，北至大河南街。居住人口 476 人，民族为汉族。占地面积 0.034619 平方千米。

原名电影巷，1966 年“文化大革命”爆发后改为向阳巷。以向阳巷命名的小区，称为向阳小区。

一中南组

一中南组（Yīzhōngnánzǔ） 隶属埇桥街道东仙桥社区居民委员会，地理实体类型为城镇居民点。距离街道办事处驻地 0.8 千米，东至天丰小区，南至天丰北侧，西至青龙小区，北至胜利路。居住人口 330 人，民族为汉族。占地面积 0.013851 平方千米。

此地原为宿城一中职工宿舍，与胜利路北的宿城一中校园相对应，故称为一中南组。因在原来的一中南侧，称为一中南组。

牌坊组

牌坊组（Páifāngzǔ） 隶属埇桥街道西仙桥社区居民委员会，地理实体类型为城镇居民点。距离街道办事处驻地 0.05 千米，东至八一路，南至中山西街，西至粮店巷，北至胜利西路。居住人口 560 人，民族为汉族。占地面积 0.015 平方千米。

埇桥区政府至中山大街的南北小街，原名衙前街，街南头原有一木质过街牌坊，上有“南疆封锁”匾额，旧称此地为木牌坊。该居民点组因此得名。牌坊组于 2008 年 4 月份命名。

人武部小区

人武部小区（Rénwǔbù Xiǎoqū） 隶属埇桥街道雪枫社区居民委员会，地理实体类型为城镇居民点。距离街道办事处驻地 1.8 千米，东至一人巷，南至胜利中路，西至区政府大院，北至区政府大院。居住人口 90 人，民族为汉族。占地面积 0.0026 平方千米。

该小区是区人武部办公场所，同时又是人武部的宿舍，故称人武部小区。该小区成立于 2007 年。

农林小区

农林小区（Nónglín Xiǎoqū） 隶属埇桥街道雪枫社区居民委员会，地理实体类型为城镇居民点。距离街道办事处驻地 2.78 千米，东至区委大院，南至胜利中路，西至农林巷，北至农林一巷。居住人口 573 人，民族为汉族。占地面积 0.0061 平方千米。

因为农林局职工居住，故而得名农林小区。该小区 1976 年是原宿县农林局的办公所在地，1992 年农林局搬迁，成为该局职工居住小区。

沱河街道

总机厂小区

总机厂小区（Zǒngjīchǎng Xiǎoqū） 隶属沱河街道泰康社区居民委员会，地理实体类型为城镇居民点。距离区政府驻地 1 千米，东至韩池孜北路，南至泰康路，西至爱国巷，北至沱河路。居住人口 1707 人，民族为汉族。占地面积0.3平方千米。

淮北矿建总机厂在此建设工厂，逐步形成一个集生产区、家属区为一体的总机厂小区。20世纪60年代命名，2009年前后总机厂与安装处合并，厂区逐步外迁，目前仅剩余生活区和部分生产区。

春光小区

春光小区（Chūnguāng Xiǎoqū） 隶属沱河街道泰康社区居民委员会，地理实体类型为城镇居民点。距离区政府驻地0.2千米，东至韩池孜北路，南至汴河东路，西至紫莱苑、七十二处小区，北至泰康路。居住人口1193人，民族为汉族。占地面积0.25平方千米。

该小区春光明媚，故得此名。1949年10月新中国成立后，汽车大修厂机电处在此建厂，并建设宿舍区，同时在大修厂东侧6000平方米的农田上20世纪70年代以后逐步有人建房，1984年命名。

七十二处小区

七十二处小区（Qīshíèrchù Xiǎoqū） 隶属沱河街道泰康社区居民委员会，地理实体类型为城镇居民点。距离区政府驻地1千米，东至机电小区，南至道东大街，西至爱国巷，北至泰康路。居住人口1277人，民族为汉族。占地面积0.25平方千米。

中煤第三建设集团下属第七十二分公司在此建设基地并逐步形成机关办公区。职工带领家属，慢慢形成大规模家属区，并由此成立七十二处机关小区。1975年命名。

李瓦房

李瓦房（Lǐwǎfáng） 隶属宿东社区居民委员会，地理实体类型为城镇居民点。东至沱河东外环路，南至开发区金海办事处，西至新建二村，北至水文队。总居住人口1480人，总户数为380户，民族为汉族。总占地面积0.217平方千米。

李姓居民在此地建有瓦房，故得名李瓦房。李瓦房为自然村名，原属宿县城郊公社东关大队。1982年改为沱河办事处东关大队。1989年改为沱河办事处李瓦房。2009年重组属沱河街道宿东社区。

三十三处小区

三十三处小区（Sānshísānchù Xiǎoqū） 隶属宿东社区居民委员会，地理实体类型为城镇居民点。东至水文队，南至新建二村，西至安装处，北至汴河路。居住人口6573人，民族为汉族。占地面积0.257平方千米。

三十三处为中煤矿建集团下属的一个中煤企业，此地有办公区和职工宿舍。因企业而得名。1960年由宿县东关筹建中煤三十三工程处。1970年成立三十三处居委会。2009年9月居委会重组属沱河街道办事处宿东社区。

安装处小区

安装处小区（Ānzhuāngchù Xiǎoqū） 属宿东社区居民委员会，地理实体类型为城镇居民点。东至水文队，南至新建二村，西至韩池孜路，北至汴河路。居住人口3135人，民族为汉族。占地面积0.125平方千米。

安装区为中煤矿建集团下属的一个中煤企业，因企业得名。1960年由宿县东关筹建中煤三十三工程处。1974年由三十三处第四工区上报中煤矿建集团。1975年成立机电安装处，同年成立居委会。2009年社区重组属沱河街道办事处宿东社区。

新建一村

新建一村（Xīnjiànyīcūn） 隶属宿东社区居民委员会，地理实体类型为城镇居民点。东至安装处，南至康居苑北区，西至韩池孜路，北至安装处。居住人口1080人，民族为汉族。占地面积0.11平方千米。

由政府命名为新建一村。1990年由沱河大坝第一期拆迁，韩池孜村、小李村安置户、自建房户成立宿东社区居委会。2009年9月，居委会重组属沱河街道办事处宿东社区。

道东街道

港口小区

港口小区（Gǎngkǒu Xiǎoqū） 隶属道东街道翠园社区居民委员会，地理实体类型为城镇居民点。距离街道办事处驻地0.5千米，东至肉厂南院，南至汴河路，西至港口北路，北至道东大街。居住人口305人，民族为汉族。占地面积0.14平方千米。

港口小区原为道东棚户区，2003年由房地产开发公司开发成为商业、住宅于一体的多功能小区，小区位于港口北路，故命名为港口小区。2003年3月命名至今。

碧玉豪庭小区

碧玉豪庭小区（Bìyùháotíng Xiǎoqū） 隶属道东街道翠园社区居民委员会，地理实体类型为城镇居民点。距离街道办事处驻地0.5千米，东至崔元七巷，南至河畔雅苑，西至港口北路，北至滨河路。居住人口526人，民族为汉族。占地面积0.14平方千米。

碧玉豪庭原来是居民棚户区，2002年由房地产开发公司开发建设为集商务办公、酒店公寓、居民住宅于一体的多功能小区，小区坐落于沱河岸边，环境幽雅，别具一格，故命名为碧玉豪庭。2002年7月命名至今。

盐业公司居民组

盐业公司居民组（Yányègōngsī Jūmínzǔ） 隶属道东街道港口社区居民委员会，地理实体类型为城镇居民点。距离街道办事处驻地0.6千米，东至盐业东一巷，南至道东大街，西至八小东墙，北至燃料公司南墙。居住人口260人，民族为汉族。占地面积0.025平方千米。

盐业公司坐落在此处，故以盐业公司命名为盐业公司居民组。1969年命名为盐业公司居民组。

东关街道

蓝水湾小区

蓝水湾小区（Lánshuǐwān Xiǎoqū） 隶属东关街道北苑社区居民委员会，地理实体类型为城镇居民点。距离区政府驻地1千米，东至北苑西路，南至胜利路，西至环城河，北至北苑小区。居住人口683人，民族为汉族。占地面积0.04平方千米。

2010年蓝水湾小区房地产项目建成，集居民小区、商业网点及老年日间照料中心于一体，故命名为蓝水湾小区。2010年，蓝水湾小区建成命名，名称沿用至今。

同科小区

同科小区（Tóngkē Xiǎoqū） 隶属东关街道北苑社区居民委员会，地理实体类型为城镇居民点。距离区政府驻地1千米，东至怀远路，南至公园路，西至雪枫公园，北至滨河路。居住人口3460人，民族为汉族。占地面积0.15平方千米。

由同科城市花园房地产项目建成，集居民小区、商业网点及北苑社区同科卫生服务站于一体，故2005年9月命名为同科小区。

桑园小区

桑园小区（Sāngyuán Xiǎoqū） 隶属东关街道北苑社区居民委员会，地理实体类型为城镇居民点。距离区政府驻地1千米，东至宿怀路，南至胜利路，西至桑园巷，北至北苑小区南墙。居住人口334人，民族为汉族。占地面积0.01平方千米。

1955年建立桑园居委会。2003年社区重组合并，命名为桑园小区。

北苑小区

北苑小区（Běiyuàn Xiǎoqū） 隶属东关街道北苑社区居民委员会，地理实体类型为城镇居民点。距离区政府驻地1千米，东至怀远路，南至胜利路，西至环城河，北至滨河路。居住人口7818人，民族为汉族。占地面积0.15平方千米。

由市政府批准，2000年拆迁，旧城改造，建成宿州市第一个安居工程，由时任市长陈树德命名为北苑小区，集居民小区、商业网点及社区服务中心于一体，故命名为北苑小区。2000年2月命名。

师专小区

师专小区（Shīzhuān Xiǎoqū） 隶属东关街道观李社区居民委员会，地理实体类型为城镇居民点。距离区政府驻地0.8千米，东至师范路，南至齐顾巷，西至客运小区，北至汴河路。居住人口1228人，民族为汉族。占地面积1平方千米。

因坐落在宿州学院院内，宿州学院原称为宿州师范专科学校，故名为师专小区。2003年以前该学校是独立的居委会。2003年10月合并为东关南苑社区，取名师专小区。2008年10月，南苑社区和观李社区重组称为师专小区。

供销小区

供销小区（Gòngxiāo Xiǎoqū） 隶属东关街道观李社区居民委员会，地理实体类型为城镇居民点。距离区政府驻地1千米，东至宿州学院，南至华美家具城，西至宿怀路，北至汴河路。居住人口645人，民族为汉族。占地面积3平方千米。

因坐落在供销合作联合社旁边，里面居住的多为该单位的职工和家属，故名供销小区。1980年，东关三里居委会成立时，把供销宿舍取名为供销小区。

客运小区

客运小区（Kèyùn Xiǎoqū） 隶属东关街道观李社区居民委员会，地理实体类型为城镇居民点。距离区政府驻地1千米，东至宿州学院，南至浍水东路，西至宿怀路，北至线务站。居住人口667人，民族为汉族。占地面积1平方千米。

因坐落在汽运站内，故名客运小区。因为该小区内多为客运公司职工及家属，故取名为客运小区。1980年，东关三里居委会成立的同时，把客运宿舍取名为客运小区，后又划分为观李社区管辖。

齐顾小区

齐顾小区（Qígù Xiǎoqū） 隶属东关街道观李社区居民委员会，地理实体类型为城镇居民点。距离区政府驻地1千米，东至师范路，南至浍水东路，西至客运小区，北至宿州学院。居住人口761人，民族为汉族。占地面积1平方千米。

因该小区是由齐姓和顾姓两家族组成，故名为齐顾小区。齐顾小区原先属三里湾街道的两个自然村，即齐家和顾家。1998年10月，齐顾小区以浍水路为界限，浍水路以北的齐家和顾家被划分给南苑社区，取名齐顾小区。2008年，南苑社区与观李社区合并，仍称齐顾小区。

观西小区

观西小区（Guānxī Xiǎoqū） 隶属东关街道马号社区居民委员会，地理实体类型为城镇居民点。距离区政府驻地2千米，东至观音堂街，南至顺河路，西至东昌路，北至东关大街。居住人口526人，民族为汉族。占地面积0.05平方千米。

1966年叫红卫居委会，后演变为马号巷居委会，2003年划社区叫马号社区，后于2008年12月观音堂社区和马号社区两个社区合并后，统一命名为马号社区。原为观音堂社区西小区，故名观西小区。

三里湾街道

雪龙化纤小区

雪龙化纤小区（Xuělónghuàxiān Xiǎoqū）隶属埇桥区三里湾街道南方社区居民委员会，地理实体类型为城镇居民点。距离埇桥区区政府驻地4千米，东至东方明珠，南至迎宾大道，西至宿怀路，北至邱庄。居住人口330人，民族为汉族。占地面积0.004平方千米。

以雪龙化纤厂职工宿舍化名而来。

朱家居民组

朱家居民组（Zhūjiā Jūmínzǔ） 隶属埇桥区三里湾街道南方社区居民委员会，地理实体类型为城镇居民点。距离埇桥区区政府驻地4千米，东至利民小区，南至鹏程路，西至孟家组，北至前九组。居住人口312人，民族为汉族。占地面积0.0065平方千米。

该庄以朱姓的居民为主，因姓氏命名。

双陈居民组

双陈居民组（Shuāngchén Jūmínzǔ）隶属埇桥区三里湾街道南方社区居民委员会，地理实体类型为城镇居民点。距离埇桥区区政府驻地4千米，东至国际花园西围墙，南至迎宾大道，西至东方明珠，北至孟家组。居住人口582人，民族为汉族。占地面积0.0064平方千米。

该庄以姓陈的居民为主，故而得名。

邱庄居民组

邱庄居民组（Qiūzhuāng Jūmínzǔ） 隶属埇桥区三里湾街道南方社区居民委员会，地理实体类型为城镇居民点。距离区政府驻地4千米，东至市酒厂，南至加油站，西至宿怀南路，北至矿山机械厂。居住人口872人，民族为汉族。占地面积0.0072平方千米。

该庄以姓邱的居民为主，故而得名。

利民小区

利民小区（Lìmín Xiǎoqū） 隶属埇桥区三里湾街道南方社区居民委员会，地理实体类型为城镇居民点。距离埇桥区区政府驻地4千米，东至金海大道，南至鹏程西路，西至朱家组，北至前九组。居住人口365人，民族为汉族。占地面积0.0099平方千米。

由开发商申报，经政府批准后命名。

新天华城小区

新天华城小区（Xīntiānhuáchéng Xiǎoqū） 隶属埇桥区三里湾街道南方社区居民委员会，地理实体类型为城镇居民点。距离埇桥区区政府驻地4千米，东至金海大道，南至前九组，西至前九组，北至纺织东路。居住人口310人，民族为汉族。占地面积0.0033平方千米。

由开发商申报，经政府批准后命名。

东方明珠小区

东方明珠小区（Dōngfāngmíngzhū Xiǎoqū） 隶属埇桥区三里湾街道南方社区居民委员会，地理实体类型为城镇居民点。距离埇桥区区政府驻地4千米，东至双陈组，南至迎宾大道，西至宿怀南路，北至纺织东路。居住人口5120人，民族为汉族。占地面积0.08平方千米。

由开发商申报，经政府批准后命名。2006年1月28日建成。

南方国际花园

南方国际花园（Nánfāngguójì Huāyuán）隶属埇桥区三里湾街道南方社区居民委员会，地理实体类型为城镇居民点。距离埇桥区区政府驻地4千米，东至金海大道，南至迎宾大道，西至朱陈路，北至鹏程路。居住人口6500人，民族为汉族。占地面积0.16平方千米。

由开发商申报，经政府批准后命名。2006年1月28日建成，沿用至今。

前九居民组

前九居民组（Qiánjiǔ Jūmínzǔ） 隶属埇桥区三里湾街道南方社区居民委员会，地理实体类型为城镇居民点。距离埇桥区区政府驻地4千米，东至金海大道，南至孟家组，西至纺织厂东外墙，北至纺织东路。居住人口683人，民族为汉族。占地面积0.008平方千米。

由前九生产队改名前九居民组。

孟家居民组

孟家居民组（Mèngjiā Jūmínzǔ） 隶属埇桥区三里湾街道南方社区居民委员会，地理实体类型为城镇居民点。距离埇桥区区政府驻地4千米，东至朱家居民组，南至双陈组，西至纺织厂东外墙，北至前九组。居住人口365人，民族为汉族。占地面积0.0047平方千米。

该庄以姓孟的居民为主，故而得名。

南关街道

中央广场

中央广场（Zhōngyāngguǎngchǎng）隶属南关街道万里社区居民委员会，地理实体类型为城镇居民点。距离政府驻地2千米，东至淮海南路，南至汴河路，西至运粮河，北至邮电小区。总人口为300人，民族为汉族。占地面积0.015平方千米。

中央广场属宿州市中心地带，周边汇聚金融业、商业，位于市区主干道淮海路与汴河路交会处，西邻运粮河，是一个集居住、办公、商业于一体的高端城市综合体。2011年11月，命名启用。

邮电小区

邮电小区（Yóudiàn Xiǎoqū） 隶属南关街道万里社区居民委员会，地理实体类型为城镇居民点。距离政府驻地2千米，东至淮海南路，南至中央广场，西至运粮河，北至百惠园。总人口为330人，民族为汉族。占地面积0.007平方千米。

邮电小区地处中国农业银行大楼西部，淮海南路11栋、12栋、13栋，是邮电局单位宿舍楼，故而得名。1992年9月，命名启用。

百惠园小区

百惠园小区（Bǎihuìyuán Xiǎoqū） 隶属南关街道万里社区居民委员会，地理实体类型为城镇居民点。距离政府驻地2千米，东至淮海南路，南至中邮电小区，西至运粮河，北至顺河路。总人口为800人，民族为汉族。占地面积 0.018 平方千米。

百惠园小区始建于 1991 年初。1992 年、1993 年陆续入住。地处宿州市中心地段，驻地单位有安广网格、南关市场监管所、新华书店、宿州市农商银行、中国农业银行。外部临街商铺林立，内部是住宅小区，汇聚金融、商贸、文化、商业网点、居民区为一体。1992 年 9 月，命名启用。

玉生街东区

玉生街东区（Yùshēngjiē Dōngqū） 隶属南关街道万里社区居民委员会，地理实体类型为城镇居民点。距离政府驻地 2 千米，东至淮海南路，南至顺河路，西至运粮河，北至环城河。总人口为 410 人，民族为汉族。占地面积 0.013 平方千米。

玉生街小区始建于 2001 年初，2002 年、2004 年陆续入住。地处宿州市中心地段，原由香港李玉生开发并命名。外部临街商铺林立，内部是住宅小区。汇聚金融，文化、商业网点、居民区为一体。2002 年 9 月，命名启用。

武夷商城小区

武夷商城小区（Wǔyíshāngchéng Xiǎoqū）隶属南关街道恒馨社区居民委员会，地理实体类型为城镇居民点。距离政府驻地 0.3 千米，东至骏达东路，南至骏达南路，西至市府巷，北至汴河中路。总人口为 690 人，民族为汉族。占地面积 0.074 平方千米。

1999 年，臻达开发公司在汴河中路开发房地产，因开发公司的建筑工人大多数是武夷山的人，为了留下印迹，故本小区取名为武夷商城。武夷商城于 1999 年命名。

武警宿舍小区

武警宿舍小区（Wǔjǐng Sùshè Xiǎoqū）隶属南关街道一中社区居民委员会，地理实体类型为城镇居民点。距离政府驻地 1 千米，东至淮海南路，南至宿河中路，西至宿城一中初级中学，北至教委宿舍和一中学校。已拆迁。占地面积 0.015 平方千米。

当时宿州市武警支队驻地，故得名武警宿舍小区。武警部队在此驻扎，后来搬迁，只有部队家属宿舍，于 2013 年拆迁。

西关街道

特酒厂宿舍

特酒厂宿舍（Tèjiǔchǎng Sùshè） 隶属西关街道环宇社区居民委员会，地理实体类型为城镇居民点。距离区政府驻地 1 千米，东至西昌北路，南至银沱小区，西至银河绿苑南区，北至银河二路。居住人口 1387 人，民族为汉族。占地面积 0.21 平方千米。

本小区包含检察院宿舍、法院宿舍、军人接待站宿舍、中医院宿舍、建行宿舍、人行宿舍、特酒厂宿舍，因特酒厂宿舍规模大于其他几个职工宿舍，故以特酒厂员工宿舍命名为特酒厂小区。原址在 2000 年前称银沱山庄小区，后由于城市建设，2009 年 2 月命名为特酒厂小区。

银河绿苑

银河绿苑（Yínhélǜyuàn） 隶属西关街道环宇社区居民委员会，地理实体类型为城镇居民点。距离区政府驻地 0.3 千米，东至滨河路，南至银河二路，西至人民路，北至滨河路。居住人口 1509 人，民族为汉族。占地面积 0.2 平方千米。

2010 年，环宇置业公司开发环宇银河绿苑，大门口有银河二路，故命名银河绿苑。

梅石牌坊小区

梅石牌坊小区（Méishípáifāng Xiǎoqū）

隶属西关街道美庐社区居民委员会，地理实体类型为城镇居民点。距离区政府驻地3千米，东至人民路，南至张家小区，西至大王庙南路，北至汴河西路。居住人口560人，民族为汉族。占地面积0.09平方千米。

1949年10月前是梅家牌坊，1990年在此地建房，命名为梅石牌坊小队，2008年11月社区重组命名为梅石牌坊小区。

林泉苑小区

林泉苑小区（Línquányuàn Xiǎoqū）隶属西关街道祥安社区居民委员会，地理实体类型为城镇居民点。距离区政府驻地2千米，东至东坪路，南至杜家中路，西至杜家西路，北至汴河路。居住人口1682人，民族为汉族。占地面积0.3平方千米。

小区包括交警队、公安局宿舍、杜石门三巷至七巷。因林泉苑小区规模大于其他几个单位职工宿舍，故命名为林泉小区。原址为外贸车队员工宿舍，由于城市建设，2002年命名为林泉苑小区。

宏源小区

宏源小区（Hóngyuán Xiǎoqū） 隶属西关街道祥安社区居民委员会，地理实体类型为城镇居民点。距离区政府驻地2千米，东至东坪路，南至城南小学路，西至人民路，北至宿蒙路。居住人口1093人，民族为汉族。占地面积0.2平方千米。

小区包括宏源宿舍、杜石门一至十二巷，宏源宿舍居民居住比较集中，故以宏源宿舍命名为宏源小区。原址在2000年前称纺织品站后，由于城市建设，宏源商场开发，命名为宏源小区。

一人巷

一人巷（Yīrénxiàng） 隶属西关街道振兴社区居民委员会，地理实体类型为城镇居民点。距离区政府驻地2千米，东至人民路，南至长征西路，西至大王庙路，北至西关大街。居住人口500人，民族为汉族。占地面积0.15平方千米。

因该庄以东有段巷子很窄、很长，仅够一人通行，故而得名。原属老张仙庙村一人巷，后改为张仙庙社区一人巷，2008年社区重组命名为振兴社区一人巷。

北关街道

汇源老区

汇源老区（Huìyuánlǎoqū） 隶属北关街道汇源社区居民委员会，地理实体类型为城镇居民点。距离区政府驻地2.3千米，东至汇源电厂，南至响李路，西至汇源大道，北至汇源电厂。居住人口669人，民族为汉族。占地面积0.16平方千米。

原为汇源电厂职工小区，故叫汇源小区，又因新建一个汇源小区，所以改名为汇源老区。此小区原为宿东电厂小区，因电厂改名为汇源电厂，所以小区名改为汇源老区。

阳光公寓

阳光公寓（Yángguānggōngyù） 隶属北关街道教场社区居民委员会，地理实体类型为城镇居民点。距离区政府驻地0.6千米，东至青年桥，南至环城河，西至中行宿舍，北至雪枫路。居住人口420人，民族为汉族。面积为0.014平方千米。

阳光公寓坐落于雪枫公园周边，雪枫路南，一楼是大西菜市场，二楼平台以上是居民住家户，该公司先建阳光小区，接着建该小区，故命名为阳光公寓。阳光公寓2001年竣工。

城东街道

曾家

曾家（Zēngjiā） 隶属城东街道八里村村民委员会，地理实体类型为农村居民点。东至仁和路汽配城，南至十里堤北大曾家，西至八里村小李村，北至服装城。总户数为82户，总人口为333人，民族为汉族。面积为0.032平方千米。

曾姓人家由山西洪洞县大槐树，迁此居住至今，在此开荒种地，建造房屋，因此得名曾家。1958年为沱河公社八里曾村，1962年正式改名为曾家。

小李家

小李家（Xiǎolǐjiā） 隶属城东街道八里村村民委员会，地理实体类型为农村居民点。东至泉州服装城，南至1号沟，西至乡村水泥路，北至纬十一路。总户数为97户，总人口为299人，民族为汉族。面积为0.034平方千米。

李氏人家从山西洪洞县大槐树迁至宿县安居，从此开荒种地，建造房屋，李家人口旺盛，逐渐扩大，因此得名李家庄。

大徐家

大徐家（Dàxújiā） 隶属城东街道八里村村民委员会，地理实体类型为农村居民点。东至十里村堤北曾，南至城东农药厂，西至沱河村小端庄，北至小李家。总户数为60户，总人口为178人，民族为汉族。面积为0.019平方千米。

徐氏家族从山西洪洞县大槐树逃荒而来，来到宿县，来时徐氏三兄弟，在此开荒种地，建房居住，不断繁衍生息，人丁旺盛，分家至今，由此命名大徐家。

小王家

小王家（Xiǎowángjiā） 隶属城东街道八里村村民委员会，地理实体类型为农村居民点。东至大徐庄，南至1号沟，西至崔园、五里徐，北至小周庄。总户数为40户，总人口为129人，民族为汉族。面积为0.023平方千米。

王氏弟兄不慎燃起一场大火，把整个庄都烧了，后王氏兄弟都搬走了，为了开辟土地，后姓于的、姓范的、姓周的、姓陆的等就在此居住，为纪念王氏兄弟开荒种地，因此命名为小王家。

小周家

小周家（Xiǎozhōujiā） 隶属城东街道八里村村民委员会，地理实体类型为农村居民点。东至大徐庄，南至小王庄，西至外环路，北至莲花刘。总户数为50户，总人口为223人，民族为汉族。面积为0.028平方千米。

周氏兄弟从北方迁居至此，在这里开荒种地，建造房屋，不断繁衍生息，家族旺盛，故得名小周家。

莲花刘

莲花刘（Liánhuāliú） 隶属城东街道八里村村民委员会，地理实体类型为农村居民点。东至凤凰大道，南至小周家，西至周窑庄，北至西崔组。总户数为170户，总人口为609人，民族为汉族。面积为0.07平方千米。

莲花刘庄西南角有一座庙，叫中殿，刘家地形很洼，后出现一湖莲花，连年不败，后来刘家就叫莲花刘。1980年正式改为城东乡八里村莲花刘组，后更名为莲花刘。

东崔家

东崔家（Dōngcuījiā） 隶属城东街道

八里村村民委员会，地理实体类型为农村居民点。东至龙王庙，南至十二庙曾，西至蕲家，北至小洪河。总户数为60户，总人口为213人，民族为汉族。面积为0.031平方千米。

东崔、西崔都是崔园迁来，由于西崔姓崔的家族大，人口多，住不下，才分到东崔居住，从此开荒种地，造房生息，这两崔都是一脉，每年清明都到西崔上坟，祭祖至今。

草王

草王（Cǎowáng） 隶属城东街道八里村村民委员会，地理实体类型为农村居民点。东至朱仙庄李家，南至洪河路，西至赵庄，北至新汴河。总户数为65户，总人口为276人，民族为汉族。面积为0.028平方千米。

有一位姓王的老头挑担从山西洪洞县大槐树迁入此地，在此开荒种地，建造房屋，领养三个儿子，以编草鞋为生。由于草鞋打造得很有名，很暖和，十里八村的人都称其鞋王，从此就改为草鞋王，直到新中国成立后改为草王庄。2008年由八里、蕲芦、大刘三村合并成八里村草王组至今。

赵家

赵家（Zhàojiā） 隶属城东街道八里村村民委员会，地理实体类型为农村居民点。东至草王庄，南至洪河路，西至西蕲，北至新汴河。总户数为120户，总人口为430人，民族为汉族。面积为0.047平方千米。

赵氏家族从山西洪洞县大槐树迁入此地，在此开荒种地，建造房屋，在庄南有一座庙，后来姓任的、姓王的也在此落脚居住，姓赵的多，所以叫赵家。

大刘

大刘（Dàliú） 隶属城东街道八里村村民委员会，地理实体类型为农村居民点。东至西蕲庄，南至小刘庄，西至津浦大沟，北至新汴河。总户数为60户，总人口为248人，民族为汉族。面积为0.026平方千米。

有一个刘员外家中破产，带着妻子来到这片土地，开荒种地，建造房屋，后来刘氏家族不断壮大，就起名叫大刘庄。1958年改为城东乡大刘村，2008年三村由八里、蕲芦、大刘合并定为八里村大刘组。

小刘

小刘（Xiǎoliú） 隶属城东街道八里村村民委员会，地理实体类型为农村居民点。东至西蕲庄，南至宿州大道，西至粮种二厂，北至大刘庄。总户数为40户，总人口为173人，民族为汉族。面积为0.025平方千米。

小刘庄原叫七里庵子，从大隅口到灰古有一条路，从城里到此正好七里路，赶集、过路、走亲访友，都路过此处，这里有了一个商铺，凡是有人路过都在这里喝杯茶，坐一会儿，后叫七里庵子。此庄都是姓刘的，从1959年改为小刘至今。1958年人民公社大刘改为小刘组。1984年此庄改为城北乡大刘村小刘组。1998年由城北乡划为城东乡，名为大刘村小刘庄。2008年由八里、蕲芦、大刘三村合并改为八里村小刘组。

胡家

胡家（Hújiā） 隶属城东街道八里村村民委员会，地理实体类型为农村居民点。东至凤凰大道，南至小洪河，西至大刘，北至蕲家。总户数为30户，总人口为189人，民族为汉族。面积为0.01平方千米。

小胡家都是胡氏家族，后来家族不旺，姓韩的就搬来住，为了纪念姓胡的人开荒和建造房屋，就把已有的胡家庄还叫胡家庄。

1988年为城东乡大刘村胡庄。八里、蕲芦、大刘三村合并叫八里村，胡庄称为胡家组。

陈营孜

陈营孜（Chényíngzī） 隶属三八街道三八村村民委员会，地理实体类型为农村居民点。东至拂晓大道，南至宿永路，西至合徐高速公路，北至杨庙村。总户数为962户，总人口为3826人，民族为汉族。面积为0.4平方千米。

陈姓人家由山西洪洞县迁居至此，在此开荒种地、建造房屋，不断繁衍生息，家族人丁旺盛，逐渐壮大，故名为陈营孜。20世纪50年代中期，全国劳动模范陈淑贞带领村中妇女成立了互助组。1957年陈营村被政府命名为三八村。1981年属三八村委会。

小杨家

小杨家（Xiǎoyángjiā） 隶属三八街道三八村村民委员会，地理实体类型为农村居民点。东至合徐高速公路，南至晋洪路，西至青年路，北至康复西路。总户数为78户，总人口为295人，民族为汉族。面积为0.025平方千米。

杨氏先人在现小杨家处买地建房，从杨庙村分一支人到此居住、生产、生活，故称小杨家。新中国成立后，行政划分小杨家归属三八村，至今为三八村所辖，为三八村的一个村民小组。

三八街道

大胡庄

大胡庄（Dàhúzhuāng） 隶属三八街道大吴村村民委员会，地理实体类型为农村居民点。东至拂晓大道，南至三八沟，西至西二铺，北至戚家沟。总户数为160户，总人口为570人，民族为汉族。面积为0.07平方千米。

以姓氏命名。1958年属大吴生产队，1983年属大吴村村民委员会。

朱家庄

朱家庄（Zhūjiāzhuāng） 隶属三八街道大吴村村民委员会，地理实体类型为农村居民点。东至拂晓大道，南至三八沟，西至西二铺，北至戚家沟。总户数为118户，总人口为378人，民族为汉族。面积为0.06平方千米。

朱家庄由山西迁居此地至今，在此开荒种地，建造房屋，不断壮大，人口兴旺，故得名朱家庄。1958年属大吴生产队，1983年属大吴村村民委员会。

小戚家

小戚家（Xiǎoqījiā） 隶属三八街道大吴村村民委员会，地理实体类型为农村居民点。东至拂晓大道，南至三八沟，西至西二铺，北至戚家沟。总户数为20户，总人口为122人，民族为汉族。面积为0.02平方千米。

姓戚的从西北迁居至此，在此开荒种地、造房，不断繁衍生息，人口不断壮大，故得名小戚家庄。1958年属大吴生产队，1983年属大吴村村民委员会。

白果树庄

白果树庄（Báiguǒshùzhuāng） 隶属三八街道九里村村民委员会，地理实体类型为农村居民点。东至高家，南至周尚庄，西至十里村，北至黄家。总户数为119户，总人口为439人，民族为汉族。面积为0.03平方千米。

因清代前期，庄中生长一棵高大的银杏树，故名白果树。2007年属九里村村民委员会。

大张家

大张家（Dàzhāngjiā） 隶属三八街道九里村村民委员会，地理实体类型为农村居民点。东至京台高速，南至余家，西至高家，北至周尚庄。总户数为230户，总人口为650人，民族为汉族。面积为0.08平方千米。

清朝前期，张姓人家由北方迁居至此，建房种地，家族人丁兴旺，故得名大张庄。2007年属九里村村民委员会。

高家庄

高家庄（Gāojiāzhuāng） 隶属三八街道九里村村民委员会，地理实体类型为农村居民点。东至殷家，南至宿涡路，西至黄家，北至三八村。总户数为102户，总人口为362人，民族为汉族。面积为0.018平方千米。

因何姓人家人口居多，故名何家。2007年属九里村村民委员会。

黄庄

黄庄（Huángzhuāng） 隶属三八街道九里村村民委员会，地理实体类型为农村居民点。东至高家，南至白果树，西至十里村，北至三八村。总户数为210户，总人口为730人，民族为汉族。面积为0.038平方千米。

黄庄居民自古在此建造房屋，繁衍生息，因本庄黄姓居民较多，居住较早，故得名黄家。2007年属九里村村民委员会。

江家

江家（Jiāngjiā） 隶属三八街道九里村村民委员会，地理实体类型为农村居民点。东至九里庄，西至沈家，北至十里村。总户数为102户，总人口为375人，民族为汉族。面积为0.04平方千米。

因有一户江姓居民在此居住，全庄居民给江姓大户打工，故得名江家庄。2007年属九里村村民委员会。

九里

九里（Jiǔlǐ） 隶属三八街道九里村村民委员会，地理实体类型为农村居民点。东至张寨，南至王九，西至江家，北至十里村。总户数为134户，总人口为493人，民族为汉族。面积为0.05平方千米。

九里湾因离城市中心九里路，庄南有一条急转大沟而得名，沿用至今。2007年属九里村村民委员会。

秦营

秦营（Qínyíng） 隶属三八街道九里村村民委员会，地理实体类型为农村居民点。东至何家，南至西二铺葛林村，西至西二铺葛林村，北至西二铺。总户数为15户，总人口为57人，民族为汉族。面积为0.011平方千米。

秦姓人家由西关秦巷口迁居至此，建造房屋，逐渐发展壮大，故名。2007年属九里村村民委员会。

沈家

沈家（Shěnjiā） 隶属三八街道九里村村民委员会，地理实体类型为农村居民点。东至江家，南至何家，西至西二铺，北至十里村。总户数为30户，总人口为123人，民族为汉族。面积为0.017平方千米。

主要以沈姓居民较多，故名。2007年属九里村村民委员会。

殷家

殷家（Yīnjiā） 隶属三八街道九里村村民委员会，地理实体类型为农村居民点。东至京台高速，南至宿涡路，西至高家，北至三八村。总户数为98户，总人口为364人，民族为汉族。面积为0.03平方千米。

殷姓人家自清朝中期在此定居，开荒种菜，建造房屋，因本庄殷姓人居多，故名殷家。2007年属九里村村民委员会。

余家

余家（Yújiā） 隶属三八街道九里村村民委员会，地理实体类型为农村居民点。东至京台高速，南至北杨寨乡，西至高家，北至大张庄。总户数为79户，总人口为230人，民族为汉族。面积为0.02平方千米。

余姓居民自清末定居于此，以余姓居民最多，故得名余家。2007年属九里村村民委员会。

张寨

张寨（Zhāngzhài） 隶属三八街道九里村村民委员会，地理实体类型为农村居民点。东至周尚庄，南至高家庄，西至九里庄，北至白果树。总户数为71户，总人口为289人，民族为汉族。面积为0.0282平方千米。

张姓居民自清朝时就居住于此，因张姓居民最多，故得名张寨。2007年属九里村村民委员会。

周家

周家（Zhōujiā） 隶属三八街道九里村村民委员会，地理实体类型为农村居民点。东至高家，南至北杨寨乡塘湖，西至西二铺葛林村，北至何家。总户数为128户，总人口为436人，民族为汉族。面积为0.02平方千米。

周姓人家迁居至此，因好养水牛，故得名水牛周家，后简称周家。1980年前名周家生产队，1980年后称周家村民组，沿用至今。

高家

高家（Gāojiā） 隶属三八街道九里村村民委员会，地理实体类型为农村居民点。东至余家，南至王久，西至周家，北至张寨。总户数为123户，总人口为475人，民族为汉族。面积为0.044平方千米。

以姓氏命名。2007年属九里村村民委员会。

周尚庄

周尚庄（Zhōushàngzhuāng） 隶属三八街道九里村村民委员会，地理实体类型为农村居民点。东至京台高速，南至大张庄，西至张寨，北至白果树。总户数为115户，总人口为476人，民族为汉族。面积为0.05平方千米。

周姓人家由外地迁居至此，建房种地，人丁兴旺，家族逐渐壮大，故得名周尚庄。2007年属九里村村民委员会。

陈营子

陈营子（Chényíngzi） 隶属三八街道三八村村民委员会，地理实体类型为农村居民点。东至拂晓大道，南至宿永路，西至合徐高速公路，北至杨庙村。总户数为962户，总人口为3826人，民族为汉族。面积为0.4平方千米。

陈姓人家由山东长清区迁居至此，在此开荒种地、建造房屋，不断繁衍生息，家族人丁旺盛，逐渐壮大，故名为陈营孜。20世纪50年代中期，全国劳动模范陈淑贞带领村中妇女成立了互助组。1957年陈营村被政府命名为三八村。1981年属三八村委会，名称沿用至今。

小杨家

小杨家（Xiǎoyángjiā） 隶属三八街道三八村村民委员会，地理实体类型为农村居民点。东至合徐高速公路，南至晋洪路，西至青年路，北至康复西路。总户数为78户，总人口为295人，民族为汉族。面积为0.025平方千米。

杨氏先人在现小杨家处买地建房，从杨庙村分一支人到此居住、生产、生活，因为均无他姓，故称小杨家。新中国成立后，行政划分小杨家归属三八村，至今为三八村所辖，为三八村的一个村民小组。

薛家

薛家（Xuējiā） 隶属三八街道十里村村民委员会，地理实体类型为农村居民点。东至高速公路，南至周尚村，西至周尚村，北至宿涡路。总户数为82户，总人口为400人，民族为汉族。面积为0.05平方千米。

以姓氏命名。1958年属宿县城西公社，1980年宿州市成立三八乡，属三八乡，2005年改名为宿州市埇桥区三八街道十里村薛家庄，名称沿用至今。

后赵

后赵（Hòuzhào） 隶属三八街道十里村村民委员会，地理实体类型为农村居民点。东至十里组，南至前赵组，西至花家组，北至后李组。总户数为130户，总人口为340人，民族为汉族。面积为0.05平方千米。

本村以姓氏命名。1958年属宿县城西公社，1980年属三八乡，2005年改名为宿州市埇桥区三八街道十里村后赵组，名称沿用至今。

花家

花家（Huājiā） 隶属三八街道十里村村民委员会，地理实体类型为农村居民点。东至花家庄，南至周家庄，西至二铺乡，北至宿永路。总户数为280户，总人口为1200人，民族为汉族。面积为0.05平方千米。

以姓氏命名。1958年属宿县城西公社。1980年改名为宿州市埇桥区三八乡。2005年改名为三八街道十里村花家庄，名称沿用至今。

蒋家

蒋家（Jiǎngjiā） 隶属三八街道十里村村民委员会，地理实体类型为农村居民点。东至花家庄，南至周家庄，西至二铺乡，北至宿永路。总户数为80户，总人口为330人，民族为汉族。面积为0.02平方千米。

以姓氏命名。1958年属城西公社，1980年改名为宿州市埇桥区三八乡。2005年改名为三八街道十里村蒋家庄，名称沿用至今。

前李

前李（Qiánlǐ） 隶属三八街道十里村村民委员会，地理实体类型为农村居民点。东至前赵组，南至九里村，西至西张组，北至后赵组。总户数为46户，总人口为216人，民族为汉族。面积为0.01平方千米。

本村以姓氏命名。1958年属城西公社，1980年改名为宿州市埇桥区三八乡。2005年改名为三八街道十里村前李组，名称沿用至今。

十里铺

十里铺（Shílǐpù） 隶属三八街道十里村村民委员会，地理实体类型为农村居民点。东至黄家组，南至前赵组，西至后赵庄，北至后李组。总户数为150户，总人口为450人，民族为汉族。面积为0.045平方千米。

因旧时距县城十里，故名十里铺。1958年，属宿县城西公社。1980年宿州市成立三八乡。2005年改名为宿州市埇桥区三八街道十里村，名称沿用至今。

王家

王家（Wángjiā） 隶属三八街道十里村村民委员会，地理实体类型为农村居民点。东至西张，南至石圩，西至小马庄，北至农场。总户数为 69 户，总人口为 335 人，民族为汉族。面积为 0.02 平方千米。

本村以姓氏命名。1958 年属城西公社，1980 年改名为宿州市埇桥区三八乡。2005 年改名为三八街道十里村王家庄，名称沿用至今。

张家

张家（Zhāngjiā） 隶属三八街道十里村村民委员会，地理实体类型为农村居民点。东至前李庄，南至九里村，西至王家庄，北至周家庄。总户数为 137 户，总人口为 580 人，民族为汉族。面积为 0.075 平方千米。

本村以姓氏命名。1958 年属城西公社。1980 年改名为宿州市埇桥区三八乡。2005 年改名为三八街道十里村张家庄，名称沿用至今。

赵家

赵家（Zhàojiā） 隶属三八街道十里村村民委员会，地理实体类型为农村居民点。东至白果树庄，南至九里村，西至前李庄，北至后赵组和十里铺。总户数为 170 户，总人口为 700 人，民族为汉族。面积为 0.04 平方千米。

本村以姓氏命名。1958 年属城西公社。1980 年改名为宿州市埇桥区三八乡。2005 年改名为三八街道十里村赵家庄，名称沿用至今。

周家

周家（Zhōujiā） 隶属三八街道十里村村民委员会，地理实体类型为农村居民点。东至西张，南至西张，西至农场，北至花家组。总户数为 190 户，总人口为 800 人，民族为汉族。面积为 0.04 平方千米。

本村以姓氏命名。1958 年属城西公社。1980 年改名为宿州市埇桥区三八乡。2005 年改名为三八街道十里村周家组，名称沿用至今。

黄家

黄家（Huángjiā） 隶属三八街道杨庙村村民委员会，地理实体类型为农村居民点。东至通济五路，南至银河二路，西至通济六路，北至银河三路。总户数为 115 户，总人口为 467 人，民族为汉族。面积为 0.05 平方千米。

以姓氏命名。2007 年属杨庙村村民委员会。

杨庄

杨庄（Yángzhuāng） 隶属三八街道杨庙村村民委员会，地理实体类型为农村居民点。东至拂晓大道，南至三八村委会，西至张南组，北至通济五路。总户数为 120 户，总人口为 467 人，民族为汉族。面积为 0.05 平方千米。

以姓氏命名。2007 年属杨庙村村民委员会。

上河城小区

上河城小区（Shànghéchéng Xiǎoqū） 隶属三八街道港利社区居民委员会，地理实体类型为城镇居民点。距离政府驻地 1 千米，东至人民路以西，南至银河三路以北，西至磬云路以东，北至冰河路以南。居住人口约 4800 人。占地面积 0.038 平方千米。

开发商命名。上河城 2004 年命名。

港利小区

港利小区（Gǎnglì Xiǎoqū） 隶属三八

街道港利社区居民委员会，地理实体类型为城镇居民点。距离政府驻地 0.5 千米，东至人民路以西，南至银河一路以北，西至磬云路以东，北至银河三路以南。居住人口约 8000 人。占地面积 0.075 平方千米。

开发商命名。2003 年 3 月命名。

三十处小区

三十处小区（Sānshíchù Xiǎoqū） 隶属三八街道光彩社区居民委员会，地理实体类型为城镇居民点。距离政府驻地 3 千米，东至磬云路，南至光彩城，西至矿建路，北至汴河西路。居住人口 4574 人。占地面积 0.0873 平方千米。

驻地单位中煤三建三十处开发，为方便职工居住，故命名“三十处小区”。1980 年命名。

轻校小区

轻校小区（Qīngxiào Xiǎoqū） 隶属三八街道光彩社区居民委员会，地理实体类型为城镇居民点。距离政府驻地 3 千米，东至御河观唐小区，南至西关大街，西至拂晓大道，北至胜利路。居住人口 180 人。占地面积 0.005 平方千米。

驻地单位宿州市轻工业学校开发，为方便职工居住，故命名“轻校小区”。1985 年命名。

宝龙小区

宝龙小区（Bǎolóng Xiǎoqū） 隶属三八街道光彩社区居民委员会，地理实体类型为城镇居民点。距离政府驻地 3 千米，东至磬云路，南至西关大街，西至西郊供销社，北至三八河。居住人口 288 人。占地面积 0.0096 平方千米。

原驻地单位宝龙集团开发，为方便职工居住，故命名“宝龙小区”。1992 年命名。

汴河路小区

汴河西路小区（Biànhéxīlù Xiǎoqū） 隶属三八街道光彩社区居民委员会，地理实体类型为城镇居民点。距离政府驻地 3 千米，东至磬云路，南至汴河西路，西至拂晓大道，北至西关大街。居住人口 4096 人。占地面积 0.1167 平方千米。

因驻地在汴河西路，故以路命名小区名。2013 年命名。

安厦小区

安厦小区（Ānshà Xiǎoqū）隶属三八街道光彩社区居民委员会，地理实体类型为城镇居民点。距离政府驻地 3 千米，东至矿建路，南至七十二处小区，西至快客站，北至汴河西路。居住人口 2304 人。占地面积 0.0346684 平方千米。

开发商命名。2013 年命名。

七十二处小区

七十二处小区（Qīshí' èrchù Xiǎoqū）隶属三八街道光彩社区居民委员会，地理实体类型为城镇居民点。距离政府驻地 3 千米，东至矿建路，南至宿州市工程技术学校，西至快客站，北至安厦小区。居住人口 599 人。占地面积 0.058 平方千米。

开发商命名。1995 年命名。

花径苑

花径苑（Huājìngyuàn） 隶属三八街道光彩社区居民委员会，地理实体类型为城镇居民点。距离政府驻地 3 千米，东至磬云路，南至浍水路，西至矿建路，北至三十处小区。居住人口 564 人。占地面积 0.013334 平方千米。

花径即花间的小路，形容环境优美的地方，适合人居住，故以此得名花径苑。2007 年命名。

技校小区

技校小区（Jìxiào Xiǎoqū） 隶属三八街道光彩社区居民委员会，地理实体类型为城镇居民点。距离政府驻地3千米，东至三十处小区，南至三十处小区，西至矿建路，北至汴河西路。居住人口611人。占地面积0.01平方千米。

于驻地单位安徽省工程技术学校开发，为方便职工居住，故命名“技校小区”。2001年命名。

青年公社

青年公社（Qīngniángōngshè） 隶属三八街道光彩社区居民委员会，地理实体类型为城镇居民点。距离政府驻地3千米，东至安徽省煤炭技术学校，南至浍水路，西至拂晓大道，北至快客站。居住人口257人。占地面积0.004平方千米。

青年之家，为打造青年人群学习培训、拓展推广、会务商展、创业团队、电商经营、勤工俭学的孵化平台，故命名为“青年公社”。2010年命名。

光彩城小区

光彩城小区（Guāngcǎichéng Xiǎoqū） 隶属三八街道光彩社区居民委员会，地理实体类型为城镇居民点。距离政府驻地3千米，东至磬云路，南至淮河路，西至拂晓大道，北至浍水路。居住人口1201人。占地面积0.20平方千米。

宿州光彩城大市场由全国知名的民营企业——江西民生集团投巨资精心打造，是全国光彩促进直属重点项目之一，是一项现代商贸物流与光彩事业相得益彰的宏伟工程，故命名为光彩城小区。2003年命名。

华庭小区

华庭小区（Huátíng Xiǎoqū） 隶属三八街道银河社区居民委员会，地理实体类型为城镇居民点。距离政府驻地0.5千米，东至汇金广场，南至梦园小区，西至拂晓大道，北至银河一路。居住人口1755人。占地面积0.02平方千米。

由房地产开发商命名。2005年1月命名。

梦园小区

梦园小区（Mèngyuán Xiǎoqū） 隶属三八街道银河社区居民委员会，地理实体类型为城镇居民点。距离政府驻地0.6千米，东至十小，南至菜市场，西至亚运路，北至华庭小区。居住人口520人。占地面积0.012平方千米。

由房地产开发商命名。2007年10月命名。

明日小区

明日小区（Míngrì Xiǎoqū） 隶属三八街道银河社区居民委员会，地理实体类型为城镇居民点。距离政府驻地0.5千米，东至御品华府，南至银河一路，西至拂晓大道，北至银河二路。居住人口2214人。占地面积0.02平方千米。

由房地产开发商命名。2005年命名。

胜利路小区

胜利路小区（Shènglìlù Xiǎoqū） 隶属三八街道银河社区居民委员会，地理实体类型为城镇居民点。距离政府驻地0.6千米，东至磬云路，南至胜利路，西至菜市场，北至第十小学。居住人口1483人。占地面积0.03平方千米。

2013年6月政府征迁安置小区，因胜利路命名。2013年6月命名。

水木清华小区

水木清华小区（Shuǐmùqīnghuá Xiǎoqū）

隶属三八街道银河社区居民委员会，地理实体类型为城镇居民点。距离政府驻地1千米，东至磬云路，南至银河三路，西至万达广场，北至银河四路。居住人口231人。占地面积0.013平方千米。

由房地产开发商命名。2013年1月命名。

吴东组

吴东组（Wúdōngzǔ） 隶属三八街道银河社区居民委员会，地理实体类型为城镇居民点。距离政府驻地1.5千米，东至磬云路，南至银河四路，西至吴西组，北至三八沟。居住人口310人。占地面积0.015平方千米。

原由大吴庄命名。1981年土地承包后命名。

吴西组

吴西组（Wúxīzǔ） 隶属三八街道银河社区居民委员会，地理实体类型为城镇居民点。距离政府驻地1.5千米，东至吴东组，南至银河四路，西至拂晓大道，北至三八沟。居住人口210人。占地面积0.012平方千米。

由原大吴组命名。1981年土地承包后命名。

御品华府小区

御品华府小区（Yùpǐnhuáfǔ Xiǎoqū）隶属三八街道银河社区居民委员会，地理实体类型为城镇居民点。距离政府驻地0.5千米，东至磬云路，南至银河一路，西至明日小区，北至银河二路。居住人口136人。占地面积0.01平方千米。

由房地产开发商命名。2014年1月命名。

万达华城

万达华城（Wàndáhuáchéng） 隶属三八街道银河社区居民委员会，地理实体类型为城镇居民点。距离区政府驻地2千米，东至拂晓大道，南至银河四路，西至银河五路，北至汴阳一路。居民未入住。占地面积0.15平方千米。

由万达集团开发，故名。2016年命名。

万成哈佛国际

万成哈佛国际（Wànchénghāfóguójì） 隶属三八街道银河社区居民委员会，地理实体类型为城镇居民点。距离区政府驻地2千米，东至拂晓大道，南至银河四路，西至银河五路，北至汴阳一路。居民未入住。占地面积0.15平方千米。

因小区靠近宿州市一中新校区，故名。2016年命名。

首钢首御

首钢首御（Shǒugāngshǒuyù） 隶属三八街道银河社区居民委员会，地理实体类型为城镇居民点。距离区政府驻地3千米，东至乐天路，南至银河四路，西至拂晓大道，北至汴阳一路。居住人口1200人。占地面积0.15平方千米。

由首钢首御集团开发命名。2014年命名。

祁东新村

祁东新村（Qídōngxīncūn） 隶属三八街道银宾社区居民委员会，地理实体类型为城镇居民点。距离区政府驻地2千米，东至平安西巷，南至迎宾大道，西至西昌南路，北至纺织路。居住人口360人。占地面积0.13平方千米。

由开发商命名。2004年命名。

汴河街道

徐庄

徐庄（Xúzhuāng） 隶属汴河街道汴北社区村民委员会，地理实体类型为农村居民点。东至津浦铁路，南至刘香庄，西至206国道，北至邱庄。总户数为101户，总人口为323人，民族为汉族。面积为0.11平方千米。

有徐姓在此占地立庄，故而得名。1955年至1957年属红旗二社。1958年至1983年属城郊公社吕家大队管辖。1983年从吕家大队分离后单独成立汴北村时属符离区十里乡管辖。1992年2月始成立汴河镇后属汴河镇管辖。2004年10月属汴河街道管辖。2014年11月改制后属汴北社区村委会管辖。

黄庄

黄庄（Huángzhuāng） 隶属汴河街道汴北社区村民委员会，地理实体类型为农村居民点。东至杨圩村赵凤庄，南至小黄沟，西至津浦铁路，北至杨圩村营家。总户数为98户，总人口为310人，民族为汉族。面积为0.48平方千米。

有黄姓在此开荒种植，占地立庄，故而得名黄庄。1955年至1957年属红旗二社，1958年至1983年属城郊公社吕家大队管辖。1983年从吕家大队分离后单独成立汴北村时属符离区十里乡管辖。1992年2月始成立汴河镇后属汴河镇管辖。2004年10月属汴河街道管辖。2014年11月改制后属汴北社区村委会管辖。

刘香庄

刘香庄（Liúxiāngzhuāng） 隶属汴河街道汴北社区村民委员会，地理实体类型为农村居民点。东至津浦铁路，南至小黄沟北岸，西至206国道，北至徐庄。总户数为187户，总人口为851人，民族为汉族。面积为1.1平方千米。

有位姓刘名秀的在此居住，名声较差，因为“秀”与“臭”同音，当地人叫他“刘臭”。因臭是多音字，后人又称为刘臭（音chòu），因此该庄名称为“刘臭庄”。新中国成立后，当地人嫌刘臭庄名称不文雅，又改称为“刘香庄”。1955年至1957年属红旗二社。1958年至1983年属城郊公社吕家大队管辖。1983年从吕家大队分离后单独成立汴北村时属符离区十里乡管辖。1992年2月始成立汴河镇后属汴河镇管辖。2004年10月属汴河街道管辖。2014年11月改制后属汴北社区村委会管辖。

邱庄

邱庄（Qiūzhuāng） 隶属汴河街道汴北社区村民委员会，地理实体类型为农村居民点。东至京沪铁路，南至徐庄，西至206国道，北至十里。总户数为26户，总人口为89人，民族为汉族。面积为0.24平方千米。

有邱姓人家在此居住，开荒种地立庄，故而得名。1950年至1954年属十里堡，1955年至1957年属红旗二社，1958年至1965年属秦湖公社。1966年至1975年属北十里乡。1976年至1983年属城郊公社吕家大队。1984年至1992年1月属符离区十里乡十里大队。1992年2月始成立汴河镇后属汴河镇北十里村。2004年10月属汴河街道。2013年1月划归高新区北十里村。2015年6月又划归汴河街道汴北社区村民委员会。

十里

十里（Shílǐ） 隶属汴河街道汴北社区

村民委员会，地理实体类型为农村居民点。东至津浦铁路，南至邱庄，西至206国道，北至孔庄安置区。总户数为55户，总人口为226人，民族为汉族。面积为0.3平方千米。

因该地离宿城十里而得名，原名为十里铺，后改为十里。1950年至1954年属十里堡。1955年至1957年属红旗二社。1958年至1965年属秦湖公社。1966年至1975年属北十里乡。1976年至1983年属城郊公社吕家大队。1984年至1992年1月属符离区十里乡十里大队。1992年2月始成立汴河镇后属汴河镇北十里村。2004年10月属汴河街道。2013年1月划归高新区北十里村。2015年6月又划归汴河街道汴北社区村民委员会。

余桥

余桥（Yúqiáo） 隶属汴河街道梅庵村村民委员会，地理实体类型为农村居民点。东至康家，南至吴家，西至引河，北至张家。总户数为38户，总人口为177人，民族为汉族。面积为0.16平方千米。

1949年10月新中国成立前有户姓鱼的农户在此居住，因余湖有一小桥，故称余桥。1955年以前属二铺区，1955年至1957年属花沟乡，1958年至1962年属红旗高级社，1963年属小顺河乡，1966年至1968年属大秦公社，1969年至1977年属城郊公社，1978年至1992年1月隶属符离区梅庵乡，1992年2月成立汴河镇时属汴河镇，2004年10月成立汴河街道属汴河街道，2007年10月份以前属余桥村，村委会合并后属汴河梅庵村村民委员会，2013年1月至2015年5月属高新区梅庵村，2015年6月又规划汴河街道梅庵村。

吴家

吴家（Wújiā） 隶属汴河街道梅庵村村民委员会，地理实体类型为农村居民点。东至朱家，南至汴河，西至引河，北至余桥。总户数为40户，总人口为187人，民族为汉族。面积为0.106平方千米。

1949年10月新中国成立前，最早有吴姓人家在此种地，后形成一庄，故称吴家。1955年以前属二铺区，1955年至1957年属花沟乡，1958年至1962年属红旗高级社，1963年属小顺河乡，1966年至1968年属大秦公社，1969年至1977年属城郊公社，1978年至1992年1月隶属符离区梅庵乡，1992年2月成立汴河镇时属汴河镇，2004年10月成立汴河街道属汴河街道，2007年10月份以前属余桥村，村委会合并后属汴河梅庵村村民委员会，2013年1月至2015年5月属高新区梅庵村，2015年6月又规划汴河街道梅庵村。

西双庄

西双庄（Xīshuāngzhuāng） 隶属汴河街道新汴河社区村民委员会，地理实体类型为农村居民点。东至东双庄，南至新汴河大堤，西至人民路，北至唐河路。总户数为43户，总人口为126人，民族为汉族。面积为0.325平方千米。

大地主黄丰城在此种地，在此居住，路东路西分别有两户，天长日久，两边各形成村落，路东叫东双庄，路西叫西双庄。1955年至1957年属秦湖乡，1958年至1966年属秦湖公社双秦大队，1967年至1983年属城郊公社双秦大队，1984年至1992年1月属符离区十里乡双秦大队，1992年2月至2004年9月属汴河镇双秦村，2004年10月至2007年9月属汴河双秦村，2007年10

月至2014年9月属汴河镇双秦村，2014年10月起属汴河街道新汴河社区村委会。

周庄

周庄（Zhōuzhuāng） 隶属汴河街道新汴河社区村民委员会，地理实体类型为农村居民点。东至灵磬路，南至展览馆，西至小蔡庄，北至十冯沟。总户数为95户，总人口为268人，民族为汉族。面积为0.281平方千米。

据碑文记载，清朝道光二十六年，姓周的永字辈的上一辈，从徐州奶奶山迁过来的周姓人口在此立庄，故得名周庄。1955年至1957年属秦湖乡，1958年至1966年属秦湖公社双秦大队，1967年至1983年属城郊公社双秦大队，1984年至1992年1月属符离区十里乡双秦大队，1992年2月至2004年9月属汴河镇双秦村，2004年10月至2007年9月属汴河双秦村，2007年10月至2014年9月属汴河镇双秦村，2014年10月起属汴河街道新汴河社区村委会。

张庄

张庄（Zhāngzhuāng） 隶属汴河街道新汴河社区村民委员会，地理实体类型为农村居民点。东至206国道，南至东双庄，西至陈芦庄，北至皇冠家居。总户数为105户，总人口为458人，民族为汉族。面积为0.675平方千米。

有张姓人口在此定居，种地立庄形成规模，因张姓人口最多，故取名张庄。1955年至1957年属秦湖乡，1958年至1966年属秦湖公社双秦大队，1967年至1983年属城郊公社双秦大队，1984年至1992年1月属符离区十里乡双秦大队，1992年2月至2004年9月属汴河镇双秦村，2004年10月至2007年9月属汴河双秦村，2007年10月至2014年9月属汴河镇双秦村，2014年10月起属汴河街道新汴河社区村委会。

大江庄

大江庄（Dàjiāngzhuāng） 隶属汴河街道新汴河社区村民委员会，地理实体类型为农村居民点。东至人民路，南至周庄，西至邵杨村小李庄，北至秦小湖。总户数为96户，总人口为265人，民族为汉族。面积为0.405平方千米。

大江庄有180多年的历史了。江长沂、江汉柏的祖上逃难到江北时，被官兵追杀，官兵问他们姓什么，仆人和老妈子指江为姓，说“姓江”，逃难到此，占地立庄，始称为江庄。后来江姓人口越聚越多，从江庄迁出一部分，原来的庄叫大江庄，迁出去的新庄叫小江庄（现属高新区秦湖社区管理）。1955年至1957年属秦湖乡，1958年至1966年属秦湖公社双秦大队，1967年至1983年属城郊公社双秦大队，1984年至1992年1月属符离区十里乡双秦大队，1992年2月至2004年9月属汴河镇双秦村，2004年10月至2007年9月属汴河双秦村，2007年10月至2014年9月属汴河镇双秦村，2014年10月起属汴河街道新汴河社区村委会管辖至今。

陈芦

陈芦（Chénlú） 隶属汴河街道新汴河社区村民委员会，地理实体类型为农村居民点。东至张庄，南至唐河路，西至人民路，北至芒砀路。总户数为78户，总人口为257人，民族为汉族。面积为0.473平方千米。

新中国成立前该庄叫圩里陈，陈敦家和芦氏一户在此种地，各自形成一个小庄，1951年土改时把两个小庄合并在一起称为陈芦。1955年至1957年属秦湖乡，1958年至1966年属秦湖公社双秦大队，1967年至1983年属城郊公社双秦大队，1984年至1992年1月属符离区十里乡双秦大队，1992年2月至2004年9月属汴河镇双秦村，2004年10月至2007年9月属汴河双秦村，2007年10月至2014年9月属汴河镇双秦村，2014年10月起属汴河街道新汴河社区村委会。

大蔡家

大蔡家（Dàcàijiā） 隶属汴河街道新汴河社区村民委员会，地理实体类型为农村居民点。东至人民路，南至大秦庄，西至小黄沟，北至小蔡庄。总户数为76户，总人口为346人，民族为汉族。面积为0.593平方千米。

1949年10月新中国成立前有蔡氏先人在此落户种地，因他排行老大，故取名大蔡家。1955年至1957年属秦湖乡，1958年至1966年属秦湖公社双秦大队，1967年至1983年属城郊公社双秦大队，1984年至1992年1月属符离区十里乡双秦大队，1992年2月至2004年9月属汴河镇双秦村，2004年10月至2007年9月属汴河双秦村，2007年10月至2014年9月属汴河镇双秦村，2014年10月起属汴河街道新汴河社区村委会。

小蔡庄

小蔡庄（Xiǎocàizhuāng） 隶属汴河街道新汴河社区村民委员会，地理实体类型为农村居民点。东至人民路，南至大蔡庄，西至邵杨村小李家，北至芒砀路。总户数为65户，总人口为223人，民族为汉族。面积为0.375平方千米。

1949年10月新中国成立初，有蔡氏两户在此种地，因地多人少，故取名小蔡庄。1964年开挖新汴河时，把原任井组的一部分搬迁到小蔡庄落户形成现在的小蔡庄。1955年至1957年属秦湖乡，1958年至1966年属秦湖公社双秦大队，1967年至1983年属城郊公社双秦大队，1984年至1992年1月属符离区十里乡双秦大队，1992年2月至2004年9月属汴河镇双秦村，2004年10月至2007年9月属汴河双秦村，2007年10月至2014年9月属汴河镇双秦村，2014年10月起属汴河街道新汴河社区村委会。

大秦

大秦（Dàqín） 隶属汴河街道新汴河社区村民委员会，地理实体类型为农村居民点。东至西双庄，南至新汴河大堤，西至小黄沟，北至大蔡庄。总户数为59户，总人口为238人，民族为汉族。面积为0.473平方千米。

有秦姓在任井落户，在此占地耕种，天长日久，人口逐渐增多，形成村庄，故得名大秦庄。1955年至1957年属秦湖乡，1958年至1966年属秦湖公社双秦大队，1967年至1983年属城郊公社双秦大队，1984年至1992年1月属符离区十里乡双秦大队，1992年2月至2004年9月属汴河镇双秦村，2004年10月至2007年9月属汴河双秦村，2007年10月至2014年9月属汴河镇双秦村，2014年10月起属汴河街道新汴河社区村委会。

西任井

西任井（Xīrènjǐng） 隶属汴河街道新汴河社区村民委员会，地理实体类型为农村居民点。东至东任井，南至新汴河大堤，西至拂晓大道，北至小黄沟。总户数为23户，总人口为100人，民族为汉族。面积为0.13

平方千米。

该地方地势较洼，容易打井，老百姓在此重新填土盘宅基地，起初在此居住的是任姓家族，因此叫任井。1964年开挖新汴河时，把原任井庄搬迁至现在的位置，东边的庄叫东任井，西边的小庄叫西任井。1955年至1957年属秦湖乡，1958年至1966年属秦湖公社双秦大队，1967年至1983年属城郊公社双秦大队，1984年至1992年1月属符离区十里乡双秦大队，1992年2月至2004年9月属汴河镇双秦村，2004年10月至2007年9月属汴河双秦村，2007年10月至2014年9月属汴河镇双秦村，2014年10月起属汴河街道新汴河社区村委会。

玉帝庙庄

玉帝庙庄（Yùdìmiàozhuāng） 隶属汴河街道马梨园村村民委员会，地理实体类型为农村居民点。东至马梨园村村民委员会，南至王道庄，西至马梨园庄，北至唐河。总户数为72户，总人口为280人，民族为汉族。面积为0.7平方千米。

清代道光二十五年11月，符离善氏、张氏的四个儿子修建庙宇——玉帝庙，听老人讲一二百年前，玉帝庙庄原先叫小孙庄，后来姓孙的人家都没有了，庄西头有座玉帝庙，故改称为玉帝庙庄。1955年以前属马坝乡。1956年至1965年属杨圩。1966年至1977年属城郊公社。1978年至1992年1月隶属符离区梅庵乡。1992年2月成立汴河镇时属汴河镇管辖。2004年10月成立汴河街道后属汴河马梨园村村民委员会。

马梨园庄

马梨园庄（Mǎlíyuánzhuāng） 隶属汴河街道马梨园村村民委员会，地理实体类型为农村居民点。东至玉帝庙庄，南至濉引斜河，西至濉引斜河，北至唐河。总户数为185户，总人口为750人，民族为汉族。面积为1.3平方千米。

在200年前，庄四周种满了梨树，遮天蔽日，庄里马姓居多，故得名马梨园庄。1955年以前属马坝乡。1956年至1965年属杨圩。1966年至1977年属城郊公社。1978年至1992年1月隶属符离区梅庵乡。1992年2月成立汴河镇时属汴河镇管辖。2004年10月成立汴河街道。后属汴河马梨园村村民委员会。

金海街道

沈家

沈家（Shěnjiā） 隶属金海街道曹凌村村民委员会，地理实体类型为农村居民点。东至矿南村邢家，南至沱北村小李家，西至曹家，北至朱仙庄村杨家、大王家。总户数为98户，总人口为435人，民族为汉族。面积为0.066平方千米。

沈姓人家从现朱仙庄村沈牌坊迁至此地，在此地开荒种植，建造房屋，不断繁衍生息，家族人丁旺盛，逐渐壮大，因故得名为沈老荒，1949年后因生活的逐渐转好和口音的转变称呼沈老庄，后称沈家。自成立人民公社后，定名为沈老庄，简称沈家。

饶家

饶家（Ráojiā） 隶属金海街道曹凌村村民委员会，地理实体类型为农村居民点。东至金家庄，南至大凌庄，西至西大沟，北至303省道。总户数为70户，总人口为258人，民族为汉族。面积为0.055平方千米。

饶姓人家由南方江西上饶迁居至此，在此开荒种地，建造房屋，不断繁衍生息，家族人丁兴旺，逐渐壮大，因此得名饶家庄。1958年政府命名为饶家生产队。1981年改名饶家庄，后称饶家，自此名称沿用至今。

大凌庄

大凌庄（Dàlíngzhuāng） 隶属金海街道曹凌村村民委员会，地理实体类型为农村居民点。东至曹家、张家，南至沱北丁家，西至丁烟店，北至金家、小凌、阮家。总户数为220户，总人口为790人，民族为汉族。面积为0.146平方千米。

凌姓人家从山西洪洞县迁居西二铺开荒种地，建造房屋，后分居到此，因本地凌氏家族人员分居的周边四个村庄都没有大凌庄大，故得名大凌家。1958年政府命名为大凌庄生产队，1981年改名大凌庄。

姬家庄

姬家庄（Jījiāzhuāng） 隶属金海街道前付村村民委员会，地理实体类型为农村居民点。东至大张村，南至黄寨庄，西至206国道，北至孟家庄。总户数为91户，总人口为405人，民族为汉族。面积为0.081平方千米。

姬姓人家从东二铺迁居至此，在此开荒种地，不断繁衍生息，家族人丁兴旺，逐渐壮大，故而得名。新中国成立以来，命名为姬家庄。

王古堆

王古堆（Wánggǔduī） 隶属金海街道邵王村村民委员会，地理实体类型为农村居民点。东至磬云路，南至外环路，西至宿蒙路，北至迎宾大道。总户数为195户，总人口为547人，民族为汉族。面积为0.135平方千米。

早年，该村先人由山东迁居至此，为防黄泛，挖村四周土，筑堆建房，经数代人不断堆积，形成一个四周低洼，中间如一个岛屿，又因离宿州八里之遥，故而得名城西八里王古堆，简称王古堆。1951年到1957年，属刘合乡管辖。1962年到1969年，属刘合人民公社管辖。1970年到1979年属城西公社管辖。

闫店子

闫店子（Yándiànzi） 隶属金海街道闫店村村民委员会，地理实体类型为农村居民点。东至东高家，南至王桥村，西至小王庄，北至小李庄。总户数为150户，总人口为650人，民族为汉族。面积为0.12平方千米。

原有闫姓人家在此开店经商，故而得名。新中国成立后属二铺区，闫店划为闫店乡，人民公社时期为闫店大队属城郊公社，后划为北杨寨乡闫店村；2003年划为开发区金海街道。

刘家

刘家（Liújiā） 隶属金海街道闫店村村民委员会，地理实体类型为农村居民点。东至小闫家，南至小王家，西至七里后王，北至沱河。总户数为120户，总人口为450人，民族为汉族。面积为0.09平方千米。

原有刘姓人家从山西迁居至此，开荒种地，建房造屋，不断繁衍生息，家族人丁兴旺，故而得名。人民公社时期为闫店生产大队，小刘家生产队，后来转变为闫店村刘家村民组。

小李庄

小李庄（Xiǎolǐzhuāng） 隶属金海街道李桥村村民委员会，地理实体类型为农村居民点。东至李桥庄，南至津浦线，西至七里村，北至七里村。总户数为30户，总人口为130人，民族为汉族。面积为0.03平方千米。

古沱河上，李姓人家从外地迁居至此，开荒种地，建房造屋，不断繁衍生息，家族人丁兴旺，故而得名。1958年属李桥大队，1983年属李桥村村民委员会。

符离镇

褚庄

褚庄（Chǔzhuāng） 隶属符离镇褚庄村村民委员会，地理实体类型为农村居民点。东至上龙寺，南至四山，西至刘庄，北至张沃。总户数为692户，总人口为1974人，民族为汉族、土家族、苗族，共3种。其中汉族1972人，占比99.9%；苗族1人，占比0.05%；土家族1人，占比0.05%。面积为0.15平方千米。

1992年褚庄公社改为褚庄村民委员会。

老符离街

老符离街（Lǎofúlíjiē） 隶属符离镇符离村村民委员会，地理实体类型为农村居民点。东至东蔡园，南至岳河，西至沈圩村，北至濉河。总户数为217户，总人口为868人，民族为汉族。面积为0.661平方千米。

老符离街，地理环境特殊，处在华北大平原，北有濉河，自唐朝至今是经济文化的中心，商铺贸易往来频繁，即称古符离集，后来称老符离街。新中国成立后设立符离人民公社（也是符离大队所在老符离集），后为老符离街。

东蔡园

东蔡园（Dōngcàiyuán） 隶属符离镇符离村村民委员会，地理实体类型为农村居民点。东至杨楼村，南至唐庄，西至老符离街，北至濉河。总户数为102户，总人口为408人，民族为汉族。面积为0.32平方千米。

东蔡园居民点以蔡氏在这里居住时间最早，所以称为蔡园。随着时间的推移，该地方在老符离集贸市场的东部，该蔡园改称东蔡园。该居民点早在唐朝时期，大诗人白居易就居住在这个地方，那时不叫蔡园，称毓村，后因时代变更，改为今日的东蔡园。

张庄

张庄（Zhāngzhuāng） 隶属符离镇符离村村民委员会，地理实体类型为农村居民点。东至京沪铁路，南至宿州职业技术学院，西至孙庄，北至老符离街。总户数为144户，总人口为576人，民族为汉族。面积为0.83平方千米。

该居民点以张姓在此居住最早而命名，开始叫张小庄。随之张姓的又在此繁衍生息壮大，更名为张庄。1975年命名为张庄大队，撤区并乡后命名为符西村。2008年符离村与符西村合并，张庄是符离村民委员会所在地，仍然称为张庄。

横口庄

横口庄（Héngkǒuzhuāng） 隶属符离镇横口村村民委员会，地理实体类型为农村居民点。东至振兴小黄山，南至101省道两侧，西至濉溪县交界处，北至丁集村陈庄。总户数为506户，总人口为1799人，民族为汉族。面积为0.18平方千米。

横口村因两座山夹一条横路而得名。1984年5月撤销黄山人民公社改为黄山乡横口村。1992年撤区并乡为符离镇横口村。

郑小楼

郑小楼（Zhèngxiǎolóu） 隶属符离镇横口村村民委员会，地理实体类型为农村居民点。东至高皇山，南至彭山头，西至古饶村，北至101省道。总户数为230户，总人口为782人，民族为汉族。面积为0.2平方千米。

有一郑姓大户人家迁居至此，开荒种地，由于郑姓人口较多，故命名郑小楼。

徐山头

徐山头（Xúshāntóu） 隶属符离镇横口村村民委员会，地理实体类型为农村居民点。东至振兴，南至股河，西至高皇山，北至水泥厂。总户数为209户，总人口为751人，民族为汉族、回族，其中汉族748人，占比99.6%，回族3人，占比0.4%。面积为0.8平方千米。

很早以前姓徐的一个大户迁居到高皇山东面，由于徐姓人较多，称徐山头。1984年5月撤销黄山人民公社改为黄山乡徐山头。1992年撤区并乡为符离镇徐山头。

王山头

王山头（Wángshāntóu） 隶属符离镇横口村村民委员会，地理实体类型为农村居民点。东至徐下，南至股河，西至彭山头，北至高皇山。总户数为144户，总人口为473人，民族为汉族、回族，其中汉族471人，占比99.6%，回族2人，占比0.4%。面积为0.7平方千米。

高黄山原是大圩，又叫圩故里，因王姓人占多数，取名王山头。1984年黄山改为黄山乡，王山头属黄山乡武楼村。1992年撤区并乡，王山头属符离镇武楼村。

彭山头

彭山头（Péngshāntóu） 隶属符离镇横口村村民委员会，地理实体类型为农村居民点。东至王山头，南至股河，西至股河，北至高皇山。总户数为111户，总人口为433人，民族为汉族。面积为0.16平方千米。

地处高皇山前方，因彭姓人口较多，故而得名。1984年撤黄山人民公社，改为黄山乡，彭山头属黄山乡武楼村。1992年撤区并乡，彭山头属符离镇武楼村。

黄桥

黄桥（Huángqiáo） 隶属符离镇黄桥村村民委员会，地理实体类型为农村居民点。东至黄花洞，南至项东，西至京沪铁路，北至三山村。总户数为320户，总人口为900人，民族为汉族。面积为0.2平方千米。

皇帝下江南，行走经过原来有一座运粮河桥，皇帝走过以后称黄桥。1983年由原来的黄桥大队改为黄桥村，与三山村合并以后仍称为黄桥村。

尖山

尖山（Jiānshān） 隶属符离镇尖山村村民委员会，地理实体类型为农村居民点。东至小五柳村，南至清水村，西至西刘、南刘，北至五柳村。总户数为942户，总人口为3180人，民族为汉族。面积为0.9平方千米。

人民公社时期称尖山大队。1983年由尖山大队更名为尖山村。

南刘

南刘（Nánliú） 隶属符离镇尖山村村民委员会，地理实体类型为农村居民点。东至尖山村，南至清水村，西至淮北烈山区，北至西刘。总户数为35户，总人口为150人，民族为汉族。面积为0.01平方千米。

刘姓兄弟二人由外地迁居至此，老二居住在南山，在此开荒种地，建造房屋，繁衍生息，逐渐壮大，因故得名南刘。

路家

路家（Lùjiā） 隶属符离镇李桥村村民委员会，地理实体类型为农村居民点。东至季家耕地，南至302省道，西至杨家，北至李家。总户数为91户，总人口为328人，民族为汉族、壮族，共2种。面积为0.3平方千米。

1949年前该居民点东侧有座庙，叫路塘庙。该居民点的绝大多数都姓路，后庙被破坏，改为路塘小学，在1973年小学迁至村中心，更名为路家。自人民公社时期该居民点有路前、路后两大路姓人家在此居住。

杨家

杨家（Yángjiā） 隶属符离镇李桥村村民委员会，地理实体类型为农村居民点。东至路家，南至韩家，西至站东，北至李家。总户数为190户，总人口为731人，主要民族为汉族。面积为0.56平方千米。

1949年前叫石涧沟，后因姓杨的人较多，改为杨家。人民公社时期有3个村民组，绝大多数都姓杨。1992年分成4个村民组，统称为杨家。

黄花洞

黄花洞（Huánghuādòng） 隶属符离镇灵寺村村民委员会，地理实体类型为农村居民点。东至黄花山，南至曹闸，西至黄涧沟，北至北大堤。总户数为289户，总人口为1015人，民族为汉族。面积为0.41平方千米。

黄花洞位于符离东北部，村东有山，山腰有一古洞，名叫黄花洞，古代此山原名叫卧虎山，古洞叫采隐洞。洞侧不远处有一青龙泉，泉边有一龙泉寺，四周树木参天，黄花满地，以后此山改名黄花山，此洞改名为黄花洞，村庄因此得名。

清下庄

清下庄（Qīngxiàzhuāng） 隶属符离镇清水村村民委员会，地理实体类型为农村居民点。东至卢村，南至张楼，西至清上，北至武山。总户数为480户，总人口为1696人，民族为汉族。面积为0.05平方千米。

相传明朝开国皇帝朱元璋曾在清水太岳庙修行，明成祖永乐大帝曾兵藏于此。山涧常年流水不断，有一条沟穿村而过，村庄分为清上村、清下村。

武山孜

武山孜（Wǔshānzī） 隶属符离镇清水村村民委员会，地理实体类型为农村居民点。东至卢村，南至清下村，西至大山，北至尖山村。总户数为280户，总人口为1091人，民族为汉族。面积为0.02平方千米。

因村庄建在离山西侧，原名叫武离山庄，后来因姓武的家族人口较多，后改名武山孜村。

清上庄

清上庄（Qīngshàngzhuāng） 隶属符离镇清水村村民委员会，地理实体类型为农村居民点。东至清下村，南至张楼，西至符夹路，北至武山。总户数为305户，总人口为1715人，民族为汉族。面积为0.2平方千米。

村庄三面环山，有水库两座，长期山水环绕。一条沟穿村而过，村庄分为清上庄和清下庄。1983年属褚庄公社清上大队，1985年撤区并乡时属符离镇清水村。

薛庵庄

薛庵庄（Xuē'ānzhuāng） 隶属符离镇沈圩村村民委员会，地理实体类型为农村居民点。东至东大河，南至唐河，西至张庄，北至李炉庄。总户数为224户，总人口为 830 人，民族为汉族。面积为 0.5 平方千米。

薛姓人家由山西洪洞县迁居至此，在此种地，做小生意，建造房屋，不断繁衍生息，家族人丁旺盛，逐渐壮大，因故得名薛庵庄。1958 年命名为薛庵大队，后改为薛庵庄。

沈圩子

沈圩子（Shěnwéizi） 隶属符离镇沈圩村村民委员会，地理实体类型为农村居民点。东至郭庙，南至薛庄，西至丁桥，北至濉河。总户数为 137 户，总人口为 368 人，民族为汉族。面积为 0.12 平方千米。

清朝乾隆九年，由河南迁到沈牌坊，后迁到沈圩，建了两座大楼，为了安全起见，庄子周围挖了四个圩子，故起名沈圩子。

丁桥庄

丁桥庄（Dīngqiáozhuāng） 隶属符离镇沈圩村村民委员会，地理实体类型为农村居民点。东至沈圩庄，南至赵庄，西至濉溪县，北至孙沃子。总户数为 256 户，总人口为 650 人，民族为汉族。面积为 0.35 平方千米。

丁姓人家由外地迁居至此，在此种地，做小生意，建造房屋，不断繁衍生息，家族人丁旺盛，逐渐壮大，庄边有一座大桥，因故得名丁桥庄。

芦北新区

芦北新区（Lúběixīnqū） 隶属芦岭镇北王寨村村民委员会，地理实体类型为农村居民点。东至安阳，南至王寨，西至相王村，北至大店。总户数为 340 户，总人口为 1154 人，民族为汉族。面积为 0.18 平方千米。

2013 年，原闵岭村、顾家庄、邹家庄、刘家庄、王家庄、闵家庄、徐家庄因新农村建设整体搬迁至此，统一规划搬至芦北新区。2007 年隶属北王寨村。

北王寨庄

北王寨庄（Běiwángzhàizhuāng） 隶属芦岭镇北王寨村村民委员会，地理实体类型为农村居民点。东至安阳村，南至黄家，西至詹家，北至芦北新村。总户数为 146 户，总人口为 526 人，民族为汉族。面积为 0.07 平方千米。

王姓人家由山西洪洞县迁居于此，开荒种地，发展生产，建寨墙，挖寨沟，建造房屋，不断发展壮大，故得名王寨。因芦岭沱河南有一个王寨取名南王寨，北王寨在沱河北，故取名北王寨。2007 年隶属北王寨村。

下湖许庄

下湖许庄（Xiàhúxǔzhuāng） 隶属芦岭镇北王寨村村民委员会，地理实体类型为农村居民点。东至曹坊村，南至芦岭矿，西至相王村，北至丁家。总户数为 280 户，总人口为 1046 人，民族为汉族。面积为 0.13 平方千米。

许姓人家由山西太行山区迁居于此，开荒种地，建造房屋，不断繁衍生息，家族人丁兴旺，逐渐壮大，因此地地势低洼，故取名下湖许。2007 年隶属北王寨村。

杨廖庄

杨廖庄（Yángliàozhuāng） 隶属芦岭镇北王寨村村民委员会，地理实体类型为农村居民点。东至曹坊村，南至丁家，西至黄家，北至王寨。总户数为 26 户，总人口为 119 人，民族为汉族。面积为 0.02 平方千米。

杨姓、廖姓人家由南方迁居于此，开

荒种地，建造房屋，繁衍生息，故得名杨廖庄。2007 年隶属北王寨村。

陈堂新村

陈堂新村（Chéntángxīncūn） 隶属芦岭镇陈堂村村民委员会，地理实体类型为农村居民点。东至申单大沟，南至 101 省道，西至徐圩，北至陈堂。总户数为 382 户，总人口为 1329 人，民族为汉族、回族。其中汉族 1323 人，占比 99.5%；回族 6 人，占比 0.5%。面积为 0.18 平方千米。

以原周庄、刘庄、西叶、大圩、张庄五个自然庄，因土地置换而搬迁在一起取名陈堂新村。2007 年隶属陈堂村。

后乡

后乡（Hòuxiāng） 隶属芦岭镇花庄村村民委员会，地理实体类型为农村居民点。东至丁桥村，南至花东，北至路口村。总户数为 75 户，总人口为 300 人，民族为汉族。面积为 0.03 平方千米。

地处花庄村最北，故名后乡。明朝洪武七年（1374 年）宿州划归凤阳府，取名荒庄，后更改为花庄集。抗日战争时期隶属花庄乡，1993 年行政区域调整，撤销花庄乡改为花庄集。2007 年隶属花庄村。

花庄

花庄（Huāzhuāng） 隶属芦岭镇花庄村村民委员会，地理实体类型为农村居民点。东至桥口村，南至芦南村，西至花西，北至后乡吴。总户数为 300 户，总人口为 900 人，民族为汉族。面积为 0.1 平方千米。

明朝洪武七年，从宿州到凤阳重修南北驰道，有人在驿站旁边建茶庵为行人服务，后来又在茶庵旁建驿站，周边群众汇集交易逐年发展成集市——花庄集。明朝洪武七年宿州划归凤阳府，取名荒庄，后更改为花庄集。抗日战争时期为花庄乡。1993 年行政区域调整，撤销花庄乡更名花庄集。2007 年隶属花庄村。

张庄

张庄（Zhāngzhuāng） 隶属芦岭镇桥口村村民委员会，地理实体类型为农村居民点。东至申单沟，南至前王庄，西至高家，北至李家。总户数为 96 户，总人口为 389 人，民族为汉族。面积为 0.05 平方千米。

有个叫张信的人由南方迁居至此，在此居住，繁衍生息，家族不断壮大，故此得名张信庄。新中国成立后，改张信庄为张李，后又改名张庄。1984 年正式改为张庄。

蔡家

蔡家（Càijiā） 隶属芦岭镇相王村村民委员会，地理实体类型为农村居民点。东至芦岭矿运输专线，南至一支沟，西至潘家南北路，北至村生产路。总户数为 89 户，总人口为 280 人，民族为汉族。面积为 0.04 平方千米。

村民多蔡姓，故得名蔡家。旧时该村周围皆是梨树，名为梨园蔡家，后改为蔡家。2007 年隶属相王村。

大王家

大王家（Dàwángjiā） 隶属芦岭镇相王村村民委员会，地理实体类型为农村居民点。东至李家地域，南至李家，西至李家，北至一支沟。总户数为 41 户，总人口为 159 人，民族为汉族。面积为 0.02 平方千米。

大王庄有黄姓、陈姓、王姓三姓。以黄家为主，后来黄家败落，由于王姓人多，已有庄名小王家，本庄得名大王家。2007 年隶属相王村。

二廖庄

二廖庄（Èrliàozhuāng） 隶属芦岭镇

相王村村民委员会，地理实体类型为农村居民点。东至芦岭矿运输专线，南至沱堤北岸，西至相王村小廖，北至潘家组。总户数为73户，总人口为298人，民族为汉族。面积为0.04平方千米。

先人由四川省迁入淮北地区，发展生产，繁衍后代，散布淮北广大地区，覆盖面积1万多平方千米，10多个村庄。现相王村内分为老廖、二廖、小廖、相山廖家。2008年隶属相王村村民委员会。

老廖庄

老廖庄（Lǎoliàozhuāng） 隶属芦岭镇相王村村民委员会，地理实体类型为农村居民点。东至芦家，南至大郑桥，西至大郑桥，北至矿中学。总户数为83户，总人口为379人，民族为汉族。面积为0.04平方千米。

先人由四川省迁入淮北地区，发展生产，繁衍后代，散布淮北广大地区，覆盖面积1万多平方千米，10多个村庄。现相王村内分为老廖、二廖、小廖、相山廖家。2009年隶属相王村。

小廖

小廖（Xiǎoliào） 隶属芦岭镇相王村村民委员会，地理实体类型为农村居民点。东至二廖新址中心路，南至沱堤路北岸，西至潘家南湖，北至潘家组。总户数为52户，总人口为261人，民族为汉族。面积为0.03平方千米。

先人由四川省迁入淮北地区，发展生产，繁衍后代，人财昌盛，散布淮北广大地区，覆盖面积1万多平方千米，10多个村庄。现相王村内分为老廖、二廖、小廖、相山廖家。2018年隶属相王村。

小吴家

小吴家（Xiǎowújiā） 隶属芦岭镇相王村村民委员会，地理实体类型为农村居民点。东至北王寨村詹家，南至廖家，西至朱仙庄，北至相山廖。总户数为51户，总人口为210人，民族为汉族。面积为0.04平方千米。

自然形成村落，本姓吴姓，但后因小吴吴姓人的人口衰败，牛姓购置小吴土地，为尊重历史，牛姓人仍称呼为小吴家。2019年隶属相王村。

徐家

徐家（Xújiā） 隶属芦岭镇相王村村民委员会，地理实体类型为农村居民点。东至李家，南至后廖家，西至朱仙庄，北至朱仙庄。总户数为80户，总人口为311人，民族为汉族。面积为0.05平方千米。

徐姓人家由外省迁居于此，在此开荒种地，建造房屋，不断繁衍生息，家族人丁兴旺，逐渐壮大，故名徐家。2020年隶属相王村。

大郑桥居民组

大郑桥居民组（Dàzhèngqiáo Jūmínzǔ） 隶属芦岭镇沱中社区居民委员会，地理实体类型为城镇居民点。距离政府驻地1千米，东至路口村，南至二道河，西至校北小区，北至沱河南堤。居住人口1000人，民族为汉族。占地面积0.8平方千米。

该小区姓郑的在此居住，村庄西头有一个小桥，以桥命名故名大郑桥。原来大郑桥和小郑桥是一个自然庄，因大小郑桥中间有一座小桥。1945年命名桥西为小郑桥，桥东为大郑桥。

小郑桥居民组

小郑桥居民组（Xiǎozhèngqiáo Jūmínzǔ）

隶属芦岭镇沱中社区居民委员会，地理实体类型为城镇居民点。距离政府驻地 1.5 千米，东至大郑桥，南至健康路，西至西外环，北至沱河南堤。居住人口 756 人，民族为汉族。占地面积 0.5 平方千米。

该自然庄因郑姓在此居住，故命名为小郑桥居民组。原来大郑桥和小郑桥是一个自然庄，因大小郑桥中间有一座小桥。1945 年命名桥西为小郑桥，桥东为大郑桥。

集东

集东（Jídōng） 隶属朱仙庄镇二铺村村民委员会，地理实体类型为农村居民点。东至枣园庄，南至 303 省道，西至集西，北至老 303 省道。总户数为 102 户，总人口为 356 人，民族为汉族。面积为 0.07 平方千米。

此处是小集市，居集市东头，故称集东。1958 年隶属二铺大队。2007 年至今隶属二铺村。

集西

集西（Jíxī） 隶属朱仙庄镇二铺村村民委员会，地理实体类型为农村居民点。东至集东，南至 303 省道，西至二铺村村民委员会，北至宿州卫校。总户数为 110 户，总人口为 360 人，民族为汉族。面积为 0.06 平方千米。

此处是小集市，居于二铺集市西头，故称集西。1958 年隶属二铺大队。2007 年至今隶属二铺村。

南姬家庄

南姬家庄（Nánjījiāzhuāng） 隶属朱仙庄镇二铺村村民委员会，地理实体类型为农村居民点。东至三乡路，南至沱北沟，西至徐家路，北至徐家。总户数为 45 户，总人口为 189 人，民族为汉族。面积为 0.03 平方千米。

姬氏从宿州南分支到此处落户扎根，此庄有姬、杨两家族落户，因姬氏家族较大，故称此处为南姬家庄。1958 年隶属二铺大队。2007 年至今隶属二铺村。

南王庄

南王庄（Nánwángzhuāng） 隶属朱仙庄镇二铺村村民委员会，地理实体类型为农村居民点。东至集东，南至 303 省道，西至交警三中队，北至集西。总户数为 22 户，总人口为 90 人，民族为汉族。面积为 0.01 平方千米。

南王庄居住在二铺村集西组南，此处是王氏家族落户扎根的地方，因位居集西南边，原称王小庄，后称南王庄。1958 年隶属二铺大队。2007 年至今隶属二铺村。

谢家庄

谢家庄（Xièjiāzhuāng） 隶属朱仙庄镇二铺村村民委员会，地理实体类型为农村居民点。东至南王庄大田地，南至徐家庄北路，西至刘家，北至 303 省道。总户数为 160 户，总人口为 589 人，民族为汉族。面积为 0.15 平方千米。

谢氏从宿州南部桃园谢氏家族分支到此处落户扎根，繁衍后代，人丁兴旺，因本庄其他姓氏少，谢氏家族大，故称谢家庄。1958 年隶属二铺大队。2007 年至今隶属二铺村。

徐家庄

徐家庄（Xújiāzhuāng） 隶属朱仙庄镇二铺村村民委员会，地理实体类型为农村居民点。东至三乡路，南至南姬家庄，西至生产路，北至谢家。总户数为 120 户，总人口为 469 人，民族为汉族。面积为 0.12 平方千米。

徐氏家族从宿州南关分支到此处定居，

开荒种地，建房造屋，不断繁衍生息，家族人丁兴旺，无外姓人家，故此得名徐家庄。1958年隶属二铺大队。2007年至今隶属二铺村。

前孙

前孙（Qiánsūn） 隶属朱仙庄镇三铺村村民委员会，地理实体类型为农村居民点。东至芦岭镇滕家组，南至芦岭镇徐家，西至欧庄，北至后孙庄。总户数为75户，总人口为232人，民族为汉族。面积为0.07平方千米。

1949年10月前，有姓孙的人家在此落户，建家成业，繁衍生息，分户到前孙庄故叫孙家庄。1949年10月前命名为前路口生产队。1982年正式改名为前孙。

后史庄

后史庄（Hòushǐzhuāng） 隶属朱仙庄镇塔桥村村民委员会，地理实体类型为农村居民点。东至四清沟，南至前史，西至塔桥集，北至小新河。总户数为53户，总人口为274人，民族为汉族。面积为0.052平方千米。

该庄以史姓人家为主，分为南北两个庄，该庄在北，命名后史庄。1958年人民公社化时隶属塔桥大队。1983年至今隶属塔桥村。

陈家

陈家（Chénjiā） 隶属朱仙庄镇新河村村民委员会，地理实体类型为农村居民点。东至灌渠，南至老新河，西至二王庄，北至新汴河。总户数为18户，总人口为145人，民族为汉族。面积为0.02平方千米。

陈姓人家由外省迁居于此，在此开荒种地，建造房屋，不断繁衍生息，家族人丁兴旺，逐渐壮大，故名陈家。1958年隶属新河大队。1983年至今隶属新河村。

程孜

程孜（Chéngzī） 隶属朱仙庄镇新河村村民委员会，地理实体类型为农村居民点。东至灌渠，南至老新河，西至二王庄，北至新汴河。总户数为18户，总人口为145人，民族为汉族。面积为0.02平方千米。

传说秦朝末年，楚霸王项羽路过此地时天色已晚，让士兵临时用土筑一围墙过夜，霸王走后有一王姓来此种地建房居住，取名霸王程孜，后简称为程孜。1958年隶属新河大队。1983年至今隶属新河村。

刘家庄

刘家庄（Liújiāzhuāng） 隶属朱仙庄镇新河村村民委员会，地理实体类型为农村居民点。东至新界沟，南至梁家组，西至程孜，北至新汴河。总户数为95户，总人口为416人，民族为汉族。面积为0.1平方千米。

白庄刘姓人家以此地为晒粮场，建有场屋，后刘姓老二搬迁至此居住，繁衍生息，形成村庄，因地势低洼，人们筑圩而居，取名刘家庄。1958年隶属新河大队。1983年至今隶属新河村。

黄树丁

黄树丁（Huángshùdīng） 隶属朱仙庄镇六合社区村民委员会，地理实体类型为农村居民点。东至姚家地，南至姚家庄，西至二徐路，北至小黄河。总户数为28户，总人口为120人，民族为汉族。面积为0.02平方千米。

丁姓人家由山西省迁居至此，在此开荒种地、建造房屋，不断繁衍生息，家族人丁兴旺，逐渐壮大，村里有棵黄连树，故而得名黄树丁。

芦岭镇

安县

安县（Ānxiàn）隶属芦岭镇安阳村村民委员会，地理实体类型为农村居民点。东至高庄，南至曹坊村，西至小顾庄，北至小杨。总户数为80户，总人口为240人，民族为汉族。面积为0.035平方千米。

王姓人家由南方迁居于此，在此建造房屋，故名安县。2008年属安阳村。

北陈庄

北陈庄（Běichénzhuāng） 隶属芦岭镇安阳村村民委员会，地理实体类型为农村居民点。东至大店镇，南至大展庄，西至大店镇，北至大店镇。总户数为130户，总人口为350人，民族为汉族。面积为0.04平方千米。

陈姓人家由南方迁居于此，在此建造房屋，家族人丁兴旺，故名北陈。2008年属安阳村。

大杨庄

大杨庄（Dàyángzhuāng） 隶属芦岭镇安阳村村民委员会，地理实体类型为农村居民点。东至小杨庄，南至小顾庄，西至北王寨，北至大店镇。总户数为90户，总人口为370人，民族为汉族。面积为0.05平方千米。

杨姓人家由南方迁居于此，在此建造房屋，家族人丁兴旺，故名大杨。2008年属安阳村。

大展庄

大展庄（Dàzhǎnzhuāng） 隶属芦岭镇安阳村村民委员会，地理实体类型为农村居民点。东至小史庄，南至高庄，西至小杨，北至北陈。总户数为70户，总人口为280人，民族为汉族。面积为0.03平方千米。

展姓人家由南方迁居于此，在此建造房屋，家族人丁兴旺，故名大展。2008年属安阳村。

高庄

高庄（Gāozhuāng） 隶属芦岭镇安阳村村民委员会，地理实体类型为农村居民点。东至小朱，南至马圩新村，西至安县，北至大展。总户数为160户，总人口为630人，民族为汉族。面积为0.08平方千米。

高姓人家由南方迁居于此，在此建造房屋，家族人丁兴旺，故名高庄。2008年属安阳村。

后顾庄

后顾庄（Hòugùzhuāng） 隶属芦岭镇安阳村村民委员会，地理实体类型为农村居民点。东至大店镇，南至前顾，西至小朱庄，北至小史庄。总户数为30户，总人口为130人，民族为汉族。面积为0.02平方千米。

顾姓人家由南方迁居于此，在此建造房屋，家族人丁兴旺，又在姜顾后故名后顾庄。2008年属安阳村。

姜顾庄

姜顾庄（Jiānggùzhuāng） 隶属芦岭镇安阳村村民委员会，地理实体类型为农村居民点。东至前顾，南至马圩新村，西至马圩新村，北至小朱庄。总户数为90户，总人口为310人，民族为汉族。面积为0.03平方千米。

姜姓、顾姓人家由南方迁居于此，在此建造房屋，家族人丁兴旺，故名姜顾。2008年属安阳村。

马圩新村

马圩新村（Mǎwéixīncūn） 隶属芦岭

镇安阳村村民委员会，地理实体类型为农村居民点。东至小陈，南至曹坊村，西至曹坊村，北至高庄。总户数为350户，总人口为821人，民族为汉族。面积为0.09平方千米。

由马圩、南王、恽庄、小杨搬迁到此，故名马圩新村。2008年属安阳村。

前顾庄

前顾庄（Qiángùzhuāng） 隶属芦岭镇安阳村村民委员会，地理实体类型为农村居民点。东至大店镇，南至小陈，西至姜顾，北至后顾。总户数为90户，总人口为260人，民族为汉族。面积为0.04平方千米。

顾姓人家由南方迁居于此，在此建造房屋，家族人丁兴旺，又在姜顾前故名前顾庄。2008年属安阳村。

乔庄

乔庄（Qiáozhuāng） 隶属芦岭镇安阳村村民委员会，地理实体类型为农村居民点。东至小史庄，南至小朱庄，西至大展，北至大店镇。总户数为80户，总人口为300人，民族为汉族。面积为0.04平方千米。

乔姓人家由南方迁居于此，在此建造房屋，家族人丁兴旺，故名乔庄。2008年属安阳村。

小陈庄

小陈庄（Xiǎochénzhuāng） 隶属芦岭镇安阳村村民委员会，地理实体类型为农村居民点。东至大店镇，南至曹坊村，西至马圩新村，北至前顾。总户数为30户，总人口为210人，民族为汉族。面积为0.03平方千米。

陈家由南方搬迁至此，在此开荒种地，因故得名小陈庄。2008年属安阳村。

小顾

小顾（Xiǎogù） 隶属芦岭镇安阳村村民委员会，地理实体类型为农村居民点。东至安县庄，南至曹坊村，西至北王寨，北至大杨庄。总户数为60户，总人口为180人，民族为汉族。面积为0.05平方千米。

顾姓人家由南方迁居于此，在此建造房屋，家族人丁兴旺，故名小顾。2008年属安阳村。

小史庄

小史庄（Xiǎoshǐzhuāng） 隶属芦岭镇安阳村村民委员会，地理实体类型为农村居民点。东至大店镇，南至前顾，西至小朱庄，北至大店镇。总户数为70户，总人口为260人，民族为汉族。面积为0.04平方千米。

史姓人家由南方迁居于此，在此建造房屋，家族人丁兴旺，故得名为小史。2008年属安阳村。

小杨庄

小杨庄（Xiǎoyángzhuāng） 隶属芦岭镇安阳村村民委员会，地理实体类型为农村居民点。东至大展庄，南至安县庄，西至大杨庄，北至叶庄。总户数为30户，总人口为89人，民族为汉族。面积为0.01平方千米。

由大杨庄分户到此建庄种地，得名小杨庄。2008年属安阳村。

小朱庄

小朱庄（Xiǎozhūzhuāng） 隶属芦岭镇安阳村村民委员会，地理实体类型为农村居民点。东至后顾，南至姜顾，西至高庄，北至小史庄。总户数为30户，总人口为130人，民族为汉族。面积为0.02平方千米。

朱姓人家由南方迁居于此，在此建造房屋，家族人丁兴旺，故名朱庄。2008 年属安阳村。

叶庄

叶庄（Yèzhuāng） 隶属芦岭镇安阳村村民委员会，地理实体类型为农村居民点。东至北陈庄，南至安县庄，西至北王寨，北至大店镇。总户数为 130 户，总人口为 340 人，民族为汉族。面积为 0.04 平方千米。

叶姓人家由南方迁居于此，故名叶庄。2008 年属安阳村。

丁家庄

丁家庄（Dīngjiāzhuāng） 隶属芦岭镇北王寨村村民委员会，地理实体类型为农村居民点。东至曹坊村，南至下湖许，西至詹家，北至黄家。总户数为 42 户，总人口为 240 人，民族为汉族。面积为 0.03 平方千米。

丁姓人家由山西太行山区迁居于此，开荒种地，建造房屋，繁衍生息，逐渐壮大，故得名丁家庄。2007 年属北王寨村。

黄家庄

黄家庄（Huángjiāzhuāng） 隶属芦岭镇北王寨村村民委员会，地理实体类型为农村居民点。东至曹坊村，南至丁家，西至詹家，北至王寨。总户数为 98 户，总人口为 503 人，民族为汉族。面积为 0.06 平方千米。

黄姓人家由山西太行山区迁居于此，开荒种地，建造房屋，繁衍生息，逐渐壮大，故得名黄家庄。2007 年属北王寨村。

芦北新区

芦北新区（Lúběixīnqū） 隶属芦岭镇北王寨村村民委员会，地理实体类型为农村居民点。东至安阳，南至王寨，西至相王村，北至大店。总户数为 340 户，总人口为 1154 人，民族为汉族。面积为 0.18 平方千米。

2013 年，原闵岭村、顾家庄、邹家庄、刘家庄、王家庄、闵家庄、徐家庄因新农村建设整体搬迁至此，统一规划搬至芦北新区。2007 年属北王寨村。

北王寨庄

北王寨庄（Běiwángzhàizhuāng） 隶属芦岭镇北王寨村村民委员会，地理实体类型为农村居民点。东至安阳村，南至黄家，西至詹家，北至芦北新村。总户数为 146 户，总人口为 526 人，民族为汉族。面积为 0.07 平方千米。

王姓人家由山西洪洞县迁居于此，开荒种地，发展生产，建寨墙，挖寨沟，建造房屋，不断发展壮大，故得名王寨。因芦岭沱河南有一个王寨取名南王寨，北王寨在沱河北，故取名北王寨。2007 年属北王寨村。

下湖许庄

下湖许庄（Xiàhúxǔzhuāng） 隶属芦岭镇北王寨村村民委员会，地理实体类型为农村居民点。东至曹坊村，南至芦岭矿，西至相王村，北至丁家。总户数为 280 户，总人口为 1046 人，民族为汉族。面积为 0.13 平方千米。

许姓人家由山西太行山区迁居于此，开荒种地，建造房屋。因此地地势低洼，故取名下湖许。2007 年属北王寨村。

杨廖庄

杨廖庄（Yángliàozhuāng） 隶属芦岭镇北王寨村村民委员会，地理实体类型为农村居民点。东至曹坊村，南至丁家，西至黄家，北至王寨。总户数为 26 户，总人口为 119 人，民族为汉族。面积为 0.02 平方千米。

杨姓、廖姓人家由南方迁居于此，开荒种地，建造房屋，繁衍生息，故得名杨廖庄。2007年属北王寨村。

詹家庄

詹家庄（Zhānjiāzhuāng） 隶属芦岭镇北王寨村村民委员会，地理实体类型为农村居民点。东至黄家，南至相王村，西至相王村，北至相王村。总户数为106户，总人口为320人，民族为汉族。面积为0.04平方千米。

詹姓人家由山西太行山区迁居于此，开荒种地，建造房屋，繁衍生息，逐渐壮大，故得名詹家庄。2007年属北王寨村。

北小马庄

北小马庄（Běixiǎomǎzhuāng） 隶属芦岭镇曹坊村村民委员会，地理实体类型为农村居民点。东至王沟涯。总户数为103户，总人口为470人，民族为汉族。面积为0.05平方千米。

姓马人氏在此居住，逐渐兴旺。因有两个小马庄，此地靠北，故得名北小马庄。2007年属曹坊村。

卜桥庄

卜桥庄（Bǔqiáozhuāng） 隶属芦岭镇曹坊村村民委员会，地理实体类型为农村居民点。东至豆桥庄，南至沱河，西至芦岭矿，北至大王庄。户数为50户，总人口为210人，民族为汉族。面积为0.078平方千米。

因靠古沱河北岸门前有简易石头搭桥，且姓卜人氏居住，故名卜桥。2007年属曹坊村。

大谷庄

大谷庄（Dàgǔzhuāng） 隶属芦岭镇曹坊村村民委员会，地理实体类型为农村居民点。东至大店镇，南至沱河，西至大王庄，北至安阳。总户数为45户，总人口为210人，民族为汉族。面积为0.392平方千米。

因村内多谷姓，得名大谷庄。2007年属曹坊村。

大王庄

大王庄（Dàwángzhuāng） 隶属芦岭镇曹坊村村民委员会，地理实体类型为农村居民点。东至大谷庄，南至卜桥，西至芦岭矿，北至沈王庄。总户数为103户，总人口为460人，民族为汉族。面积为0.05平方千米。

姓王人氏在此居住，故名大王庄。2007年属曹坊村。

豆桥庄

豆桥庄（Dòuqiáozhuāng） 隶属芦岭镇曹坊村村民委员会，地理实体类型为农村居民点。东至小马庄，南至沱河，西至沱展路，北至谷王庄。总户数为110户，总人口为430人，民族为汉族。面积为0.05平方千米。

姓豆人氏在此居住，故名豆桥庄。2007年属曹坊村。

南小马庄

南小马庄（Nánxiǎomǎzhuāng） 隶属芦岭镇曹坊村村民委员会，地理实体类型为农村居民点。东至大店镇，南至沱河，西至豆桥，北至大谷庄。总户数为45户，总人口为210人，民族为汉族。面积为0.03平方千米。

因有两个小马庄，此地靠南，故得名南小马庄。2007年属曹坊村。

沈王庄

沈王庄（Shěnwángzhuāng） 隶属芦岭镇曹坊村村民委员会，地理实体类型为农村居民点。东至安阳，南至大王庄，西至曹坊庄，北至双杨庄。总户数为150户，总人口为540人，民族为汉族。面积为0.04平方千米。

本庄有王、沈两大姓，故名沈王庄。2007年属曹坊村。

双杨庄

双杨庄（Shuāngyángzhuāng） 隶属芦岭镇曹坊村村民委员会，地理实体类型为农村居民点。东至安阳，南至沈王，西至小展庄，北至安阳。总户数为28户，总人口为127人，民族为汉族。面积为0.052平方千米。

杨氏人家从南方迁居至此，故名双杨庄。2007年属曹坊村。

王曹坊庄

王曹坊庄（Wángcáofāngzhuāng） 隶属芦岭镇曹坊村村民委员会，地理实体类型为农村居民点。东至沈王庄，南至卜桥庄，西至王沟庄，北至小展庄。总户数为89户，总人口为398人，民族为汉族。面积为0.05平方千米。

本庄有一大户人家在此酿酒，起名曹坊庄，因姓王氏人口较多，故名王曹坊庄。2007年属曹坊村。

王沟涯

王沟涯（Wánggōuyá） 隶属芦岭镇曹坊村村民委员会，地理实体类型为农村居民点。东至小展，南至曹坊庄，西至小马庄，北至史家庄。总户数为90户，总人口为360人，民族为汉族。面积为0.04平方千米。

该村以王姓居民为主，故而得名。2007年属曹坊村。

小史庄

小史庄（Xiǎoshǐzhuāng） 隶属芦岭镇曹坊村村民委员会，地理实体类型为农村居民点。东至安阳村，南至沱河，西至小马庄，北至安阳村。总户数为62户，总人口为261人，民族为汉族。面积为0.0416平方千米。

史姓人民在此居住，在此开荒种地建造家园、繁衍生息，故名史家庄。2007年属曹坊村。

小展庄

小展庄（Xiǎozhǎnzhuāng） 隶属芦岭镇曹坊村村民委员会，地理实体类型为农村居民点。东至双杨，南至曹坊庄，西至王沟庄，北至安阳总。户数为27户，总人口为126人，民族为汉族。面积为0.05平方千米。

因展姓居多，故名小展庄。2007年属曹坊村。

北曹

北曹（Běicáo） 隶属芦岭镇陈堂村村民委员会，地理实体类型为农村居民点。东至曹庄，南至张叶，西至徐圩，北至小周。总户数为58户，总人口为240人，民族为汉族、回族。其中汉族237人，占比99%；回族3人，占比1%。面积为0.03平方千米。

以曹姓命名。2007年属陈堂村。

曹庄

曹庄（Cáozhuāng） 隶属芦岭镇陈堂村村民委员会，地理实体类型为农村居民点。东至申单大沟，南至陈庄，西至张叶，北至原张庄。总户数为55户，总人口为231人，民族为汉族。面积为0.04平方千米。

以曹姓命名。2007年属陈堂村。

陈堂新村

陈堂新村（Chéntángxīncūn） 隶属芦岭镇陈堂村村民委员会，地理实体类型为农村居民点。东至申单大沟，南至101省道，西至徐圩，北至陈堂。总户数为382户，总人口为1329人，民族为汉族、回族。其中汉族1323人，占比99.5%；回族6人，占比0.5%。面积为0.18平方千米。

周庄、刘庄、西叶、大圩、张庄五个自然庄因土地置换而搬迁在一起，取名陈堂新村。2007年属陈堂村。

陈堂

陈堂（Chéntáng） 隶属芦岭镇陈堂村村民委员会，地理实体类型为农村居民点。东至申单大沟，南至陈堂新村，西至原大圩组，北至陈庄。总户数为52户，总人口为210人，民族为汉族、回族。其中汉族205人，占比97.6%；回族5人，占比2.4%。面积为0.04平方千米。

以陈姓居多命名，而得名陈堂。2007年属陈堂村。

陈庄

陈庄（Chénzhuāng） 隶属芦岭镇陈堂村村民委员会，地理实体类型为农村居民点。东至申单大沟，南至陈堂组，西至张叶组，北至曹庄组。总户数为60户，总人口为220人，民族为汉族、回族。其中汉族216人，占比98%；回族4人，占比2%。面积为0.03平方千米。

因陈姓而得名陈庄。2007年属陈堂村。

大周

大周（Dàzhōu） 隶属芦岭镇陈堂村村民委员会，地理实体类型为农村居民点。东至申单大沟，南至曹庄，西至小周，北至桥口村。总户数为105户，总人口为430人，民族为汉族。面积为0.05平方千米。

以周姓居多，故得名大周。2007年属陈堂村。

后刘

后刘（Hòuliú） 隶属芦岭镇陈堂村村民委员会，地理实体类型为农村居民点。东至北曹，南至徐圩，西至芦南村，北至芦南村。总户数为63户，总人口为250人，民族为汉族。面积为0.03平方千米。

以刘姓居多取名后刘，名称沿用至今。2007年属陈堂村。

王巷

王巷（Wángxiàng） 隶属芦岭镇陈堂村村民委员会，地理实体类型为农村居民点。东至徐圩，南至101省道，西至芦南村，北至芦南村。总户数为70户，总人口为260人，民族为汉族。面积为0.03平方千米。

以王姓及徐圩庄中间有个大巷子而得名，名称沿用至今。2007年属陈堂村。

小周

小周（Xiǎozhōu） 隶属芦岭镇陈堂村村民委员会，地理实体类型为农村居民点。东至大周，南至北曹，西至芦南村，北至芦南村。总户数为80户，总人口为380人，民族为汉族。面积为0.04平方千米。

从大周分支而来取名小周，名称沿用至今。2007年属陈堂村。

徐圩

徐圩（Xúwéi） 隶属芦岭镇陈堂村村民委员会，地理实体类型为农村居民点。东至张叶，南至101省道，西至王巷，北至后刘。总户数为115户，总人口为390人，民族为汉族。面积为0.04平方千米。

以徐姓加之以前建的巷子而得庄名，名称沿用至今。2007年属陈堂村。

张叶

张叶（Zhāngyè） 隶属芦岭镇陈堂村村民委员会，地理实体类型为农村居民点。东至陈庄，曹庄，南至原大圩张叶，西至徐圩，北至北曹。总户数为115户，总人口为430人，民族为汉族、回族。其中汉族428人，占比99.5%；回族2人，占比0.5%。面积为0.04平方千米。

以张姓命名，名称沿用至今。2007年属陈堂村。

大小丁庄

大小丁庄（Dàxiǎodīngzhuāng） 隶属芦岭镇丁桥村村民委员会，地理实体类型为农村居民点。东至固镇清凉，南至桥口村，西至申单庄，北至肖庄。总户数为160户，总人口为798人，民族为汉族。面积为0.08平方千米。

丁姓由北方迁居至此，大丁庄后因分居为大小丁庄。2007年属丁桥村。

单庄

单庄（Shànzhuāng） 隶属芦岭镇丁桥村村民委员会，地理实体类型为农村居民点。东至桥口村，南至桥口村，西至花庄村，北至申庄。总户数为110户，总人口为420人，民族为汉族。面积为0.04平方千米。

单姓从北方迁居至今，不断发展繁衍，故称为单庄，名称沿用至今。2007年属丁桥村。

申庄

申庄（Shēnzhuāng） 隶属芦岭镇丁桥村村民委员会，地理实体类型为农村居民点。东至申单大沟，南至单庄，西至路口村，北至陵园路。总户数为90户，总人口为390人，民族为汉族。面积为0.04平方千米。

清朝至今申姓居多，故称为申庄。2007年属丁桥村。

小王庄

小王庄（Xiǎowángzhuāng） 隶属芦岭镇丁桥村村民委员会，地理实体类型为农村居民点。东至固镇清凉，南至桥口村，西至桥口村，北至韩庄。总户数为46户，总人口为149人，民族为汉族。面积为0.02平方千米。

王姓居多故名小王庄。2007年属丁桥村。

张家庄

张家庄（Zhāngjiāzhuāng） 隶属芦岭镇丁桥村村民委员会，地理实体类型为农村居民点。东至固镇，南至肖庄，西至申单，北至窦盛。总户数为98户，总人口为390人，民族为汉族。面积为0.05平方千米。

张姓由西南方迁居至此，故名张家庄。2007年属丁桥村。

后乡

后乡（Hòuxiāng） 隶属芦岭镇花庄村村民委员会，地理实体类型为农村居民点。东至丁桥村，南至花东，北至路口村。总户数为75户，总人口为300人，民族为汉族。面积为0.03平方千米。

因地处花庄村最北，故名后乡。明朝洪武七年（1374年）宿州划归凤阳府，取名荒庄，后更改为花庄集。抗日战争时期为花庄乡。1993年行政区域调整，撤销花庄乡更名为花庄集。2007年属花庄村。

花庄

花庄（Huāzhuāng） 隶属芦岭镇花庄村村民委员会，地理实体类型为农村居民点。东至桥口村，南至芦南村，西至花西，北至后乡吴。总户数为300户，总人口为900人，民族为汉族。面积为0.1平方千米。

明朝洪武七年，从宿州到凤阳重修南北驰道，有人在驿站旁边建茶庵为行人服务，后来又在茶庵旁建驿站，周边群众汇集交易逐年发展成集市——花庄集。明朝洪武七年宿州划归凤阳府，取名荒庄，后更改为花庄集。抗日战争时期为花庄乡。1993年行政区域调整，撤销花庄乡更名为花庄集。2007年属花庄村。

路东吴

路东吴（Lùdōngwú） 隶属芦岭镇芦南村村民委员会，地理实体类型为农村居民点。东至小周家，南至小高家，西至路西吴，北至邢庄。总户数为79户，总人口为290人，民族为汉族。面积为0.03平方千米。

本村人多姓吴，因村西头有条南北大路，所以称作路东吴。2007年属芦南村。

路西吴

路西吴（Lùxīwú） 隶属芦岭镇芦南村村民委员会，地理实体类型为农村居民点。东至路东吴，南至小高家，西至芦花路，北至邢庄。总户数为138户，总人口为380人，民族为汉族。面积为0.04平方千米。

本村人多姓吴，因村东头有条南北大路，所以称作路西吴。2007年属芦南村。

门东李

门东李（Méndōnglǐ） 隶属芦岭镇芦南村村民委员会，地理实体类型为农村居民点。东至芦花路，南至101省道，西至龙王庙，北至苇汪庄。总户数为98户，总人口为300人，民族为汉族。面积为0.06平方千米。

此庄靠近宿固路，津浦铁路，原先有几户人家沿路而居，都门朝东，故称为门东李庄。2007年属芦南村。

祖李庄

祖李庄（Zǔlǐzhuāng） 隶属芦岭镇芦南村村民委员会，地理实体类型为农村居民点。东至芦花路，南至101省道，西至龙王庙，北至花庄村。总户数为156户，总人口为650人，民族为汉族、回族。其中汉族630人，占比97%；回族20人，占比3%。面积为0.07平方千米。

祖李庄因庄内有两大姓氏，东头姓祖，西头姓李，称为祖李庄。2007年属芦南村。

马鞍桥

马鞍桥（Mǎ' ānqiáo） 隶属芦岭镇路口村村民委员会，地理实体类型为农村居民点。东至许王新村，南至路口装西头，西至王老庄，北至芦岭镇供电所。总户数为50户，总人口为203人，民族为汉族。面积为0.03平方千米。

因庄前有一桥，其状似马鞍，故取名马鞍桥。此桥已损毁，后又重建。2007年属路口村。

潘圩庄

潘圩庄（Pānwéizhuāng） 隶属芦岭镇路口村村民委员会，地理实体类型为农村居民点。东至丁桥村，南至小马庄，西至杨庄，北至二道河。总户数为98户，总人口为613人，民族为汉族。面积为0.07平方千米。

本庄居民以潘姓居民最多，故名潘圩庄。2007年属路口村。

小胡庄

小胡庄（Xiǎohúzhuāng） 隶属芦岭镇路口村村民委员会，地理实体类型为农村居民点。东至大廖庄，南至西寺坡小王庄，西至肖店庄，北至小廖庄。总户数为45户，总人口为165人，民族为汉族。面积为0.02平方千米。

本庄居民以胡姓居民最多，故名小胡庄。2007年属路口村。

荒地庄

荒地庄（Huāngdìzhuāng） 隶属芦岭镇南王寨村村民委员会，地理实体类型为农村居民点。东至王二庄，南至王老庄刘寨庄，西至王沟庄，北至王寨庄。总户数为32户，总人口为120人，民族为汉族、哈尼族。其中汉族118人，占比98%；哈尼族2人，占比2%。面积为0.02平方千米。

因此地以前是荒地，有人居住后仍然沿用荒地。2007年后属南王寨村。

王寨庄

王寨庄（Wángzhàizhuāng） 隶属芦岭镇南王寨村村民委员会，地理实体类型为农村居民点。东至王二庄，南至荒地庄，西至王沟涯庄，北至王桥庄。总户数为138户，总人口为701人，民族为汉族、哈尼族。其中汉族695人，占比99%；哈尼族6人，占比1%。面积为0.07平方千米。

因王姓居多，得名王寨。2007年后属南王寨村。

蔡桥庄

蔡桥庄（Càiqiáozhuāng） 隶属芦岭镇南王寨村村民委员会，地理实体类型为农村居民点。东至王各新庄，南至王玲庄，西至大泽乡宋桥，北至沱河。总户数为140户，总人口为580人，民族为汉族。面积为0.07平方千米。

此庄原有蔡姓在此居住，原沱河未有开挖，此庄有一座便民桥后称为蔡桥庄。2007年后属南王寨村。

董家庄

董家庄（Dǒngjiāzhuāng） 隶属芦岭镇南王寨村村民委员会，地理实体类型为农村居民点。东至王寨庄，南至王老庄庙前，西至王沟涯庄，北至王各新庄。总户数为40户，总人口为180人，民族为汉族。面积为0.03平方千米。

此庄原有姓董的在此居住，后称董家庄。2007年后属南王寨村。

王二庄

王二庄（Wáng' èrzhuāng） 隶属芦岭镇南王寨村村民委员会，地理实体类型为农村居民点。东至王老庄，南至王老庄村，西至王寨庄，北至沱河。总户数为103户，总人口为381人，民族为汉族、哈尼族。其中汉族377人，占比99%；哈尼族4人，占比1%。面积为0.04平方千米。

王姓老祖在此居住，原老祖弟兄三个，其中老二在此居住，后称王二庄。2007年后属南王寨村。

王各新庄

王各新庄（Wánggèxīnzhuāng） 隶属芦岭镇南王寨村村民委员会，地理实体类型为农村居民点。东至王桥组，南至王寨庄，西至蔡桥庄，北至沱河。总户数为130户，总人口为520人，民族为汉族。面积为0.06平方千米。

1999年塌陷搬迁，此庄改为王各新庄。2007年后属南王寨村。

王沟涯庄

王沟涯庄（Wánggōuyázhuāng） 隶属芦岭镇南王寨村村民委员会，地理实体类型为农村居民点。东至王寨庄，南至王老庄古店，西至杨家庄，北至沱河岸。总户数为70户，总人口为270人，民族为汉族。面积为 0.04 平方千米。

此庄中心有一条大沟，村民居住于此沟两侧，后称王沟涯庄。2007 年后属南王寨村。

王岭庄

王岭庄（Wánglǐngzhuāng） 隶属芦岭镇南王寨村村民委员会，地理实体类型为农村居民点。东至杨庄，南至大泽乡镇桑岭庄，西至大泽乡镇水池村，北至蔡桥庄。总户数为 156 户，总人口为 320 人，民族为汉族。面积为 0.04 平方千米。

此庄中心有一道南北岭后称王岭庄。2007 年后属南王寨村。

王桥庄

王桥庄（Wángqiáozhuāng） 隶属芦岭镇南王寨村村民委员会，地理实体类型为农村居民点。东至芦岭煤矿铁路，西至王各新村庄，北至沱河。总户数为 31 户，总人口为 120 人，民族为汉族、哈尼族。其中汉族 116 人，占比 96.7%；哈尼族 4 人，占比 3.3%。面积为 0.02 平方千米。

因王姓居多，原沱河上有一座石桥，后称王桥至今。2007 年后属南王寨村。

杨家庄

杨家庄（Yángjiāzhuāng） 隶属芦岭镇南王寨村村民委员会，地理实体类型为农村居民点。东至王沟涯庄，南至王老庄村古店庄，西至王岭庄，北至蔡桥庄。总户数为 156 户，总人口为 320 人，民族为汉族。面积为 0.05 平方千米。

杨氏家族在此居住，后称杨家庄至今。2007 年后属南王寨村。

大张

大张（Dàzhāng） 隶属芦岭镇桥口村村民委员会，地理实体类型为农村居民点。东至固镇县，南至一指沟，西至小张，北至二指沟。总户数为 120 户，总人口为 480 人，民族为汉族。面积为 0.06 平方千米。

该村以张姓居民多，故而得名大张。2007 年属桥口村。

东小化

东小化（Dōngxiǎohuà） 隶属芦岭镇桥口村村民委员会，地理实体类型为农村居民点。东至固镇县，南至小欧庄，西至化圩庄，北至丁桥村。总户数为 34 户，总人口为 140 人，民族为汉族。面积为 0.03 平方千米。

因该村子较小，化姓居多，故名东小化。2007 年属桥口村村民委员会。

高家

高家（Gāojiā） 隶属芦岭镇桥口村村民委员会，地理实体类型为农村居民点。东至张庄，南至前王，西至花庄村，北至申单。总户数为 38 户，总人口为 173 人，民族为汉族。面积为 0.03 平方千米。

该村以高姓居民居多，故而得名高家。2007 年属桥口村。

沟崖化

沟崖化（Gōuyáhuà） 隶属芦岭镇桥口村村民委员会，地理实体类型为农村居民点。东至化圩，南至二指沟，西至申单大沟，北至丁桥村。总户数为 85 户，总人口为 340 人，民族为汉族。面积为 0.04 平方千米。

因该村村前有一小沟，以姓氏命名，得名沟崖化。2007 年属桥口村。

后王

后王（Hòuwáng） 隶属芦岭镇桥口村村民委员会，地理实体类型为农村居民点。东至张庄，南至前王，西至高庄，北至李家。总户数为34户，总人口为136人，民族为汉族。面积为0.03平方千米。

该村以王姓为主，与前王对应，名为后王。2007年属桥口村。

化圩

化圩（Huàwéi） 隶属芦岭镇桥口村村民委员会，地理实体类型为农村居民点。东至小化，南至丁桥街，西至沟崖化，北至丁桥村。总户数为50户，总人口为200人，民族为汉族。面积为0.03平方千米。

该村以前为防范土匪，在村前挖了一个圩子，以姓氏得名，故名化圩。2007年属桥口村。

李庄

李庄（Lǐzhuāng） 隶属芦岭镇桥口村村民委员会，地理实体类型为农村居民点。东至申单沟，南至张庄，西至申单，北至申单。总户数为96户，总人口为396人，民族为汉族。面积为0.05平方千米。

该庄以李姓居民为主，故而得名李庄。2007年属桥口村。

前王

前王（Qiánwáng） 隶属芦岭镇桥口村村民委员会，地理实体类型为农村居民点。东至申单沟，南至宿固路，西至花庄村，北至后王。总户数为34户，总人口为146人，民族为汉族。面积为0.02平方千米。

该村以王姓居民居多，故而得名。2007年属桥口村。

邱庄

邱庄（Qiūzhuāng） 隶属芦岭镇桥口村村民委员会，地理实体类型为农村居民点。东至申单沟，南至李家，西至李家，北至申单。总户数为31户，总人口为178人，民族为汉族。面积为0.02平方千米。

该庄以邱姓居民为主，故而得名。2007年属桥口村。

圩子

圩子（Wéizi） 隶属芦岭镇桥口村村民委员会，地理实体类型为农村居民点。东至八里沟，南至新沟，西至申单沟，北至宿固路。总户数为205户，总人口为807人，民族为汉族。面积为0.09平方千米。

由于当时土匪横行，经常骚扰村民，为防止土匪骚扰，村民自愿在村周围挖沟围庄，因此得名圩子。2007年属桥口村。

小欧

小欧（Xiǎo'ōu） 隶属芦岭镇桥口村村民委员会，地理实体类型为农村居民点。东至固镇县，南至二指沟，西至丁桥街，北至小化庄。总户数为32户，总人口为144人，民族为汉族。面积为0.02平方千米。

该庄以欧姓居民为主，故而得名。2007年属桥口村。

小张

小张（Xiǎozhāng） 隶属芦岭镇桥口村村民委员会，地理实体类型为农村居民点。东至八里沟，南至一指沟，西至申单沟，北至丁桥街。总户数为50户，总人口为203人，民族为汉族。面积为0.03平方千米。

该村以张姓居民为主，故而得名小张。2007年属桥口村。

叶庄

叶庄（Yèzhuāng） 隶属芦岭镇桥口村村民委员会，地理实体类型为农村居民点。东至申单沟，南至陈堂村，西至芦南村，北至王庄。总户数为60户，总人口为263人，民族为汉族。面积为0.03平方千米。

该庄叶姓居民居多，故而得名叶庄。

2007年属桥口村。

张马庄

张马庄（Zhāngmǎzhuāng） 隶属芦岭镇桥口村村民委员会，地理实体类型为农村居民点。东至张庄，南至宿固路，西至叶庄，北至一指沟。总户数为46户，总人口为251人，民族为汉族。面积为0.03平方千米。

有张、马两姓来此居住。后马姓人丁兴旺，逐渐壮大，因此得名马家，直到1983年改名为张马庄。

张庄

张庄（Zhāngzhuāng） 隶属芦岭镇桥口村村民委员会，地理实体类型为农村居民点。东至申单沟，南至前王庄，西至高家，北至李家。总户数为96户，总人口为389人，民族为汉族。面积为0.05平方千米。

有一名叫张信的人由南方迁居至此，在此居住，繁衍生息，家族不断壮大，故此得名张信庄。1952年改张信庄为张李庄。1984年正式改为张庄。

大后庄

大后庄（Dàhòuzhuāng） 隶属芦岭镇桥口村村民委员会，地理实体类型为农村居民点。东至八里沟，南至前王庄，西至张马庄，北至一指沟。总户数为177户，总人口为739人，民族为汉族。面积为0.08平方千米。

曹坊

曹坊（Cáofāng） 隶属芦岭镇王老庄村村民委员会，地理实体类型为农村居民点。东至黄园，西至大泽乡真，北至古店庄。总户数为50户，总人口为260人，民族为汉族。面积为0.04平方千米。

该村以曹姓居民为主，故而得名曹坊。2007年属王老庄村。

古店庄

古店庄（Gǔdiànzhuāng） 隶属芦岭镇王老庄村村民委员会，地理实体类型为农村居民点。东至刘寨村，南至曹坊村，西至大泽乡真，北至南王寨。总户数为223户，总人口为607人，民族为汉族。面积为0.07平方千米。

此地原有许多店铺，后经变迁店铺渐少，因此得名古店庄。2007年属王老庄村。

黄园

黄园（Huángyuán） 隶属芦岭镇王老庄村村民委员会，地理实体类型为农村居民点。东至刘寨，西至大泽乡镇，北至庙前庄。总户数为20户，总人口为90人，民族为汉族。面积为0.01平方千米。

该庄以黄姓居民居多，故而得名。2007年属王老庄村。

刘寨

刘寨（Liúzhài） 隶属芦岭镇王老庄村村民委员会，地理实体类型为农村居民点。北至王老庄村。总户数为170户，总人口为681人，民族为汉族。面积为0.08平方千米。

因刘姓居多，得名刘寨。2007年属王老庄村。

孟庄

孟庄（Mèngzhuāng） 隶属芦岭镇王老庄村村民委员会，地理实体类型为农村居民点。东至沱中，南至王老庄，西至张庄，北至沱河。总户数为201户，总人口为630人，民族为汉族。面积为0.07平方千米。

因孟姓居多，得名孟庄。2007年属王老庄村。

庙前

庙前（Miàoqián） 隶属芦岭镇王老庄村村民委员会，地理实体类型为农村居民点。东至刘寨，南至小高家，西至古店庄，北至南王寨。总户数为61户，总人口为295人，民族为汉族。面积为0.04平方千米。

旧时有庙，此村在庙的南方，得名庙前。2007年属王老庄村。

孙庄

孙庄（Sūnzhuāng） 隶属芦岭镇王老庄村村民委员会，地理实体类型为农村居民点。东至路口村，南至路口村，北至王老庄村。总户数为30户，总人口为147人，民族为汉族。面积为0.03平方千米。

很早以前孙姓在此居住，故名孙庄。2007年属王老庄村。

王老庄

王老庄（Wánglǎozhuāng） 隶属芦岭镇王老庄村村民委员会，地理实体类型为农村居民点。东至路口村，南至小孙庄，西至刘寨庄，北至张庄。总户数为184户，总人口为840人，民族为汉族。面积为0.1平方千米。

从前从山西迁来一户王姓，落户在此，老三在此居住就叫王老庄。2007年属王老庄村。

棉线张

棉线张（Miánxiànzhāng） 隶属芦岭镇相王村村民委员会，地理实体类型为农村居民点。东至北王寨，南至北王寨，西至郑家，北至北王寨。总户数为38户，总人口为128人，民族为汉族。面积为0.03平方千米。

以前本庄张姓以纺棉为主，因此得名棉线张。2011年属相王村。

潘家

潘家（Pānjiā） 隶属芦岭镇相王村村民委员会，地理实体类型为农村居民点。东至芦岭矿煤炭专线，南至沱堤路，西至王圩，北至一支沟。总户数为72户，总人口为290人，民族为汉族。面积为0.04平方千米。

潘姓由蒿沟湖迁来本地，潘姓居多，发展生产，繁衍生息，人丁兴旺，故取名为潘家庄。2012年属相王村。

松林王

松林王（Sōnglínwáng） 隶属芦岭镇相王村村民委员会，地理实体类型为农村居民点。东至二廖南北路，南至一支沟，西至朱仙庄，北至二廖。总户数为58户，总人口为218人，民族为汉族。面积为0.03平方千米。

因此村庄西南松树较多，村民多王姓，故得名松林王家。2013年属相王村。

滕家

滕家（Téngjiā） 隶属芦岭镇相王村村民委员会，地理实体类型为农村居民点。东至大店镇，南至李家，西至朱仙庄，北至朱仙庄镇。总户数为42户，总人口为183人，民族为汉族。面积为0.03平方千米。

以前有一滕姓，由山东滕县迁居于此，发展生产，繁衍生息，人丁兴旺，故取名为滕家。2014年属相王村。

相山廖

相山廖（Xiāngshānliào） 隶属芦岭镇相王村村民委员会，地理实体类型为农村居民点。东至郑家西沟，南至小吴北沟，西至朱仙庄小吴家，北至相山徐家。总户数为81户，总人口为320人，民族为汉族。面积为0.04平方千米。

由四川省迁入淮北地区，发展生产，繁衍后代，人财昌盛，散布淮北广大地区，覆盖面积1万多平方千米，10多个村庄。现相王村内分为老廖、二廖、小廖、相山廖家。2016年属相王村。

小吴家

小吴家（Xiǎowújiā） 隶属芦岭镇相王村村民委员会，地理实体类型为农村居民点。东至北王寨村詹家，南至廖家，西至朱仙庄，北至相山廖。总户数为51户，总人口为210人，民族为汉族。面积为0.04平方千米。

自然形成村落，本姓吴姓，但后因小吴吴姓人的人口衰败，牛姓购置小吴土地，为尊重历史，牛姓人仍称呼为小吴家。2019年属相王村。

徐家

徐家（Xújiā） 隶属芦岭镇相王村村民委员会，地理实体类型为农村居民点。东至李家，南至后廖家，西至朱仙庄，北至朱仙庄。总户数为80户，总人口为311人，民族为汉族。面积为0.05平方千米。

徐姓人家由外省迁居于此，在此开荒种地，建造房屋，不断繁衍生息，家族人丁兴旺，逐渐壮大，故名徐家。2020年属相王村。

郑家

郑家（Zhèngjiā） 隶属芦岭镇相王村村民委员会，地理实体类型为农村居民点。东至棉线张家，南至北王寨，西至后廖家，北至李家。总户数为78户，总人口为322人，民族为汉族。面积为0.04平方千米。

从外地来一郑姓人家，在此开荒种地，建造房屋，不断繁衍后代，由于人丁兴旺，因此得名郑家。2021年属相王村。

87−1小区

87−1小区（87−1 Xiǎoqū） 隶属芦岭镇沱北社区居民委员会，地理实体类型为城镇居民点。距离政府驻地1千米，东至小闵庄，南至小郑桥林园，西至西外环，北至求知路。居住人口3800人，民族为汉族。占地面积0.2平方千米。

1987年芦岭矿在此建筑的第一期工程，故命名为87−1小区。

教育小区

教育小区（Jiàoyù Xiǎoqū） 隶属芦岭镇沱北社区居民委员会，地理实体类型为城镇居民点。距离政府驻地1千米，东至工人路，南至外环南路，西至小闵庄组，北至工农路。居住人口653人，民族为汉族。占地面积0.1平方千米。

该小区主要是学校的教师居住及商品房聚集在一起，故命名为教育小区。2009年5月，命名为教育小区，名称沿用至今。

朱仙庄镇

丁家庄

丁家庄（Dīngjiāzhuāng） 隶属朱仙庄镇二铺村村民委员会，地理实体类型为农村居民点。东至刘家路，南至沱北口北路，西至城东街道小梅家，北至303省道。总户数为40户，总人口为139人，民族为汉族。面积为0.03平方千米。

丁氏家族从宋桥高丁分支落户到此处，村庄里无别姓人居住，故称丁家庄。1958年隶属二铺大队。2007年至今隶属二铺村。

集东

集东（Jídōng） 隶属朱仙庄镇二铺村村民委员会，地理实体类型为农村居民点。

东至枣园庄，南至303省道，西至集西，北至老303省道。总户数为102户，总人口为356人，民族为汉族。面积为0.07平方千米。

此处是小集市，在此居住的李姓家族较大，还有代姓、金姓、王姓均在此居住，因逢集市，居集市东头，故称集东。1958年隶属二铺大队。2007年至今隶属二铺村。

集西

集西（Jíxī） 隶属朱仙庄镇二铺村村民委员会，地理实体类型为农村居民点。东至集东，南至303省道，西至二铺村，北至宿州卫校。总户数为110户，总人口为360人，民族为汉族。面积为0.06平方千米。

在此居住张姓、王姓、李姓、沈姓家族，当时张姓家族大，因居住在二铺集市西头，故称集西。1958年隶属二铺大队。2007年至今隶属二铺村。

李家庄

李家庄（Lǐjiāzhuāng） 隶属朱仙庄镇二铺村村民委员会，地理实体类型为农村居民点。东至二徐路，南至沈家庄，西至朱家，北至宿州学院。总户数为50户，总人口为170人，民族为汉族。面积为0.03平方千米。

本庄人口均属李氏家族，故称李家庄。1958年隶属二铺大队。2007年至今隶属二铺村。

刘家庄

刘家庄（Liújiāzhuāng） 隶属朱仙庄镇二铺村村民委员会，地理实体类型为农村居民点。东至谢家，南至徐家庄后路，西至丁家，北至电视差转台。总户数为65户，总人口为248人，民族为汉族。面积为0.04平方千米。

因刘氏家族在此居住较早，故命名为刘家庄。后谢氏与刘氏均居此处，但此处仍称刘家庄。

南姬家庄

南姬家庄（Nánjījiāzhuāng） 隶属朱仙庄镇二铺村村民委员会，地理实体类型为农村居民点。东至三乡路，南至沱北沟，西至徐家路，北至徐家。总户数为45户，总人口为189人，民族为汉族。面积为0.03平方千米。

姬氏从原南宿州南分支到此处落户扎根，此庄有姬、杨两家族落户，因姬氏家族较大，故称此处为南姬家庄。1958年隶属二铺大队。2007年至今隶属二铺村。

南王庄

南王庄（Nánwángzhuāng） 隶属朱仙庄镇二铺村村民委员会，地理实体类型为农村居民点。东至集东，南至303省道，西至交警三中队，北至集西。总户数为22户，总人口为90人，民族为汉族。面积为0.01平方千米。

南王庄居住在二铺村集西组南，此处是王氏家族落户扎根的地方，因位居集西南边，原称王小庄，后称南王庄。1958年隶属二铺大队。2007年至今隶属二铺村。

沈家庄

沈家庄（Shěnjiāzhuāng） 隶属朱仙庄镇二铺村村民委员会，地理实体类型为农村居民点。东至二徐路，南至303省道，西至西姬家，北至李家庄。总户数为50户，总人口为211人，民族为汉族。面积为0.03平方千米。

本庄沈氏家族在此居住较早，故称沈家庄。1958年隶属二铺大队。2007年至今隶属二铺村。

田家庄

田家庄（Tiánjiāzhuāng） 隶属朱仙庄镇二铺村村民委员会，地理实体类型为农村居民点。东至朱家，南至西姬家，西至城东乡界，北至一号沟。总户数为40户，总人口为140人，民族为汉族。面积为0.02平方千米。

本庄田氏家族在此居住较早，故称田家庄。1958年隶属二铺大队。2007年至今隶属二铺村。

西姬家

西姬家（Xījījiā） 隶属朱仙庄镇二铺村村民委员会，地理实体类型为农村居民点。东至沈家，南至303省道，西至城东界，北至朱家庄。总户数为90户，总人口为304人，民族为汉族。面积为0.05平方千米。

1958年隶属二铺大队。2007年至今隶属二铺村。

谢家庄

谢家庄（Xièjiāzhuāng） 隶属朱仙庄镇二铺村村民委员会，地理实体类型为农村居民点。东至南王庄大田地，南至徐家庄北路，西至刘家，北至303省道。总户数为160户，总人口为589人，民族为汉族。面积为0.15平方千米。

谢氏从宿州南部桃园谢氏家族分支到此处落户扎根，因本庄其他姓氏少，谢氏家族大，故称谢家庄。1958年隶属二铺大队。2007年至今隶属二铺村。

徐家庄

徐家庄（Xújiāzhuāng） 隶属朱仙庄镇二铺村村民委员会，地理实体类型为农村居民点。东至三乡路，南至南姬家庄，西至生产路，北至谢家。总户数为120户，总人口为469人，民族为汉族。面积为0.12平方千米。

徐氏家族从宿州南关分支到此处定居，无外姓人家，故此得名徐家庄。1958年隶属二铺大队。2007年至今隶属二铺村。

枣园庄

枣园庄（Zǎoyuánzhuāng） 隶属朱仙庄镇二铺村村民委员会，地理实体类型为农村居民点。东至大外环路，南至303省道，西至集东，北至老303省道。总户数为36户，总人口为135人，民族为汉族。面积为0.03平方千米。

沈姓在此居住，当时种植枣树较多，已成林园，故此得名枣园庄。1958年隶属二铺大队。2007年至今隶属二铺村。

周家庄

周家庄（Zhōujiāzhuāng） 隶属朱仙庄镇二铺村村民委员会，地理实体类型为农村居民点。东至二铺村，南至二铺集市中心路，西至二徐路，北至宿州卫校。总户数为120户，总人口为480人，民族为汉族。面积为0.08平方千米。

早年周氏家族从原宿州分居迁至此处落户扎根，繁衍后代，周氏家族较大，故命名为周家庄。1958年隶属二铺大队。2007年至今隶属二铺村。

朱家庄

朱家庄（Zhūjiāzhuāng） 隶属朱仙庄镇二铺村村民委员会，地理实体类型为农村居民点。东至李家，南至西姬家，西至田家，北至一号沟。总户数为90户，总人口为320人，民族为汉族。面积为0.06平方千米。

朱氏家族在此居住较早，人丁兴旺，故称朱家庄。1958年隶属二铺大队。2007

年至今隶属二铺村。

大魏家

大魏家（Dàwèijiā） 隶属朱仙庄镇矿南村村民委员会，地理实体类型为农村居民点。东至铁路，南至大邢家，西至小周庄，北至矿门口。总户数为210户，总人口为820人，民族为汉族。面积为0.182平方千米。

公元前209年大泽乡起义时期，魏姓人家由山西逃荒而来，开荒种地建房，故得名大魏家。1958年命名为大魏家。

二郎新村

二郎新村（Èrlángxīncūn） 隶属朱仙庄镇矿南村村民委员会，地理实体类型为农村居民点。东至沟沿庄，南至沱北村，西至大邢组，北至北许村组。总户数为169户，总人口为865人，民族为汉族。面积为0.226平方千米。

1997年搬迁，四个自然庄搬在一起，原是二郎村，改名为二郎新村。

沟沿张

沟沿张（Gōuyánzhāng） 隶属朱仙庄镇矿南村村民委员会，地理实体类型为农村居民点。东至梁家沟，南至沱北村，西至邢家庄，北至三许组。总户数为75户，总人口为223人，民族为汉族。面积为0.045平方千米。

许姓人家在此居住，1938年日本人放火烧庄，故得村名火烧许。后张姓人搬迁此地，故得名沟沿张。1945年改名为沟沿张。

三许新村

三许新村（Sānxǔxīncūn） 隶属朱仙庄镇矿南村村民委员会，地理实体类型为农村居民点。东至大魏家，南至四支圩，西至小周庄，北至303省道。总户数为285户，总人口为838人，民族为汉族。面积为0.187平方千米。

许姓人家由灵璧迁居至此，开荒种地，不断繁衍生息，许氏家族逐渐增多，故得名三许新村。1997年搬迁到魏北组土地上，原有许东、许西、许后，改为三许新村。

南许

南许（Nánxǔ） 隶属朱仙庄镇矿南村村民委员会，地理实体类型为农村居民点。东至二郎新村土地，南至沱北村，西至梁家沟，北至沟沿张。总户数为21户，总人口为85人，民族为汉族。面积为0.016平方千米。

许姓人家由北方迁居在此，因北边有大许，火烧许，故得名南许。

小张庄

小张庄（Xiǎozhāngzhuāng） 隶属朱仙庄镇矿南村村民委员会，地理实体类型为农村居民点。东至矿铁路，南至大魏庄，西至大魏庄张家，北至朱仙庄矿西路。总户数为22户，总人口为196人，民族为汉族。面积为0.014平方千米。

张姓人家由山西迁居此地，因此得名小张庄。1949年命名小张庄。

邢家庄

邢家庄（Xíngjiāzhuāng） 隶属朱仙庄镇矿南村村民委员会，地理实体类型为农村居民点。东至沟沿张，南至沱北村，西至曹凌村，北至魏西组。总户数为102户，总人口为372人，民族为汉族。面积为0.185平方千米。

战乱邢姓人家由山东搬至此处，开荒造田，繁衍生息，故得名邢家庄。1949年命名为大邢、小邢。1981年改名为邢家庄。

张家组

张家组（Zhāngjiāzǔ） 隶属朱仙庄镇矿南村村民委员会，地理实体类型为农村居民点。东至牌坊，南至大王，西至孔寨，北至牌坊。总户数为52户，总人口为296人，民族为汉族。面积为0.0657平方千米。

原是大贠家，后由于贠家家族败落，张家家族增多，改名张家组。

北沈庄

北沈庄（Běishěnzhuāng） 隶属朱仙庄镇三铺村村民委员会，地理实体类型为农村居民点。东至宋庙村，南至一组地，西至高庄，北至小黄河。总户数为75户，总人口为299人，民族为汉族。面积为0.055平方千米。

1949年10月前，叫街北后沈庄，沈姓聚居此地而得名。2007年并村时正式改名为三铺村北沈庄。

北园

北园（Běiyuán） 隶属朱仙庄镇三铺村村民委员会，地理实体类型为农村居民点。东至村村民委员会，南至东场组，西至街北组，北至农田地。总户数为43户，总人口为220人，民族为汉族。面积为0.064平方千米。

二组

二组（Èrzǔ） 隶属朱仙庄镇三铺村村民委员会，地理实体类型为农村居民点。东至四组，南至矿东组，西至朱仙庄煤矿，北至高家庄。总户数为60户，总人口为280人，民族为汉族。面积为0.07平方千米。

2007年村庄合并时改为二组。

高家庄

高家庄（Gāojiāzhuāng） 隶属朱仙庄镇三铺村村民委员会，地理实体类型为农村居民点。东至一队，南至三铺街，西至三塔路，北至北沈。总户数为128户，总人口为608人，民族为汉族。面积为0.15平方千米。

1949年10月前，高氏家族人口多，建村立庄，繁衍生息，故名高家庄。1958年命名为高家生产队。1981年正式改名为高家庄。

光明

光明（Guāngmíng） 隶属朱仙庄镇三铺村村民委员会，地理实体类型为农村居民点。东至村村民委员会，南至宿灵公路，西至矿东一组，北至街北组。总户数为30户，总人口为120人，民族为汉族。面积为0.03平方千米。

1958年命名为三铺人民公社。1981年正式改为光明。

后孙

后孙（Hòusūn） 隶属朱仙庄镇三铺村村民委员会，地理实体类型为农村居民点。东至宋庙村南北路，南至前孙庄，西至刘庄，北至李马庄。总户数为70户，总人口为248人，民族为汉族。面积为0.08平方千米。

1949年有姓孙的人家在此落户，故叫孙家庄。1949年10月前命名为后路口生产队。1982年正式改名为后孙。

街北

街北（Jiēběi） 隶属朱仙庄镇三铺村村民委员会，地理实体类型为农村居民点。东至村村民委员会，南至光明组，西至矿东一组，北至农田地。总户数为83户，总人口为310人，民族为汉族。面积为0.07平方千米。

1958年命名为三铺人民公社。1981年正式改为街北。

矿东

矿东（Kuàngdōng） 隶属朱仙庄镇三铺村村民委员会，地理实体类型为农村居民点。东至三铺街道，南至303省道，西至朱仙庄煤矿，北至二组。总户数为40户，总人口为180人，民族为汉族。面积为0.06平方千米。

人民公社时命名为集西二队。2007年并村后命名为矿东。

李马庄

李马庄（Lǐmǎzhuāng） 隶属朱仙庄镇三铺村村民委员会，地理实体类型为农村居民点。东至宋庙，南至后孙家，西至赵家，北至303省道。总户数为130户，总人口为510人，民族为汉族。面积为0.139平方千米。

1949年10月前，有姓李、姓马的两姓人家在此落户，建家成业，繁衍生息，姓李的比姓马的人口多故叫李马庄。1958年命名李马生产队。1982年正式改名为李马。

刘家

刘家（Liújiā） 隶属朱仙庄镇三铺村村民委员会，地理实体类型为农村居民点。东至后孙庄，南至欧庄，西至桑庄，北至赵庄、李马庄。总户数为72户，总人口为240人，民族为汉族。面积为0.06平方千米。

该村主要以刘姓居民为主，故而得名。1949年10月前命名刘家生产队。1982年正式改名为刘家。

南沈家

南沈家（Nánshěnjiā） 隶属朱仙庄镇三铺村村民委员会，地理实体类型为农村居民点。东至集东，南至大徐家，西至梁家沟，北至303省道。总户数为82户，总人口为355人，民族为汉族。面积为0.05平方千米。

2007年，并村时正式改名为三铺村南沈家。1949年10月前叫街南沈庄，2007年并村时正式改名为三铺村南沈家。

欧庄

欧庄（Ōuzhuāng）隶属朱仙庄镇三铺村村民委员会，地理实体类型为农村居民点。东至前孙庄，南至芦岭镇徐家，西至大许家，北至刘庄。总户数为35户，总人口为142人，民族为汉族。面积为0.06平方千米。

1949年10月前，有姓欧的人家在此落户，建家成业，繁衍生息，故叫欧庄。1949年10月前命名小欧家生产队。1982年正式改名为欧家。

前孙

前孙（Qiánsūn） 隶属朱仙庄镇三铺村村民委员会，地理实体类型为农村居民点。东至芦岭镇滕家组，南至芦岭镇徐家，西至欧庄，北至后孙庄。总户数为75户，总人口为232人，民族为汉族。面积为0.07平方千米。

1949年10月前，有姓孙的人家在此落户，建家成业，繁衍生息，分户到前孙庄故叫孙家庄。1949年10月前命名为前路口生产队。1982年正式改名为前孙。

桑家

桑家（Sāngjiā） 隶属朱仙庄镇三铺村村民委员会，地理实体类型为农村居民点。东至刘家，南至四号沟，西至南沈庄，北至三铺村。总户数为90户，总人口为450人，民族为汉族。面积为0.085平方千米。

1949年10月前，有姓桑的人家在此落

户，故叫桑家。1958年以后命名桑家生产队。1981年正式改名为桑家。

胜利

胜利（Shènglì） 隶属朱仙庄镇三铺村村民委员会，地理实体类型为农村居民点。东至村村民委员会，南至宿灵公路，西至矿东一组，北至街北组。总户数为34户，总人口为136人，民族为汉族。面积为0.035平方千米。

1958年命名后隶属三铺人民公社。1981年正式改为胜利组。

四组

四组（Sìzǔ） 隶属朱仙庄镇三铺村村民委员会，地理实体类型为农村居民点。东至光明组，南至303省道，西至三铺街道，北至一组。总户数为60户，总人口为340人，民族为汉族。面积为0.05平方千米。

2007年，村级区划调整时命名为四组。

窑后魏

窑后魏（Yáohòuwèi） 隶属朱仙庄镇三铺村村民委员会，地理实体类型为农村居民点。东至茶庵西，南至赵家北湖，西至街上东，北至关家南湖。总户数为100户，总人口为480人，民族为汉族。面积为0.09平方千米。

1949年10月前，有位姓魏的在此地建窑、做生意，将此地取名为窑后魏。

一组

一组（Yīzǔ） 隶属朱仙庄镇三铺村村民委员会，地理实体类型为农村居民点。东至光明组，南至三铺街，西至二组，北至北沈庄。总户数为65户，总人口为200人，民族为汉族。面积为0.053平方千米。

1972年，三铺人民公社命名为一队，2007年村级区划调整时更名为一组。

赵家

赵家（Zhàojiā） 隶属朱仙庄镇三铺村村民委员会，地理实体类型为农村居民点。东至茶庵西，南至桑家北湖，西至街上东，北至魏家南。总户数为90户，总人口为394人，民族为汉族。面积为0.074平方千米。

姓赵人家在此开垦荒地，家族人丁越来越多，人口兴旺，就取名为赵家。2007年村级区划调整时命名。

茶庵

茶庵（Chá'ān） 隶属朱仙庄镇宋庙村村民委员会，地理实体类型为农村居民点。东至卓刘路，南至三铺村李马庄，西至三铺村窑后魏，北至刘家。总户数为62户，总人口为320人，民族为汉族。面积为0.05平方千米。

很早以前有人在路边开了一家茶水铺，取名茶庵。1983年至今隶属宋庙村。

陈圩

陈圩（Chénwéi） 隶属朱仙庄镇宋庙村村民委员会，地理实体类型为农村居民点。东至四铺村，南至芦岭镇，西至蒋家组，北至303省道。总户数为70户，总人口为280人，民族为汉族。面积为0.064平方千米。

该庄以陈姓为主，很早以前该庄有个圩子，取名陈圩。1983年至今隶属宋庙村。

陈家

陈家（Chénjiā） 隶属朱仙庄镇宋庙村村民委员会，地理实体类型为农村居民点。东至黄家组，南至303省道，西至刘家，北至河。总户数为95户，总人口为380人，民族为汉族。面积为0.084平方千米。

该庄有陈姓、李姓、安姓人家在此居

住，因陈姓人口最多，故而得名陈家。

关家

关家（Guānjiā） 隶属朱仙庄镇宋庙村村民委员会，地理实体类型为农村居民点。东至三后路，南至三铺村，西至三铺村，北至小黄河。总户数为110户，总人口为480人，民族为汉族。面积为0.105平方千米。

该庄以关姓为主，1928年前庄内有座庙，取名关庙。1982年改为关家。

郭家

郭家（Guōjiā） 隶属朱仙庄镇宋庙村村民委员会，地理实体类型为农村居民点。东至黄家组地，南至黄家组，西至后场路，北至小黄河。总户数为42户，总人口为178人，民族为汉族。面积为0.042平方千米。

因该庄以郭姓人家为主，庄内有座庙，起名郭庙，后改为郭家。

黄家

黄家（Huángjiā） 隶属朱仙庄镇宋庙村村民委员会，地理实体类型为农村居民点。东至潘家组，南至303省道，西至陈东组，北至郭庙组。总户数为72户，总人口为222人，民族为汉族。面积为0.06平方千米。

因该庄黄姓人口最多，故而得名。1958年人民公社时期为黄家生产队。1982年为黄家。

蒋家

蒋家（Jiǎngjiā） 隶属朱仙庄镇宋庙村村民委员会，地理实体类型为农村居民点。东至陈圩组，南至芦岭镇，西至宋庙组，北至303省道。总户数为85户，总人口为340人，民族为汉族。面积为0.081平方千米。

1910年前后，蒋姓人家迁居至此，故而得名蒋家。

梁家

梁家（Liángjiā） 隶属朱仙庄镇宋庙村村民委员会，地理实体类型为农村居民点。东至四铺村，南至303省道，西至潘家，北至黄家组地。总户数为50户，总人口为188人，民族为汉族。面积为0.052平方千米。

在1920年以前，有梁姓和陆姓两户人家迁居至此，因梁姓人口较多，本村故而得名梁家。

刘家

刘家（Liújiā） 隶属朱仙庄镇宋庙村村民委员会，地理实体类型为农村居民点。东至大陈家地，南至茶庵组，西至三铺村，北至卓家组河。总户数为23户，总人口为120人，民族为汉族。面积为0.025平方千米。

有户刘姓人家逃荒至此，原名刘府，后改为刘家。

潘家

潘家（Pānjiā） 隶属朱仙庄镇宋庙村村民委员会，地理实体类型为农村居民点。东至梁家，南至303省道，西至黄家，北至小黄河地。总户数为47户，总人口为198人，民族为汉族。面积为0.03平方千米。

1918年前，有一溜十八潘的说法，人民公社时期命名潘家。

宋庙

宋庙（Sòngmiào） 隶属朱仙庄镇宋庙村村民委员会，地理实体类型为农村居民点。东至蒋家组，南至芦岭镇相山村，西至三铺村，北至303省道。总户数为181户，总人口为836人，民族为汉族。面积为0.18平方千米。

因该庄内有一座庙，起名叫宋庙，以庙命名该庄，该庙依然存在。

吴家

吴家（Wújiā） 隶属朱仙庄镇宋庙村村民委员会，地理实体类型为农村居民点。东至小刘家组，南至小黄河，西至后场路，北至小江家河。总户数为19户，总人口为110人，民族为汉族。面积为0.015平方千米。

1942年，有吴姓人家在此落户，建造房屋，繁衍生息，不断壮大，故而得名吴家。

卓家

卓家（Zhuójiā） 隶属朱仙庄镇宋庙村村民委员会，地理实体类型为农村居民点。东至陈家地，南至刘家，西至三后路，北至小黄河。总户数为85户，总人口为418人，民族为汉族。面积为0.074平方千米。

该庄有卓姓、刘姓、张姓人家在此居住，因卓姓人口最多，故而得名卓家。

大尹庄

大尹庄（Dàyǐnzhuāng） 隶属朱仙庄镇塔桥村村民委员会，地理实体类型为农村居民点。东至魏家庄，南至老新河，西至四清沟，北至新汴河。总户数为97户，总人口为491人，民族为汉族。面积为0.1平方千米。

该庄以尹姓人家为主，人口较多，故而得名大尹庄。

丁家庄

丁家庄（Dīngjiāzhuāng） 隶属朱仙庄镇塔桥村村民委员会，地理实体类型为农村居民点。东至大尹，南至小新河，西至陈家，北至孔园。总户数为33户，总人口为160人，民族为汉族。面积为0.027平方千米。

该庄以丁姓人家为主，故而得名丁家庄。1983年至今隶属塔桥村。

付家庄

付家庄（Fùjiāzhuāng） 隶属朱仙庄镇塔桥村村民委员会，地理实体类型为农村居民点。东至路东组，南至宿州大道，西至四清沟，北至小新河。总户数为42户，总人口为180人，民族为汉族。面积为0.04平方千米。

该庄以付姓人家为主，故而得名付家庄。

后史庄

后史庄（Hòushǐzhuāng） 隶属朱仙庄镇塔桥村村民委员会，地理实体类型为农村居民点。东至四清沟，南至前史，西至塔桥集，北至小新河。总户数为53户，总人口为274人，民族为汉族。面积为0.052平方千米。

该庄以史姓人家为主，分为南北两个庄，该庄在北，命名后史庄。1958年人民公社化时隶属塔桥大队。1983年至今隶属塔桥村。

孔园庄

孔园庄（Kǒngyuánzhuāng） 隶属朱仙庄镇塔桥村村民委员会，地理实体类型为农村居民点。东至大尹，南至小新河，西至陈家，北至新汴河。总户数为36户，总人口为116人，民族为汉族。面积为0.027平方千米。

该庄以孔姓人家为主，故而得名孔园庄。

路东

路东（Lùdōng） 隶属朱仙庄镇塔桥村

村民委员会，地理实体类型为农村居民点。东至路南，南至小新河，西至付家，北至魏家。总户数为51户，总人口为228人，民族为汉族。面积为0.046平方千米。

因该庄在三号路以东，故而得名路东。

路南

路南（Lùnán） 隶属朱仙庄镇塔桥村村民委员会，地理实体类型为农村居民点。东至承包地，南至小新河，西至路东组，北至魏家。总户数为48户，总人口为203人，民族为汉族。面积为0.044平方千米。

因该庄地处塔桥至黄树路以南，故而得名路南组。1983年至今隶属塔桥村。

路西

路西（Lùxī） 隶属朱仙庄镇塔桥村村民委员会，地理实体类型为农村居民点。东至路东组，南至小新河，西至四清沟，北至大尹庄。总户数为35户，总人口为138人，民族为汉族。面积为0.03平方千米。

因该庄在三号路以西，故而得名路西组。1958年人民公社化时隶属塔桥大队。1983年至今隶属塔桥村。

牌坊庄

牌坊庄（Páifāngzhuāng） 隶属朱仙庄镇塔桥村村民委员会，地理实体类型为农村居民点。东至黄树秦，南至路口，西至大尹，北至新汴河。总户数为43户，总人口为156人，民族为汉族。面积为0.045平方千米。

该庄在清朝时受到皇帝封赏，赐牌坊，故取庄名为牌坊庄。

前史庄

前史庄（Qiánshǐzhuāng） 隶属朱仙庄镇塔桥村村民委员会，地理实体类型为农村居民点。东至四清沟，南至宿州大道，西至172乡道，北至后史庄。总户数为50户，总人口为198人，民族为汉族。面积为0.048平方千米。

该庄以史姓人家为主，分为南北两个庄，该庄在南，命名前史庄。1983年至今隶属塔桥村。

孙家庄

孙家庄（Sūnjiāzhuāng） 隶属朱仙庄镇塔桥村村民委员会，地理实体类型为农村居民点。东至大尹，南至小新河，西至丁家庄，北至孔园。总户数为59户，总人口为198人，民族为汉族。面积为0.06平方千米。

该庄以孙姓人家为主，故而得名孙家庄。

塔桥集

塔桥集（Tǎqiáojí） 隶属朱仙庄镇塔桥村村民委员会，地理实体类型为农村居民点。东至后史，南至大陈庄，西至陆家，北至小新河。总户数为112户，总人口为462人，民族为汉族。面积为0.12平方千米。

古时候传说是张果老骑驴压塌的桥，后更名为塔桥集。1972年后为塔桥人民公社塔桥大队，又名塔桥集。

魏家

魏家（Wèijiā） 隶属朱仙庄镇塔桥村村民委员会，地理实体类型为农村居民点。东至黄树秦，南至路南，西至大尹庄，北至新汴河。总户数为47户，总人口为171人，民族为汉族。面积为0.045平方千米。

该庄以魏姓人家为主，故而得名魏家组。

小陈庄

小陈庄（Xiǎochénzhuāng） 隶属朱仙庄镇塔桥村村民委员会，地理实体类型为农村居民点。东至后赵庄，南至朱庙庄，西至蔡家，北至宿州大道。总户数为47户，总人口为255人，民族为汉族。面积为0.043平方千米。

该庄以陈姓人家为主，人口较少，故而得名小陈庄。1958年人民公社化时隶属塔桥大队，1983年至今隶属塔桥村。

大陈庄

大陈庄（Dàchénzhuāng） 隶属朱仙庄镇塔桥村村民委员会，地理实体类型为农村居民点。东至四清沟，南至帝元公司，西至闫炉，北至塔桥集。总户数为97户，总人口为328人，民族为汉族。面积为0.093平方千米。

该庄以陈姓人家为主，人口较多，故而得名大陈庄。

闫炉庄

闫炉庄（Yánlúzhuāng） 隶属朱仙庄镇塔桥村村民委员会，地理实体类型为农村居民点。东至大陈庄，南至帝元公司，西至蔡家，北至宿州大道。总户数为43户，总人口为232人，民族为汉族。面积为0.042平方千米。

该庄以闫姓人家为主，故而得名闫炉庄。1958年人民公社化时隶属塔桥大队，1983年至今隶属塔桥村。

丁家

丁家（Dīngjiā） 隶属朱仙庄镇沱北村村民委员会，地理实体类型为农村居民点。东至大外环东，南至高三，西至大外环西，北至曹凌南。总户数为42户，总人口为148人，民族为汉族。面积为0.03平方千米。

该庄以丁姓人家为主，故名。1958年改为丁家。

冯孟

冯孟（Féngmèng） 隶属朱仙庄镇沱北村村民委员会，地理实体类型为农村居民点。东至芦岭西部，南至沱河大堤，西至梁家东湖，北至一支圩大沟。总户数为100户，总人口为355人，民族为汉族。面积为0.09平方千米。

本庄有姓孟、姓冯两姓氏居住，故得名冯孟。

高二组

高二组（Gāo' èrzǔ） 隶属朱仙庄镇沱北村村民委员会，地理实体类型为农村居民点。东至宋桥西，南至沱高一组，西至西干沟，北至一号沟高三组。总户数为32户，总人口为146人，民族为汉族。面积为0.03平方千米。

本庄姓高为主，有姓祝、赵人家，由南向北分别为高一组、高二组、高三组，该庄为高二组。

高三组

高三组（Gāosānzǔ） 隶属朱仙庄镇沱北村村民委员会，地理实体类型为农村居民点。东至支家西湖，南至高二组，西至大外环路，北至小丁。总户数为22户，总人口为106人，民族为汉族。面积为0.03平方千米。

该庄以高姓为主，由南向北分别为高一组、高二组、高三组，该庄为高三组。

高一组

高一组（Gāoyīzǔ） 隶属朱仙庄镇沱北村村民委员会，地理实体类型为农村居民点。东至宋桥西湖，南至沱河，西至干沟，北至一号沟高二组。总户数为40户，总人口为160人，民族为汉族。面积为0.03平方千米。

本庄姓高为主，有姓余、姓张人家，由南向北分别为高一组、高二组、高三组，该庄为高三组，该庄为高一组。200 年前叫三龚桥高家，后改名为高一组。

黄家

黄家（Huángjiā） 隶属朱仙庄镇沱北村村民委员会，地理实体类型为农村居民点。东至梁家北湖，南至小陈北湖，西至朱宋路，北至李寨大沟。总户数为 58 户，总人口为 255 人，民族为汉族。面积为 0.08 平方千米。

清末，从山西迁至此地，黄姓人口居多，故得名黄家。

孔寨

孔寨（Kǒngzhài） 隶属朱仙庄镇沱北村村民委员会，地理实体类型为农村居民点。东至朱仙庄牌坊，南至联盟路，西至镇政府，北至牌坊组。总户数为 42 户，总人口为 190 人，民族为汉族。面积为 0.01 平方千米。

该庄以孔姓人家为主，故而得名孔寨。

雷家

雷家（Léijiā） 隶属朱仙庄镇沱北村村民委员会，地理实体类型为农村居民点。东至冯岭王家，南至二支圩大沟，西至詹家西南湖，北至詹家南沟。总户数为 100 户，总人口为 370 人，民族为汉族。面积为 0.12 平方千米。

该庄以雷姓人家为主，故而得名雷家。

李寨

李寨（Lǐzhài） 隶属朱仙庄镇沱北村村民委员会，地理实体类型为农村居民点。东至梁家大沟，南至沱河大堤，西至宋桥东湖，北至詹家西南湖。总户数为 64 户，总人口为 268 人，民族为汉族。面积为 0.06 平方千米。

该庄有梁姓、丁姓人家居住于此，梁姓人口多，故而得名梁家。2007 年并村隶属沱北村村民委员会。

宋桥

宋桥（Sòngqiáo） 隶属朱仙庄镇沱北村村民委员会，地理实体类型为农村居民点。东至梁家西湖，南至沱河大堤西至高丁东，北至小陈南。总户数为 55 户，总人口为 260 人，民族为汉族。面积为 0.06 平方千米。

沱河以南宋桥有座大桥，桥北也叫宋桥。

大陈

大陈（Dàchén） 隶属朱仙庄镇沱北村村民委员会，地理实体类型为农村居民点。东至大陈沟，南至支圩，西至陈西沟，北至小陈。总户数为 57 户，总人口为 251 人，民族为汉族。面积为 0.06 平方千米。

该庄有陈姓、宁姓、邹姓人家在此居住，以陈姓人家为主，人口最多，故得名大陈。2007 年并村隶属沱北村村民委员会。

小陈

小陈（Xiǎochén） 隶属朱仙庄镇沱北村村民委员会，地理实体类型为农村居民点。东至梁家西湖，南至大陈，西至朱宋路口，北至黄家南。总户数为 45 户，总人口为 189 人，民族为汉族。面积为 0.04 平方千米。

本庄都是陈姓村民，人口较少，故叫小陈。

小李

小李（Xiǎolǐ） 隶属朱仙庄镇沱北村村民委员会，地理实体类型为农村居民点。东至大魏小学，南至三乡路，西至朱四路东侧，北至二支圩。总户数为78户，总人口为330人，民族为汉族。面积为0.09平方千米。

本庄有李姓、孙姓、曹姓、翟姓、张姓、凌姓人家居住，人口较少，李姓为主，故得名小李庄。200年前就叫小李。

詹家

詹家（Zhānjiā） 隶属朱仙庄镇沱北村村民委员会，地理实体类型为农村居民点。东至南二风井，南至雷家北，西至李寨东湖，北至一号沟高二组。总户数为110户，总人口为440人，民族为汉族。面积为0.12平方千米。

该庄以詹姓为主，在此开荒种地。不断壮大，故而得名詹家。2007年并村隶属沱北村村民委员会。

张庄

张庄（Zhāngzhuāng） 隶属朱仙庄镇沱北村村民委员会，地理实体类型为农村居民点。东至芦岭王桥西部，南至一支圩大沟，西至雷家南湖，北至六合谢家原址南部。总户数为46户，总人口为246人，民族为汉族。面积为0.06平方千米。

从前张姓人家从山西迁至此地，繁衍生息，不断壮大，故而得名张庄。

支家

支家（Zhījiā） 隶属朱仙庄镇沱北村村民委员会，地理实体类型为农村居民点。东至朱四路，南至李寨大沟，西至王小庄路，北至王小庄沟。总户数为66户，总人口为298人，民族为汉族。面积为0.06平方千米。

原来本庄有姓朱、姓陈两姓氏居住，故得名朱陈庄。明末清初，支姓人家从山东巨野迁来，后改名为支家庄。

卜胡

卜胡（Bǔhú） 隶属朱仙庄镇新河村村民委员会，地理实体类型为农村居民点。东至孙家组，南至洪河路，西至界沟，北至小新河。总户数为82户，总人口为340人，民族为汉族。面积为0.08平方千米。

原有卜家和胡家两个庄，后来两庄合并，称为卜胡。1958年隶属新河大队。1983年至今隶属新河村。

陆家

陆家（Lùjiā） 隶属朱仙庄镇新河村村民委员会，地理实体类型为农村居民点。东至塔桥村，南至小新河，西至孙家组，北至小新河。总户数为79户，总人口为428人，民族为汉族。面积为0.075平方千米。

该庄以陆姓人家为主，人口最多，故而得名陆家。1958年隶属新河大队。1983年至今隶属新河村。

干谷堆庄

干谷堆庄（Gàngǔduīzhuāng） 隶属朱仙庄镇新河村村民委员会，地理实体类型为农村居民点。东至二徐路，南至逸夫师范学校，西至金家庄，北至洪河路。总户数为12户，总人口为76人，民族为汉族。面积为0.01平方千米。

以前有位过客经过此地，在此过夜，一夜间堆了个大土堆，后来将该庄命名为干谷堆庄，胡姓人家在此居住。

十二里曾

十二里曾（Shí’èrlǐzēng） 隶属朱仙庄镇新河村村民委员会，地理实体类型为农村居民点。东至小黄河，南至二铺村，西至二十九处农场，北至后曾家。总户数为100户，总人口为378人，民族为汉族。面积为0.1平方千米。

该庄以曾姓为主，离原宿县县城约十二里路，故而得名十二里曾。1958年隶属新河大队，1983年至今隶属新河村村民委员会。

孙家

孙家（Sūnjiā） 隶属朱仙庄镇新河村村民委员会，地理实体类型为农村居民点。东至陆家组，南至洪河路，西至卜胡组，北至小新河。总户数为75户，总人口为426人，民族为汉族。面积为0.074平方千米。

该庄以孙姓人家为主，故而得名孙家。名称沿用至今。

小赵家

小赵家（Xiǎozhàojiā） 隶属朱仙庄镇朱庙村村民委员会，地理实体类型为农村居民点。东至前赵，南至三铺沟，西至朱陈，北至朱庙。总户数为60户，总人口为240人，民族为汉族。面积为0.054平方千米。

该庄以赵姓为主，庄子较小，故而得名小赵家。名称沿用至今。

朱陈

朱陈（Zhūchén） 隶属朱仙庄镇朱庙村村民委员会，地理实体类型为农村居民点。东至前赵，南至界洪河，西至大马，北至新河村孙家。总户数为61户，总人口为246人，民族为汉族。面积为0.067平方千米。

该庄以朱姓、陈姓两个姓氏为主，以姓氏命名，故而得名朱陈。名称沿用至今。

卜后魏庄

卜后魏庄（Bǔhòuwèizhuāng） 隶属朱仙庄镇朱仙庄村村民委员会，地理实体类型为农村居民点。东至朱仙庄矿，南至朱仙庄矿工人村，西至大王家，北至朱庙村。总户数为60户，总人口为280人，民族为汉族。面积为0.052平方千米。

1949年10月新中国成立初期，有魏姓族人自北方迁居至此，开荒种地，建房造房，在此久居，故命名为卜后魏庄。1983年隶属朱仙庄村村民委员会，名称沿用至今。

大王庄

大王庄（Dàwángzhuāng） 隶属朱仙庄镇朱仙庄村村民委员会，地理实体类型为农村居民点。东至商业街，南至杨家组，西至关吴组，北至沈牌坊。总户数为400户，总人口为1100人，民族为汉族。面积为0.4平方千米。

王姓人家自北方迁居至此，开荒种地，建房造房，在此久居，故命名为大王庄。名称沿用至今。

沈牌坊

沈牌坊（Shěnpáifāng） 隶属朱仙庄镇朱仙庄村村民委员会，地理实体类型为农村居民点。东至朱仙庄矿，南至杨家庄，西至大王家，北至小朱仙庄。总户数为268户，总人口为857人，民族为汉族。面积为0.28平方千米。

有沈姓族人自北方迁居至此，开荒种地，建房造房，村中一沈姓女子得皇上御赐牌坊，故命名为沈牌坊。1983年属朱仙庄村。

魏瓦房

魏瓦房（Wèiwǎfáng） 隶属朱仙庄镇朱仙庄村村民委员会，地理实体类型为农村居民点。东至朱仙庄矿区，南至矿南村小张庄，西至卜后魏庄，北至沈家牌坊。总户数为70户，总人口为300人，民族为汉族。面积为0.062平方千米。

新中国成立初期，有魏姓族人自北方迁居至此，开荒种地，建房造房，在此久居，故命名为魏瓦房庄。1983年属朱仙庄村。

朱仙庄

朱仙庄（Zhūxiānzhuāng） 隶属朱仙庄镇朱仙庄村村民委员会，地理实体类型为农村居民点。东至卜后魏，南至沈牌坊，西至沱北村孔寨，北至矿南村张家组。总户数为60户，总人口为260人，民族为汉族。面积为0.052平方千米。

从前一朱姓人家在此定居，辛勤劳动，人财两旺，人们说是仙人赐给，故得名朱仙庄。1983年属朱仙庄村。

卜家庄

卜家庄（Bŭjiāzhuāng） 隶属朱仙庄镇六合社区村民委员会，地理实体类型为农村居民点。东至大外环路，南至二徐路，西至026县道，北至小黄河。总户数为90户，总人口为350人，民族为汉族。面积为0.08平方千米。

卜姓人家从山东逃荒至此定居，开荒种地，建造房屋，不断繁衍生息，家族人丁兴旺，不断壮大，故此得名卜家庄。

褚兰镇

纪家

纪家（Jìjiā） 隶属褚兰镇大杨村村民委员会，地理实体类型为农村居民点。东至梅山村，南至小圩村，西至小圩村，北至岗孜村。总户数为216户，总人口为774人，民族为汉族。面积为0.15平方千米。

纪姓人家从山西迁至此处，在此开荒种地，建造房屋，生儿育女，人口逐渐增多，故得名为纪家。人民公社时期属梅山大队，1983年属梅山村，2007年属大杨村。

金山

金山（Jīnshān） 隶属褚兰镇岗孜村村民委员会，地理实体类型为农村居民点。东至江苏王庄，南至岗孜大队，西至营里，北至宝里。总户数为95户，总人口为420人，民族为汉族。面积为0.08平方千米。

该村主要以金姓居民为主，故而得名。民国35年属铜山县第八区宝里乡；民国36年属铜山县第八区马家乡；1952年10月改属安徽省宿县褚兰区岗孜村，1964年后西岗孜大队与东岗孜大队合并为岗孜大队。

东岗

东岗（Dōnggǎng） 隶属褚兰镇岗孜村村民委员会，地理实体类型为农村居民点。东至江苏省铜山区王庄村，南至小徐家，西至营里，北至金山村。总户数为290户，总人口为890人，民族为汉族。面积为0.15平方千米。

明洪武二年间，张姓老祖从山西省临汾县迁居落户在河南省民权县，由于人口逐渐壮大，后从河南又来在此开荒种地，建造房屋，繁衍生息，不断壮大，外姓夏、何、王、曹、李也来此居住，因本村地势比周围都高，故取名叫岗孜村。后来，为了便于管辖，把岗孜用一条小路隔开，有东岗孜、西岗孜之分，其位于东，故而得名东岗孜。1949年10月前，岗孜隶属江苏省铜山县宝里乡；1949年10月后，隶属宿县；东岗孜名称沿用至今，简称东岗。

西岗

西岗（Xīgǎng） 隶属褚兰镇岗孜村村民委员会，地理实体类型为农村居民点。东至东岗，南至道庄村，西至营里，北至冯楼村宝里村。总户数为270户，总人口为840人，民族为汉族。面积为0.14平方千米。

明洪武二年间，张姓老祖从山西省临汾县迁居落户在河南省民权县，由于人口逐渐壮大，后从河南又来在此开荒种地，建造房屋，繁衍生息，不断壮大，外姓夏、何、王、曹、李也来此居住，本村地势比周围都高，故取名叫岗孜村。后来，为了便于管辖，把岗孜用一条小路隔开，所以有东岗孜、西岗孜之分，其位于西，故而得名西岗。1949年10月前，岗孜隶属江苏省铜山县宝里乡；1949年11月后，隶属宿县。

徐家

徐家（Xújiā） 隶属褚兰镇岗孜村村民委员会，地理实体类型为农村居民点。东至灵璧县齐陈村，南至纪家村、道庄村，西至九顶山，北至东岗村。总户数为120户，总人口为480人，民族为汉族。面积为0.11平方千米。

大明嘉靖年间，徐姓祖先由苏州府昆山县野鹊窝迁徙至凤阳府灵璧县至乡堎堌村，由于人口逐渐壮大，后又迁至西山下，因迁来时人口比较少，故取名小徐家。1949年10月前，小徐家隶属过萧县、铜山县、灵璧县。1949年10月后，隶属宿县褚兰人民公社东岗大队。1964年，东岗、西岗两大队合并为岗孜大队。

孙小庄

孙小庄（Sūnxiǎozhuāng） 隶属褚兰镇马桥村村民委员会，地理实体类型为农村居民点。东至鲁山，南至马桥，西至大庄，北至小杨庄。总户数为267户，总人口为967人，民族为汉族。面积为0.14平方千米。

乾隆年间李姓人家给夏疃孙姓财主看护祖坟，在此居住，开荒种地，建造房屋，不断繁衍生息，家族人丁旺盛，后又有几家在此居住，逐渐壮大，因故得名为孙小庄。原属江苏、山东，1952年才划入安徽宿县。

马小庄

马小庄（Mǎxiǎozhuāng） 隶属褚兰镇马桥村村民委员会，地理实体类型为农村居民点。东至夏疃，南至马山头，西至范庄村，北至孙小庄。总户数为210户，总人口为790人，民族为汉族。面积为0.12平方千米。

山西姓马的两兄弟来到马山头，开荒种田，故而得名。1949年10月前，隶属萧县；1949年10月后，隶属徐州；1954年隶属宿县；1956年隶属宿县褚兰人民公社；1992年以后隶属褚兰镇马桥村。

傅集

傅集（Fùjí） 隶属褚兰镇小圩村村民委员会，地理实体类型为农村居民点。东至张楼，南至前杨，西至后程村，北至芷房村。总户数为290户，总人口为1100人，民族为汉族。面积为0.3平方千米。

清朝时期，从山西洪洞县喜加乐迁来傅姓三家，在此居住，不断壮大，后来在此做生意逢集，因此得名傅集。1958年10月后，属张楼大队；1982年改为傅集村，简称傅集。

张楼庄

张楼庄（Zhānglóuzhuāng） 隶属褚兰镇小圩村村民委员会，地理实体类型为农村居民点。东至大杨村，南至前杨，西至傅集村，北至戴家。总户数为110户，总人口为440人，民族为汉族。面积为0.04平方千米。

张姓人家迁居至此，在此开荒种地，建造土楼，不断繁衍生息，家族人丁旺盛，逐渐壮大，因此起名张楼。1955年命名为张楼，后来为张楼大队；1982年正式改为张楼庄，简称张楼。

潘家

潘家（Pānjiā） 隶属褚兰镇小圩村村民委员会，地理实体类型为农村居民点。东至张楼，南至小圩，西至道庄，北至贾家。总户数为120户，总人口为480人，民族为汉族。面积为0.06平方千米。

潘姓人家由南方迁居至此，在此开荒种地，建造房屋，不断繁衍生息，家族人丁旺盛，逐渐壮大，因此起名潘家庄。人民公社时期属道庄大队，1983年属道庄村，2007年属小圩村。

平山

平山（Píngshān） 隶属褚兰镇谢炉村村民委员会，地理实体类型为农村居民点。东至上刘家自然村，南至老寨山，西至燕王堆河，北至花乐山。总户数为182户，总人口为560人，民族为汉族。面积为0.2平方千米。

杜姓人家因北方黄河发水泛滥成灾，逃荒至此，开荒种地，在花乐山山南建房居住，繁衍生息，家族壮大，后来由族长定立庄名，因黑土沃是中心又是家族的发源地，族长就在此地居住，老大随族长居住，地质又肥沃，立名为黑土沃。把老二分居在东平山，因有南北高山环抱，东有一条巨龙式的直卧，南北连接着花乐山老寨山，中有起伏，峰顶很平坦，立名东平山。人民公社时期属平山大队，1983年属平山村，2007年属谢炉村。

黑沃

黑沃（Hēiwò） 隶属褚兰镇谢炉村村民委员会，地理实体类型为农村居民点。东至平山自然村，南至环镇路，西至沟后自然村，北至花乐山。总户数为210户，总人口为620人，民族为汉族。面积为0.5平方千米。

杜姓人家因北方黄河发水泛滥成灾，逃荒至此，开荒种地，建房居住，繁衍生息，家族壮大，后来由族长定立庄名，因黑土沃是中心又是家族的发源地，族长就在此地居住，老大随族长居住，地质又肥沃，立名为黑土窝。1949年10月后改名为黑土沃。人民公社时期属平山大队。1983年属平山村。2007年属谢炉村。

沟后

沟后（Gōuhòu） 隶属褚兰镇谢炉村村民委员会，地理实体类型为农村居民点。东至黑土沃自然村，南至吴庄自然村、沙河，西至山前黄自然村，北至广龙山。总户数为240户，总人口为690人，民族为汉族。面积为0.2平方千米。

杜姓人家因北方黄河发水泛滥成灾，逃荒至此，开荒种地，在花乐山山南，建房居住，繁衍生息，家族壮大，后来由族长定立庄名，因黑土沃是中心又是家族的发源地，族长就在此地居住，老大随族长居住，地质又肥沃，立名为黑土沃。把老二分居在东平山，因有南北高山环抱，西南有一条山涧沟直入西南方向凤凰山脚下，老三又定居在广龙山脚下，传说是门前清水长流，沟北有条龙，龙离不开水，龙水相依，永保平安发财，便定立庄名叫沟后。人民公社时期属五庄大队。1983年属吴庄村。2007年属谢炉村。

吴庄

吴庄（Wúzhuāng） 隶属褚兰镇谢炉村村民委员会，地理实体类型为农村居民点。东至燕王堆河，南至老寨山，西至沙河，北至沙河、沟后村。总户数为300户，总人口为880人，民族为汉族。面积为0.5平方千米。

姓吴的道士下山来此圈地，建庙，筑坟，筑寨，土地租给农户，成为一个土地承租的寄主。姓吴的道士给庄立名为吴庄，庙立名为吴庙，祖坟立为吴坟。人民公社时期属五庄大队。1983年属吴庄村。2007年属谢炉村。

谢炉

谢炉（Xièlú） 隶属褚兰镇谢炉村村民委员会，地理实体类型为农村居民点。东至吴庄自然村，南至凤凰山，西至王寨自然村，北至山前黄自然村。总户数为200户，总人口为800人，民族为汉族。面积为0.5平方千米。

北方黄河发水泛滥成灾，谢姓人家兄弟俩逃荒至此，开荒种地，建房居住，繁衍生息，家族壮大，后来兄弟俩知晓所住之山名叫广龙山，对面南山叫凤凰山。谢家兄弟商议后，决定兄靠龙，弟靠凤，弟分居到凤凰山坡脚下建房居住。弟会建炉打铁，铸造兵器和农具，后来招收徒弟，增建到18盘铸炉，此地成为一个红火的小村庄，为此立名谢炉村。人民公社时期属谢炉大队。1983年属谢炉村。

曹村镇

丁庵

丁庵（Dīng' ān） 隶属曹村镇曹村村民委员会，地理实体类型为农村居民点。东至陈庄，南至后旺村，西至前白村，北至拐山。总户数为136户，总人口为468人，民族为汉族。面积为0.04平方千米。

有一姓丁的佃户到此地搭建一窝棚居住，开荒种地，后有尼姑庵，因姓丁人家最先到此地，故名丁庵。2007年以前属李庄村。2007年9月后合并村庄，现属曹村。

李庄

李庄（Lǐzhuāng） 隶属曹村镇曹村村民委员会，地理实体类型为农村居民点。东至寨里，南至后旺村，西至丁庵，北至怪山。总户数为176户，总人口为528人，民族为汉族。面积为0.09平方千米。

前清时期，李姓人家由北方迁居至此，在此开荒种地建造房屋，不断繁衍生息，家族兴旺，因而得名李庄。人民公社时期属李庄大队。1983年属李庄村。2007年秋与曹村合并，属曹村。

河北

河北（Héběi） 隶属曹村镇河北村村民委员会，地理实体类型为农村居民点。东至梅庄，南至闵贤，西至206国道，北至闵祠村。总户数为700户，总人口为2020人，民族为汉族。面积为0.15平方千米。

河北庄南边，闵贤庄北边发洪水，在两庄中间冲出一道深沟（自然沟），从那时起沟南叫河南（后改为闵贤），沟北叫河北。1958年成立人民公社后为河北村连队。1960年后为河北生产大队。1981年后属河北村。

梅庄

梅庄（Méizhuāng） 隶属曹村镇河北村村民委员会，地理实体类型为农村居民点。东至望洲河，南至王村，西至河北，北至陈疃村。总户数为350户，总人口为1300人，民族为汉族。面积为0.8平方千米。

早年梅庄叫迷儿庄，后来有路人到此地问路，得知名叫迷儿庄后觉得不妥，遂取名“梅庄”。1958年成立人民公社，梅庄是大队。1966年至1977年是梅庄村革命委员会。1978年后改为梅庄管委会。1981年后为梅庄村。2007年并入河北村。

湖庄

湖庄（Húzhuāng） 隶属曹村镇湖庄村村民委员会，地理实体类型为农村居民点。东至潘庄，南至曹村，西至京卢铁路，北至原湖心庄小学校。总户数为260户，总人口为946人，民族为汉族。面积为0.101平方千米。

原是荒草湖坡，后来居民增多，形成村庄，故名湖庄。1958年成立人民公社时期名称湖心庄大队。1983年由湖心庄大队更名湖庄村。2007年并村入湖庄村。

马湾

马湾（Mǎwān） 隶属曹村镇马湾村村民委员会，地理实体类型为农村居民点。东至尚桥村，南至湖庄村，西至和尚庄自然村，北至桃山村。总户数为591户，总人口为2002人，民族为汉族。面积为0.5平方千米。

因村民多姓马，故名马湾村。人民公社时期为马湾大队。1983年属马湾村。2007年与徐岗村、余桥村合并为马湾村。

闵祠

闵祠（Mǐncí） 隶属曹村镇闵祠村村民委员会，地理实体类型为农村居民点。东至闵祠村张庄自然庄，南至河北村河北自然庄，西至闵祠村后旺自然庄，北至曹村自然庄。总户数为115户，总人口为404人，民族为汉族。面积为0.1平方千米。

闵祠村源于春秋战国时期，闵子之父偕妻带子至鲁梁两国接壤处居住，故取名闵祠村。人民公社时期属闵祠大队。1983年属闵祠村。

闵贤

闵贤（Mǐnxián） 隶属曹村镇闵贤村村民委员会，地理实体类型为农村居民点。东至张庄村王村，南至张庄村，西至小山西居民点，北至河北村、闵祠村。总户数为712户，总人口为2800人，民族为汉族。面积为0.9平方千米。

由2000多年前孝贤闵子骞故里而得名，后不断有多姓人迁居于此，不断繁衍生息，逐渐壮大，故称闵子集。1958年政府在闵贤设闵贤乡、闵贤公社。1983年更名为闵贤村。

前旺

前旺（Qiánwàng） 隶属曹村镇前旺村村民委员会，地理实体类型为农村居民点。东至亮山，南至岗子，西至大沟西，北至后旺。总户数为600户，总人口为2200人，民族为汉族。面积为0.27平方千米。

据传，明太祖朱元璋赐武姓国戚“一望之地”，即“望哪给哪”。此村是所望之地，因位于前旺北侧，且“望”与“旺”同音，有兴旺发达之意，故得名前旺。人民公社时期属前旺大队。1983年属前旺村。

三环

三环（Sānhuán） 隶属曹村镇三环村村民委员会，地理实体类型为农村居民点。东至左洼村，南至桃山村，西至寺后村，北至江苏省铜山区四堡村。总户数为421户，总人口为1562人，民族为汉族。面积为0.2平方千米。

原名三槐庄，1949年10月新中国成立后改三环大队。人民公社时期隶属三环大队。1983年隶属三环村委会。2007年与宋湖村合并为三环村。

桃山

桃山（Táoshān） 隶属曹村镇桃山村村民委员会，地理实体类型为农村居民点。东至东新庄，南至马湾村，西至小店子庄，北至三环村。总户数为1125户，总人口为3012人，民族为汉族。面积为0.8平方千米。

北宋年间著名诗人陈师道曾任徐州知府，后被奸臣告发，削官为民，被贬至高山，因其医术高明，为民看病，不收分文，得到乡民的拥护。乡民知其爱好桃树，遂在高山上种下许多桃树，几年之后漫山遍野尽是桃树，桃山因此而得名。人民公社时期名称为桃山大队。1983年后改为桃山村。

王村

王村（Wángcūn） 隶属曹村镇张庄村村民委员会，地理实体类型为农村居民点。东至支河乡赵台村、杨桥村，南至支河乡杨桥村，西至闵贤村，北至河北村。总户数为500户，总人口为1527人，民族为汉族、哈尼族。其中汉族1524人，占比99.8%；哈尼族3人，占比0.2%。面积为0.1平方千米。

有一户姓王的在此开荒种地，不断繁衍生息，家族人丁旺盛，逐渐壮大，故得名王村。人民公社时期属王村大队。1983年后更名为王村。2007年和张庄村合并后更名为张庄村。

秦宅孜

秦宅孜（Qínzháizī） 隶属曹村镇左洼村村民委员会，地理实体类型为农村居民点。东至左洼，南至魏宅孜，西至三环，北至宋湖。总户数为160户，总人口为590人，民族为汉族。面积为0.26平方千米。

最早来此居住的是秦姓人家。清末年间，张富年在徐州任观察史，有功受奖，张富年利用奖励的钱在此购置良田千亩，交于秦家管理，完粮赋税，秦宅孜就是秦家的寄庄子。人民公社时期隶属左洼大队。1983年隶属左洼村。

孙庄

孙庄（Sūnzhuāng） 隶属曹村镇左洼村村民委员会，地理实体类型为农村居民点。东至房上村，南至袁洼，西至左洼，北至奎河。总户数为210户，总人口为650人，民族为汉族。面积为0.152平方千米。

洪武年间，最早来的移民姓刘，接着吴姓、孙姓、王姓等不断入住，因为孙姓人口最旺，故名孙庄。人民公社时期属孙家庄大队。1983年隶属孙家庄村。2007年隶属左洼村。

王山

王山（Wángshān） 隶属曹村镇左洼村村民委员会，地理实体类型为农村居民点。东至王庄，南至望山，西至魏宅孜，北至左洼。总户数为120户，总人口为350人，民族为汉族、拉祜族，共2种。其中汉族348人，占比99.4%；拉祜族2人，占比0.6%；面积为0.09平方千米。

村中有山，王姓居多，故称王山。1960年隶属魏宅孜大队。1970年隶属左洼大队，现隶属左洼村。

夹沟镇

秦湾

秦湾（Qínwān） 隶属夹沟镇秦湾村村民委员会，地理实体类型为农村居民点。位于秦湾村委会南部方向，东至夹沟农场，南至赵集村，西至干山，北至夹支公路。总户数为810户，总人口为3430人，民族为汉族。面积为0.8平方千米。

早在春秋战国时期，这里就是宋朝的一座边塞小城，名曰监城。秦始皇统一六国时巡淮泗时曾住驿于此，赐名万村，后来更名为秦湾村。

青山

青山（Qīngshān） 隶属夹沟镇青山村村民委员会，地理实体类型为农村居民点。位于青山村委会，东至端村，南至孙寨，西至姚庄，北至李营村。总户数为450户，总人口为1800人，民族为汉族。面积为0.5平方千米。

明代末期，于姓由山东迁居至此，首先定居在现在村西北角一千米处青山上，开荒种地，不断繁衍生息，家族人丁兴旺，逐渐壮大，后来迁到青山东南角1千米处开荒种田，故而得名青山村。1958年，命名为青山大队。1982年改名为青山村；2007年与来庄村合并，称为青山村。

端村

端村（Duāncūn） 隶属夹沟镇青山村村民委员会，地理实体类型为农村居民点。东至武李村，南至岳桥村，西至青山村，北至李营村。总户数为170户，总人口为780人，民族为汉族。面积为0.18平方千米。

明末清初，端姓人家由南方迁居至此，在此开荒种地，建造房屋，不断繁衍生息，家族人丁兴旺，逐渐壮大，故而得名端村。

姚庄

姚庄（Yáozhuāng） 隶属夹沟镇青山村村民委员会，地理实体类型为农村居民点。东至青山村，南至孙寨村，西至来庄村，北至耿庄村。总户数为67户，总人口为275人，民族为汉族。面积为0.14平方千米。

姚姓人家由北方迁居至此，在此开荒种地，建造房屋，不断繁衍生息，家族人丁兴旺，逐渐壮大，因故得名姚庄。1958年命名为腰庄，属青山大队；1960年改为来庄大队；1982年改名为来庄村；2007年并入青山村，简称姚庄。

耿庄

耿庄（Gěngzhuāng） 隶属夹沟镇青山村村民委员会，地理实体类型为农村居民点。东至青山，南至姚庄，西至孟寨，北至陈庄。总户数为65户，总人口为256人，民族为汉族。面积为0.13平方千米。

耿姓人家由山东迁居至此，开荒种地，建造房屋，人口不断增长，家族人丁兴旺，逐渐壮大，故而得名。1958年命名耿庄，属青山大队；1960年又改为来庄大队；1982年改名为来庄村；2007年并入青山村。

陈庄

陈庄（Chénzhuāng） 隶属夹沟镇青山村村民委员会，地理实体类型为农村居民点。东至李营村，南至耿庄，西至来庄，北至青山。总户数为88户，总人口为370人，民族为汉族。面积为0.12平方千米。

1670年至1690年之间，陈姓人家由南方迁居至此，开荒种地，建造房屋，人口不断增加，家族人丁兴旺，逐渐壮大，故而得名。1958年命名为陈庄，属青山大队；1960年改名为来庄大队；1982年改名为来庄村；2007年并入青山村。

孟寨

孟寨（Mèngzhài） 隶属夹沟镇青山村村民委员会，地理实体类型为农村居民点。东至耿庄，南至孙寨，西至七里，北至七里。总户数为110户，总人口为360人，民族为汉族。面积为 0.12 平方千米。

有孟姓人家从山东迁居至此，开荒种地，建造房屋，人口不断增加，后来时局混乱，村民自行建寨防盗，故得名孟寨。1958 年命名为孟寨村，属青山大队；1960 年又改名为来庄大队；1982 年改名为来庄村；2007 年并入青山村。

栏杆镇

安北村

安北村（Ānběicūn）隶属栏杆镇安水村村民委员会，地理实体类型为农村居民点。东至奎河，南至安南村，西至韩河，北至闵山路。总户数为 374 户，总人口为 1424 人，民族为汉族。面积为 0.3 平方千米。

当时村东有一条小河，安姓在此安居，便取名安水村。该庄位于北边，故称安北村。

安南村

安南村（Ānnáncūn）隶属栏杆镇安水村村民委员会，地理实体类型为农村居民点。东至奎河，南至孙楼村，西至韩河，北至安北村。总户数为 297 户，总人口为 1235 人，民族为汉族。面积为 0.14 平方千米。

当时村东有一条小河，安姓在此安居，便取名安水村。该庄位于南边，故称安南村。原为安水村，1986 年经栏杆区阚疃乡批准，分为安南、安北两个村。归安水村管辖。

小周家

小周家（Xiǎozhōujiā） 隶属栏杆镇大旺村村民委员会，地理实体类型为农村居民点。东至林场，南至大周家，西至石相村，北至石相村。总户数为 51 户，总人口为 212 人，民族为汉族。面积为 0.04 平方千米。

周姓人家从山西省迁居至此，因此庄人口少，故称为小周家。

小旺庄

小旺庄（Xiǎowàngzhuāng） 隶属栏杆镇大旺村村民委员会，地理实体类型为农村居民点。东至解集乡，南至栏东村，西至栏东村，北至大旺。总户数为 185 户，总人口为 620 人，民族为汉族。面积为 0.05 平方千米。

1949 年 10 月后，小旺村划入栏东大队；1962 年，将小旺村划入大旺大队；1983 年改为大旺村。

小黄村

小黄村（Xiǎohuángcūn） 隶属栏杆镇丁李村村民委员会，地理实体类型为农村居民点。东至李村，南至耿庄，西至支河，北至李村。总户数为 193 户，总人口为 436 人，民族为汉族。面积为 0.09 平方千米。

该村清末年间盛产蚕丝，大量养蚕。因从山西省迁来的黄氏带来养蚕技术，起初取名为桑园寨，后因黄氏逐渐壮大，改名为黄村。1949 年 10 月后，路疃后有一同名黄村，为区分，路疃后的黄村为大黄村，该村为小黄村。

段庄

段庄（Duànzhuāng） 隶属栏杆镇化楼村村民委员会，地理实体类型为农村居民点。东至赵庄，西至草塘。总户数为 31 户，总人口为 139 人，民族为汉族。面积为 0.03 平方千米。

逃荒者来到草塘子，庄主无力养活他们，后来庄主为了保存草塘子，就给了他们一些土地，让他们在草塘子东北角住下，其中姓段的人口较多，故而得名段庄。

化楼

化楼（Huàlóu） 隶属栏杆镇化楼村村

民委员会，地理实体类型为农村居民点。东至草塘，南至金庄，西至老霞河，北至前庄。总户数为120户，总人口为452人，民族为汉族。面积为0.05平方千米。

建庄后，从山东流离一户华姓人家，到此地落户，因其与当时大户黄家和杨家有关系，杨家就给其在草塘西边建起一座土楼，因此得名华楼。新中国成立初期，工作队上报为化楼，从此得名化楼。化楼原属徐州，后改为宿县栏杆人民公社化楼大队，现为化楼村。

前庄

前庄（Qiánzhuāng） 隶属栏杆镇化楼村村民委员会，地理实体类型为农村居民点。东至杨支路，南至化楼，西至阻寺，北至冯庄。总户数为95户，总人口为384人，民族为汉族。面积为0.04平方千米。

逃荒者来到草塘子，庄主无力养活他们，后来庄主为了保存草塘子，就给了他们一些土地，在草塘子东北角住下，其中姓钱的人口较多，故而得名钱庄。后来“文化大革命”时期改名为前庄。前庄原属徐州，后为冯庄大队。“文化大革命”时期隶属宿县栏杆人民公社化楼大队。现隶属化楼村委会管辖至今。

阻寺

阻寺（Zǔsì） 隶属栏杆镇化楼村村民委员会，地理实体类型为农村居民点。东至前庄，南至支河乡，西至支河乡，北至冯庄。总户数为322户，总人口为1539人，民族为汉族。面积为0.2平方千米。

有一位化缘和尚经过此地，看到这里风水好，就在此建起一座庙，庙建在阻水河边，由此得名阻沟寺。当时阻沟寺香火很旺，很多善男信女就在寺边建起房子，庄名为阻沟寺，后来为了简便，就叫阻寺。1949年10月前，阻沟寺属徐州萧县管辖。20世纪50年代末为宿县栏杆人民公社化楼大队管辖，后改为阻寺村。

祝庄

祝庄（Zhùzhuāng） 隶属栏杆镇阚疃村村民委员会，地理实体类型为农村居民点。东至后场，南至汪庄，西至丁李，北至阚疃。总户数为300户，总人口为1211人，民族为汉族。面积为0.1平方千米。

张姓和祝姓两户人家由陕西迁居至此，安家落户，开荒种地，人丁兴旺，祝姓人口居多，故取名祝庄。1958年命名为祝庄大队。1991年为祝庄村。

阚疃

阚疃（Kàntuǎn） 隶属栏杆镇阚疃村村民委员会，地理实体类型为农村居民点。东至韩村，南至祝王，西至丁李，北至吴窑。总户数为450户，总人口为1826人，民族为汉族。面积为0.2平方千米。

阚姓人家迁居，建造房屋，开荒种地，逐渐壮大，并在此建立集贸市场，故取名为阚疃。1958年，政府命名为阚疃公社。1991年为阚疃乡。后被命名为阚疃村。

栏东

栏东（Lándōng） 隶属栏杆镇栏东村村民委员会，地理实体类型为农村居民点。东至苍山庄，南至祝山庄，西至栏西庄，北至小旺村庄。总户数为460户，总人口为2230人，民族为汉族、回族、越南。其中汉族2228人，占比99.8%；越南1人，占比0.001%；回族2人，占比0.001%。面积为0.3平方千米。

1371年，郭氏家族从铜山县土垅徙居斛城南关山，即栏杆。另一说栏杆三面环山，一面临奎河，就像栅栏一样将村庄环环围住，故称栏杆。1962 年由于人口多，栏杆分栏东、栏西两村。

小安水庄

小安水庄（Xiǎo' ānshuǐzhuāng） 隶属栏杆镇栏东村村民委员会，地理实体类型为农村居民点。东至石河村，南至孟小庄，西至奎河，北至栏东庄。总户数为 101 户，总人口为 412 人，民族为汉族。面积为 0.05 平方千米。

200 多年前，由于洪水大，庄内一条水沟汛期暴发，水流湍急，河道变宽，使庄内两边居民隔开，使原本的一个村庄变为两庄，河东庄大为大安水庄，河西村小为小安水庄。

刘小山庄

刘小山庄（Liúxiǎoshānzhuāng） 隶属栏杆镇栏西村村民委员会，地理实体类型为农村居民点。东至奎河堰，南至袁庄子，西至林湖庄，北至新庄村。总户数为 180 户，总人口为 720 人，民族为汉族。面积为 0.07 平方千米。

姓刘的人家由东方迁居至此，在此开荒种地，建造房屋，有一座小山在庄子中间，故而取名刘小山庄。刘小山庄原属徐州，后为宿县栏杆人民公社，后改为林湖大队刘小山生产队，现隶属栏西村。

栏西庄

栏西庄（Lánxīzhuāng） 隶属栏杆镇栏西村村民委员会，地理实体类型为农村居民点。东至栏东村，南至小安水庄，西至袁庄，北至石相村。总户数为 480 户，总人口为 2100 人，民族为汉族。面积为 0.03 平方千米。

栏杆三面环山，一面临奎河，就像栅栏一样将村庄环环围住，故称栏杆；后来分栏西、栏东两个大队，因中间有座山，山以东为栏东、山以西为栏西。栏西庄原属徐州，后为宿县栏杆人民公社，后改为栏西大队，现属栏西村。

路疃集

路疃集（Lùtuǎnjí） 隶属栏杆镇路疃村村民委员会，地理实体类型为农村居民点。东至腰庄，南至前乡，西至王塘，北至西李庄。总户数为 316 户，总人口为 1264 人，民族为汉族。面积为 0.13 平方千米。

有两名科考举人路过此地，当时只有几户人家居住，到处长满了芦草，当时取名叫芦屯。民国时期又有人迁居至此，村庄不断扩大，更名为路疃。1954 年前后张山区政府设在此处；1958 年为路疃前进社；1981 年为路疃人民公社驻地；1984 年隶属路疃村。

前乡庄

前乡庄（Qiánxiāngzhuāng） 隶属栏杆镇路疃村村民委员会，地理实体类型为农村居民点。东至韩河，南至方河，西至斜河，北至路疃集。总户数为 339 户，总人口为 1356 人，民族为汉族。面积为 0.14 平方千米。

张姓人口迁居至此，建房立庄，不断繁衍生息，家族人丁兴旺，因其位于路疃集前面，故得名前乡。1981 年命名为前乡大队，后为前乡村；2008 年时并入路疃村。

东楼庄

东楼庄（Dōnglóuzhuāng） 隶属栏杆镇路疃村村民委员会，地理实体类型为农村居民点。东至柏山村，南至王家庄，西至西李庄，北至腰庄。总户数为 140 户，总人口为 560 人，民族为汉族。面积为 0.07 平方千米。

本庄有两户有钱人家，盖起楼房，还有庙，居路疃集东面，故得名东楼庄。1981年命名为东楼大队，后来为东楼村民委员会；2008年并入路疃村。

洪家

洪家（Hóngjiā） 隶属栏杆镇路疃村村民委员会，地理实体类型为农村居民点。东至曹庄，南至东楼庄，西至王家庄，北至孟家。总户数为189户，总人口为567人，民族为汉族。面积为0.08平方千米。

洪姓人家最先在此地居住，故而得名洪家庄。1949年10月1日，中华人民共和国成立以后，安徽省宿县人民政府张山区路疃乡将之命名为洪家村，它后来先后隶属东楼大队、腰庄大队，现隶属路疃村管辖。

王庄

王庄（Wángzhuāng） 隶属栏杆镇王庄村村民委员会，地理实体类型为农村居民点。东至老土庙，南至南圩，西至韩河，北至北塘。总户数为186户，总人口为700人，民族为汉族。面积为0.08平方千米。

王姓人家最早在此居住，故而取名王庄。1949年10月新中国成立后成立互助高级社。人民公社时期沿用王庄名。1958年人民公社时期为王庄大队。后又归栏杆镇王庄村管辖。

孟圩子

孟圩子（Mèngwéizi） 隶属栏杆镇王庄村村民委员会，地理实体类型为农村居民点。东至韩河堤，南至方河堤，西至辖河堤，北至陈楼。总户数为110户，总人口为440人，民族为汉族。面积为0.05平方千米。

孟姓人家最先居住此地，因当时村庄四周都有围墙，故而得名孟圩子。

姜楼

姜楼（Jiānglóu） 隶属栏杆镇小集村村民委员会，地理实体类型为农村居民点。东至梁庄村，南至赵庄村，西至小集庄，北至姚楼。总户数为200户，总人口为816人，民族为汉族。面积为0.08平方千米。

姜氏大户来此地开荒种地，建楼居住，故取名姜楼。1949年属萧县桃山庄。1954年为光明社。1958年以后为栏杆人民公社小集大队姜楼生产队。1984年以后为栏杆镇小集村姜楼村民组。

小集

小集（Xiǎojí） 隶属栏杆镇小集村村民委员会，地理实体类型为农村居民点。东至姜楼庄，南至冯蔡庄，西至斜河，北至徐庄。总户数为200户，总人口为890人，民族为汉族。面积为0.08平方千米。

清朝初期为周家楼村；清朝中期经济发达，人口兴旺，改名为中兴村；清朝后期改名为小集村。1949年属萧县桃山区。1954年为光明社。1958年以后为栏杆人民公社小集大队小集生产队。1984年以后为栏杆镇小集村小集村民组。

老庄

老庄（Lǎozhuāng） 隶属栏杆镇新庄村村民委员会，地理实体类型为农村居民点。东至奎河，南至新庄，西至韩河，北至奎河。总户数为300户，总人口为1200人，民族为汉族。面积为0.15平方千米。

原属宿县栏杆区小集乡老庄大队，故而得名老庄。1958年10月后隶属宿县栏杆公社新建大队；1980年隶属宿县栏杆区小集乡老庄大队；2008年隶属埇桥区栏杆镇新庄村。

郭庄

郭庄（Guōzhuāng） 隶属栏杆镇新庄村村民委员会，地理实体类型为农村居民点。东至韩河，南至园艺场，西至赵庄，北至新庄。总户数为120户，总人口为400人，民族为汉族。面积为0.05平方千米。

该庄以郭姓居多，故而得名。1958年10月后隶属宿县栏杆公社新建大队；1980年隶属宿县栏杆区小集乡老庄大队；2008年隶属埇桥区栏杆镇新庄村至今。

赵庄

赵庄（Zhàozhuāng） 隶属栏杆镇新庄村村民委员会，地理实体类型为农村居民点。东至郭庄，南至后楼村，西至化楼村，北至姜楼。总户数为160户，总人口为460人，民族为汉族。面积为0.04平方千米。

赵姓人家迁居此地，开荒种地，繁衍生息，故而得名赵庄。1958年10月后隶属宿县栏杆公社新建大队；1980年隶属宿县栏杆区小集乡老庄大队；2008年隶属埇桥区栏杆镇新庄村。

时村镇

北丁楼

北丁楼（Běidīnglóu） 隶属时村镇棒场村村民委员会，地理实体类型为农村居民点。东至棒场村、宫庄，南至梁庄，西至油坊村、东亭庄，北至宋路沟。总户数为70户，总人口为320人，民族为汉族。面积为0.0035平方千米。

有一丁氏家族人从南方迁居至此，开荒种地，建造房屋，繁衍生息，家族人丁旺盛，日益壮大，收入颇高，后来建造一处砖墙瓦顶小楼房，后根据姓氏和小楼房起名为丁楼。后来称为北丁楼。

宫庄

宫庄（Gōngzhuāng） 隶属时村镇棒场村村民委员会，地理实体类型为农村居民点。东至棒场村，南至棒场村委会、梁庄，西至丁楼，北至岔路。总户数为125户，总人口为450人，民族为汉族。面积为0.05平方千米。

有五位结拜兄弟，以宫氏为兄长，他们相处得亲密无间，视同一家，其他四人为尊重其宫氏兄长，所以宫氏为大，立此庄为宫义庄。宫义庄慢慢地就简称宫庄。

六岔路

六岔路（Liùchàlù） 隶属时村镇棒场村村民委员会，地理实体类型为农村居民点。东至梁寨村，南至宋路沟，西至油坊村，北至刁山村城东组。总户数为72户，总人口为268人，民族为汉族。面积为0.03平方千米。

有一名叫马裕的人迁居至此，开荒种地，建造房屋，繁衍生息，人丁旺盛，日益壮大，根据人名起名叫马裕家，后人觉得此村名对祖先不尊重，附近有一个六岔路口，由此改为六岔路。

巴家

巴家（Bājiā） 隶属时村镇曹蒲村村民委员会，地理实体类型为农村居民点。东至前庄，南至苗安乡新庄村，西至蒲庄自然庄，北至东湾自然庄。总户数为162户，总人口为690人，民族为汉族。面积为0.045平方千米。

巴家距离时村集八里，命名为八家，后变成巴家。

曹桥

曹桥（Cáoqiáo） 隶属时村镇曹蒲村

村民委员会，地理实体类型为农村居民点。东至从营村，南至苗安乡周家，西至巴家自然庄，北至濉河。总户数为128户，总人口为720人，民族为汉族。面积为0.05平方千米。

曹桥自然庄有个木桥，曹姓家人人口多，后来命名曹桥，分为桥西、桥南、桥东。

东湾

东湾（Dōngwān） 隶属时村镇曹蒲村村民委员会，地理实体类型为农村居民点。东至圩子庄，南至巴家庄，西至西湾庄，北至濉河。总户数为140户，总人口为660人，主要民族为汉族，面积为0.04平方千米。

曹氏家族从山西搬来，逐渐繁衍生息，早期得名湾曹庄，后来因不断壮大，湾曹分东湾庄、西湾庄。

谷楼

谷楼（Gǔlóu） 隶属时村镇曹蒲村村民委员会，地理实体类型为农村居民点。东至西湾，南至塘河，西至蒿沟乡余元村，北至濉河。总户数为168户，总人口为660人，民族为汉族。面积为0.05平方千米。

谷姓人家，由大店谷家搬迁至此，地主建立楼院，不断繁衍生息，家族旺盛，逐渐壮大，故名谷楼庄院。新中国成立后更改为谷楼。

蒲庄

蒲庄（Púzhuāng） 隶属时村镇曹蒲村村民委员会，地理实体类型为农村居民点。东至巴家庄，南至塘河，西至西湾庄田地，北至观音寺沟。总户数为65户，总人口为275人，民族为汉族。面积为0.03平方千米。

蒲氏家族在此不断繁衍生息，故得名小蒲家。后因家族壮大，命名为蒲庄。

前庄

前庄（Qiánzhuāng） 隶属时村镇曹蒲村村民委员会，地理实体类型为农村居民点。东至从营村，南至苗安乡周家，西至巴东组地界，北至曹桥自然庄。总户数为68户，总人口为270人，民族为汉族。面积为0.06平方千米。

前庄很久以前和曹桥是一个庄，随着人口增多，前庄一个小庄在曹桥最前面，后命名前庄。后来庄子较大，1958年前庄独立成前庄自然庄。

西湾

西湾（Xīwān） 隶属时村镇曹蒲村村民委员会，地理实体类型为农村居民点。东至东湾，南至蒲庄，西至谷楼，北至濉河。总户数为172户，总人口为650人，民族为汉族。面积为0.08平方千米。

曹氏家族从山西搬迁至此，逐渐繁衍生息，不断壮大，原名湾曹庄，后改为西湾。

陈村

陈村（Chéncūn） 隶属时村镇陈村村民委员会，地理实体类型为农村居民点。东至灵璧，南至营孜村，西至陈楼，北至宋路沟。总户数为500户，总人口为2200人，民族为汉族。面积为0.3平方千米。

陈村位于宿县东北90里，原是一片低洼湖沼之地。元末时期，有陈、曹、朱、康、宋、张等姓，迁居至此，开荒种地，因陈姓大，得名陈村。1961年成立陈村大队。1990年改为陈村。2008年陈村、陈楼、小陈家合并为陈村。

陈楼村

陈楼村（Chénlóucūn） 隶属时村镇陈村村民委员会，地理实体类型为农村居民点。东至陈村，南至小陈家，西至小陈楼，北至宋路沟。总户数为300户，总人口为1200人，民族为汉族、苗族。其中汉族1190人，占比99.1%；苗族10人，占比0.9%。面积为0.02平方千米。

陈氏由龙潭迁居至此，在此开荒种地，建造房屋，不断繁衍生息，家族人丁旺盛，逐渐壮大，因故得名为陈楼村。1961年隶属陈村大队。1980年分为陈楼村。2008年并入陈村。

小陈庄

小陈庄（Xiǎochénzhuāng） 隶属时村镇陈村村民委员会，地理实体类型为农村居民点。东至陈村，南至营孜村，西至时尤路，北至陈楼村。总户数为100户，总人口为300人，民族为汉族。面积为0.06平方千米。

此地由于陈姓人士居多，并为了与陈村区别，故叫小陈庄。

冲疃集

冲疃集（Chōngtuǎnjí） 隶属时村镇冲疃村村民委员会，地理实体类型为农村居民点。东至胡梁村，南至小陈楼，西至梁寨村，北至贡山村、张山村。总户数为1020户，总人口为4468人，民族为汉族。面积为0.5平方千米。

原地名老汪湖。1370年山东农民奉命南迁至徐州南，蚌埠以北，李姓人择团居住，当时沉积土岗称为团，由于人烟稀少，李姓人召集远处农民前来本地充实人力，开凿土地，取名充团。清代属萧邑都仁乡，改名冲疃。1955年名为冲疃红星社。1958年名为冲疃大队。1983年名为冲疃村。后改名冲疃集。

龙岗

龙岗（Lónggǎng） 隶属时村镇冲疃村村民委员会，地理实体类型为农村居民点。东至小陈楼，南至中心，西至四支李，北至冲疃。总户数为69户，总人口为310人，民族为汉族。面积为0.06平方千米。

古时经常洪水泛滥，上游有刁山、葛山两山的阻挡，留下有东西方向约20里的一条岗，此地是岗子的尽头，俗称龙头岗。向东就是一片沼泽汪洋，冲疃人分支到此地居住，取名龙岗。

北大桥

北大桥（Běidàqiáo） 隶属时村镇东风村村民委员会，地理实体类型为农村居民点。东至时北村，南至奎河，西至时梁路，北至梁桥。总户数为199户，总人口为801人，民族为汉族。面积为0.32平方千米。

奎河建一大桥（距现大桥东500米），设水旱码头，桥南逢集，有马姓迁于河北居住，后成规模，庄命名北大桥。1958年人民公社时期与梁桥划为一个大队，名双桥生产大队。2005年并村时，与东风村并为一村。

东风

东风（Dōngfēng） 隶属时村镇东风村村民委员会，地理实体类型为农村居民点。东至马大庄，南至红旗村，西至大蒲村，北至奎河。总户数为738户，总人口为2898人，民族为汉族。面积为0.8平方千米。

东风村坐落在时村镇北部，奎河穿村而过，村内有302省道、苗褚路（县道），交通发达，是全镇政治、文化、经济活动中心。1958年东风原有两个大队——虹桥生产大队、北关生产大队。1964年“四清”运动时，合并为一个大队，即东风生产大队，后改为东风村。

梁桥

梁桥（Liángqiáo） 隶属时村镇东风村村民委员会，地理实体类型为农村居民点。东至时北村，南至北大桥，西至时梁路，北至梁寨。总户数为198户，总人口为793人，民族为汉族。面积为0.24平方千米。

有马、林两姓从外地迁居至此，各建土楼一座，起名马林楼。民国初，两楼倒塌，在庄北南园通往梁寨的河上建一小桥，名梁桥，故庄名改为梁桥。1958年人民公社时期与北大桥划为一个大队，名双桥大队。2005年并村，与东风村并为一个村。

草坝庄

草坝庄（Cǎobàzhuāng） 隶属时村镇奎北村村民委员会，地理实体类型为农村居民点。东至张家，南至奎河，西至三马，北至古河。总户数为20户，总人口为70人，民族为汉族。面积为0.02平方千米。

先人从外地迁入本庄，因在奎河北岸，为了方便，在奎河上搭个小桥，因挡水，上级不许搭建，后不叫桥叫草坝。自古至今都叫草坝子，没有更改过地名。

马小庄

马小庄（Mǎxiǎozhuāng） 隶属时村镇奎北村村民委员会，地理实体类型为农村居民点。东至小李，南至奎河，西至曹马，北至前林。总户数为150户，总人口为600人，民族为汉族。面积为0.03平方千米。

先人很久以前从外地迁居本地，马姓的人员最多，共同居住的地点就取名马小庄，以种地为主。本居民点取名马小庄后，没有改动过庄名。

新化

新化（Xīnhuà） 隶属时村镇奎北村村民委员会，地理实体类型为农村居民点。东至灵璧，南至302省道，西至时东马大庄，北至濉奎河。总户数为70户，总人口为280人，民族为汉族。面积为0.06平方千米。

网寨庄主要土地在濉奎河以北，河南有网寨的土地200余亩，收与种用船运输很不方便，按在河南的地亩数，安排人到河南居住，成为一个居民点，当时取名新化组。

澡堂

澡堂（Zǎotáng） 隶属时村镇奎北村村民委员会，地理实体类型为农村居民点。东至李家大田地，南至李家庄，西至三马，北至马家河。总户数为80户，总人口为300人，民族为汉族。面积为0.021平方千米。

原先有时村集，在时村集开澡堂子的老板至本地开荒种地，形成居民点后，把这个居民点叫成澡堂庄。从建庄开始至现在，没有改过这个庄名。

打王

打王（Dǎwáng） 隶属时村镇马楼村村民委员会，地理实体类型为农村居民点。东至朱家庄，南至宋路大沟，西至胡梁村，北至老汪湖大堤。总户数为105户，总人口为458人，民族为汉族。面积为0.05平方千米。

王姓人家由西方迁居至此，在此开荒种地，建造房屋，编席为生，不断繁衍生息，家族人丁旺盛，逐渐壮大，因故得名为打席王，后来称为打王。

北园庄

北园庄（Běiyuánzhuāng） 隶属时村镇时南村村民委员会，地理实体类型为农村居民点。东至时苗路，南至南园，西至濉河，北至濉河。总户数为80户，总人口为410人，民族为汉族。面积为0.02平方千米。

1958年以前叫吴园，1978年以后人口逐渐增多，分两个队，南边叫南园，北边叫北园。据传，该庄原有常姓在此开设果园，故而得名。

东亭子

东亭子（Dōngtíngzi） 隶属时村镇油坊村村民委员会，地理实体类型为农村居民点。东至棒场村，南至奎河岸，西至油坊，北至王家。总户数为188户，总人口为820人，民族为汉族。面积为0.8平方千米。

尹氏人家从山西喜鹊窝迁居至此，开荒种地，建造房屋，不断繁衍生息，家族旺盛，逐渐壮大，故得名东亭子。1962年人民公社时期命名为丁楼。1970年命名为油坊大队东亭子。

侯家庄

侯家庄（Hóujiāzhuāng） 隶属时村镇油坊村村民委员会，地理实体类型为农村居民点。东至棒场村，南至王家，西至前湾，北至葛山。总户数为220户，总人口为1000人，民族为汉族、苗族。其中汉族999人，占比99.99%；苗族1人，占比0.01%。面积为0.8平方千米。

侯氏人家从山西喜鹊窝迁居至此，开荒种地，建造房屋，不断繁衍生息，家族旺盛，逐渐壮大，故得名侯家庄。1958年命名为侯家大队。1964年正式改名为油坊大队侯家。

后尹庄

后尹庄（Hòuyǐnzhuāng） 隶属时村镇油坊村村民委员会，地理实体类型为农村居民点。东至王家，南至东亭子、油坊，西至夏渡口，北至前湾。总户数为63户，总人口为200人，民族为汉族。面积为0.05平方千米。

两户尹姓人家从山西喜鹊窝迁居至此，开荒种地，建造房屋，不断繁衍生息，家族人丁旺盛，逐渐壮大，得名后尹庄。1960年为双山社。1962年改为油坊村后尹队，简称后尹。

前湾庄

前湾庄（Qiánwānzhuāng） 隶属时村镇油坊村村民委员会，地理实体类型为农村居民点。东至侯家，南至渡口，西至奎河，北至刁山。总户数为55户，总人口为300人，民族为汉族。面积为0.02平方千米。

尹氏人家从山西喜鹊窝迁居至此，开荒种地，建造房屋，不断繁衍生息，家族旺盛，逐渐壮大，得名前湾庄。1960年为双山社。1962年更名为前湾庄，简称前湾。

王家庄

王家庄（Wángjiāzhuāng） 隶属时村镇油坊村村民委员会，地理实体类型为农村居民点。东至棒场村，南至东亭子，西至后尹，北至侯家。总户数为110户，总人口为523人，民族为汉族。面积为0.4平方千米。

王氏人家从山西喜鹊窝迁居至此，开荒种地，建造房屋，不断繁衍生息，家族旺盛，逐渐壮大，因故得名王家庄。1958年隶属侯家大队。1964年正式改名为油坊大队王家庄。

夏渡口

夏渡口（Xiàdùkǒu） 隶属时村镇油坊村村民委员会，地理实体类型为农村居民点。东至油坊村，南至奎河岸，西至奎河，北至前湾庄。总户数为95户，总人口为420人，民族为汉族。面积为0.06平方千米。

夏氏人家从山西喜鹊窝迁居至此，开荒种地，建造房屋，不断繁衍生息，家族旺盛，逐渐壮大。夏庄挖奎河，有摆渡口的，后叫夏渡口。1958年命名为双山社。1962年隶属丁楼公社。1972年改为油坊大队夏渡口庄。

张油坊庄

张油坊庄（Zhāngyóufāngzhuāng） 隶属时村镇油坊村村民委员会，地理实体类型为农村居民点。东至东亭子，南至奎河岸，西至夏渡口，北至后尹。总户数为50户，总人口为210人，民族为汉族。面积为0.04平方千米。

张氏人家由山西迁居至此，开荒种地，建造房屋，不断繁衍生息，家族人丁旺盛，逐渐壮大，本庄有打油的，原叫油坊。故得名为张油坊庄。1960年为双山社。1962年改为油坊大队张油坊庄。

永安镇

大许集

大许集（Dàxǔjí） 隶属永安镇大许村村民委员会，地理实体类型为农村居民点。东至街西村魏家，南至小王家，西至小许家，北至街西村边家。总户数为370户，总人口为1522人，民族为汉族。面积为0.3平方千米。

此地原为湖泊，明朝末年，许姓人家从山西迁居此地，以打鱼为生，取名许家湖。后黄河泛滥冲积成平原，人们开荒种地，繁衍生息，村庄逐渐壮大，后又有人做买卖，形成集市，故改名为大许集。原名许家湖，清末改名大许集。

娄家沟

娄家沟（Lóujiāgōu） 隶属永安镇大许村村民委员会，地理实体类型为农村居民点。东至街西村小张家，南至小戴家，西至小王家，北至街西村魏家、单家。总户数为209户，总人口为782人，民族为汉族。面积为0.2平方千米。

此地原为湖泊，明朝末年，娄姓人家从山西迁居此地，以打鱼为生，取名娄家湖。后黄河泛滥冲积成平原，并在村子中间冲出一条沟，人们开荒种地，繁衍生息，村庄逐渐壮大，清朝末年改名娄家沟。

小戴家

小戴家（Xiǎodàijiā） 隶属永安镇大许村村民委员会，地理实体类型为农村居民点。东至026县道，南至戴楼，西至七号路，北至娄家沟。总户数为89户，总人口为258人，民族为汉族。面积为0.085平方千米。

此地原为灰古东刘潭窝张姓人家的寄庄，清朝初年，张姓人家张训迁居此处，繁衍生息，形成村庄，取名张训庄。清末，灰古碾盘戴老耕以赌博方式赢得了此庄的土地，戴老耕的后人来此居住，改名小戴家。

戴老八

戴老八（Dàilǎobā） 隶属永安镇大许村村民委员会，地理实体类型为农村居民点。东至七号路，南至戴楼，西至灰古八张村大戴家，北至双戴。总户数为45户，总人口为156人，民族为汉族。面积为0.031平方千米。

清朝末年，戴姓人家最小的老八从灰古镇碾盘分家迁居此处，繁衍生息，形成村庄，此支系最长，又恰逢原戴楼大队分队时，又是八队，此庄故名戴老八。

陈庄

陈庄（Chénzhuāng） 隶属永安镇股河新村村民委员会，地理实体类型为农村居民点。东至桃沟乡戴夏村，南至刘桥，西至李庄，北至新股河（双庆河）。总户数为120户，总人口为455人，民族为汉族。面积为0.085平方千米。

明朝末年，有陈姓人家由山东迁居此地，后王姓人家也逃荒在此居住，开荒种地，繁衍生息，形成村庄，以陈姓居多，故名陈庄。1956年置陈庄大队。1958年撤销陈庄大队，隶属李庄大队。现为股河新村所属自然村。

刘桥

刘桥（Liúqiáo） 隶属永安镇股河新村村民委员会，地理实体类型为农村居民点。东至桃沟乡戴夏村，南至老股河，西至路庄，北至李庄。总户数为259户，总人口为1085人，民族为汉族。面积为0.26平方千米。

明朝末年，洪水泛滥，刘姓人家逃荒至此，在老股河两岸居住，繁衍生息，形成村庄。为方便生活，两岸居民用石磙、木棒搭桥通行，因此庄在北面，北为上，故名上刘桥，后简称刘桥。1956年，为取村名方便，改上刘桥为刘桥。

高彭

高彭（Gāopéng） 隶属永安镇街西村村民委员会，地理实体类型为农村居民点。东至永安村白庄子、马家，南至单家，西至王菜园，北至薛赵村洪路。总户数为243户，总人口为989人，民族为汉族。面积为0.28平方千米。

清朝初年，高姓、彭姓人家从山西迁居此处，后又有他姓迁入，开荒种地，繁衍生息，形成村庄，因高姓、彭姓迁来较早，故名高彭。1956年置高彭大队。1984年改高彭村。2007年与单家村、边家村、山前村合并为街西村。

单家

单家（Shànjiā） 隶属永安镇街西村村民委员会，地理实体类型为农村居民点。东至永安村刘圩，南至小张家，西至魏家，北至高彭。总户数为246户，总人口为893人，民族为汉族。面积为0.24平方千米。

明朝末年，有单姓四兄弟从山东单县迁居至此，开荒种地，建造房屋，繁衍生息，后来他姓人也有迁居，因单姓居多、迁来较早，故名单家。1956年置单家大队。1984年改单家村。2008年与高彭村、边家村、山前村合并为街西村。

魏家

魏家（Wèijiā） 隶属永安镇街西村村民委员会，地理实体类型为农村居民点。东至单家，南至大许村娄沟，西至大许村，北至王菜园。总户数为38户，总人口为162人，民族为汉族。面积为0.026平方千米。

魏姓人家从山东迁居此处，繁衍生息，后尹姓、张姓、许姓等人家也迁此居住，因魏姓居多，迁来较早，故名魏家。

边家

边家（Biānjiā） 隶属永安镇街西村村民委员会，地理实体类型为农村居民点。东至王菜园、黄家，南至大许村小许家，西至山前，北至周家村。总户数为189户，总人口为666人，民族为汉族。面积为0.16平方千米。

边姓人家从山东迁居此处，开荒种地，繁衍生息，后来他姓人家也迁居此处，形成村庄，因边姓迁来较早，故名边家。1956年置边家大队。1984年改边家村。2007年与高彭村、单家村、山前村合并为街西村。

山前

山前（Shānqián） 隶属永安镇街西村

村民委员会，地理实体类型为农村居民点。东至边家，南至方河，西至顺河乡鹤山村，北至鹤山。总户数为203户，总人口为845人，民族为汉族。面积为0.21平方千米。

张姓人家从山西迁居此处，开荒种地，繁衍生息形成村庄，因此地在鹤山南面，故名山前。1956年置刘楼大队，山前隶属刘楼大队。1984年隶属刘楼村。2007年与高彭村、边家村、单家村合并为街西村。

潘湖

潘湖（Pānhú） 隶属永安镇潘湖村村民委员会，地理实体类型为农村居民点。东至026县道，南至所圩村，西至刘老庄、东南场，北至方河。总户数为530户，总人口为2106人，民族为汉族。面积为0.472平方千米。

潘姓人家从山西迁居此地，开荒种地，繁衍生息，形成村庄，因此地原为黄泛区，地势低洼，发水成湖，故名潘湖。

吕湖

吕湖（Lǚhú） 隶属永安镇双鑫村村民委员会，地理实体类型为农村居民点。东至孙安村，南至洪路沟，西至所圩村，北至孙安村黄沟沿。总户数为420户，总人口为1556人，民族为汉族。面积为0.405平方千米。

此地原为黄泛区，明朝末年，吕姓人家由山西迁居此地，繁衍生息，后又有丁姓等人家来此居住，因湖面较大，吕姓居多，故名吕湖。1958年置吕湖大队。1981年改为吕湖村。2007年与苏秦村合并为双鑫村。

孙安

孙安（Sūn' ān） 隶属永安镇孙安村村民委员会，地理实体类型为农村居民点。东至新合村王林家，南至腰庄，西至双鑫村江场，北至团结沟。总户数为300户，总人口为1185人，民族为汉族。面积为0.22平方千米。

此地为黄泛区，地势低洼，湖泊较多。孙姓人家从山西洪洞县来此，以打鱼为生，搭茅草庵子居住，繁衍生息，人丁兴旺，形成村庄，故名孙庵子。1992年撤区并乡建镇时，为方便生活，取平安之意改为孙安。

后高

后高（Hòugāo） 隶属永安镇所圩村村民委员会，地理实体类型为农村居民点。东至026县道，南至前王，西至所圩、后场，北至团结沟。总户数为315户，总人口为1163人，民族为汉族。面积为0.35平方千米。

高姓人家由山西迁居此处，开荒种地，繁衍生息，形成村庄，因此庄在所圩东面，取名东高。1968年因南面有前高，改东高为后高。

前王

前王（Qiánwáng） 隶属永安镇所圩村村民委员会，地理实体类型为农村居民点。东至双鑫村吕湖，南至前高、前西，西至所圩子，北至后高。总户数为81户，总人口为339人，民族为汉族。面积为0.063平方千米。

王姓人家从西王迁居此处，开荒种地，繁衍生息，形成村庄，因在所圩东面，与西王对称，取名东王。1962年因与后高一起成立后高大队，此庄在后高前面，故改名为前王。

前西

前西（Qiánxī） 隶属永安镇所圩村村民委员会，地理实体类型为农村居民点。东至前高，南至洪路沟，西至所圩子，北至前王。总户数为75户，总人口为398人，民族为汉族。面积为0.055平方千米。

1962年，前高部分村民为生产、生活方便，从前高搬迁至此居住，因此地在前高西面，故名前西。

前高

前高（Qiángāo） 隶属永安镇所圩村村民委员会，地理实体类型为农村居民点。东至双鑫村吕湖，南至解家、李家，西至前西，北至前王。总户数为90户，总人口为362人，民族为汉族。面积为0.065平方千米。

高姓人家由山西迁居此处，开荒种地，繁衍生息，形成村庄，因此庄在后高南面，故名前高。1980年土地到户时曾与前西对称名前东。1995年复为前高。2007年并入所圩村。

解家

解家（Xièjiā） 隶属永安镇所圩村村民委员会，地理实体类型为农村居民点。东至双鑫村吕湖，南至洪路沟，西至小李家，北至前高。总户数为146户，总人口为589人，民族为汉族。面积为0.11平方千米。

黄姓人家从山西迁居此地，开荒种地，繁衍生息，形成村庄，明朝开国皇帝朱元璋落难时曾在此庄居住，取名黄庄；后黄姓家道衰落，明末时解姓人家迁居此处，繁衍生息，逐渐壮大，后改名解家。1956年隶属解李大队。1983年隶属解李村，2007年并入所圩村。

夏桥集

夏桥集（Xiàqiáojí） 隶属永安镇夏桥村村民委员会，地理实体类型为农村居民点。东至河涯、朱元，南至团结村夏谷堆，西至许园，北至方河。总户数为223户，总人口为865人，民族为汉族。面积为0.2平方千米。

夏姓人家从山西迁居此地，开荒种地，繁衍生息，因此处低洼，人们居住在方河两岸，为方便通行，当地群众在河上用石头木棒建桥，逐渐有人在此做生意，后形成集市，故名夏桥集。

朱庄

朱庄（Zhūzhuāng） 隶属永安镇新合村村民委员会，地理实体类型为农村居民点。东至朱家，南至王林家，西至小夏家、仓屋，北至方河。总户数为138户，总人口为640人，民族为汉族。面积为0.12平方千米。

张姓人家从山西迁居此地，开荒种地，繁衍生息，形成村庄。明朝初年，开国皇帝朱元璋在此庄驻过驾，故名驻驾庄，后演变为朱庄。1956年置朱庄大队。1983年改朱庄村。2008年合并朱庄村、刘瓦村朱楼村为新合村。

西洪路

西洪路（Xīhónglù） 隶属永安镇薛赵村村民委员会，地理实体类型为农村居民点。东至东洪路、小芦家，南至街西村高彭，西至张火槭，北至大朱家、西朱家。总户数为132户，总人口为578人，民族为汉族。面积为0.095平方千米。

刘姓、黄姓人家从山西迁居此处，开荒种地，繁衍生息，形成村庄。明朝开国皇帝朱元璋落难时从此庄走过多次，并在此歇息，因本村在西面，且村庄较小，故名西洪路，又名二洪路。

永安集

永安集（Yǒngānjí） 隶属永安镇永安村村民委员会，地理实体类型为农村居民点。东至双兴村、梅园、后场，南至股河新村，西至白庄子、刘圩子，北至双鑫村秦楼。总户数为335户，总人口为1800人，民族为汉族。面积为0.28平方千米。

七个反清复明的义士被宦官迫害，为躲避追杀，隐姓埋名，出家为道，在白庄子东（现永安小学附近）盖道观居住，因香火旺盛，逐渐有人做生意，后形成集市，取名道庄子。1946年更名为永安集。

白庄

白庄（Báizhuāng）　隶属永安镇永安村村民委员会，地理实体类型为农村居民点。东至永安集，南至刘圩子，西至小魏家，北至永中路。总户数为200户，总人口为1030人，民族为汉族。面积为0.14平方千米。

有一白姓人家从山西迁居此地，开荒种地，后他姓人家也迁至此处居住，繁衍生息，形成村庄，因白姓来此地最早，故名白庄子。1986年从永安大队分出，成立白庄大队，后更名为白庄村。2007年合并永安村、白庄村、刘圩村为永安村。

刘圩

刘圩（Liúwéi）　隶属永安镇永安村村民委员会，地理实体类型为农村居民点。东至永安集、棉花原种场，南至股河新村，西至街西村单家，北至白庄子。总户数为307户，总人口为1170人，民族为汉族。面积为0.242平方千米。

白庄刘姓人家以此地为晒粮场，建有场屋，后刘姓老二搬迁至此居住，繁衍生息，形成村庄，因地势低洼，人们筑圩而居，故名刘二圩子。新中国成立初期，更名为刘圩子。1986年从永安大队分出成立刘圩大队，后更名为刘圩村。1995年合并永安村、白庄村、刘圩村为永安村。

老街

老街（Lǎojiē）　隶属永安镇周家村村民委员会，地理实体类型为农村居民点。东至方河，南至刘家，西至顺河乡鹤山村杨家，北至罗家、夹沟镇权园村。总户数为249户，总人口为1237人，民族为汉族。面积为0.25平方千米。

张姓人家从山西洪洞县迁居此地，开荒种地，繁衍生息，形成村庄，人们把住房盖在路两边，中间有人做生意，形成大街，因此处逢集较早，故名老街。新中国成立前，因战乱集市被迫取消。

刘楼

刘楼（Liúlóu）　隶属永安镇周家村村民委员会，地理实体类型为农村居民点。东至王家，南至方河、永中路，西至鹤山，北至张家。总户数为236户，总人口为1072人，民族为汉族。面积为0.21平方千米。

刘姓人家从山西迁居此地，开荒种地，繁衍生息，形成村庄，有大户人家盖楼而居，故名刘楼。1956年置刘楼大队，隶属夹沟公社。1976年划归永安公社。1984年改为刘楼村。2007年并入周家村。

灰谷镇

八张

八张（Bāzhāng）　隶属灰古镇八张村村民委员会，地理实体类型为农村居民点。东至周桥，南至王垅村，西至新庄，北至四里中。总户数为537户，总人口为1883人，民族为汉族。面积为0.7平方千米。

八张离灰古、顺河、河山三个集都是八里，取名八里张。1958年更名八张村。1958年隶属八张大队。1983年隶属八张村。

文昌集

文昌集（Wénchāngjí） 隶属灰古镇碾盘村村民委员会，地理实体类型为农村居民点。东至许庄，南至碾盘，西至股河，北至股河。总户数为46户，总人口为186人，民族为汉族。面积为0.03平方千米。

原名双龙寺，双龙寺因双龙玉盘于寺而得名。在14世纪初，有一高僧守禅大师，早年曾在北京、长白山的大寺庙当过住持，后来到双龙寺修行。此地建有历史建筑文昌阁。新中国成立以后政府命名为文昌乡，后更名文昌集。

胡菜园

胡菜园（Húcàiyuán） 隶属灰古镇碾盘村村民委员会，地理实体类型为农村居民点。东至小路庄，南至碾盘，西至二徐路，北至许庄。总户数为22户，总人口为78人，民族为汉族。面积为0.01平方千米。

新中国成立前，因一胡氏家庭为地主人家看护坟地，在此开荒种菜，故起名胡菜园。

潘桥

潘桥（Pānqiáo） 隶属灰古镇曹庙村村民委员会，地理实体类型为农村居民点。东至灰古村徐桥，南至付湖，西至顺河关家，北至濉河。总户数为195户，总人口为949人，民族为汉族。面积为0.6平方千米。

200多年前，潘桥坐落唐河北岸，南岸有本庄土地，农民就修了一座木桥，时间长了庄名就叫潘桥了。

堤南

堤南（Dīnán） 隶属灰古镇灰古村村民委员会，地理实体类型为农村居民点。东至灰古中学，南至后徐，西至潘桥庄，北至堤北组。总户数为72户，总人口为300人，民族为汉族。面积为0.05平方千米。

李寺分为堤北、堤南2个生产组，以村中路为界，南面为堤南组。

后徐

后徐（Hòuxú） 隶属灰古镇灰古村村民委员会，地理实体类型为农村居民点。东至二徐路，南至唐河，西至后朱，北至堤南组。总户数为80户，总人口为316人，民族为汉族。面积为0.08平方千米。

徐氏家祖以村中大汪为界，汪北叫后徐，汪南叫前徐。

后朱

后朱（Hòuzhū） 隶属灰古镇灰古村村民委员会，地理实体类型为农村居民点。东至后徐组，南至徐桥小学，西至武家组，北至堤南组。总户数为68户，总人口为227人，民族为汉族。面积为0.06平方千米。

朱姓族人以朱家汪为界，汪北为后朱。

路南

路南（Lùnán） 隶属灰古镇灰古村村民委员会，地理实体类型为农村居民点。东至灰古集南组，南至唐河，西至二徐公路，北至西北组。总户数为44户，总人口为171人，民族为汉族。面积为0.03平方千米。

先前灰古村有条大路，路的南边有个村庄，叫路南组。

大店镇

北小张庄

北小张庄（Běixiǎozhāngzhuāng） 隶属大店镇大南村村民委员会，地理实体类型为农村居民点。东至顾寿，南至汪圩村，西至八里村，北至大贠庄。总户数为17户，总人口为103人，民族为汉族。面积为0.027平方千米。

张姓由固镇县迁居至此，在此开荒种地，建造房屋，不断繁衍生息，家族人丁旺盛，逐渐壮大，由此得名小张庄。

小王庄

小王庄（Xiǎowángzhuāng） 隶属大店镇大南村村民委员会，地理实体类型为农村居民点。东至灵璧县，南至李寿庄，西至大贠庄，北至张圩庄。总户数为13户，总人口为68人，民族为汉族。面积为0.013平方千米。

王姓由北方迁居至此，在此开荒种地，建造房屋，不断繁衍生息，家族人丁旺盛逐渐壮大，因故得名小王庄。

西李庄

西李庄（Xīlǐzhuāng） 隶属大店镇大南村村民委员会，地理实体类型为农村居民点。东至东李庄，南至侯杨庄，西至静安村，北至康家庄。总户数为62户，总人口为270人，民族为汉族。面积为0.063平方千米。

李姓聚居在此地的位置在大南村偏西，他们在此开荒种地，建造房屋，不断繁衍生息，家族人丁旺盛逐渐壮大，因故得名西李庄。

顾寿庄

顾寿庄（Gùshòuzhuāng） 隶属大店镇大南村村民委员会，地理实体类型为农村居民点。东至灵璧县，南至汪圩村，西至小张家，北至小张家。总户数为60户，总人口为285人，民族为汉族。面积为0.066平方千米。

益、泥、顾、寿四姓由外地迁居至此，至今益、泥两姓之人迁出，顾、寿两姓之人继续在此开荒种地，建造房屋，不断繁衍生息，家族人丁旺盛逐渐壮大，因故得名顾寿庄。

大贠庄

大贠庄（Dàyuánzhuāng） 隶属大店镇大南村村民委员会，地理实体类型为农村居民点。东至寿家庄，南至小张庄，西至静安村，北至侯杨庄。总户数为170户，总人口为890人，民族为汉族。面积为1.08平方千米。

贠姓由北方迁居至此，在此开荒种地，建造房屋，不断繁衍生息，家族人丁旺盛逐渐壮大，因故得名大贠庄。

寿家

寿家（Shòujiā） 隶属大店镇大南村村民委员会，地理实体类型为农村居民点。东至灵璧县，南至顾寿庄，西至大贠庄，北至李家庄。总户数为90户，总人口为430人，民族为汉族。面积为1.01平方千米。

寿姓由东北方迁居至此，在此开荒种地，建造房屋，不断繁衍生息，家族人丁旺盛逐渐壮大，因故得名寿家庄。

王家

王家（Wángjiā） 隶属大店镇大南村村民委员会，地理实体类型为农村居民点。东至小张庄，南至康家庄，西至静安村，北至大东村。总户数为61户，总人口为257人，民族为汉族、回族。面积为0.07平方千米。

王姓由宿州市灵璧县娄庄镇大王庄迁居至此，在此开荒种地，建造房屋，不断繁衍生息，家族人丁旺盛逐渐壮大，因故得名王家庄。

姚家

姚家（Yáojiā） 隶属大店镇静安村村民委员会，地理实体类型为农村居民点。东至小贠家，南至魏家组，西至一支沟（安阳村），北至商家庄赖家庄。总户数为75户，总人口为340人，民族为汉族。面积为0.09平方千米。

早在宋朝时期，姚家庄原有姓姚的一人为山西总兵，在任职时，不幸病故于此村庄，因此此村庄被称为总兵坟，后村庄命名为姚家庄。

小秦家

小秦家（Xiǎoqínjiā） 隶属大店镇四铺村村民委员会，地理实体类型为农村居民点。东至唐家庄，南至小张家，西至四芦路，北至303省道。总户数为50户，总人口为240人，民族为汉族。面积为0.04平方千米。

新中国成立前从秦合孜分支来，秦姓两大户人家，逐渐壮大，后叫小秦家。人民公社时期属史圩大队。1983年属史圩村。2007年属四铺村。

骑路马庄

骑路马庄（Qílùmǎzhuāng） 隶属大店镇天门村村民委员会，地理实体类型为农村居民点。东至瓦房村，南至小张庄，西至孟圩村，北至新汴河。总户数为63户，总人口为342人，民族为汉族。面积为0.8平方千米。

以前此庄中间有一条南北大路，路两侧居住的人都是姓马的，故名骑路马。人民公社时期属孟圩大队，1983年属孟圩村。2007年属天门村。

天门庄

天门庄（Tiānménzhuāng） 隶属大店镇天门村村民委员会，地理实体类型为农村居民点。东至瓦房村，南至五一村，西至大张庄，北至瓦房村。总户数为56户，总人口为302人，民族为汉族。面积为1.2平方千米。

此庄位于18个庄的最南端，以草寺庙为中心，四周18个庄都姓曹，故名南天门曹。人民公社时期属孟圩大队，1983年属孟圩村。2007年属天门村。

河南张

河南张（Hénánzhāng） 隶属大店镇汪刘村村民委员会，地理实体类型为农村居民点。东至如意沟，南至小黄河，西至沟南邵，北至新庄。总户数为108户，总人口为560人，民族为汉族。面积为0.094平方千米。

张姓由灵璧迁居于此，家族壮大之后，庄后挖有一条河，故得名沟南张。

王家

王家（Wángjiā） 隶属大店镇汪圩村村民委员会，地理实体类型为农村居民点。东至张魏，南至沱河，西至陈桥夏家，北至小王家。总户数为60户，总人口为280人，民族为汉族。面积为0.65平方千米。

由山西省洪洞县迁居至此，开荒种地、建房，不断繁衍生息，逐渐壮大，因此得名王家（王西队是老大居住，王东队是老二居住）。新中国成立后就称为王家。

小李家

小李家（Xiǎolǐjiā） 隶属大店镇五一村村民委员会，地理实体类型为农村居民点。东至穆家组，南至大东村，西至大北村，北至吴家组。总户数为45户，总人口为210人，民族为汉族。面积为0.038平方千米。

该村以姓李人家居多，又因该村人口少，故得名小李家。1958年命名为小李生产队。1981年改为小李村民组。

小汤家

小汤家（Xiǎotāngjiā） 隶属大店镇五一村村民委员会，地理实体类型为农村居民点。东至大王组，南至大东村，西至穆家组，北至刚家组。总户数为50户，总人口为240人，民族为汉族。面积为0.048平方千米。

由姓汤人家迁入，后繁衍壮大，得名小汤家。1958年命名为小汤生产队。1981年改为小汤村民组。

小王家

小王家（Xiǎowángjiā） 隶属大店镇五一村村民委员会，地理实体类型为农村居民点。东至大张家，南至张家，西至陈圩，北至王圩。总户数为71户，总人口为300人，民族为汉族。面积为0.078平方千米。

姓王人家由南方迁居此地，得名小王庄。1958年命名为小王生产队。1981年改为小王家村民组。

张家

张家（Zhāngjiā） 隶属大店镇五一村村民委员会，地理实体类型为农村居民点。东至穆家，南至五一村村部，西至小梁家，北至陈圩。总户数为105户，总人口为510人，民族为汉族。面积为0.091平方千米。

姓张人家迁居此地，故名张家。1958年命名为张家生产队。1981年改为张家村民组。

大荒地

大荒地（Dàhuāngdì） 隶属大店镇张庙村村民委员会，地理实体类型为农村居民点。东至灵璧县，南至路东西，西至河西，北至小黄河。总户数为72户，总人口为380人，民族为汉族。面积为0.22平方千米。

新中国成立前这片都是荒地，又因该庄大些，因此得名大荒地。

高口集

高口集（Gāokǒují） 隶属大泽乡镇高口村村民委员会，地理实体类型为农村居民点。东至郭庄，南至魏家，西至前李，北至全湖庄。总户数为82户，总人口为335人，民族为汉族。面积为0.75平方千米。

曾用名关老庙，后因这里人多姓高，又邻近浍河渡口，逢集，故名高口集。

大张

大张（Dàzhāng） 隶属大泽乡镇西寺坡村村民委员会，地理实体类型为农村居民点。东至小陈，南至洪庙，西至小张家，北至京津铁路。总户数为250户，总人口为1180人，民族为汉族。面积为0.3平方千米。

张姓、尤姓人家在此居住，取名尤路张家，后张姓不断壮大，尤姓衰败，有道士称张尤相克，张口喝尤，尤姓无几，后取名大张家。

韩土桥

韩土桥（Hántǔqiáo） 隶属大泽乡镇西寺坡村村民委员会，地理实体类型为农村居民点。东至团沟，南至二韩，西至洪庙村，北至岳家。总户数为93户，总人口为340人，民族为汉族。面积为0.45平方千米。

韩姓在此居住，此地有土桥，故名韩土桥。1958年属西寺坡大队。1983年属西寺坡村。

大韩庄

大韩庄（Dàhánzhuāng） 隶属大泽乡镇大韩村村民委员会，地理实体类型为农村居民点。东至大泽新河，南至南王，西至西祁路，北至二韩庄。总户数为335户，总人口为1500人，民族为汉族。面积为0.82平方千米。

韩姓四兄弟迁居至此，老大所在的村庄为大韩庄。

张桥

张桥（Zhāngqiáo） 隶属大泽乡镇张桥村村民委员会，地理实体类型为农村居民点。东至张圩子，南至前冯，西至后冯，北至刘荒。总户数为73户，总人口为306人，民族为汉族、傣族，共2种，其中汉族302人，占比99%；傣族4人，占比1%。面积为0.01平方千米。

张姓在连沟上修建一座木桥，给人们的生产生活带来了方便，取名张桥。

前路涯庄

前路涯庄（Qiánlùyázhuāng） 隶属大泽乡镇洪庙村村民委员会，地理实体类型为农村居民点。东至团沟，南至李寨，西至洪庙小学，北至汪家庄。总户数为28户，总人口为98人，民族为汉族。面积为0.06平方千米。

此庄在西桃路南，接近路边，故名前路涯。

洪庙庄

洪庙庄（Hóngmiàozhuāng） 隶属大泽乡镇洪庙村村民委员会，地理实体类型为农村居民点。东至马牙，南至汪家，西至红旗路，北至小张庄。总户数为160户，总人口为458人，民族为汉族、回族，共2种，其中汉族450人，占比95%；回族8人，占比5%。面积为0.13平方千米。

据说村南有座庙，是用红色粉刷的，故名红庙，后演变为洪庙。

双庄

双庄（Shuāngzhuāng） 隶属大泽乡镇洪庙村村民委员会，地理实体类型为农村居民点。东至团沟，南至门东，西至铁路，北至李寨庄。总户数为160户，总人口为482人，民族为汉族。面积为0.2平方千米。

此庄中间有一条东西走向的龙路，路南侧有前门，路北侧有后门，当年人称南门口，北门口称前后门。后改名为双庄。

桃园镇

芦城

芦城（Lúchéng） 隶属桃园镇浍光村村民委员会，地理实体类型为农村居民点。东至娄沟，南至浍河，西至许家，北至张家。总户数为68户，总人口为252人，民族为汉族。面积为0.05平方千米。

据传说这里原是一座古城，始于新石器时代后期，是一个部落的首府，曾被列为县级文物保护单位，1990年、2000年、2010年有文物考古研究所多次在此地开挖，发掘出大批文物，考古价值很高。

王家

王家（Wángjiā） 隶属桃园镇桃东村村民委员会，地理实体类型为农村居民点。东至梅家，南至光明村，西至三沟，北至墩马路西桃段。总户数为151户，总人口为546人，民族为汉族。面积为0.05平方千米。

王姓人家由西寺坡（大泽乡）涉古台迁居至此，在此开荒种地，建造房屋，不断繁衍，家族人丁旺盛，逐渐壮大，故得名为王家。

陈家

陈家（Chénjiā） 隶属桃园镇桃东村村民委员会，地理实体类型为农村居民点。东至韩寨，南至墩马公路西桃段，西至三沟，北至邢老庄。总户数为86户，总人口为374人，民族为汉族。面积为0.06平方千米。

陈姓人家由南方迁居至此，在此开荒种地，建造房屋，不断繁衍，家族人丁旺盛，逐渐壮大，故得名为陈家。

邢李园

邢李园（Xínglǐyuán） 隶属桃园镇桃东村村民委员会，地理实体类型为农村居民点。东至黄泥沟，南至韩寨，西至邢老庄，北至西北杨寨乡池湖村。总户数为146户，总人口为576人，民族为汉族。面积为0.06平方千米。

姚姓人家由南方迁居此地，李姓人家由西寺坡迁居至此，姚、李二家在此开荒种地，建造房屋，不断繁衍，人丁旺盛，逐渐壮大，因故得名姚李庄。清代末期，邢姓人家又迁入此地，因当地栽植梨树较多，又称为梨园，后改为邢李园。

小吴

小吴（Xiǎowú） 隶属桃园镇桃东村村民委员会，地理实体类型为农村居民点。东至黄泥沟，南至光明村，西至王家，北至韩寨。总户数为72户，总人口为320人，民族为汉族。面积为0.05平方千米。

吴姓人家由蕲县吴洲子迁居至此，在此开荒种地，建造房屋，不断繁衍生息，家族人丁旺盛，逐渐壮大，因故得名为小吴。

韩寨

韩寨（Hánzhài） 隶属桃园镇桃东村村民委员会，地理实体类型为农村居民点。东至黄泥沟，南至小吴，西至梅家、陈家，北至邢李园。总户数为210户，总人口为807人，民族为汉族。面积为0.08平方千米。

韩姓人家由现西寺坡（大泽乡）大韩家迁居至此，在此开荒种地，建造房屋，不断繁衍生息，家族人丁旺盛，逐渐壮大，因故得名为韩寨。

小秦庄

小秦庄（Xiǎoqínzhuāng） 隶属桃园镇桃西村村民委员会，地理实体类型为农村居民点。东至大谢庄，南至大沈庄，西至新谢庄，北至酱沟沿。总户数为68户，总人口为282人，民族为汉族。面积为0.05平方千米。

以前姓秦的替姓谢的打官司，得了这片地，把此地卖与其他姓，搬来种地居住，所以此庄命名为小秦庄。其实小秦庄一直没有一家姓秦的。

大赵

大赵（Dàzhào） 隶属桃园镇桃西村村民委员会，地理实体类型为农村居民点。东至运河，南至吕柿园，西至余小沟，北至陈浅子。总户数为63户，总人口为206人，民族为汉族。面积为0.08平方千米。

新中国成立前，这片地原先都是姓赵的，后来姓赵的把地卖了，姓陈的、姓王的、姓吕的都在此买地居住。新中国成立后，此庄没有姓赵的，但还是叫大赵。

桃园集

桃园集（Táoyuánjí） 隶属桃园镇桃园村村民委员会，地理实体类型为农村居民点。东至206国道，南至桃园村，西至蔡寨，北至北杨寨乡。总户数为787户，总人口为2866人，民族为汉族。面积为0.8平方千米。

相传汉末年间，桃园集这个地方有数百亩桃树林，取名为桃园。另有传说，在桃园集有座泰山庙，供奉着东海三仙岛主三霄女即云霄、琼霄、碧霄，也就是赵公明元帅的三个胞妹，美貌绝伦。汉末年间，刘、关、张仰慕三霄女，多次从涿州来泰山庙拜谒，在桃树中习武饮酒，议论国家大事，并在桃树林中结拜，更使桃园集名声远播。

王伦

王伦（Wánglún） 隶属桃园镇西杨寨村村民委员会，地理实体类型为农村居民点。东至骑桥，南至丁家，西至北杨寨大黄村，北至北杨寨大王村。总户数为68户，总人口为274人，民族为汉族。面积为0.06平方千米。

王伦是人名。清朝前期，王伦带全家迁移到此居住，庄名因此而得。现此庄已无王姓人家，但仍叫王伦庄。

王曹坊

王曹坊（Wángcáofāng） 隶属北杨寨乡曹坊村村民委员会，地理实体类型为农村居民点。东至骑路村，南至大王村，西至合徐高速公路。总户数为139户，总人口为547人，民族为汉族。面积为0.82平方千米。

王姓二兄弟由山西洪洞县迁居至此，在此开荒种地，建造房屋，兼管酿酒作坊，不断繁衍生息，家族人丁兴旺，逐渐壮大，因故得名为王曹坊。

张家

张家（Zhāngjiā） 隶属北杨寨乡曹坊村村民委员会，地理实体类型为农村居民点。东至合徐高速公路，南至张吴村地界，西至西牛沟，北至陈家。总户数为28户，总人口为110人，民族为汉族。面积为0.32平方千米。

新中国成立前，张姓人家由南方迁居至此，在此开荒种地，建造房屋，不断繁衍生息，家族人丁旺盛逐渐壮大，故得名为张家。

蒋家

蒋家（Jiǎngjiā） 隶属北杨寨乡蒋湖村村民委员会，地理实体类型为农村居民点。东至柳元庄，南至曹家庄，西至西牛沟，北至穆家庄。总户数为125户，总人口为450人，民族为汉族。面积为0.08平方千米。

蒋姓人家由西二铺蒋牌坊迁居此地，此地原为蒋庵子，后在此地开荒种地，建造房屋，不断繁衍生息，家族兴旺，逐渐壮大，故改为蒋家庄。1958年命名为蒋家庄。

孙家

孙家（Sūnjiā） 隶属北杨寨乡骑路村村民委员会，地理实体类型为农村居民点。东至运河，南至瓦坊，西至小寨，北至三号沟。总户数为102户，总人口为376人，民族为汉族。面积为0.8平方千米。

孙姓人家由浙江余姚迁居至此，在此种地，建造房屋，不断繁衍生息，由于家族人丁兴旺，逐渐壮大，故得名十五孙家，后更名为孙家。新中国成立前为十五里骑路孙家，因一条进城的道路从庄里穿过，距城十五里而得名。1958年人民公社时期为孙家生产队。1983年大队改村时为孙家组。

余家

余家（Yújiā） 隶属北杨寨乡骑路村村民委员会，地理实体类型为农村居民点。东至孙庄，南至大王村夏庄，西至卢沟，北至市南外环路。总户数为98户，总人口为368人，民族为汉族。面积为0.82平方千米。

清朝晚期，余姓人家由江苏邳县迁居至此耕种，繁衍生息，人丁兴旺，故名余家庄，简称余庄。1958年人民公社时命名为余庄生产小队。1978年包产到户后改为余家庄，简称余庄。

蕲县镇

黄桥新村

黄桥新村（Huángqiáoxīncūn） 隶属蕲县镇代安村村民委员会，地理实体类型为农村居民点。东至煤城路，南至蕲东煤矿路，西至蕲东工人村，北至水厂路。总户数为121户，总人口为515人，民族为汉族。面积为0.5平方千米。

原址在蕲南煤矿西侧，蕲大路北。因蕲南煤矿开采，形成塌陷区，2003年3月搬迁到蕲县镇政府东500米处，建立黄桥新村。

沟南

沟南（Gōunán） 隶属蕲县镇邱元村村民委员会，地理实体类型为农村居民点。南至大田地，西至大田地，北至沟北。总户数为65户，总人口为256人，民族为汉族。面积为0.2平方千米。

很久以前邱姓人家分家，从后邱元子迁居至此，建造房屋，逐渐壮大，故叫前邱元子。1981年责任田承包到户，成立村委会。与后邱元子一沟之隔。在沟的南面。得名沟南。

沟北

沟北（Gōuběi） 隶属蕲县镇邱元村村民委员会，地理实体类型为农村居民点。东至206国道，南至沟南，西至田地，北至钱营孜。总户数为110户，总人口为450人，民族为汉族。面积为0.3平方千米。

很久以前是姓邱人家长久居住此地，以种菜为生，叫邱元子。1981年责任田承包到户，成立村委会，以沟分界，在沟的背面，称为沟北。

庞庄

庞庄（Pángzhuāng） 隶属蕲县镇邱元村村民委员会，地理实体类型为农村居民点。东至206国道，南至蕲县镇古城墙，西至庞西沟，北至责任田。总户数为220户，总人口为736人，民族为汉族。面积为0.5平方千米。

庞姓人家由砀山县高庙迁居至此，在此开荒种地，建造房屋，当时叫孟家庄，因孟姓人口多。后期庞姓人家人丁兴旺，逐渐壮大，因故得名庞庄。

后潘

后潘（Hòupān） 隶属蕲县镇邱元村村民委员会，地理实体类型为农村居民点。东至前潘，南至责任田，西至吕楼，北至钱营孜铁路。总户数为90户，总人口为280人，民族为汉族。面积为0.5平方千米。

潘姓是从沈寨小潘家迁几户至此，建造房屋，家族人丁兴旺，逐渐壮大，因故得名为潘家。人民公社时叫潘家。在责任田分到户后，潘家以沟为界，沟南叫前潘，沟西叫后潘。

前潘

前潘（Qiánpān） 隶属蕲县镇邱元村村民委员会，地理实体类型为农村居民点。东至西王，南至田地，西至后楼，北至钱营孜铁路。总户数为60户，总人口为210人，民族为汉族。面积为0.5平方千米。

潘姓几户从沈寨小潘家迁居至此，建造房屋，家族人丁兴旺，逐渐壮大，因故得名为潘家。人民公社时叫潘家，在责任田分到户后，潘家以沟为界，沟南叫前潘，沟西叫后潘。

单寨

单寨（Shànzhài） 隶属蕲县镇团结村村民委员会，地理实体类型为农村居民点。东至雪花路，南至二号路，西至团沟东，北至庄北横路南。总户数为88户，总人口为308人，民族为汉族。面积为0.05平方千米。

1948年11月前，单姓人家在此居住，有钱有势，在庄周围建有圩寨保护，故得名单寨。1958年政府命名为单寨大队。1981年正式改名为单寨村。2007年村级区划调整，同团结村合并，简称单寨。

东于

东于（Dōngyú） 隶属蕲县镇团结村村民委员会，地理实体类型为农村居民点。东至于沟，南至浍河，西至西于，北至前苗。总户数为145户，总人口为555人，民族为汉族。面积为0.06平方千米。

东于、西于由大营于草坊迁住此地，因河岸地势较高，不易存水，两庄人丁兴旺，逐渐壮大。1958年由于沟改为东于。

西于

西于（Xīyú） 隶属蕲县镇团结村村民委员会，地理实体类型为农村居民点。东至东于，南至浍河，西至小袁庄，北至前苗。总户数为120户，总人口为412人，民族为汉族。面积为0.05平方千米。

由大营于草坊迁住此地，因河两岸地势较高，不易存水，两庄人丁比较旺盛，逐渐壮大。1958年因河两岸都是姓于，当时改为东庄为东于，西庄为西于。

后苗

后苗（Hòumiáo） 隶属蕲县镇团结村村民委员会，地理实体类型为农村居民点。东至团沟，南至东西于，西至曹塘，北至石桥。总户数为26户，总人口为263人，民族为汉族。面积为0.04平方千米。

由固镇魏庙迁住此地，兄弟二人分家，老大在前，老二在后，人丁兴旺，形成两大家族。1958年成立人民公社，前后两庄较近，人口较多，因分家形成前后两大家庭，前面的庄子，得名后苗。

前苗

前苗（Qiánmiáo） 隶属蕲县镇团结村村民委员会，地理实体类型为农村居民点。东至团沟，南至东于西于，西至曹塘，北至石桥。总户数为114户，总人口为389人，民族为汉族。面积为0.08平方千米。

由固镇魏庙庄迁住此地，是兄弟两人分家，老大在前，老二在后，人丁兴旺，形成了两大家族。1958年成立人民公社，前后两庄较近，人口较多，因分家形成前后两大家庭，前面的庄子得名前苗。

袁新庄

袁新庄（Yuánxīnzhuāng） 隶属蕲县镇袁小寨村村民委员会，地理实体类型为农村居民点。东至对门刘，南至永镇乡，西至永镇乡地边，北至袁大沟。总户数为26户，总人口为110人，民族为汉族。面积为0.2平方千米。

因袁沟南组承包地南北太长，袁大沟以南与永镇乡接壤，为方便耕作管理，袁沟南组村民自发迁移至袁大沟以南居住，取名新庄。

大营镇

前大于

前大于（Qiándàyú） 隶属大营镇耿湾村村民委员会，地理实体类型为农村居民点。东至韩圩，南至大营，西至杨沟，北至后小庄。总户数为170户，总人口为765人，民族为汉族。面积为1.57平方千米。

于姓人家由青山塞北支马四马堂于迁

居此地，为曹坊南支马四马堂于，因人多、地多、庄子大，所以取名为前大于。

耿湾

耿湾（Gěngwān） 隶属大营镇耿湾村村民委员会，地理实体类型为农村居民点。东至韩圩，南至前大于，西至后小庄，北至娄庄。总户数为120户，总人口为536人，民族为汉族。面积为1.13平方千米。

耿姓人家由山东迁居此地，后又有王姓人家等居住，因有小沟弯曲有取名耿湾。1968年是耿湾大队。1981年成立耿湾小乡。1987年又为耿湾村。2007年与张许村合并为耿湾村。

前刘

前刘（Qiánliú） 隶属大营镇耿湾村村民委员会，地理实体类型为农村居民点。东至韩圩，南至耿湾，西至娄庄，北至中刘。总户数为35户，总人口为130人，民族为汉族。面积为0.31平方千米。

刘姓人家由山东迁居此地，因在几个姓刘庄的最前面，所以叫前刘。

中刘

中刘（Zhōngliú） 隶属大营镇耿湾村村民委员会，地理实体类型为农村居民点。东至韩圩，南至前刘，西至娄庄，北至后刘。总户数为75户，总人口为268人，民族为汉族。面积为0.43平方千米。

刘姓人家由山东迁居此地，因前面是前刘，后面有后刘，所以取名中刘。

门东刘

门东刘（Méndōngliú） 隶属大营镇耿湾村村民委员会，地理实体类型为农村居民点。东至韩圩，南至团结，西至后刘，北至蕲县。总户数为35户，总人口为125人，民族为汉族。面积为0.30平方千米。

刘姓人家由山东迁居此地，因在几个自然庄东面，都是面向东的，所以叫门东刘。

后刘

后刘（Hòuliú） 隶属大营镇耿湾村村民委员会，地理实体类型为农村居民点。东至门东，南至中刘，西至娄庄，北至蕲县镇。总户数为35户，总人口为137人，民族为汉族。面积为0.33平方千米。

刘姓人家由山东迁居此地，因庄子在最后面，所以取名为后刘。

东韩

东韩（Dōnghán） 隶属大营镇韩圩村村民委员会，地理实体类型为农村居民点。东至永镇，南至镇东，西至沟东，北至陈庄。总户数为63户，总人口为275人，民族为汉族。面积为0.56平方千米。

先人从清朝时期久居此地，繁衍生息，此庄坐落在韩圩庄东边，故取名东韩。

庙后

庙后（Miàohòu） 隶属大营镇韩圩村村民委员会，地理实体类型为农村居民点。东至马庄，南至尚庙，西至耿湾，北至后刘。总户数为65户，总人口为282人，民族为汉族。面积为0.55平方千米。

此庄在尚庙后庄，取名庙后。

于圩

于圩（Yúwéi） 隶属大营镇韩圩村村民委员会，地理实体类型为农村居民点。东至尚庙，南至庙西，西至前于，北至庙后。总户数为60户，总人口为243人，民族为汉族。面积为0.55平方千米。

先人在清朝年间从于大庄迁来落户居住，取名于圩。

庙西

庙西（Miàoxī） 隶属大营镇韩圩村村

民委员会，地理实体类型为农村居民点。东至韩圩，南至小于，西至于圩，北至庙后。总户数为36户，总人口为133人，民族为汉族。面积为0.3平方千米。

清朝年间从韩圩庄迁来，在尚庙西边，因此取名庙西庄。

小于

小于（Xiǎoyú） 隶属大营镇韩圩村村民委员会，地理实体类型为农村居民点。东至娄庄，南至袁家，西至熊庄，北至庙西。总户数为25户，总人口为77人，民族为汉族。面积为0.17平方千米。

此庄原是一家于姓，新中国成立后在此庄落户，繁衍生息，取名小于。

刘石桥

刘石桥（Liúshíqiáo） 隶属大营镇韩圩村村民委员会，地理实体类型为农村居民点。东至永镇，南至顿庄，西至东王，北至蕲县镇。总户数为182户，总人口为765人，民族为汉族。面积为1.41平方千米。

自清朝居住在此。1949年新中国成立时修一条永蕲公路，村庄东头修一座石桥，居民多姓刘，取名刘石桥庄。

韩圩新村

韩圩新村（Hánwéixīncūn） 隶属大营镇韩圩村村民委员会，地理实体类型为农村居民点。东至永镇东，南至镇政府，西至二中，北至袁于。总户数为179户，总人口为704人，民族为汉族。面积为1.68平方千米。

有4个自然庄（刘小圩、小东庄、东王、门东刘）置换搬迁到韩圩新村，取名韩圩新村。

永集

永集（Yǒngjí） 隶属大营镇镇东村村民委员会，地理实体类型为农村居民点。东至胡庄，南至集南陈，西至刘大庄，北至湖底刘。总户数为51户，总人口为191人，民族为汉族。面积为0.38平方千米。

陈姓人家由山西洪洞县迁居此地繁衍生息，因此地有庙，每年逢会逢集，故名永集。

刘大庄

刘大庄（Liúdàzhuāng） 隶属大营镇镇东村村民委员会，地理实体类型为农村居民点。东至永集，南至澥河，西至大营，北至湖底刘。总户数为94户，总人口为321人，民族为汉族。面积为0.66平方千米。

刘姓人家由山东迁居此地，繁衍生息，后又有孙姓等人家来此地居住，刘姓居多，面积较大，故名刘大庄。

集南陈

集南陈（Jínánchén） 隶属大营镇镇东村村民委员会，地理实体类型为农村居民点。东至张圩村，南至澥河，西至杨刘熊，北至永集。总户数为66户，总人口为220人，民族为汉族。面积为0.52平方千米。

陈姓人家由山西洪洞县迁居此地繁衍生息，因此位于永集南部，陈姓人居多，故名集南陈。

湖底刘

湖底刘（Húdǐliú） 隶属大营镇镇东村村民委员会，地理实体类型为农村居民点。东至瓦房村，南至永集，西至村部，北至汾洪江。总户数为125户，总人口为650人，民族为汉族。面积为0.89平方千米。

刘姓人家由山东汾阳县迁居此地繁衍生息，四周低洼，中部较高，都是刘姓，故名湖底刘。

西韩

西韩（Xīhán） 隶属大营镇镇东村村民委员会，地理实体类型为农村居民点。东至前胡，南至永大路，西至解放沟，北至后胡。总户数为29户，总人口为101人，民族为汉族。面积为0.2平方千米。

韩姓人家由韩老家分支此地繁衍生息，此地位于西部，韩姓居多，故名西韩。

韩老家

韩老家（Hánlǎojiā） 隶属大营镇镇东村村民委员会，地理实体类型为农村居民点。东至韩大铭，南至永大路，西至前胡，北至团结沟。总户数为53户，总人口为201人，民族为汉族。面积为0.48平方千米。

韩姓人家由山东迁居此地繁衍生息，后来韩姓分支到其他地方，故名韩老家。

周刘

周刘（Zhōuliú） 隶属大营镇镇南村村民委员会，地理实体类型为农村居民点。东至澥河，南至后韩，西至西刘，北至澥河。总户数为126户，总人口为503人，民族为汉族。面积为0.97平方千米。

镇东洼窝刘，镇西大小刘，镇南西刘各一支刘姓迁居于此，周姓一支由双桥周庄迁居于此，因此取名周刘。

西刘

西刘（Xīliú） 隶属大营镇镇南村村民委员会，地理实体类型为农村居民点。东至周刘，南至吴圩，西至王圩，北至澥河。总户数为125户，总人口为498人，民族为汉族。面积为0.93平方千米。

由山西刘姓人家迁居于此，与镇东村几户刘姓的居西部，故名西刘。

王圩

王圩（Wángwéi） 隶属大营镇镇南村村民委员会，地理实体类型为农村居民点。东至西刘，南至吴圩，西至大小刘，北至大小刘。总户数为99户，总人口为396人，民族为汉族。面积为0.81平方千米。

王姓人家由山西迁居于此，1949年10月前，为防土匪建有圩子，取名王圩。

小王

小王（Xiǎowáng） 隶属大营镇镇南村村民委员会，地理实体类型为农村居民点。东至吴圩，南至陈庄，西至镇西村，北至王圩。总户数为39户，总人口为155人，民族为汉族。面积为0.35平方千米。

王姓人家由山西迁居于此，北有古城吴城子，故取名城南王。后来又有城西人家迁居于此，村庄名演变为小王。

吴圩

吴圩（Wúwéi） 隶属大营镇镇南村村民委员会，地理实体类型为农村居民点。东至周刘农场，南至康家，西至小王，北至王圩。总户数为108户，总人口为431人，民族为汉族。面积为0.85平方千米。

山西吴姓人家迁居至吴城子，后又迁居至现在的位置，庄四周挖有土圩子，故取名吴圩。

东白庄

东白庄（Dōngbáizhuāng） 隶属大营镇镇西村村民委员会，地理实体类型为农村居民点。东至陶小庄，南至荒西，西至西白，北至孙庄。总户数为50户，总人口为159人，民族为汉族。面积为0.45平方千米。

此地原为黄泛区，从埇桥区蕲县镇白陈村迁居此地，迁居时白姓兄弟俩老大住东庄，故名东白庄。

大小刘

大小刘（Dàxiǎoliú） 隶属大营镇镇西村村民委员会，地理实体类型为农村居民点。东至镇南村，南至镇南村，西至陶小庄，北至濉河。总户数为122户，总人口为436人，民族为汉族。面积为0.74平方千米。

此地原为黄泛区，先人从湖北省迁居此地，繁衍生息。以前有个大刘庄和小刘庄，合并为大小刘。

孙庄

孙庄（Sūnzhuāng） 隶属大营镇镇西村村民委员会，地理实体类型为农村居民点。东至张楼，南至白庄，西至陶柿元，北至陶王。总户数为134户，总人口为443人，民族为汉族。面积为0.94平方千米。

孙姓人由山东迁移于宿州市埇桥区大营镇孙庄组。

陶小庄

陶小庄（Táoxiǎozhuāng） 隶属大营镇镇西村村民委员会，地理实体类型为农村居民点。东至大小刘，南至荒南，西至荒南新村，北至濉河。总户数为251户，总人口为882人，民族为汉族。面积为1.74平方千米。

此地原为黄泛区，先人从怀远县褚集乡、陶圩村迁居于此，繁衍生息。原先人少，故名陶小庄。

荒西

荒西（Huāngxī） 隶属大营镇镇西村村民委员会，地理实体类型为农村居民点。东至荒南，南至门西陶，西至陶大庄，北至西白庄。总户数为104户，总人口为397人，民族为汉族。面积为0.87平方千米。

此地原为黄泛区，先人从怀远县褚集乡陶圩村迁居于此。东北角有块荒洼地，陶姓居多，故名荒西。

荒南

荒南（Huāngnán） 隶属大营镇镇西村村民委员会，地理实体类型为农村居民点。东至大小刘，南至门西陶，西至荒西，北至陶小庄。总户数为104户，总人口为353人，民族为汉族。面积为0.71平方千米。

此地原为黄泛区，先人从怀远县褚集乡陶圩村迁居于此。庄北边有个荒湖地，陶姓居多，故名荒南。

大王

大王（Dàwáng） 隶属大营镇镇西村村民委员会，地理实体类型为农村居民点。东至小徐庄，南至怀远县，西至濉溪县，北至门西陶。总户数为92户，总人口为313人，民族为汉族。面积为0.52平方千米。

此地原为黄泛区，先人从怀远县君王庄迁居于此，繁衍生息。姓王的居民多，故名大王庄。

苑家

苑家（Yuànjiā） 隶属大营镇镇西村村民委员会，地理实体类型为农村居民点。东至镇南村，南至小徐庄，西至濉溪，北至荒南。总户数为105户，总人口为404人，民族为汉族。面积为0.90平方千米。

此地原为黄泛区，先人从蒙城县板桥镇迁居于此繁衍生息。姓苑的人多，故名苑庄。

小徐庄

小徐庄（Xiǎoxúzhuāng） 隶属大营镇镇西村村民委员会，地理实体类型为农村居民点。东至镇南村，南至怀远，西至大王庄，北至门西陶。总户数为33户，总人口为130人，民族为汉族。面积为0.27平方千米。

此地原为黄泛区，先人从濉溪县双堆镇小徐庄迁居于此，繁衍生息。姓徐的人多，故名小徐庄。

杨庄乡

段庄

段庄（Duànzhuāng） 隶属杨庄乡程庄村村民委员会，地理实体类型为农村居民点。东至孙楼，南至郑楼村，西至斜河，北至瓦房。总户数为75户，总人口为300人，民族为汉族。面积为0.06平方千米。

段姓人家由外省迁居至此，开荒种地，建造房屋。不断繁衍生息，家族人丁兴旺，故得名段庄。人民公社时期名称为程庄大队，1983年由程庄大队改为程庄村。

后楼

后楼（Hòulóu） 隶属杨庄乡程庄村村民委员会，地理实体类型为农村居民点。东至奎河，南至孙楼，西至房郑路村，北至么程庄村。总户数为150户，总人口为508人，民族为汉族。面积为0.15平方千米。

先人逃荒定居此地，从此开荒种地，建造房屋，以孙楼为前楼，因此后边为后楼。

幺庄

幺庄（Yāozhuāng） 隶属杨庄乡程庄村村民委员会，地理实体类型为农村居民点。东至么庄，南至程霞路，西至房郑路，北至么洼路。总户数为104户，总人口为390人，民族为汉族。面积为0.15平方千米。

盛姓人家从河南迁居此地，开荒种地建造房屋，由于此地东有程庄西有滕庄，位于两地之间，因此得名幺庄。1983年为程庄村幺庄。1992年至今为杨庄乡程庄村幺庄。

滕庄

滕庄（Téngzhuāng） 隶属杨庄乡程庄村村民委员会，地理实体类型为农村居民点。东至么庄，南至程霞路，西至房郑路，北至么洼路。总户数为110户，总人口为420人，民族为汉族。面积为0.12平方千米。

滕姓人家从桃山迁居至此，从此开荒种地并建造房屋，因滕姓人家先居住此地而得名。

瓦房

瓦房（Wǎfáng） 隶属杨庄乡程庄村村民委员会，地理实体类型为农村居民点。东至后娄，南至段庄，西至霞河，北至程庄。总户数为300户，总人口为1010人，民族为汉族。面积为0.28平方千米。

杨姓人家从山西洪洞县迁居至此，由此开荒种地，建造房屋，人丁兴旺，不断繁衍生息，故得名瓦房。

东菜楼

东菜楼（Dōngcàilóu） 隶属杨庄乡杜楼村村民委员会，地理实体类型为农村居民点。东至闫河，南至杜楼，西至西菜楼，北至苏湖。总户数为84户，总人口为315人，民族为汉族。面积为0.076平方千米。

当地以前多种菜的农户，且筑有楼房，得名菜楼，后住户逐渐增多且地处东部，故得名东菜楼。人民公社时期，归属沙庄大队，人民公社后期归属杜楼村。

西菜楼

西菜楼（Xīcàilóu） 隶属杨庄乡杜楼村村民委员会，地理实体类型为农村居民点。东至东菜楼，南至杜楼，西至官庄，北至杜楼北至沙庄。总户数为52户，总人口为225人，民族为汉族。面积为0.05平方千米。

当地以前多种菜的农户，且筑有楼房，得名菜楼，后住户逐渐增多且地处西部，故得名西菜楼。西菜楼因庄小人少，1960年又发大水，水灾死了不少人，直至1965年才搬回西菜楼。

牌坊

牌坊（Páifāng） 隶属杨庄乡杨庄村村民委会，地理实体类型为农村居民点。东至郭庄，南至杨楼，西至张庄。总户数为98户，总人口为358人，民族为汉族。面积为0.08平方千米。

乾隆三十年，段氏七世长孙段继京自幼聪慧、才华横溢，自负其才，赴京赶考落第，含愤辞世，其幼聘河北袁督军之女为妻，又由其妹代娶进门，其妻独居三年因孤独寂寞，吞金而死。乾隆皇帝下旨圣表贞烈，建牌坊，故名牌坊村。1958年杨庄村十二组命名牌坊组，至今仍叫牌坊村。

支河乡

大楼房

大楼房（Dàlóufáng） 隶属支河乡曹庄村村民委员会，地理实体类型为农村居民点。东至田湖，南至曹庄，西至小楼房，北至乔孜。总户数为110户，总人口为590人，民族为汉族。面积为0.06平方千米。

有大户盖楼失火留框而得名。1958年“大跃进”时期，一位领导嫌原名不好听，改名新楼房，简称楼房。因有两个庄，大庄叫大楼房，小庄叫小楼房。

郭元

郭元（Guōyuán） 隶属支河乡曹庄村村民委员会，地理实体类型为农村居民点。东至栏杆镇路町村，南至耿庙，西至乡政府，北至曹庄。总户数为236户，总人口为896人，民族为汉族。面积为0.1平方千米。

庄内以郭姓、李姓、朱姓为主，因郭姓定居最早，而得名郭元。

接庄

接庄（Jiēzhuāng） 隶属支河乡曹庄村村民委员会，地理实体类型为农村居民点。东至杨树底，南至小路湖，西至张楼，北至小张庄。总户数为88户，总人口为340人，民族为汉族。面积为0.09平方千米。

接姓人家从山西迁居至此地而得名。

小楼房

小楼房（Xiǎolóufáng） 隶属支河乡曹庄村村民委员会，地理实体类型为农村居民点。东至大楼房，南至曹庄，西至湾里，北至乔孜。总户数为66户，总人口为232人，民族为汉族。面积为0.07平方千米。

有大户盖楼失火留框而得名。1958年“大跃进”时期，一位领导嫌原名不好听，改名新楼房，简称楼房。因有两个庄，大庄叫大楼房，小庄叫小楼房。

小路湖

小路湖（Xiǎolùhú） 隶属支河乡曹庄村村民委员会，地理实体类型为农村居民点。东至杨树底，南至小李庄，西至张楼，北至接庄。总户数为49户，总人口为222人，民族为汉族。面积为0.08平方千米。

有路姓人家从山西迁来定居，因而得名小路湖。

仓堆

仓堆（Cāngduī） 隶属支河乡路湖村村民委员会，地理实体类型为农村居民点。东至城西路，南至4号沟，西至欧河，北至杨桥。总户数为106户，总人口为502人，民族为汉族。面积为0.07平方千米。

仓堆原是武氏种地打场的存粮仓库，清朝武氏族谱有多种写法，仓堆、仓圈、仓囷。

胡庄

胡庄（Húzhuāng） 隶属支河乡路湖村村民委员会，地理实体类型为农村居民点。东至西学庄，南至杨桥庄，西至欧河，北至团结村。总户数为58户，总人口为345人，民族为汉族。面积为0.05平方千米。

此地为龙江卫镇抚武原封地，其部下胡某为管家。胡某亲族在此种地定居，故此地称为胡庄。

路湖

路湖（Lùhú） 隶属支河乡路湖村村民委员会，地理实体类型为农村居民点。东至张楼庄，南至城后庄，西至欧河，北至王海孜庄。总户数为270户，总人口为1100人，民族为汉族。面积为0.17平方千米。

路湖在陴湖中原先是个岛屿，岛上树木茂密，引来很多白鹭，飞起来遮天映日，白茫茫的一片。后来湖水下沉，岛屿变成了陆地，便从南方迁来居民再次开荒定居，形成村庄。村民和白鹭生活一起很有感情，便称白鹭途经的村庄为鹭湖。因路与鹭同音，再加上当地村民多姓路，逐渐演变为路湖。

钱庄

钱庄（Qiánzhuāng） 隶属支河乡路湖村村民委员会，地理实体类型为农村居民点。东至胡庄、西学，南至杨桥，西至欧河，北至团结村。总户数为52户，总人口为220人，民族为汉族。面积为0.04平方千米。

此庄原叫戴园，为戴氏杈园、梨园、菜园，后戴氏外迁。民国时期因钱氏人口渐多，改称为钱庄。1958年称钱庄生产队，后称钱庄。

西学

西学（Xīxué） 隶属支河乡路湖村村民委员会，地理实体类型为农村居民点。东至城么路，南至杨桥水泥路，西至胡庄，北至团结村。总户数为138户，总人口为609人，民族为汉族。面积为0.07平方千米。

始建于明朝，此地为马皇后四表舅武原之封地，下传至曾孙武翔时，始建宅院。当时此地低洼湿润，柳树茂密，称为千柳村，后宣统元年修族谱称为千柳村西学庄。1949年10月新中国成立后始称西学村，1958年称西学大队，现称西学。

杨桥

杨桥（Yángqiáo） 隶属支河乡路湖村村民委员会，地理实体类型为农村居民点。东至城么路，南至仓堆庄，西至欧河，北至胡庄。总户数为287户，总人口为924人，民族为汉族。面积为0.1平方千米。

徐州卫指挥明威将军武昆是长眉公武八世孙，后调南京任太常寺指挥，因家中土地无法管理，发现胡管家有贪占财物和不法行为，便将胡管家一家赶走，让内弟杨某管理。杨某发现从前柳村通向西学庄的欧河桥，石板梁断裂，决定在原桥向南五六百米处新建一座桥。此桥位置比之前更利于交通运输，村庄取名为杨桥庄。

丁宅

丁宅（Dīngzhái） 隶属支河乡团结村村民委员会，地理实体类型为农村居民点。东至老支河，南至刘桥，西至宋庄，北至赵台。总户数为70户，总人口为220人，民族为汉族。面积为0.04平方千米。

丁氏人家在此居住，因丁氏人家犯罪被抄家，张氏人家由栏杆迁来定居，但此地仍名为丁宅庄。1958年属团结大队，1980年属团结村村民委员会。

侯桥

侯桥（Hóuqiáo） 隶属支河乡团结村村民委员会，地理实体类型为农村居民点。东至斜河，南至湾里村郭楼，西至杨桥村、西学村，北至刘桥。总户数为200户，总人口为560人，民族为汉族。面积为0.07平方千米。

17世纪中叶，黄河决堤，淹没中原。17世纪末，山西洪洞县大槐树人迁居于此。18世纪初开挖支河时，每五里修一座拱桥，该庄人以侯姓为主，故取名侯桥庄。

李台

李台（Lǐtái） 隶属支河乡团结村村民委员会，地理实体类型为农村居民点。东至赵台，南至路湖村，西至王村，北至赵楼村。总户数为120户，总人口为400人，民族为汉族。面积为0.05平方千米。

1721年，李氏家族自陇西东迁至濉溪宋町，后代传人迁居于此地。为防水淹，筑一高台造屋，成为李台庄。

刘桥

刘桥（Liúqiáo） 隶属支河乡团结村村民委员会，地理实体类型为农村居民点。东至霞河，南至湾里村郭楼，西至西学村，北至赵台。总户数为230户，总人口为600人，民族为汉族。面积为0.07平方千米。

刘氏一家逃荒至此地，给侯桥人养猪，后经繁衍生息，人口渐多。传雍正年间，开挖支河在此地修石桥一座，以刘姓命名，故称刘桥庄。

赵台庄

赵台庄（Zhàotáizhuāng） 隶属支河乡团结村村民委员会，地理实体类型为农村居民点。东至宋庄，南至刘桥庄，西至李台庄，北至赵楼村。总户数为170户，总人口为580人，民族为汉族。面积为0.06平方千米。

赵氏人家由东北赵庄迁至此地，在开挖支河时取土垫成台子，后取名赵台。新中国成立后称为赵台大队，1980年为赵台乡，后改为赵台村。

张楼

张楼（Zhānglóu） 隶属支河乡湾里村村民委员会，地理实体类型为农村居民点。东至接庄，南至城孜，西至路湖，北至前湾。总户数为169户，总人口为680人，民族为汉族。面积为0.08平方千米。

张楼住有张和李姓人家，张家先盖楼，命名为张楼。原属萧县，新中国成立后划归宿县（今为埇桥区），土改时期成为光辉社，后属湾里村。

前王塘

前王塘（Qiánwángtáng） 隶属支河乡王塘村村民委员会，地理实体类型为农村居民点。东至杜家，南至方河村，西至刘庄，北至后王塘。总户数为157户，总人口为648人，民族为汉族。面积为0.07平方千米。

王姓人家迁居在此，不久又建立了基督教堂，后来又有王姓人家迁入，从此有前王堂、后王堂。新中国成立后，前王堂改称为前王塘。

温桥

温桥（Wēnqiáo） 隶属支河乡王塘村村民委员会，地理实体类型为农村居民点。东至栏杆镇，南至方河村，西至杜家庄，北至栏杆镇。总户数为86户，总人口为360人，民族为汉族。面积为0.05平方千米。

刘姓、温姓迁入此地，建造房屋开荒生活，庄里有条小河，温姓人家出资修了桥，故得名温桥庄。

侠东

侠东（Xiádōng） 隶属支河乡王塘村村民委员会，地理实体类型为农村居民点。东至滕家，南至方河村，西至新侠河，北至曹庄村。总户数为48户，总人口为174人，民族为汉族。面积为0.02平方千米。

耿姓人家迁居此地，后来耿姓人家出资建了一座神庙，故称耿庙。“文化大革命”后期，宿县人民政府从方河向北，开挖一条大河，名叫霞河，河从庄中心穿过，河东的村庄称为侠东。

海孜

海孜（Hǎizī） 隶属支河乡赵楼村村民委员会，地理实体类型为农村居民点。东至霞河，南至赵楼，西至李庄，北至1号沟。总户数为175户，总人口为556人，民族为汉族。面积为0.06平方千米。

原名高海孜，全庄只有高姓和海姓两姓，后高姓人家迁走，只有海姓人家在此居住，更名海孜。原属萧县，新中国成立后划归原宿县，土地改革入社时叫老辉社。1958年成立人民公社后属赵楼大队，后来赵楼大队改为赵楼村，海孜隶属赵楼村。

李庄

李庄（Lǐzhuāng） 隶属支河乡赵楼村村民委员会，地理实体类型为农村居民点。东至海孜，南至幺庄，西至曹村镇梅庄村，北至1号沟。总户数为204户，总人口为892人，民族为汉族。面积为0.12平方千米。

原为一个临时储存粮食的地点，农忙过后，粮食运走后便无人居住，后有李姓在此建房屋居，故得名李庄。新中国成立后，成立人民公社时期为幺李大队幺李村，现为赵楼村李庄组。

幺庄

幺庄（Yāozhuāng） 隶属支河乡赵楼村村民委员会，地理实体类型为农村居民点。东至赵楼庄，南至2号沟，西至曹村镇河北村，北至李庄。总户数为205户，总人口为889人，民族为汉族。面积为0.13平方千米。

原来没有庄，（现在庄子前面）有一片高地，大户人家建在高地上，一个临时储存粮食的仓库叫畚头子。后来从虲沟来一姓庄的人家在此建房居住，繁衍生息，因人数较少取名幺庄，幺代表小的意思。新中国成立后，成立人民公社时期为幺李大队幺李村，现为赵楼村幺庄。

解集乡

椿树王

椿树王（Chūnshùwáng） 隶属解集乡柳源村村民委员会，地理实体类型为农村居民点。东至东山，南至卞后，西至龙山，北至后程庄。总户数为400户，总人口为1650人，民族为汉族。面积为4平方千米。

村内有大椿树，且村民多姓王，故得名椿树王。新中国成立后至1958年属刘楼大队。1960年属椿树王大队。1983年属椿树王村。2007年并入柳源村。

中纪

中纪（Zhōngjì） 隶属解集乡桥桂村村民委员会，地理实体类型为农村居民点。东至前桥，南至前纪湖，西至栏杆镇，北至后纪湖。总户数为65户，总人口为309人，民族为汉族。面积为0.72平方千米。

纪姓兄弟来纪湖居住，繁衍生息，因而村庄以纪姓命名，因此村位于前纪、后纪中间，故名中纪。人民公社时期属桥上大队。1983年属桥上村。2007年属桥桂村。

夏寨

夏寨（Xiàzhài） 隶属解集乡张山村村民委员会，地理实体类型为农村居民点。东至大章李村，南至老056县道，西至瑚树王，北至青铜山。总户数为350户，总人口为1359人，民族为汉族。面积为3.05平方千米。

居民以夏姓为主，并筑有高大寨墙，故名夏寨。人民公社时期属夏寨大队。1983年属夏寨村。2007年属张山村。

桃沟乡

柳园庄

柳园庄（Liǔyuánzhuāng） 隶属桃沟乡南秦村村民委员会。地理实体类型为农村居民点。东至时西村村民委员会，南至桃沟、戚庄两个村村民委员会，西至马宅、朱圩两个自然庄，北至付楼村委会。总户数为482户，总人口为1902人，主要民族有汉族、回族、拉祜族，共3种。其中汉族1899人，占比99.84%；回族2人，占比0.1%；拉祜族1人，占比0.05%。面积为0.19平方千米。

有几家姓氏不同的人，从山西某地逃荒此地，在此地开荒种地，各户姓氏建造房屋，互不侵犯，他们不断繁衍，逐渐壮大，姓氏较多。因逃荒而来，逃和溜字意思差不多，而溜和柳是谐音，因此得名柳园。

朱圩

朱圩（Zhūwéi） 隶属桃沟乡南秦村村民委员会。地理实体类型为农村居民点。东至付楼村、柳元，南至马宅、南秦、张季楼，西至大秦村居民点。北至大秦村及后秦家。总户数为209户，总人口为768人，主要民族有汉族、彝族，共2种。其中汉族766人，占比99.8%；彝族2人，占比0.2%。面积为0.3133平方千米。

朱姓人家由西方逃荒而来此地，在此地开荒种地，建造房屋，不断繁衍生息，家族人丁旺盛，逐渐壮大。解放前朱圩庄四面都是沟，以防盗贼入侵，因此得名朱圩孜。

后仓

后仓（Hòucāng） 隶属桃沟乡戚庄村村民委员会。地理实体类型为农村居民点。东至戚庄，南至桃时路，西至桃沟村，北至股河。总户数为197户，总人口为515人，民族为汉族。面积为0.1平方千米。

因此地地势较高，用来存粮做粮仓，后来有人居住此地，因得名后仓。

柳园

柳园（Liǔyuán） 隶属桃沟乡戚庄村村民委员会。地理实体类型为农村居民点。东至时西小学，南至桃时路，西至戚柳路，北至老股河。总户数为479户，总人口为1867人，民族为汉族。面积为0.1平方千米。

过去在老濉河以打鱼为生的住在老濉河，两岸全是柳树，庄子形成后取名为柳园。河两侧的村庄一个叫河北柳园，一个叫河南柳园。

戚庄

戚庄（Qīzhuāng） 隶属桃沟乡戚庄村村民委员会。地理实体类型为农村居民点。东至新场，南至夏湾，西至前仓，北至桃时路。总户数为112户，总人口为720人，民族为汉族。面积为0.06平方千米。

从戚姓取名为戚庄。

前仓

前仓（Qiáncāng） 隶属桃沟乡戚庄村村民委员会。地理实体类型为农村居民点。东至戚庄，南至濉河村，西至桃沟村，北至桃时路。总户数为87户，总人口为508人，民族为汉族。面积为0.05平方千米。

历史上的仓庄后来分开而形成的自然庄。

前新庄

前新庄（Qiánxīnzhuāng） 隶属桃沟乡戚庄村村民委员会。地理实体类型为农村居民点。东至新梁路，南至梁庄路，西至戚庄地，北至桃时沟。总户数为19户，总人口为83人，民族为汉族。面积为0.02平方千米。

早年，由赵新庄人到此居住，因此名为前新庄。

新场

新场（Xīnchǎng） 隶属桃沟乡戚庄村村民委员会。地理实体类型为农村居民点。东至新庄，南至新戚路，西至戚庄，北至桃时路。总户数为41户，总人口为246人，民族为汉族。面积为0.02平方千米。

原来在戚家庄东湖有个收庄稼的场，为了看管田地在那里盖房，时间久了就有许多住户，后来成了一个庄子，称新场。

赵新庄

赵新庄（Zhàoxīnzhuāng） 隶属桃沟乡戚庄村村民委员会。地理实体类型为农村居民点。东至四号沟，南至前新庄，西至新场，北至桃时路。总户数为189户，总人口为996人，民族为汉族。面积为0.09平方千米。

由赵姓一直居住，种地建房，后来逐渐壮大，因此名为赵新庄。

中仓

中仓（Zhōngcāng） 隶属桃沟乡戚庄村村民委员会。地理实体类型为农村居民点。东至四河（时村镇），南至濉河岸堤，西至梁庄，北至后寨村。总户数为303户，总人口为762人，民族为汉族。面积为0.16平方千米。

从仓庄时发展壮大分开为前仓、中仓、后仓。

靳家

靳家（Jìnjiā） 隶属桃沟乡濉河村村民委员会。地理实体类型为农村居民点。东至本村夏家，南至濉河北岸，西至桃沟村的南埝庄，北至桃时沟。总户数为162户，总人口为750人，民族为汉族。面积为0.09平方千米。

本自然庄靳姓是大户人家，过去出过秀才，在1949年前又因姓靳的在国民党国防部任职，人丁兴旺，故名靳家庄。

梁庄

梁庄（Liángzhuāng） 隶属桃沟乡濉河村村民委员会。地理实体类型为农村居民点。东至防口，南至濉河北岸，西至赵庄，北至前庄，后寨地搭界。总户数为134户，总人口为582人，民族为汉族。面积为0.1398平方千米。

梁姓从外迁居至此，后来夏姓、张姓、谷姓陆续迁来。以梁姓居多，故名叫梁庄。

赵庄

赵庄（Zhàozhuāng） 隶属桃沟乡濉河村村民委员会。地理实体类型为农村居民点。东至梁庄，南至濉河堰堤，西至戚王庄，北至桃时沟与本村夏家、戚王为界。总户数为89户，总人口为396人，民族为汉族。面积为0.0982平方千米。

该自然庄由来已久，该庄的赵姓为大户，故名叫赵庄。

南埝

南埝（Nánniàn） 隶属桃沟乡桃沟村村民委员会。地理实体类型为农村居民点。东至濉河村新家庄，南至濉河，西至本庄农田，北至桃沟街。总户数为 73 户，总人口为 334 人，民族为汉族。面积为 0.05 平方千米。

南埝自然庄坐落在濉河北大堤北侧，位于桃沟自然庄以南，故而取名南埝。

魏渡口

魏渡口（Wèidùkǒu） 隶属桃沟乡桃沟村村民委员会。地理实体类型为农村居民点。东至戚庄村，南至桃沟集，西至南北大路，北至股河。总户数为 251 户，总人口为 985 人，民族为汉族。面积为 0.1 平方千米。

洪水泛滥，历经多年，用船过河，因此得名渡口，后更名为魏渡口。

西秦家

西秦家（Xīqínjiā） 隶属桃沟乡桃沟村村民委员会。地理实体类型为农村居民点。东至桃沟村街北，南至桃时沟，西至支河，北至股河。总户数为 105 户，总人口为 399 人，民族为汉族。面积为 0.06 平方千米。

先人从山东迁居此地，因当时治水条件差，庄东从股河到濉河筑一道埝，故得名埝西秦家，后更名为西秦家。

小王家庄

小王家庄（Xiǎowángjiāzhuāng） 隶属桃沟乡桃沟村村民委员会。地理实体类型为农村居民点。东至南北大路，南至南横路，西至西秦前王，北至股河。总户数为 85 户，总人口为 340 人，主要民族为汉族。面积为 0.045 平方千米。

王姓由山东迁居至此，在此开荒种地，建造房屋，不断繁衍生息，家族人丁旺盛，逐渐壮大，故得名小王家庄。

顺河乡

两半秦

两半秦（Liǎngbànqín） 隶属顺河乡万桥村村民委员会，地理实体类型为农村居民点。东至关家南圩，南至泗许高速，西至新 206 国道，北至旱河沟。总户数为 180 户，总人口为 700 人，民族为汉族。面积为 0.09 平方千米。

有秦姓两兄弟在此开荒种地，分家时，以庄里土地庙为界，每人一半，故名两半秦。1948 年前隶属马坝子乡，1958 年属秦圩公社，1992 年后属顺河乡万桥村。

万桥庄

万桥庄（Wànqiáozhuāng） 隶属顺河乡万桥村村民委员会，地理实体类型为农村居民点。东至关家地界，南至塘河，西至小武庄地界，北至濉河。总户数为 250 户，总人口为 900 人，民族为汉族。面积为 0.08 平方千米。

抗日战争时期，抗日游击队在唐河上搭起了一座木桥，人称万桥。村庄以万桥得名。1945 年以前为万家，1945 年以后正式改名为万桥。

南吴家

南吴家（Nánwújiā） 隶属顺河乡万桥村村民委员会，地理实体类型为农村居民点。东至地上渠，南至宿淮铁路，西至岳杨环乡路，北至吴杨沟。总户数为 120 户，总人口为 450 人，民族为汉族。面积为 0.04

平方千米。

村庄以吴姓人居多，后村庄逐渐壮大，分为两个自然庄，该庄位于南侧，故名南吴家。2007年前属王垅村。

杨段庄

杨段庄（Yángduànzhuāng） 隶属顺河乡万桥村村民委员会，地理实体类型为农村居民点。东至地上渠，南至大潘组，西至跃进沟，北至塘河。总户数为200户，总人口为700人，民族为汉族。面积为0.09平方千米。

村中以杨姓、段姓居多，故名杨段庄。1958年以前，为永丰大队。1958年以后改名为杨段庄，简称杨段。

蔡窝庄

蔡窝庄（Càiwōzhuāng） 隶属顺河乡王井涯村村民委员会，地理实体类型为农村居民点。东至马山公墓根，南至方河北，西至王井涯村民委员会门口南北路，北至山上武北门前。总户数为301户，总人口为1204人，民族为汉族。面积为0.12平方千米。

宋代中期，蔡姓人家，迁居至此，故名蔡窝庄。

后李庄

后李庄（Hòulǐzhuāng） 隶属顺河乡王井涯村村民委员会，地理实体类型为农村居民点。东至王井涯村村民委员会，南至大队部—西山路，西至西山根，北至王井涯。总户数为71户，总人口为296人，民族为汉族。面积为0.045平方千米。

村中李姓居多，故名后李庄。1970年后命名为后李古，1981年后正式命名为后李庄。

山上武庄

山上武庄（Shānshàngwǔzhuāng） 隶属顺河乡王井涯村村民委员会，地理实体类型为农村居民点。西至西山根，北至干山根。总户数为266户，总人口为980人，民族为汉族。面积为0.04平方千米。

此地属山坡地，武姓居多，故名山上武庄。

王井涯庄

王井涯庄（Wángjǐngyázhuāng） 隶属顺河乡王井涯村村民委员会，地理实体类型为农村居民点。东至小祝庄，南至方河北，西至西山根，北至后李庄。总户数为264户，总人口为1478人，民族为汉族。面积为0.11平方千米。

王姓人家迁居于此，此地有个井涯，故名王井涯庄。

半楼

半楼（Bànlóu） 隶属顺河乡王垅村村民委员会，地理实体类型为农村居民点。东至祝东路，南至股河，西至夹蒿路，北至302省道。总户数为383户，总人口为1300人，民族为汉族。面积为0.32平方千米。

有一个人到南方贩卖牲畜，赚了钱回来盖楼，盖了一半就没有钱了，故名半楼，曾用名半截楼子。1958年名称为半楼大队，1983年半楼大队更名为半楼村。2008年并入王垅村。

大王场

大王场（Dàwángchǎng） 隶属顺河乡王垅村村民委员会，地理实体类型为农村居民点。东至小王场庄，南至濉河，西至顺河村，北至魏王路（魏庄至王垅路）。总户数为144户，总人口为487人，民族为汉族。面积为0.05平方千米。

很早以前，有一个姓王的大地主，在此建了一个场子，场子有两层，上面一层唱戏，下面一层跑马，此庄以王姓居多，故名大王场。2007年前属王垅村。

后杨家

后杨家（Hòuyángjiā） 隶属顺河乡王垅村村民委员会，地理实体类型为农村居民点。东至权家，南至股河，西至顺河村，北至。总户数为241户，总人口为820人，民族为汉族。面积为0.09平方千米。

后杨家很早以前叫杨家，一郭姓人家犯了国法，为了逃避官府的抓捕逃到了杨家落户，后来官府到杨家调查郭姓人家，杨家人说我们杨家都姓杨，没有郭姓，从此就有郭改杨一说，命名此地为后杨家。1995年以前隶属后杨大队。1995年被顺河乡政府并入半楼村。2008年并入现今王垅村。

杨套

杨套（Yángtào） 隶属顺河乡王垅村村民委员会，地理实体类型为农村居民点。东至徐家，南至濉河，西至蔡家，北至杨圩子。总户数为282户，总人口为976人，民族为汉族。面积为0.12平方千米。

杨套原名梦哲村，也称梦口集。早在500年以前，一场洪水赶走了所有居民，洪水退后原梦哲村周边长出了很多杨柳树，迁走的居民返迁回来，改名杨柳套，再后来因姓杨的较多，故名杨套。1958年称为杨套大队。1983年由杨套大队改为杨套村。2008年杨套村并入王垅村。

杨圩子

杨圩子（Yángwéizi） 隶属顺河乡王垅村村民委员会，地理实体类型为农村居民点。东至徐家，南至杨套西至刘楼，北至股河。总户数为112户，总人口为380人，民族为汉族。面积为0.06平方千米。

很早以前有两户杨姓人家在此居住，为了挡住洪水的侵犯，在庄的周围打上了圩壕，故名杨圩子。1958年为杨圩大队，2008年村级合并后属王垅村。

张树

张树（Zhāngshù） 隶属顺河乡魏庄村村民委员会，地理实体类型为农村居民点。东至埝上武，南至濉河堤，西至濉河堤，北至前余、吕井孜。总户数为164户，总人口为657人，民族为汉族。面积为0.07平方千米。

张姓人家居住在濉河北，且栽植树木较多，故名张树。

卜窝

卜窝（Bǔwō） 隶属顺河乡周寨村村民委员会，地理实体类型为农村居民点。东至薄山季小庄，南全马山头村，西至干山、马山，北至鸭子山。总户数为200户，总人口为740人，民族为汉族。面积为0.087平方千米。

在很早以前一卜姓人家，在这三面环山的地方开荒种地，建造房屋，不断繁衍生息，人口兴旺，故得其名卜窝。1958年被称为卜沃大队。1983年由卜窝大队改为卜窝村。2008年3月并村，属周寨村。

季小庄

季小庄（Jìxiǎozhuāng） 隶属顺河乡周寨村村民委员会，地理实体类型为农村居民点。东至鹤山村，南至秦庄，西至卜窝，北至岳桥村。总户数为43户，总人口为150人，民族为汉族。面积为0.03平方千米。

一季姓人家在此地落户，种地生活，因人口较少，村庄很小，故得名季小庄。后该姓人家败落，后一土姓迁居此地，现该村都为王姓人家。

马山头村

马山头村（Mǎshāntóucūn） 隶属顺河乡周寨村村民委员会，地理实体类型为农村居民点。东至马场村，南至顺河村，西至马山公墓，北至卜窝。总户数为356户，总人口为1300人，民族为汉族。面积为0.2平方千米。

该村先人很早以前在这看似一匹骏马的山南头东侧落户生活，因此取名为马山头村。1958年为马山头大队。1983年由马山头大队改名为马山头村。2008年3月并入周寨村。

周寨村

周寨村（Zhōuzhàicūn） 隶属顺河村乡周寨村村民委员会，地理实体类型为农村居民点。东至鹤山村，南至马场村，西至马山头，北至薄庄、秦庄。总户数为457户，总人口为1600人，民族为汉族。面积为0.23平方千米。

一周姓人举家迁到该地，挖壕筑寨修建家园，因其人丁兴旺，人口众多，该村以周姓居多，故称为周寨村。1958年被称为周寨大队。1983年由周寨大队改为周寨村。2008年并村后村民委员会设立在该村。现一直称为周寨村或者周寨集。

祝窑

祝窑（Zhùyáo） 隶属顺河乡祝窑村村民委员会，地理实体类型为农村居民点。东至新庄，南至魏庄村张树，西至杨楼村王庄，北至濉河。总户数为91户，总人口为277人，民族为汉族。面积为0.03平方千米。

因该村以祝姓居民居多，故而得名。1958年属祝窑大队。1983年属祝窑村。2008年并村后村民委员会设立在该村。

蒿沟乡

湾陈

湾陈（Wānchén） 隶属蒿沟乡大史村村民委员会，地理实体类型为农村居民点。东至药闫村，南至新汴河，西至挡沟，北至大史家。总户数为138户，总人口为521人，民族为汉族。面积为0.18平方千米。

清朝中期，有陈姓驾船到此河湾处不幸沉船，得救后在此开荒种地，建房盖屋，繁衍生息，因在河湾处沉船，取庄名弯沉。后家族壮大，觉得弯沉不妥，于是改名湾陈。

王李

王李（Wánglǐ） 隶属蒿沟乡大史村村民委员会，地理实体类型为农村居民点。东至大花路，南至赵家，西至灰古镇魏桥，北至唐河。总户数为105户，总人口为405人，民族为汉族。面积为0.4平方千米。

清朝时期，马姓和王姓在此庄居住并结为姻亲。后从北小李家迁来李姓人家在此居住。因王姓和李姓人丁兴旺，故庄名叫王李。

新庄

新庄（Xīnzhuāng） 隶属蒿沟乡大史村村民委员会，地理实体类型为农村居民点。东至西小史，南至新汴河，西至挡沟，北至禅梅路。总户数为65户，总人口为251人，民族为汉族。面积为0.3平方千米。

1966年开挖新汴河，居住在大尹家的群众有一部分迁到此处建房盖屋，取名新庄。

孙桥

孙桥（Sūnqiáo） 隶属蒿沟乡高滩村村民委员会，地理实体类型为农村居民点。东至枪河村，南至高滩，西至小高家，北至桃沟乡。总户数为299户，总人口为1244人，民族为汉族。面积为1.44平方千米。

清朝后期，孙氏兄弟六人迁居至此，开荒种地，修建房屋。向北有濉河阻隔，为方便出行，在濉河上修一座桥，故名孙桥。

王桥

王桥（Wángqiáo） 隶属蒿沟乡高滩村村民委员会，地理实体类型为农村居民点。东至高滩，南至邵家，西至董场，北至花园。总户数为126户，总人口为526人，民族为汉族。面积为0.62平方千米。

明朝早期，有王姓在此居住，教过朝中大臣的儿子，取名王庄。后有人在庄北建房居住，分别称大王庄、小王庄。再后来，两庄发展连在一起，叫大小王。民国时期，庄北在河上建桥，名王桥，因此庄名也改名王桥。

岳庄

岳庄（Yuèzhuāng） 隶属蒿沟乡柳沟村村民委员会，地理实体类型为农村居民点。东至巩家村马菜园，南至谷家，西至尹楼村，北至前马。总户数为170户，总人口为722人，民族为汉族。面积为1.5平方千米。

早年有岳姓夫妻俩是盲人，靠开茶馆、算命为生，比较有名，故庄名岳庄。

陈渡口

陈渡口（Chéndùkǒu） 隶属蒿沟乡枪河村村民委员会，地理实体类型为农村居民点。东至闫渡口，南至老濉河，西至赵楼村，北至宿淮铁路。总户数为77户，总人口为281人，民族为汉族。面积为0.5平方千米。

有陈姓从北方逃荒到牛栏湖南岸，开荒种地，建造房屋，繁衍生息。门前有河，出行不便，置船摆渡，故庄名为陈渡口。

陈家

陈家（Chénjiā） 隶属蒿沟乡枪河村村民委员会，地理实体类型为农村居民点。东至张家，南至枪李，西至郭庄，北至濉河。总户数为119户，总人口为450人，民族为汉族。面积为0.5平方千米。

清朝末期，有陈姓兄弟从北方逃荒到牛栏湖北岸，开荒种地，建造房屋，繁衍生息。老大在东边建房居住，人丁兴旺，叫大陈家；老二在西边建房，叫小陈家。新中国成立后，两个庄连在一起，叫陈家。

关家

关家（Guānjiā） 隶属蒿沟乡枪河村村民委员会，地理实体类型为农村居民点。东至牛栏大道，南至泗许高速公路，西至齐家，北至枪李。总户数为89户，总人口为193人，民族为汉族。面积为0.4平方千米。

清朝末期，关姓人家由北方迁居在此，开荒种地，繁衍生息，故庄名叫关家。

齐家

齐家（Qíjiā） 隶属蒿沟乡枪河村村民委员会，地理实体类型为农村居民点。东至关家，南至泗许高速公路，西至赵家，北至枪李。总户数为151户，总人口为385人，民族为汉族。面积为0.5平方千米。

清朝末期，齐姓人家由北方迁居在此，开荒种地，繁衍生息，故庄名叫齐家。

徐家

徐家（Xújiā） 隶属蒿沟乡枪河村村民委员会，地理实体类型为农村居民点。东至尹楼村闵家，南至赵家，西至高滩村，北至陈家。总户数为121户，总人口为225人，民族为汉族。面积为0.3平方千米。

徐姓人家由北方迁居在此，开荒种地，繁衍生息，故庄名叫徐家。

闫渡口

闫渡口（Yándùkǒu） 隶属蒿沟乡枪河村村民委员会，地理实体类型为农村居民点。东至殷家，南至老濉河，西至陈渡口，北至宿淮铁路。总户数为310户，总人口为1004人，民族为汉族。面积为0.7平方千米。

有闫姓从北方逃荒到牛栏湖南岸，开荒种地，建造房屋，繁衍生息。因门前有河，出行不便，置船摆渡，庄名闫渡口。

张家

张家（Zhāngjiā） 隶属蒿沟乡枪河村村民委员会，地理实体类型为农村居民点。东至尹楼村，南至枪李，西至陈家，北至濉河。总户数为139户，总人口为552人，民族为汉族。面积为0.6平方千米。

有张姓从北方迁居到牛栏湖北岸，开荒种地，建造房屋，繁衍生息，因此庄名为张家。

赵家

赵家（Zhàojiā） 隶属蒿沟乡枪河村村民委员会，地理实体类型为农村居民点。东至关家，南至泗许高速公路，西至赵家，北至枪李。总户数为121户，总人口为225人，民族为汉族。面积为0.5平方千米。

清朝末期，赵姓人家由北方迁居在此，开荒种地，繁衍生息，故庄名叫赵家。

大尹家

大尹家（Dàyǐnjiā） 隶属蒿沟乡尹楼村村民委员会，地理实体类型为农村居民点。东至小尹家，南至王家，西至牛栏沟，北至濉河。总户数为115户，总人口为455人，民族为汉族。面积为0.03平方千米。

清朝末期，几户尹姓人家从塔桥搬迁来此，建房盖屋定居。除一户赵姓，其余都姓尹，比东庄小尹家大，故名大尹家。

后史

后史（Hòushǐ） 隶属蒿沟乡尹楼村村民委员会，地理实体类型为农村居民点。东至古濉河，南至中楼，西至闵家，北至南圩。总户数为45户，总人口为183人，民族为汉族。面积为0.03平方千米。

清朝末期，蒿沟集西大史一户史姓大户来此买地建房居住，后有佃户来此居住，因人口较少，故称小史家。在尹家楼后，故称后史。

闵家

闵家（Mǐnjiā） 隶属蒿沟乡尹楼村村民委员会，地理实体类型为农村居民点。东至后史，南至吴家，西至牛栏沟，北至王家。总户数为38户，总人口为160人，民族为汉族。面积为0.04平方千米。

民国初期，几户闵姓人家常来牛栏湖捕鱼，住在船上。后来湖水干涸，在此建房盖屋定居。尹氏、李氏陆续迁此。因闵氏较早在此定居，故称闵家。

南圩

南圩（Nánwéi） 隶属蒿沟乡尹楼村村民委员会，地理实体类型为农村居民点。东至李马路，南至后史，西至小尹家，北至濉河。总户数为450户，总人口为1865人，民族为汉族。面积为0.6平方千米。

尹姓人家由凤阳带三个孩子来牛栏湖捕鱼为生。后牛栏湖逐渐干涸，又开荒种地，建房定居，繁衍生息。清中期考中贡士一名、秀才五名，故得名尹窝子（窝，一块居住的地方）。后驯兽演马戏，成为中国马戏发源地。居住在牛栏湖圩南，故改名叫南圩。明末清初，名尹窝子，后改名叫南圩。

南园

南园（Nányuán） 隶属蒿沟乡尹楼村村民委员会，地理实体类型为农村居民点。东至古濉河，南至谷家，西至吴家，北至前楼。总户数为20户，总人口为53人，民族为汉族。面积为0.03平方千米。

原是前楼、中楼两家大户的菜园，几户菜农居住。经100多年的繁衍生息，有尹、赵、潘多家姓氏居住。因在楼南，故名南园，一说在楼前故又叫前园。

前楼

前楼（Qiánlóu） 隶属蒿沟乡尹楼村村民委员会，地理实体类型为农村居民点。东至古濉河，南至南园，西至吴家，北至中楼。总户数为65户，总人口为283人，民族为汉族。面积为0.04平方千米。

本自然村有尹、吴两大家族，新中国成立前尹姓大户建楼。村庄在中楼前，故称前楼。

王家

王家（Wángjiā） 隶属蒿沟乡尹楼村村民委员会，地理实体类型为农村居民点。东至南圩，南至闵家，西至牛栏沟，北至大尹家。总户数为40户，总人口为170人，民族为汉族。面积为0.03平方千米。

民国年间，几户王姓人家常来此建房盖屋定居。除一户秦姓、一户黄姓随亲戚居住，其余都姓王，故名王家。又因庄小、人口少，又叫小王家。民国年间，名王家，又叫小王家。

吴家

吴家（Wújia） 隶属蒿沟乡尹楼村村民委员会，地理实体类型为农村居民点。东至中楼，南至谷家，西至牛栏沟，北至闵家。总户数为40户，总人口为170人，民族为汉族。面积为0.03平方千米。

此庄建于元末明初，吴姓在此居住，由于战乱，人丁不旺，一直叫吴家。

小尹家

小尹家（Xiǎoyǐnjiā） 隶属蒿沟乡尹楼村村民委员会，地理实体类型为农村居民点。东至南圩，南至王家，西至大尹家，北至濉河。总户数为38户，总人口为158人，民族为汉族。面积为0.05平方千米。

1949年前，几户尹姓人家迁来此地，建房盖屋定居。1955年濉河改道，一半住户搬到濉河北居住，由于剩下住户少，故称小尹家。

中楼

中楼（Zhōnglóu） 隶属蒿沟乡尹楼村村民委员会，地理实体类型为农村居民点。东至古濉河，南至前楼，西至闵家，北至后史。总户数为65户，总人口为280人，民族为汉族。面积为0.045平方千米。

本自然村有尹、吴两大家族，新中国成立前尹姓大户建楼。因南有前楼，北有后史，故称中楼。

代家

代家（Dàijiā） 隶属蒿沟乡赵楼村村民委员会，地理实体类型为农村居民点。东至高滩村，南至冯滩，西至小堤河，北至双星。总户数为40户，总人口为210人，民族为汉族。面积为0.03平方千米。

清朝末年，代姓人家在此居住，不断壮大，家族人丁，故称代家。后期有其他姓氏搬迁至此，但仍称为代家。

冯滩

冯滩（Féngtān） 隶属蒿沟乡赵楼村村民委员会，地理实体类型为农村居民点。

东至高滩村，南至濉河，西至小堤河，北至代家。总户数为31户，总人口为137人，民族为汉族。面积为0.02平方千米。

清朝中期，黄河泛滥，大水在此淤出沙滩高岗，有冯姓人开荒种地，繁衍生息，取名冯滩。清朝末期开挖濉河从庄中通过，冯滩一分为二，此庄在河西，称西冯滩，河东的庄子称东冯滩。1955年改庄名为冯滩。

花庄

花庄（Huāzhuāng） 隶属蒿沟乡赵楼村村民委员会，地理实体类型为农村居民点。东至枪河村，南至濉河，西至赵窑，北至赵楼。总户数为88户，总人口为466人，民族为汉族。面积为0.16平方千米。

有一户人家在此为别人看坟，喜欢种花。此户人丁兴旺，形成村庄。因村庄种满鲜花，故取名花庄。

双星

双星（Shuāngxīng） 隶属蒿沟乡赵楼村村民委员会，地理实体类型为农村居民点。东至高滩村，南至代家，西至大花路，北至高滩村。总户数为81户，总人口为371人，民族为汉族。面积为0.1平方千米。

清朝末期，黄河泛滥，淤泥沙成滩，史姓人家在此居住，开荒种地，取名史家。后弟俩分开一南一北，住南边的叫南小史家（已拆迁），住北边的叫北小史家。1965年改名双星。

田陈

田陈（Tiánchén） 隶属蒿沟乡赵楼村村民委员会，地理实体类型为农村居民点。东至药闫村陈家，南至唐河，西至高速公路，北至赵窑。总户数为71户，总人口为380人，民族为汉族。面积为0.15平方千米。

有一田姓人家由南方迁至此处种地，盖粮仓取名田仓屋；田仓屋东约一里地有一陈姓大户，盖一土炮楼，取名陈炮楼。后两庄逐渐建到一起。1965年改庄名田陈。

徐土庙

徐土庙（Xútǔmiào） 隶属蒿沟乡赵楼村村民委员会，地理实体类型为农村居民点。东至赵楼，南至赵窑，西至濉河，北至高滩村。总户数为109户，总人口为566人，民族为汉族。面积为0.25平方千米。

有徐姓人家从南方迁至此种地建房，繁衍生息。后家族人丁兴旺，在此建土庙，取名徐土庙。

赵楼

赵楼（Zhàolóu） 隶属蒿沟乡赵楼村村民委员会，地理实体类型为农村居民点。东至枪河村，南至花庄，西至赵窑，北至高滩小学。总户数为222户，总人口为1005人，民族为汉族。面积为0.4平方千米。

有赵姓人家从濉溪火集迁至此地建房，称下楼，濉溪火集称上楼。后赵姓在此盖楼，更名赵家楼。1950年更名赵楼。

赵窑

赵窑（Zhàoyáo） 隶属蒿沟乡赵楼村村民委员会，地理实体类型为农村居民点。东至赵楼，南至高速公路，西至濉河，北至徐土庙。总户数为76户，总人口为417人，民族为汉族。面积为0.15平方千米。

赵楼赵姓人家在此建砖瓦窑烧制砖瓦建房，烧窑人在此搭棚居住，繁衍生息。久而久之形成村庄，取名赵窑。

东城新村

东城新村（Dōngchéngxīncūn） 隶属宿马产业园区汴南村村民委员会，地理实体类型为农村居民点。东至后场村，南至后场村，西至后场村小李庄，北至唐家庄。总户数为230户，总人口为950人，民族为汉族。面积为0.09平方千米。

2013年因土地置换，孙家、耿家、马二、马三、赵家五个庄拆迁安置此地，在此建房居住，命名为东城新村。

黄树秦新村

黄树秦新村（Huángshùqínxīncūn）隶属宿马产业园区汴南村村民委员会，地理实体类型为农村居民点。东至张湾庄，南至小李庄，西至埇桥区朱仙庄镇塔桥村，北至新汴河。总户数为450户，总人口为1800人，民族为汉族。面积为0.135平方千米。

明朝年间，姓秦人家由山西迁此居住，在此开荒种地，建造房屋，不断繁衍生息，逐渐壮大，因当时在村庄有一棵大黄连树，远近闻名，故得名黄树秦。2012年因土地置换，村庄改造更名为黄树秦新村。

马一庄

马一庄（Mǎyīzhuāng）隶属宿马产业园区汴南村村民委员会，地理实体类型为农村居民点。东至展夏庄，南至后场村，西至唐家庄，北至新汴河。总户数为30户，总人口为120人，民族为汉族。面积为0.0312平方千米。

1966年因挖新汴河。村民搬迁至此地居住，在此种地，建造房屋，因当时马姓人口较多，搬迁后分为马一、马二、马三，故得名马一庄。

潘谷眼

潘谷眼（Pāngǔyǎn）隶属宿马产业园区汴南村村民委员会，地理实体类型为农村居民点。东至展桥村，南至后场村，西至朱庙村，北至新汴河。总户数为110户，总人口为560人，民族为汉族。面积为0.098平方千米。

明朝年间，潘姓人家由山西迁此居住，在此开荒种地，建造房屋，不断繁衍生息，逐渐壮大，突然一天堌堆深处现一洞眼，村民用土无法填平，故取名潘谷眼。

唐家

唐家（Tángjiā）隶属宿马产业园区汴南村村民委员会，地理实体类型为农村居民点。东至马一庄，南至东城新村，西至小李庄，北至新汴河。总户数为80户，总人口为290人，民族为汉族。面积为0.06平方千米。

唐姓人家由山西迁居至此，在此开荒种地，建造房屋，不断繁衍生息，家族人丁兴旺，逐渐壮大，故得名唐家。

小李家

小李家（Xiǎolǐjiā）隶属宿马产业园区汴南村村民委员会，地理实体类型为农村居民点。东至唐家庄，南至后场村小李庄，西至埇桥区朱仙庄镇塔桥村，北至黄树秦新村。总户数为36户，总人口为146人，民族为汉族。面积为0.0625平方千米。

姓李人家由原黄树秦迁居此地，在此开荒种地，建造房屋，不断繁衍生息，但户数较少，故得名小李家。

展夏庄

展夏庄（Zhǎnxiàzhuāng）隶属宿马产业园区汴南村村民委员会，地理实体类型为农村居民点。东至朱庙庄，南至后场村，西至马一庄，北至张湾庄。总户数为110户，总人口为445人，民族为汉族。面积为0.012平方千米。

展家和夏家两家迁此居住，在此开荒种地，建造房屋，不断繁衍生息，逐渐壮大，故得名展夏庄。

张湾庄

张湾庄（Zhāngwānzhuāng） 隶属宿马产业园区汴南村村民委员会，地理实体类型为农村居民点。东至潘谷眼庄，南至展夏庄，西至黄树秦庄，北至新汴河。总户数为73户，总人口为270人，民族为汉族。面积为0.045平方千米。

张姓人家自山西迁此居住，在此开荒种地，建造房屋，不断繁衍生息，宗族人丁兴旺，逐渐壮大，因房屋建在河湾处，故得名张湾庄。

朱庙

朱庙（Zhūmiào） 隶属宿马产业园区汴南村村民委员会，地理实体类型为农村居民点。东至潘谷眼庄，南至后场村，西至展夏庄，北至新汴河。总户数为95户，总人口为360人，民族为汉族。面积为0.0125平方千米。

汴南村朱庙组是明朝时期有一土庙，后有朱姓人家在此庙长期居住，定此朱庙，后期有潘姓、尹姓、饶姓等在此居住，形成朱庙这个村庄。

曹家

曹家（Cáojiā） 隶属宿马产业园区昌圩村村民委员会，地理实体类型为农村居民点。东至双王村，南至小李庄，西至展桥，北至高尹庄。总户数为152户，总人口为478人，民族为汉族。面积为0.1平方千米。

1983年，由八里曹更名为曹家庄。本自然庄姓曹的人口占本自然庄的人数96%以上，故而得名。人民公社时期名称为八里曹。

昌圩庄

昌圩庄（Chāngwéizhuāng） 隶属宿马产业园区昌圩村村民委员会，地理实体类型为农村居民点。东至小李庄，南至埇桥区大店镇大北村，西至后周，北至曹家。总户数为130户，总人口为452人，民族为汉族。面积为0.03平方千米。

该自然庄姓昌的人多，自然庄外有一道围壕，因而得名昌圩庄。人民公社时期名称为昌圩生产队。1983年由昌圩生产队更名为昌圩组。

高尹庄

高尹庄（Gāoyǐnzhuāng） 隶属宿马产业园区昌圩村村民委员会，地理实体类型为农村居民点。东至双王村高王庄，南至曹家庄，西至马圩庄，北至新汴河。总户数为118户，总人口为405人，民族为汉族。面积为0.02平方千米。

本自然庄姓高的一大户、姓尹的一大户各占人口的40%以上，故而得名高尹庄。人民公社时期名称为高家、尹家。1983年由高家、尹家更名为高尹庄。

后周庄

后周庄（Hòuzhōuzhuāng） 隶属宿马产业园区昌圩村村民委员会，地理实体类型为农村居民点。东至昌圩庄，南至前周庄，西至展桥黄盆，北至孙张庄。总户数为121户，总人口为426人，民族为汉族。面积为0.027平方千米。

本自然庄姓周的人数占本庄人数的90%以上，因此得名后周庄。人民公社时期名称为后周家庄。1981年后周家更名为后周庄。

马圩庄

马圩庄（Mǎwéizhuāng） 隶属宿马产业园区昌圩村村民委员会，地理实体类型为农村居民点。东至高尹庄，南至昌圩庄，西至孙张村，北至新汴河。总户数为100户，总人口为309人，民族为汉族。面积为

0.096 平方千米。

清代后期，马家庄姓马的人多，同时又在庄外打一道圩子，故得名马圩庄。1958 年命名为马圩生产队。1983 年正式改名为马圩庄。

前周庄

前周庄（Qiánzhōuzhuāng） 隶属宿马产业园区昌圩村村民委员会，地理实体类型为农村居民点。东至埇桥区大店镇大北村后李家，南至苑家庄，西至展桥村，北至后周庄。总户数为 179 户，总人口为 599 人，民族为汉族。面积为 0.03 平方千米。

本自然庄姓周的人多，后边有一个庄姓周的也多，本庄又在前面，因此得名前周庄。人民公社时期名称为前周生产队。1980 年更名为前周庄。

孙张家

孙张家（Sūnzhāngjiā） 隶属宿马产业园区昌圩村村民委员会，地理实体类型为农村居民点。东至马圩庄，南至后周庄，西至展桥村，北至新汴河。总户数为 119 户，总人口为 379 人，民族为汉族。面积为 0.1 平方千米。

清代后期，孙姓人家由北方迁居至此，开荒种地，建造房屋，家族人丁兴旺、不断壮大，后又来了一家姓张的在此居住，故得名孙张家。1958 年命名为孙张生产队，1983 年正式改名为孙张庄。

小李庄

小李庄（Xiǎolǐzhuāng） 隶属宿马产业园区昌圩村村民委员会，地理实体类型为农村居民点。东至小郑庄，南至后李庄，西至昌圩庄，北至曹家。总户数为 119 户，总人口为 287 人，民族为汉族。面积为 0.03 平方千米。

本自然庄姓李的人口占本自然庄的人数 99% 以上，因此得名。人民公社时期名称为小李家。1983 年由小李家更名为小李庄。

小郑庄

小郑庄（Xiǎozhèngzhuāng） 隶属宿马产业园区昌圩村村民委员会，地理实体类型为农村居民点。东至郑圩，南至营家，西至小李庄，北至曹家。总户数为 103 户，总人口为 247 人，民族为汉族。面积为 0.02 平方千米。

小郑庄姓郑的人口占本自然庄的人数 95% 以上，因此得名。人民公社时期名称为小郑家。1983 年由小郑家更名为小郑庄。

苑家

苑家（Yuànjiā） 隶属宿马产业园区昌圩村村民委员会，地理实体类型为农村居民点。东至前李，南至吴家，西至小宋，北至前周庄。总户数为 132 户，总人口为 430 人，民族为汉族。面积为 0.1 平方千米。

清代后期，苑姓人家由北方迁居至此，开荒种地，建造房屋，家族兴旺，不断壮大，故得名苑家庄。1958 年命名苑家生产队，1980 年改为苑家庄。

大张庄

大张庄（Dàzhāngzhuāng） 隶属宿马产业园区大张村村民委员会，地理实体类型为农村居民点。东至 2 号渠，南至新汴河，西至军路沟，北至新河。总户数为 280 户，总人口为 1060 人，民族为汉族。面积为 0.18 平方千米。

明代中期，张姓人家由山西迁居至此，在此开荒种地，建造房屋，家族人丁兴旺，逐渐壮大，故此得名张家庄。人民公社时期命名大张大队。1983 年更名为大张庄。

贺家庄

贺家庄（Hèjiāzhuāng） 隶属宿马产业园区大张村村民委员会，地理实体类型为农村居民点。东至军路沟，南至新汴河，西至两半昌村，北至043县道禅梅路。总户数为164户，总人口为610人，民族为汉族。面积为0.06平方千米。

明代中期，贺姓人家由北方迁居至此，在此开荒种地，建造房屋，家族人丁兴旺，逐渐壮大，故此得名贺家庄。人民公社期间，隶属大张大队。1983年隶属大张村。

社址张庄

社址张庄（Shèzhǐzhāngzhuāng） 隶属宿马产业园区大张村村民委员会，地理实体类型为农村居民点。东至2号渠，南至新汴河，西至军路沟，北至大张庄。总户数为61户，总人口为204人，民族为汉族。面积为0.02平方千米。

明末清初时期，张姓人家由北方迁居至此，在此开荒种地，建造房屋，家族人丁兴旺，逐渐壮大，故得名小张家，直到成立高级社时期，更名为社址张庄。

祝圩庄

祝圩庄（Zhùwéizhuāng） 隶属宿马产业园区大张村村民委员会，地理实体类型为农村居民点。东至苗庵村，南至新汴河，西至军3号渠，北至043县道禅梅路。总户数为145户，总人口为540人，民族为汉族。面积为0.06平方千米。

明末时期，祝姓人家由山西迁居至此，在此开荒种地，建造房屋，家族人丁兴旺，逐渐壮大，庄子四周挖沟防涝，因此得名祝围子。人民公社期间，更名为祝圩庄。

陈家

陈家（Chénjiā） 隶属宿马产业园区蒿东村村民委员会，地理实体类型为农村居民点。东至小王家，南至孙家，西至蒿沟，北至孙瓦房。总户数为102户，总人口为430人，民族为汉族。面积为0.06平方千米。

该村以陈姓居民居多，故而得名。1958年命名，属蒿沟人民公社。1981年正式改名为陈家。

陈庄

陈庄（Chénzhuāng） 隶属宿马产业园区蒿东村村民委员会，地理实体类型为农村居民点。东至苗庵中心村，南至独元，西至孙瓦房，北至李马元。总户数为59户，总人口为340人，民族为汉族。面积为0.067平方千米。

该庄以陈姓居民居多，故而得名。1958年命名，属孙瓦房人民公社。1981年正式改名为陈庄。

独园庄

独园庄（Dúyuánzhuāng） 隶属宿马产业园区蒿东村村民委员会，地理实体类型为农村居民点。东至陈庄，南至两半昌村，西至孙瓦房，北至李马园。总户数为76户，总人口为356人，民族为汉族。面积为0.086平方千米。

1981年正式改名为独园庄。

谷家

谷家（Gǔjiā） 隶属宿马产业园区蒿东村村民委员会，地理实体类型为农村居民点。东至孙瓦房，南至徐家，西至小吴家，北至尹楼。总户数为110户，总人口为650人，民族为汉族。面积为0.095平方千米。

该村主要以谷姓居民居多，故而得名。

李马元庄

李马元庄（Lǐmǎyuánzhuāng） 隶属宿马产业园区蒿东村村民委员会，地理实体类型为农村居民点。东至129乡道，南至陈庄，西至唐河，北至邵家。总户数为50户，总人口为253人，民族为汉族。面积为0.0526平方千米。

1981年正式改名为李马元庄。

孙瓦房庄

孙瓦房庄（Sūnwǎfángzhuāng） 隶属宿马产业园区蒿东村村民委员会，地理实体类型为农村居民点。东至陈庄，南至小王家，西至谷家，北至高马。总户数为207户，总人口为854人，民族为汉族。面积为0.095平方千米。

1981年正式改为孙瓦房庄。

小街子

小街子（Xiǎojiēzi） 隶属宿马产业园区蒿东村村民委员会，地理实体类型为农村居民点。东至陈家，南至蒿沟，西至孙家，北至徐家。总户数为107户，总人口为422人，民族为汉族。面积为0.0665平方千米。

1981年正式改为小街子。

徐家

徐家（Xújiā） 隶属宿马产业园区蒿东村村民委员会，地理实体类型为农村居民点。东至陈家，南至小街子，西至河北村，北至谷家。总户数为110户，总人口为507人，民族为汉族。面积为0.0633平方千米。

该村主要以徐姓居民居多，故而得名徐家。

殷家

殷家（Yīnjiā） 隶属宿马产业园区蒿东村村民委员会，地理实体类型为农村居民点。东至谷家，南至河北，西至牛栏沟，北至关家。总户数为100户，总人口为488人，民族为汉族。面积为0.078平方千米。

该村主要以殷姓居民居多，故而得名。

二期安置小区

二期安置小区（Èrqī' ānzhì Xiǎoqū） 隶属宿马产业园区蒿沟村村民委员会，地理实体类型为农村居民点。东至两半昌村，南至新汴河，西至洪河路，北至马鞍山大道。总户数为356户，总人口为1252人，民族为汉族。面积为0.088平方千米。

2012年8月10日，宿马产业园区行管会成立，在沟东、沟西、铁家、龚家、松林五个组征迁建房安置，在此小区宿马园区第二期安置征迁户，故名二期安置小区。此二期安置小区，建于2013年8月，2016年3月交付使用，安置沟东、沟西、铁家、巩家、松林五个组和其他征迁户，简称二期安置。

韩家

韩家（Hánjiā） 隶属宿马产业园区蒿沟村村民委员会，地理实体类型为农村居民点。东至两半昌，南至吴家，西至后楼，北至老唐河。总户数为62户，总人口为197人，民族为汉族。面积为0.028平方千米。

韩姓人家在此开荒种地，建房居住，不断繁衍生息，后有孙姓人家来此居住，逐渐壮大，故得名韩家。

蒿沟街道

蒿沟街道（Hāogōujiēdào） 隶属宿马产业园区蒿沟村村民委员会，地理实体类型为农村居民点。东至后楼，南至新汴河，西至药闫村，北至蒿东村。总户数为780户，总人口为2683人，民族为汉族。面积为0.243平方千米。

早在秦朝后期，此地常年灾荒，滋生蒿草，故起名蒿沟。唐朝时期为排涝在此开挖河流，名唐河。蒿沟处有小码头，人来人往，形成集市，有小街道故名蒿沟街道。

后楼

后楼（Hòulóu） 隶属宿马产业园区蒿沟村村民委员会，地理实体类型为农村居民点。东至韩家，南至前楼，西至蒿沟街道，北至老唐河。总户数为71户，总人口为263人，民族为汉族。面积为0.037平方千米。

在很早以前，有一家张姓来此开荒种地，建房居住，张姓分家，故有前张楼、后张楼。后张楼简称后楼。

前楼

前楼（Qiánlóu） 隶属宿马产业园区蒿沟村村民委员会，地理实体类型为农村居民点。东至韩家，南至孙家，西至蒿沟街道，北至后楼。总户数为75户，总人口为270人，民族为汉族。面积为0.038平方千米。

在很早以前，有一家姓张来此开荒种地，建房居住，张姓分家，故有前张楼、后张楼。前张楼简称前楼。

孙家

孙家（Sūnjiā） 隶属宿马产业园区蒿沟村村民委员会，地理实体类型为农村居民点。东至洪河路，南至新汴河，西至水厂，北至前楼。总户数为78户，总人口为280人，民族为汉族。面积为0.041平方千米。

清末年间，有孙姓一家在此开荒种地，建房居住，不断繁衍生息，逐渐壮大，故得名孙家。

吴家

吴家（Wújiā） 隶属宿马产业园区蒿沟村村民委员会，地理实体类型为农村居民点。东至洪河路，南至孙家，西至前楼，北至韩家。总户数为98户，总人口为348人，民族为汉族。面积为0.045平方千米。

清末时期，因此处地势低洼，无人耕种，有吴姓一家迁居至此，每雨必淹，故名水捞吴。吴姓在此开荒种地，建房居住，后有陶、邵等姓来此居住，逐渐壮大，故得名吴家。1958年后隶属蒿沟人民公社，1983年后隶属蒿沟乡张马村。

大关庄

大关庄（Dàguānzhuāng） 隶属宿马产业园区后场村村民委员会，地理实体类型为农村居民点。东至东城社区中心路，南至小史家，西至丁王基本农田，北至胜利沟。总户数为68户，总人口为268人，民族为汉族。面积为0.04平方千米。

该庄以关姓为主，2013年因土地置换搬迁到东城新村。

大江家

大江家（Dàjiāngjiā） 隶属宿马产业园区后场村村民委员会，地理实体类型为农村居民点。东至小江庄，南至小刘庄，西至关魏，北至小闫。总户数为63户，总人口为237人，民族为汉族。面积为0.018平方千米。

该村以江姓居民为主，故而得名。自明朝至新中国成立前称骑路江，新中国成立后改为大江家。

丁王家

丁王家（Dīngwángjiā） 隶属宿马产业园区后场村村民委员会，地理实体类型为农村居民点。东至小马庄，南至闫赵庄，西至马东庄，北至唐家。总户数为112户，总人口为532人，民族为汉族。面积为0.036平方千米。

丁姓居住地称为小丁家，王姓居住地称为小王家。1986年由丁家、王家两村民组合并为丁王村民组。

洪庙庄

洪庙庄（Hóngmiàozhuāng） 隶属宿马产业园区后场村村民委员会，地理实体类型为农村居民点。东至圩子，南至前场、柳园，西至小马庄，北至后场庄。总户数为92户，总人口为368人，民族为汉族。面积为0.036平方千米。

在很久以前，洪庙村民组，有一座红色的庙，“红”和“洪”同音，因此取名洪庙。

后场庄

后场庄（Hòuchǎngzhuāng） 隶属宿马产业园区后场村村民委员会，地理实体类型为农村居民点。东至小庄，南至洪庙庄，西至洪庙庄，北至洪河路。总户数为102户，总人口为402人，民族为汉族。面积为0.037平方千米。

洪庙的人为了收庄稼，在屋后做了一片大场，后来在场上建了房子，住进了村民，就取名为后场。

江后庄

江后庄（Jiānghòuzhuāng） 隶属宿马产业园区后场村村民委员会，地理实体类型为农村居民点。东至小江庄，南至江前，西至关魏，北至小徐庄。总户数为50户，总人口为210人，民族为汉族。面积为0.016平方千米。

明末清初，总称骑路江，民国至新中国成立后称大江家。1963年后改名为江后庄。

老湖庄

老湖庄（Lǎohúzhuāng） 隶属宿马产业园区后场村村民委员会，地理实体类型为农村居民点。东至冯家，南至马家洼，西至前场，北至圩子。总户数为100户，总人口为398人，民族为汉族。面积为0.1平方千米。

因地势低洼，遍地都是水，像个大湖，居住人口姓潘，取名为潘老湖。后来演变为老湖庄。

柳园

柳园（Liǔyuán） 隶属宿马产业园区后场村村民委员会，地理实体类型为农村居民点。东至前场，南至小徐庄，西至小马庄，北至洪庙。总户数为106户，总人口为424人，民族为汉族。面积为0.18平方千米。

很久以前，居民都用柳条插在园子周围，后来都生根发芽，就取名为柳园。

马东庄

马东庄（Mǎdōngzhuāng） 隶属宿马产业园区后场村村民委员会，地理实体类型为农村居民点。东至关秦路，南至四号沟，西至马西庄，北至洪河路。总户数为58户，总人口为257人，民族为汉族。面积为0.025平方千米。

从前有个箍桶匠姓马，在此落户，因此该庄得名箍桶匠马，后村庄逐渐壮大，分为两个自然庄，该庄位于东部，故名马东庄。1949年10月前简化叫箍桶匠马。1949年10月新中国成立后分为马东、马西两个村。

圩子

圩子（Wéizi） 隶属宿马产业园区后场村村民委员会，地理实体类型为农村居民点。东至冯家，南至老湖庄，西至洪庙庄，北至洪河路。总户数为96户，总人口为384人，民族为汉族。面积为0.028平方千米。

在战争年代，此地四边都是大深沟，所以取名为圩子。

魏家

魏家（Wèijiā） 隶属宿马产业园区后场村村民委员会，地理实体类型为农村居民点。东至关秦路，南至小黄河，西至运河，北至小关家。总户数为86户，总人口为286人，民族为汉族。面积为0.04平方千米。

原是姓营的宅子，叫营宅，后姓魏的来此居住，故名魏家。

小关家

小关家（Xiǎoguānjiā） 隶属宿马产业园区后场村村民委员会，地理实体类型为农村居民点。东至关秦路，南至小黄河，西至大关家基本农田，北至和平沟。总户数为58户，总人口为178人，民族为汉族。面积为0.03平方千米。

由大关家分出，故叫小关家。

小江庄

小江庄（Xiǎojiāngzhuāng） 隶属宿马产业园区后场村村民委员会，地理实体类型为农村居民点。东至展桥村马洼，南至展桥村马洼，西至后场村江后庄，北至后场村前场。总户数为66户，总人口为266人，民族为汉族。面积为0.021平方千米。

战争年代，江氏家族在此居住，故取名小江庄。

小金庄

小金庄（Xiǎojīnzhuāng） 隶属宿马产业园区后场村村民委员会，地理实体类型为农村居民点。东至马洼，南至朱仙庄镇宋庙村郭庙，西至后场村郭徐路，北至小江路。总户数为35户，总人口为140人，民族为汉族。面积为0.01平方千米。

东三浦老羊行金氏家族迁到此地后，金氏人口居多，故取名小金庄。

小李庄

小李庄（Xiǎolǐzhuāng） 隶属宿马产业园区后场村村民委员会，地理实体类型为农村居民点。东至东城新村，南至洪河路，西至朱仙庄镇塔桥史家，北至汴南村李家。总户数为82户，总人口为337人，民族为汉族。面积为0.029平方千米。

北边也有李家，人口多。本村民组全部姓李，人口少故称小李庄。

小刘庄

小刘庄（Xiǎoliúzhuāng） 隶属宿马产业园区后场村村民委员会，地理实体类型为农村居民点。东至小金庄，南至朱仙庄镇宋庙、郭庙，西至朱仙庄镇宋庙吴家，北至江组。总户数为22户，总人口为90人，民族为汉族。面积为0.012平方千米。

1949年10月以来，刘氏家族逃难到此，故取名小刘庄。

小马庄

小马庄（Xiǎomǎzhuāng） 隶属宿马产业园区后场村村民委员会，地理实体类型为农村居民点。东至洪庙庄，南至柳园大田地，西至闫赵庄，北至洪河路。总户数为71户，总人口为284人，民族为汉族。面积为0.018平方千米。

民国时期就几户人家姓马，庄比较小，就取名为小马庄。

小史庄

小史庄（Xiǎoshǐzhuāng） 隶属宿马产业园区后场村村民委员会，地理实体类型为农村居民点。东至东城社区中心路，南至洪河路，西至丁王基本农田，北至大关庄。总户数为32户，总人口为138人，民族为汉族。面积为0.01平方千米。

大史家因弟兄多分家，其中一人分来

居住，后来壮大成为村庄，称小史庄。

小徐庄

小徐庄（Xiǎoxúzhuāng） 隶属宿马产业园区后场村村民委员会，地理实体类型为农村居民点。东至小江家庄，南至小金庄，西至三后路，北至柳园。总户数为32户，总人口为138人，民族为汉族。面积为0.012平方千米。

在战争年代，由徐氏家族居住，故取名小徐庄。

小庄

小庄（Xiǎozhuāng） 隶属宿马产业园区后场村村民委员会，地理实体类型为农村居民点。东至圩子，南至圩子，西至后场庄，北至洪河路。总户数为70户，总人口为286人，民族为汉族。面积为0.019平方千米。

小庄村民组，人少庄小，所以叫小庄。

闫赵庄

闫赵庄（Yánzhàozhuāng） 隶属宿马产业园区后场村村民委员会，地理实体类型为农村居民点。东至丁王家，南至小关家，西至马东庄，北至洪河路。总户数为138户，总人口为621人，民族为汉族。面积为0.2平方千米。

闫赵庄，在闫赵庄有一庙，名为闫小庙。1986年由闫家、赵家两村民组合并为闫赵村民组，故名闫赵庄。

薄圩

薄圩（Bówéi） 隶属宿马产业园区两半昌村村民委员会，地理实体类型为农村居民点。东至薄庄，南至展桥，西至小王，北至蒿东村独元。总户数为110户，总人口为399人，民族为汉族。面积为0.3平方千米。

清朝初期，马氏、独氏、王氏从山西迁居至此，因在战乱期间，他们为了安全，在庄周围挖沟筑圩，后取名为薄圩。人民公社时期称薄圩大队，至1968年改为薄圩生产队。1984年改为薄圩生产组。

薄庄

薄庄（Bózhuāng） 隶属宿马产业园区两半昌村村民委员会，地理实体类型为农村居民点。东至苗庵乡张安村，南至展桥，西至薄圩，北至蒿东村独元。总户数为60户，总人口为280人，民族为汉族。面积为0.04平方千米。

薄姓人家从山西迁居至此，由薄姓人家和卜姓人家两家在此开荒种地，薄氏在南，卜氏在北，薄姓叫薄庄，卜姓取名卜庄，后合并为薄庄。

河涯昌

河涯昌（Héyáchāng） 隶属宿马产业园区两半昌村村民委员会，地理实体类型为农村居民点。东至东城北苑小区，南至蒿沟村，西至唐河，北至唐河。总户数为142户，总人口为487人，民族为汉族。面积为0.4平方千米。

明朝初期，昌姓人家由山西洪洞县迁居至此，在此开荒种地，在唐河南涯建房和生活，河涯昌就是在唐河岸，取名叫河涯昌。1945年抗战时期，该庄成为宿东县政府驻地。

马园

马园（Mǎyuán） 隶属宿马产业园区两半昌村村民委员会，地理实体类型为农村居民点。东至小王，南至第一期安置，西至炮楼马，北至唐河。总户数为530户，总人口为2837人，民族为汉族。面积为0.5平方千米。

清朝末期，马姓人家从马家洼迁居至此，种植蔬菜，开菜园，维持生活，故取名马园。人民公社时期，薄圩大队部驻地。1970年为小王生产组。1984年改为马园至今。

炮楼马

炮楼马（Pàolóumǎ） 隶属宿马产业园区两半昌村村民委员会，地理实体类型为农村居民点。东至马园，南至第一期安置，西至河涯昌，北至唐河。总户数为130户，总人口为435人，民族为汉族。面积为0.3平方千米。

清朝初期，马姓人家从南方马沟岸迁居至此，在此开荒种地，建设房屋，马从举盖炮楼三间，取名炮楼马。

小王家

小王家（Xiǎowángjiā） 隶属宿马产业园区两半昌村村民委员会，地理实体类型为农村居民点。东至薄圩，南至第一期安置，西至马园，北至唐河。总户数为70户，总人口为285人，民族为汉族。面积为0.04平方千米。

王氏兄弟二人从大店镇王岭庄迁居至此，人少地少，取名小王家。

曹征庄

曹征庄（Cáozhēngzhuāng） 隶属宿马产业园区苗庵村村民委员会，地理实体类型为农村居民点。东至曹集村，南至梅禅公路，西至苗大路，北至宿淮铁路。总户数为106户，总人口370人，民族为汉族。面积为0.15平方千米。

民国时期，曹姓人家由曹集庄分支来此，建房居住，曹姓家族人丁兴旺，故得名曹征庄。

大夏庄

大夏庄（Dàxiàzhuāng） 隶属宿马产业园区苗庵村村民委员会，地理实体类型为农村居民点。东至赵圩庄，南至小夏庄，西至楚江大道，北至宿淮铁路。总户数为265户，总人口924人，民族为汉族。面积为0.3平方千米。

夏姓人家从山西洪洞县移民至此，在此耕种土地，建房居住，人丁兴旺，逐渐壮大，故得名大夏庄。新中国成立前得名大夏庄，名称沿用至今。

集西张庄

集西张庄（Jíxīzhāngzhuāng） 隶属宿马产业园区苗庵村村民委员会，地理实体类型为农村居民点。东至苗庵街道，南至新汴河，西至大张村，北至043县道。总户数为105户，总人口351人，民族为汉族。面积为0.11平方千米。

张姓人家从山东移民至此，在此耕种土地，建房居住，人丁兴旺，不断壮大，故得名张家庄。1966年命名为张家庄。1989年因张家庄和苗庵街相邻，改名为集西张。

刘家庄

刘家庄（Liújiāzhuāng） 隶属宿马产业园区苗庵村村民委员会，地理实体类型为农村居民点。东至苗家庄，南至赵桥庄，西至大张村，北至苗庵街道。总户数为75户，总人口273人，民族为汉族。面积为0.01平方千米。

刘姓人家从山东移民至此，在此耕种土地，建房居住，人丁兴旺，不断壮大，故得名刘家庄。

苗庵街道

苗庵街道（Miáo' ānjiēdào） 隶属宿马产业园区苗庵村村民委员会，地理实体类型为农村居民点。东至苗大路，南至刘家庄，西至集西张庄，北至043县道。总户数为

398户，总人口1403人，民族为汉族。面积为0.6平方千米。

清朝末期到民国初期，有苗姓人家在此路旁搭一草棚，以卖茶为生，繁衍生息，家族人丁兴旺，逐渐壮大，周边逐渐形成集市，故得名苗庵街道。1960年为苗庵人民公社驻地。1982年为苗庵区政府驻地。后正式改名为苗庵街道。

苗家

苗家（Miáojiā） 隶属宿马产业园区苗庵村村民委员会，地理实体类型为农村居民点。东至曹集村，南至新汴河，西至刘家庄，北至苗王路。总户数为109户，总人口357人，民族为汉族。面积为0.16平方千米。

1949年10月前期，苗姓人家由苗庵街道苗姓分支到此居住，开荒种地，故得名苗家庄。

小夏庄

小夏庄（Xiǎoxiàzhuāng） 隶属宿马产业园区苗庵村村民委员会，地理实体类型为农村居民点。东至赵圩庄，南至043县道，西至佳山路，北至大夏庄。总户数为261户，总人口906人，民族为汉族。面积为0.3平方千米。

夏姓人家从山西洪洞县移民至此，在此耕种土地，建房居住，人丁兴旺，逐渐壮大，故得名小夏庄。

赵桥庄

赵桥庄（Zhàoqiáozhuāng） 隶属宿马产业园区苗庵村村民委员会，地理实体类型为农村居民点。东至苗大路公路，南至新汴河，西至大张村，北至刘家庄。总户数为99户，总人口321人，民族为汉族。面积为0.07平方千米。

赵桥和南赵桥原是一个庄，因1966年政府开挖汴河从赵桥穿过，从此赵桥汴河北一半，汴河南一半。1966年赵姓迁到汴河北居住，命名赵桥。

赵圩庄

赵圩庄（Zhàowéizhuāng） 隶属宿马产业园区苗庵村村民委员会，地理实体类型为农村居民点。东至043县道，南至043县道，西至小夏庄，北至宿淮铁路。总户数为386户，总人口1384人，民族为汉族。面积为0.4平方千米。

赵姓人家从山西移民至此，在此耕种土地，建房居住，人丁兴旺，逐渐壮大，取名赵家。1949年10月前为防匪患，庄围挖沟防匪，故得名赵圩庄。

菜园庄

菜园庄（Càiyuánzhuāng） 隶属宿马产业园区双王村村民委员会，地理实体类型为农村居民点。东至西郢地界，南至西郢地界，西至后圩地界，北至新汴河岸。总户数为50户，总人口为202人，民族为汉族。面积为0.06平方千米。

从前这个庄上的农民主要以种菜为生，故取名叫菜园庄。

打耩祝

打耩祝（Dǎjiǎngzhù） 隶属宿马产业园区双王村村民委员会，地理实体类型为农村居民点。东至大店镇赵桥地界，南至祝家堂庙，西至西郢，北至新汴河岸。总户数为50户，总人口为220人，民族为汉族。面积为0.012平方千米。

以前是以打耩子对出售为主，故取名为打耩祝。

丁集

丁集（Dīngjí） 隶属宿马产业园区双王村村民委员会，地理实体类型为农村居民点。东至大店镇大王庄地界，南至大郑庄地界，西至营家庄，北至祝家堂庙地界。总户数为 75 户，总人口为 300 人，民族为汉族。面积为 0.014 平方千米。

这个庄是个小集市，丁姓居多，故取名丁集。

东郢孜庄

东郢孜庄（Dōngyǐngzīzhuāng） 隶属宿马产业园区双王村村民委员会，地理实体类型为农村居民点。东至祝家堂庙，南至屈马，西至西郢，北至新汴河岸。总户数为 60 户，总人口为 240 人，民族为汉族。面积为 0.012 平方千米。

该庄以前霸王行军至此，建筑两个土城东西相对，该庄位于东侧，故而得名。

高王庄

高王庄（Gāowángzhuāng） 隶属宿马产业园区双王村村民委员会，地理实体类型为农村居民点。东至后圩庄，南至昌圩地界，西至昌圩地界，北至新汴河岸。总户数为 110 户，总人口为 468 人，民族为汉族。面积为 0.015 平方千米。

此庄居住两大家族，姓高的和姓王的，故取名高王庄。1958 年命名为高东、高西两生产队。1981 年正式改为高王庄。

后圩庄

后圩庄（Hòuwéizhuāng） 隶属宿马产业园区双王村村民委员会，地理实体类型为农村居民点。东至菜园，南至小庄，西至高王，北至新汴河岸。总户数为 120 户，总人口为 502 人，民族为汉族。面积为 0.016 平方千米。

在很早以前，居住在这里的农民为防贼偷盗，在庄的外围挖一道深沟来保护村庄，简称圩，庄子有前有后，后圩庄在后，故名后圩庄。1981 年正式命名为后圩生产队，后改成后圩生产庄。

前圩庄

前圩庄（Qiánwéizhuāng） 隶属宿马产业园区双王村村民委员会，地理实体类型为农村居民点。东至小庄地界，南至昌圩地界，西至高王地界，北至小庄地界。总户数为 125 户，总人口为 460 人，民族为汉族。面积为 0.018 平方千米。

这个庄上的农民为了防盗，在庄的周围拦一道很深的沟把庄围起来，因为有后庄与前庄两个庄，故前庄取名前圩庄。

屈马庄

屈马庄（Qūmǎzhuāng） 隶属宿马产业园区双王村村民委员会，地理实体类型为农村居民点。东至丁集庄，南至营家，西至徐家，北至东郢孜庄。总户数为 45 户，总人口为 180 人，民族为汉族。面积为 0.01 平方千米。

从前姓屈的和姓马的两户人家来此居住，日久天长，人口增多，故取庄名叫屈马。

西郢庄

西郢庄（Xīyǐngzhuāng） 隶属宿马产业园区双王村委会，地理实体类型为农村居民点。东至东郢孜庄，南至徐家庄，西至前圩庄，北至菜园庄。总户数为 85 户，总人口为 350 人，民族为汉族。面积为 0.013 平方千米。

霸王行军至此，建筑两个土城东西相对，该庄位于西侧，故得名西郢庄。

徐家庄

徐家庄（Xújiāzhuāng） 隶属宿马产业园区双王村村民委员会，地理实体类型为农村居民点。东至屈马，南至大店镇、大郑庄地界，西至前圩庄，北至西郢庄。总户数为80户，总人口为330人，民族为汉族。面积为0.013平方千米。

有个姓徐的逃荒难民在这居住，日久天长，人丁兴旺，故取庄名叫徐家。

营家庄

营家庄（Yíngjiāzhuāng） 隶属宿马产业园区双王村村民委员会，地理实体类型为农村居民点。东至丁集地界，南至大郑庄地界，西至屈马，北至屈马。总户数为85户，总人口为330人，民族为汉族。面积为0.012平方千米。

有个逃荒的难民在这里居住，日久天长，人丁兴旺，故取庄名叫营家。

祝家堂庙

祝家堂庙（Zhùjiātángmiào） 隶属宿马产业园区双王村村民委员会，地理实体类型为农村居民点。东至大店镇赵桥，南至丁集，西至东郑，北至打耩祝。总户数为130户，总人口为560人，民族为汉族。面积为0.015平方千米。

这个庄上有个庙，姓祝的人经常来到这个庙续家谱，因而取名叫祝家堂庙。

陈家

陈家（Chénjiā） 隶属宿马产业园区药闫村村民委员会，地理实体类型为农村居民点。东至后桥，南至唐河，西至闫家，北至小堤河。总户数为41户，总人口为169人，民族为汉族。面积为0.022平方千米。

姓陈的一家人从外地逃荒至此，开荒种地，建造房屋，故取名陈家。

后马桥

后马桥（Hòumǎqiáo） 隶属宿马产业园区药闫村村民委员会，地理实体类型为农村居民点。东至前桥，南至唐河，西至陈家，北至小堤河。总户数为87户，总人口为355人，民族为汉族。面积为0.044平方千米。

该庄是前马桥的延伸，因当时姓马的人丁兴旺，人口众多，村庄不断扩大，故称扩大部分为后马桥，简称后桥。

马园

马园（Mǎyuán） 隶属宿马产业园区药闫村村民委员会，地理实体类型为农村居民点。东至药店史，南至孙庄，西至三义村，北至唐河。总户数为69户，总人口为283人，民族为汉族。面积为0.026平方千米。

姓马的人家由外地迁居至此，在此地开荒种菜，建造房屋，形成村庄，取名马菜园，简称马园。

马庄

马庄（Mǎzhuāng） 隶属宿马产业园区药闫村村民委员会，地理实体类型为农村居民点。东至前马桥，南至新汴河，西至闫家，北至唐河。总户数为58户，总人口为236人，民族为汉族。面积为0.026平方千米。

有姓马的一户人家居住此地，开荒种地，建造房屋，不断地繁衍生息，人丁兴旺，故取名马大庄，简称马庄。20世纪70年代，汴河开挖，该庄被挖掉，安排村民在新汴河南朱仙庄镇唐赵村居住，后又搬回来一部分人，形成了现在的马庄。

前马桥

前马桥（Qiánmǎqiáo） 隶属宿马产业园区药闫村村民委员会，地理实体类型为农村居民点。东至蒿沟村，南至新汴河，西至后马桥，北至小堤河。总户数为65户，总人口为267人，民族为汉族。面积为0.028平方千米。

蒿沟西部有一座唐河大桥，是皖北地

区、豫南地区去东海运盐的车队，也是马帮的必经之路，桥头北岸住着姓马的人家，故取名马桥头，简称前桥。

孙家

孙家（Sūnjiā） 隶属宿马产业园区药闫村村民委员会，地理实体类型为农村居民点。东至蒿沟村，南至小堤河，西至展家，北至濉河。总户数为61户，总人口为244人，民族为汉族。面积为0.036平方千米。

该庄首先居住的是姓孙的人家，故称孙家。

孙庄

孙庄（Sūnzhuāng） 隶属宿马产业园区药闫村村民委员会，地理实体类型为农村居民点。东至药店史，南至新汴河，西至大史村，北至马园。总户数为66户，总人口为267人，民族为汉族。面积为0.03平方千米。

清代末期，有一姓孙的人家从当地的孙瓦房分家迁至此地，开荒种地，建造房屋，故取名孙小庄，后来又迁来姓史的姓马的，因姓孙的居住最早，至今都称孙庄。

王家

王家（Wángjiā） 隶属宿马产业园区药闫村村民委员会，地理实体类型为农村居民点。东至展家，南至陈家，西至田陈，北至濉河。总户数为38户，总人口为151人，民族为汉族。面积为0.022平方千米。

在古濉河蒿沟西一千米处，有一座涵闸，闸上住着一家姓王的，故称王闸口，简称王家。

闫家

闫家（Yánjiā） 隶属宿马产业园区药闫村村民委员会，地理实体类型为农村居民点。东至马大庄，南至新汴河，西至药店史，北至唐河。总户数为185户，总人口为773人，民族为汉族。面积为0.1平方千米。

姓闫的人家逃荒至此，开荒种地，建造房屋，娶妻生子，传播后代，取名小闫家庄。后行政关系多次变革，正式命名为闫家。

药店史

药店史（Yàodiànshǐ） 隶属宿马产业园区药闫村村民委员会，地理实体类型为农村居民点。东至闫家，南至新汴河，西至孙庄，北至唐河。总户数为142户，总人口为578人，民族为汉族。面积为0.2平方千米。

此地一家姓史的郎中，起名小史庄。战争时期，大军驻在此地，给本庄起名药店史。

冯家

冯家（Féngjiā） 隶属宿马产业园区展桥村村民委员会，地理实体类型为农村居民点。东至展桥，南至马家，西至联备沟，北至洪河路。总户数为144户，总人口为414人，民族为汉族。面积为0.053平方千米。

有一户姓冯的大户人家，在此开垦荒地，故得名冯家。

湖南刘

湖南刘（Húnánliú） 隶属宿马产业园区展桥村村民委员会，地理实体类型为农村居民点。东至联备沟，南至小黄河，西至马洼，北至后场村潘老湖。总户数为167户，总人口为536人，民族为汉族。面积为0.07平方千米。

在此庄北面有一片洼地，好像一个湖，故得名湖南刘。

黄盆窑

黄盆窑（Huángpényáo） 隶属宿马产

业园区展桥村村民委员会，地理实体类型为农村居民点。东至昌圩村后周，南至小黄河，西至马家，北至刘家。总户数为188户，总人口为675人，民族为汉族。面积为0.088平方千米。

此村庄有一大户人家，建造一个土窑，在烧黄泥盆，故得名黄盆窑。

刘家

刘家（Liújiā） 隶属宿马产业园区展桥村村民委员会，地理实体类型为农村居民点。东至昌圩村后周，南至黄盆窑，西至冯家，北至展桥。总户数为121户，总人口为427人，民族为汉族。面积为0.055平方千米。

刘姓人家迁居此地，建村立庄，繁衍生息，故得名刘家。

苗庵乡

丁庄

丁庄（Dīngzhuāng） 隶属苗庵乡梨园村村民委员会，地理实体类型为农村居民点。东至老庄，南至梨园，西至双庄，北至宿淮铁路。总户数为130户，总人口为515人，民族为汉族。面积为0.4平方千米。

丁姓人家最早在此居住，故称为丁庄。

马庙

马庙（Mǎmiào） 隶属苗庵乡梨园村村民委员会，地理实体类型为农村居民点。东至东刘，南至新汴河，西至前马，北至后刘。总户数为63户，总人口为282人，民族为汉族。面积为0.07平方千米。

清朝中期此庄有一寺庙，因此庄以马姓为主，故称之为马庙庄。

双庄

双庄（Shuāngzhuāng） 隶属苗庵乡梨园村村民委员会，地理实体类型为农村居民点。东至梨园村委会，南至梨园，西至5号渠，北至宿淮铁路。总户数为22户，总人口为98人，民族为汉族。面积为0.04平方千米。

由于此地耕种面积较大，为便于耕种，住户由北大曹庄迁移而来，相对于北大曹庄称为第二个曹庄，故称双曹庄，久而久之习惯称双庄。

曹圩

曹圩（Cáowéi） 隶属苗庵乡石桥村村民委员会，地理实体类型为农村居民点。东至曹圩小学，南至孟郭沟，西至丁庄，北至赵家。总户数为200户，总人口为850人，民族为汉族。面积为0.5平方千米。

曹姓人家由山西洪洞县喜鹊窝迁居到此地，在此开荒种地，建造房屋，不断繁衍生息，家族人丁逐渐兴旺，故得名曹家，后来名为曹圩。1949年10月前称谓船曹家，新中国成立后命名为曹圩。

尚庄

尚庄（Shàngzhuāng） 隶属苗庵乡石桥村村民委员会，地理实体类型为农村居民点。东至灵璧，南至郭家村，西至河沿马，北至唐河。总户数为80户，总人口为280人，民族为汉族。面积为0.2平方千米。

先人由山西洪洞县迁到山东之后，又随军南下定居大营孜村，后来分家另择住处（下庄其实是王圈圩），原来的庄子成为上庄。1949年10月前叫王家花园。1949年以后命名为尚庄，“尚”和“上”同音。

盛圩

盛圩（Shèngwéi） 隶属苗庵乡石桥村

村民委员会，地理实体类型为农村居民点。东至石桥，南至新河，西至宁祠堂，北至唐河。总户数为180户，总人口为720人，民族为汉族。面积为0.4平方千米。

先人从时村镇时南乡盛家迁居到此地，在此开荒种地，建造房屋，不断繁衍生息，家族人丁壮大，因故得名盛圩子。

王集

王集（Wángjí） 隶属苗庵乡王集村村民委员会，地理实体类型为农村居民点。东至一里王，南至南陈，西至梨园，北至后程、后王。总户数为465户，总人口为2041人，民族为汉族。面积为0.64平方千米。

明嘉靖年间，先人由时村汪寨南迁至此，在此开荒种地，建造房屋，不断繁衍生息，人丁兴旺，逐渐壮大。外村人前来交易买卖，久而久之形成集市，故得名王集街。1958年命名为王集人民公社。1981年更名为王集大队。1983年更名为王集村。

魏家

魏家（Wèijiā） 隶属苗庵乡王集村村民委员会，地理实体类型为农村居民点。东至尹圩，南至新汴河，西至刘家，北至南陈、戈马。总户数为46户，总人口为149人，民族为汉族。面积为0.28平方千米。

自清朝年间有魏姓人家在此居住，人丁兴旺，因魏姓的人多，故名魏家。

尹小庙

尹小庙（Yǐnxiǎomiào） 隶属苗庵乡王集村村民委员会，地理实体类型为农村居民点。东至灵璧县，南至尹圩，西至戈马家，北至南陈家。总户数为201户，总人口为883人，民族为汉族。面积为0.8平方千米。

自清朝年间此地有古庙一座，尹姓人家为看护庙堂及种地之便，定居于此，后人口繁衍生息，族人兴旺壮大，故得名尹小庙。

双河

双河（Shuānghé） 隶属苗庵乡夏王村村民委员会，地理实体类型为农村居民点。东至李圩村，南至李圩村，西至宁圩庄，北至新河。总户数为89户，总人口为395人，民族为汉族。面积为0.67平方千米。

丁姓和王姓人家迁居至此，在此建造房屋，开荒种地，不断繁衍生息，家族人丁兴旺，逐渐壮大，故得名丁王庄。新中国成立后，因本庄前后临河，又取名双河。

宁圩

宁圩（Níngwéi） 隶属苗庵乡夏王村村民委员会，地理实体类型为农村居民点。东至双河庄，南至曹坊刘庄，西至刘岗庄，北至新河。总户数为125户，总人口为630人，民族为汉族。面积为0.92平方千米。

宁姓人家迁居至此，在此建造房屋，开荒种地，不断繁衍生息，家族人丁兴旺，逐渐壮大，故得名宁圩庄。

刘岗

刘岗（Liúgǎng） 隶属苗庵乡夏王村村民委员会，地理实体类型为农村居民点。东至宁圩庄，南至夏王庄，西至杨庄，北至新河。总户数为87户，总人口为420人，民族为汉族。面积为0.73平方千米。

刘姓人家迁居至此，在此建造房屋，开荒种地，不断繁衍生息，家族人丁兴旺，逐渐壮大，因故得名刘岗庄。

杨庄

杨庄（Yángzhuāng） 隶属苗庵乡夏王村村民委员会，地理实体类型为农村居民点。东至刘岗庄，南至营家庄，西至王宅，北至新河。总户数为30户，总人口为140

人，民族为汉族。面积为0.34平方千米。

营姓和王姓人家迁居至此，在此建造房屋，开荒种地，不断繁衍生息，据说有姓杨名士路者居住在此庄，便取名杨庄。

王宅

王宅（Wángzhái） 隶属苗庵乡夏王村村民委员会，地理实体类型为农村居民点。东至杨庄，南至营家庄，西至吴家庄，北至新河。总户数为47户，总人口为230人，民族为汉族。面积为0.49平方千米。

王姓人家迁居至此，在此建造宅院，开荒种地，不断繁衍生息，家族人丁兴旺，逐渐壮大，故得名王宅。

吴家

吴家（Wújiā） 隶属苗庵乡夏王村村民委员会，地理实体类型为农村居民点。东至王宅，南至烙馍刘，西至苗安村，北至新河。总户数为19户，总人口为90人，民族为汉族。面积为0.19平方千米。

1949年10月新中国成立之初，吴姓人家迁居至此，在此建造房屋，开荒种地，不断繁衍生息，故得名吴家庄。

营家

营家（Yíngjiā） 隶属苗庵乡夏王村村民委员会，地理实体类型为农村居民点。东至夏王，南至瓦坊，西至吴家庄，北至杨庄。总户数为75户，总人口为330人，民族为汉族。面积为0.6平方千米。

营姓人家迁居至此，在此建造房屋，开荒种地，不断繁衍生息，家族人丁兴旺，逐渐壮大，故得名营家庄。

烙馍刘

烙馍刘（Làomóliú） 隶属苗庵乡夏工村村民委员会，地理实体类型为农村居民点。东至瓦坊，南至苗李路，西至苗安村，北至吴家。总户数为85户，总人口为360人，民族为汉族。面积为0.68平方千米。

刘姓人家迁居至此，在此建造房屋，开荒种地，不断繁衍生息，家族人丁兴旺，逐渐壮大，刘姓人家，家家皆会烙馍，故得名烙馍刘庄。

瓦坊

瓦坊（Wǎfāng） 隶属苗庵乡夏王村村民委员会，地理实体类型为农村居民点。东至曹老庄，南至苗李路，西至烙馍刘，北至营家。总户数为48户，总人口为190人，民族为汉族。面积为0.38平方千米。

曹姓人家迁居至此，在此建造宅院，开荒种地，不断繁衍生息，逐渐壮大，取名瓦坊。

曹老庄

曹老庄（Cáolǎozhuāng） 隶属苗庵乡夏王村村民委员会，地理实体类型为农村居民点。东至夏王，南至苗李路，西至瓦坊，北至营家。总户数为95户，总人口为450人，民族为汉族。面积为0.69平方千米。

曹姓人家迁居至此，在此建造宅院，开荒种地，不断繁衍生息，家族人丁兴旺，逐渐壮大，取名曹老庄。

菜园

菜园（Càiyuán） 隶属苗庵乡夏王村村民委员会，地理实体类型为农村居民点。东至夏王，南至曹老庄，西至曹老庄，北至夏王。总户数为24户，总人口为110人，民族为汉族。面积为0.24平方千米。

曹姓人家迁居至此，在此建造宅院，开荒种菜，不断繁衍生息，逐渐壮大，故得名菜园。

夏王

夏王（Xiàwáng） 隶属苗庵乡夏王村

村民委员会，地理实体类型为农村居民点。东至刘大宅，南至苗李路，西至菜园，北至刘岗。总户数为110户，总人口为505人，民族为汉族。面积为0.85平方千米。

夏、王两姓人家迁居至此，在此建造宅院，开荒种地，不断繁衍生息，家族人丁兴旺，逐渐壮大，故得名夏王。

刘大宅

刘大宅（Liúdàzhái） 隶属苗庵乡夏王村村民委员会，地理实体类型为农村居民点。东至曹坊刘，南至苗李路，西至夏王，北至宁圩。总户数为53户，总人口为235人，民族为汉族。面积为0.42平方千米。

刘姓人家迁居至此，在此建造宅院，开荒种地，不断繁衍生息，家族人丁兴旺，逐渐壮大，故得名刘大宅庄。

曹坊刘

曹坊刘（Cáofāngliú） 隶属苗庵乡夏王村村民委员会，地理实体类型为农村居民点。东至李圩村，南至苗李路，西至刘大宅，北至宁圩。总户数为65户，总人口为265人，民族为汉族。面积为0.53平方千米。

刘姓人家迁居至此，在此建造宅院，开荒种地，不断繁衍生息，家族人丁兴旺，逐渐壮大，故取名曹坊刘。

北小张家

北小张家（Běixiǎozhāngjiā） 隶属苗庵乡新庄村村民委员会，地理实体类型为农村居民点。东至新庄，南至南小张家，西至张安庄，北至石碑庄。总户数为91户，总人口为310人，民族为汉族。面积为0.13平方千米。

北小张家与张安族人原出自一宗，清朝时有一部分人从张安搬出，在现在北小张家庄盖起了房子并定居下来，因人少村落较小，就叫作小张家。1970年前后与南小张家分开时，改称北小张家。

海汪

海汪（Hǎiwāng） 隶属苗庵乡新庄村村民委员会，地理实体类型为农村居民点。东至赵新庄，南至赵夏村新河，西至张安庄，北至中勒新庄。总户数为313户，总人口为1032人，民族为汉族。面积为0.26平方千米。

海汪庄前有一大汪塘，赵姓人家在此开荒种地，家族人丁兴旺，传说有人发现汪中有龙在游，因此定名海龙汪，简称海汪。

火马

火马（Huǒmǎ） 隶属苗庵乡新庄村村民委员会，地理实体类型为农村居民点。东至张安庄地界，南至泗许高速公路，西至蒿沟乡地界，北至蒿沟乡尹圩村界。总户数为78户，总人口为285人，民族为汉族。面积为0.11平方千米。

马姓人家由北方迁居至此，在此开荒种地、繁衍生息，此庄称马家。战争时期日本人烧了这个村庄，马被烧死，故称火烧马，后来习惯叫火马。1958年人民公社成立，火烧马庄正式改名为火马。

南小张家

南小张家（Nánxiǎozhāngjiā） 隶属苗庵乡新庄村村民委员会，地理实体类型为农村居民点。东至新庄庄，南至张安，西至张安庄，北至北小张家。总户数为52户，总人口为171人，主要民族有汉族、彝族，共2种。面积为0.153平方千米。

1970年前后，一部分村民从北小张家搬迁到此居住，因为在北小张家南面，所以叫南小张家。

石碑

石碑（Shíbēi） 隶属苗庵乡新庄村村民委员会，地理实体类型为农村居民点。东至中勒、巴家地，南至新庄地界，西至张安庄，北至夏庙庄。总户数为273户，总人口为900人，主要民族为汉族、苗族，共2种。其中汉族889人，占比99.7%；苗族2人，占比0.3%。面积为0.33平方千米。

赵姓族人由山西洪洞县迁居至此，在此开荒种地，家族人丁兴旺，为记族谱，在庄子中立一石碑，将族谱刻在上面，因此得名石碑赵。1958年人民公社成立，石碑赵正式改名为石碑。

夏庙

夏庙（Xiàmiào） 隶属苗庵乡新庄村村民委员会，东至巴家庄，南至石碑地界，西至张安庄，北至塘河。总户数为108户，总人口为357人，民族为汉族。面积为0.13平方千米。

夏庙庄位于塘河南岸，村民以夏姓居多，且村子正中间有明清时期留下的一座土地庙，故称夏庙。

张安

张安（Zhāngān） 隶属苗庵乡新庄村村民委员会，地理实体类型为农村居民点。东至南小张家，南至南赵夏庄，西至蒿沟刘瓦房庄，北至蒿沟乡园町庄。总户数为312户，总人口为1032人，主要民族为汉族、彝族，共2种。其中汉族1029人，占比99.7%；彝族3人，占比0.3%。面积为0.32平方千米。

张族人氏从灵璧黄疃搬迁此处，在此开荒种地，繁衍生息，人丁兴旺，安居乐业，从此张安庄得名。“文化大革命”前一段时间叫张庵子，1986年正式改名为张安。

中勒

中勒（Zhōnglè） 隶属苗庵乡新庄村村民委员会，地理实体类型为农村居民点。东至刘园庄，南至海汪庄，西至新庄，北至巴家庄。总户数为231户，总人口为764人，民族为汉族。面积为0.25平方千米。

相传庄东头有一个铜钟，清朝年间被大水冲到北边的塘河后，人们把铜钟找回，为防止再次被冲走，用链子把铜钟勒在一个石桩上，自此这个村庄就叫钟勒子。1958年人民公社成立，钟勒子正式改名为中勒。

祝王

祝王（Zhùwáng） 隶属苗庵乡新庄村村民委员会，地理实体类型为农村居民点。东至新庄庄，南至张安庄，西至张安庄，北至北小张家。总户数为52户，总人口为171人，民族为汉族。面积为0.133平方千米。

清朝有个叫王天志的人带着家人移此居住，开荒种地，随着人口的增多，成为村落，称为王天志庄。1949年10月新中国成立后又移来部分祝姓村民，后改为祝王庄。1966年“文化大革命”后正式改为祝王。

大湾

大湾（Dàwān） 隶属苗庵乡中湖村村民委员会，地理实体类型为农村居民点。东至与邻不接壤灵西沟，南至车底，西至六号渠，北至新河。总户数为128户，总人口为566人，民族为汉族。面积为0.75平方千米。

地势低洼，过去能湾船，人们称这地方叫大湾。

郭炉庄

郭炉庄（Guōlúzhuāng） 隶属苗庵乡中湖村村民委员会，地理实体类型为农村居民点。东至小庄，南至中湖王，西至李圩村，北至石桥村。总户数为62户，总人口为249人，民族为汉族。面积为0.5平方千米。

该庄有户姓郭的铁匠，支炉打铁，从此这个庄叫郭炉。人民公社时，这个庄叫郭炉生产队。1983年叫郭炉生产组。

后中湖

后中湖（Hòuzhōnghú） 隶属苗庵乡中湖村村民委员会，地理实体类型为农村居民点。东至郭家庄，南至前中湖庄，西至李圩村，北至中湖王庄。总户数为92户，总人口为416人，民族为汉族。面积为0.76平方千米。

有姓马的人家迁居至此，因地势低洼，年年发水，村庄在前中湖后面，故得名后中湖马。简称后中湖。

郭家

郭家（Guōjiā） 隶属苗庵乡中湖村村民委员会，地理实体类型为农村居民点。东至灵璧县杨集村，南至南王前中湖庄，西至后中湖庄，北至灵璧县杨集村。总户数为72户，总人口为301人，民族为汉族。面积为0.55平方千米。

郭家庄有一座庙，有姓郭的人家在庙南边建造房屋，逐渐扩大，故得名叫庙前郭。

永镇乡

陈井

陈井（Chénjǐng） 隶属永镇乡禅堂村村民委员会，东至固镇县，南至沟口，西至关湖，北至固镇地界。总户数为98户，总人口285人，民族为汉族。面积为0.05平方千米。

庄子里有一口吃水井，水质较好，当时有陈姓大户人家，故称为陈井。大概在150年以前，有一位姓陈的大户人家下地干活，用木大车来回运庄稼，在路边轧出一口水井，得名陈井。

庙后

庙后（Miàohòu） 隶属永镇乡禅堂村村民委员会，地理实体类型为农村居民点。东至马庄，南至庙前，西至方店，北至傅庄。总户数为120户，总人口680人，民族为汉族。面积为0.07平方千米。

清朝初期，此地建庙，僧人做禅寺，原名禅堂寺，后期改为禅堂。新中国成立后更名为禅堂寺，村庄坐落在庙的后面，取名为庙后。

庙前

庙前（Miàoqián） 隶属永镇乡禅堂村村民委员会，地理实体类型为农村居民点。东至马庄，南至澥河，西至方店，北至禅堂庙。总户数为83户，总人口330人，民族为汉族。面积为0.04平方千米。

清朝初期，此地建庙，僧人做禅寺，原名禅堂寺，后期改为禅堂。1949年10月后更名为禅堂寺。村庄坐落在庙的前面，取名为庙前。

单圩

单圩（Shànwéi） 隶属永镇乡单圩村村民委员会，地理实体类型为农村居民点。东至小王，南至傅庄，西至门东马，北至潘湖。总户数为110户，总人口为580人，民族为汉族。面积为0.07平方千米。

此地先辈单景思德高望重，故自然庄取名为单景思圩子。1500年前后称单景思圩子，后演变为单圩子。1954年至1956年为红星农业生产合作社。1958年改为生产大队，现隶属埇桥区永镇乡单圩村。

大圩庄

大圩庄（Dàwéizhuāng） 隶属永镇乡关湖村村民委员会，地理实体类型为农村居民点。东至傅庄，南至小圩庄，西至新单庄，北至单圩村。总户数为224户，总人口为899人，民族有汉族。面积为0.1平方千米。

防匪盗入侵，保护地方安全，村民在村庄外围挖沟筑圩，圩子大，故取名为大圩庄。明正德元年，陈氏第五代世孙带领妻小从山西迁至永镇集东南两千米处，定居开垦，取名为陈圩。新中国成立后，和单圩合并为单圩村。1958年人民公社时和小圩村合并为小圩庄。1980年和小圩分开成立大圩村。2008年和小圩、关河合并为关湖村，现在叫大圩庄。

关湖庄

关湖庄（Guānhúzhuāng） 隶属永镇乡关湖村村民委员会，地理实体类型为农村居民点。东至小王，南至小陈，西至高速公路，北至瓦坊村。总户数为408户，总人口为1632人，民族为汉族。面积为0.18平方千米。

有位私塾王先生管教孩子读书严格，得名管子湖。1949年以前叫管子湖，1949年10月新中国成立后改名为关湖庄。

龙庄

龙庄（Lóngzhuāng） 隶属永镇乡关湖村村民委员会，地理实体类型为农村居民点。东至西马，南至大圩，西至永镇街，北至镇东。总户数为44户，总人口为192人，民族为汉族。面积为0.04平方千米。

约于1715年间，在该庄有三户陈姓人家，无庄名。相传有一年夏天下一场大雨，落下一条龙，过了三天又下一场大雨，龙顺水游走了。后来此庄人多了，取名为龙庄。1958年人民公社时期该庄全户搬迁至大圩庄住。1962年土地分到户又搬回去住。2015年搞土地置换，全体搬迁到永镇集东头。

门东庄

门东庄（Méndōngzhuāng） 隶属永镇乡关湖村村民委员会，地理实体类型为农村居民点。东至吴傅沟，南至汾洪江，西至大圩庄，北至西马。总户数为55户，总人口为220人，民族为汉族。面积为0.03平方千米。

因住房门朝东，得名门东庄。

吴付沟东庄

吴付沟东庄（Wúfùgōudōngzhuāng） 隶属永镇乡关湖村村民委员会，地理实体类型为农村居民点。东至单圩，南至小圩庄，西至大圩庄，北至东马。总户数为22户，总人口为98人，民族为汉族。面积0.015平方千米。

该庄在1980年从大圩庄搬去，位置在吴傅沟附近，故取名为吴傅沟东庄。该庄属大圩庄。1980年从大圩搬出。2008年并入关湖村。

小圩庄

小圩庄（Xiǎowéizhuāng） 隶属永镇乡关湖村村民委员会，地理实体类型为农村居民点。东至固镇，南至杨家地，西至瓦坊村，北至大圩庄。总户数为246户，总人口为1010人，民族为汉族。面积为0.18平方千米。

为防匪盗入侵，保护地方安全，村民在村庄外围挖沟筑圩，圩子比大圩子小，故取名为小圩庄。明正德元年，陈氏第五代世孙带领妻小从山西迁至永镇集东南两千米处，定居开垦，取名为陈圩。1949年10月新中国成立后，和单圩合并为单圩村。1958年人民公社时和小圩村合并为小圩庄。1980年和小圩分开成立大圩村。2008年和小圩、关河合并为关湖村，现在叫小圩庄。

陈瓦坊

陈瓦坊（Chénwǎfāng） 隶属永镇乡瓦坊村村民委员会，地理实体类型为农村居民点。东至南北院，南至汾洪江，西至前中陈，北至门南陈。总户数为101户，总人口为421人，民族为汉族。面积为0.041平方千米。

有陈姓盖起二间瓦房，自己烧酒坊，故取名瓦坊。在很早以前小庄只有6户人家，有一家做烧酒生意很是有钱，后来人们都跟着学烧酒，吸引外来人居住，此地早年称瓦坊组，2013年称为陈瓦坊。

陈圩新村

陈圩新村（Chénwéixīncūn） 隶属永镇乡瓦坊村村民委员会，地理实体类型为农村居民点。东至澥河，南至关湖，西至姚庄，北至汾洪江。总户数为76户，总人口为231人，民族为汉族。面积为0.03平方千米。

原来有陈圩庄和高庄2个生产组，在2011年3月底政府组织置换点，土地置换在高庄地块，建设成规模化四排楼房。

汉庄

汉庄（Hànzhuāng） 隶属永镇乡永镇村村民委员会，地理实体类型为农村居民点。东至浍澥新河，南至农田，西至门南陈，北至永大公路。总户数为65户，总人口为219人，民族为汉族。面积为0.03平方千米。

清朝时期此庄走出了一名翰林院官员，“汉”和“翰”同音，此庄因此而得名。汉庄原属瓦坊大队。1962年从瓦坊分出，属永镇乡门南陈大队。1965年隶属四新大队。1969年隶属为永镇乡破圩大队，现属永镇村。

后韩

后韩（Hòuhán） 隶属永镇乡永镇村村民委员会，地理实体类型为农村居民点。东至路，南至永大公路，西至湖家沟，北至窑厂。总户数为90户，总人口为294人，民族为汉族。面积为0.03平方千米。

因前后两个自然庄相对应，此庄在后，韩氏家族人多，故得名后韩。据传在明朝中期，由山西迁此，1958年后属永镇乡瓦坊大队。1962年从瓦坊分出属永镇公社门南陈大队。1965年隶属四新大队。1969年隶属为永镇公社破圩大队，现属永镇村。

门南陈

门南陈（Ménnánchén） 隶属永镇乡永镇村村民委员会，地理实体类型为农村居民点。东至言店，南至基本农田，西至四清沟，北至门西王。总户数为102户，总人口为352人，民族为汉族。面积为0.06平方千米。

因村子居民均为陈姓，且坐北面南，故得名门南陈，1958年后属永镇乡瓦坊大队。1962年从瓦坊分出，隶属永镇乡门南陈大队。1965年隶属四新大队。1969年隶属破圩大队。2008年破圩、新河、土楼三村合并属永镇村。

门西王

门西王（Ménxīwáng） 隶属永镇乡永镇村村民委员会，地理实体类型为农村居民点。东至东大园，南至门南陈，西至南北路，北至路。总户数为74户，总人口为250

人，民族为汉族。面积为0.06平方千米。

居民多王姓，居住房屋面向西，因而得名。清朝早期先人从蕲县镇邱园村西小王庄迁至此。1958年属永镇乡。1962年从瓦坊分出属永镇公社门南陈大队。1965年隶属四新大队。1969年属破圩。2008年破圩、土楼、新河合并属永镇村。

破圩

破圩（Pòwéi） 隶属永镇乡永镇村村民委员会，地理实体类型为农村居民点。东至路，南至路，西至农田，北至沟。总户数为68户，总人口为238人，民族为汉族。面积为0.06平方千米。

大清道光年间为大沟村，村子的西头陈氏家族为其安全筑了围墙，后与外界武装发生矛盾，围墙被攻破，自此以后称为破圩。1965年更改为四新村。1969年复名破圩。1958年后属永镇乡瓦坊大队。1962年从瓦坊分出属永镇乡门南陈大队。1965隶属四新大队。1969年隶属永镇乡破圩大队。2008年土楼、新河、破圩合并为永镇乡永镇村。

北圩

北圩（Běiwéi） 隶属永镇乡张圩村村民委员会，地理实体类型为农村居民点。东至河上杨，南至澥河，西至门南李，北至瓦坊村。总户数为105户，总人口为414人，民族为汉族。面积为0.05平方千米。

因东西向澥河流过，南北两岸以张姓住户居多，住在北岸的得名北圩。

杨圩

杨圩（Yángwéi） 隶属永镇乡张圩村村民委员会，地理实体类型为农村居民点。东至合徐高速，南至澥河，西至河上杨，北至关湖村。总户数为105户，总人口为401人，民族为汉族。面积为0.06平方千米。

村周围开挖有防御功能的围沟，也称圩沟，杨姓居多，得名杨圩。1982年分村后隶属杨圩村。2006年并入张圩村。

西二铺乡

薛堂集

薛堂集（Xuētángjí） 隶属西二铺乡葛林村村民委员会，地理实体类型为农村居民点。东至拐李，南至谢家，西至薛堂大沟，北至大陈家。总户数为100户，总人口为340人，民族为汉族。面积为0.14平方千米。

原来有一薛姓大户比较有钱，在此买地建薛堂祠，后来烧香的人越来越多，便成为一个集市，故而得名。1955年属宿县城西区；1958年划为西二铺乡；1975年属城西公社葛林大队；1984年属埇桥区葛林村。

拐李

拐李（Guǎilǐ） 隶属西二铺乡葛林村村民委员会，地理实体类型为农村居民点。东至小何庄，南至雷家庄，西至谢家，北至演楼。总户数为85户，总人口为280人，民族为汉族。面积为0.072平方千米。

李姓人家搬到此处定居。新中国成立后，政府搬到宿县杨柳孙町的一条公路拐角处的大弯地，于是就叫拐弯李家，简称拐李。1949年叫李家；1955年属黄湖乡弯里；1958年划入城西区西二铺乡；1984年属西二铺乡葛林村。

葛林庄

葛林庄（Gělínzhuāng） 隶属西二铺乡葛林村村民委员会，地理实体类型为农村居民点。东至雷庄，南至樊家，西至谢家，北至雷家。总户数为130户，总人口为530人，民族为汉族。面积为0.13平方千米。

从宿县城里搬迁而来，原叫葛圩子庄，1949年更名为葛林庄。1955年属葛林庄属曹湖乡；1958年划入宿县城西区西二铺乡；1975年为宿县城西公社葛林大队；1984年属埇桥区西二铺乡葛林村。

南小李

南小李（Nánxiǎolǐ） 隶属西二铺乡葛林村村民委员会，地理实体类型为农村居民点。东至张圩子，南至大何庄，西至大樊庄，北至小樊庄。总户数为120户，总人口为420人，民族为汉族。面积为0.086平方千米。

李姓人家在此定居，处在南面，故而得名。1949年属宿县城西区曹湖乡；1958年属曹湖乡城西村；1975年属宿县城西公社葛林大队；1984年划埇桥区西二铺乡葛林村。

谢家

谢家（Xièjiā） 隶属西二铺乡葛林村村民委员会，地理实体类型为农村居民点。东至葛林小学，南至大樊庄，西至薛堂大沟，北至大陈家。总户数为130户，总人口为500人，民族为汉族。面积为0.12平方千米。

谢姓、张姓在此居住，故叫张谢庄，后来谢氏族人任村长、书记，改名为大谢庄。1949年10月新中国成立后属濉溪县杨柳区薛堂乡；1958年划入西二铺乡；1984年属西二铺乡葛林村。

樊家

樊家（Fánjiā） 隶属西二铺乡葛林村村民委员会，地理实体类型为农村居民点。东至张圩，南至小李庄，西至大沟东，北至葛林庄。总户数为102户，总人口为416人，民族为汉族。面积为0.12平方千米。

樊姓人家最先在此居住，故而得名。1949年属濉溪县杨柳区；1955年属宿县曹湖区；1958年属宿县曹湖乡葛林村；1975年属宿县城西公社葛林大队；1984年属埇桥区西二铺乡。

石圩

石圩（Shíwéi） 隶属西二铺乡葛林村村民委员会，地理实体类型为农村居民点。东至九里村，南至何井子，西至小张庄，北至三八小王庄。总户数为227户，总人口为740人，民族为汉族。面积为0.276平方千米。

石姓人家从山西洪洞县搬迁至此，取名为石圩。1949年属濉溪县杨柳区薛堂乡；1960年划入宿县西二铺；1975年入宿县城西人民公社；1984年划入西二铺乡；2007年合村并入葛林村。

小何

小何（Xiǎohé） 隶属西二铺乡葛林村村民委员会，地理实体类型为农村居民点。东至何井子，南至雷家，西至拐李，北至小张家。总户数为96户，总人口为400人，民族为汉族。面积为0.084平方千米。

何姓人家最先在此居住，故而得名。1949年属曹湖乡曹湖村；1955年属宿县城西区曹湖乡；1958年划入西二铺乡；1975年属宿县城西公社石圩村；1984年划入西二铺乡。

何井子

何井子（Héjǐngzi） 隶属西二铺乡葛林村村民委员会，地理实体类型为农村居民点。东至三八办事处，南至小雷庄，西至小何家，北至石圩小学。总户数为160户，总人口为610人，民族为汉族。面积为0.15平方千米。

历史上此地有何井庄，庄名系沿用。1949

年属曹湖乡曹湖村；1955 年属宿县城西曹湖乡石圩村；1958 年划入西二铺乡；1975 年隶属城西人民公社；1984 年划入西二铺乡石圩村；2007 年划入葛林村至今。

小马家

小马家（Xiǎomǎjiā） 隶属西二铺乡葛林村村民委员会，地理实体类型为农村居民点。东至王家，南至石圩庄，西至演礼寺，北至城西中学。总户数为 30 户，总人口为 130 人，民族为汉族。面积为 0.04 平方千米。

小马庄住户从宿城东关马圩搬迁而来。1949 年属曹湖乡曹湖村；1955 年属宿县城西曹湖乡石圩村；1958 年划入西二铺乡；1975 年隶属城西人民公社；1984 年划入西二铺乡石圩村；2007 年划入葛林村。

大刘家

大刘家（Dàliújiā） 隶属西二铺乡二铺村村民委员会，地理实体类型为农村居民点。东至大田地，南至小王家，西至濉溪县，北至戚家沟。总户数为 56 户，总人口为 273 人，民族为汉族。面积为 0.056 平方千米。

该村庄刘姓为大户，故取名大刘庄。1961 年属二铺大队，2007 年由大周村、大黄村、二铺村合并为二铺村。

小王家

小王家（Xiǎowángjiā） 隶属西二铺乡二铺村村民委员会，地理实体类型为农村居民点。东至魏家，南至大王家，西至濉溪县，北至大刘家。总户数为 58 户，总人口为 207 人，民族为汉族。面积为 0.053 平方千米。

该村庄王姓为大户，人口较少，故取名小王庄。1961 年属二铺大队。2007 年由大周村、大黄村、二铺村合并为二铺村村民委员会后，属二铺村村民委员会。

大王家

大王家（Dàwángjiā） 隶属西二铺乡二铺村村民委员会，地理实体类型为农村居民点。东至小孙家，南至大黄家，西至薛堂大沟，北至小王家。总户数为 105 户，总人口为 372 人，民族为汉族。面积为 0.085 平方千米。

该村庄王姓为大户，人口较多，故取名大王庄。1961 年属二铺大队。2007 年由大周村、大黄村、二铺村合并为二铺村。

李圩子

李圩子（Lǐwéizi） 隶属西二铺乡沟西村村民委员会，地理实体类型为农村居民点。东至伯油坊，南至沟西庄，西至当陈，北至淮北市哈家。总户数为 86 户，总人口为 346 人，民族为汉族。面积为 0.083 平方千米。

该庄由三道圩子环绕包围，其中李姓为大户，故而得名。1958 年属沟西大队。2007 年演礼寺村与沟西村合并为沟西村，属沟西村。

沟西庄

沟西庄（Gōuxīzhuāng） 隶属西二铺乡沟西村村民委员会，地理实体类型为农村居民点。东至黄马家，南至 015 县道，西至淮北市四李村，北至李圩。总户数为 126 户，总人口为 485 人，民族为汉族。面积为 0.12 平方千米。

黄马家与沟西庄隔着一条水沟，沟西庄在水沟的西边，故而得名。1958 年属沟西大队。2007 年演礼寺村与沟西村合并为沟西村，属沟西村。

演礼寺

演礼寺（Yǎnlǐsì） 隶属西二铺乡沟西村村民委员会，地理实体类型为农村居民点。东至葛林村石圩，南至小张家，西至伯油坊，北至大伯家。总户数为150户，总人口为659人，民族为汉族。面积为0.15平方千米。

该村庄中有一所寺庙，名为演礼寺，有两千多年的历史，因此该村庄被称为演礼寺。演礼寺原为薛堂大队所在地，薛堂大队是1958年人民公社成立时产生的；1961年薛堂大队撤销更名为演礼寺大队；1985年取消人民公社，演礼寺大队更名为演礼寺村；2007年演礼寺村与沟西村合并，更名为演礼寺。

伯油坊

伯油坊（Bóyóufāng） 隶属西二铺乡沟西村村民委员会，地理实体类型为农村居民点。东至演礼寺，南至大陈家，西至李圩孜，北至淮北市哈家。总户数为46户，总人口为202人，民族为汉族。面积为0.029平方千米。

20世纪30年代伯姓人家在此地居住并开油坊，以此为生，故而得名。1958年属沟西大队。2007年演礼寺村与沟西村合并为沟西村，属沟西村。

张黄

张黄（Zhānghuáng） 隶属西二铺乡沈家社区村民委员会，地理实体类型为农村居民点。东至三八办事处，南至蒋庄，西至西二铺，北至陈家。总户数为77户，总人口为337人，民族为汉族。面积为0.082平方千米。

该庄以张姓、黄姓人口居多，故而得名。1951年属濉溪县；1952年属宿县；1962年属韩岭村；2007年并村后属沈家村。

陈家

陈家（Chénjiā） 隶属西二铺乡沈家社区村民委员会，地理实体类型为农村居民点。东至三八办事处，南至张黄庄，西至二铺村，北至韩岭。总户数为80户，总人口为303人，民族为汉族。面积为0.08平方千米。

该庄以陈姓人口居多，故而得名。1951年属濉溪县；1952年属宿县；1962年属韩岭村；2007年并村后属沈家村。

第五章　非行政区域地名

第一节　工业区开发区

和居鸟家居工业园

和居鸟家居工业园（Héjūniǎo Jiājū Gōngyèyuán）　位于宿州市经济开发区金江三路与金泰路交叉口。东至金泰二路，南至铁路运河，西至金泰路，北至金江三路。2008年建立和居鸟家居工业园。属工业区。占地面积40000多平方米。拥有标准厂房0.2平方千米，现代化办公楼0.03平方千米，职工公寓0.03平方千米，职工食堂600平方米。

科苑集团工业园

科苑集团工业园（Kēyuàn Jítuán Gōngyèyuán）　位于宿州市埇桥区浍水西路，地处淮海经济协作区中心，这里区位优势，交通便利，资源丰富。东至南二环路，南至金海六号，西至港口南路，北至淮海中路。1995年6月，科苑集团工业园成立。属工业区。占地面积约0.28平方千米。主要产业有精细化工、塑胶型材。

科苑实业工业园

科苑实业工业园（Kēyuànshíyè Gōngyèyuán）　位于宿州市经济开发区。东至金泰二路，南至港口南路，西至宿州博洋工业园，北至南二环路。宿州科苑实业有限公司成立于2007年11月9日，2008年在宿州市经济开发区建立科苑实业工业园。属工业区。占地面积约0.11平方千米，工业园厂房经德国专业建筑设计机构设计，目前已建成洗车机厂房7000平方米，办公楼13000平方米，后期规划继续建设9栋标准厂房，总建筑面积达到60000平方米。总人口数0.21万人。主要产业有全自动电脑洗车机和汽车装饰、美容业务。

桑铌工业园

桑铌工业园（Sāngní Gōngyèyuán）　位于宿州市经济开发区。东至港口南路，南至宿州市公路管理局，西至安徽宿州中金驾校，北至南二环路。2008年宿州经济开发区建立桑铌工业园。属工业区。占地面积约0.19平方千米，钢构生产主厂房面积25000平方米。总人口数0.08万人。主要产业有大型石油化工工程的钢结构，工艺管线和轻、重钢结构，门，窗，彩钢板，复合板的生产、销售和技术服务及重化。

皖神粮食深加工循环工业园

皖神粮食深加工循环工业园（Wǎnshén Liángshi Shēnjiāgōng Xúnhuán Gōngyèyuán） 位于宿州市埇桥区仁和路与凤祥路交会处。东至南刘巷，南至沱水路，西至东二环路，北至淮河东路。属工业区。占地面积约0.3平方千米。总人口数700人。主要产业有面粉、挂面的加工销售。

符离集烧鸡食品工业园

符离集烧鸡食品工业园（Fúlíjí Shāojī Shípǐn Gōngyèyuán） 位于宿州市埇桥区206国道西50米。东至烟汕线，南至飞翔幼儿园，西至符离大道，北至卫生院。该工业园始建于2001年。属工业区。占地面积约12.5平方千米。总人口数1.25万人。

宿州经济技术开发区

宿州经济技术开发区（Sùzhōu Jīngjì-jìshù Kāifāqū） 位于安徽省宿州市城区南部。东至东环路，南与北杨寨行管区接壤，西至京台高速，北至外环南路、运粮河、迎宾路。2001年7月经省政府批准成立，2003年正式运营。目前委托管理面积62平方千米，总体规划面积48.5平方千米，建成面积20平方千米。总人口数0.23万人。主要产业有生化医药、鞋服制造、高端装备制造、新能源新材料。

华盛中天科技园

华盛中天科技园（Huáshèngzhōngtiān Kējìyuán） 位于安徽省宿州市符离镇075乡道与206国道交叉口东100米。东至中变电压器公司，南至工业园区路，西至烟汕线，北至东鸣小区。始建于2009年。属开发区。占地面积约0.0167平方千米。总人口数0.04万人。主要产业有非接触式智能IC卡智能冷水水表、单相电子式电能表。

宿州科技创业中心

宿州科技创业中心（Sùzhōu Kējì Chuàngyè Zhōngxīn） 位于宿州市埇桥区经济开发区金海大道8号。始建于2013年。属开发区。占地面积约0.0673平方千米，包括服务平台大楼1幢、孵化器研发大楼1幢、标准厂房3幢、食堂1栋及其配套设施。总人口数0.05万人。

宿州市就业再就业创业园

宿州市就业再就业创业园（Sùzhōu Shì Jiùyè Zàijiùyè Chuàngyèyuán） 位于宿州市埇桥区金海大道西50米。东至金海大道，南至宿州气象局，西至宿州技师学院，北至鸿泰运输公司。始建于2013年。属开发区。占地面积约0.008平方千米。总人口数0.12万人。

宿州现代粮食物流产业园

宿州现代粮食物流产业园（Sùzhōu Xiàndài Liángshi Wùliú Chǎnyèyuán） 位于宿州市经济开发区。东至金陵三路，南至金江五路，西至金陵二路，北至金江三路。2011年1月21日宿州现代粮食物流产业园仓库建设项目开工。属工业区。占地面积约0.133平方千米。总人口数0.23万人。主要产业有粮食收购、仓储、加工、配送、质检等。

宿州国家农业科技园区

宿州国家农业科技园区（Sùzhōu Guójiā Nóngyè Kējìyuánqū） 位于宿州市埇桥区金海五路南300米。东至港口南路，南至宿州种苗研究所，西至紫芦湖基地，北至中金驾校。宿州市农业科技园区始建于1995年。属工业区。占地面积约14.8平方千米，其中核心区面积已达1.47平方千米。总人口数1.32万人。主要产业有农业生物工程开发中心、脱毒种苗繁育基地、果树新品种新技术展示区、种羊场。

宿州市高新技术产业开发区

宿州市高新技术产业开发区（Sùzhōu Shì Gāoxīnjìshùchǎnyè Kāifāqū） 位于宿州市埇桥区北部。东至营庄路，南至宿州王中王门业，西至博雅国际学校，北至北三环路。2013年2月经省政府批准成立。属开发区。安徽宿州高新区目前核心区面积8.5平方千米，规划面积27.6平方千米，总体管辖面积53平方千米，主要包括高新技术产业园、家居产业园区和现代物流园。下辖汴北新区行政管理工作委员会，总人口23400人。总人口数2.34万人。主要产业有云计算、新材料新能源。

宿州马鞍山现代产业园区

宿州马鞍山现代产业园区（Sùzhōu Mǎānshān Xiàndài Chǎnyèyuánqū） 位于宿州市埇桥区东部。辖区范围东至灵璧县，西至朱仙庄塔桥村，南至303省道，北至双庆河。2011年5月14日宿州马鞍山现代产业园区正式挂牌。2012年1月，安徽省政府正式批复宿州马鞍山现代产业园区为省级经济开发区。属开发区。宿州马鞍山产业园区规划面积为50平方千米（其中2011年至2030年前建成区面积35平方千米）。总人口数15万人。主要产业有食品加工。

第二节　矿区

芦岭煤矿

芦岭煤矿（Lúlǐng Méikuàng） 芦岭煤矿位于芦岭镇境内，距离镇政府正北约2千米。芦岭煤矿于1969年投产，井口选煤厂建成于1981年。现生产能力240万吨。芦岭矿的煤炭产品行销华东各地，并出口日本等国家和地区。

朱仙庄矿

朱仙庄矿（Zhūxiānzhuāng Kuàng） 朱仙庄矿位于朱仙庄镇境内，距离镇政府正东约2千米。朱仙庄矿于1983年4月投产。现生产能力180万吨。煤种为1/3焦煤、气煤，享有“环保煤”之美誉。主要产品有冶炼精煤、动力精煤、优质混煤、洗沫煤。煤种为1/3焦煤和气煤。可满足冶金、化工、电力、建材以及民用等行业的需要。

蕲南矿

蕲南矿（Qínán Kuàng） 蕲南煤矿位于蕲县镇境内，距离镇政府正南约1千米。1992年底破土动工，2000年12月26日正式投产。占地面积62.297平方千米，煤田面积50多平方千米。煤的品种齐全，主要产品为气煤、肥煤、1/3焦煤等，具有低硫、特低磷、发热量高、黏结性强等特点，是优质的炼焦配煤、动力用煤和发电用煤。煤矿综采机械化程度达100%，综掘机械化程度达60%以上。

蕲东矿

蕲东矿（Qídōng Kuàng） 蕲东矿位于蕲县镇境内，位于镇政府正南约9千米。1997年开工建设，2002年正式投产。井田分布面积广、储量丰富。整个井田面积约45平方千米，地质储量3.42亿吨，可采储量1.89亿吨。可采煤层10层，其中主采煤层四层，矿井核定生产能力240万吨，服务年限80年。蕲东煤矿煤质优良，属特低硫，特低磷，中、高等挥发气肥煤，是良好的炼焦配煤和动力用煤，是国家积极推广的环保煤炭。

桃园矿

桃园矿（Táoyuán Kuàng） 桃园矿位于桃园镇境内，位于镇政府东北约2千米。1995年投产。年产原煤150万吨。铁路专用线直达京沪和京九线，交通便利。煤炭产品为优质动力煤和工业炼焦用煤。

第六章　重要自然地理实体地名

第一节　陆地水系

北沱河

北沱河（Běituó Hé）　位于埇桥区境内，始点为城东街道津浦村新北沱河引河，终点为大店镇汪刘村沟南张庄入灵璧县。河流长度20.5千米，流域面积123平方千米，河流级别4级，河流类别为内流河、地上河、常年河。跨城东街道、大店镇行政区域。

方河

方河（Fāng Hé）　位于埇桥区境内，始点为夹沟镇土山庄东约300米大许沟口，终点为永安镇夏桥村入奎河口。河流长度28.1千米，流域面积487平方千米，河流级别3级，河流类别为内流河、地上河、常年河。跨城东街道、大店镇行政区域。

孤山河

孤山河（Gūshān Hé）　位于埇桥区境内，始点为褚兰镇宝里村宝里庄东南1500米，终点为褚兰镇桂山村旲楼庄入奎河口。河流长度16.3千米，流域面积140平方千米，河流级别3级，河流类别为内流河、地上河、常年河。跨褚兰镇行政区域。

环城河

环城河（Huánchéng Hé）　位于埇桥区境内，在环城路外侧，俗称护城河。河流长度4.1千米，流域面积24.4平方千米，河流级别4级，河流类别为内流河、地上河、常年河。所跨埇桥街道、东关街道、西关街道行政区域。

黄涧沟

黄涧沟（Huángjiàn Gōu）　位于埇桥区境内，始点为符离镇尖山村尖东组庄里，终点为符离镇季曹坊闸下游入濉河新河。河流长度14千米，流域面积16.8平方千米，河流级别4级，河流类别为内流河、地上河、常年河。跨符离镇行政区域。

黄泥沟

黄泥沟（Huángní Gōu）　位于埇桥区境内，起点为蕲县镇许寨村黄桥庄南，终点在蕲县镇许寨村许寨庄西北200多米，入浍河。河流长度2.4千米，流域面积11.4平方千米，河流级别5级，河流类别为内流河、地上河、常年河。跨蕲县镇、桃园镇行政区域。

浍河

浍河（Huì Hé） 位于埇桥区境内，始点为桃园镇前营村前营庄西南约800米，终点为芦岭镇陈堂村东南申单沟入口。河流长度33.8千米，流域面积740.8平方千米，河流级别2级，河流类别为内流河、地上河、常年河。跨桃园镇、芦岭镇行政区域。

浍澥新河

浍澥新河（Huìxiè Xīnhé） 位于埇桥区境内，起点为蕲县镇李营子，终点向南流入澥河。河流长度15.6千米，流域面积183平方千米，河流级别3级，河流类别为内流河、地上河、常年河。跨蕲县镇、永镇乡行政区域。

夹栏河

夹栏河（Jiálán Hé） 位于埇桥区境内，起点为夹沟镇七里村西侧500米，终点向东流入欧河。河流长度12.3千米，流域面积73.8平方千米，河流级别4级，河流类别为内流河、地上河、常年河。跨夹沟镇、栏杆镇行政区域。

界洪河

界洪河（Jièhóng Hé） 位于埇桥区境内，起点为吕家村西约500米，终点为经秦沟涯流入小黄河。河流长度20.9千米，流域面积124.5平方千米，河流级别3级，河流类别为内流河、地上河、常年河。跨朱仙庄镇、大店镇行政区域。

看溪河

看溪河（Kànxī Hé） 位于埇桥区境内，起点为褚兰镇冯楼村陈桥组小申庄，终点为褚兰镇马桥村夏村组入孤山河。河流长度9.2千米，流域面积58.2平方千米，河流级别4级，河流类别为内流河、地上河、常年河。跨褚兰镇行政区域。

奎河

奎河（Kuí Hé） 位于埇桥区境内，始点为江苏省界杨庄乡灌沟河口，终点为时村草坝闸上游附近入濉河。河流长度44千米，流域面积84.6平方千米，河流级别2级，河流类别为内流河、地上河、常年河。跨杨庄乡、栏杆镇、时村镇行政区域。

老斜河

老斜河（Lǎoxié Hé） 位于埇桥区境内，起点为栏杆镇化楼村，终点为向东南流入方河。河流长度10.7千米，流域面积65.2平方千米，河流级别4级，河流类别为内流河、地上河、常年河。跨支河乡、栏杆镇行政区域。

欧河

欧河（Ōu Hé）位于埇桥区境内，始点为曹村镇前旺村北约200米，终点为永安镇方河大桥上游约600米入方河口。河流长度28.3千米，流域面积217平方千米，河流级别4级，河流类别为内流河、地上河、常年河。跨曹村镇、永安镇行政区域。

戚家沟

戚家沟（Qījiā Gōu） 位于埇桥区境内，起点为西二铺乡二铺村大刘庄，终点为三八街道银河社区大吴村北450米入沱河。河流长度6.6千米，流域面积34平方千米，河流级别3级，河流类别为内流河、地上河、常年河。跨西二铺乡、三八街道行政区域。

宋路沟

宋路沟（Sònglù Gōu） 位于埇桥区境内，起点为时村镇油坊村，终点为时村镇马楼村入新奎河。河流长度14.2千米，流域面积104平方千米，河流级别3级，河流类别为内流河、地上河、常年河。跨时村镇行政区域。

濉河

濉河（Suī Hé） 位于埇桥区境内，西起符离镇沈圩村，向东流经埇桥区与灵璧县交界处，流入灵璧县。河流长度48千米，流域面积6600平方千米，主要支流有萧濉引河，河流级别1级，河流类别为内流河、地上河、常年河。跨符离镇、桃沟乡、时村镇、顺河乡、灰古镇行政区域。

引河

引河（Yǐn Hé） 位于埇桥区境内，北起濉河，南至新汴河。河流长度8.7千米，流域面积52平方千米，河流级别5级，河流类别为内流河、地上河、常年河。跨符离镇、汴河街道跨行政区域。

唐河

唐河（Táng Hé） 位于埇桥区境内，始点为蒿沟乡蒿沟街南头，终点为苗庵乡石桥村尚庄东约300米入灵璧县。河流长度48.6千米，流域面积746平方千米，河流级别3级，河流类别为内流河、地上河、常年河。跨蒿沟乡、苗庵乡行政区域。

拖尾河

拖尾河（Tuōwěi Hé） 位于埇桥区境内，始点为解集乡孙寨村南100米，终点为时村镇马楼村小李庄闸。河流长度11千米，流域面积202平方千米，河流级别2级，河流类别为内流河、地上河、常年河。跨解集乡、时村镇行政区域。

沱河

沱河（Tuó Hé） 位于埇桥区境内，始点为宿州市三角洲公园沱河闸，终点为大店镇汪圩村入灵璧县。河流长度33.8千米，流域面积821.4平方千米，河流级别2级，河流类别为内流河、地上河、常年河。跨三八街道、道东街道、沱河街道、金海街道、城东街道、大泽乡镇、芦岭镇行政区域。

新霞河

新霞河（Xīnxiá Hé） 位于埇桥区境内，北起袁洼村，向南汇入方河。河流长度23.2千米，流域面积73.3平方千米，河流级别4级，河流类别为内流河、地上河、常年河。跨杨庄乡、曹村镇、支河乡、栏杆镇行政区域。

萧濉新河

萧濉新河（Xiāosuī Xīnhé） 位于埇桥区境内，始点为符离镇沈圩村孙窝子张西北，终点为符离镇符离闸。河流长度4千米，流域面积9.1平方千米，河流级别4级，河流类别为内流河、地上河、常年河。跨符离镇行政区域。

澥河

澥河（Xiè Hé） 位于埇桥区境内，始点为大营镇大营村娄刘庄青龙沟东，终点为永镇禅堂村前马庄入固镇县。河流长度18.7千米，流域面积287平方千米，河流级别2级，河流类别为内流河、地上河、常年河。跨大营镇、永镇乡行政区域。

新北沱河

新北沱河（Xīnběituó Hé） 位于埇桥区境内，始点为汴河街道大王村西200米，终点为汴河街道杨圩村赵凤庄入新北沱河地下涵。河流长度5.8千米，流域面积38平方千米，河流级别3级，河流类别为内流河、地上河、常年河。跨汴河街道行政区域。

新奎河

新奎河（Xīnkuí Hé） 位于埇桥区境内，起点为褚兰镇与栏杆镇交界处，孤山河与奎河交口，在栏杆镇境内流向为由北向南，在栏杆镇王庄村附近流向转变为由西向东，流经解集乡，终点在埇桥区与灵璧县交界处与拖尾河交汇。河流长度26.6千米，流域面积162.2平方千米，河流级别2级，河流类别为内流河、地上河、常年河。跨褚兰镇、解集乡、栏杆镇行政区域。

三八河

三八河（Sānbā Hé） 位于埇桥区境内，西起金海街道，东至桃园镇。河流长度7.5千米，流域面积170平方千米，河流级别2级，河流类别为内流河、地上河、常年河。跨金海街道、三八街道、桃园镇行政区域。

运粮河

运粮河（Yùnliáng Hé） 位于埇桥区，南起桃园镇，北止金海街道。河流长度13.02千米，流域面积130平方千米，河流级别2级，河流类别为内流河、地上河、常年河。跨金海街道、桃园镇行政区域。

新汴河

新汴河（Xīnbiàn Hé） 位于埇桥区，西起汴河街道，东止大店镇。河流长度44.11千米，流域面积280平方千米，河流级别2级，河流类别为内流河、地上河、常年河。跨汴河街道、苗庵乡、大店镇行政区域。

新河

新河（Xīn Hé） 今源于埇桥区小孙家，该河自埇桥区界郭楼进入灵璧县境，流经虞姬乡、禅堂乡、杨疃镇。东流经欧家、倪家、沈余，于禅堂南潘集闸汇入唐河。埇桥区境内流域面积233平方千米；境内长度37.00千米；主要支流唐河；水位22.2—20.76米，流量18.4—139.0立方米/秒；河口宽23.0—71.0米，河深2.7—4.5米，河底宽12.0—53.0米；属4级常年河、地上河、内流河。唐河支流，原发源于宿县城北。跨虞姬乡、禅堂乡、杨疃镇行政区域。

洪山河

洪山河（Hóngshān Hé） 位于埇桥区的东南部，流经解集乡。流域面积229.3平方千米，区内流域面积107平方千米；区内长度18千米；主要支流三叉河；属3级常年河、地上河、内流河。为濉河流域的一条支流河道，排水范围涉及江苏省铜山区，安徽省埇桥区、灵璧县。

紫芦湖

紫芦湖（Zǐlú Hú） 紫芦湖位于北杨寨行管区东北方向约1.5千米，东至京沪铁路，南至池湖村，西至运粮河，北至三八河。湖泊南北长约1.6千米，东西宽约0.5千米，湖泊面积约0.7平方千米。湖泊类型属时令湖、淡水湖，平均水深2.4米，最大水深3.5米。

北铁路运河

北铁路运河（Běitiělù Yùnhé） 北铁路运河位于汴河街道境内，南起沱河沿铁路东侧向北，过汴河至北十里。北铁路运河是我市城区一条主要排涝河道，因南起沱河沿铁路东侧向北，过汴河至北十里，故称北铁路运河。全长8.87千米。

南铁路运河

南铁路运河（Nántiělù Yùnhé） 南铁路运河北起淮河路与宿固路交口，南至芦岭镇陈堂村，途经桃园镇、大泽乡镇、芦岭镇。南铁路运河是我市城区一条主要排涝河道，因北起淮河路沿铁路东侧向南延伸，故称南铁路运河。全长28.56千米。跨桃园镇、大泽乡镇、芦岭镇行政区域。

第二节　陆地地形

打鼓山

打鼓山（Dǎgǔ Shān）　位于埇桥区符离镇，也称鼓山，三峰倚天，山中隐隐有声，如鼓自鸣，该山产石灰石，白云石现正在开拓。该山以前逢庙会有唱戏的，相传某次在空中有一大雁嘴里掉下来一条鱼，掉在唱戏鼓上，故此山起名打鼓山。长2000米，宽300米，海拔148.1米。

芳岩山

芳岩山（Fāngyán Shān）　位于埇桥区符离镇，龙脊山东侧，南接大山，原有小坊寺，现已不复存在。因山东侧为芳岩村，故名。长1500米，宽500米，海拔158米。

风山

风山（Fēng Shān）　位于埇桥区符离镇东北方向，山体经多年风吹，山石可做石料，得名风山。长1750米，宽1000米，海拔107米。

凤凰山

凤凰山（Fènghuáng Shān）　位于埇桥区栏杆镇，南北走向，山西侧有凤凰卵石一枚，又因山西侧有凤山村，故而得名。长1200米，宽1000米，海拔142.6米。

高皇山

高皇山（Gāohuáng Shān）　位于埇桥区符离镇西2.5千米处，宿濉公路南侧，山石可做建材。刘邦在此山立过皇位，相传山上有高祖庙，故而得名。长1500米，宽800米，海拔71米。

黄花山

黄花山（Huánghuā Shān）　位于埇桥区符离镇灵寺村西，也称黄花洞山，三峰组成，相传乾隆皇帝曾登山观赏，留有诗篇。黄花山原名卧虎山，此山有一自然形成的山洞，据传说洞中住着一位心地善良的黄花女，因此村民把卧虎山改叫黄花山。长3000米，宽1500米，海拔231米。

焦山

焦山（Jiāo Shān）　位于埇桥区符离镇牛口村以东，打鼓山以北，北端宽，南端狭窄，石质为石灰石。此山宋朝以前没有正式名称，因宋朝名将焦赞路过此山，见樵夫因生活困难在此上吊，连忙出手相救。焦赞还赠予银两，樵夫为报恩，起名焦山。长3000米，宽500米，海拔177米。

金山子

金山子（Jīnshānzi）　位于埇桥区褚兰镇岗孜村北，高山子偏东南方位，是一座独立小山，山东侧有金山子自然村，属褚兰镇。此山东部有一村庄名为金山子，故名。长250米，宽100米，海拔52米。

亮山

亮山（Liàng Shān）　位于埇桥区曹村镇闵贤集西北方位，津浦线东侧，又名梁山，也称两子山。《宿州志》记载，山隆起似屋子梁，又说以闵子二弟得名。长1000米，宽300米，海拔107.2米。

牛口山

牛口山（Niúkǒu Shān）　位于埇桥区符离镇境内。此山，自炎帝前就有此山，相传很早以前西方世界有头牛偷偷下界，自西而东，在人间500年，伤人无数，后被如来佛祖发现，以法力困于此地，日久天长化身为山。传说唐朝一名大将，将军南下，路过此地，因犯地名，自尽于此。长 700 米，宽 400 米，海拔 131 米。

武里山

武里山（Wǔlǐ Shān） 位于埇桥区曹村镇闵贤集西侧。据州志记载，在州北 75 里闵贤集，山下有武里村，景色清幽，白居易常游于此。长 600 米，宽 300 米，海拔 250 米。

龙脊山

龙脊山（Lóngjǐ Shān） 位于埇桥区符离镇西部，与濉溪县交界。山势由东北—东南—西南折向西北，绵延盘卧，像一条卧伏的巨龙，朝着古老的华家湖伸展，当地人们习惯地称它为老龙脊。主峰海拔 362.9 米，长度 15 千米，宽度 10 千米。

第七章　重要的民生基础设施地名

第一节　城市道路、街巷

拂晓大道

拂晓大道（Fúxiǎo Dàdào）　所在行政区为埇桥区。以中共宿州市委机关报《拂晓报》名称命名。寓意为东方欲晓，蒸蒸日上。南起南三环路，北至北三环路。长14200米，宽40米，沥青路面。道路等级为主干道。为交通要道。路侧有宿州市客运站、拂晓新城、万达商业广场等。

北二环路

北二环路（Běi' èrhuán Lù）　所在行政区为埇桥区。路段位于城区北部，又处在第二环状道路上，故而得名。东起桃山路，西至西二环路。长14000米，宽60米，水泥路面。道路等级为主干道。路侧有云峰汽车修理厂、宿州绿色家居产业园等。

北三环路

北三环路（Běisānhuán Lù）　所在行政区为埇桥区。该路位于城区的北部，又处在第三环状道路上，故而得名。东起东三环路，西至西二环路。长32900米，宽60米，水泥路面。道路等级为主干道。路侧有大王村委会、双创孵化中心、欣欣超市等。

汴河路

汴河路（Biànhé Lù）　所在行政区为埇桥区。汴河路（汴河东、中、西路）以新汴河名称和其方位区分，故而得名。东起沱河路，西至拂晓大道。长度7000米，宽度42米，水泥路面。道路等级为主干道。路侧有埇桥区计划生育服务站、宿州市建筑业管理处特种作业培训考核基地、华夏商场等。

东三环路

东三环路（Dōngsānhuán Lù）　所在行政区为埇桥区。该路位于城区的东部，又处在第三环状道路上，故而得名东三环路。南起港口南路，北至北三环路。长16101米，宽40米，水泥路面。道路等级为主干道。路侧地理实体有安徽永丰新型墙体材料有限公司、正大富通汽配等。

淮海路

淮海路（Huáihǎi Lù）　所在行政区为埇桥区。淮海路（淮海南、中、北路）为纪念淮海战役胜利，故而得名。南起南三环路，北至北三环路。长度14900米，宽度40米，水泥路面。道路等级为主干道。为主要生活道路，路侧有万达广场、百货大楼、武夷商城、华夏商场等。

浍水路

浍水路（Huìshuǐ Lù） 所在行政区为埇桥区。浍水路（浍水东、中、西路）以浍水河名称和其方向区分，故而得名。东起沱河路，西至拂晓大道。长度5100米，宽度35米，水泥路面。道路等级为主干道。路侧有宿州市工商局、埇桥区民政局、中国联通宿州分公司、宿城第一中学等单位。

金海大道

金海大道（Jīnhǎi Dàdào） 所在行政区为埇桥区。因境内金海街道办事处名称而得名。南起朱圩路，北至淮河中路。长度3400米，宽度40米，水泥路，道路等级为主干道。路侧有宿州国际大酒店、汽车城和诸多住宅区等。

金河路

金河路（Jīnhé Lù） 所在行政区为埇桥区。因该区域金字路名较多，故以河字而得名。东起金海六路，西至宿怀路。长度2509米，宽度35米，水泥路。道路等级为主干道。路侧有经济开发区管委会，金海变电站、电光防爆等企业。

金江路

金江路（Jīnjiāng Lù） 所在行政区为埇桥区。因该区域金字路名较多，故以江字而得名。东起沱河路，西至金环路。长度3460米，宽度30米，水泥路。道路等级为主干道。路侧有华康医疗器械有限公司等。

磬云路

磬云路（Qìngyún Lù） 所在行政区为埇桥区。磬云路（磬云南、中、北路）因灵璧磬云山名称和其方位区分，故而得名。南起汴河西路，北至沱河路。长度6190米，宽度34米，水泥路。道路等级为主干道。为主要生活道路，路侧有光彩社区三十处小区、光彩美庐太阳城、市卫生和计划生育委员会、市食品药品监督管理局、宿州市公共资源交易中心等。

人民路

人民路（Rénmín Lù） 所在行政区为埇桥区。人民路（人民南、中、北路）故而得名。南起南三环路，北至唐河。长度17000米，宽度50米，水泥路。道路等级为主干道。路侧有皖北煤电集团总医院、华夏世贸等。

胜利路

胜利路（Shènglì Lù） 所在行政区为埇桥区。胜利路（胜利东、西路）宿城解放时，人民解放军先攻克小东门，沿此路入城，因此得名。东起宿怀路，西至拂晓大道。长度5100米，宽度34米，水泥路面。道路等级为主干道。路侧有宿州工业学校、宿州市监狱等。

顺河路

顺河路（Shùnhé Lù） 所在行政区为埇桥区。因其所处地理位置，政府命名。东起东昌路，西至裕城街。长1500米，宽8米，水泥路面。道路等级为主干道。路侧有生源门诊部、宿州第十一小学、新星幼儿园等。

白衣阁巷

白衣阁巷（Báiyīgé Xiàng） 所在行政区为埇桥区。因附近有一观音庙，因庙内观音像着白色衣服，当地人称白衣庵，或白衣阁。巷名由此而来。北起环城南路，南至大河南街。长160米，宽5米，水泥路面。道路等级为次干道。为主要生活道路，路侧有金星小区等。

药店巷

药店巷（Yàodiàn Xiàng） 所在行政区为埇桥区。因过去是宿州市的药材行，巷子两侧都是药材铺，因此人称药店巷。南起中山街，北至胜利路。长400米，宽5米，水泥路面。道路等级为次干道。为主要生活道路，路侧有西安航空旅游学院等。

北苑东巷

北苑东巷（Běiyuàn Dōngxiàng） 所在行政区为埇桥区。因北苑小区而得名。北起五金街，南至胜利东路。长263米，宽5米，水泥路面。道路等级为次干道。为主要生活道路，沿途地理实体有北苑小区等。

北苑路

北苑路（Běiyuàn Lù） 所在行政区为埇桥区。因北苑小区而得名。北起公园路，南至胜利路。长373米，宽15米，水泥路面。道路等级为次干道。为主要生活道路，沿途地理实体有北苑小区等。

菜市街

菜市街（Càishì Jiē） 所在行政区为埇桥区。因此街为菜市场而得名。北起淮海南路，南至浍水路。长570米，宽4.5米，水泥路面。道路等级为次干道。为主要生活道路，沿途地理实体有祥和居小区等。

朝霞路

朝霞路（Zhāoxiá Lù） 所在行政区为埇桥区。美名，与朝阳对应，故名。东起淮海北路，西至拂晓大道。长3780米，宽40米，水泥路面。道路等级为次干道。为主要生活道路，路侧有宿州网易联合创新中心、电子商务产业园、安徽佳力奇航天碳纤维有限公司等。

陈河路

陈河路（Chénhé Lù） 所在行政区为埇桥区。该路在陈河的西侧，故而得名。北起鞋城三路，南至南三环路。长2025米，宽30米，水泥路面。道路等级为次干道。为主要生活道路，路侧有东艺鞋业宿州有限公司等。

城隍庙巷

城隍庙巷（Chénghuángmiào Xiàng） 所在行政区为埇桥区。该巷因城隍庙而得名。北起胜利路，南至中山街。长160米，宽5米，水泥路面。道路等级为次干道。为主要生活道路，路侧有百货大楼等。

城墙东巷

城墙东巷（Chéngqiáng Dōngxiàng） 所在行政区为埇桥区。因其所处地理位置，政府命名。北起环城北路，南至龙祠巷。长55米，宽8米，水泥路面。道路等级为次干道。为主要生活道路，沿途地理实体有宿州市埇桥区信访局等。

大店路

大店路（Dàdiàn Lù） 所在行政区为埇桥区。该路以辖区内乡镇名称命名。东起鹿门子路，西至宿州市华源汽贸有限公司。长1354米，宽20米，水泥路面。道路等级为次干道。为主要生活道路，路侧有宿州市华源汽贸有限公司等。

大河南街

大河南街（Dàhé Nánjiē） 所在行政区为埇桥区。因附近河流而得名。东起环城东路，西至环城西路。长1200米，宽8米，沥青路面。道路等级为次干道。为主要生活道路，路侧有宿州市埇桥区中医院、宿州青少年训练中心等。

大泽路

大泽路（Dàzé Lù） 所在行政区为埇桥区。因其所处地理位置，政府命名。北起汴河中路，南至浍水路。长520米，宽10米，水泥沥青混合路面。道路等级为次干道。为主要生活道路，路侧有安厦时代广场、金茂商城等。

道东大街

道东大街（Dàodōng Dàjiē） 所在行政区为埇桥区。以京沪铁路道以东得名。东起建设路，西至宿怀北路，长度2018米，宽度24米，水泥路。道路等级为次干道。为主要生活道路，路侧有东城国际广场、红太阳幼儿园、荟潮超市等。

东二环路

东二环路（Dōngèr HuánLù） 所在行政区为埇桥区。该路位于城区的东部，又处在第二环状道路上。南起南二环路，北至宿州大道。长9446米，宽50米，水泥路面。道路等级为次干道。路侧有宿州市瑞德汽车销售有限公司、宿州市骏达汽车销售有限公司、宿州市中远汽车综合性能检测有限公司等。

东关大街

东关大街（Dōngguān Dàjiē） 所在行政区为埇桥区。位于宿州市区东部而得名。东起宿怀北路，西至环城东路。长度720米，宽度14米，水泥路。道路等级为次干道。为主要生活道路，路侧有宿州市电热电器仪表总经销、盛达机电等。

纺织路

纺织路（Fǎngzhī Lù） 所在行政区为埇桥区。纺织路（纺织东、西路）因其所处地理位置，政府命名，沿用至今。东起金海大道，西至拂晓大道。长度4500米，宽度34米，水泥路。道路等级为次干道。为主要生活道路，沿途地理实体有育博幼儿园、亚泰医药、宿州博洋纺织有限公司等。

丰收巷

丰收巷（Fēngshōu Xiàng） 所在行政区为埇桥区。因其所处地理位置，取其丰收之意。东起公平街，西至大王庙巷。长850米，宽5米，水泥路面。道路等级为次干道。为主要生活道路，沿途地理实体有宿州市宏大房地产开发有限公司。

凤鸣路

凤鸣路（Fèngmíng Lù） 所在行政区为埇桥区。根据灵璧凤山命名。东起闵贤路，西至沱水路。长5873米，宽34米，水泥路面。道路等级为次干道。为主要生活道路，沿途地理实体有宿州津浦花木宠物市场等。

凤至路

凤至路（Fèngzhì Lù） 所在行政区为埇桥区。根据灵璧凤山命名。东起韩池子路，西至支河路。长3949米，宽40米，水泥路面。道路等级为次干道。为主要生活道路，路侧有安徽华联肥业有限公司等。

扶疏巷

扶疏巷（Fúshū Xiàng） 所在行政区为埇桥区。位于以前的县委大院东侧，埇桥财政局西侧。北接环城北路，南到胜利中路，全长360米。因为西边是县衙，城墙非常高大，所以住在东边的居民都想往西边挤，扩大自已的地盘。于是便出现了一条南北狭长的小巷，人们便戏称一人巷。由于后人逐渐拓宽，现改为扶疏路。南起环城北路，北至沱河路。长950米，宽6米，水泥路面。道路等级为次干道。为主要生活道路，路侧有两淮心诚平价超市、金双峰商贸、华地集团职工医院等。

工人路

工人路（Gōngrén Lù） 所在行政区为埇桥区。以搬运工人聚居地得名。南起汴河东路，北至火车站。为市区南北干道之一。长0.7千米，宽10米，水泥路面。道路等级为次干道。主要为生活道路等。

公平街

公平街（Gōngpíng Jiē） 所在行政区为埇桥区。因其所处地理位置，取其公平之意。南起淮河路，北至西关大街。长1970米，宽18米，水泥路面。道路等级为次干道。为主要生活道路，路侧有雨润专卖店、宿地邮电局公平街宿舍封闭式管理大院等。

观音堂街

观音堂街（Guānyīntáng Jiē） 所在行政区为埇桥区。因该街观音堂而得名。南起汴河路，北至顺河东路。长480米，宽7米，水泥路面。道路等级为次干道。为主要生活道路，路侧有祥和小区、宿州市公安局交警支队一大队三中队等。

韩池子路

韩池子路（Hánchízi Lù） 所在行政区为埇桥区。以境内韩池村得名。起点为淮河东路，终点为滨河路。长度1300米，宽度40米，水泥路。道路等级为次干道。为主要生活道路，路侧有百事快捷宾馆、沱河一幼、宿州市第十五小学等。

花墙巷

花墙巷（Huāqiáng Xiàng） 所在行政区为埇桥区。花墙巷，又名花墙子巷，位于学宫南，南北走向，连接中山街大河南街，因花墙子得名。花墙子是学宫南面的牌坊状影壁墙，牌坊上有“宫墙万仞”字样，墙体为砖结构，呈花墙形状，故名花墙子。周边有一些明清古建筑，有大量的砖雕、木雕，具有较高的建筑艺术价值。1966年后，旧城改造，已被拆毁。北起中山街，南至小河南街。长160米，宽3.5—8米，水泥路面。道路等级为次干道。为主要生活道路，沿途地理实体有花墙小区等。

淮河路

淮河路（Huáihé Lù） 所在行政区为埇桥区。淮河路（淮河东、中、西路）以淮河名称和其位于位置方向区分，故而得名。东起龙腾路，西至拂晓大道。长度10000米，宽度45米，水泥路面。道路等级为次干道。路侧有宿州市地税局、埇桥区水务局、林业局等。

环城北路

环城北路（Huánchéng Běilù） 所在行政区为埇桥区。因环绕埇桥区且位于北部，故而得名。东起环城东路，西至环城西路。长度1310米，宽度20米，水泥路。道路等级为次干道。路侧有中共宿州市埇桥区委老干部局、宿州市埇桥区审计局、宿州市直机关医院等。

环城东路

环城东路（Huánchéng Dōnglù） 所在行政区为埇桥区。因其所处地理位置，政府命名为环城东路。南起环城南路，北至环城北路。长度为720米，宽度为20米，水泥路面。道路等级为次干道。为主要生活道路，路侧有宿州市第十一中学等。

环城南路

环城南路（Huánchéng Nánlù） 所在行政区为埇桥区。因环绕埇桥区且位于南部，故而得名。东起环城东路，西至环城西路。长度1336米，宽度20米，水泥路面。道路等级为次干道。为主要生活道路，路侧有徽香源符离集烧鸡、南环小区、宿州市埇桥区疾控中心门诊部等。

环城西路

环城西路（Huánchéng Xīlù） 所在行政区为埇桥区。因环绕埇桥区且位于西部，故而得名。北起环城北路，南至环城南路。长度597米，宽度24米，水泥路面。道路等级为次干道，为主要生活道路。路侧有中国工商银行、仁民药房等。

建设路

建设路（Jiànshè Lù） 所在行政区为埇桥区。因为矿建单位共同修建得名。南起淮河东路，北至沱河路。长度1700米，宽度30米，水泥路面。道路等级为次干道，为主要生活道路、路侧有风尚摄影等。

金安路

金安路（Jīn' ān Lù） 所在行政区为埇桥区。因位于经济技术开发区内，因“金”字起头，根据序列排名的原则命名。南起铁路运河，北至金江三路。长2634米，宽30米，水泥路面。道路等级为次干道。为主要生活道路，路侧有宿州市金水桥建筑材料有限公司等。

金环路

金环路（Jīnhuán Lù） 所在行政区为埇桥区。因其所处地理位置，政府命名。南起港口南路，北至南二环路。长度673米，宽度18米，水泥路面。道路等级为次干道。为主要生活道路，路侧有宿州平和汽车配件有限公司、宿州博洋集团等。

酒厂巷

酒厂巷（Jiǔchǎng Xiàng） 所在行政区为埇桥区。因酒厂而得名。东北起酒厂北巷，西南至宿怀南路。长326米，宽5米，水泥路面。道路等级为次干道。为主要生活道路，沿途地理实体有安徽文圣紫荆投资服务有限公司、安徽乐天酿酒有限公司等。

开元路

开元路（Kāiyuán Lù） 所在行政区为埇桥区。取其开元之意，为美名。东起西昌北路，西至人民中路。长658米，宽15米，水泥路面。道路等级为次干道。为主要生活道路，路侧有华森公园道幼儿园等。

联络街

联络街（Liánluò Jiē） 所在行政区为埇桥区。因其所处地理位置，政府命名。南起东关大街，北至胜利路。长230米，宽7米，水泥路面。道路等级为次干道。为主要生活道路，路侧有宿州市埇桥区中医门诊部、宿州惠爱医院等。

龙城路

龙城路（Lóngchéng Lù） 所在行政区为埇桥区。根据宿州县区命名。南起汴阳一路，北至竹邑路。长800米，宽5米，水泥路面。道路等级为次干道。为主要生活道路，路侧有汴河等。

龙祠巷

龙祠巷（Lóngcí Xiàng） 所在行政区为埇桥区。东接淮海路，西连一人巷的一条东西巷。也许是因为过去那儿有龙姓祠堂，或许是为了纪念上天之龙，故而得名。东起淮海中路，西至城墙东巷。长180米，宽5.5米，水泥路面。道路等级为次干道。为主要生活道路，路侧有龙飞幼儿园、行管小区等。

龙口路

龙口路（Lóngkǒu Lù） 所在行政区为埇桥区。因其所处地理位置，建成时命名为龙口路，沿用至今。北起龙口路十四巷，南至淮河路。长380米，宽5米，水泥路面。

道路等级为次干道。为主要生活道路，沿途地理实体有宿州市恒发工程机械有限公司等。

闵贤路

闵贤路（Mǐnxián Lù） 所在行政区为埇桥区。以辖区内地名命名。南起沱水路，北至曾家村。长6557米，宽34米，水泥路面。道路等级为次干道。为主要生活道路，路侧有埇桥区交通运输局、宿州学院宿舍楼、宿州学院宿舍楼1号楼等。

南二环路

南二环路（Nán' èrhuán Lù） 所在行政区为埇桥区。因其所处地理位置，故而地名。东起东二环路，西至拂晓大道。长度8678米，宽度50米，水泥路面。道路等级为次干道。路侧有金丰二手车交易市场、宿州市大陈沟公园、白马家居等。

南三环路

南三环路（Nánsānhuán Lù） 所在行政区为埇桥区。该路位于城区的南部，又处在第三环状道路上，故而得名南三环路。东起港口南路，西至西三环路。长13292米，宽40米，水泥路面。道路等级为次干道。为主要生活道路，路侧有千果生态园、宿州市埇桥区北杨寨乡大陈小学等。

农科路

农科路（Nóngkē Lù） 所在行政区为埇桥区。因其紧邻市农科院，故而得名。南起纺织东路，北至淮河中路。长500米，宽6米，水泥路面。道路等级为次干道。为主要生活道路，路侧有农科小区等。

农林巷

农林巷（Nónglín Xiàng） 所在行政区为埇桥区。南起胜利东路，北至环城北路。长360米，宽3.5米，水泥路面。道路等级为次干道。为主要生活道路，路侧有农林宿舍、农业生活小区、埇桥街道雪枫社区卫生服务站等。

培新巷

培新巷（Péixīn Xiàng） 所在行政区为埇桥区。因地区卫生学校坐落在此而得名。南起浍水西路，北至汴河中路，全长570米，宽6米，水泥路面。巷内多为居民，道路等级为次干道。途经有宿州市埇桥区卫生局卫生监督所、瀚香阁玉器店、全家福超市等。

平安巷

平安巷（Píng' ān Xiàng） 所在行政区为埇桥区。东起淮海南路，西至平安西巷。长400米，宽5米，水泥路面。道路等级为次干道。为主要生活道路，沿途地理实体有平安小区等。

青龙巷

青龙巷（Qīnglóng Xiàng） 所在行政区为埇桥区。青龙巷位于宿州市一小东侧，因宿州一小所在地过去有一座孔庙，孔庙很大，南接中山街，北靠胜利路，至今遗址犹存。按八卦上的说法，“左青龙，右白虎，前朱雀，后玄武”，因孔庙是坐北朝南的，因此东为青龙巷，西为白虎巷，现今白虎巷已不存在。南起中山街，北至胜利中路。长150米，宽5米，水泥路面。道路等级为次干道。为主要生活道路，路侧有老一小等。

三里湾巷

三里湾巷（SānLǐwān Xiàng） 所在行政区为埇桥区。因三里湾而得名。东起宿怀路，西至三里湾南六巷。长370米，宽4米，水泥路面。道路等级为次干道。为主要生活道路，路侧有酒厂宿舍、小神童幼儿园等。

师范路

师范路（Shīfàn Lù） 所在行政区为埇

桥区。因宿州师范学院而得名。南起淮河中路，北至汴河中路。长1150米，宽7米，水泥路面。道路等级为次干道。路侧有宿州学院附属实验中学、宿州学院、师专教工小区、中国福利彩票站等。

时村路

时村路（Shícūn Lù） 所在行政区为埇桥区。该路以辖区内乡镇名称命名。东起闵贤路，西至东二环路。长913米，宽10米，水泥路面。道路等级为次干道。为主要生活道路，路侧有宿州青年电子商务产业园、天地阳光寄宿学校等。

市府巷

市府巷（Shìfǔ Xiàng） 所在行政区为埇桥区。因原市委市政府原来坐落在此得名。南起浍水东路，南至汴河中路，全长560米，宽8米，水泥路面。巷内多为居民，道路等级为次干道。路侧有健宁药房、凌枫小区等。

书院巷

书院巷（ShūyuànXiàng） 所在行政区为埇桥区。所谓书院巷，相传巷内有圣人书院，有圣人在这里教书育人，是古代学子求学的地方，也曾举办过乡试。又一说是因巷内原是秦姓“培阁院”书院，故名书院巷。原先是宿城一中，20世纪70年代，宿城一中搬迁宿州市党校。该巷在“文化大革命”时名为“青年巷”，1982年恢复原名。南起胜利中路，北至环城北路。长370米，宽7.5米，水泥路面。道路等级为次干道。为主要生活道路，路侧有惠民诊所、书苑小区。

曙光路

曙光路（Shǔguāng Lù） 所在行政区为埇桥区。因曙光电影院命名。起点为道东大街，终点为金浍路。长度715米，宽度15米，水泥路面。道路等级为次干道。为主要生活道路，路侧有星海艺术幼儿园、幸福幼儿园、韩池予社区卫生服务站。

通济二路

通济二路（Tōngjì’ èr Lù） 所在行政区为埇桥区。南起汴河西路，北至沱河路。长1000米，宽7米，水泥路面。道路等级为次干道。为主要生活道路，路侧有大唐图文、宿州市民政局、宿州市公安局。

通济路

通济一路（Tōngjìyī Lù） 所在行政区为埇桥区。南起胜利西路，北至银河二路。长1050米，宽8米，水泥路面。道路等级为次干道。为主要生活道路，路侧有宿州市政府大楼、银河广场、宿州市博物馆等。

通济三路

通济三路（Tōngjìsān Lù） 所在行政区为埇桥区。南起银河一路，北至银河二路。长370米，宽10米，水泥路面。道路等级为次干道。为主要生活道路，路侧有宿州市中级人民法院。

沱河路

沱河路（Tuóhé Lù） 所在行政区为埇桥区。因该路沿河修建，故以河名取名。南起南三环路，北至逸林路。长6000米，宽15米，水泥沥青混合路面。道路等级为次干道。路侧有沱河、经济开发区。

沱水路

沱水路（Tuóshuǐ Lù） 所在行政区为埇桥区。该路位于沱河东大堤上，与沱河路相对应，故而得名。东南起东三环路，西北至宿州大道。长14253米，宽30米，水泥路面。道路等级为次干道。为主要生活道路，路侧有宿州市东关育苗幼儿园、埇桥区计划生育服务站。

五金街

五金街（Wǔjīn Jiē） 所在行政区为埇桥区。因此街多为五金店而得名。东起宿怀北路，西至北苑西巷。长400米，宽8米，水泥路面。道路等级为次干道。为主要生活道路，沿途地理实体有北苑小区。

西昌路

西昌路（Xīchāng Lù） 所在行政区为埇桥区。与东昌路相对，按方向区分，寓意繁荣昌盛，故而得名。南起鞋城三路，北至宿州大道。长度7500米，宽度34米，水泥路面。道路等级为次干道。为主要生活道路，路侧有两淮融景苑、天鹅湾、绿洲嘉园等。

西关大街

西关大街（Xīguān Dàjiē） 所在行政区为埇桥区。因位于西关街道故而得名。起点为环城西路，终点为拂晓大道。长度1300米，宽度18米，水泥路面。道路等级为次干道。为主要生活道路，路侧有宿州市第二小学、圆圆超市、宿州市公安局西关派出所。

西仙桥巷

西仙桥巷（Xīxiānqiáo Xiàng） 所在行政区为埇桥区。该街有一桥名为西仙桥，故而得名。南起大河南街，北至胜利路。长130米，宽7米，水泥路面。道路等级为次干道。为主要生活道路，路侧有中共埇桥区委党校。

鞋城一路

鞋城一路（Xiéchéngyī Lù） 所在行政区为埇桥区。该路位于鞋城基地内，以“鞋城”起头，根据序列排名的原则起名。东起运粮河西路，西至拂晓大道。长4177米，宽30米，水泥路面。道路等级为次干道。为主要生活道路，路侧有安徽达驰电力建设有限公司。

兴福寺巷

兴福寺巷（Xìngfúsì Xiàng） 所在行政区为埇桥区。因兴福寺而得名，兴福寺为明代以前建筑，是一座佛教寺庙。该寺庙有殿、大雄宝殿及两个套院，供奉着释迦牟尼、观音、药师等神像。院东南角挂有明代嘉庆年间的大钟，西南角是一座九层塔。东起西昌中路，西至大王庙巷。长1300米，宽11米，水泥路面。道路等级为次干道。为主要生活道路，路侧有新苗幼儿园、宿州市第八中学（南区）。

宿固路

宿固路（Sùgù Lù） 所在行政区为埇桥区。因是宿州通往固镇县的道路，故称宿固路。北起汴河路，南至东三环路。长10000米，宽10米，水泥沥青混合路面。道路等级为次干道。为主要生活道路，路侧有经济开发区。

宿蒙路

宿蒙路（Sùméng Lù） 所在行政区为埇桥区。因此路连接宿州与蒙城，故而得名。南起纺织西路，北至汴河西路，长1800米，宽10米，水泥路面。道路等级为次干道。为主要生活道路，路侧有华夏世贸广场、宿州市城市管理局等。

宿州大道

宿州大道（Sùzhōu Dàdào） 所在行政区为埇桥区。宿马园区宿州大道向西延展与原洪河路对接，合并为宿州大道。东起人民路，西至宿马工业园。长33000米，宽72米，水泥路面。道路等级为次干道。为主要生活道路，路侧有埇桥区法院审判综合楼、宿州畜牧场、新河小学等。

学府大道

学府大道（Xuéfǔ Dàdào） 所在行政区为埇桥区。因该路的两侧均为宿州高等学府而得名。南起汴河东路，北至北三环路。长9544米，宽60米，水泥路面。道路等级为次干道。为主要生活道路，路侧有宿州学院。

雪枫路

雪枫路（Xuěfēng Lù） 所在行政区为埇桥区。因雪枫公园而得名。东起教场路，西至淮海中路。长度500米，宽度10米，水泥路面。道路等级为次干道。为主要生活道路，路侧有雪枫公园、宿州市体育总会等。

砚窝池巷

砚窝池巷（Yànwōchí Xiàng） 所在行政区为埇桥区。因附近有砚窝池而得名（砚窝池是口井），古井位于顺和路酱品厂院内。相传学宫前方有孔圣人的一方砚台，井是砚台中心的砚池，孔圣人在砚池里研墨写文章。南起汴河中路，北至顺河路。长400米，宽5米，水泥路面。道路等级为次干道。为主要生活道路，路侧有华夏商场、恒丰嘉苑。

银河一路

银河一路（Yínhé 1Lù） 所在行政区为埇桥区。东起港口中路，西至拂晓大道。长度5000米，宽度30米，水泥路。道路等级为次干道。为主要生活道路，路侧现有宿州市委市政府、宿州市公安局、宿州市民政局、宿州市住建委、宿州市卫健委、宿州市第一人民医院、中国银行宿州支行、新都市华庭小区等。

银河二路

银河二路（Yínhé 2Lù） 所在行政区为埇桥区。东起沱河路，西至银通苑小区。长度3800米，宽度35米，水泥路。道路等级为次干道。路侧有宿州市委市政府、宿州市第一小学、宿州市信访局、宿州市人防办、宿州市文广新旅局、宿州市市立医院西北分院、云集商业中心等。

银河三路

银河三路（Yínhé 3Lù） 所在行政区为埇桥区。东起人民中路，西至西二环路。长度2800米，宽度40米，水泥路。道路等级为次干道。路侧有华电小区、雪枫小学、上河城小区、水木清华小区、江山樾小区、宿州市第一中学、宿州市第十一中学等。

迎宾大道

迎宾大道（Yíngbīn Dàdào） 所在行政区为埇桥区。因其西接合高速宿州出入口，寓意迎接宾客，故而得名。东起金海六路，西至拂晓大道。长6600米，宽50米，水泥路面。道路等级为次干道。为主要生活道路，路侧有安徽宿州第二中学、宿州国际大酒店、东方明珠小区、宿州市第二人民医院、宿州市迎宾医院、南方国际花园等。

埇桥路

埇桥路（Yǒngqiáo Lù） 所在行政区为埇桥区。以本区名称命名。南起沱水路，北至长堤路。长5000米，宽50米，沥青路面。道路等级为次干道。为主要生活道路，路侧有八里村、凤凰大酒店、华夏八里超市等。

裕城街

裕城街（Yùchéng Jiē） 所在行政区为埇桥区。因裕城花园小区而得名。南起汴河中路，北至环城南路。长468米，宽8米，水泥路面。道路等级为次干道。为主要生活道路，沿途地理实体有宿州市第四小学等。

运粮河路

运粮河路（Yùnliánghé Lù） 所在行政区为埇桥区。因紧邻运粮河，故名。南起南二环路，北至文化巷。长2800米，宽8米，水泥路面。道路等级为次干道。为主要生活道路，路侧有拂晓新区、农科苑小区售房部、市电视台办公大楼等。

中山街

中山街（Zhōngshān Jiē） 所在行政区为埇桥区。为纪念孙中山而得名。东起环城东路，西至环城西路。长度1400米，宽8米，水泥路面。道路等级为次干道。为主要生活道路，路侧有宏康西医内科诊所、新华书店等。

竹邑路

竹邑路（Zhúyì Lù） 所在行政区为埇桥区。以白居易诗句而得名。东起草堂路，西至外环西路。长3.8千米，宽50米，水泥路面。道路等级为次干道。为主要生活道路，路侧有宿州市立医院、时代家园等。

浍纺路

浍纺路（Huìfǎng Lù） 所在行政区为埇桥区。连接浍水路与纺织路，故得名浍纺路。北起浍水路，南至纺织路。长1000米，宽10米，水泥路面。道路等级为次干道。为主要生活道路，路侧有乐佳双语幼儿园等。

项王路

项王路（Xiàngwáng Lù） 所在行政区为蒿沟乡。南起马鞍山大道，北至天门大道。长2500米，宽24米，水泥路面。道路等级为次干道。为主要生活道路，路侧有住宅小区等。

虞姬路

虞姬路（Yújī Lù） 所在行政区为蒿沟乡。南起马鞍山大道，北至天门大道。长2430米，宽23米，水泥路面。道路等级为次干道。为主要生活道路，路侧有住宅小区等。

马鞍山大道

马鞍山大道（Mǎ’ānshān Dàdào） 所在行政区为蒿沟乡。因此道路主要位于宿州马鞍山产业园区，故名。东起站前路，西至宿州大道。长2420米，宽43米，水泥路面。道路等级为次干道。为主要生活道路，路侧有蒿沟村委会二期安置小区等。

子贡路

子贡路（Zǐgòng Lù） 所在行政区为蒿沟乡。以孔子的弟子子贡命名。南起马鞍山大道，北至宿州大道。长1200米，宽16米，水泥路面。道路等级为次干道。为主要生活道路，路侧有住宅区等。

银杏路

银杏路（Yínxìng Lù） 所在行政区为三八街道。此道路上种满银杏树，故名。南起西关大街，北至银河四路。长2180米，宽10米，柏油路面。道路等级为次干道。为主要生活道路，路侧有住宅小区等。

凤祥路

凤祥路（Fèngxiáng Lù） 所在行政区为城东街道。取吉祥之意，故名。东起港口社区—闫店公路，西至沱水路。长2350米，宽10米，柏油路面。道路等级为次干道。为主要生活道路，路侧有住宅小区等。

第二节　公路、铁路、桥梁、港口码头

烟台—汕头公路

烟台—汕头公路（Yāntái—Shàntóu Gōnglù）修建年度为2012年，改建年度为2014年。由国家部门统一编号而得名，代码为G206。起点为S301，终点为濉河。长度为96.2千米，路面宽度为20米。道路类型为国道，道路等级为一级。路面性质为柏油路。途经行政区有曹村镇、闵祠村、张庄村、夹沟镇、符离镇、蕲县镇、永镇乡。沿途重要地理实体有怀远邮政支局、拂晓酒楼、宿州农商银行。

北京—台北高速公路

北京—台北高速公路（Běijīng—Táiběi Gāosùgōnglù）修建年度为2012年，改建年度为2014年。由国家部门统一编号而得名。起点为濉河，终点为S101。长度为58千米，路面宽度为20米。道路类型为国道，道路等级为一级。路面性质为柏油路。途经行政区有符离镇。沿途重要地理实体有超市、饭店。

大李集—符离公路

大李集—符离公路（Dàlǐjí—Fúlí Gōnglù）修建年度为2012年，改建年度为2014年。由国家部门统一编号而得名。起点为G206，终点为时村镇。长度为32.6千米，路面宽度为12米。道路类型为省道，道路等级为二级。路面性质为柏油路。途经行政区有顺河乡、时村镇。沿途重要地理实体有迎宾饭店、加油站。

泗洪—许昌高速公路

泗洪—许昌高速公路（Sìhóng—Xǔchāng Gāosùgōnglù）修建年度为2012年，改建年度为2015年。由国家部门统一编号而得名。起点为S306，终点为灵西运河。长度为46.2千米，路面宽度为12米。道路类型为省道，道路等级为二级。路面性质为柏油路。途经行政区有苗庵乡。沿途重要地理实体有服务区、加油站、宿州东收费站、苗庵服务区。

王堂—五柳公路

王堂—五柳公路（Wángtáng—Wǔliǔ Gōnglù）修建年度为1986年，竣工日期为1986年。因该道路连接王堂与五柳，故而得名。起点为王堂，终点为五柳。长度为22.66千米，路面宽度为7米。道路类型为县道，道路等级为三级。路面性质为水泥路。途经行政区有支河乡、夹沟镇。沿途重要地理实体有埇桥区支河乡农税征收管理所、埇桥区支河乡委。

宿州—阜阳公路

宿州—阜阳公路（Sùzhōu—Fùyáng Gōnglù）民国11年（1922年），华洋义赈会赈济皖北水灾，利用原有官道修筑成土路。民国22年，铺设宽3—4米的碎石路。1969年，建成四级砂姜路。1985年修三级砂姜路面。1991年4月，半铺至蒙城交界处15.5千米，渣油表处路面。2002年对市辖段进行改建，将原三级渣油路面改建为宽12米的二级沥青混凝土路面。2012年，对路面进行维修。为宿州至阜阳公路，起止地点各取一字，故名宿州—阜阳公路，简称宿阜路。路线代码S305，又称305省道。境

内长6.01千米，路基宽15米，路面宽12米。道路类型为省道，道路等级为二级。位于埇桥区西南部，东北至西南走向，自拂晓大道起，至宿州与濉溪县交界处止，途经桃园镇、双堆集镇。全线二级技术标准设计，双向四车道，沥青混凝土路面，设计时速为80千米。位于埇桥区西南部，东北至西南走向，自拂晓大道起至宿州与濉溪县交界处止，途经桃园镇、双堆集镇。

肥东—马良公路

肥东—马良公路（Féidōng—Mǎliáng Gōnglù） 始建于民国23年（1934年）。2005年铺设沥青混凝土路面至今。为合肥至符离的省道，路线代码S101。起点为符离镇，止点为埇桥区与烈山区交界处。长度为3.78千米，宽度为20米，水泥路面。道路类型为省道，道路等级为一级。途经行政区有符离镇。沿途重要地理实体有学校。

合肥—相山公路

合肥—相山公路（Héféi—Xiāngshān Gōnglù） 该路由合肥市至淮北市相山，故名。固镇段长度为5.45千米，宽度为12米。1987年在两段基础上建设完成固镇段，1987年安徽省公路局对固宿段进行升级，1988年安徽省公路局对城关镇8.9千米路段进行改进，1996—1997年对固宿路段进行拓宽，1999年建成城关镇前台至三里路段，2000年改建新马桥怀洪新河路段，2001—2002年对新马桥至蚌埠路段进行大修，拓宽路面。道路类型为省道，道路等级为一级。路面性质为沥青混凝土。途经行政区有芦岭镇。

京沪铁路

京沪铁路（Jīnghù Tiělù） 宿州境内段，起点为埇桥区曹村镇寺后村东1千米，终点为埇桥区芦岭镇陈堂村南1千米。主要车站为宿州站。宿州段建于1910年。京沪铁路宿州段铁路长84.5千米，由北向南贯穿宿州市，途经埇桥区曹村镇、夹沟镇、符离镇、桃园镇、大泽乡镇、芦岭镇6个乡镇，类型为复线，客运、货运混用。

北京—上海高速铁路

北京—上海高速铁路（Běijīng—Shànghǎi Gāosùtiělù） 宿州境内段，起点为埇桥区杨庄乡林庄村西北约1千米，终点为埇桥区大店镇汪圩村南约1.5千米，主要车站为宿州东站。京沪高速铁路宿州段于2011年5月22日竣工，6月30日开通运营。京沪高铁宿州段长65.5千米，由北向南贯穿宿州市，途经埇桥区杨庄乡、栏杆镇、支河乡、永安镇、桃沟乡、蒿沟乡、大店镇7个乡镇，类型为复线铁路，客运专线。

符夹铁路

符夹铁路（Fújiā Tiělù） 位于埇桥区西部。符夹铁路由宿州市符离集至徐州市夹河寨，符夹铁路于1958年8月开工，全线划分符离集至濉溪、濉溪至萧县、萧县至夹河寨3个区段。符濉段率先动工，1959年4月，路基站线、站场先后完成，其后由铁道部8504部队继续施工，1960年1月完成。因铁路起止点得名。全长85.4千米，另有1.6千米符陇联络线，主要车站为褚庄集站。其中宿州市境内19.6千米。途经符离镇。类型为单线、普通线路。

宿淮铁路

宿淮铁路（Sùhuái Tiělù） 位于埇桥区东部。宿淮铁路西起京沪铁路符离集车站，东至新长铁路袁北站。2014年建成投入使用后，命名为宿淮铁路。正线全长210.4千米，江苏境内97.5千米，宿城区32.1千米，主要车站为符离集站。途经安徽省宿州市、灵璧县、泗县，江苏省泗洪县、宿迁市、泗阳县、淮安市。建设标准为国铁Ⅰ级，以货运为主，客运为辅。

骑路运粮河桥

骑路运粮河桥（Qílùyùnliánghé Qiáo）位于北杨寨乡境内。始建于1978年，建成于1979年，因该桥位于北杨寨乡骑路村运粮河上，故而得名。最大载重量10吨，桥长95米，宽8米，桥拱最大跨度为10米。高度为8米。所在线路为庙东路。所在河流为运粮河。类型为人行桥。

沱河堤桥

沱河堤桥（Tuóhédī Qiáo） 位于城东乡境内。始建于1968年，建成于1968年，因位于埇桥区城东街道沱河上，故而得名。最大载重量10吨，桥长20米，宽7米，桥拱最大跨度为7米。高度为7米。所在线路为东三环路。所在河流为沱河。类型为人行桥。

梅圩桥

梅圩桥（Méiwéi Qiáo） 位于城东乡境内。始建于1968年，建成于1969年，位于埇桥区梅圩村，故而得名。最大载重量10吨，桥长20米，宽5米，桥拱最大跨度为7米。高度为5米。所在线路为东二环路。所在河流为沱河。类型为人行桥。

大顾桥

大顾桥（Dàgù Qiáo） 位于大店镇境内。始建于1972年，建成于1972年，位于大店镇大顾庄，故而得名。最大载重量10吨，桥长10米，宽6米，桥拱最大跨度为10米。高度为6米。所在线路为大东—汪圩公路。所在河流为沱河。类型为人行桥。

刚西桥

刚西桥（Gāngxī Qiáo） 位于大店镇境内。始建于1971年，建成于1971年，位于大店镇境内，故而得名。最大载重量10吨，桥长10米，宽6米，桥拱最大跨度为10米。高度为6米。所在线路为南张路。所在河流为沱河。类型为人行桥。

新如意沟桥

新如意沟桥（Xīnrúyìgōu Qiáo） 位于大店镇境内。始建于1975年，建成于1975年，取吉祥如意之意，故而得名。最大载重量10吨，桥长10米，宽5米，桥拱最大跨度为10米。高度为5米。所在线路为穆王路。所在河流为小黄河。类型为人行桥。

吴家桥

吴家桥（Wújiā Qiáo） 位于大店镇境内。始建于1971年，建成于1971年，位于大店镇吴家，故而得名。最大载重量10吨，桥长10米，宽6米，桥拱最大跨度为10米。高度为6米。所在线路为瓦新路。所在河流为小黄河。类型为人行桥。

大汤家沟桥

大汤家沟桥（Dàtāngjiāgōu Qiáo） 位于大店镇境内。始建于1972年，建成于1972年。位于大店镇大汤家沟，故而得名。最大载重量10吨，桥长10米，宽6米，桥拱最大跨度为10米。高度为6米。所在线路为瓦新路。所在河流为小黄河。类型为人行桥。

向阳桥

向阳桥（Xiàngyáng Qiáo） 位于支河乡境内。始建于1975年，建成于1975年。以附近向阳自然庄命名。最大载重量10吨，桥长16米，宽5米，桥拱最大跨度为16米，高度为5米。所在线路为桥杨路。所在河流为霞河。桥拱类型为人行桥。

陈曈桥

陈曈桥（Chéntuǎn Qiáo） 位于曹村镇境内。始建于1975年，建成于1976年，以附近陈曈自然庄命名。最大载重量10吨，桥长20米，宽5米，桥拱最大跨度为7米，高度为5米。所在线路为王村张庄。所在河流为欧河。桥拱类型为人行桥。

界洪河桥

界洪河桥（Jièhónghé Qiáo） 位于朱仙庄镇境内。始建于1969年，建成于1969年。因坐落于界洪河上而得名。最大载重量10吨，桥长10米，宽6米，桥拱最大跨度为10米，高度为6米。所在线路为陈东路。所在河流为界洪河。桥拱类型为人行桥。

涂沟桥

涂沟桥（Túgōu Qiáo） 位于朱仙庄镇境内。始建于1975年，建成于1975年。因坐落于涂沟上而得名。最大载重量10吨，桥长10米，宽度5米，桥拱最大跨度为10米，高度为5米。所在线路为朱宋路。所在河流为小黄河。桥拱类型为人行桥。

李卢桥

李卢桥（Lǐlú Qiáo） 位于朱仙庄镇境内。始建于1975年，建成于2011年。以附近李楼自然庄命名。最大载重量10吨，桥长24.04米，宽度5米，桥拱最大跨度为10米，高度为5米。所在线路为丁李路。所在河流为沱河。桥拱类型为人行桥。

大曹桥

大曹桥（Dàcáo Qiáo） 位于朱仙庄镇境内。始建于1977年，建成于2011年。以附近大曹家庄自然庄命名。最大载重量10吨，桥长21米，宽6.5米，桥拱最大跨度为12米，高度为6.5米。所在线路为新后路。所在河流为界洪河。桥拱类型为人行桥。

朱仙庄镇曾家桥

朱仙庄镇曾家桥（Zhūxiānzhuāng Zhèn Zēngjiā Qiáo） 位于朱仙庄镇境内。始建于1975年，建成于1975年。以附近曾家庄自然庄命名。最大载重量10吨，桥长10米，宽6米，桥拱最大跨度为10米，高度为6米。所在线路为新后路。所在河流为界洪河。桥拱类型为人行桥。

小黄河桥

小黄河桥（Xiǎohuánghé Qiáo） 位于大店镇境内。始建于1969年，建成于1969年。最大载重量10吨，桥长10米，宽5米，桥拱最大跨度为10米，高度为5米。所在线路为新后路。所在河流为小黄河。桥拱类型为人行桥。

中心沟桥

中心沟桥（Zhōngxīngōu Qiáo） 位于朱仙庄镇境内。始建于1968年，建成于1968年。因坐落于中心沟上而得名。最大载重量10吨，桥长10米，宽5米，桥拱最大跨度为10米，高度为5米。所在线路为新后路。所在河流为小黄河。桥拱类型为人行桥。

韩楼桥

韩楼桥（Hánlóu Qiáo） 位于杨庄乡境内。始建于1970年，建成于1970年。以附近韩楼自然庄命名。最大载重量10吨，桥长10米，宽度6米，桥拱最大跨度为10米，高度为6米。所在线路为郑瓦路。所在河流为阎河。桥拱类型为人行桥。

小寨子桥

小寨子桥（Xiǎozhàizi Qiáo） 位于栏杆镇境内。始建于1972年，建成于1972年。以附近小寨子自然庄命名。最大载重量10吨，桥长50米，宽6米，桥拱最大跨度为

38米，高度为6米。所在线路为孟阮路。所在河流为奎河。桥拱类型为人行桥。

张町桥

张町桥（Zhāngdīng Qiáo） 位于栏杆镇境内。始建于1971年，建成于1971年。以附近张町自然庄命名。最大载重量10吨，桥长50米，宽6米，桥拱最大跨度为38米，高度为6米。所在线路为孟阮路。所在河流为奎河。桥拱类型为人行桥。

桃沟大桥

桃沟大桥（Táogōu Dàqiáo） 位于桃沟乡境内。始建于1974年，建成于1974年。以附近唐河自然庄命名。最大载重量10吨，桥长70米，宽5米，桥拱最大跨度为8米，高度为5米。所在线路为秦李路。所在河流为濉河。桥拱类型为人行桥。

朱圩桥

朱圩桥（Zhūwéi Qiáo） 位于桃沟乡境内。始建于1978年，建成于1978年。以附近朱圩自然庄命名。最大载重量10吨，桥长60米，宽8米，桥拱最大跨度为18米，高度为8米。所在线路为小邵路。所在河流为双庆河。桥拱类型为人行桥。

大许沟桥

大许沟桥（Dàxǔgōu Qiáo） 位于永安镇境内。始建于1975年，建成于1975年。坐落于大许沟上而得名。最大载重量10吨，桥长37米，宽8米，桥拱最大跨度为6米，高度为8米。所在线路为单老路。所在河流为方河。桥拱类型为人行桥。

看花沟桥

看花沟桥（Kànhuāgōu Qiáo） 位于朱仙庄镇境内。始建于1975年，建成于1975年。因坐落于看花沟上而得名。最大载重量10吨，桥长18米，宽5米，桥拱最大跨度为18米，高度为5米。所在线路为唐丁路。所在河流为小黄河。桥拱类型为人行桥。

张庄桥

张庄桥（Zhāngzhuāng Qiáo） 位于顺河乡境内。始建于1969年，建成于1970年。以附近张庄自然庄命名。最大载重量10吨，桥长20米，宽8米，桥拱最大跨度为5米，高度为8米。所在线路为黄孙路。所在河流为濉河。桥拱类型为人行桥。

张沟桥

张沟桥（Zhānggōu Qiáo） 位于蒿沟乡境内。始建于1975年，建成于1976年。因坐落于张沟上而得名。最大载重量10吨，桥长30米，宽6米，桥拱最大跨度为5米，高度为6米。所在线路为蒿余路。所在河流为濉河。桥拱类型为人行桥。

中沟桥

中沟桥（Zhōnggōu Qiáo） 位于蒿沟乡境内。始建于1969年，建成于1970年。因坐落于中沟上而得名。最大载重量10吨，桥长25米，宽7米，桥拱最大跨度为10米，高度为7米。所在线路为蒿余路。所在河流为濉河。桥拱类型为人行桥。

顺河桥

顺河桥（Shùnhé Qiáo） 位于顺河乡境内。始建于1972年，建成于1973年。以附近双庆河命名。最大载重量10吨，桥长25米，宽6米，桥拱最大跨度为15米，高度为6米。所在线路为Y118。桥拱类型为人行桥。

大营桥

大营桥（Dàyíng Qiáo） 位于大营镇境内。始建于1976年，建成于1976年。以附近大营自然庄命名。最大载重量55吨，桥长80米，宽6米，桥拱最大跨度为15米，高度为6米。所在线路为永陈路。所在河流为澥河。桥拱类型为公路桥。

股河桥

股河桥（Gǔhé Qiáo） 位于符离镇境内。始建于1989年，建成于1989年。以附近股河命名。最大载重量55吨，桥长32米，宽6米，桥拱最大跨度为16米，高度为6米。所在线路为五符路。桥拱类型为公路桥。

新流河桥

新流河桥（Xīnliúhé Qiáo） 位于褚兰镇境内。始建于1976年，建成于1976年。以附近新河自然庄命名。最大载重量55吨，桥长28米，宽4米，桥拱最大跨度为9米，高度为4米。所在线路为朝褚路。桥拱类型为公路桥。

阎河桥

阎河桥（Yánhé Qiáo） 位于褚兰镇境内。始建于1970年，建成于1971年。以附近阎河自然庄命名。最大载重量55吨，桥长90米，宽6米，桥拱最大跨度为20米，高度为6米。所在线路为朝褚路。桥拱类型为公路桥。

琅溪河桥

琅溪河桥（Lángxīhé Qiáo） 位于褚兰镇境内。始建于1964年，建成于1965年。以附近郎新村自然庄命名。最大载重量55吨，桥长90米，宽5米，桥拱最大跨度为8米，高度为5米。所在线路为朝褚路。所在河流为琅溪河。桥拱类型为公路桥。

慈杭大桥

慈杭大桥（Cíháng Dàqiáo） 位于栏杆镇境内。始建于1990年，建成于1991年。以附近慈杭自然庄命名。最大载重量55吨，桥长29.5米，宽8米，桥拱最大跨度为18米，高度为8米。所在线路为刁李路。所在河流为老奎河。桥拱类型为人行桥。

刘寨桥

刘寨桥（Liúzhài Qiáo） 位于栏杆镇境内。始建于1976年，建成于1977年。以附近刘小街自然庄命名。最大载重量55吨，桥长44米，宽4米，桥拱最大跨度为22米，高度为4米。所在线路为刁李路。所在河流为拖尾河。桥拱类型为人行桥。

湾里桥

湾里桥（Wānlǐ Qiáo） 位于支河乡境内。始建于1970年，建成于1971年。以附近瓦坊自然庄命名。最大载重量55吨，桥长50米，宽5米，桥拱最大跨度为7米，高度为5米。所在线路为后旺秦山。所在河流为欧河。桥拱类型为人行桥。

刘桥

刘桥（Liú Qiáo） 位于支河乡境内。始建于1970年，建成于1971年。以附近刘闵自然庄命名。最大载重量55吨，桥长50米，宽4.5米，桥拱最大跨度为7米，高度为4.5米。所在线路为鸭湖夹沟镇交。所在河流为霞河。桥拱类型为人行桥。

赵凤桥

赵凤桥（Zhàofèng Qiáo） 位于汴河镇境内。始建于1980年。建成于2011年，以附近赵凤自然庄命名。最大载重量55吨，桥长39.2米，宽4.4米，桥拱最大跨度为5.6米，高度为4.4米。所在线路为黄梅路。所在河流为沱河。桥拱类型为人行桥。

林口大桥

林口大桥（Línkǒu Dàqiáo） 位于时村镇境内。始建于1994年，建成于1995年。以附近两半昌自然庄命名。最大载重量55

吨，桥长105米，宽8.4米，桥拱最大跨度为26米，高度为8.4米。所在线路为刁山—东风公路。所在河流为奎河。桥拱类型为人行桥。

刁山大桥

刁山大桥（Diāoshān Dàqiáo） 位于时村镇境内。始建于1970年，建成于1971年。以附近刁山自然庄命名。最大载重量55吨，桥长85米，宽5米，桥拱最大跨度为10米，高度为5米。所在线路为孙巩路。所在河流为唐河。桥拱类型为人行桥。

支河桥

支河桥（Zhīhé Qiáo） 位于永安镇境内。始建于1975年，建成于1976年。以附近支河命名。最大载重量55吨，桥长30米，宽4米，桥拱最大跨度为8米，高度为4米。所在线路为刁林路。所在河流为欧河。桥拱类型为人行桥。

刘瓦坊桥

刘瓦坊桥（Liúwǎfāng Qiáo） 位于永安镇境内。始建于1984年。建成于1985年，以附近刘桥自然庄命名。最大载重量55吨，桥长27米，宽4米，桥拱最大跨度为13米，高度为4米。所在线路为刘瓜路。所在河流为方河。桥拱类型为人行桥。

解李桥

解李桥（Xièlǐ Qiáo） 位于永安镇境内。始建于1975年，建成于1976年。以附近解李自然庄命名。最大载重量10吨，桥长37米，宽6米，桥拱最大跨度为10米，高度为6米。所在线路为王吕路。所在河流为方河。桥拱类型为人行桥。

马料沟桥

马料沟桥（Mǎliàogōu Qiáo） 位于永镇乡境内。桥梁为预制板梁结构，平面公路桥梁。修建于1987年，建成于1987年。该桥位于固镇县湖沟镇旗王村马料沟之上，故得名马料沟桥。最大载重量为25吨，宽度为6米，高度为2米，最大跨度为22米。桥梁为预制板梁结构，平面公路桥梁。高度为8米。所在线路为方店—禅堂公路。所在河流为澥河。类型为公路桥。

第三节　火车站、汽车站

宿州站

宿州站（Sùzhōu Zhàn） 原名宿县站，位于宿州市区东部，东关街道辖区内。建于1912年。类型为客货混运。年客运量390万人，年货运量15万吨。占地面积160万平方米，建筑面积2.6万平方米，其中候车室面积1135平方米，总长度为139.42千米，两个接车月台，是皖北重要的交通枢纽。所在行政区为埇桥区。归属上海铁路局。

宿州东站

宿州东站（Sùzhōu Dōngzhàn） 位于宿州市埇桥区蒿沟乡，宿州马鞍山现代产业园区内。2011年5月22日建成。类型为客运。设计近期年客运量511万人，远期704

万。京沪高铁全线设21个停靠站，宿州东站为第11个站，铁路线上距北京767千米。占地面积约13.3万平方米，建筑面积为4998平方米。2015年8月11日，宿州东站启动站房面积扩建工程，设计站房面积3万平方米。

宿州快客汽车站

宿州快客汽车站（Sùzhōu Kuàikè Qìchēzhàn） 位于合徐高速公路宿州出口北1000米、拂晓大道东侧。2006年6月投入使用。年客运量182万人，占地面积66600平方米。周边有拂晓大道。所（跨）行政区为三八街道。

宿州汽车东站

宿州汽车东站（Sùzhōu Qìchē Dōngzhàn）位于宿怀路与汴河路交叉路口。始建时间1990年，建成时间1993年。年客运量24万人，占地面积11388平方米。周边有汴河路。所跨行政区为东关街道。

符离汽车站

符离汽车站（Fúlí Qìchēzhàn） 位于符离镇西北部。2015年9月1日试运行。年客运量15万人，占地面积5000平方米。周边有101省道。所跨行政区为宿州市符离镇。

宿州公用汽车站

宿州公用汽车站（Sùzhōu Gōngyòng Qìchēzhàn） 位于南关街道东部浍水路北部。始建时间2007年，建成时间2007年。年客运量2.5万人，占地面积800平方米。周边有浍水路与中国银行。所跨行政区为南关街道。

市运客车站

市运客车站（Shìyùn Kèchēzhàn） 位于北关街道东部滨河路北部。始建时间2006年，建成时间2006年。年客运量18万人，占地面积6000平方米。周边有滨河路。所跨行政区为北关街道。

206国道三堡收费站

206国道三堡收费站（206Guódào Sānbǎo Shōufèizhàn） 位于埇桥区曹村镇北部，与徐州交界，是宿州与徐州互通的一个重要进出口。所在道路为206国道。占地面积约4000平方米。始建于1988年，为高速公路服务站点，设在206国道埇桥区曹村镇与徐州交界处三堡，故名206国道三堡收费站。

宿州市过境公路收费站

宿州市过境公路收费站（Sùzhōu Shì Guòjìng Gōnglù Shōufèizhàn） 位于符离镇南，是进出市区的要道。所在道路为206国道。占地面积约2200平方米。始建于1988年。为高速公路服务站点，设在符离镇与埇桥区交界处，是进出市区的要道，故命名为宿州市过境公路收费站。

宿州北收费站

宿州北收费站（Sùzhōuběi Shōufèizhàn） 位于宿州市埇桥区北，汴河街道境内。206国道与泗宿高速交口，京沪高速以西。所在道路为206国道。占地面积约5600平方米。始建于1988年，2001年改建。为高速公路服务站点，位于宿州市埇桥区北部，故名宿州北收费站。

宿州收费站

宿州收费站（Sùzhōu Shōufèizhàn）位于宿州市埇桥区西南，是G3京台高速的重要进出口。所在道路为迎宾大道。占地面积约1800平方米。始建于1988年。为高速公路服务站点，是G3高速宿州出入口，故名宿州收费站。

宿州南收费站

宿州南收费站（Sùzhōunán Shōufèizhàn） 位于宿州南。所在道路为北京—台北高速公路。占地面积约800平方米。始建于1988年。为高速公路服务站点，位于宿州市埇桥区南部，故名宿州南收费站。

宿州东收费站

宿州东收费站（Sùzhōudōng Shōufèizhàn） 位于宿州南。所在道路为泗洪—许昌高速公路。占地面积约3700平方米。始建于1988年，为高速公路服务站点，位于宿州市埇桥区东部，故名宿州东收费站。

第四节 地标建筑、广场

安厦时代广场

安厦时代广场（Ānshà Shídài Guǎngchǎng） 位于安徽省宿州市汴河中路和宿怀南路交叉口，广场北临宿城经济中轴的汴河中路，东靠城市南北主干道宿怀路。面积为59760平方米，建筑面积约66112平方米，其中商业16015平方米，住宅39402平方米。主体层数30层，主体高度110米。停车位274个。绿化率35.6%。

城隍庙商城

城隍庙商城（Chénghuángmiào Shāngchéng） 位于胜利路与淮海中路东侧100米。占地面积约32757平方米，建筑面积约196542平方米。主体层数6层，主体高度为20米。主要经营服装纺织、日用百货、玩具纸张、古玩字画等。

电信大楼

电信大楼（Diànxìn Dàlóu） 位于西昌南路与薛芦巷交口西南侧，西昌南路以西。面积为9259平方米，建筑面积为111108平方米。主体层数为12层，主体高度为42米。

供电大楼

供电大楼（Gòngdiàn Dàlóu） 位于淮海中路与环城南路交口以西。占地面积约2820平方米，建筑面积约33840平方米。主体层数为12层，主体高度为42米。

国贸购物广场

国贸购物广场（Guómào Gòuwù Guǎngchǎng） 位于淮海中路与环城南路交口以东。占地面积约4980平方米，建筑面积约24900平方米。主体层数为5层，主体高度为21米。

恒丰大厦

恒丰大厦（Héngfēng Dàshà） 位于汴河中路与淮海中路交口以东，市立医院旁。占地面积约5380平方米，建筑面积约86080平方米。主体层数为16层，主体高度为52米。

恒馨财富广场

恒馨财富广场（Héngxīn Cáifù Guǎngchǎng） 位于西昌路131号，西昌南路与汴河中路交口以东。占地面积约16000平方米，建筑面积约80000平方米。主体层数为

5层，主体高度为18米。

华夏世贸广场

华夏世贸广场（Huáxià Shìmào Guǎngchǎng） 位于人民南路与汴河西路交口东南方位。占地面积约22456平方米，建筑面积约516488平方米。主体层数为23层，主体高度为81米。

家乐福世纪广场

家乐福世纪广场（Jiālèfú Shìjì Guǎngchǎng） 位于汴河中路以南，二中巷旁。占地面积约14200平方米，建筑面积约426000平方米。主体层数为30层，主体高度为105米。

两淮宿州新城

两淮宿州新城（Liǎnghuái Sùzhōu Xīnchéng） 位于淮海中路与环城北路交口以北。占地面积约54300平方米，建筑面积约988200平方米。主体层数为18层，主体高度为64米。

宿州供销商厦

宿州供销商厦（Sùzhōu Gòngxiāo Shāngshà） 位于宿怀南路908号。占地面积约450平方米，建筑面积约5400平方米。主体层数为12层，主体高度为42米。

宿州市百货大楼

宿州市百货大楼（Sùzhōu Shì Bǎihuò Dàlóu） 位于胜利路与淮海中路交叉口。面积为8000平方米，建筑面积为40000平方米。主体层数为5层，主体高度为18米。主要经营百货、针纺织品、五金交电、化工，注册员工人数为483人。

宿州市行政大楼

宿州市行政大楼（Sùzhōu Shì Xíngzhèng Dàlóu） 位于磬云南路与淮河西路交叉口东南方向。占地面积约13700平方米，建筑面积约137000平方米。主体层数为10层，主体高度为36米。

邮局大楼

邮局大楼（Yóujú Dàlóu） 位于淮海中路与环保巷交口东北角。占地面积约3780平方米，建筑面积约37800平方米。主体层数为10层，主体高度为36米。

中煤大厦

中煤大厦（Zhōngméi Dàshà） 位于汴河中路与大泽路交口以东。占地面积约5940平方米，建筑面积约89100平方米。主体层数为15层，主体高度为54米。

中央广场

中央广场（Zhōngyāng Guǎngchǎng） 位于汴河中路与淮海中路交口西北角。占地面积约8440平方米，建筑面积约236320平方米。主体层数为28层，主体高度为98米。

紫云楼

紫云楼（Zǐyún Lóu） 位于宿蒙路旁，下关中学以南。占地面积约460平方米，建筑面积约1380平方米。主体层数为3层，主体高度为11米。

银河广场

银河广场（Yínhé Guǎngchǎng） 位于银河一路与人民中路交口，市政府对面。广场长约300米，宽约152米，占地面积约45600平方米。银河广场是集商业、住宅、休闲为一体的综合性广场。周边有宿州市博物馆、宿州市民政局、宿州市老年大学等。

科技文化广场

科技文化广场（Kējì Wénhuà Guǎngchǎng） 位于汴河中路南，东至家乐福，西至市立医院，南至宿州市原第二中学。广场长约200米，宽约164米，占地面积约3200平方米。周边有市立医院、家乐福、宿州市广播大学等。

火车站广场

火车站广场（Huǒchēzhàn Guǎngchǎng）位于宿州市火车站前，胜利路与怀远路交口正东。广场长约132米，宽约85米，占地面积约10400平方米。周边有宿州市粮食局、宿州火车站、宿州市第七小学等。

雪枫广场

雪枫广场（Xuěfēng Guǎngchǎng） 位于环城北路以北，沱河路以南，雪枫公园西南角。广场长约179米，宽约105米，占地面积约1800平方米。周边有宿州市一职高、雪枫公园、沱河等。

安徽省宿州市亚洲精武馆

安徽省宿州市亚洲精武馆（Ānhuī Shěng Sùzhōu Shì Yàzhōu Jīngwǔguǎn） 位于桃园镇中北部，206国道以西。占地面积约3500平方米，建筑面积约2430平方米。

宿州市九中体育馆

宿州市九中体育馆（Sùzhōu Shì Jiǔzhōng Tǐyùguǎn） 位于纺织路与西昌南路交口东南100米处，宿州市第九中学正西，宿州埇桥区西昌南路420号。占地面积约1500平方米，建筑面积约800平方米。

宿州市体育馆

宿州市体育馆（Sùzhōu Shì Tǐyùguǎn）位于宿州市人民路与汴阳三路交叉口东北角。占地面积约105890平方米，建筑面积约25238平方米。宿州市体育局筹建，于2011年9月始建，2016年底完成。地上两层，地下一层，建筑总高度30.2米。

宿州市城市规划展示馆

宿州市城市规划展示馆（Sùzhōu Shì Chéngshì Guīhuà Zhǎnshìguǎn） 位于人民路与汴阳三路交叉口西北角。占地面积约18340平方米，建筑面积约6840平方米。中国建筑第五工程局承建，建筑物高约12米。

第五节　水利电力通信设施

水利设施

曹村水库

曹村水库（Cáocūn Shuǐkù） 位于曹村镇曹村境内。水库长约154米，宽约109米，面积1平方千米。主要水源来源于欧河，属小型水库。平均水深5.15米。水库总库容5.15万立方米。曹村水库30年一遇设计洪水位54.26米，500年一遇校核洪水位55.02米。水库具有防洪、灌溉等效益。

秦山水库

秦山水库（Qínshān Shuǐkù） 位于曹村镇西南7千米，秦山村境内。水库长436米，宽384米，面积约2.3平方千米。主要水源为欧河。平均水深为5.25米。库容量12.08万立方米。属大坝型，坝长400米，坝顶高程54.4米，坝高9米，坝顶宽3米，坝下水面至坝顶高5米。可灌溉良田0.1万亩。库内可养鱼及发展水户养殖业。

李院水库

李院水库（Lǐyuàn Shuǐkù） 位于褚兰集南4千米李院村境内。水库长660米，宽460米，面积约5平方千米。主要水源为奎河。平均水深为5.71米。库容量28.55万立方米。属大坝型，坝长1000米，坝顶高程55.5米，坝高9.5米，坝顶宽4米，坝下水面至坝顶高6米。可灌溉良田0.05万亩。库内可养鱼及水产养殖业，交通便利。

梁套水库

梁套水库（Liángtào Shuǐkù） 位于符离集西北5千米梁套村境内。水库长836米，宽707米，面积约9.2平方千米。主要水源为黄涧沟。平均水深为4.59米。库容量42.29万立方米。属土坝型，坝长1160米，坝顶高程48.5米，坝顶宽2.5千米，坝高10米，坝下水面至坝顶高6米。可灌溉良田0.5亩。库水可以养鱼及发展水产养殖业。

长山套水库

长山套水库（Chángshāntào Shuǐkù） 位于夹沟镇西北部胡疃村境内，处于京沪铁路和206国道西侧，距京沪铁路5千米，距206国道5.5千米。水库长56米，宽20米，面积3.5平方千米。主要水源为欧河。平均水深71.3米。水库总库容24.95万立方米。长山套水库枢纽工程由大坝、放水设施、溢洪道等建筑物为4级，其余按5级建筑物设计。校核洪水位72.51米，设计水位72.06米，兴利水位7.13米，死水位67.0米。水库总库容139.07立方米。长山套水库主要任务为防洪，保护水库下游的村庄及集镇，保护水库下游京沪铁路及206国道的安全。

五柳水库

五柳水库（Wǔliǔ Shuǐkù） 位于夹沟镇西北5千米，五柳村境内，群山环抱中。水库长1833米，宽740米，面积约5.5平方千米。主要水源来源于欧河。平均水深4.55米。库容量25.03万立方米。是我市山区人工建造最大水库之一，可灌溉良田0.68万亩。库内可养鱼放蚌，是发展水产养殖基地之一。五柳自古峭崚雄险，风景秀丽，是旅游疗养胜地。

马台水库

马台水库（Mǎtái Shuǐkù） 位于解集乡南部马台村境内。水库长182米，宽92米，面积1.2平方千米。主要水源为拖尾河。平均水深为4.78米。水库设计总库容5.74万立方米。属小型水库。属土坝型。校核洪水位49.5米，设计水位49.25米，兴利水位48.5米，死水位45.0米，坝顶高程50米，坝高5米，坝顶宽3米，坝长300米。灌溉面积0.1万亩。

前杨水库

前杨水库（Qiányáng Shuǐkù） 位于解集乡张山村境内。水库长173米，宽89米，面积约0.5平方千米。主要水源为柳须河。平均水深为6.46米。库容量3.23万立方米。属土坝型，坝顶高程75米，坝高5米，坝顶宽3米，坝长200米。灌溉面积0.01万亩。

宣山水库

宣山水库（Xuānshān Shuǐkù） 位于解集乡东北12千米，宣山村境内。水库长989米，宽496米，面积约5.5平方千米。主要水源来源于柳须河。平均水深为4.88米。库容量为26.84万立方米。属大坝型，坝长535米，坝顶高程51米，坝高8.5米，坝顶宽5米，坝长535米，坝下水面至坝顶高千米。可灌溉良田0.25万亩。库内可养鱼及发展水产养殖业。

濉符沟

濉符沟（Suīfú Gōu） 位于埇桥区符离镇。1976年开挖，1998年经过疏浚至今。东西走向，长度14千米，宽30米，最大水深5米。来水面积33平方千米，设计除涝标准为5级，沟底宽10米，设计边坡为1∶2。自闸河起，流入闸河，方便了沿岸众多村庄的排涝、灌溉。

薛堂沟

薛堂沟（Xuētáng Gōu） 位于埇桥区西部，南北走向，起于二铺村，止于大刘家，途经西二铺乡二铺村、葛林村。1959年11月10日开挖沟渠。来水面积55平方千米，长度16.7千米，沟口宽65米，底宽34米，沟深6米，设计边坡1∶2，土方123.6万立方米。

双龙沟

双龙沟（Shuānglóng Gōu） 位于双堆集镇东部，南北走向，起于杨庄，止于门东张，途经双堆集镇沈湖村、施刘村。1958年开始开挖，2002年重新开挖。中间有梗子，两边有两个龙沟，故名。来水面积27平方千米，长度10.5千米，沟口宽40米，底宽16米，沟深6米，设计边坡1∶2，土方44万立方米。

宿蒙沟

宿蒙沟（Sùméng Gōu） 位于埇桥区西南部，南北走向，途经桃园镇、金海街道。1959年11月10日开挖沟。来水面积11平方千米，长度7.64千米，沟口宽30米，底宽10米，沟深5米，设计边坡1∶2，土方90万立方米。

李院水库灌区

李院水库灌区（Lǐyuàn Shuǐkù Guànqū） 灌区位于埇桥区褚兰镇后程村、小圩村境内，建成于1978年。管理单位为埇桥区褚兰镇后程村委会。灌溉面积为2.0001平方千米。主要水源为李院水库。

梁套水库灌区

梁套水库灌区（Liángtào Shuǐkù Guànqū） 位于埇桥区符离镇梁套村境内，建成于1958年。管理单位为埇桥区符离镇梁套村委会，灌溉面积为1.86676平方千米。主要水源为梁套水库。

马梨园灌区

马梨园灌区（Mǎlíyuán Guànqū） 马梨园灌区位于埇桥区汴河街道办事处马梨园村境内，建成于1969年。管理单位为埇桥区汴河马梨园村委会，灌溉面积为2.33345平方千米。主要水源为河湖泵站。

五柳水库灌区

五柳水库灌区（Wǔliǔ Shuǐkù Guànqū） 位于埇桥区夹沟镇五柳村。建成于1970年。管理单位为埇桥区夹沟镇五柳村委会，灌溉面积为5.3336平方千米。主要水源为五柳水库。

新汴河灌区

新汴河灌区（Xīnbiànhé Guànqū） 灌区贯穿埇桥区、灵璧县、泗县。建成于1970年。管理单位为宿州市河道管理局，灌溉面积为92.40462平方千米。主要水源为河湖泵站。

宣山水库灌区

宣山水库灌区（Xuānshān Shuǐkù Guànqū） 位于埇桥区解集乡宣杨村境内。建成于1969年。管理单位为埇桥区解集乡宣杨村委会，灌溉面积为1.73342平方千米。主要水源为宣山水库。

镇头水库灌区

镇头水库灌区（Zhèntóu Shuǐkù Guànqū） 位于埇桥区夹沟镇镇头村境内。建成于1971年。管理单位为埇桥区夹沟镇镇头村委会，灌溉面积为2.0001平方千米。主要水源为镇头水库。

沱河河堤南段

沱河河堤南段（Tuóhé Hédī Nánduàn）位于埇桥区沱河沿岸。所跨行政区域为埇桥区芦岭镇，沱河河堤南段。建成于1996年，其间经历部分堤段修整。该段河堤长43.54千米，堤顶宽3.6米，高度2.8米。河堤主要为夯土建造，部分堤段为水泥混凝土浇筑，用于防止河水泛滥。

澥河河堤北段

澥河河堤北段（Xièhé Hédī Běiduàn）位于埇桥区澥河沿岸，所跨行政区域为埇桥区永镇乡、大营镇，澥河河堤北段。建成于2006年7月，其间经历部分堤段修整。该段河堤长12.13千米，堤顶宽3.1米，高度3米。河堤主要为夯土建造，部分堤段为水泥混凝土浇筑。用于防止河水泛滥。

浍河河堤北段

浍河河堤北段（Huìhé Hédī Běiduàn）位于埇桥区浍河沿岸，所跨行政区域为埇桥区芦岭镇、桃园镇，浍河河堤北段。建成于1998年8月，其间经历部分堤段修整。该段河堤长33.62千米，堤顶宽4.2米，高度4.2米。河堤主要为夯土建造，部分堤段为水泥混凝土浇筑。用于防止河水泛滥。

柏山闸

柏山闸（Bǎishān Zhá） 位于栏杆镇柏山村境内，建成于1952年6月。所在河流为奎河，闸孔数量为5孔，闸孔宽度为35米，闸坝类型为节制闸，管理单位为宿州市埇桥区水利局。混凝土和石块结构中型手摇卷扬闸，闸长20米，孔高4米，宽5米。投资100万。主要有排洪灌溉的作用，流量344米，控制面积660平方千米。为新中国成立后宿州市第一闸。

柏山朱寨闸

柏山朱寨闸（Bǎishānzhūzhài Zhá）位于栏杆镇柏山村境内，建成于2008年4月。所在河流为奎河。闸孔数量为2孔，闸孔宽度为10米。闸坝类型为节制闸。管理单位为柏山村委会。

半楼闸

半楼闸（Bànlóu Zhá） 位于顺河乡王垅村境内。建成于1981年3月。所在河流为股河。闸孔数量为3孔，闸孔宽度为12米。闸坝类型为节制闸。管理单位为顺河水利站。

北大桥涵

北大桥涵（Běidàqiáo Hán） 位于时村镇东风村境内。建成于1968年3月。所在河流为奎河。闸孔数量为1孔，闸孔宽度为3米。闸坝类型为节制闸。管理单位为东风村委会。

卜陈沟闸

卜陈沟闸（Bǔchéngōu Zhá） 位于芦岭镇曹坊村境内。建成于1972年9月。所在河流为沱河。闸孔数量为2孔，闸孔宽度为8米。闸坝类型为排（退）水闸。管理单位为芦岭水利站。

蔡楼闸

蔡楼闸（Càilóu Zhá） 位于杨庄乡杜楼村境内。建成于1998年10月。所在河流为奎河。闸孔数量为1孔，闸孔宽度为1.5米。闸坝类型为节制闸。管理单位为杜楼村委会。

蔡桥闸

蔡桥闸（Càiqiáo Zhá） 位于芦岭镇南

王寨村境内。建成于2006年10月。所在河流为沱河。闸孔数量为1孔，闸孔宽度为2米。闸坝类型为排（退）水闸，管理单位为芦岭水利站。

曹塘闸

曹塘闸（Cáotáng Zhá）　位于蕲县镇团结村境内。建成于1996年5月。所在河流为浍河。闸孔数量为2孔，闸孔宽度为5米。闸坝类型为排（退）水闸。管理单位为蕲县水利站。

草坝闸

草坝闸（Cǎobà Zhá）　位于时村镇时东村境内。建成于1979年10月。所在河流为新濉河。闸孔数量为10孔，闸孔宽度为60米。闸坝类型为节制闸。管理单位为宿州市埇桥区水利局。钢筋混凝土结构中型电动闸，孔高8.4米，宽6米，蓄水量886立方米。投资900万元。主要起排涝河灌溉的作用。

长园闸

长园闸（Chángyuán Zhá）　位于时村镇冲疃村境内。建成于2002年7月。所在河流为拖尾河。闸孔数量为1孔，闸孔宽度为2.5米。闸坝类型为节制闸。管理单位为冲疃村委会。

陈村闸

陈村闸（Chéncūn Zhá）　位于时村镇陈村村境内。建成于1977年4月。所在河流为拖尾河。闸孔数量为2孔，闸孔宽度为5米。闸坝类型为节制闸。管理单位为陈村村委会。

程房沟闸

程房沟闸（Chéngfánggōu Zhá）　位于杨庄乡程庄村境内。建成于1996年11月。所在河流为奎河。闸孔数量为1孔，闸孔宽度为2米。闸坝类型为节制闸。管理单位为程庄村委会。

大店闸

大店闸（Dàdiàn Zhá）　位于大店镇五一村境内。建成于1972年6月。所在河流为北沱河。闸孔数量为6孔，闸孔宽度为24米。闸坝类型为节制闸。管理单位为宿州市埇桥区水利局。

大顾闸

大顾闸（Dàgù Zhá）　位于大店镇汪圩村境内。建成于1957年7月。所在河流为沱河。闸孔数量为2孔，闸孔宽度为3.8米。闸坝类型为排（退）水闸。管理单位为大店水利站。

大胡引水闸

大胡引水闸（Dàhúyǐnshuǐ Zhá）　位于三八街道大吴村境内。建成于1976年3月。所在河流为戚家沟。闸孔数量为1孔，闸孔宽度为4米。闸坝类型为引（进）水闸。管理单位为三八办事处。

大夏闸

大夏闸（Dàxià Zhá）　位于苗庵乡苗庵村境内。建成于2005年9月。所在河流为新河。闸孔数量为1孔，闸孔宽度为3.5米。闸坝类型为节制闸。管理单位为苗庵水利站。

戴夏闸

戴夏闸（Dàixià Zhá）　位于桃沟乡戴夏村境内。建成于1992年1月。所在河流为新濉河。闸孔数量为1孔，闸孔宽度为2米。闸坝类型为节制闸。管理单位为戴夏村委会。

电站小闸

电站小闸（Diànzhàn Xiǎozhá）　位于时村镇马楼村境内。建成于1968年3月。

所在河流为拖尾河。闸孔数量为1孔，闸孔宽度为1.5米。闸坝类型为节制闸。管理单位为马楼村委会。

丁闸

丁闸（Dīng Zhá） 位于大泽乡镇和谐村境内。建成于1992年5月。所在河流为浍河。闸孔数量为3孔，闸孔宽度为9米。闸坝类型为节制闸。管理单位为大泽乡水利站。

东风涵

东风涵（Dōngfēng Hán） 位于时村镇东风村境内。建成于1983年3月。所在河流为新濉河。闸孔数量为1孔，闸孔宽度为2米。闸坝类型为节制闸。管理单位为东风村委会。

二里庄闸

二里庄闸（Èrlǐzhuāng Zhá） 位于金海街道办事处五里村境内。建成于2007年5月。所在河流为运粮河。闸孔数量为3孔，闸孔宽度为10米。闸坝类型为节制闸。管理单位为开发区河道管理局。

方店闸

方店闸（Fāngdiàn Zhá） 位于永镇乡方店村境内。建成于1958年9月。所在河流为新澥河。闸孔数量为4孔，闸孔宽度为16米。闸坝类型为节制闸。管理单位为宿州市埇桥区水利局。

方桥闸

方桥闸（Fāngqiáo Zhá） 位于永安镇潘湖村境内。建成于1961年4月。所在河流为方河。闸孔数量为3孔，闸孔宽度为8.1米。闸坝类型为排（退）水闸。管理单位为永安水利站。

符离闸

符离闸（Fúlí Zhá） 位于符离镇符离村境内。建成于1972年7月。所在河流为萧濉新河。闸孔数量为13孔，闸孔宽度为78米。闸坝类型为节制闸。管理单位为宿州市埇桥区水利局。

傅沟闸

傅沟闸（Fùgōu Zhá） 位于时村镇付楼村境内。建成于1953年4月。所在河流为股河。闸孔数量为3孔，闸孔宽度为9米。闸坝类型为节制闸。管理单位为宿州市埇桥区水利局。

傅家闸

傅家闸（Fùjiā Zhá） 位于朱仙庄镇塔桥村境内。建成于1978年12月。所在河流为新北沱河。闸孔数量为1孔，闸孔宽度为2米。闸坝类型为节制闸。管理单位为朱仙庄水利站。

沟西闸

沟西闸（Gōuxī Zhá） 位于西二铺乡沟西村境内。建成于1999年10月。所在河流为薛堂沟。闸孔数量为1孔，闸孔宽度为3.4米。闸坝类型为节制闸。管理单位为沟西村委会。

郭园闸

郭园闸（Guōyuán Zhá） 位于支河乡曹庄村境内。建成于1977年12月。所在河流为霞河。闸孔数量为5孔，闸孔宽度为20米。闸坝类型为节制闸。管理单位为宿州市埇桥区水利局。

郭沱沟闸

郭沱沟闸（Guōtuógōu Zhá） 位于芦岭镇曹坊村境内。建成于1998年4月。所在河流为沱河。闸孔数量为2孔，闸孔宽度为6米。闸坝类型为排（退）水闸。管理单位为芦岭水利站。

海汪闸

海汪闸（Hǎiwāng Zhá） 位于苗庵乡新庄村境内。建成于2005年9月。所在河流为新河。闸孔数量为1孔，闸孔宽度为3.5米。闸坝类型为节制闸。管理单位为苗庵水利站。

韩岭闸

韩岭闸（Hánlǐng Zhá） 位于西二铺乡沈家村境内。建成于2007年12月。所在河流为戚家沟。闸孔数量为1孔，闸孔宽度为1.9米。闸坝类型为排（退）水闸。管理单位为沈家村委会。

韩庄闸

韩庄闸（Hánzhuāng Zhá） 位于杨庄乡杜楼村境内。建成于1976年4月。所在河流为奎河。闸孔数量为2孔，闸孔宽度为3米。闸坝类型为节制闸。管理单位为杜楼村委会。

红旗涵

红旗涵（Hóngqí Hán） 位于时村镇红旗村境内。建成于1968年2月。所在河流为新濉河。闸孔数量为1孔，闸孔宽度为2米。闸坝类型为节制闸。管理单位为红旗村委会。

后楼涵

后楼涵（Hòulóu Hán） 位于杨庄乡程庄村境内。建成于2010年5月。所在河流为奎河。闸孔数量为1孔，闸孔宽度为2米。闸坝类型为节制闸。管理单位为程庄村委会。

夹栏闸

夹栏闸（Jiálán Zhá） 位于夹沟镇周坡村境内。建成于1953年6月。所在河流为欧河。闸孔数量为6孔，闸孔宽度为18米。闸坝类型为节制闸。管理单位为周坡村委会。

刘潭窝闸

刘潭窝闸（Liútánwō Zhá） 位于灰古镇灰古村境内。建成于1971年4月。所在河流为新濉河。闸孔数量为5孔，闸孔宽度为17.5米。闸坝类型为节制闸。管理单位为宿州市埇桥区水利局。

马山头闸

马山头闸（Mǎshāntóu Zhá） 位于褚兰镇马桥村境内。建成于1972年10月。所在河流为孤山河。闸孔数量为6孔，闸孔宽度为15.6米。闸坝类型为节制闸。管理单位为马桥村委会。

马元闸

马元闸（Mǎyuán Zhá） 位于栏杆镇柏山村境内。建成于2007年6月。所在河流为奎河。闸孔数量为5孔，闸孔宽度为40米。闸坝类型为节制闸。管理单位为宿州市埇桥区水利局。

蕲县闸

蕲县闸（Qíxiàn Zhá） 位于蕲县镇蕲县村境内。建成于1966年3月。所在河流为浍河。闸孔数量为10孔，闸孔宽度为50米。闸坝类型为节制闸。管理单位为宿州市埇桥区水利局。

清湖闸

清湖闸（Qīnghú Zhá） 位于解集乡清泉村境内。建成于2001年12月。所在河流为柳须河。闸孔数量为5孔，闸孔宽度为12.5米。闸坝类型为节制闸。管理单位为解集水利站。

宿东闸

宿东闸（Sùdōng Zhá） 位于城东街道沱河村境内。建成于1959年10月。所在河流为沱河。闸孔数量为7孔，闸孔宽度为

28 米。闸坝类型为节制闸。管理单位为宿州市水利局。

宿县闸

宿县闸（Sùxiàn Zhá） 位于灰古镇付湖村境内。建成于 1969 年 10 月。所在河流为新汴河。闸孔数量为 10 孔，闸孔宽度为 100 米。闸坝类型为节制闸。管理单位为宿州市埇桥区水利局。

桃园闸

桃园闸（Táoyuán Zhá） 位于桃园镇桃园村境内。建成于 1972 年 4 月。所在河流为运粮河。闸孔数量为 5 孔，闸孔宽度为 15 米。闸坝类型为节制闸。管理单位为宿州市埇桥区水利局。

王桥闸

王桥闸（Wángqiáo Zhá） 位于芦岭镇相王村境内。建成于 1959 年 2 月。所在河流为沱河。闸孔数量为 7 孔，闸孔宽度为 28 米，闸坝类型为节制闸。管理单位为宿州市埇桥区水利局。

夏桥闸

夏桥闸（Xiàqiáo Zhá） 位于永安镇夏桥村境内。建成于 2006 年 6 月。所在河流为方河。闸孔数量为 5 孔，闸孔宽度为 45 米。闸坝类型为节制闸。管理单位为宿州市埇桥区水利局。

谢洼闸

谢洼闸（Xièwā Zhá） 位于杨庄乡郑楼村境内。建成于 1987 年 11 月。所在河流为奎河。闸孔数量为 5 孔，闸孔宽度为 10 米。闸坝类型为节制闸。管理单位为郑楼村委会。

新河闸

新河闸（Xīnhé Zhá） 位于苗庵乡李圩村境内。建成于 1972 年 10 月。所在河流为新河。闸孔数量为 5 孔，闸孔宽度为 15 米。闸坝类型为节制闸。管理单位为宿州市埇桥区水利局。

张树闸

张树闸（Zhāngshù Zhá） 位于顺河乡祝窑村境内。建成于 1958 年 11 月。所在河流为新濉河。闸孔数量为 8 孔，闸孔宽度为 32 米。闸坝类型为节制闸。管理单位为宿州市埇桥区水利局。

支河闸

支河闸（Zhīhé Zhá） 位于支河乡城孜村境内。建成于 1976 年 4 月。所在河流为欧河。闸孔数量为 8 孔，闸孔宽度为 40 米。闸坝类型为节制闸。管理单位为宿州市埇桥区水利局。

皖北药业泵站

皖北药业泵站（Wǎnběiyàoyè Bèngzhàn）位于北关街道北关社区境内。建成于 1993 年 5 月。所在河流为新汴河。泵站类型为供排结合泵站。泵站主要任务是排水、工业供水。泵站级别为 4 级。

杨圩子站

杨圩子站（Yángwéizi Zhàn） 位于汴河街道杨圩村境内。建成于 1973 年 5 月。所在河流为新汴河。泵站类型为排水泵站。泵站主要任务是排水。泵站级别为 4 级。

王村排涝站

王村排涝站（Wángcūn Páilàozhàn）位于曹村镇张庄村境内。建成于 2010 年 5 月。所在河流为欧河。泵站类型为排水泵站。泵站主要任务是排水。泵站级别为 5 级。

张庄排涝旧站

张庄排涝旧站（Zhāngzhuāng Páilào jiùzhàn） 位于曹村镇张庄村境内。建成于

1996年5月。所在河流为欧河。泵站类型为排水泵站。主要任务是排水。泵站级别为5级。

张庄排涝站

张庄排涝站（Zhāngzhuāng Páilàozhàn）位于曹村镇张庄村境内。建成于2010年5月。所在河流为欧河。泵站类型为排水泵站。泵站主要任务是排水。泵站级别为5级。

韩庄站

韩庄站（Hánzhuāng Zhàn） 位于褚兰镇谢炉村境内。建成于2006年9月。所在河流为看溪河。泵站类型为排水泵站。泵站主要任务是排水。泵站级别为5级。

王菜园东站

王菜园东站（Wángcàiyuán Dōngzhàn）位于褚兰镇桂山村境内。建成于2006年9月。所在河流为看溪河。泵站类型为排水泵站。泵站主要任务是排水。泵站级别为5级。

王菜园站

王菜园站（Wángcàiyuán Zhàn） 位于褚兰镇桂山村境内。建成于2006年9月。所在河流为看溪河。泵站类型为排水泵站。泵站主要任务是排水。泵站级别为5级。

夏疃站

夏疃站（Xiàtuǎn Zhàn） 位于褚兰镇马桥村境内。建成于2006年9月。所在河流为看溪河。泵站类型为排水泵站。泵站主要任务是排水。泵站级别为5级。

武小庄排涝东站

武小庄排涝东站（Wǔxiǎozhuāng Páilào Dōngzhàn） 位于夹沟镇周坡村境内。建成于1994年5月。所在河流为方河。泵站类型为排水泵站。泵站主要任务是排水。泵站级别为4级。

武小庄排涝西站

武小庄排涝西站（Wǔxiǎozhuāng Páilào Xīzhàn） 位于夹沟镇周坡村境内。建成于2003年4月。所在河流为方河。泵站类型为排水泵站。泵站主要任务是排水。泵站级别为4级。

柏山排涝站

柏山排涝站（Bǎishān Páilàozhàn）位于栏杆镇柏山村境内。建成于2007年6月。所在河流为奎河。泵站类型为排水泵站。泵站主要任务是排水。泵站级别为4级。

曹庄排涝站

曹庄排涝站（Cáozhuāng Páilàozhàn）位于栏杆镇张町村境内。建成于2007年5月。所在河流为奎河。泵站类型为排水泵站。泵站主要任务是排水。泵站级别为4级。

前乡排涝站

前乡排涝站（Qiánxiāng Páilàozhàn）位于栏杆镇路町村境内。建成于2002年5月。所在河流为奎河。泵站类型为排水泵站。泵站主要任务是排水。泵站级别为5级。

淮北矿业芦岭站

淮北矿业芦岭站（Huáiběikuàngyè Lúlǐng Zhàn） 位于芦岭镇芦岭矿境内。建成于1999年。所在河流为沱河。泵站类型为供水泵站。泵站主要任务是生活供水、工业供水。泵站级别为4级。

大胡站

大胡站（Dàhú Zhàn） 位于三八街道大吴村境内。建成于1978年3月。所在河流为戚家沟。泵站类型为供水泵站。泵站主要任务是灌溉。泵站级别为5级。

杨庙老站

杨庙老站（Yángmiào Lǎozhàn） 位于三八街道杨庙村境内。建成于1984年4

月。所在河流为戚家沟。泵站类型为供水泵站。泵站主要任务是灌溉。泵站级别为5级。

北大桥站

北大桥站（Běidàqiáo Zhàn） 位于时村镇东风村境内。建成于1958年4月。所在河流为奎河。泵站类型为供排结合泵站。泵站主要任务是灌溉、排水。泵站级别为4级。

红旗站

红旗站（Hóngqí Zhàn） 位于时村镇红旗村境内。建成于1968年5月。所在河流为新濉河。泵站类型为供排结合泵站。泵站主要任务是灌溉、排水。泵站级别为4级。

马楼站

马楼站（Mǎlóu Zhàn） 位于时村镇马楼村境内。建成于1968年5月。所在河流为拖尾河。泵站类型为供排结合泵站。泵站主要任务是灌溉、排水。泵站级别为4级。

双庆河排涝站

双庆河排涝站（Shuāngqìnghé Páilàozhàn） 位于时村镇红旗村境内。建成于2000年6月。所在河流为双庆河。泵站类型为排水泵站。泵站主要任务是排水。泵站级别为4级。

大周电灌站

大周电灌站（Dàzhōu Diànguànzhàn）位于西二铺乡二铺村境内。建成于1979年12月。所在河流为新汴河。泵站类型为供水泵站。泵站主要任务是灌溉。泵站级别为4级。

城后排涝站

城后排涝站（Chénghòu Páilàozhàn）位于支河乡城孜村境内。建成于1996年3月。所在河流为欧河。泵站类型为排水泵站。泵站主要任务是排水。泵站级别为5级。

城孜排涝站

城孜排涝站（Chéngzī Páilàozhàn）位于支河乡城孜村境内。建成于1996年3月。所在河流为欧河。泵站类型为排水泵站。泵站主要任务是排水。泵站级别为5级。

康湖排涝北站

康湖排涝北站（Kānghúpáilào Běizhàn）位于支河乡城孜村境内。建成于1997年12月。所在河流为欧河。泵站类型为排水泵站。泵站主要任务是排水。泵站级别为5级。

康湖排涝站

康湖排涝站（Kānghú Páilàozhàn）位于支河乡城孜村境内。建成于1998年11月。所在河流为欧河。泵站类型为排水泵站。泵站主要任务是排水。泵站级别为5级。

路湖排涝站

路湖排涝站（Lùhú Páilàozhàn） 位于支河乡路湖村境内。建成于1996年3月。所在河流为欧河。泵站类型为排水泵站。泵站主要任务是排水。泵站级别为5级。

马庄排涝站

马庄排涝站（Mǎzhuāng Páilàozhàn）位于支河乡曹庄村境内。建成于2010年11月。所在河流为霞河。泵站类型为排水泵站。泵站主要任务是排水。泵站级别为5级。

西学排涝站

西学排涝站（Xīxué Páilàozhàn） 位于支河乡路湖村境内。建成于2009年2月。所在河流为欧河。泵站类型为排水泵站。泵站主要任务是排水。泵站级别为5级。

徐桥排涝站

徐桥排涝站（Xúqiáo Páilàozhàn） 位于支河乡徐桥村境内。建成于2008年11月。所在河流为欧河。泵站类型为排水泵站。泵站主要任务是排水。泵站级别为 5 级。

鸭湖排涝站

鸭湖排涝站（Yāhú Páilàozhàn） 位于支河乡鸭湖村境内。建成于 2010 年 12 月。所在河流为欧河。泵站类型为排水泵站。泵站主要任务是排水。泵站级别为 5 级。

杨桥排涝站

杨桥排涝站（Yángqiáo Páilàozhàn）位于支河乡路湖村境内。建成于 1994 年 3 月。所在河流为欧河。泵站类型为排水泵站。泵站主要任务是排水。泵站级别为 5 级。

梁家沟站

梁家沟站（Liángjiāgōu Zhàn） 位于朱仙庄镇沱北村境内。建成于 1963 年 10 月。所在河流为沱河。泵站类型为排水泵站。泵站主要任务是排水。泵站级别为 4 级。

电力设施

汇源电厂

汇源电厂（Huìyuán Diànchǎng） 位于宿州市区北关街道境内，东至京沪铁路，南至沱河，西至 206 国道，北至洪河路。建厂于 1999 年。电厂类型为火力发电站。总装机容量为 4×60 万千瓦，日发电量为 69.284 万度，年发电量为 25288.66 万度。

华电宿州电厂

华电宿州电厂（Huádiàn Sùzhōu Diànchǎng） 位于宿州市埇桥区符离镇西。2005 年 5 月份正式开工建设，2005 年一号炉锅炉钢架吊装开始，两台机组于 2007 年实现“双投”。电厂类型为火力发电站。总装机容量为 4×60 万千瓦，年发电量为 29584.38 万度，日发电量为 81.0531 万度。

第八章　旅游景点及名胜古迹地名

三角洲生态公园

三角洲生态公园（Sānjiǎozhōu Shēngtài Gōngyuán）位于汴河与沱河之间，人民路西侧。始建于2008年。宿州三角洲公园是宿州市近期城市环境建设的重点工程之一。由上海市园林工程有限公司规划设计，项目采用国际先进的园林规划设计理念，集生态、自然、文化、休闲为一体，发挥了文化功能、休闲功能和旅游功能。包括汴河、沱河岸共计占地1.53平方千米，核心区面积1.01平方千米，水域面积约0.54平方千米。归城市园林管理处管辖。有文化长廊、音乐喷泉广场、宿州欢乐世界、灵璧石园、湖心鸟岛、儿童乐园、高山流水、家庭聚会区域、滨湖休闲等景点。2008年，命名三角洲生态公园。

宿州烈士公园

宿州烈士公园（Sùzhōulièshì Gōngyuán）位于宿城东北隅护城河北岸。原名称为宿县烈士陵园，1951年建，1981年交宿州市管理。占地面积0.1平方千米。宿州市烈士陵园（雪枫公园）是为缅怀杰出的抗日民族英雄彭雪枫将军以及自新民主主义革命以来牺牲的革命烈士而修建的。园内的主要建筑有烈士纪念塔、彭雪枫烈士雕像、烈士墓、游览亭花房等。宿州市烈士陵园（雪枫公园）内矗立着高8米的彭雪枫将军汉白玉塑像。塑像之后耸立着革命烈士纪念碑，全部由白色大理石砌成，正南面镌刻着陈毅元帅题写的“革命先烈永垂不朽”八个大字。革命烈士纪念碑之后修建了具有浓厚徽派建筑风格的仿古建筑群，张爱萍将军题写了“彭雪枫纪念馆”馆名。纪念馆分为三个展厅，中厅为彭雪枫同志生平业绩陈列馆，东厅为淮海战役纪念厅，西厅为宿州市自新民主主义革命以来牺牲的革命烈士事迹展厅。1951年，得名宿州烈士陵园，后更名为宿州市烈士陵园（雪枫公园）。是宿州市为数不多的大型城市公园。

龙河公园

龙河公园（Lónghé Gōngyuán）位于金海三路与南二环路交口。占地面积0.035平方千米。2007年4月29日，宿州市在三八河两岸新建的投资1000多万元的龙河公园开园。公园位于龙河边，故取名龙河公园。2007年4月，得名龙河公园。

运粮河公园

运粮河公园（Yùnliánghé Gōngyuán） 位于宿州市浍水路以南沿运粮河崖边。占地面积19.8124平方千米。2014年对运粮河公园进行改造。公园位于运粮河边，故取名运粮河公园。

环城公园

环城公园（Huánchéng Gōngyuán） 位于宿州环城河边上。占地面积0.1785平方千米。宿城环城公园改造建设从2001年启动，历时4年，目前已基本建成。宿州市委、市政府把环城公园改造建设作为美化宿州、造福市民的德政工程，给予高度重视，先后投资4400万元，清除建筑及生活垃圾1万方，清除环城河淤泥7万方，新建截污管（渠）道9千米，修建2.8千米环城河护坡和9千米挡土墙，建亭廊5座。新建的东环公园、南环公园、西环公园、北环公园等6处休闲景点和新增设的草皮、绿篱、树木与原景点完美结合。如今的环城公园，环城河水碧波荡漾，两岸芳草青青，绿树成荫，亭台假山长廊点缀其间。景色优美的环城公园改善了城市环境，提高了城市品位，成为广大市民休闲的好去处。公园环绕市区，故取名环城公园。

滨河公园

滨河公园（Bīnhé Gōngyuán） 位于宿州市沿沱河两侧。占地面积0.30957平方千米。滨河公园于2009年修建完成。公园位于滨河路附近，故取名滨河公园。

五柳仙境

五柳仙境（Wǔliǔxiānjìng） 位于宿州夹沟镇境内。占地面积35平方千米。1999年，被安徽省政府命名为省级风景名胜区。包括原始森林风貌的大方寺景区，以天然溶洞为代表的五柳库区、景区，以建于明代的大龙泉寺为代表的镇头景区。这里是闵子故乡、明朝马皇后故里。至今尚存闵子墓、汉墓群、徐王墓、燕王征北时的古御道、御桥、老山口古石榴园等众多名胜古迹。这里山势突起，呈半合围之态，重峦叠嶂，山水相依，藏风聚气。龙泉、珍珠泉、呵泉、哗哗泉、清水泉等古泉，喷珠溅玉，常年不竭，汇涓涓细流而成清溪，形成数处“水口”。主景区龙泉湖是集青山绿水、茂林修竹、灵泉奇洞、宝刹名寺、古墓神木于一体的旅游胜地。景区位于宿州市北30千米处，地处淮海经济圈中心，南接宿州、蚌埠，北靠徐州、济南，西临淮北、商丘，东靠连云港，距连霍、合徐高速公路一步之遥，京沪铁路、206国道穿境而过，地理位置优越，交通十分便利。现每年接待旅客达20万人次以上。因主景区龙泉湖坐落在五柳村而得名。

八角琉璃井

八角琉璃井（Bājiǎo Liúlíjǐng） 位于宿县东北解集东南二家张村北。从老海寺东行至前程村，折向南行至解集镇，再向东南方向约5千米即到。占地面积0.01平方千米。春秋时，楚国平王昏庸无道，听信奸臣费无极谗言，强行将儿子芈建的未婚妻、秦穆公的女儿孟嬴据为己有，将孟嬴的陪伴丫鬟马昭仪嫁与芈建为妻。为了防止芈建有二心，又外派芈建同大将伍子胥一道驻守城父。后来孟嬴生一子，取名芈珍，马昭仪生一子，取名芈胜。楚平王想立芈珍为楚王，做自己的接班人，又怕芈建造反，于是想秘密杀害芈建。不料消息被芈建知道了，芈建连忙逃亡宋国。马昭仪及芈胜全托于伍子胥照看。伍子胥护卫马昭仪及芈胜至朝阳寺东北角约三里许，二家张村北面八角琉璃井附近，眼看追兵追上。马昭仪情知危急，嘱咐伍子胥保护胜，自己投入井中身死全节。八角琉璃井外形非常美观，有八个角，井口是琉璃所镶。后人为纪念马昭仪这位识大体的女子，集资重修了这口井，建成为当时非常漂亮的一口井。后来几经毁建，至今遗址尚在，供游人们观赏。在村子东北角有一口水井，就是传说春秋时期马昭仪娘娘托孤给伍子胥后投身自杀的八角琉璃井。

黄花洞

黄花洞（Huánghuā Dòng） 位于宿州市北约 18 千米。民国时期，从山下到黄花洞，有石阶直通洞口，两旁依次排列八座庙，香火特别旺盛。庙院前后古树参天，林荫浓郁。山下右首，有片大面积的桃园，园内有寺，规模相当宏大；左首有湖，湖内芦苇密集，菱藕相间，实为游览胜地。可惜在战争中，毁于战火。明朝洪武初年，黄花山下有一村名曰黄花洞村，村前有一驿站，是连接宿州、徐州的交通要道上的重要驿站，驿站旁建有一座石桥，也被命名为黄桥，现成为宿州市十大名桥之一。清朝乾隆皇帝六下江南，路过此地游黄花洞，正值春季杏花盛开，题诗云“草色青青云色霞，黄桥湖畔几人家。孤家面临黄花洞，未见黄花见杏花”。乾隆皇帝的诗当时即被官员刻在石碑上，立在黄花洞前，从此成了宿州市一大景观。黄花山上有一古洞，洞前经常有彩色云雾出现，因此黄花洞又名彩云洞。又因洞前有一泉，水流潺潺，常年不枯，小溪两旁野草丛生，尤以黄花最多，故取名黄花洞。

烟寺晨钟

烟寺晨钟（Yānsìchénzhōng） 位于埇桥区夹沟镇西北龙顶山东侧。占地面积 0.01 平方千米。所谓烟寺，指的是坐落于埇桥区夹沟镇西北龙顶山东侧的大龙泉寺，又名镇头寺。这里风景优美，山色宜人，常有雾霭弥漫，令人流连忘返。传说其前身为唐代的流沟寺，白居易常游于此处。故其《乱后过流沟寺》中有“唯有流沟山下寺，门前依旧白云多”的诗句。而这里更因其秀丽景色，被清代时任宿县训导李心锐称为“宿州八景”之一。“红尘飞不到，古寺锁秋烟。塔影浮空界，钟声度晓天”，坐落在山林苍翠之间的寺庙，几间红瓦黄墙，处处闪动着朴拙的色彩。龙泉寺内院子不大，院内的银杏则高大挺秀，郁郁葱葱。从外观看，我们无法准确辨其树龄，但从其斑驳的树皮，也不难看出其历史的久远。1949 年后，寺庙被改为了学校，直到 20 世纪 90 年代以后，镇头寺才又重新被恢复为寺庙，古寺终于恢复了原先的面目，展现在游人的面前。由于寺处群山环抱之中，境极清幽。每当清晨，寺钟撞响，声音洪亮，余韵悠扬；寺内香烟缭绕，僧人诵经，游人拜佛，自有一番不染红尘的况味。

五柳古文化遗址

五柳古文化遗址（Wǔliǔ Gǔwénhuà Yízhǐ） 位于宿县北 70 里之大五柳村西南处。

占地面积0.0133平方千米。五柳文化遗址是1981年文物普查中发现的。文化层距地表层约1.6米，里面有烧土和灰堆，出土有陶片、河蚌、鹿角化石、兽齿骨、纺坠、石凿、石斧等器物。文化层的表层出土有汉代的陶罐（属后人陪葬品）。据考察系商代遗址，距今3000余年。

扶疏亭

扶疏亭（Fúshū Tíng） 位于宿州市市区原古城北城墙上。占地面积0.0144平方千米。元末毁于兵火。明弘治年间（1488—1505），宿州知府曾显重新筑亭，且将墨竹二段残碑嵌置亭壁。明清两代屡加修葺。亭内歌颂苏轼的碑刻甚多，为皖北名胜之一。此后历经动乱，亭毁，题刻大多损坏，现亭已恢复，刻石墨竹重新嵌入亭壁，碑长约1米，宽约0.7米，亭侧种竹林。

这座扶疏亭，是据县志所载的旧图新建的。苏轼于北宋元丰元年（1078年）被任命为徐州太守，他曾经应宿州太守之请作墨竹以赠。但"东坡居士"显然并非当时题署，因为苏轼给自己取号"东坡"，是三年以后被谪到黄州时候的事。碑上的署题或许是后来刻诗刻画时所加。为了保存诗画碑，当时便建了一座亭，取名"扶疏"，点明所藏珍品为墨竹。"宋朝苏轼为徐州知州时曾画墨竹一本，赠予宿州知府，并附有画竹，题诗寄卧虚寂堂，月明浸疏竹。冷然洗我心，欲饮不可掬。苏轼去世后，宿州知府将画与诗镌于石，构亭储之，名曰扶疏，取'竹影扶疏'之意。"

符离晓渡

符离晓渡（Fúlíxiǎodù） 濉河上有著名的"符离晓渡"遗址。明洪武二十四年，即公元1391年，在符离古县城的中心濉河上建永济桥，人称符离桥。由于桥几经风雨，坍塌数次，修复数次。至清朝乾隆三年，即公元1738年，宿州知州尤拔世把坍塌桥改为浮桥，不久浮桥坍塌。知府张开仕修驿路，设桥兵，用船渡行人。由于符离桥当时为官道，来往行人特别多。每当清晨，雄鸡报晓时，两岸万人争渡，车马喧闹。朝霞映在濉河里，照着行人的影子，行人沐浴在朝霞里，影子映在水里，在两岸苍翠欲滴的树林映衬下，和着近村的鸡鸣，构成一幅美丽壮观的水墨画。人称"符离晓渡"。清朝乾隆皇帝过此，曾亲题碑匾，在符离桥的旁边，一直有碑上刻"皇恩浩荡"字样，直到"文化大革命"碑匾被毁。清朝宿州知府李心锐有诗云："谁唤符离渡，苍茫送客舟。野烟低水面，初日上滩头。两岸人声聚，中流浪影浮。前村鸡唱晓，黄叶一鞭秋。"足见当时盛况。

陴湖

陴湖（Píhú） 位于宿州，东到灵璧，西到夹沟山，南临东林草堂，北依栏杆山。据传陴湖风景很好，湖内碧波荡漾，四周山清水秀，夹沟香稻米，就产于此湖。唐朝白居易青年时常居于此，大诗人韩愈也常携友泛舟，游于湖上。白居易有诗云："秋灯夜写连句诗，春雪朝倾暖寒酒。陴湖绿爱白鸥飞，濉水清怜红鲤肥。"说的就是陴湖。据《太平广记》载唐朝天祐中，即905年至906年，当地有一渔民，在陴湖边打鱼，捞得铁镜一面，镜面光滑可照人影，镜阔五六寸，渔人遂携回家。忽然，有一天一僧人到渔民家，问渔民曰："你有一奇异物品，能不能拿出观赏?”渔民答曰:“没有。”僧人曰:“听说你捕鱼得一面镜子，就是此物。”渔民把镜子拿出，僧人曰:“现在你拿镜子再到获得此镜的湖边照照看，看能看到什么。”渔民照着僧人所说，拿着镜子来到湖边一照，只见湖中有无数甲兵。渔民大骇，遂将铁镜抛入湖中。再看僧人时，已不见了踪影。《宿县志》载陴湖，位于宿县东北70里，即夹沟集东18里之甾丘县城东。《水经注》载:“南北百余里，东西四十里，东至朝斛亭，西届甾丘县之故城东（王莽建新朝时，改为善丘矣)。”《魏书·地形志》载:“斛城有五丈陂，西有陴湖。”《铜山区志》载:“宿徐之界有陴湖，周数百里。”如今，陴湖早已湮没，主要是黄河改道所致。宿县有许多低洼湖泊，自北向南，自西向东，河沟纵横。后来，由于不断受山洪冲击，泥沙在潮水的顶托下，逐渐沉积，随着岁月的流逝，湖泊面积逐渐缩小，最后淤为平地。陴湖就是其中之一。但陴湖在《中国历史地图集》中仍有标志，其中心包括康湖、潘湖、吕湖、路湖、鸭湖等，这些地方每逢雨季，仍可看见辽阔的陴湖湖影。

古汴河与隋堤

古汴河与隋堤（Gǔbiànhé yǔ Suídī） 古汴河，又称通济渠，也称御河。古汴河流经今之杞县、睢阳、宁陵、商丘、夏邑、永城、宿县、灵璧、泗县、泗洪、盱眙入淮河，经二市七县，长1300余里。占地面积0.0144平方千米。隋大业元年（605年）开凿通济渠。隋亡，汴河便成为唐宋与东南交通的水路要道。自南宋与金议和，划淮河为界，汴河失去运输作用，渐渐淤塞，终于湮没。原是隋炀帝自荥阳北板渚引黄河水下达淮海的一道大运河，自西向东贯穿宿县全境。板渚至开封一段是原来的汴河，因此唐宋时称通济渠为汴河。在汴河南岸河堤上，隋时设御道，作为陆路通向东南的交通，两岸种栽杨柳，工程未竣，隋即亡。后人称汴堤为隋堤。

龙泉湖景区

龙泉湖景区（Lóngquánhú Jǐngqū） 位于安徽宿州市市区北约30千米的夹沟镇。占地面积35平方千米。龙泉湖景区内优质的矿泉水孕育了著名的夹沟香稻米，宋代至明、清朝为皇宫“贡米”，素有“一家煮饭十家香，十家煮饭香满庄”之誉。龙泉湖景区以“山青、水秀、洞奇、泉灵、稻香”而闻名。景区南、西、北三面环山，植物种类繁多，气候宜人。

古盟台

古盟台（Gǔméngtái） 位于鲁营集。鲁营集前左方有虎头山，右方有马头山，后面有奶奶山、蔡子湖。占地面积0.0144平方千米。古盟台南面五里有鲁营集，相传是鲁国军队扎营之所；再往南三里有吴王城，相传是吴国军队安营所筑。鲁营地势险要，易攻易守，吴军扎于鸡山（今葛山）东坡，地势平坦，无天然屏障。为防止鲁军偷袭，吴军命令全军就地筑城。双方经过激战，终因吴强鲁弱，鲁败。鲁国派使臣子贡与吴国议和，并商定在双方驻地北面驻盟台，会盟。明天启年间，空城犹存。地方民众在城内修建一庙，名曰吴王夫差庙，以示纪念。“文化大革命”中，城与庙均被毁坏。相传是春秋吴国与鲁国会盟所在，故称古盟台。

彭雪枫塑像

彭雪枫塑像（Péngxuěfēng Sùxiàng） 位于宿州市埇桥区雪峰公园内。占地面积0.0144平方千米。1945年2月7日，中共中央在延安、中共淮北区党委在洪泽湖边大王庄（现江苏省泗洪县），分别为彭雪枫将军隆重举行追悼大会。中共中央的挽词是："为民族，为群众，二十年奋斗出生入死，功垂祖国；打日本，打汉奸，千百万同胞自由平等，泽被长淮。"毛泽东、朱德、彭德怀、陈毅的共同挽词是："二十年艰难事业，即将彻底完成，忍看功绩辉煌，英名永垂，一世忠贞，是共产党人好榜样；千万里山河破碎，正待从头收拾，孰料血花飞溅，为国牺牲，满腔悲愤，为中华民族悼英雄。"彭雪枫（1907年9月9日—1944年9月11日），生于河南省南阳市镇平县，中国工农红军和新四军杰出指挥员、军事家，参加过第三、四、五次反"围剿"，二万五千里长征，组织过土成岭战役，两次率军攻占娄山关，直取遵义城，横渡金沙江，飞越大渡河，进军天全城，通过大草原，是抗日战争中新四军牺牲的最高将领之一。他投身革命20年，被毛泽东、朱德誉为"共产党人的好榜样"。为了纪念彭雪枫，在安徽省宿州市、蒙城县等地均建了彭雪枫纪念馆，或以雪枫命名的公园或学校。

鸿鹄苑

鸿鹄苑（Hónghú Yuàn） 位于宿州市南大泽乡起义遗址——涉故台左前方100米处。为纪念秦末农民陈胜吴广起义2200周年，宿州市人民政府拨款兴建陈胜吴广起义纪念馆，取名为鸿鹄苑。占地2330平方米，建筑外垣为古城堡式，汉阙门，内建厅堂、正堂三间，左右建侧亭四间，前过道三间。建筑为砖木结构，重梁抱柱，挑檐飞角。城垣内侧，为古今碑廊，刻有陈胜吴广雕像。鸿鹄苑于1992年7月在大泽乡落成，古朴典雅，蔚为壮观。

林探花府

林探花府（Líntànhuāfǔ） 位于宿州市杨庄乡林庄。林方标，字锦堂，力大过人，善施兵器，武艺高强，清嘉庆辛未武科探花，清代名将，历任甘州提标、城守参将、衢州总兵、浙江提督等职。探花府尚存房屋58间，是一处保存较为完整的建筑群，其建筑布局、房屋结构、砖雕、木雕、彩绘等装饰都具有典型的北方建筑风格，有着重要的艺术价值和科学价值。探花府原有房屋81间，占地面积4万平方米。府门前空场竖立旗杆4根，高11米左右，旗杆座分列大门两侧。主体建筑四进院落，明三暗五式，主体建筑的西部还有三进侧院建筑。主体建筑后面原设有花园和养鱼池，花园左侧有练武场，陈设有各式武器，可供参观。

百虎园

百虎园（Bǎihǔyuán） 位于三八街道十里村。占地面积0.0144平方千米。宿州市凤凰堤百虎园于2016年1月21日正式开园。三八街道十里村凤凰堤百虎园内有皖北野生动物救护中心、中国马戏驯兽员培训基地、宿州市动物科普教育基地、马戏综合表演馆、东北虎繁育基地、熊园、猴山、鸟园等。为宿州近年来新建马戏团，取名为百虎园。

阿灵王墓（Ālíngwáng Mù） 位于蒿沟

乡。秦朝期间建成，命名为阿灵王墓。两千多年前，秦始皇统一六国，让自己的侄子阿灵王管辖阿灵郡，即现在的蒿沟。此墓是阿灵王为自己建造的坟墓。墓高三丈余，占地面积三四亩。远远望去，高大雄伟，如一座丘陵。墓室为方砖砌成，做工细致，形状精美，体现了我国劳动人民的聪明智慧。该文物等级为三级。

闵子祠和墓

闵子祠和墓（Mǐnzǐcí hé Mù） 坐落于宿县北部曹村区南闵贤乡闵子祠村。战国时期建成，命名为闵子祠和墓。闵子名损，字子骞，孔子弟子之一。春秋鲁国人，后迁居宋都相城（今淮北市相山）东（今闵贤集），秉性诚厚，相传古之二十四孝之一。唐玄宗开元八年（720年）赐“从祀孔子庙”。宋大中祥符元年（1008年）谥封费国公，赠“几圣”。清康熙赐匾“德行之科”颁悬闵子祠。明宪宗成化年间（约1465年后）重建房室10间，石门1座。至明世宗嘉靖年间（约1522年后）拆旧房重建正堂3间，东西厢房各3间，前堂3间，门3间，左右耳房各1间，门外碑亭两座，东西对列，石门1座，门上有匾曰“闵子祠”。周围全以石块砌成，有重修闵祠碑记两块，祠后是闵子墓。闵子墓高8米，东西长75米，南北长40米，墓上有松柏200余株。该文物等级为四级，年代为战国时期。

皮日休墓

皮日休墓（Pírìxiū Mù） 在宿县符离集东15里顺河集濉河北岸。唐朝时期建成，命名为皮日休墓。石门尚存，题曰“皮日休之墓”。皮日休（约834—883），唐代文学家，襄阳（湖北襄阳市）人，字逸少，后改袭美，又号醉吟先生，亦称醉士，又曰醉民。咸通进士，曾任太常博士。早年住鹿门山，自号鹿门子，又号间气布衣。性傲诞，能文章。大中末年（859年），移家宿州之符离，在此写有《寓居宿州和陆鲁望白菊诗》和《汴河怀古二首》等诗篇。后避广明之难流落江南，晚年病卒符离，葬于符离东顺河集濉河北岸，墓今犹存。该文物等级为四级，年代为唐。

王绩墓

王绩墓（Wángjì Mù） 位于宿州市夹沟镇。唐朝贞观年间建成，命名为王绩墓。王绩字无功，号东皋子，隋唐作家。生于隋开皇五年（585年），卒于唐贞观十八年（644年）。绛州龙门人（今山西河津人）。死后葬五柳龙顶山北麓。隋大业中期，考中孝廉，出任秘书省正字。因放诞纵酒，不惯朝制约束，求放六合（隋置六合县于南京北）丞。赴任后，常因酗酒而忘政事。时值隋炀帝杨广荒淫无道，激起民变，国事日衰，遂辞官隐居符离北龙顶山北麓，龙泉池旁高处盖屋，过着田园生活，住地取名东皋。种黍酿酒，采种草药自用。闲时写诗著文，自称东皋子。隋亡，唐开国初，王绩以原职在门下省等待任用。门下省给事官问王绩：“爱好什么？”王绩说：“最爱饮酒。”遂每日给王绩三升酒。侍中（门下省长官）陈叔达闻听后，吩咐给事官日给斗酒，一时被称为斗酒学士。唐贞观年间，王绩因酒疾被罢官，返回东皋。后闻大乐署史官焦革喜欢酿酒，王绩遂去请求为他做事，专门研究酿酒方法。焦革死后，王绩又隐居东皋，终日郁闷以诗酒解愁。久之，王绩体质日益见弱，预知寿终在即，遂自作墓志，吩咐眷属死后节俭殡葬于东皋。唐贞观十八年（644 年）病逝，终年 59 岁。该文物等级为四级，年代为隋唐。

徐王墓

徐王墓（Xúwáng Mù） 位于宿县夹沟集北，丰山左，龟山右。外墙周围约九里。明洪武四年（1371 年）建，明朝洪武年间建成，命名为徐王墓。徐王姓马名逸，排行二，人称马二公，系宿县闵贤集旺庄人。徐王是其死后洪武帝所封之谥号。其女系明朝太祖皇帝朱元璋的皇后。元亡明立，朱元璋立马氏为皇后。于洪武二年追封马公为徐王，马逸妻郑媪为徐王夫人。马公因无后，明初建祠庙于太庙东，岁时奉祭。洪武四年，礼部认为徐王祠建此不符合历朝典制，需动迁。洪武帝遂命礼部尚书陶凯于宿州马公之故里辟地筑茔，于墓前建祠，奉安神主，庙前立华表两根，祠之西南为祭祀署，每年春秋仲月祭祀。永乐七年（1409 年），成祖皇帝北巡，经宿州，亲拜谒徐王祠。永乐十五年（1417 年）成祖皇帝第二次来祭祀，下令开宽徐王墓园围墙，增添树木，自此园内树木参天，葱郁蔽日，后成为宿州胜景。崇祯四年（1631 年），又重修享殿，清末毁于兵燹匪乱。该文物等级为四级，年代为明。

雪姑墓

雪姑墓（Xuěgū Mù） 位于宿县南西寺城区大泽乡涉故台往南三里处，又称雪花山。秦末年间建成，命名为雪姑墓。相传雪姑是秦末农民起义军领袖陈涉之妹，名雪花。陈涉、吴广领兵攻秦之关隘，雪花即在蕲县领导妇女劳动生产，筹集起义军饷，制作御寒军衣，支援义军。雪花性善，乐于助人，酷爱劳动，常以自己劳动所得周济穷苦贫民，遇有贫民婚葬嫁娶无不尽心照顾，深受贫民爱戴。雪姑墓的由来，有一段传奇故事。秦二世元年（前 209 年）冬，农民起义军失败，秦军攻大泽乡，雪花率领当地义军奋起抵抗，终因势单力薄，不幸阵亡。秦军将雪花遗体悬吊于一棵大树上，警告民众“有敢收殓埋葬者斩”。入夜，贫苦百姓为雪花遗体挂于冰天雪地外之大树上而忧心忡忡，彻夜难眠。翌日清晨，风止雪停，云开雾散，人人纷纷奔至大树旁，只见雪花遗体和大树无影无踪，原地却隆高五六丈之雪山。秦军闻讯而至，怒令士卒挥舞斧凿，妄图毁掉雪山。雪山坚如磐石，斧凿处迸发出惊雷巨响，冰块飞舞，砸得秦军血肉狼藉，尸横遍野。秦军望而生畏，狼狈逃去。翌年，冰雪消融，春暖花开，一座青冢巍然起立，墓上芳草萋萋，野花飘香。该文物等级为四级，年代为秦。

白居易在符离东林草堂

白居易在符离东林草堂（Báijūyì zài Fúlídōnglíncǎotáng） 即白居易故居，在今安徽省宿州市城北 20 里古符离东菜园毓村。唐朝年间建成，命名为白居易在符离东林草堂。白居易祖籍山西太原，生于河南新郑。由于藩镇混乱，兵祸四起，举家东迁，以避战乱。其父白季庚因劝说徐州刺史脱离藩镇羁绊有功，由彭城令升为徐州别驾，并兼任徐泗观察判官。唐德宗建中三年（782 年），11 岁的白居易随父白季庚住符离。贞元三年（787 年），白居易 16 岁在符离写下了名扬四海的《赋得古原草送别》诗：“离离原上草，一岁一枯荣。野火烧不尽，春风吹又生。远芳侵古道，晴翠接荒城。又送王孙去，萋萋满别情。”白居易青年时代是在符离东林草堂度过的，同符离的山水和朋友结下了不解之缘，对女友婵娟子（即湘灵）怀有极深厚的恋情，为她写出了《潜离别》：“不得哭，潜离别；不得语，暗相思；两心之外无人知，深笼夜锁独栖鸟，利剑春断连理枝。河水虽浊有清日，乌头虽黑有白时，惟有潜离与暗别，彼此甘心无后期。”后来白居易还写诗寄给婵娟子：“泪眼凌寒冻不流，每经高处即回头。遥知别后西楼上，应凭栏干独自愁。”前人曾在这里建白公祠，后毁之，东林草堂遗址犹存。该文物等级为四级，年代为唐。

蕲县古城址

蕲县古城址（Qíxiàn Gǔchéngzhǐ） 位于宿州市区东南21千米处。城址规模南北长1.5千米，东西宽1千米，面积约4平方千米。1987年建成，命名为蕲县古城镇。为蕲县老城历史遗留。1987年在古城北部兴建烈士陵园。城内有自然村，城外有护城河，里有古城内河，古城墙残段尚有两丈多高突出地面，是安徽省一级重点文物保护单位。1987年在古城北部兴建烈士陵园，有158名烈士葬于此，他们均在淮海战役的双堆之战中壮烈牺牲。

盛圩烈士陵园

盛圩烈士陵园（Shèngwéi Lièshì Língyuán） 位于宿州市区东南芦岭镇东4.4千米。占地0.016平方千米，陵园南北长160米，宽100米。为纪念抗日战争中英勇牺牲的同志而建。1987年建成，命名为盛圩烈士陵园。纪念碑高16米，正面有张震将军题词：“盛圩战斗烈士纪念碑。”该文物等级为四级，年代为现代。

九女坟

九女坟（Jiǔnǚfén） 位于宿县东北65.5千米之褚兰乡墓山孜。东距褚兰镇1.5千米，南距市区66千米，北距江苏徐州市30千米。汉朝时期建成，命名为九女坟。从九女坟的墓室构造来看，是传统的汉代墓室结构，由于在很多年前，九女坟已经被盗墓者洗劫一空，没有留下任何的文字记载，至今墓室主人的身份无从考证。但是在民间流传着一个关于九女坟的动人故事。相传牧山一带来了一只大虫，危害乡邻，民不聊生，每年农历二月初二村里都要送一个年轻美貌的女子作为祭品，以求一方平安。八年过去了，在第九个年头，有一个年轻的女子叫玉姐，挺身而出，她和自己的丈夫金哥一起和大虫搏斗，最后战胜了大虫，自己也献出了年轻的生命。村民们为了纪念她，给她修了一个墓，取名九女坟。1956年秋，安徽省博物馆实施了考古发掘工作，揭开了九女坟的神秘面纱。科学发掘证实，这是一座距今1700余年，由巨石构筑、多室组成的大型夫妻合葬墓。山是剥蚀小丘，九女坟在丘顶，是以石砌墓，朝西有双开石门，外看是一土堆，高出丘之表面有一米。墓内有一间横前室，两间竖后室，内部全用大石块砌成，四壁刻画，画是平底剔花，有舞蹈、饮宴、祈祷、车马出行等人物像，是东汉晚期作品。墓室由双甬道、横前室、双后室和一间耳室组成。墓门向西，墓向285度。墓室全长7米、宽4.84米。前室长3.46米，宽1.93米，高2.16米。耳室在前室北侧，东西长1.4米，南北宽1.2米，高1.37米。墓门两个，各有甬道通前室。甬道均长1.8米，宽1米。九女坟高1.54米。墓门宽0.9米，高1.11米。墓道为斜坡式，有阶，不规整，长5.55米，宽2.68米。前后室均以石砌叠涩顶，墓顶为长方形，有青石藻井，藻井上有雕刻图案，墓室布满画像石刻，前室画像石刻最为集中。主要内容有神话故事，并刻有门吏、车骑、宴饮、舞蹈、杂技、百戏、庖厨等人物以及神禽异兽。图案构思富于变化，造型栩栩如生，线条质朴流畅。前室藻井上，雕刻着伏羲和女娲环绕盛开的莲花，轻舒广袖，翩翩起舞。画像石刻的画面，相互关联，带有连续性和故事性。对研究汉代政治、经济、绘画艺术，有一定参考价值。1961年公布为省级文物保护单位。

老海寺汉墓群

老海寺汉墓群（Lǎohǎisì Hànmùqún）位于030乡道与031乡道交叉口东南100米。清朝乾隆年间建成，命名为老海寺汉墓群。老海寺，原名古龙泉寺，清乾隆年间有一住持，名曰“海龙”，此人善弈棋艺，且方圆百里技高一筹，因此招来四方云游，相与往来之众甚多，众人来寺随以老海呼之，日久即成习惯，称龙泉寺为老海寺。旧寺山门仍有“古龙泉寺”四个字。老海寺，三峰耸其左右，两泉于前后，寺前一道泉水，源于东山石隙中，蜿蜒流经寺前，西流入石相集北沙沟中，寺后一道泉水，出自北山后东北角石窟中，流经吴庄门前，西入古奎。寺前一山横亘，俨然屏风，山上青松郁郁，山下流水潺潺，正是古诗“泉水咽危石，月色冷青松”的写照。后山怀抱古寺，在苍松翠柏间，隐隐约约，使人有“深山藏古寺”之感，人在其中，犹如步入仙境。该文物等级为四级，年代为清朝。

秦始皇与秦王塔

秦始皇与秦王塔（Qínshǐhuáng yǔ Qínwáng Tǎ） 秦王塔位于夹沟镇秦湾村，塔系八角，九层，高约18米。秦朝期间建成，命名为秦始皇与秦王塔。秦始皇二十八年（前219年）东巡淮泗，从彭城（今江苏徐州）向南渡濉水，途经秦湾，并在此停留。秦湾村历史上没有一户秦姓人家，皆因秦始皇在此驻兵，故而得名。秦国统一天下之后，秦始皇在采取一系列巩固统一的措施的同时，还带领百官仆从，大规模出游，巡视东方。秦始皇巡游天下的目的主要有两个，一是向山东原六国诸侯旧地之民显示武力，弹压他们的反抗之心；二是为了遍观各地山川风物人情。“文化大革命”期间塔被毁，塔基犹存，此塔建于宋元祐年间，距今已900余年。塔前有井，由花砖砌成，腰鼓形，井深与塔高相同。该文物等级为三级，年代为秦。

刘邦与高皇庙

刘邦与高皇庙（Liúbāng yǔ Gāohuáng Miào） 高皇庙位于符离镇高皇山上，现遗址犹存。汉朝时期建成。楚汉符离濉水之战，汉王刘邦就驻在今符离西横口山上的一座庙宇内指挥战斗。刘邦当了皇帝后，旧地重游，命名此山为高皇山。地方官府在高皇山上重建庙宇，为刘邦塑造金身，命名为高皇庙。每年农历三月十八的高皇庙会延续至今。秦朝末年，楚汉相争，汉王刘邦与楚霸王项羽逐鹿中原。汉王三年春，刘邦乘项羽北上攻齐之时，率军攻入项羽都邑彭城。正在齐地作战的项羽，率精兵三千，回师南下，抵萧县，晨击汉军而东，至彭城，日中，大破汉军，汉军惨败，退出彭城，损兵折将二十余万，以致濉水为之不流。该文物等级为四级，年代为秦。

田千秋与车家湖

田千秋与车家湖（Tiánqiānqiū yǔ Chējiāhú） 车家湖，位于大店镇八里铺东南沱河北岸。汉朝时期建成，命名为田千秋与车家湖。汉武帝时，丞相田千秋在此筑城立府，方圆百余里，全是田府辖地。田千秋被称为车丞相，后人称其府城遗址为车家湖。江充（邯郸人，字次清，本名齐）因得罪赵国太子，逃入关，汉武帝拜为直指绣衣使者。江充督捕三铺盗贼，不避权贵，颇用事。因与太子有隙，恐武帝晏驾后，为太子所诛。征和二年（前 91 年）值武帝有疾，江充诬陷太子以巫蛊术欲害武帝。武帝赐太子死，太子遂收斩江充，举兵反。事败，太子亦自杀。高寝郎田千秋上书，诉太子冤，说子弄父兵，罪当笞。天子之子过误杀人，应当何罪？臣曾梦见一白头翁教臣所言。汉武帝大为感悟，召见了田千秋，对他说，父子之间人所难言也，公独明其不然，此高祖之神灵使公教我，公当遂为我之辅佐。立拜田千秋为大鸿胪，数月升为丞相。田千秋谨慎忠厚，昭帝时，以老年朝见，得乘小车入宫殿中，因号车丞相。其子孙即以车为姓。该文物等级为四级，年代为汉。

隋炀帝与看花沟

隋炀帝与看花沟（Suíyángdì yǔ Kànhuāgōu） 莲花池在宿州城东北 4 千米，池宽阔多菱，池旁有古祠，松竹映户清幽。隋朝时期建成，命名为隋炀帝与看花沟。大业元年（605 年）初，隋炀帝征发丁男前后百余万开凿通济渠，又征发淮南民工十余万开邗沟，不到半年便完成了这两项工程。大业元年八月，隋炀帝于东京洛阳乘龙船经通济渠去江都看琼花。过埇桥后，曾使舟入看花沟，观赏池中莲花，流连多日，看花沟因此得名。据《宿州志》记载，看花沟又名嫁女沟，从南股河起，行至莲花池，又东折至塔桥。该文物等级为四级，年代为隋。

朱元璋与上龙寺

朱元璋与上龙寺（Zhūyuánzhāng yǔ Shànglóngsì） 上龙寺坐落在符离镇褚庄村东风山之阳，三面环山，一面临水（水库）。明朝洪武年间建成，命名为朱元璋与上龙寺。相传明洪武三年（1370 年），朱元璋在南京做梦，梦见江北宿州地界出现天子气，有一条苍龙即将出蛰南游。次日早朝，朱元璋请刘伯温解梦。刘伯温曰，龙者乃天子也，出蛰南游，即宿地将有真龙天子出世，要争夺大明的一统江山，皇上要速作对策灭之。因此，朱元璋钦命刘伯温一行前往宿州地界考察，当他们路过褚庄丰山脚下时，感到此山怪异，风水独特，有龙脉的迹象。刘伯温登高远眺，左右观察，上下勘测，认为丰山之下有一苍龙卧伏。刘伯温回朝复命交旨，朱元璋饬令凤阳府在褚庄丰山之阳建一上龙寺，后又在丰山之阴、张窝村南建一回龙堂，意欲困禁苍龙在地下不能游动。该文物等级为四级，年代为明。

朱棣与草场

朱棣与草场（Zhūdì yǔ Cǎochǎng） 草场村位于夹沟镇西北，原名朱陈村。明朝洪武年间建成，命名为朱棣与草场。明洪武二十三年（1390年），31岁的朱棣被封作燕王，镇守北平。是年燕王率师征北。燕王在符离夹沟一带安营扎寨，招兵买马数年。燕王征北的历史故事在宿州大地广为流传。朱陈村被选作军马草料场，一经确为军事重地，原村中的朱陈人家不得不全部搬迁，唯有马皇后的表舅武忠一族可以入住，以帮助看管草料场。故村名以草场名之，沿袭至今。此村四面环山，水草丰美，杏园遍野，环境清幽。该文物等级为四级，年代为明。

乾隆与黄花洞

乾隆与黄花洞（Qiánlóng yǔ Huánghuādòng） 黄花洞位于符离镇东黄花山上，洞侧不远有一青龙泉，泉边有一青龙寺。清朝乾隆年间建成，命名为乾隆御黄花洞。乾隆下江南时，曾专程前往黄花洞游览，并留下一首诗：草色青青云色霞，黄桥湖畔几人家。孤家面临黄花洞，未见黄花见杏花。相传不知何年何月，从青龙泉黄花丛中走出一位少女，手持竹竿，臂挎破篮，沿村乞讨，把讨来的饭食、衣服都救济了穷苦的老人，并经常帮助周围百姓干活，人们不知道她的名字，都亲切地叫她黄花女。有一年麦收季节，忽然狂风大作，暴雨将至，人们看到有无数个黄花女在帮助百姓抢收晾晒在场上的小麦。由于黄花女的帮助，没有一家小麦受雨淋。可是从此以后，人们却再也见不到黄花女了。第二年，到龙泉寺烧香的人发现，寺边现出了一个山洞。洞内有一尊石像，正是黄花女的模样。消息传到各庄，成千上万的百姓上山观看黄花女，烧上一束香，敬上一些果品。直到现在，农历二月十九仍有盛大的香火庙会。该文物等级为四级，年代为清。

乐天园

乐天园（Lètiānyuán） 乐天园位于市区西昌路。唐朝时期建成，命名为乐天园。为唐代大诗人白居易纪念馆。白居易祖籍太原，生于河南新郑，11岁时随家人迁至其父白季庚所任新置的田庄所在地——埇桥（现宿州市埇桥区），白居易在此度过了他的青少年。他自幼聪明好学，16岁即写出了誉满京华的诗篇，其中“离离原上草，一岁一枯荣，野火烧不尽，春风吹又生……”的千古绝唱就创作于此。

涉故台

涉故台（Shègùtái） 位于宿州市埇桥区南20千米，大泽乡刘村集南端。秦末时期建成，命名为涉故台。涉故台原名射鹿台，传说起义兵在台上练武时，从东南方向跑来一头鹿，被一士兵用箭射死，由此得名。很多年后，人们把“射鹿台”演绎成现在的“涉故台”了。涉故台是陈涉、吴广所筑，1961年旧址被公布为省级重点文物保护单位。1984年，在涉故台前竖陈涉、吴广大理石雕塑英雄像。涉故台小学坐落台上，台为覆斗形高台，台上口东西长约67.6米，南北宽约65.5米，北高南低。

芦村暴动

芦村暴动（Lúcūnbàodòng） 芦村是符离北部、夹沟南边的一个村庄。芦村位于京沪铁路西500米，符离镇北15千米。西南与濉溪县的奶奶山、古饶集相邻。民国后期建成，命名为芦村暴动。因打倒地主、土豪而得名。把持这一带的是芦村大地主、土豪芦相臣和夹沟反动区长牛洪章。他们依仗权势，敲诈勒索，横行乡里，这一带农民对他们恨之入骨，早有反抗的强烈愿望。1930年农历四月，在中共宿县县委的直接领导下，对芦村农民暴动作准备工作，并派中共夹沟支部书记丁雨畴在芦村芦化民家里开会，研究组织暴动的有关问题。参加会议的有赵之夫、王复初等中共党员。会议决定农历四月十一日在芦村举行武装暴动，并研究制定了行动方案。四月十日晚，党团员及部分农民积极分子等暴动骨干集聚芦村。前来领导暴动的县委负责人老赵同志作了战前动员。他向大家讲述了全国的革命斗争形势，宣布了暴动的具体行动方案。农历四月十一日拂晓，芦村暴动人员100多人，有长短枪20多支，还有标枪、农具等武器，在县委老赵同志和赵之夫的带领下，包围芦相臣的家，夺取了看家队的枪支，芦相臣仓皇逃跑，农民队伍抄了他的家，并将他家的粮食、物品分给贫苦农民。隐藏在铁路沿线的暴动人员砍断电线杆子，扒毁了铁路。暴动队伍书写了“要自由”“要平等”“打倒芦相臣”等革命标语，恶绅芦相臣迫于暴动的威力，逃亡到宿县县城。人民群众欢欣鼓舞，芦村周围的大五柳、小李庄、胡疃等10多个村庄的农民踊跃参加起义军，队伍迅速扩大到300多人，经短时间休整后，暴动队伍向奶奶山挺进，与古饶的暴动队伍会合。

闵子骞祠

闵子骞祠（Mǐnzǐqiān Cí） 坐落于宿州市埇桥区北部，曹村镇南闵贤村，距区政府44千米。春秋时期建成，命名为闵子骞祠。闵子名损，字子骞，是孔子“四门十哲”之一，相传是二十四孝之一，以孝著称，且不贪图功名利禄，死后建此祠，以纪念闵子骞，传扬中华传统美德。唐玄宗开元八年（720年）赐“从祀孔子庙”，宋大中祥符元年（1008年）谥封费国公，赠“几圣”。清康熙赐匾“德性之科”，悬挂于闵子祠。

第九章　驻辖区单位地名

第一节　党政机关

宿州市人民政府

宿州市人民政府（Sùzhōu Shì Rénmínzhèngfǔ）　宿州市人民政府位于宿州市埇桥区银河一路506号。1998年12月6日，经国务院批准后撤销宿县地区和县级宿州市，设立地级宿州市。市人民政府驻新设立的埇桥区。宿州市设立埇桥区，以原宿州市的行政区域为埇桥区的行政区域。宿州市辖原宿县地区的萧县、砀山县、泗县、灵璧县和新设的埇桥区。职能范围是制定和组织实施经济、科技和社会发展计划，制定资源开发技术改造和产业结构调整方案，组织指导好各业生产；制定并组织实施村镇建设规划，部署重点工程建设、地方道路建设及公共设施、水利设施的管理，负责土地、林木、水等自然资源和生态环境的保护；负责本行政区域内的民政、计划生育、文化教育、卫生、体育等社会公益事业的综合性工作，维护一切经济单位和个人的正当经济权益，取缔非法经济活动，调解和处理民事纠纷，打击刑事犯罪，维护社会稳定；按计划组织本级财政收入和地方税的征收，完成国家财政计划，不断培植税源，管好财政资金，增强财政实力；抓好精神文明建设，丰富群众文化生活，提倡移风易俗，反对封建迷信，破除陈规陋习，树立社会主义新风尚；完成上级政府交办的其他事项。所属行业为公共管理和社会组织。

中共安徽省宿州市纪律检查委员会

中共安徽省宿州市纪律检查委员会（Zhōnggòng Ānhuī Shěng Sùzhōu Shì Jìlǜjiǎnchá Wěiyuánhuì）　位于埇桥区胜利路178号。中共安徽省宿州市纪律检查委员会成立于撤地建市后的1999年5月。主要职能为接受市直机关纪工委和机关党委的领导，开展本机关的纪检工作；维护党章和党内重要规章制度，协助机关党委监督、检查党组织和党员遵守党纪，贯彻执行党的路线、方针、政策和决议的情况；协助机关党委和行政领导搞好党风廉政建设；教育党员遵纪守法，履行党员义务。配合机关党委对党员进行经常性的党性党风党纪教育；协助机关党委对党组织、党员的监督，保障党员的民主权利不受侵犯。所属行业为公共管理和社会组织。

宿州市委组织部

宿州市委组织部（Sùzhōu Shìwěi Zǔzhībù） 位于宿州市埇桥区汴河路517号。宿州市委组织部成立于撤地建市后的1999年5月。职能范围是研究和组织全市的组织建设特别是党的基层组织建设；探索各类新的经济组织中党组织的设置和活动方式；协调、规划和指导党员教育工作，主管党员的管理和发展工作；组织、协调新时期党建工作新情况、新问题的调查研究，提出加强党的思想、组织、作风建设的意见和建议。负责管理我市干部职务任免、工资、退休报批手续，提出对市委管理的领导班子调整配备的意见和建议；负责市管干部的选拔、考察、办理和任免、工资、退休审批手续；组织实施公开选拔市管干部工作；承办市管干部的调配、交流及安置事宜；指导领导班子的思想作风建设。所属行业为公共管理和社会组织。

宿州市委宣传部

宿州市委宣传部（Sùzhōu Shìwěi Xuānchuánbù） 位于宿州市埇桥区胜利路292号。宿州市委宣传部成立于撤地建市后的1999年5月。职能范围是负责抓好全市的宣传思想工作。负责规划、部署全市的宣传思想工作，负责抓好全市的社会宣传工作。负责规划、指导全市思想政治工作和调研工作；组织、协调开展全市的国防教育工作和爱国主义教育工作；指导、协调全市各行各业做好社会宣传工作，负责抓好全市的新闻宣传工作。指导、协调正确的新闻舆论导向；负责与有关新闻单位的业务联系；负责对出版界进行宏观管理；负责组织全市重大活动的宣传报道工作；负责组织、协调全市党报党刊发行工作，负责抓好全市的对外宣传工作。负责研究、拟订全市对外宣传工作以及互联网络新闻宣传工作政策和工作部署、管理；负责管理、组织、协调、指导全市对外宣传和新闻发布工作；做好国外及港、澳、台记者采访报道我市的组织协调工作，负责抓好全市的理论宣传工作。负责理论学习、理论宣传、理论研究和理论队伍建设工作；负责对全市党员进行党的路线、方针、政策教育以及理论教育、形势教育的部署和安排；负责编写党员教育教材的工作；负责组织全市重要理论文章征集和撰写工作，负责做好市委理论学习中心组秘书工作。参与市委理论学习中心组的学习，并做好服务工作，对县处级党委（党组）学习中心组开展学习活动的督促检查指导，负责抓好全市的文化建设指导工作。负责从宏观上指导文化艺术、体育和精神产品的生产、管理工作及文化、体育市场的管理。贯彻宣传思想文化事业发展的指导方针。所属行业为公共管理和社会组织。

宿州市委统战部

宿州市委统战部（Sùzhōu Shìwěi Tǒng zhànbù） 位于宿州市汴河路市委大院。宿州市委统战部成立于撤地建市后的1999年5月。职能范围是宣传贯彻执行党的统一战线理论、方针和政策。对统一战线工作情况开展调查和研究，向市委和省委统战部全面反映我市统一战线工作的情况，提出开展统战工作的意见和建议，检查和督促我市统战方面方针、政策的贯彻和执行情况，协调我市统一战线方面的关系，负责联系和指导各县区的统一战线工作。贯彻落实和监督检查中央、省、市、县委关于民族、宗教工作的各项方针政策，协助有关部门做好少数民族干部的培养和举荐工作，组织和协助有关部门做好民族宗教上层人士的培训工作。开展以祖国统一为重点的海外统战工作；联系我市在港、澳、台及海外的同乡会、有关社团和代表人士；做好台胞、台属、侨眷及海外联谊的有关工作。负责党外人士的政治安排；会同有关部门做好培训、考察、选拔、推荐和安排党外人士担任政府和司法机关领导职务的工作；负责做好党外后备干部和新一代人士队伍建设的工作，了解和掌握全市党外人士安排、使用及合作共事情况；协助有关部门管理工商联，联系对台办、侨联等部门的工作。调查、研究和反映非公有制经济代表人士的情况，协调关系，提出政策性的建议；团结、帮助、引导、教育非公有制经济代表人士，并积极开展思想政治工作。调查研究党外知识分子代表人士的情况，反映意见，协调关系，提出政策性的建议；联系并培养党外人士的工作。领导工商联党组，指导工商联、侨联、民族宗教事务局工作。所属行业为公共管理和社会组织。

宿州市委政法委

宿州市委政法委（Sùzhōu Shìwěi Zhèngfǎwěi） 位于宿州市埇桥区银河一路506号政务中心主楼。宿州市委政法委成立于撤地建市后的1999年5月。职能范围是根据党的路线、方针、政策和市委的部署，统一政法各部门的思想和行动，对一定时期内的政法工作作出全面部署，并督促落实，检查政法部门执行法律、法规和党的方针、政策情况，结合实际，研究制定严肃执法、落实党的方针、政策的具体措施，监督政法各部门依法行使职权，指导和协调政法各部门密切配合，督促推动大案要案的查处工作，研究和讨论有争议的重大、疑难案件，组织、协调全市社会治安综合治理和维护社会稳定工作，推动各项措施的落实，组织推动全市政法战线的调查研究工作，研究加强政法队伍建设和领导班子建设的措施，协助组织部门考察、管理政法部门的领导干部；协助纪检、监察部门查处政法系统干警违法违纪案件，指导各乡（镇）、街道政法委员会和综治办的其他工作，承办市委、市政府和上级政法委、综治办交办的其他事项。所属行业为公共管理和社会组织。

宿州市信访局

宿州市信访局（Sùzhōu Shì Xìnfǎngjú）位于宿州市埇桥区银河一路506号政务中心主楼。宿州市信访局成立于撤地建市后的1999年5月。职能范围是负责处理人民群众给市委、市政府来信、来电，接待来访，倾听人民群众的意见、建议和要求，确保信访渠道的畅通，及时向市委、市政府报告来信、来电、来访中人民群众提出的重要建议和反映的重大问题，承办中共中央、国务院、省委、省政府、宿州市委、市政府及市委、市政府领导批示交办、转办的信访事项；根据市委、市政府领导的意见，向有关部门、镇（场）转送、交办有关信访事项，检查、督办信访事项的处理和落实，协调处理跨地区、跨部门的重要信访问题；配合职能部门会办、督办信访老户和重要信访案件，检查、指导、督促各镇（场）、市级机关各部门、各单位的信访工作，开展信访宣传和研究工作，为来信、来电、来访人员提供有关政策咨询，做好信访人员的思想疏导、矛盾化解工作，综合分析人民群众来信、来访、来电反映的情况，征集、筛选和提供信访信息和建议，对带有全局性的或重要信访问题开展调查研究，提出解决问题的方案或建议，负责组织实施全市信访工作目标管理，提高信访工作质量，加强信访队伍的自身建设，开展信访专兼职干部培训和信访宣传工作，提高信访干部的政治和业务素质；研究和探讨信访工作的规律和理论，指导信访工作实践，发挥信访工作的社会效益，配合公安、武警等部门处置人民群众以集体上访为由的游行、集会、请愿活动，依法维护信访秩序，按照《信访条例》规定，对有关信访干部和信访群众提出奖励或处罚的建议。所属行业为公共管理和社会组织。

宿州市人大常委会机关

宿州市人大常委会机关（Sùzhōu Shì Réndàchángwěihuì Jīguān）位于宿州市埇桥区银河一路506号政务中心。宿州市人民代表大会成立于撤地建市后的1999年5月。职能范围是在本行政区域内保证宪法、法律、行政法规的遵守和执行，决定本行政区域内各项工作的重大事项，审查和批准本行政区域内的国民经济和社会发展计划、预算及其执行情况，选举和罢免本级人民政府的正、副职领导人，监督本级人民政府的工作，听取和审查本级人民政府的工作报告，撤销本级人民政府的不适当的决定和命令。所属行业为公共管理和社会组织。

宿州市人口和计划生育委员会

宿州市人口和计划生育委员会（Sùzhōu Shì Rénkǒu hé Jìhuàshēngyù Wěiyuánhuì）位于宿州市埇桥区银河一路506号政务中心。宿州市人口和计划生育委员会成立于撤地建市后的1999年5月。职能范围是贯彻执行上级党委、政府有关计划生育工作的方针、政策、法律、法规；协调有关部门研究制订全市计划生育政策和规范性文件；推动人口与计划生育工作的综合治理。会同有关部门编制全市人口发展中、长期规划和年度计划，指导各县市区实行人口与计划生育目标管理责任制，并对执行情况进行检查评估；负责计划生育统计工作，参与全市人口统计数据的分析研究。调查研究全市计划生育情况，掌握工作动态，向市委、市政府反映情况和问题，并提出对策和建议。组织指导全市人口与计划生育的宣传教育工作，管理人口与计划生育方面的交流与合作。负责计划生育技术服务工作的综合管理，检查并指导县级计划生育服务站（室）的工作；协同有关部门指导优生优育的宣传、咨询与一般性技术服务。编制市财政拨付的计划生育事业费和基本建设投资的预决算；检查指导计划生育系统事业经费和其他经费的管理、使用；编制计划生育的药具计划，指导监督药具的供应与管理，指导直属单位的财务工作，监督管理直属单位的国有资产。指导全市计划生育系统干部队伍建设，规划、组织计划生育专业教育和干部培训工作。负责全市流动人口的计划生育管理工作。指导县市区计划生育工作和计划生育社会团体的工作。承办市委、市政府交办的其他事项。所属行业为公共管理和社会组织。

宿州市食品药品监督管理局

宿州市食品药品监督管理局（Sùzhōu Shì Shípǐnyàopǐn Jiāndūguǎnlǐjú）位于宿州市磬云北路508号。宿州市食品药品监督管理局成立于撤地建市后的1999年5月。职能范围是贯彻执行国家有关食品、药品、医疗器械、保健食品、化妆品监督管理法律、法规，监督实施有关地方性法规、规章；组织有关部门拟订食品、保健食品、化妆品安全管理的工作规划并监督实施。负责餐饮服务许可和餐饮环节食品安全监督管理。监督实施餐饮服务环节食品安全管理规范，开展餐饮服务环节食品安全状况调查和监测工作，发布餐饮服务环节食品安全日常监管信息。负责保健食品、化妆品经营许可和监督管理。负责药品、医疗器械行政监督和技术监督，监督实施药品和医疗器械研制、生产、流通、使用方面质量管理规范。监督实施国家药品、医疗器械标准，负责药品、医疗器械及药用包装材料、医疗机构制剂注册的相关工作和监督管理；组织开展药品不良反应和医疗器械不良事件监测，负责药品、医疗器械再评价和淘汰工作；组织实施处方药和非处方药分类管理制度，配合有关部门实施国家基本药物制度；实施药品、医疗器械生产、经营和医疗机构制剂配制等许可管理。组织实施中药、民族药监督管理规范，监督实施中药材生产质量管理规范、中药饮片炮制规范，组织实施中药品种保护制度。监督管理药品、医疗器械质量安全，监督管理放射性药品、麻醉药品、毒性药品、精神药品及药品类易制毒化学品，发布药品、医疗器械质量安全信息。组织查处餐饮服务环节食品安全和药品、医疗器械、保健食品、化妆品等的研制、生产、流通、使用方面的违法行为；审核保健食品、药品和医疗器械广告。实施药品流通的管理制度和办法，核发药品零售企业药品经营许可证；运用监督管理手段，配合国家、省经济综合部门贯彻实施国家医药产业政策。指导各县食品药品有关方面的监督管理、应急稽查和信息化建设工作。贯彻执行执业药师资格认定制度，配合省食品药品监督管理局做好执业药师注册工作，配合省食品药品监督管理局做好药学专业技术人员任职资格审查和药学继续教育有关工作。承办市政府交办的其他事项。所属行业为公共管理和社会组织。

宿州市城乡规划局

宿州市城乡规划局（Sùzhōu Shì Chéngxiāng Guīhuàjú） 位于宿州市埇桥区银河一路559号。宿州市城乡规划局成立于撤地建市后的1999年5月。职能范围是宣传贯彻执行国家及省、市有关城乡规划的方针政策、法律法规和城乡规划方面的国家标准、技术规范，研究拟订我市城乡规划的规范性文件，并负责对执行情况进行监督。负责本行政区域内的城乡规划管理工作。指导并监督检查全市城乡规划的编制与实施；负责对城市规划区内的各项建设实施统一的城乡规划管理；负责风景名胜区规划管理工作。负责根据控制性详细规划等要求核实规划条件，组织审定城市规划区范围内修建性详细规划。按照《城乡规划法》《安徽省城乡规划条例》等法规的要求，办理城市规划区内的选址意见、建设用地规划许可、建设工程规划许可、规划核实等许可事项。组织对城乡规划法律、法规实施的检查，受理有关城乡规划管理的行政复议申请，查处违法建设。负责本行政区域内城乡规划编制单位的管理工作，负责注册城市规划师行业管理工作。负责城市测绘工作。承办市政府交办的其他事项。所属行业为公共管理和社会组织。

中国人民政治协商会议宿州市委员会

中国人民政治协商会议宿州市委员会（Zhōngguórénmínzhèngzhìxiéshānghuìyì Sùzhōu Shì Wěiyuánhuì） 位于宿州市埇桥区银河一路506号政务中心。宿州市政协成立于撤地建市后的1999年5月。政治协商是对国家和地方的大政方针以及政治、经济、文化和社会生活中的重要问题在决策之前进行协商和就决策执行过程中的重要问题进行协商。人民协商是中国共产党领导的多党合作的重要体现，是党和国家实行科学民主决策的重要环节，是党提高执政能力的重要途径。协商内容包括国家和地方的大政方针以及政治、经济、文化和社会生活中的重要问题；各党派参加人民政协工作的共同性事务以及有关爱国统一战线的其他重要问题。所属行业为公共管理和社会组织。

宿州市经济和信息化委员会

宿州市经济和信息化委员会（Sùzhōu Shì Jīngjìhéxìnxīhuà Wěiyuánhuì）位于宿州市埇桥区银河一路506号政务中心。宿州市经济和信息化委员会前身为宿县地区行署工业交通办公室，1982年改建为宿县地区行署经济委员会。1995年8月，撤销宿县地区行署财贸委员会，在宿县地区行署经济委员会的基础上组建“宿县地区行署经济贸易委员会”。1999年，宿县地区撤地设市，宿县地区行署经济贸易委员会改名为“宿州市经济贸易委员会”。2005年4月，更名为“宿州市工业经济委员会”，为市政府组成部门，同时加挂宿州市政府国有资产监督管理委员会和市中小企业发展局的牌子。2009年3月，更名为“宿州市经济和信息化委员会”，同时加挂市政府国有资产监督管理委员会牌子。2015年5月，市政府国有资产监督管理委员会整体编制划转到宿州市财政局。建筑面积为600平方米。职能范围是贯彻执行国家有关经济、信息化的方针政策和法律法规，推进信息化与工业化融合；制定并组织实施工业、信息化相关行业的规划；指导行业质量管理和安全生产管理工作；监测、分析经济运行态势；审批、核准、备案国家、省和市规划内及年度计划规模内工业和信息化固定资产投资项目；拟订并组织实施工业、信息化相关产业的能源节约、资源综合利用、清洁生产促进政策；负责墙体材料革新和建筑材料节能管理、散装水泥推广等工作；承担煤炭和非煤矿山安全生产监督管理责任；承担电力工业管理与运行监测工作；负责中小企业和非公有制经济发展的宏观指导；统筹推进全市信息化工作；承担信息安全管理的责任。所属行业为公共管理和社会组织。

宿州市统计局

宿州市统计局（Sùzhōu Shì Tǒngjìjú）位于宿州市埇桥区银河一路506号政务中心。1963年5月正式成立宿县地区统计局（1999年5月地改市为宿州市统计局），时经“文化大革命”，于1968年撤销。（1968.4—1981.4）并入计委，为统计科。“文化大革命”之后，于1981年5月22日恢复宿县地区行署统计局。1999年5月，宿县撤地建市，更名为宿州市统计局。建筑面积为550平方米。负责全市统计工作。所属行业为公共管理和社会组织。

宿州市埇桥区人民政府

宿州市埇桥区人民政府（Sùzhōu Shì Yǒngqiáo Qū Rénmínzhèngfǔ）位于宿州市胜利东路636号。1949年划属宿县。1951年复置宿城市，1953年又并入宿县。1979年再析出宿县城关镇及城郊、城西两个公社置县级宿州市，与宿县均属宿县地区行署管辖。1992年宿县和县级宿州市合并为新的县级宿州市。1999年初，国务院批准撤销宿县地区，设立省辖宿州市，合并后的县级宿州市更名为宿州市埇桥区。职能范围是制定和组织实施经济、科技和社会发展计划，制定资源开发技术改造和产业结构调整方案，组织指导好各业生产；制定并组织实施村镇建设规划，部署重点工程建设、地方道路建设及公共设施、水利设施的管理，负责土地、林木、水等自然资源和生态环境的保护；负责本行政区域内的民政、计划生育、文化教育、卫生、体育等社会公益事业的综合性工作，维护一切经济单位和个人的正当经济权益，取缔非法经济活动，调解和处理民事纠纷，打击刑事犯罪，维护社会稳定；按计划组织本级财政收入和地方税的征收，完成国家财政计划，不断培植税源，管好财政资金，增强财政实力；抓好精神文明建设，丰富群众文化生活，提倡移风易俗，反对封建迷信，破除陈规陋习，树立社会主义新风尚；完成上级政府交办的其他事项。所属行业为公共管理和社会组织。

宿州市国家税务局

宿州市国家税务局（Sùzhōu Shì Guójiā Shuìwùjú） 位于淮河西路129号。1994年7月起，安徽实行分税制管理体制重大变革，省地县乡单独成立国税机构，实行机构、编制、人员、经费“四垂直”管理。在此历史背景下，宿州市国家税务局于1994年8月成立。建筑面积为11420平方米，负责全市各项国家税收收入计划的编制、分配和落实；负责全市国税系统征收的各项税种的征收管理和稽查工作；负责全市进出口税收和涉外税收的管理工作；监督检查各纳税单位贯彻执行国家税收法律法规、方针政策情况，严肃查处偷骗税；负责全市国税系统行政处罚听证、行政复议和诉讼工作，加强税收法制建设。所属行业为公共管理和社会组织。

宿州市林业局

宿州市林业局（Sùzhōu Shì Línyèjú） 位于淮河中路439号。宿州市林业局成立于1999年。面积为866平方米，建筑面积为2392平方米。负责林业造林与管护、森林病虫害防治、森林护林防火、森林资源的管理，及全市林业规划、发展，野生动植物保护及合理开发利用等。所属行业为公共管理和社会组织。

宿州市旅游局

宿州市旅游局（Sùzhōu Shì Lǚyóujú） 位于淮海中路28号。宿州市旅游局成立于2009年，为市直属正县级行政单位、市政府职能部门。2015年进行机构改革，与市文广新局合并，成立市文广新局（旅游局）。面积为1332平方米，建筑面积为270平方米。负责统筹全市旅游业发展、制定旅游市场规划及年度宣传方案并组织实施、旅游资源普查、旅游市场监管、旅游交流与合作、制定旅游业发展战略、旅游教育培训及人才培养。所属行业为公共管理和社会组织。

宿州市埇桥区住房和城乡建设局

宿州市埇桥区住房和城乡建设局（Sùzhōu Shì Yǒngqiáo Qū Zhùfánghéchéngxiāng Jiànshèjú） 位于宿州市西昌路700号。埇桥区住房和城乡建设局成立于1964年。原名宿县市政建设委员会。1969年成立宿县城镇建设管理办公室。1974年改为宿县城镇管理局。1976年改为宿县基本建设局。1980年3月宿州市成立了基本建设局。1984年5月成立城乡环境保护局。1992年12月组建宿州市城乡建设环境保护委员会。1997年11月更名为宿州市建设委员会。1999年省辖宿州市成立，原县级宿州市变更为宿州市埇桥区，宿州市建设委员会随之更名为宿州市埇桥区建设委员会。2002 年 3 月，成立宿州市埇桥区建设局。2010 年，更名为宿州市埇桥区住房和城乡建设局。负责全区城乡规划、乡镇建设管理、监督管理建筑市场、建筑工程质量安全监管、建筑节能、规范指导村镇建设及人防、地震等管理工作。所属行业为公共管理和社会组织。

第二节　事业单位

安徽省宿州市第二人民医院

安徽省宿州市第二人民医院（Ānhuī Shěng Sùzhōu Shì Dì 2 Rénmín Yīyuàn）位于宿州市淮海南路与迎宾大道交叉口处，地址宿州市淮海南路 259 号。安徽省宿州市第二人民医院成立于 1966 年，原名宿县地区精神病院，1993 年更名为宿县地区第二人民医院，1999 年撤区建市，更名为安徽省宿州市第二人民医院。面积为 29333 平方米，建筑面积为 29500 平方米。职责范围：精神病、精神卫生、医学康复、内科、普外科、儿科、健康体检。

安徽省宿州市妇幼卫生保健所

安徽省宿州市妇幼卫生保健所（Ānhuī Shěng Sùzhōu Shì Fùyòu Wèishēngbǎojiànsuǒ）位于汴河西路 802 号。宿州市妇幼卫生保健所原称宿县地区妇幼保健站，成立于 1951 年，1982 年迁至宿州市汴河西路 802 号，行政级别于 2008 年升格为副县级。面积为 4400 平方米，建筑面积为 1360 平方米。职责范围：承担对全市爱婴医院爱婴卫生院管理、托幼机构管理、孕产妇和儿童系统管理、《出生医学证明》发放管理、新生儿疾病筛查、婚前医学检查、健康教育等职能任务以及“降低孕产妇死亡率和消除新生儿破伤风”“预防艾滋病、梅毒和乙肝母婴阻断传播”“国家级妇幼卫生监测”“淮河流域出生缺陷监测”“农村妇女两癌（宫颈癌和乳腺癌）普查”“农村育龄妇女增补叶酸”“农村孕产妇住院分娩补助”等项目管理任务。

安徽省宿州市立医院

安徽省宿州市立医院（Ānhuī Shěng Sùzhōu Shìlì Yīyuàn）　位于宿州市汴河中路 299 号。宿州市立医院始建于 1913 年，建院已有百年历史。2012 年 1 月晋升为甲等综合医院，2013 年通过原国家卫生部综合医院复审，是目前宿州规模最大的集医疗、教学、科研、预防、保健和急救为一体的甲等综合医院，是宿州市城镇职工、城镇居民、新农合及安徽省工伤康复定点医院。医院现为安徽医科大学附属宿州医院、蚌埠医学院教学医院，安徽省立医院区域医疗中心网络医院，上海长海医院宿州协作医院、徐州医学院附院宿州协作医院。面积为 33333 平方米，建筑面积为 94750 平方米。职责范围：是集医疗、教学、科研、预防、保健和急救为一体的甲等综合医院。

安徽省宿州市医学检验中心

安徽省宿州市医学检验中心（Ānhuī Shěng Sùzhōu Shì Yīxuéjiǎnyànzhōngxīn）位于宿州市汴河西路119号。安徽省宿州市医学检验中心成立于1977年，原名为安徽省宿县地区医学检验中心，1999年更名为安徽省宿州市医学检验中心。建筑面积为700平方米。职责范围：为医院及公众提供临床检验服务，临床检验、临床检验质量控制；临床检验教学，医学检验科学研究；卫生技术人员培训。

安徽省宿州市中医院

安徽省宿州市中医院（Ānhuī Shěng Sùzhōu Shì Zhōngyīyuàn）位于西昌北路环宇社区管辖范围内，地址西昌北路175号。宿州市中医院成立于1984年，原名宿县地区中医院，1999年更名为宿州市中医院。面积为11000平方米，建筑面积20857平方米。职责范围：基本医疗、基本公共卫生服务。

皖北煤电集团总医院

皖北煤电集团总医院（Wǎnběi Méidiàn-jítuán Zǒngyīyuàn）位于安徽省宿州市，地址淮河西路125号。皖北煤电集团总医院成立于1991年，原名皖北矿务局总医院。2003年挂牌成为蚌埠医学院第三附属医院。面积为53334平方米，建筑面积为89000平方米。职责范围：医疗、教学、科研、预防保健。

宿州市疾病预防控制中心

宿州市疾病预防控制中心（Sùzhōu Shì Jíbìng Yùfáng Kòngzhìzhōngxīn）位于宿州市磬云北路498号。宿州市疾病预防控制中心成立于2003年，原名宿州市卫生防疫站，2003年更名为宿州市疾病预防控制中心。面积为6667平方米，建筑面积为4480平方米。职责范围：为人民身体健康提供防疫保障。

宿州市紧急救援中心

宿州市紧急救援中心（Sùzhōu Shì Jǐnjí Jiùyuánzhōngxīn）位于宿州市银河一路530号。宿州市紧急救援中心成立于2014年，沿用至今。建筑面积为1082平方米。职责范围：负责全市日常医疗急救服务和突发卫生公共事件的急救调度，承担全市重要会议、重大活动的院前医疗急救保障服务，对下级院前医疗急救机构（部门）实行业务指导和行业管理等工作。

宿州市卫生局卫生监督局

宿州市卫生局卫生监督局（Sùzhōu Shì Wèishēngjú Wèishēngjiāndūjú）位于宿州市银河一路530号。2003年4月撤销宿州市卫生防疫站，组建成立宿州市卫生监督所，2004年6月更名为宿州市卫生局卫生监督所，2007年5月更名为宿州市卫生局卫生监督局。建筑面积为1100平方米。职责范围：负责卫生许可受理、审查，依法监督管理公共场所、职业、放射、学校卫生等工作；依法监督传染病防治工作；依法监督医疗及采供血机构及其执业人员的执业活动，整顿和规范医疗服务市场，打击非法行医及非法采供血行为；承担法律法规规定的其他职责。

宿州市中心血站

宿州市中心血站（Sùzhōu Shì Zhōngxīn Xuèzhàn）位于宿蒙路35号。宿州市中心血站成立于1997年，沿用至今。建筑面积400平方米。职责范围：采集血液临床用血，提供《献血法》宣传，血液质量保障，输血技术指导，输血技术人员培训，输血科学研究。

中煤矿建总医院

中煤矿建总医院（Zhōngméikuàngjiàn Zǒngyīyuàn） 位于宿州市埇桥区东关街道范围内，建设北路12号。中煤矿建总医院前身为淮北煤矿基本建设局医院，1970年，院址在徐州的华东基建公司职工医院撤销，于同年5月12日迁至安徽宿州东沱河筹建新医院，设立宿东门诊部。1972年安徽生产指挥部〔1972〕336号文批准在宿州东沱河正式成立“淮北煤矿基本建设局职工总医院”。1973年12月，设在淮北高岳的华东基建公司相山分院（该院1958年成立为安徽省第三建井公司职工医院，1959年更名为安徽省基建局职工医院，1964年更名为华东基建公司第三分院，即相山分院）部分人员及设备迁至宿东，并入淮北基本建设局职工总医院，部分人员留下成立淮北基本建设局相山分院。1978年5月，医院更名为“淮北煤炭基地建设会战指挥部职工总医院”。1985年2月更名为“淮北煤矿建设公司职工总医院”。1994年12月，更名为“中煤第三建设公司职工总医院”。2012年5月，改制后更名为“中煤矿建总医院”。面积为55334平方米，建筑面积为56066平方米。职责范围：基本医疗，基本公共卫生服务，创伤急救，康复，教学科研。

宿州市卫生局

宿州市卫生局（Sùzhōu Shì Wèishēngjú） 位于宿州市银河一路530号。1998年12月6日撤销宿县地区和县级宿州市，设立地级宿州市。宿县地区行署卫生局改名宿州市卫生局。主管卫生行政管理工作的领导机关和卫生业务部门，其职能任务是根据党和国家的卫生工作方针政策、法律法规，制定本市卫生工作改革与发展规划，坚持贯彻“以农村为重点，预防为主，中西医并重，依靠科技与教育，动员全社会参与，为人民健康服务，为社会主义现代化建设服务”的新时期卫生工作方针，组织防治与控制全市范围内危害人民健康的疾病，培养与管理卫生技术人员，开展中医、西医和中西医结合，妇幼保健服务，开展医学教育与科研，对社会各行业和本市环境进行卫生监督。

宿州市第一人民医院

宿州市第一人民医院（Sùzhōu Shì Dì1rénmínyīyuàn） 位于宿州市淮海中路与银河一路交叉路口，地址为银河路26号。宿州市第一人民医院成立于1961年，原名为宿县人民医院，1991年更名为宿州市第一人民医院。面积为17733平方米，建筑面积为52000平方米。职责范围：基本医疗、基本公共卫生服务、突发公共卫生事件的应急处理和救治服务。

宿州市第一小学

宿州市第一小学（Sùzhōu Shì Dì1xiǎoxué） 位于西关街道。宿州市第一小学历史悠久，原系学宫（孔庙）。始建于1324年，至今尚有大成殿、棂星门、古槐等遗迹，属安徽省省级文物保护单位。1919年，在孔庙内创办了义务小学，不久，在孔庙东北隅办起了私立正谊小学，后又改为建华中学。建华中学停办后，又在原校址办起了光明小学，后又改名为中山小学。1930年，孔庙西院设立中正小学，1938年5月，在孔庙东南角办起了孔庙小学，1942年改为模范小学女生部，1943年改为宿县城市女子小学，抗战胜利后，女子小学改为示范小学，以后校名复改为中正小学。1949年后，校名改为胜利小学。新中国成立后，学校隶属关系屡经变更，校名也多次变更，宿县城关第一小学—宿城第一小学—宿县育红小学（宿县育红中学）。宿州市建制后，定名为宿州市第一小学。面积为23238平方米，建筑面积为3565平方米。职责范围：小学义务教育工作。

宿州市小学

宿州市小学（Sùzhōu Shì Xiǎoxué） 位于宿州市埇桥区永镇乡永镇街。宿州市小学（原永镇小学）创办于1950年。1963年中小学合办，更名永镇初中，1992年中小学分开又名永镇小学。1997年由解放军合肥武警支队和宿州市埇桥区政府建设，命名宿州市小学。面积为6667平方米，建筑面积为3750平方米。职责范围：全日制小学一至六年级义务教育。

宿州市第十一中学主校区

宿州市第十一中学主校区（Sùzhōu Shì Dì11zhōngxué Zhǔxiàoqū） 位于环城东路86号。该校区1952年以前为崇贞女中原天主教会，1981年正式更名为宿州市第十一中学。面积为12015平方米，建筑面积为11206平方米，有教学楼5栋，共计51间教室。共有教职工253人，在校学生数3826人。职责范围：义务教育初中阶段。

宿城一中

宿城一中（Sùchéng Yīzhōng）安徽省示范高中，位于银河三路。因位于宿州市而得名。前身是1906年创办的官立正宜中学堂，1952年定名为“安徽省宿城第一中学”。占地约300亩，为国家级体育传统项目学校、安徽省未成年人思想道德建设工作示范学校。

宿州学院

宿州学院（Sùzhōu Xuéyuàn）安徽省属综合性普通本科高校，位于宿州市教育园区学府大道。因位于宿州市而得名。前身是创办于1949年的皖北宿县区师范学校，1983年升格更名为宿州师范专科学校，2004年升格更名为宿州学院，2014年通过教育部本科教学工作合格评估，2019年获批为新增硕士学位授予立项建设单位。学校占地1146亩，建筑面积46.47万平方米，为安徽省示范应用型本科高校。

宿州职业技术学院

宿州职业技术学院（Sùzhōu Zhíyè Jìshù Xuéyuàn） 综合性普通公办高职院校，位于宿州市高新区宿符路，因位于宿州市而得名。始建于1950年2月，时为皖北地区农林学校，2001年6月学校独立升格为宿州职业技术学院，2007年7月宿州教育学院并入。占地960亩，校舍建筑30.61万平方米，为首批全国新型职业农民培育示范基地。

宿州广播电视大学

宿州广播电视大学（Sùzhōu Guǎngbō Diànshì Dàxué） 宿州广播电视大学，于1979年成立，以现代远程电子信息技术为主要传播手段，采用网络、电视、广播、计算机课件、文字教材、音像教材、面授辅导等多种媒体和方式进行远程教学。学校在行政上归属宿州政府和教育主管部门领导，业务上接受中央电大和安徽省电大的指导和管理。

皖北卫生职业学院

皖北卫生职业学院（Wǎnběi Wèishēng Zhíyè Xuéyuàn）全日制普通高等职业院校，位于宿州市教育园区学府大道。因位于宿州市而得名。前身为始建于1949年的蚌埠市立工人联合医院附设护士学校。后历经演进与调整，学院于2014年5月升格并更名为皖北卫生职业学院。占地740余亩，连续多年获得“省级文明单位”称号。

宿州技师学院

宿州技师学院（Sùzhōu Jìshī Xuéyuàn）宿州技师学院2009年经安徽省政府批准设立，是市政府主办、人社序列的技工院校。学院位于宿州经开区206国道东侧，占地98.8亩，建筑6万多平方米。开设智能制造、车辆工程、信息技术、现代服务等六大类16个专业。学院现为国家重点技工院校，国家级高技能人才培训基地，科技部创业孵化基地，国家产教融合实训基地建设单位，安徽省机电、鞋服、电子商务技能人才培养基地，国家职业技能鉴定站，安徽省二级安全培训机构，市政府挂牌的宿州鞋业学院。

宿州工业学校

宿州工业学校（Sùzhōu Gōngyè Xuéxiào）是公办国家级重点中等职业学校、国家中等职业教育改革发展示范学校、安徽省特色示范学校。2018年9月整体搬迁至新校区。新校区坐落于宿州市教育园区、宿州大道与学府大道交叉口东南角，交通便捷，校园环境优美。学校规划占地面积446亩，建筑面积17万平方米，校园占地面积323亩，建筑面积12.77万平方米。开设有智能制造类、互联网+创新创意设计类、物联网+现代服务业三大类专业群20多个专业。学校积极探索产教融合、校企共建的特色化发展之路。形成以三年制普通中专、对口高考为主体，以五年制高职、联办高校专、本科教育为补充，以短期技能培训、校企联合培训和职业技能鉴定相结合的多层次、多形式的办学模式。被市文明委授予“第三届宿州市文明单位”称号，被市双拥办评为“双拥优秀单位”。

宿州逸夫师范学校

宿州逸夫师范学校（Sùzhōu Yìfū Shīfàn Xuéxiào）宿州逸夫师范学校创办于1952年，原名为安徽省宿县师范学校。1992年爱国人士邵逸夫先生捐资助学，学校更名为安徽省宿州逸夫师范学校。为适应学校发展，2012年5月安徽省宿州市人民政府决定，建设学校新校区。新校区位于宿州市教育园区，占地430亩，建筑面积约14万平方米。学校主要开设五年制学前教育、音乐教育、美术教育，以及三年制幼儿教育、幼儿保育、舞蹈等专业，主打“幼师”品牌，着力培养适应幼儿教育的教学和幼儿园管理人才，具有明显专业特色。学校被省厅确定为省级示范学校、省级重点建设学校。是省教育厅授牌的皖北地区学前教育师资培训基地、宿州市教师资格考试中心、育婴师培训基地。学校先后荣获第一至九届宿州市文明单位、安徽省第十届文明单位、宿州市第三届文明校园、未成年人思想道德建设先进单位、安徽省语言文字规范化示范学校、全国职业学校德育先进单位等光荣称号。

第十章　工业企业地名

宿州市埇桥区东大生物能源科技开发有限公司

宿州市埇桥区东大生物能源科技开发有限公司（Sùzhōu Shì Yǒngqiáo Qū Dōngdàshēngwù Néngyuán Kējìkāifā Yǒuxiàngōngsī）位于安徽省宿州市埇桥区顺河乡工业园园内（魏庄村），成立于2008年，名称沿用至今。所属行业为制造业。业务范围为生物质能原料加工及销售；生物能源、热能开发销售（除专项许可）；生物质能源设备开发、销售；环保节能产品技术开发转让。

宿州市符离集刘老二烧鸡有限公司

宿州市符离集刘老二烧鸡有限公司（Sùzhōu Shì Fúlíjí Liúlǎoèrshāojī Yǒuxiàngōngsī）位于安徽省宿州市符离集镇南，成立于2011年。所属行业为制造业。业务范围：肉制品（酱卤肉制品）生产销售、餐饮服务。

宿州生物质能发电有限公司

宿州生物质能发电有限公司（Sùzhōu Shēngwùzhìnéngfādiàn Yǒuxiàngōngsī）位于安徽省宿州市经济开发区金泰南路28号，成立于2013年。所属行业为电力、热力、燃气及水生产和供应业。业务范围为电力及相关项目的开发、投资、建设和经营，电能的生产和销售，电力物资的采购与供应，电厂废弃物的综合利用及经营，电力技术咨询服务。

第三篇

萧县

第一章 萧县概况

萧县（Xiāo Xiàn） 县级行政单位，宿州市下辖县。1993年被文化部首家命名为中国书画艺术之乡。县治龙城为千年古镇，是龙城画派的发源地。

【地理位置】地处安徽省淮北平原北部，黄淮海平原南端，苏鲁豫皖四省交界处。东和北部与江苏省徐州市铜山区、丰县接壤，西与河南省永城市、安徽省砀山县相连，南同淮北市毗邻，东南与宿州市埇桥区相连。面积1885平方千米，人口139.5万。辖龙城、黄口、杨楼、张庄寨等18个镇，庄里、圣泉等5个乡。县人民政府驻地龙城。萧县历史悠久，文化底蕴深厚。风景名胜众多，素有“徐州的西大门”之称。区位优势明显，交通便捷，资源丰富，环境优美，工农业发展良好。地势由北向南微倾。分为丘陵、平原两大自然区，大部分为平原，东南部为低山矮岭。属淮河水系，暖温带季风气候区，年均降水量811毫米，年均气温25℃。是国家商品粮和优质棉花基地。

辖区内有龙城镇、白土镇、丁里镇3个千年古镇；有鞭打芦花车牛返村、相山庙村、朱陈村、绥舆里村、程蒋山村、红庙村6个千年古村。该地民风淳朴，域内有花甲寺等十处新石器文化遗址；有古萧国城、古相城（泗水郡、沛郡、沛国所在地）、楚国临时都城城阳、楚大夫庄辛故里庄里、古萧县城等10多个古城遗址；有春秋古村“鞭打芦花车牛返村”（孔子高徒闵子骞称贤处），孔子高徒颛孙子张世居地掘坊村，汉代刘邦家庙枌榆寺（村），刘裕故里绥舆里村，白居易、苏轼诗咏的朱陈村，苏轼发现石炭的白土镇，4A级景区皇藏峪，黄河故道湿地公园，全国一百家红色旅游经典景区之一的“淮海战役总前委会议暨华野指挥部（蔡洼）旧址”等。名人有孔门弟子春秋三贤闵子骞、颛孙子张、颜子柳，汉代经学家、文学家、目录学家刘向，东汉大将军、新息侯朱浮，南朝宋开国皇帝刘裕，明代开国大将军薛显，清代大将军袁钤，民国将军徐树铮、李明扬、张季英、刘云昭，近现代书画大师名家王子云、刘开渠、王肇民、朱德群、王青芳、萧龙士，以及解放军后勤部长上将王克、副政委中将董宜胜，国家发改委主任、全国人大常委会副委员长张平等。

【地名异名】曾名萧部落、萧邑、萧国。这里远古时期就有人类居住，因遍地长满萧茅神草，被先民作为图腾，名萧部落。私有制产生，原始社会解体，这里演变为邦国、方国（古时国邑通称），称萧邑。夏代、春秋、三国魏时分别封国号为萧，三称萧国。《路史》卷十六载，“大廉事夏后启，后有孟亏，孟亏能率翳者，作土于萧”。《萧县志》载因其地多萧茅，故国号为萧，建萧国。周武王灭商，周公旦平定三监之乱，萧国被灭，改称萧邑。春秋时，宋国大将南宫长万叛乱，杀了宋闵公，萧邑大夫大心平定叛乱，立公子御说为国君，称桓公。公元前681年大心因功，萧邑升为萧国（今安徽萧县城西北），附庸于宋国。公元前597年萧国被楚国灭亡。三国魏时，封曹雄为萧王，其子袭爵建萧国，因后无嗣，萧国被撤销。

【历史沿革】秦王政二十三年（前224年），始设为县，名萧县，正式成为县级行政区名称。秦时隶属泗水郡；西汉泗水郡改沛郡，隶属沛郡；东汉沛郡改沛国，隶属沛国（郡、国治所先后在今萧县祖楼镇相山庙村、圣泉乡北城村，一度移沛县）。420年，南朝宋萧县人刘裕称帝，隶属徐州沛郡。北齐一度改萧县为承高县，属彭城郡。隋代先后改称龙城县、临沛县，大业初（605年）复为萧县。直至新中国成立初期均属徐州管辖。1955年划属安徽省宿县专区、蚌埠专署，1961年隶属宿县地区，1998年隶属宿州市至今。

【境内地名概况】从专名来看，辖区内行政区划地名和居民点地名有以下特点：

1. 以姓氏命名。如赵姓建庄称赵庄，张姓建庄称张庄，还有吴庄、孟庄、郝庄、王庄、丁庄、邱庄等；村中杨姓建楼称杨楼，杜姓建楼称杜楼，又有祖楼、袁楼、郑楼、刘楼、常楼、苏楼、武楼、冯楼等；李姓庄起集称李集，王姓庄起集称王集，还有穆集、杜集、孙集、吴集、芈集等；唐姓村建庙称唐庙，孙姓村建庙称孙庙，还有黄庙、蒋寺、汤庙、孙大庙等；王姓村建寨称王寨，李姓村建寨李寨，还有张庄寨、穆寨、何寨、陈寨等。

2. 以姓氏和自然景象共同命名。如姓氏加山命名的有丁山、李山、帽山、卯山、安山、徐山头、程蒋山等；姓氏加村庄特征命名的有王柳园、鲁菜园、吴旗杆、蒋松林、陈胡同等；姓氏加河命名的有洪河、陈河、麻堤口、朱堤湾、九里湾等。

3. 以自然地理实体命名。如牌坊村、碾盘庄、一条脊、黄台子、黄盆窑、小阁子、老槐庄、三座楼等。

4. 以祥瑞、希冀命名的有金寨、锦桥、圣泉、寿楼、塘沃涯、金黄庄等。

5. 以历史古迹或人文地理实体命名的有鞭打芦花车牛返、石林、皇避、丁里、孟窑、红庙、吴丛、皇藏峪、天门寺等。

从总体情况来看，以姓氏命名的村庄居多，其次是以姓氏加自然景象命名，再次是地理实体命名，也有些以祥瑞、希冀命名的，这反映了居民的家族观念和地域观念比较强，同时体现人们对美好生活的向往。

【地名社会应用】萧县历史悠久，有很多名村、名地及有影响的事物，居民点常捆绑或冠其名。如以萧县冠名的有萧县葡萄、萧县石榴、萧县西瓜、萧县韭黄、萧县防腐、萧县芦笋、萧县书画、萧县皮袄会等。以龙城冠名的有龙城画派、龙城商贸、龙城小吃、龙城酱菜、龙城夜市、龙城野味等。以圣泉冠名的有圣泉寺、圣泉龙爪沟、圣泉白茅岗、圣泉三仙台、圣泉郑公墓、圣泉桃花洞、圣泉全羊宴等。以帽山冠名的有帽山画岩、帽山萝卜、帽山白水泥、帽山汉代铸钱遗址、帽山汉墓群等。以皇藏冠名的有皇藏峪、皇藏洞、皇藏青檀、皇藏蘑菇、皇藏白米山、皇藏瑞云寺、皇藏天门寺、皇藏果老洞、皇藏小龙岗、皇藏无艳泉等。以永堌冠名的有永堌水库、永堌夹山套、永堌长山套、永堌玉卧佛、永堌集贤村、永堌老豆腐、永堌度假村等。

龙城画派 龙城画派发端于明末，形成于清代中期，发展壮大于清末民初。该时期，影响较大的书画家有王之麟、许辉祖、吴作樟、张太平、路荫南、侯子安、谢来占、王为翰、袁汝霖、刘云巢等，他们冲破笼罩画坛的“四王”画风，追逐时代新潮，以强烈的个性阔笔写意，以泼辣豪放的笔触写实，师法自然，具有浓厚的生活气息。他们艺术思想趋于一致，技法意趣趋于相同，融合南北，形成了一种新的画风和流派。因其影响较大，活动中心又在龙城，故称“龙城画派”。

皇藏峪 原名黄桑峪，因汉高祖刘邦隐藏于此，故更名皇藏峪，位于安徽省萧县东南部，宿州北部，面积 31 平方千米。皇藏峪属喀斯特地形的石灰岩山地，多溶洞、流泉和山石景观，为山东古老丘陵向南的延伸，统称龙岗山。最高峰为平顶山，海拔 389 米，一般山峰高度在 100—300 米。皇藏峪集山、水、泉、涧等自然景观浑然一体，小气候明显，素有“幽谷圣地”“淮海佳境”“天然氧吧”之称。皇藏峪有皇藏洞、三仙洞、拔剑泉、马扒泉、仙人床、瑞云寺、六合塔、玻璃隧道等 72 处景点。截至 2014 年，景区内百年以上的古树名木有 1000 多棵，其中千年以上的有 300 多棵，中草药 700 多种，鸟类 58 种。皇藏峪是中国历史文化遗产、中国最大古树群落、国家 4A 级旅游景区、国家森林公园。

第二章　萧县乡、镇地名

龙城镇

龙城镇（Lóngchéng Zhèn）　萧县人民政府驻地，副县级建制镇，安徽省千年古镇。

【地理概况】在萧县中东部。东与淮北市杜集区段园镇、江苏省徐州市铜山区汉王镇和本县白土镇接壤，南与永堌镇和丁里镇毗邻，西与杜楼镇相连，北与圣泉乡接界。面积125平方千米。人口11.3319万人。辖龙山、龙湖、城南等12个社区居民委员会，姬村、房庄、李台等11个村民委员会。镇人民政府驻世纪大道中段。镇域有东北西南走向的连绵群山，东、南部为平原，有龙河、岱河、闸河、两姜河及龙湖、岱湖和几座水库。境内龙城有千年以上历史，隋代曾一度改设龙城县，明万历年间古萧城被黄水淹没地下，迁于现址，复称萧县龙城。北依凤凰山，左有龙山，右有虎山，西南有帽山。帽山汉代称同孝山，乡居称同孝里，大经学家刘向祖辈居此；魏晋南北朝时刘裕同族左将军刘怀肃居此，改称安上里。帽山及城东北祖庄先后发现汉代钱范。城西湖山头有朱浮墓朱公祠遗址。凤凰山西北坡有三仙台、书声洞、圣泉和圣泉寺等名胜，西坡有桃花洞、莲花寺，城内有明代建筑孔庙（黉学），姬村为古大彭国遗址。为清末名宦段广瀛、著名民主人士刘汉川、著名电影演员刘世龙等的家乡。

【地名异名】又称萧城。因系萧县县衙和县政府驻地，故有此称。

【地名沿革】《隋书·地理志》载："萧。注开皇六年改为龙城。十八年改为临沛。大业初改曰萧。"明万历五年（1577年）萧城被黄水淹没地下，县城迁至今址，称龙城，亦称萧城。民国时期曾称龙城市、城关镇，新中国成立后改称龙城镇，1958年为虚实人民公社，1960年后改称萧城镇、萧城公社、龙城区，1980年后复称龙城镇。

【境内地名概况】从地名专名来看，辖区内居民点地名有以下特点：

1. 以自然地理实体命名。如龙山社区、帽山村、凤山社区、龙湖社区等。

2. 以地理位置命名。如岱山口村、城南社区、城北社区、前梅社区、后梅社区等。

3. 以居住大姓命名。如房庄村、魏楼村等。

4. 以纪念人民翻身解放命名。如新中

国成立后帽山寨村改名为人民村。

5. 其他命名。如李姓聚居村落建在高台上防止水淹而称李台村，刘姓聚居村落并建有行业集市而称刘行村，纵姓人家聚居于祖宗老林附近而称纵林村，黄姓聚居村落建有桥梁而称黄桥村，因古庙而聚居的村落称奶奶庙村、五里寺村等。

从地名通名来看，辖区内居民点地名主要有以下地方特色：

1. 具有反映自然山水形貌的特色。如帽山，因山形像一顶毡帽；凤凰山、龙山、虎山等亦因山形像龙凤虎而名。

2. 具有明显的区位特色。如城南、城北，前梅、后梅等。

3. 具有反映居民姓氏多寡的特色。如房庄、魏楼村等。

4. 具有反映村名来历的特色。如李台村说明该村为防水患而建在台上的历史，人民村村名为纪念村民翻身解放的历史等。

【地名社会应用】以龙城冠名的有龙城画派。据1989年版《萧县志·书画艺术》第一章《龙城画派》记载，在出生萧县的南朝宋武帝刘裕及其子孙擅长书法的时风影响下，萧邑民间研习书画之风遂盛。明清以来，特别是乾嘉年间，萧县画风更盛。以龙城为中心，一批萧籍书画家，如吴作樟、吴柳庵、袁汝霖、刘云巢、张太平等，思想艺术倾向一致，技法趣味相同，以“龙城画派”之美誉蜚声画坛，至清末民初进一步发展壮大。《清书画家名录》载有萧籍晚清名家，出名者有袁塘的蝴蝶，宝池和尚的牡丹，孙云红的黄牛，王为翰的墨竹，路荫南、侯子安的山水等。特别是新中国成立前后，王子云、刘开渠、王肇民、朱德群、萧龙士成为现当代中国艺术大师级名家，并引领萧县、徐淮乃至海内外艺术风潮。“自同治末至民国肇造，龙城画派，名震徐淮。”（刘海粟）20世纪80年代以来，萧县先后以“国画之乡”“中国书画艺术之乡”（文化部首批“之乡”命名）名闻遐迩。

黄口镇

黄口镇（Huángkǒu Zhèn） 全国重点镇。

【地理概况】属萧县管辖。黄口古称杼秋，汉县。又称孝义乡。后因黄河口决口而更名为黄口至今。位于安徽省萧县西北部。东与阎集镇接壤，南与酒店乡毗邻，西与砀山县程庄镇相连，北与新庄镇接界。镇人民政府驻黄口镇东社区。境内有古杼秋城遗址、三国曹马城、三圣阁、董孝子墓和黄口炮楼等遗迹。面积92平方千米，人口9.7万人。辖镇南、镇东、镇北、镇西、镇中等5个社区居委会，张寨、杨阁、朱庄、徐洼、瓦房、唐庄、唐圆、孙庙、邵庄、马常庄、老黄口、陈土楼、暗楼等13个村民委员会，境内属温带半湿润性季风气候区，四季分明，雨水较充沛，光照充足。农作物以小麦、玉米、大豆、棉花、花生、水果、蔬菜为主。工业主要有纺纱、机械、制造、食品、农副产品加工、造纸等。镇设有文化站、广播站、电视台各1处；村级文化活动中心18处；各类图书室22个，有各类学校20所；有各级卫生机构4个，卫生所8个；有学校体育场5个。行政区划单位为镇。1915年筑成陇海铁路，借用老黄口的名字在此设黄口火车站。1927年6月，蒋介石率李宗仁等在徐州将领乘专列西上迎接冯玉祥。在黄口火车站举行了隆重的欢迎仪式，蒋、冯在此结拜为兄弟。1930年7月

10日，在中共萧县县委的领导下，发动了黄口暴动。1938年，中共苏鲁豫皖军委在黄口镇孙庙村召开第二次会议，郭子化传达了洛川会议精神，决定发动群众开展游击战争，史称“黄口会议”。1949年设黄口乡；1958年设黄口公社，后改社区；1980年设黄口镇。境内有较丰富的石油、天然气资源。境内有黄口炮楼建于1916年，用于区公所的安全警戒。抗战爆发后，以此为据点，黄口成为打击日寇的堡垒，现为县重点文物保护单位。

三圣阁古庙坐落在黄口镇杨阁村，相传是唐王南下时所建。新中国成立后，几经修缮，已粗具规模，占地900平方米，有僧人4名，常年香火不断。

董孝子墓在黄口火车站南八里。据史志记载：“孝子明人，父因罪远戍，孝子尚幼，长第进士，弃官寻父，数千里负骨归葬，乡党称孝。今墓尚存，惜其名久佚矣。”

【地名异名】古称杼秋。据嘉庆《萧县志》：“《后汉书·盖延传》注，杼秋故城在今徐州萧县西北。阚骃《十三州记》光武封刘般为侯。《一统志》在砀山县东，属梁国。后汉建武中为侯国，永平五年仍为县，改属沛郡。晋因之，宋省。《通志》杼秋今隶萧县，在县西七十里。”又据民国21年《陇海铁路旅行指南》：“黄口，汉杼秋县境，东晋废。”历代为萧县西北境，旧称孝义乡。

【地名沿革】黄口以故黄河频频决口又屡次改道形成大面积淤积，始有人来此定居生息，因而称之为黄口，又叫老黄口。镇政府因驻此而得名。1927年建镇，民国时曾设四区和八区，新中国成立后先后设黄口区、黄口公社和黄口镇。1984年至今均为黄口镇。

【境内地名概况】从地名专名来看，辖区内居民点地名有以下特点：

1. 因姓氏聚居而得村名。由土著先民开发或由外地迁来定居，世代繁衍，形成村庄。也有的为了便于相处，相互照应，同姓同族聚居一起形成村庄，最突出的特点是他们以其姓氏命名村名。诸如孟庄、李庄、高庄等。

2. 因地貌特征或地物而得村名。地势低洼之地，常有得水之便。水是生命之源，人们为求生活方便，常依水而居，村名也与水密切相关。如前、后徐洼，常洼，汪堤等都是因地貌而得村名。

3. 因庙宇而得村名。佛教、道教、儒教在黄口镇都较盛行，为平民百姓所接受。因而，镇内多处修建的庙宇庙阁，就被作为了村名。譬如玉皇阁，就因此村过去有座玉皇庙而得村名。朱阁也是因村中建有庙阁而得名。再如孙庙，因本村孙姓较多，以前村中曾有庙宇一座，香火极盛，故名孙庙。

4. 因自然地理实体而得村名。人类把许多地理实体标记为一个地名，用来识别不同地域的符号，它是人类进行社会活动交往的工具，也是社会发展和人类进步的文化标志。如大柳树这一村名，就是因为村中早年有棵很大的柳树而得村名。再如地藏阁村名，就是因清代时此地曾建一藏王阁而得名。又如黄坝村名，就是因黄姓建村时，村旁有个被黄水冲击的坝子，故名。

5. 因历史故事而得村名。黄口镇历史悠久，古人在生活中留下了很多生动的历史故事和优美动人的传说，他们代代口碑相传，为了记住这些故事，便取与故事相关的名字作为村名，如瞎子营村。相传此村早年有个盲人（瞎子），因打赢了一场官司，为作永久纪念，便取村名瞎子赢，后“赢”字又讹传为“营”；再如杨阁村的得名，故事情节更为奇特。该村在唐时建有“三圣殿”，某日，唐朝的某个皇帝南游拜谒南海观音，行至此地天色已晚，于是下榻于此。夜里，皇帝做了一个神奇的梦，梦中他得到了阿弥陀佛、观世音菩萨、大势至菩萨三位的圣点：“有意烧香何须苦朝南海，诚心拜佛此处即是西天。知你心诚，愿保佑大唐风调雨顺，国泰民安！”这位皇帝醒来后激动万分，遂举行祈拜仪式，五体投地以表虔诚，并遵佛祖之言即刻下令就地建寺，为其塑造金身。因该寺供奉的是三位圣佛，故取名“三圣殿”，亦称“三圣阁”。后来，该村出了两个财主，为显其势，郑财主因在村中盖有三座楼房，便要改村名为“三座楼”，王姓财主不甘示弱，要改村名为“王家庄”。两家各不相让，大打出手，郑财主竟一脚踢死王财主。于是，官司打到县衙。审理此案的杨县令也是个糊涂官，当堂宣判：“从今天起这个村既不叫三座楼，也不叫王家庄，就以本老爷的姓叫杨家阁！”遂将郑财主打入大牢，结束了这场官司。从此该村改名“杨家阁”，以后又简称为杨阁。

6. 因村庄特点而得村名。有的村庄是以大小、方位、新老或村庄内的特色建筑来命名的，具有代表性的村庄有老黄口，相传这里原是黄河决口处，后成村庄，故取名黄口。1915 年政府在村东南 3 千米处建成黄口火车站，此村乃易名老黄口。再如大、小张庄，前、后唐庄等都是因其特点而得村名。

【地名社会应用】黄口火车站建于民国 4 年（1915 年）。离连云港东站 272 千米，离兰州站 1487 千米，隶属上海铁路局徐州铁路分局管辖。上行方向为徐州站，下行方向为砀山站，现为四等站。客运：办理旅客乘降；行李、包裹托运。货运：办理整车、零担货物发到。1927 年 6 月，蒋介石率李宗仁等在徐州将领，乘专列西上迎接冯玉祥，在黄口火车站举行了隆重的欢迎仪式，蒋、冯在此结拜为兄弟。

黄口暴动　1930 年 7 月 10 日，中共萧县行动委员会发动了黄口武装暴动。黄口镇农会会员和赤卫队队员 300 人，中共党员 20 多人，在共产党员张永祥、李祥太、程瑞凯、李祥岭等同志的领导下，歼灭国民党一个连 100 多人，缴获长短枪 180 多支，并中断徐州至商丘的陇海铁路三天，此为著名的“黄口暴动”，有力地打击了国民党的黑暗统治，配合了我党的革命行动。随后，暴动队以“中国工农红军第十五军第一师独立营”名义发出布告，赢得群众拥护。

黄口会议　1938 年，中共苏鲁豫皖特委在黄口镇孙庙村召开第一次会议，会上特委负责人郭子化同志传达了洛川会议精神，分析了斗争形势，决定广泛发动群众开展游击战争，这次会议被称为“黄口会议”，为后来该地区抗日武装力量的发展奠定了基础。境内名人有著名共产党员胡玄圃，本镇胡庄人，自幼上学，毕业后任教，1927 年加入中国共产党，1930 年在上海从事革命宣传时被国民党逮捕，在狱中受尽严刑拷打，始终坚贞不屈，于同年惨死在狱中。

杨楼镇

杨楼镇（Yánglóu Zhèn）　乡级行政单位。

【地理概况】地处安徽省萧县北部，东与刘套镇接壤，南临圣泉乡、马井镇，西连闫集镇、新庄镇，北部与江苏省铜山区比邻。距县城25千米，东距江苏省徐州市35千米，南距宿州市100千米，南距省会合肥326千米。镇人民政府驻杨楼村。该镇下辖杨楼、郝集、裴庄、路套、冯场、尹庄、新廷、张口、余洼、孟庄、孙庄、郜洼、刘庄、黄庙共14个村（居）民委员会。辖区总人口8.15万人，其中城镇常住人口1.5万人。辖区东西最大距离13.3千米，南北最大距离14.2千米，面积102.38平方千米。

【地名沿革】杨楼原名“杨篓”。有一杨姓人家在此编织“鱼篓”为生，形成村落后，遂以“杨篓”名之。后演变为今名。清同治末期（1875年），属萧县在坊乡。民国2年（1913年），属陶楼区。民国20年（1931年），设杨楼乡，属萧县第十区。民国23年（1934年），九、十区合并为五区。1949年，属郝集区。1950年9月，郝集区改名杨楼区，辖刘庄、刘楼、梁河、朱庄、段庄、桃园、石坝、马井、纵庄、瓦房、权楼、河套、杨楼、刘套、耿庄15个乡，86个村。1955年1月，由原来杨楼、马井两区合并为杨楼镇，区政府驻郝集。1958年9月，撤销区建制，设立杨楼公社。1962年1月，设杨楼区，辖杨楼、芈集、刘套、朱庄、郝集、马井、朱集、郝庄、权楼、穆集10个公社。1969年，撤销区建制，设立杨楼公社。1980年，设立杨楼区，辖杨楼、郝集、朱庄、刘套、芈集、北城6个公社。1984年，设立杨楼建制镇，辖郝集乡、朱庄乡、纵庄乡、芈集乡、刘套镇、杨楼办事处6个乡镇，57个村（居）民委员会，392个村民小组。1992年，撤销杨楼建制镇，设立杨楼镇。

【境内地名概况】从地名专名来看，辖区内居民点地名有以下特点：

1. 以历史人文地理实体命名。如苏楼，北宋徐州太守苏东坡之子苏迈在徐州南苏家湖定居（时属萧县），因水患苏迈迁山东省微山县，又因地震回迁萧县，其中一支落户此地，取村名苏楼。黄庙，黄庙始于康熙年间，在乾隆四十年袁氏总兵自汝南来此地居住，始称袁楼。后来黄氏族人买地建庙而取名黄庙。黄氏在庙西2千米处建庄，取名黄庙。杨楼，明代年间，此处为一片湖泊，杨姓人在此打鱼编篓。鱼篓质量上乘，声誉较高，号称杨篓。后来人员渐增，成为村庄。“杨篓”传为“杨楼”。杨楼，陇海铁路在此建杨楼站，以后又为杨楼区镇驻地。

2. 以自然地理位置命名。如清朝初期，郜姓在低洼处建村，因此取名郜洼等。

3. 其他命名原则。如大姓聚居村庄名尹庄、冯庄、郭庄等。

【地名社会应用】杨楼镇历史文化底蕴深厚，一些地名与历史文化或名人有关，如黄庙。1938年8月23日这里曾发生“智驭日军黄庙据点”战斗。萧县人民政府立纪念碑于此。陇海铁路在此建杨楼站，以后又为杨楼区镇驻地。

闫集镇

闫集镇（Yánjí Zhèn） 乡级行政单位。

【地理概况】地处萧县北部。东与杨楼镇比邻，南与马井镇相连，西与黄口镇接壤，西南与酒店乡交界，北与新庄镇接壤。人民政府驻闫集村，南距萧县26千米，距宿州市区95千米，距省会合肥城区325千米。该镇下辖闫集、汪楼、高楼、郑集、刘店、塘沃涯、杨庄、孟楼、柳园、孙老家、赵堂共11个村民委员会。辖区东西最大距离5.58千米，南北最大距离12千米，面积

66.9 平方千米。总人口 54006 人。

【地名沿革】1949 年属黄口区李阁乡和孔楼乡的一部分，1958 年属东方红公社，1962 年改属孟楼公社，1969 年划入刘店公社，1980 年改称闫集公社，1958 年改为马井区闫集乡，1992 年设闫集镇。

【境内地名概况】从地名专名来看，辖区内居民点地名有以下特点：

1. 以历史人文地理实体命名。如枌榆寺村，此村内原有一座庙，叫枌榆寺，是刘邦先祖的家庙。刘邦登基前，其兄弟常随父老回萧县老家探亲祭祀。公元前 206 年刘邦当了皇帝后，不忘先祖的护佑，下令重修枌榆寺，并设人管理主持，至东汉末年，刘家王朝衰落，祭祀渐稀，年久失修，至清朝逐渐坍塌。

2. 以自然地理位置命名。如腰庄，黄河故道在此村南腰（土语同“绕”）了一个弯子，故名。

3. 其他命名原则。如大姓聚居村庄名郑庄、大杨庄、宋庄等。

从地名通名来看，辖区内居民点地名主要有以下特色：

具有反映历史人文的特色。如孟楼、暗楼等村的来历。

【地名社会应用】杨楼镇历史文化底蕴深厚，一些地名与历史文化或名人有关，如孟楼，1949 年前此庄叫黄柚子楼。据说黄柚子楼直属北京，西南院是朝庙。大户比较多且有势力，有土匪想到此村行窃，打听是黄柚子楼没敢下手，后将此村易名孟楼。

新庄镇

新庄镇（Xīnzhuāng Zhèn） 乡级行政单位。

【地理概况】地处萧县西北，黄河故道南岸，北与江苏省丰县的李寨、梁寨接壤，东邻杨楼镇，南接黄口、闫集，西与砀山县唐寨镇接壤。距陇海铁路 8 千米，距徐州市 45 千米。下辖邵套、马郑庄、杜集、沟头、小桥、小集子、张庄、郭套、常庄、东阁、西阁、李庄、铁佛、李集共 14 个村民委员会和新庄居委会。辖区东西最大距离 28 千米，南北最大距离 5 千米，面积 114 平方千米。辖区总人口 7.606 万人。

【地名沿革】民国后期属黄口区，1949 年后设新庄区，1958 年建立新庄公社，1985 年改为新庄区，1992 年设新庄镇至今。

【境内地名概况】从地名专名来看，辖区内居民点地名有以下特点：

1. 以历史人文地理实体命名。如寇王楼，清朝中期王姓人家在此村建土楼一座，称王楼。后来寇姓人家逐渐发达，有人入朝为官，为示显要，改王楼为寇王楼至今。闫宫，此处多为盐碱地，早年村民多以盐业为主，取名“盐工”，后讹传为“闫宫”。

2. 以自然地理位置命名。如王洼因土地较洼，故起名王洼等。

3. 其他命名原则。如大姓聚居村庄名张庄、李庄、王集等。

从地名通名来看，辖区内居民点地名主要有以下特色：

具有反映历史人文的特色。如铁佛寺、徐窑、沟头寺等。

【地名社会应用】新庄镇历史文化底蕴深厚，一些地名与历史文化或名人有关。如马庄。在明代时期，名为西苗古院，现有遗址，后来马姓迁至此地，人丁增多，故而得名。铁佛寺，清朝咸丰年间此村内建有寺庙，庙内佛像是铁铸造的，故起名铁佛寺。

刘套镇

刘套镇（Liútào Zhèn） 乡级行政单位。

【地理概况】位于萧县东北部，东、北与江苏徐州市接壤，南接圣泉乡，西接杨楼镇，310国道和陇海铁路穿境而过，县道萧管路贯通南北。下辖芈集、李圩、赵庄、陈屯、徐安、张庄、刘套、常楼、三大家、管粥集共10个村民委员会。面积60平方千米。总人口46629人。

【地名沿革】刘套镇因刘姓在黄河故道南侧河套处建村而得名。明朝初年，属徐州府萧县乐善乡。清朝同治末期，属乐善乡刘家套寨。民国20年（1931年），属第七区河套乡。民国23年（1934年），属第四区。1949年，设刘套乡。1958年，撤销刘套乡，建立刘套公社。1983年，将刘套公社改为刘套乡。1992年，刘套乡撤乡改设建制镇刘套镇。

【境内地名概况】从地名专名来看，辖区内居民点地名有以下特点：

1. 以历史人文地理实体命名。如管粥集。清朝乾隆年间，宗、薛、杨姓居此设集卖粥。传说乾隆皇帝下江南时在此喝过粥。后来灾荒年间，一大户来此施粥，管灾民喝粥，故得名。三大家，早前，村里住着王姓、刘姓、张姓三姓人家，故此得名，沿用至今。

2. 以自然地理位置命名。如月河，清朝后期，为防外敌入侵，人们在村四周挖沟河，并留有东西南北四门，月河环绕，故而得名。

3. 其他命名原则。如大姓聚居村庄名谢庄、芈集、陈屯等。

从地名通名来看，辖区内居民点地名主要有以下特色：

具有反映历史人文的特色。如奶奶庙，早年此处有一座奶奶庙，后有人在此居住成村，取庙名为村名。天齐庙，早年此地有一座庙，名为天齐庙，后有人在此居住，以庙名为村名。

【地名社会应用】以刘套冠名的有刘套籍名人书画展馆。刘套镇被誉为书画之乡，凭借农民书画入选2018—2020年度“中国民间文化艺术之乡”名单。展馆中有很多名人书画，如萧龙士等。是刘套镇重要旅游景点之一。

马井镇

马井镇（Mǎjǐng Zhèn） 乡级行政单位。

【地理概况】地处萧县中部，东与圣泉乡为邻，南与杜楼镇接壤，西与孙九店乡相连，北靠闫集镇，东北为杨楼镇，人民政府驻地马井村，距县城15千米。下辖道口、朱庄、长征、麻堤口、马井、黄楼、许破楼、曲里铺、吴瓦房、朱集、王楼、权楼、郝庄、孙庄、吴九店共15个村民委员会。辖区东西最大距离15.06千米，南北最大距离13.5千米，面积111.8平方千米。总人口83983人。

【地名沿革】明朝初年，萧县领7乡，辖77村，马井属红亭乡曲里村。清同治末年（1875年）萧县辖8乡，马井属孝义乡曲里铺寨。民国20年（1931年）萧县辖10区211个乡，36个镇，马井属第六区曲里镇。民国23年（1934年），马井属第一区，区公所驻县城。民国38年（1949年），马井属郝集区。1950年9月，马井乡属杨楼区管辖。1951年1月，成立马井区。1958年9月，成立马井公社，属杨楼区管辖。1980年，萧县设马井区，马井区辖马井、郝庄、闫集、道口、朱集、穆集6个乡。1992年3月，成立马井镇。

【境内地名概况】从地名专名来看，辖区内居民点地名有以下特点：

1. 以历史人文地理实体命名。如马井（村、镇），马氏族人从沛县马桥迁移此地。据传说马援领兵打仗，将士饥渴，其白马蹄踹地成井，定名“马井”。苏楼，北宋徐州太守苏东坡之子苏迈在徐州南苏家湖定居（时属萧县），因水患苏迈迁山东省微山县，又因地震回迁萧县，其中一支落户此地，取村名苏楼。

2. 以自然地理位置命名。如包堤口，早年包氏家族在河堤口旁边建村，故取名包堤口。徐河涯，早年徐姓在沙河边建村，故而得名徐河涯等。

3. 其他命名原则。如大姓聚居村庄名鲁集、夏庄、孙庄等。

从地名通名来看，辖区内居民点地名主要有以下特色：

1. 具有反映历史人文的特色。如上述马井命名的来历、苏楼等村的来历。

2. 具有反映自然地理的特色。如许堤口、黄水口等。

【地名社会应用】以马井冠名的有马井天主教堂，位于马井镇政府西北处，建于清光绪十四年，占地40亩。该教堂是底上两层建筑，只剩下框架，大门面向东，门前有两座石鹿，为砖木结构，墙体下方刻有花草等图案。教堂的东门上有三层阁楼，西边是两层小阁楼。教堂于20世纪六七十年代改为区公所、电影院。

大屯镇

大屯镇（Dàtún Zhèn）　乡级行政单位。

【地理概况】地处萧县西部，东与萧县赵庄镇接壤，南与张庄寨镇为邻，西邻河南省永城市芒山镇、条河镇，北接酒店乡，西北与砀山县程庄镇相接。人民政府驻张大屯村，距萧县县城33千米。下辖关庄、胡集、瓦房、大屯、高楼、南海、林楼、土山、张楼、许楼、傅庄、郭阁12个村民委员会。辖区东西最大距离10.1千米，南北最大距离11.2千米，面积92平方千米。2011年末，辖区总人口68837人。

【地名沿革】明初，属孝义乡管辖。清同治末，属孝义乡。民国20年（1931年），属第五区，驻张大屯。1949年，境内设大屯区。1958年，大屯区改为大屯公社。1984年，大屯公社改为大屯乡。1992年，撤销大屯乡，设立大屯镇。

【境内地名概况】从地名专名来看，辖区内居民点地名有以下特点：

1. 以历史人文地理实体命名。如许楼。据说清朝乾隆皇帝下江南，在新黄村饿得心慌，沿河西行，到现许楼村前，言说此地将来必先盖楼，后果应验，许姓在此建楼立村，故而得名。前新庄，1934年，本村人原住张大屯，隶属地主纵家的佃户，又恐日军安据点，由几家大姓唐家、刘家、胡家、路家买地居住，因此建村，并分前后新庄。

2. 以自然地理位置命名。如土山村。该村以山取名，土山历史悠久，隶属芒砀山群，形成于0.8亿—1.3亿年前。据土山朱氏祖坟碑文记载，朱氏宗祖在明朝崇祯元年迁居土山至今。

3. 其他命名原则。如大姓聚居村庄名蒋庄、王庄、潘庄等。

从地名通名来看，辖区内居民点地名主要有以下特色：

1. 具有反映历史人文的特色。如王胡寨。

2. 具有反映自然地理的特色。如南海。该村村名有两个传说。一说早年黄河故道以北的善男信女去江南朝拜南海观世音菩萨，某年走到此处遇连日大雨，无法继续前行，便在此插草为香，堆土为炉，朝拜南海观音，以了夙愿。后来此村即称此名（意即中途朝拜南海观音之地）。二说乾隆皇帝下江南路过这里，夜晚梦中遇见青龙，惊吓成疾，找人圆梦。农民王五顺苦于乾隆在此，百姓遭殃，便化装成道士，与其圆梦，说“这里原是南海的中部，是青龙的住处，后来沧海变桑田，二龙不能同压一地”。乾隆起驾离开后，此村称为中南海，简称南海。

【地名社会应用】大屯镇历史文化底蕴深厚，一些地名与历史文化或名人有关。如王子云书画研究所。故居现存土墙瓦屋四间，原为草房，1983年改为大瓦土墙结构。王子云先生是我国著名画家、雕塑家、美术教育家、美术史论家和考古学家，生前为中国美术家协会顾问、陕西省美术家协会名誉主席，是我国现代美术运动的先驱。

赵庄镇

赵庄镇（Zhàozhuāng Zhèn）　乡级行政单位。

【地理概况】地处萧县县城西部22.5千米，东与杜楼镇接壤，东南与王寨镇为邻，南连张庄寨，西邻大屯镇，北接酒店乡、马井镇。镇人民政府驻赵庄村，下辖赵庄、前韦、大孙庄、张朴楼、吴集、吴蒋庄、建华、汪屯、张老庄、桃元、三座楼、九店、王汉集、孙大庙共14个村民委员会。行政区域面积89平方千米，其中耕地面积8.2万亩，辖区东西最大距离15千米，南北最大距离10千米。人口7.5万人。

【地名沿革】明初，属孝义乡管辖。清同治十三年（1874年）境内属仁寿乡管辖。民国20年（1931年），属萧县第四区管辖。1949年，萧县解放，置赵庄乡。1980年，赵庄乡改赵庄区。1992年，撤销赵庄区，建赵庄镇。

【境内地名概况】从地名专名来看，辖区内居民点地名有以下特点：

1. 以历史人文地理实体命名。如李酒店，李氏家族在村内开一小酒坊得名。抗日战争时期，本村人、区长李建华带着群众除汉奸、反“扫荡”。1952年调任萧县县委书记，群众为纪念他，在农业合作化时成立高级社便称建华社（村），后沿用至今。孙大庙，原为港南村（原港河之南），清康熙年间（1662年）此处修建庆云寺大庙，孙姓人聚居于此，故而得名孙大庙。

2. 以自然地理位置命名。如港河涯。原先在庄后有一条港河，故而得名等。

3. 其他地名命名原则。如大姓聚居村庄名毛庄、余庄、张庄等。

从地名通名来看，辖区内居民点地名主要有以下特色：

1. 具有反映历史人文的特色。如上述李酒店、孙大庙等村的来历。

2. 具有反映自然地理的特色。如河东等。

【地名社会应用】以赵庄冠名的有赵庄辣椒。赵庄镇全镇20%的民户种植辣椒，并辐射相邻乡镇，种植面积稳定在1万亩左右，年产鲜青椒150万斤、干椒500万斤。主要品种有线椒、朝天椒、色素椒、板椒四大品类10多个品种。所产的成品辣椒具有无公害、无污染、味辣、色红、角型好、色素含量高等特点，产品主要销往四川、湖南等省市，远销港、澳、台和东南亚各国及地区，是闻名渭北的外贸辣椒生产基地。赵庄苹果。赵庄镇的苹果产业兴起于20世纪90年代初，种植面积已达1.1万亩，现已普遍进入盛果期，年产苹果1000万斤，主要品种有富士、秦冠，其他品种有嘎拉、北斗、红星等。独特的地理气候条件下生产的苹果具有个大、色纯、味甜、耐储运等优点。

杜楼镇

杜楼镇（Dùlóu Zhèn） 乡级行政单位。

【地理概况】地处萧县中心腹地，东与龙城镇接壤，南与王寨镇为邻，西连赵庄镇，北接马井镇。人民政府驻杜老楼村，东距萧县县城12千米。下辖马阁、红庙、小圩子、纵袁庄、郝新庄、杜老楼、郝庄寨、杜集、孟窑、曹庄、彭村、八庄、朱解庄、业庄、杜庄15个村民委员会。面积99平方千米。辖区总人口7.37万人，其中城镇常住人口1897人，另有流动人口21450人。

【地名沿革】秦，杜楼地属泗水郡。西汉，属彭越梁国砀郡。东汉，设萧县杼秋县属之。建武十三年（37年），扶阳县改为韩歆的扶阳侯国。三国，魏咸熙二年（265年），置杼秋县（属沛郡），属之。东晋，杼秋县在乱后废，设相县属之。隋，设龙城县（今龙城镇），属之。唐，设萧县（治萧故城）。宋，实行路、府、（州、军）县三级制，设萧县，属京东西路徐州武宁军。元，撤销萧县、永堌县建置，并入徐州。至元十二年（1275年），复立萧县，属之。明，明洪武四年（1371年）二月，属中都临豪府。清，清顺治（1644—1661）属江南省徐州。康熙六年（1667年）析江南省为江苏、安徽两省，属江苏省徐州，雍正十一年（1733年）徐州升为府，属江苏省徐州府。1958—1978年设杜楼公社。1986年，公社改名。1992年，将红庙、芦花、业庄、杜楼4个乡整体组建杜楼镇。

【境内地名概况】从地名专名来看，辖区内居民点地名有以下特点：

1. 以历史人文地理实体命名。如杜楼，清代康熙年间，杜姓一支从徐州迁此建楼立村，因是该支杜姓最早迁居者，故名。民国时期，该村村民为方便生活，以40亩地建集设市，故名杜楼集。红庙，春秋时鲁昭公曾“大搜于红”即此地。汉代楚元王之子刘富及其子孙封为红侯，此地为红侯国，后名红亭。明清均设有红亭乡。民国初期至新中国成立初设有红庙乡。因古时此地有“七井八庙十二坑”之称，俗称红庙。

2. 以自然地理位置命名。如朱山窝明代朱姓在此山窝占产立庄，故名等。

3. 其他命名原则。如大姓聚居村庄名刘村、黄庄集、薛村等。

从地名通名来看，辖区内居民点地名主要有以下特色：

具有反映历史人文的特色。如上述杜楼、红庙等村的来历。

【地名社会应用】杜楼镇历史文化底蕴深厚，一些地名与历史文化或名人有关，如安徽省千年古村鞭打芦花车牛返，村内有四贤祠，祠堂外还有“四贤晒书台”“子骞泉”“子柳泉”“子张泉”等遗迹。

丁里镇

丁里镇（Dīnglǐ Zhèn） 乡级行政单位。安徽省千年古镇。

【地理概况】在萧县南部。东与永堌镇接壤，南与淮北市杜集区朔里镇毗邻，西与孙圩子乡和王寨镇、杜楼镇相连，北与龙城镇接界。面积67平方千米。人口4.25万。辖丁里、郭庄、蔡洼等9个村民委员会。镇人民政府驻郭庄村。境内北部、西部为山区，东、南部为平原；有龙河、运河、岱河流经；符夹铁路、连霍高速（有“萧县南”即郭庄出入口）、萧淮（淮北）公路穿境而过；属温带半湿润性季风气候，四季分明，雨水较充沛，光照充足。由春秋时孔子高徒颛孙子张父子及其后代居住的古“堀坊村”（今孙小林子村）；项羽部将丁固放走刘邦之地丁里；五代时王彦章摆渡的瓦子口；淮海战役总前委会议暨华东野战军指挥部旧址蔡洼；安徽学大寨的“一面红旗”郭庄；著名民主人士徐彬如的故乡徐王庄等。

【地名异名】因丁固放走刘邦，该处曾称丁千米，后简称丁里。清嘉庆《萧县志》载：“丁公山，《元和郡县志》，在县东南二十里。楚汉相攻，高祖败，薛人丁固追之，即此也。《金史·地理志》，萧有丁公山。《通志》，其地亦名丁里村。《府志》，下有丁千米，南有孟城桥。”

【地名沿革】该地名来历同上。据《萧县志》清时为里仁乡驻地，并有丁里集。民国时期该处设丁里乡。新中国成立后设丁里区、丁里公社，1985年撤社设丁里镇，1992年撤区并乡设丁里镇。

【境内地名概况】从地名专名来看，辖区内居民点地名有以下特点：

1. 以历史人文地理实体命名。如丁里（村、镇），据秦末汉初丁固在此处追放刘邦的史实而命名；皇避村，因汉代刘秀躲避王莽追杀曾避难于此，故名；胜利村，因淮海战役期间总前委会议和华东野战军指挥部旧址在蔡洼村，公社曾名胜利公社，村故名胜利村。

2. 以自然地理位置命名。如河头村，因地处岱河拐弯开头处。嶂山村，地处嶂山之下。

3. 其他命名原则。如大姓聚居村庄名郭庄、许堂、梁庄等。

从地名通名来看，辖区内居民点地名主要有以下特色：

1. 具有反映历史人文的特色。如上述丁里命名的来历，皇避村、胜利等村的来历。

2. 具有反映自然地理的特色。如前述河头村、嶂山村等。

3. 具有反映村民姓氏多寡的特色。

【地名社会应用】以丁里冠名的有丁里羊肉汤，系萧县名菜“萧县羊肉汤”系列。丁里羊肉汤历史悠久，烹调技术、风味独特。镇境内沿萧县至淮北市繁华通道（202省道即萧淮路）长达30里的公路两侧，有数十家羊肉馆，如丁里青春羊肉馆、丁里正宗羊肉馆、许堂五香羊头馆等名店，数十年来形成了名闻徐淮的“丁里羊肉汤”美食。这些羊肉馆常年食客盈门，门前车辆众多。

王寨镇

王寨镇（Wángzhài Zhèn） 乡级行政单位。

【地理概况】属萧县管辖。早年王姓在

此建村，为防匪患，周围建有寨墙，故而得名。地处县城西南25千米，东与本县杜楼镇接壤，南连孙圩子乡、祖楼镇，西接张庄寨镇，北和赵庄镇相邻。人民政府驻后洼，南距淮北市20千米，东距江苏省徐州市50千米。下辖苏庄、李楼、杨集、吴河涯、郝洼、吴丛、王寨、后洼、齐庄、大演武、三座楼、张楼、戴柿园、王集共14个村民委员会。面积为106.6平方千米。辖区总人口78023人，其中城镇常住人口3.34万人，农业人口61423人。属温带半湿润性季风气候区，四季分明，雨水较充沛，光照充足。农作物以小麦、玉米、大豆、棉花为主。工业以面粉、砖瓦厂木材加工为主。有镇文化站、广播站各1处；村级文化活动中心14处；各类文化专业队13个，各类图书室24个；有幼儿园11所，小学29所，初中3所；有各级医疗机构15个，镇中心卫生院1处。境内有连霍高速公路东西横穿，311国道南北穿境，县道与乡村公路连成一体。该镇有汉代侯国扶阳城旧址（即今吴丛）。本始三年（前71年），韦贤、韦玄成父子先后为宰相，并建立扶阳侯国。南北朝时期又为刘氏“彭城三里”之“丛亭里”，再后来又成为佛家著名寺庙（广济寺）吴家丛林。境内还有因东汉刘秀的故事而得名的杜马庄等村。1949年设王寨区王寨乡；1958年成立王寨公社；1985年改为王寨区王寨镇；1992年撤区并乡后设王寨镇。

【地名沿革】明朝初年，王寨镇境内属孝义乡管辖。清同治末（1874年），境内分属红亭乡、孝义乡。民国20年（1931年），萧县辖10个区，王寨镇属第四区，辖29个乡、1个镇。即王桃园乡、张寿楼乡、青柳园乡、于庄乡、孙庄乡、鲁菜园乡、孙楼乡、高窑乡、赵破楼乡、高庄户乡、张庄乡、青龙集乡、张小阁乡、胡楼乡、陈庄乡、武楼乡、陶楼乡、洪河集乡、南王楼乡、袁圩乡、穆寨乡、姜庄乡、守备庄乡、相山庙乡、朱大楼乡、王楼乡、张新集乡、屈楼乡、王白楼乡、李石林镇。1949年，设王寨区。1958年，改为王寨公社。1980年，王寨公社改为王寨区。1992年，设王寨镇。

【境内地名概况】从地名专名来看，辖区内居民点地名有以下特点：

1. 以历史人文地理实体命名。如杜马庄，相传汉光武帝刘秀去南阳路过此地，战马因疾驰而致肚皮裂开而死。后杜姓人迁此居住，为使人记住这段历史，故取名叫杜马庄。棠林集，建村前这里棠林树较多，建村后设集，故取名棠林集。棠林集是一个古老的集市，清代嘉庆年间的《萧县志》中亦有“棠林集在县西南四十里”的记载。

2. 以自然地理位置命名。如张河涯，张姓在港河河涯（“涯”，当地方言读“ye”，是河岸、水边的意思）建村，故而得名等。

3. 其他地名命名原则。如大姓聚居村庄名贾庄、王寨、程庄等。

从地名通名来看，辖区内居民点地名主要有以下特色：

1. 具有反映历史人文的特色。如张绪庄、吴玉楼等村的来历。

2. 具有反映自然地理的特色。如孙下湖、颛孙姓建村，因村周围地势低洼，经常积水如湖，故而得名等。

【地名社会应用】王寨镇历史文化底蕴深厚，一些地名与历史文化或名人有关，如广济寺，位于王寨镇吴丛村，此寺庙规模宏大，解放后改作扎花厂。

祖楼镇

祖楼镇（Zǔlóu Zhèn） 乡级行政单位。

【地理概况】位于萧县西南，距县城31千米。北邻王寨镇，南邻淮北市相山区，东与孙圩子乡、西与青龙集镇、张庄寨镇、石林乡接壤，南北长约10千米，东西宽8千米。全镇面积53.2平方千米，人民政府驻吴楼桥，东距徐州市51千米，距省会合肥约300千米。下辖孟苏庄、石桥、孙楼、穆寨、湘山庙、王楼、祖楼、张湾、刘其、蒋庄共10个村民委员会。2011年末，辖区面积80平方千米。总人口4.8万人。

【地名沿革】明朝初年，祖楼镇境内属孝义乡管辖。清同治末年（1874年），境内分属红亭乡、孝义乡。民国20年（1931年），萧县辖10个区，祖楼镇属第四区。1949年，为祖楼乡。1958年，成立祖楼公社。1985年，设祖楼区。1992年，撤区并乡，祖楼、刘歇集、孙楼3个乡合并设立祖楼镇。

【境内地名概况】从地名专名来看，辖区内居民点地名有以下特点：

1. 以历史人文地理实体命名。如相山庙，该村早在商代商王相土东征到此建城名相城，秦汉为相县城、泗水郡、沛郡、沛园与相县同城。后城淹没底下，在故址建庙，便称相山庙。该村为安徽省“千年古村落”，朱氏“沛园堂”源于此。天齐庙，此处自清朝嘉庆年间建一座天齐庙，后来村以庙名。

2. 以自然地理位置命名。如毛河涯村庄北边紧靠毛河，因此庄名叫毛河涯等。

3. 其他命名原则。如大姓聚居村庄名陈庄、孟寨、高庄等。

从地名通名来看，辖区内居民点地名主要有以下特色：

1. 具有反映历史人文的特色。如上述相山庙、天齐庙等村的来历。

2. 具有反映自然地理的特色。如张湾子等。

【地名社会应用】祖楼镇历史文化底蕴深厚，一些地名与历史文化或名人有关，如相山庙，是4000多年前的古村落，是殷商部落首领、商汤的十一世祖相土所建之城，名相城，简称“相”。这里是相土向东扩张地盘时的据点，亦作为附都。因“相”城内建相山老爷庙，后简称“相山庙”至今。相山庙位于萧城西南25千米处，现为萧县祖楼镇下辖的村。2017年，相山庙村入选第五批安徽省千年古村落候选名单。

青龙集镇

青龙集镇（Qīnglóngjí Zhèn） 乡级行政单位。

【地理概况】位于萧县西南，距县城41千米，西与永城市交界，南与濉溪县毗连，东与萧县祖楼镇为邻，北接萧县石林乡。下辖青龙集、路口、黄药店、胡庄、张鲁庄、邱庄6个村民委员会。辖区东西最大距离7.5千米，南北最大距离4.8千米，面积36平方千米。辖区总人口3.01万人。

【地名沿革】民国时置王楼乡，乡址在今鲍庄村王楼自然村。1950年，设立青龙乡，属石林区管辖。1958年，撤销石林区建制，成立人民公社，青龙乡撤销，划属石林人民公社。1969年，石林人民公社析置青龙人民公社。1980年，青龙人民公社归张庄寨区管辖。1985年，青龙人民公社改为青龙乡，划归祖楼区管辖。1992年，撤区并乡，青龙乡改建为青龙集镇，石林乡单独设立石林管区，后又设立石林乡，并完全与青龙集镇分开。

【境内地名概况】从地名专名来看，辖区内居民点地名有以下特点：

1. 以历史人文地理实体命名。如青龙集（村、镇）。传说明朝时，此处卧一青龙，旱时作雨，五谷丰登。有一天，军师刘伯温路过此地说这里是风水宝地，日后必出真龙天子和七十二员大将保驾，今日不破必有大患，遂命人挖井七十二眼，盖火神庙八座，以镇青龙。从此青龙不得翻身，七十二员大将转生为七十二名园匠，开园种菜，后成集市。人们为纪念青龙，将此地取名青龙集。

2. 其他命名原则。如大姓聚居村庄名穆楼、马庄、王庄等。

【地名社会应用】青龙集镇历史文化底蕴深厚，一些地名与历史文化或名人有关，如青龙集。

张庄寨镇

张庄寨镇（Zhāngzhuāngzhài Zhèn） 乡级行政单位，全国重点镇。

【地理概况】在萧县西南部。东与王寨镇接壤，南与祖楼镇、石林乡毗邻，西与河南省永城市芒山镇相邻，北与赵庄镇、大屯镇接界。面积114.5平方千米。人口9.2万。辖白楼、崔口、杭子等16个村民委员会，镇人民政府驻地张庄寨村。域内为黄泛冲积平原，地势平坦，沃野平畴。这里适宜小麦、大豆、玉米、棉花等农作物生长。

名人王子云、王肇民、王青芳，均为书画界大师级人物，在全国有较大影响。抗战期间，中共地方抗日民主政府驻扎该区。著名将领彭雪枫牺牲后先期厝灵民主政府驻地王白楼村。

【地名沿革】镇名以驻地而得名。《萧县志》载，张庄寨汉至南北朝先后属泗水郡、沛郡、沛国相县、扶阳县，刘宋时属萧县，明朝初年属孝义乡，清同治末年（1874年）镇境分属红亭乡、孝义乡，民国20年（1931年）属萧县第四区。1949年新中国成立后设张庄寨乡，1958年张庄寨乡改为张庄寨公社。1984年设张庄寨镇至今。

【境内地名概况】从辖区内居民点地名总体情况来看，以姓氏命名的村庄居多，其次是以姓氏加自然景象命名，再次是地理实体命名，这反映了居民的家族观念和地域观念比较强。

1. 以姓氏命名。如吴庄，由吴姓建庄；孟庄由孟姓建庄，还有郝庄、张庄、赵庄、丁庄、姜庄、邱庄等。再如村中由袁姓建楼称袁楼，由郑姓建楼称郑楼，还有李楼、屈楼、武楼、刘楼、吕楼等。

2. 以姓氏和自然景象共同命名。如朱姓人家建了个小厂，村名叫朱小厂；王家村旁有个柳园，叫王柳园。同类的还有赵柳园、张柳园、杨石门、夏桥、徐窑、毛桥、黄店等。再如刘姓村中有庙叫刘庙，欧姓村庄建庙叫欧庙，还有蔡庙、褚庙等。

3. 以自然地理实体命名。如一条脊村。清光绪年间，该村建排房，各户屋脊都连在一起，形成一条脊，故得村名；碾盘庄，因庄内有多座石碾盘而得名；黄盆窑村，因该村有一座能烧黄盆的窑而得名。同样命名的还有小阁子、埝头寺、洪河集、三座楼、黑柳树、青柳园、老槐庄、牌坊、糖坊等村。

4. 以历史古迹或人文地理实体命名。如赵破楼。赵家为当地早年发家的老财主，家居楼房，出行车马，有钱有势。后世衰败，仅存破楼，村名赵破楼体现了赵家的兴衰。同类型还有商楼、党屯、锦桥、王小屯、陈胡同、孟油坊等。

【地名社会应用】张庄寨镇历史悠久，有很多名村、名地及有影响的事物，居民点常捆绑或冠其名。如以糖坊冠名的，前糖坊、后糖坊；以古屯冠名的，堂屯、后屯、王小屯等。

永堌镇

永堌镇（Yǒnggù Zhèn） 乡级行政单位。安徽省历史文化名镇。

【地理概况】在萧县南部。东与庄里乡接壤，南与淮北市石台镇毗邻，西与丁里镇相连，北与龙城镇接界。连霍高速穿境，永马公路直通徐州。面积 61 平方千米，人口 3.3 万。辖前进、胜利、许岗子等 7 个村民委员会。镇人民政府驻胜利村（永堌寨），距萧县人民政府驻地 20 千米。镇域东高西低，东部山区，有永堌水库；西部平原，闸河纵贯。农副产品以小麦、玉米、水果为主；矿产资源以煤炭为主。1952 年在胜利村的北泉发现 5 亿年前的三叶虫化石，后又在该地发现新石器时代文化遗址。20 世纪 50 年代夹山套因绿化成绩显著，受国务院表彰，并拍摄新闻纪录片《今日花果山》。古迹有永堌寨古城、夫子寄宿处、刘邦观景处、救驾沟、拔枣泉、圣寿寺、罗城拴马处等。乡土文化以吹弹乐器、根雕艺术为代表。典型的徐淮民俗民风。清《嘉庆 · 萧县志》：“其士敦朴而淳茂，其民质直而好义，古所称近邹鲁，习俗相同，诚非虚语。”

【地名异名】永堌镇在铙钹山下，该山始称“厥崮”，镇以山得名，隋唐时代也称“厥崮镇”。《金史 · 地理志》载，“彭城，唐有厥崮镇，元光二年（1232 年）升为永堌县”。清同治八年（1869 年）为防捻军，在旧城墙基础上筑寨，又称“永堌寨”。

【地名沿革】《元史 · 地理志》载：“至元二年永堌并入萧县。”《府志》载：“本彭城之永堌镇，金升为县，属徐州。至元（1265 年）并入萧县为巡检司。明洪武十二年（1379 年）废为镇。”民国期间（1931 年）设永堌镇，属朔里区；1984 年永堌公社改为永堌乡，属丁里区；1992 年撤区，原丁里区吴庄乡并入，成立永堌镇，属县直管至今。

【境内地名概况】从地名专名来看，辖区内居民点地名有以下特点：

1. 以自然地理实体命名。如石片山、石山子等。

2. 因姓氏聚居命名。如马庄、吴庄、窦庄等。

3. 以祥瑞、希冀命名，表达中华传统文化对美好的向往和追求命名。如永堌寨分两个村，南部叫“前进村”，北部叫“胜利村”。

4. 以方位大小命名。如西项场、东项场，大南庄、小马庄等。

【地名与社会应用】永堌水库，建于 1958 年，集水面积 15.2 平方千米，总库容 430 万立方千米，有效灌溉面积 3500 亩。永堌小学，20 世纪 20 年代由中共地下党员刘亚民在圣寿寺旧址创办。当时全校教职工 18 人，除炊事员以外 17 人均系中共党员。该校一度成为中共萧县县委驻地和活动中心。

镇域东部山区，地势险要，明末农民程继孔在此聚众起义。《萧县志》载“崇祯十四年夏，程继孔等起夹山寨”，《明史 · 高杰传》载“崇祯十七年九月西讨徐州土贼，程继孔被擒至京师”。

白土镇

白土镇（Báitǔ Zhèn） 乡级行政单位，安徽省历史文化名镇。

【地理概况】在萧县东南部，倒流河下游。东与官桥镇接壤，南与庄里乡、永堌镇毗邻，西与龙城镇相连，北与徐州市铜山区汉王镇接界。京台、连霍高速公路在域内交会，并设“萧县东”出口处。301 省道穿境。面积 69 平方千米，人口 3.4 万。镇人民政府驻白土村，距萧县人民政府驻地 15 千米。辖白土、费村、张村等 7 个村民委员会。名胜古迹有花甲寺、夏村西岗子新石器时代文化遗址，白土寨窑遗址，冯楼、张村汉墓群，南朝宋开国皇帝刘裕故里——绥舆里，朱陈村，苏轼寻煤处，天门寺等。镇域内东西两边靠山，为缓坡岗地，中间为倒流冲积平原。属暖温带半湿润季风气候区，矿产以白垩土、煤炭为主，农作物有小麦、玉米、山楂果。典型的徐淮民风民俗。《隋书 · 地理志》记载，“大抵徐兖同俗”，“皆得齐鲁之所尚”。

【地名沿革】该地白垩土（俗称白土）资源丰富，汉代即被开采，人丁渐聚，形成村落，始称“白土村”。随着制瓷行业的发展，规模逐渐扩大成镇。《徐州府志》记载，“唐代白土已为徐州五大名镇之一”。《金史 · 地理志》曰，“萧县有白土镇”。《一统志》记，“在县东南”。《府志》载，“宋苏轼得炭于此”。据《萧县志》记载，清同治末属都仁乡；1931 年属第九区（曹村）；1950 年属皇藏区（驻白土村）；1992 年撤区，并原区属白土镇，孤山乡为白土镇（驻白土村）至今。

【境内地名概况】从地名来看，辖区内居民点地名有以下特点：

1. 因姓氏聚居命名。如戴村、费村、张村等。

2. 以姓氏加村庄特色命名。如董店、马楼等。

3. 因自然地理实体命名。如孤山村、河湾、汪口等。

4. 以历史事件命名。如欧盘，宋代欧姓将在此扎营。

5. 因庙宇命名。如花甲寺、祝寺、庙街等。

6. 因特产命名。如白土等。

【地名社会应用】白土小学，建于 20 世纪 20 年代，原为静梵寺遗址，院内有千年银杏树一株。法兰西学院第一位华裔院士朱德群幼时就读该校，院内有朱德群雕像。白土寨窑址，安徽省人民政府于 1981 年 8 月公布为省级文物保护单位。花甲寺遗址，安徽省人民政府于 1981 年 8 月公布为省级文物保护单位。白土渔鼓，2006 年被列入全省非物质文化遗产名录。

官桥镇

官桥镇（Guānqiáo Zhèn） 乡级行政单位。

【地理概况】位于萧县最东部，北与徐州铜山区相连，东南接宿州市埇桥区和庄里乡，西邻白土镇，镇政府驻地官桥村。下辖吴集、高庄、赵楼、彭林、前白共 5 个村民委员会。面积 66.77 平方千米。辖区人口 21601 人。

【地名沿革】官桥镇内，古有一石桥，连接江苏、安徽，村民将这座官方所建的桥称为“官桥”，镇名因桥而得。明朝初年，属徐州府萧县都仁乡。清同治末，境内设仁寿乡、都仁乡。民国20年（1931年），设官桥镇，萧县第九区曹村区管辖。民国23年（1934年），属萧县第五区曹村区管辖。民国38年（1949年）县境解放，属曹村区。1950年9月，曹村区改名皇藏区，属之。并设立北望区、官桥乡。1962年，属皇藏区，官桥公社。1985年，属皇藏区，设官桥镇。1992年，撤销皇藏区，设立官桥建制镇，属萧县下辖镇。1996年，官桥镇辖张集、官桥、高庄、沈峪、吴集、白场、赵楼、彭林、滕庄、前白庄、后白庄11个村委会。2007年，官桥镇村级区划调整，吴集村、张集村、孟村合并为吴集村，官桥村、高庄村、沈峪村合并为高庄村，赵楼村、醴泉村、新庄村、白场村合并为赵楼村，后白庄村、滕庄村、彭林村、纵窝村合并为彭林村，前白庄村保持不变。

【境内地名概况】从地名专名来看，辖区内居民点地名有以下特点：

1. 以历史人文地理实体命名。如龙泉寺村，村西曾建有一处气势宏大的寺庙（1981年被毁掉）。庙后有土垄，状如土龙。庙门右侧有泉水，故称龙泉寺。当年周边寺院都属该寺管理。村因寺庙名称而得名。

2. 以自然地理位置命名。如沈峪，元末明初豪富沈万山的祖先就居住在这里，因地势为山峪，故村名沈家峪，现简称为沈峪。他的祖辈由沈家峪迁居浙江湖州，后又迁居长州（江苏苏州），他父亲又迁居苏州的周庄，在元、明时期社会影响很大。牛毛山头，该村庄北边紧靠山，因该山头较多，人们形容说多如牛毛，故山名为牛毛山。村以山得名牛毛山头，又名东山头。

3. 其他命名原则。如大姓聚居村庄名滕庄、王集、汪庄等。

从地名通名来看，辖区内居民点地名主要有以下特色：

1. 具有反映历史人文的特色。如龙泉寺村、五眼泉等村的来历。

2. 具有反映自然地理的特色。如前述沈峪等。

【地名社会应用】官桥镇历史文化底蕴深厚，一些地名与历史文化或名人有关，如沈峪，原名沈家峪，元朝末年的宰相沈鲤（沈阁老）曾迁居此地，沈峪因此得名。沈峪村位于萧县官桥镇中部，西距县城20千米，北距徐州15千米，东距津浦铁路1.5千米，南靠皇藏峪，西枕天门寺。该村西、北、南三面环山，东为开阔地，村内有古洞群、橡树林、沈家林等遗迹。

官桥，位于官桥村境内，桥不大，主干为青石结构，下有方形桥洞，一条村中小河自西向东穿桥流过。官桥是一座漫水桥，因为官桥镇地势低洼，自北向南外接西部，皆为山地。因此，官桥村也常发大水，发水之后，官桥被水漫过，车马行人无法通过。古桥被淹没之后，1967年当地村民又在古桥遗址上修建了新桥。

圣泉乡

圣泉乡（Shèngquán Xiāng）　乡级行政单位。

【地理概况】地处萧县城北，北与杨楼、刘套接壤，东与徐州铜山区相连，南与龙城镇为邻，西与马井、杜楼毗邻。乡政府驻地余庄。下辖岗子、穆集、圣泉、郭庄、袁新庄、金黄庄、单楼、郑腰庄、王山、营子、红柳树、柴庄、北城集、黄庵子等共14个村民委员会。面积121平方千米。人口总数7.4万人。

【地名沿革】夏代，圣泉乡是萧国都城。春秋，境内复建萧国，为宋附庸。楚，置萧邑，属楚国。秦，置萧县，属泗水郡。西汉，汉王元年（前206年），设萧县（治圣泉乡）属项羽西楚国泗水郡。东汉，今境内设萧县，属沛郡。三国，魏朝设萧县，属豫州。黄初二年（221年），封曹熊为萧公。太和三年（229年），改萧公国为萧王国（都圣泉乡）。咸熙二年（265年），置萧县（曾封司马丙于此）属沛国。东晋，设萧县属沛郡。南北朝，南朝宋置萧县，属北徐州沛郡。隋，设承高县（治萧故城）属徐州彭城郡。唐，设萧县（治萧故城），属徐州。宋，实行路、府、（州、军）县三级制，设萧县，属京东西路徐州武宁军。绍圣年间（1094—1097），为避黄河水患于城南半里重筑新城，世称南城，与之相对的前萧故城则称北城。元，撤销萧县建置，并入徐州。至元十二年（1275年）复立萧县，属归德府徐州。明，洪武四年（1371年）二月，属中都临濠府。洪武十四年（1381年）十一月，属南京（南直隶）徐州。万历五年萧县南城圮于黄河决口。萧故城作为萧县政治中心退出历史舞台。朝廷批准在凤山南的边集（今龙城镇）创建新城，沿用其东的龙城废城旧名，改称龙城。以区别故萧城，是萧县城址的第二次大迁徙。清同治末（1874年），境内设乐善乡、在坊乡。辖梁果村、班鸠村、秦村、丁穆村、雁门村、杨村、北城村、吕里村、辛彭村等9村。民国20年（1931年），属萧县一区，属西北镇。民国35年（1946年），属萧县，设穆集区。民国38年（1949年），撤销穆集区，红庙区并入陶楼区，驻陶楼村。1950年9月，陶楼区辖红亭、郝庄、杜楼、古尚、腰庄、圣泉、穆集、岱北、汴南、王楼、曲里、红北、红庙、马阁、营子15个乡，90个村。1955年1月，陶楼区并入龙城区。1959年9月，撤销区建制，成立穆集公社。1980年，沿革穆集公社建制。1984年，设立圣泉区，辖郭庄乡、陶楼乡、北城乡、郑腰庄乡、穆集镇5个乡镇。1992年，撤销圣泉区，成立圣泉乡。

【境内地名概况】从地名专名来看，辖区内居民点地名有以下特点：

1. 以历史人文地理实体命名。如北城集，北城集坐落在原萧县老城区北，故称北城，后有集市，故称北城集。西周时代为萧国都城，秦朝设县为萧县县城，并一度为沛郡治所。又名黄杨城、北辰集。三仙台，传说一农夫打柴到玉皇顶庙前一块大石板上休息，见有两仙人在下棋，打柴人口渴了，端起下棋者的茶就喝，待回家后，村里人都不认识他了，因打柴人喝了两位下棋者的水结果自己也成仙了。村子就在玉皇顶旁，故后来将村名改为三仙台村。

2. 以自然地理位置命名。如王山头，解放前王姓在山头占产立庄，故而得名。

3. 其他命名原则。如大姓聚居村庄名刘村、王楼、闫村等。

从地名通名来看，辖区内居民点地名主要有以下特色：

1. 具有反映历史人文的特色。如上述北城集、三仙台等村的来历。

2. 具有反映自然地理的特色。如陈山、安山等。

【地名社会应用】圣泉乡历史文化底蕴深厚，一些地名与历史文化或名人有关。如萧城旧址，位于圣泉乡欧村北500米处。据文字记载，自春秋战国为萧国国都，至明万历五年（1577年）这里都是萧县的政治中心。圣泉寺，萧城八景之一，位于安徽省萧县圣泉乡的凤山森林公园陡山口北坡，始建于北宋年间，乡贤窦师道在此隐居，并修筑拱翠堂，明清时期亦有修扩，历来是游人雅士流连之地。至2015年，已有800余年历史。有房舍30余间，寺依山势，殿庭门廊，颇为壮观。因寺旁有一泉曰“圣泉”而得名。

酒店乡

酒店乡（Jiǔdiàn Xiāng） 乡级行政单位。

【地理概况】地处萧县西部，为两省三县交界处，东与马井镇接壤，东南与赵庄镇毗邻，南连大屯镇，西接砀山县程庄镇，西南与河南省永城市条河乡相连，北与黄口镇相邻。人民政府驻酒店村，距萧县龙城镇33千米。下辖西赵楼、何寨、和谐、赵圈、孟暗楼、李庄、东镇、申河、旗杆、丹楼、杨楼、酒店、丁庄共13个村民委员会。辖区东西最大距离16.4千米，南北最大距离9.6千米，面积85.11平方千米。总人口68974人。

【地名沿革】夏代，酒店乡属萧国疆域。春秋，复建萧国，为宋附庸。楚，置萧邑，属楚国。秦，置萧县，属泗水郡。西汉，汉王元年（前206年），设萧县（治萧故城），属项羽西楚国泗水郡。王莽新朝，属沛郡，又作“吾府郡”。东汉，设扶阳县（属砀郡），属之。三国，魏朝设杼秋县（属沛郡）。咸熙二年（265年），置杼秋县，属豫州。东晋，杼秋县在东晋乱后废，设萧县，属侨置沛郡。南北朝，设承高县（萧故城）属徐州彭城郡。隋，属承高县（治萧故城），大业二年（606年），改临沛县为萧县，并承高县，属徐州。唐，设萧县（治萧故城），属徐州。宋，实行路、府、（州、军）县三级制，设萧县，属京东西路徐州武宁军。元，置萧县，属归德府徐州。明朝初年，属萧县红亭乡，境内设东镇村。清，属孝义乡，境内设有东镇寨。民国20年（1931年），属萧县第五区，设东镇乡。民国27年（1938年），属大屯区。1969年，撤销大屯区区建制，成立酒店公社。辖13个大队，84个小队，公社驻地东镇店。1980年，设酒店公社、东镇店公社，属黄口区。1985年，改属大屯区，设酒店乡、何寨乡。1992年3月，撤区设乡，设酒店乡，由原赵庄区东镇，大屯区酒店乡、何寨乡3个乡镇合并而成。

【境内地名概况】从地名专名来看，辖区内居民点地名有以下特点：

1. 以历史人文地理实体命名。如何太楼，何姓在此建村盖楼者在何姓中辈分较长，人称何老太爷，此村故名何太楼。明代该村人何岱为朝中征士郎，因错斩，铸金头，以宰相之礼厚葬于此。小汪楼，始祖雄太爷原为广州周始县太子滩人，雄太爷辅佐明帝立大功，封为将军后入驻徐州，因避战乱迁来此处，立村建楼，故名小汪楼。

2. 以自然地理位置命名。如杨水口原名杨堤口，北边河流因大雨决堤冲成一个大口子，故名杨堤口，年年遭水淹。1957年政府又重新开挖了萧砀运河，从此没有水灾，时间一长就改名为杨水口。

3. 其他命名原则。如大姓聚居村庄名丁庄、郝庄、孙庄等。

从地名通名来看，辖区内居民点地名主要有以下特色：

1. 具有反映历史人文的特色。如何太

楼、小汪楼、赵圈等村的来历。

2. 具有反映自然地理的特色。如九里湾、小堤湾等。

【地名社会应用】以酒店冠名的有酒店驴肉。酒店乡酒店村刘水园自然村以卤制驴肉闻名，被誉淮北平原一绝，为萧县四大名菜之一。酒店甜瓜，酒店乡土壤结构及气候条件适宜西瓜、甜瓜生长。全乡种植面积达4万亩，为皖北之最。

孙圩子乡

孙圩子乡（Sūnwéizi Xiāng） 乡级行政单位。

【地理概况】属萧县管辖。因孙姓早年在此建村，村周筑土圩，故名。地处萧县西南部，东与丁里镇接壤，南连淮北市凤凰山经济开发区，西邻祖楼镇，北接王寨镇。乡人民政府驻孙圩子村，距淮北市区12千米，距萧县县城28千米。下辖孙圩子、程蒋山、王庄、徐双楼、港河、丁楼、马庄、侯楼、周圩、徐里村共10个村民委员会。辖区东西最大距离8千米，南北最大距离12千米，面积72平方千米。辖区总人口5.08万人。属温带半湿润性气候，四季分明，雨水较充沛，光照充足。农作物以小麦、玉米、大豆、胡萝卜和山区干杂果为主。工业主要有建材和饲料加工。有乡文化站1个，有村级文化活动中心10处，各类图书室12个，有幼儿园8所，小学18所，初中2所，有医疗卫生机构11个。境内有连霍高速公路、202省道及3条县道等公路干线交会。境内有蒋介石先祖，东汉逡遒侯（程蒋山）破阁汉墓和徐氏总祠等遗迹。有生态示范村徐里村，徐里村的软籽石榴、巴斗杏和黄庄的胡萝卜名闻遐迩。境内名人有著名考古学家蒋若是先生。1950年为祖楼区程山乡；1958年为王寨区丁楼公社；1961年以从丁楼公社分出的境内自然村徐双楼命名，建立徐双楼公社；1969年并入丁楼公社；1980年再设徐双楼公社；1985年重设祖楼区丁楼乡；1992年撤区并乡，设孙圩子乡至今。

【地名沿革】明朝初年，孙圩子乡境内属孝义乡管辖。清同治末（1874年），境内属红亭乡、孝义乡。民国20年（1931年），萧县辖10个区，孙圩子乡属第四区。1958年，属丁楼公社。1970年，设丁楼人民公社。1982年，相继设徐双楼人民公社、丁楼人民公社，隶属王寨区。1985年12月，先后设徐双楼乡、丁楼乡，属祖楼区。1992年1月，撤区并乡时设孙圩子乡。新成立的孙圩子乡由原丁楼乡、徐双楼乡合并而成。

【境内地名概况】从地名专名来看，辖区内居民点地名有以下特点：

1. 以历史人文地理实体命名。如马庄。汉末，王莽篡位，欲将刘秀子孙追杀殆尽。这年秋初，刘秀逃经该村西头约有几十亩的大柿园时，天气炎热，饥渴难忍，便要摘柿子解渴，村民告诉他刚摘下的柿子太涩，不能进食。刘秀焦急地说，不能叫它不涩吗？于是摘下狼吞虎咽起来。据说从此以后，这一片大柿园里，总有一棵树上的柿子不涩。于是，人们就把马庄改称马柿园了。后来一位老财主霸占了这片柿园，可不知怎么的，柿园里再也没有不涩的柿子，气得老财主把整园的柿树全部刨掉，于是该村又恢复了“马庄”的村名。程蒋山村，该村靠山，程姓占山为王，故初名程山村。东汉时，蒋横随光武帝刘秀南征北战，功勋卓著，被封为逡遒侯，官拜大将军。不久刘秀听信谗言，将蒋横杀害，其九子亡命在外。刘秀后来醒悟，蒋横冤案昭雪，九子就地封侯。并以王侯之礼迁葬蒋横于该村。人们出于对忠臣的敬仰和爱戴，遂将程山村改名为程蒋山村，并将村东的山改为横山。

2. 以自然地理位置命名。如港河村。港河穿村而过，故命村名为港河村至今。

3. 其他地名命名原则。如大姓聚居村庄名徐里、黄庄、小王庄等。

从地名通名来看，辖区内居民点地名主要有以下特色：

1. 具有反映历史人文的特色。如田井、蒋楼等村的来历。

2. 具有反映自然地理的特色。如港河村、徐河涯等。

【地名社会应用】孙圩子乡历史文化底蕴深厚，一些地名与历史文化或名人有关，如饮马泉山庄，占地300亩，是国家3A级景区，位于安徽省萧县孙圩子乡徐里村，202省道徐里桥东1000米，距淮北市区5千米。交通便利，有相山“后花园”之美称。除此之外，黄庄的胡萝卜饮誉周边，徐里的石榴、巴斗杏闻名遐迩。

庄里乡

庄里乡（Zhuānglǐ Xiāng） 乡级行政单位。

【地理概况】地处萧县东南部的皇藏山区，东南邻宿州市埇桥区的曹村镇，西南与淮北市蔡里镇接壤，四面环山，距县城30千米，北距徐州市、南距淮北市均25千米，人民政府驻庄里村，下辖高庄、黄山、大蔡、城阳、庄里、尠沟、陶墟、栾庄共8个村民委员会。辖区东西最大距离10千米，南北最大距离16千米，面积87平方千米，其中山林40平方千米。总人口29936人。

【地名沿革】明朝初年，属徐州府萧县都仁乡。清朝同治末，境内设仁寿乡、都仁乡。民国20年（1931年），萧县第九区曹村区管辖。民国23年（1934年），属萧县第五区曹村区管辖。民国38年（1949年）县境解放，属曹村区。1950年9月，曹村区改名皇藏区，属之。1961年，设庄里公社。1980年，改庄里公社为庄里乡。1992年，与高庄乡合并为庄里乡。

【境内地名概况】从地名专名来看，辖区内居民点地名有以下特点：

1. 以历史人文地理实体命名。如前、中、后城阳，此处是春秋时期襄王城旧址，又在官山之阳，故建村时取名城阳，后扩为三村，此村在南，得名前城阳。相传燕王朱棣征战到此，得知黄河水大，无法通过，大军被困于此，此处有桥，称困龙桥。为渡河，燕王在此设立祭台，令六月天黄河冰封，大军渡河后，回首一望满河是血，方知是鱼鳖虾蟹搭架。燕王传旨，五百年后都封你们为大员、小员。现祭黄河遗址尚在。考古发现这里有新石器时期遗址。

2. 以自然地理位置命名。如河西自然村，因在倒流河西岸而得名。

3. 其他命名原则。如大姓聚居村庄名张庄、栾庄、黄庄等。

从地名通名来看，辖区内居民点地名主要有以下特色：

1. 具有反映历史人文的特色。如陶墟、金寨等村的来历。

2. 具有反映自然地理的特色。如尠沟、龙虎峪、白米山等。

【地名社会应用】庄里乡历史文化底蕴深厚，一些地名与历史文化或名人有关，如金寨文化遗址，位于庄里乡金寨村南，相传为玉石塘的地方。萧县博物馆和安徽省文物考古队现场勘察，认为金寨文化遗址年代为新石器时代大汶口文化晚期至龙山文化时期，另有少量的汉代及宋代遗存。遗址为原始部落居住和墓葬区。在遗址的土层断面中，发现有黑陶、白陶、夹沙陶残片，在附近发现有明显的红烧土层。已从此遗址出土玉器 134 件、绿松石 27 件、石器 4 件、陶器 2 件，共 167 件文物。陶谦墓，位于萧县城南 45 里的陶墟山下。

石林乡

石林乡（Shílín Xiāng） 乡级行政单位。

【地理概况】属萧县管辖。石林全称李石村，李姓建村，初名李全楼，因村西郊有石牌坊及石猴、石羊、石马、石人等。远望似石林，遂得名李石林。乡驻地自然村后两字命名。地处萧县西南部距县城 45 千米，距淮北市 22 千米。西部与河南永城市刘河乡、芒山镇接壤，距永城市区 34 千米；南部、东部、北部分别与青龙集镇、祖楼镇、张庄寨镇毗邻，乡人民政府驻石林村。下辖朱大楼、李庄、石林、陶楼、魏楼、崔阁共 6 个村。辖区面积 31.5 平方千米，东西最大距离 8.2 千米，南北最大距离 3.3 千米。总人口 2.57 万人。属温带半湿润季风区，四季分明，雨水较充沛。农业以小麦、玉米、大豆、棉花为主；工业有粮食加工、服装。有乡综合文化站 1 个，乡中心幼儿园 1 所，村幼儿园 5 所，标准化小学 4 所，初中 1 所。境内有 101 省道，距 311 国道 3 千米，距连霍高速张庄寨入口 7 千米。境内有著名民主人士李明扬的故居，也是淮海战役决战的中心战场。1950 年为石林区，辖袁圩、石林等 15 个乡；1958 年成立石林公社；1970 年为纪念淮海战役的胜利，将石林公社改为淮海公社；1985 年设淮海区石林镇；1992 年改社县直属的管理区；2000 年 8 月设石林乡至今。

【地名沿革】民国 20 年（1931 年），石林为全县 36 镇之一；抗日战争时期，全县设 10 个区 108 个乡镇，石林为其中之一；1950 年为石林区；1958 年成立石林公社；1970 年为了纪念淮海战役的胜利，将胜利公社改为淮海公社；1985 年设淮海区石林镇；1992 年设县直属管理区；2000 年 8 月设石林村至今。

【境内地名概况】石林乡下辖 6 个村民委员会，38 个自然村。这些自然村，有的因姓氏聚居而得村名，有的因地理环境而得村名，还有的因村落特色而得村名，不一而足。

1. 因姓氏聚居而得村名。由土著先民开发或由外地迁来定居，世代繁衍，形成村庄。也有的为了便于相处，相互照应，同姓同族聚居一起形成村庄，最突出的特点是他们以其姓氏命名村名。如蒋庄、王庄、万庄、谷庄等。

2. 因庙宇而得村名。很早以前，佛教、道教、儒教在石林乡盛行，为平民百姓所乐于接受。因而，乡内多处修建的庙宇，就被作为了村名。如孙阁、程阁、崔阁等，都是因为孙姓、程姓、崔姓在村东建有庙阁而得村名。

3. 因历史古迹或人物事件而得村名。如李石林，就是因为李姓来此建村，为炫耀富贵，将所有住房都建成楼房，一度被人称为“李全楼”。李某去世后，就葬于村西的一块风水宝地，其子孙们在墓前修一甬道，并在两旁立有石牌坊、石猴、石羊、石马、石人等，遂又得名李石林。再如王圈，是因为100多年前王姓在此建村，为防匪防盗，在村周筑有防护寨圈，故名王圈。又如夏寨，是因为夏姓建村时，曾在村周筑有防护亲墙，故名夏寨。

4. 因村庄特点而得村名。如何小庄。何姓在此建村，因村庄较小，故被称为何小庄。又如何土楼，是由于何姓来此建村，早年村中有座土楼，故名何土楼。再如马桥，是因为马姓来此建村时，村北洪减河上有座桥，故名马桥。

5. 以祥瑞、希冀命名村名。如前平庄，原为李姓来此建村，期望太平，便取名李平庄。由于安定太平，李姓繁衍昌盛，便有一部分人迁到减河北岸建村定居，取名后李平庄，于是，原李平庄遂易名为前平庄。

【地名社会应用】境内名人有李明扬。

李明扬（1891—1978），字思广，号敏来、逊吾，曾名李健，萧县张庄寨镇李石林村人。家资殷实，幼入乡塾读书，光绪三十年（1904年）入萧县龙城小学堂，后入徐州师范学校简易科、南京江苏陆军小学、陆军第四中学就读，卒业后投效孙中山门下，参加中国同盟会，因受清廷迫害，宣统三年（1911年）8月离开北京赴鄂投军，被派往九江海军部队见习。辛亥革命爆发时，他在安徽都督李烈钧部任参谋，后任总部直属机关炮大队长、陆军步兵第十团团长兼湖口要塞司令。民国2年（1913年），随同李烈钧在湖口首举讨袁之旗，失败后赴日本入大森浩然学社学习军事。民国3年（1914年）冬，又前往德国柏林大学学习哲学、研究军事，认识了在柏林大学学习的朱德。民国4年底，应云南护国军第二军总司令李烈钧电召，回广西桂林，任总部少将高级参谋，后兼警卫团团长，民国9年任赣军第一梯团司令，出师北援湖南，率领数千人直抵衡阳，绕道抄北洋军阀湖南督军张敬尧的后路，痛歼张军两个师，继而广东告急，应孙中山电召，回师援粤，挽救危局，不久擢任建国赣军司令。

在北伐时期，李明扬任国民革命军第三军第九师副师长兼二十六团团长，由中路从广东北伐，取湖南，攻江西，克复南昌后，任东路先遣司令官，再由浙江入上海。民国16年（1927年），蒋介石发动四一二政变。李明扬掩护和帮助一些共产党员脱险。由于李在北伐中屡建战功，升任国民革命军第三十一军中将副军长，因与蒋介石政见不合，调动频繁，先后在海州、杭州、蚌埠以及河南与湖北段的平汉铁路沿线等地驻防，民国19年又调镇江，任江苏省政府委员兼保安处处长。民国21年（1932年）被免职在上海闲居。

抗战全面爆发，李明扬应李宗仁之邀任第五战区游击总指挥兼江苏省政府委员、江苏第九行政区（徐州）督察专员、徐州防空司令兼苏北第二、第四游击区总指挥官，他赞成国共合作，团结抗战。徐州沦陷后，他赴苏北泰州任鲁苏皖游击总指挥。民国28年（1939年）初，新四军第一支队司令员陈毅为了建立苏北抗日根据地，派挺进纵队攻占扬中、大桥等地，江苏省政府主席、鲁苏战区副总司令韩德勤命令李明扬出兵"讨伐"，他按兵不动。陈毅采取"抗敌、联李、孤顽"的方针，三进泰州。李明扬第一次见到陈毅后说："这位陈司令谈吐直爽，一身正气，似可信托。"他派人慰问新四军伤病员，并恳请新四军助运弹药。陈毅二进泰州，带了毛泽东、朱德给李明扬的信，希望他以民族利益为重，与新四军团结抗战，李明扬感动地说："我在这里打坍了，到延安去，玉阶（朱德字）会招待我的。"并请陈毅给他的教导队训话。事后回拜陈毅，请新四军派政治干部帮助开办政工人员训练班。陈毅三进泰州时，他隆重款待，借路让新四军东进。民国29年（1940年）7月底，新四军占领黄桥，争取了朱履先、韩国钧等有威望的人士参与政权建设。韩德勤如坐针毡，调集3万余兵力，分三路围攻仅有5000多人、4000多支枪的新四军，密令李明扬配合西路军夹击陈毅。此时，陈毅从江南调来两个主力营增援，通过李明扬防区。李明扬为了应付韩德勤，按照双方约定，命令部队朝天放枪，并"攻击前进"五里，礼送出境。黄桥战役结束后，陈毅为答谢李明扬的严守中立，将战利品数十挺轻重机枪赠给他，李明扬对陈毅文才武略甚为钦佩，遂结成开诚合作的友军。

民国32年（1943年）底，李明扬先后任鲁苏战区副总司令、长江下游挺进军总司令兼江苏特别行政区主任、第十战区副司令兼江苏省淮南行署主任、国民党中央监察委员会委员。抗日战争胜利后，他离开军界，在上海扬子木材厂任董事长。

民国38年（1949年）春，蒋介石隐退，李宗仁任代总统。是年夏，李明扬应召为国策顾问，他热切盼望当局能以民心为依归，停止内战，以免生灵涂炭。后奉李宗仁之命，赴苏北就近与解放军商谈和平事宜。过江后，先到扬州见到了中国人民解放军第三野战军副司令粟裕，又到淮阴第三野战军司令部见到了陈毅司令员。陈毅立即电告毛泽东。毛泽东回电说："欢迎李明扬，来我处亦可，留在你那里也可。"后李明扬见和平无望，终于起义。9月，他赴北京参加中国人民政治协商会议，任第一届全国政协委员。后任华东军政委员会委员、政协江苏省第一届委员会副主席、江苏省人民政府委员兼农林厅长、华东行政委员会委员，及第一、二、三、五届全国人民代表大会代表，国防委员会委员，中国国民党革命委员会团结委员会委员等职，他关心台湾问题，并为此竭尽全力。1978年11月，李明扬突发脑血栓症住进医院，因年事已高，治疗无效，于11月17日病逝。

第三章　村民委员会、社区居委会地名

龙城镇

龙湖社区居民委员会

龙湖社区居民委员会（Lónghú Shèqū Jūmín Wěiyuánhuì）　隶属萧县龙城镇。地处龙城镇中心，居委会驻地上岗街小区，有上岗街、商贸城、滨河、城隍庙。其管辖范围健康路以东，龙山路以西，交通路以北，大同街以南。总户数为8809户，总人口为15511人。面积为4.5平方千米。辖区内有县建设局、城管局、土管局等机关单位，机关幼儿园，龙湖公园。

1949年前属萧县一区，1949年属龙城区，1958年后为萧城公社街道居委会，1980年属龙城镇，2003年区划调整划为龙湖社区，2004年4月区划调整设立社区居委会，因龙湖公园坐落在本辖区，故命名为龙湖社区至今。

城北社区居民委员会

城北社区居民委员会（Chéngběi Shèqū Jūmín Wěiyuánhuì）　隶属龙城镇。地处镇东北部，县城中心区，居委会驻地党校小区，下辖自然村有文化小区、东关小区、县委小区、拥军小区、党校小区。其管辖范围祖庄路以西（南段），四中路以西（北段），大同街以北，健康路以东（南段），龙凤山庄一巷以东（北段），北山以南。总户数5366户，总人口为14243人。面积为4平方千米。境内原有老县衙，检察院，段家北公馆，张、陈姓大院，教堂，老法院，老人武部，旧龙城学院。现有县委、县政府、县党校、县中医院、万德福超市等。

现在社区位置在1949年前位于萧县老城墙以北，故名城北。1949年属龙城镇，1958年后为萧城公社革新大队、北关大队，1996年为北关居委会，2003年改为龙城镇城北社区。

城南社区居民委员会

城南社区居民委员会（Chéngnán Shèqū Jūmín Wěiyuánhuì）　隶属龙城镇。地处县城南部，居委会驻地三里庄，下辖自然村有三里庄、纵庄、地税局小区、秀才街。其管辖范围东至萧淮公路，南至状元街，西至虎山路，北至虎山沟。总户数1610户，总人口为7560人。面积为2.2平方千米。辖区内有龙霄公园、检察院、移动公司、行政服务中心、财政局、农发行、三里庄、纵庄、地税局、秀才街、状元街，鹏程中学南校区。

现在社区位置在1949年前位于萧县老城以南三里，又名三里庄。1949年属梅村乡。1958年后为梅村公社三里大队。1996年为龙城镇三里居民委员会。2003年改为龙城镇城南社区。

城东社区居民委员会

城东社区居民委员会（Chéngdōng Shèqū Jūmín Wěiyuánhuì） 隶属萧县龙城镇。地处龙城镇中部，居委会驻地在瑞祥小区，下辖自然村有段庄、高庄、董庄、郝店。其管辖范围东至火车站，南至新世纪大道，西至中山南路，北至311国道。总户数2862户，总人口为8586人。面积为2.1平方千米。辖区内有龙河、郝店桥、新世纪桥、涵洞桥、火车站，金街商业区、浙商大市场、县粮食局国库等机关单位。

1949年前从山东来一个郝姓，在此开了个小酒店，因此叫郝店。1958年属梅村乡。1958年后属梅村公社郝店大队。1985年属龙城镇。1992年改为郝店居委会。2003年至今为城东社区。

城西社区居民委员会

城西社区居民委员会（Chéngxī Shèqū Jūmín Wěiyuánhuì） 隶属萧县龙城镇。地处县城西部，居委会驻地虎山脚下，下辖自然村有虎山小区、农机小区、县医院小区。其管辖范围东至健康路，南至交通路，西至311国道，北至淮海路。总户数4093户，总人口为14325人。面积为1.2平方千米。辖区内有虎山公园。

现在社区位置在1949年前位于萧县老城墙以西故名西关。1949年属龙城镇。1958年后为萧城公社西关大队（部分）。1983年为龙城镇西关居委会。2003年划改为城西社区。

龙山社区居民委员会

龙山社区居民委员会（Lóngshān Shèqū Jūmín Wěiyuánhuì） 隶属龙城镇。地处地下道西侧部，居委会驻地龙山。有龙山子、陈井涯、欧巷子、祖庄、公园世家、安粮、嘉楼、凤祥、龙山庭院南、龙山庭院北、凤山花园等小区。其管辖范围东至二庄，南至前进路，西至龙山路，北至凤凰山。总户数15590户，总人口为47248人。面积为4.81平方千米。辖区内有鹏程小区、龙山庭院小区、保险公司小区、县烈士陵园等。龙山顶原有吉星台、兴龙庵；城外东北角有视公祠等。

现在社区位置在1949年前位于萧县老城墙以东，因有一座龙山，故得名龙山子。1949年为龙山乡。1958年后为萧城公社龙山大队、祖庄大队。随着县城建设改建扩大。1996年为龙山居委会。2003年改为龙山社区。

凤山社区居民委员会

凤山社区居民委员会（Fèngshān Shèqū Jūmín Wěiyuánhuì） 隶属龙城镇。地处镇西北部，居委会驻地葡罐公司，下辖自然村有一中小区、西关小区、葡罐小区、玻璃小区。其管辖范围东至健康路，南至淮海路，西至311国道，北至凤山南侧。有5240户，总人口为8131人。面积为4.26平方千米。辖区内有消防队、葡罐公司、罐头厂、萧城一中、西关粮站。原有段家花园等。

社区位置位于萧县老城门以西，故名西关。2004年更名为凤山社区至今。1949年属龙城镇。1958年为萧城公社西关大队。1984年改为西关居委会。2003年西关居委会分为两个社区，即凤山社区和城西社区。

龙霄社区居民委员会

龙霄社区居民委员会（Lóngxiāo Shèqū Jūmín Wěiyuánhuì） 隶属萧县龙城镇。地处龙城镇中部，居委会驻地在公交财贸巷小区，所辖居民点有工交财贸巷小区、新华巷小区、虎山小区、马云桥小区。其管辖范围东至中山南路，南至小康路，西至西虎山，北至311国道。总户数为2940户，总人口为9680人，民族有汉族、回族。面积为2.1平方千米。辖区内有县盐业公司、煤炭局、县第三人民医院、县食品公司、公路宾馆、建行、农行等。

境内有龙霄公园，故而得名并沿用至今。1949年属龙城镇，1958年后属萧城公社为南关大队，1996年为南关居民委员会，2004年龙城镇城区规划依托龙霄公园，命名为龙霄社区居民委员会至今。

黄桥社区居民委员会

黄桥社区居民委员会（Huángqiáo Shèqū Jūmín Wěiyuánhuì） 隶属萧县龙城镇。地处龙城镇南部，村委会驻地韩庄，下辖自然村有后黄桥、王庄、韩庄、五里寺。其管辖范围东至龙河，南至丁里镇北，西至健康路南，北至状元街。总户数1762户，总人口为1827人。面积为4.48平方千米。境内有县污水处理厂，龙城镇土管所。村外原有一座庙名“五星寺”，寺前有一株著名的槐树。村产菜刀，醩干（豆腐干）名闻遐迩。

该处原有一座学校，因一条河阻隔学生，无法上学。学校里有一名姓黄的老师为学生修了一座桥，供学生上学。后来此桥称黄桥，村也以桥为名。1949年初属龙城区梅村乡，1958年属梅村公社黄桥大队，1990年属龙城镇黄桥村村民委员会，2007年属龙城镇黄桥社区。

前梅社区居民委员会

前梅社区居民委员会（Qiánméi Shèqū Jūmín Wěiyuánhuì） 隶属龙城镇。地处龙城镇南部，村委会驻地东梅村，下辖自然村有李新庄、刘庄、杨庄、陈刘巷、前梅村。其管辖范围东至黄桥社区，南至黄桥社区，西至帽山村，北至后梅社区。户数2573户，总人口为7392人。面积为4.8平方千米。境内有萧县中学、梅村小学、梅村联中三所学校，老鹤山、青山、大山坝、小山坝、两座水库，并有梅山森林公园正在建设中。

明朝洪武年间，从山西洪洞来梅姓人，在此落户建两村，此地为前，得名前梅村。1949年属萧县龙城区梅村乡前梅村，1958年为梅村公社前梅大队，1996年为萧县龙城镇前梅村，2007年改为龙城镇前梅社区。

后梅社区居民委员会

后梅社区居民委员会（Hòuméi Shèqū Jūmín Wěiyuánhuì） 隶属龙城镇。地处龙城镇南部，村委会驻地后梅社区，下辖自然村有后梅自然村、芈庄自然村。其管辖范围东至健康路，西至老鹳山，南至前梅社区，北至龙潭沟。总人口为7387人。面积为11.5平方千米。辖区内有老鹳山、西山坝水库，世纪大道贯穿，小西环环绕村西。有黑龙潭及其古庙遗址、县邮政局、公安局、虎山一号小区等。

明朝洪武年间，从山西洪洞县来梅姓一户落户此地，取名梅村，后因村大人多，形成前后梅村，沿用至今。1950年属龙城区梅村乡后梅村，1958年为梅村公社后梅大队，1990年为萧县龙城镇后梅村村民委员会，2007年改为龙城镇后梅社区。

虎山社区居民委员会

虎山社区居民委员会（Hǔshān Shèqū Jūmín Wěiyuánhuì） 隶属萧县龙城镇。地处龙城镇西南，村委会驻地老宅子，下辖自然村有老宅子、徐林村、老猫窝村、上庙村、许山头村。其管辖范围西临帽山村，南与后梅社区相连，东连城南社区，北接岱湖社区。总户数为935户，总人口为2810人。面积为4.9平方千米。辖区内有龙王庙、黑龙潭、龙潭沟、望山岗、白鹅山、老猫窝水库、许山头水库，马午路跨区而过，大小西环相加。

以萧县境内虎山而命名。1958年后属梅村公社三里大队。1992年后属龙城镇。2010年改设社区时因境内有虎山，故名。

岱山口村村民委员会

岱山口村村民委员会（Dàishānkǒucūn Cūnmín Wěiyuánhuì） 隶属龙城镇。地处县城南部，村委会驻地白楼，下辖自然村有小朱庄、温孟庄、陈沟、白楼、纵林、小街子、湖山头、奶奶庙、吴楼。其管辖东邻凤山社区，南邻虎山社区，西邻杜楼镇，北邻圣泉镇。总户数1147户，总人口为3941人。面积为2.5023平方千米。辖区内有柏星小区、蓝石小区，311国道穿村而过。境内有奶奶庙、娘娘庙、千龙庵等古庙遗址，湖山头上有汉大将朱浮墓、朱公祠遗址。有桃花洞、莲花寺、天堂公墓、龙城西市场等。

战国时期，在三仙台的附近有座岱王庙，现在的虎山与凤凰山的两山交界处有一壑口，是当时萧县、徐州城通往西部的必经之路，故称为“岱山口”，沿用至今。又传说刘伯温曾来此建娘娘庙、千龙庵，打72眼井，断此处“龙脉”。1949年属明山乡。后属梅村公社岱山口大队。1985年属龙城镇。2007年将明山、岱桥、陈沟三个村合并，称岱山口村。

李台社区居民委员会

李台社区居民委员会（Lǐtái Shèqū Jūmín Wěiyuánhuì） 隶属龙城镇。地处龙城镇东部，村委会驻地李台自然村，下辖自然村有李台、孟庄、邵庄、许新庄、小武庄、许谷堆、二庄。其管辖范围南至刘行村，西至火车站，北至迎宾大道，东至淮北大庄。总户数1676户，总人口为4363人。面积为3.74平方千米。辖区内有外环路、301省道，铁路符夹线通过该村，有龙城镇工业园。

民国初期，城南梅村一姓李的大户在此买良田数百亩，并将少部田地挖坑，将土堆成台子，一用于人居住，二用于屯粮，另外坑塘用于抗旱，因此得名李台。后以此名设立村民委员会。1949年属龙城乡。1958年后属大庄公社、吴庄乡及孟庄乡李台大队（村）。1985年属淮北市段园镇，1995年属龙城镇，2008年将李台村、二庄村、邵庄村三个村合并为李台村。

房庄村村民委员会

房庄村村民委员会（Fángzhuāngcūn Cūnmín Wěiyuánhuì） 隶属萧县龙城镇。地处龙城镇东南部，村委会驻地在房庄自然村，下辖自然村有房庄、孟楼、纵圩、河滩、太保庙、许井。其管辖范围南至梁庄地界，东至李台老村，西至龙河，北至李台。总人口为3235人。面积为8平方千米。境内有6个自然村全部通水泥路，大外环、龙河从境内经过。

明朝成化年间（1465—1487）建村时，村西有双桥，故名双桥村。河西有房姓大户在此居住建村，称房庄村。后黄水将河道淤平，居民回故地已无双桥，与河西房庄村合并称房庄村至今。1949年属欧集乡。1958年后属吴庄公社、大庄公社房庄大队。1981年至1991年划归淮北市孟庄乡。1992年回归龙城镇。

黄山社区居民委员会

黄山社区居民委员会（Huángshān Shèqū Jūmín Wěiyuánhuì） 隶属龙城镇。地处龙城镇东部，居委会驻地南杨楼，下辖四个自然村有魏楼、黄山、南杨楼、北杨楼。其管辖范围为311国道以西，龙凤大道与公园路交叉口以北，公园路以东，公园路与311国道交叉口以南。总户数8050户，总人口14775人。面积为4.93平方千米。境内有学校、卫生室。

此村因在黄山脚下而得名，后以此村名为村民委员会名称。1949年后属龙山乡。1967年划归大庄公社卫东大队。1981年设为魏楼公社魏楼大队。1992年归龙城镇。后因城市区划调整，以社区内黄山村命名该社区。

王典村村民委员会

王典村村民委员会（Wángdiǎncūn Cūnmín Wěiyuánhuì） 隶属龙城镇。地处萧县城东南，村委会驻地在靳场，下辖自然村有毛新庄、靳场、姜场、梁圩子、王典、卢庄。其管辖范围北至淮北段园镇施庄村和毛郢子社区，西至刘行村和永堌镇毛寨村，南至永堌镇毛寨村和白土镇张村，东至闸河、永马公路穿梭而过。总户数为1178户，总人口为3141人。面积为3.86平方千米。辖区内有永马路穿村而过，毛郢矿坐落村中，村村通修水泥路6千米。

相传早年此处为闸河渡口，有一名叫王一典的人在此摆渡，后建村，故而得名。后立为村委会。1949年属龙城区牛眠乡，1958年属大庄公社，1981年属王典公社王典大队，1985年属淮北市段园镇，1992年属龙城镇，2008年合村为王典村至今。

毛郢孜村村民委员会

毛郢孜村村民委员会（Máoyǐngzīcūn Cūnmín Wěiyuánhuì） 隶属萧县龙城镇。地处龙城镇东部，村委会驻地毛营孜村，下辖自然村有毛郢孜村。其管辖区范围在永马路以东，生态大道以南，南湖路以北，闸河以西。总户数1147户，总人口3605人。面积3.1平方千米。辖区内有闸河从村东流过，301省道、永马路穿村而过。

清道光年间，建村时称为康家营，后改名为汪家营，后汪姓又升官迁走，至民国时期因居住毛姓氏人口居多，改称毛营寨，1958年改名毛营子，1981年改称毛郢孜，沿用至今。1949年属毛郢孜乡。1958年后属牛眠公社、大庄公社毛郢孜大队。1980年归龙城区牛眠公社。1985年属白土镇。1986年重新划为龙城区王典镇。1992年撤区并乡时属龙城镇，并分为毛中、毛东、毛西三个村。2007年这三个村合并为毛郢孜村。

帽山村村民委员会

帽山村村民委员会（Màoshāncūn Cūnmín Wěiyuánhuì） 隶属萧县龙城镇。地处龙城镇南部，村委会驻地帽山，下辖自然村有帽山、李山、纵林、辘湾。其管辖范围东至外环路，南至王大庄村，西至杜楼镇，北至岱山口村。总户数2410户，总人口为6780人。面积为9.1平方千米。境内东至虎山社区梅村社区，西至帽山西山山脉，南至帽山中学，北至岱山口社区。该处先后发现刘向父亲刘德的墓，以及刘家造钱的钱范。帽山顶上有碧霞元君庙（奶奶庙），南连簸箕山，山下有古“箕谷”。另有白马石、帽山汪洋等传说。

因在帽山脚下，而得名帽山村，后以此名为村名。1949年属龙城区梅村乡，1958年为梅村公社帽山大队，1980年为帽山公社帽山大队，1992年撤区并乡时属龙城镇，2007年合村后为龙城镇帽山村。

王大庄村村民委员会

王大庄村村民委员会（Wángdàzhuāngcūn Cūnmín Wěiyuánhuì） 隶属萧县龙城镇。地处镇西南10千米，村委会驻地王大庄大北自然村，下辖自然村有大北、大南、刘楼、吴二庄、陈土楼、赵庄、郭楼、小寨子。其管辖范围东山以西，人民村以东，帽山姬庄以南，运粮河以北。总户数1593户，总人口为5425人。面积为6.58平方千米。辖区内有马五路通过境内，有王大庄水库一座。

明代李姓、王姓在此占主导，故而得名。后以此为村名。1949年为龙城区梅村乡，1958年属梅村公社王大庄大队，1980年属帽山公社，1992年属龙城镇，2007年合村为王大庄村。

人民村村民委员会

人民村村民委员会（Rénmíncūn Cūnmín Wěiyuánhuì） 隶属萧县龙城镇。地处龙城镇南部，村委会驻地杨楼，下辖自然村有杨楼、寨里、西寨圈、围里、东门、祁庄、刘庄。其管辖范围，西至西山山脊，南至王大庄刘楼村，东至王大庄吴二庄村，北至王大庄郭楼村。总户数1194户，总人口为3356人。面积为3.5平方千米。

以人民当家做主为寓意，取村名，后设立村民委员会。1950年后属龙城区帽山乡、丁里乡。1958年后为梅村公社人民大队。1985年为龙城镇帽山乡。1992年属龙城镇。

姬村村民委员会

姬村村民委员会（Jīcūn Cūnmín Wěiyuánhuì） 隶属萧县龙城镇。地处龙城镇东部，村委会驻地姬村，下辖自然村有姬村。其管辖范围东至王典社区，南至运粮河，西至丁里镇许堂，北至段园镇施庄。总户数1116户，总人口为2960人。面积为5.45平方千米。境内有大彭山、小彭山、王山、姬村小学、萧泉工业园。原姬村湖已淤为耕地。

早年姬姓在此建村，得名姬村，后设立村民委员会。1949年属萧县姚楼乡。1955—1957年姚楼乡、龙山乡、毛庄乡三乡合并为毛庄乡。1958年属牛眠公社姬村大队。1960年属萧城公社。1972年属大庄公社。1985年属魏楼乡。1992年属龙城镇姬村村。

刘行村村民委员会

刘行村村民委员会（Liúhángcūn Cūnmín Wěiyuánhuì） 隶属龙城镇。地处萧县城东南，村委会驻地刘行，下辖自然村有孟庄、黄台子、郑台子、四南庄、二南庄、邱庄、王庄、黄庄、刘西、薛庄、梁瓦房。其管辖范围东至王典村，南至永堌镇，西至丁里镇，北至段园镇。总户数为2552户，总人口为7476人，面积为5.6平方千米。境内有养殖场5座。刘云昭（字汉川）为清末民初徐淮地区和江苏省的著名人物，曾参加国民党“一大”，先后任江苏省政府委员、南京特别法庭庭长，抗战时期为第五战区高参，解放上海时立过功，参加人民政协第一届全体会议，出席开国大典。

早年刘姓在此居住，设行经商，后形成村落，故而得名。1949年后为刘行乡。1958年属吴庄公社，1970年为大庄公社刘行大队。1980年属龙城镇孟庄乡。1992年回属龙城镇。2008年与龙城镇郑台子村合并，组成刘行村。

马楼村村民委员会

马楼村村民委员会（Mǎlóucūn Cūnmín Wěiyuánhuì） 属萧县经济开发区，地处开发区东北区。村委会驻地西峪，下辖自然村有马楼、西峪。其管辖范围东至萧县白土镇欧盘村，南至301省道，西至闸河，北至江苏省徐州市铜山区汉王镇西沿村。总户数为753户，总人口2221人。面积为4.3平方千米。辖区内有八角山、度山、凤凰山。

早年，马家大户看中了曾出过皇帝刘裕的绥舆里（西峪），迁至其附近，为显示族威，在西峪北部盖了一个大楼，后该村称马楼。1949年属萧县曹村区庙街乡。后属孤山乡。1958年后属孤山公社、白土公社马楼大队。1984年属皇藏区孤山乡。1992年属白土镇马楼村。2007年划归萧县经济开发区管辖。该村辖马楼、西舆、杏园3个自然村。

庙街村村民委员会

庙街村村民委员会（Miàojiēcūn Cūnmín Wěiyuánhuì） 地处萧县经济开发区东南部。村委会驻地邵村新村，下辖自然村有庙街村、邵村。其管辖范围东至萧县白土镇欧盘村，南至萧县白土镇张村，西至闸河，北至龙城镇马楼村。总户数为989户，总人口2492人。面积为2.33平方千米。辖区内有倒流河、八角山、301省道。

早年该村建有18座庙，有一座庙为祝融庙（火神庙）。每年农历二月十五逢会，形成街市，故称庙街。传说该村逢会“不下雨就刮风”。1949年属皇藏区孤山乡。1958年后属孤山公社，白土公社庙街大队。1986年属孤山乡。1992年属白土镇。2007年划归萧县经济开发区管委会管辖。

黄口镇

镇东社区居民委员会

镇东社区居民委员会（Zhèndōng Shèqū Jūmín Wěiyuánhuì） 隶属萧县黄口镇。地处黄口镇镇区，村委会驻地黄口二居。下辖自然村有第二居民委员会、第三居民委员会、第六居民委员会。其管辖范围东至孙楼村，南至镇南社区，西至镇中、镇西社区，北至镇北社区。总户数为1147户，总人口为9270人。面积为5.4平方千米。辖区内有农贸市场，小商品工业市场，工商、建设、农业、邮政银行等。

镇东社区地处黄口镇镇区东部，由原三增大队一队、二队、四队、六队一组、十一队合并演变而来。1949年属江苏徐州萧县黄口所辖；1955年划归安徽省萧县黄口镇东社区，为原黄口镇三增大队；后三增大队分为东办和西办，各下辖5个居委会，后又合并为6个居委会；2008年由原二居、三居、六居三个居委会合并成立镇东社区。

镇南社区居民委员会

镇南社区居民委员会（Zhènnán Shèqū Jūmín Wěiyuánhuì） 隶属黄口镇。地处镇东南部，村委会驻地陈庄，下辖自然村有王堂、陈庄、孙楼、一居。其管辖范围东至张寨、大柳树，南至胡庄、陈河，西至镇西社区，北至黄口火车站。总户数为1430户，总人口为5246人。面积为2.8平方千米。辖区内有二机厂、良种轧花厂、黄口油厂、粮站、食品站、木材公司、中转站、黄口第三小学、东方红幼儿园，萧黄公路、301省道、陇海铁路穿境。

据2008年行政区域划分，王堂、陈庄、一居合并后，由黄口镇人民政府命名为镇南社区。

镇西社区居民委员会

镇西社区居民委员会（Zhènxī Shèqū Jūmín Wěiyuánhuì） 隶属黄口镇。地处黄口镇西部，村委会驻地暗楼，下辖自然村有新楼、暗楼、毛庄。其管辖范围东至东社区，南至南社区，西至瓦房村邵油坊，北至北社区。总户数为196户，总人口为2097人。面积为4平方千米。辖区内有黄口二中。

1958年为黄口镇人民公社三增大队十二生产队；1978年设立新华大队；1984年设为黄口镇第九居委会；1999年合并为第四居委会；2008年设置黄口镇镇西社区。

镇北社区居民委员会

镇北社区居民委员会（Zhènběi Shèqū Jūmín Wěiyuánhuì） 隶属萧县黄口镇。地处黄口镇北部，村委会驻地王庄村。下辖自然村有王庄、马楼、小杨庄、丹楼、朱阁、梁庄、大张庄、小张庄、沙楼、丁寨、胡庄。其管辖范围东至阎集镇程楼村，南至黄口镇镇区，西至老黄口，北至张丁庄村。总户数为1791户，总人口为6315人。面积为6.9平方千米。辖区内有301国道和省道穿境而过，河流有黄杨沟，有镇北养老院、村卫生室和示范中学一所。

因坐落在黄口镇镇区北部，故名为镇北社区。2008年，黄口镇村民委员会统一规划，由原新楼村、丁寨村、张庄村，合并为镇北社区至今。

镇中社区居民委员会

镇中社区居民委员会（Zhènzhōng Shèqū Jūmín Wěiyuánhuì） 隶属黄口镇。地处镇区西半部，村委会驻地五居，下辖自然村有黄口镇第五居委会。其管辖范围东至镇东社区，南至陇海铁路，西至黄丰路，北至西社区。总户数为916户，总人口为5269人。面积为1.12平方千米。辖区内有黄口中学、海天中学、黄口镇第二小学、黄口镇第二人民医院。

1984年西办事处改划一居、六居、八居居民委员会；1987年镇合并为黄口镇办事处，五居、六居、七居、八居居民委员会；1994年合并为黄口镇第三居委会；1997年改为第五居委会；2008年至今为黄口镇镇中社区。

徐洼村村民委员会

徐洼村村民委员会（Xúwācūn Cūnmín Wěiyuánhuì） 隶属黄口镇。地处黄口西南，村委会驻地后徐洼。其管辖范围东至刘阁，南至马常庄，西至王明集，北至瓦房。下辖自然村有大单庄、小单庄、马楼、后徐洼、前徐洼、偏门。总户数为942户，总人口为4126人。面积为6.2平方千米。农业以种植小麦、玉米为主，经济来源以外出务工为主。辖区内有小学、幼儿园。

明代中期，徐氏家族在此居住，因地势低洼，故而得名。1949年隶属黄口区；1959年又划归徐洼人民公社管辖；1961年划归黄口公社管辖；1984年隶属徐洼乡。2007年合并村至今。

暗楼村村民委员会

暗楼村村民委员会（Ànlóucūn Cūnmín Wěiyuánhuì） 隶属萧县黄口镇。地处黄口镇，村委会驻地黄口镇暗楼，其管辖范围东至瓦房，南至徐洼，西至沙河，北至唐元。下辖自然村有杜桥、暗楼、大小孟楼、王小屯、杜小庄。总户数为1124户，总人口为4400人。面积为5.3平方千米。

暗楼村因村部坐落在暗楼自然村故而得名。1950—1957年隶属黄口区徐洼乡。1958年成立徐洼公社暗楼大队，后暗楼大队分成马楼、杜桥、王小屯、暗楼4个大队。1982年撤区并乡建立黄口镇；1992年，杜桥、暗楼、王小屯、大孟楼、小孟楼合并叫暗楼村；2008年3月，杜小庄、暗楼、杜桥、大孟楼、小孟楼、王小屯合并叫暗楼村。

马常庄村村民委员会

马常庄村村民委员会（Mǎchángzhuāngcūn Cūnmín Wěiyuánhuì） 隶属萧县黄口镇。地处黄口镇西南，村委会驻地欧井。其管辖范围东至玉皇阁，南至胡庄、黄坝，西至孙孟庄、王明集，北至马楼、前徐洼、偏门。下辖自然村有马常庄、魏庄、李庄、熊庄、孙庄、大张庄、小张庄、东村、西村。总户数为1322户，总人口为5552人。面积为7.3平方千米。辖区内有魏庄小学、幼儿园、卫生院、南北大小沙河。

清朝期间，因马、常两姓有进士在此建庄，故名马常庄。1958年为东方红公社所辖；1980—1992年为黄口镇徐洼管区马常庄大队；1995年至今隶属黄口镇。

瓦房村村民委员会

瓦房村村民委员会（Wǎfángcūn Cūnmín Wěiyuánhuì） 隶属萧县黄口镇。地处黄口镇西部，村委会驻地后邵油坊。其管辖范围东至镇西，南至黄口镇杨阁村，西至暗楼，北至老黄口。下辖自然村有前邵油坊、后邵油坊、黄楼、瓦房、王双楼、周楼、陈庄、杜楼。总户数为1224户，总人口为5138人。面积为5.3平方千米。辖区内有陇海铁路和311国道穿境。

早年，卢姓在此建有三间瓦房，留作人们干活休息吃饭的地方。后来不断有孟姓迁此居住，形成村落，遂取名孟瓦房。1958年恢复地名为瓦房村至今。1949年为黄口八区所辖；1954年属黎明高级社；1961年为徐洼公社瓦房大队；1984年为徐洼乡瓦房大队；1992年为黄口镇瓦房村至今。

唐庄村村民委员会

唐庄村村民委员会（Tángzhuāngcūn Cūnmín Wěiyuánhuì） 隶属萧县黄口镇。地处黄口镇西南部，村委会驻地唐庄。其管辖范围东至马庄村，南至周孟庄村，西至马常庄村，北至朱庄村。下辖自然村有黄坝、胡庄、何庄、瞎子营、王皇阁、唐庄。总户数为868户，总人口为3115人。面积为6.8平方千米。辖区内有黄青公路经过，有小学一所、幼儿园一所、医院一所。

1949年前，因唐姓在此建村，出了不少秀才，故名唐庄。1949年为黄坝乡所辖。1970年隶属徐洼乡；1980年隶属黄口镇徐洼乡；1992年至今隶属黄口镇。

唐园村村民委员会

唐园村村民委员会（Tángyuáncūn Cūnmín Wěiyuánhuì） 隶属萧县黄口镇。地处黄口镇西北部，村委会驻地徐王楼。其管辖范围东至孙庙村，南至暗楼村，西至侯口村，北至张油坊村。下辖自然村有孟庄、高庄、杨庄、户庄、汪堤、大杨楼、小杨楼、关庄、徐王楼、唐园。总户数为1300户，总人口为5493人。面积为6.7平方千米。辖区内有高庄小学、大杨楼小学、汪堤幼儿园，310国道穿过该村。

明代中期，唐氏家族在此居住，有一个菜园，故而得名叫唐园。1949 年隶属江苏省新庄区地藏阁乡；1953 年隶属安徽省萧县新庄区地藏阁乡；1957 年隶属黄口公社第八营六连；1961 年隶属黄口区孙庙乡；2008 年为唐园村至今。

邵庄村村民委员会

邵庄村村民委员会（Shàozhuāngcūn Cūnmín Wěiyuánhuì） 隶属萧县黄口镇。地处黄口镇西北，村委会驻地邵庄。其管辖范围东至张丁庄，南至丁寨，西至东王楼，北至杜集。下辖自然村有邵庄、常庄、张丁庄、东王楼、西王楼、地阁、前唐、后唐、李庄。总户数为 1537 户，总人口为 5845 人。面积为 6.1 平方千米。辖区内有 301 国道穿境。

据查，明初邵氏家族从山西迁移到此安家定居，故取名邵庄。1958 年为东方红人民公社邵庄大队；1980 年隶属黄口公社；1981 年隶属孙庙乡；2015 年去乡并镇隶属黄口镇至今。

老黄口村村民委员会

老黄口村村民委员会（Lǎohuángkǒucūn Cūnmín Wěiyuánhuì） 隶属萧县黄口镇。地处黄口镇西北部，村委会驻地老黄口。其管辖范围东至镇北社区，南至瓦房村，西至孙庙村，北至邵庄村。下辖自然村有南黄庄、老黄口、北黄庄、王行村。总户数为 930 户，总人口为 4100 人。面积为 4.1 平方千米。辖区内有小学一所、幼儿园一所、医院一所、寺庙一座。310 国道穿境而过。

老黄口原名曹马集，是三国时期曹操养马的地方，后因黄河决口而更名为老黄口至今。1949 年后隶属黄口区周楼乡；1958 年隶属黄口公社；1980 年隶属黄口区孙庙公社；1984 年隶属黄口镇孙庙乡；1992 年撤区并乡后隶属黄口镇至今。

孙庙村村民委员会

孙庙村村民委员会（Sūnmiàocūn Cūnmín Wěiyuánhuì） 隶属萧县黄口镇。地处黄口镇西北部，村委会驻地李老家。其管辖范围东至老黄口，南至王小屯，西至徐王楼，北至高庄。下辖自然村有孙庙东村、孙庙西村、李老家、孟庄。总户数为 1125 户，总人口为 4260 人。面积为 4.9 平方千米。辖区内有 310 国道穿过。

明末清初，有孙姓来此，在一座庙堂旁建村，人丁兴旺，进香拜佛者众多，形成庙会，故称村名孙庙。1949 年隶属黄口区；1953 年实行乡制隶属黄口乡；1956 年撤乡隶属黄口镇；1958 年成立人民公社，隶属黄口公社；1978 年成立孙庙村至今。

张寨村村民委员会

张寨村村民委员会（Zhāngzhàicūn Cūnmín Wěiyuánhuì） 隶属萧县黄口镇。地处黄口镇东部，村委会驻地张寨。其管辖范围东至阎集镇唐楼，南至陈楼，西至陈庄，北至阎集镇黑楼。下辖自然村有张寨村、梁吴楼村、黑楼。总户数为 1157 户，总人口为 4083 人。面积为 4.01 平方千米。境内有小学、电厂、木料厂、张寨卫生室、石料厂，陇海铁路穿过本村，310 国道穿过本村。

明朝洪武四年（1371 年）从山西洪洞县老鸹窝张姓人家迁居此地，修寨筑圩，故而得名。1949 年隶属张寨乡；1969 年撤乡为张寨大队；1985 年撤大队为小大队；2008 年张寨自然村、梁吴楼、黑楼又合并为张寨村至今。

杨阁村村民委员会

杨阁村村民委员会（Yánggécūn Cūnmín

Wěiyuánhuì） 隶属黄口镇。地处镇区南部，紧邻镇区，村委会驻地胡庄。其管辖范围东至镇南社区王堂村，南至朱庄村王楼，西至徐洼单庄，北至镇南社区。下辖自然村有胡庄、东陈河、西陈河、李楼、东张庄、前楼、杨阁、邢庄、刘阁、西张庄、胡油坊。总户数为1312户，总人口为5287人。面积为5.2平方千米。辖区内有萧黄路、黄青路、黄赵路、三圣阁庙、胡庄小学以及幼儿园，黄口镇第三小学和加油站3个、大型超市，以及杨阁村卫生室。

唐代时，该村原名三圣阁。明代时，郑王两姓因村名起诉讼。县令以自己的姓氏命名杨阁至今。2008年以前为黄口镇杨阁村及黄口镇胡庄村；2008年并村后为黄口镇杨阁村至今。

朱庄村村民委员会

朱庄村村民委员会（Zhūzhuāngcūn Cūnmín Wěiyuánhuì） 隶属黄口镇。地处镇西南部，村委会驻地朱庄。其管辖范围东至王庄，南至赵楼，西至张邢庄，北至王楼。下辖自然村有朱庄、孟庄、王楼、毛小楼、张邢庄、张六集、赵楼、马庄、平庄、包庄、王庄。总户数为1062户，总人口为4536人。面积为6.7平方千米。辖区内有大沙河、黄青路。

明朝成祖年间，朱氏家族系大户人家，来此居住，故取村名朱庄。1949年隶属黄口区；1953年实行乡制隶属黄口乡；1958年成立人民公社，隶属黄口公社；1978年成立朱庄村至今。

陈土楼村村民委员会

陈土楼村村民委员会（Chéntǔlóucūn Cūnmín Wěiyuánhuì） 隶属萧县黄口镇。地处黄口镇东南，村委会驻地陈土楼。其管辖范围东至闫集镇赵堂村，南至本镇王庄村，西至本镇赵楼村，北至本镇张寨村。下辖自然村有后陈楼、大柳树、常洼、陈土楼、陈八集、杜牌坊、小孟庄。总户数为1108户，总人口为4235人。面积为6.3平方千米。辖区内有黄赵公路、萧黄公路，陇海铁路穿过该村。

清朝年间，陈氏家族在此居住，建一土炮楼，故而得名为土楼。1949—1950年为黄口区管辖；1959年又划归黄口东方红人民公社；1970年3月合并大公社归黄口大公社；1980年3月又重新划归黄口公社；1992年撤乡置镇；2007年合并村成立陈土楼村民委员会。

杨楼镇

杨楼社区居民委员会

杨楼社区居民委员会（Yánglóu Shèqū Jūmín Wěiyuánhuì） 隶属杨楼镇，地处杨楼镇中心，村委会驻地杨楼村，下辖自然村有杜庄、陆家、尹庄、湾里、刘庄、冯庄、杨楼、新楼、王集、冯楼、董楼、董庄。其管辖范围东至张口村，南至余洼村，西至黄庙村，北至郝集村。总户数为2126户，总人口为6509人。面积为10.4平方千米。辖区内有310国道，1915年陇海铁路设杨楼东站。为乡区镇驻地。

明朝年间，有一户姓杨的人家以编卖鱼篓为业，后发财盖了一座占地面积4000多平方米的楼房，大楼有后花园、上下马台等，故而得名杨楼。1949年前就是杨楼区，1949年后也是杨楼区，1984年建杨楼区为杨楼办事处，1992年撤区为杨楼镇杨楼居委会，2008年合村，杜庄、陆家、董庄、杨楼四个村并为杨楼居委会。

郝集村村民委员会

郝集村村民委员会（Hǎojícūn Cūnmín Wěiyuánhuì） 隶属杨楼镇，地处镇区，村委会驻地郝集，下辖自然村有郝南、郝北、郝东。其管辖范围东至新廷，南至杨楼，西至孙庄，北至尹庄。总户数为1993户，总人口为6008人。面积为6.45平方千米。有小学、村道、村卫生室等。

明朝年间郝集叫雁门镇，靠近黄河，人口聚集。清朝年间一直都是郝集寨或雁门寨。明万历年以前，这里是一片茫茫沼泽，森森芦荡，雁群在此留宿，商船泊此交易，故命雁门镇。后霍姓在此定居，取名霍集。当地霍、郝原谐音，后讹传霍集为郝集。曾为郝集区、杨楼区驻地。抗战时期成立过郝集区政府，2008年小村合并大村成立了郝集村民委员会。

新廷村村民委员会

新廷村村民委员会（Xīntíngcūn Cūnmín Wěiyuánhuì） 隶属萧县杨楼镇，地处古堤北侧，村委会驻地黄台子，下辖自然村有黄台子、大刘庄、小刘庄、段庄、穆楼、迎风口、老杜庄、李新庄。其管辖范围东至刘套、张口，南至杨楼，西至郝集、尹庄，北至尹庄、冯场。总户数为2053户，总人口为6648人。面积为6.5平方千米。辖区内有黄河古堤、故黄河、徐砀公路、新廷小学、新廷卫生室。

清朝末年，以刘氏命名刘河，1955年成立合作社，以萧新廷烈士命名为新廷合作社，1985年改为新廷村至今。1949年为桃园乡，1958年属郝集人民公社，1982年撤区改为杨楼镇郝集乡新廷村。

尹庄村村民委员会

尹庄村村民委员会（Yǐnzhuāngcūn Cūnmín Wěiyuánhuì） 隶属萧县杨楼镇，地处杨楼镇北部，村委会驻地尹庄，下辖自然村有尹庄、前楼、关帝庙、张庄、袁庄、祁场。其管辖范围东至老杜庄，南至大刘庄，西至路楼，北至关庄。总户数为2076户，总人口为6878人。面积为8.9平方千米。辖区内有黄河故道、萧铜路、小学、卫生室、幸福院。

200多年前，有姓尹的人来此居住，故名尹庄。1984年属郝集乡，1992年撤乡置镇为杨楼镇尹庄村，2008年3月与张庄村、关帝庙村合并为尹庄村村民委员会。

张口村村民委员会

张口村村民委员会（Zhāngkǒucūn Cūnmín Wěiyuánhuì） 隶属萧县杨楼镇，地处镇东部，村委会驻地张口，下辖董楼、程庄、华祖庙、张口、彭新庄、胡庄、吕里、小马路、张连庄。其管辖范围东至刘套镇，南至圣泉乡，西至新廷村，北至迎风口。总户数为1754户，总人口为5614人。面积为7.43平方千米。辖区内有陇海铁路、黄河故堤、敬老院、小学、卫生室。

晚清时期，由张姓逃荒到此地占产立庄，因地处故道大堤路口，故而得名张口。村委会驻地。1949年属桃园乡，1954年高级社时属大同社，1958年划为杨楼公社张口大队，1984年体制改革时为杨楼区郝集乡张口大队，1993年杨楼设镇为杨楼镇张口村，2008年与吕里村合并，为张口村村民委员会。

路套村村民委员会

路套村村民委员会（Lùtàocūn Cūnmín Wěiyuánhuì） 隶属杨楼镇，地处杨楼镇北部，村委会驻地路套，下辖自然村有路套、小郭庄、杨庄、泗庄、关庄。其管辖范围东至冯场，南至尹庄，西至江苏铜山朱庄，北至中台子。总户数为1203户，总人口为3919人。面积为5.4平方千米。境内有萧铜路。有小学、村卫生室等。

咸丰五年（1855年）黄河决口，改道北流，1913年路姓在此居住，因该地在黄河故道路套处，故取名路套。1985年隶属杨楼区朱庄乡。1992年撤区并镇后属杨楼镇。2008年合村为路套村。

裴庄村村民委员会

裴庄村村民委员会（Péizhuāngcūn Cūnmín Wěiyuánhuì） 隶属杨楼镇，地处杨楼北部，村委会驻地耿庄，下辖自然村有裴庄、鲁庄、连庄、邓庄、东花庄、西花庄、石坝子、耿庄、中台子、新庄。其管辖范围东至刘套镇管粥集，南至巩楼村，西至铜山区张集，北至铜山区土楼村。总户数为2543户，总人口为8228人。面积为10.59平方千米。辖区内有故黄河古道、裴庄村卫生室、耿庄初级中学、耿庄小学。

1984年归杨楼区朱庄乡管辖。1992年撤区归杨楼镇管辖。

冯场村村民委员会

冯场村村民委员会（Féngchǎngcūn Cūnmín Wěiyuánhuì） 隶属杨楼镇，村委会驻地宋庄。下辖自然村有朱庄、房庄、冯场、张庄、宋场、巩楼、孙庄、李行、赵场。其管辖范围东至故黄河，南至新廷村委员会，西至路套村委会，北至裴庄村委会。总户数为1855户，总人口为6152人。面积为8.31平方千米。辖区内有故黄河、邮政局、巩楼小学、集贸市场、电子厂、村卫生室。

1949年属萧县杨楼区，1958年后属杨楼公社，撤社设乡属朱庄乡。撤区置镇属杨楼镇。1980年朱庄乡设立在朱庄自然村，因乡政府与自然村重名，故命名为冯场村民委员会。2008年合村后为冯场村民委员会至今。

孟庄村村民委员会

孟庄村村民委员会（Mèngzhuāngcūn Cūnmín Wěiyuánhuì） 隶属杨楼镇，地处杨楼镇南部，村委会驻地孟庄，下辖自然村有高楼、孟庄、八庄、刘新庄、祁楼、高楼、河口、朱庄。其管辖范围东至佘洼村，南至权楼和黄楼村，西至鲁楼村，北至杨楼镇。总户数为1450户，总人口为4740人。面积为6.29平方千米。境内有杨马路、利民河，有小学、村道、村卫生室等。

因孟庄在5个自然村居中，故得名。1949年属郝集区，1955年属三义社，1959年属满堂红公社，1966年属杨楼公社孟庄大队，1985年属杨楼镇杨楼办事处，1995年撤办事处为杨楼镇孟庄村。

佘洼村村民委员会

佘洼村村民委员会（Yúwācūn Cūnmín Wěiyuánhuì） 隶属杨楼镇，村委会驻地佘洼，下辖小朱集、王新庄、胡楼、许家、佘洼、小程楼。其管辖范围东至圣泉乡，南至马井镇，西至河口村，北至杜庄。总户数为1142户，总人口为3671人。面积为4.82平方千米。有小学、村卫生室等。

佘洼村村民委员会是由许家村民委员会、朱集村民委员会、佘洼村民委员会2008年合并成立。

黄庙村村民委员会

黄庙村村民委员会（Huángmiàocūn Cūnmín Wěiyuánhuì） 隶属杨楼镇，村委会驻地黄庙，下辖自然村有黄庄、唐庄、李楼、黄庙、朱庄、袁楼、张庄、土楼、王沃、宋楼。其管辖范围东至董庄，南至姬洼，西至王庄，北至姬洼。总户数为1388户，总人口为4484人。面积为6.39平方千米。辖区内有黄庙战斗纪念碑、小运河、利民沟、310国道、陇海铁路。

黄庙始于康熙年间，原黄氏家族居住此地建土地庙，始称黄庙名至今。黄庙1949年前隶属黄口区，1949年属杨楼区，1958年属杨楼公社，1986年属杨楼镇纵庄乡，1992年属杨楼镇。

刘庄村村民委员会

刘庄村村民委员会（Liúzhuāngcūn Cūnmín Wěiyuánhuì） 隶属杨楼镇，地处杨楼镇西北部，村委会驻地单庄，下辖自然村有刘庄、朱庄、马路口、单庄、路楼。其管辖范围东至尹庄村，南至郜洼村，西至谷庄村，北至江苏铜山赵台村。总户数为1321户，总人口为3846人。面积为6.14平方千米。辖区内有黄河故道、古堤、蓝减河、004县道。

1850年有刘姓人家在此居住，故名刘庄。1949年属郝集区刘庄乡，1958年属杨楼公社，1982年属杨楼公社，1992年属杨楼镇至今。

郜洼村村民委员会

郜洼村村民委员会（Gàowācūn Cūnmín Wěiyuánhuì） 隶属萧县杨楼镇，地处杨楼镇西北部，村委会驻地郜洼，下辖自然村有郜洼、苏楼、纵庄、郭庄、王老庄、谷庄、丁木集、小杨楼。其管辖范围东至本镇孙庄村，南至本镇黄庙村，西至闫集镇郑集，北至江苏省铜山区。总户数为1781户，总人口为5608人。面积为9.3平方千米。辖区内有故黄河、利民沟、萧县郜洼初级中学。

2008年由郜洼村、王老庄村、丁木集村合并为郜洼村。1958年属杨楼公社，1981年属杨楼区纵庄公社，1984年属杨楼区纵庄乡，1992年属杨楼镇。

孙庄村村民委员会

孙庄村村民委员会（Sūnzhuāngcūn Cūnmín Wěiyuánhuì） 隶属杨楼镇，地处杨楼镇西北部，村委会驻地孙庄，下辖自然村有孙庄、油坊、任庄、王庄、刘楼、常庄、小孙庄、小吴楼。其管辖范围东至郝集村，南至杨楼村，西至郜洼村，北至刘庄村。总户数为940户，总人口为3482人。面积为5.44平方千米。辖区内有黄河古堤、河流3条。

明初建村时为孙庄村，1958年属杨楼公社，1984年属杨楼区杨楼公社，1992年撤区改为杨楼镇孙庄村至今。

闫集镇

柳园村村民委员会

柳园村村民委员会（Liǔyuáncūn Cūnmín Wěiyuánhuì） 隶属闫集镇。地处闫集镇东南部，村委会驻地柳园自然村，下辖自然村有孔楼村、纵权庄村、宋行村、郑庄村、前柳园村、后柳园村。其管辖范围东至马井镇，南至马井镇，西至孟楼村，北至孙老家村。总户数为1378户，总人口为4770人。面积为5.35平方千米。有小学、村道、村卫生室等。

由驻地自然村后柳园后二字命名。该村是2008年由孔楼村、宋行村、柳园村合并而成的大村。

孟楼村村民委员会

孟楼村村民委员会（Mènglóucūn Cūnmín Wěiyuánhuì） 隶属闫集镇。地处闫集镇南部，村委会驻地李老庄，下辖自然村有李老庄、小李庄、包庄、暗楼、大闫屯、小闫屯、孟楼、刘桥。其管辖范围东至柳园，南至大沙河，西至赵堂村，北至闫集。总户数为1494户，总人口为4879人。面积为6.9平方千米。境内有301国道、黄河、大沙河、金鹭纺织厂、育才中学。

以驻地自然村孟楼命名。1949年属黄口区孟楼乡。1958年属黄口（东方红）公社，之后至1969年属孟楼公社。1980年属闫集公社。1984年属闫集镇。2008年与李老庄、孟楼、闫集村合并成孟楼村。

赵堂村村民委员会

赵堂村村民委员会（Zhàotángcūn Cūnmín Wěiyuánhuì） 隶属闫集镇。村委会驻地赵堂，下辖自然村有赵堂、边庄、腰庄、侯楼、尹庄、赵楼。其管辖范围东至孟楼，南至大沙河，西至陈八集，北至聂园。总户数为1174户，总人口为4766人。面积为5.8平方千米。有小学、村道、村卫生室等。

以驻地自然村赵堂命名。1949年属黄口区孟楼乡，1958年属马井公社，1980年属闫集公社，1984年5月为闫集镇赵堂（大队）村民委员会至今。

孙老家村村民委员会

孙老家村村民委员会（Sūnlǎojiācūn Cūnmín Wěiyuánhuì） 隶属闫集镇。地处闫集镇东南部，村委会驻地吴楼，下辖自然村有吴楼、郑庄、孙老家、小朱楼、范桥、苏楼。其管辖范围东至大朱楼，南至柳元，西至闫集，北至范桥。总户数为1219户，总人口为3986人。面积为5.32平方千米。境内有吴楼小学、闫集小学、孙老家教学点、301国道。

2008年，由孙老家、吴楼两个村合并而成。取名为孙老家村。2008年前，吴楼、郑庄两个自然村为孔楼村（大队）。2008年后将吴楼、郑庄从孔楼村分离出来，与孙老家村合并至今。

闫集村村民委员会

闫集村村民委员会（Yánjícūn Cūnmín Wěiyuánhuì） 隶属闫集镇。地处闫集镇，村委会驻地闫集村，下辖自然村有闫集、赵楼、周庄、孙酒店、李阁、朱庄、彭桥、聂元、陈楼。其管辖范围东至孙老家，南至李老庄，西至黄口镇，北至汪楼。总户数为1324户，总人口为5065人。面积为6.6平方千米。有小学、村道、村卫生室等。

以驻地自然村闫集为名。1949年后属杨楼区马井乡。1958年至1983年先后为马井公社、闫集公社管辖。1984年属闫集镇至今。

汪楼村村民委员会

汪楼村村民委员会（Wānglóucūn Cūnmín Wěiyuánhuì） 隶属闫集镇。地处汪楼，村委会驻地汪楼，下辖自然村有汪楼、马园、花王庄、祁六子、小吴楼、李子园、孙庄、唐楼。其管辖范围东至黄庄，南至陇海铁路，西至梁吴楼，北至刘李村。总户数为1366户，总人口为5101人。面积5.3平方千米。境内有镇中心小学。

以驻地自然村汪楼命名。1949年至1992年，均属刘店乡（公社）。1992年后属闫集镇至今。

郑集村村民委员会

郑集村村民委员会（Zhèngjícūn Cūnmín Wěiyuánhuì） 隶属闫集镇。地处闫集镇东北部，村委会驻地新庄，下辖自然村有新庄、孙小楼子、新楼村、郑集村。其管辖范围东至丁木集，南至汪楼，西至高楼，北至李集。总户数为935户，总人口为4090人。面积为4.3平方千米。境内有老徐砀公路、利民沟。

以驻地自然村郑集而命名。1949 年属新庄区刘店乡。1958 年属黄口镇东方红公社，1961 年至 1983 年属刘店公社，1984 年属刘店乡。1992 年属闫集镇至今。

高楼村村民委员会

高楼村村民委员会（Gāolóucūn Cūnmín Wěiyuánhuì） 隶属闫集镇。地处闫集镇北部，村委会驻地高楼，下辖自然村有郑土楼、高楼、赵庄、杨庄、张庄、桃园、李庄、小庄、窦楼。其管辖范围东至郑集，南至 310 国道，西至刘店，北至李集。总户数为 1786 户，总人口为 5970 人。面积为 7.1 平方千米。境内有 310 国道、徐砀公路、运河、利民沟、枌榆寺小学。

以驻地自然村高楼命名。1949 年属黄口区刘店乡。1958 年属黄口镇东方红公社，1962 年属刘店公社，1969 年属闫集公社，1984 年属刘店乡，1992 年属闫集镇至今。

刘店村村民委员会

刘店村村民委员会（Liúdiàncūn Cūnmín Wěiyuánhuì） 隶属闫集镇。地处闫集镇北部，村委会驻地刘店，下辖自然村有刘店、新庄、梁庄、前滕楼、后滕楼、纵香铺。其管辖范围东至商楼，南至汪楼，西至杨庄，北至生产沟。总户数为 1586 户，总人口为 5628 人。面积为 6 平方千米。有小学、村道、村卫生室等。

以驻地刘店自然村为名。1949 年属新庄区，1953 年属刘店乡，1959 年属黄口公社，1962 年属刘店公社，1985 年属刘店乡，1992 年属闫集镇至今。

杨庄村村民委员会

杨庄村村民委员会（Yángzhuāngcūn Cūnmín Wěiyuánhuì） 隶属闫集镇。地处闫集镇西北部，村委会驻地大杨庄，下辖自然村有大杨庄、韩堂、小黑楼、程楼、大吉店、胡寨。其管辖范围东至黄宋村，南至黑楼村，西至梁庄村，北至黑楼村。总户数为 1702 户，总人口为 5807 人。面积为 7 平方千米。境内有 310 国道、301 省道、老徐砀路。有大杨庄小学、幼儿园。

以驻地自然村大杨庄后二字命名。1949 年至 1983 年，先后属黄口区黑楼子公社、刘店公社。1984 年属黑楼乡。1992 年属闫集镇至今。

塘沃涯村村民委员会

塘沃涯村村民委员会（Tángwòyácūn Cūnmín Wěiyuánhuì） 隶属闫集镇。地处闫集镇西北部，村委会驻地塘沃涯村。有塘沃涯、黄庄、宋庄、陆庄、杨楼、前口村、朱梁庄、黑楼村、李老家台子。其辖区范围东至刘店村，南至杨庄村，西至黄口镇，北至新庄镇。总户数为 1129 户，总人口为 4958 人。面积为 7.1 平方千米。有小学、村道、村卫生室等。

以驻地自然村塘沃涯命名。2008 年，由原来的黑楼村、黄宋村、塘沃涯村合并为塘沃涯村。

新庄镇

东阁村村民委员会

东阁村村民委员会（Dōnggécūn Cūnmín Wěiyuánhuì） 地处新庄镇西北部。其管辖范围东至常庄村，南至杜集村，西至西阁村，北至黄河故道。下辖的自然村有东阁、代集、王庄、刘口。总户数为 1419 户，总人口为 5096 人。面积为 6.9 平方千米。境内有黄河故道，县道 1 号公路通过全村。

清朝咸丰年间，在黄河故道南岸建立两

个阁楼相距 3 千米，后来在东阁楼周围建立村庄，故起名东阁。1950 年属岳李乡。1958 年属新庄公社。1962 年属东阁公社。1984 年属东阁乡。1992 年为新庄镇管辖至今。

常庄村村民委员会

常庄村村民委员会（Chángzhuāngcūn Cūnmín Wěiyuánhuì） 隶属新庄镇。其管辖范围东至郭套，南至刘口，西至东各，北至丰县大沙河镇。村委会驻地常庄村，下辖自然村有常庄、前后场、大李庄、小李庄、陈庄、刘庄、北门、郭庄。总户数为 1323 户，总人口为 4751 人。面积为 7 平方千米。辖区内有小学一所，有县道 1 号公路。

据考证，明末清初，常姓在此建村，故而得名。1949 年属黄口区刘口乡。1958 年为新庄公社。1984 年为新庄区东阁乡。1992 年属新庄镇至今。

李集村村民委员会

李集村村民委员会（Lǐjícūn Cūnmín Wěiyuánhuì） 隶属新庄镇。其管辖范围东至杨楼镇的王庄，南至闫集镇的张庄，西至铁佛梁庄，北至江苏丰县的程庄。地处新庄镇东 8 千米处，村委会驻地李集，下辖自然村有朱小楼、盐店、郭酒店、马庄、吉村、后李集、前李集、郭楼。总户数 2184 户，总人口 7840 人。面积为 6.3 平方千米。有小学、村道、村卫生室等。

早年李姓在此建村并建有集市，故名李集。村委会取李集为名。1950 年属新庄区李集乡。1958 年属新庄公社。1984 年属李集乡。1992 年属新庄镇至今。

铁佛村村民委员会

铁佛村村民委员会（Tiěfócūn Cūnmín Wěiyuánhuì） 隶属新庄镇。村委会驻地铁佛寺，其管辖范围东至小郭楼，南至吉庄，西至单场，北至侯庄。下辖自然村有铁佛寺、前梁庄、后梁庄、贺庄、田楼、西南嘴、腰庄。总户数为 1219 户，总人口为 4378 人。面积为 5.9 平方千米。有小学、村道、村卫生室等。

以驻地铁佛寺自然村为名。1950 年属新庄区新庄乡。1958 年属新庄公社。1980 年属李集乡。1992 年属新庄镇至今。

李庄村村民委员会

李庄村村民委员会（Lǐzhuāngcūn Cūnmín Wěiyuánhuì） 隶属新庄镇。地处新庄镇东北 2 千米，村委会驻地李庄村，其管辖范围东至江苏程庄，南至单杨村，西至西梁庄村，北至江苏大沟。下辖自然村有前李庄、侯庄、孙庄、单庄、后李庄。总户数为 916 户，总人口 3287 人。面积为 5.21 平方千米。有小学、村道、村卫生室等。

清朝末年，在黄河故道南岸，李姓人家在此建村。故名李庄。1950 年属新庄区新庄乡。1958 年属新庄公社。1962 年为李集公社。1969 年并入新庄公社。1992 年至今属新庄镇管辖至今。

杜集村村民委员会

杜集村村民委员会（Dùjícūn Cūnmín Wěiyuánhuì） 隶属新庄镇。地处镇西 4 千米，村委会驻地杜集，其管辖范围东至沟头村，南至黄口镇界，西至胡庄村，北至刘口村。下辖自然村有杜集、井涯、堤北、外新楼、圩子、闰宫。总户数为 1774 户，总人口为 6368 人。面积 7.5 平方千米。有小学、村道、村卫生室等。

以村委会驻地杜集自然村为名。1949 年属黄口区沟头乡。1958 年先后属新庄公社、杜集公社、杜集乡。1992 年属新庄镇至今。

马郑庄村村民委员会

马郑庄村村民委员会（Mǎzhèngzhuāngcūn Cūnmín Wěiyuánhuì） 隶属新庄镇。地处镇西部。村委会驻地马郑庄，其管辖范围东至杜及，南至黄口镇马楼，西至邵套，北至代集。下辖自然村有杜套楼、马楼、徐窑、歪井、马郑庄、徐庄、野场子、小王庄、胡庄。总户数为1438户，总人口5289人。面积为4.9平方千米。辖区内有马郑庄中学、301省道。

以村委会驻地马郑村为名。1950年属新庄区邵套乡。1958年后先后属新庄公社、杜集公社、杜集乡。1992年属新庄镇至今。

邵套村村民委员会

邵套村村民委员会（Shàotàocūn Cūnmín Wěiyuánhuì） 隶属新庄镇。地处新庄镇西10千米，村委会驻地邵套村，其管辖范围东至马郑庄，南至黄口，西至唐寨，北至车庄。下辖张油坊、朱楼、欧套、邵套、后邵套5个自然村。总户数为1492户，总人口5358人。面积为8.5平方千米。有小学、村道、村卫生室等。

以村委会驻地自然村为名。1950年属新庄区邵套乡。1958年后先后属新庄公社、杜集公社、杜集乡。1992年属新庄镇至今。

沟头村村民委员会

沟头村村民委员会（Gōutóucūn Cūnmín Wěiyuánhuì） 隶属新庄镇。地处新庄镇东北3千米，村委会驻地沟头村，其管辖范围东至王楼，南至刘庄，西至杜集，北至郭套。下辖沟头、丁庄、李庄、王集、李新楼5个自然村。总户数为853户，总人口3064人。面积为5.1平方千米。有小学、村道、村卫生室等。

以村委会驻地沟头自然村为名。1950年属新庄区沟头乡。1958年为属新庄公社。1962年属李集公社。1969年并入新庄公社。1992年属新庄镇至今。

张庄村村民委员会

张庄村村民委员会（Zhāngzhuāngcūn Cūnmín Wěiyuánhuì） 隶属新庄镇。地处新庄镇北，村委会驻地老王庄，其管辖范围东至李庄村，南至居委会，西至郭套村，北至江苏丰县梁砦镇张庄。下辖自然村有张庄、肥庄、张迥庄、桃园、老王庄、云南王、吴楼、大后庄、野场子、前井、后井。总户数为2214户，人口7948人。面积11.35平方千米。有小学、村道、村卫生室等。

以村委会驻地张庄自然村为名。1949年以来，先后属新庄区新庄乡、新庄公社、新庄镇。1992年后属新庄镇至今。

郭套村村民委员会

郭套村村民委员会（Guōtàocūn Cūnmín Wěiyuánhuì） 地处新庄镇西北部。村委会驻地郭庄，其管辖范围东至云南村，南至沟头村，西至刘口村，北至常庄村。下辖的自然村有郭套、小庄、李庄、郭庄、张菜园、刘庄、齐心庄。总户数为410户，总人口3052人。面积5.33平方千米。辖区内有郭套小学、医院，1号公路在此通过。

因辖区内有郭套自然村，故取名郭套村。1949年属黄口区刘口乡。1958年属新庄公社。1984年属新庄区新庄镇。1992年属新庄镇至今。

小集子村村民委员会

小集子村村民委员会（Xiǎojízicūn Cūnmín Wěiyuánhuì） 隶属新庄镇。地处镇南部。村委会驻地小集子，其管辖范围东至贺庄，南至闫集镇唐沃涯，西至双楼，北至肥庄。下辖自然村有小集子、单场、梁庄。总户数为776户，总人口为2785人。面积为3.2平方千米。辖区内有砀杨路经过。

清朝年间建有关公庙，周围各村均来赶庙会逢集，因集小，故名小集子。1949年属黄口区新庄乡。1958年至1982年属新庄公社。1983年设立小集子村至今。

小桥村村民委员会

小桥村村民委员会（Xiǎoqiáocūn Cūnmín Wěiyuánhuì） 地处新庄镇西南部。其管辖范围东至闫集镇，南至黄口镇，西至沟头，北至新庄水库。村委会驻地小桥。下辖自然村有小桥、寇王楼、营上、西南楼、关帝庙、郑庄、小王庄、花楼、刘楼、刘庄。总户数为1399户，总人口为5021人。面积为7.1平方千米。有小学、村道、村卫生室等。

以村委会驻地小桥自然村为名。1950年属新庄区新庄乡。1955年属黄口区新庄乡。1958年属新庄公社。1992年属新庄镇至今。

西阁村村民委员会

西阁村村民委员会（Xīgécūn Cūnmín Wěiyuánhuì） 地处新庄镇西北部，村委会驻地王楼。其管辖范围东至东阁村，南至马郑庄村，西至油坊村，北至丰县黑楼村。下辖的自然村有代庄、西阁、王楼、岳李、后唐、前唐、陈庄、李庄、张集、大徐庄。总户数为1867户，总人口为8005人。面积为12.31平方千米。辖区内有幼儿园2所、小学3所，省道301、县道011在此通过。

以辖区西阁自然村为名。西阁为黄泛区。居民的祖先大都是明朝洪武年间从山西洪洞县迁来。1949年属江苏丰县河南乡。1949年属黄口区岳李乡。1958年后先后属新庄公社、东阁公社。1984年属新庄区东阁乡。1992年属新庄镇至今。

新庄居委会

新庄居委会（Xīnzhuāng Jūwěihuì） 隶属新庄镇。其管辖范围东至单场，南至黑楼，西至小桥，北至后井。村委会驻地新庄寨。下辖自然村有南门、北居、西居、双楼、胡楼。总户数为1282户，总人口为4601人。面积为4.73平方千米。辖区内有政府、派出所、工商所、医院、邮政等。

以村委会驻地新庄自然村为名。1949年属黄口区新庄乡。1958年属新庄公社。1992年属新庄镇至今。

刘套镇

张庄村村民委员会

张庄村村民委员会（Zhāngzhuāngcūn Cūnmín Wěiyuánhuì） 隶属刘套镇，村委会驻地张庄村。其管辖范围东至徐庵，南至刘套，西至黄河故道，北至陈庄。总户数为1075户，总人口为3706人。面积为4.52平方千米。辖区内有张庄小学、幼儿园、卫生室。

早年张姓在此占产立村，故名张庄。1949年以来，先后属新庄区新庄乡、新庄公社、新庄镇。1992年后属新庄镇至今。

三大家村村民委员会

三大家村村民委员会（Sāndàjiācūn Cūnmín Wěiyuánhuì） 隶属刘套镇，村委会驻三大家。其管辖范围东至常楼村，南至徐庵村，西至张庄村，北至故黄河。总户数为1031户，总人口为3890人。面积为5.84平方千米。辖区内有三大家卫生室、三大家小学、三大家幼儿园。

传说清朝乾隆皇帝下江南路过此地，近看人家不多，随从询问庄名，老百姓答不出，乾隆问有几户姓氏，答王、刘、张居多，故取名“三大家”，沿用至今。1949年属郝集区刘套乡。1958年属刘套公社，1985年后为刘套镇陈庄村。2007年合并村为刘套镇三大家村。

常楼村村民委员会

常楼村村民委员会（Chánglóucūn Cūnmín Wěiyuánhuì）　隶属刘套镇，村委会地处刘套镇东北部，驻地魏庵。其管辖范围东至故黄河，南至马场，西至冯庵，北至故黄河。总户数为1571户，总人口为4794人。面积为8.1平方千米。辖区内有村委会办公楼、常楼卫生室、魏庵卫生室、常楼小学、魏庵教学点。

早年常姓在此地占产立庄，并建有楼房，故而得名。1949年属郝寨区刘套乡。1958年为刘套公社常楼大队。1985年为刘套镇常楼村至今。

徐安村村民委员会

徐安村村民委员会（Xú’ āncūn Cūnmín Wěiyuánhuì）　隶属刘套镇，村委会驻地前徐安村。其管辖范围东至常楼村，南至赵庄村，西至刘套村，北至三大家。总户数为1147户，总人口为4134人。面积为5.53平方千米。辖区内有冯安小学、徐安村卫生室、加油站、惠民诊所、徐安中医诊所。

早年徐姓在此故黄河河滩上耕种安居乐业，后立村取名徐安。1949年属郝集区常楼乡。1958年与三大家合为刘套公社徐安大队。1985年为刘套镇徐安村。2008年与冯安村合并为徐安村至今。

芈集村村民委员会

芈集村村民委员会（Mǐjícūn Cūnmín Wěiyuánhuì）　隶属刘套镇，村委会地处镇南部，驻地芈集村。其管辖范围东至江苏铜山区，南至圣泉乡，西至李圩村南张庄，北至马场。总户数为989户，总人口为3709人。面积为4.86平方千米。辖区内有芈集小学、东方红小学、乐乐幼儿园、村卫生室、芈集供销社、黄河故道。

早年黄河泛滥时，此地一片汪洋，仅有两座高台，芈姓在此定居，台下停泊船只，台上设集市，故名芈集村。村委会以芈集自然村村名命名。1949年属郝寨区芈集乡。1955年属杨楼区芈集乡。1958年属芈集公社，1985年属杨楼区芈集乡。1992年属刘套镇。2008年芈集村与东方红村（天齐庙）合并为芈集村。

李圩村村民委员会

李圩村村民委员会（Lǐwéicūn Cūnmín Wěiyuánhuì）　隶属刘套镇，村委会地处刘套镇西，驻地李圩村。其管辖范围东至芈集村，南至圣泉乡，西至陈屯村，北至赵庄村。总户数为1270户，总人口为4736人。面积为5.37平方千米。辖区内有小学1所、幼儿园1所。

早年李姓人家在此筑圩防洪，立村后即名李圩。1949年属郝集区桃园乡。1958年为芈集公社李圩大队。1985年属芈集乡。1992年属刘套镇至今。

赵庄村村民委员会

赵庄村村民委员会（Zhàozhuāngcūn Cūnmín Wěiyuánhuì）　隶属萧县刘套镇，村委会地处刘套镇东南边，村委会驻地赵庄村。其管辖范围东至故黄河，南至陇海铁路，西至陈屯村，北至徐安村。总户数为1000户，总人口为3561人。面积为4.03平方千米。辖区内有郝庄初级中学、棉花原种场、赵庄小学、刘光战桃苗繁育基地。

早年一赵姓人家落居于此，取名赵庄，沿用至今。1949年隶属江苏省铜山区。1955

年划归安徽省萧县杨楼区芈集乡。1958年属芈集公社，后为刘套公社赵庄大队。1992年改名为刘套镇赵庄村。

陈屯村村民委员会

陈屯村村民委员会（Chéntúncūn Cūnmín Wěiyuánhuì） 隶属刘套镇，村委会驻地陈屯。其管辖范围东至本镇赵庄村，南至陇海铁路，西至杨楼镇张口，北至刘套。总户数为1158户，总人口为4173人。面积为4.17平方千米。辖区内有陈屯小学、办公室、村卫生室、村办敬老院、村幼儿园。

早年该村贾姓在此屯田居住，称贾屯，后陈姓迁入，贾姓迁出，故改名陈屯，沿用至今。1949年隶属郝集区刘套乡。后为属芈集乡。1958年为芈集公社陈屯大队，1969年属刘套公社，1992年属刘套镇，2009年扩大村为陈屯村至今。

管粥集村村民委员会

管粥集村村民委员会（Guǎnzhōujícūn Cūnmín Wěiyuánhuì） 隶属萧县刘套镇，村委会驻地管粥集。其管辖范围东至铜山区黄集镇，南至黄河故道水库，西至杨楼镇陆庄村，北至江苏铜山区黄集镇。总户数为1270户，总人口为5211人。面积为5.16平方千米。辖区内有故道水库、故道学校、管粥集小学、赵楼小学。

清朝乾隆年间，宗、薛、杨姓居此设集卖粥。传说乾隆皇帝下江南，一次在此喝粥。后来灾荒年间，一大户来此施粥，管灾民喝粥，故得名。1949年，隶属江苏省铜山区。1955年隶属安徽省萧县杨楼区刘套乡。1958年属萧县黄河故道园艺场。1982年改属萧县刘套镇。2009年合并村，仍用管粥集为村名至今。

刘套村村民委员会

刘套村村民委员会（Liútàocūn Cūnmín Wěiyuánhuì） 隶属刘套镇，村委会驻地刘套。其管辖范围东至徐安村，南至陈屯村，西至杨楼镇华祖庙村，北至张庄村。总户数为1600户，总人口为5875人。面积为5.63平方千米。辖区内有刘套镇政府、刘套派出所、国土所、农机站、农技站、邮电局、电信局、农业银行、农村发展银行、幼儿园、小学、中学、教办室、卫生院、计生办。

清朝时期刘姓在此占产立村，因地处黄河故道的河套地区，故名刘套。1949年属郝集区刘套乡。1958年属刘套公社。1985年属刘套镇。2009年扩大村，仍为刘套村至今。

马井镇

吴九店村村民委员会

吴九店村村民委员会（Wújiǔdiàncūn Cūnmín Wěiyuánhuì） 隶属马井镇。地处镇西北，村委会驻地吴九店，下辖吴九店、吴小庄、张土楼、吴老家、马行、小新庄、徐河涯、王千集。其管辖范围东至许破楼，南至长征，西至宋行，北至孙庄。总户数为1474户，总人口为4843人。面积为6.7平方千米。农业以种植小麦、玉米、花生为主。境内有大沙河、萧黄公路、301省道、吴老家小学等。

早年吴姓在此建村，村内有蒸酒坊，故称吴酒店，后演变为吴九店。1950年属杨楼区，1951年属马井区，1958年属马井公社，1980年属马井区，1992年为马井镇王楼村委会至今。

郝庄村村民委员会

郝庄村村民委员会（Hǎozhuāngcūn

Cūnmín Wěiyuánhuì）隶属马井镇。地处镇北部，村委会驻地郝庄，下辖自然村有郝庄、后郝庄、陈庄、黄庄、岳湾、官庄、李楼、鲁楼、段阁、前瓦房、后瓦房、杜行等。其管辖范围东至鲁楼村，南至官庄，西至李楼，北至段阁。总户数为2130户，总人口为7009人。面积为10.6平方千米。境内有马井—段阁水泥路、杨楼—王集水泥路等。

1950年属杨楼区，1951年属马井区，1958年属马井公社，1980年属马井区，1992年成立马井镇郝庄村委会，2007年村合并时命名郝庄村民委员会。

孙庄村村民委员会

孙庄村村民委员会（Sūnzhuāngcūn Cūnmín Wěiyuánhuì）隶属马井镇。地处镇西北部，村委会驻地孙庄，下辖孙庄、大朱楼、陈坡、高庄、姬洼、李瓦房、夏庄、麻庄、罗庄、吴庄。其管辖范围东至杜行村，南至王集村，西至小朱楼，北至唐庄村。总户数为1626户，总人口为5276人。面积为7.4平方千米。境内有六里沟小学、孙庄小学、孙庄幼儿园等。

早年孙氏家族在此地居住，故名孙庄。1949年属郝集区，1950年属杨楼区，1951年属马井区，1958年属杨楼区马井公社，1980年属马井区，1992年撤区并乡后成立马井镇孙庄村至今。

吴瓦房村村民委员会

吴瓦房村村民委员会（Wúwǎfángcūn Cūnmín Wěiyuánhuì）隶属马井镇。地处镇东南，村委会驻地史庄，下辖苏楼、纵小楼、史庄、吴瓦房、郭庄、欧庄、刘洼、刘庄。其管辖范围东至朱集，南至杜楼，西至曲里铺，北至王楼。总户数为1464户，总人口为4744人。面积为6.3平方千米。境内有八车道公路、国家级变电站、史庄学校。

很久以前吴姓在此定居盖瓦房，故名吴瓦房。1950年属杨楼区，1951年属马井区，1958年属马井公社，1980年属马井区，1992年为马井镇吴瓦房村委会至今。

许破楼村村民委员会

许破楼村村民委员会（Xǔpòlóucūn Cūnmín Wěiyuánhuì）隶属马井镇。地处镇西北，村委会驻地许破楼，下辖朱庄、杨庄、北袁庄、南袁庄、彭庄、孙庄、许破楼。其管辖范围东至郭洼，南至曲里铺，西至吴酒店，北至郝庄。总户数为1387户，总人口为4690人。面积为5.83平方千米。境内有大沙河无公害采摘园、许破楼北塘垂钓中心。

早年许姓在此建村盖楼，不久楼被大水冲坏，新楼变破楼，故名许破楼。1950年属杨楼区，1951年属马井区，1958年属马井公社，1980年属马井区，1992年为马井镇许破楼村。

曲里铺村村民委员会

曲里铺村村民委员会（Qǔlǐpùcūn Cūnmín Wěiyuánhuì）隶属马井镇。地处镇西南，村委会驻地曲里铺，下辖自然村有曲东、曲西、纵庄、王庄、邱庄、蒋庄、小孟楼。其管辖范围东至史庄，南至苏楼，西至权楼，北至马井。总户数为1638户，总人口为4904人。面积为7平方千米。境内有奶奶庙、大沙河、利民沟。

明清时即为曲里店，是交通要道，设有店铺。因靠大河，也称曲里渡。传说，曲里铺原名“屈驴肚”。很久以前村里贫民王小二养了一头驴，靠赶脚为生。村里李财主看中了这头毛驴，想占为已有，诬告王小二的驴吃了他的麦苗子，王小二不服，表示愿意开膛验证。县官令人把驴肚子剖开，未见一根麦苗。王小二白白搭上一头驴。给村子起名“屈驴肚”，后讹传为“曲里铺”。1950年属杨楼区，1951年属马井区，1958年属马井公社，1980年属马井区，1992年为马井镇曲里铺村委会至今。

马井村村民委员会

马井村村民委员会（Mǎjǐngcūn Cūnmín Wěiyuánhuì） 隶属马井镇。地处镇中心，村委会驻地马井自然村，下辖自然村有马井、后马井、程楼、黄水口、大孙庄、小孙庄、薛庄。其管辖范围东至小孙子，南至薛庄，西至黄水口，北至后马井。马井历为这镇、乡的驻地，是这一带的政治、经济和文化中心。光绪十三年（1887年）设立天主教传教点，光绪十五年（1889年）法国神父艾莱沃来马井。次年法国神父买地40亩建教堂。总户数为1469户，总人口为5013人。面积为6.2平方千米。境内有301省道、县道穿过该村。

自300年前从沛县马桥迁入此地。据传说，马氏曾出战将马援领兵打仗，士兵饥渴，马将军的白马用蹄踹地而甘泉涌出，为纪念之，立名为“马井”。1950年属杨楼区，1951年属马井区，1958年属马井公社，1980年属马井区，1992年为马井镇马井村委会至今。

黄楼村村民委员会

黄楼村村民委员会（Huánglóucūn Cūnmín Wěiyuánhuì） 隶属马井镇。地处镇东北，村委会驻地郭洼，下辖自然村有东黄楼、西黄楼、郭洼、朱楼、谢桃园、纵新庄。其管辖范围东至赵魏庄，南至孙庄，西至许破楼，北至前瓦房。总户数为1451户，总人口为4643人。面积为6.2平方千米。境内有301省道、萧黄河、利民沟。

早年黄氏家族，在此地占产立庄，盖楼，故称“黄楼”，现村内有石碑为证。1950年属杨楼区，1951年属马井区，1958年属马井公社，1980年属马井区，1992年为马井镇黄楼村委会至今。

麻堤口村村民委员会

麻堤口村村民委员会（Mádīkǒucūn Cūnmín Wěiyuánhuì） 隶属马井镇。地处镇西，村委会驻地麻堤口，下辖自然村有麻堤口、王庄、阎庙、杨土楼、王枣园、官庄、权楼。其管辖范围东至彭庄，南至居洼，西至杨坡，北至吴老家。总户数为1898户，总人口为6024人。面积为7.34平方千米。境内有小学、卫生室、公路等。

早年麻姓在大沙河堤口附近建村，故而得名麻堤口。1950年属杨楼区，1951年属马井区，1958年属马井公社，1980年属马井区，1992年为马井镇麻堤口村委会至今。

朱庄村村民委员会

朱庄村村民委员会（Zhūzhuāngcūn Cūnmín Wěiyuánhuì） 隶属马井镇。地处镇西南，村委会驻地朱庄，下辖吴杨坡、吴旗杆、丁楼、朱庄、杜庄、胡楼、王屯、关帝庙等。其管辖范围东至土楼，南至赵庄，西至酒店乡，北至长征村。总户数为1879户，总人口为5940人。面积为7.8平方千米。境内有农贸市场、小学、幼儿园等。

朱姓在此占产立庄，故称“朱庄”。1950年属杨楼区，1951年属马井区，1958年属马井公社，1980年属马井区，1992年成立马井镇朱庄村民委员会至今。

长征村村民委员会

长征村村民委员会（Chángzhēngcūn Cūnmín Wěiyuánhuì） 隶属马井镇。地处镇西，村委会驻地长征村，下辖岗叉楼、董井、包堤口、吴双楼、夏楼、小李庄、耩子王庄、郝庄、学田、黄庄、熊楼、梁王庄等。其管辖范围东至麻堤口，南至杨坡，西至道口，北至柳园。总户数为1806户，总人口为6132人。面积为8.2平方千米。境内有权酒路。

该村原名岗叉楼，传说从前村里有一大户盖一岗楼，楼上装有钢叉，故名。20世纪50年代成立农业生产合作社时命名为长征社，公社化时叫长征大队，现在叫长征村。1949年属郝集区，1950年属杨楼区，1951年属马井区，1958年属杨楼区马井公社，1962年仍属杨楼区，1980年属马井区道口乡，1992年撤区并乡后成立马井镇，2007年合并成立长征村。

道口村村民委员会

道口村村民委员会（Dàokǒucūn Cūnmín Wěiyuánhuì） 隶属马井镇。地处镇西部，村委会驻地道口，下辖自然村有陈楼、大李庄、小赵庄、任桃园、萧庄、南高头、后楼、王新庄、杨孙楼。其管辖范围东至道口东，南至任桃园，西至道口西，北至陈楼。总户数为1648户，总人口为5614人。面积为7.8平方千米。境内有北大桥、牌坊等。

明朝有一韦姓总兵建村，定居并设集，于大道路口并逢集，称韦家道口集。1949年前称韦道口，新中国成立后称道口村至今。1950年属杨楼区，1951年属马井区，1958年属马井公社，1980年属马井区，1992年成立马井镇道口村委会至今。

朱集村村民委员会

朱集村村民委员会（Zhūjícūn Cūnmín Wěiyuánhuì） 隶属马井镇。地处镇东，村委会驻地大楼，下辖朱集、张庄、石将军庙、孙庄、朱楼、韩庄、纵大楼、尚庄、半边峭、范庄、丁屯、李庄等。其管辖范围东至石将军庙，南至纵大楼，西至范庄，北至张庄。总户数为2299户，总人口为7075人。面积为9.6平方千米。境内有纵大楼小学、大楼卫生室。

清朝年间朱姓从外地迁入此地定居并设集，得名老朱集，后演变成朱集村。1949年属郝集区，1950年属杨楼区，1951年属马井区，1958年属杨楼区马井公社，1962年仍属杨楼区，1980年属马井区马井。1992年撤区并乡后成立马井镇朱集村至今。

权楼村村民委员会

权楼村村民委员会（Quánlóucūn Cūnmín Wěiyuánhuì） 隶属马井镇。地处镇东北，村委会驻地权楼，下辖自然村有权楼、鲁庄、三姓庄、赵魏庄、张瓦房、彭庄、潘楼、许堤口。其管辖范围东至耿庄，南至阎庙，西至纵新庄，北至黄楼。总户数为1464户，总人口为4230人。面积为7平方千米。境内有权楼小学、碧海蓝天幼儿园。

早年权姓在此占产立庄，建楼房，故名权楼。1950年属杨楼区，1951年属马井区，1958年属马井公社，1980年属马井区，1992年为马井镇权楼村委会至今。

王楼村村民委员会

王楼村村民委员会（Wánglóucūn Cūnmín Wěiyuánhuì） 隶属马井镇。地处镇东，村委会驻地王楼，下辖王楼、鲁集、王行、阎庙、王阁、店子。其管辖范围东至店子，南至刘庄，西至程楼，北至鲁庄。总户数为

1714户，总人口为5488人。面积为7.3平方千米。境内有王楼卫生室、水泥路。

清朝年间王姓从外地迁入此地，占产立庄，建楼，得名王楼。1950年属杨楼区，1951年属马井区，1958年属马井公社，1980年属马井区，1992年为马井镇王楼村委会至今。

大屯镇

大屯村村民委员会

大屯村村民委员会（Dàtúncūn Cūnmín Wěiyuánhuì） 隶属萧县大屯镇。下辖自然村有北新庄、朱新庄、王新庄、后新庄、前新庄、晁楼。地处大屯村委会驻地大屯镇所在地，其管辖范围东至胡集村，南至高楼村，西至许楼村，北至瓦房村。总户数1594户，总人口为5751人。面积为5.33平方千米。境内有小学、村道、村卫生室。

因村委会驻地大屯村而得名。1949年为大屯区大屯乡。1958年为大屯公社张大屯大队，1985年大屯大队一分为三个村（镇南、镇北、新庄），2008年由镇南、镇北、新庄村合为大屯村村民委员会至今。

林楼村村民委员会

林楼村村民委员会（Línlóucūn Cūnmín Wěiyuánhuì） 隶属萧县大屯镇。下辖自然村有林楼、吕楼、王集、桥东。地处大屯镇西部，村委会驻地林楼，其管辖范围东至本乡许楼，南至本镇付庄村，西至河南邵山村，北至本镇土山村。总户数为2129户，总人口为7962人。面积为8.3平方千米。境内有小学、村道、村卫生室。

因坐落于林楼自然村而得名。1949年为永城县邵山乡，1958年为邵山公社林楼大队，1963年为林楼公社并划归安徽萧县赵庄区，后并入大屯公社，1985年为大屯镇林楼村至今。

土山村村民委员会

土山村村民委员会（Tǔshāncūn Cūnmín Wěiyuánhuì） 隶属萧县大屯镇。下辖自然村有前后土山、夏王庄、蒋庄、余李庄。地处萧县最西边，村委会驻地土山村，其管辖范围东至本镇张楼村，南至林楼村，西至河南省条河乡鱼山村前后土山，北至条河乡邸楼村。总户数为809户，总人口为3552人。面积为3.9平方千米。境内有一座低矮土山，矿山100亩待开发，土山寨炮楼1座，老园井几十眼，张茅河的发源地，又有环镇路穿村而过。

因村委会驻地土山村而得名。1949年前隶为砀山县新兴区豫边乡。1950年划归河南省永城县条河乡。1958年后为林楼公社，1963年归为萧县赵庄区林楼公社、大屯公社，1985年为林楼乡。1992年为大屯镇至今。

张楼村村民委员会

张楼村村民委员会（Zhānglóucūn Cūnmín Wěiyuánhuì） 隶属萧县大屯镇。下辖自然村有张楼、魏庄、何大庄、林新庄、史楼、何大楼、何小楼。地处萧县西北，村委会驻地张楼，其管辖范围东至赵庄镇桃元村，南至本镇关庄村，西至本镇大屯村，北至酒店乡。总户数为1239户，总人口为3449人。面积为6.6平方千米。境内有小学、村道、村卫生室。

因村委会驻地张楼村而得名。1949年前隶属河南永城，1963年春划归安徽萧县赵庄区林楼公社张楼大队，后为大屯公社，1985年为林楼乡，1992年为大屯镇张楼村民委员会至今。

瓦房村村民委员会

瓦房村村民委员会（Wǎfángcūn Cūnmín Wěiyuánhuì） 属大屯镇。下辖自然村有纵徐楼、瓦房、刘圩子、刘庄、武庄、官坑、前董屯、后董屯。地处大屯镇最北部，村委会驻地瓦房。其管辖范围东至小楼子，南至北新庄，西至张楼，北至酒店乡刘楼。总户数826户，总人口3067人。面积4.9平方千米。境内有小学、村道、村卫生室。

因村委会驻地瓦房村而得名。1949年为冯庄乡，后归为大屯乡，1958年后为大屯公社瓦房大队，1992年后为大屯镇瓦房村至今。

许楼村村民委员会

许楼村村民委员会（Xǔlóucūn Cūnmín Wěiyuánhuì） 隶属萧县大屯镇。下辖自然村有后梁庄、谭楼、前梁庄、许楼、王新庄、前魏庄、金楼、孙庄、张庄。地处大屯镇西，村委会驻地许楼，其管辖范围东至大屯，南至南海，西至林楼，北至张楼、瓦房。总户数为2169户，总人口为8822人。面积为8.562平方千米。境内有小学、村道、村卫生室。

因驻地许楼村而得名。1949年后为大屯区大屯乡。1958年后为大屯公社、许楼大队。1985年后为大屯镇。2008年后为许楼村民委员会。

胡集村村民委员会

胡集村村民委员会（Hújícūn Cūnmín Wěiyuánhuì） 隶属萧县大屯镇。下辖自然村有毛菜园、小屯、胡集、王楼、王庄、四合庄、侯楼、小楼子、刘庄、蒋庄、小宫庄、任庄、潘毛庄。地处大屯镇东部，村委会驻地王楼，其管辖范围东至赵庄镇桃元村，南至本镇关庄村，西至本镇大屯村，北至酒店乡。总户数为1551户，总人口为5988人。面积为7.6平方千米。境内有小学、村道、村卫生室。

因坐落于胡集自然村而得名。1949年为屯东乡。1958年为大屯公社王庄大队，1981年为大屯公社胡集大队。1985年为大屯镇胡集村至今。

关庄村村民委员会

关庄村村民委员会（Guānzhuāngcūn Cūnmín Wěiyuánhuì） 隶属萧县大屯镇。下辖自然村有李屯、陈屯、栾寨、陈楼、徐楼、郑楼、杨屯、关庄、吴楼、黄楼。地处大屯镇东南部，村委会驻地关庄，其管辖范围东至赵庄镇，南至张庄寨镇，西至高楼村，北至胡集村。总户数为1500户，总人口为5579人。面积8.5平方千米。境内有小学、村道、村卫生室。

因驻地关庄村为名。1949年归石林区，1953年实行乡制，为申河乡。1956年8月撤区并乡，归大屯乡。1958年为大屯人民公社。1961年5月改为南海公社，后为大屯公社。1992年为大屯镇关庄村。2007年合并大村，为关庄村村民委员会至今。

高楼村村民委员会

高楼村村民委员会（Gāolóucūn Cūnmín Wěiyuánhuì） 隶属萧县大屯镇。下辖自然村有王胡寨、何楼、崔楼、梁庄、赵庄、丰集、王小楼、徐屯、守备庄、旗杆楼。地处大屯镇南部，村委会驻地高楼，其管辖范围东至本镇关庄村，南至张庄寨镇海青村，西至本镇南海村，北至本镇大屯村。总户数为1916户，总人口为6015人。面积为9.2平方千米。境内有小学、村道、村卫生室。

传说，清朝初期高姓人家在此占产立庄并建有楼房，故名高楼。1949年后为南海乡。1958年为南海、大屯公社。1985年为南海乡。1992年为大屯镇。原胡高村、南梁村、徐屯三个村合并为高楼村村民委员会。

南海村村民委员会

南海村村民委员会（Nánhǎicūn Cūnmín Wěiyuánhuì） 隶属萧县大屯镇。下辖自然村有南海、丁庄、曹屯、夏庄、董洼、仇屯、杨套楼、张庄、潘楼、潘洼、李楼。地处南海，村委会驻地董洼，其管辖范围东至高楼，南至张庄寨，西至郭阁村，北至孙庄村。总户数为2079户，总人口为6762人。面积为9.1平方千米。境内有小学、村道、村卫生室。

该村村名有两个传说。一说早年黄河故道以北的善男信女去江南朝拜南海观世音菩萨，一年到此处遇连日大雨，无法继续前行，便在此插草为香，堆土为炉，朝拜南海观音，以了夙愿。后来此村即称此名（意即中途朝拜南海观音之地）。二说乾隆皇帝下江南路过这里时，夜晚梦中遇见青龙，惊吓成疾，找人圆梦。农民王五顺苦于乾隆在此，百姓遭殃，便化装成道士，与其圆梦，说“这里原是南海的中部，是青龙的住处，后来沧海变桑田，二龙不能同压一地”。乾隆起驾离开后，此村称为中南海，简称南海。

1949年为大屯区大屯乡。1958年为大屯公社。1985年为南海乡。1992年为大屯镇。2008年南海村、董洼村、杨套楼村、潘楼村合并为南海村村民委员会至今。

郭阁村村民委员会

郭阁村村民委员会（Guōgécūn Cūnmín Wěiyuánhuì） 隶属萧县大屯镇。下辖自然村有刘庄、郑楼、朱暗楼、张庄、李口、边庄、慈楼、王小楼、郭油坊、王西寨、聂庄、宋洼、郭楼、郭阁、小李庄、大李庄。地处大屯镇西南部，村委会驻地郭阁，其管辖范围东至南海村，南至张庄寨镇洪河村，西至芒山镇刘厂村，北至付庄村。总户数为2350户，总人口为6350人。面积7.3平方千米。境内有小学、村道、村卫生室。

早年郭姓建村，有阁楼一座，故名郭阁，又名郭集（因每月四日、八日逢集）。1949年为河南省永城县条河乡。1958年为林楼公社郭阁大队。1963年划归安徽萧县，后为大屯公社。1985年为大屯镇郭阁村。2008年5月李口村、边西村、郭阁村合并为郭阁村村民委员会至今。

付庄村村民委员会

付庄村村民委员会（Fùzhuāngcūn Cūnmín Wěiyuánhuì） 隶属萧县大屯镇。下辖自然村有前后付庄、李庄、赵庄、王庄、王楼、破阁、小赵庄、刘楼、曹破楼、东西曹庄。地处萧县大屯镇，其管辖范围东至许楼，南至郭阁，西至永城马山，北至林楼。总户数为1538户，总人口为5548人。面积为7.1平方千米。境内小学、村道、村卫生室。

明代时付姓人在此占地立庄，故名付庄。1949年归石林区，1951年归南海乡。1958年归大屯公社，1985年归大屯镇至今。

赵庄镇

赵庄村村民委员会

赵庄村村民委员会（Zhàozhuāngcūn Cūnmín Wěiyuánhuì） 隶属萧县赵庄镇。地处赵庄镇中心，村委会驻地赵庄，下辖自然村有赵庄、王庄、温刘庄、陈堂寺、韩庄、盛屯。其管辖范围东至温刘庄，南至王庄，西至赵庄，北至陈堂寺。总户数为1535户，总人口为4592人。面积为4.3平方千米。境内有赵庄集农贸市场、赵庄农民工创业园。311国道穿过该村。

早年赵家一支从徐州北赵马坡迁出，始名塘子。后赵姓成为大户，光绪年间，又有武进士赵光仁任南京总兵，后改名赵庄。1949年属大屯区赵庄乡，为乡公所驻地。1958年属赵庄公社赵庄大队。1962年设赵庄区，仍属赵庄公社赵庄大队。1992年属赵庄镇赵庄村至今。

建华村村民委员会

建华村村民委员会（Jiànhuácūn Cūnmín Wěiyuánhuì） 隶属萧县赵庄镇。地处赵庄镇北部，村委会驻地李酒店村，下辖自然村有程洼、小吴庄、陈庄、土楼、丁庄、尚楼、庞庄、胡楼、高洼、李酒店、吴酒店、前任庄、后任庄、东李楼、西李楼。其管辖范围东至张朴楼村，南至赵庄村，西至酒店村，北至酒店乡东镇村。总户数为2153户，总人口为7224人。面积为8.4平方千米。境内有程洼庙。赵黄公路穿过该村。

该村原为李酒店村，因早年李家在此开设酒店立村。抗战时期，区长李建华（该村人）带着群众除汉奸，反“扫荡”。1952年调任萧县县委书记，群众为纪念他，在农业合作化时成立高级社时便称建华村，后沿用至今。1949年属黄口区酒店乡，农业合作化时期称建华社，1958年后属赵庄公社建华大队，1985年后属赵庄镇建华村。

张朴楼村村民委员会

张朴楼村村民委员会（Zhāngpǔlóucūn Cūnmín Wěiyuánhuì） 隶属萧县赵庄镇。地处赵庄镇北部，村委会驻地平方楼，下辖自然村有张朴楼、平房村、王朴楼、罗庄、王柿园、袁庄、新袁庄、罗楼、刘端午庄、小赵庄、居洼、周庄，其管辖范围东至杜楼镇张朴楼，南至赵庄镇前韦村，西至赵庄镇建华村，北至马井镇朱庄村。总户数为2188户，总人口为7199人。面积为9.2平方千米。境内有社区敬老院1所、村小学2所、幼儿园1所、卫生室1所，湘西河、新港河、罗楼沟3条大河，吴张公路穿村而过。

1850年前后，张姓义门一族从王寨镇张平楼迁来此地，占产立庄，并盖有门楼，原门楼上有“张朴楼”字样，该村即称张朴楼。曾误传称为“张破楼”。1949年为破楼乡政府所在地。1958年为赵庄公社张朴楼大队。1984年设为张朴楼村。

前韦村村民委员会

前韦村村民委员会（Qiánwéicūn Cūnmín Wěiyuánhuì） 隶属萧县赵庄镇。地处赵庄镇东南，村委会驻地陶楼，下辖自然村有陶楼、毛庄、杨庄、吴新庄、小赵庄、张庄、前韦、王楼、后韦。其管辖范围东至路王庄村，南至何庄村，西至赵庄村，北至胡屯村。总户数为1495户，总人口为4486人。面积为5.9平方千米。境内有郑徐高铁穿过该村。有杨庄河、小赵庄河。

早年韦姓在此占产立庄，先名韦庄，后来韦姓又北迁立村，故又名前后韦庄。1949年属赵庄乡。1958年后属大吴集公社、赵庄公社。先后有温刘庄大队、新楼大队、路王庄大队、杨庄大队。1985年属赵庄镇，合并为前韦村。

吴集村村民委员会

吴集村村民委员会（Wújícūn Cūnmín Wěiyuánhuì） 隶属赵庄镇。地处赵庄镇南部，村委会驻地吴集，下辖自然村有龚庄、双楼、陶屯、吴东、吴西。其管辖范围东至杜楼袁集，南至王寨吴大庄村，西至张庄寨郝楼村，北至东镇酒店村。总户数为1425户，总人口为4470人。面积为5.8平方千米。境内有吴东小学、吴东幼儿园、吴集粮站、吴集卫生院。萧砀公路穿过该村。

据《萧县志》记载，几百年前该村曾称吴家集，后来以吴姓居多，村庄又大且逢集，故而又名大吴集。从1949年以后曾设吴集乡。1958年属大吴公社吴东大队、吴西大队。后并入赵庄公社。1985年后为赵庄镇吴东、吴西村。2008年合并为吴集村。

吴蒋庄村村民委员会

吴蒋庄村村民委员会（Wújiǎngzhuāngcūn Cūnmín Wěiyuánhuì） 隶属萧县赵庄镇。村委会驻地吴蒋庄。下辖自然村有吴蒋庄、阚楼、马庄、孙庄、何庄、蒋寺、河东、吴牌坊、孙楼、黄庄。其管辖范围东至杜楼镇，南至王寨镇，西至吴集村。总户数为1368户，总人口为5068人。面积为6.6平方千米。境内有学校、医院、幼儿园、养殖场。

据查，1949年前吴姓在此居住立庄，后期其他姓氏如蒋氏陆续进住，其中蒋氏人员较多，故以吴蒋庄为名。1949年后属吴集乡。1958年后属王寨公社吴丛大队、赵庄公社吴蒋庄大队。1985年后属赵庄镇吴蒋庄村。2009年与河东、蒋寺、阚楼四村合为吴蒋庄村。

汪屯村村民委员会

汪屯村村民委员会（Wāngtúncūn Cūnmín Wěiyuánhuì） 隶属赵庄镇。地处赵庄镇东南，村委会驻地东三座楼，下辖自然村有乔子、王屯、张小庄、杨庄、汪屯、东三座楼、陈阁、东吴楼、任楼、蒋庄、小陈庄、陈庄、田新庄、段楼、菜园。其管辖范围东至吴集村，南至河涯村，西至张老庄村，北至赵庄村。总户数为2070户，总人口为6451人。面积为8.2平方千米。有萧砀公路、萧张公路、郑徐高铁横穿该村。

早年汪姓人在此屯田立村，故名。1949年属吴集乡。1958年后属大吴集公社。后属赵庄公社王屯大队，1992年属赵庄镇汪屯村，2008年把乔子村、任楼村合并为汪屯村至今。

三座楼村村民委员会

三座楼村村民委员会（Sānzuòlóucūn Cūnmín Wěiyuánhuì） 隶属萧县赵庄镇。地处赵庄镇西南，村委会驻地三座楼，下辖自然村有三座楼、刘阁、胡屯、薛庄、张庄、单庄、仇屯、秦楼、盛庄、余庄。其管辖范围东至汪屯村，南至张庄村，西至大庙村，北至桃园村。总户数为1575户，总人口为5292人。面积为5.8平方千米。境内有新申河、红张沟、蒋河。

康熙年间，张姓在此立村，盖有三座炮楼，故名。1953年属新民乡，1958年属赵庄公社桃园大队，1980年属王汉集公社三座楼大队，1992年属赵庄镇三座楼村，2008年并村属三座楼村。

张老庄村村民委员会

张老庄村村民委员会（Zhānglǎozhuāngcūn Cūnmín Wěiyuánhuì） 隶属赵庄镇。地处赵庄镇村委会驻地张老庄，下辖自然村有张老庄、旗杆楼、梁庄、西吴楼、小新庄、大新庄、蒋新楼。其管辖范围东至汪屯村，南至河涯村，西至王汉集，北至三座楼。总户数为1014户，总人口为3223人。面积为4.754平方千米。境内有大坑一口，萧县至张庄寨、淮北至赵庄两条交通路交叉通过。

清初张姓一支从本县薛村迁此，此村当时称长沟集，后张姓成大户，且陆续迁出几千人，迁出的张姓渐称此处为张老庄。1949年属大屯区赵庄乡，1958年属赵庄公社张老庄大队，1961年后属桃园公社张老庄大队，1980年属王汉集公社（乡）张老庄大队（村），1992年属赵庄镇张老庄村。

王汉集村村民委员会

王汉集村村民委员会（Wánghànjícūn Cūnmín Wěiyuánhuì） 隶属萧县赵庄镇。地处赵庄镇西南，村委会驻地王汉集，下辖自然村有王汉集、王楼、张小屯、王小屯、尹庄、柿元、王小庄、郭庄、武破楼、郝楼、李楼、张塘。其管辖范围东至王小屯，南至郭庄，西至郝楼，北至王楼。总户数为1802户，总人口为6139人。面积为7.36平方千米。农业以种植小麦、玉米、大豆为主。经济来源以农业和外出务工为主。

清朝后期有叫王汉的大户在此设集市，后成村，人称王汉集，又因有楼房，又称王汉楼。1949年属港河乡。1958年后属王汉集、赵庄公社王汉集大队。1992年属赵庄镇。2008年后称王汉集村。

孙大庙村村民委员会

孙大庙村村民委员会（Sūndàmiàocūn Cūnmín Wěiyuánhuì） 隶属赵庄镇。地处赵庄镇西南村委会驻地孙大庙，下辖自然村有孙大庙、郭庄、段集、贾庄、马阁、高庄、大杨庄、小杨庄、武庄，其管辖范围东至张庄村，南至张唐村，西至杨屯村，北至杜集村。总户数为1486户，总人口为4569人。面积为6.6平方千米。境内有徐郑高铁穿过，有400年历史的庆云寺庙遗址，有至今300余年根深叶茂的皂角树，被周围几十千米的群众称为神树。

孙大庙原为港南村（原港河之南），清康熙年间（1662年）此处修建庆云寺大庙，孙姓人聚居于此，故而得名孙大庙。1958年属赵庄乡。1958年属赵庄公社孙大庙大队。1981年属赵桃园公社孙大庙大队。1986年属赵庄镇孙大庙村。

桃元村村民委员会

桃元村村民委员会（Táoyuáncūn Cūnmín Wěiyuánhuì） 隶属赵庄镇。地处萧县赵庄镇西部，村委会驻地桃元，下辖自然村有桃元、王庄、陈洼、杜楼、程庄、周庄。其管辖范围东至刘阁村，南至大庙村，西至菜元村，北至史庄村。总户数为1110户，总人口为3540人。面积为4.3平方千米。

早年间，该地是赵庄地主的寄庄子，辟有桃园，故名赵桃园村，后演变成桃元村。1949年曾设桃元乡。1958年后设赵庄桃元公社桃元大队，后为赵庄公社，仍为桃元大队。1985年后属赵庄镇桃元村至今。

九店村村民委员会

九店村村民委员会（Jiǔdiàncūn Cūnmín Wěiyuánhuì） 隶属赵庄镇。地处赵庄镇西北部，村委会驻地九店，下辖自然村有港河、王庄、樊屯、新庄、小张庄、九西、九东、史庄、毛楼、彭庄、大张庄、李庄。其管辖范围东至陈堂寺，南至桃园村，西至王庄村，北至孙集村。总户数为1300户，总人口为6911人。面积为7.9平方千米。境内有天主教堂一处，河流有老港河，有红大路穿过。

据查，在1949年前建村时，有家酒坊供酒家买酒，故名酒店村，后演变成九店村。1949年为大屯区。1958年后属桃园公社九店大队。1985年属赵庄镇九店村至今。

大孙庄村村民委员会

大孙庄村村民委员会（Dàsūnzhuāngcūn Cūnmín Wěiyuánhuì） 隶属赵庄镇。地处赵庄镇东部。下辖自然村有大孙庄、胡庄、张庄、王庄、路庄、王屯、东胡屯、西胡屯、胡楼。其管辖范围东至杜楼镇徐楼，南至前韦村，西至张朴楼，北至张朴楼。总户数为1247户，总人口为4108人。面积为5.6平方千米。境内有港河、小学等。

清朝中期以孙姓居多，因村庄较大，故取名大孙庄。1949年为大屯区破楼乡。1958年后属赵庄公社大孙庄大队，1985年属赵庄镇。2007年合村为赵庄镇大孙庄村。

杜楼镇

孟窑村村民委员会

孟窑村村民委员会（Mèngyáocūn Cūnmín Wěiyuánhuì） 隶属杜楼镇。下辖自然村有孟窑、薛村、车牛返。地处杜楼镇镇西南部，村委会驻地孟窑村。其管辖范围东至五洞山，南至王寨镇王山窝，西至杜集村，北至黄庄村。总户数为1035户，总人口为3460人。面积为7.3平方千米。村内有闵子骞称贤的鞭打芦花处、乾隆皇帝来此题写“惠我南黎”和“孝道永弘”的四贤祠、千佛庵五洞山。

据《萧县县志》记载，400多年前孟子后裔因仰慕孔子高徒闵子骞，在故地车牛返村附近建窑烧石灰，烧制罐子、盆等器物，故名。1949年属闵贤乡。1958年属杜楼公社孟窑大队。1980年属王寨区芦花公社。1985年属王寨区芦花乡。1992年属杜楼镇。2008年由车牛返村、薛村、孟窑村三个村组合而成。

杜集村村民委员会

杜集村村民委员会（Dùjícūn Cūnmín Wěiyuánhuì） 隶属杜楼镇。下辖自然村有袁楼、孙庄、陈庄、杜集、小袁楼。地处杜楼镇镇南部，村委会驻地杜集村。其管辖范围东至曹庄村，南至王寨镇、三座楼村，西至西沙河，北至郝庄寨村。总户数为1040户，总人口为3717人。面积为4.2平方千米。有小学、村道、村卫生室等。

该村初为杜姓居民立村且有集市，故名杜集。1949年属王寨区徐油坊乡。1958年属杜楼公社。1985年属王寨区芦花乡。1992年属杜楼镇至今。

曹庄村村民委员会

曹庄村村民委员会（Cáozhuāngcūn Cūnmín Wěiyuánhuì） 隶属杜楼镇，地处杜楼镇南部。下辖自然村有曹庄、黄庄、小赵庄、彭瓦房、彭小庄、朱山窝、古尚村、刘村。村委会驻地曹庄村。其管辖范围东至龙城镇，南至孟窑庄，西至杜集庄村，北至孟庄寨村。总户数为1433户，总人口为5044人。面积为8.3平方千米。辖区内有萧县至淮北高铁、县道、杜瓦路、黄庄中学、黄庄小学、幼儿园2所、卫生室、黄庄集农贸市场、岱河、大山。

因曹姓世代居住此，故名曹庄。1949年为闵贤乡。1958年为杜楼公社黄庄大队。1985年为芦花乡。1992年划归为杜楼镇至今。

彭村村民委员会

彭村村民委员会（Péngcūn Cūnmín Wěiyuánhuì） 隶属杜楼镇。下辖自然村有彭村、锁里、高小楼、插花寿。地处杜楼镇东部，村委会驻地彭村。其管辖范围东至彭村，南至高小楼，西至插花寿，北至锁里。总户数为1712户，总人口为5896人。

面积为9.3平方千米。有学校、村道、村卫生室等。

据村中老人讲，200年前，彭姓族人来此地定居，故取名彭村。1949年属古尚乡。1958年属杜楼公社。1985年属杜楼镇至今。2008年由彭南、彭北、高小楼、插花寿村合并为彭村村民委员会。

杜老楼村村民委员会

杜老楼村村民委员会（Dùlǎolóucūn Cūnmín Wěiyuánhuì） 隶属萧县杜楼镇。下辖自然村有杜老楼、权洼、龚楼、孟庄寨。其管辖范围东至彭村，南至曹庄，西至郝庄寨，北至杜庄。总户数为1536户，总人口为5010人。面积为4.5平方千米。境内有镇政府、七所八站、医院、学校、集市等。

清康熙年间，杜姓一支由江苏徐州迁徙来此居住，并建楼，因是该支杜姓最早迁居者，故取名杜老楼。1949年属陶楼区。1958年属杜楼公社。1985年属王寨区杜楼镇。1992年属杜楼镇。2008年并村，由原杜老楼村和孟庄寨村两个村合并而成该村。

马阁村村民委员会

马阁村村民委员会（Mǎgécūn Cūnmín Wěiyuánhuì） 隶属杜楼镇。地处杜老楼镇西部。下辖自然村有马阁、王庄、南子庄、北羽庄、陶楼、郝庄。其管辖范围东至本镇郝党村，南至王寨镇马庄村，西至赵庄镇吴蒋庄，北至小圩子村袁集。总户数为1591户，总人口为5110人。面积为7.3平方千米。境内有马阁小学、郝光小学。

早年马姓在此居住，建有大寺阁，故而得名。1949年属陶楼区马阁乡。1958年后属红庙杜楼公社马阁大队。1985年属赵庄区红庙乡。1992年后属杜楼镇至今。

郝新庄村村民委员会

郝新庄村村民委员会（Hǎoxīnzhuāngcūn Cūnmín Wěiyuánhuì） 隶属萧县杜楼镇。下辖自然村有郝新庄、郝瓦房、李楼、吴楼、胡庄、小黄庄、王屯、丁庄、万楼。其管辖范围东至侯瓦房，南至大张庄，西至红庙，北至朱解庄。地处杜老楼镇北部。总户数为1617户，总人口为5170人，面积为6平方千米。境内有幼儿园、医院、学校、集市等。

明代一郝姓从岱山口迁于红庙南居住，因黄河泛滥，村庄被淹，迁至此处，称为郝新庄。1949年属杜楼乡。1958年后属腰庄杜楼公社。1985年属龙城镇叶庄乡。1992年属杜楼镇。2008年与胡庄等5个自然村合并为郝新庄村。

郝庄寨村村民委员会

郝庄寨村村民委员会（Hǎozhuāngzhàicūn Cūnmín Wěiyuánhuì） 隶属杜楼镇。下辖自然村有郝庄、李庄、李楼、小张楼、王台子、耿刘庄、八大家。地处杜楼镇镇东北部，村委会驻地郝庄寨。其管辖范围东至龚楼，南至杜集，西至马阁，北至杜庄。总户数为1669户，总人口为5497人。面积为5.45平方千米。有小学、村道、村卫生室等。

明朝中期，郝姓人家在此居住耕作，为防外患，村庄周围建围墙修寨，故而得名。1949年属陶楼区郝庄乡。1958年属杜楼公社郝庄大队。1985年属王寨区杜楼镇。2008年与刘庄村合并为郝庄寨村。

杜庄村村民委员会

杜庄村村民委员会（Dùzhuāngcūn Cūnmín Wěiyuánhuì） 隶属杜楼镇，地处杜楼镇北部。下辖杜庄、小张庄、杨庄、大张庄、蒋庄、黄庄、侯楼、王楼8个自然村。

村委会驻地小张庄村。其管辖范围东至业庄，南至杜楼，西至西沙河，北至李楼。总户数为1121户，总人口为4302人。面积为4.7平方千米。辖区内有小学、自来水厂、垃圾处理厂、医疗室。

因该村杜姓居多，故名。1958年之后属杜楼公社杜庄大队。1992年属杜楼镇至今。

红庙村村民委员会

红庙村村民委员会（Hóngmiàocūn Cūnmín Wěiyuánhuì） 隶属萧县杜楼镇。下辖自然村有张楼、汪庄、王庄、袁寺楼、李瓦房、和庄、郝小娄子。其管辖范围东至沙河，南至马阁村，西至小圩子村，北至纵袁庄村。地处杜老楼镇西部。总户数为1329户，总人口为4645人。面积为6.7平方千米。境内有变电所、供电所、农商银行、幼儿园。

春秋时期鲁昭公“大搜于红”（大阅兵）即此地，汉代楚元王之子刘富及其子孙被封为红侯，此地为红侯国，后名红亭。明清均设有红亭乡。民国初期至新中国成立初设有红庙乡。因古时此地有“七井八庙十二坑”，俗称红庙。1985年前先后隶属王寨区、赵庄区和杜楼公社红庙大队。1992年后属杜楼镇。

纵袁庄村村民委员会

纵袁庄村村民委员会（Zòngyuánzhuāngcūn Cūnmín Wěiyuánhuì） 隶属萧县杜楼镇。下辖自然村有纵袁庄、大孟庄、邢瓦房、杜楼、崔楼、袁庄、张楼、陈柿园、黄塘窝。其管辖范围东至朱解庄，南至张屯，西至周庄，北至马井镇孟楼。地处杜老楼镇西北部。总户数为1577户，总人口为5936人。面积为8平方千米。境内有纵袁庄小学、村卫生院、老年公寓、寺庙等。河流有大沙河、湘西河、稻鱼河。

明代纵姓、袁姓在此占产立庄，故而得名。1949年属陶楼区。1953年属红北乡。1958年后属红庙杜楼公社。1985年属赵庄区红庙乡。1992年属杜楼镇纵袁庄村至今。

朱解庄村村民委员会

朱解庄村村民委员会（Zhūxièzhuāngcūn Cūnmín Wěiyuánhuì） 该村居杜楼镇北部，村委会驻地朱解庄。下辖自然村有黄柿园、朱楼村、王庄村、朱解庄村、东张楼村、黄庄村。其管辖范围东至黄庄村，南至朱楼村，西至西沙河，北至黄柿园村。总户数为1149户，总人口为3857人。面积为5.2平方千米。辖区内有郑徐高铁、311国道、301省道、大沙河、利民沟通过。景点有黄柿园村千年柘条树、朱解庄村中传说可求雨的像龙一样的高土坎井雾头、朱楼村黑龙潭。

明末清初时期有朱姓、徐姓、解姓共三家在此地居住，起名朱徐解庄，后因徐姓无人，故更名为朱解庄。1949年后属红亭乡。1958年后属腰庄乡杜楼公社朱解庄大队。1985年属龙城镇叶庄乡。1992年至今归为杜楼镇。

业庄村村民委员会

业庄村村民委员会（Yèzhuāngcūn Cūnmín Wěiyuánhuì） 隶属杜楼镇，地处杜楼镇东北部。下辖自然村有腰庄、小葛庄、徐瓦房、业庄、陈老庄、纵张庄、侯瓦房。村委会驻地业新庄村。其管辖范围东至彭村，南至彭村，西至万楼村，北至八庄村。总户数为1142户，总人口为3579人。面积为4平方千米。辖区内有唐庙农场、萧县园艺场，311国道穿境而过。

清朝时叶姓人家在此占产立村，故而

得名。后误写为业庄。1950年属陶楼区腰庄乡。1958年后属腰庄杜楼公社业庄大队。1985年属龙城镇叶庄乡。1992年属杜楼镇至今。

八庄村村民委员会

八庄村村民委员会（Bāzhuāngcūn Cūnmín Wěiyuánhuì） 隶属杜楼镇。下辖自然村有王新村、金庄、欧庄、小胡庄、大胡庄、小纵庄、大八庄、小八庄、张八庄、胡庄、杨庄、纵井、欧庄。地处杜楼镇镇东北部，村委会驻地大胡村。其管辖范围东至岱桥村，南至业庄村，西至朱解庄村，北至马井镇大楼村。总户数为1256户，总人口为3949人。面积为5.8平方千米。辖区内有岱湖供电所、萧县水利局工程队、业庄合作社、301省道、萧黄河。311国道穿过该村。

据查，原有吴姓在此居住，距老县城八里路，故名吴八庄，后简称八庄。1949年属腰庄乡。1958年属腰庄杜楼公社八庄大队。1985年属龙城镇叶庄乡。1992年属杜楼镇。2007年和王新庄合并为八庄村村民委员会。

小圩子村村民委员会

小圩子村村民委员会（Xiǎowéizicūn Cūnmín Wěiyuánhuì） 隶属萧县杜楼镇。下辖自然村有郭庄、孙庄、袁庄台子、徐楼、李庄、袁庄、张屯、袁寨、陶屯、小圩子、鲍庄、袁集、胡屯。其管辖范围东至本镇红庙村，南至赵庄镇蒋寺，西至赵庄镇蒋寺，北至纵袁庄。地处杜老楼镇西部。总户数为1362户，总人口为4995人。面积为8.25平方千米。境内有郑徐高铁穿过，湘西河流过。

明代末年姓任的一家在此居住，当时为防盗挖沟打墙，把四周围起来，故而得名小圩子。1949年属陶楼区红庙乡。1958年后属红庙杜楼公社。1985年属赵庄区红庙乡。1992年属杜楼镇至今。

丁里镇

许堂社区居民委员会

许堂社区居民委员会（Xǔtáng Shèqū Jūmín Wěiyuánhuì） 隶属萧县丁里镇。下辖自然村有许堂、中许、前许、老庄、王庄、嶂山、郝庄。地处萧县南5千米，村委会驻地前许。其管辖范围东至龙城镇永堌村，南至丁里村，西至黄山，北至梁庄。总户数为1185户，总人口为4134人。面积为5.8平方千米。辖区内有202国道经过。

因许姓人家比较多，加上许姓堂号是太岳堂，所以称许堂村。许姓最早在明朝移民，先到老庄，后因水患迁至西山许堂。

丁里社区居民委员会

丁里社区居民委员会（Dīnglǐ Shèqū Jūmín Wěiyuánhuì） 隶属萧县丁里镇。其管辖范围东至丁里镇嶂山村，南至淮北市沈集村，西至武寺村，北至龙城镇梅村。地处丁里镇，村委会驻地丁里村，下辖自然村有石婆、老集、前后大庄、南岗、马井、北门、南门。辖区内有风景秀丽的北山、水库、果香采摘园、丁里小学、丁里中心校。连霍高速公路穿村而过，202省道亦经过本村。总户数为1686户，总人口为6517人。面积为9.6平方千米。

清朝时期，萧县划分为8乡36里，该村是当时的36里之一，又因在丁里山附近，故名丁里。丁里村原名丁里寨，后易名丁里至今。

郭庄社区居民委员会

郭庄社区居民委员会（Guōzhuāng Shèqū

Jūmín Wěiyuánhuì） 隶属萧县丁里镇。下辖自然村有郭庄、王土山子、朱庄、王楼、纵瓦房。地处丁里镇，村委会驻地郭庄村。东至胜利村，南至淮北市，西至张山头村，北至龙城镇。户数为1558户，总人口为5449人。面积为7.5平方千米。辖区有丁里镇人民政府、派出所、法庭、卫生医院，均坐落在郭庄村，还有丁里镇敬老院、丁里中心幼儿园、威雷玻璃、连霍高速出口。

明朝时期，郭氏族人从萧县城迁移到此安家，后来取名为郭庄。1949年属丁里区郝桥乡；1953年实行乡制，属瓦口乡；1958年8月撤区并乡，属朔里区瓦口乡；1958年成立人民公社，属朔里公社；1974年由朔里公社改为郭庄公社；1978年改为丁里区胜利乡；1990年撤区并镇，郭庄村属丁里镇至今。

胜利社区居民委员会

胜利社区居民委员会（Shènglì Shèqū Jūmín Wěiyuánhuì） 隶属萧县丁里镇。下辖自然村有浮水、宫庄、石碑座、蔡洼（胜利）。地处丁里镇东南，村委会驻地石碑座。其管辖范围东至豆庄村，南至葛塘和窦庄，西至郭庄，北至武寺集村石山子村。户数为1410户，总人口为4841人。面积为7.24平方千米。辖区内有红色旅游景区——淮海战役总前委会议旧址、指挥部旧址、丁里镇工业园区、龙河、符夹铁路，连霍高速穿境而过。

为庆祝淮海战役胜利而得名。1949年后属丁里区陈谷乡；1955年属朔里区；1970年撤区置社属朔里公社；1974年朔里公社改名郭庄公社；1986年属丁里区；1992年撤区属丁里镇至今。

梁庄社区居民委员会

梁庄社区居民委员会（Liángzhuāng Shèqū Jūmín Wěiyuánhuì） 隶属萧县丁里镇。下辖自然村有前黄桥、穆楼、孟庄、梁庄、前梁庄。地处萧县城南3.5千米处，村委会驻地梁庄。其管辖范围东至龙城镇房庄村，南至许堂村，西至月亮山脚下，北至龙城镇前梅、黄桥社区。总户数为1097户，总人口为3888人。面积为4.5平方千米。辖区内有月亮山水库、龙河、红旗河，山峰有王母祠、老狼窝、蝎子沟等，徐淮公路及202国道经过本村；最美国安寺（岳王庙）正在建设中。

因村委会驻地梁庄村而得名。1949年至1958年属龙城区吴庄乡；1958年至1970年属梅村公社梁庄大队；1982年属丁里公社梁庄大队；1985年底属丁里区、丁里镇梁庄村；1997年撤区并乡，属丁里镇梁庄村至今。

河头村村民委员会

河头村村民委员会（Hétóucūn Cūnmín Wěiyuánhuì） 隶属萧县丁里镇。下辖自然村有河头、皇避、小皇避、刘新庄、杨庄、任庄。地处丁里镇最西部，村委会驻地河头。其管辖范围东至淮北纵楼，南至淮北刘楼村，西至淮北刘窑村，北至瓦子口村。户数为1598户，总人口为5361人。面积为5.8平方千米。辖区内有岱河、河头小学、皇避小学、河头卫生所。

因村委会驻地河头而得名。1949年属丁里二区；1953年8月，实行乡制，属瓦子口乡；1956年8月，撤区并乡，属瓦子口乡，全村建立多个合作社；1958年人民公社化时，河头、皇避、刘新庄几个村合并为一个大社，称为营；1962年取消军事化编制，改建公社，属朔里人民公社；1974年改属郭庄公社；1983年撤社设区、乡，属丁里区瓦子口乡；1992年，撤区并乡、镇。属丁里镇至今。

张山头村村民委员会

张山头村村民委员会（Zhāngshāntóucūn Cūnmín Wěiyuánhuì） 隶属萧县丁里镇。下辖自然村有张山头、梁店、郝桥、石塘、方庄、孙小林子村。地处丁里镇西北部，村委会驻地张山头。其管辖范围东至龙城镇王大庄村，南至丁里镇河头村，西至王寨镇大演武村，北至龙城镇人民村。总户数为1465户，总人口为4691人。面积为8.5平方千米。辖区内有河流、王洞山、孤山、牛耳山、羊耳山、磁山、石锅山、石碗山，202省道、郭瓦公路穿过该村。

因村委会驻地的村名而得名。1949年属瓦子口乡；1954年属双合社；1958年属朔里人民公社郝桥营；1961年属朔里公社张山头大队；1972年属胜利乡张山头大队；1984年为丁里镇张山头村村民委员会。

武寺村村民委员会

武寺村村民委员会（Wǔsìcūn Cūnmín Wěiyuánhuì） 隶属萧县丁里镇。下辖自然村有武寺、尖山、周庄、沈圈、田村、刘庄。地处丁里镇中西部，村委会驻地武寺村。其管辖范围东至丁里大庄，南至运河，西至尖山，北至大山。总户数为1119户，人口为3929人。面积为5.9平方千米。辖区内有202省道经过。

因所驻自然村而得名。1954年以前属徐州市萧县梅村，1958年以后改属安徽萧县梅村公社王老家大队，1980年以后改属丁里镇武寺村。

瓦子口村村民委员会

瓦子口村村民委员会（Wǎzikǒucūn Cūnmín Wěiyuánhuì） 隶属萧县丁里镇。下辖自然村有瓦子口、徐白楼、王山窝、薛庄台子、大杨庄。地处丁里镇西，村委会驻地瓦子口。其管辖范围东至梁店村，南至河头村，西至孙圩子乡，北至王寨镇。总户数为1125户，总人口为3670人。面积为5.8平方千米。辖区内有王彦章摆渡石膏眼、大寺庙、古井一口、石炮眼、岱河、运河、沙河，连霍高速路穿境。瓦子口大葱远近闻名。

因所驻自然村而得名。1949年属宿县专区。1952年10月，实行乡制，属瓦子口乡。1957年10月属朔里区。1958年人民公社化时，属瓦子口公社管理区。1996年撤乡丁里镇，属丁里镇管理至今。

王寨镇

王寨村村民委员会

王寨村村民委员会（Wángzhàicūn Cūnmín Wěiyuánhuì） 隶属王寨镇。地处王寨镇南部，村委会驻地王寨村。下辖自然村有王寨东门、王寨南门、王寨西门、王寨北门、王窑、小新庄、程庄、代楼、任王集、任楼、王小楼、马庄、陈楼、后邵庄、宁元、郝楼。其管辖范围东至张楼村，南至徐双楼村，西至杨集村和苏庄村，北至后洼村。总户数为2569户，总人口为8025人。面积为17.08平方千米。辖区内有311国道、连霍高速公路；大规模集市贸易、商场超市；王寨初中、王寨高中、小学、幼儿园、镇卫生院等。

早年王姓在此建村，筑寨设集，故名王寨。历为区、乡、公社、镇的治所。1949年，属王寨区王寨乡；1958年属王寨人民公社；1984年属王寨镇；2007年由程庄村、马庄村、郝楼村、原王寨村统一合并为王寨村民委员会。

齐庄村村民委员会

齐庄村村民委员会（Qízhuāngcūn Cūnmín Wěiyuánhuì） 隶属王寨镇。地处王寨镇北部，村委会驻地张绪庄。下辖自然村有周尹庄、齐庄、前蒋庄、后蒋庄、张绪庄、贾庄、汪楼、蔡庄。其管辖范围东至张楼村，南至王寨村，西至后洼村，北至王集村。总户数为1218户，总人口为3822人。面积为4.9平方千米。辖区内有湘西河、宿州市恒安纸业有限公司、变电所。

早年因齐姓在此建庄，故称齐庄。1958年时为王寨公社齐庄大队；1981年为王寨区王寨公社齐庄大队；1984年改为王寨区王寨镇齐庄村；1992年改为王寨镇齐庄村；2007年与汪楼村合并为齐庄村村民委员会。

后洼村村民委员会

后洼村村民委员会（Hòuwācūn Cūnmín Wěiyuánhuì） 隶属王寨镇。地处王寨镇，村委会驻地后洼村。下辖自然村有后宁园、余庄、李楼、杨庄、后洼、王新庄、王洼、张楼、郑楼、宋楼。其管辖范围东至齐庄村，南至王寨村，西至杨集村，北至河涯村。总户数为1502户，总人口为4622人。面积为6.9平方千米。辖区内有郑楼小学、后洼小学、岗河、王寨镇政府。

原为郝姓建庄，名郝洼，后郝姓将村卖给一个叫王子石的人，因庄在王寨后边，改名后洼。1949年属王寨王洼乡；1958年属王寨公社；1981年属王寨区王寨公社；1984年为王寨区王寨镇后洼村；1992年为王寨镇后洼村；2007年王洼村并为后洼村村民委员会。

李楼村村民委员会

李楼村村民委员会（Lǐlóucūn Cūnmín Wěiyuánhuì） 隶属王寨镇。地处王寨镇西部，村委会驻地李楼。下辖自然村有李楼、小王堂、郭杨庄、孙小庄、朱庄、孙下湖、谢庄、彭庄、西郝楼、高台孙庄。其管辖范围东至西郝楼，南至小王堂，西至孙下湖，北至谢庄。总户数为1809户，总人口为4718人。面积为8.3平方千米。辖区内有连霍高速穿过、1016县道穿村而过。

早年李姓在此占产立庄建楼，故而得名。1949年属王寨区李楼乡；1969年属祖楼公社；1980年属王寨区李楼公社；1984年属王寨区李楼乡；1992年至今属王寨镇李楼村委会。

苏庄村村民委员会

苏庄村村民委员会（Sūzhuāngcūn Cūnmín Wěiyuánhuì） 隶属王寨镇。地处王寨镇西南部，村委会驻地苏庄。下辖自然村有苏庄、苏小楼、崔庄、梁巷、欧庄、袁庄、前彭庄、任庄、子观寺、棠林集、梁庄、杨楼、王塘。其管辖范围东至孙圩子乡李庄，南至祖楼镇任楼，西至祖楼镇孟苏庄，北至李楼村后彭庄。总户数为1944户，总人口为6373人。面积为9.4平方千米。辖区内有港河、毛河、311国道、五七县道。

宋朝苏东坡为徐州太守，其长子苏迈随父亲至徐州城南五十里置地安家，定名苏家湖（时为萧境，现归宿州市埇桥区杨庄乡）。明代因此处受水淹，其长房迁至微山，后又因地震地陷，其中一支又由微山迁到此处建庄，以此命名。1949年属王寨区棠林乡；1958年属王寨公社；1992年属王寨镇；2007年与棠林集、大王堂、欧庄村合并为苏庄村村民委员会。

杨集村村民委员会

杨集村村民委员会（Yángjícūn Cūnmín Wěiyuánhuì） 隶属王寨镇。地处王寨镇西部，村委会驻地杨集。下辖自然村有杨集、徐小楼、杨楼、王庄、东老庄、西老家、徐庄、小洼、西杨楼。其管辖范围东至王庄，南至西杨楼，西至小洼，北至徐小楼。总户数为1326户，总人口为3693人。面积为6.8平方千米。辖区内有连霍高速公路、县道、张氏宗祠。

明代杨姓在此占产立庄逢集，时名杨家集，后简称杨集。1949年属王寨区；1961年属李楼公社；1969年属祖楼公社；1981年属李楼公社；1984年属李楼乡；1992年为王寨镇杨集村委会；2008年与张老家村合并为杨集村村民委员会。

张楼村村民委员会

张楼村村民委员会（Zhānglóucūn Cūnmín Wěiyuánhuì） 隶属王寨镇。地处王寨镇东部，村委会驻地张楼村。下辖自然村有张楼、罗王庄、武双楼、杜平房、汪庄、前石桃园、小王庄、后石桃园、任楼、郭楼、前油坊、郭庄、陶庄、魏庄。其管辖范围东至三座楼，南至后王桃园和张庄村，西至湘西河，北至戴柿园村。总户数为2908户，总人口为9242人。面积为10.94平方千米。有小学、村卫生室等。

明末清初，张姓一支从老家迁此定居盖楼，取名张楼。1949年属萧县王寨区；1958年属王寨公社；1992年属王寨镇；2007年年底原石桃园村民委员会、任楼村民委员会、张楼村民委员会三个村合并为张楼村民委员会。

大演武村村民委员会

大演武村村民委员会（Dàyǎnwǔcūn Cūnmín Wěiyuánhuì） 隶属王寨镇。地处王寨镇东部，村委会驻地大演武。下辖自然村有大演武、王山窝。其管辖范围东至丁里镇方庄村，南至丁里镇，西至武双楼村，北至车牛返村。总户数为1110户，总人口为3700人。面积为6.7平方千米。辖区内有演武山洞、古庙、古松、公路、岱河、大沙河。

明开国大将薛显曾在五洞山占山为王，在山下设场习武。后来有人在东演武场附近定居，形成村落，故而取名大演武村。1949年属闵贤乡；1958年为王寨公社大演武大队；1984年为王寨镇演武村；1992年为王寨镇大演武村民委员会至今。

三座楼村村民委员会

三座楼村村民委员会（Sānzuòlóucūn Cūnmín Wěiyuánhuì） 隶属王寨镇。地处王寨镇东部，村委会驻地三座楼。下辖自然村有三座楼、郝土楼、陈楼。其管辖范围东至车牛返村，南至演武村，西至张楼村，北至袁楼村。总户数为955户，总人口为3293人。面积为3.7平方千米。有沙河、县道、镇道穿村而过。

明朝年间某财主来此定居，盖了三座炮楼，故名三座楼。1958年属张楼公社；1984年属芦花乡；1992年属王寨镇至今。

戴柿园村村民委员会

戴柿园村村民委员会（Dàishìyuáncūn Cūnmín Wěiyuánhuì） 隶属王寨镇。地处王寨镇东北部，村委会驻地戴柿园村。下辖自然村有戴柿园、孙庄、吴玉楼、杜马庄、夏庄、后油坊、郝庄、王屯、周洼、贾楼。其管辖范围东至杜楼镇，南至张楼村，西至王寨村，北至杜楼镇。总户数为2477户，总人口为7952人。面积为11.2平方千米。

有小学、村卫生室等。

从清朝年间，戴姓建村，并种植柿树成园，故名叫戴柿园。1949年属王寨镇王寨乡；1958年属王寨公社；1984年属张楼乡；1992年隶属王寨镇；2007年底，由原郝庄、杜马庄、戴柿园合并为戴柿园村。

吴丛村村民委员会

吴丛村村民委员会（Wúcóngcūn Cūnmín Wěiyuánhuì） 隶属王寨镇。其管辖范围东至王集村，南至齐庄村，西至吴河涯村，北至吴丛村。下辖自然村有吴丛、薛庄、老王庄、尹屯、孙庵子。总户数为1401户，总人口为4443人。面积为5.6平方千米。有小学、村卫生室等。

西汉时期，在今萧县境内有一个侯国，名叫扶阳国，又称扶阳城。自西汉宣帝刘询封韦贤为扶阳侯，历经四代，王莽篡政时国绝，改扶阳国为合洽县。东汉光武帝刘秀又封韩歆为扶阳侯，直到国除。据《太平寰宇记》记载，扶阳城在萧县（旧县）西南十五里。《一统志》记载，在萧县西南。《安徽省志》在编写过程中发现，几百年前萧县曾出土过一块残碑，碑上有“国在吴家丛林”字样。经考证即为现在的吴丛村。此地原有寺院，最早为广济寺，是我国北方七十二大丛林之一。所谓丛林，即僧众聚集的寺院。清嘉庆版《萧县志》中记载广济禅院，邑人吴殿英创修，士人呼为吴氏丛林，后简称吴丛。1949年属王寨区吴丛乡；1958年属王寨公社；1962年属王寨区吴丛公社；1969年并入王寨大公社称吴丛大队；1981年属王寨区吴丛公社；1984年体制改革后属王寨区吴丛乡；1992年至今属王寨镇吴丛村民委员会。

王集村村民委员会

王集村村民委员会（Wángjícūn Cūnmín Wěiyuánhuì） 隶属王寨镇。地处王寨镇北部，村委会驻地王集。下辖自然村有王集、杨庄、郭村、东孙庄、谭庄、孙楼、谭孙庄。其管辖范围东至戴柿园村，南至戴柿园村，西至郝洼，北至吴丛村。总户数为1290户，总人口为4107人。面积为5.6平方千米。辖区内有湘西河、薛松公路、311国道。有小学、村卫生室等。

该村原名西陈集，是一个老集，清嘉庆年间《萧县志》中有记载，后因王姓在朝做官，仗势改名为大王集，简称王集。1949年属吴丛乡；1958年属吴丛公社；1984年属王寨区吴丛乡；1992年为王寨镇王集村；2008年与谭庄村合并为王集村村民委员会。

郝洼村村民委员会

郝洼村村民委员会（Hǎowācūn Cūnmín Wěiyuánhuì） 隶属王寨镇，村委会驻地郝洼村。下辖自然村有郝洼、张庄、小王庄、西孙庄、吴大庄、殷庄。其管辖范围东至王集村，南至齐庄村，西至吴河涯村，北至吴丛村。总户数为1599户，总人口为5178人。面积为7.4平方千米。辖区内有郝洼中小学、幼儿园、卫生院。

郝姓建村，因村周围地势比较洼，故而得名。1949年属王寨区吴丛乡；1958年为王寨公社吴河涯大队；1961年为吴丛公社郝洼大队；1969年为王寨公社郝洼大队；1981年为王寨区吴丛公社郝洼大队；1992年至今为王寨镇郝洼村。

吴河涯村村民委员会

吴河涯村村民委员会（Wúhéyácūn Cūnmín Wěiyuánhuì） 隶属王寨镇。地处王寨镇西北部，村委会驻地吴河涯。下辖自然村有贾庄、杨老庄、宋庄、东陶庄、西陶庄、陆庄、张杨庄、河涯东、保元店、河涯西、林堂、张双楼、松林子、岗叉楼、张大楼、程新庄、张平楼。其管辖范围东至郝洼村，南至杨集村，西至张新集，北至郝洼村。总户数为1884户，总人口为6046人。面积为9.18平方千米。有小学、村道、村卫生室等。

吴姓在港河东沿建村，故而得名。1949年属吴河涯乡；1955年属吴丛乡；1958年属王寨公社；1961年属吴丛公社；1969年属王寨公社；1981年再属吴丛公社；1992年并入王寨镇；2007年底由保元店、吴河涯、松林子合并为吴河涯村至今。

祖楼镇

孙楼村村民委员会

孙楼村村民委员会（Sūnlóucūn Cūnmín Wěiyuánhuì）隶属祖楼镇。下辖自然村孙楼、苏庄、翟庄、王庄、李庄、梁楼、朱庄、何庄。地处祖楼镇南部，村委会驻地，其管辖范围东至王楼，南至穆寨，西至王石桥，北至王石桥。总户数为1033户，总人口为3456人。面积为3.3平方千米。有小学、村道、村卫生室等。

孙楼首为孙氏移居开拓之地。从明崇祯年间，由山东迁移。因建寨时有东西大门楼，寨四角皆有高楼，故名孙楼。围绕村寨挖有壕沟，独有东西寨门吊桥能过。周围几十个庄村民众都住这里，以防马子、外盗。村内有市场，后称孙楼集。由明朝至今已有380多年，故名未动。1959年国家派人专到此地种植收购菱子。1949年，该村设立乡公所，1958年后，属石林区孙楼公社孙楼大队，1985年撤社设区，属祖楼区孙楼乡。1992年撤区并乡，属祖楼镇孙楼乡。

穆寨村村民委员会

穆寨村村民委员会（Mùzhàicūn Cūnmín Wěiyuánhuì）隶属祖楼镇。下辖自然村有穆寨、宋楼、徐庄、黄武庄、甘楼、三姓庄、蔡庄、秦楼、杨小楼、夏庄、赵庄、刘庄、盛庄、韩庄。地处祖楼镇西南部，村委会驻地夏庄，管辖范围东至湘山庙村，南至高尧村，西至孙楼村，北至申刘。总户数为1575户，总人口为5974人。面积为6.2平方千米。有小学、村道、村卫生室等。

洪武年间穆姓村民来此筑寨，故叫穆寨。1949年设穆寨乡属祖楼区。1958年属祖楼公社穆寨大队。1985年撤社设区，属祖楼区祖楼镇。1992年撤区并乡，为祖楼镇穆寨村。

孟苏庄村村民委员会

孟苏庄村村民委员会（Mèngsūzhuāngcūn Cūnmín Wěiyuánhuì）隶属祖楼镇。下辖自然村张庄、大齐庙、毛河涯、张塘、王志庄、孟苏庄、陈庄、孟寨、张庄、闫庄、李台子、高庄。地处祖楼镇北部，村委会驻地孟苏庄，管辖范围东至孙圩子乡，南至王楼村，西至石桥村，北至申河村。总户数为1384户，总人口为5077人。面积为7.6平方千米。有小学、村道、村卫生室等。

早年村里有孟苏两大户人家，故而得名。1949年属祖楼乡。1958年属祖楼公社孟庄大队。1985年撤社设区，属祖楼区。1992年撤区并乡后属祖楼镇，改为孟苏庄村。

祖楼村村民委员会

祖楼村村民委员会（Zǔlóucūn Cūnmín Wěiyuánhuì）隶属祖楼镇。下辖自然村有张楼、朱楼、祖楼、苏集、柘园。地处祖楼镇南部，村委会驻地刘其村，其管辖范围东至孙圩子乡，南至张湾，西至湘山庙村，北至王楼村。总户数为1616户，总人口为5028人。面积为4.29平方千米。有小学、村道、村卫生室等。

以祖楼自然村为名。1949年属祖楼区祖楼乡。1958年属祖楼公社祖楼大队。1985年撤社设区，属祖楼区祖楼镇。1992年撤区并乡，属祖楼镇。

张湾村村民委员会

张湾村村民委员会（Zhāngwāncūn Cūnmín Wěiyuánhuì） 隶属祖楼镇。下辖自然村有神庄、张湾、程庄、火神庙、荀楼。地处祖楼镇南部，村委会驻地神庄，其管辖范围东至小集子，南至崔庄，西至孙庄，北至祖楼村。总户数为910户，总人口为3316人。面积为3.3平方千米。有小学、村道、村卫生室等。

原张湾南有条河（现洪减河），有一姓张人在这条河上摆渡为生。河向南拐了一个湾，取名张湾子。1949年后由吴庙子、小胡庄、火神庙、前楼组成张湾子初级社、高级社。1958年属祖楼公社张湾大队。1985年撤社设区，属祖楼镇，1992年撤区并乡，属祖楼镇，改为张湾村。

石桥村村民委员会

石桥村村民委员会（Shíqiáocūn Cūnmín Wěiyuánhuì） 隶属祖楼镇。下辖自然村张庄、石桥、高楼、迭路北、孟庄、孙庄、众姓庄、玉岳阁、董庄、孙瓦房。地处祖楼镇南部，村委会驻地刘其村。其管辖范围东至孟苏庄，南至孙楼，西至青龙集镇，北至张庄寨张老庄。总户数为1049户，总人口为3410人。面积为5.5平方千米。有小学、村道、村卫生室等。

因村内有石桥一座，故而得名。1949年属石林区孙楼乡、孙楼公社石楼大队。1985年撤社设区，为孙楼乡石桥大队。1992年撤区并乡，为祖楼镇石桥村。

湘山庙村村民委员会

湘山庙村村民委员会（Xiāngshānmiàocūn Cūnmín Wěiyuánhuì） 隶属祖楼镇。下辖自然村有吴庄、孙庄、鲁庄、郑楼、刘楼、谢庄、板桥、谢桥、湘山庙。地处祖楼镇南部，村委会驻地湘山庙村，其管辖范围东至祖楼村，南至刘其，西至穆寨，北至王楼村。总户数为1299户，总人口为5430人。面积为5.6平方千米。有小学、村道、村卫生室等。

此村内有庙一座，因庙得名。1949年属祖楼区湘山乡。1958年属祖楼公社湘山庙大队。1985年撤社设区，属祖楼区祖楼镇。1992年撤区并乡，为祖楼镇湘山庙村。

王楼村村民委员会

王楼村村民委员会（Wánglóucūn Cūnmín Wěiyuánhuì） 隶属祖楼镇。下辖自然村有王楼、武庄、许井、王破楼、任楼、新庄、吴楼、柘园、王塘、双楼、时庄、朱庙、武平庄。地处祖楼镇中部，村委会驻地王楼村。其管辖范围东至苏庄村，南至祖楼村，西至孙楼村，北至苏庄村。总户数为1182户，总人口为4391人。面积为5.9平方千米。有小学、村道、村卫生室等。

在2008年合并村时，由原来的时庄村和新庄村合并一个村，时庄村有王楼自然村。新庄村有王不及楼自然村。现在合并在一起，就起名叫王楼村。1949年属祖楼乡。1958年属祖楼公社，为王楼大队。1985年撤社设区后属祖楼镇。改为王楼村。

刘其村村民委员会

刘其村村民委员会（Liúqícūn Cūnmín Wěiyuánhuì） 隶属祖楼镇。下辖自然村刘歇集、大王庄、穆楼、徐韩庄、范庄、墓口、刘庄。地处祖楼镇南部，村委会驻地刘其村。其管辖范围东至孙圩子乡，南至蒋庄，西至青龙集镇，北至张湾村。总户数为1715户，总人口为5996人。面积为6.2平方千米。有小学、村道、村卫生室等。

传说东汉时期，刘秀在此庄休息，因此该村叫刘歇集。后改名刘其村。1949年属洪滨乡。1985年属祖楼公社刘憩大队。1985年撤社设区，属祖楼区刘憩乡。1992年撤区并乡，属祖楼镇。

蒋庄村村民委员会

蒋庄村村民委员会（Jiǎngzhuāngcūn Cūnmín Wěiyuánhuì） 隶属祖楼镇。下辖自然村有余小楼、周大楼、蒋庄、徐楼、北李庄、南李庄、周土楼、陈庄、纵庄、蒋松林子。村委会驻地蒋庄，其管辖范围东至孙圩子乡，南至淮北，西至青龙集镇，北至刘其村。总户数为1464户，总人口为4749人。面积为5.3平方千米。有小学、村道、村卫生室等。

早年蒋姓在此建村立庄，故而得名。1949年属祖楼区洪滨乡。1958年属祖楼公社蒋庄大队。1985年撤社设区，属祖楼区刘憩乡。1992年撤区并乡时属祖楼镇蒋庄村。

青龙集镇

青龙集村村民委员会

青龙集村村民委员会（Qīnglóngjícūn Cūnmín Wěiyuánhuì） 隶属青龙集镇。地处青龙集镇南部，村委会驻地青龙集，下辖自然村有鲍庄、孙庄、朱庄、青龙集、西小庄、北小庄、东小庄、鲁楼、王楼、赵元、李庄。其管辖范围东至黄药店村，南至路口村，西至张庄，北至夏洼。总户数为2007户，总人口为6934人。面积为7.3平方千米。

以驻地自然村青龙集命名。1949年属萧县四区青龙集乡。1958年属青龙公社。1984年属青龙集镇至今。

邱庄村村民委员会

邱庄村村民委员会（Qiūzhuāngcūn Cūnmín Wěiyuánhuì） 隶属青龙集镇。地处青龙集镇东北部，村委会驻地臧洼，下辖自然村有邱庄、吴楼、鲁志家、臧洼、班洼。其管辖范围东至高窑村，南至李庄，西至夏洼，北至石林乡何桥村。总户数为795户，总人口为2959人。面积为2.9平方千米。有101省道穿过该村。

清乾隆年间，邱姓人家迁此建村立庄，取名邱庄。1949年，归于石林区青龙乡。1958年为淮海公社邱庄大队。1962年为青龙公社邱庄大队。1984年为青龙集镇邱庄大队（村）。2008年后为青龙集镇邱庄村至今。

胡庄村村民委员会

胡庄村村民委员会（Húzhuāngcūn Cūnmín Wěiyuánhuì） 属青龙集镇。地处镇东北边，村委会驻地贾庄。下辖自然村有崔庄、贾庄、胡庄、周庄、陈庄、夏洼、望庄、孔楼、赵庄、马庄。其管辖范围东至邱庄村，南至张鲁庄村，西至张鲁庄村，北至石林乡。总人口为4627人。面积为5.4平方千米。辖区内有胡庄小学、胡庄村卫生室、长洼沟、长洼支沟，101省道穿过该村。

以境内胡庄自然村命名。1949年属萧县四区青龙集乡。1958年属青龙人民公社。1984年属青龙集镇至今。

张鲁庄村村民委员会

张鲁庄村村民委员会（Zhānglǔzhuāngcūn Cūnmín Wěiyuánhuì） 属青龙集镇。村

委会驻地张庄。下辖自然村有张庄、鲁庄、刘庄、陈楼、王列庄、鲁新庄、朱小庄、罗庄、朱楼、暗楼、邓楼、菜园。其管辖范围东至青龙集村，南至渠沟镇鲁楼，西至河南省边境丁小园村，北至石林乡。总户数为1491户，总人口4893人。面积为7.2平方千米。辖区内有312国道。

清末明初，有张姓和鲁姓两大姓在此建立村庄，故取名张鲁庄。该村1949年属萧县四区青龙集乡。1958年属石林（淮海公社），为石林公社鲁菜园大队。1984年属青龙集镇鲁菜园村（村民委员会）。2008年合并大村后为张鲁庄村至今。

路口村村民委员会

路口村村民委员会（Lùkǒucūn Cūnmín Wěiyuánhuì） 隶属青龙集镇。地处青龙集镇东部，村委会驻地路口，下辖自然村有关路口、王挖勺庄、卓庄、大刘庄、小刘庄、官楼、管楼、余小庙、张庄。其管辖范围东至周大楼，南至渠沟镇马庄，西至长洼沟，北至青龙集镇。总户数为1492户，总人口为5659人。面积为5.7平方千米。有101省道穿过该村。

以驻地自然村关路口后两个字命名。1949年属萧县四庄路口乡。1954年属胜利社。1958年为祖楼人民公社关路口大队。1984年为青龙乡关路口大队。1984年为青龙集镇路口村至今。

黄药店村村民委员会

黄药店村村民委员会（Huángyàodiàncūn Cūnmín Wěiyuánhuì） 属青龙集镇。村委会驻地贾庄。下辖自然村有高窑、马庄、陶庄、张木匠楼、王庄、黄药店、高庄户、穆楼。其管辖范围东至祖楼镇徐楼，南至路口村，西至青龙村，北至祖楼镇菌吴庄。总户数为1263户，总人口4986人。面积为5.7平方千米。辖区内有311国道。

早年黄姓在此建村立庄，并且开设药店，故而得名。1949年属萧县青龙乡。1958年属淮海公社（亦叫石林公社）。1984年属青龙集镇黄药店大队。2008年后为黄药店村至今。

张庄寨镇

张庄寨村村民委员会

张庄寨村村民委员会（Zhāngzhuāngzhàicūn Cūnmín Wěiyuánhuì） 隶属张庄寨镇。地处萧县西南方位，村委会驻地张庄寨，下辖自然村有许庄、刘铁庄、郭庄、王庄、刘庄、褚洼、雷楼、任大楼、祖小楼、尹庄、木楼、李庄、赵庄、新庄、章楼、锦桥、邢庄、王桥、张庄寨。总户数为4016户，总人口为11613人。面积为15.7平方千米。境内有县道、省道、高速公路、邮局、电信局、移动公司、联通公司、医院、镇政府、工商局、税务局、学校、卫生室、幼儿园、教堂、商贸城、超市、派出所、司法所。

以驻地自然村张庄寨命名，早年张庄寨建村后筑圩寨，故名张庄寨。1949年后为张庄寨乡。1958年后为张庄寨公社，至今为张庄寨村民委员会。

袁圩村村民委员会

袁圩村村民委员会（Yuánwéicūn Cūnmín Wěiyuánhuì） 隶属张庄寨镇。地处张庄寨东部，村委会驻地袁圩村，下辖自然村有丰楼、孟油坊、芋庙、商楼、孙庄、小雷楼、祁庄、袁圩、东任庄。其管辖范围东至王衍村，南至李楼村，西至大屯王小楼，北至大屯李屯村。总户数为1733户，总人口为

5052人。面积为6.4平方千米。

据查，明朝年间，袁姓建村，村四周筑有圩子，故名袁圩至今。1958年为人民公社袁圩大队。1981年为张庄寨镇袁圩大队。1984年为张庄寨镇袁圩村至今。

众姓庄村村民委员会

众姓庄村村民委员会（Zhòngxìngzhuāngcūn Cūnmín Wěiyuánhuì） 隶属张庄寨镇。村委会驻地众姓庄，下辖自然村有众姓庄、高庄、袁楼、李楼、张庄、屈楼、赵庄、魏庄、刘庙、戴庄。总户数为1218户，总人口为4175人。面积为6.6平方千米。辖区内有云岭超木业、麒翔木业、张庄寨工业园、屈楼小学。

以驻地自然村众姓庄命名。1949年后为淮海区张庄寨公社，撤区并乡仍为张庄寨镇；2005年并村魏庄并于本村；2008年并村屈楼村并入。

海青村村民委员会

海青村村民委员会（Hǎiqīngcūn Cūnmín Wěiyuánhuì） 隶属张庄寨镇。地处张庄寨西北部，村委会驻地海青村，下辖自然村有海青村、三座楼、段庄、腰庄、王老庄、郑楼。其管辖范围东至魏庄，南至白大楼，西至洪河集，北至张庄。总户数为715户，总人口为2958人。面积为4.95平方千米。有小学、村道、村卫生室等。

海青村周边都是土墙瓦房，独有海青村青色青砖灰瓦并且结构合理，布局紧凑，规划成片，海青青砖灰瓦相互衬映，故此得名。1958年后归张庄寨公社；1953年8月实行乡制属洪河乡；1956年7月撤区并乡划片仍为洪河片；1984年5月撤乡置镇为张庄寨镇海青村村民委员会至今。

洪河村村民委员会

洪河村村民委员会（Hónghécūn Cūnmín Wěiyuánhuì） 隶属张庄寨镇。地处张庄寨西北部，村委会驻地洪河村，下辖自然村有臭园村、吴庄、黑柳树村、洪河村、朱小厂村、盘庄村、朱平楼、吴楼村。其管辖范围东至三座楼，南至白楼，西至陈楼，北至刘小庄。总户数为1673户，总人口为5173人。面积为7.2平方千米。

据了解，清朝乾隆年间，洪姓占产立庄，因靠洪河又有集市，故叫洪河集。后来，因无集市，故叫洪河村。1944年10月，新四军第四师师长兼政委彭雪枫牺牲在河南夏邑八里屯，在洪河集召开追悼会。1949年，洪河村设为高级社。1953年8月实行乡制为洪河区。1956年8月撤区并乡，为郑楼乡管辖。1958年归为白楼乡人民公社管辖。1984年5月撤庄设乡，为洪河乡管辖。2007年10月撤乡置镇，为张庄寨管辖。从此划为洪河村。

王衍庄村村民委员会

王衍庄村村民委员会（Wángyǎnzhuāngcūn Cūnmín Wěiyuánhuì） 隶属张庄寨镇。地处张庄寨镇东北，村委会驻地王衍庄自然村，下辖自然村有前雷集，后雷集、前屈王庄、后屈王庄、郭庄、郭圩、闫庄、前塘场、后塘场、小新庄、梅庄、刘庄、雷庄。其管辖范围东至本镇张新集村，南至杭子村，西至袁圩村，北至赵庄镇郝楼村。总户数为1921户，总人口为5825人。面积为8.6平方千米。辖区内有镇道王杭公路、薛洪公路。

明朝王姓建庄设堡称王衍庄堡，后简称王衍庄村。这里是抗日名将王仲廉的故里。1949年归寿楼乡；1950年归石林区；

1958年归寿楼人民公社；1960年复地名为王衍庄大队；1984年体制改革时为王衍庄村至今，现为张庄寨镇。

白楼村村民委员会

白楼村村民委员会（Báilóucūn Cūnmín Wěiyuánhuì）隶属张庄寨镇。地处镇西南，村委会驻地白楼村，下辖自然村有马楼、王新庄、孙庄、秦庙、后夏、前夏。其管辖范围东至张庄寨村，南至欧庙村，西至减河，北至洪河村。总户数为1632户，总人口为4879人。面积为6平方千米。辖区内有县道庙宇1座、学校、卫生室、教室。

白姓建村盖楼，取名白楼，后山东王详后裔迁此居住，易名王白楼。出了很多名人。1949年为石林区张庄寨乡；1958年后归张庄寨公社；1961年从张庄寨公社划出白楼公社；1969年撤区并社时，并入张庄寨公社；1980年设区划社时，从张庄寨划出，置白楼村委会。

王柳园村村民委员会

王柳园村村民委员会（Wángliǔyuáncūn Cūnmín Wěiyuánhuì）隶属张庄寨镇。地处王柳园，村委会驻于西部，下辖自然村有后李平庄、吕楼、杜庄、王柳园、前古同、后古同、腰庄。其管辖范围东至锦桥，南至石林乡，西至欧庙村，北至孙庄。总户数为1603户，总人口为5534人。面积为7平方千米。辖区内有王柳园小学。

王姓建村，村周柳树成园，故得名。1949年归石林区张庄寨乡；1958年归张庄寨公社；1961年设区划社时归张庄寨公社；1980年归白楼公社；1992年归张庄寨镇至今。

欧庙村村民委员会

欧庙村村民委员会（Ōumiàocūn Cūnmín Wěiyuánhuì）隶属张庄寨镇。地处欧庙，村委会驻地欧庙，下辖自然村有赵破楼、王新庄、武暗楼、赵庄、褚庙、杨庄、徐楼、欧庙、黄店、孙楼、李庄。其管辖范围东至减河，南至河南永城刘河乡，西至永城滦湖，北至永城黄山。总户数为1535户，总人口为6026人。面积为8.9平方千米。辖区内有张赵公路、庙宇1座、教堂1座、学校2所。

以驻地欧庙村命名。1950年归石林乡朱大楼；1966年“文化大革命”期间为石林乡欧庙大队；1968年归张庄寨人民公社欧庙大队；1980年归淮海区白楼乡欧庙村；1993年撤区并乡为张庄寨欧庙村；2006年与新明村合并为欧庙村委会至今。

申河村村民委员会

申河村村民委员会（Shēnhécūn Cūnmín Wěiyuánhuì）隶属张庄寨镇。下辖自然村有张塘、前许、后许、孟庄、胡楼、何庄、孙大楼、刘楼、袁庄、青柳元、埝头。总户数为1318户，总人口为4128人。面积为5.2平方千米。有小学、村道、村卫生室等。

2008年并村，埝头寺村与胡楼村合为一村，两村以申河相隔，故名申河村。

崔口村村民委员会

崔口村村民委员会（Cuīkǒucūn Cūnmín Wěiyuánhuì）隶属张庄寨镇。地处崔口，村委会驻地崔口，下辖自然村有崔口、党屯、邱屯、姜庄、丰庄、妪吴庄、王小屯。其管辖范围东至武楼，南至王村乡，西至锦桥，北至小李赵。总户数为1976户，总人口为5605人。面积为7.4平方千米。有小学、村道、村卫生室等。

早年崔姓在此建村，村前为三叉河口，故名崔口村民委员会，以姓及自然村崔口命名。1949年为石林区寿楼乡；1958年公社化时为崔口公社；1969 年撤区并社时，崔口村民委员会归张庄寨公社；1980 年撤区划社时为崔口公社。现为张庄寨崔口村民委员会。

杭子村村民委员会

杭子村村民委员会（Hángzicūn Cūnmín Wěiyuánhuì） 隶属张庄寨镇。地处萧县西南，村委会驻地杭子，下辖自然村有杭子、后杭子、刘店子、黑楼子、小阁子、小塘坊、腊楼、闫阁、郭楼、刘楼。其管辖范围东至河西村，南至武楼村，西至张庄寨村，北至王衍庄村。总户数为 1430 户，总人口为 5040 人。面积为 7.4 平方千米。

此村过去设为集市，各业交易设行，故名行子，后“行”误传为“杭”，因此而得名。1949 年归崔口大公社；1958 年归淮海大公社；1981 年归崔口公社；1984 年归崔口乡；1992 年归张庄寨镇至今。

武楼村村民委员会

武楼村村民委员会（Wǔlóucūn Cūnmín Wěiyuánhuì） 隶属张庄寨镇。地处萧县西南部，村委会驻地武楼村，下辖自然村有张老庄、武楼、丁庄、黄盆窑、刘庄。其管辖范围东至迭路北，南至孙瓦房，西至党屯，北至杭子。总户数为 1201 户，总人口为 3546 人。面积为 4.6 平方千米。辖区内有杜聿明被俘处、淮海战役赖峰烈士墓、抗倭名将王保哲纪念碑、慈禧太后钦封翰林府。

明朝移民，从山西洪洞县移民于此地，武姓盖土楼一座，故名武楼。1949 年属萧县崔口；1958 年属为淮海公社；1981 年属崔口公社；1984 年属崔口乡；1992 年属张庄寨镇至今。

寿楼村村民委员会

寿楼村村民委员会（Shòulóucūn Cūnmín Wěiyuánhuì） 隶属张庄寨镇。地处镇东部，村委会驻地寿楼村，下辖自然村有腰庄、宋楼、许窑、槐庄、土楼、前后石门、东西王、郝暗楼、张寿楼。其管辖范围东至王寨镇老家，南至申河村，西至雷集村，北至梅庄村。总户数为 1386 户，总人口为 5149 人。面积为 7 平方千米。辖区内有连霍交速公路穿过申河过境。

明崇祯十四年五月初一，该村张国琛太太李氏年 32 岁，以时疫暴殁，七日，复还阳，寿至 93 岁，无疾而终，张家搭建彩楼为张太太祝寿，改原村名为张寿楼至今。现存清代红亭古镇张寿楼石匾。1949 年设寿楼乡，乡址张寿楼村，至 2008 年与王园村合并称寿楼村至今。

河西村村民委员会

河西村村民委员会（Héxīcūn Cūnmín Wěiyuánhuì） 隶属张庄寨镇。地处张庄镇西部，村委会驻地陈楼，下辖自然村有陈楼、一条脊、郝庄、毛庄、余庄、陈庄、邬庄、张庄、张马庄、邵庄、田庙。其管辖范围东至本镇洪河村，南至本镇白楼村，西至河南种李庄，北至河南省张楼村。总户数为 1377 户，总人口为 4412 人。面积为 6 平方千米。辖区内有咸河、马沟、洪河，移动、联通信号塔，收费站。

2008 年村庄合并时，毛桥村民委员会、一条脊村民委员会、陈楼村民委员会合并为河西村民委员会。因村居民都在洪河以西居住，故名为河西村。

张新集村村民委员会

张新集村村民委员会（Zhāngxīnjícūn Cūnmín Wěiyuánhuì） 隶属张庄寨镇。地处张庄寨东部，村委会驻地张新集村，下辖自然村有前街、后街、张柳园、旗杆楼、梅庄、北小庄、张老楼。其管辖范围东至河涯村，南至张老家村，西至王衍庄村，北至张老庄村。总户数为777户，总人口为2980人。面积为4.9平方千米。境内有黄口至淮北公路。

此村名新兴集市，村中居民多数姓张，故而得名张新集。2005年由张柳园村、后街村、前街村合并为张新集村。

永堌镇

前进村村民委员会

前进村村民委员会（Qiánjìncūn Cūnmín Wěiyuánhuì） 隶属永堌镇。地处永堌寨南部，村委会驻地前进村，下辖前进、郭庄、朱庄、石庄。其管辖范围东至庄里乡蔡庄村，南至淮北市梧桐村，西至亭子场，北至胜利村。总户数为1764户，总人口为5778人。面积为16.9平方千米。有小学、村卫生室等。境内有永堌水库、中学、小学、卫生院。

以驻地村为名。因永堌寨寨大人多，1956年成立农业生产合作社时寨南部成立前进社，寨北部成立胜利社，人民公社化时称前进大队、胜利大队，现改称前进村、胜利村。

胜利村村民委员会

胜利村村民委员会（Shènglìcūn Cūnmín Wěiyuánhuì） 隶属萧县永堌镇。地处永堌寨北部，村委会驻地胜利村，下辖胜利村、北泉村。其管辖范围东至国营林场，南至前进村，西至淮北市，北至许岗村。总户数为1869户，总人口为5881人。面积为7.2平方千米。辖区内有圣寿寺、长山、凤凰山、寨山、北寺域、北泉崖、琵琶峪、小猫洞、永堌水库、犇牛泉、仙人桥。

以驻地村为名。因永堌寨寨大人多，1956年成立农业生产合作社时寨南部成立前进社，寨北部成立胜利社，公社化时称胜利大队，现改称胜利村。

许岗子村村民委员会

许岗子村村民委员会（Xǔgǎngzicūn Cūnmín Wěiyuánhuì） 隶属萧县永堌镇。地处许岗子，村委会驻地岗南，下辖岗北自然村、岗南。其管辖范围东至黄百岭，南至北泉，西至黄大堤，北至王山窝。总户数为691户，总人口为2335人。面积为5.34平方千米。辖区内有萧县八景之一的雷云寺，有“秀水明山古老松”之称，已有五六百年，仍枝叶繁盛。河流有2.5千米的大闸河，长垅山上有稀泥月、大云洞、小云洞、狼洞。

据查，明朝洪武年间许氏老兄弟四家从山西洪洞县老鹳窝移民迁来此山岗建村安家，故命名为许岗子村。该村一直隶属永堌公社、永堌镇。

山窝村村民委员会

山窝村村民委员会（Shānwōcūn Cūnmín Wěiyuánhuì） 隶属永堌镇。地处永堌镇北部，村委会驻地王山窝，下辖唐山子、李庄、疃里、王山窝，其管辖范围东至白土村，南至许岗子村，西至吴庄村，北至祝寺自然村。辖区内有水泥矿山岩山、高岭土。户数为986户，总人口为3864人。面积为8.1平方千米。有小学、村卫生室等。

早年王姓在山窝建村定居，故名王山窝。1958年属吴庄公社，1969年属永堌人民公社，1981年属丁里区永堌公社，1984年属丁里区永堌镇，1992年属永堌镇，2008年并村时成立永堌镇山窝村村民委员会至今。

窦庄村村民委员会

窦庄村村民委员会（Dòuzhuāngcūn

Cūnmín Wěiyuánhuì） 隶属萧县永堌镇。地处永堌镇西部，村委会驻地窦庄，下辖赵台子、梁庄、许三村、窦庄、新台子、小李庄、魏庄、杜庄、腰庄。其管辖范围东至永马公路，南至龙姜沟，西至丁里镇浮绥东，北至腰庄沟。总户数为1238户，总人口为3769人。面积为6.7平方千米。辖区内有东风水库、连霍高速、唐槐两棵。

古时窦氏在此建庄居住，故名窦庄。1958年属吴庄公社，1970年属大庄公社，1981年属丁里区吴庄公社，1984年属丁里区吴庄乡新台村，1992年属永堌镇新台村，2007年新台村与腰庄村合并为窦庄村民委员会。

马庄村村民委员会

马庄村村民委员会（Mǎzhuāngcūn Cūnmín Wěiyuánhuì） 隶属萧县永堌镇。地处永堌镇西北部，村委会驻地马庄，下辖石山子、秦庄、张庄、马庄、老河头、赵庄、胡台子。其管辖范围东至永马公路，南至窦庄村，西至丁里镇南门村，北至丁里镇王庄村。辖区内有石水牛山，符夹铁路，连霍高速，轻化工业园区，民生支河、运龙河、闸河，永马公路、环镇路。总户数为1474户，总人口为4687人。面积为6.3平方千米。

早年马姓人在此建庄居住，故名马庄。1958年属吴大庄公社，1970年属大庄公社马庄大队，1981年属丁里区吴庄公社，1984年属丁里区吴庄乡，1992年属永堌镇，2008年老河头村、石山子村合并为马庄村村民委员会至今。

吴庄村村民委员会

吴庄村村民委员会（Wúzhuāngcūn Cūnmín Wěiyuánhuì） 隶属永堌镇。地处永堌镇西北部，村委会驻地吴庄集，下辖吴庄、郑庄、西项场、毛寨、东项场、卢庄、冯庄、大南庄、小毛庄。其管辖范围东至白土镇费村，南至窦庄村，西至丁里镇许堂村，北至龙城镇刘行村。总户数为1491户，总人口为5183人。面积为6.9平方千米。辖区内有连霍高速，新老民生支河、运河，轻化工业园，吴庄农业银行，吴庄车站。

明朝成化年间，吴姓在此建庄定居设集，取名吴庄集。1950年属丁里区吴庄乡，1958年属吴庄公社吴庄大队，1970年属大庄公社，1981年属丁里区吴庄公社，1984年为丁里区吴庄乡吴庄村，1992年属永堌镇至今。

白土镇

白土村村民委员会

白土村村民委员会（Báitǔcūn Cūnmín Wěiyuánhuì） 地处白土镇中心地带，辖新庄、白土、汪口三个居民点。东至董店村，南至费村，西至冯楼村，北至花甲寺村。总户数为1534户，总人口为5066人。面积为8.3平方千米。辖区内有法籍华人艺术大师朱德群故居、净梵寺、后庙和朱氏祠堂。有倒流河、闸河、泰山水库、青龙塘水库、锦屏山、团结闸，有青龙煤矿遗址和唐宋萧窑遗址。萧窑遗址1961年列为省级文物保护单位。京台高速穿境而过。新中国成立后一直是乡区、镇政府机关驻地，萧县东南山区政府、经济、文化中心。

因白垩土储量丰富，故而得名白土。1984年由白土公社白土大队改为皇藏区白土镇白土村，1992年改为白土镇白土村，2002年建立白土镇白土村村民委员会，村委会驻白土村。

费村村民委员会

费村村民委员会（Fèicūn Cūnmín Wěiyuánhuì） 地处白土镇南部，辖费村、戴村两个居民点。东至天门山，南至庄里乡高庄，西至泰山，北至白土村。总户数为1320户，总人口为4880人。面积为7.22平方千米。辖区内有倒流河隆裕矿业，原皇藏中学曾设在戴村。天门寺景区建于北宋，是萧县八景之一。

据碑文记载，天门寺西有富家林，后费姓迁入，富、费两姓争村名，费姓强而得名费村。1984年由白土公社费村大队改为皇藏区白土镇费村，1992年改为白土镇费村，2002年建立白土镇费村村民委员会，2007年，戴村、费村合并称戴费村，2011年改称费村。村委会驻费村，为安徽省宜居示范村。

董店村村民委员会

董店村村民委员会（Dǒngdiàncūn Cūnmín Wěiyuánhuì） 地处白土镇东部，辖（东）张村、董店、石窗户、卢村、瓦房五个居民点。东至朝阳山，南至戴村，西至倒流河，北至孤山村。总户数为4221户，总人口为14027人。面积为11.5平方千米。辖区内有黄山、朝阳山、老山寨，南宋白马王墓，创艺养牛场。皇藏大道贯穿南北。

唐代一董姓人家在此开一客栈，人称董家客栈，简称董店。后人口逐渐增多形成村落，取名董店村。1984年由白土公社董店大队改为皇藏区白土镇董店村，1992年改为白土镇董店村，2002年成立白土镇董店村村民委员会，村委会驻董店村。1994年12月4日，时任中央政治局常委胡锦涛到此视察农村基层党建工作。

张村村民委员会

张村村民委员会（Zhāngcūn Cūnmín Wěiyuánhuì） 地处白土镇西部，辖张村、祝寺、冯楼、杜山头四个居民点。东至圩子村，南至永堌镇疃里村，西至龙城镇王典村，北至县经济开发区庙街村。总户数为1833户，总人口为6046人。面积为9.1979平方千米。辖区内有轻顶山、龙门山、冯楼山、狼窝怀、祝寺小山子；河流有倒流河、闸河；连霍高速、京台高速公路穿境而过。修建连霍高速公路取土时发现大量汉墓群。

据本村人称，明朝初年张姓人迁此建村定居，故取名张村。1984年由白土公社张村大队改为皇藏区白土镇张村村，1992年改为白土镇张村村，2002年建白土镇张村村民委员会，2005年与祝寺村合并，2008年又与冯楼村合并，仍为张村村民委员会，村委会驻张村。

欧盘村村民委员会

欧盘村村民委员会（Ōupáncūn Cūnmín Wěiyuánhuì）地处白土镇北部，辖前欧盘、姜庄、后欧盘、许小庄、靳庄、水泥厂新村六个居民点。东至孤山村，南至陈庄村，西至县经济开发区邵庄村，北至江苏姜楼村。总户数为1153户，总人口为3895人。面积为7平方千米。辖区内有隋唐窑址，孤山煤矿老窑址，欧盘湖湿地，欧盘小学、孤山中学、幼儿园。301省道穿境而过。

宋朝有一欧姓将军在此驻扎两座营盘，即前营盘和后营盘，故名欧盘村。1984年由孤山公社欧盘大队改为孤山乡欧盘村，1992年改为白土镇欧盘村，2002年成立白土镇欧盘村村民委员会，村委会驻前欧盘。境内有隋唐古瓷窑遗址。境内姜庄有清代古民居。

孤山村村民委员会

孤山村村民委员会（Gūshāncūn Cūnmín Wěiyuánhuì） 地处白土镇东北部，辖孤东、孤西、团毛山、刘楼子、白虎山、老山口、小老山口七个居民点。东至官桥镇张集，南至董店村瓦房，西至欧盘村，北至江苏省刘庄。总户数为1744户，总人口为5486人。面积为11.3平方千米。辖区内有孤山小学、老山口小学、幼儿园。有孤山、纱帽山、团毛山、白虎山、两辨山、蓬莱山、长山、磨山以及白虎山水库，倒流河，老山口水库。连霍高速公路和301省道穿境而过。境内煤炭资源丰富，宋代苏东坡曾寻炭于此。

该村坐落在孤山脚下，因山得名。早年村周围驻有寨墙，又称孤山寨。曾为孤山乡政府所在地。孤山公社孤山大队，以后分为孤山乡孤东、孤西两个村。1992年为白土镇孤山村，2002年建立孤山村村民委员会，村委会驻孤东村。

花甲寺村村民委员会

花甲寺村村民委员会（Huājiǎsìcūn Cūnmín Wěiyuánhuì） 地处白土镇北部，辖花甲寺、夏村、河湾、矿山、前圩子、后圩子、陈庄七个居民点。东至董店村，南至白土村，西至杜山头，北至孤山村。总户数为1147户，总人口为3089人。面积为3.8平方千米。辖区内有倒流河、养牛场，小学，幼儿园。倒流河两岸为新石器晚期遗址，1961年公布为省级文物保护单位。境内有安徽省千年古村落朱陈村。

早年村中有清泉寺。元末徐达率兵反元，部将华云在徐州兵败，携全家隐居该寺。后人念华云反元功绩，遂改称清泉寺为华家寺，后讹传为“花甲寺”，沿用至今。1984年由孤山公社花甲寺大队改为孤山乡花甲寺村，1992年改为白土镇花甲寺村，1997年民政局试点，成立白土镇花甲寺村村民委员会，村委会驻地夏村。

官桥镇

前白村村民委员会

前白村村民委员会（Qiánbáicūn Cūnmín Wěiyuánhuì） 隶属萧县官桥镇。其管辖范围东至埇桥区曹村，南至庄里乡剒沟，西至皇藏峪山脉，北至后白村。地处萧县东南部，村委会驻地马庄自然村，下辖自然村有前白、马庄。总户数为626户，总人口为2104人。面积为5.5平方千米。辖区内有小学、村卫生室。

以所驻自然村为名。1949年后属皇藏区皇藏乡，1961年为赵楼公社前白大队，1984年体制改革时为官桥镇前白村至今。

彭林村村民委员会

彭林村村民委员会（Pénglíncūn Cūnmín Wěiyuánhuì） 隶属萧县官桥镇。其管辖范围东至埇桥区曹村，南至前白村，西至皇藏峪山脉，北至赵楼村。地处萧县东南部，村委会驻地胡林村，下辖自然村有彭林村、牛毛山头、东土盆、西土盆、五眼泉、陈林、纵窝、胡林、徐林、滕庄、土楼、王集、于楼、后白、杜庄、汪庄。总户数为1757户，总人口为5493人。面积为12.5平方千米。辖区内有小学、村卫生室。

因所驻自然村为名。1949年后彭林属皇藏区皇藏乡，1961年为赵楼公社彭林大队，1984年体制改革时为官桥镇彭林村至今。

赵楼村村民委员会

赵楼村村民委员会（Zhàolóucūn Cūnmín

Wěiyuánhuì） 隶属萧县官桥镇。其管辖范围东至埇桥区小山口，南至彭林村，西至林场村，北至高庄村。地处萧县东南部，村委会驻地徐楼村，下辖自然村有赵楼、白场、醴泉、新庄、南荒、北荒、徐楼。总户数为1537户，总人口为3761人。面积为8.2平方千米。辖区内有小学、村卫生室。

因所驻自然村为名。1949年赵楼属皇藏区皇藏乡，1961年为赵楼公社赵楼大队，1984年体制改革时为官桥镇赵楼村至今。

高庄村村民委员会

高庄村村民委员会（Gāozhuāngcūn Cūnmín Wěiyuánhuì） 隶属萧县官桥镇。其管辖范围东至埇桥区，南至埇桥区，西至官桥西，北至江苏铜山。地处萧县东南部，村委会驻地高庄自然村，下辖自然村有官桥、李寨、高庄、龙泉寺、刘林、沈峪。总户数为1574户，总人口为4871人。面积为9.5平方千米。辖区内有龙泉寺遗址、千年橡树林、沈峪古洞群、沈万三遗址、汉朝九江王墓、英布的妹妹墓地的遗址等。

因所驻自然村为名。1949年高庄属皇藏区皇藏乡，1961年为官桥公社龙泉寺大队，1984年体制改革时为官桥镇高庄村至今。

吴集村村民委员会

吴集村村民委员会（Wújícūn Cūnmín Wěiyuánhuì） 隶属萧县官桥镇。其管辖范围东至江苏铜山，南至高庄北，西至张山口，北至江苏徐州南。地处萧县东南部，村委会驻地吴集自然村，下辖自然村有吴集、潘林、张集、刁集、孟村。总户数为1486户，总人口为4779人。面积为14.8平方千米。辖区内有小学、村卫生室。

因所驻自然村为名。1949年吴集归皇藏区皇藏乡，1961年归官桥公社吴集大队，1984年体制改革时为官桥镇吴集村至今。

圣泉乡

郭庄社区

郭庄社区（GuōZhuāng Shèqū） 隶属萧县圣泉乡。地处圣泉乡南部，村委会驻地俞庄。下辖俞庄、孟店、胡新庄、王大庄、孙庄、袁楼、郭庄、前荒、小李庄。其管辖范围东至营子村，南至圣泉村，西至穆集村，北至袁新庄村。总户数为2835户，总人口为9255人。面积为11.6平方千米。

清代时期郭姓人建庄，故命村名为郭庄。1958年属穆集人民公社，1972年属郑腰庄人民公社，后撤社称乡归圣泉乡，2008年为郭庄村村民委员会。现为郭庄社区。

黄庵子社区

黄庵子社区（Huángānzi Shèqū） 隶属圣泉乡。下辖有黄庵子、徐瓦房、孟庄、罗沟、权庄、程庄、三姓庄、五里后。地处乡政府西南部，村委会驻地孟庄前，其管辖范围东至本乡郭庄村，南至龙城镇，西至柴庄村，北至穆集。总户数为1132户总人口为3666人。面积为5.74平方千米。311国道外环路在境内穿过。

明朝黄姓在此搭建一庵棚捕鱼立庄，后来就命名为黄庵子村。1950年属萧县陶楼区，1980年属马井区穆集公社，1984年属郑腰庄公社，1992年属圣泉区陶楼乡，1995年属圣泉乡，2008年属黄庵子村村民委员会。现为黄安子社区。

郑腰庄社区

郑腰庄社区（Zhèngyāozhuāng Shèqū） 隶属萧县圣泉乡。地处圣泉乡东南部，村委会驻地前高堤。下辖郑腰庄、前高堤、鲍沟、王座、芦屯、陈圈、耿石店、王山头。

其管辖范围东至本乡营子村，南至龙城镇丁山村，西至本乡郭庄村，北至本乡郭庄村。总户数为2007户，总人口为6812人。面积为9.4平方千米。辖区内有鱼眼山、坷垃山，岱河。311国道公路穿过该村。

1949年前后，郑姓人在郑楼和前高堤之间建村，故命名为郑腰庄。1952年属萧县龙城区。1972年属郭庄公社。1981年属圣泉区郑腰庄乡。2008年圣泉乡成立郑腰庄村民委员会。现为郑腰庄社区。1964年中共中央政治局委员、国务院副总理谭震林在安徽省委书记李葆华陪同下到郑腰庄视察。

圣泉社区

圣泉社区（Shèngquán Shèqū） 隶属圣泉乡。地处圣泉乡南部，村委会驻地欧村，下辖三仙台、盛村、欧村、徐山头、闫村、刘村、黄庄、王楼、下庄。其管辖范围东至芦屯，南至龙城镇，西至黄庵子村，北至郭庄村。总户数为1759户，总人口为5860人。面积为10.1平方千米。辖区内有圣泉寺景区、徐郑高铁萧县北站、凤凰山敬老院、岱河、岱湖公园、龙腾大道、丰顺蔬菜基地、萧县植物园。

本村南部凤凰山西坡有一座已有千年历史的古寺——圣泉寺，远近闻名，故本村得名为圣泉村。1949年属陶楼区；1954年属杨楼区圣泉乡；1957年属穆集乡；1962年属龙城区郭庄乡；1971年属郑腰庄公社；1985年属圣泉区郭庄乡；1992年成立圣泉乡圣泉村村民委员会。

柴庄社区

柴庄社区（Cháizhuāng Shèqū） 隶属圣泉乡。地处乡政府西南部，村委会驻地陶北，下辖有柴庄、王门、陶南、陶北，其管辖范围东至黄庵子村，南至龙城镇，西至马井镇，北至三姓庄村。总户数为1519户，总人口为5061人。面积为5.3平方千米。有陶楼农贸市场、陶楼中学、陶楼小学、陶楼幼儿园。

明朝柴姓从山西洪洞县东迁，来此居住，故取名柴庄村。1949年属萧县杨楼区；1958年属穆集公社；1964年改为郭庄公社；1984年划为圣泉区，现属圣泉乡管辖；2008年并村，柴庄、王门、陶南、陶北合并为柴庄村。现为柴庄社区。

王山社区

王山社区（Wángshān Shèqū） 隶属圣泉乡。下辖安山、陈山、耿山窝、齐山窝、吴山窝、王山窝。地处圣泉乡东部，村委会驻地王山窝，其管辖范围东至义安，南至周山口，西至外环路，北至营子。总户数为1216户，总人口为3944人。面积为9.4平方千米。辖区内有王山小学、齐山小学、养老院、卫生院、烈士陵园、山河、友谊河，郑徐高铁、萧徐快车道穿过该村。

在山窝建村，故名王山窝。1958年为萧县郭庄人民公社王山大队，1968年为郑腰庄人民公社王山大队，1992年成立圣泉乡王山村村民委员会。现属王山社区。

北城集社区

北城集社区（Běichéngjí Shèqū） 隶属萧县圣泉乡。其管辖范围东至张庄，南至肖屯，西至郝楼，北至李集。地处圣泉乡北部，村委会驻地北城集村，下辖北城集，朱连屯。总户数为563户，总人口为1769人。面积为1.85平方千米。辖区内有310国道经过。

北城集坐落在原萧县老城区北，故称北城，后有集市，故称北城集。1949年属杨楼区李大楼乡。1958年属穆集人民公社。

1989 年后属圣泉乡至今。2002 年成立北城集村村民委员会。现为北城集社区。

金黄庄村村民委员会

金黄庄村村民委员会（Jīnhuángzhuāngcūn Cūnmín Wěiyuánhuì） 隶属萧县圣泉乡。地处圣泉乡东北部，村委会驻地孙秦庄。下辖萧屯、薛庄、孙秦庄、王集。其管辖范围东至江苏王庄，南至营子、袁新庄，西至单楼，北至刘套镇芈集。总户数为 1749 户，总人口为 5689 人。面积为 10 平方千米。辖区内有金玉米厂、虹光纸厂、品青果糖厂。老岱河、310 国道、萧刘路、萧杨路金黄庄的煤矿坐落该村。

2007 年合村，成立金黄庄村村民委员会，驻地金黄庄。

营子社区

营子社区（Yíngzi Shèqū） 隶属萧县圣泉乡。地处圣泉乡东部，村委会驻地祖楼，下辖权楼、祖楼、营子。其管辖范围东至权寨，南至王山，西至裳楼，北至金黄庄。总户数为 1356 户，总人口为 4473 人。面积为 7.13 平方千米。辖区内有古槐树一棵、古炮楼一座。

古时黄河溃堤，官兵在此扎营保护黄河，村名被称为王营子。后来王家由此村迁出，人们便称此村为营子村。1958 年归郭庄人民公社，以后属郑腰庄乡。1992 年为圣泉乡营子村。现在为营子社区。

红柳树村村民委员会

红柳树村村民委员会（Hóngliǔshùcūn Cūnmín Wěiyuánhuì） 隶属圣泉乡。地处圣泉乡西南部，村委会驻地朱双楼，下辖红柳树、祁洼、朱双楼、权老家、徐新庄。其管辖范围东至陶楼，南至大胡庄，西至纵大楼，北至周庄。总户数为 1417 户，总人口为 4697 人。面积为 6.1 平方千米。辖区内有小学。

很久以前该村有一棵大黑柳树，故称黑柳树村，在 1958 年改村名为红柳树村至今。1949 年前属六区岱北乡。1958 年以后属穆集公社。1968 年属郭庄公社。1980 年属圣泉区陶楼乡。1992 年成立圣泉乡红柳树村村民委员会。

岗子村村民委员会

岗子村村民委员会（Gǎngzicūn Cūnmín Wěiyuánhuì） 隶属萧县圣泉乡，地处圣泉乡西部，村委会驻地纵老楼。下辖刘楼、大岗、小岗、梁楼、纵老楼。其管辖范围东至三座楼，南至穆集，西至耿庄、许家，北至吕里。总户数为 1666 户，总人口为 5427 人。面积为 8.73 平方千米。

宋朝末年在高岗址上建村，故村名为岗子。1953 年 8 月隶属马井区，1961 年属穆集人民公社，1992 年成立圣泉乡岗子村村民委员会。

单楼村村民委员会

单楼村村民委员会（Shànlóucūn Cūnmín Wěiyuánhuì） 隶属圣泉乡。下辖有马路、李大楼、单楼、小连屯、蒋楼、纵堂、刘楼、俞庄、康庄、彭屯。地处圣泉乡西北，村委会驻地单楼。其管辖范围东至郝楼，南至三座楼，西至岗子，北至陇海铁道。总户数为 1431 户，总人口为 4919 人。面积为 8.8 平方千米。辖区内有小学。

新中国成立以前，黄河泛滥，大水过后单单剩下一座楼，所以后来建村叫单楼。1956 年属大楼乡。1958 年属穆集人民公社。1961 年属蒋楼人民公社。1970 年属郑腰庄人民公社。1982 年属圣泉区北城乡。1992 年为圣泉乡单楼村至今。2002 年成立单楼村村民委员会。

袁新庄村村民委员会

袁新庄村村民委员会（Yuánxīnzhuāng-cūn Cūnmín Wěiyuánhuì） 隶属圣泉乡。地处乡政府北部，村委会驻地大姬庄。后驻袁新庄。下辖袁新庄、三座楼、彭纯、小姬庄、孟集、陈楼、薛楼、郑庄、彭庄、双庙、胡行、谢庄、苏楼、大姬庄、王小屯。其管辖范围东至王小屯，南至苏楼，西至三座楼，北至双庙。总户数为2392户，总人口为7807人。面积为13.4平方千米。辖区内有供电所、水厂、砖窑厂、奶牛场、寺庙、敬老院。

2007年，原5个村并村，因袁新庄村相比范围及人口较多，因此取名袁新庄。2007年成立袁新庄村村民委员会，驻袁新庄。

穆集村村民委员会

穆集村村民委员会（Mùjícūn Cūnmín Wěiyuánhuì） 隶属圣泉乡。地处乡政府西部，村委会驻地穆集。下辖穆集、孟庄、丁庄、尚口、蒋庄、周庄、彭新楼、前杜六、后杜六、耿庄。其管辖范围东至郭庄村，南至柴庄村，红柳树村，西至朱集村，北至岗子村。总户数为1996户，总人口为6445人。面积为9.1平方千米。辖区内有新岱河，权酒路，尚口战役遗址，段寺庙遗址、化寺庙遗址，有穆集小学、杜六小学、医务室、幼儿园等。

元末明初（1368年，距今约650年左右），建村时叫木集，后至1924年，王公禹任萧县县长时，定名为穆集村名，沿用至今。1949年属陶楼区穆集乡。1958年，属穆集公社，1969年为郭腰庄公社穆集大队，1985年撤社建乡为马井区穆集乡。1986年归为圣泉区穆集镇。1992年撤区并乡。归为圣泉乡。后于2008年成立圣泉乡穆集村村民委员会。

酒店乡

丁庄村村民委员会

丁庄村村民委员会（Dīngzhuāngcūn Cūnmín Wěiyuánhuì） 隶属酒店乡。下辖自然村有丁庄村、郝楼村、吴松元村、韩楼村、刘庄村。地处酒店乡东北部，村委会驻地丁庄，其管辖范围东至马井镇孙楼，南至东镇店村，西至胡大庄村，北至黄口镇尹庄。总户数为1003户，总人口为3424人。面积为4.49平方千米。辖区内有棚生养殖合作社、纸棚户、湘西河、大沙河、黄赵路穿村而过。

以境内自然村为名。1949年这里为黄口区滨河乡。1958年酒店公社，1980年设区划社时从酒店公社划归东镇公社，1981年命名为酒店乡丁庄村至今。

李庄村村民委员会

李庄村村民委员会（Lǐzhuāngcūn Cūnmín Wěiyuánhuì） 隶属酒店乡。下辖自然村有王楼、李庄、王新庄、张庄、胡大庄、朱楼、窦庄、郝庄、高台、夏王庄、朱新庄。地处酒店乡东北，村委会驻地李庄，其管辖范围东至丁庄村，南至湘西河，西至暗楼村，北至黄口镇朱庄村。总户数为1503户，总人口为4898人。面积为7.7平方千米。境内有大沙河、湘西河穿越全村，村内有两个大塘。

以驻地自然村李庄命名。1949年为滨沙乡；1954年为共和社；1958年归酒店人民公社单庄大队；1981年东镇公社李庄大队；1992年酒店乡李庄村民委员会。

旗杆村村民委员会

旗杆村村民委员会（Qígǎncūn Cūnmín Wěiyuánhuì） 隶属酒店乡。下辖自然村有陈庄、孙庄、任旗杆、朱庄、李庄、王庄、邓楼、吴庄、罗庄、纵王庄、张小屯、李庄。地处酒店向东南，村委会驻地邓楼村，其管辖范围东至建华，南至凡屯，西至申河，北至东镇。总户数为1483户，总人口为4668人。面积5.9平方千米。辖区内有申河小学、育红幼儿所、卫生室、申河、三条东西沟。

以所在自然村为名。1958年为酒店人民公社陈庄大队，1981年为东镇旗杆大队，1992年为酒店乡旗杆村，1997年为陈庄村，2006年合并村为酒店乡旗杆村至今。

孟暗楼村村民委员会

孟暗楼村村民委员会（Mèng' ànlóucūn Cūnmín Wěiyuánhuì） 隶属酒店乡。下辖自然村有栾庄、前坝子、周孟庄、苇子园、沙滩、朱堤湾、小堤湾、孟暗楼。地处酒店乡北部，村委会驻地孟暗楼，其管辖范围东至李庄，南至酒店，西至赵圈，北至黄口镇。总户数为1786户，总人口为5967人。面积7.7平方千米。境区内有小学一所，黄青路穿村而过。

以所在自然村为名。2008年周孟庄村和孟暗楼村合并为孟暗楼村至今。

酒店村村民委员会

酒店村村民委员会（Jiǔdiàncūn Cūnmín Wěiyuánhuì） 隶属酒店乡。下辖自然村有酒店、丁庄、刘水园、豆腐营、王新庄、潘杨庄、刘楼、杨水口、马楼。地处酒店村，村委会驻地酒店村，其管辖范围东至申河村，南至丹楼村，西至和谐村，北至暗楼村。总户数为1478户，总人口为5126人。面积为5.24平方千米。有酒店乡政府所在地、酒店千米商业街、500米市场大棚，黄青公路穿村而过。

以境内自然村为名。1949年为酒店乡。1954年为光辉社；1958年为酒店人民公社酒店大队；1981年恢复酒店乡大队；1984年体制改革时为酒店乡酒店村至今。

杨楼村村民委员会

杨楼村村民委员会（Yánglóucūn Cūnmín Wěiyuánhuì） 隶属酒店乡。下辖自然村有郑庄、刘蛮寺、高庄、刘庄、杨楼、李小屯、大宫庄、新宫庄。地处酒店乡西南部，村委会驻地大宫庄，其管辖范围东至孙集村，南至关坑，西至王庄，北至丹楼村。总户数为1425户，总人口为4722人。面积为6.24平方千米。境内有杨楼小学、杨楼卫生室、高庄蔬果超市，乡道、罗楼沟穿村而过。

以所在自然村为名。1949年为萧县赵庄区劳动社；1958年为大屯公社杨楼大队；1981年恢复地名时为杨楼大队；1984年体制改革时为大屯区何寨乡杨楼村；1992年划分为酒店乡杨楼村至今。

丹楼村村民委员会

丹楼村村民委员会（Dānlóucūn Cūnmín Wěiyuánhuì） 属酒店乡。下辖自然村有丹楼新村、九里湾、杨菜园、朱楼、王楼、孙集、黄楼、吴庄、刘庄。地处酒店乡南部，村委会驻地丹楼村，其管辖范围东至旗杆村，南至杨楼、赵庄、樊屯，西至何寨村，北至酒店村。总户数为1351户，人口为4884人。面积为5.1平方千米。辖区内有省道通过，集贸市场、环乡路通过。

以驻地自然村至今。1949年为叩楼乡。1954年为冯庄乡。1958年为酒店人民公社单楼大队。1981年恢复酒店乡丹楼大队。1984年体制改革时为酒店乡丹楼村民委员会至今。

申河村村民委员会

申河村村民委员会（Shēnhécūn Cūnmín Wěiyuánhuì） 隶属酒店乡。下辖自然村有孙庄、单庄、河申、后寇庄、前寇庄、杨庄、小吴集、董庄、史庄、王庄。地处酒店乡中部，村委会驻地小吴集，其管辖范围东至旗杆，南至丹楼，西至酒店，北至李庄。总户数为1366户，总人口为5106人。面积为5.33平方千米。境内有申河流过。

以境内申河命名。申河村民委员会是原单庄村民委员会和吴集村民委员会于2008年间两个村合并，以村内的申河为名字命名的。

西赵楼村村民委员会

西赵楼村村民委员会（Xīzhàolóucūn Cūnmín Wěiyuánhuì） 隶属酒店乡。下辖自然村有朱楼、赵楼、贾庄、何集、申庄、张庄。地处酒店乡西部，村委会驻地朱楼，其管辖范围东至何寨，南至大屯镇，西至河南，北至砀山县。总户数为1416户，总人口为4997人。面积5.2平方千米。境内有跃进沟、洪河、101省道。

以所在自然村为名。1949年归永城县；1956年归永城县林楼社张庄乡；1982年为大屯镇何寨乡西赵楼村；1993年为酒店乡西赵楼村至今。

和谐村村民委员会

和谐村村民委员会（Héxiécūn Cūnmín Wěiyuánhuì） 隶属酒店乡。下辖自然村有赵楼、汪楼、王小屯、唐庄、潘暗楼、李庄、龙新庄、王老家、冯庄。地处酒店乡西部，村委会驻地北赵楼。其管辖范围东至丹楼村，南至何寨村，西至砀山县，北至赵圈村。总户数为1544户，总人口为5222人。面积为6.8平方千米。内有小学一所、何寨中学，卫生室2个，101省道、黄青路、泉酒线穿村而过。

取和谐相处的意思，得名和谐村。和谐村的前身是三个村北赵楼、王老家、潘暗楼合并而来。1958年后酒店乡人民公社。1979年为大屯区何寨乡。1991年底并为酒店乡。2007年底合并村后取名至今。

赵圈村村民委员会

赵圈村村民委员会（Zhàoquāncūn Cūnmín Wěiyuánhuì） 隶属酒店乡。下辖自然村有赵圈、寇楼、王庄、张庄、朱楼、杨洼、邵李庄、小新庄、孟武楼。地处酒店乡西部，村委会驻地王庄村，其管辖范围东至孟暗楼村，南至和谐村，西至砀山县，北至黄口镇。总户数为1473户，总人口为4802人。面积为7.1平方千米。辖区内有黄青路穿村而过，有运河、学校2所、卫生室1所、村部1所。

以所在自然村为名。1935年8月实行乡制，隶于酒店乡；1949年后属大屯区；1956年8月撤区并乡时仍隶于酒店乡；1958年后归酒店公社赵圈大队，1977年并入赵圈村村民委员会至今。

何寨村村民委员会

何寨村村民委员会（Hézhàicūn Cūnmín Wěiyuánhuì） 隶属酒店乡。下辖自然村有何寨、何小庄、何太楼、汪庄、前程庄、后程庄、刘楼、王庄。地处酒店乡西部，村委会驻地何寨。其管辖范围东至杨楼村，南至大屯镇，西至西赵楼，北至砀山县。总户数为1588户，总人口为5538人。面积为6.68平方千米。内有小学一所、卫生室

2个、何寨中学，101省道、黄青路、泉酒线穿村而过。

以驻地何寨村命名。1963年划分为萧县林楼乡何寨大队；后改为萧县何寨村民委员会至今。

东镇村村民委员会

东镇村村民委员会（Dōngzhèncūn Cūnmín Wěiyuánhuì） 隶属酒店乡。下辖自然村有镇东、镇西、郝瓦房、殷楼、郑庄、任老家、任小庄。地处镇东，村委会驻地东镇，其管辖范围东至郝庄，南至建华，西至单庄，北至丁庄。总户数为2112户，人口为6701人。面积为8.3平方千米。辖区内有学校。

古称涂城店，1963年改建为东镇店。原名东城店，后更名为东镇店，现在分为镇东、镇西两个自然村。1966年归道口公社。1974年归酒店乡人民公社。1992年归酒店乡政府管理。

孙圩子乡

孙圩子村村民委员会

孙圩子村村民委员会（Sūnwéizicūn Cūnmín Wěiyuánhuì） 隶属萧县孙圩子乡。地处萧县西南部，村委会驻地孙圩子。下辖自然村有孙圩子、刘庄、蒋柿园、破阁、接集。其管辖范围东至破阁长山，南至徐楼，西至神树，北至黄庄。总户数为1333户，总人口为4551人。面积为7平方千米。辖区内有幼儿园、中学、小学、派出所、乡卫生院、教办室、土管所、信用社、乡政府、村部、水厂、变电所等。

明初，孙姓在此建村，为防水患，在村周筑圩，故名孙圩子。1958年属丁楼人民公社，1981年恢复地名时为徐双楼乡孙圩子大队，后改为孙圩子乡孙圩子村委会。

程蒋山村村民委员会

程蒋山村村民委员会（Chéngjiǎngshāncūn Cūnmín Wěiyuánhuì） 隶属萧县孙圩子乡。地处孙圩子乡北部，村委会驻地黄庄。下辖自然村有蒋庄、陈庄、李庄、小王庄、程蒋山。其管辖范围东至淮北市刘窑村，南至孙圩子乡孙圩子村，西至孙圩子乡双楼村，北至孙圩子乡张庄村。总户数为1000户，总人口为3040人。面积为5平方千米。境内有横山，有东汉逡遒侯蒋横和儿子蒋稔墓。

该村靠山，程姓占山为王，故初名蒋山村，后东汉大将军蒋横迁葬于此，九子封侯，遂改村名程蒋山。1958年名称为蒋庄大队；1976年以后分三个大队程山大队、蒋庄大队、黄庄大队；1987年合并村后命名为程蒋山村至今。

王庄村村民委员会

王庄村村民委员会（Wángzhuāngcūn Cūnmín Wěiyuánhuì） 隶属孙圩子乡。地处孙圩子乡北部，村委会驻地张庄。下辖自然村有张庄、后桃园、前桃园、中桃园、贾庄、王楼、段庄、王庄、郑楼、徐庄、朱庄、萧庄。其管辖范围东至大沙河，南至本乡黄庄村，西至本乡徐双楼村，北至王寨镇石桃园村。总户数为1827户，总人口为6166人。面积为8.55平方千米。辖区内有大沙河、湘西河、洪减河、连霍高速公路穿村而过。

王姓最早来此建村，且筑有庄园，故名王庄。1949年属王寨王庄乡；1958年属丁楼公社王庄大队；1992年归王庄村至今。

徐双楼村村民委员会

徐双楼村村民委员会（Xúshuānglóucūn

Cūnmín Wěiyuánhuì）隶属萧县孙圩子乡。地处孙圩子乡西北部，村委会驻地徐双楼。下辖自然村有郭楼、权庄、朱楼、前刘庄、徐双楼、孙庄、李庄、火神庙、孙楼、石庄、后刘庄、阎庄、邵庄、杜庄、朱庄。其管辖范围东至程蒋山，南至孙圩子村，西至港河村，北至程庄村。总户数为1836户，总人口为6178人。面积为8.7平方千米。辖区内有郭楼桥、双楼小学、幼儿园、淮北至王寨公路。

明末清初，徐姓来此建村，并盖大楼两座，故名徐双楼。1949年属萧县王庄乡；1954年为利民一社；1958年为祖楼人民公社孙圩子大队；1981年恢复地名为徐双楼公社徐双楼大队；1984年体制改革时为孙圩子乡徐双楼村民委员会至今。

港河村村民委员会

港河村村民委员会（Gǎnghécūn Cūnmín Wěiyuánhuì）隶属萧县孙圩子乡。地处孙圩子乡西部，村委会驻地苏楼。下辖自然村有神树、苏楼、高庄、大魏庄、小魏庄、东杨庄、王庄、徐河涯、孙庄、朱庄。其管辖范围东至孙圩子村，南至马庄村，西至祖楼镇，北至王寨镇。总户数为1422户，总人口为5010人。面积为6.94平方千米。辖区内有千亩花卉园、千亩桃园、大型养猪场3处、养驴场1处。

1976年开挖港河，2008年，将原来的高魏庄村和神树村合并，因港河穿过两村，故命村名为港河村至今。

周圩村村民委员会

周圩村村民委员会（Zhōuwéicūn Cūnmín Wěiyuánhuì）隶属孙圩子乡。地处孙圩子乡西南，村委会驻地陈庄。下辖自然村有周圩子、徐庄、汤庙、周洼、杨小洼、魏庄、陈庄、胡王庄、胡瓦房、黄庄、小周庄。其管辖范围东至丁楼村，南至淮北市凤凰山开发区，西至孙圩子乡侯楼村，北至孙圩子乡马庄村。总户数为1947户，总人口为6498人。面积为8.5平方千米。辖区内有陈庄小学、陈庄幼儿园、周圩子小学。

周姓最早在此建村，村周曾筑圩壕，以防水灾和匪患。故名周圩子村。1949年属丁楼乡周圩子大队；1953年8月属湘西乡；1956年8月属马庄乡；1958年属祖楼人民公社；1961年属丁楼公社；1984年5月属丁楼乡；同年8月体制改革为孙圩子乡周圩子村至今。

徐里村村民委员会

徐里村村民委员会（Xúlǐcūn Cūnmín Wěiyuánhuì）隶属萧县孙圩子乡。地处萧县西南部，村委会驻地徐里。下辖自然村有徐里、葛新庄、上高村、下高村。其管辖范围东至山脊分水岭，南至淮北市黄里村，西至周圩子村，北至丁楼村和新徐里村。总户数为1200户，总人口为3803人。面积为8.8平方千米。辖区内有黄山、吼牛山、凤凰山、饮马泉、鱼刺庙旧址、方山、寨山、狮子山、大小洪山、黑山、钓鱼台、拉车道、相山、白龙山和小学、幼儿园、卫生室等。

明建文年间，徐姓在此建村，称徐村；清朝时在此设里，故名徐里。1949年属王寨区；1958年属王寨人民公社；1981年恢复地名时为丁楼公社徐里大队；1984年体制改革时为丁楼乡徐里村；1992年撤区并乡后改为孙圩子乡徐里村至今。

丁楼村村民委员会

丁楼村村民委员会（Dīnglóucūn Cūnmín Wěiyuánhuì）隶属萧县孙圩子乡。地处孙圩子乡南部，村委会驻地徐新庄。下辖自然村有贾窝、王油房、枣园、后徐楼、徐新庄、小枣园、大周集、王庄、蒋丁楼、前徐楼、周集、周新庄。其管辖范围东至淮北杜集区，南至淮北相山区，西至马庄村，北至孙圩子村。总户数为1586户，总人口为5519人。面积为8平方千米。辖区内有丁楼中学、丁楼小学、贾窝小学、后徐楼幼儿园、希望幼儿园，乡开发区，丁楼集，萧濉新河、湘西河。

早年蒋姓、丁姓在此建村，为防匪患，建炮楼一座，故名蒋丁楼，后来蒋姓渐次迁出，简称丁楼。是中国著名考古学家蒋若是的故里。1949年前为王寨区、马庄乡所辖；1958年以后为祖楼区丁楼人民公社丁楼大队；后改为丁楼乡丁楼村村民委员会；撤区并乡后为孙圩子乡丁楼村村民委员会；1998年并村后与贾窝合并为丁楼村村民委员会至今。

马庄村村民委员会

马庄村村民委员会（Mǎzhuāngcūn Cūnmín Wěiyuánhuì） 隶属萧县孙圩子乡。地处西南部，村委会驻地马庄。下辖自然村有贾庄、穆李庄、马庄、徐瓦房、小集子、王庄、小郑庄、大郑庄、孟庄、王台子、徐店、宗柳园。其管辖范围东至孙圩子村、丁楼村，南至周圩子村、侯楼村，西至祖楼镇，北至港河村。总户数为1510户，总人口为5432人。面积为7.8平方千米。辖区内有丁楼至祖楼镇公路，村小学，卫生院，马庄集农贸市场等。

因该村马姓较多，故名马庄村。1949年前马庄村隶属周圩子乡；1949年后隶属孙圩子乡；1954年划为金星三社；1958年成立人民公社，隶属祖楼公社；1961年成立丁楼公社马庄大队；1992年撤区并乡隶属孙圩子乡管辖；2008年与王台村合并为马庄村至今。

侯楼村村民委员会

侯楼村村民委员会（Hóulóucūn Cūnmín Wěiyuánhuì） 隶属萧县孙圩子乡。地处孙圩子乡西南部，村委会驻地侯楼。下辖自然村有大侯楼、小侯楼、田井、徐郑庄、崔店孜、蒋楼、蒋李庄、刘楼、刘阁子。其管辖范围东至本乡周圩子，南至淮北市开发区，西至祖楼镇刘其村，北至祖楼镇张湾村。总户数为1350户，总人口为4684人。面积为5.7平方千米。辖区内有港河、洪减河。

清初，侯姓在此建村，盖楼，安居乐业，人丁兴旺，遂成大村，故名大侯村，后简称侯楼。1949年属马庄乡；后属祖楼乡；1958年公社化时，为丁楼人民公社侯楼大队；1980年分成三个村，分别是田井、李庄、崔店；1992年撤区并乡时属孙圩子乡；2007年合村恢复为侯楼村至今。

庄里乡

庄里村村民委员会

庄里村村民委员会（Zhuānglǐcūn Cūnmín Wěiyuánhuì） 隶属萧县庄里乡。地处庄里乡中心，村委会驻地庄里村，下辖自然村有庄东、庄西、龙虎峪、白米山、尤庄。其管辖范围东至豳沟，南至陶墟，西至城阳，北至城阳。总户数为1218户，总人口为4242人。面积为11.3平方千米。辖区内有杏山水库、白米山闸、苏桥闸，山峰大顶山、龙山、虎山，化子庙，官栾路、萧庄公路通过。

春秋时楚国大夫庄辛封地，后称庄辛故里，简称庄里。1949年为萧县皇藏区，1958年为庄里公社庄东大队、庄西大队，

1984年庄里乡庄东村、庄西村，2008年8月庄东、庄西村合并为庄里村。

高庄村村民委员会

高庄村村民委员会（Gāozhuāngcūn Cūnmín Wěiyuánhuì） 隶属萧县庄里乡。地处庄里乡北部，村委会驻地前高庄，下辖自然村有前高庄、东高庄、西高庄。其管辖范围东至皇藏峪风景区，南至本乡大蔡村，西至本乡黄山村，北至天门寺风景区。总户数为1136户，总人口为3606人。面积为7.5平方千米。辖区内有倒流河，南大顶炮楼抗战遗址，龙岗泉，萧县公路横穿该村。

明朝年间，建村于孤山山顶，所处地势很高，故称高庄村。1949年为江苏省铜山区营村乡。1954年划为萧县孤山乡。1958年成立白土公社时，高庄村分为前高庄、东高庄、西高庄三个村。2007年前、东、西三个村又合并成高庄村，隶为庄里乡至今。

黄山村村民委员会

黄山村村民委员会（Huángshāncūn Cūnmín Wěiyuánhuì） 隶属萧县庄里乡。地处黄山，村委会驻地卯山村，下辖自然村有前卯山、后卯山、张庄、中黄庄、上黄庄。其管辖范围东至倒流河，南至大蔡庄，西至西山，北至白土镇。总户数为996户，总人口为3440人。面积为9.1平方千米。辖区内有卯山小学、西黄小学、卫生室、天一角乐园。

2007年由卯山村、西黄山村各取一字为黄山村。1953年前为江苏省徐州市，后划为安徽省宿州地区萧县皇藏区友好社。1958年以后为庄里乡人民公社卯山大队、西黄大队。1990年为庄里乡黄山村。

大蔡村村民委员会

大蔡村村民委员会（Dàcàicūn Cūnmín Wěiyuánhuì） 隶属萧县庄里乡。地处大蔡庄，村委会驻地大蔡庄村，下辖自然村有大蔡庄、河西、韩村、小银庄。其管辖范围东至皇藏峪，南至小蔡庄，西至永堌林场，北至高庄村。总户数为1215户，总人口为3575人。面积为10平方千米。辖区内有小学校2所、幼儿园1所，有卫生室。

因该村民委员会驻址在大蔡庄，故得名。新中国成立后属皇藏区高庄乡管辖。1954年成立初级社、高级社。1962年以后由庄里乡管辖，原高庄乡乡址设大蔡庄村。1979年底又归高庄乡管辖。1992年2月归庄里乡管辖。2005年合并大蔡庄村、河西村为大蔡村村民委员会。

城阳村村民委员会

城阳村村民委员会（Chéngyángcūn Cūnmín Wěiyuánhuì） 隶属萧县庄里乡。地处萧县东南部，村委会驻地中城阳自然村，下辖自然村有前城阳、中城阳、后城阳、小蔡庄、张庄。其管辖范围东至庄里西，南至陶墟北，西至官山山脊，北至大蔡庄南。总户数为1145户，总人口为3813人。面积为9.3平方千米。辖区内有襄王城旧址、三教寺遗址、城阳古遗址、古上马台遗址、三国陶谦墓、倒流河、千年古银杏一棵、萧县最高峰官山，官山洞可容百人。还有城阳汉墓群遗址。

此处是春秋时期宋襄公都城旧址，因处官山之阳，故建村时取名城阳，后扩为前、后、中三个城阳自然村，于1997年底与小蔡庄自然村、小张庄自然村合并。1949年城阳属庄里。1981年为城阳大队。1984年体制改革后为庄里乡城阳村至今。

勘沟村村民委员会

勘沟村村民委员会（Xiǎngōucūn Cūnmín Wěiyuánhuì） 隶属萧县庄里乡。地处萧县东南，村委会驻地尠沟，下辖自然村有尠沟、金寨、尚庄、王堂、爬山、北山头。其管辖范围东至官桥镇，南至埇桥，西至庄里村，北至皇藏峪。总户数为1012户，总人口为3140人。面积为9.2平方千米。有小学、村道、村卫生室等。

明朝年间，该地有尠沟寺，后有村落，故称尠沟村。因该村村委会坐落于尠沟，故称尠沟村民委员会。1953年为营连，1958年为庄里公社尠沟大队，1984年体制改革时为庄里乡尠沟村。

栾庄村村民委员会

栾庄村村民委员会（Luánzhuāngcūn Cūnmín Wěiyuánhuì） 隶属萧县庄里乡。地处庄里乡东南，村委会驻地栾庄村，下辖自然村有上楼、陈庄、西黄庄、椿横、栾庄。其管辖范围东至五柳村沟，南至南庄村，西至淮北界，北至陶墟。总户数为915户，总人口为2702人。面积为8.8平方千米。辖区内有倒流河源头、栾大坟、合徐高速、驿达服务区。

传说在清朝初年，有栾姓武状元，力大无比，外号“栾千斤”，为避难逃于本地居住，栾庄村因此得名。1949年归陶墟乡。1958年后归庄里乡至今。

陶墟村村民委员会

陶墟村村民委员会（Táoxūcūn Cūnmín Wěiyuánhuì） 隶属萧县庄里乡。地处庄里乡南部，村委会驻地陶墟，下辖自然村有东黄庄、陶墟、南岗、胡窝。管辖范围东至长山套山脊，南至栾庄北，西至盘山山顶，北至城阳南。总户数为1274户，总人口为4417人。面积为13.2平方千米。辖区内有汉墓群、石牌坊遗址、倒流河、合徐高速。

东汉末年将军陶谦，任徐州牧（当涂县人），有三让徐州的故事，去世后葬于庄里西边山坡上，从此该山称陶墟山，山下村庄因山得名，称陶墟村。陶墟村奉乾隆之命，为儒家教谕张濂之妻立三层节孝坊，雕刻精细，为徐州名坊。清代归江南徐州府萧县都仁乡。1949年为庄里乡陶墟营。2004年，东黄村、陶墟村合并为陶墟村。

石林乡

石林村村民委员会

石林村村民委员会（Shílíncūn Cūnmín Wěiyuánhuì） 隶属石林乡。村委会驻地石林自然村，是著名爱国将领李明扬将军故居。下辖自然村有李石林、淮海、高楼、夏庄。其管辖范围东至淮海初中，南至红旗沟，西至卫星河，北至高楼自然村北。总户数为1097户，总人口为3986人。面积为4.9平方千米。辖区内有乾隆上马石及石林李氏碑林遗址和李明扬将军故居。

明末清初，李氏迁此建村，后因祖上军功显赫，其子遂成巨富，将其院落住房全部建成楼房，故人称“李全楼”。李某去世后，朝廷下旨为其营造陵园，陵前修甬道，两旁立有石牌坊、石猴、石羊、石马、石人等。远望如石林，故将村名改为李石林，简称石林。1958年石林人民公社成立，石林村改称石林大队；1970年属淮海人民公社；1985年属淮海区石林镇；1992年属青龙集镇石林乡；1996年5月，属石林管区；2000年8月，石林管区更名为石林乡，该村隶属之。

崔阁村村民委员会

崔阁村村民委员会（Cuīgécūn Cūnmín Wěiyuánhuì） 隶属萧县石林乡。地处石林乡东部，村委会驻地崔阁村。下辖自然村有何桥、鲁楼、何小庄、何土楼、崔阁、徐庄、马桥、武庄、陶庄、程阁、王李庄、万庄、何庄、于庄、孙阁、杨李庄。其管辖范围东至洪减河，南至青龙集镇下洼、高庄、吴楼，西至本乡石林村，北至洪减河。总户数为1948户，总人口为7305人。面积为7.5平方千米。辖区内有101省道穿过，减河从此村北、东经过。

清末崔姓在此建村，因村东有一座庙阁，故名崔阁。1949年属石林区石林乡；1955年属淮海高级农业社；1958年为石林人民公社崔阁大队；1984年撤社划乡为石林乡崔阁村；1999年和万庄村合并仍为崔阁村至今。

魏楼村村民委员会

魏楼村村民委员会（Wèilóucūn Cūnmín Wěiyuánhuì） 隶属萧县石林乡。地处石林乡东部，村委会驻地魏楼村。下辖自然村有谢楼村、西詹阁、东詹阁、郭庄、魏楼、周集。其管辖范围东至本乡武庄村，南至万庄村，西至土楼村，北至张庄寨。总户数为1094户，总人口为4175人。面积为4.9平方千米。辖区内有101省道从村西穿过，减河沿村北流过。

以境内自然村魏楼命名。1949年属张庄寨区崔口乡；1955年属淮海高级农业社；1958年为石林人民公社五营九连；1982年为石林公社魏楼大队；1985年为淮海公社詹阁大队；1992年为石林乡魏楼村至今。

李庄村村民委员会

李庄村村民委员会（Lǐzhuāngcūn Cūnmín Wěiyuánhuì） 隶属石林乡。村委会驻地李庄，下辖自然村有李庄、刘庄、夏寨、高集、朱小楼、刘庄。其管辖范围东至刘庄，南至夏寨，西至祖楼，北至高集。总户数为1141户，总人口为3830人。面积为4.8平方千米。辖区内有李庄小学、医院和幼儿园。

清代李姓在此建村立庄，故名李庄。1949年属石林区石林乡；1958—1991年先后为淮海公社、石林乡夏寨大队（村）；1992年后为石林乡李庄村。

陶楼村村民委员会

陶楼村村民委员会（Táolóucūn Cūnmín Wěiyuánhuì） 隶属萧县石林乡。村委会驻地陶楼。下辖自然村有陶楼、土楼、王圈、王庄、蒋庄、阎庄、陈阁、前平庄、郭庄。其管辖范围东至101省道，南至石林、崔阁、李庄村，西至朱大楼，北至张庄寨、锦桥、后平庄。总户数为991户，总人口为3695人。面积为4.8平方千米。辖区内有陶楼小学、王阁小学、土楼粮站、爱心幼儿园，101省道、乡道，卫星河、减河等。

以辖区内自然村陶楼取名。1949年属石林区石林乡；1958年为淮海公社陶楼大队；1984年为陶楼村至今。

朱大楼村村民委员会

朱大楼村村民委员会（Zhūdàlóucūn Cūnmín Wěiyuánhuì） 隶属石林乡。地处石林西北部，村委会驻地朱大楼。下辖自然村有谷庄、王花园、赵庄、安庄、王楼、朱大楼。其管辖范围东至前平庄，南至刘厂，西至安庄，北至王楼。总户数为973户，总人口为3781人。面积为4.7平方千米。辖区内有商业街、学校、医院、幼儿园。

以驻地自然村朱大楼命名。1949年，属石林区石林乡；1958—1984年为淮海公社朱大楼大队；撤区并乡后，为石林乡朱大楼村至今。

第四章　居民点

龙城镇

上岗街

上岗街（Shànggǎngjiē）　属龙城镇龙湖社区村民委员会。地处居委会西南部，龙湖路以东，龙山路以西，交通路以北，大同街以南。总户数为2000户，总人口为3400人。面积为1.5平方千米。

1996年因当时国营企业下岗人员多，萧县为了安排下岗职工就业，建设一条商业街，命名上岗街。1958年属萧县一区，1949年属龙城区南关，1958年属龙城公社南关大队，1996年属龙城镇南关居委会，2004年属龙城镇龙湖社区至今。

城隍庙

城隍庙（Chénghuángmiào）　属龙城镇龙湖社区村民委员会。地处居委会西北部，中山路以东，龙湖路以西，交通路以北，大同街以南。总户数为1800户，总人口为3060人。面积为1.5平方千米。

1949年属龙城区南关，1958年属萧县一区，龙城公社南关大队，1995年建成城隍庙市场，以城隍庙为名，1996年属龙城镇南关居委会，2004年属龙城镇龙湖社区至今。

商贸城

商贸城（Shāngmàochéng）　属龙城镇龙湖社区村民委员会。地处居委会中部，健康路以东，中山路以西，淮海路以北，大同街以南。总户数为2200户，总人口为3740人。面积为0.75平方千米。

1949年属龙城区南关，1958年属萧县一区，龙城公社南关大队，1996年属龙城镇南关居委会，2004年属龙城镇龙湖社区至今。2005年由外商投资建成，因坐落在县城商业最繁华的地区，故命名商贸城，后成立社区以商贸城命名小区。

滨河小区

滨河小区（Bīnhé Xiǎoqū）　属龙城镇龙湖社区村民委员会。地处居委会东南部，健康路以东，中山路以西，交通路以北，淮海路以南。总户数为2800户，总人口为4760人。面积为0.75平方千米。

该小区临龙河，故名。1949年属龙城区南关与东关，1958年属萧县一区，龙城公社南关大队与东关大队，1996年属龙城镇南关居委会与东关居委会，2004年属龙城镇龙湖社区至今。

东关小区

东关小区（Dōngguān Xiǎoqū） 属龙城镇城北社区居民委员会。地处城北社区北部，祖庄路以西，大同街以北，龙湖路以东，凤山路以南。总户数715户，总人口为1780人。面积为0.65平方千米。

该小区位于县城东关，故名，小区沿用。1949年以前属萧县老县城东关，1958年属萧城人民公社，1967年属萧城公社革新大队，1996年属龙城镇北关居委会，2004年属龙城镇城北社区至今。

文化小区

文化小区（Wénhuà Xiǎoqū） 属龙城镇城北社区居民委员会。地处城北社区东部，北山以南，四中路以西，凤山路以北，龙湖北路以东。总户数1649户，总人口为4615人。面积为0.8平方千米。

该小区有四中、职业中学和文化路一条，故名。1958年该小区属萧城公社革新大队，1996年属龙城镇北关居委会，2004年属龙城镇城北社区至今。

县委小区

县委小区（Xiànwěi Xiǎoqū） 属龙城镇城北社区居民委员会。地处城北社区西南部，龙湖路以西，大同街以北，中山路以东，凤山路以南。总户数716户，总人口为1891人。面积为0.7平方千米。

该小区内有县委、县政府驻地，故名。1958年该小区属萧城公社革新大队，1996年属龙城镇北关居委会，2004年属龙城镇城北社区至今。

党校小区

党校小区（Dǎngxiào Xiǎoqū） 属龙城镇城北社区居民委员会。地处城北社区西北部，龙湖北路以西，凤山路以北，龙凤山庄一巷以东，北山以南。总户数919户，总人口为2639人。面积为0.95平方千米。

该小区内有萧县县委党校，故名。1949年后该小区属萧城公社革新大队，1996年属龙城镇北关居委会，2004年属龙城镇城北社区至今。

拥军小区

拥军小区（Yōngjūn Xiǎoqū） 属龙城镇城北社区居民委员会。地处城北社区西南部，中山路以西，大同街以北，健康北路以东，凤山路以南。总户数1367户，总人口为3318人。面积为0.9平方千米。

该小区内是原人民武装部驻地，有拥军巷一条，故名。1949年后该小区属萧城公社革新大队，1996年属龙城镇北关居委会，2004年属龙城镇城北社区至今。

三里庄小区

三里庄小区（Sānlǐzhuāng Xiǎoqū）属龙城镇城南社区居民委员会。地处城南社区西部，总户数390户，总人口为1150人。面积为0.42平方千米。

三里庄，在县城西南部，距离县政府三里路，故名。三里庄自然村在新中国成立后成立初级社、高级社，后为梅村乡三里大队，1958年属梅村人民公社三里大队，1980年属梅村乡三里大队，1996年属龙城镇三里居委会，2004年4月成立为龙城镇城南社区，属城南社区至今。

纵庄小区

纵庄小区（Zòngzhuāng Xiǎoqū） 属龙城镇城南社区居民委员会。地处城南社区东部，总户数620户，总人口为2450人。面积为0.83平方千米。

原为纵庄，后扩建为小区，沿用村名。

纵庄自然村有唐槐树一棵，旁边有石井一眼，很早以前就有人居住此村。1954年成立初级社、高级社，后来为梅村公社三里大队，1996年属龙城镇三里社区居民委员会，2004年4月属龙城镇城南社区至今。

秀才街小区

秀才街小区（Xiùcáijiē Xiǎoqū） 属龙城镇城南社区居民委员会。地处城南社区南部，总户数380户，总人口为1660人。面积为0.68平方千米。

该小区有秀才街居中，故名。原为三里庄耕地，1996年属城南开发区，2004年设立城南社区，属城南社区至今。

地税局小区

地税局小区（Dìshuìjú Xiǎoqū） 属龙城镇城南社区居民委员会。地处城南社区东南部，总户数270户，总人口为650人。面积为0.32平方千米。

该小区因有萧县地税局居中，故名。原为纵庄耕地，1996年建城南开发新建居民区，2004年设立城南社区，属城南社区至今。

董庄小区

董庄小区（Dǒngzhuāng Xiǎoqū） 属龙城镇城东社区居民委员会。地处城东社区中部，总户数530户，总人口为1594人。面积为0.3平方千米。

1949年前有个叫董广氏的人从淮北朔里迁移此地，建村董庄，故名，小区沿用。1949年前属梅村乡，1960年至1974年属郝店村委会，1974年至1984年属郝店大队，1984年至1992年属郝店村，1992年至2004年属郝店居委会，2004年至今属城东社区。

郝店小区

郝店小区（Hǎodiàn Xiǎoqū） 属龙城镇城东社区居民委员会。地处城东社区中部，总户数350户，总人口为1052人。面积为0.24平方千米。

1949年前郝氏人在此开酒店，故名郝店。1949年前属梅村乡，1960年至1974年属郝店村委会，1974年至1984年属郝店大队，1984年至1992年属郝店村，1992年至2004年属郝店居委会，2004年属城东社区至今。

高庄小区

高庄小区（Gāozhuāng Xiǎoqū） 属龙城镇城东社区居民委员会。地处城东社区南部，总户数416户，总人口为1250人。面积为0.08平方千米。

新中国成立前有高姓人在此聚居，故名高庄，小区沿用。1949年属梅村乡，1960年至1974年属郝店村委会，1974年至1984年属郝店大队，1984年至1992年属郝店村，1992年至2004年属郝店居委会，2004年属城东社区至今。

段庄小区

段庄小区（Duànzhuāng Xiǎoqū） 属龙城镇城东社区居民委员会。地处城东社区西南部，总户数359户，总人口为1075人。面积为0.3平方千米。

1949年前段氏在此建段家公馆，段姓的人搬迁来此居住，故名段庄。1949年属梅村乡，1960年至1974年属郝店村委会，1974年至1984年属郝店大队，1984年至1992年属郝店村，1992年至2004年属郝店居委会，2004年属城东社区至今。

金街小区

金街小区（Jīnjiē Xiǎoqū） 属龙城镇城东社区居民委员会。地处城东社区西北部，总户数190户，总人口为570人。面积为0.54平方千米。

原为萧县汽车站旧址，后汽车站搬迁，建商业街名金街，故名。1949年属梅村乡，后建萧县汽车站。车站搬迁后，2004年属城东社区至今。

瑞景新城小区

瑞景新城小区（Ruìjǐngxīnchéng Xiǎoqū）属龙城镇城东社区居民委员会。地处城东社区西部，总户数248户，总人口为746人。面积为0.3平方千米。

原是萧县白酒厂旧址，白酒厂破产拆迁后，2004年成立城东社区，划分而来，建设瑞景新城，故名。1949年属梅村乡，后是白酒厂。酒厂倒闭后，1984年至1992年属郝店村，2004年属城东社区至今。

建筑公司小区

建筑公司小区（Jiànzhùgōngsī Xiǎoqū）属龙城镇城东社区居民委员会。地处城东社区北部，总户数146户，总人口为439人。面积为0.34平方千米。

原是建筑公司，破产倒闭后，建筑公司员工便在此居住，故名。1949年属梅村乡，后建立了建筑公司，倒闭后2004年属城东社区至今。

虎山小区

虎山小区（Hǔshān Xiǎoqū） 属龙城镇城西社区居民委员会。地处城西社区西部，交通路以北，虎山路以西，淮海路以南。总户数2180户，总人口为7630人。面积为0.5平方千米。

在虎山脚下，境内有虎山公园，故名。1949年属梅村公社，后建耐火材料厂和水利机械厂。2007年开发为小区，属城西社区至今。

县医院小区

县医院小区（Xiànyīyuàn Xiǎoqū） 属龙城镇城西社区居民委员会。地处城西社区东部，交通路以北，健康路以西，淮海路以南，南斜巷路以东。总户数753户，总人口为2635人。面积为0.3平方千米。

因辖区内有县人民医院，居民聚居周围，故名。1949年属梅村公社，1996年属西关居委会，2004年城西社区成立，属城西社区至今。

农机厂小区

农机厂小区（Nóngjīchǎng Xiǎoqū）属龙城镇城西社区居民委员会。地处城西社区中部，交通路以北，南斜巷路以西，淮海路以南，虎山路以东。总户数1160户，总人口为4060人。面积为0.4平方千米。

1918年属梅村公社，后建萧县农机厂，2007年因为农机厂破产开发为小区，属城西社区至今。

陈井涯小区

陈井涯小区（Chénjǐngyá Xiǎoqū） 属龙城镇龙山社区居民委员会。地处龙山社区东部，铁路以东，华达东城壹号以西，李台社区以北，汽车东站以南。总户数1034户，总人口为3402人。面积为0.5平方千米。

几百年前陈井涯散居着十几户人家，以陈氏居多，朝南是一片水泽地，村南有一水井，因井邻近湖边，故名陈井涯。1949年以后属萧县龙城镇，1958年属萧城人民公社，1967年属萧城公社龙山子大队，1996年属龙城镇龙山居委会，2004年属龙城镇龙山社区至今。

欧巷子小区

欧巷子小区（Ōuxiàngzi Xiǎoqū）属龙城镇龙山社区居民委员会。地处龙山社区中部，总户数180户，总人口为630人。面积为1平方千米。

清代有欧姓人在此聚居形成小巷，故名。1949年以后属萧县龙城镇，1958年属萧城人民公社，1967年属萧城公社龙山子大队，1996年属龙城镇龙山居委会，2004年属龙城镇龙山社区至今。

龙山子小区

龙山子小区（Lóngshānzi Xiǎoqū）属龙城镇龙山社区居民委员会。地处龙山社区中部，总户数200户，总人口为700人。面积为1平方千米。

龙山名称由来已久，村庄旁边有龙山，居民在山下聚居，故名。1949年以后属萧县龙城镇，1958年属萧城人民公社，1967年属萧城公社龙山子大队，1996年属龙城镇龙山居委会，2004年属龙城镇龙山社区至今。

鹏程小区

鹏程小区（Péngchéng Xiǎoqū）属龙城镇龙山社区居民委员会。地处龙山社区南部，总户数200户，总人口为700人。面积为1平方千米。

因辖区内有鹏程中学一座，居民在周围居住，故名。1958年属萧城人民公社龙山子大队，1976年建萧县化肥厂，后单位破产倒闭，2004年建鹏程中学属龙山社区至今。

龙山庭院南小区

龙山庭院南小区（Lóngshāntíngyuànnán Xiǎoqū）属龙城镇龙山社区居民委员会。地处龙山社区中部，总户数300户，总人口为1050人。面积为0.5平方千米。

因小区内有一住宅小区叫龙山庭院南院，故名。1958年属萧城人民公社龙山子大队。1980年建水泥厂，属龙山大队。水泥厂倒闭后，2009年政府开发龙山庭院，属龙山社区至今。

龙山庭院北小区

龙山庭院北小区（Lóngshāntíngyuànběi Xiǎoqū）属龙城镇龙山社区居民委员会。地处龙山社区中部，总户数280户，总人口为1120人。面积为0.5平方千米。

因小区内有一住宅小区叫龙山庭院北院，故名。1958年属萧城人民公社龙山子大队，1980年建水泥厂，属龙山大队。水泥厂倒闭后，2009年政府开发龙山庭院，属龙山社区至今。

凤山花园小区

凤山花园小区（Fèngshānhuāyuán Xiǎoqū）属龙城镇龙山社区居民委员会。地处龙山社区北部，总户数500户，总人口为1750人。面积为0.5平方千米。

该居民区因靠近凤山而得名。2008年前属龙山社区居民农田，2008年度政府征用开发成凤山花园小区，属龙山社区至今。

嘉楼小区

嘉楼小区（Jiālóu Xiǎoqū）属龙城镇龙山社区居民委员会。地处龙山社区北部，总户数700户，总人口为2450人。面积为0.8平方千米。

该住宅区因开发商为嘉楼，故名。2009年前属龙山社区居民农田，2009年后政府征用开发成嘉楼小区，属龙山社区至今。

安粮小区

安粮小区（Ānliáng Xiǎoqū）属龙城镇龙山社区居民委员会。地处龙山社区东部，行政大道以东，公园路以西，龙凤大道以北，凤凰山以南。总户数4714户，总人口为14217人。面积为1.1平方千米。

该住宅区是安粮集团所开发，故名。2009年前属龙山社区居民农田，2009年后政府征用开发成安粮小区，属龙山社区至今。

公园世家小区

公园世家小区（Gōngyuánshìjiā Xiǎoqū）属龙城镇龙山社区居民委员会。地处龙山社区东部，总户数1200户，总人口为3500人。面积为0.6平方千米。

该住宅区因靠近龙山公园而得名。2011年前属龙山社区荒地，2011年后政府征用开发成公园世家小区，属龙山社区至今。

人民银行小区

人民银行小区（Rénmínyínháng Xiǎoqū）属龙城镇龙山社区居民委员会。地处龙山社区中部，总户数400户，总人口为1400人。面积为0.5平方千米。

因小区内有人民银行，居民在周围居住，故名。1958年属萧城人民公社龙山子大队。1980年建人民银行，属龙城镇龙山子大队。2004年属龙山社区至今。

祖庄小区

祖庄小区（Zǔzhuāng Xiǎoqū） 属龙城镇龙山社区居民委员会。地处龙山社区中部，总户数600户，总人口为2100人。面积为0.6平方千米。

清初知县祖永勋治萧有善政，升职走后，县士民为其在此处建祠立碑。周围居民渐多成村，遂名祖庄。后小区沿用祖庄，故名。1949年以后属萧县龙城镇，1958年属萧城人民公社，1967年属萧城公社龙山子大队，1996年属龙城镇龙山居委会，2004年属龙城镇龙山社区至今。

汽车站小区

汽车站小区（Qìchēzhàn Xiǎoqū） 属龙城镇龙山社区居民委员会。地处龙山社区东部，总户数700户，总人口为2450人。面积为0.8平方千米。

因小区内有原萧县汽车站，周围居民聚居，故名。1958年属萧城人民公社龙山子大队耕地，2009年建萧县汽车站，属龙城镇龙山社区至今。

玻璃小区

玻璃小区（Bōli Xiǎoqū） 属龙城镇凤山社区居民委员会。地处凤山社区西部，淮海路以北，311国道以东，文明路以西，虎山北路以西。总户数821户，总人口为1231人。面积为0.6平方千米。

因小区内有萧县玻璃厂职工家属院，故名。1949年后属龙城公社，1953年土改后属西关大队，1984年5月属西关居委会，2004年4月属凤山社区至今。

葡罐小区

葡罐小区（Púguàn Xiǎoqū） 属龙城镇凤山社区居民委员会。地处凤山社区南部，民治街以北，葡萄酒厂厂区，虎山北路以东，凤山路以南。总户数1768户，总人口为2784人。面积为1.46平方千米。

小区内有一家企业——葡萄酒罐头联合公司，简称葡罐公司，公司破产后职工居住在此，故名。1949年后属龙城公社。1953年土改后，属西关大队。1984年5月属西关居委会。2004年4月属凤山社区至今。

西关小区

西关小区（Xīguān Xiǎoqū） 属龙城镇凤山社区居民委员会。地处凤山社区东部，健康路以西，民治街以南，文明路以东，淮海路以北。总户数653户，总人口为959人。面积为0.5平方千米。

小区坐落在县城老西关，故名。1949年后属龙城公社，1953年土改后，属西关大队，1984年5月属西关居委会，2004年4月属凤山社区至今。

一中小区

一中小区（Yīzhōng Xiǎoqū） 属龙城镇凤山社区居民委员会。地处凤山社区居民委员会北部，民治街以北，葡萄酒厂东围墙以东，健康北路以西，总户数1998户，总人口为3157人。面积为1.7平方千米。

小区内有所省重点中学萧城一中，居民在周围居住，故名。1949年后属龙城公社，1953年土改后属西关大队，1984年5月属西关居委会，2004年4月属凤山社区至今。

工交财贸巷小区

工交财贸巷小区（Gōngjiāocáimàoxiàng Xiǎoqū） 属龙城镇龙霄社区居民委员会。地处龙霄社区西部，健康路以西，小康路以北，交通路以南，丰收路以东。总户数940户，总人口为2800人。面积为0.5平方千米。

该小区原以工交口干部职工家属和财贸口干部职工家属居住为主，故名。1958年前属萧县老县城南关大队，1958年后属萧城人民公社，1967年属萧城公社南关大队，1996年属龙城镇南关居委会，2004年属龙城镇龙霄社区至今。

新华巷小区

新华巷小区（Xīnhuáxiàng Xiǎoqū） 属龙城镇龙霄社区居民委员会。地处龙霄社区东部，交通路以南，健康路以东，小康路以北，中山路以西。总户数1000户，总人口为3000人。面积为0.5平方千米。

小区内30年前有一位叫王新华的人在此开一家饭馆，饭馆取名叫新华饭店，小区以此为名。1958年前属萧县老县城南关大队，1958年后属萧城人民公社，1967年属萧城公社南关大队，1996年属龙城镇南关居委会，2004年属龙城镇龙霄社区至今。

马云桥居民小区

马云桥居民小区（Mǎyúnqiáo Jūmín Xiǎoqū） 属龙城镇龙霄社区居民委员会。地处龙霄社区西部，交通路以南，丰收路以西，虎山南路以东。总户数360户，总人口为1080人。面积为0.5平方千米。

小区内主要道路有一座桥，名曰马云桥，故名。1958年前属龙城镇西关大队，1958年后属萧城人民公社，1967年属萧城公社西关大队，1996年属龙城镇南关居委会，2004年属龙城镇龙霄社区至今。

虎山居民小区

虎山居民小区（Hǔshān Jūmín Xiǎoqū） 属龙城镇龙霄社区居民委员会。地处龙霄社区西部，交通路以南，虎山南路以西，泄洪沟以北，西虎山以东。总户数940户，总人口为2800人。面积为0.6平方千米。

小区西面有一座山，名曰虎山，故名。1958年前属龙城镇西关大队，1958年后属萧城人民公社，1967年属萧城公社西关大队，1996年属龙城镇南关居委会，2004年属龙城镇龙霄社区至今。

后黄桥

后黄桥（Hòuhuángqiáo） 属龙城镇黄桥社区居民委员会。地处黄桥社区南部，东至龙河，北至状元街，西至健康路，南至韩庄。总户数702户，总人口为720人。面积为1.92平方千米。

姓黄的教书先生为方便学生上学，在河沟上架一座木桥，南庄叫前黄桥，北庄为后黄桥。1949年后属龙城区梅村乡黄桥村，1958年为梅村公社黄桥大队，1990年为龙城镇黄桥村村民委员会，2007年为龙城镇黄桥社区居民委员会至今。

五里寺

五里寺（Wǔlǐsì） 属龙城镇黄桥社区居民委员会。地处黄桥社区西部，北至梅村中学，南至泄洪沟，西至李新庄，东至健康路。总户数231户，总人口为247人。面积为0.365平方千米。

五里寺村原有座寺庙，离县城五里路，故名。1949年后属龙城区梅村乡黄桥村，1958年为梅村公社黄桥大队，1990年为龙城镇黄桥村村民委员会，2007年为龙城镇黄桥社区居民委员会至今。

韩庄

韩庄（Hánzhuāng） 属龙城镇黄桥社区居民委员会。地处黄桥社区东部，北至王庄，南至后黄桥，西至健康路，东至萧淮公路（S238）。总户数302户，总人口为320人。面积为0.76平方千米。

因该村韩姓村民居多，故名。1949年后属龙城区梅村乡黄桥村，1958年为梅村公社黄桥大队，1990年为龙城镇黄桥村村民委员会，2007年为龙城镇黄桥社区居民委员会至今。

王庄

王庄（Wángzhuāng） 属龙城镇黄桥社区居民委员会。地处黄桥社区北部，北至韩庄，南至前黄桥，东至萧淮路，西至健康路。总户数527户，总人口为540人。面积为1.43平方千米。

因王姓人家较多而得名。1949年后属龙城区梅村乡黄桥村，1958年为梅村公社黄桥大队，1990年为龙城镇黄桥村村民委员会，2007年为龙城镇黄桥社区居民委员会至今。

前梅

前梅（Qiánméi） 属龙城镇前梅社区居民委员会。地处前梅社区中部，总户数370户，总人口为1820人。面积为3.2平方千米。

明朝洪武年间，从山西洪洞迁来梅姓人在此落户建两村，得名前梅村。1949年属龙城区梅村乡前梅村，1958年为梅村公社前梅大队，1996年为龙城镇前梅村村民委员会，2007年行政区调整为龙城镇前梅社区居民委员会。

李新庄

李新庄（Lǐxīnzhuāng） 属龙城镇前梅社区居民委员会。地处前梅社区南部，东至黄桥社区，南至黄桥社区，西至小西环，北至刘庄、杨庄。总户数120户，总人口为280人。面积为0.6平方千米。

清朝时期是状元李蟠的寄庄子，取名李新庄。1949年属龙城区梅村乡前梅村，1958年为梅村公社前梅大队，1996年为龙城镇前梅村村民委员会，2007年改为龙城镇前梅社区居民委员会。

刘庄

刘庄（Liúzhuāng） 属龙城镇前梅社区居民委员会。地处前梅社区西南部，东至杨庄，南至李新庄，西至小西环，北至西梅村。总户数105户，总人口为268人。面积为0.5平方千米。

刘姓人士从河南迁至此处建村，故名。1949年属龙城区梅村乡前梅村，1958年为梅村公社前梅大队，1996年属萧县龙城镇前梅村村民委员会，2007年改为龙城镇前梅社区居民委员会。

杨庄

杨庄（Yángzhuāng） 属龙城镇前梅社

区居民委员会。地处前梅社区西南部，东至陈刘巷，南至李新庄，西至刘庄，北至西梅村。总户数 80 户，总人口为 186 人。面积为 0.4 平方千米。

该村以杨姓人较多而得名。1949 年属龙城区梅村乡前梅村，1958 年属梅村公社前梅大队，1996 年属龙城镇前梅村民委员会，2007 年改为龙城镇前梅社区居民委员会。

陈刘巷

陈刘巷（Chénliúxiàng） 属龙城镇前梅社区居民委员会。地处前梅社区南部，东至东梅村梅中路，南至黄桥社区，西至西梅村，北至东梅村及后梅社区。总户数为 460 户，总人口为 1350 人。面积为 1 平方千米。

村中有一条小巷，巷子东以刘姓人为主，巷子西以陈姓人为主，故名。1949 年属龙城区梅村乡前梅村，1958 年为梅村公社前梅大队，1996 年为龙城镇前梅村村民委员会，2007 年改为龙城镇前梅社区居民委员会。

后梅小区

后梅小区（Hòuméi Xiǎoqū） 属龙城镇后梅村民委员会。地处后梅村东部，东至健康路，西至芈庄路，南至前梅社区、北至世纪大道。总户数为 896 户，总人口为 1952 人。面积为 3 平方千米。

明朝洪武年间，七姓人家从山西洪洞来萧县，其中一户梅姓落户此地，繁衍生息形成前后梅村，小区沿用。1951 年属萧县龙城区梅村乡后梅村，1958 年属梅村乡后梅大队，1990 年属萧县龙城镇后梅村村民委员会，于 2007 年行政区调整，为龙城镇后梅社区居民委员会。

芈庄小区

芈庄小区（Mǐzhuāng Xiǎoqū） 属龙城镇后梅村民委员会。地处后梅村西部，东至芈庄路，西至芈庄西路，南至前梅社区，北至世纪大道。总户数为 224 户，总人口为 607 人。面积为 2 平方千米。

清末年间，外来避难的芈姓人家在此落户，称芈庄，故名，小区沿用。1951 年为萧县龙城镇梅村乡后梅村大队芈庄自然村，1958 年为梅村乡后梅大队芈庄自然村，1990 年为龙城镇后梅村芈庄自然村，2007 年行政区划调整属龙城镇后梅社区居民委员会。

乐盛龙城国际

乐盛龙城国际（Lèshènglóngchéng Guójì） 属龙城镇后梅村民委员会。地处后梅村西部，东至小西环路，西至老鹳山，南至梅山公园，北至世纪大道。总户数为 925 户，总人口为 2215 人。面积为 1.5 平方千米。

开发商命名。1951 年属萧县龙城镇梅村乡后梅村大队，芈庄自然村，1958 年为梅村乡后梅大队芈庄自然村，1990 年为龙城镇后梅村芈庄自然村，2007 年行政区划调整属龙城镇后梅社区居民委员会。

融祥天街

融祥天街（Róngxiáng Tiānjiē） 属龙城镇后梅村民委员会。地处后梅村西部，东至芈庄西路，西至小西环，南至教育路，北至世纪大道。面积为 1.5 平方千米。

开发商命名。1951 年属萧县龙城镇梅村乡后梅村大队芈庄自然村，1958 年为梅村乡后梅大队芈庄自然村，1990 年为龙城镇后梅村芈庄自然村，2007 年行政区划调整属龙城镇后梅社区居民委员会。

虎山一号

虎山一号（Hǔshānyīhào） 属龙城镇后梅村民委员会。地处后梅村西部，东至虎山路，西至小西环，南至世纪大道，北至龙潭沟。总户数为950户，总人口为2130人。面积为2平方千米。

开发商命名。1951年属萧县龙城镇梅村乡后梅村大队芈庄自然村，1958年为梅村公社后梅大队芈庄自然村，1990年为龙城镇后梅村芈庄自然村，2007年行政区划调整属龙城镇后梅社区居民委员会。

盛达新城

盛达新城（Shèngdáxīnchéng） 属龙城镇后梅村民委员会。地处后梅村西部，东至龙霄公园，西至丰收路，南至世纪大道，北至龙潭沟。总户数为215户，总人口为483人。面积为1.5平方千米。

开发商命名。1951年属萧县龙城镇梅村乡后梅村大队，芈庄自然村，1958年为梅村公社后梅大队芈庄自然村，1990年为龙城镇后梅村芈庄自然村，2007年行政区划调整属龙城镇后梅社区居民委员会。

老毛窝

老毛窝（Lǎomáowō） 属龙城镇虎山社区。地处虎山社区西部，西至许山头，南至老鹅山，东至徐林，北至上庙。总户数为140户，总人口为420人。面积为0.8平方千米。

早年间此地村民擅长养猫，又处山下，故名。1949年后属梅村乡，1958年后属梅村公社三里大队，1992年后属龙城镇三里村，2010年后三里村改为虎山社区。

徐林

徐林（Xúlín） 属龙城镇虎山社区。地处社区西部，西至老毛窝，南至老鹅山，东至老宅子，北至老虎山。总户数为100户，总人口为300人。面积为1平方千米。

徐姓建村，村旁有一松林，故名。1949年后属梅村乡，1958年后属梅村公社三里大队，1992年后属龙城镇三里村，2010年后三里村改为虎山社区。

许山头

许山头（Xǔshāntóu） 属龙城镇虎山社区。地处虎山社区西部，西邻帽山村，南至老鹅山，东至老毛窝，北至老虎山。总户数为116户，总人口为350人。面积为0.6平方千米。

许姓在山头附近建村，故名。1949年后属梅村乡，1958年后属梅村公社三里大队，1992年后属龙城镇三里村，2010年后三里村改为虎山社区。

上庙

上庙（Shàngmiào） 属龙城镇虎山社区。地处社区西部，西临许山头、南到老毛窝，东至徐林，北至老虎山。总户数为123户，总人口为300人。面积为0.5平方千米。

该村离县城五里，早年村中有纵家祠堂（长门家庙），俗称五里庙。南北纵林村的纵姓到此地祭祖称上庙，久而久之，此村便被称为上庙村。1949年后属梅村乡，1958年后属梅村公社三里大队，1992年后属龙城镇三里村，2010年后三里村改为虎山社区。

老宅子

老宅子（Lǎozháizi） 属龙城镇虎山社区。地处社区东部，西至徐林，南至后梅社区，东至城南社区，北至龙霄社区。总户数为456户，总人口为1370人。面积为2平方千米。

早年此村是吴家的老宅子，故名。1949年后属梅村乡，1958年后属梅村公社三里大队，1992年后属龙城镇三里村，2010年后三里村改为虎山社区。

温孟庄

温孟庄（Wēnmèngzhuāng） 属龙城镇岱山口村民委员会。地处岱湖社区东北部，总户数为197户，总人口为678人。面积为0.05平方千米。

早年温、孟两姓在此占产立庄，故名。1949年后属明山乡，1958年后属梅村公社岱山口大队、陈沟大队，2007年后属龙城镇岱山口村。

小朱庄

小朱庄（Xiǎozhūzhuāng） 属龙城镇岱山口村民委员会。地处岱湖社区东北部，总户数为132户，总人口为593人。面积为0.02平方千米。

朱姓在此占产立庄，因当时人少村小，故名。1949年后属明山乡，1958年后属梅村公社岱山口大队、陈沟大队，2007年后属龙城镇岱山口村。

白楼

白楼（Báilóu） 属龙城镇岱山口村民委员会。地处岱湖社区南部，东邻柏星小区，南邻卢湾，西邻灵山，北邻安置小区。总户数为268户，总人口为886人。面积为0.8平方千米。

早年村中有一座白楼，渐称此村为白楼。1949年后属明山乡，1958年后属梅村公社岱山口大队、陈沟大队，2007年后属龙城镇岱山口村。

纵林

纵林（Zònglín） 属龙城镇岱山口村民委员会。地处岱湖社区北部，总户数为52户，总人口为201人。面积为0.02平方千米。

该村原为纵姓林地，后成村，故名。1949年后属明山乡，1958年后属梅村公社岱山口大队、陈沟大队，2007年后属龙城镇岱山口村。

小街子

小街子（Xiǎojiēzi） 属龙城镇岱山口村民委员会。地处岱湖社区西部，总户数为46户，总人口为216人。面积为0.03平方千米。

100多年前此处有一条小街，村民买卖都到此处，故名。1949年后属明山乡，1958年后属梅村公社岱山口大队、陈沟大队，2007年后属龙城镇岱山口村。

湖山头

湖山头（Húshāntóu） 属龙城镇岱山口村民委员会。地处岱湖社区西部，总户数为92户，总人口为623人。面积为0.6平方千米。

居民在湖山头山脚下建庄，故名。1949年后属明山乡，1958年后属梅村公社岱山口大队、陈沟大队，2007年后属龙城镇岱山口村。

奶奶庙

奶奶庙（Nǎinaimiào） 属龙城镇岱山口村民委员会。地处岱湖社区中部，总户数为125户，总人口为872人。面积为0.6平方千米。

早年此处有一座奶奶庙，后有人在此居住成村，取庙名为村名。1949年后属明山乡，1958年后属梅村公社岱山口大队、陈沟大队，2007年后属龙城镇岱山口村。

吴楼

吴楼（Wúlóu） 属龙城镇岱山口村民委员会。地处岱湖社区西部，总户数为

56户，总人口为236人。面积为0.02平方千米。

明代吴姓在此占产立庄建楼，故名。1949年后属明山乡，1958年后属梅村公社岱山口大队、陈沟大队，2007年后属龙城镇岱山口村。

岱桥

岱桥（Dàiqiáo） 属龙城镇岱山口村民委员会。地处岱湖社区西部，南邻灵山，西邻杜楼镇，北邻311国道。总户数为451户，总人口为1596人。面积为1.1平方千米。

明代吴姓在此占产立庄建楼，故名。1949年后属明山乡，1958年后属梅村公社岱山口大队、陈沟大队，2007年后属龙城镇岱山口村。

陈沟

陈沟（Chéngōu） 属龙城镇岱山口村民委员会。地处岱湖社区东北部，东邻凤山，南邻淮海医院，北邻生泉镇，西邻陈沟路。总户数为360户，总人口为1219人。面积为0.6平方千米。

陈姓人在此建村，村西有条大沟，故名。1949年后属明山乡，1958年后属梅村公社陈沟大队，2007年后属龙城镇岱山口村。

陈沟

陈沟（Chéngōu） 属龙城镇岱山口村民委员会。地处岱湖社区东北部，东邻凤山，南邻城西社区，北邻蓝石锦绣华庭，西邻311国道。总户数为68户，总人口为240人。面积为0.00236平方千米。

陈姓人在此建村，村西有条大沟，故名。1949年后属明山乡，1958年后属梅村公社陈沟大队、陈沟大队，2007年后属龙城镇岱山口村。

许新庄

许新庄（Xǔxīnzhuāng） 属龙城镇李台村民委员会。地处李台村北部，总户数为34户，总人口为196人。面积为0.5平方千米。

清末，许谷堆村一支许姓人分地种田来此，单独建村居住，故名许新庄。1949年属龙河乡李台大队，1958年属大庄公社、吴庄乡及孟庄乡李台大队（村），1985年属淮北市段园镇李台村，1992年属龙城镇李台村至今。

李台

李台（Lǐtái） 属龙城镇李台村民委员会。地处李台村西部，南至房庄纵圩，西至火车站，北至龙山子，东至邵庄。总户数为110户，总人口为352人。面积为0.434平方千米。

民国初期，城南梅村一姓李的大户在此买良田数百亩，并在少部田地挖坑，将土堆成台子，一则用于人居住，二则用于屯粮，另外坑塘用于积水抗旱，因此得名李台。1949年属龙河乡，1958年后属大庄公社、吴庄乡及孟庄乡，1985年属淮北市段园镇，1995年属龙城镇，2008年属李台村至今。

武庄

武庄（Wǔzhuāng） 属龙城镇李台村民委员会。地处李台村东北部，南至园业场，东至淮北大庄，北至段园北陈，西至龙山子。总户数为41户，总人口为99人。面积为0.066平方千米。

民国期间，一姓武的富户在此买良田200多亩，并立村，因村小得名“小武庄”。1949年属龙河乡二庄，1958年属大庄公社、吴庄乡及孟庄乡二庄大队，1985年属淮北市段园镇二庄村，1992年属龙城镇为二庄村，2008年属李台村至今。

许谷堆

许谷堆（Xǔgǔduī） 属龙城镇李台村民委员会。地处李台村北部，南至刘行村，西至邵庄，北至二庄，东至武庄。总户数为564户，总人口为1392人。面积为1.8872平方千米。

清朝末期，一姓许大户在此买良田数亩，并由许氏佃户在此种田屯粮，由此得名“许谷堆”。1949年属龙河乡二庄，1958年属大庄公社、吴庄乡及孟庄乡二庄大队，1985年属淮北市段园镇二庄村，1992年属龙城镇为二庄村，2008年属李台村至今。

邵庄

邵庄（Shàozhuāng） 属龙城镇李台村民委员会。地处李台村西部，南至房庄纵圩，西至纵圩和李台，北至龙山子，东至许谷堆。总户数为379户，总人口为988人。面积为0.832平方千米。

清朝末年（1899年）邵姓人在此建村，故名。1949年属龙河乡二庄，1958年属大庄公社、吴庄乡及孟庄乡二庄大队，1985年属淮北市段园镇二庄村，1992年属龙城镇为二庄村，2008年属李台村至今。

二庄

二庄（Èrzhuāng） 属龙城镇李台村民委员会。地处李台村西部，南至淮北南陈，西至龙门小区，北至迎宾大道，东至小武庄。总户数为487户，总人口为1233人。面积为0.12平方千米。

清初，该村为萧城大户段氏的寄庄子。现村庄为1965年搬迁新的二庄村（因袁庄煤矿采煤塌陷）。1949年属龙河乡二庄，1958年属大庄公社、吴庄乡及孟庄乡二庄大队，1985年属淮北市段园镇二庄村，1992年属龙城镇为二庄村，2008年属李台村至今。

孟庄

孟庄（Mèngzhuāng） 属龙城镇李台村民委员会。地处李台村西部，南至孟庄矿，西至火车，北至房庄河滩，东至房庄纵圩。总户数为95户，总人口为297人。面积为0.4008平方千米。

民国时期，一孟姓大户在此屯田居住，并在此筑一台子建房，新中国成立前称东台子，新中国成立后称为孟庄。1949年属龙河乡二庄，1958年属大庄公社、吴庄乡及孟庄乡二庄大队，1985年属淮北市段园镇二庄村，1992年属龙城镇为二庄村，2008年属李台村至今。

房庄

房庄（Fángzhuāng） 属龙城镇房庄村村民委员会。地处房庄村南部，南至外环，东至中沟，西至符夹线，北至许井。总户数为388户，总人口为1246人。面积为0.15平方千米。

黄河发大水，洪水过去后，房姓来此地立庄，故名。1949年属欧集乡；1958年后属吴庄公社房庄大队；1968年至1980年属大庄公社；1981年至1991年属淮北市孟庄乡；1992年至今属萧县龙城镇房庄村。

河滩

河滩（Hétān） 属龙城镇房庄村民委员会。地处房庄村北部，南至孟庄矿，西至符夹线，东至纵圩，北至李台。总户数为75户，总人口为182人。面积为0.02平方千米。

明朝万历年间，本村由山西迁来一户人家，在河滩建房居住，后形成村庄，故名。1949年至1956年属欧集乡；1958年后属吴庄公社、大庄公社、房庄大队；1981年至1991年属淮北市孟庄乡；1992年至今属龙城镇房庄村。

孟楼

孟楼（Mènglóu） 属龙城镇房庄委员会。地处房庄村南部，南至梁庄地界，东至中沟，西至符夹线，北至外环。总户数为53户，总人口为181人。面积为0.025平方千米。

明朝末期（1654年），孟姓从孔家湾来到此地买地盖楼立村，故名。1949年属龙河乡；1958年后属丁里公社、梅村公社房庄大队；1981年至1991年属淮北市孟庄乡；1992年至今属龙城镇房庄村。

太庙

太庙（Tàimiào） 属龙城镇房庄村民委员会。地处房庄村西部，南至梁庄，西至龙河，东至符夹线，北至浙商。总户数为245户，总人口为764人。面积为0.095平方千米。

早年间姓周的是十三太保之一，在该村建一祠堂（庙）故名太保庙。1949年属龙河乡；1958年后属丁里公社、梅村公社房庄大队；1981年至1991年属淮北市孟庄乡；1992年至今属龙城镇房庄村。

许井

许井（Xǔjǐng） 属龙城镇房庄村民委员会。地处房庄村北部，南至房庄，东至河滩老村，西至符夹线，北至孟庄矿。总户数为157户，总人口为396人。面积为0.05平方千米。

1515年，有一个叫许井仁的人，力大无比，来到此地建房并开荒种地，后形成村庄，故简称许井。1949年属龙河乡；1958年后属丁里公社、梅村公社房庄大队；1981年至1991年属淮北市孟庄乡；1992年至今属龙城镇房庄村。

纵圩

纵圩（Zòngwéi） 属龙城镇房庄村民委员会。地处房庄村北部，南至孟庄矿，西至河滩，东至邵庄，北至李台。总户数为161户，总人口为466人。面积为0.06平方千米。

早年，有纵姓大户人家在此落户占产建庄，并在庄外建土圩子，故名。1949年属龙河乡；1958年后属丁里公社、梅村公社房庄大队；1981年至1991年属淮北市孟庄乡；1992年至今属龙城镇房庄村。

黄山

黄山（Huángshān） 属龙城镇黄山社区。地处社区南部，东至东外环路，南至魏楼村，西至实验小学，北至顺河路。总户数为215户，总人口为629人。面积为0.38平方千米。

清道光年间在山坡上住几户姓黄的人家，后人口增加，取名黄山村。1949年后属魏楼村。1967年划归大庄公社。1981年属魏楼公社魏楼大队。1992年后属龙城镇魏楼村。2015年改称黄山社区居民委员会。

魏楼

魏楼（Wèilóu） 属龙城镇黄山社区居民委员会。地处社区南部，东至东外环路，南至龙凤大道，西至公园路，北至黄山村。总户数为392户，总人口为1112人。面积为0.75平方千米。

早年魏姓立村并建有楼房，故名。1949年后属龙山乡，1967年划归大庄公社卫东大队，1981年为魏楼公社魏楼大队，1992年归龙城镇魏楼村，2015年改称黄山社区居民委员会。

南杨楼

南杨楼（Nányánglóu） 属龙城镇黄山社区。地处社区西南部，东至东外环路，南至顺河路，西至万基小区，北至北杨楼村。总户数为210户，总人口为573人。面积为0.44平方千米。

清道光年间杨姓建村时称杨楼，后杨姓分居南北，才有南北杨楼之称。1949年后属龙山乡，后划归大庄公社丁山大队。1996年至2008年属龙城镇丁山村，2008年后属龙城镇魏楼村，2015年属黄山社区居民委员会。

北杨楼

北杨楼（Běiyánglóu） 属龙城镇黄山社区。地处社区东村部，东至东外环路，南至南杨楼村，西至莱茵美镇小区，北至公园路。总户数为393户，总人口为1132人。面积为0.85平方千米。

清道光年间杨姓建村时称杨楼，后杨姓分居南北，才有南北杨楼之称。1949年后属龙山乡，后划归大庄公社丁山大队，1996年至2008年属龙城镇丁山村，2008年后属龙城镇魏楼村，2015年属黄山社区居民委员会。

龙城壹号小区

龙城壹号小区（Lóngchéngyīhào Xiǎoqū）属龙城镇黄山社区。地处社区东村部，东至东外环路，南至龙凤大道，西至公园路，北至顺河路。总户数为1639户，总人口为2625人。面积为0.74平方千米。

学府花园小区

学府花园小区（Xuéfǔhuāyuán Xiǎoqū）属龙城镇黄山社区。地处社区东村部，东至连石路，南至烟草公司路，西至实验小学，北至顺河路。总户数为2140户，总人口为3378人。面积为0.65平方千米。

大观天下小区

大观天下小区（Dàguāntiānxià Xiǎoqū）属龙城镇黄山社区。地处社区东村部，东至南杨楼村，南至顺河路，西至公园路，北至思源中学。总户数为1825户，总人口为3097人。面积为0.41平方千米。

王典

王典（Wángdiǎn） 属龙城镇王典村民委员会。地处王典村南部，北至毛郢子社区，东至闸河，西邻卢庄和廉庄，南至白土镇张村。总户数为198户，总人口为537人。面积为0.644平方千米。

相传早年此处为闸河渡口，有个叫王一典的人在此摆渡，后建村，故名王一典村，后简称王典村。1949年属龙城区牛眠乡，1958年属大庄公社，1981年属王典公社王典大队，1985年属淮北市段园镇，1992年属龙城镇，2008年合村属王典村至今。

卢庄

卢庄（Lúzhuāng） 属龙城镇王典村民委员会。地处王典村南部，北邻廉庄，东邻王典，南至永堌镇毛寨村，西邻刘行村和毛寨村。总户数为195户，总人口为511人。面积为0.613平方千米。

卢姓人在此占产立庄，故名。1949年属龙城区牛眠乡，1958年属大庄公社，1981年属王典公社王典大队，1985年属淮北市段园镇，1992年属龙城镇，2008年合村属王典村至今。

梁圩子

梁圩子（Liángwéizi） 属龙城镇王典村民委员会。地处王典村南部，南至毛郢矿，西邻廉庄，北邻姜场和靳场，东邻永马公路。总户数为117户，总人口为316人。面积为0.379平方千米。

梁姓人在此占产立庄，村周建筑土圩子，故名。1949年属龙城区牛眠乡，1958年属大庄公社，1981年属王典公社王典大队，1985年属淮北市段园镇，1992年属龙城镇，2008年合村属王典村至今。

姜场

姜场（Jiāngchǎng） 属龙城镇王典村民委员会。地处王典村南部，北邻靳场，东邻梁圩子，南邻梁圩子，西邻梁圩子。总户数为97户，总人口为233人。面积为0.28平方千米。

姜姓在原打谷场上建村，故名。1949年属龙城区牛眠乡，1958年属大庄公社，1981年属王典公社王典大队，1985年属淮北市段园镇，1992年属龙城镇，2008年合村属王典村至今。

毛新庄

毛新庄（Máoxīnzhuāng） 属龙城镇王典村民委员会。地处王典村东部，北邻毛郢子社区，东邻毛郢子社区，南邻靳场和姜，西邻靳场自然村。总户数为75户，总人口为193人。面积为0.324平方千米。

毛姓在此建新村，故名。1949年属龙城区牛眠乡，1958年属大庄公社，1981年属王典公社王典大队，1985年属淮北市段园镇，1992年属龙城镇，2008年合村属王典村至今。

靳场

靳场（Jìnchǎng） 属龙城镇王典村民委员会。地处王典村中部，北邻毛郢子社区和淮北段园施庄村，东邻毛新庄，南邻姜场和梁圩子，西邻廉庄。总户数为271户，总人口为762人。面积为0.914平方千米。

该村清代时为祝姓的寄庄子，设有打谷场。后靳姓在此定居易名靳场。1949年属龙城区牛眠乡，1958年属大庄公社，1981年属王典公社王典大队，1985年属淮北市段园镇，1992年属龙城镇，2008年合村属王典村至今。

廉场

廉场（Liánchǎng） 属龙城镇王典村民委员会。地处王典村中部，北邻毛郢矿，西邻刘行村，南邻卢庄，东至两姜河。总户数为225户，总人口为589人。面积为0.706平方千米。

该村清代时为祝姓的寄庄子，设有打谷场。后廉姓在此定居，易名廉场。1949年属龙城区牛眠乡，1958年属大庄公社，1981年属王典公社王典大队，1985年属淮北市段园镇，1992年属龙城镇，2008年合村属王典村至今。

毛郢孜

毛郢孜（Máoyǐngzī） 隶属龙城镇毛郢孜村村民委员会。地处毛郢孜村中部，总户数1026户，总人口3286人。面积1.058平方千米。

清道光年间，建村时称为康家营，后改名为汪家营，后汪姓人家又升官迁走，至民国时期因居住毛姓人口居多，改称毛营寨。1958年改名毛营子。1981年改称毛郢孜，沿用至今。1949年后属毛郢孜乡。1958年后属牛眠公社。1980年属龙城区牛眠公社、大庄公社。1985年属白土镇。1986年改属龙城区王典镇毛郢孜村。

毛东

毛东（Máodōng） 隶属龙城镇毛郢孜村村民委员会。地处毛郢孜村东部，闸河以西，生态大道以南，毛中路段以东，南湖地以北。总户数479户，总人口1500人。面积1.127平方千米。

清道光年间，建村时称为康家营，后改名为汪家营，后汪姓又升官迁走，至民国时期因居住毛姓氏人口居多，改称毛营寨，现一分为三，为毛东。1958年改名毛营子。1981年改称毛郢孜，沿用至今。1949年后属毛郢孜乡。1958年后属牛眠公社。1980年属龙城区牛眠公社、大庄公社。1985年属白土镇。1986年改属龙城区王典镇毛郢孜村。

毛中

毛中（Máozhōng） 隶属龙城镇毛郢孜村村民委员会。地处毛郢孜村中部，毛东路段以西，生态大道以南，毛西路段以东，南湖地以北。总户数291户，总人口913人。面积6.84平方千米。

清道光年间，建村时称为康家营，后改名为汪家营，后汪姓又升官迁走，至民国时期因居住毛姓氏人口居多，改称毛营寨，现一分为三，为毛中。1958年改名毛营子，1981年改称毛郢孜，沿用至今。1949年后属毛郢孜乡。1958年后属牛眠公社。1980年属龙城区牛眠公社、大庄公社。1985年属白土镇。1986年改属龙城区王典镇毛郢孜村。

毛西

毛西（Máoxī） 隶属龙城镇毛郢孜村村民委员会。地处毛郢孜村西部，永马路以东，生态大道以南，毛中路段以西，南湖地以北。总户数377户，总人口1192人。面积8.89平方千米。

清道光年间，建村时称为康家营，后改名为汪家营，后汪姓又升官迁走，至民国时期因居住毛姓氏人口居多，改称毛营寨，现一分为三，为毛西。1958年改名毛营子。1981年改称毛郢孜，沿用至今。1949年后属毛郢孜乡。1958年后属牛眠公社。1980年属龙城区牛眠公社、大庄公社。1985年属白土镇。1986年改属龙城区王典镇毛郢孜村。

帽山

帽山（Màoshān） 属龙城镇帽山村民委员会。地处帽山村中部，东至帽山小学，西至帽山西山山顶，南至帽山中学，北至纵林。总户数为1300户。总人口为2780人。面积为5平方千米。

此地有一座山，外形像一顶帽子，村民在山周边建村立庄，故而得名。汉代该山曾称同孝山，著名经学家刘向祖居此地，称同孝里。南朝宋时刘裕同宗刘怀肃一支居此，改为安上里。1949年属龙城区梅村乡，1958年属梅村公社帽山大队，1980年区划调整属帽山公社帽山大队，1992年撤区并乡时属龙城镇帽山村，2007年合村后属龙城镇帽山村至今。

李山

李山（Lǐshān） 属龙城镇帽山村民委员会。地处帽山村东部，东至西外环路，西至帽山小学，南至帽山，北至小帽山。总户数为310户，总人口为1060人。面积为4.9平方千米。

李姓人在此山窝里建村，故名。1949年属龙城区梅村乡，1958年属梅村公社李山大队，1980年属帽山公社李山大队，1992年撤区并乡时属龙城镇李山村，2007年合村后属龙城镇帽山村至今。

纵林

纵林（Zònglín） 属龙城镇帽山村民委员会。地处帽山村中部，东至西外环路，西至纵林西山山顶，南至帽山，北至灵山山顶。总户数为371户，总人口为1370人。面积为5.5平方千米。

纵姓祖上老林在此，纵姓又在此世代聚居住成村，遂名纵林。1949年属龙城区梅村乡，1958年属梅村公社纵林大队，1980年属帽山公社纵林大队，1992年属龙城镇纵林村，2007年合村后属龙城镇帽山村至今。

刘楼

刘楼（Liúlóu） 属龙城镇王大庄村民委员会。地处王大庄村西南部，公益河以西，孙小林子以东，人民村以南，郝桥以北。总户数为143户，总人口为492人。面积为0.9225平方千米。

刘姓人家来此买地建庄并建一土楼，故名。1949年属龙城区梅村乡王大庄村。1958年属梅村公社王大庄大队。1984年属帽山乡王大庄村。1992年属龙城镇王大庄村至今。

大南

大南（Dànán） 属龙城镇王大庄村民委员会。地处王大庄村南部，大南窑厂以西，公益河以东，大北以南，运粮河以北。总户数为325户，总人口为1130人。面积为1.2141平方千米。

因王大庄村较大，村庄南部叫大南。1949年属龙城区梅村乡王大庄村。1958年属梅村公社王大庄大队。1984年属帽山乡王大庄村。1992年属龙城镇王大庄村至今。

大北

大北（Dàběi） 属龙城镇王大庄村民委员会。地处王大庄村北部，大庄水库以西，公益河以东，吴二庄以南，大南以北。总户数为291户，总人口为1014人。面积为1.035平方千米。

因王大庄村较大，村庄北部叫大北。1949年属龙城区梅村乡王大庄村。1958年属梅村公社王大庄大队。1984年属帽山乡王大庄村。1992年属龙城镇王大庄村至今。

吴二庄

吴二庄（Wú' èrzhuāng） 属龙城镇王大庄村民委员会。地处王大庄村北部，吴二庄老窑厂以西，公益河以东，土楼自然村以南，大北自然村以北。总户数为252户，总人口为825人。面积为0.8726平方千米。

吴姓人在离王大庄二里地建村庄，庄较小，故名吴二庄。1949年属龙城区梅村乡王大庄村。1958年属梅村公社王大庄大队。1984年属帽山乡王大庄村。1992年属龙城镇王大庄村至今。

陈土楼

陈土楼（Chéntǔlóu） 属龙城镇王大庄村民委员会。地处王大庄村北部，土楼山坝以西，公益河以东，赵庄自然村以南，吴二庄自然村以北。总户数为165户，总人口为552人。面积为0.765平方千米。

该村祖居陈姓，早年村中建一土楼，故名。1949年属龙城区梅村乡郭楼村。1958年属梅村公社王大庄大队。1985年属帽山乡王大庄村。1992年属龙城镇郭楼村。2007年属王大庄村民委员会。

赵庄

赵庄（Zhàozhuāng） 属龙城镇王大庄村民委员会。地处王大庄村北部，帽山中学以西，公益河以东，小寨子闸以南，土楼自然村以北。总户数为60户，总人口为205人。面积为0.1809平方千米。

200年前，赵姓在此立庄，故名。1949年属龙城区梅村乡，1958年属梅村公社郭楼大队，1984年属帽山乡郭楼村，1992年属龙城镇郭楼村，2007年属王大庄村民委员会。

郭楼

郭楼（Guōlóu） 属龙城镇王大庄村民委员会。地处王大庄村西北部，公益河以西，郭楼山以东，小寨子自然村以南，后杨楼自然村以北。总户数为211户，总人口为701人。面积为0.8674平方千米。

郭姓在此建村盖楼，故名。1949年属龙城区梅村乡。1958年属梅村公社郭楼大队。1984年属帽山乡郭楼村。1992年属龙城镇郭楼村。2007年属王大庄村民委员会。

小寨子

小寨子（Xiǎozhàizi） 属龙城镇王大庄村民委员会。地处王大庄村西北部，公益河以西，民兵河以东，罗庄以南，郭楼以北。总户数为146户，总人口为506人。面积为0.7225平方千米。

村周围筑有寨墙，村较小，故名。1949年属龙城区梅村乡。1958年属梅村公社郭楼大队。1984年属帽山乡郭楼村。1992年属龙城镇郭楼村。2007年属王大庄村民委员会。

杨楼

杨楼（Yánglóu） 属龙城镇人民村村民委员会。地处人民村东北部，西至西河，南至寨里，东至二沟桥，北至郭楼。总户数为191户，总人口为599人。面积为1.0209平方千米。

明代杨姓在此占产立庄，故名。1950属龙城区帽山乡人民村，1958年属梅村公社人民大队，1985年属龙城镇帽山乡人民村，1992年属龙城镇人民村至今。

寨里

寨里（Zhàilǐ） 属龙城镇人民村村民委员会。地处人民村东南部，北至杨楼，西至高铁，东至祁庄，南至围里。总户数为156户，总人口为473人。面积为0.8601平方千米。

1853年大户在此建寨，因靠近名山帽山，故名帽山寨。因在寨墙以里建一村，名为寨里，故名。1950年属龙城区帽山乡，1958年后属梅村公社人民大队，1985年属龙城镇帽山乡人民村，1992年属龙城镇人民村至今。

西寨圈

西寨圈（Xīzhàiquān） 属龙城镇人民村村民委员会。地处人民村南部，西至采石场，南至一道河，北至寨里，东至围里。总户数为140户，总人口为313人。面积为0.5334平方千米。

该村是新中国成立前大地主段家的寄庄子，圈里住八大户，因在帽山寨以西，故而得名。1950年属龙城区帽山乡，1958年后属梅村公社人民大队，1985年属龙城镇帽山乡人民村，1992年属龙城镇人民村至今。

围里

围里（Wéilǐ） 属龙城镇人民村村民委员会。地处人民村东南部，北至寨里，西至西寨圈，南至小学，东至东门。总户数为257户，总人口为759人。面积为1.2936平方千米。

1853年建寨的围墙以里，王家大地主在此居住，称围里。1950年属龙城区帽山乡，1958年后属梅村公社人民大队，1985年属龙城镇帽山乡人民村，1992年属龙城镇人民村至今。

东门

东门（Dōngmén） 属龙城镇人民村村民委员会。地处人民村东南部，西至围里，南至小学，东至大庄，北至祁庄。总户数为126户，总人口为310人。面积为0.5283平方千米。

此处是帽山寨东寨门，居民在此聚居成一村庄，故名。1950年属龙城区帽山乡，1958年后属梅村公社人民大队，1985年属龙城镇帽山乡人民村，1992年属龙城镇人民村至今。

祁庄

祁庄（Qízhuāng） 属龙城镇人民村村民委员会。地处人民村东南部，西至寨里，南至东门，北至刘庄，东至村部。总户数为124户，总人口为313人。面积为0.5334平方千米。

明代祁姓在此定居后形成村庄，故名。1950年属龙城区帽山乡，1958年后属梅村公社人民大队，1985年属龙城镇帽山乡人民村，1992年属龙城镇人民村至今。

刘庄

刘庄（Liúzhuāng） 属龙城镇人民村村民委员会。地处人民村东部，西至二沟桥，南至祁庄，北至郭楼，东至公益河。总户数为200户，总人口为589人。面积为1.0043平方千米。

18世纪早期刘姓人家从河南迁至此处，故名。1950年属龙城区帽山乡，1958年后属梅村公社人民大队，1985年属龙城镇帽山乡人民村，1992年属龙城镇人民村至今。

姬村

姬村（Jīcūn） 隶属萧县龙城镇姬村村民委员会，地处姬村中部，北至北山，东至淮北段园镇祁村，南至淮北段园镇沈庄矿，西至淮北段园镇朱庄。总户数1116户，总人口为2960人。面积为5.45平方千米。

据记载，古大彭国和古彭城，在姬村北大小彭山附近。《彭城志》记载："大彭国都城在大彭山下，今徐州市城西三十里。"清同治《续萧县志》的萧县山水总图及东北乡村寨图均标明，"大彭山"在姬村之北。当地曾有石雕遗存和民间传说。隋唐时期姬姓大户人家居住在此，后村庄人口多，姬姓户大，故名，沿用至今。1949年至1954年属姚楼乡姬村。1958年后属牛眠公社姚楼大队、大庄公社、姬村大队。1985年属魏楼乡。1992年划归龙城镇姬村至今。

二南庄

二南庄（Èrnánzhuāng） 属龙城镇刘行村村民委员会。地处刘行村东南部，东至邱庄，西至薛庄，南至运粮河，北至四南庄。总户数为47户，总人口为186人。面积为0.188平方千米。

传说刘行毛姓有四子，分居在附近四处，第二子在此居住，故而得名。1949年属刘行乡，1958年属吴庄公社郑台大队，1970年属大庄公社郑台大队，1982年属王典公社郑台大队，1995年属龙城镇郑台村，2008年属龙城镇刘行村。

黄台

黄台（Huángtái） 属龙城镇刘行村村民委员会。地处刘行村中部，东至孟庄，西至刘西，南至薛庄，北至孟庄。总户数为79户，总人口为264人。面积为0.296平方千米。

该村清代属黄郢子的寄庄子，以黄姓人口居多，清末改为黄台子。1949年属刘行乡，1958年属吴庄公社郑台大队，1970年属大庄公社郑台大队，1982年属王典公社郑台大队，1995 年属龙城镇郑台村，2008 年属龙城镇刘行村。

黄庄

黄庄（Huángzhuāng） 属龙城镇刘行村村民委员会。地处刘行村南部，东至黄台，西至王庄，南至薛庄，北至刘西。总户数为 98 户，总人口为 275 人。面积为 0.319 平方千米。

明代黄河水漫过后，黄姓一家迁居此地以耕种生活，人口越来越多，取名黄庄。1949 年属刘行乡，1958 年属吴庄公社郑台大队，1970 年属大庄公社刘行大队，1981 年划归淮北市杜集区孟庄公社（乡），1992 年属龙城镇郑台村，2008 年属龙城镇刘行村。

梁瓦房

梁瓦房（Liángwǎfáng） 属龙城镇刘行村村民委员会。地处刘行村西部，东至刘西，西至丁里镇许堂，南至王庄，北至李台社区。总户数为 98 户，总人口为 302 人。面积为 0.392 平方千米。

早年间，梁姓人在此占产立庄建有瓦房，故名。1949 年属刘行乡，1958 年属吴庄公社郑台大队，1970 年属大庄公社刘行大队，后来一直随刘行村归属。

刘西

刘西（Liúxī） 属龙城镇刘行村村民委员会。地处刘行村西部，东至黄台自然村，西至梁瓦房自然村，南至黄庄自然村，北至段园镇施庄。总户数为 153 户，总人口为 432 人。面积为 0.675 平方千米。

本村在刘行村以西建立，故名。1949 年属刘行乡，1958 年属吴庄公社郑台大队，1970 年属大庄公社刘行大队，后来一直随刘行村归属。

孟庄

孟庄（Mèngzhuāng） 属龙城镇刘行村村民委员会。地处刘行村北部，东至郑台自然村，西至黄台自然村，南至四南庄自然村，北至段园镇施庄。总户数为 144 户，总人口为 507 人。面积为 0.785 平方千米。

孟姓人在此占产立庄，故名。1949 年属刘行乡，1958 年属吴庄公社郑台大队，1970 年属大庄公社刘行大队，后来一直随刘行村归属。

四南庄

四南庄（Sìnánzhuāng） 属龙城镇刘行村村民委员会。地处刘行村东南部，东至郑台自然村，西至黄台自然村，南至二南庄、邱庄自然村，北至郑台自然村。总户数为 85 户，总人口为 226 人。面积为 0.279 平方千米。

传说刘行毛姓有四子，分居在附近四处，第四子在此居住，故而得名。1949 年属刘行乡，1958 年属吴庄公社郑台大队，1970 年属大庄公社刘行大队，后来一直随刘行村归属。

王庄

王庄（Wángzhuāng） 属龙城镇刘行村村民委员会。地处刘行村中部，东至黄庄自然村，西至丁里镇许堂，南至薛庄自然村，北至梁瓦房自然村。总户数为 136 户，总人口为 346 人。面积为 0.58 平方千米。

因王姓人家较多而得名。1949 年属刘行乡，1958 年属吴庄公社郑台大队，1970 年属大庄公社刘行大队，后来一直随刘行村归属。

薛庄

薛庄（Xuēzhuāng） 属龙城镇刘行村村民委员会。地处刘行村南部，东至二南庄自然村，西至丁里镇许堂，南至运粮河，北至王庄自然村。总户数为198户，总人口为508人。面积为0.756平方千米。

薛庄西边有个高台子，名为薛台子，有薛姓人曾居于此。新中国成立后，王山窝的人陆续搬来此地，改称薛庄。1949年属刘行乡，1958年属吴庄公社郑台大队，1970年属大庄公社刘行大队，后来一直随刘行村归属。

郑台

郑台（Zhèngtái） 属龙城镇刘行村村民委员会。地处刘行村东部，东至王典社区，西至孟庄自然村，南至四南庄自然村，北至段园镇梁圩子。总户数为211户，总人口为647人。面积为1.28平方千米。

早年间郑姓人在土台子上建村，故名。1949年属刘行乡，1958年属吴庄公社郑台大队，1970年属大庄公社刘行大队，后来一直随刘行村归属。

邱庄

邱庄（Qiūzhuāng） 属龙城镇刘行村村民委员会。地处刘行村东南部，东至王典社区，西至二南庄自然村，南至运粮河，北至四南庄自然村。总户数为27户，总人口为45人。面积为0.14平方千米。

邱姓早年在此建村定居，故名。1949年属刘行乡，1958年属吴庄公社郑台大队，1970年属大庄公社刘行大队，1985年属王典公社郑台大队，1995年属龙城镇郑台村，2008年属龙城镇刘行村。

马楼

马楼（Mǎlóu） 属马楼村村民委员会。地处马楼村北部，东至白土镇欧盘村，南至西峪，西至闸河，北至徐州市铜山区汉王镇西沿村。总户数为303户，总人口为804人。面积为1.354平方千米。

清末马姓人家在此占产立庄，民国期间被李姓大户人家把马姓家业土地收买，但村名一直沿用至今。1949年，属皇藏区孤山乡，1958年后属孤山、白土公社，1986年属孤山乡，1992年属白土镇，2006年属萧县经济开发区。

西峪

西峪（Xīyù） 属马楼村村民委员会。地处马楼村中部，东至萧县白土镇欧盘村，南至杏园自然村，西至萧县经济开发区，北至马楼自然村。总户数为249户，总人口为770人。面积为1.191平方千米。

此地即是古代彭城刘氏“三里”之一绥舆里。千百年来，逐渐将绥舆讹传为西峪(舆)。魏晋时，刘邦之弟楚元王刘交的后代刘裕祖上按“逢鱼可住”的宗家传说，从彭城迁此。因此处山势像鱼，又靠湖靠河，故移居此处，渐成刘氏名门望族，此山取名“绥舆山”，村名“绥舆里”。史志均有记载，历代均有文人墨客慕名来此凭吊。刘裕出生此地，生后母亡，由其婶母抚养成人。后刘裕成为南朝宋的开国皇帝，其婶母葬此山上，民间称为皇墓。民国时期县长王公玙因财政困难，曾掘此墓，得珍宝若干。1949年以来一直属白土镇马楼村。2007年与马楼村一并改属县经济开发区。

杏园

杏园（Xìngyuán） 属萧县经济开发区马楼村村民委员会。地处马楼村南部，东至龙城镇庙街村，南至301省道，西至萧县经济开发区，北至西峪自然村。总户数为201户，总人口为647人。面积为0.915平方千米。

该村为唐宋时代著名的杏花村。苏轼

当年任徐州长官时曾劝农，到过该村和附近的古朱陈村。苏轼有诗曰："我是朱陈旧使君，劝农曾去杏花村……"后来此村成为古代富有美名的杏花村之一。后又渐渐称为杏园村。1949年以来，一直属白土镇马楼村。2007年与马楼村一起改属萧县经济开发区。

庙街村

庙街村（Miàojiēcūn） 属萧县经济开发区村民委员会。地处庙街村西部，东至龙津陶瓷厂，南至天瑞水泥厂，西至闸河毛营，北至萧桃路和开发区办公楼。总户数为398户，总人口为998人。面积为1.02平方千米。

早年该村建有18座庙，有一座为祝融庙（火神庙）。每年农历二月十五逢会，形成街市，故称庙街。传说该村逢会"不下雨就刮风"。1949年属萧县孤山乡，1958年后属孤山、白土公社，1992年归白土镇，于2005年与邵村自然村合并成立庙街村民委员会，2006年改属萧县经济开发区。

邵村

邵村（Shàocūn） 属萧县经济开发区村民委员会。地处庙街村东部，东至萧县白土镇欧盘村，南至萧桃路，西至开发区，北至江苏省徐州市铜山区汉王镇西沿村。总户数为591户，总人口为1494人。面积为1.31平方千米。

邵村源于邵氏和李氏人家在此居住，原名邵李村，后简称邵村。1949年属萧县孤山乡，1958年后属孤山、白土公社，1992年归白土镇，于2005年与邵村自然村合并成立庙街村民委员会，2006年改属萧县经济开发区。

黄口镇

六居

六居（Liùjū） 属黄口镇镇东社区居民委员会。地处居委会西北部，东至镇南社区，西至镇西、镇中社区，南至镇南社区，北至镇北社区。总户数为540户，总人口为2170人。面积为0.51平方千米。

六居是由老印庄演变而来。1949年前属江苏徐州黄口老八区；1958年人民公社时期，属黄口公社三增大队第十一生产队；1985年改为四居；1990年改为六居；2008年为黄口镇镇东社区六居至今。

三居

三居（Sānjū） 属黄口镇镇东社区居民委员会。地处居委会东北部，东至镇南社区，西至镇西、镇中社区，南至镇南社区，北至镇北社区。总户数为780户，总人口为2900人。面积为0.699平方千米。

三居是由原来三增大队二队、四队演变而来。1949年起属江苏徐州萧县黄口区；1953年规划安徽省，属黄口区三增大队；1958年属黄口公社；1985年由三增大队的二队和四队改为四居；1990年由四居改为三居；2008年属黄口镇镇东社区至今。

二居

二居（Èrjū） 属黄口镇镇东社区居民委员会。地处居委会南部，东至镇南社区，西至镇西、镇中社区，南至镇南社区，北至镇北社区。总户数为1050户，总人口为4200人。面积为0.96平方千米。

二居是由原老黄口镇街道东居委会和老三增大队的第一生产队演变而来。1949年起属江苏徐州萧县黄口区；1953年规划安徽省萧县老黄口街道东居委会；1958年属黄口公社；1980 年属黄口镇；2008 年属黄口镇镇东社区二组至今。

一居

一居（Yījū） 属黄口镇镇南社区居民委员会。居委会驻地，东至孙楼村，西至杨阁村，南至王堂村，北至陇海铁路线。总户数为 656 户，总人口为 2894 人，面积为 1.66 平方千米。

1990 年黄口镇行政划分归一居委会而得名。1949 年属黄口区；1958 年 6 月成立人民公社，归属三增大队；1990 年划归一居委会；2008 年属黄口镇镇南社区至今。

陈庄

陈庄（Chénzhuāng） 属黄口镇镇南社区居民委员会。地处居委会东北部，东至张寨村，西至镇东二居，南至王堂村，北至徐商公路。总户数为 287 户，总人口为 1112 人。面积为 0.8 平方千米。

本庄陈姓较多，故而得名。1949 年属黄口区黄口乡；1958 年以后属黄口人民公社第一营；1965 年划属陈庄大队；1981 年属黄口乡，陈庄村；1992 年撤乡并镇，属黄口镇管辖；2008 年划归为黄口镇镇南社区管辖至今。

孙楼

孙楼（Sūnlóu） 属黄口镇镇南社区居民委员会。地处居委会西北部，东至陈庄村，西至镇东二居，南至一居，北至陈庄村。总户数为 88 户，总人口为 387 人。面积为 0.5 平方千米。

三四百年前九户孙姓人家在此地除一虎害，官府立一牌楼纪念，取名孙家打虎楼，后简称孙楼。1949 年属黄口区陈庄；1958 年属黄口公社陈庄大队；1984 年属黄口镇陈庄村委员会；2008 年属黄口镇镇南居委会至今。

王堂

王堂（Wángtáng） 属黄口镇镇南社区居民委员会。地处居委会东南部，东至大柳树，西至胡庄村，南至土楼村，北至一居。总户数为 186 户，总人口为 853 人。面积为 0.7 平方千米。

本村王姓较多，早年村中曾建一祠堂，故而得名。1949 年属黄口区杨阁乡；1956 年属朱庄高级社；1958 年以后，属黄口人民公社胡庄二营；1965 年属黄口公社王堂大队；2008 年划归黄口镇镇南社区至今。

毛庄

毛庄（Máozhuāng） 属黄口镇镇西社区居民委员会。地处居委会西部，东至暗楼，西至邵油坊，南至刘阁，北至老徐商路。总户数为 635 户，总人口为 1983 人。面积为 0.74 平方千米。

清代毛姓在此占产立庄，故而得名。1949 年属黄口区；1958 年属黄口镇人民公社三增大队十二生产队；1978 年属新华大队；1984 年撤社建镇属黄口镇第九居委会；1999 年合并为第四居委会；2008 年属黄口镇镇西社区至今。

新楼

新楼（Xīnlóu） 属黄口镇镇西社区居民委员会。地处居委会北部，总户数为 140 户，总人口为 540 人。面积为 0.289 平方千米。

清代李姓在此建村，曾建一新楼，故名新楼。1949 年属黄口区；1958 年属黄口镇人民公社王庄大队新楼生产队；1984 年属黄口乡新楼村民居委会；2008 年属黄口镇镇西社区至今。

朱暗楼

朱暗楼（Zhū' ànlóu） 属黄口镇镇西

社区居民委员会。地处居委会东部，东至东社区，西至毛庄，南至中社区，北至王庄。总户数为385户，总人口为1156人。面积为0.45平方千米。

早在清代，朱姓在此定居建村，盖有一座土楼，因无窗户室内黑暗，故名朱暗楼。1949年属黄口区；1958年属黄口镇人民公社三增大队十二生产队；1978年属新华大队；1984年撤社建镇属黄口镇第九居委会；1999年属第四居委会；2008年属黄口镇镇西社区至今。

大张庄

大张庄（Dàzhāngzhuāng） 属黄口镇镇北社区居民委员会。地处居委会南部，东至梁庄，南至310国道，西至胡庄，北至小张庄。总户数为136户，总人口为582人。面积为0.72平方千米。

清朝中期，张姓大户在此占产立户形成村庄，故名张庄。为了区分小张庄，更名为大张庄。1949年属孙庙乡；1958年属黄口公社；1980年属黄口镇；2008年属黄口镇镇北社区至今。

丁寨

丁寨（Dīngzhài） 属黄口镇镇北社区居民委员会。地处居委会西南部，东至张庄，南至胡庄，西至老黄口，北至邵庄。总户数为148户，总人口为619人。面积为0.7平方千米。

清中期丁姓人在此建村，村周筑有寨墙。故而得名。1949年属孙庙乡；1958年属黄口公社；1980年属黄口镇；2008年黄口镇统一规划，属镇北社区至今。

胡庄

胡庄（Húzhuāng） 属黄口镇镇北社区居民委员会。地处居委会西北部，东至朱阁，南至一中，西至张庄，北至丁寨。总户数为192户，总人口为749人。面积为0.74平方千米。

早年胡姓人在此居住，故而得名。1949年后属孙庙乡；1958年属黄口公社；1980年属黄口镇；2008年黄口镇统一规划，属镇北社区至今。

李丹楼

李丹楼（Lǐdānlóu） 属黄口镇镇北社区居民委员会。地处居委会南部，东至程楼，南至王庄，西至黄丰路，北至朱阁。总户数为60户，总人口为232人。面积为0.2平方千米。

清朝中期，原村名单楼村，李姓人家从山东金乡逃荒至此落脚，后经数代人经营，家产颇丰，并购置田产，盖红楼一座，遂改村名为李丹楼。1949年属黄口区张寨乡；1958年属黄口人民公社；1983年属黄口乡新楼村；2008年属黄口镇镇北社区至今。

梁庄

梁庄（Liángzhuāng） 属黄口镇镇北社区居民委员会。地处居委会东南部，东至闫集胡寨，南至310国道，西至张庄，北至新庄花楼子。总户数为142户，总人口为614人。面积为0.73平方千米。

清朝中期，原村名孟庄，民国期间，梁姓村民迁入，后家产丰厚，人丁兴旺，遂将村名改为梁庄。1949年属孙庙乡；1958年属黄口公社；1992年属黄口镇张庄村；2008年属黄口镇镇北社区至今。

马楼

马楼（Mǎlóu） 属黄口镇镇北社区居民委员会。地处居委会南部，东至新310国道，南至镇南，西至镇东，北至小杨庄。总户数为126户，总人口为517人。面积为

0.68平方千米。

清末马姓人家在此占产立庄，民国期间虽有李姓大户人家把马姓家业土地收买，但村名一直沿用至今。1949年属黄口区陈庄；2008年黄口镇统一规划，属黄口镇镇北社区至今。

沙楼

沙楼（Shālóu） 属黄口镇镇北社区居民委员会。地处居委会北部，东至小张庄，南至丁寨，西至黄丰路，北至张丁庄。总户数为73户，总人口为338人。面积为0.29平方千米。

民国期间，沙姓在此占产立庄，因在其村东部建有一炮楼故而得名。1949年属孙庙乡；1958年属黄口公社孙庙大队；1992年属黄口镇孙庙村；2008年黄口镇统一规划，属黄口镇镇北社区至今。

王庄

王庄（Wángzhuāng） 属黄口镇镇北社区居民委员会。地处居委会南部，东至小杨庄，南至镇西，西至黄丰路，北至丹楼。总户数为345户，总人口为1455人。面积为1.2平方千米。

因庄内王姓人家较多而得名。1949年前属黄口区北乡；1949年后属黄口区张寨乡；1958年属黄口人民公社；1983年公社撤销后仍属黄口乡新楼大队；2008年属黄口镇镇北社区至今。

小杨庄

小杨庄（Xiǎoyángzhuāng） 属黄口镇镇北社区居民委员会。地处居委会东南部，东至310国道，南至马楼，西至王庄，北至程楼。总户数为135户，总人口为571人。面积为0.7平方千米。

因该村多为杨姓人家居住，人少村小，故而得名。1949年属黄口区陈庄；1958年属黄口公社陈庄大队；1992年属黄口镇新楼村；2008年黄口镇统一规划，属黄口镇镇北社区至今。

小张庄

小张庄（Xiǎozhāngzhuāng） 属黄口镇镇北社区居民委员会。地处居委会北部，东至朱阁田地，南至张庄，西至沙楼，北至刘庄。总户数为38户，总人口为175人，面积为0.2平方千米。

清初张姓兄弟二人自沛县沙河逃荒至此安家立业，因人员较少，故得名小张庄。1949年属孙庙乡；1958年属黄口公社张庄大队；1980年属黄口镇张庄大队；1992年属黄口镇张庄村；2008年黄口镇统一规划，属黄口镇镇北社区至今。

朱阁

朱阁（Zhūgé） 属黄口镇镇北社区居民委员会。地处居委会东南部，东至程楼，南至丹楼，西至黄丰路，北至胡庄。总户数为165户，总人口为654人。面积为0.74平方千米。

清朝初期，朱姓人在此占产立户，建庙阁一座，故取村名朱阁。1949年属孙庙乡；1958年属黄口公社丁寨大队；1980年属黄口镇丁寨村；2008年黄口镇统一规划，属黄口镇镇北社区至今。

五居

五居（Wǔjū） 属黄口镇镇中社区居民委员会。东邻镇东社区，西接301省道，南靠陇海铁路镇南社区，北毗镇西社区。总户数为1317户，总人口为5269人。面积为0.86平方千米。

1990年黄口镇行政划分为五居委会而得名。1985年改为五居；2008年属黄口镇镇中社区至今。

大单庄

大单庄（Dàshànzhuāng） 属黄口镇徐洼村民委员会。地处村委会东北部，东至刘阁，南至偏门，西至小单庄，北至瓦房。总户数为294户，总人口为1026人。面积为1.878平方千米。

明代中期单氏家族逃荒在此落户，由于能吃苦耐劳，勤俭持家，逐渐兴旺发达，家大业大，故而得名大单庄。1950年归黄口区管辖；1958年属黄口东方红社徐洼大队；1980年1月重新划归黄口公社；1984年属徐洼乡；1992年撤乡置镇属黄口镇大单庄；2007年归属黄口镇徐洼村至今。

后徐洼

后徐洼（Hòuxúwā） 属黄口镇徐洼村民委员会。地处村委会西部，东至徐洼沟，南至前徐洼，西至马楼，北至小单庄。总户数为190户，总人口为721人。面积为0.953平方千米。

明代中期，徐氏家族在此居住，因地势低洼，故名徐洼。以后因人口太多分为两村，该村在后（北），故取名后徐洼。1949年属黄口区管辖；1959年又划归徐洼人民公社；1970年合并，归黄口大公社管辖；1984年属徐洼乡；2007年合并村属黄口镇徐洼村至今。

马楼

马楼（Mǎlóu） 属黄口镇徐洼村民委员会。地处村委会西部，东至后徐洼，南至南沙河，西至王明集桥，北至暗楼。总户数为144户，总人口为560人。面积为0.647平方千米。

清末马姓人家在此占产立庄，建一座楼房，故名马楼。民国期间被李姓大户人家把马姓家业土地收买，但村名一直沿用至今。1949年属黄口区徐洼村管辖；1958年又划归徐洼人民公社；1980年1月划归黄口公社徐洼大队；1992年撤乡置镇属黄口镇马楼村；2007年归属黄口镇徐洼村至今。

偏门

偏门（Piānmén） 属黄口镇徐洼村民委员会。地处村委会东南部，东至张邢庄，南至南沙河，西至前徐洼，北至大单庄。总户数为110户，总人口为515人。面积为0.802平方千米。

明代中期，徐氏家族在后徐洼落户，弟兄分家后，迁此。因地形关系，安门的方向不正，是偏的，故名偏门。1950年属黄口区徐洼，1958年归徐洼公社管辖；1994年归属黄口镇徐洼村至今。

前徐洼

前徐洼（Qiánxúwā） 属黄口镇徐洼村民委员会。地处村委会南部，东至偏门，南至马常庄，西至张庄桥，北至后徐洼。总户数为216户，总人口为820人。面积为1.186平方千米。

明代中期徐氏家族在此建村，因村周地势低洼，得名徐洼。以后因人口太多，分为两村，此村在前（南），故而得名前徐洼。1950年属黄口区徐洼村；1958年划分为徐洼公社管辖；1994年合并村，属黄口镇徐洼村至今。

小单庄

小单庄（Xiǎoshànzhuāng） 属黄口镇徐洼村民委员会。地处村委会北部，东至大单庄，南至后徐洼，西至杜小庄，北至陈庄。总户数为150户，总人口为463人。面积为0.788平方千米。

明代中期，单氏家族在大单庄落户定

居，后弟兄分家立户，因此村略小，故而得名。1950年属黄口区徐洼乡公所；1958归徐洼公社管辖；1994年归属黄口镇徐洼村至今。

暗楼村

暗楼村（Ànlóucūn） 属黄口镇暗楼村民委员会。村委会驻地，东至陈庄，南至杜小庄，西至杜桥，北至孟楼和王小屯。总户数为249户，总人口为1050人。面积为1.25平方千米。

原名胡暗楼，清初富绅胡姓来此定居，盖了一座明三暗五的楼房，远近闻名，遂得名胡暗楼，以后简称为暗楼。1950—1957年为黄口区徐洼乡暗楼大队胡暗楼村；1958年隶属徐洼人民公社；1975年撤区并社，为黄口镇徐洼大队所辖；1987年撤乡并镇时归萧县黄口镇暗楼村所辖。

小孟楼

小孟楼（Xiǎomènglóu） 属黄口镇暗楼村民委员会。地处村委会西北部，东至王小屯，南至胡暗楼，西至薛楼，北至大孟楼。总户数为12户，总人口为50人。面积为0.1平方千米。

此村较小，早年孟姓在此建有楼房，故名。1949年前属黄口区，1950—1957年为黄口区徐洼乡胡暗楼大队胡暗楼村；1958年隶属徐洼人民公社；1987年撤区并乡建成黄口镇，属黄口镇胡暗楼大队；1992年属黄口镇暗楼村至今。

杜桥

杜桥（Dùqiáo） 属黄口镇暗楼村民委员会。地处村委会西部，东至胡暗楼，南至陈庄镇，西至杜双楼，北至薛楼。总户数为373户，总人口为1490人。面积为1.85平方千米。

杜姓较多，村子紧靠大沙河，河上曾建石桥一座，故名。1949年前属黄口区；1950—1957年为黄口区徐洼乡胡暗楼大队杜桥村；1958年隶属徐洼人民公社；1992年后为黄口镇暗楼村杜桥自然村。

杜小庄

杜小庄（Dùxiǎozhuāng） 属黄口镇暗楼村民委员会。地处村委会东南部，东至陈庄，南至马楼，西至胡暗楼，北至胡暗楼。总户数为132户，总人口为400人。面积为0.5平方千米。

以姓氏和人口规模命名。1949年前属黄口区；1950—1957年为黄口区徐洼乡胡暗楼大队；1958年为黄口公社胡暗楼大队杜小庄村；1992年为黄口镇胡暗楼村杜小庄自然村；2008年3月后又叫徐洼村杜小庄自然村；现在属黄口镇暗楼村。

王小屯

王小屯（Wángxiǎotún） 属黄口镇暗楼村民委员会。地处村委会东北部，东至周楼，南至胡暗楼，西至孟楼，北至孙庙。总户数为225户，总人口为770人。面积为0.945平方千米。

此村较小，早年王姓在此定居屯田，故名。1949年前属黄口区；1950—1957年叫黄口区徐洼乡暗楼大队暗楼村；1958年隶属徐洼人民公社；1987年撤区并乡建成黄口镇，属黄口镇暗楼大队；1992年属黄口镇小屯村；1994—1999年属暗楼村；2000—2007年属小屯村；2008年至今属暗楼村。

熊庄

熊庄（Xióngzhuāng） 属黄口镇马常庄村民委员会。地处村委会南部，东至李庄，南至熊庄大田地，西至熊庄大田地，北至孙庄。总户数为98户，总人口为438人。

面积为0.3平方千米。

很久以前，熊姓来此建庄，故名熊庄。1949年前属黄口区，2008年后属黄口镇马常庄村至今。

魏庄

魏庄（Wèizhuāng） 属黄口镇马常庄村民委员会。地处村委会东部，东至马西，南至李庄，西至孙庄，北至小张庄。总户数为192户，总人口为702人。面积为0.8平方千米。

1949年前来了两个要饭的，一个田姓，一个魏姓，田姓在村后建了一个庙，遂取村名田庙魏庄，新中国成立后改为魏庄至今。1949年属黄口区；1958年属黄口公社；1992年属黄口镇徐洼区马常庄大队；2008年后属黄口镇马常庄村至今。

大张庄

大张庄（Dàzhāngzhuāng） 属黄口镇马常庄村民委员会。地处村委会东北部，东至小张庄，南至魏庄，西至欧井，北至大张庄大田地。总户数为182户，总人口为636人。面积为0.7平方千米。

此村较大，出了个张姓秀才，故村名以张姓秀才姓氏命名。1949年前属黄口区；1958年属黄口公社；1992年属黄口镇徐洼区马常庄；2008年至今属黄口镇马常庄村。

东村

东村（Dōngcūn） 属黄口镇马常庄村民委员会。地处村委会东部，东至马东大田地，南至马东大田地，西至马西，北至马东大田地。总户数为142户，总人口为512人。面积为0.5平方千米。

清代建村，因位于栾庄至徐洼南北路的东部而命名。1949年属黄坝乡；1958年属东方红公社马常庄四大队；1961年属黄口区徐洼公社马常庄大队；1970年属徐洼乡马常庄大队；1992年属黄口镇徐洼管区马常庄大队；1995年至今属黄口镇马常庄村委会。

李庄

李庄（Lǐzhuāng） 属黄口镇马常庄村民委员会。地处村委会东南部，东至魏庄，南至李庄大田地，西至熊庄，北至魏庄。总户数为205户，总人口为825人。面积为0.9平方千米。

很久以前，李姓来此建庄，故名。1949年前属黄口区；1958年属东方红公社；1961年属黄口区徐洼公社马常庄大队；1980年属黄口镇徐洼乡马常庄大队；1992年属黄口镇马常庄村至今。

欧井

欧井（Ōujǐng）属黄口镇马常庄村民委员会。地处村委会西北部，东至大张庄，南至孙庄，西至欧井大田地，北至砀山王明集。总户数为201户，总人口为794人。面积为0.71平方千米。

欧姓建村后，曾打几眼井，故取村名欧井。1949年属黄口区徐洼乡；1958年属东方红公社马常庄大队；1961年属黄口区徐洼公社马常庄大队；1980年属黄口镇徐洼乡马常庄大队；1992年至今属黄口镇马常庄村。

孙庄

孙庄（Sūnzhuāng） 属黄口镇马常庄村民委员会。地处村委会西部，东至魏庄，南至熊庄，西至砀山界线，北至欧井。总户数为103户，总人口为480人。面积为0.4平方千米。

孙姓最早来此定居建庄，故名。1949年前属黄口区徐洼乡；1958年属东方红公社马常庄大队；1961年属黄口区徐洼公社马常庄大队；1980年属徐洼乡马常庄大队；1992

年至今属黄口镇马常庄村。

西村

西村（Xīcūn） 属黄口镇马常庄村民委员会。地处村委会东部，东至马东，南至胡庄大田地，西至魏庄，北至小张庄。总户数为184户，总人口为656人。面积为0.7平方千米。

清代建村，因位于栾庄至徐洼的南北路之西而得名。1950年属黄口区黄坝乡；1958年属东方红公社马常庄四大队；1970年属黄口区徐洼公社马常庄大队；1992年属黄口镇徐洼管区马常庄大队；1995年至今属黄口镇马常庄村民委员会。

小张庄

小张庄（Xiǎozhāngzhuāng） 属黄口镇马常庄村民委员会。地处村委会东北部，东至马西，南至魏庄，西至大张庄，北至小张庄大田地。总户数为118户，总人口为486人。面积为0.4平方千米。

1949年前在此居住仅几户人家，且全都是张姓，故因人少村小而得名至今。1950年属黄口区黄坝乡；1958年属东方红公社马常庄四大队；1970年属黄口区徐洼公社马常庄大队；1980年属徐洼乡马常庄大队；1992年至今属黄口镇马常庄村民委员会。

后油坊

后油坊（Hòuyóufāng） 属黄口镇瓦房村民委员会。村委会驻地，东至前油坊，南至刘阁村，北至工业园区，西至瓦房。总户数为178户，总人口为739人。面积为0.56平方千米。

明代初期有邵姓在此占产立庄，磨油开油坊，故而得名邵油坊。随着家大业大，遂分两处定居，该村居后（北）。故称后油坊。1949年属黄口八区；1958年人民公社时期属黄口公社六营；1984年属徐洼乡；1992年属黄口镇瓦房村民委员会至今。

孟瓦房

孟瓦房（Mèngwǎfáng） 属黄口镇瓦房村民委员会。地处村委会西部，东至后油坊，南至大单庄，北至黄杨沟，西至王双楼。总户数为283户，总人口为958人。面积为1.15平方千米。

早年，这里是卢村卢家的一片湖地，靠地的南头建有三间瓦房，是留作人们干活休息吃饭的地方。后来，不断有孟姓搬迁到此居住，形成了村落，遂取名孟瓦房。1949年属黄口八区徐洼乡；1958年人民公社时期属黄口公社六营；1961年改建公社属徐洼公社；1984年属徐洼乡瓦房村；1992年属黄口镇瓦房村民委员会至今。

陈庄

陈庄（Chénzhuāng） 属黄口镇瓦房村民委员会。地处村委会西部，东至大单庄，南至小单庄，北至周楼，西至杜楼。总户数为123户，总人口为427人。面积为0.51平方千米。

本庄陈姓较多，故而得名。1949年属黄口八区徐洼乡；1958年改制属黄口公社六营；1961年属徐洼公社；1984年撤社并乡属徐洼乡；1992年属黄口镇瓦房村民委员会至今。

前油坊

前油坊（Qiányóufāng） 属黄口镇瓦房村民委员会。地处村委会东部，东至毛庄，南至刘阁村，北至工业园区，西至后油坊。总户数为212户，总人口为793人。面积为0.51平方千米。

明代初期有邵姓在此立庄，磨油开油坊，故而得名邵油坊。随着家大业大，遂分两处定居，该村居前（南），故称前油坊。1949年属黄口八区徐洼乡；1958年改制属黄口公社六营；1961年属徐洼公社；1984年撤社并乡属徐洼乡；1992年属黄口镇瓦房村委会至今。

杜楼

杜楼（Dùlóu） 属黄口镇瓦房村民委员会。地处村委会西部，东至陈庄，南至小单庄，北至陇海线，西至胡暗喽。总户数为131户，总人口为419人。面积为0.6平方千米。

明代杜姓人在此占产立庄并建楼，故而得名。1949年属黄口八区徐洼乡；1958年改制属黄口公社六营；1961年属徐洼公社；1984年撤社并乡属徐洼乡；1992年属黄口镇瓦房村委会至今。

黄楼

黄楼（Huánglóu） 属黄口镇瓦房村民委员会。地处村委会北部，东至工业园，南至后油坊，北至徐商路，西至瓦房。总户数为82户，总人口为333人。面积为0.21平方千米。

清朝有一老黄口黄姓人家在此占产立户并建一门楼，故而得名。1949年属黄口八区徐洼乡；1958年人民公社时期属黄口公社六营；1961年改建公社时属徐洼公社；1984年属徐洼乡；1992年属黄口镇瓦房村委会至今。

王双楼

王双楼（Wángshuānglóu） 属黄口镇瓦房村民委员会。地处村委会西部，东至瓦房，南至陇海线，北至黄杨沟，西至周楼。总户数为123户，总人口为438人。面积为0.6平方千米。

明代王姓在此定居，建有两座楼房，故而得名。1949年属黄口八区徐洼乡；1958年属黄口公社第六营；1961年属徐洼公社；1984年去社并乡属徐洼乡；1992年属黄口镇瓦房村民委员会。

周楼

周楼（Zhōulóu） 属黄口镇瓦房村民委员会。地处村委会西部，东至王双楼，南至陇海线，北至黄杨沟，西至小屯。总户数为254户，总人口为925人。面积为1.17平方千米。

明代周姓在此定居，建有一座楼房，故而得名。1949年属黄口八区徐洼乡；1958年人民公社时期属黄口公社六营；1961年改建公社时属徐洼公社；1984年属徐洼乡；1992年属黄口镇瓦房村民委员会至今。

何庄

何庄（Hézhuāng） 属黄口镇唐庄村民委员会。地处村委会西部，东至胡庄，西至李庄路，北至李庄，南至酒店乡峦庄村。总户数为4户，总人口为13人。面积为0.23平方千米。有小学、村道、村卫生室等。

很久以前何姓在此居住建庄，故而得名。1949年起属黄口区黄坝村；1958年属黄口公社马常庄四大队；1980年属黄口公社黄坝大队；2007年属黄口镇黄坝村黄口公社；2008年属黄口镇唐庄村至今。

胡庄

胡庄（Húzhuāng） 属黄口镇唐庄村民委员会。地处村委会西部，东至黄坝，西至何庄、北马常庄，南至酒店乡峦庄村。总户数为204户，总人口为714人。面积为1.39平方千米。

早年胡姓人在此立庄，故而得名。1949年属黄口区黄坝乡；1958年属东方红公社马常庄四大队；1970 年属黄口区徐洼公社黄坝大队；1980 年属黄口镇黄坝村；2008 年属黄口镇唐庄村至今。

黄坝

黄坝（Huángbà） 属黄口镇唐庄村民委员会。地处村委会西部，东至唐庄，西至胡庄，北至马常庄，南至酒店乡前坝村。总户数为 270 户，总人口为 945 人。面积为 1.65 平方千米。

很久以前黄姓在此建村，为防黄河开口，在此打了个拦河坝，故而得名。1949 年属黄口区黄坝乡；1958 年属东方红公社黄坝大队；1961 年属黄口区徐洼公社黄坝大队；1970 年属黄口公社黄坝大队；1980 年属徐洼乡黄坝大队；1992 年属黄口镇黄坝村；2008 年属黄口镇唐庄村至今。

唐庄

唐庄（Tángzhuāng） 属黄口镇唐庄村民委员会。地处村委会南部，东至瞎子营，西至黄坝，北至玉皇阁，南至酒店乡沙滩村。总户数为 263 户，总人口为 920 人。面积为 1.85 平方千米。

很久以前，唐姓在此建村定居，出了不少官员和秀才，筑有庄园，富甲一方，故称村名唐庄。1949 年属黄口区黄坝乡；1958 年属东方红公社马常庄四大队；1970 年属黄口区徐洼公社唐庄大队；1980 年属黄口镇唐庄村至今。

玉皇阁

玉皇阁（Yùhuánggé） 属黄口镇唐庄村民委员会。地处村委会北部，东至瞎子营路，西至马常庄，北至大沙河，南至唐庄自然村。总户数为 59 户，总人口为 215 人。面积为 0.68 平方千米。

在清代，有村庄建在一座玉皇庙旁，故而得名玉皇阁。1949 年属黄口区徐洼乡唐庄村；1958 年属东方红公社马常庄四大队；1970 年属黄口区徐洼公社唐园大队；1980 年属黄口镇唐庄村至今。

瞎子营

瞎子营（Xiāziyíng） 属黄口镇唐庄村民委员会。地处村委会东部，东至大沙河，西至唐庄，北至大沙河，南至酒店乡朱堤湾村。总户数为 186 户，总人口为 651 人。面积为 1.088 平方千米。

此村早年有个盲人（瞎子），因打赢了一场官司，为作永久纪念，遂取村名瞎子赢。后“赢”讹传为“营”。1949 年属黄口区唐庄村；1958 年属东方红公社马常庄四大队；1970 年属黄口区徐洼公社唐园大队；1980 年属黄口镇唐庄村至今。

唐园

唐园（Tángyuán） 属黄口镇唐园村民委员会。地处村委会南部，东至南孟庄，南至孟楼，北至 310 国道，西至关庄。总户数为 95 户，总人口为 349 人。面积为 0.45 平方千米。

明代唐姓在此种菜，故而得名。后来，这里出了一位教育家叫唐锦亭，深孚众望。1949 年属江苏省萧县高新区地藏阁乡唐园村；1953 年属安徽省萧县新庄区地藏阁乡唐园村；1958 年属黄口公社八营六连；1961 年属黄口区孙庙唐园林；1981 年属黄口镇孙庙乡唐园林；1992 年属黄口镇唐园村至今。

汪堤

汪堤（Wāngdī） 属黄口镇唐园村民委员会。地处村委会东北部，东至李庄，南至孙庙，北至马郑庄，西至孟庄。总户数为 100 户，总人口为 425 人。面积为 0.523 平方千米。

早年黄河发大水时，在此曾筑过大堤。后来汪姓在此建村，故取名汪堤。1949年属江苏省萧县高新区地藏阁乡高庄村；1953年属安徽省萧县新庄区地藏阁乡高庄村；1958年属黄口公社八营六连；1961年属黄口区孙庙乡高庄大队；1981年属黄口镇孙庙乡；2008年属黄口镇唐园村至今。

徐王楼

徐王楼（Xúwánglóu） 属黄口镇唐园村民委员会。村委会驻地，东至孙庙，南至唐园，北至杨庄，西至关庄。总户数为259户，总人口为1054人。面积为1.2平方千米。

明代徐姓和王姓两姓在此占产盖楼立庄，因当时有两姓，故而得名。1949年属江苏省萧县高新区地藏阁乡高庄村；1953年属安徽省萧县新庄区地藏阁乡高庄村；1958年属黄口公社八营六连；1961年为黄口区孙庙乡高庄大队；1981年属黄口镇孙庙乡高庄村；2008年属黄口镇唐园村至今。

扈庄

扈庄（Hùzhuāng） 属黄口镇唐园村民委员会。地处村委会北部，东至汪堤，南至孙庙，北至高庄，西至杨庄。总户数为78户，总人口为339人。面积为0.35平方千米。

明代扈姓在此占产居住立庄，故而得名。1949年属江苏省萧县高新区地藏阁乡高庄村；1953年属安徽省萧县新庄区地藏阁乡孟庄村；1958年属黄口公社八营六连；1961年属黄口区孙庙乡高庄大队；1981年属黄口镇孙庙乡高庄村；2008年属黄口镇唐园村至今。

大杨楼

大杨楼（Dàyánglóu） 属黄口镇唐园村民委员会。地处村委会西北部，东至杨庄，南至侯口，北至小杨楼，西至荒庄。总户数为320户，总人口为1281人。面积为1.3平方千米。

明代杨氏在此建楼定居，后来人丁兴旺，遂分两处，都建有楼房，该村楼稍大，故名。1949年属江苏省萧县高新区地藏阁乡杨楼村；1953年属安徽省萧县新庄区地藏阁乡杨楼村；1958年属黄口公社八营七连；1961年属黄口区孙庙乡杨楼大队；1981年属黄口镇孙庙乡杨楼村；2008年属黄口镇唐园村至今。

高庄

高庄（Gāozhuāng） 属黄口镇唐园村民委员会。地处村委会东北部，东至孟庄，南至户庄，北至邵套，西至杨庄。总户数为81户，总人口为327人。面积为0.4平方千米。

明代高姓在此占产立庄，故而得名。1949年属江苏省萧县高新区地藏阁乡高庄村；1953年属安徽省萧县新庄区地藏阁高庄村；1958年属黄口公社八营六连；1961年属黄口区孙庙乡高庄大队；1981年属黄口镇孙庙乡高庄村；2008年属黄口镇唐园村至今。

官庄

官庄（Guānzhuāng） 属黄口镇唐园村民委员会。地处村委会西南部，东至徐王楼，南至薛楼，北至310国道，西至侯口。总户数为60户，总人口为214人。面积为0.43平方千米。

明朝时期，一官员路过此处，见其风水颇佳，遂卜居在此，故而得名。1949年属江苏省萧县高新区地藏阁乡高庄村；1953年属安徽省萧县新庄区地藏阁乡；1958年属黄口公社八营六连；1961年属黄口区孙庙乡官庄大队；1981年属黄口镇孙庙乡官庄村；2008年划归黄口镇唐园村至今。

孟庄

孟庄（Mèngzhuāng） 属黄口镇唐园村民委员会。地处村委会东北部，东至汪堤，南至孙庙，北至邵套，西至高庄。总户数为159户，总人口为620人。面积为0.974平方千米。

明代孟姓在此占产立庄，故而得名。1949年属江苏省萧县高新区地藏阁乡高庄村；1953年属安徽省萧县新庄区地藏阁乡高庄村；1958年属黄口公社八营六连；1961年属黄口区孙庙乡孟庄大队；1981年属黄口镇孙庙乡孟庄村；2008年划归黄口镇唐园村至今。

小杨楼

小杨楼（Xiǎoyánglóu） 属黄口镇唐园村民委员会。地处村委会西北部，东至杨庄，南至大杨楼，北至竹楼，西至萧砀边界。总户数为65户，总人口为248人。面积为0.3平方千米。

明代杨氏在此建村，后来人丁兴旺，家大业大，遂分两处，都建有楼房，该村楼略小，故名。1949年属江苏省萧县高新区地藏阁乡杨楼村；1953年属安徽省萧县新庄区地藏阁乡杨楼村；1958年属黄口公社八营七连；1961年属黄口区孙庙乡杨楼大队；1981年属黄口镇孙庙乡杨楼村；2008年划归黄口镇唐园村至今。

杨庄

杨庄（Yángzhuāng） 属黄口镇唐园村民委员会。地处村委会西北部，东至高庄，南至徐王楼，北至张油坊，西至小杨楼。总户数为130户，总人口为517人。面积为0.6平方千米。

早在明代这里就曾建庄，因杨姓家族人较多而得名杨庄。1949年属江苏省萧县高新区地藏阁乡高庄村；1953年属安徽省萧县新庄区地藏阁乡高庄村；1958年属黄口公社八营六连；1961年属黄口区孙庙乡杨庄大队；1981年属黄口镇孙庙乡杨庄村；2008年划归黄口镇唐园村至今。

邵庄

邵庄（Shàozhuāng） 属黄口镇邵庄村民委员会。村委会驻地，东至张丁庄，西至东王楼，北至利民沟，南至丁寨。总户数为165户，总人口为510人。面积为0.701平方千米。

明初，邵氏家族从山西迁移到此安家定居，故取名邵庄。1949年属黄口区孙庙乡；1956年属东方红人民公社邵庄大队；后属孙庙公社邵庄大队；1980年属黄口公社孙庙大队；1992年隶属黄口镇邵庄村民委员会至今。

常庄

常庄（Chángzhuāng） 属黄口镇邵庄村民委员会。地处村委会东北部，东至花楼路，北至利民沟，南至沙楼桥，西至邵庄。总户数为192户，总人口为750人。面积为0.75平方千米。

常姓最早来此建庄定居，故名。1949年属黄口区孙庙乡；1960年属东方红人民公社邵庄大队；后属孙庙公社邵庄大队；1980年属黄口公社孙庙乡；1992年撤乡并镇属黄口镇邵庄村民委员会至今。

地藏阁

地藏阁（Dìzànggé） 属黄口镇邵庄村民委员会。地处村委会西部，东至西王楼，北至利民沟，南至后唐，西至后唐。总户数为194户，总人口为552人。面积为0.8平方千米。

明末清初，该地曾建一座地藏阁，该村由此得名。1949年属黄口区孙庙乡；1958年属东方红人民公社地阁村；1961年属孙庙公社地阁大队；1980年属黄口公社地阁村；1992年属黄口镇地阁村；2008年属黄口镇邵庄村至今。

东王楼

东王楼（Dōngwánglóu） 属黄口镇邵庄村民委员会。地处邵庄村民委员会西部，东至邵庄，西至西王楼，北至利民沟，南至老黄口。总户数为207户，总人口为1150人。面积为0.823平方千米。

早期到此居住王姓为多，后分为两个王楼，该村居东，故名。1949年属孙庙乡邵庄村；1958年属东方红人民公社邵庄大队；后属孙庙公社邵庄大队；1980年属黄口公社孙庙大队；1992年属黄口镇邵庄村民委员会至今。

后唐庄

后唐庄（Hòutángzhuāng） 属黄口镇邵庄村民委员会。地处村委会西部，东至地藏阁，北至李庄，南至前塘，西至李庄。总户数为127户，总人口为442人。面积为0.52平方千米。

清代唐姓在此占产立庄，因当时兄弟俩分家，老大在前唐，老二在后唐，故而得名。1949年属孙庙乡地阁大队；1958年属东方红人民公社地阁村；1961年属孙庙公社地阁大队；1980年属黄口公社地阁村；1992年属黄口镇地阁村；2008年合并大队时属黄口镇邵庄村。

李庄

李庄（Lǐzhuāng） 属黄口镇邵庄村民委员会。地处村委会西部，东至地阁，北至利民沟，南至后唐，西至汪堤。总户数为135户，总人口为328人。面积为0.5平方千米。

明末清初李姓在此占产立庄，因当时李姓较多，又居住在水沟之西，故而得名沟西李庄，就是现在的李庄。1949年属孙庙乡；1958年属东方红人民公社地阁村；1966年属孙庙公社地阁大队；1980年属黄口公社地阁村；1992年属黄口镇地阁村；2008年合并大队时属黄口镇邵庄村至今。

前唐庄

前唐庄（Qiántángzhuāng） 属黄口镇邵庄村民委员会。地处村委会西南部，东至王行，北至后唐，南至孟庄，西至孙庙。总户数为159户，总人口为466人。面积为0.5平方千米。

清代唐姓在此占产立庄，因当时兄弟俩分家，老大在前唐，老二在后唐，故而得名。1949年属黄口区孙庙乡；1958年属东方红人民公社地阁村；1966年属孙庙公社地阁大队；1980年属黄口公社地阁村；1992年属黄口镇地阁村；2008年合并大队时属黄口镇邵庄村。

西王楼

西王楼（Xīwánglóu） 属黄口镇邵庄村民委员会。地处村委会西部，东至东王楼，北至利民沟，南至王行，西至地阁。总户数为308户，总人口为1210人。面积为0.9平方千米。

早期来此居住的王姓为多，有两个王楼，该村居西，故名西王楼。1949年属孙庙乡邵庄村；1958年为东方红人民公社邵庄大队；1980年属黄口公社邵庄大队；1992年属黄口镇邵庄村民委员会至今。

张丁庄

张丁庄（Zhāngdīngzhuāng） 属黄口镇邵庄村民委员会。地处村委会东部，东至花楼路，北至利民沟，南至沙楼桥，西至邵庄。总户数为145户，总人口为490人。面积为0.62平方千米。

1949年前到此居住者为张、丁两姓家，因张姓多，丁姓少，故而得名。1949年属孙庙乡邵庄村；1958年属东方红人民公社邵庄大队，后属孙庙公社邵庄大队；1981年撤镇并乡属孙庙乡；1992年属黄口镇邵庄村民委员会至今。

老黄口

老黄口（Lǎohuángkǒu） 属黄口镇老黄口村民委员会。村委会驻地，东至北黄庄，北至西王楼，南至瓦房，西至孟庄。总户数为366户，总人口为1490人。面积为1.495平方千米。

老黄口原名曹马集，是三国时期曹操养马的地方，也可能是古杼秋城所在地，后因黄河决口取名黄口。1915年陇海铁路贯通，在村东3千米处建有黄口火车站，遂将村名更名为老黄口至今。1949年后属黄口区周楼乡；1958年属黄口公社；后又隶属孙庙公社；1980年属黄口区孙庙公社；1984年属黄口镇孙庙乡；1992年撤区并乡后属黄口镇老黄口村民委员会至今。

北黄庄

北黄庄（Běihuángzhuāng） 属黄口镇老黄口村民委员会。地处村委会北部，东至丁寨，北至东王楼，南至老黄口，西至王行。总户数为264户，总人口为1148人。面积为1.028平方千米。

很久前黄姓人家在老黄口北部居住建庄，故而得名。1949年后属黄口区周楼乡；1958年属黄口公社；1980年属黄口区孙庙公社老黄口大队；1984年属黄口镇孙庙乡老黄口大队；1992年撤区并乡后属黄口镇老黄口村委会至今。

南黄庄

南黄庄（Nánhuángzhuāng） 属黄口镇老黄口村民委员会。地处村委会南部，东至镇北，北至北黄庄，南至镇西瓦房，西至老黄口。总户数为253户，总人口为1044人。面积为1.056平方千米。

很早以前黄姓在老黄口南部居住建庄，故而得名。1949年后属黄口区周楼乡；1958年属黄口公社老黄口大队；1980年属黄口区孙庙公社老黄口大队；1984年属黄口镇孙庙乡老黄口大队；1992年撤区并乡后属黄口镇老黄口村民委员会至今。

王行

王行（Wángháng） 属黄口镇老黄口村民委员会。地处村委会西部，东至老黄口，西至前堂，北至地阁，南至孟庄。总户数为130户，总人口为485人。面积为0.524平方千米。

王姓人家在此定居后并开粮行，故而得名。1949年后属黄口区周楼乡；1958年属黄口公社，后又隶属孙庙公社；1980年属黄口区孙庙公社；1984年属黄口镇孙庙乡老黄口大队；1992年撤区并乡后属黄口镇老黄口村民委员会至今。

孙庙东村

孙庙东村（Sūnmiàodōngcūn） 属黄口镇孙庙村民委员会。地处村委会东北部，东至前唐，西至西村，南至孟庄，北至李庄。总户数为276户，总人口为1098人。面积为1.23平方千米。

明末清初，有孙姓来此，在一座庙堂

旁建村，人丁兴旺，香烟缭绕，后形成庙会，故名孙庙。该村居庙堂东侧故而得名。1949年属黄口区孙庙乡；1958年成立人民公社，属黄口公社孙庙大队；1984年属黄口乡孙庙村；1992年改镇属黄口镇孙庙村村委会至今。

李老家村

李老家村（Lǐlǎojiācūn） 属黄口镇孙庙村民委员会。村委会驻地，东至王行，西至徐王楼，南至王小屯，北至东村和西村。总户数为272户，总人口为948人。面积为0.98平方千米。

清末年间李氏家族系远近闻名的大地主，拥有土地几千顷。遂建家庙，修家谱，成为李姓的老家，故名李老家村。1949年属黄口区孙庙村；1958年成立人民公社属黄口公社孙庙大队；1984年属黄口乡孙庙村；1992年改镇属黄口镇孙庙村委会至今。

孟庄

孟庄（Mèngzhuāng） 属黄口镇孙庙村民委员会。地处村委会东南部，东至老黄口，西至小屯，南至王双楼和周楼，北至前唐和王行。总户数为316户，总人口为1227人。面积为1.505平方千米。

明代，孟氏家族在此开荒，建立村庄，故名。1949年属黄口区孙庙村；1958年成立人民公社属黄口公社孙庙大队；1984年属黄口乡孙庙村；1992年改镇属黄口镇孙庙村民委员会至今。

孙庙西村

孙庙西村（Sūnmiàoxīcūn） 属黄口镇孙庙村民委员会。地处村委会北部，东至东村，西至徐王楼，南至310国道，北至户庄。总户数为264户，总人口为1024人。面积为1.18平方千米。

明末清初，有孙姓来此，在一座庙堂旁建村，人丁兴旺，香烟缭绕，后形成庙会，故名孙庙。因该村居庙堂之西，故名。1949年属黄口区孙庙村；1958年成立人民公社属黄口公社孙庙大队；1984年属黄口乡孙庙村；1992年改镇属黄口镇孙庙村民委员会至今。

张寨

张寨（Zhāngzhài） 属黄口镇张寨村村民委员会。地处村委会东部，东至梁吴楼，南至陇海铁路线，西至南社区陈庄，北至黑楼。总户数为348户，总人口为1380人。面积为1.5平方千米。

明朝洪武四年（1371年）从山西洪洞县老鸹窝张姓人家迁至此地，定居后，为防土匪，修筑圩寨，故而得名。1949年属黄口区利民乡管理；1958年属东方红公社利民大队；1980年属黄口镇张寨大队；1992年属黄口镇张寨村村民委员会至今。

黑楼

黑楼（Hēilóu） 属黄口镇张寨村村民委员会。地处村委会东北部，东至闫集镇刘店，南至梁吴楼和张寨，西至闫集镇程楼，北至闫集镇黑楼。总户数为263户，总人口为1120人。面积为1.36平方千米。

明朝洪武年间，李姓人家从山西洪洞县迁至此地，以青砖黛瓦建筑楼房，故名黑楼。1949年属黄口区利民乡管理；1958年属东方红公社杨阁大队；1980年属黄口镇张寨大队；1992年属黄口镇张寨村村民委员会至今。

梁吴楼

梁吴楼（Liángwúlóu） 属黄口镇张寨村村民委员会。地处村委会东部，东至闫集镇唐楼，南至陇海铁路线，西至张寨，北至黑楼。总户数为395户，总人口为1583人。面积为1.6平方千米。

清雍正年间，前梁庄梁氏十世祖和其子文燕迁居至此，迁来时已有吴姓建村，但无楼房，梁氏先祖到此不久，便建成二层楼房一座，以炫耀门庭，梁氏先祖为求名实相副，便与吴姓商议改名梁吴楼。1949年属黄口区利民乡管理；1958年属东方红公社张寨大队；1980年属黄口镇张寨大队；1992年属黄口镇张寨村村民委员会至今。

杨阁

杨阁（Yánggé） 属黄口镇杨阁村村民委员会。地处村委会西北部，东至西陈河和小张庄，南至胡油坊和前楼，西至刘阁，北至黄口镇镇南社区。总户数为313户，总人口为1140人。面积为1平方千米。

战国时期，齐国为秦所灭，一部分齐军逃此建村，初名齐军村。相传唐代某位皇帝南下祭拜南海观音，下榻此村，因梦中得到三位圣佛的“圣点”，遂在此建寺，并塑三位圣佛金身像，因易村名为三圣阁。明代，一个骗取皇帝称号的“郑孝子”为争村名，踢死该村王财主，引起诉讼，奸诈县令终以自己的姓氏命名该村为“杨家阁”了结此案。后简称为杨阁。1949年起属黄口区杨阁村；1958年属东方红公社杨阁大队；1980年属黄口镇杨阁大队；1992年属黄口镇杨阁村至今。

东陈河

东陈河（Dōngchénhé） 属黄口镇杨阁村村民委员会。地处村委会北部，东至胡庄，南至陈土楼村常洼，西至小张庄，北至301省道。总户数为90户，总人口为403人。面积为0.35平方千米。

民国时期陈姓在此占产立村，一条小河把村分为两半，该村位于河东，故称为东陈河。1949年属黄口镇杨阁村；1958年属东方红公社杨阁大队；1992年属黄口镇胡庄村；2008年并村后属黄口镇杨阁村至今。

东张庄

东张庄（Dōngzhāngzhuāng） 属黄口镇杨阁村村民委员会。地处村委会西部，东至东陈河，南至西陈河，西至杨阁，北至301省道。总户数为91户，总人口为386人。面积为0.31平方千米。

1949年属黄口胡庄村；1958年属东方红公社胡庄大队；1980年属黄口镇胡庄村；2008年以前叫小张庄；2008年以后杨阁、胡庄西村合并，因有东、西两个张庄，此村在东，故名。

胡油坊

胡油坊（Húyóufāng） 属黄口镇杨阁村村民委员会。地处村委会西部，东至前楼，南至朱庄村王楼，西至邢庄，北至杨阁。总户数为20户，总人口为93人。面积为0.2平方千米。

胡姓最早在此建村，此后又开过油坊，故名胡油坊。1949年属黄口区杨阁村；1958年属东方红公社徐洼大队；1980年属黄口镇杨阁村；2008年并村后仍隶属黄口镇杨阁村至今。

胡庄

胡庄（Húzhuāng） 属黄口镇杨阁村村民委员会。地处村委会中部，东至镇南社区王堂，南至陈土楼村常洼，西至李楼，北至黄口镇镇南社区。总户数为155户，总人口为560人。面积为0.78平方千米。

早年胡姓人在此居住，故而得名。1949年起属黄口区胡庄村；1958年属杨阁大队；1980年属黄口镇杨阁村；1992年属黄口镇杨阁村至今。

李楼

李楼（Lǐlóu） 属黄口镇杨阁村民委员会。地处村委会南部，东至胡庄，南至陈土楼村常洼，西至东陈河，北至胡庄。总户数为94户，总人口为398人。面积为0.34平方千米。

民国期间李氏在此居住，并建有楼阁，故而得名。1949年属黄口区胡庄村；1958年属东方红公社胡庄大队；1980年属黄口镇胡庄大队；1992年并村后隶属黄口镇杨阁村至今。

刘阁

刘阁（Liúgé） 属黄口镇杨阁村民委员会。地处村委会西部，东至杨阁，南至邢庄，西至徐洼村，北至瓦房村。总户数为80户，总人口为307人。面积为0.25平方千米。

清朝刘氏在此居住，并建有大阁楼，故而得名。1949年属黄口区杨阁村；1958年属东方红公社杨阁大队；1980年属黄口镇杨阁大队；1992年并村后隶属黄口镇杨阁村至今。

前楼

前楼（Qiánlóu） 属黄口镇杨阁村民委员会。地处村委会西部，东至李楼，南至朱庄村王楼，西至胡油坊，北至西陈河和杨阁。总户数为70户，总人口为343人。面积为0.37平方千米。

民国期间，一钱姓人家在此定居并盖有一座楼，故叫钱楼。后来因钱姓人家离开钱楼，该村又被改为前楼至今。1949年属黄口区杨阁村；1958年属东方红公社，杨阁大队；1980年属黄口镇杨阁大队；1992年属黄口镇杨阁村至今。

西陈河

西陈河（Xīchénhé） 属黄口镇杨阁村民委员会。地处村委会西部，东至东陈河，南至陈土楼村常洼，西至杨阁，北至小张庄。总户数为111户，总人口为518人。面积为0.4平方千米。

民国时期陈姓在此建村，一条小河把村分为两半，此村在河西，故名西陈河。1949年属黄口区胡庄村；1992年属黄口镇庄村；2008年并村后属黄口镇杨阁村至今。

西张庄

西张庄（Xīzhāngzhuāng） 属黄口镇杨阁村村民委员会。地处村委会西南部，东至东陈河，南至西陈河，西至杨阁，北至301省道。总户数为91户，总人口为386人。面积为0.31平方千米。

1949年属黄口区杨阁村；1958年属东方红公社胡庄大队；1980年属黄口镇胡庄大队；1992年属黄口镇胡庄村；2008年以前叫小张庄；2008年以后杨阁、胡庄合并，因有东西两个张庄，此村在西，故名西张庄。

邢庄

邢庄（Xíngzhuāng） 属黄口镇杨阁村民委员会。地处村委会西部，东至杨阁，南至朱庄村毛小楼，西至徐洼村，北至刘阁。总户数为213户，总人口为868人。面积为0.9平方千米。

民国期间，邢氏在此建村，不断繁衍，形成大庄，故名邢庄。1949年属黄口区公所杨阁村；1958年属东方红公社杨阁大队；1980年属黄口镇杨阁大队；1992年属黄口镇杨阁村至今。

包庄

包庄（Bāozhuāng） 属黄口镇朱庄村民委员会。地处村委会东南部，东至王庄，南至大沙河，西至马庄大田地，北至平庄。总户数为193户，总人口为580人，面积为0.85平方千米。

清代包姓在此占产立庄，聚众而居，故而得名。1949年前属黄口区；1958年成立人民公社，属黄口东方红公社；1980年属黄口镇朱庄大队；1992年隶属黄口镇朱庄村至今。

马庄

马庄（Mǎzhuāng） 属黄口镇朱庄村民委员会。地处村委会东南部，东至平庄，南至大沙河，西至赵楼村，北至朱庄村。总户数为166户，总人口为555人。面积为0.8平方千米。

在明代初期，王文武率家族由山西洪洞县迁此，建房舍院落于田苗谷禾之中，安家落户，初名苗谷村，又称苗谷院，后又演变成了苗姑院。明朝中期，该村被洪水吞噬。后来马姓迁至此地，人丁增多，故而得名。1949年属黄口区沙河村；1958年成立人民公社属黄口公社第三营；1984年5月属黄口镇朱庄大队；1992年属黄口镇朱庄村民委员会至今。

毛小楼

毛小楼（Máoxiǎolóu） 属黄口镇朱庄村民委员会。地处村委会西北部，东至王楼，南至张邢庄，西至毛小楼，北至杨阁村。总户数为103户，总人口为337人。面积为0.5平方千米。

明代毛姓在此占产立庄，在庄上有一座小楼，又因庄小人少，故而得名。1949年属黄口区土楼村；1958年以后属黄口公社第三营；1984年5月属黄口镇朱庄大队；1992年属黄口镇朱庄村委会至今。

王楼

王楼（Wánglóu） 属黄口镇朱庄村民委员会。地处村委会北部，东至陈土楼村，南至孟庄大田地，西至毛小楼，北至杨阁大田地。总户数为97户，总人口为295人。面积为0.368平方千米。

早年为王姓财主的寄庄子，建有楼房，取名王楼。1949年属黄口区朱庄村；1958年以后属黄口公社朱庄大队；1980年属黄口镇朱庄大队；1992年属黄口镇朱庄村至今。

王庄

王庄（Wángzhuāng） 属黄口镇朱庄村民委员会。地处村委会东南部，东至闫集镇，南至大沙河，西至包庄、北陈土楼村。总户数为131户，总人口为447人。面积为0.65平方千米。

明代王姓在此定居，故名王庄。1949年前属黄口区土楼村；1958年以后属黄口公社土楼大队；1980年属黄口镇朱庄大队；1992年属黄口镇朱庄村民委员会至今。

张六集

张六集（Zhāngliùjí） 属黄口镇朱庄村民委员会。地处村委会西部，东至赵楼，南至大沙河，西至张邢庄大田地，北至张邢庄。总户数为131户，总人口为474人。面积为0.6平方千米。

明代张姓兄弟六人来此定居，随着人口不断繁衍，村庄不断扩大，遂在此设集，故而得名。1949年前属黄口区土楼村；1958年以后属黄口公社第三营；1980年属黄口镇朱庄大队；1992年属黄口镇朱庄村民委员会至今。

张邢庄

张邢庄（Zhāngxíngzhuāng） 属黄口镇朱庄村民委员会。地处村委会西部，东至孟庄，南至张六集，西至徐洼村，北至毛小楼。总户数为89户，总人口为353人。面积为0.5平方千米。

清代张姓人家和邢氏人家共同居住此地，故名张邢庄。1949年属黄口区沙河村；1958年以后属黄口公社沙河大队；1980年属黄口镇朱庄大队；1992年属黄口镇朱庄村民委员会至今。

赵楼

赵楼（Zhàolóu） 属黄口镇朱庄村村民委员会。地处村委会南部，东至朱庄，南至大沙河，西至张六集村，北至孟庄大田地。总户数为91户，总人口为288人。面积为0.456平方千米。

早年定居此地的赵姓为防匪患建楼一座，故称赵楼。1949年属黄口区黄口乡；1958年以后属黄口公社朱庄大队；1980年属黄口镇朱庄大队；1992年隶属黄口镇朱庄村至今。

朱孟庄

朱孟庄（Zhūmèngzhuāng） 属黄口镇朱庄村民委员会。地处村委会中部，东至陈土楼村，南至朱庄，西至张邢庄，北至王楼大田地。总户数为132户，总人口为374人。面积为0.53平方千米。

明代孟姓和朱姓来此定居，故得名朱孟庄。1949年前属黄口区沙河乡；1958年以后属黄口公社第三营；1984年5月属黄口镇朱庄大队；1992年属黄口镇朱庄村民委员会至今。

朱平庄

朱平庄（Zhūpíngzhuāng） 属黄口镇朱庄村民委员会。地处村委会东南部，东至陈土楼村，南至包庄，西至马庄，北至朱庄。总户数为66户，总人口为217人。面积为0.5平方千米。

在明代时期，朱姓在此建村，愿平安无事，故取村名朱平庄。1949年前属黄口区沙河乡；1958年以后属黄口公社第三营；1984年属黄口镇朱庄大队；1992年改镇属黄口镇朱庄村民委员会至今。

朱庄

朱庄（Zhūzhuāng） 属黄口镇朱庄村民委员会。地处村委会中部，东至陈土楼村，南至马庄，西至赵楼村，北至孟庄。总户数为225户，总人口为750人。面积为1平方千米。

明代朱姓三兄弟在此占产立庄，当时人少村小叫小朱庄，后来人口不断增多，遂改为朱庄。1949年前属黄口区沙河乡；1958年以后属黄口公社第三营；1961年由大社并小社属黄口人民公社；1984年5月属黄口乡镇朱庄大队；1992年属黄口镇朱庄村民委员会至今。

常洼

常洼（Chángwā） 属黄口镇陈土楼村民委员会。地处村委会西北部，东至孟庄，南至土楼，西至朱庄村，北至杨阁村。总户数为100户，总人口为401人。面积为0.52平方千米。

常姓在此建村，因村周地势较洼，故名常洼。1950年6月，属黄口区土楼乡公所；1956年土楼乡撤乡，划归黄口区杨阁乡；1959年又划归黄口东方红人民公社；1961年划归黄口公社陈土楼大队；1980年3月划归黄口镇陈土楼大队；1992年属黄口镇陈土楼村民委员会至今。

陈八集

陈八集（Chénbājí） 属黄口镇陈土楼村民委员会。地处村委会东南部，东至闫集镇，南至闫集镇，西至牌坊，北至镇南社区。总户数为150户，总人口为685人。面积为0.855平方千米。

明代嘉靖年间，陈氏最早在此建村，因村周是一片桃林，林中有一大坟，故取村名桃冢村。陈氏兄弟八人家族和睦，为人厚道，且善于经商，取财有道，在周边名望较高。为了带动大家致富，兄弟八人携手在此起集（当地方言，就是设立集市的意思），大获成功，众乡亲深受感动，遂改村名为陈八集。1950年6月，隶属土楼乡公所；1956年隶属黄口区杨阁乡；1959年隶属黄口东方红人民公社；1961年划归黄口公社；1970年3月划归黄口大公社；1992年撤乡置镇，隶属黄口镇陈土楼村至今。

陈土楼

陈土楼（Chéntǔlóu） 属黄口镇陈土楼村民委员会。地处村委会西部。东至陈八集，南至牌坊，西至朱庄村，北至常洼。总户数为218户，总人口为872人。面积为1.127平方千米。

以姓氏和所建土炮楼而得名。1950年6月，属黄口区土楼乡公所；1956年土楼乡撤乡；划归黄口区杨阁乡；1959年又划归黄口东方红人民公社；1961年划归黄口公社；1970年3月划归黄口大公社；1992年撤乡置镇，划归黄口镇陈土楼村民委员会。

大柳树

大柳树（Dàliǔshù） 属黄口镇陈土楼村民委员会。地处村委会东北部，东至闫集镇，南至闫集镇，西至镇南社区，北至后陈楼。总户数为217户，总人口为880人。面积为0.99平方千米。

明代初期，陈高两姓迁此居住，因此地有一大柳树，故而得名。1949—1950年属黄口区管辖；1959年划至黄口东方红人民公社；1961年划归黄口公社；1970年3月合并公社归黄口大公社；1980年3月又重新划归黄口公社；1984年划归黄口乡；1992年撤乡置镇；2007年合并村，隶属王堂村；2007年至今，属黄口镇陈土楼村民委员会。

后陈楼

后陈楼（Hòuchénlóu） 属黄口镇陈土楼村民委员会。地处村委会东北部，东至闫集镇，南至大柳树，西至镇南社区，北至张寨村。总户数为177户，总人口为740人。面积为0.97平方千米。

明代中期，陈氏家族在此居住，分前后两个庄，在两个庄之间有一个牌楼。故前面的庄叫前陈楼，后面的庄叫后陈楼。1949—1950年属黄口区管辖；1959年划至黄口东方红人民公社；1961年划归黄口公社；1970年3月合并公社归黄口大公社；1980年3月又重新划归黄口公社；1984年划归黄口乡；1992年撤乡置镇，属王堂村；2007年合并村以后至今，隶属黄口镇陈土楼村民委员会。

小孟庄

小孟庄（Xiǎomèngzhuāng） 属黄口镇陈土楼村民委员会。地处村委会西北部，东至土楼，南至土楼，西至土楼，北至杨阁村。总户数为86户，总人口为305人。面积为0.58平方千米。

孟氏人家于清初在此落户，因庄小而得名。1950年6月，属黄口区土楼乡公所；1956年划归黄口区杨阁乡；1959年又划归黄口东方红人民公社；1961年划归黄口公社；1970年3月归黄口大公社；1980年3月又重新划归黄口公社；1992年撤乡置镇，为黄口镇陈土楼村民委员会至今。

杜牌坊

杜牌坊（Dupáifāng） 属黄口镇陈土楼村民委员会。地处村委会南部，东至陈八集，南至朱庄村，西至朱庄村，北至土楼。总户数为189户，总人口为851人。面积为1.18平方千米。

明末清初，有一个杜姓人家在此定居，后成为书香之家，其弟子在外建立功勋，受到朝廷的表彰，特诏建牌坊一座，光宗耀祖，故得村名杜牌坊。1950年6月，属黄口区土楼乡公所；1956年土楼乡撤乡，归黄口区杨阁乡；1959年又划归黄口东方红人民公社；1961年划归黄口公社；1970年3月合并公社归黄口大公社；1980年3月又重新划归黄口公社；1992年撤乡置镇，属黄口镇陈土楼村民委员会至今。

杨楼镇

湾里

湾里（Wānlǐ） 属杨楼镇杨楼居民委员会。地处居委会东部，北至陇海铁路，南至310国道，西至杜庄，东至吕里。总户数为133户，总人口为496人。面积为0.6平方千米。

清朝末年，程氏家族系当时大户，拥有土地几十顷，居住程庄。其家族分出一支成员，搬迁至现湾里村居住。因村庄建于河湾处，所以取名湾里村。1958年属杨楼公社，1984年属杨楼区杨楼办事处，2008年属杨楼镇杨楼居委会。

尹庄

尹庄（Yǐnzhuāng） 属杨楼镇杨楼村民委员会。地处居委会东部，北至310国道，南至王新庄，西至陆家，东至吕里地。总户数为110户，总人口为335人。面积为0.53平方千米。

清末，尹姓在此建村称尹庄。1958年属杨楼公社，1984年属杨楼区杨楼办事处，2008年属杨楼镇杨楼居委会。

王集

王集（Wángjí） 属杨楼镇杨楼居民委员会。地处居委会南部，南至刘新庄，北至新楼，东至利民沟，西至董楼。总户数为165户，总人口为584人。面积为0.67平方千米。

王姓建村设集，取名王集。1958年属杨楼公社，1984年属杨楼区杨楼办事处，2008年属杨楼镇杨楼居委会。

新楼

新楼（Xīnlóu） 属杨楼镇杨楼居民委员会。地处居委会西南部，南至王集，北至陇海铁路，东至利民沟，西至冯楼。总户数为84户，总人口为259人。面积为0.47平方千米。

早年此处为荒地，外地人来此开垦土地，盖楼定居，起名新楼。1958年属杨楼公社，1984年属杨楼区杨楼办事处，2008年属杨楼镇杨楼居委会。

冯庄

冯庄（Féngzhuāng） 属杨楼镇杨楼居民委员会。地处居委会中部，南至310国道，北至郝集，西至郝集，东至刘庄。总户数为168户，总人口为603人。面积为0.67平方千米。

清朝有一家姓冯的人家在此占地立庄，故名冯庄。1958年属杨楼公社，1984年属杨楼区杨楼办事处，2008年属杨楼镇杨楼居委会。

杨楼村

杨楼村（Yánglóucūn） 属杨楼镇杨楼

居民委员会。地处居委会南部，总户数为290户，总人口为860人。面积为1平方千米。

明代以前，此处为一片湖泊，杨姓人在此打鱼编篓。鱼篓质量上乘，声誉较高，号称杨篓。后来人员渐增，成为村庄。“杨篓”传为“杨楼”。陇海铁路修建时在此建杨楼站，以后又为杨楼区镇驻地。1958年属杨楼公社，1984年属杨楼区杨楼办事处，2008年属杨楼镇杨楼居委会。

杜庄

杜庄（Dùzhuāng） 属杨楼镇杨楼居民委员会。地处居委会东部，北至刘庄，南至新310国道，东至湾里，西至杨东。总户数为262户，总人口为818人。面积为1.13平方千米。

早年杜姓在此占产立庄，故而得名。1958年属杨楼公社，1984年属杨楼区杨楼办事处，2008年属杨楼镇杨楼居委会。

冯楼

冯楼（Fénglóu） 属杨楼镇杨楼居民委员会。地处居委会西部，北至310国道，南至新310国道，西至董庄，东至杨西。总户数为128户，总人口为416人。面积为0.47平方千米。

清朝末年，冯氏家族是当地大户，在朝中做官，晚年辞官回乡，盖楼定居于此地故名冯楼。1958年属杨楼公社，1984年属杨楼区杨楼办事处，2008年属杨楼镇杨楼居委会。

前陆家

前陆家（Qiánlùjiā） 属杨楼镇杨楼居民委员会。地处居委会东部，北至后陆家，南至利民沟，西至后陆家，东至尹庄。总户数为50户，总人口为173人。面积为0.27平方千米。

明朝洪武年间一陆姓人家逃荒到此地建村，故称陆家，内部还分前陆家、后陆家。1958年属杨楼公社，1984年属杨楼区杨楼办事处，2008年属杨楼镇杨楼居委会。

后陆家

后陆家（Hòulùjiā） 属杨楼镇杨楼居民委员会。地处居委会东部，北至310国道，南至前陆家，东至湾里地，西至杜庄地。总户数为72户，总人口为203人。面积为0.27平方千米。

明朝洪武年间一陆姓人家逃荒到此地建村，故称陆家，内部还分前陆家、后陆家。1958年属杨楼公社，1984年属杨楼区杨楼办事处，2008年属杨楼镇杨楼居委会。

刘庄

刘庄（Liúzhuāng） 属杨楼镇杨楼居民委员会。地处居委会南部，南至杜庄，北至新廷小区，东至湾里，西至冯庄。总户数为165户，总人口为573人。面积为1平方千米。

刘姓建庄，故名。1958年属杨楼公社，1984年属杨楼区杨楼办事处，2008年属杨楼镇杨楼居委会。

董庄

董庄（Dǒngzhuāng） 属杨楼镇杨楼居民委员会。地处居委会西部，南至陇海铁路，北至310国道，西至黄庙，东至冯楼。总户数为234户，总人口为764人。面积为1.06平方千米。

董姓建庄，故名董庄。1958年属杨楼公社，1984年属杨楼区杨楼办事处，2008年属杨楼镇杨楼居委会。

董楼

董楼（Dǒnglóu） 属杨楼镇杨楼居民

委员会。地处居委会西部，北至陇海铁路，南至段阁，西至黄庙，东至王集。总户数为148户，总人口为504人。面积为0.73平方千米。

董姓人家居住建楼，起名董楼。1958年属杨楼公社，1984年属杨楼区杨楼办事处，2008年属杨楼镇杨楼居委会。

郝北村

郝北村（Hǎoběicūn） 属杨楼镇郝集村民委员会。地处村委会北部，东至郝东，北至关帝庙，西至郝南，南至杨楼。总户数为827户，总人口为2756人。面积为2.05平方千米。

郝集因村庄太大，分北、南、东三村，此村位于北部，故称郝北村。郝集以前是个古镇，抗战期间成立郝集区政府后为郝集公社，再后为郝集大队，为便于管理分为郝南村、郝北村、郝东村。2008年小村并大村为郝集村委会至今。

郝东村

郝东村（Hǎodōngcūn） 属杨楼镇郝集村民委员会。地处村委会东部，东至新廷，南至杨楼，西至郝南，北至关帝庙。总户数为651户，总人口为2159人。面积为2.14平方千米。

此村位于郝集东部，故称郝东村。郝集以前是个古镇，抗战期间成立郝集区政府后为郝集公社，再后为郝集大队，为便于管理分为郝南村、郝北村、郝东村。2008年小村并大村为郝集村委会至今。

郝南村

郝南村（Hǎonáncūn） 属杨楼镇郝集村民委员会。地处村委会南部，西至常庄，北至郝北，南至杨楼，东至郝东。总户数为565户，总人口为1693人。面积为2.26平方千米。

此村位于郝集南部，故称郝南村。2008年属郝集村委会。

大刘庄

大刘庄（Dàliúzhuāng） 属杨楼镇新廷村民委员会。地处村委会西部，东至黄台子，西至肖同路，南至小刘庄，北至郝迎路。总户数为329户，总人口为1307人。面积为1.182平方千米。

明代刘姓人在此占地立庄，庄大人多，故而得名。1958年属杨楼公社新廷大队，1984年属杨楼区郝集乡，2008年属杨楼镇新廷村。

小刘庄

小刘庄（Xiǎoliúzhuāng） 属杨楼镇新廷村民委员会。地处村委会南部，东至段庄，西至新廷小区，南至老徐砀，北至大刘庄。总户数为105户，总人口为337人。面积为0.384平方千米。

明末刘姓立庄时人少村小，故而得名小刘庄。1958年属郝集人民公社新廷大队，1984年属杨楼区郝集乡新廷村，2008年属杨楼镇新廷村。

段庄

段庄（Duànzhuāng） 属杨楼镇新廷村民委员会。地处村委会南部，东至木楼，西至小刘庄，南至老徐砀，北至黄台子。总户数为361户，总人口为1125人。面积为1.28平方千米。

明代段姓在此占产立庄，故而得名。1958年属郝集公社新廷大队，1984年属杨楼区郝集乡新廷村，2008年属杨楼镇新廷村。

木楼

木楼（Mùlóu） 属杨楼镇新廷村民委员会。地处村委会东南部，东至堤黄沟，西至段庄，南至老徐砀，北至刘杨路。总户数为118户，总人口为393人。面积为0.448平方千米。

明代穆姓在此占产立庄，命名穆楼。1958年属杨楼公社新廷大队，1984年属杨楼区郝集乡新廷村，2008年属杨楼镇新廷村。

黄台子

黄台子（Huángtáizi） 属杨楼镇新廷村民委员会。地处村委会中部，东至堤黄沟，西至大刘庄，南至段庄，北至郝迎路。总户数为197户，总人口为632人。面积为0.72平方千米。

黄姓在此筑台建庄，取庄名黄台子。1958年属杨楼公社新廷大队，1984年属杨楼区郝集乡新廷村，2008年属杨楼镇新廷村。

李新庄

李新庄（Lǐxīnzhuāng） 属杨楼镇新廷村民委员会。地处村委会东北部，东至刘套镇，西至老杜庄，南至迎风口，北至黄河。总户数为311户，总人口为1049人。面积为1.195平方千米。

清朝时期是状元李蟠的寄庄子，取名李新庄。1958年属杨楼公社，1984年属杨楼区郝集乡迎风口村，2008年属杨楼镇新廷村。

迎风口

迎风口（Yíngfēngkǒu） 属杨楼镇新廷村民委员会。地处村委会东北部，东至刘套镇，西至老杜庄，南至刘杨路，北至黄河。总户数为394户，总人口为1309人。面积为1.488平方千米。

明朝时期，驻官兵，扎营房。后人在营房遗址建村，取名"营房口"，以后讹传为迎风口。1958年属杨楼公社，1984年属杨楼区郝集乡迎风口村，2008年属杨楼镇新廷村。

老杜庄

老杜庄（Lǎodùzhuāng） 属杨楼镇新廷村民委员会。地处村委会北部，东至李新庄，西至尹庄村，南至郝迎路，北至黄河。总户数为238户，总人口为766人。面积为0.873平方千米。

杜姓建村，取名杜庄，后有人迁出另建村，因村小人少，称小杜庄。此处便称老杜庄。1958年属杨楼公社，1984年属杨楼区郝集乡，2008年属杨楼镇新廷村。

尹庄

尹庄（Yǐnzhuāng） 属杨楼镇尹庄村民委员会。地处村委会中部，南临新廷社区，北临黄河故道，西临前楼，东临小杜庄。总户数为310户，总人口为963人。面积为1.13平方千米。

1814—1816年，尹姓在此居住建庄称尹庄。1958年属杨楼公社，1984年属杨楼区郝集乡，2008年属杨楼镇尹庄村。

前楼

前楼（Qiánlóu） 属杨楼镇尹庄村民委员会。地处村委会南部，南临新廷社区，北临黄河故道，西临前楼，东临小杜庄。总户数为221户，总人口为755人。面积为0.7平方千米。

民国期间，钱姓人家建一座楼叫钱楼，后来因钱姓人家离开钱楼，改为前楼至今。1958年属杨楼公社，1984年属杨楼区郝集乡，2008年属杨楼镇尹庄村。

小杜庄

小杜庄（Xiǎodùzhuāng） 属杨楼镇尹庄村民委员会。地处村委会东部，南临新廷社区，北临黄河故道，西临尹庄，东临新廷社区老杜庄。总户数为210户，总人口为

690人。面积为0.7平方千米。

老杜庄姓杜的一支在此占产立庄，庄小人少，故称小杜庄。1958年属杨楼公社，1984年属杨楼区郝集乡，2008年属杨楼镇尹庄村。

关帝庙

关帝庙（Guāndìmiào） 属杨楼镇尹庄村民委员会。地处村委会西部，南临郝集社区，北临黄河故道，西临刘庄村，东临前楼。总户数为441户，总人口为1532人。面积为2.01平方千米。

因早年村西有关帝庙，故得名。1958年属杨楼公社，1984年属杨楼区郝集乡，2008年属杨楼镇尹庄村。

袁庄

袁庄（Yuánzhuāng） 属杨楼镇尹庄村民委员会。地处村委会北部，南临黄河故道，北临冯场村，西临张庄，东临冯场村。总户数为311户，总人口为1012人。面积为1.13平方千米。

清同治元年，袁姓从尹庄村搬到此地，占产立庄故得名。1958年属杨楼公社，1984年属杨楼区朱庄乡，2008年属杨楼镇尹庄村。

张庄

张庄（Zhāngzhuāng） 属杨楼镇尹庄村民委员会。地处村委会北部，南临黄河故道，北临路套村，西临祁场，东临袁庄。总户数为288户，总人口为925人。面积为1.12平方千米。

张姓人氏建庄，故名张庄。1958年属杨楼公社，1984年属杨楼区朱庄乡，2008年属杨楼镇尹庄村。

祁场村

祁场村（Qíchǎngcūn） 属杨楼镇尹庄村民委员会。地处村委会北部，南临黄河故道，北临路套村，西临路套村大田地，东临张庄。总户数为295户，总人口为1001人。面积为1.12平方千米。

清同治十二年（1873年），祁姓在此建打谷场，故而得名。后成村庄，仍用名祁场。1958年属杨楼公社，1984年属杨楼区朱庄乡，2008年属杨楼镇尹庄村。

张口

张口（Zhāngkǒu） 属杨楼镇张口村民委员会。地处村委会中部，南至彭新庄，北至董楼，东至刘套镇西，西至新廷村木楼。总户数为173户，总人口为529人。面积为0.72平方千米。

清朝中期，姓张的在黄河堤口处建庄，取名张口。1958年属杨楼公社，1984年属杨楼区郝集乡，2008年属杨楼镇张口村。

彭新庄

彭新庄（Péngxīnzhuāng） 属杨楼镇张口村民委员会。地处村委会南部，南至陇海铁路，北至张口自然村，西至胡庄，东至刘套镇郑庄村。总户数为180户，总人口为610人。面积为0.66平方千米。

早年彭姓从彭庄迁此另建新庄，故名彭新庄。1958年属杨楼公社，1984年属杨楼区郝集乡，2008年属杨楼镇张口村。

华祖庙

华祖庙（Huázǔmiào） 属杨楼镇张口村民委员会。地处村委会东北部，南至刘套镇郑庄村，北至董楼，东至刘套镇西，西至董楼大田地。总户数为234户，总人口为720人。面积为0.9平方千米。

清代陈姓在此立庄，因当时有古华祖庙，故而得名。1958年属杨楼公社，1984年属杨楼区郝集乡，2008年隶属杨楼镇张口村。

小马路

小马路（Xiǎomǎlù） 属杨楼镇张口村民委员会。地处村委会南部，南至310国道，北至陇海铁路，东至圣泉乡大马路，西至张口村吕里。总户数为84户，总人口为271人。面积为0.56平方千米。

该村位于黄河大堤南侧，堤上有条马路（大道），因姓陈的建村，紧靠马路，庄小人少，称小陈马路。1958年属杨楼公社，1984年属杨楼区郝集乡，2008年属杨楼镇张口村。

董楼

董楼（Dǒnglóu） 属杨楼镇张口村民委员会。地处村委会北部，南至华祖庙，北至新廷村迎风口，东至刘套镇西，西至新廷村黄台子。总户数为349户，总人口为1058人。面积为1.34平方千米。

董姓人家居住在此建楼，起名董楼。1958年属杨楼公社，1984年属杨楼区郝集乡，2008年属杨楼镇张口村。

胡庄

胡庄（Húzhuāng） 属杨楼镇张口村民委员会。地处村委会南部，南至陇海铁路，北至老徐砀路，东至彭新庄，西至新廷小区。总户数为249户，总人口为823人。面积为0.86平方千米。

早年胡姓人在此居住，故而得名。1958年属杨楼公社，1984年属杨楼区郝集乡，2008年属杨楼镇张口村。

张连庄

张连庄（Zhāngliánzhuāng） 属杨楼镇张口村民委员会。地处村委会南部，南至圣泉乡连庄，北至310国道，东至圣泉乡蒋楼，西至圣泉乡毛庄。总户数为68户，总人口为244人。面积为0.54平方千米。

大明嘉靖三十六年（1557年）张、连两姓在此占产立庄，故而得名。1958年属杨楼公社，1984年属杨楼区郝集乡，2008年属杨楼镇张口村。

吕里

吕里（Lǚlǐ） 属杨楼镇张口村民委员会。地处村委会南部，南至310国道，北至陇海铁路，东至张口村小马路，西至杨楼镇湾里。总户数为357户，总人口为1161人。面积为1.58平方千米。

汉代吕布治徐州，东管辖60里为吕良，西管辖60里为吕里，故而得名。1958年属杨楼公社，1984年属杨楼区郝集乡，2008年属杨楼镇张口村。

程庄

程庄（Chéngzhuāng） 属杨楼镇张口村民委员会。地处村委会西北部，南至310国道，北至陇海铁路，东至吕里，西至杨楼镇湾里。总户数为60户，总人口为198人。面积为0.27平方千米。

清朝年间，程姓家族在此建庄，故而得名。1958年属杨楼公社，1984年属杨楼区郝集乡，2008年属杨楼镇张口村。

路楼

路楼（Lùlóu） 属杨楼镇路套村民委员会。地处路套村东部，总户数为66户，总人口为270人。面积为0.4平方千米。

1949年前路楼是一大庄，有一条大马路，路旁有一岗楼，故名路楼。1949年属刘庄乡，1958年属杨楼公社，现属杨楼镇路套村民委员会。

路套

路套（Lùtào） 属杨楼镇路套村民委员会。地处村委会中部，东至泗庄，西至杨庄，南至尹庄祁场，北至小郭庄。总户数为483户，总人口为1504人。面积为2.2平方千米。

1913年路姓在黄河套里建庄定居，取名路套。1985年属杨楼区朱庄乡，1991年属杨楼镇，2008年杨庄、泗庄、关庄、小郭庄合并成路套村民委员会。

小郭庄

小郭庄（Xiǎoguōzhuāng） 属杨楼镇路套村民委员会。地处村委会北部，东至江苏宋庄，西至地，南至路套，北至江苏张集。总户数为30户，总人口为85人。面积为0.1平方千米。

郭姓在此建庄，庄小人少，故名小郭庄。

杨庄

杨庄（Yángzhuāng） 属杨楼镇路套村民委员会。地处村委会西部，东至路套，西至江苏朱庄，南至刘庄单庄，北至地。总户数为337户，总人口为1137人。面积为1.48平方千米。

杨姓建庄，名杨庄。1985年隶属朱庄乡，1991年属杨楼镇，2008年属路套村。

泗庄

泗庄（Sìzhuāng） 属杨楼镇路套村民委员会。地处村委会东部，东至关庄，西至路套，南至尹庄张庄，北至裴庄新庄。总户数为272户，总人口为919人。面积为1.32平方千米。

早年有纵姓人家，先在此处建了三个村庄，纵台子、纵新庄、大庄，后又建此村，取名四庄。1985年属朱庄乡，1991年属杨楼镇，2008年属路套村。

关庄

关庄（Guānzhuāng） 属杨楼镇路套村民委员会。地处村委会东部，东至张庄，西至泗庄，南至尹庄张庄，北至裴庄新庄。总户数为81户，总人口为274人。面积为0.3平方千米。

此村原是大地主的寄庄子，地主为了夸耀自己的官势，故取名官庄（后讹传为关庄）。1985年属朱庄乡，1991年属杨楼镇，2008年属路套村。

东花庄

东花庄（Dōnghuāzhuāng） 属杨楼镇裴庄村民委员会。地处村委会东部，东至故黄河，西至西花庄，南至冯场村李行，北至江苏区域。总户数为241户，总人口为763人。面积为1.36平方千米。

以前，村庄农户以种桃为生，每年一到春季，村庄四周全是桃花，故而得名，庄又分东西花庄，总称花庄村。1984年属杨楼区花庄乡，1992年属杨楼镇花庄村，2008年属裴庄村。

西花庄

西花庄（Xīhuāzhuāng） 属杨楼镇裴庄村民委员会。地处村委会东部，东至东花庄，西至耿庄，南至冯场村朱庄，北至江苏区域。总户数为263户，总人口为888人。面积为1.03平方千米。

以前，村庄农户以种桃为生，每年一到春季，村庄四周全是桃花，故而得名，庄又分东西花庄，总称花庄村。1984年属杨楼区花庄乡，1992年属杨楼镇花庄村，2008年属裴庄村。

耿庄

耿庄（Gěngzhuāng） 属杨楼镇裴庄村民委员会。地处村委会中部，东至西花庄，西至石坝子自然村，南至冯场村房庄，北至江苏区域。总户数为330户，总人口为

1022人。面积为1.09平方千米。

很久以前，姓耿的人家迁居此处，故起名耿庄。1984年属杨楼区朱庄乡，1992年属杨楼镇花庄村，2008年属裴庄村。

中台子

中台子（Zhòngtáizi） 属杨楼镇裴庄村民委员会。地处村委会西部，东至耿庄，西至中台子，南至冯场村张庄，北至江苏区域。总户数为330户，总人口为1022人。面积为1.42平方千米。

明代纵姓地主占产立庄，房屋建在高台上，命名为纵台子。1984年属杨楼区朱庄乡，1992年属杨楼镇花庄村，2008年属裴庄村。

新庄

新庄（Xīnzhuāng） 属杨楼镇裴庄村民委员会。地处村委会西部，东至中台子，西至江苏铜山，南至路套村官庄，北至江苏区域。总户数为243户，总人口为808人。面积为1.02平方千米。

早年纵姓从三座楼迁此建新村，取名纵新庄。1984年属杨楼区朱庄乡，1992年属杨楼镇花庄村，2008年属裴庄村。

石坝子

石坝子（Shíbàzi） 属杨楼镇裴庄村民委员会。地处村委会西部，东至耿庄，西至中台子，南至大田地，北至江苏区域。总户数为173户，总人口为559人。面积为0.95平方千米。

清朝时期在此建庄，因靠近故黄河拦河大石坝而得名。1984年属杨楼区朱庄乡，属朱庄乡，1992年属杨楼镇花庄村，2008年属裴庄村。

连庄

连庄（Liánzhuāng） 属杨楼镇裴庄村民委员会。地处村委会东部，东至故黄河，西至东花庄，南至冯场村李行，北至江苏区域。总户数为99户，总人口为350人。面积为0.75平方千米。

清朝末期连姓在此建庄，故名。1984属杨楼区朱庄乡，1992年属杨楼镇花庄村，2008年属裴庄村。

裴庄

裴庄（Péizhuāng） 属杨楼镇裴庄村民委员会。地处村委会东部，东至陆庄，西至东花庄，南至故黄河，北至江苏区域。总户数为416户，总人口为1371人。面积为1.48平方千米。

裴姓家族从明代由山西运城迁至此地，所以命名为裴庄。1984年属杨楼区朱庄乡，1992年属裴庄村。

陆庄

陆庄（Lùzhuāng） 属杨楼镇裴庄村民委员会。地处村委会东部，东至刘套镇管粥集，西至裴庄村，南至故黄河，北至江苏区域。总户数为448户，总人口为1445人。面积为1.49平方千米。

早年陆姓在此居住，故得名。1984年属杨楼区朱庄乡，1992年属杨楼区裴庄村。

李行

李行（Lǐháng） 属杨楼镇冯场村民委员会。地处村委会东部，南邻水渠，北邻连庄，西邻朱庄北地，东邻李行东地。总户数为254户，总人口为868人。面积为1.02平方千米。

清代，当时为黄河故道滩地，李姓在此开买卖行，故而得名。1949年属杨楼区，1956年属朱庄乡，1958年属朱庄公社，1984年属杨楼乡巩楼大队，同年8月属杨楼镇。2008年8月村合并，属杨楼镇冯场村民委员会至今。

孙庄

孙庄（Sūnzhuāng） 属杨楼镇冯场村民委员会。地处村委会东部，南邻巩楼，北邻李行，西邻孙庄西地，东邻故黄河。总户数为121户，总人口为400人。面积为0.7平方千米。

清代孙姓在此占产立庄，故而得名。1949年属杨楼区，1956年属朱庄乡，1958年属朱庄公社，1984年属杨楼乡巩楼大队，同年8月属杨楼镇。2008年8月村合并，属杨楼镇冯场村民委员会至今。

宋场

宋场（Sòngchǎng） 属杨楼镇冯场村民委员会。地处村委会东南部，南邻赵场，北邻宋场北地，西邻宋场西地，东邻故黄河。总户数为228户，总人口为725人。面积为1.11平方千米。

明代宋姓在此设打谷场，后成村庄，故而得名。1949年杨楼区朱庄乡，1958年属杨楼公社花庄大队，1984年属杨楼区朱庄乡冯场村，1992年属杨楼镇巩楼村，2008年与冯场并村后改为冯场村民委员会至今。

冯场

冯场（Féngchǎng） 属杨楼镇冯场村民委员会。地处村委会西部，南邻袁庄，北邻004乡道，西邻张庄，东邻房庄。总户数为161户，总人口为537人。面积为0.83平方千米。

冯姓因种地设打谷场，故叫冯场。1949年属杨楼区朱庄乡，1958年属杨楼公社花庄大队，1984年属杨楼区朱庄乡冯场村，1992年属杨楼镇巩楼村，2008年与冯场并村后改为冯场村民委员会至今。

巩楼

巩楼（Gǒnglóu） 属杨楼镇冯场村民委员会。地处村委会东部，南邻宋场，北邻孙庄、西朱庄，东邻故黄河。总户数为178户，总人口为606人。面积为0.89平方千米。

早年巩姓在此建庄盖楼，故名巩楼。1949年属杨楼区朱庄乡，1958年以后属杨楼公社花庄大队，1984年属朱庄乡巩楼村，1992年属朱庄乡巩楼村民委员会，2008年与冯场村合并属冯场村。

张庄

张庄（Zhāngzhuāng） 属杨楼镇冯场村民委员会。地处村委会西部，南邻黄泥沟，北邻中台子，西邻官庄，东邻房庄。总户数为163户，总人口为545人。面积为0.82平方千米。

张姓建庄居住，故名张庄。1949年属杨楼区朱庄，1958年属杨楼公社花庄大队，1984年属朱庄乡冯场大队，1992年属杨楼镇冯场村民委员会，2008年为杨楼镇冯场村民委员会至今。

赵场

赵场（Zhàochǎng） 属杨楼镇冯场村民委员会。地处村委会东南部，南邻故黄河，北邻赵场北地，西邻赵场西地，东邻宋场。总户数为326户，总人口为1137人。面积为1.1平方千米。

赵姓在此种地设场立庄，得名赵场。1949年属杨楼区朱庄乡，1958年属杨楼公社花庄大队，1984年属朱庄乡巩楼村，2008年并村属冯场村民委员会至今。

房庄

房庄（Fángzhuāng） 属杨楼镇冯场村民委员会。地处村委会西部，南邻袁庄，北邻耿庄，西邻张庄，东邻朱庄。总户数为

127户，总人口为400人。面积为0.66平方千米。

早年房姓在此种地立庄，叫房庄。1949年属杨楼区，1958年属杨楼公社花庄大队，1984年属朱庄乡冯场村，2008年与巩楼村合并属冯场村委会。

朱庄

朱庄（Zhūzhuāng） 属杨楼镇冯场村民委员会。地处村委会中部，南邻朱庄田地，北邻花庄，西邻房庄，东邻巩楼。总户数为237户，总人口为934人。面积为1.17平方千米。

明代朱姓在此占产立庄，故叫朱庄。1949年属萧县朱庄乡，1958年属杨楼公社花庄大队，1984年属朱庄乡冯场村，2008年并村属冯场村民委员会至今。

大高楼

大高楼（Dàgāolóu） 属杨楼镇孟庄村民委员会。地处村委会东南部，东至余洼，南至利黄沟，北至祁楼，西至河口。总户数为116户，总人口为325人。面积为0.43平方千米。

清代高姓在此占产立庄盖楼，村庄大，人口多，故而得名。1984年属杨楼镇杨楼办事处，1992年属杨楼镇河口村，2008年属孟庄村。

朱庄

朱庄（Zhūzhuāng） 属杨楼镇孟庄村民委员会。地处村委会东南部，东至大田地，西至马井赵卫庄，南至权楼，北至利黄沟。总户数为171户，总人口为626人。面积为0.81平方千米。

明代朱姓在此占产立庄，故而得名。1984年属杨楼区杨楼镇杨楼办事处，2008年属孟庄村。

孟庄

孟庄（Mèngzhuāng） 属杨楼镇孟庄村民委员会。地处村委会西北部，东至朱集，南至河口，西至刘新庄，北至高楼。总户数为218户，总人口为687人。面积为0.89平方千米。

孟庄原名耿孟庄，因耿、孟两家立庄而得名，后因孟姓居多，更名孟庄。1984年属杨楼区杨楼镇杨楼办事处，1992年属杨楼镇孟庄村。

祁楼

祁楼（Qílóu） 属杨楼镇孟庄村民委员会。地处村委会中部，东至余洼，西至八庄，南至高楼，北至朱集。总户数为162户，总人口为563人。面积为0.73平方千米。

祁姓最先落户至此，故而得名。1984年属杨楼区杨楼镇杨楼办事处，2008年属孟庄村。

刘新庄

刘新庄（Liúxīnzhuāng） 属杨楼镇孟庄村民委员会。地处村委会西北部，东至高楼，西至马井段，南至八庄，北至新岱河。总户数为215户，总人口为647人，面积为0.89平方千米。

1885年郝集部分刘姓迁此新建村庄，取名刘新庄。1984年属杨楼区杨楼镇孟庄村，1992年属杨楼镇孟庄村。

八庄

八庄（Bāzhuāng） 属杨楼镇孟庄村民委员会。地处村委会西部，东至祁楼，西至马井鲁楼，南至马井黄楼，北至刘新庄。总户数为254户，总人口为845人。面积为1.19平方千米。

因距离和周边马井、王集、郝集等集镇都是八里路，故而得名。1984年属杨楼区杨楼镇杨楼办事处，1992年属杨楼镇孟庄村。

小高楼

小高楼（Xiǎogāolóu） 属杨楼镇孟庄村民委员会。地处村委会西北部，东至朱集，南至孟庄，西至刘新庄，北至新岱河。总户数为237户，总人口为797人。面积为1.03平方千米。

清代高姓在此占产立庄盖楼，因庄小人少，故而得名。1984年属杨楼区杨楼镇杨楼办事处，1992年属杨楼镇孟庄村。

河口

河口（Hékǒu） 属杨楼镇孟庄村民委员会。地处村委会中部，东至高楼，西至大田地，南至马井黄楼，北至孟庄。总户数为77户，总人口为250人。面积为0.32平方千米。

古时这里有一条河，该村建在河口处，故而得名。1984年属杨楼镇杨楼办事处，1992年属杨楼镇河口村，2008年属孟庄村。

小朱集

小朱集（Xiǎozhūjí） 属杨楼镇余洼村民委员会。地处村委会北部，南邻余洼，北邻朱集桥岱河上段，西邻孟庄村小高楼，东邻王新庄。总户数为291户，总人口为912人。面积为1平方千米。

1949年前从老朱集村迁出小部分住户来定居此庄，后取名小朱集。1958年属杨楼公社，1984年属杨楼办事处，2008年属杨楼镇余洼村。

余洼

余洼（Yúwā） 属杨楼镇余洼村民委员会。地处村委会西部，南邻孟庄村朱庄，北邻朱集，西邻孟庄村祁楼，东邻程楼。总户数为368户，总人口为1232人。面积为1.32平方千米。

300年前，有余姓、吉姓来此定居，因村四周地势低洼，取名余吉洼，后吉姓迁走，遂易名余洼。1958年属杨楼公社，1984年属杨楼办事处，2008年属杨楼镇余洼村。

王新庄

王新庄（Wángxīnzhuāng） 属杨楼镇余洼村民委员会。地处村委会北部，南邻胡楼，北邻岱河上段，西邻朱集，东邻圣泉乡毛庄。总户数为84户，总人口为275人。面积为0.4平方千米。

以姓氏命名。1958年属杨楼公社，1984年属杨楼办事处，2008年属杨楼镇余洼村。

胡楼

胡楼（Húlóu） 属杨楼镇余洼村民委员会。地处村委会东北部，南邻许家，北邻王新庄，西邻朱集，东邻圣泉乡农场。总户数为146户，总人口为446人。面积为0.8平方千米。

以前，胡姓人在这村建一座楼，所以就起名叫胡楼。1958年属杨楼公社，1984年属杨楼办事处，2008年属杨楼镇余洼村。

许家

许家（Xǔjiā） 属杨楼镇余洼村民委员会。地处村委会东部，南邻马井镇张瓦房，北邻胡楼，西邻程楼，东邻圣泉乡刘楼。总户数为170户，总人口为563人。面积为0.9平方千米。

清初，许姓家族在此生产居住，故而得名。1958年属杨楼公社，1984年属杨楼办事处，2008年属杨楼镇余洼村。

小程楼

小程楼（Xiǎochénglóu） 属杨楼镇余洼村民委员会。地处村委会南部，南邻马井镇小彭庄，北邻余洼，西邻余洼，东邻许家。总户数为83户，总人口为243人。面积为0.4平方千米。

400年前，程姓在此居住，盖一座小楼，故名小程楼。1958年属杨楼公社，1984年属杨楼办事处，2008年属杨楼镇余洼村。

黄庙

黄庙（Huángmiào） 属杨楼镇黄庙村民委员会。地处村委会中部，东至利民沟，南至陇海铁路，西至李楼，北至310国道。总户数为193户，总人口为610人。面积为0.85平方千米。

黄庙始于康熙年间，乾隆四十年（1775年），四品总兵袁氏自汝南来此地居住，始称袁楼。后来黄氏族人买地建庙而取名黄庙。1938年8月23日这里曾发生“智驭日军黄庙据点”战斗。萧县人民政府立纪念碑于此。1958年杨楼公社黄庙大队，1984年属杨楼区纵庄乡，1992年属杨楼镇黄庙村。

朱庄

朱庄（Zhūzhuāng） 属杨楼镇黄庙村民委员会。地处村委会东部，东至利民沟，南至310国道，西至袁楼，北至郜洼村。总户数为92户，总人口为340人。面积为0.6平方千米。

明代朱姓在此占产立庄，故名朱庄。1949年属杨楼区，1958年属杨楼公社黄庙大队，1984年属杨楼区纵庄乡黄庙大队，1992年杨楼镇黄庙村。

杜土楼

杜土楼（Dùtǔlóu） 属杨楼镇黄庙村民委员会。地处村委会东部，东至孙庄村，南至310国道，西至朱庄，北至孙庄村。总户数为130户，总人口为380人。面积为0.64平方千米。

嘉庆年间杜氏占地立庄建一座土楼，故名。1958年属杨楼公社黄庙大队，1984杨楼区纵庄乡黄庙大队，1992年属杨楼镇黄庙村。

黄庄

黄庄（Huángzhuāng） 属杨楼镇黄庙村民委员会。地处村委会西部，东至唐庄，南至陇海铁路，西至闫集镇，北至310国道。总户数为308户，总人口为965人。面积为1.1平方千米。

明代黄河发大水过后，黄姓一家迁居此地耕种建庄，取庄名为黄庄。1949年隶属杨楼区，1958年属杨楼公社朱庄大队，1984年属杨楼区纵庄乡，1992年属杨楼镇黄庙村。

唐庄

唐庄（Tángzhuāng） 属杨楼镇黄庙村民委员会。地处村委会东部，东至李楼，南至陇海铁路，西至黄庄，北至310国道。总户数为181户，总人口为516人。面积为0.7平方千米。

唐姓建庄，故名唐庄。1949年隶属杨楼区，1958年属杨楼公社朱庄大队，1984年属杨楼区纵庄乡，1992年隶属杨楼镇黄庙村。

李楼

李楼（Lǐlóu） 属杨楼镇黄庙村民委员会。地处村委会东部，东至黄庙，南至陇海铁路，西至唐庄，北至310国道。总户数为61户，总人口为193人。面积为0.3平方千米。

李氏在此居住，并建有楼阁，故而得名。1949年隶属杨楼区，1958年属杨楼公社朱庄大队，1984年属杨楼区纵庄乡，1992年属杨楼镇李楼村，2008年并入黄庙村村民委员会。

王沃

王沃（Wángwò） 属杨楼镇黄庙村民委员会。地处村委会西北部，东至郜洼村，南至宋楼，西至闫集镇，北至郜洼村。总户数为198户，总人口为691人。面积为0.9平方千米。

明洪武年间因王姓建庄而得名。1949年属杨楼区，1958年属杨楼公社王窝大队，1984年属杨楼区纵庄乡，合村后属杨楼镇黄庙村民委员会。

宋楼

宋楼（Sònglóu） 属杨楼镇黄庙村民委员会。地处村委会西部，东至张庄，南至310国道，西至闫集镇，北至王沃。总户数为116户，总人口为420人。面积为0.7平方千米。

早年宋氏在此占产立庄并盖楼，故而得名。1949年属杨楼区，1958年杨楼公社，1984年属杨楼区纵庄乡王窝大队，1992年属杨楼镇黄庙村。

刘庄

刘庄（Liúzhuāng） 属杨楼镇刘庄村民委员会。地处村委会西部，南邻马路，北邻江苏省铜山区，西邻朱庄，东邻单庄。总户数为207户，总人口为659人。面积为1.4平方千米。

明代刘姓从河南迁至此处建庄定居，命名为刘庄。

朱庄

朱庄（Zhūzhuāng） 属杨楼镇刘庄村民委员会。地处村委会西北部，南邻刘庄，北邻江苏省铜山区，西邻谷庄，东邻刘庄。总户数为188户，总人口为535人。面积为0.96平方千米。

明代朱姓在此占产立庄，故而得名。

马路口

马路口（Mǎlùkǒu） 属杨楼镇刘庄村民委员会。地处村委会南部，南邻纵庄，北邻刘庄，西邻丁木集，北至任庄。总户数为419户，总人口为1188人。面积为1.88平方千米。

早年黄河河道通船时期，这地方是船运货物停留的码头，也是通往濉溪口子的一条大马路路口，当时有饭店、客栈，非常热闹，故名马路口，后又有姓孟的在此居住，又有孟马路之称。1949年属刘庄乡，1958年属杨楼公社刘庄大队，现属杨楼镇刘庄村民委员会。

单庄

单庄（Shànzhuāng） 属杨楼镇刘庄村民委员会。地处村委会北部，南邻任庄，北邻江苏省铜山区，西邻刘庄，东邻路楼。总户数为421户，总人口为1242人。面积为1.49平方千米。

该村原住民以单姓为主，故名单庄。1949年属刘庄乡，1958年归杨楼公社，现属杨楼镇刘庄村民委员会。

王老庄

王老庄（Wánglǎozhuāng） 属杨楼镇郜洼村民委员会。地处村委会北部，东至谷庄，西至新庄镇，南至丁木集，北至江苏。总户数为248户，总人口为766人。面积为1.68平方千米。

约300年前，一王姓大户在此定居，故称王老庄。1951年属杨楼区，1958年属郝集人民公社，1959年属杨楼人民公社，1962年属杨楼区郝集公社，1984年属杨楼镇王老庄村，2008年3月并入郝集村至今。

谷庄

谷庄（Gǔzhuāng） 属杨楼镇郜洼村

民委员会。地处村委会北部，东至刘庄，西至王老庄，南至马路口，北至江苏。总户数为173户，总人口为494人。面积为1.19平方千米。

清代谷姓在此占产立庄，故而得名。1949年属杨楼镇梁河乡，1953年改划刘庄乡，1958年属杨楼公社，1984年属纵庄乡，1991年属杨楼王老庄村，2008年后属杨楼镇郜洼村民委员会至今。

纵庄

纵庄（Zòngzhuāng） 属杨楼镇郜洼村民委员会。地处村委会东部，东至任庄，西至苏楼，南至朱庄，北至马路口。总户数为153户，总人口为475人。面积为0.96平方千米。

以姓氏命名。1949年后属梁河乡，1956年改为纵庄乡，1958年属杨楼公社，1984年属杨楼区纵庄乡，1991年属杨楼镇郜洼村民委员会至今。

苏楼

苏楼（Sūlóu） 属杨楼镇郜洼村民委员会。地处村委会北部，东至纵庄，西至郑集，南至郜洼，北至丁木集。总户数为154户，总人口为471人。面积为0.81平方千米。

北宋徐州太守苏东坡之子苏迈在徐州南苏家湖定居（时属萧县），因水患苏迈迁山东省微山县，又因地震回迁萧县，其中一支落户此地，取村名苏楼。1953年以前属刘庄乡，1956年改属纵庄乡，1958年属杨楼公社。1984年属杨楼区纵庄乡，1991年属杨楼镇郜洼村民委员会至今。

郜洼

郜洼（Gàowā） 属杨楼镇郜洼村民委员会。地处村委会南部，东至朱庄，西至郭庄，南至黄庙，北至苏楼。总户数为154户，总人口为449人。面积为0.72平方千米。

清朝初期，郜姓在低洼处建村，因此取名郜洼。1949年属梁河乡，1956年改属纵庄乡，1958年属杨楼公社，1984年属杨楼区纵庄管乡，1991年属杨楼镇郜洼村民委员会至今。

郭庄

郭庄（Guōzhuāng） 属杨楼镇郜洼村民委员会。地处村委会西部，东至郜洼，西至王沃，南至张庄，北至丁木集。总户数为249户，总人口为847人。面积为1.53平方千米。

明代郭姓人从山西来此立庄，故而得名。1949年属梁河乡，1956年改属纵庄乡，1958年属杨楼人民公社，1984年属杨楼区纵庄乡，1991年属杨楼镇郜洼村民委员会至今。

小杨楼

小杨楼（Xiǎoyánglóu） 属杨楼镇郜洼村民委员会。地处村委会西北部，东至丁木集，西至孙小楼，南至丁木集，北至新庄镇。总户数为165户，总人口为520人。面积为1.03平方千米。

杨氏建庄盖楼，庄小人少，故名小杨楼。1949年属梁河乡，1953年改属刘庄乡，1958年下半年属杨楼人民公社，1984年属纵庄乡管区，1991年属杨楼镇小杨楼村，2008年后属杨楼镇郜洼村民委员会至今。

丁木集

丁木集（Dīngmùjí） 属杨楼镇郜洼村民委员会。地处村委会北部，东至马路口，西至闫集镇，南至郭庄，北至新庄镇。总户数为485户，总人口为1586人。面积为2.87平方千米。

明朝时代，有个丁姓母亲在此起集。集市相当繁荣，连徐州人都知道在此地有个丁母集，后又写成丁木集，故而得名。1949年属梁河乡，1953年属划刘庄乡，1958年属杨楼人民公社，1984年属纵庄乡，1991年属杨楼丁木集村，2008年属杨楼镇部洼村民委员会至今。

孙庄

孙庄（Sūnzhuāng） 属杨楼镇孙庄村民委员会。地处村委会中部，东邻郝集村，西邻油坊，南邻刘楼，北邻单庄村。总户数为277户，总人口为879人。面积为1.28平方千米。

清光绪年间，江苏丰县孙氏族人一支迁至此处，定名孙庄。1958年属杨楼公社孙庄大队，1984年属杨楼区纵庄乡，1992年属杨楼镇孙庄村委会至今。

任庄

任庄（Rènzhuāng） 属杨楼镇孙庄村民委员会。地处村委会西部，东邻孙庄，西邻马路口，南邻油坊，北邻单庄村。总户数为207户，总人口为676人。面积为0.98平方千米。

以任氏家族为主，命名为任庄。1958年属杨楼公社孙庄大队，1984年属杨楼区纵庄乡，2008年属杨楼镇孙庄村。

王庄

王庄（Wángzhuāng） 属杨楼镇孙庄村民委员会。地处村委会东南部，东邻郝集村，西邻刘楼，南邻冯楼村，北邻常庄村。总户数为168户，总人口为520人。面积为0.82平方千米。

因王姓人家建庄而得名。1958年属杨楼公社孙庄大队，1984年属杨楼区纵庄乡，2008年属杨楼镇孙庄村至今。

油坊

油坊（Yóufāng） 属杨楼镇孙庄村民委员会。地处村委会西部，东邻孙庄，西邻纵庄村，南邻东庄，北至任庄。总户数为262户，总人口为834人。面积为1.14平方千米。

明代温姓在此占产立庄，并开设油坊，得名温油坊，现简称油坊。1958年属杨楼公社孙庄大队，1984年属杨楼区纵庄乡，2008年属杨楼镇孙庄村。

刘楼

刘楼（Liúlóu） 属杨楼镇孙庄村民委员会。地处村委会南部，东邻王庄，西邻油坊，北邻孙庄，南邻东庄村。总户数为92户，总人口为297人。面积为0.58平方千米。

刘姓人家来此买地建庄并建一土楼，故名。1958年属杨楼公社孙庄大队，1984年属杨楼镇纵庄村，2008年杨楼镇孙庄村。

常庄

常庄（Chángzhuāng） 属杨楼镇孙庄村民委员会。地处村委会东部，东邻郝集村，西邻孙庄，南邻王庄，北邻郝集村。总户数为90户，总人口为293人。面积为0.64平方千米。

明初，常姓在此占产立庄，故而得名。1958年属杨楼公社孙庄大队，1984年属杨楼区纵庄乡，2008年属杨楼镇孙庄村。

闫集镇

前柳园

前柳园（Qiánliǔyuán） 属闫集镇柳园村民委员会。地处村委会中部，东至郑庄，南至马集镇，西至后柳园，北至孙老家村。总户数为249户，总人口为800人。面积

0.96 平方千米。

此村位于后柳园前面，故名前柳园。1949 年属黄口区孟楼乡。1958 年属马井公社。1962 年至 1969 年属孟楼公社。1980 年属闫集公社。1984 年后属闫集镇至今。该村一直是柳园（大队）村的一个自然村。

后柳园

后柳园（Hòuliǔyuán） 属闫集镇柳园村民委员会。地处村委会中部，东至前柳园，南至马井镇，西至孟楼村，北至孔楼。总户数为 329 户，总人口为 1134 人。面积 1.22 平方千米。

明代此处原是柳树园，建村后取名柳园，因前后有两个柳园，此村位于北，遂名后柳园。该自然村自 1949 年以来，一直属柳园大队（村）管辖。

宋行

宋行（Sònghána） 属闫集镇柳园村民委员会。地处村委会东南部，东至马井镇，南至郑庄，西至前柳园，北至纵庄。总户数为 131 户，总人口为 496 人。面积为 0.62 平方千米。

明代宋姓在此建村后开过商行，故名宋行。1949 年以来至 2007 年，该自然村属宋行大队（村）。2008 年后属柳园村管辖至今。

郑庄

郑庄（Zhèngzhuāng） 属闫集镇柳园村民委员会。地处村委会东南部，东至马井镇，南至马井镇，西至前柳园，北至宋行。总户数为 205 户，总人口为 696 人。面积为 0.85 平方千米。

明代郑姓在此占产立庄，故而得名。1949 年以来至 2007 年，该自然村属宋行大队（村）。2008 年后属柳园村管辖至今。

纵庄

纵庄（Zòngzhuāng） 属闫集镇柳园村民委员会。地处村委会东部，东至权庄，南至宋行，西至孙老家村，北至马井镇。总户数为 73 户，总人口为 242 人。面积 0.15 平方千米。

以姓氏命名，因纵姓人家居住较多而取名。1949 年以来至 2007 年，该自然村属宋行大队（村）。2008 年属柳园村管辖至今。

孔楼

孔楼（Kǒnglóu） 属闫集镇柳园村民委员会。地处村委会西北部，东至孙老家村，南至后柳园，西至孟楼村，北至孙老家村。总户数为 337 户，总人口为 1194 人。面积为 1.42 平方千米。

300 年前孔姓在此居住，取名孔楼。现已无孔姓，但仍叫孔楼。1949 年以来至 2007 年，该自然村属孔楼大队（村）。2008 年属柳园村管辖至今。

权庄

权庄（Quánzhuāng） 属闫集镇柳园村民委员会。地处村委会东部，东至马井镇，南至马井镇，西至纵庄，北至马井镇。总户数为 54 户，总人口为 208 人。面积 0.13 平方千米。

清朝年间，权姓在此建庄，故而得名。1949 年以来至 2007 年，该自然村属孔楼大队（村）。2008 年属柳园村管辖至今。

高新庄

高新庄（Gāoxīnzhuāng） 属闫集镇柳园村民委员会。地处村委会中部，总户数为 60 户，总人口为 210 人。面积 0.4 平方千米。

1949 年前，高姓在此建立新村，故名。1949 年以来至 2007 年，该自然村属柳园大队（村）。2008 年属柳园村管辖至今。

孟楼村

孟楼村（Mènglóucūn） 属闫集镇孟楼村民委员会。地处村委会中部，北至赵堂村，南至暗楼，西至赵堂村，东至大闫屯。总户数为466户，总人口为1468人。面积为1.96平方千米。

1949年前此庄叫黄柚子楼。黄柚子楼直属北京，西南院是朝庙。大户比较多且有势力，有土匪想到此村行窃，打听是黄柚子楼没敢下手，后将此村易名孟楼。1949年以来，该自然村一直属孟楼（大队）村管辖。

包庄

包庄（Bāozhuāng） 属闫集镇孟楼村民委员会。地处村委会东部，北至小李庄，南至小闫屯，西至李老庄，东至孙老家村。总户数为221户，总人口为772人。面积为1.03平方千米。

清代包姓在此占地立庄，聚众而居，故而得名。1949年至2007年，该村属李老庄大队（村）管辖。2008年至今属孟楼村管辖。

小闫屯村

小闫屯村（Xiǎoyántúncūn） 属闫集镇孟楼村民委员会。地处村委会东部，北至包庄，南至马井镇，西至大闫屯，东至柳园村。总户数为171户，总人口为504人。面积为0.67平方千米。

别名四大家。闫姓在此置地建村。因村西南有大闫屯，故取名小闫屯。1949年以来至2007年，属暗楼大队（村）管辖。2008年后属孟楼村管辖。

李老庄

李老庄（Lǐlǎozhuāng） 属闫集镇孟楼村民委员会。地处村委会中部，北至小李庄，南至大闫屯，西至赵堂村，东至包庄。总户数为268户，总人口为865人。面积为1.15平方千米。

早年，李姓建村，因村庄古老，故名李老庄。1949年至2007年，该自然村属李老庄大队（村）。2008年后隶属孟楼村管辖至今。

小李庄

小李庄（Xiǎolǐzhuāng） 属闫集镇孟楼村民委员会。地处村委会东部，北至闫集村，南至包庄，西至赵堂村，东至孙老家村。总户数为79户，总人口为313人。面积为0.42平方千米。

李氏在此村人数较多，村庄较小，故名小李庄。1949年至2007年，该村属李老庄大队（村）管辖。2008年至今属孟楼村管辖。

刘桥

刘桥（Liúqiáo） 属闫集镇孟楼村民委员会。地处村委会中部，总户数为30户，总人口为140人。面积为0.2平方千米。

该村刘姓较多，村前有一小桥，故名刘桥。1949年以来，该自然村一直属孟楼（大队）村管辖。

暗楼村

暗楼村（Ànlóucūn） 属闫集镇孟楼村民委员会。地处孟楼村南部，北至孟楼，南至马井镇，西至赵堂村，东至大闫屯。总户数为129户，总人口为431人。面积为0.55平方千米。

原名曹庄，传说该村过去树木较多，有一楼房位于树丛之中，从远处望去，一片阴森昏暗，后将此庄取名暗楼。1949年以来至2007年，该村一直属暗楼大队（村）管辖。2008年合并大村后属孟楼村管辖至今。

大闫屯

大闫屯（Dàyántún） 属闫集镇孟楼村民委员会。地处村委会南部，北至孟楼，南至马井镇，西至暗楼，东至小闫屯。总户数为160户，总人口为526人。面积为0.7平方千米。

早年闫姓在此屯田定居，取名闫屯，因村东侧有小闫屯，故名大闫屯。1949年至2007年，该自然村属刘店（乡）公社暗楼大队（村）。2008年后属孟楼村至今。

腰庄

腰庄（Yāozhuāng） 属闫集镇赵堂村民委员会。地处村委会中部，东至孟楼，西至边庄，南至赵楼，北至赵堂。总户数为230户，总人口为987人。面积为0.9平方千米。

黄河故道在此村南腰（土语同“绕”）了一个弯子，故名腰庄。1949年起至1984年，先后属孟楼村，赵堂大队管辖。1984年后属赵堂村至今。

尹庄

尹庄（Yǐnzhuāng） 属闫集镇赵堂村民委员会。地处村委会南部，东至赵楼，西至王庄，北至八集，南至郝楼。总户数为140户，总人口为515人。面积为0.7平方千米。

1814—1816年，姓尹在此居住建村，故称尹庄。1949年后至2007年，该自然村属暗楼（大队）村。2008年隶属赵堂村管辖至今。

赵楼

赵楼（Zhàolóu） 属闫集镇赵堂村民委员会。地处村委会南部，东至暗楼，西至尹庄，南至陈楼，北至腰庄。总户数为145户，总人口为532人。面积为0.5平方千米。

早年赵姓为防匪患在村建楼一座，故称赵楼。1958年后至1983年属孟楼乡孟楼村（大队），1984年后属闫集镇暗楼大队（村），2008年属赵堂村至今。

赵堂

赵堂（Zhàotáng） 属闫集镇赵堂村民委员会。地处村委会北部，东至侯楼，西至边庄，南至腰庄，北至大柳树。总户数为112户，总人口为467人。面积为0.5平方千米。

明代赵姓在此置地建庄，并在村中建一祠堂而得名。1958年至1984年先后属孟楼乡、黄口公社孟楼大队（村）。1984年后属闫集镇赵堂村至今。

侯楼

侯楼（Hóulóu） 属闫集镇赵堂村民委员会。地处村委会东北部，东至李老庄，西至赵堂，南至孟楼，北至北陈楼。总户数为292户，总人口为1185人。面积为2平方千米。

早年有侯姓大户在此建楼，故而得名。1958年该自然村属孟楼大队（村）。1960年属李老庄大队。1981年属侯楼大队（村）。2008年后属赵堂村至今。

边庄

边庄（Biānzhuāng） 属闫集镇赵堂村民委员会。地处村委会南部，东至腰庄，西至土楼，南至八集，北至大柳树。总户数为255户，总人口为1080人。面积为1.2平方千米。

早年，此村位于区划的边界，故此得名。1958年后，该自然村一直属赵堂（大队）村管辖。

郑庄

郑庄（Zhèngzhuāng） 属闫集镇孙老家村民委员会。地处村委会西部，东至吴楼，南至柳园，西至包庄，北至闫集。总户数为195户，总人口为567人。面积为0.76平方千米。

明代郑姓在此占产立庄，故而得名。1949年后至1985年，该自然村属宋行（大队）村。2008年后属孙老家村管辖。

孙老家

孙老家（Sūnlǎojiā） 属闫集镇孙老家村民委员会。地处村委会北部，东至朱楼，南至吴楼，西至郑庄，北至范桥。总户数为387户，总人口为1239人。面积为1.65平方千米。

孙姓祖居地，故名孙老家。1949年以来至1984年，该自然村先后属刘店乡、闫集公社孙老家（大队）村管辖。1985年后属闫集镇孙老家村管辖至今。

朱楼

朱楼（Zhūlóu） 属闫集镇孙老家村民委员会。地处村委会北部，东至马井镇大朱楼，南至面马井镇王集，西至孙老家，北至苏楼。总户数为125户，总人口为409人。面积为0.69平方千米。

朱姓建此村并盖有楼房，故名朱楼。1949年以来至2008年，该自然村属宋行大队（村），2008年后属孙老家村。

范桥

范桥（Fànqiáo） 属闫集镇孙老家村民委员会。地处村委会北部，东至苏楼，南至孙老家，西至闫集，北至王庄。总户数为86户，总人口为301人。面积为0.4平方千米。

范姓在此定居，庄中建有一座桥，取名范桥。1949年以来，该自然村一直属孙老家（大队）村。

吴楼

吴楼（Wúlóu） 属闫集镇孙老家村民委员会。地处村委会北部，东至王集，南至柳园，西至郑庄，北至孙老家。总户数为302户，总人口为1054人。面积为1.4平方千米。

明代吴姓在此占产立庄建楼，故而得名。1949年后至今一直属孙老家村。

苏楼

苏楼（Sūlóu） 属闫集镇孙老家村民委员会。地处村委会北部，东至马井镇吉洼，南至朱楼，西至范桥，北至杨楼镇黄庄。总户数为124户，总人口为416人。面积为0.55平方千米。

北宋徐州太守苏东坡之子苏迈在徐州南苏家湖定居（时属萧县），因水患苏迈迁山东省微山县，又因地震回迁萧县，其中一支落户此地，取村名苏楼。1949年以来，该自然村一直属孙老家（大队）村。

李各

李各（Lǐgè） 属闫集镇闫集村民委员会。地处村委会西部，东至闫集，南至朱庄，西至彭桥庄，北至孙庄。总户数为352户，总人口为1232人。面积为1.3平方千米。

李姓在此立庄定居，建有一座阁楼，故名李阁，后演变为李各。1949年以来至2007年，该村一直属李阁（大队）村管辖。2008年合并村后属闫集村管辖。

赵楼

赵楼（Zhàolóu） 属闫集镇闫集村民委员会。地处村委会西部，东至闫集，南至包庄，西至周庄，北至闫集。总户数为174户，人口为610人。面积为0.6平方千米。

早年赵姓为防匪患建楼一座，故称赵楼。1949年以来，该自然村一直属闫集（大队）村管辖。

周庄

周庄（Zhōuzhuāng） 属闫集镇闫集村民委员会。地处村委会西部，东至赵楼，南至小李庄，西至孙酒店，北至李各。总户数为101户，总人口为356人。面积为0.4平方千米。

1340年从河南迁到此地，周姓人数占95%以上，因此名为周庄。1949年以来，该自然村一直属闫集（大队）村管辖至今。

孙酒店

孙酒店（Sūnjiǔdiàn） 属闫集镇闫集村民委员会。地处村委会西部，东至周庄，南至李老庄，西至聂元楼，北至朱庄。总户数为61户，总人口为635人。面积为0.6平方千米。

孙氏在此定居，开设酒店，起名孙酒店。1949年以来，该自然村一直属闫集（大队）村管辖。

陈楼

陈楼（Chénlóu） 属闫集镇闫集村民委员会。地处村委会西南部，东至彭桥，南至侯楼，西至黄口镇。总户数为182户，总人口为637人。面积为0.8平方千米。

清朝中期陈姓从河南迁此，村中盖有一楼，故取名陈楼。1949年以来至2007年，该自然村属李阁大队（村）管辖。2008年后属闫集村管辖至今。

朱庄

朱庄（Zhūzhuāng） 属闫集镇闫集村民委员会。地处村委会西南部，东至赵楼，南至孙酒店，西至聂园，北至李各。总户数为37户，总人口为132人。面积为0.2平方千米。

明代朱姓三兄弟在此占产立庄，当时人少村小称小朱庄，后改为朱庄。1949年以来至2007年，该自然村属李阁（大队）村管辖。2008年后属闫集村管辖至今。

彭桥

彭桥（Péngqiáo） 属闫集镇闫集村民委员会。地处村委会西部，东至李各，南至聂园，西至陈楼，北至小吴楼。总户数为26户，总人口为94人。面积为0.1平方千米。

彭姓在此定居，在村前架一座桥，故名彭桥。1949年以来至2007年一直属李阁村（大队）。2008年合村后属闫集村至今。

闫集村

闫集村（Yánjícūn） 属闫集镇闫集村民委员会。地处村委会中部，东至范桥，南至郑庄，西至赵楼，北至汪楼。总户数为254户，总人口为889人。面积为1平方千米。

1949年前，闫姓在此定居，设集市，故名。1949年后，该自然村一直属闫集（大队）村管辖。

聂园

聂园（Nièyuán） 属闫集镇闫集村民委员会。地处村委会西南部，东至朱庄，南至侯楼，西至陈楼，北至彭桥。总户数为137户，总人口为480人。面积为0.6平方千米。

清末聂姓在此建村，后元姓也在此建村，故村名取名聂园。1949年以来至2007年，该自然村属李阁村（大队）。2008年后合大村，属闫集村至今。

花王庄

花王庄（Huāwángzhuāng） 属闫集镇汪楼村民委员会。地处村委会东部，东至黄庄，西至汪楼，南至范桥，北至六子。总户数为437户，总人口为1596人。面积为2.284平方千米。

花王庄是多姓庄，因花姓、王姓人口居多，取名花王庄。1949年以来，该自然村属汪楼（大队）村管辖。

六子

六子（Liùzi） 属闫集镇汪楼村民委员会。地处村委会东部，东至宋楼，西至汪楼，南至花王庄，北至郑集。总户数为72户，总人口为270人。面积为0.5平方千米。

祁姓户主生有六子，在此建庄，故得名祁六子。1949年以来，该自然村属汪楼（大队）村管辖。

汪楼

汪楼（Wānglóu） 属闫集镇汪楼村民委员会。村委会驻地，东至花王庄，西至马园，南至闫集，北至高楼。总户数为121户，总人口为463人。面积为0.6平方千米。

很久以前汪姓来此占产立庄建楼，故名汪楼。1949年属黄口区马园乡，后属刘店乡。1958年属黄口东方红人民公社，1962年至1983年属刘店公社。1984年至1991年属刘店乡。1992年属闫集镇至今。新中国成立以来，一直属汪楼大队（村）管辖。

马园

马园（Mǎyuán） 属闫集镇汪楼村民委员会。地处村委会南部，东至汪楼，西至李子园，南至闫集，北至小杨庄。总户数为108户，总人口为421人。面积为0.4平方千米。

马姓在此建村，开园种菜，得名马园。1949年以来，该自然村一直属汪楼（大队）村管辖。

孙庄

孙庄（Sūnzhuāng） 属闫集镇汪楼村民委员会。地处村委会西部，东至汪楼，西至唐楼，南至李各，北至刘店。总户数为172户，总人口为667人。面积为0.8平方千米。

100多年前，孙姓在此置地立庄，故名孙庄。1949年至2007年，该自然村属唐楼（大队）村管辖。2008年后属汪楼村管辖。

小吴楼

小吴楼（Xiǎowúlóu） 属闫集镇汪楼村民委员会。地处村委会西部，东至李子园，西至梁吴楼，南至彭桥，北至唐楼。总户数为132户，总人口为517人。面积为0.5平方千米。

早年，吴姓迁至此处建一座楼，故名小吴楼。1949年至2007年，该自然村属唐楼（大队）村管辖。2008年后属汪楼村管辖至今。

唐楼

唐楼（Tánglóu） 属闫集镇汪楼村民委员会。地处村委会西部，东至孙庄，西至梁吴楼，南至小吴楼，北至刘店。总户数为252户，总人口为933人。面积为1.2平方千米。

早年，唐姓在此建庄立村，盖有楼房。故名唐楼。1949年以来至2007年，该自然村属唐楼（大队）村管辖。2008年后属汪楼村管辖。

李子园

李子园（Lǐziyuán） 属闫集镇汪楼村

民委员会。地处村委会西部，东至马园，西至小吴楼，南至李各，北至孙庄。总户数为72户，总人口为234人。面积为0.4平方千米。

早年，村庄旁边有块李子园，故名。1949年至2007年，该自然村属唐楼（大队）村管辖。2008年后属汪楼村管辖。

郑集村

郑集村（Zhèngjícūn） 属闫集镇郑集村民委员会。地处村委会南部，东至杨楼镇王沃，南至汪楼村王庄，西至高楼村土楼，北至新庄。总户数为329户，总人口为1470人。面积为1.37平方千米。

郑姓建村，后设集市，故名。1949年以来，该自然村属郑集大队（村）管辖。

新庄村

新庄村（Xīnzhuāngcūn） 属闫集镇郑集村民委员会。地处村委会东部，东至杨楼镇丁木集，南至郑集，西至新楼，北至孙小楼和小杨楼。总户数为193户，总人口为892人。面积为0.73平方千米。

1949年前，莫集村几户人家迁来建立新村，取名新庄。1949年至1980年该自然村属郑集大队（村），后至2007年属孙小楼大队（村）。2008年属郑集村民委员会至今。

孙小楼

孙小楼（Sūnxiǎolóu） 属闫集镇郑集村民委员会。地处村委会北部，东至新庄，南至新庄，西至高楼桃园，北至高楼村张庄。总户数为278户，总人口为1113人。面积为0.94平方千米。

孙姓较多，早年村中曾盖有一座小炮楼，故名。1949年至1980年属郑集大队（村），1980年至2007年属孙小楼大队（村），2008年至今属郑集村委会。

新楼

新楼（Xīnlóu） 属闫集镇郑集村民委员会。地处村委会西部，东至新庄，南至高楼村土楼庄，西至高楼村李庄，北至高楼村桃园。总户数为135户，总人口为615人。面积为0.39平方千米。

清代此庄就为此名。1949年至1980年属郑集大队（村）。1980年至2007年属孙小楼大队（村）。2008年后属郑集村委会至今。

李庄

李庄（Lǐzhuāng） 属闫集镇高楼村民委员会。地处村委会北部，东至郑集村小楼子，西至豆楼，南至高楼，北至桃园。总户数为178户，总人口为600人。面积为0.64平方千米。

早年李姓在此建村，故名李庄。1949年至2007年，该自然村属枌榆寺大队（村）管辖。2008年后属高楼村管辖至今。

高楼

高楼（Gāolóu） 属闫集镇高楼村民委员会。地处村委会南部，东至土楼，西至杨庄，南至赵庄，北至李庄。总户数为203户，总人口为670人。面积为0.54平方千米。

清朝初期本村高姓人家是大户，且建有楼房，故起名高楼。1949年以来，该自然村一直属高楼村（大队）管辖至今。

杨庄

杨庄（Yángzhuāng） 属闫集镇高楼村民委员会。地处村委会西南部，东至赵庄，西至刘店村，南至汪楼，北至高楼。总户数为162户，总人口为560人。面积为0.63平方千米。

此地以杨家姓氏的人居多而得名杨庄。1949年以来，该自然村属高楼（大队）村管辖。

桃园

桃园（Táoyuán） 属闫集镇高楼村民委员会。地处村委会北部，东至郑集村小楼子，西至豆楼，南至李庄，北至张庄。总户数为146户，总人口为480人。面积为0.42平方千米。

很久以前，有祁、王、沈三姓逃荒到此居住，大家互相帮助，亲如兄弟，好似当年刘、关、张桃园三结义，故命名桃园。1949年以来，该自然村一直属粉榆寺大队（村）管辖。2008年合并大村后属高楼村管辖。

赵庄

赵庄（Zhàozhuāng） 属闫集镇高楼村民委员会。地处村委会西南部，东至高楼，西至杨庄，南至汪楼，北至高楼。总户数为86户，总人口为300人。面积为0.25平方千米。

200年前，赵姓在此立庄，故取名赵庄。1949年以后，该自然村一直属高楼大队（村）管辖。

张庄

张庄（Zhāngzhuāng） 属闫集镇高楼村民委员会。地处村委会东北部，东至郑集村小楼子，西至滕楼，南至桃园，北至新庄镇李集村。总户数为359户，总人口为1130人。面积为1.1平方千米。

张庄是姓臧的寄庄子，先前叫臧庄，后改成张庄。1949年至2007年，该自然村属粉寺大队（村）管辖。2008年后属高楼村管辖至今。

土楼

土楼（Tǔlóu） 属闫集镇高楼村民委员会。地处村委会东部，东至郑集，西至高楼，南至汪楼，北至郑集村新楼。总户数为289户，总人口为1100人。面积为1.08平方千米。

此处有土炮楼一座，故名。1949年以来至2007年，该自然村属高楼大队（村）。2008年后属高楼村至今。

豆楼

豆楼（Dòulóu） 属闫集镇高楼村民委员会。地处村委会西北部，东至桃园，西至刘店村新庄，南至小庄，北至刘店村梁庄。总户数为274户，总人口为830人。面积为0.56平方千米。

清朝时豆姓家族从外地迁入此地建楼居住，起名豆楼。1949年至2007年，该自然村属粉寺大队（村）管辖。2008年之后属高楼村管辖。

小庄

小庄（Xiǎozhuāng） 属闫集镇高楼村民委员会。地处村委会西北部，东至李庄，西至刘店村，南至高楼，北至豆楼。总户数为89户，总人口为300人。面积为0.25平方千米。

清朝期间，李姓建村，村小，取名李小庄。后别姓迁入，更名小庄。1949年以来至2007年，该自然村属粉榆寺大队（村）管辖。2008年后属高楼村管辖至今。

前滕楼

前滕楼（Qiánténglóu） 属闫集镇刘店村民委员会。地处村委会北部，东至豆楼，南至新庄，西至后滕楼，北至梁庄。总户数为163户，总人口为542人。面积为0.7平方千米。

明代滕姓在此占地建庄，庄内为防匪患多建土炮楼。1949年前由村内南北路为界一分二庄，此村位于前，故名。1994年至2008年，该自然村先后属刘店乡（公社）、闫集镇滕楼大队管辖。2008年后属闫集镇刘店村管辖。

后滕楼

后滕楼（Hòuténglóu） 属闫集镇刘店村民委员会。地处村委会北部，东至前滕楼，南至刘店，西至香卜，北至梁庄。总户数为222户，总人口为728人。面积为1.05平方千米。

明代滕姓在此占地建庄，庄内为防匪患多建土炮楼。1949年前由村内南北路为界一分二庄，此村位于前，故名。1994年至2008年，该自然村先后属刘店乡（公社）、闫集镇滕楼大队管辖。2008年后属闫集镇刘店村管辖。

刘店

刘店（Liúdiàn） 属闫集镇刘店村民委员会。地处村委会南部，总户数为810户，总人口为3100人。面积为2.5平方千米。

早年，刘姓在此开过客栈及杂货铺，故名。该自然村1949年后多年来属刘店乡、刘店公社刘店（大队）村，现属闫集镇刘店村民委员会管辖至今。

新庄

新庄（Xīnzhuāng） 属闫集镇刘店村民委员会。地处村委会北部，东至豆楼，南至刘店东北组，西至韩堂，北至前滕楼。总户数为155户，总人口为502人。面积为0.8平方千米。

1815年徐姓从微山湖来此买地立庄，因此庄为新建，故取名新庄。1949年至2008年，该自然村属刘店乡（公社）滕楼（大队）村管辖，2008年后属闫集镇刘店村管辖。

梁庄

梁庄（Liángzhuāng） 属闫集镇刘店村民委员会。地处村委会北部，东至张庄，南至前滕楼，西至唐沃涯，北至张庄。总户数为138户，总人口为485人。面积为0.96平方千米。

清朝中期，原村名孟庄，民国期间梁姓村民迁入，后家产丰厚，人丁兴旺，改称为梁庄。1949年后至2008年，该自然村属刘店乡（公社）、闫集镇滕楼（大队）村管辖。2008年后属闫集镇刘店村管辖。

香卜

香卜（Xiāngbǔ） 属闫集镇刘店村民委员会。地处村委会北部，东至后滕楼，南至刘店北，西至黄宋庄，北至唐沃涯。总户数为85户，总人口为306人。面积为0.33平方千米。

宋朝末年卜姓在此占产立庄，在此开店铺卖香，故名香卜。1949年至2008年，该自然村先后属刘店乡（公社）、闫集镇滕楼（大队）村管辖。2008年后属闫集镇刘店村管辖至今。

大杨庄

大杨庄（Dàyángzhuāng） 属闫集镇杨庄村民委员会。地处村委会中部，东至宋庄，北至北黑楼，西至姜黄庄，南至韩堂。总户数为440户，总人口为1150人。面积为1.25平方千米。

杨庄姓王的占80%的人口。杨姓在此居住已有一百年历史，取名大杨庄。1949年以来，该村一直属杨庄大队（村）管辖。

韩堂村

韩堂村（Hántángcūn） 属闫集镇杨庄村民委员会。地处村委会南部，东至刘店，北至杨庄，西至程楼，南至小黑楼。总户数为248户，总人口为890人。面积为1.2平方千米。

早年韩姓大户在此建村居住，曾有堂庙一座，故名韩堂村。1958年至2007年，该自然村属韩堂大队（村）管辖。2008年后属杨庄村管辖。

小黑楼

小黑楼（Xiǎohēilóu） 属闫集镇杨庄村民委员会。地处村委会南部，东至刘店，北至韩堂，西至程楼，南至黄口黑楼。总户数为140户，总人口为477人。面积为0.4平方千米。

李姓人家在此定居后建小楼一座，村南有大黑楼村，故取名小黑楼。1958年至2007年，该自然村属韩堂大队（村）管辖。2008年后属杨庄村管辖。

程楼村

程楼村（Chénglóucūn） 属闫集镇杨庄村民委员会。地处村委会西南部，东至小黑楼，北至大吉店，西至黄口朱阁，南至黄口马楼。总户数为281户，总人口为882人。面积为0.81平方千米。

早年程姓在此建村立庄，庄内建有土楼，故而得名。1958年至2007年，该自然村属韩堂大队（村）管辖。2008年后属杨庄村管辖。

大吉店

大吉店（Dàjídiàn） 属闫集镇杨庄村民委员会。地处村委会西部，东至胡寨，北至塘沃涯前口，西至黄口梁庄，南至程楼。总户数为98户，总人口为386人。面积为0.41平方千米。

1949年前该村有人在外当大官，为图吉利，给本村起名大吉店。1958年至2007年，该自然村属韩堂大队（村）管辖。2008年后属杨庄村管辖。

胡寨村

胡寨村（Húzhàicūn） 属闫集镇杨庄村民委员会。地处村委会中西部，东至杨庄，北至塘沃涯朱梁庄，西至大吉店，南至程楼。总户数为372户，总人口为1152人。面积为1.2平方千米。

早年胡姓在此建村，村周围筑有寨圩，故名胡寨村。1958年至2007年，该自然村属韩堂大队（村）管辖。2008年后属杨庄村管辖。

杨楼

杨楼（Yánglóu） 属闫集镇塘沃涯村民委员会。地处村委会西部，东至陆庄，南至杨庄，西至朱梁庄，北至黑楼。总户数为37户，总人口为165人。面积为0.2平方千米。

明代杨姓在此占产立庄，取名杨楼。1949年起属新庄区刘店乡。1958年至1983年先后属东方红公社、刘店公社、黑楼公社黑楼子大队（村）。1984年属闫集镇塘沃涯村至今。

陆庄

陆庄（Lùzhuāng） 属闫集镇塘沃涯村民委员会。地处村委会北部，东至塘沃涯，南至宋庄，西至杨楼，北至小集子。总户数为61户，总人口为355人。面积为0.3平方千米。

早年陆姓在此居住，取名陆庄。1949年起属新庄区刘店乡。1958年后至1983年，先后属东方红公社、刘店公社、黑楼子公社黑楼子大队，1984年属闫集镇黑楼大队（村）。2008年属闫集镇塘沃涯村。

朱梁庄

朱梁庄（Zhūliángzhuāng） 属闫集镇塘沃涯村民委员会。地处村委会西北部，东至杨庄，南至杨庄，西至新庄镇，北至前口。总户数为64户，总人口为305人。面积为0.3平方千米。

清朝末年，朱、梁两户在此置地建庄，故取名朱梁庄。1949年起属新庄区刘店乡。1958年后至1983年，先后属东方红公社、刘店公社、黑楼子公社黑楼子大队，1984年属闫集镇黑楼大队（村）。2008年属闫集镇塘沃涯村。

前口

前口（Qiánkǒu） 属闫集镇塘沃涯村民委员会。地处塘沃涯村民委员会西部，东至黑楼，南至朱梁庄，西至新庄镇，北至新庄镇。总户数为46户，总人口为195人。面积为0.24平方千米。

解放前村前有一高堤，开一缺口，故名。1958年以来至2007年该自然村属黑楼村（大队）。2008年属塘沃涯村至今。

宋庄

宋庄（Sòngzhuāng） 属闫集镇塘沃涯村民委员会。地处塘沃涯村民委员会南部，东至黄庄，南至韩堂，西至杨庄，北至塘沃涯。总户数为61户，总人口为307人。面积为0.35平方千米。

宋氏人家在此建村，取名宋庄。1949年以来，该自然村一直属塘沃涯村（大队）管辖。

黑楼村

黑楼村（Hēilóucūn） 属闫集镇塘沃涯村民委员会。地处塘沃涯村民委员会西北部，东至塘沃涯，南至杨庄，西至新庄镇，北至新庄镇。总户数为261户，总人口为983人。面积为1.4平方千米。

早年叫荷花村，因为村中间有大坑盛开荷花，起名荷花村，后来李姓用青砖建楼，楼呈黑色，将村名改为黑楼村。1949年至2007年，该自然村属黑楼子村（大队）管辖。2008年至今属塘沃涯村管辖。

黄庄

黄庄（Huángzhuāng） 属闫集镇塘沃涯村民委员会。地处塘沃涯村民委员会东南部，东至纵相扑，南至韩堂，西至宋庄，北至塘沃涯。总户数为150户，总人口为612人。面积为0.45平方千米。

明代黄河水漫过后，黄姓一家迁居此地耕种生活，人口越来越多，取庄名为黄庄。1949年以来，该自然村一直属塘沃涯村（大队）管辖。

塘沃涯

塘沃涯（Tángwòyá） 属闫集镇塘沃涯村民委员会。地处塘沃涯村民委员会北部，东至梁庄，南至黄庄，西至陆庄，北至新庄镇小集子。总户数为449户，总人口为2036人。面积为2.2平方千米。

明朝年间，两户李姓从山西洪洞县迁来建村，当时称李双楼，后来黄河改道从此村过，村后形成水塘，后改为塘窝涯，以后“窝”讹传为沃。1949年以来，该自然村一直属塘沃涯村（大队）管辖。

新庄镇

戴集

戴集（Dàijí） 属新庄镇东阁村民委员会。地处东阁村南部，东至王庄，西至西阁村，南至王洼，北至东阁村。总户数为207户，总人口为744人，面积为1.3平方千米。

清朝咸丰年间，在老黄故道南岸，几户戴姓在此建村，设立集市，故起名为戴集。1949年属新庄区新庄镇。1958年属新庄公社。1962年属东阁公社。1984年属东阁乡。1992 年属新庄镇。2008 年属新庄镇东阁村至今。

刘口

刘口（Liúkǒu） 属新庄镇东阁村民委员会。地处东阁村东部，东至常庄村，西至王庄，南至杜集村，北至常庄村。总户数为 302 户，总人口为 1084 人，面积为 1.75 平方千米。

清朝咸丰年间，刘姓从山西迁到老黄河故道决堤口处居住。故而得名。1949 年属新庄区新庄镇。1958 年属新庄公社。1962 年属东阁公社。1984 年属东阁乡。1992 年属新庄镇。2008 年属新庄镇东阁村至今。

王洼

王洼（Wángwā） 属新庄镇东阁村民委员会。地处东阁村南部，东至王庄，西至西阁村，南至马郑庄村，北至代集。总户数 57 户，总人口 206 人，面积 0.5 平方千米。

清朝咸丰年间，戴集村迁出几户王姓人家到此居住，因土地较洼，故起名王洼。1949 年属新庄区新庄镇。1958 年属新庄公社。1962 年属东阁公社。1984 年属东阁乡。1992 年属新庄镇。2008 年属新庄镇东阁村至今。

王庄

王庄（Wángzhuāng） 属新庄镇东阁村。地处东阁村东北部，东至刘口，西至代集，南至杜集村，北至东阁村。总户数 176 户，总人口 633 人，面积为 1 平方千米。

因王姓人家较多而得名。1949 年至今，该村一直属东阁村管辖。

东阁

东阁（Dōnggé） 属新庄镇东阁村。村委会驻地，东靠常庄，西靠西阁村，南靠代集，北靠江苏省丰县。总户数 561 户，总人口 2015 人，面积为 2.5 平方千米。

东阁村村委会驻地，故名。1949 年属新庄区新庄镇。1958 年属新庄公社。1962 年属东阁公社。1984 年属东阁乡。1992 年属新庄镇。2008 年属新庄镇东阁村至今。

西南庄

西南庄（Xīnánzhuāng） 属新庄镇东阁村民委员会。地处东阁村民委员会西南部，东至东阁，西至西阁村，南至代集，北至东阁村。总户数为 115 户，总人口 464 人，面积 0.5 平方千米。

1935 年，王姓人家从东阁迁出，在东阁西南隅建庄，故得名。1949 年至 2005 年属东阁村。

常庄

常庄（Chángzhuāng） 属新庄镇常庄村。地处常庄村西北部，东靠大李庄村，西靠后场村，南靠刘口村，北靠黄河故道村。总户数为 265 户，人口为 952 人，面积 1.17 平方千米。

清朝时期常姓在此建村，故得名常庄。1949 年前属新庄区刘口乡。1958 年属新庄公社。1992 年属新庄镇至今。

前场

前场（Qiánchǎng） 属新庄镇常庄村。地处常庄村西北部，东至常庄村，西至东各村，南至刘口村，北至后场村。总户数 117 户，总人口 421 人。面积 0.7 平方千米。

清末，李姓道台家收打储存粮食的场地，分场北、场南两块地。后在两块地处建立村庄，故取名前后场。1949 年以来，此村一直属常庄村。

后场

后场（Hòuchǎng） 属新庄镇常庄村。地处常庄村西北部，东至常庄村，西至东各村，南至前场村，北至黄河故道。总户数116户，总人口418人。面积0.8平方千米。

清末，李姓道台家收打储存粮食的场地，分场北、场南两块地。后在两块地处建立村庄，故取名前后场。1949年以来，此村一直属常庄村。

刘庄

刘庄（Liúzhuāng） 属新庄镇常庄村。总户数为300户，总人口为600人，面积为2平方千米。

1700年从河南迁至此处，因刘姓村民居多，命名为刘庄。1949年起属新庄区刘口乡。1958年先后属新庄公社、东阁公社。1984年前属北门大队，之后属常庄村至今。

小李庄

小李庄（Xiǎolǐzhuāng） 属新庄镇常庄村。地处常庄村西北部，东靠郭庄村，西靠大李庄村，南靠刘口村，北靠黄河故道。总户数54户，总人口195人。面积0.5平方千米。

李氏在此村人数较多，且村子较小，故名小李庄。1949年以来一直属新庄镇常庄村管辖。

陈庄

陈庄（Chénzhuāng） 属新庄镇常庄村。地处常庄村西北部，总户数为104户，人口为680人。面积为1.3平方千米。

本庄陈姓较多，故而得名。1949年以来，先后属新庄区、新庄公社、东阁公社、东阁乡。1992年为新庄镇常庄村下属居民点村至今。

大李庄

大李庄（Dàlǐzhuāng） 属新庄镇常庄村。地处常庄村西北部，东至小李庄村，西至常庄村，南至刘口村，北至黄河故道村。总户数87户，人口314人。面积0.5平方千米。

李氏在此村人数较多，且村庄较大，故名李庄。1949年以来，先后属新庄区刘口乡、东阁公社、东阁乡。1992年属新庄镇常庄村至今。

北门

北门（Běimén） 属新庄镇常庄村民委员会。地处常庄村东部，东靠小刘庄村，西靠常庄村，南靠郭套村，北靠黄河故道村。总户数为683户，总人口为4351人，面积为3.9平方千米。

清朝年间，此庄位于寨子的北门，故取名为北门。1949年属黄口区东各乡，1958年成立人民公社时期属东各公社。1969年撤庄划社时并入新庄公社，1980年属东各乡管辖。1996年撤区并乡，成立新庄镇，属新庄镇至今。

朱小楼

朱小楼（Zhūxiǎolóu） 属新庄镇李集村民委员会。地处李集村南部，东至王庄村，西至盐店村，南至丁目集村，北至小盐店村。总户数为100户，总人口为359人。面积为0.4平方千米。

朱姓在此建村时，曾盖了两座小炮楼，取名朱小楼。1958年至2008年该村一直属盐店大队。2008年之后属李集村至今。

盐店

盐店（Yándiàn） 属新庄镇李集村民委员会。地处李集村东南部，东至朱小楼村，西至李集村，南至丁目集村，北至马庄村。总户数为417户，总人口为1497人。面积为1.65平方千米。

早年有人在此开设盐店，故得名。1958年至2008年该村一直属盐店大队。2008年之后属李集村至今。

郭酒店

郭酒店（Guōjiǔdiàn） 属新庄镇李集村民委员会。地处李集村南部，东至郭楼村，西至吉村，南至李集村，北至梁庄村。总户数为308户，总人口为1104人。面积为1.4平方千米。

郭氏家族从山西迁此建村，并在此开酒店，故名。1958年至2008年该村一直属盐店大队。2008年后属李集村至今。

马庄

马庄（Mǎzhuāng） 属新庄镇李集村民委员会。地处李集村东部，东至沿河村，西至新农村，南至盐店村，北至小郭楼村。总户数为274户，总人口为984人。面积为0.55平方千米。

在明代时期，名为西苗古院，现有遗址，后来马姓迁至此地，人丁增多，故而得名。1958年以来一直属李集大队。

吉村

吉村（Jícūn） 属新庄镇李集村民委员会。地处李集村西部，东至郭酒店，西至田楼村，南至南堤坝，北至梁庄村。总户数为453户，总人口为1625人。面积为1.85平方千米。

当时建村人以吉祥为意，故名吉村。1958年至2008年属吉村大队。2008年属李集村管辖至今。

后李集

后李集（Hòulǐjí） 属新庄镇李集村民委员会。地处李集村北部，东至新农村，西至郭酒店村，南至李集村，北至郭楼村。总户数为133户，总人口为478人。面积为1.3平方千米。

李姓人家在此建村并设立集市，因居前李集之后，故名。1958年以来，均属李集大队或村。

前李集

前李集（Qiánlǐjí） 属新庄镇李集村民委员会。地处李集村南部，东至新农村，西至郭酒店，南至大河，北至后李集。总户数为220户，总人口为789人。面积为0.6平方千米。

清朝咸丰年间，有李姓人家在此建村，并成立集市，故名李集。为区分后李集，故名前李集。1958年以来，均属李集大队（村）。

郭楼

郭楼（Guōlóu） 属新庄镇李集村民委员会。地处李集村北部，东至小郭楼村，西至郭酒店村，南至李集村，北至古黄河。总户数为151户，总人口为542人。面积为0.87平方千米。

郭姓在此建村盖楼，故称郭楼。1958年以来均属李集大队（村）。

铁佛寺

铁佛寺（Tiěfósì） 属新庄镇铁佛村民委员会。村委会驻地，东至前梁庄，西至西南嘴，南至吉村，北至腰庄。总户数为260户，总人口为932人。面积为1.4平方千米。

清朝咸丰年间，此村内建有寺庙，庙内佛像是铁铸造的，故起名铁佛寺。1958年以来均属铁佛村。

西南嘴

西南嘴（Xīnánzuǐ） 属新庄镇铁佛村民委员会。地处铁佛村西部，东至铁佛寺，西至单场，南至田楼，北至侯庄。总户数为110户，总人口为396人。面积为0.4平方千米。

此村西南有一土坝，坝内有一缺口，行如鸡嘴，故取村名为西南嘴。1958年以来均属铁佛村。

田楼

田楼（Tiánlóu） 属新庄镇铁佛村民委员会。地处铁佛村西南部，东至吉村，西至小集子，南至贺庄，北至西南嘴。总户数为228户，总人口为819人。面积为0.7平方千米。

早年居民生活困难，因向往美好生活，故取名田楼。2008年之前，该村属田楼大队，2008年后属铁佛村。

贺庄

贺庄（Hèzhuāng） 属新庄铁佛村民委员会。地处铁佛村西南部，东至吉村，西至小集子村，南至闫集村，北至田楼村。总户数为145户，总人口为520人。面积为0.74平方千米。

清朝初期，贺姓在此建村，故名贺庄。2008年之前属田楼大队。2008年后隶属铁佛村。

前梁庄

前梁庄（Qiánliángzhuāng） 属新庄铁佛村民委员会。地处铁佛村东部，东至郭楼，西至铁佛，南至吉村，北至后梁庄。总户数为150户，总人口为537人。面积为0.9平方千米。

因该自然村在梁庄村南边，故取名前梁庄。1958年至2008年之前，该村属铁佛大队。2008年属新庄镇铁佛寺村至今。

后梁庄

后梁庄（Hòuliángzhuāng） 属新庄镇铁佛村民委员会。地处铁佛村东部，东至江苏，西至腰庄，南至前梁庄，北至江苏。总户数为258户，总人口为926人。面积为1平方千米。

古时候梁姓族人在此占产立庄为大户人家，故而得名梁庄，也称后梁庄。1958年至2008年，该村属铁佛大队。2008年属铁佛村至今。

腰庄

腰庄（Yāozhuāng） 属新庄镇铁佛村民委员会。地处铁佛村北部，东至后梁，西至侯庄，南至铁佛寺，北至江苏。总户数为69户，总人口为248人。面积为0.5平方千米。

黄河故道在此村南腰（土语同“绕”）了一个弯子，故名腰庄。2008年前，此村属铁佛大队。2008年后属铁佛村。

孙庄

孙庄（Sūnzhuāng） 属新庄镇李庄村民委员会。地处李庄村东北部，东至江苏，西至前李，南至侯庄，北至江苏。总户数为135户，总人口为484人。面积为0.7平方千米。

100多年前，孙姓在此建村，故名孙庄。1949年以来，此村先后属李庄村、前李庄大队，后属李庄村至今。

前李庄

前李庄（Qiánlǐzhuāng） 属新庄镇李庄村民委员会。地处李庄村中部，东至侯庄，西至后李，南至侯庄，北至后李。总户数为187户，总人口为673人。面积为1.1平方千米。

明朝时期，李姓从山西洪洞县迁来，在此生活，位于后李庄之前，故名前李庄。1949年至1997年，该村先后属李庄村、前李庄大队（村）管辖。1997年属李庄村委会至今。

单庄

单庄（Shànzhuāng） 属新庄镇李庄村民委员会。地处李庄村东北部，东至后李，西至梁庄，南至单长，北至后李。总户数为153户，总人口为551人。面积为0.6平方千米。

该村原住民以单姓为主，故名单庄。1958年之后属李庄大队管辖，后和后李庄村合并为单村。2008年与李庄村合并为李庄村民委员会至今。

后李庄

后李庄（Hòulǐzhuāng） 属新庄镇李庄村民委员会。地处李庄村北部，东至前李，西至单庄，南至前李，北至张庄。总户数为199户，总人口为713人，面积为1.4平方千米。

100多年前，李姓在此建村立庄，又因南部有前李庄，故名后李庄。1958年属李庄大队，之后和单庄合并为村。2008年又和李庄合并为李庄村民委员会至今。

侯庄

侯庄（Hóuzhuāng） 属新庄镇李庄村民委员会。地处李庄村东南部，东至铁佛，西至前李，南至铁佛寺，北至前李。总户数为241户，总人口为866人。面积为1.41平方千米。

清朝末年，侯姓人家在此建村立庄。取名侯庄。1958年之后属李庄大队。1992年至1996年属李集村。1997年至2008年又单独设立大队。2008年至今属李庄村。

沿河村

沿河村（Yánhécūn） 属新庄镇李庄村民委员会。地处李庄村东部。总户数为51户，总人口为188人。面积为0.1平方千米。

此村沿故黄河南岸兴建，故得其名。1949年前建村，至今。

堤北

堤北（Dīběi） 属新庄镇杜集村民委员会。地处杜集村北部，总户数为240户，总人口1050人。面积1.5平方千米。

新中国成立初在庄前修有大堤，故取名堤北。1949年后堤北先后属杜集乡、杜集公社。后来一直属杜集村。

杜集

杜集（Dùjí） 属新庄镇杜集村民委员会。村委会驻地，东靠丁庄，西靠杜套楼，南靠黄口镇邵庄村，北靠胡庄。总户数为350户，总人口为1300人。面积为2平方千米。

杜姓在此建村，1949年前是个小集市，取名前杜集。后改为杜集，该村1949年以来一直属杜集村至今。1949年前，杜姓人家从山西洪桐县迁至此地，后来人口越来越多，形成集市，取名前集。

闫宫

闫宫（Yángōng） 属新庄镇杜集村民委员会。地处杜集村北部，东至王集自然村，西至野场子村，南至堤东西村，北至圩子村。总户数为158户，总人口为567人。面积0.88平方千米。

此处多为盐碱地，早年村民多以盐业为主，取名“盐工”，后讹传为“闫宫”。1949年前为新庄镇闫宫乡，1958年后属新庄公社。1962年属杜集公社。1992年属新庄镇杜集村至今。

外新楼

外新楼（Wàixīnlóu） 属新庄镇杜集村民委员会。地处杜集村东北部，东至李新楼自然村，西至柿园自然村，南至腰王庄自然村，北至郭套村。总户数为108户，总人口

386人。面积0.6平方千米。

农户在圩堤外定居，建造新楼，故取名外新楼。1949年属杜集公社。1958年后属新庄公社。1992年属新庄镇圩子村。1998年属杜楼村至今。

圩子

圩子（Wéizi） 属新庄镇杜集村民委员会。地处杜集村北部，东至李柿园然村，西至野场子自然村，南至闫宫自然村，北至郭套村、刘口自然村。总户数486户，总人口1744人。面积2.72平方千米。

早年，村周围曾筑有圩堤，故名。1949年前属新庄区。1958年后先后属新庄公社、杜集公社。1992年后属新庄镇。2008年隶属杜集村至今。

井涯王庄

井涯王庄（Jǐngyáwángzhuāng） 属新庄镇杜集村民委员会。地处杜集村北部，总户数300户，总人口1100人。面积1.5平方千米。

王姓建庄，村旁有一口古井，故名井涯王庄。1949年以来至2008年该村一直属圩子村。2008年合村后属杜集村至今。

马郑庄

马郑庄（Mǎzhèngzhuāng） 属新庄镇马郑庄村民委员会。地处马郑庄村南部，东至杜套楼村，西至邵油坊村，南至李庄村，北至徐尧村。总户数为305户，总人口为1124人，面积为1.5平方千米。

此村早年叫郑庄，后马姓迁来居住，改成马郑庄。1949年属新庄区邵套乡。1957年至1961年属新庄公社。1962年属新庄镇马郑庄村至今。

马楼

马楼（Mǎlóu） 属新庄镇马郑庄村民委员会。地处马郑庄村南部，东至杜集村，西至徐尧村，南至杜套楼村，北至小徐庄村。总户数为58户，总人口为199人，面积为0.6平方千米。

清末马姓人家在此占产立庄，民国期间李姓大户人家把马姓家业土地收买，但村名一直沿用至今。1949年后马楼一直属马郑庄。

徐窑

徐窑（Xúyáo） 属新庄镇马郑庄村民委员会。地处马郑庄村西部，东至歪井村，西至邵套村，南至马郑庄村，北至大徐庄村。总户数为312户，总人口1075人，面积为1.2平方千米。

解放前，徐姓在一座古窑北面建新村，取名徐窑。1949年徐窑和胡庄原为一个（大队）村，2008年后属马郑庄村至今。

杜套楼

杜套楼（Dùtàolóu） 属新庄镇马郑庄村民委员会。地处马郑庄村南部，东至杜集村，西至马郑庄村，南至王楼村，北至马楼村。总户数为222户，总人口为870人，面积为1.1平方千米。

1905年以前叫套楼，后来姓杜的人多，1919年改为杜套楼。1949年属新庄区。1958—1961年属新庄人民公社。1962年后属杜集公社、杜集乡。1992年后属新庄镇至今，是新庄镇马郑庄下辖自然村。

小徐庄

小徐庄（Xiǎoxúzhuāng） 属新庄镇马郑庄村民委员会。地处马郑庄村南部，东至胡庄村，西至歪井村，南至马楼村，北至大徐庄村。总户数为79户，总人口为293人，面积为0.6平方千米。

徐姓在此占产立庄，村庄小，故取名

小徐庄。1958年迁属杜集乡徐窑大队，1985年后属胡庄大队，2008年后属新庄镇马郑庄村至今。

胡庄

胡庄（Húzhuāng） 属新庄镇马郑庄村民委员会。地处马郑庄村东部，东至小王庄村，西至小徐庄村，南至杜集村，北至王洼村。总户数为122户，总人口为490人，面积为0.7平方千米。

早年胡姓人在此居住，故而得名。1958年后属徐窑大队。2008年后隶属马郑庄村至今。

野场子

野场子（Yěchǎngzi） 属新庄镇马郑庄村民委员会。地处马郑庄村东部，东至圩子村，西至小王庄村，南至杜集村，北至王洼村。总户数为219户，总人口为806人，面积为1平方千米。

该村址原为荒野之地，早年农民在此干活，每逢农忙季节，因离村远，多在此食宿，后成村，取名野场子。1958年后至1985年属杜集公社徐窑大队，后属杜集乡徐窑村。2008年后属新庄镇马郑庄村。

歪井

歪井（Wāijǐng） 属新庄镇马郑庄村民委员会。地处马郑庄村西部，东至小徐庄村，西至徐尧村，南至马楼村，北至大徐庄村。总户数为71户，总人口为258人，面积为0.6平方千米。

早年，几户人家从小徐庄迁此定居，打水井打歪了，故名歪井。1949年属新庄区。1958—1961年属新庄人民公社。1962—2015年属新庄镇马郑庄村至今。

后邵套村

后邵套村（Hòushàotàocūn） 属新庄镇邵套村民委员会。地处邵套村北部，东至徐尧，西至欧套，南至前邵套，北至车庄。总户数为168户，总人口为602人，面积为0.94千米。

早年邵姓迁此建村，因位于前邵套后面，故名。该村一直属邵套村至今。

前邵套

前邵套（Qiánshàotào） 属新庄镇邵套村民委员会。地处邵套村东部，东至马郑庄，西至欧套，南至张油坊，北至后邵套。总户数349户，总人口1252人，面积为1.9平方千米。

邵姓建村于河套处，取名邵套村。该村一直属邵套村至今。

朱楼村

朱楼村（Zhūlóucūn） 属新庄镇邵套村民委员会。地处邵套村西部，东至张油坊，西至老李庄，南至杨楼，北至欧套。总户数为325户，总人口1167人，面积为1.88平方千米。

早年此地有朱氏在此建村并盖炮楼，故而得名。1949年起，属新庄区邵套乡。1958年以来先后属新庄公社、杜集公社、杜集乡。1992年后属新庄镇朱楼大队。2008年后属邵套村至今。

欧套

欧套（Ōutào） 属新庄镇邵套村民委员会。地处邵套村东部，东至前邵套村，西至唐寨村，南至朱楼村，北至套中村。总户数为482户，总人口为1730人，面积为2.83平方千米。

欧姓在堤南河套处建村，故名。1949年起属新庄区邵套乡，1958年之后属新庄公社、杜集公社、杜集乡管辖。1992年后属新庄镇，其间为欧套村。2008年后属邵套村至今。

张油坊

张油坊（Zhāngyóufāng） 属新庄镇郜套村民委员会。地处郜套村西南部，东至马郑庄，西至朱楼，南至杨庄，北至前郜套。总户数169户，总人口607人，面积为0.95平方千米。

张姓在此建村，以开油坊为业，故名。1992年和朱楼同属一个村，2008年后属郜套村至今。

沟头寺

沟头寺（Gōutóusì） 属新庄镇沟头村民委员会。地处沟头村中部，东至王楼村，西至李庄村，南至刘庄村，北至王集村。总户数269户，总人口964人。面积1.4平方千米。

此村建在一水沟前的寺庙附近，故名。1949年以来，先后属新庄区沟头乡、杜集公社、新庄公社。1992年后属新庄镇沟头村至今。

丁庄

丁庄（Dīngzhuāng） 属新庄镇沟头村民委员会。地处沟头村南部，东至郑庄村，西至杜楼村，南至常庄村，北至李庄村。总户数为179户，总人口644人。面积1.1平方千米。

明代，丁姓在此屯田立村，故而得名。1949年以来，先后属新庄区沟头乡、杜集公社、新庄公社。1992年后属新庄镇沟头村至今。

李庄

李庄（Lǐzhuāng） 属新庄镇沟头村民委员会。地处沟头村西部，东至沟头村，西至杜楼村，南至丁庄村，北至闫宫村。总户数79户，总人口282人。面积0.6平方千米。

很久以前，有位姓李的大户在此占产立庄，故得名李庄。1949年以来，先后属新庄区沟头乡、杜集公社、新庄公社。1992年后属新庄镇沟头村至今。

王集

王集（Wángjí） 属新庄镇沟头村民委员会。地处沟头村北部，东至水库，西至王庄村，南至沟头村，北至李新楼村。总户数210户，总人口754人。面积1.2平方千米。

王姓建村设集，取名王集。1949年以来，先后属新庄区沟头乡、杜集公社、新庄公社。1992年后属新庄镇沟头村至今。

李新楼

李新楼（Lǐxīnlóu） 属新庄镇沟头村民委员会。地处沟头村北部，东至水库，西至外新楼村，南至王集村，北至郭套村。总户数为117户，总人口为420人。面积0.8平方千米。

明朝李姓大户在水库里建一座土楼，后来迁移在此占产立庄，故而得名。1949年属新庄区沟头乡。1953年8月属杜集乡。1958年属新庄公社。1984年属新庄镇沟头村至今。

肥庄

肥庄（Féizhuāng） 属新庄镇张庄村民委员会。地处张庄村东部，东至侯李单村，西至野场子村，南至梁庄村，北至张庄村。总户数为280户，总人口1006人，面积1.44平方千米。

此村早年有一户人家很富裕，俗称真肥，故名。1987年前属张庄大队（村），后从张庄村分离，属肥庄村。2002年又与张庄村合并为肥庄村。2008年又与云南村合并为张庄村，现属张庄村至今。

桃园

桃园（Táoyuán） 属新庄镇张庄村民委员会。地处张庄村东北部，东至张庄村，西至老王庄村，南至肥庄村，北至黄河故道。总户数为225户，总人口807人，面积1.38平方千米。

村周围多是桃树，故命名桃园。1987年前属张庄大队（村），后从张庄村分离，属肥庄村。2002年又与张庄村合并为肥庄村。2008年又与云南村合并为张庄村，属张庄村至今。

老王庄

老王庄（Lǎowángzhuāng） 属新庄镇张庄村民委员会。张庄村民委员会驻地，东至桃园村，西至云南村，南至野场子村，北至黄河故道。总户数为400户，总人口1437人，面积1.88平方千米。

明朝嘉靖年间，王姓由萧县东官桥分支到此地建庄，取名老王庄至今。1993年与张庄村合并属张庄村。1996年与张庄村分离，又属云南村。2008年后与张庄村合并，现属张庄村。

野场子

野场子（Yěchǎngzi） 属新庄镇张庄村民委员会。地处张庄村东部，东至肥庄村，西至大后庄村，南至前后井，北至老王庄村。总户数为140户，总人口502人，面积0.55平方千米。

该村址原为荒野之地，早年农民在此干活，因离村远，每逢农忙季节多在此食宿，后成村，取名野场子。1987年前多年属云南大队。1987年从云南大队分出，属大后庄村。2002年大后庄与云南村合并，属云南村。2008年云南村与张庄村合并，现属张庄村。

大后庄

大后庄（Dàhòuzhuāng） 属新庄镇张庄村民委员会。地处张庄村南部，东至野场子村，西至郭套小庄村，南至桂公沟，北至吴楼村。总户数为162户，总人口581人，面积0.56平方千米。

村子建在新庄水库大堤后面，故名。1949年至1987年属云南大队。1987年从云南大队分出，属大后庄村。2002年大后庄与云南村合并，属云南村。2008年云南村与张庄村合并，现属张庄村。

吴楼

吴楼（Wúlóu） 属新庄镇张庄村民委员会。地处张庄村西部，东至老王庄村，西至郭套张菜园村，南至大后庄村，北至云南王村。总户数为134户，总人口480人，面积0.69平方千米。

明代吴姓在此占产立庄建楼，故而得名。1949年后至1987年属云南大队。1987年从云南大队分出，属大后庄村。2002年大后庄与云南村合并，属云南村。2008年云南村与张庄村合并，现属张庄村。

后井

后井（Hòujǐng） 属新庄镇张庄村民委员会。地处张庄村南部，总户数为127户，总人口485人，面积0.4平方千米。

此村紧靠前井村，位于前井后面，故名。1987年前此村多年属云南大队，1987年从云南分离，属大后庄村。2002年大后庄与云南村合并，属云南村。2008年云南村与张庄村合并，现属张庄村。

前井

前井（Qiánjǐng） 属新庄镇张庄村民委员会。地处张庄村民委员会南部，总户数为30户，总人口为175人，面积为1平方千米。

300年前，一李姓迁此定居，耗费巨资打造一眼井，取村名“钱井”，后讹传为前井。1949年后至1987年，该村多年属云南大队。1987年从云南分离，属大后庄村。2002年大后庄与云南村合并，属云南村。2008年云南村与张庄村合并，现属张庄村。

云南王

云南王（Yúnnánwáng） 属新庄镇张庄村民委员会。地处张庄村北部，东至老王庄村，西至郭套村，南至吴楼村，北至黄河故道。总户数215户，总人口773人，面积0.97平方千米。

早年江苏丰县的王姓人家云游四海，寻找落脚点，后到故黄河南建村落户，故名。1949年先后属云南乡。1993年与张庄村合并，属张庄村。1996年与张庄村分离。2008年属张庄村至今。

张迾庄

张迾庄（Zhānglièzhuāng） 属新庄镇张庄村民委员会。地处张庄村民委员会东部，总户数为247户，总人口为848人，面积2.1平方千米。

以境内自然村张庄、迾庄首字合名。1949年至1987年属张庄大队。后与肥庄村分离，属张庄村。2002年与云南村合并为张庄村，现属张庄村至今。

张庄

张庄（Zhāngzhuāng） 属新庄镇张庄村民委员会。地处张庄村东部，东至江苏十姓庄，西至桃园村，南至侯李单村，北至黄河故道。总户数为537户，总人口1929人，面积3.32平方千米。

张庄是姓臧的寄庄子，先前叫臧庄，后改成张庄。1949年起该村属张庄村，2002年与肥庄村合并为张庄村，现属张庄村。

郭套

郭套（Guōtào） 属新庄镇郭套村民委员会。地处郭套村西部，东至李庄村，西至刘口村，南至李新楼村，北至桂工沟。总户数为130户，总人口468人，面积0.8平方千米。

清朝咸丰年间，郭姓在河套上建村，故取名郭套。1949年属新庄区新庄镇。1958年属新庄人民公社。1984年属新庄镇郭套村至今。

郭庄

郭庄（Guōzhuāng） 属新庄镇郭套村民委员会。地处郭套村南部，东至菜园村，西至李庄村，南至小庄村，北至齐心庄村。总户数为135户，总人口484人，面积0.8平方千米。

明代郭姓人从山西来此立庄，故而得名。1949年后属郭套村至今。

张菜园

张菜园（Zhāngcàiyuán） 属新庄镇郭套村民委员会。地处郭套村东部，东至吴楼村，西至郭庄村，南至小庄村，北至齐新庄。总户数为110户，总人口395人，面积为0.5平方千米。

清朝乾隆年间，张姓在黄河故道南岸设立一堡，在堡的西边建村开园种菜，取名张菜园。1949年至2008年，该村属齐新大队。2008年属郭套村至今。

李庄

李庄（Lǐzhuāng） 属新庄镇郭套村民委员会。地处郭套村南部，东至郭庄村，西至郭套村，南至李新楼村，北至郭庄村。总户数为101户，总人口363人，面积0.7平方千米。

早年李姓在此建庄居住，故名李庄。1949年起属黄口区新庄乡。1958年属新庄公社。1984年属新庄镇。2008年属该镇郭套村至今。

小庄

小庄（Xiǎozhuāng） 属新庄镇郭套村民委员会。地处郭套村南部，东至大后庄村，西至郭套村，南至水库，北至菜园村。总户数为109户，总人数390人，面积0.5平方千米。

清朝期间，李姓建村，村小，取名李小庄。后别姓迁入，更名小庄。1949年属黄口区新庄镇，1958年属新庄公社。1984年属新庄镇郭套村至今。

齐新庄

齐新庄（Qíxīnzhuāng） 属新庄镇郭套村民委员会。地处郭套村北部，东靠云南王村，西靠刘庄村，南靠郭庄村，北靠江苏。总户数为200户，总人口为719人，面积为1.5平方千米。

清朝咸丰年间，有一个姓齐的大地主，给长工在此处盖房居住，故取名齐新庄。1949年属新庄区。1958年属新庄公社。1984年属新庄镇郭套村至今。

小刘庄

小刘庄（Xiǎoliúzhuāng） 属新庄镇郭套村民委员会。地处郭套村北部，东至齐新庄村，西至北门村，南至郭庄村，北至江苏。总户数为65户，总人口233人，面积0.53平方千米。

1700年从河南迁至此处，因刘姓村民居多，命名为小刘庄。1949年属新庄区。1958年属新庄公社。1984年属新庄镇郭套村至今。

单场村

单场村（Shànchǎngcūn） 属新庄镇小集子村民委员会。东至铁佛村，西至居委会村，南至铁佛村，北至李庄村。总户数为140户，总人口为503人，面积为1.855平方千米。

清朝年间，单姓建村，在村南有一打麦子的晒场，故名单场村。该村从1958年后属新庄大队。1984年属单场村。1996年属小集子村。

小集子

小集子（Xiǎojízi） 隶属新庄镇小集子村民委员会。小集子位于村中部，东至贺庄，西至双楼村，南至塘沃涯，北至南居村。总户数为401户，总人口为1438人。面积为1.38平方千米。

该自然村有秦、张两姓，1949年前村名叫通京店，后改为小集子。1949年至1985年，该村属南可大队，之后属小集子大队。后属小集子村至今。

梁庄

梁庄（Liángzhuāng） 属新庄镇小集子村民委员会。东至单庄，西至西北门村，南至北居村，北至肥庄村。总户数为235户，总人口为844人，面积为0.745平方千米。

清朝中期，原村名孟庄，民国期间梁姓村民迁入，后家产丰厚，人丁兴旺，遂改为梁庄。1958年属新庄大队。1983年属单场村。1996年属小集子村至今。

小桥

小桥（Xiǎoqiáo） 属新庄镇小桥村民委员会。地处小桥村东北部，东至胡楼村，西至营上村，南至西南楼村，北至营上村。总户数为174户，总人口为623人，面积为0.92平方千米。

明朝末年村南利民沟上建小桥一座，该村取名小桥。2008 年前，该村一直属小桥大队（村）。2008 年后属小桥村民委员会至今。

刘庄

刘庄（Liúzhuāng） 属新庄镇小桥村民委员会。地处小桥村西南部，东至花楼村，西至常庄村，南至张庄村，北至沟头村。总户数为 127 户，总人口为 457 人，面积为 0.82 平方千米。

刘姓 18 世纪从河南迁至此处，后因村中刘姓村民居多，命名为刘庄。2008 年前，该村属花楼大队。2008 年后属小桥村至今。

刘楼

刘楼（Liúlóu） 属新庄镇小桥村民委员会。地处小桥村西南部，东至花楼村，西至刘庄村，南至张庄村，北至寇王楼村。总户数为 51 户，总人口为 183 人，面积为 0.35 平方千米。

刘姓人家来此买地建庄并建一土楼，故名。2008 年前，该村属花楼大队。2008 年后属小桥村至今。

花楼

花楼（Huālóu） 属新庄镇小桥村民委员会。地处小桥村西南部，东至王庄村，西至刘庄村，南至张庄村，北至寇王楼村。总户数为 137 户，总人口为 492 人，面积为 0.8 平方千米。

李氏家族迁此居住并建花式门楼一座，将村取名花楼。2008 年前，该村属花楼大队。2008 年后属小桥村至今。

郑庄

郑庄（Zhèngzhuāng） 属新庄镇小桥村民委员会。地处小桥村南部，东至黑楼村，西至花楼村，南至王庄村，北至关帝庙村。总户数为 147 户，总人口为 526 人，面积为 0.96 平方千米。

明代郑姓在此占产立庄，故而得名。2008 年前，该村属花楼大队。2008 年后属小桥村至今。

寇王楼

寇王楼（Kòuwánglóu） 属新庄镇小桥村民委员会。地处小桥村西部，东至营上村，西至沟头村，南至花楼村，北至水库村。总户数为 345 户，总人口为 1239 人，面积为 2.72 平方千米。

清朝中期王姓人家在此村建土楼一座，称王楼，后来寇姓人家逐渐发达，有人成为官员，为了炫耀，改王楼为寇王楼至今。2008 年前，该村属花楼大队。2008 年后属小桥村至今。

关帝庙

关帝庙（Guāndìmiào） 属新庄镇小桥村民委员会。地处小桥村南部，东至西南楼村，西至花楼村，南至郑庄村，北至寇王楼村。总户数为 113 户，总人口为 406 人。面积为 0.53 平方千米。

因早年村西建有关帝庙而得名。2008 年前，该村属花楼大队。2008 年后属小桥村至今。

西南楼

西南楼（Xīnánlóu） 属新庄镇小桥村民委员会。地处小桥村西南部，东至黑楼村，西至关帝庙村，南至郑庄村，北至小桥村。总户数为 83 户，总人口为 297 人。面积为 0.5 平方千米。

清朝年间，新庄李氏人家在该庄西南盖一座两层小楼，按新庄方位称为西南楼。2008 年前，该村属花楼大队。2008 年后属小桥村至今。

营上

营上（Yíngshàng） 属新庄镇小桥村民委员会。地处小桥村北部，东至胡楼村，西至寇王楼村，南至小桥村，北至水库村。总户数为173户，总人口为621人。面积为0.98平方千米。

此村靠近黄河故道，早年管理河道的营盘设在村旁，故名。2008年前，该村属花楼大队。2008年后属小桥村至今。

王庄

王庄（Wángzhuāng） 属新庄镇小桥村民委员会。地处小桥村南部，东至黑楼村，西至花楼村，南至前口村，北至郑庄村。总户数为49户，总人口为177人。面积为0.37平方千米。

王姓人口居多，故取名王庄。2008年前，该村属花楼大队。2008年后属小桥村至今。

王楼庄

王楼庄（Wánglóuzhuāng） 属新庄镇西阁村民委员会。地处西阁村西部，东至岳李村，西至砀山村，南至张集，北至西各村。总户数为412户，总人口为1650人。面积为3平方千米。

明代洪武年间王姓在此占产立庄，因当时居住村民的愿望盖楼，故而取名王楼。1949年属河南乡。1958年属新庄公社王楼大队。2008年属新庄镇西阁村至今。

小戴庄

小戴庄（Xiǎodàizhuāng） 属新庄镇西阁村民委员会。地处西阁村北部。总户数为69户，总人口250人，面积1平方千米。

清代，戴姓在此建村立庄，因当时人少村小，故而得名。1949年前属丰县河南乡。1949年后属萧县新庄区岳李乡。1958年属新庄公社王楼大队，后又改为西阁大队。2008年属西阁村至今。

西阁

西阁（Xīgé） 属新庄镇西阁村民委员会。地处西阁村西北部。东至岳李村，西至砀山村，南至王楼村，北至江苏省。总户数为143户，总人口为575人，面积为0.7平方千米。

清代初期，李姓在此居住，在相距几里处的东西两地建造阁楼，此处为西边，故名西阁。1949年前属丰县河南乡。1949年后属萧县新庄区岳李乡。1958年属新庄公社王楼大队，后又改为西阁大队。2008年属西阁村至今。

后唐庄

后唐庄（Hòutángzhuāng） 属新庄镇西阁村民委员会。地处西阁村东部，东至前唐村，西至岳李村，南至陈庄，北至园艺场。总户数为221户，总人口为880人。面积为1.1平方千米。

明代唐姓在此占产立庄，因当时村前面有前唐庄，故而得名后唐庄。1949年前属丰县河南乡。1949年后属萧县新庄区岳李乡。1958年属新庄公社王楼大队，后又改为西阁大队。2008年属西阁村至今。

岳李庄

岳李庄（Yuèlǐzhuāng） 属新庄镇西阁村民委员会。地处西阁村东北部，东至后唐村，西至西各村，南至王楼，北至江苏李寨。总户数为312户，总人口为1250人，面积为2.2平方千米。

因本庄岳姓、李姓人最多，故取名岳李庄。1949年前属丰县河南乡。1949年后属萧县新庄区岳李乡。1958年属新庄公社王楼大队。1984年属东阁乡。2008年属西阁村至今。

前唐

前唐（Qiántáng） 属新庄镇西阁村民委员会。地处西阁村东部，东至东各村，西至陈庄村，南至陈庄，北至后唐村。总户数为103户，总人口为400人，面积为0.41平方千米。

明代唐姓在此居住，因村庄后面是后唐，故而得名前唐。1949年前属丰县河南乡。1949年后属萧县新庄区岳李乡。1958年属新庄公社王楼大队，后又改为西阁大队。2008年属西阁村至今。

陈庄

陈庄（Chénzhuāng）属新庄镇西阁村民委员会。地处西阁村东南部，东至东各村，西至李庄村，南至徐庄，北至后唐村。总户数为54户，总人口为450人，面积为0.8平方千米。

本庄陈姓较多，故而得名。1949年前属丰县河南乡。1949年后属萧县新庄区岳李乡。1958年属新庄公社王楼大队，后又改为西阁大队。2008年属西阁村至今。

张集

张集（Zhāngjí） 属新庄镇西阁村民委员会。地处西阁村南部，东至李庄村，西至砀山村，南至车庄，北至后王楼村。总户数为113户，总人口为880人，面积为1.2平方千米。

明朝崇祯年间，这里是后军都府张百亮的老家，此处逢集，故名张集。1949年前属丰县河南乡。1949年后属萧县新庄区岳李乡。1958年属新庄公社王楼大队，后又改为西阁大队。2008年属西阁村至今。

大徐庄

大徐庄（Dàxúzhuāng） 属新庄镇西阁村民委员会。地处西阁村南部，东至代集村，西至车庄村，南至胡庄，北至后陈庄村。总户数为386户，总人口为1540人，面积为2.3平方千米。

明代年间，徐姓在此建村立庄，故而得名。1949年前属丰县河南乡。1949年后属萧县新庄区岳李乡。1958年属新庄公社王楼大队，后又改为西阁大队。2008年属西阁村至今。

小李庄

小李庄（Xiǎolǐzhuāng） 属新庄镇西阁村民委员会。地处西阁村南部，东至陈村，西至张集村，南至大徐庄，北至后唐村。总户数为123户，总人口为380人，面积为0.6平方千米。

李氏在此村人数较多，且村子较小，故名小李庄。1949年前属丰县河南乡。1949年后属萧县新庄区岳李乡。1958年属新庄公社王楼大队，后又改为西阁大队。2008年属西阁村至今。

北居

北居（Běijū） 属新庄镇新庄居委会。地处居民委员会中部，东至李庄村，西至沟头王集，南至南门，北至张庄村。总户数为385户，总人口为1381人，面积为1.3平方千米。

早年李姓在此居住，取名新庄寨，后改为北居。1949年起至2008年该村属新庄村至今。

西居

西居（Xījū） 属新庄镇新庄居委会。地处居委会西部，东至北居，西至沟头王集，南至北居，北至张庄村。总户数为364户，总人口为1305人，面积为1.1平方千米。

早年，新庄寨成集后建寨圩，因在寨

圩西北门处建村，故名西北方村，后改为西居。在1958年之后属新庄大队管辖，中间分为西居村。2008年后合并到新庄居委会。

南门

南门（Nánmén） 属新庄镇新庄居委会。地处居委会中部，东至小集子村，西至胡楼，南至双楼，北至北居。总户数为396户，总人口为1421人，面积为1.63平方千米。

清朝年间，此庄建于新庄寨的南门口附近，故取名为南门。1984年之前属南门大队，之后改为南居村。2008年之后合并到新庄居委会至今。

双楼

双楼（Shuānglóu） 属新庄镇居委会。地处居委会南部，东至南门村，西至小桥村，南至闫集镇黑楼村，北至南门。总户数为60户，总人口为215人，面积为0.3平方千米。

明末清初，徐姓在此占产立庄，故得此名。1984年前属南门大队管辖，后成立南居村。2008年后合并到新庄居委会至今。

胡楼

胡楼（Húlóu） 属新庄镇新庄居委会。地处居委会西部，东至南门，西至小桥村，南至闫集镇黑楼，北至南门。总户数为78户，总人口为279人，面积为0.4平方千米。

以前有一户很有钱的胡姓人家，在该村建一座楼，所以就起名叫胡楼。1958年后属南门大队。2008年后合并到新庄村，为新庄村下属居民点。

刘套镇

大张庄

大张庄（Dàzhāngzhuāng） 属刘套镇张庄村民委员会。地处张庄村中部，东至谢庄，南至刘套，西至小张庄，北至纵庄。总户数为294户，总人口为968人。面积为1.15平方千米。

早年有张姓人家在此落居，后命名张庄，因张姓户门越来越大，又分为大张庄和小张庄，沿用至今。1949年属刘套乡，1958年属刘套公社大张庄大队。1985年前属北张庄村，后为大张庄村委会。2008年并为张庄村民委员会。

小张庄

小张庄（Xiǎozhāngzhuāng） 属刘套镇张庄村民委员会。地处张庄村西部，东至大张庄村，南至刘套村，西至黄河，北至纵庄村。总户数为333户，总人口为1182人。面积为1.45平方千米。

早年有张姓人家在此落居，后命名张庄，因张姓户门越来越大，又分为大张庄和小张庄，沿用至今。1949年起属刘套乡。1958年后属刘套公社北张庄大队。1985年后属刘套镇北张庄村。2008年并为张庄村民委员会。

纵庄

纵庄（Zòngzhuāng） 属刘套镇张庄村民委员会。地处张庄村北部，东至三大家，南至大张庄，西至黄河，北至陈庄。总户数为354户，总人口为1207人。面积为1.47平方千米。

以姓氏命名。1949年起属刘套乡。1958年后属刘套公社北张庄大队。1985年后属北张庄村。2008年并入张庄村民委员会。

谢集

谢集（Xièjí） 属刘套镇张庄村民委员会。地处张庄村东南部，东至谢庄，南至刘套，西至大张庄，北至纵庄。总户数为

94户，总人口为349人。面积为0.45平方千米。

早前谢姓人家在此居住并开设集市，故取名谢集。1949年起属刘套乡。1958年后属刘套公社北张庄大队。1985年后属北张庄村。2008年并为张庄村民委员会。

何庄

何庄（Hézhuāng） 属刘套镇三大家村民委员会。地处三大家村西北部，东至陈庄，南至陈庄，西至杨楼镇，北至黄河故道。总户数为148户，总人口为521人。面积为0.9平方千米。

很久以前何姓在此居住，故而得名。清朝末期，该村以宗姓人家为多，系管粥集一支，后搬至河南岸，故得名河庄。1949年属常楼乡。1958年后属刘套公社陈何庄大队。1985年属刘套镇陈庄村，2007年并入三大家村民委员会至今。

陈庄

陈庄（Chénzhuāng） 属刘套镇三大家村民委员会。地处三大家村西北部，东至三大家，南至纵庄，西至杨楼镇，北至何庄。总户数为332户，总人口为1281人。面积为1.96平方千米。

本庄陈姓较多，故而得名。1949年属常楼乡，1958年属刘套公社陈何庄大队。1985年属刘套镇陈庄村。2007年合并村，属刘套镇三大家村民委员会至今。

三大家

三大家（Sāndàjiā） 属刘套镇三大家村民委员会。村委会驻地，东至萧管路，南至朱谢庄，西至纵庄陈庄，北至黄河故道。总户数为551户，总人口为2088人。面积为2.97平方千米。

早前，村里住着王姓、刘姓、张姓三姓人家，故此得名，沿用至今。1949年属刘套乡，1958年属刘套公社三大家大队。1985年属刘套镇陈庄村。2007年合并村，属刘套镇三大家村民委员会至今。

常楼

常楼（Chánglóu） 属刘套镇常楼村民委员会。地处常楼村西北部，东至黄河，南至魏安，西至徐安，北至故黄河。总户数为929户，总人口为2356人。面积为5.81平方千米。

200多年前，常姓在此三处建村立庄，将最前面的取名前常楼，居中的为中常楼，最后的为后常楼。1949年起，村属郝寨区常楼乡。1951年属杨楼区常楼乡。1956年属刘套乡。1958年属刘套公社常楼大队。1985年属刘套镇常楼行政至今。

魏安

魏安（Wèiān） 属刘套镇常楼村民委员会。地处常楼村北部，东至故黄河，南至马场，西至徐安，北至常楼。总户数为642户，总人口为2438人。面积为2.32平方千米。

此地早年为黄泛区，后魏姓来此安居乐业，故名。1949年起属郝寨区常楼乡。1956年属刘套乡。1958年属刘套公社常楼大队，1985年属刘套镇常楼村至今。

朱谢庄

朱谢庄（Zhūxièzhuāng） 属刘套镇徐安村民委员会。地处徐安村西北部，东至后徐安，南至谢集，西至大张庄，北至三大家。总户数为156户，总人口为598人。面积为0.84平方千米。

早年朱、谢两姓人家在此居住，取两姓为村名，得名朱谢庄。1949年起属常楼乡徐安村。1958年属刘套公社徐安大队。

1985年属刘套镇，称朱谢庄村至今。

前徐安

前徐安（Qiánxú' ān） 属刘套镇徐安村民委员会。地处徐安村东部，东至冯安，西至刘套，南至刘场，北至中徐安。总户数为268户，总人口为982人。面积为1.21平方千米。

早年徐姓人家在此地安居乐业，取名徐安。后因村子大，分为前徐安、中徐安、后徐安。1949年起属常楼乡徐安村。1958年属刘套公社徐安大队。1985年属刘套镇徐安村至今。

中徐安

中徐安（Zhōngxúān） 属刘套镇徐安村民委员会。地处徐安村北部，东至常楼，西至朱谢庄，南至中徐安，北至三大家。总户数为211户，总人口为727人。面积为0.37平方千米。

早年徐姓人家在此地安居乐业，取名徐安。后因村子大，分为前徐安、中徐安、后徐安。1949年起属常楼乡徐安村。1958年属刘套公社徐安大队。1978年与三大家分开为徐安大队。1984年属刘套镇徐安村至今。

后徐安

后徐安（Hòuxú' ān） 属刘套镇徐安村民委员会。地处徐安村北部，东至冯安，西至谢集，南至前徐安，北至后徐安。总户数为62户，总人口为215人。面积为1.05平方千米。

早年徐姓人家在此地安居乐业，取名徐安。后因村子大，分为前徐安、中徐安、后徐安。1949年起属常楼乡。1958年属刘套公社徐安大队。1985年属刘套镇徐安村至今。

冯安

冯安（Féng' ān） 属刘套镇徐安村民委员会。地处徐安村东部，东至魏安，西至前徐安，南至马场，北至常楼。总户数为246户，总人口为889人。面积为1.16平方千米。

早前冯姓人家在此搭庵子居住，故名为冯安。新中国成立初期属常楼乡徐安村，1958年属刘套公社徐安大队。1985年属刘套镇徐安村至今。

刘场

刘场（Liúchǎng） 属刘套镇徐安村民委员会。地处徐安村南部，东至郝庄，西至刘套，南至郝庄，北至前徐安。总户数为204户，总人口为723人。面积为0.9平方千米。

早年刘姓人家在此居住，并设置一个大型晒谷场，故取名刘场。新中国成立初期属常楼乡徐安村。1958年属刘套公社徐安大队。1984年属刘套镇徐安村至今。

芈集

芈集（Mǐjí） 属刘套镇芈集村民委员会。地处芈集村西部，东至天齐庙，西至李圩村张庄，南至圣泉乡金黄庄，北至奶奶庙。总户数为278户，总人口为1032人。面积为1.35平方千米。

早年黄河泛滥时，此地一片汪洋，仅有两座高台，芈姓在此定居，台下停泊船只，台上设集市，故名芈集。1949年起属郝寨区。1955年属郝集区芈集乡。1958年属芈集公社芈集大队。1968年属刘套公社芈集大队。1985年属杨楼区芈集乡芈集村。1992年属刘套镇芈集村至今。

奶奶庙

奶奶庙（Nǎinaimiào） 属刘套镇芈集

村民委员会。地处芈集村西部，东至芈集，西至李圩村张庄，南至芈集，北至赵庄村马场。总户数为115户，总人口为414人。面积为0.69平方千米。

早年此处有一座奶奶庙，后有人在此居住成村，取庙名为村名。1949年起属郝寨区。1955年属郝集区芈集乡。1958年属芈集公社芈集大队。1968年属刘套公社芈集大队。1985年属杨楼区芈集乡、芈集村。1992年属刘套镇芈集村至今。

天齐庙

天齐庙（Tiānqímiào） 属刘套镇芈集村民委员会。地处芈集村西部，东至刘土楼，西至芈集，南至圣泉乡金黄庄，北至黄河故道。总户数为286户，总人口为1097人。面积为1.47平方千米。

早年此地有一座庙，名为天齐庙，后有人在此居住，以庙名为村名。1949年起属郝寨区，后改名为东方红村。1955年萧县划归安徽省，属郝集区芈集乡。1958年属芈集公社东方红大队。1968年属刘套公社东方红大队。1992年属杨楼区芈集乡芈集村。1992年属刘套镇芈集村。

刘土楼

刘土楼（Liútǔlóu） 属刘套镇芈集村民委员会。地处芈集村东部，东至江苏省徐州市铜山区大彭镇，西至天齐庙，南至罗庄，北至黄河故道。总户数为196户，总人口为732人。面积为0.77平方千米。

早年刘姓在此定居，并建一座土楼，将村取名为刘土楼。1949年起属郝寨区。1955年萧县划归安徽省，属郝集区芈集乡。1958年属芈集公社东方红大队。1979年属杨楼区芈集乡东方红村。1992年隶属刘套镇芈集村至今。

罗庄

罗庄（Luózhuāng） 属刘套镇芈集村民委员会。地处芈集村南部，东至徐州市铜山区大彭镇，西至圣泉乡，南至圣泉乡金黄庄，北至刘土楼。总户数为114户，总人口为434人。面积为0.58平方千米。

早年罗姓在此落户，取名罗庄。1949年起属郝寨区。1955年属郝集区芈集乡。1958年属芈集人民公社东方红大队。1968年属刘套公社东方红大队。1992年属刘套镇东方红村，后并入芈集村。

李圩

李圩（Lǐwéi） 属刘套镇李圩村民委员会。地处李圩村中部，东至南张庄，南至李集，西至李集，北至陆庄。总户数为100户，总人口为388人。面积为0.49平方千米。

早年李姓来此居住，周围挖沟筑圩防洪，故此得名。1949年属杨楼区桃园乡。1958年属芈集公社李圩大队。1985年属芈集乡。1992年属刘套镇李圩村。

南张庄

南张庄（Nánzhāngzhuāng） 属刘套镇李圩村民委员会。地处李圩村西部，东至芈集村，南至圣泉乡，西至李集，北至陆庄。总户数为576户，总人口为2167人。面积为2.32平方千米。

原名为刘张台子，后取名张庄，以姓取名，后为区别北张庄村，取名南张庄至今。1949年前属杨楼区桃园乡，后归芈集乡。1958年属芈集公社南张庄大队。1968年属刘套公社。1985年属芈集乡南张庄村。1992年属刘套镇李圩村。

陆庄

陆庄（Lùzhuāng） 属刘套镇李圩村民

委员会。地处李圩村东部，东至南张庄，南至陇海铁路，西至刘圩，北至赵庄村。总户数为190户，总人口为632人。面积为0.85平方千米。

早年陆姓在此居住，故得名。1949年前属杨楼区桃园乡，后归芈集乡。1958年属芈集公社李圩大队。1968年属刘套公社。1984年属芈集乡。1992年属刘套镇李圩村。

李集

李集（Lǐjí） 属刘套镇李圩村民委员会。地处李圩村南部，东至南张庄，南至圣泉乡，西至圣泉镇，北至刘圩。总户数为225户，总人口为884人。面积为0.98平方千米。

早年李姓在此建村并设立集市，故名李集。1949年属杨楼区桃园乡，后归芈集乡。1958年属芈集公社李圩大队。1968年属刘套公社。1984年属芈集乡。1992年属刘套镇李圩村。

刘圩

刘圩（Liúwéi） 属刘套镇李圩村民委员会。地处李圩村西部，东至南张庄，南至李集，西至李集，北至陆庄。总户数为100户，总人口为388人。面积为0.49平方千米。

早年黄河泛滥时，刘姓在此筑圩定居，故为村名。1949年前属杨楼区桃园乡，后归芈集乡。1958年属芈集公社李圩大队。1968年属刘套公社。1984年属芈集乡。1992年属刘套镇李圩村。

马场

马场（Mǎchǎng） 属刘套镇赵庄村民委员会。地处赵庄村北部，东至黄河故道，南至芈集，西至棉场，北至魏安。总户数为407户，总人口为1403人。面积为1.66平方千米。

早年马姓人家落居此地，有打谷场，故名马场至今。1949年属刘套乡，1958年后属芈集刘套公社马场大队。1970年曾树为“学大寨，赶郭庄”的样板大队。1985年属芈集乡。1992年属刘套镇马场村。2007年并入赵庄村民委员会。

赵庄

赵庄（Zhàozhuāng） 属刘套镇赵庄村民委员会。村委会驻地，东至马场村，南至萧管路，西至陈圩，北至郝庄。总户数为219户，总人口为828人。面积为0.84平方千米。

早年赵姓人在此占产立庄，得名赵庄。1949年隶属江苏省铜北县，1955年划归为安徽省萧县刘套乡，1958年后属芈集刘套公社赵庄大队，1984年属芈集乡赵庄村，1992年属刘套镇赵庄村民委员会至今。

郝庄

郝庄（Hǎozhuāng） 属刘套镇赵庄村民委员会。地处赵庄村西部，东至棉场，南至赵庄，西至肖场，北至刘场村。总户数为213户，总人口为760人。面积为0.79平方千米。

早年郝姓在此立庄，故而得名。1949年前，曾设为国民党郝庄模范乡，1949年后属芈集乡，1958年后属芈集刘套公社赵庄大队，1985年属芈集乡，1992年属刘套镇赵庄村。

陈圩

陈圩（Chénwéi） 属刘套镇赵庄村民委员会。地处赵庄村西部，东至赵庄村，南至刘圩村，西至陈屯，北至刘场。总户数为161户，总人口为570人。面积为0.74平方千米。

早年，陈姓人家在此筑圩护家，后取名陈圩。1949年起属芈集乡，1958年后属芈集刘套公社赵庄大队，1985年属芈集乡赵庄村，1992年属刘套镇赵庄居民委员会。

姬庄

姬庄（Jīzhuāng） 属刘套镇赵庄村民委员会。地处赵庄村西部，总户数为30户，总人口为120人。面积为0.14平方千米。

姬姓在此建村，故而得名。1949年起，属芈集乡，1958年后属芈集刘套公社赵庄大队，1985年后属芈集乡，1992年属刘套镇赵庄村。

郑庄

郑庄（Zhèngzhuāng） 属刘套镇陈屯村民委员会。地处陈屯村西部，东至陈屯，西至张口，南至陈马路，北至刘套。总户数为545户，总人口为1956人。面积为1.96平方千米。

因郑姓居多，故取其名。1949年后属杨楼区刘圩乡，后属芈集乡。1958年属芈集公社陈屯大队，1968年属刘套公社郑庄大队，1984年属芈集乡，1992年属刘套镇陈屯村至今。

宗台子

宗台子（Zōngtáizi） 属刘套镇陈屯村民委员会。地处陈屯村南部，东至刘圩，西至郑庄，南至李大楼，北至陈屯。总户数为167户，总人口为615人。面积为0.62平方千米。

很早以前，有宗姓人家在此垫台子居住，取名宗台子。1949年起属刘圩乡，1958年后属刘套公社陈屯大队，1992年属刘套镇陈屯村至今。

陈屯

陈屯（Chéntún） 属刘套镇陈屯村民委员会。村委会驻地，东至姬庄，西至郑庄，南至宗台子，北至萧场。总户数为253户，总人口为930人。面积为0.92平方千米。

原名贾屯，以贾姓在此屯田定居而得名，后贾姓迁出，陈姓迁入，故命陈屯。1949年起隶属刘圩乡。1958年属刘套公社陈屯大队。1985年至今属刘套镇陈屯村。

萧场

萧场（Xiāochǎng） 属刘套镇陈屯村民委员会。地处陈屯村中部，东至郝庄，西至范安，南至陈屯，北至刘套。总户数为115户，总人口为416人。面积为0.41平方千米。

很早以前，是大户姓萧的在此开荒种地晒庄稼的一个场，后在此居住，故取名萧场。1949年起，隶属刘圩乡。1958年后属刘套公社陈屯大队。1992年后属刘套镇陈屯村至今。

范安

范安（Fàn' ān） 属刘套镇陈屯村民委员会。地处陈屯村北部，东至萧场，西至郑庄，南至陈屯，北至刘套。总户数为78户，总人口为256人。面积为0.26平方千米。

很早以前，范姓人家逃荒到此，后在此安家，取名范安。1949年起，隶属刘圩乡。1958年属刘套公社，后属刘套镇陈屯村至今。

赵楼

赵楼（Zhàolóu） 属刘套镇管粥集村民委员会。地处管粥集村东北部，东至江苏，南至耿楼组，西至许楼组，北至江苏。总户数为221户，总人口为891人。面积为0.88平方千米。

早年赵姓为防匪患在庄内建楼一座，

故称赵楼。1949年起属铜北乡，1955年划归萧县朱庄乡，1958年属萧县黄河故道园艺场（以场带队），1982年改属刘套镇赵楼村，2009年属刘套镇管粥集村民委员会。

耿楼

耿楼（Gěnglóu） 属刘套镇管粥集民委员会。地处管粥集村东南部，东至江苏，南至园艺场，西至许楼组，北至赵楼组。总户数为241户，总人口为930人。面积为1平方千米。

清代在故黄河河床的一个小河头立庄，名曰河涯头，因村西头庙院主事姓耿，并建有楼房很有声望，故而改名耿楼。1949年属铜北县，1955年属萧县朱庄乡，1958年属萧县黄河故道园艺场，1982年属刘套镇赵楼村，2009年属刘套镇管粥集村民委员会至今。

许楼

许楼（Xǔlóu） 属刘套镇管粥集村民委员会。地处管粥集村东部，东至赵楼组，南至园艺场，西至园艺场，北至江苏。总户数为167户，总人口为656人。面积为0.6平方千米。

清朝乾隆皇帝下江南，在新黄村饿得心慌，沿河西行，到现许楼村前，言说此地将来必先盖楼，后来应验，许姓在此建楼立村，故而得名。1949年起属铜北县，1955年属萧县朱庄乡，1958年属萧县黄河故道园艺场，1982年属刘套镇赵楼村，2009年属刘套镇管粥集村民委员会至今。

管粥集

管粥集（Guǎnzhōují） 属刘套镇管粥集村民委员会。村委会驻地，东至园艺场，南至黄河，西至杨楼陆庄村，北至江苏。总户数为641户，总人口为2734人。面积为2.68平方千米。

清朝乾隆年间，宗、薛、杨姓居此设集卖粥。传说乾隆皇帝下江南在此喝过粥。后来灾荒年间，一大户来此施粥，管灾民喝粥，故得名。1949年起属铜北县，1955年属萧县朱庄乡，1958年属萧县黄河故道园艺场，1982年改属刘套镇，命名为管粥集村至今。

靳海

靳海（Jìnhǎi） 属刘套镇刘套村民委员会。地处刘套村北部，东至刘套，南至月河，西至刘套，北至张庄。总户数为399户，总人口为1556人。面积为1平方千米。

清朝后期，靳姓人家与海姓人家在此居住立村，故而得名。1949年起属刘套乡。1958年属刘套公社靳海大队。1985年后属刘套镇靳海村。2011年并入刘套村民委员会至今。

刘套

刘套（Liútào） 属刘套镇刘套村民委员会。地处刘套村中部，东至月河，南至瓦房，西至谢庄，北至张庄。总户数为355户，总人口为1293人。面积为1.22平方千米。

清朝初期有刘姓人家在此（黄河的河套地区）居住立庄，故而得名。1949年起，属刘套乡。1958年后属刘套公社刘套大队。1985年后属刘套镇刘套村。2011年属刘套村民委员会至今。

沙安

沙安（Shā' ān） 属刘套镇刘套村民委员会。地处刘套村北部，东至刘套，南至谢庄，西至李新庄，北至张庄。总户数为159户，总人口为581人。面积为0.7平方千米。

清朝时有沙姓人家在此地种植庄稼安居乐业，故而得名。1949年起，沙安村属刘套乡。1958年后属刘套公社刘套大队。1984年后属刘套镇刘套村。2011年属刘套村民委员会至今。

瓦房

瓦房（Wǎfáng） 属刘套镇刘套村民委员会。地处刘套村南部，东至刘套，南至郑庄，西至华祖庙，北至刘套。总户数为109户，总人口为399人。面积为0.79平方千米。

早年，这里是卢村卢家的一片湖地，靠地的南头建有三间瓦房，留作人们干活休息吃饭。后来，不断有人搬迁到此居住，形成了村落，取名瓦房。1949年起，属刘套乡。1958年后属刘套公社刘套大队。1984年后属刘套镇刘套村。2011年属刘套村民委员会至今。

谢庄

谢庄（Xièzhuāng） 属刘套镇刘套村民委员会。地处刘套村西部，东至刘套，南至刘套，西至董楼，北至沙安。总户数为180户，总人口为625人。面积为0.87平方千米。

大约在一千年前，该村所处位置在黄泛区，每年秋季是一片汪洋，虽然土地可以耕种，但只有一季小麦可收。当时谢姓就在此地耕种收获，高筑宅基建房，取名谢庄，后来多姓迁来集居，繁衍生息。1949年起属刘套乡。1958年属刘套公社刘套大队。1984年后属刘套镇。2011年属刘套村民委员会至今。

月河

月河（Yuèhé） 属刘套镇刘套村民委员会。地处刘套村东部，东至刘场，南至萧场，西至刘套，北至靳海。总户数为398户，总人口为1421人。面积为1.05平方千米。

清朝后期，为防外敌入侵，人们在村四周挖沟河，并留有东西南北四门，月河环绕，故而得名。1949年起，月河属刘套乡。1958年后属刘套公社月河大队，1985年后属刘套镇月河村。2011年并入刘套村民委员会至今。

马井镇

吴九店

吴九店（Wújiǔdiàn） 属马井镇吴九店村民委员会。地处吴九店村北部，东至杨庄，西至郑庄，南至吴老家，北至吴小庄。总户数为123户，总人口为394人。面积为0.5平方千米。

明朝年间吴姓在此建村，村内有蒸酒坊，故称吴酒店，后演变为吴九店。1949年属郝集区，1950年属杨楼区，1951年属马井区，1958年属马井公社，1962年属杨楼区，1980年属马井区，1992年撤区并乡后成立马井镇吴九店村至今。

吴小庄

吴小庄（Wúxiǎozhuāng） 属马井镇吴九店村民委员会。地处吴九店村北部，东至张土楼，西至宋行，南至吴九店，北至王集。总户数为220户，总人口为736人。面积为0.41平方千米。

明朝年间吴姓在此地建村居住，因村小人少，故而得名吴小庄。1949年属郝集区，1950年属杨楼区，1951年属马井区，1958年属马井公社，1962年属杨楼区，1980年属马井区，1992年撤区并乡后成立马井镇吴九店村至今。

张土楼

张土楼（Zhāngtǔlóu） 属马井镇吴九店村民委员会。地处吴九店村北部，东至杨庄，西至吴小庄，南至马行，北至李瓦房。总户数为160户，总人口为537人。面积为0.48平方千米。

明朝年间张姓在此建村，村内有一小土楼，故而得名张土楼。1949年属郝集区，1950年属杨楼区，1951年属马井区，1958年属马井公社，1962年属杨楼区，1980年属马井区，1992年撤区并乡后成立马井镇吴九店村至今。

吴老家

吴老家（Wúlǎojiā） 属马井镇吴九店村民委员会。地处吴九店村南部，东至徐河涯，西至吴老家，南至长征，北至吴九店。总户数为299户，总人口为939人。面积为0.42平方千米。

吴姓最早在此地建村居住，故而得名吴老家。现有吴姓宗祠。1949年属郝集区，1950年属杨楼区，1951年属马井区，1958年属马井公社，1962年属杨楼区，1980年属马井区，1992年撤区并乡后成立马井镇吴九店村至今。

徐河涯

徐河涯（Xúhéyá） 属马井镇吴九店村民委员会。地处吴九店村南部，东至马行，西至吴老家，南至董井，北至吴九店。总户数为142户，总人口为505人。面积为0.3平方千米。

早年徐姓在沙河边建村，故而得名徐河涯。1949年属郝集区，1950年属杨楼区，1951年属马井区，1958年属马井公社，1962年属杨楼区，1980年属马井区，1992年撤区并乡后成立马井镇吴九店村至今。

马行

马行（Mǎháng） 属马井镇吴九店村民委员会。地处吴九店村东南部，东至朱庄，西至徐河涯，南至麻堤口，北至吴九店。总户数为69户，总人口为219人。面积为0.18平方千米。

早年马姓在此建村居住开行设市，故而得名马行。1949年属郝集区，1950年属杨楼区，1951年属马井区，1958年属马井公社，1962年仍属杨楼区，1980年属马井区，1992年撤区并乡后成立马井镇吴九店村至今。

王集

王集（Wángjí） 属马井镇吴九店村民委员会。地处吴九店村北部，东至李瓦房，西至小西庄，南至吴小庄，北至朱楼。总户数为413户，总人口为1336人。面积为0.88平方千米。

从前有王姓人在此设集，故称王集。1949年属郝集区，1950年属杨楼区，1951年属马井区，1958年属马井公社，1962年属杨楼区，1980年属马井区，1992年撤区并乡后成立马井镇吴九店村至今。

小西庄

小西庄（Xiǎoxīzhuāng） 属马井镇吴九店村民委员会。地处吴九店村北部，东至王集，西至吴楼，南至纵庄，北至孙老家。总户数为48户，总人口为177人。面积为0.19平方千米。

1949年前几户人家从王千集迁到此地建新庄，故而得名小新庄。1949年属郝集区，1950年属杨楼区，1951年属马井区，1958年属马井公社，1962年属杨楼区，1980年属马井区，1992年撤区并乡后成立马井镇吴九店村至今。

前瓦房

前瓦房（Qiánwǎfáng） 属马井镇郝庄村民委员会。地处郝庄村东部，东至黄楼，南至朱楼，西至黄庄，北至后瓦房。总户数为132户，总人口为440人。面积为0.8平方千米。

早年附近建有两个村，都盖有瓦房，此村在东南称前瓦房。1950年属杨楼区，1951年属马井区，1958年属马井公社，1980年属马井区，1992年属马井镇郝庄村委会至今。

后瓦房

后瓦房（Hòuwǎfáng） 属马井镇郝庄村民委员会。地处郝庄村东部，东至鲁楼，西至杜行，南至前瓦房，北至段阁。总户数为163户，总人口为505人。面积为0.8平方千米。

古有袁氏建瓦房而立名，在前瓦房后面，称后瓦房。1950年属杨楼区，1951年属马井区，1958年属马井公社，1980年属马井区，1992年属马井镇郝庄村委会至今。

鲁楼

鲁楼（Lǔlóu） 属马井镇郝庄村民委员会。地处郝庄村东部，东至八庄，西至后瓦房，南至西黄楼，北至利民沟。总户数为254户，总人口为781人。面积为1.1平方千米。

清朝末年，鲁姓在此建村立庄，其中一鲁姓大户建楼房，故取名鲁楼。1950年属杨楼区，1951年属马井区，1958年属马井公社，1980年属马井区，1992年属马井镇郝庄村委会至今。

杜行

杜行（Dùháng） 属马井镇郝庄村民委员会。地处郝庄村东北部，东至后瓦房，西至岳湾，南至利民沟，北至段阁。总户数为337户，总人口为1068人。面积为1.1平方千米。

早年杜姓在此占产立庄并设集开行，故名杜行。1950年属杨楼区，1951年属马井区，1958年属马井公社，1980年马井区，1992年属马井镇郝庄村委会至今。

段阁

段阁（Duàngé） 属马井镇郝庄村民委员会。地处郝庄村北部，东至刘新庄，西至孙庄，南至杜行，北至陇海铁路。总户数为176户，总人口为616人。面积为1.5平方千米。

早年段姓在此占产立庄并建阁楼，故名段阁。1950年属杨楼区，1951年属马井区，1958年属马井公社，1980年属马井区，1992年属马井镇郝庄村委会至今。

郑楼

郑楼（Zhènglóu） 属马井镇郝庄村民委员会。地处郝庄村中部，东至杜行，西至后郝庄，南至黄庄，北至岳湾总户数为65户，总人口为197人。面积为0.5平方千米。

早年郑姓在此占产立庄盖楼，故名郑楼。1950年属杨楼区，1951年属马井区，1958年属马井公社，1980年属马井区，1992年属马井镇郝庄村委会至今。

黄庄

黄庄（Huángzhuāng） 属马井镇郝庄村民委员会。地处郝庄村东南部，东至前瓦房，西至前郝庄，南至官庄，北至郑楼。总户数为246户，总人口为840人。面积为3平方千米。

明代黄河水漫过后，黄姓一家迁居此地耕种生活，人口越来越多，取庄名为黄庄。

1950年属杨楼区，1951年属马井区，1958年属马井公社，1980年属马井区，1992年属马井镇郝庄村委会至今。

后郝庄

后郝庄（Hòuhǎozhuāng） 属马井镇郝庄村民委员会。地处郝庄村西南部，东至郑楼，西至李瓦房，南至前郝庄，北至陈庄。总户数为39户，总人口为133人。面积为0.8平方千米。

明代郝姓在此占产立庄，起名郝庄。以后有人迁庄，南建新庄，称前郝庄，此处便称为后郝庄。1950年属杨楼区，1951年属马井区，1958年属马井公社，1980年属马井区，1992年属马井镇郝庄村委会至今。

陈庄

陈庄（Chénzhuāng） 属马井镇郝庄村民委员会。地处郝庄村西部，东至李楼，西至李瓦房，南至后郝庄，北至李楼。总户数为108户，总人口为321人。面积为0.4平方千米。

本庄陈姓较多，故而得名。1950年属杨楼区，1951年属马井区，1958年属马井公社，1980年属马井区，1992年属马井镇郝庄村委会至今。

前郝庄

前郝庄（Qiánhǎozhuāng） 属马井镇郝庄村民委员会。地处郝庄村西南部，东至黄庄，西至张土楼，南至许破楼，北至后郝庄。总户数为270户，总人口为879人。面积为1.2平方千米。

明代郝姓在此占产立庄，起村名郝庄。一部分郝姓人从郝庄迁出，在村前建村，故名前郝庄。1950年属杨楼区，1951年属马井区，1958年属马井公社，1980年属马井区，1992年属马井镇郝庄村委会至今。

岳湾

岳湾（Yuèwān） 属马井镇郝庄村民委员会。地处郝庄村北部，东至杜行，西至李楼，南至郑楼，北至杜行。总户数为65户，总人口为224人。面积为0.4平方千米。

早年岳姓在小河拐弯处建村，取名岳湾，沿用至今。1950年属杨楼区，1951年属马井区，1958年属马井公社，1980年属马井区，1992年属马井镇郝庄村委会至今。

李楼

李楼（Lǐlóu） 属马井镇郝庄村民委员会。地处郝庄村西北部，东至岳湾，西至陈庄，南至陈庄，北至黄庄罗庄。总户数为181户，总人口为690人。面积为1.5平方千米。

民国期间李氏在此居住，并建有楼阁，故而得名。1950年属杨楼区，1951年属马井区，1958年属马井公社，1980年属马井区，1992年属马井镇郝庄村委会至今。

孙庄

孙庄（Sūnzhuāng） 属马井镇孙庄村民委员会。村委会驻地，东至段阁，南至罗庄吴庄麻庄，西至朱楼，北至陈坡。总户数为216户，总人口为677人。面积为0.68平方千米。

早年孙氏在此占产立庄，故称孙庄。1950年属杨楼区，1951年属马井区，1958年属马井公社，1980年属马井区，1992年属马井镇孙庄村委会至今。

朱楼

朱楼（Zhūlóu） 属马井镇孙庄村民委员会。地处孙庄村西部，东至孙庄，西至闫集镇，南至王集麻庄，北至吉洼。总户数为280户，总人口为903人。面积为0.7平方千米。

早年朱氏在此占产立庄，故称朱楼。1950年属杨楼区，1951年属马井区，1958年属马井公社，1980年属马井区，1992年属马井镇孙庄村委会至今。

陈坡

陈坡（Chénpō） 属马井镇孙庄村民委员会。地处孙庄村东北部，东至段阁，西至高庄，南至孙庄，北至陇海铁路。总户数为240户，总人口为784人。面积为0.75平方千米。

明代陈姓在此占产立庄，因当时是一块平坡地，故称陈坡。1950年属杨楼区，1951年属马井区，1958年属马井公社，1980年属马井区，1992年属马井镇孙庄村委会至今。

高庄

高庄（Gāozhuāng） 属马井镇孙庄村民委员会。地处孙庄村北部，东至陈坡，西至吉洼，南至孙庄，北至陇海铁路。总户数为112户，总人口为403人。面积为0.25平方千米。

明代高姓在此占产立庄，故称高庄。1950年属杨楼区，1951年属马井区，1958年属马井公社，1980年属马井区，1992年属马井镇孙庄村委会至今。

吉洼

吉洼（Jíwā） 属马井镇孙庄村民委员会。地处孙庄村西北部，东至高庄，西至闫集镇，南至孙庄，北至陇海铁路。总户数为224户，总人口为780人。面积为0.55平方千米。

明代吉姓在此占产立庄，因低洼，故称吉洼。1950年属杨楼区，1951年属马井区，1958年属马井公社，1980年属马井区，1992年属马井镇孙庄村委会至今。

李瓦房

李瓦房（Lǐwǎfáng） 属马井镇孙庄村民委员会。地处孙庄村南部，东至陈庄郝庄，西至王集，南至张土楼，北至夏庄。总户数为114户，总人口为344人。面积为0.39平方千米。

早年李姓人家在此建村并建有瓦房，故而得名。1950年属杨楼区，1951年属马井区，1958年属马井公社，1980年属马井区，1992年属马井镇孙庄村委会至今。

夏庄

夏庄（Xiàzhuāng） 属马井镇孙庄村民委员会。地处孙庄村南部，东至李楼，西至王集，南至李瓦房，北至麻庄。总户数为68户，总人口为165人。面积为0.18平方千米。

早年夏姓在此占产立庄，故称夏庄。1950年属杨楼区，1951年属马井区，1958年属马井公社，1980年属马井区，1992年属马井镇孙庄村委会至今。

麻庄

麻庄（Mázhuāng） 属马井镇孙庄村民委员会。地处孙庄村南部，东至吴庄，西至王集，南至夏庄，北至孙庄。总户数为196户，总人口为612人。面积为0.38平方千米。

明代麻姓在此占产立庄，故称麻庄。1950年属杨楼区，1951年属马井区，1958年属马井公社，1980年属马井区，1992年属马井镇孙庄村委会至今。

吴庄

吴庄（Wúzhuāng） 属马井镇孙庄村民委员会。地处孙庄村东南部，东至罗庄，西至麻庄，南至夏庄，北至孙庄。总户数为

111户，总人口为400人。面积为0.27平方千米。

吴姓在此占地立庄，故而得名。1950年属杨楼区，1951年属马井区，1958年成立马井公社，1980年属马井区，1992年属马井镇孙庄村委会至今。

罗庄

罗庄（Luózhuāng） 属马井镇孙庄村民委员会。地处孙庄村东南部，东至月弯，西至吴庄，南至李楼，北至孙庄。总户数为65户，总人口为208人。面积为0.18平方千米。

早年罗姓在此落户，取名罗庄。1950年属杨楼区，1951年属马井区，1958年属马井公社，1980年属马井区，1992年属马井镇孙庄村委会至今。

吴瓦房

吴瓦房（Wúwǎfáng） 属马井镇吴瓦房村民委员会。村委会驻地，东至范庄，西至史庄，南至刘庄，北至王楼。总户数为200户，总人口为653人。面积为1.5平方千米。

早年吴姓在此定居并盖瓦房，故名吴瓦房。1950年属杨楼区，1951年属马井区，1958年属马井公社，1980年属马井区，1992年属马井镇吴瓦房村委会至今。

郭庄

郭庄（Guōzhuāng） 属马井镇吴瓦房村民委员会。地处吴瓦房村南部，东至欧庄，西至纵小楼，南至张楼，北至刘庄。总户数为98户，总人口为343人。面积为0.9平方千米。

明代郭姓人从山西来此立庄，故而得名。1950年属杨楼区，1951年属马井区，1958年属马井公社，1980年属马井区，1992年属马井镇吴瓦房村委会至今。

欧庄

欧庄（Ōuzhuāng）属马井镇吴瓦房村民委员会。地处吴瓦房村东南部，东至黄庄，西至郭庄，南至张楼，北至刘庄。总户数为78户，总人口为268人。面积为0.6平方千米。

欧姓在此建庄定居，故名欧庄。1950年属杨楼区，1951年属马井区，1958年属马井公社，1980年属马井区，1992年属马井镇吴瓦房村委会至今。

刘洼

刘洼（Liúwā） 属马井镇吴瓦房村民委员会。地处吴瓦房村西北部，东至王楼，西至曲里铺，南至史庄，北至薛庄。总户数为172户，总人口为561人。面积为1.3平方千米。

刘姓建庄，因地势低洼，故名刘洼。1950年属杨楼区，1951年属马井区，1958年属马井公社，1980年属马井区，1992年属马井镇吴瓦房村委会至今。

史庄

史庄（Shǐzhuāng） 属马井镇吴瓦房村民委员会。地处吴瓦房村中部，东至吴瓦房，西至曲里铺，南至纵小楼，北至刘洼。总户数为222户，总人口为675人。面积为1.4平方千米。

很久以前史姓四兄弟从河北迁来占产立庄，故名史庄。1950年属杨楼区，1951年属马井区，1958年属马井公社，1980年属马井区，1992年属马井镇吴瓦房村委会至今。

刘庄

刘庄（Liúzhuāng） 属马井镇吴瓦房村民委员会。地处吴瓦房村东南部，东至范庄，西至吴瓦房，南至郭庄，北至吴瓦房。总户数为98户，总人口为357人。面积为0.9平方千米。

早年刘姓从河南迁至此处建庄定居，命名为刘庄。1950年属杨楼区，1951年属马井区，1958年属马井公社，1980年属马井区，1992年属马井镇吴瓦房村委会至今。

纵小楼

纵小楼（Zòngxiǎolóu） 属马井镇吴瓦房村民委员会。地处吴瓦房村南部，东至郭庄，西至蒋庄，南至苏楼，北至史庄。总户数为220户，总人口为739人。面积为1.6平方千米。

纵姓定居后，盖了一座小楼，名纵小楼。1950年属杨楼区，1951年属马井区，1958年属马井公社，1980年属马井区，1992年属马井镇吴瓦房村委会至今。

苏楼

苏楼（Sūlóu） 属马井镇吴瓦房村民委员会。地处吴瓦房村西南部，东至郭庄，西至王庄，南至黄藏窝，北至纵小楼。总户数为376户，总人口为1148人。面积为2平方千米。

北宋徐州太守苏东坡之子苏迈在徐州南苏家湖定居（时属萧县），因水患苏迈迁山东省微山县，又因地震回迁萧县，其中一支落户此地，取村名苏楼。1950年属杨楼区，1951年属马井区，1958年属马井公社，1980年属马井区，1992年属马井镇吴瓦房村委会至今。

许破楼

许破楼（Xǔpòlóu） 属马井镇许破楼村民委员会。村委会驻地，东至黄楼村郭洼，南至彭庄，西至朱庄，北至郝庄村。总户数为254户，总人口为907人。面积为1.1平方千米。

早年许姓在此建村盖楼，不久楼被大水冲坏，新楼变破楼，故名许破楼。1950年属杨楼区，1951年属马井区，1958年属马井公社，1980年属马井区，1992年属马井镇许破楼村委会至今。

朱庄

朱庄（Zhūzhuāng） 属马井镇许破楼村民委员会。地处许破楼村西南部，东至许破楼，南至彭庄，西至吴九店村马行，北至杨庄村。总户数为247户，总人口为868人。面积为1平方千米。

明代朱姓在此占产立庄，当时人少村小是小朱庄，后改为朱庄，故而得名。1950年属杨楼区，1951年属马井区，1958年属马井公社，1980年属马井区，1992年属马井镇许破楼村委会至今。

北袁庄

北袁庄（Běiyuánzhuāng） 属马井镇许破楼村民委员会。地处许破楼村北部，东至黄楼村郭洼，南至许破楼，西至许破楼，北至郝庄村。总户数为68户，总人口为203人。面积为0.16平方千米。

早年袁姓在此生产立庄，村名袁庄，因南边还有一个袁庄，为区分之，此处故称北袁庄。1950年属杨楼区，1951年属马井区，1958年属马井公社，1980年属马井区，1992年属马井镇许破楼村委会至今。

杨庄

杨庄（Yángzhuāng） 属马井镇许破楼村民委员会。地处许破楼村西部，东至许破楼，南至朱庄，西至吴九店张土楼，北至郝庄村。总户数为207户，总人口为703人。面积为1.1平方千米。

杨姓在此占产立庄，故名杨庄。1950

年属杨楼区，1951年属马井区，1958年成立马井公社，1980年马井区，1992年属马井镇许破楼村委会至今。

彭庄

彭庄（Péngzhuāng） 属马井镇许破楼村民委员会。地处许破楼村南部，东至黄楼郭洼，南至曲里铺村，西至马堤口村，北至许破楼村。总户数为238户，总人口为667人。面积为0.9平方千米。

此村西部彭姓，称彭庄，东部刘姓，有柿园，称刘园，后并称彭庄。1950年属杨楼区，1951年属马井区，1958年属马井公社，1980年属马井区，1992年属马井镇许破楼村委会至今。

孙庄

孙庄（Sūnzhuāng） 属马井镇许破楼村民委员会。地处许破楼村南部，东至袁庄，南至曲里铺村，西至彭庄，北至黄楼村郭洼。总户数为132户，总人口为453人。面积为0.5平方千米。

早年孙姓在此占产立庄，故称孙庄。1950年属杨楼区，1951年属马井区，1958年属马井公社，1980年属马井区，1992年属马井镇许破楼村委会至今。

南袁庄

南袁庄（Nányuánzhuāng） 属马井镇许破楼村民委员会。地处许破楼村南部，东至袁庄，南至曲里铺村，西至彭庄，北至黄楼村郭洼。总户数为121户，总人口为389人。面积为0.57平方千米。

早年袁姓在此占产立庄，村名袁庄，因北边还有一个袁庄，为区分之，此处故称南袁庄。1950年属杨楼区，1951年属马井区，1958年属马井公社，1980年属马井区，1992年属马井镇许破楼村委会至今。

曲东

曲东（Qǔdōng） 属马井镇曲里铺村民委员会。地处曲里铺村西部，东至萧黄路，南至纵庄，西至曲西，北至利民沟。总户数为555户，总人口为1591人。面积为2.03平方千米。

古称曲里渡、曲里店、曲里铺。又有“屈驴肚”之传说。曲里铺村东西长达三里多路，公社化时曾分曲东大队、曲西大队，现称曲东自然村和曲西自然村，此处为曲东。1949年属郝集区，1950年属杨楼区，1951年属马井区，1958年属马井公社，1962年仍属杨楼区，1980年属马井区，1992年撤区并乡后成立马井镇曲里铺村至今。

曲西

曲西（Qǔxī） 属马井镇曲里铺村民委员会。地处曲里铺村西部，东至曲东，西至沙河，南至小孟楼，北至利民沟。总户数为471户，总人口为1463人。面积为2.02平方千米。

古称曲里渡、曲里店、曲里铺。又有“屈驴肚”之传说。曲里铺村东西长达三里多路，公社化时曾分曲东大队、曲西大队，现称曲东自然村和曲西自然村，此处为曲西。1949年属郝集区，1950年属杨楼区，1951年属马井区，1958年属马井公社，1962年仍属杨楼区，1980年属马井，1992年撤区并乡后成立马井镇曲里铺村至今。

纵庄

纵庄（Zòngzhuāng） 属马井镇曲里铺村民委员会。地处曲里铺村南部，东至蒋庄，南至王庄，西至沙河，北至曲里铺。总户数为245户，总人口为778人。面积为0.67平方千米。

以姓氏命名。1949年属郝集区，1950

年属杨楼区，1951 年属马井区，1958 年成立马井公社，属杨楼区，1962 年仍属杨楼区，1980 年属马井区，1992 年撤区并乡后成立马井镇曲里铺村至今。

王庄

王庄（Wángzhuāng） 属马井镇曲里铺村民委员会。地处曲里铺村南部，东至苏楼，西至纵庄，南至苏楼，北至纵庄。总户数为 85 户，总人口为 238 人。面积为 0.39 平方千米。

王姓人家在此建庄而得名。1949 年属郝集区，1950 年属杨楼区，1951 年属马井区，1958 年属马井公社，1962 年仍属杨楼区，1980 年属马井区，1992 年撤区并乡后成立马井镇曲里铺村至今。

邱庄

邱庄（Qiūzhuāng） 属马井镇曲里铺村民委员会。地处曲里铺村东南部，东至肖黄河，南至苏楼，西至蒋庄，北至蒋庄。总户数为 32 户，总人口为 95 人。面积为 0.19 平方千米。

邱姓早年在此建村定居故名。1949 年属郝集区，1950 年属杨楼区，1951 年属马井区，1958 年属马井公社，属杨楼区，1962 年仍属杨楼区，1980 年属马井区辖马井、郝庄、闫集、道口、朱集、穆集 6 个乡，1992 年撤区并乡后成立马井镇曲里铺村至今。

蒋庄

蒋庄（Jiǎngzhuāng） 属马井镇曲里铺村民委员会。地处曲里铺村东南部，东至肖黄河，南至邱庄，西至纵庄，北至曲里铺。总户数为 101 户，总人口为 286 人。面积为 0.39 平方千米。

很久以前蒋姓在此占产立庄，故而得名。1949 年属郝集区，1950 年属杨楼区，1951 年属马井区，1958 年成立马井公社，1962 年仍属杨楼区，1980 年属马井区，1992 年撤区并乡后成立马井镇曲里铺村至今。

小孟楼

小孟楼（Xiǎomènglóu） 属马井镇曲里铺村民委员会。地处曲里铺村西部，东至曲西，南至纵庄，西至沙河，北至曲西。总户数为 149 户，总人口为 453 人。面积为 0.53 平方千米。

孟姓最早在此占产立庄，盖了一座楼，庄小人少，故称小孟楼。1949 年属郝集区，1950 年属杨楼区，1951 年属马井区，1958 年属马井公社，1962 年仍属杨楼区，1980 年属马井区，1992 年撤区并乡后成立马井镇曲里铺村至今。

大孙庄

大孙庄（Dàsūnzhuāng） 属马井镇马井村民委员会。地处马井村东南部，东至鲁集，西至程楼，南至薛庄，北至小孙庄。总户数为 70 户，总人口为 231 人。面积为 0.39 平方千米。

清同治年间，江苏丰县孙氏族人一支迁至此处，人多庄大，定名大孙庄。1950 年属杨楼区，1951 年属马井区，1958 年属马井公社，1980 年属马井区，1992 年属马井镇马井村委会至今。

薛庄

薛庄（Xuēzhuāng） 属马井镇马井村民委员会。地处马井村南部，东至王楼，西至曲里铺，南至史庄，北至程楼。总户数为 200 户，总人口为 674 人。面积为 0.66 平方千米。

薛姓人建庄定居，故名。1950 年属杨楼区，1951 年属马井区，1958 年属马井公社，1980 年属马井区，1992 年属马井镇马井村委会至今。

小孙庄

小孙庄（Xiǎosūnzhuāng） 属马井镇马井村民委员会。地处马井村东部，东至鲁集，西至程楼，南至大孙庄，北至程楼。总户数为78户，总人口为283人。面积为0.39平方千米。

光绪年间，孙氏族人从大孙庄迁至此处，因当时人少村小，定名小孙庄。1950年属杨楼区，1951年属马井区，1958年属马井公社，1980年属马井区，1992年属马井镇马井村委会至今。

程楼

程楼（Chénglóu） 属马井镇马井村民委员会。地处马井村东部，东至小孙庄，西至马井，南至薛庄，北至纵新庄。总户数为319户，总人口为1015人。面积为1.33平方千米。

早年程氏在此建村盖楼，故名程楼。1950年属杨楼区，1951年属马井区，1958年属马井公社，1980年属马井区，1992年属马井镇马井村委会至今。

黄水口

黄水口（Huángshuǐkǒu） 属马井镇马井村民委员会。地处马井村西部，东至马井，西至孙庄，南至曲里铺，北至郭洼。总户数为44户，总人口为133人。面积为0.09平方千米。

早年黄河泛滥，这里曾是黄河的一个泄水口，因而得名黄水口。1950年属杨楼区，1951年属马井区，1958年属马井公社，1980年属马井区，1992年属马井镇马井村委会至今。

后马井

后马井（Hòumǎjǐng） 属马井镇马井村民委员会。地处马井村北部，东至纵新庄，西至郭洼，南至马井，北至朱楼。总户数为137户，总人口为477人。面积为0.53平方千米。

马氏族人从马井村迁出在北里许建庄，称后马井。1950年属杨楼区，1951年属马井区，1958年属马井公社，1980年属马井区，1992年属马井镇马井村委会至今。

马井

马井（Mǎjǐng） 属马井镇马井村民委员会。村委会驻地，东至程楼，西至黄水口，南至曲里铺，北至后马井。总户数为621户，总人口为2200人。面积为2.13平方千米。

马氏族人从沛县马桥迁移此地。传说马援领兵打仗，将士饥渴，其白马蹄踹地成井，定名马井。1950年属杨楼区，1951年属马井区，1958年属马井公社，1980年属马井区，1992年属马井镇马井村委会至今。

西黄楼

西黄楼（Xīhuánglóu） 属马井镇黄楼村民委员会。地处黄楼村中部，东至东黄楼，西至利民沟，南至谢桃元，北至鲁楼。总户数为209户，总人口为665人。面积为1.2平方千米。

早年黄氏家族在此地占产立庄建楼，故称黄楼，后有黄姓东迁一里建新庄，取名东黄楼，黄楼遂易名西黄楼。1950年属杨楼区，1951年属马井区，1958年属马井公社，1980年属马井区，1992年属马井镇黄楼村委会至今。

东黄楼

东黄楼（Dōnghuánglóu） 属马井镇黄楼村民委员会。地处黄楼村东部，东至杨马路，西至西黄楼，南至赵魏庄，北至河口。总户数为229户，总人口为758人。面积为1.55平方千米。

早年黄氏家族在此地占地立庄建楼，故称黄楼，后有黄姓东迁一里建新村，取名东黄楼。1950年属杨楼区，1951年属马井区，1958年属马井公社，1980年属马井区，1992年属马井镇黄楼村委会至今。

郭洼

郭洼（Guōwā） 属马井镇黄楼村民委员会。地处黄楼村西部，东至马井村，西至许破楼村，南至马井孙庄，北至后郭洼。总户数为475户，总人口为1512人。面积为1.45平方千米。

清代郭氏兄弟从太原迁此，因庄前比较洼而存水，取名南洼，后因居住人多为郭姓，更名为郭洼。1950年属杨楼区，1951年属马井区，1958年属马井公社，1980年属马井区，1992年属马井镇黄楼村委会至今。

谢桃园

谢桃园（Xiètáoyuán） 属马井镇黄楼村民委员会。地处黄楼村东南部，东至杨马路赵魏庄，西至利民沟，南至纵新庄，北至西黄楼。总户数为115户，总人口为387人。面积为1.2平方千米。

约在1935年，谢家人从纵新庄迁到此处种植桃树，后来人数逐渐增多，形成村庄，故名谢桃园。1950年属杨楼区，1951年属马井区，1958年属马井公社，1980年属马井区，1992年属马井镇黄楼村委会至今。

朱楼

朱楼（Zhūlóu） 属马井镇黄楼村民委员会。地处黄楼村西部，东至利民沟，西至郝庄黄官庄，南至后郭洼，北至前瓦房。总户数为189户，总人口为576人。面积为0.9平方千米。

早年，朱姓在此建村立庄，且建有一楼，故名朱楼。1950年属杨楼区，1951年属马井区，1958年属马井公社，1980年属马井区，1992年属马井镇黄楼村委会至今。

纵新庄

纵新庄（Zòngxīnzhuāng） 属马井镇黄楼村民委员会。地处黄楼村南部，东至杨马路赵魏庄，西至利民沟，南至程楼，北至谢桃元。总户数为203户，总人口为653人。面积为1.3平方千米。

早年纵姓从三座楼迁此建新村，取名纵新庄。1950年属杨楼区，1951年属马井区，1958年属马井公社，1980年属马井区，1992年属马井镇黄楼村委会至今。

麻堤口

麻堤口（Mádīkǒu） 属马井镇麻堤口村民委员会。村委会驻地，东至曲里铺，西至董井，南至王庄，北至大沙河。总户数为463户，总人口为1488人。面积为1.58平方千米。

早年麻姓在大沙河堤口附近建村，故名麻堤口。1950年属杨楼区，1951年属马井区，1958年属马井公社，1980年属马井区，1992年属马井镇麻堤口村委会至今。

王庄

王庄（Wángzhuāng） 属马井镇麻堤口村民委员会。地处麻堤口村南部，东至大沙河，西至相西河，南至闫庙，北至麻堤口。总户数为253户，总人口为790人。面积为0.96平方千米。

因王姓人家较多而得名。1950年属杨楼区，1951年属马井区，1958年属马井公社，1980年属马井区，1992年属马井镇麻堤口村委会至今。

闫庙

闫庙（Yánmiào） 属马井镇麻堤口村

民委员会。地处麻堤口村南部，东至权楼，西至相西河，南至杨土楼，北至王庄。总户数为207户，总人口为719人。面积为0.85平方千米。

此村闫姓人家较多，在村东修了一座庙，故名闫庙。1950年属杨楼区，1951年属马井区，1958年属马井公社，1980年属马井区，1992年属马井镇麻堤口村委会至今。

王枣园

王枣园（Wángzǎoyuán） 属马井镇麻堤口村民委员会。地处麻堤口村西南部，东至杨土楼，西至丁楼，南至赵庄镇，北至关庄。总户数为225户，总人口为710人。面积为0.75平方千米。

早年王姓在此地建村，植枣树成园，故而取名王枣园。1950年属杨楼区，1951年属马井区，1958年属马井公社，1980年属马井区，1992年属马井镇麻堤口村委会至今。

杨土楼

杨土楼（Yángtǔlóu） 属马井镇麻堤口村民委员会。地处麻堤口村西南部，东至权楼，西至王枣园，南至赵庄镇，北至董井。总户数为297户，总人口为927人。面积为1.23平方千米。

早年杨姓在此地建村，村内有土炮楼，故名杨土楼。1950年属杨楼区，1951年属马井区，1958年属马井公社，1980年马井区，1992年属马井镇麻堤口村委会至今。

权楼

权楼（Quánlóu） 属马井镇麻堤口村民委员会。地处麻堤口村南部，东至大沙河，西至杨土楼，南至杜楼镇，北至闫庙。总户数为181户，总人口为534人。面积为0.82平方千米。

明代权姓在此占产立庄盖楼，故而得名。1950年属杨楼区，1951年属马井区，1958年属马井公社，1980年属马井区，1992年属马井镇麻堤口村委会至今。

关庄

关庄（Guānzhuāng） 属马井镇麻堤口村民委员会。地处麻堤口村西南部，东至相西河，西至小刘套，南至王枣园，北至董井。总户数为272户，总人口为856人。面积为1.15平方千米。

明朝时期，一关姓人家路过此处在此留住，故而得名。1950年属杨楼区，1951年属马井区，1958年属马井公社，1980年属马井区，1992年属马井镇麻堤口村委会至今。

小刘套

小刘套（Xiǎoliútào） 属马井镇麻堤口村民委员会。地处麻堤口村西南部，东至权楼，西至相西河，南至杨土楼，北至王庄。总户数为207户，总人口为719人。面积为0.85平方千米。

早年刘姓在一条小河套内建村居住，庄小人少，故得名小刘套。1950年属杨楼区，1951年属马井区，1958年属马井公社，1980年属马井区，1992年属马井镇麻堤口村委会至今。

胡楼

胡楼（Húlóu） 属马井镇朱庄村民委员会。地处朱庄村南部，东至关帝庙，西至杜庄，南至小赵庄，北至杜庄。总户数为57户，总人口为185人。面积为0.14平方千米。

以前，胡姓立村建楼，起名胡楼。1950年属杨楼区，1951年属马井区，1958年属马井公社，1980年属马井区，1992年成立马井镇朱庄村委会至今。

吴旗杆

吴旗杆（Wúqígǎn） 属马井镇朱庄村民委员会。地处朱庄村北部，东至杨坡，西至冯瓦房，南至杨坡，北至梁王庄。总户数为231户，总人口为708人。面积为0.757平方千米。

以前村中吴姓有功名，立一旗杆，故名。1949年属郝集区，1950年属杨楼区，1951年属马井区，1958年属马井公社，属杨楼区，1962年仍属杨楼区，1980年属马井区，1992年撤区并乡后成立马井镇朱庄村至今。

杨坡

杨坡（Yángpō） 属马井镇朱庄村民委员会。地处朱庄村东部，东至王屯河，西至吴旗杆，南至王屯，北至包堤口。总户数为220户，总人口为654人。面积为0.6平方千米。

早年杨姓在坡地上建村，故称杨坡。1949年属郝集区，1950年属杨楼区，1951年属马井区，1958年成立马井公社，属杨楼区，1962年仍属杨楼区，1980年属马井区，1992年撤区并乡后成立马井镇朱庄村至今。

杜庄

杜庄（Dùzhuāng） 属马井镇朱庄村民委员会。地处朱庄村南部，东至胡楼，西至武庄，南至罗楼，北至朱庄。总户数为206户，总人口为724人。面积为0.73平方千米。

早年杜姓在此占产立庄，故而得名。1949年属郝集区，1950年属杨楼区，1951年属马井区，1958年成立马井公社，属杨楼区，1962年仍属杨楼区，1980年属马井区，1992年撤区并乡后成立马井镇朱庄村至今。

朱庄

朱庄（Zhūzhuāng） 属马井镇朱庄村民委员会。村委会驻地，东至王屯，西至杜楼，南至武庄，北至冯瓦房。总户数为327户，总人口为996人。面积为1.05平方千米。

明代朱姓占产立庄，故而得名。1949年属郝集区，1950年属杨楼区，1951年属马井区，1958年成立马井公社，属杨楼区，1962年仍属杨楼区，1980年属马井区，1992年撤区并乡后成立马井镇朱庄村至今。

关帝庙

关帝庙（Guāndìmiào） 属马井镇朱庄村民委员会。地处朱庄村东南部，东至丁楼，西至胡楼，南至小赵庄，北至王屯。总户数为82户，总人口为275人。面积为0.29平方千米。

因早年村西有关帝庙，故而得名。1949年属郝集区，1950年属杨楼区，1951年属马井区，1958年成立马井公社，属杨楼区，1962年仍属杨楼区，1980年属马井区，1992年撤区并乡后成立马井镇朱庄村至今。

丁楼

丁楼（Dīnglóu） 属马井镇朱庄村民委员会。地处朱庄村东南部，东至王枣园，西至关帝庙，南至小赵庄，北至王屯。总户数为122户，总人口为392人。面积为0.384平方千米。

丁姓在此建村盖楼，故名丁楼。1949年属郝集区，1950年属杨楼区，1951年属马井区，1958年成立马井公社，属杨楼区，1962年仍属杨楼区，1980年属马井区，1992年撤区并乡后成立马井镇朱庄村至今。

王屯

王屯（Wángtún） 属马井镇朱庄村民

委员会。地处朱庄村东部，东至关庄，西至朱庄，南至丁楼，北至杨坡。总户数为116户，总人口为330人。面积为0.3平方千米。

1949年前，王姓人在此屯田定居，故而得名。1949年属郝集区，1950年属杨楼区，1951年属马井区，1958年属马井公社，1962年属杨楼区，1980年属马井区，1992年撤区并乡后成立马井镇朱庄村至今。

李庄

李庄（Lǐzhuāng） 属马井镇长征村民委员会。地处长征村北部，东至郝庄交界，南至村南地，西至村西地，北至村北路。总户数为100户，总人口为406人。面积为0.7平方千米。

李氏在此建村，故名李庄。1950年属杨楼区，1951年属马井区，1958年属马井公社，1980年属马井区，1992年属马井镇，2007年属马井镇长征村民委员会。

王庄

王庄（Wángzhuāng） 属马井镇长征村民委员会。地处长征村北部，王庄自然村东西南北都是地。总户数为131户，总人口为406人。面积为0.9平方千米。

王氏在此建村，故名王庄。1950年属杨楼区，1951年属马井区，1958年属马井公社，1980年属马井区，1992年属马井镇，2007年属马井镇长征村民委员会。

郝庄

郝庄（Hǎozhuāng） 属马井镇长征村民委员会。地处长征村北部，东至学田交界，南至村南地，西至李庄交界，北至村北路。总户数为87户，总人口为304人。面积为0.8平方千米。

早年郝姓在此立庄，故而得名。1950年属杨楼区，1951年属马井区，1958年属马井公社，1980年属马井区，1992年属马井镇，2007年属马井镇长征村民委员会。

吴双楼

吴双楼（Wúshuānglóu） 属马井镇长征村民委员会。地处长征村北部，东与吴老家交界，西至学田，南与岗叉楼交界，北至大沙河。总户数为56户，总人口为204人。面积为0.5平方千米。

早年吴姓在此占产立庄，建两座楼，故称“吴双楼”。1950年属杨楼区，1951年属马井区，1958年属马井公社，1980年属马井区，1992年属马井镇，2007年属马井镇长征村民委员会。

学田

学田（Xuétián） 属马井镇长征村民委员会。地处长征村北部，东至吴双楼，南至村南地，西至郝庄，北至村北路。总户数为86户，总人口为312人。面积为0.7平方千米。

从前有一王姓人家在此租种官府收租用的学田，后在此建村定居，取名学田王庄，简称学田。1950年属杨楼区，1951年属马井区，1958年属马井公社，1980年属马井区，1992年属马井镇，2007年属马井镇长征村民委员会。

黄庄

黄庄（Huángzhuāng） 属马井镇长征村民委员会。地处长征村北部，东至夏楼交界，西至熊楼交界，南至村南路。总户数为94户，总人口为345人。面积为0.8平方千米。

黄姓在此占产立庄，取名为黄庄。1950年属杨楼区，1951年属马井区，1958年属马井公社，1980年属马井区，1992年属马井镇，2007年属马井镇长征村民委员会。

熊楼

熊楼（Xiónglóu） 属马井镇长征村民委员会。地处长征村北部，东至黄庄，西至小赵庄，南至李庄，北至大沙河。总户数为42户，总人口为174人。面积为0.6平方千米。

早年熊姓从外地迁来，在此占产立庄盖楼，故称熊楼。1950年属杨楼区，1951年属马井区，1958年属马井公社，1980年属马井区，1992年属马井镇，2007年属马井镇长征村民委员会。

夏楼

夏楼（Xiàlóu） 属马井镇长征村民委员会。地处长征村北部，东至吴双楼，西至学田，南至郝庄，北至大沙河。总户数为208户，总人口为693人。面积为1.18平方千米。

从前夏姓在此占产立庄并建楼，故称夏楼。1950年属杨楼区，1951年属马井区，1958年属马井公社，1980年属马井区，1992年属马井镇，2007年属马井镇长征村民委员会。

董井

董井（Dǒngjǐng） 属马井镇长征村民委员会。地处长征村东部，东至麻堤口交界，西至岗叉楼交界，南至大田地，北至大沙河。总户数为335户，总人口为1136人。面积为1.6平方千米。

很久以前董氏在此定居挖了一口井，井水甘甜，故取名董井。1950年属杨楼区，1951年属马井区，1958年属马井公社，1980年属马井区，1992年属马井镇，2007年属马井镇长征村民委员会。

梁王庄

梁王庄（Liángwángzhuāng） 属马井镇长征村民委员会。地处长征村北部，东至岗叉楼交界，西至道口交界，南至田地，北到大沙河。总户数为176户，总人口为577人。面积为1.15平方千米。

从前梁氏和王氏一起在此占产立庄，故取名梁王庄。1950年属杨楼区，1951年属马井区，1958年属马井公社，1980年属马井区，1992年属马井镇，2007年属马井镇长征村民委员会。

包堤口

包堤口（Bāodīkǒu） 属马井镇长征村民委员会。地处长征村北部，东西是田地，南至杨坡交界，北至岗叉楼交界。总户数为143户，总人口为440人。面积为0.8平方千米。

早年包氏家族在河堤口旁边建村，故取名包堤口。1950年属杨楼区，1951年属马井区，1958年属马井公社，1980年属马井区，1992年属马井镇，2007年属马井镇长征村民委员会。

岗叉楼

岗叉楼（Gǎngchālóu） 属马井镇长征村民委员会。地处长征村北部，东至董井交界，西至梁王庄交界，南至包堤口交界，北至湘西河。总户数为348户，总人口为1135人。面积为1.5平方千米。

从前村内有一大户，盖一岗楼，楼上装有钢叉，故名岗叉楼。1950年属杨楼区，1951年属马井区，1958年属马井公社，1980年属马井区，1992年属马井镇，2007年属马井镇长征村民委员会。

韦道口

韦道口（Wěidàokǒu） 属马井镇道口村民委员会。地处道口村中部，总户数为610户，总人口为1300人。面积为0.5平方千米。

早年韦姓在古汴河道口建村，取村名韦道口。简称韦道口。

陈楼

陈楼（Chénlóu） 属马井镇道口村民委员会。地处道口村北部，东至大李庄，南至道口村，西至郝楼村，北至大沙河。总户数为451户，总人口为1580人。面积为1.7平方千米。

清中期陈姓从河南迁此，村中盖有一楼，故取名陈楼。1950年属杨楼区，1951年属马井区，1958年成立马井公社，1980年马井区，1992年属马井镇道口村民委员会至今。

大李庄

大李庄（Dàlǐzhuāng） 属马井镇道口村民委员会。地处道口村中部，东至夏楼，南至道口，西至杨孙楼，北至闫屯村。总户数为445户，总人口为1420人。面积为1.6平方千米。

李氏建村人数较多，村庄较大，故名大李庄。1949年属郝集区，1951年属马井区，1958年属马井公社，1962年仍属杨楼区，1984年属马井区，1992年撤区并乡后成立马井镇道口村至今。

南高头

南高头（Nángāotóu） 属马井镇道口村民委员会。地处道口村中部，总户数为61户，总人口为230人。面积为0.2平方千米。

早年，韦姓人在古汴河南高头建村，村名亦称“南高头”。1950年属杨楼区，1951年属马井区，1958年属马井公社，1980年属马井区，1992年属马井镇道口村委会至今。

萧庄

萧庄（Xiāozhuāng） 属马井镇道口村民委员会。地处道口村中部，东至梁王庄，西至道西，南至高头，北至大李庄。总户数为269户，总人口为826人。面积为1平方千米。

早年萧姓人迁居于此，故称萧庄。1950年属杨楼区，1951年属马井区，1958年属马井公社，1980年属马井区，1992年属马井镇道口村委会至今。

小赵庄

小赵庄（Xiǎozhàozhuāng） 属马井镇道口村民委员会。地处道口村北部，东至长征，西至道西，南至冯瓦房村，北至道东。总户数为188户，总人口为888人。面积为1.2平方千米。

早年赵姓人在此占产立庄，因人少村小，得名小赵庄。1950年属杨楼区，1951年属马井区，1958年属马井公社，1980年属马井区，1992年后属马井镇道口村至今。

王新庄

王新庄（Wángxīnzhuāng） 属马井镇道口村民委员会。地处道口村北部，东至道东，西至郑庄，南至任老家，北至大李庄。总户数为295户，总人口为900人。面积为1平方千米。

王姓在此建庄较晚，故命王新庄。1950年属杨楼区，1951年属马井区，1958年属马井公社，1980年属马井区，1992年属马井镇道口村委会至今。

杨孙楼

杨孙楼（Yángsūnlóu） 属马井镇道口村民委员会。地处道口村北部，东至夏楼，南至道口，西至杨孙楼，北至闫屯村。总户数为445户，总人口为1420人。面积为1.6平方千米。

早年杨、孙两家迁此居住，各盖楼房

一座，故称杨孙楼。1950年属杨楼区，1951年属马井区，1958年成立马井公社，1980年属马井区，1992年属马井镇道口村委会至今。

任桃园

任桃园（Rèntáoyuán） 属马井镇道口村民委员会。地处道口村中部，东至大李庄，南至道口村，西至郝楼村，北至大沙河。总户数为451户，总人口为1580人。面积为1.7平方千米。

早年任姓人迁居于此，此地有大片桃园，故称任桃园。1950年属杨楼区，1951年属马井区，1958年属马井公社，1980年属马井区，1992年属马井镇道口村委会至今。

范庄

范庄（Fànzhuāng） 属马井镇朱集村民委员会。地处朱集村西部，东至朱大庄，西至刘庄，南至丁屯，北至李庄。总户数为245户，总人口为686人。面积为0.96平方千米。

早年范姓在此占产立庄，故称范庄。1950年属杨楼区，1951年属马井区，1958年属马井公社，1980年属马井区，1992年属马井镇朱集村委会至今。

丁屯

丁屯（Dīngtún） 属马井镇朱集村民委员会。地处朱集村西部，东至尚庄，西至刘庄，南至302省道，北至范庄。总户数为98户，总人口为311人。面积为0.35平方千米。

早年丁姓在此屯田定居，故名丁屯。1950年属杨楼区，1951年属马井区，1958年属马井公社，1980年属马井区，1992年属马井镇朱集村委会至今。

朱大庄

朱大庄（Zhūdàzhuāng） 属马井镇朱集村民委员会。地处朱集村西部，东至纵大楼，西至范庄，南至丁屯，北至李庄。总户数为107户，总人口为333人。面积为0.46平方千米。

朱姓在此占产立庄，村大人多，故称朱大庄。1950年属杨楼区，1951年属马井区，1958年成立马井公社，1980年属马井区，1992年属马井镇朱集村委会至今。

小李庄

小李庄（Xiǎolǐzhuāng） 属马井镇朱集村民委员会。地处朱集村西北部，东至韩庄，西至王楼，南至范庄，北至店子。总户数为69户，总人口为235人。面积为0.24平方千米。

李氏在此村人少村小，故名小李庄。1950年属杨楼区，1951年属马井区，1958年属马井公社，1980年属马井区，1992年属马井镇朱集村委会至今。

尚庄

尚庄（Shàngzhuāng） 属马井镇朱集村民委员会。地处朱集村南部，东至郝庄，西至丁屯，南至杜楼镇，北至纵大楼。总户数为78户，总人口为276人。面积为0.34平方千米。

明代尚姓在此占产立庄，故称尚庄。1950年属杨楼区，1951年属马井区，1958年属马井公社，1980年属马井区，1992年属马井镇朱集村委会至今。

纵大楼

纵大楼（Zòngdàlóu） 属马井镇朱集村民委员会。地处朱集村南部，东至朱双楼，西至朱大庄，南至尚庄，北至韩庄。总户数为214户，总人口为654人。面积为

0.7平方千米。

明代纵姓在此占产立庄，建一座大楼，故称纵大楼。1950年属杨楼区，1951年属马井区，1958年成立马井公社，1980年属马井区，1992年属马井镇朱集村委会至今。

半边峭

半边峭（Bànbiānqiào） 属马井镇朱集村民委员会。地处朱集村东南部，东至圣泉乡，西至郝庄，南至杜楼镇，北至圣泉乡。总户数为59户，总人口为192人。面积为0.23平方千米。

早年几户人家来此建村，垒好屋框，因灾未能盖成，就在山墙上搭了一些半坡的屋子，故称半边峭。1950年属杨楼区，1951年属马井区，1958年属马井公社，1980年属马井区，1992年属马井镇朱集村委会至今。

郝庄

郝庄（Hǎozhuāng） 属马井镇朱集村民委员会。地处朱集村东南部，东至半边峭，西至尚庄，南至杜楼镇，北至纵大楼。总户数为146户，总人口为642人。面积为0.56平方千米。

早年郝姓在此立庄，故而得名。1950年属杨楼区，1951年属马井区，1958年属马井公社，1980年属马井区，1992年属马井镇朱集村委会至今。

韩庄

韩庄（Hánzhuāng） 属马井镇朱集村民委员会。地处朱集村南部，东至徐新庄，西至李庄，南至纵大楼，北至孙庄。总户数为172户，总人口为567人。面积为1.17平方千米。

因该村韩姓村民居多，故而取名为韩庄。1950年属杨楼区，1951年属马井区，1958年属马井公社，1980年属马井区，1992年属马井镇朱集村委会至今。

孙庄

孙庄（Sūnzhuāng） 属马井镇朱集村民委员会。地处朱集村东南部，东至朱楼，西至王行，南至韩庄，北至朱集。总户数为170户，总人口为547人。面积为0.66平方千米。

早年孙姓在此占产立庄，故称孙庄。1950年属杨楼区，1951年属马井区，1958年属马井公社，1980年属马井区，1992年属马井镇朱集村委会至今。

朱楼

朱楼（Zhūlóu） 属马井镇朱集村民委员会。地处朱集村东南部，东至周庄，西至孙庄，南至韩庄，北至石将军庙。总户数为95户，总人口为312人。面积为0.38平方千米。

早年朱姓在此建村立庄，且建有一楼，故取名朱楼。1950年属杨楼区，1951年属马井区，1958年属马井公社，1980年属马井区，1992年属马井镇朱集村委会至今。

石将军庙

石将军庙（Shíjiāngjūnmiào） 属马井镇朱集村民委员会。地处朱集村东部，东至周庄，西至朱集，南至朱楼，北至杜六。总户数为247户，总人口为771人。面积为0.95平方千米。

早年一次发大水，有一将军石像顺水冲到此地，水后扶起，为之盖庙，名为石将军庙。1950年属杨楼区，1951年属马井区，1958年属马井公社，1980年属马井区，1992年属马井镇朱集村委会至今。

朱集

朱集（Zhūjí） 属马井镇朱集村民委员会。地处朱集村北部，东至石将军庙，西至闫庙，南至孙庄，北至张庄。总户数为426户，总人口为1219人。面积为1.38平方千米。

清代朱姓在此占产立庄设集市，故称朱集。1950年属杨楼区，1951年属马井区，1958年属马井公社，1980年属马井区，1992年属马井镇朱集村委会至今。

张庄

张庄（Zhāngzhuāng） 属马井镇朱集村民委员会。地处朱集村北部，东至石将军庙，西至闫庙，南至朱集，北至潘楼。总户数为173户，总人口为510人。面积为0.4平方千米。

张姓在此占产立庄，故命张庄。1950年属杨楼区，1951年属马井区，1958年属马井公社，1980年属马井区，1992年属马井镇朱集村委会至今。

权楼

权楼（Quánlóu） 属马井镇权楼村民委员会。村驻地。东至张瓦房，南至闫庙，西至鲁庄，北至朱庄。总户数为328户，总人口为894人。面积为1.5平方千米。

明代权姓在此占产立庄，故而得名。1950年属杨楼区，1951年属马井区，1958年属马井公社，1980年属马井区，1992年属马井镇权楼村委会至今。

鲁庄

鲁庄（Lǔzhuāng） 属马井镇权楼村民委员会。地处权楼村西部，东至权楼，南至鲁集，西至三姓庄，北至赵魏庄总户数为153户，总人口为466人。面积为0.5平方千米。

从前鲁姓建庄，故命鲁庄。1950年属杨楼区，1951年属马井区，1958年属马井公社，1980年属井区，1992年属马井镇权楼村委会至今。

三姓庄

三姓庄（Sānxìngzhuāng） 属马井镇权楼村民委员会。地处权楼村西部，东至鲁庄，南至鲁集，西至中心庄，北至赵魏庄。总户数为47户，总人口为140人。面积为0.3平方千米。

清朝年间，有张姓、王姓、刘姓在此建庄，故而得名。1950年属杨楼区，1951年属马井区，1958年属马井公社，1980年属马井区，1992年属马井镇权楼村委会至今。

赵魏庄

赵魏庄（Zhàowèizhuāng） 属马井镇权楼村民委员会。地处权楼村北部，东至权楼，南至鲁庄，西至谢桃园，北至黄楼。总户数为250户，总人口为648人。面积为1.2平方千米。

早年赵、魏两姓迁居于此，占产立庄，故称赵魏庄。1950年属杨楼区，1951年属马井区，1958年属马井公社，1980年属马井区，1992年属马井镇权楼村委会至今。

张瓦房

张瓦房（Zhāngwǎfáng） 属马井镇权楼村民委员会。地处权楼村东部，东至耿庄，南至潘楼，西至彭庄，北至许家。总户数为224户，总人口为699人。面积为1平方千米。

早年张姓定居，盖瓦房，故称张瓦房。1950年属杨楼区，1951年属马井区，1958年属马井公社，1980年属马井区，1992年属马井镇权楼村委会至今。

彭庄

彭庄（Péngzhuāng） 属马井镇权楼村民委员会。地处权楼村东部，东至张瓦房，南至许堤口，西至权楼，北至余洼。总户数为50户，总人口为163人。面积为0.3平方千米。

早年彭姓从彭庄迁此，另建新庄，故名彭新庄。1950年属杨楼区，1951年属马井区，1958年属马井公社，1980年属马井区，1992年属马井镇权楼村委会至今。

潘楼

潘楼（Pānlóu） 属马井镇权楼村民委员会。地处权楼村东部，东至杜六，南至张庄，西至许堤口，北至张瓦房。总户数为169户，总人口为499人。面积为0.8平方千米。

早年潘姓在此占产立庄建楼，故称潘楼。1950年属杨楼区，1951年属马井区，1958年属马井公社，1980年属马井区，1992年属马井镇权楼村委会至今。

许堤口

许堤口（Xǔdīkǒu） 属马井镇权楼村民委员会。地处权楼村东南部，东至潘楼，南至张庄，西至闫庙，北至彭庄。总户数为243户，总人口为721人。面积为1平方千米。

早年许姓在古汴河堤口附近建村，故称许堤口。1950年属杨楼区，1951年属马井区，1958年属马井公社，1980年属马井区，1992年属马井镇权楼村委会至今。

王楼

王楼（Wánglóu） 属马井镇王楼村民委员会。村委会驻地，东至店子，西至薛庄，南至范庄，北至王阁。总户数为576户，总人口为1948人。面积为8平方千米。

王姓在此占地立庄盖楼。故而得名。1950年属杨楼区，1951年属马井区，1958年属马井公社，1980年属马井区，1992年属马井镇王楼村委会至今。

鲁集

鲁集（Lǔjí） 属马井镇王楼村民委员会。地处王楼村西北部，东至闫庙，西至小孙庄，南至王楼，北至鲁庄。总户数为304户，总人口为949人。面积为4平方千米。

清朝年间鲁姓从外地迁入此地设集市，得名鲁集。1950年属杨楼区，1951年属马井区，1958年属马井公社，1980年属马井区，1992年属马井镇王楼村委会至今。

王行

王行（Wángháng） 属马井镇王楼村民委员会。地处王楼村东部，东至朱集，西至王楼，南至韩庄，北至闫庙。总户数为398户，总人口为1203人。面积为5平方千米。

清朝年间王姓从外地迁入此地，后逢集开行，故得名王行。1950年属杨楼区，1951年属马井区，1958年属马井公社，1980年属马井区，1992年属马井镇王楼村委会至今。

闫庙

闫庙（Yánmiào） 属马井镇王楼村民委员会。地处王楼村北部，东至朱集，西至鲁集，南至王阁，北至权楼。总户数为283户，总人口为873人。面积为4平方千米。

此村闫姓居多，在村东头建有一座庙，故而得名闫庙。1950年属杨楼区，1951年属马井区，1958年属马井公社，1980年属马井区，1992年属马井镇王楼村委会至今。

王阁

王阁（Wánggé） 属马井镇王楼村民委员会。地处王楼村北部，东至王行，西至鲁集，南至王楼，北至闫庙。总户数为111户，总人口为357人。面积为0.6平方千米。

清朝年间王姓从外地迁入此地，建立一座阁楼，故得名王阁。1950年属杨楼区，1951年属马井区，1958年属马井公社，1980年属马井区，1992年属马井镇王楼村委会至今。

店子

店子（Diànzi） 属马井镇王楼村民委员会。地处王楼村东部，东至王行，西至王楼，南至韩庄，北至王行。总户数为42户，总人口为158人。面积为0.5平方千米。

早年朱姓从外地迁入此地开客店，取名朱客店，后改名为店子。1950年属杨楼区，1951年属马井区，1958年属马井公社，1980年属马井区，1992年属马井镇王楼村委会至今。

大屯镇

镇南

镇南（Zhènnán） 隶属大屯镇大屯村民委员会。地处大屯村中部，东至东新庄，南至晁楼，西至前楼，北至王新庄。总户数为175户，总人口为660人，面积为0.371平方千米。

明末年间，1494年黄水退去后，外地迁来张姓大户，屯田建村，故名张大屯，后称镇南。1949年隶属张大屯乡。1958年后隶属大屯公社张大屯大队，后改为大屯乡。1984年大屯分为三个村，隶属镇南村。2008年合村后改为大屯村民委员会。

北新庄

北新庄（Běixīnzhuāng） 隶属大屯镇大屯村民委员会。地处大屯村北部，东至小楼子，南至镇北，西至后梁庄，北至董屯。总户数为243户，总人口为815人，面积为0.661平方千米。

1939年本村人原住大屯，属地主纵家的佃户，恐日军安据点，买地居住，在此建村。因处大屯北，故名北新庄。建村开始有18户，均系自耕农户，有一二百亩地，一二百口人。1949年后隶属大屯村，2008年隶属大屯村民委员会。

东新庄

东新庄（Dōngxīnzhuāng） 隶属大屯镇大屯村民委员会。地处大屯村东部，东至小屯，南至晁楼，西至镇南，北至王新庄。总户数为321户，总人口为1200人，面积为0.572平方千米。

1934年，本村人原住张大屯，隶属地主纵家的佃户，又恐日军安据点，由几家大姓买地居住建村，并分前后新庄。建庄开始，几大姓，任、侯、郝、魏、徐均系自耕农户，有二三百亩地，200多口人，隶属大屯区、大屯乡、大屯村，后来改为新庄村，2008年合村为大屯村至今。

晁楼

晁楼（Cháolóu） 隶属大屯镇大屯村民委员会。地处大屯村东南部，东至小屯，南至王胡寨，西至前楼，北至镇南。总户数为156户，总人口为550人，面积为0.339平方千米。

清朝末期，河南许昌一家晁姓逃荒来到此地买地建庄，后建有楼房，故名。建庄以后，有王姓、部姓等迁居于此。1949年后隶属大屯区、大屯乡、大屯大队，后改隶属新庄村。2008年并入大屯村至今。

前楼

前楼（Qiánlóu） 隶属大屯镇大屯村民委员会。地处大屯村东部，东至镇南，南至王胡寨，西至张庄，北至镇北。总户数为273户，总人口为855人，面积为0.396平方千米。

1934年，本村人原住张大屯，隶属地

主纵家的佃户，又恐日军安据点，由几家大姓唐家、刘家、胡家、路家买地居住，在此建村，并分前后新庄。建庄开始，几大姓均系自耕新农户，约有百十口人，百十亩地，隶属大屯区、大屯乡、大屯大队，后来改为新庄村。2008年合村为大屯村民委员会。

朱王新庄

朱王新庄（Zhūwángxīnzhuāng） 隶属大屯镇大屯村民委员会。地处大屯村东部，东至侯楼，南至镇南，西至镇北，北至小楼子。总户数为151户，总人口为500人，面积为0.317平方千米。

王姓和朱姓人迁建新村，故命名。建庄开始几大姓耕地20余亩，人口60余人。1949年后隶属大屯区大屯乡、大屯大队和镇南村，2008年合村为大屯村至今。

王集

王集（Wángjí） 隶属大屯镇林楼村民委员会。地处林楼村东部，北至余李庄，东至桥东，南至王楼，西至阮楼。总户数为446户，总人口为1667人，面积为0.47平方千米。

王姓建村设集，取名王集。1949年隶属永城县邵山乡，1958年属邵山公社林楼大队，1963年属林楼公社，并划归安徽萧县赵庄区，后并入大屯公社。1985年后为林楼下辖自然村至今。

桥东

桥东（Qiáodōng） 隶属大屯镇林楼村民委员会。地处林楼村东部，北至后魏庄，东至王新庄，南至付庄，西至王集。总户数为436户，总人口为1629人，面积为0.45平方千米。

该村原叫柳村集，因村西有两座小石桥，后改名桥东。1949年隶属永城县邵山乡，1958年属邵山公社林楼大队，1963年属林楼公社并划归安徽萧县赵庄区，后并入大屯公社，1985年后为林楼下辖自然村至今。

周庄

周庄（Zhōuzhuāng） 隶属大屯镇林楼村民委员会。地处林楼村西部，北至林楼，东至吕楼，南至王庄，西至条河乡邵山村。总户数为85户，总人口为316人，面积为0.13平方千米。

周氏于1340年从河南迁到此地，周姓人数占95%以上，因此名为周庄。1949年隶属永城县邵山乡。1958年属邵山公社林楼大队。1963年属林楼公社并划归安徽萧县赵庄区，后并入大屯公社。1985年后为林楼下辖自然村至今。

王庄

王庄（Wángzhuāng） 隶属大屯镇林楼村民委员会。地处林楼村西部，北至周庄，东至赵楼，南至曹破楼，西至条河乡邵山。总户数为81户，总人口为303人，面积为0.15平方千米。

该村因王姓人家较多而得名。1949年隶属永城县邵山乡，1958年属邵山公社林楼大队，1963年属林楼公社并划归安徽萧县赵庄区，后并入大屯公社，1985年后为林楼下辖自然村至今。

吕楼

吕楼（Lǚlóu） 隶属大屯镇林楼村民委员会。地处林楼村西部，北至林楼，东至阮楼，南至赵楼，西至周庄。总户数为68户，总人口为255人，面积为0.13平方千米。

吕姓建庄盖楼，故得名吕楼。1949年隶属永城县邵山乡，1958年属邵山公社林楼大队，1963年属林楼公社并划归安徽萧县赵庄区，后并入大屯公社，1985年后为林楼下辖自然村至今。

林楼

林楼（Línlóu） 隶属大屯镇林楼村民委员会。地处林楼村西部，北至土山，东至刘庄村，南至周庄，西至条河乡谭庄村。总户数为497户，总人口为1856人，面积为0.58平方千米。

明朝林姓人来此立村，先买董庄，后买项桥，建起楼阁，故名。1949年隶属永城县邵山乡，1958年隶属林楼大队，1963年属林楼公社并划归安徽萧县赵庄区，后并入大屯公社，1985年后为林楼下辖自然村至今。

朱庄

朱庄（Zhūzhuāng） 隶属大屯镇林楼村民委员会。地处林楼村西南部，总户数为51户，总人口为194人，面积为0.12平方千米。

明代朱姓三兄弟在此占产立庄，当时人少村小，故名小朱庄，后改为朱庄。1949年隶属永城县邵山乡，1958年属邵山公社林楼大队，1963年属林楼公社并划归安徽萧县赵庄区，后并入大屯公社，1985年后为林楼下辖自然村至今。

赵楼

赵楼（Zhàolóu） 隶属大屯镇林楼村民委员会。地处林楼村西南部，北至阮楼，东至老毛河，南至曹破楼，西至王庄。总户数为181户，总人口为679人，面积为0.19平方千米。

早午赵姓为防匪患建楼一座，故称赵楼。1949年隶属永城县邵山乡，1958年属邵山公社林楼大队，1963年属林楼公社并划归安徽萧县赵庄区，后并入大屯公社，1985年后隶属林楼下辖自然村至今。

阮楼

阮楼（Ruǎnlóu） 隶属大屯镇林楼村民委员会。地处林楼村南部，北至刘庄，东至王集，南至赵楼，西至吕楼。总户数为213户，总人口为798人，面积为0.41平方千米。

明代阮姓在此占产并建有楼房，故名。1949年隶属永城县邵山乡，1958年属邵山公社林楼大队，1963年属林楼公社并划归安徽萧县赵庄区，后并入大屯公社，1985年后为林楼下辖自然村至今。

余李庄

余李庄（Yúlǐzhuāng） 隶属大屯镇土山村民委员会。地处土山村南部，东边与林楼村王集相接，西边与林楼相邻，南边与洪楼相邻，北边与夏王庄相接。总户数为110户，总人口为430人，面积为0.493平方千米。

余李庄村建于清中期，余姓和李姓二人落难至此，落户，故名。1949年前隶属砀山县，1950年隶属永城市条河乡，1963年划入安徽省萧县大屯公社、镇至今。

蒋庄

蒋庄（Jiǎngzhuāng） 隶属大屯镇土山村民委员会。地处土山村南部，东边与张楼相接，西边与夏王庄相邻，南边与余李庄相邻，北边与后土山相邻。总户数为105户，总人口为420人，面积为0.355平方千米。

很久以前蒋姓在此占产立庄，故而得名。1949年前隶属砀山县，1950年隶属永城市条河乡，1963年划入安徽省萧县大屯公社、镇至今。

夏王庄

夏王庄（Xiàwángzhuāng） 隶属大屯

镇土山村民委员会。地处土山村南部，东边与蒋庄相邻，西边与前土山相邻，南边与余李庄相邻，北边与后土山、前土山相接。总户数为79户，总人口为310人，面积为0.272平方千米。

夏、王两姓居民占地立庄。1949年前隶属砀山县，1950年隶属永城市条河乡，1963年划入安徽省萧县大屯公社、镇至今。

土山村

土山村（Tǔshāncūn） 隶属大屯镇土山村民委员会。地处土山村北部，总户数为390户，总人口为1754人，面积为2.15平方千米。

该村以山取名，土山历史悠久，隶属芒砀山群，形成于0.8亿—1.3亿年前。据土山朱氏祖坟碑文记载，朱氏宗祖在明朝崇祯元年迁居土山至今。1949年前隶属砀山县新兴区豫边乡。1950年隶属永城市条河乡。1963年划入安徽省萧县大屯公社、镇至今。

前土山

前土山（Qiántǔshān） 隶属大屯镇土山村民委员会。地处土山村北部，东边与后土山西相邻，西边与河南魏庄搭界，南与余李庄相邻，北与河南邸楼相接。总户数为352户，总人口为1170人，面积为0.99平方千米。

该村以山取名，土山历史悠久，隶属芒砀山群。据土山朱氏祖坟碑文记载，朱氏宗祖在明朝崇祯元年迁居土山至今。后因村大人多，分前后土山。1949年前隶属砀山县新兴区豫边乡。1950年隶属永城市条河乡。1963年划入安徽省萧县大屯公社、镇至今。

后土山

后土山（Hòutǔshān） 隶属大屯镇土山村民委员会。地处土山村北部，东边与张楼相接，西边与前土山相邻，南与前土山相邻，北与河南邸楼相接。总户数为263户，总人口为1222人，面积为1.074平方千米。

该村以山取名。土山历史悠久，隶属芒砀山群。据土山朱氏祖坟碑文记载，朱氏宗祖在明朝崇祯元年迁居土山至今。后因村大人多，分前后土山。1949年前隶属砀山县新兴区豫边乡。1950年隶属永城市条河乡。1963年划入安徽省萧县大屯公社、镇至今。

何大庄

何大庄（Hédàzhuāng） 隶属大屯镇张楼村民委员会。地处张楼村东部，南至后魏庄，西至张楼，东至何小楼，北至史楼。总户数为139户，总人口为373人，面积为0.542平方千米。

明末何姓在此立村，因当时村庄较大，故名。后林姓买何氏的地进村居住，仍名何大庄。1963年春划归安徽萧县赵庄区林楼公社张楼大队，后为大屯公社。1985年隶属林楼乡。1992年隶属大屯镇张楼村民委员会至今。

何小楼

何小楼（Héxiǎolóu） 隶属大屯镇张楼村民委员会。地处张楼村东部，南至谭楼、何大庄，东至刘圩子，西至张楼，北至史楼。总户数为108户，总人口为310人，面积为0.45平方千米。

何姓人在此占产立庄，故名。1963年春划归安徽萧县赵庄区林楼公社张楼大队，后为大屯公社。1985年隶属林楼乡。1992年隶属大屯镇张楼村民委员会至今。

史楼

史楼（Shǐlóu） 隶属大屯镇张楼村民

委员会。地处张楼村民委员会东部，东至小吴集，南至何小楼、何大庄，西至何大楼，北至贾庄。总户数为210户，总人口为522人，面积为0.74平方千米。

明末史姓在此立村且户门大，人口多，故名。1963年春划归安徽萧县赵庄区林楼公社张楼大队，后为大屯公社。1985年隶属林楼乡。1992年隶属大屯镇张楼村民委员会至今。

后魏庄

后魏庄（Hòuwèizhuāng） 隶属大屯镇张楼村民委员会。地处张楼村东南部，东至前魏庄，南至前魏庄，西至前魏庄，北至何大庄。总户数为193户，总人口为601人，面积为0.74平方千米。

明末有魏姓和王姓在此立村，因魏姓人多，并与前魏庄区别，故名。1963年春划归安徽萧县赵庄区林楼公社张楼大队，后为大屯公社。1985年隶属林楼乡。1992年隶属大屯镇张楼村民委员会至今。

张楼

张楼（Zhānglóu） 隶属大屯镇张楼村民委员会。村委会驻地，南至魏庄，西至夏王庄，北至何楼，东至何小楼。总户数为346户，总人口为948人，面积为1.477平方千米。

张姓在此建庄盖楼，故而得名。1963年春划归安徽萧县赵庄区林楼公社张楼大队，后为大屯公社。1985年隶属林楼乡。1992年隶属大屯镇张楼村民委员会至今。

何小楼

何小楼（Héxiǎolóu） 隶属大屯镇张楼村民委员会。地处张楼村西南部，南至谭楼，东至刘圩子，西至张楼，北至史楼。总户数为108户，总人口为310人，面积为0.45平方千米。

明代时，胡姓人在山东遭受水灾，坐大船来到此处，占产立庄并盖有楼房，故名。1963年春划归安徽萧县赵庄区林楼公社张楼大队，后为大屯公社。1985年隶属林楼乡。1992年隶属大屯镇张楼村民委员会至今。

瓦房

瓦房（Wǎfáng） 隶属大屯镇瓦房村民委员会。地处瓦房村北部，北至刘庄，东至董屯，南至徐楼，西至刘圩子。总户数为164户，总人口为607人，面积为0.55平方千米。

此庄建有土瓦房，故名。1949年隶属冯庄乡。1958年后归大屯公社。1992年后隶属大屯镇瓦房村至今。

官坑

官坑（Guānkēng） 隶属大屯镇瓦房村民委员会。地处瓦房村东部，北至酒店乡大宫庄，东至胡集村小楼子，南至大屯，西至董屯。总户数为235户，总人口为872人，面积为0.9平方千米。

因庄内外大小18个坑，又因村内有在外为官者，故名。1949年隶属冯庄乡，1958年隶属大屯公社。1985年改划为大屯镇官坑村。又于2009年合并成瓦房村，现隶属瓦房村民委员会至今。

董屯

董屯（Dǒngtún） 隶属大屯镇瓦房村民委员会。地处瓦房村东部，北至酒店乡刘庄，东至官坑，南至北新庄，西至瓦房。总户数为66户，总人口为245人，面积为0.447平方千米。

清朝初期董氏家族在此占地立庄屯田，因董家有点名气，故名董屯。1949年隶属冯庄乡。1958年隶属大屯公社。1985年改为大屯镇瓦房村民委员会。

武庄

武庄（Wǔzhuāng） 隶属大屯镇瓦房村民委员会。地处瓦房村西北部，北至酒店乡程庄，东至刘庄，南至瓦房，西至史楼。总户数为46户，总人口为171人，面积为0.283平方千米。

明代武姓在此占产立庄，因当时人少村小故名。1949年隶属冯庄乡。1958年隶属大屯公社。1992年后隶属大屯镇瓦房村民委员会至今。

刘庄

刘庄（Liúzhuāng） 隶属大屯镇瓦房村民委员会。地处瓦房村北部，北至酒店乡程庄，东至酒店乡刘楼，南至瓦房，西至武庄。总户数为116户，总人口为433人，面积为0.421平方千米。

18世纪初刘氏从河南迁至此处，因刘姓村民居多，命名为刘庄。1949年隶属冯庄乡，后归大屯乡。1958年隶属大屯公社瓦房大队。1992年后隶属大屯瓦房村民委员会至今。

刘圩子

刘圩子（Liúwéizi） 隶属大屯镇瓦房村民委员会。地处瓦房村西部，北至武庄，东至瓦房，南至谭楼，西至史楼。总户数为100户，总人口为371人，面积为0.227平方千米。

清朝末期，因刘姓家族迁入此地，外筑土圩，故名。1949年隶属冯庄乡，1958年后隶属大屯公社瓦房大队，1992年后隶属大屯镇瓦房村民委员会。

纵徐楼

纵徐楼（Zòngxúlóu） 隶属大屯镇瓦房村民委员会。地处瓦房村南部，北至瓦房，东至董屯，南至梁庄，西至谭楼。总户数为99户，总人口为368人，面积为0.305平方千米。

清代时期，村子徐姓人居多，当时有一炮楼，故而得名纵徐楼。1949年隶属大屯乡，1958年隶属大屯人民公社瓦房大队，1992年后隶属大屯镇瓦房村民委员会。

许楼

许楼（Xǔlóu） 隶属大屯镇许楼村民委员会。村委会驻地，东至前梁庄，南至李庄，西至王新庄，北至前魏庄。总户数为378户，总人口为1400人，面积为1.324平方千米。

传说清朝乾隆皇帝下江南，在新黄村饿得心慌，沿河西行，到现许楼村前，言说此地将来必先盖楼，后果应验，许姓在此建楼立村，故而得名。立村以来至今一直隶属大屯镇管辖。

王新庄

王新庄（Wángxīnzhuāng） 隶属大屯镇许楼村民委员会。地处许楼村西部，东至许楼，南至付庄，西至桥东，北至前魏庄。总户数为136户，总人口为730人，面积为0.796平方千米。

王兴居民居多，命名为王新庄。1958年属许楼大队，1984年属许楼村至今。

前魏庄

前魏庄（Qiánwèizhuāng） 隶属大屯镇许楼村民委员会。地处许楼村北部，东至前谭楼，南至许楼，西至王新庄桥东，北至张楼村后魏庄。总户数为239户，总人口为800人，面积为1.185平方千米。

此庄由魏姓人建于清朝，距今有250多年历史，故名魏庄，后因户大分成前后村，故有前后魏之分。1958 年属许楼大队，1984 年属许楼村至今。

金楼

金楼（Jīnlóu） 隶属大屯镇许楼村民委员会。地处许楼村南部，东至孙庄，南至南海，西至赵庄，北至前梁庄。总户数为296 户，总人口为 1348 人，面积为 1.161 平方千米。

此庄建于清朝初期，金姓人由浙江绍兴迁此盖有楼房，故名。1958 年属许楼大队，1984 年属许楼村至今。

孙庄

孙庄（Sūnzhuāng） 隶属大屯镇许楼村民委员会。地处许楼村东南部，东至大屯，南至南海，西至金楼，北至张庄。总户数为 260 户，总人口为 1390 人，面积为1.041 平方千米。

光绪年间，孙氏族人在此定居，故名小孙庄。1958 年属许楼大队，1984 年属许楼村至今。

张庄

张庄（Zhāngzhuāng） 隶属大屯镇许楼村民委员会。地处许楼村东部，东至大屯，南至孙庄，西至金楼，北至后梁庄。总户数为 125 户，总人口为 504 人，面积为0.447 平方千米。

早年张姓在此占产立村，故名。1958 年属许楼大队，1984 年属许楼村至今。

前梁庄

前梁庄（Qiánliángzhuāng） 隶属大屯镇许楼村民委员会。地处许楼村东部，东至张庄，南至金楼，西至许楼，北至谭楼。总户数为 120 户，总人口为 478 人，面积为0.695 平方千米。

因本自然村在梁庄村南边，故取名前梁庄。1958 年属许楼大队，1984 年属许楼村至今。

谭楼

谭楼（Tánlóu） 隶属大屯镇许楼村民委员会。地处许楼村东部，东至后梁庄，南至前梁庄，西至前魏庄，北至刘圩子。总户数为 205 户，总人口为 720 人，面积为0.753 平方千米。

此庄建于清朝距今有 300 多年历史，立庄时第一户姓谭，故名。1958 年属许楼大队，1984 年属许楼村至今。

后梁庄

后梁庄（Hòuliángzhuāng） 隶属大屯镇许楼村民委员会。地处许楼村东部，东至大屯，南至张庄，西至谭楼，北至纵徐楼。自然村总户数为 410 户，总人口为 1452 人，面积为 1.16 平方千米。

古时候梁姓族人在此占产立庄为大户人家，当时人少村小，故而得名梁庄，也称后梁。立村以来至今，隶属大屯镇管辖。

毛菜园

毛菜园（Máocàiyuán） 隶属大屯镇胡集村民委员会。地处胡集村南部，东至胡集，南至小屯，西至前新庄，北至侯楼王楼。总户数为 284 户，总人口为 1485 人，面积为 1.35 平方千米。

明代毛姓在此占产立庄，当时是大户人家的大菜园，毛姓来后，以种菜为业，故得此名。1949 年隶属大屯区；1953 年实行乡制，隶属屯东乡；1956 年隶属大屯乡；1958 年隶属大屯公社第五营；1983 年分区隶属大屯区大屯镇；1992 年隶属大屯镇菜园村；2008 年隶属大屯镇胡集村。

王楼

王楼（Wánglóu） 隶属大屯镇胡集村

民委员会。地处胡集村西部，东至王庄，南至毛菜园，西至侯楼，北至四合庄。总户数为38户，总人口为132人，面积为0.162平方千米。

早年为王姓财主的寄庄子，建有楼房，取名王楼。1949年隶属屯东乡；1958年隶属大屯公社王庄管理区（王庄大队）；1983年隶属大屯镇胡集村；1992年隶属大屯镇胡集村民委员会至今。

侯楼

侯楼（Hóulóu） 隶属大屯镇胡集村民委员会。地处侯楼村中部，东至王楼王庄，南至毛菜园，西至新庄大屯，北至小楼子。总户数为191户，总人口为801人，面积为1.1平方千米。

清代侯姓在此筑台建楼，故名侯楼，别名侯高台子。1949年隶属屯东乡。1958年隶属大屯公社王庄大队。1985年隶属大屯镇胡集村民委员会至今。

小宫庄

小宫庄（Xiǎogōngzhuāng） 隶属大屯镇胡集村民委员会。地处胡集村北部，东至刘庄，南至侯楼，西至大屯，北至小宫庄。总户数为100户，总人口为331人，面积为0.447平方千米。

早年宫姓占产立庄，因村少人少，故名。该村1949年后先后隶属小楼子村、胡集村。

小楼子

小楼子（Xiǎolóuzi） 隶属大屯镇胡集村民委员会。地处胡集村北部，东至刘庄，南至侯楼，西至大屯，北至小宫庄。总户数为127户，总人口为407人，面积为0.585平方千米。

1949年前本村有个土炮楼，村子小，故名。1949年隶属大屯乡。1958年隶属大屯公社。1985年隶属大屯镇小楼子村。后来并村隶属大屯镇胡集村居民委员会至今。

潘庄

潘庄（Pānzhuāng） 隶属大屯镇胡集村民委员会。地处胡集村北部，东至蒋庄，南至小宫庄，西至官坑，北至大宫庄。总户数为76户，总人口为228人，面积为0.288平方千米。

明代时潘姓在此占产立庄，故名。1949年隶属大屯乡；1958年隶属大屯公社；1985年隶属大屯镇小楼子村；以后并村隶属大屯镇胡集村民委员会至今。

蒋庄

蒋庄（Jiǎngzhuāng） 隶属大屯镇胡集村民委员会。地处胡集村北部，东至刘蛮寺，南至刘庄，西至潘庄，北至杨屯。总户数为85户，总人口为259人，面积为0.348平方千米。

很久以前蒋姓在此占产立庄，故而得名。1949年隶属大屯乡；1958年隶属大屯公社；1985年隶属大屯镇小楼子村；以后并村隶属大屯镇胡集村民委员会至今。

任庄

任庄（Rénzhuāng） 隶属大屯镇胡集村民委员会。地处胡集村北部，东至赵庄镇刘蛮寺村，南至刘庄，西至潘庄小宫庄，北至杨屯。总户数为30户，总人口为106人，面积为0.189平方千米。

以任氏家族为主，命名为任庄。1949年隶属屯东乡；1958年隶属大屯公社；1992年隶属大屯镇小楼子村；后并入胡集村民委员会。

刘庄

刘庄（Liúzhuāng） 隶属大屯镇胡集

村民委员会。地处胡集村北部，东至赵庄镇戴庄，南至四合庄，西至小楼子，北至蒋庄。总户数为99户，总人口为356人，面积为0.52平方千米。

1700年刘姓村民从河南迁至此处，因刘姓村民居多，命名为刘庄。1949年隶属屯东乡；1953年隶属大屯乡；1958年隶属大屯公社；1985年隶属大屯镇胡集村民委员会至今。

小屯

小屯（Xiǎotún） 隶属大屯镇胡集村民委员会。地处胡集村南部，东至毛菜园，南至杨屯，西至前晁楼，北至毛菜园。总户数为151户，总人口为626人，面积为0.91平方千米。

明朝洪武六年（1373年）毛姓家族从山西迁来在此屯田，故名。1955年隶属大屯乡；1958年隶属大屯公社菜园大队；1985年后隶属大屯镇毛菜园村；2008年隶属胡集村民委员会至今。

四合庄

四合庄（Sìhézhuāng） 隶属大屯镇胡集村民委员会。地处胡集村北部，东至王庄，南至王楼，西至侯楼，北至刘庄。总户数为65户，总人口为234人，面积为0.201平方千米。

民国时期有侯楼、王楼、胡集、王庄四庄群众在此占地立庄，故得此名。1949年隶属屯东乡、大屯乡；1958年隶属大屯公社王庄大队；1985年后一直隶属胡集村。

胡集

胡集（Hújí） 隶属大屯镇胡集村民委员会。地处胡集村东部，东至赵庄镇周庄，南至赵庄镇程庄，西至毛菜园，北至王庄。总户数为163户，总人口为541人，面积为0.77平方千米。

明代胡氏在此立村并建立集市，故得此名。1949年隶属屯东乡、大屯乡；1958年隶属大屯公社；1985年隶属大屯镇胡集村至今。

王庄

王庄（Wángzhuāng） 隶属大屯镇胡集村民委员会。地处胡集村中东部，东至赵庄镇周庄，南至胡集，西至王楼四合，北至刘庄。总户数为142户，总人口为482人，面积为0.73平方千米。

因王姓人家较多而得名。1949年隶属五区屯东乡、大屯乡；1958年隶属大屯公社；1985年隶属大屯镇胡集村民委员会至今。

郑楼

郑楼（Zhènglóu） 隶属大屯镇关庄村民委员会。地处关庄村东北部，东至赵庄镇高杨庄，西至关庄，南至徐楼，北至杨屯。总户数为172户，总人口为645人，面积为0.92平方千米。

早年郑姓在此占产立庄盖楼，故名郑楼。1949年起隶属大屯区港河乡关庄乡。1958年属大屯公社。1984年底隶属南海公社关庄大队管辖。1992年隶属大屯镇郑楼村。2007年底合并村时隶属关庄村至今。

杨屯

杨屯（Yángtún） 隶属大屯镇关庄村民委员会。地处关庄村北部，东至赵庄镇孙大庙，西至关庄，南至郑楼，北至大屯镇小屯。总户数为149户，总人口为556人，面积为0.707平方千米。

明代杨姓在此屯田立庄，故名。1949年起隶属石林区申河乡、大屯乡。1958年起隶属大屯公社、南海公社。1985年隶属大屯镇郑楼村。2007年合并村时隶属大屯镇关庄村委会至今。

李屯

李屯（Lǐtún） 隶属大屯镇关庄村民委员会。地处关庄村西南部，东至陈屯，西至张庄寨镇丰楼，南至张庄寨镇袁圩，北至吴楼。总户数为183户，总人口为678人，面积为0.727平方千米。

明代李姓在此屯田立庄，故名。1949年起隶属石林区大屯乡。1958年隶属大屯公社、南海公社。1985年隶属大屯镇郑楼村。2007年合并村时隶属大屯镇关庄村至今。

黄楼

黄楼（Huánglóu） 隶属大屯镇关庄村民委员会。地处关庄村西北部，东至杨屯，西至王胡寨，南至吴楼，北至大屯镇小屯。总户数为120户，总人口为445人，面积为0.484平方千米。

清朝有一老黄口黄姓人家在此占产立户，并建一门楼，故而得名。1949年起隶属石林区申河乡、大屯乡。1958年隶属大屯公社、南海公社。1985年隶属大屯镇郑楼村。2007年合并村时隶属大屯镇关庄村至今。

徐楼

徐楼（Xúlóu） 隶属大屯镇关庄村民委员会。地处关庄村东部，东至赵庄镇孙大庙，西至关庄，南至陈楼，北至郑楼。总户数为155户，总人口为576人，面积为0.944平方千米。

因村里徐姓人居多，故起名徐楼。1949年起隶属石林区大屯乡。1958年隶属大屯公社南海公社。1985年隶属大屯镇郑楼村。2007年合并村时隶属大屯镇关庄村至今。

陈屯

陈屯（Chéntún） 隶属大屯镇关庄村民委员会。地处关庄村西南部，东至栾寨，西至李屯，南至张庄寨镇孙庄，北至关庄。总户数为144户，总人口为536人，面积为0.524平方千米。

早年陈姓人居此屯田，故名。1949年起隶属石林区。1953年隶属申河乡。1956年隶属大屯乡。1958年隶属大屯公社。1961年隶属南海公社。1985年隶属大屯镇郑楼村。2007年合并村时隶属大屯镇关庄村至今。

吴楼

吴楼（Wúlóu） 隶属大屯镇关庄村民委员会。地处关庄村西部，东至关庄，西至大屯镇高楼，南至李屯，北至黄楼。总户数为109户，总人口为407人，面积为0.533平方千米。

明代吴姓在此占产立庄建楼，故而得名。1949年起隶属石林区申河乡、大屯乡，1958年隶属大屯公社、南海公社，1985年隶属大屯镇郑楼村，2007年合并村时隶属大屯镇关庄村至今。

关庄村

关庄村（Guānzhuāngcūn） 隶属大屯镇关庄村民委员会。地处关庄村北部，东至徐楼，西至吴楼，南至陈屯，北至杨屯。总户数为126户，总人口为468人，面积为0.573平方千米。

早年该村名关庄，后来赵庄一位赵姓的地主来关庄村居住，故名赵关庄村。赵姓走后，改回关庄。1949年起隶属石林区申河乡、大屯乡，1958年隶属大屯公社南海公社，1985年隶属大屯镇郑楼村，2007年合并村时隶属大屯镇关庄村至今。

栾寨

栾寨（Luánzhài） 隶属大屯镇关庄村民委员会。地处关庄村东南部，东至陈楼，西至陈屯，南至张庄寨镇小林楼，北至徐楼。总户数为94户，总人口为350人，面积为0.352平方千米。

以前是孙庙的寄庄子，栾姓在村周围筑寨，故名。1958年属许楼大队，1984年属关庄村至今。

陈楼

陈楼（Chénlóu） 隶属大屯镇关庄村民委员会。地处关庄村东南部，东至赵庄镇王汉集，西至张庄寨镇小林楼，南至张庄寨镇邝庄，北至徐楼。总户数为248户，总人口为918人，面积为0.879平方千米。

清中期陈姓从河南迁此，村中盖有一楼，故取名陈楼。1949年隶属申河乡、关庄乡，1958年隶属大屯公社，1981年隶属南海公社、南海乡，1992年隶属大屯镇关庄村民委员会。

王胡寨

王胡寨（Wánghúzhài） 隶属大屯镇高楼村民委员会。地处高楼村北部，东至黄楼，西至孙庄，南至何楼，北至大屯村。总户数为389户，总人口为1458人，面积为1.8平方千米。

很早以前有王姓男子18岁时胡子已经长到胸前，传为奇闻，又因村周筑有寨墙，故名。1949年起隶属南海乡；1958年后隶属南海公社关庄大队、王胡寨大队；1985年隶属南海乡；1992年隶属大屯镇王胡寨村村民委员会；2008年隶属高楼村民委员会。

何楼

何楼（Hélóu） 隶属大屯镇高楼村民委员会。地处高楼村北部，东至黄楼，西至南海，南至高楼，北至王胡寨。总户数为179户，总人口为880人，面积为1.63平方千米。

明代时期，胡姓人在山东遭受水灾，坐大船来到此处，占产立庄并盖有楼房，故名。1958年后隶属南海大屯公社、关庄大队，1992年隶属王胡寨大队，2004年改属高楼村。

高楼

高楼（Gāolóu） 隶属大屯镇高楼村民委员会。村委会驻地，东至李屯，西至赵庄，南至丰楼，北至何楼。总户数为205户，总人口为650人，面积为0.66平方千米。

传说，清朝初期本村高姓人家是大户人家，故起名高楼。1949年隶属南海乡，1958年后隶属南海、大屯公社梁庄大队，1985年隶属南海乡，1992年隶属大屯镇高楼村民委员会。

梁庄

梁庄（Liángzhuāng） 隶属大屯镇高楼村民委员会。地处高楼村西部，东至237国道，西至董洼，南至肖赵庄，北至南海。总户数为126户，总人口为550人，面积为0.53平方千米。

梁姓人家于明洪武年间由山西洪洞县迁此，占产立庄，故名。1949年隶属赵庄区。1953年隶属南海乡。1958年后隶属南海公社、大屯公社，后又属南海乡。1992年隶属大屯镇高楼村民委员会。

崔楼

崔楼（Cuīlóu） 隶属大屯镇高楼村民委员会。地处高楼村西部，东至237国道，西至梁庄，南至赵庄，北至何楼。总户数为44户，总人口为171人，面积为0.3平方千米。

早年崔姓人在此占产立庄，又有一座小土楼，故而得名。1949年隶属赵庄区，1953年隶属南海乡，1958年隶属南海公社、大屯公社，1985年隶属南海乡，1992年隶属大屯镇高楼村民委员会。

萧赵庄

萧赵庄（Xiāozhàozhuāng） 隶属大屯镇高楼村民委员会。地处高楼村西部，东至高楼，西至仇屯，南至丰集，北至梁庄。总户数为127户，总人口为555人，面积为0.8平方千米。

明朝时杨姓在此建村，因柳树较多，名万柳村，并有楼房数间，后被洪水冲毁，杨姓居民移至杨套楼。18世纪中期有一赵姓在此居住，取名赵庄。清末，萧姓富户来此，又更名为肖赵庄至今。1949年隶属大屯区，后隶属赵庄区，后隶属大屯镇南海乡。1958年后隶属南海公社、大屯公社，1992年后隶属大屯镇高楼村。

徐屯

徐屯（Xútún） 隶属大屯镇高楼村民委员会。地处高楼村南部，东至王小楼，西至旗杆楼，南至守备庄，北至丰集。总户数为105户，总人口为333人，面积为0.33平方千米。

明代初期，山西有一徐姓搬到此地居住，故名。1949年隶属石林区；1956年隶属袁圩乡；1958年后隶属南海公社、大屯公社；1985年隶属大屯镇高楼村民委员会至今。

丰集

丰集（Fēngjí） 隶属大屯镇高楼村民委员会。地处高楼村北部，东至丰楼，西至旗杆楼，南至王小楼，北至赵庄。总户数为223户，总人口为758人，面积为0.8平方千米。

明代时丰姓在此居住立村并有集市，故名。1949年隶属石林区郑楼乡，1956年隶属袁圩乡，1958年后属南海公社、大屯公社，1985年隶属大屯镇高楼村民委员会。

任小楼

任小楼（Rénxiǎolóu） 隶属大屯镇高楼村民委员会。地处高楼村南部，东至徐屯，西至潘洼，南至海青村，北至旗杆楼。总户数为84户，总人口为380人，面积为0.186平方千米。

清朝末年任姓在此占产立庄，因当时人少村小，故名。1949年隶属四区郑楼乡，1956年隶属袁圩乡，1958年后隶属南海公社、大屯公社，1985年隶属南海乡，1992年隶属大屯镇高楼村民委员会至今。

王小楼

王小楼（Wángxiǎolóu） 隶属大屯镇高楼村民委员会。地处高楼村东部，东至袁圩，西至徐屯，南至守备庄，北至丰集。总户数为181户，总人口为586人，面积为0.67平方千米。

早年王姓人在此建庄定居并盖小楼一座，因人口少村庄小，故取名王小楼。1949年隶属石林区郑楼乡，1956年隶属袁圩乡，1958年后隶属南海公社、大屯公社，1985年隶属大屯镇高楼村民委员会。

旗杆楼

旗杆楼（Qígānlóu） 隶属大屯镇高楼村民委员会。地处高楼村西部，东至丰集，西至杨套楼，南至任小楼，北至仇屯。总户数为70户，总人口为350人，面积为0.18平方千米。

该村从前有一官宦人家，在此立有旗杆，盖有楼房，故有此名。1949年隶属石林区郑楼乡，1956年隶属袁圩乡，1958年后隶属南海公社、大屯公社，1985年隶属大屯镇徐屯中心村，后隶属高楼村民委员会。

守备庄

守备庄（Shǒubèizhuāng） 隶属大屯

镇高楼村民委员会。地处高楼村南部，东至237国道，西至海青村，南至魏庄，北至王小楼。总户数为183户，总人口为607人，面积为0.67平方千米。

明代王姓卢姓在此占产立庄，因当时有王姓人在京城当守备官员，故而得名。1949年隶属石林区郑楼乡，1956年隶属袁圩乡，1958年后隶属南海公社、大屯公社，1985年隶属大屯镇徐屯中心村，后隶属高楼村民委员会。

南海

南海（Nánhǎi） 隶属大屯镇南海村民委员会。地处南海村北部，东至高楼村何楼，西至丁庄，南至董洼，北至徐楼村金楼。总户数为498户，总人口为1579人，面积为1.266平方千米。

该村村名有两个传说。一说早年黄河故道以北的善男信女去江南朝拜南海观世音菩萨，某年到此处遇连日大雨，无法继续前行，便在此插草为香，堆土为炉，朝拜南海观音，以了夙愿。后来此村即称此名（意即中途朝拜南海观音之地）。二说乾隆皇帝下江南路过这里，夜晚梦见青龙，惊吓成疾，找人圆梦。农民王五顺苦于乾隆在此，百姓遭殃，便化装成道士，与其圆梦，说“这里原是南海的中部，是青龙的住处，后来沧海变桑田，二龙不能同压一地”。乾隆起驾离开后，此村称为中南海，简称南海。1949年隶属屯东乡；1958年隶属大屯公社南海大队；2008年合村时隶属大屯镇南海村民委员会至今。

潘楼

潘楼（Pānlóu） 隶属大屯镇南海村民委员会。地处南海村南部，东至李楼，西至郭阁村刘庄，南至潘洼，北至曹屯。总户数为284户，总人口为949人，面积为0.966平方千米。

早年潘姓在此占产立庄建楼，故称“潘楼”。1949年隶属石林区腰庄乡，1958年隶属南海公社；1992年隶属大屯镇南海村民委员会至今。

李楼

李楼（Lǐlóu） 隶属大屯镇南海村民委员会。地处南海村南部，东至杨套楼，西至潘楼，南至潘洼，北至曹屯。总户数为53户，总人口为172人，面积为0.233平方千米。

民国期间李氏在此居住，并建有楼阁，故而得名。1949年隶属大屯乡；1958年后隶属南海公社、大屯公社；1992年隶属大屯镇南海村民委员会至今。

杨套楼

杨套楼（Yángtàolóu） 隶属大屯镇南海村民委员会。地处南海村南部，东至高楼村旗杆楼，西至李楼，南至潘洼，北至董洼。总户数为257户，总人口为836人，面积为1.086平方千米。

早年杨姓在此定居，村中建套楼一座，故名。1949年隶属大屯乡；1958年隶属南海乡；1992年隶属大屯镇；2008年隶属大屯镇南海村民委员会至今。

张庄

张庄（Zhāngzhuāng） 隶属大屯镇南海村民委员会。地处南海村南部，东至高楼村任小楼，西至洪河村黑柳树，南至海清，北至潘洼。总户数为103户，总人口为323人，面积为0.42平方千米。

早年张氏立村，故名。1949年隶属大屯乡。1958年后隶属南海公社、大屯公社。1992年隶属大屯镇南海村民委员会至今。

潘洼

潘洼（Pānwā） 隶属大屯镇南海村民委员会。地处南海村南部，东至高楼村任小楼，西至洪河村黑柳树，南至张庄，北至杨套楼。总户数为108户，总人口为353人，面积为0.506平方千米。

潘姓在低洼处建村，取名潘洼。1949年隶属大屯乡；1958年后隶属南海公社、大屯公社；2000年隶属大屯镇南海村民委员会至今。

董洼

董洼（Dǒngwā） 隶属大屯镇南海村民委员会。地处南海村南部，东至新毛河西，西至夏庄，南至杨套楼，北至夏庄。总户数为279户，总人口为897人，面积为1.066平方千米。

董姓最早在此定居，村周边地势低洼，故名。1949年隶属大屯乡；1958年隶属南海公社、大屯公社；2008年隶属大屯镇南海村民委员会至今。

仇屯

仇屯（Qiútún） 隶属大屯镇南海村民委员会。地处南海村南部，东至新毛河西，西至杨套楼，南至高楼村旗杆楼，北至董洼。总户数为108户，总人口为380人，面积为0.373平方千米。

清朝仇姓在此屯田立村，后来周姓仇姓同朝为官，告老还乡时分东西两地居住，西边仇姓居住地，叫西仇屯，姓周的在此居住，也叫仇屯。1949年隶属大屯乡；1958年后隶属南海公社、大屯公社；2008年隶属大屯镇南海村民委员会至今。

夏庄

夏庄（Xiàzhuāng） 隶属大屯镇南海村民委员会。地处南海村中部，东至董洼，西至曹屯，南至董洼，北至丁庄。总户数为123户，总人口为435人，面积为0.533平方千米。

早年夏姓在此占产立庄，故称夏庄。1949年隶属大屯乡；1958年后隶属南海公社、大屯公社；2008年隶属大屯镇南海村民委员会至今。

曹屯

曹屯（Cáotún） 隶属大屯镇南海村民委员会。地处南海村西部，东至夏庄，西至郭阁村边庄，南至潘楼，北至丁庄。总户数为154户，总人口为496人，面积为0.633平方千米。

早年曹姓在此屯田定居，故名。1949年隶属大屯乡；1958年后隶属南海公社、大屯公社；2008年隶属大屯镇南海村民委员会至今。

丁庄

丁庄（Dīngzhuāng） 隶属大屯镇南海村民委员会。地处南海村北部，东至南海，西至付庄村小赵庄，南至曹屯，北至徐楼村金楼。总户数为112户，总人口为342人，面积为0.5平方千米。

明代时丁姓在此屯田立村，故而得名。1949年隶属大屯乡；1958年后隶属南海公社、大屯公社；2008年隶属大屯镇南海村民委员会至今。

郑楼

郑楼（Zhènglóu） 隶属大屯镇郭阁村民委员会。地处郭阁村南部，东至刘庄，西至张庄村，南至朱暗楼，北至王小楼。总户数为105户，总人口为355人，面积为0.774平方千米。

早年郑姓在此占产立庄盖楼，故名郑楼。1949年起隶属河南省永城县条河乡；

1963年隶属安徽省萧县林楼公社，后并入大屯公社；1985年隶属大屯镇郭阁村民委员会至今。

刘庄

刘庄（Liúzhuāng） 隶属大屯镇郭阁村民委员会。地处郭阁村南部，东至南海村潘楼，西至郑楼村，南至张庄寨黑柳顺，北至边庄。总户数为297户，总人口为678人，面积为0.774平方千米。

18世纪从河南迁至此处，因刘姓村民居多，命名为刘庄。1949年起隶属河南省永城县条河乡。1963年隶属安徽省萧县林楼公社，后并入大屯乡。1985年隶属大屯镇郭阁村民委员会至今。

朱暗楼

朱暗楼（Zhū' ànlóu） 隶属大屯镇郭阁村民委员会。地处郭阁村南部，东至洪河桥，西至张庄村，南至张庄寨吴，北至郑楼自然村。总户数为108户，总人口为346人，面积为0.473平方千米。

清代朱姓大户在此建楼，故而得名。1949年起，隶属河南省永城县条河乡。1963年隶属安徽省萧县林楼公社，后并入大屯公社。1985年并镇隶属大屯镇郭阁村民委员会至今。

宋洼

宋洼（Sòngwā） 隶属大屯镇郭阁村民委员会。地处郭阁村西部，东至郭楼，西至河南省刘厂，南至河南省桥南，北至付庄曹庄。总户数为241户，总人口为665人，面积0.05平方千米。

宋姓在此占地立庄，因当时所处庄地很洼，故而得名。1949年起，隶属河南省永城县条河乡。1963年隶属安徽省萧县林楼公社，后并入大屯公社。1985年隶属大屯镇郭阁村民委员会至今。

张庄

张庄（Zhāngzhuāng） 隶属大屯镇郭阁村民委员会。地处郭阁村南部，东至朱暗楼，西至洪河东，南至张庄寨吴庄，北至李口。总户数为210户，总人口为598人，面积为0.41平方千米。

早年张姓人家占产立村，故名。1963年隶属安徽省萧县林楼公社，后并入大屯公社。1985年撤乡并镇后隶属大屯镇郭阁村民委员会至今。

郭阁

郭阁（Guōgé） 隶属大屯镇郭阁村民委员会。地处郭阁村中部，东至小李庄村王小楼，西至郭楼，南至李口，北至王西寨。总户数为210户，总人口为530人，面积为0.383平方千米。

郭姓在此村建有阁楼一座，故名。郭阁又名郭集（因每月四日、八日逢集）。1949年隶属河南省永城县条河乡。1963年隶属安徽省萧县林楼公社郭阁大队。1985年隶属大屯镇郭阁村民委员会至今。

小李庄

小李庄（Xiǎolǐzhuāng） 隶属大屯镇郭阁村民委员会。地处郭阁村东部，东至大李庄，西至郭阁，南至李口，北至郭油坊。总户数为91户，总人口为193人，面积为0.215平方千米。

李氏在此村人数较多，故名李庄。早年，李姓从山西省洪洞县迁至河南省永城县芒山东。1963年隶属安徽省萧县林楼公社，后并入大屯公社。1985年隶属大屯镇郭阁村民委员会至今。

大李庄

大李庄（Dàlǐzhuāng） 隶属大屯镇郭

阁村民委员会。地处郭阁村东部，东至王小楼，西至小李庄，南至郑楼，北至郭油坊。总户数为117户，总人口为435人，面积为0.394平方千米。

李氏在此村人数较多，故名李庄。李姓从山西省洪洞县迁至河南省永城县芒山东。1963年隶属安徽省萧县林楼公社，后并入大屯公社。1985年隶属大屯镇郭阁村民委员会至今。

李口

李口（Lǐkǒu） 隶属大屯镇郭阁村民委员会。地处郭阁村南部，东至郑楼，西至洪河桥东，南至张庄，北至郭阁。总户数为106户，总人口为312人，面积为0.414平方千米。

据谱牒记载，该村原名李三座楼，后因洪河水决堤形成水患，将李氏祖坟冲毁淹没。相邻其他姓氏友人取笑李氏说，李三楼的坟茔被水冲个口子，以后管它叫李口吧，自此庄名传开。1949年起，隶属河南省永城县条河乡。1963年隶属安徽省萧县林楼公社，后并入大屯公社。1985年隶属大屯镇郭阁村民委员会至今。

聂庄

聂庄（Nièzhuāng） 隶属大屯镇郭阁村民委员会。地处郭阁村北部，东至王西寨西，西至河南省东，南至郭楼，北至付庄村曹庄。总户数为38户，总人口为110人，面积为0.133平方千米。

聂姓在此占产立庄，故名。1949年起，隶属河南省永城县条河乡。1963年隶属安徽省萧县林楼公社，后并入大屯公社。1985年隶属大屯镇郭阁村民委员会至今。

郭楼

郭楼（Guōlóu） 隶属大屯镇郭阁村民委员会。地处郭阁村西部，东至郭阁，西至宋洼，南至河南省桥南，北至聂庄。总户数为116户，总人口为311人，面积为0.312平方千米。

郭姓在此建村盖楼，故称郭楼。1949年起，隶属河南省永城县条河乡。1963年隶属安徽省萧县林楼公社，后并入大屯公社。1985年隶属大屯镇郭阁村民委员会至今。

王西寨

王西寨（Wángxīzhài） 隶属大屯镇郭阁村民委员会。地处郭阁村北部，东至郭油坊，西至聂庄，南至郭阁，北至付庄村刘楼。总户数为128户，总人口为396人，面积为0.535平方千米。

王姓离乡背井到此地，在旧村址的西边占产立庄，乱世之年，做土围寨，故名。1949年起，隶属安徽省萧县南海乡边西村。1972年与郭阁村合并隶属郭阁大队。1985年隶属大屯镇郭阁村民委员会至今。

郭油坊

郭油坊（Guōyóufāng） 隶属大屯镇郭阁村民委员会。地处郭阁村北部，东至毛河西，西至王西寨，南至大李庄，北至刘楼。总户数为208户，总人口为520人，面积为0.603平方千米。

郭姓在此占产立庄，后又办起油坊，故而得名。1949年起，隶属河南省永城县条河乡。1963年隶属安徽省萧县林楼公社，后并入大屯公社。1985年隶属大屯镇郭阁村民委员会至今。

慈楼

慈楼（Cílóu） 隶属大屯镇郭阁村民委员会。地处郭阁村东部，东至南海村曹屯，西至王小楼村，南至刘庄，北至边庄。总户数为60户，总人口为210人，面积为0.182

平方千米。

早年慈姓在此立庄，后盖起小楼，故而得名。1949年起，隶属河南省永城县条河乡。1965年隶属安徽省萧县林楼公社，后并入大屯公社。1985年隶属大屯镇郭阁村民委员会至今。

王小楼

王小楼（Wángxiǎolóu） 隶属大屯镇郭阁村民委员会。地处郭阁村东部，东至慈楼，西至大李庄村，南至郑楼，北至边庄。总户数为91户，总人口为362人，面积为0.311平方千米。

早年王姓人在此建庄定居并盖小楼一座，因人口少村庄小，故取名王小楼。1949年起，隶属河南省永城县条河乡。1963年隶属安徽省萧县林楼公社，后并入大屯公社。1985年隶属大屯镇郭阁村民委员会至今。

边庄

边庄（Biānzhuāng） 隶属大屯镇郭阁村民委员会。地处郭阁村北部，东至南海村曹屯，西至毛河东，南至慈楼，北至付庄村南。总户数为164户，总人口为324人，面积为0.042平方千米。

早年，边姓人家在此占产立庄，故此得名。原隶属南海边西村，1972年与郭阁村合并。1985年隶属大屯镇郭阁村民委员会至今。

付庄

付庄（Fùzhuāng） 隶属大屯镇付庄村民委员会。地处付庄村南部，东至李庄村，西至王楼，南至王庄村北，北至桥东。总户数为320户，总人口为6307人，面积为0.9平方千米。

早年，此庄已住一家姓付的财主，故名。1949年起隶属南海乡。1958年隶属大屯公社许楼。1983年隶属南海乡。1992年隶属大屯镇付庄村民委员会至今。

东赵庄

东赵庄（Dōngzhàozhuāng） 隶属大屯镇付庄村民委员会。地处付庄村东部，东至金楼，西至王庄，南至农场北，北至李庄。总户数为150户，总人口为544人，面积为0.52平方千米。

200年前，赵姓在此立庄，故取名赵庄。1949年起隶属南海乡；1958年隶属大屯公社许楼；1983年隶属南海公社；1992年隶属大屯镇付庄村民委员会至今。

王庄

王庄（Wángzhuāng） 隶属大屯镇付庄村民委员会。地处付庄村东部，东至东赵庄，西至付庄，南至农场北，北至付庄。总户数为80户，总人口为296人，面积为0.24平方千米。

因王姓人家较多而得名。1949年起隶属南海乡；1958年隶属南海公社；1983年隶属南海公社、乡；1992年隶属大屯镇付庄村民委员会至今。

李庄

李庄（Lǐzhuāng） 隶属大屯镇付庄村民委员会。地处付庄村东部，东至许楼村，西至付庄，南至东赵庄，北至桥东。总户数为87户，总人口为303人，面积为0.29平方千米。

清光绪年间，李姓由山西洪洞县迁至此地，占产立庄，故名。1949年起隶属南海乡；1958年隶属大屯公社许楼大队；1983年隶属南海公社；1992年隶属大屯镇付庄村民委员会至今。

西曹庄

西曹庄（Xīcáozhuāng） 隶属大屯镇

付庄村民委员会。地处付庄村西部，东至东曹庄，西至芒山镇马庄，南至芒山镇刘集，北至曹破楼。总户数为135户，总人口为358人，面积为0.3平方千米。

早年曹姓弟兄三人由山西洪洞县迁来此地，老三住在洪河边，老大住在东边，叫作大曹庄，二弟住在西边，叫作西曹庄。1949年隶属永城县芒山，1963年划属安徽省萧县林楼公社刘楼大队，1978年隶属曹破楼大队，1983年隶属大屯镇，2008年合并为付庄村民委员会至今。

曹破楼

曹破楼（Cáopòlóu） 隶属大屯镇付庄村民委员会。地处付庄村西部，东至刘楼，西至洪河东，南至东曹庄，北至赵楼东。总户数为230户，总人口为775人，面积为0.82平方千米。

早年有曹姓弟兄三人，老大迁居此地时，这里有座破楼，故名。1949年隶属永城县芒山公社马山大队。1963年隶属安徽省萧县林楼公社刘楼大队。1978年划属曹破楼大队。1992年隶属大屯镇。2008年合并为付庄村民委员会至今。

东曹庄

东曹庄（Dōngcáozhuāng） 隶属大屯镇付庄村民委员会。地处付庄村西部，东至王西寨，西至西曹庄，南至宋洼，北至曹破楼。总户数为220户，总人口为720人，面积为0.7平方千米。

有曹姓弟兄三人迁住此地，三人各分至东、西、北，老大北住曹破楼，老三西住西曹庄，老二东住东曹庄。1949年隶属永城县芒山，1963年隶属安徽省萧县林楼公社刘楼大队，1978年划属曹破楼大队，1992年隶属大屯镇，2008年合并为付庄村民委员会至今。

王楼

王楼（Wánglóu） 隶属大屯镇付庄村民委员会。地处付庄村中部，东至付庄，西至赵楼，南至破阁，北至王集。总户数为210户，总人口为688人，面积为0.51平方千米。

早年为王姓财主的寄庄子，建有楼房，取名王楼。1963年隶属林楼公社、大屯公社，1992年隶属大屯镇付庄村至今。

破阁

破阁（Pògé） 隶属大屯镇付庄村民委员会。地处付庄村西南部，东至王庄西，西至刘楼，南至郑徐高铁北，北至王楼。总户数为53户，总人口为175人，面积为0.21平方千米。

明朝，此地有一座破庙院，后有人迁往这里居住，改名为破阁。1949年起隶属河南永城部山乡，1963年隶属安徽萧县林楼公社王集大队，1992年合并隶属大屯镇，为破阁村。

西赵庄

西赵庄（Xīzhàozhuāng） 隶属大屯镇付庄村民委员会。地处付庄村西部，东至付庄村西北，西至曹破楼，南至毛河北，北至洪楼。总户数为61户，总人口为175人，面积为0.23平方千米。

早年赵姓人在此占产立庄，因在村西边，得名西赵庄。1949年起隶属河南永城部山乡，1963年区划为安徽萧县，隶属林楼公社王集大队，1992年隶属大屯镇付庄村。

刘楼

刘楼（Liúlóu） 隶属大屯镇付庄村民委员会。地处付庄村西部，东至环镇路村西，西至洪河东，南至代双楼，北至赵庄。

总户数为152户，总人口为548人，面积为0.52平方千米。

刘姓人家来此买地建庄并建一土楼，故名。1949年起隶属砀山邵山区，1956年隶属芒山乡，1958年隶属芒山公社，1963年隶属安徽省萧县林楼公社，1983年隶属大屯镇代双楼，2007年隶属付庄村民委员会至今。

代双楼

代双楼（Dàishuānglóu） 隶属大屯镇付庄村民委员会。地处付庄村西南部，东至付庄，西至曹庄，南至郭油坊，北至刘楼。总户数为149户，总人口为527人，面积为0.51平方千米。

早年代姓在此占产立村，建有两座楼，故名。1949年起隶属砀山邵山区，1956年隶属芒山乡，1958年隶属芒山公社，1963年隶属林楼、大屯公社，1983年隶属大屯镇代双楼村，2007年隶属付庄村至今。

赵庄镇

陈堂寺

陈堂寺（Chéntángsì） 属赵庄镇赵庄村民委员会。地处赵庄村北部，东至盛屯，南至赵庄，西至王庄，北至程洼。总户数为337户，总人口为1131人。面积为1.2平方千米。

早年该村有陈姓家堂庙（寺），故名。1958年后曾属赵庄公社老赵庄大队。1980年曾设陈堂寺大队，1992年属赵庄镇韩庄村，2008年至今属赵庄镇赵庄村。

韩庄

韩庄（Hánzhuāng） 属赵庄镇赵庄村民委员会。地处赵庄村东部，东至韦庄，南至温刘庄，西至赵庄，北至盛屯。总户数为211户，总人口为633人。面积为0.6平方千米。

因该村韩姓村民居多，故名。1958年属赵庄公社赵庄大队。1980年属陈堂寺大队。1992年至2008年属赵庄镇韩庄村。2008年至今属赵庄镇赵庄村。

盛屯

盛屯（Shèngtún） 属赵庄镇赵庄村民委员会。地处赵庄村东北部，东至韦庄，南至韩庄，西至陈堂寺，北至陈庄。总户数为182户，总人口为546人，面积为0.5平方千米。

因该村盛姓村民在此屯田立村，得名。1958年至1980年属赵庄公社尚楼大队、陈堂寺大队，1992年属赵庄镇韩庄村，2008年至今属赵庄镇赵庄村。

王庄

王庄（Wángzhuāng） 属赵庄镇赵庄村民委员会。地处赵庄村南部，东至温刘庄，南至三座楼，西至乔子，北至赵庄。总户数为132户，总人口为386人。面积为0.3平方千米。

因王姓人家较多而得名。1949年后该村一直属赵庄村。

温刘庄

温刘庄（Wēnliúzhuāng） 属赵庄镇赵庄村民委员会。地处赵庄村东南部，东至陶楼，南至吴集，西至王庄，北至韩庄。总户数为203户，总人口为608人。面积为0.6平方千米。

因该村以温、刘两姓村民居多，故名。1980年至1992年属前韦大队（村），1992年至今属赵庄镇赵庄村。

赵庄

赵庄（Zhàozhuāng） 属赵庄镇赵庄

村民委员会。地处赵庄村中部，东至韦庄，南至王庄，西至港河，北至陈堂寺。总户数为430户，总人口为1288人，面积为1.1平方千米。

200年前，赵姓在此立庄，故名。1949年属赵庄乡，为乡公所驻地。1958年属赵庄公社赵庄大队。1962年设赵庄区，仍为赵庄公社赵庄大队。1980年属赵庄区赵庄公社。1992年属赵庄镇赵庄村至今。

陈庄

陈庄（Chénzhuāng） 属赵庄镇建华村民委员会。地处建华村东南部，东至王柿园，南至盛屯，西至程洼，北至土楼。总户数为163户，总人口为559人，面积为0.58平方千米。

本庄陈姓较多，故名。1949年属赵庄乡。1958年属赵庄公社尚楼大队。1985年属赵庄镇建华村民委员会。

程洼

程洼（Chéngwā） 属赵庄镇建华村民委员会。地处建华村南部，东至陈庄，南至盛屯，西至庞庄，北至丁庄。总户数为165户，总人口为550人，面积为0.58平方千米。

民国初期程姓在此占产立庄，因地势低洼，故名。1949年属黄口区酒店乡。1958年属赵庄公社建华大队。1985年属赵庄镇建华村民委员会。

丁庄

丁庄（Dīngzhuāng） 属赵庄镇建华村民委员会。地处建华村南部，东至土楼，南至程洼，西至尚楼，北至前任庄。总户数为183户，总人口为591人，面积为0.61平方千米。

明代时，丁姓在此屯田立村，故名。1949年属赵庄乡。1958年属赵庄公社尚楼大队。1985年属赵庄镇建华村民委员会。

东李楼

东李楼（Dōnglǐlóu） 属赵庄镇建华村民委员会。地处建华村东北部，东至酒店乡任小庄，南至李九店，西至西李楼。总户数为73户，总人口为246人，面积为0.4平方千米。

1949年前有李姓两人同时在此占产立庄，都建有楼房，因此分为东李楼和西李楼。1949年属酒店乡。1958年属赵庄公社建华大队。1985年属赵庄镇建华村民委员会。

高洼

高洼（Gāowā） 属赵庄镇建华村民委员会。地处建华村西南部，东至前任庄，南至胡楼，西至酒店乡王庄。总户数为50户，总人口为186人，面积为0.25平方千米。

1949年前高姓在此占产立庄，因庄外地势低洼，故取名。1949年属酒店乡。1958年属赵庄公社建华大队。1985年属赵庄镇建华村民委员会。

后任庄

后任庄（Hòurénzhuāng） 属赵庄镇建华村民委员会。地处建华村东部，东至马井镇小吴庄，南至前任庄，西至吴九店，北至酒店乡任小庄。总户数为202户，总人口为682人，面积为0.66平方千米。

1949年前任姓在此占产立庄，因两家任姓同时立庄，分前后任庄。1949年属酒店乡。1958年属赵庄公社建华大队。1985年属赵庄镇建华村民委员会。

胡楼

胡楼（Húlóu） 属赵庄镇建华村民委员会。地处建华村南部，东至丁庄，南至尚楼，西至庞庄，北至高洼。总户数为131户，总人口为449人，面积为0.6平方千米。

早年，有一户很有钱的胡姓，在此立村建一座楼，故名。1949年属酒店乡。1958年属赵庄公社建华大队。1985年属赵庄镇建华村民委员会。

李九店

李九店（Lǐjiǔdiàn） 属赵庄镇建华村民委员会。村委会驻地，东至吴九店，南至前任庄，西至高洼，北至西李楼。总户数为203户，总人口为710人，面积为0.68平方千米。

李氏家族在村内开一小酒坊得名，后演变成李九店。抗战时期，本村人区长李建华带着群众除汉奸、反“扫荡”。1952年调任萧县县委书记，群众为纪念他，在农业合作化时成立高级社便称建华社（村），后沿用至今。1949年属酒店乡。1958年属赵庄公社建华大队。1985年属赵庄镇建华村民委员会。

庞庄

庞庄（Pángzhuāng） 属赵庄镇建华村民委员会。地处建华村西南部，东至程洼，南至王庄，西至酒店乡陈庄，北至高洼。总户数为349户，总人口为1146人，面积为0.98平方千米。

1949年前庞姓在此占产立庄，后期其他姓氏陆续进住，仍以庞庄为名。1949年属酒店乡。1958年属赵庄公社庞庄大队。1985年属赵庄镇建华村民委员会。

前任庄

前任庄（Qiánrénzhuāng） 属赵庄镇建华村民委员会。地处建华村东部，东至王破楼，南至丁庄，西至高洼，北至后任庄。总户数为175户，总人口为580人，面积为0.49平方千米。

1949年前任姓在此占产立庄，因两家任姓同时立庄，分前后任庄。1949年属黄口区酒店乡。1958年属赵庄公社建华大队。1985年属赵庄镇建华村民委员会。

尚楼

尚楼（Shànglóu） 属赵庄镇建华村民委员会。地处建华村南部，东至丁庄，南至程洼，西至庞庄，北至胡楼。总户数为176户，总人口为554人，面积为0.29平方千米。

清末民初，尚姓在此占产立庄，因防匪修有小土炮楼，故名。1949年属赵庄乡。1958年属赵庄公社尚楼大队。1985年属赵庄镇建华村民委员会。

土楼

土楼（Tǔlóu） 属赵庄镇建华村民委员会。地处建华村东南部，东至王柿元，南至陈庄，西至丁庄，北至前任庄。总户数为41户，总人口为135人，面积为0.23平方千米。

早年此村有一座土炮楼，故名土楼。1949年属赵庄乡。1958年属赵庄公社尚楼大队。1985年属赵庄镇建华村民委员会。

吴九店

吴九店（Wújiǔdiàn） 属赵庄镇建华村民委员会。地处建华村东部，东至后任庄，南至前任庄，西至李九店，北至任小庄。总户数为66户，总人口为238人，面积为0.28平方千米。

明朝年间吴姓在此建村，村内有蒸酒坊，故称吴酒店，后演变成吴九店。1949年属黄口区酒店乡。1958年属赵庄公社建华大队。1985年属赵庄镇建华村民委员会。

西李楼

西李楼（Xīlǐlóu） 属赵庄镇建华村民

委员会。地处建华村北部，东至东李楼，南至李九店，西至酒店乡吴庄，北至酒店乡东镇。总户数为125户，总人口为421人，面积为0.59平方千米。

1949年前有俩李姓人氏在此占产立庄，因分为东西李楼。1949年属酒店乡，1958年属赵庄公社建华大队，1985年属赵庄镇建华村民委员会。

小吴庄

小吴庄（Xiǎowúzhuāng） 属赵庄镇建华村民委员会。地处建华村东南部，东至王楼，南至盛屯，西至程洼，北至王柿园。总户数为51户，总人口为177人，面积为0.26平方千米。

民国初期吴姓在此占产立庄，当时人少村小，故名。1949年属黄口区酒店乡，1958年属赵庄公社建华大队，1985年属赵庄镇建华村民委员会。

居洼

居洼（Jūwā） 属赵庄镇张朴楼村民委员会。地处张朴楼村东部，东至周庄，北至马井镇王枣园，西至小赵庄，南至刘端午庄。总户数为270户，总人口为859人，面积为0.87平方千米。

明代居姓在此居住，因庄内洼，故名。1949年属张朴楼乡，1958年属赵庄公社张朴楼大队，1962年曾设居洼大队，2006年并入张朴楼村。

刘端午庄

刘端午庄（Liúduānwǔzhuāng） 属赵庄镇张朴楼村民委员会。地处张朴楼村北部，东至杜楼徐楼，北至小赵庄，西至东袁庄，南至大孙庄。总户数为257户，总人口为859人，面积为0.96平方千米。

明朝洪武二年（1369年）刘姓自山西洪洞县迁此居住，有一个神汉叫刘端午，故而得名刘端午庄。1949年属张朴楼乡，1958年属赵庄公社张朴楼大队，后曾属居洼大队，1985年属赵庄镇，2008年属张朴楼社区。

罗楼

罗楼（Luólóu） 属赵庄镇张朴楼村民委员会。地处张朴楼村东部，东至小赵庄，北至马井镇杜庄，西至港和，南至东袁庄。总户数为230户，总人口为732人，面积为0.57平方千米。

罗姓在此占产立庄，故名。1958年属赵庄公社张朴楼大队，1984年设为张朴楼村民委员会，该村一直属张朴楼村。

罗庄

罗庄（Luózhuāng） 属赵庄镇张朴楼村民委员会。地处张朴楼村南部，东至港和，北至张朴楼，西至张朴楼，南至后平房。总户数为44户，总人口为159人，面积为0.21平方千米。

早年罗姓在此落户，取名罗庄。1949年属张朴楼乡，1958年属赵庄公社张朴楼大队，后该村一直属张朴楼村。

前平房

前平房（Qiánpíngfáng） 属赵庄镇张朴楼村民委员会。地处张朴楼村西南部，东至王柿园，北至后平房，西至陈庄，南至小吴庄。总户数为162户，总人口为567人，面积为0.48平方千米。

相传元朝末年，朱元璋被元兵追杀至此，藏身一楚姓人家中，将衣服藏于院内一土井中，楚姓人为保护他将茅屋推倒盖井。朱元璋称帝后为其建一平房，封其地为楚平房。后楚姓外迁，平房在前，故名前平房。1949年属张朴楼乡，1958年属赵庄公社张朴楼大队，1962年划归平房大队，2007年并入张朴楼村。

后平房

后平房（Hòupíngfáng） 属赵庄镇张朴楼村民委员会。地处张朴楼村西南部，东至罗庄，北至张朴楼，西至土楼，南至前平房。总户数为139户，总人口为489人，面积为0.44平方千米。

相传元朝末年，朱元璋被元兵追杀至此，藏身一楚姓人家中，将衣服藏于院内一土井中，楚姓人为保护他将茅屋推倒盖井。朱元璋称帝后为其建一平房封其地为楚平房。后楚姓外迁，平房在后，故名后平房。1949年属张朴楼乡，1958年属赵庄公社张朴楼大队，1962年划归平房大队，2007年并入张朴楼村。

王朴楼

王朴楼（Wángpǔlóu） 属赵庄镇张朴楼村民委员会。地处张朴楼村西部，东至张朴楼，北至酒店乡郝瓦房，西至前任庄，南至土楼。总户数为109户，总人口为340人。面积为0.41平方千米。

清朝王姓在此占产立庄，因当时王姓大户为地主大户，家中建有楼房，故名。又因处张朴楼西，历史上也称为西朴楼。1949年属张朴楼乡，1958年属赵庄公社张朴楼大队，1962年划归平房大队，2007年并入张朴楼村。

王柿园

王柿园（Wángshìyuán） 属赵庄镇张朴楼村民委员会。地处张朴楼村南部，东至西袁袁庄，北至前平房，西至前平房，南至王楼。总户数为128户，总人口为437人。面积为0.37平方千米。

明代王姓从陶楼迁来占产立庄，因庄南种植柿树而得名王柿园。1949年属张朴楼乡，1958年属赵庄公社张朴楼大队，1962年划归平房大队，2007年并入张朴楼村。

小赵庄

小赵庄（Xiǎozhàozhuāng） 属赵庄镇张朴楼村民委员会。地处张朴楼村东部，东至居洼，北至马井镇关帝庙，西至罗楼，南至刘端午庄。总户数为282户，总人口为904人，面积为0.84平方千米。

早年赵姓人在此占产立庄，因人少村小，得名小赵庄。1949年属张朴楼乡，1958年属赵庄公社张朴楼大队，1962年划归平房大队，2007年并入张朴楼村。

东袁庄

东袁庄（Dōngyuánzhuāng） 属赵庄镇张朴楼村民委员会。地处张朴楼村东南部，东至刘端午，北至罗楼，西至港和，南至胡屯。总户数为58户，总人口为181人。面积为0.25平方千米。

1976年因挖港河，有300余亩地不宜耕种。次年有袁庄的一个生产队迁出至河东此处居住，经赵庄公社批准划为新袁庄村，故得名新袁庄。1949年属张朴楼乡，1958年属赵庄公社张朴楼大队，1962年划归平房大队，2007年并入张朴楼村。

西袁庄

西袁庄（Xiyuánzhuāng） 属赵庄镇张朴楼村民委员会。地处张朴楼村东南部，东至港和，北至罗庄，西至王柿园，南至胡老屯。总户数为150户，总人口为470人。面积为0.59平方千米。

同治元年，袁姓从尹庄村后搬到此地，占产立庄故得名。1949年属张朴楼乡，1958年属赵庄公社张朴楼大队，1962年划归平房大队，2007年并入张朴楼村。

张朴楼

张朴楼（Zhāngpǔlóu） 属赵庄镇张朴楼村民委员会。地处张朴楼村西部，东至港和，北至马井镇武庄，西至王朴楼，南至后平房。总户数为166户，总人口为548人。面积为0.58平方千米。

1850年前后，张姓义门一族从王寨镇张平楼迁来此地，占产立庄，并盖有门楼，原门楼上有“张朴楼”字样，该村即称张朴楼。1949年为破楼乡公所所在地，1958年属赵庄公社张朴楼大队，1985年为赵庄镇张朴楼村至今。

周庄

周庄（Zhōuzhuāng） 属赵庄镇张朴楼村民委员会。地处张朴楼村东部，东至杜楼镇张楼，北至马井镇杨土楼，西至居洼，南至刘端午。总户数为193户，总人口为654人。面积为0.66平方千米。

周姓人家，1340年从河南迁到此地，故名。1949年属红北乡，1958年属赵庄公社张朴楼大队，1962年属居洼大队，2006年并入张朴楼村。

后韦

后韦（Hòuwéi） 属赵庄镇前韦村村民委员会。地处前韦村西北部，东至小赵庄，南至前韦，西至盛屯，北至王楼。总户数为53户，总人口为120人。面积为0.11平方千米。

又名韦庄，早年韦姓人家在此立村，后来韦姓有人北迁立村，故有前后韦村。1949年属赵庄乡，1958年后属赵庄公社温刘庄大队，1995年属前韦村，2008年为前韦村民委员会。

毛庄

毛庄（Máozhuāng） 属赵庄镇前韦村村民委员会。地处前韦村南部，东至陶楼，南至吴集，西至萧荡路，北至张庄。总户数为148户，总人口为470人。面积为0.46平方千米。

清代毛姓在此占产立庄，故名。1949年属赵庄乡，1958年后属赵庄公社温刘庄大队，1995年属前韦村，2008年为前韦村民委员会。

前韦村

前韦村（Qiánwéicūn） 属赵庄镇前韦村村民委员会。地处前韦村西部，东至张庄，南至高铁路，西至温刘庄，北至后韦。总户数为202户，总人口为684人。面积为0.89平方千米。

又名韦庄，早年韦姓人家在此立村，后来韦姓有人北迁立村，故有前后韦村。1949年属赵庄乡，1958年后属赵庄公社温刘庄大队，1995年属前韦村，2008年为前韦村民委员会。

陶楼

陶楼（Táolóu） 属赵庄镇前韦村村民委员会。地处前韦村中部，东至杨庄，南至吴集，西至温刘庄，北至小赵庄。总户数为292户，总人口为863人。面积为0.95平方千米。

早年陶姓人家在此建楼居住，故名。1949年属赵庄乡，1958年后属赵庄公社温刘庄大队，1995年属前韦村，2008年为前韦村民委员会。

王楼

王楼（Wánglóu） 属赵庄镇前韦村村民委员会。地处前韦村北部，东至胡屯，南至前韦，西至小吴庄，北至平房。总户数为76户，总人口为226人。面积为0.26平方千米。

早年为王姓财主的寄庄子，建有楼房，取名王楼。1949年属赵庄乡，1958年后属赵庄公社温刘庄大队，1995年属前韦村，2008年为前韦村民委员会。

吴新庄

吴新庄（Wúxīnzhuāng） 属赵庄镇前韦村村民委员会。地处前韦村东部，东至王庄，南至杨庄，西至陶楼，北至高铁路。总户数为146户，总人口为448人。面积为0.32平方千米。

早年吴姓人家在此处建新村，故名。1949年属赵庄乡，1958年后属大吴集公社杨庄大队，1995年属前韦村，2008年为前韦村民委员会。

小赵楼

小赵楼（Xiǎozhàolóu） 属赵庄镇前韦村村民委员会。地处前韦村北部，东至张平路，南至陶楼，西至张庄，北至胡屯。总户数为142户，总人口为442人。面积为0.35平方千米。

原名赵庄，因与赵庄镇赵庄村重名，后改为小赵楼。1949年属赵庄乡，1958年后属大吴集公社、赵庄公社温刘庄大队，1995年属前韦村，2008年为前韦村民委员会。

杨庄

杨庄（Yángzhuāng） 属赵庄镇前韦村村民委员会。地处前韦村东部，东至王庄，南至吴集，西至陶楼，北至吴新庄。总户数为293户，总人口为901人。面积为0.68平方千米。

此地以杨家姓氏的人较多而得名杨庄。1949年属赵庄乡，1958年后属大吴集公社杨庄大队，1995年属前韦村，2008年为前韦村村民委员会。

张庄

张庄（Zhāngzhuāng） 属赵庄镇前韦村村民委员会。地处前韦村西北部，东至小赵庄，南至毛庄，西至前韦，北至胡屯。总户数为143户，总人口为332人。面积为0.36平方千米。

张氏立村，故名。1949年属赵庄乡，1958年后属赵庄公社温刘庄大队、赵庄公社温刘庄大队，1995年属前韦村，2008年为前韦村村民委员会。

双楼

双楼（Shuānglóu） 属赵庄镇吴集村民委员会。地处吴集村东南部，东临吴蒋庄村，西临吴东，南临王寨镇，北临吴东村。总户数为208户，总人口为649人。面积为0.6平方千米。

明末清初徐姓在此占产立庄，故名。1949年后属吴集乡，1958年后属大吴集公社、赵庄公社双楼大队，1985年后属赵庄镇双楼村，2008年并入吴集村。

陶屯

陶屯（Táotún） 属赵庄镇吴集村民委员会。地处村民委员会东南部，东临吴蒋庄村，西临双楼村，南临王寨镇，北临双楼村。总户数为85户，总人口为291人。面积为0.35平方千米。

明代初，陶姓人在此屯田定居，故而得名。1949年后属吴集乡，1958年后属大吴集公社、赵庄公社双楼大队，1985年后属赵庄镇双楼村，2008年并入吴集村。

吴东

吴东（Wúdōng） 属赵庄镇吴集村民委员会。地处吴集村东部，东临吴蒋庄，西临吴西村，南临双楼村，北临前韦村。总户数为531户，总人口为1639人。面积为1.2

平方千米。

吴东是吴集的东半部分，吴集由于村大，20世纪70年代把吴集分为吴东和吴西。1949年后属吴集乡，1958年后属大吴集公社、赵庄公社吴集大队，2008年吴东、吴西合并为吴集村。

吴西

吴西（Wúxī） 属赵庄镇吴集村民委员会。地处吴集村西部，东临吴东，西临汪屯村，南临王寨镇，北临前韦村。总户数为547户，总人口为1716人。面积为1平方千米。

吴西是吴集的西半部分，吴集由于村大，20世纪70年代把吴集分为吴东和吴西。1949年后属吴集乡，1958年后属大吴集公社、赵庄公社双楼大队，1985年后属赵庄镇双楼新政村，2008年并入吴集村。

龚庄

龚庄（Gōngzhuāng） 属赵庄镇吴集村民委员会。地处吴集村西北部，东临前韦村，西临汪屯村，南临吴西，北临汪屯村。总户数为54户，总人口为175人。面积为0.3平方千米。

早年龚姓人家在此占产立庄，故名。1949年前，从吴集迁出几户人家，在此耕种。1949年后，一直属吴集村。

阚东

阚东（Kàndōng） 属赵庄镇吴蒋庄村民委员会。地处吴蒋庄村西部，南至马庄，北至吴蒋庄，东至吴蒋庄，西至阚东。总户数为81户，总人口为265人。面积为0.28平方千米。

清朝年间，阚姓从外地迁居此地，在村东居住，故名阚东。后田姓迁至此村西边居住，占地而得名阚西。1949年属吴集乡，1958年后属王砦公社吴丛大队，1961年后又划属大吴集公社、赵庄公社何庄大队，1985年划属赵庄镇吴蒋庄村。

何庄

何庄（Hézhuāng） 属赵庄镇吴蒋庄村民委员会。地处吴蒋庄村西部，南至孙庄，北至杨庄，东至蒋寺，西至吴集。总户数为90户，总人口为353人。面积为0.39平方千米。

很久以前何姓在此居住，故名。1949年属吴集乡，1958年后属王砦公社吴丛大队，1961年后又划属大吴集公社、赵庄公社何庄，1985年划属赵庄镇吴蒋庄村。

河东

河东（Hédōng） 属赵庄镇吴蒋庄村民委员会。地处吴蒋庄村东部，南至吴丛，北至胡屯，东至陶楼，西至小孙楼。总户数为93户，总人口为312人。面积为0.37平方千米。

新中国成立后，由湘西河西岸的几个村庄迁出部分村民在东岸建村，故名。1949年属吴集乡，1958年后属王砦公社吴丛大队，1961年后又划属大吴集公社、赵庄公社河东大队，1985年划属赵庄镇吴蒋庄村。

黄庄

黄庄（Huángzhuāng） 属赵庄镇吴蒋庄村民委员会。地处吴蒋庄村东部，南至小孙楼，北至郭庄，东至胡屯，西至吴蒋庄。总户数为91户，总人口为333人。面积为0.37平方千米。

明代黄河水退后，黄姓一家迁居此地耕种生活，人口越来越多，取庄名为黄庄。1949年属吴集乡，1958年后属王砦公社吴丛大队，1961年后又划属大吴集公社、赵庄公社河东大队，1985年划属赵庄镇吴蒋庄村。

蒋寺

蒋寺（Jiǎngsì） 属赵庄镇吴蒋庄村民委员会。地处吴蒋庄村北部，南至吴蒋庄，北至王庄，东至黄庄，西至何庄。总户数为168户，总人口为660人。面积为0.89平方千米。

早年该处有一座佛云寺，故村名佛云寺；后来村中有蒋姓人在京城为官，遂改名蒋寺。1958年后属王砦公社吴丛大队。1961年后又划属大吴集公社、赵庄公社何庄大队。1985年划属赵庄镇吴蒋庄村。

马庄

马庄（Mǎzhuāng） 属赵庄镇吴蒋庄村民委员会。地处吴蒋庄村南部，南至老王庄，北至阚西，东至吴蒋庄，西至双楼。总户数为50户，总人口为168人。面积为0.18平方千米。

在明代时期，名为西苗古院，现有遗址，后来马姓迁至此地，人丁增多，故名。1949年属吴集乡，1958年后属王砦公社吴丛大队，1961年后又划属大吴集公社、赵庄公社何庄大队，1985年划属赵庄镇吴蒋庄村。

孙楼

孙楼（Sūnlóu） 属赵庄镇吴蒋庄村民委员会。地处吴蒋庄村东部，南至吴牌坊，北至黄庄，东至河东，西至吴蒋庄。总户数为51户，总人口为162人。面积为0.18平方千米。

三四百年前，九户孙姓人家在此地除一虎害，官府立一牌楼纪念，取名孙家打虎楼，后简称孙楼。1949年属吴集乡，1958年后属王砦公社吴丛大队，1961年后又划属大吴集公社、赵庄公社河东大队，1985年划属赵庄镇吴蒋庄村。

孙庄

孙庄（Sūnzhuāng） 属赵庄镇吴蒋庄村民委员会。地处吴蒋庄村西部，南至阚西，北至何庄，东至蒋寺，西至吴集。总户数为86户，总人口为298人。面积为0.3平方千米。

清朝年间孙姓从外地迁居此地，占产立庄，故名。1949年属吴集乡，1958年后属王砦公社吴丛大队，1961年后又划属大吴集公社、赵庄公社河东大队，1985年划属赵庄镇吴蒋庄村。

吴蒋庄1、2、3

吴蒋庄1、2、3（Wújiǎngzhuāng1、2、3）属赵庄镇吴蒋庄村民委员会。地处吴蒋庄村中部，南至吴蒋庄4、5、6，北至蒋寺，东至小孙楼，西至孙庄。总户数为190户，总人口为700人。面积为0.95平方千米。

吴姓、蒋姓人口居多，故名。1949年属吴集乡，1958年后属王砦公社吴丛大队，1961年后又划属大吴集公社、赵庄公社河东大队，1985年划属赵庄镇吴蒋庄村。

吴蒋庄3、4、5

吴蒋庄3、4、5（Wújiǎngzhuāng3、4、5）属赵庄镇吴蒋庄村民委员会。地处吴蒋庄村中部，南至吴丛，北至吴蒋庄1、2、3，西至阚东，东至吴牌坊。总户数为189户，总人口为701人。面积为0.95平方千米。

吴姓、蒋姓人口居多，故名。1949年属吴集乡，1958年后属王砦公社吴丛大队，1961年后又划属大吴集公社、赵庄公社河东大队，1985年划属赵庄镇吴蒋庄村。

吴牌坊

吴牌坊（Wúpáifāng） 属赵庄镇吴蒋庄村民委员会。地处吴蒋庄村东部，南至吴丛，北至小孙楼，东至河东，西至吴蒋庄4、5、6。总户数为188户，总人口为791人。面积为1.1平方千米。

明朝时，该处有吴姓将军因功受朝廷旌表，在此立一牌坊，后来即称此村为吴牌坊。1949年属吴集乡，1958年后属王砦公社吴丛大队，1961年后又划属大吴集公社、赵庄公社河东大队，1985年划属赵庄镇吴蒋庄村。

阚西

阚西（Kànxī） 属赵庄镇吴蒋庄村民委员会。地处吴蒋庄村西部，南至马庄，北至孙庄，东至阚东，西至双楼。总户数为91户，总人口为325人。面积为0.34平方千米。

清朝年间由田姓从外地迁居阚东的西边，后也有阚姓从东头迁居西头，故名。1949年属吴集乡，1958年后属王砦公社吴丛大队，1961年后又划属大吴集公社、赵庄公社河东大队，1985年划属赵庄镇吴蒋庄村。

菜园

菜园（Càiyuán） 属赵庄镇汪屯村民委员会。地处汪屯村南部，东至吴集，北至龚庄，西至吴楼，南至段楼。总户数为78户，总人口为213人。面积为0.25平方千米。

杂姓之庄，老辈人喜爱种菜，故名菜园。1949年起属吴集乡，1958年后属大吴集公社、赵庄公社菜园大队，2008年后属赵庄镇汪屯村。

陈各

陈各（Chéngè） 属赵庄镇汪屯村民委员会。地处汪屯村南部，东至吴集，北至三座楼，西至秦楼，南至东吴楼。总户数为162户，总人口为515人。面积为0.57平方千米。

陈姓建庄，有一座楼阁，故名陈阁，后演变成陈各。1949年后一直属汪屯村，2008年合村后属赵庄镇汪屯村至今。

陈庄

陈庄（Chénzhuāng） 属赵庄镇汪屯村民委员会。地处汪屯村南部，东至吴大庄，北至段楼，西至小陈庄，南至吴河涯。总户数为162户，总人口为525人。面积为1.01平方千米。

陈姓居民在此占地立庄，故名。1949年属吴集乡，1958年后属大吴集公社、赵庄公社任楼大队，1985年后属赵庄镇任楼村，2008年后属汪屯村至今。

三座楼

三座楼（Sānzuòlóu） 属赵庄镇汪屯村民委员会。村委会驻地，东至王龚庄，北至陈庄，西至汪屯，南至陈阁。总户数为296户，总人口为1090人。面积为1.48平方千米。

早年纵姓人家来此定居，建立三座大楼，故名。1949年后一直属王屯村，2008年合村后属赵庄镇汪屯村至今。

吴楼

吴楼（Dōngwúlóu） 属赵庄镇汪屯村民委员会。地处汪屯村南部，东至菜园，北至村各，西至西吴楼，南至任楼。总户数为214户，总人口为582人。面积为0.59平方千米。

早年吴姓人在此立村并建有楼房，故名吴楼。1949年属吴集乡，1958年后属大吴集公社、赵庄公社东吴大队，1985年后属赵庄镇吴楼村，2008年后属汪屯村至今。

段楼

段楼（Duànlóu） 属赵庄镇汪屯村民委员会。地处汪屯村南部，东至吴集，北至菜园，西至吴楼，南至田新庄。总户数为38户，总人口为121人。面积为0.23平方千米。

段姓建庄，有一座楼阁，故名段楼。该村一直属任楼，2008年合村后属赵庄镇汪屯村至今。

蒋庄

蒋庄（Jiǎngzhuāng） 属赵庄镇汪屯村民委员会。地处汪屯村南部，东至陈庄，北至任楼，西至梁屯，南至任楼。总户数为148户，总人口为375人。面积为0.87平方千米。

早年蒋姓在此占产立庄，故名。1949年属吴集乡，1958年后属大吴集公社、赵庄公社任楼大队，1985年后属赵庄镇任楼村，2008年后属汪屯村至今。

乔子

乔子（Qiáozi） 属赵庄镇汪屯村民委员会。地处汪屯村西部，东至张小庄，北至赵庄，西至刘阁，南至求屯。总户数为246户，总人口为670人。面积为0.58平方千米。

该村东有河，河上有桥，故名桥子村，曾讹传为“乔子”。1949年属桃园乡，1958年后属大吴集公社、赵庄公社刘阁大队，1992年属赵庄镇桥子村，2008年合并为汪屯村至今。

任楼

任楼（Rénlóu） 属赵庄镇汪屯村民委员会。地处汪屯村南部，东至小陈庄，北至吴楼，西至西吴楼，南至蒋庄庄。总户数为226户，总人口为652人。面积为0.96平方千米。

早年任姓在此建村盖楼两座，故名。1949年属吴集乡，1958年后属大吴集公社、赵庄公社任楼大队，1985年后属赵庄镇任楼村，2008年后属汪屯村至今。

田新庄

田新庄（Tiánxīnzhuāng） 属赵庄镇汪屯村民委员会。地处汪屯村南部，东至吴集，北至段楼，西至吴楼，南至陈庄。总户数为40户，总人口为140人。面积为0.34平方千米。

1949年后，田姓人氏自附近的任楼迁此建新村，故名。1949年属吴集乡，1958年后属大吴集公社、赵庄公社任楼大队，2008年后属汪屯村至今。

汪屯

汪屯（Wāngtún） 属赵庄镇汪屯村民委员会。地处汪屯村西部，东至三座楼，北至杨庄，西至乔子，南至秦楼。总户数为94户，总人口为319人。面积为0.44平方千米。

早年汪姓人在此屯田立村，故名。1949年初属赵庄乡，1958年后属赵庄公社汪屯大队，1985年后属赵庄镇汪屯村至今。

王屯

王屯（Wángtún） 属赵庄镇汪屯村民委员会。地处汪屯村西部，东至乔子，北至刘阁，西至胡屯，南至余庄。总户数为56户，总人口为197人。面积为0.21平方千米。

1949年前王姓人氏在此居住，故名。2008年以前一直属乔子村，2008年后合村属赵庄镇汪屯村至今。

小陈庄

小陈庄（Xiǎochénzhuāng） 属赵庄镇

汪屯村民委员会。地处汪屯村南部，东至大陈庄，北至段楼，西至任楼，南至蒋庄。总户数为43户，总人口为135人。面积为0.36平方千米。

陈姓建庄，因庄小人少，故名。1949年属吴集乡，1958年后属大吴集公社、赵庄公社任楼大队，1985年后属赵庄镇任楼村，2008年后属汪屯村至今。

杨庄

杨庄（Yángzhuāng） 属赵庄镇汪屯村民委员会。地处汪屯村西部，东至三座楼，北至张小庄，西至乔子，南至汪屯。总户数为124户，总人口为440人。面积为0.37平方千米。

此地以杨家姓氏的人较多而得名杨庄。1949年属吴集乡，1958年后属大吴集公社、赵庄公社任楼大队，1985年后属赵庄镇任楼村，2008年合村后属赵庄镇汪屯村至今。

张小庄

张小庄（Zhāngxiǎozhuāng） 属赵庄镇汪屯村民委员会。地处汪屯村北部，东至王庄，北至赵庄，西至乔子，南至杨庄。总户数为143户，总人口为477人。面积为0.48平方千米。

早年张姓建村，村庄不大，故名张小庄。2008年前属桥子村，2008年合村后属赵庄镇汪屯村至今。

仇屯

仇屯（Qiútún） 属赵庄镇三座楼村民委员会。地处三座楼村东北部，东至汪屯，北至杨庄，西至余庄，南至秦楼。总户数为27户，总人口为89人。面积为0.14平方千米。

清朝仇姓在此屯田立村，后来周姓、仇姓同朝为官，告老还乡时分东西两地居住，西边仇姓居住叫西仇屯，姓周的在此居住，也叫仇屯。1958年属赵庄公社桃园大队，1972年属三座楼大队，1980年属王汉集三座楼大队（村），1992年属赵庄镇三座楼村，2008年并村为三座楼村民委员会至今。

单庄

单庄（Shànzhuāng） 属赵庄镇三座楼村民委员会。地处三座楼村东南部，东至大新庄，北至秦楼，西至马阁，南至蒋新楼。总户数为223户，总人口为770人。面积为0.92平方千米。

该村原住民以单姓为主，故名单庄。1953年属新民乡港河村，1958年属赵庄公社桃园大队，1972年属三座楼大队，1980年属王汉集公社（乡）三座楼大队（乡），1992年属赵庄镇三座楼村，2008年并村为三座楼村民委员会至今。

胡屯

胡屯（Hútún） 属赵庄镇三座楼村民委员会。地处三座楼村北部，东至王屯，北至刘阁，西至桃园，南至盛庄。总户数为92户，总人口为293人。面积为0.3平方千米。

明代末一胡氏的老人来此屯田定居，故名。1949年属新民乡港河村，1958年属赵庄公社桃园大队，1972年属三座楼大队，1980年属王汉集公社（乡）三座楼大队（村），1992年属赵庄镇三座楼村，2008年并村为三座楼村民委员会至今。

刘阁

刘阁（Liúgé） 属赵庄镇三座楼村民委员会。地处三座楼村北部，东至桥子，北至港河，西至王庄，南至胡屯。总户数为317户，总人口为1067人。面积为1.2平方千米。

清朝刘氏在此居住，并建有大阁楼，故名。1949年属新民乡港河村，1958年属赵庄公社桃园大队，1972年成立赵庄公社三座楼大队，1980年属王汉集公社（乡）三座楼大队（村），1992年属赵庄镇三座楼村，2008年并村为三座楼村民委员会至今。

秦楼

秦楼（Qínlóu） 属赵庄镇三座楼村民委员会。地处三座楼村东部，东至陈各，北至桥子，西至三座楼，南至蒋新楼。总户数为216户，总人口为731人。面积为0.9平方千米。

秦楼有四百年的历史，明末秦姓在此居住，立村建楼，故名。1949年属新民乡、港河乡，1958年属赵庄公社桃园大队，1972年成立赵庄公社三座楼大队，1980年属王汉集公社（乡）三座楼大队（村），1992年属赵庄镇三座楼村，2008年并村为三座楼村民委员会至今。

三座楼

三座楼（Sānzuòlóu） 属赵庄镇三座楼村民委员会。村委会驻地，东至秦楼，北至盛庄，西至薛庄，南至单庄。总户数为250户，总人口为816人。面积为0.98平方千米。

早年纵姓人家来此定居，建立三座大楼，故名。1949年属新民乡、港河乡，1958年属赵庄公社桃园大队，1972年成立赵庄公社三座楼大队，1980年属王汉集公社（乡）三座楼大队（村），1992年属赵庄镇三座楼村，2008年并村为三座楼村民委员会至今。

盛庄

盛庄（Shèngzhuāng） 属赵庄镇三座楼村民委员会。地处三座楼村北部，东至秦楼，北至胡屯，西至薛庄，南至三座楼。总户数为78户，总人口为265人。面积为0.28平方千米。

早年有盛氏家族在此居住，故名盛庄。1949年属新民乡、港河乡，1958年属赵庄公社桃园大队，1972年属三座楼大队，1980年属王汉集公社（乡）三座楼大队（村），1992年属赵庄镇三座楼村，2008年并村为三座楼村民委员会至今。

薛庄

薛庄（Xuēzhuāng） 属赵庄镇三座楼村民委员会。地处三座楼村西北部。东至三座楼，北至胡屯，西至张庄，南至张庄。总户数为89户，总人口为287人。面积为0.3平方千米。

早年，薛庄西边有个高台子，名为薛台子，有薛姓人曾居于此。新中国成立后，王山窝的人陆续搬来此地。1949年属新民乡港河村，1958年属赵庄公社桃园大队，1972年属三座楼大队，1980年属王汉集公社（乡）三座楼大队（村），1992年属赵庄镇三座楼村，2008年并村为三座楼村民委员会至今。

余庄

余庄（Yúzhuāng） 属赵庄镇三座楼村民委员会。地处三座楼村东北部，东至仇屯，北至王屯，西至盛庄，南至单庄。总户数为146户，总人口为503人。面积为0.53平方千米。

清朝道光年间，余姓在此占产立庄，故名。1949年属新民乡港河村，1958年属赵庄公社桃园大队，1972年属三座楼大队，1980年属王汉集公社（乡）三座楼大队（村），1992年属赵庄镇三座楼村，2008年并村为三座楼村民委员会至今。

张庄

张庄（Zhāngzhuāng） 属赵庄镇三座楼村民委员会。地处三座楼村西部，东至薛庄，北至桃园，西至大庙，南至马阁。总户数为137户，总人口为471人。面积为0.52平方千米。

张氏立村，故名。1949年属新民乡港河村，1958年属赵庄公社桃园大队，1972年属三座楼大队，1980年属王汉集公社（乡）三座楼大队（村），1992年属赵庄镇三座楼村，2008年并村为三座楼村民委员会至今。

大新庄

大新庄（Dàxīnzhuāng） 属赵庄镇张老庄村民委员会。地处张老庄村东北部，东临汪屯村陈格，西临三座楼村单庄，南临小新庄，北临三座楼村秦楼。总户数为96户，总人口为317人。面积为0.34平方千米。

1949年前该村名郝新庄，后来姓李门户大、人多，改名为大新庄。1949年属大屯区赵庄乡，1958年为赵庄公社张老庄大队，1961年后为桃园公社张老庄大队，1980年为王汉集公社张老庄大队，1992年为赵庄镇张老庄村民委员会至今。

蒋新楼

蒋新楼（Jiǎngxīnlóu） 属赵庄镇张老庄村民委员会。地处张老庄村北部，东临小新庄，西临王汉集村张小屯，南临张老庄，北临三座楼村单庄。总户数为209户，总人口为662人。面积为0.67平方千米。

1949年前蒋姓大户立村，在村后面盖一新炮楼，故名。1949年属大屯区赵庄乡，1958年为赵庄公社张老庄大队，1961年后为桃园公社张老庄大队，1980年为王汉集公社张老庄大队，1992年为赵庄镇张老庄村民委员会至今。

梁屯

梁屯（Liángtún） 属赵庄镇张老庄村民委员会。地处张老庄村东南部，东临汪屯村蒋庄，西临王汉集村李楼，南临王寨镇双楼，北临西吴楼。总户数为171户，总人口为559人。面积为0.91平方千米。

1949年前梁姓迁此屯田立村，故名。1949年属大屯区赵庄乡，1958年为赵庄公社张老庄大队，1961年为桃园公社张老庄大队，1980年为王汉集公社张老庄大队，1992年为赵庄镇张老庄村民委员会至今。

旗杆楼

旗杆楼（Qígǎnlóu） 属赵庄镇张老庄村民委员会。地处张老庄村东部，东临西吴楼，西临张老庄，南临张庄寨镇、北小庄，北临蒋新楼。总户数为96户，总人口为316人。面积为0.53平方千米。

该村从前有一官宦人家，在此立有旗杆，盖有楼房，故名。1949年属大屯区赵庄乡，1958年为赵庄公社张老庄大队，1961年后为桃园公社张老庄大队，1980年为王汉集公社张老庄大队，1992年为赵庄镇张老庄村民委员会至今。

西吴楼

西吴楼（Xīwúlóu） 属赵庄镇张老庄村民委员会。地处张老庄村东部，东临汪屯村任楼，西临旗杆楼，南临梁屯，北临小新庄。总户数为143户，总人口为432人。面积为0.71平方千米。

早年吴姓立村位于港河西侧，又为与东三里吴楼相区别，故称西吴楼。1949年属大屯区赵庄乡，1958年为赵庄公社张老庄大队，1961年后为桃园公社张老庄大队，1980年为王汉集公社张老庄大队，1992年为赵庄镇张老庄村民委员会至今。

小新庄

小新庄（Xiǎoxīnzhuāng） 属赵庄镇张老庄村民委员会。地处张老庄村东北部，东临汪屯村东吴楼，西临蒋新楼，南临西吴楼，北临大新庄。总户数为35户，总人口为114人。面积为0.13平方千米。

1949年前几户人家从王千集迁到此地建新庄，故而得名小新庄。1949年属大屯区赵庄乡，1958年为赵庄公社张老庄大队，1961年后为桃园公社张老庄大队，1980年为王汉集公社张老庄大队，1992年为赵庄镇张老庄村民委员会至今。

张老庄

张老庄（Zhānglǎozhuāng） 属赵庄镇张老庄村民委员会。村委会驻地，东临旗杆楼，西临王汉集，南临王汉集村李楼，北临蒋新楼。总户数为264户，总人口为823人。面积为1.46平方千米。

明朝移民时，张姓从山东移民于此地，因居住年代久远，故名张老庄。1949年属大屯区赵庄乡，1958年为赵庄公社张老庄大队，1961年后为桃园公社张老庄大队，1980年为王汉集公社张老庄大队，1992年为赵庄镇张老庄村民委员会至今。

郝楼

郝楼（Hǎolóu） 属赵庄镇王汉集村村民委员会。地处王汉集村南部，东至郭庄，北至王楼，西至张唐，南至张庄寨镇小新庄。总户数为264户，总人口为875人。面积为0.61平方千米。

郝姓人家于清朝中期从山西迁到此地立村建楼，故名。1949年后属港河乡，1958年后属王汉集公社、赵庄公社郝楼大队，2008年并村后属王汉集村。

李楼

李楼（Lǐlóu） 属赵庄镇王汉集村民委员会。地处王汉集村南部，东至梁屯，北至张老庄，西至尹庄，南至柿元。总户数为137户，总人口为452人。面积为0.86平方千米。

民国期间李氏在此居住，并建有楼阁，故名。1949年属港河乡，后属王汉集公社、赵庄公社柿园大队，2008年并入王汉集村。

柿元

柿元（Shìyuán） 属赵庄镇王汉集村民委员会。地处王汉集村南部，东至张庄寨镇北小庄，北至李楼，西至郭庄，南至张庄寨镇张新集。总户数为76户，总人口为244人。面积为0.28平方千米。

清朝年间建村时纪姓家族在此居住，植有柿子园，时名纪柿园，1949年后张姓家族大了，又名张柿园，1964年后改为柿元。1949年属港河乡，1958年后属王汉集，赵庄公社王汉楼大队，1992年属赵庄镇，2008年后属王汉集村。

王汉集

王汉集（Wánghànjí） 属赵庄镇王汉集村民委员会。村委会驻地，东至张老庄，北至王小屯和王楼，西至郝楼，南至郭庄。总户数为209户，总人口为739人。面积为0.59平方千米。

清朝后期有叫王汉的大户在此设集市，后成村，故名王汉集。1949年属港河乡，1958年后属王汉集、赵庄公社王汉楼大队，1992年属赵庄镇，2008年后属王汉集村。

王楼

王楼（Wánglóu） 属赵庄镇王汉集村民委员会。地处王汉集村东部，东至王小屯，北至马阁，西至武庄，南至王汉集。总户数为376户，总人口为1289人。面积为1.99平方千米。

早年为王姓财主的寄庄子并建有楼房，故名。1949年属港河乡，1958年后属王汉集、赵庄公社王汉楼大队，1992年属赵庄镇，2008年后属王汉集村。

王小屯

王小屯（Wángxiǎotún） 属赵庄镇王汉集村民委员会。地处王汉集村北部，东至张老庄，北至张小屯，西至王楼，南至王汉集。总户数为96户，总人口为319人。面积为0.25平方千米。

该村属王楼一家姓王的寄庄子，后为王小屯。1949年属港河乡，1958年后属王汉集、赵庄公社王汉楼大队，1992年属赵庄镇，2008年后属王汉集村。

王小庄

王小庄（Wángxiǎozhuāng） 属赵庄镇王汉集村民委员会。地处王汉集村南部，东至尹庄，北至王汉集，西至王汉集，南至郭庄。总户数为101户，总人口为350人。面积为0.25平方千米。

清朝前期王姓在此立庄，因当时人少村小，故名。1949年属港河乡，1958年后属桃园公社、赵庄公社张老庄大队，1985年属王汉集乡桃园公社，1992年属赵庄镇，2008年后属王汉集村。

武破楼

武破楼（Wǔpòlóu） 属赵庄镇王汉集村民委员会。地处王汉集村南部，东至郝楼，北至郝楼，西至张唐，南至王衍庄。总户数为72户，总人口为245人。面积为0.25平方千米。

早年武姓立村，因村中有一座破楼故而得名。1949年属乡，1958年后属王汉集、赵庄公社郝楼大队，1992年属赵庄镇，2008年后属王汉集村。

尹庄

尹庄（Yǐnzhuāng） 属赵庄镇王汉集村民委员会。地处王汉集村东部，东至李楼，北至王汉集，西至王小庄，南至郭庄。总户数为57户，总人口为201人。面积为0.23平方千米。

1814—1816年，尹姓在此居住建村，故称尹庄。1949年属港河乡，1958年后属桃园公社、赵庄公社张老庄大队，1992年属赵庄镇，2008年后属王汉集村。

张唐

张唐（Zhāngtáng） 属赵庄镇王汉集村民委员会。地处王汉集村北部，东至郝楼，北至武庄，西至邝庄，南至王衍庄。总户数为280户，总人口为949人。面积为1.56平方千米。

张姓和唐姓在此建村，故名张唐。1949年属港河乡，1958年后属王汉集、赵庄公社郝楼大队，1992年属赵庄镇，2008年后属王汉集村。

张小屯

张小屯（Zhāngxiǎotún） 属赵庄镇王汉集村民委员会。地处王汉集村北部，东至蒋新楼，北至三座楼，西至王楼，南至王小屯。总户数为34户，总人口为119人。面积为0.18平方千米。

张氏在此屯田定居，村小人少，故名张小屯。1949年属港河乡，后一直属王楼村，2008年属王汉集村至今。

段集

段集（Duànjí） 属赵庄镇孙大庙村民委员会。地处孙大庙村东部，西至郭庄，南至贾庄，东至张庄，北至桃园。总户数为

162户，总人口为443人。面积为0.83平方千米。

民国末年段姓在此立村并设有集市，故名。1949年属赵庄乡，1958年属赵庄公社孙大庙大队，1981年属桃园公社孙大庙大队。1986年属赵庄镇孙大庙村至今。

高庄

高庄（Gāozhuāng） 属赵庄镇孙大庙村民委员会。地处孙大庙村南部，东至马阁，西至小杨庄，北至大庙，南至大杨庄。总户数为90户，总人口为290人。面积为0.4平方千米。

早年高姓在此立村，而且住的宅基地在高台，故取名高庄。1949年属赵庄乡，1958年属王汉集公社高杨庄大队。2004年属赵庄镇孙大庙村至今。

郭庄

郭庄（Guōzhuāng） 属赵庄镇孙大庙村民委员会。地处孙大庙村北部，南至大庙，西至大庙，北至北河，东至段集。总户数为103户，总人口为323人。面积为0.46平方千米。

明代郭姓人从山西来此立庄，故名。1949年属赵庄乡，1958年为赵庄公社孙大庙大队，1981年为桃园公社孙大庙大队，1986年属赵庄镇孙大庙村至今。

贾庄

贾庄（Jiǎzhuāng） 属赵庄镇孙大庙村民委员会。地处孙大庙村东部，西至大庙，北至段集，东至张庄，南至马阁。总户数为140户，总人口为455人。面积为0.71平方千米。

贾氏在此占产立庄，故名。1949年属赵庄乡，1958年后属赵庄公社、桃园公社孙大庙大队，1986年隶属赵庄镇孙大庙村至今。

马阁

马阁（Mǎgé） 属赵庄镇孙大庙村民委员会。地处孙大庙村东部，西至高庄，南至王楼，东至三座楼，西至贾庄。总户数为141户，总人口为447人。面积为0.76平方千米。

早年马姓在此居住，村两头分别有大寺阁、火神庙，由此得名。1949年属赵庄乡，1958年属赵庄公社、桃园公社孙大庙大队，1986年属赵庄镇孙大庙村至今。

大庙

大庙（Dàmiào） 属赵庄镇孙大庙村民委员会。地处孙大庙村西部，南至高杨庄，西至大屯镇杨屯，北至杜楼，东至段集。总户数为538户，总人口为1569人。面积为1.65平方千米。

大庙原为港南村（原港河之南），清康熙年间（1662年）此处修建庆云寺大庙，故而得名大庙。1949年属赵庄乡，1958年属赵庄公社、桃园公社孙大庙大队，1986年属赵庄镇孙大庙村至今。

武庄

武庄（Wǔzhuāng） 属赵庄镇孙大庙村民委员会。地处孙大庙村南部，北至小杨庄，东至王楼，南至郝楼，西至陈楼。总户数为68户，总人口为280人。面积为0.45平方千米。

明代武姓在此占产立庄，因当时人少村小，故名。1949年属赵庄乡，1958年后属赵庄公社、王汉集公社高杨庄大队，1985年属赵庄镇高杨庄村，2004年属赵庄镇孙大庙村至今。

小杨庄

小杨庄（Xiǎoyángzhuāng） 属赵庄镇孙大庙村民委员会。地处孙大庙村南部，东至大杨庄，北至大庙，西至大屯镇郑楼，南至武庄。总户数为 81 户，总人口为 290 人。面积为 0.56 平方千米。

因该村多为杨姓人家居住，人少村小，故名。1949 年属赵庄乡，1958 年为王汉集公社高杨庄大队，2004 年属赵庄镇孙大庙村至今。

大杨庄

大杨庄（Dàyángzhuāng） 属赵庄镇孙大庙村民委员会。地处孙大庙村南部，东至高庄，北至高庄，西至小杨庄，南至武庄。总户数为 163 户，总人口为 472 人。面积为 0.78 平方千米。

杨庄姓王的占 80% 的人口，但杨姓居住早，有 100 余年历史，故取名大杨庄。1949 年属赵庄乡，1958 年为王汉集公社高杨庄大队，2004 年属赵庄镇孙大庙村至今。

陈洼

陈洼（Chénwā） 属赵庄镇桃元村民委员会。地处桃元村东部，东至彭庄，西至杜楼，南至杜楼，北至周庄。总户数为 79 户，总人口为 262 人，面积为 0.12 平方千米。

该村以山西来姓陈的为主，当年地洼，故名陈洼。1949 年曾设桃元乡，1958 年后设赵桃元公社桃元大队，后属赵庄公社，仍为桃元大队，1985 年后属赵庄镇桃元村至今。

程庄

程庄（Chéngzhuāng） 属赵庄镇桃元村民委员会。地处桃元村北部，东至杜楼，西至毛菜元，南至孙大庙，北至胡集。总户数为 103 户，总人口为 358 人，面积为 0.09 平方千米。

清朝年间，程姓家族在此建庄，故名。1949 年属桃元乡，1958 年后属赵桃元公社、赵庄公社杜楼大队，1992 年属赵庄镇杜楼村，2008 年并入桃元村至今。

杜楼

杜楼（Dùlóu） 属赵庄镇桃元村民委员会。地处桃元村西部，东至桃元，西至程庄，南至孙大庙，北至周庄。总户数为 243 户，总人口为 782 人，面积为 0.25 平方千米。

明代杜姓人在此占产立庄并建楼，故而得名。1949 年属桃元乡，1958 年后属赵桃元公社、赵庄公社杜楼大队，1992 年属赵庄镇杜楼村，2008 年并入桃元村至今。

桃元

桃元（Táoyuán） 属赵庄镇桃元村民委员会。地处桃元村中部，东至申河，西至杜楼，南至薛庄，北至王庄。总户数为 287 户，总人口为 905 人，面积为 0.53 平方千米。

很久以前，有祁、王、沈三姓逃荒到此居住，大家互相帮助，亲如兄弟，好似当年刘、关、张桃园三结义，故命名桃园，后演变成桃元。1949 年曾设桃元乡，1958 年后设赵桃元公社桃元大队，后属赵庄公社，仍为桃元大队，1985 年后属赵庄镇桃元村至今。

王庄

王庄（Wángzhuāng） 属赵庄镇桃元村民委员会。地处桃元村北部，东至申河，西至陈洼，南至桃元，北至彭庄。总户数为 50 户，总人口为 150 人，面积为 0.03 平方千米。

因王姓人家较多而得名。该村一直属桃元村至今。

周庄

周庄（Zhōuzhuāng） 属赵庄镇桃元

村民委员会。地处桃元村东部，东至酒店，西至胡集，南至杜楼，北至史庄。总户数为348户，总人口为1083人，面积为1平方千米。

周姓人士1340年从河南迁到此地，故名。1949年属桃元乡，1958年后属赵桃元公社、赵庄公社杜楼大队，1992年属赵庄镇杜楼村，2008年并入桃元村至今。

大张庄

大张庄（Dàzhāngzhuāng） 属赵庄镇九店村民委员会。地处九店村东部，东临港河，北临小新庄，南临小李庄，西临毛楼。总户数为112户，总人口为485人。面积为0.5平方千米。

从前张姓在此占产立庄，因张姓多，庄子大，故名。1949年属大屯区桃园乡。1958年后属桃园公社、赵庄公社九店大队。1985年属赵庄镇。2008年属九店村民委员会至今。

樊屯

樊屯（Fántún） 属赵庄镇九店村民委员会。地处九店村东部，东临小朱庄，北临酒店乡，南临港河，西临代庄。总户数为185户，总人口为833人。面积为1.33平方千米。

清朝樊姓在此屯田立庄，故名。1949年属大屯区桃园乡，1958年后属桃园公社、赵庄公社樊屯大队，1985年属赵庄镇王庄村民委员会，2008年属九店村至今。

港河

港河（Gănghé） 属赵庄镇九店村民委员会。地处九店村东部，东临赵庄村，北临王庄，南临刘阁，西临大张庄。总户数为230户，总人口为936人。面积为1.08平方千米。

因原先有一条港河在庄后，故而得名。1949年属大屯区桃园乡。1958年后属桃园公社、赵庄公社李九店大队。1985年属赵庄镇王庄村。2008年属九店村民委员会至今。

九东

九东（Jiŭdōng） 属赵庄镇九店村民委员会。地处九店村北部，总户数为150户，总人口为850人。面积为0.325平方千米。

1949年前该村有李家九坊，故而得名李家九店。此村又分东西两村，简称九东、九西。1949年属大屯区桃园乡。1958年后属桃园公社、赵庄公社李九店大队。1985年属赵庄镇。2008年属九店村民委员会至今。

九西

九西（Jiŭxī） 属赵庄镇九店村民委员会。地处九店村西部，东临李九店，西临史庄，南临毛楼，北临酒店乡。总户数为230户，总人口为828人。面积为0.75平方千米。

1949年前该村有家酒坊，故而得名酒店，后演变成九店。因村大人多又分东西两村，简称九东、九西。1949年属大屯区桃园乡。1958年后属桃园公社、赵庄公社九店大队。1985年属赵庄镇。2008年属九店村民委员会至今。

李庄

李庄（Lĭzhuāng） 属赵庄镇九店村民委员会。地处九店村东部，总户数为82户，总人口为354人。面积为0.08平方千米。

从前李姓在此占产立庄，故名。1949年属大屯区桃园乡。1958年后属桃园公社、赵庄公社李九店大队。1985年属赵庄镇。2008年属九店村民委员会至今。

毛楼

毛楼（Máolóu） 属赵庄镇九店村民委

员会。地处九店村西部，东临李九店，西临周庄，北临九西，南临周庄。总户数为87户，总人口为600人。面积为0.2平方千米。

毛姓在此占产立庄，因当时毛姓有座老楼房，故名。1949年属大屯区桃园乡。1958年后属桃园公社、赵庄公社李九店大队。1985年属赵庄镇。2008年属李九店村民委员会至今。

彭庄

彭庄（Péngzhuāng） 属赵庄镇九店村民委员会。地处九店村东部，南临桃园，北临小李庄，东临刘阁，西临桃园。总户数为54户，总人口为239人。面积为0.24平方千米。

约400年前，此地住着彭姓和辛姓的两个大户，称为彭辛庄，后改为彭庄。1949年属大屯区桃园乡。1958年后属桃园公社、赵庄公社九店大队。1985年属赵庄镇。2008年属九店村民委员会至今。

史庄

史庄（Shǐzhuāng） 属赵庄镇九店村民委员会。地处九店村西部，东临九西，西临大屯镇，南临周庄，北临酒店乡。总户数为122户，总人口为506人。面积为1.5平方千米。

很久以前史姓四兄弟从河北迁来占产立庄，故名。1949年属大屯区桃园乡。1958年后属桃园公社、赵庄公社九店大队。1985年属赵庄镇。2008年属九店村民委员会至今。

王庄

王庄（Wángzhuāng） 属赵庄镇九店村民委员会。地处九店村东部，东临赵庄村，北临建华村，南临港河，西临小朱庄。总户数为373户，总人口为1211人。面积为1.8平方千米。

因王姓人家较多而得名。1949年属大屯区桃园乡。1958年后属桃园公社、赵庄公社老赵庄大队。1985年属赵庄镇王庄村民委员会。2008年属九店村至今。

小新庄

小新庄（Xiǎoxīnzhuāng） 属赵庄镇九店村民委员会。地处九店村东部，东临樊屯，北临酒店乡，南临大张庄，西临酒店乡。总户数为42户，总人口为162人。面积为0.08平方千米。

1949年前几户人家从王汉集迁到此地建新庄，故名。1949年属大屯区桃园乡，1958年后属桃园公社、赵庄公社樊屯大队，1985年属赵庄镇王庄村民委员会，2008年属九店村至今。

小张庄

小张庄（Xiǎozhāngzhuāng） 属赵庄镇九店村民委员会。地处九店村东部，东临樊屯，北临酒店乡，南临大张庄，西临李九店。总户数为45户，总人口为195人。面积为0.3平方千米。

早年张姓在此占产立庄，因当时人少地少，故名。1949年属大屯区桃园乡，1958年后属桃园公社、赵庄公社樊屯大队，1985年属赵庄镇王庄村民委员会，2008年属九店村至今。

大孙庄

大孙庄（Dàsūnzhuāng） 属赵庄镇大孙庄村民委员会。地处大孙庄村中部，西至王屯，南至王庄，东至路庄，北至刘端午庄。总户数为380户，总人口为1206人，面积为0.98平方千米。

清同治年间，江苏丰县孙氏族人一支迁至此处，人多庄大，定名“大孙庄”。1949年后属破楼乡，1958年后属赵庄公社、大孙庄大队，2007年合村为大孙庄村。

东胡屯

东胡屯（Dōnghútún） 属赵庄镇大孙庄村民委员会。地处大孙庄村西北部，东至大孙庄，北至袁庄，西至西胡屯，南至王屯。总户数为109户，总人口为377人，面积为0.32平方千米。

1975年因扒河从西胡屯东迁至此，故而得名。1949年属赵庄乡大孙庄村，1985年属赵庄镇王屯村，2007年属赵庄镇大孙庄村。

胡楼

胡楼（Húlóu） 属赵庄镇大孙庄村民委员会。地处大孙庄村北部，北至刘端午庄，东至杜楼镇徐楼，南至东胡屯，西至西胡屯。总户数为58户，总人口为211人，面积为0.29平方千米。

早年，有一户很有钱的胡姓人家，在此居住建村并盖一座楼，故名。1949年属赵庄乡大孙庄村，1985年属赵庄镇王屯村，2007年属赵庄镇大孙庄村。

胡庄

胡庄（Húzhuāng） 属赵庄镇大孙庄村民委员会。地处大孙庄村东部，东至杜楼镇小孙庄，南至王庄，西至小赵庄，北至大孙庄。总户数为166户，总人口为543人，面积为0.56平方千米。

早年胡姓人在此居住，故名。1949年后属破楼乡，1958年后属赵庄公社王庄大队，后并村属大孙庄村至今。

路庄

路庄（Lùzhuāng） 属赵庄镇大孙庄村民委员会。地处大孙庄村东部，东至杜娄镇徐楼，西至大孙庄，北至刘端午庄，南至胡庄。总户数为33户，总人口为111人，面积为0.15平方千米。

该村因路姓居多而得名。1952年路姓从河东徐楼和大孙庄搬家至此立庄，故名路庄。1949年属吴集乡，1958年后属赵庄公社王庄大队、路王庄大队，2007年合村后属赵庄镇大孙庄村。

王屯

王屯（Wángtún） 属赵庄镇大孙庄村民委员会。地处大孙庄村西部，东至大孙庄，西至小赵庄，北至东胡屯，南至杨庄。总户数为77户，总人口为262人，面积为0.3平方千米。

王姓人在此居住屯田，故名。1949年属赵庄乡，1958年后属赵庄公社王屯大队，1985年为王屯村，2007年合村属大孙庄村。

王庄

王庄（Wángzhuāng） 属赵庄镇大孙庄村民委员会。地处大孙庄村南部，东至杜楼镇郭庄，南至张庄，西至杨庄，北至大孙庄。总户数为193户，总人口为614人，面积为0.55平方千米。

因王姓人家较多而得名。1949年属吴集乡大孙庄村。1958年后属吴集、赵庄公社王庄大队，路王庄大队。1985年属赵庄镇王屯村。2007年属赵庄镇大孙庄村。

西胡屯

西胡屯（Xīhútún） 属赵庄镇大孙庄村民委员会。地处大孙庄村西北部，东至东胡屯，北至袁庄，西至张朴楼，南至小赵庄。总户数为132户，总人口为453人，面积为0.48平方千米。

早年胡姓在此屯地建村，因为挖河迁一部分胡姓村民于河东，称东胡屯，故原胡屯改称西胡屯。1949年属赵庄乡大孙庄村，1985年属赵庄镇王屯村，2007年属赵庄镇大孙庄村。

张庄

张庄（Zhāngzhuāng） 属赵庄镇大孙庄村民委员会。地处大孙庄村南部，东至杜楼镇郭庄，南至蒋寺，西至杨庄，北至王庄。总户数为99户，总人口为331人，面积为0.3平方千米。

张氏建村，故名。1949年后属大屯区吴集乡，1958年后属吴集、赵庄公社王庄大队，1992年属赵庄镇大孙庄村。

杜楼镇

鞭打芦花车牛返

鞭打芦花车牛返（Biāndǎlúhuāchēniú fǎn） 属杜楼镇孟窑村村民委员会。地处孟窑村南部，东面靠山，西至郝土楼，南至王山窝，北至孟窑。有239户，总人口为900人。面积为0.8平方千米。

据《萧县志》记载，两千年前，孔子七十二大贤之一的闵子骞幼年随父和两个弟弟赶着牛车走亲戚路过此地，时为杜村。闵子骞父亲叫子骞下车扶正歪倒的牛梭头，子骞冻得颤抖好长时间没扶正。其父气愤之下一鞭挥去，打破了子骞的棉袄，袄中芦花飞出。其父看其两个弟弟（同父异母）的棉袄均为棉絮。其父明白了，返回家中要休妻。子骞跪求父亲说："母在一子单，母去三子寒。"其父作罢，后其继母悔改，待子骞如己出。后人为纪念此孝行，改为此村名。《人民日报》（海外版）曾以最长村名做过报道。该村为安徽省"千年古村落"。"鞭打芦花"故事入选省级非物质文化遗产名录。1949年属闵贤乡。1958年属杜楼公社。1984年属芦花公社芦花乡。1992年属杜楼镇。2008年并入孟窑村。

鞭打芦花车牛返是我国最长的村名，具有一定的旅游文化意义。该村有"鞭打芦花"处石碑、"四贤祠"遗址、千佛庵等。乾隆皇帝曾来此处写下"惠我南黎""孝道永弘"题词。

薛村

薛村（Xuēcūn） 属杜楼镇孟窑村村民委员会。地处孟窑村北部，东面靠山，西至黄庄，南至孟窑，北至朱山窝。有371户，总人口为1110人。面积为0.9平方千米。

该村以明初大将薛显故里而得名。1949年属闵贤乡。1958年属杜楼公社。1984年属芦花公社芦花乡。1992年属杜楼镇。2008年并入孟窑村。

薛村是历史悠久的村落，村东有五经洞山（五洞山），据说山上洞内曾藏有孔子和他的学生以十年之功整理编著的百卷五经典籍，为萧县古胜境之一"堀坊八景"之一。

孟窑

孟窑（Mèngyáo） 属杜楼镇孟窑村村民委员会。地处孟窑村中部，东面靠山，西至袁楼，南至车返自然村，北至薛村。有425户，总人口为1450人。面积为1平方千米。

元代孟子后裔由邹县迁至孔子学生闵子骞称贤之地——车牛返村附近定居，并在此建窑烧石灰、烧罐盆等，故名。1949年属闵贤乡。1958年属杜楼公社。1985年属芦花乡。1992年属杜楼镇。2008年属孟窑村民委员会。

孙庄

孙庄（Sūnzhuāng） 属杜楼镇杜集村村民委员会。地处杜集村东南部，东至孟窑村，西至陈庄，南至袁楼，北至曹庄村。有217户，总人口为772人。面积为1平方千米。

早年由奶奶庙孙姓分支搬迁至此建庄，故名。1949年属王寨区闵贤乡。1958年属杜楼公社。1985年属王寨区芦花乡。1992年属杜楼镇杜集村至今。

小袁楼

小袁楼（Xiǎoyuánlóu） 属杜楼镇杜集村村民委员会。地处杜集村东部。

早年袁姓在此占产立庄建楼。因当时人少村小，故名。1949年属王寨区闵贤乡。1958年属杜楼公社。1985年属王寨区芦花乡。1992年属杜楼镇杜集村至今，后合并至袁楼。

陈庄

陈庄（Chénzhuāng） 属杜楼镇杜集村村民委员会。地处杜集村南部，东至袁楼，西至沙河，南至陈楼村，北至杜集。有204户，总人口为768人。面积为1平方千米。

早年陈姓在此占产立庄，故名。1949年属王寨区闵贤乡。1958年属杜楼公社。1985年属王寨区芦花乡。1992年属杜楼镇杜集村至今。

袁楼

袁楼（Yuánlóu） 属杜楼镇杜集村村民委员会。地处杜集村东南部，东至孟窑村，西至陈庄，南至郝土楼村，北至孙庄。有132户，总人口为513人。面积为0.8平方千米。

早年袁姓分支在此建庄盖楼，故名。1949年属王寨区闵贤乡。1958年属杜楼公社。1985年属王寨区芦花乡。1992年属杜楼镇杜集村至今。后有小袁楼庄合并至此。

杜集

杜集（Dùjí） 属杜楼镇杜集村村民委员会。村委会驻地，东至曹庄村，西至沙河，南至陈庄，北至郝庄寨村。有487户，总人口为1664人。面积为1.4平方千米。

早年杜姓建村，并建有集市，故名杜集。1949年属王寨区闵贤乡。1958年属杜楼公社。1985年属王寨区芦花乡。1992年属杜楼镇杜集村至今。

彭瓦房

彭瓦房（Péngwǎfáng） 属杜楼镇曹庄村村民委员会。地处曹庄村北部，东至古尚村，西至小张楼，南至黄庄，北至孟庄寨。有298户，总人口为1050人。面积为1.1平方千米。

自明初从彭城（即徐州）一彭家大户到此选址，烧砖瓦建房，故名。1949年属陶楼区。1958年属杜楼公社。1985年属芦花乡曹庄村委会。1992年属杜楼镇彭瓦房村。2008年并入杜楼镇曹庄村民委员会至今。

黄庄

黄庄（Huángzhuāng） 属杜楼镇曹庄村村民委员会。地处曹庄村东部，东至朱山窝，西至曹庄，南至孟瑶，北至彭瓦房。有207户，总人口为720人。面积为0.95平方千米。

明末清初时期有黄氏兄弟几人来此占产立户，故名。1949年属陶楼区。1958年属杜楼公社。1985年属芦花乡曹庄村委会。1992年属杜楼镇彭瓦房村。2008年并入杜楼镇曹庄村民委员会至今。

朱山窝

朱山窝（Zhūshānwō） 属杜楼镇曹庄村村民委员会。地处曹庄村北部，东至龙城镇，西至黄庄，南至孟窑，北至古尚村。有160户，总人口为592人。面积为0.45平方千米。

明代朱姓在此山窝占产立庄，故名。

1949 年属陶楼区。1958 年属杜楼公社。1985 年属芦花乡曹庄村委会。1992 年属杜楼镇彭瓦房村。2008 年并入杜楼镇曹庄村民委员会至今。

刘村

刘村（Liúcūn） 属杜楼镇曹庄村村民委员会。地处曹庄村东部，东至炕山，西至高小楼，南至古尚村，北至彭村。有 303 户，总人口为 1072 人。面积为 0.67 平方千米。

明代刘姓在此山下占产立庄，故名。1949 年属陶楼区。1958 年属杜楼公社。1985 年属芦花乡曹庄村委会。1992 年属杜楼镇彭瓦房村。2008 年并入杜楼镇曹庄村村民委员会至今。

古尚村

古尚村（Gǔshàngcūn） 属杜楼镇曹庄村村民委员会。地处曹庄村东部，东至龙城镇，西至彭瓦房，南至朱山窝，北至刘村。有 224 户，总人口为 748 人。面积为 0.53 平方千米。

早年有某尚书居住在此，死后葬于此，故名。1949 年属陶楼区。1958 年属杜楼公社。1985 年属芦花乡曹庄村委会。1992 年属杜楼镇彭瓦房村。2008 年并入杜楼镇曹庄村村民委员会至今。

曹庄

曹庄（Cáozhuāng） 属杜楼镇曹庄村村民委员会。地处村委会西部，东至黄庄，西至杜集，南至孙庄，北至小赵楼。有 241 户，总人口为 862 人。面积为 0.9 平方千米。

早年曹姓人从萧县圣泉寺迁居此地建村，取名曹庄。1949 年属陶楼区。1958 年属杜楼公社。1985 年属芦花乡曹庄村委会。1992 年属杜楼镇彭瓦房村。2008 年并入杜楼镇曹庄村村民委员会至今。

彭村

彭村（Péngcūn） 属杜楼镇彭村村民委员会。地处彭村中部，南至刘村，北至所里，东至灵山，西至高铁。有 527 户，总人口为 1972 人。面积为 0.5 平方千米。

早年彭姓来这里居住，故名彭村。1949 年起属萧县古尚乡。1958 年为杜楼公社。1985 年属王寨区杜楼镇。1992 年属杜楼镇。

高小楼

高小楼（Gāoxiǎolóu） 属杜楼镇彭村村民委员会。地处彭村西部，南至孟庄寨，北至彭马路，东至高铁，西至杜楼。有 340 户，总人口为 1302 人。面积为 0.3 平方千米。

因有高姓人家建有楼房，故名。1949 年起属萧县古尚乡。1958 年为杜楼公社。1985 年属王寨区杜楼镇。1992 年属杜楼镇。

插花寿

插花寿（Chāhuāshòu） 属杜楼镇彭村村民委员会。地处彭村西部，南至彭马路，北至陈腰庄，东至高铁，西至权洼。有 195 户，总人口为 610 人。面积 0.15 平方千米。

早年村中吴某得功名后，建新房时在房上设有云龙燕子、插花兽等，故名“插花兽”。为求长寿，改插花兽为插花寿，又名云龙燕子村。1949 年起属萧县古尚乡。1958 年属杜楼公社彭村大队。1984 年属王寨区杜楼镇。1992 年属杜楼镇彭村村民委员会。

所里

所里（Suǒlǐ） 属杜楼镇彭村村民委员会。地处彭村北部，南至彭村，北至 311 国道，东至灵山，西至高铁。有 650 户，总人口为 2012 人。面积 0.5 平方千米。

此地传说，从前有一道士曾到灵山说，

“有奇宝锁在此山中，南大谷那棵枣树是两山之锁的钥匙”，于是人们不顾一切地满山寻找枣树。道士后悔泄露了天机，为防人们争夺财宝而斗殴流血，便使道术将那枣树除掉。从此再无开锁的钥匙，而奇宝遂永远锁在山中，由此得名。1949年起属古尚乡。1958年属杜楼公社。1985年属王寨区杜楼镇。1992年属杜楼镇。

杜楼村

杜楼村（Dùlóucūn） 地处萧县西南部，镇政府驻杜楼村。东至彭村，西至侯楼，南至袁庄，北至权洼。总户数为386户，总人口为1316人，民族有汉族、回族。面积为1.1平方千米。

清代康熙年间，杜姓一支从徐州迁此建楼立村，因是该支杜姓最早迁居者，故名。1949年属陶楼区，1958年设杜楼公社为杜楼大队。1985年属王寨区杜楼镇，1992年撤区并乡后也称杜楼镇。

杜老楼

杜老楼（Dùlǎolóu） 属杜楼镇杜老楼村。地处杜老楼村东部，总户数为318户，总人口为1212人，民族有汉族、满族、回族。面积为1平方千米。

清康熙年间，杜姓一支由江苏徐州迁徙来此居住，因该支杜姓为迁此最早者，故名。1949年属杜楼乡，建楼。1958年属杜楼公社。1985年属王寨区杜楼镇杜楼村。1992年撤区并乡设杜楼镇杜楼村，后改为杜楼村民委员会。

龚楼

龚楼（Gōnglóu） 属杜楼镇杜老楼村。地处杜老楼村西南部，东至袁庄，西至郝庄，南至李楼，北至大张庄。总户数为333户，总人口为1055人，民族有汉族、回族。面积为1.2平方千米。

明末清初，龚姓人家在此建庄，并建有楼一座，故名。1949年属杜楼乡。1958年属杜楼公社。1985年属王寨区杜楼镇杜楼村。1992年撤区并乡时属杜楼镇杜楼村村民委员会。

小宅子

小宅子（Xiǎozháizi） 属杜楼镇杜老楼村。地处杜老楼村西南部，总户数为114户，总人口为525人。面积为0.9平方千米。

清朝初期，张姓兄弟分家，其中一人由北大张庄迁来，盘宅立家，因宅基地小，故名。1949年属杜楼乡。1958年属杜楼公社。1985年属王寨区杜楼镇杜楼村。1992年撤区并乡时属杜楼镇杜楼村至今。

权洼

权洼（Quánwā） 属杜楼镇杜老楼村。地处杜老楼村东北部，东至插华，西至杨庄，南至杜楼，北至杜庄。总户数为314户，总人口为1025人。面积为1.2平方千米。

早年，有权姓人家在此耕种居住，因村周地洼，故名。1949年属杜楼乡。1958年属杜楼公社杜楼大队。1985年属王寨区杜楼镇杜楼村。1992年属杜楼镇杜楼村民委员会。

袁庄

袁庄（Yuánzhuāng） 属杜楼镇杜老楼村。地处杜老楼村南部，东至高楼，西至龚楼，南至彭瓦房，北至杜楼。总户数为159户，总人口为474人。面积为0.4平方千米。

同治元年，袁姓人家从尹庄村搬到此地，占产立庄故得名。1949年起属陶楼区杜楼乡，1958年属杜楼公社杜楼大队，1985年属王寨区杜楼乡杜楼村，1992年属杜楼镇杜老楼村村民委员会至今。

孟庄寨

孟庄寨（Mèngzhuāngzhài） 属杜楼镇杜老楼村。地处杜老楼村东南部，东至刘村，西至李楼，南至彭瓦房，北至高小楼。总户数为344户，总人口为1140人，面积为1.3平方千米。

该村原由黄姓、叶姓立村建寨，名黄叶寨。后孟姓迁此居住，成为大户且人口众多，故更名为孟庄寨。1949年属杜楼乡，1958年属杜楼公社孟庄大队，2008年改归杜楼镇杜楼村至今。

马阁

马阁（Mǎgé） 属杜楼镇马阁村。地处马阁村南部，东至大沙河，南至南孙庄和王庄，西至王寨吴丛，北至北孙庄和郝党庄。总户数为330户，总人口为1013人。面积为1.74平方千米。

早年马姓在此居住，村两头分别有大寺阁、火神庙，故名。1949年属陶楼区马阁乡。1958年属红庙杜楼公社马阁大队。1985年属赵庄区红庙乡。1992年改属杜楼镇。2008年属马阁村民委员会至今。

南孙庄

南孙庄（Nánsūnzhuāng） 属杜楼镇马阁村。地处马阁村东南部，东至大沙河，南至王寨镇吴楼，西至王庄，北至马阁。总户数为220户，总人口为728人。面积为0.97平方千米。

早年孙姓在此立村，因在村南面，故名。1949年属陶楼区马阁乡。1958年属红庙杜楼公社马阁大队。1985年属赵庄区红庙乡马阁村。1992年改属杜楼镇马阁村民委员会至今。

北孙庄

北孙庄（Běisūnzhuāng） 属杜楼镇马阁村。地处马阁村东南部，东至李瓦房，南至陶楼，西至郝庄，北至小娄子和袁集。总户数为124户，总人口为392人。面积为0.72平方千米。

早年孙姓在此立村，因在村北面，故名。1949年属陶楼区马阁乡。1958年属红庙杜楼公社马阁大队。1985年属赵庄区红庙乡马阁村。1992年改属杜楼镇马阁村民委员会至今。

王庄

王庄（Wángzhuāng） 属杜楼镇马阁村。地处马阁村南部，东至南孙庄，西至王寨镇吴丛，南至王寨镇杜马庄，北至马阁。总户数为281户，总人口为906人。面积为1.54平方千米。

因王姓人家较多而得名。1949年属陶楼区马阁乡。1958年属红庙杜楼公社马阁大队。1984年属赵庄区红庙乡。1992年改属杜楼镇马阁村民委员会至今。

郝党庄

郝党庄（Hǎodǎngzhuāng） 属杜楼镇马阁村村民委员会。地处马阁村东部，东至大沙河，南至马阁，西至北孙庄，北至红庙。总户数为287户，总人口为897人。面积为1.33平方千米。

明代郝、党两姓在此立庄，故名。1949年属陶楼区马阁乡。1958年属红庙杜楼公社郝党庄大队。1984年属赵庄区红庙乡。1992年改属杜楼镇马阁村民委员会至今。

郝庄

郝庄（Hǎozhuāng） 属杜楼镇马阁村村民委员会。地处马阁村西北部，东至北孙庄，南至陶楼，西至赵庄镇河东，北至袁集。总户数为144户，总人口为481人。面积为0.8平方千米。

早年郝姓在此立庄，故名。1949年属陶楼区马阁乡。1958年属红庙杜楼公社郝党庄大队。1984年属赵庄区红庙乡。1992年改属杜楼镇。2008年并入马阁村民委员会至今。

陶楼

陶楼（Táolóu） 属杜楼镇马阁村村民委员会。地处马阁村北部，东至郝党庄，南至王寨镇吴丛，西至赵庄镇，北至郝庄。总户数为205户，总人口为693人。面积为1.15平方千米。

早年陶姓人家在此建楼居住，故名。1949年属陶楼区马阁乡。1958年属红庙杜楼公社郝党庄大队。1985年属赵庄区红庙乡。1992年改属杜楼镇。2008年并入马阁村民委员会。2008年并入马阁村民委员会至今。

郝新庄

郝新庄（Hǎoxīnzhuāng） 属杜楼镇郝新庄村。地处郝新庄村中部，东至郝瓦房，西至红庙村，南至李吴楼，北至丁庄。总户数为257户，总人口为784人。面积为1平方千米。

郝姓人家于明代自岱山口迁入红庙南立村，因黄河泛滥，村庄淹没地下，改于此处建新村，故名。1949年属杜楼乡，1958年属叶庄乡。1992年属杜楼镇。2008年合村属郝新庄村民委员会。

郝瓦房

郝瓦房（Hǎowǎfáng） 属杜楼镇郝新庄村民委员会。地处郝新庄村东部，东至业庄村，西至郝新庄，南至杜庄村，北至丁庄。总户数为268户，总人口为832人。面积为1.2平方千米。

明代郝姓在此占产立庄，并建瓦房，故名。从1949年起属郝新庄村至今。

李楼

李楼（Lǐlóu） 属杜楼镇郝新庄村。地处郝新庄村民委员会南部，东至叶庄村，西至吴楼，南至杜庄，北至郝新庄。总户数为217户，总人口为853人。面积为1.2平方千米。

民国期间李氏在此居住，并建有楼阁，故名。从1949年起至今，一直属郝新庄大队、郝新庄村。2008年合村属郝新庄村民委员会。

吴楼

吴楼（Wúlóu） 属杜楼镇郝新庄村。地处郝新庄村南部，东至李楼，西至红庙村，南至杜庄村，北至郝新庄村。总户数为150户，总人口为315人。面积为0.7平方千米。

明代吴姓在此占产立庄建楼，故名。从1949年至今属郝新庄大队郝新庄村，2008年合村属郝新庄村民委员会至今。

胡庄

胡庄（Húzhuāng） 属杜楼镇郝新庄村。地处郝新庄村北部，东至黄庄，西至朱解庄村，南至郝新庄村，北至朱解庄村。总户数为251户，总人口为801人。面积为1平方千米。

早年胡姓人在此居住，故名。1949年后属龙城区杜楼乡，1958年属胡庄大队杜楼公社，1985年属叶庄乡，2008年并入郝新庄村至今。

黄庄

黄庄（Huángzhuāng） 属杜楼镇郝新庄村。地处郝新庄村北部，东至八庄村，西至胡庄，南至丁庄，北至王屯。总户数为88户，总人口为290人。面积为0.6平方千米。

明代黄河水漫过后，黄姓一家迁居此地耕种生活，人口越来越多，取庄名为黄庄。1949年前属陶楼区红亭乡，1949年后属腰庄，1958年属腰庄杜楼公社，1985年属龙城区叶庄乡，1992年属杜楼镇，2008年并入郝新庄村至今。

王屯

王屯（Wángtún） 属杜楼镇郝新庄村。地处郝新庄村北部，东至八庄村，西至朱解庄村，南至黄庄，北至朱解庄村。总户数为170户，总人口为564人。面积为1平方千米。

1949年前王姓人在此，故名。1949年先后属陶楼区、龙城区，1958年属腰庄杜楼公社，1985年属叶庄乡，1992年属杜楼镇，2008年与郝新庄村合并为郝新庄村至今。

丁庄

丁庄（Dīngzhuāng） 属杜楼镇郝新庄村。地处郝新庄村北部，东至八庄村，西至胡庄，南至郝瓦房，北至黄庄。总户数为216户，总人口为731人。面积为0.9平方千米。

明代时，丁姓生活在此屯，故名。1992年属杜楼镇，1958年后属腰庄杜楼公社，2008年与郝新庄村合并为郝新庄村。

万楼

万楼（Wànlóu） 属杜楼镇郝新庄村。地处郝新庄村北部，总户数为2户，总人口为8人。面积为0.002平方千米。

明代此处有一万贯富翁，与一进士比富争名望，在此置地建楼耗资巨万，始名万贯楼，后简称万楼。1949年后属龙城镇叶庄乡。1992年属杜楼镇。2008年与郝新庄村合并为郝新庄村至今。

李楼

李楼（Lǐlóu） 属杜楼镇郝庄寨村。地处郝庄寨村东部，东邻杜老楼村，西邻郝庄，南邻小张楼，北邻杜庄村。总户数为278户，总人口为948人。面积为0.95平方千米。

民国期间李氏在此居住，并建有楼阁，故名。1949年起属王寨区杜楼乡。1958年属杜楼公社。1985年属王寨区杜楼镇。1992年属杜楼镇至今。

郝庄

郝庄（Hǎozhuāng） 属杜楼镇郝庄寨村。地处郝庄寨村西部，东邻杜庄村，西邻王台子，南邻李庄，北邻杜庄村。总户数为392户，总人口为1268人。面积为1.1平方千米。

早年有郝姓人家在此居住，故名。1949年起属王寨区杜楼乡。1958年属杜楼公社。1985年属王寨区杜楼镇。1992年属杜楼镇至今。

李庄

李庄（Lǐzhuāng） 属杜楼镇郝庄寨村。地处郝庄寨村南部，东邻曹庄村，西邻郝庄，南邻杜集村，北邻郝庄。总户数为161户，总人口为549人。面积为0.6平方千米。

早年李姓人在此居住，逐步发展成一个村庄，故名。1949年起属王寨区杜楼乡。1958年属杜楼公社。1985年属王寨区杜楼镇。1992年属杜楼镇至今。

小张楼

小张楼（Xiǎozhānglóu） 属杜楼镇郝庄寨村。地处郝庄寨村南部，总户数为18户，总人口为70人。面积为0.58平方千米。

清朝有张氏一家，在此建楼居住立村，故名。1949年起属王寨区杜楼乡。1958年属杜楼公社。1985年属王寨区杜楼镇。1992年属杜楼镇至今。

刘庄

刘庄（Liúzhuāng） 属杜楼镇郝庄寨村。地处郝庄寨村西部，东邻郝庄自然村，西邻大沙河，南邻八大家，北邻王台子。总户数为189户，总人口为613人。面积为0.7平方千米。

早年刘姓在此定居建庄，故名。1949年起属王寨区杜楼乡。1958年属杜楼公社耿刘庄大队。1985年属王寨区杜楼镇。1992年属杜楼镇。2008年并入郝庄寨村民委员会至今。

八大家

八大家（Bādàjiā） 属杜楼镇郝庄寨村。地处郝庄寨村西南部，东邻李庄，西邻大沙河，南邻杜集村，北邻刘庄。总户数为233户，总人口为738人。面积为0.9平方千米。

早年有八姓人在此居住，故名。1949年起属王寨区杜楼乡。1958年属杜楼公社耿刘庄大队。1985年属王寨区杜楼镇。1992年属杜楼镇。2008年并入郝庄寨村民委员会至今。

王台子

王台子（Wángtáizi） 属杜楼镇郝庄寨村。地处郝庄寨村西北部，东邻杜庄村，西邻马阁村，南邻刘庄，北邻杜庄村。总户数为416户，总人口为1381人。面积为1.2平方千米。

清朝中期，王姓人在此立庄，因地势较高，故名。1949年属王寨区杜楼乡。1958年属杜楼公社王台子大队。1985年属王寨区杜楼镇。1992年属杜楼镇。2008年并入郝庄寨村民委员会至今。

蒋庄

蒋庄（Jiǎngzhuāng） 属杜楼镇杜庄村村民委员会。地处杜庄村西部，东至大张庄，西至沙河，南至黄庄，北临耕地。总户数为103户，总人口为323人。面积为0.5平方千米。

很久以前蒋姓在此占产立庄，得名。1949年起属杜楼乡。1958年属杜楼公社。1985年属杜楼镇侯楼村。2008年并入杜庄村至今。

黄庄

黄庄（Huángzhuāng） 属杜楼镇杜庄村村民委员会。地处杜庄村西部，东至大张庄，西至沙河，南至侯楼，北至蒋庄。总户数为112户，总人口为410人。面积为0.6平方千米。

明代黄河水漫过后，黄姓一家迁居此地耕种生活，人口越来越多，取庄名为黄庄。1949年起属杜楼乡。1958年属杜楼公社。1985年属杜楼镇侯楼村。2008年并入杜庄村至今。

王楼

王楼（Wánglóu） 属杜楼镇杜庄村村民委员会。地处杜庄村西部，东至侯楼，西至沙河，南至王台子，北至黄庄。总户数为78户，总人口为342人。面积为0.5平方千米。

早年为王姓财主的寄庄子，建有楼房，取名工楼。1949年起属杜楼乡。1958年属杜楼公社。1985年属杜楼镇侯楼村。2008年并入杜庄村至今。

侯楼

侯楼（Hóulóu） 属杜楼镇杜庄村村民委员会。地处杜庄村西部，东至杜楼，南至郝庄，西至王楼，北至黄庄。总户数为157户，总人口为650人。面积为0.8平方千米。

早年有侯姓大户在此建楼，故名。1949年起属杜楼乡。1958年属杜楼公社。1985年属杜楼镇侯楼村。2008年并入杜庄村至今。

大张庄

大张庄（Dàzhāngzhuāng） 属杜楼镇杜庄村村民委员会。地处杜庄村西部，东至杨庄，西至黄庄，南至龚楼，北至李楼。总户数为289户，总人口为1120人。面积为1.5平方千米。

早年一张氏在此占产立庄，人多村大，故名。1949年起属杜楼乡。1958年属杜楼公社。1985年属杜楼镇侯楼村。2008年并入杜庄村至今。

杨庄

杨庄（Yángzhuāng） 属杜楼镇杜庄村村民委员会。地处杜庄村西部，东至小张庄，西至大张庄，南至杜楼，北至郝新庄。总户数为115户，总人口为402人。面积为0.6平方千米。

此地以杨家姓氏的人较多而得名杨庄。1949年起属杜楼乡。1958年属杜楼公社。1985年属杜楼镇侯楼村。2008年并入杜庄村至今。

小张庄

小张庄（Xiǎozhāngzhuāng） 属杜楼镇杜庄村村民委员会。地处杜庄村北部，东至杜庄，西至杨庄，南至杜楼，北至耕地。总户数为102户，总人口为386人。面积为0.8平方千米。

早年张氏在此占产立庄，因当时人少村小，故名。1949年起属杜楼乡。1958年属杜楼公社。1985年属杜楼镇侯楼村。2008年并入杜庄村至今。

杜庄

杜庄（Dùzhuāng） 属杜楼镇杜庄村村民委员会。地处杜庄村东部，东至腰庄，西至小张庄，南至权洼，北至侯瓦房。总户数为165户，总人口为669人。面积为1平方千米。

早年杜姓在此占产立庄，故名。1949年起属杜楼乡。1958年属杜楼公社。1985年属杜楼镇侯楼村。2008年并入杜庄村至今。

红庙

红庙（Hóngmiào） 属杜楼镇红庙村。地处红庙村东部，东至沙河，西至小楼子，南至和庄，北至纵袁庄。总户数为710户，总人口为2314人。面积为9.99平方千米。

春秋时鲁昭公曾“大搜于红”即此地。汉代楚元王之子刘富及其子孙封为红侯，此地为红侯国，后名红亭。明清均设有红亭乡。民国至新中国成立初设有红庙乡。因古时此地有“七井八庙十二坑”之称，俗称红庙。1949年后曾属王寨区、赵庄区。1958年后属红庙公社。1984年属赵庄区红庙乡。1992年属杜楼镇。2008年属红庙村至今。

李瓦房

李瓦房（Lǐwǎfáng） 属杜楼镇红庙村。地处红庙村南部，东至袁寺楼，西至311国道，南至郝党庄，北至红庙。总户数为107户，总人口为370人。面积为1.26平方千米。

早年李姓人家在此建村，建有瓦房，故名。1949年后曾属王寨区、赵庄区。1958年后属红庙公社。1984年属赵庄区红庙乡。1992年属杜楼镇。2008年属红庙村至今。

袁寺楼

袁寺楼（Yuánsìlóu） 属杜楼镇红庙村。地处红庙村南部，东至沙河，西至李瓦房，南至郝党庄，北至小和庄。总户数为174户，总人口为680人。面积为1.33平方千米。

早年袁姓在此建楼，并建寺庙，故名。1949年后曾属王寨区、赵庄区。1958年后属红庙公社。1984年属赵庄区红庙乡。1992年属杜楼镇。2008年属红庙村至今。

小和庄

小和庄（Xiǎohézhuāng） 属杜楼镇红庙村。地处红庙村南部，东至沙河，西至311国道，南至袁寺楼，北至红庙。总户数为61户，总人口为201人。面积为0.58平方千米。

此地以和姓者居多，因庄子较小，故名。1949年后曾属王寨区、赵庄区。1958年后属红庙公社。1984年属赵庄区红庙乡。1992年属杜楼镇。2008年属红庙村至今。

小楼子

小楼子（Xiǎolóuzi） 属杜楼镇红庙村。地处红庙村西部，东至红庙，西至袁集，南至孙庄，北至肖张运河。总户数为63户，总人口为240人。面积为0.79平方千米。

1949年前，庄内建有很多小楼，故名。1949年后曾属王寨区、赵庄区。1958年后属红庙公社。1984年属赵庄区红庙乡。1992年属杜楼镇。2008年属红庙村至今。

张楼

张楼（Zhānglóu） 属杜楼镇红庙村。地处红庙村东部，东至沙河，西至汪庄，南至红庙，北至311国道。总户数为94户，总人口为470人。面积为1.06平方千米。张姓在此建庄盖楼，故名。1949年后曾属王寨区、赵庄区。1958年后属红庙公社。1984年属赵庄区红庙乡。1992年属杜楼镇。2008年属红庙村至今。

汪庄

汪庄（Wāngzhuāng） 属杜楼镇红庙村。地处红庙村东部，东至张楼，西至王庄，南至红庙，北至朱解庄。总户数为58户，总人口为180人。面积为0.59平方千米。

早年汪姓在此建村定居，故名。1949年后曾属王寨区、赵庄区。1958年后属红庙公社。1984年属赵庄区红庙乡。1992年属杜楼镇。2008年属红庙村至今。

王庄

王庄（Wángzhuāng） 属杜楼镇红庙村。地处红庙村东部，东至汪庄，西至红庙，南至311国道，北至朱解庄。总户数为62户，总人口为190人。面积为0.59平方千米。

因王姓人家较多而得名。1949年后曾属王寨区、赵庄区。1958年后属红庙公社。1984年属赵庄区红庙乡。1992年属杜楼镇。2008年属红庙村至今。

纵袁庄

纵袁庄（Zòngyuánzhuāng） 属杜楼镇纵袁庄村。地处纵袁庄村北部，东至沙河，西至孟庄，南至小杜楼，北至马井镇。总户数为435户，总人口为1520人。面积为1.8平方千米。

明代纵姓、袁姓在此占产立庄，故名。1949年属陶楼区。1958年后属红庙杜楼公社纵袁庄大队。1985年属杜楼镇纵袁庄村民委员会至今。

孟庄

孟庄（Mèngzhuāng） 属杜楼镇纵袁

庄村。地处纵袁庄村西北部，东至沙河，西至马井镇权楼，南至纵袁庄，北至马井镇。总户数为288户，总人口为1116人。面积为1.6平方千米。

因孟姓在此占产立庄。此庄较大，故名。1949年属陶楼区。1958年后属红庙杜楼公社纵袁庄大队。1992年属杜楼镇纵袁庄村民委员会至今。

邢瓦房

邢瓦房（Xíngwǎfáng） 属杜楼镇纵袁庄村。地处纵袁庄村西部，东至纵袁庄，西至张楼自然村，南至陈柿园自然村，北至大孟庄。总户数为15户，总人口为60人。面积为0.3平方千米。

明代邢姓在此占产立庄并建有瓦房，故名。1949年属红北乡。1958年后属红庙杜楼公社纵袁庄大队。1985年撤社设镇，属杜楼镇纵袁庄村民委员会至今。

小杜楼

小杜楼（Xiǎodùlóu） 属杜楼镇纵袁庄村。地处纵袁庄村南部，东至袁庄，西至陈柿园，南至小圩子村张屯，北至纵袁庄。总户数为220户，总人口为810人。面积为1.1平方千米。

明代杜姓人在此占产立庄并建楼，且庄子很小，故名。1949年起属红北乡，1958年属红庙公社纵袁庄大队，1985年属杜楼镇陈柿园村民委员会，后属纵袁庄村民委员会至今。

陈柿园

陈柿园（Chénshìyuán） 属杜楼镇纵袁庄村。地处纵袁庄村西南部，东至沙河，西至311国道，南至袁寺楼，北至红庙。总户数为145户，总人口为660人。面积为1.2平方千米。

早年陈姓人在此占产立庄，植有柿子园，故名。1949年属陶楼区。1958年属红庙公社纵袁庄大队。1985年属赵庄区红庙乡。1992年属杜楼镇陈柿园村。后并入纵袁庄村民委员会至今。

张楼

张楼（Zhānglóu） 属杜楼镇纵袁庄村。地处纵袁庄村西南部，东至陈柿园，西至赵庄镇周庄，南至小圩子村徐楼，北至马井镇权楼。总户数为130户，总人口为610人。面积为1.1平方千米。

张姓在此建庄盖楼，故名。1949年属陶楼区。1958年属红庙公社纵袁庄大队。1985年属赵庄区红庙乡。1992年属杜楼镇陈柿园村。后并入纵袁庄村民委员会至今。

黄塘窝

黄塘窝（Huángtángwō） 属杜楼镇纵袁庄村。地处纵袁庄村南部，东至沙河，西至袁庄自然村，南至红庙村，北至沙河。总户数为160户，总人口为450人。面积为1平方千米。

早年因大沙河泛滥，此处冲成一塘窝，后来黄姓人在此建庄。故名。1949年属陶楼区。1958年属红庙公社纵袁庄大队。1985年属赵庄区红庙乡。1992年属杜楼镇陈柿园村。后并入纵袁庄村民委员会至今。

袁庄

袁庄（Yuánzhuāng） 属杜楼镇纵袁庄村。地处纵袁庄村东南部，东至黄塘窝自然村，西至小杜楼，南至红庙村，北至沙河。总户数为166户，总人口为630人。面积为1平方千米。

同治元年，袁姓从尹庄村后搬到此地，占产立庄，故名。1949年属陶楼区。1958年属红庙公社纵袁庄大队，1985年属赵庄区红庙乡。1992年属杜楼镇陈柿园。后并入纵袁庄村民委员会至今。

崔楼

崔楼（Cuīlóu） 属杜楼镇纵袁庄村。地处纵袁庄村东南部，东至袁庄，西至小杜楼，南至小圩子村李庄，北至沙河。总户数为18户，总人口为80人。面积为0.2平方千米。

早年崔姓人在此占产立庄，又有一座小土楼，故名。1949年属陶楼区。1958年属红庙公社纵袁庄大队。1985年属赵庄区红庙乡。1992年属杜楼镇陈柿园村。后并入纵袁庄村民委员会至今。

黄庄村

黄庄村（Huángzhuāngcūn） 属杜楼镇朱解庄村民委员会。地处朱解庄村东部，东至县道，南至王屯北，北至301省道，西至朱解庄。总户数为174户，总人口为592人，面积为2.4平方千米。

明末清初时期有黄氏兄弟几人来此占产立户，故名。1949年属红亭乡朱解庄。1958年后属腰庄公社。1985年属龙城镇叶庄乡朱解庄村。1992年属杜楼镇东张楼村。2008年合村为杜楼镇朱解庄至今。

东张楼村

东张楼村（Dōngzhānglóucūn） 属杜楼镇朱解庄村民委员会。地处朱解庄村东北部，东至县道，南至胡庄北，西至王庄，北至欧庄南。总户数为90户，总人口为272人。面积为2平方千米。

明末清初有张氏家族在此居住，取名张楼，为与沙河西的张楼相区别，故名东张楼。1949年属红亭乡朱解集庄。1958年后属腰庄公社。1985年属龙城镇叶庄乡朱解庄村。1992年属杜楼镇东张楼村。2008年合村为杜楼镇朱解庄至今。

王庄

王庄（Wángzhuāng） 属杜楼镇朱解庄村民委员会。地处朱解庄村东北部，东至东张楼，南至高铁，北至郭庄南，西至黄柿园。总户数为209户，总人口为703人，面积为2.8平方千米。

因王姓人家立村，故名。1949年属红亭乡朱解庄。1958年后属腰庄公社。1985年属龙城镇叶庄乡朱解庄村。1992年属杜楼镇东张楼村。2008年合村为杜楼镇朱解庄至今。

黄柿园村

黄柿园村（Huángshìyuáncūn） 属杜楼镇朱解庄村民委员会。地处朱解庄村北部，南至朱解庄，东至王庄，北至苏楼南，西至利民沟。总户数为169户，总人口为611人，民族有汉族、回族。面积为2.6平方千米。

清朝初期有黄氏家族在此建庄并种植一块柿子园，故名。1949年属红亭乡朱解庄。1958年后属腰庄公社。1985年属龙城镇叶庄乡朱解庄村。1992年属杜楼镇东张楼村。2008年合村为杜楼镇朱解庄至今。

朱楼村

朱楼村（Zhūlóucūn） 属杜楼镇朱解庄村民委员会。地处朱解庄村南部，南至311国道，东至胡庄西，西至沙河，北至黄柿园。总户数为212户，总人口为740人，面积为2.7平方千米。

早年此地有朱氏在此建村并盖炮楼，故名。1949年属红亭乡朱解庄。1958年后属腰庄公社。1985年属龙城镇叶庄乡朱解庄村。1992年属杜楼镇东张楼村。2008年合村为杜楼镇朱解庄至今。

朱解庄村

朱解庄村（Zhūxièzhuāngcūn） 属杜楼镇朱解庄村民委员会。地处朱解庄村东部，东至文化广场，西至沙河桥，南至朱楼，北至黄柿园。总户数为295户，总人口为939人。面积为3.5平方千米。

早年有朱姓、徐姓、解姓共三家在此地居住，起名朱徐解庄。后因徐姓无人，故更名为朱解庄。1949年属红亭乡。1958年后属腰庄公社。1985年属龙城镇叶庄乡朱解庄村。1992年属杜楼镇东张楼村。2008年合村为杜楼镇朱解庄至今。

徐瓦房

徐瓦房（Xúwǎfáng） 属杜楼镇业庄村民委员会。地处业庄村东部，北靠311国道，南到郝所沟，东至萧县园艺场，西到叶庄。总户数为155户，总人口为489人。面积为0.6平方千米。

早年有徐姓人家从山西洪洞县迁来此地，故名。1949年起属王寨区腰庄乡。1958年后属龙城区腰庄杜楼公社业庄大队。1985年属龙城镇叶庄乡。1992年属杜楼镇业庄村民委员会至今。

陈老庄

陈老庄（Chénlǎozhuāng） 属杜楼镇业庄村民委员会。地处业庄村中部，北靠业庄初中，东临叶庄，西临唐庙农场，南到郝所沟。总户数为104户，总人口为324人。面积为0.35平方千米。

早年陈姓在此占产立庄，故名。1949年起属王寨区腰庄乡。1958年后属龙城区腰庄杜楼公社。1985年属龙城镇叶庄乡。1992年属杜楼镇业庄村民委员会至今。

叶庄

叶庄（Yèzhuāng） 属杜楼镇业庄村民委员会。地处业庄村中部，北临301省道，东至徐瓦房，南到郝所沟，西靠陈老庄。总户数为129户，总人口为396人。面积为0.44平方千米。

清朝年间叶姓人家在此占产立庄，故名叶庄。1949年起属王寨区腰庄乡。1958年后属龙城区腰庄杜楼公社业庄大队。1985年属龙城镇叶庄乡。1992年属杜楼镇业庄村民委员会至今。

陈腰庄

陈腰庄（Chényāozhuāng） 属杜楼镇业庄村民委员会。地处业庄村南部，北至郝所沟，东临所里，西临杜庄村，南到插花树。总户数为538户，总人口为1695人，面积为1.52平方千米。

明朝中期有陈姓人家，从山西省洪洞县迁来，在小葛庄和杜庄中间（俗说腰里）占产立庄，故名。1949年起属王寨区腰庄乡。1958年后属龙城区腰庄杜楼公社业庄大队。1985年属龙城镇叶庄乡。1992年属杜楼镇业庄村民委员会至今。

小葛庄

小葛庄（Xiǎogězhuāng） 属杜楼镇业庄村民委员会。地处业庄村西部，总户数为8户，总人口为30人。面积为0.03平方千米。

明朝有葛姓人家在此占产立户，因人少庄小，故名。1949年起属王寨区腰庄乡。1958年后属龙城区腰庄杜楼公社业庄大队。1985年属龙城镇叶庄乡。1992年属杜楼镇业庄村民委员会至今。

侯瓦房

侯瓦房（Hóuwǎfáng） 属杜楼镇业庄村民委员会。地处业庄村西部，北临八庄村，西至郝新庄，东临纵张庄，南临杜庄。

总户数为40户，总人口为133人。面积为0.2平方千米。

清朝末年侯姓在此占产立户，盖有瓦房，故名。1949年起属王寨区腰庄乡。1958年后属龙城区腰庄杜楼公社业庄大队。1985年属龙城镇叶庄乡。1992年属杜楼镇业庄村民委员会至今。

纵张庄

纵张庄（Zòngzhāngzhuāng） 属杜楼镇业庄村民委员会。地处业庄村北部，北临八庄村，东靠唐庙农场，西至侯瓦房，南临陈腰庄。总户数为176户，总人口为542人。面积为0.65平方千米。

明朝纵姓、张姓两家在此立庄，故名。1949年起属工寨区腰庄乡。1958年后属龙城区腰庄杜楼公社业庄大队。1985年属龙城镇叶庄乡。1992年属杜楼镇业庄村民委员会至今。

欧庄

欧庄（Ōuzhuāng） 属杜楼镇八庄村民委员会。地处八庄村西南部，东至大八庄，西至王屯，南至301国道，北至小八庄。有51户，总人口为156人。面积为0.2平方千米。

早年欧姓在此建庄，故名欧庄。1949年属陶楼区腰庄乡。1958年后属杜楼公社。1984年属龙城镇叶庄乡。1992年属杜楼镇至今。

纵井

纵井（Zòngjǐng） 属杜楼镇八庄村民委员会。地处八庄村西部，东至胡庄，西至王屯，南至欧庄，北至大楼。有217户，总人口为636人。面积为1平方千米。

纵姓自清朝顺治年间从本县小纵林分支迁入此地，凿井一眼，故名。1949年属腰庄陶楼区腰庄乡。1958年后属腰庄杜楼公社八庄大队。1985年属龙城镇叶庄乡。1992年属杜楼镇八庄村民委员会至今。

大胡庄

大胡庄（Dàhúzhuāng） 属杜楼镇八庄村民委员会。地处八庄村村民委员会东部，东至大八庄，西至纵井，南至杨庄，北至311国道。有217户，总人口为725人。面积为1平方千米。

雍正年间胡世太从徽州逃荒来萧城居住，胡世太所生三子，后分居萧县西十八里，次子居住地因村大，故称大胡庄。1949年属腰庄陶楼区腰庄乡。1958年后属腰庄杜楼公社八庄大队。1985年属龙城镇叶庄乡。1992年属杜楼镇八庄村民委员会至今。

杨庄

杨庄（Yángzhuāng） 属杜楼镇八庄村民委员会。地处八庄村西南部，东至张八庄，西至纵井，南至小八庄，北至胡庄。有31户，总人口为89人。面积为0.2平方千米。

因该村多为杨姓人家居住，人少村小，故名。1949年属腰庄陶楼区腰庄乡。1958年后属腰庄杜楼公社八庄大队。1985年属龙城镇叶庄乡。1992年属杜楼镇八庄村民委员会至今。

张八庄

张八庄（Zhāngbāzhuāng） 属杜楼镇八庄村民委员会。地处八庄村东部，东至311国道，西至杨庄，南至大八庄，北至胡庄。有19户，总人口为64人。面积为0.2平方千米。

早年有张姓在此居住，因离县城八里，简称为八里庄，简称八庄。1949年属腰庄陶楼区腰庄乡。1958年后属腰庄杜楼公社八庄大队。1985年属龙城镇叶庄乡。1992年属杜楼镇八庄村民委员会至今。

小八庄

小八庄（Xiǎobāzhuāng） 属杜楼镇八庄村民委员会。地处八庄村东部，东至大八庄，西至欧庄，南至大八庄，北至杨庄。有61户，总人口为189人。面积为0.3平方千米。

早年吴姓人家迁此立庄，为与大八庄区别，故名。1949年属腰庄陶楼区腰庄乡。1958年后属腰庄杜楼公社八庄大队。1985年属龙城镇叶庄乡。1992年属杜楼镇八庄村民委员会至今。

大八庄

大八庄（Dàbāzhuāng） 属杜楼镇八庄村民委员会。地处八庄村西南部，东至徐瓦房，西至欧庄，南至业庄，北至张八庄。有192户，总人口为540人。面积为0.9平方千米。

早年吴姓在此建寄庄子，因离县城八里，简称八里，当时得名吴八庄。因有人迁出，建有小八庄，故后吴姓地主又改为大八庄。1949年属腰庄陶楼区腰庄乡。1958年后属腰庄杜楼公社八庄大队。1985年属龙城镇叶庄乡。1992年属杜楼镇八庄村民委员会至今。

小纵庄

小纵庄（Xiǎozòngzhuāng） 属杜楼镇八庄村民委员会。地处八庄村东部，东至大胡庄，西至大楼，南至311国道，北至郝庄。有46户，总人口为151人。面积为0.3平方千米。

清朝末期纵姓自本县小纵林分支而来，在此地占地立庄，因当时人少村小，故名。1949年属腰庄陶楼区腰庄乡。1958年后属腰庄杜楼公社王新庄大队。1985年属龙城镇叶庄乡。2008年并入杜楼镇八庄村民委员会至今。

胡庄

胡庄（Húzhuāng） 属杜楼镇八庄村民委员会。地处八庄村东部，东至大八庄，西至纵井，南至杨庄，北至311国道。有88户，总人口为281人。面积为0.4平方千米。

在清朝时期胡氏第三个儿子到此地占产立庄，因当时人少，故名。1949年属腰庄陶楼区腰庄乡。1958年后属腰庄杜楼公社八庄大队。1985年属龙城镇叶庄乡。2008年并入杜楼镇八庄村村民委员会至今。

欧庄

欧庄（Ōuzhuāng）属杜楼镇八庄村民委员会。地处八庄村东部。

欧姓在此建庄定居，故名。1949年属陶楼区腰庄乡。1958年后属腰庄杜楼公社八庄大队。1984年属龙城镇叶庄乡。1992年属杜楼镇八庄村民委员会至今。

金欧庄

金欧庄（Jīnouzhuāng） 属杜楼镇八庄村民委员会。地处八庄村东部，东至王门，西至大胡庄，南至王新庄，北至祁洼。总户数为104户，总人口为353人。面积为1平方千米。

清末该庄名叫吴台子，因被洪水淹没后无人居住，金氏家人从腰庄到王新庄租地，发家致富后就在王新庄北侧买地居住，取名金庄，后部分欧姓居民搬迁至此，改名金欧庄。1949年属陶楼区腰庄乡。1958年后属腰庄杜楼公社王新庄大队。1984年属龙城镇叶庄乡。2008年并入八庄村民委员会至今。

王新庄

王新庄（Wángxīnzhuāng） 属杜楼镇八庄村民委员会。地处八庄村东部，东至岱桥园艺场，西至小胡庄，南至301省道，北至金欧庄。总户数为158户，总人口为547人。面积为1平方千米。

早年王姓人家迁此建立新庄，故名。1949年属陶楼区腰庄乡。1958年后属腰庄杜楼公社王新庄大队。1984年属龙城镇叶庄乡。2008年并入八庄村民委员会至今。

小圩子

小圩子（Xiǎowéizi） 属杜楼镇小圩子村。地处小圩子村北部，西至湘西河，东至陶屯，南至红大路，北至鲍庄。总户数为145户，总人口为514人。面积为0.8平方千米。

早年任姓人来此居住，为防盗，挖沟打墙，把自己家围起来且庄小，故名。1949年属陶楼区。1958年后属红庙杜楼公社。1985年属赵庄区红庙乡。1992年属杜楼镇。

郭庄

郭庄（Guōzhuāng） 属杜楼镇小圩子村。地处小圩子村西部，西至赵庄镇胡庄，东至湘西河，南至王新庄，北至孙庄。总户数为180户，总人口为693人。面积为0.9平方千米。

明代郭姓人从山西来此立庄，故名。1949年属陶楼区。1958年后属红庙杜楼公社。1985年属赵庄区红庙乡。1992年属杜楼镇。

袁寨

袁寨（Yuánzhài） 属杜楼镇小圩子村。地处小圩子村南部，西至湘西河，东至陶屯，南至小圩子，北至袁庄。总户数为95户，总人口为336人。面积为0.6平方千米。

早年袁姓人在此居住，村周筑寨，故名。1949年属红北乡。1958年后属红庙杜楼公社。1985年属赵庄区红庙乡。1992年属杜楼镇。

张屯

张屯（Zhāngtún） 属杜楼镇小圩子村。地处小圩子北部，西至湘西河，东至陶屯，南至小圩子，北至袁庄。总户数为179户，总人口为691人。民族主要为汉族。面积为0.95平方千米。

明代末一张氏家族来此屯田居住，故名。1949年属陶楼区。1958年后属红庙杜楼公社。1985年属赵庄区红庙乡。1992年属杜楼镇。

胡屯

胡屯（Hútún） 属杜楼镇小圩子村。地处小圩子村南部，西至湘西河，东至袁集，南至赵庄镇河东村，北至王新庄。总户数为30户，总人口为94人。面积为0.2平方千米。

明代末期一胡氏的老人来此屯田定居，故名。1949年属陶楼区。1958年后属红庙杜楼公社。1985年属赵庄区红庙乡。1992年属杜楼镇。

孙庄

孙庄（Sūnzhuāng） 属杜楼镇小圩子村。地处小圩子村西部，西至老湘西河，东至袁庄，南至郭庄，北至台子。总户数为48户，总人口为175人。面积为0.35平方千米。

早年孙氏在此居住，故名。1949年属陶楼区。1958年后属红庙杜楼公社。1985年属赵庄区红庙乡。1992年属杜楼镇。

袁庄

袁庄（Yuánzhuāng） 属杜楼镇小圩

子村。地处小圩子村北部，西至湘西河，东至陶屯，南至鲍庄，北至张屯。总户数为70户，总人口为246人。面积为0.4平方千米。

同治元年，袁姓从尹庄村后搬到此地，占产立庄，故名。1949年属陶楼区。1958年后属红庙杜楼公社。1985年属赵庄区红庙乡。1992年属杜楼镇小圩子村民委员会。

王新庄

王新庄（Wángxīnzhuāng） 属杜楼镇小圩子村。地处小圩子村西北部，西至老湘西河，东至袁集，南至胡屯，北至郭庄。总户数为45户，总人口为171人。面积为0.33平方千米。

早年王姓人氏来此建新村，故名。1949年属陶楼区。1958年后属红庙杜楼公社。1985年属赵庄区红庙乡。1992年属杜楼镇。

袁集

袁集（Yuánjí） 属杜楼镇小圩子村。地处小圩子村东部，西至王新庄，东至小楼子，南至陶楼，北至前陶。总户数为210户，总人口为803人。面积为1.2平方千米。

清代袁铃（总兵）在此建寄庄，并建集市，故名。1949年属陶楼区。1958年后属红庙杜楼公社。1985年属赵庄区红庙乡。1992年属杜楼镇。

鲍庄

鲍庄（Bàozhuāng） 属杜楼镇小圩子村。地处小圩子村北部，西至湘西河，东至陶屯，南至小圩子，北至袁庄。总户数为32户，总人口为104人。面积为0.2平方千米。

早年一鲍姓人在此建庄居住，故名。1949年属陶楼区。1958年后属红庙杜楼公社。1985年属赵庄区红庙乡。1992年属杜楼镇。

陶屯

陶屯（Táotún） 属杜楼镇小圩子村。地处小圩子村东北部，总户数为47户，总人口为603人。面积1.1平方千米。

明代初，陶姓人在此屯田定居，故名。1949年属陶楼区。1958年后属红庙杜楼公社。1985年属赵庄区红庙乡。1992年属杜楼镇。

丁里镇

许堂

许堂（Xǔtáng） 属丁里镇许堂村民委员会。地处许堂村北部，东至许堂组，南至中许组，西至梁庄社区，北至梁庄社区。总户数为280户，总人口为938人。面积为2.6平方千米。

许姓人由老庄迁来此处设堂建村，故名许堂村。据查许堂村是明朝洪武年间移民到萧县。许堂村原属江苏徐州市，现属安徽省萧县。

中许

中许（Zhōngxǔ） 属丁里镇许堂村民委员会。地处许堂村北部，东至老庄组；南至前许组；西至丁里社区；北至许堂组。总户数为187户，总人口为619人。面积为1.8平方千米。

由许堂组分出部分许姓村民到此地建村，取名中许。

前许

前许（Qiánxǔ） 属丁里镇许堂村民委员会。地处许堂村中部，东至老庄组，南至嶂山组，西至丁里社区，北至中许组。总户数为276户，总人口为970人。面积为2.8平方千米。

许堂村有人又到村南建村，故称前许堂。前许堂村原属江苏徐州市，现属安徽省萧县。

老庄

老庄（Lǎozhuāng） 属丁里镇许堂村民委员会。地处许堂村东部，东至王庄组，南至前许组，西至中许组，北至梁庄社区。总户数为81户，总人口为312人。面积为1.5平方千米。

老庄最早是此地许姓的发源地，最初许姓人从山西洪洞县移民到老庄，后因水患，大部分人迁至西山，建许堂村。故许堂村人称原落户村为老庄，故称老庄。后来老庄逢集，又叫老庄集。

嶂山

嶂山（Zhàngshān） 属丁里镇许堂村民委员会。地处许堂村南部，东至前许组，南至郝庄组，西至丁里社区，北至前许组。总户数为160户，总人口为575人。面积为2.1平方千米。

因山而得名。很久以前有个道人丈量嶂山的高度，多次都没有量准，后来人们就叫这山为嶂山。

郝庄

郝庄（Hǎozhuāng） 属丁里镇许堂村民委员会。地处许堂村东部，东至前许组，南至丁里社区，西至丁里社区，北至嶂山组。总户数为102户，总人口为370人。面积为1.6平方千米。

早年郝姓在此立庄，故而得名。

王庄

王庄（Wángzhuāng） 属丁里镇许堂村民委员会。地处许堂村东部，东至方庄社区，南至永堌镇，西至老庄组，北至梁庄社区。总户数为99户，总人口为350人。面积为1.2平方千米。

因本村王姓人家较多而得名。

石婆

石婆（Shípó） 属丁里镇丁里村民委员会。地处丁里村东部，东与许堂接壤，南至龙河西岸，西与南门接壤，北至丁里山南。总户数为346户，总人口为1617人。面积为1.56平方千米。

该村西头曾建一庙宇，内有石雕的婆婆像，由此取名为石婆村。原名南门大队，后易名丁里村；2008年合村后，丁里村名被合后大村所用，后改为石婆自然村。

老集

老集（Lǎojí） 属丁里镇丁里村民委员会。地处丁里村西南部，东与南门接壤，南与淮北市沈集村接壤；北与马井接壤，西与南门前大庄接壤。总户数为363户，总人口为1229人。面积为1.37平方千米。

原名丁里寨，因此庄有一古老的集市而命名为老集。原名南门大队，后易名丁里村；2008年合村后，丁里村名被合后大村所用，后改为老集自然村。

马井

马井（Mǎjǐng） 属丁里镇丁里村民委员会。地处丁里村西北部，东至北门，南至老集，北至丁里山南，西至武寺村。户数为291户，总人口为1267人。面积为1.23平方千米。

马氏族人迁移此地建村。马援领兵打仗在此，将士饥渴，其白马蹄踹地成井，定名“马井”。原名南门大队，后易名丁里村；2008年合村后，丁里村名被合后大村所用，后改为马井自然村。

北门

北门（Běimén） 属丁里镇丁里村民委

员会。地处丁里村北部，东至石婆，南至南门，西至武寺村，北至丁里山南。总户数为245户，总人口为889人。面积为1.19平方千米。

清朝年间，此庄位于丁里寨的北门，故取名为北门。原名南门大队，后易名丁里村；2008年合村后，丁里村名被合后大村所用，后改为北门自然村。

南门

南门（Nánmén） 属丁里镇丁里村民委员会。地处丁里村南部，东至石婆，南至老集，西至武寺村，北至北门。总户数为441户，总人口为1515人。面积为1.46平方千米。

清朝年间，此庄位于丁里寨的南门口附近，故取名为南门。原名南门大队，后易名丁里村；2008年合村后，丁里村名被合后大村所用，后改为南门自然村，沿用至今。

郭庄

郭庄（Guōzhuāng） 属丁里镇郭庄村民委员会。村委会驻地，东至胜利社区，南至纵瓦房组，西至朱庄组，北至王土山子组。总户数为407户，总人口为1432人。面积为2.51平方千米。

明代郭姓人从萧县逃难至此建庄，取名郭庄。20世纪70年代，郭庄为农业学大寨的典型。1949年起，属丁里区郝桥乡；1953年实行乡制，属瓦口乡；1958年8月撤区并乡，属朔里区瓦口乡；1958年后属朔里公社；1974年由朔里公社改为郭庄公社；1978年改为丁里区胜利乡；1990年撤区并镇，郭庄村隶属丁里镇至今。

王土山子

王土山子（Wángtǔshānzi） 属丁里镇郭庄村民委员会。地处郭庄村东北部，东至胜利社区，南至郭庄组，西至郝桥，北至龙城镇。总户数为299户，总人口为1053人。面积为1.9平方千米。

很久以前这里有座山，这座山是关家卖给鲁家的，后来王家从张庄寨王柳园搬迁到此，鲁家嫁女到王家，土山作为嫁妆赠送给王家，王家四大天王葬在山上，后来村子改名为王土山子。1949年新中国成立后，1953年萧县从江苏省划为安徽省所属；1955年属杜集区后改为朔里瓦子口公社；1958年属公社四营之内；在“文化大革命”后期属丁里区胜利乡郝桥大队；1987年和郝桥大队分开，为王土山子村；1995年又合郝桥村；2008年改为郭庄村王土山子自然村至今。

朱庄

朱庄（Zhūzhuāng） 属丁里镇郭庄村民委员会。地处郭庄村西部，东至郭庄组，南至淮北市，西至河头村，北至王楼组。总户数为257户，总人口为979人。面积为1.4平方千米。

300多年前的明代时期，山西朱姓逃荒至此。因是朱姓建庄，故名朱庄。新中国成立时朱庄隶属胜利乡公所；“大跃进”时期变更为郭庄公社朱庄村；2008年撤区并乡合并为郭庄村下辖朱庄自然村。

纵瓦房

纵瓦房（Zòngwǎfáng） 属丁里镇郭庄村民委员会。地处郭庄村南部，东至胜利社区蔡洼组，南至淮北市，西至朱庄组，北至郭庄组。总户数为270户，总人口为815人。面积为1.39平方千米。

明清时期，房姓从山东逃难至此，后来家族败落，纵姓人在此经商发迹，建造瓦屋，后得名纵瓦房，也叫瓦房。1949年新中国成立时，瓦房属胜利乡公所；1958年后变更为郭庄公社瓦房村；2008年隶属郭庄村，为纵瓦房自然村。

王楼

王楼（Wánglóu） 属丁里镇郭庄村民委员会。地处郭庄村西北部，东至郭庄组，南至朱庄组，西至张山头村梁店，北至张山头村郝桥。总户数为325户，总人口为1170人。面积为1.8平方千米。

明末清初王姓从大别山到此，发家盖楼数间，故名王楼。1949年新中国成立时，王楼属胜利乡公所；1958年后变更为郭庄公社郝桥大队王楼村；后分设为王楼村；2008年与郭庄、朱庄、瓦房、王土山合并为郭庄村。

宫庄

宫庄（Gōngzhuāng） 属丁里镇胜利村民委员会。地处胜利村东北部，东至符夹铁路，西至石碑座，南至岳庄，北至武寺。总户数为291户，总人口为1015人。面积为1.46平方千米。

很久以前，宫姓人家从山西洪洞县迁居此地建庄，故名宫庄。1949年后属丁里区陈谷乡；1955年属朔里区；1970年撤区置社，属朔里公社；1974年朔里公社改名郭庄公社；1986年属丁里区；1992年撤区属丁里镇至今。

石碑座

石碑座（Shíbēizuò） 属丁里镇胜利村民委员会。村委会驻地，东至宫庄，西至郭庄，南至蔡洼，北至王土山。总户数为109户，总人口为380人。面积为0.71平方千米。

相传有一驴贩子路过此地，见一女子在路边哭泣，欲上前搀扶，突遇鸡叫，乃变为一块石碑座。后又闻一纵姓妻子年方18岁，婚后月余，丈夫去世，终身未嫁，立贞节牌坊，因坊身被盗，仅留下一块碑座，故得名。1949年后属丁里区陈谷乡；1955年属朔里区第三营；1962年属朔里区；1970年撤区置社，属朔里公社；1974年朔里公社改名郭庄公社；1986年属丁里区；1992年撤区属丁里镇至今。

蔡洼

蔡洼（Càiwā） 属丁里镇胜利村民委员会。地处胜利村中部，东至徐楼，西至纵瓦房，南至葛塘，北至石碑座。总户数为382户，总人口为1314人。面积为2.17平方千米。

最早由蔡姓人家在此建村，因地势低洼而得名。淮海战役时在此设立华东野战东指挥部，总前委刘伯承、陈毅、邓小平、粟裕、谭震林在这里召开了一次淮海战役期间唯一的总前委全委会议，并在此留下了一张具有战斗风采的总前委五人合影照。现为全国重点文物保护单位，全国一百个红色旅游经典景点之一。1949年后属丁里区陈谷乡；1955年属朔里区；1970年撤区置社，属朔里公社；1974年朔里公社改名郭庄公社；1986年属丁里区；1992年撤区属丁里镇至今。

浮水

浮水（Fúshuǐ） 属丁里镇胜利村民委员会。地处胜利村东部，东至窦庄，西至沈集，南至窦庄，北至石山子。总户数为628户，总人口为2132人。面积为2.9平方千米。

相传很早以前，古黄河年年泛滥，此处一片汪洋，好似一面镜湖，此山又好似漂浮在镜湖中的一叶小舟，在水中荡漾，故而得名浮水山，村因之得名。1949年属锦屏乡；1958年成立人民公社，属吴庄乡；1962年大公社分小公社，属丁里公社；撤社设乡属丁里乡；撤乡置镇属丁里镇浮水大队；2008年合并为胜利村至今。

前黄桥

前黄桥（Qiánhuángqiáo） 属丁里镇梁庄村民委员会。地处梁庄村北部，东至龙城镇方庄社区，南至梁庄，西至木楼，北至龙城镇黄桥、前门社区。总户数为110户，总人口为446人。面积为0.69平方千米。

相传在很久以前黄河发大水，村庄后边有一条十多米的大沟至西而东穿过。一位黄姓老石匠在村东头建了一座石桥（至今存在），后人为纪念他，取名黄桥。1949年后属龙城区；1958年至1970年属梁庄大队第六、第七生产队；1985年为丁里镇梁庄村前黄桥自然村；1989年为丁里镇前黄桥村前黄桥自然村；2005年村级合并，为梁庄村前黄桥自然村至今。

木楼

木楼（Mùlóu） 属丁里镇梁庄村民委员会。地处梁庄村西北部，东至前黄桥，南至孟庄，西至月亮山脚下，北至龙城镇前门社区。总户数为137户，总人口为463人。面积为0.71平方千米。

传说穆桂英带兵打仗经过此村，安营扎寨，打造兵器修建土楼，后人为纪念她，取名为穆楼，后演绎为木楼。1949年属龙城区；1958年人民公社化，属五营八连；1970年属梅村公社梁庄大队第八、第九生产队；1982年属丁里公社梁庄大队；1985年隶属丁里区丁里镇梁庄村穆楼自然村；1989年属丁里镇前黄桥村；2005年村级合并属梁庄村至今。

孟庄

孟庄（Mèngzhuāng） 属丁里镇梁庄村民委员会。地处梁庄村西部，东至前黄桥，南至梁庄，西至月亮山脚下，北至木楼。总户数为98户，总人口为382人。面积为0.6平方千米。

孟姓在此占产立庄，故而得名孟庄。1949年后属龙城区；1958年至1970年属梁庄大队第九、第十生产队；1985年隶属丁里镇梁庄村孟庄自然村；1989年属丁里镇前黄桥村孟庄自然村；2005年村级合并属梁庄村至今。

梁庄

梁庄（Liángzhuāng） 属丁里镇梁庄村民委员会。村委会驻地，东至龙城镇方庄社区，南至前梁，西至月亮山脚下，北至前黄桥。总户数为394户，总人口为1315人。面积为2.05平方千米。

古时候梁姓在此占产立庄，为大户人家，故而得名梁庄，后扩为两庄。该村在北边，故称后梁。1949年至1958年属龙城区吴庄乡五一社；1958年至1970年属梁庄大队第一至第五生产队；1985年至今属梁庄村，也称后梁。

前梁

前梁（Qiánliáng） 属丁里镇梁庄村民委员会。地处梁庄村南部，东至龙城镇方庄社区，南至丁里镇许堂社区，西至月亮山脚下，北至梁庄。总户数为358户，总人口为1282人。面积为1.75平方千米。

因本自然村在梁庄村南边，故取名前梁庄。1949年至1958年属龙城区吴庄乡五一社；1958年至1970年属许堂大队第七至第十一生产队；1982年至1989年隶属丁里镇许堂村前梁庄；1989年属丁里镇前梁村；2005年3月至今属丁里镇梁庄村。

河头

河头（Hétóu） 属丁里镇河头村民委

员会。地处河头村东南部，南至刘新庄，西至淮北市，北至瓦口，东至皇避。总户数为670户，总人口为2205人。面积为3.5平方千米。

数百年前，从外地迁来的众多姓氏族人建立此村，因原来村小人少、姓氏多不好命名，又因老岱河等河流流经此地到头，故而起名河头村。1949年，属丁里二区；1953年8月，实行乡制，属瓦子口乡；1956年8月，撤区并乡，属瓦子口乡；1958年人民公社化时，河头、皇避、刘新庄几个村合并为一个大社，称为营；1962年取消军事化编制，改建公社，属朔里人民公社；1974年改为郭庄公社；1983年撤社设区、乡，属丁里区瓦了口乡；1992年，撤区并乡、镇，属丁里镇至今。

皇避

皇避（Huángbì） 属丁里镇河头村民委员会。地处河头村东部，北至梁店，东至淮北市，南至杨庄，西至河头。总户数为458户，总人口为1588人。面积为2.5平方千米。

民间传说，东汉时期光武皇帝刘秀在被王莽追赶途中，曾在此躲避，故取名为“皇避”。1949年属丁里二区；1953年8月，实行乡制，属瓦子口乡皇避大队；1958年人民公社化时，属朔里区朔里公社河头七营皇避连；1962年取消军事化编制，改建公社，属朔里人民公社；1974年改为郭庄公社皇避大队；2008年与河头合并为皇避自然村。

杨庄

杨庄（Yángzhuāng） 属丁里镇河头村民委员会。地处河头村东部，西至河头，北至皇避，东至淮北市，南至淮北市。总户数为150户，总人口为517人。面积为0.82平方千米。

此庄因杨家的人口较多而得名杨庄。1949年至2008年属皇避大队管辖，2008年后属河头村村民委员会管辖至今。

任庄

任庄（Rénzhuāng） 属丁里镇河头村民委员会。地处河头村南部，西至淮北市，南至淮北市，北至刘新庄，东至淮北市。总户数为86户，总人口为287人。面积为0.48平方千米。

该庄以任氏家族为主，故名任庄。1826年任氏家族从瓦子口村分支迁到本地，人口80多人，分为两家；从1826年至清朝末年发展到150多人，从清朝末期至今任庄已发展至300余人。

刘新庄

刘新庄（Liúxīnzhuāng） 属丁里镇河头村民委员会。地处河头村南部，西至河头，北至河头，南至任庄，东至杨庄。总户数为234户，总人口为764人。面积为1.2平方千米。

该村以刘氏家族为主，故名为刘新庄。1705年刘氏家族从罗里村分支迁到本地，人口100多人，姓氏为五家；从1705年至清朝末年发展到300多人，姓氏七家；从清朝末至今刘新庄已发展至780余人，姓氏有刘、李、耿、王、张、孙、陈、武、葛九家。

张山头

张山头（Zhāngshāntóu） 属丁里镇张山头村民委员会。地处张山头村中部，南至梁店，西至方庄，北至朱庄，东至郝桥。总户数为282户，总人口为746人。面积为1.8平方千米。

300多年前，此地有座山名为蛇山，姓张的人就住在蛇山的山头上，因张姓的人口比较多，而得名张山头。

方庄

方庄（Fāngzhuāng） 属丁里镇张山头村民委员会。地处张山头村西部，西至王寨，南至梁店，北至北山，东至张山头。总户数为153户，总人口为490人。面积为1.1平方千米。

很早以前，该庄有方姓、杨姓、陈姓、周姓、王姓、杜姓、马姓的人居住，因方姓人数较多，就把此庄名为方庄。

郝桥

郝桥（Hǎoqiáo） 属丁里镇张山头村民委员会。地处张山头村东部，西至张山头，北至石塘，东至郭庄，南至郭庄。总户数为262户，总人口为870人。面积为1.8平方千米。

很早以前，此地与石塘之间有一道河，为方便交通，姓郝的人家在村后建了一座石桥，故村名为郝桥。

梁店

梁店（Liángdiàn） 属丁里镇张山头村民委员会。地处张山头村南部，西至瓦子口，南至河头，北至张山头，东至郭庄。总户数为263户，总人口为845人。面积为1.8平方千米。

很久以前此地有一家姓梁的开一所饭店，以后就把这个庄子取名为梁店。

石塘

石塘（Shítáng） 属丁里镇张山头村民委员会。地处张山头村东部，北至龙城，东至龙城，南至郝桥，西至孙小林子。总户数为160户，总人口为600人。面积为1.2平方千米。

从前石姓人家从瓦子口西石桃园迁来，因村旁有水塘，故名石塘。

孙小林子

孙小林子（Sūnxiǎolínzi） 属丁里镇张山头村民委员会。地处张山头村北部，西至杜楼，北至龙城，南至张山头，东至石塘。总户数为345户，总人口为1140人。面积为2.5平方千米。

旧时有孙姓四兄弟，去世后，把老大、老二、老三都葬在大树林，老四葬在此处小树林里，故村名为孙小林子。

武寺

武寺（Wǔsì） 属丁里镇武寺村村民委员会。村委会驻地，东至丁里村，西至沈圈，南至239道路，北至刘庄。总户数为70户，总人口为232人。面积为0.16平方千米。

因该庄是武寺村村部，故名。

刘庄

刘庄（Liúzhuāng） 属丁里镇武寺村村民委员会。地处武寺村东北部，东至丁里村，西至周庄，南至武寺，北至田村。总户数为90户，总人口为307人。面积为0.08平方千米。

18世纪刘姓从河南迁至此处建庄，故名刘庄

沈圈

沈圈（Shěnquān） 属丁里镇武寺村民委员会。地处武寺村西部，东至武寺，西至尖山，南至239道路，北至周庄，202省道从村南边通过。总户数为259户，总人口为926人。面积为0.23平方千米。

1343年沈姓从河南迁到此处建村，名沈村。后在村周外围建寨圈，名为沈圈。

田村

田村（Tiáncūn） 属丁里镇武寺村村民委员会。地处武寺村村民委员会北部，东

至丁里村，西至周庄，南至刘庄，北至丁里村。总户数为312户，总人口为1084人。面积为0.39平方千米。

据传很早以前，两个老翁挑担逃荒歇脚于西龙头山下，谈话间方知两人都姓田，两人便在山脚下搭庵为邻。其后人繁衍形成小村庄，取名田遇村。后简称田村。

尖山

尖山（Jiānshān） 属丁里镇武寺村民委员会。地处武寺村西部，东至沈圈，西至王大庄，南至239道路，北至王大庄。总户数为258户，总人口为926人。面积为0.14平方千米。

1369年前，王家纨绔子弟从西华县迁到萧县，在尖山安家，后来东门大房迁到宿地，西门各房搬到徐州各地，他们都把萧县尖山视为王姓老家，故名王老家。

周庄

周庄（Zhōuzhuāng） 属丁里镇武寺村村民委员会。地处武寺村北部，东至田村，西至尖山，南至沈圈，北至水库，总户数为130户，总人口为454人。面积为0.16平方千米。

1340年周姓从河南迁到此地，落户建庄，周姓人数占95%以上，因名为周庄。

瓦子口

瓦子口（Wǎzikǒu） 属丁里镇瓦子口村民委员会。村委会驻地，东至张山头，南至河头，西至孙圩子乡，北至王寨镇。户数为737户，总人口为2375人。面积为3.8平方千米。

瓦子口原名瓦江口，汉初行兵古道，由徐州通往长安。两边有大山，洪水泛滥，这里常积水，这里广泛流传王彦章摆渡的故事。后演变为瓦子口，故得名。1949年前，属江苏省徐州市专区；1949年后属安徽省二区；1952年实行乡制，属瓦子口乡；1996年撤乡并镇，属丁里镇至今。

杨庄

杨庄（Yángzhuāng） 属丁里镇瓦子口村民委员会。地处瓦子口村南部，东至皇避村，南至河头，西至瓦子口，北至瓦子口。总户数为21户，总人口为68人。面积为3.8平方千米。

原一大户从东杨庄迁来，土地70亩，取名为小杨庄村。

徐白楼

徐白楼（Xúbáilóu） 属丁里镇瓦子口村民委员会。地处瓦子口村东部，东至张山头，南至河头，西至王山窝村，北至王寨镇。总户数为182户，总人口为586人，面积为0.95平方千米。

徐姓占地建村，盖白色小楼，徐姓人口较多，占全村人口百分之九十以上，故名徐白楼。1949年前属丁里区；1958年属朔里人民公社；朔里划淮北、瓦口乡政府合乡后，属丁里镇；镇设在郭庄二所，徐白楼与瓦子口合并，属瓦子口。

王山窝

王山窝（Wángshānwō） 属丁里镇瓦子口村民委员会。地处瓦子口村东部，东至徐白楼，南至河头，西至瓦子口村，北至王寨镇。总户数为141户，总人口为466人，面积为3.8平方千米。

该村王姓人多，占地面积大，因村子在山窝中，故名。1949年前属丁里区；1958年属朔里人民公社；朔里划淮北、瓦口乡政府合乡后，属丁里镇；镇设在郭庄二所，徐白楼与瓦子口合并，属瓦子口。

薛庄

薛庄（Xuēzhuāng） 属丁里镇瓦子口村民委员会。地处瓦子口村东南部，东至梁店，南至河头，西至瓦子口，北至徐白楼。总户数为44户，总人口为175人，面积为0.28平方千米。

该村地势较高，薛姓人家在此居住建庄，故名为薛庄。1949年后，王山窝的人陆续搬来此地居住。1949年前仅有一家居住，属王山窝管辖；1949年后，陆续有人搬来，另立薛庄自然村，属徐白楼村委员会管辖；徐白楼与瓦子口合并后，属瓦子口村民委员会领导至今。

王寨镇

程庄

程庄（Chéngzhuāng） 属王寨镇王寨村民委员会。地处王寨村南部。东至马庄，南至任王集，西至王寨，北至王寨。总户数为311户，总人口为933人。面积为1.2平方千米。

清朝年间，程姓家族在此建庄，故而得名。1958年属王寨人民公社；1984年属王寨区王寨镇；1992年属王寨镇程庄村；2007年并入王寨村民委员会隶属至今。

马庄

马庄（Mǎzhuāng） 属王寨镇王寨村民委员会。地处王寨村东部。南至王庄，北至桃园，东至桃园，西至陈楼。总户数为266户，总人口为812人。面积为2.93平方千米。

在明代时期，马姓在此建庄，故名。原属程庄村；2007年属王寨镇王寨村至今。

陈楼

陈楼（Chénlóu） 属王寨镇王寨村民委员会。地处王寨村东部。南至高速，北至马庄，东至马庄，西至戴楼。总户数为120户，总人口为370人。面积为0.96平方千米。

清朝中期，陈姓从河南迁此，村中盖有一楼，故取名陈楼。原属程庄村；2007年属王寨镇王寨村至今。

郝楼

郝楼（Hǎolóu） 属王寨镇王寨村民委员会。地处王寨村西部。东至宁园，西至港河，南至邵庄，北至宁园。总户数为157户，总人口为479人。面积为1.2平方千米。

清朝中期，郝姓从山西迁到此地盖楼一座，故名郝楼。原属宁园大队；1984年属王寨镇郝楼村；2007年10月属王寨镇王寨村至今。

王寨东门

王寨东门（Wángzhàidōngmén） 属王寨镇王寨村民委员会。地处王寨村东部。东至周新庄，北至北门，西至西门，南至程庄。总户数为169户，总人口为533人。面积为1.5平方千米。

早年王姓在此占产立庄，筑寨设集，应地处东方位，故而得名。历为区、乡、公社、镇的治所。1949年属王寨区王寨乡；1958年人民公社化时属王寨人民公社；1961年属王寨人民公社王寨生产大队；1984年改为王寨镇王寨村，属王寨村至今。

王寨南门

王寨南门（Wángzhàinánmén） 属王寨镇王寨村民委员会。地处王寨村南部。东至东门，南至程庄，西至西门，北至北门。总户数为178户，总人口为578人。面积为0.9平方千米。

早年王姓在此占产立庄筑寨设集，应地

处南方位，故而得名。历为区、乡、公社、镇的治所。1949 年属王寨区王寨乡；1958 年人民公社化时属王寨人民公社；1961 年属王寨人民公社王寨生产大队；1984 年改为王寨镇王寨村，属王寨村至今。

王寨西门

王寨西门（Wángzhàixīmén） 属王寨镇王寨村民委员会。地处王寨村西部。西至宁园，南至邵庄，北至北门，东至东门。总户数为 227 户，总人口为 718 人。面积为 2 平方千米。

早年王姓在此占产立庄，筑寨设集，应地处西方位，故而得名。历为区、乡、公社、镇的治所。1949 年属王寨区王寨乡；1958 年人民公社化时属王寨人民公社；1961 年属王寨人民公社王寨生产大队；1984 年改为王寨镇王寨村，属王寨村至今。

王寨北门

王寨北门（Wángzhàiběimén） 属王寨镇王寨村民委员会。地处王寨村北部。东至东门，西至宁园，北至后洼，南至南门。总户数为 247 户，总人口为 815 人。面积为 1.4 平方千米。

早年王姓在此占产立庄，筑寨设集，应地处北方位，故而得名。历为区、乡、公社、镇的治所。1949 年属王寨区王寨乡；1958 年人民公社化时属王寨人民公社；1961 年属王寨人民公社王寨生产大队；1984 年改为王寨镇王寨村，属王寨村至今。

邵庄

邵庄（Shàozhuāng） 属王寨镇王寨村民委员会。地处王寨村西南部。东至王寨服务区，西至堂林村，北至高速公路，南至堂林村。总户数为 190 户，总人口为 583 人。面积为 1.2 平方千米。

早年邵姓在此建前后两个庄，故而取名为邵庄。1949 年属王寨区王寨乡邵庄村；1958 年属王寨人民公社宁园大队；1984 年 3 月属王寨镇程庄村；2008 年底属王寨镇王寨村至今。

戴楼

戴楼（Dàilóu） 属王寨镇王寨村民委员会。地处王寨村南部。东至陈楼，南至徐双楼，西至任王集，北至程庄。总户数为 147 户，总人口为 468 人。面积为 0.6 平方千米。

明朝末年，戴氏人口迁居至此，占产立庄，建土楼房，故而得名。1949 年属王寨区王寨乡；1958 年属王寨人民公社；1984 年属王寨镇程庄村；2007 年属王寨镇王寨村委会至今。

小新庄

小新庄（Xiǎoxīnzhuāng） 属王寨镇王寨村民委员会。地处王寨村西部。东至西门，西至宁园，南至北临河。总户数为 35 户，总人口为 99 人。面积为 0.35 平方千米。

1949 年前几户人家从王千集迁到此地建新庄，故而得名小新庄。该村一直属王寨大队，是王寨村下辖的自然村。

王窑

王窑（Wángyáo） 属王寨镇王寨村民委员会。地处王寨村东部。东至齐庄，北至王新庄，西至王寨北，南至王寨东。总户数为 50 户，总人口为 177 人。面积为 0.44 平方千米。

王姓最早来此定居后，又在村旁建砖窑一座，故而得名王窑。该村一直属王寨大队，是王寨村下辖的自然村。

宁园

宁园（Níngyuán） 属王寨镇王寨村民委员会。地处王寨村西部。东至光伏，西至港河，北至后宁园，南至高速公路。总户数为309户，总人口为942人。面积为1.5平方千米。

早年宁姓人在此建庄居住，村周多果园，村后有花园，故而得名。原属宁园大队、宁国村，2007年属王寨镇王寨村民委员会至今。

任王集

任王集（Rénwángjí） 属王寨镇王寨村民委员会。地处王寨村南部。东至戴楼，南至徐双楼，西至王小楼，北至程庄。总户数为70户，总人口为213人。面积为0.4平方千米。

早年任姓、王姓在此建庄设集，故而得名任王集。1949年属王寨区王寨乡；1958年属王寨人民公社；1961年属王寨公社程庄大队；1984年属王寨镇程庄村；2007年10月属王寨镇王寨村民委员会至今。

王小楼

王小楼（Wángxiǎolóu） 属王寨镇王寨村民委员会。地处王寨村南部。东至任王集，南至刘楼，西至邵庄，北至任楼。总户数为43户，总人口为144人。面积为0.2平方千米。

早年，王姓人在此建庄定居，并盖小楼一座，因人口少村庄小，故取名王小楼。原属程庄村，2007年属王寨镇王寨村民委员会至今。

任楼

任楼（Rénlóu） 属王寨镇王寨村民委员会。地处王寨村南部。东至程庄，南至任王集，西至程庄，北至程庄。总户数为50户，总人口为161人。面积为0.3平方千米。

早年任姓在此建村并盖楼两座，故取名任楼。原属王寨镇程庄村，2007年与王寨镇王寨村合并为王寨村民委员会，该村隶属至今。

张绪庄

张绪庄（Zhāngxùzhuāng） 属王寨镇齐庄村民委员会。村委会驻地。东至后油坊，南至后蒋庄，西至311国道，北至郭村。总户数为246户，总人口为745人。面积为0.12平方千米。

相传清朝初年，张、刘两姓同居此村，刘姓势力强大，常欺压张姓，甚至弄出人命。张姓屡屡告官，后终申冤。地方有一出戏叫《三开棺》，就是据此编写，民国期间尚在萧县西部流行，新中国成立后失传。至清光绪年间，村中有老人名张次绪，财多无子，助人困危。去世前，将全部财物捐给村民。后人为纪念他，遂取村名张绪庄。该庄一直是齐庄大队、齐庄村村民委员会驻地。

贾庄

贾庄（Jiǎzhuāng） 属王寨镇齐庄村民委员会。地处齐庄村西北部。东至311国道，南至盛世新村，西至汪楼，北至西孙庄。总户数为155户，总人口为518人。面积为0.85平方千米。

贾氏在此占产立庄，故名贾庄。该庄原属汪楼大队、汪楼村；2007年属王寨镇齐庄村民委员会至今。

汪楼

汪楼（Wānglóu） 属王寨镇齐庄村民委员会。地处齐庄村西北部。东至贾庄，南至杨庄，西至蔡庄，北至西孙庄。总户数为195户，总人口为623人。面积为0.67平方千米。

很久以前，汪姓来此占产立庄建楼，故名汪楼。该庄原属汪楼大队、汪楼村；2007年属王寨镇齐庄村民委员会至今。

蔡庄

蔡庄（Càizhuāng） 属王寨镇齐庄村民委员会。地处齐庄村西北部。东至汪楼，南至李楼，西至王洼，北至殷庄。总户数为86户，总人口为275人。面积为0.39平方千米。

很久以前蔡姓来此占产立庄，故名蔡庄。该庄原属汪楼大队、汪楼村；2007年属王寨镇齐庄村民委员会至今。

前蒋庄

前蒋庄（Qiánjiǎngzhuāng） 属王寨镇齐庄村民委员会。地处齐庄村中部。东至前油坊，南至齐庄，西至杨庄，北至后蒋庄。总户数为124户，总人口为397人。面积为0.47平方千米。

很久以前，蒋姓来此建两村，分别称为前蒋庄和后蒋庄。此村在前（南边），故称前蒋庄。该庄一直属齐庄大队、齐庄村；2007年属王寨镇齐庄村民委员会至今。

后蒋庄

后蒋庄（Hòujiǎngzhuāng） 属王寨镇齐庄村民委员会。地处齐庄村中部。东至后油坊，南至前蒋庄，西至杨庄，北至张绪庄。总户数为158户，总人口为496人。面积为0.32平方千米。

很久以前，蒋姓来此建两村，分别称前蒋庄和后蒋庄，此处在后（北边），故取名后蒋庄。该庄一直属齐庄大队、齐庄村；2007年属王寨镇齐庄村民委员会至今。

齐庄

齐庄（Qízhuāng） 属王寨镇齐庄村民委员会。地处齐庄村南部。东至前油坊，南至周尹庄，西至王窑，北至前蒋庄。总户数为163户，总人口为482人。面积为0.34平方千米。

很久以前齐姓来此占产立庄，故名齐庄。该庄一直属齐庄大队、齐庄村；2007年属王寨镇齐庄村民委员会至今。

周尹庄

周尹庄（Zhōuyǐnzhuāng） 属王寨镇齐庄村民委员会。地处齐庄村南部。东至郭楼，南至马庄，西至王寨，北至齐庄。总户数为91户，总人口为286人。面积为0.19平方千米。

很久以前周姓与尹姓来此建村，故取名周尹庄。该庄一直属齐庄大队、齐庄村；2007年属王寨镇齐庄村民委员会至今。

后宁园

后宁园（Hòuníngyuán） 属王寨镇后洼村民委员会。地处后洼村西部。西至岗河，北至郑楼，东至后洼，南至王寨村。总户数为171户，总人口为403人。面积为0.66平方千米。

明代宁姓家族在此占产建两个庄，并因种植大面积果园，故取名宁园。前（南）边叫前宁园，后（北）边叫后宁园。1949年属王寨区王洼乡；1958年属王寨公社；1981年属王寨区王寨镇杨庄村；1984年属王寨镇后洼村民委员会至今。

余庄

余庄（Yúzhuāng） 属王寨镇后洼村民委员会。地处后洼村西部。西至郑楼，北至王洼，东至李楼，南至宁园。总户数为119户，总人口为389人。面积为0.46平方千米。

清朝道光年间，余姓在此占产立庄，

故而得名。1949年属王寨区王洼乡；1958年属王寨公社；1981年属王寨区王寨镇杨庄村；1984年属王寨镇后洼村民委员会至今。

李楼

李楼（Lǐlóu） 属王寨镇后洼村民委员会。地处后洼村西北部。西至余庄，北至齐庄，东至杨庄，南至后洼。总户数为78户，总人口为224人。面积为0.33平方千米。

民国期间李氏在此居住，并建有楼阁，故而得名。1949年属王寨区王洼乡；1958年属王寨公社；1984年属王寨镇后洼村民委员会至今。

杨庄

杨庄（Yángzhuāng） 属王寨镇后洼村民委员会。地处后洼村东部。西至李楼，北至齐庄，东至齐庄，南至后洼。总户数为146户，总人口为490人。面积为0.59平方千米。

此村以杨家姓氏的人较多而得名杨庄。1949年属王寨区王洼乡；1958年属王寨公社；1981年属王寨区王寨镇杨庄村；1984年撤乡设镇属王寨镇后洼村民委员会至今。

后洼

后洼（Hòuwā） 属王寨镇后洼村民委员会。地处后洼村西部。西至余庄，北至杨庄，东至王新庄，南至王寨村。总户数为119户，总人口为356人。面积为0.3平方千米。

因地势低洼，故名后洼。后郝姓将村卖给叫王子石的人，因庄在王寨后，故改为后洼。1949年属王寨区王洼乡；1958年属王寨公社；1981年属王寨区王寨镇杨庄大队；1984年属王寨镇后洼村民委员会至今。

王新庄

王新庄（Wángxīnzhuāng） 属王寨镇后洼村民委员会。地处后洼村东部。西至后洼，北至齐庄村，东至王寨村，南至王寨村。总户数为60户，总人口为191人。面积为0.24平方千米。

王氏最早在此建新村庄，故名王新庄。1949年属王寨区王洼乡；1958年属王寨公社；1961年属王寨区王寨镇杨庄村；1984年属王寨镇后洼村民委员会至今。

王洼

王洼（Wángwā） 属王寨镇后洼村民委员会。地处后洼村西北部。西至宋楼，北至河洼村，东至齐庄村，南至郑楼。总户数为246户，总人口为776人。面积为1.03平方千米。

王姓建村，且因村周地势较洼，故而取名王洼。1949年属王寨区王洼乡；1958年属王寨公社；1981年属王寨区王寨镇杨庄村；1984年属王寨镇后洼村民委员会至今。

张楼

张楼（Zhānglóu） 属王寨镇后洼村民委员会。地处后洼村西北部。西至河洼村，北至河洼村，东至王洼，南至宋楼。总户数为176户，总人口为576人。面积为0.88平方千米。

张姓在此建庄盖楼，故而得名。1949年属王寨区王洼乡；1958年属王寨公社；1981年属王寨区王寨镇杨庄村；1984年属王寨镇后洼村民委员会至今。

宋楼

宋楼（Sònglóu） 属王寨镇后洼村民委员会。地处后洼村西北部。西至杨集村，北至张楼，东至郑楼，南至郑楼。总户数为160户，总人口为505人。面积为0.69平方千米。

早年宋氏在此占产立庄并盖楼，故而

得名。1949年属王寨区王洼乡；1958年属王寨公社；1981年属王寨区王寨镇杨庄村；1984年属王寨镇后洼村民委员会至今。

郑楼

郑楼（Zhènglóu） 属王寨镇后洼村民委员会。地处后洼村西部。西至宋楼，北至小杨庄，东至余庄，南至宁园。总户数为227户，总人口为712人。面积为0.97平方千米。

早年郑姓在此占产立庄盖楼，故名郑楼。1949年属王寨区王洼乡；1958年属王寨公社；1981年属王寨区王寨镇杨庄村；1984年属王寨镇后洼村民委员会至今。

李楼

李楼（Lǐlóu） 属王寨镇李楼村民委员会。村委会驻地。东至郭杨庄，西至孙大楼，南至王塘，北至孙小庄。总户数为198户，总人口为670人。面积为0.85平方千米。

早年李姓在此占产立庄建楼，故而得名。1949年属王寨区李楼乡；1969年属祖楼公社；1981年属王寨区李楼公社；1984年属王寨区李楼乡；1992年至今属王寨镇李楼村。

王塘

王塘（Wángtáng） 属王寨镇李楼村民委员会。地处李楼村南部。东至棠林集，西至天齐庙，南至大王塘，北至李楼。总户数为142户，总人口为466人。面积为0.83平方千米。

王姓从苏庄村王塘迁此占地立庄，取名也称王塘。1949年属王寨区李楼乡；1969年属祖楼公社；1981年属王寨区李楼公社；1984年属王寨区李楼乡；1992年至今属王寨镇李楼村。

郭杨庄

郭杨庄（Guōyángzhuāng） 属王寨镇李楼村民委员会。地处李楼村民委员会中部。东至彭庄，西至李楼中学，南至王塘，西至李楼。总户数为159户，总人口为475人。面积为0.82平方千米。

郭、杨两姓在此地占产立庄，故取名郭杨庄。1949年属王寨区李楼乡；1969年属祖楼公社；1981年属王寨李楼公社；1984年属王寨区李楼乡；1992年至今属王寨镇李楼村。

孙小庄

孙小庄（Sūnxiǎozhuāng） 属王寨镇李楼村民委员会。地处李楼村中部。东至棠林集，西至天齐庙，南至大王塘，北至李楼。总户数为142户，总人口为466人，面积为0.83平方千米。

清朝中期，颛孙姓从邻村青柳园迁此居住，当时村小人口少，故取名孙小庄。1949年属王寨区李楼乡；1969年属祖楼公社；1981年属王寨区李楼公社；1984年属王寨区李楼乡；1992年属王寨镇孙庄大队；2008年并为王寨镇李楼村至今。

朱庄

朱庄（Zhūzhuāng） 属王寨镇李楼村民委员会。地处李楼村西部。东至谢庄，西至下湖，南至孙小庄，北至蒋李庄。总户数为136户，总人口为425人，面积为0.61平方千米。

明代朱姓在此占产立庄，故而得名。1949年属王寨区李楼乡；1969年属祖楼公社；1981年属王寨区李楼公社；1984年属王寨区李楼乡；1992年属王寨镇孙庄大队；2008年属王寨镇李楼村至今。

下湖

下湖（Xiàhú） 属王寨镇李楼村民委

员会。地处李楼村西北部。东至朱庄，西至园庄，南至朱庄，北至小洼。总户数为135户，总人口为395人，面积为0.54平方千米。

颛孙姓建村，因村周围地势低洼，经常积水如湖，故而得名。1949年属王寨区李楼乡；1969年属祖楼公社；1981年属王寨区李楼公社；1984年属王寨区李楼乡；1992年属王寨镇孙庄大队；2008年并为王寨镇李楼村至今。

谢庄

谢庄（Xièzhuāng） 属王寨镇李楼村民委员会。地处李楼村北部。东至郝楼，西至朱庄，南至孙小庄，北至西杨集。总户数为435户，总人口为1408人，面积为0.62平方千米。

大约在1000年前，该村所处位置在黄泛区，每年秋季是一片汪洋，虽然土地可以耕种，但水患为害，只有一季小麦可收。当时谢姓就在此地耕种收获，高筑宅基建房，这就成了谢庄村的由来。后来虽多姓迁来集居，繁衍生息，但村名一直延续至今。1949年属王寨区李楼乡；1969年属祖楼公社；1981年属王寨区李楼公社；1984年属王寨区李楼乡；1992年属王寨镇孙庄大队；2008年并入王寨镇李楼村至今。

西郝楼

西郝楼（Xīhǎolóu） 属王寨镇李楼村民委员会。地处李楼村东北部。东至东郝楼，西至李楼中学，南至孙庄，北至宁园。总户数为117户，总人口为360人，面积为0.55平方千米。

清朝中期，郝姓来此建村盖楼。因附近有两个郝楼，此村于西，故名西郝楼。1949年属王寨区李楼乡；1969年属祖楼公社；1981年属王寨区李楼公社；1984年属王寨区李楼乡；1992年属王寨镇彭庄大队；2008年属王寨镇李楼村至今。

彭庄

彭庄（Péngzhuāng） 属王寨镇李楼村民委员会。地处李楼村东部。东至棠林集，西至郭杨庄，南至杨楼，北至孙庄。总户数为269户，总人口为814人，面积为1.2平方千米。

约400年前，此地住着彭姓和辛姓的两个大户，称为彭辛庄，后改为彭庄。1949年属王寨区李楼乡；1969年属祖楼公社；1981年属王寨区李楼公社；1984年属王寨区李楼乡；1992年属王寨镇彭庄大队；2008年属王寨镇李楼村至今。

孙庄

孙庄（Sūnzhuāng） 属王寨镇李楼村民委员会。地处李楼村东部。东至棠林集，西至彭庄，南至彭庄，北至郝楼。总户数为76户，总人口为239人，面积为0.38平方千米。

孙姓最早来此定居，因地势低洼，为防水患，筑高台盖房，遂取村名为高台孙庄，也称孙庄。1949年属王寨区李楼乡；1969年属祖楼公社；1981年属王寨区李楼公社；1984年属王寨区李楼乡；1992年属王寨镇彭庄大队；2008年属王寨镇李楼村至今。

王塘

王塘（Wángtáng） 属王寨镇苏庄村民委员会。地处苏庄村西北。东至杨楼，西至西苏庄，北至小王塘，南至苏庄。总户数为340户，总人口为1125人。面积为0.49平方千米。

王姓在此地建村，盖高大堂屋，取村名为王堂。因近处有两个王堂，此庄后来也称王塘。1949年属王寨区棠林乡；1958年属王寨公社；1961年属李楼公社；1969年属祖楼公社；1981年属王寨区李楼公社；1992年属王寨镇大王堂村；2007年底并入苏庄村民委员会至今。

杨楼

杨楼（Yánglóu） 属王寨镇苏庄村民委员会。地处苏庄村北部。东至任庄，西至王塘，北至小王塘，南至梁庄。总户数为116户，总人口为425人。面积为0.71平方千米。

明代杨姓在此占产立庄，盖有楼房，故而得名。1949年属王寨区棠林乡；1958年属王寨公社；1961年属李楼公社；1969年属祖楼公社；1981年属王寨区李楼公社；1992年为王寨镇大王堂村；2007年底并入苏庄村民委员会至今。

梁庄

梁庄（Liángzhuāng） 属王寨镇苏庄村民委员会。地处苏庄村东北。东至前彭庄，西至苏庄，北至杨楼，南至崔庄。总户数为57户，总人口为191人。面积为0.35平方千米。

清朝中期，原村名孟庄。民国期间，梁姓村民迁入，后家产丰厚，人丁兴旺，逐渐改为梁庄。1949年属王寨区棠林乡；1958年属王寨公社；1961年属李楼公社；1969年属祖楼公社；1981年属王寨区李楼公社；1992年为王寨镇大王堂村；2007年底并入苏庄村民委员会至今。

棠林集

棠林集（Tánglínjí） 属王寨镇苏庄村民委员会。地处苏庄村东北部。东至李庄，西至杨楼，北至后彭庄，南至任庄。总户数为207户，总人口为636人。面积为1.41平方千米。

建村前这里棠林树较多，建村后设集，故取名棠林集。棠林集是一个古老的集市，清代嘉庆年间的《萧县志》中亦有“棠林集在县西南四十里”的记载。1949年属王寨区棠林乡；1958年属王寨公社；1961年属李楼公社；1969年属祖楼公社；1981年属王寨区李楼公社；1992年为王寨镇大王堂村；2007年底并入苏庄村民委员会至今。

任庄

任庄（Rénzhuāng） 属王寨镇苏庄村民委员会。地处苏庄村东北部。东至子观寺，西至杨楼，北至棠林集，南至前彭庄。总户数为82户，总人口为242人。面积为0.35平方千米。

以任氏家族为主，来此建庄，故命村名为任庄。1949年属王寨区棠林乡；1958年属王寨公社；1961年属李楼公社；1969年属祖楼公社；1981年属王寨区李楼公社；1992年为王寨镇大王堂村；2007年底并入苏庄村民委员会至今。

子观寺

子观寺（Zǐguānsì） 属王寨镇苏庄村民委员会。地处苏庄村东北部。东至李庄，西至任庄，北至棠林集，南至前彭庄。总户数为114户，总人口为360人。面积为0.35平方千米。

早年村中有一人名子观，家产甚多无子嗣，本族因争其财产不和，子观遂盖寺庙一座，将家产全部归寺，后人感其善举，故取村名子观寺。1949年属王寨区棠林乡；1958年属工寨公社；1961年属李楼公社；1969年属祖楼公社；1981年属王寨区李楼公社；1992年为王寨镇大王堂村；2007年底并入苏庄村民委员会至今。

前彭庄

前彭庄（Qiánpéngzhuāng） 属王寨镇苏庄村民委员会。地处苏庄村东北部。东至欧庄，西至梁庄，北至任庄，南至梁巷。总户数为124户，总人口为386人。面积为0.52平方千米。

因附近有两个彭庄，此村在前（南），故名前彭庄。1949年属王寨区棠林乡；1958年属王寨公社；1961年属李楼公社；1969年属祖楼公社；1981年属王寨区李楼公社；1992年为王寨镇大王堂村；2007年底并入苏庄村民委员会至今。

袁庄

袁庄（Yuánzhuāng） 属王寨镇苏庄村民委员会。地处苏庄村东南部。东至徐河涯，西至吴楼，北至欧庄，南至朱庄。总户数为145户，总人口为468人。面积为0.89平方千米。

同治元年，袁姓从尹庄村后搬到此地，占产立庄，故得名袁庄。1949年属王寨区棠林乡；1958年属王寨公社；1961年属李楼公社；1969年属祖楼公社；1981年属王寨区李楼公社；1992年为王寨镇大王堂村；2007年底并入苏庄村民委员会至今。

欧庄

欧庄（Ōuzhuāng）属王寨镇苏庄村民委员会。地处苏庄村东部。东至郭楼，西至梁巷，北至前彭庄，南至袁庄。总户数为135户，总人口为426人。面积为0.88平方千米。

欧姓在此建庄定居，故名欧庄。1949年属王寨区棠林乡；1958年属王寨公社；1961年属李楼公社；1969年属祖楼公社；1981年属王寨区李楼公社；1992年为王寨镇大王堂村；2007年底并入苏庄村民委员会至今。

梁巷

梁巷（Liángxiàng） 属王寨镇苏庄村民委员会。地处苏庄村东南。东至欧庄，西至吴楼，北至崔庄，南至吴楼。总户数为129户，总人口为393人。面积为0.66平方千米。

梁姓最先在此定居，村中房舍排列为前后两排，中间有一条巷子，故名梁巷。1949年属王寨区棠林乡；1958年属王寨公社；1961年属李楼公社；1969年属祖楼公社；1981年属王寨区李楼公社；1992年为王寨镇大王堂村；2007年底并入苏庄村民委员会至今。

崔庄

崔庄（Cuīzhuāng） 属王寨镇苏庄村民委员会。地处苏庄村中部。东至前彭庄，西至苏庄，北至杨楼，南至吴楼。总户数为80户，总人口为252人。面积为0.35平方千米。

200年前，崔姓在此立庄，故名崔庄。1949年属王寨区棠林乡；1958年属王寨公社；1961年属李楼公社；1969年属祖楼公社；1992年属王寨镇欧庄村；1993年并入苏庄村民委员会至今。

苏小楼

苏小楼（Sūxiǎolóu） 属王寨镇苏庄村民委员会。地处苏庄村西部。东至苏庄，西至曹庄，北至王塘，南至任楼。总户数为72户，总人口为253人。面积为0.31平方千米。

苏姓建村时曾盖一座小楼，故名为苏小楼。1949年属王寨区棠林乡；1958年属王寨公社；1961年属李楼公社；1969年属祖楼公社；1992年属王寨镇欧庄村；1993年并入苏庄村民委员会至今。

苏庄

苏庄（Sūzhuāng） 属王寨镇苏庄村民委员会。地处苏庄村西北部。东至崔庄，西至苏小楼子，北至王塘，南至任楼。总户数为343户，总人口为1216人。面积为1.75平方千米。

宋朝苏东坡为徐州太守，其长子苏迈定居于徐州南苏家湖。明代时，此地为水淹没，其长房迁往微山，后又因地震地陷，其中一支由微山迁此定居，故名苏庄村。1949年属王寨区棠林乡；1958年属王寨公社；1961年属李楼公社；1969年属祖楼公社；1992年属王寨镇欧庄村；1993年并入苏庄村民委员会至今。

杨集

杨集（Yángjí） 属王寨镇杨集村民委员会。地处杨集村中部。东至王庄，西至西杨楼，南至连霍路，北至东杨楼。总户数为259户，总人口为778人。面积为0.52平方千米。

明朝杨姓在此建庄设集市，取名杨家集，简称杨集。杨集是一个古老的集市，清嘉庆年间的《萧县志》记载杨家集在县西南三十里。1949年属王寨区杨集乡；1958年属王寨公社；1961年属李楼公社杨集大队；1969年属祖楼公社；1981年属李楼公社；1984年属李楼乡；1992年属王寨镇杨集村委会至今。

徐小楼

徐小楼（Xúxiǎolóu） 属王寨镇杨集村民委员会。地处杨集村北部。东至东杨楼，西至岗叉楼，南至杨集，北至程新庄。总户数为79户，总人口为275人。面积为0.3平方千米。

徐姓人口在此建庄盖小楼一座，故而取名徐小楼。1949年属王寨区杨集乡；1958年属王寨公社；1961年属李楼公社杨集大队；1969年属祖楼公社；1981年属李楼公社；1984年属李楼乡；1992年属王寨镇杨集村委会至今。

杨楼

杨楼（Yánglóu） 属王寨镇杨集村民委员会。地处杨集村东部。东至郑楼，西至杨集，南至王庄，北至程新庄。总户数为179户，总人口为537人。面积为0.43平方千米。

杨姓最早在此附近建两个村，并分别盖两座楼，称作杨楼，因该村在东也称东杨楼。1949年属王寨区杨集乡；1958年属王寨公社；1961年属李楼公社杨集大队；1969年属祖楼公社；1981年属李楼公社；1984年属李楼乡；1992年属王寨镇杨集村委会至今。

王庄

王庄（Wángzhuāng） 属王寨镇杨集村民委员会。地处杨集村东部。东至港河，西至杨集，南至郝楼，北至东杨楼。总户数为151户，总人口为436人。面积为0.26平方千米。

该村庄因王姓人家较多而得名。1949年属王寨区杨集乡；1958年属王寨公社；1961年属李楼公社杨集大队；1969年属祖楼公社；1981年属李楼公社；1984年属李楼乡；1992年属王寨镇杨集村委会至今。

东老庄

东老庄（Dōnglǎozhuāng） 属王寨镇杨集村民委员会。地处杨集村西北部。东至岗叉楼，西至西老家，南至徐庄，北至申河。总户数为105户，总人口为358人。面积为0.22平方千米。

明朝初年，山东郓城县大户张诚率儿孙

迁入此地占产立庄。明正统五年（1440 年）萧县大灾，张诚捐出麦谷 1010 石输官赈济。正统六年（1441 年）诏旌张家为“义门”，张诚为“义士”，入县义士祠。清嘉庆十二年（1807 年）在该村建张氏宗祠，此村称张老家。后又有张姓人在庄西一里许建庄，也称张老家，为区分之，故东称张老庄，而西称西老家。张诚墓在东张老家村南，明景泰元年和雍正十二年所立墓碑尚存。如今宗祠完好。1949 年属王寨区杨集乡；1958 年属王寨公社十一营；1961 年属李楼公社杨集大队；1969 年属祖楼公社；1981 年属李楼公社；1984 年属李楼乡；1992 年属王寨镇老家村；2008 年至今属王寨镇杨集村。

西老家

西老家（Xīlǎojiā） 属王寨镇杨集村民委员会。地处杨集村西北部。东至东老家，西至梁钟路，南至徐庄，北至申河。总户数为 156 户，总人口为 531 人。面积为 0.31 平方千米。

早年张姓在张老家西建庄，故称西张老家。1949 年属王寨区杨集乡；1958 年属王寨公社十一营；1961 年属李楼公社杨集大队；1969 年属祖楼公社；1981 年属李楼公社；1984 年属李楼乡；1992 年属王寨镇老家村；2008 年至今属王寨镇杨集村。

徐庄

徐庄（Xúzhuāng） 属王寨镇杨集村民委员会。地处杨集村西北部。东至西杨楼，西至西老家地，南至小洼庄，北至东老家。总户数为 72 户，总人口为 223 人。面积为 0.15 平方千米。

该庄因徐姓人口居多，故而得名。1949 年属王寨区杨集乡；1958 年属王寨公社十一营；1961 年属李楼公社杨集大队；1969 年属祖楼公社；1981 年属李楼公社；1984 年属李楼乡；1992 年属王寨镇老家村；2008 年至今属王寨镇杨集村。

小洼

小洼（Xiǎowā） 属王寨镇杨集村民委员会。地处杨集村西部。东至西杨楼，西至槐庄，南至连霍高速，北至徐庄。总户数为 144 户，总人口为 494 人。面积为 0.32 平方千米。

张姓最早在低洼处建村，村子较小，故取名张小洼，简称小洼。1949 年属王寨区杨集乡；1958 年属王寨公社十一营；1961 年属李楼公社杨集大队；1969 年属祖楼公社；1981 年属李楼公社；1984 年属李楼乡；1992 年属王寨镇老家村；2008 年至今属王寨镇杨集村。

西杨楼

西杨楼（Xīyánglóu） 属王寨镇杨集村民委员会。地处杨集村西部。东至杨集，西至小洼，南至连霍路，北至老申河。总户数为 206 户，总人口为 681 人。面积为 0.41 平方千米。

杨姓在附近两个庄都盖有楼房，故取名杨楼，为便于区分，东边的称东杨楼，西边的称西杨楼。1949 年属王寨区杨集乡；1958 年属王寨公社十一营；1961 年属李楼公社杨集大队；1969 年属祖楼公社；1981 年属李楼公社；1984 年属李楼乡；1992 年属王寨镇老家村；2008 年至今属王寨镇杨集村。

魏庄

魏庄（Wèizhuāng） 属王寨镇张楼村民委员会。地处张楼村北部。东至张楼，南至任楼，西至郭庄，北至陶庄。总户数为 100 户，总人口为 316 人。面积为 0.43 平方千米。

早年魏姓在此建庄，故而得名魏庄。1949 年属萧县王寨区；1958 年属王寨公社；1961 年属张楼公社；1969 年属王寨公社；1980 年属王寨区张楼公社；1992 年属王寨镇；2007 年底原石桃园村民委员会、任楼村民委员会、张楼村民委员会三个村合并为张楼村民委员会，魏庄隶属至今。

陶庄

陶庄（Táozhuāng） 属王寨镇张楼村民委员会。地处张楼村北部。东至张楼，南至魏庄，西至郭庄，北至郝庄。总户数为 15 户，总人口为 55 人。面积为 0.16 平方千米。

陶姓和刘姓在此立庄，因陶姓人多故取名陶庄。1949 年属萧县王寨区；1958 年属王寨公社；1961 年属张楼公社；1969 年属王寨公社；1980 年属王寨区张楼公社；1992 年属王寨镇；2007 年底原石桃园村民委员会、任楼村民委员会、张楼村民委员会三个村合并为张楼村民委员会，陶庄隶属至今。

郭楼

郭楼（Guōlóu） 属王寨镇张楼村民委员会。地处张楼村西部。东至任楼，南至后桃园，西至湘西河，北至前油坊。总户数为 305 户，总人口为 1018 人。面积为 0.94 平方千米。

很久以前，郭姓在此建村盖楼，故称郭楼。1949 年属萧县王寨区；1958 年属王寨公社；1961 年属张楼公社；1969 年属王寨公社；1980 年属王寨区张楼公社；1992 年属王寨镇；2007 年底原石桃园村民委员会、任楼村民委员会、张楼村民委员会三个村合并为张楼村民委员会，该村隶属至今。

任楼

任楼（Rénlóu） 属王寨镇张楼村民委员会。地处张楼村西部。东至张楼，南至后桃园，西至郭楼，北至魏庄。总户数为 315 户，总人口为 996 人。面积为 0.85 平方千米。

早年任姓在此建村并盖楼两座，故取名任楼。1949 年属萧县王寨区；1958 年属王寨公社；1961 年属张楼公社；1969 年属王寨公社；1980 年属王寨区张楼公社；1992 年属王寨镇；2007 年底原石桃园村民委员会、任楼村民委员会、张楼村民委员会三个村合并为张楼村民委员会，任楼隶属至今。

前油坊

前油坊（Qiányóufāng） 属王寨镇张楼村民委员会。地处张楼村西部。东至郭庄，南至郭楼，西至湘西河，北至后油坊。总户数为 285 户，总人口为 910 人。面积为 0.93 平方千米。

明代初期有郜、徐两姓在此立庄磨油开油坊，故而得名油坊村。以后，人口越来越多，村庄越来越大，便分为两个村庄，因此村在前（南），故而得名。1949 年属萧县王寨区；1958 年属王寨公社；1961 年属张楼公社；1969 年属王寨公社；1980 年属王寨区张楼公社；1992 年属王寨镇；2007 年年底原石桃园村民委员会、任楼村民委员会、张楼村民委员会三个村合并为张楼村民委员会，该村隶属至今。

杜平房

杜平房（Dùpíngfáng） 属王寨镇张楼村民委员会。地处张楼村南部。东至大沙河，南至孙圩子，西至汪庄，北至武双楼。总户数为 180 户，总人口为 587 人。面积为 0.78 平方千米。

早年杜姓在此定居，盖平顶楼房六间，故取名为杜平房。1949 年属萧县王寨区；

1958 年属王寨公社；1961 年属张楼公社；1969 年属王寨公社；1980 年属王寨区张楼公社；1992 年属王寨镇；2007 年底原石桃园村民委员会、任楼村民委员会、张楼村民委员会三个村合并为张楼村民委员会，该村隶属至今。

汪庄

汪庄（Wāngzhuāng） 属王寨镇张楼村民委员会。地处张楼村南部。东至杜平坊，南至孙圩子，西至前桃园，北至后桃园。总户数为 140 户，总人口为 414 人。面积为 0.49 平方千米。

早年汪姓在此建村定居，故名汪庄。1949 年属萧县王寨区；1958 年属王寨公社；1961 年属张楼公社；1969 年属王寨公社；1980 年属王寨区张楼公社；1992 年属王寨镇；2007 年底原石桃园村民委员会、任楼村民委员会、张楼村民委员会三个村合并为张楼村民委员会，该村隶属至今。

小王庄

小王庄（Xiǎowángzhuāng） 属王寨镇张楼村民委员会。地处张楼村南部。东至前桃园，南至孙圩子，西至马庄，北至后桃园。总户数为 113 户，总人口为 353 人。面积为 0.44 平方千米。

王姓人口居多，村庄较小，故取村名小王庄。1949 年属萧县王寨区；1958 年属王寨公社；1961 年属张楼公社；1969 年属王寨公社；1980 年属王寨区张楼公社；1992 年属王寨镇；2007 年底原石桃园村民委员会、任楼村民委员会、张楼村民委员会三个村合并为张楼村民委员会，该村隶属至今。

后桃园

后桃园（Hòutáoyuán） 属王寨镇张楼村民委员会。地处张楼村南部。东至杜平坊，南至前桃园，西至马庄，北至任楼。总户数为 212 户，总人口为 663 人。面积为 0.74 平方千米。

原名苗庄，后来石姓居民从陈蒋庄迁此管理桃园，遂改村名为石桃园。随着家大业大，以后石姓又在此村南 500 米建一新村，取名前石桃园，原石桃园即易名后石桃园。1949 年属萧县王寨区；1958 年属王寨公社；1961 年属张楼公社；1969 年属王寨公社；1980 年属王寨区张楼公社；1992 年属王寨镇；2007 年底原石桃园村民委员会、任楼村民委员会、张楼村民委员会三个村合并为张楼村民委员会，该村隶属至今。

前桃园

前桃园（Qiántáoyuán） 属王寨镇张楼村民委员会。地处张楼村南部。东至汪庄，南至孙圩子，西至小王庄，北至后桃园。总户数为 216 户，总人口为 677 人。面积为 1.12 平方千米。

原名苗庄，后来石姓居民从陈蒋庄迁此管理桃园，随着家大业大，遂改村名为石桃园。以后石姓又在此村南 500 米建一新村，取名前石桃园。1949 年属萧县王寨区；1958 年属王寨公社；1961 年属张楼公社；1969 年属王寨公社；1980 年属王寨区张楼公社；1992 年属王寨镇；2007 年底原石桃园村民委员会、任楼村民委员会、张楼村民委员会三个村合并为张楼村民委员会，该村隶属至今。

罗王庄

罗王庄（Luówángzhuāng） 属王寨镇张楼村民委员会。地处张楼村东部。东至大沙河，南至武双楼，西至张楼，北至张楼。总户数为 348 户，总人口为 1165 人。面积为 1.42 平方千米。

早年有罗、王两姓在此建庄，故取名罗王庄。1949年属萧县王寨区；1958年属王寨公社；1961年属张楼公社；1969年属王寨公社；1980年属王寨区张楼公社；1992年属王寨镇；2007年底原石桃园村民委员会、任楼村民委员会、张楼村民委员会三个村合并为张楼村民委员会，该村隶属至今。

武双楼

武双楼（Wǔshuānglóu） 属王寨镇张楼村民委员会。地处张楼村南部。东至大沙河，南至杜平坊，西至任楼，北至张楼。总户数为202户，总人口为613人。面积为0.81平方千米。

早年武姓在此建村，盖楼两座，故取名武双楼。1949年属萧县王寨区；1958年属王寨公社；1961年属张楼公社；1969年属王寨公社；1980年属王寨区张楼公社；1992年属王寨镇；2007年底原石桃园村民委员会、任楼村民委员会、张楼村民委员会三个村合并为张楼村民委员会，该村隶属至今。

张楼

张楼（Zhānglóu） 属王寨镇张楼村民委员会。村委会驻地。东至大沙河，南至武双楼，西至任楼，北至郝庄。总户数为349户，总人口为1114人。面积为1.43平方千米。

张姓在此建庄盖楼，故而得名。1949年属萧县王寨区；1958年属王寨公社；1961年属张楼公社；1969年属王寨公社；1980年属王寨区张楼公社；1992年属王寨镇；2007年底原石桃园村民委员会、任楼村民委员会、张楼村民委员会三个村合并为张楼村民委员会，该村隶属至今。

大演武

大演武（Dàyǎnwǔ） 属王寨镇大演武村民委员会。村委会驻地。南至瓦子口，北至王山窝，东至大演武山，西至沙河。总户数为860户，总人口为2868人。面积为4.3平方千米。

明朝开国大将薛显早年曾在五洞山占山为王，在山下练兵，大摆演武场。后来有人在演武场附近定居，形成村落，故而取名大演武村。1949年属闵贤乡；1958年属王寨公社演武大队；1981年属王寨区王寨公社大演武大队；1984年属王寨镇大演武村民委员会至今。

王山窝

王山窝（Wángshānwō） 属王寨镇大演武村民委员会。地处大演武村北部。南至大演武，北至车牛返，东至王山窝山，西至017县道。总户数为250户，总人口为832人。面积为2.4平方千米。

王姓最早在此山窝里建村，占地面积大，故而得名。1949年属闵贤乡；1958年属王寨公社演武大队；1981年属王寨区王寨公社大演武大队；1984年属王寨镇大演武村民委员会至今。

三座楼

三座楼（Sānzuòlóu） 属王寨镇三座楼村民委员会。村委会驻地。南至演武，北至陈楼，东至王山窝，西至沙河。总户数为588户，总人口为2048人。面积为4.1平方千米。

明代某财主来此定居，建了三座炮楼，故而得名三座楼。1958年属张楼公社；1984年属芦花乡；1992年属王寨镇三座楼村民委员会至今。

陈楼

陈楼（Chénlóu） 属王寨镇三座楼村民委员会。地处三座楼村北部。南至三座楼，北至陈庄，东至郝土楼，西至沙河。总户数为160户，总人口为556人。面积为0.35平方千米。

清朝中期陈姓从河南迁此，在村中盖有一楼，故取名陈楼。一直为三座楼大队下的生产队、三座楼村下的居民点。

郝土楼

郝土楼（Hǎotǔlóu） 属王寨镇三座楼村民委员会。地处三座楼村东北部。南至三座楼，北至袁楼，东至车牛返，西至陈楼。总户数为207户，总人口为689人。面积为0.41平方千米。

明代郝姓在此居住并建土楼一座，故而得名郝土楼。一直为三座楼大队下的生产队、三座楼村下的居民点。

贾楼

贾楼（Jiǎlóu） 属王寨镇戴柿园村民委员会。地处戴柿园村东南部。南至郝庄，北至柿园，西至周洼，东至大沙河。总户数为71户，总人口为245人。面积为0.26平方千米。

贾姓在此建村并盖楼，故而得名贾楼。1949年属王寨镇王寨乡；1958年属王寨公社；1961年属张楼公社；1969年属王寨公社；1981年属王寨区张楼公社；1992年属王寨镇张楼村；2007年底，由原郝庄村、杜马村、戴柿园村合并为戴柿园村，贾楼属戴柿园村委会至今。

周洼

周洼（Zhōuwā） 属王寨镇戴柿园村民委员会。地处戴柿园村东南部。南至郝庄，北至柿园，西至王屯，东至大沙河。总户数为249户，总人口为787人。面积为0.76平方千米。

早年间周姓建村，因村周围地势低洼，故取名周洼。1949年属王寨镇王寨乡；1958年属王寨公社；1961年属张楼公社；1969年属王寨公社；1981年属王寨区张楼公社；1992年属王寨镇张楼村；2007年底，由原郝庄村、杜马庄村、戴柿园村合并为戴柿园村，周洼属其所辖。

王屯

王屯（Wángtún） 属王寨镇戴柿园村民委员会。地处戴柿园村西南部。南至郝庄，北至孙庄，西至谭庄，东至周洼。总户数为71户，总人口为209人。面积为0.19平方千米。

1949年前，王姓人在此屯田居住，故而得名。1949年属王寨镇王寨乡；1958年属王寨公社；1961年属张楼公社；1969年属王寨公社；1981年属王寨区张楼公社；1984年属张楼乡；1992年属王寨镇张楼村；2007年底，由原郝庄村、杜马庄村、戴柿园村合并为戴柿园村，王屯属其所辖至今。

郝庄

郝庄（Hǎozhuāng） 属王寨镇戴柿园村民委员会。地处戴柿园村南部。南至张楼，北至周洼，西至油坊，东至大沙河。总户数为281户，总人口为898人。面积为0.8平方千米。

早年郝姓在此立庄，故而得名。1949年属王寨镇王寨乡；1958年属王寨公社；1961年属张楼公社；1969年属王寨公社；1981年属王寨区张楼公社；1984年属张楼乡；1992年属王寨镇；2007年底，由原郝庄村、杜马庄村、戴柿园村合并为戴柿园村，郝庄为其所辖至今。

后油坊

后油坊（Hòuyóufāng） 属王寨镇戴柿园村民委员会。地处戴柿园村西南部。南至前油坊，北至王屯，西至湘西河，东至郝庄。总户数为392户，总人口为1212人。面积为1.05平方千米。

明代初期有邵、徐两姓在此占产立户，磨油开油坊，故而得名油坊村。以后，人口越来越多，村庄越来越大，便分为两个村庄，因此村在后（北），故而得名。1949年属王寨镇王寨乡；1958年属王寨公社；1961年属张楼公社；1969年并为王寨公社；1981年属王寨区张楼公社；1984年属张楼乡；1992年属王寨镇；2007年底，由原郝庄村、杜马庄村、戴柿园村合并为戴柿园村，该村隶属至今。

夏庄

夏庄（Xiàzhuāng） 属王寨镇戴柿园村民委员会。地处戴柿园村西北部。南至张楼，北至周洼，西至油坊，东至大沙河。总户数为281户，总人口为898人。面积为0.796平方千米。

早年夏姓在此占产立庄，故称夏庄。1949年属王寨镇王寨乡；1958年属王寨公社；1961年属张楼公社；1969年属王寨公社；1981年属王寨区张楼公社；1984年属张楼乡；1992年属王寨镇；2007年底，由原郝庄村、杜马庄村、戴柿园村合并为戴柿园村，该村隶属至今。

杜马庄

杜马庄（Dùmǎzhuāng） 属王寨镇戴柿园村民委员会。地处戴柿园村西北部。南至孙楼，北至王庄，西至夏庄，东至吴玉楼。总户数为474户，总人口为1499人。面积为1.23平方千米。

相传汉光武帝刘秀走南阳路过此地，座下战马因疾驰而致肚皮裂开而死。后杜姓人迁此居住，为使人记住这段历史，故取名叫杜马庄。1949年属王寨镇王寨乡；1958年属王寨公社；1961年属张楼公社；1969年属王寨公社；1981年属王寨区张楼公社；1984年属张楼乡；1992年属王寨镇；2007年底，由原郝庄村、杜马庄村、戴柿园村合并为戴柿园村，该村隶属至今。

吴玉楼

吴玉楼（Wúyùlóu） 属王寨镇戴柿园村民委员会。地处戴柿园村北部。南至柿园，北至孙庄，西至杜马庄，东至大沙河。总户数为139户，总人口为467人。面积为0.41平方千米。

相传明朝时村中吴某被招为御驸马后，在家乡盖楼一座，取名吴御楼，后来“御”误传为“玉”，村名由此而得。1949年属王寨镇王寨乡；1958年属王寨公社；1961年属张楼公社；1969年属王寨公社；1981年属王寨区张楼公社；1984年属张楼乡；1992年属王寨镇；2007年底，由原郝庄村、杜马村、戴柿园村合并为戴柿园村，该村隶属至今。

孙庄

孙庄（Sūnzhuāng） 属王寨镇戴柿园村民委员会。地处戴柿园村西部。南至王屯，北至杜马庄，西至孙楼，东至柿园。总户数为100户，总人口为303人。面积为0.36平方千米。

嘉庆年间，颛孙子张后裔来此建庄，故取名颛孙庄。1949年属王寨镇王寨乡；1958年属王寨公社；1961年属张楼公社；1969年属王寨公社；1981年属王寨区张楼公社；1984年属张楼乡；1992年属王寨镇；2007年底，由原郝庄村、杜马庄村、戴柿园村合并为戴柿园村，该村隶属至今。

戴柿园

戴柿园（Dàishìyuán） 属王寨镇戴柿

园村民委员会。村委会驻地。南至周洼，北至杜马庄，西至孙庄，东至大沙河。总户数为419户，总人口为1434人。面积为1.24平方千米。

清朝年间，戴姓在此建村并种植柿树成园，故取名为戴柿园。1949年属王寨镇王寨乡；1958年属王寨公社；1961年属张楼公社；1969年属王寨公社；1981年属王寨区张楼公社；1984年属张楼乡；1992年属王寨镇；2007年底，由原郝庄村、杜马庄村、戴柿园村合并为戴柿园村，该村隶属至今。

吴丛

吴丛（Wúcóng） 属王寨镇吴丛村民委员会。村委会驻地。东至国道，西至郝洼，南至郝洼，北至吴蒋庄。总户数为748户，总人口为2389人。面积为2.08平方千米。

汉代，萧县境内有侯国，称扶阳国，也称扶阳城。据《太平寰宇记》记载，扶阳城在萧县（旧县）西南六十五里，《一统志》记载在萧县西南。南北朝时期为彭城刘氏“三里”丛亭里；唐代武则天后人曾来此建寺庙，时称“武家丛林”，后改称“广济寺”“广济禅院”，是我国北方七十二丛林之一。清代嘉庆《萧县志》记载广济禅院后由“邑人吴殿英创修”，土人呼为“吴家丛林”，后简称吴丛。1949年属王寨区吴丛乡；1958年属王寨公社；1962年属王寨区吴丛公社；1969年并入王寨大公社称吴丛大队；1981年属王寨区吴丛公社；1984年属王寨区吴丛乡；1992年至今属王寨镇吴丛村管理。

薛庄

薛庄（Wúcóngcūnxuēzhuāng） 属王寨镇吴丛村民委员会。地处吴丛村南部。东至戴柿园，南至郝洼，北至吴丛，西至郝洼。总户数为255户，总人口为827人。面积为0.8平方千米。

薛姓最早来此定居，房屋都建在高台上，故取庄名为薛台子。随着泥土的淤积，高台子不显其高，遂又改名为薛庄。新中国成立后，虽有王山窝的人陆续搬来此地居住，但村名一直沿袭未变。1949年属王寨区王集乡；1958年属王寨公社；1962年属吴丛公社吴丛大队；1992年属王寨镇薛庄村；2008年并为吴丛村至今。

老王庄

老王庄（Lǎowángzhuāng） 属王寨镇吴丛村民委员会。地处吴丛村西部。东至吴丛，西至郝洼，南至郝洼，北至吴蒋庄。总户数为258户，总人口为788人。面积为1平方千米。

明朝嘉靖年间，王姓由萧县东官桥分支迁到此处居住，因该村比较古老，故名老王庄。1949年属王寨区吴丛乡；1958年属王寨公社；1962年属王寨区吴丛公社；1969年并入王寨大公社；1981年改为王寨区吴丛公社；1984年属王寨区吴丛乡；1992年属王寨镇老王庄村；2008年至今属王寨镇吴丛村。

尹屯

尹屯（Yǐntún） 属王寨镇吴丛村民委员会。地处吴丛村西部。东至吴丛，西至郝洼，南至郝洼，北至吴蒋庄。总户数为80户，总人口为252人。面积为0.45平方千米。

相传尹姓人在明朝初年由山西移民来此，屯田定居，故取名尹屯。1949年后属王寨区吴丛乡；1958年属王寨公社；1962年属王寨区吴丛公社；1969年并入王寨大公社；1981年改为王寨区吴丛公社；1984年属王寨区吴丛乡；1992年属王寨镇老王庄村；2008年至今属王寨镇吴丛村。

孙庵子

孙庵子（Sūn' ānzi） 属王寨镇吴丛村民委员会。地处吴丛村西部。东至吴丛，西至郝洼，南至郝洼，北至吴蒋庄。总户数60户，总人口187人，面积0.4平方千米。

孙姓人自明朝后期从萧城西岱山口迁到吴丛南孙庄。清朝期间又由孙庄迁到此地，搭草庵子居住，时人称孙庵子，自此得名至今。1949年属王寨区吴丛乡；1958年属王寨公社；1962年属王寨区吴丛公社；1969年并入王寨大公社；1981年改为王寨区吴丛公社；1984年属王寨区吴丛乡；1992年属王寨镇老王庄村；2008年至今属王寨镇吴丛村。

东孙庄

东孙庄（Dōngsūnzhuāng） 属王寨镇王集村民委员会。地处王集村西部。东至王集，西至西孙庄，南至郭村，北至薛庄。总户数为205户，总人口为700人。面积为0.63平方千米。

早在明代，孙姓在路两侧建庄，路东取名东孙庄，路西取名西孙庄，该庄在东，故而东孙庄。1949年属吴丛乡；1958年属吴丛公社；1984年属王寨区吴丛乡；1992年属王寨镇王集村至今。

孙楼

孙楼（Sūnlóu） 属王寨镇王集村民委员会。地处王集村东部。东至鬬孙庄，西至谭孙庄，南至谭庄，北至杜马庄。总户数为64户，总人口为213人。面积为0.19平方千米。

约400年前，九户孙姓人家在此地除一虎害，官府立一牌楼纪念，取名孙家打虎楼，后简称孙楼。1949年属吴丛乡；1958年属吴丛公社；1984年属王寨区吴丛乡；1992年属王寨镇谭庄村；2008年并入王集村民委员会至今。

王集

王集（Wángjí） 属王寨镇王集村民委员会。地处王集村西部。东至谭孙庄，西至孙庄，南至杨庄，北至薛庄。总户数为304户，总人口为911人。面积为0.82平方千米。

早年，王姓在此建村设集，故取名王集。1949年属吴丛乡；1958年属吴丛公社；1984年属王寨区吴丛乡；1992年属王寨镇王集村至今。

郭村

郭村（Guōcūn） 属王寨镇王集村民委员会。地处王集村民委员会南部。东至谭庄，西至311国道，南至张绪庄，北至杨庄。总户数为183户，总人口为585人。面积为0.52平方千米。

早年，最早有郭姓人来此建村，故而得名。1949年属吴丛乡；1958年属吴丛公社；1984年属王寨区吴丛乡；1992年属王寨镇王集村至今。

杨庄

杨庄（Yángzhuāng） 属王寨镇王集村民委员会。地处王集村南部。东至谭庄，西至郭村，南至郭村，北至王集。总户数为81户，总人口为253人。面积为0.22平方千米。

此地以杨家姓氏的人较多而得名杨庄。1949年属吴丛乡；1958年属吴丛乡公社；1984年属王寨区吴丛乡；1992年属王寨镇王集村至今。

谭孙庄

谭孙庄（Tánsūnzhuāng） 属王寨镇王集村民委员会。地处王集村东部。东至孙楼，西至王集，南至谭庄，北至夏庄。总户数为196户，总人口为620人。面积为0.56平方千米。

因本村孙姓人口多，且离谭庄近，为区分其他孙庄，故取名为谭孙庄。1949年属吴丛乡；1958年属吴丛公社；1984年属王寨区吴丛乡；1992年属王寨镇谭庄村；2008年并为王集村村民委员会至今。

谭庄

谭庄（Tánzhuāng） 属王寨镇王集村民委员会。地处王集村东南部。东至王屯，西至郭村，南至徐油坊，北至谭孙庄。总户数为257户，总人口为825人。面积为0.74平方千米。

清末时期有谭姓人家在此建庄，故名谭庄。1949年属吴丛乡；1958年属吴丛公社；1984年属王寨区吴丛乡；1992年属王寨镇谭庄村；2008年并入王集村村民委员会至今。

郝洼

郝洼（Hǎowā） 属王寨镇郝洼村民委员会。村委会驻地。西至吴大庄，东至张庄村，北至吴丛村，南至殷庄村。总户数为163户，总人口为521人。面积为0.83平方千米。

郝姓建村，周边地势较洼，因而得名。1949年后属王寨区吴丛乡郝洼高级社；1958年公社化时属王寨公社吴河涯大队；1961年属吴丛公社郝洼大队；1969年撤区并社时属王寨公社郝洼大队；1980年属王寨区吴丛公社郝洼大队；1992年至今属王寨镇郝洼村。

张庄

张庄（Zhāngzhuāng） 属王寨镇郝洼村民委员会。地处郝洼村东部。西至郝洼村，东至吴丛村，北至小王庄，南至孙庄。总户数为220户，总人口为692人。面积为0.9平方千米。

明朝时期，张姓从山西洪洞县迁来定居建庄，故名张庄。1949年后属王寨区吴丛乡郝洼高级社；1958年公社化时属王寨公社吴河涯大队；1961年属吴丛公社郝洼大队；1969年撤区并社时属王寨公社郝洼大队；1980年属王寨区吴丛公社郝洼大队；1992年至今属王寨镇郝洼村。

小王庄

小王庄（Xiǎowángzhuāng） 属王寨镇郝洼村民委员会。地处郝洼村东部。西至老王庄，北至吴蒋庄，东至吴丛村，南至张庄村。总户数为180户，总人口为600人。面积为0.67平方千米。

王姓人口居多，村庄较小，故取名小王庄。1954年属吴丛乡；1958年属王寨公社郝洼大队；1981年属王寨区吴丛公社郝洼大队张庄村；1984年属王寨区吴丛乡郝洼村；1992年属王寨镇郝洼村至今。

孙庄

孙庄（Sūnzhuāng） 属王寨镇郝洼村民委员会。地处郝洼村东南部。西至殷庄村，南至王集村，北至张庄村，东至王集村。总户数为248户，总人口为793人。面积为0.88平方千米。

孙姓最早在此附近建两个孙庄，此村位于西部，故名西孙庄。1949年属王寨区吴丛乡；1958年属王寨公社吴河涯大队；1961年属吴丛公社郝洼大队；1969年属王寨公社郝洼大队；1981年属王寨区吴丛公社西孙庄大队；1992年属王寨镇郝洼村至今。

殷庄

殷庄（Yīnzhuāng） 属王寨镇郝洼村民委员会。地处郝洼村南部。西至吴河崖村，北至郝洼村，东至西孙庄，南至汪楼村。总户数为356户，总人口为1117人。

面积为 2.14 平方千米。

早年殷氏人口迁居至此建庄，故取名殷庄。1949 年属吴丛乡；1958 年公社化时期属吴丛公社吴河涯大队；1992 年属王寨镇殷庄村；2007 年属王寨镇郝洼村至今。

吴大庄

吴大庄（Wúdàzhuāng） 属王寨镇郝洼村民委员会。地处郝洼村西北部。西至陈庄，北至大吴集，南至吴河崖村，东至吴丛村。总户数为 432 户，总人口为 1455 人。面积为 3.75 平方千米。

吴姓人最早在此建村，因村庄较大，故而得名。1949 年属王寨镇吴丛乡；1958 年属王寨公社；1961 年属吴丛公社；1962 年属王寨公社；1981 年再属吴丛公社；1992 年属王寨镇郝洼村至今。

河涯西

河涯西（Héyáxī） 属王寨镇吴河涯村民委员会。地处吴河涯村西部。东至河涯东，南至张杨庄，西至保元店，北至陈庄。总户数为 164 户，总人口为 541 人。面积为 0.65 平方千米。

吴姓人家在港河涯（"涯"，当地方言读"爷"，意为水边）西建村，故而得名。1949 年属河涯乡；1955 年属吴丛乡；1958 年属王寨公社；1961 年属吴丛公社；1969 年并入王寨公社；1981 年属吴丛公社；1993 年并入吴河涯村民委员会，该村隶属至今。

张双楼

张双楼（Zhāngshuānglóu） 属王寨镇吴河涯村民委员会。地处吴河涯村西部。东至保元店，南至松林子，西至后街，北至梁屯。总户数为 67 户，总人口为 213 人。面积为 0.3 平方千米。

张姓在此盖两座楼，故而取名张双楼。1949 年属河涯乡；1955 年属吴丛乡；1958 年属王寨公社；1961 年属吴丛公社；1969 年并入王寨公社；1981 年属吴丛公社；1992 年属王寨镇；2007 年并入吴河涯村，该村隶属至今。

张河涯

张河涯（Zhānghéyá） 属王寨镇吴河涯村民委员会。地处吴河涯村西部。东至河涯西，南至吴河涯养老服务中心，西至保元店，北至赵庄镇三座楼村陈庄。总户数为 77 户，总人口为 251 人。面积为 0.33 平方千米。

张姓在港河河涯（"涯"，当地方言，读"爷"，指水边）旁边建村，故而得名。1949 年属河涯乡；1955 年属吴丛乡；1958 年属王寨公社；1961 年属吴丛公社；1969 年并入王寨公社；1981 年属吴丛公社；1992 年属王寨镇；2007 年并入吴河涯村，该村隶属至今。

杨老庄

杨老庄（Yánglǎozhuāng） 属王寨镇吴河涯村民委员会。地处吴河涯村东部。东至殷庄，南至张楼，西至陆庄，北至宋庄。总户数为 150 户，总人口为 513 人。面积为 0.7 平方千米。

杨姓在此定居较早，故取名杨老庄。1949 年属河涯乡；1955 年属吴丛乡；1958 年属王寨公社；1961 年属吴丛公社；1969 年并入王寨公社；1981 年属吴丛公社；1992 年属王寨镇；1993 年并入吴河涯村民委员会，该村隶属至今。

贾庄

贾庄（Jiǎzhuāng） 属王寨镇吴河涯村民委员会。地处吴河涯村东部。东至郝洼村殷庄，南至后洼村王洼，西至杨老庄，北至郝洼村殷庄。总户数为 192 户，总人口为 584 人。面积为 0.8 平方千米。

贾氏最早在此占产立庄，故名贾庄。1949年属河涯乡；1955年属吴丛乡；1958年属王寨公社；1961年属吴丛公社；1969年并入王寨公社；1981年属吴丛公社；1992年属王寨镇；1993年并入吴河涯村民委员会，该村隶属至今。

陶庄

陶庄（Táozhuāng） 属王寨镇吴河涯村民委员会。地处吴河涯村东部。东至宋庄，南至陆庄，西至河涯东，北至郝洼村吴大庄。总户数为101户，总人口为319人。面积为0.46平方千米。

早年陶姓在此建庄，故取名陶庄。1949年属河涯乡；1955年属吴丛乡；1958年属王寨公社；1961年属吴丛公社；1969年并入王寨公社；1981年属吴丛公社；1992年属王寨镇；1993年并入吴河涯村民委员会，该村隶属至今。

宋庄

宋庄（Sòngzhuāng） 属王寨镇吴河涯村民委员会。地处吴河涯村东部。东至郝洼村郝洼，南至杨老庄，西至陶庄，北至郝洼村吴小楼。总户数为135户，总人口为416人。面积为0.6平方千米。

宋氏人家最早在此建村，故名宋庄。1949年属河涯乡；1955年属吴丛乡；1958年属王寨公社；1961年属吴丛公社；1969年并入王寨公社；1981年属吴丛公社；1992年属王寨镇；1993年并入吴河涯村民委员会，该村隶属至今。

陆庄

陆庄（Lùzhuāng） 属王寨镇吴河涯村民委员会，地处吴河涯村东南部。东至杨老庄，南至后洼村张楼，西至河涯东，北至陶庄。总户数为46户，总人口为121人。面积为0.18平方千米。

早年陆姓在此居住建庄，故得名陆庄。1949年属河涯乡；1955年属吴丛乡；1958年属王寨公社；1961年属吴丛公社；1969年并入王寨公社；1981年属吴丛公社；1993年并入吴河涯村民委员会，该村隶属至今。

张杨庄

张杨庄（Zhāngyángzhuāng） 属王寨镇吴河涯村民委员会。地处吴河涯村南部。东至后洼村张楼，南至杨集村东杨楼，西至平楼，北至河涯。总户数为180户，总人口为571人。面积为0.73平方千米。

张姓、杨姓在此建庄，故取名张杨庄。1949年属河涯乡；1955年属吴丛乡；1958年属王寨公社；1961年属吴丛公社；1969年并入王寨公社；1981年属吴丛公社；1993年并入吴河涯村民委员会，该村隶属至今。

河涯东

河涯东（Héyádōng） 属王寨镇吴河涯村民委员会。地处吴河涯村中部。东至陆庄，南至张杨庄，西至河涯西，北至吴大庄。总户数为100户，总人口为333人。面积为0.7平方千米。

吴姓人家在港河涯（“涯”，当地方言读“爷”，指水边）东建村，故而得名。1949年属河涯乡；1955年属吴丛乡；1958年属王寨公社；1961年属吴丛公社；1969年并入王寨公社；1981年属吴丛公社；1993年并入吴河涯村民委员会，该村隶属至今。

松林子

松林子（Sōnglínzi） 属王寨镇吴河涯村民委员会。地处吴河涯村西部。东至保元店，南至程新庄，西至张柳园，北至双楼。总户数为105户，总人口为347人。面积为0.6平方千米。

此处原是张家祠堂的松树林子，后有人迁此建庄居住，故取村名为松林子。1949年属河涯乡；1955年属吴丛乡；1958年属王寨公社；1961年属吴丛公社；1969年并入王寨公社；1981年属吴丛公社；1992年属王寨镇；2007年并入吴河涯村民委员会，该村隶属至今。

岗叉楼

岗叉楼（Gǎngchālóu） 属王寨镇吴河涯村民委员会。地处吴河涯村西南部。东至程新庄，南至徐小楼，西至东老家，北至松林子。总户数为92户，总人口为297人。面积为0.5平方千米。

从前一姓高的富户在此建造岗楼，因遭抢劫，只盖半截，留下岗楼叉子（当地方言，意为半截），再无力盖成，故名岗叉楼。1949年属河涯乡；1955年属吴丛乡；1958年属王寨公社；1961年属吴丛公社；1969年并入王寨公社；1981年属吴丛公社；1992年属王寨镇；2007年并入吴河涯村民委员会，该村隶属至今。

程新庄

程新庄（Chéngxīnzhuāng） 属王寨镇吴河涯村民委员会。地处吴河涯村西南部。东至宋楼，南至徐小楼，西至岗叉楼，北至松林子。总户数为117户，总人口为347人。面积为0.8平方千米。

原为张新集张姓的寄庄子，后来程姓在此居住，遂取名程新庄。1949年属河涯乡；1955年属吴丛乡；1958年属王寨公社；1961年属吴丛公社；1969年并入王寨公社；1981年属吴丛公社；1992年属王寨镇；2007年并入吴河涯村民委员会，该村隶属至今。

张平楼

张平楼（Zhāngpínglóu） 属王寨镇吴河涯村民委员会。地处吴河涯村西南部。东至张杨庄，南至程新庄，西至程新庄，北至保元店。总户数为95户，总人口为302人。面积为0.53平方千米。

张姓在此建村，盖平顶楼一座，故取名张平楼。1949年属河涯乡；1955年属吴丛乡；1958年属王寨公社；1961年属吴丛公社；1969年并入王寨公社；1981年属吴丛公社；1992年属王寨镇；2007年并入吴河涯村民委员会，该村隶属至今。

保元店

保元店（Bǎoyuándiàn） 属王寨镇吴河涯村民委员会。地处吴河涯村西部。东至河涯西，南至平楼，西至双楼，北至大楼。总户数为162户，总人口为537人。面积为0.7平方千米。

传说明朝初期，吴某在此开百货店，名万全店，后某人来买墨斗子，店中无货，武某自觉惭愧，遂易名保元店。1949年属河涯乡；1955年属吴丛乡；1958年属王寨公社；1961年属吴丛公社；1969年并入王寨公社；1981年属吴丛公社；1992年属王寨镇；2007年并入吴河涯村民委员会，该村隶属至今。

张大楼

张大楼（Zhāngdàlóu） 属王寨镇吴河涯村民委员会。地处吴河涯村西北部。东至张河涯，南至保元店，西至梁屯，北至蒋庄。总户数为101户，总人口为381人。面积为0.6平方千米。

张姓在此建村，盖了一座大楼。故取名张大楼。1949年属河涯乡；1955年属吴丛乡；1958年属王寨公社；1961年属吴丛公社；1969年并入王寨公社；1981年属吴丛公社；1992年属王寨镇；2007年并入吴河涯村民委员会，该村隶属至今。

祖楼镇

王庄

王庄（Wángzhuāng） 隶属祖楼镇孙楼村民委员会。地处孙楼村南部，东至梁楼，南至徐庄，西至翟庄，北至李庄。总户数为145户，总人口为513人。面积为0.25平方千米。

因王姓人家较多而得名。1949年后成立高级社，1958年划到张寻楼人民公社，1964年撤庄并区，1970年划到石林大公社。1978年划为淮海区，1990年划为祖楼区，1993年并区划为祖楼区人民政府。

朱庄

朱庄（Zhūzhuāng） 隶属祖楼镇孙楼村民委员会。地处孙楼村东部，总户数为51户，总人口为201人。面积为0.17平方千米。

明代朱姓三兄弟在此占产立庄，当时人少村小是小朱庄，后改为朱庄，故名。1949年后又划到祖楼区穆寨乡。到1964年属四区张庄寨区孙楼乡，撤区并乡划为石林大公社。1978年划为孙楼小公社淮海区。又划祖楼区孙楼乡，撤区并乡，划为祖楼镇。

梁楼

梁楼（Liánglóu） 隶属祖楼镇孙楼村民委员会。地处孙楼村东部，东至武平庄，南至穆寨，西至王庄，北至张庄。总户数为183户，总人口为620人。面积为0.21平方千米。

梁楼原名叫西大梁楼，以前这庄里住着姓武的大户和姓梁的两大户，都非常兴旺，后来姓武的姓越来越少，姓梁的人越来越多，庄名定位梁楼。1949年后梁楼属三区，又划属祖楼区穆寨乡，到1964年属于四区张寨区，孙楼乡撤区并乡划属石林大公社，1978年划属孙楼公社淮海区，后划属祖楼区孙楼乡，撤区并乡划属祖楼镇。

何庄

何庄（Hézhuāng） 隶属祖楼镇孙楼村民委员会。地处孙楼村东部，总户数为18户，总人口为87人。面积为0.072平方千米。

早年何姓在此居住，故名。1949年后属祖楼区。1978年属孙楼小公社淮海区。后属祖楼区孙楼乡，撤区并乡后属祖楼镇。

翟庄

翟庄（Zháizhuāng） 隶属祖楼镇孙楼村民委员会。地处孙楼村西南部，东至王庄，南至宋楼，西至孙瓦房，北至苏庄。总户数为133户，总人口为437人。面积为0.12平方千米。

传说200多年前此处叫曹庄，因曹姓人家在此居住，后来姓翟的人家从外地迁来在此居住，改名翟庄。1949年后成立高级社，1958年划归张寻楼人民公社，1964年撤庄并区，1970年划归石林大公社。1978年划归淮海区，1990年划归祖楼区，1993年并区划归祖楼区。

李庄

李庄（Lǐzhuāng） 隶属祖楼镇孙楼村民委员会。地处孙楼村东部，东至张庄，南至王庄，西至孙楼，北至王志庄。总户数为79户，总人口为270人。面积为0.15平方千米。

传说，有一个姓李的老奶奶住在此庄，曾名李苦家庄。后又改为李庄。此庄后无一家李姓。1949年前后该庄属三区，后又划到祖楼区穆寨乡。到1964年属四区张庄寨区孙楼乡，撤区并乡后划归石林大公社。

1978年划归孙楼小公社淮海区，后划归祖楼区孙楼乡，撤区并乡划归祖楼镇。

苏庄

苏庄（Sūzhuāng） 隶属祖楼镇孙楼村民委员会。地处孙楼村西部，东至孙楼，南至翟庄，西至孙瓦房，北至张庄。总户数为155户，总人口为499人。面积为0.11平方千米。

传说200多年前叫孟土楼，后来姓苏的迁到这里，人多了，便取名苏庄。1949年后成立高级庄居民点，1958年划到张寻楼人民公社，1964年撤庄并区，1970年划到石林大公社，1978年划归淮海区，1990年划归祖楼区，1993年并区划归祖楼区。

孙楼

孙楼（Sūnlóu） 隶属祖楼镇孙楼村民委员会。村委会驻地，东至李庄，南至王庄，西至苏庄，北至石桥。总户数为338户，总人口为1117人。面积为0.37平方千米。

孙氏从明崇祯年间由山东迁移此地。建寨时有东、西大门楼，寨四角皆有高楼，围绕村寨挖有壕沟，有东、西寨门吊桥能出入。村内建有市场，后渐称孙楼集。1959年国家派人专门到此地种植收购茭子。茭子种植从明朝开始，至今已有380多年历史。1963年撤社划区，成立孙楼乡。1970年划为李石林公社。1984年后属祖楼镇孙楼村。

夏庄

夏庄（Xiàzhuāng） 隶属祖楼镇穆寨村民委员会。地处穆寨村东南部，东至谢桥，西至杨小楼，南至杨小楼，北至赵庄。总户数为101户，总人口为385人。面积为0.24平方千米。

早年夏姓在此占产立庄，故名。1949年后归祖楼区、张庄寨区、淮海大公社、孙楼乡。现属祖楼镇穆寨村。

杨小楼

杨小楼（Yángxiǎolóu） 隶属祖楼镇穆寨村民委员会。地处穆寨村东南部，东至湘山庙，西至甘楼，南至311国道，北至夏庄村。总户数为270户，总人口为1070人。面积为0.78平方千米。

早年杨姓人从外地迁移至此，建有小楼，故名。1949年后归祖楼区、张庄寨区、淮海大公社、孙楼乡。现属祖楼镇穆寨村。

赵庄

赵庄（Zhàozhuāng） 隶属祖楼镇穆寨村民委员会。地处穆寨村东部，东至梁庄，西至穆寨，南至夏庄，北至刘庄。总户数为54户，总人口为178人。面积为0.16平方千米。

200年前，赵姓在此立庄，故名。1949年前属萧县祖楼区孙楼乡。1949年后属张庄寨区孙楼乡，“文化大革命”后改为淮海大公社（李石林）。现归萧县祖楼镇穆寨村。

盛庄

盛庄（Shèngzhuāng） 隶属祖楼镇穆寨村民委员会。地处穆寨村东北部，东至双楼，西至刘庄，南至梁庄，北至朱庙村。总户数为79户，总人口为374人。面积为0.31平方千米。

盛姓的大户建村并得名盛庄。1949年前属萧县祖楼区孙楼乡。1949年后属张庄寨区孙楼乡，“文化大革命”后改归淮海大公社（李石林）。现归萧县祖楼镇穆寨村。

梁庄

梁庄（Liángzhuāng） 隶属祖楼镇穆寨村民委员会。地处穆寨村东部，东至谢桥，西至赵庄，南至夏庄，北至盛庄。总户数为46户，总人口为160人。面积为0.14平方千米。

原村名孟庄。民国期间，梁姓村民迁入，后家产丰厚，人丁兴旺，逐渐改为梁庄。1949年前属萧县祖楼区孙楼乡。1949年后属张庄寨区孙楼乡，“文化大革命”后改归淮海大公社（李石林）。现归萧县祖楼镇穆寨村。

秦楼

秦楼（Qínlóu） 隶属祖楼镇穆寨村民委员会。地处穆寨村南部，东至湘山庙，南至青龙集镇，西至穆刘庄，北至洪河。总户数为128户，总人口为468人。面积为0.21平方千米。

秦楼有400年的历史，明末秦姓在此居住立村建楼。故名。1949年前属萧县祖楼区孙楼乡，1949年后属张庄寨区孙楼乡，“文化大革命”后改归淮海大公社（李石林）。现归萧县祖楼镇穆寨村。

穆刘庄

穆刘庄（Mùliúzhuāng） 隶属祖楼镇穆寨村民委员会。地处穆寨村东南部，东至311国道，西至甘楼，南至杨小楼，北至洪河。总户数为46户，总人口为138人。面积为0.12平方千米。

根据穆氏族谱记载，1500年穆氏后裔节二房迁此，后又迁入刘氏，故名。1949年前属萧县祖楼区孙楼乡。1949年后属张庄寨区孙楼乡，“文化大革命”后改归淮海大公社（李石林）。现归萧县祖楼镇穆寨村。

穆寨

穆寨（Mùzhài） 隶属祖楼镇穆寨村民委员会。地处穆寨村中部，东至夏庄，西至宋楼，南至洪河，北至梁庄。总户数为334户，总人口为1190人。面积为0.69平方千米。

明朝初年穆姓村民从山西迁民到穆浅子，又从穆浅子来此筑寨，故名。

徐庄

徐庄（Xúzhuāng） 隶属祖楼镇穆寨村民委员会。地处穆寨村西北部，东至穆寨，西至宋楼，南至穆寨，北至311国道。总户数为35户，总人口为170人。面积为0.16平方千米。

该村徐姓人口居多，故名。1949年后归三区祖楼。归四区张庄寨。“文化大革命”后划归淮海公社，后划归祖楼区孙楼乡，又划归祖楼镇。

宋楼

宋楼（Sònglóu） 隶属祖楼镇穆寨村民委员会。地处穆寨村西部，东至穆寨，西至洪河，南至洪河，北至311国道。总户数为123户，总人口为420人。面积为0.35平方千米。

早年宋氏在此占产立庄并盖楼，故名。1949年后归三区孙楼乡，归四区张庄寨孙楼乡。“文化大革命”后属淮海公社，后划归祖楼区孙楼乡，又划归祖楼镇。

黄武庄

黄武庄（Huángwǔzhuāng） 隶属祖楼镇穆寨村民委员会。地处穆寨村西南部，总户数为100户，总人口为500人。面积为0.396平方千米。

黄武庄是高家地主的寄庄子。后因黄、武两姓居多，故名。1949年后，归祖楼区张庄寨区、淮海大公社孙楼乡、萧县祖楼区孙楼乡穆寨村。

甘楼

甘楼（Gānlóu） 隶属祖楼镇穆寨村民委员会。地处穆寨村民委员会南部，东至穆刘庄，西至苗吴庄，南至311国道，北至洪河。总户数为118户，总人口为546人。面积为0.21平方千米。

很久以前甘姓在此建村，故名。1949年后归祖楼区、张庄寨区、淮海大公社、孙楼乡、萧县祖楼区孙楼乡穆寨村。

苗吴庄

苗吴庄（Miáowúzhuāng） 隶属祖楼镇穆寨村民委员会。地处穆寨村南部，东至甘楼，西至石林乡，南至青龙集镇，北至杨小楼。总户数为161户，总人口为620人。面积为0.28平方千米。

苗姓、吴姓在此建村，故名。1949年后归祖楼区、张庄寨区、淮海大公社、孙楼乡、萧县祖楼区孙楼乡穆寨村。

韩庄

韩庄（Hánzhuāng） 隶属祖楼镇穆寨村民委员会。地处穆寨村南部，东至盛庄，西至梁庄，南至盛庄，北至朱庙村。总户数为45户，总人口为130人。面积为0.12平方千米。

很久以前韩姓在此建村，故名。1949年后归祖楼区、张庄寨区、淮海大公社、孙楼乡、萧县祖楼区孙楼乡穆寨村。

小蔡庄

小蔡庄（Xiǎocàizhuāng） 隶属祖楼镇穆寨村民委员会。地处穆寨村南部，总户数为8户，总人口为27人。面积为0.033平方千米。

由大蔡庄蔡姓迁来此处建村。1949年后归祖楼区张庄寨区，“文化大革命”后期属淮海大公社，现属祖楼镇穆寨村。

三姓户

三姓户（Sānxìnghù） 隶属祖楼镇穆寨村民委员会。地处穆寨村南部，总户数为10户，总人口为40人。面积为0.04平方千米。

因村中只有三种姓氏，故名三姓户。1949年后归祖楼区张庄寨区，“文化大革命”后期属淮海大公社，现属祖楼镇穆寨村。

刘庄

刘庄（Liúzhuāng） 隶属祖楼镇穆寨村民委员会。地处穆寨村南部，东至盛庄，西至穆寨，南至赵庄，北至梁庄。总户数为35户，总人口为125人。面积为0.13平方千米。

刘氏人家于1700年从河南迁至此处，故名。1949年后归祖楼区、淮海区、张庄寨区、孙楼乡，现属祖楼镇穆寨村。

张庄

张庄（Zhāngzhuāng） 隶属祖楼镇孟苏庄村民委员会。地处孟苏庄村西南部，东至苏小楼，西至毛河，南至王破楼，北至曹庄。总户数为51户，总人口为204人。面积为0.26平方千米。

以前张姓住在此处，故名张庄，1958年属孟苏庄大队，1984年后属孟苏庄村。

天齐庙

天齐庙（Tiānqímiào） 隶属祖楼镇孟苏庄村民委员会。地处孟苏庄村东北部，东至小王堂，西至陈庄，南至曹庄，北至孙大楼。总户数为197户，总人口为786人。面积为0.87平方千米。

清朝嘉庆年间建一座天齐庙，后来村以庙名。1958年属孟苏庄大队，1984年后属孟苏庄村。

毛河

毛河（Máohé） 隶属祖楼镇孟苏庄村民委员会。地处孟苏庄村东南部，东至曹庄，西至高庄，南至武庄，北至孟苏庄。总户数为166户，总人口为601人。面积为0.89平方千米。

村庄北边紧靠毛河，因此庄名叫毛河涯。1958年属孟苏庄大队，1984年后属孟苏庄村。

张塘

张塘（Zhāngtáng） 隶属祖楼镇孟苏庄村民委员会。地处孟苏庄西部，东至闫庄，西至石桥，南至王志庄，北至孟庄。总户数为136户，总人口为470人。面积为0.34平方千米。

村庄内有垫宅挖土挖的一口塘，张姓姓氏占人口的90%以上，因此叫张塘。1958年属孟苏庄大队，1984年后属孟苏庄村。

王志庄

王志庄（Wángzhìzhuāng） 隶属祖楼镇孟苏庄村民委员会。地处孟苏庄村西部，东至闫庄，西至石桥，南至张庄，北至张塘。总户数为110户，总人口为390人。面积为0.33平方千米。

很久以前，王寨有个姓王名志的秀才迁居此地，外庄村的人就把这个庄叫王志庄。1958年属孟苏庄大队，1984年后属孟苏庄村。

孟苏庄

孟苏庄（Mèngsūzhuāng） 隶属祖楼镇孟苏庄村民委员会。村委会驻地，东至天齐庙，西至张塘，南至毛河，北至孙大楼。总户数为167户，总人口为521人。面积为0.38平方千米。

孟苏庄原有孟姓、苏姓两家，故名。1958年属孟苏庄大队，1984年后属孟苏庄村。

陈庄

陈庄（Chénzhuāng） 隶属祖楼镇孟苏庄村民委员会。地处孟苏庄村北部，东至天齐庙，西至迭路北，南至闫庄，北至孟寨。总户数为242户，总人口为848人。面积为0.91平方千米。

本庄有陈姓、孟姓、尹姓、丁姓、刘姓、陈姓家族占三分之二，故名。1958年属孟苏庄大队，1984年后属孟苏庄村。

孟寨

孟寨（Mèngzhài） 隶属祖楼镇孟苏庄村民委员会。地处孟苏庄村北部，东至李台子，西至徐庄，南至陈庄，北至刘楼。总户数为86户，总人口为389人。面积为0.34平方千米。

早年十几户孟姓住在此处，为了防盗、防乱，庄的四周筑起墙，安上大门，成为一个寨圈，故名。1958年属孟苏庄大队，1984年后属孟苏庄村。

张庄

张庄（Zhāngzhuāng） 隶属祖楼镇孟苏庄村民委员会。地处孟苏庄村西南部，东至王楼，西至孙楼，南至梁楼，北至王志庄。总户数为54户，总人口为187人。面积为0.18平方千米。

本庄张姓多，故名。1958年属孟苏庄大队，1984年后属孟苏庄村。

闫庄

闫庄（Yánzhuāng） 隶属祖楼镇孟苏庄村民委员会。地处孟苏庄村西部，东至高庄，西至王志庄，南至王楼，北至陈庄。总户数为42户，总人口为155人。面积为0.13平方千米。

闫庄，闫姓家族多，故名。1958年属孟苏庄大队，1984年后属孟苏庄村。

李台子

李台子（Lǐtáizi） 隶属祖楼镇孟苏庄村民委员会。地处孟苏庄村北部，东至孙大楼，西至孟寨，南至陈庄，北至埝头寺。总户数为30户，总人口为92人。面积为0.12平方千米。

以前李姓住在此处，房基垫得比较高，故名。1958年属孟苏庄大队，1984年后属孟苏庄村。

高庄

高庄（Gāozhuāng） 隶属祖楼镇孟苏庄村民委员会。地处孟苏庄村南部，东至毛河，西至闫庄，南至王楼，北至孟苏庄。总户数为35户，总人口为132人。面积为0.11平方千米。

高庄高姓家族人多，故名。1958年属孟苏庄大队，1984年后属孟苏庄村。

曹庄

曹庄（Cáozhuāng） 隶属祖楼镇孟苏庄村民委员会。地处孟苏庄村南部，东至大苏庄，西至毛河，南至张庄，北至天齐庙。总户数为68户，总人口为302人。面积为0.28平方千米。

高庄高姓家族人多，故名。1958年属孟苏庄大队，1984年后属孟苏庄村。

张楼

张楼（Zhānglóu） 隶属祖楼镇祖楼村民委员会。地处祖楼村东南部，南至荀楼，西至苏集，北至朱楼，东至孙圩子乡。总户数为289户，总人口为890人。面积为0.84平方千米。

张姓在此建庄盖楼，故名。1949年后属祖楼村，1958年属祖楼大队，1984年属祖楼村至今。

朱楼

朱楼（Zhūlóu） 隶属祖楼镇祖楼村民委员会。地处祖楼村东部，南至张楼，西至苏集，北至孙圩子乡，东至孙圩子乡。总户数为154户，总人口为460人。面积为0.6平方千米。

早年，朱姓在此建村立庄，且建有一楼，故名。1949年后属祖楼村，1958年属祖楼大队，1984年属祖楼村至今。

祖楼

祖楼（Zǔlóu） 隶属祖楼镇祖楼村民委员会。地处祖楼村民委员会西部，南至张湾，西至谢庄，北至柘园，东至苏集。总户数为580户，总人口为1836人。面积为1.1平方千米。

以前本村庄姓祖的人最多且有楼房，故名。1949年后属祖楼村，1958年属祖楼大队，1984年属祖楼村至今。

苏集

苏集（Sūjí） 隶属祖楼镇祖楼村民委员会。地处祖楼村南部，南至张湾，西至祖楼，北至柘园，东至张楼。总户数为326户，总人口为1023人。面积为0.9平方千米。

该村苏姓人口多，又有集市，故名。1949年后属祖楼村，1958年属祖楼大队，1984年属祖楼村至今。

柘园

柘园（Zhèyuán） 隶属祖楼镇祖楼村民委员会。地处祖楼村北部，南至祖楼，西至祖楼，北至王楼，东至朱楼。总户数为267户，总人口为819人。面积为0.85平方千米。

该村的外围长满了柘树，故名。1949年后属祖楼村，1958年属祖楼大队，1984年属祖楼村至今。

荀楼

荀楼（Xúnlóu） 隶属祖楼镇张湾村民委员会。地处张湾村东部，东至岗河，西至火神庙，南至徐郑庄，北至张楼。总户数为96户，总人口为346人。面积0.19平方千米。

荀姓立村建楼，故名。1949年后由前荀楼、后荀楼、小张庄组成。后来由于荀姓多，逐渐通称荀楼。

火神庙

火神庙（Huǒshénmiào） 隶属祖楼镇张湾村民委员会。地处张湾村东部，东至荀楼，西至程庄，南至崔店，北至苏集。总户数为126户，总人口为455人。面积0.18平方千米。

明代此处建有火神庙，后王姓在此占产立庄，故名。1958年属张湾大队，1984年后属张湾村。

程庄

程庄（Chéngzhuāng） 隶属祖楼镇张湾村民委员会。地处张湾村东部，东至火神庙，西至张湾，南至崔店，北至苏集。总户数为171户，总人口为603人。面积0.15平方千米。

清朝年间，以程姓家族在此建庄，故名。1958年属张湾大队，1984年后隶属张湾村。

种庄

种庄（Chóngzhuāng） 隶属祖楼镇张湾村民委员会。地处张湾村西部，东至张湾，西至孙庄，南至洪减河，北至祖楼。总户数为271户，总人口为1002人。面积0.25平方千米。

原村名吴庙子，吴姓较少，种姓较多，逐渐改叫种庄。1958年属张湾大队，1984年后属张湾村。

张湾

张湾（Zhāngwān） 隶属祖楼镇张湾村民委员会。地处张湾村南部，东至程庄，西至种庄，南至洪减河，北至苏集。总户数为246户，总人口为910人。面积0.2平方千米。

原张湾南有条河（现洪减河），有一姓张人，在这条河上摆渡为生，河向南拐一个湾，取名张湾子。1958年属张湾大队，1984年后属张湾村。

张庄

张庄（Zhāngzhuāng） 隶属祖楼镇石桥村民委员会。地处石桥村东部，西邻董庄，北邻众姓庄，东邻石桥，南邻孙楼。总户数为96户，总人口为382人。面积为0.71平方千米。

张姓人家在此建村，故名。1949年后属祖楼乡石桥区，1980年后属张庄寨区，1984年属祖楼区。

石桥

石桥（Shíqiáo） 隶属祖楼镇石桥村民委员会。地处石桥村东部，西邻张庄，北邻孙庄孟庄，东邻张塘王志庄，南邻孙楼。总户数为172户，总人口为586人。面积为0.8平方千米。

该村有一座石桥，故名。1949年后属祖楼乡石桥区，1980年后属张庄寨区，1984年属祖楼区。

高楼

高楼（Gāolóu） 隶属祖楼镇石桥村民委员会。地处石桥村北部，西邻武楼，北邻张老庄，东邻众姓庄，南邻玉皇阁。总户数为40户，总人口为182人。面积为0.25平方千米。

清朝初期本村高姓人家是大户，并建有楼房，故名。1949年后属祖楼乡石桥区，1980年后属张庄寨区，1984年属祖楼区。

迭路北

迭路北（Diélùběi） 隶属祖楼镇石桥村民委员会。地处石桥村东北部，西邻张老庄，北邻北张塘，东邻陈庄，南邻孟庄。总户数为140户，总人口为426人。面积为0.86平方千米。

原名大黄庄，清朝乾隆时期，村南有一条迭路，到永城从此路穿过，故改名迭路北。1949年后属祖楼乡石桥区，1980年后属张庄寨区，1984年属祖楼区。

孟庄

孟庄（Mèngzhuāng） 隶属祖楼镇石桥村民委员会。地处石桥村东北部，西邻孙庄，北邻迭路北，东邻张塘，南邻石桥。总户数为75户，总人口为310人。面积为0.521平方千米。

早年，孟姓人家在此居住建村，故名。1949年后属祖楼乡石桥区，1980年后属张庄寨区，1984年属祖楼区。

孙庄

孙庄（Sūnzhuāng） 隶属祖楼镇石桥村民委员会。地处石桥村东北部，西邻众姓庄，北邻胡楼，东邻孟庄，南邻石桥。总户数为60户，总人口为290人。面积为0.381平方千米。

早年，孙姓人家在此居住建村，故名。1949年后属祖楼乡石桥区，1980年后属张庄寨区，1984年属祖楼区。

众姓庄

众姓庄（Zhòngxìngzhuāng） 隶属祖楼镇石桥村民委员会。地处石桥村北部，西邻高楼，北邻张老庄，东邻孙庄，南邻张庄。总户数为215户，总人口为748人。面积为0.976平方千米。

因村庄姓氏众多，故名众姓庄。1949年后属寿枝乡，后属石林区，1980年属张庄区，1988年后属祖楼区。

玉皇阁

玉皇阁（Yùhuánggé） 隶属祖楼镇石桥村民委员会。地处石桥村西北部，总户数为30户，总人口为160人。面积为0.22平方千米。

该村中间有玉皇庙，故名。1949年后属青枝乡，后属石林区，1980年后属张庄寨区，1988年属祖楼区。

董庄

董庄（Dǒngzhuāng） 隶属祖楼镇石桥村民委员会。西邻刘庄，北邻高搂，东邻张庄，南邻孙瓦房。总户数为208户，总人口为790人。面积为0.82平方千米。

该村原住民以董姓为主，故名。1949年后属青枝乡，后属石林区，1980年后属张庄寨区，1988年属祖楼区，1992年属祖楼镇石桥村。

孙瓦房

孙瓦房（Sūnwǎfáng） 隶属祖楼镇石桥村民委员会。地处石桥村西南部，西邻崔口，北邻刘庄董庄，东邻孙楼，南邻洪减河。总户数为183户，总人口为776人。面积为0.86平方千米。

早年孙姓立村并建有瓦房，故名。1949年后属青枝乡，后属石林区，1980年后属张庄寨区，1988年属祖楼区，1992年属祖楼镇石桥村。

吴庄

吴庄（Wúzhuāng） 隶属祖楼镇相山庙村民委员会。地处相山庙村东部，东至郑楼，西至湘山庙，北至刘楼，南至孙庄。总户数为58户，总人口为246人。面积为0.16平方千米。

该村从前有一大户姓吴，故名吴庄。1958年隶属相山庙大队，1984年后隶属相山庙村。

孙庄

孙庄（Sūnzhuāng） 隶属祖楼镇相山庙村民委员会。地处相山庙村东南部，东至种庄，西至湘山庙，北至吴庄，南至韩庄。总户数为48户，总人口为194人。面积为0.147平方千米。

本庄孙姓多，故名。1958年属相山庙大队，1984年后属相山庙村。

鲁庄

鲁庄（Lǔzhuāng） 隶属祖楼镇相山庙村民委员会。地处相山庙村东部，东至刘楼，南至湘山庙，西至夏庄，北至谢桥。总户数为132户，总人口为529人。面积为0.399平方千米。

从前本庄做木工活的多，手艺出色，起名鲁庄（尊鲁班之意）。1958年属相山庙大队，2007年后属相山庙村。

郑楼

郑楼（Zhènglóu） 隶属祖楼镇相山庙村民委员会。地处相山庙村东部，东至祖楼，西至刘楼，南至种庄，北至板桥。总户数为44户，总人口为179人。面积为0.147平方千米。

早年郑姓在本庄建一座小楼，故名。1958年属相山庙大队，2007年后属相山庙村。

刘楼

刘楼（Liúlóu） 隶属祖楼镇相山庙村民委员会。地处相山庙村东部，东至郑楼，西至鲁庄，北至板桥，南至吴庄。总户数为197户，总人口为903人。面积为0.766平方千米。

早年刘姓的大户修建一座庙及楼，故名。1958年属相山庙大队，2007年后属相山庙村。

谢庄

谢庄（Xièzhuāng） 隶属祖楼镇相山庙村民委员会。地处相山庙村民委员会东部，东至祖楼，西至板桥，南至郑楼，北至祖楼。总户数为57户，总人口为192人。面积为0.186平方千米。

早年姓谢的大户在此建庄落户，故名。1958年隶属相山庙大队，2007年后隶属相山庙村。

板桥

板桥（Bǎnqiáo） 隶属祖楼镇相山庙村民委员会。地处相山庙村东北部，东至谢庄，西至刘楼，南至郑楼，北至柘园。总户数为161户，总人口为688人。面积为0.653平方千米。

该庄南面大沟以前用木板架一座桥，故名。1958年属相山庙大队，2007年后属相山庙村。

谢桥

谢桥（Xièqiáo） 隶属祖楼镇相山庙村民委员会。地处相山庙村北部，东至板桥，西至梁庄，北至双楼，南至湘山庙。总户数为244户，总人口为933人。面积为0.799平方千米。

早年姓谢的大户在庄西头建一座桥，故名谢桥。1958年属相山庙大队，2007年后属相山庙村。

湘山庙

湘山庙（Xiāngshānmiào） 隶属祖楼镇相山庙村民委员会。村委会驻地，东至吴庄，南至徐楼，西至秦楼，北至谢桥。总户数为358户，总人口为1566人。面积为0.999平方千米。

早在商代，商王祖先相土东征到此建城，名相城。秦汉为相县、泗水郡、沛郡、沛国，与相县同城。后城淹没底下，在故址建庙，便称相山庙。该村为“安徽省千年古村落”，朱氏“沛国堂”亦源于此。1958 年属相山庙大队，2007 年后属相山庙村。

柘园

柘园（Zhèyuán） 隶属祖楼镇王楼村民委员会。地处王楼村东部，西至王塘，北至新庄，南至祖楼，东至吴楼。总户数为 85 户，总人口为 310 人。面积 0.4 平方千米。

柘园村子的外围长满了许多柘树，所以叫柘园。1958 年属新庄大队，2007 年后属王楼村。

新庄

新庄（Xīnzhuāng） 隶属祖楼镇王楼村民委员会。地处王楼村东部，西至任楼，北至苏庄，南至柘园，东至吴楼。总户数为 60 户，总人口为 220 人。面积为 0.32 平方千米。

1815 年徐姓从微山湖来此买地立庄，因此庄为新建，故名。1958 年属新庄大队，2007 年后属王楼村。

任楼

任楼（Rénlóu） 隶属祖楼镇王楼村民委员会。地处王楼村东北部，西至王破楼，北至苏庄，南至王塘，东至新庄。总户数为 120 户，总人口为 450 人。面积为 0.47 平方千米。

早年任姓在此建村，盖楼两座，故名。1958 年属新庄大队，2007 年后属王楼村。

王破楼

王破楼（Wángpòlóu） 隶属祖楼镇王楼村民委员会。地处王楼村中部，西至武庄，北至张庄，南至王塘，东至任楼。总户数为 100 户，总人口为 340 人。面积为 0.4 平方千米。

以前姓王的人家从外地逃荒到此地，故名。1958 年属新庄大队，2007 年后属王楼村。

许井

许井（Xǔjǐng） 隶属祖楼镇王楼村民委员会。地处王楼村北部，西至王楼，北至毛河，南至武庄，东至王破楼。总户数为 35 户，总人口为 140 人。面积为 0.26 平方千米。

相传 500 多年前，许姓在此立村，并在村中挖了一口井，故名。1958 年属时庄大队，2007 年属祖楼镇王楼村。

武庄

武庄（Wǔzhuāng） 隶属祖楼镇王楼村民委员会。地处王楼村西部，西至王楼，北至许井，南至朱庙子，东至王破楼。总户数为 50 户，总人口为 140 人。面积为 0.3 平方千米。

明代武姓在此占产立庄，故名。1958 年属时庄大队，2007 年属祖楼镇王楼村。

王楼

王楼（Wánglóu） 隶属祖楼镇王楼村民委员会。地处王楼村西部，西至孙楼，北至闫庄，南至朱庙子，东至武庄。总户数为 153 户，总人口为 580 人。面积为 0.65 平方千米。

早年为王姓财主的寄庄子，建有楼房，故名。1958 年属时庄大队，2007 年属祖楼镇王楼村。

平庄

平庄（Píngzhuāng） 隶属祖楼镇王楼村民委员会。地处王楼村西部，西至朱庙子，北至武庄，南至后胜庄，东至时庄。

总户数为50户，总人口为150人。面积为0.35平方千米。

早年有个叫武平的搬到此地居住，时间久了，这个庄就叫武平庄。1958年属时庄大队，2007年属祖楼镇王楼村。

朱庙子

朱庙子（Zhūmiàozi）　隶属祖楼镇王楼村民委员会。地处王楼村西部，西至梁楼，北至武庄，南至平庄，东至时庄。总户数为38户，总人口为130人。面积为0.3平方千米。

早年朱姓在此盖了一座庙，庙的周围都住上人家，由此得名叫朱庙。1958年属时庄大队，2007年属祖楼镇王楼村。

时庄

时庄（Shízhuāng）　隶属祖楼镇王楼村民委员会。地处王楼村中部，西至平庄，北至王破楼，南至双楼，东至王塘。总户数为85户，总人口为325人。面积为0.38平方千米。

此庄时姓比其他姓氏人口多，故名。1958年属时庄大队，2007年属祖楼镇王楼村。

双楼

双楼（Shuānglóu）　隶属祖楼镇王楼村民委员会。地处王楼村西南部，西至后盛庄，北至时庄，南至谢桥，东至柘园。总户数为210户，总人口为900人。面积为0.76平方千米。

明末清初徐姓在此占产立庄并建有两座楼，故名。1958年属时庄大队，2007年属祖楼镇王楼村。

王塘

王塘（Wángtáng）　隶属祖楼镇王楼村民委员会。地处王楼村南部，西至时庄，北至王破楼，南至双楼，东至柘园。总户数为96户，总人口为326人。面积为0.41平方千米。

早年王姓在这个庄的西头挖了一个大塘，供洗衣等用，故名。1958年属时庄大队，2007年属祖楼镇王楼村。

吴楼

吴楼（Wúlóu）　隶属祖楼镇王楼村民委员会。地处王楼村东部，西至新庄，北至苏庄，南至柘园，东至欧庄。总户数为100户，总人口为380人。面积为0.5平方千米。

明代吴姓在此占产立庄建楼，故名。1958年属时庄大队，2007年属祖楼镇王楼村。

刘其

刘其（Liúqí）　隶属祖楼镇刘其村民委员会。地处刘其村东部，西至王庄，南至土楼，东至蒋楼，北至墓上。总户数为631户，总人口为2276人。面积为2平方千米。

相传东汉时王莽赶走刘秀时期，刘秀在此庄休息并逢凶化吉，因此该村叫刘歇集，又叫刘憩，后改为刘其。1949年前叫刘其乡，1992年合并乡镇，属祖楼镇刘其村至今。

墓上

墓上（Mùshàng）　隶属祖楼镇刘其村民委员会。地处刘其村北部，西至范庄，南至刘其，东至刘庄，北至湘山庙。总户数为234户，总人口为830人。面积为0.65平方千米。

传说在汉代时期，李姓大户住在此村，在本地建了李家大墓，从此该村就叫墓上村。1992年撤区并乡前一直属刘其村，2007年合并乡镇后属祖楼镇刘其村。

刘庄

刘庄（Liúzhuāng）　隶属祖楼镇刘其

村民委员会。地处刘其村北部，西至墓上，南至刘其，东至刘其，北至种庄。总户数为125户，总人口为462人。面积为0.14平方千米。

刘姓18世纪从河南迁至此处立村，故名。1992年撤区并乡时属刘其乡刘其村，后属祖楼镇墓口村，2007年属刘其村。

范庄

范庄（Fànzhuāng） 隶属祖楼镇刘其村民委员会。地处刘其村中北部，西至徐庄，南至刘其，东至墓上，北至湘山庙。总户数为38户，总人口为128人。面积为0.1平方千米。

早年范姓在此占产立庄，故名。1992年撤区并乡时属刘其乡刘其村，后属祖楼镇墓口村，2007年属刘其村。

王庄

王庄（wángzhuāng） 隶属祖楼镇刘其村民委员会。地处刘其村西南部，西至青龙集，南至蒋庄，东至刘其，北至穆楼。总户数为235户，总人口为850人。面积为0.6平方千米。

该村以王姓居多，故该村叫大王庄。1992年撤区并乡时属刘其乡刘其村，后属祖楼镇墓口村，2007年属刘其村。

穆楼

穆楼（Mùlóu） 隶属祖楼镇刘其村民委员会。地处刘其村西北部，西至青龙集，南至王庄，东至徐楼，北至湘山庙。总户数为138户，总人口为470人。面积为0.25平方千米。

传说，穆桂英带兵打仗经过此村，安营扎寨，打造兵器修建土楼，后人为纪念故名。1992年撤区并乡，属刘其乡刘其村，后属祖楼镇墓口村，2007年属刘其村。

徐楼

徐楼（Xúlóu） 隶属祖楼镇刘其村民委员会。地处刘其村北部，西至穆楼，南至王庄，东至徐庄，北至湘山庙。总户数为134户，总人口为521人。面积为0.24平方千米。

早年徐姓立村建楼，故名。1992年撤区并乡时属刘其乡刘其村，后属祖楼镇墓口村，2007年属刘其村。

韩庄

韩庄（Hánzhuāng） 隶属祖楼镇刘其村民委员会。地处刘其村北部，西至徐楼，南至徐庄，东至范庄，北至湘山庙。总户数为103户，总人口为191人。面积为0.2平方千米。

该村以韩姓较多，故名。1992年撤区并乡时属刘其乡刘其村，后属祖楼镇墓口村，2007年属刘其村。

徐庄

徐庄（Xúzhuāng） 隶属祖楼镇刘其村民委员会。地处刘其村北部，西至徐楼，南至王庄，东至范庄，北至韩庄。总户数为134户，总人口为521人。面积为0.24平方千米。

该村以徐姓人较多，故名。1992年撤区并乡时属刘其乡刘其村，后属祖楼镇墓口村，2007年属刘其村。

余小楼

余小楼（Yúxiǎolóu） 隶属祖楼镇蒋庄村民委员会。地处蒋庄村东部，东至周土楼，西至蒋庄，南至淮北市，北至刘其。总户数为98户，总人口为295人。面积为0.402平方千米。

早年余姓在此建庄，有一个小土炮楼，故名。1949年后属洪宾乡周大楼。1958年后属祖楼人民公社。2007年合并村后属祖楼镇蒋庄村。

周大楼

周大楼（Zhōudàlóu） 隶属祖楼镇蒋庄村民委员会。地处蒋庄村西部，东至蒋庄，西至关路口，南至淮北市，北至大王庄。总户数为230户，总人口为770人。面积为0.645平方千米。

早年周姓在此建村并建有大楼，故名。1949年后属洪宾乡周大楼。1958年后属祖楼人民公社。1992年撤区并乡属祖楼镇蒋庄村。

蒋庄

蒋庄（Jiǎngzhuāng） 隶属祖楼镇蒋庄村民委员会。地处蒋庄村东部，东至周土楼，西至周大楼，南至南徐楼，北至刘其。总户数为119户，总人口为435人。面积为0.38平方千米。

早年蒋姓在此筑台立村，取名蒋看台，后改为蒋庄。1949年后属洪宾乡周大楼。1958年后属祖楼人民公社。1992年撤区并乡属祖楼镇蒋庄村。

南徐楼

南徐楼（Nánxúlóu） 隶属祖楼镇蒋庄村民委员会。地处蒋庄村东南部，东至周土楼，西至周大楼，南至南李庄，北至蒋庄。总户数为120户，总人口为457人。面积为0.384平方千米。

早年徐姓立村有土楼，故名。1949年后属洪宾乡周大楼。1958年后属祖楼人民公社。1984年属祖楼镇蒋庄村。

北李庄

北李庄（Běilǐzhuāng） 隶属祖楼镇蒋庄村民委员会。地处蒋庄村北部，东至周土楼，西至周大楼，南至蒋庄，北至刘其。总户数为130户，总人口为322人。面积为0.278平方千米。

早年李姓立村，为与南李庄相区别，故名。1949年后属洪宾乡周大楼。1958年后属祖楼人民公社。2007年由原蒋庄、土楼两村合并为新的蒋庄村。

南李庄

南李庄（Nánlǐzhuāng） 隶属祖楼镇蒋庄村民委员会。地处蒋庄村东南部，东至淮北市，西至周大楼，南至淮北市，北至南徐楼。总户数为110户，总人口为230人。面积为0.291平方千米。

早年李姓立村，因与北李庄相区别，故名。1949年后属洪宾乡周大楼。1958年后属祖楼人民公社。1992年撤区并乡属祖楼镇蒋庄村。

周土楼

周土楼（Zhōutǔlóu） 隶属祖楼镇蒋庄村民委员会。地处蒋庄村东部，东至陈庄，西至北李庄，南至淮北市，北至刘其。总户数为280户，总人口为982人。面积为0.648平方千米。

早年周姓立村并盖土炮楼，故名。1949年后属洪宾乡周大楼。1958年后属祖楼人民公社。2007年合并村后属祖楼镇蒋庄村。

陈庄

陈庄（Chénzhuāng） 隶属祖楼镇蒋庄村民委员会。地处蒋庄村东北部，东至纵庄，西至周土楼，南至纵庄，北至洪减河。总户数为98户，总人口为201人。面积为0.168平方千米。

早年陈姓立村，故名。1949年后属洪宾乡周大楼。1958年后属祖楼人民公社。2007年合并村后属祖楼镇蒋庄村。

纵庄

纵庄（Zòngzhuāng） 隶属祖楼镇蒋庄村民委员会。地处蒋庄村东部，东至洪减河，西至周土楼，南至蒋松林子，北至陈庄。总户数为119户，总人口为491人。面积为0.291平方千米。

早年纵姓立村，故名。1949年后属洪宾乡周大楼。1958年后属祖楼人民公社。2007年合并村后属祖楼镇蒋庄村。

蒋松林子

蒋松林子（Jiǎngsōnglínzi） 隶属祖楼镇蒋庄村民委员会。地处蒋庄村东部，东至洪减河，西至周土楼，南至淮北市，北至纵庄。总户数为160户，总人口为566人。面积为0.304平方千米。

早年蒋姓立村，有松树岭，故名。1949年后属洪宾乡周大楼。1958年后属祖楼人民公社。2007年合并村后属祖楼镇蒋庄村。

青龙集镇

鲍庄

鲍庄（Bàozhuāng） 属青龙集镇青龙集村民委员会。地处村民委员会南部，南至管楼，西至青龙，北至鲁楼，东至大刘庄。总户数为219户，总人口为817人。面积为0.288平方千米。

早年鲍姓在此建庄居住，故而得名。1949年至2008年，该自然村属鲍庄大队（村）管辖，2008年合并大村后属青龙村（居委会）至今。

孙庄

孙庄（Sūnzhuāng） 属青龙集镇青龙集村民委员会。地处村民委员会西部，南至张庄，西至崔庄，北至朱庄，东至青龙。总户数为176户，总人口为626人，面积为0.146平方千米。

新中国成立初期孙姓到此居住，起名孙庄。1949年起孙庄属夏洼大队（村），1981年属朱孙村，2008年并村后属青龙集村。

朱庄

朱庄（Zhūzhuāng） 属青龙集镇青龙集村民委员会。地处村民委员会西部，南至青龙，西至崔庄，北至夏洼，东至青龙。总户数为150户，总人口为556人。面积为0.193平方千米。

明代朱姓三兄弟在此占产立庄，当时人少村小称小朱庄，后改为朱庄。1949年，朱庄属夏洼村大队（村）管辖，1981年属朱孙村，2008年并村后属青龙集村。

青龙

青龙（Qīnglóng） 属青龙集镇青龙集村民委员会。村委会驻地，南至张庄，西至张鲁庄，北至邱庄，东至李庄。总户数为742户，总人口为2343人。面积为0.426平方千米。

传说明朝时，此处卧一青龙，旱时作雨，五谷丰登。有一天，军师刘伯温路过此地说这里是风水宝地，日后必出真龙天子和七十二员大将保驾，今日不破必有大患，遂命人挖井七十二眼，盖火神庙八座，以镇青龙。从此青龙不得翻身，七十二员大将转生为七十二名园匠，开园种菜，后成集市。人们为纪念青龙，将此地取名青龙集。1949年以来，该自然村一直属青龙集大队或村管辖。

西小庄

西小庄（Xīxiǎozhuāng） 属青龙集镇青龙集村民委员会。地处村民委员会东部，南至鲍庄，西至李庄，北至北小庄，东至王楼。总户数为91户，总人口为325人。面积为0.106平方千米。

居民由王楼西迁建此小村，取名西小庄。1949年属王楼乡，建村后属鲍庄村（大队），2008年并村后属青龙村民委员会。

北小庄

北小庄（Běixiǎozhuāng） 属青龙集镇青龙集村民委员会。地处村民委员会东部，南至王楼，西至西小庄，北至班洼，东至陶庄。总户数为66户，总人口为215人。面积为0.092平方千米。

此村位于王楼北，庄小，故名北小庄。1949年属王楼乡，后属青龙公社鲍庄（大队），2008年并村后属青龙村民委员会。

东小庄

东小庄（Dōngxiǎozhuāng） 属青龙集镇青龙集村民委员会。地处村民委员会东部，南至鲍庄，西至王楼，北至北小庄，东至鲁楼。总户数76户，总人口为234人，面积为0.161平方千米。

新中国成立后，王楼人口剧增，后来部分村民迁至村东居住，取名东小庄。2008年前属鲍庄村民委员会（大队），2008年并村后属青龙集村民委员会。

鲁楼

鲁楼（Lǔlóu） 属青龙集镇青龙集村民委员会。地处村民委员会东部，南至鲍庄，西至东小庄，北至张木匠楼，东至高庄户。总户数197户，总人口为707人。面积为0.324平方千米。

清朝末年，鲁姓在此建村立庄，其中一鲁姓大户建楼房，故取名鲁楼。1949年至2007年，该自然村属鲍庄村（大队）管辖；2008年合并大村属青龙集村管辖。

王楼

王楼（Wánglóu） 属青龙集镇青龙集村民委员会。地处青龙集村东部，南至鲍庄，西至西小庄，北至北小庄，东至东小庄。总户数75户，总人口为288人。面积为0.153平方千米。

该村早年为王姓财主的寄庄子，建有楼房，后取名王楼。2008年前，该自然村属鲍庄村（大队）管辖，2008年后属青龙集村管辖。

李庄

李庄（Lǐzhuāng） 属青龙集镇青龙集村民委员会。地处青龙集村东部，南至青龙，西至青龙，北至邱庄，东至西小庄。总户数167户，总人口为652人。面积为0.141平方千米。

该村早年李姓在此建庄，故名。2008年前，该自然村属鲍庄村（大队）管辖，2008年后属青龙集村管辖。

赵元

赵元（Zhàoyuán） 属青龙集镇青龙集村民委员会。地处青龙集村东部，南至青龙，西至青龙，北至邱庄，东至李庄。总户数48户，总人口为171人。面积为0.098平方千米。

赵姓在此建有花园，后流传为赵元。2008年前，该自然村属鲍庄村（大队）管辖，2008年后属青龙集村管辖。

臧洼

臧洼（Zāngwā） 属青龙集镇邱庄村民委员会。村委会驻地，南至邱庄，西至邱庄，北至吴楼，东至鲁老家。总户数为125户，总人口为513人，面积为0.224平方千米。

臧姓建村，村周地势低洼，故名臧洼。1949年以来，该村一直属邱庄（大队）村管辖。

班洼

班洼（Bānwā） 属青龙集镇邱庄村民委员会。地处邱庄村东部，南至西小庄，西至邱庄，北至鲁老家，东至陶庄。总户数为116户，总人口为454人，面积为0.176平方千米。

明末清初，班姓建村，村周地势低洼，故取名班洼。1949年以来一直属邱庄大队、村管辖。

邱庄

邱庄（Qiūzhuāng） 属青龙集镇邱庄村民委员会。地处村民委员会东部，南至青龙，西至夏洼，北至吴楼，东至班洼。总户数为210户，总人口为712人。面积为0.262平方千米。

邱姓早年在此建村定居，故名。1949年以来，此自然村一直属邱庄大队、村管辖。

吴楼

吴楼（Wúlóu） 属青龙集镇邱庄村民委员会。地处村民委员会北部，南至邱庄，西至夏洼，北至石林乡，东至鲁老家。总户数为235户，总人口为895人。面积为0.288平方千米。

明代吴姓在此占产立庄建楼，故而得名。1949年属罗河乡，1956年属青龙乡，1958年属淮海人民公社邱庄四营，1961年属青龙公社，1984年属青龙邱庄（大队）村至今。

鲁老家

鲁老家（Lǔlǎojiā） 属青龙集镇邱庄村民委员会。地处村民委员会东北部，南至班洼，西至臧洼，北至石林乡，东至马庄。总户数为109户，总人口为385人。面积为0.1840平方千米。

明朝末年，鲁姓人家迁此安家立庄，故取名鲁老家。1949年以来，该自然村一直属邱庄（大队）村居委会管辖。

夏洼

夏洼（Xiàwā） 属青龙集镇胡庄村民委员会。地处村民委员会东北部，南至朱庄，西至周庄，北至石林乡，东至邱庄。总户数为487户，总人口为1838人。面积为0.248平方千米。

明末清初，夏姓在此立庄，故得名夏洼。1949年至2008年，夏洼属夏洼（大队）村，2008年后属胡庄村至今。

望庄

望庄（Wàngzhuāng） 属青龙集镇胡庄村民委员会。地处胡庄村北部，南至陈庄，西至马庄，北至孔楼，东至夏洼。总户数为50户，总人口为153人。面积为0.086平方千米。

明末清初，望姓在此立庄，故名望庄。1949年以来，此自然村一直属胡庄（大队）村管辖。

赵庄

赵庄（Zhàozhuāng） 属青龙集镇胡庄村民委员会。地处胡庄村北部，南至陈庄，西至马庄，北至孔楼，东至望庄。总户数为48户，总人口为177人。面积为0.071平方千米。

200年前，赵姓在此立庄，取名赵庄。1949年以来，该自然村一直属胡庄（大队）村管辖。

贾庄

贾庄（Jiǎzhuāng） 属青龙集镇胡庄村民委员会。地处胡庄村南部，南至崔庄，西至暗楼，北至胡庄，东至朱庄。户数97户，人口为384人，面积0.153平方千米。

贾氏在此占产立庄，故名贾庄。1949年以来，该自然村一直属胡庄村（大队）管辖。

马庄

马庄（Mǎzhuāng） 属青龙集镇胡庄村民委员会。地处胡庄村北部，南至陈庄，西至朱楼，北至石林乡，东至孔楼。户数50户，人口为200人，面积0.179平方千米。

明代时期，马姓迁至建村立庄，故名。1949年以来，该自然村属胡庄（大队）村管辖。

崔庄

崔庄（Cuīzhuāng） 属青龙集镇胡庄村民委员会。地处胡庄村南部，南至鲁菜园，西至罗庄，北至胡庄，东至朱庄。户数80户，人口为310人，面积0.184平方千米。

200年前，崔姓在此立庄，故名崔庄。1949年以来，该自然村属胡庄（大队）村管辖。

陈庄

陈庄（Chénzhuāng） 属青龙集镇胡庄村民委员会。地处胡庄村北部，南至胡庄，西至朱楼，北至孔楼，东至夏洼。总户数为141户，总人口为522人。面积为0.145平方千米。

本庄陈姓较多，故名。1949年至1998年，该自然村属陈庄村管辖，之后属胡庄村管辖。

孔楼

孔楼（Kǒnglóu） 属青龙集镇胡庄村民委员会。地处胡庄村北部，南至望庄，西至马庄，北至石林乡，东至夏洼。总户数100户，人数380人，面积0.157平方千米。

300年前孔姓在此居住，取名孔楼。现已无孔姓，但仍叫孔楼。1949年以来，该自然村先后属周陈庄村（大队）、胡庄村管辖。

胡庄

胡庄（Húzhuāng） 属青龙集镇胡庄村民委员会。地处胡庄村中部，南至贾庄，西至朱楼，北至陈庄，东至朱庄。总户数99户，总人口406人。面积0.181平方千米。

早年胡姓人在此居住，故名。1949年以来，该自然村一直属胡庄（大队）、村管辖。

周庄

周庄（Zhōuzhuāng） 属青龙集镇胡庄村民委员会。地处胡庄村北部，南至胡庄，西至陈庄，北至孔楼，东至夏洼。户数83户，总人口257人，面积0.162平方千米。

1340年周姓从河南迁到此地，周姓人数占95%以上，因此名为周庄。1949年以来，此自然村一直属胡庄（大队）、村管辖。

鲁菜园

鲁菜园（Lǔcàiyuán） 属青龙集镇张鲁庄村民委员会。地处菜园村西部，南至刘庄，西至王列庄，北至崔庄，东至鲁庄。总户数为130户，总人口为451人，面积为0.278平方千米。

清代光绪年间，鲁姓在此占产立庄，开园种菜，故而得名。1949年属石林乡，1958年划属石林公社，1962年属青龙公社、张鲁庄大队，2008年并村后属青龙集镇张鲁庄村村民委员会。

朱楼

朱楼（Zhūlóu） 属张鲁庄村民委员会。地处朱楼村村部，南至暗楼，西至朱小庄，北至石林乡，东至陈庄。总户数为166户，总人口为572人，面积0.274平方千米。

早年，朱姓在此建村立庄，且建有一楼，故取名朱楼。2008年以前，该自然村属朱小庄大队（村）管辖，之后属张鲁庄村管辖至今。

朱小庄

朱小庄（Zhūxiǎozhuāng） 属青龙集镇张鲁庄村民委员会。地处张鲁庄村北部，南至罗庄，西至河南省，北至石林乡，东至邓楼。总户数为244户，总人口为863人，面积0.416平方千米。

庄小且庄内朱姓人居多，故名朱小庄。1949年以后至2008年，该自然村属朱小庄大队（村）管辖，2008年属张鲁庄村管辖至今。

暗楼

暗楼（Ànlóu） 属青龙集镇张鲁庄村民委员会。地处村北部，南至鲁新庄，西至邓楼，北至朱楼，东至贾庄。总户数为39户，总人口为121人。面积为0.097平方千米。

清代朱姓大户在此建一座无窗暗楼，故名。1949年以来至2007年，该村属朱小庄大队（村），2008年合并大村为张鲁庄村管辖。

邓楼

邓楼（Dènglóu） 属青龙集镇张鲁庄村民委员会。地处村民委员会西北部，南至鲁新庄，西至朱小庄，北至朱楼，东至暗楼。总户数为101户，总人口为383人，面积0.217平方千米。

清朝中期，邓姓从河南迁此，村中建有一楼，故名邓楼。1949年以来至2007年，一直属朱小庄大队（村），2008年后属张鲁庄村至今。

陈楼

陈楼（Chénlóu） 属青龙集镇张鲁庄村民委员会。地处村民委员会南部，南至淮北市，西至河南省，北至王趔庄，东至刘庄。总户数为98户，总人口为360人，面积0.209平方千米。

清朝中期陈姓从河南迁此，村中盖有一楼，故取名陈楼。2008年前该村属鲁菜园大队（村），2008年后属张鲁庄村管辖。

王趔庄

王趔庄（Wánglièzhuāng） 属青龙集镇张鲁庄村民委员会。地处村民委员会西部，南至陈楼，西至河南省，北至鲁新庄，东至鲁菜园。总户数为124户，总人口为439人，面积0.243平方千米。

清光绪二十八年（1902年）王姓在此立庄，因离大村较远，取名王趔庄。1949年以来，属青龙集公社鲁菜园大队，2008年并大村后属张鲁庄村管辖。

鲁新庄

鲁新庄（Lǔxīnzhuāng） 属青龙集镇张鲁庄村民委员会。地处村民委员会西部，南至王趔庄，西至罗庄，北至邓楼，东至鲁菜园。总户数为26户，总人口为99人，面积0.0860平方千米。

1953年鲁姓从鲁菜园迁出，在此建新村，取名鲁新庄。建村后该村一直属鲁菜园（村）大队管辖，2008年合大村后属张鲁庄村管辖。

刘庄

刘庄（Liúzhuāng） 属青龙集镇张鲁庄村民委员会。地处村民委员会南部，南至淮北市，西至陈楼，北至鲁菜园，东至张庄。总户数为139户，总人口为478人，面积0.2250平方千米。

18世纪刘姓从河南迁至此处，因刘姓村民居多，故名。1949年后该村一直属鲁菜园（村）大队管辖，2008年合大村后属张鲁庄村管辖。

张庄

张庄（Zhāngzhuāng） 属青龙集镇张鲁庄村民委员会。地处村民委员会东部，南至淮北市，西至刘庄，北至孙庄，东至青龙。总户数为261户，总人口为569人，面积0.2940平方千米。

张姓人立村，故名。1949年后该村一直属鲁菜园大队（村）管辖，2008年合大村后属张鲁庄村管辖。

鲁庄

鲁庄（Lǔzhuāng） 属青龙集镇张鲁庄村民委员会。地处村民委员会东部，南至刘庄，西至鲁菜园，北至孙庄，东至张庄。总户数为62户，总人口为216人，面积0.1630平方千米。

张姓人立村，故名。1949年后该村一直属鲁菜园大队（村）管辖，2008年合大村后属张鲁庄村管辖。

罗庄

罗庄（Luózhuāng） 属青龙集镇张鲁庄村民委员会。地处村民委员会东部，南至河南省，西至河南省，北至朱小庄，东至鲁新庄。总户数为101户，总人口为342人，面积0.1920平方千米。

张姓人立村，故名。1949年后该村一直属鲁菜园大队（村）管辖，2008年合大村后属张鲁庄村管辖。

路口

路口（Lùkǒu） 属青龙集镇路口村民委员会。地处路口村北部，南至王庄，西至大刘庄，北至黄月店，东至祖楼镇。总户数为362户，总人口为1388人。面积为0.341平方千米。

早年宿县通往砀山的官路穿过此村，取名为官路口，以后“官”演化成“关”，故名“关路口”。1949年属相山庙乡，1953年9月属祖楼乡，1958年属祖楼人民公社祖楼管理区，1984年属青龙乡，同年8月撤乡置镇，属青龙集镇路口村村民委员会至今。

宫楼

宫楼（Gōnglóu） 属青龙集镇路口村民委员会。地处路口村西部，南至淮北市，西至管楼，北至鲍庄，东至小刘庄。总户数为136户，总人口为491人。面积为0.161平方千米。

明代，宫姓从南京迁此占地立庄，因盖有一楼，故而得名宫楼。1949年属祖楼区路口乡，1958年属石林人民公社宫楼大队，1962年属青龙公社宫楼大队，2008年并村后属路口村。

王庄

王庄（Wángzhuāng） 属青龙集镇路口村民委员会。地处路口村南部，南至卓庄，西至小刘庄，北至路口，东至祖楼镇。总户数为292户，总人口为1095人。面积为0.114平方千米。

明末外地一位王姓迁入定居，以挖木勺为业，故得此名。1949年属相山庙乡，1953年属祖楼乡，1958年属祖楼公社，1984年属青龙集镇，同年8月属青龙集镇路口村民委员会至今。

小刘庄

小刘庄（Xiǎoliúzhuāng） 属青龙集镇路口村民委员会。地处路口村南部，南至淮北市，西至宫楼，北至大刘庄，东至卓庄。总户数为98户，总人口为360人。面积为0.077平方千米。

明末刘姓立庄时人少村小，故而得名小刘庄。1949年属祖楼区路口乡，1956年属胜利社，1958年属石林人民公社，1962

年8月属青龙公社，1984年属青龙集镇官楼大队，2008年并村属路口村民委员会。

大刘庄

大刘庄（Dàliúzhuāng） 属青龙集镇路口村民委员会。村委会驻地，南至小刘庄，西至鲍庄，北至鲁楼，东至路口。总户数为138户，总人口为514人。面积为0.216平方千米。

明代刘姓在此占地立庄，且人口众多，故而得名。1949年属祖楼区路口乡，1956年属胜利社，1958年属石林人民公社，1962年属石林公社宫楼大队，1980年后属大刘庄大队（村），2008年并村属路口村民委员会至今。

张庄

张庄（Zhāngzhuāng） 属青龙集镇路口村民委员会。地处路口村南部，南至淮北市，西至青龙村，北至青龙村，东至余小庙。总户数为139户，总人口为638人。面积为0.224平方千米。

晚清时期，该地村民由山西迁此，张姓占主体，故名张庄。1949年属青龙集乡，1956年属青龙高级社，1958年属青龙公社，后属石林公社，1984年属青龙乡，1985年属青龙集镇至今。

余小庙

余小庙（Yúxiǎomiào） 属青龙集镇路口村民委员会。地处路口村西部，南至淮北市，西至张庄，北至青龙村，东至管楼。总户数为26户，总人口为99人。面积为0.068平方千米。

明代余姓在此立庄，因当时人少，有座小庙，故而得名。1949年属青龙集乡，1956年属青龙高级社，1958年属青龙公社，后属石林公社，1985年后属青龙集镇。

管楼

管楼（Guǎnlóu） 属青龙集镇路口村民委员会。地处路口村西部，南至淮北市，西至余小庙，北至鲍庄，东至宫楼。总户数为170户，总人口为595人。面积为0.182平方千米。

清朝中期管姓从河南迁此，村中盖有一楼，故名管楼。1949年属祖楼区路口乡，1958年划属石林人民公社，1962年后属青龙公社宫楼大队（村），2008年并村属青龙集镇路口村至今。

卓庄

卓庄（Zhuózhuāng） 属青龙集镇路口村民委员会。地处路口村南部，南至淮北市，西至小刘庄，北至王庄，东至祖楼镇。总户数为131户，总人口为479人。面积为0.094平方千米。

清光绪二十八年（1902年）卓姓在此立庄，因当时人少村小，别无他姓，故而得名。1949年属相山庙乡，1953年9月属祖楼乡，1958年属祖楼人民公社祖楼管理区。1984年5月属青龙乡，同年8月撤乡置镇，属青龙集镇路口村民委员会至今。

穆楼

穆楼（Mùlóu） 属青龙集镇黄药店村民委员会。地处黄药店村东南部，南至路口，西至黄药店，北至祖楼镇，东至祖楼镇。总户数为100户，总人口为437人，面积为0.176平方千米。

传说穆桂英带兵打仗经过此村，安营扎寨，打造兵器修建土楼，后人为纪念她取名为穆楼。1949年以来，此自然村一直属黄药店（大队）、村管辖。

高窑

高窑（Gāoyáo） 属青龙集镇黄药店村

民委员会。地处黄药店村东北部，南至黄药店，西至马庄，北至石林乡，东至祖楼镇。总户数为305户，总人口为1143人，面积为0.2640平方千米。

早年高姓在此建村立庄，以烧窑为生，故而得名。1949年以来至1984年，该自然村属高窑（大队）村，之后并入黄药店村。

马庄

马庄（Mǎzhuāng） 属青龙集镇黄药店村民委员会。地处黄药店村西部，南至陶庄，西至鲁老家，北至石林乡，东至高窑。总户数为85户，总人口为328人，面积为0.168平方千米。

明代，马姓在此居住，取名马庄，现此村已无马姓。1958年至1984年该村属高窑大队（村）。之后并入黄药店（村）。

陶庄

陶庄（Táozhuāng） 属青龙集镇黄药店村民委员会。地处黄药店村南部，南至张木匠楼，西至班洼，北至马庄，东至黄药店。总户数为164户，总人口为615人，面积为0.1290平方千米。

陶姓和刘姓在此立庄，取名陶庄。1949年至2008年，该自然村属高窑大队（或村），2008年合并为黄药店村管辖。

张木匠楼

张木匠楼（Zhāngmùjiànglóu） 属青龙集镇黄药店村民委员会。地处黄药店村南部，南至高庄户，西至王楼，北至陶庄，东至王庄。总户数为104户，总人口为399人，面积为0.117平方千米。

早年张姓和管姓在此建庄，一个姓张的木匠建了一座木楼，将村取名张木匠楼。1949年至2007年，该自然村属高窑村（大队）。2008年后属黄药店村管辖。

王庄

王庄（Wángzhuāng） 属青龙集镇黄药店村民委员会。地处黄药店村南部，南至高庄户，西至张木匠楼，北至陶庄，东至黄药店。总户数为81户，总人口为347人，面积为0.135平方千米。

因王姓人家较多而得名。1949年至2007年，该自然村属高窑大队（村）管辖，2008年合并村后属黄药店村（居委会）管辖。

黄药店

黄药店（Huángyàodiàn） 属黄药店村民委员会。地处黄药店村南部，南至高庄户，西至王庄，北至高窑，东至穆楼。总户数为226户，总人口为854人，面积为0.311平方千米。

早年黄姓建村并开药店，故而取名黄药店。1949年以来，该自然村一直属黄药店大队或村管辖。

高户庄

高户庄（Gāohùzhuāng） 属黄药店村民委员会。地处黄药店村南部，南至大刘庄，西至鲁楼，北至黄药店，东至路口。总户数为198户，总人口为863人，面积为0.198平方千米。

宋朝有一姓高的大户迁到此处居住，建村立庄，故而取名高庄户。1949年以来，该自然村一直属黄药店大队或村（居委会）管辖。

张庄寨镇

西任庄

西任庄（Xīrénzhuāng） 属张庄寨镇张庄寨村民委员会。地处张庄寨村西部，南至王桥，北至洪河，西至白楼村，东至东任庄。总户数为172户，总人口为503人，面积为0.6平方千米。

任姓建村，得名任庄，后扩展为东西两村，此村位于西，故名西任庄。1949年属石林区张庄寨乡；1958年时属张庄寨公社；1961年属白楼公社；1969年属张庄寨公社；1981年设区划社时属白楼乡，后撤乡并镇属张庄寨镇任庄村。

东任庄

东任庄（Dōngrénzhuāng） 属张庄寨镇张庄寨村民委员会。地处张庄寨村西部，东至张庄寨，南至王桥，西至西任庄，北至洪河。总户数为155户，总人口为429人，面积为0.8平方千米。

任姓建村，取名任庄，后扩展为东西两村，此村位于东，故名东任庄。1949年属石林区张庄寨乡；1958年时属张庄寨公社；1961年属白楼公社；1969年属张庄寨公社；1981年设区划社时属白楼乡，后撤乡并镇属张庄寨镇任庄村。

褚洼

褚洼（Chǔwā） 属张庄寨镇张庄寨村民委员会。地处张庄寨村东北部，东至雷楼，南至褚沟，西至刘庄，北至郭庄。总户数为132户，总人口为415人，面积为0.5平方千米。

褚姓建村形成村庄，因村周地势低洼，故名褚洼。原属许庄大队，2005年属张庄寨村。

刘庄

刘庄（Liúzhuāng） 属张庄寨镇张庄寨村民委员会。地处张庄寨村东北部，南至张庄寨，北至郭庄，西至237国道，东至褚洼。总户数为79户，总人口为246人，面积为0.4平方千米。

刘姓在此建庄，故名。原属许庄大队，2005年属张庄寨村。

王庄

王庄（Wángzhuāng） 属张庄寨镇张庄寨村民委员会。地处张庄寨村东北部，南至闫阁，北至毛河，西至雷楼村，东至毛河。总户数为73户，总人口为210人，面积为0.4平方千米。

因王姓人家居住，形成村庄而得名。原属许庄大队，2005年属张庄寨村。

郭庄

郭庄（Guōzhuāng） 属张庄寨镇张庄寨村民委员会。地处张庄寨村北部，东至许庄，西至祖小楼，南至张庄寨，北至连霍高速。总户数为107户，总人口为308人，面积为0.7平方千米。

郭姓人家在此立庄，故而得名。原属许庄大队，2005年属张庄寨村至今。

雷楼

雷楼（Léilóu） 属张庄寨镇张庄寨村民委员会。地处张庄寨村东北部，总户数为104户，总人口为521人，面积为1平方千米。

原以雷姓人家居住建楼，故称雷楼。原属许庄大队，2005年并为张庄寨村。

雷东

雷东（Léidōng） 属张庄寨镇张庄寨村民委员会。地处张庄寨村东北部，东至王庄，西至雷西，南至闫阁，北至高速路。总户数为131户，总人口为369人，面积为0.5平方千米。

原以雷姓居住建楼，故称雷楼，后拆分，在东，故名。原属许庄大队，2005年属张庄寨村。

雷西

雷西（Léixī） 属张庄寨镇张庄寨村民

委员会。地处张庄寨村东北部，东至雷东，西至郭庄，南至闫阁，北至高速路。总户数为136户，总人口为395人，面积为0.4平方千米。

原以雷姓居住建楼，故称雷楼，后拆分，在西，故名。原属许庄大队，2005年属张庄寨村。

刘铁庄

刘铁庄（Liútiězhuāng） 属张庄寨镇张庄寨村民委员会。地处张庄寨村东北部，总户数为45户，总人口为107人，面积为0.5平方千米。

原是刘姓的铁匠在此居住，故名刘铁庄。原属许庄大队，2005年属张庄寨村至今。

许庄

许庄（Xǔzhuāng） 属张庄寨镇张庄寨村民委员会。地处张庄寨村东北部，南至雷西，北至高速路，西至郭庄，东至毛河。总户数为108户，总人口为291人，面积为0.3平方千米。

因许姓建庄，故称许庄。原属许庄大队，后并村属张庄寨村。

张庄寨

张庄寨（Zhāngzhuāngzhài） 属张庄寨镇张庄寨村民委员会。村委会驻地，南至新庄，北至郭庄学，西至任庄，东至木李赵。总户数为469户，总人口为1411人，面积为1.7平方千米。

张姓建村，取名张庄，后筑寨墙，取名张庄寨。现为张庄寨镇驻地。原属许庄大队，后并村属张庄寨村。

任大楼

任大楼（Réndàlóu） 属张庄寨镇张庄寨村民委员会。地处张庄寨村西北部，南至祖小楼，北至海清村，西至三座楼，东至魏庄。总户数为119户，总人口为322人。面积为0.3平方千米。

任姓在此居住，盖一座大楼，故名任大楼。原属张庄寨大队，2005年属张庄寨村。

祖小楼

祖小楼（Zǔxiǎolóu） 属张庄寨镇张庄寨村民委员会。地处张庄寨村西北部，东至郭庄，南至洪河，西至东老家，北至任大楼。总户数为215户，总人口为649人，面积为1平方千米。

祖姓在此居住，盖一座小楼，故名祖小楼。原属张庄寨大队，2005年属张庄寨村。

尹庄

尹庄（Yǐnzhuāng） 属张庄寨镇张庄寨村民委员会。地处张庄寨村西北部，南至张庄寨，北至张庄寨中学，西至祖小楼，东至张庄寨。总户数为74户，总人口为209人，面积为0.4平方千米。

尹姓在此居住建庄，故称尹庄。原属张庄寨大队，2005年属张庄寨村。

木楼

木楼（Mùlóu） 属张庄寨镇张庄寨村民委员会。地处张庄寨村东部，南至杭子村郭楼，北至褚洼，西至赵庄，东至闫阁。总户数为153户，总人口为502人，面积为0.6平方千米。

明代穆姓在此占产立庄，命名穆楼，后简称木楼至今。原属张庄寨大队，2005年属张庄寨村。

李庄

李庄（Lǐzhuāng） 属张庄寨镇张庄寨村民委员会。地处张庄寨村东部，东至赵庄，南至章楼，西至张庄寨，北至褚洼。总户数为85户，总人口为231人，面积为0.3平方千米。

李姓建庄，故称李庄。原属章楼大队，2005年属张庄寨村。

赵庄

赵庄（Zhàozhuāng） 属张庄寨镇张庄寨村民委员会。地处张庄寨村东部，东至木楼，南至杭子村郭楼，西至张庄寨，北至褚洼。总户数为114户，总人口为314人，面积为0.5平方千米。

赵姓在此立庄，故取名赵庄。原属章楼大队，2005年属张庄寨村。

新庄

新庄（Xīnzhuāng） 属张庄寨镇张庄寨村民委员会。地处张庄寨村南部，南至锦桥，北至张庄寨，西至王柳园村陈古同，东至洪河。总户数为167户，总人口为484人，面积为0.5平方千米。

早年有居民从张庄寨迁来建庄，此庄为新建，故取名新庄。原属张庄寨大队，后合并为章楼大队，2005年属张庄寨村。

章楼

章楼（Zhānglóu） 属张庄寨镇张庄寨村民委员会。地处张庄寨村南部，东至崔口姜庄村，南至锦桥，西至张庄寨，北至木李赵。总户数为350户，总人口为1087人，面积为1.2平方千米。

章姓立村建楼，故称章楼。原属章楼大队，2005年属张庄寨村。

锦桥

锦桥（Jǐnqiáo） 属张庄寨镇张庄寨村民委员会。地处张庄寨村南部，东至洪河，西至杜庄村，南至石林乡谢楼村，北至张庄寨。总户数为771户，总人口为2106人，面积为1.5平方千米。

古代此处附近修了一座桥，名为锦川桥，村以桥得名，故名锦桥。原属锦桥大队，2008年属张庄寨村。

邢庄

邢庄（Xíngzhuāng） 属张庄寨镇张庄寨村民委员会。地处张庄寨村南部。总户数为170户，总人口为440人，面积为1.5平方千米。

邢氏在此立户建庄，故而得名。邢庄属王桥自然村，现属张庄寨村。

王桥

王桥（Wángqiáo） 属张庄寨镇张庄寨村民委员会。地处张庄寨村西南部，南至陈古同，北至任庄，西至白楼孙庄村，东至张庄寨。总户数为150户，总人口为431人，面积为1平方千米。

王姓在桥头附近定居，村子以桥得名，故名王桥。王桥自然村原属任庄大队，现属张庄寨村。

王老家

王老家（Wánglǎojiā） 属张庄寨镇张庄寨村民委员会。地处张庄寨村西北部，总户数为250户，总人口为700人，面积为2平方千米。

王家祖居地，不少王姓从此处迁出，故名。1949年属石林区张庄寨乡，1958年公社化时属张庄寨公社，1961年改区化社时属白楼公社，1969年属张庄寨公社，1980年从张庄寨划出属白楼乡，后撤乡并区属张庄寨村。

东任庄

东任庄（Dōngrénzhuāng） 属张庄寨镇袁圩村民委员会。地处袁圩村民委员会西部，总户数为110户，总人口为320人，面积为1.5平方千米。

任姓建庄，得名任庄，后发展为东、西两庄，此庄位于东部，故名东任庄。原属张庄寨乡，1958年公社化时属张庄寨公社，1980年属张庄寨镇袁圩村至今。

丰楼村

丰楼村（Fēnglóucūn） 属张庄寨镇袁圩村民委员会。地处袁圩村北部，东至李屯，南至袁圩，西至高楼，北至栾寨。总户数为165户，总人口为554人，面积为1.2平方千米。

明代末年丰姓在此占产立庄，并在村中盖有楼房，故而得名。1949年属张庄寨乡，1954年属袁圩乡，1958年人民公社化时，属张庄寨人民公社张庄寨管理区，1984年属张庄寨乡，撤乡置镇属张庄寨镇袁圩村民委员会至今。

孟油坊

孟油坊（Mèngyóufāng） 属张庄寨镇袁圩村民委员会。地处袁圩村南部，东至芈庙，南至李楼，西至袁楼，北至袁圩。总户数为90户，总人口为252人，面积为0.9平方千米。

明代孟姓最早在此居住，村中有一油坊，故而得名。1949年属张庄寨乡，1954年属袁圩乡，1958年人民公社化时，属张庄寨人民公社张庄寨管理区，1984年属张庄寨乡，撤乡置镇属张庄寨镇袁圩村民委员会至今。

芈庙

芈庙（Mǐmiào） 属张庄寨镇袁圩村民委员会。地处袁圩村南部，东至商楼，西至孟油坊，南至张庄，北至孙庄。总户数为112户，总人口为317人，面积为1.1平方千米。

明代芈姓在此定居，村中建有庙，后形成村庄，故而得名。1949年属张庄寨乡，1954年属袁圩乡，1958年人民公社化时，属张庄寨人民公社张庄寨管理区，1984年属张庄寨乡，撤乡置镇属张庄寨镇袁圩村民委员会至今。

商楼

商楼（Shānglóu） 属张庄寨镇袁圩村民委员会。地处袁圩村南部，南至张庄，西至芈庙，东至郭圩，北至孙庄。总户数为137户，总人口为470人，面积为1.5平方千米。

明代商姓在此定居，建楼，故而得名。1949年属张庄寨乡，1954年属袁圩乡，1958年人民公社化时，属张庄寨人民公社张庄寨管理区，1984年属张庄寨乡，撤乡置镇后属张庄寨镇袁圩村民委员会至今。

孙庄

孙庄（Sūnzhuāng） 属张庄寨镇袁圩村民委员会。地处袁圩村东部，南至芈庙，西至袁圩，东至小雷楼，北至李屯。总户数为243户，总人口为699人，面积为1.7平方千米。

明代孙姓在此占产立庄，故而得名。1949年属张庄寨乡，1954年属袁圩乡，1958年人民公社化时，属张庄寨人民公社张庄寨管理区，1984年属张庄寨乡，撤乡置镇后属张庄寨镇袁圩村民委员会至今。

小雷楼

小雷楼（Xiǎoléilóu） 属张庄寨镇袁圩村民委员会。地处袁圩村东部，东至邝庄，南至商楼，西至孙庄，北至李屯。总户数为150户，总人口为406人，面积为1.2平方千米。

明代雷姓在此定居建楼，因村小，故而得名小雷楼。1949年属张庄寨乡，1954年属袁圩乡，1958年人民公社化时，属张庄寨人民公社张庄寨管理区，1984年属张庄寨乡，撤乡置镇后属张庄寨镇袁圩村民委员会至今。

邝庄

邝庄（Kuàngzhuāng） 属张庄寨镇袁圩村民委员会。地处袁圩村东部，东至陈楼，西至小雷楼，南至郭圩，北至栾寨。总户数为241户，总人口为704人，面积为1.7平方千米。

明代邝姓在此定居后形成村庄，故而得名。1949年属张庄寨乡，1954年属袁圩乡，1958年人民公社化时，属张庄寨人民公社张庄寨管理区，1984年属张庄寨乡，撤乡置镇后属张庄寨镇袁圩村民委员会至今。

袁圩

袁圩（Yuánwéi） 属张庄寨镇袁圩村民委员会。村委会驻地，东至孙庄，南至孟油坊，西至袁楼，北至丰楼。总户数为595户，总人口为1650人，面积为2.7平方千米。

明代袁姓在此建村，村四周筑有圩子，故而得名。1949年属张庄寨乡，1954年属袁圩乡，1958年人民公社化时，属张庄寨人民公社张庄寨管理区，1984年属张庄寨乡，撤乡置镇后属张庄寨镇袁圩村民委员会至今。

众姓庄

众姓庄（Zhòngxìngzhuāng） 属张庄寨镇众姓庄村民委员会。村委会驻地，东至孟庄，南至刘庙，西至萧砀路，北至袁楼。总户数为120户，总人口为391人，面积为0.32平方千米。

因村庄姓氏众多，故名众姓庄。1958年后属淮海区张庄寨至今。

魏庄

魏庄（Wèizhuāng） 属张庄寨镇众姓庄村民委员会。地处众姓庄村西南部，东至刘庙，南至连霍高速，西至任大楼，北至毛河。总户数为256户，总人口为876人，面积为3.24平方千米。

魏姓建庄，故名魏庄。据查，2005年前属魏庄村；2005年属众姓庄村至今。

刘庙

刘庙（Liúmiào） 属张庄寨镇众姓庄村民委员会。地处众姓庄村西南部，总户数为145户，总人口为436人，面积为33平方千米。

刘姓建村，村外有座庙，故名刘庙。据查，2005年前属魏庄村；2005年属众姓庄村至今。

袁楼

袁楼（Yuánlóu） 属张庄寨镇众姓庄村民委员会。地处众姓庄村北部，东至县道，南至众姓庄，西至国道，北至袁圩。总户数为175户，总人口为753人，面积为0.6平方千米。

早年袁姓分支在此建庄盖楼，故而得名。1949年后属张庄寨至今。

李楼

李楼（Lǐlóu） 属张庄寨镇众姓庄村民委员会。地处众姓庄村东部，总户数为45户，总人口为197人，面积为22平方千米。

民国期间李氏在此居住，并建有楼阁，故而得名。2008年前属屈楼村；2008年属众姓庄村至今。

赵庄

赵庄（Zhàozhuāng） 属张庄寨镇众姓庄村民委员会。地处众姓庄村东南部，东至邝屈沟，南至屈楼，西至毛河，北至张庄。总户数为165户，总人口为475人，面积为0.7平方千米。

很早以前，赵姓在此立庄，故取名赵庄。2008年前属屈楼村；2008年属众姓庄村至今。

张庄

张庄（Zhāngzhuāng） 属张庄寨镇众姓庄村民委员会。地处众姓庄村东部，东至屈王庄，南至赵庄，西至李楼，北至芈庙。总户数为156户，总人口为516人，面积为0.68平方千米。

张姓在此建庄，故名张庄。1949年前，属淮海区张庄寨镇；2008年并村属众姓庄村至今。

屈楼

屈楼（Qūlóu） 属张庄寨镇众姓庄村民委员会。地处众姓庄村东南部，东至小阁子，南至镇道，西至毛河，北至赵庄。总户数为229户，总人口为775人，面积为1.2平方千米。

因屈氏在此建庄盖楼得名。1949年前属淮海区张庄寨镇；2008年并村属众姓庄村至今。

孟庄

孟庄（Mèngzhuāng） 属张庄寨镇众姓庄村民委员会。地处众姓庄村东部，东至李楼，南至毛河，西至县道，北至袁楼。总户数为117户，总人口为389人，面积为0.3平方千米。

孟姓在此占产立庄，故名孟庄。1949年属张庄寨镇至今。

海青房

海青房（Hǎiqīngfáng） 属张庄寨镇海青村民委员会。村委会驻地，东至郑楼，南至三座楼，西至王老庄，北至腰庄。总户数为208户，总人口为936人，面积为2.1平方千米。

该村古时有人盖了一座海青色的房子。于是人们称此为海青房村，后简称海青村。1953年8月实行乡制属洪河乡；1956年7月撤区并乡划片仍属洪河片；1984年撤乡置镇，属张庄寨镇海青村民委员会至今。

三座楼

三座楼（Sānzuòlóu） 属张庄寨镇海青村民委员会。地处海青村南部，东至任大楼，南至王老家，西至洪河，北至海青。总户数为141户，总人口为597人，面积为0.8平方千米。

早年纵姓人家来此定居，建立三座大楼，故而得名。1953年8月实行乡制属洪河乡；1956年7月撤区并乡划片为洪河片；1958年后属张庄寨公社；1984年5月撤乡置镇属张庄寨镇海青村至今。

段庄

段庄（Duànzhuāng） 属张庄寨镇海青村民委员会。地处海青村北部，东至郑楼，南至腰庄，西至王老庄，北至张庄。总户数为63户，总人口为197人，面积为0.3平方千米。

明代时期段姓人家，在此占产立社，故而得名。1953年8月实行乡制属洪河乡；1956年7月撤区并乡划片为洪河片；1958年后属张庄寨公社；1984年5月撤乡置镇属张庄寨镇海青村至今。

腰庄

腰庄（Yāozhuāng） 属张庄寨镇海青村民委员会。地处海青村北部，东至郑楼，南至海青，西至王老庄，北至段庄。总户数为67户，总人口为216人，面积为0.3平方千米。

因该村前有海青房，后有段庄，置两村中间，故名腰庄。1953年8月实行乡制属洪河乡；1956年7月撤区并乡划片为洪河片；1958年后属张庄寨公社；1984年5月撤乡置镇属张庄寨镇海青村至今。

王老庄

王老庄（Wánglǎozhuāng） 属张庄寨镇海青村民委员会。地处海青村西部，东至海青，西至朱小厂，北至张庄，南至三座楼。总户数为127户，总人口为553人，面积为0.75平方千米。

明代，一王户大户在此定居，故称王老庄。1953年8月实行乡制属洪河乡；1956年7月撤区并乡划片为洪河片；1958年后属张庄寨公社；1984年5月撤乡置镇属张庄寨镇海青村王老庄村；2005年合村属张庄寨镇海青村至今。

郑楼

郑楼（Zhènglóu） 属张庄寨镇海青村民委员会。地处海青村东部，东至孟庄，南至魏庄，西至海青，北至守备庄。总户数为109户，总人口为459人，面积0.7平方千米。

早年郑姓在此占产立庄盖楼，故名郑楼。1958年为郑楼乡乡政府所在地，后属石林区白楼公社，今属张庄寨镇海青村。

臭园

臭园（Chòuyuán） 属张庄寨镇洪河村民委员会。地处洪河村南部，东至三座楼村，南至吴楼村，西至条吉村，北至洪河村。总户数为210户，总人口为615人，面积为0.4平方千米。

很早以前，有人在此地种植一个菜园，菜园四周长着臭蒺藜，后来在此地建房成村，故取名臭园。1958年洪河村设为高级社；1953年8月实行乡制属洪河；1956年8月撤区并乡时属郑楼乡管辖；1958年人民公社化时属白楼乡人民公社管辖；1984年5月撤庄设乡属洪河管辖；2002年撤乡置镇属张庄镇管辖至今。

吴庄

吴庄（Wúzhuāng） 属张庄寨镇洪河村民委员会。地处洪河村西北部，东至盘庄村，南至朱小厂村，西至河西村，北至大屯镇张庄村。总户数为60户，总人口为260人，面积为0.5平方千米。

早年代吴姓在此占地立庄，故而得名。1958年属洪河村设高级社管辖；1953年8月实行乡制属洪河乡管辖；1956年8月撤区并乡时属郑楼乡管辖；1958年人民公社化时属白楼乡人民公社管辖；1984年5月撤庄设乡属洪河管辖；2002年撤乡置镇属张庄镇管辖至今。

黑柳树村

黑柳树村（Hēiliǔshùcūn） 属张庄寨镇洪河村民委员会。地处洪河村北部，东至大屯镇潘洼村，南至盘庄村，西至大屯镇张庄村，北至大屯镇刘庄村。总户数为240户，总人口为790人，面积为1平方千米。

早年此处有一片柳树，叶子乌黑深绿发亮，以后有人在此建村，故而得名。1958年属洪河村设高级社管辖；1953年8月实行乡制属洪河乡管辖；1956年8月撤区并乡时属郑楼乡管辖；1958年人民公社化时属白楼乡人民公社管辖；1984年5月撤庄设乡属洪河管辖；2002年撤乡置镇属张庄镇管辖至今。

洪河村

洪河村（Hónghécūn） 属张庄寨镇洪河村民委员会。村委会驻地，东至三座楼村，南至臭园村，西至河西村，北至朱小厂村。总户数为400户，总人口为1186人，面积为 1.4 平方千米。

清朝乾隆年间，姓洪的在此占产立庄，因靠洪河又有集市，故叫洪河集，后来因无集市，故叫洪河村。1944 年 10 月，新四军第四师师长兼政委彭雪枫牺牲在河南夏邑八里屯，在洪河集召开追悼会。1953 年 8 月实行乡制属洪河；1956 年 8 月撤区并乡时属郑楼乡管辖；1958 年洪河村设为高级社；1958 年人民公社化时属白楼乡人民公社管辖；1984 年 5 月撤庄设乡属洪河管辖；2002 年 10 月撤乡置镇属张庄镇管辖至今。

朱小厂村

朱小厂村（Zhūxiǎochǎngcūn） 属张庄寨镇洪河村民委员会。地处洪河村北部，东至王老庄村，南至洪河村，西至河西村，北至盘庄村。总户数为 380 户，总人口为 1030 人，面积为 1.2 平方千米。

早年有朱大厂姓朱迁来建村，故取名朱小厂村。1953 年 8 月实行乡制属洪河乡管辖；1956 年 8 月撤区并乡时属郑楼乡管辖；1958 年属洪河村设高级社管辖；1958 年人民公社化时属白楼乡人民公社管辖；1984 年 5 月撤庄设乡属洪河管辖；2002 年撤乡置镇属张庄镇管辖至今。

盘庄村

盘庄村（Pánzhuāngcūn） 属张庄寨镇洪河村民委员会。地处洪河村北部，东至平楼村，南至朱小厂村，西至吴庄村，北至黑柳村。总户数为 97 户，总人口为 348 人，面积为 0.5 平方千米。

早年有人在此建房成村，因村有碾盘，故取名碾盘村，后来简称盘庄。1953 年 8 月实行乡制属洪河乡管辖；1956 年 8 月撤区并乡时属郑楼乡管辖；1958 年属洪河村设高级社管辖；1958 年人民公社化时属白楼乡人民公社管辖；1984 年 5 月撤庄设乡属洪河管辖；2002 年撤乡置镇属张庄镇管辖至今。

平楼

平楼（Pínglóu） 属张庄寨镇洪河村民委员会。地处洪河村北部，东至王老庄村，南至洪河村，西至朱小厂村，北至黑柳村。总户数为 54 户，总人口为 156 人，面积为 0.4 平方千米。

早年间居民盖了一栋平顶楼房，故取名朱平楼。1953 年 8 月实行乡制属洪河乡管辖；1956 年 8 月撤区并乡时属郑楼乡管辖；1958 年属洪河村设高级社管辖；1958 年人民公社化时属白楼乡人民公社管辖；1984 年 5 月撤庄设乡属洪河管辖；2002 年撤乡置镇属张庄镇管辖至今。

吴楼村

吴楼村（Wúlóucūn） 属张庄寨镇洪河村民委员会。地处洪河村南部，东至王老家村，南至白楼村，西至条吉村，北至臭园村。总户数为 232 户，总人口为 788 人，面积为 0.5 平方千米。

早年间吴姓在此定居盖了楼房，故而取名吴楼。1953 年 8 月实行乡制属洪河；1956 年 8 月撤区并乡时属郑楼乡管辖；1958 年属洪河村设为高级社；1958 年人民公社化时属白楼乡人民公社管辖；1984 年 5 月撤庄设乡属洪河管辖；2002 年撤乡置镇属张庄镇管辖至今。

刘庄

刘庄（Liúzhuāng） 属张庄寨镇王衍庄村民委员会。地处王衍庄村南部，北至王衍庄，南至后雷集，西至王杭路，东至雷庄南。总户数为 141 户，总人口为 415 人，面积为 0.55 平方千米。

明末刘姓由本县赵庄镇温刘庄迁至此处

建庄，故名刘庄。1949年属塘坊村至2005年2月；2005年3月合村后属张庄寨镇王衍村至今。

雷庄

雷庄（Léizhuāng） 属张庄寨镇王衍庄村民委员会。地处王衍庄村东南部，北至薛洪路，南至刘庄东，西至王衍庄，东至东大沟。总户数为73户，总人口为207人，面积为0.3平方千米。

明代雷姓在此立庄，因当时全部是雷姓，故而命名雷庄。1949年属塘坊村至2005年2月；2005年3月合村后属张庄寨镇王衍村至今。

王衍庄

王衍庄（Wángyǎnzhuāng） 属张庄寨镇王衍庄村民委员会。村委会驻地，北至赵庄镇，南至刘庄，西至闫庄，东至雷庄后。总户数为219户，总人口为760人，面积为1.1平方千米。

明朝王姓设堡建村称王家堡，当时王姓人在此定居繁衍后代，故命名王衍庄。1949年属塘坊村至2005年2月；2005年3月合村后属张庄寨镇王衍村至今。

郭圩

郭圩（Guōwéi） 属张庄寨镇王衍庄村民委员会。地处王衍庄村西部，北至薛洪路，南至后屈王庄，西至商楼，东至闫庄西路。总户数为106户，总人口为305人，面积为0.55平方千米。

解放前有一郭姓在此居住，因地低洼用土垫高设圩子，因此起名叫郭圩。1949年属塘坊村至2005年2月；2005年3月合村后属张庄寨镇王衍村至今。

闫庄

闫庄（Yánzhuāng） 属张庄寨镇王衍庄村民委员会。地处王衍庄村西部，北至薛洪路北，南至庄南路，西至郭圩东路，东至王衍庄。总户数为73户，总人口为204人，面积为0.32平方千米。

明末清初闫姓在此占产立庄，故而得名。1949年属塘坊村至2005年2月；2005年3月合村后属张庄寨镇王衍村至今。

郭庄

郭庄（Guōzhuāng） 属张庄寨镇王衍庄村民委员会。地处王衍庄村西南部，北至王衍庄，南至刘庄西，西至郭圩南，东至刘庄后。总户数为103户，总人口为307人，面积为0.4平方千米。

很久以前，郭姓、刘姓、张姓在此建庄，因郭姓人口最多，故名。1949年属塘坊村至2005年2月；2005年3月合村后属张庄寨镇王衍村至今。

前糖坊

前糖坊（Qiántángfāng） 属张庄寨镇王衍庄村民委员会。地处王衍庄村东南部，北至薛洪路，南至西王园，西至西大沟，东至申河。总户数为346户，总人口为1035人，面积为1.2平方千米。

明代建庄，因此庄在张氏糖坊的前边，故而得名。1949年属塘坊村至2005年2月；2005年3月合村后属张庄寨镇王衍村至今。

梅庄

梅庄（Méizhuāng） 属张庄寨镇王衍庄村民委员会。地处王衍庄村东部，北至赵庄镇，南至杨石门村，西至申河，东至东梅庄。总户数为85户，总人口为269人，面积为0.5平方千米。

很早以前，此村种植很多梅子，故而得名。1938年萧县抗日妇女救国会在此成立，由张明担任会长。1949年属塘坊村至

2005年2月；2005年3月合村后属张庄寨镇王衍村至今。

后糖坊

后糖坊（Hòutángfāng） 属张庄寨镇王衍庄村民委员会。地处王衍庄村东北部，北至赵庄镇，南至薛洪路，西至王衍庄，东至小新庄。总户数为97户，总人口为306人，面积为0.25平方千米。

明代建庄，因此庄在张氏糖坊的后边，故而得名。1949年属塘坊村至2005年2月；2005年3月合村后属张庄寨镇王衍村至今。

小新庄

小新庄（Xiǎoxīnzhuāng） 属张庄寨镇王衍庄村民委员会。地处王衍庄村东北部，北至赵庄镇，南至前塘坊北地，西至后塘坊，东至申河。总户数为22户，总人口为68人，面积为0.077平方千米。

糖坊几户人家迁到此地建新庄，故而得名小新庄。1949年属塘坊村至2005年2月；2005年3月合村后属张庄寨镇王衍村至今。

前屈王庄

前屈王庄（Qiánqūwángzhuāng） 属张庄寨镇王衍庄村民委员会。地处王衍庄村西南部，北至后屈王庄，南至张寿路，西至小阁子，东至王杭路。总户数为149户，总人口为451人，面积为0.58平方千米。

因历史上本村屈、王两大家族人数居多，故取名为屈王庄，新中国成立后由于人口较多，村庄较大，便以村中大坑为界划分为前后屈王庄。该村在前，故称前屈王庄。1949年属塘坊村至2005年2月；2005年3月合村后属张庄寨镇王衍村至今。

后屈王庄

后屈王庄（Hòuqūwángzhuāng） 属张庄寨镇王衍庄村民委员会。地处王衍庄村西南部，北至郭庄南，南至前屈王庄，西至屈楼村，东至王杭路。总户数为212户，总人口为633人，面积为1平方千米。

因历史上本村屈、王两大家族人数居多，故取名为屈王庄，新中国成立后由于人口较多，村庄较大，便以村中大坑为界划分为前后屈王庄。该村在后，故称后屈王庄。1949年属塘坊村至2005年2月；2005年3月合村后属张庄寨镇王衍村至今。

后雷集

后雷集（Hòuléijí） 属张庄寨镇王衍庄村民委员会。地处王衍庄村南部，北至刘庄，南至前雷集，西至前屈王庄，东至前雷集东南北路。总户数为112户，总人口为334人，面积为0.5平方千米。

明代雷氏居住分散，为议事方便，集中为前后两个村庄，此村在后，故称后雷集。1949年属塘坊村至2005年2月；2005年3月合村后属张庄寨镇王衍村至今。

前雷集

前雷集（Qiánléijí） 属张庄寨镇王衍庄村民委员会。地处王衍庄村南部，北至后雷集，南至杭子村，西至王杭路，东至王园村。总户数为183户，总人口为531人，面积为0.7平方千米。

明代雷氏居住分散，为议事方便，集中为前后两个村庄，此村在前，故称前雷集。1949年属塘坊村至2005年2月；2005年3月合村后属张庄寨镇王衍村至今。

白楼

白楼（Báilóu） 属张庄寨镇白楼村民委员会。村委会驻地，东至蔡庄和腰庄，南至后夏桥，西至王新庄，北至吴楼。总户数为728户，总人口为2540人，面积为3.64平方千米。

白姓在此建村盖楼，取名白楼。后来二十四孝“卧冰求鲤”的王祥后裔从山东迁来此处，便称为王白楼。1950年后属白楼大队；1980年分西南角、西北角划分为白楼村，东南角划分为夏桥村，东南角划分为蔡庙村；2005年合并为白楼村。

马楼

马楼（Mǎlóu） 属张庄寨镇白楼村民委员会。地处白楼村西北部，东至洪河，南至王新庄北，西至毛桥东，北至条吉南。总户数为148户，总人口为423人，面积为1平方千米。

清末马姓人家在此占产立庄盖楼，故名。1950年后属白楼大队；1980年分为白楼村；2005年合并为白楼村。

王新庄

王新庄（Wángxīnzhuāng） 属张庄寨镇白楼村民委员会。地处白楼村西北部，东至白楼，南至白楼，西至白楼，北至马楼。总户数为129户，总人口为306人，面积为0.7平方千米。

王姓在此建立新庄，故名。1950年属白楼大队；1980年分为白楼村；2005年合并为白楼村。

秦庙

秦庙（Qínmiào） 属张庄寨镇白楼村民委员会。地处白楼村东部，总户数为40户，总人口为135人，面积为0.2平方千米。

秦姓始建村，村中建一座庙，故名秦庙。1958年后属白楼大队；1980年分为秦庙村；2005年合并为白楼村。

蔡庄

蔡庄（Càizhuāng） 属张庄寨镇白楼村民委员会。地处白楼村东部，南至孙庄，西至白楼，南至腰庄，北至吴楼。总户数为115户，总人口为231人，面积为0.19平方千米。

蔡姓始建庄，故名蔡庄。1958年后属白楼大队；1980年分为秦庙村；2005年合并为白楼村。

孙庄

孙庄（Sūnzhuāng） 属张庄寨镇白楼村民委员会。地处白楼村东部，东至任庄，西至蔡庄，南至腰庄，北至吴楼。总户数为236户，总人口为555人，面积为0.44平方千米。

始有孙姓人在此居住，形成村庄，故名孙庄。1958年后属白楼大队；1980年分为秦庙村；2005年合并为白楼村。

前夏桥

前夏桥（Qiánxiàqiáo） 属张庄寨镇白楼村民委员会。地处白楼村南部，东至王柳园，南至李庄，西至王新庄，北至白楼。总户数为165户，总人口为504人，面积为0.8平方千米。

夏姓建村盖楼取名夏楼，后因村旁修一石桥改名夏桥，不久扩建为前后两村，此村在前，故名前夏桥。1958年后属白楼大队；1980年分为夏桥村；2005年合并为白楼村。

后夏桥

后夏桥（Hòuxiàqiáo） 属张庄寨镇白楼村民委员会。地处白楼村南部，东至白楼东南角南地，西至王新庄东地，南至前夏桥西地，北至白楼西北角南地。总户数为111户，总人口为320人，面积为0.5平方千米。

夏姓始建村盖楼取名夏楼，后因村旁修一石桥改名夏桥，日久扩建为前后两村，此村在后，故名后夏桥。1958年后属白楼大队；1980年属夏桥村；2005年合并为白楼村。

王柳园

王柳园（Wángliǔyuán） 属张庄寨镇王柳园村民委员会。地处王柳园村西部，总户数为460户，总人口为1900人，面积0.5平方千米。

王姓建村，村周柳树成园，故得名。1949年属张庄寨乡王柳园村；1980年属白楼乡王柳园大队；1984年属白楼乡王柳园大队；1992年属张庄寨镇至今。

王柳园西

王柳园西（Wángliǔyuánxī） 属张庄寨镇王柳园村民委员会。地处王柳园村西部，东至柳东，南至柳南，西至减河，北至陈古同。总户数为218户，总人口为723人，面积1.2平方千米。

王姓建村，村周柳树成园，后拆分，在西，故名王柳园西。1949年属张庄寨乡王柳园村；1980年属白楼乡王柳园大队；1984年属白楼乡王柳园大队；1992年属张庄寨镇至今。

王柳园东

王柳园东（Wángliǔyuándōng） 属张庄寨镇王柳园村民委员会。地处王柳园村西部，东至锦桥，南至减河，西至柳西，北至陈古同。总户数为219户，总人口为733人，面积2.4平方千米。

王姓建村，村周柳树成园，后拆分，在东，故名王柳园东。1949年属张庄寨乡王柳园村；1980年属白楼乡王柳园大队；1984年属白楼乡王柳园大队；1992年属张庄寨镇至今。

王柳园南

王柳园南（Wángliǔyuánnán） 属张庄寨镇王柳园村民委员会。地处王柳园村西部，东至柳东，南至减河，西至减河，北至柳西。总户数为172户，总人口为616人，面积2.4平方千米。

王姓建村，村周柳树成园，后拆分，在南，故名王柳园南。1949年属张庄寨乡王柳园村；1980年属白楼乡王柳园大队；1984年属白楼乡王柳园大队；1992年隶属张庄寨镇至今。

平庄

平庄（Píngzhuāng） 属张庄寨镇王柳园村民委员会。地处王柳园村东南部，东至锦桥，南至减河，西至减河，北至杜庄。总户数为168户，总人口为557人，面积2.4平方千米。

李姓建村时，期望太平，取名李平庄，后有部分人迁减河北建村，取名后李平庄。1949年属石林区张庄寨乡杜平庄村；1961年属张庄寨公社杜平庄大队；1980年属白楼公社杜平庄大队；1984年属白楼乡杜庄村；1992年至2004年属张庄寨镇杜庄村；2005年至今属王柳园村。

吕楼

吕楼（Lǚlóu） 属张庄寨镇王柳园村民委员会。地处王柳园村东南部，总户数为20户，总人口为100人，面积0.3平方千米。

吕姓建庄并在庄内建有高楼，故得名吕楼。1949年属张庄寨乡杜平庄村；1961年属张庄寨公社杜平庄大队；1980年属白楼公社杜平庄大队；1984年属白楼乡杜庄村；1992年至2004年属张庄寨镇杜庄村；2005年至今属王柳园村。

杜庄

杜庄（Dùzhuāng） 属张庄寨镇王柳园村民委员会。地处王柳园村东部，总户数为250户，总人口为900人，面积为3平方千米。

早年杜姓在此占产立庄，故而得名。1949年属张庄寨乡杜平庄村；1961年属张庄寨公社杜平庄大队；1980年属白楼公社杜平庄大队；1984年属白楼乡杜庄村；1992年至2004年属张庄寨镇杜庄村；2005年至今属王柳园村。

杜庄西

杜庄西（Dùzhuāngxī） 属张庄寨镇王柳园村民委员会。地处王柳园民村东部，东至杜庄东，南至杜庄西，西至王柳园，北至王柳园。总户数为150户，总人口为500人，面积为2.5平方千米。

早年杜姓在此占产立庄，故而得名，后一分为二，在西，故名。1949年属张庄寨乡杜平庄村；1961年属张庄寨公社杜平庄大队；1980年属白楼公社杜平庄大队；1984年属白楼乡杜庄村；1992年至2004年属张庄寨镇杜庄村；2005年至今属王柳园村。

杜庄东

杜庄东（Dùzhuāngdōng） 属张庄寨镇王柳园村民委员会。地处王柳园村东部，东至锦桥，南至平庄，西至杜庄西，北至后陈古同。总户数为162户，总人口为556人，面积为2.0平方千米。

早年杜姓在此占产立庄，故而得名，后一分为二，在东，故名。1949年属张庄寨乡杜平庄村；1961年属张庄寨公社杜平庄大队；1980年属白楼公社杜平庄大队；1984年属白楼乡杜庄村；1992年至2004年属张庄寨镇杜庄村；2005年至今属王柳园村。

前陈古同

前陈古同（Qiánchéngǔtóng） 属张庄寨镇王柳园村民委员会。地处王柳园村北部，东至后陈古同，南至王柳园，西至夏桥，北至腰庄。总户数为99户，总人口为450人，面积0.5平方千米。

陈姓建村时，原名陈村，因村中有一狭长胡同，改名陈胡同，后扩两村，此村在前，故得名前陈古同。1949年属张庄寨乡陈古同大队；1961年属张庄寨公社陈古同大队；1980年属白楼公社陈古同大队；1984年属白楼乡陈古同村；1992年至2004年属张庄寨镇任庄村；2010年至今属王柳园村。

后陈古同

后陈古同（Hòuchéngǔtóng） 属张庄寨镇王柳园村民委员会。地处王柳园村北部，东至新庄，南至柳元西，西至前陈古同，北至王桥。总户数为286户，总人口为956人，面积4平方千米。

陈姓建村时，原名陈村，因村中有一狭长胡同，改名陈胡同，后扩两村，此村在后，故得名后陈古同。1949年属张庄寨乡陈古同大队；1961年属张庄寨公社陈古同大队；1980年属白楼公社陈古同村；1984年属白楼乡陈古同村；1992年至2004年属张庄寨镇任庄村；2010年至今属王柳园村。

腰庄

腰庄（Yāozhuāng） 属张庄寨镇王柳园村民委员会。地处王柳园村西北部，东至前陈古同，南至前陈古同，西至白楼，北至王桥。总户数为129户，总人口为443人，面积2.4平方千米。

因该庄位于陈胡同和张庄之间，故取名腰庄。1949年属张庄寨乡陈古同村；1961年属张庄寨公社陈古同大队；1980年属白楼公社陈古同大队；1984年属白楼乡陈胡同村；1992年至2004年属张庄寨镇任庄村；2010年至今属王柳园村。

李庄

李庄（Lǐzhuāng） 属张庄寨镇欧庙村

民委员会。地处欧庙村东北部，东至减河，西至赵庄，南至孙楼，北至白楼村夏桥自然村。总户数为185户，总人口为707人，面积为1.2平方千米。

李姓建庄，故而称李庄。1958年以来属石林公社朱大楼大队；1958年后属张庄寨人民公社欧庙大队；1980年属淮海区白楼乡欧庙大队；1993年撤区并乡时属张庄寨欧庙村至今。

孙楼

孙楼（Sūnlóu） 属张庄寨镇欧庙村民委员会。地处欧庙村东部，东至石林乡王楼村，南至石林乡安庄村，西至黄店，北至李庄。总户数为169户，总人口为718人，面积为1.1平方千米。

三四百年前九户孙姓人家在此地除一虎害，官府立一牌楼纪念，取名孙家打虎楼，后简称孙楼。1958年以后属石林公社朱大楼二营；1966年属石林乡欧庙大队；1969年属张庄寨人民公社；1980年属淮海区白楼乡；1993年撤区并乡时属张庄寨欧庙村民委员会至今。

赵庄

赵庄（Zhàozhuāng） 属张庄寨镇欧庙村民委员会。地处欧庙村北部，东至王新庄，西至武暗楼，南至萧永沟，北至王新庄。总户数为62户，总人口为222人，面积为0.3平方千米。

很久以前，赵姓在此立庄，故取名为赵庄。1958年后为武暗楼大队；1998年与赵破楼大队合并为新明村；2006年与欧庙村合并。

武暗楼

武暗楼（Wǔ'ànlóu） 属张庄寨镇欧庙村民委员会。地处欧庙村北部，东至赵庄村，南至欧庙村，西至萧永沟，北至张赵路。总户数为184户，总人口为679人，面积为1平方千米。

早年武姓在此居住，建座无窗暗楼，故名武暗楼。1958年后为武暗楼大队；1998年与赵破楼大队合并为新明村；2006年与欧庙村合并。

黄店

黄店（Huángdiàn） 属张庄寨镇欧庙村民委员会。地处欧庙村南部，南至石林乡安庄村，北至欧庙村，西至杨庄村，东至孙楼村。总户数为139户，总人口为547人，面积1平方千米。

黄姓早年在此开客店故名黄店。1958年属石林公社朱大楼二营；1964年属石林乡欧庙大队；1979年属张庄寨区白楼乡；2003年撤区并乡时属张庄寨欧庙村民委员会至今。

欧庙

欧庙（Ōumiào）属张庄寨镇欧庙村民委员会。地处欧庙村西部，东至萧永沟，西至杨庄村，南至黄店村，北至萧永沟。总户数为125户，总人口为517人，面积0.7平方千米。

欧姓建村，盖一寺庙，故名欧庙。1958年属石林公社朱大楼三营；1964年属石林乡欧庙大队；1979年属张庄寨区白楼乡；2004年撤区并乡时属张庄寨欧庙村民委员会至今。

杨庄

杨庄（Yángzhuāng） 属张庄寨镇欧庙村民委员会。地处欧庙村东部，东至欧庙村，西至永城市宋庄村，南至永城市姜庄村，北至褚庙村。总户数为96户，总人口为426人，面积0.5平方千米。

此地以杨家姓氏的人较多而得名杨庄。1958年属石林公社朱大楼三营；1976年属石林乡欧庙大队；1979年属张庄寨欧庙村民委员会至今。

赵破楼

赵破楼（Zhàopòlóu） 属张庄寨镇欧庙村民委员会。地处欧庙村西北部，东至萧永沟，南至褚庙后，西至永城市吴瓦房村，北至河西村。总户数为294户，总人口为1154人，面积1.5平方千米。

早年有一赵姓财主在此盖有一座楼，一次狂风大作吹去楼上的瓦片，主人认为不祥，长年失修故取名赵破楼。1949年后为武暗楼大队；1981年改为赵破楼村；1998年王新庄、赵庄、武暗楼合为新明村；2006年于欧庙村合并为欧庙村。

王新庄

王新庄（Wángxīnzhuāng） 属张庄寨镇欧庙村民委员会。地处欧庙村北部，东至减河，南至李庄西，西至萧永沟，北至白楼村。总户数为204户，总人口为760人，面积为1.2平方千米。

王姓建新村，取名王新庄，因附近有两王新庄，此村位于前，故名前王新庄。1950年后为武暗楼大队；1998年王新庄、赵庄、武暗楼合为新明村；2005年与欧庙村合并至今。

褚庙

褚庙（Chǔmiào） 属张庄寨镇欧庙村民委员会。地处欧庙村东部，东至萧永沟，西至永城市李楼村，南至杨庄，北至赵破楼。总户数为77户，总人口为296人，面积为0.4平方千米。

早年褚姓在此定居，村中建一庙，故称褚庙。1958年属石林公社朱大楼三营；1976年属石林乡欧庙大队；1979年属张庄寨欧庙村民委员会至今。

张塘

张塘（Zhāngtáng） 属张庄寨镇申河村民委员会。地处申河村西部，东至申河，南至迭路北，西至张老庄，北至前许。总户数为65户，总人口为211人。面积为4.7平方千米。

张姓建村，村前有一水塘，故名张塘。1949年前属石林区；1949年后实行改制属崔口乡；1958年属崔口人民公社胡楼大队，现属张庄寨申河村。

何庄

何庄（Hézhuāng） 属张庄寨镇申河村民委员会。地处申河村西部，东至胡楼，南至张老庄，西至黄盆窑，北至王寨沟。总户数为120户，总人口为375人。面积为9.2平方千米。

明末初期何姓在此建庄，故而得名。1949年前属石林区，1949年后实行改制属崔口乡；1958年属崔口人民公社胡楼大队，现属张庄寨申河村。

胡楼

胡楼（Húlóu） 属张庄寨镇申河村民委员会。地处申河村西部，东至孟庄，南至张塘，西至何庄，北至王寨沟。总户数为316户，总人口为967人。面积为11.2平方千米。

明末清初，有一家姓胡的在这里建村并盖一座楼，所以得名胡楼。1949年前属石林区；1949年后实行改制属崔口乡；1958年属崔口人民公社胡楼大队，现属张庄寨申河村。

前许庄

前许庄（Qiánxǔzhuāng） 属张庄寨镇申河村民委员会。地处申河村西部，东至申河，南至张塘，西至胡楼南，北至孟庄。总户数为60户，总人口为199人。面积为4.6平方千米。

以前，许姓在此处建两个村，两村前后相距不远，此村位于前，故名前许庄。1949年前属石林区，1949年后实行改制属崔口乡；1958年属崔口人民公社胡楼大队，现属张庄寨申河村。

后许庄

后许庄（Hòuxǔzhuāng） 属张庄寨镇申河村民委员会。地处申河村西部，东至申河，南至前许，西至孟庄，北至王寨沟。总户数为42户，总人口为127人。面积为2.9平方千米。

以前，许姓在附近建两个村，此村位于后，故名后许庄。1949年前属石林区；1949年后实行改制属崔口乡；1958年属崔口人民公社胡楼大队，现属张庄寨申河村。

孟庄

孟庄（Mèngzhuāng） 属张庄寨镇申河村民委员会。地处申河村西部，东至后许，南至前许，西至胡楼，北至王寨沟。总户数为44户，总人口为138人。面积为3.9平方千米。

很早以前，孟姓族人来此建立村庄，故取名为孟庄。1949年前属石林区；1949年后实行改制属崔口乡；1958年属崔口人民公社胡楼大队，现属张庄寨申河村。

孙大楼

孙大楼（Sūndàlóu） 属张庄寨镇申河村民委员会。地处申河村东部，东至李楼，南至天齐庙，西至申河，北至王寨沟。总户数为202户，总人口为652人，面积为9.6平方千米。

此村孙姓较多，曾建楼房数座，故名孙大楼。1949年前属石林区；1949年后实行改制属寿楼；1958年属寿楼公社埝头寺大队，现属张庄寨申河村。

青柳园

青柳园（Qīngliǔyuán） 属张庄寨镇申河村民委员会。地处申河村东部，东至孙小庄，南至陈庄，西至河南，北至王寨沟。总户数为92户，总人口为261人，面积为4.2平方千米。

很久以前，此村柳树较多，一片青绿绕村成园，故名青柳园。1949年前属石林区；1949年后实行改制属寿楼；1958年为寿楼人民公社埝头寺大队，现属张庄寨申河村。

埝头寺

埝头寺（Niàntóusì） 属张庄寨镇申河村民委员会。地处申河村东部，总户数为150户，总人口为580人，面积为0.19平方千米。

早年村西有座古寺，名埝头寺，村庄因此而得名。1949年前属石林区；1949年后实行改制属寿楼；1958年为寿楼人民公社埝头寺大队，现属张庄寨申河村。

刘楼

刘楼（Liúlóu） 属张庄寨镇申河村民委员会。地处申河村西部，东至埝头河南，南至孟寨，西至申河，北至腰庄。总户数为78户，总人口为285人，面积为3.9平方千米。

刘姓人家来此买地建庄盖楼，故名。1949年前属石林区；1949年后实行改制属寿楼；1958年为寿楼人民公社埝头寺大队，现属张庄寨申河村。

袁庄

袁庄（Yuánzhuāng） 属张庄寨镇申河村民委员会。地处申河村东部，东至孙下湖，南至王寨沟，西至刘楼，北至许窑。总户数为39户，总人口为127人，面积为3.3平方千米。

很久以前，袁姓来此建庄，故名。1949年前属石林区；1949年后实行改制属寿楼；1958年为寿楼人民公社埝头寺大队，现属张庄寨申河村。

河北

河北（Héběi） 属张庄寨镇申河村民委员会。地处申河村东部，东至袁庄，南至王寨沟，西至河北，北至许窑。总户数为69户，总人口为230人，面积为2.7平方千米。

村民在申河以北建村，故名。1949年前属石林区；1949年后实行改制属寿楼；1958年为寿楼人民公社埝头寺大队，现属张庄寨申河村。

河南

河南（Hénán） 属张庄寨镇申河村民委员会。地处申河村东部，东至青柳园，南至陈庄，西至刘楼，北至王寨沟。总户数为191户，总人口为556人，面积为4.6平方千米。

村民在申河以南建村，故名。1949年前属石林区；1949年后实行改制属寿楼；1958年为寿楼人民公社埝头寺大队，现属张庄寨申河村。

崔口

崔口（Cuīkǒu） 属张庄寨镇崔口村民委员会。村委会驻地，总户数为418户，总人口为1600人，面积为0.86平方千米。

该村名源于王莽赶刘秀的故事。刘秀从田井走出，一直向西逃跑，夜里住进一座小庙，躲过了王莽的追杀。天刚微亮，又向西北逃窜，大约走了二十里的路程，就听身后战马嘶鸣，杀声震天，于是就近躲进路口的一个小村庄，终于逢凶化吉。刘秀称帝后，人们把这个村庄叫作“崔阵口”，以后又简称为崔口。1949年属石林区寿楼乡；1958年公社化时崔口村民委员会属崔口公社；1969年撤区划社时，崔口村民委员会属张庄寨公社；1980年设区划社时属崔口公社，现属张庄寨镇崔口村。

党屯

党屯（Dǎngtún） 属张庄寨镇崔口村民委员会。地处崔口村北部，东至武楼，西至锦桥，南至西街，北至邱庄。总户数为230户，总人口为616人，面积为2.5平方千米。

党姓建村，开荒屯田，故名。1949年属金砖乡；1953年属崔口乡闫阁大队；1956年成立农村合作社；1957年成立新华社，1958年属寿楼公社；1960年撤乡并区至今。

邱庄

邱庄（Qiūzhuāng） 属张庄寨镇崔口村民委员会。地处崔口村北部，东至郭楼，西至锦桥，南至党屯，北至姜庄。总户数为209户，总人口为652人，面积为3平方千米。

邱姓早年在此建村定居故名。1949年属金砖乡；1953年属崔口乡闫阁大队；1956年成立农村合作社；1957年成立新华社，1958年属寿楼公社；1960年撤乡并区。

姜庄

姜庄（Jiāngzhuāng） 属张庄寨镇崔口村民委员会。地处崔口村北部，东至刘楼，西至锦桥，南至邱庄，北至邱庄。总户数为337户，总人口为957人，面积为4平方千米。

清朝时姜姓在此占产立庄，故名姜庄。1949年属金砖乡；1953年属崔口乡闫阁大队；

1956年成立农村合作社；1957年成立新华社，1958年属寿楼公社；1960年撤乡并区。

丰庄

丰庄（Fēngzhuāng） 属张庄寨镇崔口村民委员会。地处崔口村西部，东至西街，西至锦桥，南至小屯，北至姬吴庄。总户数为380户，总人口为1035人，面积为4.5平方千米。

明代丰姓在此占产立庄，因当时人少村小，盼发展壮大，故而得名。1953年属崔口乡闫阁大队；1956年成立农村合作社；1957年成立新华社；1958年属丰庄大队；1958年属寿楼公社；1960年撤乡并区。

姬吴庄

姬吴庄（Jīwúzhuāng） 属张庄寨镇崔口村民委员会。地处崔口村北部，东至西街，西至丰庄，南至丰庄，北至党屯。总户数为103户，总人口为270人，面积为1平方千米。

明代姬姓和吴姓在此占产立庄，因当时人少村小，就以两姓并称，故而得名。1949年属金砖乡；1953年属崔口乡闫阁大队；1956年成立农村合作社；1957年成立新华社；1958年至寿楼公社；1960年撤乡并区。

小屯

小屯（Xiǎotún） 属张庄寨镇崔口村民委员会。地处崔口村西部，东至洪河，西至谢楼，南至洪河，北至丰庄。总户数为324户，总人口为940人，面积为4平方千米。

始为王姓屯田定居，村庄小，故名。1949年属石林区寿楼乡；1958年公社化时属崔口公社；1969年撤区并社时属张庄寨公社；1980年设区划社时属崔口公社，现属崔口村张庄寨镇。

东街

东街（Dōngjiē） 属张庄寨镇崔口村民委员会。地处崔口村西部，东至武楼，西至丰庄，南至洪河，北至西街。总户数为164户，总人口为456人，面积为2平方千米。

崔口村有集市，该村建在集市以东，故名。1949年属石林区寿楼乡；1958年公社化时属崔口公社；1969年撤区并社时属张庄寨公社；1980年设区划社时属崔口公社，现属崔口村张庄寨镇。

西街

西街（Xījiē） 属张庄寨镇崔口村民委员会。地处崔口村西部，东至武楼，西至丰庄，南至东街，北至党屯。总户数为229户，总人口为679人，面积为3平方千米。

崔口村有集市，该村建在集市以西，故名。1949年属石林区寿楼乡；1958年公社化时属崔口公社；1969年撤区并社时属张庄寨公社；1980年设区划社时属崔口公社，现属崔口村张庄寨镇。

杭子

杭子（Hángzi） 属张庄寨镇杭子村民委员会。村委会驻地，总户数为200户，总人口为816人，面积为1.8平方千米。

此村过去为集市，各业交易设行，故名行子，后“行”误传为“杭”，因此而得名。1958年属崔口大公社；1958年属淮海大公社；1981年属崔口公社；1984年属崔口乡；1992年属张庄寨镇至今。

杭子西

杭子西（Hángzixī） 属张庄寨镇杭子村民委员会。地处杭子村中部，东至杭子东，南至丁黄，西至腊楼，北至小阁子。总户数为70户，总人口为280人，面积为1.1平方千米。

此村过去为集市，各业交易设行，故名行子，后“行”误传为“杭”，后一分为二，在西，故名。1958年属崔口大公社；1958年属淮海大公社；1981年属崔口公社；1984年属崔口乡；1992年属张庄寨镇至今。

杭子东

杭子东（Hángzidōng） 属张庄寨镇杭子村民委员会。地处杭子村中部，南至黑楼子，西至杭子西，东至塘坊，北至后杭子。总户数为88户，总人口为340人，面积为1.3平方千米。

此村过去为集市，各业交易设行，故名行子，后“行”误传为“杭”，后一分为二，在东，故名。1958年属崔口大公社；1958年属淮海大公社；1981年属崔口公社；1984年属崔口乡；1992年属张庄寨镇至今。

塘坊

塘坊（Tángfāng） 属张庄寨镇杭子村民委员会。地处杭子村东部，东至刘店子，南至黑楼，西至杭子后，北至杭子后。总户数为120户，总人口为560人，面积为0.9平方千米。

此村过去开过糖坊，庄小，居民少，故名小糖坊，后“糖”误传为“塘”。1958年属崔口大公社；1958年属淮海大公社；1981年属崔口乡杭子大队；1992年属张庄寨镇杭子大队至今。

刘店子

刘店子（Liúdiànzi）属张庄寨镇杭子村民委员会。地处杭子村东部，南至胡楼，西至塘坊，东至腰庄，北至雷集。总户数为120户，总人口为390人，面积为0.8平方千米。

过去一家姓刘的在此开店，故名刘店子。1958年属崔口大公社杭子大队；1958年，属淮海大公社杭子大队；1981年属崔口公社杭子大队；1992年属张庄寨镇杭子村至今。

黑楼子

黑楼子（Hēilóuzi） 属张庄寨镇杭子村民委员会。地处杭子村南部，东至刘店子，西至杭子东，南至丁黄，北至塘坊。总户数为111户，总人口为280人，面积为0.5平方千米。

早年村中有一座楼砖色黑暗，故名黑楼子。1958年属崔口大公社；1958年后属淮海大公社杭子大队；1981年属崔口公社杭子大队；1992年属张庄寨镇杭子村至今。

杭子后

杭子后（Hángzihòu） 属张庄寨镇杭子村民委员会。地处杭子村北部，南至杭子东，西至老毛河，东至塘坊，北至小格子。总户数为56户，总人口为200人，面积为1.2平方千米。

此村位于杭子后面，因此而命名。1958年属崔口大公社；1958年属淮海大公社杭子大队；1981年属崔口公社杭子大队；1992年属张庄寨镇杭子村至今。

小阁子

小阁子（Xiǎogézi） 属张庄寨镇杭子村民委员会。地处杭子村北部，南至后杭子，西至屈楼，东至寿楼，北至屈王庄。总户数为200户，总人口为620人，面积为1.4平方千米。

此村较小，早年村东有座文阁庙，因此而得名。1958年属崔口大公社；1958年属淮海大公社；1981年属崔口乡小阁子大队；1992年属张庄寨镇小阁子大队；2005年属张庄寨镇杭子村。

闫阁

闫阁（Yángé） 属张庄寨镇杭子村民委员会。地处杭子村西部，东至腊楼，南至刘楼，西至木李赵，北至小格子。总户数为210户，总人口为810人，面积为1.6平方千米。

闫姓建村盖一座阁楼，故名闫阁。1958年属崔口大公社；1958年属淮海大公社；1981年属崔口乡闫阁大队；1992年属张庄寨镇闫阁大队；2005年属张庄寨镇杭子村至今。

腊楼

腊楼（Làlóu） 属张庄寨镇杭子村民委员会。地处杭子村西部，南至丁庄，西至闫阁，东至杭子西，北至屈楼。总户数为210户，总人口为760人，面积为1.4平方千米。

早年，有位乳名叫“腊”的人，在此定居建楼，故名腊楼。1958年属崔口大公社；1958年后属淮海大公社；1981年属崔口乡闫阁大队；1992年属张庄寨镇闫阁村；2005年属张庄寨镇杭子村至今。

郭楼

郭楼（Guōlóu） 属张庄寨镇杭子村民委员会。地处杭子村西部，东至丁庄，南至党屯，西至姜庄，北至刘楼。总户数为200户，总人口为600人，面积为1.1平方千米。

郭姓在此建村盖楼，故称郭楼。1958年属崔口大公社；1958年属淮海大公社；1981年属崔口乡闫阁大队；1992年属张庄寨镇闫阁村；2005年属张庄寨镇杭子村至今。

刘楼

刘楼（Liúlóu） 属张庄寨镇杭子村民委员会。地处杭子村西南部，东至丁庄，西至张楼，南至郭楼，北至闫阁。总户数为45户，总人口为200人，面积为0.3平方千米。

刘姓人家来此买地建庄并建楼，故名。1958年属崔口大公社；1958年属淮海大公社；1981年属崔口乡闫阁村；1992年属张庄寨镇闫阁大队；2005年隶属张庄寨镇杭子村至今。

武楼村

武楼村（Wǔlóucūn） 属张庄寨镇武楼村民委员会。村委会驻地，东至张老庄，南至刘庄，西至党屯，北至丁庄。总户数为504户，总人口为1438人，面积为1.2平方千米。

明朝，从山西洪洞县移民于此地，武姓盖土楼一座，故名武楼。1949年属萧县崔口乡；1958年属淮海大公社；1981年属崔口公社；1984年属崔口乡；1992年属张庄寨镇至今。

张老庄

张老庄（Zhānglǎozhuāng） 属张庄寨镇武楼村民委员会。地处武楼村东部，东至迭路北，南至众姓庄，西至武楼，北至黄盆窑。总户数为351户，总人口为1031人，面积为0.72方千米。

明朝，张姓从山东移民于此地，因居住年代久远，故名张老庄。淮海战役活捉杜聿明于此。1949年属萧县崔口乡；1958年属淮海大公社；1981年属崔口公社张老庄大队；1984年属崔口乡张老庄大队；1992年属张庄寨镇张老庄村；2005年属张庄寨镇武楼村。

黄盆窑

黄盆窑（Huángpényáo） 属张庄寨镇武楼村民委员会。地处武楼村东北部，东至何庄，南至张老庄，西至丁庄，北至杭子。总户数为145户，总人口为421人，面积为

0.32平方千米。

明朝期间，张姓在此建窑烧黄盆，名黄盆窑。1949年前属埝头乡；1949年属胡楼乡；1958年属淮海大公社武楼大队；1981年属崔口公社丁黄村；1984年属崔口乡丁黄村；1992年属张庄寨镇丁黄村；2006年属张庄寨镇武楼村。

刘庄

刘庄（Liúzhuāng） 属张庄寨镇武楼村民委员会。地处武楼村南部，东至高楼，南至董庄，西至崔口，北至武楼。总户数为89户，总人口为303人，面积为0.25平方千米。

清朝刘姓移民，在此建村，故名。自1949年后，一直属武楼村管辖。

丁庄

丁庄（Dīngzhuāng） 属张庄寨镇武楼村民委员会。地处武楼村北部，东至黄盆窑，南至武楼，西至郭楼，北至杭子。总户数为112户，总人口为353人，面积为0.25平方千米。

清明，丁姓在此屯田立村，故而得名。1949年属崔口乡；1958年属淮海大公社武楼村；1981年属崔口公社丁黄村；1984年属崔口乡丁黄村；1992年属张庄寨镇丁黄村；2005年属张庄寨镇武楼村。

寿楼

寿楼（Shòulóu） 属张庄寨镇寿楼村民委员会。村委会驻地，北至王园，南至腰庄与许窑，西至郝暗楼，东至槐庄与土楼。总户数为331户，总人口为1216人，面积为2.25平方千米。

明初，张姓分支从张老家迁居此处建庄盖楼，取名张楼。明崇祯十四年五月初一，该村张国琛太太李氏年32岁，以时疫暴殁，七日，复还阳，寿至93岁，无疾而终，张家搭建彩楼为老太太祝寿，改原村名红亭古镇为寿楼至今。1939年萧县抗日农救会在此成立，由张舒民任会长。1958年，寿楼村设村设为寿楼大队，后为寿楼乡；1984年与王园村合并，合称寿楼村，撤区并乡后为寿楼自然村至今。

宋楼

宋楼（Sònglóu） 属张庄寨镇寿楼村民委员会。地处寿楼村南部，总户数为30户，总人口为110人，面积为0.3平方千米。

早年宋氏在此占产立庄并盖楼，故而得名。从1949年后一直隶属寿楼，1984年撤区并乡后属寿楼村至今。

腰庄

腰庄（Yāozhuāng） 属张庄寨镇寿楼村民委员会。地处寿楼村南部，总户数为500户，总人口为210人，面积为0.5平方千米。

明末张姓三太爷从寿楼村搬至村南，建一村庄，从寿楼到许窑必经该村转弯，故而得名。1949年始，一直属寿楼村；1984年撤区并乡，隶属寿楼村至今。

腰庄宋楼

腰庄宋楼（Yāozhuāngsònglóu） 属张庄寨镇寿楼村民委员会。地处寿楼村南部，北至寿楼自然村，南至申河村刘楼，西至新申河，东至许窑。总户数为90户，总人口为299人，面积为0.3平方千米。

宋楼，腰庄后续合并，合并为腰庄宋楼至今。1949年始，一直属寿楼大队；1984年撤区并乡，隶属寿楼村至今。

许窑

许窑（Xǔyáo） 属张庄寨镇寿楼村民委员会。地处寿楼村东南部，北至寿楼，南至申河村河北，西至腰庄宋楼，东至槐庄。总户数为56户，总人口为190人，面积为0.2平方千米。

明朝时期，有许姓人家为张姓大户看护坟地，在此建房建窑，娶当地人家为妻繁衍形成村庄，称许窑。1949年后，一直隶属寿楼村至今。

郝暗楼

郝暗楼（Hǎo' ànlóu） 属张庄寨镇寿楼村民委员会。地处寿楼村西部，北至王园，南至老毛河，西至王衍庄村雷集，东至寿楼。总户数为75户，总人口为287人，面积0.6平方千米。

新中国成立后，郝姓定居此地盖灰楼一座，故名郝暗楼。1949年以来，郝暗楼归寿楼村，后为寿楼大队；改革后，王园村与寿楼村合并至今。

槐庄

槐庄（Huáizhuāng） 属张庄寨镇寿楼村民委员会。地处寿楼村东南部，北至土楼，南至申河村袁庄，西至寿楼，东至王寨镇张小洼。总户数为194户，总人口为688人，面积0.8平方千米。

几百年前有人在此居住建庄，此处有棵老槐树，以此取名为老槐庄。1949年后，槐庄属寿楼村至今。

前杨石门

前杨石门（Qiányángshímén） 属张庄寨镇寿楼村民委员会。地处寿楼村北部，总户数为60户，总人口为210人，面积0.6平方千米。

从前，此处有石门一座，杨姓在石门前后建两村，该村在前，取名为前石门至今。1958年以后，前石门属寿楼公社王园大队；2008年村庄合并，属寿楼村至今。

后杨石门

后杨石门（Hòuyángshímén） 属张庄寨镇寿楼村民委员会。地处寿楼村北部，总户数为54户，总人口为190人，面积0.8平方千米。

从前，此处有石门一座，杨姓在石门前后建两村，该村在后，取名为后石门至今。1958年以后，后石门属寿楼公社王园大队；2009年村庄合并，属寿楼村至今。

石门

石门（Shímén） 属张庄寨镇寿楼村民委员会。地处寿楼村北部，北至王衍庄村梅庄，南至王园，西至新申河，东至王寨镇西老家。总户数为141户，总人口为520人，面积0.7平方千米。

从前，此处有石门一座，杨姓在石门前后建两村，现合并为石门。1958年以后，后石门属寿楼公社王园大队；2009年村庄合并，属寿楼村至今。

王园

王园（Wángyuán） 属张庄寨镇寿楼村民委员会。地处寿楼村北部，北至王衍庄村前塘坊，南至寿楼，西至王衍庄村雷集，东至土楼。总户数为295户，总人口为1211人。面积2平方千米。

明末清初有王姓弟兄6人，从外地逃荒至此，种植一菜园，久而久之得村名王园。1958年以后，王园属寿楼公社，至2008年体制改革与寿楼村合并，归寿楼村委会至今。

土楼

土楼（Tǔlóu） 属张庄寨镇寿楼村民委员会。地处寿楼村东北部，北至石门，南至槐庄，西至王园与寿楼，东至王寨镇西老家。总户数为204户，总人口为738人。面积1平方千米。

明朝年间张姓在此建村，并在村内建土楼，故得名张土楼。1958年以后，土楼为寿楼公社王园大队；2008年后合并属寿楼村至今。

邵庄

邵庄（Shàozhuāng） 属张庄寨镇河西村民委员会。地处河西村中部，东至马沟，南至张庄，西至马庄村，北至连霍高速。总户数为66户，总人口为175人，面积为0.4平方千米。

清代，邵姓在此定居成村，故而得名。1949年属石林区洪碱乡；1958年公社化时属张庄寨公社；1980年属淮海区白楼公社；1980年3月建立洪河公社属淮海区白楼公社；1992年3月撤区建镇属张庄寨镇至今。

马庄

马庄（Mǎzhuāng） 属张庄寨镇河西村民委员会。地处河西村中部，东至马沟，南至毛庄，西至永城种庄村，北至连霍高速。总户数为34户，总人口为111人，面积为0.4平方千米。

很早以前，张姓在此居住，在家中养马，取名张马庄。1949年属石林区洪碱乡；1958年公社化时属张庄寨公社；1980年属淮海区白楼公社；1980年3月建立洪河乡；1984年5月撤区建镇时属张庄寨镇至今。

田庙

田庙（Tiánmiào） 属张庄寨镇河西村民委员会。地处河西村南部，东至萧永沟，南至赵破楼，西至永城田庙村，北至陈庄。总户数为93户，总人口为282人，面积为0.7平方千米。

明代田姓在此建村，村中盖一寺庙，得名田庙，后扩展为东西两村，此村在东又叫东田庙。1949年属石林区洪碱乡；1958年公社化时属张庄寨公社；1980年属淮海区白楼公社；1980年3月建立洪河公社属淮海区洪河公社；1992年3月撤区建镇属张庄寨镇至今。

邬庄

邬庄（Wūzhuāng） 属张庄寨镇河西村民委员会。地处河西村南部，东至张庄，南至赵破楼北，西至陈庄村东，北至减河。总户数为134户，总人口为413人，面积为0.7平方千米。

明代邬姓在此占产立庄，故而得名邬庄。1949年属石林区洪碱乡；1958年公社化时属张庄寨公社；1980年属淮海区白楼公社；1980年建立洪河公社属淮海区洪河公社；1984年撤区建镇属张庄寨镇至今。

陈庄

陈庄（Chénzhuāng） 属张庄寨镇河西村民委员会。地处河西村南部，东至邬庄，南至田庙，西至永城邸楼村，北至减河。总户数为89户，总人口为278人，面积为0.6平方千米。

清朝初年陈姓在此建庄，故而得名。1949年属石林区洪碱乡；1958年公社化时属张庄寨公社；1980年属淮海区白楼公社；1980年3月建立洪河公社属淮海区洪河公社；1984年5月撤区建镇属张庄寨镇至今。

郝庄

郝庄（Hǎozhuāng） 属张庄寨镇河西村民委员会。地处河西村中部，东至条吉，南至马楼，西至马沟，北至连霍高速。总户数为18户，总人口为95人，面积为0.2平方千米。

早年郝姓在此立庄，故而得名。1949年属石林区洪碱乡；1958年公社化时属张庄寨公社；1980年属淮海区白楼公社；1980年

3月建立洪河公社属淮海区洪河公社；1984年5月撤区建镇属张庄寨镇至今。

毛庄

毛庄（Máozhuāng） 属张庄寨镇河西村民委员会。地处河西村南部，东至减河，南至张庄，西至永城种庄村，北至减河。总户数为69户，总人口为217人，面积为0.6平方千米。

清代毛姓在此占产立庄，故而得名。1949年属石林区洪碱乡；1958年公社化时属张庄寨公社；1980年属淮海区白楼公社；1980年3月建立洪河公社属淮海区洪河公社；1984年5月撤区建镇属张庄寨镇至今。

张庄

张庄（Zhāngzhuāng） 属张庄寨镇河西村民委员会。地处河西村南部，东至减河，南至武暗楼北，西至郛庄村，北至毛庄。总户数为110户，总人口为310人，面积为0.7平方千米。

明代张姓在此居住建庄，故名。1949年属石林区洪碱乡；1958年公社化时属张庄寨公社；1980年属淮海区白楼公社；1980年3月建立洪河公社属淮海区洪河公社；1984年5月撤区建镇属张庄寨镇至今。

余庄

余庄（Yúzhuāng） 属张庄寨镇河西村民委员会。地处河西村南部，东至萧永沟，南至赵破楼，西至田庙村，北至郛庄。总户数为48户，总人口为186人，面积为0.5平方千米。

很久以前，余姓在此占产立庄，故而得名。1949年属石林区洪碱乡；1958年公社化时属张庄寨公社；1980年属淮海区白楼公社；1980年3月建立洪河公社属淮海区洪河公社；1984年5月撤区建镇属张庄寨镇至今。

条吉

条吉（Tiáojí） 属张庄寨镇河西村民委员会。地处河西村中部，东至洪河，南至白楼，西至马庄，北至陈楼村南。总户数为418户，总人口为1380人，面积为1.6平方千米。

光绪年间，此村盖房，屋脊连在一起，故取村名一条脊。有人将脊写成吉，也称一条吉。1949年属石林区洪碱乡；1958年公社化时属张庄寨公社；1980年设区划社时属淮海区白楼公社；1980年3月建立洪河公社属淮海区洪河公社；1984年5月撤区建镇属张庄寨镇至今。

陈楼村

陈楼村（Chénlóucūn） 属张庄寨镇河西村民委员会。地处河西村北部，东至洪河，南至条吉北，西至永城朱大厂村东，北至永城后陈楼村。总户数为298户，总人口为965人，面积为1.2平方千米。

明代陈姓在此定居，建一楼房，故而得名陈楼。1949年属石林区洪碱乡；1958年公社化时属张庄寨公社；1980年属淮海区白楼公社；1980年3月建立洪河公社属淮海区洪河公社；1984年5月撤区建镇属张庄寨镇至今。

梅庄

梅庄（Méizhuāng） 属张庄寨镇张新集村民委员会。地处张新集村西部，北至柿园，南至杨石门，东至旗杆楼，西至西梅庄。总户数为120户，总人口为470人，面积0.7平方千米。

很早以前，梅姓在此建庄定居，故而得名。1938年萧县抗日妇女救国会在此成立，由张明担任会长。梅庄原属前街村，现归属张新集村。

张柳园

张柳园（Zhāngliǔyuán） 属张庄寨镇张新集村民委员会。地处张新集村南部，北至前街，南至王寨镇老家，东至王寨，西至松林子。总户数为200户，总人口为870人，面积2平方千米。

张姓在此居住，村四周柳树较多，环绕成园，故而得名。张柳园原是张柳园村，现合并为张新集村。

老楼

老楼（Lǎolóu） 属张庄寨镇张新集村民委员会。地处张新集村东部，北至梁纯，南至张柳园，东至双楼，西至后街。总户数为60户，总人口为210人，面积0.3平方千米。

张姓建村，村中有座炮楼，故为此名。张老楼原属后街村，现归属为张新集村。

北小庄

北小庄（Běixiǎozhuāng） 属张庄寨镇张新集村民委员会。地处张新集村北部，北至张老庄，南至后街，东至梁纯，西至柿园。总户数为32户，总人口为110人，面积0.2平方千米。

此村位于王楼北，庄小，故名北小庄。北小庄原属后街村，现归属张新集村。

旗杆楼

旗杆楼（Qígǎnlóu） 属张庄寨镇张新集村民委员会。地处张新集村西部，北至柿园，南至张柳园，东至前街，西至梅庄。总户数为35户，总人口为140人，面积0.2平方千米。

该村从前有一官宦人家，在家立有旗杆，盖有楼房，故有此名。旗杆楼原属前街村，现属张新集村。

后街

后街（Hòujiē） 属张庄寨镇张新集村民委员会。地处张新集村北部，北至北小庄，南至前街，东至老楼，西至前街。总户数为180户，总人口为630人，面积1.5平方千米。

以驻地街道名称命名，因该街在后，故而得名。原属后街村，现归属张新集村。

前街

前街（Qiánjiē） 属张庄寨镇张新集村民委员会。地处张新集村南部，北至后街，南至张柳园，东至双楼，西至棋杆楼。总户数为150户，总人口为550人，面积1.2平方千米。

以驻地街道名称命名，因该街在前，故而得名。原属前街村，现属张新集村。

永堌镇

郭庄

郭庄（Guōzhuāng） 隶属永堌镇前进村民委员会。地处前进村东部，东至庄里界，西至铙钹山，南至朱庄自然村，北至国营林场。总户数为215户，总人口为754人。面积为1.585平方千米。

明代郭姓人从山西来此立庄，故而得名。一直隶属永堌公社、永堌镇，2008年和夹山村合并成前进村民委员会至今。

前进村

前进村（Qiánjìncūn） 隶属永堌镇前进村民委员会。地处前进村东部，北至胜利界，南至梧桐界，西至闸河，东至水库。总户数为1017户，总人口为3319人。面积为7.5平方千米。

位于永堌寨南部，农业合作化时成立前进社，后改前进大队，现为前进村。一直隶属永墉公社、永墉镇，2008年和夹山村合并成前进村民委员会至今。

石庄

石庄（Shízhuāng） 隶属永墉镇前进村民委员会。地处前进村东部，东至庄里界，南至陶墟界，北至朱庄自然村，西至梧桐界。总户数为244户，总人口为766人。面积为1.8平方千米。

清朝中期叫小梁庄，后来，来个姓石的人，他会针灸，在此定居繁衍，后改名为石庄。1958年属永墉公社朱庄大队，1984年划归官山村，1992年和朱庄、郭庄合并为夹山村，2008年和前进村合并成前进村民委员会至今。

朱庄

朱庄（Zhūzhuāng） 隶属永墉镇前进村民委员会。地处前进村东部，东至庄里界，西至梧桐界，南至石庄，北至郭庄。总户数为288户，总人口为939人。面积为2.125平方千米。

明代朱姓三兄弟在此占产立庄，当时人少村小是小朱庄，后改为朱庄。1958年属朱庄大队，1984年划归官山村，1991年和郭庄、石庄合并为夹山村，2008年和前进村合并成前进村民委员会至今。

北泉

北泉（Běiquán） 隶属永墉镇胜利村民委员会。地处胜利村北部，东至张大峪，西至闸河，南至胜利村，北至许岗村界。总户数为1021户，总人口为3191人。面积为7.1平方千米。

庄在永墉寨北，有泉，故名北泉。一直属永墉乡、永墉公社、永墉镇。2007年并入胜利村村民委员会。

胜利村

胜利村（Shènglìcūn） 隶属永墉镇胜利村民委员会。村委会驻地，东至杏花村，西至闸河，南至前进村界，北至北泉。总户数为848户，总人口为2690人。面积为5.5平方千米。

位于永墉寨北部，农业合作化时成立胜利社，后改为胜利大队，今为胜利村。

岗北村

岗北村（Gǎngběicūn） 隶属永墉镇许岗子村民委员会。地处许岗子村北部，南邻岗南村，东邻大山，北邻王山窝村，西邻腰庄村。总户数为351户，总人口为1205人。面积为2.6平方千米。

该庄位于许岗子北，故而得名。一直属永墉乡、永墉公社、永墉镇。现属永墉镇许岗子村民委员会。

岗南村

岗南村（Gǎngnáncūn） 隶属永墉镇许岗子村民委员会。地处许岗子村南部，南邻北泉，东邻黄保顶，北邻岗北村，西邻姜大庄。总户数为340户，总人口为1130人。面积为2.74平方千米。

该庄位于许岗子南，故而得名。一直属永墉乡、永墉公社、永墉镇。现属永墉镇许岗子村民委员会。

李庄

李庄（Lǐzhuāng） 隶属永墉镇山窝村民委员会。地处山窝村北部，东至东山，南至王山窝界，西至环镇路，北至疃里。总户数为316户，总人口为1129人，面积为1.9平方千米。

明代时期，有姓李的人家在此立庄，取名李庄。1958年归吴庄公社，1970年属永墉公社，1981年设区时，属丁里区永墉公社，1984年属丁里区永堌镇，1992年属永堌镇，2008年并村时属永堌镇山窝村民委员会至今。

疃里村

疃里村（Tuǎnlǐcūn） 隶属永堌镇山窝村民委员会。地处山窝村北部，东至东山，南至李庄界，西至环镇路，北至白土镇界。总户数为347户，总人口为1447人，面积为2.2平方千米。

疃，为禽兽践踏之地。据传，400年前此处在山脚之下，荒无人烟，禽兽出没，人称疃场。后来逐渐有人迁居，形成村庄，取名疃里。1958年归吴庄公社，1970年属永堌公社，1981年设区时，属丁里区永堌公社，1984年属丁里区永堌镇，1992年属永堌镇，2008年并村时属永堌镇山窝村民委员会至今。

王山窝

王山窝（Wángshānwō） 隶属永堌镇山窝村民委员会。地处山窝村南部，东至东山，南至许岗村界，西至环镇路，北至李庄界。总户数为323户，总人口为1288人，面积为2.15平方千米。

王姓人多，村子坐落在山窝里，故名王山窝。1958年归吴庄公社，1970年属永堌公社，1981年设区时，属丁里区永堌公社，1984年属丁里区永堌镇，1992年属永堌镇，2008年并村时属永堌镇山窝村民委员会至今。

窦庄

窦庄（Dòuzhuāng） 隶属永堌镇窦庄村民委员会。地处窦庄村南部，东至环镇路，西至民生支河，北至村部，南至赵台。总户数为175户，总人口为569人。面积为1.4平方千米。

窦姓建庄，故名窦庄。1958年属吴庄人民公社，1970年属大庄公社，1981年属丁里区吴庄公社，1984年属丁里区，1992年属永堌固镇新台村，2007年新台村与腰庄村合并为窦庄村民委员会。

杜庄

杜庄（Dùzhuāng） 隶属永堌镇窦庄村民委员会。地处窦庄村东部，东至高头西，西至民生支河，南至魏庄，北至腰庄。总户数为92户，总人口为254人。面积为0.6平方千米。

早年杜姓在此占产立庄，故而得名。1958年属吴庄人民公社，1970年属大庄公社腰庄大队，1981年属丁里区吴庄公社，1984年属丁里区吴庄乡腰庄村，1992年属永堌镇腰庄村，2007年新台村与腰庄村合并为窦庄村民委员会。

梁庄

梁庄（Liángzhuāng） 隶属永堌镇窦庄村民委员会。地处窦庄村南部，东至淮北纵庄，西至赵台，北至新台，南至杜台。总户数为185户，总人口为570人。面积为1.2平方千米。

清朝中期，原村名孟庄，民国期间，梁姓村民迁入，后家产丰厚，人丁兴旺，逐渐改为梁庄。1958年属吴庄公社，1970年属大庄公社窦庄大队，1981年属丁里区吴庄公社，1984年属丁里区吴庄乡新台村，1992年属永堌镇新台村，2007年新台村与腰庄村合并为窦庄村民委员会。

魏庄

魏庄（Wèizhuāng） 隶属永堌镇窦庄村民委员会。地处窦庄村东部，东至高头西，西至民生支河，南至李庄，北至杜庄。总户数为90户，总人口为255人。面积为

0.4 平方千米。

明朝魏姓人从山西省洪洞县迁此开垦荒地，安庄落户，故名魏庄。1958 年属吴庄公社，1970 年属大庄公社腰庄大队，1981 年属丁里区吴庄公社，1984 年属丁里区吴庄乡腰庄村，1992 年属永堌镇腰庄村，2007 年新台村与腰庄村合并为窦庄村民委员会。

李庄

李庄（Lǐzhuāng） 隶属永堌镇窦庄村民委员会。地处窦庄村东部，东至高头西，西至民生支河，南至新台，北至魏庄。总户数为 183 户，总人口为 640 人。面积为 1.3 平方千米。

李氏在此建庄，村庄较小，故名。1958 年属吴庄公社，1970 年属大庄公社腰庄大队，1981 年属丁里区吴庄公社，1984 年属丁里区吴庄乡腰庄村，1992 年属永堌镇腰庄村，2007 年新台村与腰庄村合并为窦庄村民委员会。

新台

新台（Xīntái） 隶属永堌镇窦庄村民委员会。地处窦庄村南部，东至高头西，西至窦庄，北至李庄，南至梁庄。总户数为 85 户，总人口为 240 人。面积为 0.5 平方千米。

早年杜庄人的分支在此筑台建庄，取名新台子。1958 年属吴庄公社，1970 年属大庄公社腰庄大队，1981 年属丁里区吴庄公社，1984 年属丁里区吴庄乡腰庄村，1992 年属永堌镇腰庄村，2007 年新台村与腰庄村合并为窦庄村民委员会。

许三村

许三村（Xǔsāncūn） 隶属永堌镇窦庄村民委员会。地处窦庄村西部，总户数为 20 户，总人口为 90 人。面积为 0.4 平方千米。

清末许姓在此建村定居，该村与新台子、窦庄三村并排，从东数排第三，故名。1958 年属吴庄公社，1970 年属大庄公社腰庄大队，1981 年属丁里区吴庄公社，1984 年属丁里区吴庄乡腰庄村，1992 年属永堌镇腰庄村，2007 年新台村与腰庄村合并为窦庄村民委员会。

腰庄

腰庄（Yāozhuāng） 隶属永堌镇窦庄村民委员会。地处窦庄村北部，东至高头西，西至民生支河，南至杜庄，北至赵庄。总户数为 261 户，总人口为 680 人。面积为 1.6 平方千米。

清末，姜姓在杜庄、赵庄中间建庄，起名腰庄。1958 年属吴庄公社，1970 年属大庄公社腰庄大队，1981 年属丁里区吴庄公社，1984 年属丁里区吴庄乡腰庄村，1992 年属永堌镇腰庄村，2007 年新台村与腰庄村合并为窦庄村民委员会。

赵台

赵台（Zhàotái） 隶属永堌镇窦庄村民委员会。地处窦庄村南部，东至梁庄，西至中沟，北至窦庄，南至淮北杜台。总户数为 167 户，总人口为 561 人。面积为 1.2 平方千米。

光绪年间，赵氏二兄弟从萧县帽山迁到此处筑台建房立庄，取名赵台子。1958 年属吴庄公社，1970 年属大庄公社腰庄大队，1981 年属丁里区吴庄公社，1984 年属丁里区吴庄乡腰庄村，1992 年属永堌镇腰庄村，2007 年新台村与腰庄村合并为窦庄村民委员会。

胡台子

胡台子（Hútáizi） 隶属永堌镇马庄村民委员会。地处马庄村东南部，总户数为 64

户，总人口为120人。面积为1平方千米。

胡姓在此占产筑台立庄，故而得名胡台子。1958年属吴大庄公社，1970年属大庄公社马庄大队，1981年属丁里区吴庄公社，1984年属丁里区吴庄乡，1992年属永堌镇老河头村，2008年老河头村、石山子村合并为马庄村民委员会至今。

老河头

老河头（Lǎohétóu）　隶属永堌镇马庄村民委员会。地处马庄村东部，北至吴庄村，东至开发区，西至马庄自然村，南至赵庄自然村。总户数为270户，总人口为890人。面积为1.4平方千米。

明朝初年，张姓率众在此修河，带工的人被称为“老河头”。河修好以后，张姓带工的人便安家于此，“老河头”为庄名。1958年属吴大庄公社，1970年属大庄公社马庄大队，1981年属丁里区吴庄公社，1984年属丁里区吴庄乡，1992年属永堌镇老河头村，2008年老河头村、石山子村合并为马庄村民委员会至今。

马庄村

马庄村（Mǎzhuāngcūn）　隶属永堌镇马庄村民委员会。村委会驻地，南至窦庄村，北至吴庄村，东至老河头，西至张庄。总户数为182户，总人口为776人。面积为0.66平方千米。

早年马姓在此占产立庄，故而得名。1958年属吴大庄公社，1970年属大庄公社马庄大队，1981年属丁里区吴庄公社，1984年属丁里区吴庄乡，1992年属永堌镇老河头村，2008年老河头村、石山子村合并为马庄村民委员会至今。

秦庄

秦庄（Qínzhuāng）　隶属永堌镇马庄村民委员会。地处马庄村西部，南至高速公路，北至石山子，西至石山子，东至张庄。总户数为262户，总人口为730人。面积为0.7平方千米。

早年秦姓在此占产立庄，故而得名。1958年属吴大庄公社，1970年属大庄公社马庄大队，1981年属丁里区吴庄公社，1984年属丁里区吴庄乡，1992年属永堌镇老河头村，2008年老河头村、石山子村合并为马庄村民委员会至今。

石山子

石山子（Shíshānzi）　隶属永堌镇马庄村民委员会。地处马庄村西部，南至高速公路，西至丁里镇，北至石牛山，东至张庄。总户数为357户，总人口为1110人。面积为1.4平方千米。

此处有一座山，南坡有块巨石，形似水牛，故称此山为石水牛山，简称石山子。山旁建村，以山为名。1958年属吴大庄公社，1970年属大庄公社马庄大队，1981年属丁里区吴庄公社，1984年属丁里区吴庄乡，1992年属永堌镇老河头村，2008年老河头村、石山子村合并为马庄村民委员会至今。

张庄

张庄（Zhāngzhuāng）　隶属永堌镇马庄村民委员会。地处马庄村西部，东至马庄，南至秦庄，北至石山子，西至石山子。总户数为37户，总人口为125人。面积为0.2平方千米。

张姓人氏在此建庄，故名张庄。1958年属吴大庄公社，1970年属大庄公社马庄大队，1981年属丁里区吴庄公社，1984年属丁里区吴庄乡，1992年属永堌镇老河头村，2008年老河头村、石山子村合并为马庄村民委员会至今。

赵庄

赵庄（Zhàozhuāng） 隶属永墉镇马庄村民委员会。地处马庄村东南部，南至腰庄，东至永马路，西至湖心路，北至老河头。总户数为236户，总人口为670人。面积为0.6平方千米。

200年前，赵姓在此立庄，故取名赵庄。1958年属吴大庄公社，1970年属大庄公社马庄大队，1981年属丁里区吴庄公社，1984年属丁里区吴庄乡，1992年属永墉镇老河头村，2008年老河头村、石山子村合并为马庄村民委员会至今。

石牛山

石牛山（Shíniúshān） 隶属永墉镇马庄村民委员会。地处马庄村西部，西至丁里镇，北至丁里，东至吴庄，南至石山子。总户数为130户，总人口为386人。面积为0.3平方千米。

此处有一座山，南坡有块巨石，形似水牛，故称此山为石水牛山，简称石牛山，在此建村亦以此为名。山旁建村，以山为名。1958年属吴大庄公社，1970年属大庄公社马庄大队，1981年属丁里区吴庄公社，1984年属丁里区吴庄乡，1992年属永墉镇老河头村，2008年老河头村、石山子村合并为马庄村民委员会至今。

大南庄

大南庄（Dànánzhuāng） 隶属永墉镇吴庄村民委员会。地处吴庄村东部，东至生产地，西至毛寨，南至生产地，北至冯庄。总户数为75户，总人口为232人。面积为0.65平方千米。

清朝末年，毛氏家族一支从毛郢子分家分到此地建庄，因在毛郢子南，起名大南庄。1958年属吴庄公社吴庄大队，1970年属大庄公社，1981年属丁里区吴庄公社，1984年属丁里区吴庄乡吴庄村，1992年属永墉镇，2007年村庄合并，属永墉镇吴庄村民委员会至今。

东项场

东项场（Dōngxiàngchǎng） 隶属永墉镇吴庄村民委员会。地处吴庄村东北部，东至冯庄，西至生产地，南至大南庄，北至卢庄。总户数为53户，总人口为170人。面积为0.35平方千米。

清末项姓在此置买土地，占产立庄，兄弟三人分家，大哥建庄在西称西项场，老二、老三建庄在东称东项场。1958年属吴庄公社吴庄大队，1970年属大庄公社，1981年属丁里区吴庄公社，1984年属丁里区吴庄乡吴庄村，1992年属永墉镇，2007年村庄合并，属永墉镇吴庄村民委员会至今。

冯庄

冯庄（Féngzhuāng） 隶属永墉镇吴庄村民委员会。地处吴庄村东北部，东至生产地，西至东项场，南至大南庄，北至生产地。总户数为62户，总人口为187人。面积为0.54平方千米。

清朝有一家姓冯的人家在此占地立庄。1958年属吴庄公社吴庄大队，1970年属大庄公社，1981年属丁里区吴庄公社，1984年属丁里区吴庄乡吴庄村，1992年属永墉镇，2007年村庄合并，属永墉镇吴庄村民委员会至今。

毛寨村

毛寨村（Máozhàicūn） 隶属永墉镇吴庄村民委员会。地处吴庄村东部，东至大南庄，西至吴庄，南至小毛庄，北至西项场。总户数为320户，总人口为890人。面积为2.1平方千米。

清代毛姓在此占产立庄，并在村周围建有寨墙，故而得名。1958年属吴庄公社吴庄大队，1970年属大庄公社，1981年属丁里区吴庄公社，1984年属丁里区吴庄乡吴庄村，1992年属永堌镇，2007年村庄合并，属永堌镇吴庄村民委员会至今。

吴庄

吴庄（Wúzhuāng） 隶属永堌镇吴庄村民委员会。地处吴庄村南部，东至毛寨生产地，西至吴庄生场地，南至老河头，北至郑庄。总户数为515户，总人口为1983人。面积为3.7平方千米。

明、清代吴姓在此占地立庄，故而得名。1958年属吴庄公社吴庄大队，1970年属大庄公社，1981年属丁里区吴庄公社，1984年属丁里区吴庄乡吴庄村，1992年属永堌镇，2007年村庄合并，属永堌镇吴庄村民委员会至今。

卢庄

卢庄（Lúzhuāng） 隶属永堌镇吴庄村民委员会。地处吴庄村东北部，东至生产地，西至生产地，南至东项场，北至运河。总户数为95户，总人口为385人。面积为0.55平方千米。

清末卢姓在此占产立庄，取名卢庄。1958年属吴庄公社吴庄大队，1970年属大庄公社，1981年属丁里区吴庄公社，1984年属丁里区吴庄乡吴庄村，1992年属永堌镇，2007年村庄合并，属永堌镇吴庄村民委员会至今。

西项场

西项场（Xīxiàngchǎng） 隶属永堌镇吴庄村民委员会。地处吴庄村东部，东至东项场生产地，西至西项场生产地，南至090乡道，北至西项场生产地。总户数为90户，总人口为355人。面积为0.45平方千米。

清末项姓在此置买土地，占产立庄，兄弟三人分家。老大建庄在西称西项场，老二、老三建庄在东，称东项场。1958年属吴庄公社吴庄大队，1970年属大庄公社，1981年属丁里区吴庄公社，1984年属丁里区吴庄乡吴庄村，1992年属永堌镇，2007年村庄合并，属永堌镇吴庄村民委员会至今。

小马庄

小马庄（Xiǎomǎzhuāng） 隶属永堌镇吴庄村民委员会。地处吴庄村东部，总户数为65户，总人口为160人。面积为0.5平方千米。

新中国成立初期，马姓迁此建庄，庄小人少，故而得名。1958年属吴庄公社吴庄大队，1970年属大庄公社，1981年属丁里区吴庄公社，1984年属丁里区吴庄乡吴庄村，1992年属永堌镇，2007年村庄合并，属永堌镇吴庄村民委员会至今。

小毛庄

小毛庄（Xiǎomáozhuāng） 隶属永堌镇吴庄村民委员会。地处吴庄村东部，东至生产地，西至生产地，南至连霍高速公路，北至毛寨。总户数为76户，总人口为219人。面积为0.52平方千米。

清朝末年，毛氏家族一支从毛郢子分家到此地建庄，庄小人少，起名小毛庄。1958年属吴庄公社吴庄大队，1970年属大庄公社，1981年属丁里区吴庄公社，1984年属丁里区吴庄乡吴庄村，1992年属永堌镇，2007年村庄合并，属永堌镇吴庄村民委员会至今。

郑庄

郑庄（Zhèngzhuāng） 隶属永堌镇吴庄村民委员会。地处吴庄村北部，东至西项场生产地，西至080县道，南至吴庄，北至郑庄生产地。总户数为205户，总人口为759人。面积为1.1平方千米。

明代郑姓人家在此占产立庄，故而得名。1958年属吴庄公社吴庄大队，1970年属大庄公社，1981年属丁里区吴庄公社，1984年属丁里区吴庄乡吴庄村，1992年属永堌镇，2007年村庄合并，属永堌镇吴庄村民委员会至今。

白土镇

白土

白土（Báitǔ） 隶属白土镇白土村村民委员会。村委会驻地，东至新庄，西至张村村杜山头，南至费村，北至花甲寺村圩子。总户数为1324户，总人口为4376人，面积为4.2平方千米。

因本地白垩土（瓷土）储量丰富，质量上乘，是制造瓷器的上好原料，故而得名白土村。1000多年前的隋、唐时期制瓷业较发达，晚唐时有窑30余座，匠人数百。北宋苏轼任徐州太守时在此地发现并开采煤炭，写下千古流传的《石炭歌》。煤炭开采，大大推动了瓷业发展。鼎盛时有窑72座，匠人千余，商贾云集，此地成为当时徐州五大名镇之一。此地一直作为基层政权的治所，是当地政治、经济、文化中心。现为白土镇政府和白土村村民委员会驻地。

汪口

汪口（Wāngkǒu） 隶属白土镇白土村村民委员会。白土村东部，东至新庄，西至张村杜山头，南至费村，北至白土。总户数为67户，总人口为210人。面积为0.06平方千米。

因庄东有水塘一口，水塘亦称水汪，倒流河曾在此决口，故而得名汪口村。

新庄

新庄（Xīnzhuāng） 隶属白土镇白土村村民委员会。白土村东南部，东至汪口，西至白土，南至费村，北至白土。总户数为143户，总人口为480人。面积为0.5平方千米。

1815年徐姓从微山湖来此买地立庄，因此庄为新建，故取名新庄。

戴村

戴村（Dàicūn） 隶属白土镇费村村民委员会。费村东部，东至天门寺景区，西至费村，南至庄里乡高庄村，北至白土镇董店村。总户数为840户，总人口为2860人。面积为4.12平方千米。

元代此地名申陈村。元末戴姓人陆续迁居，逐渐形成多数，改名戴村。原为白土镇戴村村民委员会，2007年与费村合并为戴费村村民委员会，2011年改为费村村民委员会。戴村现隶属费村村民委员会。

费村

费村（Fèicūn） 隶属白土镇费村村民委员会。费村村民委员会驻地，东至戴村，西至白土镇白土村，南至庄里乡高庄村，北至白土镇白土村。总户数为480户，总人口为2020人，面积为3.1平方千米。

天门寺西有富家村，后因费氏家族迁入，富、费两家争村名。终因费姓强而得村名费村。2007年与戴村合并成立戴村村民委员会，2011年改称费村村民委员会。为安徽省宜居示范村。

张村

张村（Zhāngcūn） 隶属白土镇董店村村民委员会。董店村南部，南至戴村边界，西至皇藏大道，东至老山界，北至董店村边界。总户数为392户，总人口为1133人。面积为2.7平方千米。

传说，八仙中的张果老曾从此经过，在村东头一石板上留有一只脚印，故取名叫张过村，后简化叫张村。先后隶属皇藏区白土乡、白土公社；1992年撤区隶属白土镇董店村民委员会至今。

董店

董店（Dǒngdiàn） 隶属白土镇董店村村民委员会，南至张村边界，西至倒流河，东至官桥镇边界，北至石窗户边界。总户数为392户，总人口为1140人。面积为2.993平方千米。

唐代一董姓人在此开设董家客栈，后人口逐渐增多，形成村落，取名董店村。1999年12月4日，中共中央政治局常委、国家副主席、中央军委副主席胡锦涛到此视察农村基层党建工作。

卢村

卢村（Lúcūn） 隶属白土镇董店村村民委员会。董店村北部，南至石窗户边界，西至倒流河，东至官桥镇边界，北至瓦房村边界。总户数为695户，总人口为1720人。面积为1.813平方千米。

此地原为牛姓人家居住，明朝末年，卢氏先人从萧县城西锁里逃荒来此。后牛家衰败，卢姓人丁兴旺，改村名为卢村。原为白土镇卢村村民委员会，2008年撤销卢村村民委员会，并入董店村村民委员会。

石窗户

石窗户（Shíchuānghu） 隶属白土镇董店村村民委员会。董店村北部，南至董店村边界，西至倒流河，东至官桥镇边界，北至卢村边界。总户数为236户，总人口为708人。面积为1.154平方千米。

传说，庄西湖有座桥叫女人桥，桥边有块四方石，石上有洞眼，像窗户，村庄便取名石窗户。1949年后隶属皇藏区白土乡；1958年隶属白土公社；1984年隶属皇藏区白土乡；1992年隶属白土镇董店村民委员会至今。

瓦房

瓦房（Wǎfáng） 隶属白土镇董店村村民委员会。董店村北部，南至卢村边界，西至皇藏大道，东至大方山，北至步云路。总户数为282户，总人口为926人。面积为1.997平方千米。

早年，这里是卢村卢家的一片湖地，靠地的南头建有三间瓦房，留作人们干活休息吃饭。后来，不断有人搬迁到此居住，形成了村落，取名瓦房。原隶属白土镇卢村村民委员会，2008年并村属董店村村民委员会。

杜山头

杜山头（Dùshāntóu） 隶属白土镇张村村民委员会。张村东北部，总户数为220户，总人口为705人。面积为1.5平方千米。

杜姓迁来此地，在山头建庄，因此得名杜山头。1984年隶属白土乡冯楼村，1992年隶属白土镇冯楼村，2005年祝寺、张村、冯楼合并后隶属张村村民委员会。

冯楼

冯楼（Fénglóu） 隶属白土镇张村村民委员会。张村北部，南至张村边界，东至圩子村边界，西至龙城镇边界，北至龙城镇开发区村边界。总户数为730户，总人口为2326人。面积为3.4351平方千米。

清朝末年，冯氏家族是当地大户，在朝中做官，晚年辞官回乡，到现在所居地，因其姓冯，故取名叫冯楼。1984年隶属白土乡冯楼村，1992年隶属白土镇冯楼村，

2005年祝寺、张村、冯楼合并后隶属张村村民委员会。

张村

张村（Zhāngcūn） 隶属白土镇张村村民委员会。村委会驻地，南至祝寺边界，东至白土边界，西至龙城镇边界，北至冯楼自然村边界。总户数为622户，总人口为2120人。面积为3.3017平方千米。

张姓在此占产立庄，故而得名张村。1984年隶属白土乡冯楼村，1992年隶属白土镇冯楼村，2005年祝寺、张村、冯楼合并后隶属张村。

祝寺

祝寺（Zhùsì） 隶属白土镇张村村民委员会。张村南部，南至永堌镇疃里村边界，东至白土村边界，西至龙城镇边界，北至张村边界。总户数为481户，总人口为1600人。面积为2.4612平方千米。

陈、谢二姓迁在此建村，并在村南建寺庙一座，供奉火神祝融，故取名祝寺村。以后又有人在寺南居住，形成村庄，故寺北又称北祝寺，寺南又称南祝寺。1984年为皇藏区白土镇祝寺村，1992年为白土镇祝寺村，2005年祝寺、冯楼、张村合并为白土镇张村村民委员会。

靳庄新村

靳庄新村（Jìnzhuāngxīncūn） 隶属白土镇欧盘村村民委员会。欧盘村东部，东至孤山边界，西至许小庄自然村，南至孤山湖，北至班井边界。总户数为40户，总人口为134人。面积为1.005平方千米。

早年靳姓在此建庄，得名靳庄，后迁出新建，得名靳庄新村。1984年隶属孤山乡欧盘村；1992年隶属白土镇欧盘村村民委员会。

后欧盘

后欧盘（Hòuōupán） 隶属白土镇欧盘村村民委员会。欧盘村北部，东至靳庄、靳庄新村自然村，南至姜庄，西至马楼边界，北至班井边界。总户数为338户，总人口为1109人。面积为1.455平方千米。

宋朝有一欧姓将军在此扎营，前后两座营盘，这里是后营，故名后欧盘。1984年隶属孤山乡欧盘村；1992年隶属白土镇欧盘村村民委员会。

姜庄

姜庄（Jiāngzhuāng） 隶属白土镇欧盘村民委员会。欧盘村北部，东至许小庄，西至前欧盘，南至前欧盘，北至后欧盘。总户数为68户，总人口为221人。面积为0.115平方千米。

清朝时姜姓在此占产立庄，故名姜庄。现存清代姜姓宅院一处。1984年隶属孤山乡欧盘村；1992年隶属白土镇欧盘村村民委员会。

靳庄

靳庄（Jìnzhuāng） 隶属白土镇欧盘村民委员会。欧盘村东北部，东至孤山边界，西至许小庄，南至孤山湖，北至后欧盘。总户数为40户，总人口为140人。面积为1.107平方千米。

早年靳姓在此建庄，得名靳庄。1984年隶属孤山乡欧盘村；1992年隶属白土镇欧盘村村民委员会。

前欧盘

前欧盘（Qián’ōupán） 隶属白土镇欧盘村村民委员会。欧盘村南部，东至孤山边界，南至陈庄边界，西至马楼边界，北至姜庄。总户数为606户，总人口为2077人。面积为2.395平方千米。

宋朝有一欧姓将军在此扎营，前后两座营盘，这里是前营，故名前欧盘。1984年隶属孤山乡欧盘村；1992年隶属白土镇欧盘村村民委员会。

水泥厂新村

水泥厂新村（Shuǐníchǎngxīncūn） 隶属白土镇欧盘村村民委员会。欧盘村东北部，总户数为64户，总人口为241人，面积为1.1平方千米。

欧盘村在此建水泥厂，以后陆续有人迁居此处，形成村落，故名水泥厂新村。1984年隶属孤山乡欧盘村；1992年隶属白土镇欧盘村村民委员会。

许小庄

许小庄（Xǔxiǎozhuāng） 隶属白土镇欧盘村村民委员会。欧盘村东北部，东至靳庄，西至姜庄，南至孤山湖，北至后欧盘。总户数为61户，总人口为214人，面积为0.532平方千米。

许姓建村，故而得名。1984年隶属孤山乡欧盘村；1992年隶属白土镇欧盘村村民委员会。

白虎山

白虎山（Báihǔshān） 隶属白土镇孤山村村民委员会。孤山村北部，东至官桥镇，西至刘楼交界，南至孤东村，北至老山口。总户数为127户，总人口为354人。面积为0.02平方千米。

因该自然村坐落在白虎山脚下而得名。1949年起隶属孤山乡，人民公社化时期隶属白土人民公社，1984年隶属皇藏区孤山乡老山口村，1992年隶属白土镇孤山村至今。

小老口

小老口（Xiǎolǎokǒu） 隶属白土镇孤山村村民委员会。孤山村北部，东至江苏铜山区，西至老山口交界，南至孤东村，北至江苏徐州。总户数为28户，总人口为95人。面积为0.064平方千米。

因该村坐落在通往徐州西老山山口处，且村庄较小，故取名小老口。1949年起隶属孤山乡，人民公社化时期隶属白土人民公社，1984年隶属皇藏区孤山乡，1992年隶属白土镇孤山村。

老山口

老山口（Lǎoshānkǒu） 隶属白土镇孤山村村民委员会。孤山村北部，东至小老口交界，西至刘楼交界，南至白虎交界，北至江苏徐州。总户数为247户，总人口为584人。面积为0.39平方千米。

因该村坐落在通往徐州西老山山口处，且村庄较大，故取名大老口。1949年起隶属孤山乡，人民公社化时期隶属白土人民公社，1981年隶属皇藏区孤山乡，1992年隶属白土镇孤山村。

孤东

孤东（Gūdōng） 隶属白土镇孤山村民委员会。村民委员会中东部，东至302省道，西至孤西交界，南至纬19路，北至302省道。总户数为536户，总人口为1917人。面积为1.6平方千米。

因村处孤山脚下，名孤山寨。早年尹姓大户，在此建寨墙挖寨河，在西寨东，故名东寨，现名孤东。1949年起隶属孤山乡孤山大队，人民公社化时期隶属白土人民公社，1981年隶属皇藏区孤山乡，1992年隶属白土镇孤山东村，村级调整后隶属白土镇孤山村至今未变。

孤西

孤西（Gūxī） 隶属白土镇孤山村村民委员会。孤山村西部，东至孤东交界，西至皇藏大道，南至纬19路，北至302省道。总户数为543户，总人口为1778人。面积为1.65平方千米。

因村处孤山脚下，名孤山寨。早年尹姓大户，在此建寨墙，挖寨河，在西寨东，故名东寨西，现名孤西。1949年起隶属孤山乡，人民公社化时期隶属白土人民公社。1981年隶属皇藏区孤山乡孤西村。1992年隶属白土镇孤山东村。村级调整后隶属白土镇孤山村。

刘楼

刘楼（Liúlóu） 隶属白土镇孤山村民委员会。村民委员会北部，东至老山口交界，西至欧盘东，南至孤东村，北至江苏徐州。总户数为139户，总人口为407人，面积为0.6平方千米。

古时刘姓族人在此立庄，庄内建有一楼，故取名为刘楼子。1949年起隶属孤山乡，人民公社化时期隶属白土人民公社老山口大队，1981年又划归孤山乡老山口村，1992年隶属白土镇孤山村。

团毛山

团毛山（Tuánmáoshān） 隶属白土镇孤山村民委员会。孤山村东南部，东至天门路，西至孤东，南至开发区标准化厂房，北至302省道。总户数124户，总人口为351人。面积为0.245平方千米。

此村以境内的自然地理实体团毛山为名。1958年期隶属孤山乡孤山大队，人民公社化时期隶属白土人民公社孤山大队，1981年隶属皇藏区孤山乡孤东村，1992年隶属白土镇孤东村，村级调整后隶属白土镇孤山村至今。

陈庄

陈庄（Chénzhuāng） 隶属白土镇花甲寺村村民委员会。花甲寺村西北部，北至欧盘，南至后圩子，西至杜山头，东至河湾。总户数为128户，总人口为351人。面积为0.625平方千米。

本庄陈姓较多，故而得名。与前圩子、后圩子对外统称朱陈村，2018年被认定为省级千年古村。1984年隶属皇藏区白土镇后圩子村，1992年建圩子村村民委员会，2007年并入花甲寺村村民委员会。

河湾

河湾（Héwān） 隶属白土镇花甲寺村村民委员会。花甲寺村东部，北至倒流河，南至夏村，西至后圩子，东至花甲寺。总户数为109户，总人口为294人。面积为1.005平方千米。

因为村庄位于倒流河的转弯处，所以取名河湾。1984年隶属孤山乡花甲寺村；1992年隶属白土镇花甲寺村至今。

后圩子

后圩子（Hòuwéizi） 隶属白土镇花甲寺村民委员会。花甲寺村东部，北至陈庄，南至前圩子，西至前圩子，东至河湾。总户数为156户，总人口为464人。面积为1.107平方千米。

该村位于倒流河边，地势低洼，村民筑圩防水，故称圩子。南北紧连三个村庄，前曰前圩子，中曰后圩子，前后圩子为朱姓人居住，合称朱圩子。最北村陈姓居住，名陈庄，三个村庄对外统称朱陈村。朱陈村民风淳朴，朱陈联姻，世代和睦，如世外桃源。唐代大诗人白居易曾写长诗《朱陈村》赞颂，北宋大文学家、诗人政治家苏轼任徐州太守时曾亲临考察，并留下《题陈季常所著〈朱陈嫁娶图〉》和《劝农》传世诗篇。2018年朱陈村被认定为省级千年古村。1984

年隶属皇藏区白土镇后圩子村，1992年建圩子村村民委员会，2007年并入花甲寺村村民委员会。

花甲寺

花甲寺（Huājiǎsì） 隶属白土镇花甲寺村民委员会。花甲寺村东部，北至孤山，南至夏村，西至河湾，东至开发区。总户数为195户，总人口为520人。面积为1.154平方千米。

花甲寺村原在倒流河西，近一二十年陆续有人从旧址迁到河东，形成村落，名花甲寺新村。旧址早年有清泉寺，至元末徐达部将华云战败徐州，携全家隐居该寺，后讹传为花甲寺。村旁有新石器时期遗址。1989年隶属皇藏区孤山公社花甲寺大队，1984年隶属皇藏区孤山乡花甲寺村，1992年隶属白土镇花甲寺村至今。

矿山

矿山（Kuàngshān） 隶属白土镇花甲寺村民委员会。花甲寺村南部，北至夏村，南至白土，西至前圩子，东至开发区。总户数为65户，总人口为172人。面积为0.532平方千米。

20世纪中期江苏省在此地开矿，工人村坐落在青龙山脚下，后来形成村落，取名矿山。1984年隶属孤山乡花甲寺村；1992年隶属白土镇花甲寺村至今。

前圩子

前圩子（Qiánwéizi） 隶属白土镇花甲寺村村民委员会。花甲寺村西部，北至后圩子，南至白土，西至杜山头，东至河湾。总户数为324户，总人口为840人。面积为1.4552平方千米。

该村位于倒流河边，地势低洼，村民筑圩防水，故称圩子。南北紧连三个村庄，前曰前圩子，中曰后圩子，前后圩子为朱姓人居住，合称朱圩子。最北村陈姓居住，名陈庄，三个村庄对外统称朱陈村。朱陈村民风淳朴，朱陈联姻，世代和睦，如世外桃源。唐代大诗人白居易曾写长诗《朱陈村》赞颂，北宋大文学家、诗人政治家苏轼任徐州太守时曾亲临考察，并留下《题陈季常所著〈朱陈嫁娶图〉》和《劝农》传世诗篇。2018年被认定为省级千年古村。1984年隶属皇藏区白土镇后圩子村，1992年建圩子村村民委员会，2007年并入花甲寺村村民委员会。

夏村

夏村（Xiàcūn） 隶属白土镇花甲寺村民委员会。花甲寺村南部，北至花甲寺，南至矿山，西至前圩子，东至开发区。总户数为170户，总人口为448人。面积为1.01平方千米。

夏姓在此建村，故名。1984年隶属孤山乡花甲寺村；1992年隶属白土镇花甲寺村至今。

官桥镇

前白庄

前白庄（Qiánbáizhuāng） 属官桥镇前白村民委员会。地处前白村北部，东至埇桥区，南至南山，西至马庄，北至彭林村后白。总户数为406户，总人口为1354人，面积为2.7平方千米。

南部濉溪县蔡里有个南庄与之对应，此村取名为“北庄”，久之口传为“白庄”，后发展为两村，此村位于后白庄南面，故名前白庄。1949年前白属皇藏区皇藏乡，1981年属赵楼公社前白大队，1984年体制改革时为官桥镇前白庄，2008年合村后属官桥镇前白村至今。

马庄

马庄（Mǎzhuāng） 属官桥镇前白村民委员会。地处前白村西部，东至前白，南至南山，西至庄里乡，北至后彭林村。总户数为 220 户，总人口为 750 人，面积为 1.4 平方千米。

以前此处是一家大户养马的地方，后发展成村，故名马庄。1949 年马庄属皇藏区皇藏乡，1981 年属赵楼公社前白大队，1984 年体制改革时为赵楼乡马庄，2008 年合村属官桥镇前白村。

牛毛山头

牛毛山头（Niúmáoshāntóu） 属官桥镇彭林村村民委员会。地处彭林村北部，东至官桥镇徐楼村，南至彭林村，西至五眼泉村，北至官桥镇徐楼村。总户数为 87 户，总人口为 276 人，面积为 0.9 平方千米。

该村庄北边紧靠山，因该山头较多，人说多如牛毛，故山名为牛毛山，村以山得名，故名牛毛山头，又名东山头。1949 年牛毛山头属皇藏区皇藏乡，1961 年属赵楼公社彭林大队，1984 年体制改革时为官桥镇牛毛山头村至今。

东土盆

东土盆（Dōngtǔpén） 属官桥镇彭林村民委员会。地处彭林村东北部，东至林场，南至纵窝村，西至西土盆村，北至彭林村。总户数为 129 户，总人口为 417 人，面积为 1.2 平方千米。

早年此处一牌坊上有“玉盆林”三个字，因字迹残损，似为“土盆村”，故名。后由于人口增多，该庄扩大而分东西两庄，该村在东面，故名东土盆。1949 年东土盆属皇藏区皇藏乡，1961 年属赵楼公社彭林大队，1984 年体制改革时为官桥镇东土盆村至今。

西土盆

西土盆（Xītǔpén） 属官桥镇彭林村民委员会。地处彭林村东北部，东至东土盆村，南至纵窝村，西至皇藏峪景区，北至彭林村。总户数为 73 户，总人口为 211 人，面积为 0.7 平方千米。

早年此处一牌坊上有“玉盆林”三字，因字迹残损，似为“土盆村”，故名，又名聚宝盆。后扩为东西两村，此村在西面，故名西土盆。1949 年西土盆属皇藏区皇藏乡，1961 年属赵楼公社彭林大队，1984 年体制改革时为官桥镇西土盆村至今。

五眼泉

五眼泉（Wǔyǎnquán） 属官桥镇彭林村民委员会。地处彭林村北部，东至牛毛山头，南至陈林村，西至庄里乡高庄村，北至官桥镇徐楼村。总户数为 71 户，总人口为 215 人，面积为 1 平方千米。

北宋苏迈（苏轼长子）的岳父、朝中侍御史吕陶遭贬时曾一度隐居。苏迈晚年由苏家湖搬来此处泉边居住。他去世时适逢一春大旱，泉水滞留，山花无艳，其后人称该泉为无艳泉，后人护墓形成村庄，以泉得名“无艳泉村”。今人为了书写方便，写成“五眼泉村”，甚至写成“五泉村”。现苏迈墓仍在，被县人民政府公布为文物保护单位。1949 年五眼泉村属皇藏区皇藏乡，1961 年属赵楼公社彭林大队，1984 年体制改革时为官桥镇五眼泉村至今。

陈林

陈林（Chénlín） 属官桥镇彭林村民委员会。地处彭林村北部，东至五眼泉水库，南至皇藏峪北大门景区，西至庄里乡高庄村，北至五眼泉村。总户数为67户，总人口为266人，面积为0.8平方千米。

此处为山区，树木成林，早年陈姓在此管理树林，后形成村庄，取名陈林。1949年陈林属皇藏区皇藏乡，1961年属赵楼公社彭林大队，1984年体制改革时为官桥镇陈林村至今。

彭林

彭林（Pénglín） 属官桥镇彭林村民委员会。地处彭林村北部，东至官桥镇赵楼村，南至西土盆村，西至五眼泉水库，北至官桥镇徐楼村。总户数为77户，总人口为269人，面积为0.8平方千米。

此处为山区，彭姓在此管理树林，后定居成村，人称彭林。1949年彭林属皇藏区皇藏乡，1961年属赵楼公社彭林大队，1984年体制改革时为官桥镇彭林村至今。

纵窝

纵窝（Zòngwō） 属官桥镇彭林村民委员会。地处彭林村西部，东至腾庄村，南至汪庄村，西至徐林村，北至西土盆村。总户数为200户，总人口为566人，面积为1.1平方千米。

纵姓在山窝建村，取名纵窝。1949年纵窝属皇藏区皇藏乡，1961年属赵楼公社纵窝大队，1984年体制改革时为官桥镇纵窝村至今。

胡林

胡林（Húlín） 属官桥镇彭林村民委员会。地处彭林村西部，东至徐林，南至汪庄村，西至腰庄村，北至皇藏峪景区。总户数为26户，总人口为88人，面积为0.4平方千米。

村址原为山林，胡姓建村，取名胡林。1949年来胡林属皇藏区皇藏乡，1961年属赵楼公社纵窝大队，1984年体制改革时为官桥镇胡林村至今。

徐林

徐林（Xúlín） 属官桥镇彭林村民委员会。地处彭林村西部，东至纵窝村，南至纵窝村，西至胡林村，北至皇藏峪景区。总户数为23户，总人口为57人，面积为0.3平方千米。

徐姓建村，村旁有一松林，故而得名。1949年徐林属皇藏区皇藏乡，1961年属赵楼公社纵窝大队，1984年体制改革时为官桥镇徐林村至今。

滕庄

滕庄（Téngzhuāng） 属官桥镇彭林村民委员会。地处彭林村东部，东至土楼，南至汪庄村，西至纵窝村，北至王集。总户数为143户，总人口为445人，面积为0.7平方千米。

滕姓在此建庄，取名滕庄。1949年滕庄属皇藏区皇藏乡，1961年属赵楼公社腰庄大队，1984年体制改革时为官桥镇滕庄村至今。

土楼

土楼（Tǔlóu） 属官桥镇彭林村民委员会。地处彭林村东部，东至曹村镇，南至后白村，西至腾庄村，北至赵楼村。总户数为202户，总人口为596人，面积为1.5平方千米。

早年此村有一座土炮楼，故名土楼。1949年土楼属皇藏区皇藏乡，1961年属赵楼公社腰庄大队，1984年体制改革时为官桥镇土楼村至今。

王集

王集（Wángjí） 属官桥镇彭林村民委员会。地处彭林村东部，东至曹村镇，南至滕庄村，西至滕庄村，北至林场。总户数为55户，总人口为181人，面积为0.4平方千米。

王姓建村设集，取名王集。1949年王集属皇藏区皇藏乡，1961年属赵楼公社腰庄大队，1984年体制改革时为官桥镇王集村至今。

于楼

于楼（Yúlóu） 属官桥镇彭林村民委员会。地处彭林村南部，东至后白村，南至杜庄村，西至皇藏峪景区，北至汪庄村。总户数为120户，总人口为361人，面积为1平方千米。

因于姓居住年份较长，故名于楼。1949年于楼属皇藏区皇藏乡，1961年属赵楼公社后白大队，1984年体制改革时为官桥镇于楼村至今。

后白

后白（Hòubái） 属官桥镇彭林村民委员会。地处彭林村东南部，东至曹村镇，南至官桥镇前白村，西至于楼村汪庄村，北至滕庄村。总户数为120户，总人口为377人，面积为1平方千米。

南部濉溪县蔡里有个南庄与之对应，此村取名北庄。后口传为白庄，后发展为两村，此村在北，故名后白。1949年以来后白属皇藏区皇藏乡，1961年属赵楼公社后白大队，1984年体制改革时为官桥镇后白村至今。

杜庄

杜庄（Dùzhuāng） 属官桥镇彭林村民委员会。地处彭林村南部，东至后白村，南至官桥镇前白村，西至皇藏峪景区，北至于楼村。总户数为45户，总人口为156人，面积为0.4平方千米。

早年杜姓在此占产立庄，故而得名。1949年杜庄属皇藏区皇藏乡，1961年属赵楼公社后白大队，1984年体制改革时为官桥镇杜庄村至今。

汪庄

汪庄（Wāngzhuāng） 属官桥镇彭林村民委员会。地处彭林村南部，东至后白村，南至于楼村，西至皇藏峪景区，北至纵窝村滕庄村。总户数为199户，总人口为685人，面积为1.7平方千米。

早年汪姓在此建村定居，故名。1949年来汪庄属皇藏区皇藏乡，1961年属赵楼公社后白大队，1984年体制改革时为官桥镇汪庄村至今。

林场

林场（Línchǎng） 属官桥镇彭林村民委员会。地处彭林村南部，东至官栾路，南至王集村，西至东土盆村，北至赵楼村。总户数为55户，总人口为94人，面积为0.2平方千米。

此处原为山林，在此立庄生活，人称林场。1949年属皇藏区皇藏乡，1961年属赵楼公社后白大队，1984年体制改革时为官桥镇林场村至今。

腰庄

腰庄（Yāozhuāng） 属官桥镇彭林村民委员会。地处彭林村南部，东至胡林，南至皇藏峪景区，西至皇藏峪景区，北至皇藏峪景区。总户数为65户，总人口为233人，面积为0.5平方千米。

村址在山腰，故名。1949年来汪庄属皇藏区皇藏乡，1961年属赵楼公社后白大队，1984年体制改革时为官桥镇腰庄村至今。

皇藏峪景区

皇藏峪景区（Huángcángyù Jǐngqū）

属官桥镇彭林村民委员会。地处彭林村南部，东至官桥镇前白村、杜庄、于楼、汪庄、腰庄、西土盆，南至庄里乡，西至庄里乡，北至庄里乡、陈林村。面积为5.2平方千米。

传说刘邦藏身处，故名。1949年属皇藏区皇藏乡，1961年属赵楼公社后白大队，1984年体制改革时属官桥镇至今。

赵楼

赵楼（Zhàolóu） 属官桥镇赵楼村村民委员会。地处赵楼村西北部，东至埇桥区大山口村，南至彭林村，北至新庄，西至醴泉。总户数为474户，总人口为1123人，面积为0.215平方千米。

早年赵姓在此建村，为防匪患建楼一座，故称赵楼。1949年赵楼属皇藏区皇藏乡，1961年属赵楼公社赵楼大队，1984年体制改革时为官桥镇赵楼村至今。

新庄

新庄（Xīnzhuāng） 属官桥镇赵楼村村民委员会。地处赵楼村北部，东至埇桥区小山口村，南至赵楼，北至埇桥区杨堡，西至白场。总户数为217户，总人口为612人，面积为0.15平方千米。

1815年徐姓从微山湖来此买地立庄，因此庄为新建，故取名新庄。1949年新庄属皇藏区皇藏乡，1961年属赵楼公社新庄大队，1984年体制改革时为官桥镇新庄村至今。

北荒

北荒（Běihuāng） 属官桥镇赵楼村村民委员会。地处赵楼村北部，东至白场，西至林场山界，南至南荒，北至荒山。总户数为110户，总人口为266人，面积为0.051平方千米。

从前有人逃荒来此，这里为一山沟，沟北、沟南皆为荒地，因在沟北坡上建村，取名北荒。1949年北荒属皇藏区皇藏乡，1961年属赵楼公社白场大队，1984年体制改革时为官桥镇北荒村至今。

白场

白场（Báichǎng） 属官桥镇赵楼村村民委员会。地处赵楼村北部，东至新庄，南至醴泉，北至沈峪，西至北荒。总户数为237户，总人口为575人，面积为0.14平方千米。

此处原是白姓牧羊场地，后建村，取村名白场。另一种说法是此地有庙，老百姓靠种和尚的土地维持生计，生活很贫穷，因此取名白场。1949年白场属皇藏区皇藏乡，1961年属赵楼公社白场大队，1984年体制改革时为官桥镇白场村至今。

醴泉村

醴泉村（Lǐquáncūn） 属官桥镇赵楼村村民委员会。地处赵楼村东北部，东至赵楼，南至彭林村，西至徐楼，北至白场。总户数为191户，总人口为489人，面积为0.12平方千米。

早年该村偏北处有一泉眼，是酿酒的好水，人称醴泉，北洋政府名将徐树铮就是此村人。他曾任陆军次长、上将、西北筹边使、威远将军、国务院秘书长等职。该村现有徐树铮墓。1949年来醴泉属皇藏区皇藏乡，1961年属赵楼公社醴泉大队，1984年体制改革时为官桥镇醴泉村至今。

南荒

南荒（Nánhuāng） 属官桥镇赵楼村村民委员会。地处赵楼村东北部，东至徐楼，西至荒山，南至荒山，北至北荒。总户数为92户，总人口为166人，面积为0.031

平方千米。

在清朝末年，逃荒的人们来到此地，开荒种地维持生计，又因这是山沟以南的坡地，故名南荒。1949年来南荒属皇藏区皇藏乡，1961年属赵楼公社醴泉大队，1984年体制改革时为官桥镇南荒村至今。

徐楼

徐楼（Xúlóu） 属官桥镇赵楼村村民委员会。地处赵楼村北部，东至醴泉，南至彭林村，西至南荒，北至白场。总户数为216户，总人口为530人，面积为0.135平方千米。

因村里徐姓居多，故起名徐楼。1949年徐楼属皇藏区皇藏乡，1961年属赵楼公社醴泉大队，1984年体制改革时为官桥镇徐楼村至今。

沈峪

沈峪（Shěnyù） 属官桥镇高庄村民委员会。地处高庄村南部，东至埇桥区，南至白场，西至白土，北至高庄。总户数为275户，总人口为958人，面积为4.5平方千米。

元末明初中国豪富沈万山的祖先就居住在这里，因地势为山峪，故村名沈家峪，现简称为沈峪，他的祖辈由沈家峪迁居浙江湖州，后又迁居长洲（江苏苏州），他父亲又迁居苏州的周庄，在元、明时期社会影响很大。1949年沈峪属皇藏区皇藏乡，1961年属官桥公社沈峪大队，1984年体制改革时为官桥镇沈峪村至今。

刘林

刘林（Liúlín） 属官桥镇高庄村民委员会。地处高庄村南部，东至埇桥区，南至沈峪，西至沈峪，北至高庄。总户数为168户，总人口为580人，面积为1.5平方千米。

原来是刘家老林，传说胡姓人在此护刘家林，是清代名宦刘墉祖上老林。胡姓人参加科举考试，刘墉父子考察发现系其老林护林者，无资格参加科考，被刷掉。胡姓人一怒将刘家老林石碑全部砸碎，改村名“胡林”，但周围乡民及官府仍称“刘林”，胡姓人未能改成。后护林人居住成村，故名刘林村。1949年来刘林属皇藏区皇藏乡，1961年属官桥公社刘林大队，1984年体制改革时为官桥镇刘林村至今。

李寨

李寨（Lǐzhài） 属官桥镇高庄村民委员会。地处高庄村东北部，东至埇桥区，南至高庄，西至龙泉，北至官桥。总户数为230户，总人口为780人，面积为2平方千米。

李姓建村，村址原是一座古寨，故名李寨。1949年李寨属皇藏区皇藏乡，1961年属官桥公社龙泉寺大队，1984年体制改革时为官桥镇李寨村至今。

高庄

高庄（Gāozhuāng） 属官桥镇高庄村民委员会。地处高庄村中部，东至埇桥区，南至刘林，西至沈峪，北至李寨。总户数为135户，总人口为425人，面积为1平方千米。

很久以前高姓在此居住建庄，故叫高庄。1949年高庄属皇藏区皇藏乡，1961年属官桥公社龙泉寺大队，1984年体制改革时为官桥镇高庄村至今。

龙泉

龙泉（Lóngquán） 属官桥镇高庄村民委员会。地处高庄村西北部，东至李寨，南至高庄，西至张集，北至孟村。总户数为158户，总人口为537人，面积为1平方千米。

村西曾建有一处气势宏大的寺庙（1981年被毁掉）。庙后有土垄，状如土龙。庙门右侧有泉水，故称龙泉寺。当年周边寺院都属该寺管理。村因寺庙名称而得名。1949年龙泉寺属皇藏区皇藏乡，1961年属官桥公社龙泉寺大队，1984年体制改革时为官桥镇龙泉寺村至今。

前官桥村

前官桥村（Qiánguānqiáocūn） 属官桥镇高庄村民委员会。地处高庄村北部，东至埇桥区，南至李寨，西至孟村，北至后官桥。总户数为180户，总人口为520人，面积为1.5平方千米。

官桥原名英布村，因汉朝九江王英布的妹妹葬丁此地而得名。这里古为官道即驿道，官府在这官道的河上建了一座桥，故名官桥，因此村在桥的南边，故名前官桥。1949年前官桥属皇藏区皇藏乡，1961年属官桥公社官桥大队，1984年体制改革时为官桥镇前官桥村至今。

后官桥村

后官桥村（Hòuguānqiáocūn） 属官桥镇高庄村民委员会。地处高庄村北部，东至埇桥区，南至前官桥，西至孟村，北至江苏。总户数为428户，总人口为1071人，面积为3平方千米。

官桥原名英布村，因汉朝九江王英布的妹妹葬于此地而得名。这里古为官道即驿道，官府在这官道的河上建了一座桥，故名官桥。此村在桥的北边故名后官桥。1949年后官桥属皇藏区皇藏乡，1961年属官桥公社官桥大队，1984年体制改革时为官桥镇后官桥村至今。

吴集

吴集（Wújí） 属官桥镇吴集村民委员会。地处吴集村北部，东至江苏省王楼桥，西至潘林，南至龙头山口，北至江苏省台上山口。总户数为376户，总人口为1172人，面积为6.6平方千米。

清朝光绪二十五年前后，此地逢集，集主姓吴，很有权威，故名吴集。1981年属官桥公社吴集大队，1984年体制改革时为官桥镇吴集村，2008年合村属官桥镇吴集村。

潘林

潘林（Pānlín） 属官桥镇吴集村民委员会。地处吴集村南部，东至吴集，西至孤山开发区，南至大雁山山底，北至江苏省营房村搭界。总户数为340户，总人口为1079人，面积为6平方千米。

此地为山区，早年这里树木成林，潘姓在此立庄，故而得名潘林。1981年属官桥公社吴集大队，1984年体制改革时为官桥镇潘林村，2008年合村属官桥镇吴集村。

张集

张集（Zhāngjí） 属官桥镇吴集村民委员会。地处吴集村南部，东至中储粮西墙，西至长山口，南至龙泉山口，北至虎头山。总户数为408户，总人口为1345人，面积为4.8平方千米。

明朝崇祯年间，这里是后军都府张百亮的老家，此处逢集，故名张集。1981年属张集大队，1984年体制改革时为官桥镇张集村至今。

刁集

刁集（Diāojí） 属官桥镇吴集村民委员会。地处吴集村东北部，总户数为198户，总人口为703人，面积为0.6平方千米。

1949年前有几户人家从张集迁出，在此建村，取名小张集，后因村中刁姓较多，遂易名刁集。该村西南角有一泉，名雩潴泉，苏轼知徐州时曾来此处祈雪，写祈雪辞一篇、祈雪诗两篇。1981年属张集大队，1984年体制改革时为官桥镇刁集村至今。

孟村

孟村（Mèngcūn） 属官桥镇吴集村民委员会。地处吴集村中部，东至官桥菜市场中街，西至中储粮西墙，南至南山边，北至北山山脊。总户数为362户，总人口为1183人，面积为7.5平方千米。

此村姓孟的人家居多，故得名孟村。1981年属孟村大队，1984年体制改革时为官桥镇孟村至今。

圣泉乡

王大庄

王大庄（Wángdàzhuāng） 属圣泉乡郭庄社区。地处社区北部，东至徐小庄，西至圣泉乡政府，南至郭庄，北至燎原河。总户数为266户，总人口为868人，面积为1.38平方千米。

明代王姓在此占产立庄，故而得名。1949年属陶楼区，1958年属穆集人民公社；1972年属郭庄人民公社；后撤社称乡，属圣泉乡；2008年属郭庄村民委员会。现属郭庄社区。

孙庄

孙庄（Sūnzhuāng） 属圣泉乡郭庄社区。地处郭庄社区北部，东至王大庄，西至孟店，南至胡新庄，北至燎原河。总户数为264户，总人口为860人，面积为1.39平方千米。

明代时期孙姓在此占产立庄，故而得名。1949年属陶楼区，1958年属穆集人民公社，1972年属郭庄人民公社，1992年属圣泉乡，2008年属郭庄村民委员会。现属郭庄社区。

姜庄

姜庄（Jiāngzhuāng） 属圣泉乡郭庄社区。地处郭庄社区中部，总户数为96户，总人口为288人，面积为1.5平方千米。

清朝时姜姓在此占产立庄，故名姜庄。1949年属陶楼区，1958年属穆集人民公社，1972年属郭庄人民公社，1992年属圣泉乡，2008年属郭庄村民委员会。现属郭庄社区。

刘台子

刘台子（Liútáizi） 属圣泉乡郭庄社区。地处郭庄社区中部，总户数为96户，总人口为300人，面积为0.5平方千米。

明代期间刘姓在此占产立庄故而得名。1949年属陶楼区，1958年属穆集人民公社，1972年属郭庄人民公社，1992年属圣泉乡，2008年属郭庄村民委员会。现属郭庄社区。

郭庄

郭庄（Guōzhuāng） 属圣泉乡郭庄社区。地处郭庄社区中部，东至王座，西至孙庄，南至岱湖，北至王大庄。总户数为588户，总人口为1916人，面积为3.07平方千米。

郭姓建庄，庄小人少，故名。1949年属陶楼区，1958年属穆集人民公社，1972年属郭庄人民公社，1992年属圣泉乡，2008年属郭庄村民委员会。现属郭庄社区。

萧庄

萧庄（Xiāozhuāng） 属圣泉乡郭庄社区。地处郭庄社区中部，总户数为100户，总人口为300人，面积为0.5平方千米。

原名小庄，因庄小而得名，后讹传为萧庄。1949年属陶楼区，1958年属穆集人民公社，1972年属郭庄人民公社，1992年属圣泉乡，2008年属郭庄村民委员会。现属郭庄社区。

小场

小场（Xiǎochǎng） 属圣泉乡郭庄社区。地处郭庄社区中部，总户数为90户，总人口为280人，面积为0.6平方千米。

原为明代岱湖渡口的一个小场棚，称小场，后来有人定居，形成村庄，仍称小场。1949年属陶楼区，1958年属穆集人民公社，1972年属郭庄人民公社，1992年属圣泉乡，2008年属郭庄村民委员会。现属郭庄社区。

袁楼

袁楼（Yuánlóu） 属圣泉乡郭庄社区。地处郭庄社区东北部，东至权楼，西至王大庄，南至王座，北至燎原河。总户数为350户，总人口为1141人，面积为1.82平方千米。

早年袁姓分支在此建庄盖楼，故而得名。1949年属陶楼区，1958年属穆集人民公社，1972年属郭庄人民公社，1992年属圣泉乡，2008年属郭庄村民委员会。现属郭庄社区。

徐小庄

徐小庄（Xúxiǎozhuāng） 属圣泉乡郭庄社区。地处郭庄社区东北部，东至袁楼，西至王大庄，南至王座，北至燎原河。总户数为61户，总人口为198人，面积为0.31平方千米。

许姓建村，故而得名。1949年属陶楼区，1958年属穆集人民公社，1972年属郭庄人民公社，1992年属圣泉乡，2008年属郭庄村民委员会。现属郭庄社区。

段庄

段庄（Duànzhuāng） 属圣泉乡郭庄社区。地处郭庄社区东北部，总户数为20户，总人口为60人，面积为0.9平方千米。

清代姓段的人家在此进村，故而得名。1949年属陶楼区，1958年属穆集公社，1972年属郭庄公社，1980年属圣泉区陶楼乡，1992年属圣泉乡。现属郭庄社区。

小李庄

小李庄（Xiǎolǐzhuāng） 属圣泉乡郭庄社区。地处郭庄社区东北部，东至岱湖，西至罗沟，北至前荒，南至岱湖。总户数为302户，总人口为984人，面积为1.57平方千米。

李姓在此建庄，较小，故名小李庄。1949年属陶楼区，1958年属穆集公社，1972年属郭庄公社，1980年属圣泉区陶楼乡，1992年属圣泉乡。现属郭庄社区。

前荒

前荒（Qiánhuāng） 属圣泉乡郭庄社区。地处郭庄社区东北部，东至高铁站，西至罗沟，南至小李庄，北至胡新庄。总户数为159户，总人口为518人，面积为0.83平方千米。

早年尚口村王姓财主占有两块荒地作为牧场，南边一块称“前荒”，北边一块称“后荒”。后来渐有人定居建庄。因位置在前，故名前荒。1949年属陶楼区，1958年属穆集公社，1972年属郭庄公社，1980年属圣泉区陶楼乡，1992年属圣泉乡。现属郭庄社区。

后荒

后荒（Hòuhuāng） 属圣泉乡郭庄社区。地处郭庄社区东北部，东至郭庄，西至罗沟，南至前荒，北至胡新庄。总户数为103户，总人口为353人，面积为0.54平方千米。

早年尚口村王姓财主占有两块荒地作为牧场，南边一块称“前荒”，北边一块称“后荒”。后来渐有人定居建庄。因位置在后，故名后荒。1949年属陶楼区，1958年属穆集公社，1972年属郭庄公社，1980年属圣泉区陶楼乡，1992年属圣泉乡。现属郭庄社区。

俞庄

俞庄（Yúzhuāng） 属圣泉乡郭庄社区。地处郭庄社区东北部，东至孟店，西至穆集，南至胡新庄，北至燎原河。总户数为264户，总人口为860人，面积为1.37平方千米。

清朝年间姓俞的在朝中做官，死后埋在此地，叫俞家林地，以后就叫这个村庄为俞庄。1949年属陶楼区，1958年属穆集公社，1972年属郭庄公社，1980年属圣泉区陶楼乡，1992年属圣泉乡。现属郭庄社区。

孟店

孟店（Mèngdiàn） 属圣泉乡郭庄社区。地处郭庄社区东北部，东至孙庄，西至俞庄，南至徐楼，北至燎原河。总户数为209户，总人口为681人，面积为1.08平方千米。

早年孟姓人逃荒在此定居，开一小店，人称孟店，后来人多成村，沿用孟店为村名。1949年属陶楼区，1958年属穆集公社，1972年属郭庄公社，1980年属圣泉区陶楼乡，1992年属圣泉乡。现属郭庄社区。

徐楼

徐楼（Xúlóu） 属圣泉乡郭庄社区。地处郭庄社区东北部，东至郭庄，西至胡新庄，南至前荒，北至孟店。总户数为202户，总人口为658人，面积为1.05平方千米。

清朝年间姓徐的在此建房立村，建办楼房，得名徐楼。1949年属陶楼区，1958年属穆集公社，1972年属郭庄公社，1980年属圣泉区陶楼乡，1992年属圣泉乡。现属郭庄社区。

胡新庄

胡新庄（Húxīnzhuāng） 属圣泉乡郭庄社区。地处郭庄社区东北部，东至徐楼，西至穆集河，南至后荒，北至孟店。总户数为67户，总人口为218人，面积为0.34平方千米。

清末胡姓人家来建新村，取名胡新庄。1949年属陶楼区，1958年属穆集公社，1972年属郭庄公社，1980年属圣泉区陶楼乡，1992年属圣泉乡。现属郭庄社区。

权庄

权庄（Quánzhuāng） 属圣黄安子社区。地处黄庵子社区西部，北至三姓庄，南至生产地，东至程庄，西至生产地。总户数为42户，总人口为110人，面积为0.7平方千米。

清朝年间，权姓在此建庄，故而得名。1949年属陶楼区，1980年属马井区穆集公社，1995年属圣泉乡黄庵子村。现为黄安子社区。

三姓庄

三姓庄（Sānxìngzhuāng） 属圣泉乡黄安子社区。地处黄安子社区西部，北至五里后，南至程庄，东至五里后，西至生产地。总户数为303户，总人口为731人，面积为0.9平方千米。

清朝年间，有张姓、王姓、刘姓在此建庄，故而得名。1949年属陶楼区，1980年属马井区穆集公社，1995年属圣泉乡黄庵子村。现为黄安子社区。

程庄

程庄（Chéngzhuāng） 属圣泉乡黄安子社区。地处黄安子社区西部，东至生产地，南至生产地，西至权庄，北至三姓庄。总户数为35户，总人口为167人，面积为0.69平方千米。

清朝年间，程姓家族在此建庄，故而得名。1949年属陶楼区，1980年属马井区穆集公社，1995年属圣泉乡黄庵子村。现为黄安子社区。

五里后

五里后（Wǔlǐhòu） 属圣泉乡黄安子社区。地处黄安子社区西部，北至生产地，南至三姓庄，东至生产地，西至生产地。总户数为42户，总人口为200人，面积为0.71平方千米。

明朝年间，距离三仙台老县城北五里，故而得名。1949年属陶楼区，1980年属马井区穆集公社，1984年属圣泉区陶楼乡，1995年属圣泉乡黄庵子村。现为黄安子社区。

罗沟

罗沟（Luógōu） 属圣泉乡黄安子社区。地处黄安子社区北部，东至生产地，南至孟庄，西至三姓庄，北至生产地。总户数为170户，总人口为544人，面积为0.7平方千米。

当时罗姓在沟边建村，故而得名。1949年属陶楼区，1980年属马井区穆集公社，1984年属圣泉区陶楼乡，1995年属圣泉乡黄庵子村。现为黄安子社区。

徐瓦房

徐瓦房（Xúwǎfáng） 属圣泉乡黄安子社区。地处黄安子社区中部，东至外环路，南至生产地，西至陶楼，北至孟庄。总户数为268户，总人口为947人，面积为1.14平方千米。

早年有徐姓人家从山西洪洞县迁来此地，占产立户建瓦房，故而得名。1949年属陶楼区，1980年属马井区穆集公社，1984年属圣泉区陶楼乡，1992年属圣泉乡，1995年属圣泉乡黄庵子村。现为黄安子社区。

孟庄

孟庄（Mèngzhuāng） 属圣泉乡黄安子社区。地处黄安子社区中部，东至外环路，南至徐瓦房，西至程庄，北至罗沟。总户数为147户，总人口为496人，面积为0.9平方千米。

明朝年间，原三仙台老县城西关有孟姓在此搭棚卖饭，原叫孟饭棚，后改名孟庄。1980年属马井区穆集公社，1984年属圣泉区陶楼乡，1992年属圣泉乡，1995年属圣泉乡黄庵子村。现为黄安子社区。

黄庵子

黄庵子（Huángānzi） 属圣泉乡黄安子社区。地处黄安子社区东部，总户数为125户，总人口为471人，面积为0.72平方千米。

明朝黄姓在此搭建一庵棚捕鱼，后来逐渐形成村庄，就命名为黄庵子村。1980年属马井区穆集公社，1984年属圣泉区陶楼乡，1992年属圣泉乡，更改为黄庵子村。现为黄安子社区。整村拆迁。

王座

王座（Wángzuò） 属圣泉乡郑腰庄社区。地处郑腰庄社区西部，东至郑腰庄，西至郭庄，南至外环路，北至袁楼。总户数为571户，总人口为1936人。面积为3.09平方千米。

传说宋高宗曾在此坐镇指挥抗金作战，村由此得名。1952年属龙城区。1972年属郭庄公社。1984 年属圣泉区郑腰庄乡。1992 年属圣泉乡。2008 年体制改革时为郑腰庄村民委员会。现为郑腰庄社区。

鲍沟

鲍沟（Bàogōu） 属圣泉乡郑腰庄社区。地处郑腰庄社区西部，东至前高堤，西至鲍沟，南至外环路，北至郑腰庄。总户数为 111 户，总人口为 379 人。面积为 0.61 平方千米。

鲍姓建村，村旁有一条河沟故而得名。1949 年属陶楼区；1952 年属龙城区；1958 年属穆集公社；1972 年属郭庄公社；1984 年属圣泉区郑腰庄乡；1992 年属圣泉乡；2008 年体制改革时为郑腰庄村民委员会。现为郑腰庄社区。

郑腰庄

郑腰庄（Zhèngyāozhuāng） 属圣泉乡郑腰庄社区。地处郑腰庄社区北部，东至祖楼，西至王座，南至高铁路，北至袁楼。总户数为 230 户，总人口为 782 人。面积为 1.25 平方千米。

明朝期间，郑姓在郑楼和前高堤中间建庄，取名郑腰庄。1964 年中央政治局委员、国务院副总理谭震林曾来郑腰庄视察。1949 年属陶楼区，1958 年属穆集公社，1972 年属郭庄公社，1984 年属圣泉区郑腰庄乡，1992 年属圣泉乡。2008 年为郑腰庄村民委员会。现为郑腰庄社区。

前高堤

前高堤（Qiángāodī） 属圣泉乡郑腰庄社区。地处郑腰庄社区西部，东至祖楼，西至鲍沟，南至外环路，北至腰庄。总户数为 138 户，总人口为 467 人。面积为 0.75 平方千米。

据传，明代丁、蔡两姓来此落户建庄，取名丁蔡庄，因村子位于岱河堤旁，又称前高堤。1949 年属陶楼区，1952 年属龙城区。1958 年属穆集公社。1972 年属郭庄公社，1984 年属圣泉区郑腰庄乡。1992 年属圣泉乡。2008 年体制改革时为郑腰庄村民委员会。现为郑腰庄社区。

芦屯

芦屯（Lútún） 属圣泉乡郑腰庄社区。地处郑腰庄社区南部，东至安山，西至耿石店，南至杨楼，北至外环路。总户数为 397 户，总人口为 1346 人。面积为 2.15 平方千米。

明代岱湖东岸芦苇丛生，明成祖曾屯兵于此。后建庄取名芦屯。1949 年属陶楼区；1972 年属郭庄公社；1984 年属圣泉区郑腰庄乡；1992 年属圣泉乡；2008 年体制改革时为郑腰庄村民委员会。现为郑腰庄社区。

陈圈

陈圈（Chénquān） 属圣泉乡郑腰庄社区。地处郑腰庄社区西南部，东至耿石店，西至王山头，南至陈圈山体，北至外环路。总户数为 120 户，总人口为 403 人。面积为 0.65 平方千米。

陈姓建村，周围筑寨圈，因此取名陈圈。1949 年属陶楼区；1958 年属穆集公社；1972 年属郭庄公社；1984 年属圣泉乡郑腰庄村；1992 年属圣泉乡；2008 年体制改革时为郑腰庄村民委员会。现为郑腰庄社区。

耿石店

耿石店（Gěngshídiàn） 属圣泉乡郑腰庄社区。地处郑腰庄社区南部，东至芦屯，西至陈圈，南至山体，北至老岱河。总户数为 150 户，总人口为 506 人。面积为 0.8 平方千米。

清朝末期，耿、石两家在此开店，故

而得名。1949 年属陶楼区；1958 年属穆集公社；1972 年属郭庄公社；1984 年属圣泉区郑腰庄乡；1992 年属圣泉乡；2008 年体制改革时为郑腰庄村民委员会。现为郑腰庄社区。

王山头

王山头（Wángshāntóu） 属圣泉乡郑腰庄社区。地处郑腰庄社区西南部，东至陈圈，西至王楼，南至王山头山体，北至老岱河。总户数为 70 户，总人口为 248 人。面积为 0.37 平方千米。

1949 年前王姓在山头占产立庄，而得名。1949 年属陶楼区；1958 年属穆集公社；1972 年属郭庄公社；1984 年属圣泉区郑腰庄乡；1992 年属圣泉乡；2008 年体制改革时为郑腰庄村民委员会。现为郑腰庄社区。

后郑楼

后郑楼（Hòuzhènglóu） 属圣泉乡郑腰庄社区。地处郑腰庄社区西南部，东至祖楼，西至王座，南至高铁路，北至袁楼。总户数为 220 户，总人口为 745 人。面积为 1.19 平方千米。

1949 年前郑姓在山头占产立楼而得名。1949 年属陶楼区；1958 年属穆集公社；1972 年属郭庄公社；1984 年属圣泉区郑腰庄乡；1992 年属圣泉乡；2008 年体制改革时为郑腰庄村民委员会。现为郑腰庄社区。

三仙台

三仙台（Sānxiāntái） 属圣泉乡圣泉社区。地处圣泉社区西南部，东凤凰山，西至黄安子，南至龙城镇，北至盛村。总户数为 313 户，总人口为 1100 人。面积为 1.6 平方千米。

传说一农夫打柴到玉皇顶庙前一块大石板上休息，见有两仙人在下棋，打柴人口渴了，端起下棋者的茶就喝，待回家后，已过百年，村里人都不认识了。因打柴人喝了两位下棋者的水也成仙，村就在玉皇顶旁，故后来将村名改为三仙台村。1949 年属陶楼区；1958 年属穆集公社；1972 年属郭庄公社；1984 年属圣泉区郭庄乡；1992 年属圣泉乡。

盛村

盛村（Shèngcūn） 属圣泉乡圣泉社区。地处圣泉社区南部，东至欧村，西至三仙台，南至凤凰山，北至岱湖。总户数为 204 户，总人口为 698 人，面积为 0.9 平方千米。

明代盛姓在黄河水灾过后迁来，建房生产，耕田繁衍，后人口渐旺成村，故起名盛村。1949 年属陶楼区；1958 年属穆集公社；1972 年属龙城区郭庄公社；1984 年属圣泉区郭庄乡；1992 年属圣泉乡。

欧村

欧村（Ōucūn） 属圣泉乡圣泉社区。地处圣泉社区东部，东至徐山头，西至盛村，南至凤凰山，北至岱湖。总户数为 259 户，总人口为 858 人，面积为 1.33 平方千米。

明代黄河水灾过后，一欧阳姓人家迁来居住，建房耕田，繁衍生息，故得名欧村。1949 年属陶楼区；1958 年属穆集公社；1972 年属郭庄公社；1984 年属圣泉区郭庄乡；1992 年属圣泉乡。

徐山头

徐山头（Xúshāntóu） 属圣泉乡圣泉社区。地处圣泉社区东部，东至闫村，西至欧村，南至凤凰山，北至岱湖。总户数为 197 户，总人口为 637 人，面积为 1 平方千米。

明代徐姓在黄水灾过后，从山西迁住此处，村庄靠山，故取名徐山头。1949 年属陶楼区，1958 年属穆集公社；1972 年属龙城区郭庄公社；1984 年属圣泉区郭庄乡；

1992年属圣泉乡。

闫村

闫村（Yáncūn） 属圣泉乡圣泉社区。地处圣泉社区东部，东至刘村，西至徐山头，南至凤凰山，北至岱湖。总户数为233户，总人口为827人，面积为1.43平方千米。

明代闫姓人家在黄河水灾过后迁来此地居住，取村名为闫村。1949年起属陶楼区；1954年属杨楼区圣泉乡；1958年属穆集公社；1972年属龙城区郭庄公社；1984年属圣泉区郭庄乡；1992年属圣泉乡。

刘村

刘村（Liúcūn） 属圣泉乡圣泉社区。地处圣泉社区东部，东至黄庄，西至闫村，南至凤凰山，北至岱湖。总户数为193户，总人口为587人，面积为0.9平方千米。

明代刘姓在此山下占产立庄，故而得名。1949年起属陶楼区；1958年属穆集公社；1972年属郭庄公社；1984年属圣泉区郭庄乡；1992年属圣泉乡。

黄庄

黄庄（Huángzhuāng） 属圣泉乡圣泉社区。地处圣泉社区东部，东至王楼，西至刘村，南至凤凰山，北至岱湖。总户数为100户，总人口为342人，面积为0.8平方千米。

明代黄河水漫过后，黄姓一家迁居此地，取庄名为黄庄。1949年起属陶楼区；1958年属穆集公社；1972年属郭庄公社；1984年属圣泉区郭庄乡；1992年属圣泉乡。

王楼

王楼（Wánglóu） 属圣泉乡圣泉社区。地处圣泉社区东部，东至夏庄，西至黄庄，南至凤凰山，北至岱湖。总户数为200户，总人口为602人，面积为1.2平方千米。

早年为王姓财主的寄庄子建有楼房，取名王楼。1949年起属陶楼区；1958年属穆集公社；1972年属郭庄公社；1984年属圣泉区郭庄乡；1992年属圣泉乡。

下庄

下庄（Xiàzhuāng） 属圣泉乡圣泉社区。地处圣泉社区东部，东至王山头，西至王楼，南至凤凰山，北至岱湖。总户数为60户，总人口为209人，面积为0.16平方千米。

因王楼村人口不断增多，王姓分居在此处建房，成为村庄，此村地势在王楼下边，故称下庄。1949年起属陶楼区；1958年属穆集公社；1972年属郭庄公社；1984年属圣泉区郭庄乡；1992年属圣泉乡。

陶北

陶北（Táoběi） 隶属圣泉乡柴庄社区。地处柴庄社区，东邻孟庄，南邻陶南，西邻祁洼，北邻程庄。总户数为493户，总人口为1611人，面积为2.62平方千米。

清朝嘉庆年间，陶姓人家在村内盖了座大楼，故名为陶楼。1981年分大队分南北两个大队，1992年改称陶北和陶南村。此村在北故名陶北。1949年属陶楼区，1953年属杨楼区，1958年属穆集公社，1964年改属郭庄公社，1982年属马井区，1983年属龙城镇，1984年划为圣泉区，现为圣泉乡管辖。2008年并村时柴庄、王门、陶南、陶北合并属柴庄村。现属柴庄社区。

陶南

陶南（Táonán） 隶属圣泉乡柴庄社区。地处柴庄社区中部，东邻外环路，南邻柴庄，西邻祁洼，北邻陶北。总户数为479户，总人口为1576人，面积为2.53平方千米。

清朝嘉庆年间，陶姓人家在村内盖了

座大楼，故名为陶楼。分南、北两个村，此地位于南部，故名陶南。1949年属陶楼区，1953年属杨楼区，1958年属穆集公社，1964年改属郭庄公社，1982年属马井区，1983年属龙城镇，1984年划为圣泉区，1992年为圣泉乡管辖。2008年并村，柴庄、王门、陶南、陶北合并属柴庄村。现属柴庄社区。

王门

王门（Wángmén） 隶属圣泉乡柴庄社区。地处柴庄社区西南，东邻柴庄，南邻311国道，西邻王新庄，北邻陶楼小学。总户数为276户，总人口为948人，面积为1.46平方千米。

清朝嘉庆年间，王姓人家在村内建了一个很大的过车门，故名为王门。1949年属陶楼区，1953年属杨楼区，1958年属穆集公社，1964年改为郭庄公社，1982年属马井区，1983年属龙城镇，1984年划为圣泉区，现为圣泉乡管辖。2008年并村时，柴庄、王门、陶南、陶北合并属柴庄村。现属柴庄社区。

柴庄

柴庄（Cháizhuāng） 隶属圣泉乡柴庄社区。地处柴庄社区南，东邻岱湖新区，南邻311国道，西邻王门，北邻陶南。总户数为271户，总人口为926人，面积为1.43平方千米。

明朝柴姓从山西洪洞县迁来此地居住，故名柴庄。1949年属陶楼区，1953年属杨楼区，1958年属穆集公社，1964年改为郭庄公社，1982年属马井区，1983年属龙城镇，1984年划为圣泉区，现为圣泉乡管辖。2008年并村时，柴庄、王门、陶南、陶北合并属柴庄村。现属柴庄社区。

王山

王山（Wángshān） 属圣泉乡王山社区。地处王山社区内部，东至江苏义安村，南至山，西至祖楼相邻，北至江苏权寨。总户数为517户，总人口为1501人。面积为2.4平方千米。

王姓在山窝建村，占地面积大，故而得名。1949年属陶楼区，1958年属穆集人民公社，1972年属郭庄公社，1984年属圣泉区郑腰庄乡，1992年属圣泉乡王山村村民委员会。现属王山社区。

吴山

吴山（Wúshān） 属圣泉乡王山社区。地处王山社区南部，东至王山自然村，南至耿山，西至祖楼，北至营子。总户数为86户，总人口为358人。面积为0.5平方千米。

吴姓人在山窝建村，故而得名。1949年属陶楼区，1958年属穆集公社，1972年属郭庄公社，1984年属圣泉区郑腰庄乡，1992年属圣泉乡王山村村民委员会。现属王山社区。

齐山

齐山（Qíshān） 属圣泉乡王山社区。地处王山社区南部，东至山，南与安山接壤，西与祖楼相邻，北至耿山。总户数为153户，总人口为470人。面积为0.76平方千米。

齐姓人在山窝建村，故而得名。1954年属陶楼区，1958年属穆集公社，1972年属郭庄人民公社，1984年属圣泉区郑腰庄乡齐山村民委员会，1992年属圣泉乡王山村村民委员会。现属王山社区。

耿山

耿山（Gěngshān） 属圣泉乡王山社区。地处王山社区南部，东至山，南至齐山自然村，西至祖楼，北至吴山。总户数为156户，总人口为497人。面积为0.81平方千米。

耿姓人在此山窝建村，故而得名。1954年属陶楼区，1958年属穆集公社，1972年属郭庄人民公社，1984年属圣泉区郑腰庄乡，1992年属圣泉乡王山村村民委员会。现属王山社区。

陈圈

陈圈（ChénQuān） 属圣泉乡王山社区。地处王山社区西南部，东至齐山，南至安山，西至祖楼，北至王山。总户数为10户，总人口为36人。面积为0.15平方千米。

陈姓靠山建村，故而得名。1949年前属陶楼区，1958年属穆集公社，1972年属郭庄人民公社，1984年属圣泉区郑腰庄乡，1992年属王山村村民委员会。现属王山社区。

安山

安山（Anshān）属圣泉乡王山社区。地处王山社区西南部，东与齐山接壤，南至烈士陵园，西至外环，北至陈圈。总户数为294户，总人口为1082人。面积为1.65平方千米。

王姓和郑姓在安山旁建村，以山为村名。1954年属陶楼区，1958年属穆集公社，1972年属郭庄公社，1984年属圣泉区郑腰庄乡，1992年属圣泉乡王山村村民委员会。现属王山社区。

朱连屯

朱连屯（Zhūliántún） 属圣泉乡北城集社区。地处北城集社区南部，北至刘套镇李圩村，东、南、西分别至圣泉乡金黄庄村。总户数为312户，总人口为985人，面积为1.42平方千米。

朱连屯以朱、连两姓屯居在此，故而得名。1949年属陶楼区，1958年6月属穆集人民公社，1967年至1988年属北城集园艺场，以场带队。1989年后属圣泉乡至今。

北城集

北城集（Běichéngjí） 属圣泉乡北城集社区。地处北城集社区北部，北至刘套镇李圩村，东、南、西分别至圣泉乡金黄庄村。总户数为251户，总人口为784人，面积为1.21平方千米。

北城集坐落在原萧县老城区北，故称北城，后有集市，故称北城集。西周时代为萧国都城，秦朝设县为萧县县城，并一度为沛郡治所。又名黄杨城、北辰集。北城集1949年属陶楼区，1956年至1957年属杨楼区单楼乡，1958年属穆集人民公社，1967年至1988年属北城集园艺场，以场带队。1989年后属圣泉乡至今。

孙秦庄

孙秦庄（Sūnqínzhuāng） 属圣泉乡金黄庄村民委员会。地处金黄庄村东部，南至王集居民组，东临江苏雁群，北靠刘套镇，西邻薛庄居民组。总户数为383户，总人口为1209人。面积2.15平方千米。

孙庄、秦庄相连，合成孙秦庄。1949年后划归杨楼区、芈集乡。1958年属薛楼公社，1968年后归郭庄公社，1980年属北城公社，1984年属圣泉区北城乡，1992年属圣泉乡，2008年属圣泉乡金黄庄村。

王集

王集（Wángjí） 属圣泉乡金黄庄村民委员会。地处金黄庄村东南部，南至营子社区，东临江苏雁群，北靠孙秦庄居民组，西邻北城集社区。总户数为405户，总人口为1344人，面积2.26平方千米。

王姓建村设集，取名王集。1949年属

杨楼区。1958年属燎原公社，后属穆集公社。1968年属郭庄公社，1980年分乡属北城公社，1984年属圣泉区北城乡，1992年属圣泉乡，2008年属圣泉乡金黄庄村。

王庄

王庄（Wángzhuāng） 属圣泉乡金黄庄村民委员会。地处金黄庄村北部，总人数为89户，总人口为350人，面积为1平方千米。

因王姓人家较多而得名。1949年属陶区，1958年属薛楼人民公社，1980年属北城乡，1992年属圣泉乡，2008年属圣泉乡金黄庄村民委员会。

张庄

张庄（Zhāngzhuāng） 属圣泉乡金黄庄村民委员会。地处金黄庄村北部，总人数为92户，总人口为360人，面积为1平方千米。

张姓建庄定居，故名。1949年属陶楼区，1958年属薛楼公社，后又属郭庄公社北城乡，1980年属圣泉区北城公社，1992年属圣泉乡金黄庄村民委员会。

薛庄

薛庄（Xuēzhuāng） 属圣泉乡金黄庄村民委员会。地处金黄庄村北部，南至老岱河，东临孙秦庄居民组，北靠刘套镇，西邻萧屯居民组。总人数为344户，总人口为1120人，面积为1.93平方千米。

薛姓人居于此，故称薛庄。1958年属薛楼公社，1984年属北城乡，1992年属圣泉乡金黄庄村民委员会。

萧屯

萧屯（Xiāotún） 属圣泉乡金黄庄村民委员会。地处金黄庄村西部，南至袁新庄村，东临薛庄居民组，北靠刘套镇，西邻单楼村。总户数为617户，总人口为2016人。面积2.79平方千米。

萧姓人在此屯垦定居，故称萧屯。1958年属穆集人民公社；1972年属郭庄人民公社；1980年属杨楼区北城人民公社；1984年属圣泉区北城乡；1992年属圣泉乡萧屯村；2008年属圣泉乡金黄庄村民委员会至今。

魏楼

魏楼（Wèilóu） 属圣泉乡金黄庄村民委员会。地处金黄庄村西部，总户数为98户，总人口为260人。面积0.33平方千米。

以魏姓取此名。1949年属陶楼区，1958年属穆集人民公社；1972年属郭庄人民公社；1980年属杨楼区北城人民公社；1984年属圣泉区北城乡；1992年属圣泉乡萧屯村；2008年属圣泉乡金黄庄村民委员会至今。

郝楼

郝楼（Hǎolóu） 属圣泉乡金黄庄村民委员会。地处金黄庄村西部，总户数为150户，总人口为650人。面积0.9平方千米。

清朝中期郝姓人从山西迁到此地立村建楼，故名郝楼。1949年属陶楼区；1958年属穆集人民公社；1984年属圣泉区北城乡，1992年属圣泉乡；2008年属圣泉乡金黄庄村民委员会至今。

寇堂

寇堂（Kòutáng） 属圣泉乡金黄庄村民委员会。地处金黄庄村西部，总户数为111户，总人口为420人。面积为0.61平方千米。

寇姓建村，明代时期村内有寇家祠堂，故名寇堂。1949年属陶楼单楼乡；1958年属穆集人民公社；1972年属郭庄人民公社；1984年属圣泉区北城乡；1992年属圣泉乡萧屯村民委员会；2008年并村属圣泉乡金黄庄村民委员会至今。

金黄庄

金黄庄（Jīnhuángzhuāng） 属圣泉乡金黄庄村民委员会。地处金黄庄村西部，总户数为130户，总人口为440人。面积0.62平方千米。

以金、黄两姓取名。1949年属陶楼区；1958年属穆集人民公社；1972年属郭庄人民公社；1984年属圣泉区北城乡；1992年属圣泉乡萧屯村民委员会；2008年属圣泉乡金黄庄村民委员会至今。

前营子

前营子（Qiányíngzi） 属圣泉乡营子社区。地处营子社区东部，东至江苏权寨，西至祖楼，南至王山，北至后营子。总户数为128户，总人口为456人。面积为0.8平方千米。

此村本名为王营子，王家从这里迁走后，一村变成两村。居住在村前的多为黄姓，更名称黄营子。因位于村前，故又称为前营子。和后营子合称为营子村。1949年属陶楼区，1958年属穆集人民公社，1972年属郭庄公社，1984年属镇腰庄公社，1992年属圣泉乡营子村民委员会。现在属营子社区。

前祖楼

前祖楼（Qiánzǔlóu） 属圣泉乡营子社区。地处营子社区西部，东至夏园，西至郑腰庄，南至安山，北至后祖楼。总户数为174户，总人口为598人。面积为0.6平方千米。

祖姓人在附近前后两处建村盖楼，此村位于前，取名前祖楼。1949年属陶楼区，1958年属穆集人民公社，1972年属郭庄公社，1984年属圣泉区郑腰庄乡，1992年属圣泉乡营子村民委员会。现在属营子社区。

后祖楼

后祖楼（Hòuzǔlóu） 属圣泉乡营子社区。地处营子社区西部，东至前营子，西至郑腰庄，南至前祖楼，北至苏冯庄。总户数为99户，总人口为318人。面积为0.6平方千米。

祖姓人在附近前后两处建村盖楼，此村位于后，取名后祖楼。1949年属陶楼区，1958年属穆集公社，1972年属郭庄人民公社。1984年属圣泉区郑腰庄乡，1992年属圣泉乡营子村民委员会。现在属营子社区。

小郭庄

小郭庄（Xiǎoguōzhuāng） 属圣泉乡营子社区。地处营子社区西部，东至后营子，南至苏冯庄，西至权楼，北至王集。总户数为125户，总人口为389人。面积为0.8平方千米。

郭姓人建村，规模小，故名小郭庄。1949年属陶楼区，1958年属穆集公社，1972年属郭庄人民公社，1984年属圣泉区郑腰庄乡，1992年属圣泉乡营子村民委员会。现在属营子社区。

后营子

后营子（Hòuyíngzi） 属圣泉乡营子社区。地处营子社区东部，东至江苏权寨，西至权楼，南至前营子，北至江苏杨楼。总户数为506户，总人口为1648人。面积为2.52平方千米。

此村原名王营子，王家从这里迁出后，一村变成两村。居住在村后的窦姓，因取得了功名，故改称为窦营子。因位于该村的后边，故又称为后营子。和前营子合称为营子村。1949年属陶楼区。1958年属穆集公社。1972年属郭庄人民公社。1984年属圣泉区郑腰庄乡。1992年属圣泉乡营子村民委员会。现在属营子社区。

苏冯庄

苏冯庄（Sūféngzhuāng） 属圣泉乡营子社区。地处营子社区东南部，东至前营子，西至郑腰庄，南至后祖楼，北至权楼。总户数为78户，总人口为253人。面积为0.5平方千米。

苏庄在南，冯庄在北，紧之相连，合称苏冯庄。1949年属陶楼区。1958年属穆集人民公社。1984年属圣泉区郑腰庄乡。1992年属圣泉乡营子村民委员会。现在属营子社区。

夏园

夏园（Xiàyuán） 属圣泉乡营子社区。地处营子社区东南部，东至土山，西至前祖楼，南至安山，北至后祖楼。总户数为59户，总人口为182人。面积为0.4平方千米。

夏姓人建村，种菜园，取村名夏园。1949年属陶楼区。1958年属穆集公社。1962年属郭庄人民公社。1984年属圣泉区郑腰庄乡。1992年属圣泉乡营子村民委员会。现在属营子社区。

权楼

权楼（Quánlóu） 属圣泉乡营子社区。地处营子社区西部，东至小郭庄，南至苏冯庄，西至袁楼，北至王集。总户数为187户，总人口为629人。面积为1.98平方千米。

权姓在此占产立庄盖楼，故而得名。1949年属陶楼区。1958年属穆集公社。1972年属郭庄人民公社。1984年属圣泉区郑腰庄乡。1992年属圣泉乡营子村民委员会。现在属营子社区。

红柳树

红柳树（Hóngliǔshù） 属圣泉乡红柳树村民委员会。地处红柳树村北部，东至家谱庙，西至权老家，南至祁洼，北至穆集。总户数为545户，总人口为1735人，面积为2.65平方千米。

以前村中有一棵大粗黑柳树，故称黑柳树，1958年改为红柳树。1949年属陶楼区，1958年属穆集公社，1972年属郭庄公社，1980年属圣泉区陶楼乡，1992年属圣泉乡红柳树村至今。

权老家

权老家（Quánlǎojiā） 属圣泉乡红柳树村民委员会。地处红柳树村西部，东至红柳树，西至徐新庄，南至朱双楼，北至周庄。总户数为50户，总人口为155人，面积为0.41平方千米。

清朝时期，权姓人家来此地占产立庄，故而得名。1949年属陶楼区，1958年属穆集公社，1972年属郭庄公社，1980年属圣泉区陶楼乡，1992年撤区并乡后属圣泉乡红柳树村至今。

徐新庄

徐新庄（Xúxīnzhuāng） 属圣泉乡红柳树村民委员会。地处红柳树村西部，东至权老家，西至韩庄，南至大楼，北至孙庄。总户数为69户，总人口为226人，面积为0.6平方千米。

清朝徐姓在此占产立庄，当时新建村庄，故此得名。1949年属陶楼区，1958年属穆集公社，1972年属郭庄公社，1980年属圣泉区陶楼乡，1992年属圣泉乡红柳树村至今。

祁洼

祁洼（Qíwā） 属圣泉乡红柳树村民委员会。地处红柳树村东南部，东至陶楼，西至朱双楼，南至王新庄，北至红柳树。总户数为382户，总人口为1185人，面积为

1.67 平方千米。

祁姓建庄，地势低洼，故名。1949 年属陶楼区，1958 年属穆集公社，1972 年属郭庄公社，1980 年属圣泉区陶楼乡，1992 年属圣泉乡红柳树村至今。

朱双楼

朱双楼（Zhūshuānglóu） 属圣泉乡红柳树村民委员会。地处红柳树村东南部，东至祁洼，西至大楼，南至半边俏，北至权老家。总户数为 292，总人口为 1013 人，面积为 1.52 平方千米。

祁姓建庄，地势低洼，故名。1949 年属陶楼区，1958 年属穆集公社，1972 年属郭庄公社，1980 年属圣泉区陶楼乡，1992 年属圣泉乡红柳树村至今。

家谱庙

家谱庙（Jiāpǔmiào） 属圣泉乡红柳树村民委员会。地处红柳树村东南部，东至五里后，西至红柳树，南至陶楼，北至穆集。总户数为 79 户，总人口为 383 人，面积为 0.67 平方千米。

清代有人建庙存放家谱，故名。1949 年属陶楼区，1958 年属穆集公社，1972 年属郭庄公社，1980 年属圣泉区陶楼乡，1992 年属圣泉乡红柳树村至今。

纵老楼

纵老楼（Zònglǎolóu） 属圣泉乡岗子村民委员会。地处岗子村南部，东至周屯，西至梁老楼，南至梁河，北至前岗。总户数为 270 户，总人口为 862 人，面积为 1.12 平方千米。

宋朝末年纵姓迁到此处建村盖楼，取名纵老楼村。1949 年属杨楼区，1956 年属马井区，1984 年属圣泉区，现属圣泉乡岗子村。

衡楼

衡楼（Hénglóu） 属圣泉乡岗子村民委员会。地处岗子村北部，东至岱河，西至刘楼，南至陈圈，北至岱河。总户数为 70 户，总人口为 247 人，面积为 0.34 平方千米。

1916 年衡氏家族从江苏徐州北迁到此地建庄，故名。1949 年属杨楼区，1956 年属马井区，1984 年属圣泉区，1992 年属圣泉乡，2008 年属圣泉乡岗子村至今。

刘楼

刘楼（Liúlóu） 属圣泉乡岗子村民委员会。地处岗子村北部，东至衡楼，西至许家，南至陈圈，北至毛庄。总户数为 193 户，总人口为 675 人，面积为 0.85 平方千米。

刘姓人家来此买地建庄并建一土楼，故名。1949 年属杨楼区，1956 年属马井区，1984 年属圣泉区，1992 年属圣泉乡，2008 年属圣泉区岗子村至今。

萧庄

萧庄（Xiāozhuāng） 属圣泉乡岗子村民委员会。地处岗子村北部，东至岱河，西至衡楼，南至陈圈，北至衡楼。总户数为 45 户，总人口为 124 人，面积为 0.3 平方千米。

民国 38 年萧氏家族在此建庄而得名。1949 年属杨楼区，1956 年属马井区，1984 年属圣泉区，2008 年属圣泉乡岗子村至今。

梁老楼

梁老楼（Liánglǎolóu） 属圣泉乡岗子村民委员会。地处岗子村南部，东至纵老楼，西至梁河，南至彭新楼，北至前岗。总户数为 279 户，总人口为 888 人，面积为 1.08 平方千米。

清朝中期梁姓定居于此，建楼房，故名。

大岗

大岗（Dàgǎng） 属圣泉乡岗子村民委员会。地处岗子村北部，东至岱河，西至陈圈，南至前岗，北至萧庄。总户数为310户，总人口为973人。面积为1.24平方千米。

早年陈姓、周姓、胡姓在此选一块较大的岗地建庄，故而得名大岗村。1949年属杨楼区，1956年属马井区，1958年属穆集公社，1984年属圣泉区，1992年属圣泉乡，2008年属圣泉乡岗子村至今。

小岗

小岗（Xiǎogǎng） 属圣泉乡岗子村民委员会。地处岗子村中部，东至前岗，西至耿庄，南至梁河，北至陈圈。总户数为154户，总人口为489人，面积为0.91平方千米。

有人在一小块岗地上建庄，故称小岗。1956年属马井区，公社化时属穆集人民公社，1984年属圣泉区，1992年属圣泉乡，2008年属圣泉乡岗子村。

前岗

前岗（Qiángǎng） 属圣泉乡岗子村民委员会。地处岗子村中部，东至岱河，西至小岗，南至梁老楼，北至大岗。总户数为121户，总人口为395人，面积为0.75平方千米。

原为刘姓居住叫小刘庄，后来从大岗移居胡、魏两姓改称为前岗。1949年属杨楼区，1958年属圣泉区，1992年属圣泉乡，2008年属圣泉乡岗子村。

毛庄

毛庄（Máozhuāng） 属圣泉乡岗子村民委员会。地处岗子村东北部，东至衡楼，西至胡楼，南至刘楼，北至岱河。总户数为30户，总人口为104人，面积为0.32平方千米。

清代毛姓在此占产立庄，故而得名。1949年属杨楼区，1958年属穆集公社，1984年属圣泉区，1992年属圣泉乡，2008年属圣泉乡岗子村。

连庄

连庄（Liánzhuāng） 属圣泉乡岗子村民委员会。地处岗子东北部，东至衡楼，西至毛庄，南至衡楼，北至岱河。总户数为20户，总人口为61人，面积为0.31平方千米。

据了解，清朝末期连得荣在此建庄，取其姓得庄名。1949年属杨楼区，1958年属穆集公社，1984年属圣泉区，1992年属圣泉乡，2008年属圣泉乡岗子村。

周屯

周屯（Zhōutún） 属圣泉乡岗子村民委员会。地处岗子村东南部，东至岱河，西至纵老楼，南至梁河，北至三座楼。总户数为93户，总人口为334人，面积为0.65平方千米。

清朝中期，周姓建村，取名周屯。1949年属杨楼区，1958年属穆集公社，1984年属圣泉区，1992年属圣泉乡，2008年属圣泉乡岗子村。

陈圈

陈圈（Chénquān） 属圣泉乡岗子村民委员会。地处岗子村北部，东至大岗，西至刘楼，南至小岗，北至刘楼。总户数为81户，总人口为275人，面积为0.86平方千米。

早年，陈姓在此定居，为防火防水，村周挖沟筑圩，形似圈子，因此取名陈圈。1949年属杨楼区，1958年属穆集公社，1984年属圣泉区，1992年属圣泉乡，2008年属圣泉乡岗子村。

蒋楼

蒋楼（Jiǎnglóu） 属圣泉乡单楼村民

委员会。地处单楼村西北部，东至纵堂，西至岱河，南至刘楼，北至马路。总户数为76户，总人口为243人，面积为0.39平方千米。

清初，河南省开封东郊姓蒋一脉迁至萧城北30里地立庄建楼，故得名蒋楼。1949年属陶楼区，1956年属大楼乡，1958年属穆集人民公社，1962年属蒋楼人民公社，1970年属郑腰庄人民公社，1984年属杨楼区北城乡，1992年属圣泉乡单楼村至今。

刘楼

刘楼（Liúlóu） 属圣泉乡单楼村民委员会。地处单楼村北部，东至康玉庄，西至岱河，南至单楼，西北至纵堂。总户数为138户，总人口为444人，面积为0.72平方千米。

刘姓人家来此买地建庄并建一土楼，故名。1949年属陶楼区，1956年属大楼乡，1958年属穆集人民公社，1962年属蒋楼人民公社，1970年属郑腰庄人民公社，1984年属圣泉区北城乡，1992年属圣泉乡单楼村至今。

康庄

康庄（Kāngzhuāng） 属圣泉乡单楼村民委员会。地处单楼村东部，东至彭屯，西至大队部，南至单东，北至康玉庄。总户数为72户，总人口为221人，面积为0.36平方千米。

清朝年间在此地有康庄大道，因此这个地名为康庄。1949年属陶楼区，1956年属大楼乡，1958年属穆集人民公社，1962年属蒋楼人民公社，1970年属郑腰庄人民公社，1984年属圣泉区北城乡，1992年属圣泉乡单楼村至今。

康玉庄

康玉庄（Kāngyùzhuāng） 属圣泉乡单楼村民委员会。地处单楼村北部，东至彭屯，西至刘楼，南至单楼，北至李大楼。总户数为83户，总人口为413人，面积为0.74平方千米。

清朝年间一姓俞人士在朝中做官，死后埋在此地，叫俞家林地，以后叫就这个村庄为俞庄。后俞姓渐少，康姓变多，遂改为康玉庄。1949年属陶楼区，1956年属大楼乡，1958年属穆集人民公社，1962年属蒋楼人民公社，1970年属郑腰庄人民公社，1984年属圣泉区北城乡，1992年属圣泉乡单楼村至今。

单楼

单楼（Shànlóu） 属圣泉乡单楼村民委员会。地处单楼村南部，东至寇堂，西至岱河，南至三座楼，北至康玉庄。总户数为280户，总人口为873人，面积为1.42平方千米。

原为纵姓的寄庄子，早年黄河泛滥，村内房屋冲坏，单单剩下一座楼，故名。1949年属陶楼区，1956年属大楼乡，1958年属穆集人民公社，1962年属蒋楼人民公社，1970年属郑腰庄人民公社，1984年属圣泉区北城乡，1992年属圣泉乡单楼村至今。

李大楼

李大楼（Lǐdàlóu） 属圣泉乡单楼村民委员会。地处单楼村北部，东至连屯，西至马路，南至康玉庄，北至刘套镇纵台子。总户数为321户，总人口为967人，面积为1.57平方千米。

清朝雍正前期，李姓人落户到此立庄建楼，故村名为李大楼村至今。1949年属陶楼区，1950年属李大楼乡，1953年属单楼乡，1955年属岱北乡，1957年以后历属郭庄公社、郑腰庄公社、北城公社、圣泉区，1992年属圣泉乡至今。

连屯

连屯（Liántún） 属圣泉乡单楼村民委员会。地处单楼村东北部，东至郝楼，西至李大楼，南至康玉庄，北至刘套镇李集。总户数为42户，总人口为202人，面积为0.32平方千米。

有一户姓连的地主从朱连屯迁居于此，故称小连屯。1949年属陶楼区，1958年以后历属郭庄公社、郑腰庄公社、北城公社、圣泉区，1992年属圣泉乡至今。

马路

马路（Mǎlù） 属圣泉乡单楼村民委员会。地处单楼村北部，东至李大楼，西至杨楼镇小马路，南至纵堂，北至刘套镇吴郑庄。总户数为300户，总人口为1161人，面积为1.89平方千米。

早年，黄河大堤上有条大马路（大道），姓陈的在大堤南侧建村，人多庄大，取名大陈马路。1949年属陶楼区，1958年以后历属郭庄公社、郑腰庄公社、北城公社、圣泉区，1992年属圣泉乡至今。

纵堂

纵堂（Zòngtáng） 属圣泉乡单楼村民委员会。地处单楼村北部，东至康玉庄，北西至蒋楼，南至刘楼，北至马路。总户数为83户，总人口为268人，面积为0.43平方千米。

宋朝中期，山东东营姓纵一脉迁至萧城北30里地建庄并建有纵家祠堂，原庄名纵家堂，新中国成立后改名纵堂。1949年属陶楼区，1958年以后历属郭庄公社、郑腰庄公社、北城公社、圣泉区，1992年属圣泉乡至今。

彭屯

彭屯（Péngtún） 属圣泉乡单楼村民委员会。地处单楼村东部，东至北城集，西至康庄，南至单东，北至小连屯。总户数为83户，总人口为268人，面积为0.2平方千米。

明初，彭姓在此屯田定居，故名彭屯。1949年属陶楼区，1958年以后历属郭庄公社、郑腰庄公社、北城公社、圣泉区，1994年属圣泉乡至今。

双庙

双庙（Shuāngmiào） 属圣泉乡袁新庄村民委员会。地处袁新庄村东北部，东至王集桥，西至彭庄，南至胡行，北至园区。总户数为206户，总人口为688人，面积为1.1平方千米。

康熙时名叫杨村镇，清乾隆时在此修庙两所，东大殿（关帝庙）、西大殿（泰山奶之庙），故改名为双庙。1949年属陶楼区薛楼乡。1958年属穆集人民公社。1984年隶属圣泉区北城乡。1992年属圣泉乡袁新庄村至今。

薛楼

薛楼（Xuēlóu） 属圣泉乡袁新庄村民委员会。地处袁新庄村民委员会北部，东至郑庄，西至孟集，南至大姬庄，北至魏楼。总户数为256户，总人口为770人，面积为1.16平方千米。

相传600年前，有姓薛大户，在此修建了一座高楼，故取名薛楼。1949年后属陶楼区薛楼乡。1958年属穆集公社。1984年属圣泉区北城乡，1992年属圣泉乡至今。

彭庄

彭庄（Péngzhuāng） 属圣泉乡袁新庄

村民委员会。地处袁新庄村北部，东至双庙，西至郑庄，南至谢庄，北至金黄庄。总户数为106户，总人口为339人，面积为0.5平方千米。

约400年前，此地住着姓彭和姓辛的两个大户，称为彭辛庄，后改为彭庄。1949年后属陶楼区薛楼乡，1958年属穆集人民公社。1984年属圣泉区北城乡。1992年属圣泉乡至今。

郑庄

郑庄（Zhèngzhuāng） 属圣泉乡袁新庄村民委员会。地处袁新庄村北部，东至双庙，西至薛楼，南至谢庄，北至魏楼。总户数为106户，总人口为339人，面积为0.45平方千米。

明代郑姓在此占产立庄，故而得名。1949年后属陶楼区薛楼乡，1958年属穆集人民公社。1980年属圣泉区北城乡。1992年属圣泉乡至今。

王小屯

王小屯（Wángxiǎotún） 属圣泉乡袁新庄村民委员会。地处袁新庄村东部，东至王集庄，南至河西，西至谢庄，北至胡行。总户数为124户，总人口为417人，面积为0.41平方千米。

200年前，这里原是官府的屯田，后王姓秀才在此定居。故名。1949年后属陶楼区。1958年属穆集人民公社。1980年土地承包后隶属圣泉区北城乡。1992年属圣泉乡袁新庄村委会至今。

胡行

胡行（Húháng） 属圣泉乡袁新庄村民委员会。地处袁新庄村东北部，东至王集庄南河西，西至谢庄，南至胡行庄南路，北至双庙南。总户数为167户，总人口为573人，面积为0.65平方千米。

起初姓范的建村，后卖给姓胡的，胡姓在村内设鲜果行，故名。1949年后属陶楼区。1958年属穆集人民公社。1980年属圣泉区北城乡。1992年属圣泉乡至今。

大姬庄

大姬庄（Dàjīzhuāng） 属圣泉乡袁新庄村民委员会。地处袁新庄村中部，东至苏楼，西至陈楼，南至燎原河，北至薛楼自然村。总户数为192户，总人口为437人，面积为0.9平方千米。

约在800年前，大姬庄自然村处在黄泛区，每年秋季是一片汪洋，虽然土地可以耕种，但因水患为害，只有一季小麦可收。当时姬姓就在此地耕种收获，收完后就运到很远的老家。黄河改道后，水患减少，姬姓人便迁来居住。故名大姬庄。1949年后属陶楼区薛楼乡，1958年属穆集人民公社。1980年属圣泉区北城乡。1992年属圣泉乡至今。

谢庄

谢庄（Xièzhuāng） 属圣泉乡袁新庄村民委员会。地处袁新庄村东北部，东至胡行，西至苏楼，南至燎原河，北至彭庄自然村。总户数为167户，总人口为588人，面积为0.6平方千米。

谢姓人在此占地立庄，故名。1949年属陶楼区薛楼乡。自1958年先后隶属薛楼人民公社、郭庄人民公社、穆集人民公社。1980年属圣泉区北城乡。1992年属圣泉乡至今。

苏楼

苏楼（Sūlóu） 属圣泉乡袁新庄村民委员会。地处袁新庄村东部，东至萧管路，西至大姬庄东，南至燎原河，北至薛楼。总户数为102户，总人口为422人，面积为0.8平方千米。

北宋徐州太守苏东坡之子苏迈在徐州南苏家湖定居（时属萧县），因水患苏迈迁山东省微山县，又因地震回迁萧县，其中一支落户此地，取村名苏楼。1949年后，属陶楼区薛楼乡。自1958年先后隶属薛楼人民公社、郭庄人民公社、穆集人民公社。1980年属圣泉区北城乡。1992年属圣泉乡至今。

彭屯

彭屯（Péngtún） 属圣泉乡袁新庄村民委员会。地处袁新庄村西部，东至小姬庄南，西至老岱河，南至燎原河，北至三座楼。总户数为121户，总人口为430人，面积为0.92平方千米。

明初，彭姓人家在此屯田定居，故名。1949年属杨楼区，1958年属杨楼公社，1980年属杨楼区北城公社，1984年属圣泉区北城乡，1992年属圣泉乡至今。

小姬庄

小姬庄（Xiǎojīzhuāng） 属圣泉乡袁新庄村民委员会。地处袁新庄村西部，东至陈楼，西至彭屯自然村，南至燎原河，北至小姬庄前。总户数为84户，总人口为291人，面积为0.52平方千米。

村较小，以姓取名。1949年属杨楼区，1958年属杨楼公社，1980年属杨楼区北城公社，1984年属圣泉区北城乡，1992年属圣泉乡至今。

袁新庄

袁新庄（Yuánxīnzhuāng） 属圣泉乡袁新庄村民委员会。地处袁新庄村西部，东至孟集，西至小姬庄，南至孟集西路，北至幸福河南。总户数为144户，总人口为462人，面积为0.9平方千米。

传说早年一袁姓总兵在此建营房，后不断有人来此定居，取村名袁新庄。1949年属杨楼区，1958年属杨楼公社，1980年属杨楼区北城公社，1984年属圣泉区北城乡，1992年属圣泉乡至今。

孟集

孟集（Mèngjí） 属圣泉乡袁新庄村民委员会。地处袁新庄村西部，东至陈楼自然村，西至小姬庄自然村，南至陈楼西，北至寇堂南。总户数为165户，总人口为450人，面积为0.85平方千米。

孟姓在此定居，设集市，故名孟集。1949年属杨楼区，1958年属杨楼公社，1980年属杨楼区北城公社，1984年属圣泉区北城乡，1992年属圣泉乡至今。

陈楼

陈楼（Chénlóu） 属圣泉乡袁新庄村民委员会。地处袁新庄村西部，东至大姬庄，西至小姬庄，南至燎原河，北至薛楼西。总户数为104户，总人口为382人，面积为0.9平方千米。

清中期陈姓从河南迁此，村中盖有一楼，故取名陈楼。1949年属杨楼区，1958年属杨楼公社，1980年属杨楼区北城公社，1984年属圣泉区北城乡，1992年属圣泉乡至今。

三座楼

三座楼（Sānzuòlóu） 属圣泉乡袁新庄村民委员会。地处袁新庄村西北部，东至袁新庄，西至纵老楼，南至彭屯，北至单楼。总户数为411户，总人口为1431人，面积为1.86平方千米。

早年纵姓人家来此定居，建立三座大楼，故而得名。1949年属杨楼区，1958年属杨楼公社，1980年属杨楼区北城公社，1984年属圣泉区北城乡，1992年属圣泉乡至今。

穆集

穆集（Mùjí） 属圣泉乡穆集村民委员会。村委会驻地，东至新岱河，西至彭新楼，南至曲仙河，北至周屯。总户数为661户，总人口为2156人，面积为2.89平方千米。

元末明初，建村时叫木集。民国时期，王公屿任萧县县长时，定名为穆集村名并沿用至今。1949年属陶楼区穆集乡，1958年属穆集公社，1969年属郑腰庄公社穆集大队，1980年属马井区穆集乡，1984年属圣泉区穆集镇，1992年属圣泉乡，2008年属圣泉乡穆集村民委员会至今。

孟庄

孟庄（Mèngzhuāng） 属圣泉乡穆集村民委员会。地处穆集村西南部，东至穆集，西至蒋庄，南至曲仙河，北至权酒路。总户数为139户，总人口为422人，面积为0.97平方千米。

清朝中期，有孟姓富裕人家在此立庄，因姓名得村名。1949年属陶楼区穆集乡，1958年属穆集公社，1969年属郑腰庄公社穆集大队，1980年属马井区穆集乡，1984年属圣泉区穆集镇，1990年属圣泉乡穆集村，2008年属圣泉乡穆集村至今。

前杜六

前杜六（Qiándùliù） 属圣泉乡穆集村民委员会。地处穆集村西北部，东至彭新楼，西至老朱集，南至权酒路，北至后杜六。总户数为48户，总人口为391人，面积为0.75平方千米。

本村杜姓一世始祖，于明代洪武二年（1369年），奉移民诏书，从山东临淄迁来，居现村址南四百米处古运河之北岸，大土堌之上，取村名杜留村。后一世始祖生一子又添六孙，故定名杜六村。后因水患北迁至现址区，称为前杜六。1949年属陶楼区穆集乡。1958年属穆集人民公社。1969年并入郭庄人民公社（后改郑腰庄公社）。1980年设区时，属马井区穆集人民公社。1984年设立圣泉区时，属圣泉区穆集镇。1992年撤区并乡时属圣泉乡至今。

后杜六

后杜六（Hòudùliù） 属圣泉乡穆集村民委员会。地处穆集村西北部，东至彭新楼，西至老朱集，南至前杜六，北至耿庄自然村。总户数为333户，总人口为862人，面积为1.27平方千米。

本村杜姓一世始祖，于明代洪武二年，奉移民诏书，从山东临淄迁来，居现村址南四百米处，古运河之北岸，大土堌之上，取村名杜留村，后一世始祖生一子又添六孙，故定名杜六村。后因水患北迁至现址区，称为前杜六。1949年属陶楼区穆集乡。1958年属穆集人民公社。1969年撤区并社时，并入郭庄人民公社（后改郑腰庄公社）。1980年设区时，属马井区穆集人民公社。1984年，设立圣泉区时，属圣泉区穆集镇。1992年撤区并乡时属圣泉乡至今。

尚口

尚口（Shàngkǒu） 属圣泉乡穆集村民委员会。地处穆集村东南部，东至丁庄，西至穆陶公路，南至曲仙河，北至穆集。总户数为96户，总人口为300人，面积为0.65平方千米。

明代尚姓在古河道的渡口处，建村取名尚口。1949年属陶楼区穆集乡；1958年属穆集公社；1969年撤区并社时，并入郭庄人民公社（后改为郑腰庄公社）；1980年属马井区穆集人民公社；1984年属圣泉区穆集镇；1992年撤区并乡时属圣泉乡至今。

丁庄

丁庄（Dīngzhuāng） 属圣泉乡穆集村民委员会。地处穆集村东南部，东至新岱河，西至尚口，南至曲仙河，北至穆集。总户数为132户，总人口为466人，面积为0.46平方千米。

明代，丁姓在此屯田立村，故而得名。1949年属陶楼区穆集乡；1958年属穆集公社；1969年撤区并社时，并入郭庄人民公社（后改为郑腰庄公社）；1980年设区时属马井区穆集人民公社；1984年设立圣泉区时，属穆集镇；1992年撤区并乡时属圣泉乡至今。

周庄

周庄（Zhōuzhuāng） 属圣泉乡穆集村民委员会。地处穆集村西部，东至蒋庄，西至曲仙河，南至红柳树，北至权酒路。总户数为130户，总人口为413人，面积为0.66平方千米。

早年周姓人从河南迁到此地，因此名为周庄。1949年属陶楼区穆集乡，1958年属穆集公社，1984年属圣泉区穆集镇，1992年撤穆集乡属圣泉乡至今。

彭新楼

彭新楼（Péngxīnlóu） 属圣泉乡穆集村民委员会。地处穆集村西部，东至穆集，西至前杜六，南至权酒路，北至纵老楼。总户数为72户，总人口为238人，面积为0.49平方千米。

早年彭姓迁此盖一座新楼，取名彭新楼。1949年属陶楼区穆集乡，1958年属穆集公社，1984年属穆集镇，1992年属圣泉乡至今。

蒋庄

蒋庄（Jiǎngzhuāng） 属圣泉乡穆集村民委员会。地处穆集村西部，东至孟庄自然村，西至周庄，南至曲仙河，北至权酒路。总户数为85户，总人口为310人，面积为0.56平方千米。

很久以前蒋姓在此占产立庄，故而得名。1949年属陶楼区穆集乡，1958年属穆集公社，1984年属穆集镇，1992年属圣泉乡至今。

耿庄

耿庄（Gěngzhuāng） 属圣泉乡穆集村民委员会。地处穆集村西北部，东至小岗，西至张瓦房，南至杜六，北至余洼。总户数为300户，总人口为887人，面积为1.62平方千米。

很久以前有一姓耿的大户，迁至此处，故起名耿庄。1949年属陶楼区穆集乡；1958年属穆集人民公社；1980年设区时属马井区穆集人民公社；1984年设圣泉区时，属圣泉区穆集镇；1992年属圣泉乡至今。

酒店乡

韩楼村

韩楼村（Hánlóucūn） 属酒店乡丁庄村民委员会。地处丁庄村西部，西至李庄村，南至刘庄村，东至丁庄村，北至郝楼村。总户数为256户，总人口为845人。面积为1.15平方千米。

因韩姓在此建村并盖楼，故名。1949年这里属黄口区宾河乡，1958年公社化时属酒店公社，1980年设区划社时从酒店公社划归东镇公社，1981年属酒店乡丁庄村至今。

丁庄村

丁庄村（Dīngzhuāngcūn） 属酒店乡丁庄村民委员会。地处丁庄村东部，西至韩楼村，南至郑庄村，东至杨孙楼村，北至郝楼。总户数为141户，总人口为475人。面积为0.79平方千米。

丁姓在此建村，故得名。1949年这里属黄口区宾河乡，1958年公社化时属酒店公社，1980年设区划社时从酒店公社划归东镇公社，1981年命名为酒店乡丁庄村至今。

吴松元

吴松元（Wúsōngyuán） 属酒店乡丁庄村民委员会。地处丁庄村东部，西至刘庄村，南至郑庄村，东至丁庄村，北至郝楼村。总户数为217户，总人口为795人。面积为0.89平方千米。

吴姓建村，并在松林旁建菜园，故名，后改为吴松元。1949年这里属黄口区宾河乡，1958年公社化时属酒店公社，1980年设区划社时从酒店公社划归东镇公社，1981年属酒店乡丁庄村至今。

刘庄村

刘庄村（Liúzhuāngcūn） 属酒店乡丁庄村民委员会。地处丁庄村南部，西至胡大庄村，南至东镇，东至吴松元村，北至韩楼村。总户数为113户，总人口为361人。面积为0.45平方千米。

刘姓在此地建村，故名。1949年这里属黄口区宾河乡，1958年公社化时属酒店公社，1980年设区划社时从酒店公社划归东镇公社，1981年属酒店乡丁庄村至今。

郝楼村

郝楼村（Hǎolóucūn） 属酒店乡丁庄村民委员会。地处丁庄村北部，西至窦庄村，南至吴松元村，东至陈楼村，北至边王庄。总户数为276户，总人口为948人。面积为1.21平方千米。

郝姓在此地建村盖楼，故名。

王楼村

王楼村（Wánglóucūn） 属酒店乡李庄村民委员会。地处李庄村西部，东至李庄，西至小堤湾，南至湘西河，北至朱堤湾。总户数为221户，总人口为678人。面积为0.89平方千米。

王楼以前叫张柿园，后因王姓居民在村里建了一座楼，便将村名改为王楼。1957年属单庄大队；1961年下半年属李庄大队；后属李庄村民委员会。

胡大庄村

胡大庄村（Húdàzhuāngcūn） 属酒店乡李庄村民委员会。地处李庄村东部，东至韩楼，西至王楼，南至朱楼，北至韩杨路。总户数为97户，总人口为289人。面积为0.46平方千米。

此村胡姓家族大、人口多，故名胡大庄。1957年属单庄大队；1961年下半年属李庄大队；后属李庄村民委员会。

李庄村

李庄村（Lǐzhuāngcūn） 属酒店乡李庄村民委员会。村委会驻地，东至韩楼，西至王楼，南至湘西河，北至夏王庄。总户数为165户，总人口为540人。面积为1.16平方千米。

因本村李姓居民多，村以姓取名。1957年属单庄大队；1961年下半年属李庄大队；后属李庄村民委员会。

王新庄村

王新庄村（Wángxīnzhuāngcūn） 属酒店乡李庄村民委员会。地处李庄村中部，东至张庄，西至李庄，南至韩杨路，北至高台。总户数为75户，总人口为259人。面积为0.37平方千米。

因是王姓迁此建新庄，取名王新庄。1957年属单庄大队；1961年下半年属李庄大队；后属李庄村民委员会。

张庄

张庄（Zhāngzhuāng） 属酒店乡李庄村民委员会。地处李庄村中部，北至窦庄，东至韩楼，西至王新庄，南至韩杨路。总户数为58户，总人口为229人。面积为0.48平方千米。

张庄是姓臧的寄庄子，先前叫臧庄，后因张姓人口较多，故改称张庄。1957年属单庄大队；1961年下半年属李庄大队；后属李庄村民委员会。

高台

高台（Gāotái） 属酒店乡李庄村民委员会。地处李庄村东部，北至沙河，南至王新庄，东至郝庄，西至夏王庄。总户数为161户，总人口为507人。面积为0.58平方千米。

洪水过后，因水冲积，留下一个高台子，有王姓从现在包庄后苗铺村搬迁过来，故叫高台。1957年属光辉大队；1961年下半年属高台大队；后属高台村委会；2008年属李庄村民委员会。

窦庄

窦庄（Dòuzhuāng） 属酒店乡李庄村民委员会。地处李庄村东北部，东至丁庄郝楼，北至沙河，南至张庄，西至郝庄。总户数为210户，总人口为688人。面积为0.63平方千米。

窦姓建庄，故名窦庄。1957年属光辉大队；1961年下半年属高台大队；后属高台村委会；2008年属李庄村民委员会。

郝庄

郝庄（Hǎozhuāng） 属酒店乡李庄村民委员会。地处李庄村东北部，北至沙河，南至窦庄，东至黄赵路，西至高台。总户数为177户，总人口为589人。面积为0.67平方千米。

早年郝姓在此立庄，故而得名。1957年属光辉大队；1961年下半年属高台大队；后属高台村委会；2008年属李庄村民委员会。

夏王庄

夏王庄（Xiàwángzhuāng） 属酒店乡李庄村民委员会。地处李庄村北部，北至沙河，南至李庄，东至高台，西至朱新庄。总户数为145户，总人口为456人。面积为0.72平方千米。

夏姓、王姓居民占地立庄，故名夏王庄。1957年属光辉大队；1961年下半年属高台大队；后属高台村委会；2008年属李庄村民委员会。

朱新庄

朱新庄（Zhūxīnzhuāng） 属酒店乡李庄村民委员会。地处李庄村北部，南至王楼，北至沙河，西至朱堤湾，东至夏王庄。总户数为100户，总人口为323人。面积为0.39平方千米。

朱姓居民迁此建新庄，故而得名。1957年属光辉大队；1961年下半年属高台大队；后属高台村委会；2008年属李庄村民委员会。

朱楼

朱楼（ZhūLóu） 属酒店乡李庄村民委员会。地处李庄村北部，东至刘庄，西至小堤湾，南至湘西河，北至胡大庄。总户数为94户，总人口为340人。面积为0.53平方千米。

朱姓居民迁此建新庄，故而得名。1957

年属光辉大队；1961年下半年属高台大队；后属高台村委会；2008年属李庄村民委员会。

孙庄

孙庄（Sūnzhuāng） 属酒店乡旗杆村民委员会。地处旗杆村西部，东至陈庄，南至小王楼，西至吴庄，北至小吴集。总户数为143户，总人口为408人。面积为0.62平方千米。

孙氏在此村人数较多，故名孙庄。1958年属酒店人民公社陈庄大队，1981年属东镇旗杆大队，1992年属酒店乡旗杆村，1997年属陈庄村，2006年合并村庄属酒店乡旗杆村至今。

陈庄

陈庄（Chénzhuāng） 属酒店乡旗杆村民委员会。地处旗杆村西部，东至任旗杆，南至庞庄、西孙庄，北至北李庄。总户数为278户，总人口为897人。面积为1.09平方千米。

陈姓居民在此占地立庄，村庄较大，故名大陈庄。1958年属酒店人民公社陈庄大队，1981年属东镇旗杆大队，1992年属酒店乡旗杆村，1997年属陈庄村，2006年合并村庄，属酒店乡旗杆村至今。

旗杆

旗杆（Qígǎn） 属酒店乡旗杆村民委员会。地处旗杆村南部，东至南李庄，南至庞庄，西至陈庄，北至邓楼。总户数为108户，总人口为360人。面积为0.64平方千米。

相传该村任姓人士得功名，有权势，在家门外立旗杆以显身份，故名任旗杆。1958年属酒店人民公社陈庄大队，1981年属东镇旗杆大队，1992年属酒店乡旗杆村，1997年属陈庄村，2006年合并村庄，属酒店乡旗杆村至今。

朱庄

朱庄（Zhūzhuāng） 属酒店乡旗杆村民委员会。地处旗杆村西部，东至任旗杆，南至庞庄，西至陈庄，北至陈庄。总户数为85户，总人口为266人。面积为0.34平方千米。

明代朱姓三兄弟在此占产立庄，当时人少村小，为小朱庄，后改为朱庄，故而得名。1958年属酒店人民公社陈庄大队，1981年属东镇旗杆大队，1992年属酒店乡旗杆村，1997年属陈庄村，2006年合并村庄，属酒店乡旗杆村至今。

王庄村

王庄村（Wángzhuāngcūn） 属酒店乡旗杆村民委员会。地处旗杆村东部，东至高洼，南至庞庄，西至南李庄，北至东镇。总户数为51户，总人口为171人。面积0.27平方千米。

明代王姓在此定居，故名王庄。1958年属酒店人民公社陈庄大队，1981年属东镇旗杆大队，1992年属酒店乡旗杆村，1997年属陈庄村，2006年合并村庄，属酒店乡旗杆村至今。

南李庄

南李庄（Nánlǐzhuāng） 属酒店乡旗杆村民委员会。地处旗杆村东部，东至王庄，南至庞庄，西至任旗杆，北至邓楼。总户数为70户，总人口为189人。面积0.29平方千米。

李氏在此村人数较多，村庄较大，故名大李庄，后称南李庄。1958年属酒店人民公社陈庄大队，1981年属东镇旗杆大队，1992年属酒店乡旗杆村，1997年属陈庄村，2006年合并村庄，属酒店乡旗杆村至今。

北李庄

北李庄（Běilǐzhuāng） 属酒店乡旗杆村民委员会。地处旗杆村西部，东至邓楼，南至陈庄，西至小吴集，北至张小屯。总户数为71户，总人口为198人。面积0.39平方千米。

李氏在此建庄，村庄较小，故名小李庄，后称北李庄。1958年属酒店人民公社陈庄大队，1981年属东镇旗杆大队，1992年属酒店乡旗杆村，1997年属陈庄村，2006年合并村庄属酒店乡旗杆村至今。

张小屯

张小屯（Zhāngxiǎotún） 属酒店乡旗杆村民委员会。地处旗杆村中部，东至邓楼，南至北李庄，西至小吴集，北至纵王庄。总户数为189户，总人口为590人。面积为0.73平方千米。

张氏在此屯田定居，故名张小屯。1958年属酒店人民公社陈庄大队，1981年属东镇旗杆大队，1992年属酒店乡旗杆村，1997年属陈庄村，2006年合并村庄，属酒店乡旗杆村至今。

纵王庄

纵王庄（Zòngwángzhuāng） 属酒店乡旗杆村民委员会。地处旗杆村北部，东至罗庄，南至张小屯，西至张小屯，北至河申。总户数为86户，总人口为328人。面积0.75平方千米。

很早以前村里有纵、王两姓居住，故名纵王庄。1958年属酒店人民公社陈庄大队，1981年属东镇旗杆大队，1992年属酒店乡旗杆村，1997年属陈庄村，2006年合并村庄，属酒店乡旗杆村至今。

罗庄

罗庄（Luózhuāng） 属酒店乡旗杆村民委员会。地处旗杆村北部，东至吴庄，南至邓楼张小屯，西至纵王庄，北至刘庄。总户数为203户，总人口为629人。面积0.91平方千米。

早年罗姓在此落户建庄，取名罗庄。1958年属酒店人民公社陈庄大队，1981年属东镇旗杆大队，1992年属酒店乡旗杆村，1997年属陈庄村，2006年合并村庄，属酒店乡旗杆村至今。

吴庄

吴庄（Wúzhuāng） 属酒店乡旗杆村民委员会。地处旗杆村北部，东至西李楼，南至邓楼，西至罗庄，北至东镇。总户数为100户，总人口为322人。面积0.49平方千米。

吴姓在此占地立庄，故而得名。1958年属酒店人民公社陈庄大队，1981年属东镇旗杆大队，1992年属酒店乡旗杆村，1997年属邓楼村，2006年合并村庄，属酒店乡旗杆村至今。

邓楼

邓楼（Dènglóu） 属酒店乡旗杆村民委员会。地处旗杆村中部，东至李九店，南至任旗杆陈庄，西至北李庄张小屯，北至吴庄。总户数为99户，总人口为310人。面积0.75平方千米。

邓姓迁此居住，村中建有一楼，故名邓楼。1958年属酒店人民公社陈庄大队，1981年属东镇旗杆大队，1992年属酒店乡旗杆村，1997年属邓楼村，2006年合并村庄，属酒店乡旗杆村至今。

孟暗楼

孟暗楼（Mèng'ànlóu） 属酒店乡孟暗楼村民委员会。地处孟暗楼中部，南至小堤弯，东至李庄村王楼，西至黄青路，北至朱沙滩。总户数为424户，总人口为1443人。

面积为1.37平方千米。

早年孟姓在此盖了一座没有窗户的楼，当时楼很暗，故而得名。1949年属黄口区；1950年实行乡制，属酒店乡人民政府，至今属孟暗楼村民委员会。

苇子园

苇子园（Wěiziyuán） 属酒店乡孟暗楼村民委员会。地处孟暗楼村北部，南至孟暗楼，东至朱沙滩，西至黄青路，北至周孟庄。总户数为212户，总人口为712人。面积为0.99平方千米。

因周边苇子较多，而得名为苇子园。1949年属黄口区；1953年属寇楼乡；1953—1961年属孟暗楼光辉社；1961年属黄口区酒店人民公社；1988—1997年属酒店乡周孟庄大队；1997年属酒店乡孟暗楼村至今。

前坝子

前坝子（Qiánbàzi） 属酒店乡孟暗楼村民委员会。地处孟暗楼村南部，南至朱楼，东至周孟庄，西至栾庄，北至黄口镇黄坝。总户数为216户，总人口为656人。面积为0.88平方千米。

因位于黄坝前面，故名前坝子。1949年属黄口区；1953年属寇楼乡；1953—1961年属孟暗楼光辉社；1961年属黄口区酒店人民公社；1988—1997年属酒店乡周孟庄大队；1997年属酒店乡孟暗楼村至今。

朱沙滩

朱沙滩（Zhūshātān） 属酒店乡孟暗楼村民委员会。地处孟暗楼村南部，南至孟暗楼，东至朱堤弯，西至苇子园，北至黄口镇唐庄。总户数为68户，总人口为225人。面积为0.33平方千米。

明朝年间，皇帝朱元璋统领天下，朱氏人丁兴旺，为扩大朱氏领域范围，令各户独占一片地盘，因此支位于沙滩，故得名。1949年属黄口区；1953年属寇楼乡；1953—1961年属孟暗楼光辉社；1961年属黄口区酒店人民公社；1988—1997年属酒店乡周孟庄大队；1997年属酒店乡孟暗楼村至今。

朱堤湾

朱堤湾（Zhūdīwān） 属酒店乡孟暗楼村民委员会。地处孟暗楼北部，南至李庄村王楼，东至李庄村朱新庄，西至朱沙滩，北至黄口镇瞎子营。总户数为77户，总人口为283人。面积为0.36平方千米。

明朝年间，皇帝朱元璋统领天下，朱氏人丁兴旺，为扩大朱氏领域范围，令朱姓各户独占一片地盘，该朱姓迁居于堤坝拐弯处，因而得名。1949年属黄口区；1953年属寇楼乡；1953—1961年属孟暗楼光辉社；1961年属黄口区酒店人民公社；1988—1997年属酒店乡周孟庄大队；1997年属酒店乡孟暗楼村至今。

周孟庄

周孟庄（Zhōumèngzhuāng） 属酒店乡孟暗楼村民委员会。地处孟暗楼村西北部，南至苇子园，东至朱沙滩，西至前坝子，北至黄口镇唐庄。总户数为240户，总人口为839人。面积为1.29平方千米。

村里多为周、孟两姓，故名周孟庄。1949年属黄口区；1953年属寇楼乡；1953—1961年属孟暗楼光辉社；1961年属黄口区酒店人民公社；1988—1997年属酒店乡周孟庄大队；1997年属酒店乡孟暗楼村至今。

小堤湾

小堤湾（Xiǎodīwān） 属酒店乡孟暗楼村民委员会。地处孟暗楼村北部，南至酒店村马楼，东至李庄杨楼，西至酒店丁庄，北至孟暗楼。总户数为372户，总人口为

1196人。面积为1.36平方千米。

该村因建在小河堤湾处，故名小堤湾。1949年属黄口区；1953年属寇楼乡；1953—1961年属孟暗楼光辉社；1961年属黄口区酒店人民公社；1988—1997年属酒店乡孟暗楼大队；1997年属酒店乡孟暗楼村至今。

栾庄

栾庄（Luánzhuāng） 属酒店乡孟暗楼村民委员会。地处孟暗楼村西部，南至朱楼，东至前坝，西至孟武楼，北至黄口镇胡庄。总户数为177户，总人口为613人。面积为0.61平方千米。

该地名起源待考证。1949年属黄口区；1953年属寇楼乡；1953—1961年属孟暗楼光辉社；1961年属黄口区酒店人民公社；1988—1997年属酒店乡周孟庄大队；1997年属酒店乡孟暗楼村至今。

酒店

酒店（Jiǔdiàn） 属酒店乡酒店村民委员会。村委会驻地，东至杨水口，南至刘楼潘杨庄，西至唐庄，北至豆腐营丁庄。总户数为447户，总人口为1825人。面积为1.48平方千米。

明朝时，有一孙姓人家在此开一酒店，建村时取名孙酒店，后简称酒店，亦有人写作九店。1949年来一直隶属酒店乡酒店村管辖。

杨水口

杨水口（Yángshuǐkǒu） 属酒店乡酒店村民委员会。地处酒店村东部，东至马楼，南至史庄，西至酒店，北至北湘河。总户数为226户，总人口为683人。面积为0.69平方千米。

原名杨堤口，北边河流因大雨决堤冲成一个大口子，故名杨堤口。年年遭水淹，1957年政府又重新开挖了萧砀运河，从此没有水灾，时间一长就改名为杨水口。1988年属单庄大队，1988年到2007年属马楼村，2007年至今属酒店村管辖。

马楼

马楼（Mǎlóu） 属酒店乡酒店村民委员会。地处酒店村东部，东至寇庄，南至王庄史庄，西至杨水口，北至北湘河。总户数为139户，总人口为454人。面积为0.47平方千米。

马姓在此立村建楼，故称马楼。1988年属单庄大队，1988年到2007年属马楼村，2007年至今属酒店村管辖。

潘杨庄

潘杨庄（Pānyángzhuāng） 属酒店乡酒店村民委员会。地处酒店村南部，东至刘楼，南至史庄，西至王新庄，北至酒店。总户数为86户，总人口为264人。面积为0.42平方千米。

由潘姓、杨姓共同建庄，故名。自1949年以来一直属酒店村管辖。

王新庄

王新庄（Wángxīnzhuāng） 属酒店乡酒店村民委员会。地处酒店村南部，东至潘杨庄，西至黄青路，南至菜园，北至酒店。总户数为100户，总人口为373人。面积为0.46平方千米。

王姓迁此建新庄，故名。自1949年以来一直属酒店村管辖。

豆腐营

豆腐营（Dòufuyíng） 属酒店乡酒店村民委员会。地处酒店村西北部，东至酒店，南至酒店，西至唐庄，北至运河。总户数为86户，总人口为313人。面积为0.39平方千米。

建村时本村有多家豆腐坊，以卖豆腐营生，故名豆腐营，为书写方便改写为豆付营。自1949年以来一直属酒店村管辖。

刘水园

刘水园（Liúshuǐyuán） 属酒店乡酒店村民委员会。地处酒店村北部，东至丁庄，南至北湘河，西至黄青路，北至孟暗楼。总户数为127户，总人口为432人。面积为0.48平方千米。

该村大部分住户以种水果、蔬菜为生，本村以刘姓居多，故名刘水园。自1949年以来一直属酒店村管辖。

丁庄

丁庄（Dīngzhuāng） 属酒店乡酒店村民委员会。地处酒店村北部，东至小提湾，南至酒店，西至刘水园，北至孟暗楼。总户数为181户，总人口为586人。面积为0.57平方千米。

明代，丁姓在此屯田立庄，故而得名。自1949年以来一直属酒店村管辖。

刘楼

刘楼（LiúLóu） 属酒店乡酒店村民委员会。地处酒店村民委员会北部，东至杨水口，南至朱楼史庄，西至潘杨庄，北至酒店。总户数为86户，总人口为196人。面积为0.28平方千米。

明代，刘姓在此屯田立楼，故而得名。自1949年以来一直属酒店村管辖。

郑庄

郑庄（Zhèngzhuāng） 属酒店乡杨楼村民委员会。地处杨楼村东部，东至孙集，西至刘蛮寺，北至孙庄，南至李酒店。总户数为257户，总人口为823人。面积为1.19平方千米。

明代郑姓在此占产立庄，故而得名。1949年属萧县赵庄区劳动社；1958年为酒店公社王楼大队；1981年恢复地名时为王楼大队；1987年体制改革时属酒店乡刘蛮寺村；2008年并村后属杨楼村至今。

刘蛮寺

刘蛮寺（Liúmánsì） 属酒店乡杨楼村民委员会。地处杨楼村东部，东至郑庄，西至蒋庄，北至高庄，南至赵庄史庄。总户数为246户，总人口为795人。面积为1.47平方千米。

明代时一个南方人找风水来到此地，占产立庄，因当时蛮子是刘姓，故名刘蛮寺。1949年属萧县赵庄区劳动社；1958年属酒店公社王楼大队；1981年恢复地名时属王楼大队；1987年体制改革时属酒店乡刘蛮寺村；2008年并村后属杨楼村至今。

高庄

高庄（Gāozhuāng） 属酒店乡杨楼村民委员会。地处杨楼村东部，东至小王楼，西至刘庄，南至刘蛮寺，北至丹楼村刘庄。总户数为147户，总人口为504人。面积为0.49平方千米。

明代高姓在此占产立庄，故而得名。1949年属萧县赵庄区劳动社；1958年属酒店公社王楼大队；1981年恢复地名时属王楼大队；1987年体制改革时属酒店乡刘蛮寺村；2008年并村后属杨楼村至今。

刘庄

刘庄（Liúzhuāng） 属酒店乡杨楼村民委员会。地处杨楼村东部，东至高庄，西至杨楼，北至朱楼，南至刘蛮寺。总户数为125户，总人口为409人。面积为0.46平方千米。

明代刘姓，在此占地立庄，因居民较多，村子较大，故而得名。1949年属萧县赵庄区劳动社；1958 年属大屯公社杨楼大队；1981 年恢复地名时属杨楼大队；1984 年体制改革时属大屯区何寨乡杨楼村；1992 年划属酒店乡杨楼村至今。

杨楼

杨楼（Yánglóu） 属酒店乡杨楼村民委员会。地处杨楼村中部，西至李屯，东至刘庄，南至李屯，北至丹楼。总户数为 148 户，总人口为 464 人。面积为 0.71 平方千米。

明代杨姓在此占产立庄，并建楼，故而得名。1949 年属萧县赵庄区劳动社；1958 年属大屯公社杨楼大队；1981 年恢复地名时属杨楼大队；1984 年体制改革时属大屯区何寨乡杨楼村；1992 年属酒店乡杨楼村至今。

李小屯

李小屯（Lǐxiǎotún） 属酒店乡杨楼村民委员会。地处杨楼村南部，东至高庄，西至大宫庄，南至蒋庄，北至杨楼。总户数为 181 户，总人口为 580 人。面积为 0.53 平方千米。

明代刘姓在此占产屯田立庄，故而得名。1949 年属萧县赵庄区劳动社；1958 年属大屯公社杨楼大队；1981 年恢复地名时属杨楼大队；1984 年体制改革时属大屯区何寨乡杨楼村；1992 年属酒店乡杨楼村至今。

大宫庄

大宫庄（Dàgōngzhuāng） 属酒店乡杨楼村民委员会。地处杨楼村西部，东至李小屯，西至新庄，南至关坑，北至丹楼。总户数为 209 户，总人口为 825 人。面积为 0.97 平方千米。

明代宫姓在此占产立庄，故而得名。1949 年属萧县赵庄区劳动社；1958 年属大屯公社杨楼大队；1981 年恢复地名时属杨楼大队；1984 年体制改革时属大屯区何寨乡杨楼村；1992 年属酒店乡杨楼村至今。

新宫庄

新宫庄（Xīngōngzhuāng） 属酒店乡杨楼村民委员会。地处杨楼村西部，东至大宫庄，西至王庄，南至关坑，北至丹楼。总户数为 112 户，总人口为 322 人。面积为 0.42 平方千米。

1943 年，部分大宫庄群众为种地方便到此立庄，因当时是从大宫庄迁出，故名新宫庄。1949 年属萧县赵庄区劳动社；1958 年属大屯公社杨楼大队；1981 年恢复地名时属杨楼大队；1984 年体制改革时属大屯区何寨乡杨楼村；1992 年属酒店乡杨楼村至今。

丹楼

丹楼（Dānlóu） 属酒店乡丹楼村民委员会。地处丹楼村西部，东至朱楼，西至何寨，北至王老家，南至宫庄。总户数为 221 户，总人口为 1009 人。面积为 1.13 平方千米。

该村原为丹楼村，空村治理，由老村改新村，故更名。1956 年撤区并乡时属冯庄乡，1958 年属大屯区叩楼乡，1958 年人民公社化时属酒店人民公社丹楼大队，1984 年 5 月属酒店乡丹楼委员会。

九里湾

九里湾（Jiǔlǐwān） 属酒店乡丹楼村民委员会。地处丹楼村西部，总户数为 46 户，总人口为 212 人。面积为 0.31 平方千米。

省道修建，大屯镇向北九里、砀山县王屯向东九里有一转弯，故而得名。1956 年撤区并乡时属冯庄乡，1958 年属大屯区寇楼乡，1958 年人民公社化时属酒店人民公社丹楼大队，1984 年 5 月属酒店乡丹楼委员会。

杨菜园

杨菜园（Yángcàiyuán） 属酒店乡丹楼村民委员会。地处丹楼村西部，东至新庄，西至王老家，北至酒店，南至丹楼。总户数为207户，总人口为766人。面积为0.87平方千米。

杨氏在此建村，种菜园而得名。1956年撤区并乡时属冯庄乡，1958年属大屯区寇楼乡，1958年人民公社化时属酒店人民公社丹楼大队，1984年5月属酒店乡丹楼委员会。

朱楼村

朱楼村（Zhūlóucūn） 属酒店乡丹楼村民委员会。地处丹楼村中部，东至董庄，西至丹楼，北至潘庄，南至刘庄。总户数为262户，总人口为896人。面积为1.34平方千米。

早年有朱氏在此建村并盖炮楼，故而得名。1949年起属大屯区寇楼乡，1956年撤区并乡时属冯庄乡，1958年人民公社化时属酒店人民公社丹楼大队，1984年属酒店乡丹楼委员会。

王楼

王楼（Wánglóu） 属酒店乡丹楼村民委员会。地处丹楼村东南部，东至孙集，西至高庄，南至郑庄，北至吴庄。总户数为69户，总人口为228人。面积为0.39平方千米。

明代王姓在此占地立庄，因当时人少村小而得名。1949年起属赵庄区陈庄乡，1956年撤区并乡时属陈庄乡，1958年人民公社化时属酒店人民公社王楼大队，1984年属酒店乡孙集村，2008年属酒店乡丹楼村民委员会至今。

孙集村

孙集村（Sūnjícūn） 属酒店乡丹楼村民委员会。地处丹楼村东南部，东至庞庄，西至王楼，南至新庄，北至黄楼。总户数为144户，总人口为481人。面积为0.55平方千米。

清代孙姓在此占地立庄，后设集市，故而得名。1949年起属赵庄区陈庄乡，1956年撤区并乡时属陈庄乡，1958年人民公社化时属酒店人民公社王楼大队，1984年属酒店乡孙集村，2008年属酒店乡丹楼村民委员会至今。

黄楼

黄楼（Huánglóu） 属酒店乡丹楼村民委员会。地处丹楼村东南部，东至陈庄，西至王楼，南至樊屯，北至孙庄。总户数为143户，总人口为462人。面积为0.53平方千米。

清朝有一老黄口黄姓人家在此占产立庄，并建一门楼，故而得名。1949年起属赵庄区陈庄乡，1956年撤区并乡时属陈庄乡，1958年人民公社化时属酒店人民公社王楼大队，1984年属酒店乡孙集村，2008年属酒店乡丹楼村民委员会至今。

吴庄

吴庄（Wúzhuāng） 属酒店乡丹楼村民委员会。地处丹楼村东南部，东至孙庄，西至刘庄，南至王楼，北至董庄。总户数为108户，总人口为392人。面积为0.47平方千米。

明末清初吴姓在此占地立庄，故而得名。1949年起属赵庄区陈庄乡，1956年撤区并乡时属陈庄乡，1958年人民公社化时属酒店人民公社王楼大队，1984年5月属酒店乡孙集村，2008年属酒店乡丹楼村民委员会至今。

刘庄

刘庄（Liúzhuāng） 属酒店乡丹楼村民委员会。地处丹楼村南部，东至吴庄，西至丹楼，北至董庄，南至高庄。总户数为197户，总人口为650人。面积为1.3平方千米。

刘姓在此占地建庄，故名为刘庄。1949年起属赵庄区陈庄乡，1956年撤区并乡时属陈庄乡，1958年人民公社化时属酒店人民公社王楼大队，1984年5月属酒店乡孙集村，2008年属酒店乡丹楼村民委员会至今。

单庄

单庄（Shànzhuāng） 属酒店乡申河村民委员会。地处申河村北部，东至东镇村，西至孙庄，南至申河，北至湘西河。总户数为101户，总人口为267人。面积为0.49平方千米。

该村原住民以单姓为主，故名单庄。1949年属黄口区滨沙乡；1956年属酒店乡共和社；1958年公社化属酒店乡人民公社；后改为酒店乡单庄村；2008年属酒店乡申河村至今。

申河

申河（Shēnhé） 属酒店乡申河村民委员会。地处申河村东北部，东至东镇，西至申河路，南至张小屯，北至单庄。总户数为92户，总人口为299人。面积为0.45平方千米。

该村原庄东庄西各有一条河，两河中间住着几户村民，故取名河申。1949年属黄口区滨沙乡；1956年属酒店乡共和社；1958年人民公社化时属酒店乡人民公社；后改为酒店乡单庄村；2008年属酒店乡申河村至今。

前寇庄

前寇庄（Qiánkòuzhuāng） 属酒店乡申河村民委员会。地处申河村北部，北至后寇，南至杨庄，东至申河路，西至后寇。总户数为161户，总人口为550人。面积为0.51平方千米。

该村原住民以寇姓为主，分为前后两庄，前庄为前寇庄。1949年属黄口区滨沙乡；1956年属酒店乡共和社；1958年公社化属酒店乡人民公社；后改为酒店乡单庄村；2008年属酒店乡申河村至今。

后寇庄

后寇庄（Hòukòuzhuāng） 属酒店乡申河村民委员会。地处申河村北部，南至前寇，北至权酒路，东至申河路，西至马楼。总户数为227户，总人口为686人。面积为0.55平方千米。

该村原住民以寇姓为主，分为前后两庄，后庄为后寇庄。1949年属黄口区滨沙乡；1956年属酒店乡共和社；1958年人民公社化时期属酒店乡人民公社；后改为酒店乡单庄村；2008年属酒店乡申河村至今。

孙庄

孙庄（Sūnzhuāng） 属酒店乡申河村民委员会。地处申河村北部，南至权酒路，北至湘西河，东至单庄，西至后寇。总户数为162户，总人口为540人。面积为0.62平方千米。

该村原住民以孙姓为主，故名孙庄。1949年属黄口区滨沙乡；1956年属酒店乡共和社；1958年公社化属酒店乡人民公社；后改为酒店乡单庄村；2008年属酒店乡申河村至今。

杨庄

杨庄（Yángzhuāng ） 属酒店乡申河

村民委员会。地处申河村民委员会中部，东至前寇，南至吴集，北至前寇，西至王庄。总户数为36户，总人口为116人。面积为0.22平方千米。

该村村民全部姓杨，故名杨庄。1949年属黄口区滨沙乡；1956年属酒店乡共和社；1958年公社化属酒店乡人民公社；后改为酒店乡单庄村；2008年属酒店乡申河村至今。

史庄

史庄（Shǐzhuāng） 属酒店乡申河村民委员会。地处申河村西北部，东至王庄，南至董庄，北至刘楼，西至潘杨庄。总户数为103户，总人口为329人。面积为0.29平方千米。

该村原住民以史姓为主，故名史庄。1949年属黄口区滨沙乡；1956年属酒店乡共和社；1958年公社化属酒店乡人民公社；后改为酒店乡单庄村；2008年属酒店乡申河村至今。

王庄

王庄（Wángzhuāng） 属酒店乡申河村民委员会。地处申河村中部，东至杨庄，南至吴集，北至马楼，西至史庄。总户数为132户，总人口为467人。面积为0.53平方千米。

该村原住民以王姓为主，故名王庄。1949年属黄口区滨沙乡；1956年属酒店乡共和社；1958年公社化属酒店乡人民公社；后改为酒店乡单庄村；2008年属酒店乡申河村至今。

董庄

董庄（Dǒngzhuāng） 属酒店乡申河村民委员会。地处申河村西部，东至吴集，西至朱楼，南至刘庄，北至史庄。总户数为173户，总人口为576人。面积为0.53平方千米。

该村原住民以董姓为主，故名董庄。1949年属黄口区滨沙乡；1956年属酒店乡共和社；1958年公社化属酒店乡人民公社；后改为酒店乡单庄村；2008年属酒店乡申河村至今。

吴集

吴集（Wújí） 属酒店乡申河村民委员会。地处申河村东南部，东至申河路，西至董庄，南至孙庄，北至前寇。总户数为401户，总人口为1273人。面积为1.35平方千米。

新中国成立前村名为永兴集，新中国成立后改为小吴集至今。1949年属萧县寇楼乡小吴集高级社；1958年属酒店乡人民公社；1980年体制改革时为酒店乡小吴集村；1981年为大屯区酒店乡小吴集大队；2008年改为申河村小吴集自然村。

朱楼

朱楼（Zhūlóu） 属酒店乡西赵楼村民委员会。村委会驻地，东至何集，南至朱楼，西至巍营，北至林场。总户数为436户，总人口为1585人。面积为1.39平方千米。

早年朱姓在此建村立庄，且建有一楼，故取名朱楼。1954年属永城县；1964年属萧县林楼公社；1982年属大屯镇何寨乡；1992年属酒店乡西赵楼村民委员会至今。

赵楼

赵楼（Zhàolóu） 属酒店乡西赵楼村民委员会。地处西赵楼中部，东至何寨楼，南至贾庄，西至朱楼，北至张庄。总户数为167户，总人口为561人。面积为0.67平方千米。

早年赵姓在此建村，为防匪患建楼一座，故称赵楼。1954年属永城县；1964年划属萧县林楼公社；1982年属大屯镇何寨乡；

1992年属酒店乡西赵楼村民委员会至今。

贾庄

贾庄（Jiǎzhuāng） 属酒店乡西赵楼村民委员会。地处西赵楼南部，东至何寨，南至赵楼，西至申庄，北至何集。总户数为198户，总人口为667人。面积为0.59平方千米。

贾氏在此占产立庄，故名贾庄。1954年属永城县；1964年划属萧县林楼公社；1982年属大屯镇何寨乡；1992年属酒店乡西赵楼村民委员会至今。

何集

何集（Héjí） 属酒店乡西赵楼村民委员会。地处西赵楼东部，东至赵楼，南至张楼，西至邸楼，北至申庄。总户数为317户，总人口为1041人。面积为1.16平方千米。

该村何姓人口居多，因集市设在本村，故名何集。1954年属永城县；1964年划属萧县林楼公社；1982年属大屯镇何寨乡；1992年属酒店乡西赵楼村民委员会至今。

申庄

申庄（Shēnzhuāng） 属酒店乡西赵楼村民委员会。地处西赵楼北部，东至何寨，南至张庄，西至林场，北至任屯。总户数为192户，总人口为816人。面积为1.19平方千米。

申氏在此占产立庄，因而得名。1954年属永城县；1964年属萧县林楼公社；1982年属大屯镇何寨乡；1992年属酒店乡西赵楼村民委员会至今。

张庄

张庄（Zhāngzhuāng） 属酒店乡西赵楼村民委员会。地处西赵楼东部，东至汪庄，南至何楼，西至邸楼，北至赵楼。总户数为106户，总人口为327人。面积为0.71平方千米。

明代郑姓在此占产立庄，故而得名。1954年属永城县；1964年属萧县林楼公社；1982年属大屯镇何寨乡；1992年属酒店乡西赵楼村民委员会至今。

郑庄

郑庄（Zhèngzhuāng） 属酒店乡西赵楼村民委员会。地处西赵楼东部，总户数为131户，总人口为310人。面积为1.2平方千米。

明代郑姓在此占产立庄，故而得名。1954年属永城县，1964年属萧县林楼公社；1982年属大屯镇何寨乡；1992年属酒店乡西赵楼村民委员会至今。

赵楼

赵楼（Zhàolóu） 属酒店乡和谐村民委员会。地处和谐村西部，西至砀山任屯，南至龙新庄，东至王小屯，北至小汪楼。总户数为246户，总人口为843人。面积为1.19平方千米。

早年张姓在此立村，建一座木楼，名张天木楼。后来赵姓迁来居住并发迹，赵姓为防匪患建楼一座，故更名赵楼。1958年属东镇人民公社汪楼大队；1979年属大屯区何寨乡汪楼大队；1991年撤区并乡时属何寨乡汪楼大队；1995年与小汪楼合并为北赵楼村；2007年并村，属和谐村民委员会至今。

小汪楼

小汪楼（Xiǎowānglóu） 属酒店乡和谐村民委员会。地处和谐村西北部，西至砀山邵庄，北至砀山张安李楼，南至北赵楼，东至王老屯。总户数为188户，总人口为600人。面积为0.68平方千米。

据说本村始祖雄太爷原为广州周始县

太子滩人，雄太子爷辅佐明帝立大功封为将军后入驻徐州，因避战乱迁来此处立村建楼，故名小汪楼。1958年属东镇人民公社杨洼大队，后改为北赵楼大队；1979年属大屯区何寨乡汪楼大队；1991年撤区并乡时属何寨乡汪楼大队，1995年与小汪楼合并为北赵楼村；2007年并村，属和谐村民委员会至今。

唐庄

唐庄（Tángzhuāng） 属酒店乡和谐村民委员会。地处和谐村东部，西至王小屯，东至酒店，南至王老家，北至杨洼。总户数为87户，总人口为327人。面积为0.28平方千米。

唐姓来此占地建庄，故名唐庄至今。1958年属酒店人民公社汪楼大队；1979年属大屯区何寨乡汪楼大队，1991年撤区并乡时属何寨乡汪楼大队，1995年与小汪楼合并为北赵楼村，2007年并村属和谐村民委员会至今。

王小屯

王小屯（Wángxiǎotún） 属酒店乡和谐村民委员会。地处和谐村东部，西至赵楼，东至唐庄，南至王老家，北至杨洼。总户数为67户，总人口为190人。面积为0.17平方千米。

王姓人家来此屯田建村，故名王小屯。1958年属酒店人民公社汪楼大队；1979年属大屯区何寨乡汪楼大队，1991年撤区并乡时属何寨乡汪楼大队，1995年与小汪楼合并为北赵楼村，2007年并村，属和谐村民委员会至今。

潘暗楼

潘暗楼（Pān' ànlóu） 属酒店乡和谐村民委员会。地处和谐村东南，西至龙新庄，南至李庄，北至酒泉路，东至王老家。总户数为251户，总人口为884人。面积为1.16平方千米。

以前丁姓在此建村盖楼叫丁楼，而后王家姓挑杆子又改名叫王暗楼，两百年后潘姓在此发迹，建一座青砖青瓦楼，故又改名叫潘暗楼至今。1949年前属滨沙乡，而后属寇楼乡；1949年后又属冯庄乡；1958年后属东镇人民公社；1979年与王老家分大队属大屯区何寨乡；1991年撤区并乡时属酒店乡潘暗楼；2007年底并村，属酒店乡和谐村。

李庄

李庄（Lǐzhuāng） 属酒店乡和谐村民委员会。地处和谐村南部，西至何寨学校，南至237国道，北至潘暗楼，东至冯庄。总户数为163户，总人口为571人。面积为0.53平方千米。

李家人在此居住建庄，故而得名。1949年前属滨沙乡，而后属寇楼乡；1949年后又属冯庄乡；1958年属东镇人民公社；1979年与王老家分大队属大屯区何寨乡，1991年撤区并乡时属酒店乡潘暗楼，2007年底并村，属酒店乡和谐村。

龙新庄

龙新庄（Lóngxīnzhuāng） 属酒店乡和谐村民委员会。地处和谐村西南部，西至毛河，南至237国道，北至赵楼，东至潘暗楼。总户数为68户，总人口为225人。面积为0.42平方千米。

龙、王、谢、彭四姓一起迁到此地，因龙姓人口较多，故而得名。1949年前属滨沙乡，而后属寇楼乡；1949年后又属冯庄乡；1958年后属东镇人民公社；1979年与王老家分大队属大屯区何寨乡；1991年撤区并乡时属酒店乡潘暗楼；2007年底并村，属酒店乡和谐村。

王老家

王老家（Wánglǎojiā） 属酒店乡和谐村民委员会。地处和谐村东南，西至潘暗楼，东至丹楼杨菜园，南至冯庄，北至酒店村。总户数为369户，总人口为1221人。面积为1.32平方千米。

该村原名孙老家，因王家地位高，人口众，故改名王老家。1949年前属滨沙乡；1949年后又属冯庄乡；1958年后属酒店乡人民公社；1979年与潘暗楼分大队属大屯区何寨乡；1991年撤区并乡时属酒店乡王老家村；2007年底并村，属酒店乡和谐村。

冯庄

冯庄（Féngzhuāng） 属酒店乡和谐村民委员会。地处和谐村民委员会东南部，西至李庄，南至丹楼九里湾，北至王老家，东至丹楼九里湾。总户数为105户，总人口为361人。面积为0.36平方千米。

清朝有一姓冯的人家在此占地立庄，故而得名。1949年前属滨沙乡，而后属寇楼乡；1949年后又属寇楼乡；1958年后属赵庄区光辉人民公社，低级社时期属黄口区红旗社，后属酒店乡人民公社。2007年底并村，属酒店乡和谐村。

赵圈

赵圈（Zhàoquān） 属酒店乡赵圈村民委员会。地处赵圈村中部，南至寇楼，东至黄青路，西至杨洼，北至王庄。总户数为228户，总人口为690人。面积为1.67平方千米。

据传北宋皇帝赵匡胤南巡来到此处，圈地十里建设行宫，此地故得名“赵家圈”。1949年后属大屯区；1955年8月实行乡制属酒店乡；1956年8月撤区并乡仍属酒店乡；1958年人民公社化时属酒店公社赵圈大队；1977年并入赵圈村民委员会至今。

杨洼

杨洼（Yángwā） 属酒店乡赵圈村民委员会。地处赵圈村西部，南至汪楼，西至程庄，东至王庄，北至邵李庄。总户数为333户，总人口为1103人。面积1.51平方千米。

元末战乱时杨姓在此占产立庄，因地势低洼，故得名。1949年后属大屯区；1955年8月实行乡制属酒店乡；1956年8月撤区并乡仍属酒店乡；1958年人民公社化时属酒店公社赵圈大队；1977年并入赵圈村民委员会至今。

邵李庄

邵李庄（Shàolǐzhuāng） 属酒店乡赵圈村民委员会。地处赵圈村西部，南至杨洼，西至砀山县程庄，东至张庄，北至孟武楼。总户数为104户，总人口为326人。面积为0.47平方千米。

清朝中期邵姓、李姓在此占产立庄，故名。1949年后属大屯区；1955年实行乡制属酒店乡；1956年撤区并乡仍属酒店乡；1958年人民公社化时属酒店公社赵圈大队；1977年并入赵圈村村民委员会至今。

孟武楼

孟武楼（Mèngwǔlóu） 属酒店乡赵圈村民委员会。地处赵圈村西北部，南至邵李庄，北至砀山县华楼，西至砀山县任屯，东至栾庄。总户数为205户，总人口为663人。面积为0.98平方千米。

孟姓在此占产立庄，建了五座楼，故名。1949年后属大屯区；1955年实行乡制属酒店乡；1956年撤区并乡仍属酒店乡；1958年人民公社化时属酒店公社赵圈大队；1977

年并入赵圈村民委员会至今。

张庄

张庄（Zhāngzhuāng） 属酒店乡赵圈村民委员会。地处赵圈村北部，南至王庄，北至栾庄，西至郜李庄，东至朱楼。总户数为53户，总人口为178人。面积为0.29平方千米。

张姓在此占产立庄，故名张庄。1949年后属大屯区；1955年实行乡制属酒店乡；1956年撤区并乡仍属酒店乡；1958年人民公社化时属酒店公社赵圈大队；1977年并入赵圈村村民委员会至今。

寇楼

寇楼（Kòulóu） 属酒店乡赵圈村民委员会。地处赵圈村南部，南至酒店，东至刘水园，西至杨洼，北至赵圈。总户数为309户，总人口为1026人。面积为1.63平方千米。

寇准后裔在此占产立庄并建楼，故名。1949年后属大屯区；1955年8月实行乡制属酒店乡；1956年8月撤区并乡仍属酒店乡；1958年人民公社化时属酒店公社赵圈大队；1977年并入赵圈村民委员会至今。

朱楼

朱楼（Zhūlóu） 属酒店乡赵圈村民委员会。地处赵圈村北部，南至王庄，西至张庄，北至栾庄，东至黄青路。总户数为121户，总人口为412人。面积为1.65平方千米。

明朝时朱姓在此建村立庄，且建一楼，故取名朱楼。1949年后属大屯区；1955年实行乡制属酒店乡；1956年撤区并乡仍属酒店乡；1958年人民公社化时属酒店公社赵圈大队；1977年并入赵圈村民委员会至今。

王庄

王庄（Wángzhuāng） 属酒店乡赵圈村民委员会。地处赵圈村北部，南至赵圈，东至黄青路，西至杨洼，北至张庄。总户数为120户，总人口为404人。面积为0.76平方千米。

清朝时，王姓人家占产立庄，故名王庄。1949年后属大屯区，1955年实行乡制属酒店乡；1956年撤区并乡仍属酒店乡；1958年人民公社化时属酒店公社赵圈大队；1977年并入赵圈村民委员会至今。

汪庄

汪庄（Wāngzhuāng） 属酒店乡何寨村民委员会。地处何寨村西南部，南至大屯武楼，西至贾庄，东至前程庄，北至何太楼。总户数为130户，总人口为465人。面积为0.56千米。

早年汪姓在此建村定居，故名。1949年属河南省邵山乡；1963年划分给安徽省萧县林楼乡；后合并属大屯公社，后划属何寨乡；后划属酒店乡何寨村民委员会。

程庄

程庄（Chéngzhuāng） 属酒店乡何寨村民委员会。地处何寨村中部，南至前程庄，北至101省道，西至何寨，东至刘楼。总户数为240户，总人口为931人。面积为0.97平方千米。

程姓在此建庄，故名。1949年后属赵庄区瓦房，后划分归大屯区何寨乡六楼大队；1993年撤区并乡后，属酒店乡何寨村至今。

后程庄

后程庄（Hòuchéngzhuāng） 属酒店乡何寨村民委员会。地处何寨村中部，总户数为186户，总人口为900人。面积为0.8平方千米。

程姓在此建两个庄，该村位置在后，故名。1949年后属赵庄区瓦房，后划归大屯区何寨乡六楼大队；1993年撤区并乡后属酒店乡何寨村至今。

前程庄

前程庄（Qiánchéngzhuāng） 属酒店乡何寨村民委员会。地处何寨村中部，总户数为50户，总人口为220人。面积0.8平方千米。

程姓在此建两个庄，此村置前，故名。1949年后属赵庄区瓦房，后划分归大屯区何寨乡六楼大队；1993年撤区并乡后属酒店乡何寨村至今。

何寨

何寨（Hézhài） 属酒店乡何寨村民委员会。地处何寨村西部，西至何小庄，南至汪庄，东至程庄，北至101省道。总户数为429户，总人口为1458人。面积为1.47平方千米。

何姓在此建村设寨，故名何寨。1949年初属河南省邵山乡；1949年后属芒山乡；1963年属安徽省萧县林楼乡，后属大屯公社，后划属何寨乡，后划属酒店乡何寨村民委员会。

何小庄

何小庄（Héxiǎozhuāng） 属酒店乡何寨村民委员会。地处何寨村西部，南至张庄，北至110省道，西至林场，东至何寨。总户数66户，总人口为205人。面积0.37平方千米。

何姓在此建小庄，故名。1949年属河南省邵山乡；1963年属安徽省萧县林楼乡，后合并属大屯公社，后划属何寨乡，后划属酒店乡何寨村民委员会。

刘楼

刘楼（Liúlóu） 属酒店乡何寨村民委员会。地处何寨村东南，南至董屯，西至程庄，东至王庄，东至101省道。总户数为320户，总人口为1069人。面积1.19平方千米。

刘姓在此建村盖楼，故名。1949年属赵庄瓦房，后划属大屯何寨乡刘楼大队，1993年撤区并乡后属酒店乡何寨村至今。

王庄

王庄（Wángzhuāng） 属酒店乡何寨村民委员会。东至101省道，西至刘楼，南至董屯，北至丹楼。东南总户数为134户，总人口为484人。面积0.72平方千米。

因王姓人家较多而得名。1949年属赵庄瓦房，后划属大屯何寨乡刘楼大队，1993年撤区并乡后属酒店乡何寨村至今。

何太楼

何太楼（Hétàilóu） 属酒店乡何寨村民委员会。地处何寨村西部，南至汪庄，西至西赵楼村，北至何寨，东至程庄。总户数为181户，总人口为657人。面积0.83平方千米。

何姓在此建村，盖楼者在何姓中辈分较长，人称何老太爷，此村故名何太楼。原属河南省邵山乡，1963年划属安徽省萧县林楼乡，后属大屯公社，后属何寨乡，后属萧县酒店乡何寨村民委员会至今。

任老家

任老家（Rénlǎojiā） 属酒店乡东镇村民委员会。地处朱庄村西部，东至朱庄，南至任小庄，西至镇东，北至郑庄。总户数为450户，总人口为1310人。面积为1.21平方千米。

很久以前任姓在此建村，故名任老家。

1966年属道口公社；1974年属酒店乡人民公社；1992年属酒店乡。

郝瓦房

郝瓦房（Hǎowǎfáng） 属酒店乡东镇村民委员会。地处建华村北部，东至杜楼，南至吴庄，西至任小庄，北至任老家。总户数为140户，总人口为419人。面积为0.46平方千米。

明代郝姓在此占产立庄，并建瓦房，故而得名。1966年属道口公社；1974年属酒店乡人民公社；1992年属酒店乡东镇村。

任小庄

任小庄（Rénxiǎozhuāng） 属酒店乡东镇村民委员会。地处建华村西北部，东至朱庄，南至后任庄，西至东李楼，北至任老家。总户数为139户，总人口为477人。面积为0.47平方千米。

任姓在此占地建庄，因村小，故名。1966年属道口公社；1974年属酒店乡人民公社；1992年属酒店乡东镇村。

镇东

镇东（Zhèndōng） 属酒店乡东镇村民委员会。地处申河村东部，东至殷楼，南至西李楼，西至镇西，北至朱楼。总户数为384户，总人口为1283人。面积为1.26平方千米。

相传北宋皇帝赵匡胤南巡在此圈地十亩建行宫，故称赵家圈。并在东边设东城店，西边设西城店，后来东城店便成了镇东店。1966年属道口公社，1974年属酒店乡人民公社，1992年属酒店乡东镇村。

镇西

镇西（Zhènxī） 属酒店乡东镇村民委员会。地处申河村东部，东至镇东，南至吴庄，西至申河，北至朱楼。总户数为448户，总人口为1446人。面积为1.3平方千米。

相传北宋皇帝赵匡胤南巡在此圈地十亩建行宫，故称赵家圈。并在东边设东城店，西边设西城店，后来西城店便成了镇西。1966年属道口公社，1974年属酒店乡人民公社，1992年属酒店乡东镇村。

郑庄村

郑庄村（Zhèngzhuāngcūn） 属酒店乡东镇村民委员会。地处道口村西部，东至道口，南至任老家，西至殷楼，北至丁庄。总户数为382户，总人口为1222人。面积为1.3平方千米。

明朝晚期郑姓在此建村，故名。1966年属道口公社；1974年属酒店乡人民公社；1992年属酒店乡东镇村。

殷楼

殷楼（Yīnlóu） 属酒店乡东镇村民委员会。地处东镇村东部，东至郑庄，南至任老家，西至镇东，北至吴松园。总户数为169户，总人口为544人。面积为0.56平方千米。

殷氏在此建村，盖楼，故名。1966年属道口公社；1974年属酒店乡人民公社；1992年属酒店乡东镇村。

孙圩子乡

孙圩子

孙圩子（Sūnwéizi） 属孙圩子乡孙圩子村民委员会。地处孙圩子村中部，总户数为787户，总人口为2536人。面积1.3平方千米。

明初年间（1368—1399），孙姓在此建村。村周筑土圩，故名孙圩子。1958年属祖楼人民公社；1981年属徐双楼乡孙圩子大队；1992年属孙圩子乡孙圩子大队；2007年规划为孙圩子乡孙圩子村至今。

孙东

孙东（Sūndōng） 属孙圩子乡孙圩子村民委员会。地处孙圩子村中部，东至三八路，南至孙圩子沟，西至017县道，北至农贸市场。总户数为342户，总人口为1158人。面积1.3平方千米。

明初年间孙姓在此建村。村周筑土圩，故名孙圩子。1958年属祖楼人民公社；1981年属徐双楼乡孙圩子大队；1992年属孙圩子乡孙圩子大队；2007年规划为孙圩子乡孙圩子村至今。

孙西

孙西（Sūnxī） 属孙圩子乡孙圩子村民委员会。地处孙圩子村中部，东至017县道，南至孙圩子沟，西至湘西河，北至乡卫生院。总户数为346户，总人口为1157人。面积1.3平方千米。

明初年间孙姓在此建村。村周筑土圩，故名孙圩子。1958年属祖楼人民公社；1981年属徐双楼乡孙圩子大队；1992年属孙圩子乡孙圩子大队；2007年规划为孙圩子乡孙圩子村至今。

破阁

破阁（Pògé） 属孙圩子乡孙圩子村民委员会。地处孙圩子村东部，东至山体，南至贾窝，西至三八路，北至程山村地块。总户数为123户，总人口为454人。面积0.6平方千米。

又名九女阁。相传隋唐时期村中九女集资建造阁楼一座，故取名九女阁。后阁楼坍塌，无人修葺，破烂不堪，遂易名破阁。1958年属祖楼人民公社；1981年属徐双楼乡；1992年属孙圩子乡；2007年属孙圩子乡孙圩子村至今。

刘庄

刘庄（Liúzhuāng） 属孙圩子乡孙圩子村民委员会。地处孙圩子村北部，东至017县道，南至017县道，西至湘西河，北至程山村地块。总户数为122户，总人口为399人。面积为0.5平方千米。

有人自18世纪前从河南迁至此处定居，因刘姓村民居多，故名为刘庄。1958年属祖楼人民公社、祖楼管理区；1961年管理区改公社，属徐双楼公社；1992年撤庄并乡，属孙圩子乡孙圩子村至今。

接集

接集（Jiējí） 属孙圩子乡孙圩子村民委员会。地处孙圩子村西部，东至湘西河，南至柳园，西至湘西河，北至孙西地块。总户数为263户，总人口为915人。面积1.2平方千米。

从前村前有一条官道，路旁设驿站，村内设集市，由此得名接驿集，简称接集。1958年属祖楼人民公社祖楼管理区。1961年管理区改成公社，属徐双楼公社；1992年撤庄并乡属孙圩子乡接集村民委员会；2007年属孙圩子乡孙圩子村至今。

柿园

柿园（Shìyuán） 属孙圩子乡孙圩子村民委员会。地处孙圩子村北部，东至孙东地块，南至乡财政所，西至刘庄地块，北至程山村地块。总户数为137户，总人口为468人。面积0.6平方千米。

此村蒋姓较多，且村旁有一大柿子园，故名。1958年属祖楼人民公社，后属徐双楼公社；1992年属孙圩子乡蒋柿园村委会；2007年合村，属孙圩子乡孙圩子村民委员会至今。

程山南

程山南（Chéngshānnán） 属萧县孙圩子乡程蒋山村民委员会。地处程蒋山村南部，东至淮北刘窑，西至黄庄，南至孙圩子村，北至程山北。总户数为300户，总人口为900人。面积1.5平方千米。

该村靠山，程姓占山为王，故初名程山村。后经繁衍，人口众多，遂一分为二，在南，故名。1958年属王庄公社蒋庄大队；1976年属丁楼公社；1987年并村后，属孙圩子乡程蒋山村至今。

程山北

程山北（Chéngshānběi） 属萧县孙圩子乡程蒋山村民委员会。地处程蒋山村北部，东至淮北刘窑，西至黄庄，南至程山南，北至王庄村。总户数为230户，总人口为690人。面积1平方千米。

该村靠山，程姓占山为王，故初名程山村。后经繁衍，人口众多，遂一分为二，在北，故名。1958年属王庄公社蒋庄大队；1976年属丁楼公社；1987年并村后，属孙圩子乡程蒋山村至今。

程蒋庄

程蒋庄（Chéngjiǎngzhuāng） 属萧县孙圩子乡程蒋山村民委员会。地处程蒋山村中部，东至黄庄，西至徐双楼村，南至孙圩子村，北至王庄村。总户数为230户，总人口为720人。面积1.2平方千米。

该村靠山，程姓占山为王，故初名程山村。东汉时，蒋横随光武帝刘秀南征北战，功勋卓著，被封为逡遒侯，官拜大将军。不久刘秀听信谗言，将蒋横杀害，其九子亡命在外。刘秀后来醒悟，蒋横冤案昭雪，九子就地封侯，并以王侯之礼迁葬蒋横于该村。人们出于对忠臣的敬仰和爱戴，将程山村改名为程蒋山村，并将村东的山改为横山。1958年属王庄公社蒋庄大队；1976年属丁楼公社；1987年并村后，属孙圩子乡程蒋山村至今。

李庄

李庄（Lǐzhuāng） 属孙圩子乡程蒋山村民委员会。地处程蒋山村西南部，总户数为36户，总人口为182人。面积0.4平方千米。

很早以前李姓从江苏丰县逃荒，在此占产立庄，故名为李庄。1958年人民公社化时期，属祖楼公社十三营；1963年属祖楼区徐双楼乡；1966年属王寨区徐双楼乡；1970年属祖楼区孙圩子乡；1992年至今属孙圩子乡程蒋山村。

陈庄

陈庄（Chénzhuāng） 属孙圩子乡程蒋山村民委员会。地处程蒋山村西南部，总户数为80户，总人口为325人。面积0.4平方千米。

本庄陈姓较多，故而得名。1958年人民公社化时期属祖楼公社十三营；1963年属祖楼区徐双楼乡；1966年属王寨区徐双楼乡；1970年属祖楼区孙圩子乡；1992年至今属孙圩子乡程蒋山村。

蒋庄

蒋庄（Jiǎngzhuāng） 属孙圩子乡程蒋山村民委员会。地处程蒋山村西南部，总户数为81户，总人口为320人。面积0.5平方千米。

很久以前蒋姓在此占产立庄，故而得名。1958年人民公社化时期属祖楼公社；1963年属祖楼区徐双楼乡；1966年属王寨区徐双楼乡；1970年属祖楼区孙圩子乡；1992年至今属孙圩子乡程蒋山村。

黄庄

黄庄（Huángzhuāng） 属孙圩子乡程蒋山村民委员会。村委会驻地，东至程山，西至蒋陈庄，北至王庄村，南至孙圩子村。总户数为240户，总人口为730人。面积1.3平方千米。

明代黄河水漫过后，黄姓一家迁居此地耕种生活，人口越来越多，故取庄名为黄庄。1958年人民公社化时期属祖楼公社；1963年属祖楼区徐双楼乡；1966年属王寨区徐双楼乡；1970年属祖楼区孙圩子乡；1992年至今属孙圩子乡程蒋山村。

小王庄

小王庄（Xiǎowángzhuāng） 属孙圩子乡程蒋山村民委员会。地处程蒋山村东部，总户数为42户，总人口为230人。面积0.3平方千米。

王姓最早来此建村，因村庄较小，故取名小王庄。1958年人民公社化时期属祖楼公社；1963年属祖楼区徐双楼乡；1966年属王寨区徐双楼乡；1970年属祖楼区孙圩子乡；1992年至今属孙圩子乡程蒋山村。

张庄

张庄（Zhāngzhuāng） 属孙圩子乡王庄村民委员会。村委会驻地，东至张庄到杜平房南北水泥路，南至连霍高速公路，西至湘西河，北至汪庄。总户数为367户，总人口为1226人。面积为1.4平方千米。

张姓最早在此建庄定居，故名张庄。1958年成立人民公社，隶属丁楼人民公社王桃园大队；1992年撤区并乡，属孙圩子乡王庄村至今。

后桃园

后桃园（Hòutáoyuán） 属孙圩子乡王庄村民委员会。地处王庄村东部，东至沙河，南至017县道，西至张庄北到杜平房南北水泥路，北至杜平房。总户数为63户，总人口为179人。面积为0.4平方千米。

王姓最早在此建村，村旁有桃园，故得名王桃园。后扩展为前、中、后三个村，此村在后（最北边），故名。1958年成立人民公社，隶属丁楼人民公社王桃园大队；1992年撤区并乡，属孙圩子乡王庄村至今。

中桃园

中桃园（Zhōngtáoyuán） 属孙圩子乡王庄村民委员会。地处王庄村东部，东至沙河，南至连霍高速公路，西至张庄至杜平房南北水泥路，北至017县道。总户数为84户，总人口为286人。面积为0.3平方千米。

王姓最早在此建村，村旁有桃园，故得名王桃园。后扩展为前、中、后三个村，该村居中，故名。1958年成立人民公社，隶属丁楼人民公社王桃园大队；1992年撤区并乡，属孙圩子乡王庄村至今。

前桃园

前桃园（Qiántáoyuán） 属孙圩子乡王庄村民委员会。地处王庄村东部，东至沙河，南至程蒋山，西至贾庄到017县道南北路，北至连霍高速公路。总户数为183户，总人口为631人。面积为1平方千米。

王姓最早在此建村，村旁有桃园，故得名王桃园。后扩展为前、中、后三个村，此村居前（最南边），故名。1958年成立人民公社，隶属丁楼人民公社王桃园大队；1992年撤区并乡，属孙圩子乡王庄村至今。

贾庄

贾庄（Jiǎzhuāng） 属孙圩子乡王庄村民委员会。地处王庄村南部，东至贾庄到017县道南北路，南至程蒋山，西至017县道，北至连霍高速公路。总户数为122户，总人口为428人。面积为0.7平方千米。

最早贾氏在此建村立庄，故名贾庄。1958年成立人民公社，隶属丁楼人民公社王桃园大队；1992年撤区并乡，属孙圩子乡王庄村至今。

王楼

王楼（Wánglóu） 属孙圩子乡王庄村民委员会。地处王庄村西南部，东至017县道，南至024县道黄庄，西至湘西河，北至贾庄到王楼东西水泥路。总户数为108户，总人口为377人。面积为0.65平方千米。

早年为王姓财主的寄庄子，建有楼房，故名王楼。1958年成立人民公社，隶属丁楼人民公社王桃园大队；1992年撤区并乡，属孙圩子乡王庄村至今。

段庄

段庄（Duànzhuāng） 属孙圩子乡王庄村民委员会。地处王庄村西南，东至017县道，南至贾庄到王楼东西水泥路，西至湘西河，北至065乡道。总户数为80户，总人口为285人。面积为0.5平方千米。

清代段姓高官在此建村，并筑有庄园，故而得名。1958年成立人民公社，隶属丁楼人民公社王桃园大队；1992年撤区并乡，属孙圩子乡王庄村至今。

王庄

王庄（Wángzhuāng） 属孙圩子乡王庄村民委员会。地处王庄村西部，东至湘西河，南至065乡道，西至老湘西河，北至连霍高速公路。总户数为413户，总人口为1391人。面积为1.5平方千米。

因王姓最早来此建村，且筑有庄园，故名。1958年成立人民公社，隶属丁楼人民公社王庄大队；1992年撤区并乡，属孙圩子乡王庄村至今。

郑楼

郑楼（Zhènglóu） 属孙圩子乡王庄村民委员会。地处王庄村西南部，东至湘西河，南至郑楼南北水泥路，西至065乡道，北至郑楼南北水泥路。总户数为119户，总人口为396人。面积为0.6平方千米。

早年郑姓在此建村，并盖高楼一座，故名。1958年成立人民公社，隶属丁楼人民公社王庄大队；1992年撤区并乡，属孙圩子乡王庄村至今。

徐庄

徐庄（Xúzhuāng） 属孙圩子乡王庄村民委员会。地处王庄村西南部，东至065乡道，南至肖庄，西至老湘西河，北至王庄。总户数为61户，总人口为201人。面积为0.3平方千米。

徐姓最早来此建村立庄，故而得名。1958年成立人民公社，隶属丁楼人民公社王庄大队；1992年撤区并乡，属孙圩子乡王庄村至今。

朱庄

朱庄（Zhūzhuāng） 属孙圩子乡王庄村民委员会。地处王庄村西南部，东至湘西河，南至024县道，西至065乡道，北至郑楼。总户数为105户，总人口为322人。面积为0.5平方千米。

明代朱姓曾迁此建村，并筑有庄园，故名。1958年成立人民公社，隶属丁楼人民公社王庄大队；1992年撤区并乡，属孙圩子乡王庄村至今。

萧庄

萧庄（Xiāozhuāng） 属孙圩子乡王庄村民委员会。地处王庄村西南部，东至065乡道，南至024县道，西至老湘西河，北至朱庄。总户数为122户，总人口为444人，面积为 0.7 平方千米。

萧氏家族曾在此建村，并筑有庄园，故名萧庄。1958 年成立人民公社，隶属丁楼人民公社王庄大队；1992 年撤区并乡，属孙圩子乡王庄村至今。

郭楼

郭楼（Guōlóu） 属孙圩子乡徐双楼村民委员会。地处徐双楼村西部，东至权庄，南至港河村苏楼，西至港河村徐河涯，北至刘庄。总户数为 182 户，总人口为 648 人。面积为 1.05 平方千米。

很久以前郭姓在此建村盖楼，故称郭楼。1949 年属祖楼区；1953 年属王庄乡；1955 年属王寨区；1956 年撤区并乡时属王寨乡；1958 年人民公社化时属王寨公社；1961 年 9 月属徐双楼公社；1984 年 5 月撤社设乡，属孙圩子乡；1992 年撤区并乡时属孙圩子乡徐双楼村民委员会至今。

权庄

权庄（Quánzhuāng） 属孙圩子乡徐双楼村民委员会。地处徐双楼村西部，东至双北，西至郭楼，南至神树，北至杜庄。总户数为 158 户，总人口为 535 人。面积为 0.87 平方千米。

清朝年间，因权姓在此建庄，故而得名。1949 年属祖楼区；1953 年属王庄乡；1955 年属王寨区；1956 年撤区并乡时属王寨乡；1958 年人民公社化时属王寨公社；1961 年 9 月属徐双楼公社；1984 年 5 月撤社设乡，属孙圩子乡；1992 年撤区并乡时属孙圩子乡徐双楼村民委员会至今。

朱楼

朱楼（Zhūlóu） 属孙圩子乡徐双楼村民委员会。地处徐双楼村南部，东至孙圩子村，南至接集，西至神树，北至双南。总户数为 112 户，总人口为 368 人。面积为 0.6 平方千米。

早年，朱姓在此建村立庄，且盖有一楼，故取名朱楼。1949 年属祖楼区；1953 年属王庄乡；1955 年属祖楼区；1956 年撤区并乡时属王庄乡；1958 年人民公社化时属祖楼公社；1961 年 9 月属徐双楼公社；1984 年撤社设乡属孙圩子乡；1992 年撤区并乡时属孙圩子乡徐双楼村民委员会至今。

孙庄

孙庄（Sūnzhuāng） 属孙圩子乡徐双楼村民委员会。地处徐双楼村北部，东至萧庄，南至双北，西至杜庄，北至孙楼。总户数为 69 户，总人口为 227 人。面积为 0.37 平方千米。

清朝末年孙姓在此建村立庄，故而得名。1949 年属祖楼区；1953 年属王庄乡；1955 年属王寨区；1956 年撤区并乡时属王寨乡；1958 年人民公社化时属王寨公社；1961 年 9 月属徐双楼公社；1984 年 5 月撤社设乡，属孙圩子乡；1992 年撤区并乡时属孙圩子乡徐双楼村民委员会至今。

徐双楼

徐双楼（Xúshuānglóu） 属孙圩子乡徐双楼村民委员会。地处徐双楼村东部，总户数为 312 户，总人口为 1117 人。面积为 2.2 平方千米。

明末清初徐姓在此建村，并盖大楼两座，故得此名。1949 年属祖楼区；1953 年属王庄乡；1955 年属王寨区；1956 年撤区并乡时属王庄乡；1958 年人民公社化时属祖楼公社；1961 年 9 月属徐双楼公社；1984 年 5 月撤社设乡，属孙圩子乡；1992 年撤区并乡时属孙圩子乡徐双楼村民委员会至今。

双南

双南（Shuāngnán） 属孙圩子乡徐双楼村民委员会。地处徐双楼村东部，东至陈庄，南至朱楼，西至权庄，北至双北。总户数为163户，总人口为509人。面积为0.83平方千米。

明末清初徐姓在此建村，并盖大楼两座，在南，故为双南。1949年属祖楼区；1953年属王庄乡；1955年属王寨区；1956年撤区并乡时属王庄乡；1958年人民公社化时属祖楼公社；1961年9月属徐双楼公社；1984年5月撤社设乡，属孙圩子乡；1992年撤区并乡时属孙圩子乡徐双楼村民委员会至今。

双北

双北（Shuāngběi） 属孙圩子乡徐双楼村民委员会。地处徐双楼村东部，东至陈庄，南至双南，西至权庄，北至孙庄。总户数为168户，总人口为575人。面积为0.94平方千米。

明末清初徐姓在此建村，并盖大楼两座，故得此名，在北，故为双北。1949年属祖楼区；1953年属王庄乡；1955年属王寨区；1956年撤区并乡时属王庄乡；1958年人民公社化时属祖楼公社；1961年9月属徐双楼公社；1984年5月撤社设乡，属孙圩子乡；1992年撤区并乡时属孙圩子乡徐双楼村民委员会至今。

火神庙

火神庙（Huǒshénmiào） 属孙圩子乡徐双楼村民委员会。地处徐双楼村北部，东至王庄，南至孙楼，西至石庄，北至任王集。总户数为140户，总人口为500人。面积为0.82平方千米。

明末清初王姓在此建村，因该村靠近一座较大的火神庙，故而得名。1949年属王寨区；1953年属王庄乡；1955年属王寨区；1956年撤区并乡时属王寨乡；1958年人民公社化时属王寨公社；1961年9月属徐双楼公社；1984年5月撤社设乡，属孙圩子乡火神庙村委会，2008年属孙圩子乡徐双楼村民委员会至今。

孙楼

孙楼（Sūnlóu） 属孙圩子乡徐双楼村民委员会。地处徐双楼村北部，东至王庄，南至孙庄，西至石庄，北至火神庙。总户数为217户，总人口为665人。面积为1.08平方千米。

三四百年前，孙姓人家在此建村，并盖一座大楼，初名孙大楼，后简称为孙楼。1949年属王寨区；1953年属王庄乡；1955年属王寨区；1956年8月撤区并乡时属王寨乡；1958年人民公社化时属王寨公社；1961年属徐双楼公社；1984年5月撤社设乡，属孙圩子乡火神庙村委会；2008年属孙圩子乡徐双楼村民委员会至今。

石庄

石庄（Shízhuāng） 属孙圩子乡徐双楼村民委员会。地处徐双楼村北部，东至孙楼，南至杜庄，西至后刘庄，北至王小楼。总户数为75户，总人口为264人。面积为0.43平方千米。

明末清初石姓在此建村立庄，故而得名。1949年属王寨区；1953年属王庄乡；1955年属王寨区；1956年8月撤区并乡时属王寨乡；1958年人民公社化时属王寨公社；1961年属徐双楼公社；1984年5月撤社设乡，属孙圩子乡火神庙村委会；2008年属孙圩子乡徐双楼村民委员会至今。

后刘庄

后刘庄（Hòuliúzhuāng） 属孙圩子乡徐双楼村民委员会。地处徐双楼村西北部，东至石庄，南至杜庄，西至李庄，北至闫庄。总户数为25户，总人口为100人。面积为0.16平方千米。

明末清初刘姓在此建村立庄，因近处有两个刘庄，此村在后，故而得名。1949年属王寨区；1953年属王庄乡；1955年属王寨区；1956年8月撤区并乡时属王寨乡；1958年人民公社化时属王寨公社；1961年属徐双楼公社；1984年5月撤社设乡，属孙圩子乡火神庙村委会；2008年属孙圩子乡徐双楼村民委员会至今。

闫庄

闫庄（Yánzhuāng） 属孙圩子乡徐双楼村民委员会。地处徐双楼村西北部，东至石庄，南至后刘庄，西至李庄，北至王小楼。总户数为46户，总人口为137人。面积为0.22平方千米。

明末清初，闫姓在此建村立庄，故而得名。1949年属王寨区；1953年属王庄乡；1955年属王寨区；1956年8月撤区并乡时属王寨乡；1958年人民公社化时属王寨公社；1961年属徐双楼公社；1984年5月撤社设乡，属孙圩子乡火神庙村委会；2008年属孙圩子乡徐双楼村民委员会至今。

李庄

李庄（Lǐzhuāng） 属孙圩子乡徐双楼村民委员会。地处徐双楼村西北部，东至后刘庄，南至邵庄，西至樘林集，北至后邵庄。总户数为135户，总人口为469人。面积为0.77平方千米。

明末清初李姓人家在此建村立庄，故而得名。1949年属王寨区；1953年属王庄乡；1955年属王寨区；1956年8月撤区并乡时属王寨乡；1958年人民公社化时属王寨公社；1961年属徐双楼公社；1984年5月撤社设乡，属孙圩子乡火神庙村委会；2008年属孙圩子乡徐双楼村民委员会至今。

杜庄

杜庄（Dùzhuāng） 属孙圩子乡徐双楼村民委员会。地处徐双楼村西部，东至孙庄，南至权庄，西至朱庄，北至石庄。总户数为123户，总人口为451人。面积为0.74平方千米。

早年杜姓在此建村立庄，故而得名。1949年属王寨区；1953年属王庄乡；1955年属王寨区；1956年8月撤区并乡时属王寨乡；1958年人民公社化时属王寨公社；1961年属徐双楼公社；1984年5月撤社设乡，属孙圩子乡火神庙村委会；2008年属孙圩子乡徐双楼村民委员会至今。

前刘庄

前刘庄（Qiánliúzhuāng） 属孙圩子乡徐双楼村民委员会。地处徐双楼村西北部，东至杜庄，南至郭楼，西至欧庄，北至朱庄。总户数为60户，总人口为226人。面积为0.37平方千米。

刘姓在此建村，因该村在后刘庄之前，故名。1949年属王寨区；1953年属王庄乡；1955年属王寨区；1956年8月撤区并乡时属王寨乡；1958年人民公社化时属王寨公社；1961年属徐双楼公社；1984年5月撤社设乡，属孙圩子乡火神庙村委会；2008年属孙圩子乡徐双楼村民委员会至今。

朱庄

朱庄（Zhūzhuāng） 属孙圩子乡徐双楼村民委员会。地处徐双楼村西北部，东至杜庄，南至前刘庄，西至邵庄，北至李庄。

总户数为43户，总人口为133人。面积为0.22平方千米。

明代朱姓一族在此占产立庄，当时人少村小叫小朱庄，后人口渐多遂改为朱庄。1949年属王寨区；1953年8月实行乡制属王庄乡；1955年属王寨区；1956年8月撤区并乡时属王寨乡；1958年人民公社化时属王寨公社；1961年属徐双楼公社；1984年5月撤社设乡，属孙圩子乡火神庙村委会；2008年属孙圩子乡徐双楼村民委员会至今。

邵庄

邵庄（Shàozhuāng） 属孙圩子乡徐双楼村民委员会。地处徐双楼村西北部，东至石庄，南至朱庄，西至欧庄，北至李庄。总户数为120户，总人口为371人。面积为0.61平方千米。

清朝初邵姓在此建村立庄，故而得名。1949年属王寨区；1953年8月实行乡制属王庄乡；1955年属王寨区；1956年8月撤区并乡时属王寨乡；1958年人民公社化时属王寨公社；1961年属徐双楼公社；1984年5月撤社设乡，属孙圩子乡火神庙村委会；2008年属孙圩子乡徐双楼村民委员会至今。

神树

神树（Shénshù） 属孙圩子乡港河村民委员会。地处港河村东部，东至接集村，西至苏楼，南至马庄村，北至双楼村。总户数为459户，总人口为1552人。面积为3平方千米。

相传在很早以前本庄一座庙前有一棵又高又粗的老槐树，枝叶茂盛，无人敢去树上折断一枝条，违碰者便有病上身。村内人偶有灾难，便祈求此树，均能逢凶化吉。村民以为神树，故而得名。1949年属神树村；1958年属丁楼公社大队；1992年属孙圩子乡港河村至今。

苏楼

苏楼（Sūlóu） 属孙圩子乡港河村民委员会。村委会驻地，东至神树村，西至王庄村，南至高魏庄村，北至双楼村。总户数为198户，总人口为785人。面积为1.1平方千米。

北宋徐州太守苏东坡之子苏迈在徐州南苏家湖定居（时属萧县），因水患苏迈迁山东省微山县，又因地震回迁萧县，其中一支落户此地，并盖大楼17间，初名苏老楼，后简称为苏楼。1949年前属苏楼大队；1958年人民公社化时属徐双楼公社；1984年5月撤区设乡，属孙圩子乡神树大队；2008年合村属孙圩子乡港河村委员会至今。

高庄

高庄（Gāozhuāng） 属孙圩子乡港河村民委员会。地处港河村东部，东至马庄村王台，西至孙庄，南至马庄村郑庄，北至孙庄。总户数为84户，总人口为279人。面积为0.24平方千米。

明代高姓在此建村，因当时高姓人多户门大，故而得名。1949年属神树村；1958年属徐双楼人民公社高庄大队；1984年属孙圩子乡神树大队；1992年属孙圩子乡港河村至今。

孙庄

孙庄（Sūnzhuāng） 属孙圩子乡港河村民委员会。地处港河村南部，东至高庄，西至魏庄，南至魏庄，北至毛河。总户数为83户，总人口为288人。面积为0.3平方千米。

在很早以前，有一家孙姓在此最早建庄，因当时别无他姓，故而得名。1949年属神树大队；1961年成立人民公社属高魏庄大队；1992年属孙圩子乡高魏庄村；2008年属孙圩子乡港河村至今。

魏庄

魏庄（Wèizhuāng） 属孙圩子乡港河村民委员会。地处港河村西南部，东至孙庄，西至祖楼镇，南至马庄村，北至杨庄。总户数为198户，总人口为695人。面积为0.6平方千米。

魏姓最早来此建村，因人口繁衍较快，村庄逐渐增大，故而得名。1949年属高魏庄村；1958年属丁楼公社魏庄大队；1984年属孙圩子乡魏庄村；1992年属孙圩子乡港河村委会至今。

小魏庄

小魏庄（Xiǎowèizhuāng） 属孙圩子乡港河村民委员会。地处港河村西南部，总户数为258户，总人口为902人。面积为1.26平方千米。

此庄从大魏庄分迁而来，相对大魏庄略小，故而得名。1949年属高魏庄村；1958年属丁楼公社魏庄大队；1984年属孙圩子乡神树村；1992年属孙圩子乡港河村委会至今。

杨庄

杨庄（Yángzhuāng） 属孙圩子乡港河村民委员会。地处港河村中部，东至魏庄，西至祖楼镇，南至029县道，北至王庄组。总户数为83户，总人口为330人。面积为0.52平方千米。

杨姓在此建村，因村位于魏庄之东，故而得名。1949年属神树村；1958年属丁楼公社魏庄大队；1984年属孙圩子乡神树村；1992年属孙圩子乡港河大队至今。

朱庄

朱庄（Zhūzhuāng） 属孙圩子乡港河村民委员会。地处港河村西北部，东至苏楼组，西至祖楼镇，南至西位庄，北至王寨镇。总户数为76户，总人口为279人。面积为0.24平方千米。

明代朱姓三兄弟在此建村，故而得名。1949年属神树村；1958年属祖楼公社魏庄大队；1984年属孙圩子乡魏庄大队；1992年属孙圩子乡港河大队至今。

王庄

王庄（Wángzhuāng） 属孙圩子乡港河村民委员会。地处港河村中北部，东至苏楼，西至徐河涯，南至杨庄，北至徐河涯。总户数为69户，总人口为224人。面积为0.3平方千米。

因王姓人家来此建村而得名。原属神树大队，到2008年合并村时属孙圩子乡港河村委会至今。

徐河涯

徐河涯（Xúhéyá） 属孙圩子乡港河村民委员会。地处港河村西北部，东至王庄村，西至王寨镇袁庄，南至朱杨庄村，北至王寨镇欧庄村。总户数为125户，总人口为389人。面积为0.4平方千米。

因徐姓早年在港河沿建村，故取名徐河涯（“涯”当地方言读音yé，是水边的意思）。原属神树大队，到2008年合并村时属孙圩子乡港河大队至今。

西位

西位（Xīwèi） 属孙圩子乡港河村民委员会。地处港河村中北部，东至杨庄，西至祖楼镇，南至祖楼镇，北至朱庄组。总户数为47户，总人口为189人。面积为0.24平方千米。

在港河西部，故名。原属神树大队，到2008年合并村时属孙圩子乡港河村委会至今。

周圩

周圩（Zhōuwéi） 属孙圩子乡周圩村民委员会。地处周圩子村东部，东至丁楼地块，南至周洼地块，西至陈庄地块，北至徐庄地块。总户数为388户，总人口为1232人。面积为1.85平方千米。

周姓最早在此建村，村周曾筑圩壕，以防水灾和匪患，故名。1949年属王寨区；1958年属丁楼公社；1984年属祖楼区丁楼乡；1993年后属孙圩子乡周圩子村至今。

徐庄

徐庄（Xúzhuāng） 属孙圩子乡周圩村民委员会。地处周圩子村东部，东至丁楼地块，南至周圩地块，西至汤庙地块，北至丁楼地块。总户数为255户，总人口为839人。面积1.26平方千米。

徐姓最早在此建村，故而得名。1949年属王寨区；1958年属丁楼公社；1984年属祖楼区丁楼乡；1993年后属孙圩子乡周圩子村至今。

汤庙

汤庙（Tāngmiào） 属孙圩子乡周圩村民委员会。地处周圩子村东北部，东至徐庄地块，南至周圩地块，西至周庄地块，北至丁楼水泥路。总户数为221户，总人口为762人。面积1.14平方千米。

1949年前，姓汤的人从外逃荒要饭，到此居住，因初住在庙里，故名汤庙。1949年属王寨区；1958年属丁楼公社；1984年属祖楼区丁楼乡；1993年后属孙圩子乡周圩子村至今。

周洼

周洼（Zhōuwā） 属孙圩子乡周圩子村民委员会。地处周圩子村东南部，东至淮北，南至101省道，西至杨庄地块，北至陈庄地块。总户数为222户，总人口为725人。面积1.088平方千米。

明代周姓来此建村，因村周围地势低洼，故取名周洼。1949年属王寨区；1958年属丁楼公社；1984年属祖楼区丁楼乡；1993年后属孙圩子乡周圩子村至今。

杨庄

杨庄（Yángzhuāng） 属孙圩子乡周圩子村民委员会。地处周圩子村南部，东至周洼地块，南至101省道，西至淮北地块，北至港河。总户数为107户，总人口为576人。面积0.537平方千米。

杨姓最早来此建村，故名。1949年属王寨区；1958年属丁楼公社；1984年属祖楼区丁楼乡；1993年后属孙圩子乡周圩子村至今。

魏庄

魏庄（Wèizhuāng） 属孙圩子乡周圩子村民委员会。地处周圩子村南部，东至陈庄地块，南至淮北地块，西至田井地块，北至胡王庄地块。总户数为170户，总人口为576人。面积0.864平方千米。

因早年魏姓在此建庄，故称魏庄。1949年后属王寨区；1958年属丁楼公社；1984年属祖楼区丁楼乡；1993年后属孙圩子乡周圩子村至今。

陈庄

陈庄（Chénzhuāng） 属孙圩子乡周圩子村民委员会。地处周圩子村东部，东至周圩村地块，南至魏庄地块，西至魏庄水泥路，北至黄庄地块。总户数为122户，总人口为404人。面积0.6平方千米。

因陈姓最早在此建村，故而得名。1949年属王寨区；1958年属丁楼公社；1984年属祖楼区丁楼乡；1993年后属孙圩子乡周圩子村至今。

胡瓦房

胡瓦房（Húwǎfáng） 属孙圩子乡周圩子村民委员会。地处周圩子村东北部，东至汤庙地块，南至胡王庄地块，西至胡王庄水泥路，北至周庄。总户数为103户，总人口为375人。面积0.56平方千米。

早年胡姓家族在此居住，并盖有崭新的瓦房，故名胡瓦房。1949年属王寨区；1958年属丁楼公社；1984年属祖楼区丁楼乡；1993年后属孙圩子乡周圩子村至今。

周庄

周庄（Zhōuzhuāng） 属孙圩子乡周圩子村民委员会。地处周圩子村北部，东至汤庙地块，南至胡瓦房地块，西至马庄地块，北至马庄。总户数为50户，总人口为187人。面积0.28平方千米。

1340年前周姓就从河南迁到此地，因当时人口少，村庄较小，故名小周庄。1949年属王寨区；1958年属丁楼公社；1984年属祖楼区丁楼乡；1993年后属孙圩子乡周圩子村至今。

胡王庄

胡王庄（Húwángzhuāng） 属孙圩子乡周圩子村民委员会。地处周圩子村民委员会北部，东至港河，南至魏庄地块，西至黄庄地块，北至马庄。总户数为151户，总人口为516人。面积0.77平方千米。

胡王两姓最早在此占产立庄，故名胡王庄。1949年后属王寨区；1958年属丁楼公社；1984年属祖楼区丁楼乡；1993年后属孙圩子乡周圩子村至今。

黄庄

黄庄（Huángzhuāng） 属孙圩子乡周圩子村民委员会。地处周圩子村西北部，东至胡王庄，南至田井地块，西至田井地块，北至马庄。总户数158户，总人口524人，面积0.78平方千米。

明代黄河水漫过后，黄姓一家迁居此地耕种生活，后来人口越来越多，遂取庄名为黄庄。1949年后先后属王寨区；1958年属丁楼公社；1984年属祖楼区丁楼乡；1993年后属孙圩子乡周圩子村至今。

徐里1

徐里（Xúlǐ1） 属孙圩子乡徐里村民委员会。地处村民委员会南部，东至六组路，南至三组路，西至湘西河，北至七八组路。总户数为245户，总人口为817人。面积1.45平方千米。

在古代，里是县以下的基层行政单位。清朝时，此村是里的所在地之一，因村中徐姓较多，故名徐里。1949年属王寨区；1953年8月属湘西乡；1956年8月撤区并乡，属马庄乡；1958年人民公社化时，属祖楼人民公社祖楼管理区；1961年5月管理区改建公社，属丁楼人民公社；1984年5月撤社设乡，属丁楼乡；1992年属孙圩子乡徐里村村民委员会至今。

徐里2

徐里（Xúlǐ2） 属孙圩子乡徐里村民委员会。地处村民委员会南部，东至五组，南至淮北市，西至湘西河，北至三组路。总户数为205户，总人口为610人。面积为1.42平方千米。

在古代里是县以下的基层行政单位。清朝时，此村是里的所在地之一，因村中徐姓较多，故名徐里，后经繁衍，人口众多，迁出，成立新村，为徐里2。1949年属王寨区；1953年8月属湘西乡；1956年8月撤区并乡，属马庄乡；1958年人民公社化时，属祖楼人民公社祖楼管理区；1961年5月管理区改建公社，属丁楼人民公社；1984年5月撤社设乡，属丁楼乡；1992年属孙圩子乡徐里村民委员会至今。

葛新庄

葛新庄（Gěxīnzhuāng） 属孙圩子乡徐里村民委员会。地处徐里村北部，东至淮北，南至七八组路，西至湘西河，北至高村。总户数为182户，总人口为574人。面积1.42平方千米。

同治年间，此村原系葛姓地主新建的寄庄子，故取名葛新庄。1949年属王寨区；1953年8月属湘西乡；1956年8月撤区并乡，属马庄乡；1958年人民公社化时，属祖楼人民公社祖楼管理区；1961年5月管理区改建公社，属丁楼人民公社；1984年5月撤社设乡，属丁楼乡；1992年撤区并乡时属孙圩子乡徐里村民委员会至今。

下高村

下高村（Xiàgāocūn） 属孙圩子乡徐里村民委员会。地处徐里村北部，总户数为70户，总人口为269人。面积0.5平方千米。

明末清初，蒋姓永祺公从程蒋山分支迁到上高村下面居住，因地势稍低于上高村，故名为下高村。1949年属王寨区；1953年8月属湘西乡；1956年8月撤区并乡，属马庄乡；1958年人民公社化时，属祖楼人民公社祖楼管理区；1961年5月管理区改建公社，属丁楼人民公社；1984年5月撤社设乡，属丁楼乡；1992年撤区并乡，属孙圩子乡徐里村民委员会至今。

上高村

上高村（Shànggāocūn） 属孙圩子乡徐里村民委员会。地处徐里村西部，总户数为170户，总人口为610人。面积0.6平方千米。

明初年间，周友之从山西洪洞县喜鹊窝分支迁至横山脚下居住，因地势高初名为高村，后蒋姓分支亦到下面居住，便易名为上高村。1949年属王寨区；1953年8月属湘西乡；1956年8月撤区并乡，属马庄乡；1958年人民公社化时，属祖楼人民公社祖楼管理区；1961年5月管理区改建公社，属丁楼人民公社；1984年5月撤社设乡，属丁楼乡；1992年撤区并乡，属孙圩子乡徐里村民委员会至今。

高村

高村（Gāocūn） 属孙圩子乡徐里村民委员会。地处徐里村西部，东至淮北，南至葛新庄，西至萧濉新河，北至丁楼村。总户数为177户，总人口为567人。面积1.4平方千米。

明初年间，周友之从山西洪洞县喜鹊窝分支迁至横山脚下居住，因地势高初名为高村，后蒋姓分支亦到下面居住，便易名为上高村。1949年属王寨区；1953年8月实行分制属湘西乡；1956年8月撤区并乡，属马庄乡；1958年人民公社化时，属祖楼人民公社祖楼管理区；1961年5月管理区改建公社，属丁楼人民公社；1984年5月撤社设乡，属丁楼乡；1992年撤区并乡，属孙圩子乡徐里村民委员会至今。

徐里新村1

徐里新村（Xúlǐxīncūn1） 属孙圩子乡徐里村民委员会。地处徐里村北部，东至淮北，南至淮北，西至六组路，北至主路。总户数为185户，总人口为605人。面积1.4平方千米。

1986年原徐里四组，二组搬迁到河西居住，后一组部分村民也搬迁到河西居住，另建新居，故名为徐里新村。徐里新村是原徐里村四组、二组、一组搬迁到河西居住的村庄，历史沿革同徐里一致。

徐里新村2

徐里新村（Xúlǐxīncūn2） 属孙圩子乡徐里村民委员会。地处徐里村北部，东至淮北，南至六组，西至村部西路，北至葛新庄。总户数为206户，总人口为630人。面积1.44平方千米。

1986年原徐里四组，二组搬迁到河西居住，后一组部分村民也搬迁到河西居住，另建新居，故名为徐里新村。徐里新村是原徐里村四组、二组、一组搬迁到河西居住的村庄，历史沿革同徐里一致。

徐新庄

徐新庄（Xúxīnzhuāng） 属孙圩子乡丁楼村民委员会。村委会驻地，东至王油坊地块，南至孙圩子开发区，西至湘西河，北至徐新庄沟。总户数为78户，总人口为246人，面积0.7平方千米。

新中国成立后，徐姓在此建新村庄，故此得名。1949年，属王寨区马庄乡人民公社；1958年属祖楼区丁楼人民公社贾沃大队；后改为丁楼乡贾窝村；撤区并乡后属孙圩子乡贾窝村，1998年并村后属孙圩子乡丁楼村至今。

丁楼

丁楼（Dīnglóu） 属孙圩子乡丁楼村民委员会。地处丁楼村西部，东至湘西河，南至平洪运河，西至粮站东边沟，北至前徐楼地块。总户数为230户，总人口为785人。面积为1.2平方千米。

早年蒋姓、丁姓在此建村时，为防匪患，建有炮楼一座，故名蒋丁楼。1949年属王寨区丁楼村；1958年属祖楼区丁楼公社丁楼大队；1992年撤区并乡后划属孙圩子乡丁楼村至今。

前徐楼

前徐楼（Qiánxúlóu） 属孙圩子乡丁楼村民委员会。地处丁楼村西部，东至湘西河，南至丁楼地块，西至周集，北至平山运河。总户数为137户，总人口为443人。面积为0.7平方千米。

早年徐姓在此附近两处建村盖楼，此村位于前（南），故名。1949年属王寨区；1958年人民公社时期属祖楼区丁楼公社；1992年撤区并乡后属孙圩子乡丁楼村至今。

后徐楼

后徐楼（Hòuxúlóu） 属孙圩子乡丁楼村民委员会。地处丁楼村北部，东至枣园庄王油坊地块，南至徐新庄沟，西至湘西河，北至孙圩子村。总户数为82户，总人口为258人，汉族。面积0.7平方千米。

早年徐姓在此附近两处建村盖楼，此村位于后（北），故名。1949年属王寨区；1958年属祖楼区丁楼公社贾沃大队；1992年撤区并乡后属孙圩子乡贾沃村；1998年并村属孙圩子乡丁楼村至今。

贾窝

贾窝（Jiǎwō） 属孙圩子乡丁楼村民委员会。地处丁楼村东部，东至山体中间，南至238省道，西至王油坊地块，北至横山头（破阁南）。总户数为298户，总人口为1030人，面积1.4平方千米。

明代有贾姓来此，在山窝里定居，故名贾窝。1949年属王寨区湘西乡；1958年后改为祖楼区丁楼人民公社；1992年撤乡并镇后属孙圩子乡丁楼村至今。

王油坊

王油坊（Wángyóufāng） 属孙圩子乡丁楼村民委员会。地处丁楼村东北部，东至萧濉新河（贾窝地块），南至步强路（王庄地块徐新庄地块），西至枣园，北至孙圩子沟。总户数为332户，总人口为1098人，面积1.6平方千米。

很久以前，此庄有一家姓王的开油坊，故而得名王油坊。1949年属王寨区湘西乡，后又改为马庄乡；1958年成立人民公社，属祖楼区丁楼人民公社贾窝大队，后又改为丁楼乡贾窝村；1992年撤区并乡后，属孙圩子乡贾沃村；1998年并村后属孙圩子乡丁楼村至今。

王庄

王庄（Wángzhuāng） 属孙圩子乡丁楼村民委员会。地处丁楼村民委员会南部，东至萧濉新河，南至徐里村地块，西至湘西河，北至孙圩子开发区。总户数为123户，总人口为630人。面积1.1平方千米。

很久以前王姓来此建庄，故名。1949年属王寨区湘西乡，后又改为马庄乡；1958年人民公社时期属祖楼区丁楼公社，后又改为丁楼乡；1992年撤乡并镇属孙圩子乡丁楼村至今。

小周集

小周集（Xiǎozhōují） 属孙圩子乡丁楼村民委员会。地处丁楼村南部，东至丁楼地块，西至丁楼地块，南至丁楼地块，北至前徐楼地块。总户数12户，总人口34人。面积0.1平方千米。

明代周姓在此占产立庄，曾设集市，因相对大周集略小，故名小周集。1949年属王寨区湘西乡；1958年属马庄乡人民公社；后又改为丁楼乡；1992年撤乡并镇属孙圩子乡丁楼村至今。

西枣园

西枣园（Xīzǎoyuán） 属孙圩子乡丁楼村民委员会。地处丁楼村北部，东至丁楼村地块，南至丁楼地块，西至周新庄地块，北至周集地块。总户数23户，总人口82人。面积0.2平方千米。

以前该村种植的全部是枣树，因该村较小，故得名小枣园。1949年属王寨区湘西乡；1958年属丁楼公社贾窝大队，后改为丁楼乡；1992年贾窝村；1992年撤区并乡后属孙圩子乡贾窝村；1998年并村后属孙圩子乡丁楼村至今。

枣园

枣园（Zǎoyuán） 属孙圩子乡丁楼村民委员会。地处丁楼村北部，东至王油坊地块，南至徐楼，西至徐楼庄水泥路，北至孙圩子地块。户数51户，人口165人，面积0.3平方千米。

以前该村种植的全部是枣树，故得名枣园。1949年属王寨区湘西乡；1958年属丁楼公社贾窝大队，后改为丁楼乡贾窝村；1992年撤区并乡后属孙圩子乡贾窝村；1998年并村后属孙圩子乡丁楼村至今。

周新庄

周新庄（Zhōuxīnzhuāng） 属孙圩子乡丁楼村民委员会。地处丁楼村西部，东至周集和西枣园地块，南至067县道，西至新庄沟，北至孟庄地块。总户数为50户，总人口为165人。面积0.3平方千米。

以前周氏家族人多，兄弟不和，其中一家从大周集迁此建新庄，故取名周新庄。1949年属王寨区马庄乡；1958年人民公社时期属祖楼区丁楼公社，后改为丁楼乡；1992年撤区并乡后属孙圩子乡丁楼村至今。

周集

周集（Zhōují） 属孙圩子乡丁楼村民委员会。地处丁楼村民委员会西北部，东至前徐楼地块，南至丁楼地块，西至周新庄孟庄地块，北至平山运河。总户数为170户，总人口为583人。面积1平方千米。

早年，周姓在此建村，因人口多，村庄大，又设集市，故名大周集。1949年属王寨区马庄乡；1958年人民公社时期属祖楼区丁楼人民公社丁楼大队；后改为丁楼乡丁楼大队；1992年撤区并乡后属孙圩子乡丁楼村至今。

贾庄

贾庄（Jiǎzhuāng） 属孙圩子乡马庄村民委员会。地处马庄村南部，东至李庄，南至胡王庄地块，西至侯楼地块，北至马庄。总户数为78户，总人口为250人。面积为0.5平方千米。

很久以前贾氏在此占产立庄，故名贾庄。1949年隶属祖楼乡；1958年成立丁楼人民公社，属马庄大队管辖；1992年撤区并乡，隶属孙圩子乡马庄村至今。

李庄

李庄（Lǐzhuāng） 属孙圩子乡马庄村民委员会。地处马庄村东南部，东至老港河，南至胡瓦房地块，西至贾庄，北至平洪运河。总户数为92户，总人口为302人。面积为0.5平方千米。

李姓以前在此占地立庄，故而得名李庄。1949年隶属周圩子乡；1949年后马庄成立初级社高级社，属马庄管辖；1958年属丁楼人民公社马庄大队；1992年撤区并乡，隶属孙圩子乡马庄村至今。

马庄

马庄（Mǎzhuāng） 属孙圩子乡马庄村民委员会。地处马庄村南部，东至老港河，南至贾庄，西至新港河，北至徐瓦房村部。总户数为290户，总人口为1116人。面积为1.8平方千米。

1949年隶属祖楼乡；1958年属丁楼人民公社马庄大队；1992年撤区并乡后隶属孙圩子乡马庄村至今。

小集子

小集子（Xiǎojízi） 属孙圩子乡马庄村民委员会。地处马庄村西部，东至徐瓦房地块，南至平红运河，西至新港河，北至王庄。总户数为95户，总人口为318人，面积为0.6平方千米。

该自然村有秦、张两姓，解放前村民叫通京店。又因村南原有唐集，集市较大，此时虽也逢集，但与唐集相比较小，故名小集子。1949年隶属祖楼乡；1958年成立人民公社，隶属丁楼公社马庄大队；1992年撤区并乡后，隶属孙圩子乡马庄村至今。

徐瓦房

徐瓦房（Xúwǎfáng） 属孙圩子乡马庄村民委员会。地处马庄村西部，东至马庄地块，南至马庄，西至小集子地块，北至王庄地块。总户数为99户，总人口为364人。面积为0.55平方千米。

早年有徐姓人家从山西洪洞县迁来此庄占产立户，盖有瓦房，故而得名。1949年隶属祖楼乡马庄村；1958年隶属丁楼人民公社；1992年撤区并乡隶属孙圩子乡马庄村至今。

王庄

王庄（Wángzhuāng） 属孙圩子乡马庄村民委员会。地处马庄村北部，东至小郑庄地块，南至徐瓦房地块，西至新港河，北至大郑庄地块。总户数为206户，总人口为746人。面积为1.4平方千米。

村名因王姓人家较多而得名。1949年隶属祖楼乡；1958年属丁楼人民公社马庄大队；1992年撤区并乡隶属孙圩子乡马庄村委会至今。

大郑庄

大郑庄（Dàzhèngzhuāng） 属孙圩子乡马庄村民委员会。地处马庄村北部，东至王台地块，南至王庄地块，西至高庄地块，北至神树。总户数为150户，总人口为604人，面积为1.3平方千米。

以前郑姓人在此占地立庄，因当时人多村大，故取名大郑庄。后虽有梁姓、张姓同村居住生活，但村名一直沿用。1949年隶属祖楼乡；1958年属丁楼人民公社马庄大队；1992年撤区并乡，隶属孙圩子乡王台村；2008年，划归孙圩子乡马庄村至今。

小郑庄

小郑庄（Xiǎozhèngzhuāng） 属孙圩子乡马庄村民委员会。地处马庄村北部，东至老港河，南至马庄地块，西至王庄地块，北至大郑庄。总户数为113户，总人口为444人。面积为0.75平方千米。

小郑庄原为大郑庄的寄庄子，故名小郑庄。该村原以王姓较多，均来自大郑庄人王姓长工，后又有姓赵姓李居住，但小郑庄的村名一直未变。1949年隶属祖楼乡；1958年属丁楼人民公社马庄大队管辖；1992年撤区并乡，隶属孙圩子乡马庄村至今。

孟庄

孟庄（Mèngzhuāng） 属孙圩子乡马庄村民委员会。地处马庄村东北部，东至大周集地块，南至马庄地块，西至老港河，北至王台地块。总户数为132户，总人口为440人。面积为0.75平方千米。

孟姓最早来此居住建庄，故名。1949年隶属孙圩子乡；1958年隶属丁楼公社马庄大队；1992年撤区并乡，隶属孙圩子乡马庄村至今。

王台

王台（Wángtái） 属孙圩子乡马庄村民委员会。地处马庄村北部，东至徐店，南至孟庄地块，西至大郑庄地块，北至神树村地块。总户数为80户，总人口为225人。面积为0.4平方千米。

清朝中期，王姓人在此居住，并在高台子上建村，故而得名。1949年隶属孙圩子乡；1958年属丁楼人民公社王台子大队；1992年撤区并乡隶属孙圩子乡王台子大队；2008年与马庄村合并隶属孙圩子乡马庄村至今。

徐店

徐店（Xúdiàn） 属孙圩子乡马庄村民委员会。地处马庄村东北部，东至柳园地块，南至湘西沟，西至王台地块，北至神树村地块。总户数为70户，总人口为245人。面积为0.35平方千米。

从前徐姓在此建村并开一小客店，故取名叫徐店。1949年隶属孙圩子乡；1958年隶属丁楼人民公社王台子大队；1992年撤区并乡隶属孙圩子乡王台子大队；2008年王台子大队与马庄村合并，隶属孙圩子乡马庄村至今。

柳园

柳园（Liǔyuán） 属孙圩子乡马庄村民委员会。地处马庄村东北部，东至老港河，南至湘西沟，西至徐店地块，北至街集地块。总户数为105户，总人口为378余人。面积为0.7平方千米。

从前宗姓人在此占地建村，由于地质较差且面积大，就栽植柳树，以编织柳条为生，故取名宗柳园。1949年前隶属孙圩子乡；1958年隶属丁楼人民公社王台子大队；

1992年撤区并乡隶属孙圩子乡王台子大队；2008年隶属孙圩子乡马庄村至今。

侯楼前

侯楼前（Hóulóuqián） 属萧县孙圩子乡侯楼村民委员会。地处侯楼村中部，东至田井，南至港河，西至港河，北至侯楼后。总户数为220户，总人口为760人。面积为1.32平方千米。

清初侯姓来此建村，盖楼房，安居乐业，人丁兴旺，遂成为大村，故名大侯楼。1949年起属马庄乡，后属祖楼乡；1958年属丁楼人民公社侯楼大队；1992年撤区并乡时属孙圩子乡；2007年属孙圩子乡侯楼村至今。

田井

田井（Tiánjǐng） 属孙圩子乡侯楼村民委员会。地处侯楼村民委员会东部，东至周圩子，南至港河，西至侯楼，北至马庄。总户数为153户，总人口为534人。面积为1.15平方千米。

民间传说西汉末年，刘秀为王莽追杀，刘自马柿园南逃，来到此村时，口渴难耐，急着要喝水，村民见其是一条好汉，可又没有开水，于是索性提桶井水，偷偷地放进一些糖，递给刘秀，刘接过来狠狠地喝了个够，满意地说："这井水好甜，真是个甜井啊！"从此田（甜）井村的名字就这样叫开了。1949年属马庄乡；1958年人民公社化时属丁楼人民公社侯楼大队；1980年属丁楼人民公社田井村；1984年撤社设乡属丁楼乡；1992年撤区并乡时属孙圩子乡田井村；2007年并村后属孙圩子乡侯楼村至今。

侯楼后

侯楼后（Hóulóuhòu） 属孙圩子乡侯楼村民委员会。地处侯楼村中部，东至马庄村，南至侯楼前，西至港河，北至马庄村。总户数为178户，总人口为595人。面积为1.26平方千米。

清初侯姓在此占产立庄，盖楼定居，相对大侯楼而言，此村略小人也少，故而得名。1949年属马庄乡；1958年人民公社化时属丁楼人民公社侯楼大队；1980年属丁楼人民公社田井村；1984年撤社设乡属丁楼乡；1992年撤区并乡时属孙圩子乡田井村；2008年并村后属孙圩子乡侯楼村至今。

徐郑庄

徐郑庄（Xúzhèngzhuāng） 属孙圩子乡侯楼村民委员会。地处侯楼村西北部，东至港河，南至蒋楼，西至崔店，北至祖楼镇。总户数为102户，总人口为351人。面积为0.8平方千米。

清朝年间，自本村崔店自然村徐姓迁居此地后，郑姓也迁此建村定居，故而得名。1949年属马庄村；1958年人民公社化时属丁楼人民公社侯楼大队；1984年撤社设乡属丁楼乡；1992年撤区并乡时属孙圩子乡崔店村委会；2007年并村后属孙圩子乡侯楼村委会至今。

崔店

崔店（Cuīdiàn） 属孙圩子乡侯楼村民委员会。地处侯楼村西北部，东至徐郑庄，南至蒋楼，西至洪减河，北至祖楼镇。总户数为157户，总人口为545人。面积为1.2平方千米。

明末，崔、张两姓在此占产立户，并设过客店，后崔姓有居高官者，故名崔店。1949年起属马庄村；1958年人民公社时期属丁楼人民公社侯楼大队；1980年属丁楼人民公社崔店村；1984年撤社设乡属丁楼乡；1992年撤区并乡时属孙圩子乡崔店村委会；2007年并村属孙圩子乡侯楼村委会至今。

蒋楼

蒋楼（Jiǎnglóu）　属孙圩子乡侯楼村民委员会。地处侯楼村西南部，东至港河，南至李庄，西至祖楼镇，北至崔店。总户数为 232 户，总人口为 815 人。面积为 1.4 平方千米。

清初从河南省开封东郊蒋姓一脉迁至此地建庄，并在庄后建一座小楼，故得名蒋楼。1949 年属马庄村；1958 年人民公社时期属丁楼人民公社侯楼大队；1980 年属崔店村委会；1984 年撤社设乡属丁楼乡；1992 年撤区并乡时属孙圩子乡崔店村委会；2007 年并村属孙圩子乡侯楼村委会至今。

李庄

李庄（Lǐzhuāng）　属孙圩子乡侯楼村民委员会。地处侯楼村西南部，东至侯楼，南至刘楼，西至洪减河，北至蒋楼。总户数为 148 户，总人口为 519 人。面积为 1.14 平方千米。

蒋、李两姓最早在此建庄，故取村名蒋李庄，后演变为李庄。1949 年属马庄村；1958 年人民公社时期属丁楼人民公社侯楼大队；1980 年属李庄村委会；1984 年撤社设乡属丁楼乡；1992 年撤区并乡时属孙圩子乡李庄村委会；2007 年并村属孙圩子乡侯楼村委会至今。

刘楼

刘楼（Liúlóu）　属孙圩子乡侯楼村民委员会。地处侯楼村南部，东至刘阁，南至淮北，西至刘楼，北至港河。总户数为 128 户，总人口为 450 人。面积为 1 平方千米。

刘姓人家来此买地建庄并盖一土楼，故名。1949 年属马庄村；1958 年人民公社时期属丁楼人民公社侯楼大队；1980 年属李庄村委会；1984 年撤社设乡属丁楼乡；1992 年撤区并乡时属孙圩子乡李庄村委会；2007 年并村属孙圩子乡侯楼村委会至今。

刘阁

刘阁（Liúgé）　属孙圩子乡侯楼村民委员会。地处侯楼村南部，东至淮北，南至淮北，西至刘楼，北至港河。总户数为 32 户，总人口为 115 人，面积为 0.3 平方千米。

明末，刘姓在此占产立户建村，并盖有小阁楼一座，故而得名。1949 年属马庄村；1958 年人民公社时期属丁楼人民公社侯楼大队；1980 年属李庄村委会；1984 年撤社设乡属丁楼乡；1992 年撤区并乡时属孙圩子乡李庄村委会；2007 年并村属孙圩子乡侯楼村委会至今。

庄里乡

龙虎峪

龙虎峪（Lónghǔyù）　隶属庄里乡庄里村民委员会，地处村委会北部，东至选沟交界，西至庄东交界，北至皇藏峪，南至庄东交界。总户数为 174 户，总人口为 587 人，面积为 1.5 平方千米。

宋朝时期官道（驿道）从这里经过，在此建立驿站，取东西两山为名（龙山、虎山）龙虎驿，后有陈姓、徐姓等在此居住，取名龙虎峪。1949 年隶属皇藏区；1953 年实行乡制，隶属尠沟乡；1956 年撤区并乡，隶属庄里乡；1958 年人民公社化时隶属庄里公社；1984 年撤社设乡时隶属庄里乡。

白米山

白米山（Báimǐshān）　隶属庄里乡庄里村民委员会，地处村委会北部，东至庄东交界，北至小蔡村交界，南至庄东交界，西至城阳交界。总户数为 93 户，总人口为 335 人，面积为 1.2 平方千米。

明朝洪武年间，在山上建立白马寺，山下水质优美，种植水稻，米质口感好，香味纯正，被当时皇帝看中，成贡米，故起名白米山，延续至今。1949年隶属皇藏区；1953年实行乡制，隶属城阳乡；后撤区并乡，隶属庄里乡；1958年人民公社时隶属庄里公社；1984年撤社设乡时隶属庄里乡。

尤庄

尤庄（Yóuzhuāng） 隶属庄里乡庄里村民委员会，地处村委会南部，南至黄庄交界，西至城阳交界，北至庄西村，东至庄西交界。总户数为194户，总人口为739人，面积为1.8平方千米。

明代尤姓在此占产立庄，故而得名。1949年隶属皇藏区；1953年实行乡制，隶属陶墟乡；后撤区并乡隶属庄里乡；1958年人民公社时隶属庄里公社；1984年撤社设乡，隶属庄里乡庄西大队。

庄东

庄东（Zhuāngdōng） 隶属庄里乡庄里村民委员会，地处村委会东部，东至选沟村交界，北至白米山交界，南至尤庄，西至庄西。总户数为345户，总人口为1172人，面积为2.2平方千米。

明代末年庄姓在此占产立庄建庄里村，后来一部分村民迁到东建村，故而得名庄东。1949年隶属皇藏区；1953年实行乡制，隶属城阳乡；后撤区并乡隶属庄里乡；1958年人民公社时期隶属庄里公社，1984年撤社设乡时隶属庄里乡。

庄西

庄西（Zhuāngxī） 隶属庄里乡庄里村民委员会。地处村委会西部，南至尤庄交界，西至倒流河，北至庄东交界，东至庄东交界。总户数为412户，总人口为1409人，面积为2.1平方千米。

清代初期，庄姓在庄里西又建新村，故得名庄西村。1949年隶属皇藏区；1953年实行乡制，隶属城阳乡；后撤区并乡隶属庄里乡；1958年人民公社时隶属庄里公社庄西大队；1984年撤社设乡，隶属庄里乡。

东高庄

东高庄（Dōnggāozhuāng） 隶属庄里乡高庄村民委员会，地处村委会东北部，东至皇藏峪，西至西高，南至前高，北至代村。总户数为438户，总人口为1350人，面积为4.8平方千米。

因东高庄村坐落在高庄村东边，故称东高庄。1958年隶属白土人民公社，1979年体制改革时隶属高庄公社，1984年高庄公社改成高庄乡，1992年体制改革时隶属庄里乡。

西高庄

西高庄（Xīgāozhuāng） 隶属庄里乡高庄村民委员会，地处村委会西北部，东至小磨山，西至黄山村，南至前高，北至费村。总户数为279户，总人口为910人，面积为2.8平方千米。

因西高庄村坐落在高庄村西边，故称西高庄。1958年隶属白土人民公社，1979年体制改革时隶属高庄公社，1984年高庄公社改成高庄乡，1992年体制改革时隶属庄里乡。

前高庄

前高庄（Qiángāozhuāng） 隶属庄里乡高庄村民委员会，地处村委会南部，东至皇藏峪，西至黄山村，南至大蔡村，北至西高和东高。总户数为419户，总人口为1346人，面积为4平方千米。

因前高庄村坐落在高庄村最南边，故

称前高庄。1958 年隶属白土人民公社，1979 年体制改革时隶属高庄公社，1984 年高庄公社改成高庄乡，1992 年体制改革隶属庄里乡。

前卯山

前卯山（Qiánmǎoshān） 隶属庄里乡黄山村民委员会，地处村委会东部，西至永堌镇，南至大蔡，东至大蔡，北至后卯山。总户数为 277 户，总人口为 963 人，面积为 2.4 平方千米。

相传元朝末年农民起义军首领、永堌人芝麻李在徐州与元军作战大败，兵退到此山脚下，观察后无追兵，便在此处点卯，清点人数，以此得名卯山村。后分前后两村，该村在前，故得名前卯山。1953 年前隶属江苏省徐州市，后划为安徽省萧县皇藏区友好社。1958 年人民公社时隶属庄里乡人民公社卯山大队，1990 年属卯山村，2007 年属黄山村。

上黄庄

上黄庄（Shànghuángzhuāng） 隶属庄里乡黄山村民委员会，地处村委会北部，西至永堌镇，南至后卯山，东至中黄庄，北至白土镇。总户数为 83 户，总人口为 293 人，面积为 1.2 平方千米。

由于地势关系，该村在中黄庄西部，为上方高地势，故称上黄庄。1949 年后隶属皇藏区白土公社，后隶属高庄乡，撤区并乡后隶属庄里乡西黄庄村，合村后现隶属黄山村。

后卯山

后卯山（Hòumǎoshān） 隶属庄里乡黄山村民委员会，地处村委会东部，西至永堌镇，南至前卯山，东至高庄，北至张庄。总户数为 271 户，总人口为 980 人，面积为 2.2 平方千米。

相传元朝末年，农民起义军首领、永堌人芝麻李在徐州与元军作战大败，兵退到此山脚下，观察后无追兵，便在此处点卯，清点人数，以此得名卯山村。南为前，北为后，故该村名后卯山村。1953 年前隶属江苏省徐州市，后划为安徽省萧县皇藏区友好社。1958 年人民公社时隶属庄里乡人民公社卯山大队。1990 年属卯山村。2007 年属黄山村。

张庄

张庄（Zhāngzhuāng） 隶属庄里乡黄山村民委员会，地处村委会北部，西至中黄，南至后卯山，东至高庄，北至白土镇。总户数为 153 户，总人口为 494 人，面积为 1.4 平方千米。

明代张姓在此占产立庄，故名张庄。1949 年后隶属皇藏区白土公社，后隶属高庄乡，撤区并乡后隶属庄里乡西黄庄村，合村后现隶属黄山村。

中黄庄

中黄庄（Zhōnghuángzhuāng） 隶属庄里乡黄山村民委员会，地处村委会北部，西至上黄庄，南至后卯山，东至张庄，北至白土镇。总户数为 212 户，总人口为 710 人，面积为 1.6 平方千米。

该村由庄西头黄氏陵地而得名，因三个黄庄，其居中间，故称中黄庄。1949 年后隶属皇藏区白土公社，后隶属高庄乡，撤区并乡后隶属庄里乡西黄庄村，合村后现隶属黄山村。

韩村

韩村（Háncūn） 隶属庄里乡大蔡庄村民委员会，地处村委会北部，北至高庄，东至小抱山，西至倒流河，南至河东。总户数为206户，总人口为656人，面积为3平方千米。

韩村据说是卯山村姓韩的寄庄子，因此命名。1958年属大蔡大队，1984年以来隶属大蔡庄村民委员会。

大蔡庄村

大蔡庄村（Dàcàizhuāngcūn） 隶属庄里乡大蔡庄村民委员会。村委会驻地，北至韩村，南至小银庄，西至倒流河，东至皇藏峪。总户数为369户，总人口为1010人，面积为3平方千米。

相传很久以前该村蔡姓，由丁里镇蔡洼村迁来。因蔡洼杨姓发展强盛，蔡姓人丁不旺。民间俗话说“羊吃菜”，故蔡姓衰落。为此该村蔡姓全部迁出到皇藏山区，名蔡庄。后果然发迹，形成蔡姓旺族。村庄扩大后，又建小庄，形成两个蔡庄，该村较大，称大蔡庄。考古发现这里是新石器时期遗址。1962年隶属庄里乡管辖，1979年12月又改为高庄乡，1992年3月又隶属庄里乡管辖。

小银庄

小银庄（Xiǎoyínzhuāng） 隶属庄里乡大蔡庄村民委员会，地处村委会南部，北至河东，南至小蔡，东到皇藏峪，西至倒流河。总户数为107户，总人口为321人，面积为1.5平方千米。

小银庄自然村因庄上有个小银山，以此命名。小银庄自新中国成立以来一直隶属大蔡庄村村民委员会管辖。

河西

河西（Héxī） 隶属庄里乡大蔡庄村民委员会，地处大蔡庄村西部，北至黄山，南至小张庄，西至郭庄，东到倒流河。总户数为533户，总人口为1588人，面积为4平方千米。

河西村以倒流河命名，因在倒流河西岸而得名。1962年前隶属大蔡庄村管辖，1962年后成立了河西自然村，2005年并村，隶属大蔡庄村。

小张庄

小张庄（Xiǎozhāngzhuāng） 隶属庄里乡城阳村民委员会，地处村委会北部，南至后城阳交界，西至高速公路，北至河西交界，东至倒流河。总户数为78户，总人口为289人，面积为0.32平方千米。

因张姓居住成村，因庄小而得名小张庄。1981年隶属小蔡庄大队庄里公社，1984年体制改革时属庄里乡小蔡庄村，2007年合村隶属庄里乡城阳村。

小蔡庄

小蔡庄（Xiǎocàizhuāng） 隶属庄里乡城阳村民委员会，地处村委会北部，南至白米山交界，西至倒流河，北至小银庄交界，东至银山。总户数为218户，总人口为752人，面积为0.95平方千米。

由大蔡庄蔡姓迁来此处建村，故名。1981年隶属庄里公社小蔡庄大队，1984年体制改革时属庄里乡小蔡庄村，2007年合村隶属庄里乡城阳村。

前城阳

前城阳（Qiánchéngyáng） 隶属庄里乡城阳村民委员会，地处村委会南部，南至中城阳交界，西至高速公路，北至中城阳交界，东至庄里交界。总户数为281户，总人口为915人，面积为1.46平方千米。

此处是春秋时期襄王城旧址，又在官山之阳，故建村时取名城阳，后扩为三村，此村在南，得名前城阳。相传燕王朱棣征战到此，得知黄河水大，无法通过，大军困于此。此处有桥称困龙桥。为渡河，燕王在此设立祭台，令六月天黄河冰封，大军渡河后，回首一望满河是血，方知是鱼鳖虾蟹搭架。燕王传旨，五百年后都封它们为大员、小员。现祭黄河遗址尚在。考古发现这里有新石器时期遗址。1981 年隶属城阳大队，1984 年体制改革时属庄里乡城阳村至今。

中城阳

中城阳（Zhōngchéngyáng） 隶属庄里乡城阳村民委员会，地处村委会中部，南至前陶墟交界，西至城阳小学，北至后城阳交界，东至中学校。总户数为 276 户，总人口为 898 人，面积为 1.59 平方千米。

此处是春秋时期襄王城旧址，又在官山之阳，故建村时取名城阳，后扩为三村，此村在中，得名中城阳。相传燕王朱棣征战到此，得知黄河水大，无法通过，大军困于此。此处有桥称困龙桥，为渡河，燕王在此设立祭台，令六月天黄河冰封，大军渡过黄河后，回首一望，满河是血，方知是鱼鳖虾蟹搭架。燕王传旨，五百年后都封它们为大员、小员。现祭黄河遗址尚在。考古发现这里有新石器时期遗址。1981 年隶属城阳大队，1984 年体制改革时属庄里乡城阳村至今。

后城阳

后城阳（Hòuchéngyáng） 隶属庄里乡城阳村民委员会，地处村委会北部，南至中城阳交界，西至高速公路东，北至东西沟，东至倒流河。总户数为 292 户，总人口为 959 人，面积为 1.6 平方千米。

此处是春秋时期襄王城旧址，又在官山之阳，故建村时取名城阳，后扩为三村，此村在北，得名后城阳。相传燕王朱棣征战到此，得知黄河水大，无法通过，大军困于此，此处有桥称困龙桥。为渡河，燕王在此设立祭台，令六月天黄河冰封，大军渡过黄河后，回首一望满河是血，方知是鱼鳖虾蟹搭架。燕王传旨，五百年后都封你们为大员、小员。现祭黄河遗址尚在。考古发现这里有新石器时期遗址。1981 年隶属城阳大队，1984 年体制改革时为庄里乡城阳村至今。

北山头

北山头（Běishāntóu） 隶属庄里乡尠沟村民委员会，地处村委会北部，东至官桥镇马庄地交界，西至寨山，南至尠沟地交界，北至官桥镇马庄地交界。总户数为 58 户，总人口为 165 人，面积为 0.114 平方千米。

该村庄坐落在北山根下，村庄依山为庄名，北邻皇藏峪。1958 年人民公社时期隶属尠沟大队管辖，1984 年体制改革后隶属尠沟村管辖。

尠沟

尠沟（Xiǎngōu） 隶属庄里乡尠沟村民委员会，地处村委会北部，东至官桥镇马庄地交界，西至尚庄地交界，南至爬山村，北至北山头村。总户数为 514 户，总人口为 1506 人，面积为 0.92 平方千米。

明朝年间，这里有一所寺院，寺里有株三人合围的白果树。因该寺独特，徐州以西甚少，故得名尠沟寺。寺边村庄因寺得名，称尠沟村。1953 年为营、连所在地，1958 年为庄里公社尠沟大队所在地，2008 年合村后为村部所在地。

金寨

金寨（Jīnzhài） 隶属庄里乡尠沟村民委员会，地处村委会南部，东至爬山地交界，西至王堂地交界，南至埇桥区草场地交界，北至尠沟地交界。总户数为 167 户，总人口为 605 人，面积为 0.51 平方千米。

该地为新石器时期遗址，出土大量玉器、蛋壳黑陶器等，是部落首领居住地。该遗址延续时间较长，也曾出土春秋战国时期的青铜器。古时以铜为金，村大设寨，故称这里为金寨。1958年人民公社时期大队部设在金寨，故称金寨大队，辖区三个自然村，2008年合村后隶属虲沟村管理区。

尚庄

尚庄（Shàngzhuāng） 隶属庄里乡虲沟村民委员会，地处村委会西部，东至虲沟村地交界，西至尚庄西山，南至王堂地交界，北至官栾路交界。总户数为101户，总人口为286人，面积为0.28平方千米。

明代尚姓在此占产立庄，故称尚庄。1958年人民公社时隶属金寨大队管理区，2008年并村后隶属虲沟村管理区。

王堂

王堂（Wángtáng） 隶属庄里乡虲沟村民委员会，地处村委会南部，东至长龙山，西至野鸡山，南至爬山地，北至虲沟地交界。总户数为61户，总人口为200人，面积为0.21平方千米。

本村王姓较多，建有王家祠堂，故而得名王堂。1958年人民公社时隶属金寨大队管理区，2008年并村后隶属虲沟村管理区。

小北庄

小北庄（Xiǎoběizhuāng） 隶属庄里乡虲沟村民委员会，地处村委会南部，东至虲沟村地交界，西至虲沟村地交界，南至虲沟地交界，北至寨山。总户数为31户，总人口为116人，面积为0.1平方千米。

北邻皇藏峪，村庄较小，故而得名小北庄。1958年人民公社时期隶属金寨大队管理区，2008年并村后隶属虲沟村管理区。

野鸡山

野鸡山（Yějīshān） 隶属庄里乡虲沟村民委员会，地处虲沟村南部，东至长龙山，西至野鸡山，南至爬山地，北至虲沟地交界。总户数为13户，总人口为28人，面积为0.04平方千米。

该村庄坐落在野鸡山，村庄依山为庄名，故名野鸡山。1958年人民公社时隶属金寨大队管理区，2008年并村后隶属虲沟村管理区。

牛头山

牛头山（Niútóushān） 隶属庄里乡虲沟村民委员会，地处虲沟村南部，东至金寨地交界，西至王堂地交界，南至埇桥区草场地交界，北至金寨地交界。总户数为22户，总人口为89人，面积为0.012平方千米。

该村庄坐落在牛头山，村庄依山为庄名，故名牛头山。1958年人民公社时隶属金寨大队管理区，2008年并村后隶属虲沟村管理区。

爬山

爬山（Páshān） 隶属庄里乡虲沟村民委员会，地处虲沟村南部，东至大鹰山交界，西至金寨地交界，南至地枣子山交界，北至虲沟地交界。总户数为45户，总人口为145人，面积为0.16平方千米。

本村王姓较多，建有王家祠堂，故而得名王堂。1958年人民公社时隶属金寨大队管理区，2008年并村后隶属虲沟村管理区。

栾庄

栾庄（Luánzhuāng） 隶属庄里乡栾庄村民委员会。村委会驻地，西至黄庄，东至椿横，南至淮北界，北至陶墟。总户数为174户，总人口为440人，面积为0.35平方千米。

传说，在清朝初年，有栾姓武状元力大无比，外号“栾千斤”，为避难逃至本地居住，栾庄村因此得名。1949年后隶属陶墟乡，后隶属庄里乡。

椿横

椿横（Chūnhéng） 隶属庄里乡栾庄村民委员会，地处栾庄村东南部，西至栾庄，东至垄山子头，南至淮北地界，北至椿横后山。总户数为179户，总人口为532人，面积为0.4平方千米。

该村村东有一个横山口，山口旁有一棵三人合抱的大椿树，东来西往，翻山都需从此处经过，故该村被称为椿树横，现简称椿横。后隶属庄里乡，1961年改公社后，隶属庄里公社栾庄大队，1984年至今隶属庄里乡。

尚楼

尚楼（Shànglóu） 隶属庄里乡栾庄村民委员会，地处栾庄村西北部，东至官栾路，西至周峪山，南至陈庄，北至陶墟。总户数为284户，总人口为830人，面积为0.7平方千米。

传说早年有一尚书避难于此，居此建有一楼，闻名方圆百里，因此得名尚楼。1949年后隶属庄里乡，1961年改公社后，隶属庄里公社栾庄大队，1984年至今隶属庄里乡。

西黄庄

西黄庄（Xīhuángzhuāng） 隶属庄里乡栾庄村民委员会，地处栾庄村西部，东至栾庄，西至圈里后山，南至淮北红山子，北至陈庄。总户数为174户，总人口为520人，面积为0.58平方千米。

相传刘秀被王莽追赶时在此暂住，故得名皇庄，后因居民以黄姓居多，且位居西部，故更名西黄庄。1949年后隶属栾庄村至今。

陈庄

陈庄（Chénzhuāng） 隶属庄里乡栾庄村民委员会，地处栾庄村西部，西至皇藏峪服务区，东至官栾路，南至西黄庄，北至尚楼。总户数为104户，总人口为380人，面积为0.3平方千米。

本庄陈姓较多，故而得名。1949年后一直隶属栾庄村管辖。

陶墟

陶墟（Táoxū） 隶属庄里乡陶墟村民委员会，村委会驻地，南至栾庄村土地界，北至城阳村土地界，东至倒流河西岸和马山脚下，西至西山脚下。总户数为794户，总人口为2716人，面积为3.9平方千米。

东汉末年将军陶谦任徐州牧（当涂县人），有三让徐州的动人故事，去世后葬于庄里西边山坡上，从此该山称陶墟山，山下村庄因山得名，称陶墟村。清代隶属江南徐州府萧县都仁乡，1949年隶属庄里乡陶墟营，2004年东黄村、陶墟村合并为陶墟村。

东黄庄

东黄庄（Dōnghuángzhuāng） 隶属庄里乡陶墟村民委员会，地处陶墟村东北部，北至尤庄土地界，南至马山脚下，西至倒流河东岸，东至胡窝土地界。总户数为265户，总人口为956人，面积为1.965平方千米。

东黄庄早期有黄姓居民，本地有西黄庄，此庄在东，故称为东黄庄。隶属庄里乡，1953年隶属陶墟营，1984年体制改革时属庄里乡东黄庄村，2008年合并入陶墟村管辖。

胡窝

胡窝（Húwō） 隶属庄里乡陶墟村民

委员会，地处陶墟村东部，西至东黄庄土地界，东至鹰山脚下，南至南岗土地界，北至神山脚下。总户数为85户，总人口为270人，面积为0.62平方千米。

早年胡姓在此居住，因位于山窝，故名胡窝。一直隶属庄里乡，1953年隶属陶墟营，1984年体制改革时属庄里乡东黄庄村，2008年合并入陶墟村管辖。

南岗

南岗（Nángǎng） 隶属庄里乡陶墟村民委员会，地处陶墟村东部，南至南山窝，东至五柳林场山脚下，北至胡窝土地界，西至陶墟马山脚下。总户数为130户，总人口为475人，面积为1.36平方千米。

因此庄建在海拔304米高的马山南坡，地势较高，故名南岗。一直隶属庄里乡。1953年隶属陶墟营东黄庄连，1984年体制改革时为庄里乡东黄庄村南岗自然村，2008年合并入陶墟村管辖。

石林乡

淮海

淮海（Huáihǎi） 属石林乡石林村民委员会。地处村委会东部，东至于庄，西至石林，南至青龙集镇，北至陶楼。总户数为586户，总人口为2080人。面积为1.9平方千米。

石林地区是淮海战役的主战场，为了纪念淮海战役，方便管理，1979年经县政府批准，将石林大队分为淮海、石林两个大队。淮海大队辖原石林大队的六、七、八、九、十、十一队及夏庄七个生产队，石林大队辖一、二、三、四、五队及高楼六个生产队。该自然村（淮海）隶属石林乡石林村。

石林

石林（Shílín） 属石林乡石林村民委员会。地处村委会西部，东至淮海，西至高楼，南至夏庄，北至陶楼。总户数为370户，总人口为1377人。面积为1.5平方千米。

明末清初，李氏迁萧，在此建村，后因祖上军功显赫，其子孙遂成当地首富。发家后，他们扩展院落，并将原住房全部拆除，改成楼房，以显耀自己的富贵，故人称“李全楼”。李某去世后，朝廷下圣旨为其营造陵园，陵园建造雄伟，气势恢宏，陵前修一甬道，两旁立有石牌坊、石猴、石羊、石马、石人等，远望似石林，故将该村易名为“李石林”。1949年以来，该自然村一直属石林村（大队）；2008年属石林乡石林村至今。

夏庄

夏庄（Xiàzhuāng） 属石林乡石林村民委员会。地处村委会西部，东至石林，西至刘庄，南至青龙集镇，北至高楼。总户数为65户，总人口为225人。面积为0.2平方千米。

早年夏姓在此占产立庄，故称夏庄。1949年属火星社；1958年后属石林村（大队）管辖至今。

高楼

高楼（Gāolóu） 属石林乡石林村民委员会。地处村委会西部，东至石林，西至高集，南至夏庄，北至闫庄。总户数为76户，总人口为304人。面积为0.4平方千米。

清朝初期，高姓人家来此占乡立村，因其户大财大，建一高楼，远近闻名，故起村名高楼。1949年以来，该自然村一直隶属石林村（大队）管辖。

程阁

程阁（Chénggé） 属石林乡崔阁村村

民委员会。地处村委会南部，东至何小庄，南至吴楼，西至王李庄，北至崔阁。总户数为60户，总人口为180人。面积为0.1平方千米。

明代程姓分支从萧县马井程楼搬迁于此建村，并在村东盖有庙阁，故取名程阁。1949年至2007年，该自然村属万庄村（大队）管辖；2008年属石林乡崔阁村管辖至今。

崔阁

崔阁（Cuīgé） 属石林乡崔阁村村民委员会。地处村委会东部，东至何桥，西至陶庄，南至何土楼，北至徐庄。总户数为200户，总人口为812人。面积为0.35平方千米。

清末崔姓在此建村，因村东有座庙阁，故名。1949年以来，该自然村一直属崔阁村（大队）管辖；1985年属淮海区石林镇；1992年属石林管区；2008年属石林乡崔阁村至今。

何桥

何桥（Héqiáo） 属石林乡崔阁村村民委员会。地处村委会东南部，东至祖楼镇，南至青龙，西至何小庄，北至洪减河。总户数为210户，总人口为869人。面积为0.3平方千米。

明代末年何姓从何集迁此建村，因村东洪减河上有座桥，故名。1949年起石林区孙楼乡；1956年至1957年属石林乡；1958年属淮海人民公社；1979年属石林乡崔阁村；1992年属石林村管辖；2008年属石林乡崔阁村至今。

何土楼

何土楼（Hétǔlóu） 属石林乡崔阁村村民委员会。地处村委会东部，东至何小庄，西至孙阁，北至洪减河。总户数为78户，总人口为320人。面积为0.16平方千米。

明代末年何姓从何集迁此建村，因村中早年建一座土楼，故名。1949年至1955年属石林区孙楼乡；1956年至1957年属石林乡；1958年属崔阁大队，1992年属石林管辖；2008年属石林乡崔阁村至今。

何小庄

何小庄（Héxiǎozhuāng） 属石林乡崔阁村民委员会。地处村委会东部，东至何桥，南至青龙集下洼村，西至何土楼，北至祖楼。总户数为82户，总人口为350人。面积为0.18平方千米。

何姓来此建庄，因人少庄小，故名。1949年至1955年属石林区孙楼乡；1956年至1957年属石林乡；1958年属崔阁大队；1992年属石林管辖；2008年属石林乡崔阁村至今。

何庄

何庄（Hézhuāng） 属石林乡崔阁村民委员会。地处村委会西南部，东至孙阁，西至石林，南至何庄，北至土楼。总户数为94户，总人口为330人。面积为0.15平方千米。

很久以前何姓在此居住，故而得名。1949年属石林区万庄村；1958年属石林公社万庄大队；1984年属石林乡万庄村；2008年属石林乡崔阁村至今。

鲁楼

鲁楼（Lǔlóu） 属石林乡崔阁村民委员会。地处村委会东南部，鲁楼位于何桥里，被何桥紧紧包围。总户数为37户，总人口为48人。面积为0.02平方千米。

清朝末年，鲁姓在此建村立庄，并建楼房一座，故取名鲁楼。1949年以来，该自然村一直属崔阁村（大队）；2008年属石林乡崔阁村至今。

马桥

马桥（Mǎqiáo） 属石林乡崔阁村民委员会。地处村委会北部，西至周集，南至武庄。总户数为120户，总人口为600人。面积为0.2平方千米。

宋代马姓在此占地立庄，因靠近村北洪減河上一座桥，故而得名马桥。1949年以来属崔阁村（大队）；2008年属石林乡崔阁村至今。

孙阁

孙阁（Sūngé） 属石林乡崔阁村民委员会。地处村委会西部，东至何土楼，南至万庄，西至于庄，北至武庄。总户数为90户，总人口为280人。面积为0.17平方千米。

明代孙姓在此建村立庄，因庄东盖有一座庙阁，故取名孙阁。1949年后至2008年前，该自然村先后属魏楼、万庄村（大队）；2008年后属石林乡崔阁村至今。

陶庄

陶庄（Táozhuāng） 属石林乡崔阁村民委员会。地处村委会西部，东至孙阁，西至杨李庄，南至崔阁，北至徐庄。总户数为68户，总人口为96人。面积为0.04平方千米。

陶姓和刘姓最早在此立庄，因陶姓人居多，故取名陶庄。1949年属石林区魏楼高级社；1958年属崔阁（大队）；2008年属石林乡崔阁村至今。

万庄

万庄（Wànzhuāng） 属石林乡崔阁村民委员会。地处村委会东部，东至王李庄，南至青龙集下洼村，西至何庄，北至魏楼。总户数为275户，总人口为926人。面积为0.5平方千米。

清朝初期，万姓迁入此地，建立庄园，遂取名万庄。1949年属石林区万庄乡；1958年属石林公社万庄大队；2008年后属石林乡崔阁村至今。

王李庄

王李庄（Wánglǐzhuāng） 属石林乡崔阁村民委员会。地处村委会南部，东至程阁，南至吴楼，西至万庄，北至杨李庄。总户数为126户，总人口为480人。面积为0.35平方千米。

明代王氏宗族在此居住，因庄前有大树林，故取名王林庄。后来李姓又来此居住，遂改名为王李庄。1949年属魏楼村；1958年属万庄大队；2008年后属石林乡崔阁村至今。

武庄

武庄（Wǔzhuāng） 属石林乡崔阁村民委员会。地处村委会西部，东至陶庄，西至魏楼，南至杨李庄，北至马桥。总户数为122户，总人口为367人。面积为0.19平方千米。

明代武姓在此建村立庄，因当时人少村小，又仅此一姓，故名。1949年属石林区魏楼高级社；1958年属崔阁大队；1992年属石林管区；2008年属石林乡崔阁村至今。

徐庄

徐庄（Xúzhuāng） 属石林乡崔阁村民委员会。地处村委会北部，东至翟庄，南至陶庄，北至马桥。总户数为185户，总人口为736人。面积为0.35平方千米。

徐姓最早在此建庄，故而得名。1949年，该村由徐庄和周台庄合并而成，属孙楼乡；1958年属淮海公社；1984年属石林乡；1996年划归青龙集镇；1997年从青龙集镇分出，划归石林管区；1999年归石林乡；2008年后，该自然村属石林乡崔阁村至今。

杨李庄

杨李庄（Yánglǐzhuāng） 属石林乡崔阁村民委员会。地处村委会西部，东至陶庄，西至魏楼，南至王李庄，北至武庄。总户数为89户，总人口为303人。面积为0.13平方千米。

明代有杨、李两姓来此建庄，故名。1949年属石林区；1958年属淮海人民公社崔阁大队；1984年后属石林乡崔阁村至今。

于庄

于庄（Yúzhuāng） 属石林乡崔阁村民委员会。地处村委会西部，东至孙阁，西至石林，南至何庄，北至土楼。总户数为112户，总人口为608人。面积0.25平方千米。

明末清初于姓在此建村立庄，故名。1949年属石林区万庄乡；1956年属石林乡；1958年属石林公社魏楼管区；1984年撤社设乡属石林管区，后管区撤销属石林乡万庄村；2008年属石林乡崔阁村管辖至今。

郭庄

郭庄（Guōzhuāng） 属石林乡魏楼村民委员会。地处村委会东部，东至周集，西至东詹阁，南至魏东，北至小屯。总户数为101户，总人口为374人。面积为0.4平方千米。

明代郭姓人从山西来此立庄，故而得名。1949年以来至2007年，该自然村一直属詹阁大队（村）管辖，2008年合并大村后属石林乡魏楼村管辖至今。

魏楼

魏楼（Wèilóu） 属石林乡魏楼村民委员会。地处魏楼村民委员会南部，总户数为315户，总人口为1860人。面积为1.68平方千米。

早年魏姓总兵在此定居、盖楼，故名。1949年以来至1991年，该自然村属詹阁大队（村），1992年属石林乡魏楼村至今。

魏西

魏西（Wèixī） 属石林乡魏楼村民委员会。地处村委会南部，东至魏东，西至于庄，南至万庄，北至詹阁。总户数为315户，总人口为1242人。面积为1.6平方千米。

早年魏姓总兵在此定居、盖楼，因位于魏楼以西，故名。1949年以来至1991年，该自然村属詹阁大队（村），1992年属石林乡魏楼村至今。

魏东

魏东（Wèidōng） 属石林乡魏楼村民委员会。地处村委会南部，东至吴庄，西至魏西，南至万庄，北至郭庄周集。总户数为152户，总人口为567人。面积为0.7平方千米。

早年魏姓总兵在此定居、盖楼，因位于魏楼以东，故名。1949年以来至1991年，该自然村属詹阁大队（村），1992年属石林乡魏楼村至今。

西詹阁

西詹阁（Xīzhāngé） 属石林乡魏楼村民委员会。地处村委会西部，东至东詹阁，西至陶楼，南至魏西，北至减河。总户数为148户，总人口为558人。面积为0.6平方千米。

明代詹姓人家先来此地占产立庄，盖有阁楼，故取名詹阁。后部分村民西迁建村，取名西詹阁，原詹阁则易名为东詹阁。1949年以来至2007年，该自然村一直属詹阁大队（村）管辖，2008年合并大村后属石林乡魏楼村管辖至今。

谢楼

谢楼（Xièlóu） 属石林乡魏楼村民委员会。地处村委会西北部，东至小屯，西至西郭庄，南至陶楼，北至锦桥。总户数为170户，总人口为643人。面积为1.2平方千米。

早年，谢姓族人迁此占产立庄，盖有楼房，故取名谢楼，沿用至今。1949年以来，该自然村一直属谢楼村（大队）管辖。2008年后属石林乡魏楼村至今。

周集

周集（Zhōují） 属石林乡魏楼村民委员会。地处村委会东部，东至马桥，西至郭庄，南至魏东，北至减河。总户数为68户，总人口为244人。面积为0.2平方千米。

明代周姓在此占产立庄，曾设集市，故名周集。1949年以来至2007年，该自然村一直属詹阁大队（村）管辖，2008年合并大村后属石林乡魏楼村管辖至今。

东詹阁

东詹阁（Dōngzhāngé） 属石林乡魏楼村民委员会。地处村委会西部，东至郭庄，西至西詹阁，南至魏西，北至减河。总户数为140户，总人口为547人。面积为0.63平方千米。

明代詹姓来此占产立庄，盖有阁楼，故取名詹阁。后部分村民西迁建村，取名西詹阁，原詹阁则易名为东詹阁。1949年以来至2007年，该自然村一直属詹阁大队（村）管辖，2008年合并大村后属石林乡魏楼村管辖至今。

李庄

李庄（Lǐzhuāng） 属石林乡李庄村民委员会。李庄村民委员会驻地，东至刘庄，西至河南，南至夏寨，北至高集。总户数为121户，总人口为450人。面积为0.47平方千米。

清代李姓在此建村立庄，取名李庄。1949年属李庄村；1958年属淮海公社李庄大队；1992年属石林管区；2008年并村后属石林乡李庄村至今。

刘厂

刘厂（Liúchǎng） 属石林乡李庄村民委员会。地处村委会北部，东至朱小楼，西至河南，南至河南，北至朱大楼。总户数为270户，总人口为877人。面积为0.94平方千米。

刘姓在此建村，村旁设有窑厂，初名刘场。后扩展为三村，此村在东，故名东刘场。1949年以来至2007年，该自然村属刘厂大队（村）管辖，2008年合大村后属石林乡李庄村管辖至今。

刘庄

刘庄（Liúzhuāng） 属石林乡李庄村民委员会。地处村委会东部，东至卫星河，西至李庄，南至夏寨，北至高集。总户数为131户，总人口为396人。面积为0.54平方千米。

18世纪前从河南迁至此处，因刘姓村民居多，故名为刘庄。1949年属石林乡；1958年属青龙公社；1992年8月撤区并乡，属青龙乡；1996年属石林区；2005年属石林乡夏寨村；2008年后属石林乡李庄村至今。

夏寨

夏寨（Xiàzhài） 属石林乡李庄村民委员会。地处村委会南部，东至卫星河，西至王引河，南至王引河，北至刘庄。总户数为159户，总人口为556人。面积为0.61平方千米。

明代夏姓在此建村，因村周筑有防护寨墙，故名。1949年以来至2007年，该自然村一直属夏寨大队（村）管辖，2008年合村后属石林乡李庄村管辖。

朱小楼

朱小楼（Zhūxiǎolóu） 属石林乡李庄村民委员会。地处高集村北部，东至陈阁，西至刘厂，南至高集，北至王花园。总户数为148户，总人口为552人。面积为0.51平方千米。

因该村村民皆由朱大楼迁来，村的规模略小，故名。1949年后至2007年，先后属朱大楼、刘场大队（村）管辖；2008年合并大村后属石林乡李庄村管辖至今。

高集

高集（Gāojí） 属石林乡李庄村民委员会。地处村委会北部，东至卫星河，西至河南，南至李庄，北至朱小楼。总户数为312户，总人口为999人。面积为1.1平方千米。

明代高姓在此最早建村，村中设集市，故名高集。1949年属李石林；1958年属淮海人民公社李庄大队；1990年与李庄分开，属高集大队；1992年撤区并乡时属青龙集镇石林管区；2008年后属石林乡李庄村至今。

陈阁

陈阁（Chéngé） 属石林乡陶楼村民委员会。地处村委会西部，东至王庄，西至朱小楼，南至高集，北至谷庄。总户数为69户，总人口为295人。面积0.36平方千米。

陈姓建庄，因村旁盖有一座庙阁，故名陈阁。1949—2007年属王圈村（大队）管辖，2008年至今属陶楼村。

郭庄

郭庄（Guōzhuāng） 属石林乡陶楼村民委员会。地处村委会北部，东至谢楼，南至陶楼，西至平庄，北至张庄寨锦桥。总户数为110户，总人口为476人。面积为0.6平方千米。

明代郭姓人从山西来此立庄，故而得名。1984年之前属陶楼大队；1984—2007年属郭庄村；2008年合并大村后属石林乡陶楼村民委员会管辖至今。

蒋庄

蒋庄（Jiǎngzhuāng） 属石林乡陶楼村民委员会。地处村委会中部，东至闫庄，南至石林，西至王圈，北至前平庄。总户数为58户，总人口为208人。面积为0.27平方千米。

很久以前蒋姓在此占产立庄，故而得名。该自然村1949年以来至2008年之前属王圈村（大队）管辖，2008年至今属石林乡陶楼村至今。

前平庄

前平庄（Qiánpíngzhuāng） 属石林乡陶楼村民委员会。地处村委会西北部，东至郭庄，南至蒋庄闫庄，西至卫星河，北至洪减河。总户数为163户，总人口为616人。面积为0.9平方千米。

早年李姓建庄，期望太平，取名李平庄，后有一部分人迁往减河北建村，取名后李平庄，原李平庄易名前平庄。1949年以来至2007年，该自然村属王圈村（大队）管辖，2008年至今属石林乡陶楼村。

陶楼

陶楼（Táolóu） 属石林乡陶楼村民委员会。村委会驻地，东至土楼，南至石林，西至闫庄，北至郭庄谢楼。总户数为288户，总人口为1094人。面积为1.3平方千米。

明代温姓为朝廷派遣来萧县的屯户，在此卜居，建一土楼。数十年来，土楼历经风雨，安然无恙。温姓一家也富得流油，成为当地大财主。温财主迷信土楼有“神灵庇佑”，是“风水宝地”，而不舍遗弃，特在土楼外加筑砖墙两层相套，俗称“套楼”，故人称“温套楼”。后来，温财主去世，家道败落，村名变为“套楼”。以后，“套”又演化为“陶”，成为现在的陶楼。1949年以来至2007年，该自然村属谢楼大队（村）管辖，2008年后属石林乡陶楼村管辖。

土楼

土楼（Tǔlóu） 属石林乡陶楼村民委员会。地处村委会东部，东至101省道，南至魏楼粮站，西至陶楼，北至詹阁。总户数为86户，总人口为289人。面积为0.35平方千米。

早年此村有一座土炮楼，故名土楼。1949年以来至今，该自然村先后属谢楼大队、陶楼大队（村）管辖；2008年后属石林乡陶楼村至今。

王圈

王圈（Wángquān） 属石林乡陶楼村民委员会。地处陶楼村民委员会中部，东至蒋庄，南至石林，西至王庄，北至前平庄。总户数为81户，总人口为229人。面积为0.29平方千米。

清末王姓在此建村，因在村周筑有防护寨圈，故名。该自然村1949年以来至2008年属王圈村民委员会（大队）管辖，2008年至今属石林乡陶楼村。

王庄

王庄（Wángzhuāng） 属石林乡陶楼村民委员会。地处村委会西部，东至王圈，南至石林高楼，西至陈阁，北至前平庄。总户数为71户，总人口为271人。面积为0.32平方千米。

因王姓人家最早在此建村而得名。该自然村1949年至2008年属王圈村（大队）管辖，2008年至今属石林乡陶楼村。

闫庄

闫庄（Yánzhuāng） 属石林乡陶楼村民委员会。地处村委会西部，东至陶楼，南至石林，西至蒋庄，北至前平庄。总户数为65户，总人口为217人。面积为0.28平方千米。

因王姓人家最早在此建村而得名。该自然村1949年以来至2008年之前属王圈村（大队）管辖，2008年至今属石林乡陶楼村。

安庄

安庄（Ānzhuāng）属石林乡朱大楼村民委员会。地处村委会西部，东至朱大楼，南至朱大楼，西至萧永沟，北至张庄寨黄店。总户数为131户，总人口为484人。面积为0.5平方千米。

清代安姓在此占产立庄，故名安庄。1949年属火星社；1958年后一直属朱大队（大队）村管辖；2008年属石林乡朱大楼村至今。

谷庄

谷庄（Gǔzhuāng） 属石林乡朱大楼村民委员会。地处村委会东部，东至陶楼前平庄，南至李庄朱小楼，西至朱大楼，北至张庄寨后平庄。总户数为219户，总人口为848人。面积为1平方千米。

清代谷姓在此占产立庄，故名谷庄。1949年属火星社；1958年后属谷庄大队管辖；2008年并村后属石林乡朱大楼村。

王花园

王花园（Wánghuāyuán） 属石林乡朱大楼村民委员会。地处村委会南部，东至谷庄，南至李庄朱小楼，西至朱大楼，北至朱大楼。总户数为66户，总人口为256人。面积为0.3平方千米。

明代嘉靖年间，王姓富绅来此建有庄

园，筑有别墅，还引来减河之水，仿江南风格建一大花园，被时人呼为“王花园”，故名。1949 年属火星社；1958 年属朱大楼大队；1992 年属石林乡管区；2008 年属石林乡朱大楼村至今。

王楼

王楼（Wánglóu） 属石林乡朱大楼村民委员会。地处村委会北部，东至减河，南至朱大楼，西至黄店，北至减河。总户数为 246 户，总人口为 877 人。面积为 1.1 平方千米。

早年为王姓财主的寄庄子，并建有楼房，故名王楼。1949 年起属火星社；1958 年至 2007 年，该自然村属谷庄大队（村）管辖；2008 年合并大村后属石林乡朱大楼村管辖至今。

赵庄

赵庄（Zhàozhuāng） 属石林乡朱大楼村民委员会。地处村委会北部，东至谷庄，南至谷庄，西至王楼，北至减河。总户数为 83 户，总人口为 375 人。面积为 0.3 平方千米。

清末，赵姓在此立庄，故取名赵庄。1949 年属火星社；1958 年至 2007 年，该自然村属谷庄大队（村）管辖；2008 年属石林乡朱大楼村管辖至今。

朱大楼

朱大楼（Zhūdàlóu） 属石林乡朱大楼村民委员会。村委会驻地，东至谷庄，南至三八沟，西至安庄，北至王楼。总户数为 228 户，总人口为 941 人。面积为 0.9 平方千米。

清末，朱姓在此占产立庄，并建大楼一座，故名朱大楼。1949 年属火星社；1958 年后属朱大楼（大队）村；2008 年属石林乡朱大楼村至今。

第五章　非行政区域地名

张庄寨镇新型乡村工业园

张庄寨镇新型乡村工业园（Zhāngzhuāngzhàizhèn Xīnxíng Xiāngcūn Gōngyèyuán）位于张庄寨镇众姓庄西侧。东至众姓庄，南至新毛河，西至守备庄，北至王小楼。2011年建设并由县政府审批得名。占地面积2.3万平方米，总人口为0.03万人。主要有农产品加工、水果加工，以及服装类企业。

萧瓯合作共建工业园

萧瓯合作共建工业园（Xiāoōu Hézuògòngjiàn Gōngyèyuán）　位于萧县县城东南11千米，萧县经济开发区境内。东至闸河，南至桃山—唐庄公路，西至姚楼—毛郢公路，北至县界。萧瓯合作共建工业园于2011年10月23日开工建设。占地面积1.1平方千米，总人口为0.03万人。距连霍、京台高速公路交会出口4千米、301省道700米。园区水、电、道路、通信等基础设施齐全。

萧县食品工业园

萧县食品工业园（Xiāoxiàn Shípǐn Gōngyèyuán）　位于萧县县城北3千米。东至桃山—唐庄公路，南至耕地，西至萧县外环，北至桃山—唐庄公路。萧县食品工业园于2011年开工建设，占地面积2300亩，总人口为0.02万人。该园区一期规划用地1600亩，水、电、道路、通信等基础设施齐全，已入驻企业13家。2013年初，园区二期建设工程启动，现面向国内外招商食品加工企业。距连霍、京台高速公路交会出口4千米、301省道500米。

泉山工业园

泉山工业园（Quánshān Gōngyèyuán）　位于安徽省萧县龙城镇姬村。东至徐州—西峡公路，南至徐州—西峡公路，西至符离集—夹河寨铁路，北至姬村。2013年10月30日，萧县与徐州泉山区举行缔结友好县区签约仪式。面积为1平方千米，总人口为0.03万人。该工业园是承载两地工业合作、产业转移、项目投资和人才信息交流的主要载体。园区产业定位为机械装备制造业，兼顾机械研发及配套居住的现代新城和跨省合作示范区。

萧县循环经济工业园

萧县循环经济工业园（Xiāoxiàn Xúnhuánjīngjì Gōngyèyuán）　位于萧县圣泉乡

境内，距萧县城区北15千米处。东至王集村东侧，南至华康药业南侧的幸福河，西至金黄庄村，北至王庄村北侧。建设于2011年。面积为6.27平方千米，总人口为0.02万人。萧县循环经济工业园自开发建设以来，始终瞄准精品名牌战略，积极实施“三名”(名牌、名品、名企）战略，推进龙头企业集群集聚。园区累计引进农业产业化企业17家，其中国家级龙头企业2家，省级龙头企业5家，县级以上龙头企业10家，已形成四大产业集群，即玉米加工业集群、玉米淀粉深加工业集群、小麦加工业集群和秸秆加工业集群，园区农业产业化集聚效应日渐凸显，年实现销售收入91.3744亿元。2015年10月农业部公布第三批国家农业产业化示范基地名单，萧县圣泉循环经济工业园荣列其中，这是该工业园继成为“全国第三批农产品加工业示范基地”之后，荣获的又一块“国字号”招牌。

安徽萧县经济开发区

安徽萧县经济开发区（Ānhuī Xiāoxiàn Jīngjì Kāifāqū） 位于萧县南部，紧邻高速路出口。东至白土镇，南至白土镇，西至龙城镇，北至淮北市杜集区。萧县经济开发区创建于2005年，2006年2月经省政府批准设立，为省级开发区。面积为1.87平方千米，总人口为0.14万人。截至2014年，入驻企业50家，协议投资额100多亿元，工业总产值达到30亿元，工业增加值达到10亿元，财政收入5600万元。形成了皮革、建材及新材料、机械制造、物流等重点产业。

第六章　重要自然地理实体地名

第一节　陆地水系

湘西河

湘西河（Xiāngxī Hé）　位于萧县中部，原名湘西沟，发源于原赵庄区居洼，经吴丛东、王寨东、蒋丁楼西，至黄里入萧濉新河。萧县段长30千米，流域面积144.84平方千米，河口宽28米至48米，河底宽10米至18米，河深3米至5米。河流类型为地上内流河，常年河。河流级别为四级。所跨马井镇、赵庄镇、杜楼镇、王寨镇、孙圩子乡行政区域。主要用于排洪灌溉，不通航。

利民沟

利民沟（Lìmín Gōu）　位于萧县西北部，该河发源于砀山县的定国寺，自砀萧界到杜楼镇朱解庄村的黄柿园入沙河。1950年和1964年对利民沟加以治理。1974年，开挖利民沟上段改道工程。长25千米，流域面积159平方千米，河口宽25米至55米，河底宽4米至31米，河深3.5米至4米。河流类型为地上内流河，常年河。河流级别为三级。所跨新庄镇、黄口镇、闫集镇、杨楼镇、马井镇行政区域。主要用于排洪灌溉，不通航。

萧濉新河

萧濉新河（Xiāosuī Xīnhé）　位于萧县西南，系1959年冬开挖的新河道，北自瓦子口，南通濉河。1960年3月完工。1970年，萧濉新河中下游及老濉河又进行了疏浚。萧县境内长9千米，流域面积761平方千米，河口宽87.1米至98.4米，河底宽55米至63米，河深5.35米至5.9米。河流类型为地上内流河，常年河。河流级别为二级。所跨孙圩子乡行政区域。主要用于排洪灌溉，不通航。

新岱河

新岱河（Xīn Dàihé）　位于萧县西南部，原名岱山河，发源于岱山下的岱山湖，经郑腰庄、郭庄、瓦子口与大沙河合流，经宋家庄西与龙河汇流后入雷河。系为减轻岱湖汛期泄洪压力而新开挖的河道。民国时期对岱河下游河段进行几次治理，1952年治理岱河上段，从岱湖起至瓦子口止，长15.3千米，挖土169万立方米。1957年10

月开挖新岱河，从三座楼到岱桥全长9.25千米，11月完工，挖土30.5万立方米。1965年，为了解决新老岱河沿岸受涝问题，在闸上将新岱河堵死，改道于闸下。1983年11月开始疏浚岱河，当年竣工。境内长度为36.8千米，流域面积为0.38平方千米。河流类型为地上内流河，常年河。河流级别为二级。所跨杨楼镇、圣泉乡、王寨镇行政区域。主要用于排洪、灌溉，不通航。

龙河

龙河（Lóng Hé） 发源萧县城北凤凰山麓。原名龙山河，发源于龙山西龙湖。经石水牛山，至朔里入淮北市，下游至宋庄庙西与岱河汇流入雷河。1952年6月开挖下游疏导工程，1953年继续治理龙河和堤河子下游工程。1954年在龙河上游郝店集、朔里各建石拱桥一座。1958年在丁里建节制闸一座，并将龙河上游来水截入一部分经运河入萧濉新河。1966年又按老五年一遇排涝标准加以治理，1974年全线按新五年一遇排涝标准治理，并治理雷河至烈山南。城内河段已成为龙河景观带。长14.5千米，流域面积128平方千米，河口宽41米至54.8米，河底宽17米至26米，河深4米至4.8米，河流类型为地上内流河，常年河。河流级别为三级。所跨龙城镇、丁里镇行政区域。主要用于排洪灌溉，不通航。

闸河

闸河（Zhá Hé） 位于县城东南部，发源于铜山区十八里屯。新中国成立后，1950年修堵闸河西堤，1951年又将西堤加高培厚。1963年大水，王典北毛营子几乎漫堤，是年冬，进行了全线复堤。1971年冬，又从倒流河口至后土型村捞底疏浚。萧县境内长17千米，流域面积324平方千米，河口宽42米至61米，河底宽12米至25米，河深5米至6米。河流类型为地上内流河，常年河。河流级别为三级。所跨白土镇、龙城镇、永堌镇行政区域。主要用于排洪、灌溉，不通航。

倒流河

倒流河（Dàoliú Hé） 位于县城东南，发源于濉溪县的南庄，向北经栾庄、白米山西，通过皇藏峪、花甲寺，于孤山湖短期滞洪后，至冯山头西入闸河。因其流向由南向北，与闸河流向相反，故称倒流河。1959年冬，在白土东门口建水利发电站一座，后因管理不善而毁废。1983年局部捞底加宽。萧县境内长25.6千米，流域面积140平方千米，河口宽29米至45米，河底宽8米至12米，河深3.5米至5.5米。河流类型为地上内流河，常年河。河流级别为四级。所跨庄里乡、白土镇行政区域。主要用于排洪灌溉，不通航。

新申河

新申河（Xīn Shēnhé） 位于县城西北，原属老港河水系，发源于原南海乡陈屯北，至棠林集入港河。1978年开挖“淮海河网”时，对申河水系作了改道，从黄口区的孙庄至穆寨开挖新申河，直接由此入洪减河。1982年4月，作洪减河规划时，对申河水系做了调整，划定申河东堤全封闭，属洪减河水系。全长15千米，河口宽10至20米，流域面积为0.17平方千米。河流类型为地上内流河，常年河。河流级别为三级。所跨赵庄镇、张庄寨镇、祖楼镇行政区域。主要为排洪灌溉，不通航。

北湘西河

北湘西河（Běi Xiāngxīhé） 位于萧县西北部，发源于砀山县程庄镇，流入大沙河。全长20千米，河口宽10米至20米，流域面积为0.23平方千米。河流类型为地上内流河，常年河。河流级别为3级。所跨酒店乡、马井镇行政区域。主要作用是排洪灌溉，不通航。

大沙河

大沙河（Dàshā Hé） 位于县城西部，发源地为砀山县的程庄，流入萧濉新河。1974年，按十年一遇标准治理大沙河马常庄至瓦子口段，并把利民沟从董庄桥截流，改道向南经马井至朱解庄入大沙河，主要支流有北湘西河及利民沟上段。全长为32千米，流域面积为334平方千米，河口宽为10米至20米。河流类型为地上内流河，常年河。河流级别为三级。所跨黄口镇、马井镇、杜楼镇行政区域。主要作用为排洪灌溉，不通航。

新港河

新港河（Xīngǎng Hé） 位于县城西部，发源地为马井镇，流入萧濉新河。全长17千米，河口宽10米至20米，流域面积为0.18平方千米。河流类型为地上内流河，常年河。河流级别为二级。所跨王寨镇、祖楼镇、孙圩子乡行政区域。主要作用是排洪灌溉，不通航。

运河

运河（Yùn Hé） 东起萧县开发区，流经丁里镇入萧濉新河。长18千米，宽50米。流域面积为0.2平方千米。河流类型为地上内流河，常年河。河流级别为二级。所跨龙城镇、丁里镇行政区域。主要作用是排洪灌溉，不通航。

王引河

王引河（Wángyǐn Hé） 位于石林乡、青龙集镇西部，又名罗河，发源于砀山县顾口闸下，经永城市山城集西，至罗李庄入本县境，至胡庄桥下入濉溪县，北为客水路过，内涝无法排入。萧县境内长8千米，河面宽8米，流域面积为180平方千米。河流类型为地上内流河，常年河。河流级别为二级。所跨石林乡、青龙集镇行政区域。主要作用是排洪灌溉，不通航。

卫星河

卫星河（Wèixīng Hé） 北起石林乡西北部，向南流入王引河。总长度为8千米，河面宽8米。流域面积为0.1平方千米。河流类型为地上内流河，常年河。河流级别为二级。所跨石林乡、青龙集镇行政区域。主要作用是排洪灌溉，不通航。

黄杨沟

黄杨沟（Huángyáng Gōu） 西起黄口镇，东至杨楼镇。长21千米，宽15米，流域面积为0.23平方千米。河流类型为地上内流河，常年河。河流级别为二级。所跨黄口镇、杨楼镇行政区域。主要作用是排洪灌溉，不通航。

岱河

岱河（Dài Hé） 北起圣泉乡，因流经岱湖而得名。南至丁里镇瓦子口流入淮北市。萧县境内长12千米，宽10米，流域面积为10平方千米。河流类型为地上内流河，常年河。河流级别为二级。所跨圣泉乡、龙城镇、杜楼镇、王寨镇、丁里镇行政区域。主要作用是排洪灌溉，不通航。

新毛河

新毛河（Xīnmáo Hé） 北起酒店乡龙新庄，南至祖楼镇孙瓦坊入洪减河。萧县境内长22千米，宽10米，流域面积为20平方千米。河流类型为地上内流河，常年河。河流级别为二级。所跨酒店乡、大屯镇、张庄寨镇、石林乡行政区域。主要作用是排洪灌溉，不通航。

减河

减河（Jiǎn Hé） 西从河南省永城市界流入张庄寨镇，至崔口南与洪河汇流。萧县境内长12千米，宽10米，流域面积为10平方千米。河流类型为地上内流河，常年河。河流级别为二级。所跨张庄寨镇、石林乡行政区域。主要作用是排洪灌溉，不通航。

第二节　陆地地形

大顶山

大顶山（Dàdǐng Shān） 位于县城东南21千米处，庄里乡境内。因山顶较平而得名。海拔392米，山体走向西30度，延长5.6千米，大部分有植被覆盖率，古木参天，是皇藏峪自然保护区的一部分。

方山

方山（Fāng Shān） 位于县城东南16千米，白土镇东部。此山顶呈方形，故名。有大小两个山头，分别称大方山、小方山。大方山海拔231米，小方山海拔194米，南北走向长2千米，东西宽1千米处，有植被覆盖。

凤凰山

凤凰山（Fènghuáng Shān） 位于县城北侧，山形似凤凰，故得名。由四峰组成，主峰海拔241.4米，其余三峰分别为245.9米、172.3米、195.6米，山体走向北东45度，长3.25千米，山上有名刹、亭廊、洞泉、森林，风景秀丽，闻名遐迩。一般坡度为30度左右，山中有人工开凿的山道，贯通南北，人称陡山口。

浮涹山

浮涹山（Fúněi Shān） 位于县城南10.5千米，丁里镇东部。此地古时为湖，湖心有山头微露，似漂浮水面，故名。海拔约为72米，形状为圆形，长宽约1.2千米。已被开垦成梯田，种植有农作物。

官山

官山（Guān Shān） 位于县城东南18千米处，永堌镇境内。此山下村子出了一名朝廷官员，遂得名。海拔395米，是萧县境内最高的山，山体走向西北20度，长3.2千米，南与黑石块相连，局部有植被覆盖，一般坡度为20度左右。山上有官山洞，可容百人。

黑老鸹山

黑老鸹山（Hēilǎoguā Shān） 位于萧县白土镇境内，因此山上多此鸟类而得名。又名黑山。海拔140米，南北走向400米，东西宽400米，有植被覆盖。

黄包顶

黄包顶（Huángbāodǐng） 位于县城东南14千米处，永堌镇境内。因山顶突兀、颜色显黄得名。海拔365.2米，山体走向为东北40度，长8千米，一般坡度为30度左右。南部有植被覆盖为永堌林场，东侧有萧桃公路通过。

黄山

黄山（Huáng Shān） 位于县城南偏西5千米丁里镇北部，紧邻龙城镇。因山上土为黄土而得名。海拔约为134米，东西走向，长约1.8千米，宽1.2千米，此山有少量植被覆盖，四周被开采山石。

老鹰窝

老鹰窝（Lǎoyīngwō） 位于县城东19千米的官桥镇境内。老鹰多在此山栖息，故得名。又名老鹰山。海拔286米，南北走向2千米，东西宽1.7千米处，山上有植被覆盖。

灵山寨

灵山寨（Língshān Zhài） 位于县城西4.5千米处，龙城镇与杜楼镇的界山。早年人们祭祀此山，求风调雨顺，觉得很灵验，遂得名灵山。由五峰组成，主峰灵山海拔286.5米，其余四峰分别为285.9米、215.8米、208.1米、197.1米。山体走向北东45度，长2.5千米，局部有成片松林，有洞穴，一般坡度为35度左右。西侧有公路。主要由石灰岩组成，局部有火成岩漏出（风化后成瓷土）。后有人在山顶筑寨，故称灵山寨。

胖妈顶

胖妈顶（Pàngmādǐng） 位于县城东南18千米处的白土镇官桥镇、庄里乡交界处。山形似女人乳房，故名。海拔358米，山体走向东北40度，延长7千米。部分山坡有植被覆盖，有筛子泉、高吊泉、金泉、雾猪泉、开泉、五泉，有国家测绘点。一般坡度为20至30度。

青龙山

青龙山（Qīnglóng Shān） 位于县城东南13千米的白土镇境内。因此山形似一条青龙而得名。海拔100米，南北走向1千米，东西宽200米，有少量植被覆盖。

纱帽山

纱帽山（Shāmào Shān） 位于县城东南16千米，白土镇与官桥镇交界处。因此山形似古代官员乌纱帽而得名。海拔208米，南北走向长1.5千米，东西宽1千米，山上有少量植被覆盖。

石水牛山

石水牛山（Shíshuǐniú Shān） 位于县城南8千米的丁里镇境内。山形似水牛，故而得名。海拔约为134米，南北走向，长1.8千米，宽1.1千米。有少量植被覆盖。

五洞山

五洞山（Wǔdòng Shān） 位于县城西南9千米处，杜楼镇境内。因山上有五洞而得名。由九峰组成，主峰五洞山海拔247.5米，其余八峰分别为210.2米、239.6米、187.2米、147.2米、175.2米、161.8米、178.7米、129.6米。山体走向东北35度，长4.8千米，一般坡度为25度左右。局部有植被覆盖。有洞穴甚深，表层地质岩系性为石灰岩。西侧有公路。

饮牛坑

饮牛坑（Yǐnniú Kēng） 位于县城西南6.5千米处，杜楼镇境内。此山有以水坑，早年放牛多在此饮水而得名。主峰饮牛坑海拔242.6米，其余分别为189.4米、192.1米、143.9米、99.1米、245.5米、108.7米。山体东北走向，长3.75千米。局部植被覆盖。地层地质岩性主要是由石灰岩组成，局部有火成岩出露。东侧有萧桃公路通过。

程蒋山

程蒋山（Chéngjiǎng Shān） 位于县城西南 17.5 千米，孙圩子乡境内。原名程山，因东汉时期大将军蒋横葬于此，改名程蒋山，也称横山。南北长 4.9 千米，最宽处 1.5 千米，最高海拔 175.31 米。

楼顶山

楼顶山（Lóudǐng Shān） 位于萧县南部。因山顶较平而得名。海拔 242 米。主要植被有松树、杏树和小型低矮灌木等。

天门山

天门山（Tiānmén Shān） 位于县城东南 17.5 千米，白土镇境内。因山高且陡。古木参天，清泉溶洞，奇树宝刹，风光秀丽，为皇藏峪国家森林公园的一部分。海拔 284 米。

第七章　重要的民生基础设施地名

第一节　城市道路、街巷

淮海东路

淮海东路（Huáihǎi Dōnglù）　所在行政区为萧县。位于萧县龙城镇，纪念淮海战役胜利，故名。东起中山北路，西止龙山北路。长680米，宽20米，沥青路面。道路等级为主干道。路侧有萧县衡德置业有限公司、公园世家小区。

淮海西路

淮海西路（Huáihǎi Xīlù）　所在行政区为萧县。位于萧县龙城镇，纪念淮海战役胜利，故名。东起西山口，西止中山北路。长2200米，宽18米，沥青路面。道路等级为主干道。路侧有萧县龙城镇国土资源所、凤山国际大酒店。

健康北路

健康北路（Jiànkāng Běilù）　所在行政区为萧县。位于萧县龙城镇，取居民健康之意，故名。南起凤山路，北止交通路。长650米，宽20米，沥青路面。道路等级为主干道。路侧有宿州汽车运输集团有限公司萧县分公司、安徽省防腐大厦、萧县人民医院、粮食大厦。

健康南路

健康南路（Jiànkāng Nánlù）　所在行政区为萧县。位于萧县龙城镇，取居民健康之意，故名。南起交通路，北止教育路。长1300米，宽20米，沥青路面。道路等级为主干道。路侧有萧县盐务管理局、萧县中山医院、萧县鹏程中学、萧县公安局。

交通东路

交通东路（Jiāotōng Dōnglù）　所在行政区为萧县。位于萧县龙城镇，系311国道老路，交通要道，在东，故名。东起中山南路，西止铁道。长1650米，宽20米，沥青路面。道路等级为主干道。路侧有新世纪大厦。

交通西路

交通西路（Jiāotōng Xīlù）　所在行政区为萧县。位于萧县龙城镇，系311国道老路，交通要道，在西，故名。东起西山口，西止中山北路。长2500米，宽20米，沥青路面。道路等级为主干道。路侧有萧县农机化技术学校、萧县烟草专卖局、萧县交通局汽车队、萧县林业局。

龙山北路

龙山北路（Lóngshān Běilù） 所在行政区为萧县。位于萧县龙城镇，因位于龙山附近，故名。南起大同街，北止交通东路。长400米，宽16米，沥青路面。道路等级为主干道。路侧有萧县民政局、萧县供电局、萧县仁爱医院、萧县为民医院。

龙山南路

龙山南路（Lóngshān Nánlù） 所在行政区为萧县。位于萧县龙城镇，因位于龙山附近，故名。南起交通东路，北止教育路。长250米，宽20米，沥青路面。道路等级为主干道。路侧有萧县书画院。

中山北路

中山北路（Zhōngshān Běilù） 所在行政区为萧县。位于萧县龙城镇，以孙中山名“中山”二字取名，靠东，故名。南起凤山路，北止交通路。长1300米，宽20米，沥青路面。道路等级为主干道。路侧有萧县基督教堂、安徽省萧县计算机应用技术研究所、萧县龙城百货中心大楼。

中山南路

中山南路（Zhōngshān Nánlù） 所在行政区为萧县。位于萧县龙城镇，以孙中山名“中山”二字取名，靠西，故名。南起交通路，北止教育路。长1900米，宽15米，沥青路面。道路等级为主干道。路侧有萧县交通运输局、安徽省萧县地方税务局、萧县地方税务局稽查局、萧县发展和改革委员会、萧县物价局。

龙河东路

龙河东路（Lónghé Dōnglù） 所在行政区为萧县。位于萧县龙城镇，因在龙河附近，故名。东起中山南路，西止道西路。长1100米，宽20米，沥青路面。道路等级为次干道。路侧有萧县鑫淼水利物资供应站、萧县农业技术推广中心。

爱民巷

爱民巷（Àimín Xiàng） 所在行政区为萧县。位于萧县龙城镇，取爱护人民之意，故名。南起大同街，北止同庆路。长300米，宽20米，水泥混凝土路面。道路等级为支路。路侧有三里庄小区、马云桥居民小区。

安居巷

安居巷（Ānjū Xiàng）位于萧县龙城镇，取团结互助之意，故名。东起祖庄路，西止龙河。长350米，宽18米，水泥混凝土路面。道路等级为支路。路侧有郝店小区。

北关路

北关路（Běiguān Lù） 所在行政区为萧县。位于萧县龙城镇，因在老城以北，故名。东起萧师东巷北端，西止东方巷。长200米，宽10米，水泥混凝土路面。道路等级为支路。路侧有萧县协和医院。

滨塘巷

滨塘巷（Bīntáng Xiàng） 所在行政区为萧县。位于萧县龙城镇，因邻近有池塘，故名。南起大同街，北止无名塘。长150米，宽18米，水泥混凝土路面。道路等级为支路。路侧有萧县淮海民俗文化开发有限责任公司。

城北路

城北路（Chéngběi Lù） 所在行政区为萧县。位于萧县龙城镇，因在老城以北，故名。东起教师进修学校，西止文化路。长600米，宽10米，水泥混凝土路面。道路等级为支路。路侧有萧县教师进修学校。

大同街

大同街（Dàtóng Jiē） 所在行政区为萧县。位于萧县龙城镇，因愿景为大同社会，故名。东起健康路北端，西止曙光路。长1600米，宽20米，沥青路面。道路等级为支路。路侧有萧县国家税务局、萧县人民政府。

道西路

道西路（Dàoxī Lù） 所在行政区为萧县。位于萧县龙城镇，因在铁路以西，故名。南起龙河路，北止岱河路。长1300米，宽15米，水泥混凝土路面。道路等级为支路。

东北巷

东北巷（Dōngběi Xiàng） 所在行政区为萧县。位于萧县龙城镇，此路在城区东北，故名。西南起大同街东，北止至祖庄。长230米，宽18米，水泥混凝土路面。道路等级为支路。路侧有萧县凤山中学。

东关巷

东关巷（Dōngguān Xiàng） 所在行政区为萧县。位于萧县龙城镇，此路在城区东部，故名。南起大同街弯曲，北止至安居巷。长100米，宽16米，水泥混凝土路面。道路等级为支路。路侧有汉字苑小区。

富贵街

富贵街（Fùguì Jiē） 所在行政区为萧县。位于萧县龙城镇，以富贵为美好寓意，故名。西行健康北路，东止龙湖路。长750米，宽20米，水泥混凝土路面。道路等级为支路。路侧有萧县龙城镇城西社区卫生服务站、萧县金大地农业开发有限公司。

古城巷

古城巷（Gǔchéng Xiàng） 所在行政区为萧县。位于萧县龙城镇，因此路在以前是老城的路，故名。南起富贵街，北止南行。长150米，宽20米，水泥混凝土路面。道路等级为支路。路侧有城隍庙。

韩井巷

韩井巷（Hánjǐng Xiàng） 所在行政区为萧县。位于萧县龙城镇，因附近有自然村韩井，故名。西南起大同街，东止龙湖路。长100米，宽18米，水泥混凝土路面。道路等级为支路。路侧有萧县博爱口腔门诊。

红旗巷

红旗巷（Hóngqí Xiàng） 所在行政区为萧县。位于萧县龙城镇，以红旗为名，故名。南起城北路西端，北止北关路。长80米，宽12米，水泥混凝土路面。道路等级为支路。路侧有萧县人才服务中心。

互助巷

互助巷（Hùzhù Xiàng） 所在行政区为萧县。位于萧县龙城镇，寓意为大家互相帮助，故名。南起大同街，北止无名路。长100米，宽18米，水泥混凝土路面。道路等级为支路。路侧有萧县人民商场、萧县地方税务局城关分局停车场。

坑北巷

坑北巷（Kēngbě Xiàng） 所在行政区为萧县。位于萧县龙城镇，因在万人坑北，故名。南起凤山西路，北止万人坑北侧。长100米，宽20米，水泥混凝土路面。道路等级为支路。路侧有安徽省萧县建宇房地产开发有限公司。

龙湖路

龙湖路（Lónghú Lù） 所在行政区为萧县。位于萧县龙城镇，因在龙湖附近，故名。南起城北路，北止交通东路。长1180米，宽18米，沥青路面。道路等级为支路。路侧有萧县人民剧场、安徽省萧县第一防腐工程公司、萧县科学技术局。

民享街

民享街（Mínxiǎng Jiē） 所在行政区为萧县。位于萧县龙城镇，以人民安居乐业为美好寓意，故名。南起萧师大门，北止大同街。长600米，宽20米，水泥混凝土路面。道路等级为支路。路侧有萧县龙腾五交化批发部。

民治西街

民治西街（Mínzhì Xījiē） 所在行政区为萧县。位于萧县龙城镇，以人民民主为美好寓意，故名。东起双喜路，西止中山北路。长90米，宽18米，沥青路面。道路等级为支路。路侧有文庙、萧县茂业购物广场、萧县建设工程交易中心。

前进路

前进路（Qiánjìn Lù） 所在行政区为萧县。位于萧县龙城镇，以共同前进为美好寓意，故名。东起中山南路，西止徐阜线。长60米，宽15米，水泥混凝土路面。道路等级为支路。路侧有萧县交通运输局、安徽萧县国家粮食储备库。

青年路

青年路（Qīngnián Lù） 所在行政区为萧县。位于萧县龙城镇，以青年朝气蓬勃为寓意，故名。南起民治西街，北止凤山西路。长650米，宽16米，水泥混凝土路面。道路等级为支路。路侧有安徽省萧城一中。

仁和巷

仁和巷（Rénhé Xiàng） 所在行政区为萧县。位于萧县龙城镇，以政通仁和为美好寓意，故名。南起北关路，北止山上。长150米，宽15米，水泥混凝土路面。道路等级为支路。路侧有萧县中医医院、萧县卫生局、萧县妇幼保健所。

仁义巷

仁义巷（Rényì Xiàng） 所在行政区为萧县。位于萧县龙城镇，以仁义为寓意，故名。南起北关路，北止顺河路。长80米，宽15米，水泥混凝土路面。道路等级为支路。路侧有龙湖公园。

三叉巷

三叉巷（Sānchā Xiàng） 所在行政区为萧县。位于萧县龙城镇，因此巷分叉为三，故名。南起民治西街，北止无名路。长80米，宽18米，水泥混凝土路面。道路等级为支路。路侧有萧县嘉军建筑物资有限责任公司、建筑公司小区。

三中东巷

三中东巷（Sānzhōng Dōngxiàng） 所在行政区为萧县。位于萧县龙城镇，因在三中东侧，故名。南起凤山西路，北止山坡。长300米，宽20米，水泥混凝土路面。道路等级为支路。路侧有凤山花园。

曙光路

曙光路（Shǔguāng Lù） 所在行政区为萧县。位于萧县龙城镇，以曙光寓意光明的未来，故名。南起大同街，北止至烈士陵园。长200米，宽20米，水泥混凝土路面。道路等级为支路。路侧有萧县华美学园。

双喜路

双喜路（Shuāngxǐ Lù） 所在行政区为萧县。位于萧县龙城镇，以双喜为吉祥寓意，故名。南起民治街，北止凤山路。长80米，宽15米，水泥混凝土路面。道路等级为支路。路侧有中国邮政集团公司安徽省萧县祖楼邮政支局、萧县文达劳务输出有限公司。

唐槐路

唐槐路（Tánghuái Lù） 所在行政区

为萧县。位于萧县龙城镇，以此路得一棵古树为名，故名。东起健康南路，西止中山路。长350米，宽16米，水泥混凝土路面。道路等级为支路。路侧有中洋劳务。

塘南路

塘南路（Táng Nánlù） 所在行政区为萧县。位于萧县龙城镇，因在水塘南，故名。东起龙山北路，西止公园路。长270米，宽20米，水泥混凝土路面。道路等级为支路。路侧有工交财贸巷小区。

通富北巷

通富北巷（Tōngfù Běixiàng） 所在行政区为萧县。位于萧县龙城镇，寓意为通往富贵之路，故名。南起大同街，北止安居巷。长80米，宽20米，水泥混凝土路面。道路等级为支路。路侧有龙城镇东环路小学。

通富南巷

通富南巷（Tōngfù Nánxiàng） 所在行政区为萧县。位于萧县龙城镇，寓意为通往富贵之路，故名。南起大同街，北止南行。长100米，宽20米，水泥混凝土路面。道路等级为支路。路侧有萧县国土资源监察大队、宿州市永航燃气有限责任公司东关门市部。

同庆街

同庆街（Tóngqìng Jiē） 所在行政区为萧县。位于萧县龙城镇，以与天同庆为美好寓意，故名。东起青年路，西止龙湖路。长900米，宽18米，水泥混凝土路面。道路等级为支路。路侧有段庄小区。

团结巷

团结巷（Tuánjié Xiàng） 所在行政区为萧县。位于萧县龙城镇，以团结互助为美好寓意，故名。南起大同街西端，北止同庆街。长300米，宽18米，水泥混凝土路面。道路等级为支路。路侧有萧县惠民职业技能培训学校。

文化路

文化路（Wénhuà Lù） 所在行政区为萧县。位于萧县龙城镇，希望人人有文化，故名。南起凤山东路，北止山坡。长700米，宽20米，水泥混凝土路面。道路等级为支路。路侧有萧县特殊教育学校。

西菜市街

西菜市街（Xīcàishì Jiē） 所在行政区为萧县。位于萧县龙城镇，因在城西有菜市街，故名。南起交通西路，北止淮海西路。长400米，宽18米，沥青路面。道路等级为支路。路侧有龙城镇中心小学、安徽省萧县光辉种业有限责任公司。

县府巷

县府巷（Xiànfǔ Xiàng） 所在行政区为萧县。位于萧县龙城镇，因在县政府附近，故名。南起大同街，北止凤山路。长250米，宽18米，水泥混凝土路面。道路等级为支路。路侧有萧县妇幼保健所、萧县卫生局、萧县档案局。

萧师东巷

萧师东巷（Xiāoshī Dōngxiàng） 所在行政区为萧县。位于萧县龙城镇，因在萧县师范学院附近，故名。南起凤山西路，北止山坡。长110米，宽15米，水泥混凝土路面。道路等级为支路。路侧有萧县师范附属小学、萧县师范学校。

小南门街

小南门街（Xiǎonánmén Jiē） 所在行政区为萧县。位于萧县龙城镇，因在城南，故名。南起淮海东路，北止民治街。长220米，宽18米，水泥混凝土路面。道路等级为支路。路侧有萧县金达汽车销售有限责任公司运输分公司、萧县龙城镇后梅社区卫生服务站。

新华巷

新华巷（Xīnhuá Xiàng） 所在行政区为萧县。位于萧县龙城镇，以新华来寓意新中国，故名。南起城北路西端，北止至北关路。长 80 米，宽 12 米，水泥混凝土路面。道路等级为支路。路侧有萧县辉煌广告有限责任公司、萧县第三人民医院。

兴华巷

兴华巷（Xīnghuá Xiàng） 所在行政区为萧县。位于萧县龙城镇，以兴旺中华为美好寓意，故名。南起城北路西段，北止至北关路。长 80 米，宽 12 米，水泥混凝土路面。道路等级为支路。路侧有萧县锦翔广告文化传播有限公司、龙城镇人口和计划生育服务所。

益民巷

益民巷（Yìmín Xiàng） 所在行政区为萧县。位于萧县龙城镇，以惠及人民为美好寓意，故名。东起民治街，西止万人坑。长 200 米，宽 18 米，水泥混凝土路面。道路等级为支路。路侧有萧县新型农村合作医疗管理办公室。

治国路

治国路（Zhìguó Lù） 所在行政区为萧县。位于萧县龙城镇，以治国有道为寓意，故名。南起县委大门，北止民治东街。长 100 米，宽 20 米，水泥混凝土路面。道路等级为支路。

祖庄路

祖庄路（Zǔzhuāng Lù） 所在行政区为萧县。位于萧县龙城镇，位于祖庄西侧，故名。南起凤山南麓，北止大同街。长 600 米，宽 20 米，水泥混凝土路面。道路等级为支路。路侧有萧县新诚出租车有限责任公司。

教育路

教育路（Jiàoyù Lù） 所在行政区为萧县。位于萧县龙城镇，此路上有学校，故名。东起梅村中学北侧，西止龙山路。长 1200 米，宽 20 米，沥青路面。道路等级为快速路。路侧有萧县公安局龙城城郊派出所、龙城镇萧县华通加气站。

虎山路

虎山路（Hǔshān Lù） 所在行政区为萧县。位于萧县龙城镇，因附近有虎山，故名。南起凤山南麓，北止世纪大道。长 2700 米，宽 20 米，沥青路面。道路等级为快速路。路侧有萧县康宁精神专科医院、萧县希望幼儿园、萧县爱康医院。

世纪大道

世纪大道（Shìjì Dàdào） 所在行政区为萧县。位于萧县龙城镇，以迎接新世纪而为寓意，故名。东起芈庄，西止民主东路。长 2200 米，宽 20 米，沥青路面。道路等级为快速路。路侧有龙城镇民政事务所、萧县龙城镇人民政府、萧县清源能源沼气服务中心。

龙凤大道

龙凤大道（Lóngfèng Dàdào） 所在行政区为萧县。位于萧县龙城镇，因在凤山和虎山脚下，故名。西起健康路，南止 311 国道。长 4000 米，宽 30 米，沥青路面。道路等级为次干道。路侧有萧县博爱口腔门诊、萧县晨林石榴苗木培育场。

行政大道

行政大道（Xíngzhèng Dàdào） 所在行政区为萧县。位于萧县龙城镇，此路直通政务新区，故名。南起顺河路，北止交通东路。长 2200 米，宽 20 米，沥青路面。道路等级为快速路。路侧有萧县房地产管理局、住房公积金管理中心萧县管理部、龙山公园。

八一路

八一路（Bāyī Lù） 所在行政区为萧县。位于萧县龙城镇，八一建党节，此路边有军事控制区，以八一建军节为寓意，故名。南起顺河路，北止萧县人民武装部。长 400 米，宽 18 米，沥青路面。道路等级为快速路。路侧有萧县凤翔体育馆、张江萧县高科技园区。

公园路

公园路（Gōngyuán Lù） 所在行政区为萧县。位于萧县龙城镇，因在龙山公园附近，故名。南起淮海东路，西止至丁山村。长 4000 米，宽 40 米，沥青路面。道路等级为快速路。路侧有萧县技工学校、萧县看守所、安徽省萧县实验小学、萧县人民法院、萧县思源实验学校。

顺河路

顺河路（Shùnhé Lù） 所在行政区为萧县。位于萧县龙城镇，因顺着凤山脚下一条小河而建，故名。东起中山北路，西止萧县外环。长 3800 米，宽 30 米，沥青路面。道路等级为快速路。路侧有萧县地震局、凤凰山风景区、萧县扶贫办公室。

小康路

小康路（Xiǎokāng Lù） 所在行政区为萧县。位于萧县龙城镇，以小康生活为寓意，故名。南起丰收路，北止凤山南路。长 800 米，宽 20 米，沥青路面。道路等级为快速路。路侧有龙城镇龙州东路加油站、萧县业之鸿职业培训学校。

小西环路

小西环路（Xiǎoxīhuán Lù） 所在行政区为萧县。位于萧县龙城镇，因环绕萧县县城西部，故名。南起交通北路，北止萧县外环路。长 3700 米，宽 40 米，水泥混凝土路面。道路等级为快速路。路侧有安徽省淮海工程科技有限公司萧县防水分公司、萧县龙城镇三里庄养老服务中心。

龙霄路

龙霄路（Lóngxiāo Lù） 所在行政区为萧县。位于萧县龙城镇，因在龙霄公园旁边，故名。长 1400 米，宽 10 米，水泥混凝土路面。道路等级为快速路。路侧有龙霄公园、萧县人民检察院、萧县财政局。

丰收路

丰收路（Fēngshōu Lù） 所在行政区为萧县。位于萧县龙城镇，寓意大丰收，故名。南起交通路，北止世纪大道。长 1700 米，宽 30 米，沥青路面。道路等级为快速路。路侧有萧县华龙双语小学、萧县益恒驾驶职业培训学校。

煜飞路

煜飞路（Yùfēi Lù） 所在行政区为萧县。位于萧县龙城镇。南起顺河路，北止龙凤大道。长 800 米，宽 12 米，水泥混凝土路面。道路等级为快速路。路侧有凤山花园小区。

农场路

农场路（Nóngchǎng Lù） 所在行政区为萧县。位于萧县龙城镇，因道路两边为农场，故名。南起 311 国道，北止 301 省道。长 1300 米，宽 20 米，沥青路面。道路等级为快速路。路侧有萧县技工学校、龙山园艺场。

学苑路

学苑路（Xuéyuàn Lù） 所在行政区为萧县。位于萧县龙城镇，因此路边有萧县中学，故名。南起世纪大道，北止202省道。长1900米，宽8米，水泥混凝土路面。道路等级为快速路。路侧有萧县中学、五里寺。

龙腾大道

龙腾大道（Lóngténg Dàdào） 所在行政区为萧县。位于萧县凤北新城，寓意着如龙飞腾，故名。南起为站前路，北止顺河路。道路长3311米，宽60米，沥青路面。道路等级为主干道。路侧有萧县北站。

凤城大道

凤城大道（Fèngchéng Dàdào） 所在行政区为萧县。位于萧县凤北新城，寓意萧县欣欣向荣的发展面貌，故名。南起站前路，北止陈沟路。长4020米，宽30米，沥青路面。道路等级为主干道。路侧有中城建九局集团有限公司、岱湖公园。

萧国大道

萧国大道（Xiāoguó Dàdào） 所在行政区为萧县。位于萧县凤北新城，该路在原萧国（萧县春秋时期国名）故址，萧国又是古老、独特而自豪的地名，故名。南起西环路，北止站前路。长6412米，宽30米，沥青路面。道路等级为主干道。路侧有绿地岱湖世纪城、岱湖公园。

站前路

站前路（Zhànqián Lù） 所在行政区为萧县。位于萧县凤北新城，因在车站前，故名。东起岱河路，西止为东环路。长3865米，宽10米，水泥混凝土路面。道路等级为支路。路侧有萧县北站。

皇藏路

皇藏路（Huángcáng Lù） 所在行政区为萧县。位于萧县凤北新城，汉代皇帝刘邦藏身处，故名。南起站前路，北止滨湖路。长2592米，宽25米，水泥混凝土路面。道路等级为次干道。路侧有萧县实验小学。

瑞云路

瑞云路（Ruìyún Lù） 所在行政区为萧县。位于萧县凤北新城，瑞云寺为徐淮一带古老名刹，“瑞云”为祥云，故名。南起站前路，北止顺河路。长1850米，宽25米，水泥混凝土路面。道路等级为次干道。路侧有岱河。

王山路

王山路（Wángshān Lù） 所在行政区为萧县。位于萧县凤北新城，以人民安居乐业为美好寓意，故名。南起站前路，北止顺河路。长787米，宽5米，水泥混凝土路面。道路等级为支路。

画乡路

画乡路（Huàxiāng Lù） 所在行政区为萧县。位于萧县凤北新城，因萧县是中国书画艺术之乡，故名。南起站前路，北止发展大道。长1024米，宽15米，水泥混凝土路面。道路等级为支路。路侧有岱河。

翰林路

翰林路（Hànlín Lù） 所在行政区为萧县。位于萧县凤北新城，衔接中小学用地，寓意知识渊博、有才能，故名。东起岱河路，西止王山路。长1991米，宽15米，水泥混凝土路面。道路等级为支路。路侧有萧县实验高级中学。

北环路

北环路（Běihuán Lù） 所在行政区为萧县。位于萧县凤北新城，因环绕萧县县城北部，故名。东起岱河路，西止东环路。长4112米，宽35米，沥青路面。道路等级为主干道。路侧有岱河。

圣泉路

圣泉路（Shèngquán Lù） 所在行政区为萧县。位于萧县凤北新城，因附近有自然景观圣泉，故名。东起岱山路，西止东环路。长4345米，宽30米，水泥混凝土路面。道路等级为支路。路侧有高铁广场、岱河。

复兴路

复兴路（Fùxīng Lù） 所在行政区为萧县。位于萧县凤北新城，寓意为“中华民族伟大复兴”。东起西环路，西止凤山路。长3547米，宽30米，水泥混凝土路面。道路等级为次干道。路侧有新岱河、岱湖公园。

发展大道

发展大道（Fāzhǎn Dàdào） 所在行政区为萧县。位于萧县凤北新城，寓意萧县欣欣向荣的发展面貌在新区得以延续，故名。东起岱湖路，西止东环路。长5538米，宽25米，沥青路面。道路等级为主干道。路侧有萧县实验高级中学。

三仙台路

三仙台路（Sānxiāntái Lù） 所在行政区为萧县。位于萧县凤北新城，三仙台为古萧名胜，故名。南起兴业路，北止滨湖路。长948米，宽8米，水泥混凝土路面。道路等级为支路。路侧有凤北佳苑。

东环路

东环路（Dōnghuán Lù） 所在行政区为萧县。位于萧县凤北新城，因环绕萧县县城东部，故名。南起站前路，北止环安路。长2432米，宽35米，沥青路面。道路等级为主干道。路侧有丁山小学。

岱湖路

岱湖路（Dàihú Lù） 所在行政区为萧县。位于萧县凤北新城，四周岱湖，故名。南起兴业路，北止陈沟路。长3176米，宽40米，水泥混凝土路面。道路等级为主干道。路侧有岱湖公园。

明山路

明山路（Míngshān Lù） 所在行政区为萧县。位于萧县凤北新城，因靠近明山自然村，故名。东起创新路，西止岱河路。长1044米，宽35米，水泥混凝土路面。道路等级为主干道。路侧有萧县龙城西市电子商务创业园。

西环路

西环路（Xīhuán Lù） 所在行政区为萧县。位于萧县凤北新城，因环绕萧县县城西部，故名。东起兴业路，西止311国道。长4994米，宽40米，沥青路面。道路等级为主干道。路侧有岱山口闸。

博学路

博学路（Bóxué Lù） 所在行政区为萧县。位于萧县凤北新城，衔接中小学用地，寓意知识渊博、有才能，故名。南起西环路，北止岱河路。长2258米，宽30米，水泥混凝土路面。道路等级为次干道。路侧有岱湖公园。

求知东路

求知东路（Qiúzhī Dōnglù） 所在行政区为萧县。位于萧县凤北新城，衔接中小学用地，寓意知识渊博、有才能，靠东，故名。南起兴业路，北止陈沟路。1219米，宽15米，水泥混凝土路面。道路等级为支路。

求知西路

求知西路（Qiúzhī Xīlù） 所在行政区为萧县。位于萧县凤北新城，衔接中小学用地，寓意知识渊博、有才能，靠西，故名。南起兴业路，北止陈沟路。长897米，宽15米，水泥混凝土路面。道路等级为支路。

路侧有萧县实验小学。

水墨路

水墨路（Shuǐmò Lù） 所在行政区为萧县。位于萧县凤北新城，萧县为中国书画艺术之乡，故名。东起滨河路，西止岱湖路。长1045米，宽15米，水泥混凝土路面。道路等级为支路。

创新路

创新路（Chuàngxīn Lù） 所在行政区为萧县。位于萧县凤北新城，寓意萧县欣欣向荣的发展，故名。南起兴业路，北止陈沟路。长2840米，宽15米，水泥混凝土路面。道路等级为次干道。路侧有龙城镇湖山头加油站、农副产品综合批发大市场。

滨河路

滨河路（Bīnhé Lù） 所在行政区为萧县。位于萧县凤北新城，因靠近岱河，故名。南起站前路，北止顺河路，长2022米，宽10米，水泥混凝土路面。道路等级为支路。路侧有新岱河。

写意路

写意路（Xiěyì Lù） 所在行政区为萧县。位于萧县凤北新城，寓意着诗情画意、书写未来，故名。东起滨河路，西止岱湖路。长1097米，宽15米，水泥混凝土路面。道路等级为支路。路侧有岱湖公园。

三贤路

三贤路（Sānxián Lù） 所在行政区为萧县。位于萧县凤北新城。春秋三贤（闵子骞、颛孙子张、颜子柳）皆孔子门下高徒，三人都是萧国（春秋地名，户所在今天萧县）人，故名。南起站前路，北止发展大道。长1105米，宽10米，水泥混凝土路面。道路等级为次干路。路侧有岱湖公园。

第二节 公路、铁路、桥梁、港口码头

连云港—天水公路

连云港—天水公路（Liányúngǎng—Tiānshuǐ Gōnglù） 此道路于1963年建成并由交通局命名。起点为金黄庄村孙庄，止点为唐元村官庄。长度为2.8千米，宽度为20米。公路类型为国道，路面性质为沥青贯入式。途经行政区杨楼镇、闫集镇、黄口镇。沿途重要地理实体有杨楼镇加油站、黄庙战斗纪念碑、黄口石化加油站。

徐州—西峡公路

徐州—西峡公路（Xúzhōu—Xīxiá Gōnglù） 此道路于1965年建成并由交通局命名。起点为泉山工业园，止点为青龙集镇陈楼。长度为47千米，宽度为20米。公路类型为国道，路面性质为沥青贯入式。途经行政区龙城镇、王寨镇、杜楼镇、青龙集镇。沿途重要地理实体有杜楼加油站、王寨加油站。

砀杨路

砀杨路（Dàngyáng Lù） 此道路于1969年建成并由交通局命名。起点为杨楼村刘庄，止点为邵套村欧套。长度为7.25千米，宽度为12米。公路类型为县道，路

面性质为石质。途经行政区杨楼镇、闫集镇、黄口镇。沿途重要地理实体有新庄加油站、杜集桥、黄庙桥。

园新路

园新路（Yuánxīn Lù） 此道路于1978年建成并由交通局命名。起点为张贺路，止点为桃山—唐庄公路。长度为2.38千米，宽度为12米。公路类型为县道，路面性质为石质。途经行政区新庄镇、黄口镇。沿途重要地理实体有黄河桥、张菜园桥。

彭屯—陈沟公路

彭屯—陈沟公路（Péngtún—Chéngōu Gōnglù） 此道路于1983年建成并由交通局命名。起点为柏星碧水星城，止点为刘套镇姬庄。长度为12千米，宽度为12米。公路类型为县道，路面性质为石质。途经行政区圣泉乡、龙城镇。沿途重要地理实体有三圣阁道教馆、酒店乡加油站。

大屯—黄口公路

大屯—黄口公路（Dàtún—Huángkǒu-Gōnglù） 此道路于1984年建成并由交通局命名。起点为大屯镇刘楼村，止点为黄口镇杨阁村。长度为12千米，宽度为12米。公路类型为县道，路面性质为石质。途经行政区黄口镇、酒店乡、大屯镇。沿途重要地理实体有黄口加油站、黄新桥。

梁钟路

梁钟路（Liángzhōng Lù） 此道路于1966年建成并由交通局命名。起点为李余路，止点为黄河故道。长度为12.3千米，宽度为12米。公路类型为县道，路面性质为石质。途经行政区新庄镇、黄口镇、酒店乡、赵庄镇、王寨镇、祖楼镇、孙圩子乡。沿途重要地理实体有赵庄镇加油站、魏庄桥、祖楼加油站。

刘孙路

刘孙路（Liúsūn Lù） 此道路于1970年建成并由交通局命名。起点为孙圩子乡刘庄，止点为杜楼镇丁屯。长度为5千米，宽度为12米。公路类型为县道，路面性质为石质。途经行政区杜楼镇、王寨镇、孙圩子乡。沿途重要地理实体有杜楼加油站、王寨加油站。

姚楼—毛郢公路

姚楼—毛郢公路（Yáolóu—Máoyǐng Gōnglù） 此道路于1974年建成并由交通局命名。起点为曹村—朔里公路，止点为白山路。长度为13.2千米，宽度为12米。公路类型为县道，路面性质为石质。途经行政区龙城镇、永堌镇。沿途重要地理实体有永堌镇加油站、永兴桥。

欧庄路

欧庄路（Ōuzhuāng Lù） 此道路于1978年建成并由交通局命名。起点为庄里乡尤庄，止点为白土镇欧盘。长度为4.51千米，宽度为12米。公路类型为县道，路面性质为石质。途经行政区白土镇、庄里乡。沿途重要地理实体有团结桥、高庄桥、庄里乡加油站。

官栾路

官栾路（Guānluán Lù） 此道路于1977年建成并由交通局命名。起点为城阳村前城阳，止点为赵楼村新庄。长度为3.2千米，宽度为12米。公路类型为县道，路面性质为石质。途经行政区官桥镇、庄里乡。沿途重要地理实体有官桥加油站、赵楼桥、洪河集桥、陈展真烈士纪念碑。

权酒路

权酒路（Quánjiǔ Lù） 此道路于1977年建成并由交通局命名。起点为圣泉乡吴山窝，止点为酒店乡和谐村赵楼。长度为3.21千米，宽度为12米。公路类型为县道，路面性质为石质。途经行政区圣泉乡、马井镇、酒店乡。沿途重要地理实体有郑庄桥、马井加油站、圣泉加油站、权楼桥。

萧县外环

萧县外环（Xiāoxiàn Wàihuán） 此道路于1957年建成并由交通局命名。起点为南陈村小武庄，止点为龙城镇岱湖村。长度为9千米，宽度为30米。公路类型为县道，路面性质为沥青贯入式。途经行政区龙城镇、圣泉乡。沿途重要地理实体有龙城镇加油站、公益河东沟桥、丁里加油站。

合肥—淮北公路

合肥—淮北公路（Héféi—Huáiběi Gōnglù） 此道路于1975年建成并由交通局命名。起点为路口村张庄，止点为何寨西林场。长度为12千米，宽度为12米。公路类型为省道，路面性质为沥青贯入式。途经行政区酒店乡、大屯镇、张庄寨镇、青龙集镇、石林乡。沿途重要地理实体有大屯加油站、张庄寨加油站。

萧县—淮北公路

萧县—淮北公路（Xiāoxiàn—Huáiběi Gōnglù） 此道路于1964年建成并由交通局命名。起点为孙圩孜乡徐里村，止点为后徐路。长度为14千米，宽度为12米。公路类型为省道，路面性质为沥青贯入式。途经行政区龙城镇、丁里镇、孙圩子乡。沿途重要地理实体有黄桥大型停车场、丁里加油站、丁里收费站。

桃山—唐庄公路

桃山—唐庄公路（Táoshān—Tángzhuāng Gōnglù） 此道路于1968年建成并由交通局命名。起点为官桥镇前官桥村，止点为马楼村毛郢子。长度为40千米，宽度为12米。公路类型为省道，路面性质为沥青贯入式。途经行政区新庄镇、黄口镇、闫集镇、马井镇、杜楼镇。沿途重要地理实体有新庄加油站、梁庄桥。

红庙—大屯公路

红庙—大屯公路（Hóngmiào—Dàtún Gōnglù） 此道路于1958年建成并由交通局命名。起点为杜楼镇红庙村，止点为大屯镇林楼村。长度为12千米，宽度为12米。公路类型为省道，路面性质为沥青贯入式。途经行政区大屯镇、赵庄镇、杜楼镇。沿途重要地理实体有洪河桥、大屯加油站。

连云港—霍尔果斯高速公路

连云港—霍尔果斯高速公路（Liányúngǎng—Huòěrguǒsī Gāosùgōnglù） 此道路于2008年建成并由交通局命名。起点为老山口，止点为张庄寨镇河西村。长度为40千米，宽度为40米。公路类型为国道，路面性质为沥青贯入式。途经行政区黄口镇、闫集镇、杨楼镇、圣泉乡。沿途重要地理实体有丁里收费站、王寨收费站、张庄寨收费站。

北京—台州高速公路

北京—台州高速公路（Běijīng—Táizhōu Gāosùgōnglù） 此道路于2014年建成并由交通局命名。起点为庄里乡栾庄村，止点为白土镇朱圩孜。长度为25千米，宽度为50米。公路类型为高速，路面性质为沥青贯入式。途经行政区白土镇、庄里乡。沿途重要地理实体有庄里服务区。

萧县北外环路

萧县北外环路（Xiāoxiàn Běiwàihuán Lù） 此道路于1983年建成并由交通局命名。起点为徐州—西峡公路，止点为龙凤大道。长度为13千米，宽度为30米。公路类型为县道，路面性质为沥青贯入式。途经行政区龙城镇、圣泉乡。沿途重要地理实体有文化大革命桥。

萧管路

萧管路（Xiāoguǎn Lù） 此道路于1967年建成。起点为萧县龙凤大道东段，止点为管粥集。长度为22千米，宽度为20米。公路类型为县道，路面性质为水泥混凝土。途经行政区龙城镇、圣泉乡、刘套镇。

符夹铁路

符夹铁路（Fújiá Tiělù） 萧县境内段，自龙城镇姬村至丁里镇胜利村。1958年8月开工建设，1960年12月7日建成。长度为21.7千米。途经行政区有龙城镇、丁里镇。设有萧县丁里站，为复线普通铁路。

陇海铁路

陇海铁路（Lǒnghǎi Tiělù） 萧县境内段，自刘套镇红土楼村至黄口镇杜桥村。始建于1904年，1953年7月全线通车。长度为34千米。途经行政区有黄口镇、杨楼镇、圣泉乡。设有黄口闫集、杨楼、刘套站，为复线普通铁路。

郑徐高铁

郑徐高铁（Zhèngxú Gāotiě） 萧县境内段，自大屯镇曹破楼至圣泉乡王山村。2012年12月26日，郑徐高速铁路正式开工建设，2016年9月10日，郑徐高速铁路正式开通运营。长度为44千米。途经行政区有圣泉乡、杜楼镇、赵庄镇、大屯镇。设有萧县北站，为复线高速铁路。

龙河桥

龙河桥（Lónghé Qiáo） 位于龙城镇。坐落在龙河上，故名。1969年建成，并由交通局路桥管理所管理。此桥为公路桥，桥梁全长为27米，宽度为36米。结构为拱板。高度为2.4米。载重为20吨。

河头南桥

河头南桥（Hétóu Nánqiáo） 位于萧县丁里镇。以附近自然村河头取名。1969年建成，并由交通局路桥管理所管理。此桥为公路桥，桥梁全长70米，跨径总长70米，桥梁全宽5米，桥梁结构为板拱。高度为2米。载重为10吨。

河头村桥

河头村桥（Hétóucūn Qiáo） 位于萧县丁里镇。以附近自然村取名。1974年建成，并由交通局路桥管理所管理。此桥为公路桥，桥梁全长40米，跨径总长40米，桥梁全宽5米，桥梁结构为板拱。高度为2.6米。载重为10吨。

幸福河桥

幸福河桥（Xìngfúhé Qiáo） 位于萧县刘套镇。以此桥所跨的河流取名。1933年建成，并由交通局路桥管理所管理。此桥为公路桥，桥梁全长18米，跨径总长8米，桥梁全宽8米，桥梁结构为板拱。高度为3米。载重为10吨。

倒流河桥

倒流河桥（Dàoliúhé Qiáo） 位于萧县庄里镇。此桥以所跨河流取名。1966年建成，并由交通局路桥管理所管理。此桥为公路桥，桥梁全长15米，跨径总长15米，桥梁全宽6米，桥梁结构为板拱。高度为2.5米。载重为10吨。

萧永沟桥

萧永沟桥（Xiāoyǒnggōu Qiáo） 位于萧县石林镇。此桥以所跨河流萧永沟取名。1963年建成，并由交通局路桥管理所管理。此桥为公路桥，桥梁全长15米，跨径总长

12 米，桥梁全宽 5 米，桥梁结构为板拱。高度为 3 米。载重为 10 吨。

港河桥

港河桥（Gǎnghé Qiáo） 位于萧县王寨镇。此桥以所跨河流港河取名。1968 年建成，并由交通局路桥管理所管理。此桥为公路桥，桥梁全长 50 米，跨径总长 36 米，桥梁全宽 7 米，桥梁结构为板拱。高度为 4 米。载重为 10 吨。

毛河桥

毛河桥（Máohé Qiáo） 位于萧县酒店镇。此桥以所跨河流取名。1977 年建成，并由交通局路桥管理所管理。此桥为公路桥，桥梁全长 20 米，跨径总长 10 米，桥梁全宽 9 米，桥梁结构为板拱。高度为 2.5 米。载重为 10 吨。

黄河桥

黄河桥（Huánghé Qiáo） 位于萧县刘套镇。此桥以所跨河流故黄河取名。1989 年建成，并由交通局路桥管理所管理。此桥为公路桥，桥梁全长 80 米，跨径总长 90 米，桥梁全宽 7 米，桥梁结构为拱板。高度为 2.5 米。载重为 10 吨。

公益河刘楼桥

公益河刘楼桥（Gōngyìhé Liúlóu Qiáo）位于萧县龙城镇。此桥以所跨河流公益河取名。1980 年建成，并由交通局路桥管理所管理。此桥为公路桥，桥梁全长 10 米，跨径总长 8 米，桥梁全宽 5 米，桥梁结构为板拱。高度为 2.4 米。载重为 10 吨。

高河薛庄桥

高河薛庄桥（Gāohé Xuēzhuāng Qiáo）位于萧县龙城镇。此桥以附近自然村薛庄取名。1983 年建成，并由交通局路桥管理所管理。此桥为公路桥，桥梁全长 26 米，跨径总长 8 米，桥梁全宽 8 米，桥梁结构为板拱。高度为 4 米。载重为 10 吨。

岱河虎山桥

岱河虎山桥（Dàihé Hǔshān Qiáo） 位于萧县龙城镇。此桥以附近自然村和所跨河流岱河取名。1991 年建成，并由交通局路桥管理所管理。此桥为公路桥，桥梁全长 30 米，跨径总长 18 米，桥梁全宽 5 米，桥梁结构为空心板梁。高度为 2.5 米。载重为 10 吨。

公益河人民桥

公益河人民桥（Gōngyìhé Rénmín Qiáo）位于萧县龙城镇。此桥以所跨河流取名。1990 年建成，并由交通局路桥管理所管理。此桥为公路桥，桥梁全长 12 米，跨径总长 12 米，桥梁全宽 7 米，桥梁结构为板拱。高度为 2 米。载重为 10 吨。

民兵河郭楼桥

民兵河郭楼桥（Mínbīnghé Guōlóu Qiáo）位于萧县龙城镇。此桥以附近自然村郭楼取名。1971 年建成，并由交通局路桥管理所管理。此桥为公路桥，桥梁全长 18 米，跨径总长 10 米，桥梁全宽 6 米，桥梁结构为板拱。高度为 2.6 米。载重为 10 吨。

北河子—王典桥

北河子—王典桥（Běihézi—Wángdiǎn Qiáo） 位于萧县龙城镇。此桥以所跨河流北河取名。1984 年建成，并由交通局路桥管理所管理。此桥为公路桥，桥梁全长 12 米，跨径总长 12 米，桥梁全宽 7 米，桥梁结构为板拱。高度为 3 米。载重为 10 吨。

刘行中沟桥

刘行中沟桥（Liúháng Zhōnggōu Qiáo）位于萧县龙城镇。此桥以所跨河流刘行中沟河取名。1991 年建成，并由交通局路桥管理所管理。此桥为公路桥，桥梁全长 18 米，跨径总长16米，桥梁全宽6米，桥梁结构为板拱。高度为2.5米。载重为10吨。

两姜河北桥

两姜河北桥（Liǎngjiānghé Běiqiáo）位于萧县龙城镇。此桥以所跨河流两姜河取名。1990年建成，并由交通局路桥管理所管理。此桥为公路桥，桥梁全长14米，跨径总长8米，桥梁全宽6米，桥梁结构为板拱。高度为2米。载重为10吨。

两姜河南桥

两姜河南桥（Liǎngjiānghé Nánqiáo）位于萧县龙城镇。此桥以所跨河流取名。1971年建成，并由交通局路桥管理所管理。此桥为公路桥，桥梁全长16米，跨径总长8米，桥梁全宽8米，桥梁结构为板拱。高度为2.6米。载重为10吨。

解放河新河桥

解放河新河桥（Jiěfànghé Xīnhé Qiáo）位于萧县龙城镇。此桥以所跨河流解放新河取名。1989年建成，并由交通局路桥管理所管理。此桥为公路桥，桥梁全长25米，跨径总长10米，桥梁全宽6米，桥梁结构为板拱。高度为2米。载重为10吨。

解放河邵庄桥

解放河邵庄桥（Jiěfànghé Shàozhuāng Qiáo） 位于萧县龙城镇。此桥以附近自然村解放河取名。1973年建成，并由交通局路桥管理所管理。此桥为公路桥，桥梁全长18米，跨径总长10米，桥梁全宽8米，桥梁结构为板拱。高度为2.4米。载重为10吨。

两姜河廉庄桥

两姜河廉庄桥（Liǎngjiānghé Liánzhuāng Qiáo） 位于萧县龙城镇。此桥以附近自然村取名。1989年建成，并由交通局路桥管理所管理。此桥为公路桥，桥梁全长17米，跨径总长10米，桥梁全宽8米，桥梁结构为板拱。高度为2.5米。载重为10吨。

沙河拱桥

沙河拱桥（Shāhé Gǒngqiáo） 位于萧县马井镇。此桥以所跨河流取名。1971年建成，并由交通局路桥管理所管理。此桥为公路桥，桥梁全长65米，跨径总长65米，桥梁全宽6米，桥梁结构为连续T梁。高度为4米。载重为10吨。

沙河大桥

沙河大桥（Shāhé Dàqiáo） 位于萧县王寨镇。此桥以所跨河流取名。1966年建成，并由交通局路桥管理所管理。此桥为公路桥，桥梁全长96米，跨径总长60米，桥梁全宽23米，桥梁结构为梁式拱。高度为3米。载重为10吨。

沙河桥

沙河桥（Shāhé Qiáo） 位于萧县王寨镇。此桥以所跨河流取名。1971年建成，并由交通局路桥管理所管理。此桥为公路桥，桥梁全长110米，跨径总长90米，桥梁全宽5米，桥梁结构为空心板梁。高度为3米。载重为10吨。

申河桥

申河桥（Shēnhé Qiáo） 位于萧县酒店乡。此桥以所跨申河取名。1982年建成，并由交通局路桥管理所管理。此桥为公路桥，桥梁全长14米，跨径总长14米，桥梁全宽8米，桥梁结构为板拱。高度为2.6米。载重为10吨。

湘西河大桥

湘西河大桥（Xiāngxīhé Dàqiáo） 位于萧县王寨镇。此桥以所跨河流湘西河取名。1966年建成，并由交通局路桥管理所管理。此桥为公路桥，桥梁全长70米，跨径总长36米，桥梁全宽8米，桥梁结构为板拱。高度为4米。载重为10吨。

吴河涯桥

吴河涯桥（Wúhéyá Qiáo） 位于萧县王寨镇。此桥以附近自然村吴河涯取名。1983年建成，并由交通局路桥管理所管理。此桥为公路桥，桥梁全长90米，跨径总长90米，桥梁全宽8米，桥梁结构为板拱。高度为3米。载重为10吨。

湘西河桥

湘西河桥（Xiāngxīhé Qiáo） 位于王寨王寨镇。此桥以所跨湘西河而取名。1971年建成，并由交通局路桥管理所管理。此桥为公路桥，桥梁全长50米，跨径总长36米，桥梁全宽7米，桥梁结构为空心板梁。高度为2米。载重为10吨。

老港河桥

老港河桥（Lǎogǎnghé Qiáo） 位于萧县王寨镇。此桥以所跨河流取名。1971年建成，并由交通局路桥管理所管理。此桥为公路桥，桥梁全长30米，跨径总长16米，桥梁全宽6米，桥梁结构为空心板梁。高度为3米。载重为10吨。

岱河桥

岱河桥（Dàihé Qiáo） 位于萧县王寨镇。此桥以所跨河流岱河取名。1968年建成，并由交通局路桥管理所管理。此桥为公路桥，桥梁全长60米，跨径总长40米，桥梁全宽4米，桥梁结构为板拱。高度为2.5米。载重为10吨。

漫水桥

漫水桥（Mànshuǐ Qiáo） 位于萧县白土镇。此桥以所跨河流取名。1966年建成，并由交通局路桥管理所管理。此桥为公路桥，桥梁全长31米，跨径总长10.5米，桥梁全宽6米，桥梁结构为板拱。高度为4米。载重为10吨。

河西桥

河西桥（Héxī Qiáo） 位于萧县庄里镇。以附近自然村河西取名。1959年建成，并由交通局路桥管理所管理。此桥为公路桥，桥梁全长15.3米，跨径总长6.5米，桥梁全宽12米，桥梁结构为板拱。高度为3米。载重为10吨。

运粮河大桥

运粮河大桥（Yùnliánghé Dàqiáo） 位于萧县丁里镇西部，此桥为公路桥。因坐落于运粮河上而得名。桥梁全长60米，跨径总长10米，桥梁全宽12米，桥梁结构为板拱。高度为10米。载重为20吨。

第三节　火车站、汽车站

萧县站

萧县站（Xiāoxiàn Zhàn） 位于安徽省萧县龙城镇城东社区。1966年建立。2015年12月，萧县老火车站开始拆迁新建。2019年9月，萧县站站内配套设施安装完毕，并通过国家验收；12月30日，萧县站正式通车恢复客运。车场规模为2台5线，站房面积3000平方米。

萧县北站

萧县北站（Xiāoxiàn Běizhàn） 坐落于萧县凤城新区龙腾大道北端，隶属上海铁路局徐州站管辖。是郑徐高铁经过城市中最大的县级站。始建于2014年12月；2016年4月1日，萧县北站正式进入试运行阶段；2016年9月10日，萧县北站正式开通运营。萧县北站面积8000平方米，站场规模为2台6线，设计承载量6000人次，为二等站。整体融入汉代文化风格，主体外形似汉代官帽，并将当地的书画艺术元素设计其中，以白灰为主色调，体现简约大气的建筑特点。萧县北站的设立，拉近了萧县与华东经济发达地区的距离，极大地促进了萧县的经济发展与丰富旅游资源的开发，对于萧县融入徐州都市圈以及泛长三角经济区都具有重大意义。

萧县汽车客运西站

萧县汽车客运西站（Xiāoxiàn Qìchē Kèyùn Xīzhàn） 位于萧县龙城镇交通路西段。是2013年1月建成投入营运的新站。占地面积23310平方米，总建筑面积4330平方米，计划总投资1600万元，年客运周转量可达200万人次。

萧县汽车总站

萧县汽车总站（Xiāoxiàn Qìchē Zǒngzhàn） 1950年在交通路和萧淮路交叉口建萧县汽车站，2014年搬迁至城东立交桥南311国道东侧，改名为萧县汽车总站。占地34632平方米，设60个发车位，日发班次600余次，发送旅客可达8000人次。该站配备了现代化的调频显示系统，微机售票、检票系统，以及自动语音广播系统和监控系统等。

第四节　地标建筑、广场

萧县城隍庙

萧县城隍庙（Xiāoxiàn Chénghuángmiào） 位于龙城镇。始建于明朝万历年间，前后三进院，建筑宏伟，金碧辉煌。后院两侧并建有大魁楼一座，底上三层，高入云霄，上置风铃，风吹铃响，铮铮有声。三楼中有木刻魁星像，青面獠牙，碧眼红发，左腿跷起，右手执笔面向前方。建筑面积11814平方米，由南楼、北楼、中楼和东西楼相互连接，构成一体，总计435间。是萧城一大建筑，也是萧县进行物资交流和商品经济活动的中心。

萧县工商银行大楼

萧县工商银行大楼（Xiāoxiàn Gōngshāngyínháng Dàlóu） 地址在中山北路新世纪大厦附近。面积为1000平方米，建筑面积为8000平方米。主体层数为8层，主体高度为24米。

萧县民政局大楼

萧县民政局大楼（Xiāoxiàn Mínzhèngjú

Dàlóu） 地址在萧县民政局大楼位于东环路中段。面积为1000平方米，建筑面积为5000平方米。主体层数为5层，主体高度为17米。

萧县供电局大楼

萧县供电局大楼（Xiāoxiàn Gòngdiànjú Dàlóu） 地址在东环路中段。面积为1000平方米，建筑面积为12000平方米。主体层数为12层，主体高度为30米。

粮食大厦

粮食大厦（Liángshí Dàshà） 地址在位于淮海西路与健康北路交叉口。面积为1000平方米，建筑面积为6000平方米。主体层数为6层，主体高度为15米。

新世纪大厦

新世纪大厦（Xīnshìjì Dàshà） 地址在中山北路与淮海东路交叉口。面积为1000平方米，建筑面积为8000平方米。主体层数为8层，主体高度为20米。

供销大楼

供销大楼（Gòngxiāo Dàlóu） 地址在龙城镇。面积为800平方米，建筑面积为4000平方米。主体层数为5层，主体高度为18米。

安徽省防腐大厦

安徽省防腐大厦（Ānhuīshěng Fángfǔ Dàshà） 地址在11国道与淮海北路交叉口。面积为800平方米，建筑面积为4000平方米。主体层数为5层，主体高度为16米。

财政综合大楼

财政综合大楼（Cáizhèng Zōnghé Dàlóu） 地址在中山南路，龙霄公园北侧。面积为300平方米，建筑面积为3000平方米。主体层数为10层，主体高度为30米。

萧县地税局大楼

萧县地税局大楼（Xiāoxiàn Dìshuìjú Dàlóu） 地址在中山南路东侧。面积为500平方米，建筑面积为5000平方米。主体层数为10层，主体高度为30米。

第五节 水利电力通信设施

赵楼坝

赵楼坝（Zhàolóu Bà） 位于官桥镇。1970年11月开工，1972年2月竣工，投资0.4万元，实际坝容量为10万立方米，灌溉效益0.03万亩。

刘安坝

刘安坝（Liú' ān Bà） 位于官桥镇。1970年开工，1971年竣工，实际坝容量为60万立方米，灌溉效益0.03万亩。

马山水库

马山水库（Mǎshān Shuǐkù） 位于龙城镇。1970年10月开工，1971年5月竣工，投资1万元，实际库容量为60万立方米，灌溉效益1万亩。

周庄水库

周庄水库（Zhōuzhuāng Shuǐkù） 位

于龙城镇。1964年3月开工，同年11月竣工，实际库容量为11万立方米，灌溉效益0.03万亩。

北门水库

北门水库（Běimén Shuǐkù） 位于龙城镇。1974年1月开工，1974年3月竣工，投资0.8万元，实际库容量为15万立方米，灌溉效益0.02万亩。

林场水库

林场水库（Línchǎng Shuǐkù） 位于龙城镇。1966年10月开工，1974年3月竣工，实际库容量为10万立方米，灌溉效益0.02万亩。

里山水库

里山水库（Lǐshān Shuǐkù） 位于龙城镇。1973年1月开工，同年3月竣工，投资0.3万元，实际库容量为10万立方米，灌溉效益0.03万亩。

徐山水库

徐山水库（Xúshān Shuǐkù） 位于龙城镇。1967年开工，1968年竣工，实际库容量为13万立方米，灌溉效益0.05万亩。

黄山水库

黄山水库（Huángshān Shuǐkù） 位于龙城镇。1966年11月开工，1967年5月竣工，投资0.3万元，实际库容量为12万立方米，灌溉效益0.03万亩。

黄庄水库

黄庄水库（Huángzhuāng Shuǐkù） 位于白土镇。1967年11月开工，1970年2月竣工，投资0.5万元，实际库容量为10万立方米，灌溉效益0.03万亩。

张庄水库

张庄水库（Zhāngzhuāng Shuǐkù） 位于白土镇。1970年11月开工，1971年3月竣工，实际库容量为10万立方米，灌溉效益0.05万亩。

老山水库

老山水库（Lǎoshān Shuǐkù） 位于白土镇。1958年开工，1959年9月竣工，投资0.5万元，实际库容量为10万立方米，灌溉效益0.05万亩。

白虎山水库

白虎山水库（Báihǔshān Shuǐkù） 位于白土镇。1966年8月开工，1967年10月竣工，实际库容量为10万立方米，灌溉效益0.03万亩。

白米山闸

白米山闸（Báimǐshān Zhá） 白米山闸位于庄里乡境内的倒流河河道上。1976年6月开工，同年11月完工。控制倒流河流水面积50平方千米。设计流量120立方米/秒，闸长11米，共3孔，每孔宽4米，高4.8米，为4级节制闸。

大蔡庄闸

大蔡庄闸（Dàcàizhuāng Zhá） 位于倒流河中上游，是庄里乡大蔡庄自办的水利工程。1971年5月开工，同年1月竣工。控制面积10平方千米，正常蓄水量为20万立方米，设计流量140立方米/秒，全闸3孔，每孔4米，总投资13万元，为4级节制闸。

费村闸

费村闸（Fèicūn Zhá） 位于白土镇倒流河中下游。拦蓄倒流河河水。1965年12月动工，1966年7月竣工，投资4.6万元，为4级节制闸。该闸1972年汛期虽被洪水部分冲毁，其他部分工程尚好。

贾窝闸

贾窝闸（Jiǎwō Zhá） 位于孙圩子乡萧

濉河上。始建于1959年3月，复于1972年扩建，由原来的6孔增加至12孔，节制萧濉河、岱河、大沙河的上游来水，蓄水量达126万立方米。该闸单孔宽4米，12孔，设计最大流量427立方米／秒。总投资66.55万元，为5级节制闸。

龙河闸

龙河闸（Lónghé Zhá） 位于萧县城南6千米的龙河上游，于1958年3月动工，1958年8月竣工。该闸设计最大流量为112立方米／秒，正常蓄水量为7.5万立方米。总投资14.28万元，为3级节制闸。

马井闸

马井闸（Mǎjǐng Zhá） 位于马井镇利民沟改道中游，萧县公路上。1973年春动工，同年10月建成。该闸按五年一遇设计标准，最大泄洪量为110立方米／秒，总投资15万元，为3级节制闸。

守备庄闸

守备庄闸（Shǒubèizhuāng Zhá） 位于大屯镇守备庄，1976年3月动工，1977年4月完工。共4孔，每孔宽5米，设计流量86.7立方米／秒。控制面积84平方千米，总投资17万元，为5级节制闸。

桃园闸

桃园闸（Táoyuán Zhá） 位于湘西河马庄，1976年3月动工，1977年4月完工。4孔，孔宽5米，设计流量91.6立方米／秒，控制面积106平方千米，为4级节制闸。

团结闸

团结闸（Tuánjié Zhá） 位于白土镇东倒流河上，1974年6月开工，1975年2月完工。5孔，孔宽2米，设计过水流量120立方米／秒，控制面积95平方千米，为4级节制闸。

孙庄闸

孙庄闸（Sūnzhuāng Zhá） 位于大沙河中游，1972年4月施工，1973年6月竣工。设计最大流量170立方米／秒，8孔，每孔宽3米，正常蓄水量34万立方米，总投资19.5万元，为3级节制闸。

高庄闸

高庄闸（Gāozhuāng Zhá） 位于庄里乡高庄村西。1970年3月动工，1972年4月完工，系高庄村自办工程。正常蓄水量为4万立方米，最大泄洪量180立方米／秒，总投资15万元，为4级节制闸。

许岗子闸

许岗子闸（Xǔgǎngzi Zhá） 位于闸河中游。1960年1月动工，同年10月竣工。正常蓄水量为100万立方米，最大流量为210立方米／秒，总投资32.5万元，为4级节制闸。

韩村闸

韩村闸（Hāncūn Zhá） 又名人民英雄闸，位于倒流河中游，系高庄、蔡庄联建的工程，1956年8月动工，1957年10月完工。平时蓄水量4米深，计划灌溉面积1.5万亩，为5级节制闸。

黄河故道闸

黄河故道闸（Huánghégùdào Zhá） 位于三大家村故黄河蓄水工程下游。1973年3月动工，1976年8月完工。4孔，每孔宽4米，控制面积233平方千米，设计流量100立方米／秒，总投资16万元，为4级节制闸。

陈庄闸

陈庄闸（Chénzhuāng Zhá） 位于倒流河边陈庄。1970年10月动工，1973年6月竣工，5孔，每孔宽3米，控制面积133平方千米，设计流量200立方米／秒，投资

1.5万元，为5级节制闸。

冯楼闸

冯楼闸（Fénglóu Zhá） 位于白土镇冯楼，1976年6月兴建，同年10月完工。6孔，每孔宽3.3米，过水流量210立方米/秒，控制来水面积141平方千米。

埝头车闸

埝头车闸（Niàntóuchē Zhá） 位于张庄寨申河刘庄，1976年4月动工，1977年4月完工。6孔，每孔宽4米，控制面积90平方千米，设计流量101.5立方米/秒，总投资12万元，为5级节制闸。

穆寨闸

穆寨闸（Mùzhài Zhá） 位于祖楼镇穆寨村附近，1976年兴建，1977年完工。5孔，每孔宽5米，控制面积100平方千米，设计总流量101.5立方米/秒，总投资13.43万元，为4级节制闸。

棠林集闸

棠林集闸（Tánglínjí Zhá） 位于王寨镇棠林集附近，1976年3月开工，1977年4月完工，闸长13.4米，孔宽5米，高5.3米，设计流量96.7立方米/秒，控制面积88平方千米，投资14万元，为4级节制闸。

刘楼闸

刘楼闸（Liúlóu Zhá） 位于孙圩子乡刘楼，1976年3月兴建，1977年4月完工。闸长13.4米，6孔，孔宽5米，高5.95米，设计流量116立方米/秒，控制面积127平方千米，总投资15.25万元，为4级节制闸。

周圩子寨

周圩子寨（Zhōuwéizi Zhài） 位于孙圩子乡周圩子村附近。1976年3月动工，1977年4月完工。闸长13.4米，6孔，孔宽5米，高5.95米，控制面积166平方千米，设计流量139.6立方米/秒。总投资20万元，为4级节制闸。

萧城变电站

萧城变电站（Xiāochéng Biàndiànzhàn） 萧城变电站位于龙城镇，1985年5月建成运行。现占地面积1800平方米，建筑面积600平方米，输入容量16000千伏安，输出容量13600千伏安。

三里变电站

三里变电站（Sānlǐ Biàndiànzhàn） 三里变电站位于龙城镇三里庄，1997年7月建成运行。现占地面积1200平方米，建筑面积600平方米，输入容量10000千伏安，输出容量8500千伏安。

岱湖变电站

岱湖变电站（Dàihú Biàndiànzhàn） 岱湖变电站位于龙城镇，1997年7月建成运行。现占地面积3300平方米，建筑面积1500平方米，输入容量8150千伏安，输出容量6700千伏安。

圣泉乡变电站

圣泉乡变电站（Shèngquánxiāng Biàn diànzhàn） 圣泉乡变电站位于圣泉乡，1995年4月建成运行。现占地面积4000平方米，建筑面积1500平方米，输入容量15000千伏安，输出容量12500千伏安。

杨楼变电站

杨楼变电站（Yánglóu Biàndiànzhàn） 杨楼变电站位于杨楼镇，1970年6月建成运行。现占地面积600平方米，建筑面积300平方米，输入容量8150千伏安，输出容量7000千伏安。

黄口变电站

黄口变电站（Huángkǒu Biàndiànzhàn） 黄口变电站位于黄口镇，1970年6月建成运行。现占地面积1200平方米，建筑面积300平方米，输入容量13000千伏安，输出容量11000千伏安。

赵庄变电站

赵庄变电站（Zhàozhuāng Biàndiànzhàn）　赵庄变电站位于赵庄镇，1985年3月建成运行。现占地面积3500平方米，建筑面积1000平方米，输入容量6300千伏安，输出容量5355千伏安。

祖楼变电站

祖楼变电站（Zǔlóu Biàndiànzhàn）　祖楼变电站位于祖楼镇，1985年4月建成运行。现占地面积1200平方米，建筑面积400平方米，输入容量8150千伏安，输出容量6700千伏安。

丁里变电站

丁里变电站（Dīnglǐ Biàndiànzhàn）　丁里变电站位于丁里镇，1975年4月建成运行。现占地面积3200平方米，建筑面积1200平方米，输入容量6300千伏安，输出容量5355千伏安。

永堌镇变电站

永堌镇变电站（Yǒnggùzhèn Biàndiànzhàn）　永堌镇变电站位于永堌镇，1999年11月建成运行。现占地面积2000平方米，建筑面积800平方米，输入容量6300千伏安，输出容量5355千伏安。

白土镇变电站

白土镇变电站（Báitǔzhèn Biàndiànzhàn）　白土镇变电站位于白土镇，1986年8月建成运行。现占地面积800平方米，建筑面积400平方米，输入容量5650千伏安，输出容量4800千伏安。

庄里变电站

庄里变电站（Zhuānglǐ Biàndiànzhàn）　庄里变电站位于庄里乡，1998年5月建成运行。现占地面积600平方米，建筑面积200平方米，输入容量3150千伏安，输出容量2500千伏安。

张庄寨变电站

张庄寨变电站（Zhāngzhuāngzhài Biàndiànzhàn）　张庄寨变电站位于张庄寨镇，1990年5月建成运行。现占地面积1200平方米，建筑面积500平方米，输入容量4500千伏安，输出容量3900千伏安。

红庙变电站

红庙变电站（Hóngmiào Biàndiànzhàn）　红庙变电站位于杜楼镇，1995年5月建成运行。现占地面积1500平方米，建筑面积600平方米，输入容量6300千伏安，输出容量5355千伏安。

黄桥变电站

黄桥变电站（Huángqiáo Biàndiànzhàn）　黄桥变电站位于龙城镇，2003年5月建成运行。现占地面积3000平方米，建筑面积1500平方米，输入容量80000千伏安，输出容量70000千伏安。

第八章　旅游景点及名胜古迹地名

第一节　旅游景点、名胜古迹

萧县淮海战役总前委和华东野战军指挥部旧址

萧县淮海战役总前委和华东野战军指挥部旧址（Xiāoxiàn Huáihǎizhànyì Zǒngqiánwěi he Huádōngyězhànjūn Zhǐhuībù Jiùzhǐ）　位于丁里镇蔡洼村。占地面积360平方米，有砖房4间。1948年12月17日，在淮海战役将要取得决定性胜利的关键时刻，淮海战役总前委全体成员刘伯承、陈毅、邓小平、粟裕、谭振林在这里召开具有历史意义的全委会议。会议休息时，五位首长在院内合影留念，留下一幅十分珍贵的照片。新中国成立后，这里的重要文物得到较好的保护。2005年，被批准为安徽省重点文物保护单位。2006年6月被国务院公布为第六批全国重点文物保护单位。

金寨遗址

金寨遗址（Jīnzhài Yízhǐ）　金寨遗址位于庄里乡金寨村东，遗址周围三面环山。该遗址分布范围较大，1957年群众在挖鱼塘时曾出土一批玉器，有玉璧、玉环、玉管、玉珠等玉器，村民称为“玉石塘”。遗址屡遭破坏，遗址中心区域破坏严重。1986年该村村民卢正芬、卢正芳在挖地时发现陶、玉器共167件，其中玉器134件。内有大型素面玉璧、神兽面纹玉锥形器、桥形玉簧、玉刀形器。早在1988年，安徽省考古所在此进行试掘过，省文物专家初步认定，该遗址属新石器大汶口文化体系，遗址为居住墓葬区两部分，在遗址的断面中，发现有黑陶、红陶、夹沙陶残片、白陶，在附近发现有明显的红烧土层。该遗址出土一批玉器，不论其成型，研磨、抛光、打孔工艺都相当精细，其中的玉刀、玉锥形器，为我国目前同期出土文物中所罕见。2019年10月16日被列为全国重点文物保护单位。

萧县文庙

萧县文庙（Xiāoxiàn Wénmiào）　又称孔庙、学宫、黉门。建于明万历四十六年(1618年)。中为先师庙（大成殿）、东西厢房。前有泮池，跨以石桥。临街有棂星门。原门外设有名宦、乡贤二祠，后有明伦堂，堂东西为崇德斋、广业斋、启圣祠等。古时为祭祀孔子的场所，科学时代为县内最高学府。为安徽省文物保护单位。暂为萧县博物馆。

花甲寺遗址

花甲寺遗址（Huājiǎsì Yízhǐ） 花甲寺遗址位于白土镇花甲寺。1957年倒流河改道，把遗址分割成为东西两部分。1961年，安徽省博物馆胡悦谦在此试掘，出土石器有穿孔石斧、扁平石斧、小石刀；蚌器有蚌刀、扁平箭镞、三棱蚌镞等；陶器15件，有陶高足杯、陶豆柄、陶罐、陶鼎和红砂陶鬶等。陶质为夹砂灰、红陶、印纹硬陶等。纹饰以雷纹、方格纹、条纹、圆圈划纹。文化堆积厚现约5米，略遭破坏，是一处比较有价值的新石器时代聚落遗址。1961年公布为省级文物保护单位。

萧窑遗址

萧窑遗址（Xiāoyáo Yízhǐ） 位于萧县白土镇白土村及周边。1960年发现，经考古发掘隋唐窑址数处，宋代窑址72座。苏轼在此发现煤炭后，该窑进一步兴盛起来，至元代衰落。该窑为民窑，主要产品为民间日常用瓷和陶瓷工艺品。如碗、盏、枕、壶、瓶、罐、钵、佛像、佛龛、佛塔饰、瓦当猫头等；瓷玩具有十二属等。窑具主要有支钉、支棒、支托、泥条、托珠等。釉色有白、米黄、黑、绿、豇豆红等颜色。纹饰以刻花、印花、墨彩画花、剔花等。制作方法有轮制、手制和模制等。白土寨老文化馆窑址、欧盘窑址系萧窑遗址的一部分。该窑址1961年被定为省级文物保护单位。

瑞云寺

瑞云寺（Ruìyún Sì） 位于县城东南21千米。始建于南宋梁大同年间，在皇藏峪内，原名白云寺。瑞云寺占地面积2万余平方米，坐落于皇藏峪中间的石台上。以藏经楼、斋堂、大雄宝殿、方丈室为轴线。左右山溪环绕，石阶相连。共有殿宇99间，藏有经藏、律藏、论藏4000多卷。该寺为安徽省重点寺院。

天门寺

天门寺（Tiānmén Sì） 位于县城东南17.5千米天门山下，白土镇境内。寺庙三面环山，地势险要，唯有西南有山径可通。该寺始建于南朝刘宋年间。天门寺占地1180平方米，主要以寺庙为核心，多种景点环绕。寺周围有孔子晒书台、砚墨池、飞来佛、蚂虾泉等景点。有殿堂20余间，供有缅甸玉佛6尊及各种佛像40余尊。

圣泉寺

圣泉寺（Shèngquán Sì） 位于县城北2.5千米，始建于金代明昌三年（1192年），前身为宋代拱翠堂。古为萧县八景之一。坐南朝北，有殿宇30余间，东西两院。新中国成立前遭破坏。20世纪80年代后经修复、新建，已经成为一处较完整、壮观的寺院。圣泉寺景区占地约5460平方米，主要以寺庙为核心，多种景点环绕。山阴之左有桃花洞，传为桃花仙子修行的地方，寺北有石洞，深丈余，名“贤洞书声”。寺东圣泉，虽仅一小池，但四季不涸，泉水甘洌，来此取水游乐者络绎不绝。

徐氏宗祠

徐氏宗祠（Xúshì Zōngcí） 位于萧县孙圩子乡孙圩子村。始建于清嘉庆十三年（1808年），后毁于水灾。民国26年（1937年）在原址重建。主房三间，东西厢房各三间，门楼和耳房三间，共13间。房屋面积220平方米，祠堂占地500平方米，大门前场地700平方米。1938年5月，日本侵略军第九师团2000余人、8辆坦克、13辆军车占领孙圩子，驻进祠堂。国军六十八军一一九师四十七旅八五三团攻击日军，日军固守祠堂，至今祠堂墙上弹痕犹在。淮海战役中，该祠堂后经多次修缮。祠堂内现有明代古碑一通。为市级重点文物保护单位。

大蔡庄遗址

大蔡庄遗址（Dàcàizhuāng Yízhǐ） 位于庄里乡大蔡庄小学西南200米处，遗址呈台形，南北走向。东为萧庄路，西靠倒流河，文化层厚约2米。1990年省考古所发现鬲足、罐、缸等遗物。现地表发现大量的带绳纹的陶器碎片、鬲足、陶器口沿、夹沙陶（黑陶、红陶）碎片、红烧土、贝壳等。为一处新石器时代聚落遗址。遗址分布面积约为30000平方米，属县级文物保护单位。

城阳遗址

城阳遗址（Chéngyáng Yízhǐ） 位于庄里乡庄里中学西北200米，倒流河西岸，城阳村东100米，遗址呈坡状，倒流河穿过该遗址，将其分为东西两部分。文化层厚约2.5米。1999年经安徽省文物考古所考证，为新石器时期聚落遗址。

萧宿铜睢边区革命烈士陵园

萧宿铜睢边区革命烈士陵园（Xiāosù-tóngsuībiānqū Gémìnglièshì Língyuán） 位于萧县皇藏峪国家森林公园大门左侧。1994年11月8日落成。陵园占地40000平方米，分大门、碑标、题词、碑廊、纪念碑五个部分，碑廊内镌刻有边区2200多名革命烈士的英名。为省级爱国主义教育基地，每年免费接待各界群众80万人次。管理单位为萧县民政局。

萧县烈士陵园

萧县烈士陵园（Xiāoxiàn Lièshìlíng-yuán） 位于萧城龙山西麓。始建于1955年，1983年进行了改扩建。占地12153平方米，园内有烈士墓96座，南北烈士碑廊各一座，面积2233平方米。水泥路三条，大小广场两个，松柏树500余棵，著名烈士雕塑五尊，草坪、花坛18处。是爱国主义教育基地。管理单位为萧县民政局。

陈履真烈士纪念碑

陈履真烈士纪念碑（Chénlǚzhēn Lièshì Jìniànbēi） 位于庄里乡东侧龙虎峪。占地面积50平方米。管理单位为萧县民政局。

王青芳故居

王青芳故居（Wángqīngfāng Gùjū）坐落于萧县大屯镇守备庄村，现存堂屋三间，为青砖小瓦结构，地基用石块砌筑而成，滴檐饰有菊花图案，屋顶建有透风脊，原存有屋兽，为“八砖登椽子”结构。屋内存有王青芳使用过的顶子床、条箱、八仙桌、太师椅、笔筒、砚台、毛笔等。王青芳号芒砀山人，室名万版楼。中央美术学院教授，擅花鸟、山水、篆刻等。

王子云故居

王子云故居（Wángzǐyún Gùjū） 坐落于萧县大屯镇守备庄村，故居现存土墙瓦屋四间，原为草房。1983年改为大瓦土墙结构。王子云是我国著名画家、雕塑家、美术教育家、美术史论家和考古学家，生前为中国美术家协会顾问，陕西美协名誉主席，是我国现代美术运动的先驱。

苏东坡寻石炭旧址

苏东坡寻石炭旧址（Sūdōngpō Xúnshí-tàn Jiùzhǐ） 位于白土镇北孤山及镇南费村炭山。苏轼曾在此寻得石炭。保护级别为4

级。管理单位为萧县民政局。

黄庙战斗纪念碑

黄庙战斗纪念碑（Huángmiào Zhàndòujìniànbēi） 在杨楼镇黄庙村东310国道公路南侧。此碑为纪念碑，高3.5米。宽1.6米。由萧县人民政府立。

孟庄寨炮楼

孟庄寨炮楼（Mèngzhuāngzhài Pàolóu）孟庄寨炮楼位于萧县杜楼镇孟庄寨村西头。该炮楼为两层砖瓦结构，楼顶已换成现代瓦，楼内为木楼梯，炮楼长4.9米，宽5.3米，高约7米，炮楼整体近似正方形。

魏楼古庙遗址

魏楼古庙遗址（Wèilóu Gǔmiàoyízhǐ）该遗址位于萧县石林乡魏楼村中心，原寺庙已倒塌不存在，当地村民在原址上新建寺庙三间。此庙为关帝庙，新建庙宇为砖瓦结构，庙前现存康熙和乾隆年间所刻古碑两块。

纵堂普济庵

纵堂普济庵（Zòngtáng Pǔjì’ ān） 坐落于萧县圣泉乡单楼村纵堂自然村东，此庙始建康熙三十五年，乾隆四十年重修。因早期兵火浩劫，现只存有碑两通和庙的基石。

铁佛寺节孝碑

铁佛寺节孝碑（Tiěfósì Jiēxiàobēi） 位于新庄镇铁佛寺村，此碑由碑座、碑身、碑帽三部分组成，现已断为三截。碑文为“柏节梓心”，碑帽为二龙戏珠图案，图案下有“留芳千古”“节孝维风”等。碑体正面两侧刻有龙凤图案，石碑侧有文字“养生存道，孝承菽水举双亲，资鲤鸡以奉高堂，淑媛称孝子”。

王台子圣旨碑

王台子圣旨碑（Wángtáizi Shèngzhǐbēi）位于萧县杜楼镇王台子村小学门前，有两块宣统年间的圣旨节孝碑（旌表王孝民和王徐氏）。

马井教堂

马井教堂（Mǎjǐng Jiàotáng） 马井教堂位于马井镇政府西北处，该教堂是底上两层建筑，只剩下框架，大门面向东，门前有两座石鹿，为砖木结构，墙体下方刻有花草等图案。教堂的东门上有三层阁楼，西边是两层小阁楼。教堂在20世纪六七十年代改为区公所、电影院。该建筑为法式风格。清光绪十六年（1890年），法国神父在马井购地40余亩，兴建教堂，共建两座院落，分前堂和后堂，取名“圣母领报堂”。前堂是神父住楼两层，一座可容千人的双塔型圣堂，正中竖有十字架，大门上镌有“万有真源”四个大字。另有30多间平房作为库房和男生宿舍。后堂为修女院和女子学校。前后两堂均有高墙围扩，计房屋95间。为徐州西部最大的教堂。

蔡庙歇马亭

蔡庙歇马亭（Càimiào Xiēmǎtíng） 该寺庙位于张庄寨镇白楼村蔡庙自然村东北角。此寺庙重修于清嘉庆年间（门口石碑记载），始建不详，同治年间曾重修，现存庙宇三间，为砖石结构，二层房顶为椽木结构，正面有门一个，窗五个，两侧山墙有窗两个，保存较好。院内有碑记一块。记载1944年秋，新四军师长彭雪枫在夏邑八里庄围歼李光明部的战斗中不幸牺牲，其遗体在此寺庙内入殓。此寺庙长约108米，宽约6.2米，高约10米。遗址现状为寺庙一座、房屋三间、碑刻两通。

刘楼护国寺

刘楼护国寺（Liúlóu Hùguósì） 位于萧县酒店乡，刘楼小学东侧，残存石碑两块。从碑记上可知，此寺始建明代万历年间，清嘉庆年间重修寺庙。此寺现存三间，为砖瓦结构。

朱小楼清代碑群

朱小楼清代碑群（Zhūxiǎolóu Qīngdài Bēiqún） 位于新庄镇朱小楼村西南角，该碑群有石碑六块，均为清代光绪年间立，为朱小楼朱氏家族碑。

北泉遗址

北泉遗址（Běiquán Yízhǐ） 位于永堌镇北泉村西北角，属台形遗址。面积约5万平方米，文化层厚4.5米。1990年安徽省文物考古研究所考古认定为新石器文化遗址。该处于20世纪50年代初曾发现三叶虫化石，现存南京博物馆。现为县级文保单位。

土山炮楼

土山炮楼（Tǔshān Pàolóu） 位于大屯镇土山。炮楼为两层结构，下层用石块砌成，上层为青砖结构，有瞭望口4个，射击口2个，楼顶已坍塌。炮楼整体为正方形，长宽均为3.8米，高约7米。

韩村水渠

韩村水渠（Háncūn Shuǐqú） 位于庄里乡韩庄村北200米处，南北有萧县到庄里公路穿过，始建于1976年春（历时四个月）。水渠中心刻“毛泽东思想永放光芒”。两侧刻对联：悲痛化作回天力，双手建设新河山。水渠全长278.8米，宽1.8米，高5.2米，中间孔宽8.8米，西端16孔，东13孔。

王白楼古民居

王白楼古民居（Wángbáilóu Gǔmínjū） 王白楼古民居位于萧县张庄寨镇王白楼村中心。现存房屋5间。此楼为王姓地主所建，为石砖瓦结构，硬山顶，基石较高，顶为翻毛脊小瓦结构，房梁上雕刻有龙等图案，带走廊。最西边一间建有阁楼，最东边一间房顶已全部倒塌，门额上有“松竹堂”三个字，保留清末建筑风格。此民居长约16.5米，宽约7米，高约7米。

郝新庄牌坊石刻

郝新庄牌坊石刻（Hǎoxīnzhuāngpáifāng Shíkè） 郝新庄牌坊构件位于萧县郝新庄村内两户居民家中，现已发现9块，均为青石质，其中有雕刻5块，素面4块，构件均打磨。雕刻的5块采用浅浮雕的手法，每块周边都刻画卷云纹。构件有一面和三面雕刻，内容较为丰富，有人骑瑞兽、文武官吏故事、石狮、石鼓等，其中一横梁石质刻有出行图参拜等内容，雕刻技法熟练，刻画人物生动。

白土寨小学窑址

白土寨小学窑址（Báitǔzhàixiǎoxué Yáozhǐ） 位于白土镇中心小学西200米处，系萧窑的一部分。

文明禅寺

文明禅寺（Wénmíng Chánsì） 位于萧县圣泉乡双庙村双庙自然村东北角，有主房8间，西厢房5间，建有门楼。2001年当地村民自发集资重修，原址现存3间，墙体尚存房顶大部分换成水泥瓦，东3间、西2间为新建，观音殿3间为新建。院内残存古碑5块，文字已漫漶不清。主殿长21.3米，宽6.3米，高约5.5米，西厢房长10.1米，宽5米，高约4.5米。

林云寺

林云寺（Línyún Sì） 位于永堌镇许岗子村东一千米五龙山下。寺庙朝西，三间石质结构，两屋屋顶已无，正面有窗两个，后墙窗一个。两屋山各有窗一个，院内有古松两棵。石碑一块，立于清代嘉庆年间，碑文是“万善同归”等。据说有另一块石碑遗落在许岗子村中。寺庙长9.5米，宽5米，高约11米。石碑座长0.95米，宽0.7米，石碑高1.5米，宽0.6米，厚0.2米。

净梵寺

净梵寺（Jìngfán Sì） 坐落在萧县白土镇南白土小学院内。根据有关资料记载，此处在唐朝时期曾建有一座寺院，名曰“静梵禅寺”。并有山门大殿东西配房共21间，有多名僧人在此修行，由于年代久远，毁于战火，目前尚存一棵千年银杏树及一块石碑。2007年5月，文物部门曾在小学院后发现一处佛教塔，出土砖20余块。遗址现状为寺庙一座。

锦桥精蓝寺

锦桥精蓝寺（Jǐnqiáojīnglán Sì） 位于张庄寨镇锦桥小学校东侧。寺庙墙体部分倒塌，房檐下饰有波浪图案，现存古碑一块，上面字迹不清，落款为“康熙五十九年岁次庚子拾月初六”。

圣寿寺

圣寿寺（Shèngshòu Sì） 圣寿寺位于永堌镇东长山套内。庙碑显示始建于金代。占地面积50亩。寺内供有一尊国内最大的缅甸玉卧佛及释常闻和尚的贴金肉身。

曲里铺奶奶庙

曲里铺奶奶庙（Qǔlǐpù Nǎinaimiào） 位于马井镇曲里铺村，始建于明末清初，清康熙十三年程士龙立碑，康熙六十一年黄氏也曾立碑，现在原址上重修庙宇，正房三间，东西配房。

泰山奶奶庙

泰山奶奶庙（Tàishān Nǎinaimiào） 位于白土镇庙街村，此庙建于明代，遭破坏重修后，为村部所用。

唐庙古庙

唐庙古庙（Tángmiào Gǔmiào） 位于杜楼镇唐庙绵羊改良场院内，始建于清代。现有房屋三间，砖木结构，房顶是小瓦，双架梁，笆砖椽子，两间坍塌，只一间可见。

石将军庙

石将军庙（Shíjiāngjūn Miào） 位于马井镇石将军庙小学东侧，始建于明初，清乾隆年间重修，内存佛像六尊，四墙壁画均造型完美，形象逼真。现存一间现代仿古建筑，庙宇里供奉功德王王郜成雕像一尊，众称“石将军”。遗址现状为古庙一座。

许楼古寺庙

许楼古寺庙（Xǔlóu Gǔsìmiào） 位于大屯镇杨许楼村，即关公庙与佛爷庙，佛爷庙屋顶已坍塌，砖石结构双架梁；关公庙窗户损坏，建筑结构同佛爷庙。院内古碑一块。

曲里铺天齐庙

曲里铺天齐庙（Qǔlǐpù Tiānqímiào） 始建于康熙年间，原庙被毁，现所存是近年重建。此坐落在马井镇曲里铺村东，为三间红砖青瓦房。

麻堤口阎王庙

麻堤口阎王庙（Mádīkǒu Yánwángmiào）位于马井镇麻堤口村，始建于元朝，民国13年（1924年）初重建，后遭受破坏，于2001年在旧址修建，复原了阎王庙，此庙有房屋三间。

关帝庙

关帝庙（Guāndì Miào） 坐落于杨楼镇关帝庙村北，2004年由村民捐资重建，庙内供奉有关公像四尊，有画像一幅，门口有乾隆年间的石碑一块及功德碑四块。

寇堂古庙

寇堂古庙（Kòutáng Gǔmiào） 位于圣泉乡寇堂村，始建于明代。现存庙宇三间，梁为抬梁式结构，硬山顶墙，廊下有木柱，柱下有石柱基，西边镶有砖雕麒麟图案，房山两侧有祥云图案，砖石结构，1956年修复。

三圣阁

三圣阁（Sānshèng gé） 坐落在黄口镇杨阁村。始建于唐代。传说唐代某皇帝，一次南游去拜南海观音。下榻至此夜梦阿弥陀佛、观世音菩萨和大势至菩萨。醒后下令遵佛祖之言就地建寺供奉上述三圣，取名三圣殿，又名三圣阁。殿宇高耸，巍峨壮观，最盛时庙产有三顷多。但因黄河多次泛滥，大部埋于地下，地面仅存大雄宝殿最上层房门、窗户。现存明末、清初、民国时期的石碑四块。

萧县基督教堂

萧县基督教堂（Xiāoxiàn Jīdūjiàotáng）位于龙城镇中山北路路西。始建于民国19年（1930年），由美国人在此（原宽宏街）购买陈家大院旧宅一处，建此教堂。原有旧瓦房34间，其中大厅一间。新中国成立后，几经修缮、扩建，现有瓦房七间，二层半大礼堂一座。占地629平方米，建筑面积2500平方米。

庆云寺

庆云寺（Qìngyún Sì） 坐落于赵庄镇孙大庙村。占地360平方米，建筑面积140平方米，有主堂三间。庙内供奉地藏王。2012年当地群众捐资8万元重建此寺。

烈士陵园纪念碑

烈士陵园纪念碑（Lièshìlíngyuán Jìniànbēi） 纪念碑位于县城东北萧县安山烈士陵园内，建于2015年。纪念碑高24.5米，混凝土构筑物。

张氏宗祠

张氏宗祠（Zhāngshì Zōngcí） 位于王寨镇张老家村，始建于清嘉庆十二年（1807年），占地4036.4平方米，建筑面积469平方米，其中正殿219平方米，东西碑廊164.34平方米，山门86平方米。山门外广场1287.2平方米。广场前屹立高9.8米、宽14米的石坊。宗祠轴线明确，布局合理，由南向北台阶状逐步升高，气势恢宏，翘角飞檐，古朴典雅。2012年重修，现存完好。

张氏支祠

张氏支祠（Zhāngshì Zhīcí） 位于张庄寨镇杭子村，始建于清道光元年（1821年），有大殿三间，东西偏房各三间。门楼式山门，四合院式。大殿东山墙上镶卧碑一块，对建此祠时间明确记载。目前，东西偏房不存，大殿完好，山门屹立。

张氏祖墓古碑

张氏祖墓古碑（Zhāngshìzǔmù Gǔbēi）位于王寨镇张老家村南。张诚墓前有古碑两块。一块为明景泰元年（1450年）所立，碑文记述了张诚子孙支系及在明正统五年（1440年）萧县大灾之时捐麦谷1010石赈济的事迹（入《萧县志》），对研究萧县张姓文化有重要价值。一块立于清雍正十二年（1734年），为修祖茔时所立。张诚墓东南隅，张邦奇墓碑立于清康熙三十四年（1695年），碑文“清故前明南京世袭锦衣卫张大公讳邦奇字国辅之墓”。

欧阳修纪念馆

欧阳修纪念馆（Ōuyángxiū Jìniànguǎn）位于萧县凤凰山隧道北口东侧。该馆前身为欧阳氏宗祠，系欧阳修十四世孙。祖籍江西吉安府庐陵人欧阳安，明永乐年间翰林院庶吉士，后遭贬徙萧任教谕。后建欧阳氏祠堂又迁现址欧村，原祠堂解放后被学校占用。21世纪初，欧阳氏族人筹资重修欧阳宗祠，设有牌坊、大殿、中殿、前殿及慈母殿、安公殿，两侧为文化长廊，仿古醉翁亭、丰乐亭等。占地5000多平方米，建筑面积800多平方米。

朱氏思源亭

朱氏思源亭（Zhūshì Sīyuántíng） 位于祖楼镇相山庙村。朱氏为纪念春秋时邾氏祖先朱秺，由山东邾国避难于此，去“阝”为朱，成为朱氏肇姓之地，在千年古村及古泗水郡、沛国治城古相城旧址建立“思源亭”，亭中立有“朱氏源头纪念碑”。亭后立有“相邑遗址”（世界朱氏联合会会长、新加坡华人朱耀群题写）巨石，园门额曰“沛园流芳”。亭园占地800多平方米。

徐山头华祖庙徐氏祠堂

徐山头华祖庙徐氏祠堂（Xúshāntóu Huázǔmiào Xúshìcítáng） 位于圣泉乡徐山头村。三国时期华佗在此治愈一位疑难杂症的将死患者，并在此采药救援，后人为纪念他，在此建庙。后徐氏为将祠堂与华佗庙一起保护修建，形成了庙祠合一的形式。庙、祠各三间，院中有古碑两通。古杜仲树树龄千年以上，门前遗有相传为华佗捣药的石凹。

第二节 公园、风景区

龙湖公园

龙湖公园（Lónghú Gōngyuán） 位于县城淮海路东段，龙河西岸。占地面积6万平方米，建筑面积2210平方米，与萧县体育场紧紧相连。园内植物主要有柳树、枫树、松树、竹林等。标志性建筑有三仙桥、儿童乐园、木栈道、凉亭、露天舞池等。

龙霄公园

龙霄公园（Lóngxiāo Gōngyuán） 位于龙城镇中山南路西侧。占地38000平方千米。园内现有六角双层凉亭二座，花架三个，花样彩灯喷泉一座，花坛32个，汉白玉动物雕塑六尊，路灯20盏，道路、设施占地5500平方米，绿化面积2万平方米。

龙山公园

龙山公园（Lóngshān Gōngyuán） 坐落于龙城镇凤山东路与行政大道交叉口东。前身为龙泉山，1989年对原景点进行挖掘改造，建成龙山公园。龙山公园占地173333平方米，建成规模13万平方米，其中绿化面积达9.2万平方米，园内建有假山、喷泉、雕塑、环山路、廊架、凉亭、木栈道等，具备休闲和娱乐功能。绿化苗木品种达50多种，主要有广玉兰、雪松、香樟、栾树、五角枫、桂花、紫薇、花石榴、石楠球、海桐球、金叶女贞、枇杷等，其他各种乔木、花灌木、草本花卉构成错落有致的绿化空间，满目青翠，点缀在山石之间。

皇藏峪自然保护区

皇藏峪自然保护区（Huángcángyù Zìránbǎohùqū） 位于皖北萧县东南。东靠京浦铁路、206国道，西有连霍、合徐两高速公路可达。北临陇海铁路、310国道、311国道。北距徐州市区30千米，距徐州观音机场60千米；南距宿州市50千米；西南距淮北市25千米。始建于1958年的皇藏峪林场。经过较长时间的人工造林，使得生态得到较好的保护。1982年，安徽省人民政府将其批准为全省第一批省级自然保护区。1987年8月，又将其批准为全省第一批省级风景名胜区。2000年，被中国文物保护宣传委员会、中国文物保护世纪行组织委员会授予“中国历史文化遗产”称号。占地2.7平方千米，是江北罕见的暖温带落叶阔叶林区、亚热带和暖温带交汇地带，为皖北地区唯一的保存最为完整的原始次生林。景区内有木本植物190多种，700多种中草药，58种鸟类，和野兔、刺猬、蛇、獾等野生动物。主要景点有皇藏洞、瑞云寺、拔剑泉、天门寺、晒书场。

第九章　驻辖区单位地名

第一节　党政机关

萧县人民政府

萧县人民政府（Xiāoxiàn Rénmínzhèngfǔ）　坐落于龙城镇大同街中段。1930年萧县县政府根据有关规定设立。1945年萧县抗日民主政府改称民主政府，驻地程蒋村。1949年2月改为萧县人民政府，萧县人民政府从大屯区任楼迁驻萧城。萧县县政府下设一批直属单位，坚持以经济建设为中心，坚持为民执政、科学理政、廉洁从政、从严治政方针，不断完善发展战略，深化改革，扩大开放，转变政府职能，着力解决改革和发展中存在的问题，逐步实现由对经济直接管理到宏观调控的转变，由计划经济体制向市场经济体制的转变，推动全县经济发展和社会进步。

萧县人民检察院

萧县人民检察院（Xiāoxiàn Rénmínjiǎncháyuàn）　坐落在城中公园——龙霄公园南侧。1979年2月，重建法纪检察和办公室两科一室。至1986年，设有刑事检察科、经济检察科、法纪检察科、监所检察科和办公室四科一室。依法向县人民代表大会及其常务委员会提出有关检察工作的议案。受理单位和个人的报案、控告、申诉、举报以及犯罪嫌疑人的自首。依法对贪污贿赂犯罪案件、国家工作人员渎职犯罪案件和国家机关工作人员利用职权实施的非法拘禁、刑讯逼供、报复陷害、非法搜查等侵犯公民人身权利与侵犯公民民主权利的犯罪案件以及国家机关工作人员利用职权实施的其他重大犯罪案件进行侦查等。

萧县人民法院

萧县人民法院（Xiāoxiàn Rénmínfǎyuàn）　位于萧县龙城镇北关政务新区。成立于1950年8月1日。辖18个镇、5个乡1个经济开发区。内设刑一庭、刑二庭、民一庭、民二庭、民三庭、行政庭、执行局、立案庭、审监庭、办公室、政治处（含宣传教育科、组织人事科）、纪检监察、技术室、研究室和法警大队等机构。

萧县审计局

萧县审计局（Xiāoxiàn Shěnjìjú）　位

于萧县龙城镇，龙湖公园北侧。于1984年4月成立，1987年部门和单位的内部审计相继成立。1988年8月，成立萧县审计事务所。至此，县审计组织体系形成。2002年8月，经批准成立县经济责任审计局。主要负责地方政府各部门和所有企事业单位的审计监督工作。贯彻执行国家审计工作方针、政策和法规，制定审计业务规范性文件；制定并组织实施全县审计工作发展规划和专业领域审计工作规划，制定并组织实施年度审计计划，对直接审计、调查和核查的事项依法进行审计评价，做出审计决定或提出审计建议，向县长提交年度县级预算执行和其他财政收支情况的审计结果报告等。

萧县民政局

萧县民政局（Xiāoxiàn Mínzhèngjú）位于萧县龙城镇龙山路99号。1949年10月，萧县人民委员会设民政科，1960年4月改为萧县民政局，1970年11月萧县民政、劳动、安办室合并为萧县民劳局，1978年11月民政与劳动分开改为萧县民政局至今。建筑面积为1480平方米。法人代表是王岩，职工人数有43人。职能范围是主管救灾救济、双拥优抚安置、民间组织管理、基层政权建设、城市农村居民最低生活保障、社会福利和社会事务、区划地名等工作。曾获得全省拥军优属模范县、全省民政系统文明窗口单位、全省先进婚姻登记机关、全省社会救助先进单位等荣誉称号；连续四届获得“宿州市文明单位”荣誉称号。

萧县国土资源局

萧县国土资源局（Xiāoxiàn Guótǔzīyuánjú）位于淮海东路22号。成立于1988年，原名为萧县土地管理局，2002年与萧县煤炭局合并，改名为萧县国土资源局。负责贯彻执行国家省市国土资源法律法规政策；组织编制和实施各类规划；负责全县土地市场和土地资产管理；实施耕地保护和耕地开发；统一管理全县城乡地政、地籍工作；参与全县重点建设项目评估论证、选址地点和竣工验收等工作。

萧县国家税务局

萧县国家税务局（Xiāoxiàn Guójiāshuìwùjú）位于龙城镇大同街168号。原名萧县税务局，税制改革后划分为萧县国家税务局、萧县地方税务局。负责全县个体、企业增值税，企业所得税，消费税，车购税等税种的征收管理和纳税服务。

萧县交通运输局

萧县交通运输局（Xiāoxiàn Jiāotōngyùnshūjú）位于龙城镇中山南路5号。1955年初，县政府始设交通科。1969年3月“文化大革命”期间改为萧县交通服务站革命委员会。1970年春设立萧县交通局。2011年2月28日更名为萧县交通运输局。内设机构有人秘股、财务审计股、建设规划股（交通战备办公室）、综合运输股（应急办公室），人员编制行政编制12名，其中局长1名，副局长3名，纪检组长1名，股级领导职数5名。局下辖萧县县乡公路管理所和萧县道路交通运输管理所，均为副科级事业单位，成立于2005年，事业单位总人数248人。负责贯彻执行国家交通运输工作、方针政策和法律法规，组织拟定地方性交通发展战略、产业政策和规范性文件，负责全县交通运输行业管理，规划协调行业统计工作，组织协调公路工程建设、工程质量、安全生产监督管理，拟定全县公路固定资产投资规模和建设项目；编制年度计划，承担国防动员和交通战备有关工作等。

萧县看守所

萧县看守所（Xiāoxiàn Kānshǒusuǒ）位于萧县龙城镇龙山社区。成立于1949年，1989年迁至现址，建有监室2栋24间，设计关押人数250人，属中型看守所。萧县看守所始建于20世纪80年代初期，已有30余年历史，监所设施明显落后，已不能适应新形势下监管工作的要求。新的看守所正在兴建当中，预计2018年底可以建成投入使用。负责看守所依据国家法律对被羁押的犯罪嫌疑人、被告人和罪犯实行武装警戒看守，保障安全；对在押人员进行教育；管理在押人员的生活卫生；保障侦查、起诉和审判工作的顺利进行。

萧县卫生局

萧县卫生局（Xiāoxiàn Wèishēngjú）位于龙城镇中山路北段同庆街北侧12号。1950年初成立萧县卫生党支部，1951年9月成立萧县卫生科，1968—1976年“文化大革命”期间，卫生科被萧县革委会卫生领导组替代，1976年7月成立萧县卫生局至今。负责辖区范围内医疗卫生事业正常有序发展。

萧县司法局

萧县司法局（Xiāoxiàn Sīfǎjú） 位于龙城镇大同街。1980年12月萧县司法局成立。占地面积1082平方米，建筑面积326平方米，职工74人，只要负责萧县法制宣传教育、普法依法治理、律师公证、法律援助、基层法律服务、人民调解、社区矫正，以及刑满释放人员安置管理工作等。设有政工室、法治宣传教育股、基层工作管理股、律师公证管理处、法律援助中心、社会矫正股、县公证处。

萧县物价局

萧县物价局（Xiāoxiàn Wùjiàjú） 位于萧县龙城镇辖区范围内，地址是萧县龙城镇中山南路。1984年成立至今。主要职能是负责萧县辖区范围内的价格宏观调控、价格管理、价格执法、价格公共服务。

萧县公安局

萧县公安局（Xiāoxiàn Gōng’ ānjú） 坐落在龙城镇健康南路。1945年县抗日政府设保安科，后又改为公安科、公安局。负责本县人民公安工作。负责辖区违法犯罪行为的查处、社会治安面的巡逻防控，服务辖区群众。

萧县安全生产监督管理局

萧县安全生产监督管理局（Xiāoxiàn Ānquánshēngchǎnjiāndūguǎnlǐjú）位于龙城镇淮海东路与健康北路交叉口南50米。1984年成立安全生产委员会，2002年撤销安全生产委员会，设立萧县安全生产监督管理局履行安委会职能。负责全县工矿商贸企业的安全生产监督，对煤矿安全、企业生产进行监督监察，发现不符合安全生产者立刻下达停产整顿通知。

萧县祖楼镇人民政府

萧县祖楼镇人民政府（Xiāoxiàn Zǔlóu zhèn Rénmínzhèngfǔ） 位于萧县祖楼镇祖楼村，016县道祖楼镇附近。1949年为祖楼乡，1958年成立公社，1980年改区，1992年祖楼、刘歇集、孙楼三个乡合并建祖楼镇。职能范围是制定和组织实施经济、科技和社会发展计划，制定资源开发技术改造和产业结构调整方案，组织指导好各业生产；制定并组织实施村镇建设规划，部署重点工程建设，地方道路建设及公共设施，水利设施的管理，负责土地、林木、水等自然资源和生态环境的保护；负责本行政区域内的民政、计划生育、文化教育、卫生、体育等社会公益事业的综合性工作，维护一切经济单位和个人的正当经济权益，取缔非法经济活动，调解和处理民事纠纷，打击刑事犯罪，维护社会稳定；按计划组织本级财政收入和地方税的征收，完成国家财政计划，不断培植税源，管好财政资金，增强财政实力；抓好精神文明建设，丰富群众文化生活，提倡移风易俗，反对封建迷信，破除陈规陋习，树立社会主义新风尚；完成上级政府交办的其他事项。

萧县公安局交通管理大队

萧县公安局交通管理大队（Xiāoxiàn Gōng' ānjú Jiāotōngguǎnlǐdàduì） 位于311国道37千米处。1984年8月，设立县公安局交警队；1985年2月，改设交警中队；1987年9月13日，全县城乡道路交通由县公安机关负责统一管理，县交通局车辆监理成建制地移交给县公安部门；1991年6月17日，县公安局交通警察队更名为县公安局交通警察大队；1997年5月设立县公安局公路巡逻民警大队；1998年县公安局交警大队内设秘书股、政工办公室、宣传教育股、车辆管理所，下设6个中队；2003年县公安局交警大队增设122指挥中心、设施中队和青龙中队。负责开展道路交通安全宣传，教育广大交通参与者自觉遵守交通法规；打击处理涉路违法行为；处理全县辖区交通事故；办理机动车、驾驶人各项业务；维护全县道路安全畅通等。

萧县公安局开发区派出所

萧县公安局开发区派出所（Xiāoxiàn Gōng' ānjú Kāifāqū Pàichūsuǒ） 地处萧县经济开发区，属乡镇派出所，2006年为推动萧县经济开发区经济建设、维护治安稳定设立。管辖开发区两个村的治安秩序、治安案件、人口、消防等各项工作。

第二节　事业单位

安徽省萧县地方税务局

安徽省萧县地方税务局（Ānhuī Shěng Xiāoxiàn Dìfāngshuìwùjú） 位于萧县龙城镇中山南路。1984年5月，财税机构分设，成立萧县税务局。1994年6月，萧县税务局分设为萧县国家税务局和萧县地方税务局。1994年12月，萧县地方税务局正式挂牌办公至今。负责全县各地方税（费）的征收管理。

萧县财政监督检查局

萧县财政监督检查局（Xiāoxiàn Cáizhèngjiāndūjiǎnchájú） 位于萧县龙城镇龙霄公园东段北侧。属萧县财政局管理，原名萧县税务、财务、物价大检查办公室；2000年更名为萧县监督检查办公室；2005年更名为萧县财政监督检查局。负责依法对单位和个人涉及财政、财务、会计事项实施的监督检查和处理活动。

萧县发展和改革委员会

萧县发展和改革委员会（XiāoxiànFāzhǎnhégǎigéwěiyuánhuì） 位于萧县龙城镇中山路南段。成立于1999年，属萧县人民政府管理，编制14名。负责拟订并组织实施国民经济和社会发展战略、中长期规划和年度计划；分析研究经济形势，提出总量平衡、发展速度、结构调整的目标以及综合运用各种经济手段和政策的建议；负责监测宏观经济和社会发展态势，承担预测预警和信息引导的责任；承担指导推进和综合协调经济体制改革的责任；组织拟订综合性经济体制改革方案，协调有关专项经济体制改革工作；拟订全社会固定资产投资总规模和投资结构的调控目标、政策和措施；安排财政性建设资金、政府性各种专项建设资金；指导和监督政策性贷款、国外贷款建设资金的使用方向；按规定权限审批、核准、审核重大建设项目、重大外资项目、境外投资项目；组织开展重大建设项目稽查；推进经济结构战略性调整。负责协调各产业发展的重大问题并衔接平衡相关发展规划和政策措施，做好与国民经济和社会发展规划、计划的衔接平衡；协调农业农村经济社会发展的重大问题；组织拟订高技术产业发展战略、规划和政策措施；综合分析财政、金融、产业、价格政策的执行效果，提出相关政策建议；研究提出利用外资和境外投资发展战略、总量平衡和结构优化的目标和政策建议；承担主体功能区规划的组织编制、协调实施和监测评估责任；制定并组织实施扶助贫困地区经济开发计划和以工代赈计划；组织、协调全县移民安置和经济开发工作；研究提出全县社会事业发展战略，组织拟订社会事业发展中长期规划和年度计划，负责教育、文化、卫生等社会事业与国民经济发展的衔接平衡；研究提出促进就业、完善收入分配和社会保障的政策建议，协调社会事业发展和改革中的重大问题及政策；会同有关部门拟订服务业发展战略和政策措施，组织编制服务业、重点区域性批发市场、重点要素市场的发展规划，指导市场体系建设；拟订现代物流业发展的战略和规划；负责节能减排的综合协调工作；组织拟订应对气候变化的规划和政策；提出国土资源整治、开发利用和保护的政策建议；参与有关地方性法规规章草案的起草和实施工作；提出全县能源发展战略的建议，拟订能源发展规划。

萧县住房和城乡建设局

萧县住房和城乡建设局（Xiāoxiàn Zhùfánghéchéngxiāngjiànshèjú） 位于龙城镇淮海路东段北侧。成立于1978年5月，原名萧县城建局。1980年10月设立萧县基本建设局；1984年5月设立萧县城乡建设环境保护局；1997年3月设立萧县建设局；2010年11月设立萧县住房和城乡建设局，挂萧县人民防空办公室。负责全县的城乡规划、城乡建设执法、保障住房建设及城市重点工程建设，负责建筑市场的管理和建设工程质量安全监督，负责人防工作，指导乡镇村镇建设管理工作，指导防腐企业发展。

萧县重点项目办公室

萧县重点项目办公室（Xiāoxiàn Zhòngdiǎnxiàngmù Bàngōngshì） 位于萧县龙城镇中山南路南段。1984年成立。根据全县国民经济、科技、社会发展规划和实际发展需要，会同有关部门编制全县重大建设项目规划，建立并管理全县重大项目库；制定全县重大项目实施管理办法，对全县重点项目建设考核、监督、检查项目责任单位的落实情况；负责组织重大项目的超前研究、市场预测、经济技术分析及建设方案的论证与咨询等工作；负责协调列入国家和省、市、县国民经济与社会发展规划的重大项目的审批、核准和备案等方面的前期工作；负责监测分析全县重点项目的进展情况，对全县拟建、在建项目进行调研、咨询、服务工作；负责向省市申报重点项目，参与重大项目的全过程管理，监督重大项目招标，参与重大项目的竣工验收和后评价工作；配合招商引资，进行对外合作项目的收集、整理、编制，为各类经济组织（个人）提供项目信息服务。

萧县国家税务局稽查局

萧县国家税务局稽查局（Xiāoxiàn Guójiāshuìwùjú Jīchájú） 位于龙城镇大同街168号，位于萧县国家税务局县局办公大楼一楼。原名萧县税务局稽查队，税制改革后成立萧县国税局稽查分局、萧县国家税务局稽查局。负责依法对纳税人、扣缴义务人和其他涉税当事人履行纳税义务、扣缴义务情况及涉税事项进行检查处理，以及围绕检查处理开展的其他相关工作。

萧县地方税务局稽查局

萧县地方税务局稽查局（Xiāoxiàn Dìfāngshuìwùjú Jīchájú） 位于萧县龙城镇中山南路。1994年12月，萧县税务局分设为萧县国家税务局和萧县地方税务局，同时设立萧县地方税务局稽查局，正式挂牌办公至今。负责全县范围内的税务稽查工作。

萧县人才服务中心

萧县人才服务中心（Xiāoxiàn Réncáifúwù Zhōngxīn） 位于萧县龙城镇大同街138号县政府四楼。属萧县人力资源和社会保障局，经萧编字〔1989〕第013号文件批准，成立萧县人才开发工作站；经萧编字〔1993〕第02号文件批准，将萧县人才开发工作站更名为萧县人才服务中心。办公地点设在萧县人力资源和社会保障局北办公区至今。负责人才交流引进，收集、储存和发布人才供求信息；从事流动人员档案接转、管理和利用，办理人才流动手续；接待大中专毕业生就业报到，实施就业推荐帮扶，组织、指导和管理高校毕业生就业见习；受用人单位和各类人才委托，提供人事代理服务。

萧县统计局

萧县统计局（Xiāoxiàn Tǒngjìjú） 位于画乡缘大酒店四楼。1981年成立至今。负责承担组织领导和协调全县统计工作，确保统计数据真实、准确、及时。

萧县服务业统计调查中心

萧县服务业统计调查中心（Xiāoxiàn Fúwùyètǒngjìdiàochá Zhōngxīn） 位于画乡缘大酒店四楼。1981年成立至今。负责全县服务业调查统计工作。

萧县统计局农调队

萧县统计局农调队（Xiāoxiàn Tǒngjìjú Nóngdiàoduì） 位于画乡缘大酒店四楼。1981年成立至今。负责全县农村住户统计调查工作。

萧县统计局普查中心

萧县统计局普查中心（Xiāoxiàn Tǒngjìjú Pǔcházhōngxīn） 位于画乡缘大酒店四楼。1981年成立至今。负责县情县力和国家部署的重大国情国力普查的组织实施；承担基本单位名录库的整理与维护工作。

萧县城乡规划局

萧县城乡规划局（Xiāoxiàn Chéngxiāng Guīhuàjú） 位于淮海东段北侧。成立于

2011年12月。负责城乡规划编制、工程验收备案、编制与修订城市总体规划、控制性详细规划。

萧县离休干部医疗管理办公室

萧县离休干部医疗管理办公室（Xiāoxiàn líxiūgànbùyīliáoguǎnlǐ Bàngōngshì）位于萧县龙城镇办公楼。2004年萧县县委办公室、政府办公室联合发文成立萧县离休干部医疗费统筹管理工作领导小组，下设办公室。2008年萧县机构编制委员会发文成立萧县离休干部医疗费统筹管理办公室。2014年萧县机构编制委员会发文同意将萧县离休干部医疗费统筹管理办公室更名为萧县离休干部医疗管理办公室至今。负责贯彻执行国家有关离休干部医疗管理等方面的工作方针、政策和法规；组织制定医管办内部的各项规章制度和发展规划；拟定萧县离休干部医疗管理办法报领导组批准，承办县委、县政府交办的其他工作。

萧县疾病预防控制中心

萧县疾病预防控制中心（Xiāoxiàn Jíbìngyùfángkòngzhì Zhōngxīn）位于萧县龙城镇萧桃路1号。于2005年成立至今。负责按照全县的疾病预防控制计划要求，负责疾病、媒介生物的调研、监测预报；组织对重大疫情、传染病暴发流行的调查，制定疾病预防控制对策和措施；负责疾病预防控制信息的收集整理、统计分析、综合评价、反馈及疫情报告；实施免疫接种和规划；开展传染病、慢性病、地方病等疾病的防治工作；开展疾病预防控制相关技术的科研、咨询和公众健康促进、疾病预防指导工作；承担卫生行政部门、卫生监督机关交办的专项抽查、卫生学监测检验和评价工作；负责从业人员健康检查；负责突发事件、违法案件的现场卫生学调查和采样；承担有关单位委托的检验任务和县卫生局交付的其他有关工作任务。

萧县卫生局卫生监督所

萧县卫生局卫生监督所（Xiāoxiàn Wèishēngjú Wèishēngjiāndūsuǒ）位于龙城镇健康路50号。2005年3月成立至今。负责辖区范围内的卫生许可申请受理与组织审核、公共卫生监督、医疗卫生监督、卫生法制宣传，为人民身体健康提供卫生监督保障。

萧县地震局

萧县地震局（Xiāoxiàn Dìzhènjú）位于萧县龙城镇民享街1—55号。按照国家防震减灾工作方针，结合我县实际情况，制定全县防震减灾事业中长期发展规划和年度工作计划，制定防震减灾工作政策性和规范性文件，并监督检查执行情况。管理地震台网和地震监测预报工作。负责提出全县防震减灾工作意见和紧急情况下的地震预报；负责地震震情和灾情速报；管理地震灾害损失评估，负责地震灾害预测工作；参与制定地震灾区重建规划等。

萧县科学技术局

萧县科学技术局（Xiāoxiàn Kēxuéjìshùjú）坐落在龙城镇民治街和龙湖路交叉口。1959年成立科学技术局。占地面积4000平方米，建筑面积1481平方米。1959年建立科学技术局后，相继成立了公社农科站3个、大队农科队549个，发展农业先进科技和优良品种。后在白酒、小麦、耐火材料、铅笔柏树、优质葡萄、棉花等农业领域取得丰硕成果。

萧县烟草专卖局

萧县烟草专卖局（Xiāoxiàn YāncǎoZhuānmàijú）位于龙城镇交通西路中段。

1984年设立萧县烟草专卖局。主要任务是对我国烟草行业实行统一领导、垂直管理、专卖专营的管理体制，对全行业“人、财、物、产、供、销、内、外、贸”进行集中统一管理。

萧县盐务管理局

萧县盐务管理局（Xiāoxiàn Yánwùguǎnlǐjú） 位于交通西路与健康北路南100米。1984年成立。盐务管理局是盐业管理机构的组织形式，是主管盐业工作的政府部门，主要负责辖区内盐业行政管理、食盐专营和盐政执法等工作。能保证可供三个月库存量，经常性库存量始终保持在1500吨左右。

萧县气象局

萧县气象局（Xiāoxiàn Qìxiàngjú） 位于萧城东南五里郊外，龙城镇辖区范围内。1957年1月成立萧县气候服务站。1958年10月更名为萧县气象服务站。1969年1月更名为萧县革命委员会气象站。1979年3月更名为萧县革命委员会气象局。1981年1月成立萧县气象局。面积为20000平方米。建筑面积为1500平方米。法人代表是杨武斌，职工人数有10人。主要业务为地面气象观测。每天通过对接收的大量气象信息进行综合分析，并结合萧县的具体情况，作出萧县未来几天的天气趋势预报。防雷技术服务也是一项重要的日常工作。

萧县畜牧水产局

萧县畜牧水产局（Xiāoxiàn Xùmù Shuǐchǎnjú） 位于龙城镇龙山南路。1953年开始设畜牧股，属农林局管理；1983年更名为萧县畜牧兽医站；1989年更名为萧县畜牧技术推广中心，属农业局管理；2007年，同县水产站合并，更名为萧县畜牧水产局至今，由县农业委员会管理。负责贯彻和执行动物卫生法律法规、方针政策和发展规划；拟定该县重大动物疫病防控和扑灭计划；监督管理该县的动物防疫、检疫工作；负责兽医医政和兽药药政工作；负责动物产品安全监督管理工作；负责兽医实验室生物安全管理工作；负责兽医队伍建设和管理工作、官方兽医和执业兽医管理。

萧县林业局

萧县林业局（Xiāoxiàn Línyèjú） 位于萧县交通路西段。为萧县人民政府组成部门，1982年由原萧县农业局分离出来并成立至今。负责全县林业及生态建设的监督管理；组织指导全县造林绿化；组织、指导林业产业发展；全县森林资源保护管理；陆生、野生动植物保护、湿地保护；林业科技推广培训；森林防火、林业有害生物防治、林区治安等。

萧县全社会节能监察中心

萧县全社会节能监察中心（Xiāoxiàn Quánshèhuìjiénéngjiānchá Zhōngxīn） 位于萧县龙城镇中山路南段。成立于2011年，发改委内设二级机构，股级单位，编制12名。负责实施全县节能统计、监测工作，负责搜集、整理、储存全县节能监测数据和资料，定期报告节能监测情况并提出有关建议；承担节能项目评估、节能专题调研和服务，推进合同能源管理等节能服务行业的发展。组织开展能源管理工程技术人员的节能培训工作，组织企业间、行业间节能技术合作，协助重点企业进行能源审计、指导重点耗能企业编制节能规划；接受节能技术咨询，并负责提出节能技改项目审查意见；对新增固定资产投资项目进行节能评价，组织节能宣传活动。承担全县“千家节能行动企业”节能考核和能源利用状况报告工作；依法承担节能监察的相关工作。

萧县城市管理行政执法大队

萧县城市管理行政执法大队（Xiāoxiàn Chéngshìguǎnlǐxíngzhèng Zhífǎdàduì） 位于萧县淮海路中段北侧老实小院内。属萧县城市管理行政执法局，2006年12月成立。负责局职责范围内行政处罚权和相关行政强制措施的具体落实；负责城市街道的日常动态管理和对违法、违章行为的行政处罚；负责“门前三包”的日常管理；负责对适用于一般程序案件的调查取证、事实认定，及时向有关股室移交案件；负责执法文书的送达工作，对适用于当场处罚的违法案件行使处罚权；负责拟订城区专项治理活动计划、方案和组织实施工作；组织执行重要的行政执法活动。

萧县城市管理行政执法局

萧县城市管理行政执法局（Xiāoxiàn Chéngshìguǎnlǐxíngzhèng Zhífǎjú） 位于萧县淮海路中段北侧老实小院内。属萧县人民政府，2006年12月成立。负责城市规划区广场、水域（河道、水塘）、道路、桥梁、排水管网、路灯等市政基础设施的建设、维护、管理；负责城市基础设施的有偿使用和相关行业有偿服务的管理工作；负责城市防洪、排涝工作；对违反市政管理方面法律、法规、规章规定的违法行为查实后报行政执法局给予处罚。

萧县市容环卫处

萧县市容环卫处（Xiāoxiàn Shìróng Huánwèichù） 位于小西环路北段。属萧县城市管理行政执法局市容环卫处。改革前属龙城镇镇政府管理，原名为萧县市容环境卫生管理处。2006年成立县城管局，由萧县城市行政执法局管理，更名为萧县市容环卫处至今。负责城区主次干道的清扫保洁，以及城区沟河的水面保洁，公厕管理、生活垃圾运输等各项工作。

萧县市政工程管理处

萧县市政工程管理处（Xiāoxiàn Shìzhènggōngchéng Guǎnlǐchù） 位于萧县淮海路中段北侧老实小院内三楼。2006年12月成立。负责城市规划区广场、水域（河道、水塘）、道路、桥梁、排水管网、路灯等市政基础设施的建设、维护、管理；负责城市基础设施的有偿使用和相关行业有偿服务的管理工作；负责城市防洪、排涝工作；对违反市政管理方面法律、法规、规章规定的违法行为查实后报行政执法局给予处罚。

萧县建筑市场管理办公室

萧县建筑市场管理办公室（Xiāoxiàn Jiànzhùshìchǎngguǎnlǐ Bàngōngshì） 位于萧县龙城镇大同街东延长段路北租赁处。1997年因国家机关机构改革时撤销县城乡建设环境保护局和县建委，原建委人员（事业编制）全部安排在县编委批准成立的县建筑市场管理办公室。因工作需要2000年2月经县编委批准成立县散装水泥管理办公室和县建设工程招标办公室合并到县建筑市场管理办公室。2001年9月因机构设置，经县政府批准县轻工总会的室内装饰装修管理职能和人员划入建设局合并到萧县建筑市场管理办公室。负责全县建筑市场监督管理、建设工程招标监督管理、发展散装水泥管理及专项资金征收、建筑工程室内装饰装修监督管理、协助有关部门解决拖欠农民工工资和清理拖欠建筑工程款、流动人口计划生育管理工作。

萧县土地征地事务中心

萧县土地征地事务中心（Xiāoxiàn Tǔdìzhēngdì Shìwùzhōngxīn） 位于淮海东路22号。成立于2004年，原名为萧县征地事务所，2009年经萧县编制委员会批复设立萧县土地征地事务中心。负责向用地单位被征地农村集体经济组织和农民宣传、提供与征地有关的法律法规；征地现场的调查确认具体工作；征地补偿安置方案公告后，负责收集汇总分析研究被征地农村集体经济组织和农民的意见；征地补偿安置方案经批准后，协助国土行政主管部门组织实施具体落实。

萧县计划生育协会

萧县计划生育协会（Xiāoxiàn Jìhuà-shēngyù Xiéhuì） 位于萧县龙城镇西环路中段。原属萧县人口和计划生育委员会下设股室，2015年成为独立部门。负责落实理事会或常务理事会通过的决议；实施年度工作计划；组织开展业务调研、交流、培训、典型示范活动，指导基层计生协工作；负责计生协的文件、图片等资料的收集、发放、处理、立卷、归档；承办县、区专项人口基金工作的日常事务，代办计生系列保险等；管理县级计生协财务。

萧县曲艺馆

萧县曲艺馆（Xiāoxiàn Qǔyìguǎn） 位于龙城镇淮海路。1958年成立曲艺协会，1959年9月16日成立曲艺社，1970年“文化大革命”下放，1971年底由省群艺术团来萧成立艺术曲艺班，1978年在淮海路筹建曲艺馆，人员编制6人，为事业单位。负责全县的曲艺工作，以曲艺的形式宣传党的方针政策，编写、排演曲艺节目等工作。

萧县人民剧场

萧县人民剧场（Xiāoxiàn Rénmínjù-chǎng） 位于萧县龙城镇城隍庙北门。成立于1973年至今，在职职工30人。负责全县的文艺戏曲演出、电影放映及宣传工作。

萧县人民医院

萧县人民医院（Xiāoxiàn Rénmínyīyuàn） 位于健康路58号。1949年成立萧县人民医院至今。负责全县的医疗救治中心。

萧县社会保险事业管理局

萧县社会保险事业管理局（Xiāoxiàn Shèhuìbǎoxiǎnshìyè Guǎnlǐjú） 位于萧县龙城镇淮海路1号。属萧县人力资源和社会保障局，原为1987年9月成立的萧县社会劳动保险事业管理所，2003年4月更名为萧县社会保险事业管理局至今。负责职工基本养老保险基金管理运营、离退休人员管理服务等。

萧县书画院

萧县书画院（Xiāoxiàn Shūhuàyuàn） 位于萧县龙城镇龙山路南段。现有编制人员6名，中高级职称5名，涉及的艺术门类有中国画（大写意、工笔、花鸟、山水、人物）、油画、雕塑、书法等。负责书画展览、研究、创作、培训等。

萧县图书馆

萧县图书馆（Xiāoxiàn Túshūguǎn） 位于萧县龙城镇淮海东路一级繁华地段。1962年成立，1978年独立建制。1980年建设图书馆楼。负责保存、借阅图书资料，促进社会经济文化发展。业务范围包括图书、文献、报刊、音像资料的采编与储藏，图书资料借阅，图书资料网络系统维护、管理，文献数字化处理，图书、期刊、资料编辑出版，图书馆学研究，知识培训与社会服务。

萧县文化广电新闻出版旅游局

萧县文化广电新闻出版旅游局（Xiāo-xiàn Wénhuàguǎngdiànxīnwénchūbǎn lǚyóujú） 位于萧县淮海路97号。成立于1976年8月

（文教分家），为县直属正科级事业单位，内设两个职能股室（政办组、文艺组），人员编制6名。2001年进行机构改革，成立萧县文化新闻出版局，设4个职能股室，人员编制9人，同年成立萧县文化市场管理稽查队（全额事业单位），隶属县文化新闻出版局。2011年又进行机构改革，成立萧县文化广电新闻出版（旅游）局。负责贯彻执行党和国家关于文化艺术、文化产业、文物博物、广播影视、新闻出版、著作权工作方针政策和法律法规；归口管理全县重大文化艺术活动；指导推进全县公共文化服务体系建设；拟定非物质文化遗产保护规划、实施和传承普及工作；研究拟定并组织实施文化市场发展规划、文化市场管理等；对全县新闻出版和版权工作的监管等；研究拟定全县文化产业发展规划和政策；贯彻落实国家、省、市有关旅游业发展的方针、政策，拟定我县旅游业的发展政策、发展战略，编制我县旅游产业发展中长期规划、年度计划并组织实施。对我县旅游企业实施行业管理、规范旅游市场、监管服务质量等；承办政府交办的其他工作。

萧县文化馆

萧县文化馆（Xiāoxiàn Wénhuàguǎn）位于龙城镇淮海路97号。成立于1959年，为县直属副科级事业单位，设立6个科室，人员编制19名，2010年成立了萧县非物质文化遗产保护中心。负责组织群众文化活动、繁荣群众文化事业，进行文化宣传，组织文化活动及相关培训。

萧县县乡公路管理所

萧县县乡公路管理所（Xiāoxiàn Xiànxiānggōnglù Guǎnlǐsuǒ） 位于中山路117号。前身是交通局工程股，负责全县县乡村道及公路的建设，管理与养护，负责全县交通建设的规划与宏观调控，萧县编制委员会萧编〔2005〕01号批复同意成立萧县县乡公路管理所，该所为副科级单位，编制10名，领导职数3名。负责全县县乡村级公路建设的管理与养护，组织协调公路工程建设、工程质量、安全生产、管理监督，拟定全县公路、固定资产投资规模与建设项目，编制年度计划，负责交通规划宏观调控。

萧县第四人民医院

萧县第四人民医院（Xiāoxiàn Dìsìrénmínyīyuàn） 位于杨楼镇杨楼居委会。成立于1956年，属蚌埠专区下辖。1959年属萧砀县下辖。1961年属宿县地区下辖。1991年后改名为萧县第四人民医院。负责辖区范围内基本医疗卫生服务和基本公共卫生服务。

萧县第二人民医院

萧县第二人民医院（Xiāoxiàn Dìèrrénmínyīyuàn） 位于萧县黄口镇红旗路136号。黄口镇于民国16年（1927年）设镇，1958年8月，成立黄口区医院。1988年经上级批准更名为萧县第二人民医院。1949年初，黄口镇成立了人民政权，即黄口区公所，从此黄口镇一直是区公所、镇政府、人民公社驻地。1984年，黄口镇被批准为副县级建制镇。黄口区医院改名萧县第二人民医院至今。负责医疗、基本公共卫生服务。

萧县中医医院

萧县中医医院（Xiāoxiàn Zhōngyīyīyuàn） 位于萧县龙城镇同庆街12号。1979年，成立萧县中医医院，1989年经安徽省中医药管理局验收为合格二级中医医院，2014年国家中医药管理局批准为二级乙等中医医院。负责承担本县预防、医疗、康复、保健任务，为本地区人民群众提供具有中医药特色的中医诊疗服务，接收乡镇医疗机构的转诊工作。

萧县土地储备发展中心

萧县土地储备发展中心（Xiāoxiàn Tǔdìchǔbèifāzhǎn Zhōngxīn） 位于淮海东路22号。成立于2003年5月19日。负责国有土地资源和资产管理，国有土地收购、储备、出让工作。

萧县农村土地流转中心

萧县农村土地流转中心（Xiāoxiàn Nóngcūntǔdìliúzhuǎn Zhōngxīn） 位于淮海东路22号。成立于2011年10月17日。负责宣传土地流转和规模经营的相关政策法规；负责全县农村土地承包经营和流转工作开展，掌握土地流转和规模经营动态，建立信息库，并发布供求信息；负责流转情况的备案登记、资料的收集整理和管理工作；负责土地流转交易风险评估与防范，指导签订、鉴证流转合同，协调流转纠纷等。

萧县非税收入征收管理局

萧县非税收入征收管理局（Xiāoxiàn Fēishuìshōurùzhēngshōu Guǎnlǐjú） 位于萧县财政局综合办公大楼五楼。1994年成立，初始名称为"萧县预算外资金管理局"，1999年更名为"萧县收费管理局"。2005年省长王金山签发了《安徽省人民政府令》第184号——《安徽省政府非税收入管理暂行办法》，2006年正式更名为"萧县非税收入征收管理局"至今。负责全县非税收入征收管理。

萧县农业综合开发局

萧县农业综合开发局（Xiāoxiàn Nóngyè Zōnghé Kāifājú） 位于萧县龙城镇东段北侧。萧编字〔1999〕022号《关于设立萧县农业综合开发项目办公室的批复》、萧编字〔2002〕8号《关于萧县农业综合开发办公室机构编制等问题的通知》、萧编字〔2004〕06号《关于萧县农业综合开发更名的通知》，更名为萧县农业综合开发局。负责管理和组织实施全县农业综合开发项目，负责全县的农业综合开发规划、设计、建设、监督、检查和验收，农业综合开发资金的使用、监督和管理。

萧县农业机械管理局

萧县农业机械管理局（Xiāoxiàn Nóngyèjīxiè Guǎnlǐjú） 位于萧县龙城镇交通路160号。原名萧县农机管理站，1986年更名为萧县农业机械管理局至今。负责全县农机化中长期规划，全县的农机管理、农机科教、农机推广、农机监理、农机培训、农机补贴、农机化项目实施等工作。

萧县劳动保障监察大队

萧县劳动保障监察大队（Xiāoxiàn Láodòngbǎozhàng Jiānchádàduì） 位于萧县淮海路1号。县劳动保障监察大队于1995年经县编委批准成立，属萧县人力资源和社会保障局管理。负责宣传劳动保障法律、法规和规章，督促用人单位贯彻执行；检查用人单位遵守劳动保障法律、法规和规章的情况；受理对违反劳动保障法律、法规或者规章的行为的举报、投诉；依法纠正和查处违反劳动保障法律、法规或者规章的行为。

萧县劳动就业管理局

萧县劳动就业管理局（Xiāoxiàn Láodòngjiùyè Guǎnlǐjú） 位于萧县龙城镇淮海路1号。属萧县人力资源社会保障局。萧县劳动就业管理局是2003年4月2日按照萧编〔2003〕10号文《关于萧县劳动服务公司更名等问题的批复》更名的，前身是根据《中共中央国务院关于广开就业门路、搞活经济、解决城镇就业的若干决定》中发〔1981〕42号文件的规定，于1984年成立的萧县劳动服务公司。负责劳动保障事务代理、政策咨询、信息发布、职业指导、职业介绍、培训与创业服务、就业和失业管理。

萧县农业科学研究所

萧县农业科学研究所（Xiāoxiàn Nóngyèkēxué Yánjiūsuǒ） 位于城北5米圣泉乡前荒村东。隶属萧县农业委员会。1972年在刘套镇郝庄建所；1978年迁至圣泉乡刘楼农场；1981年迁至凤北新城区内至今。负责承担省、市、县安排的各项农业科研试验、示范项目。引进农业新技术、农作物新品种，在全县开展农作物新品种的示范、展示、繁殖、推广等各项工作。

萧县农业技术推广中心

萧县农业技术推广中心（Xiāoxiàn Nóngyèjìshùtuīguǎng Zhōngxīn） 位于萧县龙城镇交通路284号。1989年成立，隶属县农委管理。负责编制、实施该县农技推广计划；开展技术推广项目的试验、示范，培训农业技术人员，推广新技术、新品种、新成果；开展技术承包等工作。

萧县农业生态环境保护站

萧县农业生态环境保护站（Xiāoxiàn Nóngyèshēngtàihuánjìng Bǎohùzhàn） 位于萧县龙城镇交通路284号。隶属农业技术推广中心，萧编办〔2011〕16号文件批复成立。负责制定全县农业生态环境保护的规划、计划，提出保护和改善农业生态环境的措施，并组织实施；对危害农业生态环境的主要污染进行调查和检测；负责有机农产品、绿色农产品、无公害农产品及其产地的申报、认证、监督管理；开展生态农业建设试点、示范和推广工作。

萧县新型农村合作医疗管理办公室

萧县新型农村合作医疗管理办公室（Xiāoxiàn Xīnxíngnóngcūnhézuòyīliáoguǎnlǐ Bàngōngshì） 位于萧县公安局南100米处。2008年6月，在萧县卫生局院内成立萧县新型农村合作医疗管理办公室。2010年5月，搬迁至萧县公安局南100米处路西租赁地点至今。负责维护全县新型农村合作医疗工作的正常有序发展。

萧县实施民生工程协调小组办公室

萧县实施民生工程协调小组办公室（Xiāoxiàn Shíshīmínshēnggōngchéngxiétiáoxiǎozǔ Bàngōngshì） 位于龙城镇。2010年6月县编委批准成立萧县实施民生工程协调小组办公室，隶属萧县财政局，事业编制。负责全县民生工程的组织、实施协调和考核等工作。

萧县乡镇财政业务核算部

萧县乡镇财政业务核算部（Xiāoxiàn Xiāngzhèncáizhèngyèwù Hésuànbù） 位于萧县龙城镇龙霄公园东段北侧。属萧县财政局管理，原名为萧县财政局乡财股，2004年成立萧县乡镇财政业务核算部。负责依照预算法、会计法对乡镇财政资金进行管理。

萧县爱国卫生运动委员会办公室

萧县爱国卫生运动委员会办公室（Xiāoxiàn Àiguówèishēngyùndòng Wěiyuánhuì Bàngōngshì） 位于萧县龙城镇同庆路122号萧县卫生局院内北二楼204室。1976年8月8日，萧县人民政府成立县爱国卫生运动委员会。1977年4月16日成立萧县爱国卫生运动委员会办公室，挂靠萧县卫生局办公。2011年2月13日，萧县人民政府机构改革，将萧县爱国卫生运动委员会办公室单独分设至今。负责承担县爱卫会的日常工作，拟定全县爱国卫生工作规划及年度计划，组织、协调成员单位共同履行爱国卫生工作职责，组织协调和指导开展全县城乡环境卫生整治、农村改水改厕、病媒生物防治和卫生创建工作，并检查各项工作落实情况，承办县爱卫会领导及上级爱卫办交办的事项。

萧县农村财政管理局

萧县农村财政管理局（Xiāoxiàn Nóngcūncáizhèng Guǎnlǐjú） 位于萧县龙城镇龙霄公园东段北侧。属萧县财政局管理，原名萧县农业税征收管理局，2006 年更名为萧县农村财政管理局。负责惠农补贴资金发放和管理、乡镇涉农资金监管、农村集体资金委托代理服务监管。

萧县农业委员会

萧县农业委员会（Xiāoxiàn Nóngyè Wěiyuánhuì） 位于萧县龙山南路城东社区对面。2002 年 2 月，由原萧县农村经济委员会和原农业局合并设置萧县农业委员会。负责贯彻执行国家和省、市农业和农村经济发展的方针、政策；研究拟订全县农业产业政策，组织指导农业产业结构和农村经济结构调整；组织实施科教兴农战略；指导农业产品和绿色食品、无公害农产品质量监督及质量认证工作；组织协调农业投入品质量的执法监管；组织协调动植物的防疫、内检工作；依法监督管理农业生态环境保护工作等。

萧县园林管理处

萧县园林管理处（Xiāoxiàn Yuánlín Guǎnlǐchù） 位于中山路南段龙霄公园。改革前由建设局管理，原名萧县园林管理所，2006 年 12 月由萧县园林管理所改为萧县园林管理处。负责城市园林、绿地的建设管理及城市规划区绿化工作；负责古树名木的保护管理工作；负责城市新建小区、机关、企事业单位等各类建设项目绿化方案的审查工作；负责指导单位附属绿地及建制镇的绿化工作；承办绿化队伍资质的核准和资质管理；参与园林式花园式单位的评审工作。对违反城市园林绿化管理方面法律、法规、规章规定的各类违法行为查实后报行政执法局给予处罚。

萧县农产品质量检测中心

萧县农产品质量检测中心（Xiāoxiàn Nóngchǎnpǐnzhìliàngjiǎncè Zhōngxīn） 位于龙城镇交通路西段 284 号。属萧县农业技术推广中心二级机构，成立于 2008 年 6 月。负责全县范围内农产品及其制品的检测、监测，农产品生产投入品的检测、监测和强制性检验；农产品质量安全技术咨询和培训及相关业务。

萧县交通管理大队城区中队

萧县交通管理大队城区中队（Xiāoxiàn Jiāotōngguǎnlǐdàduì Chéngqū zhōngduì） 位于萧县龙城镇交通路。属萧县公安局交通管理大队，改革前由萧县公安局交警大队管理，原名为交警一中队，后萧县交警大队更名为萧县交通管理大队，交警一中队更名为城区中队至今。负责维护龙城镇城区道路交通秩序、辖区道路交通事故预防、辖区客货运车辆属地管理。

萧县国土资源监察大队

萧县国土资源监察大队（Xiāoxiàn Guótǔzīyuán Jiānchádàduì） 位于萧淮路东侧。成立于 1990 年，事业性质，原名为土地管理局监察大队，原为股级单位，现更名为萧县国土资源监察大队，2006 年审批为副科级事业单位。负责全县辖区范围内土地、矿产资源法律法规执行情况的监督检查；受理国土资源违法行为的检举、控告、案件查处；开展国土资源执法巡回检查，发现并纠正各类违法行为；负责案件的调查取证，并提出处理意见；负责行政处罚决定的送达与执行；指导乡（镇）国土资源管理所依法开展国土资源执法监察工作；完成市国土资源执法监察支队、县国土资源局交办的其他工作。

萧县国土资源勘测规划设计中心

萧县国土资源勘测规划设计中心（Xiāoxiàn Guótǔzīyuán Kāncèguīhuàshèjìzhōngxīn） 位于民治街东段。成立于1989年，原名为萧县土地管理技术服务站，根据工作需要，于2012年12月更名为萧县国土资源勘测规划设计中心。负责土地整理工程规划设计、土地整理示范选择与运作、土地整理信息咨询服务，土地开发整理复垦业务、征地测绘、宗地测绘、地籍测绘、控制测绘、放样。

萧县土地开发整理中心

萧县土地开发整理中心（Xiāoxiàn Tǔdìkāifāzhěnglǐzhōngxīn） 位于萧县龙城镇交通路。成立于2009年。负责编制土地整理规划和全县土地开发复垦年度计划，承办全县重大土地复垦项目，会同有关部门检查监督全县土地开发复垦计划执行情况和年度计划执行情况。

萧县技工学校

萧县技工学校（Xiāoxiàn Jìgōng Xuéxiào） 位于萧县龙城镇交通路88号。原为黄淮药厂厂址，后有萧县行管局接管，2009年原劳动局请示萧县人民政府，把萧县技工学校整体迁入。负责培养中级技术人才和短期就业技能培训，为广大萧县和周边地区有务工愿望的有志人士尽力服务。

萧县农业广播电视学校

萧县农业广播电视学校（Xiāoxiàn Nóngyèguǎngbōdiànshì Xuéxiào） 位于萧县城区。1994年成立，为股级事业单位，1999年升格为副科级事业单位。负责承担大、中专学历教育，农民培训，创业培训，职业技能鉴定，宣传和推广各种实用技术等工作。

萧县农机化技术学校

萧县农机化技术学校（Xiāoxiàn Nóngjīhuàjìshù Xuéxiào） 位于长通装饰城院内。1968年成立。负责全县农机技术人员及农机驾驶人员教育培训、农机新技术培训工作。

萧县陶楼初级中学

萧县陶楼初级中学（Xiāoxiàn Táolóuchūjí Zhōngxué） 位于萧县圣泉乡柴庄村陶南自然村。成立于1969年。负责义务教育。

萧县王寨中学

萧县王寨中学（Xiāoxiàn Wángzhài Zhōngxué） 位于萧县王寨镇王寨村。成立于1952年。负责初中、高中学历教育。

萧县吴蒋庄初级中学

萧县吴蒋庄初级中学（Xiāoxiàn Wújiǎngzhuāngchūjí Zhōngxué） 位于吴蒋庄村。成立于1969年至今。负责义务教育阶段。

安徽省萧城一中

安徽省萧城一中（Ānhuī Shěng Xiāochéngyīzhōng） 位于萧县龙城镇青年路50号。始建于1943年，1957年扩建；1963年升格为宿县地区行署重点初中；1971年扩招高中班，发展为完全中学；1992年晋升为宿州市重点中学；2004年3月底通过省示范高中验收；2005年4月被教育厅正式批准为“安徽省示范高中”。负责承担初高中教育任务。

萧县北城初级中学

萧县北城初级中学（Xiāoxiàn Běichéng Chūjí zhōngxué） 位于萧县圣泉乡金黄庄村。创办于1981年，位于圣泉乡金黄庄村。负责义务教育。

萧县丁里镇中心小学

萧县丁里镇中心小学（Xiāoxiàn Dīnglǐzhènzhōngxīn Xiǎoxué） 位于丁里村丁里自然村。成立于1928年，始为初小，名为丁里学堂；1944年扩建为完小，1949年后始称为丁里小学；1982年10月经萧县教育局批准为萧县丁里镇丁里小学；2006年9月经萧县教育局批准更名为丁里镇中心小学。负责小学义务教育。

萧县师范学校

萧县师范学校（Xiāoxiàn Shīfàn Xuéxiào） 位于龙城镇顺河路与龙凤大道交叉口西北。1951年创办萧县初级师范学校，1961年改为萧县师范学校。1968年因故停办，1978年恢复招生。学校有师范五年制24个班，在校生1280人，教职工115人，其中专任教师89人，拥有硕士学位1人，特级教师2人，高级讲师23人。开设计算机、英语、音乐等课程。

安徽省萧县中学

安徽省萧县中学（Ānhuī Shěng Xiāoxiàn Zhōngxué）学校位于萧县城南梅村。始创于1942年。占地24万平方米，建筑面积10万多平方米，有118个教学班，在校学生7500余人。图书馆藏书30万册。有实验室和电教馆、微机室、语音室、多媒体教室、天文观象台，设备精良，学生公寓标准化，体育场地器材齐全。先后为江苏省和安徽省重点中学、安徽省示范性普通高中。

萧县孤山初中

萧县孤山初中（Xiāoxiàn Gūshān Chūzhōng） 学校位于白土镇西北部孤山村。1970年建立至今。学校占地面积10500平方米。教室24间。教师16人，学生300余人。

萧县凤山中学

萧县凤山中学（Xiāoxiàn Fèngshān Zhōngxué） 位于萧县龙城镇辖区范围内，地址为萧县龙城镇文化路北段。始建于1985年，迄今已有30年的办学历史。学校面积为50亩，建筑面积为26710平方米，有教学楼3栋，共计75间教室。法人代表是朱林，共有教职工235人，在校学生数4136人。主要职能是初、高中学生教育。

萧县梅村小学

萧县梅村小学（Xiāoxiàn Méicūn Xiǎoxué） 地址为龙城镇前梅社区。1932年建校，后扩建至今。学校面积为8000平方米，建筑面积为7000平方米，有教学楼2栋，共计36间教室。法人代表是李影芹，共有教职工62人，在校学生数1650人。主要职能是小学教育。

萧县梆剧团

萧县梆剧团（Xiāoxiàn Bāngjùtuán） 位于萧县龙城镇民治街132号。1954年成立，前身是华山县联群剧团。1953年华山县撤销，1954年调给萧县命名为“萧县梆剧团”。1970年该团大多数演职员改行调入企业单位，1971年由原剧团部分演职员及县文训班中选出的学员成立萧县文工团，1977年恢复萧县梆剧团。是县文化局所属副科级文化事业单位。负责创作生产、演出淮北梆子戏，带头、引领、传承淮北梆子戏地方戏，推动地方戏的繁荣与发展。

萧县城乡居民社会养老保险管理中心

萧县城乡居民社会养老保险管理中心（Xiāoxiàn Chéngxiāngjūmínshèhuìyǎnglǎobǎoxiǎnguǎnlǐ Zhōngxīn） 位于龙城镇淮海路1号。2011年10月成立，为全额拨款事业单位，副科级建制，属萧县人社局下属单位。负责全县城乡居民基本养老保险和被征地农民生活保障工作。负责全县城乡居民养老保险费的征缴、养老金发放、基金运营；负责全县参保人员个人账户的建立、信息变更、保险关系转移、待遇核定、待遇发放、参保终止工作。

萧县动物卫生监督所

萧县动物卫生监督所（Xiāoxiàn Dòngwùwèishēng Jiāndūsuǒ） 位于萧县龙城镇龙山南路。2007年改革前为县畜牧技术推广中心内设的动物防疫监督管理所。2007年县级兽医体制改革，更名为萧县动物卫生监督所至今，属县畜牧水产局管理。负责依法实施动物防疫、动物及动物产品检疫、兽医医政、兽药药政等行政执法工作。

萧县中医研究所

萧县中医研究所（Xiāoxiàn Zhōngyī Yánjiūsuǒ） 位于萧县大屯镇卫生院北侧。成立于2013年，发展至今。所属行业为科技服务行业。业务范围是中医治疗方法研究。

萧县希望幼儿园

萧县希望幼儿园（Xiāoxiàn Xīwàng Yòuéryuán） 位于萧县淮海路154号。成立于2007年，发展至今。所属行业为教育行业。业务范围是对3—6岁学龄前儿童教育。

萧县中山医院

萧县中山医院（Xiāoxiàn Zhōngshān Yīyuàn） 位于萧县龙城镇健康路南段。成立于2007年，发展至今。所属行业为卫生行业。是集疾病治疗、预防、保健、咨询等多功能于一体的综合性医院。

第十章　工业企业地名

萧县红双喜葡萄酒庄园有限责任公司

萧县红双喜葡萄酒庄园有限责任公司（Xiaoxiàn Hóngshuangxǐpútaojiǔzhuangyuán Yǒuxiànzérèngōngsī）位于萧县龙城镇民治街152号。成立于2005年1月。所属行业为制造业。许可经营：葡萄酒、果酒（原酒）生产、销售。

安徽皖王面粉集团有限公司

安徽皖王面粉集团有限公司（Ānhuī Wǎnwángmiànfěnjítuán Yǒuxiàngōngsī）位于萧县黄口镇徐商路184号。成立于2004年6月。所属行业为制造业。业务范围是面粉、挂面、蒸煮类糕点（馒头）、小麦胚、淀粉制品加工、销售。

安徽热化工程建设有限责任公司

安徽热化工程建设有限责任公司（Ānhuīrèhuàgōngchéngjiànshè Yǒuxiànzérèngōngsī）位于萧县龙城镇开发区。成立于1989年8月。所属行业为建筑业。业务范围是防腐保温工程专业承包二级：可承担单项合同额不超过企业注册资本金5倍的各类防腐保温工程的施工。钢结构工程专业承包三级：可承担单项合同额不超过企业注册资本金5倍且跨度为24米以下、总重量600吨以下、单体建筑面积6000平方米及以下的钢结构工程（包括轻型钢结构工程）和边长24米及以下、总重量120吨及以下、建筑面积1200平方米以下的网架工程的制作与安装。建筑装修装饰工程专业承包三级：可承担单位工程造价60万元及以下的建筑室内室外装修装饰工程（建筑幕墙工程除外）的施工；涂料、建材销售。

安徽省萧县利群商贸有限公司

安徽省萧县利群商贸有限公司（Ānhuī Shěng Xiāoxiàn Lìqúnshāngmào Yǒuxiàngōngsī）位于萧县黄口镇徐商路109号。成立于2000年6月。所属行业为批发和零售业。业务范围是一般经营项目汽车（不含小轿车）、拖拉机、农用运输车、农业机械、摩托车及配件销售。

安徽省防腐工程总公司

安徽省防腐工程总公司（Ānhuī Shěng fángfǔgōngchéng Zǒnggōngsī）位于萧县龙城镇健康路101号。成立于1989年12月。所属行业为建筑业。业务范围是承担各类工程项目的防腐保温工程，兼可承担小型工业建设项目的设备、线路、管道、电器、仪表的安装，非标准钢构件的制作、安装和一般公用、民用建设项目的安装，可承担单项工程造价600万元以下的建筑（包括车、船、飞机）的室内、室外装饰装修工程的施工。建筑防水工程专业承包二级，可承担各类房屋建筑防水工程的施工，可承担二级以下的水泥路面的施工，可承担8层以下、18米跨度以下的建筑物，高度30米以下的构筑物的建筑施工；埋地管线检测。消防设施工程专业承包三级：可承担建筑高度24米及以下、建筑面积2.5万平方米及以下的房屋建筑消防设施工程的施工；脚手架；环保工程专业承包三级；烟囱检修；环氧粉末的生产及销售。

萧县淮海置业有限公司

萧县淮海置业有限公司（Xiāoxiàn Huáihǎizhìyè Yǒuxiàngōngsī） 位于萧县张庄寨镇101省道东侧。成立于2011年9月。所属行业为房地产业。业务范围是房地产开发、销售。

安徽省皇藏峪旅游发展有限公司

安徽省皇藏峪旅游发展有限公司（Ānhuī Shěng Huángcángyùlǚyóufāzhǎn Yǒuxiàngōngsī） 位于萧县皇藏峪管理处。成立于2002年11月。所属行业为租赁和商务服务业。业务范围是旅游景点开发、工艺品的加工销售。

安徽宝地置业有限公司

安徽宝地置业有限公司（Ānhuī Bǎodìzhìyè Yǒuxiàngōngsī） 位于萧县龙城镇世纪大道中段北侧。成立于2010年12月。所属行业为房地产业。业务范围是房地产开发、销售。

宿州地名丛书

宿州地名志

下部

宿州市民政局——编

中国文史出版社
CHINA CULTURAL AND HISTORICAL PRESS

图书在版编目（CIP）数据

宿州地名志 / 宿州市民政局编 . -- 北京 : 中国文史出版社 , 2020.12

（宿州地名丛书）

ISBN 978-7-5205-2725-5

Ⅰ . ①宿… Ⅱ . ①宿… Ⅲ . ①地名—宿州 Ⅳ . ① K925.43

中国版本图书馆 CIP 数据核字 (2020) 第 249507 号

责任编辑：梁玉梅

出版发行：中国文史出版社

社　　址：北京市海淀区西八里庄路 69 号院　邮编：100142

电　　话：010-81136606 81136602 81136603（发行部）

传　　真：010-81136655

印　　装：北京新华印刷有限公司

经　　销：全国新华书店

开　　本：16 开

印　　张：197.25

字　　数：4229 千字

版　　次：2022 年 12 月北京第 1 版

印　　次：2022 年 12 月第 1 次印刷

定　　价：898.00 元（全三册）

第四篇

灵璧县

第一章　灵璧县概况

灵璧县（Língbìxiàn）中国县级行政单位。灵璧县是“中国观赏石之乡”“中国民间艺术（钟馗画）之乡”“全国粮食生产百强县”“全省畜禽业生产十强县”。

【地理概况】宿州市辖县。北纬33°33′，东经117°32′。位于安徽省东北部，东临泗县，西连宿州市，南接蚌埠市固镇、五河两县，北与江苏省徐州市铜山区、睢宁县接壤。面积2125平方千米。人口130万人。民族以汉族为主。辖13个镇、6个乡和1个省级经济开发区。县人民政府驻灵城镇。灵璧县地处淮河流域，地势低平，地形北高南低，呈西北东南倾斜。地面坡度较小，坡降比为1∶7300—1∶10000。海拔高度一般多在20米左右。属暖温带半湿润季风气候区，地处暖温带与北亚热带的过渡带上。四季分明，雨量充沛，光照充足，年均气温14.7℃。年均降雨量935.3毫米。境内河流分属4条水系，各水系干支流合计15条，总长度达388.9千米，流域面积达2052平方千米。灵璧县无金属矿床，非金属矿点虽多，但形成矿床并具备开采价值的只有大理石矿和水泥灰岩矿。灵璧县有普通中学29所，中等职业学校6所，普通小学105所。公共图书馆1个、文化馆21个、文物管理所1个。乡镇综合文化站和公共文化馆全部免费开放，体育社团组织机构19个，社区体育健身俱乐部2个。有各级各类卫生机构379个，其中基层医疗卫生机构349个，专业公共卫生机构28个，其他卫生机构2个。境内有省级风景名胜区磬云山国家地质公园；有省级以下风景名胜区——灵璧奇石文化园、钟馗文化园、虞姬文化园。有重点名胜古迹——睢水之战遗址、垓下之战遗址、老营湖之战遗址、齐眉山之战遗址、蒋庙新石器遗址、大运河遗址等。地方特色的民间艺术有唢呐（菠林周家唢呐班列入国家级非物质文化遗产名录）、皮影戏、琴书、大鼓、拉魂腔、舞狮子、旱船等。独具地方特色的是灵璧石文化、钟馗文化、虞姬文化，素有“灵璧三绝甲天下，奇石虞姬钟馗画”之誉。第一产业种植业主要以种植小麦、玉米、山芋、大豆、花生、蔬菜为主；畜牧业主要以养殖生猪、黄牛、山羊、家禽等为主。其中，荷金来金牌雪花牛肉，2009年由中国绿色食品办公室认定为绿色食品；林业主要以栽种速生杨、银杏、花木等为主。第二产业工业以农产品加工、轻工业为主。其中，灵璧磬石雕历史可以追溯到3000多年前的殷商时代，灵璧磬石雕于2010年列入安徽省第三批非物质文化遗产保护名录。第三产业以旅游业、餐饮服务业为主。国道、省道、“三高一铁”贯穿境内；新汴河横贯东西，与大运河、长江相连；距连云港和南京两大港口均200余千米。境内有宿淮铁路，紧邻陇海铁路、京沪铁路，境内全长28千米。泗许高速公路、徐（州）明（光）高速公路过境，在境内均设有出口，总长度91千米。宿淮高速公路25千米，横穿县境中部。有201、303、302、329四条省道过境，其中303省道与201省道在灵城交会，总长度161千米。有县道4条，一般县道11条，乡道29条，总长度533千米。

【地名沿革】灵璧置县始于秦汉时期，至今约2200年。宋元祐元年（1086年），灵璧镇从虹县析出再置灵璧县，属宿州，同年七月复为镇。宋元祐七年（1092年）二月，复为县。此后几经废建。元初，复立灵璧县，属宿州，后分属归德府、泗州、临濠府、凤阳府，清康熙六年（1667年）隶属安徽省。民国21年，安徽省设10个行政区，灵璧县属第六行政区。抗日战争爆发后，灵璧县行政区域和隶属关系变化不定。共产党为开辟革命根据地，在灵璧边缘建立多个抗日民主政权。民国32年，中国共产党灵北县委在尹集菠林村建立。其间，国民党在县境北部建立灵璧县，日伪政府在县境南部建立灵璧县。民国37年（1948年）11月25日，共产党领导的人民政府在灵城成立。中华人民共和国成立后，灵璧县属皖北行署宿县专区，1952年4月属安徽省宿县专区，1956年1月改属蚌埠专区，1961年4月复属宿县专区，1971年3月宿县专区改名为宿县地区行署，属宿县地区行署。1999年5月宿县地区行署改为省辖宿州市，灵璧县属宿州市至今。据《史记》《汉书》记载，秦汉间有一小县曰灵壁，在彭城（今徐州）南，境内睢水（今称老濉河）之滨曾发生一场著名的以少胜多的战役，即睢水之战（楚汉战争）。此时的“璧”书为“壁”，史家称“壁垒之名也”。唐宋后灵璧石盛名于世，“山川灵秀，石皆如璧”，由“壁”书为“璧”，故名灵璧县。

【地名异名】零璧县，宋元祐元年（1086年）零璧镇脱离虹县管辖改建制为零璧县，宋政和七年（1117年），因境内产磬石，该石声如青铜、色如碧玉，皇帝下诏改“零璧”为“灵璧”。

【境内地名概况】从地名专名来看，辖区内行政区划地名和居民点地名有以下特点：

1. 以自然地理实体命名。如五女井、李八湖等。

2. 以地理位置命名。如杨山东、八里王等。

3. 以自然景象、自然现象命名。如谷堆。

4. 以祥瑞、希冀命名，表达了中华传统文化中对美好的向往和追求。如山水御景花园、星河湾书香门第小区等。

5. 以历史古迹或人文地理实体命名。如朱牌坊、虞姬乡等。

6. 以著名人物命名。如张孟花、虞姬、霸离铺等。

7. 其他命名原则。如谢陈庄、蒋胡等。

【地名社会应用】灵璧县是安徽省历史

文化名城。历史名人和人文特色非常丰富，其中著名的有灵璧石、灵璧钟馗画等。

灵璧石　又称磬石（八音石），产于本县渔沟镇磬石山北麓平畴间。宋人杜绾在《云林石谱》一书中汇载石品116种，灵璧石位居首位。“灵璧一石天下奇，声如青铜色如玉”，这是宋代诗人方岩对灵璧石发出的由衷赞叹。灵璧石的开发已有三四千年的历史，《尚书·禹贡》载“泗滨浮磬”；殷商时期有灵璧石雕制宫廷乐器——虎纹石磬的记载；《晋书》载，皇帝勒令镇西将军谢尚来灵璧采磬石以备大乐。灵璧石除磬石以外，还有更奇特的观赏石，其出产地也不限于磬石山一带，主要分布在县境北部，如灵觉山、朝阳山、白马山、耳毛山、郜山、九顶山等，在县境中部的三注山和南部的大山、峨山一带也有少量的分布。从已产出的灵璧石来看，其真正魅力不仅在于天赋、内在的灵气，其质、形、色、纹皆具有很高的艺术欣赏价值，故乾隆皇帝曾赞誉它为“天下第一石”。

灵璧钟馗画　灵璧钟馗画又称灵璧判子，它有别于其他地方的木版年画或门神画作品，乃手工绘画，有其独特的民间风味，历经宋、明、清各代，经久不衰，尤其在清代的灵璧古城内，画店林立，画商如云。清乾隆年间的《灵璧志略》称，“每岁可售数万纸”，“画工衣食于斯”，记载了当时的盛况。继吴道子之后，灵璧钟馗画在宋元祐年间，灵璧置县时期，便有一批民间画家云集此地，初步形成钟馗画（民俗画）艺术中心。北宋画家杨斐所绘钟馗，深得吴道子之味，气势伟岸，后居淮楚，与灵璧画家友情深厚，因传吴道子之法，为灵璧钟馗画奠定了良好的基础。南宋淮阴画家龚开，入元不仕，喜作钟馗墨鬼，笔墨酣和，妙趣横生，灵璧画家深受影响，钟馗画风为之一变，形象怪诞，风格新奇。清初，画家高其佩出任宿州知州，时灵璧为宿州所辖，经常往来，对灵璧钟馗画家大加扶掖，使灵璧钟馗画创作水平整体得到提高。清人齐周华在《名山藏画副本·钟馗像赞》中赞道：“由吴道子画能通神也，无如天下传写，渐失其真，唯灵璧所画，往往不失吴道子原格，故世群推之。”1915年，灵璧民间钟馗画师翟光远绘制的钟馗画参加巴拿马万国博览会，并荣膺金奖，现收藏于北京故宫博物院。

第二章　灵璧县乡、镇地名

灵城镇

灵城镇（Língchéng Zhèn）　灵璧县人民政府驻地。

【地理概况】在灵璧县境的南部。东南与向阳乡为邻，南与黄湾镇隔北沱河相望，西与娄庄镇相连，北与杨疃镇、禅堂乡接壤。面积126平方千米。人口12.7万人。民族以汉族为主。辖光明社区居民委员会、东关社区居民委员会、皇庙社区居民委员会等20个居民委员会，高许村村民委员会、界沟村村民委员会、亢田村村民委员会等9个村民委员会，有228个自然村。镇人民政府驻解放西路（徐杨村）497号。阎河、北沱河、界洪河、新汴河流经境内。有文化站1个，图书室26个；幼儿园24所，小学22所，初中2所；各级各类医疗卫生机构38个。境内有古汴水遗址、东岳庙遗址、奇石文化园、钟馗文化园、现代农业博览园等。农业以种植小麦、玉米为主；畜牧业以饲养生猪、黄牛、家禽为主；工业以食品、塑料、服装加工为主。303省道、泗许高速公路、宿淮铁路过境，设灵璧火车站。

【地名沿革】1948年11月，设灵城镇；1957年，改设城关镇；1961年，改为灵城镇；1980年，划为县辖镇；2004年12月，灵西乡并入灵城镇。因灵璧县城在其管辖范围，而得名。

【地形地貌】境内大部分为平原，地势北高南低，西高东低。地形分为低丘岗地，河涧平原和黄泛平原。表层土多为砂姜黑土。境内最高峰馍馍山，海拔101米。境内矿产资源主要为石灰岩。

【境内地名概况】其地名特征来自自然地理环境、人口世代繁衍和社会环境的需要，因社会的变化而发展。从地名专名来看，有以下特点：

1. 以自然地理实体命名。灵璧县境内多丘陵沟壑，以山水命名者比较普遍，如潼山、沟涯村、沙滩村、浍沟村等。

2. 因姓氏聚居而得名。由于世代繁衍，同姓同族聚居形成村庄，便以其姓氏命名，如张庄、小李庄、大彭村、大刘庄、高徐、侍圩、刘圩等。

3. 以村落地理环境而得名。如许闸村、后张、前山村等。

【地名社会应用】灵璧县历史文化底蕴

深厚，有一些地名与历史人物和历史遗址有关。如虞姬乡，存在虞姬的陵墓。垓下村，垓下古战场。霸王城村，流传着项羽和虞姬的故事。

韦集镇

韦集镇（Wéijí Zhèn） 乡级行政单位。韦集镇是垓下古战场所在地，存有古战场遗址、城后古墓等。

【地理位置】地处灵璧县东南端，东接泗县草沟镇，南与五河县东刘集镇隔南沱河相望，西南与固镇县濠城镇隔南沱河相望，西邻黄湾镇，北连向阳乡。辖陈园村、丁李村、韦集村、陈圩村、徐圩村、戴家村、东杨马村、双龙村、幸福村、垓下村、藕庄村、永久村、双圩村、金银山村共14个村民委员会。辖区东西最大距离15千米，南北最大距离14千米，面积138.5平方千米，耕地面积71.4平方千米。其中陆地面积124平方千米，水域面积13平方千米。辖区总人口5.37万人，以汉族为主，有彝族、回族、壮族、瑶族等5个少数民族。镇人民政府驻韦集村，北距灵璧县城17千米。

【地理概况】地处淮北平原，地势西高东低，地面高程悬殊较大，海拔最高30米，海拔最低20米。属半湿润季风气候，其特点是四季分明，雨热同季，光照充足，无霜期长。春季干旱多风，夏季雨量集中，秋季温和凉爽，冬季干冷少雪。多年平均气温14.4℃，年平均降水量852.4毫米。年平均无霜期219天，年平均日照时数为2191.3小时。境内处潆潼河中下游地区，属潆潼河水系。较大河流有南沱河、北沱河、三八沟等。境内河道长50千米。

【地名沿革】新中国成立后一直是区、乡、社、镇驻地。1958年9月，撤区建社，成立韦集人民公社。1961年12月，设区划社，复韦集区，辖韦集人民公社。1979年1月，设区划社，复韦集区，辖7个人民公社。1984年4月，7个人民公社改为7个乡，同年9月，韦集乡改为韦集镇。1992年2月，撤区并乡，韦集区的单圩乡、城后乡、藕庄乡和原韦集镇整建制组成韦集镇。

【境内地名概况】其地名特征来自自然地理环境、人口世代繁衍和社会环境的需要，因社会的变化而发展。从地名专名来看，有以下特点：

1. 以自然地理实体命名。韦集镇境内多丘陵沟壑，以山水命名者比较普遍，如尤沟庄、湖西王庄、沟东刘庄等。

2. 因姓氏聚居而得名。由于世代繁衍，同姓同族聚居形成村庄，便以其姓氏命名，如赵庄、陈庄、余庄、陆庄、王圩庄等。

3. 以村落地理环境而得名的有湾后庄、橡树庄、祠西庄等。

【地名社会应用】韦集镇历史文化底蕴深厚，有一些地名与历史人物和历史遗址有关，如垓下古战场：楚汉相争时项羽与刘邦决战之地。战场中心根据当代历史学家郭沫若《中国史稿地图集》(上册)“楚汉战争”(前205年—前202年）中标，位于灵璧县城东南24.5千米处的韦集镇垓下村附近。这里南部陡峭，标高18.77米，北部渐次平缓，标高15.22米，高程差3.55米，属自然形态的高岗绝岸地形，面积约25万平方米。

垓下是刘邦、项羽长达四年之久的“楚汉战争”最后决战之地，故被称作东方的滑铁卢。

霸王城，在韦集镇内，霸王城史称“垓下”。公元前202年，楚汉相争垓下，刘邦一举摧毁项羽的楚政权。垓下战役奠定了汉王朝400多年历史，汉字、汉语、汉文化、汉民族均由此得名。这次战役规模空前，在中国和世界战争史上影响深远。民间广为流传的“四面楚歌”“十面埋伏”“霸王别姬”等动人凄美的故事均出于此。垓下古战场位于安徽省宿州市灵璧县境内，是楚汉相争最后决战的战场遗址。

黄湾镇

黄湾镇（Huángwān Zhèn） 乡级行政单位。黄湾镇是省、市优质花生生产基地。

【地理位置】地处灵璧县南端，北距灵璧县城16千米，西北距宿州市35千米，东与韦集镇接壤，南与固镇县宋店乡隔南沱河相望，西北与娄庄镇相连，东北与灵城镇、向阳乡隔北沱河相望。镇人民政府驻黄湾街。辖胡桥村、双桥村、三桥村、王桥村、单营村、晏路村、张龙村、宋河村、红星村、陆集村、柯胡村、朱圩村、砂坝村、庙李村，共14个村民委员会。辖区东西最大距离14.45千米，南北最大距离17千米。面积135平方千米。耕地面积70.2平方千米，全部为旱地。辖区总人口4.75万人，以汉族为主。

【地理概况】境内为平原，呈西北向东南倾斜。可耕地中的低洼地较多，呈蝶形。海拔最高21米，海拔最低19.8米。属半湿润季风气候，其特点是四季分明，雨热同季，光照充足，无霜期长。冬季气候干燥、寒冷，降雨少；夏季气温高，降雨量大而集中；秋季雨量减少；春季副热带高压增强，天气冷暖变化无常。境内春秋气温变化明显，3—5月气温回升明显，平均升温12.5℃；9—10月降温明显，平均降温12.8℃。平均初霜期为10月28日，平均终霜期为4月2日，平均无霜期209天，生长期年平均215天。极端高温40.2℃，出现在1978年6月11日；极端最低气温−23.9℃，出现在1969年2月6日。年平均降雨量852.4毫米，年最大降雨量1191.1毫米，出现在1991年；降雨最少的年份出现在1978年，为611.2毫米。境内属漴潼河水系。境内风灾和旱涝灾害十分频繁。农业主要以种植小麦、花生、玉米为主。畜牧业以养殖猪、羊、牛、家禽为主。境内有镇办文化站、广播电视站各一处，有村文化活动中心14处，各类图书室32个，藏书5万余册。有各级医疗卫生机构15家，门诊部（室）22个。其中，镇卫生院1个，村卫生室14个，有病床152张。有幼儿园5所、小学6所、中学1所。境内有201省道、057县道等4条公路干线交会，北距灵璧县城汴河码头20千米。特色民俗有皮影戏、泗州戏、曲艺、民间舞蹈等。

【地名沿革】明初属沱河保，抗日战争和解放战争时期属灵南区。1957年属韦集区。1969年1月，由陆集、晏路两个人民公社合并，成立黄湾人民公社，驻地设在小黄庄西侧。1979年12月，撤销黄湾人民公社，设黄湾区。1983年改人民公社为乡。1984年9月，黄湾乡改为黄湾镇。1992年撤区建镇，将黄湾镇、红星乡、砂坝乡和晏路乡（不含武圩村）合并建立黄湾镇。

【境内地名概况】其地名特征来自自然地理环境、人口世代繁衍和社会环境的需要，因社会的变化而发展。从地名专名来看，有以下特点：

1. 以自然地理实体命名。黄湾镇境内多丘陵沟壑，以山水命名者比较普遍，如孙湖庄、宋河庄、徐沟等。

2. 因姓氏聚居而得名。由于世代繁衍，同姓同族聚居形成村庄，便以其姓氏命名，如张集、后李、前王等。

3. 以村落地理环境而得名。如潘桥庄、龙头张庄、五里张家等。

【地名社会应用】黄湾镇历史文化底蕴深厚，有很多名村、名地及有影响的事物，居民点常捆绑或冠其名。如黄湾。民国期间，灵（灵璧）固（固镇）公路弯曲，每千米弯道2—3处，此处是各弯道之首，附近有小黄庄，得名黄拐弯。因地势低洼，每年入夏至初冬积水不断，弯字加上三点水即“湾”。1969年1月，是人民公社所在地，取首尾二字，为黄湾。

娄庄镇

娄庄镇（Lóuzhuāng Zhèn） 乡级行政单位。

【地理位置】地处灵璧县西南部，东与灵城镇毗邻，东南与黄湾镇、淮北市大山林场相接，西南与固镇县仲兴乡隔南沱河相望，西与埇桥区大店镇接壤，北与杨疃镇毗邻。人民政府驻地设在娄庄街。辖赵家村、永定村、姚山村、杨马村、南杨集村、淹周村、宣圩村、吴塘村、王赵村、沱北村、司房村、双任村、娄庄村、娄北村、刘胡村、蒋圩村、蒋邓村、黄圩村、葛店村、峨山村、大山村、长集村、汴河村，共23个村民委员会。辖区东西最大距离19.1千米，南北最大距离19.1千米，面积216.5平方千米。陆地面积212平方千米，占93.4%；水域面积15平方千米，占6.6%。辖区总人口7.94万人，主要为汉族。

【地理概况】地势呈北低南高走势，南部多山，北部多水，平均海拔23米，最高峰大山，海拔98米。属半湿润季风气候，其特点是气候温和，雨量充沛，春夏秋冬四季分明，且多分布在农作物活跃生长之季节，年日照时数四季平均。多年平均气温14.4℃，年平均降水量852.4毫米。新汴河、灵西运河、北沱河三大河流穿境而过。主要自然灾害有旱涝、风灾、低温、霜冻等。农业主要种植小麦、玉米、花生、黄豆等农作物。畜牧业以饲养猪、牛、家禽为主。工业以山石加工和养殖加工为主。全镇文化站、广播电视站各1处。村级文化中心23处，各类图书室24个，藏书18万余册。有线电视台1所。有公立幼儿园1所、私立幼儿园8所，初级中学2所，小学8所。有卫生院2所，床位130张，专职医师92人，村级卫生室23个，专业卫生人员136人。303省道穿境而过，西距京沪高铁宿州站15千米。名胜古迹有玉石山新石器遗址、大山墓葬、龙山西麓汉墓群、龙山古井、东岳行宫、齐眉山大战遗址。

【地名沿革】1949年设娄庄乡，1958年成立娄庄公社，1983年设娄庄乡，1984年设娄庄区，1986年10月娄庄人民公社改娄庄镇。同年经上级批准，成立娄庄区公所，下辖娄庄镇、宣圩乡、戈店乡、司房乡、长集乡。1992年撤区并乡后，成立娄庄镇人民政府，由原来的娄庄镇、宣圩乡、黄湾区所属的大山乡构成。2006年，全县行政区划调整，将原长集乡并入娄庄镇。

【境内地名概况】其地名特征来自自然地理环境、人口世代繁衍和社会环境的需要，因社会的变化而发展。从地名专名来看，有以下特点：

1. 以自然地理实体命名。娄庄镇境内

多丘陵沟壑，以山水命名者比较普遍，如陆沟庄、龙汪庄等。

2. 因姓氏聚居而得名。由于世代繁衍，同姓同族聚居形成村庄，便以其姓氏命名，如马圩、苏庄、杨庄、胡家等。

3. 以村落地理环境而得名。如红桐庙、南范庄、火庙庄等。

【地名社会应用】娄庄镇历史文化底蕴深厚。有些地名与历史人物和历史遗址有关。如玉石山遗址，位于灵璧县娄庄镇赵家村玉石山，面积约2万平方米，地势呈漫坡状，整体地形东高西低，是以龙山文化为主的新石器时期聚落遗址，兼有大汶口文化晚期类型。1983年夏，由县文物组在文物普查时发现，地表暴露有陶器、石器残片。1991年，省考古研究所进行正式发掘，揭露面积达1000多平方米，出土的器物很丰富，有鼎、豆、簋、鬲、石斧、石锛、骨针等。石器的制作用料多为当地所产的“菜花玉”。骨针的出现说明当时的人们开始缝制兽皮衣物，骨器鱼钩的出现足以表明当时玉石山附近的水系比较发达，渔猎已作为日常生活的辅助性来源。1989年，该遗址被安徽省人民政府公布为安徽省重点文物保护单位。

三山蒋庙遗址，位于县城东北9千米，三山南麓蒋庙村附近。面积约45万平方米，地势东高西低，呈漫坡状，中间有一条南北向的土路通过。1954年发现，经省文物工作队鉴定确认。出土文物有石斧、蚌刀、骨针、陶网坠、绳纹陶片、鬲足、鼎足和肿骨鹿角化石等。该遗址文化层较深，内含丰富，延续时间长，属新石器晚期遗址，距今四五千年。1956年，该遗址被安徽省人民政府公布为省级重点文物保护单位。

杨疃镇

杨疃镇（Yángtuǎn Zhèn） 乡级行政单位。

【地理位置】全镇地处灵璧县中部西侧，东与禅堂乡为邻，南濒新汴河，西南与娄庄镇隔新汴河相望，西面与埇桥区苗庵乡、时村镇接壤，北靠尹集镇。人民政府驻地设在杨疃街。辖邱庙村、光明村、红光村、庙王村、张圩村、半店村、七井村、刘圩村、大余村、大亢村、杨集村、郑庙村、朱岗村、杨东村、杨疃村、一里王村，共16个村民委员会。辖区东西最大距离15千米，南北最大距离16千米。面积157平方千米，其中陆地面积152.3平方千米，水域面积4.7平方千米。辖区总人口7.62万人，以汉族为主。

【地理概况】境内地势自然条件由西南向东北倾斜，海拔最高为23.3米，海拔最低为19.8米。耕地面积89.87平方千米，主要为旱地。属半湿润季风气候，其特点是冬寒干燥，夏热多雨，四季分明，日照充足。年日照平均值为2073小时。年气温平均值为14.4℃，最冷为1月，年平均气温为0℃；最热为7月，年平均气温为27.5℃。无霜期年平均209.2天。境内属漴潼河水系。主要自然灾害有冰雹、雷击、旱涝、风灾、低温、霜冻等。农业以种植小麦、玉米、大豆为主，其次为蔬菜。畜牧业以养殖猪、羊、家禽为主。工业以面粉生产、农机制造、建材加工为主。全镇有文化站、广播电视站各1处，有村级文化活动中心16处，各类图书室及农家书屋18个，藏书15万余册。公立幼儿园1所，私立幼儿园3所，初中1所，小学6所，教学点17

个。有卫生院1所，床位60张，专职医生75人。村卫生室16个，专业卫生人员82人。201省道、宿泗高速、许淮铁路从境内通过。北距观音机场51千米。名胜古迹有泰山寺庙。

【地名沿革】1949年设杨疃乡，隶属尹集区。1950年始建杨疃区。1958年撤区划社，改为杨疃人民公社。1961年重设杨疃区。1969年撤区并社，重新改为杨疃人民公社。1984年改人民公社为杨疃乡，同年9月，改为杨疃镇。1992年撤区并乡镇，改为杨疃镇。

【境内地名概况】其地名特征来自自然地理环境、人口世代繁衍和社会环境的需要，因社会的变化而发展。从地名专名来看，有以下特点：

1. 以自然地理实体命名。杨疃镇境内多丘陵沟壑，以山水命名者比较普遍，如沟口王、陡沟庄、运河尹家等。

2. 因姓氏聚居而得名。由于世代繁衍，同姓同族聚居形成村庄，便以其姓氏命名，如大崔、张圩、后张、新陈等。

3. 以村落地理环境而得名。如草窝刘、窑后陈、祠堂李等。

【地名社会应用】杨疃镇历史文化底蕴深厚，有很多名村、名地及有影响的事物，居民点常捆绑命名。如孙集组。清朝初年，有个举人路过此地，病倒半年之余，传说是70岁的孙大娘照顾并医治好。举人病好以后到北京上任，两年以后回来，得知孙大娘去世。举人为了纪念，在庄东头盖一座庙，每年农历二月十二举办庙会。后来庙会规模越来越大，先人便把这庄改名为孙集组。

尹集镇

尹集镇（Yǐnjí Zhèn） 乡级行政单位。

【地理位置】全镇地处灵璧县城西侧，东与浍沟镇接壤，东南与禅堂乡相连，南与杨疃镇为邻，西南与埇桥区苗庵乡搭界，西与埇桥区时村镇相依，北与朱集乡隔拖尾河相望。人民政府驻地尹集镇。辖圩疃村、杜庵村、程刘村、马楼村、尹集村、土桥村、姬贺村、解阁村、田路村、尹楼村、三村村、菠林村、尹北村、张集村、李大庄村、陈渡口村、霸王城村，共17个村民委员会。辖区东西最大距离14.5千米，南北最大距离10.6千米。面积108.35平方千米，其中陆地面积88.35平方千米，水域面积20平方千米。耕地面积64.0平方千米。辖区总人口6.63万人，以汉族为主。

【地理概况】地处黄河与淮河之间的平原地带，地势低洼。地形为东西长、南北略窄的不规则方形。海拔22.0—23.6米，最低点位于陈渡口村小郭庄，海拔22.0米。属半湿润季风气候，其特点是冬寒干燥，夏热多雨，四季分明，日照充足。年日照平均值为2073小时。无霜期为年平均209.2天。境内属奎濉河水系，主要河道有拖尾河、新濉河、唐河、青年沟，总长43千米。主要自然灾害有冰雹、雷击、旱涝、风灾、低温、霜冻等。粮食作物以小麦、大豆为主。主要经济作物有油料作物、蔬菜等。畜牧业以养猪、养鸡、养羊为主。工业以面粉生产、服装加工、食品加工为主。境内有镇文化站、有线电视转播站各1处，村级文化活动中心17处，各类文化专业户20户，各类图书室47个，藏书30余万册。省、市级文物保护单位7处，民间艺术团体25个。有幼儿园2所、小学28所、初中1所。各类医疗卫生机构18个，其中卫生院1所，病床60张，专业卫生人员68人。有201省道和302省道在境内交会，西距京沪高铁苗庵车站15千米，北距观音机场35千米。名胜古迹有汉代古遗址霸王城和灵北抗日中学旧址。

【地名沿革】1945年3月设尹集区，为宿东八区。同年5月，归属灵北县领导。1957年2月，撤销尹集区，尹集乡划入杨疃区，1958年9月设立尹集人民公社。1961年12月，撤社改为尹集区。1969年整编规划为尹集区，延续至1979年。1980年再次改组为尹集区。1984年改为尹集镇。1992年3月撤区将尹集镇、圩疃乡、田路乡、尹楼乡、尹西乡合并建立尹集镇。

【境内地名概况】其地名特征来自自然地理环境、人口世代繁衍和社会环境的需要，因社会的变化而发展。从地名专名来看，有以下特点：

1. 以自然地理实体命名。尹集镇境内多丘陵沟壑，以山水命名者比较普遍，如张渡口、马沟庄、陈滩等。

2. 因姓氏聚居而得名。由于世代繁衍，同姓同族聚居形成村庄，便以其姓氏命名，如小王庄、胡刘庄、杨家庄、曹家庄等。

3. 以村落地理环境而得名的有丝网张西庄、大堰头、王仓屋庄等。

【地名社会应用】尹集镇历史文化底蕴深厚，有很多名村、名地及有影响的事物，居民点常捆绑命名。如尹楼村。明洪武年间，尹姓始祖从山西迁到凤阳再迁到埇桥区时村镇刁山村，最后迁移到现在的灵璧县尹集镇尹楼村。初到之时，这里是一望无际的湖泊，尹姓始祖只好选择高地搭建庵棚，以打鱼为生。后来洪水慢慢退去，土地现了出来就以耕种为主，艰难漫长的努力劳作，使这里渐渐地变成了村落。随后，又有王姓及施、吕等姓氏先后迁来，村里人口越来越多。因为尹、王两姓人口最多，就有人以尹王庄命名。到抗日战争时期，尹王庄西边有一座五间两层的庙宇，两边分别建有一座抗日小炮楼，从此尹王庄就改名叫尹楼村并沿用至今。

尹楼皮影戏始于清道光年间，是灵璧县较早的戏剧艺术形式之一。受尹楼村皮影戏老艺人尹德彩先生的影响和传承，其弟子尹成玉不断地潜心研究，改进和创新，在人物设计上吸取民间剪纸、雕刻艺术，纹样得体，刀法犀利，色彩明快。把影人各部位巧妙铆链在一起，加之灵活的操纵、说唱及音响伴奏，使舞台效果更加活泼欢快，引人入胜。人们总结尹氏皮影戏为“三尺白布作戏台，两人敲打唱起来”和“一口过尽千古事，两手对舞百万兵”。尹楼皮影戏具有鲜明的地方特色，是灵璧土生土长的一株奇葩。

浍沟镇

浍沟镇（Huìgōu Zhèn）　乡级行政单位。浍沟镇是安徽省首批“十佳文明”城镇、“平安建设”先进乡镇。

【地理位置】地处灵璧县中北部，南距灵璧县城23千米，东邻大路乡，东南与冯庙镇隔新濉河相望，南靠禅堂乡，西连尹集镇，西北与朱集乡相连，东北与渔沟镇接壤。镇人民政府驻浍沟街。辖张时村、叶赵村、土山村、大庄村、唐灵村、申村、彭黄村、李宅村、浍沟村、后灵村、郭许村、郭沟村、凤山村、车李村、马庄村，共15个村民委员会。辖区东西最大距离8.1千米，南北最大距离15千米。面积74.5平方千米，耕地面积 42.87 平方千米，主要为旱地。辖区总人口 5.35 万人，以汉族为主。

【地理概况】地处平原地带，河道纵横，水资源丰富，海拔在 22.5—25.3 米之间，最低点土山村，海拔 12.6 米。北部与渔沟接壤处有凤凰山，东西走势，海拔 144 米。属半湿润季风气候，其特点是冬季寒冷干燥，夏季高温多雨。年日照平均值为 2089 小时。年气温平均值为 14.9℃，最冷为 1 月，年平均气温为 0℃ ；最热为 7 月，年平均气温为 27.8℃。无霜期为年平均 209 天；年平均降水量为 867 毫米。境内属奎濉河水系。境内大理石资源丰富，且石质优，石材好，是石材加工理想的原材料。主要灾害有冰雹、旱涝、风灾、低温、冰霜等。农业以种植小麦、玉米、大豆为主。畜牧业以养殖猪、羊、家禽为主。工业以粮食加工、石材加工、物流运输、服装加工为主。镇文化站、广播电视站各 1 处，有村级文化活动中心 13 处，各类图书室及农家书屋 15 间，藏书 14 万余册。有卫生院 1 所，村卫生室 15 所。公立幼儿园 1 所，小学 9 所，初中 1 所。境内 302 省道东西贯穿而过。北距徐州观音机场 30 千米。

【地名沿革】1948 年 11 月至 1957 年 1 月，浍沟乡属尹集区所辖。1957 年 2 月，浍沟乡划入杨疃区。1958 年 9 月，撤区建社。1961 年 12 月，社区划社，浍沟人民公社属尹集区所辖。1969 年 1 月，设立浍沟人民公社。1979 年 12 月，社区划社，设浍沟区。1984 年 4 月，人民公社建制取消，改为浍沟乡。同年 9 月，改为浍沟镇。1992 年 2 月，撤区改镇，将浍沟镇、土山乡、马庄乡合并建立浍沟镇。

【境内地名概况】其地名特征来自自然地理环境、人口世代繁衍和社会环境的需要，因社会的变化而发展。从地名专名来看，有以下特点：

1. 以自然地理实体命名。浍沟镇境内多丘陵沟壑，以山水命名者比较普遍，如开合山、凡山仔庄、蒲湾庄等。

2. 因姓氏聚居而得名。由于世代繁衍，同姓同族聚居形成村庄，便以其姓氏命名，如小王村、小杨庄、张东村、彭家庄等。

3. 以村落地理环境而得名。如浍沟村、前灵村、郭沟庄等。

【地名社会应用】浍沟镇历史文化底蕴深厚，有很多名村、名地及有影响的事物，居民点常捆绑或冠其名。如凤山村。凤山村历史底蕴深厚。根据凤山脚下出土汉墓显示，至少在秦汉时期，已有居民在这片土地上繁衍生息，留下众多古迹和美好传说，有先秦时期的鬼谷子洞、唐朝的灵唐寺、宋朝的杜家寨、明朝大将马英墓与凤山祠堂、明朝星象学家马尔顾墓、南寺山的古井、开合山的观音庙等。

自明朝初年，马姓迁入，繁衍至今已有 600 余年。据《马氏族谱》、祠堂及民国马英墓碑记载，建文元年（1399 年）七月，马英随燕王朱棣起兵靖难，一路建功立业，深受朱棣器重。致仕后，他最初居住在本县南乡的固镇集，后来又迁到今天的凤山村。大明天顺元年（1457 年）的冬月，马英寿终，归葬凤山之阳。马英的血脉生生不息，代代相传，马氏子孙不没先志。

马英后裔马尔顾为明末著名星象学家，其著作《中说》《星考》被《四库全书》收录。马尔顾不仅通晓天文地理，而且文学造诣极高，既专武学，又精医术，可谓奇才。

游集镇

游集镇（Yóují Zhèn）乡级行政单位。游集镇是“安徽省首批产业集群专业镇”“安徽省新农村建设示范镇”。

【地理位置】全镇地处灵璧县北部西侧，东与渔沟镇为邻，西与埇桥区接壤，南连朱集乡，北靠下楼镇。镇人民政府驻地设在尤集街。辖张桥村、张楼村、尤东村、杨庄村、大康村、邱楼村、李楼村、九集村、解圩村、杜庄村、尤西村、尤圩村、李场村、张东湖村、元宝刘村、大章李村，共16个村民委员会。辖区东西最大距离12.1千米，南北最大距离11.9千米。面积82.2平方千米，其中陆地面积79.850平方千米，水域面积2.35平方千米。耕地面积53.2平方千米，主要为旱地。辖区总人口5.73万人，以汉族为主。

【地理概况】境内地势由东北向西南倾斜，海拔22.5—25米，最低点为老汪湖，海拔为14.5米。属半湿润季风气候，其特点是冬寒干燥，夏热多雨，四季分明，日照充足。年日照平均值为2073小时。年气温平均值为14.4℃，最冷为1月，年平均气温为0℃；最热为7月，年平均气温为27.5℃。无霜期年平均209.2天。境内属奎濉河水系。主要自然灾害有冰雹、雷击、旱涝、风灾、低温、霜冻等。农业以种植小麦、玉米、大豆为主，其次为蔬菜。主要经济作物为大豆、蔬菜。畜牧业以养殖猪、羊、家禽为主。工业以面粉生产、服装加工、物流运输、食品加工为主。全镇有文化站、广播电视站各1处，有村级文化活动中心16处，各类图书室及农家书屋18个，藏书15万余册。有公立幼儿园1所，私立幼儿园1所，初中1所，小学8所，教学点6个。有卫生院1所，床位60张，专职医生47人。境内有201省道和056县道交会，北距观音机场15千米。名胜古迹有霸王桥遗址、灵北农民抗捐暴动旧址、邱楼碧云寺。特产民俗，尤集香酥月饼是境内土特产之一。

【地名沿革】顺治三年（1646年）属申保。1932年属三区。抗日战争和解放战争时期属灵北县，1949年建立尤集区，1955年设区。1958年8月撤区划乡。1961年12月，设区划社，置尤集区，辖尤集人民公社。1969年1月，设立尤集人民公社。1979年12月，设区划社，复尤集区，辖6个人民公社。1984年4月，人民公社建制取消，改为尤集乡。同年9月，改为游集镇。1992年2月撤区，将游集镇、九集乡、李场乡合并建立游集镇。

【境内地名概况】其地名特征来自自然地理环境、人口世代繁衍和社会环境的需要，因社会的变化而发展。从地名专名来看，有以下特点：

1. 以自然地理实体命名。游集镇境内多丘陵沟壑，以山水命名者比较普遍，如河南庄、练河、小尤河等。

2. 因姓氏聚居而得名。由于世代繁衍，同姓同族聚居形成村庄，便以其姓氏命名。如小李楼、小赵家、李家、林家等。

3. 以村落地理环境而得名。如孙桥、小李楼、尤集街等。

【地名社会应用】游集镇历史文化底蕴深厚，有些地名与历史人物、历史遗址有关，如霸王桥。游集镇西北张东湖村境内，传说有一座迄今有两千多年历史的霸王桥。既然名为霸王桥，当然要与霸王有关。相传楚汉战争到了公元前203年，项羽向刘邦提出议和。楚汉约定，以鸿沟为界，鸿沟以西为汉，以东为楚。

同年九月，项羽率部在从齐经今萧县东南继续东撤途中，路过陴湖（今宿州老汪湖）东北（今游集镇张东湖境内）遭遇暴雨，洪水从红山头顺沟（今属下楼镇西南红山村）滚滚南下，形成了一条宽五丈深三丈的河流，致使楚军兵马粮草退至河西岸的子张山北麓安营扎寨不得前行，一连数日。又有情报传来，说刘邦有毁约之意，不日将挥兵东进，情况紧急，项羽下令官兵及当地百姓就近取材，在附近红山上凿石修桥，限三日内将石桥修好，不得延误。于是官兵和当地百姓开山凿石，不分昼夜，石块凿好后，官兵们从红山上依次排队把石头一块块传至红沟工地。不出三日，楚兵和地方工匠便在滚滚河流上修建起一座宽两丈、长五丈的石桥来，楚军兵马粮草顺利通过。

当地百姓为了纪念当年修桥有功的西楚霸王项羽，便把这座石桥称作霸王桥。千百年来由于霸王桥的修建，惠及了两岸百姓，方便了周围百姓收割耕种。为了使后人不忘楚霸王当年建桥的功德，相传每逢丰收之年或村里红白喜事，人们都要抬上供品敲锣打鼓到桥上祭拜。据现年86岁的张东湖村村民王思俭回忆，小时候每到夏天都要和村里的伙伴一起去霸王桥下洗澡。那时的霸王沟水质清澈，河床仍然很宽，河水很深，桥型依稀可见，直到20世纪五六十年代桥身才彻底垮塌。至今仍有几块近吨重的桥石静静地躺在那里，似乎在叙说着这座桥的历史。虽然如今霸王桥已不复存在，桥的周围早已是良田千顷，但这里的百姓依然习惯地称呼这里的土地是霸王桥地，这里的排水沟依旧叫作霸王沟。

传说当年楚兵从这里一路向东南前行，当部队行至濉水之滨时（今尹集镇西北濉河南岸的霸王城村），看到一片高地，地势险要，易于屯兵防守。于是项羽命令官兵在此筑垒安营，休整部队，筹备粮草，以防汉兵来袭。

公元前202年，汉军以韩信亲率30万大军为主力，孔将军（蓼侯孔熙）为左翼，费将军（费侯陈贺）为右翼，刘邦坐镇后方，周勃、柴武等预备军在刘邦军后待命，挥师东进，一路与楚兵厮杀。项羽的10万兵马寡不敌众，节节败退，被逼退至垓下（今灵璧韦集镇境内）。在灵璧这片土地上演绎出“垓下之战”“霸王别姬”“十面埋伏”和“西面楚歌”的历史故事来。

下楼镇

下楼镇（Xiàlóu Zhèn） 乡级行政单位。

【地理位置】全镇地处灵璧县最北端，东南与朝阳镇接壤，南与游集镇为邻，西与埇桥区褚兰镇相连，西北与江苏省徐州市铜山区房村镇相接，东北与江苏省徐州市睢宁县双沟镇相连。镇人民政府驻杨山村。辖杨山村、谢楼村、小圩村、吴楼村、王集村、田口村、洛涧村、龙山村、刘庵村、埁固村、火庙村、花楼村、古城村、高王村、傅寨村、东高村、程庙村、陈潭村、蔡塘村，共19个村民委员会。辖区东西最大距离14千米，南北最大距离15.3千米。面积122.5平方千米，其中耕地面积71.8平方千米。辖区总人口7.05万人，其中有回族、苗族、藏族、维吾尔族等少数民族。

【地理概况】境内地势自然条件：由西北向东南倾斜，海拔23.0—27.8米，最低点在刘庵村庄圩自然庄。境内有大小山丘8座，海拔189.7米的灵觉山（位于付寨村）是最高点，也是县的最高峰。属半湿润季风气候，其特点是冬寒干燥，夏热多雨，四季分明，日照充足。年日照平均值为2073小时。年气温平均值为14.4℃，最冷为1月，月平均气温为0℃；最热为7月，月平均气温为27.5℃。无霜期为年平均209.2天。境内属奎濉河水系。主要自然灾害有冰雹、旱涝、风灾、低温、霜冻、雷击等。农业以种植小麦、玉米、水稻、水果、莲藕为主。畜牧业以养殖猪、羊、牛、鸭为主。工业以面粉生产、食品加工、服装生产、医疗器械制造、机电产品为主。全镇文化站、广播电视站各1处，有村级文化活动中心19处，各类图书室及农家书屋19个，藏书4万余册。公立幼儿园7所、私立幼儿园3所，初中2所，小学13所，教学点14个。卫生院1所，床位85张，专职医生29人。村卫生室19个，专业卫生人员96人。境内北侧东西方向有104国道，南北有201省道，中心有朝褚路县道穿境而过，火庙村边界距观音国际机场仅4千米。名胜古迹有张氏宗祠。

【地名沿革】1942年4月，设王集乡。1944年5月，王集乡划入朱集区。1945年2月，王集乡属尤集区。1948年10月，建立古城区，辖王集乡。1949年9月，撤古城区，王集乡属尤集区。1954年9月，设古城区，辖王集乡。1955年2月，王集乡划入尤集区。1958年成立王集人民公社。1961年12月，组建王集区。1969年1月，复设王集人民公社。1979年12月，区驻地从王集迁至下楼。1984年从王集、程庙、谢楼、丁阁4个乡划出6个村，设立下楼镇，归王集区所辖。1992年2月撤区并镇时将下楼镇、王集乡、洛涧乡、丁阁乡、程庙乡、谢楼乡合并设立下楼镇。

【境内地名概况】其地名特征来自自然地理环境、人口世代繁衍和社会环境的需要，因社会的变化而发展。从地名专名来看，有以下特点：

1. 以自然地理实体命名。下楼镇境内多丘陵沟壑，以山水命名者比较普遍，如湖北孙、前蔡塘、夹河滩、郑沟庄等。

2. 因姓氏聚居而得名。由于世代繁衍，同姓同族聚居形成村庄，便以其姓氏命名，如王集、孟家、吴楼、赵家等。

3. 以村落地理环境而得名。如山后徐、庄圩子、花园、火神庙等。

【地名社会应用】下楼镇历史文化底蕴深厚，有很多名村、名地及有影响的事物，居民点常捆绑或冠其名。如古城。据村里老人回忆，古城曾筑有土城，青石基础，东西南北各建有青石拱门，城楼建于城门之上，青砖垒砌，规模宏大，庄严雄峻。城墙之外，壕沟深阔，难以逾越。在它最鼎盛的时期，不仅有内城，还有外城围绕，方圆绵延数十里，东部到小杨庄，西面延伸到付寨，南部伸展到王集。20世纪50年代，靠近古城的游集镇便是以古城命名，称为古城区。据清·康熙《灵璧县志》记载："相传汉关壮侯羽、张桓侯飞相会于此。"在1960年编纂的《王集乡志》时，曾这样描写古城"三国时，刘、关、张聚会在此"。这里原本是一座繁华富庶的城邑，商贾云集，贸易昌盛，歌舞升平，也是输送官盐的必经之地。新中国成立后，人们在生产劳动中，经常有秦汉时期的陶、瓦和刀枪剑戟等兵器出土。元朝末年，元顺帝失政，民生凋敝。公元1374年，黄河泛滥，吞没巨野，天灾人祸使老百姓流离失所，无处存身。张姓始祖兄弟三人相率离开巨野，一路漂泊辗转，于明洪武二年（1369年），经过长途跋涉，终于来到古城这个地方。决堤的黄河从这片平原上一泻千里，泥沙俱下，把原有的城郭全部掩埋到了地下。站在这块陌生的土地上，三人茫然四顾，心生悲凉。徙转而来的路途上，他们从逃难的传闻中得知，这里原是一座沉入泥沙之下的老城，一切要白手起家，重新开始。最终，老大选择留在了这里。洪武九年（1375年），巨野的黄河水消退，老二重返故乡。而老三在这块土地上生活了一年之久，后迁居固镇九湾。自此，老大在这片土地上扎下了根系，子嗣繁昌，渐渐形成村落。为了对外称呼方便，也为了纪念这块土地下的老城，这个村庄从此称为古城，延续至今。

朝阳镇

朝阳镇（Cháoyáng Zhèn） 乡级行政单位。

【地理位置】地处灵璧县北端，东连江苏省睢宁县岚山镇，南与宿州市灵璧县渔沟镇为邻，南距灵城44千米，西南与游集镇隔运料河相望，西北与下楼镇相连，距徐州观音机场8千米，北与江苏省睢宁县双沟镇接壤。人民政府驻地设在韩家村。辖周庄村、赵庄村、嶂渠村、杨桥村、旗杆村、戚楼村、裴集村、孟邵村、陆圩村、李寨村、京渠村、大湖村、崔巷村、崔楼村、朝阳村、韩家村，共16个村民委员会。辖区东西最大距离12.3千米，南北最大距离15.2千米。面积138.2平方千米，其中耕地面积74.67平方千米，主要为旱地。辖区总人口7.69万人，除白族5人、侗族6人外，其余均为汉族。

【地理概况】境内地势自然条件：由东北向西南倾斜，海拔22.5—25米，最高点京渠82.4米，西部与北部地势平坦，中部与东南部多山。位于东部的九顶山海拔188米，是灵璧县最高山峰之一，位于江苏、安徽省交界处，区域面积13平方千米。境内有大量的红皖螺大理石、白灵石、灵璧奇石、观赏石、山峰石、石灰石等资源。地处北温带与北亚热带过渡的半湿润季风气候区，其特点是冬寒干燥，夏热多雨，四季分明，日照充足。年日照平均值为2076小时。年气温平均值为14.4℃。最冷为1月，月平均气温为0℃；最热为7月，月平均气温为27.5℃。无霜期为年平均209.2天。年平均降水量为856毫米。境内属奎濉河水系。主要自然灾害有冰雹、雷击、旱涝、风灾、低温、霜冻等。农业以种植小麦、玉米、大豆为主，其次为蔬菜。畜牧业以养殖猪、羊、家禽为主。工业以面粉生产、服装加工、物流运输、食品加工为主。有镇文化站、广播电视站各1处，有村级文化活动中心16处，各类图书室及农家书屋18个，藏书18万余册。有卫生院1所，床位110张，村卫生室16个。公立幼儿园1所，小学8所，初中2所。境内有201省道和104国道交会，徐明高速纵穿全镇。名胜古迹有朝阳集战斗遗址。

【地名沿革】抗日战争和解放战争时期属灵北县，灵北县委旧址在现在的孟邵村境内。1955年设区。1958年9月，撤区建社。1961年12月，设区划社，复九顶区。1969年1月，撤区并社，成立九顶人民公社。1979年12月，设区划社，复九顶区，辖5个人民公社，包含朝阳。1984年4月，人民公社建制取消，改为九顶区。同年9月朝阳乡改为朝阳镇。1992年2月，撤区并乡，将朝阳镇、崔楼乡、唐庄乡、陆圩乡和马集乡的赵庄、赵前、平山、张渠4个村合并建立朝阳镇。

【境内地名概况】其地名特征来自自然地理环境、人口世代繁衍和社会环境的需要，因社会的变化而发展。从地名专名来看，有以下特点：

1. 以自然地理实体命名。朝阳镇境内多丘陵沟壑，以山水命名者比较普遍，如山前庄、枕山、独谷堆村、小河沿等。

2. 因姓氏聚居而得名。由于世代繁衍，同姓同族聚居形成村庄，便以其姓氏命名，如周庄、毛庄、赵庄、陈家等。

3. 以村落地理环境而得名。如后梁庄、朝阳集、高圩庄等。

【地名社会应用】朝阳镇历史悠久，秦朝时隶属泗水郡。汉属沛郡。南北朝隶属临潼郡。宋朝真宗景德元年（1004年）设镇，明清属凤阳府灵璧县。1950年，为了纪念党在睢宁县以西、灵璧以北九顶山一带建立的第一个党支部——九顶支部，便改朝阳镇为九顶区。1992年2月，撤区并乡，复设朝阳镇至今。2017年6月，被安徽省民政厅授予“千年古镇”称号。

朝阳镇因东倚凤凰山而得名。传说西天瑶池宫内一位仙女，按捺不住天宫的寂寞，私自下凡，被王母娘娘发现，贬落朝阳集东侧变幻成一座凤凰形状的山，首西尾东。山上有两只“凤眼”，常年流水不断，水质甘甜，因其可治眼疾，被称为圣水泉，泉边的村寨被称为“圣水寨”。某年春日，一名陈姓府官，到圣水寨巡视，看到此地酷似凤凰展翅，随口咏出了“凤鸣朝阳”古句，并题写“朝阳”匾额。从此，圣水寨有了今天镇名。历史文化遗存遍布境内。位于枕山的金山寺，因有元朝著名书画家赵孟頫衣冠冢而远近闻名。元初，赵孟頫携三子赵奕，几经朝阳镇金山寺，因爱其风水，命三子赵奕定居金山寺，繁衍生息。后赵奕为祭奠父母养育之恩，便于金山寺旁筑一衣冠冢，以便祭拜。

渔沟镇

渔沟镇（Yúgōu Zhèn） 乡级行政单位。渔沟镇是“灵璧石原产地”“中国观赏石之乡”“全国小城镇建设试点镇”“省文化产业示范基地”“省优秀旅游乡镇”。

【地理位置】全镇地处灵璧县中北部，东邻高楼镇，南靠大路乡，西南与浍沟镇相连，西接朱集乡，西北与游集镇隔运料河相望，北与朝阳镇毗邻，东北与江苏睢宁岚山镇接壤。人民政府驻渔沟村。辖渔沟村、钓台村、磬云村、杏山村、梁集村、跃娄村、申寨村、刘塘村、白马村、侯湖村、堌子村、张寨村、郑楼村、卓庄村、中莱村、马集村、申场村、纸房村、卞庄村，共19个村民委员会。辖区东西最大距离17.4千米，南北最大距离12.3千米。面积110.5平方千米，其中耕地面积63.3平方千米。其中陆地面积107.03平方千米，水域面积5.97平方千米。辖区总人口6.86万人，主要民族为汉族。

【地理概况】境内地处黄淮冲积平原南缘，地势东北高西南低，地貌特征为大平小不平。地面高度一般在海拔21—23米之间，最高点在堌子村，海拔28米；最低点在刘塘村，海拔21米。境内山丘属低山丘陵，属淮阳山系，徐淮山脉余脉，共44座山头，最高峰在马山，海拔170.0米。矿藏主要为大理石和石灰石。磬石矿主要分布在磬云山。属半湿润季风气候，其特点是冬寒干燥，夏热多雨，四季分明。年日照平均值约2072小时，年平均气温约14.9℃。无霜期209天，年均降水量856毫米。境内属奎濉河水系，有三渠沟、项土沟、浍朝河、摸泥沟、劈山河、郑阳沟等主要河流。主要自然灾害有冰雹、雷击、旱涝、风灾、低温、霜冻等。粮食作物以种植小麦、玉米为主。畜牧业以饲养猪、牛、羊、家禽等为主。工业以非煤矿山开采、水泥生产销售、服装加工、农产品加工、磬石工艺品加工、红木家具生产为主。有综合性文化站1个，建筑面积2000平方米，全镇有村公共图书室20个，藏书5万余册。有幼儿园9所，小学24所，中学1所。渔沟镇有卫生院1所，病床50张，专业卫生人员70人。卫生室19个，卫生人员75人。境内有201省道穿境而过，境内长10千米。境内有天一园、磬云山省级地质公园；宋代摩崖石刻，石刻造像有百余尊，中有刻文；有龙山渠遗址、宋代采石坑遗址；有青龙山公园、灵璧石会展中心、卓庄徽派建筑群等名胜古迹。

【地名沿革】1949年11月，渔沟乡划入九顶区。1950年7月，灵璧县设立渔沟区。1955年12月，撤销渔沟区。1957年改为渔沟乡，隶属九顶区。1958年9月，成立渔沟人民公社。1961年12月，再次设区，下辖渔沟、申场、郑楼、梁集四个公社。1992年撤区并乡，将渔沟镇、梁集乡、郑楼乡和申场乡的刘马、申场及九顶区马集乡（不含赵庄、前赵、平山、嶂渠四村）合并建立渔沟镇。

【境内地名概况】其地名特征来自自然地理环境、人口世代繁衍和社会环境的需要，因社会的变化而发展。从地名专名来看，有以下特点：

1. 以自然地理实体命名。渔沟镇境内多丘陵沟壑，以山水命名者比较普遍，如下土山、解山头、后崇山口、南刘塘等。

2. 因姓氏聚居而得名。由于世代繁衍，同姓同族聚居形成村庄，便以其姓氏命名，如马集、赵庄、郑巷、周圩等。

3. 以村落地理环境而得名。如后纸房、北刘塘、菜园庄等。

【地名社会应用】渔沟镇历史文化悠久。秦时，渔沟称鱼勾，归泗水郡下邳管辖。宋元祐元年（1086年）灵璧再次置县，鱼勾改为鱼沟。唐末宋初时期，渔沟设有东门、西门，另设东北门、东南门、偏南门、偏北门。形成井字形街道。至今老一辈还在议论大南门、小南门、东小寨、西小寨，似乎说起古老的名字就贴近了久违的亲切。渔沟是中国赏石文化发祥地、观赏石主产区、磬石之乡。在漫长的赏石文化活动中，形成了丰富的赏石文化遗存。我国最早的地理文献《尚书·禹贡》篇中就有“泗滨浮磬”的记载。1950年在河南安阳殷墟文化遗址出土的虎纹石磬，就产自渔沟。宋代杜绾所著的第一部赏石专著《云林石谱》，记载了全国116种奇石，将渔沟所产观赏石列为第一。北宋皇帝赵佶建艮岳万寿山，动用皇权，在磬石山麓开挖奇石，采石老坑和碑记至今犹存，留下“磬云万态奇峰”的佳话。磬石山是一座神奇之山，因其地质年代久远，距今已有8亿多年历史，又因独有臼齿构造和各类观赏石，2018年6月25日被国家林业和草原局命名为地质公园。

高楼镇

高楼镇（Gāolóu Zhèn） 乡级行政单位。

【地理位置】地处灵璧县东北部，南距灵璧县城35千米，东与江苏省睢宁县桃园镇毗邻，东南与江苏省睢宁县李集镇接壤，南与大庙乡为邻，西南与大路乡相连，西邻渔沟镇，北接江苏省睢宁县岚山镇。人民政府驻高楼村。辖高楼村、卓圩村、卓海村、朱庄村、张营村、王楼村、潼郡村、汤庄村、钱梁村、孟山村、毛庄村、徐营村、崔庄村、鳔张村、鲍庄村、高庄村、青谷堆村，共计17个村民委员会。辖区东西最大距离12.1千米，南北最大距离11.1千米。面积96.4平方千米，其中陆地面积85.2平方千米，占88%；水域面积11.2平方千米，占12%。辖区总人口7.47万人，有流动人口2.2万人，以汉族为主。

【地理概况】地势南低，呈西北—东南倾斜，海拔24.5—21.7米，海拔最高点51.2米，海拔最低点21.5米。属半湿润季风气候，其特点是四季分明，年平均降雨量800毫米，年气温平均值14—15℃，无霜期210天。潼河是境内唯一的河流。农业以种植小麦、玉米、蔬菜为主。主要经济作物为蔬菜。畜牧业以饲养猪、羊、家禽为主。有镇文化站、广播电视站各1处，有村级文化活动中心17处，各类图书室25个，藏书30余万册。有镇卫生院1所，村卫生室18个。有幼儿园5所，小学7所，初中1所。徐明高速公路过境4.2千米，鲍虞路过境8千米和长14千米的大小路在此交会。

【地名沿革】1949年10月至1955年12月设高楼区。1958年9月17日，撤区建社，设立高楼人民公社。1979年12月再次恢复高楼区建制，辖高楼、卓海、张营、孟山、沙滩、大庙6个公社。1984年4月取消人民公社建制，恢复乡人民政府。同年9月将高楼乡改为高楼镇。1992年2月，机构改革撤区并乡，将原高楼、卓海、张营、孟山和大庙乡的张刘村合并整建制为现在的高楼镇。

【境内地名概况】其地名特征来自自然地理环境、人口世代繁衍和社会环境的需要，因社会的变化而发展。从地名专名来看，有以下特点：

1. 以自然地理实体命名。高楼镇境内多丘陵沟壑，以山水命名者比较普遍，如河西毛庄、夹河滩、芝麻滩等。

2. 因姓氏聚居而得名。由于世代繁衍，同姓同族聚居形成村庄，便以其姓氏命名，如张庄、新庄、时庄、徐庄等。

3. 以村落地理环境而得名的有南小毛庄、青谷堆庄、斜门李等。

【地名社会应用】高楼镇历史文化底蕴深厚，有些地名与历史人物、历史遗址有关，如潼郡村。潼郡，明嘉靖《宿州志》载："潼郡城在县东北七十五里，本虹县地，今属灵璧为潼郡乡。《汉书》作僮，《隋书》作潼。按地以水得名当潼。汉置僮县，属临淮郡。东汉置僮侯国，封丞相匡衡为僮侯。晋仍为县，属下邳郡。东魏置临潼郡。梁置潼州。后北齐废，入潼郡（改临潼为潼郡）。隋开皇初废郡，入夏丘。唐省夏丘入虹县，宋为灵璧。原有土城，明因黄土淤垫，土城几没。"《金史·河渠志》载："元光初，于灵璧县潼镇设仓都监。"今为本县高楼区高楼镇潼郡村。

冯庙镇

冯庙镇（Féngmiào Zhèn） 乡级行政单位。

【地理位置】地处灵璧县中东部，南距灵璧县城20千米，东与泗县黄圩镇为邻，南与虞姬乡，西与浍沟镇、禅堂乡隔新濉河相望，西北与大路乡接壤，东北与大庙乡为邻。人民政府驻地设在冯庙街。辖黄家村、王刘村、邹圩村、大高村、东张集村、大卢村、四张村、三王村、木谷村、吴杨村、沟涯村、大陈村、高宅村、张汪村、大王村、王圩村、后朱村、冯庙村，共18个村民委员会。辖区东西最大距离9.9千米，南北最大距离17千米。面积102.3平方千米，其中耕地面积67.7平方千米，主要为旱地。辖区总人口8.08万人。

【地理概况】境内全部为平原，地势由东北向西南倾斜，海拔最高点25米，最低点黑牛张，海拔13.5米。属半湿润季风气候，其特点是冬寒干燥，夏热多雨，四季分明，日照充足。年日照平均值为2073小时。年气温平均值为14.4℃。最冷为1月，月平均气温为0℃；最热为7月，月平均气温为27.5℃。无霜期年平均209.2天。年平均降水量为856毫米。境内属奎濉河水系。主要自然灾害有冰雹、雷击、旱涝、风灾、低温、霜冻等。农业以种植小麦、玉米、大豆为主，其次为蔬菜。主要经济作物为大豆、蔬菜。畜牧业以养殖猪、羊、家禽为主。工业以机械制造、面粉生产、板材加工、食品加工为主。有镇文化站、广播电视站各1处，有村级文化活动中心19处，各类图书室及农家书屋18个，藏书36万余册。境内有灵睢路（X044）、灵双路（X042）在此交会，南北有虞鲍公路通过。

【地名沿革】1949年，设冯庙区。1958年9月，改为冯庙人民公社。1961年12月，重设冯庙区至1968年9月。1969年1月，撤区并社，复设冯庙人民公社。1980年再设冯庙区。1984年4月，人民公社改为乡。同年9月，冯庙乡改为冯庙镇。1992年2月，撤区将冯庙镇、冯北乡、冯东乡、大王乡、张宅乡合并建立冯庙镇。

【境内地名概况】地名特征来自自然地理环境、人口世代繁衍和社会环境的需要，因社会的变化而发展。从地名专名来看，有以下特点：

1. 以自然地理实体命名，如沟涯村。

2. 因姓氏聚居而得名。由于世代繁衍，同姓同族聚居形成村庄，便以其姓氏命名，如小刘庄、小张庄、王场庄、路家等。

3. 以村落地理环境而得名。如三里王庄、庙东杨庄、前曹庄等。

【地名社会应用】冯庙镇历史文化底蕴深厚，有很多名村、名地及有影响的事物，居民点常捆绑命名。如木谷村，又称小木谷，位于冯庙镇东1.5千米，由侯王、后靖、前靖、路家、木谷、小谢6个自然庄组成，耕地面积5677亩；共1132户，5240人。全村有王、侯、靖、路、谢等姓氏。

南宋隆兴元年（1163年）宋孝宗即位，意欲收复江淮失地，命张浚为枢密使，督淮东西路军出师渡淮，意欲先收虹县，再收复灵璧。于是金宋双方在今灵璧县向阳乡老营湖一带摆开战场，决一雌雄。结果金军大败，大将萧琦被活捉，萧木古战死，南宋灵璧一战大捷，举国欢腾，人们似乎看到了收复失地的希望，史称老营湖之战。按照金人“死在哪里，葬在哪里”的风俗，萧木古被葬在现木谷庄北。当时金军动用大量人力将萧木古之墓筑有10米之高，占地面积约40亩，老百姓称为萧木古墓，也称为萧木古堆，后演绎为小木谷，即木谷村。

向阳乡

向阳乡（Xiàngyáng Xiāng） 乡级行政单位。

【地理位置】地处灵璧县南部东侧，东与泗县瓦韩乡、草沟镇毗邻，南与韦集镇，西南与黄湾镇隔北沱河相望，西北与灵城镇相连，北与虞姬乡接壤。乡人民政府驻向阳村。辖大西村、大桥村、艳阳村、苏圩村、武圩村、向阳村、河王村、官庄村、汤圩村、新胡村、马桥村、南王集村，共12个村民委员会。辖区东西最大距离14.1千米，南北最大距离11.4千米，面积107.8平方千米，其中耕地面积59.3平方千米。其中陆地面积112.8平方千米，水域面积1.3平方千米。辖区总人口4.35万人，以汉族为主，有土家族、仡佬族、侗族、满族等7个少数民族。

【地理概况】地处淮北冲积平原，全乡地势平坦，西北高东南低。境内最高点高桥位于武圩村，海拔21.1米；最低点马桥位于马桥村，海拔18.5米。属半湿润季风气候区，其特点是冬季寒冷干燥，夏季炎热多雨，四季分明，日照充足，雨量适中。但降水年季变化大，年内分配不均。多年平均气温14.5℃，1月平均气温0℃，7月平均气温27.5℃。无霜期年平均210天，年平均日照时数2066.7小时，年总辐射128.24千卡／平方厘米。年平均降水量881.4毫米。境内属漴潼河水系。主要自然灾害有冰雹、旱涝、风灾、低温、霜冻、雷击等。农业以种植小麦、玉米、大豆、花生为主。畜牧业以饲养猪、牛、羊、家禽为主。有乡文化站、广播电视站各1处，有村级文化活动中心12处，各类文化专业户5户，各类图书室13个，藏书3万册。有幼儿园15所，小学17所，初中1所。各级医疗卫生机构12个，门诊部（所）1个，有床位130张，专业卫生人员131名。境内有201省道过境，官武路东西贯穿5个村，灵杨路南北贯穿3个村。名胜古迹有老营湖古战场遗址。

【地名沿革】向阳乡在1968年前属韦集区，1969年1月，撤区并社，成立向阳人民公社。1971年搬到大杨庄办公。1979年后又并入韦集区。1984年4月，向阳人民公社改为向阳乡。1992年2月，由原韦集区的向阳乡、金圩乡、官庄乡及黄湾区晏路乡的武圩村合并成现在的向阳乡。

【境内地名概况】其地名特征来自自然地理环境、人口世代繁衍和社会环境的需要，因社会的变化而发展。从地名专名来看，有以下特点：

1. 以自然地理实体命名。向阳乡境内多丘陵沟壑，以山水命名者比较普遍，如岳河庄、河王庄、韩孤堆庄等。

2. 因姓氏聚居而得名。由于世代繁衍，同姓同族聚居形成村庄，便以其姓氏命名，如小邓庄、小孙庄、小武庄等。

3. 以村落地理环境而得名。如九店王庄、胡瓦坊庄、荒地胡庄等。

【地名社会应用】向阳乡历史文化底蕴深厚，有很多名村、名地及有影响的事物，居民点常捆绑冠名，如官庄村。明成祖永乐年间，一世祖胡大海携全家从山西洪洞县迁居至此，建庄距今已有500余年历史。因明末胡氏中曾有一人在朝中任过太学官员，因此官庄村名便流传了下来。据传清朝末年，大绅士、族长胡广珠富甲一方。为防匪患，胡老先生发动族人修筑了当时淮汴之间最为壮观的大圩，人称官庄圩子。官庄圩子占地面积400余亩，外沟内墙，东、西大门设有吊桥，南、北大门厚实坚固，内设杠栓。圩墙四角架设土枪土炮。为保家护圩，官庄曾出了一名英雄，人称神箭手。在一次抗击土匪的战斗中，他箭无虚发，当场一箭穿心击毙了匪首，吓退了匪众，成为佳话。

汉高祖五年（前202年）十二月，楚汉两军在垓下进行了一场殊死决战。当时的楚军就在瑞安扎过大营，老营湖地名即出于此。垓下之战是历史上极为惨烈的一场战役，死难将士无数，战后人们将其集中掩埋。后人在生产中经常挖掘出累累白骨。

南宋隆兴元年（1163年），宋孝宗即位，决意收复被金侵占的半壁江山，特任命枢密使张浚，都淮东西路人马，“乃议出师渡淮，先图虹县、灵璧”，以便在淮北有立足之地，再北上作战。淮东招抚使李显忠奉张浚之命，率领人马在灵璧县城东南10千米杨家台（泗县境）以西长满芦苇的湖泊里隐蔽。金世宗完颜亮闻报，即命大将萧琦率领精锐部队“拐子马”围歼驻扎在老营湖的宋军。战斗异常惨烈，鲜血染红了湖水，故老营湖又称为“红水湖”。老营湖之战，宋军大捷，举国欢腾，宋孝宗欣喜书道：“近日边报，中外鼓舞，十年无此克捷。”遗址东4千米有杨家台子。清嘉庆进士、灵璧藕庄人胡廷璋所作的《杨家台谣》流传至今。

朱集乡

朱集乡（Zhūjí Xiāng） 乡级行政单位。

【地理位置】全镇地处灵璧县中北部西侧，东靠渔沟镇，东南与浍沟镇相连，南邻尹集镇，西接宿州市埇桥区栏杆镇，北与游集镇接壤。人民政府驻地设在朱集街。辖朱集村、张家村、岳巷村、星光村、潼山村、双杨村、双井村、苗河村、刘寨村、姜山村、湖光村、红旗村、固城村，共13个村民委员会。辖区东西最大距离13.2千米，南北最大距离10.2千米。区域面积78.5平方千米，可耕地面积40平方千米。辖区总人口4.5万人，以汉族为主。

【地理概况】境内大部分为平原，东南有零星山脉。地势由西北向东南倾斜，海拔21.5—24米，最低点杨山洼、姜山洼、洼子北，海拔为13.7米。属半湿润季风气候，其特点是冬寒干燥，夏热多雨，四季分明，日照充足。年日照平均值为2068小时，最冷为1月，最热为每年7—8月，无霜期为年平均209天。境内属奎濉河水系。主要自然灾害有旱涝、风灾、冰雹、台风、霜冻等。农业以种植小麦、玉米、大豆为主。畜牧业以饲养猪、羊、家禽为主。工业以生产水泥、面粉加工为主。全镇乡文化站、广播电视站各1个，有村级文化活动中心13个，各类图书室及农家书屋16个，藏书16万余册。有乡级卫生院1所，床位100张，专职医生45人。村级卫生室13个，专业卫生人员76人。境内有201省道（灵房路），直接通往江苏省徐州市和观音机场。

【地名沿革】1949年，撤销朱集区，朱集乡划入尤集区所辖。1950年7月，朱集乡隶属渔沟区。1957年11月，朱集乡与马庄乡合并称朱集乡。1958年9月，撤区建社，成立朱集人民公社，属尤集区所辖。1969年1月，撤区并社，复朱集人民公社。1984年重设朱集乡，隶属尤集区。1992年2月，撤区并乡，由尤集区的刘寨乡、朱集乡、潼山乡整建制组成朱集乡至今。

【境内地名概况】其地名特征来自自然地理环境、人口世代繁衍和社会环境的需要，因社会的变化而发展。从地名专名来看，有以下特点：

1. 以自然地理实体命名。朱集乡境内多丘陵沟壑，以山水命名者比较普遍，如姜山庄、杨山庄、后河庄等。

2. 因姓氏聚居而得名。由于世代繁衍，同姓同族聚居形成村庄，便以其姓氏命名，如孙家庄、宋家庄、李家庄、武庄等。

3. 以村落地理环境而得名的有庙东庄、刘南塘、岐路陈等。

【地名社会应用】朱集乡历史文化底蕴深厚，有很多名村、名地及有影响的事物，居民点常捆绑冠名。如湖光村，位于朱集乡西部的老汪湖畔，老汪湖大堤大部分位于湖光村境内，岸上杨树成行，垂柳映湖，风景宜人。湖光村是2005年由东部刘派村和西部王店村合并而成。村名的由来，新中国成立初期此地初建小社时，取“湖光山色”之意称湖光社，后称湖光村。近年来湖光村在村党总支领导下，各项工作开展得有声有色，建有众兴养牛场、兴盛服饰加工厂、安徽省兴宿农业专业合作社等企业。2019年，被灵璧县委授予“先进党支部”称号。

湖光村有一座庙宇，叫牛王庙。它既是庙名又是村名，方圆百里享有盛名。自古以来，百姓对牛深为恭敬。为了表达对牛的崇拜，于明末清初在老汪湖畔建起了牛王庙。牛王庙造型独特，别具一格。牛王神据说是保护耕牛平安健壮，不染疾病、不被偷盗的神。据传，当年老汪湖初开之时，到处芦苇遍地，人烟稀少，为开垦这些荒地，家家都饲养了几头耕牛。有一年春耕时，突然有几家耕牛染了怪病。百姓焦急万分，但束手无策。忽然一天，村里来了一位仙风道骨的老先生，头戴斗笠，身穿镶着白边的青布大褂。他对人们说：“你们村西北十八里，有个龙抓山，山上有种草叫翻白草，把它挖来，放在锅里煮上半个时辰，把药水给牛灌下去，牛病自会除去。”人们一听，哪敢怠慢，纷纷跑到山上挖来了翻白草，照先生指点，如法炮制。说也奇怪，只过了半个时辰，耕牛疾病痊愈，精神焕发。这时人们才想起要感谢这位先生，但先生已无踪影。人们幡然醒悟，纷纷说：“这是牛王来保护我们这一方耕牛的。”因此，百姓们建起了牛王庙，并于每年十月初一举办牛王庙会。庙会期间祭祀牛王神时，家家要燃放鞭炮，鸣钟击鼓，并祭以全猪、全羊，行跪拜礼。请来知名的戏班，连演三天大戏。1951年对老汪湖进行大规模的治理，坝堤增高加宽，从此牛王庙就销声匿迹。牛王庙作为庄名，不复存在，孟庄孜取而代之。至今，孟庄人对牛王庙仍魂牵梦绕，不能忘怀。

大路乡

大路乡（Dàlù Xiāng）乡级行政单位。

【地理位置】地处灵璧县中北部，东与大庙乡为邻，东南与冯庙镇接壤，西接浍沟镇，北临渔沟镇，东北与高楼镇相连。人民政府驻大路集。辖朱楼村、张杨村、晏湾村、王坊村、苏宅村、蒋庙村、蒋刘村、韩墩村、大路村、大龙村、陈场村、胡堆村、刘大庄村，共13个村民委员会。辖区东西距离8.3千米，南北距离10.9千米，面积61.4平方千米，其中耕地面积33.6平方千米。辖区总人口4.23万人，均为汉族。

【地理概况】辖区境内均属平原地带，地势由东南向西北略为倾斜，海拔在22米至25米之间，最低点晏湾村海拔18.5米。地处北温带与北亚热带过渡的半湿润季风气候区。特点是季风影响明显，四季分明，春季干旱少雨，夏季雨水集中，秋季阴雨连绵，冬季寒冷干燥。1月平均气温0.4℃，7月平均气温27.6℃。无霜期210天，生长期215天。年平均降水量850毫米。属奎濉河水系，主要河道有老濉河、新濉河、三渠沟。自然灾害多发区，主要有水灾、旱灾、风灾、冰雹、霜冻等。辖区是农业区，粮食作物以小麦、玉米、大豆为主，经济作物以蔬菜为主。畜牧业主要养殖猪、羊、家禽等。工业以家具生产和面粉加工为主。有乡文化站1所，图书室1个，存书1万余册。有乡卫生院1个，村级卫生室13个。有公办幼儿园1所，中心小学1所，乡村小学6所，初中1所。南北走向的灵双公路（X042）、东西走向的302省道和大小路（X059）在境内交会，交通便利。名胜古迹有八路军苏鲁豫支队司令部旧址、张大路会议遗址。

【地名沿革】1944年辖区属下街区，1945年改名为大路乡。1949年10月至1955年11月，大路乡属高楼区。1955年12月撤大路乡，划入下街乡。1958年9月，撤区建社，成立大路人民公社。1960年3月，撤销大路人民公社。1961年1月，设区划社，复大路人民公社。1969年1月，撤区并社，并入高楼人民公社。1979年12月，大路人民公社改划为浍沟区。1984年4月，又改为大路乡。1992年撤区将大路乡、陈场乡、申场乡（不含刘马、申场两村）和沙滩乡的赵梅、韩墩两村合并建立大路乡。

【境内地名概况】其地名特征来自自然地理环境、人口世代繁衍和社会环境的需要，因社会的变化而发展。从地名专名来看，有以下特点：

1. 以自然地理实体命名。如韩墩庄，韩墩方圆几十里是湖，又叫孟山湖。有姓韩的人家在此打鱼为生，在一个高土墩上居住，繁衍生息，故名。

2. 因姓氏聚居而得名。由于世代繁衍，同姓同族聚居形成村庄，便以其姓氏命名，如张庄、陈庄、高场、杨庄等。

3. 以村落地理环境而得名。如朱楼、孙谷堆、大路庄等。

【地名社会应用】大路乡历史文化底蕴深厚，有很多名村、名地及有影响的事物，居民点常捆绑或冠其名。如大路村，因地处交通要道，历来为兵家必争之地。抗日战争爆发后，为开辟苏皖北部根据地，张爱萍于1939年下半年来到皖东北。7月，来到灵璧。8月，建立八路军、新四军驻皖东北办事处，张爱萍任主任。当时张大路各种武装力量并存，关系复杂。国民党内部党同伐异，钩心斗角；日伪武装，虎视眈眈；地主、土匪武装骚扰频仍。为了争取共同抗日，张爱萍斡旋于各种势力之间，极力消弭国民党安徽省第六区行政督察专员公署专员盛子瑾，与国民党灵璧县长兼第五游击队二支队司令许志远之间的矛盾。于1939年8月，成功促成盛、许和谈，会议地点就在张大路。8月29日，盛子瑾与许志远各带一副官参会，从上午谈到下午，费尽周折，会议最终在张爱萍的努力下圆满成功，各方表示共同抗日，并达成“每月津贴我军一万元；开放民运；允许共产党发展地方武装和供给部分装备”之协议。同时答应对驻灵北的八路军苏鲁豫支队一、四大队，新四军六支队四总队等部队的给养支持，并从当时县政府仅存的27万斤库存粮仓中拨出一部分解决我军军需。这次会议史称张大路会议。张大路会议的成功召开，为皖东北抗日根据地的开辟奠定了基础，抗日统一战线局面从此形成。会议结束，张爱萍嘱咐盛子瑾按照我方选定的安全路线返回，盛子瑾不听嘱咐，以这一带行政长官自居，执意走濉河边小道，结果途经泗县小湾子时，突遭地主反动武装袭击，时任中共皖东北特别支部书记、国民党安徽省第六区行政督察专员秘书江上青在袭击中不幸牺牲，史称小湾子事件。江上青牺牲后，张爱萍亲自参加了江上青的追悼大会，进一步密切了与盛子瑾的关系。

灵璧北部的土皇帝、大汉奸雷杰三，收罗地方反动武装千余人，驻扎在濉河两岸，先是暗中与日伪勾结，后来公开投敌，严重威胁抗日民族统一战线。1939年11月初，张爱萍召集统一战线的各方，研究决定讨雷战役。战役共调集6个团的兵力，由张爱萍统一指挥。战斗持续一个星期，歼灭雷部900多人，雷杰三侥幸逃脱，带着残部逃往宿县时村。

抗日战争时期，张大路是日伪军的一个重要据点。在灵双路西侧、老濉河北岸，日伪曾修建工事，建有碉堡。为了拔掉这个据点，新四军于1943年秋秘密发动群众，自大路西2千米的晏场村开挖地道，历时两个月，地道在日伪军全然不知情况下直通碉堡下面。在炸药爆炸声中，碉堡被一举摧毁，日伪据点也随之灰飞烟灭。

抗战胜利后，国民党军占领了张大路。1948年4月、6月，江淮军分区分别对盘踞在张大路国民党军发动进攻，全歼国民党军队，张大路从此彻底回到了人民手中。

新中国成立后，大路村一直是区、公社、乡人民政府所在地。

大庙乡

大庙乡（Dàimiào Xiāng） 乡级行政单位。大庙乡是皖北板材加工集散地之一，生猪养殖基地。

【地理位置】地处灵璧县中北部东侧，南距灵璧县城28千米，东与江苏省睢宁县李集镇相邻，东南与泗县黄圩接壤，南与冯庙镇为邻，西与大路乡相连，北与高楼镇毗邻。人民政府驻地设在大庙街。辖殷庄村、王支村、王沈村、王海村、王谷村、沙滩村、沙南村、胡场村、东沟涯村、大杨村、大庙村、东马庄村、王场村、找营村、骑张村，共15个村民委员会。辖区东西最大距离9.6千米，南北最大距离8.9千米，面积66.9平方千米，其中耕地面积41.8平方千米，主要为旱地。辖区总人口5.68万人。

【地理概况】境内地势平坦，土壤结构以沙土、两合土为主，海拔最高点25米，最低点23米。地处北温带与北亚热带过渡的半湿润季风气候区。冬寒干燥，夏热多雨，四季分明，日照充足。年日照平均值为2073小时。年气温平均值为14.4℃，最冷为1月，年平均气温为0℃；最热为7月，年平均气温为27.5℃。无霜期年平均209.2天。年平均降水量为856毫米。境内属安河水系。主要自然灾害有冰雹、旱涝、风灾、低温、霜冻等，但均不严重。农业以种植小麦、玉米、大豆为主，其次为蔬菜。主要经济作物为大豆、蔬菜等。畜牧业以养殖猪、羊、家禽为主。工业以板材加工、服装加工、物流运输、食品加工为主。有乡综合文化站1处。有乡卫生院1所，村卫生室14个。公立幼儿园4所，小学5所，初中1所。境内有302省道和灵睢公路（X044）交会，穿境而过的徐明高速。名胜古迹有始建于明永乐三年（1405年）的白龙庙宇，历经1925年和2002年两次修建。2010年7月已被宿州市批准为宿州市第一批非物质文化遗产。

【地名沿革】清朝末年至1948年，红岭沟以东部分属江苏省睢宁县板桥乡。1950年7月，设大庙乡，隶属高楼区。1955年2月，撤销大庙乡。1961年12月，设区划社，设大庙人民公社。1984年4月，人民公社建制撤销，改为大庙乡，隶属高楼区。1992年2月，行政区划调整，由原来冯庙区的卓场乡、高楼区的大庙乡、沙滩乡（不含赵梅、韩墩两村）合并建立大庙乡。

【境内地名概况】其地名特征来自自然地理环境、人口世代繁衍和社会环境的需要，因社会的变化而发展。从地名专名来看，有以下特点：

1. 以自然地理实体命名。如沙南庄。古代此地是孟山湖，湖水退去，出现沙滩，人们在此耕种，后因老濉河把沙滩一分两半，故濉河南岸得名沙南。

2. 因姓氏聚居而得名。由于世代繁衍，同姓同族聚居形成村庄，便以其姓氏命名，如小王、袁庄、赵庄、马庄等。

3. 以村落地理环境而得名。如后海庄、卢沟庄、沟涯庄等。

【地名社会应用】大庙乡历史文化底蕴深厚，有很多名村、名地及有影响的事物，居民点常捆绑或冠其名。如大庙，大（dài）庙，原名大（dài）王庙，因拗口，人们省略中间“王”字称大（dài）庙，现只是外乡人把大（dài）庙称呼为大（dà）庙。其实大王庙的来历还有一个“水神大王老爷一腚坐三县”的美丽传说。很久以前，因连年水患，这里是一片汪汪湖水。据说从老河下游漂来一尊木偶人像，人们三次把它推到下游，但它又三次在夜间返回于此，同时河水边出现一条金黄色的水蛇。人们猜想，这可能是水神大王老爷专来为我们治理水患的，我们要建大王庙敬奉它，让它为我们消除水灾。于是，众人齐心协力建了一座大王老爷庙。此庙坐落在现大庙粮站东南角175米的原泗县、灵璧、睢宁两省三县的交界处。大王庙的地名亦缘于大王庙的庙名而得名。庙宇建成后，人们便从四面八方来到大王庙磕头烧香，供奉神灵，祈求平安。大庙也逐渐形成了经济贸易集市。“水神大王老爷一腚坐三县”的传说至今还广泛流传。因兵荒马乱，庙宇常年失修，庙塌像毁。民国15年，大庙街圩主徐忠爱利用30亩土地的租金和清明节收的贸易行款，在原庙址上重新修建水神大王庙。庙里有大王老爷、水神老爷等诸多神像。

禅堂乡

禅堂乡（Chántáng Xiāng） 乡级行政单位。

【地理位置】地处灵璧县中部，东与冯庙镇隔新濉河相望，东南与虞姬乡接壤，南与灵城镇相连，距灵璧县城16千米，西靠杨疃镇，西北与尹集镇相连，北接浍沟镇。人民政府驻地设在禅堂街。辖禅堂村、河北村、黄桥村、司庙村、双李村、八一村、郭海村、李闫村、张宋村、大吴村、凤河村、小潘村、三周村、王莽村，共14个村民委员会。辖区面积为87.6平方千米，耕地面积 57.7 平方千米，主要为旱地。总人口 5.21 万人。

【地理概况】境内地势由东南向西北倾斜，海拔 19—22 米，最低处是龚洼自然庄，海拔 19 米。地处北温带与北亚热带过渡的半湿润季风气候区。其特点是冬寒干燥，夏热多雨，四季分明，日照充足。年日照平均值为 2242.7 小时。年气温平均值为 14.25℃，最冷为 1 月；最热为 7 月。无霜期为年平均 205 天。年平均降水量 881.4 毫米。境内属澮潼河水系。主要自然灾害有冰雹、雷击、旱涝、风灾、低温、霜冻等。农业以种植小麦、大豆、玉米为主。畜牧业以养猪、羊和家禽为主。工业以面粉加工、物流运输为主，拥有工业企业 16 家，其中招商引资企业 6 家。境内有乡文化站、广播电视站各 1 处，有村级文化活动中心 14 处，各类图书室 14 处，藏书 24000 册。公立幼儿园 1 所，小学 5 所，初中 1 所。有卫生院 1 所，床位 50 张，专职医生 21 人，村卫生室 15 个，专业卫生人员 35 人。境内有 042 县道通过，乡道 1 条，已通农用班车，另有 4 个村开通了公交车。过境客运干线 1 条，北可达徐州观音机场，南可达灵璧、合肥等地。

【地名沿革】1944 年 9 月，禅堂区改为禅堂乡，隶属冯庙区至 1955 年 11 月。1955 年 12 月，禅堂乡划入尹集区。1957 年 2 月，禅堂乡划入杨疃区。1958 年 9 月，撤区建社，其区域由杨疃人民公社所辖。1961 年 12 月，设区划社，成立禅堂人民公社，隶属杨疃区。1969 年 1 月，重组禅堂人民公社。1979 年 12 月，隶属浍沟区。1984 年 4 月，禅堂人民公社改为禅堂乡，浍沟区所辖。1992 年 2 月，撤区并乡，将禅堂乡、双河乡、大吴乡、凤河乡合并建立禅堂乡。

【境内地名概况】其地名特征来自自然地理环境、人口世代繁衍和社会环境的需要，因社会的变化而发展。从地名专名来看，有以下特点：

1. 以自然地理实体命名。如陈西庄。早年村中有一座庙宇取名陈庙庄，后因清朝政府由北向南开一条大河，此庄在西，故名。

2. 因姓氏聚居而得名。由于世代繁衍，同姓同族聚居形成村庄，便以其姓氏命名。如小张、金家、徐场等。

3. 以村落地理环境而得名。如八里高庄、磙桥庄、郭桥河西等。

【地名社会应用】禅堂乡历史文化底蕴深厚，有很多名村、名地及有影响的事物，居民点常捆绑或冠其名。如禅堂村。禅堂村是灵璧县唯一以礼佛之地命名的村，也是灵璧县内历史文化最为悠久的一个村。

禅堂街西头曾有一座古庙，名曰大兴寺，当地人称西塘庙。大兴寺曾由唐朝开国功臣尉迟敬德二次监修。修葺后的大兴寺有正殿五间，前大殿三间，东西廊坊各五间，正殿高大宽敞。殿内供奉如来、观音、弥勒。其中如来佛祖的莲花宝座之上铸有上千尊拇指大小的铜佛，据说佛祖前额正中镶嵌着一颗价值连城的夜明珠。大兴寺屡毁屡修，最终毁于抗日战争时期的战火之中。

虞姬乡

虞姬乡（Yújī Xiāng） 乡级行政单位。

【地理位置】地处灵璧县南部东侧，东接泗县长沟镇，南连向阳乡，西接灵城镇，西北与禅堂乡接壤，东北与冯庙镇隔新濉河相望。乡政府驻地设在朱桥村朱腰庄。辖田万村、凌巷村、范桥村、陈埝村、朱桥村、后桥村、玄庙村、虞姬村、灵光村、黄岗村，共10个村民委员会。辖区东西最大距离12.8千米，南北最大距离14.7千米。面积81平方千米，其中耕地面积55.96平方千米，主要以旱地和水浇地为主。辖区总人口4.93万人，以汉族为主。

【地理概况】全镇地处淮北平原，辖区内地势平坦，其中北部偏高，海拔22.5米，南部偏低，海拔20.5米。最高点三山，海拔90米。属半湿润季风气候，特点是冬季干燥寒冷，夏季炎热多雨，四季分明，光照充足，适于多种农作物生长发育。年平均日照数为2442.7小时；年平均太阳辐射总量为128.2千卡／平方厘米；年平均气温14.5℃；无霜期205—213天；年平均降水量854.7毫米。属新汴河水系，新汴河、新濉河、唐河、阎河、阎汴沟从境内穿过。农业以种植小麦、玉米、蔬菜为主。畜牧业以养殖猪、牛、羊、家禽为主。全镇有文化站1所。有中学2所，小学6所，教学点5个，幼儿园8所，其中公办幼儿园3所，民办幼儿园5所。医疗卫生机构14个，其中乡中心医院1个，医务人员50人。303省道穿街而过，主干道5条，村村通水泥路面。境内有名胜古迹虞姬文化园，占地面积300余亩，总投资5000万元，文化园包含虞姬文化展示区、霸王别姬休闲广场、霸王文化展示区。作为省级旅游景区现已全面向游人开放。

【地名沿革】1945年9月至1946年8月，设虞姬区。1948年1月，复设虞姬区，辖虞姬、灵东、三山、闫河、双庙、泗河（今属泗县）6个乡。1949年9月，撤销虞姬区，成立城关区，辖虞姬乡；1958年9月17日，虞姬乡区域划入灵城人民公社。1969年1月，所辖区域划入东风人民公社。1979年12月，设区并社，复虞姬人民公社，属城关区管辖。1984年4月，虞姬人民公社改为虞姬乡，仍隶属城关区。1992年2月，撤区并乡，将虞姬乡、三山乡、范桥乡整建组成虞姬乡。

【境内地名概况】其地名特征来自自然地理环境、人口世代繁衍和社会环境的需要，因社会的变化而发展。从地名专名来看，有以下特点：

1. 以自然地理实体命名，如刘班庄。原名小张庄，因姓张来得早，刘姓来得晚，两姓同饮一口井水。有一天，刘姓出来一大汉，用石块把水井围住，不让张姓取水，扬言若想用这口井水，就必须把庄名改为刘班庄。后来张姓没有人出来交涉此事，村名就改为刘班庄。

2. 因姓氏聚居而得名。由于世代繁衍，同姓同族聚居形成村庄，便以其姓氏命名。如夏庄、朱桥、沈庄、后朱等。

3. 以村落地理环境而得名。如五里墩、霸离铺、虞墓下庄等。

【地名社会应用】虞姬乡历史文化底蕴深厚，有些地名与历史人物、历史遗址有关。如虞姬墓，国家4A级旅游景区。虞姬墓历经千年，时坏时修。墓侧曾建有虞姬庙，庙内塑有项羽、虞姬像，人物造型极为生动。虞姬柳眉杏眼，明眸皓齿；项羽气宇轩昂，刚强剽悍。塑像四周，诗词歌赋石刻林立。在唐宋年间，灵璧作为京师通往东南地区的必经之道，文人墨客往往三五成群到虞姬墓前凭吊览胜，然后吟诗填词以发思古之幽情。

园内有陈列室，采用砖木结构，粉墙小窗，青灰色小瓦，内进雕梁画栋，结构巧妙。室内陈列着垓下和虞姬墓中出土的文物、有关的史料和诗词歌赋。在墓园里零散地摆着一些石雕，或是出于汉代，或是出于唐、宋。镇墓兽的雕刻风格与霍去病墓前的石兽极为相似，连石碑周围的砖也是布满花纹的汉砖。陈列馆门口的汉代画像，刻工古朴，线条简练，是不可多见的汉代艺术珍品。园内还有一副对联，颇为伤感："虞兮奈何，自古红颜多薄命；姬耶安在，独留青冢向黄昏。"

虞姬墓就在墓园门一侧，不足两米高的土丘，被低矮的石垣环护着。墓前刻有"西楚虞姬之墓"六个大字，墓旁有明代所立虞姬墓碣，后政府拨出专款，依照原样，重修了墓丘，并用县内所产大理石，重刻了墓碑和明清碑碣，还将附近闲散土地并入墓区，形成一座占地面积近2000平方米的墓园，并将墓园划分成两个部分，东部为墓区，西部修建了花圃凉亭，作为游人休息、喝茶的地方。

第三章　村民委员会、社区居委会地名

灵城镇

高许村村民委员会

高许村村民委员会（Gāoxǔcūn Cūnmín Wěiyuánhuì）　隶属灵城镇，位于灵璧县城西南方位，距县城约8千米，村委会驻高许村，下辖自然庄有枣树田家、对面张家、小李家、吴家、刘庙、刘井庄、前李庄、黑树李庄、陈家庄、田家庄、高家庄、许家庄、赵家庄，共13个。村委会辖区范围东至七里村委会，南至周田村委会，西至北沱河，北至界沟村、刘赵村。总户数为951户，总人口为4213人，主要分布民族有汉族、蒙古族、布依族。面积为12.3平方千米。粮食作物以小麦、玉米为主。经济作物以花生为主。养殖业以养殖鸡、牛、猪、羊为主。居民经济来源以种植、养殖、外出务工为主。

村委会驻高许村，故名。1958年人民公社时期，为老高许大队。后期分为前进、高许、黑李三个小村，名称沿用至今。

界沟村村民委员会

界沟村村民委员会（Jiègōucūn Cūnmín Wěiyuánhuì）　隶属灵城镇，位于灵璧县城西部方位，距县城约5千米，村委会驻界沟村，下辖自然庄有界沟庄、彭家盐店、南王庄、郑家庄、上陈庄、二墩庄、东王庄、娄家庄、冯家庄、马家庄、火神庙、陈宏庄、薛家庄，共13个。村委会辖区范围东至刘赵，南至高许村，西至娄庄镇，北至亢田村。总户数为1210户，总人口为5427人，主要分布民族有汉族、壮族。面积为11.2平方千米。粮食作物以小麦、玉米为主。经济作物以种植蔬菜、葡萄、金针菇等菌类为主。养殖业以养殖家禽、牛、羊、猪为主。居民经济来源以种植业、外出务工为主。

村委会驻地位于界沟，故名。1978年由城关区划为界沟乡界沟大队，下辖界沟、彭家、陈宏、盐店四个自然庄。2005年5月合并村，由郑家村、娄家村、界沟村合并，命名为界沟村。

亢田村村民委员会

亢田村村民委员会（Kàngtiáncūn Cūnmín Wěiyuánhuì）　隶属灵城镇，位于灵璧县城西北汴河南方位，距县城约9千米，村委会驻庄田小学，下辖自然庄有前田庄、后田庄、小亢庄、小王庄、小闫庄、柴赵庄、东王庄、西王庄、小徐庄，共9个。村委会辖区范围东至新汴河，南至界沟村民委员会，西至娄庄镇亢园村民委员会，北至汴河。总户数为555户，总人口为2732人，主要分布民族为汉族。面积为8.1平方千米。粮食作物以小麦、玉米、大豆为主。经济作物以种植花生、芝麻为主。养殖业以养殖猪、羊、鸡、鸭、鱼为主。居民经济来源以外出务工、建筑、养殖业、种植业为主。

1949年该村为4个小队，名为闫井胜、王学胜、田广胜、田万胜；1959年以小亢庄和前后田庄取名叫亢田大队；1984年由亢田大队更名为亢田村民委员会，沿用至今。

刘赵村村民委员会

刘赵村村民委员会（Liúzhàocūn Cūnmín Wěiyuánhuì） 隶属灵城镇，位于灵璧县城城正西老灵西闸西方位，村委会驻303省道南，下辖自然庄有三庙庄、仓赵庄、田家庄、彭家庄、殷家庄、张巷庄、刘家庄、陈家庄、周柳庄，共9个。村委会辖区范围东至灵城镇徐杨村，南至灵城镇高许村，西邻灵城镇界沟村，北至新汴河。总户数为953户，总人口为4762人，主要分布民族以汉族为主。面积为11.3平方千米。粮食作物以小麦、玉米、大米为主。养殖业以养殖鸡、牛、羊、猪为主。居民经济来源以外出务工、种植为主。

取其下辖自然庄刘家庄、仓赵庄“刘赵”二字而得名。2005年由仓赵村、张巷村、陈家村合并而成，名称沿用至今。

罗田村村民委员会

罗田村村民委员会（Luótiáncūn Cūnmín Wěiyuánhuì） 隶属灵城镇，位于灵璧城南方位，村委会驻王贡庄，下辖自然庄有春树张庄、梨树孙庄、陈庄、蒋庄、王贡庄、小李庄、小吴庄、田安庄、程庄、高庄、小孙庄、黄庄、罗桥庄、小田庄，共14个。村委会辖区范围东至向阳乡，南至黄湾镇，西邻周田村，北至七里村。总户数为740户，总人口为4405人，主要分布民族以汉族为主。面积为10.1平方千米。粮食作物以小麦、玉米为主。养殖业以养殖牛、羊为主。居民经济来源以外出务工、种植为主。

2005年由罗桥村与田安村合并而成，取两村首字得名罗田村，名称沿用至今。

七里村村民委员会

七里村村民委员会（Qīlǐcūn Cūnmín Wěiyuánhuì） 隶属灵城镇，位于灵璧城南方位，村委会驻小冯庄，下辖自然庄有闵庄、代庄、陆庄、小冯庄、张庄、油坊庄、桥王庄、小陆庄，共8个。村委会辖区范围东至向阳大西村，南至向阳艳阳村，西邻灵城镇周田村，北至新汴河。总户数为562户，总人口为2576人，主要分布民族以汉族为主。面积为6.7平方千米。粮食作物以小麦、玉米为主。养殖业以养殖牛、羊为主。居民经济来源以外出务工、种植为主。

距县城于顶口约有7里路，故名七里村。1999年由南闵村和七里村合并而成，名称沿用至今。

山南村村民委员会

山南村村民委员会（Shānnáncūn Cūnmín Wěiyuánhuì） 隶属灵城镇，位于灵璧老城西方位，村委会驻程东庄，下辖自然庄有东王一组、东王二组、程东组、程西组、西王组、徐庄组、田庄组、朱庄组、张庄组，共9个。村委会辖区范围东至虹川社区，南至徐杨村，西邻刘赵村，北至陈庄村。总户数为2081户，总人口为8957人，主要分布民族以汉族为主。面积为3.9平方千米。粮食作物以小麦、玉米为主。养殖业以养殖牛、羊为主。居民经济来源以外出务工、种植为主。

村委会坐落于凤凰山南部，故名山南村村民委员会。2005年3月在原来山南村的基础上合并而成，名称沿用至今。

山桥村村民委员会

山桥村村民委员会（Shānqiáocūn Cūnmín Wěiyuánhuì） 隶属灵城镇，位于灵璧县城东北方位，距县城约8千米，村委会驻何山村，下辖自然庄有何山庄、刘桥庄、薄山庄，共3个。村委会辖区范围东至虞姬乡张港庄，南至叶庙村，西至三张村，北至凤河村。总户数为882户，总人口为3856人，主要分布民族为汉族。面积为6.2平方千米。粮食作物以种植小麦、玉米、大豆为主。经济作物以花生为主。养殖业以养殖羊为主。居民经济来源以养殖业、种植业、外出务工为主。

取境内何山庄、刘桥庄“山、桥”二字命名。1958年人民公社时期名称为山桥大队，后由山桥大队更名为山桥村民委员会，沿用至今。

山西村村民委员会

山西村村民委员会（Shānxīcūn Cūnmín Wěiyuánhuì） 隶属灵城镇，位于灵璧老城西北方位，村委会驻卓庄与陈店庄交会处，下辖自然庄有张瓦庄、小张庄、前朱庄、后朱庄、后李庄、大刘庄、陈店庄、卓庄、薛庄、老汪庄，共10个。村委会辖区范围东至开发区十里社区，南至山南村，北至杨疃镇光明村，西邻新汴河。总户数为810户，总人口为3985人，主要分布民族以汉族为主。面积为10.7平方千米。粮食作物以小麦、玉米为主。养殖业以养殖牛、羊为主。居民经济来源以外出务工、种植为主。

2005年由卓闫村和张朱村合并而成，因村大部分面积在花山以西，故名山西村，名称沿用至今。

徐杨村村民委员会

徐杨村村民委员会（Xúyángcūn Cūnmín Wěiyuánhuì） 隶属灵城镇，位于灵璧灵城西方位，村委会驻君临天下小区西侧、镇政府东南角，下辖自然庄有鲍庄、田果庄、徐庄、郗庄、杨庄、汪田庄、奇石公园、凯旋门小区、花园小区、君临天下小区、老酒厂宿舍、开发公司小区，共12个。村委会辖区范围东至西关社区，南至七里村，北至山南村，西至刘赵村。总户数为627户，总人口为2538人，主要分布民族以汉族为主。面积为4.7平方千米。粮食作物以小麦、玉米为主。养殖业以养殖牛、羊为主。居民经济来源以外出务工、种植为主。

取境内自然庄徐庄、杨庄首字命名。1988年改名为徐杨村，名称沿用至今。

周田村村民委员会

周田村村民委员会（Zhōutiáncūn Cūnmín Wěiyuánhuì） 隶属灵城镇，位于灵城镇西南方位，距县城约10千米，下辖自然庄有周圩庄、三周庄、姚庄、大田庄、小田庄，共5个。村委会辖区范围东至罗田村委会，南至罗田村罗桥庄，西至沱河，北至高许村。总户数为621户，人口为2632人，主要分布民族为汉族。面积为7.9平方千米。粮食作物以小麦、玉米为主。养殖业以养殖鸡、猪、鱼、羊等为主。居民经济来源以种植、务工为主。

2005年由周圩村和大田村合并而成，取其“周、田”二字命名。1958年人民公社时期名称为沱光大队。1980年由沱光大队更名为周圩村委员会。后在2005年又改为周田村委会，名称沿用至今。

庄陈村村民委员会

庄陈村村民委员会（Zhuāngchéncūn Cūnmín Wěiyuánhuì） 隶属灵城镇，位于灵璧老城北方位，村委会驻庄陈村安置新区北头，下辖自然庄有团结组、陈家组、大李组、小李组、张合组、化家组，共6个。村委会在政务新区范围内，辖区范围东至东北村、虞姬乡田万村，南至北关社区、虹川社区，西接山西村、山南村，北至开发区十里社区。总户数为775户，总人口为3669人，主要分布民族有汉族、回族、彝族。面积为2.6平方千米。粮食作物以小麦、玉米为主。养殖业以养殖牛、羊为主。居民经济来源以外出务工、运输为主。

取境内自然庄庄家、陈家首字命名。1958年人民公社时期名称为庄陈大队，1983年由庄陈大队更名为庄陈村委会后，名称未变，沿用至今。

东北村村民委员会

东北村村民委员会（Dōngběicūn Cūnmín Wěiyuánhuì） 隶属灵城镇，位于灵城镇东北方向，村委会驻小王庄，下辖自然庄有吕巷庄、大寺刘、小王庄、小张庄，共4个。村委会辖区范围东至虞姬乡黄岗村，南至东疏社区开发区东关村，西至北关社区，北至虞姬乡田万村。总户数为580户，总人口为2340人，主要分布民族以汉族为主。面积为1.1平方千米。粮食作物以小麦、玉米为主。养殖业以养殖牛、羊为主。居民经济来源以外出务工、运输为主。

此村位于灵城镇东北部，故名东北村。1958年人民公社时期名称为东北大队，后由东北大队更名为东北村民委员会，名称未变，沿用至今。

三张社区村民委员会

三张社区村民委员会（Sānzhāng Shèqū Cūnmín Wěiyuánhuì） 隶属禅堂乡，距县城约7.5千米，村委会驻东后张庄，下辖自然村有前张庄、西后张庄、东后张庄，共3个。村委会辖区范围东至刘桥村，南至叶庙村，西至红光村，北至大吴村。总户数为480户，总人口为2100人，主要分布民族为汉族。面积为8.0平方千米。粮食作物以小麦、玉米为主。经济作物以种植棉花为主。养殖业以养殖鸡、羊为主。居民经济来源以种植业、建筑业、外出务工为主。村内有学校、村卫生室。

因境内有3个自然庄，分别是前张庄、西后张庄、东后张庄。张姓人员占大多数，故而命名三张社区居委会。2010年10月以为禅堂乡三张村。

十里社区村民委员会

十里社区村民委员会（Shílǐ Shèqū Cūnmín Wěiyuánhuì） 隶属灵城镇，位于灵璧县城正北方位，距县城约3千米，村委会驻十里村，下辖自然村有十里店、五女井、枣林王、小张、义太、骑路王、张家、庄家、沈家、小庄、小吴庄共11个。村委会辖区范围东至龙车山，南至庄陈村，西至山西村，北至叶庙村、三张村。总户数为1329户，总人口为4769人，主要分布民族为汉族。面积为6.5平方千米。粮食作物以种植小麦、玉米为主。经济作物以花生为主。村内有学校、村卫生室。

居委会驻地十里村，该村距县城十里，故名。1958年人民公社时期名称为十里大队。1983年由十里大队更名为十里村委会。2005年十里村和五井村合并为十里村。2014

年经上级批准更名为十里社区村民委员会，名称未变，沿用至今。

西关社区居民委员会

西关社区居民委员会（Xīguān Shèqū Jūmín Wěiyuánhuì） 隶属灵城镇，位于灵城镇辖区范围内，距镇政府驻地0.8千米，下级组织有外贸小区、凤河小区、灵丰小区、兰亭小区、花园小区、渡假小区，共6个。西关社区居委会东至迎宾大道，南至汴阳楼，西至徐杨村，北至山西村。居住人口3760人。面积0.6平方千米。获得2010年灵璧县首届“文明社区”称号，获得2011年度党建工作第一名、2011年民生工程组织实施第一名，获得“人口和计划生育基层群众自治示范村居”称号。

因灵城共分四关，该村位于西关，故名。1949年前叫西关街，1949年后至1984年叫西关大队。1984年至2006年叫西关村。2007年以后更名为西关社区，沿用至今。

北关社区居民委员会

北关社区居民委员会（Běiguān Shèqū Jūmín Wěiyuánhuì） 隶属灵城镇，位于灵城镇辖区范围内，距镇政府驻地3千米，下级组织有灵双小区、凤泉小区、马元小区、建设小区、爱民小区、来璧小区，共6个。北关社区居委会东至运石河，南至环城河，西至灵双路，北至庄陈村交界处。居住人口5800人。面积0.7平方千米。获得2010年灵璧县首届“文明社区”称号，获得2011年度党建工作第一名、2011年民生工程组织实施第一名，获得“人口和计划生育基层群众自治示范村居”称号。

因灵城共分四关，该村位于北关，故名。1949年前叫北关街，1949年后至1984年叫北关大队。1984年至2006年叫北关村和马元居委会。2006年8月成立社区以后，北关村和马元居委会合并一起，命名为北关社区居委会，沿用至今。

滨河社区居民委员会

滨河社区居民委员会（Bīnhé Shèqū Jūmín Wěiyuánhuì） 隶属灵城镇，位于灵城辖区范围内，距镇政府驻地4千米，下级组织有祥和小区、栖凤苑小区、宏泰小区、状元府、汴水苑、山水小区、南李小区、酒厂小区、移动小区，共9个。滨河社区东至工业园区，南至七里村，西至南姚社区，北至光明社区。居住人口7865人。面积3.6平方千米。所获荣誉：全国综合减灾示范社区、安徽民主法治示范社区、宿州市民主法治示范社区。滨河社区原为南李村，2010年村改社区，把县城南部划为滨河新区，位置处于南李村，故名。

南李村于1979年之前为南李大队；1979年改为南李革委会；1984年改为南李村；2010年更名为滨河社区，沿用至今。

东蔬社区居民委员会

东蔬社区居民委员会（Dōngshū Shèqū Jūmín Wěiyuánhuì） 隶属灵城镇，位于灵城镇辖区范围内，距镇政府驻地1千米，下级组织有菜子桥小区、鹿鸣小区、凌元小区、龙桥小区、三皇庙小区、大寺门小区，共6个。东蔬社区居民委员会东至开发区东关村，南至岳罗河，西至东外环路，北至本镇东北村。居住人口2864人。面积0.3平方千米。所获荣誉：灵璧县首届文明社区，灵璧县第二届文明社区，第四届安徽省文明社区，灵璧县无邪教社区。

社区位于灵城东关，社区居民以前在此地有土地，土地主要种植蔬菜，故名。原名东蔬村民委员会，成立于1977年6月，

2006年8月更名为东蔬社区，沿用至今。

光明社区居民委员会

光明社区居民委员会（Guāngmíng Shèqū Jūmín Wěiyuánhuì） 隶属灵城镇，位于灵城镇辖区范围内，距镇政府驻地0.8千米，下级组织有大理石小区、光明小区、国税小区、建材小区、龙山小区、茂和小区、棉麻小区、四牌楼小区、文化小区、种子小区，共10个。光明社区居委会东至团结沟，南至截洪河路，西至钟馗路，北至宿泗路。居住人口6900人。面积0.7平方千米。

因境内有光明大街，故名。2006年镇划社区命名为光明社区，沿用至今。

虹川社区居民委员会

虹川社区居民委员会（Hóngchuān Shèqū Jūmín Wěiyuánhuì） 隶属灵城镇，位于灵城镇辖区范围内，距镇政府驻地1.3千米，下级组织有虹川小区、太白小区、玉带小区、庆云小区、牌坊小区、铁巷小区、南苑小区、龙固小区，共8个。虹川社区居委会东至环城西路，南至罗和西路，西至迎宾大道，北至花园街。居住人口7822人。面积0.6平方千米。所获荣誉：2010年灵璧县首届文明社区，2013年度党建工作第一名，2012年民生工程组织实施第一名，人口和计划生育基层群众自治示范村居。

因《灵璧县志》记载叫虹灵县，故名。1949年前叫虹灵县。1949年后至1983年叫西南大队、西蔬村。1984年至2006年叫西蔬村。2006年9月以后更名为虹川社区，沿用至今。

皇庙社区居民委员会

皇庙社区居民委员会（Huángmiào Shèqū Jūmín Wěiyuánhuì） 隶属灵城镇，位于灵城东片辖区范围内，距镇政府驻地1.5千米，下级组织有皇庙小区、庙东小区、水利小区、家得利小区、云路小区、盛世小区、明城小区、教育小区，共8个。皇庙社区居委会东至东环城河内，南至南环城河内，西至建设街中路，北至北环城河内。居住人口5600人。面积0.4平方千米。所获荣誉：城镇居民医保养老保险先进单位、党建先进单位、先进社区、先进基层单位。因境内有一条皇庙街，故名。

1949年前为城隍庙；“文化大革命”期间被破坏，后来开一条街叫皇庙街，一道巷叫皇庙巷；2006年更名为皇庙社区，沿用至今。

南姚社区居民委员会

南姚社区居民委员会（Nányáo Shèqū Jūmín Wěiyuánhuì） 隶属灵城镇，位于灵城镇辖区范围内，距镇政府驻地2千米，下级组织有信合小区、郭庄小区、汽运小区、钟馗小区、姚庄小区、奇石小区，共6个。南姚社区居委会东至钟馗路，南至汴河岸，西至迎宾大道，北至宿泗路。居住人口4380人。面积1.0平方千米。所获荣誉：2010年灵璧县首届文明社区、2011年民生工程组织实施第一名、人口和计划生育基层群众自治示范村居、2014年全国减灾示范社区、安徽省志愿者示范社区。

因灵城镇划分社区时，居民小组中南姚庄户多、人口多，并且位于社区中心地段，故名。2005年镇划分社区后，沿用至今。

太平社区居民委员会

太平社区居民委员会（Tàipíng Shèqū Jūmín Wěiyuánhuì） 隶属灵城镇，位于老城区辖区范围内，下级组织有中心小区、沈园小区、凤河巷小区、凤仪小区、花园井小区、胜利巷小区、地税小区、实小小区，共8个。距镇政府驻地20千米，东至建设中路，南至环城河，西至解放路，北至北关桥头。居住人口5693人。面积0.6平方千米。所获荣誉：2007年度全县民生工程、先进基层单位、宿州市“五好”基层妇联组织。因辖区内重要路段为西太平街、北太平街，故名。

“文化大革命”期间称为防修街，“文化大革命”结束后改为太平街；1975年至1980年为北关居委会；1995年撤销北关居委会，合并花园井居委会改为太平街居委会；2006年更名为太平社区居民委员会，沿用至今。

东关社区居民委员会

东关社区居民委员会（Dōngguān Shèqū Jūmín Wěiyuánhuì） 隶属灵城镇，居委会位于距镇政府驻地2千米，下级组织有安置小区、道东小区、道西小区、惠众苑小区、鹿鸣小区、张园小区。东至虞姬乡黄岗村，南至罗河社区，西至灵城镇，北至灵城镇东北村。总人口为5000人。面积为1.2平方千米。交通设施有解放东路、虞姬大道。教育设施有东关小学。

东门城外15千米处有一座鹿鸣山，此山在汉以前称阴陵山。据史书记载，楚汉相争时，项羽彭城兵败，撤至灵璧境内，原欲向东逃走，被阴陵山阻挡。书上说阴陵山高万仞，树木参天，有虎豹出没，雄鹿鸣叫，可见此山之大之险。灵城东门名曰鹿鸣，典故即出于此。张园庄张姓先人名曰张梅，从山西省洪桐县喜鹊窝逃荒至此地，名曰张梅园。东关社区原为灵城镇东关村，2012年为东关社区。名称未变，沿用至今。

刘尧社区居民委员会

刘尧社区居民委员会（Liúyáo Shèqū Jūmín Wěiyuánhuì） 隶属虞姬乡，居委会位于距镇政府驻地3千米，下级组织有刘西组、刘东组、小代组、小李组、后潘组、何庄组。居委会东至虞姬乡，南至界洪河，西至罗河村，北至解放东路。总人口为2386人。面积为2.5平方千米。交通设施有虞姬大道、奇石大道。其他设施有开发区办公楼。

清朝初期，从燕京过来一个刘姓财主到灵璧东关开窑经营，故叫刘尧庄。后来姓刘家庭败落，后继无人，但该地一直以来都以刘姓命名。1949年以来叫刘尧大队；1980年第一轮土地承包时改为刘尧村；2015年至今为刘尧社区。

罗河社区居民委员会

罗河社区居民委员会（Luóhé Shèqū Jūmín Wěiyuánhuì） 隶属灵城镇，距镇政府驻地0.2千米处，下级组织有龙泉花园、南都商街、北片小代组、西片小孙组、南片王朋组。居委会东至岳罗河，南至汴河，西至光明二巷，北至干休所路。总人口为6000人。面积为2.5平方千米。交通设施有薄山路、凌山路、光明二巷、小孙路、小代路。教育设施有罗河小学、灵璧卫校。其他设施有质量监督局、灵璧县分院。

因境内有岳罗河穿过，故名罗河社区。1973年名为罗河村，属城关镇，后来城关镇更名为灵城镇；2013年罗河村更名为罗河社区。

西集社区居民委员会

西集社区居民委员会（Xījí Shèqū Jūmín Wěiyuánhuì） 隶属虞姬乡，距镇政府驻地2千米，下级组织有河南组、红卫组、前潘组、小西组、小张组、新建组。居委会东至虞姬乡霸离村，南至向阳乡大西村，西至灵城镇南李村，北至开发区刘尧村。总人口为

1584人。面积为4.1平方千米。

西集村位于灵璧县东南部，属灵璧四大坳之一。老西集原有前庙、后庙，新中国成立初期西集逢集，居住人口以姓西为主，故取名西集。1958年人民公社时期隶属灵城公社，1984年改名为西集村委会，2005年命名为西集社区。

叶庙社区居民委员会

叶庙社区居民委员会（Yèmiào Shèqū Jūmín Wěiyuánhuì） 隶属灵城镇，距镇政府驻地5千米，下级组织有丁汪庄、西冉庄、西叶庄、东叶庄、张庄。居委会东至虞姬乡，南至南山，西至十里社区，北至山桥村。总人口为2796人。面积为5.8平方千米。交通设施有虞姬大道、钟灵大道。教育设施有叶庙小学。医疗设施有白求恩医院。其他设施有汽车服务站、立成纸箱厂。

人民公社时称为叶庙大队；1983年由叶庙大队分成庙西大队、庙东大队；1985年底合并为叶庙村民委员会；2014年成立叶庙社区，沿用至今。

韦集镇

陈圩村村民委员会

陈圩村村民委员会（Chénwéicūn Cūnmín Wěiyuánhuì） 隶属韦集镇，位于灵璧县城西北方位，距县城约23千米，村委会驻陈圩村，下辖自然村有小赵庄、桑陈庄、东陈庄、后陈庄、小胡庄、中陈庄、小鄂庄、中陆庄、小顾庄、陈圩庄、西李庄、西陆庄、小余庄，共13个。村委会辖区范围东至徐圩，南至丁李村，西至黄湾镇小朱庄，北至宴路村大杨庄。总户数为780户，总人口为3048人，主要分布民族为汉族。面积为8.9平方千米。粮食作物以小麦、玉米为主。经济作物以花生为主。居民经济来源以种植业、养殖业为主。

以驻地自然村陈圩命名。1958年人民公社时期称为陈圩大队；1965年由陈圩大队改名为陈圩村村民委员会；2005年湖南村并入陈圩村，沿用至今。

陈园村村民委员会

陈园村村民委员会（Chényuáncūn Cūnmín Wěiyuánhuì） 隶属韦集镇，位于灵璧县城正南方位，距县城约25千米，村委会驻陈园村，下辖自然村有马圩庄、中马庄、西马庄、后马庄、陈园庄、小陈园庄、浦庄、王楼庄、张前庄、张后庄、前张庄、小张庄，共12个。村委会辖区范围东至幸福村，南至金银山村，西至黄湾镇沙坝，北至丁李村。总户数为830户，总人口为3930人，主要分布民族为汉族。面积为11.2平方千米。粮食作物以小麦、玉米为主。经济作物以花生为主。养殖业以养殖牛、猪、羊为主。居民经济来源以种植业、养殖业、外出务工为主。

陈园村系原陈园村和四马村合并而成。原陈园村委会驻地在陈园自然庄，故名为陈园村。1958年人民公社时期名为郑光大队。1972年郑光大队分为陈园、小徐、马圩三个大队。2004年陈园、四马村合并为陈园村，沿用至今。

戴家村村民委员会

戴家村村民委员会（Dàijiācūn Cūnmín Wěiyuánhuì） 隶属韦集镇，位于灵璧县城东南方位，距县城约25千米，村委会驻戴家村，下辖自然村有小胡庄、代庄、小皮庄、南北徐庄、东小徐庄、大徐庄、邵庄、南汤庄、前陈庄、胡庄、薛庄、后陈庄、庙西徐庄、戴东戴西庄、东金庄、南小胡庄、前徐庄，共17个。村委会辖区范围东至藕庄村，南至永久村，西至韦集村，北至沱河。总户数为1060户，总人口为4631人，主要分布民族为汉族。面积为12.8平方千米。粮食作物以小麦、玉米为主。经济作物以花生为主。养殖业以养殖牛、猪、羊为主。居民经济来源以种植业、养殖业、外出务工为主。

戴家村于1961年成立。“文化大革命”时期形成老韦光村，2005年新韦光村和戴家村合并为戴家村村民委员会，名称沿用至今。

丁李村村民委员会

丁李村村民委员会（Dīnglǐcūn Cūnmín Wěiyuánhuì） 隶属韦集镇，位于灵璧县城西部方位，距县城约20千米，村委会驻丁李村，下辖自然村有丁李庄、蜡条张家、大王庄、大刘庄、小刘庄、小王庄、大李庄、西小李庄、闫庄、王巷庄、四门李庄、后王庄、后刘庄、刘园庄，共14个。村委会辖区范围东至韦集村，南至陈元村，西至黄湾镇与该镇朱圩村、老户朱交界，北至陈圩村。总户数为780户，总人口为4021人，主要分布民族为汉族。面积为10.8平方千米。粮食作物以小麦、玉米为主。经济作物以花生为主。养殖业以养殖牛、猪、羊、鸡、鸭、鹅为主。居民经济来源以种植业、养殖业为主。

丁姓在此庄具有1000余年历史，李姓晚些，因此称为丁李。1958年人民公社时期名称为丁李大队。1975年由丁李大队更名为丁李村委会。2005年王巷村并入丁李村，沿用至今。

垓下村村民委员会

垓下村村民委员会（Gāixiàcūn Cūnmín Wěiyuánhuì） 隶属韦集镇，位于灵璧县城东南方位，距县城约30千米，村委会驻垓下村，下辖自然村有南单庄、老庄、小胡庄、胡东庄、胡西庄、小单庄、彭沟庄、渡口庄、韩庄、龙岗庄、新郑庄，共11个。村委会辖区范围东至泗县草沟，南至沱河，西至杨马村，北至永久村。总户数为264户，总人口为3745人，主要分布民族为汉族。面积为7.5平方千米。粮食作物以小麦、玉米为主。经济作物以花生为主。养殖业以养殖猪、羊为主。居民经济来源以种植业、外出务工为主。

垓下，即古时洨水，今沱河北岸。公元前202年十月，楚、汉两军数十万人决战于此，楚军损失惨重，被汉军围困数重，陷入十面埋伏，兵少食尽，又闻四面楚歌。见大势已去，伴随项羽征战八年的爱妻虞姬为解除项羽的后顾之忧，献歌后自刎，与项羽诀别。项羽匆匆将虞姬掩埋，乘夜率八百精锐将士突围。垓下之战，对项羽楚王朝的覆灭和刘邦汉王朝的建立起到了决定性的作用。垓下遗址被灵璧县人民政府定为县级文物保护单位。这一历尽沧桑的古战场每年都吸引着大批游客前来凭吊，发思古之幽情。现留有垓下遗址，故得名垓下村。1958年人民公社时期称为龙岗大队。1983年龙岗大队更名为垓下村居民委员会，沿用至今。

金银山村村民委员会

金银山村村民委员会（Jīnyínshāncūn Cūnmín Wěiyuánhuì） 隶属韦集镇，位于灵璧县城南沱河北方位，距县城约30千米，村委会驻金银山村。下辖自然村有城后、小左庄、湾前庄、湾后庄、张洼庄、瓦坊庄、黄庄、湾西庄、丁谷庄、东小丁庄、小朱庄、大徐庄、小徐庄、西小丁庄、前李庄、后李庄，共16个。村委会辖区范围东至杨马村，南至固镇县濠城镇南沱河，西至黄湾镇沙坝、刘沟交界，北至陈元村。总户数为930户，总人口为3482人，主要分布民族为汉族。面积为10.8平方千米。粮食作物以小麦、玉米为主。经济作物以花生为主。养殖业以养殖牛、猪、羊、鸡、鸭、鹅为主。居民经济来源以种植业、养殖业为主。

该村位于楚汉相争时的垓下古战场范围内，村边有两座遥望可见的土山，一座叫金山，一座叫银山。金银山被传是韩信的点将台；又传说垓下之战中楚汉双方将士死伤无数，埋葬在此，也叫汉墓，又叫骨堆。后来演变叫作“谷堆”或“古堆”。曾有南谷堆出金、北谷堆出银的说法，所以叫“金银山”，该村名为金银山村。该村早期叫丁谷眼村，1958年人民公社时期名称为金银山大队。1983年更名为金银山村村民委员会。2005年小徐村、城后村并入金银山村，沿用至今。

藕庄村村民委员会

藕庄村村民委员会（Ǒuzhuāngcūn Cūnmín Wěiyuánhuì） 隶属韦集镇，位于灵璧县城正东方位，距县城约30千米，村委会驻藕庄村，下辖自然村有橡树庄、吕桥庄、东叶庄、藕庄街、南东南西庄、吕东庄、小孙庄、小杨家庄、新庄，共9个。村委会辖区范围东至泗县大赵庄村，南至双龙村，西至代家村，北至向阳乡马桥村。总户数为726户，总人口为3802人，主要分布民族为汉族。面积为6.7平方千米。粮食作物以小麦、玉米为主。养殖业以养殖猪、鸡为主。居民经济来源以种植业、养殖业、外出务工为主。

过去藕庄地形低洼，适合养藕。从陕西来一个姓欧的人，到此地养藕，生产的藕就在此地销售。后来搬来一户姓胡的人家，家丁兴旺，人口发达。而姓欧的人家日渐衰败，渐无声息。后来“欧”改为藕，取名为藕庄，大约得名于唐朝末期。1958年人民公社时期名称为藕庄公社；1975年改名为藕庄乡；1995年与韦集镇合并改为藕庄村，沿用至今。

双龙村村民委员会

双龙村村民委员会（Shuānglóngcūn Cūnmín Wěiyuánhuì） 隶属韦集镇，位于灵璧县城东南方位，距县城约25千米，村委会驻双龙村，下辖自然村有大蒋庄、新陈庄、老夏庄、南夏庄、前翟庄、后翟庄、南徐庄、小赵庄、小朱庄、大朱庄、新老闻庄、小杨庄，共12个。村委会辖区范围东至许圩村，南至垓下村，西至永久村、代家村，北至藕庄村。总户数为930户，总人口为4579人，主要分布民族为汉族。面积为10.9平方千米。粮食作物以小麦、玉米为主。经济作物以花生为主。养殖业以养殖鸡、牛、羊为主。居民经济来源以种植业、养殖业、外出务工为主。

1958年人民公社时期名称为双龙大队。1983年由双龙大队更名为双龙村委会。2005年和朱家村合并，合并后仍为双龙村，沿用至今。

双圩村村民委员会

双圩村村民委员会（Shuāngwéicūn Cūnmín Wěiyuánhuì） 隶属韦集镇，位于灵璧县城东南方位，距县城约25千米，村委会驻双圩村，下辖自然村有王圩庄、大韦庄、小杨庄、仲庄、小姜庄、后王庄，共6个。村委会辖区范围东至永久村、垓下村，南至杨马村、幸福村，西至金银山村、韦集村，北至徐圩村、代家村。总户数为608户，总人口为2766人，主要分布民族为汉族。面积为8.1平方千米。粮食作物以种植小麦、玉米为主。经济作物以花生为主。养殖业以养殖猪为主。居民经济来源以种植业、外出务工为主。

原名王圩村，因重名，1986年取境内自然村王圩、大圩庄中的同音字更名为双圩。1958年人民公社时期名称为双圩大队。1986年由双圩大队更名为双圩村村民委员会后，沿用至今。

韦集村村民委员会

韦集村村民委员会（Wéijícūn Cūnmín Wěiyuánhuì） 隶属韦集镇，位于灵璧县城东南方位，距县城约18千米，村委会驻韦集街南段村，下辖自然村有韦一组、韦二组、韦三组、韦四组、老户王组、小王组、南刘组、小张组、东刘组、东王组、东吴组、后朱组、后姜组，共13个。村委会辖区范围东至代家，南至双圩，西至丁李，北至徐圩。总户数为1342户，总人口为4944人，主要分布民族为汉族。面积为9.0平方千米。粮食作物以小麦、玉米为主。养殖业以养殖鸡、羊为主。居民经济来源以养殖、外出务工、建筑为主。

抗日战争时期，人们利用地理位置，筑起围墙，为打败敌人创造了条件，故而得名。新中国成立后人们为了纪念这段历史，就以围集称之，后取其同音改为韦集，2005年由韦集、东刘、南刘三个村合并成韦集村。1958年人民公社时期名称为韦集大队，1980年由韦集大队更名为韦集村民委员会后名称未变，沿用至今。

幸福村村民委员会

幸福村村民委员会（Xìngfúcūn Cūnmín Wěiyuánhuì） 隶属韦集镇，位于灵璧县城南方位，距县城约25千米，村委会驻幸福村，下辖自然村有八张庄、土庙庄、七里庄、陈元庄、老庄、新庄，共6个。村委会东至杨祠沟，南至七里王庄，西至064县道，北至土庙庄。总户数为535户，总人口为2486人，主要分布民族为汉族。面积为6.8平方千米。粮食作物以小麦、玉米为主。经济作物以花生、棉花为主。养殖业以养殖猪、牛、羊为主。居民经济来源以种植业、外出务工、养殖业为主。

此地的原住民在汉朝时期由陕西省搬迁至此。1958年人民公社时期名称为幸福大队。1980年由幸福大队更名为幸福村村民委员会，沿用至今。

徐圩村村民委员会

徐圩村村民委员会（Xúwéicūn Cūnmín Wěiyuánhuì） 隶属韦集镇，位于灵璧县城南方位，距县城约15千米，村委会驻徐圩村，下辖自然村有小路庄、小陆庄、大路庄、庙李庄、徐桥庄、西金庄、徐圩庄、染坊庄、老庄、祠西庄、湖西庄、耿王庄、张王庄、炮店庄、张圩庄、小铁庄、新王庄，共17个。村委会辖区范围东至代家村，南至韦集村、陈圩村，西至黄湾晏路，北至北沱河。总户数为920户，总人口为4142人，主要分布民族为汉族。面积为13.9平方千米。粮食作物以小麦、玉米为主。经济作物以花生为主。养殖业以养殖猪、羊、牛、鸡为主。居民经济来源以种植业、养殖业、外出务工为主。

因该村委会驻地在徐圩庄，故得名徐圩村。1958年人民公社时期名称为徐圩大队；1970年徐圩大队更名为徐圩村村民委员会；2005年湖北村并入徐圩村，沿用至今。

杨马村村民委员会

杨马村村民委员会（Yángmǎcūn Cūnmín Wěiyuánhuì） 隶属韦集镇，位于灵璧县城南沱河北岸，距县城约27千米，村委会驻杨马村，下辖自然村有吕圩庄、郑桥庄、尤沟庄、姜庄、新小姜庄、小王庄、新吕庄、小孙前庄、张后庄、前葛庄、后葛庄、小张庄、马庄、杨庄，共14个。村委会辖区范围东至垓下村，南至南沱河，西至金银山村，北至双圩村、幸福村。总户数为837户，总人口为4553人，主要分布民族为汉族。面积为11.0平方千米。粮食作物以小麦、玉米为主。养殖业以养殖牛、猪为主。居民经济来源以种植业、养殖业为主。

以驻地杨马庄和境内自然村马庄首字命名。人民公社时期被称为杨马大队，后来改为杨马村，2005年由小姜村并入杨马村，沿用至今。

永久村村民委员会

永久村村民委员会（Yǒngjiǔcūn Cūnmín Wěiyuánhuì） 隶属韦集镇，位于灵璧县城东南方位，距县城约30千米，村委会驻永久村，下辖自然村有单圩庄、后单庄、小赵庄、南单庄、小种庄、大杨庄，共6个。村委会辖区范围东至双龙村，南至垓下村，西至双圩村，北至代家村。总户数为670户，总人口为2875人，主要分布民族为汉族。面积为8.4平方千米。粮食作物以小麦、玉米为主。经济作物以花生为主。养殖业以养殖牛、猪、羊为主。居民经济来源以经济作物种植为主。

1956年取永久、长久之意，命名永久高级社，后成立永久大队。1983年更名为永久村村民委员会，沿用至今。

黄湾镇

单营村村民委员会

单营村村民委员会（Shànyíngcūn Cūnmín Wěiyuánhuì） 隶属黄湾镇。位于灵璧县城西南方位，距县城约11千米，村委会驻单营庄，下辖自然村有小罗庄、单营庄、孙湖庄、小金庄、位巷庄、大孙庄、高圩庄，共7个。村委会辖区范围东至201省道，南至晏路村、柯湖村，西至红星村，北至北沱河。总户数为844户，总人口为4123人，主要分布民族为汉族。面积为13.6平方千米。粮食作物以小麦、玉米为主。经济作物以花生为主。养殖业以养殖鸡、牛、羊、鱼为主。居民经济来源以外出务工、种植经济作物、养殖为主。

1983年由单营大队更名为单营村村民委员会，该村委会有单营村之义。清朝宣统年间，一单姓官员带兵打仗在此扎营，故称为单营。1992年之前隶属晏路乡，后撤乡，单营村、大孙村、高圩村、位巷村合并为单营村委会，名称沿用至今。

红星村村民委员会

红星村村民委员会（Hóngxīngcūn Cūnmín Wěiyuánhuì） 隶属黄湾镇。位于灵璧县城西南方位，距县城约13千米，村委会驻小孙庄，下辖自然村有前张庄、大张庄、陈圩庄、骆庄、小孙庄、西张庄、小田庄，共7个。村委会辖区范围东至单营村，南至柯湖村，西至陆集村，北至娄庄镇。总户数为481户，总人口为2456人，主要分布民族为汉族。面积为8.0平方千米。粮食作物以小麦、玉米为主。经济作物以种植花生、大豆为主。养殖业以养殖山羊为主。居民经济来源以养殖业、种植业、外出务工为主。

1983年由红星大队更名为红星村村民委员会，该村委会有红星村之义。1958年“大跃进”时期，因生产先进被命名为红星，故名。1960—1969年属红星大队。1980—1991年属红星乡。1992年至今属黄湾镇，名称沿用至今。

胡桥村村民委员会

胡桥村村民委员会（Húqiáocūn Cūnmín Wěiyuánhuì） 隶属黄湾镇。位于灵璧县城西南方位，距县城约25千米，村委会驻程庄，下辖自然村有程庄、高庄、戈庄、胡庄、街道、柯庄、李集、潘桥庄、桑庄、田庄、小陈庄、新湖、徐庄，共13个。村委会辖区范围东至韦集镇，南至庙李村，西至双桥村，北至晏路村。总户数为1148户，总人口为5079人，主要分布民族为汉族。面积为10.9平方千米。粮食作物以小麦、玉米为主。经济作物以花生为主。养殖业以养殖牛、羊为主。居民经济来源以外出务工、经济作物种植、养殖为主。

因胡桥村所在灵固路之间，有座石桥，桥南100米有个庄叫胡庄，南来北往的人到此会停下来，坐在桥上休息，故得名。1958年人民公社时属新华社；1963年改为胡桥大队；1980年改为胡桥村委会；2008年设黄湾镇，胡桥村在镇政府所在地，名称沿用至今。

柯湖村村民委员会

柯湖村村民委员会（Kēhúcūn Cūnmín Wěiyuánhuì） 隶属黄湾镇。位于灵璧县城西南方位，距县城约17千米，村委会驻赵洼庄，下辖自然村有东柯庄、柯巷庄、徐圩庄、后柯庄、石炉庄、赵洼庄、王桥庄、小张、小苏庄、柯湖庄、龙头庄，共11个。村委会辖区范围东至晏路村民委员会，南至黄湾居委会、双桥村民委员会，西至张龙村民委员会、陆集村民委员会，北至红星村民委员会、单营村民委员会。总户数为860户，总人口为4144人，主要分布民族为汉族。面积为10.8平方千米。粮食作物以小麦、玉米为主。经济作物以花生为主。养殖业以养殖鸡、牛、羊、鱼为主。居民经济来源以种植、养殖、外出务工为主。

在清代《灵璧县疆域》版图上，此地属中南乡辖区，捻军曾经入驻。该处地势特别低洼，成湖历史很久，荒草湖地常年积水，水无法排出，以致成湖，成为灵璧县的名湖。在湖坡高地上，居住着柯姓人家，故称柯家湖，柯湖村由此演变而来。2004年5月经县人民政府批准，柯湖村、徐巷村进行合并，并后村名为柯湖村，沿用至今。

陆集村村民委员会

陆集村村民委员会（Lùjícūn Cūnmín Wěiyuánhuì） 隶属黄湾镇。位于灵璧县城西南方位，距县城约24千米，村委会驻陆集，下辖自然村有陆集庄、廖庄、董王庄、葛宅庄、位庄、王庄，共6个。村委会辖区范围东至柯湖村民委员会、红星村民委员会，南至张龙村民委员会、双桥村民委员会，西至宋河村民委员会，北至娄庄镇。总户数为508户，总人口为2508人，主要分布民族为汉族。面积为5.8平方千米。粮食作物以小麦、玉米为主。经济作物以花生为主。养殖业以养殖鸡、牛、羊、鱼为主。居民经济来源以种植、养殖、外出务工为主。

1983年由陆集大队更名为陆集村村民委员会，该村委会有陆集自然村之义。据《陆氏碑文》记载，陆氏始祖从山西省喜鹊窝迁移到灵城南七里定居。纨绔子弟陆遇春从南七里向西南移25里到北处建庄，叫陆圩庄。据考，1914年该地逢集，故名叫陆集。1948年设陆集乡，同时设陆集村。1952年撤乡设陈圩乡，属陈圩乡。后又设陆集乡。到1969年底，黄湾设立公社时，设陆集大队。1983年，改设村后，一直属黄湾公社、黄湾区、红星公社。1992年至今属黄湾镇。2004年3月3日，与王庄合并，合并后村名仍为陆集村，沿用至今。

庙李村村民委员会

庙李村村民委员会（Miàolǐcūn Cūnmín Wěiyuánhuì） 隶属黄湾镇。位于灵璧县城西南方位，距县城约22千米，村委会驻庙李，下辖自然村有薛桥庄、叶庄、晏庄、庙李庄、龙水庄、姚庄、周王庄、小李庄共8个。村委会辖区范围东至朱圩、砂坝村民委员会，南至固镇县，西至三桥村民委员会，北至黄湾居委会。总户数为682户，总人口为3237人，主要分布民族为汉族。面积为9.0平方千米。粮食作物以小麦、玉米为主。经济作物以花生为主。养殖业以养殖鸡、牛、羊、鱼为主。居民经济来源以种植、养殖、外出务工为主。

1983年由庙李大队更名为庙李村村民委员会，该村委会有庙李庄之义，庙李庄原叫缸碴庙李家。民国时期，庄人在庄东北处的葛沟西侧，用两口大缸倒卡在地，砸留小门，里面立起庙牌，供四周庄人前来烧香求神。村民都姓李，故叫缸碴庙李家。李姓先祖是从本县灵西乡黑树李家迁来此处建庄，另有两家李姓是从龙水段迁入，故名。1963—1969年，设庙李大队。1983年设庙李村。2005年2月庙李村与龙水村合并，后村名为庙李村，名称沿用至今。

三桥村村民委员会

三桥村村民委员会（Sānqiáocūn Cūnmín Wěiyuánhuì） 隶属黄湾镇。位于灵璧县城西南方位，距县城约25千米，村委会驻小钱庄，下辖自然村有张庄、位巷庄、前贺庄、后贺庄、炉店庄、陈桥庄、小钱庄、蒋庄，共8个。村委会辖区范围东至庙李村、胡桥村，南至南沱河，西至王桥村，北至双桥村。总户数为859户，总人口为3462人，主要分布民族为汉族。面积为7.1平方千米。粮食作物以小麦、玉米为主。经济作物以花生为主。养殖业以养殖牛、羊、鱼、猪为主。

该村委会由王桥、双桥、陈桥三村合并而成，故名。1967年名为陈桥，2005年，王桥、双桥、陈桥并村更名为三桥村村民委员会，沿用至今。

砂坝村村民委员会

砂坝村村民委员会（Shābàcūn Cūnmín Wěiyuánhuì） 隶属黄湾镇。位于灵璧县城西南方位，距县城约30千米，村委会驻砂坝街，下辖自然村有砂坝街、刘沟庄、刘新庄、小蒋庄、蒋李庄、小郑庄、大郑庄、大董庄、小董庄、郑园庄、乔园庄，共11个。村委会辖区范围东至韦集镇，南至沱河，西至庙李村民委员会，北至朱圩村民委员会、庙李村民委员会。总户数为670户，总人口为3755人，主要分布民族为汉族。面积为9.7平方千米。粮食作物以小麦、玉米为主。经济作物以花生为主。养殖业以养殖鸡、牛、羊、鱼为主。居民经济来源以种植、养殖、外出务工为主。

砂坝原叫砂姜坝。相传，大禹治水时开挖一条小沟，叫沱河，两岸人民为了交通方便，用砂姜在沱河上修建一座水漫坝，古称砂姜坝，由此得名。明朝开始从山西移民在沱河北岸建起居民点，清末县府决定在此起集，取名砂坝街。1942年国民党县政府在此设乡政府，挂牌为砂坝乡国民政府；1954年设砂坝乡人民政府；1978年设砂坝人民公社；1984年改设砂坝乡政府；1992年撤乡并镇，设砂坝村民委员会；2001年和大郑村民委员会合并为砂坝村民委员会，名称沿用至今。

双桥村村民委员会

双桥村村民委员会（Shuāngqiáocūn Cūnmín Wěiyuánhuì） 隶属黄湾镇。位于灵璧县城西南方位，距县城约20千米，村委会驻姚桥庄，下辖自然村有姚桥庄、双桥庄、瓦庙庄、西柯庄、前陈庄、后陈庄、五里庄、双东庄、双西庄，共9个。村委会辖区范围东至胡桥村民委员会，南至三桥村民委员会，西至张龙村民委员会，北至柯湖村民委员会。总户数为580户，总人口为2748人，主要分布民族为汉族。面积为7.0平方千米。粮食作物以小麦、玉米为主。经济作物以花生、棉花为主。养殖业以养殖鸡、牛、羊为主。居民经济来源以务农、外出务工为主。

1983年由双桥大队更名为双桥村村民委员会，该村委会有双桥自然村之义。1958年人民公社时期名为双桥大队；1983年由双桥大队更名为双桥村村民委员会，沿用至今。

宋河村村民委员会

宋河村村民委员会（Sònghécūn Cūnmín Wěiyuánhuì） 隶属黄湾镇。位于灵璧县城西南方位，距县城约21千米，村委会驻小李、宋河、顾庄交界处，下辖自然村有宋河庄、小李庄、小殷庄、小封庄、顾庄、陈圩庄、陈庄、卜庄，共8个。村委会辖区范围东至陆集村张龙村，南至南沱河和固镇交界，西至希杰沟，北至娄庄镇大山林场。总户数为452户，总人口为2410人，主要分布民族为汉族。面积为6.8平方千米。粮食作物以小麦、玉米为主。经济作物以花生、芝麻为主。养殖业以养殖猪、牛、羊、鸡、鸭、鹅、鱼为主。居民经济来源以种植业、养殖业、外出务工收入为主。

1983年由宋河大队改为宋河村民委员会。宋河村因宋河庄命名，该庄宋姓居多，又因南沱河在宋河庄门口，故名。新中国成立前曾为宋河乡，后又为宋河初级社、宋河高级社、宋河大队、宋河村委会，沿用至今。

王桥村村民委员会

王桥村村民委员会（Wángqiáocūn Cūnmín Wěiyuánhuì） 隶属黄湾镇。位于灵璧县城西南方位，距县城约20千米，村委会驻王桥村，下辖自然村有贺桥庄、北陈庄、大刘庄、南小刘庄、小陈庄、小李庄、王桥庄、彭庄、西刘庄，共9个。村委会辖区范围东至三桥村，南至沱河堰，西至沱河堰，北至张龙村。总户数为518户，总人口为2497人，主要分布民族为汉族。面积为5.7平方千米。粮食作物以小麦、玉米为主。经济作物以花生为主。养殖业以养殖羊为主。居民经济来源以养殖业、种植业、外出务工为主。

该村委会有王桥自然村之义，王姓居多，村庄西边有一座石桥，故名。1965年收固镇区时（当时固镇隶属灵璧县），沱河乡划为灵璧县陆集乡，名为王桥大队；1983年由王桥大队更名为王桥村民委员会，沿用至今。

晏路村村民委员会

晏路村村民委员会（Yànlùcūn Cūnmín

Wěiyuánhuì） 隶属黄湾镇。位于灵璧县城西南方位，距县城约20千米，村委会驻大奚庄，下辖自然村有郭庄、郑庄、大周庄、张庄、大奚庄、街里庄、大杨庄、井王庄，共8个。村委会辖区范围南至朱圩村民委员会，西至柯胡村民委员会，北至单营村民委员会。总户数为1010户，总人口为5200人，主要分布民族为汉族。面积为14.4平方千米。粮食作物以小麦、玉米为主。经济作物以花生、棉花为主。养殖业以养殖鸡、牛、羊为主。居民经济来源以务农、外出务工为主。

因晏、路二姓聚居而得名。1958年人民公社时期名为晏路大队。1983年由晏路大队更名为晏路村村民委员会，名称未变，沿用至今。

张龙村村民委员会

张龙村村民委员会（Zhānglóngcūn Cūnmín Wěiyuánhuì） 隶属黄湾镇。位于灵璧县城西南方位，距县城约17千米，村委会驻小张庄，下辖自然村有井栏庄、东陈圩庄、小代庄、小张庄、艾庄、前李庄、后李庄、小陈庄、张集庄、后王庄、前王庄、西张庄、小赵庄、徐沟庄、南陈圩庄，共15个。村委会辖区范围东至双桥村，南至王桥村，西至沱河，北至宋河、陆集村。总户数为1007户，总人口为5759人，主要分布民族为汉族。面积为13.6平方千米。粮食作物以小麦、玉米为主。经济作物以花生为主。养殖业以养殖牛、羊、鱼为主。

1958年人民公社时名称为张集大队；1991年改名为张集村；2013年由张集村、沱北村、艾李村、井栏村合并命名为张龙村村民委员会，名称沿用至今。

朱圩村村民委员会

朱圩村村民委员会（Zhūwéicūn Cūnmín Wěiyuánhuì） 隶属黄湾镇。位于灵璧县城东南方位，距县城约8千米，村委会驻代圩庄，下辖自然村有后朱庄、老户朱庄、前朱庄、代圩庄、潘庄、大陈庄、小陈庄、付庄，共8个。村委会辖区范围东至韦集镇，南至砂坝村，西至庙李村，北至胡桥村。总户数为932户，总人口为4073人，主要分布民族为汉族。面积为8.2平方千米。粮食作物以玉米、小麦为主。经济作物以黄豆、花生为主。养殖业以养殖猪、牛、羊为主。居民经济来源以种植、养殖、外出务工、零售为主。

1958年人民公社时名称为代圩大队，1983年名为代圩村，2000年由老户朱村和代圩村合并命名为朱圩村村民委员会，沿用至今。

娄庄镇

沱北村村民委员会

沱北村村民委员会（Tuóběicūn Cūnmín Wěiyuánhuì） 隶属娄庄镇。距县城约25千米，村委会驻大王村，下辖自然村有小朱庄、小李庄、东王庄、沱圩庄、南王庄、小胡庄、方庄、建庄、边王庄、汪庄、司圩庄、北任庄、彭庄、娄庄、位庄、孙郭庄、小王庄、大王庄，共18个。辖区范围东至飞龙沟，南至周田村委会沱河，西至青飞沟，北至三南路。总户数为859户，总人口为4139人，主要分布民族为汉族。面积为15.5平方千米。粮食作物以小麦、玉米为主。

1965年建村，命名为荣花村，在2005年与沿沱村合并后，又改为沱北村，名称沿用至今。

王赵村村民委员会

王赵村村民委员会（Wángzhàocūn Cūnmín Wěiyuánhuì） 隶属娄庄镇。位于灵璧县城正西方位，距县城约 15 千米，村委会驻孙墩庄，下辖自然村有张铁庄、黄庄、王赵庄、小李庄、小田庄、孙墩庄、大王庄、小吴庄、大吴庄、团结庄、前刘庄、河北刘庄、小张庄，共 13 个。村委会辖区范围东至蒋圩村，南至赵家村，西至灵西运河，北至汴河村。总户数为 743 户，总人口为 3064 人，主要分布民族为汉族。面积为 8.7 平方千米。粮食作物以小麦、玉米为主。养殖业以养殖蛋鸡、猪为主。居民经济来源以种植、养殖、外出务工为主。

以驻地自然村“王赵家”前二字取名。1949 年属娄庄乡，1958 年属娄庄人民公社，1983 年属娄庄乡，1984 年属娄庄区，1992 年属娄庄镇，2005 年将东风村并入王赵村，沿用至今。

吴塘村村民委员会

吴塘村村民委员会（Wútángcūn Cūnmín Wěiyuánhuì） 隶属娄庄镇。位于灵璧县城西南方位，距县城约 25 千米，村委会驻吴塘村，下辖自然村有吴塘庄、小王庄、李巷庄、庄家庄、邢家庄、庙陈庄、陈圩庄、汪南庄、汪北庄、曹列王庄、耿庄，共 11 个。村委会辖区范围东至姚山村委会，南至双任村民委员会，西至司房村民委员会，北至刘胡村民委员会。总户数为 464 户，总人口为 2415 人，主要分布民族为汉族。面积为 7.9 平方千米。粮食作物以小麦、玉米为主。养殖业以养殖鸡、猪、羊为主。居民经济来源以种植、外出务工为主。

1983 年由吴塘大队更名为吴塘村民委员会，该村委会有吴塘自然村之义。1949 年属娄庄乡，1958 年为娄庄人民公社吴塘大队，1983 年为娄庄乡吴塘村，1984 年属娄庄区，1992 年属娄庄镇，沿用至今。

宣圩村村民委员会

宣圩村村民委员会（Xuānwéicūn Cūnmín Wěiyuánhuì） 隶属娄庄镇。位于灵璧县城方位，距县城约 15 千米，村委会驻宣圩村，下辖自然村有八杨庄、小崔庄、面孙庄、小徐庄、大邓庄、小邓庄、陆沟庄、室圩庄、小冉庄、小黄庄、道庄，共 11 个。村委会辖区范围东至汴河村，南至娄庄居委会，西至娄北村，北至新汴河。总户数为 917 户，总人口为 4328 人，主要分布民族为汉族。面积为 12.0 平方千米。粮食作物以小麦、玉米为主。经济作物以花生为主。养殖业以养殖鸡、猪、羊、牛为主。居民经济来源以种植、外出务工、养殖为主。

以驻地自然村宣圩子前二字命名。1949 年属娄庄乡，1958 年属娄庄人民公社，1983 年属娄庄乡，1984 年属娄庄区，1992 年属娄庄镇，2005 年八杨村并入宣圩村，沿用至今。

淹周村村民委员会

淹周村村民委员会（Yānzhōucūn Cūnmín Wěiyuánhuì） 隶属娄庄镇。位于灵璧县城正西方位，距县城约 11 千米，村委会驻淹周庄，下辖自然村有王庄、张庄、徐庄、淹周庄、李庄、赵庄、孙庄、冯庄、危庄，共 9 个。村委会辖区范围东至前进村委会，南至大山村，西至大山村委会，北至蒋圩村委会。总户数为 564 户，总人口为 2648 人，主要分布民族为汉族。面积为 6.8 平方千米。粮食作物以小麦、玉米为主。养殖业以养殖猪、羊、牛为主。居民经济来源以建筑、外出务工为主。

以境内自然庄淹周家前二字命名。1949年属娄庄乡，1958年为娄庄人民公社淹周大队，1978年由淹周大队更名为淹周村委会，1983年属娄庄乡，1984年属娄庄区，1992年属娄庄镇。2005年将坨南村李庄、危庄、赵庄、孙庄、冯庄共5个自然庄并入淹周村，沿用至今。

杨集村村民委员会

杨集村村民委员会（Yángjícūn Cūnmín Wěiyuánhuì） 隶属娄庄镇。位于灵璧县城西南方位，距县城约15千米，村委会驻曾庄，下辖自然村有大王庄、杨集、张楼、曾庄、吕庄、陈巷、先庄、小刘庄、杨圩庄、火庙庄、扣元庄、小张、贺家、胡家、东刘庄，共15个。村委会辖区范围东至大山村，南至宋河村，西至姚山，北至赵家村。总户数为1164户，总人口为5598人，主要分布民族为汉族。面积为13.0平方千米。粮食作物以小麦、玉米为主。经济作物以花生为主。养殖业以养殖猪、鸡、牛为主。居民经济来源以种植、养殖、外出务工为主。

以境内自然庄杨集命名。1949年属娄庄乡，1958年属娄庄人民公社；1981年由杨集大队更名为杨集村民委员会；1983年属娄庄乡；1984年属娄庄区；1992年至今属娄庄镇。

永定村村民委员会

永定村村民委员会（Yǒngdìngcūn Cūnmín Wěiyuánhuì） 隶属娄庄镇。位于灵璧县城西方位，距县城约15千米，村委会驻永定村，下辖自然村有小胡庄、小李家、大胡家、前侯家、永定街、后田家、前汤庄、后汤家、魏家庄、从圩子庄、小田家、小孙家、厉侯家，共13个。村委会辖区范围东至黄圩村，南至吴塘村，西至葛店村，北至小黄河。总户数为853户，总人口为4017人，主要分布民族为汉族。面积为12.4平方千米。粮食作物以小麦、玉米为主。养殖业以养殖猪、羊、鸡为主。居民经济来源以种植业为主。

以驻地自然村永定命名。1949年属娄庄乡永定村；1958年属娄庄人民公社永定大队；1983年属娄庄乡永定村；1984年属娄庄区；1992年属娄庄镇；2005年汤圩村合并到永定村，沿用至今。

长集村村民委员会

长集村村民委员会（Chángjícūn Cūnmín Wěiyuánhuì） 隶属娄庄镇。位于灵璧县城西南方位，距县城约30千米，村委会驻长集村，下辖自然村有长集街、大杨家、三司庄、大刘家、顾家庄、小刘家、钱家庄、小司家，共8个。村委会辖区范围东至双任村、沱北村，南至沱河，西至埇桥区，北至杨马村民委员会。总户数为619户，总人口为3280人，主要分布民族为汉族。面积为9.6平方千米。粮食作物以小麦、玉米为主。经济作物以花生为主。养殖业以养殖猪、羊、鸡为主。居民经济来源以种植、养殖、外出务工为主。

因连年战乱，人们盼望长治久安，遂取名长安，后发展集市，故名长安集。1949年解放后，演变为长集，原长集人民公社、长集乡人民政府所在地。1983年由长集大队更名为长集村民委员会。2005年5月由钱刘村委会、长集村委会合并成长集村民委员会。

刘胡村村民委员会

刘胡村村民委员会（Liúhúcūn Cūnmín Wěiyuánhuì） 隶属娄庄镇。位于灵璧县城南部方位，距县城约20千米，村委会驻刘胡村，下辖的自然村有小刘庄、大刘庄、小胡庄、大王庄、孙庙庄、新建庄、尽头司，共7个。村委会辖区范围东至永定村，南至吴塘，西至葛店，北至永定村。总户数为1980户，总人口为4050人，主要分布民族为汉族。面积为5.6平方千米。粮食作物以小麦、玉米、大豆为主。经济作物以棉花、花生为主。养殖业以养殖猪、牛、羊、鸡、鸭为主。居民经济来源以种植业、养殖业、外出务工为主。

本村南边大刘庄、小刘庄两个庄人口占全村的40%，北边有小胡庄，因此得名刘胡村。1949年属娄庄乡，1958年属娄庄人民公社永定大队，1976年3月与永定村分开命名为刘胡村，1983年为娄庄乡，1984年属娄庄区，1992年至今属娄庄镇。

蒋邓村村民委员会

蒋邓村村民委员会（Jiǎngdèngcūn Cūnmín Wěiyuánhuì） 隶属娄庄镇。位于灵璧县城西部方位，距县城约25千米，村委会驻刘赵村，下辖的自然村有赵刘庄、小刘庄、蒋庄、邓庄、小张庄、前汪庄、后汪庄，共7个。村委会辖区范围东至葛店村，南至大南村，西至大东村，北至五一村。总户数为567户，总人口为2488人，主要分布民族为汉族。面积为6.2平方千米。粮食作物以种植小麦、玉米为主。养殖业以养殖猪、羊为主。居民经济来源以外出务工、养殖为主。

1983年由大队改名为村民委员会，因该庄蒋姓与邓姓居多，故而得名。1949年属娄庄乡，1958年为娄庄人民公社蒋邓大队，1983年为娄庄乡蒋邓村，1984年属娄庄区，1992年属娄庄镇至今。

娄北村村民委员会

娄北村村民委员会（Lóuběicūn Cūnmín Wěiyuánhuì） 隶属娄庄镇。位于灵璧县城北部方位，距县城约15千米，村委会驻家堂庙庄，下辖的自然村有四庄、三庄、二庄、小韩庄、付桥庄、小尹庄、大尹庄、后道庄、陆湾庄、家堂庙庄、小王庄，共11个。村委会辖区范围东至宣圩村，南至北沱河，北至新汴河。总户数为772户，总人口为4019人，主要分布民族为汉族。面积为10.06平方千米。粮食作物以小麦、玉米为主。居民经济来源以外出务工、种植为主。

1958年为老娄北村，2005年原付桥村与家庙村合并后，改名为娄北村。1949年属娄庄乡，1958年属娄庄人民公社，1983年属娄庄乡，1984年属娄庄区，1992年属娄庄镇。2005年将家庙村、付桥村并入娄北村，沿用至今。

娄庄村村民委员会

娄庄村村民委员会（Lóuzhuāngcūn Cūnmín Wěiyuánhuì） 隶属娄庄镇。位于灵璧县城西部方位，距县城约15千米，村委会驻娄庄村，下辖的自然村有田吴庄、娄庄、西二庄、西一庄、塘北东三庄、后张庄、前张庄、东一庄、中一庄、中四庄，共9个。村委会辖区范围东至王赵村，南至姚山村，西至黄圩村，北至娄北村。总户数为975户，总人口为4045人，主要分布民族为汉族。面积为7.5平方千米。粮食作物以小麦、玉米为主。经济作物以种植花生、大豆为主。养殖业以养殖鸡、猪、羊为主。

以驻地自然村娄庄命名。1949年属娄庄乡，1958年人民公社时期名称为娄庄大队，1983年由娄庄大队更名为娄庄村民委员会，沿用至今。

双任村村民委员会

双任村村民委员会（Shuāngréncūn Cūnmín Wěiyuánhuì） 隶属娄庄镇。位于灵璧县城西南方位，距县城约30千米，村委会驻双后组，下辖的自然村有西任庄、双后组、任庙组、任圩庄、李圩庄、小元庄、双前庄、桂庄、小吴庄、小刘庄，共10个。村委会辖区范围东至姚山村，南至沱北村，西至清龙汤，北至吴塘村。总户数为449户，总人口为2525人，主要分布民族为汉族。面积为8.6平方千米。粮食作物以小麦、玉米为主。经济作物以花生为主。养殖业以养殖猪、羊、鸡为主。居民经济来源以外出务工、农作物种植、养殖为主。

1983年由大队改为村委会，又因该庄任姓居多，故而得名。1973年前由双任大队分为任庙大队、双任大队；1983年改为任庙村民委员会、双任村民委员会；2005年撤乡并镇，任庙村、双任村合并为双任村民委员会，沿用至今。

司房村村民委员会

司房村村民委员会（Sīfángcūn Cūnmín Wěiyuánhuì） 隶属娄庄镇。位于灵璧县城西南方位，距县城约24千米，村委会驻邵庄，下辖的自然村有大刘庄、高庙庄、邵庄、小刘家、寿庄、小张庄、双张庄、双司庄、圩后圩西、改庄、庙西庄、大庄，共12个。村委会辖区范围东至吴塘村，南至杨马村，西至蒋邓村，北至葛店村。总户数为857户，总人口为3922人，主要分布民族为汉族。面积为14.5平方千米。粮食作物以小麦、玉米为主。经济作物以西瓜为主。养殖业以养殖猪、牛、羊为主。居民经济来源以外出务工、建筑、养殖为主。

1983年由司房大队更名为司房村民委员会。1949年属娄庄乡，1958年为娄庄人民公社司房大队，1983年为娄庄乡司房村，1984年属娄庄区，1992年属娄庄镇，沿用至今。

姚山村村民委员会

姚山村村民委员会（Yáoshāncūn Cūnmín Wěiyuánhuì） 隶属娄庄镇。位于灵璧县城西南方位，距县城约20千米，村委会驻陈营村，下辖的自然村有陈营庄、陈圩庄、二陈庄、郭庄、小张庄、山前庄、山后庄、陈园庄、小陈庄、小庄、小高庄、双庄、王圩庄、南王庄、小王庄、龙汪庄、邢王庄，共17个。村委会辖区范围东至赵家村，南至杨集村，西至吴塘村，北至娄庄村。总户数为1283户，总人口为6300人，主要分布民族为汉族。面积为13.9平方千米。粮食作物以小麦、玉米为主。经济作物以花生、红薯、棉花为主。养殖业以养殖猪、鸡、羊为主。居民经济来源以外出务工、建筑为主。

以境内姚山取名。1949年属娄庄乡，1958年属娄庄人民公社，1983年属娄庄乡，1984年属娄庄区，1992年属娄庄镇，2005年龙汪村并入姚山村，沿用至今。

汴河村村民委员会

汴河村村民委员会（Biànhécūn Cūnmín Wěiyuánhuì） 隶属娄庄镇。位于灵璧县城西方位，距县城约12千米，村委会驻汴河村，下辖自然村有汴河村、小林庄、刚桥刘庄、小陈庄、陈元庄、大郑庄、小高庄、拐李庄、王圩庄、小林庄、小杨庄、亢园庄、沟东崔家、曾庄、位庄、杨庄、武庄、小孙庄、小李庄、程左庄，共20个。村委会辖区范围东至灵城，南至蒋圩村，西至东赵村，北至汴河。总户数为1140户，总人口为5136人，主要分布民族为汉族。面积为15.0平方千米。粮食作物以小麦、玉米为主。养殖业以养殖鸡、羊为主。居民经济来源以工地干活为主。

以所辖自然村大部分位于汴河南而命名。1949年属娄庄乡。1966年开挖新汴河，由此而取名汴河大队。1983年属娄庄乡，名汴河村。2005年将沟南村并入汴河村，沿用至今。

大山村村民委员会

大山村村民委员会（Dàshāncūn Cūnmín Wěiyuánhuì） 隶属娄庄镇。位于灵璧县城西南方位，距县城约13千米，村委会驻大山村，下辖自然村有小程庄、团结庄、朱前后庄、前魏楼、大山村、方家庄、小娄庄、李圩庄、娄家庄、葛庄、安家庄、后魏楼，共12个。村委会辖区范围东至单营村，南至红星村，西至杨集村，北至大赵村。总户数为966户，总人口为4340人，主要分布民族为汉族。面积为10.9平方千米。粮食作物以小麦、玉米为主。养殖业以养殖鸡、牛、猪为主。居民经济来源以外出务工、建筑为主。

以驻地大山庄前二字命名。1949年属娄庄乡，1958年属娄庄人民公社，1983年属娄庄乡，1984年属娄庄区，1992年属娄庄镇，2005年将圪南村的李圩庄、方家庄、安家庄、小娄庄四庄并入大山村，沿用至今。

峨山村村民委员会

峨山村村民委员会（Éshāncūn Cūnmín Wěiyuánhuì） 隶属娄庄镇。位于灵璧县城西南方位，距县城约20千米，村委会驻峨东庄，下辖自然村有丁徐庄、峨西庄、峨东庄、安下庄、乱陈家、大任家，共6个。村委会辖区范围东至大山村，南至红星村、陆集村，西至杨集村，北至大山村。总户数为524户，总人口为2413人，主要分布民族为汉族。面积为6.2平方千米。粮食作物以小麦为主。经济作物以花生为主。养殖业以养殖鸡、羊、猪为主。居民经济来源以种植为主。

以境内原自然村峨山头前两个字命名。1949年属娄庄乡，1958年名为娄庄人民公社峨山大队，1981年由峨山大队更名为峨山村村委会，1983年属娄庄乡，1984年属娄庄区，1992年属娄庄镇，沿用至今。

葛店村村民委员会

葛店村村民委员会（Gědiàncūn Cūnmín Wěiyuánhuì） 隶属娄庄镇。位于灵璧县城西南方位，距县城约20千米，村委会驻葛店村，下辖自然村有张桥庄、高刘庄、葛店庄、后葛庄，共4个。村委会辖区范围东至刘胡村民委员会，南至司房村民委员会，西至蒋邓村民委员会，北至张庙村民委员会。总户数为773户，总人口为3642人，主要分布民族为汉族。面积为6.7平方千米。粮食作物以小麦、玉米为主。经济作物以瓜、菜为主。养殖业以养殖牛、羊、猪、鸡为主。居民经济来源以外出务工、做生意为主。

以驻地葛店街前二字命名。1949年属娄庄乡，1958年名为娄庄人民公社葛店大队，1983年为娄庄乡葛店村，1984年属娄庄区，1992年属娄庄镇，沿用至今。

黄圩村村民委员会

黄圩村村民委员会（Huángwéicūn Cūnmín Wěiyuánhuì） 隶属娄庄镇。位于灵璧县城中心方位，距县城约15千米，村委会驻黄圩村，下辖自然村有周庄、陈庄、前余庄、后余庄、张庄、王庄、黄庄、小王庄、大王庄、小曹庄、何庄、小张庄，共12个。村委会辖区范围东至娄居，南至姚山村，西至永定村，北至北沱河。总户数为547户，总人口为2689人，主要分布民族为汉族。面积为7.9平方千米。粮食作物以小麦、玉米为主。经济作物以花生为主。养殖业以养殖猪、鸡为主。居民经济来源以务工、经商、农业为主。

抗战时期，因怕遭日军侵扰，村庄周围外建有圩子，因黄氏居多，后称黄圩村。1949年属娄庄乡，1958年名为娄庄人民公社黄圩大队，1981年由黄圩大队更名为黄圩村村委会，1983年属娄庄乡，1984年属娄庄区，1992年属娄庄镇，沿用至今。

蒋圩村村民委员会

蒋圩村村民委员会（Jiǎngwéicūn Cūnmín Wěiyuánhuì） 隶属娄庄镇。位于灵璧县城偏西北方位，距县城约9千米。村委会驻余桥村，下辖自然村有大余庄、二余庄、小余庄、小田庄、韩刘庄、小张庄、小杨庄、小赵庄、蒋圩庄、小满庄、王岭家、余桥庄、红桐庙，共13个。村委会辖区范围东至桂沟，南至大赵村，西至王赵，北至汴河村。总户数为1130户，总人口为4455人，主要分布民族为汉族。面积为9.5平方千米。粮食作物以小麦、玉米为主。

以驻地自然村蒋圩命名。1949年属娄庄乡，1958年属娄庄人民公社，1983年属娄庄乡，1984年属娄庄区，1992年属娄庄镇，2005年将韩刘村并入蒋圩村，沿用至今。

赵家村村民委员会

赵家村村民委员会（Zhàojiācūn Cūnmín Wěiyuánhuì） 隶属娄庄镇。位于灵璧县城西南方位，距县城约20千米，村委会驻赵家村，下辖自然村有小王庄、小高庄、田集庄、大赵庄、后赵庄、山前庄、小叶庄、北范庄、张圩庄、小陈庄、南范庄、小张庄、小曹庄，共13个。村委会辖区范围东至淹周村，南至大山、杨集两村地界，西至灵西运河，北至王赵村界。总户数为757户，总人口为3607人，主要分布民族为汉族。面积为10.8平方千米。粮食作物以小麦、玉米为主。经济作物以花生、山芋为主。养殖业以养殖猪、鸡、羊为主。居民经济来源以外出务工、养殖、种植为主。

赵家村原名大赵村。1949年属娄庄乡，1958年属娄庄人民公社，1983年属娄庄乡，1984年属娄庄区，1992年属娄庄镇，2005年将曹山村并入赵家村，沿用至今。

杨马村村民委员会

杨马村村民委员会（Yángmǎcūn Cūnmín Wěiyuánhuì） 隶属娄庄镇。位于灵璧县城西南方位，距县城约45千米，村委会驻杨马村，下辖自然村有杨庄组、新司组、苏庄组、陈庄组、马圩组、马庙组，共6个。村委会辖区范围东至双任村，南至长集村，西至埇桥区，北至司房村。总户数为679户，总人口为3011人，主要分布民族为汉族。面积为9.0平方千米。粮食作物以小麦、玉米、大豆为主。经济作物以花生、芝麻为主。养殖业以养殖猪、鸡、羊为主。居民经济来源以外出务工、建筑、种植经济作物为主。

1983年由大队改为村委会，村名取双杨、马圩自然村村名中各一字。1958年人民公社时期称为双杨大队、马圩大队，1983年更名为双杨村、马圩村，2005年更名为杨马村民委员会。

杨疃镇

半店村村民委员会

半店村村民委员会（Bàndiàncūn Cūnmín Wěiyuánhuì） 隶属杨疃镇，位于灵璧县城西北方位，距县城约20千米，村委会驻南么家，下辖自然村有半店、庙后崔家、徐井、南么家、草窝刘、小冉，共6个。村委会辖区范围东至七井村民委员会，南至庙王村民委员会，西至张圩村民委员会，北至刘圩村民委员会。总户数为625户，总人口为3040人，主要分布民族为汉族。面积为7.2平方千米。粮食作物以小麦、玉米、大豆为主。养殖业以养殖猪、羊、鸡、鱼为主。居民经济来源以种植、养殖、务工为主。

1958年属邱庙公社，为半店大队，1983年属张圩乡，为半店村村民委员会，1992年属杨疃镇，2005年刘冉村并入，属杨疃镇，为半店村村民委员会，沿用至今。

大亢村村民委员会

大亢村村民委员会（Dàkàngcūn Cūnmín Wěiyuánhuì） 隶属杨疃镇，距县城约20千米。大亢村委会驻朱东庄，下辖自然村有大亢庄、前亢庄、后亢庄、梁圩庄、端午庄、朱东庄、朱西庄、李建庄、盛家庄、祠堂李、程家庄、胡家庄、付家庄，共13个。辖区范围东至郑庙，南至大余村，西至一里王，北至杨集村。总户数为750户，总人口为3700人，主要分布民族为汉族。面积为7.7平方千米。粮食作物以小麦、玉米、大豆为主。养殖业以养殖猪、羊、鸡、鱼为主。居民经济来源以种植、养殖、务工为主。

以驻地自然村大亢家前二字得名。1995年大亢村、梁圩村二村合并，属杨疃镇，为大亢村村民委员会，2005年傅余村并入，属杨疃镇，为大亢村村民委员会，沿用至今。

大余村村民委员会

大余村村民委员会（Dàyúcūn Cūnmín Wěiyuánhuì） 隶属杨疃镇，位于灵璧县城西北方位，距县城约18千米，村委会驻大余，下辖自然村有闫张组、大余组、陈条组、前张组、陈余组、小黄组、徐巷组、盛汪组，共8个。村委会辖区范围东至朱岗杨疃，南至刘圩村，西至一里王，北至郑庙大亢。总户数为600户，总人口为2680人，主要分布民族为汉族。面积为5.8平方千米。居民经济来源以外出务工、养殖、种植为主。

村委会驻大余庄，故名。1992年由大余村、陈余村合并而成，属杨疃镇，为大余村村民委员会，名称沿用至今。

邱庙村村民委员会

邱庙村村民委员会（Qiūmiàocūn Cūnmín Wěiyuánhuì） 隶属杨疃镇，位于灵璧县城北方位，距县城约10千米，村委会驻邱庙，下辖自然村有大胡庄、后魏庄、西魏庄、魏圩庄、魏集庄、西小胡庄、东小胡庄、邱庙庄、孙家庄、冉桥庄、姬家庄、山后李庄、小郭家，共13个。村委会辖区范围东至红光，南至光明，西至庙王，北至七井。总户数为1425户，总人口为6754人，主要分布民族为汉族。面积为7.8平方千米。粮食作物以小麦为主。经济作物以玉米为主。养殖业以养殖猪为主。居民经济来源以种植、养殖、务工为主。

1992年小胡村、四魏村二村合并，属杨疃镇，为邱庙村村民委员会。2005年山李村并入，属杨疃镇，为邱庙村村民委员会，沿用至今。

杨东村村民委员会

杨东村村民委员会（Yángdōngcūn Cūnmín Wěiyuánhuì） 隶属杨疃镇，位于灵璧县城北东方位，距县城约20千米，村委会驻水牛张，下辖自然村有井王庄、姬王庄、沟口王、小庄王、新王庄、水牛张庄、新庄、陈木家、小杨家、小刘家、石家庄、小闫家、崔家庄、浦包陈庄、小赵家，共15个。村委会辖区范围东至禅堂乡河北村，南至禅堂乡张宋村，西至杨疃镇杨疃村，北至新河。总户数为2028户，总人口为4647人，主要分布民族为汉族。面积为9.8平方千米。粮食作物以小麦、玉米为主。经济作物以黄豆为主。养殖业以养殖鸡、羊、猪、鱼为主。居民经济来源以种植业、养殖业、外出务工为主。

因并村后位于杨疃镇东部，故得名杨东村村民委员会。2005年，三河村、姬井村、崔闫村三村合并，属杨疃镇，为杨东村村民委员会，沿用至今。

杨集村村民委员会

杨集村村民委员会（Yángjícūn Cūnmín Wěiyuánhuì） 隶属杨疃镇，位于灵璧县城西北方位，距县城约30千米，村委会驻杨集，下辖自然村有枪李庄、杨集庄、扒锅李庄、虾笼王庄、骑路王庄、小胡庄、李良玉庄、小朱庄、张楼庄、解家庄、郭家庄、程家庄、蒋家庄、顾家庄，共14个。村委会辖区范围东至郑庙村村民委员会，南至一里王村民委员会，西至埇桥区中湖王村，北至尹集镇程刘村。总户数为972户，总人口为3878人，主要分布民族为汉族。面积为10.7平方千米。粮食作物以小麦、玉米、大豆等为主。经济作物以棉花等为主。养殖业以养殖鸡、鸭、猪、羊等为主。居民经济来源以外出务工、经济作物种植、养殖业等为主。

1992年，骑路王村、枪李村、李良玉村、解家村四村合并为解家村村民委员会，属杨疃镇。2005年更名为杨集村村民委员会，沿用至今。

杨疃村村民委员会

杨疃村村民委员会（Yángtuǎncūn Cūnmín Wěiyuánhuì） 隶属杨疃镇，位于灵璧县城北方位，距县城约17千米，村委会驻杨疃，下辖自然村有宣闫庄、姜家庄、侯家庄、小钱庄、孟家庄、魏家庄、朱勋庄、小冉庄、杨疃庄，共9个。村委会辖区范围东至杨东村，南至邱庙村，西至刘圩村，北至朱岗村。总户数为1842户，总人口为6781人，主要分布民族为汉族。面积为11.6平方千米。粮食作物以种植小麦、玉米为主。养殖业以养殖猪、羊、鸡为主。居民经济来源以种植、经商、务工为主。

2005年，杨疃村、杨西村、孟魏村、朱冉村四村合并，属杨疃镇，为杨疃村村民委员会，沿用至今。

张圩村村民委员会

张圩村村民委员会（Zhāngwéicūn Cūnmín Wěiyuánhuì） 隶属杨疃镇，位于灵璧县城西北方位，距县城约20千米，村委会驻张圩，下辖自然村有后张庄、张圩庄、黄家庄、唐店庄、大崔庄、徐家庄、小邱张庄、新陈庄，共8个。村委会辖区范围东至庙王村委会，南至汴河，西接埇桥区，北至刘圩村委会。总户数为528户，总人口为2435人，主要分布民族为汉族。面积为6.3平方千米。居民经济来源以外出务工、种植、养殖为主。

1992年张圩村、大崔村二村合并，属

杨疃镇，为张圩村村民委员会，沿用至今。

朱岗村村民委员会

朱岗村村民委员会（Zhūgǎngcūn Cūnmín Wěiyuánhuì） 隶属杨疃镇，位于灵璧县城北方位，距县城约18千米，村委会驻前朱岗，下辖自然村有新胡庄、四胡庄、小徐庄、前朱岗庄、后朱岗庄、小许庄、团王庄、大魏庄、小固庄、大胡庄、西李庄共11个。村委会辖区范围东至杨东村，南至杨疃村，西至郑庙村，北至尹集镇。总户数为1842户，总人口为5168人，主要分布民族有汉族、回族。面积为11.9平方千米。粮食作物以小麦为主。养殖业以养殖猪、羊、鸡为主。居民经济来源以种植、经商、务工为主。

2005年大魏村、四胡村、大胡村、朱岗村四村合并，属杨疃镇，为朱岗村村民委员会，沿用至今。

七井村村民委员会

七井村村民委员会（Qījǐngcūn Cūnmín Wěiyuánhuì） 隶属杨疃镇，位于灵璧县西北方位，村委会驻胡圩庄，下辖的自然村有春张庄、胡圩庄、尖子庙庄、七里井、李禄家、八里王、倪家、小王家、小岳家，共9个，地理实体类型为农村居民点。村委会东至灵房路，南至邱庙村，西至半店村，北至杨疃村。总户数为1371户，总人口为7288人，主要分布民族有汉族、朝鲜族。面积为7.6平方千米。粮食作物以小麦、玉米为主。经济作物以茄子、辣椒为主。

以驻地七里井首尾二字命名。1958年为七井大队，1983年为七井村村民委员会，沿用至今。

光明村村民委员会

光明村村民委员会（Guāngmíngcūn Cūnmín Wěiyuánhuì） 隶属杨疃镇，位于灵璧县西北方位，村委会驻蒋庄，下辖的自然村有半曹庄、南杨庄、东朱庄、蒋庄、唐巷庄、杨沟庄、大王庄、西朱庄、小黄庄，共9个，地理实体类型为农村居民点。村委会东至邱庙村，南至新汴河，西至新汴河，北至庙王村。总户数为769户，总人口为3890人，主要分布民族为汉族。面积为8.8平方千米。粮食作物以小麦、玉米为主。经济作物以茄子、辣椒为主。

由政府命名。原属界沟公社灵杨大队，1971年划出，命名为“光明”。1983年属邱庙乡，为光明村村民委员会，沿用至今。

刘圩村村民委员会

刘圩村村民委员会（Liúwéicūn Cūnmín Wěiyuánhuì） 隶属杨疃镇，位于灵璧县城西北方位，距县城约17千米，村委会驻刘圩组，下辖自然村有打王组、大程组、刘圩组、盛汪组、松林组、小程组、小房组、小高组、小刘组、小吴组、小宣组、新陈组、新盛组、杨家组、夭家组、朱集组，共16个。村委会辖区范围东至杨疃村，南至半店村，西至埇桥区，北至大余村。总户数为1107户，总人口为6800人，主要分布民族为汉族。面积为11.8平方千米。粮食作物以小麦、玉米为主。养殖业以养殖猪为主。居民经济来源以种植、养殖、务工为主。

1958年为刘圩大队，1984年为刘圩村民委员会，沿用至今。

郑庙村村民委员会

郑庙村村民委员会（Zhèngmiàocūn Cūnmín Wěiyuánhuì） 隶属杨疃镇，位于灵璧县西北方位，距县城约25千米，村委会驻郑庙庄，下辖的自然村有陡沟庄、关路王、解台组、亢井庄、陆家庄、庙西王、欧渡口、汪家、小李、郑庙庄、朱井庄、朱圩庄、吕家、小朱家、邢家，共15个，地理实体类型为农村居民点。村委会东至朱岗村，南至大亢村，西至大亢村，北至杨集村。总户数为1581户，总人口为6135人，主要分布民族为汉族。面积为12.2平方千米。粮食作物以小麦、玉米为主。经济作物以茄子、辣椒为主。

1984年为郑庙村村民委员会，沿用至今。

一里王村村民委员会

一里王村村民委员会（Yīlǐwángcūn Cūnmín Wěiyuánhuì） 隶属杨疃镇，位于灵璧县城西北方位，距县城约20千米，村委会驻一里王，下辖自然村有北程组、陈汪组、花家组、李庙庄、廖家组、刘井组、南程组、孙集组、小闫新村、新城小区、窑后陈、一里王、尹桥口、尹圩组、运河尹家、张家组、朱西组，共17个。村委会辖区范围东至刘圩村，南至张圩村，西至埇桥区，北至大亢村。总户数为1386户，总人口为6293人，主要分布民族为汉族。面积为13.4平方千米。粮食作物以小麦为主。养殖业以养殖猪为主。居民经济来源以种植、养殖、务工为主。

1984年为小吴乡一里王村村民委员会；1992年为杨疃镇一里王村村民委员会，沿用至今。

红光村村民委员会

红光村村民委员会（Hóngguāngcūn Cūnmín Wěiyuánhuì） 隶属杨疃镇，位于灵璧西北方位，距县城约7.5千米，村委会驻白庙，下辖自然村有小徐、小张庄、白庙庄、南小刘、新王、马家庄、孙庄、小李庄、张义组、胡标组、后刘组、小付家、及家、小刘，共14个。村委会辖区范围东至开发区，南至光明村，西至邱庙，北至禅堂。总户数为1035户，总人口为4580人，主要分布民族为汉族。面积为11.5平方千米。粮食作物以小麦、玉米为主。经济作物以大豆、蔬菜为主。养殖业以养殖为主。

原属胡标大队，1969年划出，命名为红光。1958年为红光大队，1984年由红光大队更名为红光村村民委员会，沿用至今。

庙王村村民委员会

庙王村村民委员会（Miàowángcūn Cūnmín Wěiyuánhuì） 隶属杨疃镇，位于灵璧县杨疃镇西北方位，距县城约15千米，村委会驻庙王下辖自然村有唐圩组、娄家、庙王、马家、小倪、小晁、大曾、张家、陆家、小唐，共10个。村委会辖区范围东至七井，南至新汴河，西至张圩，北至半店。总户数为800户，总人口为3900人，主要分布民族为汉族。面积为8.5平方千米。粮食作物以小麦、玉米为主。经济作物以大豆、蔬菜为主。养殖业以养殖牛、猪、羊、家禽为主。居民经济来源以外出务工、种植、养殖为主。交通设施有村村通；医疗设施有卫生室。

1958年名为庙王大队；1984年名为庙王村村民委员会，名称沿用至今。

尹集镇

霸王城村村民委员会

霸王城村村民委员会（Bàwángchéngcūn Cūnmín Wěiyuánhuì） 隶属尹集镇，位于灵璧县城西北方位，距县城约27千米，村委会驻李楼，下辖自然村有小程家、刘集庄、小雷家、小郁家、大雷家、前王、李楼、后王、堰头、贺家，共10个。村委会辖区范围东至马楼村，南至程刘村，西至埇桥区，北至濉河。总户数为939户，总人口为3944人，主要分布民族有汉族、白族。面积为5.1平方千米。粮食作物以小麦、玉米为主。经济作物以种植棉花、大豆为主。养殖业以养殖猪、羊、鸡为主。居民经济来源以外出务工、运输业、种植业、养殖为主。

霸王城村是楚汉时期濉水之战的古战场，因此得名霸王城村。1958年成立李楼大队；1976年撤区并乡，李楼大队分堰头村、李楼村和刘集村；1992年8月三村合并为霸王城村。

菠林村村民委员会

菠林村村民委员会（Bōlíncūn Cūnmín Wěiyuánhuì） 隶属尹集镇，位于灵璧县城偏西北方位，距县城约30千米，村委会驻菠林子，下辖自然村有菠林子、贺家，共2个。村委会辖区范围东至浍沟镇车里村，南至塘河，西至土桥村孙家居民点，北至濉河。总户数为908户，总人口为3129人，主要分布民族有汉族、土家族。面积为5.5平方千米。粮食作物以种植小麦、玉米、黄豆为主。经济作物以棉花为主。养殖业以养殖牛、羊、猪、鸡为主。居民经济来源以外出务工为主。

因下辖自然村而得名。1983年复为尹集区尹集公社菠林大队。1984年改为尹集区尹集镇菠林村。1992年3月撤区建镇为菠林村，沿用至今。

陈渡口村村民委员会

陈渡口村村民委员会（Chéndùkǒucūn Cūnmín Wěiyuánhuì） 隶属尹集镇，位于灵璧县城西北方位，距县城约22千米，村委会驻胡王村，下辖自然村有张渡口庄、穆渡口庄、陈渡口庄、胡王庄、王仓屋庄、刘宅子庄、小康家庄、小郭家庄，共8个。村委会辖区范围东至菠林村，南至圩疃村，西至杜安村，北至尹集居委会、土桥村。总户数为1449户，总人口为4992人，主要分布民族为汉族。面积为7.0平方千米。粮食作物以小麦为主。经济作物以大豆为主。养殖业以养鸡为主。居民经济来源以种植业、外出务工为主。

因下辖自然村而得名。1951年属圩疃乡。1956年属圩疃高级社。1980年属圩疃公社。1983年属圩疃乡。1984年更名为尹集区圩疃乡陈渡口村村民委员会。1992年3月撤区建镇为尹集镇陈渡口村。2005年4月王仓屋村与胡王村、张渡口村、陈渡口村合并为陈渡口村村民委员会，沿用至今。

程刘村村民委员会

程刘村村民委员会（Chéngliúcūn Cūnmín Wěiyuánhuì） 隶属尹集镇，位于灵璧县城西北方位，距县城约28千米，村委会驻桥口小学旁，下辖自然村有斜沟庄、桥口庄、李曹坊庄、白庙庄、吴家庄、刘菜园庄、程圩庄，共7个。村委会辖区范围东至杜安村民委员会，南至新河，西至埇桥区时东村，北至霸王城村民委员会。总户数为1131户，总人口为4760人，主要分布民族有汉族、傈僳族。面积为8.0平方千米。粮食作物以小麦为主。经济作物以大豆为主。养殖业以养殖鸡、鸭、羊为主。居民经济来源以外出务工为主。

以下辖自然村程圩和刘菜园首字命名。1949年属尹西乡；1962年属尹西公社；1984年更名为尹集区尹西乡程刘村民委员会；1992年3月撤区建镇为尹集镇程刘村；2005年与桥口村合并为程刘村，沿用至今。

杜安村村民委员会

杜安村村民委员会（Dù' āncūn Cūnmín Wěiyuánhuì） 隶属尹集镇，位于灵璧县城西北方位，距县城约25千米，村委会驻杜安村，下辖自然村有盛汪庄、张家庄、梁家庄、杨家庄、杜安庄、王圈圩子、胡刘，共7个。村委会辖区范围东至圩疃村、陈渡口村，南至新河，西至李大庄村、程刘村，北至马楼村。总户数为795户，总人口为3527人，主要分布民族为汉族。面积为6.2平方千米。粮食作物以小麦为主。经济作物以大豆为主。养殖业以养殖羊为主。居民经济来源以外出务工、种植为主。

以驻地自然村杜安命名。1951年属圩疃乡。1956年属圩疃高级社。1966年属尹集公社圩疃高级社。1980年社区划社，复属圩疃公社，为杜安大队。1984年改为尹集区圩疃乡杜安村。1992年3月撤区建镇为杜安村。2005年4月杜安村和盛汪村合并为杜安村委会后，沿用至今。

姬贺村村民委员会

姬贺村村民委员会（Jīhècūn Cūnmín Wěiyuánhuì） 隶属尹集镇，位于灵璧县城西北方位，距县城约28千米。村委会驻丝网张东村，下辖自然村有小新庄、贺家、丝网张东庄、丝网张西庄、姬家庄、小解家、亢家庄、小刘家庄，共8个。村委会辖区范围东至浍沟镇车里村、解阁村，南至菠林村，西至尹北村民委员会，北至田路村村民委员会。总户数为300户，总人口为1000人，主要分布民族有汉族、回族、土家族。面积为7.0平方千米。粮食作物以小麦、玉米为主。经济作物以大豆为主。养殖业以养猪、鸡为主。居民经济来源以种植、外出务工为主。

取其下辖自然庄姬家、贺家首字而得名。1992年以前为姬家村和贺家村。1992年8月合并为姬贺村。2005年4月姬贺村和亢刘村合并为姬贺村委会，沿用至今。

解阁村村民委员会

解阁村村民委员会（Xiègécūn Cūnmín Wěiyuánhuì） 隶属尹集镇，位于灵璧县城西北方位，距县城约35千米，村委会驻解阁村，下辖自然村有解阁、龙潭、盛庄、老陈庄，共4个。村委会辖区范围东至浍沟镇马庄村、车里村，南至姬贺村，西至姬贺村，北至浍沟镇开山村。总户数为675户，总人口为4329人，主要分布民族有汉族、布依族、朝鲜族、彝族、傣族、苗族。面积为5.0平方千米。粮食作物以小麦为主。经济作物以大豆为主。养殖业以养猪为主。居民经济来源以种植、养殖、外出务工为主。

以下辖自然村而得名。1951年属田路乡。1957年属田路公社。1958年属尹楼公社。1969年属尹集公社。1980年设区划社，复属田路公社。1983年由解阁大队更名为解阁村，属田路乡。1992年3月撤区并镇仍为解阁村。2005年5月由龙潭村、解阁村两个村合并为解阁村，沿用至今。

李大庄村村民委员会

李大庄村村民委员会（Lǐdàzhuāngcūn Cūnmín Wěiyuánhuì） 隶属尹集镇，位于灵璧县城西北方位，距县城约25千米，村委会驻李大庄村，下辖李大庄1个自然村。村委会辖区范围东至马楼村，南至杜安村，西至程刘村，北至霸王城村。总户数为647户，总人口为2830人，主要分布民族为汉族。面积为4.4平方千米。粮食作物以小麦为主。经济作物以种植豆类、玉米为主。养殖业以养鸡、养猪为主。居民经济来源以种植、养殖为主。

以下辖自然村而得名。1949年属尹西乡，1962年属尹西公社，1980年为尹集区尹西公社李大庄大队。1983年改为尹集区尹西乡李大庄村。1992年3月调整为尹集镇李大庄村，沿用至今。

马楼村村民委员会

马楼村村民委员会（Mǎlóucūn Cūnmín Wěiyuánhuì） 隶属尹集镇，位于灵璧县城西北方位，距县城约28千米，村委会驻小马村，下辖自然村有李瓦房、马楼、范家、曹家、小马、东松林、西松林、家苇棵、周裴张、李元墙、小王庄，共11个。村委会辖区范围东至尹集居委会，南至杜安村、霸王城村，西至霸王城村，北至三村。总户数为1431户，总人口为5957人，主要分布民族为汉族。面积为7.8平方千米。粮食作物以小麦、玉米为主。经济作物以大豆为主。养殖业以养殖山羊、生猪、土鸡为主。居民经济来源以外出务工、种植业为主。

以下辖自然村而得名。1983年为尹集区尹西公社马楼大队。1984年为尹集区尹西乡马楼村。1992年3月撤区建镇为尹集镇马楼村。1992年8月马楼村和范家村合并为马楼村。2005年4月马楼村和小马村合并为马楼村，沿用至今。

三村村民委员会

三村村民委员会（Sāncūn Cūnmín Wěiyuánhuì） 隶属尹集镇，位于灵璧县城西北方位，距县城约30千米，村委会驻三村，下辖自然村有三村、吴家、张郁、郭穆、张李、马沟、西张、霸王城，共8个。村委会辖区范围东至尹北村，南至霸王城村，西至埇桥区营孜村，北至张集村。总户数为1245户，总人口为5163人，主要分布民族有汉族、彝族、满族。面积为6.6平方千米。粮食作物以小麦为主。经济作物以黄豆为主。养殖业以养殖猪、羊为主。居民经济来源以种植业、外出务工为主。

以下辖自然村而得名。1950年属尹楼乡，1962年属尹楼公社，1983年属尹楼乡，1992年2月撤区并乡时属尹集镇，沿用至今。

田路村村民委员会

田路村村民委员会（Tiánlùcūn Cūnmín Wěiyuánhuì） 隶属尹集镇，位于灵璧县城西北方位，距县城约28.5千米。村委会驻田路，下辖自然村有东王井、西王井、田路、小张家庄、小王家、小田家，共6个。村委会辖区范围东至姬贺村，南至尹北村，西至尹楼村村民委员会，北至朱集乡固城村村民委员会。总户数为1190户，总人口为5000人，主要分布民族为汉族。面积为7.4平方千米。粮食作物以小麦为主。经济作物以大豆为主。养殖业以养殖生猪、鸡为主。居民经济来源以种植、外出务工为主。

以下辖自然村而得名。1951年属田路乡。1958年属田路公社。1983年为尹集区田路公社田路大队。1984年更名为尹集区田路乡田路村。1992年3月撤区并镇时为尹集镇田路村。2005年4月由田路村与王井村两个村合并为田路村，沿用至今。

土桥村村民委员会

土桥村村民委员会（Tǔqiáocūn Cūnmín Wěiyuánhuì） 隶属尹集镇，位于灵璧县城西北方位，距县城约25.5千米，村委会驻后土桥村，下辖自然村有东孙家、前孙家、后孙家、陈滩子、前土桥、后土桥、北桂庄、大孙家、西土桥，共9个。村委会辖区范围东至菠林村，南至陈渡口村，西至尹集居委会，北至尹北村、姬贺村。总户数为

890户，总人口为5850人，主要分布民族为汉族。面积为6.9平方千米。粮食作物以小麦、玉米为主。经济作物以大豆为主。养殖业以养殖生猪、山羊为主。居民经济来源以种植、外出务工为主。

以下辖自然村而得名。1983年隶属尹集区尹集公社土桥大队。1984年改名为尹集区尹集镇土桥村。1992年3月撤区建镇，为尹集镇土桥村。2005年4月陈滩村和土桥村合并为土桥村，沿用至今。

圩疃村村民委员会

圩疃村村民委员会（Wéituǎncūn Cūnmín Wěiyuánhuì） 隶属尹集镇，位于灵璧县城西北方位，距县城约21.5千米，村委会驻圩疃街，下辖自然村有东陈庄、小王庄、张渡口庄、南小李庄、东小李庄、圩疃街、小曹家，共7个。村委会辖区范围东至禅堂乡，南至杨疃镇欧度，西至杜安村民委员会，北至陈渡口村民委员会。总户数为1300户，总人口为5538人，主要分布民族有汉族、苗族、布依族、侗族、壮族。面积为7.6平方千米。粮食作物以小麦为主。经济作物以大豆为主。养殖业以养殖猪、山羊、鸡为主。居民经济来源以种植、养殖、外出务工为主。

以下辖自然村而得名。1983年由圩疃大队更名为圩疃村。1992年撤区并镇为圩疃村。2005年与东陈村合并为圩疃村，沿用至今。

尹北村村民委员会

尹北村村民委员会（Yǐnběicūn Cūnmín Wěiyuánhuì） 隶属尹集镇，位于尹集镇北方位，距县城约25.5千米，村委会驻尹北村，下辖自然村有李家、张瓦房、王家、肖家、尹北、大尹家，共6个。村委会辖区范围东至姬贺村，南至濉河，西至三村，北至田路村。总户数为2541户，总人口为4958人，主要分布民族为汉族。面积为5.8平方千米。粮食作物以小麦为主。经济作物以大豆为主。养殖业以养羊为主。居民经济来源以种植、外出务工为主。

以下辖自然村而得名。1983年为尹北大队。1984年更名为尹集区尹集镇尹北村。1992年3月撤区并镇时为尹集镇尹北村。1992年8月由尹北与王家两个村合并为尹北村，沿用至今。

尹楼村村民委员会

尹楼村村民委员会（Yǐnlóucūn Cūnmín Wěiyuánhuì） 隶属尹集镇，位于灵璧县城西北方位，距县城约30千米，村委会驻尹楼村，下辖自然村有单庄、东南庄、圩里、路东、路西、街里、吕家、前王、温家、施沟、后楼，共11个。村委会辖区范围东至田路村，南至尹北村，西至张集村，北至脱尾河。总户数为1178户，总人口为4712人，主要分布民族为汉族。面积为7.6平方千米。粮食作物以小麦、玉米为主。经济作物以大豆、棉花、蔬菜为主。养殖业以养殖鸡、猪、牛、羊为主。居民经济来源以经济作物种植、外出务工、养殖为主。

以原尹楼命名，该居民点现已改为街里。1950年属尹楼乡，1962年属尹楼公社，1984年属尹楼乡，1992年撤区并乡时属尹集镇，沿用至今。

张集村村民委员会

张集村村民委员会（Zhāngjícūn Cūnmín Wěiyuánhuì） 隶属尹集镇，位于灵璧县城西北方位，距县城约32.5千米，村委会驻张东，下辖自然村有张东、张西、门王，共3个。村委会辖区范围东至尹楼村，南至三村，西至三村、埇桥区马楼村，北至朱集乡张家村。总户数为735户，总人口为3596人，主要分布民族为汉族。面积为5.5平方千米。粮食作物以小麦为主。经济作物以大豆为主。养殖业以养鸡为主。居民经济来源以种植、外出务工为主。

以驻地自然村“张集”命名。1983年由张东大队更名为张东村。1992年3月撤区并镇仍为张东村。1992年8月由张东、张西、门王三个村合并为张集村，沿用至今。

尹集村村民委员会

尹集村村民委员会（Yǐnjícūn Cūnmín Wěiyuánhuì） 隶属尹集镇，位于灵璧县城西北方位，距县城约30千米，村委会驻尹集，下辖自然村有王安庄、西李庄、尹集、朱路庄，共4个。村委会辖区范围东至土桥村，南至陈渡口村，西至马楼村，北至濉河。总户数为1182户，总人口为4958人，主要分布民族为汉族。面积为5.0平方千米。粮食作物以种植小麦为主。经济作物以大豆为主。养殖业以养鸡为主。居民经济来源以种植、外出务工为主。

以驻地自然村尹集命名。1951年属尹集乡，1958年属尹集人民公社，1984年9月属尹集镇，1992年2月撤区并乡，设尹集村，属尹集镇，沿用至今。

浍沟镇

车李村村民委员会

车李村村民委员会（Chēlǐcūn Cūnmín Wěiyuánhuì） 属浍沟镇，位于灵璧县城北方位，距县城约30千米，村委会驻前车村，下辖自然村有前车村、后车村、小许庄，共3个。村委会辖区范围东至张时村民委员会，南至许闸村民委员会，西至尹集镇菠林村，北至尹集镇解阁村。总户数为856户，总人口为4120人，主要分布民族为汉族。面积为5.2平方千米。粮食作物以小麦为主。经济作物以玉米、大豆为主。养殖业以养殖鸡、猪、鱼为主。居民经济来源以外出务工、建筑、家庭养殖为主。村内有学校、村卫生室。

生产队时期为前车村，属尹集公社，后来归为浍沟公社。2005年前车村和后车村合并后，改名为车李村村民委员会，沿用至今。

大庄村村民委员会

大庄村村民委员会（Dàzhuāngcūn Cūnmín Wěiyuánhuì） 属浍沟镇，位于灵璧县城北方位，距县城约20千米，村委会驻大庄村，下辖自然村有简吴、小吴、张东、张西，共4个。村委会辖区范围东至濉河，南至禅堂乡，西至土山村，北至郭沟村。总户数为1250户，总人口为5000人，主要分布民族为汉族。面积为7.8平方千米。粮食作物以小麦为主。经济作物以玉米、大豆为主。养殖业以养殖鸡、羊、鱼为主。居民经济来源以外出务工、建筑、家庭养殖为主。村内有学校、村卫生室。

原为张大庄村。1995年与小吴合并为一个村，改为大庄村，更名为大庄村民委员会。2005年简吴村并入大庄村，名称沿用至今。

凤山村村民委员会

凤山村村民委员会（Fèngshāncūn Cūnmín Wěiyuánhuì） 隶属浍沟镇，位于灵璧县城北方位，距县城约35千米，村委会驻凤山村，下辖自然村有凤山庄、杜堂庄、井合山，共3个。村委会辖区范围东至申村，南至马庄村，西至朱集乡姜山村，北至凤凰山。总户数为1050户，总人口为4026人，主要分布民族为汉族。面积为6.8平方千米。粮食作物以小麦为主。经济作物以玉米、大豆为主。养殖业以养殖鸡、羊、鱼为主。居民经济来源以外出务工、建筑、家庭养殖为主。村内有学校、村卫生室。

清朝从西北迁来，因所住地方有山形似凤凰，因而取名凤山。公社时期名称为凤山大队。1983年由凤山大队更名为凤山村委会，沿用至今。

郭沟村村民委员会

郭沟村村民委员会（Guōgōucūn Cūnmín Wěiyuánhuì） 隶属浍沟镇，位于灵璧县城东北方位，距县城约22千米，村委会驻郭沟村，下辖郭沟村1个自然村。村委会辖区范围东至新濉河，南至张大庄，西至彭黄村，北至彭黄村马厂片。总户数为682户，总人口为2630人，主要分布民族为汉族。面积为2.9平方千米。粮食作物以小麦、玉米为主。经济作物以大豆为主。养殖业以养殖鸡、羊、鱼为主。居民经济来源以外出务工、建筑、家庭养殖为主。村内有学校、村卫生室。

明朝末期，此地姓郭的占大多数，村口有一条沟，因而得名郭沟村。1962年更名为郭马村。1969年更名为郭沟村村民委员会，沿用至今。

郭许村村民委员会

郭许村村民委员会（Guōxǔcūn Cūnmín Wěiyuánhuì） 隶属浍沟镇，位于灵璧县城西南方位，距县城约25千米，村委会驻郭许村，下辖自然村有郭瓦、许闸、小杨，共3个。村委会辖区范围东至吕解，南至塘河，西至菠林，北至张时村。总户数为895户，总人口为4115人，主要分布民族为汉族。面积为6.1平方千米。粮食作物以小麦为主。经济作物以玉米、大豆为主。养殖业以养殖鸡、羊、鱼为主。居民经济来源以外出务工、建筑、家庭养殖为主。村内有学校、村卫生室。

自1949年后，该村一直叫郭许村。2004年3月许闸村和小杨庄合并入郭许村。2005年郭瓦村并入郭许村，沿用至今。

后灵村村民委员会

后灵村村民委员会（Hòulíngcūn Cūnmín Wěiyuánhuì） 隶属浍沟镇，位于灵璧县城北方位，距县城约35千米，村委会驻后灵村，下辖自然村有蒲湾、后灵、中灵，共3个。村委会辖区范围东至三渠沟、大路乡，西至马庄村，北至申村。总户数为716户，总人口为2739人，主要分布民族为汉族。面积为3.6平方千米。粮食作物以种植小麦、玉米为主。经济作物以大豆为主。养殖业以养殖鸡、羊、鱼为主。居民经济来源以外出务工、建筑、家庭养殖为主。村内有学校、村卫生室。

原名灵子城村，由于地质变化沉没，成为湖，后期因灵子城得名为后灵。人民公社时期名称为灵马大队。1973年由灵马大队分为后灵大队。1979年由后灵大队分为后灵村委员会和蒲湾村委员会。2005年由蒲湾村民委员会和后灵村民委员会更改为后灵村民委员会，名称沿用至今。

浍沟村村民委员会

浍沟村村民委员会（Huìgōucūn Cūnmín Wěiyuánhuì） 隶属浍沟镇，位于灵璧县城北方位，距县城约25千米，村委会驻浍沟村，下辖1个浍沟村。村委会辖区范围东至叶赵村，南至彭黄村，西至张时村，北至唐灵村。总户数为987户，总人口为3585

人，主要分布民族为汉族。面积为3.3平方千米。粮食作物以小麦、玉米为主。经济作物以大豆为主。养殖业以养殖鸡、羊、鱼为主。居民经济来源以外出务工、建筑、家庭养殖为主。村内有学校、村卫生室。

人民公社时期名称为浍沟大队。1982年由浍沟大队更名为浍沟村民委员会，沿用至今。

李宅村村民委员会

李宅村村民委员会（Lǐzháicūn Cūnmín Wěiyuánhuì） 隶属浍沟镇，位于灵璧县城北方位，距县城约25千米，村委会驻李宅村，下辖自然村有小王村、西场村、李宅村，共3个。村委会辖区范围东至土山村，南至禅堂乡塘河，西至禅堂乡邱家塘河，北至郭瓦村。总户数为522户，总人口为2400人，主要分布民族为汉族。面积为3.8平方千米。粮食作物以小麦、玉米为主。经济作物以大豆为主。养殖业以养殖鸡、羊、鱼为主。居民经济来源以外出务工、建筑、家庭养殖为主。村内有学校、村卫生室。

李姓原是兄弟七人，本地为老七住地，成为李七宅，后简称为李宅。人民公社时期称为郭瓦大队、李宅大队，1983年由李宅大队更名为李宅村民委员会，沿用至今。

马庄村村民委员会

马庄村村民委员会（Mǎzhuāngcūn Cūnmín Wěiyuánhuì） 隶属浍沟镇，位于灵璧县城北方位，距县城约30千米，村委会驻马庄村，下辖自然村有仓屋、后马、许庄、前马、李庄、小解，共6个。村委会辖区范围东至后灵村，南至唐灵村，西至尹集镇，北至申村。总户数为998户，总人口为3956人，主要分布民族为汉族。面积为5.7平方千米。粮食作物以小麦、玉米为主。经济作物以大豆为主。养殖业以养殖鸡、羊、鱼为主。居民经济来源以外出务工、建筑、家庭养殖为主。村内有学校、村卫生室。

人民公社时期名称为灵马大队，后与唐灵村、后灵村分开更名为马庄大队。1992年2月由李庄村、东马村、后马村3个村合并为现在的马庄村，沿用至今。

彭黄村村民委员会

彭黄村村民委员会（Pénghuángcūn Cūnmín Wěiyuánhuì） 隶属浍沟镇，位于灵璧县城北方位，距县城约25千米。村委会驻彭家村，下辖自然村有马厂村、彭家庄、小高庄、黄家庄、张谷庄、毛唐庄，共6个。村委会辖区范围东至新濉河，南至郭沟、吕解，西至郭瓦村，北至浍沟村。总户数为1262户，总人口为5535人，主要分布民族为汉族。面积为6.6平方千米。粮食作物以小麦、玉米为主。经济作物以大豆为主。养殖业以养殖鸡、羊、鱼为主。居民经济来源以外出务工、建筑、家庭养殖为主。村内有学校、村卫生室。

1958年彭黄大队更名为彭黄村民委员会。2005年郭马村的马厂并入彭黄村，沿用至今。

申村村民委员会

申村村民委员会（Shēncūn Cūnmín Wěiyuánhuì） 隶属浍沟镇，位于灵璧县城北方位，距县城约35千米，村委会驻凡山村，下辖自然村有凡山、申东、二王、熊桥，共4个。村委会辖区范围东至渔沟镇，南至马庄村，西至凤山村，北至渔沟镇。总户数为1171户，总人口为3970人，主要分布民族为汉族。面积为6.4平方千米。粮食作物以小麦、玉米为主。经济作物以大豆为主。养殖业以养殖鸡、羊、鱼为主。居民经济来源以外出务工、建筑、家庭养殖为主。村内有学校、村卫生室。

“文化大革命”时期属凤山公社，后来分为二王大队、申东大队等四个大队。1995年由二王大队、申东大队合并为申村大队。1998年更名为申村，申村村民委员会。2005年更名为申村村民委员会，名称未变，沿用至今。

唐灵村村民委员会

唐灵村村民委员会（Tánglíngcūn Cūnmín Wěiyuánhuì） 隶属浍沟镇，位于灵璧县城北方位，距县城约35千米，村委会驻唐庄村，下辖自然村有唐庄、前灵，共2个。村委会辖区范围东至前灵，南至浍沟村，西至解家阁，北至马庄村。总户数为511户，总人口为2350人，主要分布民族为汉族。面积为4.3平方千米。粮食作物以小麦、玉米为主。经济作物以大豆为主。养殖业以养殖鸡、羊、鱼为主。居民经济来源以外出务工、建筑、家庭养殖为主。村内有学校、村卫生室。

清朝时期，唐庄为灵子城，也就是灵子唐，后期简称唐灵。人民公社时期名称为灵马大队。1973年后改为唐灵大队。1980年为唐庄大队。2005年正式更名为唐庄村至今。

土山村村民委员会

土山村村民委员会（Tǔshāncūn Cūnmín Wěiyuánhuì） 隶属浍沟镇，位于灵璧县城北方位，距县城约21千米，村委会驻土山村，下辖自然村有土东、土西、解家、吕家，共4个。村委会辖区范围东至大庄村，南至禅堂乡，西至李宅村，北至彭黄村。总户数为1045户，总人口为4188人，主要分布民族为汉族。面积为6.3平方千米。粮食作物以小麦、玉米为主。经济作物以大豆为主。养殖业以养殖鸡、羊、鱼为主。居民经济来源以外出务工、建筑、家庭养殖为主。村内有学校、村卫生室。

村名来历有两种说法，一种说法是旧时此地有一座低矮的土山，土山村因而得名，另一种说法是清朝宣统年间赐名。人民公社时期名称为土山大队。1983年由土山大队更名为土山村民委员会。2005年吕解村并入土山村，沿用至今。

叶赵村村民委员会

叶赵村村民委员会（Yèzhàocūn Cūnmín Wěiyuánhuì） 隶属浍沟镇，位于灵璧县城东北方位，距县城约30千米，村委会驻叶家村，下辖自然村有叶家、赵家、北圩、中蒋、小蒋、詹家，共6个。村委会辖区范围东至大路乡大蒋村委会，南至彭黄村委会，西至唐灵村委会，北至大路乡朱楼村委会。总户数为555户，总人口为2363人，主要分布民族为汉族。面积为3.9平方千米。粮食作物以小麦、玉米为主。经济作物以大豆为主。养殖业以养殖鸡、羊、鱼为主。居民经济来源以外出务工、建筑、家庭养殖为主。村内有学校、村卫生室。

叶赵村委会由所辖自然庄叶家、赵家联名而得。人民公社时期名为叶赵大队。1983年更名为叶赵村委会。1998年叶赵村委会调整为叶蒋、詹赵两个建别村。2005年，叶蒋、詹赵两村合并为叶赵村委会，沿用至今。

张时村村民委员会

张时村村民委员会（Zhāngshícūn Cūnmín Wěiyuánhuì） 隶属浍沟镇，位于灵璧县城正西方位，距县城约35千米，村委会驻张时村，下辖自然村有河北闫家、河南闫家、河北胡宅、河南胡宅、张时村，共5个。村委会辖区范围东至浍沟街，南至郭瓦村，西至前车村，北至唐庄自然庄。总户数为738户，总人口为2535人，主要分布民族为汉族。面积为3.6平方千米。粮食作物以小麦、玉米为主。经济作物以大豆为主。养殖业以养殖鸡、羊、鱼为主。居民经济来源以外出务工、建筑、家庭养殖为主。村内有学校、村卫生室。

由清代宣姓所建并取名。原为张时大队，后与浍沟村合并，后期又分开为张时村。2004年与河北濉河村合并为张时村委会，沿用至今。

游集镇

大康村村民委员会

大康村村民委员会（Dàkāngcūn Cūnmín Wěiyuánhuì） 隶属游集镇，位于灵璧县城正北方位，距县城约46千米，村委会驻大康村，下辖自然村有大康家、小康家、东花家，共3个。村委会辖区范围东至杜庄村委会，南至元宝刘村民委员会、解圩村民委员会，西至邵圩村民委员会，北至九集村民委员会。总户数为670户，总人口为3018人，主要分布民族为汉族。面积为3.5平方千米。粮食作物以小麦、玉米为主。养殖业以养殖猪、牛、羊、鸡为主。居民经济来源以外出务工、建筑、养殖为主。

1951年属九集乡，1958年属九集人民公社，1984年4月九集人民公社改为九集乡，属九集乡，为大康村村民委员会。1992年2月撤区并乡，属游集镇，沿用至今。

大章李村民委员会

大章李村民委员会（Dàzhānglǐ Cūnmín Wěiyuánhuì） 隶属游集镇，位于灵璧县城西北方位，距县城约50千米，村委会驻大章李村，下辖自然村有大章李村、马巷村，共2个。村委会辖区范围东至张东湖村，南至老汪湖，西至张山村，北至洪山村。总户数为820户，总人口为4050人，主要分布民族为汉族。面积为8.5平方千米。粮食作物以小麦、玉米为主。养殖业以养殖鸡、猪为主。居民经济来源以外出务工、养殖为主。

1951年属李场乡；1955年属大园乡；1962年属李场人民公社，为沙跃大队；1984年4月李场人民公社改为李场乡，为大章李村民委员会；1992年2月撤区并乡，属游集镇，沿用至今。

杜庄村村民委员会

杜庄村村民委员会（Dùzhuāngcūn Cūnmín Wěiyuánhuì） 隶属游集镇，位于灵璧县城北部方位，距县城约55千米，村委会驻杜庄村，下辖自然村有司家河、贡庄、杜庄、小李家、孙桥，共5个。村委会南至张桥村委会，西至大康村民委员会，北至九集村民委员会。总户数为603户，总人口为2879人，主要分布民族为汉族。面积为2.6平方千米。粮食作物以小麦、玉米为主。养殖业以养殖猪、鸡为主。

1951年属九集乡；1958年属九集人民公社；1984年4月九集人民公社改为九集乡，属九集乡，为杜庄村村民委员会；1992年2月撤区并乡，属游集镇，沿用至今。

解圩村村民委员会

解圩村村民委员会（Xièwéicūn Cūnmín Wěiyuánhuì） 隶属游集镇，位于灵璧县城北方位，距县城约45千米，村委会驻解圩村，下辖自然村有解圩村、王楼、彭家、张更庄，共4个。村委会辖区范围东至大康村委会，南至尤西村委会，西至杨庄村委会，北至王集村委会。总户数为1080户，总人口为4994人，主要分布民族为汉族。面积为4.5平方千米。粮食作物以小麦、玉米为主。经济作物以种植蔬菜为主。养殖业以养殖猪、羊为主。居民经济来源以种植、务工、贸易为主。

1951年属九集乡；1958年属九集人民公社，为解圩大队；1984年4月九集人民公社改为九集乡，属九集乡，为解圩村村民委员会；1992年2月撤区并乡，属游集镇，沿用至今。

李场村村民委员会

李场村村民委员会（Lǐchǎngcūn Cūnmín Wěiyuánhuì） 隶属游集镇，位于灵璧县城北方位，距县城约40千米，村委会驻邓庄村，下辖自然村有李场、田家、夏安、程家、小王家、小尤河、尤楼、尤河、孟庄、小解庄、邓庄，共11个。村委会辖区范围东至尤圩村委会，南至邱楼村委会，西至张湖村委会，北至杨庄村委会。总户数为645户，总人口为2955人，主要分布民族为汉族。面积为6.8平方千米。粮食作物以小麦、玉米、黄豆为主。养殖业以养殖猪、鸡为主。居民经济来源以种植、外出务工、养殖为主。

1951年属李场乡；1955年属大园乡；1962年属李场人民公社，为李场大队；1984年4月李场人民公社改为李场乡，为李场村村民委员会；1992年2月撤区并乡，属游集镇，沿用至今。

李楼村村民委员会

李楼村村民委员会（Lǐloúcūn Cūnmín Wěiyuánhuì） 隶属游集镇，位于灵璧县城北方位，距县城约40千米，村委会驻李楼村，下辖自然村有大李楼、小李楼、王巷子、前刘庄，共4个。村委会辖区范围东至运料河，南至张楼村，西至尤东村，北至张桥村。总户数为710户，总人口为3266人，主要分布民族为汉族、彝族，共2种。其中汉族3265人，占比97%，彝族1人，占比3%。面积为4.6平方千米。粮食作物以小麦、玉米为主。经济作物以大豆为主。养殖业以养殖鸡、猪、羊为主。居民经济来源以外出务工、养殖业、农作物种植为主。

1949年属尤集乡；1958年属尤集公社，为李楼大队；1983年由李楼大队更名为李楼村村民委员会；1992年2月撤区并乡，属游集镇，沿用至今。

邱楼村村民委员会

邱楼村村民委员会（Qiūlóucūn Cūnmín Wěiyuánhuì） 隶属游集镇，位于灵璧县城西北方位，距县城约40千米，村委会驻邱楼村，下辖自然村有小赵家、邱楼、小王家、后场、中邱、小庄、河南庄、张家李家、小林家、林圩、林家、王尤家、戴家，共14个。村委会辖区范围东至张楼村，南至朱集乡红旗村，西至朱集乡苗河村，北至尤西村。总户数为1100户，总人口为5060人，主要分布民族有汉族、回族，共2种。面积为8.9平方千米。粮食作物以小麦、玉米、黄豆为主。养殖业以养殖鸡、牛、羊、鱼为主。居民经济来源以种植、养殖、务工为主。

1949年属尤集乡；1958年属尤集公社，为邱楼大队；1983年由邱楼大队更名为邱楼村村民委员会；1984年属游集镇，沿用至今。

杨庄村村民委员会

杨庄村村民委员会（Yángzhuāngcūn Cūnmín Wěiyuánhuì） 隶属游集镇，位于

灵璧县城西北方位，距县城约45千米，村委会驻杨庄村，下辖自然村有小张家、胡家、冯家、程家、旋家、杨庄、小胡家、曹家、大园、张家，共10个。村委会辖区范围东至解圩村，南至尤圩村，西至李场村，北至王集村。总户数为801户，总人口为3492人，主要分布民族为汉族。面积为3.7平方千米。粮食作物以小麦、玉米为主。经济作物以棉花为主。养殖业以养殖鸡、鸭、猪为主。居民经济来源以种植经济作物、外出务工、养殖为主。

1951年属李场乡；1955年属大园乡；1962年属李场人民公社，为杨庄大队；1984年4月李场人民公社改为李场乡，为杨庄村村民委员会；1992年2月撤区并乡，属游集镇，沿用至今。

尤东村村民委员会

尤东村村民委员会（Yóudōngcūn Cūnmín Wěiyuánhuì） 隶属游集镇，位于灵璧县城北部方位，距县城约40千米，村委会驻尤集街，下辖自然村有尤集街、后乡，共2个。村委会辖区范围东至李楼村，南至张楼村，西至尤西村，北至元宝刘村。总户数为733户，总人口为3408人，主要分布民族为汉族。面积为3.3平方千米。粮食作物以小麦、玉米、黄豆为主。经济作物以花生、棉花为主。养殖业以养殖猪、羊为主。居民经济来源以种植经济作物、外出务工、养殖为主。

因辖区范围位于尤集东部而得名。1949年属尤集乡；1958年属尤集公社，为尤东大队；1983年由尤东大队更名为尤东村村民委员会；1992年2月撤区并乡，属游集镇，沿用至今。

张桥村村民委员会

张桥村村民委员会（Zhāngqiáocūn Cūnmín Wěiyuánhuì） 隶属游集镇，位于灵璧县城北部方位，距县城约45千米，村委会驻张桥村，下辖自然村有张桥、南尤庄、圩后、圩东、庙东、前王，共6个。村委会辖区范围东至运料河，南至李楼村，西至元宝刘村，北至杜庄村。总户数为796户，总人口为3350人，主要分布民族为汉族。面积为4.3平方千米。粮食作物以小麦、玉米、黄豆为主。养殖业以养殖鸡、鸭、猪为主。居民经济来源以种植经济作物、外出务工、建筑、养殖为主。

1951年属九集乡；1958年属九集公社，为张桥大队；1983年由张桥大队划分为张桥东村村民委员会和张桥西村村民委员会；2000年两村合并为张桥村村民委员会，一直延续至今。

九集村村民委员会

九集村村民委员会（Jiǔjícūn Cūnmín Wěiyuánhuì） 隶属游集镇，位于灵璧县城正北方位，距县城约50千米，村委会驻九集村，下辖自然村有九集、练河、尤庄、杨庄，共4个。村委会辖区范围东至刘奄村，南至大康村，西至花楼村，北至刘奄村。总户数为1305户，总人口为5115人，主要分布民族为汉族。面积为7.0平方千米。粮食作物以小麦、玉米、黄豆为主。经济作物以棉花、花生为主。养殖业以养殖鸡、鸭、鹅、牛、猪、羊为主。居民经济来源以种植经济作物、外出务工、养殖为主。

1951年属九集乡；1958年属九集人民公社，为九集大队；1984年4月九集人民公社改为九集乡，属九集乡，为九集村村民委员会；1992年2月撤区并乡，九集村村民委员会与尤庄村村民委员会合并为九集村村民委员会，属游集镇，沿用至今。

尤圩村村民委员会

尤圩村村民委员会（Yóuwéicūn Cūnmín Wěiyuánhuì） 隶属游集镇，位于灵璧县城西部方位，距县城约85千米，村委会驻尤圩村，下辖自然村有尤圩、小园、园西、小马家、六路、小尤家、胡家、小王家、小孟家，共9个。村委会辖区范围东至尤西村，南至郭楼村，西至李场村，北至杨庄村。总户数为839户，总人口为3360人，主要分布民族为汉族。面积为3.8平方千米。粮食作物以小麦、玉米为主。经济作物以种植蔬菜为主。养殖业以养殖猪、鸡为主。居民经济来源以种植经济作物、外出务工、经商为主。

1951年属李场乡；1955年属大园乡；1962年属李场人民公社，为尤圩大队；1984年4月李场人民公社改为李场乡，为尤圩村民委员会；1992年2月撤区并乡，属游集镇，沿用至今。

尤西村村民委员会

尤西村村民委员会（Yóuxīcūn Cūnmín Wěiyuánhuì） 隶属游集镇，位于灵璧县城西北方位，距县城约45千米，村委会驻尤西村，下辖自然村有尤西、前园庄、南宅庄、后孙庄、小李庄、刘庙，共6个。村委会辖区范围东至尤东村，南至张楼村，西至尤圩村，北至解圩村。总户数为599户，总人口为2870人，主要分布民族为汉族。面积为3.1平方千米。粮食作物以小麦、玉米为主。养殖业以养殖鸡、猪为主。居民经济来源以种植经济作物、外出务工、建筑为主。

1949年属尤集乡；1958年属尤集公社，为尤西大队；1983年由尤集西队更名为尤西村村民委员会；1992年2月撤区并乡，属游集镇，沿用至今。

元宝刘村村民委员会

元宝刘村村民委员会（Yuánbǎoliú Cūnmín Wěiyuánhuì） 隶属游集镇，位于灵璧县城东北方位，距县城约45千米。村委会驻后刘村，下辖自然村有后刘、后李楼、小张家，共3个。村委会辖区范围东至张桥村，南至李楼村，西至解圩村，北至大康村。总户数为610户，总人口为2460人，主要分布民族为汉族。面积为2.1平方千米。粮食作物以小麦、玉米、大豆为主。养殖业以养殖猪、牛、羊为主。居民经济来源以种植经济作物、外出务工、养殖为主。

原名为后刘村，因重名，1986年更名为元宝刘村村民委员会。1951年属九集乡；1958年属九集人民公社，为后刘大队；1984年4月九集人民公社改为九集乡，属九集乡，为后刘村村民委员会；因重名，1986年更名为元宝刘村村民委员会；1992年2月撤区并乡，属游集镇，沿用至今。

张楼村村民委员会

张楼村村民委员会（Zhānglóucūn Cūnmín Wěiyuánhuì） 隶属游集镇，位于灵璧县城北部方位，距县城约35千米，村委会驻东张楼村，下辖自然村有小高庄、东张楼、西张楼，共3个。村委会辖区范围东至红星村，南至红旗村，西至邱楼村，北至尤东村。总户数为590户，总人口为2460人，主要分布民族为汉族。面积为4.4平方千米。粮食作物以小麦、玉米为主。经济作物以黄豆为主。养殖业以养殖猪、羊为主。居民经济来源以种植经济作物、养殖为主。

1949年属尤集乡；1958年属尤集公社，

为张楼大队；1983年由张楼大队更名为张楼村村民委员会；1992年2月撤区并乡，属游集镇，沿用至今。

张东湖村村民委员会

张东湖村村民委员会（Zhāngdōnghú-cūn Cūnmín Wěiyuánhuì） 隶属游集镇，位于灵璧县城北方位，距离（区）县城约50千米，村委会驻张东湖村，下辖张东湖1个自然村。村委会辖区范围东至李场村、游河、邓庄、夏楼镇田口村，南至朱集乡苗河村，西至大章李村，北至大章李村。总户数为628户，总人口为2780人，主要分布民族为汉族。面积为4.2平方千米。粮食作物以种植小麦、玉米为主。经济作物以棉花、大豆、芝麻为主。养殖业以养殖羊、猪、鱼为主。居民经济来源以外出务工、种植经济作物为主。

1951年属李场乡；1955年属大园乡；1962年属李场人民公社，为张东湖大队；1969年属尤集人民公社；1980年属李场人民公社；1984年4月李场人民公社改为李场乡，为张东湖村村民委员会；1992年2月撤区并乡，属游集镇，沿用至今。

下楼镇

蔡塘村村民委员会

蔡塘村村民委员会（Càitángcūn Cūnmín Wěiyuánhuì） 隶属下楼镇，位于灵璧县城北方位，距县城约60千米，村委会驻湖北自然村，下辖自然村有前蔡塘、后蔡塘、湖北村、中谢、后刘家，共5个。村委会辖区范围东至火庙村民委员会，南至高王村民委员会，西至程庙村民委员会，北至江苏房村镇。总户数为693户，总人口为3317人，主要分布民族为汉族。面积为7.7平方千米。粮食作物以小麦、玉米为主。经济作物以大豆、棉花为主。养殖业以养殖羊、牛、鸡、猪为主。居民经济来源以外出务工、建筑、养殖为主。村内有学校、村卫生室。

2006年机构改革，中谢、湖北两村合并，更名为蔡塘村民委员会，该村委会有蔡塘自然村之义。蔡塘自然村另有一说，蔡塘村北边有一座庙，庙上长棵菜，故名菜塘，后讹作蔡堂。2006年机构改革后更名为蔡塘村委会，名称未变，沿用至今。

陈潭村村民委员会

陈潭村村民委员会（Chéntáncūn Cūnmín Wěiyuánhuì） 隶属下楼镇，位于灵璧县城西北方位，距县城约60千米，村委会驻陈潭河东村，下辖自然村有河东、河西、张庄，共3个。村委会辖区范围东至程庙村民委员会，南至杨山村民委员会，西至江苏房村镇鹿湾村，北至江苏房村镇八王村。总户数为460户，总人口为2076人，主要分布民族为汉族。面积为3.8平方千米。粮食作物以小麦、玉米、水稻为主。养殖业以养殖羊、猪为主。居民经济来源以外出务工、建筑、养殖为主。村内有学校、村卫生室。

该村委会有陈潭河东、陈潭河西之义。陈潭自然村，陈姓自清康熙年间由河南迁居于此，因黄河泛滥，洪水在村西南冲一深潭，因此而得名。人民公社时期名称为陈潭大队。1983年由陈潭大队更名为陈潭村委会后，名称未变，沿用至今。

程庙村村民委员会

程庙村村民委员会（Chéngmiàocūn Cūnmín Wěiyuánhuì） 隶属下楼镇，位于灵璧县城西北方位，距县城约58千米，村委会驻程庙村，下辖程庙1个自然村。村委会辖区范围东至湖北孙自然庄，南至陈潭村民委员会张庄，西至陈潭村委会河东自然庄，北至江苏房村镇八王村。总户数为567户，总人口为2264人，主要分布民族为汉族。面积为5.0平方千米。粮食作物以小麦、玉米、水稻为主。经济作物以棉花、水果为主。养殖业以养殖羊、鸡、猪为主。居民经济来源以外出务工、建筑、养殖为主。村内有学校、村卫生室。

相传，明代程姓在村西建座土地庙，遂得名程庙。因村委会所在地而得名程庙村委会。1958年命名为程庙村，沿用至今。

东高村村民委员会

东高村村民委员会（Dōnggāocūn Cūnmín Wěiyuánhuì） 隶属下楼镇，位于灵璧县城北方位，距县城约58千米，村委会驻小高庄村，下辖自然村有三楼、后李、东高家、东陈家、张坦家、小高庄，共6个。村委会辖区范围东至朝阳镇大湖村民委员会，南至刘庵村民委员会，西至谢楼村，北至火庙村。总户数为519户，总人口为2217人，主要分布民族为汉族。面积为3.9平方千米。粮食作物以小麦、玉米为主。经济作物以大豆、棉花为主。养殖业以养殖鸡、猪为主。居民经济来源以外出务工、建筑、养殖为主。村内有学校、村卫生室。

以境内自然村东高家前二字命名。1992年撤区并乡前名称为东高大队，并为镇以后和原三楼大队更名为东高村民委员会。

付寨村村民委员会

付寨村村民委员会（Fùzhàicūn Cūnmín Wěiyuánhuì） 隶属下楼镇，位于灵璧县城北方位，距县城约55千米，村委会驻高王村，下辖自然村有付寨、岗孜、石集、高洼、卧李、小尤庄、五家王，共7个。村委会辖区范围东至运料河，南至洛涧村民委员会，西至宿州市埇桥区，北至龙山村。总户数为970户，总人口为4500人，主要分布民族为汉族。面积为9.7平方千米。粮食作物以小麦、玉米为主。经济作物以大豆、花生为主。养殖业以养殖羊、猪为主。居民经济来源以外出务工、建筑、养殖为主。村内有学校、村卫生室。

原名石集大队，后与付寨、岗孜、石集、高洼、卧李、小尤庄、五家王合并为付寨村民委员会。

高王村村民委员会

高王村村民委员会（Gāowángcūn Cūnmín Wěiyuánhuì） 隶属下楼镇，位于灵璧县城北方位，距县城约55千米，村委会驻高王村，下辖自然村有高王村、小刘家、小高家、小谢家、小王家、火谢梨园、新庄、朱庵，共8个。村委会辖区范围东至东高村民委员会，南至谢楼村民委员会，西至下楼，北至蔡塘村民委员会。总户数为1017户，总人口为4350人，主要分布民族为汉族。面积为7.3平方千米。粮食作物以小麦、玉米为主。经济作物以大豆为主。养殖业以养殖羊、猪为主。居民经济来源以外出务工、建筑、养殖为主。村内有学校、村卫生室。

原名小高村。因重名，1986年以驻地自然村小高家和境内自然村小王家其中二字更为现名。人民公社时期名称为小高大队。1985年由小高大队更名为高王村委会，后又与火谢村委会合并，名称未变，沿用至今。

古城村村民委员会

古城村村民委员会（Gǔchéngcūn Cūnmín Wěiyuánhuì） 隶属下楼镇，位于灵璧县城西北方位，距县城约50千米，村委会驻古城村，下辖自然村有古城河东、古城、余圩、夹河滩、西程、谭楼、双庙，共7个。村委会辖区范围东至刘庵村民委员会，南至花楼村民委员会，西至付寨村民委员会，北至小圩村民委员会。总户数为968户，总人口为4426人，主要分布民族为汉族。面积为7.1平方千米。粮食作物以小麦、玉米为主。经济作物以大豆为主。养殖业以养殖羊、猪、鸡、鸭为主。居民经济来源以外出务工、建筑、养殖为主。村内有学校、村卫生室。

以村委会驻地位于古城自然村而得名，20世纪40年代曾是国民党县政府所在地。1954年9月至1955年12月称古城区委员会。人民公社时期为古城大队。1983年由古城大队更名为古城村委会。2002年与河东村委会、双庙村委会合并，仍沿用古城村委会至今。

花楼村村民委员会

花楼村村民委员会（Huālóucūn Cūnmín Wěiyuánhuì） 隶属下楼镇，位于灵璧县城北方位，距县城约50千米，村委会驻花楼村，下辖自然村有花楼、王堂庙、土庄、上村、下村，共4个。村委会辖区范围东至游集镇九集自然村，南至游集镇解圩自然村，西至王集村，北至古城村。总户数为626户，总人口为2426人，主要分布民族有汉族、土家族，共2种。面积为3.1平方千米。粮食作物以小麦、玉米为主。经济作物以棉花、花生为主。养殖业以养殖羊、鸡为主。居民经济来源以外出务工、建筑、养殖为主。村内有学校、村卫生室。

以花姓居民早年在村中建有土楼取名。人民公社时期名称为花楼大队。1983年由花楼大队更名为花楼村委会，沿用至今。

火庙村村民委员会

火庙村村民委员会（Huǒmiàocūn Cūnmín Wěiyuánhuì） 隶属下楼镇，位于灵璧县城西北方位，距县城约62千米，村委会驻火庙村，下辖自然村有火庙、堌塘、阎王庙、前赵、后赵、芦上、小吴家、陈家、单家、赵楼、申家，共11个。村委会辖区范围东至老运料河，南至中谢村民委员会，西至江苏房村镇窦家村，北至江苏双沟镇谢圩村。总户数为1285户，总人口为5530人，主要分布民族为汉族。面积为10.6平方千米。粮食作物以小麦、玉米、水稻为主。经济作物以棉花为主。养殖业以养殖羊、鸡为主。居民经济来源以外出务工、建筑、养殖为主。村内有学校、村卫生室。

以驻地自然村“火神庙”首尾二字命名。人民公社时期为火庙大队。1983年由火庙大队更名为火庙村委会，沿用至今。

凌堌村村民委员会

凌堌村村民委员会（Línggùcūn Cūnmín Wěiyuánhuì） 隶属下楼镇，位于灵璧县城西北方位，距县城约60千米，村委会驻后凌堌村，下辖自然村有后凌堌、小陈家、凌堌新村、岐路陈、小徐家，共5个。村委会辖区范围东至吴楼村民委员会，南至龙山村民委员会，西至宿州市埇桥区褚兰镇，北至江苏房村镇王庄。总户数为621户，总人口为2458人，主要分布民族为汉族。面积为5.6平方千米。粮食作物以小麦、玉米为主。经济作物以棉花为主。养殖业以养殖羊、猪、鸡、鸭为主。居民经济来源以外出务工、建筑、养殖为主。村内有学校、村卫生室。

以驻地自然村后凌堌后二字命名。人民公社时期名称为凌堌大队。1983年由凌堌大队更名为凌堌村委会，名称未变，沿用至今。

刘庵村村民委员会

刘庵村村民委员会（Liú' āncūn Cūnmín Wěiyuánhuì） 隶属下楼镇，位于灵璧县城北方位，距县城约50千米，村委会驻刘庵村，下辖自然村有胡庄、王楼、刘庵、花园、小杨家、齐刘家、庄圩子、后李家、小新庄、小张家、大吴家、小吴家，共12个。村委会辖区范围东至朝阳镇武楼自然庄，南至游集镇练合自然庄，西至古城村，北至谢楼村。总户数为1108户，总人口为5295人，主要分布民族为汉族。面积为9.6平方千米。粮食作物以小麦、玉米为主。经济作物以蔬菜为主。养殖业以养殖羊、猪为主。居民经济来源以外出务工、养殖为主。村内有学校、村卫生室。

因居民多刘姓和早年村中建有尼姑庵而得名，因村委会所在地驻扎于此，所以称为刘庵村。1992年并村后，由政府命名为刘庵村，沿用至今。

龙山村村民委员会

龙山村村民委员会（Lóngshāncūn Cūnmín Wěiyuánhuì） 隶属下楼镇，位于灵璧县城西北方位，距县城约60千米，村委会驻龙山村，下辖自然村有潘巷、高楼、张庄、丁阁、山后徐、申周王、前凌堌，共7个。村委会辖区范围东至杨山村鄂山庄，南至灵山、付寨村，西至宿州市埇桥区大杨村，北至黄泥沟。总户数为1200户，总人口为4900人，主要分布民族为汉族。面积为8.7平方千米。粮食作物以小麦、水稻为主。经济作物以大豆、玉米为主。养殖业以养殖羊、牛、猪为主。居民经济来源以外出务工、建筑、养殖为主。村内有学校、村卫生室。

人民公社时期名称为张庄公社、高楼公社、丁阁公社。1992年三个公社合并，更名为龙山村民委员会，沿用至今。

洛涧村村民委员会

洛涧村村民委员会（Luòjiàncūn Cūnmín Wěiyuánhuì） 隶属下楼镇，位于灵璧县城西北方位，距县城约55千米，村委会驻洛涧村，下辖自然村有洛涧、大王庄、小王庄、红山头、乔河、土山、沟湾，共7个。村委会辖区范围东至运料河，南至田口村民委员会，西至宿州市埇桥区，北至付寨村。总户数为928户，总人口为3780人，主要分布民族为汉族。面积为6.8平方千米。粮食作物以小麦、玉米为主。经济作物以花生、棉花为主。养殖业以养殖羊、鸡、牛、猪为主。居民经济来源以外出务工、建筑、养殖为主。村内有学校、村卫生室。

因村委会位于洛涧自然庄而得名，洛涧自然庄有一说，因邻近清代的洛氏所建的洛涧庄得名。人民公社时期名称为宣闸大队。1983年由宣闸大队更名为洛涧村委会，名称未变，沿用至今。

田口村村民委员会

田口村村民委员会（Tiánkǒucūn Cūnmín Wěiyuánhuì） 隶属下楼镇，位于灵璧县城北方位，距县城约50千米，村委会驻代楼村，下辖自然村有魏家、南程家、田口庄、上朱庄、郑沟庄、代楼庄、程巷孜，共7个。村委会辖区范围东至游集镇杨庄村委会，南至游集镇尤圩村民委员会，西至洛涧村民委员会，北至王集村民委员会。总户数为720户，总人口为3100人，主要分布民族为汉族。面积为6.4平方千米。粮食作物以小麦为主。经济作物以大豆、玉米为主。养殖业以养殖羊、鸡、猪为主。居民经济来源以外出务工、建筑、养殖为主。村内有学校、村卫生室。

1983年由田口大队更名为田口村民委员会。该村因田姓占多数，且村庄坐落在交叉路口，故得名田口村。人民公社时期名称为田口大队，由上朱庄、郑沟庄、南魏家、南程家、田口庄组成；人民公社时期代楼大队由程巷庄、代楼庄组成，叫代楼大队。2005年由田口大队、代楼大队合并为田口村，村部由原来的代楼小学更名为田口村民委员会，沿用至今。

王集村村民委员会

王集村村民委员会（Wángjícūn Cūnmín Wěiyuánhuì） 隶属下楼镇，位于灵璧县城西北方位，距县城约46千米，村委会驻王集村，下辖自然村有张庄、赵庄、孟家、下村、王集，共5个。村委会辖区范围东至花楼村民委员会，南至游集镇大康、大元村，西至付寨村，北至古城村。总户数为913户，总人口为4320人，主要分布民族为汉族。面积为5.0平方千米。粮食作物以小麦、玉米为主。养殖业以养殖猪、鸭、鸡、鱼为主。居民经济来源以外出务工、经济作物种植、养殖为主。村内有学校、村卫生室。

清末民国时期称无城寿，后因居民多姓王和有一小集市而取名。人民公社时期名称为王集公社，后为王集区公所、王集乡。1992年撤区并乡后改为王集村，沿用至今。

吴楼村村民委员会

吴楼村村民委员会（Wúlóucūn Cūnmín Wěiyuánhuì） 隶属下楼镇，位于灵璧县城西北方位，距县城约60千米，村委会驻吴楼村，下辖自然村有吴楼、朱楼、小刘家、小徐庄，共4个。村委会辖区范围东至杨山村民委员会，南至龙山村民委员会，西至灵固村民委员会，北至江苏房村镇鹿湾村。总户数为445户，总人口为2351人，主要分布民族为汉族。面积为5.1平方千米。粮食作物以小麦、玉米为主。养殖业以养殖鸡为主。居民经济来源以外出务工、建筑、经济作物种植为主。村内有学校、村卫生室。

传说是因为邻近清代的吴姓所建的吴家楼得名。1983年由吴楼大队更名为吴楼村委会，名称未变，沿用至今。

小圩村村民委员会

小圩村村民委员会（Xiǎowéicūn Cūnmín Wěiyuánhuì） 隶属下楼镇，位于灵璧县城北方位，距县城约50千米。村委会驻小圩村，下辖自然村有小圩、小谭楼、大北庄、后谭楼、李八湖，共5个。村委会辖区范围东至谢楼村民委员会，南至古城村民委员会，西至付寨村民委员会，北至杨山村民委员会。总户数为550户，总人口为2400人，主要分布民族为汉族。面积为4.3平方千米。粮食作物以小麦、玉米为主。经济作物以棉花为主。养殖业以养殖羊、牛、猪为主。居民经济来源以外出务工、建筑、养殖为主。村内有学校、村卫生室。

以早年村周围筑有圩墙而取此名。该村委会有小圩自然庄之义。人民公社时期名称为小圩大队。1983年由小圩大队更名为小圩村委会，沿用至今。

谢楼村村民委员会

谢楼村村民委员会（Xièlóucūn Cūnmín Wěiyuánhuì） 隶属下楼镇，位于灵璧县城北方位，距县城约60千米，村委会驻谢楼村，下辖自然村有东北楼、谢楼、大西庄、小西庄、谢楼圩后、金庄，共6个。村委会辖区范围东至东高村民委员会，南至刘庵村民委员会，西至小圩村名委员会，北至高王村民委员会。总户数为980户，总人口为4273人，主要分布民族为汉族。面积为5.9平方千米。粮食作物以小麦为主。经济作物以玉米为主。养殖业以养殖鸡、鸭、猪为主。居民经济来源以外出务工、建筑、养殖为主。村内有学校、村卫生室。

以早年谢姓居民在村中建有土楼取名谢楼，因村委会驻地位于此，故名谢楼村民委员会。新中国成立初期名为谢楼公社，后划分为谢楼乡。1992年撤区并乡改为谢楼村，沿用至今。

杨山村村民委员会

杨山村村民委员会（Yángshāncūn Cūnmín Wěiyuánhuì） 隶属下楼镇，位于灵璧县城西北方位，距县城约55千米，村委会驻杨山村，下辖自然村有下楼、鄂山、杨山前、杨山东、杨山后，共5个。村委会辖区范围东至高王村，南至小圩村，西至龙山村、吴楼村，北至陈潭村。总户数为790户，总人口为3577人，主要分布民族为汉族。面积为8.1平方千米。粮食作物以小麦、玉米为主。经济作物以大豆为主。养殖业以养殖羊、鸡、猪为主。居民经济来源以外出务工、做生意、建筑、养殖为主。村内有学校、村卫生室。

以境内杨山而命名。1992年该村与鄂山村合并后，仍然沿用杨山村，名称未变，沿用至今。

朝阳镇

朝阳村村民委员会

朝阳村村民委员会（Cháoyángcūn Cūnmín Wěiyuánhuì） 隶属朝阳镇，位于灵璧县城正北方位，距县城约50千米，村委会驻朝阳村，下辖自然村有朝集庄、绪庄庄、枕山庄、山西庄、刘南场庄、山前庄、保吴庄，共7个。村委会辖区范围东至裴集村，南至赵庄村，西至大赵，北至杨桥。总户数为1585户，总人口为7207人，主要分布民族为汉族。面积为8.7平方千米。粮食作物以小麦、玉米为主。经济作物以黄豆为主。养殖业以养殖猪为主。居民经济来源以经济作物种植、养殖、外出务工为主。

1958年人民公社时期称为朝阳大队。1984年由朝阳大队更名为朝阳村委会。1992年更名为朝阳村村民委员会，沿用至今。

崔楼村村民委员会

崔楼村村民委员会（Cuīlóucūn Cūnmín Wěiyuánhuì） 隶属朝阳镇，位于灵璧县城北方位，距县城约75千米，村委会驻崔楼村，下辖自然村有崔楼庄、梁庄、军庄，共3个。村委会辖区范围南至孟邵村，西至崔巷村，北至戚楼村。总户数为1210户，总人口为5790人，主要分布民族为汉族。面积为7.5平方千米。粮食作物以小麦为主。经济作物以花生为主。养殖业以养殖猪、鸡、羊为主。居民经济来源以种植、养殖、外出务工为主。

该村委会有崔楼村自然村之义。1958年人民公社时期名称为九光社，后更名为崔楼大队。1983年由崔楼大队更名为崔楼村民委员会，沿用至今。

崔巷村村民委员会

崔巷村村民委员会（Cuīxiàngcūn Cūnmín Wěiyuánhuì） 隶属朝阳镇，位于灵璧县城北方位，距县城约55千米，村委会驻崔巷村，下辖自然村有小钱庄、后钱庄、钱庙庄、大朱庄、小朱庄、余台庄、鲁集庄、崔巷庄、宁庄、姚庄、小张庄、小梁庄、吴楼庄、臧庄，共14个。村委会辖区范围东至园艺场，南至裴集村委会，西至杨桥村委会，北至崔楼村委会。总户数为1810户，总人口为7382人，主要分布民族为汉族。面积为10.4平方千米。粮食作物以小麦、玉米为主。经济作物以棉花为主。养殖业以养殖猪为主。居民经济来源以种植、养殖、外出务工为主。

该村委会有崔巷自然村之义。1958年人民公社时期名称为东风大队。1981年由东风大队更改为崔巷村委员会，沿用至今。

大湖村村民委员会

大湖村村民委员会（Dàhúcūn Cūnmín Wěiyuánhuì） 隶属朝阳镇，位于灵璧县城西北方位，距县城约60千米，村委会驻大湖村，下辖自然村有大湖庄、泥湖庄、东园庄、西园庄、朱园庄、吴庄、高圩庄，共7个。村委会辖区范围东至孟圩村民委员会，南至旗杆村民委员会，西至谢楼村民委员会，北至史庄村民委员会。总户数为900户，总人口为3940人，主要分布民族为汉族。面积为7.5平方千米。粮食作物以小麦、玉米为主。经济作物以花生、棉花为主。养殖业以养殖猪、鸡、羊为主。居民经济来源以种植、养殖、外出务工为主。

1958年人民公社时期名称为大湖大队。1984年后由大湖大队更名为大湖村委会，沿用至今。

韩家村村民委员会

韩家村村民委员会（Hánjiācūn Cūnmín Wěiyuánhuì） 隶属朝阳镇，位于灵璧县城北方位，距县城约50千米，村委会驻韩家村，下辖自然村有韩家庄、小赵庄、徐家庄、东朱家庄、赵巷庄、大赵庄、黄家庄、小徐家庄、娄家庄、上庄、小圩子庄，共11个。村委会辖区范围东至裴集村民委员会，南至朝阳居民委员会，西至旗杆村民委员会，北至杨桥村民委员会。总户数为1486户，总人口为5945人，主要分布民族有汉族、回族、土家族，共3种。面积为8.0平方千米。粮食作物以小麦、玉米为主。经济作物以花生为主。养殖业以养殖猪、鸡、羊为主。居民经济来源以种植业、养殖、外出务工为主。

韩家自然庄位于村中心，为了工作方便，村部设立于此，故得名韩家村。1958年人民公社时期名为韩家大队。1982年由韩家大队更名为韩家村民委员会。1992年撤区并乡，由韩家村民委员会更名为韩家居民委员会，沿用至今。

京渠村村民委员会

京渠村村民委员会（Jīngqúcūn Cūnmín Wěiyuánhuì） 隶属朝阳镇，位于灵璧县城正北方位，距县城约60千米，村委会驻独谷堆村，下辖自然村有京渠庄、独谷堆庄、小新庄、温楼庄、戚庄，共4个。村委会辖区范围东至睢宁县岚山镇，南至渔沟镇跃山村民委员会，西至小丁公村，北至裴集村委会。总户数为836户，总人口为3623人，主要分布民族为汉族。面积为6.8平方千米。粮食作物以小麦、玉米为主。经济作物以大豆为主。养殖业以养殖羊为主。居民经济来源以经济作物种植、加工石头、外出务工为主。

1958年人民公社时期名称为京渠大队。1985年由京渠大队更名为京渠村民委员会，名称未变。

李寨村村民委员会

李寨村村民委员会（Lǐzhàicūn Cūnmín Wěiyuánhuì） 隶属朝阳镇，位于灵璧县城西南方位，距县城约55千米，村委会驻李寨村，下辖自然村有李寨庄、韩山庄、张巷庄、后邢庄、圩外庄、张博庄、蒿王庄、陈庄、小韩庄、前邢庄、殷寨庄、下庄、尤家庄、小山头庄、下薄庄，共15个。村委会辖区范围东至朝阳镇，南至渔沟镇，西至游集镇运料河，北至孟家沟。总户数为1123户，总人口为4325人，主要分布民族为汉族。面积为7.8平方千米。粮食作物以小麦、玉米为主。经济作物以花生、大豆为主。养殖业以养殖猪、羊、鸡为主。居民经济来源以经济作物种植、外出务工为主。

历史上，山西李姓逃难至此，建寨保平安居住，称李寨。1958年人民公社时期，曾叫李寨大队，后更名为李寨村民委员会。

陆圩村村民委员会

陆圩村村民委员会（Lùwéicūn Cūnmín Wěiyuánhuì） 隶属朝阳镇，位于灵璧县城东北方位，距县城约50千米，村委会驻陆圩村，下辖自然村有陆圩庄、马巷庄、陆桥庄、张旺庄，共4个。村委会辖区范围东至赵庄，南至中菜，西至李寨村，北至朝阳村枕山。总户数为748户，总人口为3340人，主要分布民族有汉族、壮族、苗族，共3种。面积为5.9平方千米。粮食作物以小麦、玉米、大豆为主。经济作物以花生、芝麻、蔬菜为主。养殖业以养殖猪、鸡、羊、牛、鱼为主。居民经济来源以建筑、养殖、外出务工为主。

清代前期，陆姓由西方迁居至此，在此开荒种地，建造房屋。在清代末期，兵荒马乱之中，由陆姓牵头，村庄八姓民众进村庄防护，在庄外周围建造防护墙，设置东门、南门、西门、北门，取名陆圩。1958年命名为陆圩人民公社。1981年春由于公社扩大，民众迁往韩山基建，现继续使用陆圩村村民委员会及村庄名称。

孟邵村村民委员会

孟邵村村民委员会（Mèngshàocūn Cūnmín Wěiyuánhuì） 隶属朝阳镇，位于灵璧县城东北方位，距县城约70千米，村委会驻孟邵村，下辖自然村有黄庄、下宋庄、张山口庄、孟家庄、邵家，共5个。村委会辖区范围南至冠山村，西至宁庄村，北至梁庄村。总户数为1120户，总人口为4315人，主要分布民族为汉族。面积为7.0平方千米。粮食作物以小麦、玉米为主。经济作物以花生、棉花为主。养殖业以养殖猪、鸡、鸭为主。居民经济来源以经济作物种植、养殖、外出务工为主。

1958年人民公社时期为孟邵大队。1983年更名为孟邵村民委员会至今。

裴集村村民委员会

裴集村村民委员会（Péijícūn Cūnmín Wěiyuánhuì） 隶属朝阳镇，位于灵璧县城东北方位，距县城约55千米，村委会驻朝阳村，下辖自然村有裴集庄、宁山口庄、小窑庄、槐园庄、朱赵陈庄、冠山庄、沈家庄、三楼庄，共8个。村委会辖区范围东至孙庄子，南至京渠村民委员会，西至韩家村民委员会，北至崔巷村民委员会。总户数为1131户，总人口为4333人，主要分布民族为汉族。面积为6.9平方千米。粮食作物以小麦、玉米为主。经济作物以花生、棉花为主。养殖业以养殖猪、羊、鸡为主。居民经济来源以经济作物种植、养殖、外出务工为主。

旧时裴姓聚居在此，形成集市，故得名裴集。1958年人民公社时，称为裴集大队。1984年后一直称为裴集村委会。

戚楼村村民委员会

戚楼村村民委员会（Qīlóucūn Cūnmín Wěiyuánhuì） 隶属朝阳镇，位于灵璧县城北方位，距县城约60千米，村委会驻戚楼村，下辖自然村有戚楼庄、邵埝庄、毛庄，共3个。村委会辖区范围东至龚庄村，南至崔楼村，西至朱营村，北至邵埝村。总户数为975户，总人口为3560人，主要分布民族为汉族。面积为6.2平方千米。粮食作物以小麦、玉米、大豆为主。经济作物以花生为主。养殖业以养殖猪、鸡、羊为主。居民经济来源以养殖、外出务工为主。

相传300多年前为了安全，本村有几座炮楼，加上本村大部分人口都姓戚，故称戚楼村。明朝万历年间，戚继光领导的抗倭戚家军来此地剿匪，并在此建立了七个兵营，先在江苏睢宁县双沟镇安营驻扎，后因戚继光调往蓟州，戚家军就此解散。先祖安家于焦营，焦营三个老兵来到戚楼村建村高圩，现三圪尚在。

旗杆村村民委员会

旗杆村村民委员会（Qígāncūn Cūnmín Wěiyuánhuì） 隶属朝阳镇，位于灵璧县城西北方位，距县城约60千米，村委会驻旗杆村，下辖自然村有刘八集庄、旗杆庄、陆村庄、胡井庄、庄楼庄，共5个。村委会辖区范围东至唐庄、大赵，南至陆圩村，西至周庄，北至大湖村委会。总户数为1077户，总人口为5070人，主要分布民族为汉族。面积为7.47平方千米。粮食作物以小麦、玉米为主。经济作物以大豆为主。养殖业以养殖羊、猪为主。居民经济来源以经济作物种植、外出务工、养殖为主。

旗杆原称南园村。明朝时期该村一人高中举人，朝廷在村中心竖立一杆旗，以示宣传，此后南园庄就改叫棋杆庄。撤区并乡后改成现在的旗杆村。1958年人民公社时期，称为红旗大队。1984年后一直叫旗杆村民委员会。

杨桥村村民委员会

杨桥村村民委员会（Yángqiáocūn Cūnmín Wěiyuánhuì） 隶属朝阳镇，位于灵璧县城正北方位，距县城约50千米，村委会驻杨桥村，下辖自然村有杨桥庄、唐庄、张庄、武娄庄、戚庄，共5个。村委会辖区范围东至崔巷村，南至朝阳，西至夏楼镇，北至赵楼。总户数为1510户，总人口为5696人，主要分布民族为汉族。面积为9.3平方千米。粮食作物以小麦、玉米为主。养殖业以养殖猪、鸡、为主。居民经济来源以经济作物种植、养殖、外出务工为主。

1958年人民公社时期为杨桥大队。1983年由杨桥大队更名为杨桥村民委员会，沿用至今。

嶂渠村村民委员会

嶂渠村村民委员会（Zhàngqúcūn Cūnmín Wěiyuánhuì） 隶属朝阳镇，位于灵璧县城北方位，距县城约50千米，村委会驻嶂渠村，下辖自然村有小丁公庄、嶂渠庄、陈家庄、平山庄，共4个。村委会辖区范围东至京渠村民委员会，南至申寨村民委员会，西至赵庄村民委员会，北至裴集村民委员会。总户数为923户，总人口为4097人，主要分布民族为汉族。面积为6.6平方千米。粮食作物以种植小麦、玉米为主。经济作物以棉花、黄豆为主。养殖业以养殖猪、鸡、羊为主。居民经济来源以开采奇石、养殖、外出务工为主。

1958年人民公社时期名称为嶂渠大队。1983年由嶂渠大队更名为嶂渠村民委员会，

2002年把小丁公村、陈家、平山庄划归到嶂渠村民委员会，沿用至今，名称未变。

赵庄村村民委员会

赵庄村村民委员会（Zhàozhuāngcūn Cūnmín Wěiyuánhuì） 隶属朝阳镇，位于灵璧县城北方位，距县城约50千米，村委会驻赵庄村，下辖自然村有大丁公庄、赵庄、赵前庄、高庄、下洼子庄、小马庄，共6个。村委会辖区范围东至嶂渠村民委员会，南至马集村民委员会，西至朝阳、陆圩亮村民委员会，北至朝阳村民委员会。总户数为1200户，总人口为4320人，主要分布民族为汉族。面积为8.2平方千米。粮食作物以小麦、玉米为主。经济作物以花生、黄豆为主。养殖业以养殖猪、鸡、羊为主。居民经济来源以经济作物种植、养殖、建筑、外出务工为主。

该村委会有赵庄自然村之义，自然村因姓赵占全村人口的70%以上得名。1958年人民公社时期名称为赵庄大队。1985年由赵庄大队更名为赵庄村民委员会，名称未变，沿用至今。

周庄村村民委员会

周庄村村民委员会（Zhōuzhuāngcūn Cūnmín Wěiyuánhuì） 隶属朝阳镇，位于灵璧县城北方位，距县城约60千米，村委会驻周庄村，下辖自然村有赵小楼庄、郭庄、前炉庄、后炉庄、周庄、练滩庄、小王家、小河沿庄、辛庄，共9个。村委会辖区范围东至旗杆村民委员会，南至李寨村民委员会，西至游集镇，北至游集镇。总户数为712户，总人口为3288人，主要分布民族为汉族。面积为5.5平方千米。粮食作物以小麦、玉米为主。养殖业以养殖猪为主。居民经济来源以种植、外出务工为主。

以前在周庄有一个木业社，且是周姓经营。加上本庄人口较多，后就称为周庄村。1958年人民公社时期名称为前进大队。1984年分为周庄、辛庄两个村。2004年合并为周庄村，沿用至今。

渔沟镇

白马村村民委员会

白马村村民委员会（Báimǎcūn Cūnmín Wěiyuánhuì） 隶属渔沟镇，位于灵璧县城北方位，距县城约40千米，村委会驻白马村，下辖自然村有白马庄、前山庄、后山庄、西吕家、周寨庄，共5个。村委会辖区范围东至卓塘马楼，南至刘塘村浍沟，西至杨山庄，北至后山庄。总户数为1149户，总人口为5037人，主要分布民族为汉族。面积为6.8平方千米。粮食作物以小麦、玉米为主。经济作物以大豆为主。养殖业以养殖猪、鸡、羊为主。居民经济来源以养殖、种植、外出务工为主。

1962年属郑楼公社，为白马大队；1983年属郑楼乡，为白马村村民委员会；1992年属渔沟镇，沿用至今。

卞庄村村民委员会

卞庄村村民委员会（Biànzhuāngcūn Cūnmín Wěiyuánhuì） 隶属渔沟镇，位于灵璧县城北方位，距县城约50千米，村委会驻卞庄村，下辖卞庄1个自然村。村委会辖区范围东至中莱村，南至郑楼村，西至游集镇李柚村，北至朝阳镇李寨村。总户数为548户，总人口为2027人，主要分布民族为汉族。面积为3.4平方千米。粮食作物以小麦、玉米为主。养殖业以养殖猪、鸡、羊为主。居民经济来源以外出务工、种植、养殖、建筑为主。

1962年属郑楼公社，为卞庄大队；1983年属郑楼乡，为卞庄村村民委员会；1992年属渔沟镇，沿用至今。

钓台村村民委员会

钓台村村民委员会（Diàotáicūn Cūnmín Wěiyuánhuì） 隶属渔沟镇，位于灵璧县城北方位，距县城约40千米，村委会驻钓台村，下辖自然村有上土山庄、下土山庄、钓鱼台庄、赵庄、郑巷，共5个。村委会辖区范围东至上土山庄，南至郑巷庄，西至三渠沟，北至下土山。总户数为1020户，总人口为3763人，主要分布民族为汉族。面积为5.4平方千米。粮食作物以小麦、玉米为主。经济作物以花生、棉花为主。养殖业以养殖猪、鸡、羊为主。居民经济来源以外出务工、种植养殖、建筑为主。

以驻地自然村钓鱼台首尾二字命名。1958年属渔沟公社，为钓台大队；1983年属渔沟乡，为钓台村村民委员会；1992年属渔沟镇，沿用至今。

堌子村村民委员会

堌子村村民委员会（Gùzicūn Cūnmín Wěiyuánhuì） 隶属渔沟镇，位于灵璧县城东北方位，距县城约60千米，村委会驻大刘山，下辖自然村有南堌、中堌、北堌、小花山、小刘山、大刘山，共6个。村委会辖区范围东至新庄村，南至徐营村，西至跃楼村、漳渠村，北至项沃村。总户数为920户，总人口为4110人，主要分布民族为汉族。面积为5.0平方千米。粮食作物以小麦、玉米为主。经济作物以花生为主。养殖业以养殖猪、鸡、羊为主。居民经济来源以外出务工、经济来源以种植、养殖为主。

以境内三个自然庄的尾字均是“堌”字而得名。1958年属梁集公社，为堌子大队；1983年属梁集公社，为堌子村村民委员会；1992年属渔沟镇，沿用至今。

侯湖村村民委员会

侯湖村村民委员会（Hóuhúcūn Cūnmín Wěiyuánhuì） 隶属渔沟镇，位于灵璧县城北方位，距县城约45千米，村委会驻侯湖村，下辖自然村有侯湖庄、卓塘庄、马楼庄，共3个。总户数为703户，总人口为3200人，主要分布民族为汉族。面积为4.2平方千米。粮食作物以小麦为主。养殖业以养殖猪、鸡、羊为主。居民经济来源以外出务工为主。

1958年属渔沟公社，为卓塘大队；1983年属渔沟乡，为卓唐村村民委员会；1992年与侯湖村合并，属渔沟镇，沿用至今。

梁集村村民委员会

梁集村村民委员会（Liángjícūn Cūnmín Wěiyuánhuì） 隶属渔沟镇，位于灵璧县城东北方位，距县城约40千米，村委会驻梁集村，下辖自然村有梁集庄、山东庄、山前庄、山西庄、马山庄、徐窝庄、砖山庄，共7个。村委会辖区范围东至高楼镇，南至杏山村，西至种山庄，北至沟西庄。总户数为1936户，总人口为5476人，主要分布民族为汉族。面积为8.6平方千米。粮食作物以玉米、小麦为主。经济作物以大豆为主。养殖业以养殖猪为主。居民经济来源以外出务工为主。

1958年属梁集公社，为梁集大队；1983年属梁集乡，为梁集村村民委员会；1992年属渔沟镇，沿用至今。

刘塘村村民委员会

刘塘村村民委员会（Liútángcūn Cūnmín Wěiyuánhuì） 隶属渔沟镇，位于灵璧县城西南方位，距县城约40千米，村委会驻北刘塘村，下辖自然村有赵井庄、北刘塘、南刘塘、韩巷庄、秦湾庄、王塘庄、伙房庄、来坝子，共8个。村委会辖区范围东至申场村，南至大路乡，西至浍沟乡，北至渔沟居委会。总户数为1803户，总人口为6650人，主要分布民族为汉族。面积为7.7平方千米。粮食作物以种植小麦、玉米为主。经济作物以大豆为主。养殖业以养殖猪、鸡、羊为主。居民经济来源以外出务工为主。

1958年属渔沟公社，为刘塘大队；1983年属渔沟乡，为刘塘村村民委员会；1992年属渔沟镇，沿用至今。

马集村村民委员会

马集村村民委员会（Mǎjícūn Cūnmín Wěiyuánhuì） 隶属渔沟镇，位于灵璧县城北方位，距县城约46千米，村委会驻马集村，下辖自然村有马集庄、菜园庄、马程庄，共3个。村委会辖区范围东至三渠沟，南至卓庄、中菜村，西至中菜村、陆圩村，北至陆圩村、赵庄村。总户数为861户，总人口为3708人，主要分布民族为汉族。面积为5.7平方千米。粮食作物以小麦为主。养殖业以养殖猪、鸡、鸭、鹅为主。居民经济来源以建筑、养殖业以及外出务工为主。

1969年属九顶公社，为马集大队；1980年属马集公社；1983年属马集乡，为马集村村民委员会；1992年属渔沟镇，沿用至今。

磬云村村民委员会

磬云村村民委员会（Qìngyúncūn Cūnmín Wěiyuánhuì） 隶属渔沟镇，位于灵璧县城东北方位，距县城约45千米，村委会驻磬云村，下辖自然村有前崇山口庄、韩楼庄、后崇山口庄、下庄、上陶庄、下陶庄、小店子庄、解山头庄，共8个。村委会辖区范围东至杏山、梁集，南至张场村，西至渔居，北至申寨村。总户数为1229户，总人口为4827人，主要分布民族为汉族。面积为7.0平方千米。粮食作物以小麦为主。养殖业以养殖猪、鸡、羊为主。居民经济来源以种植、养殖、外出务工为主。

以境内有座磬云山而得名。1958年属渔沟公社，为磬云大队；1983年属渔沟乡，为磬云村村民委员会；1992年属渔沟镇，沿用至今。

申场村村民委员会

申场村村民委员会（Shēnchǎngcūn Cūnmín Wěiyuánhuì） 隶属渔沟镇，位于灵璧县城北方位，距县城约40千米，村委会驻申场村，下辖自然村有申场庄、小张场、土楼庄、马庄、泉沟庄，共5个。村委会辖区范围东至高楼张场村，南至大路乡街村民委员会，西至刘塘村民委员会，北至庆云村民委员会。总户数为605户，总人口为2848人，主要分布民族为汉族。面积为5.9平方千米。粮食作物以小麦为主。养殖业以养殖猪、鸡、羊为主。居民经济来源以养殖业、外出务工为主。

1958年属申场公社，为申场大队；1983年属申场乡，为申场村村民委员会；1992年属渔沟镇，沿用至今。

申寨村村民委员会

申寨村村民委员会（Shēnzhàicūn Cūn mín Wěiyuánhuì） 隶属渔沟镇，位于灵璧县城北方位，距县城约50千米，村委会驻申寨村，下辖自然村有申寨庄，王山头庄、韩庄，共3个。村委会辖区范围东至梁集村民委员会，南至磬云村民委员会，西至钓台、卓庄两村村民委员会，北至朝阳镇。总户数为450户，总人口为2000人，主要分布民族为汉族。面积为2.6平方千米。粮食作物以种植小麦、玉米为主。养殖业以养殖猪、鸡、羊为主。居民经济来源以外出务工为主。

1958年属梁集公社，为申寨大队；1983年属梁集乡，为申寨村村民委员会；1992年属渔沟镇，沿用至今。

杏山村村民委员会

杏山村村民委员会（Xìngshāncūn Cūnmín Wěiyuánhuì） 隶属渔沟镇，位于灵璧县城东南方位，距县城约6千米，村委会驻杏山村，下辖杏山庄1个自然村。村委会辖区范围东至郭庄，南至张场，西至庆云，北至梁集。总户数为478户，总人口为1986人，主要分布民族为汉族。面积为3.1平方千米。粮食作物以小麦、玉米为主。养殖业以养殖猪、鸡、羊为主。居民经济来源以外出务工为主。

1958年属梁集公社，为杏山大队；1983年为梁集乡，属杏山村村民委员会；1992年属渔沟镇，沿用至今。

渔沟村村民委员会

渔沟村村民委员会（Yúgōucūn Cūnmín Wěiyuánhuì） 隶属渔沟镇，位于灵璧县城北部方位，距县城约40千米，村委会驻渔西村，下辖自然村有渔东庄、渔西庄、何庄，共3个。村委会辖区范围东至庆云钓台，南至刘塘，西至马楼张寨，北至纸房钓台。总户数为1383户，总人口为5163人，主要分布民族为汉族。面积为4.2平方千米。粮食作物以小麦为主。养殖业以养殖猪、鸡、羊为主。居民经济来源以经营、外出务工为主。

以原渔沟命名。1958年属渔沟公社，为渔沟大队；1983年属渔沟乡，为渔沟村村民委员会；1987年分为渔东村村民委员会和渔西村村民委员会；1992年渔东、渔西同属渔沟镇；2003年因区划调整，渔东村、渔西村合并为渔沟村村民委员会，沿用至今。

跃娄村村民委员会

跃娄村村民委员会（Yuèlóucūn Cūnmín Wěiyuánhuì） 隶属渔沟镇，位于灵璧县城东北方位，距县城约95千米，村委会驻周圩村，下辖自然村有大门李庄、娄圩庄、周圩庄、耿庄、刘庄，共5个。村委会辖区范围东至村堌子，南至梁集，西至梁集，北至朝阳京渠。总户数为830户，总人口为3726人，主要分布民族为汉族。面积为4.8平方千米。粮食作物以小麦、玉米为主。经济作物以花生为主。养殖业以养殖猪、鸡、羊为主。居民经济来源以外出务工、经济作物种植、养殖为主。

由跃山和娄圩两村合并而来，取其首字称为跃娄村。2003年为跃楼村村民委员会，沿用至今。

张寨村村民委员会

张寨村村民委员会（Zhāngzhàicūn Cūnmín Wěiyuánhuì） 隶属渔沟镇，位于灵璧县城北方位，距县城约45千米，村委会驻张寨村，下辖自然村有张寨庄、王寨庄、山东李庄、谷堆庄，共4个。村委会辖区范围东至渔沟，南至卓塘庄，西至侯湖村民委员会，北至纸房村民委员会。总户数为608户，总人口为2567人，主要分布民族为汉族。面积为3.7平方千米。粮食作物以小麦、玉米为主。经济作物以大豆为主。养殖业以养殖猪、鸡、羊为主。居民经济来源以外出务工为主。

1958年属渔沟公社，为张寨大队；1983年属渔沟乡，为张寨村村民委员会；1992年属渔沟镇；2003年因区划调整徽山村并入张寨村村民委员会，沿用至今。

郑楼村村民委员会

郑楼村村民委员会（Zhènglóucūn Cūnmín Wěiyuánhuì） 隶属渔沟镇，位于灵璧县城西北方位，距县城约45千米。村委会驻郑楼村，下辖自然村有郑楼庄、小陈庄、吕庄、西谷堆庄、西朱庄，共5个。村委会辖区范围东至东谷堆西大河，南至张寨村侯胡村，西至朱集乡刘塘村北，北至卞庄。总户数为1109户，总人口为4345人，主要分布民族为汉族。面积为6.5平方千米。粮食作物以小麦为主。经济作物以蔬菜为主。养殖业以养殖猪、鸡、羊为主。居民经济来源以建筑、外出务工为主。

1958年属渔沟公社，为郑楼大队；1983年属渔沟乡，为郑楼村村民委员会；1992年属渔沟镇；2003年因区划调整吕庄村并入郑楼村村民委员会，沿用至今。

纸房村村民委员会

纸房村村民委员会（Zhǐfángcūn Cūnmín Wěiyuánhuì） 隶属渔沟镇，位于灵璧县城北方位，距县城约45千米，村委会驻纸房村，下辖自然村有前纸房庄、后纸房庄、方家庄、赵场庄、菜园庄，共5个。村委会辖区范围东至钓台村，南至渔沟居委会，西至张寨村，北至中菜村。总户数为798户，总人口为3711人。面积为4.2平方千米。粮食作物以小麦、玉米为主。经济作物以蔬菜为主。养殖业以养殖猪、鸡、羊为主。居民经济来源以种植蔬菜、外出务工为主。

1958年属渔沟公社，为纸房大队；1983年属渔沟乡，为纸房村村民委员会；2008年因区划调整，赵场村并入纸房村村民委员会，沿用至今。

中菜村村民委员会

中菜村村民委员会（Zhōngcàicūn Cūnmín Wěiyuánhuì） 隶属渔沟镇，位于灵璧县城北方位，距县城约43千米。村委会驻两半庄，下辖自然村有中菜园、两半庄、马圩庄，共3个。村委会辖区范围东至卓庄，南至纸房，西至卞庄，北至朝阳镇。总户数为595户，总人口为2456人，主要分布民族为汉族。面积为3.4平方千米。粮食作物以小麦为主。经济作物以蔬菜为主。养殖业以养殖猪、鸡、羊为主。居民经济来源以奇石交易、外出务工为主。

由两半村、马圩村、中菜村三村合并而成。此三村1958年同属九顶区九顶公社，1983年同属马集乡，1994年为中菜村村民委员会，属渔沟镇，沿用至今。

卓庄村村民委员会

卓庄村村民委员会（Zhuózhuāngcūn Cūnmín Wěiyuánhuì） 隶属渔沟镇，位于灵璧县城北方位，距县城约45千米，村委会驻卓庄村，下辖自然村有卓庄、上杜庄、下杜庄，共3个。村委会辖区范围西至跃楼村。总户数为697户，总人口为2697人，主要分布民族为汉族。面积为4.0平方千米。粮食作物以小麦、玉米为主。经济作物以花生为主。养殖业以养殖猪、鸡、羊为主。居民经济来源以外出务工、经济作物种植、养殖为主。

1958年为九顶公社卓庄大队，1983年为马集乡卓庄村村民委员会，1992年上杜村（后演化为上渡）并入卓庄村村民委员会，属渔沟镇，沿用至今。

高楼镇

鲍庄村村民委员会

鲍庄村村民委员会（Bàozhuāngcūn Cūnmín Wěiyuánhuì） 隶属高楼镇，位于灵璧县城东北方位，距县城约9千米，村委会驻鲍庄，下辖自然村有卓场庄、吴楼庄、芝麻滩、夭庄、赵庄、鲍庄，共6个。村委会辖区范围东至江苏散卓，南至卓海，西至江苏耿庄，北至江苏尤庄。总户数为574户，总人口为2661人，主要分布民族为汉族。面积为3.7平方千米。粮食作物以小麦、玉米为主。经济作物以花生为主。养殖业以养殖猪、羊、牛为主。居民经济来源以外出务工、建筑、养殖为主。

清朝同治年间，鲍姓迁居到此，建村立庄，繁衍生息，故得名鲍庄。1958年名称为鲍庄大队，1984年由鲍庄大队更名为鲍庄村委会，沿用至今。

鳔张村村民委员会

鳔张村村民委员会（Biàozhāngcūn Cūnmín Wěiyuánhuì） 隶属高楼镇，位于灵璧县城东北3千米，距县城约50千米，村委会驻鳔张庄，下辖自然村有鳔张庄、后仁庙、前任庙、单楼庄、小魏庄，共5个。村委会辖区范围东至卓海村，南至崔圩村，西至张营村，北至青谷堆村。总户数为522户，总人口为2458人，主要分布民族有汉族、回族，共2种。面积为3.0平方千米。粮食作物以小麦、玉米为主。经济作物以大豆为主。养殖业以养殖猪、羊、鸡为主。居民经济来源以外出务工、建筑为主。

清朝咸丰年间，张姓从山西喜鹊窝迁居于此，开荒种地。有人栽两棵树，长有4米，后来两树缠长在一起，遂被称为鳔树张，有团结之义。1958年人民公社时名称为鳔张大队，1985年由鳔张大队更名为鳔张村村民委员会，沿用至今。

崔庄村村民委员会

崔庄村村民委员会（Cuīzhuāngcūn Cūnmín Wěiyuánhuì） 隶属高楼镇，位于灵璧县城东方位，距县城约50千米，村委会驻崔庄，下辖自然村有时庄、崔庄、张庄、夹河滩、汤庄、新庄，共6个。村委会辖区范围东至友谊河，南至卓圩村，西至潼郡村，北至汤庄村。总户数为497户，总人口为2190人，主要分布民族为汉族。面积为2.6平方千米。粮食作物以小麦、玉米为主。经济作物以桑蚕为主。养殖业以养殖猪、羊为主。居民经济来源以外出务工为主。

因村委会驻地崔庄而得名。1959年名称为崔庄大队，1992年改为崔庄村委会，名称沿用至今。

高楼村村民委员会

高楼村村民委员会（Gāolóucūn Cūnmín Wěiyuánhuì） 隶属高楼镇，位于灵璧县城北方位，距县城约50千米，村委会驻高楼庄，下辖自然村有张刘庄、高楼庄，共2个。村委会辖区范围东至卓圩村，南至王楼村，西至钱梁村，北至张营村。总户数为1298户，总人口为4890人，主要分布民族为汉族。面积为5.5平方千米。粮食作物以小麦、玉米为主。经济作物以大豆为主。养殖业以养殖猪、羊、牛为主。居民经济来源以外出务工、种植、养殖为主。

清朝宣统年间，高姓在此建有楼房数栋，故名高楼，又因此地为村委会驻地，故得名高楼村村民委员会。1958年人民公社时期，名称为高楼大队。1983年由高楼大队更名为高楼村村民委员会，沿用至今。

高庄村村民委员会

高庄村村民委员会（Gāozhuāngcūn Cūnmín Wěiyuánhuì） 隶属高楼镇，位于灵璧县城西方位，距县城约50千米，村委会驻高庄街，下辖自然村有高场庄、耿庄、河西毛庄、南小毛庄、赵场庄、高庄街、张场庄、陈场庄、后场庄，共9个。村委会辖区范围东至毛庄村，南至大庙后赵村，西至孟山，北至张场村。总户数为1980户，总人口为6873人，主要分布民族为汉族。面积为8.5平方千米。粮食作物以小麦、玉米为主。经济作物以花生、大豆为主。养殖业以养殖猪、羊、鸡为主。

因村委会驻地高庄而得名。1958年人民公社时名称为高场大队；1985年由高场村委会更名为高庄村委会，名称沿用至今。

毛庄村村民委员会

毛庄村村民委员会（Máozhuāngcūn Cūnmín Wěiyuánhuì） 隶属高楼镇，位于灵璧县城西方位，距县城约40千米，村委会驻后路庄，下辖自然村有河东毛庄、南路庄、后路庄、后厉庄，共4个。村委会辖区范围东至钱梁村，南至大庙乡王场村，西至张场村，北至郭庄。总户数为757户，总人口为3205人，主要分布民族为汉族。面积为4.4平方千米。粮食作物以小麦、玉米为主。经济作物以花生为主。养殖业以养殖猪、羊、牛为主。居民经济来源以养殖业、外出务工、建筑为主。

清朝光绪年间，毛姓迁居此地，建村立庄，繁衍生息，故名。1958年人民公社时名称为毛庄大队；1984年由后路、南路、后厉、河东毛庄合并命名为毛庄村村民委员会，名称沿用至今。

孟山村村民委员会

孟山村村民委员会（Mèngshāncūn Cūnmín Wěiyuánhuì） 隶属高楼镇，位于灵璧县城东北方位，距县城约50千米，村委会驻孟山庄，下辖自然村有孟山庄、许庄、保庄、倪场庄、半楼庄，共5个。村委会辖区范围东至高庄，南至王坊村，西至大路刘大庄，北至张场。总户数为1200户，总人口为4264人，主要分布民族有汉族、回族，共2种。其中汉族4254人，占比99.89%；回族10人，占比0.11%。面积为5.1平方千米。粮食作物以小麦、玉米为主。经济作物以棉花为主。养殖业以养殖猪、羊、鸡为主。居民经济来源以外出务工、养殖、种植为主。

相传因孟子在孟山晒书而得名。人民公社时期为孟山大队，1983年由孟山大队更名为孟山村村民委员会，沿用至今。

钱梁村村民委员会

钱梁村村民委员会（Qiánliángcūn Cūnmín Wěiyuánhuì） 隶属高楼镇，位于灵璧县城西方位，距县城约40千米，村委会驻梁庙庄，下辖自然村有梁庙庄、徐庄、钱庄、王庄、沈庄，共5个。村委会辖区范围东至高楼村，南至王场村，西至毛庄村，北至朱庄村。总户数为750户，总人口为3390人，主要分布民族为汉族。面积为4.9平方千米。粮食作物以小麦、玉米为主。经济作物以大豆为主。养殖业以养殖猪、羊、鸡为主。居民经济来源以外出务工、建筑为主。

1958年人民公社时期名称为钱庄大队，后又分为钱庄、梁庙两个大队，2003年由钱庄、梁庙合并为钱梁村民委员会，沿用至今。

青谷堆村村民委员会

青谷堆村村民委员会（Qīnggǔduīcūn

Cūnmín Wěiyuánhuì）隶属高楼镇，位于灵璧县城北方位，距县城约50千米，村委会驻青谷堆庄，下辖自然村有柳庄、青谷堆、腊园、许庄、小王庄，共5个。村委会辖区范围东至卓海村，南至鳔张村，西至徐营村，北至江苏交界。总户数为564户，总人口为2629人，主要分布民族为汉族。面积为3.3平方千米。粮食作物以小麦、玉米为主。经济作物以大豆、花生为主。养殖业以养殖猪、羊、鸡为主。居民经济来源以经济作物种植、外出务工、建筑为主。

据说很久以前，此地有个像小山一样的土堆，土堆上长满各种各样的青草，后来就叫青谷堆。原来名称为青谷堆大队，1983年由青谷堆大队改名为青谷堆村村民委员会，沿用至今。

汤庄村村民委员会

汤庄村村民委员会（Tāngzhuāngcūn Cūnmín Wěiyuánhuì）隶属高楼镇，位于灵璧县城东北方位，距县城约50千米。村委会驻汤庄，下辖自然村有汤庄、东小王庄、蒋庄、大王庄、西小王庄，共5个。村委会辖区范围东至江苏省睢宁县，南至崔庄村，西至崔圩，北至卓海村。总户数为690户，总人口为2390人，主要分布民族为汉族。面积为3.1平方千米。粮食作物以小麦、玉米为主。经济作物以花生为主。养殖业以养殖猪、羊、牛为主。居民经济来源以外出务工、种植、养殖为主。

明朝中期，汤姓从山东迁居到此，在此开荒种地，建房，不断繁衍生息，汤氏家族人丁兴旺，不断壮大，故名。1958年人民公社时期名称为汤庄大队。1984年由汤庄大队更名为汤庄村民委员会，沿用至今。

潼郡村村民委员会

潼郡村村民委员会（Tóngjùncūn Cūnmín Wěiyuánhuì）隶属高楼镇，位于灵璧县城东北方位，距县城约45千米，村委会驻潼郡庄，下辖自然村有潼郡庄、小王庄、姚滩庄、小卓庄、崔圩庄、丁庄、孔楼庄、小崔庄、小翟庄、任庄、蔡庄、大车头庄，共12个。村委会辖区范围东至崔庄村，南至王楼村，西至朱庄村，北至鳔张村。总户数为1106户，总人口为4839人，主要分布民族为汉族。面积为5.5平方千米。粮食作物以小麦、玉米为主。养殖业以养殖鸡、猪、羊为主。居民经济来源以外出务工、建筑、养殖为主。

秦汉时期在此设郡，取名潼郡，为西汉丞相匡衡封地。后因沃庄邻近潼河，改名潼郡。1958年人民公社时期名称为潼郡大队，1983年由潼郡大队更名为潼郡村村民委员会，沿用至今。

王楼村村民委员会

王楼村村民委员会（Wánglóucūn Cūnmín Wěiyuánhuì）隶属高楼镇，位于灵璧县城正南方位，距县城约40千米，村委会驻王楼庄，下辖自然村有王楼庄、后王庄、前王庄、王胜庄、张庄、庙后庄、卢庄、万庄、李楼庄、集主庄、王美庄、大张庄、小张庄、单庄、小李庄、张刘庄、南北庄、小胡庄，共18个。村委会辖区范围东至卓李沟，南至大庙乡沟涯村大杨庄，西至大路乡王场村，北至高楼村。总户数为1557户，总人口为6413人，主要分布民族有汉族、锡伯族，共2种。面积为7.7平方千米。粮食作物以小麦、玉米为主。养殖业以养殖猪、羊、鸡为主。居民经济来源以外出务工、建筑、养殖为主。

因村委会驻地王楼而得名。1958年人民公社时期名称为王楼大队，1970年更名为王楼村委会，沿用至今。

张营村村民委员会

张营村村民委员会（Zhāngyíngcūn Cūnmín Wěiyuánhuì） 隶属高楼镇，位于灵璧县城北方位，距县城约50千米，村委会驻张营庄，下辖自然村有营西庄、营北庄、南瓦房、张营庄，共4个。村委会辖区范围东至鳔张村委会，南至朱庄村委会，西至张潼庄，北至徐营村委会。总户数为1241户，总人口为4760人，主要分布民族为汉族。面积为5.6平方千米。粮食作物以小麦、玉米为主。经济作物以花生为主。养殖业以养殖猪、羊、鸡为主。居民经济来源以外出务工、建筑、养殖为主。

明朝末年，张姓始祖由山西曲沃县逃荒到睢宁县西乡居住，故名张营。1949年前叫张家营，人民公社时期叫光明社张营大队。1965年称张营村委会，沿用至今。

朱庄村村民委员会

朱庄村村民委员会（Zhūzhuāngcūn Cūnmín Wěiyuánhuì） 隶属高楼镇，位于灵璧县城西北方位，距县城约50千米，村委会驻朱庄，下辖自然村有邢庄、陈庙庄、郭庄、张庄、朱庄、冯庄、北洪庄，共8个。村委会辖区范围东至崔圩村，南至梁庙村，西至杏山村，北至张营村。总户数为1580户，总人口为7400人，主要分布民族为汉族。面积为10平方千米。粮食作物以小麦、玉米为主。经济作物以大豆为主。养殖业以养殖猪、羊、鸡为主。居民经济来源以外出务工、养殖、种植为主。

明朝末年，朱姓自山西曲沃县因战乱逃难到此，故名。1958年为朱庄人民公社，1984年改村，2003年名为朱庄村村民委员会沿用至今。

卓海村村民委员会

卓海村村民委员会（Zhuóhǎicūn Cūnmín Wěiyuánhuì） 隶属高楼镇，位于灵璧县城东北方位，距县城约47千米，村委会驻卓海庄，下辖自然村有汤庙庄、吴庙庄、前徐庄、前海庄、卓海庄、任庙庄、范庄，共7个。村委会辖区范围东至江苏省睢宁县，南至汤庄村，西至青谷堆村、鳔张村，北至鲍庄村。总户数为1745户，总人口为5062人，主要分布民族有汉族、苗族、彝族，共3种。面积为5.4平方千米。粮食作物以小麦、玉米为主。经济作物以辣根为主。养殖业以养殖猪、羊为主。居民经济来源以种植、养殖、外出务工为主。

1949年前原第五区长卓少权盘踞于此，大兴土木建围墙、炮楼。因此庄大多为卓姓，而海有博大之意，他便改名为卓海，故而得名。新中国成立后先后划为卓海人民公社、卓海大队。1984年更名为卓海村村民委员会，沿用至今。

卓圩村村民委员会

卓圩村村民委员会（Zhuówéicūn Cūnmín Wěiyuánhuì） 隶属高楼镇，位于灵璧县城东北方位，距县城约45千米，村委会驻卓圩庄，下辖自然村有卓圩庄、陈庄、丁庄、大姚庄、郭楼庄、侯集庄、斜门李庄、小朱庄、胡圩庄，共9个。村委会辖区范围东至江苏友谊河，南至大庙乡利民沟，西至王楼村、潼郡村，北至崔庄村。总户数为1244户，总人口为5293人，主要分布民族为汉族。面积为6.6平方千米。粮食作物以小麦、玉米为主。经济作物以花生为主。养殖业以养殖猪、羊、牛为主。居民经济来源以外出务工、种植、养殖为主。

因村委会驻地卓圩得名。早年卓姓家族聚居此地，卓家地建有大圩，故名。1958年人民公社时期名称为卓圩大队，1983年由卓圩大队更名为卓圩村村民委员会，沿用至今。

徐营村村民委员会

徐营村村民委员会（Xúyíngcūn Cūnmín Wěiyuánhuì） 隶属高楼镇，位于灵璧县城东北方位，距县城约50千米，村委会驻徐营庄，下辖自然村有侯楼庄、王向庄、前吴庄、温庄、朱庄、新二村、徐营庄、新一村，共8个。村委会辖区范围东至泗县、青谷堆村，南至张营村，西至朝阳镇，北至朝阳镇。总户数为968户，总人口为4247人，主要分布民族为汉族。面积为4.8平方千米。粮食作物以小麦、玉米为主。经济作物以花生为主。养殖业以养殖猪、羊、牛为主。居民经济来源以外出务工、种植、养殖为主。

因村委会所在驻地徐营得名。1958年人民公社时期名称为徐营大队；1983年由徐营大队更名为徐营村村民委员会，沿用至今。

冯庙镇

大陈村村民委员会

大陈村村民委员会（Dàchéncūn Cūnmín Wěiyuánhuì） 隶属冯庙镇，位于灵璧县城北部方位，距县城约25千米，村委会驻大陈庄，下辖自然村有仲宅庄、小陈庄、大陈庄、小卢庄、沈场庄、马万庄、郭场庄，共7个。村委会辖区范围东至三王村赵场庄，南至本镇沟涯村朱连庄，西至大路乡蒋庙村，北至大路乡孙谷村。总户数为825户，总人口为3820人，主要分布民族有汉族、土家族，共2种。面积为5.5平方千米。粮食作物以小麦、玉米为主。经济作物以花生、棉花为主。养殖业以养殖猪、鸡、牛为主。居民经济来源以外出务工、种植、养殖为主。

因村委会驻地大陈庄而得名。1958年人民公社时期名称为大陈大队。1983年由大陈大队更名为大陈村村民委员会，沿用至今。

大高村村民委员会

大高村村民委员会（Dàgāocūn Cūnmín Wěiyuánhuì） 隶属冯庙镇，位于灵璧县城东北方位，距离冯庙镇县城约20千米，村委会驻大高庄，下辖自然村有王谋庄、大高庄、大朱庄、小高庄、董刘庄、小姚庄，共6个。村委会辖区范围东至泗县高集村，南至泗张村委会，西至张集村村委会，北至王圩村委会。总户数为778户，总人口为3445人，主要分布民族为汉族。面积为7.3平方千米。粮食作物以小麦、玉米、大豆为主。养殖业以养殖猪、羊、鸡、牛为主。居民经济来源以种植业、养殖业、外出务工为主。

名称得自大高自然村。清光绪年间，高姓人家迁居于此，逐渐壮大，由此得名。1958年人民公社时期名称为大高大队。1983年更名为大高村村民委员会，沿用至今。

大卢村村民委员会

大卢村村民委员会（Dàlúcūn Cūnmín Wěiyuánhuì） 隶属冯庙镇，位于灵璧县城东北方位，距县城约30千米，村委会驻大卢庄，下辖自然村有三卢庄、后三卢庄、翟道庄、李道庄、大卢庄、小卢庄、小高庄，共7个。村委会辖区范围东至泗县渭桥，南至邹圩村，西至木古村、三王村，北至大庙乡、王谷村委会。总户数为898户，总人口为3510人，主要分布民族为汉族。面积为5.4平方千米。粮食作物以小麦、玉米为主。经济作物以黄豆为主。养殖业以养殖猪、羊、鸡为主。居民经济来源以种植、养殖、外出务工、建筑为主。

以村委会驻地大卢庄取名。相传清代雍正年间，卢姓由陕西迁居至此，故得名大卢庄。1958年人民公社时期称为冯东大队，1983年成立冯东乡人民政府时更名为大卢村委会，沿用至今。

大王村村民委员会

大王村村民委员会（Dàwángcūn Cūnmín Wěiyuánhuì） 隶属冯庙镇，位于灵璧县城东北方位，距县城约22千米，村委会驻大王庄，下辖自然村有大王庄、后曹庄、前曹庄、后刘庄，共4个。村委会辖区范围东至邹圩村，南至王圩村，西至王刘村，北至黄家村。总户数为1025户，总人口为4743人，主要分布民族为汉族。面积为5.3平方千米。粮食作物以小麦、玉米为主。经济作物以种植棉花为主。养殖业以养殖猪、羊为主。居民经济来源以外出务工、种植、养殖为主。

该村委会名字取自大王自然村。明朝崇祯年间，王姓由北方迁居于此，故得名。1958年人民公社时期名称为大王大队，1983年更名为大王村村民委员会，沿用至今。

高宅村村民委员会

高宅村村民委员会（Gāozháicūn Cūnmín Wěiyuánhuì） 隶属冯庙镇，位于灵璧县城东北方位，距县城约30千米，村委会驻高宅庄，下辖自然村有高宅庄、范东庄、刘西庄、靖宅庄、后胡庄、西高庄、王家庄、小靖庄、张鲍圩庄、小张鲍庄，共10个。村委会辖区范围东至大卢村，南至三王村，西至三王村，北至大庙乡王谷村。总户数为1016户，总人口为4210人，主要分布民族为汉族。面积为4.7平方千米。粮食作物以小麦、玉米为主。经济作物以瓜果、蔬菜为主。养殖业以养殖猪、羊、鸡等为主。居民经济来源以种植、养殖、外出务工为主。

村委会驻高宅自然村，故名。1958年人民公社时期名称为高宅大队。1983年由高宅大队更名为高宅村村民委员会，沿用至今。

沟涯村村民委员会

沟涯村村民委员会（Gōuyácūn Cūnmín Wěiyuánhuì） 隶属冯庙镇，位于灵璧县城西北方位，距县城约30千米。村委会驻沟涯村，下辖自然村有张周庄、小鲍庄、小徐庄、小彭庄、前蒋庄、小马庄、朱连庄、刘东庄、刘西庄、前场庄、后场庄、后蒋庄，共12个。村委会辖区范围东至三王村民委员会，南至后朱村民委员会，西至吴杨村民委员会，北至大路乡蒋庙村民委员会。总户数为1028户，总人口为4906人，主要分布民族为汉族。面积为7.2平方千米。粮食作物以小麦为主。经济作物以黄豆为主。养殖业以养殖猪、羊、鸡为主。居民经济来源以种植、养殖、外出务工为主。

该村委会名字取自原斜沟涯自然村。斜沟涯自然村，简称沟涯，从明朝时得名。1986年之前为沟涯大队，之后由沟涯大队改为沟涯村民委员会，名称沿用至今。

后朱村村民委员会

后朱村村民委员会（Hòuzhūcūn Cūnmín Wěiyuánhuì） 隶属冯庙镇，位于灵璧县城北部方位，距县城约25千米，村委会驻后朱庄，下辖自然村有西刘庄、朱杨陈庄、大朱庄、李课庄、徐邢庄、小余庄、后朱庄，共7个。村委会辖区范围东至三王村民委员会，南至冯庙居委会，西至刘汪村民委员会，北至沟涯村民委员会。总户数为1060户，总人口为4672人，主要分布民族为汉族。面积为4.6平方千米。粮食作物以小麦、玉米为主。经济作物以大豆为主。养殖业以养殖鸡、猪为主。居民经济来源以外出务工、养殖、种植、建筑为主。

1983年由后朱大队更名为后朱村村民委员会，沿用至今。因后朱庄是冯庙街北（后）庄，朱姓人口占多数，故名。后朱村在合并前是个小村，名叫后朱村（后叫后朱大队），后四个小村合并。

黄家村村民委员会

黄家村村民委员会（Huángjiācūn Cūnmín Wěiyuánhuì） 隶属冯庙镇，位于灵璧县城东北方位，距县城约25千米，村委会驻黄家庄，下辖自然村有黄家庄、南周庄、水牛陈庄、大司庄、刘庙庄、小周庄、小张庄、周东庄、周西庄，共9个。村委会辖区范围东至木谷村，南至王圩、王刘村，西至禅堂乡，北至冯庙居委会。总户数为1396户，总人口为5677人，主要分布民族有汉族、苗族、侗族。面积为6.1平方千米。粮食作物以小麦、玉米为主。经济作物以黄豆、蔬菜为主。养殖业以养猪、羊、鸡、鸭为主。居民经济来源以外出务工、建筑、养殖、种植为主。

该村委会名字取自黄家自然村。黄家自然村由黄姓搬迁至此而得名。1958年人民公社时期称为黄家大队。1983年由黄家大队分成黄家、水牛陈、南周三个大队，三个月后命名为黄家、水牛陈、南周三个村民委员会。2005年三个村合并为一个村，即黄家村民委员会，沿用至今。

木谷村村民委员会

木谷村村民委员会（Mùgǔcūn Cūnmín Wěiyuánhuì） 隶属冯庙镇，位于灵璧县城东北方位，距县城约25千米，村委会驻木谷庄，下辖自然村有路家庄、靖家庄、木谷庄（木东、木西）、小谢庄、侯王庄，共5个。村委会辖区范围东至大卢村委会，南至邹圩村委会，西至冯庙居委会，北至三王村委会。总户数为1106户，总人口为46300人，主要分布民族为汉族。面积5.8平方千米。粮食作物以小麦、玉米、大豆为主。养殖业以养殖猪、羊及家禽为主。居民经济来源以农作物种植、养殖及外出务工为主。

相传，冯庙萧木古堆系金朝将领萧枯葬身之处。南宋兴隆元年（1163年）宋孝宗即位，意欲收复被金军侵占的江淮失地，命张浚为枢密使，督淮东西路军马出师渡淮，计划先收复虹县（泗县），后收复灵璧。于是金宋双方以灵南老营湖为中心摆开战场，决一雌雄。金军大败，金将萧木古战死在战场上，被葬在现萧木古村一高地上，坟名又称萧木古堆，后被称小木谷，今为木谷村。1958年人民公社时期名称为木西大队，1989年更名为木谷村村民委员会，名称沿用至今。

三王村村民委员会

三王村村民委员会（Sānwángcūn Cūnmín Wěiyuánhuì） 隶属冯庙镇，位于灵璧县城东北方位，距县城约23千米，村委会驻三王庄，下辖自然村有王东庄、赵场庄、马庄、侯场庄、下宅庄、高安庄、朱牌坊庄，共7个。村委会辖区范围东至大卢村委会，南至后朱村委会，西至大陈村委会，北至大庙乡王枝村委会。总户数为1190户，总人口为4673人，主要分布民族为汉族。面积为4.9平方千米。粮食作物以小麦、玉米为主。经济作物以白菜、芹菜为主。养殖业以养殖猪、羊、鸡、鸭为主。居民经济来源以种植业、养殖业、外出务工为主。

该村委会有三王自然村之义。王姓居多，村庄距冯庙街三华里，故得名。1958年人民公社时期名称为三王大队。1983年由三王大队更名为三王村村民委员会，沿用至今。

王刘村村民委员会

王刘村村民委员会（Wángliúcūn Cūnmín Wěiyuánhuì） 隶属冯庙镇，位于灵璧县城西南方位，距县城约25千米，村委会驻小朱庄，下辖自然村有钱家庄、毛翁李庄、井家庄、小王庄、小刘庄、倪家庄、小朱庄、小张庄、刘东庄、刘西庄，共11个。村委会辖区范围东至冯庙镇王圩村，南至冯庙镇张集村，西至新濉河，北至冯庙镇大王村。总户数为1152户，总人口为4696人，主要分布民族为汉族。面积为7.1平方千米。粮食作物以小麦、玉米、大豆为主。经济作物以苗木为主。养殖业以养殖鸡、猪为主。居民经济来源以种植、养殖、外出务工为主。

1983年由原来的前刘大队、王刘大队、井李大队合并命名为王刘村村民委员会，因王姓、刘姓居多，故名。

王圩村村民委员会

王圩村村民委员会（Wángwéicūn Cūnmín Wěiyuánhuì） 隶属冯庙镇，位于灵璧县城东北方位，距县城约25千米，村委会驻王圩庄，下辖自然村有小金庄、前徐庄、二徐庄、三徐庄、王圩庄、小梁庄、王英庄、火王庄，共8个。村委会辖区范围东至泗县大曹村，南至大高村民委员会，西至张集村委会和王刘村委会，北至大王村民委员会。总户数为841户，总人口为3712人，主要分布民族为汉族。面积为5.5平方千米。粮食作物以小麦、玉米为主。经济作物以花生、棉花为主。养殖业以养殖鸡、牛、羊、猪为主。居民经济来源以外出务工、建筑、养殖业、经济作物种植为主。

该村委会名字取自王圩自然村。1958年人民公社时期名称为王圩大队。1983年由王圩大队更名为王圩村民委员会，沿用至今。

吴杨村村民委员会

吴杨村村民委员会（Wúyángcūn Cūnmín Wěiyuánhuì） 隶属冯庙镇，位于灵璧县城西北方位，距县城约25千米。村委会驻小吴庄，下辖自然村有小吴庄、小杨庄，共2个。村委会辖区范围东至蒋杨沟，南至沟涯村张周地界，西至奎濉河，北至新陈沟。总户数为435户，总人口为1962人，主要分布民族有汉族、壮族，共2种。面积为3.04平方千米。粮食作物以小麦、玉米、大豆为主。养殖业以养殖鸡、羊、猪为主。居民经济来源以种植、养殖、外出务工为主。

该村委会由小吴自然村、小杨自然村组成。1958年人民公社时期名称为吴杨大队。1983年由吴杨大队更名为吴杨村村民委员会，沿用至今。

张集村村民委员会

张集村村民委员会（Zhāngjícūn Cūnmín Wěiyuánhuì） 隶属冯庙镇，位于灵璧县城东北方位，距县城约15千米，村委会驻张集庄，下辖自然村有大董庄、张宅庄、张集庄、路唐庄、南唐庄、西唐庄，共

6个。村委会辖区范围东至大高村，南至泗张，西临濉河，北至王刘村。总户数为1261户，总人口为5451人，主要分布民族为汉族。面积为8.6平方千米。粮食作物以小麦、玉米、黄豆为主。经济作物以棉花、西瓜为主。养殖业以养殖鸡、猪、羊为主。居民经济来源以种植、养殖、外出务工为主。

该村委会名字取自张集自然村。该自然村因为居住的村民张姓比较多，且是集市而得名。1958年人民公社时期名称为张集大队。1983年由张集大队更名为张集村民委员会，沿用至今。

张汪村村民委员会

张汪村村民委员会（Zhāngwāngcūn Cūnmín Wěiyuánhuì） 隶属冯庙镇，位于灵璧县城东北方位，距县城约20千米。村委会驻张汪庄，下辖自然村有张汪庄、刘汪庄、九角杨庄，共3个。村委会辖区范围东至后朱村，南至黄家村，西至新濉河，北至沟涯村。总户数为782户，总人口为3224人，主要分布民族为汉族。面积为4.3平方千米。粮食作物以种植小麦、玉米为主。经济作物以大豆为主。养殖业以养殖猪、羊、鸡为主。居民经济来源以外出务工、建筑、种植、养殖为主。

因村委会驻地在张汪庄汪塘，张姓居多，村名由此而来。1985年由张汪大队更名为张汪村民委员会，沿用至今。

邹圩村村民委员会

邹圩村村民委员会（Zōuwéicūn Cūnmín Wěiyuánhuì） 隶属冯庙镇，位于灵璧县城东北方位，距县城约30千米，村委会驻前邹庄，下辖自然村有前邹庄、杨场庄、后邹庄、王场庄、李铺庄、小耿庄，共6个。村委会辖区范围东至虹灵沟，南至王圩、大王两村，西至大王、木谷两村，北至木谷大卢两村。总户数为993户，总人口为3542人，主要分布民族为汉族。面积为5.6平方千米。粮食作物以小麦、玉米为主。经济作物以花生、棉花为主。养殖业以养猪、养鸡为主。居民经济来源以外出务工、建筑、养殖为主。

村委会驻地前邹圩。民国时期为防土匪抢劫庄里修建土圩而得名邹圩，国民政府命名为邹圩乡。1958年人民公社时期名称为邹圩大队。1983年由邹圩大队更名为邹圩村委员会，沿用至今。

冯庙居民委员会

冯庙居民委员会（Féngmiào Jūmín Wěiyuánhuì） 隶属冯庙镇，位于灵璧县城东北方位，距县城约25千米，村委会驻冯庙街，下辖自然村有冯庙街、东朱庄，共2个。村委会辖区范围东至木谷村委会，南至黄家村委会，西至后朱村，北至三王村委会。总户数为1129户，总人口为5521人，主要分布民族为汉族。面积为3.1平方千米。粮食作物以小麦、玉米、大豆为主。养殖业以养殖猪、羊及家禽为主。居民经济来源以种植、养殖及外出务工为主。

清宣统年间，冯姓逃荒到此地，到此地后建一座庙，由于冯氏族人是第一户到此地，故称为冯庙。撤区建乡以前为冯庙大队，1989年以后更名为冯庙居委会，名称沿用至今。

泗张村村民委员会

泗张村村民委员会（Sìzhāngcūn Cūnmín Wěiyuánhuì） 隶属冯庙镇，位于灵璧县城东北方位，距县城约25千米，村委会驻庙前杨庄，下辖自然村有大杨庄、黑牛张庄、庙东杨庄、庙前杨庄、庙西杨庄、时家庄、王杨庄、温庙庄、小杨庄、小朱庄、泗张庄、小马庄，共12个。村委会辖区范围东至泗县，南至新濉河，西至新濉河，北至大高村委会。总户数为1280户，总人口为5766人，主要分布民族为汉族。面积为14平方千米。粮食作物以小麦、玉米、大豆为主。养殖业以养殖猪、羊及家禽为主。居民经济来源以种植、养殖及外出务工为主。

因村委会坐落于泗张庄而得名。1958年人民公社时期名称为泗张大队。1983年由泗张大队更名为泗张村村民委员会，沿用至今。

向阳乡

大桥村村民委员会

大桥村村民委员会（Dàqiáocūn Cūnmín Wěiyuánhuì） 隶属向阳镇，位于灵璧县城东南方位，距县城约8千米，村委会驻大桥村，下辖自然村有榆树庄、小王庄、岳河庄、大桥庄、李圩庄、小庄、三队庄、二队庄、一队庄、前岳庄、西张庄，共11个。村委会辖区范围东至泗县，南至官庄，西至大西村，北至汴河。总户数为836户，总人口为3683人，主要分布民族为汉族。面积为8.9平方千米。粮食作物以小麦、玉米为主。经济作物以花生、棉花为主。养殖业以养殖猪、羊、牛、鸡为主。居民经济来源以种植粮食、棉花、花生，养殖为主。村内有学校、村卫生室。

因为原张大桥庄有一五孔拱桥，在当地很有名气，故改为大桥村。1958年为向阳公社张圩大队，后改名为张圩村委会，因重名。1983年行政区划改制后，改张圩村委会为大桥村民委员会。

大西村村民委员会

大西村村民委员会（Dàxīcūn Cūnmín Wěiyuánhuì） 隶属向阳镇，位于灵璧县城城东南方位，距县城约4千米。村委会驻从巷村，下辖自然村有西集庄、宗庄、大西庄、罗圩庄、从巷庄、小张庄、张河庄、东张巷庄、西张巷庄，共9个。村委会辖区范围东至向阳乡大桥村，南至向阳乡汤圩村，西至向阳乡艳阳村，北至工业园区西集村。总户数为882户，总人口为4641人，主要分布民族为汉族。面积为12.6平方千米。粮食作物以小麦、玉米为主。经济作物以花生、棉花为主。养殖业以养殖猪、羊、牛、鸡为主。居民经济来源以种植粮食、棉花、花生、养殖为主。村内有学校、村卫生室。

2005年由原张河村、大西村合并，以大西村命名，沿用至今。

官庄村村民委员会

官庄村村民委员会（Guānzhuāngcūn Cūnmín Wěiyuánhuì） 隶属向阳镇，位于灵璧县城东部方位，距县城约15千米，村委会驻官庄村，下辖自然村有小高家庄、近胡庄、西陈庄、东陈庄、小张庄、胡圩庄、圩后庄、老营胡庄、胡南庄、官庄集庄、老庄胡家、梨园庄、小李庄、小孙庄、小胡庄，共15个。村委会辖区范围东至泗县，南至王集村委会，西至汤圩村委会，北至大桥村委会。总户数为800户，总人口为4236人，主要分布民族为汉族。面积为11.1平方千米。粮食作物以玉米、小麦为主。养殖业以养殖猪、羊为主。居民经济来源以外出务工为主。村内有学校、村卫生室。

以驻地官庄集得名。1980年设区划社时，曾为官庄公社（后陈官庄乡）驻地。1992年撤区并乡，官庄乡被撤掉，属向阳乡，更名为官庄村民委员会。

河王村村民委员会

河王村村民委员会（Héwángcūn Cūnmín Wěiyuánhuì） 隶属向阳镇，位于灵璧县城南部方位，距县城约13千米，村委会驻河王村，下辖自然村有庙东沈庄、庙东杨庄、圩东庄、前门庄、小汤庄、大汤庄、河王庄、前杨庄、后杨庄、印庄、小朱庄、小赵庄、徐桥庄，共13个。村委会辖区范围东至新湖村委会，南至北沱河，西至苏圩村委会，北至向阳村委会。总户数为616户，总人口为3396人，主要分布民族为汉族。面积为8.5平方千米。粮食作物以小麦、玉米为主。经济作物以花生为主。养殖业以养殖猪、牛、羊、鸡为主。居民经济来源以外出务工、养殖业、种植业为主。村内有学校、村卫生室。

以村委会驻地河王自然村而得名。1983年由河王大队更名为河王村民委员会，沿用至今。

马桥村村民委员会

马桥村村民委员会（Mǎqiáocūn Cūnmín Wěiyuánhuì） 隶属向阳镇，位于灵璧县城东南方位，距县城约30千米，村委会驻桥东村，下辖自然村有桥东庄、桥西庄、小庄，共3个。村委会辖区范围东至泗县草沟镇，南至韦集镇藕庄村，西至新湖村，北至南王集村大张庄。总户数为528户，总人口为2245人，主要分布民族为汉族。面积为5.4平方千米。粮食作物以小麦、玉米为主。经济作物以花生为主。养殖业以养殖猪、羊为主。居民经济来源以种植粮食、养殖、外出务工为主。村内有学校、村卫生室。

1983年由马桥大队更名为马桥村民委员会，名称沿用至今。

南王集村村民委员会

南王集村村民委员会（Nánwángjícūn Cūnmín Wěiyuánhuì） 隶属向阳镇，位于灵璧县城南部方位，距县城约12.5千米，村委会驻南王集村，下辖自然村有东南庄、谷点庄、木庄、沈庄、大张庄、荒地胡庄、南王集庄、前巷庄、五家胡庄、小张庄、赵营庄，共11个。村委会辖区范围东至泗县草沟镇，南至马桥村，西至向阳村，北至汤圩村。总户数为1192户，总人口为4998人，主要分布民族为汉族。面积为13.6平方千米。粮食作物以小麦、玉米为主。经济作物以花生为主。养殖业以养殖猪、羊、牛、鸡为主。居民经济来源以种植粮食、外出务工、养殖为主。村内有学校、村卫生室。

王姓到此地开荒种地，每逢农历三、五、八、十日起集，经营各种商品、农产品等，得名王集。1980年属金圩乡。因灵璧北部也有一个村叫王集，1993年并入向阳乡以后，改名为南王集村，沿用至今。

苏圩村村民委员会

苏圩村村民委员会（Sūwéicūn Cūnmín Wěiyuánhuì） 隶属向阳镇，位于灵璧县城西南部方位，距县城约10千米，村委会驻苏圩村，下辖自然村有院寺街庄、庙西杨庄、小沈庄、大陈庄、小孙庄、大孙庄、苏圩庄、西陈庄、小黄庄、小李庄，共10个。村委会辖区范围东至向阳村，南至黄湾镇，西至武圩村，北至灵城镇。总户数为733户，总人口为3412人，主要分布民族为汉族。面积为11.1平方千米。粮食作物以小麦、玉米为主。经济作物以花生、棉花为主。养殖业以养殖猪、羊、牛、鸡为主。居民经济来源以种植粮食、棉花、花生、养殖为主。村内有学校、村卫生室。

公社大队时期称苏圩大队。1983年行政区改制后，改苏圩大队为苏圩村民委员会，沿用至今。

汤圩村村民委员会

汤圩村村民委员会（Tāngwéicūn Cūnmín Wěiyuánhuì） 隶属向阳镇，位于灵璧县城东南方位，距县城约10千米。村委会驻汤圩村，下辖自然村有九店王庄、前杨庄、后杨庄、小马庄、大路张庄、南北站庄、庙东庄、李宅庄、圩里庄、庙后庄、固宅庄、小邓庄，共12个。村委会辖区范围东至官庄村，南至南王集村，西至向阳村，北至大西村。总户数为760户，总人口为3670人，主要分布民族为汉族。面积为10.7平方千米。粮食作物以小麦、玉米为主。经济作物以花生、大豆为主。养殖业以养殖猪、牛、羊、鸡为主。居民经济来源以种植、养殖、为主。村内有学校、村卫生室。

该村汤姓人口众多，又有一个大圩沟防盗，故叫汤圩村。人民公社时期名称为汤圩大队。1983年由汤圩大队更名为汤圩村委会。2005年九店村合并到汤圩村后，名称未变，沿用至今。

武圩村村民委员会

武圩村村民委员会（Wǔwéicūn Cūnmín Wěiyuánhuì） 隶属向阳镇，位于灵璧县城南部方位，距县城约10千米。村委会驻武圩村，下辖自然村有路武庄、小武庄、后武庄、武圩庄、老武庄、韩孤堆庄，共6个。村委会辖区范围东至苏圩村，南至黄湾镇，西至灵城镇，北至灵城镇。总户数为455户，总人口为2370人，主要分布民族为汉族。面积为5.1平方千米。粮食作物以小麦、玉米为主。经济作物以花生、棉花为主。养殖业以养殖猪、羊、牛、鸡为主。居民经济来源以种植、养殖为主。村内有学校、村卫生室。

该村委会有五个武姓，加上有圩沟，故称武圩。人民公社时期称大队。1983年行政区改制后，改武圩大队为武圩村民委员会，沿用至今。

向阳村村民委员会

向阳村村民委员会（Xiàngyángcūn Cūnmín Wěiyuánhuì） 隶属向阳镇，位于灵璧县城南部方位，距县城约10千米。村委会驻向阳村，下辖自然村有小杨组、杨西组、杨东组、西金组、中金组、金光组、东金组、后园组、陆庄组、圩前组、圩里组，共11个。村委会辖区范围东至汤圩村民委员会，南至河王村民委员会，西至苏圩村民委员会，北至艳阳村民委员会。总户数为980户，总人口为4500人，主要分布民族为汉族。面积为10.1平方千米。粮食作物以小麦、玉米为主。经济作物以花生、大豆为主。养殖业以养猪为主。居民经济来源以种植、养殖、外出务工为主。村内有学校、村卫生室。

原名大杨村，“文化大革命”期间改名向阳村。1984年由向阳大队更名为向阳村民委员会，取姓杨较多之义。2005年5月由金圩村、金光村、向阳村三村合并称为向阳村民委员会。

新湖村村民委员会

新湖村村民委员会（Xīnhúcūn Cūnmín Wěiyuánhuì） 隶属向阳镇，位于灵璧县城东南部方位，距县城约20千米，村委会驻胡瓦坊村，下辖自然村有小马桥庄、河北汤庄、小北汤庄、胡瓦坊庄、小瓦坊庄、前胡庄、后胡庄，共7个。村委会辖区范围东至马桥村，南至北沱河，西至河王村，北至南王集村。总户数为515户，总人口为2122人，主要分布民族为汉族。面积为5.2平方千米。粮食作物以小麦、玉米为主。经济作物以花生为主。养殖业以养殖羊、牛为主。居民经济来源以外出务工为主。村内有学校、村卫生室。

人民公社时期名称为前进大队。1983年由前进大队更名为前进村民委员会。1993年由前进村民委员会更名为新湖村民委员会，沿用至今。

艳阳村村民委员会

艳阳村村民委员会（Yànyángcūn Cūnmín Wěiyuánhuì） 隶属向阳镇，位于灵璧县城南部方位，距县城约17千米。村委会驻艳阳村，下辖自然村有前八张庄、后八张庄、土李庄、小杨庄、骑马庄、大沈庄、大李庄、邵庄，共8个。村委会辖区范围东至大西村，南至向阳村，西至灵城镇，北至灵城镇。总户数为1043户，总人口为4569人，主要分布民族为汉族。面积为12.4平方千米。粮食作物以小麦、玉米为主。经济作物以花生、棉花为主。养殖业以养殖猪、羊、牛、鸡为主。居民经济来源以种植粮食、棉花、花生，养殖为主。村内有学校、村卫生室。

本村原名朝阳大队，因重名，1983年改名为艳阳村。人民公社时期称大队。1983年行政区改制后，改朝阳大队为艳阳村，沿用至今。

朱集乡

固城村村民委员会

固城村村民委员会（Gùchéngcūn Cūnmín Wěiyuánhuì） 隶属朱集乡，位于灵璧县城正北方位，距县城约35千米，村委会驻固城，下辖自然村有固城子、潘家、亓家、张家，共4个。村委会辖区范围东至潼山村民委员会，南至田路村民委员会，西至刘寨村民委员会，北至朱集村民委员会。总户数为535户，总人口为2148人，主要分布民族为汉族。面积为3.6平方千米。粮食作物以小麦、玉米为主。经济作物以棉花、大豆、芝麻为主。养殖业以养殖羊、猪、鸡、牛、鱼为主。居民经济来源以外出务工、建筑、种植、养殖为主。

1958年属朱集公社，为固城大队；1983年属朱集乡，为固城村村民委员会，名称沿用至今。

红旗村村民委员会

红旗村村民委员会（Hóngqícūn Cūnmín Wěiyuánhuì） 隶属朱集乡，位于灵璧县城北方位，距县城约35千米。村委会驻东土楼，下辖自然村有东土楼、李庙、岐路张、岐路陈、代家、冯家、西土楼、西条基、亓家、小马庄，共10个。村委会辖区范围东至运料河，南至朱集村，西至湖光村，北至游集镇张楼村。总户数为823户，总人口为3607人，主要分布民族为汉族。面积为6.7平方千米。粮食作物以小麦、玉米、大豆为主。经济作物以蔬菜为主。养殖业以养殖羊、猪、鸡为主。居民经济来源以外出务工、种植、养殖为主。

红旗村，“文化大革命”期间命名。1992年区划调整，红旗村、土楼村、歧张村三村合并为红旗村村民委员会，沿用至今。

湖光村村民委员会

湖光村村民委员会（Húguāngcūn Cūnmín Wěiyuánhuì） 隶属朱集乡，位于灵璧县城西方位，距县城约39千米。村委会驻姜庄东北湖村，下辖自然村有刘派、姜庄、李庄、后李庄、刘贯庄、王店、孟庄，共7个。村委会辖区范围东至红旗村民委员会，南至刘寨村民委员会，西至埇桥区，北至双井村民委员会，游集镇解圩、杨庄两村民委员会之地。总户数为1230户，总人口为3940人，主要分布民族为汉族。面积为9.5平方千米。粮食作物以小麦、玉米、大豆为主。经济作物以棉花为主。养殖业以养殖牛、羊、猪、鸡为主。居民经济来源以外出务工、养殖、种植为主。

该村于2004年由王店村、刘派村合并而成，属朱集乡，为湖光村村民委员会，沿用至今。

姜山村村民委员会

姜山村村民委员会（Jiāngshāncūn Cūnmín Wěiyuánhuì） 隶属朱集乡，位于灵璧县城北方位，距县城约40千米，村委会驻姜山村，下辖姜山庄1个自然村。村委会辖区范围东至申村，南至开山村民委员会，西至潼山村委会，北至岳巷村委会。总户数为550户，总人口为2159人，主要分布民族为汉族。面积为4.6平方千米。粮食作物以小麦、玉米、大豆为主。经济作物以棉花为主。养殖业以养殖羊、猪、鸡为主。居民经济来源以外出务工、建筑、小型运输为主。

1969年属朱集公社，为姜山大队；1983年属潼山乡，为姜山村村民委员会；1992年属朱集乡，沿用至今。

刘寨村村民委员会

刘寨村村民委员会（Liúzhàicūn Cūnmín Wěiyuánhuì） 隶属朱集乡，位于灵璧县城西北方位，距县城约30千米。村委会驻刘寨，下辖自然村有刘寨、洼北、东寨、曹家、王家、小曹家、季家、赵家、前王、朱家、刘家、邱家、小刘家、后王、浍庙、马家，共16个。村委会辖区范围东至瓦房村，南至拖尾河，西至老汪湖，北至湖光村。总户数为945户，总人口为4140人，主要分布民族为汉族。面积为8.2平方千米。粮食作物以小麦、玉米为主。经济作物以棉花、大豆、芝麻为主。养殖业以养殖羊、猪、鱼为主。居民经济来源以外出务工、种植为主。

2005年，刘寨村、曹家村、浍庙村三村合并为刘寨村村民委员会，沿用至今。

苗河村村民委员会

苗河村村民委员会（Miáohécūn Cūnmín Wěiyuánhuì） 隶属朱集乡，位于灵璧县城西北方位，距县城约50千米。村委会驻苗河，下辖自然村有邱圩、郭家、邵家、陈庄、小刘庄、后付、小周家、前付、小井、小王、苗河，共11个。村委会辖区范围东至游集镇邱楼村，南至双井村民委员会，西至老汪湖，北至游集镇李家村民委员会。总户数为705户，总人口为3170人，主要分布民族有汉族、白族，共2种。面积为5.2平方千米。粮食作物以小麦、玉米、大豆为主。经济作物以棉花为主。养殖业以养殖羊、猪、鸡、牛为主。居民经济来源以外出务工、经济作物种植、建筑为主。

2005年苗河村、邱圩村二村合并，属朱集乡，为苗河村村民委员会，沿用至今。

双井村村民委员会

双井村村民委员会（Shuāngjǐngcūn Cūnmín Wěiyuánhuì） 隶属朱集乡，位于灵璧县城西北方位，距县城约40千米，村委会驻双井村，下辖自然村有后孙庄、前孙庄、曹庄、小王庄、前井庄、王圩子、许家、后井楼、周场，共9个。村委会辖区范围东至苗河沟，南至湖光村民委员会，西至老汪湖大堤，北至苗河村西湖大堤。总户数为1032户，总人口为4651人，主要分布民族为汉族。面积为10.2平方千米。粮食作物以小麦、玉米为主。经济作物以大豆为主。养殖业以养殖羊、猪、鸡为主。居民经济来源以外出务工、种植为主。

因由井楼村民委员会、前井村民委员会合并，取其双“井”得名双井村民委员会。1958年为井楼大队、前井大队，属刘寨公社；1983年为井楼村委会、前井村委会，属刘寨乡；1992年属朱集乡；2005年6月合并为双井村民委员会，属朱集乡，沿用至今。

双杨村村民委员会

双杨村村民委员会（Shuāngyángcūn Cūnmín Wěiyuánhuì） 隶属朱集乡，位于灵璧县城东方位，距县城约42千米，村委会驻后杨，下辖自然村有杨山、杨家、前杨、后杨、后河、小杨、刘庄，共7个。村委会辖区范围东至渔沟白马，南至岳巷村委会，西至朱集街，北至星光村委会。总户数为790户，总人口为3127人，主要分布民族为汉族。面积为4.5平方千米。粮食作物以种植小麦、玉米、大豆为主。经济作物以种植棉花为主。养殖业以养殖羊、猪、鸡、牛为主。居民经济来源以外出务工、种植、养殖为主。

2004年杨家村、杨北村二村进行区划调整，调整后取二村中的“杨”字，得名双杨村村民委员会。

潼山村村民委员会

潼山村村民委员会（Tóngshāncūn Cūnmín Wěiyuánhuì） 隶属朱集乡，位于灵璧县城北方位，距县城约70千米，村委会驻潼山，下辖自然村有老集庄、前楼庄、小山庄、潼山庄，共4个。村委会辖区范围东至姜山村委会，南至运料河，西至刘寨村委会，北至岳巷村委会。总户数为605户，总人口为2721人，主要分布民族有汉族、土家族，共2种。面积为3.9平方千米。粮食作物以小麦、玉米为主。经济作物以棉花、花生为主。养殖业以养殖羊、猪、鸡为主。居民经济来源以外出务工、建筑、养殖为主。

传说很久很久以前，有位财主收养一个童养媳。童养媳长期受气，一天吃完饭到后山去打柴割草，因劳累不知不觉在山上的石上睡着了，晚上回家，天上突降铜钱，自此后山取名叫铜山，后讹作潼山。村庄位于潼山脚下，以山名命名该村庄为潼山村。2010年潼山村、前楼村二村合并，属朱集乡，为潼山村村民委员会，沿用至今。

星光村村民委员会

星光村村民委员会（Xīngguāngcūn Cūnmín Wěiyuánhuì） 隶属朱集乡，位于灵璧县城正北方位，距县城约50千米，村委会驻星光村，下辖自然村有刘南塘、东条吉、沈楼、马圩、曹马庄、马庄，共6个。村委会辖区范围东至郑楼村，南至双杨村，西至运料河，北至卞庄村。总户数为1007户，总人口为5177人，主要分布民族为汉族。面积为7.1平方千米。粮食作物以小麦、玉米为主。经济作物以棉花、大豆、芝麻为主。养殖业以养殖羊、猪、鱼为主。居民经济来源以外出务工、种植为主。

1958年命名为星光大队，后改为星光村。2005年由创新村、星光村、曹马村三村合并而成，属朱集乡，为星光村村民委员会，沿用至今。

岳巷村村民委员会

岳巷村村民委员会（Yuèxiàngcūn Cūnmín Wěiyuánhuì） 隶属朱集乡，位于灵璧县城北方位，距县城约40千米，村委会驻岳巷村，下辖自然村有岳巷庄、小李山庄、小马庄、东杨庄，共4个。村委会辖区范围东至申村，南至姜山村民委员会，西至潼山村委会，北至双杨村委会。总户数为706户，总人口为2603人，主要分布民族为汉族。面积为3.6平方千米。粮食作物以小麦、玉米为主。经济作物以大豆为主。养殖业以养殖猪、羊为主。居民经济来源以外出务工、种植、建筑、养殖为主。

1958年属朱集公社，为岳巷大队；1984年属朱集乡，为岳巷村村民委员会，沿用至今。

张家村村民委员会

张家村村民委员会（Zhāngjiācūn Cūnmín Wěiyuánhuì） 隶属朱集乡，位于灵璧县城西北方位，距离（区）县城约50千米，村委会驻张家庄，下辖自然村有张家庄、宋家庄、冯家庄、李家庄、武庄，共5个。村委会辖区范围东至浍庙，南至拖尾河，西至拖尾河，北至刘寨庄。总户数为541户，总人口为2331人，主要分布民族为汉族。面积为4.2平方千米。粮食作物以小麦、玉米为主。经济作物以棉花、大豆、芝麻为主。养殖业以养殖羊、猪、鱼为主。居民经济来源以外出务工、种植为主。

1958年属刘寨公社，为张家大队；1983年属刘寨乡，为张家村村民委员会；1992年属朱集乡，村名沿用至今。

朱集村村民委员会

朱集村村民委员会（Zhūjícūn Cūnmín Wěiyuánhuì） 隶属朱集乡，位于灵璧县城正北方位，距县城约35千米，村委会驻朱集，下辖自然村有王家、后瓦、孙家、庄洼、孙宅、前瓦、朱集、园墙、后李、庙东、东南，共11个。村委会辖区范围东至双杨村，南至固城村，西至湖光村，北至红旗村。总户数为1360户，总人口为5482人，主要分布民族为汉族。面积为8.5平方千米。粮食作物以小麦、玉米为主。经济作物以棉花、大豆、芝麻为主。养殖业以养殖羊、猪、鱼为主。居民经济来源以外出务工、种植为主。

2005年由朱集村、瓦房村二村合并，属朱集乡，为朱集村村民委员会，沿用至今。

大路乡

陈场村村民委员会

陈场村村民委员会（Chénchǎngcūn Cūnmín Wěiyuánhuì） 隶属大路乡，位于灵璧县城北方位，距县城约27千米，村委会驻陈场村，下辖自然村有陈场庄、孙谷堆庄，共2个。村委会辖区范围东至韩墩村，南至大陈村，西至蒋刘村，北至胡堆村。总户数为603户，总人口为2447人，主要分布民族为汉族。面积为3.3平方千米。粮食作物以小麦为主。经济作物以大豆为主。养殖业以养殖猪、羊为主。居民经济来源以务农、务工为主。

1958年人民公社时期为陈场大队。1985年由陈场大队改为陈场村委会和孙谷村委会。2005年合并后成立陈场村委会至今。

大龙村村民委员会

大龙村村民委员会（Dàlóngcūn Cūnmín Wěiyuánhuì） 隶属大路乡，位于灵璧县城北部方位，距县城约34千米，村委会驻大龙村，下辖自然村有大龙庄、曹庄、张潭庄、化口庄、卓场庄、陈庄、张庄、前姚庄、后姚庄、刘圩庄，共10个。村委会辖区范围东至大庄，南至张杨村，西至晏湾，北至刘塘村。总户数为538户，总人口为4600人，主要分布民族为汉族。面积为6.6平方千米。粮食作物以小麦、玉米为主。经济作物以花生为主。养殖业以养殖猪、鸡为主。居民经济来源以外出务工、务农为主。

传说在很久很久以前，此处天气大变，暴风骤雨，落下一条受伤的巨龙，龙头落在此地，此地故得名大龙嘴。大龙庄与曹庄、张潭、化口、前后姚合并为大龙村。1958年人民公社时期名称为大龙嘴。1978年改为大龙村。2005年与化口、卓场、陈庄、张庄、前姚、后姚、刘圩等共10个自然庄合并为大龙村民委员会。

大路村村民委员会

大路村村民委员会（Dàlùcūn Cūnmín Wěiyuánhuì） 隶属大路乡，位于灵璧县城北部方位，距县城约33千米，村委会驻大路村，下辖大路庄1个自然村。村委会辖区范围东至王坊村，南至胡堆村，西至朱楼村，北至张杨村。总户数为320户，总人口为3100人，主要分布民族为汉族。面积为2.1平方千米。粮食作物以小麦、玉米为主。经济作物以花生为主。养殖业以养殖猪、牛、羊为主。居民经济来源以经商、务农、外出务工为主。

1983年由大路大队更名为大路村民委员会，沿用至今。1992年隶属浍沟区。1992年，3月撤区并乡隶属大路乡。

韩墩村村民委员会

韩墩村村民委员会（Hándūncūn Cūnmín Wěiyuánhuì） 隶属大路乡，位于灵璧县城东部方位，距县城约35千米，村委会驻韩墩村，下辖自然村有刘贯庄、小韩庄、韩墩庄、新张庄，共4个。村委会辖区范围东至沙南村，南至王支村，西至大路村，北至王坊村。总户数为860户，总人口为3500人，主要分布民族为汉族。面积为3.6平方千米。粮食作物以小麦、玉米为主。经济作物以大棚蔬菜为主。养殖业以养殖猪、鸡为主。居民经济来源以农作物种植、外出务工为主。

1983年由韩墩大队更名为韩墩村民委员会，沿用至今。1992年撤区并乡，隶属大路乡韩墩村。2005年5月小韩村、新张庄、韩墩村合并成韩墩村。

胡堆村村民委员会

胡堆村村民委员会（Húduīcūn Cūnmín Wěiyuánhuì） 隶属大路乡，位于灵璧县城北部方位，距县城约30千米，村委会驻胡堆村，下辖自然村有前胡庄、后胡庄、三姓庄，共3个。村委会辖区范围东至韩墩，南至陈场，西至大蒋，北至大路村。总户数为510户，总人口为1835人，主要分布民族为汉族。面积为3.1平方千米。粮食作物以小麦为主。经济作物以大豆为主。养殖业以养殖猪、羊为主。居民经济来源以务农、外出务工为主。

1983年由胡堆大队分为前胡村和后胡村。2005年合并为胡堆村。1992年以前隶属浍沟区前胡村和后胡村。2005年合并后隶属大路乡胡堆村。

蒋刘村村民委员会

蒋刘村村民委员会（Jiǎngliúcūn Cūnmín Wěiyuánhuì） 隶属大路乡，位于灵璧县城正北方位，距县城约35千米，村委会驻蒋刘村，下辖自然村有高场庄、新宅庄、大蒋庄、小蒋庄、小朱庄、蒋场庄、蒋圩庄、刘场庄，共8个。村委会辖区范围东至大庙，南至冯庄，西至浍沟，北至渔沟。总户数为910户，总人口为4500人，主要分布民族为汉族。面积为5.7平方千米。粮食作物以小麦为主。经济作物以大豆为主。养殖业以养殖猪、羊、鸡为主。居民经济来源以务农、外出务工为主。

1976年以前是大蒋大队，2004年与蒋圩大队合并，更名为蒋刘村委员会，沿用至今。

蒋庙村村民委员会

蒋庙村村民委员会（Jiǎngmiàocūn Cūnmín Wěiyuánhuì） 隶属大路乡，位于灵璧县城西北方位，距县城约30千米，村委会驻蒋庙村，下辖自然村有蒋庙庄、火彭庄、蒋大汪庄，共3个。村委会辖区范围东至冯庙镇，南至冯庙镇，西至浍沟镇，北至大路乡苏宅村。总户数为486户，总人口为2121人，主要分布民族为汉族。面积为3.5平方千米。粮食作物以小麦为主。经济作物以大豆为主。养殖业以养殖猪、羊为主。居民经济来源以务农、外出务工为主。

因该庄以蒋姓居多，故取名叫蒋庙。1987年隶属浍沟区。2005年改名蒋庙村，名称沿用至今。

刘大庄村村民委员会

刘大庄村村民委员会（Liúdàzhuāngcūn Cūnmín Wěiyuánhuì） 隶属大路乡，位于灵璧县城北部方位，距县城约36千米，村委会驻刘大庄村，下辖自然村有刘大庄、小吴庄、西南庄、下街庄，共4个。村委会辖区范围东至高楼镇，南至张杨村，西至大龙村，北至申坊村。总户数为786户，总人口为4163人，主要分布民族为汉族。面积为4.8平方千米。粮食作物以小麦为主。经济作物以大豆为主。养殖业以养殖猪、羊为主。居民经济来源以务农、外出务工为主。

历史上此地原是一片荒滩，后来人们逐步来此居住，村庄人口变多，因此叫大庄村。1992年，撤区并乡。2005年并村，下街合并为刘大庄村，名称沿用至今。

苏宅村村民委员会

苏宅村村民委员会（Sūzháicūn Cūnmín Wěiyuánhuì） 隶属大路乡，位于灵璧县城西南方位，距县城约32千米，村委会驻苏宅村，下辖自然村有苏宅庄、王安庄，共2个。村委会辖区范围东至陈场，南至蒋庙村，西至蒋刘村，北至蒋刘村。总户数为545户，总人口为1873人，主要分布民族为汉族。面积为2.5平方千米。粮食作物以小麦为主。经济作物以大豆为主。养殖业以养殖猪、羊为主。居民经济来源以务农、外出务工为主。

1983年由苏宅大队更名为苏宅村民委员会。1992年隶属浍沟区。1993年撤区并乡隶属大路乡苏宅村，名称沿用至今。

王坊村村民委员会

王坊村村民委员会（Wángfāngcūn Cūnmín Wěiyuánhuì） 隶属大路乡，位于灵璧县城正北方位，距县城约33千米，村委会驻王坊村，下辖自然村有王坊庄、马宅庄、赵梅庄，共3个。村委会辖区范围东至高楼，南至濉河，西至大路村，北至张杨村。总户数为592户，总人口为2866人，主要分布民族为汉族。面积为2.5平方千米。粮食作物以小麦为主。经济作物以大豆为主。养殖业以养殖猪、羊为主。居民经济来源以务农、外出务工为主。

民国时，有王姓开油坊，那时叫王油坊。早期叫王油坊，1958年人民公社时期归属大路大队。1978年改为王坊大队。1995年名为王坊村委会。

晏家湾村村民委员会

晏家湾村村民委员会（Yànjiāwāncūn Cūnmín Wěiyuánhuì） 隶属大路乡，位于灵璧县城西北方位，距县城约35千米，村委会驻晏湾村，下辖晏湾庄1个自然村。村委会辖区范围东至大龙，南至朱楼，西至浍沟镇，北至渔沟镇。总户数为913户，总人口为3456人，主要分布民族为汉族。面积为5.3平方千米。粮食作物以小麦为主。经济作物以大豆为主。养殖业以养殖猪、羊为主。居民经济来源以务农、外出务工为主。

清朝末期，罗姓人家在此开荒种地，取名罗沙圩。后期晏氏一族迁居至此，疏导积水，四周筑堰，故取名晏湾。1992年隶属浍沟区，之后撤区并乡取名晏湾村，名称沿用至今。

张杨村村民委员会

张杨村村民委员会（Zhāngyángcūn Cūnmín Wěiyuánhuì） 隶属大路乡，位于灵璧县城正北方位，距县城约35千米，村委会驻张杨村，下辖自然村有杨庄、沈庄、前张庄、后张庄、中张庄，共5个。村委会辖区范围东至高楼镇，南至冯庙镇，西至浍沟镇，北至渔沟镇。总户数为678户，总人口为3030人，主要分布民族为汉族。面积为2.3平方千米。粮食作物以小麦为主。经济作物以大豆为主。养殖业以养殖猪、羊为主。居民经济来源以务农、外出务工为主。

1958年人民公社时期名称为大路大队。1978年以后与大路大队分开，更名为张庄村民委员会。1995年张庄村民委员会更名为张杨村村民委员会，沿用至今。

朱楼村村民委员会

朱楼村村民委员会（Zhūlóucūn Cūnmín Wěiyuánhuì） 隶属大路乡，位于灵璧县城北部方位，距县城约35千米，村委会驻朱楼村，下辖自然村有晏场庄、朱场庄、岳宅庄、李庄、朱楼庄、王晏庄、灵子庄，共7个。村委会辖区范围东至大路村，南至老濉河，西至叶赵村，北至三渠沟。总户数为831户，总人口为4343人，主要分布民族为汉族。面积为8.3平方千米。粮食作物以小麦为主。经济作物以大豆为主。养殖业以养殖猪、羊为主。居民经济来源以务农、外出务工为主。

1982年由朱楼大队更名为朱楼村民委员会。2003年与岳宅村合并，称朱楼村民委员会。1992年以前隶属浍沟区朱楼委员会。1992年隶属大路乡朱楼村民委员会，名称沿用至今。

大庙乡

沙南村村民委员会

沙南村村民委员会（Shānáncūn Cūnmín Wěiyuánhuì） 隶属大庙乡，位于灵璧县城东北方位，距县城约35千米，村委会驻沙南庄，下辖自然村有沙南庄、小卢庄、仲庄、大徐庄、小徐庄、王安庄、刘宅庄，共7个。村委会辖区范围东至王沈村民委员会，南至找营村民委员会，西至韩墩村民委员会，北至沙滩村民委员会。总户数为1006户，总人口为4260人，主要分布民族有汉族、布依族，共2种。面积为4.7平方千米。粮食作物以小麦、玉米为主。经济作物以果蔬为主。养殖业以养殖猪、羊、鸡为主。居民经济来源以种植、养殖、外出务工为主。

该村名字取自沙南自然村。据传，古代此地是孟山湖，湖水退去，出现沙滩，人们在此耕种，后因老濉河把沙滩一分两半，濉河南岸得名沙南。1958年人民公社时期名称为沙南大队。1978年由沙南大队更名为沙南村委会，沿用至今。

殷庄村村民委员会

殷庄村村民委员会（Yīnzhuāngcūn Cūnmín Wěiyuánhuì） 隶属大庙乡，距县城约31千米，村委会驻殷庄，下辖自然村有殷庄、张久庄、仝卢庄、小王庄、西卢庄、小葛庄、邢场庄、赵宅庄、小周庄，共9个。辖区范围东至王海，南至大庙，西至胡场，北至齐张。总户数为802户，总人口为4770人，主要分布民族为汉族。面积为5.9平方千米。粮食作物以小麦、玉米为主。经济作物以草药、树为主。养殖业以养殖牛为主。居民经济来源以养殖为主。

该村委会名字取自殷庄村自然村。清代末期殷姓迁居至此，种地建房，不断繁衍生息，逐渐壮大，故得名。1958年人民公社时期，名称为殷庄大队。1983年由殷庄大队更名为殷庄村委会，沿用至今。

沟涯村村民委员会

沟涯村村民委员会（Gōuyácūn Cūnmín Wěiyuánhuì） 隶属大庙乡，位于灵璧县城北方位，距县城约40千米，村委会驻沟涯庄，下辖自然村有袁庄、赵庄、西北场庄、后场庄、沟涯庄、小高庄、小沟东庄，共7个。村委会辖区范围东至齐张村，南至因庄，西至马庄村，北至王楼村。总户数为708户，总人口为2910人，主要分布民族为汉族。面积为3.4平方千米。粮食作物以小麦、玉米为主。养殖业以养殖鸡、猪为主。居民经济来源以经济作物种植、养殖为主。

该村委会名取自沟涯自然村。沟涯村在1960年名为沟涯街，因地处虹灵沟东，且此地逢集，故名。1958年人民公社时期，名称为沟涯大队。1983年由沟涯大队更名为沟涯村民委员会，沿用至今。

胡场村村民委员会

胡场村村民委员会（Húchǎngcūn Cūnmín Wěiyuánhuì） 隶属大庙乡，位于灵璧县城北方位，距县城约32千米，村委会驻胡场庄，下辖自然村有胡场庄、新庄、崔老宅庄、太平庄、崔位庄、小马庄、半楼子庄、小王庄，共8个。村委会辖区范围东至殷庄村委会，南至大庙村委会，西至沙濉村委会，北至马庄、沟涯两村村委会。总户数为933户，总人口为4134人，主要分布民族有汉族、回族，共2种。面积为5.8平方千米。粮食作物以小麦、玉米为主。养殖业以养殖羊、鸡、猪为主。居民经济来源以外出务工为主。

清末年间，此地为胡姓大地主的场地，后建造房屋，逐渐壮大，故得名。1958年人民公社时期称胡场大队；1983年由胡场大队更名为胡场村委员会，沿用至今。

马庄社区村民委员会

马庄社区村民委员会（Mǎzhuāng Shèqū Cūnmín Wěiyuánhuì） 隶属大庙乡，位于灵璧县城东北方位，距县城约35千米，村委会驻马庄，下辖自然村有崔埝庄、寿口庄、宋宅庄、小杨庄、小洪庄、马庄，共6个。村委会辖区范围东至沟涯村，南至胡场村，西至王场村，北至张刘村。总户数为1125户，总人口为4597人，主要分布民族为汉族。面积为5.7平方千米。粮食作物以小麦、玉米、黄豆为主。经济作物以花木、中药、蔬菜为主。养殖业以养殖羊、羊、猪为主。居民经济来源以种植、养殖、外出务工、办厂为主。

据说宋朝时期杨元郎路经此地，用木桩拴马，得名马桩。后由马桩更名为马庄。1958年人民公社时期称为马庄公社。1983年更名为马庄村民委员会。2014年更名为马庄社区村民委员会。

王海村村民委员会

王海村村民委员会（Wánghǎicūn Cūnmín Wěiyuánhuì） 隶属大庙乡，位于灵璧县城正东方位，距县城约40千米。村委会驻王海庄，下辖自然村有丁庄、小安庄、两面罗庄、宋庄、赵庄、王海庄、后海庄、小卓场庄、汉石庄、徐场庄，共10个。村委会辖区范围东至李集，南至黄圩、陈捻村，西至大庙村，北至大杨村。总户数为1159户，总人口为4953人，主要分布民族为汉族。面积为6.1平方千米。粮食作物以小麦、大豆、玉米为主。经济作物以蔬菜为主。养殖业以养殖鸡、猪、牛、羊为主。居民经济来源以外出务工、种植、养殖为主。

因村委会驻地王海村而得名。新中国成立时隶属大杨乡，1958年人民公社时期名称为王海大队，1983年更名为王海村民委员会，沿用至今。

齐张村村民委员会

齐张村村民委员会（Qízhāngcūn Cūnmín Wěiyuánhuì） 隶属大庙乡，位于灵璧县城北方位，距县城约64千米，村委会驻齐张村，下辖自然村有骑路张家、刘饭店庄、小王庄、大沟东庄，共4个。村委会辖区范围东至大杨村民委员会，南至晏殷庄村民委员会，西至沟涯村民委员会，北至沟涯村民委员会、大杨村民委员会。总户数为669户，总人口为2766人，主要分布民族为汉族。面积为3.0平方千米。粮食作物以小麦、玉米为主。养殖业以养殖鸡、羊为主。居民经济来源以外出务工、养殖为主。

清宣统年间，张姓聚居此地，沿沙李路两边建房，故而得名。1958年人民公社时期名称为骑路张大队。1983年由骑路张大队更名为齐张村村民委员会，沿用至今。

王谷村村民委员会

王谷村村民委员会（Wánggǔcūn Cūnmín Wěiyuánhuì） 隶属大庙乡，位于灵璧县城正南方位，距县城约40千米，村委会驻小王谷，下辖自然村有大王谷庄、小王谷庄、王斐庄、小高庄、朱场庄、小许庄、道口庄，共7个。村委会辖区范围东至刘宅村，南至高安村，西至王支村，北至大庙村。总户数为1600户，总人口为3488人，主要分布民族为汉族。面积为3.8平方千米。粮食作物以小麦、玉米为主。养殖业以养殖鸡、猪为主。居民经济来源以外出务工、种殖业为主。

该村委会因驻地王谷村而得名。1958年人民公社时期从高宅新光社分离，更名为王谷大队；1988年后分为王谷、小高、道口三个村，由王谷大队更名为王谷村村民委员会；1992年又合并为王谷、道口两个村；2003年合并为王谷村村民委员会，沿用至今。

王场村村民委员会

王场村村民委员会（Wángchǎngcūn Cūnmín Wěiyuánhuì） 隶属大庙乡，位于灵璧县城西北方位，距县城约30千米，村委会驻万春小学内，下辖自然村有赵场庄、路宅庄、王场庄，共3个。村委会辖区范围东至马庄村民委员会，南至胡场村民委员会，西至沙滩村民委员会，北至毛庄村民委员会。总户数为986户，总人口为4389人，主要分布民族为汉族。面积为3.0平方千米。粮食作物以小麦、玉米为主。经济作物以花生、大豆为主。养殖业以养殖鸡、猪、羊为主。居民经济来源以外出务工、种植、养殖为主。

王场一名有两种说法，一种说法是清代王姓在此碾场而得名。另一种说法是王场原名袁场村，据传此地住一户袁姓员外，膝下无子有一女，在家招婿姓王，员外死后其女婿改回王姓，故袁场更名为王场。1958年人民公社时期名称为王场大队。1983年由王场大队更名为王场村委会，沿用至今。

沙滩村村民委员会

沙滩村村民委员会（Shātāncūn Cūnmín Wěiyuánhuì） 隶属大庙乡，位于灵璧县城西北方位，距县城约48千米。村委会驻沙滩家，下辖自然村有沙滩家、张场家、丁家、前赵家、后赵家、小朱家，共6个。村委会辖区范围东至马庄村，南至濉河，西至大路乡赵梅庄，北至赵威村。总户数为1500户，总人口为4350人，主要分布民族为汉族。面积为4.6平方千米。粮食作物以小麦、玉米为主。养殖业以养殖鸡、猪为主。居民经济来源以外出务工、种植为主。

沙滩村以前地势低洼，是湖地，后逐渐形成河滩地，有外姓迁居此处，故得名沙滩。1983年由沙滩大队更名为沙滩村村民委员会，名称沿用至今。

大庙村村民委员会

大庙村村民委员会（Dàmiàocūn Cūnmín Wěiyuánhuì） 隶属大庙乡，位于灵璧县城正北方位，距县城约30千米，村委会驻大庙，下辖自然村有高场、陈宅、卓场、大庙，共4个。村委会辖区范围东至王海村，南至王谷村，西至找营村，北至殷庄村。总户数为1268户，总人口为5420人，主要分布民族为汉族。面积为5.5平方千米。粮食作物以小麦、玉米为主。经济作物以药材为主。养殖业以养殖鸡、猪为主。居民经济来源以餐饮服务、运输、外出务工为主。

清末年间，此地有一座很大的大王庙，坐落于现大庙粮站的东南边，后被拆除，新中国成立后百姓到此建房居住，繁衍生息，故得名大庙。1958年名称为大庙人民公社。1981年更名为大庙村委会，属高楼区。2004年4月堂场、高场、陈宅合并，仍名为大庙村村民委员会，沿用至今。

大杨村村民委员会

大杨村村民委员会（Dàyángcūn Cūnmín Wěiyuánhuì） 隶属大庙乡，位于灵璧县城东北方位，距县城约35千米，村委会驻大杨庄，下辖自然村有大杨庄、小杨庄、邢庄、梁庄、道庄、任庄、翟庄、小翟庄，共8个。村委会辖区范围东至徐时村，南至王海村，西至齐张村，北至胡圩村。总户数为864户，总人口为3508人，主要分布民族为汉族。面积为4.6平方千米。粮食作物以小麦、玉米为主。养殖业以养殖鸡、牛为主。居民经济来源以养殖、外出务工为主。

该村委会名取大杨自然村之义。1949年前，村庄中间有一条大路，杨氏家族居住在大路两边，故得名。1958年人民公社时期名称为大杨大队。1983年由大杨大队更名为大杨村村民委员会，沿用至今。

王支村村民委员会

王支村村民委员会（Wángzhīcūn Cūnmín Wěiyuánhuì） 隶属大庙乡，位于灵璧县城西侧方位，距县城约4千米，村委会驻小王支，下辖自然村有大王支、卢沟庄、张宅、小李场、小胡场、小王支，共6个。村委会辖区范围东至找营村，南至大陈村，西至陈场村，北至孙谷村。总户数为950户，总人口为4140人，主要分布民族为汉族。面积为4.7平方千米。粮食作物以小麦、玉米为主。

清末王姓家族迁居此地，建造房屋，繁衍生息，故得名。1983年由王支大队更名为王支村村民委员会，沿用至今。

王沈村村民委员会

王沈村村民委员会（Wángshěncūn Cūnmín Wěiyuánhuì） 隶属大庙乡，位于灵璧县城东北方位，距县城约30千米，村委会驻王沈庄，下辖自然村有王沈庄、小崔庄，共2个。村委会辖区范围东至胡场村民委员会，南至找营村民委员会，西至沙南村民委员会，北至沙滩村民委员会。总户数为346户，总人口为1420人，主要分布民族为汉族。面积为4.2平方千米。粮食作物以小麦、玉米为主。养殖业以养猪为主。居民经济来源以外出务工、种植、养殖为主。

王沈村建于清朝中晚期，早期一片湖海为孟山湖，有水面、陆地。清道光年间王氏族人到此陆地以为栖身之处并安家置业。村庄左侧有一条深潭，深不见底，由此得名王沈庄。1958年前由王沈庄改为王沈大队。1983年由王沈大队更名为王沈村民委员会，由王沈庄和小崔庄合并而成，沿用至今。

禅堂乡

八一村村民委员会

八一村村民委员会（Bāyīcūn Cūnmín Wěiyuánhuì） 隶属禅堂乡，位于灵璧县城西北方位，距县城约15千米，村委会驻小杨村，下辖自然村有小杨庄、小张庄、大冉庄、小闫庄，共4个。村委会辖区范围东至濉河，南至小潘村、虞姬乡，西至司庙村，北至司庙村、双李村。总户数为876户，总人口为3875人，主要分布民族为汉族。面积为7.1平方千米。粮食作物以小麦、大豆、玉米为主。养殖业以养殖鸡、猪为主。居民经济来源以外出务工、建筑、养殖为主。

新中国成立之初，灵璧县兵役局张友伦科长到当地蹲点，他是部队人员，又是第一任大队书记，因此而得名八一大队。1958年人民公社时期名称为八一大队。1981年由八一大队更名为八一村委会。2005年大冉村并入八一村，沿用至今。

禅堂村村民委员会

禅堂村村民委员会（Chántángcūn Cūnmín Wěiyuánhuì） 隶属禅堂乡，位于灵璧县城北部方位，距县城约18千米，村委会驻禅堂村，下辖自然村有禅堂庄、唐家庄，共2个。村委会辖区范围东至司庙村，南至河北村，西至三周村，北至张大庄。总户数为850户，总人口为4000人，主要分布民族为汉族。面积为4.0平方千米。粮食作物以小麦、大豆为主。养殖业以养殖猪、羊、鸡为主。居民经济来源以外出务工、建筑、养殖为主。

古时倪家庄有寺庙，当地人称倪家禅堂，后简称禅堂。1950年前禅堂村也是禅堂乡人民政府所在地。1983年禅堂大队更名为禅堂村民委员会，沿用至今。

大吴村村民委员会

大吴村村民委员会（Dàwúcūn Cūnmín Wěiyuánhuì） 隶属禅堂乡，位于灵璧县城北部方位，距县城约10千米，村委会驻大吴庄，下辖自然村有陈西庄、马山庄、八高庄、黄山庄、大吴庄、小胡庄、新闫庄、大闫庄、小闫庄、小许庄、大吴街、大吴美好乡村，共12个。村委会辖区范围东至凤河村，南至开发区，西至张宋村，北至河北村。总户数为1388户，总人口为6080人，主要分布民族为汉族。面积为8.0平方千米。粮食作物以小麦、玉米、大豆为主。经济作物以花生、芝麻为主。养殖业以养殖鸡、羊、牛为主。居民经济来源以外出务工、建筑、养殖为主。

1975年由于行政变动，由新闫庄、大闫庄、小胡庄合并更名为创业村，该村委会有“坚苦创业从头开始”之意，一直沿用到2008年。2008年大吴庄、黄山庄合并过来，更名为大吴村，沿用至今。

凤河村村民委员会

凤河村村民委员会（Fènghécūn Cūnmín Wěiyuánhuì） 隶属禅堂乡，位于灵璧县城正北方位，距县城约15千米，村委会驻凤河村，下辖自然村有闫山庄、陈庙庄、东潘集、东潘集西，共4个。村委会辖区范围东至小潘村，南至山桥村，西至大吴村，北至司庙村。总户数为890户，总人口为3842人，主要分布民族为汉族。面积为7.0平方千米。粮食作物以小麦、玉米、大豆为主。养殖业以养殖猪、羊为主。居民经济来源以外出务工、种植、建筑为主。

1978年命名为凤河村民委员会，凤河村因凤河而得名。1992年名称为凤河村委会。2004年闫山村与凤河村合并为凤河村民委员会，沿用至今。

郭海村村民委员会

郭海村村民委员会（Guōhǎicūn Cūnmín Wěiyuánhuì） 隶属禅堂乡，位于灵璧县城北部方位，距县城约23千米，村委会驻郭海村，下辖自然村有郭海庄、大谷庄、金家庄、谷同庄、谷圩庄、邱家庄、姬家庄、高场庄、徐场庄，共9个。村委会辖区范围东至龚洼村，南至王莽，西至李言，北至唐河。总户数为1123户，总人口为5544人，主要分布民族为汉族。面积为8.4平方千米。粮食作物以小麦、大豆、玉米为主。养殖业以养殖鸡、羊、鸭为主。居民经济来源以外出务工、建筑为主。

因该村委会驻地郭海村，故而得名。1958年人民公社时期名称为郭海大队。1983年由郭海大队更名为郭海村委会，名称未变，沿用至今。

河北村村民委员会

河北村村民委员会（Héběicūn Cūnmín Wěiyuánhuì） 隶属禅堂乡，位于灵璧县城北部方位，距县城约15千米，村委会驻后解村，下辖自然村有小冉庄、小卓庄、沈余庄、王堂庄、小陈庄、后解庄、前解庄，共7个。村委会辖区范围东至唐河，南至大吴村，西至杨东村，北至三周村。总户数为675户，总人口为2814人，主要分布民族为汉族。面积为6.2平方千米。粮食作物以小麦、大豆、玉米为主。养殖业以养殖鸡、鸭、羊为主。居民经济来源以种植、外出务工为主。

1968年为沈闫大队。1980年更名为河北村民委员会，因村民委员会位于新河北岸，故而得名。2005年河北村与解堂村合并，现名为河北村村民委员会。

黄桥村村民委员会

黄桥村村民委员会（Huángqiáocūn Cūnmín Wěiyuánhuì） 隶属禅堂乡，位于灵璧县城北部方位，距县城约25千米，村委会驻黄桥村，下辖自然村有老庄、黄桥庄、磙桥庄、龚洼庄，共4个。村委会辖区范围东至塘河，南至新河，西至倪家，北至邱家。

总户数为704户，总人口为3250人，主要分布民族为汉族。面积为6.1平方千米。粮食作物以小麦、黄豆、玉米为主。经济作物以芝麻、花生为主。养殖业以养殖羊、鸡、鹅、鱼、猪为主。居民经济来源以外出务工、种植、养殖、建筑为主。

该村委会驻地黄桥自然村，故而得名。1958年人民公社时期名称为黄桥大队。1983年由黄桥大队更名为黄桥村委会，沿用至今。

李言村村民委员会

李言村村民委员会（Lǐyáncūn Cūnmín Wěiyuánhuì） 隶属禅堂乡，位于灵璧县城西北方位，距县城约25千米，村委会驻李言村，下辖自然村有大华庄、小华庄、杨侠庄、李言庄、王场庄，共5个。村委会辖区范围东至郭海村，南至杨疃镇，西至欧渡村，北至东陈村。总户数为735户，总人口为3129人，主要分布民族为汉族。面积为5.5平方千米。粮食作物以小麦、大豆为主。经济作物以小麦为主。养殖业以养殖鸡为主。居民经济来源以养殖、外出务工为主。

因该村委会驻地李言村，故而得名。1958年人民公社时期名称为李言大队。1978年由李言大队更名为李言村委会，沿用至今。

三周村村民委员会

三周村村民委员会（Sānzhōucūn Cūnmín Wěiyuánhuì） 隶属禅堂乡，位于灵璧县城北部方位，距县城约17千米，村委会驻三周村，下辖自然村有周吴庄、后周庄、东周庄、罗庄、曹庄、陈屠庄、倪庄、张杨庄，共8个。村委会辖区范围东至禅堂村，南至新河，西至黄桥村，北至塘河。总户数为683户，总人口为2799人，主要分布民族有汉族、傣族、苗族，共3种。面积为5.8平方千米。粮食作物以小麦、玉米、大豆为主。经济作物以花生、芝麻为主。养殖业以养殖鸡、羊、牛为主。居民经济来源以外出务工、建筑、养殖为主。

原由周吴庄、后周庄、东周庄组成，故得名三周村。陈屠村从1975年一直沿用到2004年，由于村变动，2004年陈屠、三周合并，更名为三周村，沿用至今。

双李村村民委员会

双李村村民委员会（Shuānglǐcūn Cūnmín Wěiyuánhuì） 隶属禅堂乡，位于灵璧县城东北方位，距县城约17千米，村委会驻赵汪村，下辖自然村有赵汪庄、沈宅庄、双李庄、小吴庄，共4个。村委会辖区范围东至南周张汪，南至八一村，西至大庄司庙，北至大庄村。总户数为583户，总人口为2426人，主要分布民族有汉族、回族、土家族，共3种。面积为3.8平方千米。粮食作物以小麦、玉米为主。经济作物以花生、玉米为主。养殖业以养殖鸡、羊为主。居民经济来源以外出务工、养殖、建筑为主。

该村委会有双李自然村之义，故而得名。1958年人民公社时期名称为简吴大队双李生产队。1983年更名为双李村民委员会。2005年沈宅村、顺河村、双李村划归双李村，沿用至今。

司庙村村民委员会

司庙村村民委员会（Sīmiàocūn Cūnmín Wěiyuánhuì） 隶属禅堂乡，位于灵璧县城东部方位，距县城约15千米，村委会驻后司庄西头，下辖自然村有前司庄、后司庄、东周庄、后张庄、大杨庄、前周庄、小王庄，共7个。村委会辖区范围东至双李村，南至八一村，西至禅堂村，北至张大庄。总户数为738户，总人口为2778人，主要分布民族为汉族。面积为4.2平方千米。粮食作物以小麦、大豆、玉米为主。经济作物以花生为主。养殖业以养殖鸡、猪为主。居民经济来源以外出务工、建筑、种植、养殖为主。

1958年隶属八一大队。1965年与现在的八一村分开，更名为司庙大队，因庙宇得名。司庙大队于1983年改名为司庙村委会。2005年周杨村并入司庙村后名称未变，沿用至今。

王莽村村民委员会

王莽村村民委员会（Wángmǎngcūn Cūnmín Wěiyuánhuì） 隶属禅堂乡，位于灵璧县城北部方位，距县城约25千米，村委会驻王莽村，下辖自然村有王莽庄、刘秀庄、倪家庄，共3个。村委会辖区范围东至黄桥村，南至新河，西至李言村，北至郭海村。总户数为551户，总人口为2023人，主要分布民族为汉族。面积为3.1平方千米。粮食作物以小麦、玉米为主。经济作物以大豆、棉花为主。养殖业以养殖鸡、牛、羊、鱼、鸭为主。居民经济来源以外出务工、建筑为主。

该村委会名字取自王莽自然村。1958年人民公社时期名称为王莽大队。1983年王莽大队更名为王莽村委会后名称未变，沿用至今。

小潘村村民委员会

小潘村村民委员会（Xiǎopāncūn Cūnmín Wěiyuánhuì） 隶属禅堂乡，位于灵璧县城东南方位，距县城约15千米，村委会驻小潘村，下辖自然村有小潘庄、屯王庄、屯刘庄、刘场庄、柴董庄、张铁庄、水李庄、张山庄，共8个。村委会辖区范围东至虞姬陈埝村，南至丰收沟，西至凤河村，北至塘河。总户数为1100户，总人口为4433人，主要分布民族为汉族。面积为9.4平方千米。粮食作物以小麦、玉米为主。经济作物以大豆为主。养殖业以养殖羊、猪、鸡为主。居民经济来源以种植、务工为主。

唐朝时期，该地是湖，水退之后露出一片土地，西安潘姓迁到这个地方取名小潘，后成为村，故而得名。1958年命名为小潘村。2005年刘场村、张山村并入小潘村，自此沿用至今。

张宋村村民委员会

张宋村村民委员会（Zhāngsòngcūn Cūnmín Wěiyuánhuì） 隶属禅堂乡，位于灵璧县城正北方位，距县城约19千米，村委会驻张宋村，下辖自然村有小张庄、黄家庄、单家庄、郭东庄、郭西庄、小丁庄、西张庄、邱家庄、小冉庄、小任庄、周家庄、小宋庄、大宋庄、程圩庄，共14个。村委会辖区范围东至大吴村，南至开白村，西至邱庙村，北至石闫村。总户数为880户，总人口为4360人，主要分布民族为汉族。面积为9.1平方千米。粮食作物以小麦、玉米、大豆为主。经济作物以棉花、蔬菜为主。养殖业以养殖猪、羊、鸡、鸭为主。居民经济来源以外出务工、种植、养殖、建筑为主。

该村委会因有任庙而得名。据传任庙于明朝晚期建造，至今前大殿仍在，故而得名。1958年人民公社时期名称为任庙大队。1983年任庙大队更名为任庙村民委员会。2005年任庙村民委员会与郭桥村民委员会合并，仍称张宋村民委员会。

虞姬乡

后桥村村民委员会

后桥村村民委员会（Hòuqiáocūn Cūnmín Wěiyuánhuì） 隶属虞姬乡，位于灵璧县城东方位，距县城约 9 千米。村委会驻后桥村，下辖自然村有前桥庄、后桥庄、小王庄、小张庄、小代庄、姜湾庄、潘圩庄、小朱庄、王尤庄、蒋庙庄、梁唐庄，共 11 个。村委会辖区范围东至泗县，南至虞姬，西至灵光村，北至范桥。总户数为 1025 户，总人口为 5161 人，主要分布民族有汉族、苗族、土家族，共 3 种。面积为 8.7 平方千米。粮食作物以小麦、玉米为主。养殖业以养殖猪为主。居民经济来源以养殖、种植、外出务工为主。

1958 年属虞姬公社，为后桥大队；1983 年属虞姬乡，为后桥村村民委员会；2005 年 8 月因区划调整三山村并入，名称未变，沿用至今。

陈埝村村民委员会

陈埝村村民委员会（Chénniàncūn Cūnmín Wěiyuánhuì） 隶属虞姬乡，位于灵璧县城东北方位，距县城约 13 千米，村委会驻大陈，下辖自然村有大张庄、娄杨庄、小王庄、枣树庄、大陈庄、小陈庄、谢陈庄、新马庄、大马庄，共 9 个。村委会辖区范围东至冯庙镇，南至泗县界，西至禅堂界，北至濉河。总户数为 864 户，总人口为 4044 人，主要分布民族为汉族。面积为 10.4 平方千米。粮食作物以小麦、玉米为主。经济作物以大豆、棉花为主。养殖业以养殖猪、羊、牛为主。居民经济来源以养殖、种植、外出务工为主。

因该村为陈埝村、大马村、娄杨村三个村合并而成，村委会驻地为原陈埝村村委会原址，故沿用。陈埝，以村民多姓陈，村中有一条河埝而得名。此三村 1956 年同属范桥公社，1983 年同属范桥乡，2005 年 4 月三村合并为陈埝村村民委员会，属虞姬乡，沿用至今。

范桥村村民委员会

范桥村村民委员会（Fànqiáocūn Cūnmín Wěiyuánhuì） 隶属虞姬乡，位于灵璧县城东北方位，距县城约 6.5 千米，村委会驻范桥村，下辖自然村有蒋胡庄、小谢庄、东朱庄、庙成庄、袁庄、范桥庄、王庄、后朱庄、周庄、大朱庄，共 10 个。总户数为 1263 户，总人口为 5134 人，主要分布民族为汉族。面积为 9.8 平方千米。粮食作物以小麦、玉米为主。养殖业以养殖猪、羊、鸡、鸭为主。居民经济来源以养殖、种植为主。

1958 年属范桥公社，为范桥大队；1983 年属范桥乡，为范桥村村民委员会；1992 年三朱村并入，为虞姬乡范桥村村民委员会，沿用至今。

黄岗村村民委员会

黄岗村村民委员会（Huánggǎngcūn Cūnmín Wěiyuánhuì） 隶属虞姬乡，位于灵璧县城东方位，距县城约 2 千米，村委会驻黄岗村，下辖自然村有胡巷庄、黄岗庄、付园庄、五里井庄、卜塘庄、小王庄，共 6 个。村委会辖区范围东至吴东运河，南至黄泥沟，西至灵城镇。总户数为 900 户，总人口为 4397 人，主要分布民族为汉族。面积为 3.7 平方千米。粮食作物以小麦、玉米为主。养殖业以养殖猪、羊、牛为主。居民经济来源以养殖、建筑、外出务工为主。

1956 年属灵双公社，为黄岗大队；1961 年属三山公社；1983 年属三山乡，为黄岗村村民委员会；1992 年为虞姬乡黄岗村村民委员会，沿用至今。

灵光村村民委员会

灵光村村民委员会（Língguāngcūn Cūnmín Wěiyuánhuì） 隶属虞姬乡，位于

灵璧县城东方位，距县城约3千米，村委会驻付道，下辖自然村有大代庄、沈庄、宋庄、杨庄、五里墩庄、小刘庄、付道庄、小杨庄、小胡庄、牌坊庄、欧家庄、大张庄、夏庄、二哃庄，共14个。村委会辖区范围东至霸离村委会，南至西集，西至灵城镇，北至黄岗村。总户数为1803户，总人口为5390人，主要分布民族为汉族。面积为7.4平方千米。粮食作物以小麦、玉米为主。养殖业以养殖猪、羊、牛、鸡为主。居民经济来源以养殖、建筑、外出务工为主。

因该村是灵光村与胡杨村合并而成，村委会驻地为灵光村村委会原址，故沿用。灵光，以取为灵璧争光之意命名。1958年属虞姬公社，为灵光大队；1985年属虞姬乡，为灵光村村民委员会；2011年胡杨村并入，沿用灵光村村民委员会之名至今。

朱桥村村民委员会

朱桥村村民委员会（Zhūqiáocūn Cūnmín Wěiyuánhuì） 隶属虞姬乡，位于灵璧县城东部，距县城约5千米，村委会驻朱桥，下辖自然村有朱桥庄、邵庄、刘班庄、程庄、小付庄、小张庄、申庄、王丙庄，共8个。村委会辖区范围东至后桥，南至吴光村，西至黄岗，北至范桥村。总户数为862户，总人口为3748人，主要分布民族为汉族。面积为4.8平方千米。粮食作物以小麦、玉米为主。养殖业以养猪为主。居民经济来源以养殖、外出务工为主。

因该村为朱桥村、王丙村二村合并而成，村委会驻地为原朱桥村村委会原址，故沿用。1956年二村同属灵双公社；1961年同属三山公社；1983年同属三山乡；1992年同属虞姬乡，为王丙村村民委员会、朱桥村村民委员会；2005年两村合并，沿用朱桥村村民委员会至今。

虞姬村村民委员会

虞姬村村民委员会（Yújīcūn Cūnmín Wěiyuánhuì） 隶属虞姬乡，位于灵璧县城城东方位，距县城约7.5千米，村委会驻虞墓下庄，下辖自然村有茅湖李、张朱桃园、张孟花、霸离、小徐、小王、大胡、张圩庄、庙李庄、南庄组、虞墓下庄、虞姬组、小杨家，共13个。村委会辖区范围东至长沟，南至新汴河，西至霸离村，北至后桥村。总户数为1238户，总人口为5840人，主要分布民族为汉族。面积为9.5平方千米。粮食作物以小麦、玉米为主。经济作物以蔬菜为主。养殖业以养殖鸡、羊、猪为主。居民经济来源以种植、养殖、外出务工、旅游业为主。

1958年属虞姬公社，为虞姬大队；1983年属虞姬乡，为虞姬村村民委员会；1992年霸离村并入，为虞姬村村民委员会，沿用至今。

玄庙村村民委员会

玄庙村村民委员会（Xuánmiàocūn Cūnmín Wěiyuánhuì） 隶属虞姬乡，位于灵璧县城东方位，距县城约13千米。村委会驻大李庄，下辖自然村有大李庄、小韩庄、小代庄、前程庄、小卢庄、扁张庄、后杨庄、后程庄、小申庄、小贾庄、前杨庄，共11个。村委会辖区范围东至袁李村，南至后桥村圩庄，西至后桥村小朱庄，北至唐山村庙张庄。总户数为1235户，总人口为5420人，主要分布民族为汉族。面积为12.1平方千米。粮食作物以小麦、玉米为主。养殖业以养殖鸡、羊、猪为主。居民经济来源以种植、建筑、外出务工为主。

由两村合并而成，村委会驻玄庙村村

委会原址，故沿用。传说玄武大帝管这一方，使地方老百姓平安，因而建造此庙。1956年属灵双公社，为玄庙大队；1958年属玄庙公社；1983年属三山乡，为玄庙村村民委员会；1992年唐山湖村并入，沿用玄庙村村民委员会至今。

田万村村民委员会

田万村村民委员会（Tiánwàncūn Cūnmín Wěiyuánhuì） 隶属虞姬乡，位于灵璧县城东北方位，距县城约4千米，村委会驻田万，下辖自然村有后王巷庄、刘明庄、小卢庄、田万庄、前王巷庄、双庙庄、卜瓦庄、卓庄、山董庄、八岔路街、石园庄、小王庄，共12个。村委会辖区范围东至范桥村委会，南至朱桥、黄岗村委会，西至灵璧县开发庄，北至凌巷村委会。总户数为1460户，总人口为5930人，主要分布民族为汉族。面积为6.8平方千米。粮食作物以小麦、玉米为主。经济作物以种植大棚菜为主。养殖业以养殖牛、羊、猪为主。居民经济来源以种植、养殖、外出务工为主。

村委会驻原田万村村委会旧址，故沿用。田万，以居民姓氏取名。2005年田万村、山董村、石园村三村合并，合并后属虞姬乡，为田万村村民委员会，沿用至今。

凌巷村村民委员会

凌巷村村民委员会（Língxiàngcūn Cūnmín Wěiyuánhuì） 隶属虞姬乡，位于灵璧县城东北方位，距县城约14千米，村委会驻凌巷，下辖自然村有凌巷庄、吕楼庄、小高庄、庄家庄、小冉庄、大张巷庄、小张巷庄，共7个。村委会辖区范围东至范桥村委会，南至田万村委会，西至大山，北至闫河。总户数为712户，总人口为3436人，主要分布民族有汉族、苗族、壮族，共3种。面积为7.8平方千米。粮食作物以小麦、玉米为主。养殖业以养殖鸡、牛、羊、鸭、猪为主。居民经济来源以种植、养殖、外出务工为主。

凌巷、张埝二村合并后，村委会驻凌巷村村委会原址，故沿用凌巷村村名。凌巷，以村民多凌姓、村内巷道较多而得名。凌巷村、张埝村二村于2005年合并，属虞姬乡，为凌巷村村民委员会，沿用至今。

第四章　居民点

灵城镇

高庄

高庄（Gāozhuāng）　隶属灵城镇高许村村民委员会，地理实体类型为农村居民点。东至刘庙庄，南至田庄，西至沱河沿岸，北至界洪河。总户数为66户，总人口为247人，民族为汉族。面积为0.0142平方千米。

高姓上人名叫高百万，在此居住，在此开荒种地，繁衍生息，建造房屋，故名。1958年属淹周大队高庄小队，1984年后改为高庄，沿用至今。

黑树李庄

黑树李庄（Hēishùlǐzhuāng）　隶属灵城镇高许村村民委员会，地理实体类型为农村居民点。东至刘井庄，南至北沱河，西至北沱河，北至刘庙庄。总户数为150户，总人口为730人，民族为汉族。面积为0.017平方千米。

有李姓逃荒要饭过来，在此繁衍生息，因庄四周种树多，从远处看不到庄子，故名。1958年命名为界沟公社淹周大队黑树李小队，1984年后改为黑树李庄，沿用至今。

刘井家

刘井家（Liújǐngjiā）　隶属灵城镇高许村村民委员会，地理实体类型为农村居民点。东至枣田庄，南至前李庄，西至黑李庄，北至刘庙庄。总户数为82户，总人口为387人，民族为汉族。面积为0.0180平方千米。

现刘井东湖有无影山、无影井，早时有姓刘人士来此开荒，建造房屋，繁衍生息，家族逐渐壮大，故名。1958年命名为界沟公社淹周大队刘井小队，1984年后改为刘井家，沿用至今。

刘庙庄

刘庙庄（Liúmiàozhuāng）　隶属灵城镇高许村村民委员会，地理实体类型为农村居民点。东至高许村部，南至黑李庄，西至田庄，北至吴庄。总户数为105户，总人口为367人，民族为汉族。面积为0.012平方千米。

刘姓在朝中做官并在此庄建了一座庙，在此开荒种地，繁衍生息，建造房屋，故名。1958年命名为刘庙乡，为界沟公社刘庙小队；1984年后改为刘庙庄，沿用至今。

碾盘田家

碾盘田家（Niǎnpántiánjiā） 隶属灵城镇高许村村民委员会，地理实体类型为农村居民点。东至刘庙庄，南至陈庄，西至沱河，北至高庄。总户数为66户，总人口为220人，民族为汉族。面积为0.0152平方千米。

田姓人家在此居住，开荒种地，繁衍生息，建造房屋，庄中有一个大碾盘，故名。1958年命名为高级公社淹周大队碾盘田小队，1984年后改为碾盘田家，沿用至今。

小李庄

小李庄（Xiǎolǐzhuāng） 隶属灵城镇高许村村民委员会，地理实体类型为农村居民点。东至七里村协树张家，南至小张庄，西至西关沟，北至刘赵村。

山东李姓来此卖马，以后在本地居住，开荒种地，建造房屋。不断繁衍生息，家族人丁兴旺，逐渐壮大，故名。1958年命名为界沟公社前进大队小李小队；1984年后改为小李庄，沿用至今。

许庄

许庄（Xǔzhuāng） 隶属灵城镇高许村村民委员会，地理实体类型为农村居民点。东至高庄，南至田庄，西至沱河，北至界洪河。总户数为33户，总人口为136人，民族为汉族。面积为0.011平方千米。

固镇许闸许姓人家有弟兄几个来此居住，在此开荒种地，繁衍生息，建造房屋，故名。1958年命名为高级公社淹周大队许庄小队；1984年后改为许庄，沿用至今。

赵庄

赵庄（Zhàozhuāng） 隶属灵城镇高许村村民委员会，地理实体类型为农村居民点。东至七里村协树张家，南至周田村周圩庄，西至西关沟，北至对面张家。总户数为76户，总人口为287人，民族为汉族。面积为0.0152平方千米。

黄庙街有个赵氏老人，有几个儿子，其中有一个儿子到此地开荒种田，繁衍生息，故名。1958年命名为界沟公社，界沟大队赵庄小队；1984年后改为赵庄，沿用至今。

二墩

二墩（Èrdūn） 隶属灵城镇界沟村村民委员会，地理实体类型为农村居民点。东至刘赵村，南至刘赵村、界沟村郑家组，西至界沟村界沟组，北至幸福沟。总户数为103户，总人口为503人，民族为汉族。面积为1平方千米。

在秦代，为了地方信息能快速传递到中央政府，政府在地方设立“五里一墩，十里一铺”。该自然庄因是第二个墩，故名。1958年人民公社时期为二墩小队；1984年改为二墩。

冯家

冯家（Féngjiā） 隶属灵城镇界沟村村民委员会，地理实体类型为农村居民点。位于灵璧县界沟村委会正南1.5千米，东至高许村赵家组，南至界洪河，西至北坨河，北至界沟村娄家组。总户数为33户，总人口为168人，民族为汉族。面积为0.5平方千米。

冯姓的人家在此置卖土地，为了耕作方便，在此建房落户，后因居住的人家逐渐增多，为了村庄的识别，称为冯家。1958年人民公社时期为冯家小队；1984年改为冯家。

界沟村

界沟村（Jiègōucūn） 隶属灵城镇界沟村村民委员会，地理实体类型为农村居民点。位于灵璧县界沟村委会驻地，东至界沟村二墩组、南王组，南至界沟村娄家、马家组，西至火庙、陈宏组，北至界沟村彭家组。总户数为161户，总人口为806人，民族为汉族。面积为1.4平方千米。

在秦朝末期，西楚霸王项羽、汉高祖刘邦为了争天下，两支军队相遇在此地，两支军队的首领为了士兵能短暂休整，就以自然形成的水沟为界，各自在水沟两边安营扎寨，互不侵犯，后该村庄被称为界沟。1958年人民公社时期为界沟大队；1984年改为界沟村；2005年并村后为界沟村下辖的自然庄。

马家

马家（Mǎjiā） 隶属灵城镇界沟村村民委员会，地理实体类型为农村居民点。位于灵璧县界沟村委会西南1千米，东至界沟村娄家组、界沟组，南至北坨河，西至界沟村火庙组，北至界沟村界沟组、303省道。总户数为110户，总人口为457人，民族为汉族。面积为1.3平方千米。

自然庄有朱、马、曹、李、鲁五姓，当时姓曹的人口比较多，称呼为小曹家。后因姓曹的人口外迁、衰落，姓马的人口增多，后来就称呼该自然庄为马家。1958年人民公社时期为马家小队；1984年改为马家。

东王庄

东王庄（Dōngwángzhuāng） 隶属灵城镇亢田村村民委员会，地理实体类型为农村居民点。东至西王庄汴河岸，南至小闫庄，西至西王庄，北至汴河。总户数为30户，总人口为140人，民族为汉族。面积为8平方千米。

因1966年开挖新汴河时从汴河北大王庄搬到汴河南（相距500米）东西两个地点建房居住，东边故名东王。1958年人民公社时期为东王小队；1984年改为东王庄。

田果庄

田果庄（Tiánguǒzhuāng） 隶属灵城镇徐杨村村民委员会，地理实体类型为农村居民点。东至奇石公园，南至新大桥，西至汴河堰，北至徐庄。总户数为81户，总人口为317人，民族为汉族。面积为0.3平方千米。

14世纪中期，官方强行移民，胞弟俩逃荒到虞姬乡田洼村落户，在此开荒培植果园，又因村民以田姓为主，故名。1958年人民公社时期为田果小队；1988年改为田果庄。

陈家

陈家（Chénjiā） 隶属灵城镇庄陈村村民委员会，地理实体类型为农村居民点。坐落在磬山北路两边，东至李家沟，南至团结庄，西至迎宾大道，北至通惠公司。总户数为89户，总人口为480人，主要分布民族有汉族、彝族。面积为0.32平方千米。

因最早陈姓聚居，故名。1981年正式改名为陈家庄，简称陈庄，自此沿用至今。

团结庄

团结庄（Tuánjiézhuāng） 隶属灵城镇庄陈村村民委员会，地理实体类型为农村居民点。东至大李沟，南至中央公馆，西至化家庄，北至陈家庄。总户数为54户，总人口为232人，民族为汉族。面积为0.24平方千米。

原名庄家，以姓氏命名。在1966—1976年“文化大革命”时期，改名团结庄，望本庄团结齐心，共同致富。1958年人民公社时期为团结小队；1988年改为团结庄。

张合庄

张合庄（Zhānghézhuāng） 隶属灵城镇庄陈村村民委员会，地理实体类型为农村居民点。位于灵璧县迎宾大道两边。东至县委广场，南至山南村，西至凤凰山，北至化家。总户数为14户，总人口为54人，民族为汉族。面积为0.3平方千米。

张义和老人从尹集张渡口搬来居住，建造房屋，不断繁衍生息，家族人丁旺盛，逐渐壮大，故名。1981年正式改名为张合庄，简称张合，自此沿用至今。

庄陈安置小区

庄陈安置小区（Zhuāngchén Ānzhì Xiǎoqū） 隶属灵城镇庄陈村村民委员会，地理实体类型为农村居民点。小区为7排，15户，东西户型为两层小楼。东至陈家庄，南至团结庄，西至吴沟，北至通惠公司。总户数为150户，总人口为460人，民族为汉族。面积为0.028平方千米。

2008年拆迁建设的小区，因隶属庄陈村，故名庄陈安置小区。自2008年建成，名称沿用至今。

吕巷庄

吕巷庄（Lǚxiàngzhuāng） 隶属灵城镇东北村村民委员会，地理实体类型为农村居民点。距镇政府驻地3千米，东至虞姬乡，南至开发区，西至运石河，北至田万村。总人口为780人。面积为2.1平方千米。

《吕氏家谱》记载，北宋时期，从山西省洪洞县移民迁到此地，又因村中巷道较多，故名。1973年成立东北村，该自然庄命名为吕巷自然庄，沿用至今。

大寺刘

大寺刘（Dàsìliú） 隶属灵城镇东北村村民委员会，地理实体类型为农村居民点。距镇政府驻地2千米，东至虞姬大道，南至东关村，西至北关社区，北至虞姬乡田万村。总人口为800人。面积为2.5平方千米。

小张庄西头建造一座庙，名叫大四庙，庙东北方向居住多为刘姓，故名。1973年成立东北村，该自然庄命名为大寺刘。自然庄分为三个生产小组（刘东组、刘西组、后刘组），沿用至今。

五女井

五女井（Wǔnǚjǐng） 隶属灵城镇十里社区居民委员会，地理实体类型为农村居民点。东至金山，南至大李村，西至骑路王村，北至小吴庄。总户数为263户，总人口为891人，主要分布民族有汉族、壮族。面积为0.56平方千米。

古代战乱期间，五位女子被骑兵追赶，追至井口，为了避免受辱，五名刚烈女子先后跳入井中，故名为五女井。1958年隶属灵城公社十里大队；1983年由十里大队更名为十里村民委员会；2010年划入经济开发区。

义太

义太（Yìtài） 隶属灵城镇十里社区居民委员会，地理实体类型为农村居民点。东至灵康乐园小区，南至小陈庄，西至小张，北至骑路王边界线。总户数为128户，总人口为353人，民族为汉族。面积为0.14平方千米。

此处出了一位抗元义士，后人为了纪念这位英雄，取名义太。新中国成立后，因“义太”与“姨太”音同，至此改名为“爱国”。“文化大革命”后期又复名为义太。1958年隶属灵城公社十里大队；1983年由十里大队更名为十里村民委员会；2010年划入经济开发区。

兰亭小区

兰亭小区（Lántíng Xiǎoqū） 隶属灵城镇西关社区居民委员会，地理实体类型为城镇居民点。距镇政府驻地 0.8 千米，东至迎宾大道，南至罗河西路，西至粮食储备宿舍，北至解放西路。总人口为 640 人。面积为 0.25 平方千米。

1996 年，西关村建立了兰亭宾馆，因为其宾馆在小区范围内，故名。2006 年成立西关社区，该小区命名为兰亭小区。

灵丰小区

灵丰小区（Língfēng Xiǎoqū） 隶属灵城镇西关社区居民委员会，地理实体类型为城镇居民点。距镇政府驻地 0.8 千米，东至山西村，南至凤河小区，西至山南村，北至东风后街。总人口为 860 人。面积为 0.2 平方千米。

原灵璧县化肥厂生产的碳酸氢铵注册为“灵丰”牌，故名。2006 年成立社区，该小区命名为灵丰小区。

外贸小区

外贸小区（Wàimào Xiǎoqū） 隶属灵城镇西关社区居民委员会，地理实体类型为城镇居民点。距镇政府驻地 0.6 千米，东至粮站路，南至罗河西路，西至致富路，北至解放西路。总人口为 769 人。面积为 0.4 平方千米。

该小区所在地原为灵璧县对外经济贸易局下属外贸公司的物资储备库。2000 年破产，储备库土地外卖。现都盖起居民楼，故名。2006 年改制成立社区划分小区时命名为外贸小区。

爱民小区

爱民小区（Àimín Xiǎoqū） 隶属灵城镇北关社区居民委员会，地理实体类型为城镇居民点。东至运石河，南至灵璧职高，西至大李沟，北至灵璧县气象局。总人口为 1100 人。面积为 0.9 平方千米。

因灵璧县武装部仓库坐落在小区内，该小区被评为“拥军爱民”小区，故名。2006 年成立社区，该小区命名为爱民小区。

南李小区

南李小区（Nánlǐ Xiǎoqū） 隶属灵城镇滨河社区居民委员会，地理实体类型为城镇居民点。距镇政府驻地 4 千米，东至星河湾，南至新汴河，西至南姚社区，北至奇石大道。总人口为 2600 人。面积为 0.1 平方千米。

原南李村由村改社区后，更名为南李小区。南李村于 1979 年之前为南李大队，1979 年改为南李革委会，1984 年改为南李村。因紧靠县城南侧而村民又以李姓居多，故名南李村。

栖凤苑

栖凤苑（Qīfèng Yuàn） 隶属灵城镇滨河社区居民委员会，地理实体类型为城镇居民点。距镇政府驻地 5 千米，东至宏泰世纪城，南至实验小学，西至星河湾，北至奇石大道。总人口为 3000 人。面积为 0.1 平方千米。

栖凤有凤凰落脚于此之意，给小区以美好祝愿。2008 年命名栖凤苑。

大寺门小区

大寺门小区（Dàsìmén Xiǎoqū） 隶属灵城镇东蔬社区居民委员会，地理实体类型为城镇居民点。距镇政府驻地 1 千米，东至东关村，南至三皇庙小区，西至龙桥小区，北至东北村。总人口为 394 人。面积为 0.3 平方千米。

该小区位于原大寺门南边，故名。大寺门现在本镇东北村范围内，据说是一个叫作谭冠三的和尚命名，1948 年 11 月被炮火毁坏，重建于 1949 年。大寺门小区是灵城镇原东蔬村第七生产组和第八生产组，2006年8月被命名为大寺门小区。

龙桥小区

龙桥小区（Lóngqiáo Xiǎoqū） 隶属灵城镇东蔬社区居民委员会，地理实体类型为城镇居民点。距镇政府驻地1千米，东至大寺门小区，南至凌元小区，西至东外环路，北至本镇东北村。总人口为842人。面积为0.1平方千米。

相传，有一块大匾石上被人刻上一条龙，放置在该区居民住户的范围内，故名。龙桥小区是灵城镇原东蔬村第五生产组和第六生产组，2006年8月被命名为龙桥小区。

三皇庙社区

三皇庙社区（Sānhuángmiào Shèqū） 隶属灵城镇东蔬社区居民委员会，地理实体类型为城镇居民点。距镇政府驻地1千米，东至东关村，南至鹿鸣小区，西至凌园小区，北至大寺门小区。总人口为411人。面积为0.2平方千米。

三皇庙是现在县工商局的一个大院，因为这一带人住在该庙的后边（北边）。据说，1949年前有三间土墙草顶房子，里面有三个泥塑像，其中一个是玉皇像，故名。三皇庙小区是灵城镇东蔬村原第九生产组和第十生产组，2006年9月被命名为三皇庙小区。

建材小区

建材小区（Jiàncái Xiǎoqū） 隶属灵城镇光明社区居民委员会，地理实体类型为城镇居民点。距镇政府驻地3千米，东至光明西一巷，南至二环路，西至钟馗路，北至宿泗路。总人口为710人。面积为0.1平方千米。

因建筑公司坐落在该小区内，故名。于2006年8月命名为建材小区。

南苑小区

南苑小区（Nányuàn Xiǎoqū） 隶属灵城镇虹川社区居民委员会，地理实体类型为城镇居民点。距镇政府驻地0.10千米，东至牌坊小区，南至罗河西路，西至龙固小区，北至铁巷小区。总人口为796人。面积为0.35平方千米。

原西蔬村有四个蔬菜队，分别为东园、西园、南园、北园。南园在小区范围内，故名。2006年成立虹川社区，该小区命名为南苑小区。

玉带小区

玉带小区（Yùdài Xiǎoqū） 隶属灵城镇虹川社区居民委员会，地理实体类型为城镇居民点。距镇政府驻地0.9千米，东至太白小区，南至西关大街，西至迎宾大道，北至环城河。总人口为976人。面积为0.34平方千米。

新中国成立初期，该小区内有一条河叫玉带河，故名。2006年成立虹川社区，该小区命名为玉带小区。

皇庙小区

皇庙小区（Huángmiào Xiǎoqū） 隶属灵城镇皇庙社区居民委员会，地理实体类型为城镇居民点。距镇政府驻地1.5千米，东至水利巷，南至家得利界，西至建设中路，北至环城河内。总人口为2230人。面积为0.45平方千米。

该小区所在地在皇庙，过去是一座大庙，庙里有大殿、平台、戏楼，凉亭里还塑有城隍老爷、城隍奶奶及各类大神像，群众常去烧香拜神，“文化大革命”中被破坏后，开一条街叫皇庙社区，一道巷叫皇庙巷。2006年改制成立社区，命名为皇庙小区。

家得利小区

家得利小区（Jiādélì Xiǎoqū） 隶属灵城镇皇庙社区居民委员会，地理实体类型为城镇居民点。距镇政府驻地1.5千米，东至皇庙社区，南至解放中路，西至建设中路，北至皇庙社区。总人口为1010人。面积为0.5平方千米。

该小区坐落在家得利超市旁边，故名。2006年改制成立社区，命名为家得利小区。

教育小区

教育小区（Jiàoyù Xiǎoqū） 隶属灵城镇皇庙社区居民委员会，地理实体类型为城镇居民点。距镇政府驻地1.5千米，东至环城河内，南至环城河，西至云路小区，北至明城小区。总人口为1010人。面积为0.5平方千米。

该小区坐落在灵璧教育局附近，故名。2006年改制成立社区时，把灵璧教委附近的居民区命名为教育小区。

庙东小区

庙东小区（Miàodōng Xiǎoqū） 隶属灵城镇皇庙社区居民委员会，地理实体类型为城镇居民点。距镇政府驻地1.5千米，东至环城河，南至解放街，西至皇庙社区，北至水利巷。总人口为670人。面积为0.45平方千米。

该小区坐落在皇庙社区的东边，简称庙东，故名。2006年居委会划分小区时，因为辖区在皇庙社区的东片，此辖区名为庙东小区。

明城小区

明城小区（Míngchéng Xiǎoqū） 隶属灵城镇皇庙社区居民委员会，地理实体类型为城镇居民点。距镇政府驻地1.5千米，东至环城河内，南至灵中，西至云路街，北至解放街。总人口为648人。面积为0.45平方千米。

该小区坐落在明城商贸城附近，故名。2006年改制划分成立社区，把明城境内的居民划分为明城小区。

盛世小区

盛世小区（Shèngshì Xiǎoqū） 隶属灵城镇皇庙社区居民委员会，地理实体类型为城镇居民点。距镇政府驻地1.5千米，东至云路街，南至教育路，西至建设街，北至解放街。总人口为600人。面积为0.45平方千米。

该小区坐落在盛世楼附近。1998年开发商申报经房管局开发建成。2006年改制小区，命名为盛世小区。

水利小区

水利小区（Shuǐlì Xiǎoqū） 隶属灵城镇皇庙社区居民委员会，地理实体类型为城镇居民点。距镇政府驻地1.5千米，东至环城河内，南至水利巷路，西至皇庙小区，北至环城河内。总人口为613人。面积为0.4平方千米。

该小区坐落在水利巷，故名。2006年改制成立社区，命名为水利小区。

云路小区

云路小区（Yúnlù Xiǎoqū） 隶属灵城镇皇庙社区居民委员会，地理实体类型为城镇居民点。距镇政府驻地1.5千米，东至教育小区，南至南环城河，西至建设路，北至教育路。总人口为613人。面积为0.45平方千米。

因该小区坐落在云路街，故名。2006年改制成立社区，把云路街辖区命名为云路小区。

郭庄小区

郭庄小区（Guōzhuāng Xiǎoqū） 隶属灵城镇南姚社区居民委员会，地理实体类型为城镇居民点。距镇政府驻地2千米，东至汽运小区，南至汴河路，西至信合小区，北至宿泗路。总人口为450人。面积为0.08平方千米。

因为小郭庄在小区范围内，故名。2006年成立南姚社区，该小区被命名为郭庄小区。

奇石小区

奇石小区（Qíshí Xiǎoqū） 隶属灵城镇南姚社区居民委员会，地理实体类型为城镇居民点。距镇政府驻地2千米，东至钟馗路，南至汴河岸，西至迎宾大道，北至汴河路。总人口为850人。面积为0.3平方千米。

辖区因有奇石公园、奇石大市场，故名。奇石小区于2006年9月命名。

汽运小区

汽运小区（Qìyùn Xiǎoqū） 隶属灵城镇南姚社区居民委员会，地理实体类型为城镇居民点。距镇政府驻地2千米，东至钟馗小区，南至姚庄小区，西至郭庄小区，北至宿泗路。总人口为780人。面积为0.1平方千米。

该小区所在地有汽车运输公司，故名。2006年9月改制成立社区，划分小区时命名为汽运小区。

信合小区

信合小区（Xìnhé Xiǎoqū） 隶属灵城镇南姚社区居民委员会，地理实体类型为城镇居民点。距镇政府驻地2千米，东至郭庄小区，南至汴河路，西至迎宾大道，北至宿泗路。总人口为650人。面积为0.1平方千米。

因该小区有信合花园宿舍，故名。2006年9月命名为信合小区。

钟馗小区

钟馗小区（Zhōngkuí Xiǎoqū） 隶属灵城镇钟馗社区居民委员会，地理实体类型为城镇居民点。距镇政府驻地2千米，东至钟馗路，南至姚庄小区，西至汽运小区，北至宿泗路。总人口为830人。面积为0.2平方千米。

该小区邻近钟馗路、钟馗雕像，故名。2006年社区成立，起名为钟馗小区。

凤河巷

凤河巷（Fènghéxiàng） 隶属灵城镇太平社区居民委员会，地理实体类型为城镇居民点。距镇政府驻地20千米，东至西太平街，南至凤仪市场，西至西内环，北至北环城河。总人口为1050人。面积为0.07平方千米。

1949年前西环城河有个凤河巷，故名。2006年9月，命名为凤河巷小区。

安置小区

安置小区（Ānzhì Xiǎoqū） 隶属灵璧县经济开发区居民委员会，地理实体类型为城镇居民点。距镇政府驻地2千米，东至虞姬乡黄岗村，南至道东社区，西至张园小区，北至惠众苑小区。总人口为1000人。面积为0.1平方千米。

安置小区自东关社区成立以后就已形成，主要负责安置东关社区居民。安置小区于2013年9月命名。

道东小区

道东小区（Dàodong Xiǎoqū） 隶属灵璧县经济开发区居民委员会，地理实体类型为城镇居民点。距镇政府驻地2千米，东至虞姬乡黄岗村，南至刘尧社区，西至道西小区，北至安置小区。总人口为500人。面积为0.2平方千米。

道东小区是东关社区自虞姬大道开通以来，以此道分为道东、道西两个小区。道东小区于2013年9月命名。

鹿鸣小区

鹿鸣小区（Lùmíng Xiǎoqū） 隶属灵璧县经济开发区居民委员会，地理实体类型为城镇居民点。距镇政府驻地2千米，东至道西小区，南至罗河社区，西至灵城镇，北至东疏社区。总人口为300人。

东门城外15千米处有座鹿鸣山，此山在汉以前称阴陵山。据史书记载，楚汉相争时，项羽彭城兵败，撤至灵璧境内，原欲向东逃走，被阴陵山阻挡。书上说，阴陵山高万仞，树木参天，有雄鹿鸣叫，可见此山之大之险，灵城东门名曰鹿鸣，典故即出于此。鹿鸣小区于2013年9月命名。

何庄

何庄（Hézhuāng） 隶属灵城镇开发区刘尧村村民委员会，地理实体类型为农村居民点。东至灵光村，南至西集社区，西至平山路，北至后潘庄。总户数为65户，总人口为256人，民族为汉族。面积为1平方千米。

河北迁居几户何姓到灵璧东关做生意，在东关买地居住，建设家园，繁衍生息，后来人丁兴旺，形成了庄子，取名何庄。1958年人民公社时期属刘尧大队；1984年属刘尧村村民委员会。

河南组

河南组（Hénánzǔ） 隶属开发区西集村村民委员会，地理实体类型为农村居民点。东至向阳乡，南至向阳大西村，西至向阳乡艳阳村八张组，北至新汴河。总户数为45户，总人口为178人，民族为汉族。面积为3平方千米。

1966年新汴河施工，把老西集拆迁搬至河南，原来是一队，命名河南一队，后改为河南组。1958年隶属灵城公社西集大队；1983年由西集大队更换为西集村民委员会；2003年划入经济开发区。

红卫组

红卫组（Hóngwèizǔ） 隶属开发区西集村村民委员会，地理实体类型为农村居民点。东至虞姬乡毛湖里庄，南至新汴河，西至小西组，北至小西组地界。总户数为80户，总人口为350人，民族为汉族。面积为2平方千米。

1966年因开挖新汴河拆迁，老西集一庄分为四庄，后搬迁至小西组东，原名为五队，现命名为红卫组。

前潘组

前潘组（Qiánpānzǔ） 隶属开发区西集村村民委员会，地理实体类型为农村居民点。东至灵东运河，南至小西组，西至岳罗河，北至小张组。总户数为53户，总人口为246人，民族为汉族。面积为3平方千米。

老西集村原有两个潘组，一北一南，故取名前潘组和后潘组，后前潘组划为西集村，以姓潘为主。1958年隶属灵城公社西集大队，1983年由西集大队更名为西集村民委员会，2003年划入经济开发区。

小西组

小西组（Xiǎoxīzǔ） 隶属开发区西集村村民委员会，地理实体类型为农村居民点。东至红卫组，南至界洪河，西至南李村，北至前潘组。总户数为82户，总人口为352人，民族为汉族。面积为3平方千米。

小西组原位于老西集北部，故名后西庄，后改名小西组，以姓西为主。1958年隶属灵城公社西集大队；1983年由西集大队更名为西集村民委员会；2003年划入经济开发区。

小张组

小张组（Xiǎozhāngzǔ） 隶属开发区西集村村民委员会，地理实体类型为农村居民点。东至灵东运河，南至前潘组，西至岳罗河，北至刘尧村何庄。总户数为40户，总人口为232人，民族为汉族。面积为2.5平方千米。

以张姓为主，故名。1958年隶属灵城公社西集大队，1983年由西集大队更名为西集村民委员会，2003年划入经济开发区。

新建组

新建组（Xīnjiànzǔ） 隶属开发区西集村村民委员会，地理实体类型为农村居民点。东至灵东运河，南至小张组耕地，西至刘尧村何庄，北至虞姬乡灵光村沈庄耕地。总户数为50户，总人口为226人，民族为汉族。面积为2平方千米。

1966年因开挖新汴河拆迁，老西集一庄分为四庄，原属三队，后拆迁搬至新汴河北，因为是新建的组，改名为新建组。1958年隶属灵城公社西集大队，1983年由西集大队改为西集村民委员会，2003年划入经济开发区。

丁汪庄

丁汪庄（Dīngwāngzhuāng） 隶属开发区叶庙村村民委员会，地理实体类型为农村居民点。东至敬老院，南至西冉庄，西至大田地，北至山桥村。总户数为59户，总人口为267人，民族为汉族。面积为12平方千米。

原南小山有块大铁桩，且后面地势低，宛如水汪汪的一滩，故名。1958年隶属灵城公社叶庙大队，1983年由叶庙大队改为叶庙村民委员会，2010年划入经济开发区。

小田

小田（Xiǎotián） 隶属灵城镇刘赵村村民委员会，地理实体类型为农村居民点。东至大寨沟，南至303省道，西至303快速通道，北至新汴河。总户数为40户，总人口为260人，民族为汉族。面积为0.02平方千米。

因村中主要有田、张、吕三姓，其中以田姓为主，故名。1958年人民公社时期为小田小队，1984年改为小田。

黑树李庄

黑树李庄（Hēishùlǐzhuāng） 隶属灵城镇高许村村民委员会，地理实体类型为农村居民点。东至刘井庄，南至北沱河，西至北沱河，北至刘庙庄。总户数为150户，总人口为730人，民族为汉族。面积为0.017平方千米。

有一李姓逃荒要饭过来，在此繁衍生息，因庄四周种树多，从远处看不到庄子，故名。1958年命名为界沟公社淹周大队黑树李小队；1984年后改为黑树李庄，沿用至今。

刘井家

刘井家（Liújǐngjiā） 隶属灵城镇高许村村民委员会，地理实体类型为农村居民点。东至枣田庄，南至前李庄，西至黑李庄，北至刘庙庄。总户数为82户，总人口为387人，民族为汉族。面积为0.0180平方千米。

现刘井东湖有无影山无影井，有姓刘人士来此开荒，建造房屋，繁衍生息，家族逐渐壮大，故名。1958年命名为界沟公社淹周大队刘井小队；1984年后改为刘井家，沿用至今。

郑家

郑家（Zhèngjiā） 隶属灵城镇界沟村村民委员会，地理实体类型为农村居民点。位于灵璧县界沟村委会东南0.8千米，东至葛沟，南至界沟村上陈组、南王组，西至界沟村南王组，北至303省道。总户数为41户，总人口为182人，主要分布民族有汉族、壮族。面积为0.4平方千米。

自然庄全部是郑姓，故名。1958年人民公社时期为郑家小队，1984年改为郑家。

薛家

薛家（Xuējiā） 隶属灵城镇界沟村村民委员会，地理实体类型为农村居民点。位于灵璧县界沟村委会东0.5千米，东至界沟村郑家组，南至红旗路，西至界沟村南王组，北至303省道。总户数为35户，总人口为171人，民族为汉族。面积为0.3平方千米。

魏姓在此落户，随着人口增长，逐渐形成村庄，人们称为小魏家。在民国时期，姓薛的人家又迁居到此地，并且薛姓有政府官员，后更名为薛家。1958年人民公社时期为薛家小队，1984年改为薛家。

二墩

二墩（Èrdūn） 隶属灵城镇界沟村村民委员会，地理实体类型为农村居民点。东至刘赵村，南至刘赵村、界沟村郑家组，西至界沟村界沟组，北至幸福沟。总户数为103户，总人口为503人，民族为汉族。面积为1平方千米。

在秦朝时代，为了使地方信息能快速传递到中央政府，政府在地方设立“五里一墩，十里一铺”。该自然庄是第二个墩，故名。1958年人民公社时期为二墩小队，1984年改为二墩。

韦集镇

陈园庄

陈园庄（Chényuánzhuāng） 隶属韦集镇陈园村村民委员会，地理实体类型为农村居民点。东至猪场，南至浦庄，西至王楼庄，北至后马庄。总户数为90户，总人口为450人，民族为汉族。面积为0.4平方千米。

陈姓人家在此种菜，比较出名，后称陈园。“文化大革命”后期“陈园”简化为“陈元”，陈元庄由此而来。1964年政府命名为陈园人民公社。1972年由陈园人民公社更名为陈园庄。

王楼庄

王楼庄（Wánglóuzhuāng） 隶属韦集镇陈园村村民委员会，地理实体类型为农村居民点。东至浦庄，南至前李庄，西至刘沟庄，北至小陈元庄。总户数为146户，总人口为620人，民族为汉族。面积为0.4平方千米。

原有王姓人家盖的土楼，故名。1964年政府命名为王楼人民公社。1977年由王楼人民公社更名为王楼庄。

后陈庄

后陈庄（Hòuchénzhuāng） 隶属韦集镇戴家村村民委员会，地理实体类型为农村居民点。东至汤庄，南至薛庄，西至庙西徐庄，北至北沱河。总户数为33户，总人口为131人，民族为汉族。面积为0.15平方千米。

村民多以陈姓为主，又因其所在位置在前陈后面，故名。1958年人民公社时期为后陈小队，1984年改为后陈庄。

丁李庄

丁李庄（Dīnglǐzhuāng） 隶属韦集镇丁李村村民委员会，地理实体类型为农村居民点。东至蜡条张家，南至大刘庄，西至大李庄，北至闫庄。总户数为103户，总人口为510人，民族为汉族。面积为0.09平方千米。

最早丁姓由丁谷（现金银山村）搬来，后来李姓又迁到这里，居住在丁庄西头路西，故名。1969年政府命名为丁李人民公社，1979年正式更名为丁李庄。

渡口庄

渡口庄（Dùkǒuzhuāng） 隶属韦集镇垓下村村民委员会，地理实体类型为农村居民点。东至彭沟庄，南至南沱河，西至韩庄，北至前单庄。总户数为66户，总人口为320人，民族为汉族。面积为0.03平方千米。

因庄内河上有一渡口而得名，后来政府组织整顿渡口行业，并于2013年成立渡口管理机构，由韦集镇接管，故名渡口庄。1970年政府命名为渡口人民公社，1981年正式改名为渡口庄。

韩庄

韩庄（Hánzhuāng） 隶属韦集镇垓下村村民委员会，地理实体类型为农村居民点。东至渡口庄，南至南沱河，西至龙岗庄，北至空地。总户数为58户，总人口为420人，民族为汉族。面积为0.03平方千米。

明代初期有几户韩姓人家，后迅速发展壮大。清康熙、乾隆皇帝共12次巡回下江南，这里是必经之路，还下船游览夜宿用膳。乾隆二十三年（1758年）后相继建起了韩庄码头、韩庄集。

龙岗庄

龙岗庄（Lónggǎngzhuāng） 隶属韦集镇垓下村村民委员会，地理实体类型为农村居民点。东至韩庄，南至南沱河，西至小单庄，北至永久村小种庄。总户数为48户，总人口为310人，民族为汉族。面积为0.03平方千米。

庄里原有庙会，叫龙岗集，此庄被称为龙岗庄。1970年政府命名为龙岗人民公社，1982年正式改名为龙岗庄。

新胡庄

新胡庄（Xīnhúzhuāng） 隶属韦集镇垓下村村民委员会，地理实体类型为农村居民点。东至老庄，南至南沱河，西至单胡东，北至小赵庄。总户数为98户，总人口为220人，民族为汉族。面积为0.04平方千米。

从彭沟搬迁到现在的老庄胡，老庄又分出去，即为新胡庄，故名。胡姓人家清朝时期从韩庄搬迁到彭沟，从彭沟搬迁到现在的老庄胡，老庄又分出去即为新胡庄，村名沿用至今。

新郑庄

新郑庄（Xīnzhèngzhuāng） 隶属韦集镇垓下村村民委员会，地理实体类型为农村居民点。东至空地，南至小单庄，西至尤沟庄，北至永久村大杨庄。总户数为18户，总人口为56人，民族为汉族。面积为0.02平方千米。

明朝中期，庄上有窑厂一座，看窑厂的人姓郑，后来姓郑的人家在此开荒种地，建造房屋，逐渐壮大，家族人丁旺盛，逐渐形成郑庄。1959年政府命名为新郑小组，1982年正式改名为新郑庄。

湾前庄

湾前庄（Wānqiánzhuāng） 隶属韦集镇金银山村村民委员会，地理实体类型为农村居民点。东至城后庄，南至南沱河，西至湾西庄，北至湾后庄。总户数为38户，总人口为173人，民族为汉族。面积为0.02平方千米。

因庄西有一条河湾，庄子位于河湾的西边，故取名为湾西；随着人口增多，向前面发展，取名为湾前。1976年政府命名为湾前人民公社，1982年正式改名为湾前庄。

吕东

吕东（Lǚdōng） 隶属韦集镇藕庄村村民委员会，地理实体类型为农村居民点。东至大赵庄，南至任庄，西至北沱河，北至吕北组。总户数为70户，总人口为300人，民族为汉族。面积为0.8平方千米。

庄后有座墓，人称淮王墓，据说委派姓吕的人在此看墓，后姓吕的人娶妻生子，繁衍生息，逐渐发展壮大。因其所在的位置在吕桥的东边，称吕东。1960年政府命名为吕东人民公社，1980年正式改名为吕东庄。

吕桥庄

吕桥庄（Lǚqiáozhuāng） 隶属韦集镇藕庄村村民委员会，地理实体类型为农村居民点。东至吕北组，南至北沱河，西至北沱河，北至橡树庄。总户数为128户，总人口为480人，民族为汉族。面积为1平方千米。

吕桥庄后有座墓，人称淮王墓。据说委派姓吕的人在此看墓，后姓吕的人娶妻生子，繁衍生息，逐渐发展壮大。后吕姓人家又在沱河上修座桥，故此得名吕桥庄。1958年命名为吕桥大队，1995年合并藕庄村，改名为河东吕桥庄。

南东南西庄

南东南西庄（Nándōngnánxīzhuāng）隶属韦集镇藕庄村村民委员会，地理实体类型为农村居民点。东至东叶组，南至南元组，西至藕西组，北至藕中组。总户数为80户，总人口为420人，民族为汉族。面积为0.5平方千米。

村民迁入藕庄街南东西两庄，后连在一起，称为南东南西庄。1968年政府命名为南东南西人民公社，1984年正式改名为南东南西庄。

藕庄街

藕庄街（Ǒuzhuāngjiē） 隶属韦集镇藕庄村村民委员会，地理实体类型为农村居民点。东至吕桥庄，南至南徐庄，西至戴家村大徐组，北至向阳乡马桥庄。总户数为280户，总人口为1200人，民族为汉族。面积为1平方千米。

过去藕庄地势低洼，适合养藕。陕西来了一个姓欧的人，到此地养藕，生产的藕就在此地销售，该庄取名欧庄。后来搬来一户姓胡的人家，家丁兴旺，人口发达，姓欧的日渐衰败，渐无声息。后来“欧”改为“藕”，故取名为藕庄。1958年改名藕庄公社，1975年改名为藕庄乡，1995年与韦集镇合并改为藕庄村。

橡树庄

橡树庄（Xiàngshùzhuāng） 隶属韦集镇藕庄村村民委员会，地理实体类型为农村居民点。东至新庄，南至吕桥庄，西至北沱河，北至双圩村小杨组。总户数为138户，总人口为650人，民族为汉族。面积为2平方千米。

有一棵橡树特别大，远近闻名，四方乡邻都称此地为橡树，此庄为橡树庄。1972

年政府命名为橡树人民公社，1980年正式改名为橡树庄。

新庄

新庄（Xīnzhuāng） 隶属韦集镇藕庄村村民委员会，地理实体类型为农村居民点。东至严庄，南至吕南组，西至橡树庄，北至向阳乡圩庄。总户数为45户，总人口为152人，民族为汉族。面积为0.8平方千米。

战国时期，百姓被战乱搅得鸡犬不宁，人们纷纷逃荒落户，后来几户人家漂泊于此，在此落户，繁衍生息。逃亡中的几名男子要求将此村定名为新庄。1968年政府命名为新庄人民公社，1979年正式改名为新庄。

八张庄

八张庄（Bāzhāngzhuāng） 隶属韦集镇幸福村村民委员会，地理实体类型为农村居民点。东至土庙庄，南至金银山村黄庄，西至沟西张庄，北至韦集村南刘庄。总户数为89户，总人口为454人，民族为汉族。面积为0.5平方千米。

距以前垓下镇八里路，故称八里张，后改名为八张庄。1970年政府命名为八张人民公社，1979年正式改名为八张庄。

小孙庄

小孙庄（Xiǎosūnzhuāng） 隶属韦集镇杨马村村民委员会，地理实体类型为农村居民点。东至吕圩庄，南至沱河，西至新吕庄，北至姜庄。总户数为21户，总人口为176人，民族为汉族。面积为1.37平方千米。

居民多为孙姓，且村庄小，人口少，故名。1975年政府命名为小孙人民公社，1981年正式改名为小孙庄。

新吕庄

新吕庄（Xīnlǚzhuāng） 隶属韦集镇杨马村村民委员会，地理实体类型为农村居民点。东至小孙庄，南至后葛庄，西至泗固路，北至泗固路。总户数为63户，总人口为493人，民族为汉族。面积为1.75平方千米。

此村是由吕圩迁出新建，居民多姓吕，因此得名。1974年政府命名为新吕人民公社，1982年正式改名为新吕庄。

小种庄

小种庄（Xiǎozhǒngzhuāng） 隶属韦集镇永久村村民委员会，地理实体类型为农村居民点。东至后单庄，南至单圩庄，西至大圩庄，北至代家庄。总户数为110户，总人口为425人，民族为汉族。面积为0.16平方千米。

因村庄面积小，人口少，居民大多姓种，故得名小种庄。1962年政府命名为小种人民公社，1980年正式改名为小种庄。

黄湾镇

大孙庄

大孙庄（Dàsūnzhuāng） 隶属黄湾镇单营村村民委员会，地理实体类型为农村居民点。东至北沱河，南至位巷庄，西至方家，北至北沱河。总户数为160户，总人口为830人，民族为汉族。面积为3.5平方千米。

原名孙家二郎庙，位于单营村西部。清朝时期该庄有一座寺庙，人们都把它称为二郎神庙，故该庄得名孙家二郎庙。20世纪90年代之后更名为大孙庄。

孙湖庄

孙湖庄（Sūnhúzhuāng） 隶属黄湾镇

单营村村民委员会，地理实体类型为农村居民点。东至单营庄，南至柯湖村，西至位巷庄，北至北草河。总户数为138户，总人口为770人，民族为汉族。面积为1.6平方千米。

孙湖是在大孙庄之后建成的一个村庄，从大孙庄望过去，远看像一片湖，且孙姓人口居多，形成的村庄便叫孙湖沿，后更名为孙湖庄。1992年之前孙湖庄隶属单营村，后隶属晏路乡，后撤乡，与大孙村、高圩村、魏巷村合并为单营村，后更名为孙湖庄。

魏巷庄

魏巷庄（Wèixiàngzhuāng） 隶属黄湾镇单营村村民委员会，地理实体类型为农村居民点。东至孙湖庄，南至小金庄，西至红星村，北至大孙庄。总户数为150户，总人口为618人，民族为汉族。面积为1.5平方千米。

魏姓聚居此地，建村立庄，繁衍生息，因庄中有条长长的巷子，故名。1992年之前魏巷村隶属晏路乡，后撤乡，与大孙村、高圩村、单营村合并为单营村，更名为魏巷庄。

小金庄

小金庄（Xiǎojīnzhuāng） 隶属黄湾镇单营村村民委员会，地理实体类型为农村居民点。东至孙湖庄，南至柯湖村，西至红星村，北至位巷庄。总户数为78户，总人口为337人，民族为汉族。面积为3平方千米。

金姓家族聚居此地，建村立庄，繁衍生息，故名。1992年之前属魏巷村，隶属晏路乡，后撤乡，与大孙村、高圩村、单营村合并为单营村，更名为小金庄。

小罗庄

小罗庄（Xiǎoluózhuāng） 隶属黄湾镇单营村村民委员会，地理实体类型为农村居民点。东至201省道，南至陆王沟，西至单营庄，北至灵城、向阳界。总户数为43户，总人口为207人，民族为汉族。面积为1.4平方千米。

罗姓人家迁居此地，开荒种地，建造房屋，繁衍生息，因村庄面积小，故名。1992年前属单营村，隶属晏路乡，后撤乡，与大孙村、高圩村、魏巷村合并为单营村，更名为小罗庄。

戈庄

戈庄（Gēzhuāng） 隶属黄湾镇胡桥村村民委员会，地理实体类型为农村居民点。东至桑庄，南至潘桥，西至街道，北至柯庄。总户数为80户，总人口为327人，民族为汉族。面积为0.048平方千米。

该庄靠近街道，做生意的人都在此居住，姓氏繁多。村口有一个大沟，所以叫作戈沟，简称戈庄。1958年人民公社时期隶属胡桥大队，1984年至今隶属胡桥村委会。

柯湖

柯湖（Kēhú） 隶属黄湾镇柯湖村村民委员会，地理实体类型为农村居民点。东至王桥庄，南至小张庄，西至龙头庄，北至红星村骆庄。总户数为120户，总人口为540人，民族为汉族。面积为1.12平方千米。

民国时期该庄名为贺家染坊，贺姓从炉店移居而来，又开染坊染布，故叫贺家染坊，与三桥贺姓同属一祖。新中国成立后，柯姓聚居较多，原庄北面有个大湖，故名。1958年人民公社时期隶属柯湖大队，1984年至今隶属柯湖村委会。

龙头张庄

龙头张庄（Lóngtóuzhāngzhuāng） 隶属黄湾镇柯湖村村民委员会，地理实体类型为农村居民点。东至小张庄，南至双桥村，西至旗杆圩，北至小苏庄。总户数为55户，总人口为302人，民族为汉族。面积为0.75平方千米。

新中国成立时该庄特别穷，家家都学会扎蒸馍用的笼圈卖，来增加收入。庄人均为张姓，故名笼圈庄。后人将“笼”改写为“龙”，“圈”字改写为“头”，故称龙头张。1958年人民公社时期隶属柯湖大队，1984年至今隶属柯湖村委会。

后柯

后柯（Hòukē） 隶属黄湾镇柯湖村村民委员会，地理实体类型为农村居民点。东至单营村，南至柯巷庄，西至张庄，北至红星村。总户数为60户，总人口为302人，民族为汉族。面积为0.81平方千米。

全庄统姓柯，与柯巷庄属一祖，原从柯巷搬来建庄，因处在柯巷庄和原村村民委员会的后面，故名。1958年人民公社时期隶属柯湖大队，1984年至今隶属柯湖村委会。

柯巷

柯巷（Kēxiàng） 隶属黄湾镇柯湖村村民委员会，地理实体类型为农村居民点。东至东柯庄，南至石炉庄，西至小苏庄，北至小金庄。总户数为150户，总人口为680人，民族为汉族。面积为1.60平方千米。

据该庄人说，柯姓始祖从山西省曲沃县迁来建庄，建庄历史较久，庄中间有个大巷子，故名。1958年人民公社时期隶属柯湖大队，1984年至今隶属柯湖村委会。

徐圩

徐圩（Xúwéi） 隶属黄湾镇柯湖村村民委员会，地理实体类型为农村居民点。东至东柯庄，南至胡庄，西至东柯庄，北至单营村。总户数为83户，总人口为410人，民族为汉族。面积为0.94平方千米。

因徐姓居住早，在清末为了防止外来匪盗入侵，庄里共打起三道圩，四拐角处放着四门土炮，每天晚上四周村庄人都赶着牲畜前来避匪，故名。1958年人民公社时期隶属柯湖大队，1984年至今隶属柯湖村委会。

东柯

东柯（Dōngkē） 隶属黄湾镇柯湖村村民委员会，地理实体类型为农村居民点。东至大周，南至胡庄，西至徐圩，北至单营村。总户数为95户，总人口为410人，民族为汉族。面积为1.02平方千米。

柯姓原从石炉迁此建庄。四周庄柯姓较多，庄名不一。村庄在灵固路桥的北边，曾叫桥后柯，后为与其他柯姓村庄有所区别，又叫东柯。1958年人民公社时期隶属柯湖大队，1984年至今隶属柯湖村委会。

陆集

陆集（Lùjí） 隶属黄湾镇陆集村村民委员会，地理实体类型为农村居民点。东至葛宅，南至张龙村民委员会，西至位庄，北至红星村。总户数为123户，总人口为688人，民族为汉族。面积为1.5平方千米。

据《陆氏碑文》记载，陆氏始祖从山西省喜鹊窝迁移到灵城南七里定居。纨绔子弟陆遇春从7里移西南25里到北处建庄，叫陆圩庄。据考，1914年起集逢集，故名叫陆集。

王庄

王庄（Wángzhuāng） 隶属黄湾镇陆集村村民委员会，地理实体类型为农村居民点。东至大山林场，南至张龙村，西至宋河村，北至娄庄镇。总户数为119户，总人口为545人，民族为汉族。面积为1.2平方千米。

据传，过去有个老太太带着一个姓王

的儿子在此落户，后儿子下落不明，老太太死后葬在庄地里，故称王庄。1958 年人民公社时期隶属陆集大队，1984 年至今隶属陆集村委会。

晏庄

晏庄（Yànzhuāng） 隶属黄湾镇庙李村村民委员会，地理实体类型为农村居民点。东至朱圩村民委员会，南至砂坝村民委员会，西至庙李庄，北至叶庄。总户数为 52 户，总人口为 272 人，民族为汉族。面积为 0.95 平方千米。

晏姓先祖是从县北浍沟镇晏湾迁入建庄，已有 12 辈，约近 300 年，与晏湾同祖，同续宗谱。因晏姓入住建庄早，一直是庄里的大户人家，故名。1958 年人民公社时期隶属庙李大队，1984 年至今隶属庙李村委会。

庙李

庙李（Miàolǐ） 隶属黄湾镇庙李村村民委员会，地理实体类型为农村居民点。东至晏庄，南至龙水，西至三桥村民委员会，北至黄湾居委会。总户数为 160 户，总人口为 750 人，民族为汉族。面积为 1.82 平方千米。

该庄原叫缸碴庙李家。民国时期，庄人在东北处的葛沟西侧用两口大缸倒卡在地，砸留小门，里面立起庙牌，供四周庄人前来烧香求神。庄人都姓李，故叫缸碴庙李家。李姓先祖是从本县灵西乡黑树李家迁来，在此处建庄，另有两家李姓是从龙水段迁入。庄人李友谅为教育之家。1949 年后设大队时就改名为庙李庄。1958 年人民公社时期隶属庙李大队，1984 年至今隶属庙李村委会。

龙水

龙水（Lóngshuǐ） 隶属黄湾镇庙李村村民委员会，地理实体类型为农村居民点。东至砂坝村民委员会，南至固镇县，西至姚庄，北至庙李庄。总户数为 84 户，总人口为 436 人，民族为汉族。面积为 1.08 平方千米。

民国初年该庄名为龙水段，因庄西沱河岸发现有个泉眼，日夜向外流水不止，又称龙眼。民工在开挖沱河时实行工程分段，分在此处就叫龙水段，新中国成立后改为龙水庄。1958 年人民公社时期隶属庙李大队，1984 年至今隶属庙李村委会。

周王庄

周王庄（Zhōuwángzhuāng） 隶属黄湾镇庙李村村民委员会，地理实体类型为农村居民点。东至小李庄，南至固镇县，西至三桥村民委员会，北至三桥村民委员会。总户数为 110 户，总人口为 440 人，民族为汉族。面积为 1.07 平方千米。

由山西曲沃县奉旨迁来，到明末已繁衍 10 多户，共 56 人的小村庄，起名叫齐路周家。清末时期改为周王庄。1958 年人民公社时期隶属庙李大队。1984 年至今隶属庙李村委会。

小李庄

小李庄（Xiǎolǐzhuāng） 隶属黄湾镇庙李村村民委员会，地理实体类型为农村居民点。东至姚庄，南至固镇县，西至周王庄，北至黄湾居民委员会。总户数为 60 户，总人口为 210 人，民族为汉族。面积为 0.46 平方千米。

据庄人传说，李姓原从五河县新集搬迁来兄弟四人，李兆龙、李盘龙、李青龙、李汪龙，在原沱河堰上建起小庄，故名。1958 年人民公社时期隶属庙李大队，1984 年至今隶属庙李村委会。

魏巷

魏巷（Wèixiàng） 隶属黄湾镇三桥村村民委员会，地理实体类型为农村居民点。东至庙李村，南至南沱河，西至前贺，北至后贺。总户数为90户，总人口为330人，民族为汉族。面积为1.3平方千米。

魏姓人家迁居此地，开荒种地，繁衍生息，人丁兴旺，逐渐壮大，因庄内有条古巷，故名。1958年人民公社时期隶属三桥大队，1984年至今隶属三桥村委会。

砂坝街

砂坝街（Shābàjiē） 隶属黄湾镇砂坝村村民委员会，地理实体类型为农村居民点。东至乔园，南至南沱河，西至朱砂沟，北至朱圩村。总户数为108户，总人口为438人，民族为汉族。面积为1平方千米。

砂坝原叫砂姜坝。据说大禹治水时开挖一条小沟，叫沱河，两岸人民为了交通方便，用砂姜在沱河上修建一座水漫桥，古称砂姜坝。明朝开始从山西移民在沱河北岸建起居民点，清末县府决定在此起集，取名砂坝街。1942年国民党县政府在此设乡政府，挂牌砂坝乡国民政府。1954年设砂坝乡人民政府。1978年设砂坝人民公社。1984年改设砂坝乡政府。1992年撤乡并镇，设砂坝村民委员会至今。

陈圩庄

陈圩庄（Chénwéizhuāng） 隶属黄湾镇宋河村村民委员会，地理实体类型为农村居民点。东至陆集村王庄，南至顾庄，西至西界沟，北至娄庄镇绒花村。总户数为121户，总人口为704人，民族为汉族。面积为1平方千米。

陈氏人口最多，从现娄庄镇峨山村乱陈庄搬来，据说是明朝万历年间搬迁而来。全庄两姓人家，另一家姓万，据说是抗战时期从山东巨野逃荒到此落户的。1958年人民公社时期隶属宋河大队，1984年至今隶属宋河村委会。

小封庄

小封庄（Xiǎofēngzhuāng） 隶属黄湾镇宋河村村民委员会，地理实体类型为农村居民点。东至张龙村，南至张龙村，西至小殷庄、小李庄，北至顾庄小李。总户数为43户，总人口为222人，民族为汉族。面积为0.5平方千米。

小封庄原姓封的是老户人家，清朝后期因犯了法，全家抄斩，没有后人，现还有姓封的老坟见证。1958年人民公社时期隶属宋河大队，1984年至今隶属宋河村委会。

贺桥

贺桥（Hèqiáo） 隶属黄湾镇王桥村村民委员会，地理实体类型为农村居民点。东至三桥村炉店庄，南至沱河岸，西至大刘庄，北至201省道。总户数为45户，总人口为303人，民族为汉族。面积为0.5平方千米。

赵姓是从固镇沱河西赵庄迁来，建庄最早，因庄后农田十分低洼，曾名赵洼。现居住贺姓最多、人户也多，没有别姓，原庄东有一座石桥，故名。属王桥村委会。

晏路街里

晏路街里（Yànlùjiēlǐ） 隶属黄湾镇晏路村村民委员会，地理实体类型为农村居民点。东至201省道，西至大奚庄，南至郑庄，北至罗庄。总户数为150户，总人口为800人，民族为汉族。面积为1平方千米。

晏路街里人在此开荒种地、建造房屋，不断繁衍生息，家族人丁旺盛、逐渐壮大，故名。1958年人民公社时期隶属晏路大队，

1984年至今隶属晏路村民委员会。

张集

张集（Zhāngjí） 隶属黄湾镇张龙村村民委员会，地理实体类型为农村居民点。东至小陈庄，南至后王庄，西至南沱河，北至宋河村小丰庄。总户数为115户，总人口为710人，民族为汉族。面积为4.0平方千米。

从山西省洪洞搬迁而来定居，因张姓居住较多后形成集市，故称张集庄。后因集市上土匪经常出没，新中国成立后就不存在集市。1958年人民公社时期隶属张龙大队，1984年至今隶属张龙村委会。

前李

前李（Qiánlǐ） 隶属黄湾镇张龙村村民委员会，地理实体类型为农村居民点。东至艾庄，南至小张，西至黑泥沟，北至后李庄。总户数为35户，总人口为216人，民族为汉族。面积为0.88平方千米。

早年村内有座土地庙，因李姓居住早，因此叫李庙，与后李分为两个庄，该庄靠南，故取名前李。1958年人民公社时期隶属张集大队，1984年隶属张集村村民委员会，2013年隶属张龙村委会。

井栏

井栏（Jǐnglán） 隶属黄湾镇张龙村村民委员会，地理实体类型为农村居民点。东至龙头张，南至东陈圩，西至艾庄，北至陆集村。总户数为33户，总人口为170人，民族为汉族。面积为1.02平方千米。

早年以村庄内有一口带栏杆的水井，居民姓陈，故叫井栏陈，后改为井栏。1958年人民公社时期隶属井栏大队，1984年隶属井栏村村民委员会，2013年隶属张龙村委会。

后王

后王（Hòuwáng） 隶属黄湾镇张龙村村民委员会，地理实体类型为农村居民点。东至小张，南至前王，西至南沱河柯庄，北至张集庄。总户数为65户，总人口为315人，民族为汉族。面积为1.20平方千米。

王姓家族迁居此地，建村立庄，繁衍生息，逐渐壮大，因该庄位于北侧，故名。1958年人民公社时期隶属张集大队，1984年隶属张集村村民委员会，2013年隶属张龙村委会。

前王

前王（Qiánwáng） 隶属黄湾镇张龙村村民委员会，地理实体类型为农村居民点。东至后王庄，南至南陈圩，西至西张，北至单营村。总户数为43户，总人口为352人，民族为汉族。面积为1.02平方千米。

王姓家族迁居此地，建村立庄，繁衍生息，逐渐壮大，因该庄位于南侧，故名。1958年人民公社时期隶属张集大队，1984年隶属张集村村民委员会，2013年隶属张龙村委会。

艾庄

艾庄（Àizhuāng） 隶属黄湾镇张龙村村民委员会，地理实体类型为农村居民点。东至南陈圩，南至小张庄，西至前后李，北至大山林厂。总户数为105户，总人口为510人，民族为汉族。面积为2平方千米。

该庄原名艾圩，后称艾府，现名为艾庄，因艾姓聚居而得名。1958年人民公社时期隶属艾李大队，1984年隶属艾李村村民委员会，2013年隶属张龙村委会。

南陈圩

南陈圩（Nánchénwéi） 隶属黄湾镇张龙村村民委员会，地理实体类型为农村居民点。东至黑泥沟，南至小刘庄，西至徐沟庄，北至红星街。总户数为105户，总人口为780人，民族为汉族。面积为0.94平方千米。

陈姓在此居住较早，在清末为了防止外来匪盗入侵，庄里共打起三道圩，在四拐角处放着四门土炮，每天晚上四周村庄的人都赶着牲畜前来避匪，故叫陈圩。20世纪90年代合并村后叫南陈圩。

东陈圩

东陈圩（Dōngchénwéi） 隶属黄湾镇张龙村村民委员会，地理实体类型为农村居民点。东至柯湖村龙头庄，南至小代，西至艾庄，北至井栏庄。总户数为105户，总人口为550人，民族为汉族。面积为1.92平方千米。

陈姓在此居住较早，为防止外来匪盗入侵，从庄里一圈打起圩子，四角放着四门土炮，每天晚上四周村庄的人都赶着牲畜前来避匪，故名叫陈圩。合并村后改名叫东陈圩。清初有陈氏考取高官，回来后竖一旗杆，从此称为旗杆圩。新中国成立后叫陈圩。2004年并村，因有两个陈圩，该陈圩又加个“东”字，称为东陈圩。

西张

西张（Xīzhāng） 隶属黄湾镇张龙村村民委员会，地理实体类型为农村居民点。东至前王庄，南至小赵庄，西至南沱河，北至后王庄。总户数为30户，总人口为213人，民族为汉族。面积为0.96平方千米。

张姓从本村张集庄搬来，张姓人口较多，故叫小张庄。本庄又在村委会所在地西南，故名。1958年人民公社时期隶属张集大队，1984年隶属张集村村民委员会，2013年隶属张龙村委会。

娄庄镇

张铁庄

张铁庄（Zhāngtiězhuāng） 隶属娄庄镇王赵村民委员会，地理实体类型为农村居民点。东至赵家村，南至赵家村，西至灵西运河，北至黄庄。总户数为65户，总人口为271人，民族为汉族。面积为0.5平方千米。

早年，一张姓铁匠在此建房居住，后发展成村落，遂得名。1949年属娄庄乡王赵村，1958年属娄庄人民公社王赵大队，1983年属娄庄乡王赵村，1984年属娄庄区，1992年属娄庄镇。

小吴庄

小吴庄（Xiǎowúzhuāng） 隶属娄庄镇王赵村民委员会，地理实体类型为农村居民点。东至蒋圩村，南至宿泗路，西至东风路，北至团结庄。总户数为41户，总人口为172人，民族为汉族。面积为0.35平方千米。

因吴姓村民在此聚居，建房耕作，故名。1949年属娄庄乡东风村，1958年属娄庄人民公社东风大队，1983年属娄庄乡东风村，1984年属娄庄区，1992年属娄庄镇，2005年并入王赵村。

前刘庄

前刘庄（Qiánliúzhuāng） 隶属娄庄镇王赵村民委员会，地理实体类型为农村居民点。东至蒋圩，南至团结庄，西至灵西运河，北至北沱河。总户数为48户，总人口为206人，民族为汉族。面积为0.48平方千米。

挖北沱河时把刘庄分割为两个自然庄，北沱河南岸称为前刘庄。1949年属娄庄乡东风村，1958年属娄庄人民公社东风大队，1983年属娄庄乡东风村，1984年属娄庄区，1992年属娄庄镇，2005年并入王赵村。

河北刘庄

河北刘庄（Héběiliúzhuāng） 隶属娄庄镇王赵村民委员会，地理实体类型为农村居民点。东至汴河村，南至北沱河，西至小张庄，北至宣圩村。总户数为36户，总人口为152人，民族为汉族。面积为0.37平方千米。

开挖北沱河时把刘庄分割为两个自然庄，河北称为河北刘庄。1949年属娄庄乡东风村，1958年属娄庄人民公社东风大队，1983年属娄庄乡东风村，1984年属娄庄区，1992年属娄庄镇，2005年并入王赵村。

汪北

汪北（Wāngběi） 隶属娄庄镇吴塘村民委员会，地理实体类型为农村居民点。东至邢庄，南至汪南，西至曹列王，北至刘胡村。总户数为29户，总人口为160人，民族为汉族。面积为0.36平方千米。

早年陈氏家族迁居至此，开荒种地，取名大陈家，后在村庄中间东西开挖一条汪塘，把村庄南北分开，汪塘以北居住的人家改名为汪北。1958年人民公社时期属吴塘大队，1983年属吴塘村委会。

对面孙家

对面孙家（Duìmiànsūnjiā） 隶属娄庄镇宣圩村民委员会，地理实体类型为农村居民点。东至汴河村，南至东风村，西至小徐庄，北至宣圩中心路。总户数为110户，总人口为500人，民族为汉族。面积为2平方千米。

此村有条东西大路，孙姓居民沿路两侧对面建房，故名。1949年属娄庄乡八杨村，1958年属娄庄人民公社八杨大队，1983年属娄庄乡八杨村，1984年属娄庄区，1992年属娄庄镇，2005年并到宣圩村。

陆沟庄

陆沟庄（Lùgōuzhuāng） 隶属娄庄镇宣圩村民委员会，地理实体类型为农村居民点。东至大邓，南至小黄河，西至胜利沟，北至新汴河。总户数为83户，总人口为410人，民族为汉族。面积为0.04平方千米。

因居民多姓陆，村庄坐落在胜利沟东，故名。1949年属娄庄乡八杨村，1958年属娄庄人民公社八杨大队，1983年属娄庄乡八杨村，1984年属娄庄区，1992年属娄庄镇，2005年并到宣圩村。

滩王庄

滩王庄（Tānwángzhuāng） 隶属娄庄镇淹周村民委员会，地理实体类型为农村居民点。东至北沱河，南至张庄，西至赵家村，北至蒋圩村。总户数为124户，总人口为536人，民族为汉族。面积为0.1平方千米。

早年北沱河流经此处，淤积成平地，后王姓居民在此建房居住，故名。1949年属娄庄乡淹周村，1958年为娄庄人民公社淹周大队，1978年淹周大队更名为淹周村委会，1983年属娄庄乡，1984年属娄庄区，1992年属娄庄镇。

张家庄

张家庄（Zhāngjiāzhuāng） 隶属娄庄镇淹周村民委员会，地理实体类型为农村居民点。东至北沱河，南至徐庄，西至赵家村，北至张庄。总户数为50户，总人口为215人，民族为汉族。面积为0.03平方千米。

因村民多为张姓，故名。1949年属娄庄乡淹周村，1958年属娄庄人民公社淹周大队，1978年淹周大队更名为淹周村委会，1983年属娄庄乡，1984年属娄庄区，1992年属娄庄镇。

孙庄

孙庄（Sūnzhuāng） 隶属娄庄镇淹周村民委员会，地理实体类型为农村居民点。东至北沱河，南至冯庄，西至危庄，北至淹周庄。总户数为39户，总人口为212人，民族为汉族。面积为0.08平方千米。

因孙姓人较多，故名。1949年属娄庄乡沱南村，1958年属娄庄人民公社沱南大队，1983年属娄庄乡沱南村，1984年属娄庄区，1992年属娄庄镇，2005年并入淹周村。

冯庄

冯庄（Féngzhuāng） 隶属娄庄镇淹周村民委员会，地理实体类型为农村居民点。东至北沱河，南至大山村，西至赵庄，北至孙庄。总户数为56户，总人口为285人，民族为汉族。面积为0.23平方千米。

因早年冯姓在此聚居，故名。1949年属娄庄乡沱南村，1958年属娄庄人民公社沱南大队，1983年属娄庄乡沱南村，1984年属娄庄区，1992年属娄庄镇，2005年并入淹周村。

扣元庄

扣元庄（Kòuyuánzhuāng） 隶属娄庄镇杨集村民委员会，地理实体类型为农村居民点。东至大山村位娄庄，南至大王庄，西至扣山，北至火庙庄。总户数为51户，总人口为226人，民族为汉族。面积为0.4平方千米。

早年寇氏居民在此开种菜园，取名寇园。后将“寇”演变成“扣”，“园”演变成“元”，故名扣元。1949年属娄庄乡山东村，1958年属娄庄人民公社，1983年属娄庄乡，1984年属娄庄区，1992年属娄庄镇山东村，2005年并入杨集村。

小张

小张（Xiǎozhāng） 隶属娄庄镇杨集村民委员会，地理实体类型为农村居民点。东至陈巷庄，南至小刘庄，西至二郎山，北至二郎庄。总户数为40户，总人口为187人，民族为汉族。面积为0.3平方千米。

因村民多为张姓，故名。1949年属娄庄乡山东村，1958年属娄庄人民公社，1983年属娄庄乡，1984年属娄庄区，1992年属娄庄镇山东村，2005年并入杨集村。

贺家

贺家（Hèjiā） 隶属娄庄镇杨集村民委员会，地理实体类型为农村居民点。东至磨盘山，南至曾庄，西至灵西运河，北至先庄。总户数为140户，总人口为710人，民族为汉族。面积为0.8平方千米。

因村民多为贺姓，故名。1949年属娄庄乡，1958年属娄庄人民公社杨集大队，1983年属娄庄乡杨集村，1984年属娄庄区，1992年属娄庄镇。

胡家

胡家（Hújiā） 隶属娄庄镇杨集村民委员会，地理实体类型为农村居民点。东至牛头山，南至杨集，西至灵西运河，北至曾庄。总户数为110户，总人口为589人，民族为汉族。面积为0.6平方千米。

因村民多为胡姓，故名。1949年属娄庄乡，1958年属娄庄人民公社杨集大队，1983年属娄庄乡杨集村，1984年属娄庄区，1992年属娄庄镇。

前侯家

前侯家（Qiánhóujiā） 隶属娄庄镇永定村民委员会，地理实体类型为农村居民点。东至黄圩村，南至小孙家，西至永定街，北至厉侯家。总户数为57户，总人口为312人，民族为汉族。面积为0.2平方千米。

村庄位于后侯家南，居民多姓侯，故名。1949年属娄庄乡永定村，1958年属娄庄人民公社永定大队，1983年属娄庄乡永定村，1984年属娄庄区，1992年属娄庄镇。

永定街

永定街（Yǒngdìngjiē） 隶属娄庄镇永定村民委员会，地理实体类型为农村居民点。东至小孙家，南至刘胡，西至小李家，北至后田庄。总户数为83户，总人口为681人，民族为汉族。面积为0.261平方千米。

1949年前，此地连年发生战争，盗贼四起，人们盼望永远安定，故名。1949年属娄庄乡永定村，1958年属娄庄人民公社永定大队，1983年属娄庄乡永定村，1984年属娄庄区，1992年属娄庄镇。

后田家

后田家（Hòutiánjiā） 隶属娄庄镇永定村民委员会，地理实体类型为农村居民点。东至小李家，南至小李家，西至大胡庄，北至小黄河。总户数为63户，总人口为352人，民族为汉族。面积为0.5平方千米。

因村民田姓居多，又因其位置居后，故名。1949年属娄庄乡永定村，1958年属娄庄人民公社永定大队，1983年属娄庄乡永定村，1984年属娄庄区，1992年属娄庄镇。

厉侯家

厉侯家（Lìhóujiā） 隶属娄庄镇永定村民委员会，地理实体类型为农村居民点。东至黄圩村，南至前侯家，西至后田家，北至小黄河。总户数为32户，总人口为187人，民族为汉族。面积为0.21平方千米。

因村民多为厉姓，又早年此庄曾有一侯爷，故名。1949年属娄庄乡永定村，1958年属娄庄人民公社永定大队，1983年属娄庄乡永定村，1984年属娄庄区，1992年属娄庄镇。

长集街

长集街（Chángjíjiē） 隶属娄庄镇长集村民委员会，地理实体类型为农村居民点。位于长集村委会驻地，东至青龙沟，南至大刘家，西至洪沟，北至三司。总户数为109户，总人口为508人，民族为汉族。面积为1.5平方千米。

新中国成立前，此地连年发生战争，盗贼四起，人们盼望长久安定，遂取名长安，后发展为集市，故名长安集。新中国成立后演变为长集街。1949年属娄庄乡长集村，1958年属娄庄人民公社长集大队，1983年属娄庄乡长集村，1984年属娄庄区，1992年属娄庄镇。

大杨家

大杨家（Dàyángjiā） 隶属娄庄镇长集村民委员会，地理实体类型为农村居民点。东至洪沟，南至沱河，西至汪圩村，北至杨马村。总户数为125户，总人口为597人，民族为汉族。面积为1.4平方千米。

因村民多为杨姓，故名。1949年为三杨大队，1986年所辖三个自然村居民多姓杨，更为现名。后发展成一个大自然庄。1992年为大杨村委会，后并入长集村。

钱家庄

钱家庄（Qiánjiāzhuāng） 隶属娄庄镇长集村民委员会，地理实体类型为农村居民点。东至青龙沟，南至沱河，西至洪沟，北至小刘。总户数为112户，总人口为676人，民族为汉族。面积为1.4平方千米。

因村民多为钱姓，故名。1949年属娄

庄乡长集村，1958年属娄庄人民公社长集大队，1983年属娄庄乡长集村，1984年属娄庄区，1992年属娄庄镇。

小刘家

小刘家（Xiǎoliújiā） 隶属娄庄镇蒋邓村民委员会，地理实体类型为农村居民点。东至葛店村，南至303省道，西至赵刘，北至五一村。总户数为56户，总人口为248人，民族为汉族。面积为0.75平方千米。

民国时，由小李家和小刘家合并为一个村，取名为小刘家。1958年属蒋邓大队，1983年属蒋邓村。

大尹庄

大尹庄（Dàyǐnzhuāng） 隶属娄庄镇娄北村民委员会，地理实体类型为农村居民点。东至后道庄，南至小尹，西至如意沟，北至小王庄。总户数为82户，总人口为445人，民族为汉族。面积为0.7平方千米。

村民多为尹姓，村庄坐落在小尹庄北，故名。1949年属娄庄乡付桥村，1958年属娄庄人民公社付桥大队，1983年属娄庄乡付桥村，1984年属娄庄区，1992年属娄庄镇，2005年付桥村并入娄北村。

小王庄

小王庄（Xiǎowángzhuāng） 隶属娄庄镇娄北村民委员会，地理实体类型为农村居民点。东至后道庄，南至大尹，西至马庙庄，北至陆湾庄。总户数为22户，总人口为111人，民族为汉族。面积为0.3平方千米。

因村民多为王姓，故名。1949年属娄庄乡付桥村，1958年属娄庄人民公社付桥大队，1983年属娄庄乡付桥村，1984年属娄庄区，1992年属娄庄镇，2005年付桥村并入娄北村。

后道庄

后道庄（Hòudàozhuāng） 隶属娄庄镇娄北村民委员会，地理实体类型为农村居民点。东至家堂庙庄，南至前道庄，西至小王庄，北至陆湾庄。总户数为54户，总人口为273人，民族为汉族。面积为0.4平方千米。

因南北两个自然村中间有一条道路，此庄位于北，故名。1949年属娄庄乡家庙村，1958年属娄庄人民公社家庙大队，1983年属娄庄乡家庙村，1984年属娄庄区，1992年属娄庄镇，2005年家庙村并入娄北村。

田吴庄

田吴庄（Tiánwúzhuāng） 隶属娄庄镇娄北村民委员会，地理实体类型为农村居民点。东至西一，南至西二，西至黄圩村，北至小黄家。总户数为105户，总人口为485人，民族为汉族。面积为0.55平方千米。

田姓人家占总人数的80%，吴姓人家占总人数的20%，故取名为田吴庄。1949年属娄庄乡张田村，1958年属娄庄人民公社张田大队，1983年属娄庄乡张田村，1984年属娄庄区，1992年属娄庄镇，2005年并入娄北村。

陈营

陈营（Chényíng） 隶属娄庄镇姚山村民委员会，地理实体类型为农村居民点。东至龙汪街，南至郭庄，西至桂庄，北至南王。总户数为210户，总人口为1100人，民族为汉族。面积为2.4平方千米。

因村民多为陈姓，早年驻扎过兵营，故名。1949年属娄庄乡龙汪村，1958年属娄庄人民公社龙汪大队，1983年属娄庄乡龙汪村，1984年属娄庄区，1992年属娄庄镇，2005年并入姚山村。

山前庄

山前庄（Shānqiánzhuāng） 隶属娄庄镇姚山村民委员会，地理实体类型为农村居民点。东至小陈，南至陈营、陈圩、二陈，西至南王、陈营，北至山后。总户数为106户，总人口为654人，民族为汉族。面积为4.4平方千米。

因村庄位于姚山南，故名。1949年属娄庄乡姚山村，1958年属娄庄人民公社姚山大队，1983年属娄庄乡姚山村。

二陈

二陈（Èrchén） 隶属娄庄镇姚山村民委员会，地理实体类型为农村居民点。东至大沟，南至陈圩，西至姚山庄，北至姚山庄。总户数为71户，总人口为281人，民族为汉族。面积为1.3平方千米。

由两个陈姓居民始建，故名。1949年属娄庄乡龙汪村，1958年属娄庄人民公社龙汪大队，1983年属娄庄乡龙汪村，1984年属娄庄区，1992年属娄庄镇，2005年并入姚山村。

陈圩庄

陈圩庄（Chénwéizhuāng） 隶属娄庄镇姚山村民委员会，地理实体类型为农村居民点。东至大河，南至杨集村，西至龙山大道，北至二陈庄。总户数为112户，总人口为541人，民族为汉族。面积为1.6平方千米。

陈姓人口居多，因民国时期有土匪扰民不安，村民在庄子周围建起圩子，故名。1949年属娄庄乡龙汪村，1958年属娄庄人民公社龙汪大队，1983年属娄庄乡龙汪村，1984年属娄庄区，1992年属娄庄镇，2005年并入姚山村。

郭家庄

郭家庄（Guōjiāzhuāng） 隶属娄庄镇姚山村民委员会，地理实体类型为农村居民点。东至杨集村，南至小张，西至双任村，北至陈营。总户数为94户，总人口为478人，民族为汉族。面积为1.5平方千米。

因村民多为郭姓，故名。1949年属娄庄乡龙汪村，1958年属娄庄人民公社龙汪大队，1983年属娄庄乡龙汪村，1984年属娄庄区，1992年属娄庄镇，2005年并入姚山村。

刚桥刘庄

刚桥刘庄（Gāngqiáoliúzhuāng） 隶属娄庄镇汴河村民委员会，地理实体类型为农村居民点。东至桂沟，南至杨庄，西至小陈，北至宣圩。总户数为90户，总人口为420人，民族为汉族。面积为1.2平方千米。

早年刚姓居民在此建有一座小桥，后刘姓居民较多，故名。1949年属娄庄乡汴河村，1958年属娄庄人民公社汴河大队，1983年属娄庄乡，1984年属娄庄区，1992年属娄庄镇。

小陈庄

小陈庄（Xiǎochénzhuāng） 隶属娄庄镇汴河村民委员会，地理实体类型为农村居民点。东至桂沟，南至刚刘，西至宣圩，北至大郑。总户数为50户，总人口为200人，民族为汉族。面积为0.41平方千米。

陈姓村民最早在此聚居，故名。1949年属娄庄乡汴河村，1958年属娄庄人民公社汴河大队，1983年属娄庄乡，1984年属娄庄区，1992年属娄庄镇。

陈元庄

陈元庄（Chényuánzhuāng） 隶属娄庄镇汴河村民委员会，地理实体类型为农村居民点。东至拐李，南至大郑，西至宣圩，北至汴河。总户数为45户，总人口为180人，民族为汉族。面积为0.3平方千米。

以早年陈姓居民开种菜园取名陈园，后“园”改为“元”。1949年属娄庄乡杨集村，1958年属娄庄人民公社杨集大队，1983年划入娄庄乡汴河村，1984年属娄庄区，1992年属娄庄镇。

王圩庄

王圩庄（Wángwéizhuāng） 隶属娄庄镇汴河村民委员会，地理实体类型为农村居民点。东至小林，南至桂沟，西至刚刘，北至拐李。总户数为90户，总人口为380人，民族为汉族。面积为0.8平方千米。

因居民多姓王，早年村四周筑有围墙，故名。1949年属娄庄乡汴河村，1958年属娄庄人民公社汴河大队，1983年属娄庄乡，1984年属娄庄区，1992年属娄庄镇。

北小林家

北小林家（Běixiǎolínjiā） 隶属娄庄镇汴河村民委员会，地理实体类型为农村居民点。东至亢园，南至桂沟，西至王圩，北至小高。总户数为40户，总人口为160人，民族为汉族。面积为0.3平方千米。

因村民多为林姓，位于汴河以北，故名。1949年属娄庄乡汴河村，1958年属娄庄人民公社汴河大队，1983年属娄庄乡，1984年属娄庄区，1992年属娄庄镇。

小杨庄

小杨庄（Xiǎoyángzhuāng） 隶属娄庄镇汴河村民委员会，地理实体类型为农村居民点。东至亢园，南至桂沟，西至小林，北至亢园。总户数为35户，总人口为130人，民族为汉族。面积为0.3平方千米。

因村民多为杨姓，故名。1949年属娄庄乡汴河村，1958年属娄庄人民公社汴河大队，1983年属娄庄乡，1984年属娄庄区，1992年属娄庄镇。

亢园庄

亢园庄（Kàngyuánzhuāng） 隶属娄庄镇汴河村民委员会，地理实体类型为农村居民点。东至崔东，南至桂沟，西至小林，北至汴河。总户数为70户，总人口为330人，民族为汉族。面积为0.5平方千米。

因早年亢姓居民开种菜园，故名。1949年属娄庄乡汴河村，1958年属娄庄人民公社汴河大队，1983年属娄庄乡，1984年属娄庄区，1992年属娄庄镇。

沟东崔家

沟东崔家（Gōudōngcuījiā） 属娄庄镇汴河村民委员会，地处汴河村民委员会西部，地理实体类型为农村居民点。东至灵城，南至桂沟，西至亢园，北至汴河。总户数为60户，总人口为240人，民族为汉族。面积为0.3平方千米。

因村东有沟和居民多姓崔，故名。1949年属娄庄乡汴河村，1958年属娄庄人民公社汴河大队，1983年属娄庄乡，1984年属娄庄区，1992年属娄庄镇。

曾庄

曾庄（Zēngzhuāng） 隶属娄庄镇汴河村民委员会，地理实体类型为农村居民点。东至位庄，南至北沱河，西至王赵村，北至桂沟河。总户数为46户，总人口为220人，民族为汉族。面积为0.8平方千米。

因村民多为曾姓，故名。1949年属娄庄乡沟南村，1958年属娄庄人民公社沟南大队，1983年属娄庄乡沟南村，1984年属娄庄区，1992年属娄庄镇，2005年并入汴河村。

位庄

位庄（Wèizhuāng） 隶属娄庄镇汴河村民委员会，地理实体类型为农村居民点。东至杨庄，南至北沱河，西至曾庄，北至刚刘。总户数为46户，总人口为240人，民族为汉族。面积为0.82平方千米。

因村民中位姓较多，故名。1949年属娄庄乡沟南村，1958年属娄庄人民公社沟南大队，1983年属娄庄乡沟南村，1984年属娄庄区，1992年属娄庄镇，2005年并入汴河村。

杨庄

杨庄（Yángzhuāng） 隶属娄庄镇汴河村民委员会，地理实体类型为农村居民点。东至武家庄，南至蒋圩村，西至桂沟河。总户数为66户，总人口为310人，民族为汉族。面积为0.8平方千米。

因村民多为杨姓，故名。1949年属娄庄乡沟南村，1958年属娄庄人民公社沟南大队，1983年属娄庄乡沟南村，1984年属娄庄区，1992年属娄庄镇，2005年并入汴河村。

武庄

武庄（Wǔzhuāng） 隶属娄庄镇汴河村民委员会，地理实体类型为农村居民点。东至小李家，南至蒋圩村，西至杨庄，北至桂沟河。总户数为62户，总人口为320人，民族为汉族。面积为1平方千米。

武姓村民最早在此建村，故名。1949年属娄庄乡沟南村，1958年属娄庄人民公社沟南大队，1983年属娄庄乡沟南村，1984年属娄庄区，1992年属娄庄镇，2005年并入汴河村。

小孙

小孙（Xiǎosūn） 隶属娄庄镇汴河村民委员会，地理实体类型为农村居民点。东至小林，南至蒋圩村，西至小李，北至小李。总户数为55户，总人口为220人，民族为汉族。面积为0.5平方千米。

因孙姓居民最早在此聚居，故名。1949年属娄庄乡沟南村，1958年属娄庄人民公社沟南大队，1983年属娄庄乡沟南村，1984年属娄庄区，1992年属娄庄镇，2005年并入汴河村。

团结庄

团结庄（Tuánjiézhuāng） 隶属娄庄镇大山村民委员会，地理实体类型为农村居民点。东至淹周村，南至峨山，西至山东村，北至大赵村。总户数为75户，总人口为390人，民族为汉族。面积为0.04平方千米。

早年张姓居民多制作石磙，取名磙庄，后将“磙”写成“滚”，因“滚”谐音较为粗俗，遂改名为团结，取其全村团结一致、亲密无间之意。1980年正式改名为团结庄，简称团结，属大山村，沿用至今。

丁徐庄

丁徐庄（Dīngxúzhuāng） 隶属娄庄镇峨山村民委员会，地理实体类型为农村居民点。东至山坡，南至峨西庄，西至杨集村，北至大山村。总户数为89户，总人口为393人，民族为汉族。面积为1平方千米。

曾有丁姓、徐姓到此山坡落户，故名。1949年属娄庄乡峨山村，1958年属娄庄人民公社峨山大队，1981年由峨山大队更名为峨山村村委会，1983年属娄庄乡，1984年属娄庄区，1992年属娄庄镇。

安下庄

安下庄（Ānxiàzhuāng） 隶属娄庄镇峨山村民委员会，地理实体类型为农村居民点。东至乱陈，南至大山村林场，西至峨东组，北至山坡。总户数为 80 户，总人口为 338 人，民族为汉族。面积为 0.8 平方千米。

庄后有座庵子，庄子取名庵庄，后将“庵”改为“安”，当时分安东队、安西队两队，后又改为安下庄。1949 年属娄庄乡峨山村，1958 年属娄庄人民公社峨山大队，1981 年由峨山大队更名为峨山村村委会，1983 年属娄庄乡，1984 年属娄庄区，1992 年属娄庄镇。

大任家

大任家（Dàrènjiā） 隶属娄庄镇峨山村民委员会，地理实体类型为农村居民点。东至红星村，南至大山村林场，西至安下庄，北至三南路。总户数为 75 户，总人口为 371 人，民族为汉族。面积为 1.1 平方千米。

原由前任小队和后任小队组成，后来改名为大任组，居民多以任姓居多。1949 年属娄庄乡峨山村；1958 年属娄庄人民公社峨山大队，合并前任小队和后任小队为大任小队；1981 年由峨山大队更名为峨山村村委会，大任小队更名为大任家；1983 年属娄庄乡；1984 年属娄庄区；1992 年属娄庄镇。

韩刘

韩刘（Hánliú） 隶属娄庄镇蒋圩村民委员会，地理实体类型为农村居民点。东至楼家村，南至大赵，西至小张庄，北至北沱河。总户数为 124 户，总人口为 515 人，民族为汉族。面积为 2 平方千米。

韩、刘二姓迁居至此，故名。1949 年属娄庄乡韩刘村，1958 年属娄庄人民公社韩刘大队，1983 年属娄庄乡韩刘村，1984 年属娄庄区，1992 年属娄庄镇，2005 年并入蒋圩村。

小杨庄

小杨庄（Xiǎoyángzhuāng） 隶属娄庄镇蒋圩村民委员会，地理实体类型为农村居民点。东至小张，南至大赵村，西至王赵村，北至小张庄。总户数为 40 户，总人口为 200 人，民族为汉族。面积为 0.6 平方千米。

因村民多为杨姓，故名。1949 年属娄庄乡韩刘村，1958 年属娄庄人民公社韩刘大队，1983 年属娄庄乡韩刘村，1984 年属娄庄区，1992 年属娄庄镇，2005 年并入蒋圩村。

王岭家

王岭家（Wánglǐngjiā） 隶属娄庄镇蒋圩村民委员会，地理实体类型为农村居民点。东至小满庄，南至娄南大沟，西至小李庄，北至蒋圩庄。总户数为 44 户，总人口为 158 人，民族为汉族。面积为 0.7 平方千米。

早年一位叫王岭的人在此建房居住，后发展为村落，故名。1949 年属娄庄乡蒋圩村，1958 年属娄庄人民公社蒋圩大队，1983 年属娄庄乡蒋圩村，1984 年属娄庄区，1992 年属娄庄镇。

红桐庙

红桐庙（Hóngtóngmiào） 隶属娄庄镇蒋圩村民委员会，地理实体类型为农村居民点。东至桂沟，南至二余庄，西至 021 乡道，北至小孙。总户数为 98 户，总人口为 389 人，民族为汉族。面积为 0.9 平方千米。

因该庄有一庙为红桐庙，故名。1949 年属娄庄乡蒋圩村，1958 年属娄庄人民公社蒋圩大队，1983 年属娄庄乡蒋圩村，1984

年属娄庄区，1992 年属娄庄镇。

山前赵庄

山前赵庄（Shānqiánzhàozhuāng）隶属娄庄镇赵家村民委员会，地理实体类型为农村居民点。东至大赵庄，南至火龙山，西至虎山、张圩庄界，北至青龙山。总户数为 100 户，总人口为 460 人，民族为汉族。面积为 1.5 平方千米。

以村庄位于龙山南和居民多为赵姓，故名。1949 年属娄庄乡赵家村，1958 年属娄庄人民公社赵家大队，1983 年属娄庄乡赵家村，1984 年属娄庄区，1992 年属娄庄镇。

小高庄

小高庄（Xiǎogāozhuāng） 隶属娄庄镇赵家村民委员会，地理实体类型为农村居民点。东至淹周村小徐庄，南至朱山沟，西至余山路，北至田集庄。总户数为 12 户，总人口为 67 人，民族为汉族。面积为 0.58 平方千米。

原为杨疃区张圩人民公社大曾村。1966 年因新汴河开挖，从原本高庄搬到大赵大队，在田集庄南 300 米处建庄居住至今，取名小高庄。1966 年新搬到此取名新高庄，1970 年后正式命名为小高庄。

杨疃镇

祠堂李

祠堂李（Cítánglǐ） 隶属杨疃镇大亢村村民委员会，地理实体类型为农村居民点。东至大余，南至陈条，西至三乡路。总户数为 40 户，总人口为 210 人，民族为汉族。面积为 1.3 平方千米。

早年李姓村民在此盖祠堂，故名。1958 年属傅余大队，1983 年属傅余村村民委员会，2005 年属大亢村村民委员会。

端午庄

端午庄（Duānwǔzhuāng） 隶属杨疃镇大亢村村民委员会，地理实体类型为农村居民点。东至村中心，南至大余村，西至李建组，北至朱东组。总户数为 68 户，总人口为 300 人，民族为汉族。面积为 1.5 平方千米。

相传屈原曾在此地居住过，后来为纪念屈原，取名为端午。1958 年属傅余大队，1983 年属傅余村村民委员会，2005 年属大亢村村民委员会。

闫张

闫张（Yánzhāng） 隶属杨疃镇大余村村民委员会，地理实体类型为农村居民点。东至前张，南至刘圩，西至一里王，北至大亢。总户数为 42 户，总人口为 210 人，民族为汉族。面积为 0.7 平方千米。

因村民多为闫、张二姓，故名。1958 年属陈余大队，1983 年属陈余村村民委员会，1992 年属大余村村民委员会。

西小胡家

西小胡家（Xīxiǎohújiā） 隶属杨疃镇邱庙村村民委员会，地理实体类型为农村居民点。东至小郭，南至蒋家，西至位文，北至位圩。总户数为 41 户，总人口为 210 人，民族为汉族。面积为 0.5 平方千米。

该村有两个胡庄，村庄都比较小，为便于区分，分为东小胡家、西小胡家，因此庄位于西部，故名。1958 年属小胡大队，1983 年属小胡村村民委员会，1992 年属邱庙村村民委员会。

新王

新王（Xīnwáng） 隶属杨疃镇杨东村村民委员会，地理实体类型为农村居民点。东至禅堂乡，南至新河，西至禅堂乡黄桥村，北至禅堂乡黄桥村。总户数为 20 户，总人口为 72 人，民族为汉族。面积为 0.09 平方千米。

分田到户时，王姓人家从大河以南的吉王庄搬 12 户到大河以北居住，成立新王村。1958 年属姬井大队，1983 年属姬井村村民委员会，2005 年属杨东村村民委员会。

扒锅李

扒锅李（Bāguōlǐ） 隶属杨疃镇杨集村村民委员会，地理实体类型为农村居民点。东至杨集，南至斜河，西至虾王庄，北至齐路王。总户数为 102 户，总人口为 400 人，民族为汉族。面积为 0.08 平方千米。

早年李氏的族人以修理锅盆为生，故称为扒锅李。1958 年属骑路王大队，1983 年属骑路王村村民委员会，1992 年属解家村村民委员会，2005 年属杨集村村民委员会。

李良玉

李良玉（Lǐliángyù） 隶属杨疃镇杨集村村民委员会，地理实体类型为农村居民点。东至灵西运河，南至解家小学，西至小朱，北至新河。总户数为 100 户，总人口为 400 人，民族为汉族。面积为 0.12 平方千米。

李良玉为人名，是最初来此定居的人，故名。1958 年属李良玉大队，1983 年属李良玉村村民委员会，1992 年属解家村村民委员会，2005 年属杨集村村民委员会。

骑路王

骑路王（Qílùwáng） 隶属杨疃镇杨集村村民委员会，地理实体类型为农村居民点。东至杨集，南至扒锅李，西至灵西运河，北至新河。总户数为 80 户，总人口为 320 人，民族为汉族。面积为 0.08 平方千米。

因该村有一条大路穿村而过，故称骑路王。1958 年属骑路王大队，1983 年属骑路王村村民委员会，1992 年属解家村村民委员会，2005 年属杨集村村民委员会。

虾笼王

虾笼王（Xiālóngwáng） 隶属杨疃镇杨集村村民委员会，地理实体类型为农村居民点。东至扒锅李，南至斜河，西至灵西运河，北至小胡。总户数为 55 户，总人口为 202 人，民族为汉族。面积为 0.06 平方千米。

村民王姓家族以编制渔具为生，尤其善于编虾笼，故名。1958 年属骑路王大队，1983 年属骑路王村村民委员会，1992 年属解家村村民委员会，2005 年属杨集村村民委员会。

杨疃村

杨疃村（Yángtuǎncūn） 隶属杨疃镇杨疃村村民委员会，地理实体类型为农村居民点。东至冉庄，南至本村孟庄，西至闫桥，北至朱岗大胡。总户数为 865 户，总人口为 2494 人，民族为汉族。面积为 1.75 平方千米。

早年此处是湖洼地，杨姓人家在此居住，名为杨屯湖，后改名为杨疃湖。明代万历年间出现集市，遂更名为杨疃集。新中国成立后更名为杨疃。1958 年属杨疃大队，1983 年属杨疃村村民委员会。

春张庄

春张庄（Chūnzhāngzhuāng） 隶属杨疃镇七井村村民委员会，地理实体类型为农村居民点。东至灵房公路，南至尖庙庄，西至七井庄，北至杨疃村。总户数为 80 户，总人口为 550 人，民族为汉族。面积为 0.9 平方千米。

村里原有一棵老春樟树，故村庄得名

春树张，后政府更名为春张村。1958年属七井大队，1983年属七井村村民委员会，1992年属李禄村村民委员会，2005年属七井村村民委员会。

尖子庙庄

尖子庙庄（Jiānzimiàozhuāng） 隶属杨疃镇七井村村民委员会，地理实体类型为农村居民点。东至灵房公路，南至胡圩村，西至七井庄，北至春张庄。总户数为100户，总人口为650人，民族为汉族。面积为0.19平方千米。

原村里有个寺庙，名为尖子庙，故而得名。1958年属七井大队，1983年属七井村村民委员会，1992年属李禄村村民委员会，2005年属七井村村民委员会。

七里井

七里井（Qīlǐjǐng） 隶属杨疃镇七井村村民委员会，地理实体类型为农村居民点。东至邱庙村山李村，南至邱庙村，西至半店村，北至杨疃村。总户数为720户，总人口为3650人，主要分布民族有汉族、朝鲜族。面积为1.5平方千米。

因距北杨疃村、南邱庙村均为七里路，村里原本有一口老井，故名。1958年属七井大队，1983年属七井村村民委员会，1992年属李禄村村民委员会，2005年属七井村村民委员会。

刘圩组

刘圩组（Liúwéizǔ） 隶属杨疃镇刘圩村村民委员会，地理实体类型为农村居民点。东至小刘组，南至打王组，西至松林组，北至大余村。总户数为140户，总人口为860人，民族为汉族。面积为1平方千米。

刘姓族人在此聚居，建有围墙以御外敌，故名。1983年属刘圩村村民委员会。

盛汪组

盛汪组（Shèngwāngzǔ） 隶属杨疃镇刘圩村村民委员会，地理实体类型为农村居民点。东至杨疃村，南至小房组，西至打王组，北至小宣组。总户数为95户，总人口为310人，民族为汉族。面积为0.5平方千米。

盛姓族人在此聚居，编罩捕鱼，由于沟湖较多，被称为编罩盛汪。新中国成立后，更名为盛汪组。1983年属刘圩村村民委员会。

朱井庄

朱井庄（Zhūjǐngzhuāng） 隶属杨疃镇郑庙村村民委员会，地理实体类型为农村居民点。东至亢井，南至陆家，西至小李庄，北至欧渡。总户数为54户，总人口为260人，民族为汉族。面积为0.05平方千米。

朱姓村民最早在此聚居，村中原有大井，故名。1983年属郑庙村村民委员会。

李庙庄

李庙庄（Lǐmiàozhuāng） 隶属杨疃镇一里王村村民委员会，地理实体类型为农村居民点。东至大程庄，南至大崔庄，西至灵西运河，北至小吴家。总户数为130户，总人口为670人，民族为汉族。面积为0.7平方千米。

因马姓人家在此居住，为压住他姓，故盖一座庙叫泰山压马坊，后马姓人家搬走，改名李庙。1984年属一里王村村民委员会。

廖家组

廖家组（Liàojiāzǔ） 隶属杨疃镇一里王村村民委员会，地理实体类型为农村居民点。东至大亢村李建庄，南至一里王，西至张家，北至北程组。总户数为32户，总人口为170人，民族为汉族。面积为3平方千米。

早年廖姓人到此地给李姓人家打长工，由于善于经营，李姓一女子嫁与廖姓长工，并陪嫁18亩土地，不断繁衍生息，逐渐壮大，故名。1984年属一里王村村民委员会。

孙集组

孙集组（Sūnjízǔ） 隶属杨疃镇一里王村村民委员会，地理实体类型为农村居民点。东至张圩村界，南至新汴河，西至尹圩庄，北至尹桥口庄界。总户数为105户，总人口为455人，民族为汉族。面积为3平方千米。

清朝初年，有个举人路过此地，病倒半年之余，传说是70岁孙大娘医治好并给他提供吃住。举人病好以后到北京上任，两年以后回来，得知孙大娘去世。举人为了纪念她，在庄东头盖一座庙，每年二月十二举办庙会。后来庙会越来越隆重，先人把这庄改名为孙集。1958年人民公社时期为孙集小队。1983年改为孙集组。

胡标组

胡标组（Húbiāozǔ） 隶属杨疃镇红光村村民委员会，地理实体类型为农村居民点。东至红光村张仪组，南至白庙，西至小刘，北至禅堂。总户数为44户，总人口为140人，民族为汉族。面积为2.02平方千米。

清代，此村有个名叫胡标的富翁，在当地较出名，后取其名为胡标组。1984年属红光村村民委员会。

小刘组

小刘组（Xiǎoliúzǔ） 隶属杨疃镇红光村村民委员会，地理实体类型为农村居民点。东至胡标，南至泗许高速，西至小付，北至后刘。总户数为44户，总人口为140人，民族为汉族。面积为2.02平方千米。

因村民多为刘姓，庄小，故名。1984年属红光村村民委员会。

尹集镇

小雷庄

小雷庄（Xiǎoléizhuāng） 隶属尹集镇霸王城村村民委员会，地理实体类型为农村居民点。东至马楼村家伟科，南至李大庄村，西至小郁家，北至302省道。总户数为112户，总人口为497人，民族为汉族。面积为0.102平方千米。

因村民多为雷姓，庄小，故名。1983年为尹集区尹西公社李楼大队，1984年改为李楼村，1992年3月撤区建镇为李楼村，1992年8月刘集村、李楼村和堰头村合并为霸王城村，小雷庄为霸王城村居民点。

大雷庄

大雷庄（Dàléizhuāng） 隶属尹集镇霸王城村村民委员会，地理实体类型为农村居民点。东至李楼小学，南至李曹坊，西至大堰头，北至前王。总户数为95户，总人口为359人，主要分布民族有汉族、白族。面积为0.075平方千米。

因村民多为雷姓，庄大，故名。1983年为尹集区尹西公社李楼大队，1984年改为李楼村，1992年3月撤区建镇为李楼村，1992年8月刘集村、李楼村和堰头村合并为霸王城村，大雷庄为霸王城村居民点。

后王庄

后王庄（Hòuwángzhuāng） 隶属尹集镇霸王城村村民委员会，地理实体类型为农村居民点。东至灵西运河，南至前王，西至霸王城庄，北至濉河。总户数为67户，总人口为302人，民族为汉族。面积为0.03平方千米。

原为霸王城庄，后开挖河流，流经霸王城，将其一分为二，并改名为后王庄。1983年为尹集区尹西公社李楼大队，1984年改为李楼村，1992年3月撤区建镇为李楼村，1992年8月刘集村、李楼村和堰头村合并为霸王城村，后王庄为霸王城村居民点。

前王庄

前王庄（Qiánwángzhuāng） 隶属尹集镇霸王城村村民委员会，地理实体类型为农村居民点。东至灵西运河，南至大雷庄，西至大堰头，北至后王。总户数为46户，总人口为187人，民族为汉族。面积为0.01平方千米。

原为霸王城庄，后开挖河流，流经霸王城，将其一分为二，并改名为前王庄。1983年为尹集区尹西公社李楼大队，1984年改为李楼村，1992年3月撤区建镇为李楼村，1992年8月刘集村、李楼村和堰头村合并为霸王城村，前王庄为霸王城村居民点。

贺家

贺家（Hèjiā） 隶属尹集镇霸王城村村民委员会，地理实体类型为农村居民点。东至堰头，南至程刘村斜沟庄，西至埇桥区，北至濉河。总户数为167户，总人口为610人，民族为汉族。面积为0.1平方千米。

因村民多为贺姓，故名。1983年为尹集区尹西公社堰头大队，1984年改为堰头村，1992年3月撤区建镇为堰头村，1992年8月刘集村、李楼村和堰头村合并为霸王城村，贺家为霸王城村居民点。

李楼庄

李楼庄（Lǐlóuzhuāng） 隶属尹集镇霸王城村村民委员会，地理实体类型为农村居民点。东至灵西运河，南至前王庄，西至堰头，北至霸王城庄。总户数为68户，总人口为256人，民族为汉族。面积为0.03平方千米。

因李姓村民在此建楼，故名。1983年为尹集区尹西公社李楼大队，1984年改为李楼村，1992年3月撤区建镇为李楼村，1992年8月刘集村、李楼村和堰头村合并为霸王城村，李楼庄为霸王城村居民点。

大堰头

大堰头（Dàyàntóu） 隶属尹集镇霸王城村村民委员会，地理实体类型为农村居民点。东至前王，南至桥口，西至斜沟，北至霸王城庄。总户数为165户，总人口为718人，民族为汉族。面积为0.9平方千米。

北宋年间，沈阁老微服私访到小李庄，认下一义女，为了走亲戚方便，修一条大堰到此为止，因此得名大堰头。1983年为李楼大队大堰头庄，1984年为贺家村大堰头庄，1992年3月撤区建镇为贺家村大堰头庄，1992年8月并村为霸王城村，大堰头属霸王城村。

菠林子

菠林子（Bōlínzi） 隶属尹集镇菠林村村民委员会，地理实体类型为农村居民点。东至浍沟镇车里村，南至塘河，西至土桥村孙家居民点，北至302省道。总户数为797户，总人口为2728人，主要分布民族有汉族、土家族。面积为0.75平方千米。

因早年村庄有两棵菠子树，故名。1983年为尹集区尹集公社菠林大队，1984年改为菠林村，1992年3月撤区建镇为菠林村，菠林子属菠林村。

陈渡口

陈渡口（Chéndùkǒu） 隶属尹集镇陈

渡口村村民委员会，地理实体类型为农村居民点。东至本村穆渡口，南至圩疃村，西至杜安村，北至本村胡王、王仓屋。总户数为145户，总人口为600人，民族为汉族。面积为0.12平方千米。

古时因陈氏村民居住，村庄又有渡口，故名。1983年隶属尹集区圩疃公社陈渡口大队，1984年隶属圩疃乡陈渡口村，1992年撤区建镇隶属尹集镇陈渡口村，2005年4月王仓屋村与胡王村、张渡口村、陈渡口村合并为陈渡口村民委员会，陈渡口属陈渡口村。

胡王

胡王（Húwáng） 隶属尹集镇陈渡口村村民委员会，地理实体类型为农村居民点。东至本村张渡口，南至本村陈渡口，西至杜安村，北至本村小康家、仓屋。总户数为340户，总人口为860人，民族为汉族。面积为0.3平方千米。

因村民多为王、胡两大姓氏，故名。1983年隶属尹集区圩疃公社胡王大队，1984年隶属圩疃乡胡王村，1992年撤区建镇隶属尹集镇胡王村，2005年4月王仓屋村与胡王村、张渡口村、陈渡口村合并为陈渡口村民委员会，胡王属陈渡口村。

刘宅子

刘宅子（Liúzháizi） 隶属尹集镇陈渡口村村民委员会，地理实体类型为农村居民点。东至土桥村，南至稻改沟，西至尹集居委会村，北至尹集居委会。总户数为140户，总人口为590人，民族为汉族。面积为0.2平方千米。

早年因刘姓村民居住和宅基地较多，故名。1983年隶属尹集区圩疃公社刘宅大队；1984年隶属圩疃乡刘宅村；1992年撤区建镇，隶属尹集镇刘宅村；1992年8月刘宅村与王仓屋村合并为王仓屋村；2005年4月王仓屋村与胡王村、张渡口村、陈渡口村合并为陈渡口村民委员会，刘宅子属陈渡口村。

王仓屋庄

王仓屋庄（Wángcāngwūzhuāng） 隶属尹集镇陈渡口村村民委员会，地理实体类型为农村居民点。东至刘宅、胡王，南至杜安，西至马楼村，北至稻改沟。总户数为320户，总人口为900人，民族为汉族。面积为0.33平方千米。

早年一王姓村民有专盛粮食的房屋，故名。1983年隶属尹集区圩疃公社王仓屋大队；1984年隶属圩疃乡王仓屋村；1992年撤区建镇，隶属尹集镇王仓屋村；1992年8月刘宅村与王仓屋村合并为王仓屋村；2005年4月王仓屋村与胡王村、张渡口村、陈渡口村合并为陈渡口村民委员会，王仓屋庄属陈渡口村。

斜沟

斜沟（Xiégōu） 隶属尹集镇程刘村村民委员会，地理实体类型为农村居民点。东至霸王城村大堰头庄，南至程刘村委会，西至埇桥区官路庄，北至霸王城村贺家庄。总户数为160户，总人口为705人，主要分布民族有汉族、傈僳族。面积为0.6平方千米。

因村庄西头有一条西北东南方向的大沟，故名。1983年隶属尹集区尹西公社桥口大队。1984年隶属尹集区尹西乡桥口村民委员会。1992年3月撤区建镇隶属尹集镇桥口村。1992年9月白庙村和桥口村合并为桥口村。2005年程刘村与桥口村合并为程刘村，斜沟属程刘村。

桥口

桥口（Qiáokǒu） 隶属尹集镇程刘村村民委员会，地理实体类型为农村居民点。东至李槽坊庄，南至刘菜园，西至桥口小学，北至霸王城村大堰头庄。总户数为85户，总人口为412人，民族为汉族。面积为0.8平方千米。

王姓人家由西方迁居至此，因村庄北有一桥，故名。1983年隶属尹集区尹西公社桥口大队。1984年隶属尹集区尹西乡桥口村民委员会。1992年3月撤区建镇，隶属尹集镇桥口村。1992年9月白庙村和桥口村合并为桥口村。2005年程刘村与桥口村合并为程刘村，桥口属程刘村。

李槽坊

李槽坊（Lǐcáofāng） 隶属尹集镇程刘村村民委员会，地理实体类型为农村居民点。东至灵西运河，南至刘菜园庄，西至桥口庄，北至霸王城村大雷家庄。总户数为65户，总人口为360人，民族为汉族。面积为0.6平方千米。

李姓人家由西北方迁居至此，因家家都开坊酿酒，故名。1983年隶属尹集区尹西公社桥口大队。1984年隶属尹集区尹西乡桥口村民委员会。1992年3月撤区建镇，隶属尹集镇桥口村。1992年9月白庙村和桥口村合并为桥口村。2005年程刘村与桥口村合并为程刘村，李槽坊属程刘村。

吴家

吴家（Wújiā） 隶属尹集镇程刘村村民委员会，地理实体类型为农村居民点。东至刘菜园庄，南至古唐河，西至埇桥区马盘庄，北至白庙庄。总户数为165户，总人口为625人，民族为汉族。面积为0.4平方千米。

因村庄全部姓吴，故名。1983年隶属尹集区尹西公社程刘大队。1984年隶属尹集区尹西乡程刘村民委员会。1992年3月撤区建镇，隶属尹集镇程刘村。2005年与桥口村合并为程刘村，吴家属程刘村。

程圩

程圩（Chéngwéi） 隶属尹集镇程刘村村民委员会，地理实体类型为农村居民点。东至灵西运河，南至新河，西至埇桥区尚庄，北至古唐河。总户数为225户，总人口为958人，主要分布民族有汉族、傈僳族。面积为0.25平方千米。

因村庄四周有圩河，且村民大都姓程，故名。1983年隶属尹集区尹西公社程刘大队。1984年隶属尹集区尹西乡程刘村民委员会。1992年3月撤区建镇，隶属尹集镇程刘村。2005年与桥口村合并为程刘村，程圩属程刘村。

杜安庄

杜安庄（Dù' ānzhuāng） 隶属尹集镇杜安村村民委员会，地理实体类型为农村居民点。东至本镇圩疃村，南至新河，西至本村王圈圩，北至本村梁家庄。总户数为26户，总人口为111人，民族为汉族。面积为0.2平方千米。

早年有一杜姓游民到此搭庵棚居住，后发展成村落，得名“杜庵”，后逐渐演化为杜安庄。1983年属尹集区圩疃公社杜安大队，1984年属尹集区圩疃乡杜安村，1992年3月撤区建镇为尹集镇杜安村，2005年4月盛汪村和杜安村合并为杜安村，杜安庄属杜安村。

王圈圩子

王圈圩子（Wángquānwéizi） 隶属尹集镇杜安村村民委员会，地理实体类型为农村居民点。东至本村杨家，南至新河，西至本镇程刘村，北至本村唐河。总户数为168户，总人口为752人，民族为汉族。面积为0.78平方千米。

因早年王姓居民在村周围圈有围墙，故名。1983年属尹集区圩疃公社杜安大队，1984年属尹集区圩疃乡杜安村，1992年3月撤区建镇为尹集镇杜安村，2005年4月盛汪村和杜安村合并为杜安村，王圈圩子属杜安村。

小新庄

小新庄（Xiǎoxīnzhuāng） 隶属尹集镇姬贺村村民委员会，地理实体类型为农村居民点。东至浍沟镇后车村，南至濉河，西至贺家庄，北至解各村。总户数为86户，总人口为310人，民族为汉族。面积为0.5平方千米。

菠林村贺家庄的村民土地都在濉河北，午秋二季收庄稼都靠肩挑、板车拉，渡船过河，很不方便，于是一部分愿意迁到河北的村民在靠路边组建一个新的村庄，取名小新庄。1983年隶属尹集公社贺家大队，1984年属尹集区尹集镇贺家村，1992年3月撤区建镇为贺家村，1992年8月贺家村和姬家村合并为姬贺村，2005年4月姬贺村和亢刘村合并为姬贺村，小新庄属姬贺村。

贺家

贺家（Hèjiā） 隶属尹集镇姬贺村村民委员会，地理实体类型为农村居民点。东至小新庄，南至濉河，西至丝网张东庄，北至解各村。总户数为130户，总人口为530人，民族为汉族。面积为0.2平方千米。

晚清时期，此地由侯姓和李姓两家有钱人居住，称为李宅子；后菠林大队贺家庄搬到濉河北，又叫贺北；新中国成立后，取名贺家庄。1983年隶属尹集公社贺家大队，1984年属尹集区尹集镇贺家村，1992年3月撤区建镇为贺家村，1992年8月贺家村和姬家村合并为姬贺村，2005年4月姬贺村和亢刘村合并为姬贺村，贺家庄属姬贺村。

丝网张东庄

丝网张东庄（Sīwǎngzhāngdōngzhuāng） 隶属尹集镇姬贺村村民委员会，地理实体类型为农村居民点。东至贺家庄，南至濉河，西至丝网张西庄，北至解各村。总户数为95户，总人口为360人，民族为汉族。面积为0.32平方千米。

据说是菠林的西场，用于午秋粮食收获打碾。此地居民都是从菠林迁居过来的张姓人家，这里原先是湖，有芦苇，张姓人靠下丝网捕鱼为生，后来此地人越来越多，取名丝网张。有两个庄，为便于区分，东边这个庄叫丝网张东庄。丝网张庄之名从民国初至今一直沿用。1983年属姬家大队，1984年属尹集区尹集镇姬家村，1992年3月撤区建镇属尹集镇贺家村，1992年8月贺家村和姬家村合并为姬贺村，2005年4月姬贺村和亢刘村合并为姬贺村，丝网张东庄属姬贺村。

丝网张西庄

丝网张西庄（Sīwǎngzhāngxīzhuāng） 隶属尹集镇姬贺村村民委员会，地理实体类型为农村居民点。东至丝网张东庄，南至濉河，西至姬家庄，北至福利沟。总户数为100户，总人口为450人，民族为汉族。面积为0.45平方千米。

据说是菠林的西场，用于午秋粮食收获打碾。此地居民都是从菠林迁居过来的张姓人家，这里原先是湖，有芦苇，张姓人靠下丝网捕鱼为生，后来此地人越来越多，取名丝网张。有两个庄，为便于区分，西边这个庄叫丝网张西庄。丝网张庄之名从民国初至今一直沿用。1983年属姬家大队，1984年属尹集区尹集镇姬家村，1992年3月撤区建镇属尹集镇姬家村，1992年8月贺家村和姬家村合并为姬贺村，丝网张西庄属姬贺村。

小解家庄

小解家庄（Xiǎoxièjiāzhuāng） 隶属尹集镇姬贺村村民委员会，地理实体类型为农村居民点。东至解各村，南至小刘家庄，西至亢家庄，北至浍沟镇开山村。总户数为200户，总人口为800人，主要分布民族有汉族、布依族。面积为0.87平方千米。

早年解姓村民在此聚居，又是从解阁大姓移居出来，故名。1983年属亢解大队，1984年属尹集区尹集镇亢解村，1992年3月撤区建镇属尹集镇亢解村，1992年8月亢解村和刘家村合并为亢刘村，2005年4月亢刘村和姬贺村合并为姬贺村，小解家庄属姬贺村。

小刘家庄

小刘家庄（Xiǎoliújiāzhuāng） 隶属尹集镇姬贺村村民委员会，地理实体类型为农村居民点。东至解各村，南至福利沟，西至田路村，北至亢家庄。总户数为365户，总人口为1516人，主要分布民族有汉族、苗族、白族、布依族、回族、彝族。面积为0.5平方千米。

刘姓人家从北方迁居至此，有三个家族，刘姓家族人口越来越兴旺，故名。1983年属刘家大队，1984年属尹集区尹集镇刘家村，1992年3月撤区建镇属尹集镇刘家村，1992年8月亢解村和刘家村合并属亢刘村，2005年4月亢刘村和姬贺村合并为姬贺村，小刘家庄属姬贺村。

龙潭庄

龙潭庄（Lóngtánzhuāng） 隶属尹集镇解阁村村民委员会，地理实体类型为农村居民点。东至马庄村，南至圣庄，西至老陈庄，北至开山村。总户数为165户，总人口为808人，主要分布民族为汉族、朝鲜族。面积为0.9平方千米。

传说，一苍龙触犯天律，受到天庭处罚，降落该庄，卧落成泥潭。一日早晨乘雾腾飞，留下龙爪印，清晰可见，该庄由此得名龙潭。1983年属尹集区田路公社龙潭大队，1984年属尹集区田路乡龙潭村，1992年3月撤区建镇属尹集镇龙潭村，2005年4月龙潭村和解阁村合并为解阁村，龙潭庄属解阁村。

圣庄

圣庄（Shèngzhuāng） 隶属尹集镇解阁村村民委员会，地理实体类型为农村居民点。东至马庄村，南至后车，西至老陈庄，北至龙潭。总户数为113户，总人口为615人，主要分布民族为汉族。面积为0.6平方千米。

北宋年间，该庄有一姓圣的大财主，雇佣很多长工为其干活，有路人过往此庄，问其庄名，长工都说是姓圣的庄，故名圣庄。1983年属尹集区田路公社龙潭大队，1984年属尹集区田路乡龙潭村，1992年3月撤区建镇属尹集镇龙潭村，2005年4月龙潭村和解阁村合并为解阁村，圣庄属解阁村。

老陈庄

老陈庄（Lǎochénzhuāng） 隶属尹集镇解阁村村民委员会，地理实体类型为农村居民点。东至龙潭村，南至解阁，西至五座闸，北至老坟地。总户数为68户，总人口为302人，主要分布民族为汉族、彝族。面积为0.1平方千米。

因陈姓在此聚居，每户人家大门两旁都有一对老虎石座，故名老虎陈庄，“文化大革命”后，改为老陈庄。1983年属尹集区田路公社龙潭大队，1984年属尹集区田路乡龙潭村，1992年3月撤区建镇属尹集镇龙潭村，2005年4月龙潭村和解阁村合并为解阁村，老陈庄属解阁村。

李瓦房

李瓦房（Lǐwǎfáng） 隶属尹集镇马楼村村民委员会，地理实体类型为农村居民点。东至马楼庄，南至符浍路，西至霸王城，北至濉河。总户数为120户，总人口为620人，民族为汉族。面积为0.55平方千米。

原名小李家，后因李氏两家经商致富，建起了小瓦盖的房屋，改名李瓦房。1983年属马楼大队，1984年属尹集区尹西乡马楼村，1992年3月撤区建镇属尹集镇马楼村，1992年8月马楼村和范家村合并为马楼村，2005年4月马楼村和小马村合并为马楼村，李瓦房属马楼村。

西松林

西松林（Xīsōnglín） 隶属尹集镇马楼村村民委员会，地理实体类型为农村居民点。东至小马庄，南至周裴张，西至家苇棵，北至符浍路。总户数为103户，总人口为440人，民族为汉族。面积为0.4平方千米。

村内有松树林两处，张氏祖先从外地迁住此地时，依林而居，居住在西边松树林的一支名叫西松林。1983年属小马大队，1984年属尹集区尹西乡小马村，1992年3月撤区建镇属尹集镇小马村，2005年4月小马村和马楼村合并为马楼村，西松林属马楼村。

东松林

东松林（Dōngsōnglín） 隶属尹集镇马楼村村民委员会，地理实体类型为农村居民点。东至居民委员会，南至李元墙，西至小马庄，北至符浍路。总户数为80户，总人口为300人，民族为汉族。面积为0.3平方千米。

村内有松树林两处，张氏祖先从外地迁住此地时，依林而居，居住在东边松树林的一支名叫东松林。1983年属小马大队，1984年属尹集区尹西乡小马村，1992年3月撤区建镇属尹集镇小马村，2005年4月小马村和马楼村合并为马楼村，东松林属马楼村。

马楼庄

马楼庄（Mǎlóuzhuāng） 隶属尹集镇马楼村村民委员会，地理实体类型为农村居民点。东至范家庄，南至符浍路，西至李瓦房，北至濉河。总户数为210户，总人口为920人，民族为汉族。面积为0.85平方千米。

马姓人家搬迁到此居住，到民国初年，为防匪患，挖沟建圩，在四门建有土楼，故名。1983年属马楼大队，1984年属尹集区尹西乡马楼村，1992年3月撤区建镇属尹集镇马楼村，1992年8月马楼村和范家村合并为马楼村，2005年4月马楼村和小马村合并为马楼村，马楼庄属马楼村。

范家庄

范家庄（Fànjiāzhuāng） 隶属尹集镇马楼村村民委员会，地理实体类型为农村居民点。南至符浍路，西至马楼庄，北至濉河。总户数为310户，总人口为1200人，民族为汉族。面积为1.3平方千米。

前身是吴巷庄，随后有范氏叔侄爷俩逃荒落户于吴巷，随之事业发达，人口增多，改名为范家庄。1983年为马楼大队，1984年为尹集区尹西乡马楼村，1992年3月撤区建镇为尹集镇马楼村，1992年8月马楼村和范家村合并为马楼村，2005年4月马楼村和小马村合并为马楼村，范家庄属马楼村。

郭穆庄

郭穆庄（Guōmùzhuāng） 隶属尹集镇三村村民委员会，地理实体类型为农村居民点。东至张李，南至濉河，西至霸王城庄，北至张郁庄。总户数为95户，总人口为370人，民族为汉族。面积为0.22平方千米。

因郭姓、穆姓合住，故名。1983年为尹集区尹楼公社张郁大队，1984年改为张郁村，1992年3月撤区建镇为张郁村，1992年8月张郁村和三村合并为三村，郭穆庄属三村。

马沟庄

马沟庄（Mǎgōuzhuāng） 隶属尹集镇三村村民委员会，地理实体类型为农村居民点。东至尹北村，南至濉河，西至张李庄，北至张集村。总户数为190户，总人口为860人，主要分布民族有汉族、满族。面积为0.79平方千米。

在马沟庄东西两侧各有一条南北大沟，故名。1983年为尹集区尹楼公社马沟大队，1984年改为马沟村，1992年3月撤区建镇为马沟村。2015年4月马沟村和三村合并为三村，马沟庄属三村。

三村

三村（Sāncūn） 隶属尹集镇三村村民委员会，地理实体类型为农村居民点。东至张集村，南至霸王城庄，西至埇桥区营孜村，北至埇桥区陈村。总户数为183户，总人口为750人，主要分布民族有汉族、彝族。面积为0.65平方千米。

当初村民有三个姓氏，故命名三村。1983年为尹集区尹楼公社三村大队，1984年改为三村，1992年3月撤区建镇为三村村。1992年8月张郁村和三村合并为三村村，三村属三村。

吴家

吴家（Wújiā） 隶属尹集镇三村村民委员会，地理实体类型为农村居民点。东至张郁庄，南至郭穆庄，西至三村庄，北至张集村。总户数为144户，总人口为464人，主要分布民族有汉族、彝族。面积为0.35平方千米。

因吴氏家族聚居此地，故名。1983年为尹集区尹楼公社张郁大队，1984年改为张郁村，1992年3月撤区建镇为张郁村。1992年8月张郁村和三村合并为三村，吴家属三村。

霸王城

霸王城（Bàwángchéng） 隶属尹集镇三村村民委员会，地理实体类型为农村居民点。东至郭穆，南至古城南门现是濉河，西至西张庄，北至三村庄。总户数为200户，总人口为780人，主要分布民族为汉族。面积为0.66平方千米。

楚汉时期，霸王项羽在此屯兵安营扎寨，建围城，四周九里零八步，后称为霸王城。1983年属尹集区尹楼公社三村大队。1984年改为尹集区三村。1992年3月撤区建镇为三村。1992年8月张郁村和三村合并为三村，霸王城属三村。

西张庄

西张庄（Xīzhāngzhuāng） 隶属尹集镇三村村民委员会，地理实体类型为农村居民点。东至霸王城庄，南至濉河，西至埇桥区网寨庄，北至埇桥区营孜村。总户数为25户，总人口为120人，民族为汉族。面积为0.3平方千米。

张姓到此落户，故名。1983年为尹集区尹楼公社三村大队，1984年改为尹集区三村村，1992年3月撤区建镇为三村，1992年8月张郁村和三村合并为三村，西张庄属三村。

张李庄

张李庄（Zhānglǐzhuāng） 隶属尹集镇三村村民委员会，地理实体类型为农村居民点。东至马沟庄，南至濉河，西至郭穆庄，北至张郁庄。总户数为180户，总人口为854人，民族为汉族。面积为0.79平方千米。

村民张姓、李姓在此居住，故名。1983年为尹集区尹楼公社马沟大队，1984年改为尹集区马沟村，1992年3月撤区建镇为马沟村，2015年4月马沟村和三村合并为三村，张李庄属三村。

张郁

张郁（Zhāngyù） 隶属尹集镇三村村民委员会，地理实体类型为农村居民点。东至张李庄，南至郭穆庄，西至吴家庄，北至张集村。总户数为228户，总人口为965人，民族为汉族。面积为0.8平方千米。

村民主要以张、郁二姓为主，故名。1983年为尹集区尹楼公社张郁大队，1984年改为尹集区张郁村，1992年3月撤区建镇为张郁村，1992年8月张郁村和三村合并为三村，张郁属三村。

东王井庄

东王井庄（Dōngwángjǐngzhuāng） 隶属尹集镇田路村村民委员会，地理实体类型为农村居民点。东至解阁村，南至姬贺村，西至本村西王井，北至拖尾河。总户数为250户，总人口为1000人，民族为汉族。面积为0.93平方千米。

因村庄位于西王井庄东，故名。1983年为尹集区田路公社东王井大队，1984年为尹集区田路乡东王井村，1992年3月撤区建镇后为尹集镇东王井村，1992年8月西王井村与东王井村合并为王井村，2005年4月田路村与王井村合并为田路村。东王井为田路村下辖的居民点。

田路庄

田路庄（Tiánlùzhuāng） 隶属尹集镇田路村村民委员会，地理实体类型为农村居民点。东至本村东王井庄，南至尹北村，西至小王庄，北至拖尾河。总户数为250户，总人口为1100人，民族为汉族。面积为1.39平方千米。

因田姓村民沿路建村，故名。1983年为尹集区田路公社田路大队，1984年为尹集区田路乡田路村，1992年3月撤区建镇后为尹集镇田路村，1992年8月田路村与小王井村合并为田路村，2005年4月田路村与王井村合并为田路村。田路为田路村下辖的居民点。

西王井庄

西王井庄（Xīwángjǐngzhuāng） 隶属尹集镇田路村村民委员会，地理实体类型为农村居民点。东至东王井庄，南至尹北村，西至小田庄，北至拖尾河。总户数为270户，总人口为1200人，民族为汉族。面积为1.4平方千米。

因王姓村民在村东掘一水井，故名。1983年为尹集区田路公社西王井大队，1984年为尹集区田路乡西王井村，1992年3月撤区建镇后为尹集镇西王井村，1992年8月西王井村与东王井村合并为王井村，2005年4月田路村与王井村合并为田路村。西王井为田路村下辖的居民点。

小田庄

小田庄（Xiǎotiánzhuāng） 隶属尹集镇田路村村民委员会，地理实体类型为农村居民点。东至西王井，南至尹北村，西至尹楼村，北至小王庄。总户数为50户，总人口为200人，民族为汉族。面积为0.2平方千米。

因村民由田路庄搬迁至此，故名。1983年为尹集区田路公社田路大队，1984年为尹集区田路乡田路村，1992年3月撤区建镇后为尹集镇田路村，1992年8月田路村与小王井村合并为田路村，2005年4月田路村与王井村合并为田路村。小田庄为田路村下辖的居民点。

东孙家

东孙家（Dōngsūnjiā） 隶属尹集镇土桥村村民委员会，地理实体类型为农村居民点。东至菠林村，南至302省道，西至本村后孙家，北至濉河。总户数为55户，总人口为400人，民族为汉族。面积为0.45平方千米。

孙姓居民较多，分支一处居住在最东边，取名东孙家。1983年隶属尹集区尹集公社陈滩大队，1984年改名为尹集区尹集镇陈滩村，1992年3月撤区建镇为尹集镇陈滩村，2005年4月陈滩村和土桥村合并为土桥村，东孙家属土桥村。

前土桥

前土桥（Qiántǔqiáo） 隶属尹集镇土桥村村民委员会，地理实体类型为农村居民点。东至本村东孙家，西至本村北桂庄，北至濉河。总户数为95户，总人口为650人，民族为汉族。面积为0.95平方千米。

以前此地为荒地，有一条大沟，在此开荒种地的人搭了一个土桥，因此得名土桥。后居民逐渐增多，分为多个居民点，此地因地处南部，故名前土桥。1983年隶属尹集区尹集公社土桥大队，1984年改名为尹集区尹集镇土桥村，1992年3月撤区建镇为尹集镇土桥村，2005年4月陈滩村和土桥村合并为土桥村，前土桥属土桥村。

后土桥

后土桥（Hòutǔqiáo） 隶属尹集镇土桥村村民委员会，地理实体类型为农村居民点。东至本村东孙家，西至本村北桂庄，北至濉河。总户数为140户，总人口为850人，民族为汉族。面积为0.7平方千米。

以前此地为荒地，有一条大沟，在此开荒种地的人搭了一个土桥，因此得名土桥。后居民逐渐增多，分为多个居民点，此地因地处北部，故名后土桥。1983年隶属尹集区尹集公社土桥大队，1984年改名为尹集区尹集镇土桥村，1992年3月撤区建镇为尹集镇土桥村，2005年4月陈滩村和土桥村合并为土桥村，后土桥属土桥村。

北桂庄

北桂庄（Běiguìzhuāng） 隶属尹集镇土桥村村民委员会，地理实体类型为农村居民点。东至本村东孙家，西至本村北桂庄，北至濉河。总户数为140户，总人口为850人，民族为汉族。面积为0.78平方千米。

因村庄位于后土桥北，早年村中开设

店铺柜台，故名北柜庄，后来“柜”演变为“桂”。1983年隶属尹集区尹集公社陈滩大队，1984年改名为尹集区尹集镇陈滩村，1992年3月撤区建镇为尹集镇陈滩村，2005年4月陈滩村和土桥村合并为土桥村，北桂庄属土桥村。

小王庄

小王庄（Xiǎowángzhuāng） 隶属尹集镇圩疃村村民委员会，地理实体类型为农村居民点。东至浍沟镇许闸村，南至本村东陈庄，西至本村东李庄，北至本村张渡口。总户数为200户，总人口为879人，民族为汉族。面积为0.77平方千米。

因早年王姓村民居住，故名。1983年隶属尹集区圩疃公社唐河大队，1984年改属尹集区唐河村，1992年3月撤区建镇属唐河村，1992年8月唐河村和东陈村合并为东陈村，2005年4月东陈村和圩疃村合并为圩疃村，小王庄为圩疃村居民点。

东陈庄

东陈庄（Dōngchénzhuāng） 隶属尹集镇圩疃村村民委员会，地理实体类型为农村居民点。东至浍沟镇许闸村，南至本村东陈庄，西至本村东李庄，北至本村张渡口。总户数为551户，总人口为2115人，主要分布民族有汉族、苗族、壮族。面积为2.72平方千米。

原东陈是一片大湖，满湖芦苇。因战乱和水患等原因，陈氏家族从山西喜鹊窝迁移过来，在此开荒种地，建造房屋。他们均为南北朝时期陈宣帝陈顼之子陈叔平（湘东王）后裔，家族人丁兴旺，逐渐壮大，因此取名为苇陈，尹集成立人民公社后苇陈地处尹集公社东南方向，因此改名为东陈庄。1983年为尹集区圩疃公社东陈大队，1984年改为尹集区东陈村，1992年3月撤区建镇为东陈村，1992年8月唐河村和东陈村合并为东陈村，2005年4月东陈村和圩疃村合并为圩疃村，东陈庄为圩疃村居民点。

张渡口庄

张渡口庄（Zhāngdùkǒuzhuāng） 隶属尹集镇圩疃村村民委员会，地理实体类型为农村居民点。东至浍沟镇许闸村，南至本村东陈庄，西至本村东李庄，北至本村张渡口。总户数为100户，总人口为360人，民族为汉族。面积为0.3平方千米。

因早年张姓村民居住，并在唐河岸边摆渡为生，建有一个小渡口，取名张渡口庄。

圩疃街

圩疃街（Wéituǎnjiē） 隶属尹集镇圩疃村村民委员会，地理实体类型为农村居民点。东至灵房公路，南至本村南小李，西至杜安村盛汪庄，北至本村小曹家。总户数为155户，总人口为1140人，主要分布民族有汉族、苗族。面积为1.2平方千米。

因围壕长满芦苇，故称苇团，后逐渐演变成圩疃，并且此处是一个古集，称圩疃街。1983年为尹集区圩疃公社圩疃大队，1984年改为尹集区圩疃村，1992年3月撤区建镇为圩疃村，2005年4月东陈村和圩疃村合并为圩疃村，圩疃街为圩疃村居民点。

王家庄

王家庄（Wángjiāzhuāng） 隶属尹集镇尹北村村民委员会，地理实体类型为农村居民点。东至本村张瓦房庄，南至濉河，西至本村肖家庄，北至田路村。总户数为171户，总人口为977人，民族为汉族。面积为0.85平方千米。

因村民以王姓为主，故名。1983年为尹集区尹集公社王家大队，1984年为尹集区尹集镇王家村，1992年3月撤区建镇后为尹集镇王家村王家庄，1992年8月王家村与尹北村合并为尹北村，王家庄为尹北村下辖的居民点。

尹北庄

尹北庄（Yǐnběizhuāng） 隶属尹集镇尹北村村民委员会，地理实体类型为农村居民点。东至本村肖家，南至濉河，西至本村大尹家庄，北至田路村。总户数为260户，总人口为904人，民族为汉族。面积为0.8平方千米。

因位于濉河北，村民又多姓尹，故名。1983年为尹集区尹集公社尹北大队，1984年为尹集区尹集镇尹北村，1992年3月撤区建镇后为尹集镇尹北村尹北庄，1992年8月王家村与尹北村合并为尹北村，尹北庄为尹北村下辖的居民点。

大尹家庄

大尹家庄（Dàyǐnjiāzhuāng） 隶属尹集镇尹北村村民委员会，地理实体类型为农村居民点。东至本村尹北庄，南至濉河，西至三村马沟庄，北至尹楼村。总户数为151户，总人口为840人，民族为汉族。面积为0.7平方千米。

因村民以尹姓为主，故名。1983年属尹集区尹集公社尹北大队，1984年属尹集区尹集镇尹北村，1992年3月撤区建镇后属尹集镇尹北村大尹家庄，1992年8月王家村与尹北村合并为尹北村，大尹家庄为尹北村下辖的居民点。

东南庄

东南庄（Dōngnánzhuāng） 隶属尹集镇尹楼村村民委员会，地理实体类型为农村居民点。东至单庄，南至尹北村，西至圩里，北至股河。总户数为79户，总人口为315人，民族为汉族。面积为0.3平方千米。

尹楼的东南有个小庄，尹姓人家在此建造房屋，开荒种地，人丁兴旺，故名。1983年属尹集区尹楼公社顺东大队，1984年改属尹集区顺东村，1992年3月撤区建镇属顺东村，1992年8月顺东村和顺西村合并属顺河村，2015年4月顺河村、施沟村和三尹楼村合并属尹楼村，东南庄为尹楼村居民点。

圩里

圩里（Wéilǐ） 隶属尹集镇尹楼村村民委员会，地理实体类型为农村居民点。东至东南庄，南至尹北村，西至路东，北至股河。总户数为104户，总人口为414人，民族为汉族。面积为0.44平方千米。

尹姓人家在此建造房屋，开荒种地，为了看家护院，在此打了个圩子，故名。1983年属尹集区尹楼公社顺东大队，1984年改属尹集区顺东村，1992年3月撤区建镇属顺东村，1992年8月顺东村和顺西村合并属顺河村，2015年4月顺河村、施沟村和三尹楼村合并为尹楼村，圩里为尹楼村居民点。

前王

前王（Qiánwáng） 隶属尹集镇尹楼村村民委员会，地理实体类型为农村居民点。东至田路村，南至街里，西至温家，北至温家。总户数为86户，总人口为345人，主要分布民族有汉族。面积为0.41平方千米。

因王姓人家在此聚居，故名。1983年属尹集区尹楼公社尹楼大队，1984年改属尹集区尹楼村，1992年3月撤区建镇属尹楼村，2015年4月顺河村、施沟村和三尹楼村合并为尹楼村，前王为尹楼村居民点。

吕家

吕家（Lǚjiā） 隶属尹集镇尹楼村村民委员会，地理实体类型为农村居民点。东至街里，南至股河，西至施沟，北至前王。总户数为43户，总人口为171人，民族为汉族。面积为0.26平方千米。

因吕姓人家最早在此聚居，故名。1983年属尹集区尹楼公社尹楼大队，1984年改属尹集区尹楼村，1992年3月撤区建镇属尹楼村，2015年4月顺河村、施沟村和三尹楼村合并为尹楼村，吕家为尹楼村居民点。

尹集

尹集（Yǐnjí） 隶属尹集镇尹集居民委员会，地理实体类型为农村居民点。东至土桥村，南至陈渡口村，西至西朱路庄，北至濉河。总户数为1626户，总人口为2388人，民族为汉族。面积为2.8平方千米。

因尹姓聚居此地，早年为一集市，故名。1983年为尹集区尹集公社尹集大队，1984年改为尹集区尹集村，1992年3月撤区建镇为尹集居民委员会，2005年4月尹集居委会和王安村合并为尹集居委会。

朱路庄

朱路庄（Zhūlùzhuāng） 隶属尹集镇尹集居民委员会，地理实体类型为农村居民点。东至尹集居民委员会，南至符浍路，西至王安庄，北至濉河。总户数为205户，总人口为630人，民族为汉族。面积为0.55平方千米。

村民以朱姓为主，村中有条大路，故名。1983年属尹集区尹集公社王安大队，1984年改属尹集区王安村，1992年3月撤区建镇属王安村，2005年4月尹集居委会和王安村合并为尹集居委会。

浍沟镇

前车庄

前车庄（Qiánchēzhuāng） 隶属浍沟镇车李村村民委员会，地理实体类型为农村居民点。东至车李村部，南至许闸村，西至尹集菠林村，北至濉河。总户数为420户，总人口为1892人，民族为汉族。面积为4平方千米。

早年有李姓家族来到此地，独轮车毁坏，无法前行，后在此开荒种地，当时给村庄取名车崴耳，后改名车李。后来村庄扩大，在濉河北部居住的村庄称为前车村。1958年以前属尹集公社，1958年后划为浍沟公社，村名叫前车村。

杜堂庄

杜堂庄（Dùtángzhuāng） 隶属浍沟镇凤山村村民委员会，地理实体类型为农村居民点。东至杜堂庄，南至龙潭，西至开合山，北至杜堂寨山。总户数为100户，总人口为326人，民族为汉族。面积为0.5平方千米。

传说，以前有杜金鹅在寨山拴马，后取名为杜堂庄。

开合山

开合山（Kāihéshān） 隶属浍沟镇凤山村村民委员会，地理实体类型为农村居民点。东至杜堂村，南至龙潭，西至姜山村，北至开合山。总户数为450户，总人口为1550人，民族为汉族。面积为2平方千米。

山上有一座开合山庙，迁居至此的人就把村名命名为开合山。

郭瓦庄

郭瓦庄（Guōwǎzhuāng） 隶属浍沟镇

郭许村村民委员会，地理实体类型为农村居民点。东至吕解，南至李宅，西至许闸村，北至张时。总户数为340户，总人口为1600人，民族为汉族。面积为4平方千米。

因有一郭姓人家在此地小有名气，居住砖瓦结构房屋，外地郭姓及其他姓氏的人逐渐迁居此地，取名郭瓦。20世纪50年代，政府设置许闸村公社，60年代更名为许闸大队，80年代改名许闸村，1992年由三个自然庄合并为郭许村。

许闸庄

许闸庄（Xǔzházhuāng） 隶属浍沟镇郭许村村民委员会，地理实体类型为农村居民点。东至郭瓦，南至塘河，西至菠林村，北至车李。总户数为500户，总人口为2250人，民族为汉族。面积为5平方千米。

传说清朝时期湖南人许国顺迁居此地，由于此地经常发洪水，许国顺组织人修闸蓄水，由此得名许闸村。1949年政府设置许闸村公社，1958年更名为许闸大队，1984年改名许闸村，1992年由三个自然庄合并为郭许村。

后灵庄

后灵庄（Hòulíngzhuāng） 隶属浍沟镇后灵村村民委员会，地理实体类型为农村居民点。东至三渠沟、大路乡朱楼村，西至马庄村，北至蒲湾村。总户数为228户，总人口为835人，民族为汉族。面积为1.5平方千米。

以前是灵子城，由于地质变化，沉没成为一个湖，灵子城被分为前灵、后灵、中灵。1958年命名为灵马大队，1973年由灵马大队更名为后灵大队，1979年由后灵大队分为蒲湾村民委员会和后灵村民委员会，2005年合并为后灵村民委员会。

蒲湾庄

蒲湾庄（Púwānzhuāng） 隶属浍沟镇后灵村村民委员会，地理实体类型为农村居民点。东至三渠沟、大路乡晏湾村，南至后灵庄，北至申村。总户数为353户，总人口为1347人，民族为汉族。面积为1.72平方千米。

以前是一个大湖，因蒲姓迁此居住，名为蒲湾。1958年属灵马大队，1973年由灵马大队更名为后灵大队，含蒲湾庄，1979年后灵大队分为蒲湾村民委员会和后灵村民委员会，2005年合并为后灵村民委员会，隶属至今。

中灵庄

中灵庄（Zhōnglíngzhuāng） 隶属浍沟镇后灵村村民委员会，地理实体类型为农村居民点。东至三渠沟，西至马庄村，北至申村。总户数为135户，总人口为557人，民族为汉族。面积为0.48平方千米。

以前是灵子城，由于地质变化，成为一个湖，灵子城被分为前灵、后灵、中灵。1958年属灵马大队，1973年由灵马大队更名为后灵大队，1979年后灵大队分为蒲湾村民委员会和后灵村民委员会，2005年合并为后灵村民委员会，隶属至今。

西场庄

西场庄（Xīchǎngzhuāng） 隶属浍沟镇李宅村村民委员会，地理实体类型为农村居民点。东至土山，南至小王，西至小王村，北至李宅。总户数为38户，总人口为158人，民族为汉族。面积为0.15平方千米。

土改时期，灵璧县在此建了一个农村，后来撤走，当时在此劳动的人就在这安家落户，成为农村，后又称为西场。在属土山村管理时期就称为西场村，一直未改。

小王村

小王村（Xiǎowángcūn） 隶属浍沟镇李宅村村民委员会，地理实体类型为农村居民点。东至土山，南至塘河，西至塘河，北至李宅村。总户数为120户，总人口为600人，民族为汉族。面积为0.9平方千米。

小王村由四大家族研究决定定名，先前属土山村，后村庄合并，归为李宅村。

仓屋

仓屋（Cāngwū） 隶属浍沟镇马庄村村民委员会，地理实体类型为农村居民点。东至马庄小学，南至河塘，西至后马村，北至渔沟镇。总户数为53户，总人口为235人，民族为汉族。面积为0.2平方千米。

旧时期有高楼来的大地主在此买地种粮，用土垫起一片高地用来放粮食，后来称为仓屋。

后马

后马（Hòumǎ） 隶属浍沟镇马庄村村民委员会，地理实体类型为农村居民点。东至仓屋，南至前马，西至许庄村，北至渔沟镇。总户数为292户，总人口为1296人，民族为汉族。面积为0.5平方千米。

据说以前有历史名人曾在此拴马，留下拴马的木桩，被后人所纪念，并将村庄围绕这里建造，取名马庄，后迁出部分至庄后，故称后马。1958年人民公社时名称为马庄大队，1982年由马庄大队更名为马庄村民委员会。

马厂庄

马厂庄（Mǎchǎngzhuāng） 隶属浍沟镇彭黄村村民委员会，地理实体类型为农村居民点。东至新濉河，南至吕解村，西至郭瓦，北至浍沟村。总户数为412户，总人口为1654人，民族为汉族。面积为2.2平方千米。

此地为马站，放马养马，搞运输，故名。1958年命名为马厂村，1962年政府改为郭马村，1969年改名彭黄村。

前灵村

前灵村（Qiánlíngcūn） 隶属浍沟镇唐灵村村民委员会，地理实体类型为农村居民点。东至大路乡，南至浍沟村，西至唐庄村，北至后灵村。总户数为251户，总人口为1150人，民族为汉族。面积为2.2平方千米。

以前是灵子城，由于地质变化，成为一个湖，灵子城被分为前灵、后灵、中灵。人民公社时期属灵马大队，1973年后改为唐灵大队，1980年属唐庄大队，2005年至今属唐庄村。

唐庄

唐庄（Tángzhuāng） 隶属浍沟镇唐灵村村民委员会，地理实体类型为农村居民点。东至前灵，南至浍沟村，西至尹集，北至马庄。总户数为260户，总人口为1200人，民族为汉族。面积为1.3平方千米。

清朝时期为灵子城，后期为灵子唐，简称唐庄。生产公社时期名称为灵马大队，1973年后改为唐灵大队，1980年为唐庄大队，2005年正式更名为唐庄村。

土东村

土东村（Tǔdōngcūn） 隶属浍沟镇土山村村民委员会，地理实体类型为农村居民点。东至土山沟，南至禅堂乡，西至土西村，北至解家。总户数为340户，总人口为1318人，民族为汉族。面积为1.17平方千米。

张姓、陈姓、吕姓、赵姓、朱姓由南迁居至此，此地有土山，因而得名土东、土西。1958年为土山大队，1981年更名为土山村民委员会，土山一直名称未变，沿用至今。

土西村

土西村（Tǔxīcūn） 隶属浍沟镇土山村村民委员会，地理实体类型为农村居民点。东至土东，南至禅堂乡，西至李宅村，北至解家。总户数为339户，总人口为1440人，民族为汉族。面积为1.21平方千米。

张姓和陈姓、吕姓、赵姓、朱姓由南迁居至此，此地有土山，因而得名土东、土西。1958年为土山大队，1981年更名为土山村民委员会，土西一直名称未变，沿用至今。

河南闫庄

河南闫庄（Hénányánzhuāng） 隶属浍沟镇张时村村民委员会，地理实体类型为农村居民点。东至张时张瓦，南至郭瓦许闸，西至前车村，北至濉河。总户数为143户，总人口为400人，民族为汉族。面积为3.9平方千米。

河南、河北以濉河为界，分家族门房，此村在河南，又多为闫姓，故名。原为人民公社管理，后由管委会管理。从1972年正式更名为闫家庄。1988年以后，由张时村管理。

张时村

张时村（Zhāngshícūn） 隶属浍沟镇张时村村民委员会，地理实体类型为农村居民点。东至河南胡宅，南至郭瓦，西至闫家庄，北至濉河。总户数为132户，总人口为395人，民族为汉族。面积为0.4平方千米。

因张姓和时姓在此居住，故名。原为人民公社管理，后由管委会管理，从1972年正式更名为张时村，沿用至今。

游集镇

马巷村

马巷村（Mǎxiàngcūn） 隶属游集镇大章李村村民委员会，地理实体类型为农村居民点。东至大章李村，南至老汪湖，西至张山村，北至大麦山。总户数为220户，总人口为1100人，民族为汉族。面积为3.36平方千米。

原名马集，因重名且村内巷道较多，更名为马巷村。1963年经县委、县政府批准将马集子、马巷村合并，合并后该自然村名为马巷，1984年属大章李村民委员会。

夏安庄

夏安庄（Xià' ānzhuāng） 隶属游集镇李场村村民委员会，地理实体类型为农村居民点。东至龙圩村，南至邱楼村，西至小解庄，北至056县道。总户数为50户，总人口为280人，民族为汉族。面积为0.3平方千米。

夏姓在此搭建一个能居住的庵子，故取名为夏庵子，后逐渐演化为夏安。1958年属李场大队，1992年属李场村村民委员会。

前刘

前刘（Qiánliú） 隶属游集镇李楼村村民委员会，地理实体类型为农村居民点。东至张桥，南至大李楼，西至刘庙，北至元宝刘。总户数为134户，总人口为615人，民族为汉族。面积为1.5平方千米。

前刘原来和元宝刘村的后刘庄为一个自然庄。新中国成立后，因该村调整，划为两个部分，前部分命名为前刘。1958年人民公社时期隶属李楼大队，1984年至今隶属李楼村委会。

大李楼

大李楼（Dàlǐlóu） 隶属游集镇李楼村村民委员会，地理实体类型为农村居民点。东至王巷子，南至张楼，西至小李楼，北至前刘。总户数为270户，总人口为1246人，民族为汉族。面积为2.7平方千米。

大李楼、小李楼原来是一个自然庄，1949年后，开发九里沟，把李楼庄分为两部分，沟东部分人数较多，故名。1958年人民公社时期隶属李楼大队，1984年至今隶属李楼村委会。

张家李家

张家李家（Zhāngjiālǐjiā） 隶属游集镇邱楼村村民委员会，地理实体类型为农村居民点。东至时尤路，南至王尤家，西至新阳河，北至林家。总户数为85户，总人口为402人，民族为汉族。面积为0.2平方千米。

张姓和李姓到此居住，西边李家，东边张家，中间一条生产路，故名。1958年属林圩楼大队，1984年属邱楼村村民委员会。

南尤庄

南尤庄（Nányóuzhuāng） 隶属游集镇张桥村村民委员会，地理实体类型为农村居民点。东至运料河，南至庙东，西至圩后，北至杜庄村。总户数为66户，总人口为266人，民族为汉族。面积为0.4平方千米。

先前有姓尤的人家来此地居住，建房开荒，取名为南尤庄。1958年属张桥大队，1983年属张桥东村村民委员会，2000年属张桥村村民委员会。

张桥

张桥（Zhāngqiáo） 隶属游集镇张桥村村民委员会，地理实体类型为农村居民点。东至九李沟，南至李楼村，西至元宝刘，北至杜庄村。总户数为360户，总人口为1481人，民族为汉族。面积为3平方千米。

张氏始祖定居古运河西侧，后来先祖为了耕种方便架了一座浮桥，后来又建一座石拱桥，故名。1958年属张桥大队，1983年属张桥西村村民委员会，2000年属张桥村村民委员会。

前王

前王（Qiánwáng） 隶属游集镇张桥村村民委员会，地理实体类型为农村居民点。东至庙东，西至九李沟，北至圩东。总户数为101户，总人口为432人，民族为汉族。面积为0.4平方千米。

王姓人家最先在此居住，开荒种地，此庄繁衍人数多，王姓人居占大多数，故名。1958年属张桥大队，1983年属张桥东村村民委员会，2000年属张桥村村民委员会。

尤圩孜

尤圩孜（Yóuwéizī） 隶属游集镇尤圩村村民委员会，地理实体类型为农村居民点。东至尤西村，南至尤西村，西至新杨河，北至小园庄。总户数为260户，总人口为1020人，民族为汉族。面积为1.2平方千米。

尤姓人家由北方迁居至此，在此开荒种地，建造房屋，繁衍生息，为了防止外来者入侵，在庄外打圩子，故名。1958年人民公社时期隶属尤圩大队，1984年至今隶属尤圩村委会。

刘庙庄

刘庙庄（Liúmiàozhuāng） 隶属游集镇尤西村村民委员会，地理实体类型为农村居民点。东至元宝刘村，南至小李庄，西至尤圩村，北至解圩村。总户数为150户，总人口为600人，民族为汉族。面积为0.8平方千米。

因村庄旁201省道西边有一座庙，且刘姓人口较多，故名。1958年属刘庙大队，1983年属刘庙村村民委员会，1992年属尤西村村民委员会。

东张楼

东张楼（Dōngzhānglóu） 隶属游集镇张楼村村民委员会，地理实体类型为农村居民点。东至小高庄，南至红旗村，西至西张楼，北至尤东村。总户数为260户，总人口为1436人，民族为汉族。面积为1.9平方千米。

张姓村民在此建楼，分为东、西两张，故名。1958年属张楼大队，1983年属张楼村村民委员会。

张东湖

张东湖（Zhāngdōnghú） 隶属游集镇杨庄村村民委员会，地理实体类型为农村居民点。东至黑泥沟，南至李场村，西至曹家，北至胡家。总户数为628户，总人口为2780人，民族为汉族。面积为2.595平方千米。

因村民多为张姓，村庄坐落在老汪湖东，故名。1962年属张东湖大队，1984年属张东湖村村民委员会。

下楼镇

卧龙李

卧龙李（Wòlónglǐ） 隶属下楼镇付寨村村民委员会，地理实体类型为农村居民点。东至石集，南至付寨，西至灵山，北至大山。总户数为205户，总人口为812人，民族为汉族。面积为0.8平方千米。

根据村前和灵山上石碑记载，在明朝以前，卧龙李村叫展布村。传说明朝开国皇帝朱元璋的军师刘伯温发现灵山是一块绝好的风水宝地，山前能出皇帝，山后能出娘娘，他为了能让朱家江山万古千秋，认为必须破坏此龙脉，因此，他就在灵山周围建了七十二座石灰窑，欲把龙脉给“烧死”。他这一烧，龙脉一“拱腰”，就顺坡而下直奔该村中“卧”下了。恰巧该村居住着李姓人家，因而就顺理成章地改为卧龙李。1958年命名为卧李。

小尤庄

小尤庄（Xiǎoyóuzhuāng） 隶属下楼镇付寨村村民委员会，地理实体类型为农村居民点。东至付寨，南至团山，西至谷山，北至灵山。总户数为205户，总人口为812人，民族为汉族。面积为0.76平方千米。

根据《张氏家谱》记载，一百多年以前，本镇东北楼村张氏祖先为了找块风水宝地，就把部分祖先葬在灵山脚下。为了看管祖先的陵园，就迁部分张姓人员来此居住。尤姓祖先想回到游集街上居住，就把此处卖给张姓。由于原先住着尤姓人家而叫尤庄，姓张的住下以后未曾更改，因此一直叫小尤庄。1958年命名为小尤庄。

古城

古城（Gǔchéng） 隶属下楼镇古城村村民委员会。地理实体类型为农村居民点。东至黄泥沟，南至双庙自然庄，西至谭楼自然庄，北至小圩自然庄。总户数为280户，总人口为1220人，民族为汉族。面积为1.4平方千米。

此处为一古老城镇，明朝末年被黄河水淹没变成废墟，后来人们在此建房居住，故得名古城。1954年9月至1955年12月属古城区委员会；人民公社时期属古城大队；1983年由古城大队更名为古城村委会；2002年与河东村委会、双庙村委会合并，仍称古城村委会，隶属至今。

河东

河东（Hédōng） 隶属下楼镇古城村村民委员会。地理实体类型为农村居民点。东至刘庵村，南至双庙自然庄，西至黄泥沟，北至东北楼自然庄。总户数为317户，总人口为1389人，民族为汉族。面积为1.8平方千米。

因其自然村位于古城河东，故名。1954年9月至1955年12月属古城区委员会；人民公社时期属古城大队；1983年由古城大队更名为古城村委会；2002年与河东村委会、双庙村委会合并，仍称古城村委会，隶属至今。

夹河滩

夹河滩（Jiáhétān） 隶属下楼镇古城村村民委员会。地理实体类型为农村居民点。东至黄泥沟，南至双庙自然庄，西至村部，北至古城自然庄。总户数为26户，总人口为95人，民族为汉族。面积为0.1平方千米。

因村落所在位置被两个河滩夹着，故名。1954年9月至1955年12月属古城区委员会；人民公社时期属古城大队；1983年由古城大队更名为古城村委会；2002年与河东村委会、双庙村委会合并，仍称古城村委会，隶属至今。

谭楼

谭楼（Tánlóu） 隶属下楼镇古城村村民委员会。地理实体类型为农村居民点。东至古城自然庄，南至西程自然庄，西至新洋河，北至石古沟。总户数为108户，总人口为543人，民族为汉族。面积为1.8平方千米。

因村民多为谭姓且早年村中筑有土楼，故名。1954年9月至1955年12月属古城区委员会；人民公社时期属古城大队；1983年属古城村委会。

西程

西程（Xīchéng） 隶属下楼镇古城村村民委员会。地理实体类型为农村居民点。东至201省道，南至王集村，西至新洋河，北至谭楼自然庄。总户数为65户，总人口为292人，民族为汉族。面积为0.6平方千米。

因村庄位于黄泥沟西且居民多姓程，故名。1954年9月至1955年12月属古城区委员会；人民公社时期属古城大队；1983年属古城村委会。

余圩

余圩（Yúwéi） 隶属下楼镇古城村村民委员会。地理实体类型为农村居民点。东至黄泥沟，南至王集，西至201省道，北至双庙自然庄。总户数为77户，总人口为390人，民族为汉族。面积为0.6平方千米。

因居民多姓余且早年村周筑有圩墙，故名。1954年9月至1955年12月属古城区委员会；人民公社时期属古城大队；1983年由古城大队更名为古城村委会；2002年与河东村委会、双庙村委会合并，仍称古城村委会，隶属至今。

火神庙

火神庙（Huǒshénmiào） 隶属下楼镇火庙村村民委员会。地理实体类型为农村居民点。东至小吴家，南至中心路，西至申家沟，北至104国道。总户数为520户，总人口为2380人，民族为汉族。面积为2.91平方千米。

因村内有一座庙，名曰火神庙，以此命村名。1958年属火庙公社，1894年属火庙村。

后凌堌

后凌堌（Hòulínggù） 隶属下楼镇凌堌村村民委员会。地理实体类型为农村居民点。东至凌堌新村，南至龙山村，西至宿州市埇桥区褚兰镇，北至江苏省铜山区房村镇王庄。总户数为270户，总人口为1172人，民族为汉族。面积为2平方千米。

很早以前，该村南有一山，名为二龙戏珠山。因该村位于山北，称为后凌堌。

凌堌新村

凌堌新村（Línggùxīncūn） 隶属下楼镇凌堌村村民委员会。地理实体类型为农村居民点。东至吴楼村，南至龙山村，西至后凌堌，北至小陈家。总户数为110户，总人口为398人，民族为汉族。面积为1平方千米。

1984年由后凌堌搬迁至此，称为凌堌新村。

岐路陈

岐路陈（Qílùchén） 隶属下楼镇凌堌村村民委员会。地理实体类型为农村居民点。东至小徐家，南至龙山村，西至宿州市埇桥区褚兰镇，北至江苏省房村镇王庄。总户数为83户，总人口为387人，民族为汉族。面积为0.5平方千米。

因村落地处丘陵，道路崎岖，居民多姓陈，遂得名崎路陈。后“崎”演变为“岐”，故名。1958年由政府命名为岐路陈。

洛涧

洛涧（Luòjiàn） 隶属下楼镇洛涧村村民委员会。地理实体类型为农村居民点。东至沟湾自然庄，南至郑沟自然庄，西至乔何自然庄，北至付寨村。总户数为500户，总人口为1500人，民族为汉族。面积为1.64平方千米。

洛涧自然庄已有500年历史，在明朝时代已有洛涧自然庄，庄名原叫花涧沟，后姓洛居住，更名为洛涧。

朝阳镇

保吴

保吴（Bǎowú） 隶属朝阳镇朝阳村村民委员会，地理实体类型为农村居民点。东至保吴地，南至保吴地，西至山前，北至凤凰山。总户数为140户，总人口为340人，民族为汉族。面积为0.74平方千米。

因居民以吴姓居多，遂得名吴庄子。自1958年人民公社时期名为保吴。

朝阳集

朝阳集（Cháoyángjí） 隶属朝阳镇朝阳村村民委员会，地理实体类型为农村居民点。东至山前，南至刘场，西至牧猪山，北至韩家。总户数为345户，总人口为1680人，民族为汉族。面积为3.97平方千米。

朝阳名称来自《诗经 · 大雅 · 卷阿》：“凤凰鸣矣，于彼高冈；梧桐生矣，于彼朝阳。”有向往美好生活之义，故名。1949年前后一直称为朝集，1958年公社时期称大队，公社撤销后，一直称为朝阳集。

刘南场

刘南场（Liúnánchǎng） 隶属朝阳镇朝阳村村民委员会，地理实体类型为农村居民点。东至大丁路，南至刘场地，西至东门地，北至大丁路。总户数为70户，总人口为256人，民族为汉族。面积为0.3平方千米。

位于凤凰山南麓，山前土地平坦，加

上刘姓人家在此聚集生活，故名。

山前庄

山前庄（Shānqiánzhuāng） 隶属朝阳镇朝阳村村民委员会，地理实体类型为农村居民点。东至保吴，南至山前地，西至朝阳，北至凤凰山。总户数为80户，总人口为189人，民族为汉族。面积为0.41平方千米。

因村庄在凤凰山山南脚下，故名。清末人们在此居住，因在山脚下取名山前庄。

山西庄

山西庄（Shānxīzhuāng） 隶属朝阳镇朝阳村村民委员会，地理实体类型为农村居民点。东至朝阳村，南至山西庄地，西至孟家沟，北至大赵。总户数为90户，总人口为278人，民族为汉族。面积为0.45平方千米。

因村庄位于牧猪山西边，故名。民国时期，些许人家迁至牧猪山西侧，不断发展形成庄，取名山西庄。

绪庄

绪庄（Xùzhuāng） 隶属朝阳镇朝阳村村民委员会，地理实体类型为农村居民点。东至绪庄地，南至绪庄地，西至绪庄地，北至绪庄地。总户数为240户，总人口为960人，民族为汉族。面积为1.12平方千米。

因村庄是绪姓人家聚集形成，故名。清朝光绪年间，绪姓居民迁至此处，繁衍生息，不断壮大，以其姓氏取名绪庄。

枕山

枕山（Zhěnshān） 隶属朝阳镇朝阳村村民委员会，地理实体类型为农村居民点。东至水泥路，南至水泥路，西至绪庄，北至枕山。总户数为620户，总人口为2340人，民族为汉族。面积为4.96平方千米。

因村庄在枕山脚下，故名。民国时期，有村民迁至枕山，繁衍生息。

崔楼

崔楼（Cuīlóu） 隶属朝阳镇崔楼村村民委员会，地理实体类型为农村居民点。东至梁庄，南至园艺场，西至鲁集庄，北至戚楼村。总户数为647户，总人口为3667人，民族为汉族。面积为3.09平方千米。

崔姓人家在此建楼，故名。

军庄

军庄（Jūnzhuāng） 隶属朝阳镇崔楼村村民委员会，地理实体类型为农村居民点。东至江苏柴湖，南至黄庄，西至梁庄，北至104国道。总户数为35户，总人口为272人，民族为汉族。面积为0.17平方千米。

抗日战争时期，此地为八路军军部医院，新中国成立后就称为军庄，故名。1977年政府命名为军庄生产队，后正式称军庄。

梁庄

梁庄（Liángzhuāng） 隶属朝阳镇崔楼村村民委员会，地理实体类型为农村居民点。东至军庄，南至孟郜，西至崔楼，北至园艺场三队。总户数为528户，总人口为1851人，民族为汉族。面积为2.52平方千米。

清代前期，梁姓人家由北向南迁居，在此开荒种地，建造房屋，繁衍生息，因故得名。1956年政府命名为梁庄大队，后来就叫梁庄。

崔巷

崔巷（Cuīxiàng） 隶属朝阳镇崔巷村村民委员会，地理实体类型为农村居民点。东至吴楼，南至宁庄，西至余台子，北至崔楼西。总户数为380户，总人口为1597人，民族为汉族。面积为1.15平方千米。

因居民中崔姓居多，村中巷道较多，故名。这个庄很早以前叫崔巷庄，1981 年正式改为崔巷。

大朱家

大朱家（Dàzhūjiā） 隶属朝阳镇崔巷村村民委员会，地理实体类型为农村居民点。东至鲁集，南至李台子，西至钱庙，北至江苏朱营。总户数为 78 户，总人口为 286 人，民族为汉族。面积为 0.52 平方千米。

因村中居民多以朱姓为主，故名。1958 年命名为大朱庄，1981 年正式改为大朱家。

后钱

后钱（Hòuqián） 隶属朝阳镇崔巷村村民委员会，地理实体类型为农村居民点。东至小钱庄，南至钱庙庄，西至江苏省孟圩，北至江苏单桥。总户数为 76 户，总人口为 298 人，民族为汉族。面积为 0.47 平方千米。

因居民姓氏取名，又在钱庙后，故名。1958 年命名为钱庙庄，1981 年正式改名为后钱。

李台子

李台子（Lǐtáizi） 隶属朝阳镇崔巷村村民委员会，地理实体类型为农村居民点。东至小朱家，南至诚庄，西至杨桥北，北至大朱家。总户数为 38 户，总人口为 175 人，民族为汉族。面积为 0.38 平方千米。

因村中居民均为李姓，故名。以前人们都叫小李庄，1981 年正式改为李台子。

鲁集

鲁集（Lǔjí） 隶属朝阳镇崔巷村村民委员会，地理实体类型为农村居民点。东至崔楼，南至崔巷，西至大朱家，北至江苏朱营。总户数为 266 户，总人口为 1086 人，民族为汉族。面积为 1.14 平方千米。

因村中鲁姓居多且逢集，故名。这个庄很早就叫作鲁集庄，1958 年因在这个地方开个集市，所以人们都称为鲁集。

宁庄

宁庄（Níngzhuāng） 隶属朝阳镇崔巷村村民委员会，地理实体类型为农村居民点。东至下宋庄，南至裴集村，西至张庄，北至崔巷。总户数为 349 户，总人口为 1471 人，民族为汉族。面积为 1.27 平方千米。

村民以宁姓为主，故名。

钱庙

钱庙（Qiánmiào） 隶属朝阳镇崔巷村村民委员会，地理实体类型为农村居民点。东至大朱庄，南至杨桥村，西至江苏赵楼，北至后钱。总户数为 153 户，总人口为 586 人，民族为汉族。面积为 1.08 平方千米。

钱姓在村庄建有一庙，称为钱庙，故名。1958 年命名为钱庙。

吴楼

吴楼（Wúlóu） 隶属朝阳镇崔巷村村民委员会，地理实体类型为农村居民点。东至姚庄，南至小张家，西至崔巷，北至小梁家。总户数为 69 户，总人口为 296 人，民族为汉族。面积为 0.41 平方千米。

因吴姓居民在此建楼，故名。这个庄起初叫吴楼庄，1981 年正式改为吴楼。

小梁家

小梁家（Xiǎoliángjiā） 隶属朝阳镇崔巷村村民委员会，地理实体类型为农村居民点。东至姚庄，南至吴楼，西至崔巷，北至崔楼村。总户数为 58 户，总人口为 243 人，民族为汉族。面积为 0.31 平方千米。

因村中梁姓居多，又相对梁庄在后，故名后梁庄，后改为小梁庄。1981 年改为小梁家。

小钱

小钱（Xiǎoqián） 隶属朝阳镇崔巷村村民委员会，地理实体类型为农村居民点。东至崔楼，南至小朱家，西至后钱庄，北至江苏朱营。总户数为58户，总人口为189人，民族为汉族。面积为0.33平方千米。

因居民多为钱姓，又庄小，故名。1958年命名为钱庙庄，1981年正式改为小钱庄，简称小钱。

小张家

小张家（Xiǎozhāngjiā） 隶属朝阳镇崔巷村村民委员会，地理实体类型为农村居民点。东至吴楼，南至宁庄东边，西至崔巷小学，北至崔巷家。总户数为69户，总人口为254人，民族为汉族。面积为0.41平方千米。

因村中居民多为张姓，又庄小，故名。这个庄叫小张庄，1981年改为小张家。

小朱家

小朱家（Xiǎozhūjiā） 隶属朝阳镇崔巷村村民委员会，地理实体类型为农村居民点。东至余台子，南至徐家庄，西至李台子，北至小钱。总户数为53户，总人口为195人，民族为汉族。面积为0.38平方千米。

因庄小且以朱姓为主，故名。以前人们都叫朱家庄，到1981年正式改为小朱家。

姚庄

姚庄（Yáozhuāng） 隶属朝阳镇崔巷村村民委员会，地理实体类型为农村居民点。东至园艺场，南至小姚庄，西至吴楼，北至崔楼南小庄。总户数为68户，总人口为293人，民族为汉族。面积为0.32平方千米。

因村边建造一座砖结构的平房厂，1958年命名为姚庄砖结构平房厂，1981年正式改为姚庄。

余台子

余台子（Yútáizi） 隶属朝阳镇崔巷村村民委员会，地理实体类型为农村居民点。东至崔巷，南至徐家庄，西至小朱家，北至鲁集。总户数为68户，总人口为290人，民族为汉族。面积为0.48平方千米。

因村庄居民多姓余，故名。

臧庄

臧庄（Zāngzhuāng） 隶属朝阳镇崔巷村村民委员会，地理实体类型为农村居民点。东至崔巷，南至韩家村，西至杨桥村，北至李台子。总户数为28户，总人口为123人，民族为汉族。面积为0.38平方千米。

因村中居民多为臧姓，故名。

大湖庄

大湖庄（Dàhúzhuāng） 隶属朝阳镇大湖村村民委员会，地理实体类型为农村居民点。东至吴庄，南至夏楼镇，西至夏楼镇，北至公元庄。总户数为200户，总人口为950人，民族为汉族。面积为1.36平方千米。

因村周围地势低洼，长年积水，故名。1958年人民公社时期称为大湖大队；公社取消后一直称为大湖庄。

东园庄

东园庄（Dōngyuánzhuāng） 隶属朝阳镇大湖村村民委员会，地理实体类型为农村居民点。东至高圩庄，南至夏楼镇，西至夏楼镇，北至大湖村。总户数为80户，总人口为350人，民族为汉族。面积为0.41平方千米。

因位于村委会驻地以东且居民多开种菜园，故名。新中国成立后，此地居民以种地为生，不断繁衍发展为庄，一直称为东园庄。

高圩庄

高圩庄（Gāowéizhuāng） 隶属朝阳镇大湖村村民委员会，地理实体类型为农村居民点。东至杨桥村，南至杨桥村，西至朱园，北至吴庄。总户数为200户，总人口为750人，民族为汉族。面积为1.47平方千米。

因居民多姓高且早年村周筑有围墙，故名。1958年人民公社时期称为高圩大队；取消公社后，一直称为高圩庄。

泥湖

泥湖（Níhú） 隶属朝阳镇大湖村村民委员会，地理实体类型为农村居民点。东至公元庄，南至大湖，西至夏楼，北至江苏。总户数为120户，总人口为500人，民族为汉族。面积为0.83平方千米。

因村边有一条泥水沟且附近地势低洼，故名。1958年人民公社时期称泥湖大队；公社取消后，一直称为泥湖。

吴庄

吴庄（Wúzhuāng） 隶属朝阳镇大湖村村民委员会，地理实体类型为农村居民点。东至江苏省，南至高圩庄，西至大湖庄，北至江苏省。总户数为140户，总人口为700人，民族为汉族。面积为1.14平方千米。

因居民多为吴姓，故名。1958年人民公社时期称吴庄大队；公社取消后，一直称为吴庄。

西园庄

西园庄（Xīyuánzhuāng） 隶属朝阳镇大湖村村民委员会，地理实体类型为农村居民点。东至东园庄，南至大湖，西至泥湖庄，北至江苏省。总户数为60户，总人口为240人，民族为汉族。面积为0.41平方千米。

因村庄位于东园西，故名。自新中国成立后，在东园西慢慢发展成一村庄，乡里称为东园西庄，后称西园庄。

朱园庄

朱园庄（Zhūyuánzhuāng） 隶属朝阳镇大湖村村民委员会，地理实体类型为农村居民点。东至江苏省，南至大湖，西至公元庄，北至江苏省。总户数为100户，总人口为450人，民族为汉族。面积为0.77平方千米。

因早年村庄附近有一片竹园，后改为朱园。自清末始，就有村民在竹园旁劳作，慢慢繁衍生息，后以朱园庄自称。

大赵

大赵（Dàzhào） 隶属朝阳镇韩家村村民委员会，地理实体类型为农村居民点。东至小圩子，南至朝阳居委会，西至旗杆，北至唐庄。总户数为781户，总人口为3122人，主要分布民族有汉族、回族、土家族。面积为3.8平方千米。

因村民多为赵姓，故名。1958年人民公社时期名为大赵大队；1982年由大赵大队更名为大赵村民委员会；2008年合并村时，并入韩家居民委员会，仍叫大赵自然庄。

东朱家

东朱家（Dōngzhūjiā） 隶属朝阳镇韩家村村民委员会，地理实体类型为农村居民点。东至耕地，南至小朱山，西至小徐家，北至耕地。总户数为14户，总人口为60人，主要分布民族有汉族、回族。面积为0.33平方千米。

因村民多为朱姓，故名。1958年人民公社时期称为东朱组，后称东朱家。

韩家

韩家（Hánjiā） 隶属朝阳镇韩家村村民委员会，地理实体类型为农村居民点。东至黄家，南至凤凰山脚下，西至上庄，北至耕地。总户数为140户，总人口为560人，主要分布民族有汉族、回族、土家族。面积为1.79平方千米。

自清代中期，韩姓人家在此定居建庄，得名韩家。

黄家

黄家（Huángjiā） 隶属朝阳镇韩家村村民委员会，地理实体类型为农村居民点。东至徐家，南至凤凰山脚下，西至韩家，北至耕地。总户数为54户，总人口为216人，主要分布民族有汉族、回族、土家族。面积为0.61平方千米。

因居住在凤凰山脚下，多为黄姓，故名。1958年人民公社时期称为黄家组，后称黄家。

娄家

娄家（Lóujiā） 隶属朝阳镇韩家村村民委员会，地理实体类型为农村居民点。东至上庄，南至凤凰山脚下，西至小圩子，北至耕地。总户数为58户，总人口为232人，主要分布民族有汉族、回族、土家族。面积为0.52平方千米。

清朝末年，娄姓人家聚居建庄，得名娄家。

上庄

上庄（Shàngzhuāng） 隶属朝阳镇韩家村村民委员会，地理实体类型为农村居民点。东至韩家，南至凤凰山脚下，西至娄家，北至耕地。总户数为52户，总人口为208人，主要分布民族有汉族、回族、土家族。面积为0.53平方千米。

此庄居住着赵姓和杨姓两个家族，因村庄在老韩家大队的南侧，紧靠山脚，故名。1958年人民公社时期为上庄组，后改为上庄。

小圩子

小圩子（Xiǎowéizi） 隶属朝阳镇韩家村村民委员会，地理实体类型为农村居民点。东至娄家，南至凤凰山，西至朝阳居委会，北至耕地。总户数为156户，总人口为624人，主要分布民族有汉族、回族、土家族。面积为1.49平方千米。

1949年前，此庄经常被盗，为预防盗匪的侵扰，村民在村庄四周筑了一道很高的围墙，故名。

小徐家

小徐家（Xiǎoxújiā） 隶属朝阳镇韩家村村民委员会，地理实体类型为农村居民点。东至东朱家，南至凤凰山脚下，西至赵巷，北至耕地。总户数为35户，总人口为138人，主要分布民族有汉族、回族、土家族。面积为0.41平方千米。

小徐家、东朱家与赵巷为一个自然庄，居住着徐姓、朱姓和赵姓三个家族。随着家族人丁旺盛，逐渐壮大，徐姓家族以姓氏称庄名。新中国成立后，此庄为方便称呼，使用徐姓命名庄名，得名小徐家。

小赵庄

小赵庄（Xiǎozhàozhuāng） 隶属朝阳镇韩家村村民委员会，地理实体类型为农村居民点。东至裴集村民委员会，南至耕地，西至耕地，北至耕地。总户数为72户，总人口为286人，主要分布民族有汉族、回族、土家族。面积为1.49平方千米。

村民多为赵姓，又因村庄较小，故名。

徐家

徐家（Xújiā） 隶属朝阳镇韩家村村民委员会，地理实体类型为农村居民点。东至赵巷，南至凤凰山脚下，西至黄家，北至耕地。总户数为86户，总人口为345人，主要分布民族有汉族、回族、土家族。面积为0.84平方千米。

因村民多为徐姓，故名。徐家自清朝末年得名，名称至今未变。

赵巷

赵巷（Zhàoxiàng） 隶属朝阳镇韩家村村民委员会，地理实体类型为农村居民点。东至小徐家，南至凤凰山脚下，西至徐家，北至耕地。总户数为35户，总人口为154人，主要分布民族有汉族、回族、土家族。面积为0.37平方千米。

赵姓人家由山西迁居至此，与徐姓家族为邻，因生活需要，两家族在居住地交界处筑了一道围墙，形成了一条长巷，赵姓家族以此巷命名，故名。1949年前人称赵家，后得名赵巷。

独谷堆村

独谷堆村（Dúgǔduīcūn） 隶属朝阳镇京渠村村民委员会，地理实体类型为农村居民点。东至温楼庄，南至麻风院，西至小丁公村，北至京渠村。总户数为302户，总人口为1100人，民族为汉族。面积为3.48平方千米。

原来是独谷堆大队，1981年由独谷堆大队改为独谷堆村。

京渠庄

京渠庄（Jīngqúzhuāng） 隶属朝阳镇京渠村村民委员会，地理实体类型为农村居民点。东至九顶山，南至独谷堆，西至园艺场，北至小新庄。总户数为466户，总人口为2093人，民族为汉族。面积为6.62平方千米。

相传朱元璋准备建都，征求大臣刘伯温意见。刘伯温进言，陛下站在城楼上射箭，箭头落在什么地方，就在什么地方建京都。箭头落在京渠村附近，于是当地老百姓就把这个地方称为京城之地。后来在村西开了条沟，称之为京渠，京渠村由此得名。1931年在灵璧县北部九顶区建立京渠党支部。1961年更名为京渠大队，后称为京渠庄。

温楼庄

温楼庄（Wēnlóuzhuāng） 隶属朝阳镇京渠村村民委员会，地理实体类型为农村居民点。东至江苏省睢宁县岚山镇七山村，南至马山，西至独谷堆村，北至九顶山。总户数为36户，总人口为230人，民族为汉族。面积为0.73平方千米。

因其姓氏和特征得名。人民公社时期名称为生产队，1961年由生产队更名为温楼庄。

小新庄

小新庄（Xiǎoxīnzhuāng） 隶属朝阳镇京渠村村民委员会，地理实体类型为农村居民点。东至徐明高速，南至京渠村，西至新三渠沟，北至冠山村。总户数为32户，总人口为200人，民族为汉族。面积为0.63平方千米。

1975年由京渠村第十二组搬迁到此，庄子小，称为小新庄。

陈庄

陈庄（Chénzhuāng） 隶属朝阳镇李寨村村民委员会，地理实体类型为农村居民点。东至韩山，南至大田，西至李寨，北至韩山。总户数为19户，总人口为92人，民族为汉族。面积为 0.15 平方千米。

因村庄地势低洼，取名沉庄，后来演变为陈庄。

韩山

韩山（Hánshān） 隶属朝阳镇李寨村村民委员会，地理实体类型为农村居民点。东至陆圩，南至小韩，西至李寨，北至蒿王。总户数为 88 户，总人口为 456 人，民族为汉族。面积为 0.89 平方千米。

韩山很久以前无人居住，在小山北边，称为韩山。1958 年人民公社时期称韩山大队，后改为韩山村。

蒿王

蒿王（Hāowáng） 隶属朝阳镇李寨村村民委员会，地理实体类型为农村居民点。东至大田，南至韩山街，西至大田，北至孟家沟。总户数为 90 户，总人口为 394 人，民族为汉族。面积为 0.65 平方千米。

因姓王的家族较多，故名。1958 年人民公社时期隶属李寨大队，后李寨大队改名李寨村，蒿王一直隶属李寨村，名称至今未变。

后邢

后邢（Hòuxíng） 隶属朝阳镇李寨村村民委员会，地理实体类型为农村居民点。东至大田地，南至张博，西至前邢，北至张巷。总户数为 35 户，总人口为 171 人，民族为汉族。面积为 0.29 平方千米。

因姓邢的人多，故名。自清朝末期得名后一直使用，名称至今未变。

李寨

李寨（Lǐzhài） 隶属朝阳镇李寨村村民委员会，地理实体类型为农村居民点。东至陈庄，南至圩东，西至耳毛山，北至九花路。总户数为 168 户，总人口为 628 人，民族为汉族。面积为 1.5 平方千米。

因李姓人家居多，又建寨防贼，故名。曾设李寨大队，1983 年后一直称为李寨。

前邢

前邢（Qiánxíng） 隶属朝阳镇李寨村村民委员会，地理实体类型为农村居民点。东至后邢，南至大田，西至尤家，北至李寨村。总户数为 21 户，总人口为 120 人，民族为汉族。面积为 0.25 平方千米。

东边有个后邢，后来有人居住，故名。自聚居建庄得名前邢以来，名称至今未变。

圩外

圩外（Wéiwài） 隶属朝阳镇李寨村村民委员会，地理实体类型为农村居民点。东至韩山，南至张博，西至张巷，北至圩里。总户数为 78 户，总人口为 403 人，民族为汉族。面积为 0.7 平方千米。

因村庄在寨（李寨）外，故名。

下薄

下薄（Xiàbáo） 隶属朝阳镇李寨村村民委员会，地理实体类型为农村居民点。东至耳毛山，南至小山头，西至运料河，北至大田。总户数为 51 户，总人口为 184 人，民族为汉族。面积为 0.29 平方千米。

因位于小山北地，故名。1958 年人民公社时期属李寨大队，后李寨大队改名李寨村，下薄隶属李寨村，名称至今未变。

下庄

下庄（Xiàzhuāng） 隶属朝阳镇李寨村村民委员会，地理实体类型为农村居民点。东至陆圩，南至小韩，西至大田，北至韩山。总户数为 69 户，总人口为 328 人，民族为汉族。面积为 0.58 平方千米。

因村落位于山下，故名。1958 年人民公社时期，归属李寨大队，后李寨大队改名李寨村，下庄隶属李寨村，名称至今未变。

小韩

小韩（Xiǎohán） 隶属朝阳镇李寨村村民委员会，地理实体类型为农村居民点。东至大田，南至大田，西至李寨，北至下庄。总户数为29户，总人口为195人，民族为汉族。面积为0.33平方千米。

因村庄人数较少，又多为韩姓，故名。1958年人民公社时期属李寨大队，后李寨大队改名李寨村，小韩隶属李寨村，名称至今未变。

小山头

小山头（Xiǎoshāntóu） 隶属朝阳镇李寨村村民委员会，地理实体类型为农村居民点。东至尤家，南至下庄，西至运料河，北至下薄。总户数为55户，总人口为233人，民族为汉族。面积为0.52平方千米。

因村庄位于小山旁，故名。1958年人民公社时期属李寨大队，后李寨大队改名李寨村，小山头隶属李寨村，名称至今未变。

殷寨

殷寨（Yīnzhài） 隶属朝阳镇李寨村村民委员会，地理实体类型为农村居民点。东至大理石厂，南至李寨村尤家，西至运料河，北至孟家沟。总户数为90户，总人口为376人，民族为汉族。面积为0.81平方千米。

因村民多为殷姓，又靠山筑寨，故名。1949年后一直叫殷寨，20世纪90年代初曾设大队，至今都叫殷寨。

尤家

尤家（Yóujiā） 隶属朝阳镇李寨村村民委员会，地理实体类型为农村居民点。东至前邢，南至大田，西至小山西，北至耳毛山。总户数为35户，总人口为183人，民族为汉族。面积为0.3平方千米。

因村民以尤姓居多，故名。1958年人民公社时期，属李寨大队，后李寨大队改名李寨村，尤家隶属李寨村，名称至今未变。

张博

张博（Zhāngbó） 隶属朝阳镇李寨村村民委员会，地理实体类型为农村居民点。东至马圩，南至大田地，西至大田地，北至大田地。总户数为251户，总人口为1017人，民族为汉族。面积为1.69平方千米。

因早年建庄人名叫“张博”，故名。1958年人民公社时期叫张博大队，后更名为张博。

张巷

张巷（Zhāngxiàng） 隶属朝阳镇李寨村村民委员会，地理实体类型为农村居民点。东至李寨，南至前邢，西至耳毛山，北至耳毛山。总户数为44户，总人口为224人，民族为汉族。面积为0.3平方千米。

因村民多为张姓，村中小巷较多，故名。1958年人民公社时期，属李寨大队，后李寨大队改名为李寨村，张巷隶属李寨村，名称至今未变。

陆桥

陆桥（Lùqiáo） 隶属朝阳镇陆圩村村民委员会，地理实体类型为农村居民点。东至陆圩，南至张旺，西至韩山，北至绪庄。总户数为198户，总人口为959人，民族为汉族。面积为1.28平方千米。

因由陆圩庄迁居，故名。1958年人民公社时期隶属陆圩大队，1984年至今隶属陆圩村委会。

陆圩庄

陆圩庄（Lùwéizhuāng） 隶属朝阳镇陆圩村村民委员会，地理实体类型为农村居民点。东至马巷，南至陆桥，西至韩山庄，北至枕山。总户数为292户，总人口为1078人，民族为汉族。面积为3.66平方千米。

因村民多为陆姓，且早年四周建有围墙，故名。1958年命名为陆圩人民公社，1981年正式改名为陆圩村。

马巷

马巷（Mǎxiàng） 隶属朝阳镇陆圩村村民委员会，地理实体类型为农村居民点。东至枕山，南至菜园，西至陆圩，北至枕山。总户数为45户，总人口为221人，民族为汉族。面积为1.47平方千米。

清代中期，马巷庄和陆圩庄连在一起，后统称为马巷。1958年人民公社时期隶属陆圩大队，1984年至今隶属陆圩村委会。

张旺

张旺（Zhāngwàng） 隶属朝阳镇陆圩村村民委员会，地理实体类型为农村居民点。东至马城，南至马圩，西至张博，北至陆桥。总户数为213户，总人口为1082人，民族为汉族。面积为1.35平方千米。

因张姓人家人丁兴旺，故名。1958年命名为张旺大队，1981年正式命名为张旺村。

黄庄村

黄庄村（Huángzhuāngcūn） 隶属朝阳镇孟邵村村民委员会，地理实体类型为农村居民点。东至江苏省，南至三楼村，西至下宋村，北至军庄村。总户数为476户，总人口为2108人，民族为汉族。面积为3.51平方千米。

新中国成立初期由黄东村和黄西村合并为黄庄村，黄姓一家在此居住，故名。1958年人民公社时期属孟邵大队，1983年孟邵大队更名为孟邵村。

孟家

孟家（Mèngjiā） 隶属朝阳镇孟邵村村民委员会，地理实体类型为农村居民点。东至张山口，南至冠山村，西至邵家，北至园艺场。总户数为165户，总人口为670人，民族为汉族。面积为1.83平方千米。

自古孟姓居多，故名。1958年人民公社时期隶属孟邵大队，1984年至今隶属孟邵村委会。

邵家

邵家（Shàojiā） 隶属朝阳镇孟邵村村民委员会，地理实体类型为农村居民点。东至孟家，南至山坡，西至小窑，北至姚庄村。总户数为76户，总人口为178人，民族为汉族。面积为0.47平方千米。

自古邵姓占多，故名。1958年人民公社时期隶属孟邵大队，1984年至今隶属孟邵村委会。

下宋庄

下宋庄（Xiàsòngzhuāng） 隶属朝阳镇孟邵村村民委员会，地理实体类型为农村居民点。东至张山口，南至冠山村，西至孟家，北至梁庄村。总户数为277户，总人口为954人，民族为汉族。面积为1.18平方千米。

南有山，山下有庄，以宋姓居住为主，故名。1958年人民公社时期隶属孟邵大队，1984年至今隶属孟邵村委会。

张山口

张山口（Zhāngshānkǒu） 隶属朝阳镇孟邵村村民委员会，地理实体类型为农村居民点。东至黄庄，南至冠山村，西至下宋村，北至梁庄村。总户数为126户，总人口为405人，民族为汉族。面积为1.38平方千米。

自古张姓居多，又居山口，故名。1958年人民公社时期隶属孟邵大队，1984年至今隶属孟邵村委会。

冠山

冠山（Guànshān） 隶属朝阳镇裴集村村民委员会，地理实体类型为农村居民点。东至沈家，南至三渠沟，西至朱赵陈，北至张山口。总户数为130户，总人口为520人，民族为汉族。面积为1平方千米。

因村庄位于冠山脚下，故名。1958年人民公社时期隶属裴集大队，1984年至今隶属裴集村委会。

槐园

槐园（Huáiyuán） 隶属朝阳镇裴集村村民委员会，地理实体类型为农村居民点。东至朱赵陈，南至三渠沟，西至保吴，北至宁山口。总户数为158户，总人口为633人，民族为汉族。面积为1.77平方千米。

原村里有一棵大槐树，故名。1958年人民公社时期隶属裴集大队，1984年至今隶属裴集村委会。

宁山口

宁山口（Níngshānkǒu） 隶属朝阳镇裴集村村民委员会，地理实体类型为农村居民点。东至裴集，南至槐园，西至小赵，北至孟家沟。总户数为102户，总人口为407人，民族为汉族。面积为1.12平方千米。

自古宁姓居多，又居山口，故名。1958年人民公社时期隶属裴集大队，1984年至今隶属裴集村委会。

裴集

裴集（Péijí） 隶属朝阳镇裴集村村民委员会，地理实体类型为农村居民点。东至小窑，南至槐园，西至宁山口，北至孟家沟。总户数为153户，总人口为612人，民族为汉族。面积为1.72平方千米。

因裴姓人家聚居在此，故名。1958年人民公社时期隶属裴集大队，1984年至今隶属裴集村委会。

三楼

三楼（Sānlóu） 隶属朝阳镇裴集村村民委员会，地理实体类型为农村居民点。东至江苏孙庄，南至九顶山，西至沈家，北至黄庄。总户数为225户，总人口为902人，民族为汉族。面积为1.56平方千米。

早年有三个兄弟迁居至此，不断发展壮大，盖了三栋楼，故名。1958年人民公社时期隶属裴集大队，1984年至今隶属裴集村委会。

沈家

沈家（Shěnjiā） 隶属朝阳镇裴集村村民委员会，地理实体类型为农村居民点。东至三楼，南至三渠沟，西至冠山，北至张山口。总户数为106户，总人口为427人，民族为汉族。面积为1.19平方千米。

因沈姓人家居多，故名。1958年人民公社时期隶属裴集大队，1984年至今隶属裴集村委会。

小窑

小窑（Xiǎoyáo） 隶属朝阳镇裴集村村民委员会，地理实体类型为农村居民点。东至邵家，南至朱赵陈，西至裴集，北至孟家沟。总户数为78户，总人口为312人，民族为汉族。面积为0.89平方千米。

该村庄原有窑口一座，故名。1958年人民公社时期隶属裴集大队，1984年至今隶属裴集村委会。

朱赵陈

朱赵陈（Zhūzhàochén） 隶属朝阳镇裴集村村民委员会，地理实体类型为农村居民点。东至冠山，南至小新庄，西至槐园，北至孟家。总户数为130户，总人口为520

人，民族为汉族。面积为 1.47 平方千米。

该村庄由朱姓、赵姓、陈姓三户人家组成，后来不断发展壮大，故名。1958 年人民公社时期隶属裴集大队，1984 年至今隶属裴集村委会。

毛庄

毛庄（Máozhuāng） 隶属朝阳镇戚楼村村民委员会，地理实体类型为农村居民点。东至邵埝村，南至戚楼村张林，西至纪湾，北至 104 国道。总户数为 88 户，总人口为 260 人，民族为汉族。面积为 0.26 平方千米。

因村庄以毛姓居多，故名。1958 年人民公社时期为邵埝大队毛庄生产队。公社取消后，一直名为毛庄自然庄。

戚楼庄

戚楼庄（Qīlóuzhuāng） 隶属朝阳镇戚楼村村民委员会，地理实体类型为农村居民点。东至江苏龚庄，南至崔楼，西至毛庄，北至邵埝村。总户数为 529 户，总人口为 2050 人，民族为汉族。面积为 3.22 平方千米。

戚姓早年在本村建有炮楼，故名。明朝万历年间，戚继光领导的抗倭戚家军来此地剿匪，并在此建立了七个兵营，先在江苏睢宁县双沟镇安营驻扎，后因戚继光调往蓟州，戚家军就此解散。先祖安家在焦营，焦营三个老头来到戚楼村建村高圩，现三坟尚在。

邵埝庄

邵埝庄（Shàoniànzhuāng） 隶属朝阳镇戚楼村村民委员会，地理实体类型为农村居民点。东至江苏吴井村，南至戚楼村，西至江苏省张林村，北至 104 国道北。总户数为 358 户，总人口为 1250 人，民族为汉族。面积为 1.65 平方千米。

村东边靠江苏交界有一处较大的河埝，东边有姓邵的人员居住，故名。1958 年人民公社时期为九顶公社邵埝大队，1992 年改名为邵埝村，后隶属戚楼村民委员会。

胡井

胡井（Hújǐng） 隶属朝阳镇旗杆村村民委员会，地理实体类型为农村居民点。东至旗杆，南至旗杆，西至刘八集，北至高圩。总户数为 51 户，总人口为 240 人，民族为汉族。面积为 0.46 平方千米。

因姓胡人家聚集居住在井边，故名。1958 年人民公社时期隶属旗杆大队，1984 年至今隶属旗杆村委会。

刘八集

刘八集（Liúbājí） 隶属朝阳镇旗杆村村民委员会，地理实体类型为农村居民点。东至旗杆，南至陆村，西至运料河，北至庄圩。总户数为 129 户，总人口为 610 人，主要分布民族有汉族、侗族。面积为 0.79 平方千米。

因刘姓居多且庄户大，拥有集镇，故名。20 世纪 90 年代初曾单独设村约几年，其他时间一直称为刘八集。

陆村

陆村（Lùcūn） 隶属朝阳镇旗杆村村民委员会，地理实体类型为农村居民点。东至韩家大赵，南至绪庄、韩山，西至周庄村委会，北至旗杆自然庄。总户数为 468 户，总人口为 2200 人，主要分布民族有汉族、侗族。面积为 2.64 平方千米。

因该村由六户人家组成，“六”同“陆”，故名。1958 年人民公社时期称为陆村大队，1984 年后至今一直称为陆村。

旗杆

旗杆（Qígān） 隶属朝阳镇旗杆村村民委员会，地理实体类型为农村居民点。东至韩家大赵，南至陆村，西至运料河，北至高圩。总户数为386户，总人口为1820人，民族为汉族。面积为1.84平方千米。

原名南园，明朝有位村民被封为举人，朝廷在村中心竖立一杆旗，表示慰问宣传，此后南园庄就改叫棋杆庄。1958年人民公社时期称为红旗大队，1984年后至今一直称为旗杆。

庄楼

庄楼（Zhuānglóu） 隶属朝阳镇旗杆村村民委员会，地理实体类型为农村居民点。东至刘八集，南至陆村，西至运料河，北至刘八集。总户数为43户，总人口为200人，民族为汉族。面积为0.84平方千米。

因庄姓人家居多，又盖小楼，故名。1958年人民公社时期隶属旗杆大队，1984年至今隶属旗杆村委会。

戚庄

戚庄（Qīzhuāng） 隶属朝阳镇杨桥村村民委员会，地理实体类型为农村居民点。东至杨桥，南至唐庄，西至武娄，北至紫河。总户数为52户，总人口为192人，民族为汉族。面积为0.56平方千米。

戚楼村迁来一户弟兄两个，故名。古代叫小戚庄，后来去掉“小”字，一直叫戚庄。

唐庄

唐庄（Tángzhuāng） 隶属朝阳镇杨桥村村民委员会，地理实体类型为农村居民点。东至张庄，南至韩家村大赵，西至刘八集，北至戚庄。总户数为270户，总人口为1263人，民族为汉族。面积为1.67平方千米。

因村民多为唐姓，故名。1958年人民公社时期隶属杨桥大队，1984年至今隶属杨桥村委会。

武娄

武娄（Wǔlóu） 隶属朝阳镇杨桥村村民委员会，地理实体类型为农村居民点。东至戚庄，南至老柴河，西至夏楼镇，北至新柴河。总户数为259户，总人口为1208人，民族为汉族。面积为1.68平方千米。

因居民多为武姓且盖一高楼，故名。1958年人民公社时期隶属杨桥大队，1984年至今隶属杨桥村委会。

杨桥

杨桥（Yángqiáo） 隶属朝阳镇杨桥村村民委员会，地理实体类型为农村居民点。东至崔巷，南至张庄，西至戚庄，北至江苏省。总户数为678户，总人口为1881人，民族为汉族。面积为2.78平方千米。

因杨姓居多，又村中有桥，故名。1958年人民公社时期隶属杨桥大队，1984年至今隶属杨桥村委会。

张庄

张庄（Zhāngzhuāng） 隶属朝阳镇杨桥村村民委员会，地理实体类型为农村居民点。东至宁庄，南至韩家，西至唐庄，北至杨桥。总户数为251户，总人口为1152人，民族为汉族。面积为1.66平方千米。

因村中张姓居多，故名。1958年人民公社时期隶属杨桥大队，1984年至今隶属杨桥村委会。

陈家

陈家（Chénjiā） 隶属朝阳镇嶂渠村村民委员会，地理实体类型为农村居民点。东至陇山，南至嶂渠村，西至赵庄村，北至小丁公村。总户数为105户，总人口为402

人，民族为汉族。面积为0.81平方千米。

因村民陈姓居多，故名。1958年人民公社时期隶属嶂渠大队，1984年至今隶属嶂渠村委会。

平山庄

平山庄（Píngshānzhuāng） 隶属朝阳镇嶂渠村村民委员会，地理实体类型为农村居民点。东至马山，南至韩庄村，西至赵前村，北至嶂渠村。总户数为213户，总人口为806人，民族为汉族。面积为1.42平方千米。

因背靠一座平山头，故名。1958年人民公社时期隶属嶂渠大队，1984年至今隶属嶂渠村委会。

小丁公村

小丁公村（Xiǎodīnggōngcūn） 隶属朝阳镇嶂渠村村民委员会，地理实体类型为农村居民点。东至京渠村，南至陈家，西至大丁公村，北至怀园村。总户数为280户，总人口为1213人，民族为汉族。面积为2.45平方千米。

建村取名因年代久远，无法考证。1958年人民公社时期隶属嶂渠大队，1984年至今隶属嶂渠村委会。

嶂渠村

嶂渠村（Zhàngqúcūn） 隶属朝阳镇嶂渠村村民委员会，地理实体类型为农村居民点。东至陇山，南至平山庄，西至赵庄村，北至陈家。总户数为325户，总人口为1676人，民族为汉族。面积为3.63平方千米。

因村东南有一条水渠名叫嶂渠，故名。1958年人民公社时期隶属嶂渠大队，1984年至今隶属嶂渠村委会。

大丁公

大丁公（Dàdīnggōng） 隶属朝阳镇赵庄村村民委员会，地理实体类型为农村居民点。东至大龟山，南至丁陈，西至赵庄，北至朝阳村。总户数为327户，总人口为1143人，民族为汉族。面积为2.69平方千米。

建村取名因年代久远，无法考证。新中国成立后命名为大丁公村，简称大丁公。

高庄

高庄（Gāozhuāng） 隶属朝阳镇赵庄村村民委员会，地理实体类型为农村居民点。东至三渠沟，南至赵前，西至赵庄，北至大丁公。总户数为52户，总人口为171人，民族为汉族。面积为0.22平方千米。

因居民多姓高，故名。

马庄

马庄（Mǎzhuāng） 隶属朝阳镇赵庄村村民委员会，地理实体类型为农村居民点。东至赵前，南至马集，西至浍朝河，北至赵庄。总户数为61户，总人口为222人，民族为汉族。面积为0.28平方千米。

因村民多为马姓，故名。

下洼子

下洼子（Xiàwāzi） 隶属朝阳镇赵庄村村民委员会，地理实体类型为农村居民点。东至赵庄，南至马庄，西至浍朝河，北至枕山。总户数为54户，总人口为180人，民族为汉族。面积为0.23平方千米。

因村落地势比较低洼，并在洼地里建造仓库和住房，故名。

赵前

赵前（Zhàoqián） 隶属朝阳镇赵庄村村民委员会，地理实体类型为农村居民点。东至三渠沟，南至马集村，西至马集、马庄，北至赵庄、高庄。总户数为241户，总人口为803人，民族为汉族。面积为1.07平方千米。

因赵姓居多，又在原毛庄前，故名。1981年由马集乡更名为赵前村，简称赵前。

赵庄

赵庄（Zhàozhuāng） 隶属朝阳镇赵庄村村民委员会，地理实体类型为农村居民点。东至大丁公村、高庄，南至马庄、赵前，西至枕山、下洼子，北至朝阳村。总户数为465户，总人口为1801人，民族为汉族。面积为3.1平方千米。

因村民多为赵姓，故名。1958年人民公社时期属赵庄大队，1985年由赵庄大队更名为赵庄村民委员会。

郭庄

郭庄（Guōzhuāng） 隶属朝阳镇周庄村村民委员会，地理实体类型为农村居民点。东至旗杆村，南至李寨村，西至赵小楼，北至前炉。总户数为84户，总人口为353人，民族为汉族。面积为0.49平方千米。

因早年村中做铁锅生意，故称“锅庄”，后因无“锅”姓，改为现名。自1985年改叫郭庄。

后炉

后炉（Hòulú） 隶属朝阳镇周庄村村民委员会，地理实体类型为农村居民点。东至旗杆村，南至前炉，西至周庄，北至后炉。总户数为31户，总人口为159人，民族为汉族。面积为0.2平方千米。

清末王姓迁来此地，因以铁匠为生，有铁匠炉，取名后炉。

练滩

练滩（Liàntān） 隶属朝阳镇周庄村村民委员会，地理实体类型为农村居民点。东至周庄，南至小王家，西至游集镇，北至游集镇。总户数为146户，总人口为734人，民族为汉族。面积为1.10平方千米。

在此村庄后面有一河滩，道光年间，有王姓兄弟俩来此撒网晒鱼，发展为庄，取名练滩。一个在河南，一个在河北，今前练摊在周庄村，后练滩在游集镇。

前炉

前炉（Qiánlú） 隶属朝阳镇周庄村村民委员会，地理实体类型为农村居民点。东至旗杆村，南至郭庄，西至周庄，北至后炉。总户数为40户，总人口为182人，民族为汉族。面积为0.2平方千米。

清末王姓迁来此地，繁衍生息，不断壮大，相对后炉，取名前炉。

小河沿

小河沿（Xiǎohéyán） 隶属朝阳镇周庄村村民委员会，地理实体类型为农村居民点。东至辛庄，南至李寨村，西至游集镇，北至小王家。总户数为45户，总人口为190人，民族为汉族。面积为0.27平方千米。

因本庄姓氏较杂，又紧邻运料河居住，后就叫作小河沿。清康熙年间，开挖运料河，人们临河而居，取名小河沿。

小王家

小王家（Xiǎowángjiā） 隶属朝阳镇周庄村村民委员会，地理实体类型为农村居民点。东至周庄，南至辛庄、小河沿，西至游集镇，北至练滩。总户数为100户，总人口为445人，民族为汉族。面积为0.65平方千米。

道光年间，王姓迁至此地，得名小王家。

辛庄

辛庄（Xīnzhuāng） 隶属朝阳镇周庄村村民委员会，地理实体类型为农村居民点。东至赵小楼，南至李寨村，西至游集镇，北至小王家。总户数为110户，总人口为538人，民族为汉族。面积为0.75平方千米。

因最早来此居住的人中辛姓最多，故名。1958年人民公社时期属前进大队。1984年分为周庄、辛庄两个村，属辛庄村。2004年划分归周庄村，庄名一直未变。

渔沟镇

卞庄

卞庄（Biànzhuāng） 隶属渔沟镇卞庄村村民委员会，地理实体类型为农村居民点。东至中莱村马圩村，南至郑楼，西至游集镇李楼，北至朝阳镇李寨。总户数为548户，总人口为2027人，民族为汉族。面积为2.45平方千米。

早年卞姓由外地迁居至此，在此开荒种地，建造房屋定居，故得名卞庄。1958年属卞庄大队，1983年属卞庄村村民委员会。

下土山

下土山（Xiàtǔshān） 隶属渔沟镇钓台村村民委员会，地理实体类型为农村居民点。东至上土山庄，南至郑巷庄，西至三渠沟，北至下渡庄。总户数为117户，总人口为464人，民族为汉族。面积为0.58平方千米。

因村庄位于土山脚下，故名。1958年属钓台大队，1983年属钓台村村民委员会。

钓鱼台

钓鱼台（Diàoyútái） 隶属渔沟镇钓台村村民委员会，地理实体类型为农村居民点。南至赵庄，西至双灵路，北至卓庄村。总户数为156户，总人口为653人，民族为汉族。面积为0.56平方千米。

早年村西有一钓鱼台，传说是姜子牙的钓鱼台，故得名钓鱼台。1958年属钓台大队，1983年属钓台村村民委员会。

北堌

北堌（Běigù） 隶属渔沟镇堌子村村民委员会，地理实体类型为农村居民点。东至江苏睢宁岚山镇谢庄，南至中堌，西至朝阳镇漳渠村，北至江苏睢宁岚山镇项沃。总户数为178户，总人口为765人，民族为汉族。面积为0.8平方千米。

因早年村外建筑有防洪小堤，且南面还有南堌、中堌两个自然庄，故而得名。1958年属堌子大队，1983年属堌子村村民委员会。

大刘山

大刘山（Dàliúshān） 隶属渔沟镇堌子村村民委员会，地理实体类型为农村居民点。东至江苏睢宁岚山镇谢庄，南至高楼镇徐营村，西至跃娄。总户数为270户，总人口为1156人，民族为汉族。面积为0.5平方千米。

因村民多为刘姓，且境内有山，故名。1958年属堌子大队，1983年属堌子村村民委员会。

马楼

马楼（Mǎlóu） 隶属渔沟镇侯湖村马楼村村民委员会，地理实体类型为农村居民点。东至李宅，南至刘塘，西至周寨，北至卓塘村。总户数为103户，总人口为200人，民族为汉族。面积为0.5平方千米。

因早年马姓居住在此，建有土楼，故名。1958年属卓唐大队，1983年属卓唐村村民委员会，1992年属侯湖村村民委员会。

梁集

梁集（Liángjí） 隶属渔沟镇梁集村村民委员会，地理实体类型为农村居民点。东至高楼镇，南至山东庄，西至山西，北至马山庄、砖山庄。总户数为150户，总人口为1000人，民族为汉族。面积为2平方千米。

早年梁姓在此造房居住，后发展为集市，故名。1958年属梁集大队，1983年属梁集村村民委员会。

赵井子

赵井子（Zhàojǐngzi） 隶属渔沟镇刘塘村村民委员会，地理实体类型为农村居民点。东至渔居，南至北刘塘，西至渔居，北至渔居。总户数为180户，总人口为630人，民族为汉族。面积为0.5平方千米。

因村民赵姓居多，且庄中有一口老井，故名。1958年属刘塘大队，1983年属刘塘村村民委员会。

来坝子

来坝子（Láibàzi） 隶属渔沟镇刘塘村村民委员会，地理实体类型为农村居民点。东至马庄，南至南刘塘，西至三渠沟，北至赵井庄。总户数为103户，总人口为520人，主要分布民族为汉族。面积为0.5平方千米。

因西临三渠沟，早年先人来到坝子上建房，后发展成村落，遂得名。1958年属刘马大队，1983年属刘马村村民委员会，1992年属刘塘村村民委员会。

南刘塘

南刘塘（Nánliútáng） 隶属渔沟镇刘塘村村民委员会，地理实体类型为农村居民点。东至渔居，南至北刘塘，西至渔居，北至渔居。总户数为300户，总人口为1050人，民族为汉族。面积为0.9平方千米。

因村民刘姓居多，且村落位于河塘南，故名。1958年隶属刘塘大队，1984年由刘塘大队更名为刘塘村民委员会。

秦湾

秦湾（Qínwān） 隶属渔沟镇刘塘村村民委员会，地理实体类型为农村居民点。东至韩巷，南至大路乡，西至王塘，北至渔居。总户数为300户，总人口为1100人，民族为汉族。面积为0.6平方千米。

村民多姓秦，且村落位于河湾，故名。1958年属秦湾大队，1983年属秦湾村村民委员会，1992年属刘塘村村民委员会。

伙房

伙房（Huǒfáng） 隶属渔沟镇刘塘村村民委员会，地理实体类型为农村居民点。东至王塘庄，南至大路乡地界，西至浍沟地界，北至马楼庄。总户数为180户，总人口为600人，主要分布民族有汉族、傣族。面积为0.7平方千米。

据称西楚霸王项羽的军队曾在此搭伙做饭，俗称“伙房”，后为村名。1958年属王塘大队，1983年属王塘村村民委员会，1992年属刘塘村村民委员会。

菜园庄

菜园庄（Càiyuánzhuāng） 隶属渔沟镇马集村村民委员会，地理实体类型为农村居民点。东至马集庄，南至中菜村，西至中菜村，北至马程庄。总户数为313户，总人口为1344人，民族为汉族。面积为0.28平方千米。

因村庄种菜较多，故名。1958年属九顶公社马集大队，1983年属马集村村民委员会，1992年属渔沟镇马集村。

前崇山口

前崇山口（Qiánchóngshānkǒu） 隶属渔沟镇磬云村村民委员会，地理实体类型为农村居民点。东至后崇山，南至磬云沟，西至韩娄。总户数为140户，总人口为590人，民族为汉族。面积为0.5平方千米。

因村庄位于崇山坳口南，故名。1958年属崇山大队，1983年属崇山村村民委员会，1992年属磬云村村民委员会。

上陶

上陶（Shàngtáo） 隶属渔沟镇磬云村村民委员会，地理实体类型为农村居民点。东至韩唐庄，南至张场，西至小店，北至申寨。总户数为1660户，总人口为701人，民族为汉族。面积为0.8平方千米。

因村民多为陶姓，且村落地势较高，故名。1958年属磬云大队，1983年属磬云村村民委员会。

后崇山口

后崇山口（Hòuchóngshānkǒu） 隶属渔沟镇磬云村村民委员会，地理实体类型为农村居民点。东至大田，南至前崇山，西至大山，北至王山头。总户数为145户，总人口为609人，民族为汉族。面积为0.75平方千米。

因村庄位于崇山坳口北，故名。1958年属崇山大队，1983年属崇山村村民委员会，1992年属磬云村村民委员会。

渔东

渔东（Yúdōng） 隶属渔沟镇渔沟村村民委员会，地理实体类型为农村居民点。东至庆云，南至何庄，西至渔西，北至纸房钓台。总户数为497户，总人口为1885人，民族为汉族。面积为1.2平方千米。

该庄位于渔沟村东部，故名。1958年属渔沟大队，1983年属渔沟村村民委员会，1987年属渔东村村民委员会，2003年渔东、渔西两村合并，属渔沟村村民委员会。

何庄

何庄（Hézhuāng） 隶属渔沟镇渔沟村村民委员会，地理实体类型为农村居民点。东至庆云，南至刘塘村，西至渔西村，北至渔东村。总户数为167户，总人口为616人，民族为汉族。面积为0.7平方千米。

因何姓居民较多而得名。1958年属渔沟大队，1983年属渔沟村村民委员会，1987年属渔东村村民委员会，2003年渔东、渔西两村合并，属渔沟村村民委员会。

娄圩

娄圩（Lóuwéi） 隶属渔沟镇跃娄村村民委员会，地理实体类型为农村居民点。东至周圩，南至梁集砖山，西至大门李，北至朝阳渔楼。总户数为287户，总人口为1291人，民族为汉族。面积为1.7平方千米。

早年村落周围建有圩墙，村内建有土楼，故称楼圩，后更名为娄圩。1958年人民公社时期隶属娄圩大队，1983年属娄圩村村民委员会，2003年因娄圩村、跃山村合并，属跃娄村村民委员会。

山东李

山东李（Shāndōnglǐ） 隶属渔沟镇张寨村村民委员会，地理实体类型为农村居民点。东至渔沟，南至渔沟，西至王寨，北至方家。总户数为156户，总人口为560人，民族为汉族。面积为0.7平方千米。

因村庄位于徽山东，且居民多姓李，故名。1958年属徽山大队，1983年属徽山村村民委员会，2003年因区划调整，徽山村并入张寨村，属张寨村村民委员会。

谷堆

谷堆（Gǔduī） 隶属渔沟镇张寨村村民委员会，地理实体类型为农村居民点。南至王寨，西至西谷，北至方家。总户数为

131户，总人口为535人，民族为汉族。面积为0.4平方千米。

张姓大户从山西大槐树迁址谷堆。1958年属徽山大队，1983年属徽山村村民委员会，2003年因区划调整，徽山村并入张寨村，属张寨村村民委员会。

王寨

王寨（Wángzhài） 隶属渔沟镇张寨村村民委员会，地理实体类型为农村居民点。东至山东李，西至张寨，北至谷堆。总户数为68户，总人口为317人，民族为汉族。面积为0.4平方千米。

因村民王姓居多，且早以山寨形式存在，故名。1958年属张寨大队，1983年属张寨村村民委员会。

赵场

赵场（Zhàochǎng） 隶属渔沟镇纸房村村民委员会，地理实体类型为农村居民点。东至浍朝河，南至纸房村委会，西至方家，北至菜园。总户数为100户，总人口为465人，民族为汉族。面积为0.55千米。

早年，该村赵姓居多，且村里有一较大的打谷场，遂取名为赵场。1958年属赵场大队，1983年属赵场村村民委员会，2008年因区划调整，赵场村并入纸房村，属纸房村村民委员会。

菜园

菜园（Càiyuán） 隶属渔沟镇纸房村村民委员会，地理实体类型为农村居民点。东至浍朝河，南至高尤河，西至郑楼村，北至中菜。总户数为200户，总人口为750人，主要分布民族有汉族、回族。面积为0.8平方千米。

因村民多种菜，故取名菜园。1958年属赵场大队，1983年属赵场村村民委员会，2008年因区划调整，赵场村并入纸房村，属纸房村村民委员会。

卓庄

卓庄（Zhuózhuāng） 隶属渔沟镇卓庄村村民委员会，地理实体类型为农村居民点。东至三渠沟，南至钓台村，西至灵双公路，北至马集村。总户数为480户，总人口为1700人，民族为汉族。面积为1.1平方千米。

早年，卓姓人家由江苏迁入，在此开荒土地，建造房屋，不断繁衍生息，由于卓姓人家居多，故名卓庄。1958年属九顶公社卓庄大队，1983年属马集乡卓庄村村民委员会。

上渡

上渡（Shàngdù） 隶属渔沟镇卓庄村村民委员会，地理实体类型为农村居民点。东至韩庄，南至土山，西至三渠沟，北至朝阳镇。总户数为108户，总人口为532人，民族为汉族。面积为0.5平方千米。

早年，村落西有一条大河，朱姓人家在此开荒，繁衍生息，在大河上设有渡口，村庄在渡口的南方，故名。1958年属九顶公社上渡大队，1983年属马集乡上渡村村民委员会，1992年因区划调整，上渡村并入卓庄村，属渔沟镇卓庄村村民委员会。

下渡

下渡（Xiàdù） 隶属渔沟镇卓庄村村民委员会，地理实体类型为农村居民点。东至上渡庄，南至土山，西至三渠沟，北至三渠沟。总户数为96户，总人口为372人，民族为汉族。面积为0.4平方千米。

早年，村落西有一条大河，朱姓人家在此开荒，繁衍生息，在大河上建有渡口，村庄在渡口的北方，故名。1958年属九顶公社下渡大队，1983年属马集乡下渡村村民委员会，1992年因区划调整，下渡村并入卓庄村，属渔沟镇卓庄村村民委员会。

高楼镇

吴楼

吴楼（Wúlóu） 隶属高楼镇鲍庄村村民委员会，地理实体类型为农村居民点。东至鲍庄，南至青谷堆村柳庄，西至卓场，北至尤庄。总户数为71户，总人口为332人，民族为汉族。面积为0.4平方千米。

吴姓人家从外地迁居到此。当时一大户人家想盖楼，楼的地基打好后，由于其他原因还没建造下去，就去世了，后人就没再建，此地故名吴楼。1958年人民公社时期为吴楼小队，1984年改为吴楼。

夭庄

夭庄（Yāozhuāng） 隶属高楼镇鲍庄村村民委员会，地理实体类型为农村居民点。东至江苏散卓，南至赵庄，西至芝麻滩，北至江苏魏庄。总户数为182户，总人口为801人，民族为汉族。面积为0.7平方千米。

卓姓人家迁到此地，后来夭姓人家也迁居到此，取名卓夭庄。后期因夭姓人家觉得“卓夭”谐音“捉妖”，对夭姓人家不利，就把卓姓人家赶走，改名夭庄。1958年人民公社时期为夭庄小队，1984年改为夭庄。

芝麻滩

芝麻滩（Zhīmátān） 隶属高楼镇鲍庄村村民委员会，地理实体类型为农村居民点。东至夭庄，南至鲍庄，西至吴楼，北至江苏尤庄。总户数为47户，总人口为221人，民族为汉族。面积为0.4平方千米。

早年这个地方四面环水，中间有一小片滩地，上面年年长出芝麻，所以叫芝麻滩。1958年人民公社时期为芝麻滩小队，1984年改为芝麻滩。

卓场

卓场（Zhuóchǎng） 隶属高楼镇鲍庄村村民委员会，地理实体类型为农村居民点。东至吴楼，南至青谷堆村，西至江苏耿庄，北至江苏魏山。总户数为42户，总人口为217人，民族为汉族。面积为0.5平方千米。

民国时期，卓圩大地主卓庭茂在此种地，晒粮食，有人落户到此，故名。1958年人民公社时期为卓场小队，1984年改为卓场。

鳔张

鳔张（Biàozhāng） 隶属高楼镇鳔张村村民委员会，地理实体类型为农村居民点。东至前徐庄，南至孔楼，西至后任庙，北至青谷堆村。总户数为149户，总人口为776人，民族为汉族。面积为0.54平方千米。

张姓家族从山西喜鹊窝迁居于此，在此开荒种地，后有人栽两棵树，高4米，后来两树缠长在一起，遂被称为鳔树张，有团结之意。1958年人民公社时期为鳔张小队，1985年改为鳔张。

夹河滩

夹河滩（Jiáhétān） 隶属高楼镇崔庄村村民委员会，地理实体类型为农村居民点。东至友谊河，南至卓圩村，西至潼郡，北至汤庄村。总户数为145户，总人口为619人，民族为汉族。面积为0.7平方千米。

1949年前两条河中间有土滩，后来土滩被大水冲平，钱姓人家在此居住，故名。1958年人民公社时期隶属崔庄大队，1984年改属崔庄村委会。

新庄

新庄（Xīnzhuāng） 隶属高楼镇崔庄村村民委员会，地理实体类型为农村居民点。东至友谊河，南至卓圩村，西至潼郡，北至汤庄村。总户数为45户，总人口为228人，民族为汉族。面积为0.4平方千米。

卓氏人家聚居此地，建造高楼一座，取名叫努楼，1970年改为新庄。1958年人民公社时期为新庄小队，1984年改为新庄村。

张庄

张庄（Zhāngzhuāng） 隶属高楼镇崔庄村村民委员会，地理实体类型为农村居民点。东至友谊河，南至卓圩村，西至潼郡，北至汤庄村。总户数为49户，总人口为223人，民族为汉族。面积为0.3平方千米。

因张姓聚居此地，故名。1958年人民公社时期为张庄小队，1984年改为张庄。

高楼

高楼（Gāolóu） 隶属高楼镇高楼村村民委员会，地理实体类型为农村居民点。东至卓圩村，南至王楼村，西至钱梁村丁庄，北至朱庄村。总户数为1097户，总人口为4090人，民族为汉族。面积为2平方千米。

高姓家族到此地经商，很有钱，后成为大地主，且又盖有大楼，故名。1958年人民公社时期为高楼小队，1984年改为高楼。

张刘庄

张刘庄（Zhāngliúzhuāng） 隶属高楼镇高楼村村民委员会，地理实体类型为农村居民点。东至高楼村，南至王楼村，西至王场村，北至钱梁村。总户数为201户，总人口为800人，民族为汉族。面积为2平方千米。

张、刘二姓家族迁居此地，开荒种地，建造房屋，繁衍生息，故名。1958年人民公社时期为张刘庄小队，1984年改为张刘庄。

高场

高场（Gāochǎng） 隶属高楼镇高庄村村民委员会，地理实体类型为农村居民点。东至闸河，南至后赵村，西至孟山村许庄，北至孟山小学。总户数为215户，总人口为623人，民族为汉族。面积为1平方千米。

原为高楼村地主晒粮场，后高楼村高姓迁居至此，不断繁衍生息，人丁兴旺，故名。1958年人民公社时期为高场小队，1984年改为高场。

高庄街

高庄街（Gāozhuāngjiē） 隶属高楼镇高庄村村民委员会，地理实体类型为农村居民点。东至毛庄村，南至赵场，西至孟山村，北至张场。总户数为90户，总人口为320人，民族为汉族。面积为1平方千米。

1958年人民公社时期为高庄街小队，1984年改为高庄街。1996年时任村支书耿士保主持新开一条大街，住户不断增多，街市逐渐发展壮大。

耿庄

耿庄（Gěngzhuāng） 隶属高楼镇高庄村村民委员会，地理实体类型为农村居民点。东至闸河，南至后赵村，西至孟山村许庄，北至孟山小学。总户数为60户，总人口为235人，民族为汉族。面积为0.5平方千米。

耿姓人迁居至此，在此开荒种地，不断繁衍生息，人丁渐旺，故名。1958年人民公社时期为耿庄小队，1984年改为耿庄。

河西毛庄

河西毛庄（Héxīmáozhuāng） 隶属高

楼镇高庄村村民委员会，地理实体类型为农村居民点。东至闸河，南至后赵村，西至孟山村许庄，北至孟山小学。总户数为400户，总人口为850人，民族为汉族。面积为1平方千米。

毛姓人家迁居此地，开荒种地，繁衍生息，人丁兴旺，逐渐壮大，因村庄位于闸河西侧，故名。1958年人民公社时期为河西毛庄小队，1984年改为河西毛庄。

南小毛庄

南小毛庄（Nánxiǎomáozhuāng） 隶属高楼镇高庄村村民委员会，地理实体类型为农村居民点。东至闸河，南至后赵村，西至孟山村许庄，北至孟山小学。总户数为60户，总人口为260人，民族为汉族。面积为0.5平方千米。

1950年毛姓人迁居至此，建村立庄，因北有毛庄，故名。1958年人民公社时期为南小毛庄小队，1984年改为南小毛庄。

赵场

赵场（Zhàochǎng） 隶属高楼镇高庄村村民委员会，地理实体类型为农村居民点。东至闸河，南至后赵村，西至孟山村许庄，北至孟山小学。总户数为405户，总人口为1785人，民族为汉族。面积为1平方千米。

清康熙年间黄河水泛滥，使原来的湖泊变为平地，一赵姓人家在此落户，当时战乱加上自然灾害，使逃荒、逃难者相继而至，故取名赵场。1958年人民公社时期为赵场小队，1984年改为赵场。

半楼

半楼（Bànlóu） 隶属高楼镇孟山村村民委员会，地理实体类型为农村居民点。东至赵场，南至赵梅，西至倪场，北至许庄。总户数为380户，总人口为1250人，主要分布民族有汉族、回族。面积为1.33平方千米。

原自然庄一刘姓，家中富裕，正在盖楼，因其他事情和人家打官司，造成家中贫困，楼也无法完工，故名。1958年人民公社时期为半楼小队，1983年改为半楼。

梁庙

梁庙（Liángmiào） 隶属高楼镇钱梁村村民委员会，地理实体类型为农村居民点。东至高楼村，南至张刘庄，西至沈庄，北至朱庄。总户数为350户，总人口为1560人，民族为汉族。面积为1.6平方千米。

梁姓聚居此地，建村立庄，出资建庙一座，故名。1958年人民公社时期为梁庙小队，属梁庙大队；1984年改为梁庙，属梁庙村；2003年梁庙村与钱庄村合并为钱梁村，梁庙属钱梁村。

钱庄

钱庄（Qiánzhuāng） 隶属高楼镇钱梁村村民委员会，地理实体类型为农村居民点。东至徐庄，南至王场村，西至王庄，北至沈庄。总户数为50户，总人口为220人，民族为汉族。面积为0.33平方千米。

钱姓人家自本镇卓圩北搬迁到此，故名。1958年人民公社时期为钱庄小队，属钱庙大队；1984年改为钱庄，属钱庄村；2003年钱庄村与梁庙村合并为钱梁村，钱庄属钱梁村。

许庄

许庄（Xǔzhuāng） 隶属高楼镇青谷堆村村民委员会，地理实体类型为农村居民点。东至小王庄，南至鳔张村任庙庄，西至徐营村，北至腊园。总户数为108户，总人口为577人，民族为汉族。面积为0.6平方千米。

许姓家族迁居此地，开荒种地，繁衍生息，人丁兴旺，逐渐壮大，故名。1958年人民公社时期为许庄小队，1983年改为许庄。

大王庄

大王庄（Dàwángzhuāng） 隶属高楼镇汤庄村村民委员会，地理实体类型为农村居民点。东至汤庄，南至潼郡村小卓庄，西至潼郡村丁庄，北至鳔张村。总户数为145户，总人口为670人，民族为汉族。面积为0.4平方千米。

王氏家族从山东迁居到此，开荒种地、建房，繁衍生息，因王氏家族人丁兴旺，不断壮大，故名。1958年人民公社时期为大王庄小队，1984年改为大王庄。

东小王庄

东小王庄（Dōngxiǎowángzhuāng） 隶属高楼镇汤庄村村民委员会，地理实体类型为农村居民点。东至江苏省睢宁县友谊河，南至江苏省睢宁县洼村，西至汤庄，北至蒋庄。总户数为46户，总人口为230人，民族为汉族。面积为0.2平方千米。

王氏家族迁入此地定居，开荒种地、建房，繁衍生息，人丁兴旺，因该庄位于东面，故名。1958年人民公社时期为东小王小队，1984年改为东小王庄。

西小王庄

西小王庄（Xīxiǎowángzhuāng） 隶属高楼镇汤庄村村民委员会，地理实体类型为农村居民点。东至汤庄，南至潼郡村小卓庄，西至潼郡村丁庄，北至鳔张村。总户数为41户，总人口为180人，民族为汉族。面积为0.1平方千米。

王氏家族迁入此地定居，开荒种地、建房，繁衍生息，人丁兴旺，因该庄位于西面，故名。1958年人民公社时期为西小王小队，1984年改为西小王庄。

大车头

大车头（Dàchētóu） 隶属高楼镇潼郡村村民委员会，地理实体类型为农村居民点。东至任庄，南至高楼，西至孔楼，北至鳔张村。总户数为89户，总人口为311人，民族为汉族。面积为0.6平方千米。

张姓人家由西部迁居至此，繁衍生息，人丁兴旺，逐渐壮大，生活富裕后买很多大车给人家运货，故名。1958年人民公社时期为大车头小队，1983年改为大车头。

大张庄

大张庄（Dàzhāngzhuāng） 隶属高楼镇王楼村村民委员会，地理实体类型为农村居民点。东至胡圩卓李沟，南至利民沟，西至红泥沟，北至李楼庄。总户数为150户，总人口为586人，民族为汉族。面积为0.5平方千米。

张姓人家由南方迁居到此，建村立庄，繁衍生息，故名。新中国成立前，属睢宁县管辖。新中国成立后，属灵璧县管辖。

单庄

单庄（Shànzhuāng） 隶属高楼镇王楼村村民委员会，地理实体类型为农村居民点。东至水泥路，南至卓李沟，西至小沟东，北至大张庄。总户数为55户，总人口为260人，民族为汉族。面积为0.3平方千米。

单庄曾名年楼，因年姓富人居住在此地，建造大楼，故名。后单姓人口居多，改名为单庄。新中国成立前，属睢宁县管辖。新中国成立后，属灵璧县管辖。

后王

后王（Hòuwáng） 隶属高楼镇王楼村村民委员会，地理实体类型为农村居民点。东至卓李沟，南至前王，西至张庄，北至潼河。总户数为104户，总人口为432人，民族为汉族。面积为0.03平方千米。

庄里住着一户铁匠，善于打造各种农具，时间久了，取名打铁王家。新中国成立前，属睢宁县管辖。新中国成立后，属灵璧县管辖。

前王

前王（Qiánwáng） 隶属高楼镇王楼村村民委员会，地理实体类型为农村居民点。东至大张、胡圩，南至沟涯村，西至王胜，北至后王。总户数为85户，总人口为410人，民族为汉族。面积为0.4平方千米。

庄里住着一户铁匠，善于打造各种农具，时间久了，故名打铁王家。因该庄靠南，故改名为前王。新中国成立后，划为灵璧县，新中国成立前，属睢宁县。

万庄

万庄（Wànzhuāng） 隶属高楼镇王楼村村民委员会，地理实体类型为农村居民点。东至红泥沟，南至李楼庄，西至庙后庄，北至卓圩路。总户数为80户，总人口为350人，民族为汉族。面积为0.4平方千米。

从山西迁居至此，开荒种地，建造房屋，后来又有一户人家从万里之外来到本地生活，故名万庄。1958年人民公社时期为万庄小队，1984年改为万庄。

南瓦房

南瓦房（Nánwǎfáng） 隶属高楼镇张营村村民委员会，地理实体类型为农村居民点。东至鳏张村，南至朱庄村，西至营西庄，北至张营村。总户数为26户，总人口为130人，民族为汉族。面积为0.2平方千米。

张姓人家，由山西曲沃县逃荒来到睢宁县西乡，在此开荒种地，繁衍生息。张姓人家人丁兴旺，故得名张营。因新中国成立前村庄中瓦房居多，故名。新中国成立后，南瓦房隶属张营村。

营西庄

营西庄（Yíngxīzhuāng） 隶属高楼镇张营村村民委员会，地理实体类型为农村居民点。东至张营庄，南至朱庄村陈庙，西至张潼村，北至渔沟镇梁集村。总户数为445户，总人口为1650人，民族为汉族。面积为1.7平方千米。

张姓人家由山西曲沃县逃荒来到睢宁县西乡，在此开荒种地，繁衍生息。张姓人家人丁兴旺，故得名张营。张营庄有一条河居住，老二来到河西居住，老大来到河北居住，老三当时在张营居住，故名。新中国成立后，张营成立光明社，包括营东、营西、营北。在“文化大革命”前，张营村划为三个村（张营村、营西村、营北村）。2005年，营西与张营合并。2010年8月，营北也与张营合并，称张营村。

张营子

张营子（Zhāngyíngzi） 隶属高楼镇张营村村民委员会，地理实体类型为农村居民点。东至鳏张村，南至朱庄村，西至张潼村朱庄，北至徐营村侯楼庄。总户数为485户，总人口为1780人，民族为汉族。面积为1.6平方千米。

张姓人家由山西曲沃县逃荒来到睢宁县西乡，在此开荒种地，繁衍生息。张姓人家人丁兴旺，故得名张营。张营庄有一条河居住，老二来到河西居住，老大来到河北居住，老三当时在张营居住，故名。新中国成立前叫张家营。1958年人民公社时期名为光明社张营大队，1983年更名为张营村。

范庄

范庄（Fànzhuāng） 隶属高楼镇卓海村村民委员会，地理实体类型为农村居民点。东至鲍虞路，南至吴庙庄，西至青谷堆村柳庄，北至鲍庄村鲍庄。总户数为87户，总人口为365人，民族为汉族。面积为0.5平方千米。

早先范姓家族聚居此地，建村立庄，因其家族人多、耕地面积大，范庄由此得名。人民公社时期为范庄小队，隶属卓海人民公社。1982年为范庄。1994年撤区并乡后，属卓海村管辖。

前海庄

前海庄（Qiánhǎizhuāng） 隶属高楼镇卓海村村民委员会，地理实体类型为农村居民点。东至江苏省睢宁县桃元镇任庙村，南至汤庄村，西至本村汤庙庄，北至本村卓海庄。总户数为229户，总人口为1260人，民族为汉族。面积为1.1平方千米。

卓姓、王姓、宋姓等姓氏人口逃荒或搬迁到此，开田种地，建房入住，因村庄位于卓海庄南面，故名。新中国成立后隶属卓海人民公社。1982年设前海村。1994年撤区并乡后，属卓海村管辖，成为前海庄。1996年政府划分卓海村后，设置前海村。2005年因区划调整，合并前海、汤庙、任庙、卓海自然庄为卓海村，该庄另改名为前海庄。

吴庙

吴庙（Wúmiào） 隶属高楼镇卓海村村民委员会，地理实体类型为农村居民点。东至汤庙，南至大王庄，西至鳔张村，北至范庄。总户数为86户，总人口为423人，民族为汉族。面积为0.53平方千米。

庄东建有寺庙一座，里面住着几个和尚，且因该庄吴姓居多，故得名吴庙。新中国成立后，庙被损坏。1958年人民公社时吴庙属高楼公社，1983年属汤庙村，后划入卓海村。

卓海庄

卓海庄（Zhuóhǎizhuāng） 隶属高楼镇卓海村村民委员会，地理实体类型为农村居民点。东至任庙庄，南至前海、汤庙，西至范庄、吴庙，北至鲍庄村。总户数为220户，总人口为801人，主要分布民族有汉族、水族。面积为0.74平方千米。

因卓姓人口多，门户大，占地面积较大，在此繁衍生息，人丁兴旺，逐渐壮大，故名。1958年人民公社时期为大姚小队，1983年改为大姚庄。

丁庄

丁庄（Dīngzhuāng） 隶属高楼镇卓圩村村民委员会，地理实体类型为农村居民点。东至海杨路陈庄，南至潼河，西至柳潼河，北至卓圩庄。总户数为37户，总人口为213人，民族为汉族。面积为0.28平方千米。

以丁氏人居多，故名。1958年人民公社时期为丁庄小队，1983年改为丁庄。

胡圩

胡圩（Húwéi） 隶属高楼镇卓圩村村民委员会，地理实体类型为农村居民点。东至小朱庄，南至利民沟，西至大张、单庄，北至侯集、潼河。总户数为330户，总人口为1408人，民族为汉族。面积为1.42平方千米。

据传，清末一胡姓老人带着儿子从湖广来到此地做木匠生意，在这里盖房子。后来儿子和潼郡村一女孩结婚，婚后生育四子。这位老人在老家有老婆孩子，后来就回老家了。家族人丁兴旺，逐渐壮大，此地得名胡圩。1958年人民公社时期为胡圩小队，1983年改为胡圩。

小朱庄

小朱庄（Xiǎozhūzhuāng） 隶属高楼镇卓圩村村民委员会，地理实体类型为农村居民点。东至江苏省睢宁县徐场村，南至利民沟，西至海杨路，北至潼河。总户数为102户，总人口为406人，民族为汉族。面积为0.3平方千米。

朱姓人家迁居此地，开荒种地，建造房屋，繁衍生息，因村庄面积小，故名。1958年人民公社时期为小朱小队，1983年改为小朱庄。

斜门李

斜门李（Xiéménlǐ） 隶属高楼镇卓圩村村民委员会，地理实体类型为农村居民点。东至侯集，南至胡圩，西至高胡水泥路，北至潼河。总户数为45户，总人口为192人，民族为汉族。面积为0.25平方千米。

据传原来该庄各户房屋的堂屋门都面朝东南方向，故名。1958年人民公社时期为斜门李小队，1983年改为斜门李。

卓圩

卓圩（Zhuówéi） 隶属高楼镇卓圩村村民委员会，地理实体类型为农村居民点。东至友谊河，南至陈庄，西至潼郡村，北至崔庄村。总户数为408户，总人口为1721人，民族为汉族。面积为1.41平方千米。

原来此地荒无人烟，几户王姓人家流浪到此，在此开荒种地，建造房屋。后又有卓姓迁居至此，强行占据土地，改名卓圩。1958年人民公社时期为卓圩小队，1983年改为卓圩。

侯楼庄

侯楼庄（Hóulóuzhuāng） 隶属高楼镇徐营村村民委员会，地理实体类型为农村居民点。东至青谷堆村，南至鳔张彩村、张营村，西至张营村、前吴庄，北至朱庄、王向庄。总户数为255户，总人口为1104人，民族为汉族。面积为1.22平方千米。

侯姓人家由山西省洪洞县迁居至此，在此开荒种地、建造房屋，不断繁衍生息，家族人丁旺盛，逐渐壮大，因本庄侯姓居多，故名。1958年人民公社时期隶属徐营大队，1983年由徐营大队更名为徐营村委会，隶属至今。

王巷庄

王巷庄（Wángxiàngzhuāng） 隶属高楼镇徐营村村民委员会，地理实体类型为农村居民点。东至朱庄，南至侯楼庄，西至前吴庄，北至温庄。总户数为38户，总人口为170人，民族为汉族。面积为0.2平方千米。

王姓一户人家由江苏迁居至此，因王姓门户小，别的姓为了照顾小门户，以王姓为庄名。又因庄中有个巷子，故得名为王巷庄。1958年人民公社时期隶属徐营大队，1983年徐营大队更名为徐营村委会，隶属至今。

前吴庄

前吴庄（Qiánwúzhuāng） 隶属高楼镇徐营村村民委员会，地理实体类型为农村居民点。东至徐营庄，南至张营村、侯楼庄，西至张营村营北庄，北至渔沟镇。总户数为265户，总人口为1155人，民族为汉族。面积为 1.21 平方千米。

吴姓人家由江苏省吴岗迁居至此，在此处开荒种地，建造房屋，繁衍生息，家族人丁旺盛，逐渐壮大，故名。1958 年人民公社时期隶属徐营大队，1983 年由徐营大队更名为徐营村委会，隶属至今。

温庄

温庄（Wēnzhuāng） 隶属高楼镇徐营村村民委员会，地理实体类型为农村居民点。东至朱庄，南至朱庄、王向庄，西至徐营庄，北至农田。总户数为 57 户，总人口为 257 人，民族为汉族。面积为 0.8 平方千米。

温姓人家由山西喜鹊窝迁居至此，在此开荒种地，建造房屋，繁衍生息，逐渐壮大，故名。1958 年人民公社时期隶属徐营大队，1983 年由徐营大队更名为徐营村委会，隶属至今。

朱庄

朱庄（Zhūzhuāng） 隶属高楼镇徐营村村民委员会，地理实体类型为农村居民点。东至青谷堆村，南至侯楼庄，西至王向庄，北至温庄。总户数为 90 户，总人口为 402 人，民族为汉族。面积为 0.45 平方千米。

朱姓人家由江苏省睢宁县魏集迁居至此，在此开荒种地，建造房屋，不断繁衍生息，家族人丁旺盛，逐渐壮大，故名。1958 年人民公社时期隶属徐营大队，1983 年由徐营大队更名为徐营村委会，隶属至今。

新二村

新二村（Xīn’ èrcūn） 隶属高楼镇徐营村村民委员会，地理实体类型为农村居民点。东至江苏省，南至徐营庄，西至新一村，北至江苏省、渔沟镇。总户数为 38 户，总人口为 171 人，民族为汉族。面积为 0.21 平方千米。

1970 年，因当时土地离家比较远，为方便种地，经上级批准，从原徐营庄和朱庄搬迁一部分农户到此居住，由于比新一村搬迁稍晚，故名新二村。经上级批准建庄新二村，属徐营大队，1983 年隶属徐营村委会。

徐营庄

徐营庄（Xúyíngzhuāng） 隶属高楼镇徐营村村民委员会，地理实体类型为农村居民点。东至温庄，南至王向庄，西至前吴庄，北至新二村。总户数为 151 户，总人口为 658 人，民族为汉族。面积为 0.79 平方千米。

徐姓家族由山西省喜鹊窝迁居至此，因该庄徐姓人口较多，有将近一个营的人，故名。1958 年人民公社时期隶属徐营大队，1983 年由徐营大队更名为徐营村委会，隶属至今。

新一村

新一村（Xīnyīcūn） 隶属高楼镇徐营村村民委员会，地理实体类型为农村居民点。东至新二村，南至前吴庄，西至渔沟镇，北至渔沟镇。总户数为 74 户，总人口为 330 人，民族为汉族。面积为 0.31 平方千米。

1970 年，因当时土地离家比较远，为方便种地，经上级批准，从原徐营庄和前吴庄搬迁一部分农户到此居住，得名新一村。20 世纪 70 年代经上级批准建庄新一村，属徐营大队，1983 年隶属徐营村委会。

冯庙镇

大陈庄

大陈庄（Dàchénzhuāng） 隶属冯庙镇大陈村村民委员会，地理实体类型为农村居民点。东至大陈村村部，南至本村小卢庄，西至本村小陈庄，北至仲宅庄。总户数为 121 户，总人口为 558 人，民族为汉族。面积为 0.4 平方千米。

该自然村因陈氏兄弟分居取名，大陈庄以陈氏兄弟老大居住取名，小陈庄以陈氏兄弟老二居住取名。1958 年人民公社时期为大陈小队，1983 年改为大陈庄。

郭褚场

郭褚场（Guōchǔchǎng） 隶属冯庙镇大陈村村民委员会，地理实体类型为农村居民点。东至本村马万庄，南至村部驻地及本村沈场庄，西至灵双公路，北至大庙乡王支村。总户数为 107 户，总人口为 494 人，民族为汉族。面积为 0.5 平方千米。

该庄以郭、褚二姓居多，故取名郭褚场，简称郭场。1958 年人民公社时期为郭褚场小队，1983 年改为郭褚场。

沈场庄

沈场庄（Shěnchǎngzhuāng） 隶属冯庙镇大陈村村民委员会，地理实体类型为农村居民点。东至本镇三王村马庄，南至三王村夏宅庄，西至小卢家，北至马万庄、郭场庄。总户数为 221 户，总人口为 1023 人，民族为汉族。面积为 1.3 平方千米。

沈家有一块良田在此，沈氏家族便在此地打造一块场地，供农作物晾晒。久而久之，沈氏一老人夫妇在此居住，育有三子，不断繁衍生息，家族人丁旺盛，逐渐壮大，故名。1958 年人民公社时期为沈场小队，1983 年改为沈场庄。

后三卢庄

后三卢庄（Hòusānlúzhuāng） 隶属冯庙镇大卢村村民委员会，地理实体类型为农村居民点。东至本村翟道庄，南至本村三卢庄，西至高宅村张鲍庄，北至大庙乡。总户数为 80 户，总人口为 325 人，民族为汉族。面积为 0.35 平方千米。

卢姓人家由北仝卢庄迁居至此，在此开荒种地，建造房屋，不断繁衍生息，家族人丁兴旺，逐渐壮大，故名。1958 年加入冯庙人民公社，划为冯东大队后小卢生产队。再后来划为冯东乡三卢村，为后三卢村民小组，简称后三卢庄。

范东庄

范东庄（Fàndōngzhuāng） 隶属冯庙镇高宅村村民委员会，地理实体类型为农村居民点。东至高宅庄，南至后胡庄，西至刘西庄，北至大庙乡张宅庄。总户数为 170 户，总人口为 697 人，民族为汉族。面积为 1.1 平方千米。

一范姓人家和一刘姓人家两家系表兄弟，分别迁居至此，两家在此开荒种地，建房居住，不断繁衍生息，家族人丁旺盛，逐渐壮大，形成村庄，故得名范刘家。后来两家人丁不断增多，逐渐壮大，又各自为庄。范姓居东，故名范东庄；刘姓居西，故名刘西庄。1958 年人民公社时期为范东小队，1984 年改为范东庄。

高宅庄

高宅庄（Gāozháizhuāng） 隶属冯庙镇高宅村村民委员会，地理实体类型为农村居民点。东至大庙乡朱场庄，南至张鲍圩，西至范东庄，北至大庙乡王谷村。总户数为 246 户，总人口为 1028 人，民族为汉族。面积为 2.7 平方千米。

高姓人家由山西迁居至此，在此开荒种地，建房居住，不断繁衍生息，家族人丁旺盛，逐渐壮大，形成村庄，故名。1958 年人民公社时期为高宅小队，1984 年改为高宅庄。

刘西庄

刘西庄（Liúxīzhuāng） 隶属冯庙镇高宅村村民委员会，地理实体类型为农村居民点。东至范东庄，南至西高庄，西至三王村赵场庄，北至大庙乡张宅庄。总户数为180户，总人口为751人，民族为汉族。面积为1.1平方千米。

一范姓人家和一刘姓人家两家系表兄弟，分别迁居至此，两家在此开荒种地，建房居住，不断繁衍生息，家族人丁旺盛，逐渐壮大，形成村庄，故得名范刘家。后来两家人丁不断增多，逐渐壮大，又各自为庄。范姓居东，故名范东庄；刘姓居西，故名刘西庄。1958年人民公社时期为刘西小队，1984年改为刘西庄。

小张鲍

小张鲍（Xiǎozhāngbào） 隶属冯庙镇高宅村村民委员会，地理实体类型为农村居民点。东至大卢村，南至三王村高庵庄，西至张鲍圩庄，北至本村高宅庄。总户数为61户，总人口为251人，民族为汉族。面积为1平方千米。

有王姓、孙姓等人家从附近迁居至此，在此开荒种地，建房居住，不断繁衍生息，形成村庄，因他们依附在张鲍圩庄旁边，人们便称此庄为小张鲍。1958年人民公社时期为张鲍小队，1984年改为小张鲍。

张鲍圩

张鲍圩（Zhāngbàowéi） 隶属冯庙镇高宅村村民委员会，地理实体类型为农村居民点。东至大卢村，南至高庵庄，西至靖宅庄，北至高宅庄。总户数为92户，总人口为367人，民族为汉族。面积为1.1平方千米。

张姓兄弟三人从凤阳一带逃荒至此，老大、老二先后病亡，老三名叫张鲍，在此成家，开荒种地，建房居住，不断繁衍生息，家族人丁旺盛，逐渐壮大，形成村庄，为村庄安全，在村庄周围开挖圩沟，人们便称此庄为张鲍圩。1958年人民公社时期为张鲍圩小队，1984年改为张鲍圩。

后蒋庄

后蒋庄（Hòujiǎngzhuāng） 隶属冯庙镇沟涯村村民委员会，地理实体类型为农村居民点。东至大陈村，南至刘西庄，西至吴杨村，北至大路乡蒋庙村。总户数为70户，总人口为380人，民族为汉族。面积为0.78平方千米。

蒋姓两户人家在此居住，建造房屋，在此开荒种地，不断繁衍生息，人丁旺盛，逐渐壮大。一户住东头，一户住西头，中间有条南北路，别称两半蒋或骑路蒋。1986年合并沟涯村，因该村前后有两个蒋家，该庄在村部北边，因此得名后蒋庄。

前场庄

前场庄（Qiánchǎngzhuāng） 隶属冯庙镇沟涯村村民委员会，地理实体类型为农村居民点。东至沟涯村部，南至本村小彭庄，西至本村小徐庄，北至本村刘西庄。总户数为61户，总人口为260人，民族为汉族。面积为0.6平方千米。

有一对刘姓夫妻从刘大庄迁居此处，在一个斜沟上建房居住，开荒种地，不断繁衍生息，家族人丁兴旺，逐渐壮大，庄名叫斜沟涯。因收晒粮食，庄东北有一个场地，庄西南有一个场地，在清朝时期迁居一部分人在前场和后场边建房居住。随着人口不断增加，庄东北场叫后场庄，庄西南场叫前场庄。1958年政府成立冯庙人民公社，正式命名为前场庄。

小彭庄

小彭庄（Xiǎopéngzhuāng） 隶属冯庙镇沟涯村村民委员会，地理实体类型为农村居民点。东至灵双公路，南至前蒋庄，西至小徐庄，北至刘西庄。总户数为75户，总人口为360人，民族为汉族。面积为0.6平方千米。

彭姓人家在此居住，建造房屋，开荒种地，之后又有丁姓、吴姓人家迁居此地，不断繁衍生息，逐渐壮大。因彭姓在前，故名。1958年人民公社时属冯庙人民公社，1984年成立小彭庄。

张周庄

张周庄（Zhāngzhōuzhuāng） 隶属冯庙沟涯村村民委员会，地理实体类型为农村居民点。东至小鲍庄，南至张汪村刘汪庄，西至奎濉河，北至小徐庄。总户数为119户，总人口为548人，民族为汉族。面积为0.62平方千米。

张姓和周姓两户人家在此居住，建造房屋，开荒种地，之后胡姓、姜姓迁居此地，不断繁衍生息，逐渐壮大。因张姓和周姓在前，故叫张周庄。1958年人民公社时属冯庙人民公社，1984年成立张周庄。

黄家庄

黄家庄（Huángjiāzhuāng） 隶属冯庙镇黄家村村民委员会，地理实体类型为农村居民点。东至本村小张庄，南至本村小周庄，西至张汪村九角杨庄，北至张汪村张汪庄。总户数为126户，总人口为553人，民族为汉族。面积为0.42平方千米。

黄姓人家搬迁至此，在此建村立庄，故名。1958年人民公社时期黄家庄被命名为黄家大队，1983年更名为黄家村。

刘庙庄

刘庙庄（Liúmiàozhuāng） 隶属冯庙镇黄家村村民委员会，地理实体类型为农村居民点。东至冯庙村，南至本村小张庄，西至张汪村、张汪庄，北至后朱村、李课庄。总户数为99户，总人口为378人，民族为汉族。面积为0.4平方千米。

刘姓人家迁移至此，然后盖了一座庙，故名。1958年人民公社时期隶属黄家大队，1984年属黄家村村民委员会。

水牛陈庄

水牛陈庄（Shuǐniúchénzhuāng） 隶属冯庙镇黄家村村民委员会，地理实体类型为农村居民点。东至大王村，南至王刘村，西至本村大司庄，北至本村小周庄。总户数为330户，总人口为1331人，主要分布民族有汉族和苗族。面积为1.06平方千米。

陈姓人家从灵璧县尹集镇龙潭村和土桥村迁移到此。一种传说是，因为喂养水牛较多，故名水牛陈家。另一种传说是，在村中河塘里放进十头水牛，就会出来十一头水牛，因此得名水牛陈家。1958年人民公社时期隶属黄家大队，1984年属黄家村村民委员会。

木谷

木谷（Mùgǔ） 隶属冯庙镇木谷村村民委员会，地理实体类型为农村居民点。东至大卢村，南至邹圩村，西至靖家，北至小谢庄。总户数为350户，总人口为1610人，民族为汉族。面积为1.5平方千米。

冯庙萧木古堆，系金朝将领葬身之处。南宋兴隆元年（1163年）宋孝宗即位，意欲收复被金军侵占的江淮失地，命张浚为枢密使，督淮东西路军马出师渡淮，计划先收复虹县（泗县），再收复灵璧。于是金、宋双方以灵南老营湖为中心摆开战场，决一雌雄。金军大败，萧太后之后代萧木古战死在战场上，萧木古被葬在现在萧木古村一高地，坟名称“萧木古堆”，后被称“小木谷”，今称为木谷。1958年人民公社时期为木谷小队，1983年改为木谷。

高庵

高庵（Gāo'ān） 隶属冯庙镇三王村村民委员会，地理实体类型为农村居民点。东至朱牌坊，南至大卢，西至三王庄，北至高宅村。总户数为192户，总人口为805人，民族为汉族。面积为3平方千米。

这里有一座尼姑庵，后来高姓人家由西方迁来，停庵建房而居，在此开荒种地，不断繁衍生息，尼姑庵后来破败倒塌，无人居住，而高姓人家在此不断壮大发展，故而得名。1958年人民公社时期为高庵大队，1984年称高庵。

下宅庄

下宅庄（Xiàzháizhuāng） 隶属冯庙镇三王村村民委员会，地理实体类型为农村居民点。东至三王庄，南至后朱徐邢庄，西至沟涯村朱连庄，北至大陈村沈场庄。总户数为113户，总人口为428人，民族为汉族。面积为1.5平方千米。

吕姓人家在此有土地，建造房屋、打谷坊，召集佃户在此耕作，因有上房（上宅），这里便称下宅。1958年人民公社时期属三王大队，1983年隶属三王村村民委员会。

小马庄

小马庄（Xiǎomǎzhuāng） 隶属冯庙镇三王村村民委员会，地理实体类型为农村居民点。东至赵场庄，南至三王庄，西至大陈村，北至大庙乡卢沟庄。总户数为165户，总人口为765人，民族为汉族。面积为1.25平方千米。

王姓人家由高楼镇马庄迁来，在此开荒种地，在此建造房屋，不断繁衍生息。家族人丁旺盛，逐渐壮大，因从马庄迁来，沿用原庄名，故用小马庄。1958年命名为马庄大队，以后撤庄并乡，1993年并入三王庄，属三王村村民委员会。

朱牌坊

朱牌坊（Zhūpáifāng） 隶属冯庙镇三王村村民委员会，地理实体类型为农村居民点。东至大卢村，南至小解庄，西至高庵庄，北至小胡庄。总户数为151户，总人口为530人，民族为汉族。面积为1.5平方千米。

朱姓人家迁居至此，在此开荒种地，建造房舍，不断繁衍生息，不断壮大、发展。有朱姓人家媳妇丧夫守寡，至死未改嫁，其后人为了表彰其贞洁，树立石门牌坊（也叫贞节牌坊），因此该村得名朱牌坊。1958年人民公社时期属三王大队，1983年隶属三王村村民委员会。

倪家庄

倪家庄（Níjiāzhuāng） 隶属冯庙镇王刘村村民委员会，地理实体类型为农村居民点。东至小朱庄，南至张集村唐圩，西至小刘庄，北至倪北路。总户数为130户，总人口为532人，民族为汉族。面积为0.8平方千米。

因倪姓人口占90%，取名倪家庄。1958年人民公社时期隶属王刘大队，1983年属王刘村委会。

小刘庄

小刘庄（Xiǎoliúzhuāng） 隶属冯庙镇王刘村村民委员会，地理实体类型为农村居民点。东至倪家，南至张集村唐圩庄，西至小王庄，北至倪北路。总户数为65户，总人口为291人，民族为汉族。面积为0.4平方千米。

刘姓居多，但村庄面积小，故名。1958年人民公社时期隶属王刘大队，1983年属王刘村委会。

小王庄

小王庄（Xiǎowángzhuāng） 隶属冯庙镇王刘村村民委员会，地理实体类型为农村居民点。东至小刘庄，南至张集村唐圩庄，西至新濉河，北至毛翁李庄。总户数为97户，总人口为397人，民族为汉族。面积为0.5平方千米。

王姓人家迁居此地，在此开荒种地，建造房屋，繁衍生息，因村庄面积小，故得名。1958年人民公社时期隶属王刘大队，1983年属王刘村委会。

前徐庄

前徐庄（Qiánxúzhuāng） 隶属冯庙镇王圩村村民委员会，地理实体类型为农村居民点。东至洪灵沟，南至本村小金庄，西至本村王英庄，北至本村中徐庄。总户数为114户，总人口为450人，民族为汉族。面积为0.6平方千米。

徐姓人家由南方迁居至此，在此开荒种地，建造房屋，不断繁衍生息，家族人丁旺盛，逐渐壮大，故名。1958年人民公社时期为前徐小队，1983年改为前徐庄。

三徐庄

三徐庄（Sānxúzhuāng） 隶属冯庙镇王圩村村民委员会，地理实体类型为农村居民点。东至泗县曹集村，南至本村二徐庄，西至本村小梁庄，北至邹圩李铺庄。总户数为49户，总人口为212人，民族为汉族。面积为0.6平方千米。

徐姓人家由南方迁居至此，在此开荒种地，建造房屋，不断繁衍生息，家族人丁旺盛，逐渐壮大，其中有三兄弟分家，故得名为三徐庄，也叫后徐庄。1958年人民公社时期为三徐小队，1983年改为三徐庄。

小吴庄

小吴庄（Xiǎowúzhuāng） 隶属冯庙镇吴杨村村民委员会，地理实体类型为农村居民点。东至蒋杨沟，南至沟涯村张周地界，西至奎濉河，北至小杨庄。总户数为235户，总人口为963人，主要分布民族有汉族、壮族。面积为1.6平方千米。

自新中国成立以来，一直为小吴庄。1958年人民公社时本自然村共有4个生产队，1983年由原生产队合并为小吴自然村，生产队取消。

张汪庄

张汪庄（Zhāngwāngzhuāng） 隶属冯庙镇张汪村村民委员会，地理实体类型为农村居民点。东至黄家村，南至黄家村，西至九角杨庄，北至刘汪庄。总户数为278户，总人口为965人，民族为汉族。面积为0.8平方千米。

张姓人家由山东迁居此地，再次开荒种地，建造房屋，不断繁衍生息，家族人丁兴旺，又因村庄内汪塘较多，故名。1958年命名为张汪小队，1983年正式改名为张汪庄。

前邹庄

前邹庄（Qiánzōuzhuāng） 隶属冯庙镇邹圩村村民委员会，地理实体类型为农村居民点。东至小耿庄，南至王场庄金沙沟，西至路家庄，北至后邹庄。总户数为210户，总人口为874人，民族为汉族。面积为1.2平方千米。

邹姓人家由北方迁居至此，在此开荒种地，建造房屋，不断繁衍生息，家族人丁旺盛，因该庄位于南面，故名。1958年命名为前邹小队，1983年正式改名为前邹庄。

后邹庄

后邹庄（Hòuzōuzhuāng） 隶属冯庙镇邹圩村村民委员会，地理实体类型为农村居民点。东至杨场庄小耿庄。总户数为203户，总人口为856人，主要分布民族为汉族。面积为1.2平方千米。

邹姓人家由北方迁居至此，在此开荒种地，建造房屋，不断繁衍生息，家族人丁旺盛，因该庄位于北面，故名。1958年命名为后邹小队，1983年正式改名为后邹庄。

小耿庄

小耿庄（Xiǎogěngzhuāng） 隶属冯庙镇邹圩村村民委员会，地理实体类型为农村居民点。东至虹灵沟，南至王场庄、李铺庄，西至前邹庄，北至后邹庄、杨场庄。总户数为139户，总人口为607人，民族为汉族。面积为1.1平方千米。

耿姓家族聚居此地，在此建村立庄，繁衍生息，人丁兴旺，因村庄人口少，故名。1958年命名为小耿小队，1983年正式改名为小耿庄。

东朱庄

东朱庄（Dōngzhūzhuāng） 隶属冯庙镇冯庙居民委员会，地理实体类型为农村居民点。东至木谷，南至冯庙，西至冯庙，北至三王。总户数为162户，总人口为560人，民族为汉族。面积为0.4平方千米。

原名侯场村，是一个独立村，后并入冯庙居委会，更改为东朱庄。

冯庙街

冯庙街（Féngmiàojiē） 隶属冯庙镇冯庙居民委员会，地理实体类型为农村居民点。东至东朱庄，南至黄家，西至后朱，北至三王。总户数为967户，总人口为4961人，民族为汉族。面积为5.6平方千米。

此地本属空地，冯姓逃荒到此，是本地第一户人家，后来人们建一座庙，故称冯庙。1958年人民公社时期为冯庙小队，1984年改为冯庙街。

大杨庄

大杨庄（Dàyángzhuāng） 隶属冯庙镇泗张村村民委员会，地理实体类型为农村居民点。东至小杨庄，南至新濉河，西至黑牛张庄，北至王杨村。总户数为140户，总人口为737人，民族为汉族。面积为1.7平方千米。

杨姓人家由江苏迁居此地，在此开荒种地，繁衍生息，人丁兴旺，逐渐壮大，故名。1958年隶属冯庙人民公社泗张大队，1984年隶属泗张村委会。

黑牛张庄

黑牛张庄（Hēiniúzhāngzhuāng） 隶属冯庙镇泗张村村民委员会，地理实体类型为农村居民点。东至大杨庄，南至新濉河，西至新濉河，北至泗张庄村。总户数为67户，总人口为280人，民族为汉族。面积为0.6平方千米。

此庄有一姓张的地主户，饲养很多黑牛，故名。1958年隶属冯庙人民公社泗张大队，1984年隶属泗张村委会。

小朱庄

小朱庄（Xiǎozhūzhuāng） 隶属冯庙镇泗张村村民委员会，地理实体类型为农村居民点。东至时家庄，南至前杨庄，西至小马庄，北至张集村。总户数为31户，总人口为115人，民族为汉族。面积为0.5平方千米。

朱姓人家迁居此地，在此开荒种地，建造房屋，繁衍生息，因村庄面积小，故名。1958年隶属冯庙人民公社泗张大队，1984年隶属泗张村委会。

泗张庄

泗张庄（Sìzhāngzhuāng） 隶属冯庙镇泗张村村民委员会，地理实体类型为农村居民点。东至王杨庄，南至黑牛张庄，西至前杨庄，北至大高村。总户数为78户，总人口为368人，民族为汉族。面积为1.3平方千米。

早年由姓张的四大家族组合为一个自然庄，"四"和"泗"同音，取名泗张庄。1958年隶属冯庙人民公社泗张大队，1984年隶属泗张村委会。

小马庄

小马庄（Xiǎomǎzhuāng） 隶属冯庙镇泗张村村民委员会，地理实体类型为农村居民点。东至小朱庄，南至西杨庄，西至温庙庄，北至张集村。总户数为75户，总人口为250人，民族为汉族。面积为1.1平方千米。

马姓家族聚居此地，在此建村立庄，繁衍生息，人丁兴旺，因村庄人口少，故名。1958年隶属冯庙人民公社泗张大队，1984年隶属泗张村委会。

向阳乡

大桥庄

大桥庄（Dàqiáozhuāng） 隶属向阳乡大桥村村民委员会。地理实体类型为农村居民点。东至岳河庄，南至小庄，西至张河，北至榆树庄。总户数为100户，总人口为486人，民族为汉族。面积为0.8平方千米。

庄后靠岳罗河，河上架一座石桥，故名。1969年隶属向阳公社张圩大队，后改名为张圩村委会。1984年行政区改制后，改张圩村委会为大桥村民委员会，隶属大桥村。

张圩庄

张圩庄（Zhāngwéizhuāng） 隶属向阳乡大桥村村民委员会，地理实体类型为农村居民点。东至村委会，南至村委会，西至小庄，北至岳河。总户数为193户，总人口为831人，民族为汉族。面积为1.3平方千米。

因村民多为张姓，且早年建有土圩子以御外敌，故名。1969年隶属向阳公社张圩大队，后改名为张圩村委会。1984年行政区改制后，改张圩村委会为大桥村民委员会，隶属大桥村。

李圩

李圩（Lǐwéi） 隶属向阳乡大桥村村民委员会，地理实体类型为农村居民点。东至小庄，南至李宅，西至张河，北至榆树。总户数为100户，总人口为490人，民族为汉族。面积为0.8平方千米。

居民多姓李，又因早年庄周有一土圩子，故名。1969年隶属向阳公社张圩大队，后改名为张圩村委会。1984年行政区改制后，改张圩村委会为大桥村民委员会，隶属大桥村。

前岳庄

前岳庄（Qiányuèzhuāng） 隶属向阳乡大桥村村民委员会，地理实体类型为农村居民点。东至官庄村东孙，南至官庄村西陈，西至汤圩村李宅，北至一队。总户数为51户，总人口为223人，民族为汉族。面积为0.5平方千米。

居民多姓岳，又以庄北部有个岳河庄，故名。1969年隶属向阳公社张圩大队，后改名为张圩村委会。1984年行政区改制后，改张圩村委会为大桥村民委员会，隶属大桥村。

西张庄

西张庄（Xīzhāngzhuāng） 隶属向阳乡大桥村村民委员会。地理实体类型为农村居民点。东至官庄村东孙，南至官庄村西陈，西至汤圩村李宅，北至一队。总户数为42户，总人口为176人，民族为汉族。面积为0.5平方千米。

原庄西头有测绘部门竖立的一铁架，故得名“铁架张”，曾属官庄村委会，是同村中最西部的一个自然村，习惯叫“西张”。1969年隶属向阳公社张圩大队，后改名为张圩村委会。1984年行政区改制后，改张圩村委会为大桥村民委员会，隶属大桥村。

小王庄

小王庄（Xiǎowángzhuāng） 隶属向阳乡大桥村村民委员会。地理实体类型为农村居民点。东至岳河庄，南至二队，西至榆树庄，北至汴河。总户数为42户，总人口为192人，民族为汉族。面积为0.5平方千米。

以王姓居多，且庄小，故名。1969年隶属向阳公社张圩大队，后改名为张圩村委会。1984年行政区改制后，改张圩村委会为大桥村民委员会，隶属大桥村。

小庄

小庄（Xiǎozhuāng） 隶属向阳乡大桥村村民委员会。地理实体类型为农村居民点。东至三队，南至李宅，西至李圩庄，北至大桥庄。总户数为40户，总人口为192人，民族为汉族。面积为0.4平方千米。

因其庄小，故名。1969年隶属向阳公社张圩大队，后改名为张圩村委会。1984年行政区改制后，改张圩村委会为大桥村民委员会，隶属大桥村。

榆树庄

榆树庄（Yúshùzhuāng） 隶属向阳乡大桥村村民委员会。地理实体类型为农村居民点。东至岳河庄，南至大桥庄，西至张河庄，北至汴河。总户数为80户，总人口为306人，民族为汉族。面积为0.8平方千米。

以原来庄多榆树，居民多姓张，称榆树张庄，后更名为榆树庄。1969年隶属向阳公社张圩大队，后改名为张圩村委会。1984年行政区改制后，改张圩村委会为大桥村民委员会，隶属大桥村。

岳河庄

岳河庄（Yuèhézhuāng） 隶属向阳乡大桥村村民委员会。地理实体类型为农村居民点。东至泗县小李，南至一队，西至小王庄，北至汴河。总户数为110户，总人口为472人，民族为汉族。面积为0.8平方千米。

居民多以岳姓为主，门前又有一条大河，故名。1969年隶属向阳公社张圩大队，后改名为张圩村委会。1984年行政区改制后，改张圩村委会为大桥村民委员会，隶属大桥村。

从巷庄

从巷庄（Cóngxiàngzhuāng） 隶属向阳乡大西村村民委员会。地理实体类型为农村居民点。东至张河庄，南至小张庄，西至罗圩庄，北至西集庄。总户数为96户，总人口为448人，民族为汉族。面积为1平方千米。

从姓居多，村中巷道较多，故名。1969

年隶属向阳公社张河大队，1984年隶属张河村委会，2008年并村后，隶属大西村。

大西庄

大西庄（Dàxīzhuāng） 隶属向阳乡大西村村民委员会。地理实体类型为农村居民点。东至从巷庄，南至罗圩庄，西至艳阳村八张庄，北至宗庄。总户数为85户，总人口为422人，民族为汉族。面积为0.5平方千米。

居民多姓西，庄子较大，故名。1969年隶属向阳公社大西大队，1984年隶属大西村委会。

东张巷庄

东张巷庄（Dōngzhāngxiàngzhuāng） 隶属向阳乡大西村村民委员会。地理实体类型为农村居民点。东至大桥村榆树庄，南至张河庄，西至西张巷，北至汴河。总户数为43户，总人口为204人，民族为汉族。面积为1平方千米。

原东、西两个张巷系一个自然庄。1966年开挖新汴河，导致村庄搬迁，使其一分为二，东边的叫东张巷，西边的叫西张巷。1966年命名为东张巷庄。

罗圩庄

罗圩庄（Luówéizhuāng） 隶属向阳乡大西村村民委员会。地理实体类型为农村居民点。东至从巷庄，南至汤圩村小马庄，西至艳阳村小马庄，北至大西庄。总户数为309户，总人口为1557人，民族为汉族。面积为2.3平方千米。

因罗姓村民较多，早年又建有圩子，故名。1969年隶属向阳公社大西大队，1984年隶属大西村委会。

西集庄

西集庄（Xījízhuāng） 隶属向阳乡大西村村民委员会。地理实体类型为农村居民点。东至西张巷，南至宗庄，西至工业园区西集村西集庄，北至汴河。总户数为39户，总人口为259人，民族为汉族。面积为0.3平方千米。

1949年前该村庄是个集市，称为西集。1969年隶属向阳公社大西大队，1984年隶属大西村委会。

西张巷庄

西张巷庄（Xīzhāngxiàngzhuāng） 隶属向阳乡大西村村民委员会。地理实体类型为农村居民点。东至东张巷，南至张河，西至西集，北至汴河。总户数为54户，总人口为276人，民族为汉族。面积为0.2平方千米。

原东、西两个张巷系一个自然庄。1966年开挖新汴河，导致村庄搬迁，使其一分为二，东庄叫东张巷，西庄叫西张巷。1969年隶属向阳公社张河大队，1984年隶属张河村委会，2008年并村后，隶属大西村。

小张庄

小张庄（Xiǎozhāngzhuāng） 隶属向阳乡大西村村民委员会。地理实体类型为农村居民点。东至张河庄，南至汤圩村小邓庄，西至罗圩庄，北至从巷庄。总户数为37户，总人口为173人，民族为汉族。面积为0.3平方千米。

由于张河庄人口较多，土地面积大，部分村民重新到村庄以外建房，后形成一个小庄，取名小张庄。1969年隶属向阳公社张河大队，1984年隶属张河村委会，2008年并村后，隶属大西村。

张河庄

张河庄（Zhānghézhuāng） 隶属向阳乡大西村村民委员会。地理实体类型为农村居民点。东至大桥村李圩庄，南至汤圩村南北庄，西至小张庄，北至东张巷。总户数为176户，总人口为894人，民族为汉族。面积为1平方千米。

从前该庄有个财主给两个儿子分家，为了考验两个儿子的孝心，特制成一份狗屎一样的食物，自己装病，告诫两个儿子必须将“狗屎”吃掉，自己的病方可治愈。大儿子未吃，小儿子为了父亲病能治愈，吃掉了该食物，后人为了颂扬该财主的小儿子，人们将庄名命名为狗屎张。后人认为该庄名难听，改为张河庄。1969年隶属向阳公社张河大队，1984年隶属张河村委会，2008年并村后，隶属大西村。

宗庄

宗庄（Zōngzhuāng） 隶属向阳乡大西村村民委员会。地理实体类型为农村居民点。东至从巷庄，南至大西庄，西至艳阳村八张庄，北至西集庄。总户数为80户，总人口为408人，民族为汉族。面积为0.4平方千米。

因村民多姓宗，故名。1969年隶属向阳公社大西大队，1984年隶属大西村委会。

东陈

东陈（Dōngchén） 隶属向阳乡官庄村村民委员会。地理实体类型为农村居民点。东至官庄，南至官庄，西至西陈，北至小孙。总户数为23户，总人口为135人，民族为汉族。面积为0.4平方千米。

村民多姓陈，又因村庄坐落于东面，故名。1969年隶属向阳公社官庄大队，1984年隶属官庄村委会。

东张

东张（Dōngzhāng） 隶属向阳乡官庄村村民委员会。地理实体类型为农村居民点。东至进胡，南至官庄，西至小孙。总户数为30户，总人口为193人，民族为汉族。面积为0.2平方千米。

村民多姓张，又因村庄坐落于东面，故名。1969年隶属向阳公社官庄大队，1984年隶属官庄村委会。

官庄圩

官庄圩（Guānzhuāngwéi） 隶属向阳乡官庄村村民委员会。地理实体类型为农村居民点。东至胡南，南至圩后，西至东陈。总户数为115户，总人口为550人，民族为汉族。面积为1.1平方千米。

早年此地驻扎过官兵，后发展为官庄圩。1969年隶属向阳公社官庄大队，1984年隶属官庄村委会。

近胡

近胡（Jìnhú） 隶属向阳乡官庄村村民委员会。地理实体类型为农村居民点。东至泗县，南至小高，西至官庄，北至泗县。总户数为142户，总人口为720人，民族为汉族。面积为1.5平方千米。

此庄靠近老庄胡家，村民多姓胡，取名近胡庄，后演变为现名。1969年隶属向阳公社官庄大队，1984年隶属官庄村委会。

老营胡

老营胡（Lǎoyínghú） 隶属向阳乡官庄村村民委员会。地理实体类型为农村居民点。东至泗县，南至前巷，西至王集。总户数为127户，总人口为640人，民族为汉族。面积为1.2平方千米。

相传宋代时期，此地为杨家在此打仗、集中兵马的大营，故名。1969年隶属向阳公社官庄大队，1984年隶属官庄村委会。

老庄胡

老庄胡（Lǎozhuānghú） 隶属向阳乡

官庄村村民委员会。地理实体类型为农村居民点。东至官庄，南至圩后，西至梨园。总户数为50户，总人口为310人，民族为汉族。面积为0.7平方千米。

因村落聚居较早，年代久远，村名多姓胡，故名。1969年隶属向阳公社官庄大队，1984年隶属官庄村委会。

梨园

梨园（Líyuán） 隶属向阳乡官庄村村民委员会。地理实体类型为农村居民点。东至官庄，南至西北庄，西至汤圩，北至小胡。总户数为10户，总人口为70人，民族为汉族。面积为0.9平方千米。

早年庄多植梨园，故名。1969年隶属向阳公社官庄大队，1984年隶属官庄村委会。

圩后庄

圩后庄（Wéihòuzhuāng） 隶属向阳乡官庄村村民委员会。地理实体类型为农村居民点。东至泗县，南至圩里，西至西北庄。总户数为80户，总人口为340人，民族为汉族。面积为0.8平方千米。

因村庄位于胡圩北，故名。1969年隶属向阳公社官庄大队，1984年隶属官庄村委会。

西北庄

西北庄（Xīběizhuāng） 隶属向阳乡官庄村村民委员会。地理实体类型为农村居民点。东至圩后，南至圩里，西至沈庄。总户数为114户，总人口为560人，民族为汉族。面积为1平方千米。

因村落位于村部西北，故名。1969年隶属向阳公社官庄大队，1984年隶属官庄村委会。

西陈

西陈（Xīchén） 隶属向阳乡官庄村村民委员会。地理实体类型为农村居民点。东至小李，南至小胡，西至李宅。总户数为52户，总人口为326人，民族为汉族。面积为0.4平方千米。

村民多姓陈，又以村庄坐落于西面，故名。1969年隶属向阳公社官庄大队，1984年隶属官庄村委会。

小高

小高（Xiǎogāo） 隶属向阳乡官庄村村民委员会。地理实体类型为农村居民点。东至泗县，南至张时庄，西至官庄，北至进胡。总户数为25户，总人口为150人，民族为汉族。面积为0.9平方千米。

以高姓先居，庄小，故名。1969年隶属向阳公社官庄大队，1984年隶属官庄村委会。

小胡

小胡（Xiǎohú） 隶属向阳乡官庄村村民委员会。地理实体类型为农村居民点。东至官庄，南至梨园，西至李宅。总户数为12户，总人口为86人，民族为汉族。面积为1.2平方千米。

因胡姓先居，庄小，故名。1969年隶属向阳公社官庄大队，1984年隶属官庄村委会。

小李

小李（Xiǎolǐ） 隶属向阳乡官庄村村民委员会。地理实体类型为农村居民点。东至东陈，南至老庄，西至西陈。总户数为8户，总人口为60人，民族为汉族。面积为1平方千米。

因李姓先居，庄小，故名。1969年隶属向阳公社官庄大队，1984年隶属官庄村委会。

小孙

小孙（Xiǎosūn） 隶属向阳乡官庄村村民委员会。地理实体类型为农村居民点。东至东张，南至东陈，西至西张。总户数为12户，总人口为86人，民族为汉族。面积为0.8平方千米。

因孙姓先居，庄小，故名。1969年隶属向阳公社官庄大队，1984年隶属官庄村委会。

胡南

胡南（Húnán） 隶属向阳乡官庄村村民委员会。地理实体类型为农村居民点。东至泗县夏庙，南至小胡庄，西至东陈庄，北至进胡庄。总户数为40户，总人口为180人，民族为汉族。面积为0.8平方千米。

近胡庄部分农民向南搬迁，所以叫胡南庄。1958年得名，1969年隶属向阳公社官庄大队，1984年隶属官庄村委会。

庙东沈庄

庙东沈庄（Miàodōngshěnzhuāng） 隶属向阳乡河王村村民委员会。地理实体类型为农村居民点。东至向阳村界，南至河王村东杨庄，西至灵杨公路，北至向阳、苏圩两村交界。总户数为49户，总人口为252人，民族为汉族。面积为1平方千米。

沈姓人家最早在此聚居，且庄西面有一寺庙叫院庄寺，故名。1969年隶属向阳公社院东大队，1984年隶属院东村委会，2008年并村，隶属河王村。

庙东杨庄

庙东杨庄（Miàodōngyángzhuāng） 隶属向阳乡河王村村民委员会。地理实体类型为农村居民点。东至河王村大汤庄，南至河王村圩东庄，西至灵杨公路，北至河王村东沈庄。总户数为28户，总人口为188人，民族为汉族。面积为1平方千米。

因村民多为杨姓，且该庄西面有一寺庙叫院庄寺，故名。1969年隶属向阳公社院东大队，1984年隶属院东村委会，2008年并村，隶属河王村。

圩东庄

圩东庄（Wéidōngzhuāng） 隶属向阳乡河王村村民委员会。地理实体类型为农村居民点。东至河王村大汤庄，南至河王村前门庄，西至灵杨公路，北至河王村东杨庄。总户数为39户，总人口为178人，民族为汉族。面积为1平方千米。

因村落位于圩子东边，故名。1969年隶属向阳公社院东大队，1984年隶属院东村委会，2008年并村，隶属河王村。

前门庄

前门庄（Qiánménzhuāng） 隶属向阳乡河王村村民委员会。地理实体类型为农村居民点。总人口为151人，民族为汉族。面积为1平方千米。

早前邓姓人家在此定居建房，开荒种地，繁衍生息。因庄北有一院寺圩子，有圩墙、圩沟、圩门，该庄在圩门前，故称前门庄。1969年隶属向阳公社院东大队，1984年隶属院东村委会，2008年并村，隶属河王村。

小汤庄

小汤庄（Xiǎotāngzhuāng） 隶属向阳乡河王村村民委员会。地理实体类型为农村居民点。东至河王村河王庄，南至北沱河，西至灵杨公路，北至河王村前门庄。总户数为41户，总人口为239人，民族为汉族。面积为1平方千米。

因汤姓迁居于此，故名。1969年隶属向阳公社院东大队，1984年隶属院东村委会，2008年并村，隶属河王村。

河王庄

河王庄（Héwángzhuāng）　隶属向阳乡河王村村民委员会。地理实体类型为农村居民点。东至河王村前后杨庄，南至北沱河，西至河王村小汤庄，北至河王村大汤庄。总户数为107户，总人口为508人，民族为汉族。面积为1平方千米。

王姓迁居至此，在此建造房屋，故名。1969年隶属向阳公社河王大队，1984年隶属河王村委会。

前杨庄

前杨庄（Qiányángzhuāng）　隶属向阳乡河王村村民委员会。地理实体类型为农村居民点。东至河王村境内向阳沟，南至北沱河，西至河王村河王庄，北至河王村后杨庄。总户数为34户，总人口为309人，民族为汉族。面积为1平方千米。

因村民多为杨姓，该庄在后杨庄南面，故名。1969年隶属向阳公社河王大队，1984年隶属河王村委会。

后杨庄

后杨庄（Hòuyángzhuāng）　隶属向阳乡河王村村民委员会。地理实体类型为农村居民点。东至河王村小朱庄，南至河王村前杨庄，西至河王村河王庄，北至河王村大汤庄。总户数为61户，总人口为369人，民族为汉族。面积为1.08平方千米。

杨姓人家迁居至此，且该庄在前杨庄北面，故名。1969年隶属向阳公社河王大队，1984年隶属河王村委会。

大汤庄

大汤庄（Dàtāngzhuāng）　隶属向阳乡河王村村民委员会。地理实体类型为农村居民点。东至河王村印庄，南至河王村河王庄，西至河王村圩东、东杨庄，北至向阳乡向阳村。总户数为78户，总人口为442人，民族为汉族。面积为1平方千米。

由前汤迁居至此，庄大，故名。1969年隶属向阳公社河王大队，1984年隶属河王村委会。

印庄

印庄（Yìnzhuāng）　隶属向阳乡河王村村民委员会。地理实体类型为农村居民点。东至向阳乡新湖村，南至河王村赵庄，西至河王村大汤庄，北至向阳乡向阳村。总户数为57户，总人口为352人，民族为汉族。面积为1.6平方千米。

因早年印姓村民在此聚居，故名。1969年隶属向阳公社河王大队，1984年隶属河王村委会。

小朱庄

小朱庄（Xiǎozhūzhuāng）　隶属向阳乡河王村村民委员会。地理实体类型为农村居民点。东至河王村小赵庄，南至北沱河，西至河王村后杨庄，北至河王村后杨庄。总户数为28户，总人口为127人，民族为汉族。面积为1平方千米。

因村民以朱姓为主，庄小，故名。1969年隶属向阳公社河王大队，1984年隶属河王村委会。

小赵庄

小赵庄（Xiǎozhàozhuāng）　隶属向阳乡河王村村民委员会。地理实体类型为农村居民点。东至河王村徐桥庄，南至北沱河，西至河王村小朱庄，北至河王村印庄。总户数为21户，总人口为86人，民族为汉族。面积为1平方千米。

因村民以赵姓为主，庄小，故名。1969年隶属向阳公社河王大队，1984年隶属河王村委会。

小徐桥庄

小徐桥庄（Xiǎoxúqiáozhuāng） 隶属向阳乡河王村村民委员会。地理实体类型为农村居民点。东至向阳乡新湖村，南至北沱河，西至河王村小赵庄，北至河王村印庄。总户数为37户，总人口为195人，民族为汉族。面积为1平方千米。

徐姓人家最先迁居于此，村旁有小桥，故名。1969年隶属向阳公社河王大队，1984年隶属河王村委会。

桥东庄

桥东庄（Qiáodōngzhuāng） 隶属向阳乡马桥村村民委员会。地理实体类型为农村居民点。东至泗县草沟镇交界，南至韦集镇藕庄村交界，西至老草沟胡，北至南王集交界。总户数为290户，总人口为1200人，民族为汉族。面积为2.22平方千米。

老草胡沟南北穿马桥村庄而过，入北沱河，将整村庄一分为二，为了方便生产、生活，全村老百姓自发捐款、捐物修桥，桥以东的村庄称为桥东庄。1969年隶属向阳公社马桥大队，1984年隶属马桥村委会。

桥西庄

桥西庄（Qiáoxīzhuāng） 隶属向阳乡马桥村村民委员会。地理实体类型为农村居民点。东至老草胡沟，南至北沱河北岸，西至新湖村交界，北至南王集大张庄交界。总户数为203户，总人口为885人，民族为汉族。面积为1.33平方千米。

老草胡沟南北穿马桥村庄而过，入北沱河，将整村庄一分为二，为了方便生产、生活，全村老百姓自发捐款、捐物修桥，桥以西的村庄称为桥西庄。1969年隶属向阳公社马桥大队，1984年隶属马桥村委会。

小新庄

小新庄（Xiǎoxīnzhuāng） 隶属向阳乡马桥村村民委员会。地理实体类型为农村居民点。东至泗县草沟镇，南至桥东地交界，西至前进沟，北至后场地交界。总户数为35户，总人口为160人，民族为汉族。面积为0.48平方千米。

马桥大部分土地都在马桥村庄东部、东北部，为了生产方便，从圩里生产队搬迁一小部分人口在东北湖建庄，故名。1969年隶属向阳公社马桥大队，1984年隶属马桥村委会。

大张庄

大张庄（Dàzhāngzhuāng） 隶属向阳乡南王集村村民委员会。地理实体类型为农村居民点。东至马桥、荒地胡，南至马桥，西至小瓦坊，北至小张。总户数为184户，总人口为720人，民族为汉族。面积为1.45平方千米。

因村民多为张姓，庄大，故名。1969年隶属向阳公社南王集大队，1984年隶属南王集村委会。

东南庄

东南庄（Dōngnánzhuāng） 隶属向阳乡南王集村村民委员会。地理实体类型为农村居民点。东至谷点，南至后胡，西至圩前，北至陆庄。总户数为81户，总人口为324人，民族为汉族。面积为0.61平方千米。

东南庄坐落于庄的东南部，故名。1973年政府命名为东南庄。

谷点王庄

谷点王庄（Gǔdiǎnwángzhuāng） 隶属向阳乡南王集村村民委员会。地理实体类型为农村居民点。总人口为584人，民族为汉族。面积为1.25平方千米。

相传，霸王在此筑起很多像谷堆似的大土墩，俗称“谷点”，又因村民多姓王，故名。1973年命名为谷点王庄。

荒地胡庄

荒地胡庄（Huāngdìhúzhuāng） 隶属向阳乡南王集村村民委员会。地理实体类型为农村居民点。东至马湖沟，南至马桥，西至大张，北至小张。总户数为73户，总人口为326人，民族为汉族。面积为0.72平方千米。

因村民多为胡姓，早年此地为荒地，故名。1973年命名为荒地胡庄。

木庄

木庄（Mùzhuāng） 隶属向阳乡南王集村村民委员会。地理实体类型为农村居民点。东至马湖沟，南至马桥，西至大张，北至小张。总户数为37户，总人口为132人，民族为汉族。面积为0.31平方千米。

因村民多为木姓，故名。1973年命名为木庄。

南王集

南王集（Nánwángjí） 隶属向阳乡南王集村村民委员会。地理实体类型为农村居民点。东至赵营，南至马荒地胡、大涨，西至谷点。总户数为230户，总人口为953人，民族为汉族。面积为2.1平方千米。

王姓最早在此聚居，并设集市，故名。1980年命名为南王集。

前巷庄

前巷庄（Qiánxiàngzhuāng） 隶属向阳乡南王集村村民委员会。地理实体类型为农村居民点。东至五家胡，南至赵营，西至南王集，北至胡圩。总户数为160户，总人口为580人，民族为汉族。面积为1.20平方千米。

村庄位于老营胡南，庄内巷道较多，故名。1973年命名为前巷庄。

沈庄

沈庄（Shěnzhuāng） 隶属向阳乡南王集村村民委员会。地理实体类型为农村居民点。东至官庄村胡圩庄，南至木庄，西至汤圩村固宅庄，北至汤圩村汤庙庄。总户数为78户，总人口为318人，民族为汉族。面积为0.73平方千米。

沈姓在此居住，故名。1980年命名为沈庄。

五家胡

五家胡（Wǔjiāhú） 隶属向阳乡南王集村村民委员会。地理实体类型为农村居民点。东至泗县，南至马桥，西至前巷，北至胡圩。总户数为25户，总人口为118人，民族为汉族。面积为0.32平方千米。

民国期间，兄弟五人到此开荒种地，繁衍生息，故名。1973年命名为五家胡庄。

小张庄

小张庄（Xiǎozhāngzhuāng） 隶属向阳乡南王集村村民委员会。地理实体类型为农村居民点。东至赵营，南至马荒地胡、大涨，西至谷点。总户数为80户，总人口为349人，民族为汉族。面积为0.78平方千米。

张姓在此居住，故名。1973年命名为小张村，后来改名为小张庄。

赵营庄

赵营庄（Zhàoyíngzhuāng） 隶属向阳乡南王集村村民委员会。地理实体类型为农村居民点。东至五家胡，南至马桥，西至荒地胡，北至小张。总户数为101户，总人口为368人，民族为汉族。面积为0.77平方千米。

赵姓在此耕作，约有一个营的人，故名。1973 年命名为赵营庄。

大陈庄

大陈庄（Dàchénzhuāng） 隶属向阳乡苏圩村村民委员会。地理实体类型为农村居民点。东至小沈庄，南至北沱河，西至小孙庄，北至向阳村。总户数为 110 户，总人口为 510 人，民族为汉族。面积为 1.6 平方千米。

该庄以陈姓为主，庄较大，故名。1969 年加入向阳人民公社苏圩大队，1991 年命名为大陈庄。

大孙庄

大孙庄（Dàsūnzhuāng） 隶属向阳乡苏圩村村民委员会。地理实体类型为农村居民点。东至小孙，南至北沱河，西至西陈，北至苏圩庄。总户数为 120 户，总人口为 610 人，民族为汉族。面积为 1.7 平方千米。

该庄以孙姓为主，且庄较大，故名。1969 年加入向阳人民公社苏圩大队，命名为大孙小队。

庙西杨庄

庙西杨庄（Miàoxīyángzhuāng） 隶属向阳乡苏圩村村民委员会。地理实体类型为农村居民点。东至河王村，南至院寺街，西至小沈庄，北至向阳村。总户数为 82 户，总人口为 330 人，民族为汉族。面积为 1 平方千米。

庄东南有一座寺庙，杨姓居多，故名。1969 年加入向阳人民公社苏圩大队，1991 年命名为庙西杨庄。

苏圩庄

苏圩庄（Sūwéizhuāng） 隶属向阳乡苏圩村村民委员会。地理实体类型为农村居民点。东至向阳村，南至大孙，西至西陈，北至小黄庄。总户数为 98 户，总人口为 417 人，民族为汉族。面积为 1.5 平方千米。

村民多以苏姓为主，早年村周建有圩子，故名。1969 年加入向阳人民公社苏圩大队，1991 年命名为苏圩庄。

西陈庄

西陈庄（Xīchénzhuāng） 隶属向阳乡苏圩村村民委员会。地理实体类型为农村居民点。东至苏圩，南至北沱河，西至武圩村韩谷庄，北至小黄庄。总户数为 92 户，总人口为 370 人，民族为汉族。面积为 1 平方千米。

居民多姓陈，又因村庄坐落于西面，故名。1969 年加入向阳人民公社苏圩大队，命名为西陈生产队，1983 年更名为向阳乡院寺村民委员会。

小黄庄

小黄庄（Xiǎohuángzhuāng） 隶属向阳乡苏圩村村民委员会。地理实体类型为农村居民点。东至向阳村，南至苏圩庄，西至西陈庄，北至小李庄。总户数为 47 户，总人口为 252 人，民族为汉族。面积为 1.3 平方千米。

该庄以黄姓为主，且庄小，故名。1969 年加入向阳人民公社苏圩大队，1991 年被命名为小黄庄。

小李庄

小李庄（Xiǎolǐzhuāng） 隶属向阳乡苏圩村村民委员会。地理实体类型为农村居民点。东至向阳村，南至小黄庄，西至西陈，北至艳阳村。总户数为 51 户，总人口为 255 人，民族为汉族。面积为 1.1 平方千米。

该庄以李姓为主，且庄小，故名。1969

年加入向阳人民公社苏圩大队，1991 年命名为小黄庄。

小沈庄

小沈庄（Xiǎoshěnzhuāng） 隶属向阳乡苏圩村村民委员会。地理实体类型为农村居民点。南至院寺，西至大陈。总户数为 25 户，总人口为 110 人，民族为汉族。面积为 0.9 平方千米。

该庄以沈姓为主，而且户数比较少，故名。1969 年加入向阳人民公社院寺大队小沈生产队。1983 年属向阳乡院寺村民委员会。

小孙庄

小孙庄（Xiǎosūnzhuāng） 隶属向阳乡苏圩村村民委员会。地理实体类型为农村居民点。东至大陈庄，南至北沱河，西至大孙庄。总户数为 45 户，总人口为 228 人，民族为汉族。面积为 0.9 平方千米。

该庄以孙姓为主，且庄小户少，故名。1969 年加入向阳人民公社苏圩大队，1991 年命名为小孙庄。

院寺街

院寺街（Yuànsìjiē） 隶属向阳乡苏圩村村民委员会。地理实体类型为农村居民点。东至河王村，南至北沱河，西至灵东运河，北至庙西杨。总户数为 73 户，总人口为 330 人，民族为汉族。面积为 1 平方千米。

在院寺街背部 500 米处，原有一座寺庙叫院寺。1958 年这里有一条街，逢集，取名院寺街。1969 年加入向阳人民公社院寺大队小沈生产队。1983 年更名为向阳乡院寺村民委员会。1991 年更名为院西村民委员会。

大路张

大路张（Dàlùzhāng） 隶属向阳乡汤圩村村民委员会。地理实体类型为农村居民点。东至南北张，南至圩里庄，西至九店庄，北至小邓庄。总户数为 60 户，总人口为 319 人，民族为汉族。面积为 2.5 平方千米。

张姓原在此居住，有一条南北走向的大路穿过，故名。1969 年隶属向阳公社汤圩大队，1984 年隶属汤圩村委会。

固宅庄

固宅庄（Gùzháizhuāng） 隶属向阳乡汤圩村村民委员会。地理实体类型为农村居民点。东至庙东庄，南至南王集村，西至向阳村，北至庙后庄。总户数为 55 户，总人口为 265 人，民族为汉族。面积为 1.5 平方千米。

固姓在此居住，故名。1969 年隶属向阳公社汤圩大队，1984 年隶属汤圩村委会。

后杨庄

后杨庄（Hòuyángzhuāng） 隶属向阳乡汤圩村村民委员会。地理实体类型为农村居民点。东至九店地界，南至前杨庄，西至向阳村，北至九店庄。总户数为 42 户，总人口为 225 人，民族为汉族。面积为 1.6 平方千米。

杨姓迁居到此，后分一部分人到前庄居住。1969 年隶属向阳公社汤圩大队，1984 年隶属汤圩村委会。

九店王庄

九店王庄（Jiǔdiànwángzhuāng） 隶属向阳乡汤圩村村民委员会。地理实体类型为农村居民点。东至汤圩地界，南至后杨庄，西至向阳村，北至小马庄。总户数为 74 户，总人口为 375 人，民族为汉族。面积为 2 平方千米。

王姓由外地迁入，到此居住，并有一家酿造小酒坊，“九”和“酒”同音，故名。1969 年隶属向阳公社汤圩大队，1984 年隶属汤圩村委会。

李宅庄

李宅庄（Lǐzháizhuāng） 隶属向阳乡汤圩村村民委员会。地理实体类型为农村居民点。东至官庄村，南至圩里，西至南北张，北至大桥村。总户数为69户，总人口为376人，民族为汉族。面积为1.8平方千米。

李姓由外地迁居此地，故名。1969年隶属向阳公社汤圩大队，1984年隶属汤圩村委会。

庙东庄

庙东庄（Miàodōngzhuāng） 隶属向阳乡汤圩村村民委员会。地理实体类型为农村居民点。东至官庄村，南至南王集村，西至庙后庄，北至圩里庄。总户数为83户，总人口为437人，民族为汉族。面积为1.9平方千米。

此地为汤家庙东边的庄子，故叫庙东庄。1969年隶属向阳公社汤圩大队，1984年隶属汤圩村委会。

庙后庄

庙后庄（Miàohòuzhuāng） 隶属向阳乡汤圩村村民委员会。地理实体类型为农村居民点。东至庙东庄、固宅庄，南至庙东庄，西至九店庄、前杨庄，北至圩里庄。总户数为62户，总人口为332人，民族为汉族。面积为1.3平方千米。

早年建有一座寺庙在汤氏家族地面上，起名汤家庙，民国年间在庙里办学，更名为汤庙学校。此庄在庙后，叫庙后庄。1969年隶属向阳公社汤圩大队，1984年隶属汤圩村委会。

南北张

南北张（Nánběizhāng） 隶属向阳乡汤圩村村民委员会。地理实体类型为农村居民点。东至李宅庄，南至圩里庄，西至大路张，北至大桥村地界。总户数为50户，总人口为245人，民族为汉族。面积为1.9平方千米。

张氏家族自外地迁入居住在此，开荒种地，建造房屋，为南北走向，门向东开，故名。1969年隶属向阳公社汤圩大队，1984年隶属汤圩村委会。

前杨庄

前杨庄（Qiányángzhuāng） 隶属向阳乡汤圩村村民委员会。地理实体类型为农村居民点。东至庙后庄，南至金光村，西至后杨庄，北至后杨庄。总户数为34户，总人口为150人，民族为汉族。面积为1平方千米。

杨氏迁居到此居住。1958年划分为前杨生产小队、后杨生产小队，由此前后杨分开为两个庄。1969年隶属向阳公社汤圩大队，1984年隶属汤圩村委会。

圩里庄

圩里庄（Wéilǐzhuāng） 隶属向阳乡汤圩村村民委员会。地理实体类型为农村居民点。东至庙东庄，南至庙东庄，西至九店，北至南北张。总户数为115户，总人口为575人，民族为汉族。面积为0.6平方千米。

汤圩庄为了防盗贼，在庄子四面扒有一条大沟，并用土筑成一堵围墙，后来更名为叫圩里庄。新中国成立后，汤圩大队部在圩里庄，1983年更名为汤圩村委会，沿用至今。现村委会住址迁到圩里庄西头路边。

小邓庄

小邓庄（Xiǎodèngzhuāng） 隶属向阳乡汤圩村村民委员会。地理实体类型为农村居民点。东至大桥村地界，南至大路张，西至小马庄，北至大西村地界。总户数为26户，总人口为137人，民族为汉族。面积为0.5平方千米。

有邓姓在此居住，故名。1969年隶属向阳公社汤圩大队，1984年隶属汤圩村委会。

小马庄

小马庄（Xiǎomǎzhuāng） 隶属向阳乡汤圩村村民委员会。地理实体类型为农村居民点。东至大路张，南至九店王庄，西至艳阳村，北至大西村。总户数为51户，总人口为252人，民族为汉族。面积为0.3平方千米。

马氏家族从外地迁入此地居住，故名。1969年隶属向阳公社汤圩大队，1984年隶属汤圩村委会。

韩孤堆庄

韩孤堆庄（Hángūduīzhuāng） 隶属向阳乡武圩村村民委员会。地理实体类型为农村居民点。东至苏圩村，南至北沱河，西至武圩庄，北至老武庄。总户数为150户，总人口为800人，民族为汉族。面积为0.9平方千米。

据传说，楚汉相争时期，汉王刘邦在此筑台点将，刘邦得天下后，为示纪念，取名“汉古堆”。后韩姓人在此定居，取其谐音改为“韩孤堆”。韩孤堆便取代汉孤堆，叫遍四面八方。

后武庄

后武庄（Hòuwǔzhuāng） 隶属向阳乡武圩村村民委员会。地理实体类型为农村居民点。东至老武庄，南至武圩庄，西至小武庄，北至灵城镇。总户数为75户，总人口为350人，民族为汉族。面积为0.5平方千米。

武姓人从北方迁居到此，因庄位置居后，故得名后武庄。1969年隶属向阳公社武圩大队，1984年隶属武圩村委会。

老武庄

老武庄（Lǎowǔzhuāng） 隶属向阳乡武圩村村民委员会。地理实体类型为农村居民点。东至苏圩村，南至韩孤堆，西至武圩庄，北至灵城镇。总户数为70户，总人口为370人，民族为汉族。面积为0.58平方千米。

武姓在此定居，年代久远，故名。1969年隶属向阳公社武圩大队，1984年隶属武圩村委会。

路武庄

路武庄（Lùwǔzhuāng） 隶属向阳乡武圩村村民委员会。地理实体类型为农村居民点。东至武圩，南至黄湾镇，西至灵城镇，北至灵城镇。总户数为76户，总人口为350人，民族为汉族。面积为0.66平方千米。

武姓迁居在灵固公路旁定居，故名路武庄，也称路边武。1969年隶属向阳公社武圩大队，1984年隶属武圩村委会。

武圩庄

武圩庄（Wǔwéizhuāng） 隶属向阳乡武圩村村民委员会。地理实体类型为农村居民点。东至老武庄，南至北沱河，西至路武庄，北至灵城镇。总户数为58户，总人口为280人，民族为汉族。面积为0.4平方千米。

因武姓村民居多，庄外又有圩沟，故称武圩庄，也叫圩里庄。1969年隶属向阳公社武圩大队，1984年隶属武圩村委会。

小武庄

小武庄（Xiǎowǔzhuāng） 隶属向阳

乡武圩村村民委员会。地理实体类型为农村居民点。东至后武庄，南至武圩庄，西至路武庄，北至灵城镇。总户数为54户，总人口为256人，民族为汉族。面积为0.46平方千米。

武姓迁居到此，庄小，故名。1969年隶属向阳公社武圩大队，1984年隶属武圩村委会。

东金组

东金组（Dōngjīnzǔ） 隶属向阳乡向阳村村民委员会。地理实体类型为农村居民点。东至汤圩村，南至后园组，西至后园组，北至九店庄。总户数为60户，总人口为235人，民族为汉族。面积为0.2平方千米。

因金姓村民在此聚居，且位置偏东，故名。1969年命名为金光大队，后分为东金组。

后园组

后园组（Hòuyuánzǔ） 隶属向阳乡向阳村村民委员会。地理实体类型为农村居民点。东至陆庄，南至圩前组，西至西金组，北至东金组。总户数为78户，总人口为320人，民族为汉族。面积为0.4平方千米。

早年村民搬迁至此，逐渐壮大，又位于圩后，故名后园。1969年命名为金圩大队，后分为后园庄。1984年为后园庄。

金光组

金光组（Jīnguāngzǔ） 隶属向阳乡向阳村村民委员会。地理实体类型为农村居民点。东至东金组，南至后园组，西至中金组，北至九店庄。总户数为50户，总人口为190人，民族为汉族。面积为0.3平方千米。

因金姓最早在此聚居，故名。1969年命名为金光大队，后分为金光组。

陆庄组

陆庄组（Lùzhuāngzǔ） 隶属向阳乡向阳村村民委员会。地理实体类型为农村居民点。东至王集村，南至圩前庄，西至后园组，北至汤圩村。总户数为81户，总人口为361人，民族为汉族。面积为0.4平方千米。

因村民多为陆姓，故名。1969年命名为金圩大队，后分为陆庄。1984年为陆庄组。

圩里组

圩里组（Wéilǐzǔ） 隶属向阳乡向阳村村民委员会。地理实体类型为农村居民点。东至陆庄，南至圩前组，西至西金组，北至后园组。总户数为78户，总人口为340人，民族为汉族。面积为0.5平方千米。

早年村民迁居至此，又因庄外有圩子，故名。1969年命名为金圩大队，后分为圩里庄，1984年为圩里庄。

圩前组

圩前组（Wéiqiánzǔ） 隶属向阳乡向阳村村民委员会。地理实体类型为农村居民点。东至王集村，南至河王村印庄，西至圩里组，北至圩里组。总户数为67户，总人口为260人，民族为汉族。面积为0.3平方千米。

早年村民迁居至此，庄北又有圩沟，故名。1969年命名为金圩大队，后分为圩前庄。1984年为圩前组。

西金组

西金组（Xījīnzǔ） 隶属向阳乡向阳村村民委员会。地理实体类型为农村居民点。东至中金庄，南至河王村，西至苏圩村，北至杨西庄。总户数为120户，总人口为490

人，民族为汉族。面积0.7平方千米。

因金姓村民聚居此地，位置又偏西，故名。1969年命名为金光大队，后分为金光西庄，1984年为西金庄。

小杨组

小杨组（Xiǎoyángzǔ） 隶属向阳乡向阳村村民委员会。地理实体类型为农村居民点。东至杨西组，南至苏圩村，西至苏圩村，北至艳阳村。总户数为83户，总人口为385人，民族为汉族。面积0.6平方千米。

早年东西头统称为大杨庄，后分开将路西的称为小杨。1969年隶属向阳公社向阳大队，1984年隶属向阳村委会。

杨东组

杨东组（Yángdōngzǔ） 隶属向阳乡向阳村村民委员会。地理实体类型为农村居民点。东至汤圩村九店，南至西金，西至杨西，北至艳阳村。总户数为71户，总人口为324人，民族为汉族。面积为0.5平方千米。

自古以来该地东西头统称大杨庄，杨东在东头，叫杨东组。1969年隶属向阳公社向阳大队，1984年隶属向阳村委会。

杨西组

杨西组（Yángxīzǔ） 隶属向阳乡向阳村村民委员会。地理实体类型为农村居民点。东至杨东，南至西金，西至小杨，北至艳阳村。总户数为120户，总人口为504人，民族为汉族。面积为1.4平方千米。

自古以来该地东西头统称大杨庄，杨西在西头，叫杨西组。1969年隶属向阳公社向阳大队，1984年隶属向阳村委会。

中金组

中金组（Zhōngjīnzǔ） 隶属向阳乡向阳村村民委员会。地理实体类型为农村居民点。东至金光庄，南至后园组，西至西金庄，北至九店庄。总户数为66户，总人口为255人，民族为汉族。面积为0.4平方千米。

因金姓在此聚居，位于中部，故名。1969年命名为金光大队，后分为中金组，1984年为中金组。

河北汤庄

河北汤庄（Héběitāngzhuāng） 隶属向阳乡新湖村村民委员会。地理实体类型为农村居民点。东至小马桥村，南至北沱河，西至胡瓦坊。总户数为90户，总人口为366人，民族为汉族。面积为0.4平方千米。

因汤姓村民在北沱河北聚居、耕作，故名。1969年隶属向阳公社新湖大队，1984年隶属新湖村委会。

后胡庄

后胡庄（Hòuhúzhuāng） 隶属向阳乡新湖村村民委员会。地理实体类型为农村居民点。东至草湖沟，南至前胡，西至河王。总户数为100户，总人口为401人，民族为汉族。面积为1.55平方千米。

因村民多为胡姓，故名。1969年隶属向阳公社新湖大队，1984年隶属新湖村委会。

胡瓦坊庄

胡瓦坊庄（Húwǎfāngzhuāng） 隶属向阳乡新湖村村民委员会。地理实体类型为农村居民点。东至小北汤，南至北沱河，北至小瓦坊。总户数为130户，总人口为526人，民族为汉族。面积为1.8平方千米。

因胡姓村民在此建瓦房，且开设作坊，故名。1969年隶属向阳公社新湖大队，1984年隶属新湖村委会。

前胡庄

前胡庄（Qiánhúzhuāng） 隶属向阳乡新湖村村民委员会。地理实体类型为农村居民点。东至草湖沟，南至北沱河，西至河王村，北至后胡。总户数为110户，总人口为446人，民族为汉族。面积为1.42平方千米。

因胡姓村民在此聚居，故名。1969年隶属向阳公社新湖大队，1984年隶属新湖村委会。

小北汤庄

小北汤庄（Xiǎoběitāngzhuāng） 隶属向阳乡新湖村村民委员会。地理实体类型为农村居民点。东至河北汤，南至北沱河，西至胡瓦坊。总户数为25户，总人口为102人，民族为汉族。面积为0.8平方千米。

由河北汤分出，称为小北汤庄。1969年隶属向阳公社新湖大队，1984年隶属新湖村委会。

小马桥庄

小马桥庄（Xiǎomǎqiáozhuāng） 隶属向阳乡新湖村村民委员会。地理实体类型为农村居民点。东至马桥村，南至北沱河，西至河北汤。总户数为20户，总人口为113人，民族为汉族。面积为0.3平方千米。

马姓人家在此聚居，又因村旁有一小桥，故名。1969年隶属向阳公社新湖大队，1984年隶属新湖村委会。

小瓦坊庄

小瓦坊庄（Xiǎowǎfāngzhuāng） 隶属向阳乡新湖村村民委员会。地理实体类型为农村居民点。东至南王集村大张庄，南至胡瓦坊，西至南王集村谷点，北至南王集。总户数为40户，总人口为168人，民族为汉族。面积为1.36平方千米。

因早年村内有瓦房作坊，故名。1969年隶属向阳公社新湖大队，1984年隶属新湖村委会。

大李

大李（Dàlǐ） 隶属向阳乡艳阳村村民委员会。地理实体类型为农村居民点。东至骑马，南至苏圩，西至大沈，北至邵庄。总户数为132户，总人口为688人，民族为汉族。面积为1.45平方千米。

因居民多姓李，与苏圩村李庄相比又大一些，故名。1969年隶属向阳公社艳阳大队，1984年隶属艳阳村委会。

大沈庄

大沈庄（Dàshěnzhuāng） 隶属向阳乡艳阳村村民委员会。地理实体类型为农村居民点。东至大李庄，南至武圩村，西至灵城镇，北至灵城镇。总户数为145户，总人口为671人，民族为汉族。面积为1.28平方千米。

沈姓聚居于此，且庄大，故名。1969年隶属向阳公社艳阳大队，1984年隶属艳阳村委会。

后八里张

后八里张（Hòubālǐzhāng） 隶属向阳乡艳阳村村民委员会。地理实体类型为农村居民点。东至大西村，南至前八张，西至灵城镇庄，北至灵城镇。总户数为103户，总人口为523人，民族为汉族。面积为0.98平方千米。

由灵璧县城东门过渡口到此距离正值八里，该庄又以张姓居多，故称八里张庄，后简称八张庄。由于繁衍生息，人口较多，又分成前后两庄，本庄为后八张。1969年隶属向阳公社八张大队，1984年隶属八张村委会，2008年并村，属艳阳村。

骑路马庄

骑路马庄（Qílùmǎzhuāng） 隶属向阳乡艳阳村村民委员会。地理实体类型为农村居民点。东至汤圩村，南至向阳村，西至大李庄，北至小杨庄。总户数为163户，总人口为785人，民族为汉族。面积为1.296平方千米。

由江苏大李集至豪城的马路穿庄而过，又在马路设有集市，似骑马之势，且以马姓居多，故名骑路马庄，后简称骑马庄。1969年隶属向阳公社艳阳大队，1984年隶属艳阳村委会。

前八张

前八张（Qiánbāzhāng） 隶属向阳乡艳阳村村民委员会。地理实体类型为农村居民点。东至大西村，南至土李庄，西至邵庄，北至灵城镇。总户数为94户，总人口为375人，民族为汉族。面积为0.86平方千米。

由灵璧县城东门过渡口到此距离正值八里，该庄又以张姓居多，故称八里张庄，后简称八张庄。由于繁衍生息，人口较多又分成前后两庄，本庄为前八张。1969年隶属向阳公社八张大队，1984年隶属八张村委会，2008年并村，属艳阳村。

土李庄

土李庄（Tǔlǐzhuāng） 隶属向阳乡艳阳村村民委员会。地理实体类型为农村居民点。东至大西村，南至小杨庄，西至大李庄，北至前八张庄。总户数为123户，总人口为782人，民族为汉族。面积为1.44平方千米。

因李土为最早在此定居之人，后发展壮大，为纪念老祖，本庄命名为土李庄。1969年隶属向阳公社艳阳大队，1984年隶属艳阳村委会。

小邵庄

小邵庄（Xiǎoshàozhuāng） 隶属向阳乡艳阳村村民委员会。地理实体类型为农村居民点。东至前八张，南至大李，西至灵城镇，北至灵城镇。总户数为102户，总人口为486人，民族为汉族。面积为0.4平方千米。

以邵姓聚居此地较早，且村庄较小，故名。1969年隶属向阳公社艳阳大队，1984年隶属艳阳村委会。

小杨庄

小杨庄（Xiǎoyángzhuāng） 隶属向阳乡艳阳村村民委员会。地理实体类型为农村居民点。东至大西村，南至骑马庄，西至土李庄，北至土李庄。总户数为43户，总人口为187人，民族为汉族。面积为0.4平方千米。

因杨姓居多，且庄小户少，故名。1969年隶属向阳公社艳阳大队，1984年隶属艳阳村委会。

朱集乡

固城子

固城子（Gùchéngzi） 隶属朱集乡固城村村民委员会，地理实体类型为农村居民点。东至201省道，南至本村张家，西至新阳河，北至朱集村。总户数为259户，总人口为1051人，民族为汉族。面积为1.2平方千米。

据说楚霸王项羽兵败溃退到此地，曾修筑比较坚固的护城圩，遂得名。1958年属固城大队，1983年属固城村村民委员会。

东土楼

东土楼（Dōngtǔlóu） 隶属朱集乡红旗村村民委员会，地理实体类型为农村居民点。东至李庙交界，南至朱集村交界，西至亢家交界，北至冯家交界。总户数为50户，总人口为212人，民族为汉族。面积为0.35平方千米。

因村内有土楼，故名。1958年属土楼大队，1983年属土楼村村民委员会，1992年属红旗村村民委员会。

冯家

冯家（Féngjiā） 隶属朱集乡红旗村村民委员会，地理实体类型为农村居民点。东至李庙交界，南至东大楼交界，西至康尤沟，北至张楼村交界。总户数为88户，总人口为389人，民族为汉族。面积为0.58平方千米。

因村民以冯姓为主，故名。1958年属土楼大队，1983年属土楼村村民委员会，1992年属红旗村村民委员会。

岐路陈

岐路陈（Qílùchén） 隶属朱集乡红旗村村民委员会，地理实体类型为农村居民点。东至新洋河，南至小河闸，西至湖光村交界，北至邱楼村交界。总户数为59户，总人口为297人，民族为汉族。面积为0.32平方千米。

因村庄多岔路口，居民以陈姓为主，当地“岐”“歧”混用，故名。1958年属岐张大队，1983年属岐张村村民委员会，1992年属红旗村村民委员会。

岐路张

岐路张（Qílùzhāng） 隶属朱集乡红旗村村民委员会，地理实体类型为农村居民点。东至代家，南至朱集村交界，西至新洋河，北至康尤沟。总户数为110户，总人口为487人，民族为汉族。面积为0.73平方千米。

因村庄多岔路口，居民以张姓为主，“岐”通“歧”，故名。1958年属岐张大队，1983年属岐张村村民委员会，1992年属红旗村村民委员会。

西条基

西条基（Xītiáojī） 隶属朱集乡红旗村村民委员会，地理实体类型为农村居民点。东至运料河，南至小马庄交界，西至游集镇张楼村小高家交界，北至游集镇交界。总户数为153户，总人口为681人，民族为汉族。面积为0.82平方千米。

原名一条基，以村庄建房宅基为一排取名。后因开挖潼河，分成东西两庄，此庄位于西面，故得名西条基。1970年属红旗大队，1983年属红旗村村民委员会，1992年属红旗村村民委员会。

小马庄

小马庄（Xiǎomǎzhuāng） 隶属朱集乡红旗村村民委员会，地理实体类型为农村居民点。东至运料河，南至运料河，西至李庙，北至西条基。总户数为112户，总人口为432人，民族为汉族。面积为0.63平方千米。

相传，马氏家族随驾北上途经灵璧申村，恳请皇帝批准在此定居。后扩大范围到小马山，故名。1970年属红旗大队，1983年属红旗村村民委员会。

刘贯庄

刘贯庄（Liúguànzhuāng） 隶属朱集乡湖光村村民委员会，地理实体类型为农村居民点。东至李庄，南至刘寨村民委员会，西至王店、孟庄，北至双井村民委员会。总户数为234户，总人口为720人，民族为汉族。面积为0.8平方千米。

早年一刘姓居民家中富裕，俗称家财万贯，遂得绰号“刘老贯”，后取村名刘贯。1958年属王店大队，1983年属王店村村民委员会，2004年属湖光村村民委员会。

刘派庄

刘派庄（Liúpàizhuāng） 隶属朱集乡湖光村村民委员会，地理实体类型为农村居民点。东至红旗村民委员会，南至刘寨村民委员会，西至姜庄，北至黄泥沟。总户数为348户，总人口为1067人，民族为汉族。面积为0.5平方千米。

很早以前有一刘姓的财主，因长得又高又胖，走路“派派拉拉”(拖拖拉拉)，故名刘派。1958年属刘派大队，1983年属刘派村村民委员会，2004年属湖光村村民委员会。

浍庙

浍庙（Huìmiào） 隶属朱集乡刘寨村村民委员会，地理实体类型为农村居民点。东至前王，南至赵家，西至空地，北至马家。总户数为28户，总人口为118人，民族为汉族。面积为1.3平方千米。

早年村西有座土地庙，附近居民常在此聚会念佛，遂取名为浍庙。1958年属浍庙大队，1983年属浍庙村村民委员会，2005年属刘寨村村民委员会。

潼山

潼山（Tóngshān） 隶属朱集乡潼山村村民委员会，地理实体类型为农村居民点。东至姜山村，南至运料河，西至前楼庄，北至潼山。总户数为352户，总人口为1579人，主要分布民族有汉族、土家族。面积为4.51平方千米。

因村庄坐落在潼山脚下，故名。1958年属潼山大队，1983年属潼山村村民委员会。

小山子

小山子（Xiǎoshānzi） 隶属朱集乡潼山村村民委员会，地理实体类型为农村居民点。东至姜山，南至运料河岸，西至运料河岸，北至潼山庄。总户数为60户，总人口为3288人，主要分布民族有汉族、回族。其中汉族3286人，占比99.5%；回族2人，占比0.5%。面积为0.03平方千米。

因村庄附近有小山，故名。1958年属前楼大队，1983年属前楼村村民委员会，2010年属潼山村村民委员会。

东条吉

东条吉（Dōngtiáojí） 隶属朱集乡星光村村民委员会，地理实体类型为农村居民点。东至郑楼村，南至双杨村，西至运料河，北至卞庄村。总户数为108户，总人口为528人，民族为汉族。面积为1.2平方千米。

早年和西条吉是一排房屋，称为“一条脊”。后因开挖潼河，把村庄分成东西两半，此庄位于河东，故名。1958年属兴光大队，1983年属兴光村村民委员会，2005年属星光村村民委员会。

刘南塘

刘南塘（Liúnántáng） 隶属朱集乡星光村村民委员会，地理实体类型为农村居民点。东至刘马路，南至朱集村，西至运料河，北至山闵路。总户数为310户，总人口为1393人，民族为汉族。面积为2.5平方千米。

因居民多姓刘，且村南有汪塘，故名。1958年属创新大队，1983年属创新村村民委员会，2005年属星光村村民委员会。

大路乡

陈场庄

陈场庄（Chénchǎngzhuāng） 隶属大路乡陈场村村民委员会，地理实体类型为农村居民点。东至孙谷庄，南至王安庄，西至蒋刘庄，北至前胡堆庄。总户数为202户，总人口为816人，民族为汉族。面积为0.9平方千米。

因区划调整而得名。1949年前为陈场乡，1985年为陈场大队，1992年改为陈场村。

孙谷堆

孙谷堆（Sūngǔduī） 隶属大路乡陈场村村民委员会，地理实体类型为农村居民点。东至新张庄，南至王芝庄，西至陈场庄，北至三姓庄。总户数为401户，总人口为1631人，民族为汉族。面积为1.76平方千米。

因村民多为孙姓，又因村中粮食丰收，常堆积在场中，形成一个个谷堆，故名。1985年分村叫孙谷村，2005年合并叫孙谷堆。

大龙

大龙（Dàlóng） 隶属大路乡大龙村村民委员会，地理实体类型为农村居民点。东至双灵公路，南至后张，西至化口，北至曹庄。总户数为210户，总人口为1050人，民族为汉族。面积为1.2平方千米。

据说很久很久以前，天气突然大变，暴风骤雨。这时落下一条巨龙，龙头刚好落在此处，嘴大无比，龙尾至化口处。巨龙受伤，经过朴实的村民治疗，巨龙伤好后感恩乘雾而去，此地故名大龙嘴。1983年后改名为大龙村。

化口

化口（Huàkǒu） 隶属大路乡朱楼村村民委员会，地理实体类型为农村居民点。东至陈庄，南至李庄，西至晏家湾庄，北至刘塘庄。总户数为230户，总人口为680人，民族为汉族。面积为0.9平方千米。

因村中居民多姓化，且早年村西河边有一渡口，故名。1978年为化口公社，2005年并入大龙村。

刘圩庄

刘圩庄（Liúwéizhuāng） 隶属大路乡大龙村村民委员会，地理实体类型为农村居民点。东至双灵公路，南至张潭庄，西至晏湾村，北至刘塘庄。总户数为80户，总人口为260人，民族为汉族。面积为0.46平方千米。

因村民多为刘姓，又早期建有圩墙御敌，故名。1958年命名为刘圩庄。

韩墩庄

韩墩庄（Hándūnzhuāng） 隶属大路乡韩墩村村民委员会，地理实体类型为农村居民点。东至大庙乡沙南村，南至新张庄，西至小韩庄，北至赵梅庄。总户数为440户，总人口为1800人，民族为汉族。面积为1.7平方千米。

传说韩墩方圆几十里都是湖，又叫孟山湖。有姓韩的人家在此打鱼为生，在一个高土墩上居住，繁衍生息，故名。自有人居住，一直叫韩墩庄。1992年以前隶属高楼区韩墩村，1992年3月隶属大路乡韩墩村，2005年小韩村、韩墩村、新张村合并成韩墩村。

刘惯

刘惯（Liúguàn） 隶属大路乡韩墩村村民委员会，地理实体类型为农村居民点。东至小韩庄，南至三姓庄，西至大路庄，北至王坊庄。总户数为150户，总人口为680

人，民族为汉族。面积为 0.56 平方千米。

早期有刘姓人家在此居住，长期用瓦罐打水。有一天一户人家逃荒到此，问正在打水的刘氏人家：“这叫什么庄？”他脱口而出：“刘罐。”后来不断有逃荒人家到此居住，以后便叫刘惯庄。1976 年和小韩庄合并，属小韩村。

小韩庄

小韩庄（Xiǎohánzhuāng） 隶属大路乡韩墩村村民委员会，地理实体类型为农村居民点。东至韩墩庄，南至三姓庄，西至刘惯庄，北至王坊庄。总户数为 105 户，总人口为 370 人，民族为汉族。面积为 0.35 平方千米。

因村中多为韩姓，故名。

新张庄

新张庄（Xīnzhāngzhuāng） 隶属大路乡韩墩村村民委员会，地理实体类型为农村居民点。东至大庙乡大徐庄，南至大庙乡王支庄，西至孙谷庄，北至韩墩庄。总户数为 165 户，总人口为 650 人，民族为汉族。面积为 0.8 平方千米。

因张姓居民最多，故名。自有人居住一直叫小张庄。1992 年以前隶属大庙乡小张村，1992 年 3 月隶属大路乡，命名为新张村，2002 年新张和韩墩村合并成韩墩村，2005 年 5 月小韩村、韩墩村、新张村合并成韩墩村。

后胡庄

后胡庄（Hòuhúzhuāng） 隶属大路乡胡堆村村民委员会，地理实体类型为农村居民点。东至双灵公路，南至前胡庄，西至大蒋，北至大路村。总户数为 205 户，总人口为 900 人，民族为汉族。面积为 0.9 平方千米。

因胡堆庄所在地是一片湖，后因湖水逐渐干涸，后来人在此开荒种地，建造房屋，繁衍生息，因而得名胡堆，分为前胡和后胡。1992 年以前隶属浍沟区前胡村和后胡村，2005 年合并后隶属大路乡胡堆村。

前胡庄

前胡庄（Qiánhúzhuāng） 隶属大路乡胡堆村村民委员会，地理实体类型为农村居民点。东至双灵公路，南至陈场，西至大蒋，北至大路村。总户数为 200 户，总人口为 880 人，民族为汉族。面积为 1.2 平方千米。

因胡堆庄所在地是一片湖，后因湖水逐渐干涸，后来人在此开荒种地，建造房屋，繁衍生息，因而得名胡堆，分为前胡和后胡。1992 年以前隶属浍沟区前胡村和后胡村，2005 年合并后隶属大路乡胡堆村。

三姓庄

三姓庄（Sānxìngzhuāng） 隶属大路乡朱楼村村民委员会，地理实体类型为农村居民点。东至韩墩，南至孙谷，西至双灵路，北至大路村。总户数为 11 户，总人口为 55 人，民族为汉族。面积为 0.9 平方千米。

清代中期有王姓、赵姓、程姓人员在此居住，繁衍生息，因而得名。1992 年以前隶属浍沟区前胡村和后胡村，2005 年合并后隶属大路乡胡堆村。

大蒋庄

大蒋庄（Dàjiǎngzhuāng） 隶属大路乡蒋刘村村民委员会，地理实体类型为农村居民点。东至小蒋家，南至蒋圩，西至浍沟，北至新宅、小朱。总户数为 105 户，总人口为 523 人，民族为汉族。面积为 0.7 平方千米。

因村民多为蒋姓，人口又颇多，故名。

1958年命名为大蒋庄，简称大蒋。

蒋圩庄

蒋圩庄（Jiǎngwéizhuāng） 隶属大路乡蒋刘村村民委员会，地理实体类型为农村居民点。东至陈场，南至苏宅，西至叶赵，北至朱场。总户数为509户，总人口为2200人，民族为汉族。面积为2.54平方千米。

因村庄多为蒋姓，又早年建有圩子，防外侵，故名。1958年命名为大路人民公社，1981年正式改为蒋圩。

新宅庄

新宅庄（Xīnzháizhuāng） 隶属大路乡蒋刘村村民委员会，地理实体类型为农村居民点。东至胡堆，南至大蒋庄，西至小朱庄，北至高场庄。总户数为39户，总人口为189人，民族为汉族。面积为0.2平方千米。

蒋姓在此开荒种地，建造房屋，繁衍生息，家族人丁旺盛，逐渐壮大，取名新宅，后改名新宅庄。

火彭庄

火彭庄（Huǒpéngzhuāng） 隶属大路乡蒋庙村村民委员会，地理实体类型为农村居民点。东至蒋大汪庄，南至冯庙镇，西至浍沟镇，北至蒋庙庄。总户数为223户，总人口为980人，民族为汉族。面积为0.7平方千米。

因村中多为彭姓，后失大火烧掉重建，故名。2005年后并入蒋庙村，名称沿用至今。

蒋大汪庄

蒋大汪庄（Jiǎngdàwāngzhuāng） 隶属大路乡蒋庙村村民委员会，地理实体类型为农村居民点。东至浍沟，南至冯庙，西至陈场，北至苏宅。总户数为120户，总人口为449人，民族为汉族。面积为0.9平方千米。

因蒋家门前有大汪，故名。新中国成立一直叫蒋大汪，2005年归入蒋庙村。

蒋庙庄

蒋庙庄（Jiǎngmiàozhuāng） 隶属大路乡蒋庙村村民委员会，地理实体类型为农村居民点。东至冯庙镇，南至冯庙镇，西至浍沟镇，北至苏宅村。总户数为125户，总人口为692人，民族为汉族。面积为0.7平方千米。

蒋姓为一大户，又早年村中有庙，故名。1987年隶属浍沟区，2005年并入蒋庙村。

刘大庄

刘大庄（Liúdàzhuāng） 隶属大路乡刘大庄村村民委员会，地理实体类型为农村居民点。东至高楼镇，南至张杨村，西至大龙村，北至下街自然庄。总户数为560户，总人口为2150人，民族为汉族。面积为2.5平方千米。

早年为多姓村庄，后刘姓占大多数，故名。1970年称渔沟公社刘大庄大队，2005年，合并下街和刘大庄成立刘大庄村。

西南庄

西南庄（Xīnánzhuāng） 隶属大路乡刘大庄村村民委员会，地理实体类型为农村居民点。东至大庄，南至张杨村，西至大龙村，北至刘大庄。总户数为56户，总人口为381人，民族为汉族。面积为0.2平方千米。

因位于刘大庄村西南方向，故名。1970年称西南大队，2005年并村，改为西南庄。

下街庄

下街庄（Xiàjiēzhuāng） 隶属大路乡刘大庄村村民委员会，地理实体类型为农村居民点。东至高楼镇，南至刘大庄，西至刘姚，北至渔沟镇。总户数为381户，总人口为1212人，民族为汉族。面积为2平方千米。

1958年人民公社时期为下街大队，原下街逢集，相邻孟山圩为上街，为此取名下街。1985年至1990年属下街大队，2005年属刘大庄村。

小吴庄

小吴庄（Xiǎowúzhuāng） 隶属大路乡刘大庄村村民委员会，地理实体类型为农村居民点。东至下街庄，南至大龙村，西至刘姚庄，北至申场村。总户数为63户，总人口为420人，民族为汉族。面积为0.3平方千米。

因村民多为吴姓，又人口稀少，故名。1970年称小吴大队，2005年合并到刘大庄村，叫小吴庄。

苏宅庄

苏宅庄（Sūzháizhuāng） 隶属大路乡苏宅村村民委员会，地理实体类型为农村居民点。东至陈场，南至蒋庙，西至蒋刘，北至蒋刘。总户数为320户，总人口为1046人，民族为汉族。面积为0.8平方千米。

苏姓人口比较多，故名。1983年以前属苏宅村民委员会。

王安庄

王安庄（Wáng’ānzhuāng） 隶属大路乡苏宅村村民委员会，地理实体类型为农村居民点。东至陈场，南至蒋庙，西至苏宅，北至蒋刘。总户数为225户，总人口为827人，民族为汉族。面积为0.7平方千米。

因村民王姓较多，且较为平安，故名。1983年前隶属苏宅村委会。

马宅庄

马宅庄（Mǎzháizhuāng） 隶属大路乡王坊村村民委员会，地理实体类型为农村居民点。东至孟滩沟，南至老濉河，西至王坊，北至刘大庄。总户数为80户，总人口为220人，民族为汉族。面积为0.4平方千米。

战争年代此地为高宅，后为练马训练场，故名。

王坊庄

王坊庄（Wángfāngzhuāng） 隶属大路乡王坊村村民委员会，地理实体类型为农村居民点。东至马宅庄，南至老濉河，西至大路村，北至张杨村。总户数为360户，总人口为1680人，民族为汉族。面积为1.5平方千米。

因早年村中一位王姓家族在此开设油坊，故名。解放前叫王油坊，后并到大路大队，1995年更名为王坊庄。

赵梅庄

赵梅庄（Zhàoméizhuāng） 隶属大路乡王坊村村民委员会，地理实体类型为农村居民点。东至大庙沙滩，南至老濉河，西至马宅庄，北至高楼镇。总户数为152户，总人口为966人，民族为汉族。面积为0.8平方千米。

因居民以赵姓和梅姓居多，故名。撤区并乡前属大庙乡，后划到大路乡，2005年划到王坊村。

晏家湾

晏家湾（Yànjiāwān） 隶属大路乡晏湾村村民委员会，地理实体类型为农村居民点。总人口为3456人，民族为汉族。面积为3.5平方千米。

村民多姓晏，又因村庄坐落在河湾，故名。1992年隶属浍沟区，之后撤区并乡取名晏湾村。

后张庄

后张庄（Hòuzhāngzhuāng） 隶属大路乡张杨村村民委员会，地理实体类型为农村居民点。东至双灵路，南至中张庄，西至化口村，北至大龙庄。总户数为120户，总人口为560人，民族为汉族。面积为0.52平方千米。

因早年建村为张氏先聚居，又因有三张，据其各自位置，故名。1958年命名为大路人民公社，1983年正式改名为后张庄，简称张庄。

前张庄

前张庄（Qiánzhāngzhuāng） 隶属大路乡张杨村村民委员会，地理实体类型为农村居民点。东至杨庄，南至大路村，西至朱楼村，北至中张庄。总户数为120户，总人口为540人，民族为汉族。面积为0.5平方千米。

因早年建村为张氏先聚居，又因有三张，据其各自位置，故名。1958年命名为大路人民公社，1983年正式改名为前张庄，简称张庄。

沈庄

沈庄（Shěnzhuāng） 隶属大路乡张杨村村民委员会，地理实体类型为农村居民点。东至杨庄，南至杨庄，西至双灵路，北至大庄村。总户数为100户，总人口为460人，民族为汉族。面积为0.53平方千米。

早年沈姓在此聚居，形成村落，故名。1958年命名为大路人民公社，就叫沈庄，沿用至此。

杨庄

杨庄（Yángzhuāng） 隶属大路乡张杨村村民委员会，地理实体类型为农村居民点。东至高楼镇，南至大路村，西至双灵公路，北至大庄村。总户数为178户，总人口为810人，民族为汉族。面积为0.78平方千米。

早年杨姓在此聚居，形成村落，故名。1958年人民公社时就叫杨庄。

中张庄

中张庄（Zhōngzhāngzhuāng） 隶属大路乡张杨村村民委员会，地理实体类型为农村居民点。东至灵双路，南至前张庄，西至化口村，北至后张庄。总户数为160户，总人口为660人，民族为汉族。面积为0.5平方千米。

因早年建村为张氏先聚居，又因有三张，据其各自位置，故名。1958年命名为大路人民公社，1983年正式改名为中张庄。

李庄

李庄（Lǐzhuāng） 隶属大路乡朱楼村村民委员会，地理实体类型为农村居民点。东至友谊沟，南至大路村，西至托尾河，北至三渠沟。总户数为194户，总人口为845人，民族为汉族。面积为0.8平方千米。

1873年李姓迁居此地，至此得名李庄。

晏场庄

晏场庄（Yànchǎngzhuāng） 隶属大路乡朱楼村村民委员会，地理实体类型为农村居民点。东至友谊沟，南至老濉河，西至朱场庄，北至岳宅庄。总户数为87户，总人口为693人，民族为汉族。面积为0.7平方千米。

1867年晏姓在此建造打谷场，人们命名为晏场。

岳宅庄

岳宅庄（Yuèzháizhuāng） 隶属大路乡朱楼村村民委员会，地理实体类型为农村居民点。东至友谊沟，南至晏场庄，西至托尾河，北至李庄。总户数为 203 户，总人口为 784 人，民族为汉族。面积为 0.8 平方千米。

1890 年，岳姓在此居住，因岳姓居民早年建房宅基较高，命名岳宅。

朱场庄

朱场庄（Zhūchǎngzhuāng） 隶属大路乡朱楼村村民委员会，地理实体类型为农村居民点。东至大路村，南至蒋刘村，西至蒋刘村，北至晏湾村。总户数为 87 户，总人口为 389 人，民族为汉族。面积为 0.5 平方千米。

朱姓在此耕种，又因打麦子场挺大，故名。1992 年以前隶属浍沟区朱场村委会，1992 年并入大路乡。

朱楼

朱楼（Zhūlóu） 隶属大路乡朱楼村村民委员会，地理实体类型为农村居民点。东至岳宅村，南至朱场村，西至浍沟镇，北至晏湾村。总户数为 110 户，总人口为 821 人，民族为汉族。面积为 1.2 平方千米。

因朱姓人家在此建有高楼，故名。1992 年以前隶属浍沟区，1992 年 3 月后隶属大路乡朱楼村民委员会，2003 年与朱场、岳宅合并称朱楼村。

王晏庄

王晏庄（Wángyànzhuāng） 隶属大路乡朱楼村村民委员会，地理实体类型为农村居民点。东至申场沟，南至岳渠沟，西至灵子庄，北至李渠沟。总户数为 75 户，总人口为 406 人，民族为汉族。面积为 0.6 平方千米。

早年是王姓和晏姓两姓在此居住，故名。1992 年以前隶属浍沟区，1992 年 3 月后隶属大路乡朱楼村民委员会，2003 年与朱场、岳宅合并称朱楼村。

灵子

灵子（Língzi） 隶属大路乡朱楼村村民委员会，地理实体类型为农村居民点。东至王晏庄，南至岳渠沟，西至三渠沟，北至李渠沟。总户数为 75 户，总人口为 405 人，民族为汉族。面积为 0.6 平方千米。

由传说中的灵子城而得名，又在渠沟东边，也叫河东灵子。1992 年以前隶属浍沟区，1992 年 3 月后隶属大路乡朱楼村民委员会，2003 年与朱场、岳宅合并称朱楼村。

大庙乡

沙南庄

沙南庄（Shānánzhuāng） 隶属大庙乡沙南村村民委员会，地理实体类型为农村居民点。东至张丁庄，南至仲庄，西至韩墩庄，北至老濉河。总户数为 322 户，总人口为 1388 人，主要分布民族有汉族、布依族。面积为 1.45 平方千米。

据传，古代此地是孟山湖，湖水退去，出现沙滩，人们在此耕种，后因老濉河把沙滩一分两半，故濉河南岸得名沙南。1958 年人民公社时期属沙南大队，1978 年属沙南村。

仲庄

仲庄（Zhòngzhuāng） 隶属大庙乡沙南村村民委员会，地理实体类型为农村居民点。东至沙冯路，南至小卢庄，西至小徐庄，北至沙南庄。总户数为 157 户，总人口为 677 人，民族为汉族。面积为 0.7 平方千米。

清宣统年间，多姓聚居此地，繁衍生息，故名众姓庄，后演变为仲庄。1958 年人民公社时期隶属仲庄大队，1978 年属仲庄村委会，2004 年并入沙南村。

小徐庄

小徐庄（Xiǎoxúzhuāng） 隶属大庙乡沙南村村民委员会，地理实体类型为农村居民点。东至仲庄，南至302省道，西至302省道，北至王安庄。总户数为93户，总人口为380人，民族为汉族。面积为0.35平方千米。

清末，徐姓聚居此地，村庄人口较少，故名。一直至今，未曾改名，称小徐庄。

大徐庄

大徐庄（Dàxúzhuāng） 隶属大庙乡沙南村村民委员会，地理实体类型为农村居民点。东至沙冯公路，南至小徐庄，西至302省道，北至沙南庄。总户数为216户，总人口为822人，民族为汉族。面积为0.76平方千米。

因村民多为徐姓，故名。1958年人民公社时期隶属大徐大队，1978年属大徐村，2004年属沙南村。

小卢庄

小卢庄（Xiǎolúzhuāng） 隶属大庙乡沙南村村民委员会，地理实体类型为农村居民点。东至沙冯路，南至302省道，西至302省道，北至仲庄。总户数为80户，总人口为362人，民族为汉族。面积为0.4平方千米。

因卢姓人家在此落户较早，依照最早在此落户的姓名为庄名，故名。1958年人民公社时期隶属沙南大队，1984年属沙南村村民委员会。

新庄

新庄（Xīnzhuāng） 隶属大庙乡胡场村村民委员会，地理实体类型为农村居民点。东至东河沿，南至南河沿，西至西河沿，北至北河沿。总户数为120户，总人口为530人，民族为汉族。面积为0.75平方千米。

因村庄姓氏众多，又为新建之庄，故名。1958年人民公社时期隶属胡场大队，1984年至今隶属胡场村委会。

半楼子

半楼子（Bànlóuzi） 隶属大庙乡胡场村村民委员会，地理实体类型为农村居民点。东至小高村，南至小马庄，西至马庄村，北至赵庄。总户数为20户，总人口为100人，民族为汉族。面积为0.2平方千米。

据传，五姓人家在沙李路北建筑一座楼房，预算建造三层，实建二层，因经济不佳就停止建造了，故名。1958年人民公社时期隶属胡场大队，1984年至今隶属胡场村委会。

小马庄

小马庄（Xiǎomǎzhuāng） 隶属大庙乡胡场村村民委员会，地理实体类型为农村居民点。东至小高庄，南至崔位庄，西至马庄村，北至半楼子。总户数为23户，总人口为120人，民族为汉族。面积为0.27平方千米。

因村民以马姓居多，故名。1958年人民公社时期隶属胡场大队，1984年至今隶属胡场村委会。

崔埝庄

崔埝庄（Cuīniànzhuāng） 隶属大庙乡马庄村村民委员会，地理实体类型为农村居民点。东至东马庄，南至胡场，西至张场，北至马庄。总户数为345户，总人口为1700人，民族为汉族。面积为2.6平方千米。

因北宋时期有一名朝廷大臣叫崔埝，那时无论哪级官员路过此地都下马拜访，故名。1949年隶属崔埝乡，1958年属崔埝大队，1984 年隶属崔埝村民委员会，2004 年并入马庄村村民委员会。

寿口庄

寿口庄（Shòukǒuzhuāng） 隶属大庙乡马庄村村民委员会，地理实体类型为农村居民点。东至东马庄，南至崔埝，西至王场，北至张刘。总户数为 221 户，总人口为 1004 人，民族为汉族。面积为 1.3 平方千米。

北宋时期，原崔埝庄是运河叉道，途经孟山湖，当时有一户人家姓寿，在这运河摆渡，故名。1958 年隶属寿口大队，1984 年隶属寿口村委会，2004 年并入马庄村委会。

小杨庄

小杨庄（Xiǎoyángzhuāng） 隶属大庙乡马庄村村民委员会，地理实体类型为农村居民点。东至崔埝，南至新庄，西至宋宅，北至马庄。总户数为 99 户，总人口为 364 人，民族为汉族。面积为 0.47 平方千米。

据传，北宋时期杨元郎路过马庄，在此扎营，与手下商讨，西南角是块宝地，地形像马场，可以当作练马场地，结果杨元郎就命名为杨氏马场，后期更名为小杨庄。1958 年隶属马庄大队，1984 年隶属马庄村村民委员会。

宋宅庄

宋宅庄（Sòngzháizhuāng） 隶属大庙乡马庄村村民委员会，地理实体类型为农村居民点。东至小杨庄，南至胡场村，西至杨万春，北至村口庄。总户数为 119 户，总人口为 414 人，民族为汉族。面积为 0.5 平方千米。

据说，早年有五大姓氏居住在此庄。后因宋氏人丁不旺，结果宋氏家族搬至濉北，就把宅基地送给李、王两家族，故名。1958 年隶属马庄大队，1984 年隶属马庄村村民委员会。

两面罗

两面罗（Liǎngmiànluó） 隶属大庙乡王海村村民委员会，地理实体类型为农村居民点。东至江苏省，南至宋庄，西至齐张，北至大杨。总户数为 140 户，总人口为 600 人，民族为汉族。面积为 1.2 平方千米。

早年，睢宁县有两个庄子打官司，在打官司过程中有个人能言善辩，被县长认可。这个人打起官司来，嘴像两面锣，能说会道，故名。1958 年人民公社时期隶属王海大队，1984 年至今隶属王海村委会。

汉石庄

汉石庄（Hànshízhuāng） 隶属大庙乡王海村村民委员会，地理实体类型为农村居民点。东至江苏省，南至丁庄，西至因庄，北至王海庄。总户数为 128 户，总人口为 431 人，民族为汉族。面积为 0.5 平方千米。

很久以前，有一姓韩的石匠在此落户，经常有人来找韩石匠，长此以往形成汉石庄。1958 年人民公社时期隶属王海大队，1984 年至今隶属王海村委会。

刘家饭店

刘家饭店（Liújiāfàndiàn） 隶属大庙乡齐张村村民委员会，地理实体类型为农村居民点。东至骑路张庄，南至小葛庄，西至红泥沟，北至小王庄。总户数为 108 户，总人口为 419 人，民族为汉族。面积为 0.51 平方千米。

清朝乾隆下江南，刘姓人家在此开饭店，乾隆在饭店吃饭，觉得口味不错，题“刘家饭店”，故名。1958 年人民公社时期隶属齐张大队，1984 年至今隶属齐张村委会。

王斐

王斐（Wángfěi） 隶属大庙乡王谷村

村民委员会，地理实体类型为农村居民点。东至陈宅，南至瞿道口，西至小高，北至道口。总户数为58户，总人口为325人，民族为汉族。面积为0.4平方千米。

据说，王姓四人由山西迁居至此，有一人名为王老斐，该庄因而得名王斐。1958年隶属王谷大队，1984年隶属王谷村委会。

小高庄

小高庄（Xiǎogāozhuāng） 隶属大庙乡王谷村村民委员会，地理实体类型为农村居民点。东至王斐，南至高宅，西至卓场，北至大王谷。总户数为135户，总人口为635人，民族为汉族。面积为0.9平方千米。

原名叫黄泥沟，清末年间由高楼高家庄迁往此地，高姓居多，村庄面积小，故名小高家，后更名为小高庄。1958年隶属王谷大队，1984年隶属王谷村委会。

道口

道口（Dàokǒu） 隶属大庙乡王谷村村民委员会，地理实体类型为农村居民点。东至朱堰，南至王斐，西至小王谷，北至大庙。总户数为213户，总人口为850人，民族为汉族。面积为0.9平方千米。

因村庄位于道路口，故名。1958年人民公社时期隶属王谷大队，1984年至今隶属王谷村委会。

路宅子

路宅子（Lùzháizi） 隶属大庙乡王场村村民委员会，地理实体类型为农村居民点。东至马庄村，南至赵场，西至沙滩村，北至王场。总户数为82户，总人口为337人，民族为汉族。面积为0.46平方千米。

路姓人家在此建造房屋，故名。1958年命名为路宅子，1981年正式改名为路宅。

王场庄

王场庄（Wángchǎngzhuāng） 隶属大庙乡王场村村民委员会，地理实体类型为农村居民点。东至张刘村，南至路宅，西至沙滩村，北至毛庄村。总户数为235户，总人口为1163人，民族为汉族。面积为0.95平方千米。

清代，王姓人家在此碾场而得名；另一说王场原名袁场，传说袁场住一户姓袁的员外，膝下无子，有一女在家招婿姓王，员外死后其女婿恢复了王姓，改袁场为王场。1958年命名为王场庄，1981年由王场大队更名为王场。

前赵家

前赵家（Qiánzhàojiā） 隶属大庙乡沙滩村村民委员会，地理实体类型为农村居民点。东至闸河，南至沙滩，西至地上渠，北至后赵。总户数为140户，总人口为580人，民族为汉族。面积为0.5平方千米。

因早年赵氏在此定居，后分为两庄，该庄靠南，故名。1958年人民公社时期隶属沙滩大队，1984年至今隶属沙滩村委会。

后赵家

后赵家（Hòuzhàojiā） 隶属大庙乡沙滩村村民委员会，地理实体类型为农村居民点。东至王场，南至前赵，西至小桌，北至赵威村。总户数为280户，总人口为1300人，民族为汉族。面积为1.4平方千米。

因早年赵氏在此定居，后分为两庄，该庄靠北，故名。1958年人民公社时期隶属沙滩大队，1984年至今隶属沙滩村委会。

卓场庄

卓场庄（Zhuóchǎngzhuāng） 隶属大庙乡大庙村村民委员会，地理实体类型为农村居民点。东至陈宅庄，南至张宅庄，西至找营庄，北至李桐庄。总户数为98户，总人口为406人，民族为汉族。面积为0.5平方千米。

民国时期，该地有卓圩大地主的场地、场屋，后来居民建造房屋，不断繁衍生息，故得名卓场。1980年属冯庙区卓场人民公社，1992年并入大庙乡卓场村，2004年名为大庙村卓场庄。

大庙

大庙（Dàmiào） 隶属大庙乡大庙村村民委员会，地理实体类型为农村居民点。东至王海村，南至王谷村，西至找营村，北至殷庄。总户数为800户，总人口为3458人，民族为汉族。面积为3.8平方千米。

清光绪年间，有一个很大的大王庙，故得名为大庙。1958年隶属大庙人民公社，1992年撤区并乡隶属大庙乡高场村，2004年4月隶属大庙乡大庙村。

陈宅

陈宅（Chénzhái） 隶属大庙乡大庙村村民委员会，地理实体类型为农村居民点。东至高场，南至王谷，西至卓庄，北至胡场。总户数为260户，总人口为1050人，民族为汉族。面积为1.2平方千米。

因村民多为陈姓，故名。1958年隶属大庙人民公社，1992年撤区并乡隶属大庙乡高场村，2004年4月隶属大庙乡大庙村。

大杨庄

大杨庄（Dàyángzhuāng） 隶属大庙乡大杨村村民委员会，地理实体类型为农村居民点。东至小杨庄，南至王海村两面罗庄，西至齐张，北至翟庄。总户数为226户，总人口为908人，民族为汉族。面积为1.3平方千米。

村民多为杨姓，又因村落人口较多，故名。1950年属大杨大队，1983年隶属大杨村。

小杨庄

小杨庄（Xiǎoyángzhuāng） 隶属大庙乡大杨村村民委员会，地理实体类型为农村居民点。东至李集镇，南至王海村，西至大杨庄，北至邢庄。总户数为240户，总人口为1006人，主要分布民族有汉族、土家族。面积为1.6平方千米。

以姓氏而得名，且相比大杨庄来说较小，故名。

道庄

道庄（Dàozhuāng） 隶属大庙乡大杨村村民委员会，地理实体类型为农村居民点。东至小朱庄交界，南至梁庄，西至胡圩村，北至胡圩村。总户数为35户，总人口为130人，民族为汉族。面积为0.1平方千米。

因早年此地有道庙，刘姓人家在此建村立庄，繁衍生息，故名道庄。新中国成立时隶属胡圩乡，1977年隶属邢庄大队，2004年隶属大杨村。

小翟庄

小翟庄（Xiǎozháizhuāng） 隶属大庙乡大杨村村民委员会，地理实体类型为农村居民点。东至胡圩村，南至翟庄，西至齐张村，北至大张村。总户数为32户，总人口为138人，民族为汉族。面积为0.21平方千米。

因村民翟姓居多，故名。新中国成立时属胡圩庄，1977年划入小庙公社邢庄大队，1983年隶属大庙乡邢庄村，2004年划入大杨村。

小李场

小李场（Xiǎolǐchǎng） 隶属大庙乡王支村村民委员会，地理实体类型为农村居民点。东至张宅，南至卢沟，西至小胡场，北至找营村。总户数为92户，总人口为310人，民族为汉族。面积为0.35平方千米。

因李姓地主在此打场收粮，且庄小，故名。1958年人民公社时期隶属王支大队，1984年至今隶属王支村委会。

小胡场

小胡场（Xiǎohúchǎng） 隶属大庙乡王支村村民委员会，地理实体类型为农村居民点。东至小李场，南至大陈村，西至陈场村，北至小张。总户数为112户，总人口为440人，民族为汉族。面积为0.3平方千米。

相传，一位姓胡的老人生了儿子，外出未找到，该庄取名胡居地，后改为小胡场。1958年人民公社时期隶属王支大队，1984年至今隶属王支村委会。

小王支

小王支（Xiǎowángzhī） 隶属大庙乡王支村村民委员会，地理实体类型为农村居民点。东至小胡场，南至大陈庄，西至大王支，北至小张。总户数为95户，总人口为430人，民族为汉族。面积为0.4平方千米。

村庄为大王支的分支，又因村庄面积小，故名。1958年人民公社时期隶属王支大队，1984年至今隶属王支村委会。

李桐庄

李桐庄（Lǐtóngzhuāng） 隶属大庙乡找营村村民委员会，地理实体类型为农村居民点。东至徐明高速，南至王支村张宅庄，西至王沈南北路，北至洪垄沟。总户数为250户，总人口为1000人，民族为汉族。面积为2平方千米。

因早年李姓老人李桐在此居住，故名。1958年人民公社时期隶属找营大队，1984年至今隶属找营村委会。

找营村

找营村（Zhǎoyíngcūn） 隶属大庙乡找营村村民委员会，地理实体类型为农村居民点。东至大庙村桌场庄，南至王支村小李庄，西至王支村王支庄，北至王沈村。总户数为330户，总人口为1320人，民族为汉族。面积为2.5平方千米。

有寻找营地之意，故名。1958年人民公社时期隶属找营大队，1984年至今隶属找营村委会。

王沈庄

王沈庄（Wángshěnzhuāng） 隶属大庙乡王沈村村民委员会，地理实体类型为农村居民点。东至小崔庄，南至李桐庄，西至仲庄，北至沙南、沙滩庄。总户数为223户，总人口为952人，民族为汉族。面积为2.4平方千米。

因村中村民以王姓和沈姓居多，故名。1958年人民公社时期隶属王沈大队，1984年至今隶属王沈村委会。

小崔庄

小崔庄（Xiǎocuīzhuāng） 隶属大庙乡王沈村村民委员会，地理实体类型为农村居民点。东至徐明高速，南至李桐庄，西至王沈庄，北至新庄。总户数为123户，总人口为468人，民族为汉族。面积为1.8平方千米。

因早年崔氏先人落户在王沈庄东500米处居住，种地生活，繁衍生息，故名。1958年人民公社时期隶属王沈大队，1984年至今隶属王沈村委会。

禅堂乡

禅堂村

禅堂村（Chántángcūn） 隶属禅堂乡

禅堂村村民委员会，地理实体类型为农村居民点。东至司庙村，南至小冉沈余，西至三周，北至倪家屠家、张扬唐家。总户数为680户，总人口为3550人，民族为汉族。面积为3.7平方千米。

禅堂自然村历史上是无名湖，唐朝开掘唐河，露出一点地，有人居住（包括信教），起名禅堂湖，后改为禅堂村，禅堂庄（庙名）至今是禅堂乡所在地。1850年前禅堂是自然庄，新中国成立后既是乡又是村所在地，后改为禅堂人民公社，现在仍然是禅堂乡。

唐家

唐家（Tángjiā） 隶属禅堂乡禅堂村村民委员会，地理实体类型为农村居民点。东至唐河，南至禅堂，西至三周，北至倪家、屠家。总户数为70户，总人口为450人，民族为汉族。面积为1.2平方千米。

唐朝时开掘唐河，露出一点地，有人住离禅堂村有300米远，起名唐家庄。1950年属陈屠村管辖，1960年后并入禅堂村。

小闫庄

小闫庄（Xiǎoyánzhuāng） 隶属禅堂乡大吴村村民委员会，地理实体类型为农村居民点。东至潘西庄，南至大闫，西至灵双路，北至沈余庄。总户数为69户，总人口为261人，民族为汉族。面积为0.34平方千米。

因村庄居民以闫姓居多，故名。1958年人民公社成立后简称小闫庄。

小许庄

小许庄（Xiǎoxǔzhuāng） 隶属禅堂乡大吴村村民委员会，地理实体类型为农村居民点。东至潘西庄，南至陈西庄，西至灵双路，北至河北村。总户数为70户，总人口为290人，民族为汉族。面积为0.36平方千米。

1958年人民公社成立后简称小许庄。

大闫庄

大闫庄（Dàyánzhuāng） 隶属禅堂乡大吴村村民委员会，地理实体类型为农村居民点。东至潘西庄，南至大吴街，西至新沟，北至渔场。总户数为140户，总人口为580人，民族为汉族。面积为0.48平方千米。

因村中以闫姓居民居多，面积相对较大，故名。1958年人民公社时期取名大闫庄，1981年正式更名为大闫庄，简称大闫。

新闫庄

新闫庄（Xīnyánzhuāng） 隶属禅堂乡大吴村村民委员会，地理实体类型为农村居民点。东至灵双路，南至大吴街，西至前解庄，北至大闫庄。总户数为45户，总人口为225人，民族为汉族。面积为0.15平方千米。

原名叶庙，因居民以闫姓居多，改名为新闫庄。

小胡庄

小胡庄（Xiǎohúzhuāng） 隶属禅堂乡大吴村村民委员会，地理实体类型为农村居民点。东至八高，南至开发区，西至大宋庄，北至新闫庄。总户数为98户，总人口为434人，民族为汉族。面积为0.36平方千米。

因居民以胡姓居多，且庄小，故名。

谷圩

谷圩（Gǔwéi） 隶属禅堂乡郭海村村民委员会，地理实体类型为农村居民点。东至邱家，南至金家，西至谷同，北至姚家。总户数为109户，总人口为543人，民族为汉族。面积为0.49平方千米。

因居民以谷姓居多，又早年建圩子，故名。1958年人民公社时期属郭海大队，1983年属郭海村委会。

谷同

谷同（Gǔtóng） 隶属禅堂乡郭海村村民委员会，地理实体类型为农村居民点。东至谷圩庄，南至大谷，西至王场庄，北至姬家。总户数为71户，总人口为352人，民族为汉族。面积为0.48平方千米。

因村中以谷姓居多，又由外地迁入，思念原迁徙之地，故名。1958年人民公社时期属郭海大队，1983年属郭海村委会。

姬家

姬家（Jījiā） 隶属禅堂乡郭海村村民委员会，地理实体类型为农村居民点。东至唐河，南至谷圩庄，西至徐场庄，北至唐河。总户数为219户，总人口为1068人，民族为汉族。面积为0.98平方千米。

因村中居民以姬姓为主，故名。1958年人民公社时期属郭海大队，1983年属郭海村委会。

金家

金家（Jīnjiā） 隶属禅堂乡郭海村村民委员会，地理实体类型为农村居民点。东至邱家，南至郭海庄，西至大谷庄，北至谷圩庄。总户数为68户，总人口为332人，民族为汉族。面积为0.31平方千米。

因村中居民以金姓为主，故名。1958年人民公社时期属郭海大队，1983年属郭海村委会。

徐场

徐场（Xúchǎng） 隶属禅堂乡郭海村村民委员会，地理实体类型为农村居民点。东至姬家，南至王场庄，西至高场庄，北至唐河。总户数为120户，总人口为606人，民族为汉族。面积为0.68平方千米。

原徐氏居民打场地，故名。1958年人民公社时期属郭海大队，1983年属郭海村委会。

小陈庄

小陈庄（Xiǎochénzhuāng） 隶属禅堂乡河北村村民委员会，地理实体类型为农村居民点。东至后解庄，南至前解庄，西至小张庄，北至043县道。总户数为78户，总人口为337人，民族为汉族。面积为0.73平方千米。

新中国成立前庄名叫小魏庄，后来因陈氏人口增多改名叫小陈庄。

王堂庄

王堂庄（Wángtángzhuāng） 隶属禅堂乡河北村村民委员会，地理实体类型为农村居民点。东至沈余庄，南至后解，西至小杨庄，北至新河。总户数为110户，总人口为445人，民族为汉族。面积为1.32平方千米。

王井搬迁来一人，名叫王堂，建村，故名。1958年人民公社时期取名王堂庄。

磙桥庄

磙桥庄（Gǔnqiáozhuāng） 隶属禅堂乡黄桥村村民委员会，地理实体类型为农村居民点。东至黄桥，南至新河，西至倪家，北至龚洼。总户数为257户，总人口为1152人，民族为汉族。面积为2平方千米。

因刘姓大户在磙桥的东边，故名。1958年人民公社时期为磙桥刘庄，后来更名为磙桥。

李言

李言（Lǐyán） 隶属禅堂乡李言村村民委员会，地理实体类型为农村居民点。东至郭海，南至杨侠，西至大华，北至王场。总户数为210户，总人口为816人，民族为汉族。面积为 1.6 平方千米。

因村民多以李姓和闫姓为主，“闫”同“言”，故名。1958 年属李言大队；1978 年更名为李言村民委员会。

倪家庄

倪家庄（Níjiāzhuāng） 隶属禅堂乡三周村村民委员会，地理实体类型为农村居民点。东至塘河，南至后唐庄，西至后周庄，北至陈屠庄。总户数为 28 户，总人口为 122 人，主要分布民族有汉族、苗族。面积为 0.2 平方千米。

因居民姓氏多为倪姓，故名。1958 年命名为倪家庄。

陈屠庄

陈屠庄（Chéntúzhuāng） 隶属禅堂乡三周村村民委员会，地理实体类型为农村居民点。东至塘河，南至后唐庄，西至后周庄，北至塘河。总户数为 136 户，总人口为 520 人，民族为汉族。面积为 0.4 平方千米。

屠家与陈家结亲两庄合并，故名。1975—2004 年，属陈屠村；由于村变动，2004 年陈屠、三周合并，划归三周村。

沈宅子

沈宅子（Shěnzháizi） 隶属禅堂乡双李村村民委员会，地理实体类型为农村居民点。东至新濉河，南至赵汪，西至司庙村，北至小吴庄。总户数为 162 户，总人口为 687 人，主要分布民族有汉族、土家族。面积为 0.71 平方千米。

居民多以沈姓为主，又因自然庄北面有一处比较高的宅子，故名。1958 年隶属八一大队；1983 年属顺河村；2005 年划归双李村。

双李

双李（Shuānglǐ） 隶属禅堂乡双李村村民委员会，地理实体类型为农村居民点。东至新濉河，南至沈宅，西至大庄村，北至大庄村。总户数为 159 户，总人口为 786 人，民族为汉族。面积为 0.9 平方千米。

因本庄被濉河分开，似两庄，又以李姓为主，故名。1958 年隶属八一大队；1983 年属顺河村；2005 年划归双李村。

小吴庄

小吴庄（Xiǎowúzhuāng） 隶属禅堂乡双李村村民委员会，地理实体类型为农村居民点。东至双李，南至沈宅，西至大庄村，北至大庄村。总户数为 117 户，总人口为 448 人，主要分布民族有汉族、回族。面积为 0.7 平方千米。

因村中居民均为吴姓，故名。1958 年隶属简吴大队；1983 年划归双李村。

东周庄

东周庄（Dōngzhōuzhuāng） 隶属禅堂乡司庙村村民委员会，地理实体类型为农村居民点。东至前司庄，南至八一路，西至禅堂街，北至灵双公路。总户数为 102 户，总人口为 403 人，民族为汉族。面积为 0.2 平方千米。

地处禅堂街东，又因居民多以周姓为主，故名。东周庄自建庄以来，此名沿用至今。

刘秀庄

刘秀庄（Liúxiùzhuāng） 隶属禅堂乡王莽村村民委员会，地理实体类型为农村居民点。东至王莽庄，南至新河，西至李言庄，北至公路。总户数为 141 户，总人口为 519 人，民族为汉族。面积为 1.2 平方千米。

据传说，王莽、刘秀两户人家从北向南一路打斗到这里，因经济损失和人员伤亡较大，两家就主动放下战争，从此安家落户在此，故名。刘秀庄自建庄以来，此名沿用至今。

倪家村

倪家村（Níjiācūn） 隶属禅堂乡王莽村村民委员会，地理实体类型为农村居民点。东至黄桥，南至杨疃，西至李言，北至郭海。总户数为273户，总人口为1006人，民族为汉族。面积为2.5平方千米。

清朝倪氏所建的村庄，故名。

王莽庄

王莽庄（Wángmǎngzhuāng） 隶属禅堂乡王莽村村民委员会，地理实体类型为农村居民点。东至龚洼庄，南至倪家庄，西至刘秀庄，北至郭海村。总户数为137户，总人口为498人，民族为汉族。面积为0.87平方千米。

王莽、刘秀两户人家从北向南一路打斗到这里，因经济损失和人员伤亡较大，两家就主动放下战争，从此安家落户在此，故名。王莽庄自建庄以来，此名沿用至今。

张山庄

张山庄（Zhāngshānzhuāng） 隶属禅堂乡小潘村村民委员会，地理实体类型为农村居民点。东至水李，南至丰收沟，西至陈庙交界，北至屯刘交界。总户数为150户，总人口为800人，民族为汉族。面积为1平方千米。

村落位于山旁且以张姓居民居多，故名。1958年隶属禅堂公社刘场大队；后来划入禅堂乡张山村；2004年划入小潘村委会。

小张庄

小张庄（Xiǎozhāngzhuāng） 隶属禅堂乡张宋村村民委员会，地理实体类型为农村居民点。东至小陈庄，南至黄家，西至朱冉村，北至石闫村。总户数为68户，总人口为280人，民族为汉族。面积为0.49平方千米。

因张姓居民居多，故名。1960年小张庄被定名为小张庄生产小队；1972年更名为小张庄。

郭桥河东

郭桥河东（Guōqiáohédōng） 隶属禅堂乡张宋村村民委员会，地理实体类型为农村居民点。东至大吴村，南至小丁庄，西至郭桥河西，北至杨疃镇。总户数为67户，总人口为380人，民族为汉族。面积为0.7平方千米。

清初在两庄中间的河上建有大石桥，因战乱大石桥被毁，后在老桥北面200米处由政府新建一座大桥——郭桥，两庄分别位于郭桥的东和西，故名。1960年人民公社时期为郭桥河东生产队；1972年更名为郭桥河东。

郭桥河西

郭桥河西（Guōqiáohéxī） 隶属禅堂乡张宋村村民委员会，地理实体类型为农村居民点。东至郭桥河东，南至西张庄，西至邱庙村，北至朱冉村。总户数为94户，总人口为510人，民族为汉族。面积为1.1平方千米。

清初在两庄中间的河上建有大石桥，因战乱大石桥被毁，后在老桥北面201米处由政府新建一座大桥——郭桥，两庄分别位于郭桥的东和西，故名。1960年定名为郭西生产队；1972年更名为郭桥河西。

小丁庄

小丁庄（Xiǎodīngzhuāng） 隶属禅堂乡张宋村村民委员会，地理实体类型为农村居民点。东至大吴村，南至小宋庄，西至崔沟，北至郭桥河东。总户数为50户，总人口为210人，民族为汉族。面积为0.35平方千米。

因本村后有一石钉，据传石钉有上千年的历史，故名。1960年定名为小丁生产队；1972年更名为小丁庄。

西张庄

西张庄（Xīzhāngzhuāng） 隶属禅堂乡张宋村村民委员会，地理实体类型为农村居民点。东至崔沟，南至邱家庄，西至邱庙村，北至郭西。总户数为78户，总人口为410人，民族为汉族。面积为0.42平方千米。

相传，在400年前，村民以贩卖狗皮来养家糊口，由此得名狗皮张，后因其不雅，更为现名。1960年更名为西张生产队；1972年又被定为西张庄。

小周庄

小周庄（Xiǎozhōuzhuāng） 隶属禅堂乡张宋村村民委员会，地理实体类型为农村居民点。东至崔沟，南至白庙村，西至白庙村，北至小任庄。总户数为17户，总人口为50人，民族为汉族。面积为0.14平方千米。

因其所在地紧邻任庙且庄小，故名。1960年人民公社时期为小周生产队；1960年以后把小周和小任合并为任周生产队；1972年更名为任周生产队，后改名为小周庄。

小宋家

小宋家（Xiǎosòngjiā） 隶属禅堂乡张宋村村民委员会，地理实体类型为农村居民点。东至大宋地交界，南至大宋，西至崔沟，北至小丁家。总户数为31户，总人口为154人，民族为汉族。面积为0.5平方千米。

因由大庄迁移至此，且多为宋姓，故名。1960年定名为小宋生产队；1972年更名为小宋生产组，后改名为小宋家。

大宋家

大宋家（Dàsòngjiā） 隶属禅堂乡张宋村村民委员会，地理实体类型为农村居民点。东至费河，南至程圩，西至崔沟，北至大吴集。总户数为118户，总人口为580人，民族为汉族。面积为1.2平方千米。

村中居民多为宋姓，庄大，故名。1960年为大宋生产队；1970年分为三个生产队；1972年又合并为生产组，后称大宋家。

程圩庄

程圩庄（Chéngwéizhuāng） 隶属禅堂乡张宋村村民委员会，地理实体类型为农村居民点。东至费河，南至后张庄，西至崔沟，北至大宋。总户数为50户，总人口为320人，民族为汉族。面积为0.43平方千米。

村民为防盗匪在庄四周建有圩子，村中有名大户为程姓，故名。1960年为程圩生产队；1972年更名为程圩生产队，后称程圩庄。

虞姬乡

前桥

前桥（Qiánqiáo） 隶属虞姬乡后桥村村民委员会，地理实体类型为农村居民点。东至泗县，南至虞姬村，西至灵光村，北至后桥村。总户数为171户，总人口为801人，民族为汉族。面积为0.9平方千米。

庄子后面有一座桥，故名。1958年属后桥大队，1983年属后桥村村民委员会。

后桥

后桥（Hòuqiáo） 隶属虞姬乡后桥村村民委员会，地理实体类型为农村居民点。东至姜庄，南至前桥，西至小代，北至小张。总户数为100户，总人口为481人，民族为汉族。面积为0.5平方千米。

庄子前面有座桥，因有前桥庄，故名。1958年属后桥大队，1983年属后桥村村民委员会。

姜湾

姜湾（Jiāngwān） 隶属虞姬乡后桥村村民委员会，地理实体类型为农村居民点。东至泗县，南至前桥，西至后桥，北至小王、潘圩。总户数为110户，总人口为555人，民族为汉族。面积为0.6平方千米。

因村民多为姜姓，且东湖有河湾，故名。1958年属后桥大队，1983年属后桥村村民委员会。

潘圩

潘圩（Pānwéi） 隶属虞姬乡后桥村村民委员会，地理实体类型为农村居民点。东至玄庙村，南至姜湾，西至后桥村村民委员会，北至玄庙村。总户数为162户，总人口为729人，主要分布民族有汉族、土家族。面积为0.8平方千米。

潘姓居民最早在此聚居，又因村周建有圩子，故名。1958年属后桥大队，1983年属后桥村村民委员会。

小朱

小朱（Xiǎozhū） 隶属虞姬乡后桥村村民委员会，地理实体类型为农村居民点。东至玄庙村，南至玄庙村，西至小王，北至王尤庄。总户数为35户，总人口为267人，民族为汉族。面积为0.3平方千米。

朱姓村民最早在此聚居，又因庄小，故名。1958年属三山大队，1983年属三山村村民委员会，2005年8月因区划调整三山村并入后桥村，属虞姬乡后桥村村民委员会。

王尤

王尤（Wángyóu） 隶属虞姬乡后桥村村民委员会，地理实体类型为农村居民点。南至虞姬乡中心路，西至梁唐，北至蒋庙，东至小卢庄。总户数为130户，总人口为650人，民族为汉族。面积为1平方千米。

有一神医，名叫王士尤，曾在此庄居住，从而得名王尤。1958年属三山大队，1983年属三山村村民委员会，2005年8月因区划调整，三山村并入后桥村。

蒋庙

蒋庙（Jiǎngmiào） 隶属虞姬乡后桥村村民委员会，地理实体类型为农村居民点。南至王尤，西至王丙，北至范桥，东至三山。总户数为103户，总人口为518人，主要分布民族有汉族、苗族。面积为1.2平方千米。

因蒋姓村民最早在此聚居，又早年村中有庙，故名。1958年属三山大队，1983年属三山村村民委员会，2005年8月因区划调整三山村并入后桥村。

梁唐

梁唐（Liángtáng） 隶属虞姬乡后桥村村民委员会，地理实体类型为农村居民点。东至王尤，南至王尤，西至王丙，北至蒋庙。总户数为60户，总人口为344人，面积为0.9平方千米。

因此庄梁姓人居多，且庄子东部有个庙，取名梁唐庙。随着年代的久远，庙已不复存在，取名梁唐。1958年属三山大队，1983年属三山村村民委员会，2005年8月因区划调整三山村并入后桥村。

大张庄

大张庄（Dàzhāngzhuāng） 隶属虞姬乡陈埝村村民委员会，地理实体类型为农村居民点。东至泗县，南至泗县，西至娄杨庄，北至濉河。总户数为59户，总人口为303人，民族为汉族。面积为0.3平方千米。

因张姓人数较多，且庄大，故名。1956年属范桥公社娄杨大队，1983年属范桥乡娄杨村，2005年4月娄杨村并入陈埝村。

娄杨庄

娄杨庄（Lóuyángzhuāng） 隶属虞姬乡陈埝村村民委员会，地理实体类型为农村居民点。东至大张，南至泗县，西至小王庄，北至濉河。总户数为79户，总人口为356人，民族为汉族。面积为0.35平方千米。

因早年杨姓在此聚居，建楼，“楼”同“娄”，故名。1956年属范桥公社娄杨大队，1983年属范桥乡娄杨村村民委员会，2005年4月娄杨村并入陈埝村。

枣树庄

枣树庄（Zǎoshùzhuāng） 隶属虞姬乡陈埝村村民委员会，地理实体类型为农村居民点。东至小王，南至泗县，西至大陈，北至濉河。总户数为103户，总人口为423人，民族为汉族。面积为0.45平方千米。

因早年村内枣树较多，故名。1956年属范桥公社娄杨大队，1983年属范桥乡娄杨村村民委员会，2005年4月娄杨村并入陈埝村。

大陈庄

大陈庄（Dàchénzhuāng） 隶属虞姬乡陈埝村村民委员会，地理实体类型为农村居民点。东至枣树，南至泗县，西至谢陈，北至濉河。总户数为165户，总人口为819人，民族为汉族。面积为0.86平方千米。

因陈姓村民在此聚居，且庄大，故名。1956年属范桥公社陈埝大队，1983年属范桥乡陈埝村村民委员会。

小陈庄

小陈庄（Xiǎochénzhuāng） 隶属虞姬乡陈埝村村民委员会，地理实体类型为农村居民点。东至大陈，南至塘河，西至塘河，北至谢陈。总户数为91户，总人口为410人，民族为汉族。面积为0.45平方千米。

因陈姓村民在此聚居，且庄小，故名。1956年属范桥公社陈埝大队，1983年属范桥乡陈埝村村民委员会。

谢陈庄

谢陈庄（Xièchénzhuāng） 隶属虞姬乡陈埝村村民委员会，地理实体类型为农村居民点。东至大陈，南至小陈，西至塘河，北至大马庄。总户数为93户，总人口为412人，民族为汉族。面积为0.33平方千米。

因村民多为谢、陈二姓，故名。1956年属范桥公社陈埝大队，1983年属范桥乡陈埝村村民委员会。

新马庄

新马庄（Xīnmǎzhuāng） 隶属虞姬乡陈埝村村民委员会，地理实体类型为农村居民点。东至塘河，南至谢陈，西至禅堂，北至禅堂。总户数为35户，总人口为143人，民族为汉族。面积为0.21平方千米。

为便于耕作，马姓村民搬迁到唐河西，建村为新马庄。1956年属范桥公社大马大队，1983年属范桥乡大马村村民委员会，2005年4月大马村并入陈埝村。

大马庄

大马庄（Dàmǎzhuāng） 隶属虞姬乡陈埝村村民委员会，地理实体类型为农村居民点。东至濉河，南至谢陈，西至禅堂，北至禅堂。总户数为180户，总人口为891人，民族为汉族。面积为0.74平方千米。

因马姓村民在此聚居，且庄大，故名。1956年属范桥公社大马大队，1983年属范桥乡大马村村民委员会，2005年4月大马村并入陈埝村。

黄岗庄

黄岗庄（Huánggǎngzhuāng） 隶属虞姬乡黄岗村村民委员会，地理实体类型为农村居民点。东至灵东运河，南至黄泥沟，西至鲍虞路，北至黑泥沟。总户数为190户，总人口为900人，民族为汉族。面积为0.86平方千米。

早年，此庄是一片乱岗，黄姓人家由山东迁居至此，故名。1956年属黄岗大队，1983年属黄岗村村民委员会。

二哃庄

二哃庄（Èrtóngzhuāng） 隶属虞姬乡灵光村村民委员会，地理实体类型为农村居民点。东至鲍虞路，南至小杨庄，西至灵东运河，北至朱桥村。总户数为52户，总人口为188人，民族为汉族。面积为0.33平方千米。

早年，有两个铜匠在此居住，制作铜器，闻名于附近一带，随取名“二古铜”，后改为二哃庄。1958年属胡杨大队，1983年属胡杨村村民委员会，2011年胡杨村并入灵光村。

牌坊庄

牌坊庄（Páifāngzhuāng） 隶属虞姬乡灵光村村民委员会，地理实体类型为农村居民点。东至霸离村，南至小胡庄，西至鲍虞路，北至大张庄。总户数为166户，总人口为462人，民族为汉族。面积为0.6平方千米。

因早年在村内建有牌坊，故名。1958年属胡杨大队，1983年属胡杨村村民委员会，2011年胡杨村并入灵光村。

申庄

申庄（Shēnzhuāng） 隶属虞姬乡朱桥村村民委员会，地理实体类型为农村居民点。东至王丙庄，南至朱桥村中心路，西至小张庄，北至范桥村。总户数为113户，总人口为514人，民族为汉族。面积为0.6平方千米。

很久以前有个举人姓申，在刘庙居住，因其做官，后改为申庄。1956年属王丙大队，1983年属王丙村村民委员会，2005年王丙村并入朱桥村。

刘班庄

刘班庄（Liúbānzhuāng） 隶属虞姬乡朱桥村村民委员会，地理实体类型为农村居民点。东至朱桥村中心路，南至朱桥庄，西至邵庄，北至王巷庄。总户数为113户，总人口为514人，民族为汉族。面积为0.6平方千米。

刘班庄原名小张庄，因张姓居住得早，刘姓是后来的，两姓同饮一口井水。有一天，刘姓出来一大汉用石块把水井围住，不让张姓的取水，若想用这口井水，就必须把庄名改为刘班庄，张姓没有人出来过问此事，就改为刘班庄。1956年属朱桥大队，1983年属朱桥村村民委员会。

朱桥

朱桥（Zhūqiáo） 隶属虞姬乡朱桥村村民委员会，地理实体类型为农村居民点。东至朱桥村中心路，南至朱桥村中心路，西至灵东运河，北至刘班庄南。总户数为107户，总人口为479人，民族为汉族。面积为0.2平方千米。

很久以前此地有一位养猪的屠夫，每次外出给人家杀猪后都把猪身上的猪腰子带回家，被人称为“朱腰庄”，后被读作朱桥。1958年属胡杨大队，1983年属朱桥村村民委员会。

庙李庄

庙李庄（Miàolǐzhuāng） 隶属虞姬乡虞姬村村民委员会，地理实体类型为农村居民点。东至虞墓南庄，南至界洪河，西至虞离村，北至张圩庄。总户数为68户，总人口为286人，民族为汉族。面积为0.64平方千米。

因此庄原有座庙叫火神庙，这个庄大多数人都姓李，故名。1958年属虞姬大队，1983年属虞姬村村民委员会。

虞墓下庄

虞墓下庄（Yúmùxiàzhuāng） 隶属虞姬乡虞姬村村民委员会，地理实体类型为农村居民点。东至老唐河，南至新汴河，西至张圩庄，北至宿泗路。总户数为216户，总人口为1093人，民族为汉族。面积为2.04平方千米。

因楚汉相争，刘邦打败霸王，虞姬死在此地，此地南有一村落，故名。1958年属虞姬大队，1983年属虞姬村村民委员会。

虞姬

虞姬（Yújī） 隶属虞姬乡虞姬村村民委员会，地理实体类型为农村居民点。东至泗县韩庄，南至新汴河，西至霸离村，北至后桥村。总户数为136户，总人口为633人，民族为汉族。面积为1.05平方千米。

楚汉相争，霸王被刘邦赶到此地，虞姬看追兵临近，拔剑自刎，死后墓葬在此，所以得名叫虞姬墓，此庄称之为虞姬。1958年属虞姬大队，1983年属虞姬村村民委员会。

张孟花

张孟花（Zhāngmènghuā） 隶属虞姬乡霸离村村民委员会，地理实体类型为农村居民点。东至霸离，南至桃园，西至灵光村，北至303省道。总户数为37户，总人口为180人，民族为汉族。面积为0.5平方千米。

“张孟花”为人名，在此地小有名气，故名。1958年属霸离大队，1983年属霸离村村民委员会，1992年霸离村并入虞姬村，属虞姬村村民委员会。

霸离铺

霸离铺（Bàlípù） 隶属虞姬乡霸离村村民委员会，地理实体类型为农村居民点。东至大胡，南至桃园，西至张孟花，北至小徐。总户数为78户，总人口为340人，民族为汉族。面积为0.8平方千米。

楚汉相争，霸王退驻此处，后撤离，且居民曾开有店铺，得名霸离铺，后逐渐演化为霸离。1958年属霸离大队，1983年属霸离村村民委员会，1992年霸离村并入虞姬村。

后程庄

后程庄（Hòuchéngzhuāng） 隶属虞姬乡玄庙村村民委员会，地理实体类型为农村居民点。东至后杨，南至后杨，西至范桥，北至陈埝。总户数为40户，总人口为400人，主要分布民族有汉族、白族。面积为1平方千米。

因村民多为程姓，故名。1958年属唐山湖大队，1983年属唐山湖村村民委员会，1992年唐山湖村并入玄庙村，属玄庙村村民委员会。

小贾庄

小贾庄（Xiǎojiǎzhuāng） 隶属虞姬乡玄庙村村民委员会，地理实体类型为农村居民点。东至前杨，南至前杨，西至荒山，北至小申。总户数为50户，总人口为130人，民族为汉族。面积为1平方千米。

因村民多为贾姓，庄小，故名。1958年属唐山湖大队，1983年属唐山湖村村民委员会，1992年唐山湖村并入玄庙村，属玄庙村村民委员会。

前杨庄

前杨庄（Qiányángzhuāng） 隶属虞姬乡玄庙村村民委员会，地理实体类型为农村居民点。东至唐河，南至扁张庄，西至小贾庄，北至小申。总户数为71户，总人口为210人，民族为汉族。面积为1平方千米。

因村民多为杨姓，故名。1958年属唐山湖大队，1983年属唐山湖村村民委员会，1992年唐山湖村并入玄庙村，属玄庙村村民委员会。

扁张庄

扁张庄（Biǎnzhāngzhuāng） 隶属虞姬乡玄庙村村民委员会，地理实体类型为农村居民点。东至泗县，南至玄庙村村民委员会，西至前杨庄，北至小贾庄。总户数为260户，总人口为1200人，民族为汉族。面积为1.5平方千米。

因村民多为张姓，故名。1958年属唐山湖大队，1983年属唐山湖村村民委员会，1992年唐山湖村并入玄庙村，属玄庙村村民委员会。

石头园

石头园（Shítóuyuán） 隶属虞姬乡田万村村民委员会，地理实体类型为农村居民点。东至卜瓦庄，南至新县医院，西至山，北至部队。总户数为98户，总人口为570人，民族为汉族。面积为1.1平方千米。

该庄居住在山边，一户人家用石头围起院落，菜地也用石头围起来，故名。1956年属石园大队，1983年属石园村村民委员会，2005年石园村并入田万村，属田万村村民委员会。

卜瓦房

卜瓦房（Bǔwǎfáng） 隶属虞姬乡田万村村民委员会，地理实体类型为农村居民点。东至双庙庄，南至黄岗村，西至山，北至卓庄。总户数为85户，总人口为300人，民族为汉族。面积为0.5平方千米。

因卜姓人家建了很多瓦房，故名。1958年属山董大队，1983年属山董村村民委员会，2005年山董村并入田万村。

小卢庄

小卢庄（Xiǎolúzhuāng） 隶属虞姬乡田万村村民委员会，地理实体类型为农村居民点。东至后王巷，南至田万庄，西至卓庄，北至刘明庄。总户数为45户，总人口为170人，民族为汉族。面积为0.24平方千米。

因村民多为卢姓，庄又小，故名。1958年属田万大队，1983年属田万村村民委员会。

刘明庄

刘明庄（Liúmíngzhuāng） 隶属虞姬乡田万村村民委员会，地理实体类型为农村居民点。东至后王巷，南至小卢，西至叶庙村，北至凌巷庄。总户数为130户，总人口为730人，民族为汉族。面积为1.5平方千米。

因刘姓村民聚居，故名。1958年属田万大队，1983年属田万村村民委员会。

后王巷庄

后王巷庄（Hòuwángxiàngzhuāng） 隶属虞姬乡田万村村民委员会，地理实体类型为农村居民点。东至八岔路街，南至前王巷，西至刘明，北至吕楼。总户数为78户，总人口为310人，民族为汉族。面积为0.4平方千米。

因本村有两个王巷，以王姓为主，南为前，北为后，南叫前王巷，北叫后王巷。1958年属田万大队，1983年属田万村村民委员会。

第五章　非行政区域地名

工业区、开发区

灵璧县农民工返乡创业园

灵璧县农民工返乡创业园（Língbì Xiàn Nóngmíngōng Fǎnxiāngchuàngyèyuán）　位于灵城镇辖区范围内，东起平山路，南邻新汴河。西至沱山路，北靠界洪河。2009 年初动工建设，2011 年 5 月 25 日创业园建成，2012 年下发《关于规范建设和创建省级农民工创业园的通知》(灵农转就字〔2012〕4 号)，命名为灵璧县农民工返乡创业园，沿用至今。创业园总占地面积 0.33 平方千米，总投资 5000 万元，分两期筹建，可安排项目 60 个，引进资金 2 亿元，年实现产值 3 亿元，创税收 1000 万元，解决就业 2000 人，是全民创业的试验区、小型企业的孵化器、开发区的后备基地。性质为工业区。

灵璧经济开发区

灵璧经济开发区（Língbì Jīngjìkāifāqū）　地处灵城东南 2 千米。东与虞姬乡为邻，南与向阳乡为邻，西与灵城镇接壤，西北与杨疃镇为邻，北与禅堂乡为邻。辖刘尧、罗河、东关、西集、叶庙、十里、三张共 7 个社区居委会。2003 年 6 月，成立灵璧县工业园区。2005 年 4 月，将灵城镇罗河村、虞姬乡刘尧村、西集村划入工业园区。2005 年 8 月，宿州市政府批准将灵璧县工业园区更名为灵璧经济开发区。2006 年 2 月安徽省人民政府批准为省级经济开发区，作为县委、县政府派出机构。辖区面积为 26 平方千米。辖区总人口 2.1 万人，主要民族为汉族。主要有纺织服装主导产业、农副产品深加工主导产业、私营及非私营企业等。境内有虞姬大道、汴河路等。性质为开发区。

第六章　重要自然地理实体地名

陆地水系

北沱河

北沱河（Běituó Hé）位于宿州市灵璧县。北沱河源于埇桥区城东，其上源是小黄河，流经韦集镇、娄庄镇、向阳乡、灵城镇。因地处沱河以北，故名。灵璧县境内称北沱河，东流经娄庄北，由娄宗沟南来汇入；又东流余桥闸，穿省道303公路；又东流于晏路北高桥，穿省道201公路；又东南流过吕桥入泗县境内，于草沟集注入唐河。1953年治理时，在大俞家挖通隋堤公路（宿县至泗洪县公路），将唐河、新河中游的小黄河402平方千米划属北沱河。1956年又将唐河中上游1354平方千米来水于蒿沟附近截引入北沱河，并改名称为新北沱河。1965年将上源王引河自翟桥经新北沱河（即原唐河）至大秦闸上，向南改经东新建沟入沱河，划出来水面积1406平方千米。1968年开挖新汴河以后，新汴河以北大秦家闸至蒿沟区间属北沱河的来水面积分别导入沱河、濉河和唐河。全长83.2千米，县内长度35.4千米；流域面积556平方千米，县内流域面积273.8平方千米；主要支流有草沟、唐河；水位22.33—19.5米，流量33.8—134.0立方米／秒；河口宽31.5—48.0米，河深4.5—5.0米，河底宽13.5—39.0米。河流级别为4级，类型为常年河、地上河、内流河。

洪山河

洪山河（Hóngshān Hé）位于灵璧县的西北部，流经下楼镇、游集镇、朱集乡。洪山河原名黄泥沟，为濉河流域的一条支流河道，后改名洪山河。1976年由淮委第二施工总队组织领导，对洪山河进行疏浚，名称沿用至今。流域面积229.3平方千米，县内流域面积106.2平方千米；县内长度24千米；主要支流为三叉河。河流级别为3级，类型为常年河、地上河、内流河。

新虹灵沟

新虹灵沟（Xīnhónglíng Gōu）位于冯庙镇南部，西起王刘村，东至王杨庄，流经冯庙镇。1955年冬，县水利部门组织民工沿濉河北岸平行开挖一条大沟，因该河流新建不久，沟东为泗县，沟西为灵璧，泗县古称虹县，故名。1955年人工挖建，1972年疏浚高集至新濉河段。1974年11月，疏浚高集至李铺段。1977年11月，疏浚李铺至管道桥段，名称沿用至今。县内流域面积34.08平方千米；县内长度7.66千米；无主要支流；水位23.19—21.0米，流量4.6—58.0立方米/秒；河口宽8.0—33.5米，河深2.1—4.5米，河底宽1.5—17.5米。河流级别为2级，类型为常年河、地上河、内流河。

三渠沟

三渠沟（Sānqú Gōu） 位于宿州市灵璧县。三渠沟源于灵璧县东北部贯山，西南流向，穿越京渠湖，折向南流，经渔沟、后灵，至浍塘沟注入濉河。昔为县北九顶山区京渠、章渠和杜渠3条排泄山水的沟道，连通一系，故名。1956年3月1日，由淮委第二施工总队组织领导，对三渠沟进行疏浚，5月16日竣工。1970年11月15日至次年1月3日，实施三渠沟疏浚复堤工程，名称沿用至今。县内流域面积196.1平方千米；县内长度26.5千米；主要支流有老濉河、新濉河、浍塘沟；水位24.8—21.27米；流量12.2—9.8立方米/秒；河口宽12.0—43.0米，河深2.2—4.5米，河底宽8.0—25.0米。河流级别为2级，类型为常年河、地上河、内流河，属濉河支流。流经灵璧县的行政区有高楼镇、朝阳镇。

唐河

唐河（Táng Hé） 位于宿州市灵璧县。唐河源于埇桥区蒿沟集，自埇桥区界吴家村入灵璧县境，流经虞姬乡、禅堂乡、浍沟镇、尹集镇。东流经圩疃、许闸，折向东南，经禅堂集南流至潘集闸，新河西来注入；又东南流至陈埝大桥，阎河西来注入；又东南流经小桂庄林场入泗县境内，穿过新汴河、唐河地下涵，经草沟入五河县沱湖，汇入漴潼河入淮。原名沘水，又名泌河，因河流纵贯唐州地段，故名。1950年后，人民政府对干支流经过多次治理，并修建分洪滞洪区。1953年冬，开始对唐河进行治理。1955年7月，全面整治唐河，实行分洪滞洪，培修堤防，在新野县兴建狄青湖滞洪区，1957年、1958年完成堤防培修任务。1965年冬至1966年春，进行整修加固，并增修了一部分支堤、围村堤及庄台。1969年4月，唐河支流泌阳河上的宋家场水库建成。1975年8月6—10日，唐河遭受罕见洪水，修复堤长104千米，完成涵闸9座，砌体3390立方米。全长80.4千米，流域面积835.8平方千米，县内流域面积459.5平方千米；县内长度44.5千米；水位22.33—19.5米，流量33.8—134.0立方米/秒；河口宽31.5—48.0米，河深4.5—5.0米，河底宽13.5—39.0米；主要支流有新河、阎河、岳洪河。河流级别为3级，类型为常年河、地上河、内流河。

拖尾河

拖尾河（Tuōwěi Hé） 位于宿州市灵璧县。拖尾河发源于埇桥区柏山闸下，横贯老汪湖，至小李庄闸出湖入灵璧县境，流经浍沟镇、尹集镇、朱集乡、游集镇、下楼镇。东南流至固城西，有新杨河北来汇入；又向东南流，穿灵房公路，至草坝有北来运料河汇入；至浍塘沟北注入濉河。乾隆十九年（1754年）春，知县贡震呈请疏浚河道，奉准后，于是年十二月十六动工，故名拖尾河。民国22年（1933年）疏浚河道。1951年5月初，修筑拖尾河堤，月底全段告竣。1955年11月，对上自老汪湖小李庄闸，下至浍塘沟入濉河口一段进行疏浚，利用疏浚土方加高原堤，12月底工程完工。县内流域面积98.7平方千米；县内长度16.4千米；

主要支流有新杨河、运料河；水位22.5—21.5米，流量286—88.0立方米/秒；河口宽24.0—90.0米，河深1.6—4.5米，河底宽17.0—15.0米。河流级别为2级，类型为常年河、地上河、内流河。拖尾河位于灵璧县中部，是濉河最大的一条支流。

新河

新河（Xīn Hé） 位于宿州市灵璧县。新河源于埇桥区小孙家，该河自埇桥区界郭楼进入灵璧县境，流经虞姬乡、禅堂乡、杨疃镇。东流经欧家、倪家、沈余，于禅堂南潘集闸汇入唐河。新开挖的河，故名。新河灵璧县段始建于1962年，于1964年建成。县内流域面积259.2平方千米；县内长度38.66千米；主要支流有唐河；水位22.2—20.76米，流量18.4—139.0立方米/秒；河口宽23.0—71.0米，河深2.7—4.5米，河底宽12.0—53.0米。河流级别为4级，类型为常年河、地上河、内流河，系唐河支流。

新杨河

新杨河（Xīnyáng Hé） 位于灵璧县北部，流经下楼镇、游集镇、朱集乡。源于灵璧县北部鄂山北，东南流至采石路，折向南流；经王集西、邱娄，过浍店南注入拖尾河。因河道之东有古杨河，故名。1976年，疏浚本县黄泥沟，此年冬新杨河动工。1984年冬，再次治理新杨河，11月15日动工，至1985年1月11日竣工，名称沿用至今。县内流域面积229.3平方千米；县内长度20.1千米；主要支流有黄泥沟，拖尾河；水位25.48—22.17米，流量6.0—51.0立方米/秒；河口宽15.5—50.0米，河深2.0—2.5米，河底宽7.5—40.0米。河流级别为3级，类型为常年河、地上河、内流河。新杨河是拖尾河的支流，经过疏浚后，有12.5万亩农田排涝达3—5年一遇标准，其中改善易涝面积6.15万亩，可灌溉面积2.13万亩。

新汴河

新汴河（Xīnbiàn Hé） 位于宿州市灵璧县。新汴河源于埇桥区城西北，于土岭子截引沱河东流，穿过京沪铁路，至小吴家截引濉河东流，经蒿沟、苗庵南至芦湾入灵璧县境，流经虞姬乡、灵城镇、杨疃镇、娄庄镇。东南流，经新汴河大桥穿303省道，过岳河庄入泗县境，于江苏省泗洪县注入洪泽湖。因流经古汴河河道，故得名新汴河。1966年冬至1970年春，为人工开挖的一条大型人工河道，名称沿用至今。县内流域面积1395平方千米；全长127.1千米，县内长度27千米；主要支流有淮河、洪泽湖；水位24.4—22.48米，流量9.00立方米/秒；河口宽124.0—119.0米，河深4.0米，河底宽100.0—95.0米；河流级别为1级，类型为常年河、地上河、内流河。为境内最大河流，由人工平地开挖而成。该河为行洪型河道，兼灌溉、航运和养殖多用。

新濉河

新濉河（Xīnsuī Hé） 位于宿州市灵璧县。新濉河源于埇桥区张树闸下，过时村东奎河口至贺家入灵璧县境，流经尹集镇、浍沟镇、冯庙镇、虞姬乡。东流经霸王城、尹集至浍塘沟，有拖尾河、三渠沟北来汇入；经浍塘沟东南流，过简吴、赵汪、娄畅，于时集入泗县境，至江苏省泗洪县注入洪泽湖。濉河河道改断，改道河段连同上游统称新濉河。濉河，原发源于河南省虞城县，东南流经砀山、萧县、濉溪至埇桥区。1951年，上游疏浚，下游自灵璧县境浍塘沟起改道东南流，于时集入泗县境，至泗洪县张庄调尾，新、老濉河成三堤两河并流注入洪泽湖。浍塘沟闸以东称老濉河，仍然沿故道东流。1968年，上游截源入新汴河，上游河道变为萧濉新河。濉河干流改为自宿县的张树闸起，止于洪泽湖，称为新濉河。流域面积2881.8平方千米，县内流域面积814.8平方千米；全长139.8千米，县内长度46.1千米；主要支流有拖尾河、新杨河、运料河、老运料河、三渠沟、虹灵沟；水位23.22—19.4米，流量141.8—220.0立方米／秒；河口宽52.0—60.0米，河深4.0—5.5米，河底宽28.0—38.0米。河流级别为1级，类型为常年河、地上河、内流河。

运料河

运料河（Yùnliào Hé） 位于宿州市灵璧县。运料河源于江苏省铜山区小店孜，东南流过省界陈潭入灵璧县境，流经下楼镇、游集镇、朱集乡、渔沟镇。向东南流，经小高家、小张家至练滩，有老运料河北来汇入；又东南流至圩东，有孟家沟东来汇入；经小山头西、朱集东、岳巷，有沫泥沟东来汇入；至开合山南注入拖尾河。用船运输材料的河道，故名。清康熙年间，淮徐道潘尚智为调运孟山湖芦苇防洪材料至黄河墨家口工地，自谢家楼起开挖一河，南至练滩入潼河，故称运料河。乾隆十八年（1753年），黄奔南冲，河道全淤。十九年十一月，双沟主簿李若迪承挑旧河，并自无影山南至拖尾河新开一河道，长2千米，次年竣工。民国22年（1933年）4月，经安徽省建设厅核准，对运料河进行疏浚。1956年3月1日，淮委第二施工总队负责施工，对运料河治理。自练滩以上改经西部洼地，新辟河道至江苏省铜山区小店子（此段称新运河），练滩以下仍沿旧道，拓浚至拖尾河，5月16日竣工。1972年11月10日，对运料河进行疏浚复堤，巨爹庄闸至拖尾河，1973年1月底竣工。1974年冬，对新运料河陈潭至练滩段进行疏竣复堤。流域面积344.9平方千米，县内流域面积184.6平方千米；全长43.13千米，县内长度31.1千米；主要支流有拖尾河、潼河；水位26.8—21.73米，流量42.0—155.0立方米／秒；河口宽31.0—47.0米，河深3.0—4.5米，河底宽15.0—29.0米。河流级别为3级，类型为常年河、地上河、内流河。

阎河

阎河（Yán Hé） 位于宿州市灵璧县。阎河源于灵璧县城西北老窝阎家，东流经十里店北、刘桥西、阎北西，有凤河北来汇入；又东流至张巷，有阎汴河北段南来汇入，经范桥闸入唐河。由阎家沟、凤河、旧阎河整治贯通而成，故名。1954年3月1日，在原河道的基础上进行整治。自小徐家西起，拓浚阎河沟，改向东行，经小朱家新开河道2千米，贯通凤河，又东汇老马沟、崔沟，横越凤河，下合旧阎河至范桥北入唐河，5月15日竣工。1969年冬至1970年春，对阎河的杨家沟至唐河口段进行疏浚，名称沿用至今。县内流域面积125.2平方千米；县内长度14.4千米；主要支流有凤河、阎河、唐河；水位21.32—19.91米，流量3.1—32.8立方米／秒；河口宽23.0—42.0米，河深3.3—4.6米，河底宽10.5—24.0米。河流级别为4级，类型为常年河、地上河、内流河，系唐河支流。流经行政区有冯庙镇、虞姬乡、禅堂乡、经济开发区。

南沱河

南沱河（Nántuó Hé） 位于宿州市灵璧县。南沱河源于埇桥区西北土岭子，东流经埇桥区城北，至宿东闸穿汴堤；东南流过沈桥入灵璧县境，流经娄庄镇、黄湾镇、韦集镇，成为灵璧县与固镇两县界河；又东南流至沱河集，有黑泥沟北来汇入；至周王庄有孙周沟北来汇入；至龙水东有葛沟北来汇入；又东南流至砂坝集，有朱河沟北来汇入；至城后庄西，有韦集沟（三八沟）北来汇入；又东南流经濠城集（古洨县城址）北，折东北流，经龙岗，至老庄胡（垓下遗址）折向东南，入泗县境。沱河古称洨水，今称南沱河，俗称沱河。是一条通航历史悠久的河道，后因年久失修，通航条件恶化，航道萎缩，仅有永城以下通航。1951—1952年进行治理，将唐河上游巴河截引入沱。巴河自河南省永城县的朱场开始，其上纳虬龙沟、响河两支，东南流至濉溪县潘刘口截流改道入洪河，经宿县城区北部折入沱河。治理后，上自永城的朱场，下至樊集（入沱湖口），统称沱河。1958年王引河（巴河改入沱河后，王引河为唐河的上源）自濉溪县的孟口改道南下，至王庄入沱河。1960年建了航运站。1962年后，对沱河毛河口至宿县七岭段112千米（河南63千米，安徽49千米）进行了拓宽加深，并在七岭建了拦河闸，沱河被分为上下两段，将闸上段河水引入新汴河，从此沱河成了新汴河的上源之一（闸下仍由五河县入淮河，现称南沱河）。同时先后修建了四铺、徐楼（岱桥）、张桥、张板桥等节制闸。1964年王引河复故，改道段及地下涵废除。1965年新北沱河大秦家闸以上1406平方千米来水，改经东新建沟入沱河。1968年沱河在宿县的七岭子截源入新汴河。县内流域面积352.2平方千米；县内长度40.9千米；主要支流有漴潼河、淮河；水位21.3—16.9米，流量114.0—224.0立方米/秒；河口宽40.0—90.0米，河深1.6—4.5米，河底宽17.0—15.0米。河流级别为2级，类型为常年河、地上河、内流河。

潼河

潼河（Tóng Hé） 位于宿州市灵璧县。潼河源于灵璧县高楼大刘山南张潼村，东南流经冯庄、梁庙、高楼，至友谊沟口出县境；流经睢宁县、泗县，于泗洪县大口子注入安河。1952年由人工开挖，1954年建成。县内流域面积113平方千米；县内长度13千米；主要支流有洪泥沟；水位23.94—21.64米，流量6.6—37.8立方米/秒；河口宽10.0—22.0米，河深2.0—3.0米，河底宽4.0—12.0米。河流级别为1级，类型为常年河、地上河、内流河。流经灵璧县的行政区有高楼镇。

老濉河

老濉河（Lǎosuī Hé） 位于宿州市灵璧县。据水文资料，将原濉河称为老濉河，故名。1951年，上游疏浚，下游自灵璧县境浍塘沟起改道东南流，浍塘沟闸以东称老濉河，仍然沿故道东流，名称沿用至今。老濉河流经大庙乡、大路乡、浍沟镇、尹集镇。由浍塘沟北向东北流经大路、沙滩；又向东南流，过大庙入泗县境；再东流，经大庄镇北四山集南，再东流，经新吴集折南流，至江苏省泗洪县张庄调尾，与新濉河成两河三堤形状，独流注入洪泽湖。县内流域面积38.7平方千米；县内长度18.3千米；主要支流有闸河、三渠沟。河流级别为1级，类型为常年河、地上河、内流河。

岳洪河

岳洪河（Yuèhóng Hé） 位于宿州市灵璧县。岳洪河源于灵璧县城西小杨庄，流经灵城镇、虞姬乡。东流绕县城折东南流，经西集子，于虞姬墓东南入泗县境，于小余家南入唐河。灵璧县段始建于1965年，1967年建成。县内流域面积78平方千米；县内长度16.5千米；主要支流有唐河、岳罗河；河深2.0—3.0米，河底宽5.0—15.0米。河流级别为4级，类型为常年河、地上河、内流河，系唐河支流。

岳罗河

岳罗河（Yuèluó Hé） 位于宿州市灵璧县。岳罗河源于灵璧县城护城河，流经灵城镇、向阳乡，向东经新汴河流至岳河庄。1977年开挖建成，取境内起止点村落名称，故名。县内流域面积51.15平方千米；县内长度10.82千米；主要支流有黄泥沟；河深2.0—3.0米，河底宽5.0—15.0米。河流级别为4级，类型为常年河、地上河、内流河。

虹灵沟

虹灵沟（Hónglíng Gōu） 位于宿州市灵璧县。虹灵沟源于大庙集南，老濉河南岸，南流至高集，有张高沟西来汇入；又南流至王杨涵洞，有新虹灵沟西来汇入；于老鹊脖入新濉河。因沟东为泗县，沟西为灵璧，泗县古称虹县，故名。清乾隆二十二年（1757年），虹县知县李允升组织民工北起渭桥，南至长直沟集南，开浚河道，修筑东堤，长20多千米，上承濉水，下通古汴水。1953年、1955年春和1961年冬，均按三年一遇排涝标准，三次拓浚老虹灵沟，名称沿用至今。县内流域面积70.3平方千米；县内长度15.8千米；主要支流有濉河，汴河；水位23.19—21.0米，流量4.6—58.0立方米／秒；河口宽8.0—33.5米，河深2.1—4.5米，河底宽1.5—17.5米。河流级别为2级，类型为常年河、地上河、内流河，系新濉河支流。流经灵璧县的行政区有浍沟镇、大路乡、冯庙镇。

陆地地形

朝阳镇凤凰山

朝阳镇凤凰山（Cháoyáng Zhèn Fènghuáng Shān） 位于灵城镇北50千米，朝阳镇境内。一说是昆仑山西天瑶池王母娘娘的两个仙童耐不住天宫的寂寞，相约化作两只凤凰，一只落在北部朝阳集，一只落在灵城西北，它们相互相望，形成此山。另一说因形状像一只首西尾东展翅横卧的凤凰，故名。长1771米，宽1273米，海拔116米。

九顶山

九顶山（Jiǔdǐng Shān） 位于灵城镇东北56千米，朝阳镇境内。以山有九峰，故名。长1327米，宽823米，海拔188.3米。

耳毛山

耳毛山（Ěrmáo Shān） 位于灵城镇北45千米，朝阳镇境内。因山形似耳朵，故名。长1061米，宽450米，海拔50.5米。灵璧县大理石厂在此设一采石厂，盛产红、灰皖螺，是加工板材的主要原料基地。

焦山

焦山（Jiāo Shān） 位于灵城镇东北45千米，朝阳镇境内。相传，早年山中大火，烧光植被，故名。长302米，宽215米，海拔145米。灵璧县焦山医院（麻风病院）设在山脚下。

磬云山

磬云山（Qìngyún Shān） 位于灵璧县东北部，渔沟镇境内。因山中出产磬石，故名。长1660米，宽565米，海拔114.2米。磬云山以典型的石灰岩地貌景观为特征，融自然景观与丰富的奇石文化为一体，地质遗迹奇特，地貌造型罕见；磬云山蕴藏美石，所产奇石玉振金声、余音悠长，宋代诗人方岩“灵璧一石天下奇，声如青铜色碧玉”的诗句是对其声色之美的高度概括。磬云山文化内涵丰富，北麓有宋代采石坑遗址，南崖有宋代摩崖石刻，距今已有近千年的历史。整个山体保存完好，其地貌景观及地质遗迹具有典型性、稀有性、系统性和完整性，其中被誉为“四大名石之首”的灵璧石具有极高的美学、观赏和经济价值。

牛头山

牛头山（Niútóu Shān） 位于灵城镇西南22千米，娄庄镇境内。因山形似牛头，故名。长596米，宽484米，海拔62米。

大山

大山（Dà Shān） 位于灵城镇西南22千米，娄庄镇境内。因山的面积较大，故名。长660米，宽609米，海拔95米。

龙山

龙山（Lóng Shān） 位于灵城镇西13千米，娄庄镇境内。因山形状像龙，故名。长1050米，宽879米，海拔73.1米。山西南侧有汉墓群。

杜山

杜山（Dù Shān） 位于灵城镇北40千米，渔沟镇境内。因山下居民多为杜姓，故名。长693米，宽455米，海拔61米。

杨山

杨山（Yáng Shān） 位于灵城镇北53千米，下楼镇境内。原名羊山，山上多乱石，大如卧羊，故名。长391米，宽335米，海拔70米。

谷山

谷山（Gǔ Shān） 位于灵城镇西北48千米，下楼镇境内。因山外形似硕大的谷子，故名。长155米，宽141米，海拔148米。

牧猪山

牧猪山（Mùzhū Shān） 位于灵城镇北44千米，朝阳镇境内。因山的形状像个母猪形状，头朝东，尾巴朝西，猪肚朝上，猪肚西侧共有16个奶头，由土丘组成，故名。长662米，宽350米，海拔94.8米。

无用山

无用山（Wúyòng Shān） 位于灵城镇东北44千米，朝阳镇境内。因紧挨九顶山，小而“无用”，故名。长576米，宽460米，海拔93米。

鱼山

鱼山（Yú Shān） 位于灵城镇东北47千米，朝阳镇境内。因山形似鱼，游向水库，故名。长800米，宽390米，海拔108米。

开合山

开合山（Kāihé Shān） 位于灵城镇北30千米，浍沟镇境内。因山体中部有一大深沟，“开、合”，故名。长1020米，宽587米，海拔52米。

灵城镇凤凰山

灵城镇凤凰山（Língchéng Zhèn Fènghuáng Shān） 位于灵城镇西北3千米，灵城镇境内。传昆仑山西天瑶池王母娘娘的两个仙童耐不住天宫的寂寞，相约化作两只凤凰，一只落在灵城西北，一只落在北部朝阳集，它们相护相望，形成此山。长1631米，宽1141米，海拔77.6米。

第七章　重要的民生基础设施地名

第一节　城市道路、街巷

解放东路

解放东路（Jiěfàng Dōnglù）　所在行政区为灵城镇。始建于1993年，于1994年建成通车，命名为解放东路并沿用至今。东起平山路，西至环城东路。长1384米，宽40米，为水泥路面的主干路。沿途主要有粮食市场、菜市场等重要的地理实体。

解放中路

解放中路（Jiěfàng Zhōnglù）　所在行政区为灵城镇。始建于1980年，于1981年建成通车，命名为解放中路并沿用至今。东起环城东路，西至环城西路。长977米，宽40米，为水泥路面的主干路。沿途主要有虞姬医院、水利局、人寿保险公司、新华书店、农行、县医院、县社、建行等重要的地理实体。

解放西路

解放西路（Jiěfàng Xīlù）　所在行政区为灵城镇。始建于1974年，于1975年建成通车，命名为解放西路并沿用至今。东起环城西路，西至滨河路。长2047米，宽40米，为沥青砼路面的主干路。沿途主要有工人医院、灵城镇人民政府等重要的地理实体。

建设南路

建设南路（Jiànshè Nánlù）　所在行政区为灵城镇。始建于1975年，于1976年建成通车，命名为建设南路并沿用至今。南起浍河路，北至汴河路。长1480米，宽40米，为沥青砼路面的主干路。沿途主要有飞翔学校、光明小区、龙山广场等重要的地理实体。

建设中路

建设中路（Jiànshè Zhōnglù）　所在行政区为灵城镇。始建于1988年，于1989年建成通车，命名为建设中路并沿用至今。南起汴河路，北至环城北路。长3485米，宽40米，为水泥路面的主干路。沿途主要有邮政局、电信局、移动公司、工行、房管局、灵璧剧场、文化馆、中医院、妇幼保健站、县总工会、地税局、国税局、工商局、供电局、财政局等重要的地理实体。

建设北路

建设北路（Jiànshè Běilù） 所在行政区为灵城镇。始建于1992年，于1993年建成通车，命名为建设北路并沿用至今。南起环城北路，北至龙山路。长3057米，宽40米，为水泥路面的主干路。沿途有三中、气象局、烟草公司仓库等重要的地理实体。

奇石大道

奇石大道（Qíshí Dàdào） 所在行政区为灵城镇。始建于2007年，于2008年建成通车，命名为奇石大道并沿用至今。东起平山路，西至滨河路。长3267米，宽40米，为沥青砼路面的主干路。沿途主要有奇石文化园、实验小学、新一中等重要的地理实体。

迎宾大道

迎宾大道（Yíngbīn Dàdào） 所在行政区为灵城镇。始建于2008年，于2009年建成通车，命名为迎宾大道并沿用至今。南起滨河路，北至龙山路。长4000米，宽40米，为沥青砼路面的主干路。沿途主要有奇石小镇、美利特度假村、新合花园、人民银行、劳动培训中心、烟草公司、人保财险公司、物资总公司、师范附小、110指挥中心、凤凰山社会公墓、农发行、灵西供电所、检察院、卫生局、血站等重要的地理实体。

钟灵大道

钟灵大道（Zhōnglíng Dàdào） 所在行政区为灵城镇。始建于2009年，于2010年建成通车，命名为钟灵大道并沿用至今。东起虞姬大道，西至迎宾大道。长2400米，宽60米，为水泥路面的主干路。沿途主要有政府大楼、检察院等重要的地理实体。

虞姬大道

虞姬大道（Yújī Dàdào） 所在行政区为灵城镇。始建于2009年，于2010年建成通车，命名为虞姬大道并沿用至今。南起滨河路，北至钟灵大道。长4231米，宽60米，为沥青砼路面的主干路。沿途主要有开发区管委会、检测站、政务服务中心等重要的地理实体。

汴河路

汴河路（Biànhé Lù） 所在行政区为灵城镇。始建于2007年，于2008年建成通车，命名为汴河路并沿用至今。东起平山路，西至滨河路。长3771米，宽40米，为沥青砼路面的主干路。沿途主要有广志学校、龙山广场、交警大队等重要的地理实体。

滨河路

滨河路（Bīnhé Lù） 所在行政区为灵城镇。始建于1976年，于1977年建成通车，命名为滨河路并沿用至今。东起项王路，向西往西北至龙山路。长358米，宽10米，为油路面的主干路。沿途主要有奇石文化园、塑料溶剂厂等重要的地理实体。

龙山路

龙山路（Lóngshān Lù） 所在行政区为灵城镇。始建于1988年，于1989年建成通车，命名为龙山路并沿用至今。东起项王路，西至滨河路。长1015米，宽10米，为油路面的主干路。沿途主要有龙山广场、茂和大厦等重要的地理实体。

薄山路

薄山路（Báoshān Lù） 所在行政区为灵城镇。始建于1986年，于1987年建成通车，命名为薄山路并沿用至今。南起沿河路，北至解放东路。长2440米，宽36米，为沥青砼路面的主干路。沿途主要有南都商街、罗河小学等重要的地理实体。

潼河路

潼河路（Tónghé Lù） 所在行政区为灵城镇。始建于1983年，于1984年建成通车，命名为潼河路并沿用至今。东起项王路，西至迎宾大道。长500米，宽20米，为油路面的次干路。沿途主要有县人民法院、县检察院、市场监督管理局等重要的地理实体。

界洪河路

界洪河路（Jièhónghé Lù） 所在行政区为灵城镇。始建于1981年，于1982年建成通车，命名为界洪河路并沿用至今。东起平山路，西至建设南路。长1520米，宽20米，为沥青砼路面的次干路。沿途主要有阳光小区、教育印刷厂等重要的地理实体。

凌山路

凌山路（Língshān Lù） 所在行政区为灵城镇。始建于1993年，于1994年建成通车，命名为凌山路并沿用至今。南起兴业路，北至潼河路。长1527米，宽16米，为油路面的次干路。沿途主要有第二人民医院、东关小学等重要的地理实体。

磬山路

磬山路（Qìngshān Lù） 所在行政区为灵城镇。始建于1980年，于1981年建成通车，命名为磬山路并沿用至今。南起兴业路，北至振兴路。长1473米，宽30米，为水泥路面的次干路。沿途主要有新合、水上商城、建设局、中粮运输公司、通惠公司等重要的地理实体。

罗河路

罗河路（Luóhé Lù） 所在行政区为灵城镇。始建于2008年，于2009年建成通车，命名为罗河西路并沿用至今。西起解放西路，东至虞姬大道。长4623米，宽30米，为沥青砼路面的次干路。沿途主要有议价公司、文化新村、交通局、军人接待站、汽车站、农机局等重要的地理实体。

花园路

花园路（Huāyuán Lù） 所在行政区为灵城镇。始建于1974年，于1975年建成通车，命名为花园路并沿用至今。东起项王路，西至花园街。长760米，宽16米，为水泥路面的次干路。沿途主要有农委、物价局等重要的地理实体。

花园街

花园街（Huāyuán Jiē） 所在行政区为灵城镇。始建于1975年，于1976年建成通车，命名为花园街并沿用至今。东起环城西路，西至迎宾大道。长775米，宽30米，为水泥路面的次干路。沿途主要有风山豪庭等重要的地理实体。

新河路

新河路（Xīnhé Lù） 所在行政区为灵城镇。始建于1988年，于1989年建成通车，命名为新河路并沿用至今。东起项王路，西至迎宾大道。长681米，宽16米，为水泥路面的次干路。沿途主要有钟灵广场等重要的地理实体。

铜山路

铜山路（Tóngshān Lù） 所在行政区为灵城镇。始建于1992年，于1993年建成通车，命名为铜山路并沿用至今。南起汴河路，北至花园街路。长1500米，宽30米，为水泥路面的次干路。沿途主要有灵璧奇石文化园等重要的地理实体。

焦山路

焦山路（Jiāoshān Lù） 所在行政区为灵城镇。始建于2007年，于2008年建成通车，命名为焦山路并沿用至今。东起凌山路，西至滨河路。长1680米，宽40米，为沥青砼路面的主干道。沿途主要有星河湾小区。

环城西路

环城西路（Huánchéng Xīlù） 所在行政区为灵城镇。始建于2008年，于2009年建成通车，命名为环城西路并沿用至今。南起罗河路，北至花园路。长980米，宽30米，为沥青砼路面的次干道。沿途主要有灵璧县城建监察大队、灵璧县规划管理局、灵璧县住房和城乡建设局等重要的地理实体。

环城北路

环城北路（Huánchéng Běilù） 所在行政区为灵城镇。始建于2008年，于2009年建成通车，命名为环城北路并沿用至今。东起环城东路，西至环城西路。长860米，宽30米，为沥青砼路面的次干道。

环城东路

环城东路（Huánchéng Dōnglù） 所在行政区为灵城镇。始建于2008年，于2009年建成通车，并沿用至今。南起罗河路，北至环城北路。长1000米，宽30米，为沥青砼路面的次干道。沿途主要有灵璧县人民医院分院（灵璧县第二人民医院）、灵璧县安全生产监督管理局等重要的地理实体。

钟馗路

钟馗路（Zhōngkuí Lù） 所在行政区为灵城镇。始建于1986年，于1987年建成通车，2000年重建，命名为钟馗路，并沿用至今。南起汴河路，北至罗河路。长476米，宽7米，为水泥路面的支路。沿途主要有审计局、灵城镇医院等重要的地理实体。

教育街

教育街（Jiàoyù Jiē） 所在行政区为灵城镇。始建于1974年，于1975年建成通车，命名为教育街并沿用至今。东起灵璧中学西门，西至灵璧一中东门。长220米，宽5米，为水泥路面的支路。沿途主要有灵璧老一中等重要的地理实体。

云路街

云路街（Yúnlù Jiē） 所在行政区为灵城镇。始建于1976年，于1977年建成通车，命名为云路街并沿用至今。南起灵璧中学西门，北至解放中路。长486米，宽5米，为水泥路面的支路。沿途主要有县幼儿园、灵璧中学等重要的地理实体。

隍庙街

隍庙街（Huángmiào Jiē） 所在行政区为灵城镇。始建于1988年，于1989年建成通车，命名为隍庙街并沿用至今。南起解放中路，向北再向西至建设中路。长390米，宽6米，为水泥路面的支路。沿途主要有财政局结算中心等重要的地理实体。

太平街

太平街（Tàipíng Jiē） 所在行政区为灵城镇。始建于1983年，于1984年建成通车，命名为太平街并沿用至今。南起广电局宿舍，北至县委党校。长268米，宽8米，为水泥路面的支路。沿途主要有县党校等重要的地理实体。

北太平街

北太平街（Běitàipíng Jiē） 所在行政区为灵城镇。始建于1985年，于1986年建成通车，命名为北太平街并沿用至今。东起建设中路，西至西太平街。长320米，宽8米，为水泥路面的支路。沿途主要有县委党校等重要的地理实体。

西太平街

西太平街（Xītàipíng Jiē） 所在行政区为灵城镇。始建于1985年，于1986年建成通车，命名为西太平街并沿用至今。南至解放中路，北至太平桥。长565米，宽8米，为水泥路面的支路。沿途主要有海澜之家、富茂特小区等重要的地理实体。

南太平街

南太平街（Nántàipíng Jiē） 所在行政区为灵城镇。始建于1985年，于1986年建成通车，命名为南太平街并沿用至今。东起建设中路，西至西太平街。长239米，宽8米，为水泥路面的支路。沿途主要有民政局、县委大院、人社局、计划委、政法委、司法局、公证处、灵城派出所等重要的地理实体。

胜利街

胜利街（Shènglì Jiē） 所在行政区为灵城镇。始建于1986年，于1987年建成通车，命名为胜利街并沿用至今。南起一中东门向北再向西，至磬山路。长662米，宽6米，为水泥路面的支路。沿途主要有地税小区、盛世小区等重要的地理实体。

马园巷

马园巷（Mǎyuán Xiàng） 所在行政区为灵城镇。始建于1986年，于1987年建成通车，命名为马园巷并沿用至今。南起花园路，北至工商局宿舍。长382米，宽6米，为水泥路面的支路。沿途主要有工商局宿舍等重要的地理实体。

民政巷

民政巷（Mínzhèng Xiàng） 所在行政区为灵城镇。始建于1975年，于1976年建成通车，命名为民政巷并沿用至今。南起花园路，北至居民区。长244米，宽6米，为水泥路面的支路。沿途主要有民政宿舍等重要的地理实体。

财税巷

财税巷（Cáishuì Xiàng） 所在行政区为灵城镇。始建于1975年，于1976年建成通车，命名为财税巷并沿用至今。南起花园路，北至居民区。长282米，宽6米，为水泥路面的支路。沿途主要有财政、国税宿舍等重要的地理实体。

爱民巷

爱民巷（Àimín Xiàng） 所在行政区为灵城镇。始建于1986年，于1987年建成通车，命名为爱民巷并沿用至今。东起居民区北山部队宿舍，西至建设北路。长245米，宽6米，为水泥路面的支路。沿途主要有北山部队宿舍区等重要的地理实体。

三中巷

三中巷（Sānzhōng Xiàng） 所在行政区为灵城镇。始建于1983年，于1984年建成通车，命名为三中巷并沿用至今。东起三中，西至三中宿舍。长180米，宽4米，为水泥路面的支路。沿途主要有来壁农贸市场等重要的地理实体。

东蔬一巷

东蔬一巷（Dōngshū 1 Xiàng） 所在行政区为灵城镇。始建于1983年，于1984年建成通车，命名为东蔬一巷并沿用至今。东起居民区，西至灵山路。长546米，宽4米，为水泥路面的支路。沿途主要有居民区等重要的地理实体。

东蔬二巷

东蔬二巷（Dōngshū 2 Xiàng） 所在行政区为灵城镇。始建于1981年，于1982年建成通车，命名为东蔬二巷并沿用至今。东起居民区，西至灵山路。长97米，宽4米，为水泥路面的支路。沿途主要有居民区等重要的地理实体。

东蔬三巷

东蔬三巷（Dōngshū 3 Xiàng） 所在行政区为灵城镇。始建于1980年，于1981年建成通车，命名为东蔬三巷并沿用至今。东起居民区，西至灵山路。长413米，宽4米，为水泥路面的支路。沿途主要有居民区等重要的地理实体。

凤泉巷

凤泉巷（Fèngquán Xiàng） 所在行政区为灵城镇。始建于1985年，于1986年建成通车，命名为凤泉巷并沿用至今。东起老干部局宿舍，西至灵山路。长598米，宽4米，为水泥路面的支路。沿途主要有卫生材料厂等重要的地理实体。

罗河巷

罗河巷（Luóhé Xiàng） 所在行政区为灵城镇。始建于1985年，于1986年建成通车，命名为罗河巷并沿用至今。东起薄山中路，西至灵山路。长273米，宽4米，为水泥路面的支路。沿途主要有卫生巷等重要的地理实体。

建设一巷

建设一巷（Jiànshè 1 Xiàng） 所在行政区为灵城镇。始建于1985年，于1986年建成通车，命名为建设一巷并沿用至今。东起建设南路，西至钟馗路。长184米，宽4米，为水泥路面的支路。沿途主要有华夏超市等重要的地理实体。

建设二巷

建设二巷（Jiànshè 2 Xiàng） 所在行政区为灵城镇。始建于1986年，于1987年建成通车，命名为建设二巷并沿用至今。东起建设南路，西至钟馗路。长255米，宽4米，为水泥路面的支路。沿途主要有南都宾馆等重要的地理实体。

光明一巷

光明一巷（Guāngmíng 1 Xiàng） 所在行政区为灵城镇。始建于1986年，于1987年建成通车，命名为光明一巷并沿用至今。南起汴河路，北至建设南路。长304米，宽5米，为水泥路面的支路。沿途主要有龙山广场等重要的地理实体。

光明二巷

光明二巷（Guāngmíng 2 Xiàng） 所在行政区为灵城镇。始建于1975年，于1976年建成通车，命名为光明二巷并沿用至今。南起汴河路，北至罗河路中路。长693米，宽5米，为水泥路面的支路。沿途主要有磬香酒楼等重要的地理实体。

沈园巷

沈园巷（Shěnyuán Xiàng） 所在行政区为灵城镇。始建于1975年，于1976年建成通车，命名为沈园巷并沿用至今。南起北太平街，北至环城河。长146米，宽5米，为水泥路面的支路。沿途主要有居民区等重要的地理实体。

花园一巷

花园一巷（Huāyuán 1 Xiàng） 所在行政区为灵城镇。始建于1986年，于1987年建成通车，命名为花园一巷并沿用至今。南起虹川小区，北至花园街北居民区。长473米，宽4米，为水泥路面的支路。沿途主要有虹川小区、花园街北居民区等重要的地理实体。

花园二巷

花园二巷（Huāyuán 2 Xiàng） 所在行政区为灵城镇。始建于1983年，于1984年建成通车，命名为花园二巷并沿用至今。南起东王巷，北至花园街北居民区。长309米，宽4米，为水泥路面的支路。沿途主要有花园街北居民区等重要的地理实体。

铁巷

铁巷（Tiě Xiàng） 所在行政区为灵城镇。始建于1983年，于1984年建成通车，命名为铁巷并沿用至今。南起落河西路，北至解放西路。长428米，宽5米，为水泥路面的支路。沿途主要有西风小区等重要的地理实体。

山南巷

山南巷（Shānnán Xiàng） 所在行政区为灵城镇。始建于1981年，于1982年建成通车，命名为山南巷并沿用至今。南起解放西路山南村部，北至轮窑厂。长1170米，宽5米，为水泥路面的支路。沿途主要有轮窑厂等重要的地理实体。

师范巷

师范巷（Shīfàn Xiàng） 所在行政区为灵城镇。始建于1980年，于1981年建成通车，命名为师范巷并沿用至今。东起迎宾大道，西至山南巷。长740米，宽5米，为水泥路面的支路。沿途主要有师范学校等重要的地理实体。

工农巷

工农巷（Gōngnóng Xiàng） 所在行政区为灵城镇。始建于1981年，于1982年建成通车，命名为工农巷并沿用至今。南起解放西路，北至凤山豪庭西。长101米，宽3米，为水泥路面的支路。沿途主要有工人医院等重要的地理实体。

民主巷

民主巷（Mínzhǔ Xiàng） 所在行政区为灵城镇。始建于1993年，于1994年建成通车，命名为民主巷并沿用至今。南起罗河路，北至西关大棚菜市场。长473米，宽4米，为水泥路面的支路。沿途主要有天主教堂等重要的地理实体。

西蔬巷

西蔬巷（Xīshū Xiàng） 所在行政区为灵城镇。始建于1980年，于1981年建成通车，命名为西蔬巷并沿用至今。南起西关菜市场，北至解放西路。长98米，宽4米，为水泥路面的支路。沿途主要有磬云市场等重要的地理实体。

凤河巷

凤河巷（Fènghé Xiàng） 所在行政区为灵城镇。始建于1974年，于1975年建成通车，命名为凤河巷并沿用至今。东起磬山路建设局北侧，西至迎宾大道。长747米，宽4米，为水泥路面的支路。沿途主要有建设局等重要的地理实体。

榕树巷

榕树巷（Róngshù Xiàng） 所在行政区为灵城镇。始建于1974年，于1975年建成通车，命名为榕树巷并沿用至今。东起大田地，西至供电局宿舍楼。长465米，宽6米，为水泥路面的支路。沿途主要有畜牧水产局等重要的地理实体。

第二节 公路、铁路、桥梁、港口、码头

房村—固镇公路

房村—固镇公路（Fángcūn Gùzhèn Gōnglù） 房固路于2012年12月经省交通厅批准实施改建，2014年建成通车。连接江苏省徐州市房村镇和安徽省蚌埠市固镇县的公路，故名。属二级公路，自灵璧县黄湾镇到灵璧县下楼镇，全长80.887千米，宽10米，途经灵城镇、杨疃镇、尹集镇、朱集乡、游集镇、下楼镇、黄湾镇，为油路路面的国家省级道路。沿途有灵璧县卫生局、宿州市住房公积金管理中心灵璧县管理部、灵璧县公安局、灵璧县就业管理服务中心、灵璧梨树小学、朱集中心学校。

大李集—符离公路

大李集—符离公路（Dàlǐjí Fúlí Gōnglù） 自2012年开始修建，建成通车后沿用至今。连接大李集和符篱的公路，故名。属三级公路，自灵璧县尹集镇到灵璧县大路镇，全长38.8千米，宽10米，途经大庙乡、大路乡、浍沟镇、尹集镇，为油路路面的国家省级道路。沿途有灵璧县公安局浍沟派出所、灵璧县大庙乡卫生院、灵璧县大庙乡国土资源管理所、灵璧县公安局大路派出所。

泗洪—永城公路

泗洪—永城公路（Sìhóng Yǒngchéng Gōnglù） 自修建通车后，命名为泗洪—永城公路，并沿用至今。连接江苏省泗洪县和河南省永城县的公路，故名。属二级公路，自灵璧县娄庄镇到灵璧县虞姬乡，全长34千米，宽10米，途经灵城镇、娄庄镇，为油路路面的国家省级道路。沿途有灵璧县公安局娄庄派出所、灵璧县灵西乡卫生院、灵璧县城市管理行政执法大队、灵璧县环境保护局、灵璧县虞姬乡卫生院。

泗县—固镇公路

泗县—固镇公路（Sìxiàn Gùzhèn Gōnglù） 自修建通车后，命名为泗县—固镇公路，并沿用至今。连接泗县和固镇县的公路，故名。属三级公路，自灵璧县韦集镇庄胡村到韦集杨马村，全长8千米，宽10米，途经韦集镇，为油路路面的国家省级道路。沿途有灵璧县韦集镇彭沟小学。

朝褚路

朝褚路（Cháochǔ Lù） 始建于1980年，为泥结碎石路面。1995年，该路段9K+925—14K+100路面沥青表处。2003年，大修路段0K—14K+100，铺设沥青路面。2004年，大修路段14K+100—21K+300，铺设沥青路面。2012年，实施县、乡公路升级改造，按三级公路标准，改建混凝土路面。连接灵璧县朝阳镇和宿州市褚兰镇的公路，故名。朝褚路属四级以下公路，自高楼到朝阳镇塘庄村，全长22千米，宽6.5米，途经下楼镇、朝阳镇，为油路、砂石路路面的国家县级道路。沿途有灵璧县下楼国土资源管理所、灵璧县下楼镇水利站。

双灵路

双灵路（Shuānglíng Lù） 自修建通车后，命名为双灵路，并沿用至今。连接安徽省灵璧县和江苏省徐州市双沟镇的公路，故名。双灵路属三级公路，自灵城镇到朝阳

镇，全长55千米，宽9米，途经禅堂乡、冯庙镇、大路乡、渔沟镇、朝阳镇，为油路路面的国家县级道路。沿途有灵璧县看守所、灵璧县聋童学校、灵璧县卫生监督所、灵璧县禅堂中学、灵璧县公安局冯庙派出所、灵璧县司法局大路司法所、灵璧县公安局渔沟派出所、朝阳镇民政所。

禅梅路

禅梅路（Chánméi Lù） 朱冉至杨疃一里王段建于1976年，初铺砂石路面。1996年改建成四级沥青路面。沈畬桥至朱冉段建于2001年，初为土路基。2003年，改建沈畬桥至杨疃段（8.7千米），铺设三级沥青路面。2004年，改建杨疃至一里王段（7.4千米），铺设三级沥青路面。2012年，实施县、乡公路升级改造，按三级公路标准，改建混凝土路面。连接灵璧县禅堂乡和宿州市梅村的公路，故名。禅梅路属四级以下公路，自灵璧杨疃镇到灵璧县禅堂乡，全长16千米，宽6.5米，途经禅堂乡、杨疃镇，为混凝土、沥青路面的国家县级道路。沿途有灵璧县杨疃镇李庙小学、杨疃中心学校（本部）。

鲍虞路

鲍虞路（Bàoyú Lù） 高楼以北的大（路）小（王庄）路，1978年修建砂石路。高楼以南至大庙段，1958年修建土路基，当时称跃进路。1980年铺筑砂石路面，1994年改建成沥青路面。大庙至冯庙段，新中国成立前是土公路。1969年改建成砂石路，该路段在大庙乡与大（李集）符（离集）路（302省道）相交。1977年，将全路段（冯庙至大庙东苏皖交界处）改建成沥青路面。2002年，大修该路段。2005年，将鲍庄至大庙段改建成三级沥青路面。2005年，将冯庙至大马桥段（11千米）改建成三级沥青路面。2007年，将大庙至冯庙段（7.4千米）改建成混凝土路面。2007年，将范桥至S303交界处（6千米）改建成混凝土路面。2010年，将鲍庄至大庙段（13.1千米）改建成混凝土路面。连接鲍庄和虞姬村道的公路，故名。鲍虞路属四级以下公路，自灵璧县虞姬乡到灵璧县高楼镇，全长43千米，宽5.5米，途经冯庙镇、大庙乡、高楼镇、渔沟镇、朝阳镇，为混凝土、沥青路面的国家县级道路。沿途有大庙乡民政所、安徽省灵璧县国家税务局冯庙税务分局、灵璧县高楼镇卫生院。

张唐路

张唐路（Zhāngtáng Lù） 张桥至长安集路段始建于1975年，为泥结碎石路。1994年改建成四级沥青路面。长安集至陀河段，1991年建成砂石路。2003年，改建县境内路段为三级沥青路面。2011年，改建县境内路段为混凝土路面。连接灵璧县娄庄镇张桥村和青龙闸的路，故名。张唐路属四级以下公路，自灵璧县娄庄镇张桥村到灵璧县长集乡钱刘村，全长12千米，宽9米，途经娄庄镇、长集镇，为混凝土、沥青路面的国家县级道路。沿途有灵璧县长集乡长集小学、灵璧县司房学校。

渔禅路

渔禅路（Yúchán Lù） 1976年，浍塘沟至熊桥段铺筑砂石路。1987年，渔沟至熊桥段铺筑砂石路，渔沟至浍塘沟接通。1980年，浍塘沟至土山段（4千米）铺筑砂石路。1986年，土山至张大庄段铺筑砂石路。1992年，张大庄至禅堂段铺筑砂石路。1994年，浍塘沟至禅堂段改建成沥青路面。2001年，该路段大修，铺设四级沥青路面。

2002年，改建浍塘沟至禅堂段（8.6千米）为三级沥青路面。2009年，改建渔沟至浍塘沟段（14.4千米）为混凝土路面。2009年，改建浍塘沟至禅堂段（8.6千米）为混凝土路面。2010年，改建浍塘沟至禅堂段（8.6千米）为沥青路面。连接渔沟街和禅堂街的公路，故名。渔禅路属四级以下公路，自灵璧县渔沟镇到灵璧县禅堂乡，全长23千米，宽6米，途经渔沟镇、禅堂乡、冯庙镇，为混凝土、沥青路面的国家县级道路。沿途有灵璧县公安局浍沟派出所、灵璧县公安局渔沟责任区刑警队。

山头—闵贤公路

山头—闵贤公路（Shāntóu Mǐnxián Gōnglù） 自修建通车后，命名为山头—闵贤公路，并沿用至今。连接山头镇和闵贤的公路，故名。属四级以下公路，自灵璧县游集镇到灵璧县渔沟镇，全长35千米，宽9米，途经大路乡、渔沟镇、游集镇。为砂石路路面的国家县级道路。沿途有灵璧县人民法院尤集人民法庭、灵璧县司法局渔沟司法所。

墩集—马店公路

墩集—马店公路（Dūnjí Mǎdiàn Gōnglù） 原称三南路，1991年全线贯通，2000年改称墩马路。彭沟至韦集段，1984年修筑砂石路，1992年重修。1998年改建成沥青路面。2005年，大修该路段（6.4千米）。2010年，将路段改建成混凝土路面。韦集至堰路段，1963年修筑砂石路。原由陈圩、后王至韦集。1994年将路段取直，由大杨庄、小李庄至韦集，并改建成沥青路面。2009年，将韦集东至堰路段（8.2千米）改建成混凝土路面。堰路北小罗庄至大山段，1974年修筑土路。1981年改建成砂石路，1984年和1987年先后重修。1998年改建成沥青路面（至山阳集）。2005年，将高桥至大山段（7.9千米）改建成沥青路面。山阳集至长安集段，1986年修建砂石路面。1990年底至1991年修建三南路时，将山阳集以西（至大杨家）改建成泥结碎石路面。2005年，投资246万元将该段（8.2千米）改建成沥青路面。连接墩集和马店的公路，故名。属四级以下公路，自黄湾晏路村到韦集垓下村，全长40千米，宽7米，途经韦集镇，为混凝土、沥青路面的国家县级道路。沿途有灵璧县长集乡长集小学、灵璧县人民法院黄湾人民法庭、灵璧县司法局韦集司法所。

腊向路

腊向路（Làxiàng Lù） 1969年修建武家至向阳段砂石路。1974年修建向阳至官庄段土路基。1979年铺设向阳至官庄砂石路。1993年向阳至汤圩段改建成沥青路面。1994年武家至向阳段改建成沥青路面。2005年，改建向阳至S201交界处（5.6千米）为沥青路面。2009年，改建官庄至向阳段（9.3千米）为混凝土路面。2012年，实施县、乡公路升级改造，按照三级公路标准，改建混凝土路面。连接官庄和武家的公路，故名。腊向路属四级以下公路，自向阳乡官庄村到向阳乡武家村，全长15千米，宽6.5米，途经向阳乡，为混凝土、沥青路面的国家县级道路。沿途有灵璧县向阳乡卫生院。

大小路

大小路（Dàxiǎo Lù） 自修建通车后，命名为大小路，并沿用至今。连接大路和小王庄的公路，故名。大小路属四级以下公路，自高楼镇小王庄到大路乡，全长15.5

千米，宽9米，途经大路乡、大庙乡，为油路、砂石路路面的国家县级道路。沿途有高楼镇民政所、灵璧县大路中心学校。

泗洪—许昌高速公路

泗洪—许昌高速公路（Sìhóng Xǔchāng Gāosù Gōnglù） 泗洪—许昌高速公路于2008年开工建设，2010年12月灵璧段建成通车。连接江苏省泗洪县和河南省许昌市的高速公路，故名。属高速等级，自灵璧县虞姬乡到灵璧县杨疃镇，全长25千米，宽23.5米，途经虞姬乡、灵城镇、杨疃镇，为沥青路面的国家省级道路。沿途有邱庙中学。

徐州—明光高速公路

徐州—明光高速公路（Xúzhōu Míngguāng Gāosù Gōnglù） 2011年4月30日全线开工。2014年12月26日，徐州至明光高速公路安徽段正式通车。连接江苏省徐州市和安徽省明光市的高速公路，故名。属高速等级，自灵璧县朝阳镇到灵璧县冯庙镇，全长40千米，宽20米，途经冯庙镇、大庙乡、高楼镇、渔沟镇、朝阳镇，为沥青路面的国家省级道路。沿途有灵璧园艺场。

大丰—卢氏公路

大丰—卢氏公路（Dàfēng Lúshì Gōnglù） 大丰—卢氏公路于2016年开工建设，2016年6月建成通车，名称沿用至今。因该道路连接江苏大丰区和河南卢氏县两个城市，故名。公路类型为国道，等级为一级公路，起点为向阳乡大桥村，止点为娄庄镇娄北村。长度为30.85千米，宽度为43米，路面性质为沥青混凝土。沿途重要地理实体有娄庄镇宣圩小学、灵璧县人民法院灵西人民法庭。途经行政区灵城镇、娄庄镇、向阳乡。

宿淮铁路

宿淮铁路（Sùhuái Tiělù）宿淮铁路位于灵璧县城北7.3千米处。2009年，宿淮铁路江苏段征地拆迁。2010年，宿淮铁路跨宁宿徐高速，宿淮高速公路桥桥墩已经建成。2012年8月27日，宿淮铁路洋河站成功铺轨。2013年12月30日，首趟宿州市符离集站开往淮安市袁北站的货物列车开行。2014年12月10日，宿淮铁路正式通车。宿淮铁路连接宿州—宿迁—淮安，故名宿淮铁路。宿淮铁路西起京沪铁路符离集车站，东至新长铁路袁北站，途经安徽省宿州市、灵璧县、泗县，江苏省泗洪县、宿迁市、泗阳县、淮安市。境内途经杨疃镇、灵城镇、虞姬乡。境内主要车站有符离集、灵璧县、泗县、泗洪县、宿迁市、泗阳县、淮安市火车站。正线全长210.4千米，江苏境内97.5千米，宿城区32.1千米，建设标准为国铁Ⅰ级，复线铁路，以货运为主、客运为辅。

新濉河桥

新濉河桥（Xīnsuīhé Qiáo） 新濉河桥又称小杨桥，位于禅堂东边双（沟）灵（璧）公路35K+970处（小杨庄），跨新濉河。新濉河桥原为木架桥，建于1955年。后因腐朽，于1965年改建为钢筋混凝土排架墩、台，木梁木面桥。1981年，安徽省公路管理局投资，在原桥上游15米处另建新桥。后改为工型梁微弯板桥结构，大桥于1982年4月动工，全工程于1983年5月竣工，名称沿用至今。因该桥梁所跨河流为新濉河，故名新濉河桥。新濉河桥为10孔桥，桥全长134.9米，桥面全宽8.5米，桥面净宽7米，最大跨度132.6米，单孔最大跨径13.3米。设计荷载为公路–Ⅱ级。桥梁最大载重量为40吨。所在行政区为禅堂乡。类型为公路桥。

禅堂桥

禅堂桥（Chántáng Qiáo） 禅堂桥位于禅堂街双（沟）灵（璧）公路16K+500处，跨唐河。禅堂桥原为木架桥，建于1955年。因木桥腐朽，1967年省公路局投资改建。由宿县地区公路站测设与施工，同年12月动工。由于“文化大革命”干扰，施工人员不固定，时干时停，于1969年底竣工，工期长达2年。2004年在该桥下游300米处另建新桥，名称沿用至今。因该桥梁坐落于禅堂村，故名禅堂桥。禅堂桥，4孔桥，桥全长86米，桥面全宽12米，桥面净宽10.5米，最大跨度80米，单孔最大跨径20米。设计荷载为公路－II级。桥梁最大载重量为40吨。所在行政区为禅堂乡。类型为公路桥。

沈畲桥

沈畲桥（Shěnshē Qiáo） 沈畲桥位于禅堂街南约2千米沈畲庄，在双（沟）灵（璧）路上，跨新河。沈畲桥原为木桥，1955年建。因木桥腐朽，1966年在木桥东侧改建了钢筋混凝土板梁桥。1991年6月又在原木桥址重建了现在的桥梁，名称沿用至今。因该桥梁坐落于沈畲庄，故名沈畲桥。沈畲桥，4孔桥，桥全长68米，桥面全宽9米，最大跨度60米，单孔最大跨径15米，上部结构为钢筋混凝土工型梁，下部为钢筋混凝土灌注桩桥墩。设计荷载为公路－II级。桥梁最大载重量为40吨。所在行政区为禅堂乡。类型为公路桥。

潘集闸桥

潘集闸桥（Pānjízhá Qiáo） 潘集闸桥位于禅堂乡潘集庄北0.5千米，在禅（堂）创（业）路上，跨唐河。该闸桥初建于1958年。1999年，又在其南端加建4孔，原闸桥为石墩台，后建的为钢筋混凝土墩台，名称沿用至今。因该桥梁坐落于潘集庄，闸桥两用，故名潘集闸桥。潘集闸桥，6孔桥，桥全长64米，桥面全宽6米，最大跨度12.9米，单孔最大跨径4米，设计荷载为公路－II级。桥梁最大载重量为40吨。所在行政区为禅堂乡。类型为公路桥。

凤河桥

凤河桥（Fènghé Qiáo） 凤河桥位于禅堂乡凤河村。凤河桥于1984年动工，1985年竣工启用，沿用此名称至今。该桥梁所跨河流为凤河，故名凤河桥。凤河桥为板拱石单孔桥，桥全长22米，桥面全宽7米，桥面净宽5米，最大跨度22米，单孔最大跨径18米。设计荷载为汽车－10级。桥梁最大载重量为10吨。所在行政区为禅堂乡。类型为公路桥。

大路街桥

大路街桥（Dàlùjiē Qiáo） 大路街桥位于大路街里，在双（沟）灵（璧）路上，跨老濉河。原桥为1941年日本侵略者所建，石墩木梁；新中国成立后曾更换木梁，1971年改建为钢筋混凝土板梁桥；2003年被山东一过路重车压塌；2004年改建为钢筋混凝土灌注桩T形梁桥（2005年竣工），名称沿用至今。因该桥梁坐落于大路街里，故名大路街桥。大路街桥，3孔桥，桥全长46米，桥面全宽12米，最大跨度26米，单孔最大跨径13米。设计荷载为公路－II级。桥梁最大载重量为40吨。所在行政区为大路乡。类型为公路桥。

富民桥

富民桥（Fùmín Qiáo） 富民桥位于大路乡老濉河上。富民桥于1994年动工，

1995年竣工启用，沿用此名称至今。该桥梁跨于老濉河上，寓有村民生活富贵之意。富民桥为双曲拱石单孔桥，桥全长28米，桥面全宽9米，桥面净宽8米，最大跨度20米，单孔最大跨径20米。设计荷载为汽车-10级。桥梁最大载重量为10吨。所在行政区为大路乡。类型为公路桥。

老濉河桥

老濉河桥（Lǎosuīhé Qiáo） 老濉河桥位于大路乡赵梅村老濉河上。1994年动工，1995年竣工启用，沿用此名称至今。该桥梁跨于老濉河上，故名老濉河桥。老濉河桥为双曲拱石2孔桥，桥全长14米，桥面全宽9米，桥面净宽8米，最大跨度12米，单孔最大跨径6米。设计荷载为汽车-10级。桥梁最大载重量为10吨。所在行政区为大路乡。类型为公路桥。

沙滩桥

沙滩桥（Shātān Qiáo） 沙滩桥位于大庙乡沙滩街南头，在沙（滩）冯（庙）路上，跨老濉河。该桥建成于1981年，为钢筋混凝土双曲线拱桥，名称沿用至今。因该桥梁坐落于沙滩村，故名沙滩桥。沙滩桥，钢筋混凝土双曲线拱桥，石墩台，5孔桥，桥全长32米，桥面全宽4米，最大跨度25米，单孔最大跨径23米。设计荷载为公路-II级。桥梁最大载重量为40吨。所在行政区为大庙乡。类型为公路桥。

梁庙桥

梁庙桥（Liángmiào Qiáo） 梁庙桥位于高楼镇西梁庙庄，在高（楼）渔（沟）路上（南路），跨潼河。该桥建于1998年，为钢筋混凝土空腹式双曲线拱桥，名称沿用至今。因该桥梁坐落于梁庙村，故名梁庙桥。梁庙桥，石墩台，3孔桥，桥全长33.5米，桥面全宽9米，桥面净宽7米，最大跨度23米，单孔最大跨径21米。设计荷载为汽车-10级。桥梁最大载重量为10吨。所在行政区为高楼镇。类型为公路桥。

高桥

高桥（Gāo Qiáo） 高桥位于黄湾镇堰路街北约2千米，房（村）固（镇）路上69K+161处，跨北沱河。高桥，3孔桥，桥全长65.5米，桥面全宽7米，桥面净宽6米，最大跨度19米，单孔最大跨径19米。沱河治理后，于1953年8月改建为9孔木桥，长56.9米。后木桥腐朽，在木桥歼灭战中，安徽省公路局于1966年投资8.4万元，安排在原桥下游30米处修建石拱桥，由宿县地区公路段组织测设和施工，同年2月动工。全部工程于当年6月竣工，二期为4个月。2003年又在上述桥东侧加修姊妹桥，名称沿用至今。因该桥梁坐落于高村，故名高桥。设计荷载为公路-II级。桥梁最大载重量为40吨。所在行政区为黄湾镇。类型为公路桥。

新濉河闸桥

新濉河闸桥（Xīnsuīhézhá Qiáo） 新濉河闸桥位于浍塘沟镇东侧，大（李集）符（离集）路19K+998处，跨新濉河。1957年11月动工，1958年5月竣工。2005年3月经国家发展和改革委员会批准，并投资3030万元，在原闸桥上游100米处新建闸带桥。2006年5月竣工，原闸桥随之拆除，名称沿用至今。因该桥梁所跨河流为新濉河，闸桥两用，故名新濉河闸桥。新濉河闸桥，7孔桥，桥全长90米，桥面全宽6.5米，最大跨度84米，单孔最大跨径12米。设计荷载为公路-II级。桥梁最大载重量为40吨。所在行政区为浍沟镇。类型为公路桥。

灵西闸桥

灵西闸桥（Língxīzhá Qiáo） 灵西闸桥位于县城西南角，跨新汴河。1968年3月动工，1969年12月竣工，名称沿用至今。因该桥梁坐落于原灵西村，闸桥两用，故名灵西闸桥。灵西闸桥，钢筋混凝土双曲线拱桥，5孔桥，桥全长184米，桥面全宽8.5米，桥面净宽7米，高度28米，最大跨度122.8米，单孔最大跨径30.7米。设计荷载为公路–II级。桥梁最大载重量为40吨。所在行政区为灵城镇。类型为公路桥。

新汴河桥

新汴河桥（Xīnbiànhé Qiáo） 新汴河桥，位于县城南侧，在灵西闸桥下游约1千米处，跨新汴河。新汴河桥于1993年8月由宿县地区路桥公司桥梁工程处施工，1995年5月竣工，名称沿用至今。因该桥梁跨于新汴河之上，故名新汴河桥。新汴河桥，13孔桥，桥全长332米，桥面全宽12米，桥面净宽9米，最大跨度320米，单孔最大跨径30米，桥面铺装为水泥混凝土，下部构造采用桩基础，双柱式墩、重力式U形桥台。设计荷载为公路–II级。桥梁最大载重量为40吨。所在行政区为灵城镇。类型为公路桥。

大庙桥

大庙桥（Dàmiào Qiáo） 大庙桥位于大庙街南侧去冯庙的公路上，跨老濉河。大庙桥始建于1958年（此之前是渡口），为闸带桥。1965年，又在原桥北侧约15米处重建新桥，为折线拱桥。1990年又投资52.7万元，在紧靠上述折线拱桥北侧再建一钢筋混凝土实心板梁桥。该桥由宿县地区公路局组织测设，宿县地区路桥工程队施工，1990年10月竣工，名称沿用至今。因该桥梁坐落于大庙村，故名大庙桥。大庙桥，2孔桥，桥全长39.6米，桥面全宽11.5米，桥面净宽9米，净空高4.5米，最大跨度30米，单孔最大跨径15米，桥面铺装为水泥混凝土，下部构造为重力式墩、U形桥台。设计荷载为公路–II级。桥梁最大载重量为40吨。所在行政区为灵城镇。类型为公路桥。

马桥

马桥（Mǎ Qiáo） 马桥位于向阳乡南部马桥庄南，在汤（圩）藕（庄）路上，跨北沱河。该桥建于1983年，名称沿用至今。因该桥梁坐落于马桥庄，故名马桥。马桥，为钢筋混凝土双曲线拱桥，石墩台，2孔桥，桥全长60米，桥面全宽6米，最大跨度50米，单孔最大跨径25米。设计荷载为公路–II级。桥梁最大载重量为40吨。所在行政区为灵城镇。类型为公路桥。

吕桥

吕桥（Lǚ Qiáo） 吕桥位于藕庄集东边吕桥庄，在泗（县）韦（集）路上，跨北沱河。该桥建于1992年，名称沿用至今。因该桥梁坐落于吕桥庄南部，故名吕桥。吕桥，为钢筋混凝土双曲线拱桥，石墩台，3孔桥，桥全长70米，桥面全宽6米，最大跨度60米，单孔最大跨径20米。设计荷载为公路–II级。桥梁最大载重量为40吨。所在行政区为灵城镇。类型为公路桥。

黄家桥

黄家桥（Huángjiā Qiáo） 黄家桥位于娄庄镇西北黄家庄南，在宣（圩）三（南路）跨北沱河。该桥建于1992年，名称沿用至今。因该桥梁坐落于黄家村，故名黄家桥。黄家桥，为钢筋混凝土双曲线拱桥，石墩台，5孔桥，桥全长42米，桥面全宽5米，最大跨度32米，单孔最大跨径32米。设计荷载为公路－Ⅱ级。桥梁最大载重量为40吨。所在行政区为灵城镇。类型为公路桥。

圩疃桥

圩疃桥（Xūtuǎn Qiáo） 圩疃桥位于圩疃街北头，跨唐河。圩疃桥原为木桥，新中国成立初期建。1992年11月改建为钢筋混凝土板梁桥，2003年改建现桥，名称沿用至今。因该桥梁坐落于圩疃街北头，故名圩疃桥。圩疃桥，石墩台，3孔桥，桥全长59米，桥面全宽7米，最大跨度24米，单孔最大跨径8.9米。设计荷载为公路－Ⅱ级。桥梁最大载重量为40吨。所在行政区为灵城镇。类型为公路桥。

张庄桥

张庄桥（Zhāngzhuāng Qiáo） 张庄桥位于下楼镇北张庄前，跨新运料河。建于1964年，1984年从两侧加宽至6米，2003年整修房（村）固（镇）路时重建，名称沿用至今。因该桥梁坐落于张庄村，故名张庄桥。张庄桥，上部结构为钢筋混凝土空心板梁，下部结构为钢筋混凝土灌注桩，6孔桥，桥全长50米，桥面全宽4.2米，最大跨度41.4米，单孔最大跨径13.8米。设计荷载为汽车－10级。桥梁最大载重量为10吨。所在行政区为灵城镇。类型为公路桥。

大余桥

大余桥（Dàyú Qiáo） 大余桥位于娄庄镇东约2.5千米的大畲庄前，泗（洪）永（城）路75K+650处，跨北沱河。大余桥原为木架桥，建于1955年6月，后木桥腐朽被拆除，路线改走大余闸桥。大余闸桥在原木桥北侧，建于1970年，由水利部门投资17万元建成。为改善线型，提高通行能力，1989年安徽省公路管理局投资76.2万元，在原木桥址重建新桥。同年8月正式动工，当年底完成下部工程。1990年5月新桥竣工，名称沿用至今。因该桥梁坐落于大余庄，故名大余桥。大余桥，5孔桥，桥全长85.6米，桥面全宽11米，桥高7.5米，最大跨度80米，单孔最大跨径16米，上部结构为钢筋混凝土工型梁微弯板，水泥混凝土桥面，下部为钢筋混凝土双柱式墩、台，灌注桩基础。设计荷载为公路－Ⅱ级。桥梁最大载重量为40吨。所在行政区为娄庄镇。类型为公路桥。

岳罗河桥

岳罗河桥（Yuèluóhé Qiáo） 岳罗河桥位于向阳乡大桥村路。始建于1972至1973年，建成以来名称沿用至今。因该桥梁所跨河流为岳罗河，故名岳罗河桥。桥全长60米，桥面全宽6米，最大跨度45米。设计荷载为汽车－10级。桥梁最大载重量为10吨。所在行政区为向阳乡。类型为公路桥。

欧渡桥

欧渡桥（Ōudù Qiáo） 欧渡桥位于杨疃镇北约6千米欧渡口庄东侧，房（村）固（镇）路上32K+929处，跨新河。欧渡桥原为木桥，建于新中国成立初，1965年改建为钢筋混凝土排架墩、台板梁桥，因载重小、行车道窄，不能适应交通量日益增长的需要。为提高通行能力，1989年安徽省公路总局投资45.3万元在原桥下游15米处另建新桥，由宿县地区公路总站组织测设并施工。是年3月11日动工，9月12日竣工，工期6个月，名称沿用至今。因该桥梁坐落于欧渡村，故名欧渡桥。欧渡桥，上部结构为水泥混凝土桥面，下部结构为浆砌块石重力式台身和块石基础，3孔桥，桥全长56.9

米，桥面全宽9米，桥高5米，最大跨度48米，单孔最大跨径16米。设计荷载为公路-Ⅱ级。桥梁最大载重量为40吨。所在行政区为杨疃镇。类型为公路桥。

新王桥

新王桥（Xīnwáng Qiáo） 新王渡口位于杨疃镇新王村新河上。2009年11月实施渡改桥项目，总投资85万元，2010年4月竣工，名称沿用至今。因该桥梁坐落于新王村新河上，故名新王桥。新王桥全长90米，设计为人行桥，桥面全宽3米，最大跨度60米，上部结构为5米×16米预应力空心板，下部结构为灌注桩桥台。设计荷载为公路-Ⅱ级。桥梁最大载重量为40吨。所在行政区为杨疃镇。类型为公路桥。

田路桥

田路桥（Tiánlù Qiáo） 田路桥位于尹集镇北约5千米的田路庄，在房固路上，跨拖尾河。田路桥原为木架桥，建于1958年。后腐朽成为险桥，1974年3月2日，安徽省交通厅批准改建。1977年3月在木桥西侧动工，1978年4月竣工。2003年，房（村）固（镇）路大修时，又紧靠上述桥西侧重建新桥，名称沿用至今。因该桥梁坐落于田路庄，故名田路桥。田路桥，上部为钢筋混凝土空心板梁，下部为钢筋混凝土灌注桩，共5孔，桥全长111.6米，桥面全宽14米，最大跨度90米，单孔最大跨径18.5米。设计荷载为汽车-10级。桥梁最大载重量为10吨。所在行政区为尹集镇。类型为公路桥。

尹集桥

尹集桥（Yǐnjí Qiáo） 尹集桥位于尹集镇东侧房固路31K+467处，跨濉河。尹集桥原为钢筋混凝土排架墩、台，木桁架桥，建于1958年。因桥上部木质结构腐朽，1964年宿县地区公路总站投资1.9万元整修。1975年，宿县地区公路总站投资12万元利用钢筋混凝土排架墩、台，将桥上部改建为钢筋混凝土双曲线拱桥结构。同年10月动工，1976年6月竣工。2009年，紧靠该桥下方又建新桥，名称沿用至今。因该桥梁坐落于尹集村，故名尹集桥。尹集桥，桥梁上部结构为T型梁，下部结构为灌注桩桥台，5孔桥，桥全长146米，桥面全宽12米，最大跨度140米，单孔最大跨径28米。设计荷载为公路-Ⅱ级。桥梁最大载重量为40吨。所在行政区为尹集镇。类型为公路桥。

李楼桥

李楼桥（Lǐlóu Qiáo） 李楼桥位于尹集镇西部大雷家庄，在大（李集）符（离集）路上，跨青年沟（灵西运河）。该桥建于1975年，为空腹式石拱桥，名称沿用至今。因该桥梁坐落于李楼村，故名李楼桥。桥长44米，宽7米，共5孔，主孔1个，跨后22米，两头各两个偏孔，每孔跨径1.5米。设计荷载为公路-Ⅱ级。桥梁最大载重量为40吨。所在行政区为尹集镇。类型为公路桥。

刘南塘桥

刘南塘桥（Liúnántáng Qiáo） 刘南塘桥位于游集镇东南角约2千米刘南唐庄北侧山（头）闵（贤）路上，跨运料河。刘南塘桥原为木架桥，因木桥腐朽，1974年宿县地区公路总站决定改建。同年11月，大桥动工修建，全部工程于1975年9月竣工，名称沿用至今。因该桥梁坐落于刘南塘庄，故名刘南塘桥。刘南塘桥，单孔桥，桥全长64米，桥面全宽7米，桥面净宽5米，最大跨度40米，单孔最大跨径40米。设计荷载为汽车－10级。桥梁最大载重量为10吨。所在行政区为游集镇。类型为公路桥。

孙桥

孙桥（Sūn Qiáo） 孙桥位于游集镇东北部孙桥庄，在朝（阳集）王（集闸）路上，跨运料河。该桥原为木桥，建于20世纪50年代；1987年改建为现在的钢筋混凝土双曲线拱桥，名称沿用至今。因该桥梁坐落于孙桥庄，故名孙桥。孙桥，桥长68米，宽5.5米，共6孔，最大跨度55米，主孔两个，每孔跨径26.5米，两端各两个偏孔，每孔跨径2米。设计荷载为汽车－10级。桥梁最大载重量为10吨。所在行政区为游集镇。类型为公路桥。

张楼桥

张楼桥（Zhānglóu Qiáo） 张楼桥位于游集镇南张楼庄东头，跨老运料河。2003年整修房（村）固（镇）路时建。原桥为1971年7月建成，名称沿用至今。因该桥梁坐落于张楼庄，故名张楼桥。张楼桥，上部结构为钢筋混凝土空心板梁，下部结构为钢筋混凝土灌注桩，3孔桥，桥全长50.5米，桥面全宽14米，最大跨度22.6米，单孔最大跨径11.3米。设计荷载为汽车－10级。桥梁最大载重量为10吨。所在行政区为游集镇。类型为公路桥。

新阳河桥

新阳河桥（Xīnyánghé Qiáo） 新阳河桥位于游集镇六路村。新阳河桥于1988年动工，1989年竣工启用，沿用此名称至今。因该桥梁跨于新阳河上，故名新阳河桥。新阳河桥为板拱石4孔桥，桥全长67米，桥面全宽11米，桥面净宽8.5米，最大跨度67米，单孔最大跨径38米。设计荷载为公路－II级。桥梁最大载重量为40吨。所在行政区为游集镇。类型为公路桥。

大马桥

大马桥（Dàmǎ Qiáo） 大马桥位于虞姬乡陈堰村大马庄北新濉河上。2010年实施渡改桥项目，总投资为680万元，2012年10月竣工，名称沿用至今。因该桥梁坐落于大马庄，故名大马桥。大马桥，10孔桥，桥全长206米，桥面全宽19米，最大跨度180米，单孔最大跨径20米。设计荷载为公路－II级。桥梁最大载重量为40吨。所在行政区为虞姬乡。类型为公路桥。

双庙桥

双庙桥（Shuāngmiào Qiáo） 双庙桥位于虞姬乡东北双庙庄东头，在鲍（庄）虞（姬乡）路上，跨灵东运河（阎汴河）。该桥建于1983年，名称沿用至今。因该桥梁坐落于双庙村，故名双庙桥。双庙桥，为钢筋混凝土双曲线拱桥，石墩台，桥长35米，宽5.5米，最大跨度27.5米，共3孔，1个主孔，跨径25.5米，两头各一偏孔，跨径分别为2米。设计荷载为公路－II级。桥梁最大载重量为40吨。所在行政区为虞姬乡。类型为公路桥。

陈堰桥

陈堰桥（Chényàn Qiáo） 陈堰桥位于虞姬乡东北部陈堰庄南，在鲍虞路上，跨唐河。该桥于1978年5月动工，1979年元旦竣工，名称沿用至今。因该桥梁坐落于陈堰庄，故名陈堰桥。陈堰桥，为钢筋混凝土双曲线拱桥，石墩台、桥长96米，宽7米，最大跨度83米，共6孔，4个主孔，各跨径20米，两头各一偏孔，各跨径3米。设计荷载为公路－II级。桥梁最大载重量为40吨。所在行政区为虞姬乡。类型为公路桥。

灵东运河桥

灵东运河桥（Língdōngyùnhé Qiáo）灵东运河桥位于虞姬乡朱桥村。灵东运河桥于1986年动工，1987年竣工启用，沿用此名称至今。因该桥梁跨于灵东运河上，故名灵东运河桥。灵东运河桥为双曲拱石单孔桥，桥全长39米，桥面全宽8米，桥面净宽7.8米，最大跨度38米，单孔最大跨径19米。设计荷载为公路–Ⅱ级。桥梁最大载重量为40吨。所在行政区为虞姬乡。类型为公路桥。

创业东桥

创业东桥（Chuàngyè Dōngqiáo） 创业东桥位于朱集街东头，在渔（沟）孟（庄子）路上，跨运料河。该桥建成于1977年10月，名称沿用至今。当地企业修建，位于厂房东部，故名创业东桥。创业东桥，为空腹式石拱桥，石墩台，桥长65米，宽6米，最大跨度36米，共4孔，每孔跨径12米。设计荷载为公路–Ⅱ级。桥梁最大载重量为40吨。所在行政区为朱集乡。类型为公路桥。

创业西桥

创业西桥（Chuàngyè Xīqiáo） 创业西桥位于朱集西约2.5千米，在渔（沟）孟（庄子）路上，跨新杨河。该桥建于1977年，名称沿用至今。当地企业修建，位于厂房西部，故名创业西桥。创业西桥，为空腹式石拱桥，石墩台，桥长62米，宽6米，最大跨度39米，共4孔，每孔跨径13米。设计荷载为公路–Ⅱ级。桥梁最大载重量为40吨。所在行政区为朱集乡。类型为公路桥。

姜山运料河桥

姜山运料河桥（Jiāngshānyùnliàohé Qiáo）姜山运料河桥位于朱集乡姜山村。姜山运料河桥于1982年动工，1983年竣工启用，沿用此名称至今。因该桥梁坐落于姜山村运料河之上，故名姜山运料河桥。姜山运料河桥为板拱石2孔桥，桥全长56米，桥面全宽6米，桥面净宽5米，最大跨度50米，单孔最大跨径25米。设计荷载为汽车–10级。桥梁最大载重量为10吨。所在行政区为朱集乡。类型为公路桥。

虹灵桥

虹灵桥（Hónglíng Qiáo） 虹灵桥位于冯庙镇境内，在老黄路上。该桥始建于1984年，建成于1985年，名称沿用至今。因该桥梁所跨河流为虹灵沟，故名虹灵桥。桥梁全长36米，桥梁宽度6.4米，最大跨度23米，最大载重量为15吨。桥梁类型为石桥。所在行政区为冯庙镇。类型为公路桥。

青龙闸桥

青龙闸桥（Qīnglóngzhá Qiáo） 青龙闸桥位于灵璧县娄庄镇小胡庄。青龙闸桥修建于1992年，建成于1993年。其间经历改造修建，名称沿用至今。因该桥位于仲兴乡青龙闸之上，故名青龙闸桥。桥梁长度为26米，最大载重量为25吨，宽度为10米，高度为12米，最大跨度为35米。桥梁为预制板梁结构，平面公路桥梁。桥梁所在线路为何渡路，桥梁所跨河流为南沱河。所在行政区为娄庄镇。类型为公路桥。

凤凰山隧道

凤凰山隧道（Fènghuángshān Suìdào）凤凰山隧道位于灵城镇境内，钟灵大道与迎宾大道交叉口，以钟灵大道为轴心自东向西穿越凤凰山，与201省道（西外环）交会，西接城市大外环。2013年4月24日，灵璧县凤凰山隧道及接线工程项目开工典礼仪式，2015年竣工，沿用此名称至今。因隧道修建在凤凰山下，故名凤凰山隧道。隧道全长1412米，净宽14.25米，净高5米，采取上下行分离双孔模式的地下信道，所在山峰为凤凰山。

第三节　火车站、汽车站

下楼客运站

下楼客运站（Xiàlóu Kèyùnzhàn）　位于灵璧县下楼镇，中转交通管理站所在地，地址为下楼镇政府北侧201省道东侧。下楼客运站于1991年动工，1992年竣工投入使用，沿用至今。因位于下楼镇，为汽车客运服务站点，故名下楼汽车站。占地面积500平方米，年客运量10万余人，年货运量3万吨。主要道路201省道，由灵璧县交通管理站负责站务各项事务。

朝阳车站

朝阳车站（Cháoyáng Chēzhàn）　位于灵璧县朝阳镇，中转交通管理站所在地，地址为朝阳镇政府西北侧042县道西侧。朝阳车站于1991年动工，1992年竣工投入使用，沿用至今。因位于朝阳镇，为汽车客运服务站点，故名朝阳汽车站。占地面积200平方米，年客运量10万余人，年货运量1万吨。主要道路042县道，由灵璧县交通管理站负责站务各项事务。

新国线集团灵璧汽车客运站

新国线集团灵璧汽车客运站（Xīnguóxiàn Jítuán Língbì Qìchē Kèyùnzhàn）　新国线集团灵璧汽车客运站位于灵璧县灵城镇，地址为灵璧县环城西路与环城北路交叉口西北侧。2004年12月始建，2006年竣工投入使用，沿用此名称至今。新开辟国有的线路为汽车客运服务站点，故名新国线集团灵璧汽车客运站。占地面积6060平方米，建筑面积3630平方米，年客运量76.5万余人，年货运量17865万吨。主要道路环城西路、环城北路。

灵璧汽车站

灵璧汽车站（Língbì Qìchēzhàn）　位于灵璧县灵城镇，地址为灵璧县宿泗路（和谐医院路南边）。1951年始建，1984年8月县汽车站进行机构改革，名称沿用至今。因位于灵璧县，为汽车客运服务站点，故名灵璧县汽车站。占地面积6000多平方米，年客运量1373万余人，年货运量7536万吨。主要道路宿泗路。

灵璧火车站

灵璧火车站（Língbì Huǒchēzhàn）　位于灵璧县城北白庙村。灵璧县火车站是宿淮铁路于2009年破土动工后兴建，2013年8月底9月初基本完工。2013年12月30日，首趟宿州市符离集站开往淮安市袁北站的货物列车开行。2014年12月10日，宿淮铁路正式通车。因位于灵璧县，为灵璧县铁路运输站点，故名灵璧县火车站。灵璧火车站集货运、客运于一体，以货运为主，年客运量50万余人，年货运量50000万吨，占地面积

180000 平方米。

灵璧高速公路收费站

灵璧高速公路收费站（Língbì Gāosùgōnglù Shōufèizhàn）位于灵璧县开发区境内，在灵城镇北 6 千米。2008 年 1 月 12 日，安徽省泗许高速公路（泗县至许昌高速公路）宿州段正式开工。2010 年 12 月 28 日，江苏泗洪至河南许昌的泗许高速公路宿州段正式建成通车。因位于灵璧县，为高速公路服务站点，故名灵璧县高速公路收费站。占地面积 7000 平方米，建筑面积 3000 平方米，所在道路为泗宿高速公路。

渔沟高速公路收费站

渔沟高速公路收费站（Yúgōu Gāosùgōnglù Shōufèizhàn） 位于灵璧县渔沟镇境内，在渔沟镇东边。2010 年 1 月 18 日，江苏徐州至安徽明光高速公路安徽段开工。2014 年 12 月 26 日，徐州至明光高速公路安徽段正式通车。因位于渔沟镇，为高速公路服务站点，故名渔沟镇高速公路收费站。占地面积 6000 平方米，建筑面积 3000 平方米，所在道路为徐明高速公路。

第四节　地标建筑、广场

灵璧县电信大楼

灵璧县电信大楼（Língbìxiàn Diànxìn Dàlóu） 位于灵璧县建设中路 128 号。以承担电信业务而得名。自 1990 年房屋建成后，被命名为灵璧县电信大楼，沿用至今。占地面积 552 平方米，建筑面积 1930 平方米。主体层数为 6 层，主体高度为 27 米。产权单位：灵璧县电信局。管理单位：灵璧县电信局。使用单位：灵璧县电信局。

公安局 110 指挥中心

公安局 110 指挥中心（Gōng'ānjú 110 Zhǐhuī Zhōngxīn） 位于灵城镇迎宾大道中段路东凤山北路 43 号。以 110 报警电话得名。自 2003 年房屋建成后，被命名为公安局 110 指挥中心，沿用至今。占地面积 15150 平方米，建筑面积 11145 平方米。主体层数为 12 层，主体高度为 36 米。产权单位：灵璧县公安局。管理单位：灵璧县公安局。使用单位：灵璧县公安局。

灵璧县地税大楼

灵璧县地税大楼（Língbìxiàn Dìshuì Dàlóu） 位于建设中路中段路西。以地税局办公楼而得名。自 1996 年房屋建成后，被命名为灵璧县地税大楼，沿用至今。占地面积 2065 平方米，建筑面积 2700 平方米。主体层数为 6 层，主体高度为 20 米。产权单位：灵璧县地税局。管理单位：灵璧县地税局。使用单位：灵璧县地税局。

灵璧县供电大楼

灵璧县供电大楼（Língbìxiàn Gòngdiàn Dàlóu） 位于宿州市灵璧县建设中路 88 号。以供电局办公大楼而得名。自 2000 年房屋建成后，被命名为灵璧县供电大楼，沿用至今。占地面积 660 平方米，建筑面积

3960平方米。主体层数为6层，主体高度为20米。产权单位：灵璧县供电局。管理单位：灵璧县供电局。使用单位：灵璧县供电局。

灵璧县房产大楼

灵璧县房产大楼（Língbìxiàn Fángchǎn Dàlóu） 位于建设中路南段路东。以房产局办公大楼而得名。自1994年房屋建成后，被命名为灵璧县房产大楼，沿用至今。占地面积380平方米，建筑面积1900平方米。主体层数为6层，主体高度为24米。产权单位：灵璧县房产局。管理单位：灵璧县房产局。使用单位：灵璧县房产局。

灵璧县法院办公楼

灵璧县法院办公楼（Língbìxiàn Fǎyuàn Bàngōnglóu） 位于灵城镇汴河路西段南路。以法院工作楼而得名。自2012年房屋建成后，被命名为灵璧县法院办公楼，沿用至今。占地面积8857平方米，建筑面积12900平方米。主体层数为12层，主体高度为36米。产权单位：灵璧县人民法院。管理单位：灵璧县人民法院。使用单位：灵璧县人民法院。

灵璧县检察院大楼

灵璧县检察院大楼（Língbìxiàn Jiǎncháyuàn Dàlóu）位于迎宾大道北段路东。以检察院办公大楼而得名。自2014年房屋建成后，被命名为灵璧县检察院大楼，沿用至今。占地面积7992平方米，建筑面积10616平方米。主体层数为12层，主体高度为36米。产权单位：灵璧县检察院。管理单位：灵璧县检察院。使用单位：灵璧县检察院。

灵璧县卫生办公楼

灵璧县卫生办公楼（Língbìxiàn Wèishēng Bàngōnglóu） 位于迎宾大道北段路西。以卫生局办公大楼而得名。自2008年房屋建成后，被命名为灵璧县卫生办公楼，沿用至今。占地面积688平方米，建筑面积4670平方米。主体层数为7层，主体高度为24米。产权单位：灵璧县卫生局。管理单位：灵璧县卫生局。使用单位：灵璧县卫生局。

灵璧县交通大楼

灵璧县交通大楼（Língbìxiàn Jiāotōng Dàlóu） 位于南环中路西段路南。以交通局办公楼而得名。自1990年房屋建成后，被命名为灵璧县交通大楼，沿用至今。占地面积800平方米，建筑面积3870平方米。主体层数为5层，主体高度为15米。产权单位：灵璧县交通局。管理单位：灵璧县交通局。使用单位：灵璧县交通局。

灵璧县茂和大厦

灵璧县茂和大厦（Língbìxiàn Màohé Dàshà） 位于汴河路中段路南。2006年，由政府批准命名。取“茂盛和谐”中“茂和”而命名。自2006年房屋建成后，被命名为灵璧县茂和大厦，沿用至今。占地面积9870平方米，建筑面积38700平方米。主体层数为14层，主体高度为50米。产权单位：灵璧县茂和商贸有限责任公司。管理单位：灵璧县茂和商贸有限责任公司。使用单位：灵璧县茂和商贸有限责任公司。

灵璧县政府大楼

灵璧县政府大楼（Língbìxiàn Zhèngfǔ Dàlóu） 位于钟灵大道西段路北。以政府办公场所而得名。自2013年房屋建成后，被命名为灵璧县政府大楼，沿用至今。占地面积6500平方米，建筑面积78411平方米。主体层数为12层，主体高度为40米。产权单位：灵璧县人民政府。管理单位：灵璧县人民政府；使用单位：灵璧县人民政府。

灵璧县中沛大厦

灵璧县中沛大厦（Língbìxiàn Zhōngpèi Dàshà）位于灵璧县303省道与建设中路西南龙山庄园旁。自2001年房屋建成后，被命名为灵璧县中沛大厦，沿用至今。占地面积800平方米，建筑面积14400平方米。主体层数为18层，主体高度为55米。产权单位：安徽中沛集团。管理单位：安徽中沛集团。使用单位：安徽中沛集团。

灵璧县新华书店大楼

灵璧县新华书店大楼（Língbìxiàn Xīnhuáshūdiàn Dàlóu） 位于解放中路中段路南。以新华书店而得名。自1995年房屋建成以后，沿用至今。占地面积240平方米，建筑面积356平方米。主体层数为4层，主体高度为13米。产权单位：灵璧县新华书店。管理单位：灵璧县新华书店。使用单位：灵璧县新华书店。

灵璧石博物馆

灵璧石博物馆（Língbìshí Bówùguǎn）自建成以来，命名为灵璧石博物馆。因展览灵璧石、观赏石、景观石、园林石、刻字石、假山石等，故名灵璧石博物馆。灵璧石博物馆自建成以来沿用至今。磬石工艺品品种繁多，工艺精良。品牌系列：磬石琴、磬石茶具、文房四宝、画盘字画、十二生肖、人物、动物、磬石圆桌、鱼缸等系列产品。

钟馗酒文化博物馆

钟馗酒文化博物馆（Zhōngkuíjiǔ Wénhuà Bówùguǎn） 坐落在灵璧县经济开发区内，整个主展馆的展示内容由五大部分组成，是一处典型的徽派建筑，白墙黑瓦马头墙，庭院回廊钟馗堂，楼台亭阁耸立，小桥流水人家，怪石林立，绿树成荫，总占地面积3000多平方米，总建筑面积1000多平方米，其中主展馆——“钟馗酒文化博物馆”展览面积500多平方米，由门楼、曲廊和主展厅组成。主展馆内的装饰陈列借用徽派建筑元素与外环境和谐共处，相得益彰，整体通畅流利，古韵生生。1958年建成，命名为钟馗酒文化博物馆。该地名来源于传说人物钟馗，为展现钟馗酒文化的发展，故名钟馗酒文化博物馆。钟馗酒业始建于1958年，20世纪90年代中期更名为灵璧县酿酒总厂，2007年改制为股份制企业，即现在的安徽省灵璧钟馗酒业有限公司。为充分发掘钟馗酒文化内涵，精心打造了钟馗酒文化博物馆，该博物馆于2011年9月建成并对外开放，成为我县“三元文化”的展示平台和一大亮点。管理单位为灵璧县文化广播电视新闻出版局。

全民健身中心

全民健身中心（Quánmínjiànshēn Zhōngxīn） 位于灵璧县宿泗路与钟馗路交叉口西150米。原灵璧一中老校区（学校全部搬迁）的体育活动场地、3号教学楼及图书馆楼改建为灵璧县全民健身中心，自2013年老一中搬迁改造后，政府命名为全民健身中心，沿用至今。占地面积30776平方米，其中2000多座的看台塑胶田径场13775平方米，篮球场3293平方米，室内健身馆（房）面积4600平方米，康乐楼面积1400平方米。灵璧县全民健身中心建成后，可容纳大量体育健身爱好者到中心活动，将为灵璧县各项事业快速发展发挥应有的作用。为广大人民群众提供了休闲、健身、娱乐、培训等多功能的健身活动场所，极大地方便和满足了广大人民群众健身的需求。

龙山广场

龙山广场（Lóngshān Guǎngchǎng）位于灵璧县建设南路与汴河路交叉口西南100米。龙山广场于2000年动工，2002年竣工启用，因位于龙山路旁，故名龙山广场。占地面积20000平方米。为广大人民群众提供了休闲、健身、娱乐、培训等多功能的健身活动场所，极大地方便和满足了广大人民群众娱乐健身的需求。广场最西边是一处高大的建筑物，上面有“和谐灵璧”四个大字，两边为“科学立法，严格守法，公正司法，全民守法”。

钟灵文化广场

钟灵文化广场（Zhōnglíngwénhuà Guǎngchǎng） 位于钟灵大道人民政府对面。屹立在广场中心的雕塑——“灵璧之门”，是一个繁体的“灵”字矗立在广场中间，象征着灵璧的快速崛起；雕塑下面三个圆形底座，象征着灵璧的“三元文化”，高度为20.1256米。用以纪念2012年5月6日灵璧县首届“一会两节”的圆满举办，故名钟灵文化广场。钟灵文化广场于2002年动工，2014年竣工启用，沿用此名称至今。占地面积13.2万平方米。以亲民、和谐、休闲、文明的设计理念，打造城市客厅生态中心和休闲中心。广场的硬质铺地和水景的优柔充满生机与活力，花园丛林式的绿化和建筑小品，充满了和谐与优雅。由东向西能够看到远处的凤凰山电视发射塔和稍近些的灵璧县公安局大楼。

第五节 水利、电力、通信设施

洪山水库

洪山水库（Hóngshān Shuǐkù） 位于下楼镇境内。长1千米，宽0.11千米，面积为2.2平方千米。主要水源为洪山河。平均水深48米。总库容量155万立方米。洪山水库设计灌溉面积3.33平方千米，下游防洪保护面积7.2平方千米，防洪保护人口0.49万人。

黄泥岗水库

黄泥岗水库（Huángnígǎng Shuǐkù）位于渔沟镇境内。长0.23千米，宽0.03千米，面积为1.6平方千米。主要水源为三渠沟。平均水深34.3米。总库容量72万立方米。黄泥岗水库设计灌溉面积3.33平方千米，防洪保护面积12平方千米，防洪保护人口0.8万人。

九顶水库

九顶水库（Jiǔdǐng Shuǐkù） 位于朝阳镇境内。长0.33千米，宽0.33千米，面积为2.2平方千米。主要水源为三渠沟。平均水深39.5米。总库容量300万立方米。九顶水库设计灌溉面积6.66平方千米，防洪保护面积15.0平方千米，防洪保护人口1.2万人。

马山水库

马山水库（Mǎshān Shuǐkù） 位于朝

阳镇境内。长0.5千米，宽0.02千米，面积为0.6平方千米。主要水源为洪山河。平均水深29.5米。总库容量31.22万立方米。马山水库设计灌溉面积1.0平方千米，防洪保护面积1.33平方千米，防洪保护人口0.15万人。

茅山水库

茅山水库（Máoshān Shuǐkù） 位于游集镇境内。长0.33千米，宽0.06千米，面积为0.93平方千米。主要水源为洪山河。平均水深47.5米。总库容量66万立方米。茅山水库设计灌溉面积3.33平方千米，水库下游保护面积4平方千米，保护人口0.3万人。

卧李水库

卧李水库（Wòlǐ Shuǐkù） 位于下楼镇境内。长0.6千米，宽0.1千米，面积为1.28平方千米。主要水源为洪山河。平均水深49.1米。总库容量30.7万立方米。卧李水库设计灌溉面积0.4平方千米，水库下游保护面积0.6平方千米，保护人口0.08万人。

灵西闸

灵西闸（Língxī Zhá） 位于灵城西南新汴河上，系新汴河枢纽工程之一。始建于1968年，1969年建成，沿用至今。公路桥采用双曲拱结构，桥长162.6米，桥面高程28米，路面净宽7米，5孔，单孔宽30.7米，孔高9米。灵西闸是横跨在新汴河中游的唯一公路船闸，在设计和安装上都具有国际先进水平。

浍沟闸

浍沟闸（Huìgōu Zhá） 位于浍塘沟北新濉河上。始建于1958年，于1959年建成，沿用至今。该闸5孔，孔高9米，单孔宽12米，闸底高程18米，桥面高程27米，路面宽6.5米，长60米，装置弧形钢闸门5扇，高5.5米，启闭机为手摇、电动两用式，提升力为24吨。

潘集节制闸

潘集节制闸（Pānjí Jiézhìzhá） 位于唐河、新河、凤河相交处下游1千米处。始建于1959年，于1960年建成，沿用至今。桥面宽3米，长24米，6孔，孔高6米，单孔宽4米，桥面高程29.6米；安装混凝土平面板梁式闸门6扇，手摇卷扬机6台，提升力为5吨。正常蓄水位21米，库容量247立方米，控制面积450平方千米。设计流量258立方米／秒，排洪流量400立方米／秒。

汤桥闸

汤桥闸（Tāngqiáo Zhá） 位于北沱河与灵韦公路相交处。始建于1958年，于1959年建成，沿用至今。桥面宽7米，长21米，7孔，单孔宽3米，孔高6米，桥面高程22.8米，安装混凝土平面板梁闸门7扇，装置手摇启闭机7台，提升力为5吨。正常蓄水位19.5米，库容量190万立方米，可灌溉农田10.67平方千米，控制面积719平方千米，设计流量170立方米／秒，排洪流量330立方米／秒。

沱河闸

沱河闸（Tuóhé Zhá） 位于黄湾区西南部。始建于1958年，于1959年建成，沿用至今。控制面积580平方千米，长20米，有5个弧形孔，孔宽4米，孔高6米，最大泄洪量360立方米／秒。

潼山闸

潼山闸（Tóngshān Zhá）位于朱集南运料河上。始建于1973年，于1974年建成，沿用至今。长33米，11孔，单孔宽3

米，孔高5米。闸门为砼梁板式，启闭采用卷扬机，启闭力为15吨，控制集水面积339.1平方千米，排涝流量170立方米／秒，排洪流量414立方米／秒。

尤圩闸

尤圩闸（Yóuxū Zhá） 位于尤集区新杨河上。始建于1976年，于1977年建成，沿用至今。长21米，7孔，单孔宽3米，孔高6米，闸门为砼平板式，启闭采用卷扬机，启闭力为10吨。控制集水面积173.1平方千米，排涝流量为128.5立方米／秒，排洪流量225.3立方米／秒。

浍庙闸

浍庙闸（Huìmiào Zhá） 位于朱集新杨河上。始建于1976年，于1977年建成，沿用至今。长33米，11孔，单孔宽3米，孔高5.5米，闸门采用砼平板式，启闭采用卷扬机，启闭力为10吨，控制集水面积229.3平方千米，排涝流量159立方米／秒，排洪流量315立方米／秒。

余桥闸

余桥闸（Yúqiáo Zhá） 位于娄庄区北沱河上。始建于1969年，于1970年建成，沿用至今。长27米，9孔，单孔宽3米，孔高7米，闸门采用砼平板式，启闭采用卷扬机，启闭力为5吨，控制集水面积589平方千米，排涝流量170立方米／秒，排洪流量380立方米／秒。

沱河河堤南段

沱河河堤南段（Tuóhé Hédī Nánduàn）所跨行政区域为灵璧县黄湾镇，沱河河堤南段位于灵璧县沱河沿岸。沱河河堤南段始建于1994年，建成于1996年，其间经历部分堤段修整，沿用至今。该段河堤长330米，堤顶宽3.6米，高度2.8米。河堤主要为夯土建造，部分堤段为水泥混凝土浇筑，用于防止河水泛滥。沿途有青龙闸。

八一站

八一站（Bāyī Zhàn） 位于禅堂乡境内。所在线路为新河河道上。八一站始建于1971年，同年建成，使用至今。主要建筑物级别为4级，装机流量1立方米／秒，装机功率110kW，设计扬程5米，水泵数量2台，属Ⅳ级工程供排结合型泵站。

白马站

白马站（Báimǎ Zhàn）位于渔沟镇境内。白马站始建于1978年，同年建成，使用至今。所在线路为三渠沟河道上。主要建筑物级别为4级，装机流量1.5立方米／秒，装机功率165kW，设计扬程5米，水泵3台，属Ⅳ级工程供排结合型泵站。

菠林南站

菠林南站（Bōlín Nánzhàn） 位于尹集镇境内。菠林南站始建于1977年，同年建成，使用至今。所在线路为新濉河河道上。主要建筑物级别为4级，装机流量1立方米／秒，装机功率110kW，设计扬程5米，水泵数量2台，属Ⅳ级工程供排结合型泵站。

程刘站

程刘站（Chéngliú Zhàn） 位于尹集镇境内。程刘站始建于2009年，同年建成，使用至今。所在线路为唐河河道上。主要建筑物级别为5级，装机流量0.5立方米／秒，装机功率55kW，设计扬程5米，水泵数量1台，属Ⅴ级工程排水型泵站。

大魏站

大魏站（Dàwèi Zhàn） 位于杨疃镇境内。大魏站始建于1976年，同年建成，使用至今。所在线路为运料河河道上。主要建筑物级别为5级，装机流量0.5立方米/秒，装机功率55kW，设计扬程5米，水泵数量1台，属Ⅴ级工程供排结合型泵站。

大章李站

大章李站（Dàzhānglǐ Zhàn） 位于游集镇境内。大章李站始建于2008年，同年建成，使用至今。所在线路为拖尾河河道上。主要建筑物级别为4级，装机流量1立方米/秒，装机功率110kW，设计扬程5米，水泵数量2台，属Ⅳ级工程排水型泵站。

大庄站

大庄站（Dàzhuāng Zhàn） 位于浍沟镇境内。大庄站始建于2010年，同年建成，使用至今。所在线路为唐河河道上。主要建筑物级别为5级，装机流量0.5立方米/秒，装机功率55kW，设计扬程5米，水泵数量1台，属Ⅴ级工程供排结合型泵站。

东陈站

东陈站（Dōngchén Zhàn） 位于尹集镇境内。东陈站始建于2010年，同年建成，使用至今。所在线路为唐河河道上。主要建筑物级别为4级，装机流量1.5立方米/秒，装机功率165kW，设计扬程5米，水泵数量2台，属Ⅳ级工程供排结合型泵站。

东风站

东风站（Dōngfēng Zhàn） 位于尹集镇境内。东风站始建于1973年，同年建成，使用至今。所在线路为拖尾河河道上。主要建筑物级别为4级，装机流量1立方米/秒，装机功率110kW，设计扬程5米，水泵数量2台，属Ⅳ级工程供排结合型泵站。

杜安站

杜安站（Dù' ān Zhàn） 位于尹集镇境内。杜安站始建于1973年，同年建成，使用至今。所在线路为唐河河道上。主要建筑物级别为5级，装机流量0.6立方米/秒，装机功率85kW，设计扬程5米，水泵数量2台，属Ⅴ级工程排水型泵站。

沟南站

沟南站（Gōunán Zhàn） 位于娄庄镇境内。沟南站始建于1975年，同年建成，使用至今。所在线路为北沱河河道上。主要建筑物级别为4级，装机流量1立方米/秒，装机功率110kW，设计扬程5米，水泵数量2台，属Ⅳ级工程供水型泵站。

固城站

固城站（Gùchéng Zhàn） 位于朱集乡境内。固城站始建于1986年，同年建成，使用至今。所在线路为拖尾河河道上。主要建筑物级别为4级，装机流量1.5立方米/秒，装机功率165kW，设计扬程5米，水泵数量3台，属Ⅳ级工程供排结合型泵站。

孙宅站

孙宅站（Sūnzhái Zhàn） 位于朱集乡境内。孙宅站始建于1986年，同年建成，使用至今。所在线路为新杨河河道上。主要建筑物级别为4级，装机流量1.1立方米/秒，装机功率120kW，设计扬程5米，水泵数量2台，属Ⅳ级工程供排结合型泵站。

汤桥闸站

汤桥闸站（Tāngqiáozhá Zhàn） 位于向阳乡境内。汤桥闸站始建于1971年，同年建成，使用至今。所在线路为北沱河河道上。主要建筑物级别为5级，装机流量0.5立方米/秒，装机功率55kW，设计扬程6米，水泵数量1台，属Ⅴ级工程供排结合型泵站。

条基站

条基站（Tiáojī Zhàn） 位于朱集乡境内。条基站始建于1990年，同年建成，使用至今。所在线路为运料河河道上。主要建筑物级别为4级，装机流量1立方米／秒，装机功率110kW，设计扬程5米，水泵数量2台，属Ⅳ级工程供排结合型泵站。

土山站

土山站（Tǔshān Zhàn） 位于浍沟镇境内。土山站始建于2010年，同年建成，使用至今。所在线路为唐河河道上。主要建筑物级别为4级，装机流量1立方米／秒，装机功率110kW，设计扬程5米，水泵数量2台，属Ⅳ级工程供排结合型泵站。

团结站

团结站（Tuánjié Zhàn） 位于朱集乡境内。团结站始建于1985年，同年建成，使用至今。所在线路为运料河河道上。主要建筑物级别为4级，装机流量1立方米／秒，装机功率110kW，设计扬程5米，水泵数量2台，属Ⅳ级工程供排结合型泵站。

王井站

王井站（Wángjǐng Zhàn） 位于尹集镇境内。王井站始建于1976年，同年建成，使用至今。所在线路为拖尾河河道上。主要建筑物级别为4级，装机流量1立方米／秒，装机功率110kW，设计扬程5米，水泵数量2台，属Ⅳ级工程供排结合型泵站。

110kV灵璧变电站

110kV灵璧变电站（110kV Língbì Biàndiànzhàn） 坐落于灵城镇姚庄村。始建于1969年，于2010年进行增容改造。以位于灵璧县灵城镇而得名。输入容量71500千伏安，输出容量71500千伏安。现占地面积7139.22平方米，建筑面积439.2平方米。

第八章　旅游景点及名胜古迹地名

第一节　自然景点

磬云地质公园

磬云地质公园（Qìngyún Dìzhì Gōngyuán）　位于渔沟镇东，东与江苏接壤，北与徐州相连，南距县城35千米，北距徐州观音机场30千米、京沪高铁徐州东站50千米，东距连云港150千米，灵双公路、山闵路两条省道在渔沟境内交会，徐明高速穿境通过，并在渔沟留有出口。2011年6月建成，命名为磬云地质公园。该地名来源于磬云山，地壳运动形成的磬云山地质公园。公园始建于2011年6月，2011年11月被批准为省级地质公园，正在申报国家地质公园。规划占地面积约4.25平方千米。磬云山地质公园被誉为上元古时代地球演变的“黑匣子”，地壳运动历史的活教科书。主要景点有宋代采石坑遗址、摩崖石刻。管理单位为国土局。所在行政区为渔沟镇。

摩崖石刻

摩崖石刻（Móyáshíkè）　坐落在县北渔沟镇磬石山上。自发现以来命名为摩崖石刻。该地名来源于宋代摩崖造像，以宋代摩崖造像于此处得名。据石雕记载“宋代至和三年（1056年。此处有误，历史年表记载只有至和二年）雕制”。1980年，县革命委员会公布为县级文物保护单位。现在已是省级文物保护单位，对外开放。造像雕凿在一块巨石上，长16米，高2米，雕像100座。此处十八罗汉雕刻与磬云山西面摩崖石刻时代相同，风格相似，雕刻层位一致，但形态差异很大，为罗汉造像，由于不同历史时期的人为破坏，现仅存一尊。管理单位为国土局。所在行政区为渔沟镇。

钟馗文化园

钟馗文化园（Zhōngkuí Wénhuàyuán）2012年由安徽宇泰集团建成，命名为钟馗文化园。该地名来源于传说人物钟馗。传说灵璧县是钟馗的故里，为了充分挖掘和展示钟馗历史文化，2010年县委、县政府决定在县城西北角兴建文化园，并决定以“钟馗文化园”命名。2010年10月灵璧县委、县政府通过招商引资，与安徽宇泰集团达成合作意向，并于2011年3月29日签订正式投资协议。2012年底一期主体工程完工，2013年上半年一期工程完工。钟馗文化园规划占地面积1.25平方千米，以馗风塔为主的山体景观是规划建设的四大功能区之一，馗风塔位于钟馗文化园最北端的制高点上，山体高50米，塔高48米，为四角方塔，唐代建筑风格，建成后将成为灵璧新的地标性建筑，馗塔雄风将成为灵璧新八景之一。规划建设八大景点：钟馗宝塔及山体景观、环山水体景观、钟馗大殿展示区、馗风苑景观、钟馗故居、钟馗文化展示区、钟馗百态雕塑园、综合旅游服务区（生态园）。整个项目严格按照国家级风景区标准建设，立足打造国家4A级旅游景区，争创国家5A级旅游景区。管理单位为文广新局。主要景点有钟馗宝塔及山体景观、环山水体景观、钟馗大殿展示区、馗风苑景观、钟馗故居、钟馗文化展示区、钟馗百态雕塑园。所在行政区为灵城镇。

虞姬文化园

虞姬文化园（Yújī Wénhuàyuán） 该地名来源于虞姬墓。虞姬墓葬的地方，后形成文化园。2009年灵璧县通过招商引资，扩建虞姬文化园。2011年初，灵璧县开始建设虞姬文化园，景区于2012年12月被评定为国家3A级旅游景区。虞姬文化园坐落于灵城东部，南接垓下古战场，北临古汴河，其中虞姬墓冢墓阜高6米，基宽11米，墓侧有碑。颂虞姬碑廊由清代安徽巡抚冯煦撰写的墓碑文和著名书法家启功、舒同等书写的碑林构成。虞姬墓历经千年，时坏时修。墓侧曾建有虞姬庙，庙内塑有项羽、虞姬像，人物造型极为生动。园内有陈列室，陈列室采用砖木结构，粉墙小窗，青灰色小瓦，内进雕梁画栋，结构巧妙。室内陈列着垓下和虞姬墓中出土的文物、有关的史料和诗词歌赋。园内还有一副对联，颇为伤感，“虞兮奈何，自古红颜多薄命；姬耶安在，独留青冢向黄昏”。管理单位为文广新局。主要景点有庙内塑有项羽、虞姬像，虞姬墓。所在行政区为灵城镇。

灵璧奇石文化园

灵璧奇石文化园（Língbìqíshí Wénhuàyuán） 该园于2012年建成。以灵璧奇石为展示内容的文化园，以徽派建筑为主。灵璧奇石文化园位于县城西南的汴水之滨，占地面积0.2平方千米，其中水面53333平方米，工程总投资1.2亿元，核心区即博物馆建筑面积6000平方米，沿湖面四周设6个功能区。文化园分为五个部分，中部以水景见长，是全园的精华所在，汴阳楼为奇石园的主要观景建筑，也是灵璧博物馆的所在地。东部有公主亭、鹿鸣门；南部是一组看墙雕塑，反映帝王及文人与灵璧石的历史渊源；西部是凤仪门；北部有文化长廊、来璧门。安徽省灵璧县盛产磬石，是历史悠久、举世闻名的磬石之乡。2012年5月6—9日，规模宏大的首届中国灵璧国际奇石文化博览会暨首届钟馗文化旅游节、首届虞姬文化旅游节在此成功举办。管理单位为文广新局。所在行政区为灵城镇。

现代农业博览园

现代农业博览园（Xiàndàinóngyè Bólǎnyuán） 现代农业博览园项目位于三河省级现代农业示范区核心区，面积1平方千米，计划投资5亿元，建设期限3年。项目由德国建筑设计公司按照中国一流、世界眼光高标准设计。2014年5月建成，命名为现代农业博览园。争创国家4A级生态农业文化旅游景区及高新技术研发、实验示范、推广生产、教育培训、休息旅游、养生益智、餐饮娱乐、生态环保八大功能于一体，实现工业化、城镇化、信息化、农业现代化“四化”同步，推进全县农业现代化，故名现代农业博览园。2014年5月7日上午10时许，2014亚旅联金旅奖大中华区颁奖盛典暨第二届中国灵璧国际奇石文化博览会活动压轴活动之一——灵璧县现代农业博览园一期开园暨二期奠基仪式在灵璧县现代农业博览园隆重举行。目前主要建设有农业科技展示馆、都市森林体验馆、沙漠植物展示馆、城市花园菜园展示馆四大主题展馆。管理单位为灵璧县住房和城乡建设局。所在行政区为灵城镇。

第二节　人文景点

灵璧县大庙乡烈士陵园

灵璧县大庙乡烈士陵园（Língbì Xiàn Dàmiào Xiāng Lièshìlíngyuán）　位于大庙辖区范围内，大庙村东南900米老濉河北岸。灵璧县大庙乡烈士陵园始建于2012年4月，2013年4月建成，是纪念先烈、教育人民、维护与管理、美化环境、管理烈士墓群、收集整理烈士事迹材料、开展革命烈士纪念活动的组织，是以褒扬先烈、教育后人的爱国主义教育基地。坐落于灵璧县大庙乡内，故名灵璧县大庙乡烈士陵园。占地面积800平方米。管理单位为灵璧县民政局。文物保护登记为四级。所在行政区为大庙乡。

灵璧县朝阳镇烈士陵园

灵璧县朝阳镇烈士陵园（Língbìxiàn Cháoyáng Zhèn Lièshìlíngyuán）　位于朝阳镇辖区范围内，朝阳村北面双灵以西500米。灵璧县朝阳镇烈士陵园始建于2013年12月，2014年4月建成，沿用至今。是纪念先烈、教育人民、维护与管理陵园、环境美化、管理烈士墓群、搜集整理烈士事迹材料、开展革命烈士纪念活动的组织，是褒扬先烈、教育后人的爱国主义教育基地。坐落于灵璧县朝阳镇内，故名灵璧县朝阳镇烈士陵园。占地面积6200平方米，建筑面积260平方米。管理单位为灵璧县民政局。文物保护登记为四级。所在行政区为朝阳镇。

灵璧县烈士陵园

灵璧县烈士陵园（Língbìxiàn Lièshìlíngyuán）　位于灵城镇辖区范围内，灵璧县凤凰山（南山）东麓。1987年4月23日，自发成立兴建灵璧县烈士陵园发起组，同年12月成立灵璧县烈士陵园筹备小组，1989年12月开始修建，1994年4月建成灵璧县烈士陵园，沿用至今。是纪念先烈、教育人民、维护与管理陵园、美化环境、管理烈士墓群、搜集整理烈士事迹材料、开展革命烈士纪念活动的组织，是褒扬先烈、教育后人的爱国主义教育基地。坐落于灵璧县内，故而得名灵璧县烈士陵园。占地面积10000平方米，建筑面积680平方米。管理单位为灵璧县民政局。文物保护登记为四级。所在行政区为灵城镇。

灵璧县凤凰山社会公墓

灵璧县凤凰山社会公墓（Língbìxiàn Fènghuángshān Shèhuìgōngmù） 位于灵璧县灵城北路光荣院北侧。1984年，县成立殡葬改革领导小组，设灵璧县殡葬管理所，隶属县民政局。1995年11月17日，县政府批准在凤凰山电视转播塔北侧规划兴建骨灰公墓。1996年5月，兴建县社会公墓。1999年，县公墓管理所把已建的墓园分“福园”“禄园”两个园区，并竖立两块墓园碑。根据其坐落位置而取名。占地面积57333.33平方米，建筑面积250.5平方米。为城镇居民骨灰安葬提供服务保障。管理单位为灵璧县民政局。文物保护登记为四级。所在行政区为灵城镇。

灵璧县下楼镇程庙烈士陵园

灵璧县下楼镇程庙烈士陵园（Língbì Xiàn Xiàlóu Zhèn Chéngmiào Lièshìlíngyuán） 位于下楼镇辖区范围内，程庙村201省道西边。灵璧县下楼镇程庙烈士陵园始建于1996年10月，1967年9月建成，沿用至今。是纪念先烈、教育人民、维护与管理、美化环境、管理烈士墓群、搜集整理陵园烈士事迹材料、开展革命烈士纪念活动的组织，是褒扬先烈、教育后人的爱国主义教育基地。坐落于灵璧县下楼镇程庙村内，故名灵璧县下楼镇程庙烈士陵园。中心占地面积4800平方米，建筑面积260平方米。管理单位为灵璧县民政局。文物保护登记为四级。所在行政区为下楼镇。

虞姬墓

虞姬墓（Yújī Mù） 坐落在灵璧县城东7.5千米处，灵泗（303省道）公路的南侧，唐河东首。虞姬安葬之地，建墓，故得名虞姬墓。1979年县文物管理组覆土增高，修筑了墓冢，并将清代与民国时期的三块碑修复立于墓地。1980年为县重点文物保护单位。1982年又征用了土地，扩大墓区，周围筑起围墙，建立了门楼，上书方毅题“虞姬墓”三字。1986年由省人民政府公布为省级重点文物保护单位，对外开放。原墓区范围南北宽20米，东西长100米，墓地有大量汉砖、汉瓦出土，后扩大园林面积，筑起围墙，建门楼，靠墓区东南侧建一小型纪念馆。历代达官贵人、文人墨客途经灵璧，留有大量诗词。在墓后的石碑上，上方刻有“巾帼千秋”，正中刻有“西楚霸王虞姬之墓”，两旁则刻有“虞兮奈何，自古红颜多薄命；姬耶安在，独留青冢向黄昏”对联。经过修葺的虞姬墓，数块墓碑并排而立，有碑文、题词、献挽和诗作，有不同年代名人观光墓地的手迹。管理单位为灵璧县民政局。文物保护登记为四级。所在行政区为虞姬乡。

张锡嵘家族墓

张锡嵘家族墓（Zhāngxīróngjiāzú Mù） 位于灵璧县虞姬乡扁张村西北三注山东麓，墓葬自东南向西北并列墓冢3座，张锡嵘墓居东南，依次为张锡嵘父母、哥哥墓。墓冢呈谷堆状，高2.5米，边长8米。张锡嵘及其家族安葬之地，故而得名。张锡嵘家族墓于2010年12月29日公布，名称沿用至今。张锡嵘，灵璧人，咸丰进士，著有《孝经章句读》《朱子就正录》《孝经问答》等。管理单位为灵璧县民政局。文物保护登记为四级。所在行政区为虞姬乡。

刘继文墓

刘继文墓（Liújìwén Mù） 刘继文墓位于虞姬乡玄庙村小韩庄北三注山南侧，墓冢坐北面南，墓高1.5米左右，占地面积约18平方米。刘继文墓于2010年12月29日公布，名称沿用至今。刘继文安葬之地，故而得名。刘继文，灵璧人，明代嘉靖时进士，清苦爱民，历官30年，执法不阿。与海瑞并称“天下清官第二”，官至户部侍郎。《中国名人大辞典》有录。管理单位为灵璧县民政局。文物保护登记为四级。所在行政区为虞姬乡。

张氏园亭遗址

张氏园亭遗址（Zhāngshìyuántíng Yízhǐ） 位于县城西关，解放西路东段电影院西侧糖业烔卓公司宿舍处。张氏园亭始建于宋天圣年间（1024—1032），坐落于汴水北岸，是两座冈林建筑。张氏园亭，园主不详。苏轼在元丰三年（1080年）途经灵璧，曾作《灵璧张氏园亭记》一文，详细记述张氏园亭景状。遗址现存灵璧石1块，重达数千千克。此石，一说为点缀园亭遗石，一说是“花石纲”遗石。灵璧张氏园亭，后命名为张氏园亭遗址。该地名，以张氏园亭得名。今虽已夷为丘墟，但从苏轼《灵璧张氏园亭记》和《墨庄漫录》等史籍的记载里，可以看到其当年的繁华、堂皇。文物保护登记为四级。所在行政区为灵城镇。

正学书院

正学书院（Zhèngxué Shūyuàn） 位于城内东南隅，现灵璧中学院内西侧，占地面积494平方米，现存道学堂和礼堂（清代科举考试阅卷厅），其中讲学堂五间，道学堂三间。今为灵璧中学校史馆。房屋均为木框架结构，斗拱，雕梁，高8.9米，宽7米。书院为明万历二十五年（1597年），灵璧知县钟大章捐资所建，当时著名学者邹元标曾作《正学书院记》。前建一堂悬圣谕为讲约所，后一堂揭圣经于壁，堂左右列号舍，诸士来游来泳，“若身亲洙泗之境，而于三千七十子游于惟盛矣”。书院数遭兵燹，屡废屡建。据康熙十三年（1674年）《灵璧县志》所载，康熙初期书院已有多进院落。清道光年间（1821—1850），知县孙润重修，光绪四年（1878年）再次修葺，光绪三十二年改为官办高等小学堂，1927年改为县立完全小学堂。1948年灵璧中学迁址于此。现仅存前堂、中堂和东西考棚，堪称淮北地区历史最早、规模最大的书院文物，中国科学院前院长、全国人大常委会前副委员长卢嘉锡题写“正学书院”。1994年、2009年两度修葺。2006年8月，宿州市政府公布为市级文物保护单位。文物保护登记为四级。所在行政区为灵城镇。

大山墓葬

大山墓葬（Dàshān Mùzàng） 位于娄庄镇大山东麓，为单室石室墓。墓室长290厘米，宽284厘米，高280厘米。墓室底部用长方形石条铺底，墓室墙壁均被精美彩绘图案所覆盖，绘画色彩饱满浓重。墓室遭破坏，残存骨骸散落淤土中，出土玉蝉（长约6厘米、宽2.5厘米、厚0.4厘米，玉质莹润，形体逼真，刀法简练有力，具“汉八刀”特色）、铜饰件、五铢钱等器物，据器物特征分析，墓葬时代应为西汉晚期。2010年省考古所对墓葬进行发掘，命名为大山墓葬。因墓葬位于娄庄镇大山东麓，故而得名。文物保护登记为四级。所在行政区为娄庄镇。

龙山西麓汉墓群

龙山西麓汉墓群（Lóngshānxīlù Hànmùqún） 位于灵璧县娄庄镇赵家村北范庄龙山西麓高台上，县城西南10千米。墓区范围面积约2平方千米，墓群南北长350

米，东西宽200米，占地面积约70000平方米，呈长方形，常有墓砖出土。同三山汉墓群一样，属汉代墓群。在1954年文物普查中发现，命名为龙山西麓汉墓群。1956年，安徽省人民委员会公布为省级重点文物保护单位。该地名来源于西麓汉墓群，因西麓汉墓群位于龙山西麓，故名。文物保护登记为四级。

城后汉墓葬

城后汉墓葬（Chénghòu Hànmùzàng）位于韦集镇丁谷眼村丁谷眼庄东北面，其主体两座汉墓为高大的谷堆状，各高近20米，占地面积1100平方米，因靠近丁谷村，该汉墓又称“丁谷堆”和“金山”“银山”。两座墓葬东南西北排列，在该墓葬周围曾出土汉砖及陶器，地表采集标本有陶罐、陶钵等残片，具有汉代特征。墓葬东面是垓下古战场。1980年，灵璧县革命委员会命名为城后汉墓葬，公布为县级文物保护单位。文物保护登记为四级。

张氏光祠

张氏光祠（Zhāngshìguāng Cí） 位于灵璧县下楼镇古城村灵房路东200米，坐北朝南，分为门厅、正厅和左右厢房，组成四合院。张氏祠堂始建于清朝年间，分别在1930年、1933年维修，2003年再次维修，名称沿用至今。外部为砖石结构，内部为砖木结构，前厅门前有一对石鼓，后厅前有一对石狮子。文物保护登记为四级。所在行政区为下楼镇。

灵山楚王陵

灵山楚王陵（Língshān Chǔwáng Líng）位于下楼镇境内，南距县城约65千米，西北距徐州约30千米，北距黄河故道约7.5千米。其主峰海拔190米，东西有次峰呈环抱之势。主峰顶部有人工覆土，已被人挖掘。坑周围有断砖残瓦，瓦筒背面布纹清晰可见，且有一些厚约10厘米、长宽约50厘米见方的青石。坑之断面处，上层有50厘米厚的覆土，覆土下有一层厚约7—8厘米白石灰，其下有一层较厚的素面砖，砖下又有40厘米厚黑灰色的土层，土下有石，石已裸露，均为规则巨石。墓葬，随四周环视，发现残存石墙两道，宽1—1.5米不等，高低亦不等，顺山北顾，山势陡峭，从主峰往下约10米处，小如豆粒的石子密集且覆盖层较厚。越往下石子越大，从山腰至山脚均已风化，如同山石之自然色。山之西北为平地，远处有山。其东侧有龙晋山，海拔126米，蜿蜒向东南呈环抱状为灵山之外山。其西侧有均保山，看似卧龟，头向灵山。站山南望，约2千米处有两对山峰对峙，如同两对宫阙，雄峙两侧。再往南望为一水库，山之东南地势地洼，其西南群山环抱。由主峰南坡而下，半腰处有断层石壁，实人工开凿所为，呈弧形，大大小小的碎石形成一个坡。断层石壁往上约3米处有一石缝，经探测约3.5米处为黑灰色土，较湿。由此而上，山石上残留榫眼。下山往南走1千米许，回头北顾此山宛如一只展翅之蝙蝠。问当地长者，此山又名蝙蝠山。蝙蝠山头有灵觉寺遗址，遗址处有一直径170厘米、厚30厘米碾谷物用的碾盘。推测造墓之后，为祭祀、守陵而建的建筑物，后经演变为僧人所有，而名灵觉寺。其山前土层较厚，长约500米，呈台地。此山名为灵山，“灵”“陵”同音，山北有前后陵堌村，两村之间有一黄泥沟，堌堤也。陵堌，是否是当年为修王陵而筑的大堤？后经测定，主峰墓穴、蝙蝠山头与南望之四山之间都在子午线上，其山势之大，气象恢宏。根据山后碎石密集推测，其工程浩大，非一般民力所能为。据史载西汉一朝，徐州为楚国，共封十二代楚王。汉代楚国有着特殊的地位，“制同京师”。根据《徐州狮子山西汉楚王陵发掘简报》称，先后有八位楚王墓已查明，尚有第二、四、五、七代楚王墓不知葬于何处？这四位楚王是第二代楚夷王刘郢客，在位四年，死于公元前175年；第四代楚文王刘礼，在位四年，死于公元前151年；第五代楚安王刘道，在位22年，死于公元前130年；第七代楚节王刘纯，在位16年，死于公元前101年。由此推测第二代楚夷王刘郢客，第四代楚文王刘礼，因在位时间短，不可能修如此大墓。较有可能的是第五代楚安王刘道，第七代楚节王刘纯。楚安王刘道在位22年，值景帝刘启时期的后12年，武帝刘彻时期的前10年，正是西汉鼎盛时期。楚节王刘纯在位16年，值汉景帝中晚期。由此臆断第五代楚安王刘道的可能性较大。当年此为楚国地，某代楚王在此选址造墓亦未尝不可。根据徐州龟山、狮子山等楚王陵之葬制，此宝城地宫可能就在灵山峰之下。自建成以来命名为灵山楚王陵。灵山楚王陵，因所处位置及所葬人而得名。何时发掘，失考。文物保护登记为四级。

解氏祠堂

解氏祠堂（Xièshì Cítáng）　解氏祠堂位于尹集镇解阁村小刘庄解阁小学院内，坐北朝南，墙为砖石结构，灰色小板瓦布顶，内顶部为砖木结构，梁架为三叉形，高4.5米，东西8.5米、南北5.0米，建筑占地面积约42.5平方米。从建筑风格判断，应为清代建筑。解氏祠堂始建于清朝年间，名称沿用至今。文物保护登记为四级。

三注山西麓汉墓群

三注山西麓汉墓群（Sānzhùshān Xīlù Hànmùqún）　位于县城东北9千米的三注山西麓。墓群区，南北长约1000米，东西宽约500米，经过长期雨水冲刷，受到一些破坏。从现已暴露出的遗物来看，多为砖室、石棺墓。随葬品有陶仓、陶鼎、陶楼、陶灶等明器。1953年发现报省博物馆，经省文物队鉴定确认，命名为三注山西麓汉墓群。汉墓群位于三注山西麓，故名。1956年，省人民委员会公布为省级重点文物保护单位，名称沿用至今。文物保护登记为四级。所在行政区为虞姬乡。

朝阳集战斗遗址

朝阳集战斗遗址（Cháoyángjízhàndòu Yízhǐ）　位于灵城北50千米，现为朝阳镇政府所在地。今存朝阳集山顶国军官兵坟墓。管理单位为灵璧县文化广播电视新闻出版局。1946年7月，此地发生朝阳集战斗，故而得名朝阳集战斗遗址。1946年7月，国民党军九十二旅进驻朝阳集，朝阳集战斗打响，后被灵璧县列为红色革命教育遗址地，名称沿用至今。文物保护登记为四级。

张大路会议遗址

张大路会议遗址（Zhāngdàlùhuìyì Yízhǐ）　抗日战争爆发，灵璧沦陷后，国民党第六行政区督察专员盛子瑾与灵璧国民政府县长许志远之间因派系斗争而摩擦不断，随时有大动干戈的可能，严重影响团结抗日的大局。在中共党员、时任盛子瑾秘书江上青的努力下，说服盛子瑾与共产党合作并得到其同意，为共产党促进皖东北抗日统一战线的形成打下了基础。1939年7月29日，在八路军、新四军皖东北办事处主任张爱萍的主持下，在灵璧张大路召开了张大路会议。

会议期间，经共产党的斡旋，盛、许二人矛盾得以缓和，一致同意共产党的抗日主张。至此，皖东北抗日民族统一战线局面形成，会议取得了圆满成功。参加这次会议的有刘玉柱、吴法宪、杨纯、胡炳云等。灵璧张大路召开的皖东北抗日统一战线会议，称为张大路会议，此地故而得名张大路会议遗址。文物保护登记为四级。管理单位为灵璧县文化广播电视新闻出版局。

灵城突破口遗址

灵城突破口遗址（Língchéngtūpòkǒu Yízhǐ） 解放县城突破口旧址，现灵璧一中教工宿舍南端，是第二次解放县城突破口。1948年11月，淮海战役进入紧张的第一阶段，为了阻击国民政府军由蚌埠北上，华东野战军十三纵队奉命南下，截断津浦线，途经灵璧时在江淮军区的配合下，为拔除盘踞在县城的国民政府军二三八师据点，展开了攻坚战。国民政府军在城内部署了六千兵力，并筑有明碉暗堡，防守甚严。解放军将县城团团围住，并选中西南角为突破口。11月25日在炮兵支援下，将西南城墙摧毁一段后，担任主攻任务的某团二营干部战士发起总攻，是时天寒地冻，城壕结有薄冰，战士冒着枪林弹雨，与敌人在突破口上展开激战，最后占领了突破口，以血的代价为攻城部队开辟了通道。管理单位为灵璧县文化广播电视新闻出版局。文物保护登记为四级。

中共灵璧独立区委党员代表大会遗址

中共灵璧独立区委党员代表大会遗址（Zhōnggòng Língbìdúlìqūwěi Dǎngyuándàibiǎodàhuì Yízhǐ） 位于灵城西南4千米皮条刘家南湖，具有很好的隐蔽性。1931年11月，中共灵璧独立区委在这里召开党员代表大会，到会代表70多名，代表全县210多名党员。会上，中共长淮特委代表宣布灵璧独立区委（县级）成立。管理单位为灵璧县文化广播电视新闻出版局。文物保护登记为四级。所在行政区为灵城镇。

大山农民暴动旧址

大山农民暴动旧址（Dàshānnóngmínbàodòng Jiùzhǐ） 小吴庄戴氏住宅位于灵城西南5千米处，现属城关区灵西乡前进村民委员会。戴氏住宅是大山农民暴动的秘密会址。1932年8月23日，在中共长淮特委常委顾均的领导下，灵璧独立区委在小吴庄戴文生家里召开会议。会议决定乘宿北、灵北两地抗烟捐运动之势发起武装暴动。8月26日晚，暴动队伍汇集在刘庙举起了“抗五捐”（烟捐、保丁费、壮丁费、训练费、杂费）的大旗。第二天上午，150多人的队伍由刘庙出发，直指大山，沿途群众纷纷响应。到大山时，人数已增至600余人。大山团防局局长吕文清闻讯逃跑。后来在国民政府军第九师的反扑下，暴动失败，顾均被捕。管理单位为灵璧县文化广播电视新闻出版局。文物保护登记为四级。

齐眉山大战遗址

齐眉山大战遗址（Qíméishāndàzhàn Yízhǐ） 齐眉山位于娄庄镇南4千米，北是龙山，南是曹山，西是虎山，东邻红桥湖，面积约6平方千米。明建文四年（1402年），燕王朱棣以“清君侧”为借口攻破娄子镇（今娄庄镇）后，向东南追杀溃逃官军。官军退至眉山。官军总兵何福和都督平安在此设下伏兵。当燕军进入伏击圈内，平安断其后路，何福引兵冲杀，燕军乱作一团。厮杀中，燕军部将陈文战死，猛将王真被困。燕王朱棣从齐眉山上拨马冲到阵营奋勇拼杀，顿时，军心大振。这时，官军魏国公徐祖辉援兵已到。燕军势单力薄，燕王带领将士且战且退，官军紧追不舍，平安拍马追赶燕王，举槊要刺时，马失前蹄，平安倒地，燕王逃之。燕王重整兵马，两军再次交战。激战中，官军魏国公徐祖辉接到皇帝圣旨速回应天府（今南京）保驾。徐祖辉离去，战场形势突变，燕军士气高昂，越战越猛，大胜官军，燕王挥师南下，直取应天府，夺取朱允炆帝位。大战后的齐眉山下、红桥湖畔，尸横遍野，血染大地，史称“齐眉山大战”。今遗址尚存。管理单位为灵璧县文化广播电视新闻出版局。文物保护登记为四级。

垓下遗址

垓下遗址（Gāixià Yízhǐ）　位于灵璧县韦集镇垓下村，县城东南24.5千米。《辞海》(1980年版）上说，“垓下，古地名，在今安徽省灵璧县东南，沱河北岸。公元前202年，楚汉两军在此作战，项羽被击溃于此”。其地形北部平缓，标高18.74米，南部陡峭，最低处标高15.22米，高程差3.52米，呈丰岛状由北向南伸展，属自然形态的高岗绝崖地形。这里四面环沟，面积约25万平方米，司马迁《史记》也明确记载：“项王军壁垓下，兵少食尽，汉军围之数重。”是楚汉相争最后战役“垓下大战”的主战场中心区，遗址附近汉墓较多，常有汉砖、汉瓦、汉兵器等文物出土。这里分布着大大小小的高谷堆。曾经在该地出土过铜镞、铜剑等文物，现收藏在县文物所。遗址地表上采集到大量的陶器残片，砖、瓦的残片，为研究楚汉文化特别是楚汉战争提供了有力的证据。1989年列为县级文物保护单位。2006年8月，宿州市人民政府公布为市级文物保护单位。管理单位为灵璧县文化广播电视新闻出版局。文物保护登记为四级。

老营湖古战场遗址

老营湖古战场遗址（Lǎoyínghú Gǔzhànchǎng Yízhǐ）　位于向阳乡东部，面积约10平方千米。中部有一条东北西南走向的高埂，当地群众称“老营埂”。为宋元时期宋金之战古战场。1966年出土铜炮两门。1979年，在老营埂西端挖掘出土礌石、弹丸、铁镞等文物。遗址东4千米有杨家台子，明代诗人宋濂曾经过此地，赋诗一首：“杨家台下老营湖，极目平川草木枯。拾得箭头三寸铁，犹然腥气血糊涂。”管理单位为灵璧县文化广播电视新闻出版局。文物保护登记为四级。

灵北县委县政府旧址

灵北县委县政府旧址（Língběi Xiànwěi Xiànzhèngfǔ Jiùzhǐ）　位于县城北30千米，尹集镇东3千米处，现属尹集区尹集镇菠林村民委员会。马厂，位于县城北21千米，浍沟镇东2千米处，现属浍沟区浍沟镇马厂村民委员会。两地在1933—1935年分别为中共灵北县委、县政府驻地。管理单位为灵璧县文化广播电视新闻出版局。文物保护登记为四级。

霸王城

霸王城（Bàwáng Chéng）　位于灵璧县尹集镇西北的霸王城村，古濉水之滨，据《安徽通志》称，为“项羽屯兵之处”。东、西、北三面均有城墙遗址，南面城墙遗址被新濉河隔断分离，整个城地呈长方形，东西长约1800米，南北宽约1400米，面积约252万平方米。遗址上有大量筒瓦、陶器碎片，出土大量秦汉时期蚁鼻钱、铜箭镞、铁剑等文物。为县级文物保护单位。城墙突出的轮廓仍然依稀可见，而霸王城的城垣也被一道高出地平线的土坝清晰地勾勒出来，这道土坝就是当年城垣的遗迹。时过境迁，当年的城垣遗址上如今已栽满了树木，布满了坟茔。管理单位为灵璧县文化广播电视新闻出版局。文物保护登记为四级。

灵北抗日中学旧址

灵北抗日中学旧址（Língběikàngrì Zhōngxué Jiùzhǐ） 位于灵璧县尹集镇菠林村。1944年1月，为培养抗日干部，中共宿东地委在这里创办了灵北抗日中学，招收周围各县抗日根据地和敌占区的进步青年。1945年6月停办。学校为淮北苏皖边区抗日根据地输送了三批党政军干部共计400余人，还送往苏联留学一人，共发展三批中共党员数十人。现存的三间堂屋，后经修复，为砖石与混凝土结构，顶部为红瓦，走廊有四根水泥柱，柱底部为鼓形柱础，整体结构稳定，今为菠林小学办公室。管理单位为灵璧县文化广播电视新闻出版局。1980年列为县级重点文物保护单位。文物保护登记为四级。

霸王桥遗址

霸王桥遗址（Bàwángqiáo Yízhǐ） 位于游集镇西张东湖自然庄北角，此处有一条南北走向的水沟叫封锁沟，上口宽4—5米，底宽2米，沟深2.5米左右。穿过洪山截源河，沿封锁沟向北1.5千米处有一座小石桥叫霸王桥。公元前205年春，项羽与刘邦在彭城决战，刘邦的汉军大败出城南逃，楚军随后追杀，汉军逃至张东湖村西北龙爪山东，发现有一条水沟。汉军为阻挡楚军的追赶，命令士兵把水沟开宽挖深。当楚军追到龙爪山东麓时，被一条深沟挡住去路。项羽令楚军将士从山上抬下石块，在封锁沟上架起石桥。楚军顺利通过封锁沟，从此这座桥被当地百姓称为霸王桥。2011年春，兴修水利工程，清理坍塌石块，修筑水泥板桥，并书写“霸王桥”，命名为霸王桥遗址。管理单位为灵璧县文化广播电视新闻出版局。文物保护登记为四级。

灵北农民抗捐卷暴动旧址

灵北农民抗捐卷暴动旧址（Língběi Nóngmín Kàngjuānjuànbàodòng Jiùzhǐ） 位于县城北40千米处。1932年8月2日，在中共徐州特委的领导下，灵北四乡群众四五千人在田学敏的指挥下，攻下尤集，后又分两路分赴灵王集的杨山、尤集的李楼捣毁李慎吾（国民党县党部监察委员，警备队教官）、张汝南（五区区长）等人之家。后来渔沟、大路、沙滩、浍沟、高楼等地农民纷纷响应，迫使县长王肖山与民众代表达成协议，将贪官污吏撤销职务。管理单位为灵璧县文化广播电视新闻出版局。文物保护登记为四级。

八路军苏鲁豫支队司令部旧址

八路军苏鲁豫支队司令部旧址（Bālù-jūn Sūlǔyùzhīduì Sīlìngbù Jiùzhǐ） 位于县城北27千米处。抗日战争时期，八路军苏鲁豫支队司令部曾驻在这里。1939年8月，八路军苏鲁豫支队进驻大路集。是时，皖东北八路军、新四军办事处处长张爱萍，副处长刘玉柱在此召开抗日民族统一战线会议。参加会议的有中共皖东北特委书记江上青。9月初，中共苏皖区委书记金明在此召开皖东北党政军负责人大会，讨论开辟皖东北抗日根据地事宜。出席会议的有张爱萍、刘玉柱、杨纯（皖东北特委书记）、吴法宪（八路军苏鲁豫支队政委）、胡炳云（苏鲁豫支队一大队长）、孙象涵（苏鲁豫支队四大队长）等。文物保护登记为四级。所在行政区为大路乡。

大运河遗址

大运河遗址（Dàyùnhé Yízhǐ） 宿州市境内（除泗县段）运河本体及本体南北各外扩 15 米为大运河保护区。隋唐大运河以洛阳为中心，南起杭州，北到北京，隋朝开凿全长 2700 千米，跨越地球 10 多个纬度，纵贯在中国最富饶的东南沿海和华北大平原上，经过浙江、江苏、安徽、河南、山东、河北、北京 7 个省市，通达黄河、淮河、长江、钱塘江、海河五大水系，是中国古代南北交通的大动脉，在中国的历史上产生过巨大的作用，是中国古代劳动人民创造的一项伟大的水利建筑工程，也是世界上开凿最早、规模最大的运河。大运河含京杭大运河和隋唐大运河，宿州市境内为隋唐大运河遗址通济渠段，开凿于隋大业元年（605 年），是贯通黄河、淮河与长江水系的重要通道。通济渠在隋、唐、宋三代一直沿用，入南宋后逐渐荒废，通漕约 500 年，对促进当时政治、经济和文化发展起到十分重要的作用。通济渠全长 650 千米，宿州市境内 118 千米。大运河在 2013 年 3 月被国务院公布为第七批全国重点文物保护单位。文物保护登记为四级。

玉石山新石器遗址

玉石山新石器遗址（Yùshíshān Xīnshíqì Yízhǐ） 位于娄庄镇赵家村玉石山，因其靠近玉石山，命名为玉石山遗址。占地面积约 2 万平方米，是以龙山文化为主的新石器时期聚落遗址，兼有大汶口文化晚期类型，汉代文化层把早期文化层破坏。遗址东为龙山，南为虎山，地势呈漫坡状，整体地形东高西低，地表有暴露的陶器、石器等残片。1983 年文物普查时发现，命名为玉石山新石器遗址。1991 年安徽省考古研究所进行正式考古发掘，揭露面积 1000 多平方米，出土器物丰富，有鼎，豆、笼、鬲、石斧、石铸、骨针等，现收藏在安徽省考古研究所。1998 年 5 月，安徽省人民政府公布为省级文物保护单位。文物保护登记为四级。

龙山古井

龙山古井（Lóngshān Gǔjǐng） 位于娄庄镇赵家村龙山南麓，故得名龙山古井。井深 20 米，井口直径 1.1 米，井口沿突出地表 85 厘米，为石质。在井口沿处可清晰看见使用留下的一道道凹痕。在井的南侧有纹饰。文物保护登记为四级。

东岳行宫

东岳行宫（Dōngyuè Xínggōng） 位于娄庄镇赵家村。嘉庆二十年（1816 年）修建，沿用至今。门额上有“东岳行官”“嘉庆二十年”（1815 年）字样，故而得名东岳行宫。坐北面南，为供奉东岳大帝的庙宇，现存 3 间后殿，建筑为硬山顶，三叉形脊梁，单檐的滴水瓦上有“福”字和花卉图案。建筑高约 6 米，长 11 米，南北宽 8 米，外墙为砖石结构，内部顶为砖木结构。文物保护登记为四级。

双龙沟遗址

双龙沟遗址（Shuānglónggōu Yízhǐ） 位于韦集镇双龙村，是以龙山文化为主的新石器时期聚落遗址。为河旁台地，中部隆起，形成龟盖形，东临大朱庄，南面为小朱家，西面是陈宅子庄，北面与双龙沟相隔。遗址南北宽约 500 米，东西长 700 米，地表散落有鼎、罐、钵等陶器残片，为研究新石器文化聚落分布提供实物资料。该遗址为县级文物保护单位。文物保护登记为四级。

三注山蒋庙新石器遗址

三注山蒋庙新石器遗址（Sānzhùshān

Jiǎngmiào Xīnshíqì Yízhǐ） 位于虞姬乡东北方向蒋庙村。1954年安徽省博物馆文物工作队文物普查时发现，命名为三注山蒋庙新石器遗址。遗址整体东高西低，呈漫坡状，东南面有一处自然河沟，中间有一条乡村公路，北面为农房。东西长约900米，南北宽500米，占地面积约45万平方米。该遗址文化层较深，内涵丰富，属新石器时期晚期遗址，距今四五千年历史，曾出土鹿角、化石、石斧等文物，现收藏在县文物管理所。1956年，安徽省人民委员会公布为省级重点文物保护单位。文物保护登记为四级。

龙山渠

龙山渠（Lóngshān Qú） 是一座人工修建的灌渠，位于灵璧县奇石主产地渔沟镇青龙山北侧，为我县现代代表性的水利设施。通过梯级提升、引水上山的水利项目，为淮北地区当年学习河南林县红旗渠的典范；引水渠在石柱上面，配套地下涵工程，由电机房、输流渠和蓄水渠三大部分组成，整体完整。1974年修建，1976年竣工，名称沿用至今。因位于青龙山北侧，故名。龙山渠全长235米，最窄处渠宽1.3米，最宽处渠宽1.5米，渠干整体由33根水泥和石头筑成的柱子支撑着，最高处14米，最低处约2米。龙山渠为当时饮水上山的一项重要水利工程，体现了灵璧人民自力更生、艰苦创业、团结协作、无私奉献的传统美德，在当地具有很高的知名度，为皖北一大奇观。文物保护登记为四级。

瓦房遗址

瓦房遗址（Wǎfáng Yízhǐ） 位于灵璧县韦集镇瓦房庄自然村，南邻沱河，地势高出周边约3米，遗址东西约400米，南北约200米，占地面积约8万平方米。2013年9—11月，安徽省考古所在沱河北岸进行了考古调查、勘探和抢救性发掘工作，因其所在位置取名，名称沿用至今。此次考古发掘，清理墓葬12座，共抢救发掘面积约500平方米，发现灰坑5座，窑址1座，沟2条，出土遗物有陶器、铜器、玉器及少量石器。依据出土器物特征，发现该遗址和沱河对岸的垓下遗址（霸王城遗址）文化内涵一致，年代均为新石器大汶口晚期到龙山早期，这些遗物的出土对了解该遗址的文化内涵有着重要意义。文物保护登记为四级。

泰山寺庙

泰山寺庙（Tàishānsì Miào） 位于杨疃镇李庙村。曾于清光绪二十二年（1896年）重修，取名为泰山寺庙。明代建筑，坐北朝南，寺庙墙体结实，东西11米，南北7米，东西两面山墙绘有古代宗教图腾，四角滴水檐装饰（钩状）清晰，梁上可见木雕，硬山顶，观仅存后殿。

邱楼碧云寺

邱楼碧云寺（Qiūlóubìyún Sì） 位于游集镇邱楼村，为清代寺庙，据碑文记载，寺庙于清光绪十二年迁址重建。现保存原始风格、风貌，整体为砖石结构，硬石顶，两边的山墙房檐下刻有花卉砖雕，庙内顶部为砖木结构，三叉形脊梁，庙内原有观音像，原前殿供奉火神，现存后殿，门楣处有砖雕图案。

三山玄帝庙

三山玄帝庙（Sānshān Xuándì Miào）位于县城东北9千米的三山南麓。现存后殿3间，中殿3间。内部木质结构完整，雕梁画柱，附有斗拱，古朴高雅，具有明代建筑特点。中殿脊梁上墨书字迹尚存，清楚记载乾隆四十年重修。1980年，灵璧县革命委员会公布为县重点文物保护单位，名称沿用至今。因交通不便，尚未开放。庙内塑像在“文化大革命”中荡然无存，现为虞姬乡山南小学办公室。

灵璧县基督教堂

灵璧县基督教堂（Língbìxiàn Jīdūjiāotáng） 位于灵城镇辖区，地址是灵璧县经济开发区东关村。占地面积1286.67平方米，建筑面积1400平方米。管理单位为灵璧县民族宗教事务局。

尹集镇土桥基督教堂

尹集镇土桥基督教堂（Yǐnjí Zhèn Tǔqiáo Jīdūjiāotáng） 位于尹集镇辖区范围内，地址是灵璧县尹集镇土桥村。1995年，经灵璧县民族宗教事务局批准设立尹集镇土桥基督活动点，2014年经安徽省宗教局批准登记为尹集镇土桥基督教堂。占地面积1200平方米，建筑面积701平方米。管理单位为灵璧县民族宗教事务局。

大庙乡丁庄基督教堂

大庙乡丁庄基督教堂（Dàmiàoxiāng Dīngzhuāng Jīdūjiāotáng） 位于灵璧县大庙乡王海村。1995年经灵璧县民族宗教事务局批准设立大庙乡丁庄基督活动点，2014年经安徽省宗教局批准登记为大庙乡丁庄基督教堂，名称沿用至今。占地面积3046.68平方米，建筑面积1250平方米。管理单位为灵璧县民族宗教事务局。

游集镇尤集基督教堂

游集镇尤集基督教堂（Yóujízhèn Yóují Jīdūjiāotáng） 位于灵璧县游集镇尤东村。1995年，经灵璧县民族宗教事务局批准设立游集镇尤集基督活动点，2014年经安徽省宗教局批准登记为游集镇尤集基督教堂。占地面积1800平方米，建筑面积1100平方米。管理单位为灵璧县民族宗教事务局。

禅堂乡禅堂基督教堂

禅堂乡禅堂基督教堂（ChántángXiāng Chántáng Jīdūjiāotáng） 位于灵璧县禅堂乡禅堂村。1995年经灵璧县民族宗教事务局批准设立禅堂乡禅堂基督活动点，2014年经安徽省宗教局批准登记为禅堂乡禅堂基督教堂，名称沿用至今。占地面积446.67平方米，建筑面积460平方米。管理单位为灵璧县民族宗教事务局。

大路乡韩墩基督教堂

大路乡韩墩基督教堂（Dàlù Xiāng Hándūn Jīdūjiāotáng） 位于灵璧县大路乡韩墩村。1995年经灵璧县民族宗教事务局批准设立大路乡韩墩基督活动点，2014年经安徽省宗教局批准登记为大路乡韩墩基督教堂，名称沿用至今。占地面积1300平方米，建筑面积580平方米。管理单位为灵璧县民族宗教事务局。

高楼镇孟山基督教堂

高楼镇孟山基督教堂（Gāolóuzhèn Mèngshān Jīdūjiàotáng） 位于灵璧县高楼镇孟山村。1995年经灵璧县民族宗教事务局批准设立高楼镇孟山基督活动点，2014年经安徽省宗教局批准登记为高楼镇孟山基督教堂，名称沿用至今。占地面积900平方米，建筑面积540平方米。管理单位为灵璧县民族宗教事务局。

灵璧县天主堂

灵璧县天主堂（Língbìxiàn Tiānzhǔtáng） 位于灵璧县灵城镇西关社区。1995年经灵璧县民族宗教事务局批准设立灵璧县天主堂，名称沿用至今。占地面积2000平方米，建筑面积1128平方米。管理单位为灵璧县民族宗教事务局。

第九章　驻辖区单位地名

党政组织

灵璧县机构编制委员会

灵璧县机构编制委员会（Língbìxiàn Jīgòubiānzhì Wěiyuánhuì）　位于灵璧县辖区范围内，地址是灵璧县政务中心。1997年1月，灵璧县机构编制委员会办公室与县人事局合署办公；2010年9月，灵璧县机构编制委员会办公室成立。县机构编制委员会办公室是县机构编制委员会常设办事机构，既是县委的工作部门，又是县政府的工作部门，列入县委机构序列。所属行业为社会服务类行业。职能范围是在县编委的领导下，负责本县行政管理体制和机构改革及机构编制日常管理工作。建筑面积120平方米。

灵璧县人民政府

灵璧县人民政府（Língbìxiàn Rénmínzhèngfǔ）　位于灵城镇人民政府辖区范围内，地址是钟灵大道。1956年县人民委员会下设办公室，1968年8月成立灵璧县革命委员会，1970年7月设办事组，1978年撤办事组，成立革委会办公室，1982年1月1日恢复县人民政府，同时恢复县政府办公室至今。所属行业为社会服务类行业。职能范围是协助县政府领导同志处理县政府日常工作。占地面积1333.34平方米，建筑面积1200平方米。

灵璧县人民代表大会常务委员会

灵璧县人民代表大会常务委员会（Língbì Xiàn Rénmíndàibiǎodàhuì Chángwù Wěiyuánhuì）　位于灵城镇钟灵大道政务中心6楼。根据1979年《宪法》的规定，灵璧县自1981年设县人大常委会，同时设立人大常委会办公室和法制工作委员会、财经工作委员会、教科文卫工作委员会3个工作委员会。1984年，增设城乡建设工作委员会。1990年，设立代表联络工作委员会，撤销城乡建设工作委员会。1993年，设立农村经济工作委员会，撤销代表联络工作委员会，设立人事代表选举工作委员会。2002年撤销法制工作委员会，设立内务司法工作委员会；撤销农村经济工作委员会，设立农业与农村工作委员会。2012年设信访工作室。1998—2002年期间，设立法律工作室和研究室。灵璧县人民代表大会常务委员会办公室为人代会、常委会服务，指导代表活动，负责材料准备和会务准备及日常事务，做好人大工作情况的上情下达、文件收发等，及时整理本级人大和上级人大文件材料的立卷归档，起草本级人大的文件材料等。所属行业为社会服务类行业。占地面积1333.34平方米，建筑面积500平方米。

中国人民政治协商会议灵璧县委员会

中国人民政治协商会议灵璧县委员会（Zhōngguó Rénmín Zhèngzhìxiéshāng huìyì Língbìxiàn Wěiyuánhuì） 位于灵城镇钟灵大道政务中心7楼。根据《中国人民政治协商会议章程》和安徽省委的有关决定，1980年12月13日，成立了政协灵璧县委员会筹备委员会。到目前为止，县政协已经历九届。其中第1—4届，每届两年多时间；第5—9届，每届5年。政协机关和基层组织机构也在发展中不断完善。第1—4届机关设办公室一个办事机构，7—12个委、组；第6—7届机关设办公室、专委会工作室两个办事机构，九个专委会；第8届设秘书长并设办公室、研究室为办事机构，撤销专委会工作室，设立研究室、提案委、经济和科技委、民族宗教和港澳台侨委（挂文史和学习宣教委牌子），以及社会和法制委、文教卫体委、人口资源环境委；第9届设秘书长兼办公室主任、研究室、提案委等8个专门委员会，机关编制增加为12人，乡镇（开发区）设政协工作委员会。负责县政协全体会议、常委会会议、主席会议、党组会议、主席办公会议等重要会议的会务工作，负责县政协视察、调研及各种协商活动的协调服务保障工作。所属行业为社会服务类行业。占地面积1333.34平方米，建筑面积500平方米。

中国共产党灵璧县委员会组织部

中国共产党灵璧县委员会组织部（Zhōngguó Gòngchǎndǎng Língbìxiàn Wěiyuánhuìzǔzhībù） 位于灵城镇政务新区9楼。所属行业为社会服务类行业。职能范围是组织建设干部工作、人才工作、干部教育培训、干部监督、老干部工作等。建筑面积380平方米。

中国共产党灵璧县委员会

中国共产党灵璧县委员会（Zhōngguó Gòngchǎndǎng Língbìxiàn Wěiyuánhuì） 位于灵璧县钟灵大道政务新区。1948年1月13日，中共灵璧县委重建；1950年，设立中共灵璧县委秘书处；1957年4月，改秘书处为中共灵璧县委办公室。1966年10月，灵璧县委机关因“夺权斗争”陷入瘫痪。1970年12月，灵璧县第四次党代会选举产生新的中共灵璧县委员会。1984年机构改革时，县委机构设置有县委办公室。所属行业为社会服务类行业。职能范围是负责县委各种会议的准备和组织协调工作，安排县委领导同志的公务活动；负责县委文件的批办、审核和印发，档案管理和开发利用工作；及时、全面、准确、保密地向省、市、县委报送信息，反映有关动态情况；负责省、市委和县委各项重大决策和领导同志重要批示件、批办件和交办件的督办检查工作。占地面积700平方米，建筑面积700平方米。

中国共产党灵璧县委员会统一战线工作部

中国共产党灵璧县委员会统一战线工作部（Zhōngguó Gòngchǎndǎng Língbì Xiàn Wěiyuánhuì Tǒngyīzhànxiàn Gōngzuòbù） 灵璧县委统战部位于灵璧县政务新区825—831号。1953年10月，中共灵璧县委设立统一战线工作部，1966年5月工作停止；1974年县革命委员会政治工作组内设统战小组；1978年8月恢复，下设两个职能室——中共灵璧县委统战部办公室（下设党外干部科、基层统战科、民族宗教科三个科室）和中共灵璧县委台湾工作办公室。1997年，全县机构改革，党政机关推行国家公务员制度，原内设科撤销，设中共灵璧县委台湾工作办公室（灵璧县人民政府台湾事务办公室）及中共灵璧县委统战部办公室。2010年，根据《中共灵璧县委、灵璧县人民政府关于县人民政府机构改革的实施意见》，保留中共灵璧县委台湾工作办公室（县政府台湾事务办公室）牌子，统战部内设机构为办公室和综合室。因负责灵璧县党的统一战线工作，故而得名为中共灵璧县委统一战线工作部。所属行业为社会服务类行业。职能范围是履行灵璧县党的统一战线工作职能。占地面积76平方米，建筑面积76平方米。

灵璧县县委县政府信访局

灵璧县县委县政府信访局（Língbìxiàn Xiànwěi Xiànzhèngfǔ Xìnfǎngjú） 位于灵城镇凤山北路243号。原名为灵璧县委信访办公室，2005年由灵璧县委办公室分离出来，成立中共灵璧县县委、灵璧县人民政府信访局。贯彻执行中央、省、市、县有关信访工作的方针、政策和法律、法规。负责处理县内外群众、境外人士、法人及其他组织通过信访渠道给县委县政府、县领导同志及信访局的来电来信，接待群众来访。所属行业为社会服务类行业。占地面积533.34平方米，建筑面积500平方米。

中国共产党灵璧县委员会老干部局

中国共产党灵璧县委员会老干部局（Zhōngguó Gòngchǎndǎng Língbìxiàn Wěiyuánhuì Lǎogànbùjú） 位于灵城镇解放路老县委大院内。1981年3月成立，为虚设机构，主任、副主任均为兼职。1984年6月成立县委老干部局，行政编制7人（含干休所2人），1993年撤销县委老干部局，县委组织部增设老干部科（正科级）。1995年6月，组织部老干部科重新更名为县委老干部局。隶属灵璧县委组织部，属正科级公务员管理单位，负责灵璧县离退休干部的宏观管理等工作。所属行业为社会服务类行业。职能范围是根据党中央、国务院关于老干部工作的有关方针、政策和老干部有关离退休制度规定，督促检查、指导并协同有关部门做好全县老干部政治和生活待遇的落实，组织老干部参观工农业建设项目和参加重大节日活动，开展调查研究，向县委、县政府提出政策性建议，做好全县离休干部的管理与服务及退休干部的宏观管理工作。占地面积2666.68平方米，建筑面积960平方米。

中国共产党灵璧县委员会宣传部

中国共产党灵璧县委员会宣传部（Zhōngguó Gòngchǎndǎng LíngbìxiànWěiyuánhuì Xuānchuánbù） 位于灵城镇政务新区。1950年，中共灵璧县委员会成立，随之成立中共灵璧县委宣传部。1966年10月，灵璧县党政机关因全面“夺权”陷入瘫痪，县委宣传部的工作也因此停止运转。1970年12月，中共灵璧县第四届委员会成立。1978年4月，县革委会四大组撤销，县委和县革委会工作机构分开设立。至1984年机构改革时，恢复设立县委宣传部。所属行业为社会服务类行业。职能范围是制订全县宣传工作规划，负责指导全县理论研究、理论学习、理论宣传工作，负责全县哲学社会科学的规划和管理工作；负责引导社会舆论，指导协调全县新闻单位的工作；指导全县精神产品的生产，组织实施精神产品的“五个一工程”；负责规划部署全县思想政治工作，负责编写党员教育教材，承担县委思想政治工作领导小组办公室工作；负责做好社会宣传工作；负责提出全县宣传思想文化事业改革和发展的规划及实施意见。建筑面积 210 平方米。

中国共产党灵璧县直属机关工作委员会

中国共产党灵璧县直属机关工作委员会（Zhōngguó Gòngchǎndǎng Língbìxiàn Zhíshǔjīguān Gōngzuò Wěiyuánhuì） 位于县政务新区。1993 年 10 月，原县直机关党委改称县直机关工作委员会至今。所属行业为社会服务类行业。职能范围是制订县直机关党的建设规划，分类指导县直各部门机关党组织抓好机关党建工作；负责县直党员、入党积极分子、机关党务干部的理论和业务培训；负责审批县直机关党组织的建立、改选、换届工作，抓好党员发展工作和县委表彰的县直机关党组织及党员的推荐工作；负责县直机关党建工作的调查研究；负责县直机关武装工作。建筑面积 80 平方米。

灵璧县财政局

灵璧县财政局（Língbìxiàn Cáizhèngjú） 位于灵城镇建设中路 88 号。1978 年设立灵璧县财政局。所属行业为社会服务类行业。职能范围是负责拟定财政、财务、会计管理的责任，承担县级各项财政收支管理的责任，拟定和执行全县财政税收的发展、战略、规划、政策及改革方案并组织实施。占地面积 1533.34 平方米，建筑面积 1200 平方米。

灵璧县城市管理行政执法局

灵璧县城市管理行政执法局（Língbìxiàn Chéngshìguǎnlǐ Xíngzhèngzhífǎjú） 位于灵璧县人民武装部三楼。2006 年 4 月成立。所属行业为社会服务类行业。职能范围是负责灵璧县城市市容环境卫生、园林绿化、市政设施、城市市容监察、城市燃气、路灯、渣土、户外广告、城市市场等规划、建设、管理。建筑面积 400 平方米。

灵璧县发展和改革委员会

灵璧县发展和改革委员会（Língbìxiàn Fāzhǎnhégǎigé Wěiyuánhuì） 位于灵城镇政务新区一楼东部。1987 年 11 月 6 日，撤销灵璧县计划委员会和经济委员会，成立灵璧县计划经济委员会，隶属灵璧县政府，正科级。1992 年 5 月 26 日，撤销灵璧县计划经济委员会，成立灵璧县计划委员会，隶属县政府，正科级。2002 年 9 月 21 日，灵璧县计划委员会更名为灵璧县发展计划委员会（挂灵璧县物价局牌子），正科级。2007 年 6 月 14 日，县发展计划委员会更名为灵璧县发展和改革委员会（简称发改委）。所属行业为社会服务类行业。灵璧县发改委是全县宏观经济管理部门之一，承担全县国民经济和社会发展计划的编制、下达、督促、检查、管理，基本建设项目的审批，新上经济项目考察、论证、立项、备案、申报和监督有关单位实施；研究提出全县国民经济和社会发展中长期规划和年度发展计划；编制全县基础产业、支柱产业专项发展规划；衔接、平衡各主要行业规划；组织编制能源、交通等行业发展中长期规划和年度计划，研究企业技术进步的政策措施，推动技术创新；研究并协调农业和农村经济社会发展的有关重大问题，衔接农村专项规划和政策；研究经济体制改革和对外开放的重大问题，组织拟订综合性经济体制改革方案，协调有关专项经济体制改革方案。提出全县固定资产投资规模，规划重大项目和生产力的布局；研究提出投资和建设领域重大安排；安排县重点建设项目计划，按照分工实施对重点项目的管理；组织制订全县服务业发展规划和重点区域性批发市场、重点要素市场发展规划，指导全县市场体系建设；提出现代物流发展的战略和规划；研究拟订资源节约综合利用意见，协调生态建设和资源综合利用的重大问题；组织协调环保产业工作；提出全县国土资源整治、开发利用和保护意见；制订并组织实施以工代赈计划；协调各项社会事业发展中的重大问题；负责教育、文化、卫生等社会事业与国民经济发展的衔接平衡，制订全县社会事业发展中长期规划和年度计划；研究提出促进就业、完善社会保障与经济协调发展的政策建议；协调就业、收入分配和社会保障的重大问题；拟订和制定全县国民经济和社会发展及体制改革方案；参与有关规范性文件的起草和实施；编制全县国民经济动员计划和预案，组织实施国民经济动员的有关项目；承办县政府交办的其他事项。

灵璧县物价局

灵璧县物价局（Língbìxiàn Wùjiàjú）位于灵城镇北关花园街。1984年，成立灵璧县物价委员会，领导和协调全县物价工作。1993年成立灵璧县物价局至今。所属行业为社会服务类行业。职能范围是负责辖区价格宏观调控、价格管理、价格执法、价格公共服务。占地面积533.34平方米，建筑面积1100平方米。

灵璧县国土资源局

灵璧县国土资源局（Língbìxiàn Guótǔzīyuánjú） 位于灵璧县灵城镇南太平街19号。1986年4月成立灵璧县土地管理委员会。1987年11月撤销灵璧县土地管理委员会，成立灵璧县土地矿产管理局。1991年3月分设灵璧县土地管理局和灵璧县矿产资源管理局（1997年5月更名为灵璧县地质矿产局）。2002年4月灵璧县土地管理局、灵璧县地质矿产局合并成立灵璧县国土资源局至今。所属行业为社会服务类行业。职能范围是全县土地、矿产等自然资源的保护利用及测绘行政管理。占地面积256平方米，建筑面积816平方米。

灵璧县人口和计划生育委员会

灵璧县人口和计划生育委员会（Língbì Xiàn Rénkǒu Hé Jìhuàshēngyù Wěiyuánhuì）位于灵城镇政务新区。1979年，灵璧县人民政府计划生育办公室成立。1984年，灵璧县人民政府计划生育办公室更名为灵璧县计划生育委员会。1997年，更名为灵璧县人口和计划生育委员会至今。因行政隶属灵璧县，负责全县人口和计划生育工作，故而得名灵璧县人口和计划生育委员会。所属行业为社会服务类行业。职能范围是人口和计划生育工作。占地面积7333.37平方米，建筑面积3200平方米。

灵璧县交通运输局

灵璧县交通运输局（Língbìxiàn Jiāotōngyùnshūjú） 位于南姚社区辖区范围内，地址是南环路七号。1970年成立灵璧县交通局。1978年前交通局没有内设机构。1978年4月，交通局成立政工股、生产组、民间运输管理股三个机构。1979年政工股改称人秘股，生产组改称业务股。1980年，民间运输管理股改称集体运输管理股。1984年，集体运输管理股改称运输管理股。1988年，增设企业管理股，业务股改称工程股。1990年，县监察局向交通局派驻监察室，与县纪委派驻的纪检组合署办公，人员编制属交通局，由交通局和监察局双重领导，监察室既是监察局派驻机构也是交通局内设机构。1997年6月，人秘股改称办公室，运输管理股改称交通运输管理股，增设财务股，撤销企业管理股。2002年，交通运输管理股改称安全交通运输管理股。2010年12月，灵璧县交通局更名为灵璧县交通运输局。职能范围是负责全县交通宏观管理、交通工程勘测设计，制订全县交通建设总体规划，由县委编制部门命名设立。所属行业为社会服务类行业。占地面积5333.36平方米，建筑面积3870平方米。

灵璧县民政局

灵璧县民政局（Língbìxiàn Mínzhèngjú） 位于灵城镇南太平社区20号。1949年10月1日中华人民共和国成立后，中央设内务部，省设民政厅，县设民政科。1969年撤销民政科，成立县财经民政管理站。1970年1月撤销财经民政管理站，在县革委会生产指挥组内设民政、卫生、劳动小组。1970年8月，民政劳动合并，成立民政劳动局。1978年6月，民政劳动分开，成立民政局。1984年县直机关改革，保留县民政局。1997年3月县直党政机关改革，局股室调整。所属行业为社会服务类行业。职能范围履行“上为政府分忧，下为群众解愁”的重要职责，主管救灾救济、双拥优抚安置、民间组织管理、基层政权建设、城市农村居民最低生活保障、社会福利和社会事务、区划地名、婚姻登记管理等工作。占地面积670平方米，建筑面积1886.7平方米。

灵璧县市场监督管理局

灵璧县市场监督管理局（Língbìxiàn Shìchǎng Jiāndūguǎnlǐjú） 位于灵璧县政务新区。2014年1月28日，灵璧县整合原工商、质监、药监三家单位，挂牌成立灵璧县市场监督管理局。所属行业为社会服务类行业。职能范围是统一负责全县工商行政管理、质量技术监督、食品药品安全等市场监管工作。占地面积8466.71平方米，建筑面积5500平方米。

灵璧县司法局

灵璧县司法局（Língbìxiàn Sīfǎjú） 位于灵城镇凤山北路243号。1980年12月26日成立灵璧县司法局，隶属灵璧县政府。所属行业为社会服务类行业。职能范围是法治宣传教育、公证、法律援助、人民调解、司法鉴定、社区矫正及刑释解教人员安置帮教工作。建筑面积2900平方米。

灵璧县卫生局

灵璧县卫生局（Língbìxiàn Wèishēngjú） 位于灵城镇凤山北路243号。1951年6月，成立卫生科；1968年12月，原卫生科和商业局（部分）合并，组建人民卫生防治站；1970年7月，成立卫生局革命领导小组；1978年，改为卫生局。其职能范围是负责全县的食品安全，推进全县医药卫生体制改革，统筹规划与协调全县卫生资源配置，贯彻实施农村卫生发展规划和政策措施，承办县政府交办的其他事项。所属行业为社会服务类行业。

灵璧县文化广播电视新闻出版局

灵璧县文化广播电视新闻出版局（Língbì Xiàn Wénhuà Guǎngbō Diànshì Xīnwén Chūbǎnjú） 位于灵璧县建设中路文化城。1949年设文教；1956年7月一分为二，设文化科和教育科；1957年8月，文化科、教育科和体育运动委员会合并称文教局；1978年5月，文教局一分为二，设教育局和文化局；2003年，灵璧县文化局加挂灵璧县新闻出版局牌子；2007年，灵璧县旅游局由县外事办划转灵璧县文化局管理；2010年6月，整合灵璧县文化局（新闻出版局、旅游局）和灵璧县广播电视局行政管理职能，组建灵璧县文化广播电视新闻出版局，是县政府的直属单位。主要贯彻执行国家、省、市在文化艺术和文化遗产保护、广播影视、新闻出版、著作权等工作方面的法律法规和方针政策，拟订并监督实施文化、广播影视、新闻出版事业的中长期发展规划和年度执行计划等。所属行业为社会服务类行业。

灵璧县住房和城乡建设局

灵璧县住房和城乡建设局（Língbìxiàn Zhùfánghéchéngxiāng Jiànshèjú） 位于灵城镇环城西路。原名灵璧县建设局，1973年11月成立灵璧县城建领导小组，1978年5月更名为灵璧县基本建设局，1984年5月改名为灵璧县城乡建设环境保护局，1994年12月改名为灵璧县建设委员会，1997年1月成立灵璧县建设局，2013年4月更名为灵璧县住房和城乡建设局至今。负责全县棚户区改造、房屋拆迁安置、建设工程勘察设计、城市建设工程、村镇建设和管理工作、房屋安全监督管理、监督管理建筑市场、建筑工程质量安全监管、建筑节能和城镇减排等工作。所属行业为社会服务类行业。占地面积333.34平方米，建筑面积600平方米。

灵璧县教育体育局

灵璧县教育体育局（Língbìxiàn Jiāoyùtǐyùjú） 位于灵城镇南内环1号辖区范围内。1978年6月设立灵璧县教育局，1992年4月更名为灵璧县教育委员会，2002年3月复名为灵璧县教育局，2010年12月更名为灵璧县教育体育局。所属行业为社会服务类行业。职能范围是贯彻执行党和国家、省教育体育工作方针政策和法律法规，研究制定全县教育体育发展战略和教育体育工作的规范性文件并监督实施，组织实施全民健身计划，指导并开展群众性体育活动；实施国家体育锻炼标准，开展国民体质检测，承办县政府交办的其他工作。占地面积9666.72平方米，建筑面积1536平方米。

灵璧县环境保护局

灵璧县环境保护局（Língbìxiàn Huánjìngbǎohùjú） 位于灵璧县工业园区。1984年灵璧县设立城乡建设环境保护局，1994年环境保护工作从城乡建设环境保护局析出，设灵璧县环境保护局。所属行业为社会服务类行业。职能是负责环境保护规划，调查处理污染事件，建设项目环境管理审核，区域环境评价，排污费征收，企业污染防治等。

灵璧县科学技术局

灵璧县科学技术局（Língbìxiàn Kēxuéjìshùjú） 位于灵城镇钟灵大道政务办公大楼三楼。灵璧县科学技术局前身是灵璧县科学技术委员会，2002年机构改革时，灵璧县科学技术委员会更名为灵璧县科学技术局。所属行业为社会服务类行业。职能范围是负责全县科技综合管理工作。占地面积133.33平方米，建筑面积110平方米。

灵璧县林业局

灵璧县林业局（Língbìxiàn Línyèjú） 位于灵城镇解放中路42号。1955年7月县政府成立林业科；1956年9月，林业科与农业局合并成立农林局，内设林业股；1980年4月，农林局分家成立了灵璧县林业局；1992年撤区并乡，除灵城镇外20个乡镇都设立了林业站；2000年6月事业单位机构改革，县政府批准设立6个中心林业工作站。所属行业为社会服务类行业。职能范围是负责全县林业及生态建设的监督管理、全县造林绿化、林业产业发展、森林资源及陆生野生动植物保护、林业改革发展、林业技术推广培训、森林防火、林业有害生物防治检疫等工作。占地面积2000平方米，建筑面积400平方米。

灵璧县旅游局

灵璧县旅游局（Língbìxiàn Lǚyóujú）位于灵璧县政务新区党政办公大楼201室、203室。灵璧县旅游局成立于2013年，为县政府直属科级行政机构。所属行业为社会服务类行业。职能范围是统筹全县旅游业发展、制订旅游市场规划及年度宣传方案并组织实施、旅游资源普查、旅游市场监管、旅游交流与合作、制定旅游业发展战略、旅游教育培训及人才培养。占地面积66.67平方米，建筑面积70平方米。

灵璧县农业委员会

灵璧县农业委员会（Língbìxiàn Nóngyè Wěiyuánhuì） 位于灵城镇灵城花园街西端。1984年6月灵璧县农业局更名为灵璧县农牧渔业局。1987年8月，灵璧县农工部更名为灵璧县农村经济委员会。1997年2月，县农牧渔业局更名为灵璧县农业局。2002年9月，撤销县农村经济委员会和县农业局，合并组建灵璧县农业委员会。所属行业为社会服务类行业。职能范围：1. 综合协调农业农村经济工作，加强现代农业综合试验区建设和农业农村经济政策的调查研究职责。2. 强化农产品和农业生产资料的质量安全监管，加强对生态农业、循环农业、农业生物质产业指导服务和监督管理，促进农业资源合理配置和农业可持续发展的职责。3. 加强农村土地承包、耕地使用权流转和承包纠纷仲裁管理，指导扶持农业社会化服务体系、农村合作经济组织、农民专业合作社和农产品行业协会的建设与发展。

灵璧县人力资源和社会保障局

灵璧县人力资源和社会保障局（Língbì Xiàn Rénlìzīyuán Hé Shèhuìbǎozhàngjú）位于灵城镇南太平街8号。1978年撤销民政局和劳动局，设立劳动局和民政局。2011年由原灵璧县人事局和灵璧县劳动局合并，统称灵璧县人力资源和社会保障局。原人事局一直租用县委党校房屋办公，2011年5月合并后，搬迁至原劳动局办公楼办公。所属行业为社会服务类行业。职能范围是负责全县人力资源和社会保障工作。占地面积666.67平方米，建筑面积628平方米。

灵璧县民族宗教事务局

灵璧县民族宗教事务局（Língbìxiàn Mínzúzōngjiāo Shìwùjú） 位于灵璧县政务中心大楼212室、214室。1997年设立灵璧县民族宗教事务局，为灵璧县人民政府办公室挂牌单位。2008年从灵璧县政府办公室分离，单独设立灵璧县民族宗教事务局。所属行业为社会服务类行业。职能范围是贯彻执行党和国家的民族宗教政策、法规；依法管理全县民族宗教事务。建筑面积50平方米。

灵璧县审计局

灵璧县审计局（Língbìxiàn Shěnjìjú）位于灵城镇钟馗路53号。灵璧县审计局成立于1984年5月。所属行业为社会服务类行业。职能范围是主管负责、统筹发展、组织协调、实施开展全县各类审计业务工作。占地面积433.34平方米，建筑面积1129.73平方米。

灵璧县水利局

灵璧县水利局（Língbìxiàn Shuǐlìjú）位于灵城镇解放路东段。1956年3月，水利从建设科分出，成立灵璧县水利局；1966年水利工作处于瘫痪状态，1968年10月成立灵璧县水利电力管理站革命委员会；1970年，撤销灵璧县水利电力管理站，恢复灵璧县水利电力局，成立灵璧县水利电力局革命领导小组；1978年5月，灵璧县水利电力局水电分局，灵璧县水利局成立。所属行业为社会服务类行业。职能范围是主要承担全县水利建设和管理、防汛抗旱、水资源及涉水事务管理、水行政执法等工作。占地面积2840平方米，建筑面积516.8平方米。

灵璧县统计局

灵璧县统计局（Língbìxiàn Tǒngjìjú）位于灵城镇钟灵大道政府办公楼。1952年成立灵璧县计统科，1955年灵璧县人民委员会下设统计科，1986年3月设统计局。职能是承担组织领导和协调灵璧县统计工作，组织实施全县国民经济核算及第一产业、第二产业、第三产业统计调查，会同有关部门组织实施全县人口、经济、农业等重大国情国力普查和专项调查，收集、整理、提供全县性的基本统计资料，宣传、贯彻、执行国家和地方统计法规，组织管理全县统计专业资格考试和从业资格认定工作，建立和维护全县基本单位名录库，指导全县统计信息化系统建设。所属行业为社会服务类行业。建筑面积310平方米。

中国共产主义青年团灵璧县委员会

中国共产主义青年团灵璧县委员会（Zhōngguó Gòngchǎnzhǔyì Qīngniántuán Língbìxiàn Wěiyuánhuì） 位于灵璧县政务新区11楼1119室。根据《中共灵璧县委、灵璧县人民政府关于县人民政府机构改革的实施意见》（灵秘〔2010〕14号）精神，设置中国共产主义青年团灵璧县委员会（简称团灵璧县委）。所属行业为社会服务类行业。职能范围是领导全县共青团工作；承担县委、县政府和有关方面委托的青少年事务；负责未成年人保护方面的日常工作；调查、研究青少年思想动态、工作情况、工作理论、事业发展等；负责全县团的各级组织建设，加强青少年活动阵地的建设和管理，指导希望工程工作实施；帮助青年就业创业，着力提高各行各业青年生产技能；负责全县青年的统战及外事工作；发挥共青团组织在青联中的核心作用；完善基层团的工作评价机制；加强团干部的协管工作；承办县委、县政府和团市委交办的其他工作。建筑面积60平方米。

灵璧县妇女联合会

灵璧县妇女联合会（Língbìxiàn Fùnǚ Liánhéhuì） 位于灵璧县政务新区817—823号。1943年4月，中共灵北县委设妇女救国会。1949年3月，设立民主妇女联合会。县第一次妇女代表大会于1950年秋在县城召开，选举产生县民主妇女联合会。1957年9月，县民主妇女联合会改称县妇女联合会。1966年5月“文化大革命”开始后，妇联会工作中断。1969年县革命委员会政工组的群工小组分管妇女工作。1973年4月，县妇女联合会恢复，县第六次妇女代表大会在县城召开。1993年12月，县妇联主任改称妇联主席。1994年6月，成立灵璧县政府妇女儿童工作委员会。所属行业为社会服务类行业。职能范围是团结带领灵璧县妇女投身改革开放和社会主义现代化建设，协调社会力量为妇女儿童事业服务。占地面积 80 平方米，建筑面积 80 平方米。

灵璧县科学技术协会

灵璧县科学技术协会（Língbìxiàn Kēxuéjìshù Xiéhuì） 位于灵城镇县政务新区。1956 年成立灵璧县科普联合会，1980 年改为灵璧县科学技术协会。灵璧县科学技术协会是县委、县政府联系科技工作者的桥梁和纽带。所属行业为社会服务类行业。职能范围是为全县科技工作者服务，开展科普工作。建筑面积 48 平方米。

灵璧县工商业联合会

灵璧县工商业联合会（Língbìxiàn Gōngshāngyè Liánhéhuì） 位于灵城镇钟灵大道政务办公大楼二楼。1987 年 11 月下发《关于恢复我县工商业联合会的通知》，开始筹备，并于 1988 年 3 月成立灵璧县工商业联合会筹备领导小组，灵璧县工商业联合会正式成立。所属行业为社会服务类行业。职能范围是面向全县工商界、以非公有制企业和非公有制经济人士为主体的人民团体和商会组织。建筑面积 80 平方米。

安徽省灵璧县总工会

安徽省灵璧县总工会（Ānhuīshěng Língbìxiàn Zǒnggōnghuì） 位于灵城镇建设中路。灵璧县总工会办公地址，“文化大革命”后在县委大院老办公大楼一楼西头。1969 年恢复工会之后搬迁到老工会旧址，县隅顶南 25 米处路西。1986 年，在原地址上建一幢三层共 18 间办公楼，面积 415 平方米。2004 年 4 月拆原三层办公楼，建一幢活动大楼，建筑面积 860 平方米。灵璧县总工会是中国共产党领导的职工自愿结合的工人阶级群众组织，是党和政府联系职工群众的桥梁和纽带，是国家政权的重要社会支柱，是全县会员和职工利益的代表，是全县各级工会的领导机关，负责组织实施县委和上级工会布置的各项工作任务。所属行业为社会服务类行业。职能范围是组织和指导灵璧县各级工会履行工会“维护、建设、参与、教育”等社会职能，实施“送温暖”“帮扶救助”，推荐评选各级劳动模范，普遍开展工会组织建设，普遍开展工资集体协商，开展“安康杯”技能竞赛，定期与县政府召开联席会议。2003 年 10 月，成立灵璧县困难职工帮扶中心。占地面积 1600 平方米，建筑面积 1347 平方米。

灵璧县人民法院

灵璧县人民法院（Língbìxiàn Rénmín Fǎyuàn） 位于灵璧县政务新区。1949 年灵璧县人民委员会设立司法科，1950 年经上级批准成立灵璧县人民法院，1968 年成立灵璧县公检法军管会取代法院工作职能，1973 年恢复灵璧县人民法院，启用院印。1986 年搬迁到灵璧县政法楼办公，2000 年搬迁到灵璧县二环路，2012 年搬迁至灵璧县政务新区。所属行业为社会服务类行业。灵璧县人民法院是国家的审判机关，在县委的领导和宿州市中级人民法院的指导下依法独立行使审判权，对县人民代表大会及其常务委员会负责并报告工作。主要职责是：（一）审判法律规定由基层法院管辖的刑事、民事、行政案件。（二）审理由市人民检察院按照审判监督程序提起的抗诉案件。（三）依照审判监督程序，审理告诉申诉的刑事、民事、行政案件。（四）依法行使司法执行权和司法决定权，执行本院已经发生法律效力的判决、裁定及国家行政机关申请执行的案件和外地法院委托执行的案件。（五）调查研究审判工作中的法律、法规、规章、政策及疑难问题，针对案件审理中发现的问题提出司法建议。（六）对县人民法院的法官和其他工作人员进行思想政治教育、组织专业培训；按照权限管理法官和其他工作人员；协助县机构编制主管部门管理人民法院的机构编制工作。（七）管理县人民法院的有关经费和物资装备。（八）参与社会治安综合治理工作，在审判工作中宣传法制，教育公民自觉遵守宪法、法律、法规和社会公德。（九）承办其他应由县人民法院负责的工作。占地面积 8866.71 平方米，建筑面积 12900 平方米。

灵璧县人民检察院

灵璧县人民检察院（Língbìxiàn Rénmín Jiǎncháyuàn） 位于灵璧县政务新区县政府后。灵璧县人民检察院建立于 1950 年 11 月，1978 年 8 月重建。所属行业为社会服务类行业。职能范围是受理单位和个人的报案、控告、申诉、举报及犯罪嫌疑人的自首，依法对贪污贿赂犯罪案件、国家工作人员渎职犯罪案件和国家机关工作人员利用职权实施的非法拘禁、刑讯逼供、报复陷害、非法搜查等侵犯公民人身权利与侵犯公民民主权利的犯罪案件及国家机关工作人员利用职权实施的其他重大犯罪案件进行侦查，对刑事案件依法审查批准逮捕、决定逮捕、提起公诉；开展对刑事犯罪案件的立案监督工作，并对侦查活动和审判活动是否合法实行监督，依法对刑事诉讼、民事审判和行政诉讼实行法律监督工作，依法对执行机关执行刑罚的活动是否合法实行监督，对县人民法院已经发生法律效力、确有错误的判决和裁定，依法提起抗诉，对国家工作人员职务犯罪预防工作进行研究并提出职务犯罪的预防对策，负责在检察环节上的社会治安综合治理工作。占地面积 8000 平方米，建筑面积 10616 平方米。

灵璧县公安局

灵璧县公安局（Língbìxiàn Gōng' ānjú） 位于灵城镇城凤山北路。1932 年，灵北县抗日民主政府建立，成立灵北县公安局；1934 年 10 月，灵璧县（人民）政府建立，改灵北县公安局为灵璧县公安局；1949 年，灵璧县人民政府成立，复设公安局；1966 年，公安工作由县革委会人民保卫组全权处理；1973 年，恢复县公安局至今。所属行业为社会服务类行业。职能范围是负责侦破危害国家安全和其他各类刑事案件；查处各类治安案件；打击取缔邪教组织；依法管理社会治安、户籍、居民身份证、出入境管理工作；管理全县城乡道路安全、维护交通秩序；组织实施看守所、拘留所的监管工作等。占地面积 15300 平方米，建筑面积 11145 平方米。

灵璧县公安局国内安全保卫大队

灵璧县公安局国内安全保卫大队（Língbì Xiàn Gōng' ānjú Guónèi' ānquán Bǎowèidàduì） 位于灵璧县灵城镇迎宾大道。灵璧县公安局国内保卫大队的前身是政保股，设立于 1954 年。1968 年为政保组。1973 年复称政保股。1999 年，政保科改为国内安全保卫大队。灵璧县公安局国内安全保卫大队隶属灵璧县公安局，是维护社会政治稳定和国家安全的部门，通过运用专门力量和专门手段履行情报、侦察、保卫三大职能。所属行业为社会服务类行业。职能范围是维护社会稳定和国家安全。建筑面积 100 平方米。

灵璧县公安局刑事侦查大队

灵璧县公安局刑事侦查大队（Língbì xiàn Gōng' ānjú Xíngshìzhēnchádàduì） 位于灵璧县灵城镇迎宾大道。1982 年，灵璧县公安局成立灵璧县公安局刑警队。1993年，升为副科级建制——灵璧县公安局刑警大队。2007年，改名为灵璧县公安局刑事侦查大队。灵璧县公安局刑事侦查大队隶属灵璧县公安局，负责全县刑事案件的侦查、指导，含刑事科学技术工作。所属行业为社会服务类行业。

灵璧县公安局经济犯罪侦查大队

灵璧县公安局经济犯罪侦查大队（Língbìxiàn Gōng' ānjú Jīngjìfànzuì Zhēnchádàduì） 位于灵璧县灵城镇迎宾大道。灵璧县公安局经济犯罪侦查大队的前身是经济文化保卫股，1999年12月正式更名为经济犯罪侦查大队。灵璧县公安局经济犯罪侦查大队隶属灵璧县公安局，是打击经济犯罪的职能部门，主要职责是依法严厉打击、严密防范经济犯罪活动，维护正常的经济秩序，为社会主义市场经济的建立、巩固和发展服务，为国家经济安全扫除障碍、创造安全条件、给予法律保护。所属行业为社会服务类行业。职能范围是维护经济秩序稳定和国家经济安全。建筑面积100平方米。

灵璧县森林公安局

灵璧县森林公安局（Língbìxiàn Sēnlín Gōng' ānjú） 位于灵城镇辖区范围内。1991年成立灵璧县林业派出所。1998年更名为灵璧县公安局东关林业派出所，挂灵璧县公安局林业分局的牌子。1999年更名为灵璧县公安局森林分局，同时成立灵南、灵北森林派出所。2012年灵璧县公安局森林分局更名为灵璧县森林公安局，加挂灵璧县森林公安局东关森林派出所、灵璧县公安局森林警察大队牌子。负责灵璧县有关森林和森林资源保护方针政策的贯彻执行、维护我县森林资源的安全健康有序的发展，维护林区治安、林业行政管理和执法等工作。所属行业为社会服务类行业。职能范围是依照国家林业局、公安部《关于森林案件管辖范围及森林刑事案件立案标准的规定》，侦察破坏森林资源、野生动植物资源的案件；严厉打击各类破坏森林资源的违法犯罪活动；保卫森林资源和野生动植物资源的安全；负责开展全县陆生野生动植物资源监督、保护、管理和利用；组织协调、指导监督全县森林防火工作；完成上级公安机关部署的其他工作任务等。建筑面积160平方米。

灵璧县看守所

灵璧县看守所（Língbìxiàn Kānshǒusuǒ） 位于灵城镇庄陈村辖区范围内。1983年3月前，为灵璧县公安局行政拘留所。1983年3月后，为灵璧县看守所。隶属灵璧县人民政府，灵璧县公安局代管，是羁押刑事犯罪、保证刑事诉讼活动顺利进行的监管场所。所属行业为社会服务类行业。占地面积17240.08平方米，共有办公大楼1栋。

安徽省公安厅皖北警犬训练基地

安徽省公安厅皖北警犬训练基地（Ānhuī Shěng Gōng' āntīng Wǎnběi Jǐngquǎnxùnliànjīdì） 位于灵璧县灵城镇。1997年1月经安徽省公安厅党委会议研究批准成立。经费主要由当地财政拨付，公安厅适当给予补充。隶属安徽省公安厅，受灵璧县公安局代管，正科级机构，日常管理由灵璧县公安局负责，省厅刑警总队负责指导与协调。所属行业为社会服务类行业。职能范围是主要承担我省部分地区警犬训练、繁育任务。占地面积54400.27平方米，建筑面积540平方米。

灵璧县公安局特巡警大队

灵璧县公安局特巡警大队（Língbìxiàn

Gōng’ ānjú Tèxúnjǐngdàduì） 位于灵璧县公安局110指挥中心。灵璧县公安局特（巡）警大队的前身是巡逻防暴警察大队，2013年更名为特（巡）警大队。隶属灵璧县公安局，承担灵城区域巡逻防控工作，负责全县反恐、处置突发性事件、重大活动执勤保卫等特殊警务。所属行业为社会服务类行业。建筑面积100平方米。

安徽省灵璧县国家税务局

安徽省灵璧县国家税务局（Ānhuīshěng Língbìxiàn Guójiāshuìwùjú） 位于灵城镇建设中路61号。1994年6月起，安徽实行分税制管理体制重大变革，省地县乡单独成立国税机构，实行机构、编制、人员、经费“四垂直”管理。在此历史背景下，安徽省灵璧县国家税务局于1994年7月成立。所属行业为社会服务类行业。职能范围是负责全县各项国家税收收入计划的编制、分配和落实；负责全县国税系统征收的各项税种的征收管理和稽查工作；负责全县进出口税收和涉外税收的管理工作；监督检查各纳税单位贯彻执行国家税收法律法规、方针政策情况，严肃查处偷骗税；负责全县国税系统行政处罚听证、行政复议和诉讼工作，加强税收法制建设。占地面积1300平方米，建筑面积2000平方米。

灵璧县地方税务局

灵璧县地方税务局（Língbìxiàn Dìfāngshuìwùjú） 位于灵城镇建设中路188号。1984年5月，财税机构分设，成立灵璧县税务局。1994年6月，灵璧县税务局分设为灵璧县国家税务局和灵璧县地方税务局。1994年7月，灵璧县地方税务局正式挂牌办公至今。负责灵璧县营业税、企业所得税、个人所得税、资源税、城建税、印花税、土地使用税、土地增值税、房产税、车船税、耕地占用税、契税、教育费附加、文化事业建设费、地方教育附加、残疾人就业保障金、水利建设基金等17个税（费）种，以及基本养老保险、基本医疗保险、失业保险、工伤保险、生育保险等5种社会保险费的征收管理工作。所属行业为社会服务类行业。职能范围是全县各地方税（费）的征收管理。占地面积2066.68平方米，建筑面积2700平方米。

灵璧县粮食局

灵璧县粮食局（Língbìxiàn Liángshíjú） 位于灵城镇解放街6号。灵璧县粮食局成立于1949年，由县粮食局和县粮食公司办事处两套班子组成；1952年合并为粮食局；1983年更名为粮油食品局；1993年县政府决定成立粮油总公司和粮油食品局为一个机构两块牌子合署办公；1997年粮油食品局更名为粮食局至今。所属行业为社会服务类行业。职能范围是在全县范围内贯彻落实国家和省、市粮食工作的方针政策和法律法规；协调国家、省级储备粮的收购、储存、调运，粮食质量标准监督管理，粮食行业的执法检查工作；保障灵城辖区内驻军和武警的粮食供应。占地面积1866.68平方米，建筑面积2125平方米。

灵璧县气象局

灵璧县气象局（Língbìxiàn Qìxiàngjú） 位于灵城镇建设北路222号。1957年1月1日成立灵璧县气象站；1985年1月成立灵璧县气象局；2014年1月1日将观测站搬迁，开始实行一站两址。负责灵璧县行政区域内气象行业管理，气象行政执法、大气探测、天气预报及相关气象服务、人工影响天气、气象灾害防御、防雷安全技术性服务等工作。所属行业为社会服务类行业。职能范围是为全县建设和社会生活提供气象管理保障。占地面积11913.39平方米，建筑面积357平方米。

灵璧县安全生产监督管理局

灵璧县安全生产监督管理局（Língbìxiàn Ānquánshēngchǎn Jiāndūguǎnlǐjú） 位于灵城镇环城东路。灵璧县安全生产监督管理局成立于2002年10月，属原经贸委内设机构，与灵璧县安委会办公室一个机构两块牌子；2002年前原灵璧县安全生产委员会办公室设在县劳动局；2007年5月，灵璧县安全生产监督管理局升格为政府组成部门，为正科级机构；2010年11月在灵璧县经济和信息化委员会加挂灵璧县安全生产监督管理局牌子。依照《安全生产法》和国家有关法律、法规，对全县生产经营单位的安全生产活动进行监督管理。所属行业为社会服务类行业。

宿州市住房公积金管理中心灵璧县管理部

宿州市住房公积金管理中心灵璧县管理部（Sùzhōushì Zhùfánggōngjījīn Guǎnlǐzhōngxīn Língbìxiàn Guǎnlǐbù） 位于灵城镇迎宾大道中段美利特度假村南侧。1993年9月，灵璧县住房资金管理分中心正式成立，为县房管局下属的股级事业单位；2004年12月，更名为宿州市住房公积金管理中心灵璧县管理部，升格为副科级事业单位；2013年7月，机构上划，为宿州市住房公积金管理中心派出机构，正科级建制。所属行业为社会服务类行业。负责住房公积金的归集、提取，职工住房公积金贷款的受理、审批、发放及贷款回收工作，负责住房公积金的催缴、催建，办理住房公积金对账查询及政策法规宣传、咨询等。建筑面积792.42平方米。

中国人民银行灵璧县支行

中国人民银行灵璧县支行（Zhōngguó Rénmínyínháng Língbìxiàn Zhīháng） 位于灵城镇凤山中路158号。1986年12月，中国人民银行灵璧县支行与中国工商银行灵璧县支行分设，行使中央银行在辖区内职能。所属行业为金融业。经营范围为制定和执行货币金融政策、对金融活动实施监督管理和提供支付清算服务。

灵璧县烟草专卖局

灵璧县烟草专卖局（Língbìxiàn Yāncǎozhuānmàijú） 位于灵璧县灵城镇凤山中路。1981年9月9日注册成立。所属行业为社会服务类行业。担负着烟草专卖市场管理职能，经营卷烟批发零售、烤烟收购等。

灵璧县残疾人联合会

灵璧县残疾人联合会（Língbìxiàn Cánjírén Liánhéhuì） 位于灵璧县南太平街12号。成立于1990年9月13日，副科级单位，1994年9月为正科级单位。所属行业为社会服务类行业。职能范围是登记发证、劳动就业、康复医疗、贫困救助、维护权益等。

灵璧县文学艺术界联合会

灵璧县文学艺术界联合会（Língbìxiàn Wénxuéyìshùjiè Liánhéhuì） 位于灵城镇太平社区。始建于1958年，1960年底因人员调出而无组织活动。1997年，重新设立县文联。所属行业为社会服务类行业。职能范围是文艺展演活动、文艺阵地建设、文艺创作参赛等。

灵璧经济开发区管委会

灵璧经济开发区管委会（Língbì Jīngjìkāifāqū Guǎnwěihuì） 位于灵璧县经济

开发区虞姬大道。2005年2月成立灵璧县工业园区管理委员会，2006年更名为灵璧经济开发区管理委员会。所属行业为社会服务类行业。职能范围是负责本区各项政府日常工作。占地面积6666.7平方米，建筑面积2500平方米。

中国共产党灵璧县纪律检查委员会

中国共产党灵璧县纪律检查委员会（Zhōngguó Gòngchǎndǎng Língbìxiàn Jìlǜjiǎnchá Wěiyuánhuì） 位于灵璧县政务新区十楼。中共灵璧县纪检委始建于1951年1月，1955年6月更名为中共灵璧县监察委；1959年更名为中共灵璧县委监察委。1966年"文化大革命"开始后被撤销，直至1979年10月中共灵璧县第四届委员会第十九次扩大会议选举产生中共灵璧县纪律检查委员会，1984年3月升格为副县级机构，称中共灵璧县纪律检查委员会。县第五次党代会始设常委。灵璧县监察局于1988年7月成立。1993年4月，与灵璧县监察局合署办公，对外两块牌子——中共灵璧县纪律检查委员会、灵璧县监察局。所属行业为社会服务类行业。职能范围是负责贯彻落实省、市委，省、市纪委和县委关于加强党风廉政建设的决定，维护党的章程和其他党内法规，检查党的路线、方针、政策和决议的执行情况。协助县委、县政府落实党风廉政建设责任制。主管全县行政监察工作，负责贯彻落实上级政府和上级监察部门有关行政监察工作的决定，监督检查县政府各部门及其国家公务员和各乡镇政府及其负责人执行国家政策和法律法规及县以上人民政府发布的决定和命令的情况。负责检查并处理县直各部门、各单位和各乡镇党的组织及党员领导干部违反党的章程及其他党内法规的案件，决定或取消对这些案件党员的处分；受理党员的控告和申诉，必要时直接查处下级党的纪律检查机关管辖范围内的比较重要或复杂的案件。负责调查处理县政府各部门及其国家公务员、县政府及县政府各部门任命的其他人员及乡镇政府及其负责人违反国家政策、法律、法规及违反政纪的行为；受理对行政监察对象违反政纪行为的控告、检举，受理行政监察对象不服政纪处分的申诉。负责省委、省政府，市委、市政府和县委、县政府关于政风建设及纠正部门和行业不正之风工作批示、规定的贯彻落实；组织开展全县政风建设及纠正部门和行业不正之风工作专项治理；协调全县村务、厂务、政务公开工作；查处政风建设及纠正部门和行业不正之风工作中发现的违纪违规问题。协调组织反腐败抓源头治理工作。负责作出关于维护党纪、政纪的决定，制订党风党纪和廉政教育规划；配合有关部门做好党的纪检工作和行政监察工作的方针、政策和法律、法规的宣传工作，对党员及国家工作人员进行遵纪守法、为政清廉的教育；组织和指导全县纪检监察干部的培训工作。负责对全县党的纪检工作和行政监察工作的政策研究及有关问题的调查研究，拟定全县党风廉政建设的有关规定。对县、乡、镇政府和县政府各部门制定的有关政策、规定情况进行调查研究，对其违反国家法律、法规和有损国家利益的条款，提出修改建议；变更或撤销下级监察机关不适当的决定和规定。会同县委组织部及有关部门党组（党委）做好纪检、监察干部的管理工作。审核乡镇纪委领导班子人选；负责县纪委、监察局派驻县直各部门纪检组、监察室主要负责人的提名、考察，并提出调整、交流和任免意见；审核县直有关单位内设纪检、监察机构主要负责人人选。承办上级纪检、监察机关和县委、县政府交办的其他任务。

中国共产党灵璧县委员会政法委员会

中国共产党灵璧县委员会政法委员会（Zhōngguó Gòngchǎndǎng Língbìxiàn Wěiyuánhuì Zhèngfǎ Wěiyuánhuì） 位于灵璧县政务新区检察院大楼9楼。1978年经上级批准成立中共灵璧县委政法党组，1982年撤销灵璧县政法党组，成立中共灵璧县委员会政法委员会至今。是县级党委领导管理政法工作的职能部门，主要职能是把握政治方向、协调各方职能、统筹政法工作、建设政法队伍、督促依法履职、创造公正司法环境。所属行业为社会服务类行业。职能范围：(一) 根据党的路线、方针、政策和党委的部署，对一定时期内的政法工作作出全局性安排，并督促贯彻落实。(二) 组织统筹指导维护国家安全和社会稳定工作，协调处理突发性事件和群体性事件。(三) 检查政法各部门执行法律法规和党的方针政策的情况，结合实际，研究制定推动政法各部门严格公正文明执法的具体措施。(四) 监督和支持政法各部门依法行使执法权和司法权，指导和协调政法各部门在依法相互制约的同时密切配合，督促、推动大案要案的查处工作。(五) 组织协调社会治安综合治理工作，推动各项措施的落实。(六) 组织协调、督查指导防范处理邪教和有害气功组织工作，推动各项工作措施的落实。(七) 研究加强政法队伍建设的措施；协助党委及其组织部门管理政法部门领导干部；牵头组织推动政法系统党风廉政建设。(八) 组织开展政法工作的调查研究，提出加强基层政法工作的意见和措施。(九) 指导协调政法宣传和舆论监督工作，组织推动基层法学研究。(十) 办理党委和上级党委政法委员会交办的其他事项。建筑面积800平方米。

灵璧县经济和信息化委员会

灵璧县经济和信息化委员会（Língbìxiàn Jīngjìhéxìnxīhuà Wěiyuánhuì）位于灵城镇政务新区。1987年11月—1992年5月是灵璧县计划经济委员会；1992年5月—1995年3月是灵璧县经济委员会；1995年3月—2007年6月是灵璧县经济贸易委员会；2007年6月—2010年9月是灵璧县工业经济委员会；2010年，中共灵璧县委、灵璧县人民政府以灵秘〔2010〕14号文件批准设立灵璧县经济和信息化委员会至今。主管组织实施工业、信息化相关行业的规划，监测、分析经济运行态势，负责提出工业、信息化技术改造投资规模和方向的建议，拟订并组织实施工业、信息化相关产业的能源节约、资源综合利用，承担信息安全管理的责任，统筹推进全县信息化工作，组织拟订相关政策措施并协调信息化建设中的重大问题等业务。所属行业为社会服务类行业。

事业单位

灵璧县关心下一代工作委员会

灵璧县关心下一代工作委员会（Língbìxiàn Guānxīnxiàyīdài Gōngzuò Wěiyuánhuì）位于灵城镇解放街老县委大院内。1990年3月27日，灵璧县成立关心下一代协会组织，1993年改称为灵璧县关心下一代工作委员会（简称关工委）。1997年2月设立关工委办公室。在县委和县政府领导下，以老同志为主体，党政有关部门、群众团体负责人参加的群众性工作组织，是党和政府组织教育青少年儿童的助手和参谋，负有指导、推动、协调、配合关心下一代工作的职能。所获荣誉：1999年和2004年分别获得全省关心下一代工作先进单位和先进集体；2005年6月获全国关心下一代工作先进集体；曾受中国关工委和中央文明办的表彰；荣获团中央、全国少工委授予的“一级星星火炬”奖章。所属行业为社会服务类行业。建筑面积960平方米。

灵璧县动物疫病与控制中心

灵璧县动物疫病与控制中心（Língbìxiàn Dòngwù Yìbìngyǔkòngzhìzhōngxīn）位于灵城镇南环路4号。2007年12月成立灵璧县动物疫病预防与控制中心，隶属灵璧县畜牧水产局。建筑面积40平方米。所属行业为社会服务类行业。职能范围是负责指导全县重大动物疫病防控工作，制订全县重大动物疫病防控及扑灭计划，并组织实施。

灵璧县畜禽改良管理站

灵璧县畜禽改良管理站（Língbìxiàn Chùqín Gǎiliáng Guǎnlǐzhàn）位于灵城镇花园街。1953年成立灵璧县家畜配种站。占地面积1333平方米，建筑面积128平方米。所属行业为社会服务类行业。职能范围是家畜、家禽的饲料、添加剂、兽药及药械的供应销售。

灵璧县畜禽药械供销站

灵璧县畜禽药械供销站（Língbìxiàn Chùqín Yàoxiègòngxiāozhàn）位于灵城镇灵双路。1987年成立灵璧县畜禽药械供销站。建筑面积60平方米。所属行业为社会服务类行业。职能范围是家畜、家禽的饲料、添加剂、兽药及药械的供应销售。

灵璧县动物卫生监督所

灵璧县动物卫生监督所（Língbìxiàn Dòngwù Wèishēngjiāndūsuǒ）位于灵城镇南环路4号。2007年12月成立灵璧县动物卫生监督所，隶属灵璧县畜牧水产局。建筑面积40平方米。所属行业为社会服务类行业。职能范围是动物屠宰，动物和动物产品生产、经营、运输，动物产品加工、储存等场所活动的防疫监督。

灵璧县防汛抗旱办公室

灵璧县防汛抗旱办公室（Língbìxiàn Fángxùnkànghàn Bàngōngshì）位于灵城镇凤河中路东段。1991年1月设立灵璧县水利局防汛抗旱办公室。占地面积5333平方米，建筑面积200平方米。所属行业为社会服务类行业。业务范围是指挥防汛抗旱、减轻水旱灾害、防汛抗旱管理，防洪调度、抗洪抢险组织，指挥组织除险加固，农村水利兴修工作。

灵璧县水利工程管理站

灵璧县水利工程管理站（Língbìxiàn Shuǐlìgōngchéng Guǎnlǐzhàn）位于灵城镇凤河中路东段。1956年3月21日成立，机构名称为水利工程管养股，1958年2月改为水利工程管理股，1968年10月更名为水利工程管理组，1978年5月更名为水利工程管理股，1997年5月更名为水利工程管理站。占地面积500平方米。所属行业为社会服务类行业。业务范围是做好汛前检查和汛期值班工作，确保水利工程安全运行、安全度汛，编报涵闸维修工程计划，完成涵闸维修、保养工作，检查水利工程运行，报送水情、雨情，按县防办指令及时启闭闸门。

灵璧县机电排灌管理站

灵璧县机电排灌管理站（Língbìxiàn Jīdiànpáiguàn Guǎnlǐzhàn）位于灵城镇凤河路57号。成立于1962年，建筑面积50

平方米。所属行业为社会服务类行业。业务范围：负责辖区内生产用地的排涝和抗旱、国营排灌站的管理维修、群管站的建设技术指导和年报的编制。

灵璧县水政监察大队

灵璧县水政监察大队（Língbìxiàn Shuǐzhèng Jiānchádàduì） 位于灵城镇龙山广场东300米路北。1991年8月设立灵璧县水利局水政水资源管理办公室；2002年4月设立灵璧县水政监察大队；2014年8月设立灵璧县水土保持防治监督站，在灵璧县水政监察大队挂牌。所属行业为社会服务类行业。业务范围：为保护水利工程设施和水事活动提供监察保障，依法保护水利工程设施，维护正常的水事秩序，裁定、处罚违反水法规行为，协助调处水事纠纷，配合公安、司法机关查处水理案件等。其内设三个工作组，分别为水资源组、水土保持组、水政执法组。

灵璧县濉河管理所

灵璧县濉河管理所（Língbìxiàn Suīhé Guǎnlǐsuǒ） 位于浍沟镇浍沟街东头路北。2002年7月成立。 2007年1月水管体制改革后为全额事业单位。占地面积22645平方米，建筑面积400平方米。所属行业为社会服务类行业。业务范围：促进水利事业发展，濉河堤防、滩地及水面日常管理工作，岁修计划的编报和实施，堤坝绿化和水土保持。

灵璧县水利工程质量监督站

灵璧县水利工程质量监督站（Língbìxiàn Shuǐlì Gōngchéngzhìliàng Jiāndūzhàn） 位于灵城镇凤河中路东段。成立于1994年5月，为水利局所属股级全民事业单位。2007年1月，灵璧县水利工程管理体制改革中，灵璧县水利工程质量监督站被定性为纯公益事业单位。占地面积300平方米。所属行业为社会服务类行业。业务范围：为全县水利基本建设工程提供质量监督保障，参与水利工程质量监督检查；水利工程质量争端仲裁；参与重大水利工程事故分析和处理；受检水利工程的验收。

宿州市新汴河工程管理局灵璧分局

宿州市新汴河工程管理局灵璧分局（Sùzhōu Shì Xīnbiànhé Gōngchéngguǎnlǐjú Língbì Fēnjú） 位于灵城镇解放西路157号。2013年3月成立。占地面积4729平方米，建筑面积950平方米。所属行业为社会服务类行业。业务范围：为新汴河水利工程灵璧段的正常运行提供管理保障；负责新汴河水利工程灵璧段运行管理；新汴河水利工程的日常养护、维修；为新汴河水利工程改造计划提出建议；承担千米范围内的水行政执法职责。

灵璧县水利设计院

灵璧县水利设计院（Língbìxiàn Shuǐlì Shèjìyuàn） 位于灵城镇凤河路57号。成立于1958年（原名灵璧县水利局工程股），1985年注册为灵璧县水利设计室，于2014年5月更名为灵璧县水利设计院。建筑面积620平方米。所属行业为社会服务类行业。业务范围：水利工程规划设计、咨询服务。

灵璧县城乡居民社会养老保险管理中心

灵璧县城乡居民社会养老保险管理中心（Língbìxiàn Chéngxiāng Jūmín Shèhuì Yǎnglǎobǎoxiǎn Guǎnlǐzhōngxīn） 位于灵城镇解放西路西关移动大厅后院东二楼。2011年9月成立。建筑面积460平方米。所属行业为社会服务类行业。业务范围：为城乡居民养老保险提供管理和服务保障，城乡居民养老保险工作的参保登记、变更、注销；保费征缴；个人账户管理；待遇核定和支付；关系转移接续；基金管理和服务。

灵璧县城镇医疗工伤生育保险管理中心

灵璧县城镇医疗工伤生育保险管理中心（Língbìxiàn Chéngzhènyīliáo Gōngshāngshēngyù Bǎoxiǎn Guǎnlǐzhōngxīn） 位于灵城镇解放路8号。灵璧县城镇医疗工伤生育保险管理中心于2000年成立。建筑面积300平方米。所属行业为社会服务类行业。业务范围：负责全县医疗工伤生育保险工作。

灵璧县城镇职工养老保险管理中心

灵璧县城镇职工养老保险管理中心（Língbìxiàn Chéngzhèn Zhígōng Yǎnglǎobǎoxiǎn Guǎnlǐzhōngxīn） 位于灵城镇迎宾大道中段路东。1987年成立灵璧县社会保险事业管理所，2000年变更为灵璧县社会保险事业管理局，2015年变更为灵璧县城镇职工养老保险管理中心。建筑面积300平方米。所属行业为社会服务类行业。业务范围：为社会养老保险提供管理保障，社会养老保险方案的编制和实施，社会养老保险基金管理，社会养老保险政策咨询和服务。

灵璧县就业管理服务中心

灵璧县就业管理服务中心（Língbìxiàn Jiùyèguǎnlǐ Fúwùzhōngxīn） 位于灵城镇迎宾大道中段路东。1982年成立劳动服务公司，1999年变更为劳动就业管理局，2015年变更为灵璧县就业服务管理中心。占地面积2000平方米，建筑面积800平方米。所属行业为社会服务类行业。业务范围：为就业求职人员提供服务保障，劳动力市场管理、就业再就业人员的岗前培训、职业介绍和劳动力转移就业，失业保险，对基层人社所进行业务指导，劳动就业咨询与服务。

灵璧县绿肥良种场

灵璧县绿肥良种场（Língbìxiàn Lǜféi Liángzhǒngchǎng） 位于灵璧县黄湾镇黄湾街。始建于20世纪50年代，原名灵璧县财贸农场，后更名为灵璧县绿肥良种场。占地面积559613平方米，建筑面积1139平方米。所属行业为社会服务类行业。业务范围：全县及周边地区繁育绿肥良种及各类农作物良种繁育、示范、推广，并从事各类农业新技术的运用、示范、推广工作。

灵璧县农业综合执法大队

灵璧县农业综合执法大队（Língbìxiàn Nóngyè Zōnghé Zhífǎdàduì） 位于灵城镇解放路42号。1999年11月成立灵璧县农业综合执法大队，内设办公室、农牧综合中队、种子管理中队、药政管理中队、动植物检疫中队。2007年12月20日撤销灵璧县农业执法大队种子管理中队。建筑面积140平方米。所属行业为社会服务类行业。业务范围：农业违法行为受理、立案，农业行政检查，农业行政处罚，农业行政强制，农业行政许可。

灵璧县农业技术推广中心

灵璧县农业技术推广中心（Língbìxiàn Nóngyèjìshù Tuīguǎngzhōngxīn） 位于灵城镇花园街西端。灵璧县农业技术推广中心于1997年成立。建筑面积1300平方米。所属行业为社会服务类行业。业务范围：种植业技术引进与实验示范、种植业技术培训、种植业技术服务与指导。

灵璧县植保站

灵璧县植保站（Língbìxiàn Zhíbǎozhàn） 位于灵城镇植保植检站。1963年成立灵璧县虫情测报站。1975年改名为灵璧县植物保护站，站址设在灵璧县农科所。1979年迁至灵璧县城东3.5千米处。1985年更名为灵璧县植保植检站。占地面积6667平方米，建筑面积700平方米。所属行业为社会服务类行业。业务范围：负责本区域农作物病虫害预测预报，发布本区域农作物病虫害信息，制定本区域农作物病虫害防治预案，为各级领导提供防治决策依据；组织并指导全县开展大面积农作物病虫草鼠防治工作；贯彻执行《植物检疫条例》；依法开展植物检疫检验；依据国家《植物植检条例》、农业部《植物检疫条例实施细则》，组织贯彻植物检疫法律和法规、行使植物检疫组织管理和行政执法职能，承办检疫审批、检疫检验、签发证书，组织疫情普查，制定封锁和消灭措施；试验示范和推广植保新技术、新成果；提供植保技术咨询、信息服务。

灵璧县种子管理站

灵璧县种子管理站（Língbìxiàn Zhǒngziguǎnlǐzhàn） 位于灵城光明大街一号楼。为加强种子管理工作，2007年12月撤销灵璧县农业综合执法大队种子管理中队，设立灵璧县种子管理站（挂种子质量监督检验站牌子），为灵璧县农委所属股级财政全拨事业单位。建筑面积84平方米。所属行业为社会服务类行业。业务范围：依法履行种子行政许可、行政处罚、行政管理，加强对全县种子市场和种子质量的监管，负责开展种子试验、示范、推广。

灵璧县土壤肥料站

灵璧县土壤肥料站（Língbìxiàn Tǔrǎngféiliàozhàn） 位于灵城镇花园街西端农委院内。1980年3月建站，成立时与原农业股一起办公，主要任务是迎接全国第二次土壤普查工作和对全县土壤肥料进行监测。1985年1月，站址迁至农场。1997年，站址迁至农技中心二楼。2002年，站址迁至原农业局。建筑面积240平方米。所属行业为社会服务类行业。业务范围为合理利用土肥水资源，提供技术与监测服务。

灵璧县特色农业技术指导站

灵璧县特色农业技术指导站（Língbìxiàn Tèsènóngyè Jìshùzhǐdǎozhàn） 位于灵城镇花园街西段。成立于2011年2月，前身是灵璧县蚕桑技术指导站，为股级财政拨款事业单位。建筑面积60平方米。所属行业为社会服务类行业。业务范围：负责全县特色作物生产意见和发展规划的撰写，新品种、新技术的试验、示范、推广及新技术指导和相关项目的实施等工作，现阶段以"菜篮子"工程建设、"三品一标"认证、蚕桑技术推广等工作为主。

灵璧县农产品质量安全检验检测站

灵璧县农产品质量安全检验检测站（Língbìxiàn Nóngchǎnpǐn Zhìliàng'ānquán Jiǎnyànjiǎncèzhàn） 位于灵城镇花园街西。2008年成立。建筑面积742平方米。所属行业为社会服务类行业。业务范围：贯彻执行国家有关农产品质量安全方面的法律法规和标准，组织开展辖区内农产品抽样例行检验检测、监督抽查、风险评估和上报检测信息工作，开展农产品质量安全技术咨询、宣传培训及"三品一标"认证等工作。

灵璧县农业科学研究所

灵璧县农业科学研究所（Língbìxiàn Nóngyè Kēxué Yánjiūsuǒ） 位于灵璧县灵东运河东侧。本所成立于1972年4月，1982年春改为灵璧县农业技术推广所，1985年末又改回灵璧县农业科学研究所，沿用至今。占地面积100050平方米，建筑面积1500平方米。所属行业为社会服务类行业。业务范围从事农作物新品种（系）的试验、示范，新技术、新成果的推广，农业项目的实施与应用等基础性公益科研工作。

灵璧县棉花原种场

灵璧县棉花原种场（Língbìxiàn Miánhuā Yuánzhǒngchǎng） 位于灵城东关外3千米，303省道南侧。灵璧县棉花原种场于1973年10月成立。占地面积396270平方米，建筑面积2310平方米。所属行业为社会服务类行业。业务范围：开展农作物原种试验、示范和生产，棉花原种生产和供应，受委托承担油菜、花生、麦类农作物试验示范。

灵璧县良种繁育场

灵璧县良种繁育场（Língbìxiàn Liángzhǒng Fányùchǎng） 位于灵城西北角。1951年3月建场，名称沿用至今。占地面积732600平方米。所属行业为社会服务类行业。业务范围：小麦良种推广、繁育。

灵璧县尹集苗圃

灵璧县尹集苗圃（Língbìxiàn Yǐnjí Miáopǔ） 位于尹集镇政府东3千米处，302省道南侧。1953年成立，原名灵璧县尹集苗圃场，后更名为尹集苗圃。占地面积213120平方米，建筑面积1800平方米。所属行业为社会服务类行业。业务范围：林木种苗培育及销售。

灵璧县林业有害生物防治检疫站

灵璧县林业有害生物防治检疫站（Língbìxiàn Línyè Yǒuhàishēngwù Fángzhìjiǎnyìzhàn） 位于灵璧县解放路42号。1980年农、林业局分设，设立森防站，名为林业局森防站，属林业局下属事业单位。1984年规范名称为灵璧县森林病虫防治检疫站，2014年规范更名为灵璧县林业有害生物防治检疫站。建筑面积40平方米。所属行业为社会服务类行业。业务范围：为林业发展提供病虫防治检疫保障。

灵璧县林业技术推广站

灵璧县林业技术推广站（Língbìxiàn Línyèjìshù Tuīguǎngzhàn） 位于灵璧县虞姬乡灵光村。1978年县农林局成立林业站，1980年4月农林分家后更名为灵璧县林业技术推广站。占地面积9657平方米，建筑面积500平方米。所属行业为社会服务类行业。业务范围：负责全县林业技术推广计划的制订并组织实施，组织林业技术的专业培训，提供林业技术、信息服务，对确定推广的林业技术进行试验、示范，指导乡镇、村级林业技术推广，开展机构、群众性科研组织和林农技术人员的林业技术推广活动。

灵璧县林业技术推广培训中心

灵璧县林业技术推广培训中心（Língbìxiàn Línyèjìshù Tuīguǎngpéixùn Zhōngxīn） 位于灵城镇解放路42号。2001年成立。占地面积660平方米。所属行业为社会服务类行业。业务范围：参与制订林业技术推广计划并组织实施；组织林业技术的专业培训；提供林业技术、信息服务；对确定推广的林业技术进行试验、示范；指导下级林业技术推广机构、群众性科技组织和农民技术人员的农业技术推广活动。

灵璧县苗圃

灵璧县苗圃（Língbìxiàn Miáopǔ） 位于灵城镇山西村卓阎庄东南500米。1974年5月，在灵璧县人民政府和上海市人民政府的大力支持下，为了解决上海下放知识青年开展创业再就业活动，特成立灵璧县“五七”知识青年农场，亦工亦农，隶属灵璧县知识青年办公室。1983年9月将原五七农场改建为灵璧县苗圃。占地面积346320平方米，建筑面积2400平方米。所属行业为社会服务类行业。业务范围：管理国有苗圃，促进林业发展，保障林木种苗生产供应。

安徽省灵西木竹检查站

安徽省灵西木竹检查站（Ānhuīshěng Língxīmùzhú Jiǎncházhàn） 位于灵城镇境内，地址为灵璧县新大桥南100米。安徽省人民政府〔1993〕4号文件批准设立安徽省灵西木竹检查站。占地面积1732平方米，建筑面积520平方米。所属行业为社会服务类行业。业务范围：宣传、执行《中华人民共和国森林法》和国家其他有关木材运输检查监督的法规、政策；依法查验木材运输证件，制止违法运输木材；根据县级以上林业行政主管部门或有关单位的依法授权或委托，履行相应的职责。

灵璧县城建档案室

灵璧县城建档案室（Língbìxiàn Chéngjiàn Dàng'ànshì） 位于灵城镇境内，地址为灵璧县行政服务中心南侧。成立于2007年3月，隶属县住建局。建筑面积120平方米。所属行业为社会服务类行业。业务范围：本行政区域内城市建设档案的收集、整理、保管、统计、鉴定和提供利用；负责建设工程竣工验收的档案审查；组织并指导本行政区域内城市建设档案的宣传教育及业务工作；开发城市建设档案信息资源。

灵璧县城建监察大队

灵璧县城建监察大队（Língbìxiàn Chéngjiàn Jiānchádàduì） 位于灵璧县环城西路。成立于1990年9月，原名城建监察队，2008年8月升格为城建监察大队至今。所属行业为社会服务类行业。业务范围：促进城镇总体规划的实施。

灵璧县污水处理费征收办公室

灵璧县污水处理费征收办公室（Língbìxiàn Wūshuǐchùlǐfèi Zhēngshōu Bàngōngshì） 位于灵城镇虞姬大道南段灵运集团四楼。成立于2005年4月。占地面积300平方米。所属行业为社会服务类行业。业务范围：污水处理费征收。

灵璧县建筑工程质量监督站

灵璧县建筑工程质量监督站（Língbìxiàn Jiànzhùgōngchéng Zhìliàngjiāndūzhàn） 位于开发区焦山路北段。系灵璧县住建局下属单位，负责全县建筑工程质量监督工作，于1988年10月在工商局登记注册挂牌成立。占地面积666平方米，建筑面积700平方米。业务范围：对城乡建筑工程质量提供监督保障，城乡建筑工程质量监督管理，建筑工程质量事故的评估及处理，工程检测。

灵璧建筑设计院

灵璧建筑设计院（Língbì Jiànzhù Shèjìyuàn） 位于经济开发区薄山路北段。1982年成立，定名为灵璧县基建局设计室，后因主管局名称改变，相继改名为灵璧县城乡建设环保局设计室和灵璧县建设局设计室。1995年，为更好体现独立法人资格，正式定名为灵璧县建筑设计室。2011年，经安徽省住房和城乡建设厅批准，改名为灵璧建筑设计院。占地面积333平方米，建筑面积251平方米。所属行业为社会服务类行业。业务范围：工业与民用建筑设计。

灵璧县图书馆

灵璧县图书馆（Língbìxiàn Túshūguǎn） 位于灵城镇境内，地址为灵璧县建设中路文化城。1958年建立，1960年春被撤，业务由文化馆负责。1979年3月建立灵璧县图书馆，其规格为股级单位。所属行业为社会服务类行业。业务范围：图书、文献、报刊、音像资料的采购、采编与储藏；图书、资料的借阅；利用图书资料开展义务教育及送图书下乡活动；发挥资源优势，建立资料信息库，实现资源共享；策划我县公共图书事业近期及远期发展规划。

灵璧县文化馆

灵璧县文化馆（Língbìxiàn Wénhuàguǎn） 位于灵璧县文化馆。1953年，宿县专属文教处贯彻皖北区文化馆长会议及中央文化部发出的“关于整顿和加强文化馆站工作指示”，决定把宿县专区固镇人民文化馆由甲等调整为丁等馆。固镇县文化馆的人员除留少数外，多数被调往灵璧县人民文化馆工作。1954年调整后的灵璧县人民文化馆改名为灵璧县文化馆。所属行业为社会服务类行业。业务范围：具体负责全县大型文艺调演、文艺竞赛、大型艺术展览、重要节日和重大庆典文化活动等的策划、组织及辅导，组织开展全县城乡多层次、多形式、丰富多彩的文化活动；具体负责县、镇、村、户四级文化网络的建设与完善，培训业余文艺骨干，不断发展壮大文艺创作、文艺演出、美术、书法、摄影、剪纸、面塑、根雕等业余文艺队伍；具体负责各镇（办、区）文化站人员的业务指导和培训；抓好全县文艺专业人员和业余文艺骨干人员的艺术创作；组织市、省、全国各级艺术展演及艺术交流竞赛活动；积极挖掘和搜集整理民间文化遗产；组织专业人员抓好全县文化工作典型，并向全县推广；组织专业人员常年深入各厂矿、企事业单位、农村、学校等搞好各个艺术门类的辅导，并为厂庆、校庆等搞好大型文化活动的创意、排演、组织等活动。

灵璧县非税收入征收管理局

灵璧县非税收入征收管理局（Língbìxiàn Fēishuìshōurù Zhēngshōu Guǎnlǐjú）位于灵城镇建设中路88号。1996年成立灵璧县收费管理局，2005年更名为灵璧县非税收入征收管理局。占地面积1532平方米。所属行业为社会服务类行业。业务范围：管理国有预算外资金，实施财政监督。

灵璧县农业综合开发局

灵璧县农业综合开发局（Língbìxiàn Nóngyè Zōnghé Kāifājú） 位于灵城镇建设中路88号。2002年灵璧县农业综合开发办公室纳入县财政局管理，2008年更名为灵璧县农业综合开发局。占地面积1532平方米。所属行业为社会服务类行业。业务范围：贯彻落实国家农业开发的方针政策和国家的综合开发有关政策及管理办法；制订全县农业综合开发中长期规划，进行农业综合开发项目前期准备工作及项目选项、规划、设计和施工管理、检查、验收等，负责项目资金的管理和使用；承办县政府和上级业务部门交办的日常工作。

灵璧县计划生育服务站

灵璧县计划生育服务站（Língbìxiàn Jìhuàshēngyù Fúwùzhàn） 位于灵城镇境内，地址为灵城政务新区。1982年成立。占地面积7326平方米，建筑面积3500平方米。所属行业为社会服务类行业。业务范围：计划生育技术服务工作。

灵璧县人口管理监察大队

灵璧县人口管理监察大队（Língbìxiàn Rénkǒuguǎnlǐ Jiānchádàduì） 位于灵城政务新区。1997年灵璧县计划生育调查队成立，2009年更名为灵璧县人口管理监察大队至今。占地面积7326平方米，建筑面积

500平方米。所属行业为社会服务类行业。业务范围：灵璧县人口和计划生育政策法规执行情况监察工作。

灵璧县计划生育协会

灵璧县计划生育协会（Língbìxiàn Jìhuàshēngyù Xiéhuì） 位于灵城政务新区。1988年，灵璧县计划生育协会成立。占地面积7326平方米，建筑面积200平方米。所属行业为社会服务类行业。业务范围：计生协会组织建设。

灵璧县国土资源执法监察大队

灵璧县国土资源执法监察大队（Língbìxiàn Guótǔzīyuán Zhífǎjiānchá dàduì） 位于灵城镇南二环北侧。2013年6月由灵璧县矿产监察大队和灵璧县土地管理监察大队合并，成立灵璧县国土资源执法监察大队。占地面积122平方米，建筑面积366平方米。所属行业为社会服务类行业。业务范围：国土资源动态巡查，及时发现和制止国土资源违法行为，查处国土资源违法案件，承办国土资源违法案件的移送、统计等工作。

灵璧县土地开发复垦整理中心

灵璧县土地开发复垦整理中心（Língbìxiàn Tǔdìkāifā Fùkěnzhěnglǐ Zhōngxīn） 位于灵璧县南二环路。成立于2003年4月。占地面积130平方米，建筑面积130平方米。业务范围：负责编制灵璧县土地开发复垦整理专项规划和土地开发复垦年度计划；指导全县土地后备资源的开发复垦工作；建立土地开发复垦档案，保护土地开发复垦成果；承办全县土地开发复垦重大项目的立项报批工作；依法征收土地闲置费、土地开垦费，建立土地开发基金，负责土地开发基金使用和管理工作等。

灵璧县灵璧石资源管理办公室

灵璧县灵璧石资源管理办公室（Língbìxiàn Língbìshí Zīyuánguǎnlǐ Bàngōngshì） 位于灵璧县南二环路老法院对面。设立于2005年7月20日，正科级财政全拨款事业单位，与国土局合署办公；2013年3月20日降格为副科级建制，隶属灵璧县国土资源局管理，其他机构编制形式不变。所属行业为社会服务类行业。业务范围：灵璧县范围内的灵璧石资源加强管理保护，减少资源流失，充分体现资源价值。

灵璧县土地储备发展中心

灵璧县土地储备发展中心（Língbìxiàn Tǔdìchǔbèi Fāzhǎnzhōngxīn） 位于灵城镇南太平街19号。灵璧县土地资产管理中心成立于2000年6月；2013年7月更名为灵璧县土地储备发展中心至今。建筑面积150平方米。所属行业为社会服务类行业。业务范围：灵璧县范围内的土地收购储备工作。

灵璧县众兴地产估价中心

灵璧县众兴地产估价中心（Língbìxiàn Zhòngxìngdìchǎn Gūjiàzhōngxīn） 位于灵璧县经济开发区虞姬大道东侧。前身是灵璧县地价评估事务所，成立于1995年，2003年5月更名为灵璧县众兴地产估价中心。占地面积360平方米。所属行业为社会服务类行业。业务范围：负责灵璧县范围内的土地估价工作。

灵璧县卫生监督所

灵璧县卫生监督所（Língbìxiàn Wèishēng Jiāndūsuǒ） 位于灵城镇凤山北路243号。2008年1月正式成立。建筑面积300平方米。所属行业为社会服务类行业。业务范围：卫生监督执法。

灵璧县卫生进修学校

灵璧县卫生进修学校（Língbìxiàn Wèishēng Jìnxiū Xuéxiào） 位于灵璧县环城东路南段。成立于 1958 年。占地面积 6667 平方米，建筑面积 45000 平方米。所属行业为社会服务类行业。业务范围：普通中专、成人函授专本科教学工作，乡村医师培训，灵璧县医技人员继续教育及培训工作。

灵璧县疾病预防控制中心

灵璧县疾病预防控制中心（Língbìxiàn Jíbìng Yùfángkòngzhìzhōngxīn） 位于灵城镇凤山北路 243 号。2004 年 1 月 9 日原卫生防疫站撤销，成立了灵璧县疾病预防控制中心。所属行业为社会服务类行业。业务范围：承担辖区内病预防控制与公共卫生技术管理、培训、技术指导与服务等工作。

灵璧县人民医院

灵璧县人民医院（Língbìxiàn Rénmínyīyuàn） 位于灵璧县解放中路 230 号。始建于 1949 年 10 月，原名为灵璧县卫生院。建筑面积 27000 平方米。所属行业为社会服务类行业。是集医疗、教学、科研为一体的二级甲等医院。

灵璧县中医医院

灵璧县中医医院（Língbìxiàn Zhōngyīyīyuàn） 位于灵城镇建设中路 286 号。成立于 1978 年 6 月。占地面积 2264 平方米，建筑面积 2684 平方米。所属行业为社会服务类行业。业务范围：中医药医疗服务、预防保健。

灵璧县妇幼保健所

灵璧县妇幼保健所（Língbìxiàn Fùyòu Bǎojiànsuǒ） 位于汴河西路龙山广场西侧路南 100 米。成立于 1951 年，至今已有 64 年历史。占地面积 333 平方米，建筑面积 1200 平方米。所属行业为社会服务类行业。业务范围：基本公共卫生服务、全县妇幼保健业务指导。

灵璧县新型农村合作医疗管理中心

灵璧县新型农村合作医疗管理中心（Língbìxiàn Xīnxíngnóngcūn Hézuò yīliáo Guǎnlǐzhōngxīn） 位于灵城镇汴河西路奇石小镇小区。占地面积 666 平方米，建筑面积 1800 平方米。所属行业为社会服务类行业。业务范围：负责全县参合群众医疗基金发放管理，监督管理各定点医疗机构医疗行为，研究制定切实可行的新农合补偿政策。

灵璧县环境卫生管理所

灵璧县环境卫生管理所（Língbìxiàn Huánjìng Wèishēng Guǎnlǐsuǒ） 位于灵城镇建设北路老城建局二楼北部。成立于 2006 年 4 月。建筑面积 220 平方米。所属行业为社会服务类行业。业务范围：负责灵璧县城市市容环境卫生（设施）规划、建设、管理。

灵璧县路灯管理所

灵璧县路灯管理所（Língbìxiàn Lùdēng Guǎnlǐsuǒ） 位于灵城镇灵城奇石公园东侧垃圾中转站三楼。成立于 2006 年 4 月。建筑面积 300 平方米。所属行业为社会服务类行业。业务范围：负责灵璧县路灯的规划、建设、管理。

灵璧县燃气管理服务中心

灵璧县燃气管理服务中心（Língbìxiàn Ránqìguǎnlǐ Fúwùzhōngxīn） 位于灵城镇钟馗路中段东侧。成立于 2006 年 4 月。建筑面积 50 平方米。所属行业为社会服务类行业。业务范围：负责灵璧县燃气的规划、建设、管理和服务。

灵璧县市场管理服务中心

灵璧县市场管理服务中心（Língbìxiàn Shìchǎngguǎnlǐ Fúwùzhōngxīn） 位于灵城镇西关磬云市场。成立于2006年4月。建筑面积80平方米。所属行业为社会服务类行业。业务范围：负责灵璧县灵城市场的规划、建设、管理。

灵璧县市政工程建设管理所

灵璧县市政工程建设管理所（Língbìxiàn Shìzhènggōngchéng Jiànshè Guǎnlǐsuǒ） 位于灵城镇东环路垃圾中转站三楼。成立于2006年4月。建筑面积200平方米。所属行业为社会服务类行业。业务范围：负责灵璧县城市政公用设施规划、建设、管理。

灵璧县园林管理所

灵璧县园林管理所（Língbìxiàn Yuánlín Guǎnlǐsuǒ） 位于灵城镇龙山广场西部二楼。成立于2006年4月。建筑面积100平方米。所属行业为社会服务类行业。业务范围：负责灵璧县城市园林绿化规划、建设、管理。

灵璧县城市管理行政执法大队

灵璧县城市管理行政执法大队（Língbìxiàn Chéngshìguǎnlǐ Xíngzhèng Zhífǎdàduì） 位于灵城镇阳光小区东垃圾中转站二楼。成立于2006年4月。建筑面积300平方米。所属行业为社会服务类行业。业务范围：负责灵璧县城市市容监察管理。

灵璧县老干部休养所

灵璧县老干部休养所（Língbìxiàn Lǎogànbù Xiūyǎngsuǒ） 位于灵璧县东关二院东侧。始建于1978年，1983年12月建成。占地面积5328平方米。所属行业为社会服务类行业。业务范围：按照党和政府关于安置离休退休干部的方针、政策和规定，接收管理离退休干部，落实离退休干部的政治待遇和生活待遇，充分发挥老干部的作用，为灵璧县构建和谐社会作出积极的贡献。

灵璧县老年大学办公室

灵璧县老年大学办公室（Língbìxiàn Lǎoniándàxué Bàngōngshì） 位于灵城镇解放街老县委大院内。老年大学成立于1996年5月。1997年2月设立办公室。建筑面积960平方米。所属行业为社会服务类行业。业务范围：负责协调安排学校开设的学科、班次、招生规模，确定课程设置，制订教学计划，对老年人进行思想政治教育和传授科学文化知识的非学历教育；加强学校行政管理，制定落实各项规章制度，加强教职工队伍的思想作风建设，做好学员的管理，服务工作等。

灵璧县老干部活动中心

灵璧县老干部活动中心（Língbìxiàn Lǎogànbù Huódòngzhōngxīn） 位于灵城镇解放街老县委大院内。1995年6月，灵璧县委组织部老干部科更名为灵璧县委老干部局。占地面积2664平方米，建筑面积960平方米。所属行业为社会服务类行业。业务范围：落实国家、省、市及县老干部局对老干部工作的指示决定，完成市老干部管理部门下达的各项岗位目标任务；开展各项符合老同志特点的政治宣传、文体及健身等活动；组织老干部开展联谊活动和信息交流活动，协助有关方面做好组织老干部发挥作用的工作；举办各类知识讲座，组织老干部学习科学文化知识。

灵璧县招标采购中心

灵璧县招标采购中心（Língbìxiàn Zhāobiāocǎigòu Zhōngxīn） 位于灵城镇南环路与西环路交叉口东侧50米处。2011年5月

11日，灵璧县委常委会议研究决定成立灵璧县招标采购中心。占地面积2000平方米，建筑面积960平方米。所属行业为社会服务类行业。业务范围：规范交易行为，提高资金效益，负责全县范围内的政府招标采购和产权交易活动的具体工作。

灵璧县红十字会办公室

灵璧县红十字会办公室（Língbìxiàn Hóngshízìhuì Bàngōngshì） 位于灵城镇政务新区11楼。灵璧县红十字会于2014年10月由灵璧县人民政府下文成立。建筑面积35平方米。所属行业为社会服务类行业。业务范围：从事备灾与救灾、开展应急救护和防病知识的宣传、普及、培训，开展无偿献血的宣传推广，兴办符合红十字会宗旨的社会福利事业，开展社会救助，依法开展和推动遗体、器官（组织）捐献，开展红十字志愿服务活动等社会公益活动。

灵璧县人民政府政务服务中心

灵璧县人民政府政务服务中心（Língbìxiàn Rénmínzhèngfǔ Zhèngwùfúwù Zhōngxīn） 位于灵城镇虞姬大道。2002年3月26日，成立灵璧县行政服务中心，与县招商局一个机构两块牌子，全称为灵璧县行政服务中心（招商局），属正科级事业单位。同年6月26日，正式挂牌，地址位于新华书店四楼。2006年7月，灵璧县行政服务中心搬迁至建设北路（现人武部）。2009年，灵璧县行政服务中心搬迁至县经济技术开发区办公楼一楼大厅。2012年12月，灵璧县行政服务中心（招商局）更名为灵璧县人民政府政务服务中心，属正科级行政机构。2014年5月26日，县政务服务中心迁至现址。占地面积1400平方米，建筑面积3500平方米。所属行业为社会服务类行业。业务范围：制定与政务服务中心有关的规章制度、管理办法，并组织实施；负责对进驻政务服务中心窗口单位和服务项目的确定、调整、变更；负责对审批项目的办理进行监督管理，并组织对涉及多部门行政审批项目联合审批和全程代理对接服务进行协调；贯彻执行进驻政务服务中心窗口人员的准入和退出制度，负责对窗口人员进行培训、管理和考核；协助县监察局设在政务服务中心的投诉受理机构处理有关违法违纪行为；承担县政府交办的其他有关工作。

灵璧县城乡规划服务中心

灵璧县城乡规划服务中心（Língbìxiàn Chéngxiāngguīhuà Fúwùzhōngxīn） 位于灵城镇罗河中路。成立于2014年6月。占地面积290平方米。所属行业为社会服务类行业。业务范围：提供建设项目现场调查、踏勘，建设项目的选址、定点；规划设计条件的有关技术资料等用地规划技术服务；建设工程规划放线、验线；档案检索等服务工作。

灵璧县供销合作社联合社

灵璧县供销合作社联合社（Língbìxiàn Gòngxiāo Hézuòshè Liánhéshè） 位于灵城镇建设北路115号。供销合作社是农民的合作经济组织。所属行业为社会服务类行业。业务范围宣传贯彻上级党委、政府有关农村经济工作和社会发展的方针、政策，研究制订全县供销合作社的发展战略和发展规划，提出有关发展农村合作社事业的政策建议，指导全县供销合作社的改革与发展；承担国家和地方政府委托的任务，按照政府授权，对化肥、棉花等重要农业生产资料、大宗农副产品经营进行协调、管理；负责本系统废旧金属、报废汽车拆解、烟花爆竹等特种行业市场的管理和协调；积极参与抗灾、救灾、扶贫等重要工作；指导全县供销社基层组织建设，改善经营管理，贯彻开放办社原则，协调社与社之间、社与其他类型经济组织之间的关系，维护供销合作社的合法权益；指导全县供销合作社业务活动，发展各类专业合作社、农产品专业协会等组织，完善农村社会化服务体系，为农业、农村、农民提供服务；组织开展对农民社员和职工的教育、培训，为全县农村各类经济合作组织提供信息与技术服务；管理和运营本级社有资产，对直属企业单位行使出资人代表职能；履行主管部门对全县各级供销合作组织的监督职责，参与各种合作、联盟活动，对外开展经济、贸易、技术、人才资本引进与交流；承办县政府交办的其他工作。

灵璧县省级粮食储备库

灵璧县省级粮食储备库（Língbìxiàn Shěngjí Liángshí Chǔbèikù） 位于灵城镇罗河西路。始建于1956年，原为灵璧县粮食局直属库，1996年被安徽省粮食局命名为灵璧县省级粮食储备库。1999年并入灵璧县第二粮食购销公司，2000年恢复独立法人资格，单位名称仍为灵璧县省级粮食储备库。占地面积30636平方米，建筑面积9720平方米。所属行业为社会服务类行业。业务范围：承担省级储备粮、县级储备粮、中央临时储备粮的承储任务。

灵璧县固定资产投资审计监督中心

灵璧县固定资产投资审计监督中心（Língbìxiàn Gùdìngzīchǎn Tóuzīshěnjì Jiāndūzhōngxīn） 位于灵城镇钟馗路53号。成立于2011年9月。占地面积433平方米，建筑面积1129.73平方米。所属行业为社会服务类行业。业务范围：政府投资项目预算执行情况和决算及与本级政府投资项目直接有关的建设、勘察、设计、施工、监理、采购、供货等单位财务收支的审计监督；实施政府投资项目预算、工程结算、竣工决算的审查和监督。

灵璧县经济责任审计局

灵璧县经济责任审计局（Língbìxiàn Jīngjìzérèn Shěnjìjú） 位于灵城镇钟馗路53号。成立于2002年8月。占地面积433平方米，建筑面积1129.73平方米。所属行业为社会服务类行业。业务范围：按照干部管理权限，受县委、县政府指令和领导干部任免管理机关的委托，对领导干部任中、任期届满等依法实施经济责任审计。

灵璧县事业单位登记管理局

灵璧县事业单位登记管理局（Língbìxiàn Shìyèdānwèi Dēngjì Guǎnlǐjú） 位于灵城镇政务中心。成立于2001年5月。建筑面积20平方米。所属行业为社会服务类行业。业务范围：在机构编制委员会办公室领导下负责本县事业单位登记管理的日常工作。

灵璧县机构编制信息中心

灵璧县机构编制信息中心（Língbìxiàn Jīgòubiānzhì Xìnxīzhōngxīn） 位于灵城镇境内，地址为灵璧县政务中心。成立于2015年4月。占地面积370平方米。所属行业为社会服务类行业。业务范围：在机构编制委员会办公室领导下负责本县机构编制信息的管理工作。

灵璧县公路运输管理所

灵璧县公路运输管理所（Língbìxiàn Gōnglùyùnshū Guǎnlǐsuǒ） 位于灵璧县环城南路7号。成立于1994年。占地面积333平方米，建筑面积1543平方米。所属行业为社会服务类行业。业务范围：负责道路运输管理工作中的执行性工作，包括有关道路运输的行政许可、监督检查、行政处罚等。

灵璧县县乡公路管理所

灵璧县县乡公路管理所（Língbìxiàn Xiànxiāng Gōnglù Guǎnlǐsuǒ） 位于灵城镇南环路7号县交通运输局办公楼。成立于2003年6月。占地面积370平方米。所属行业为社会服务类行业。业务范围：负责本辖区内农村公路规划、建设和监督管理；落实县、乡公路的养护管理制度，指导各乡镇人民政府对其行政区域农村公路的养护管理工作；维护公路的路产、路权，行使路政管理的行政执法职能，查处各种路政违法案件；协助上级主管部门对辖区的公路进行总体规划、调查分析，及时准确地提供数据。

灵璧县职业高级中学

灵璧县职业高级中学（Língbìxiàn Zhíyè Gāojízhōngxué） 位于灵城镇龙山北路18号。灵璧县职业高级中学是灵璧县人民政府为进一步发展职业教育事业，于1992年11月在安徽省灵璧第三中学的基础上成立的职业学校，承担着灵璧县职业教育、技能培训工作。占地面积48085平方米，建筑面积41206.6平方米。所属行业为社会服务类行业。职能范围是中等职业学历教育、岗位培训、就业技能培训。

灵璧中学

灵璧中学（Língbì Zhōngxué） 位于灵城镇教育路1号。安徽省灵璧中学是灵璧县办学最早、规模最大的一所省级示范中学，其前身为明朝万历年间的正学书院，中学建制始于1944年。1996年由县重点中学升格为宿州市重点中学，2001年9月被批准为安徽省示范高中。占地面积131868平方米，建筑面积70000平方米。所属行业为社会服务类行业。职能范围：初、高中学历教育。

灵璧县第五中学

灵璧县第五中学（Língbìxiàn Dì5 zhōngxué） 位于灵城镇北关，地处钟灵大道北侧，西靠灵双路，地理位置优越，交通便利，是全县唯一一所九年制公办寄宿制学校。前身为灵璧县十里初中，2008年6月正式更名为灵璧县第五中学。占地面积68598平方米，建筑面积18000平方米。所属行业为社会服务类行业。职能范围：初中义务教育。

灵璧县冯庙镇中心小学

灵璧县冯庙镇中心小学（Língbìxiàn Féngmiào Zhèn Zhōngxīnxiǎoxué） 位于冯庙镇居委会。原址在冯庙古街东侧，后来搬迁到东南角，始建于1951年。占地面积13320平方米，建筑面积5300平方米。所属行业为社会服务类行业。职能范围：小学一至六年级教学。

灵璧县冯庙中学

灵璧县冯庙中学（Língbìxiàn Féngmiàozhōngxué） 位于冯庙镇教育路。始建于1968年，是一所全封闭农村寄宿制学校。占地面积83250平方米，建筑面积2165平方米。所属行业为社会服务类行业。职能范围：初中教育。

灵璧经济开发区社会事务科

灵璧经济开发区社会事务科（Língbì Jīngjì Kāifāqū Shèhuìshìwùkē） 位于经济开发区办公楼201室。2005年8月灵璧县工业园区更名为灵璧经济开发区时，即成立社会事务科。占地面积240平方米。所属行业为社会服务类行业。业务范围：低保、五保、优抚安置、大农业、兵役、残疾人事务、孤儿救助、城乡医疗救助、流浪乞讨人员救助、综治等。

灵城镇民政所

灵城镇民政所（Língchéng Zhèn Mínzhèngsuǒ） 位于灵城镇镇政府院内。建筑面积320平方米。所属行业为社会服务类行业。业务范围：组织、实施上级业务主管部门制定的民政工作方针、政策；组织、指导全镇救灾、临时救助工作；负责全镇五保及养老院管理工作；负责全镇优抚安置工作；负责开展全镇低保、流浪乞讨救助及孤儿工作等。

灵璧县光荣敬老院

灵璧县光荣敬老院（Língbìxiàn Guāngróng Jìnglǎoyuàn） 位于灵城镇凤凰山（南山）东麓。1959年始办烈属养老院，1983年更名为灵璧县光荣敬老院，1994年5月与县社会福利院合并，称灵璧县光荣福利院（向省、市仍以县光荣院、县福利院分别上报有关资料）。占地面积2666.68平方米，建筑面积2840平方米。所属行业为社会服务类行业。职能范围：提供收养服务，弘扬救助精神，收养孤寡老人，重点为孤老复员军人服务。

灵璧县军队离退休干部管理服务中心

灵璧县军队离退休干部管理服务中心（Língbìxiàn Jūnduì Lítuìxiūgànbù Guǎnlǐ Fúwùzhōngxīn） 位于灵城镇境内，地址为灵璧县南太平社区20号。成立于2007年12月。占地面积360平方米。所属行业为社会服务类行业。职能范围：按照党和政府关于安置军队离退休干部的方针、政策和规定，落实军队离退休干部的政治待遇、生活待遇，发挥他们的作用，积极开展各种活动，使他们安度晚年。

灵璧县老龄工作委员会办公室

灵璧县老龄工作委员会办公室（Língbì Xiàn Lǎolínggōngzuò Wěiyuánhuì Bàngōngshì） 位于灵城镇境内，地址为南太平街19号（民政局二楼）。设立于1984年。1994年5月经灵璧县编委确定机构规格为副科级，由人事局代管。2002年11月划归民政局管理，其他机构形式不变。占地面积130平方米。所属行业为社会服务类行业。职能范围：灵璧县政府领导下负责发展战略和重大政策，指导和协调有关部门实施老龄事业规划，督查落实各项老龄政策。

灵璧县婚姻登记中心

灵璧县婚姻登记中心（Língbìxiàn Hūnyīndēngjìzhōngxīn） 位于灵城南关龙山广场西妇幼保健所四楼。1970年，灵璧县已开展婚姻登记工作，2001年7月1日前都在乡镇民政部门办理，2001年7月1日起收归灵璧县民政局集中办理，并成立灵璧县婚姻登记中心。占地面积300.0015平方米，建筑面积300平方米。所属行业为社会服务类行业。职能范围：办理婚姻登记；补发婚姻证；出具婚姻登记记录证明；撤销受胁迫婚姻，宣传婚姻法律法规，倡导文明婚俗。

灵璧县城市居民最低生活保障管理中心

灵璧县城市居民最低生活保障管理中心（Língbìxiàn Chéngshìjūmín Zuìdīshēnghuóbǎozhàng Guǎnlǐzhōngxīn） 位于灵城镇南太平社区20号。1997年10月，灵璧县人民政府成立灵璧县城乡最低生活保障制度领导小组，县长任组长，其他有关部门主要负责人为成员。领导小组办公室设在民政局。2001年11月，灵璧县人民政府成立灵璧县城镇居民最低生活保障工作领导小组，县长任组长，灵璧县政府办、县民政局及其他有关单位负责人为成员。领导小组办公室设在灵璧县民政局，民政局局长兼任办公室主任。2003年6月，灵璧县编委同意灵璧县民政局增设低保中心（常设机构）。建筑面积120平方米。所属行业为社会服务类行业。职能范围：城乡低保的审核，城乡医疗救助的审批，临时救助审批，艾滋病生活救助等。

灵璧县凤凰山社会公墓管理所

灵璧县凤凰山社会公墓管理所（Língbìxiàn Fènghuángshān Shèhuì Gōngmù Guǎnlǐsuǒ）位于灵城北路光荣院北侧。1984年，灵璧县成立殡葬改革领导小组，常务副县长李文生任组长，有关部门的主要负责人为成员。设灵璧县殡葬管理所，隶属灵璧县民政局。占地面积57333.33平方米，建筑面积250.5平方米。所属行业为社会服务类行业。业务范围：为城镇居民骨灰安葬提供服务保障。

灵璧县殡葬管理所

灵璧县殡葬管理所（Língbìxiàn Bìnzàng Guǎnlǐsuǒ）位于灵城镇西关桥头北4千米。隶属灵璧县民政局。灵璧县殡葬管理所与灵璧县火葬场合署办公，一个班子两块牌子。占地面积26666.8平方米，建筑面积13300平方米。所属行业为社会服务类行业。职能范围：提供殡仪礼仪服务、遗体处置服务、遗体火化、骨灰安葬安放服务。

灵璧县救助管理站

灵璧县救助管理站（Língbìxiàn Jiùzhù Guǎnlǐzhàn）位于虞姬乡田万村境内，虞姬大道西侧。2003年6月，国务院颁布《城市生活无着的流浪乞讨人员救助管理办法》；同年7月23日，民政部公布民函〔2003〕151号文件，决定将收容遣送站更名为救助管理站。此后，灵璧县民政局救助管理业务一直由社会事务股负责。作为安徽省民生工程项目，灵璧县救助管理站于2013年7月开始建设，2014年6月建成并投入使用。占地面积410平方米。所属行业为社会服务类行业。业务范围：为灵璧县境内生活无着的流浪乞讨人员提供临时救助，包括生活救助、医疗救助、教育矫治、返乡救助、临时安置等各种形式的服务。

灵璧县人民政府军人接待站

灵璧县人民政府军人接待站（Língbìxiàn Rénmínzhèngfǔ Jūnrén Jiēdàizhàn）位于灵城镇宿泗公路南侧。1976年6月7日在宿州工商局登记注册挂牌成立。占地面积3287.87平方米，建筑面积1795.60平方米。所属行业为社会服务类行业。职能范围：为入伍新兵、退伍军人转运与食宿提供相关社会服务。

灵璧县规划管理局

灵璧县规划管理局（Língbìxiàn Guīhuàguǎnlǐjú）位于灵城镇虹川社区磬山中路。成立于2013年3月。与灵璧县住房和城乡建设局在一栋楼共同办公，办公面积为125平方米。所属行业为社会服务类行业。职能范围是负责宣传、贯彻、执行国家、省、市有关城乡规划的法律、法规、规章，研究拟定全县有关城乡规划的规范性文件，并监督实施；组织编制（修编）县域相关规划和设计；组织审查建设项目规划设计方案；城乡规划区规划审批，核发城乡规划区内《建设项目选址意见书》《建设用地规划许可证》《建设工程规划许可证》《乡村建设规划许可证》；城乡重大建设工程的规划论证；城乡规划区内国有土地使用权出让、转让的规划管理；研究提出地块招、拍、挂的规划设计条件；监督全县城乡规划的实施，查处城乡规划违法案件；城乡规划法制宣传教育，指导乡镇的规划管理；城市规划展示、城乡测绘与地理信息管理及有关档案工作；城乡规划勘察与设计、测绘行业管理工作。

中国共产党灵璧县委员会党史研究室

中国共产党灵璧县委员会党史研究室（Zhōngguó Gòngchǎndǎng Língbìxiàn Wěiyuánhuì Dǎngshǐyánjiūshì） 位于灵城东北部政务新区政府办公楼三楼。灵璧县党史办公室成立于1981年12月，为正科级单位。灵璧县县志办公室成立于1982年，与党史办合署办公，为正科级单位，后来更名为编史修志办公室。1997年灵璧县编史修志办公室更名为中共灵璧县委党史研究室，挂灵璧县地方志编纂委员会办公室牌子，为县委直属事业单位，正科级。所属行业为社会服务类行业。职能范围是广泛征集、系统整理本县党史资料和县情资料。

灵璧县档案局

灵璧县档案局（Língbìxiàn Dàng’ànjú） 位于灵璧县老县委大院。灵璧县档案馆成立于1958年，灵璧县档案局成立于1980年，局馆一个机构，两块牌子，合署办公，隶属县委，是负责全县档案管理工作的直属事业单位。所属行业为社会服务类行业。职能范围是统筹规划、管理、指导全县档案工作，接收、征集并集中统一保管全县县直机关团体、企事业单位及乡镇和其他组织按规定移交进馆的档案资料，征集散存在社会上的档案史料。

灵璧县房产管理局

灵璧县房产管理局（Língbìxiàn Fángchǎn Guǎnlǐjú） 位于灵城镇龙山路中段。1994年12月1日注册成立。所属行业为社会服务类行业。职能范围是房改工作组织管理、房产开发建设等。

灵璧县扶贫开发办公室

灵璧县扶贫开发办公室（Língbìxiàn Fúpínkāifā Bàngōngshì） 位于灵璧县政务中心三楼。成立于1996年3月。所属行业为社会服务类行业。职能范围是开展扶贫开发，促进农村经济发展，扶贫开发宣传，扶贫款规划和计划的拟定和组织实施，扶贫资金的分配方案的拟定及使用情况的指导和监督。

灵璧县广播电视台

灵璧县广播电视台（Língbìxiàn Guǎngbō Diànshìtái） 位于灵城镇太平社区。2014年7月，撤销灵璧县人民广播电台、灵璧县电视台、灵璧县广播电视局，组建灵璧县广播电视台。所属行业为社会服务类行业。职能范围是贯彻执行党的宣传方针，坚持正确的舆论导向，及时准确地宣传党的路线、方针、政策，为灵璧县委、县政府中心工作和经济社会发展大局服务。

灵璧县招商局

灵璧县招商局（Língbìxiàn Zhāoshāngjú） 位于灵璧县政务新区。成立于2010年。所属行业为社会服务类行业。职能范围是负责灵璧县招商引资工作。

灵璧县机关事务管理局

灵璧县机关事务管理局（Língbìxiàn Jīguān Shìwù Guǎnlǐjú） 位于灵璧县政务新区。注册成立于1999年3月。会同有关部门负责全县机关事业单位公务用车的改革和管理。所属行业为社会服务类行业。职能范围：加强灵璧县机关后勤体制改革的研究和组织实施工作，建立自主经营、自负盈亏、自我约束、自我发展的机关后勤服务机制，促进后勤服务的社会化，发展后勤经济，增强后勤保障实力。

灵璧县会计结算中心

灵璧县会计结算中心（Língbìxiàn Kuàijì Jiésuànzhōngxīn） 位于灵城镇建设中路88号。成立于2001年。占地面积1532平方米。所属行业为社会服务类行业。业务范围：向财政国库管理机构提供各类支付信息，办理集中会计核算业务，负责会计监督、会计档案管理、通知代理银行支付资金，负责全县行政、事业单位、各乡镇政府、全县县直中小学、全县乡镇所属中小学的会计核算业务，办理财政支付业务。

向阳乡财政所

向阳乡财政所（Xiàngyáng Xiāng Cáizhèngsuǒ） 位于灵璧县向阳乡向阳居委会。设立于1993年。占地面积410平方米。所属行业为社会服务类行业。业务范围：向阳乡财政收支管理，涉农资金管理。

灵璧县朝阳中心学校

灵璧县朝阳中心学校（Língbìxiàn Cháoyáng Zhōngxīnxuéxiào） 位于朝阳镇朝阳居委会金利街西。原名朝阳中心小学，创建于1915年，旧址位于灵璧县九顶中学东侧，2007年11月搬迁到现址。占地面积26640平方米，建筑面积9168平方米。所属行业为社会服务类行业。职能范围是小学教育。

灵璧县社会福利中心

灵璧县社会福利中心（Língbìxiàn Shèhuì Fúlìzhōngxīn） 位于灵城镇庄陈社区范围，建设北路东侧。1948年11月，灵璧县人民政府民政科接收灵璧县国民政府救济院，更名为残老孤儿教养院。1950年更名为生产教养院。1959年更名为社会福利院。1965年3月改称救济院。1983年复名社会福利院。2011年经灵璧县机构编制委员会审核同意，设立灵璧县社会（儿童）福利中心，与灵璧县社会福利院一个机构两块牌子。占地面积16666.75平方米，建筑面积4400平方米。所属行业为社会服务类行业。职能范围是主要为全县孤、弃、残儿童及城镇“三无”人员提供养护、康复、医疗、教育、托管等各项社会服务，并对全县范围内孤残儿童的福利保障工作提供指导、走访、培训、监管检查等服务。

灵璧县第一中学

灵璧县第一中学（Língbìxiàn Dìyīzhōngxué） 位于灵城镇奇石大道宏泰世纪城南。创办于1978年，简称灵璧一中，原是宿县地区首批重点中学之一。2001年被批准为安徽省示范高级中学。2003年通过省级“绿色学校”验收，成为宿州市第一所省级绿色学校，省级文明单位，省语言文字规范化学校，全国教育科学“十五”规划重点课题实验基地，全国青少年科普示范学校。学校占地面积20.67万平方米，建筑面积13.9万平方米。所属行业为教育类行业。职能范围是初高中学历教育。

灵璧师范学校

灵璧师范学校（Língbì Shīfàn Xuéxiào）位于灵城镇东风后街4号。创建于1951年3月，校名为灵璧县乡村师范学校。1951年10月经宿县专署文教科批准，更名为灵璧县初级师范学校。1956年6月经安徽省教育厅批准，更名为安徽省灵璧师范学校。1981年11月24日，宿县地区行署决定，灵璧师范学校归地区教育局管理。1993年，宿县地区行署批准，灵璧师范学校为副县级事业单位。1999年5月，宿县地区改为安徽省辖宿州市，灵璧师范学校属宿州市教育局管理。学校占地面积83250平方米，建筑面积44370万平方米。所属行业为教育类行业。职能范围是师范教育。

第十章　工业企业地名

安徽达园粮油有限公司

安徽达园粮油有限公司（Ānhuī Dáyuán Liángyóu Yǒuxiàngōngsī）　位于冯庙镇冯庙街。成立于2009年3月12日。所属行业为制造业。经营范围为食用油加工、包装、销售；玉米、谷物、杂粮加工、包装、销售；粮食、油脂、油料、农副产品（谷类、杂粮）购销；货物和技术对外进出口贸易；大米、面条、面粉、豆粕、菜粕及粕类销售；饲料及其半成品购销。

宿州市四方精工机械制造有限责任公司

宿州市四方精工机械制造有限责任公司（Sùzhōushì Sìfāng Jīnggōng Jīxièzhìzào Yǒuxiànzérèngōngsī）　位于灵城工业园区。成立于2006年11月27日。所属行业为制造业。经营范围为农业机械、粉碎机、混合机、面粉机、电动车、免摇启动器、钢结构及农机配件制造、修理销售，（凭许可证经营销售）对外出口贸易。

灵璧县粮食购销有限公司

灵璧县粮食购销有限公司（Língbìxiàn Liángshí Gòuxiāo Yǒuxiàngōngsī）　位于灵城镇凤山中路中段。成立于2006年4月10日。所属行业为农、林、牧、渔业。经营范围为粮食收储批发。

灵璧县筑城混凝土有限公司

灵璧县筑城混凝土有限公司（Língbìxiàn Zhùchéng Hùnníngtǔ Yǒuxiàngōngsī）　位于虞姬乡东风纸业院内。成立于2013年8月23日。所属行业为制造业。经营范围为商品混凝土生产与销售。

灵璧县平安驾校有限公司

灵璧县平安驾校有限公司（Língbìxiàn Píng' ān Jiàxiào Yǒuxiàngōngsī）　位于经济开发区。成立于2015年2月2日，名称沿用至今。所属行业为租赁和商务服务业。经营范围为汽车驾驶员培训（一级小型汽车C1、C2）。

宿州市美利特度假村有限公司

宿州市美利特度假村有限公司（Sùzhōu Shì Měilìtè Dùjiàcūn Yǒuxiàngōngsī）　位于凤山南路1号。成立于2006年9月5日。所属行业为住宿和餐饮业。经营范围：住宿、餐饮、美容保健服务、洗浴服务；室内娱乐活动、商业贸易、休闲健身娱乐活动等。

灵璧县灵运驾校有限公司

灵璧县灵运驾校有限公司（Língbìxiàn Língyùn Jiàxiào Yǒuxiàngōngsī） 位于灵城北201省道路西。成立于2004年12月27日。所属行业为居民服务、修理和其他服务业。经营范围为驾驶员车辆培训、劳务输出（有前置审批的凭许可证经营）。

灵璧县鼎东园林设计有限责任公司

灵璧县鼎东园林设计有限责任公司（Língbìxiàn Dǐngdōng Yuánlín Shèjì Yǒuxiànzérèngōngsī） 位于高楼镇高楼街北环路北侧。成立于2013年12月9日。所属行业为批发和零售业。经营范围为园林绿化、设计、施工、假山设计、市政工程施工；面粉加工、粮食储备（依法经营需审批的，经相关部门许可后方可开展经营）。

灵璧县尚吉鞋材有限公司

灵璧县尚吉鞋材有限公司（Língbìxiàn Shàngjí Xiécái Yǒuxiàngōngsī） 位于娄庄街桥东。成立于2014年9月15日。所属行业为制造业。经营范围为鞋材加工、销售。

灵璧县天君粮油购销有限责任公司

灵璧县天君粮油购销有限责任公司（Língbìxiàn Tiānjūn Liángyóu Gòuxiāo Yǒuxiànzérèngōngsī） 位于灵城农民大街。成立于2009年1月22日。所属行业为批发和零售业。经营范围为农副产品购销。

安徽荣祥人力资源服务有限公司

安徽荣祥人力资源服务有限公司（Ānhuī Róngxiáng Rénlìzīyuán Fúwù Yǒuxiàngōngsī） 位于奇石小镇。成立于2013年9月25日。所属行业为租赁和商务服务业。经营范围为劳务派遣。

灵璧县百货公司

灵璧县百货公司（Língbìxiàn Bǎihuògōngsī） 位于灵城隅顶口。成立于1989年6月12日。所属行业为批发和零售业。经营范围为百货、文化体育用品、劳动保护用品、纺针织品、金银首饰等。

灵璧县天健工贸有限公司

灵璧县天健工贸有限公司（Língbìxiàn Tiānjiàngōngmào Yǒuxiàngōngsī） 位于经济开发区。成立于2006年10月8日。所属行业为制造业。经营范围为服装加工销售；塑钢门窗加工销售；箱包生产销售；废旧物资购销（生产性金属除外）；仓储物流。

灵璧联翔燃气有限公司

灵璧联翔燃气有限公司（Língbì Liánxiáng Ránqì Yǒuxiàngōngsī） 位于工业园区。成立于2010年4月3日。所属行业为电力、热力、燃气及水生产和供应业。经营范围为混空燃气生产销售；管道输配网络和相关配套产业（涉及许可项目的凭许可证经营）。

灵璧县圣豪房地产开发有限公司

灵璧县圣豪房地产开发有限公司（Língbìxiàn Shèngháo Fángdìchǎn Kāifā Yǒuxiàngōngsī） 位于钟馗路。成立于2014年4月1日。所属行业为房地产业。经营范围为房地产开发、销售；商品房及楼盘代理；房屋中介、室内外装修、房屋拆迁、物业管理、建筑材料销售。

灵璧县城市生活垃圾处理有限责任公司

灵璧县城市生活垃圾处理有限责任公司（Língbìxiàn Chéngshì Shēnghuólājīchùlǐ Yǒuxiànzérèngōngsī） 位于虞姬乡后桥村二山。成立于2013年1月4日。所属行业为居民服务、修理和其他服务业。经营范围为垃圾处理。

第五篇

砀山县

第一章　砀山县概况

砀山县（Dàngshānxiàn）中国县级行政单位。中国种植梨树规模最大的县，全国水果生产十强县、全国科技进步先进县、全国教育先进县、全国武术之乡。砀山唢呐和砀山四平调为国家级非物质文化遗产。

【地理概况】砀山县位于黄淮平原中部，北纬34°16′至34°39′，东经116°09′至116°38′，是安徽省最北部的一个县，隶属宿州市管辖。其东北部与江苏省丰县接壤，西北部与山东省单县毗邻，西部和南部与河南省虞城、夏邑、永城交界，东部与本省萧县相连，乃四省七县交会之处。面积1193平方千米。人口100.5万人，多为汉族，还有少量回族人员。辖良梨、唐寨、葛集等13个镇。县人民政府驻砀城镇。

自然环境特点：地处山东台背斜徐蚌拗折带。地势平坦，系黄河冲积而成。境内中部略高，南北稍低。黄河故道以北海拔平均47.8米，以南海拔平均44米。地表中小起伏，岗、坡、洼相间，形成废黄河高滩地、决口扇形地、缓平坡地、浅平洼地、背河洼地五种地貌类型。属暖温带季风半湿润气候，季风明显，四季分明，春季少雨，夏季炎热多雨，秋季凉爽干燥，冬季寒冷少雪。常年平均气温14.2℃，无霜期年平均202天。年平均降水量757.5毫米，年平均降水日83天，降雨集中在每年6—8月，7月最多。

境内河道属新汴河、南四湖两大水系，同属淮河流域。两大水系以故黄河南堤为分水岭，以北为四湖水系，主要河流有故黄河、复兴河、苗城河等；以南为新汴河水系，主要河流有大沙河、巴清河、利民河、东洪河、文家河等。境内已探明地下矿藏有焦煤，总储量约7亿吨。

砀山交通便利。陇海铁路（设砀山火车站）、郑徐高速铁路（设砀山南站）、310国道横穿县境东西，济祁高速公路（设砀山和砀山北两个出口）纵贯县境南北。有省道2条，重要县道3条，一般县道11条。

【地名沿革】砀山县初名砀县，因山得名。《水经注》载："获水又东迳砀县故城北，秦立砀郡，盖取山之名。"《太平寰宇记》注："砀，文石也。其山出焉，故以名县。"

秦、汉时砀县属砀郡、梁国，其区域规模比现在要大；三国、两晋时，砀县一度与下邑分开，同属梁国；南北朝时砀县改为安阳县，属梁国；隋代改为砀山县，属宋州梁郡，区域规模为砀县与下邑的合并；唐代先后属河南道宋州、辉州；五代后梁升辉州砀山县为赤县；宋代属京东西路单州；金代属南京路单州，改隶归德府，其区域规模大致与现在相同；元代属中书省东平路，后改属济州、济宁路；明代属南京直隶京师徐州府，区域规模比现在略大；清代先后属江南省直隶徐州、江苏省直隶徐州。民国时期，先后属江苏省徐海道、江苏省行政督察铜山区。抗日战争时期，划为砀南、砀北两县。1948年11月砀城解放，砀南、砀北两县合并，属豫皖苏三分区，黄河故道以北的周寨、高寨划归华山县，玄庙、陈集划归单县。1949年1月，属中原行政区商丘专署。同年10月，属皖北行政区宿县专署。1952年2月，芒砀山一带的新兴、雨亭两个区划归河南省永城。1953年2月，砀山属江苏省徐州专署。同年8月，华山县撤销，高寨、周寨重新划归砀山，玄庙、陈集亦从单县划回，县域为现在规模。1955年2月，属安徽省宿县专署。1956年，属蚌埠专署。1961年，属宿县专署。1999年，宿县地区行政公署撤销，改设宿州市，砀山县属宿州市至今。

【地名异名】砀县　以芒砀山取名。砀山县的前期用名，从西汉到南北朝时期用此名。

下邑　区别于彭城等城市的谦称。汉代为砀县的驻地。两晋升改为行政区域建制，从砀县分开，隋朝复合并。

安阳　取安乐、光明之意。南北朝时期砀县的更名为，隋朝改为砀山县。

赤县　取辉煌、开创之意。五代后梁皇帝朱温把故里砀山改为赤县，并作为京师直属县。宋代恢复砀山县称谓。

【境内地名概况】根据第二次全国地名普查结果，砀山县境内共享地名4060个，其中自然地理实体地名320个，人文地理实体地名3740个。

其地名特征来自自然环境的形成、人口迁徙的变化和社会环境的需要。如，古黄河流经砀山数百年，人们为防水而修堤筑坝，砀山就留下许多与古黄河有关的地名。又如，明朝初年社会大移民的迁徙，许多来自山西省洪洞县的先民搬迁到黄泛区砀山搭建窝棚，兴建新庄，这就留下一些与移民有关的地名。再如，明末清初，社会动乱，人们为防御土匪而筑寨盖楼成风，便留下此类历史印记的地名。还如，不少村落因姓氏聚居、地理环境、建筑特征及功能特色而得名，不一而足，现分述如下。

1. 因古黄河自然实体而得名

古黄河经常决口泛滥，筑堤防洪便留下许多此类地名，如赵堤口、毛堤口、刘堤头、夹堤子、吕河涯、汪沙滩、戚套、潘坝、官庄坝、木龙坝、高寨河、黑龙潭、王闸口等。

2. 因移民定居而得名

由外地移民迁来定居，就形成带有那个时代烙印的地名，像张新庄、刘新庄、冯老家、孙老家、黄盆窑、炭场、柴市、孟饭棚、杂户地、张野场、阚油坊、黄菜园、丁花园等

3. 因姓氏聚居而得名

土著先民开发世代繁衍，形成村庄。也有的为便于相互照应，同姓同族聚居一起形成村庄，便以其姓氏命名村名。如老范庄、李老庄、谢庄、程庄、大郭庄、汪阚庄、蒋李庄、张王庄、周平庄、张老家等。

4. 以村落地理环境得名

村落因所处的地理环境有别于其他村庄，人们便以其环境特色叫起了村名。如孟堤口、赵岗、庞小洼、房沟涯、下河陈庄、陆湾、坝上、徐井、高台井、小神湖等。

5. 因村落及其周围的建筑特征得名

古人为了彰显自己村庄的房屋建筑特色，或者突出村落的坐落特点，便以此取村名。如庞大楼、朱小楼、汪六楼、于黄楼、刘暗楼、陈土楼、大华楼、邵陈楼、朱楼、老邵楼、庞桥、王牌坊、固口闸等。

6. 以村庄功能特色命名

乡村集市为一方百姓的物资集散地。庙宇是信民聚会的活动场所。寨子是为了防范土匪滋扰而筑，屯子往往是官府垦荒养兵、积措军粮的地方。长此以往，这些功能特色也就成为该村庄的名字了。如葛集、刷集、谢集、市力集、回龙集；张阁、杜阁、玄庙、关帝庙、孙观、汤寺、定国寺、蒋祠堂；唐寨、高寨、周寨、陈寨；小屯、梅屯、王屯、赵屯、大张屯等。

【地名社会应用】砀山县历史文化底蕴深厚，有些地名与历史名人有关，有些地名蕴含着趣味横生的故事……

午沟里　是五代后梁开国皇帝朱温的故里。

宴嬉台　唐代大诗人李白游览赋诗的地方。

礼河集　元末红巾军农民起义领袖韩林儿避难的地方。

薛显墓　明朝开国大将薛显的墓地。

闸口王集　清代黄河水利枢纽工程遗址。

回龙集　清代皇帝视察水利工程的地方。

故黄湿地　黄河故道遗迹。

鳌头观海　梨花观赏景点。

第二章　砀山县乡、镇地名

砀城镇

砀城镇（Dàngchéng Zhèn） 中国乡级行政单位。为砀山县政府驻地。

【地理概况】位于砀山县域中部，北纬34°24′至34°28′，东经116°18′至116°28′。东与李庄镇、良梨镇接壤，南与关帝庙镇毗邻，西与赵屯镇相连，北与玄庙镇交界。面积108.6平方千米。总人口16.1万，多为汉族，还有部分回族和其他少数民族。辖东城、西城、高台井、北郊等16个居委会，和李屯、杨庙、西南门等6个村委会。有149个自然村。镇政府位于砀城的西河北路。

【自然环境特点】境内地势平坦，北部略高，南部稍低。故黄大堤以北海拔平均47.3米，以南海拔平均42.5米，为古黄河决口冲积形成的地貌特征。属暖温带季风半湿润气候，四季分明，雨热同季，春秋少雨，冬天寒冷少雪。常年平均气温14.2℃，无霜期年平均202天。年平均降水量757.5毫米，年平均降水日83天。

【交通状况】境内交通便利，陇海铁路经此并设站。310国道贯穿东西，有济祁高速，101、223省道和砀葛路、砀夏路、李永路等县道穿境而过。

【社会文化特点】镇综合文化站1个，图书馆1个，文化艺术团体18个。幼儿园8所，小学16所，初中4所，高中5所。镇级医院2所。

【地名沿革】因古今砀山县城均坐落于此而命名。砀城原名下邑，系汉代砀县的驻地，原址在现在的东湖湾以西，尚东城以东。楚汉相争时张良的“下邑之谋”，便是发生在这里的故事。三国、两晋时期，下邑一度成为行政区域建制，与砀县分开。南北朝时，砀县改称安阳县，到隋朝开皇十八年（598年）命名砀山县时，便是安阳县与下邑的合并了。唐、宋时期，下邑仍为砀山县治所，不过已经习惯性地称为砀城。南宋理宗时，砀山县城被黄河水冲毁，南迁至芒砀山保安镇，后重建县城，方迁回。元、明时期，砀山境内连遭黄河水患，县城几毁几建。最后一次发生在明万历二十六年（1598年），当时的砀城已在现在的阳光花园，滔天洪水导致砀城塌陷，知县熊应祥西迁建新城，即现在的砀城。1949年设城关镇，1958年并入砀城公社，1965年从砀城公社划出，恢复城关镇原名。2004年更名为砀城镇，陇海乡整建制并入。2007年底，西南门镇整建制并入。

【地名异名】下邑　因从前隶属彭城，为彭城下辖的城邑，故谦称下邑。从西汉到南北朝为砀县的治所。

【境内地名概况】根据第二次全国地名普查结果，砀城镇境内共有地名756个，其中自然地理实体地名12个，人文地理实体地名744个。

其地名有的来自古黄河的流经，有的因明末清初防御土匪而筑寨，有的因姓氏聚居、地理环境、建筑特征及功能命名，现分述如下。

1. 因古黄河自然实体命名。由于古黄河经常决口泛滥，需要筑堤防洪，便留下此类地名。如赵堤口、刘堤口、黄堤口、荣套、陆湾、瑶池烟霞、古黄驿站等。

2. 因姓氏聚居而得名。先民开发，世代繁衍，形成村庄。也有的为便于相处，同姓同族聚居形成村庄，便以其姓氏命村名。如老范庄、李老庄、黄杜庄、白庄、于庄、蒋营、大周庄、小汪庄、卢徐庄、孙侯庄等。

3. 以村落地理环境得名。村落因所处的地理环境有别于其他村庄，人们便以其环境特色叫起了村名。如苇子园、苏岗、土山、朱河、核桃园、黄菜园、太平庄、徐井、高台井、西南门等。

4. 因村落及其周围的建筑特征得名。为了彰显自己村庄的房屋建筑特色，人们便以此取村名。如李拐楼、郑楼、刘楼、黄楼、王古楼、侯楼、杨楼、于楼、屈楼等。

5. 以村庄功能特色命名。乡村集市为一方百姓的物资集散地；庙宇是信民聚会的活动场所；寨子是为了防护土匪滋扰而筑；屯子往往是官府垦荒养兵、积措军粮的地方。长此以往，这些功能特色也就成为该地的地名了。如汪集、刘集；杨庙、曹庙、七神庙、双里庙、清真寺；刘集寨、窦寨；林屯、梅屯、臧屯、周屯、李屯等。

【地名社会应用】砀城镇有着深厚的历史文化积淀，故一些地名与历史名人有关，一些地名蕴含着有趣的故事。

宴嬉台　唐代大诗人李白游览赋诗的地方，后随砀城的变迁而搬迁。现为一名酒的名字，有石碑存放在酒场。

瑶池烟霞　黄河故道遗迹，旅游景点。

古黄驿站　黄河故道旅游景点。

贡梨园　为明清时期给朝廷提供贡品酥梨的梨园。现为梨花观赏、酥梨采摘景点。

清真寺　居于碧波荡漾的南环城河畔，是砀山回民做礼拜的寺院。

李庄镇

李庄镇（Lǐzhuāng Zhèn）　中国乡级行政单位，全国重点镇。

【地理概况】位于砀山县域中部偏东，北纬34°20′至34°25′，东经116°25′至116°31′。东与程庄镇、唐寨镇接壤，南与朱楼镇毗邻，西与关帝庙镇相连，北与良梨镇接界。面积48.5平方千米。人口4.97万人，以汉族为主。辖贾楼、汪阁、镇东等5个村委会和朱店、卞楼等3个社区。有75个自然村。镇人民政府驻地位于李庄火车站南振兴路。

【自然环境特点】境内地势平坦，北部略高，南部稍低。故黄大堤以北海拔平均46米，以南海拔平均42米，境内为古黄河决口冲积形成的地貌特征。属暖温带季风半湿润气候，四季分明，雨热同季，春秋干燥少雨，冬天寒冷少雪。常年平均气温14.2℃，无霜期年平均202天。年平均降水量757.5毫米，年平均降水日83天。

境内河流有东洪河、多名河、礼河、利民河、顺堤河、彭桥沟、小神沟。

【经济特点】水果生产大镇、商贸重镇。为县东粮棉和水果集散地。粮食、果蔬、畜禽、林木为四大主导产业。

【交通状况】境内交通便捷，有310国道、李永路、李园路、薛黄路，陇海铁路、济祁高速穿境而过。

【社会文化特点】有镇文化站、广播站各1处，村级文化中心7处；幼儿园4所，小学11所，初中2所；各级各类医疗卫生机构16个。

【地名沿革】因村庄而命名。陇海铁路修建时设李庄火车站，此后站南便成立农村贸易集市，遂年复一年逐渐繁华起来，成为这一带的物资集散地。1958年为李庄乡良梨公社。1965年为李庄公社。1980年李庄、良梨二公社合并，成立李庄区。1988年改为李庄镇至今。

【境内地名概况】根据第二次全国地名普查结果，李庄镇境内共有地名119个，其中自然地理实体地名10个，人文地理实体地名109个。

李庄镇的地名有的来自明末清初防御土匪而筑寨，有的因姓氏聚居、地理环境、建筑特征及功能命名，现分述如下。

1. 因姓氏聚居而得名。先民在此地开发，世代繁衍，便形成村庄。也有的为便于相处、相互照应，同姓同族聚居一起形成村庄，他们便以其姓氏命名村名。如大翟庄、小翟庄、张唐庄、殷庄、于庄、高庄、汪新庄等。

2. 以村落地理环境得名。村落因所处的地理环境有别于其他村庄，人们便以其环境特色叫起了村名。如王园、李园、夏桥、李桥、梁马路口等。

3. 因村落及其周围的建筑特征得名。为了彰显自己村庄的房屋建筑特色，人们便以此取村名。如李暗楼、贾邵楼、卞楼、蒋楼、张楼、田楼、黄楼、王牌坊、曹三子楼等。

4. 以村庄功能特色命名。乡村集市为一方百姓的物资集散地，是人民群众经常出入赶逛的地方；庙宇是信民聚会的活动场所；屯子往往是官府垦荒养兵、积措军粮的地方。长此以往，这些功能特色也就成为该地的地名了。如冯集、朱店；吴庙、赵庙、汪阁、王堂、孙观；丰屯、董屯、刘屯、胡屯等。

【地名社会应用】李庄镇历史文化底蕴深厚，一些地名与历史文化或名人有关。

砀山蓝印花布　入选安徽省非物质文化遗产。为本镇胡屯村古老的印染制作技艺，其第五代传承人是胡正申老人。

吴庙　为南宋抗金元帅吴玠屯兵的地方。

天鹅洲　为风景区，其中的念石亭，为纪念大画家齐白石而建，因为齐白石的祖籍地就在附近。

卞楼学校　抗日战争时期，冯玉祥带领老舍等文化名人在此地小住，宣传抗日。当地准备开发为旅游景点。

唐寨镇

唐寨镇（Tángzhài Zhèn）　中国乡级行政单位。

【地理概况】位于砀山县域东部，北纬

34°21′至 34°29′，东经 116°32′至 116°38′。东与萧县黄口镇接壤，南与程庄镇毗邻，西与良梨镇相连，北与葛集镇隔故黄河相望。面积 76.29 平方千米。人口 7.88 万人，以汉族为主。辖文庄、潘坝、唐集等 14 个村委会。有 125 个自然村。镇人民政府驻唐寨村。

【自然环境特点】境内地势平坦，北部略高，南部稍低。故黄大堤以北海拔平均 48 米，以南海拔平均 43 米，境内为古黄河决口冲积形成的地貌特征。属暖温带季风半湿润气候，四季分明，雨热同季，春秋干燥少雨，冬天寒冷少雪。常年平均气温 14.2℃，无霜期年平均 202 天。年平均降水量 757.5 毫米，年平均降水日 83 天。

境内的河流为故黄河、文家河、利民沟、玉皇沟。

【经济特点】盛产酥梨、苹果、黄桃、西瓜等优质水果。工业以板材加工、木材交易、家具制作为主。

【交通状况】境内交通良好，有 310 国道、砀唐路、文唐路。

【社会文化特点】有镇文化站、广播站各 1 处；村级文化中心 7 处，各类图书室 18 个；有幼儿园 4 所，小学 22 所，初中 3 所；有 3 个卫生院。是全县著名的唢呐之乡。

【地名沿革】因驻地村而得名。此地原名唐寨局子街。据查，因当年乡绅唐老八是大户家庭，立局子方圆十八里，周边垒上寨墙，为防止强盗入内立上寨门，因此称局子街。1948 年成立唐寨区人民政府。1952 年改称第五区。1958 年成立红旗人民公社。1980 年改设唐寨区。1988 年更名为唐寨镇。

【境内地名概况】根据第二次全国地名普查结果，唐寨镇境内共有地名 196 个，其中自然地理实体地名 7 个，人文地理实体地名 189 个。

唐寨镇的地名有的来自明末清初防御土匪而筑寨，有的因姓氏聚居、地理环境、建筑特征及功能命名，现分述如下。

1. 因姓氏聚居而得名。先民在此地开发，世代繁衍，便形成村庄。也有的为便于相处、相互照应，同姓同族聚居一起形成村庄，他们便以其姓氏命村名。如文庄、倪庄、张庄、东汪庄、于庄、赵庄、大王庄、李老庄、朱刘庄、翟庄、訾庄、戴庄、大杨庄、荒庄、魏庄、唐官庄、唐马庄等。

2. 以村落地理环境得名。村落因所处的地理环境有别于其他村庄，人们便以其环境特色叫起了村名。如潘坝、唐坝、套中、油坊、饭铺、西门、夹堤子、后土山、朱海子、小套子、杂户地、王枣园、竹杆园、黄盆窑、矿楼闸、侯口、臧路口、孙马路口等。

3. 因村落及其周围的建筑特征得名。为了彰显自己村庄的房屋建筑特色，人们便以此取村名。如杜双楼、蒋楼、孙花楼、范楼、代楼、张楼、薛楼、贾楼、王楼、杜楼等。

4. 以村庄功能特色命名。乡村集市为一方百姓的物资集散地，是人民群众经常出入赶逛的地方；庙宇是信民聚会的活动场所；寨子是为了防护土匪滋扰而筑；屯子往往是官府垦荒养兵、积措军粮的地方。长此以往，这些功能特色也就成为该地的地名了。如汪集、魏集、南唐集、北唐集、于集、王集；宋阁、张庵、定国寺、天齐庙、玉皇庙；唐寨、南李寨、山寨、王寨；邹屯、东王屯、西王屯等。

【地名社会应用】唐寨镇历史文化底蕴深厚，一些地名与历史名人有关，不少地方已经开发为旅游景点。

僧王庙遗址　在唐寨村，系纪念清朝

亲王僧格林沁所建的庙宇。现正在筹备开发为旅游景点。

定国寺　在镇西，系治理黄河所建的寺庙。现正在筹备开发为旅游景点。

乾隆御植园　在唐寨村西，有当年乾隆下江南时亲自栽植的梨树。如今是砀山每年的梨花节和酥梨采摘节的旅游景点。

千年皂角树　在南唐集村，是一株内空可坐三个小孩的古树。现正在筹备开发为旅游景点。

葛集镇

葛集镇（Gějí Zhèn）　中国乡级行政单位。2007 年，被授予“安徽省环境优美镇”称号。

【地理概况】位于砀山县域东北部，北纬 34°27′至 34°33′，东经 116°26′至 116°36′。其东、北二方与江苏省丰县接壤，西部与本县周寨镇相连，南部濒临黄河故道，与县园艺场、唐寨镇隔河相望。面积 85.58 平方千米。人口 6.13 万人，以汉族为主。辖窦集、贾寨、白蜡园等 11 个村委会。有 106 个自然村。镇人民政府驻葛集村。

【自然环境特点】境内地势平坦，岗坡相间，土地肥沃。南部略高，北部稍低。故黄大堤以南海拔平均 48 米，以北海拔平均 43 米，境内为古黄河决口冲积形成的地貌特征，大堤以南多淤质土壤，大堤以北多沙土。属暖温带季风半湿润气候，四季分明，雨热同季，春秋干燥少雨，冬天寒冷少雪。常年平均气温 14.2℃，无霜期年平均 202 天。年平均降水量 757.5 毫米，年平均降水日数 83 天。

境内的河流有故黄河、李寨河、窦集沟、堤南沟。

【经济特点】红富士苹果、大棚油桃、银杏树、养殖业为特色产业。有塑业、制衣等厂。

【交通状况】境内交通便捷，有砀葛路、葛玄路从镇域中部纵横贯通。

【社会文化特点】有镇文化站、广播站各 1 处、职业学校 1 所、镇卫生院 1 所。有幼儿园和中小学校。

【地名沿革】因驻地村而得名。1953 年名高寨区。1955 年为第六区。1958 年为周寨公社的一部分。1961 年为高寨公社。1980 年改设高寨区。1988 年改称葛集镇至今。

【境内地名概况】根据第二次全国地名普查结果，葛集镇境内共有地名 154 个，其中自然地理实体地名 5 个，人文地理实体地名 149 个。

葛集镇的地名有的来自明末清初防御土匪而筑寨，有的因姓氏聚居、地理环境、建筑特征及功能而命名，现分述如下。

1. 因姓氏聚居而得名。先民在此地开发，世代繁衍，便形成村庄。也有的为便于相处、相互照应，同姓同族聚居一起形成村庄，他们便以其姓氏命村名。如毛雷庄、韩新庄、大武庄、王李庄、常庄、谢庄、大汪庄、大张庄、丁庄、薛庄、周庄、夏朱庄、房庄、大高庄、芦庄、张马吴庄等。

2. 以村落地理环境得名。村落因所处的地理环境有别于其他村庄，人们便以其环境特色叫起了村名。如坝子街、葛套、范套、官场、李胡窑、汪沙滩、高堤湾、吕堤湾、土山、瓦房、场子、王药铺、白蜡园、周菜园、朱蓝店等。

3. 因村落及其周围的建筑特征得名。为了彰显自己村庄的房屋建筑特色，人们便以此取村名。如夏黄楼、李黄楼、贾楼、赵楼、朱楼、蒋楼、田楼、吴楼、汪小楼等。

4. 以村庄功能特色命名。乡村集市为一方百姓的物资集散地，是人民群众经常出入赶逛的地方；庙宇是信民聚会的活动场所；寨子是为了防护土匪滋扰而筑；屯子往往是官府垦荒养兵、积措军粮的地方。长此以往，这些功能特色也就成为该地的地名了。如葛集、杨集、仝集、窦集、范集、蟠龙集；王阁、毛阁、李庵、黄庙；高寨、李寨、仝寨、贾寨；蒋屯、陈屯、辛屯、后辛屯等。

【地名社会应用】葛集镇历史文化底蕴深厚，一些地名与历史文化有关，有的地方已经开发为旅游景点。

高寨河潭坑（蟠龙湖） 1851年黄河决口冲积而形成的大面积水域，碧波荡漾，荷花飘香，每年接待不少游客。

麻城遗址 南北朝北魏时，砀县撤销，改设安阳县（526—597），其治所就在古麻城集，史称麻邑。这个地方后来逐渐荒芜。现准备开发为旅游景点。

周寨镇

周寨镇（Zhōuzhài Zhèn） 中国乡级行政单位。全国重点镇，安徽省千年古镇。

【地理概况】周寨镇位于砀山县域的北部偏东，北纬34°31′至34°39′，东经116°19′至116°29′。其东南部与本县葛集镇相连，东北和北部与江苏丰县王沟镇接壤，西北部与山东单县蔡堂镇毗邻，西南部与本县玄庙镇交界。行政区域面积163平方千米。人口7.69万人，民族多为汉族。辖孙老家、郭程庄、解楼等11个村和刘暗楼、周寨2个社区。有150个自然村。镇人民政府驻周寨社区。

【自然环境特点】境内地势平坦，南部略高，北部稍低。故黄大堤以南为黄河故道滩地，平均海拔49米，以北海拔平均43米，境内为古黄河决口冲积形成的地貌特征，南部的黄河故道滩地为淤土，北部为沙土。属暖温带季风半湿润气候，四季分明，雨热同季，春秋干燥少雨，冬天寒冷少雪。常年平均气温14.2℃，无霜期年平均202天。年平均降水量757.5毫米，年平均降水日数83天。

境内河流有黄河故道、苗城河、复兴河、郭河、白玉一支河等。

【经济特点】盛产砀山酥梨、苹果、小麦、玉米、棉花、山药、芦笋等，养殖业、板材加工业为特色产业。

【交通状况】交通良好，有223省道和葛玄路穿境而过。

【社会文化特点】有省重点高中1所，幼儿园6所，小学17所，初中3所；医院6所，民营诊所3所；文化中心站1处。

【地名沿革】因驻地社区而得名。周寨系隋代周姓人家为防御响马筑起的寨子。因这里是丰县、鱼台一带百姓去砀山、商丘的必经之地，故经常商贾云集，热闹繁华。自唐代以来，一直是这一带的名镇。明朝初年，山东嘉祥的周姓人家又搬来居住，使周寨更加人丁兴旺。1948年，周寨划归华山县。1953年8月，华山县撤销，周寨重新划归砀山。1958年9月，设周寨人民公社。1980年2月，改为周寨区。1988年，周寨区改为周寨镇。2007年12月，刘暗楼乡整建制并入。

【境内地名概况】根据第二次全国地名普查结果，周寨镇境内共有地名231个，其中自然地理实体地名7个，人文地理实体地名224个。

周寨镇下辖的自然村名称繁多，有的村因姓氏聚居而得名，有的村因地理环境而得名，有的村以建筑特征而得名，有的村因功能特色而得名。现分述如下。

1. 因姓氏聚居得村名。土著先民开发或由外地迁来定居，世代繁衍，形成村庄。也有的为便于相处，相互照应，同姓同族聚居一起形成村庄，他们便以其姓氏命村名。如李新庄、吴庄、郭张庄、刘新庄、胡庄、孙李庄、汪庄、朱庄、周平庄、孙老家、张老家等。

2. 以村落地理环境而得名。村落因所处的地理环境有别于其他村庄，人们便以其环境特色叫起了村名。如孟堤口、吕河涯、刘坝、丁花园、庞小洼、陈洼、堤湾等。

3. 因村落的建筑特征得名。古人为了彰显自己村庄的房屋建筑特色，以此取村名。如庞大楼、朱小楼、大王楼、前黄楼、洪楼、于楼、金楼、朱楼、解楼、窦楼、汤楼、程楼、陈腰楼、孙土楼、刘暗楼等。

4. 以村庄功能特色而命名。乡村集市为一方百姓的物资集散地；庙宇是信民聚会的活动场所；寨子是为了防护土匪滋扰而筑；屯子往往是官府驻兵、养兵的地方。长此以往，这些功能特色也就成为该村庄的名字了。如汪集、孙集、李集、陈集、汤集、郭集、市力集；杨阁、吴阁、李寺、丁寺；周寨、汤寨；汪小屯、张小屯、沈屯、张屯、蒋李屯等。

【地名社会应用】周寨镇有着深厚的历史文化积淀，一些地名与历史名人有关，一些地名包含着有趣的故事。

大觉院　为东汉明帝所建的寺庙，后几经坍塌重建，现有断头赑屃所驮龙纹巨碑尚立于遗址。现正在筹备开发为旅游景点。

午沟里　五代后梁开国皇帝朱温的出生地。现正在筹备开发为旅游景点。

孙家老宅　据清乾隆版《砀山县志》记载，孙家的六个儿子中有四个在朝为官，其中允健官至内阁中书、光禄大夫。孙家老宅现存两层大客厅，东西墙的石雕、残垣尚依稀可辨。现正在筹备开发为旅游景点。

三省井　该井为苏、鲁、皖三省人民共同兴建。全国人大常委会原副委员长、民盟原中央主席费孝通题写了“三省井”三个遒劲大字，镌刻在石碑正面。现为旅游景点。

玄庙镇

玄庙镇（Xuánmiào Zhèn）　中国乡级行政单位。

【地理概况】位于砀山县域北部，北纬34°27′至34°37′，东经116°13′至116°26′。其东北部与本县周寨镇相连，西部与山东省单县接壤，西南部隔省果园场与官庄坝镇相望，南部与砀城镇毗邻。面积95平方千米。人口9.23万人，以汉族为主，还有少量回族人员。辖马良、朱庄、权集等17个村委会。有167个自然村。镇人民政府驻玄庙村。

【自然环境特点】境内地势基本平坦，岗坡相间，土地肥沃。南部略高，北部稍低。黄河故道的南北大堤之间海拔平均51.2米，北大堤以北海拔平均44米。境内为古黄河决口冲积形成的地貌特征，黄河故道两岸滩地多为淤土，其余地方多为沙土。属暖温带季风半湿润气候，四季分明，雨热同季，春秋干燥少雨，冬天寒冷少雪。常年平均气温14.2℃，无霜期年平均202天。年平均降水量757.5毫米，年平均降水日数为83天。

境内的河流有故黄河、苗城河、黑水

河、罗寨沟、九里沟。

【经济特点】盛产砀山酥梨、桃、杏、猕猴桃等，经济作物有花生和大棚蔬菜。工业以机械制造、电子加工、纺织服装为主。

【交通状况】境内交通良好，有济祁高速和101、223省道穿境而过。

【社会文化特点】有文化馆站1所，幼儿园9所，小学30所，中学5所。镇级卫生院2所，骨科医院1所。

【地名沿革】因驻地村而得名。这里原是供奉玄帝颛顼的庙宇，后来形成了村落(玄帝是黄帝的孙子，乃五帝之一)。1956年成立玄庙乡。1980年改设大寨区。1988年大寨区改玄庙镇。2007年权集乡整建制并入玄庙镇。

【境内地名概况】根据第二次全国地名普查结果，玄庙镇境内共有地名239个，其中自然地理实体地名9个，人文地理实体地名230个。

玄庙镇的地名有的来自明末清初防御土匪而筑寨，有的因姓氏聚居、地理环境、建筑特征及功能而命名，现分述如下。

1. 因姓氏聚居而得名。先民在此地开发，世代繁衍，便形成村庄。也有的为便于相处、相互照应，同姓同族聚居一起形成村庄，他们便以其姓氏命村名。如大李庄、许庄、朱庄、季庄、郭曹庄、张王庄、段王庄、范庄、姚庄、穆李庄、冯老家、八大家、大徐庄、史新庄、贾庄、董庄、陈庄、汪庄、老侯庄、西刘庄等。

2. 以村落地理环境得名。村落因所处的地理环境有别于其他村庄，人们便以其环境特色叫起了村名。如前坝、后坝、胡套、戚套、王药铺、炭场、李洼、李窑、孙路口、王井、庞林、庞花园、杜油坊、红星店、菜园、董台子、梨花村等。

3. 因村落及其周围的建筑特征得名。为了彰显自己村庄的房屋建筑特色，人们便以此取村名。如黄小楼、周楼、汤楼、郭楼、单楼、庞大楼、五座楼、蒋楼、贾楼、华楼、暗楼、张楼、孙黑楼、黑白楼等。

4. 以村庄功能特色命名。乡村集市为一方百姓的物资集散地，是人民群众经常出入赶逛的地方；庙宇是信民聚会的活动场所；寨子是为了防护土匪滋扰而筑；屯子往往是官府垦荒养兵、积措军粮的地方。长此以往，这些功能特色也就成为该地的地名了。如权集、焦集、王集、张集、蒋集、侯集、马良集；玄帝庙、姜庵、土地庙；大寨、小寨、罗寨、陈寨、孙寨、范寨、朱寨；蒋贾屯、陈屯、仇屯、庞小屯等。

【地名社会应用】玄庙镇历史文化底蕴深厚，一些地名与历史文化有关，不少地方已经开发为旅游景点。

故黄河　南宋以来流经砀山的古老黄河。从清朝咸丰五年黄河在兰考决口、改道北移后，这里便成了芦苇遮天的黄河故道。如今已开发为旅游景点，游人如织，热闹非凡。

小寨河潭坑　黄河决口形成的潭坑，深不见底，一派烟波浩渺。现正在筹备开发为旅游景点。

西刘庄刘家古宅　明代建筑，古色古香。现正在筹备开发为旅游景点。

官庄坝镇

官庄坝镇（Guānzhuāngbà Zhèn）　中国乡级行政单位。

【地理概况】位于砀山县域西北部，北纬34°26′至34°35′，东经116°10′至116°19′。

其东部、东北部隔黄河故道与玄庙镇相望，北部隔黄河故道与山东省单县毗邻，西部与河南省虞城县相连，南部与本县曹庄镇、赵屯镇接壤。面积63.55平方千米。人口4.88万人，以汉族为主。辖吴集、岳庄坝、刘楼等6个村委会和官庄、秦庄2个社区。有80个自然村。镇人民政府驻秦庄村。

【自然环境特点】境内地势基本平坦，岗坡相间，北部略高，南部稍低。故黄大堤以北海拔平均52.3米，以南海拔平均45.6米。境内为古黄河决口冲积形成的地貌特征。土质为三类，黄河故道沿岸为泡沙，大堤以北为河滩淤土，大堤以南为碱沙地。属暖温带季风半湿润气候，四季分明，雨热同季，春秋干燥少雨，冬天寒冷少雪。常年平均气温14.2℃，无霜期年平均202天。年平均降水量757.5毫米，年平均降水日数83天。

境内的河流有故黄河、大沙河、中心沟。

【经济特点】以种植砀山酥梨、养殖羊、猪为主。工业以轻工业为主。香雪轩、碧云轩毛笔为当地特产。

【交通状况】境内交通便捷，有砀官公路、砀虞公路、杨曹公路、岳杨公路、环镇公路纵横贯穿。

【社会文化特点】境内有文化馆站1所；中心幼儿园2所，小学21所，初中3所；镇卫生院1所。

【地名沿革】因该镇驻地原是官庄坝村而得名（现在驻地在秦庄）。1949年设官庄坝区。1958年为东风公社。1980年改为官庄区。1988年建官庄坝镇。

【境内地名概况】根据第二次全国地名普查结果，官庄坝镇境内共有地名125个，其中自然地理实体地名3个，人文地理实体地名122个。

官庄坝镇的地名有的来自黄河故道的自然环境，有的因姓氏聚居、地理环境、建筑特征及功能而命名，现分述如下。

1. 因姓氏聚居而得名。先民在此地开发，世代繁衍，便形成村庄。也有的为便于相处、相互照应，同姓同族聚居一起形成村庄，他们便以其姓氏命村名。如张老家、段庄、范庄、王庄、韩庄、雷徐庄、汪李庄、张王庄、秦庄、岳庄、周庄、前王庄、曹庄、刘庄、张庄、吴庄、后徐庄、高新庄、后陈庄、三省庄等。

2. 以村落地理环境得名。村落因所处黄河故道，地理环境有别于其他村庄，人们便以其环境特色叫起了村名。如张河涯、刘坝头、黑龙潭、张野场、岳坑、孙岗、冯窑、土山、后井、裴台、杨高台、徐堤口、岳堤口、官堤口、杨堤口、南门口、张苍园、李菜园、刘油坊、下河陈庄等。

3. 因村落及其周围的建筑特征得名。为了彰显自己村庄的房屋建筑特色，人们便以此取村名。如姚楼、徐楼、李楼、岳楼、朱李楼、国楼、大刘楼、小刘楼、小杨楼、前黄楼等。

4. 以村庄功能特色命名。乡村集市为一方百姓的物资集散地，是人民群众经常出入赶逛的地方；屯子往往是官府垦荒养兵、积措军粮的地方。长此以往，这些功能特色也就成为该地的地名了。如吴集、黄集、汪集、前张集；陈王屯、胡广屯、刘屯、周屯、后陈屯等。

【地名社会应用】官庄坝镇历史文化底蕴深厚，一些地名与历史文化有关，不少地方已开发为旅游景点。

官庄毛笔　系以地方冠名的特色毛笔

生产基地，是安徽省非物质文化遗产。

岳庄坝水闸　系黄河故道上的水利设施，现为一旅游景点。

故黄河湿地　近年开发的湿地公园，水面辽阔，鱼类繁多，水草丰茂，百鸟翔集。

曹庄镇

曹庄镇（Cáozhuāng Zhèn）　中国乡级行政单位。

【地理概况】位于砀山县域西部，北纬34°24′至34°30′，东经116°09′至116°13′。其东部与赵屯镇接壤，北部与官庄坝镇相连，西部与河南省虞城县毗邻，南部与河南省夏邑县交界。面积48.49平方千米。人口4.18万人，以汉族为主，还有少数回族人员。辖回民许庄、平安集、酒店张庄等7个村委会和曹庄1个社区。有75个自然村。镇人民政府驻曹庄社区。

【自然环境特点】境内地势平坦，北部略高，南部稍低。北部海拔平均45米，南部海拔平均43米。境内为古黄河决口冲积形成的地貌特征，多沙质土壤。属暖温带季风半湿润气候，四季分明，雨热同季，春秋干燥少雨，冬天寒冷少雪。常年平均气温14.2℃，无霜期年平均202天。年平均降水量757.5毫米，年平均降水日83天。

境内地处平原，河流有西洪河、大沙西支河。

【经济特点】产业有水果生产，小麦、玉米生产，食用菌加工，畜禽养殖，板材加工等。曹庄桶子鸡制作技艺是宿州市非物质文化遗产。

【交通状况】境内交通良好，有陇海铁路、郑徐高铁、310国道从境内经过，曹杨路县道贯穿全境。

【社会文化特点】有文化中心、图书馆、文艺团体各1个。村图书馆及农家书屋8个。镇中心卫生院1所。有幼儿园、托儿所和中小学校。

【地名沿革】因驻地社区而得名。1956年为曹庄乡。1961年置曹庄公社。1980年属赵屯区。1988年设立曹庄镇至今。

【境内地名概况】根据第二次全国地名普查结果，曹庄镇境内共享地名112个，其中自然地理实体地名4个，人文地理实体地名108个。

曹庄镇的地名有的来自明末清初防御土匪而筑寨，有的因姓氏聚居、地理环境、建筑特征及功能而命名。现分述如下：

1. 因姓氏聚居而得名。先民在此地开发，世代繁衍，便形成村庄。也有的为便于相处、相互照应，同姓同族聚居一起形成村庄，他们便以其姓氏命村名。如曹庄、张庄、郑庄、戚庄、徐庄、段庄、阎庄、蒋王庄、大王庄、贾平庄、汪平庄、中许庄、李庄、杜庄、赵庄、大陈庄等。

2. 以村落地理环境得名。村落因所处的地理环境有别于其他村庄，人们便以其环境特色叫起了村名。如曹窑、黄窑、瓦房、贾油坊、桑园、枣园、靛池许庄等。

3. 因村落及其周围的建筑特征得名。为了彰显自己村庄的房屋建筑特色，人们便以此取村名。如戚楼、贾楼、彭楼、孙楼、陈楼、吴楼、小杨楼等。

4. 以村庄功能特色命名。乡村集市为一方百姓的物资集散地，是人民群众经常出入赶逛的地方；庙宇，是信民聚会的活动场所；寨子是为了防护土匪滋扰而筑；屯子往往是官府垦荒养兵、积措军粮的地方。长此以往，这些功能特色也就成为该地的地名了。如谢集、魏集、汪集；魏庙、蒋祠堂、蒋庙；汪寨、陈寨；高屯、姜屯、王屯、陈屯、汪小屯等。

【地名社会应用】曹庄镇历史文化底蕴深厚，一些地名与历史文化有关。如黄堌寺，始建于明朝初年，为省级重点文物保护单位。准备开发为旅游景点。

关帝庙镇

关帝庙镇（Guāndìmiào Zhèn） 中国乡级行政单位。

【地理概况】位于砀山县域南部，北纬34°18′至34°23′，东经116°17′至116°27′。其东部与李庄镇、朱楼镇接壤，北部与高铁新区相连，西部与赵屯镇毗邻，南部与薛楼工业园和河南省夏邑县交界。面积130.47平方千米。人口5.3万人，以汉族为主。辖阚寨、汪大楼、邵楼等10个村委会和关帝庙1个社区。有104个自然村。镇人民政府驻关帝庙村。

【自然环境特点】境内地势平坦，北部略高，南部稍低。北部海拔平均43米，南部海拔平均41米。境内为古黄河决口冲积形成的地貌特征，北部为沙质土壤，南部小神湖一带为淤土。属暖温带季风半湿润气候，四季分明，雨热同季，春秋干燥少雨，冬天寒冷少雪。常年平均气温14.2℃，无霜期年平均202天。年平均降水量757.5毫米，年平均降水日83天。

境内地处平原，河流有大沙河、利民河、阚沟、汤沟。

【经济特点】形成东部瓜套棉、西部优质粮集约、规模种植的格局，为砀山县粮食、瓜果生产大镇。

【交通状况】境内交通状况良好，有郑徐高铁、101省道和砀永路、薛黄路通过。

【社会文化特点】有镇文化站、广播站各1处，村级文化中心6处。幼儿园6所，小学11所，初中2所。镇中心卫生院2所。

【地名沿革】因镇人民政府驻关帝庙村而得名（庙中供有关云长的铁身塑像）。1950年设邵楼区。1961年为关帝庙公社。1966年改名为红旗公社。1988年设立关帝庙镇。2007年黄楼乡并入关帝庙镇。

【境内地名概况】根据第二次全国地名普查结果，关帝庙镇境内共有地名157个，其中自然地理实体地名9个，人文地理实体地名148个。

关帝庙镇的地名有的来自明末清初防御土匪而筑寨，有的因姓氏聚居、地理环境、建筑特征及功能而命名，现分述如下。

1. 因姓氏聚居而得名。先民在此地开发，世代繁衍，便形成村庄。也有的为便于相处、相互照应，同姓同族聚居一起形成村庄，他们便以其姓氏命村名。如仝庄、任庄、谢庄、阎庄、范庄、黄庄、张庄、郑庄、汪庄、孟庄、阚庄、陈庄、毛庄、高穆庄等。

2. 以村落地理环境得名。村落因所处的地理环境有别于其他村庄，人们便以其环境特色叫起了村名。如八里井、陈枣园、槐树园、赵岗、于店、曹桥、赵平坊等。

3. 因村落及其周围的建筑特征得名。为了彰显自己村庄的房屋建筑特色，人们便以此取村名。如汪大楼、邵楼、孙楼、杨楼、席楼、胡楼、陈楼、苏楼、邵陈楼、大李楼、小李楼、大华楼、小华楼等。

4. 以村庄功能特色命名。乡村集市为一方百姓的物资集散地，是人民群众经常出入赶逛的地方；庙宇是信民聚会的活动场所；寨子是为了防护土匪滋扰而筑；屯子往往是官府垦荒养兵、积措军粮的地方。长此以往，这些功能特色也就成为该地的地名了。如刷集、张集、王集、陈谭集；张阁、徐庙、汤寺、石赵庙、关帝庙；杨庄寨、张庄寨、毛庄寨、阚寨；金屯、芦屯、黄屯、李屯、葛屯等。

【地名社会应用】关帝庙镇历史文化底蕴深厚，一些地名与历史文化有关，不少地方正在筹备开发旅游景点。

小神湖　据明、清《砀山县志》记载，当时为一烟波浩渺的湖泊。新中国成立后疏浚了利民河和巴清河，现为平坦且肥沃的淤地，有“麦囤”之称。目前已筹备开发为旅游景点。

朱楼镇

朱楼镇（Zhūlóu Zhèn）　中国乡级行政单位。

【地理概况】位于砀山县域东南部，北纬34°17′至34°20′，东经116°26′至116°33′。其东部与程庄镇接壤，北部与李庄相连，西部与关帝庙镇毗邻，南部与河南省永城市交界。面积33.67平方千米。人口4.5万人，以汉族为主。辖陈寨、梁寨、王湾等7个村委会。有64个自然村。镇人民政府驻朱楼村。

【自然环境特点】境内地势平坦，北部略高，南部稍低。北部海拔平均42米，南部海拔平均40米。境内为古黄河决口冲积形成的地貌特征，西部多为淤质土壤，东部多为沙质土壤。属暖温带季风半湿润气候，四季分明，雨热同季，春秋干燥少雨，冬天寒冷少雪。常年平均气温14.2℃，无霜期年平均202天。年平均降水量757.5毫米，年平均降水日83天。

境内地处平原，河流有东洪河、利民河、减河、小神集沟。

【经济特点】大棚西瓜种植、小麦种植、畜牧养殖为当地经济特色。有食品加工、板材、面粉、建材等厂。

【交通状况】境内交通良好，有济祁高速、101省道穿境而过。

【社会文化特点】有镇文化站、广播站各1处，村级文化中心7处，各类图书室10个。镇卫生院1个。幼儿园、中小学校8所。

【地名沿革】因镇人民政府驻朱楼村而得名。1956年属回龙乡。1958年属陈寨公社。1988年撤区并乡，组建朱楼镇至今。

【境内地名概况】根据第二次全国地名普查结果，朱楼镇境内共有地名109个，其中自然地理实体地名4个，人文地理实体地名105个。

朱楼镇的地名，有的来自明末清初防御土匪而筑寨，有的因姓氏聚居、地理环境、建筑特征及功能而命名，现分述如下。

1. 因姓氏聚居而得名。先民在此地开发，世代繁衍，便形成村庄。也有的为便于相处、相互照应，同姓同族聚居一起形成村庄，他们便以其姓氏命村名。如化庄、王庄、邵庄、陈新庄、官庄、刘庄、杨庄、大房庄、小房庄、小朱庄、田庄、张庄、甘庄、小郭庄等。

2. 以村落地理环境得名。村落因所处的地理环境有别于其他村庄，人们便以其环境特色叫起了村名。如陈瓦房、陈柳园、陈花园、王篱笆、纸坊、张湾、王湾、竹子园、王机房、邵桥等。

3. 因村落及其周围的建筑特征得名。

为了彰显自己村庄的房屋建筑特色，人们便以此取村名。如朱楼、彭楼、陈土楼、张大楼、贡生楼、小陈楼、杜楼、黄练楼、老邵楼等。

4. 以村庄功能特色命名。乡村集市为一方百姓的物资集散地，是人民群众经常出入赶逛的地方；庙宇是信民聚会的活动场所；寨子是为了防护土匪滋扰而筑；屯子往往是官府垦荒养兵、积措军粮的地方。长此以往，这些功能特色也就成为该地的地名了。如小神集、回龙集；祖寺庙、毛阁；陈寨、梁寨、老邵寨、小寨子；大王屯、小王屯、前尉屯、中尉屯、后尉屯、张屯、王屯、许王屯等。

【地名社会应用】朱楼镇历史文化底蕴深厚，一些地名与历史名人有关，现正在筹备开发为旅游景点。

狐父城　为春秋时期晋文公舅父狐偃的封地，后因洪水而湮灭。现正在筹备开发为旅游景点。

小神集　据明、清《砀山县志》记载，明嘉靖年间，砀山县城被洪水淹没，县治迁到小神集共四年。现正在筹备开发为旅游景点。

邵普宅　为一座明代建筑院落。邵姓后裔邵宗元官至太原府同知，后为守城而壮烈牺牲，朝廷谥“忠烈公”。现正在筹备开发为旅游景点。

回龙集阻击战遗址　系抗日战争时期的一次阻击战遗址。现正在筹备开发为旅游景点。

程庄镇

程庄镇（Chéngzhuāng Zhèn）　中国乡级行政单位。

【地理概况】位于砀山县域东南部，北纬34°17′至34°22′，东经116°30′至116°38′。其东部与萧县接壤，北部与唐寨镇相连，西部与李庄镇、朱楼镇毗邻，南部与河南省永城市交界。面积52.09平方千米。人口5.87万人，以汉族为主。辖王明集、周集、坡里王屯等12个村委会。有110个自然村。镇人民政府驻程庄村。

【自然环境特点】境内地势平坦，北部略高，南部稍低。北部海拔平均42米，南部海拔平均40米。境内为古黄河决口冲积形成的地貌特征，多为沙质土壤。属暖温带季风半湿润气候，四季分明，雨热同季，春秋干燥少雨，冬天寒冷少雪。常年平均气温14.2℃，无霜期年平均202天。年平均降水量757.5毫米，年平均降水日83天。

境内地处平原，河流有东洪河、南沙河、周集沟。

【经济特点】农业以种植西瓜、甜瓜、蔬菜、小麦为主。畜牧业以养殖猪、羊、家禽为主。工业以板材加工、水果加工为主。

【交通状况】境内交通便捷，有101省道和县道潘梁路穿境而过。

【社会文化特点】有镇文化管站、广播站各1处，村级文化中心7处。幼儿园8所，小学13所，初中2所。镇办医院1所。

【地名沿革】因镇人民政府驻程庄村而得名。1949年属周集区。1956年先后属程庄乡，赵楼公社。1984年撤公社设乡，成立赵楼乡。2007年撤销赵楼乡，改设程庄镇至今。

【境内地名概况】根据第二次全国地名普查结果，程庄镇境内共有地名159个，其中自然地理实体地名6个，人文地理实体地名153个。

程庄镇的地名有的来自明末清初防御土匪而筑寨，有的因姓氏聚居、地理环境、建筑特征及功能而命名，现分述如下：

1. 因姓氏聚居而得名。先民在此地开发，世代繁衍，便形成村庄。也有的为便于相处、相互照应，同姓同族聚居一起形成村庄，他们便以其姓氏命村名。如魏庄、蒋庄、邵庄、西庄、袁庄、刘庄、沈庄、腰庄、房庄、小王庄、党庄、毛庄、大宋庄、小宋庄、冯庄、张庄、赵庄、郭庄、黄庄、信庄、徐庄、尹庄、孟庄等。

2. 以村落地理环境得名。村落因所处的地理环境有别于其他村庄，人们便以其环境特色叫起了村名。如坡里、林场、柴市、杨埝、包菜园、西镇店、孟堤口、胡宋口、毛程铺、房沟涯、闸口王集、河滩李楼等。

3. 因村落及其周围的建筑特征得名。为了彰显自己村庄的房屋建筑特色，人们便以此取村名。如范楼、宋楼、刁楼、陈楼、赵楼、双楼、房楼、郝楼、衡楼、包楼、石楼、杜楼、毛楼、孟楼、郑楼、华楼、文楼、耿菜楼、张暗楼等。

4. 以村庄功能特色命名。乡村集市为一方百姓的物资集散地，是人民群众经常出入赶逛的地方；庙宇是信民聚会的活动场所；寨子是为了防护土匪滋扰而筑；屯子往往是官府垦荒养兵、积措军粮的地方。长此以往，这些功能特色也就成为该地的地名了。如王明集、周集、王集；龙泉寺、前周庙、中周庙、后周庙；胡寨、房寨、阚平寨；彭屯、张屯、从屯、任屯、王屯、谢屯、魏屯、李屯等。

【地名社会应用】程庄镇历史文化底蕴深厚，一些地名与历史文化有关，现准备开发为旅游景点。

龙泉寺　系唐代皇帝李世民敕建的庙宇，规模宏大，后毁于水患。现存为明代翻修的建筑，有残碑记载。现准备开发为旅游景点。

闸口王集　系清代黄河分流的水利枢纽工程设施，后毁于水患。现准备开发为旅游景点。

良梨镇

良梨镇（Liánglí Zhèn）　中国乡级行政单位。

【地理概况】位于砀山县域中部偏东，北纬 34°23′至 34°27′，东经 116°27′至 116°34′。东与唐寨镇接壤，南与李庄镇毗邻，西与砀城镇相连，北与县园艺场接界。面积 59.5 平方千米。人口 5.72 万人，以汉族为主。辖丰棉、礼河集、马庄等 7 个村委会。有 79 个自然村。镇人民政府驻于楼村。

【自然环境特点】境内地势平坦，北部略高，南部稍低。故黄大堤以北海拔平均 47 米，以南海拔平均 43 米，境内为古黄河决口冲积形成的地貌特征。属暖温带季风半湿润气候，四季分明，雨热同季，春秋干燥少雨，冬天寒冷少雪。常年平均气温 14.2℃，无霜期年平均 202 天。年平均降水量 757.5 毫米，年平均降水日数 83 天。

境内的河流有文家河、东洪河。

【经济特点】有特产优质砀山酥梨。有服装加工、板材加工、材料包装等厂。每年 4 月的梨花节和 9 月的酥梨采摘节，游人如织，带动和促进了当地经济发展。

【交通状况】境内交通便利，有 310 国道、砀唐路、李园路及梨花观赏路线。

【社会文化特点】有广播站 1 处，村级文化馆站 1 所。幼儿园 12 所，小学 13 所，中学3所，镇办医院1所。

【地名沿革】因该镇盛产优质酥梨而得名。1950年成立良梨乡。1958年9月设李庄乡良梨公社。1965年为良梨公社。1980年并入李庄区。1988年设良梨乡。1996年改为良梨镇至今。

【境内地名概况】根据第二次全国地名普查结果，良梨镇境内共有地名127个，其中自然地理实体地名3个，人文地理实体地名124个。

良梨镇的地名因姓氏聚居、地理环境、建筑特征及功能命名，现分述如下：

1. 因姓氏聚居而得名。先民在此地开发，世代繁衍，便形成村庄。也有的为便于相处、相互照应，同姓同族聚居一起形成村庄，他们便以其姓氏命村名。如卢庄、马庄、张何庄、单庄、崔庄、华王庄、蒋庄、萧庄、孙庄、臧訾庄、封庄、大郭庄、汪阚庄等。

2. 以村落地理环境得名。村落因所处的地理环境有别于其他村庄，人们便以其环境特色叫起了村名。如邵坝、木龙坝、老鹳窝、狼屯、东北场、吴菜园、崔庄闸、陈马路口、王套涯子等。

3. 因村落及其周围的建筑特征得名。为了彰显自己村庄的房屋建筑特色，人们便以此取村名。如侯楼、于楼、翟楼、魏楼、徐楼、张楼、陈楼、李楼、王套楼、于刘楼、于黄楼等。

4. 以村庄功能特色命名。乡村集市为一方百姓的物资集散地，是人民群众经常出入赶逛的地方；庙宇是信民聚会的活动场所。长此以往，这些功能特色也就成为该地的地名了。如礼河集、丁集、董集、杨集；李阁、翟寺、黄庙、阎王庙等。

【地名社会应用】良梨镇历史文化底蕴深厚，一些地名与历史名人有关，不少地方已经开发为旅游景点。

礼河集　位于镇西，为元末红巾军农民起义领袖小明王韩林儿避难地。正在筹备开发为旅游景点。

境内的梨树王景区、鳌头观海景区、梨花湾景区、文家河旅游观光带、葛花坝、酥梨小镇等，为砀山的旅游景点，游人如织，热闹非凡。

赵屯镇

赵屯镇（Zhàotún Zhèn）　中国乡级行政单位。

【地理概况】位于砀山县域西南部，北纬34°20′至34°27′，东经116°12′至116°19′。其东部与砀城镇、高铁新区、关帝庙镇接壤，北部与官庄坝镇相连，西部与曹庄镇毗邻，南部与河南省夏邑县交界。面积46.15平方千米。人口5.84万人，以汉族为主。辖吕集、蒋庄、汪屯等10个村委会。有121个自然村。镇人民政府驻大陈庄村。

【自然环境特点】境内地势平坦，北部略高，南部稍低。北部海拔平均44.5米，南部海拔平均43米。境内为古黄河决口冲积形成的地貌特征，多沙质土壤。属暖温带季风半湿润气候，四季分明，雨热同季，春秋干燥少雨，冬天寒冷少雪。常年平均气温14.2℃，无霜期年平均202天。年平均降水量757.5毫米，年平均降水日数83天。

境内地处平原，河流有大沙河、利民二支河、铁路运河、汤沟、高木沟。

【经济特点】以水果、食用菌、黄花菜、黄白桃罐头、金针菇罐头食品为特色产品，有农机、建材、水果罐头加工等厂。

【交通状况】境内交通便捷，有陇海铁路、郑徐高铁、310国道穿境而过。砀夏公路、砀官公路经此镇。

【社会文化特点】有镇综合文化站1个，公共图书室1个。各级各类医疗卫生机构18个，其中镇卫生院1个。幼儿园和中小学校9所。

【地名沿革】因辖区内的赵屯自然村和陇海铁路赵屯火车站而命名。1950年属城西区。1953年为九区。1980年设赵屯区。1984年改设赵屯乡。2007年乡改镇至今。

【境内地名概况】根据第二次全国地名普查结果，赵屯镇境内共有地名169个，其中自然地理实体地名2个，人文地理实体地名167个。

赵屯镇的地名有的来自明末清初防御土匪而筑寨，有的因姓氏聚居、地理环境、建筑特征及功能而命名，现分述如下：

1.因姓氏聚居而得名。先民在此地开发，世代繁衍，便形成村庄。也有的为便于相处、相互照应，同姓同族聚居一起形成村庄，他们便以其姓氏命村名。如李戴庄、许王庄、翟庄、周庄、孟庄、蒋庄、黄庄、张新庄、冯庄、宋庄、王庄、郝庄、温庄、樊庄、杜新庄、大杜庄、大黄庄、谢庄、包庄、大杨庄等。

2.以村落地理环境得名。村落因所处的地理环境有别于其他村庄，人们便以其环境特色叫起了村名。如汪井、董口、瓦黄庄、李桃园、王菜园、前段洼、后段洼、王油坊、汪烟墩等。

3.因村落及其周围的建筑特征得名。为了彰显自己村庄的房屋建筑特色，人们便以此取村名。如万楼、西赵楼、杨楼、薛楼、汪楼、戚黄楼、蒋楼、庞楼、戚楼、丁楼、白楼、卞楼、红楼、于王楼、三座楼等。

4.以村庄功能特色命名。乡村集市为一方百姓的物资集散地，是人民群众经常出入赶逛的地方；庙宇是信民聚会的活动场所；寨子是为了防护土匪滋扰而筑；屯子往往是官府垦荒养兵、积措军粮的地方。长此以往，这些功能特色也就成为该地的地名了。如吕集、戚集、边集、汪集；吴庄寺、杜杨庙、杜阁、陈阁；黄庄寨；赵屯、汪小屯、姚屯、管屯、汪屯等。

【地名社会应用】赵屯镇历史文化底蕴深厚，一些地名与历史文化有关。

汪烟墩　相当于古代烽火台的建筑设施，为防匪所用。即发现敌情，点火为号，以烟火传递信号，迅速做好御敌的准备。现准备开发为旅游景点。

第三章　村民委员会、社区居委会地名

砀城镇

金山社区居民委员会

金山社区居民委员会（Jīnshān Shèqū Jūmínwěiyuánhuì）　在砀山县西部，属砀城镇管辖。距砀山县人民政府驻地5.37千米。东与本镇城隍庙社区毗邻，北与本镇李屯村交界，西与赵屯镇梅屯村接壤，南与本镇中原社区相连，面积3.5平方千米。总户数1397户，总人口5580人，民族为汉族。经济来源以种植水果、蔬菜、药材及外出务工为主。居委会驻金山社区。社区内地势平坦，北部略高，南部稍低，平均海拔43.5米。境内为古黄河决口冲积形成的地貌特征，多为沙质土壤。

因坐落在砀城镇民营工业园区，附近有金山商城，故而命名为金山社区。新中国成立初期至20世纪60年代初为和平社。1963年成立西关大队，属城关镇管辖。1983年改为西关居委会。2003年变更为砀城镇西城社区居民委员会。金山社区始建于2009年，属砀城镇管辖。

双里庙社区居民委员会

双里庙社区居民委员会（Shuānglǐmiào Shèqū Jūmínwěiyuánhuì）　在砀山县东北部，属砀城镇管辖。距砀山县人民政府驻地1.5千米。东与本镇侯楼社区毗邻，北与本镇土山社区交界，西与本镇金桂园社区接壤，南与本镇东城社区相连，面积2.85平方千米。总户数581户，总人口2306人，民族为汉族。经济来源以种植蔬菜及外出务工为主。居委会驻双里庙社区。社区内地势平坦，北部略高，南部稍低，平均海拔43.3米。境内为古黄河决口冲积形成的地貌特征，多为沙质土壤。种植蔬菜是当地的特色。

因此地从前有一座庙宇，距城2里，故名双里庙，社区就以这个地名命名。新中国成立初期至20世纪60年代初为和平社。1965年属城郊公社。1983年属城关镇北关居委会。2003年变更为砀城镇北城社区居民委员会。

城隍庙社区居民委员会

城隍庙社区居民委员会（Chénghuáng-miào Shèqū Jūmínwěiyuánhuì）　在砀山县内，属砀城镇管辖。距砀山县人民政府驻地3.8千米。东与本镇东城社区毗邻，北与本镇北城社区交界，西与本镇金山社区接壤，南与本镇高台井社区相连，面积2.1平方千米。总户数570户，总人口2206人，民族为汉族。经济来源以第三产业为主。居委会驻城隍庙社区。社区内地势平坦，平均海拔43.8米。境内为砀城老城区。

因此地从前有一座城隍庙，故名。1985年成立民主西街居委会，属城关镇管辖。2005年更名为城隍庙社区居民委员会，属砀城镇管辖至今。

北城社区居民委员会

北城社区居民委员会（Běichéng Shèqū Jūmínwěiyuánhuì） 在砀山县北部，属砀城镇管辖。距砀山县人民政府驻地2.6千米。东与本镇东城社区毗邻，北与本镇金桂园社区交界，西与本镇金山社区接壤，南与本镇城隍庙社区相连，面积4平方千米。总户数2616户，总人口9018人，民族为汉族。经济来源以种植蔬菜、第三产业、外出务工为主。居委会驻北城社区。社区内地势平坦，北部略高，南部稍低，平均海拔43.3米。境内为古黄河决口冲积形成的地貌特征，多为沙质土壤。种植蔬菜是当地的特色。

因地理位置位于砀山县老城区北关而得名。新中国成立初期至20世纪60年代初为和平社。1963年成立北关大队，属城关镇。1983年改为北关居委会。2003年变更为砀城镇北城社区居民委员会。

东城社区居民委员会

东城社区居民委员会（Dōngchéng Shèqū Jūmínwěiyuánhuì） 在砀山县东部，属砀城镇管辖。距砀山县人民政府驻地3.4千米。东与经济开发区古城社区毗邻，北与本镇双里庙社区交界，西与本镇高台井社区接壤，南与经济开发区科技社区相连，面积2.2平方千米。总户数2338户，总人口8760人，民族为汉族。经济来源以种植水果、蔬菜及第三产业为主。居委会驻东城社区。社区内地势平坦，北部略高，南部稍低，平均海拔43.2米。境内为古黄河决口冲积形成的地貌特征，多为沙质土壤。种植蔬菜是当地的特色。

砀城分为东西南北四关，因此地居东，故取名为东城社区。东城社区由原来的东关大街队、东关南村队、东关北村队和东关红卫村组成。新中国成立后属城关公社东关大队。1985年成立东关居民委员会，属城关镇管辖。2003年更名为东城社区居民委员会。2005年属砀城镇人民政府管理至今。

中原社区居民委员会

中原社区居民委员会（Zhōngyuán Shèqū Jūmínwěiyuánhuì） 在砀山县西部，属砀城镇管辖。距砀山县人民政府驻地5.02千米。东与本镇西城社区毗邻，北与本镇金山社区交界，西与赵屯镇张新庄村接壤，南与本镇苇子园社区相连，面积3.5平方千米。总户数1556户，总人口5250人，民族为汉族。经济来源以种植水果、蔬菜及外出务工为主。居委会驻中原社区。社区内地势平坦，北部略高，南部稍低，平均海拔43.4米。境内为古黄河决口冲积形成的地貌特征，多为沙质土壤。种植蔬菜是当地的特色。

因该社区坐落在中原路，故而得名中原社区。1958年属东风人民公社。1968年属赵屯镇。2000年属砀城镇。2005年合并为中原新村。2009年分开，为中原社区居委会。

车站社区居民委员会

车站社区居民委员会（Chēzhàn Shèqū Jūmínwěiyuánhuì） 在砀山县西南部，属砀城镇管辖。距砀山县人民政府驻地4.9千米。东与本镇南城社区毗邻，北与本镇西城社区交界，西与本镇苇子园社区接壤，南隔陇海铁路与高铁新区西苑社区相望，面积1.7平方千米。总户数1621户，总人口5860人，民族有汉族、回族。经济来源以第三产业为主。居委会驻车站社区。社区内地势平坦，平均海拔43.3米。境内为砀山火车站区域。

因砀山县火车站坐落在本辖区，故而取名车站社区，新中国成立后归砀山县城关公社管理。1985年成立车站街居委会，属城关镇管辖。2005年更名为车站社区居民委员会，属砀城镇管辖至今。

高台井社区居民委员会

高台井社区居民委员会（Gāotáijǐng Shèqū Jūmínwěiyuánhuì） 在砀山县内，属砀城镇管辖。距砀山县人民政府驻地3.4千米。东与本镇东城社区毗邻，北与本镇城隍庙社区交界，西与本镇金山社区接壤，南与本镇南城社区相连，面积1.2平方千米。总户数2362户，总人口7404人，民族为汉族。经济来源以第三产业为主。居委会驻高台井社区。社区内地势平坦，平均海拔43.8米。境内为砀城老城区。

因辖区内从前有一处高台子甜水井，故而取名高台井社区。新中国成立后归砀山县城关公社管理。1985年成立民主西街居委会，属城关镇管辖。2003年更名为高台井社区居民委员会。2005年更名为砀城镇高台井社区居民委员会至今。

苇子园社区居民委员会

苇子园社区居民委员会（Wěiziyuán Shèqū Jūmínwěiyuánhuì） 在砀山县西南部，属砀城镇管辖。距砀山县人民政府驻地5.8千米。东与本镇车站社区毗邻，北与本镇中原社区交界，西与赵屯镇张新庄村接壤，南与高铁新区站前社区相连，面积3.12平方千米。总户数1259户，总人口4115人，民族为汉族。经济来源以第三产业为主。居委会驻苇子园社区。社区内地势平坦，北部略高，南部稍低，平均海拔43.4米。境内为古黄河决口冲积形成的地貌特征，多为沙质土壤。水果罐头加工、服务业是当地的经济特色。

因从前村子附近有一河塘，河塘里长满了芦苇，故得名为苇子园。现社区取村名。1958年属东风人民公社。1988年隶属赵屯镇。2000年归属砀城镇。2005年与金山等社区合并为中原新村。2015年分开，取名苇子园社区。

南城民族社区居民委员会

南城民族社区居民委员会（Nánchéng-mínzúshèqū Jūmínwěiyuánhuì） 在砀山县南部，属砀城镇管辖。距砀山县人民政府驻地4.3千米。东与经济开发区科技社区毗邻，北与本镇高台井社区交界，西与本镇车站社区接壤，南隔陇海铁路与高铁新区南苑社区相望，面积2平方千米。总户数2806户，总人口8688人，民族有汉族、回族、土家族。经济来源以第三产业为主。居委会驻南城社区。社区内地势平坦，平均海拔43.3米。境内为砀城老南关城区。牛羊肉食品加工、服务业为本地特色。

因地处砀城南关清真寺范围，系少数民族（回族）聚居区，由此得名南城民族社区居民委员会。新中国成立后属城关公社南关大队。1985年成立南关居民委员会，属城关镇管辖。2003年更名为南城社区居民委员会。2005年更名为南城民族社区居民委员会，属砀城镇人民政府管理至今。

西城社区居民委员会

西城社区居民委员会（Xīchéng Shèqū Jūmínwěiyuánhuì） 在砀山县西部，属砀城镇管辖。距砀山县人民政府驻地4.7千米。东与本镇高台井社区毗邻，北与本镇城隍庙社区交界，西与本镇中原社区接壤，南与本镇车站社区相连，面积2.2平方千米。总户数2396户，总人口7996人，民族有汉族、回族。经济来源以第三产业为主。居委会驻西城社区。社区内地势平坦，平均海拔43.4米。境内为砀城老西关城区。食品加工、市场贸易是当地经济特色。

社区所在地原为砀城老西关，故而得名。1952年归城关公社管理。1958年属东风人民公社。1986年属城关镇西关大队。2015年改为西城社区居委会，属砀城镇管辖。

金桂苑社区居民委员会

金桂苑社区居民委员会（Jīnguìyuàn Shèqū Jūmínwěiyuánhuì） 在砀山县西北部，属砀城镇管辖。距砀山县人民政府驻地2.8千米。东与本镇双里庙社区毗邻，北与本镇土山社区交界，西与本镇金山社区接壤，南与本镇北城社区相连，面积5.4平方千米。总户数3190户，总人口12209人，民族有汉族、回族。经济来源以种植水果、蔬菜、苗木及外出务工为主。居委会驻金桂苑社区。社区内地势平坦，北部略高，南部稍低，平均海拔43.5米。境内为古黄河决口冲积形成的地貌特征，多为沙质土壤。水果加工、服务业是当地的经济特色。

社区所在地为原杨楼、屈楼。现房产开发，因小区多植金桂而得名。新中国成立初期至20世纪60年代初为和平社。1965年属城郊公社。1983年属陇海区李屯乡。2003年属砀城镇管辖。

侯楼社区居民委员会

侯楼社区居民委员会（Hóulóu Shèqū Jūmínwěiyuánhuì） 在砀山县东北部，属砀城镇管辖。距砀山县人民政府驻地2.12千米。东与经济开发区古城社区毗邻，北与本镇王古楼社区交界，西与本镇双里庙社区接壤，南与本镇东城社区相连，面积6.58平方千米。总户数1510户，总人口5642人，民族为汉族。经济来源以种植水果、蔬菜及外出务工为主。居委会驻侯楼社区。社区内地势平坦，北部略高，南部稍低，平均海拔43.2米。境内为古黄河决口冲积形成的地貌特征，多为沙质土壤。蔬菜种植、服务业是当地的经济特色。

侯姓在此立庄，建楼，故名。新中国成立初期至20世纪60年代初为和平社。1958年属中心乡。1965年属城郊公社。1983年属侯楼乡。2003年属砀城镇侯楼社区居民委员会。

王古楼社区居民委员会

王古楼社区居民委员会（Wánggǔlóu Shèqū Jūmínwěiyuánhuì） 在砀山县中部，属砀城镇管辖。距砀山县人民政府驻地5.8千米。东与本镇西南门村毗邻，北与玄庙镇朱寨村交界，西与本镇北郊社区接壤，南与本镇徐井村相连，面积5.2平方千米。总户数1623户，总人口5732人，民族多为汉族。经济来源以种植水果、蔬菜及外出务工为主。居委会驻王古楼村。社区内地势平坦，北部略高，南部稍低，平均海拔44.6米。境内为古黄河决口冲积形成的地貌特征，多为沙质土壤。水果种植、加工是当地的经济特色。

新中国成立前有王氏家族建古式楼房

一座，因而得名王古楼。新中国成立初属王古楼中心乡。1958年属陇海公社徐井乡。1988年撤乡置镇属西南门镇。2006年与黄楼大队合并，属砀城镇王古楼村民委员会至今。

徐井村村民委员会

徐井村村民委员会（Xújǐngcūn Cūnmínwěiyuánhuì） 在砀山县中部，属砀城镇管辖。距砀山县人民政府驻地6.1千米。东与本镇杨庙村毗邻，北与本镇王古楼村交界，西与本镇侯楼社区接壤，南与经济开发区惠民社区相连，面积8.2平方千米。总户数1731户，总人口6068人，民族多为汉族。经济来源以种植水果、蔬菜及外出务工为主。村委会驻徐井村。境内地势平坦，北部略高，南部稍低，平均海拔44.3米。为古黄河决口冲积形成的地貌特征，多为沙质土壤。水果种植、加工是当地的经济特色。

徐井初期叫蒋家村，因村中央有一口水井，在一次黄河泛滥期间被淹没了，后来组织再次打井，无意间打到旧井址上，人们觉得这个村庄和“井”有分不开的缘分，加上姓徐的人较多，故改名为徐井村。新中国成立初期隶属杨庙中心乡。1958年成立人民公社时属陇海乡。1981年划为朱寨区徐井小乡。1987年撤区并乡，属西南门镇。2007年村级合并，隶属砀城镇。

杨庙村村民委员会

杨庙村村民委员会（Yángmiàocūn Cūnmínwěiyuánhuì） 在砀山县中部，属砀城镇管辖。距砀山县人民政府驻地7.6千米。东与良梨镇丰棉村毗邻，北与本镇西南门村交界，西与本镇徐井村接壤，南与经济开发区益民社区相连，面积6.6平方千米。总户数1629户，总人口5780人，民族多为汉族。经济来源以种植水果、蔬菜及外出务工为主。村委会驻杨庙村。境内地势平坦，北部略高，南部稍低，平均海拔44.5米。为古黄河决口冲积形成的地貌特征，多为沙质土壤。水果种植、加工是当地的经济特色。

此地从前有一座庙宇，杨姓居住附近，故名。新中国成立初期隶属杨庙中心乡。1958年成立人民公社时属陇海乡。1981年划为朱寨区徐井小乡。1987年撤区并乡，属西南门镇。2007年村级合并，隶属砀城镇。

蒋营村村民委员会

蒋营村村民委员会（Jiǎngyíngcūn Cūnmínwěiyuánhuì） 在砀山县中部，属砀城镇管辖。距砀山县人民政府驻地10.2千米。东与良梨镇桃源村毗邻，北部濒临黄河故道，西与本镇西南门村接壤，南与良梨镇丰棉村相连，面积7.9平方千米。总户数2732户，总人口8480人，民族多为汉族。经济来源以种植黄桃及外出务工为主。村委会驻蒋营村。境内地势平坦，北部略高，南部稍低，平均海拔45.6米。为古黄河决口冲积形成的地貌特征，多为沙质土壤。黄桃种植、水果加工是当地的经济特色。

清末，该地以蒋姓居多，曾驻扎过兵营，故名蒋家营。民国后期改名为蒋营。1964年属李庄乡蒋营大队。1965年属良梨乡。1966年属陇海人民公社。1984年撤区并乡时属西南门乡。2007年村级合并，为砀城镇蒋营村民委员会至今。

林屯村村民委员会

林屯村村民委员会（Líntúncūn Cūnmínwěiyuánhuì） 在砀山县中部，属砀城镇管辖。距砀山县人民政府驻地8.6千米。东部濒临黄河故道，北与玄庙镇朱庄村毗邻，西与玄庙镇朱寨村接壤，南与本镇西南门村相连，面积5.6平方千米。总户数1401户，总人口4355人，民族有汉族、回族。经济来源以种植水果、药材、林木及外出务工为主。村委会驻林屯村。境内地势平坦，北部略低，南部稍高，平均海拔47.8米。为古黄河滩地形成的地貌特征，多为淤质土壤。黄桃种植、水果加工是当地的经济特色。

最早蔺姓在此屯田居住，故叫蔺屯；后来蔺姓搬走，逐渐演变成林屯了。新中国成立初期属范寨区。1955年属朱庄乡。1958年属中心乡陇海人民公社。1980年属朱寨区西南门乡。1987年属西南门镇。2008年至今属砀城镇。

北郊社区居民委员会

北郊社区居民委员会（Běijiāo Shèqū Jūmínwěiyuánhuì） 在砀山县中部，属砀城镇管辖。距砀山县人民政府驻地3.4千米。东与本镇王古楼社区毗邻，北与玄庙镇权集村交界，西与赵屯镇梅屯村接壤，南与本镇李屯村相连，面积10.1平方千米。总户数2352户，总人口7154人，民族有汉族、满族。经济来源以种植水果、蔬菜及外出务工为主。居委会驻北郊村。境内地势平坦，北部略高，南部稍低，平均海拔45.3米。为古黄河决口冲积形成的地貌特征，多为沙质土壤。水果种植、花木种植是当地的经济特色。

因该村位于砀城镇北郊区，故得名北郊村。新中国成立初期属范寨区。1956年归砀北乡所辖。1958年属中心乡权集公社。1965年属城郊公社周庄大队。1988年改为陇海乡。2005年合并于砀城镇，更名为北郊社区。

西南门村村民委员会

西南门村村民委员会（Xīnánméncūn Cūnmínwěiyuánhuì） 在砀山县中部，属砀城镇管辖。距砀山县人民政府驻地8.2千米。东与本镇蒋营村毗邻，北与本镇林屯村交界，西与本镇王古楼社区接壤，南与本镇杨庙村相连，面积7.2平方千米。总户数2616户，总人口8163人，民族有汉族、回族。经济来源以种植水果、外出务工为主。村委会驻西南门村。境内地势平坦，北部略高，南部稍低，平均海拔45.5米。为古黄河决口冲积形成的地貌特征，多为沙质土壤。黄桃种植、水果加工是当地的经济特色。

清朝末年，一户姓蒋的是当地武举人，大户人家，依大堤圈成个寨，用来防御土匪侵扰，西南门地名就是因寨门朝西南叫起的。新中国成立前属国民党第二区徐井乡。1948年属范寨区杨庙乡。1956年属中心乡。1958年属陇海人民公社。1980年属朱寨区徐井乡。1988年撤乡划镇，属西南门镇。2007年村级合并，属砀城镇西南门村至今。

李屯村村民委员会

李屯村村民委员会（Lǐtúncūn Cūnmínwěiyuánhuì） 在砀山县中部，属砀城镇管辖。距砀山县人民政府驻地3.6千米。东与本镇土山社区毗邻，北与本镇北郊社区交界，西与赵屯镇梅屯村接壤，南与本镇金山社区相连，面积5平方千米。总户数1289户，总人口4521人，民族多为汉族。经济来源以种植水果、外出务工为主。村委会驻李屯村。境内地势平坦，北部略高，南部稍低，平均海拔44.8米。为古黄河决口冲积形成的地貌特征，多为沙质土壤。水果种植、花木种植是当地的经济特色。

以前，李姓在此屯田建庄，故名李屯，而村委会就以自然村命名。新中国成立初期属范寨区。1956年归砀北乡所辖。1958年属中心乡权集公社。1965年属城郊公社李屯大队。1988年改为陇海乡。2005年合并于砀城镇，更名为李屯村。

土山社区居民委员会

土山社区居民委员会（Tǔshān Shèqū Jūmínwěiyuánhuì） 在砀山县城北部，属砀城镇管辖。距砀山县人民政府驻地1.6千米。东与本镇侯楼社区毗邻，北与本镇北郊社区交界，西与本镇李屯村接壤，南与本镇金桂苑社区相连，面积6.8平方千米。总户数1283户，总人口4211人，民族多为汉族。经济来源以种植蔬菜、外出务工为主。居委会驻土山社区。境内地势平坦，北部略高，南部稍低，平均海拔43.7米。为古黄河决口冲积形成的地貌特征，多为沙质土壤。蔬菜种植、花木种植是当地的经济特色。

因此地从前有一座土山，故名。新中国成立初期至20世纪60年代初为和平社。1965年属城郊公社。1983年属城关镇北关居委会。2003年变更为砀城镇土山社区居民委员会。

李庄镇

海升新村村民委员会

海升新村村民委员会（Hǎishēngxīncūn Cūnmínwěiyuánhuì） 在砀山县东部，属李庄镇管辖。距砀山县人民政府驻地10.18千米。东与本镇汪阁村毗邻，北与良梨镇丰棉村交界，西与经济开发区益民社区接壤，南与本镇朱店社区相连，面积10.02平方千米。总户数998户，总人口3894人，民族为汉族。经济来源以水果、经济作物种植为主。村委会驻海升新村。

海升新村是由海升集团在此办厂落户而得名。2008年由丰屯、田楼、贾庄、毛堤口、汪六楼、毛庄六个村合并为海升新村。2014年7月，贾庄、毛堤口、汪六楼、毛庄又分割出来归经济开发区管理，其余仍叫海升新村至今。

境内地势平坦，北部略高，南部稍低，平均海拔43.5米。为古黄河决口冲积形成的地貌特征，多为沙质土壤。水果种植、养殖业是当地的经济特色。

310国道、济祁高速公路在此村通过。

朱店社区居民委员会

朱店社区居民委员会（Zhūdiàn Shèqū Jūmínwěiyuánhuì） 在砀山县东部，属李庄镇管辖。距砀山县人民政府驻地10.8千米。东与本镇卞楼社区毗邻，北与本镇海升新村交界，西隔利民河与关帝庙镇阚寨村相望，南与本镇贾楼村相连，面积9.1平方千米。总户数2062户，总人口7031人，民族为汉族。经济来源以水果、经济作物种植和外出务工为主。村委会驻朱店。

东汉年间，有朱家老先人在这里开住宿店，名为朱店集。每月初五逢会，每早有集，后集市取消，定为朱店。新中国成立前归江苏省徐州市管辖，新中国成立后属砀山县。后划为朱店乡朱店村民委员会，2014年确立为李庄镇朱店社区居民委员会至今。

境内地势基本平坦，东北部大堤以北略高，西南部大堤以南稍低，平均海拔42.6米。为古黄河决口冲积形成的地貌特征，东北部多为沙质土壤，西南部多为淤质土壤。水果种植、养殖业是当地的经济特色。

薛黄公路在此通过。村内有朱店小学、曹三子楼小学、板材厂。

卞楼社区居民委员会

卞楼社区居民委员会（Biànlóu Shèqū Jūmínwěiyuánhuì） 在砀山县东部，属李庄镇管辖。距砀山县人民政府驻地 13.1 千米。东与本镇镇东村毗邻，北与本镇海升新村交界，西与本镇朱店社区接壤，南与本镇振兴社区相连，面积 4.9 平方千米。总户数 1597 户，总人口 5750 人，民族为汉族。经济来源以水果、小麦、玉米种植为主。村委会驻卞楼。

清朝时期，有一姓卞的财主在此占地立庄建楼，卞楼因此得名。1954 年成立小乡，属李庄乡。1958 年成立高级社，属李庄社管理。1959 年属李庄公社管理。1982 年属李庄镇管理。1997 年卞楼大队改为卞楼社区。

境内地势基本平坦，北部大堤以北略高，南部大堤以南稍低，平均海拔 42.2 米。为古黄河决口冲积形成的地貌特征，北部多为沙质土壤，南部多为淤质土壤。水果种植、养殖业是当地的经济特色。

原来的卞楼小学曾是冯玉祥、老舍等名人住过的地方。

镇东村村民委员会

镇东村村民委员会（Zhèndōngcūn Cūnmínwěiyuánhuì） 在砀山县东部，属李庄镇管辖。距砀山县人民政府驻地 14.8 千米。东与程庄镇闸口王集村毗邻，北与本镇汪阁村交界，西与本镇卞楼社区接壤，南与本镇振兴社区相连，面积 6.3 平方千米。总户数 1983 户，总人口 7898 人，民族为汉族。经济来源以水果种植、外出外出务工为主。村委会驻镇东村。

因坐落在镇驻地的东边而得名。新中国成立初期属江苏省砀山县管理。1958 年属安徽省砀山县洪河大队管理。1966 年分开，成立三屯大队、夏桥大队。2007 年合成镇东村民委员会至今。

境内地势平坦，北部略高，南部稍低，平均海拔 42.5 米。为古黄河决口冲积形成的地貌特征，多为沙质土壤。水果种植、养殖业是当地的经济特色。

汪阁村村民委员会

汪阁村村民委员会（Wānggécūn Cūnmínwěiyuánhuì） 在砀山县东部，属李庄镇管辖。距砀山县人民政府驻地 12.3 千米。东与良梨镇马庄村毗邻，北与本镇李园新村交界，西与本镇海升新村接壤，南与本镇镇东村相连，面积 6.1 平方千米。总户数 1605 户，总人口 5727 人，民族为汉族。经济来源以水果种植为主。村委会驻汪阁村。

清朝时，因汪姓在此占产立庄并建一阁楼，故由原来的季家寨改为汪阁。新中国成立后为汪阁乡、汪阁公社。2007 年与黄楼村合并，为汪阁村委会。

境内地势平坦，北部略高，南部稍低，平均海拔 43.2 米。为古黄河决口冲积形成的地貌特征，多为沙质土壤。水果种植、养殖业是当地的经济特色。

贾楼村村民委员会

贾楼村村民委员会（Jiǎlóucūn Cūnmínwěiyuánhuì） 在砀山县东部，属李庄镇管辖。距砀山县人民政府驻地 14.9 千米。东与本镇振兴社区毗邻，北与本镇朱店社区交界，西隔利民河与关帝庙镇邵楼村相望，南与朱楼镇陈寨村相连，面积 6.5 平方千米。总户数 1308 户，总人口 4660 人，民族为汉族。经济来源以种植农作物、经济作物为主。村委会驻贾楼村。

以前贾姓人家在此建了楼房，故名。2008 年以前是贾楼大队。2008 年和蒋楼大队合并，改为贾楼村民委员会。

境内地势平坦，北部略高，南部稍低，平均海拔 42.3 米。为古黄河决口冲积形成的地貌特征，多为沙质土壤。水果种植、养殖业是当地的经济特色。

李园新村村民委员会

李园新村村民委员会（Lǐyuánxīncūn Cūnmínwěiyuánhuì） 在砀山县东部，属李庄镇管辖。距砀山县人民政府驻地13.3千米。东与良梨镇马庄村毗邻，北与良梨镇礼河集村交界，西与本镇海升新村接壤，南与本镇汪阁村相连，面积6.0平方千米。总户数1845户，总人口6515人，民族为汉族。经济来源以养殖、种植水果为主。村委会驻李园新村。

李园公路是一条南至李庄镇，北至园艺场的公路，该村因坐落公路两侧而得名李园新村。此地原名冯集村，归李庄公社管辖。1980年属李庄区芦庄乡。1984年归李庄公社。李园新村在2007年村合并后形成，现属李庄镇政府管理。

境内地势平坦，北部略高，南部稍低，平均海拔43.6米。为古黄河决口冲积形成的地貌特征，多为沙质土壤。水果种植、养殖业是当地的经济特色。

振兴社区居民委员会

振兴社区居民委员会（Zhènxīng Shèqū Jūmínwěiyuánhuì） 在砀山县东部，属李庄镇管辖。距砀山县人民政府驻地14.8千米。东与程庄镇闸口王集村毗邻，北与本镇镇东村交界，西与本镇贾楼村接壤，南与朱楼镇王湾村相连，面积8.5平方千米。总户数2530户，总人口8204人，民族为汉族。经济来源以养殖、种植水果为主。村委会驻振兴社区。

名称来源取“开拓奋发、兴盛辉煌”之意。2008年，由张楼、唐庄、邵楼、胡屯四个村合并成振兴新村。2014年更名为振兴社区居委会，属李庄镇管理。

境内地势平坦，北部略高，南部稍低，平均海拔42.3米。为古黄河决口冲积形成的地貌特征，多为沙质土壤。水果种植、养殖业是当地的经济特色。

良梨镇

良梨村村民委员会

良梨村村民委员会（Liánglícūn Cūnmínwěiyuánhuì） 在砀山县东部，属良梨镇管辖。距砀山县人民政府驻地15.1千米。东与唐寨镇唐集村毗邻，北与本镇杨集村交界，西与本镇礼河集村接壤，南与唐寨镇汪庄村相连，面积8.5平方千米。总户数2570户，总人口9048人，民族为汉族。经济来源以果树种植为主。村委会驻良梨村。

主产砀山酥梨，同时又是砀山酥梨发源地、优质酥梨生产基地、“梨树王”景区所在地，故名良梨村。新中国成立前属李庄区。1968年属良梨乡。1972年属良梨公社。1988年属良梨镇。

境内地势平坦，北部略高，南部稍低，平均海拔43.5米。为古黄河决口冲积形成的地貌特征，多为沙质土壤。优质砀山酥梨的种植与地下窖储存是当地的经济特色。

丰棉村村民委员会

丰棉村村民委员会（Fēngmiáncūn Cūnmínwěiyuánhuì） 在砀山县东部，属良梨镇管辖。距砀山县人民政府驻地8.9千米。东与本镇礼河集村毗邻，北与砀城镇杨庙村交界，西与经济开发区益民社区接壤，南与李庄镇海升新村相连，面积6.5平方千米。总户数2088户，总人口7286人，民族为汉族。经济来源以外出务工、种植水果为主。村委会驻丰棉村。

此地曾以种植棉花为主，且棉花丰收，以此得名。新中国成立前归砀山县第二区礼河乡，新中国成立后归范寨区。1953年8月实行乡制，归丰棉小乡，后来归良梨乡。1988年归良梨镇。

境内地势平坦，北部略高，南部稍低，平均海拔43.3米。为古黄河决口冲积形成的地貌特征，多为沙质土壤。优质砀山酥梨、黄桃的种植是当地的经济特色。

礼河集村村民委员会

礼河集村村民委员会（Lǐhéjícūn Cūnmínwěiyuánhuì） 在砀山县东部，属良梨镇管辖。距砀山县人民政府驻地11.7千米。东与本镇良梨村毗邻，北与本镇桃源村交界，西与本镇丰棉村接壤，南与本镇马庄村相连，面积6.8平方千米。总户数1981户，总人口7356人，民族为汉族。经济来源以种植梨树、桃树、苹果为主。村委会驻礼河集。

元末，农民起义军首领韩山童之子韩林儿在此避难，后刘福通来此接韩林儿去承袭王位。小明王韩林儿临行前向帮助他避难的乡亲行叩拜礼，此集市即更名为礼河集了。新中国成立前属李庄区。1968年属良梨乡。1972年属良梨公社。1988年属良梨镇。

境内地势平坦，北部略高，南部稍低，平均海拔43.4米。为古黄河决口冲积形成的地貌特征，多为沙质土壤。优质砀山酥梨的种植与地下窖储存是当地的经济特色。

三坝集村村民委员会

三坝集村村民委员会（Sānbàjícūn Cūnmínwěiyuánhuì） 在砀山县东部，属良梨镇管辖。距砀山县人民政府驻地13.5千米。东与本镇杨集村毗邻，北与县园艺场交界，西与本镇桃源村接壤，南与本镇礼河集村相连，面积8.0平方千米。总户数2346户，总人口8351人，民族为汉族。经济来源以果树种植、果品收入为主。村委会驻三坝集。

因古时此地有三座大坝，并有个小集，因此叫三坝集。新中国成立前属李庄区。1968年属良梨乡。1972年属良梨公社。1988年属良梨镇。

境内地势基本平坦，北部略高，南部稍低，平均海拔46.8米。为古黄河决口冲积形成的地貌特征，多为沙质土壤，亦有部分淤质土壤。优质砀山酥梨的种植、地下窖储存和发展旅游业是当地的经济特色。

马庄村村民委员会

马庄村村民委员会（Mǎzhuāngcūn Cūnmínwěiyuánhuì） 在砀山县东部，属良梨镇管辖。距砀山县人民政府驻地13.3千米。东与唐寨镇汪庄村毗邻，北与本镇礼河集村交界，西与李庄镇李园村接壤，南与李庄镇汪阁村相连，面积8.9平方千米。总户数2396户，总人口8265人，民族为汉族。经济来源以城市就业和果树种植为主。村委会驻马庄村。

明初，马氏先祖从山西省洪洞县马家屯来此地占产立庄，故而得名马庄。新中国成立前归砀山县李庄区。1961年属良梨公社。1981年属卢庄乡。1988年至今属良梨镇。

境内地势基本平坦，北部略高，南部稍低，平均海拔43.4米。为古黄河决口冲积形成的地貌特征，多为沙质土壤，亦有部分淤质土壤。优质砀山酥梨的种植、地下窖储存和发展旅游业是当地的经济特色。

杨集村村民委员会

杨集村村民委员会（Yángjícūn Cūnmínwěiyuánhuì） 在砀山县东部，属良梨镇管辖。距砀山县人民政府驻地16.9千米。

东与唐寨镇戴庄村毗邻，北与唐寨镇和谐村交界，西与本镇三坝集村接壤，南与本镇良梨村相连，面积9.1平方千米。总户数2540户，总人口8984人，民族为汉族。经济来源以酥梨产业、外出务工为主。村委会驻杨集村。

从前，杨姓在此立庄，成立集市，由此得名。新中国成立前属李庄区。1968年属良梨乡。1972年属良梨公社。1988年属良梨镇。

境内地势基本平坦，北部略高，南部稍低，平均海拔44.8米。为古黄河决口冲积形成的地貌特征，多为沙质土壤，亦有部分淤质土壤。优质砀山酥梨的种植、地下窖储存是当地的经济特色。

桃源村村民委员会

桃源村村民委员会（Táoyuáncūn Cūnmínwěiyuánhuì） 在砀山县东部，属良梨镇管辖。距砀山县人民政府驻地11.8千米。东与本镇三坝集村毗邻，北与县园艺场交界，西与砀城镇蒋营村接壤，南与本镇礼河集村相连，面积7.9平方千米。总户数1990户，总人口7936人，民族为汉族。经济来源以种植桃、苹果等水果为主。村委会驻桃源村。

因本村经济来源以黄桃为主，且风景幽雅，如世外桃源，故名为桃源村。新中国成立前属李庄区。1968年属良梨乡。1972年属良梨公社。1988年属良梨镇。2005年合村后为桃源村委会。

境内地势基本平坦，北部略高，南部稍低，平均海拔46.8米。为古黄河决口冲积形成的地貌特征，多为沙质土壤，亦有部分淤质土壤。优质黄桃等水果的种植是当地的经济特色。

李园公路穿其南北。

唐寨镇

侯口村村民委员会

侯口村村民委员会（Hóukǒucūn Cūnmínwěiyuánhuì） 在砀山县东部，属唐寨镇管辖。距砀山县人民政府驻地22.5千米。东与萧县孟楼镇毗邻，北与本镇唐集村交界，西与本镇文庄村接壤，南与程庄镇王明集村相连，面积6.6平方千米。总户数1303户，总人口4576人，民族为汉族。经济来源以果树、养殖、外出务工为主。村委会驻侯口村。

因此地从前是通往徐州的马路口，侯姓人家在此居住，由此得名侯口。新中国成立后属唐寨公社侯口大队。1987年属唐寨镇文庄乡。2007年至今属唐寨镇管理。

境内地势平坦，北部略高，南部稍低，平均海拔42.8米。为古黄河决口冲积形成的地貌特征，多为沙质土壤。优质辣椒种子的培育、水果种植是当地的经济特色。

310国道两侧有强英养鸭场、饲料加工场、井管厂、水果销售点。

唐集村村民委员会

唐集村村民委员会（Tángjícūn Cūnmínwěiyuánhuì） 在砀山县东部，属唐寨镇管辖。距砀山县人民政府驻地21.38千米。东与萧县孟楼镇毗邻，北与本镇唐寨村交界，西与良梨镇良梨村接壤，南与本镇毛堂村相连，面积10.5平方千米。总户数2118户，总人口7538人，民族为汉族。经济来源以经营木材、种植果树为主。村委会驻唐集村。

唐氏家族集中住在此地，成立集市，由此得名唐集。新中国成立前归唐寨局子街管辖。新中国成立后为唐集生产大队。1958年属唐寨公社。1980 年为唐集村。2007 年村级规模调整，合并为唐集村，属唐寨镇管辖。

境内地势平坦，北部略高，南部稍低，平均海拔 43.5 米。为古黄河决口冲积形成的地貌特征，多为沙质土壤。水果种植、木材加工是当地的经济特色。

于集村村民委员会

于集村村民委员会（Yújícūn Cūnmínwěiyuánhuì） 在砀山县东部，属唐寨镇管辖。距砀山县人民政府驻地 20.5 千米。东与本镇唐寨村毗邻，北与本镇潘坝村交界，西与本镇光明村接壤，南与本镇唐集村相连，面积 5.9 平方千米。总户数 1540 户，总人口 5649 人，民族为汉族。经济来源以果树种植、西瓜栽培为主。村委会驻于集村。

据查，明代于姓在此居住，建庙成集，从事祭祀、贸易活动，故得名。新中国成立初属唐寨区。1958 年属唐寨人民公社。1980 年属夹堤子乡。2007 年 6 月合并为于集村，属唐寨镇政府管辖。

境内地势基本平坦，北部略高，南部稍低，平均海拔 44.6 米。为古黄河决口冲积形成的地貌特征，多为沙质土壤，亦有部分淤质土壤。水果的种植、加工与销售是当地的经济特色。

光明村村民委员会

光明村村民委员会（Guāngmíngcūn Cūn mínwěiyuánhuì） 在砀山县东部，属唐寨镇管辖。距砀山县人民政府驻地 19.4 千米。东与本镇于集村毗邻，北与本镇戴庄村交界，西与良梨镇良梨村接壤，南与本镇唐集村相连，面积 5.2 平方千米。总户数 1461 户，总人口 5687 人，民族为汉族。经济来源以果树种植、西瓜栽培为主。村委会驻光明村。

1958 年，由于此地各项农业生产遥遥领先，故而取名光明大队。2007 年，翟庄、大王庄两村合并为光明村。

境内地势平坦，北部略高，南部稍低，平均海拔 44.5 米。为古黄河决口冲积形成的地貌特征，多为沙质土壤。优质砀山酥梨的种植、储存、加工是当地的经济特色。

潘坝村村民委员会

潘坝村村民委员会（Pānbàcūn Cūnmínwěiyuánhuì） 在砀山县东部，属唐寨镇管辖。距砀山县人民政府驻地 21.6 千米。东与本镇山寨村毗邻，北与江苏省丰县交界，西与本镇戴庄村接壤，南与本镇于集村相连，面积 6.4 平方千米。总户数 1430 户，总人口 5002 人，民族为汉族。经济来源以果树种植、西瓜栽培为主。村委会驻潘坝村。

咸丰三年（1853 年），潘氏由蟠龙集迁此居住，为防黄水筑大坝，故而得名。新中国成立初期属江苏二坝乡。1955 年划为安徽砀山李庄区。1958 年属唐寨人民公社。1981 年划为潘坝乡。1987 年 5 月属唐寨镇。

境内地势平坦，北部略高，南部稍低，平均海拔 47.2 米。为古黄河行洪冲积形成的滩地特征，多为淤质土壤。水果种植、西瓜种植是当地的经济特色。

山寨村村民委员会

山寨村村民委员会（Shānzhàicūn Cūn mínwěiyuánhuì） 在砀山县东部，属唐寨镇管辖。距砀山县人民政府驻地 22.8 千米。东与萧县西阁村毗邻，北与江苏省丰县交界，西与本镇潘坝村接壤，南与本镇油坊村相连，面积 5.1 平方千米。总户数 1210 户，总人口 4588 人，民族为汉族。经济来源以水果种植、外出务工为主。村委会驻山寨村。

咸丰三年，黄河泛滥，流沙冲积成土山，后来在此筑成寨子，由此得名山寨。在1958年公社化时，属山寨大队。1986年成立山寨村委会，属唐寨镇人民政府管理至今。

境内地势平坦，北部略高，南部稍低，平均海拔47.3米。为古黄河行洪冲积形成的滩地特征，多为淤质土壤。水果种植、西瓜种植是当地的经济特色。

和谐村村民委员会

和谐村村民委员会（Héxiécūn Cūnmínwěiyuánhuì） 在砀山县东部，属唐寨镇管辖。距砀山县人民政府驻地17.8千米。东与本镇戴庄村毗邻，北部濒临黄河故道，西与县园艺场接壤，南与良梨镇杨集村相连，面积7.8平方千米。总户数1904户，总人口7122人，民族为汉族。经济来源以水果种植、外出务工为主。村委会驻和谐村。

咸丰三年，此地被黄河水冲刷得只剩下一张姓茅草庵，由此得名为张庵。2007年张庵与杨庄合并，名“和谐”，取“平和美满”之意。新中国成立初期属唐寨人民公社。1981年划为潘坝乡。1987年属唐寨镇。

境内地势平坦，北部略高，南部稍低，平均海拔47.1米。为古黄河行洪冲积形成的滩地特征，多为淤质土壤。水果种植、西瓜种植是当地的经济特色。

唐寨村村民委员会

唐寨村村民委员会（Tángzhàicūn Cūnmínwěiyuánhuì） 在砀山县东部，属唐寨镇管辖。距砀山县人民政府驻地21.9千米。东与萧县邵套村毗邻，北与本镇油坊村交界，西与本镇于集村接壤，南与本镇唐集村相连，面积7.5平方千米。总户数1802户，总人口6701人，民族为汉族。经济来源以果树种植、西瓜栽培为主。村委会驻唐寨村。

唐寨始建于清咸丰八年（1858年），发起人是唐瑞邦，目的是防匪患，起到保境安民之作用。当时周边的人纷纷移居唐寨，人口众多，商铺云集，生意兴隆，因此得名唐寨。新中国成立前，归二区。50年代成立唐寨初级社。1961年属唐寨大队。2007年6月，与套中村合并为唐寨村民委员会。

境内地势基本平坦，北部略高，南部稍低，平均海拔44.6米。为古黄河决口冲积形成的地貌特征，多为沙质土壤，亦有部分淤质土壤。水果的种植、加工与销售是当地的经济特色。

油坊村村民委员会

油坊村村民委员会（Yóufāngcūn Cūnmínwěiyuánhuì） 在砀山县东部，属唐寨镇管辖。距砀山县人民政府驻地20.6千米。东与萧县大徐庄村毗邻，北与本镇山寨村交界，西与本镇于集村接壤，南与本镇唐寨村相连，面积6.6平方千米。总户数1212户，总人口4086人，民族为汉族。经济来源以果树种植、西瓜栽培为主。村委会驻油坊村。

古时有位姓唐的人在此地建坊卖油，从而得名油坊。新中国成立初期，属唐寨人民公社。1980年属唐寨区。1987年属唐寨镇政府管辖至今。

境内地势基本平坦，北部略高，南部稍低，平均海拔44.7米。为古黄河决口冲积形成的地貌特征，多为沙质土壤，亦有部分淤质土壤。水果的种植、加工与销售是当地的经济特色。

戴庄村村民委员会

戴庄村村民委员会（Dàizhuāngcūn Cūnmínwěiyuánhuì） 在砀山县东部，属唐寨镇管辖。距砀山县人民政府驻地19.2千米。东与本镇潘坝村毗邻，北与江苏省丰县交界，西与本镇和谐村接壤，南与本镇光明村相连，面积5.4平方千米。总户数1203户，总人口4576人，民族为汉族。经济来源以果树种植、西瓜栽培为主。村委会驻戴庄村。

戴氏家族人口较多，立庄经营多年，由此得名戴庄。新中国成立前，属江苏省徐州市。新中国成立后划为安徽砀山李庄区。1958年属唐寨人民公社。1980年属潘坝乡。2007年村级合并为戴庄村民委员会，属唐寨镇管理。

境内地势基本平坦，北部略高，南部稍低，平均海拔46.9米。为古黄河决口冲积形成的地貌特征，多为沙质土壤，亦有部分淤质土壤。水果的种植、西瓜的种植是当地的经济特色。

家和村村民委员会

家和村村民委员会（Jiāhécūn Cūnmínwěiyuánhuì） 在砀山县东部，属唐寨镇管辖。距砀山县人民政府驻地22.9千米。东与程庄镇王明集村毗邻，北与本镇文庄村交界，西与程庄镇冯庄村接壤，南与程庄镇周集村相连，面积6.7平方千米。总户数2160户，总人口8205人，民族为汉族。经济来源以果树、花生、银杏树种植和西瓜栽培为主。村委会驻家和村。

本村由13个自然村组成。俗话说，家和万事兴，2007年合村时，取名家和村，属唐寨镇人民政府管理。

境内地势平坦，北部略高，南部稍低，平均海拔42.5米。为古黄河决口冲积形成的地貌特征，多为沙质土壤。早熟梨种植、优质花生培育是当地的经济特色。

毛堂村村民委员会

毛堂村村民委员会（Máotángcūn Cūnmínwěiyuánhuì） 在砀山县东部，属唐寨镇管辖。距砀山县人民政府驻地20.2千米。东与本镇文庄村毗邻，北与本镇唐集村交界，西与本镇汪庄村接壤，南与本镇家和村相连，面积5.9平方千米。总户数1262户，总人口4573人，民族为汉族。经济来源以果树种植、食品加工和外出务工为主。村委会驻毛堂村。

此地有毛家祠堂，由此得名毛堂。1968年，属唐寨公社。1987年将唐寨、文庄划为两区，此地属唐寨镇文庄乡。2007年，合并唐寨镇为毛堂村委会，属唐寨镇政府管理至今。

境内地势平坦，北部略高，南部稍低，平均海拔43.2米。为古黄河决口冲积形成的地貌特征，多为沙质土壤。水果种植、储存、加工是当地的经济特色。

辖区内有毛堂小学、毛堂幼儿园。

汪庄村村民委员会

汪庄村村民委员会（Wāngzhuāngcūn Cūnmínwěiyuánhuì） 在砀山县东部，属唐寨镇管辖。距砀山县人民政府驻地18.7千米。东与本镇毛堂村毗邻，北与本镇唐集村交界，西与良梨镇马庄村接壤，南与程庄镇冯庄村相连，面积6.0平方千米。总户数1216户，总人口4553人，民族为汉族。经济来源以果树种植、养殖及外出务工为主。村委会驻汪庄村。

此地有汪氏家族在此立户，总人口由此得名为汪庄。新中国成立后属唐寨公社。1987年将唐寨、文庄划分为两区，此地属文庄乡。2007年，合并为唐寨镇汪庄村委会，属唐寨镇政府管理至今。

境内地势平坦，北部略高，南部稍低，平均海拔43.3米。为古黄河决口冲积形成的地貌特征，多为沙质土壤。水果种植、储存、加工是当地的经济特色。

辖区内有汪庄小学、汪庄幼儿园。

文庄村村民委员会

文庄村村民委员会（Wénzhuāngcūn Cūnmínwěiyuánhuì） 在砀山县东部，属唐寨镇管辖。距砀山县人民政府驻地21.7千米。东与本镇侯口村毗邻，北与本镇唐集村交界，西与本镇毛堂村接壤，南与本镇家和村相连，面积7.3平方千米。总户数1602户，总人口5969人，民族为汉族。经济来源以水果种植、自主创业为主。村委会驻文庄村。

文氏家族在此生活居住多年，由此得名文庄。1991年以前属唐寨人民公社，1991年后属文庄镇。2007年5月，与原路口村合并，称文庄村，属唐寨镇至今。

境内地势平坦，北部略高，南部稍低，平均海拔43.2米。为古黄河决口冲积形成的地貌特征，多为沙质土壤。优质辣椒种子的培育、水果种植是当地的经济特色。

葛集镇

白蜡园村村民委员会

白蜡园村村民委员会（Báilàyuáncūn Cūnmínwěiyuánhuì） 在砀山县东北部，属葛集镇管辖。距砀山县人民政府驻地17.4千米。东与本镇范集村毗邻，北与江苏省丰县交界，西与本镇贾寨村接壤，南与本镇葛集村相连，面积10.8平方千米。总户数1732户，总人口6432人，民族为汉族。经济来源以水果生产、种植银杏树及外出务工为主。

因此地为种植白蜡条的园子，故名白蜡园；而如今村部坐落在白蜡园，因而得名。白蜡园村的前身为前进大队，后由前进大队演化、合并，现称为白蜡园村委会。

境内地势基本平坦，大堤南部略高，平均海拔47.4米；大堤北部稍低，平均海拔42.6米。为古黄河行洪冲积形成的滩地地貌特征，大堤以南多为淤质土壤，大堤以北多为沙质土壤。经济特色是盛产大棚油桃、银杏树，形成了两大市场，每天的交易额高达千万元，为全国最大的油桃销售市场之一。

窦集村村民委员会

窦集村村民委员会（Dòujícūn Cūnmínwěiyuánhuì） 在砀山县东北部，属葛集镇管辖。距砀山县人民政府驻地13.1千米。东部与本镇李庵村毗邻，北、西二部与周寨镇周楼村接壤，南部濒临黄河故道，面积11.8平方千米。总户数1980户，总人口7503人，民族有汉族、回族、白族。经济来源以种植油桃、大棚黄桃及外出务工为主。

从前此地为集市，姓窦的较多，故此得名窦集。1956年名为窦集乡。1958年归属周寨人民公社。1961年从周寨公社划出，属高寨公社所辖。1980年从高寨公社划出部分大队，成立窦集乡。2006年划出李安、仝集，成立窦集村至今。

境内地势平坦，南部略高，北部稍低，平均海拔47.6米。为古黄河行洪冲积形成的滩地地貌特征，多为淤质土壤，亦有部分沙质土壤。经济特色是盛产大棚油桃、苹果等水果。

范集村村民委员会

范集村村民委员会（Fànjícūn Cūnmínwěiyuánhuì） 在砀山县东北部，属葛集镇管辖。距砀山县人民政府驻地20.8千米。东部与北部皆与江苏省丰县交界，西部与本镇白蜡园村接壤，南部与本镇新华村相连，面积6.6平方千米。总户数1221户，总人口4360人，民族为汉族。经济来源以水果生产、外出务工为主。

根据出土石碑记载，此地原名为宝应集，后因范氏家族居住，故名范集。新中国成立前归朱蓝店乡管理。1962年成立范集村，属高寨公社管理。1980年归朱蓝店乡。2007年属葛集镇政府至今。

境内地势平坦，西南部大堤附近略高，东北部稍低，平均海拔43.3米。为古黄河决口冲积形成的地貌特征，多为沙质土壤。经济特色是盛产油桃、银杏树。

葛集村村民委员会

葛集村村民委员会（Gějícūn Cūnmínwěiyuánhuì） 在砀山县东北部，属葛集镇管辖。距砀山县人民政府驻地15.6千米。东与本镇毛雷庄村毗邻，北与本镇白蜡园村交界，西与本镇李庵村接壤，南与本镇范套村相连，面积9.5平方千米。总户数1903户，总人口7820人，民族为汉族。经济来源以水果生产、外出务工为主。

从前，葛氏家族在此地属大家族，后来乡镇政府都坐落在这里，成立集贸市场，故此得名葛集。新中国成立前归山东省华山县。1952年划归砀山县高寨乡。1984年归高寨区。2007年合村后，原来的常庄村、葛集村、葛套村合并为葛集村至今。

境内地势平坦，南部略高，北部稍低，平均海拔47.5米。为古黄河行洪冲积形成的滩地地貌特征，多为淤质土壤，亦有部分沙质土壤。经济特色是盛产大棚油桃、苹果、砀山酥梨等水果。

贾寨村村民委员会

贾寨村村民委员会（Jiǎzhàicūn Cūnmínwěiyuánhuì） 在砀山县东北部，属葛集镇管辖。距砀山县人民政府驻地18.1千米。东与本镇白蜡园村毗邻，北与江苏省丰县交界，西与周寨镇周寨社区接壤，南与周寨镇周楼村相连，面积7.1平方千米。总户数1130户，总人口3986人，民族为汉族。经济来源以水果生产、外出务工为主。

从前，贾姓人多，庄周围筑一圈寨墙，故此称贾寨。新中国成立前归华山县管辖。1952年划归砀山县高寨乡。1962年属高寨人民公社。2006年7月村合并，成立贾寨村民委员会。

境内地势基本平坦，大堤南部略高，平均海拔47.4米；大堤北部稍低，平均海拔42.6米。为古黄河行洪冲积形成的滩地地貌特征，大堤以南多为淤质土壤，大堤以北多为沙质土壤。经济特色是盛产黄桃、砀山酥梨等水果。

新华村村民委员会

新华村村民委员会（Xīnhuácūn Cūnmínwěiyuánhuì） 在砀山县东北部，属葛集镇管辖。距砀山县人民政府驻地19.7千米。西与本镇白蜡园村毗邻，东与江苏省丰县交界，北与本镇范集村接壤，南与本镇高寨村相连，面积6.1平方千米。总户数1293户，总人口4475人，民族为汉族。经济来源以种植大棚油桃、黄桃及外出务工为主。

清光绪二十三年（1897年），因新建村庄而取名新华。1955年属第六区。1958年归属周寨人民公社。1961年属高寨公社所辖。1980年属朱蓝店乡。1986年划镇时更名为新华村委会至今。

境内地势平坦，西南部大堤附近略高，东北部稍低，平均海拔43.4米。为古黄河决口冲积形成的地貌特征，多为沙质土壤。经济特色是盛产油桃、酥梨、银杏树。

范套村村民委员会

范套村村民委员会（Fàntàocūn Cūnmínwěiyuánhuì） 在砀山县东北部，属葛集镇管辖。距砀山县人民政府驻地12.3千米。东与本镇土山村毗邻，北与本镇葛集村交界，西与本镇李庵村接壤，南部濒临黄河故道，面积4.4平方千米。总户数1283户，总人口4297人，民族为汉族。经济来源以种植果树、大棚油桃及外出务工、养殖为主。

明代，有范姓在此置田耕种，因地处故黄河的河套，故由此得名范套。新中国成立后属山东省华山县六区。1953年属安徽砀山窦集乡。1958年属周寨人民公社。1980年属高寨区葛集乡。1988年属葛集镇至今。

境内地势平坦，南部略高，北部稍低，平均海拔47.5米。为古黄河行洪冲积形成的滩地地貌特征，多为淤质土壤，亦有部分沙质土壤。经济特色是盛产大棚油桃、黄桃、苹果、砀山酥梨等水果。

高寨村村民委员会

高寨村村民委员会（Gāozhàicūn Cūnmínwěiyuánhuì） 在砀山县东北部，属葛集镇管辖。距砀山县人民政府驻地19.8千米。东部与江苏省丰县交界，北与本镇新华村毗邻，西与本镇毛雷庄村接壤，南临蟠龙湖，面积7.3平方千米。总户数1440户，总人口5180人，民族为汉族。经济来源以酥梨、苹果、油桃种植，水产养殖及外出务工为主。

明朝中期，古镇蟠龙集为避免黄河水患在西部修堤建坝，形成村落，初名避水寨；后因该地地势较高，改名高寨。新中国成立前属山东省华山县，新中国成立后属安徽省砀山县。1958年属高寨公社黄河大队。1987年归葛集镇政府管理至今。

境内地势平坦，西南部大堤附近略高，东北部稍低，平均海拔43.6米。为古黄河决口冲积形成的地貌特征，多为沙质土壤。经济特色是盛产油桃、苹果、银杏树。

境内的蟠龙湖系黄河决口形成，为砀山县面积最大的水域。

李安村村民委员会

李安村村民委员会（Lǐ' āncūn Cūnmínwěiyuánhuì）在砀山县东北部，属葛集镇管辖。距砀山县人民政府驻地12.9千米。西与本镇窦集村毗邻，东与本镇葛集村交界，北与周寨镇周楼村接壤，南部濒临黄河故道，面积6.1平方千米。总户数1226户，总人口4605人，民族为汉族。经济来源以大棚油桃、黄桃的种植及外出务工为主。

从前，李氏家族逃荒到此，搭起庵棚，由此而得名李庵；后来，便误写为“李安”了。新中国成立前归华山县光明大队，新中国成立后归砀山县高寨公社窦集乡。1988年属葛集镇至今。

境内地势平坦，南部略高，北部稍低，平均海拔47.4米。为古黄河行洪冲积形成的滩地地貌特征，多为淤质土壤，亦有部分沙质土壤。经济特色是盛产大棚油桃、黄桃、苹果、砀山酥梨等水果。

毛雷庄村村民委员会

毛雷庄村村民委员会（Máoléizhuāngcūn Cūnmínwěiyuánhuì） 在砀山县东北部，属葛集镇管辖。距砀山县人民政府驻地17.9千米。东与本镇高寨村毗邻，西与本镇葛集村交界，北与本镇白蜡园村接壤，南部濒临黄河故道，面积7.7平方千米。总户数1646户，总人口5982人，民族为汉族。经济来源以外出务工、水果销售、自主创业为主。

从前，因毛姓、雷姓在此居住较早，故名毛雷庄。新中国成立前归顺堤乡管理。1958年属周寨区高寨公社。1988年撤乡并镇，属葛集镇毛雷庄村至今。

境内地势平坦，南部略高，北部稍低，平均海拔 47.3 米。为古黄河行洪冲积形成的滩地地貌特征，多为淤质土壤，亦有部分沙质土壤。经济特色是盛产大棚油桃、黄桃、苹果、砀山酥梨等水果。

土山村村民委员会

土山村村民委员会（Tǔshāncūn Cūnmínwěiyuánhuì） 在砀山县东北部，属葛集镇管辖。距砀山县人民政府驻地 15.6 千米。东与本镇毛雷庄村毗邻，北与本镇葛集村交界，西与本镇范套村接壤，南部濒临黄河故道园艺场，面积 6.7 平方千米。总户数 1735 户，总人口 6659 人，民族为汉族。经济来源以外出务工、水果销售、自主创业为主。

因地势高亢，土堆如山，故名土山村。新中国成立前归顺堤乡管理。1958 年属周寨区高寨公社。1983 年属高寨区毛雷庄乡。1988 年撤乡并镇，为葛集镇土山村委会。

境内地势平坦，南部略高，北部稍低，平均海拔 47.6 米。为古黄河行洪冲积形成的滩地地貌特征，多为淤质土壤，亦有部分沙质土壤。经济特色是盛产大棚油桃、黄桃、砀山酥梨等水果。

周寨镇

解楼村村民委员会

解楼村村民委员会（Xièlóucūn Cūnmínwěiyuánhuì） 在砀山县北部，属周寨镇管辖。距砀山县人民政府驻地 20.6 千米。东部与本镇刘暗楼社区毗邻，北部、西部皆与山东省单县交界，南部与玄庙镇梨花村相连，面积 10 平方千米。总户数 1640 户，总人口 5580 人，民族为汉族。经济来源以种植水果、外出务工为主。村委会驻解楼自然村。

因解氏在此地居住，并建造了楼房，故得名解楼。新中国成立前归江苏省华山县管辖，新中国成立后划归安徽省砀山县。1965 年成立解楼大队，1987 年属刘暗楼乡管理，2007 年村级合并为现在的解楼村。

境内地势平坦，南部略高，北部稍低，平均海拔 43.8 米。为古黄河决口冲积形成的地貌特征，多为沙质土壤。经济特色是盛产酥梨、黄桃等水果。

孙老家村村民委员会

孙老家村村民委员会（Sūnlǎojiācūn Cūnmínwěiyuánhuì） 在砀山县北部，属周寨镇管辖。距砀山县人民政府驻地 22.5 千米。东部、北部皆与江苏省丰县交界，西与本镇刘暗楼社区接壤，南与本镇孙集村相连，面积 11.1 平方千米。总户数 2230 户，总人口 8083 人，民族为汉族。经济来源以种植水果、林木及外出务工为主。村委会驻孙老家。

明初，孙氏家族迁入此地，以姓氏命名孙老家，延续至今。新中国成立前归江苏省华山县管辖，新中国成立后划归安徽省砀山县。1958 年成立孙老家大队。1980 年成立孙老家乡。1988 年为周寨镇孙老家村委会。

境内地势平坦，南部略高，北部稍低，平均海拔 43.7 米。为古黄河决口冲积形成的地貌特征，多为沙质土壤。经济特色是盛产酥梨、黄桃等水果和林木、山药。

孙集村村民委员会

孙集村村民委员会（Sūnjícūn Cūnmínwěiyuánhuì） 在砀山县北部，属周寨镇管辖。距砀山县人民政府驻地 21.4 千米。东与江苏省丰县交界，北与本镇孙老家村毗邻，西与本镇刘暗楼社区接壤，南临苗城河与本镇周平庄村相望，面积 9.8 平方千米。总户数 1764 户，总人口 6540 人，民族为汉族。经济来源以种植水果、林木及外出务工为主。村委会驻孙集。

因明朝初年孙氏家族在此置田立业，后又成为当地集市，故名。新中国成立前归江苏省华山县管辖，新中国成立后划归安徽省砀山县。2007年村级合并为现在的孙集村民委员会。

境内地势平坦，南部略高，北部稍低，平均海拔43.8米。为古黄河决口冲积形成的地貌特征，多为沙质土壤。经济特色是盛产黄桃水果和林木、山药。

该村有一处孙家老宅，仅存一座小楼，残垣断壁上有石雕。孙家在清朝时多人为官，官至内阁中书、光禄大夫等职。

周平庄村村民委员会

周平庄村村民委员会（Zhōupíngzhuāngcūn Cūnmínwěiyuánhuì） 在砀山县北部，属周寨镇管辖。距砀山县人民政府驻地19.7千米。东与江苏省丰县交界，西与本镇张屯村毗邻，南与本镇洪庄新村接壤，北临苗城河与本镇孙集村相望，面积8.2平方千米。总户数1201户，总人口4468人，民族为汉族。经济来源以种植水果、林木及外出务工为主。村委会驻孟楼自然村。

八个自然庄合为一体，叫周平庄村。新中国成立前归江苏省华山县管辖，新中国成立后划归安徽省砀山县。1958年属孟楼高级社，2004年属周寨镇周平庄村。

境内地势平坦，南部略高，北部稍低，平均海拔43.8米。为古黄河决口冲积形成的地貌特征，多为沙质土壤。经济特色是盛产酥梨、黄桃等水果和林木、芦笋。

张老家村村民委员会

张老家村村民委员会（Zhānglǎojiācūn Cūnmínwěiyuánhuì） 在砀山县北部，属周寨镇管辖。距砀山县人民政府驻地18.7千米。东部与江苏省丰县交界，北与本镇周平庄村毗邻，西与本镇洪庄新村接壤，南隔复兴河与葛集镇贾寨村相望，面积9.3平方千米。总户数1460户，总人口5340人，民族为汉族。经济来源以种植水果、林木及外出务工为主。村委会驻张老家自然村。

清初，有张姓家族迁入此地，买田立庄，故名张老家。新中国成立前归江苏省华山县，新中国成立后划归安徽省砀山县。1958年属汪庄大队，2007年属周寨镇张老家村。

境内地势平坦，南部略高，北部稍低，平均海拔44.3米。为古黄河决口冲积形成的地貌特征，多为沙质土壤。经济特色是盛产酥梨、黄桃等水果和板材加工。

周楼村村民委员会

周楼村村民委员会（Zhōulóucūn Cūnmínwěiyuánhuì） 在砀山县北部，属周寨镇管辖。距砀山县人民政府驻地13.8千米。东与葛集镇白蜡园村毗邻，北与本镇周寨社区交界，西与本镇郭程庄村接壤，南与葛集镇窦集村相连，面积11.3平方千米。总户数1712户，总人口6450人，民族为汉族。经济来源以种植水果、外出务工为主。村委会驻张庄自然村。

从前，周姓人家在此地居住，并建了楼房，故名周楼。1980年为李新庄乡。1988年撤区并乡，属周寨镇李新庄村。2007年村级合并为周楼村。

境内地势平坦，南部略高，北部稍低，平均海拔47.6米。为古黄河行洪冲积形成的滩地地貌特征，多为淤质土壤，亦有部分沙质土壤。经济特色是盛产大棚油桃、黄桃、苹果、砀山酥梨等水果。

郭程庄村村民委员会

郭程庄村村民委员会（Guōchéngzhuāngcūn Cūnmínwěiyuánhuì） 在砀山县北部，属周寨镇管辖。距砀山县人民政府驻地12.2千米。东与本镇周楼村毗邻，西与玄庙镇和平新村交界，北与本镇张屯村接壤，南部濒临黄河故道，面积7.4平方千米。总户数1503户，总人口5548人，民族为汉族。经济来源以种植水果、外出务工为主。村委会驻郭程庄村。

清初，郭氏、程氏家族迁入此地，以姓氏命名郭程庄，后延续至今。新中国成立前归江苏省华山县管理，新中国成立初期划归安徽省砀山县。1958年属周寨人民公社。2007年与梨花湾村合并为现在的郭程庄村。

境内地势平坦，南部略高，北部稍低，平均海拔47.7米。为古黄河行洪冲积形成的滩地地貌特征，多为淤质土壤，亦有部分沙质土壤。经济特色是盛产黄桃、苹果、砀山酥梨等水果。

朱小楼村村民委员会

朱小楼村村民委员会（Zhūxiǎolóucūn Cūnmínwěiyuánhuì） 在砀山县北部，属周寨镇管辖。距砀山县人民政府驻地15.6千米。东与本镇张老家村毗邻，南与本镇周寨社区交界，西与本镇张屯村接壤，北与本镇洪庄新村相连，面积10.7平方千米。总户数1770户，总人口6629人，民族为汉族。经济来源以种植水果、外出务工为主。村委会驻汪集自然村。

清初，朱氏家族迁入此地，以姓氏命名朱小庄，后来朱家盖起一座土楼，改为朱小楼，延续至今。新中国成立前归江苏省华山县管理，新中国成立初期划归安徽省砀山县。2007年由原来的汪集联村、沈屯联村、金楼联村、朱小楼联村合并为现在的朱小楼村。

境内地势平坦，南部略高，北部稍低，平均海拔43.7米。为古黄河决口冲积形成的地貌特征，多为沙质土壤。经济特色是盛产酥梨、黄桃、苹果等水果和林木。

张屯村村民委员会

张屯村村民委员会（Zhāngtúncūn Cūnmínwěiyuánhuì） 在砀山县北部，属周寨镇管辖。距砀山县人民政府驻地16.6千米。东与本镇洪庄新村毗邻，南与本镇朱小楼村交界，西与本镇郭张庄村接壤，北与市力集园艺场相连，面积10平方千米。总户数1553户，总人口5634人，民族为汉族。经济来源以种植水果、小麦及外出务工为主。村委会驻后于楼自然村。

张氏家族聚居地，后又为军备屯田，故而得名。新中国成立前归江苏省华山县管理，新中国成立初期划归安徽省砀山县。1957年属孟楼高级社。1958年属周寨人民公社。1998年属周寨镇张屯村至今。

境内地势平坦，南部略高，北部稍低，平均海拔43.8米。为古黄河决口冲积形成的地貌特征，多为沙质土壤。经济特色是盛产酥梨、黄桃等水果和林木、小麦、玉米。

郭张庄村村民委员会

郭张庄村村民委员会（Guōzhāngzhuāngcūn Cūnmínwěiyuánhuì） 在砀山县北部，属周寨镇管辖。距砀山县人民政府驻地16.3千米。东与本镇张屯村毗邻，南与玄庙镇和平新村交界，西与玄庙镇花园村接壤，北与市力集园艺场相连，面积9.7平方千米。总户数1497户，总人口5476人，民族为汉族。经济来源以种植水果、小麦及外出务工为主。村委会驻郭张庄村。

清初，此地以郭、张两姓人数居多，故得名郭张庄。新中国成立前归江苏省华山县管理，新中国成立初期划归安徽省砀山县。1970年属周寨公社张屯乡，2007年成立郭张庄联村。

境内地势平坦，南部略高，北部稍低，平均海拔43.9米。为古黄河决口冲积形成的地貌特征，多为沙质土壤。经济特色是盛产酥梨、黄桃等水果和林木、小麦、玉米。

周寨社区居民委员会

周寨社区居民委员会（Zhōuzhài Shèqū Jūmínwěiyuánhuì） 在砀山县北部，属周寨镇管辖。距砀山县人民政府驻地15.1千米。东与本镇张老家村毗邻，南与本镇周楼村交界，西与本镇张屯村接壤，北与本镇朱小楼村相连，面积4.3平方千米。总户数1447户，总人口5013人，民族为汉族。经济来源以种植业、外出务工、商贸为主。居委会驻周寨村。

隋朝末年，周氏家族在此地建寨，由此得名周寨，延续至今。新中国成立前归江苏省华山县管理，新中国成立初期划归安徽省砀山县。2007年由原来的周寨、吴庄两个村合并为周寨村民委员会。2013年更名为周寨社区居民委员会。

境内地势基本平坦，大堤南部略高，平均海拔47.4米；大堤北部稍低，平均海拔43.6米。为古黄河行洪冲积形成的滩地地貌特征，大堤以南多为淤质土壤，大堤以北多为沙质土壤。经济特色是盛产黄桃、苹果、砀山酥梨等水果。

周寨商贸大街热闹繁华。为周寨镇人民政府驻地。

洪庄新村村民委员会

洪庄新村村民委员会（Hóngzhuāngxīncūn Cūnmínwěiyuánhuì） 在砀山县北部，属周寨镇管辖。距砀山县人民政府驻地17.8千米。东与本镇张老家村毗邻，北与本镇周平庄村交界，西与本镇张屯村接壤，南与本镇朱小楼村相连，面积6.8平方千米。总户数1436户，总人口5145人，民族为汉族。经济来源以种植水果、小麦及外出务工为主。村委会驻李寺自然村。

2008年，把原来的汪庄、段李庄、洪楼、赵楼合并在一起，取名洪庄新村。新中国成立前归江苏省华山县管理，新中国成立初期划归安徽省砀山县。

境内地势平坦，南部略高，北部稍低，平均海拔43.8米。为古黄河决口冲积形成的地貌特征，多为沙质土壤。经济特色是盛产酥梨、黄桃、苹果等水果和林木、小麦、芦笋。

刘暗楼社区居民委员会

刘暗楼社区居民委员会（Liú'ànlóu Shèqū Jūmínwěiyuánhuì） 在砀山县北部，属周寨镇管辖。距砀山县人民政府驻地20.3千米。东部与本镇孙集村毗邻，北部与江苏省丰县、山东省单县交界，西与本镇解楼村接壤，南与市力集园艺场相连，面积9.5平方千米。总户数2082户，总人口6954人，民族为汉族。经济来源以种植水果、山药、林木及外出务工为主。居委会驻刘暗楼。

明朝，一刘姓人氏在此生产经商，该商人在建房时挖出一座古楼房，由此得名刘暗楼。新中国成立前归江苏省华山县管理，新中国成立初期划归安徽省砀山县。2007年，由原来的刘暗楼乡并入周寨镇。2011年，刘暗楼村委会更名为刘暗楼社区居民委员会。

境内地势平坦，南部略高，北部稍低，

平均海拔 43.9 米。为古黄河决口冲积形成的地貌特征，多为沙质土壤，亦有部分淤质土壤。经济特色是盛产酥梨、黄桃、苹果等水果和林木、山药、药材。

北部有三省井、牡丹园等景点。

玄庙镇

红星村村民委员会

红星村民委员会（Hóngxīngcūn Cūnmínwěiyuánhuì）在砀山县北部，属玄庙镇管辖。距砀山县人民政府驻地 17.86 千米。西与山东省单县交界，北与本镇马良村毗邻，东与本镇吴寨村接壤，南隔故黄河与官庄坝镇岳庄坝村相望，面积 10.5 平方千米。总户数 1910 户，总人口 7315 人，民族为汉族。经济来源以水果种植和自由创业为主。村委会驻陈庄自然村。

清代，一名叫红星的人在此占产立庄，开设茶馆、饭店，经营数年，后来人们便以他的名字命名。新中国成立前归山东省单县管辖，新中国成立初期划归安徽省砀山县。1956 年归孙河大队。1958 年划入红星大队。1992 年成立红星村。2007 年两村合并成红星村委会至今。

境内地势基本平坦，大堤南部略高，平均海拔 51.4 米；大堤北部稍低，平均海拔 45.6 米。为古黄河行洪冲积形成的滩地地貌特征，大堤以南多为淤质土壤，大堤以北多为沙质土壤。经济特色是盛产黄桃、苹果、猕猴桃、莲藕。

马良村村民委员会

马良村村民委员会（Mǎliángcūn Cūnmínwěiyuánhuì）在砀山县北部，属玄庙镇管辖。距砀山县人民政府驻地 20.27 千米。东部与本镇梨花村毗邻，北部、西部皆与山东省单县交界，南部与本镇红星村相连，面积 6.36 平方千米。总户数 1485 户，总人口 4865 人，民族有汉族、回族。经济来源以果树、玉米、小麦种植和外出务工为主。村委会驻马良村。

从前，有一个叫马良的人在此居住，置集贸易，所以叫马良集。马良集是一个古老的集镇，位于安徽最北端，唐属宋州，宋属单州，明属江苏省徐州市。1949 年划归中原行政区商丘专属吴淄区。1953 年属安徽省砀山县。1958 年属大寨公社。1984 年属马良乡。1988 年属玄庙镇。2012 年 6 月更改为马良村民委员会至今。

境内地势平坦，南部略高，北部稍低，平均海拔 45.9 米。为古黄河决口冲积形成的地貌特征，多为沙质土壤，亦有部分淤质土壤。经济特色是盛产酥梨、黄桃、苹果等水果及林木、山药等。

吴寨村村民委员会

吴寨村村民委员会（Wúzhàicūn Cūnmínwěiyuánhuì）在砀山县北部，属玄庙镇管辖。距砀山县人民政府驻地 16.33 千米。东与本镇大寨村毗邻，西与本镇红星村交界，北与本镇梨花村接壤，南部濒临黄河故道，面积 13.7 平方千米。总户数 2434 户，总人口 8740 人，民族有汉族、回族。经济来源以种植水果及外出务工为主。村委会驻吴寨村。

从前，吴氏家族在此占产建寨，故而得名。1953 年属大寨区。1958 年属大寨公社。1980 年属吴寨乡。1988 年属玄庙镇董庄村。2007 年村级合并后属玄庙镇吴寨村至今。

境内地势基本平坦，大堤南部略高，平均海拔 50.5 米；大堤北部稍低，平均海拔 45.1 米。为古黄河行洪冲积形成的滩地地貌特征，大堤以南多为淤质土壤，大堤以北多为沙质土壤。经济特色是盛产黄桃、苹果、砀山酥梨。

梨花村村民委员会

梨花村村民委员会（Líhuācūn Cūnmínwěiyuánhuì） 在砀山县北部，属玄庙镇管辖。距砀山县人民政府驻地17.89千米。东与周寨镇解楼村毗邻，北与山东省单县交界，西与本镇马良村接壤，南与本镇吴寨村相连，面积10平方千米。总户数1368户，总人口5079人，民族有汉族、回族、苗族。经济来源以种植砀山酥梨、黄桃及外出务工为主。村委会驻梨花村。

因村委会旁有百年梨园，花开时如香雪海，美丽壮观，故取名梨花村。1958年属大寨公社。2007年由原白楼村、梨花村合并为现在的梨花村委会。

境内地势平坦，南部略高，北部稍低，平均海拔45.3米。为古黄河决口冲积形成的地貌特征，多为沙质土壤，亦有部分淤质土壤。经济特色是盛产砀山酥梨、黄桃、苹果等水果。

玄庙村村民委员会

玄庙村村民委员会（Xuánmiàocūn Cūnmínwěiyuánhuì） 在砀山县北部，属玄庙镇管辖。距砀山县人民政府驻地15.57千米。东与周寨镇郭张庄村毗邻，北与本镇花园村交界，西与本镇大寨村接壤，南与本镇罗寨村相连，面积5.5平方千米。总户数1201户，总人口4438人，民族为汉族。经济来源以种植水果和自由创业为主。村委会驻玄庙村。

从前，此地有一座祭祀玄帝的庙宇，后来人们简称玄庙。新中国成立前归山东省第七区管理。新中国成立初期划归安徽省砀山县。1981年建立玄庙村委会。2007年小寨、八大家与玄庙合并，重新命名为玄庙村委会。

境内地势基本平坦，大堤南部略高，平均海拔49.5米；大堤北部稍低，平均海拔44.4米。为古黄河行洪冲积形成的滩地地貌特征，大堤以南多为淤质土壤，大堤以北多为沙质土壤。经济特色是盛产黄桃、苹果、砀山酥梨。

花园村村民委员会

花园村村民委员会（Huāyuáncūn Cūnmínwěiyuánhuì） 在砀山县北部，属玄庙镇管辖。距砀山县人民政府驻地17.1千米。东与周寨镇郭张庄村毗邻，北与市力集园艺场交界，西与本镇梨花村接壤，南与本镇玄庙村相连，面积9.3平方千米。总户数1317户，总人口5050人，民族为汉族。经济来源以种植砀山酥梨、黄桃及外出务工为主。村委会驻花园村。

以前此地是一座富人的花园，故名。新中国成立前归山东省湖西专区管辖。新中国成立初期归江苏省徐州市云湖区。1955年划归安徽省砀山县。1988年属玄庙镇管辖。2007年，花园、王井、五座楼三村合并为花园村委会。

境内地势平坦，南部略高，北部稍低，平均海拔45.6米。为古黄河决口冲积形成的地貌特征，多为沙质土壤，亦有部分淤质土壤。经济特色是盛产砀山酥梨、黄桃、苹果等水果和林木。

罗寨村村民委员会

罗寨村村民委员会（Luózhàicūn Cūnmínwěiyuánhuì） 在砀山县北部，属玄庙镇管辖。距砀山县人民政府驻地14.27千米。东与本镇和平新村毗邻，北与本镇玄庙村交界，西与本镇大寨村接壤，南与本镇果园新村相连，面积4.9平方千米。总户数1195户，总人口4070人，民族为汉族。经济来源以种植砀山酥梨、黄桃及外出务工为主。村委会驻蒋庄自然村。

以前有罗姓在此建寨，成立古庙会、集市等，由此得名罗寨。1988年属玄庙镇管辖。2006年村级合并时，由郭楼、董庄、新庄、蒋庄、孟庄、罗寨合并为罗寨村。2007年属玄庙镇。

境内地势基本平坦，南部略高，北部稍低，平均海拔49.4米。为古黄河行洪冲积形成的滩地地貌特征，多为淤质土壤。经济特色是盛产黄桃、苹果、砀山酥梨。

果园新村村民委员会

果园新村村民委员会（Guǒyuánxīncūn Cūnmínwěiyuánhuì） 在砀山县北部，属玄庙镇管辖。距砀山县人民政府驻地12.56千米。东与本镇和平新村毗邻，北与本镇罗寨村交界，西与本镇大寨村接壤，南与黄河故道果园场相连，面积6平方千米。总户数1270户，总人口4317人，民族为汉族。经济来源以种植砀山酥梨、黄桃为主。村委会驻大徐庄自然村。

在大徐庄村和贾庄村合并以后，因种植的果树多，又因村庄与果园场靠近，所以叫果园新村。2007年前归玄庙镇管理。2007年后由于调整小村合并大村，果园新村村民委员会属玄庙镇政府管理至今。

境内地势基本平坦，南部略高，北部稍低，平均海拔49.6米。为古黄河行洪冲积形成的滩地地貌特征，多为淤质土壤，亦有部分沙质土壤。经济特色是盛产砀山酥梨、黄桃、苹果等水果和林木。

和平新村村民委员会

和平新村村民委员会（Hépíngxīncūn Cūnmínwěiyuánhuì） 在砀山县北部，属玄庙镇管辖。距砀山县人民政府驻地13.48千米。面积6.7平方千米。总户数1507户，总人口5887人，民族为汉族。经济来源以种植砀山酥梨、黄桃及外出务工为主。村委会驻郭刘庄自然村。

原五爱村委会和大王庄村委会合并为和平新村村民委员会，名称取“平安祥和”之意。新中国成立初期属大寨区。1958年属大寨公社。2007年村级合并为玄庙镇和平新村。

境内地势基本平坦，南部略高，北部稍低，平均海拔48.5米。为古黄河行洪冲积形成的滩地地貌特征，多为淤质土壤，亦有部分沙质土壤。经济特色是盛产砀山酥梨、黄桃、苹果等水果和林木。

王集村村民委员会

王集村村民委员会（Wángjícūn Cūnmínwěiyuánhuì） 在砀山县北部，属玄庙镇管辖。距砀山县人民政府驻地9.19千米。东与本镇权集村毗邻，南与本镇三联村交界，西与官庄坝镇黄集村接壤，北与黄河故道果园场相连，面积4.8平方千米。总户数1269户，总人口4560人，民族为汉族。经济来源以种植砀山酥梨、黄桃及养殖为主。村委会驻戚套自然村。

以前有王姓在此成立古庙会与集市，由此得名王集。新中国成立初期归范寨乡管理。1980年归朱寨区权集乡。2006年归玄庙镇至今。

境内地势基本平坦，北部略高，南部稍低，平均海拔49.2米。为古黄河行洪冲积形成的滩地地貌特征，多为淤质土壤，亦有部分沙质土壤。经济特色是盛产砀山酥梨、黄桃、苹果等水果。林下养殖业亦大有发展。

权集村村民委员会

权集村村民委员会（Quánjícūn Cūnmínwěiyuánhuì） 在砀山县北部，属玄庙镇管辖。距砀山县人民政府驻地 8.02 千米。东与本镇朱寨村毗邻，南与砀城镇北郊社区交界，西与本镇三联村接壤，北与本镇张王庄村相连，面积 7.1 平方千米。总户数 1448 户，总人口 5146 人，民族有汉族、回族。经济来源以种植砀山酥梨、黄桃及外出务工为主。村委会驻权集村。

清朝，权姓人家在此开建店铺、茶馆、集市，故而得名权集。1956 年属朱庄乡。1958 年属王古楼公社。1984 年属权集乡。2007 年属玄庙镇至今。

境内地势基本平坦，北部略高，南部稍低，平均海拔 48.3 米。为古黄河行洪冲积形成的滩地地貌特征，多为淤质土壤，亦有部分沙质土壤。经济特色是盛产砀山酥梨、黄桃、苹果等水果。

朱庄村村民委员会

朱庄村村民委员会（Zhūzhuāngcūn Cūnmínwěiyuánhuì） 在砀山县北部，属玄庙镇管辖。距砀山县人民政府驻地 8.9 千米。东与砀城镇林屯村毗邻，南与本镇朱寨村交界，西与本镇古黄新村接壤，北与黄河故道果园场相连，面积 7.8 平方千米。总户数 1528 户，总人口 5840 人，民族有汉族、回族、苗族。经济来源以种植砀山酥梨、黄桃及自由创业为主。村委会驻朱庄村。

清代，朱姓在此占产立庄，由此得名朱庄。新中国成立初期属东方红公社。1964 年属权集公社。1980 年属季庄小乡。1990 年属权集乡。2008 年撤乡置镇，属玄庙镇至今。

境内地势基本平坦，北部略高，南部稍低，平均海拔 48.6 米。为古黄河行洪冲积形成的滩地地貌特征，多为淤质土壤，亦有部分沙质土壤。经济特色是盛产砀山酥梨、黄桃、苹果等水果和林木。

三联村村民委员会

三联村村民委员会（Sānliáncūn Cūnmínwěiyuánhuì） 在砀山县北部，属玄庙镇管辖。距砀山县人民政府驻地 8.3 千米。东与本镇权集村毗邻，南与官庄坝镇吴集村交界，西与官庄坝镇黄集村接壤，北与本镇王集村相连，面积 4.8 平方千米。总户数 1220 户，总人口 4430 人，民族有汉族、回族。经济来源以种植砀山酥梨、黄桃及外出务工为主。村委会驻冯老家自然村。

2006 年乡镇合并时，冯老家、李洼、刘庄三个村合并为三联村，隶属权集乡。2007 年撤乡并镇，隶属玄庙镇至今。

境内地势基本平坦，北部略高，南部稍低，平均海拔 48.9 米。为古黄河行洪冲积形成的滩地地貌特征，多为淤质土壤，亦有部分沙质土壤。经济特色是盛产砀山酥梨、黄桃、苹果等水果。

朱寨村村民委员会

朱寨村村民委员会（Zhūzhàicūn Cūnmínwěiyuánhuì） 在砀山县北部，属玄庙镇管辖。距砀山县人民政府驻地 7.3 千米。东与砀城镇林屯村毗邻，南与砀城镇王古楼社区交界，西与本镇权集村接壤，北与本镇朱庄村相连，面积 6.6 平方千米。总户数 1260 户，总人口 4561 人，民族有汉族、回族、土家族。经济来源以种植砀山酥梨、黄桃、花木及运输业为主。村委会驻朱寨村。

明朝年间，朱氏家族来此筑寨居住，故而取名朱寨。1961年属权集人民公社。1980年设朱寨区。1984年属权集乡。2007年，由朱寨村、大李庄村、许庄村合并为朱寨村委会。

境内地势基本平坦，北部略高，南部稍低，平均海拔48.2米。为古黄河行洪冲积形成的滩地地貌特征，多为淤质土壤，亦有部分沙质土壤。经济特色是盛产砀山酥梨、黄桃、苹果等水果。

古黄新村村民委员会

古黄新村村民委员会（Gǔhuángxīncūn Cūnmínwěiyuánhuì） 在砀山县北部，属玄庙镇管辖。距砀山县人民政府驻地11.56千米。东与本镇朱庄村毗邻，南部、西部皆与本镇张王庄村接壤，北部与黄河故道果园场相连，面积5.6平方千米。总户数1540户，总人口5520人，民族为汉族。经济来源以种植砀山酥梨、黄桃及外出务工为主。村委会驻大郭庄。

古黄新村位于古黄河南岸，取名于故黄河。新中国成立前归条河乡。1958年属权集公社。1981年属朱寨区。1988年属权集乡。2008年5月撤乡并镇，属玄庙镇政府管理。

境内地势基本平坦，北部略高，南部稍低，平均海拔49.5米。为古黄河行洪冲积形成的滩地地貌特征，多为淤质土壤，亦有部分沙质土壤。经济特色是盛产砀山酥梨、黄桃、苹果等水果。

张王庄村村民委员会

张王庄村村民委员会（Zhāngwángzhuāngcūn Cūnmínwěiyuánhuì） 在砀山县北部，属玄庙镇管辖。距砀山县人民政府驻地8.65千米。东与本镇古黄新村毗邻，南与本镇权集村交界，西与本镇王集村接壤，北与黄河故道果园场相连，面积7.4平方千米。总户数1865户，总人口6875人，民族为汉族。经济来源以种植砀山酥梨、黄桃、药材及外出务工为主。村委会驻张王庄。

以前，张、王两姓在此种地立庄，因此得名张王庄。新中国成立前归条河乡。1958年归权集公社。1982年成立张王庄村委会。2007年属玄庙镇政府管辖至今。

境内地势基本平坦，北部略高，南部稍低，平均海拔49.1米。为古黄河行洪冲积形成的滩地地貌特征，多为淤质土壤，亦有部分沙质土壤。经济特色是盛产砀山酥梨、黄桃、苹果等水果。

大寨村村民委员会

大寨村村民委员会（Dàzhàicūn Cūnmínwěiyuánhuì） 在砀山县北部，属玄庙镇管辖。距砀山县人民政府驻地15.8千米。东与本镇罗寨村毗邻，东北与本镇玄庙村交界，西北与本镇吴寨村接壤，西南与黄河故道果园场相连，面积7.8平方千米。总户数1482户，总人口5603人，民族为汉族。经济来源以种植砀山酥梨、黄桃为主。村委会驻白楼。

此地有大寨和小寨，都是以前防土匪筑的寨子，故而得名。新中国成立前归山东湖西区管辖，新中国成立初期归安徽省砀山县。1958年属大寨公社。1980年归西刘乡。2008年归玄庙镇政府管辖至今。

境内地势基本平坦，南部略高，北部稍低，平均海拔49.4米。为古黄河行洪冲积形成的滩地地貌特征，多为淤质土壤。经济特色是盛产黄桃、苹果、砀山酥梨等水果。

官庄坝镇

黄集村村民委员会

黄集村村民委员会（Huángjícūn Cūnmínwěiyuánhuì） 在砀山县西北部，属官庄坝镇管辖。距砀山县人民政府驻地16.5千米。东与玄庙镇王集村毗邻，北与本镇岳庄坝村交界，西与本镇秦庄社区接壤，南与本镇吴集村相连，面积13.6平方千米。总户数2542户，总人口9001人，民族为汉族。经济来源以种植砀山酥梨、黄桃及外出务工为主。村委会驻张王庄。

此地为集市，由岳、黄、周、王等几大家族组成，因黄姓家族大，故名黄集。新中国成立前，区公所设在黄集。1958年属东风人民公社。1988年属官庄坝镇。

境内地势基本平坦，大堤北部略高，平均海拔51.5米；大堤南部稍低，平均海拔45.8米。为古黄河行洪冲积形成的滩地地貌特征，大堤以北多为淤质土壤，大堤以南多为沙质土壤。经济特色是盛产黄桃、苹果、砀山酥梨等水果和林木。

刘楼村村民委员会

刘楼村村民委员会（Liúlóucūn Cūnmínwěiyuánhuì） 在砀山县西北部，属官庄坝镇管辖。距砀山县人民政府驻地23.1千米。东与本镇岳庄坝村毗邻，南与本镇龙潭村交界，西与河南省虞城县接壤，北隔黄河故道与山东省单县相望，面积14.3平方千米。总户数1832户，总人口6810人，民族为汉族。经济来源以种植水果、红芋、林木及外出务工为主。村委会驻小刘楼。

从前，因刘氏家族在此安庄建楼，故叫刘楼。新中国成立前属砀山县四区，新中国成立初期属城西东风公社。1968年属官庄公社。1980年属官庄区龙潭乡。1988年属官庄坝镇。

境内地势基本平坦，北部略高，南部稍低，平均海拔54.8米。为古黄河行洪冲积形成的滩地地貌特征，多为淤质土壤，沿黄河故道为沙质土壤。经济特色是盛产黄桃、苹果等水果和林木。

龙潭村村民委员会

龙潭村村民委员会（Lóngtáncūn Cūnmínwěiyuánhuì） 在砀山县西北部，属官庄坝镇管辖。距砀山县人民政府驻地20.1千米。东与本镇官庄社区毗邻，南与曹庄镇平安集村交界，西与河南省虞城县接壤，北与本镇刘楼村相连，面积11.4平方千米。总户数2282户，总人口8327人，民族为汉族。经济来源以种植水果、红芋、林木及外出务工为主。村委会驻朱李楼。

本村有一个水面大、水位深、历史久的黑龙潭，以此命名为龙潭村。1971年归官庄公社。1980年属龙潭乡。2007年属官庄坝镇高新庄大队。2014年属官庄坝镇。

境内地势基本平坦，大堤北部略高，平均海拔53.5米；大堤南部稍低，平均海拔47.3米。为古黄河行洪冲积形成的滩地地貌特征，大堤以北多为淤质土壤，大堤以南多为沙质土壤。经济特色是盛产黄桃、苹果等水果和林木。

吴集村村民委员会

吴集村村民委员会（Wújícūn Cūnmínwěiyuánhuì） 在砀山县西北部，属官庄坝镇管辖。距砀山县人民政府驻地10.83千米。东北与玄庙镇三联村毗邻，东南与赵屯镇梅屯村交界，西与本镇徐楼村接壤，北与本镇黄集村相连，面积10.9平方千米。总户数516户，总人口1782人，民族为汉族。经济来源以种植水果、红芋及外出务工为主。村委会驻吴集。

1375年，吴姓从山西平阳府洪洞县广济寺迁居到此地，成立了集镇，所以叫吴集。1958年属东风人民公社。1980年属吴集乡。2007年为官庄坝镇吴集村。

境内地势平坦，北部略高，南部稍低，平均海拔44.8米。为古黄河决口冲积形成的地貌特征，多为沙质土壤。经济特色是盛产黄桃、苹果、早熟梨等水果。

徐楼村村民委员会

徐楼村村民委员会（Xúlóucūn Cūnmínwěiyuánhuì） 在砀山县西北部，属官庄坝镇管辖。距砀山县人民政府驻地13.6千米。东与本镇吴集村毗邻，北与本镇秦庄社区交界，西与曹庄镇回民许庄村接壤，南与赵屯镇吕集村相连，面积11平方千米。总户数2103户，总人口7669人，民族为汉族。经济来源以种植水果、红芋及外出务工为主。村委会驻权王庄。

清朝年间，有一官吏叫徐大用，为防御外来侵略，在此建一土楼作为瞭望台，故取名为徐楼。1958年属东风人民公社。1980年属吴集乡。2008年由原张老家、孙楼两村合并而成官庄坝镇徐楼村。

境内地势平坦，北部略高，南部稍低，平均海拔45.3米。为古黄河决口冲积形成的地貌特征，多为沙质土壤。经济特色是盛产苹果、早熟梨、黄桃等水果。

岳庄坝村村民委员会

岳庄坝村村民委员会（Yuèzhuāngbàcūn Cūnmínwěiyuánhuì） 在砀山县西北部，属官庄坝镇管辖。距砀山县人民政府驻地15.2千米。东临故黄河湿地，南与本镇黄集村交界，西与本镇刘楼村接壤，北隔黄河故道与玄庙镇红星村相望，面积10.4平方千米。总户数1914户，总人口7362人，民族为汉族。经济来源以种植水果、红芋、林木及外出务工为主。村委会驻刘庄。

新中国成立初期，水利部门在黄河故道上修一座大坝，由于此坝坐落在岳庄，故得名岳庄坝。1971年归官庄公社。1980年属张王庄乡。2007年归官庄坝镇刘庄村。2014年合并为岳庄坝村委会。

境内地势基本平坦，北部略高，南部稍低，平均海拔53.6米。为古黄河行洪冲积形成的滩地地貌特征，南部多为淤质土壤，沿黄河故道为沙质土壤。北部为故黄河湿地。经济特色是盛产黄桃、苹果等水果。

官庄社区居民委员会

官庄社区居民委员会（Guānzhuāng Shèqū Jūmínwěiyuánhuì） 在砀山县西北部，属官庄坝镇管辖。距砀山县人民政府驻地17.1千米。东与本镇黄集村毗邻，南与本镇秦庄社区交界，西与本镇龙潭村接壤，北与本镇岳庄坝村相连，面积8.0平方千米。总户数1205户，总人口4302人，民族为汉族。经济来源以种植水果、红芋、林木及外出务工为主。居委会驻官庄社区北村。

从前，古黄河南部有一座大堤坝，因官姓人家紧挨大坝居住，故命名为官庄坝。新中国成立初期属官庄乡。1958年属官庄公社。2014年划为官庄社区，属官庄坝镇政府管理。

境内地势基本平坦，北部略高，南部稍低，平均海拔52.7米。为古黄河行洪冲积形成的滩地地貌特征，多为淤质土壤。经济特色是盛产黄桃、苹果等水果和红芋粉丝。

秦庄社区居民委员会

秦庄社区居民委员会（Qínzhuāng Shèqū Jūmínwěiyuánhuì） 在砀山县西北部，属官庄坝镇管辖。距砀山县人民政府驻地15.5千米。东与本镇黄集村毗邻，南与本镇徐楼村交界，西与本镇龙潭村接壤，北与本镇官庄社区相连，面积4.5平方千米。总户数910户，总人口3501人，民族为汉族。经济来源以种植水果、红芋及外出务工为主。居委会驻秦庄社区。

以前秦氏家族人口多，有良田千亩，且有商店、茶馆，由此得名秦庄。新中国成立初期属孙楼乡。1958年划归官庄公社。2014年为秦庄社区居委会，属官庄坝镇政府管理。

境内地势基本平坦，大堤北部略高，平均海拔52.3米；大堤南部稍低，平均海拔46.5米。为古黄河行洪冲积形成的滩地地貌特征，大堤以北多为淤质土壤，大堤以南多为沙质土壤。经济特色是盛产黄桃、苹果、砀山酥梨等水果和林木。

曹庄镇

梨园新村村民委员会

梨园新村村民委员会（Líyuánxīncūn Cūnmínwěiyuánhuì） 在砀山县西部，属曹庄镇管辖。距砀山县人民政府驻地14.2千米。东与赵屯镇赵屯村毗邻，北与本镇科技新村交界，西与本镇洪河村接壤，南与本镇曹庄社区相连，面积6.8平方千米。总户数1320户，总人口4953人，民族为汉族。经济来源以种植水果、红芋及外出务工为主。村委会驻段庄。

此地因几个村有5000亩梨园，故而得名。“文化大革命”时期为徐庄大队，后改为立新大队。1958年属城西东风公社。1961年属曹庄公社。1980年属赵屯区曹庄乡。1988年属曹庄镇。2008年合成梨园新村至今。

境内地势平坦，北部略高，南部稍低，平均海拔44.3米。为古黄河决口冲积形成的地貌特征，多为沙质土壤。经济特色是盛产砀山酥梨、早熟梨、黄桃等水果。

科技新村村民委员会

科技新村村民委员会（Kējìxīncūn Cūnmínwěiyuánhuì） 在砀山县西部，属曹庄镇管辖。距砀山县人民政府驻地15.7千米。东与赵屯镇吕集村毗邻，北与本镇回民许庄村交界，西与本镇酒店张庄村接壤，南与本镇梨园新村相连，面积8.2平方千米。总户数1307户，总人口4870人，民族为汉族。经济来源以种植水果、红芋及外出务工为主。村委会驻科技新村。

2007年合村时，准备在此村建科技示范园，故而得名。1980年前属赵屯区曹庄乡，1980年后划分到官庄坝乡。1988年属曹庄镇。

境内地势平坦，北部略高，南部稍低，平均海拔44.7米。为古黄河决口冲积形成的地貌特征，多为沙质土壤。经济特色是盛产苹果、早熟梨、黄桃等水果。

回民许庄村村民委员会

回民许庄村村民委员会（Huímínxǔzhuāngcūn Cūnmínwěiyuánhuì） 在砀山县西部，属曹庄镇管辖。距砀山县人民政府驻地15.8千米。东与官庄坝镇徐楼村毗邻，北与官庄坝镇秦庄社区交界，西与本镇平安集村接壤，南与本镇科技新村相连，面积4.1平方千米。总户数882户，总人口3231人，民族有回族、汉族。经济来源以种植水果、红芋及养殖业、皮毛加工业为主。村委会驻回民许庄。

此地因许氏家族大，人员多，回民占大多数，故此得名。1980年属官庄区谢集乡。1988年划入曹庄镇胜利大队，后改为回民大队。2007年小村合并大村，回民大队改为回民许庄村。

境内地势平坦，北部略高，南部稍低，

平均海拔45.6米。为古黄河决口冲积形成的地貌特征，多为沙质土壤。经济特色是养牛、养羊和皮毛加工、食品加工。

平安集村村民委员会

平安集村村民委员会（Píng' ānjícūn Cūnmínwěiyuánhuì） 在砀山县西部，属曹庄镇管辖。距砀山县人民政府驻地16.8千米。东与本镇回民许庄村交界，北与官庄坝镇龙潭村毗邻，西与本镇希望新村接壤，南与本镇科技新村相连，面积6.5平方千米。总户数1466户，总人口5306人，民族为汉族。经济来源以种植水果、红芋及外出务工为主。村委会驻谢集村。

2007年汪平大队与谢集大队合村，命名为平安集村，取“平和安泰”之意。新中国成立初属城西陈庄人民公社。1980年属官庄区谢集乡。1984年属汪平大队。2007年汪平大队与谢集大队合村后，更名为平安集村至今。

境内地势平坦，北部略高，南部稍低，平均海拔46.3米。为古黄河决口冲积形成的地貌特征，多为沙质土壤。经济特色是盛产苹果、早熟梨、黄桃等水果。

希望新村村民委员会

希望新村村民委员会（Xīwàngxīncūn Cūnmínwěiyuánhuì） 在砀山县西部，属曹庄镇管辖。距砀山县人民政府驻地17.9千米。东与本镇平安集村毗邻，北与官庄镇龙潭村交界，西与河南省虞城县接壤，南与本镇酒店张庄相连，面积6.5平方千米。总户数1680户，总人口6180人，民族为汉族。经济来源以种植水果、红芋及外出务工为主。村委会驻蒋祠堂。

此地原有魏庙中学，而上海女工查文红多年在此义务助教，给孩子带来希望，故学校改名为希望学校，村亦由此改名。1980年，原蒋新、蒋庙、郑庄三个联村由曹庄镇划入官庄区谢集乡。1988年划入曹庄镇。2007年更名为希望新村，由曹庄镇政府管理至今。

境内地势平坦，北部略高，南部稍低，平均海拔46.5米。为古黄河决口冲积形成的地貌特征，多为沙质土壤。经济特色是盛产早熟梨、黄桃、苹果等水果。

洪河新村村民委员会

洪河新村村民委员会（Hónghéxīncūn Cūnmínwěiyuánhuì） 在砀山县西部，属曹庄镇管辖。距砀山县人民政府驻地18.1千米。东部与本镇梨园新村毗邻，南部、西部皆与河南省虞城县接壤，北部与本镇酒店张庄村相连，面积7.7平方千米。总户数1503户，总人口5840人，民族为汉族。经济来源以种植水果、红芋、黄花菜及外出务工为主。村委会驻高屯。

解放初属吴集区。1953年属张庄荣华公社。1958年属曹庄人民公社。1981年属张庄乡。1988年属曹庄镇。2008年由小杨楼、姜屯两个村合并为洪河新村。

境内地势平坦，北部略高，南部稍低，平均海拔44.2米。为古黄河决口冲积形成的地貌特征，多为沙质土壤。经济特色是盛产早熟梨、黄桃和黄花菜。

酒店张庄村村民委员会

酒店张庄村村民委员会（Jiǔdiànzhāngzhuāngcūn Cūnmínwěiyuánhuì） 在砀山县西部，属曹庄镇管辖。距砀山县人民政府驻地17.6千米。东与本镇科技新村毗邻，北与本镇希望新村交界，西与河南省虞城县接壤，南与本镇洪河村相连，面积4.8平方千米。总户数1361户，总人口5098人，民族为汉族。经济来源以种植水果、红芋及外出务工为主。村委会驻酒店张庄。

清朝末期，张济甫，外号“张九能”，12岁人选秀才，后跟随段祺瑞创业，其后人以蒸酒为业，因此而得名。新中国成立前后属江苏省砀山县第八区。1952年属安徽砀山吴集区。1980年成立张庄公社，属赵屯区。1988年撤区并乡时属曹庄镇。2008年合并为酒店张庄村。

境内地势平坦，北部略高，南部稍低，平均海拔45.3米。为古黄河决口冲积形成的地貌特征，多为沙质土壤。经济特色是盛产黄桃、苹果、早熟梨等水果。

曹庄社区居民委员会

曹庄社区居民委员会（Cáozhuāng Shèqū Jūmínwěiyuánhuì） 在砀山县西部，属曹庄镇管辖。距砀山县人民政府驻地14.3千米。东与赵屯镇赵屯村毗邻，北与本镇梨园新村交界，西与河南省虞城县接壤，南与河南省夏邑县相连，面积9.3平方千米。总户数1616户，总人口6341人，民族为汉族。经济来源以种植水果、红芋及外出务工为主。村委会驻尚庄。

2007年村级合并时，将尚庄、枣园、曹庄合并在一起，又因为镇政府坐落在此村，故而名为曹庄社区。1956年为曹庄乡。1961年置曹庄公社。1980年属赵屯区曹庄乡。1988年撤乡建镇，属曹庄镇。2007年村级合并，归属曹庄镇。

境内地势平坦，北部略高，南部稍低，平均海拔43.8米。为古黄河决口冲积形成的地貌特征，多为沙质土壤。经济特色是盛产早熟梨、黄桃等水果，还有张氏桶子鸡名闻遐迩。

赵屯镇

万楼村村民委员会

万楼村村民委员会（Wànlóucūn Cūnmínwěiyuánhuì） 在砀山县西南部，属赵屯镇管辖。距砀山县人民政府驻地12.9千米。东与本镇黄庄寨村毗邻，北与本镇杜阁村交界，西部、南部皆与河南省夏邑县相连，面积9.2平方千米。总户数1610户，总人口6315人，民族为汉族。经济来源以种植水果、红芋及养殖猪、羊为主。村委会驻万楼村。

从前，万氏在此地耕田种地，建有楼房，由此而得名万楼。新中国成立初期属曹庄公社，后属杜阁乡。1988年属赵屯乡。2007年至今属赵屯镇。

境内地势平坦，北部略高，南部稍低，平均海拔43.3米。为古黄河决口冲积形成的地貌特征，多为沙质土壤。经济特色是盛产苹果、早熟梨、黄桃等水果。

汤沟、九里沟贯穿全境。

杜阁村村民委员会

杜阁村村民委员会（Dùgécūn Cūnmínwěiyuánhuì） 在砀山县西部，属赵屯镇管辖。距砀山县人民政府驻地11.83千米。东与高铁新区薛口村毗邻，北与本镇蒋庄村交界，西与河南省夏邑县接壤，南与本镇万楼村相连，面积8.0平方千米。总户数2043户，总人口7587人，民族为汉族。经济来源以城市就业和种植皇冠梨为主。村委会驻杜阁村。

从前，杜氏家族在此种田经营，建庙祭祀，由此得名杜阁。新中国成立初期，杜阁是农业初级社、高级社驻地。1953年试行乡制，为杜阁乡驻地。1978年公社化小，为杜阁公社驻地。1985年至今为杜阁村村民委员会驻地。

境内地势平坦，北部略高，南部稍低，平均海拔43.5米。为古黄河决口冲积形成的地貌特征，多为沙质土壤。经济特色是盛产早熟梨、黄桃等水果。

黄庄寨村村民委员会

黄庄寨村村民委员会（Huángzhuāngzhàicūn Cūnmínwěiyuánhuì） 在砀山县西南部，属赵屯镇管辖。距砀山县人民政府驻地10.93千米。东与关帝庙镇杨庄寨村毗邻，北与高铁新区薛口村交界，西与本镇万楼村相连，南与河南省夏邑县接壤，面积8.7平方千米。总户数2006户，总人口7512人，民族为汉族。经济来源以种植水果、红芋及小麦、玉米为主。村委会驻黄庄寨村。

从前，黄氏家族在此种田经营，建寨防匪，由此得名黄庄寨。新中国成立初期属城西薛口区。1958年属陈庄公社。1980年属薛口乡。1985年属赵屯镇至今。

境内地势平坦，北部略高，南部稍低，平均海拔43.1米。为古黄河决口冲积形成的地貌特征，多为沙质土壤。经济特色是盛产苹果、早熟梨、黄桃等水果。

蒋庄村村民委员会

蒋庄村村民委员会（Jiǎngzhuāngcūn Cūnmínwěiyuánhuì） 在砀山县西部，属赵屯镇管辖。距砀山县人民政府驻地10.91千米。东与本镇张新庄村毗邻，东北与本镇下楼村交界，西北与本镇赵屯村接壤，南与本镇杜阁村相连，面积9.0平方千米。总户数1720户，总人口6570人，民族为汉族。经济来源以种植皇冠梨、桃、小麦、玉米为主。村委会驻蒋庄村。

蒋氏于清初从玄庙镇蒋集迁居至此建庄，故名。新中国成立前曾属砀南县，新中国成立初期归砀山县白楼乡。1958年属曹庄人民公社。1988年属赵屯镇。

境内地势平坦，北部略高，南部稍低，平均海拔43.8米。为古黄河决口冲积形成的地貌特征，多为沙质土壤。经济特色是盛产早熟梨、黄桃等水果。

吕集村村民委员会

吕集村村民委员会（Lǚjícūn Cūnmínwěiyuánhuì） 在砀山县西部，属赵屯镇管辖。距砀山县人民政府驻地13.07千米。东与本镇下楼村毗邻，北与官庄坝镇徐楼村交界，西与曹庄镇科技新村接壤，南与本镇赵屯村相连，面积7.0平方千米。总户数1118户，总人口4167人，民族为汉族。经济来源以种植水果、红芋、黄花菜及自主创业为主。村委会驻吕集村。

从前，吕姓在此成立集市，故名。新中国成立初期属城西乡。1958年属城西东风人民公社。1980年属汪林乡。1988年属赵屯镇。

境内地势平坦，北部略高，南部稍低，平均海拔44.7米。为古黄河决口冲积形成的地貌特征，多为沙质土壤。经济特色是盛产苹果、早熟梨、黄桃等水果和黄花菜。

梅屯村村民委员会

梅屯村村民委员会（Méitúncūn Cūnmínwěiyuánhuì） 在砀山县西部，属赵屯镇管辖。距砀山县人民政府驻地6.3千米。东与砀城镇李屯村毗邻，北与官庄坝镇吴集村交界，西与本镇下楼村接壤，南与砀城镇金山社区相连，面积5.9平方千米。总户数1365户，总人口4872人，民族为汉族。经济来源以外出务工、种植水果、苗木为主。

村委会驻梅屯村。

明朝时期，梅氏迁居此地屯田，由此而取名梅屯。1949年属红山乡。1952年归许庄乡。1955年归吴集乡。1958年归东风人民公社。1962年属陈庄公社。1978年归官庄区。1988年归赵屯乡。2007年村级合并为梅屯村。

境内地势平坦，北部略高，南部稍低，平均海拔44.8米。为古黄河决口冲积形成的地貌特征，多为沙质土壤。经济特色是盛产苹果、早熟梨、黄桃等水果和苗木。

砀官公路和310国道贯穿全村。

汪屯村村民委员会

汪屯村村民委员会（Wāngtúncūn Cūnmínwěiyuánhuì） 在砀山县西部，属赵屯镇管辖。距砀山县人民政府驻地8.6千米。东与砀城镇苇子园社区毗邻，北与本镇张新庄村交界，西与本镇杜阁村接壤，南与高铁新区站前社区相连，面积5.8平方千米。总户数1128户，总人口4359人，民族为汉族。经济来源以种植水果、苗木及城内务工为主。村委会驻汪屯村。

从前，汪氏家族在此屯田，取名为汪屯。1958年归陈庄公社。1988年属赵屯镇至今。

境内地势平坦，北部略高，南部稍低，平均海拔43.6米。为古黄河决口冲积形成的地貌特征，多为沙质土壤。经济特色是盛产苹果、早熟梨、黄桃等水果和苗木。

张新庄村村民委员会

张新庄村村民委员会（Zhāngxīnzhuāngcūn Cūnmínwěiyuánhuì） 在砀山县西部，属赵屯镇管辖。距砀山县人民政府驻地8.28千米。东与砀城镇苇子园社区毗邻，北与本镇卞楼村交界，西与本镇蒋庄村接壤，南与本镇汪屯村相连，面积6.0平方千米。总户数1467户，总人口5415人，民族为汉族。经济来源以果树种植、外出务工为主。村委会驻张新庄村。

从前，张姓在此建立新庄，故名。新中国成立初期属城西乡。1958年属城西东风人民公社。1988年属赵屯镇。

境内地势平坦，北部略高，南部稍低，平均海拔43.8米。为古黄河决口冲积形成的地貌特征，多为沙质土壤。经济特色是盛产苹果、早熟梨、黄桃等水果。

赵屯村村民委员会

赵屯村村民委员会（Zhàotúncūn Cūnmínwěiyuánhuì） 在砀山县西部，属赵屯镇管辖。距砀山县人民政府驻地13.35千米。东与本镇蒋庄村毗邻，北与本镇吕集村交界，西与曹庄镇曹庄社区接壤，南与本镇杜阁村相连，面积5.7平方千米。总户数1252户，总人口4465人，民族为汉族。经济来源以果树种植、外出务工、经商为主。村委会驻赵屯村。

宋代初期，赵姓人家为军户，人们居住于此，称赵屯。新中国成立初期属江苏省。1954年属安徽省砀山县薛口乡。1971年属曹庄公社。1981年属赵屯乡。2007年与原宋庄大队合并，更名为赵屯村委会，隶属赵屯镇政府管理。

境内地势平坦，北部略高，南部稍低，平均海拔44.3米。为古黄河决口冲积形成的地貌特征，多为沙质土壤。经济特色是盛产苹果、早熟梨、黄桃等水果和黄花菜。

卞楼村村民委员会

卞楼村村民委员会（Biànlóucūn Cūnmínwěiyuánhuì） 在砀山县西部，属赵屯镇管辖。距砀山县人民政府驻地10.06千米。

东与本镇梅屯村毗邻，北与官庄坝镇吴集村交界，西与本镇吕集村接壤，南与本镇张新庄村相连，面积9.3平方千米。总户数1817户，总人口7182人，民族为汉族。经济来源以种植水果、玉米、小麦及外出务工为主。村委会驻卞楼村。

从前，卞姓在此立庄建楼，故命名为卞楼。新中国成立初期属城西乡。1958年属城西东风人民公社。1980年属汪林乡。1988年属赵屯镇。

境内地势平坦，北部略高，南部稍低，平均海拔44.2米。为古黄河决口冲积形成的地貌特征，多为沙质土壤。经济特色是盛产苹果、早熟梨、黄桃等水果。

关帝庙镇

黄屯村村民委员会

黄屯村村民委员会（Huángtúncūn Cūnmínwěiyuánhuì） 在砀山县南部，属关帝庙镇管辖。距砀山县人民政府驻地7.2千米。东与本镇阚寨村毗邻，北隔利民河与高铁新区陇海新村相望，西与高铁新区孟饭棚社区接壤，南与本镇关帝庙社区交界，面积8.2平方千米。总户数1694户，总人口6375人，民族为汉族。经济来源以种植西瓜、棉花、大棚蔬菜为主。村委会驻黄屯村。

2008年，由大李楼、赵平坊、张阁三村合并，因中心地坐落在黄屯，由此得名黄屯村。1953年属第三区。1958年属中心乡四大队。1961年属关帝庙人民公社。1980年属徐庙乡。1990年属关帝庙镇。2008年，成立黄屯村委会至今。

境内地势平坦，北部略高，南部稍低，平均海拔42.4米。为古黄河决口冲积形成的地貌特征，多为沙质土壤。经济特色是盛产西瓜、黄桃等水果和大棚蔬菜。

阚寨村村民委员会

阚寨村村民委员会（Kànzhàicūn Cūnmínwěiyuánhuì） 在砀山县南部，属关帝庙镇管辖。距砀山县人民政府驻地8.6千米。东部、北部隔利民河与李庄镇朱店社区相望，西部与本镇黄屯村接壤，南与本镇邵楼村相连，面积7.2平方千米。总户数1386户，总人口4983人，民族为汉族。经济来源以蔬菜、西瓜、玉米种植为主。村委会驻阚寨村。

因寨主姓阚，四周有护寨河，故起名阚寨。1953年属第三区。1958年属陈寨人民公社。1961年属关帝庙公社。1980年属徐庙乡。1990年属关帝庙镇。2009年三村合并，成立阚寨村。

境内地势平坦，北部略高，南部稍低，平均海拔40.8米。为古黄河泄洪形成的湖区地貌特征，多为淤质土壤。经济特色是盛产西瓜、黄桃等水果和大棚蔬菜。

毛庄寨村村民委员会

毛庄寨村村民委员会（Máozhuāngzhàicūn Cūnmínwěiyuánhuì） 在砀山县南部，属关帝庙镇管辖。距砀山县人民政府驻地12.2千米。东与本镇刷集村毗邻，北与本镇汪大楼村交界，西与本镇汤寺村接壤，南与河南省夏邑县相连，面积6.4平方千米。总户数1308户，总人口4911人，民族为汉族。经济来源以种植水果、粮食为主。村委会驻毛庄寨村。

从前，一位毛姓乡绅为免遭战乱，带领村民筑寨墙，让周边村民都住进寨里，因此名为毛庄寨。1952年属城西区。1958年属陈庄公社。1980年属关帝庙区。2007年由小王庄、毛庄寨合并为毛庄寨村委会。

境内地势平坦，北部略高，南部稍低，平均海拔 42.7 米。为古黄河决口冲积形成的地貌特征，多为沙质土壤。经济特色是盛产苹果、早熟梨等水果。

邵楼村村民委员会

邵楼村村民委员会（Shàolóucūn Cūnmínwěiyuánhuì） 在砀山县南部，属关帝庙镇管辖。距砀山县人民政府驻地 11.8 千米。东与李庄镇贾楼村隔利民河相望，北与本镇阚寨村交界，西与本镇关帝庙社区接壤，南与薛楼工业园便民社区相连，面积 12.3 平方千米。总户数 2263 户，总人口 8560 人，民族为汉族。经济来源以种植西瓜、棉花、大棚蔬菜及养殖为主。村委会驻邵楼村。

从前，一邵氏大户在此居住，后来建几座楼，故得名邵楼。1953 年属第三区。1958 年属陈寨公社。1961 年属关帝庙公社。1980 年成立邵楼乡。1990 年属关帝庙镇。2008 年由邵楼、孟庄、曹桥合并为邵楼村委会至今。

境内地势平坦，北部略高，南部稍低，平均海拔 41.1 米。为古黄河泄洪形成的湖区地貌特征，多为淤质土壤。经济特色是盛产西瓜、黄桃等水果和大棚蔬菜。

村内有宇通驾校、张博医院、惠民西瓜种植专业合作社。南临 101 省道。

刷集村村民委员会

刷集村村民委员会（Shuājícūn Cūnmínwěiyuánhuì） 在砀山县南部，属关帝庙镇管辖。距砀山县人民政府驻地 12.1 千米。东与薛楼工业园神湖社区毗邻，北与本镇汪大楼村相连，西与本镇毛庄寨村接壤，南与河南省夏邑县交界，面积 7.1 平方千米。总户数 1093 户，总人口 3935 人，民族为汉族。经济来源以种植水果、经商、外出外出务工为主。村委会驻刷集村。

李姓在刷集居住最早，也是大姓，李姓的祖先名叫李刷，很有名，因此得名刷集。1980 年属关帝庙人民公社。2007 年与仝庄村合并，称为刷集村，属关帝庙镇政府管理。

境内地势平坦，北部略高，南部稍低，平均海拔 42.1 米。为古黄河泄洪形成的湖区地貌特征，多为淤质土壤。经济特色是盛产西瓜、黄桃、苹果等水果。

汤寺村村民委员会

汤寺村村民委员会（Tāngsìcūn Cūnmínwěiyuánhuì） 在砀山县南部，属关帝庙镇管辖。距砀山县人民政府驻地 11.3 千米。东与本镇毛庄寨村毗邻，北与本镇杨庄寨村相连，西与赵屯镇黄庄寨村接壤，南与河南省夏邑县交界，面积 5.5 平方千米。总户数 1207 户，总人口 4564 人，民族为汉族。经济来源以种植水果、小麦、玉米为主。村委会驻汤寺村。

从前，汤姓在此地建造寺庙，由此得名汤寺。1952 年属城西区。1958 年属陈寨人民公社。1961 年属关帝庙公社。1980 年成立汤寺乡。1990 年属关帝庙镇。2008 年由张庄寨、刘庄两村合并，成立汤氏村委会。

境内地势平坦，北部略高，南部稍低，平均海拔 42.7 米。为古黄河决口冲积形成的地貌特征，多为沙质土壤。经济特色是盛产苹果、早熟梨、黄桃等水果。

汪大楼村村民委员会

汪大楼村村民委员会（Wāngdàlóucūn Cūnmínwěiyuánhuì） 在砀山县南部，属关帝庙镇管辖。距砀山县人民政府驻地 9.5 千米。东与本镇关帝庙社区毗邻，北与本镇薛楼村交界，西与本镇杨庄寨村接壤，南与本镇刷集村相连，面积 6.1 平方千米。总户数

1312户，总人口4958人，民族为汉族。经济来源以外出务工和种植西瓜、果树、蔬菜为主。村委会驻汪大楼村。

汪家从前是大财主，有良田千顷，住的是土墙大楼，因此得名汪大楼。1953年归关帝庙区。1956年归郑屯乡。1958年归陈寨人民公社。1961年归关帝庙公社。1966年归红旗公社。1980年归汪大楼乡。1997年合并为汪大楼村，属关帝庙镇管理。

境内地势平坦，北部略高，南部稍低，平均海拔42.8米。为古黄河泄洪形成的湖区地貌特征，多为淤质土壤，亦有部分沙质土壤。经济特色是盛产西瓜、黄桃、苹果、莲藕等。

关葛公路、薛黄公路、人沙河贯穿其中。

薛楼村村民委员会

薛楼村村民委员会（Xuēlóucūn Cūnmínwěiyuánhuì） 在砀山县南部，属关帝庙镇管辖。距砀山县人民政府驻地8.5千米。东与本镇关帝庙社区毗邻，北与高铁新区南苑社区交界，西与本镇赵岗村接壤，南与本镇汪大楼村相连，面积8.2平方千米。总户数1803户，总人口6802人，民族为汉族。经济来源以种植水果及农民自主创业为主。村委会驻薛楼村。

从前，砀城北一户薛氏在此开荒种地，后盖起一座小楼，从此得名薛楼。新中国成立初期归郑屯乡，后又归陈寨乡。1966年归红旗公社。1973年更名为薛楼村，属关帝庙镇管理。

境内地势平坦，北部略高，南部稍低，平均海拔43.1米。为古黄河决口冲积形成的地貌特征，多为沙质土壤。经济特色是盛产苹果、早熟梨、黄桃等水果。

杨庄寨村村民委员会

杨庄寨村村民委员会（Yángzhuāngzhàicūn Cūnmínwěiyuánhuì） 在砀山县南部，属关帝庙镇管辖。距砀山县人民政府驻地9.4千米。东与本镇赵岗村毗邻，北与高铁新区相连，西与赵屯镇黄庄寨村接壤，南与本镇汤寺村交界，面积6.4平方千米。总户数1120户，总人口3907人，民族为汉族。经济来源以种植水果、小麦、玉米及养殖为主。村委会驻杨庄寨村。

杨氏家族人员多，由于以前土匪猖獗，故建寨以防匪，由此得名杨庄寨。1952年属城西区。1958年属陈寨人民公社。1961年属关帝庙公社。2007年与葛屯大队合并，称为杨庄寨村委会，属关帝庙镇管理。

境内地势平坦，北部略高，南部稍低，平均海拔43.2米。为古黄河决口冲积形成的地貌特征，多为沙质土壤。经济特色是盛产苹果、早熟梨、黄桃等水果。

赵岗村村民委员会

赵岗村村民委员会（Zhàogǎngcūn Cūnmínwěiyuánhuì） 在砀山县南部，属关帝庙镇管辖。距砀山县人民政府驻地8.1千米。东与本镇薛楼村毗邻，北与高铁新区相连，西与本镇杨庄寨村接壤，南与本镇汤寺村交界，面积6.5平方千米。总户数261户，总人口980人，民族为汉族。经济来源以种植水果、小麦、玉米为主。村委会驻赵岗村。

由于此处地势高亢，赵姓在此立庄，故名赵岗。新中国成立初期属薛口区于店乡。1953年改属郑屯乡。1958年属红旗公社。2008年由赵岗、八里井两村合并，得名赵岗村委会，属关帝庙镇管辖。

境内地势平坦，北部略高，南部稍低，平均海拔43.7米。为古黄河决口冲积形成的地貌特征，多为沙质土壤。经济特色是盛产苹果、早熟梨、黄桃等水果。

朱楼镇

朱楼村村民委员会

朱楼村村民委员会（Zhūlóucūn Cūnmínwěiyuánhuì） 在砀山县东南部，属朱楼镇管辖。距砀山县人民政府驻地20.1千米。东与本镇梁寨村毗邻，北与本镇王湾村相连，西与本镇邵庄村接壤，南与河南省永城市交界，面积7.6平方千米。总户数1703户，总人口6323人，民族为汉族。经济来源以种植水果、西瓜及外出务工为主。村委会驻回龙村。

朱氏先人在明朝中期迁入此地，盖七座楼，故而得名。新中国成立前属砀南县周集区。新中国成立初期属砀山县陈寨乡。1953年属江苏省徐州市。1955年划归安徽宿县行署回龙小乡。“文化大革命”时期为四新公社向阳村，后改为梁寨区朱楼大队。1988年改为朱楼镇朱楼村。2007年与回龙、张屯合并为朱楼村。2014年张屯划归邵寨村，此地仍叫朱楼村。

境内地势基本平坦，北部略高，南部稍低，平均海拔41.8米。为古黄河泄洪形成的湖区地貌特征，多为淤质土壤，亦有部分沙质土壤。经济特色是盛产西瓜、黄桃、小麦、玉米等。

邵楼村村民委员会

邵楼村村民委员会（Shàolóucūn Cūnmínwěiyuánhuì） 在砀山县东南部，属朱楼镇管辖。距砀山县人民政府驻地24.1千米。东与程庄镇坡里王屯村毗邻，北与程庄镇赵楼村相连，西与本镇梁寨村接壤，南与河南省永城市交界，面积6.6平方千米。总户数1401户，总人口5670人，民族为汉族。经济来源以种植水果、西瓜及外出务工为主。村委会驻邵楼村。

清末，邵氏家族在此地建楼，由此得名邵楼。新中国成立前属江苏管理。1954年划归安徽砀山。1988年属朱楼镇管理至今。

境内地势平坦，北部略高，南部稍低，平均海拔41.5米。为古黄河决口冲积形成的地貌特征，多为沙质土壤。经济特色是盛产西瓜、黄桃等水果。

陈寨村村民委员会

陈寨村村民委员会（Chénzhàicūn Cūnmínwěiyuánhuì） 在砀山县东南部，属朱楼镇管辖。距砀山县人民政府驻地15.6千米。东与本镇邵庄村毗邻，北与李庄镇贾楼村接壤，西部、南部隔利民河与薛楼工业园利民社区相望，面积7.3平方千米。总户数1437户，总人口5403人，民族为汉族。经济来源以种植水果、西瓜及外出务工为主。村委会驻陈寨村。

明初，陈姓搬迁到此处建寨，得名陈寨。新中国成立前属江苏管理。新中国成立初期隶属安徽砀山。1958年属陈寨公社。1988年属朱楼镇管辖至今。

境内地势平坦，北部略高，南部稍低，平均海拔40.8米。为古黄河泄洪形成的湖区地貌特征，多为淤质土壤。经济特色是盛产西瓜、黄桃、小麦、玉米等。

邵寨村村民委员会

邵寨村村民委员会（Shàozhàicūn Cūnmínwěiyuánhuì） 在砀山县东南部，属朱楼镇管辖。距砀山县人民政府驻地21.2千米。东与本镇朱楼村毗邻，北与本镇邵庄村相连，西与薛楼工业园利民社区接壤，南与河南省永城市交界，面积7.5平方千米。总户数1741户，总人口6829人，民族为汉族。经济来源以种植水果、西瓜及外出务工为主。村委会驻邵寨村。

从前，邵氏人家在狐父城附近建立夹河村。明末，邵氏祖先邵宗元在保定为国殉难，清末被封为忠烈公，后人在此建寨，并为他建祠立牌坊，于是夹河村就演变成邵寨了。新中国成立初期属胡屯新兴区。1952年属陈寨区邵寨乡。1956年属回龙乡。1961年属回龙公社。1986年成立邵寨村委会，属朱楼镇政府管理。

境内地势平坦，北部略高，南部稍低，平均海拔40.3米。为古黄河泄洪形成的湖区地貌特征，多为淤质土壤。经济特色是盛产西瓜、黄桃、小麦、玉米等。

邵庄村村民委员会

邵庄村村民委员会（Shàozhuāngcūn Cūnmínwěiyuánhuì） 在砀山县东南部，属朱楼镇管辖。距砀山县人民政府驻地17.4千米。东与本镇王湾村毗邻，北与李庄镇振兴社区交界，西与本镇陈寨村接壤，南与本镇邵寨村相连，面积9.0平方千米。总户数1865户，总人口6985人，民族为汉族。经济来源以种植水果、西瓜及外出务工为主。村委会驻邵庄村。

从前，邵氏家族在此开设茶馆，占产立庄，故而得名。“文化大革命”期间属三红公社。1980年属陈寨乡。1988年属朱楼镇。2007年，由新庄、黄庄、邵庄三村合并为邵庄村。

境内地势平坦，北部略高，南部稍低，平均海拔41.4米。为古黄河泄洪形成的湖区地貌特征，多为淤质土壤，亦有部分沙质土壤。经济特色是盛产西瓜、黄桃、小麦、玉米等。

王湾村村民委员会

王湾村村民委员会（Wángwāncūn Cūnmínwěiyuánhuì） 在砀山县东南部，属朱楼镇管辖。距砀山县人民政府驻地18.8千米。东与程庄镇赵楼村毗邻，北与程庄镇吴庄村交界，西与本镇邵庄村接壤，南与本镇朱楼村相连，面积7.8平方千米。总户数1815户，总人口6970人，民族为汉族。经济来源以种植水果、西瓜及外出务工为主。村委会驻王湾村。

洪河在此转弯，王姓人氏在此居住，故名王湾。新中国成立前属江苏省。1956年划归安徽砀山县回龙公社。1985年归朱楼镇。2007年设王湾村委会。

境内地势平坦，北部略高，南部稍低，平均海拔42.5米。为古黄河决口冲积形成的地貌特征，多为沙质土壤。经济特色是盛产西瓜、黄桃等水果。

梁寨村村民委员会

梁寨村村民委员会（Liángzhàicūn Cūnmínwěiyuánhuì） 在砀山县东南部，属朱楼镇管辖。距砀山县人民政府驻地22.8千米。东与本镇邵楼村毗邻，北与程庄镇赵楼村相连，西与本镇朱楼村接壤，南与河南省永城市交界，面积7.3平方千米。总户数1825户，总人口6864人，民族为汉族。经济来源以种植水果、西瓜及外出务工为主。村委会驻梁寨村。

从前，梁姓人家在此建寨，故名梁寨。新中国成立初期属赵楼乡。1958年属四新公社。1980年设梁寨小乡。1988年属朱楼镇。

境内地势平坦，北部略高，南部稍低，平均海拔41.8米。为古黄河决口冲积形成的地貌特征，多为沙质土壤。经济特色是盛产西瓜、黄桃等水果。

程庄镇

柴市村村民委员会

柴市村村民委员会（Cháishìcūn Cūnmínwěiyuánhuì） 在砀山县东南部，属程庄镇管辖。距砀山县人民政府驻地24.06千米。东与本镇衡楼村毗邻，北与本镇程庄村交界，西与本镇赵楼村接壤，南与本镇龙泉寺村相连，面积8.9平方千米。总户数1719户，总人口6801人，民族为汉族。经济来源以种植瓜果、外出务工为主。村委会驻柴市村。

明代，此庄设有烧柴市场，因而得名柴市。新中国成立初期属赵楼乡。1958年属衡楼公社。1961年属赵楼公社。1980年属梁寨区双楼乡。1988年属赵楼乡。2007年属程庄镇管理至今。

境内地势平坦，北部略高，南部稍低，平均海拔42.5米。为古黄河决口冲积形成的地貌特征，多为沙质土壤。经济特色是盛产西瓜、黄桃等水果。

该村为安徽省新农村示范村。

程庄村村民委员会

程庄村村民委员会（Chéngzhuāngcūn Cūnmínwěiyuánhuì） 在砀山县东南部，属程庄镇管辖。距砀山县人民政府驻地23.4千米。东与本镇周集村毗邻，北与唐寨镇家和村交界，西与本镇赵楼村接壤，南与本镇柴市村相连，面积6.1平方千米。总户数1465户，总人口5370人，民族为汉族。经济来源以种植瓜果、外出务工为主。村委会驻程庄村。

清朝时期，张姓、程姓在此建庄，名张程庄，后改为程庄。新中国成立初期归赵楼人民公社管理。1984年划为梁寨区。2006年属程庄镇政府管理至今。

境内地势平坦，北部略高，南部稍低，平均海拔42.6米。为古黄河决口冲积形成的地貌特征，多为沙质土壤。经济特色是盛产西瓜、黄桃等水果。

冯庄村村民委员会

冯庄村村民委员会（Féngzhuāngcūn Cūnmínwěiyuánhuì） 在砀山县东南部，属程庄镇管辖。距砀山县人民政府驻地19.1千米。东部、北部与唐寨镇家和村交界，西部与本镇闸口王集村接壤，南部与本镇吴庄村相连，面积6.3平方千米。总户数1498户，总人口5210人，民族为汉族。经济来源以种植瓜果、银杏树及外出务工为主。村委会驻胡寨新村。

以前，冯姓人家在此立庄，故名冯庄。新中国成立初期隶属赵楼区管辖。1958年属唐寨人民公社管理。1961年属赵楼公社。1984年先后属梁寨区程庄乡、刁楼乡。2007年属程庄镇政府管理至今。

境内地势平坦，北部略高，南部稍低，平均海拔42.7米。为古黄河决口冲积形成的地貌特征，多为沙质土壤。经济特色是盛产西瓜、黄桃等水果和银杏树。

衡楼村村民委员会

衡楼村村民委员会（Hénglóucūn Cūnmínwěiyuánhuì） 在砀山县东南部，属程庄镇管辖。距砀山县人民政府驻地25.1千米。东与萧县毗邻，北与本镇周集村交界，西与本镇柴市村接壤，南与本镇龙泉寺村相连，面积6.5平方千米。总户数1302户，总人口5068人，民族为汉族。经济来源以种植瓜果、外出务工为主。村委会驻袁庄村。

从前，衡氏家族在此地经营产业，种地、建楼，因此得名衡楼。新中国成立初期属沙河大队。1956年为衡楼大队。2007年属程庄镇衡楼村委会。

境内地势平坦，北部略高，南部稍低，平均海拔42.3米。为古黄河决口冲积形成的地貌特征，多为沙质土壤。经济特色是盛产砀山酥梨、西瓜、黄桃等水果。

龙泉寺村村民委员会

龙泉寺村村民委员会（Lóngquánsìcūn Cūnmínwěiyuánhuì） 在砀山县东南部，属程庄镇管辖。距砀山县人民政府驻地26.4千米。东南部与萧县毗邻，东北部与本镇张暗李楼接壤，西北部与本镇衡楼村交界，西南部隔东洪河与本镇坡里王屯村相望，面积6.2平方千米。总户数1105户，总人口4230人，民族为汉族。经济来源以种植瓜果、外出务工为主。村委会驻龙泉寺村。

因此地有一座唐代建立的龙泉寺庙而得名。新中国成立初期到1959年属唐寨公社。1960年属赵楼乡。1972年属梁寨区王屯乡。1988年属程庄乡。1995年属程庄镇。2007年，由原郑楼村与魏庄村合并为龙泉寺村。

境内地势平坦，北部略高，南部稍低，平均海拔41.6米。为古黄河决口冲积形成的地貌特征，多为沙质土壤。经济特色是盛产砀山酥梨、西瓜、黄桃等水果。

坡里王屯村村民委员会

坡里王屯村村民委员会（Pōlǐwángtún-cūn Cūnmínwěiyuánhuì） 在砀山县东南部，属程庄镇管辖。距砀山县人民政府驻地26.2千米。东北部与本镇龙泉寺村毗邻，北部与本镇衡楼村相连，西与朱楼镇邵楼村接壤，南与河南省永城市交界，面积7.0平方千米。总户数481户，总人口1680人，民族为汉族。经济来源以种植瓜果、外出务工为主。村委会驻坡里村。

明代，从邵楼至东洪河算起，一个大漫洼约有八里路长，称八里坡，时间长了，简化为坡里；另因姓王的业大人多，是军垦屯户，故名坡里王屯。1956年属唐寨人民公社。1961年属赵楼乡。1988年属程庄镇。

境内地势平坦，北部略高，南部稍低，平均海拔41.3米。为古黄河决口冲积形成的地貌特征，多为沙质土壤。经济特色是盛产西瓜、大棚吊瓜、黄桃等水果。

王明集村村民委员会

王明集村村民委员会（Wángmíngjícūn Cūnmínwěiyuánhuì） 在砀山县东南部，属程庄镇管辖。距砀山县人民政府驻地26.5千米。东与萧县毗邻，北与唐寨镇隔文家河相望，西与本镇周集村接壤，南与本镇衡楼村相连，面积7.1平方千米。总户数1101户，总人口4774人，民族为汉族。经济来源以种植瓜果、外出务工为主。村委会驻王明集村。

抗日战争期间，王氏家族在此地奋力抗日，以王次青为首，由此得名王明集。新中国成立初期，归赵楼乡管理。1996年属程庄镇。2007年更名为王明集村委会，属程庄镇政府管理至今。

境内地势平坦，北部略高，南部稍低，平均海拔42.2米。为古黄河决口冲积形成的地貌特征，多为沙质土壤。经济特色是盛产西瓜、酥梨、黄桃等水果。

吴庄村村民委员会

吴庄村村民委员会（Wúzhuāngcūn Cūnmínwěiyuánhuì） 在砀山县东南部，属程庄镇管辖。距砀山县人民政府驻地18.63千米。东北部与本镇冯庄村毗邻，西北部与本镇闸口王集村交界，西与李庄镇振兴社区接壤，南与朱楼镇王湾村相连，面积6.0平方千米。总户数1128户，总人口4404人，民族为汉族。经济来源以种植瓜果、银杏树及外出务工为主。村委会驻吴庄村。

以前，吴姓在此立庄，故名吴庄。1960年前属王集大队。1960年后分为团结大队与前进大队。1980年属刁楼乡。1988年又改为吴庄大队与房庄大队，属程庄乡。2007年合为吴庄村，属程庄镇管理。

境内地势平坦，北部略高，南部稍低，平均海拔42.7米。为古黄河决口冲积形成的地貌特征，多为沙质土壤。经济特色是盛产西瓜、黄桃等水果和银杏树。

闸口王集村村民委员会

闸口王集村村民委员会（Zhákǒuwángjícūn Cūnmínwěiyuánhuì） 在砀山县东南部，属程庄镇管辖。距砀山县人民政府驻地17.2千米。东与本镇冯庄村毗邻，北与唐寨镇家和村交界，西隔东洪河与李庄镇振兴社区相望，南与本镇吴庄村接壤，面积6.1平方千米。总户数1380户，总人口5375人，民族为汉族。经济来源以种植瓜果、黄花菜及外出务工为主。村委会驻毛程铺。

清朝，此地建黄河分水的闸口，而王氏家族在此开设饭店、酒馆，市场贸易兴隆，故得名闸口王集。新中国成立初期属赵楼乡。“文化大革命”期间改为向阳公社。1990年更名为王集大队。2005年更改为闸口王集村委会。

境内地势平坦，北部略高，南部稍低，平均海拔42.8米。为古黄河决口冲积形成的地貌特征，多为沙质土壤。经济特色是盛产西瓜、香瓜、黄桃等水果和黄花菜。

张暗李楼村村民委员会

张暗李楼村村民委员会（Zhāng’ànlǐlóucūn Cūnmínwěiyuánhuì） 在砀山县东南部，属程庄镇管辖。距砀山县人民政府驻地27.5千米。东与萧县毗邻，西北与本镇衡楼村接壤，西南与本镇龙泉寺村相连，面积8.4平方千米。总户数1582户，总人口5875人，民族为汉族。经济来源以种植瓜果、外出务工为主。村委会驻许庄村。

村东边是李楼，西边是张暗楼，由此得名张暗李楼村。新中国成立初期属赵楼区东方红大队。1987年属程庄镇。1992年成立张暗楼村。2000年更名为张暗李楼村民委员会，属程庄镇管辖。

境内地势平坦，北部略高，南部稍低，平均海拔41.8米。为古黄河决口冲积形成的地貌特征，多为沙质土壤。经济特色是盛产砀山酥梨、西瓜、黄桃等水果。

赵楼村村民委员会

赵楼村村民委员会（Zhàolóucūn Cūnmínwěiyuánhuì） 在砀山县东南部，属程庄镇管辖。距砀山县人民政府驻地21.2千米。东部与本镇柴市村毗邻，东北部与本镇程庄村交界，西北部与本镇吴庄村接壤，南隔东洪河与朱楼镇梁寨村相望，面积6.9平方千米。总户数1380户，总人口5065人，民族为汉族。经济来源以种植瓜果、外出务工为主。村委会驻赵楼村。

新中国成立前因村中赵姓有楼房，故以赵楼作为庄名。新中国成立初期，成立赵楼人民公社。1979年分小乡，赵楼属双楼乡管理。1985年合并为程庄镇赵楼村委会。

境内地势平坦，北部略高，南部稍低，平均海拔42.1米。为古黄河决口冲积形成的地貌特征，多为沙质土壤。经济特色是盛产西瓜、酥梨、黄桃等水果。

周集村村民委员会

周集村村民委员会（Zhōujícūn Cūnmínwěiyuánhuì） 在砀山县东南部，属程庄镇管辖。距砀山县人民政府驻地 24.5 千米。东与本镇王明集村毗邻，北与唐寨镇家和村交界，西与本镇程庄村相连，南与本镇衡楼村接壤，面积 5.6 平方千米。总户数 1287 户，总人口 4896 人，民族为汉族。经济来源以种植瓜果、外出务工为主。村委会驻周集村。

新中国成立前周氏家族迁居此地，设为集市，由此得名周集。新中国成立初期归周集区，后划属赵楼人民公社。1980 年属梁寨区衡楼乡。1988 年属赵楼乡。2005 年属程庄镇至今。

境内地势平坦，北部略高，南部稍低，平均海拔 42.3 米。为古黄河决口冲积形成的地貌特征，多为沙质土壤。经济特色是盛产西瓜、酥梨、黄桃等水果。

第四章　居民点

砀城镇

高二区

高二区（Gāo’ èr Qū）　在砀山县中部，隶属砀城镇高台井社区。其管辖范围东至芒砀路，南至南河西路，西至西河南路，北至民主西街。距砀山县人民政府驻地3.5千米。占地面积0.24平方千米。总户数341户，总人口1126人。民族有汉族、回族。

砀城的西南部有一高台井，故取为社区名；社区划片，分为三个小区，其区居二，故名。新中国成立初期归城关镇西南点管理。1985年属城关镇高台井居民委员会。2005年属砀城镇人民政府管理至今。

高三区

高三区（Gāosān Qū）　在砀山县中部，隶属砀城镇高台井社区。其管辖范围东至芒砀南路，南至西南二环路，西至健康路，北至南河西路。距砀山县人民政府驻地3.8千米。占地面积0.26平方千米。总户数351户，总人口1053人。民族有汉族、回族。

砀城的西南部有一高台井，故取为社区名；社区划片，分为三个小区，其区居三，故名。新中国成立初期归城关镇西南点管理。1985年属城关镇高台井居民委员会。2005年属砀城镇人民政府管理至今。

高一区

高一区（Gāoyī Qū）　在砀山县中部，隶属砀城镇高台井社区。其管辖范围东至芒砀路，南至民主西街，西至育新南街，北至人民路。距砀山县人民政府驻地3.4千米。占地面积0.22平方千米。总户数418户，总人口1260人。民族有汉族、回族。

砀城的西南部有一高台井，故取为社区名；社区划片，分为三个小区，其区居一，故名。新中国成立初期归城关镇西南点管理。1985年属城关镇高台井居民委员会。2005年属砀城镇人民政府管理至今。

石三区

石三区（Shísān Qū）　在砀山县中部，隶属砀城镇小石桥社区。其管辖范围东至闸门桥，南至东南二环路，西至东河南路，北至人民路。距砀山县人民政府驻地3.2千米。占地面积0.16平方千米。总户数332户，总人口1106人。民族有汉族、回族。

从前砀城的南关有一座小石桥，故取为社区名；社区划片，分为三个小区，其区居三，故名。新中国成立初期归城关镇东南点管理。1985年属城关镇小石桥居民委员会。2005年属砀城镇人民政府管理至今。

石二区

石二区（Shí' èr Qū） 在砀山县中部，隶属砀城镇小石桥社区。其管辖范围东至东河南路，南至南河东路，西至生产街，北至人民路。距砀山县人民政府驻地3.3千米。占地面积0.32平方千米。537户，1598人。民族有汉族、回族。

从前砀城的南关有一座小石桥，故取为社区名；社区划片，分为三个小区，其区居二，故名。新中国成立初期归城关镇东南点管理。1985年属城关镇小石桥居民委员会。2005年属砀城镇人民政府管理至今。

石一区

石一区（Shíyī Qū） 在砀山县中部，隶属砀城镇小石桥社区。其管辖范围东至生产街，南至南河东路，西至芒砀路，北至人民路。距砀山县人民政府驻地3.4千米。占地面积0.21平方千米。323户，1058人。民族有汉族、回族。

从前砀城的南关有一座小石桥，故取为社区名；社区划片，分为三个小区，其区居一，故名。新中国成立初期归城关镇东南点管理。1985年属城关镇小石桥居民委员会。2005年属砀城镇人民政府管理至今。

合欢村

合欢村（Héhuān Cūn） 在砀山县中部，属砀城镇北城社区居民委员会管理。东至芒砀北路，南至环城河，西至自卫村，北至西北内环路。距砀山县人民政府驻地2.9千米。占地面积0.13平方千米。284户，920人。民族有汉族、回族。

20世纪90年代在此拍摄电影《故乡的合欢树》，故而得名。新中国成立初期归城关镇西北点管理。1985年属城关镇北关居民委员会。2005年属砀城镇北城社区管理至今。

桂花小镇

桂花小镇（Guìhuā Xiǎozhèn） 在砀山县中部，属砀城镇北城社区居民委员会管理。东至金利大道，南至上海花苑，西至桃花路，北至砀城路。距砀山县人民政府驻地2.6千米。占地面积1.2平方千米。1106户，4363人。民族有汉族、回族。

桂花小镇始建于2013年，因境内多植桂花而得名。1956年属砀北乡。1958年属中心乡。1965年属城郊公社。1981年属陇海区李屯小乡。1988年属陇海乡。2005年属砀城镇北城社区。

自卫新村

自卫新村（Zìwèi Xīncūn） 在砀山县中部，属砀城镇北城社区居民委员会管理。东至西北内环路，南至人民西路，西至屈楼村，北至利民路。距砀山县人民政府驻地4.1千米。占地面积1.02平方千米。368户，1365人。民族有汉族、回族。

由自卫老村搬迁户组成而得名。自卫新村始建于1984年，建成于1992年。1956年属砀北乡。1958年属中心乡。1965年属城郊公社。1981年属陇海区李屯小乡。1988年属陇海乡。2005年属砀城镇北城社区。

芳草新村

芳草新村（Fāngcǎo Xīncūn） 在砀山县中部，属砀城镇北城社区居民委员会管理。东至原砀丰路，南至利民路，西至上海花苑，北至砀城路。距砀山县人民政府驻地2.4千米。占地面积0.26平方千米。420户，1420人。民族有汉族、回族。

名称来源于境内多草坪。芳草新村始建于1994年，建成于1999年。1956年属砀北乡。1958年属中心乡。1965年属城郊公社。1981年属陇海区侯楼小乡。1988年属陇海乡。2005年属砀城镇北城社区。

意一小区

意一小区（Yìyī Xiǎoqū） 在砀山县中部，属砀城镇车站社区管辖。其范围东至张河洼，南至310国道，西至中原路，北至振兴西路。距砀山县人民政府驻地4.9千米。占地面积0.22平方千米。330户，1109人。民族有汉族、回族。

原为意发社区的第一个小区，所以叫意一小区，现划为车站社区。2003年成立社区时属意发社区。1988年属城关镇车站居委会。2015年合并到砀城镇车站社区至今。

意发二区

意发二区（Yìfā Èrqū） 在砀山县中部，属砀城镇车站社区管辖。其范围东至红梅路，南至振兴西路，西至中原路，北至陈庄沟。距砀山县人民政府驻地4.7千米。占地面积0.25平方千米。550户，1859人。民族有汉族、回族。

原为意发社区的第二个小区，所以叫意发二区，现划为车站社区。2003年成立社区时属意发社区。1988年属城关镇西关居委会。2015年7月合并到车站社区，属砀城镇。

车站四区

车站四区（Chēzhàn Sìqū） 在砀山县中部，属砀城镇车站社区管辖。其范围东至健康路，南至310国道，西至红山路，北至建材一条街。距砀山县人民政府驻地4.6千米。占地面积0.2平方千米。382户，1380人。民族有汉族、回族。

社区按片区划分为第四个小区，故而得名车站四区。1988年属城关镇西关居委会。2003年成立车站社区，属砀城镇。

车站二区

车站二区（Chēzhàn Èrqū） 在砀山县中部，属砀城镇车站社区管辖。其范围东至地下道，南至陇海铁路，西至火车站，北至310国道。距砀山县人民政府驻地4.9千米。占地面积0.23平方千米。502户，1512人。民族有汉族、回族。

因社区按片区划分为第二个小区，故而得名车站二区。1988年属城关镇车站居委会。2003年成立车站社区，属砀城镇。

南城六区

南城六区（Nánchéng Liùqū） 在砀山县中部，属砀城镇南城民族社区居民委员会管理。东至芒砀南路南段西侧，南至陇海铁路线北侧，西至县供销社宿舍，北至310国道南侧。距砀山县人民政府驻地4.3千米。占地面积0.15平方千米。439户，1495人。民族有汉族、回族。

因位于方城南，系少数民族（回族）聚居区，由此得名南城民族社区六区。新中国成立初期归砀山县城关公社管理。1985年成立南关居民委员会。2003年更名为南城社区居民委员会。2005年更名为南城民族社区居民委员会，属砀城镇管理。

南城五区

南城五区（Nánchéng Wǔqū） 在砀山县中部，属砀城镇南城民族社区居民委员会管理。东至开发区科技社区西侧，南至陇海铁路线北侧，西至芒砀南路南段东侧，北至310国道南侧。距砀山县人民政府驻地4.1千米。占地面积0.19平方千米。687户，2387人。民族有汉族、回族。

因位于方城南，系少数民族（回族）聚居区 ，由此得名南城民族社区五区。新中国成立初期归砀山县城关公社管理。1985 年成立南关居民委员会。2003 年更名为南城社区居民委员会。2005 年更名为南城民族社区居民委员会，属砀城镇管理。

南城四区

南城四区（Nánchéng Sìqū） 在砀山县中部，属砀城镇南城民族社区居民委员会管理。东至芒砀南路西侧，南至 310 国道北侧，西至供电公司宿舍，北至西南内环路。距砀山县人民政府驻地 4.03 千米。占地面积 0.16 平方千米。320 户，1017 人。

位于方城南，系少数民族（回族）聚居区，由此得名南城民族社区四区。新中国成立初期归砀山县城关公社管理。1985 年成立南关居民委员会。2003 年更名为南城社区居民委员会。2005 年更名为南城民族社区居民委员会，属砀城镇管理。

南城三区

南城三区（Nánchéng Sānqū） 在砀山县中部，属砀城镇南城民族社区居民委员会管理。东至化肥厂宿舍，南至 310 国道北侧，西至芒砀南路西侧，北至东南内环路。距砀山县人民政府驻地 3.8 千米。占地面积 0.17 平方千米。327 户，1024 人。

因位于方城东南，系少数民族（回族）聚居区，由此得名南城民族社区三区。新中国成立初期归砀山县城关公社管理。1985 年成立南关居民委员会。2003 年更名为南城社区居民委员会。2005 年更名为南城民族社区居民委员会，属砀城镇管理。

南城二区

南城二区（Nánchéng Èrqū） 在砀山县中部，属砀城镇南城民族社区居民委员会管理。东至供电公司宿舍西侧，南至 310 国道北侧，西至健康路，北至西南内环路。距砀山县人民政府驻地 4.4 千米。占地面积 0.12 平方千米。310 户，1101 人。

因位于方城南，系少数民族（回族）聚居区，由此得名南城民族社区二区。新中国成立初期归砀山县城关公社管理。1985 年成立南关居民委员会。2003 年更名为南城社区居民委员会。2005 年更名为南城民族社区居民委员会，属砀城镇管理。

南城一区

南城一区（Nánchéng Yīqū） 在砀山县中部，属砀城镇南城民族社区居民委员会管理。东至芒砀南路西侧，南至 310 国道北侧，西至供电公司宿舍，北至西南内环路。距砀山县人民政府驻地 4.1 千米。占地面积 0.13 平方千米。287 户，997 人。

因位于方城南，系少数民族（回族）聚居区，由此得名南城民族社区一区。新中国成立初期归砀山县城关公社管理。1985 年成立南关居民委员会。2003 年更名为南城社区居民委员会。2005 年更名为南城民族社区居民委员会，属砀城镇管理。

紫都双兴中央城

紫都双兴中央城（Zǐdūshuāngxīng Zhōngyāngchéng）在砀山县中部，属砀城镇城隍庙居民委员会管理。东至治安东街，南至步行街，西至芒砀北路，北至二轻局。距砀山县人民政府驻地 3.1 千米。占地面积 0.09 平方千米。204 户，642 人。民族有汉族、回族。

因坐落在砀山县城中央，故而得名紫都双兴中央城，取吉祥之意。紫都双兴中央城始建于 2012 年，建成于 2014 年，名字沿用至今。

在水一方小区

在水一方小区（Zàishuǐyīfāng Xiǎoqū）在砀山县中部，属砀城镇城隍庙居民委员会管理。东至劳动街，南至人民东路，西至水务局，北至步行街。距砀山县人民政府驻地3.2千米。占地面积0.08平方千米。156户，510人。民族有汉族、回族。

因紧靠环城河，故而得名在水一方。在水一方小区始建于2005年，建成于2007年，名字沿用至今。

丽苑小区

丽苑小区（Lìyuàn Xiǎoqū）在砀山县中部，属砀城镇城隍庙居民委员会管理。东至育新北街，南至人民西路，西至西河北路，北至治安西路。距砀山县人民政府驻地3.5千米。占地面积0.09平方千米。128户，428人。民族有汉族、回族。

开发商起名丽苑小区，取意于美丽的花苑。丽苑小区始建于2009年，建成于2010年，名字沿用至今。

梨苑二小区

梨苑二小区（Líyuàn' èr Xiǎoqū）在砀山县中部，属砀城镇城隍庙社区居民委员会管理。东至劳动街，南至人民东路，西至芒砀北路，北至治安东路。距砀山县人民政府驻地3.2千米。占地面积0.11平方千米。512户，1798人。民族有汉族、回族。

因砀山是梨乡，根据划分范围起名为城隍庙梨苑二小区。梨苑二小区始建于2003年，2003年成立社区，名字沿用至今。

梨苑一小区

梨苑一小区（Líyuànyī Xiǎoqū）在砀山县中部，属砀城镇城隍庙社区居民委员会管理。东至闸门桥，南至老县委北院，西至劳动街，北至北河东路。距砀山县人民政府驻地3.1千米。占地面积0.16平方千米。466户，1580人。民族有汉族、回族。

因砀山是梨乡，根据划分范围起名为城隍庙梨苑一小区。梨苑一小区始建于2003年，名字沿用至今。

城四小区

城四小区（Chéngsì Xiǎoqū）在砀山县中部，属砀城镇城隍庙社区居民委员会管理。东至官砀路，南至人民西路，西至中原路，北至屈楼村路。距砀山县人民政府驻地4.6千米。占地面积0.08平方千米。380户，1265人。民族有汉族、回族。

从前此地有城隍庙，故根据划分范围起名为城隍庙城四小区。城四小区始建于2003年，名字沿用至今。

城三小区

城三小区（Chéngsān Xiǎoqū）在砀山县中部，属砀城镇城隍庙社区居民委员会管理。东至西北二环路，南至人民西路，西至官砀路，北至屈楼。距砀山县人民政府驻地4.2千米。占地面积0.09平方千米。336户，1120人。民族有汉族、回族。

从前附近有城隍庙，故根据划分范围起名为城隍庙城三小区。城三小区始建于2003年，名字沿用至今。

城二小区

城二小区（Chéng' èr Xiǎoqū）在砀山县中部，属砀城镇城隍庙社区居民委员会管理。东至体育巷，南至人民西路，西至西北二环路，北至治安西路。距砀山县人民政府驻地3.4千米。占地面积0.13平方千米。486户，1656人。民族有汉族、回族。

从前附近有城隍庙，故根据划分范围起名为城隍庙城二小区。城二小区始建于2003年，名字沿用至今。

城一小区

城一小区（Chéngyī Xiǎoqū） 在砀山县中部，属砀城镇城隍庙社区居民委员会管理。东至芒砀北路，南至治安西路，西至西河北路，北至北河西路。距砀山县人民政府驻地3.3千米。占地面积0.11平方千米。426户，1430人。民族有汉族、回族。

从前此地有城隍庙，故根据划分范围起名为城隍庙城一小区。城一小区始建于2003年，名字沿用至今。

西城三区

西城三区（Xīchéng Sānqū） 在砀山县中部，属砀城镇西城社区居民委员会管理。东至健康路，南至车站社区，西至红山路，北至西城社区门前路。距砀山县人民政府驻地4.5千米。占地面积0.12平方千米。381户，1150人。民族有汉族、回族。

因社区所在地为原老西关而得名。1950年属新市镇管理。1952年归城关社管理。1958年属东方红人民公社。1963年属城关镇。2003年更名为砀城镇，沿用至今。

西城二区

西城二区（Xīchéng Èrqū） 在砀山县中部，属砀城镇西城社区居民委员会管理。东至红山路，南至310国道，西至铁道中学，北至振兴路。距砀山县人民政府驻地4.8千米。占地面积0.13平方千米。520户，1780人。民族有汉族、回族。

因社区所在地为原老西关而得名。1952年归城关社管理。1958年属东方红人民公社。1963年属城关镇管理。2003年属砀城镇，沿用至今。

西城一区

西城一区（Xīchéng Yīqū） 在砀山县中部，属砀城镇西城社区居民委员会管理。东至南城社区，南至陇海铁路，西至健康路，北至西南内环路。距砀山县人民政府驻地4.6千米。占地面积0.21平方千米。491户，1750人。民族有汉族、回族。

因社区所在地为原老西关而得名。1952年归城关社管理。1958年属东方红人民公社。1963年属城关镇管理。2003年属砀城镇，沿用至今。

金利桂花

金利桂花（Jīnlì Guìhuā） 在砀山县中部，属砀城镇金桂苑社区居民委员会管理。东至金利大道，南至金利工业园，西至桃花路，北至砀城路。距砀山县人民政府驻地2.6千米。建筑面积12万平方米。860户，3003人。民族有汉族、回族。

小区坐落在金利工业园，小区内种满了桂花树，故得此名。金利桂花始建于2012年，建成于2015年。

上海花苑

上海花苑（Shànghǎi Huāyuàn） 在砀山县中部，属砀城镇金桂苑社区居民委员会管理。东至金利大道，南至利民路，西至桃花路，北至梨花路。距砀山县人民政府驻地2.82千米。占地面积0.14平方千米。1702户，6503人。民族有汉族、回族。

由于房地产开发商来自上海，小区内又种植很多花草，故名上海花苑。上海花苑始建于2012年，建成于2015年。

侯楼安置小区

侯楼安置小区（Hóulóu'ānzhì Xiǎoqū）在砀山县中部，属砀城镇侯楼社区下辖的一个新型住宅小区。东至宴嬉路，西至科技路，南至砀城一小，北至砀郡路。距砀山县人民政府驻地1.8千米。占地面积0.1平方千米。893户，3382人。居民多为汉族。

2010年春，县政府为推动城市建设，选址建造侯楼安置小区。2010年招标筹建，建成标准化楼房30栋。

御都星城

御都星城（Yùdū Xīngchéng） 在砀山县中部，属砀城镇东城居民委员会管理。东至晨光路，南至人民东路，西至帝景水岸，北至砀郡路。距砀山县人民政府驻地2.6千米。占地面积0.33平方千米。3830户，13758人。民族有汉族、回族。

因砀山出生过五代梁太祖朱温皇帝，故名御都星城，系砀城大建设第一批开发的小区。始建于2007年初，摇光星居、开阳星居、玉衡星居、天枢星居到2015年相继建成。

惠泽园

惠泽园（Huìzé Yuán） 在砀山县中部，属砀城镇东城居民委员会管理。东至旭日路，南至利民河，西至五中宿舍，北至五中路。距砀山县人民政府驻地3.6千米。占地面积0.09平方千米。890户，3252人。民族有汉族、回族。

2011年第一批建设开发的小区，由江苏华润地产开发有限公司开发，2015年相继建成。

东方不夜城

东方不夜城（Dōngfāng Búyèchéng） 在砀山县中部，属砀城镇东城居民委员会管理。东至电视台，西至东升路，南至利民河，北至人民东路。距砀山县人民政府驻地3.2千米。占地面积0.12平方千米。1236户，4158人。民族有汉族、回族。

系砀城大建设开始时建成的商业区和住宿楼，因通宵灯火璀璨、生意兴隆而得名。始建于2008年，2016年相继建成。

果洲社区

果洲社区（Guǒzhōu Shèqū） 在砀山县北部，属砀山果园场居民委员会管辖。距砀山县人民政府驻地12.16千米。占地面积6.3平方千米。1330户，4020人，民族为汉族、回族、壮族。

该果园场生产的砀山酥梨闻名遐迩，且酥梨种植面积很大，环境优美，被誉为“果海绿洲”“故道明珠”，故社区取此名。

翡翠花园小区

翡翠花园小区（Fěicuìhuāyuán Xiǎoqū） 在砀山县北部，属砀山果园场居民委员会管辖。距砀山县人民政府驻地10.6千米。占地面积2.18平方千米。61户，198人，民族多为汉族。

果园场统一规划，合并13、14、15、16队居民点，新建小区，供果园场四分场职工居住，且此地都是果树，满目绿意盎然，故得名翡翠花园小区。

一队

一队（Yīduì） 在砀山县北部，属砀山果园场居民委员会管辖。距砀山县人民政府驻地13.6千米。占地面积1.66平方千米。39户，155人，民族多为汉族。经济来源以种植业、外出务工为主。

按砀山县果园场统一规划，此地为一队职工居民点，故称砀山县果园场一队。一队居民点始建于1955年，建成于1956年7月，延续至今。

二队

二队（Èrduì） 在砀山县北部，属砀山果园场居民委员会管辖。距砀山县人民政府驻地14.8千米。占地面积1.53平方千米。45户，165人，民族多为汉族。经济来源以种植业、外出务工为主。

按砀山县果园场统一规划，此地为二队职工居民点，故称砀山县果园场二队。二队居民点始建于 1955 年，建成于 1956 年 7 月，延续至今。

三队

三队（Sānduì）在砀山县北部，属砀山果园场居民委员会管辖。距砀山县人民政府驻地 16.6 千米。占地面积 2.03 平方千米。55 户，170 人，民族多为汉族。经济来源以种植业、外出务工为主。

按砀山县果园场统一规划，此地为三队职工居民点，故称砀山县果园场三队。三队居民点始建于 1955 年，建成于 1956 年 7 月，延续至今。

西园小区

西园小区（Xīyuán Xiǎoqū） 在砀山县北部，属砀山果园场居民委员会管辖。距砀山县人民政府驻地 13.6 千米。占地面积 5.13 平方千米。198 户，809 人，民族多为汉族。

因果园场统一规划合并五、六、七、八队居民点，新建西园小区供果园场二分场职工居住，且位于果园场西部，故得名西园小区。西园小区始建于 2008 年，建成于 2011 年。

砀园社区

砀园社区（Dàngyuán Shèqū） 在砀山县东北部，属砀山园艺场居民委员会管辖。距砀山县人民政府驻地 12.6 千米。占地面积 4.1 平方千米。831 户，3186 人，民族多为汉族。经济来源以种植业、外出务工为主。

该社区涵盖园艺场一、二分场全体居民。砀园社区始建于 2010 年，建成于 2012 年。

故黄小区

故黄小区（Gùhuáng Xiǎoqū） 在砀山县东北部，属砀山园艺场居民委员会管辖。距砀山县人民政府驻地 13.1 千米。占地面积 3.08 平方千米。288 户，1080 人，民族多为汉族。经济来源以种植业、外出务工为主。

该小区涵盖场部机关东西区各果属单位。濒临故黄河，故名故黄小区。故黄小区始建于 2010 年，建成于 2012 年。

花海小区

花海小区（Huāhǎi Xiǎoqū） 在砀山县东北部，属砀山园艺场居民委员会管辖。距砀山县人民政府驻地 14.6 千米。占地面积 3.1 平方千米。278 户，860 人，民族多为汉族。经济来源以种植业、外出务工为主。

因砀山酥梨在清明节前后花开似海，故取名花海小区。花海小区始建于 2010 年，建成于 2012 年。

百果小区

百果小区（Bǎiguǒ Xiǎoqū） 在砀山县东北部，属砀山园艺场居民委员会管辖。距砀山县人民政府驻地 13.6 千米。占地面积 3.16 平方千米。286 户，890 人，民族多为汉族。

因种植砀山梨、油桃、苹果等多种水果，故取名百果小区。百果小区始建于 2010 年，建成于 2012 年。

兴园小区

兴园小区（Xīngyuán Xiǎoqū） 在砀山县东北部，属砀山园艺场居民委员会管辖。距砀山县人民政府驻地 12.1 千米。占地面积 3.23 平方千米。340 户，1051 人，民族多为汉族。经济来源以种植业、外出务工为主。

祝愿园艺场兴旺发达，是砀山园艺场居民的共同心愿，故取名兴园小区。兴园小区始建于2010年，建成于2012年。

徐井

徐井（Xújǐng） 在砀山县中部，属砀城镇徐井村民委员会下辖的居民点。东至于庄，南至曹阁，西至汪庄，北至常庄。距砀山县人民政府驻地6.1千米。占地面积0.83平方千米。270户，1017人，民族多为汉族。经济来源以水果种植、苗圃培育为主。

徐井初期叫蒋家村，村中央有一口井，在一次黄河泛滥期间被淹没，后来组织再次打井，无意间打到旧井址上，人们觉得这个村庄和“井”有拆不开的缘分，加上姓徐的人较多，故改名为徐井村。新中国成立初期隶属中心乡。1965年属陇海公社。1980年属朱寨区徐井乡。1988年撤区并乡，成立西南门镇徐井村。2007年村级合并乡镇，隶属砀城镇。

汪庄

汪庄（Wāngzhuāng） 在砀山县中部，属砀城镇徐井村民委员会下辖的居民点。地处徐井村西部，东至徐井，南至顺堤河，西至刘堤口，北至刘楼。距砀山县人民政府驻地4.37千米。占地面积0.3平方千米。101户，356人，民族多为汉族。经济来源以水果种植为主。

本村居住人口大部分姓汪，故取名汪庄。新中国成立初期隶属王古楼中心乡。1965年属陇海公社刘楼大队。1981年属朱寨区徐井乡。1988年撤区并乡，属西南门镇刘楼村。2007年村级合并乡镇，隶属砀城镇。

刘楼

刘楼（Liúlóu） 在砀山县中部，属砀城镇徐井村民委员会下辖的居民点。地处徐井村西部，东至徐井自然村，南至汪庄，西至刘堤口，北至王古楼。距砀山县人民政府驻地4.73千米。占地面积0.43平方千米。143户，550人，民族多为汉族。经济来源以种植苹果、桃等水果为主。

从前，本村大户刘姓人家建一座楼，故名刘楼。新中国成立初期隶属王古楼中心乡。1965年属陇海公社。1981年属朱寨区徐井乡。1988年属西南门镇。2007年村级合并乡镇，隶属砀城镇。

刘堤口

刘堤口（Liúdīkǒu） 在砀山县中部，属砀城镇徐井村民委员会下辖的居民点。地处徐井村西部，东至刘楼，南至顺堤河大堤，西至侯楼开发区，北至王古楼社区曹庙自然村。距砀山县人民政府驻地4.21千米。占地面积0.28平方千米。106户，385人，民族多为汉族。

因村口临古黄大堤，有道口通过，村上姓刘的人家较多，故名刘堤口。新中国成立初期隶属王古楼中心乡。1965年属陇海公社刘楼大队。1981年属朱寨区徐井乡。1988年撤区并乡，属西南门镇。2007年村级合并乡镇，隶属砀城镇。

黑古墩

黑古墩（Hēigǔdūn） 在砀山县中部，属砀城镇徐井村民委员会下辖的居民点。地处徐井村南部，东南至曹官庄，南至经济开发区许楼，西北至曹阁，东北至曹庄。距砀山县人民政府驻地5.8千米。占地面积0.55平方千米。128户，426人，民族多为汉族。

传说，从前有一姓张的和一姓赵的两人在一大户家做长工，后来主人去世，姓张的和姓赵的两个人便平分了家产，在此定居；且此地处于大堤古墩，树木丛生，整天黑咕隆咚的，黑古墩依此得名。新中国成立初期隶属王古楼中心乡。1965年属陇海公社徐井大队。1981年属朱寨区徐井乡。1988年撤区并乡，属西南门镇刘楼村。2007年村级合并乡镇，隶属砀城镇。

常庄

常庄（Chángzhuāng） 在砀山县中部，属砀城镇徐井村民委员会下辖的居民点。地处徐井村北部，东至小汪庄，南至徐井，西至杜庄，北至朱河。距砀山县人民政府驻地6.3千米。占地面积0.11平方千米。35户，121人，民族多为汉族。

从前先民来此居住，大部分姓常，故名常庄。新中国成立初期隶属中心乡。1962年属陇海公社徐井大队。1980年属朱寨区徐井乡。1988年属西南门镇。2007年属砀城镇。

常河

常河（Chánghé） 在砀山县中部，属砀城镇徐井村民委员会下辖的居民点。地处徐井村东南部，东至经济开发区汪六楼，南至曹官庄，西至曹庄，北至范庄。距砀山县人民政府驻地7.6千米。占地面积0.78平方千米。301户，1081人，民族多为汉族。

从前，村中间有一条大河，人口多姓常，故名常河。常河村在1934年时叫常河集，属礼河乡。新中国成立初期隶属中心乡。1965年属陇海公社。1980年划归朱寨区徐井乡。1988年撤区并乡，属西南门镇。2007年村级合并乡镇，属砀城镇。

曹庄

曹庄（Cáozhuāng） 在砀山县中部，属砀城镇徐井村民委员会下辖的居民点。地处徐井村南部，东至范庄，南至曹官庄，西至曹阁，北至徐井。距砀山县人民政府驻地6.6千米。占地面积0.15平方千米。61户，193人，民族多为汉族。

从前，因本村居住人口大部分姓曹，故名曹庄。新中国成立初期隶属中心乡。1962年属陇海公社徐井大队。1980年属朱寨区徐井乡。1988年属西南门镇。2007年属砀城镇。

曹官庄

曹官庄（Cáoguānzhuāng） 在砀山县中部，属砀城镇徐井村民委员会下辖的居民点。地处徐井村南部，东至常河，南至经济开发区曹楼，西至黑古墩，北至范庄。距砀山县人民政府驻地6.8千米。占地面积0.75平方千米。305户，1133人，民族多为汉族。

元代，本村出一大官叫曹伯启，故取名为曹官庄。新中国成立初期隶属中心乡。1965年划归陇海公社，成立了曹官庄大队。1980年划归朱寨区徐井乡。1988年属西南门镇。2007年村级合并乡镇，属砀城镇。

范庄

范庄（Fànzhuāng） 在砀山县中部，属砀城镇徐井村民委员会下辖的居民点。地处徐井村南部，东至常河，南至曹官庄，西至曹庄，北至杨庙。距砀山县人民政府驻地7千米。占地面积0.28平方千米。89户，327人，民族多为汉族。

范庄祖籍系苏州范仲淹后代，战乱期间流落到徐州，后分支到砀山城东老范庄，再后又分支到本地，取名范庄。新中国成立初期隶属中心乡。1965年属陇海公社常河大队。1980年划归朱寨区徐井乡。1988年撤区并乡，属西南门镇。2007年村级合并乡镇，属砀城镇。

曹阁

曹阁（Cáogé） 在砀山县中部，属砀

城镇徐井村民委员会下辖的居民点。地处徐井村南部，东至曹庄，南至曹官庄，西至经济开发区常楼，北至徐井。距砀山县人民政府驻地4.9千米。占地面积0.44平方千米。135户，478人，民族多为汉族。

因本村居住人口大部分姓曹，建有楼阁，故名曹阁。新中国成立初期隶属中心乡。1962年属陇海公社徐井大队。1981年属朱寨区徐井乡。1988年属西南门镇。2007年属砀城镇。

侯楼

侯楼（Hóulóu） 在砀山县中部，属砀城镇侯楼社区下辖的自然村。东至常楼，西至侯楼安置小区，南至梨花路，北至砀郡路。距砀山县人民政府驻地2.13千米。占地面积1.3平方千米。305户，850人，民族多为汉族。

很久以前，侯姓人民在此占产立庄，村中建有土楼，故得名侯楼。1970年属城郊公社。1980年属陇海区。2007年属砀城镇。2015年村改社区，为侯楼社区。

姬庄

姬庄（Jīzhuāng） 在砀山县中部，属砀城镇侯楼社区的居民点，由于城市大建设，该自然庄拆除，居民全部安置在新政吉祥城。距砀山县人民政府驻地1.04千米。占地面积0.32平方千米。110户，359人，民族多为汉族。

从前，姬姓先民在此居住，以姓起庄名。新中国成立初期属砀北乡高潮一社管辖。1958年属中心乡。1963年属城郊公社白庄大队。1988年属陇海乡黄菜园村。2007年属砀城镇。

核桃园

核桃园（Hétaoyuán） 在砀山县中部，属砀城镇侯楼社区下辖的自然村。东至黄菜园，西至旭日路，南至建设局，北至吉祥城。距砀山县人民政府驻地1.06千米。占地面积0.42平方千米。141户，480人，民族多为汉族。

清初，一林姓人家为一汪姓大户做长工，栽种了很多核桃树，时间久了，庄名便改为核桃园。新中国成立初期属砀北乡高潮一社管辖。1958年属中心乡。1963年属城郊公社白庄大队。1988年属陇海乡黄菜园村。2007年属砀城镇。

陈庄

陈庄（Chénzhuāng） 在砀山县中部，属砀城镇侯楼社区下辖的自然庄。东至七神庙，西至李庄，南至人民路，北至梨都路。距砀山县人民政府驻地2.3千米。占地面积0.14平方千米。41户，150人，民族多为汉族。

从前，陈姓先民在此定居，以姓起庄名。1980年属陇海乡七神庙村。2007年村级合并到侯楼村。2015年属砀城镇。

李庄

李庄（Lǐzhuāng） 在砀山县中部，属砀城镇侯楼社区下辖的自然村。东至旭日路，西至晨光中学，北至梨都路，南至人民路。距砀山县人民政府驻地2.7千米。占地面积1平方千米。251户，720人，民族多为汉族。

民国时期，有李姓商人落户此地，做起生意，故名李庄。1970年属城郊公社毛李庄大队。1980年属陇海乡七神庙村。2007年村级合并到侯楼村。2015年属砀城镇。

七神庙

七神庙（Qīshénmiào） 在砀山县中部，属砀城镇侯楼社区下辖的居民点。东至砀山四中，西至旭日路，南至人民东路，北至梨都路。距砀山县人民政府驻地2.83千米。占地面积0.8平方千米。203户，706人，民族多为汉族。

从前此地建一座庙，里面供奉七尊神，故称七神庙。1970年属城郊公社毛李庄大队。1980年属陇海乡七神庙村。2007年村级合并到侯楼村。2015年属砀城镇。

胡庄

胡庄（Húzhuāng） 在砀山县中部，属砀城镇侯楼社区的居民组。位于侯楼社区的北部，东至黄堤口，西至周庄，南至黄菜园，北至古黄大堤。距砀山县人民政府驻地3.1千米。占地面积0.35平方千米。81户，320人，民族多为汉族。

很久以前，有一胡姓人家居住在古黄大堤处，人称胡堤口，后来人多了，取名胡庄。新中国成立初期属砀北乡高潮社。1958年属中心乡十六大队。1970年属城郊公社白庄大队。1988年属陇海乡黄菜园村。2007年属砀城镇。

汪庄

汪庄（Wāngzhuāng） 在砀山县中部，属砀城镇侯楼社区下辖的自然村。东至常楼，北至刘堤口，西至白庄，南至侯楼自然庄。距砀山县人民政府驻地2.7千米。占地面积0.46平方千米。111户，380人，民族多为汉族。

从前，汪姓人氏在此占产立庄，故得名汪庄。1963年属王古楼乡白庄大队。1970年属城郊公社白庄大队。1988年属陇海乡黄菜园村。2007年属砀城镇。

黄菜园

黄菜园（Huángcàiyuán） 在砀山县中部，属砀城镇侯楼社区下辖的自然村。东至白庄，西至新政吉祥城，南至新政路，北至胡庄。距砀山县人民政府驻地1.3千米。占地面积0.8平方千米。220户，806人，民族多为汉族。

清朝初年，此地为黄姓大户的一个菜园子，故取名为黄菜园。新中国成立初期属砀北乡高潮社。1958年属中心乡十六大队。1970年属城郊公社白庄大队。1988年属陇海乡。2007年属砀城镇。

白庄

白庄（Báizhuāng） 在砀山县中部，属砀城镇侯楼社区下辖的自然村。东至汪庄，西至黄菜园，南至新政路，北至黄堤口。距砀山县人民政府驻地2.25千米。占地面积0.12平方千米。30户，121人，民族多为汉族。

从前，白姓先民于此立庄，故名白庄。新中国成立初期属砀北乡高潮社。1958年属中心乡十六大队。1970年属城郊公社。1988年属陇海乡黄菜园村。2007年属砀城镇。

黄堤口

黄堤口（Huángdīkǒu） 在砀山县中部，属砀城镇侯楼社区下辖的一个自然村。地处侯楼社区的西北部，东至汪庄，西至胡庄，南至白庄，北至古黄大堤。距砀山县人民政府驻地2.8千米。占地面积0.87平方千米。202户，750人，民族多为汉族。

明末，黄氏十三世祖在此依傍黄河大堤占产立庄，因地处大堤口，故取庄名黄堤口。1963年属王古楼乡白庄大队。1970年属城郊公社白庄大队。1988年属陇海乡黄菜园村。2007年属砀城镇。

翟楼

翟楼（Zháilóu） 在砀山县中部，属砀城镇中原社区居民委员会下辖的居民点。地处居民委员会东部，东至人民西路延伸段以北，梨都路以南。距砀山县人民政府驻地5.03千米。占地面积0.46平方千米。176户，650人。民族有汉族、回族。

明初，从山西老鸹窝迁来翟姓人家，在此建楼，故而得名翟楼。新中国成立前属徐州。1954年属安徽砀山。1958年属红山乡。1964年属陈庄人民公社。2000年划归砀城镇。

于楼

于楼（Yúlóu） 在砀山县中部，属砀城镇中原社区居民委员会下辖的居民点。地处居民委员会本部，东至人民西路以北，梨都路以南。距砀山县人民政府驻地5.33千米。占地面积1.15平方千米。353户，1202人，民族多为汉族。

因于姓在此居住时间早，建楼，故而得名于楼村。新中国成立前属徐州。1954年属安徽砀山。1958年属红山乡。1964年属陈庄人民公社。2000年划归砀城镇。

李楼

李楼（Lǐlóu） 在砀山县中部，属砀城镇中原社区居民委员会下辖的居民点。地处居民委员会东部，东至人民西路延伸段以北，梨都路以南。距砀山县人民政府驻地4.7千米。占地面积0.6平方千米。175户，650人。民族有汉族、回族。

因首住户姓李，且建楼，故而得名李楼。新中国成立前属徐州。1954年属安徽砀山。1958年属红山乡。1964年属陈庄人民公社。2000年划归砀城镇。

汪新庄

汪新庄（Wāngxīnzhuāng） 在砀山县中部，属砀城镇中原社区居民委员会下辖的居民点。地处居民委员会西北部，东至赵屯镇东北处、中原社区西北处。距砀山县人民政府驻地5.77千米。占地面积0.75平方千米。216户，703人，民族多为汉族。

从前，汪姓在此建立新庄，故叫汪新庄。新中国成立前属徐州。1954年属安徽砀山。1958年属红山乡。1964年属陈庄人民公社。2000年划归砀城镇。

黄庄

黄庄（Huángzhuāng） 在砀山县中部，属砀城镇中原社区居民委员会下辖的居民点。地处居民委员会东部，东至人民西路以北，梨都路以南。距砀山县人民政府驻地5.21千米。占地面积0.38平方千米。101户，365人，民族多为汉族。

从前，因黄姓居住最早，故得名黄庄。新中国成立前属徐州。1954年属安徽砀山。1958年属红山乡。1964年属陈庄人民公社。2000年划归砀城镇。

花园

花园（Huāyuán） 在砀山县中部，属砀城镇中原社区居民委员会下辖的居民点。地处居民委员会东部，东至人民西路延伸段以北，梨都路以南。距砀山县人民政府驻地5.01千米。占地面积0.48平方千米。141户，550人，民族多为汉族。

从前，因此地是胡家的花园子，故得名花园。新中国成立前属徐州。1954年属安徽砀山。1958年属红山乡。1964年属陈庄人民公社。2000年划归砀城镇。

高庄

高庄（Gāozhuāng） 在砀山县中部，属砀城镇中原社区居民委员会下辖的居民点。地处社区居民委员会西部，东至人民西路延伸段以北，梨都路以南。距砀山县人民政府驻地5.38千米。占地面积1.2平方千米。298户，1203人，民族多为汉族。

从前，因高家在此立庄，故得名高庄。新中国成立前属徐州。1954年属安徽砀山。1958年属红山乡。1964年属陈庄人民公社。2000年划归砀城镇。

小陈庄

小陈庄（Xiǎochénzhuāng） 在砀山县中部，属砀城镇苇子园社区居民委员会下辖的居民点。地处苇子园社区东部，东至尚楼村，南至陇海铁路，西至苇子园村，北至砀山党校。距砀山县人民政府驻地5.1千米。占地面积0.26平方千米。129户，470人，民族多为汉族。

据传，乾隆年间有一陈姓大户，在此打了一眼井，村民就取名为小陈庄。新中国成立前属徐州。1954年属安徽砀山。1958年属红山乡。1964年属陈庄人民公社。2000年划归砀城镇。

苇子园

苇子园（Wěiziyuán） 在砀山县中部，属砀城镇苇子园社区居民委员会下辖的居民点。东至小陈庄村，南至戚寺村，西至大陈庄，北至戚楼村。距砀山县人民政府驻地5.2千米。占地面积1.01平方千米。266户，1056人，民族有汉族、回族。

因此村四周都是河塘，里面长满芦苇，故名苇子园。新中国成立前属徐州。1954年属安徽砀山。1958年属红山乡。1964年属陈庄人民公社。2000年划归砀城镇。

尚楼

尚楼（Shànglóu） 在砀山县中部，属砀城镇苇子园社区居民委员会下辖的居民点。地处苇子园社区最东部，东至车站街社区，南至陇海铁路，西至小陈庄，北至西城社区。距砀山县人民政府驻地4.9千米。占地面积0.21平方千米。86户，314人，民族多为汉族。

从前，尚姓在此地是个大户，盖了楼房，故取名尚楼。新中国成立前属徐州。1954年属安徽砀山。1958年属红山乡。1964年属陈庄人民公社。2000年划归砀城镇。

戚寺

戚寺（Qīsì） 在砀山县中部，属砀城镇苇子园社区居民委员会下辖的居民点。地处苇子园社区南部，东至砀山火车站道南货场，南至高铁新区大张庄，西至赵屯镇汪屯，北至陇海铁路。距砀山县人民政府驻地6.26千米。占地面积0.51平方千米。243户，811人，民族多为汉族。

从前，因村子的西南角有一座寺庙，村民大部分都姓戚，所以叫戚寺。现在寺庙已经损坏，只剩下庙台。新中国成立前属徐州。1954年属安徽砀山。1958年属红山乡。1964年属陈庄人民公社。2000年划归砀城镇。

戚楼

戚楼（Qīlóu） 在砀山县中部，属砀城镇苇子园社区居民委员会下辖的居民点。地处苇子园社区北部，东至砀山党校，南至苇子园，西至大陈庄，北至中原社区。距砀山县人民政府驻地4.8千米。占地面积0.51平方千米。186户，716人，民族多为汉族。

从前，戚姓在此地是个大户，盖了楼房，故取名戚楼。新中国成立前属徐州。1954年属安徽砀山。1958年属红山乡。1964年属陈庄人民公社。2000年划归砀城镇。

大陈庄

大陈庄（Dàchénzhuāng） 在砀山县中部，属砀城镇苇子园社区居民委员会下辖的居民点。地处苇子园社区西部，东至戚楼，南至赵屯镇汪屯，西至赵屯镇孙庄，北至中原社区高庄。距砀山县人民政府驻地6.1千米。占地面积0.53平方千米。198户，748人，民族多为汉族。

从前，此村有一陈姓大户，方圆几百亩土地都是他家的，故名大陈庄。新中国成立前属徐州。1954年属安徽砀山。1958年属红山乡。1964年属陈庄人民公社。2000年划归砀城镇。

杨庄

杨庄（Yángzhuāng） 在砀山县中部，属砀城镇金山社区居民委员会下辖的居民点。地处金山社区东北部，东至刘庄，南至砀官路，西至郭庄，北至李屯村。距砀山县人民政府驻地3.5千米。占地面积0.45平方千米。145户，540人，民族多为汉族。

从前，杨姓先民在此立庄，故而得名杨庄。新中国成立前属徐州。1954年属安徽砀山。1958年属红山乡。1964年属陈庄人民公社。2000年划归砀城镇。

信庄

信庄（Xìnzhuāng） 在砀山县中部，属砀城镇金山社区居民委员会下辖的居民点。地处金山社区东部，东至城隍庙社区，南至人民路，西至中原路，北至屈楼。距砀山县人民政府驻地4.1千米。占地面积0.35平方千米。142户，565人，民族多为汉族。

以前，姓信的居住早，人口多，故而取名信庄。新中国成立前属徐州。1954年属安徽砀山。1958年属红山乡。1964年属陈庄人民公社。2000年划归砀城镇。

屈楼

屈楼（Qūlóu） 在砀山县中部，属砀城镇金山社区居民委员会下辖的居民点。地处金山社区东部，东至杨楼，南至砀官路，西至振兴小学，北至梨都路。距砀山县人民政府驻地3.6千米。占地面积1.05平方千米。349户，1354人，民族多为汉族。

以前，姓屈的居住早，在此建楼，故名屈楼。新中国成立前属徐州。1954年属安徽砀山。1958年属红山乡。1964年属陈庄人民公社。2000年划归砀城镇。

刘庄

刘庄（Liúzhuāng） 在砀山县中部，属砀城镇金山社区居民委员会下辖的居民点。地处金山社区东北部，东至人民医院，南至砀官路，西至杨庄，北至李屯村。距砀山县人民政府驻地3.5千米。占地面积0.44平方千米。183户，692人，民族多为汉族。

从前，刘姓从山西迁来，定居此地，以姓起庄名。新中国成立前属徐州。1954年属安徽砀山。1958年属红山乡。1964年属陈庄人民公社。2000年划归砀城镇。

郭庄

郭庄（Guōzhuāng） 在砀山县中部，属砀城镇金山社区居民委员会下辖的居民点。地处金山社区东北部，东至杨庄，南至砀官路，西至黄楼，北至贾阁。距砀山县人民政府驻地4.06千米。占地面积0.66平方千米。195户，740人，民族多为汉族。

从前，郭姓先民在此立庄，故而得名郭庄。新中国成立前属徐州。1954年属安徽砀山。1958年属红山乡。1964年属陈庄人民公社。2000年划归砀城镇。

陈庄

陈庄（Chénzhuāng） 在砀山县中部，属砀城镇金山社区居民委员会下辖的居民点，地处金山社区北部，东至西地亚北门，南至梨都路，西至汪新庄，北至黄楼。距砀山县人民政府驻地5.47千米。占地面积0.61平方千米。173户，650人，民族多为汉族。

从前，陈姓先民在此立庄，故取名陈庄。新中国成立前属徐州。1954年属安徽砀山。1958年属红山乡。1964年属陈庄人民公社。2000年划归砀城镇。

黄楼

黄楼（Huánglóu） 在砀山县中部，属砀城镇金山社区居民委员会下辖的居民点。地处金山社区北部，东至郭庄，南至利民二支河，西至赵屯镇梅屯村，北至贾阁。距砀山县人民政府驻地5.2千米。占地面积1.02平方千米。260户，1039人，民族多为汉族。

从前，姓黄的居住早，最富有，建楼房，故而取名黄楼。新中国成立前属徐州。1954年属安徽砀山。1958年属红山乡。1964年属陈庄人民公社。2000年划归砀城镇。

舒王庄

舒王庄（Shūwángzhuāng） 在砀山县中部，属砀城镇李屯村民委员会下辖的居民点。地处李屯村北部，东至贾庄，南至前宋屯，西至北宋屯，北至苏集。距砀山县人民政府驻地5.03千米。占地面积0.31平方千米。85户，306人，民族多为汉族。

明朝初年，舒、王二姓先民由山西省洪洞县举家迁至此地立庄，故名。1970年属城郊公社。1980年属李屯乡。1988年属陇海乡李屯村。2007年属砀城镇。

前宋屯

前宋屯（Qiánsòngtún） 在砀山县中部，属砀城镇李屯村民委员会下辖的居民点。地处李屯村西北部，东至李屯，南至杨庄，西至刘屯，北至舒王庄。距砀山县人民政府驻地4.2千米。占地面积0.26平方千米。69户，278人，民族多为汉族。

明朝初年，宋姓先民由山西省洪洞县举家迁至此地，屯田立庄，故名。1970年属城郊公社。1980年属李屯乡。1988年属陇海乡李屯村。2007年属砀城镇。

刘屯

刘屯（Liútún） 在砀山县中部，属砀城镇李屯村民委员会下辖的居民点。地处李屯村西部，东至宋屯，南至贾阁、曹新庄，西至利民一支河，北至八里井。距砀山县人民政府驻地4.98千米。占地面积0.6平方千米。166户，580人，民族多为汉族。

明朝初年，刘姓村民由山西省洪洞县举家迁至此地，屯田立庄，故名。1970年属城郊公社。1980年属李屯乡。1988年属陇海乡李屯村。2007年属砀城镇。

李屯

李屯（Lǐtún） 在砀山县中部，属砀城镇李屯村民委员会下辖的居民点。东至101省道，南至310国道，西至宋屯，北至舒王庄、贾庄。距砀山县人民政府驻地3.6千米。占地面积2.01平方千米。602户，2030人，民族多为汉族。

明朝初年，李姓村民由山西省洪洞县举家迁至此地，屯田立庄，故名。1970年属城郊公社。1980年属李屯乡。1988年属陇海乡。2007年属砀城镇。

贾阁

贾阁（Jiǎgé） 在砀山县中部，属砀城镇李屯村民委员会下辖的居民点。地处李屯村西南部，东至郭刘路，南至郭庄，西至梅屯，北至利民一支河。距砀山县人民政府驻地5.25千米。占地面积0.34平方千米。110户，380人，民族多为汉族。

明末清初，贾姓先民由山西省洪洞县举家迁至此地，建一楼阁，故名贾阁。1970年属城郊公社。1980年属李屯乡。1988年属陇海乡李屯村。2007年属砀城镇。

后宋屯

后宋屯（Hòusòngtún） 在砀山县中部，属砀城镇李屯村民委员会下辖的居民点。地处李屯村西北部，东至舒王庄，南至八里井，西至老少庄，北至苏集。距砀山县人民政府驻地5.38千米。占地面积0.21平方千米。70户，267人，民族多为汉族。

明朝初年，宋姓先民由山西省洪洞县举家迁至此地，屯田立庄，故名。1970年属城郊公社。1980年属李屯乡。1988年属陇海乡李屯村。2007年属砀城镇。

赵堤口

赵堤口（Zhàodīkǒu） 在砀山县中部，属砀城镇北郊居民委员会下辖的居民点。地处北郊居民委员会北部，东至汪李庄，南至贾庄，西至苏集，北至古黄大堤。距砀山县人民政府驻地6.02千米。占地面积1.28平方千米。385户，1261人，民族多为汉族。

从前，赵姓先民在此定居，因在古黄大堤的堤口建庄，故名赵堤口。新中国成立初期属范寨区丰盐乡。1956年属砀北乡。1958年属中心乡。1981年划属陇海区李屯乡。1988年属陇海乡。2005年合并入砀城镇。

臧屯

臧屯（Zāngtún） 在砀山县中部，属砀城镇北郊居民委员会下辖的居民点。地处北郊居民委员会南部，东至王油坊，南至陈庄，西至李屯，北至贾庄。距砀山县人民政府驻地3.5千米。占地面积0.74平方千米。182户，640人，民族多为汉族。

从前，先民开始屯田立庄，因臧家人多，故而得名。新中国成立初期属范寨区丰盐乡。1956年属砀北乡。1958年属中心乡。1981年划属陇海区李屯乡。1988年属陇海乡赵堤口村。2005年合并入砀城镇。

小苏集

小苏集（Xiǎosūjí） 在砀山县中部，属砀城镇北郊居民委员会下辖的居民点。地处北郊居民委员会西北部，东至赵堤口，南至顺堤河，西至大苏集，北至古黄大堤。距砀山县人民政府驻地6.18千米。占地面积0.31平方千米。69户，252人，民族多为汉族。

从前，苏姓人家多，在此成集，由于规模小，故而得名。新中国成立初期属范寨区丰盐乡。1956年属砀北乡。1958年属中心乡。1981年划属陇海区李屯乡。1988年属陇海乡赵堤口村。2005年合并入砀城镇。

王油坊

王油坊（Wángyóufáng） 在砀山县中部，属砀城镇北郊居民委员会下辖的居民点。地处北郊居民委员会东部，东至胡庄，南至梁庄，西至臧屯，北至蒋堤口。距砀山县人民政府驻地4.4千米。占地面积0.46平方千米。99户，402人，民族多为汉族。

王姓先民在此以开油坊谋生，故名王油坊。新中国成立初期属范寨区丰盐乡。1956年属砀北乡。1958年属中心乡。1965年属城郊公社周庄大队。1981年属陇海区李屯乡。1988年属陇海乡周庄村。2005年属砀城镇。

汪李庄

汪李庄（Wānglǐzhuāng） 在砀山县中部，属砀城镇北郊居民委员会下辖的居民点。地处北郊居民委员会东北部，东至蒋堤口，南至顺堤河，西至赵堤口，北至古黄大堤。距砀山县人民政府驻地5.95千米。占地面积0.35平方千米。75户，240人，民族多为汉族。

原来汪家人多，北李庄人少，两庄合并而得名汪李庄。新中国成立初期属范寨区丰盐乡。1956年属砀北乡。1958年属中心乡。1970年属城郊公社。1981年划属陇海区李屯乡。1988年属陇海乡赵堤口村。2005年合并入砀城镇。

前高屯

前高屯（Qiángāotún） 在砀山县中部，属砀城镇北郊居民委员会下辖的居民点。地处北郊居民委员会东南部，东至砀丰路，南至张侠药厂，西至陈庄，北至后高屯。距砀山县人民政府驻地2.1千米。占地面积0.36平方千米。119户，425人，民族多为汉族。

从前，高家人多，并在此屯田立庄，由于此村靠前而得名前高屯。1956年属砀北乡。1958年属中心乡。1965年属城郊公社周庄大队。1981年属陇海区李屯乡。1988年属陇海乡周庄村。2005年属砀城镇。

梁庄

梁庄（Liángzhuāng） 在砀山县中部，属砀城镇北郊居民委员会下辖的居民点。地处北郊居民委员会东部，东至周庄，南至后高屯，西至臧屯，北至王油坊。距砀山县人民政府驻地3.01千米。占地面积0.24平方千米。75户，260人，民族多为汉族。

从前，梁姓先民于此立庄，故取名为梁庄。新中国成立初期属范寨区丰盐乡。1956年属砀北乡。1958年属中心乡。1965年属城郊公社周庄大队。1981年属陇海区李屯乡。1988年属陇海乡周庄村。2005年属砀城镇。

蒋堤口

蒋堤口（Jiǎngdīkǒu） 在砀山县中部，属砀城镇北郊居民委员会下辖的居民点。地处北郊居民委员会东北部，东至段楼，南至顺堤河，西至汪李庄，北至古黄大堤。距砀山县人民政府驻地5.28千米。占地面积0.34平方千米。73户，258人，民族多为汉族。

从前，蒋姓先民在此定居，因在古黄大堤口建庄，故名蒋堤口。新中国成立初期属范寨区丰盐乡。1956年属砀北乡。1958年属中心乡。1970年属城郊公社。1981年划属陇海区李屯乡。1988年属陇海乡赵堤口村。2005年合并入砀城镇。

贾庄

贾庄（Jiǎzhuāng） 在砀山县中部，属砀城镇北郊居民委员会下辖的居民点。东至王油坊，南至臧屯，西至舒王氏，北至赵堤口。距砀山县人民政府驻地5.3千米。占地面积0.36平方千米。88户，320人，民族多为汉族。

从前，贾姓先民居于此地，故名贾庄。新中国成立初期属范寨区丰盐乡。1956年属砀北乡。1958年属中心乡。1970年属城郊公社。1981年划属陇海区李屯乡。1988年属陇海乡赵堤口村。2005年合并入砀城镇。

后高屯

后高屯（Hòugāotún） 在砀山县中部，属砀城镇北郊居民委员会下辖的居民点。地处北郊居民委员会东南部，东至砀丰路，南至前高屯，西至砀单路，北至梁庄。距砀山县人民政府驻地2.3千米。占地面积0.22平方千米。77户，250人，民族多为汉族。

从前，高家人多，并在此屯田立庄，由于此村靠后而得名后高屯。新中国成立初期属范寨区丰盐乡。1956年属砀北乡。1958年属中心乡。1965年属城郊公社周庄大队。1981年属陇海区李屯乡。1988年属陇海乡周庄村。2005年属砀城镇。

段楼

段楼（Duànlóu） 在砀山县中部，属砀城镇北郊居民委员会下辖的居民点。地处北郊居民委员会东北部，东至胡庄，南至周庄，西至蒋堤口，北至大李庄。距砀山县人民政府驻地3.8千米。占地面积0.3平方千米。75户，295人，民族多为汉族。

从前段姓先民在村中建楼，故名段楼。新中国成立初期属范寨区丰盐乡。1956年属砀北乡。1958年属中心乡。1965年属城郊公社周庄大队。1981年属陇海区李屯乡。1988年属陇海乡周庄村。2005年属砀城镇。

大苏集

大苏集（Dàsūjí） 在砀山县中部，属砀城镇北郊居民委员会下辖的居民点。地处北郊居民委员会西北部，东至小苏集，南至宋屯，西至飞机农场，北至玄庙镇李洼村。距砀山县人民政府驻地6.05千米。占地面积0.88平方千米。210户，745人，民族多为汉族。

从前，苏家先民在此立庄，建立集市，因规模较大，故名。新中国成立初期属范寨区丰盐乡。1956年属砀北乡。1958年属中心乡。1970年属城郊公社。1981年划属陇海区李屯小乡。1988年属陇海乡赵堤口村。2005年合并为砀城镇。

陈庄

陈庄（Chénzhuāng） 在砀山县中部，属砀城镇北郊居民委员会下辖的居民点。地处北郊居民委员会南部，东至前高屯，南至土山村，西至砀单路，北至臧屯自然村。距砀山县人民政府驻地2.1千米。占地面积0.52平方千米。202户，698人，民族多为汉族。

从前，陈家人多，以姓立庄所得名。新中国成立初期属范寨区丰盐乡。1956年属砀北乡。1958年属中心乡。1965年属城郊公社周庄大队。1981年属陇海区李屯乡。1988年属陇海乡周庄村。2005年属砀城镇。

西南门

西南门（Xīn' ánmén） 在砀山县中部，属砀城镇西南门村民委员会下辖的居民点。东至蒋营村，南至杨庙村、徐井村，西至王古楼社区，北至葛集镇汪沙滩。距砀山县人民政府驻地8.29千米。占地面积0.75平方千米。226户，863人，民族有汉族、回族。

清朝末年，一户姓蒋的是当地武举人，因当时治安状况不好，便依大堤圈成个寨，用来防御土匪侵扰，西南门就是因寨门朝西南而得名。1948年前属第二区徐井乡。1948年属范寨区杨庙乡。1956年属中心乡。1958年属陇海人民公社。1980年属朱寨区徐井乡。1988年属西南门镇。2007年合并村镇，属砀城镇至今。

朱河

朱河（Zhūhé） 在砀山县中部，属砀城镇西南门村民委员会下辖的居民点。地处西南门村西南部，东至郑楼，南至徐井，西至段庙，北至李楼。距砀山县人民政府驻地6.8千米。占地面积0.35平方千米。110户，376人，民族有汉族、回族。

清朝以前，现在的朱河西头叫付庄，东头叫朱河。后来大家叫习惯了，都叫朱河。1948年前属第二区徐井乡。1948年属范寨区杨庙乡。1956年属中心乡。1958年属陇海人民公社。1980年属朱寨区徐井乡。1988年属西南门镇。2007年合并村镇，属砀城镇至今。

张庄

张庄（Zhāngzhuāng） 在砀山县中

部，属砀城镇西南门村民委员会下辖的居民点。地处西南门村西部，东至前街，南至郑楼，西至朱河，北至洪阁。距砀山县人民政府驻地7.6千米。占地面积0.34平方千米。121户，412人，民族多为汉族。

清朝以前，现在的张庄叫张枣园，到新中国成立后，大家都叫张庄了。1948年前属第二区徐井乡。1948年属范寨区杨庙乡。1956年属中心乡。1958年属陇海人民公社。1980年属朱寨区徐井乡。1988年属西南门镇。2007年合并村镇，属砀城镇至今。

汤庄

汤庄（Tāngzhuāng） 在砀山县中部，属砀城镇西南门村民委员会下辖的居民点。地处西南门村西部，东至刘集，南至后蒋，西至卢徐庄，北至林屯。距砀山县人民政府驻地8.39千米。占地面积0.38平方千米。120户，458人，民族多为汉族。

清朝末年，筑起了刘集寨。后来分居立庄时姓汤的较多，故名汤庄。1948年前属第二区徐井乡。1948年属范寨区杨庙乡。1956年属中心乡。1958年属陇海人民公社。1980年属朱寨区徐井乡。1988年属西南门镇。2007年合并村镇，属砀城镇至今。

前蒋楼

前蒋楼（Qiánjiǎnglóu） 在砀山县中部，属砀城镇西南门村民委员会下辖的居民点。地处西南门村西部，东至黄杜庄，南至王庄，西至前街，北至后蒋。距砀山县人民政府驻地8.4千米。占地面积0.35平方千米。126户，448人，民族多为汉族。

清朝末年，筑起了刘集寨。后来，分居立庄时姓蒋的较多，建有楼房，故把前面的庄叫前蒋楼，后面的庄叫后蒋楼。1948年前属第二区徐井乡。1948年属范寨区杨庙乡。1956年属中心乡。1958年属陇海人民公社。1980年属朱寨区徐井乡。1988年属西南门镇。2007年合并村镇，属砀城镇至今。

卢庄

卢庄（Lúzhuāng） 在砀山县中部，属砀城镇西南门村民委员会下辖的居民点。地处西南门村西部，东至汤庄，南至前街，西至洪阁，北至林屯。距砀山县人民政府驻地8.34千米。占地面积1.35平方千米。385户，1499人，民族多为汉族。

清朝前期，卢姓在此居住，康熙五十九年第五世子在此立碑。新中国成立前叫卢双楼，后又和徐庄合村，叫卢徐庄村，直到现在还有人叫卢徐庄。1948年前属第二区徐井乡。1948年属范寨区杨庙乡。1956年属中心乡。1958年属陇海人民公社。1980年属朱寨区徐井乡。1988年属西南门镇。2007年合并村镇，属砀城镇至今。

刘集

刘集（Liújí） 在砀山县中部，属砀城镇西南门村民委员会下辖的居民点。地处西南门村东北部，东至蒋营，南至黄杜庄，西至汤庄，北至黄河故道。距砀山县人民政府驻地8.49千米。占地面积0.26平方千米。85户，313人，民族多为汉族。

明朝前期，黄河没有改道时，黄河上有码头，刘集在河南岸，来往的人比较多，故此形成集市，都叫刘集。1948年前属第二区徐井乡。1948年属范寨区杨庙乡。1956年属中心乡。1958年属陇海人民公社。1980年属朱寨区徐井乡。1988年属西南门镇。2007年合并村镇，属砀城镇至今。

李楼

李楼（Lǐlóu） 在砀山县中部，属砀城镇西南门村民委员会下辖的居民点。地处西南门村西部，东至洪阁，南至朱河，西至窦寨，北至陆湾。距砀山县人民政府驻地7.4千米。占地面积0.55平方千米。129户，457人，民族多为汉族。

从前，本地都是姓李的人家，有几座小土楼，所以叫李楼。1948年前属第二区徐井乡。1948年属范寨区杨庙乡。1956年属中心乡。1958年属陇海人民公社。1980年属朱寨区徐井乡。1988年属西南门镇。2007年合并村镇，属砀城镇至今。

黄杜庄

黄杜庄（Huángdùzhuāng） 在砀山县中部，属砀城镇西南门村民委员会下辖的居民点。地处西南门村民委员会本部，东至蒋营，南至纪庄，西至前蒋，北至刘集。距砀山县人民政府驻地8.59千米。占地面积0.71平方千米。220户，813人，民族多为汉族。

明朝时期，刘集形成集市。1982年刘集村分成两个村，此村因有黄、杜两姓，故名。1948年前属第二区徐井乡。1948年属范寨区杨庙乡。1956年属中心乡。1958年属陇海人民公社。1980年属朱寨区徐井乡。1988年属西南门镇。2007年合并村镇，属砀城镇至今。

后蒋楼

后蒋楼（Hòujiǎnglóu） 在砀山县中部，属砀城镇西南门村民委员会下辖的居民点。地处西南门村西部，东至刘集，南至前蒋，西至卢徐庄，北至汤庄。距砀山县人民政府驻地8.26千米。占地面积0.42平方千米。128户，474人，民族多为汉族。

清朝末年，筑起了刘集寨。后来分居立庄时姓蒋的较多，建有楼房，故把前面的庄叫前蒋楼，后面的庄叫后蒋楼。1948年前属第二区徐井乡。1948年属范寨区杨庙乡。1956年属中心乡。1958年属陇海人民公社。1980年属朱寨区徐井乡。1988年属西南门镇。2007年合并村镇，属砀城镇至今。

郑楼

郑楼（Zhènglóu） 在砀山县中部，属砀城镇杨庙村民委员会下辖的居民点。地处杨庙村北部，东至王庄，南至杨庙，西至申庄，北至西南门。距砀山县人民政府驻地8.02千米。占地面积0.95平方千米。226户，863人，民族多为汉族。

永乐年间，郑氏先祖因事和他氏家族械斗误伤人命，从河南移居砀城东15里立庄，称郑土楼；至明朝嘉靖年间，因黄河泛滥，村庄被淹没，迁居黄河南岸刘庄；后因刘氏人丁绝嗣，族人遂买下此地，建楼，改名为郑楼。1948年前属第二区徐井乡。1948年属范寨区杨庙乡。1956年属中心乡。1958年属陇海人民公社。1980年属朱寨区徐井乡。1988年属西南门镇。2007年合并村镇，属砀城镇至今。

于庄

于庄（Yúzhuāng） 在砀山县中部，属砀城镇杨庙村民委员会下辖的居民点。地处杨庙村南部，东至孝土楼，南至范庄，西至小曹庄，北至蒋土楼。距砀山县人民政府驻地6.9千米。占地面积0.89平方千米。226户，848人，民族多为汉族。

清道光十五年，因于氏家族林地在此，后来四门、五门从于楼迁至此地，起名为于庄。1948年前属第二区徐井乡。1948年属范寨区杨庙乡。1956年属中心乡。1958年属陇海人民公社。1980年属朱寨区徐井乡。1988年属西南门镇。2007年合并村镇，属砀城镇至今。

杨庙

杨庙（Yángmiào） 在砀山县中部，属砀城镇杨庙村民委员会下辖的居民点。东至李拐楼，南至于庄，西至吕河，北至郑楼。距砀山县人民政府驻地7.6千米。占地面积1.06平方千米。254户，890人，民族多为汉族。

清道光年间，村西北角设有一寺庙，有一姓杨大户居住此地，由此起名为杨庙。1948年前属第二区徐井乡。1948年属范寨区杨庙乡。1956年属中心乡。1958年属陇海人民公社。1980年属朱寨区徐井乡。1988年属西南门镇。2007年合并村镇，属砀城镇至今。

孝土楼

孝土楼（Xiàotǔlóu） 在砀山县中部，属砀城镇杨庙村民委员会下辖的居民点。地处杨庙村东部，东至李双楼，南至常河，西至于庄，北至杨庙。距砀山县人民政府驻地8.08千米。占地面积0.81平方千米。188户，720人，民族多为汉族。

清朝中期，有一姓朱的孝子，给母亲建一间土楼，起名为孝子楼，后改名为孝土楼。1948年前属第二区徐井乡。1948年属范寨区杨庙乡。1956年属中心乡。1958年属陇海人民公社。1980年属朱寨区徐井乡。1988年属西南门镇。2007年合并村镇，属砀城镇至今。

王庄

王庄（Wángzhuāng） 在砀山县中部，属砀城镇杨庙村民委员会下辖的居民点。地处杨庙村北部，东至纪庄，南至杨庙，西至郑楼，北至前蒋楼。距砀山县人民政府驻地8.15千米。占地面积0.91平方千米。248户，948人，民族多为汉族。

明末清初，王氏居住此地，人口比较多，故起名为王庄。1948年前属第二区徐井乡。1948年属范寨区杨庙乡。1956年属中心乡。1958年属陇海人民公社。1980年属朱寨区徐井乡。1988年属西南门镇。2007年合并村镇，属砀城镇至今。

汪庄

汪庄（Wāngzhuāng） 在砀山县中部，属砀城镇杨庙村民委员会下辖的居民点。地处杨庙村西部，东至蒋土楼，南至于庄，西至徐井，北至申庄。距砀山县人民政府驻地6.8千米。占地面积0.36平方千米。85户，330人，民族多为汉族。

据查，汪氏先祖原出自周，后七十七世迁入城东八里，起名为汪庄。1948年前属第二区徐井乡。1948年属范寨区杨庙乡。1956年属中心乡。1958年属陇海人民公社。1980年属朱寨区徐井乡。1988年属西南门镇。2007年合并村镇，属砀城镇至今。

申庄

申庄（Shēnzhuāng） 在砀山县中部，属砀城镇杨庙村民委员会下辖的居民点。地处杨庙村北部，东至郑楼，南至汪庄，西至朱河，北至张庄。距砀山县人民政府驻地7.28千米。占地面积0.21平方千米。55户，182人，民族多为汉族。

清朝年间，申氏先祖从申庙迁至此地，起名为申庄。1948年前属第二区徐井乡。1948年属范寨区杨庙乡。1956年属中心乡。1958年属陇海人民公社。1980年属朱寨区徐井乡。1988年属西南门镇。2007年合并村镇，属砀城镇至今。

吕河

吕河（Lǚhé） 在砀山县中部，属砀城镇杨庙村民委员会下辖的居民点。地处杨庙村西部，东至杨庙，南至杨庙，西至蒋土楼，北至郑楼。距砀山县人民政府驻地6.9千米。占地面积0.29平方千米。49户，207人，民族多为汉族。

明末清初，有一姓吕的人家逃荒此地，因庄西有一条河沟，故起名为吕河。1948年前属第二区徐井乡。1948年属范寨区杨庙乡。1956年属中心乡。1958年属陇海人民公社。1980年属朱寨区徐井乡。1988年属西南门镇。2007年合并村镇，属砀城镇至今。

李双楼

李双楼（Lǐshuānglóu） 在砀山县中部，属砀城镇杨庙村民委员会下辖的居民点。地处杨庙村东部，东至李老庄，南至翟庄，西至孝土楼，北至拐楼。距砀山县人民政府驻地8.21千米。占地面积0.41平方千米。108户，378人，民族多为汉族。

明代，有姓李的氏族在此居住，庄东有一间土楼，庄西一间土楼，故取名为李双楼。1948年前属第二区徐井乡。1948年属范寨区杨庙乡。1956年属中心乡。1958年属陇海人民公社。1980年属朱寨区徐井乡。1988年属西南门镇。2007年合并村镇，属砀城镇至今。

李拐楼

李拐楼（Lǐguǎilóu） 在砀山县中部，属砀城镇杨庙村民委员会下辖的居民点。地处杨庙村东部，东至李老庄，南至孝土楼，西至杨庙，北至雷庄。距砀山县人民政府驻地8.13千米。占地面积0.81平方千米。189户，712人，民族多为汉族。

明末清初，李姓先祖在李老庄安家，后有一支分住在此地，建了一处土墙的拐角楼，后起名为李拐楼。1948年前属第二区徐井乡。1948年属范寨区杨庙乡。1956年属中心乡。1958年属陇海人民公社。1980年属朱寨区徐井乡。1988年属西南门镇。2007年合并村镇，属砀城镇至今。

雷庄

雷庄（Léizhuāng） 在砀山县中部，属砀城镇杨庙村民委员会下辖的居民点。地处杨庙村东北部，东至侯庙，南至李拐楼，西至杨庙，北至王庄。距砀山县人民政府驻地8.06千米。占地面积0.32平方千米。86户，285人，民族多为汉族。

清朝末年，此地有一片姓雷大户人家的林地，有看守林地的人住在这里，因而起名叫雷庄。1948年前属第二区徐井乡。1948年属范寨区杨庙乡。1956年属中心乡。1958年属陇海人民公社。1980年属朱寨区徐井乡。1988年属西南门镇。2007年合并村镇，属砀城镇至今。

蒋土楼

蒋土楼（Jiǎngtǔlóu） 在砀山县中部，属砀城镇杨庙村民委员会下辖的居民点。地处杨庙村西部，东至杨庙，南至于庄，西至汪庄，北至郑楼。距砀山县人民政府驻地7.3千米。占地面积0.31平方千米。77户，260人，民族多为汉族。

明嘉靖年间，蒋氏先祖兄弟三人分居三地，当时有一土坯楼，故起名为蒋土楼。1948年前属第二区徐井乡。1948年属范寨区杨庙乡。1956年属中心乡。1958年属陇海人民公社。1980年属朱寨区徐井乡。1988年属西南门镇。2007年合并村镇，属砀城镇至今。

纪庄

纪庄（Jìzhuāng） 在砀山县中部，属砀城镇杨庙村民委员会下辖的居民点。地处杨庙村东北部，东至东南门，南至雷庄，西至王庄，北至黄杜庄。距砀山县人民政府驻地8.29千米。占地面积0.3平方千米。73户，242人，民族多为汉族。

明朝中期，有几户姓纪的人家在此地居住，后起名为纪庄。1948年前属第二区徐井乡。1948年属范寨区杨庙乡。1956年属中心乡。1958年属陇海人民公社。1980年属朱寨区徐井乡。1988年属西南门镇。2007年合并村镇，属砀城镇至今。

周屯

周屯（Zhōutún） 在砀山县中部，属砀城镇王古楼社区居民委员会下辖的居民点。地处王古楼东北部，东至济祁高速，南至王古楼，西至窦寨，北至古黄大堤。距砀山县人民政府驻地6.42千米。占地面积0.75平方千米。157户，562人，民族多为汉族。

明代，以周姓为主的人家在此占产立庄，称为周庄；因当时躲避政府免交皇粮，改名周屯。新中国成立初期属王古楼中心乡第七大队。1958年属陇海公社。1986年属西南门镇。2006年与城关镇合并，属砀城镇至今。

赵庄

赵庄（Zhàozhuāng） 在砀山县中部，属砀城镇王古楼社区居民委员会下辖的居民点。地处王古楼西南部，东至东黄楼，南至顺堤河，西至西黄楼，北至黑新路。距砀山县人民政府驻地4.94千米。占地面积0.23平方千米。85户，270人，民族为汉族。

从前，赵姓家族在此占地占庄，因而得名。新中国成立初期属王古楼中心乡。1958年属陇海公社。1986年属西南门镇。2006年与城关镇合并，属砀城镇至今。

新刘庄

新刘庄（Xīnliúzhuāng） 在砀山县中部，属砀城镇王古楼社区居民委员会下辖的居民点。地处王古楼西南部，东至西黄楼，南至顺堤河，西至砀丰路，北至大李庄。距砀山县人民政府驻地5.16千米。占地面积0.51平方千米。139户，520人，民族多为汉族。

新中国成立前为孟庄，新中国成立后刘姓迁入，改为新刘庄。新中国成立初期属王古楼中心乡。1958年属陇海公社。1981年属朱寨区朱寨乡。1986年属西南门镇。2006年与城关镇合并，属砀城镇至今。

西黄楼

西黄楼（Xīhuánglóu） 在砀山县中部，属砀城镇王古楼社区居民委员会下辖的居民点。地处王古楼西部，东至赵庄，南至顺堤河，西至新刘庄，北至黑新路。距砀山县人民政府驻地5.11千米。占地面积0.28平方千米。96户，350人，民族多为汉族。

据传，有姓黄的兄弟分家占庄，各占东、西两庄，都建了楼，在西为西黄楼，在东为东黄楼。新中国成立初期属王古楼中心乡。1958年属陇海公社。1980年属朱寨区朱寨乡。1986年属西南门镇。2006年与城关镇合并，属砀城镇至今。

王古楼

王古楼（Wánggǔlóu） 在砀山县中部，属砀城镇王古楼社区居民委员会下辖的居民点。东至毛寨，南至刘楼，西至孙侯庄，北至周屯。距砀山县人民政府驻地5.3千米。占地面积0.42平方千米。128户，470人，民族多为汉族。

因村中有古土楼一座，属王氏家族，故而得名王古楼。新中国成立初期为王古楼中心乡。1958年属陇海公社。1986年属西南门镇。2006年与城关镇合并，属砀城镇至今。

孙侯庄

孙侯庄（Sūnhóuzhuāng） 在砀山县中部，属砀城镇王古楼社区居民委员会下辖的居民点。地处王古楼西南部，东至王古楼，南至曹庙，西至东黄楼，北至窦寨。距砀山县人民政府驻地5.01千米。占地面积0.72平方千米。198户，790人，民族多为汉族。

据传，汉代一战将姓孙，后被皇帝封侯，在此立庄，得名孙侯庄。新中国成立初期属王古楼中心乡。1958年属陇海公社。1986年属西南门镇。2006年与城关镇合并，属砀城镇至今。

毛寨

毛寨（Máozhài） 在砀山县中部，属砀城镇王古楼社区居民委员会下辖的居民点。地处王古楼东南部，东至周屯，南至孙侯庄，西至黄楼小学，北至窦寨。距砀山县人民政府驻地5.88千米。占地面积0.46平方千米。131户，470人，民族多为汉族。

以前有一大户姓毛，在此筑寨落户，从而起名为毛寨。新中国成立初期属王古楼中心乡。1958年属陇海公社。1986年属西南门镇。2006年与城关镇合并，属砀城镇至今。

段庙

段庙（Duànmiào） 在砀山县中部，属砀城镇王古楼社区居民委员会下辖的居民点。地处王古楼东部，东至朱河村，南至徐井，西至毛寨，北至李楼。距砀山县人民政府驻地6.02千米。占地面积0.55平方千米。158户，560人，民族多为汉族。

据《段氏家谱》记载，段氏来自山西省洪洞县，于明朝永乐年间迁至这里，因村中修建一座关帝庙，故名。新中国成立初期属王古楼中心乡。1958年属陇海公社。1986年属西南门镇。2006年与城关镇合并，属砀城镇至今。

窦寨

窦寨（Dòuzhài） 在砀山县中部，属砀城镇王古楼社区居民委员会下辖的居民点。地处王古楼北部，东至周屯，南至毛寨，西至玄庙镇朱寨村，北至古黄大堤。距砀山县人民政府驻地7.01千米。占地面积0.69平方千米。173户，620人，民族多为汉族。

据传，唐代总兵窦一虎在此建寨设此庄，故为窦寨。新中国成立初期属王古楼中心乡。1958年属陇海公社。1986年属西南门镇。2006年与城关镇合并，属砀城镇至今。

东黄楼

东黄楼（Dōnghuánglóu） 在砀山县中部，属砀城镇王古楼社区居民委员会下辖的居民点。地处王古楼西部，东至孙侯庄，南至顺堤河，西至赵庄，北至黑新路。距砀山县人民政府驻地5.02千米。占地面积0.2平方千米。86户，320人，民族多为汉族。

据传，姓黄的兄弟分家占庄，各占东、西两庄，都建了楼，在西为西黄楼，在东为东黄楼。新中国成立初期属王古楼中心乡。1958年属陇海公社。1986年属西南门镇。2006年与城关镇合并，属砀城镇至今。

曹庙

曹庙（Cáomiào） 在砀山县中部，属砀城镇王古楼社区居民委员会下辖的居民点。地处王古楼西南部，东至王古楼，南至刘楼，北至孙侯庄，西至古黄大堤。距砀山县人民政府驻地4.5千米。占地面积0.72平方千米。212户，802人，民族多为汉族。

据村里老年人相传，以前有姓曹的大户人家在村中修建庙宇，因而得名曹庙。新中国成立初期属王古楼中心乡。1958年属陇海公社。1986年属西南门镇。2006年与城关镇合并，属砀城镇至今。

赵庄

赵庄（Zhàozhuāng） 在砀山县中部，属砀城镇林屯村民委员会下辖的居民点。地处林屯村西北部，东至杨庄，南至陆湾，西至段楼，北至季庄。距砀山县人民政府驻地8.4千米。占地面积0.62平方千米。146户，530人，民族多为汉族。

据查，赵庄以前叫揣庄，因多年前有个官员姓揣，在此居住；后来赵姓人家又搬到此地，改名揣赵庄；再后来，人们为了方便，就叫赵庄了。新中国成立初期属范寨区。1958年属中心乡陇海人民公社。1980年属朱寨区朱寨乡。1987年属西南门镇。2008年属砀城镇至今。

张焦庄

张焦庄（Zhāngjiāozhuāng） 在砀山县中部，属砀城镇林屯村民委员会下辖的居民点。地处林屯村西部，东至陆湾，南至窦寨，西至彭新庄，北至炭厂。距砀山县人民政府驻地7.2千米。占地面积1.13平方千米。240户，906人，民族多为汉族。

张焦庄以前叫李半滩，李姓建三官庙，又名三官庙；后来张姓人家投亲到此居住，张姓与焦姓联姻，焦姓又在此居住；由于张姓与焦姓家族人丁兴旺，故叫张焦庄。新中国成立初期属范寨区。1958年属中心乡陇海人民公社。1980年属朱寨区朱寨乡。1987年属西南门镇。2008年属砀城镇至今。

杨庄

杨庄（Yángzhuāng） 在砀山县中部，属砀城镇林屯村民委员会下辖的居民点。地处林屯村西部，东至林屯，南至西曹路，西至赵庄，北至季庄。距砀山县人民政府驻地8.56千米。占地面积0.85平方千米。132户，520人，民族多为汉族。

从前，杨姓、胡姓两家在此最早居住，后来杨姓人多，故而得名。新中国成立初期属范寨区。1958年属中心乡陇海人民公社。1980年属朱寨区朱寨乡。1987年属西南门镇。2008年属砀城镇至今。

徐庄

徐庄（Xúzhuāng） 在砀山县中部，属砀城镇林屯村民委员会下辖的居民点。地处林屯村西部，东至张焦庄，南至彭新庄，西至刘王庄，北至碳厂。距砀山县人民政府驻地7.5千米。占地面积0.11平方千米。16户，56人，民族多为汉族。

从前，徐姓家族在此占产立庄，故而得名。新中国成立初期属范寨区。1958年属中心乡陇海人民公社。1980年属朱寨区朱寨乡。1987年属西南门镇。2008年属砀城镇至今。

林屯

林屯（Líntún） 在砀山县中部，属砀城镇林屯村民委员会下辖的居民点。东至碧清庄园，南至卢庄，西至杨庄，北至黄河故道。距砀山县人民政府驻地8.62千米。占地面积2.13平方千米。390户，1508人，民族多为汉族。

据查，从前蔺姓在此居住；后来蔺姓搬走，演变成林屯。新中国成立初期属范寨区。1958年属中心乡陇海人民公社。1980年属朱寨区朱寨乡。1987年属西南门镇。2008年属砀城镇至今。

陆湾

陆湾（Lùwān） 在砀山县中部，属砀城镇林屯村民委员会下辖的居民点。地处林屯村西部，东至林屯，南至堤北沟周屯，西至张焦庄，北至赵庄。距砀山县人民政府驻地7.32千米。占地面积0.82平方千米。136户，503人，民族多为汉族。

据查，此地为黄河古道的一个湾，有姓陆的在此占产立庄，故而得名。新中国成立初期属范寨区。1958年属中心乡陇海人民公社。1980年属朱寨区朱寨乡。1987年属西南门镇。2008年属砀城镇至今。

小焦庄

小焦庄（Xiǎojiāozhuāng） 在砀山县中部，属砀城镇林屯村民委员会下辖的居民点。地处林屯村西部，东至段楼，南至张焦庄，西至碳厂，北至季庄。距砀山县人民政府驻地8.2千米。占地面积0.31平方千米。46户，170人，民族多为汉族。

从前，焦姓人家在此占产立庄，因人少村小，故而得名。新中国成立初期属范寨区。1958年属中心乡陇海人民公社。1980年属朱寨区朱寨乡。1987年属西南门镇。2008年属砀城镇至今。

窦庄

窦庄（Dòuzhuāng） 在砀山县中部，属砀城镇林屯村民委员会下辖的居民点。地处林屯村西部，东至陆湾，南至窦寨，西至彭新庄，北至张焦庄。距砀山县人民政府驻地7.13千米。占地面积0.11平方千米。18户，70人，民族多为汉族。

以前朝廷有个窦总兵，因犯错误，回乡建寨，叫窦寨；后因黄河泛滥，淹没窦寨后搬到高处的打麦厂居住，取名窦庄。新中国成立初期属范寨区。1958年属中心乡陇海人民公社。1980年属朱寨区朱寨乡。1987年属西南门镇。2008年属砀城镇至今。

梁庄

梁庄（Liángzhuāng） 在砀山县中部，属砀城镇蒋营村民委员会下辖的居民点。地处蒋营村西北部，东至前蒋营，南至东南门，西至刘集，北至后蒋营。距砀山县人民政府驻地10千米。占地面积0.95平方千米。241户，920人，民族多为汉族。

清末，该地以梁姓居多，故而得名梁庄。1964年属李庄乡蒋营大队。1965年属良梨乡。1966年属陇海乡人民公社。1988年属西南门乡。2007年划为砀城镇至今。

杜庄

杜庄（Dùzhuāng） 在砀山县中部，属砀城镇徐井村民委员会下辖的居民点。地处徐井村西北部，东至常庄，南至徐井，西至刘楼，北至王古楼。距砀山县人民政府驻地5.5千米。占地面积0.35平方千米。71户，243人，民族多为汉族。

因本村居住人口大部分姓杜，故名杜庄。新中国成立初期隶属王古楼中心乡。1958年属陇海乡。1965年属陇海公社。1981年划为朱寨区徐井乡。1987年属西南门镇。2007年合并乡镇，隶属砀城镇。

李庄镇

田楼

田楼（Tiánlóu） 在砀山县东部，属李庄镇海升新村管辖。距砀山县人民政府驻地10.18千米。占地面积0.91平方千米。366户，1422人，民族多为汉族。

清朝时期，田姓家族在此庄是名门望族，故由原来的李楼改成田楼。新中国成立初期属李庄区。1958年属李庄公社。1980

年属汪阁乡。1987 年属李庄镇至今。

张新庄

张新庄（Zhāngxīnzhuāng） 在砀山县东部，属李庄镇海升新村管辖。距砀山县人民政府驻地 10 千米。占地面积 0.28 平方千米。108 户，432 人，民族多为汉族。

以前张姓兄弟太多，在田楼无法生活，老三、老四从田楼迁到此地，占产建新庄，故名张新庄。新中国成立初期属李庄区。1958 年属李庄公社。1980 年属汪阁乡。1987 年属李庄镇至今。

丰屯

丰屯（Fēngtún） 在砀山县东部，属李庄镇海升新村管辖。距砀山县人民政府驻地 9.08 千米。占地面积 0.61 平方千米。210 户，840 人，民族多为汉族。

新中国成立前，该地为一户姓丰的乡绅所有，后来一些长工在此屯田居住，故名丰屯。新中国成立初期属李庄区。1958 年属李庄公社。1980 年属李阁乡。1987 年属李庄镇至今。

小李庄

小李庄（Xiǎolǐzhuāng） 在砀山县东部，属李庄镇海升新村管辖。距砀山县人民政府驻地 10.8 千米。占地面积 0.24 平方千米。96 户，384 人，民族多为汉族。

清代，李氏家族在此居住，由于当时人少、村小而得名。新中国成立初期属李庄区。1958 年属李庄公社。1980 年属李阁乡。1987 年属李庄镇至今。

陈庄

陈庄（Chénzhuāng） 在砀山县东部，属李庄镇海升新村管辖。距砀山县人民政府驻地 9.20 千米。占地面积 0.29 平方千米。124 户，496 人，民族多为汉族。

清代，陈姓兄弟四人在此占地立村，故得名陈庄。新中国成立初期属李庄区。1958 年属李庄公社。1980 年属李阁乡。1987 年属李庄镇至今。

丰庄

丰庄（Fēngzhuāng） 在砀山县东部，属李庄镇海升新村管辖。距砀山县人民政府驻地 9.1 千米。占地面积 0.19 平方千米。81 户，320 人，民族多为汉族。

以前，姓丰的乡绅到这里建业立村，故叫丰庄。新中国成立初期属李庄区，1958 年属李庄公社，1980 年属李阁乡，1987 年属李庄镇至今。

朱店

朱店（Zhūdiàn） 在砀山县东部，属李庄镇朱店社区管辖。距砀山县人民政府驻地 10.8 千米。占地面积 1.96 平方千米。267 户，987 人，民族多为汉族。

以前，有朱家老先人在这里开住宿店，因此得名朱店。新中国成立前属江苏省徐州市，新中国成立后属安徽砀山，后划为朱店大队。2014 年确立李庄镇朱店社区居民委员会至今。

后殷庄

后殷庄（Hòuyīnzhuāng） 在砀山县东部，属李庄镇朱店社区管辖。距砀山县人民政府驻地 11.9 千米。占地面积 0.88 平方千米。56 户，288 人，民族多为汉族。经济来源以水果种植、经济作物种植、外出务工为主。

明代，此地叫单庄，后因单家人少，殷家人多，且在殷庄的后面，故名。新中国成立初期属下楼乡。1953 年属胡楼乡。1956 年属东方红大队。1958 年属李庄人民公社。1980 年为朱店乡。2014 年属李庄镇朱店社区至今。

曹三子楼

曹三子楼（Cáosānzilóu） 在砀山县东部，属李庄镇朱店社区管辖。距砀山县人民政府驻地 9.6 千米。占地面积 1.99 平方千米。179 户，1438 人，民族多为汉族。

以前，曹姓老人在此建立三座楼，分给三个儿子，故名曹三子楼。新中国成立初期属良梨公社，后属李庄公社孙观大队、东方红大队，再后属李庄公社朱店乡。1987 年属李庄镇朱店村。2014 年属朱店社区至今。

二翟庄

二翟庄（Èrzháizhuāng） 在砀山县东部，属李庄镇朱店社区管辖。距砀山县人民政府驻地 8.9 千米。占地面积 1.08 平方千米。64 户，216 人，民族多为汉族。

唐末，翟姓太公之次子在此占产立户，为小翟庄，后改为二翟庄。新中国成立初期属蔡庄乡，后属良梨公社。1960 年属李庄公社孙观大队、东方红大队。1988 年属李庄镇朱店村。2014 年改属朱店社区。

大翟庄

大翟庄（Dàzháizhuāng） 在砀山县东部，属李庄镇朱店社区管辖。距砀山县人民政府驻地 8.4 千米。占地面积 1.71 平方千米。181 户，796 人，民族多为汉族。

唐末，翟姓太公在此占产立户，长子居住在此，次子在东隔河相望，故而有大翟庄、小翟庄之称。新中国成立初期属蔡庄乡，后属良梨公社。1960 年属李庄公社孙观大队、东方红大队。1988 年属曹三子楼村委会。2014 年改属朱店社区。

孙观

孙观（Sūnguān） 在砀山县东部，属李庄镇朱店社区管辖。距砀山县人民政府驻地 8.2 千米。占地面积 2.03 平方千米。178 户，810 人，民族多为汉族。

孙观原名姬家观，因村西北有一座道观得名。后因孙姓大量迁入，姬姓无后代，故改名为孙观。新中国成立初期属蔡庄乡。1958 年属良梨公社。1960 年属李庄公社孙观大队。“文化大革命”期间更名为东方红大队。1988 年属李庄镇。2002 年属曹三子楼村。2007 年属朱店村。2014 年改属朱店社区。

刘庄

刘庄（Liúzhuāng） 在砀山县东部，属李庄镇朱店社区管辖。距砀山县人民政府驻地 10.9 千米。占地面积 2.26 平方千米。332 户，838 人，民族多为汉族。

明代，刘姓在朱店集南安家落户，故而得名。新中国成立初期，刘庄属朱店村。1954 年属朱店乡。1958 年四村合并，改属东方红大队。2014 年三村合并，改为朱店社区，属李庄镇至今。

汪楼

汪楼（Wānglóu） 在砀山县东部，属李庄镇朱店社区管辖。距砀山县人民政府驻地 10.59 千米。占地面积 1.76 平方千米。171 户，670 人，民族多为汉族。

清代，汪姓在此占地立庄，建造楼房，故此得名。新中国成立初期属卞楼区。1953 年属卞楼乡。1958 年属李庄人民公社。1980 年属朱店乡。1988 年属李庄镇。2014 年属李庄镇朱店社区。

徐庄

徐庄（Xúzhuāng） 在砀山县东部，属李庄镇朱店社区管辖。距砀山县人民政府驻地 10.36 千米。占地面积 1.97 平方千米。275 户，988 人，民族多为汉族。

以前徐姓人氏在此建村，故而得名徐庄。新中国成立前属江苏省徐州。新中国成立初期属安徽省砀山。1958年属李庄公社。1988年属李庄镇朱店村。2014年改属朱店社区至今。

卞东

卞东（Biàndōng） 在砀山县东部，属李庄镇卞楼社区管辖。距砀山县人民政府驻地13.2千米。占地面积2.19平方千米。602户，2308人，民族多为汉族。

1991年，因当时卞楼村人口多、地面大，难于管理，把卞楼村分成两个村，即卞东和卞西。新中国成立初期属李庄乡。1958年属李庄公社。1988年属李庄镇。2014年属卞楼社区。

卞西

卞西（Biànxī） 在砀山县东部，属李庄镇卞楼社区管辖。距砀山县人民政府驻地12.2千米。占地面积2.01平方千米。468户，1890人，民族多为汉族。

1991年，因当时卞楼村人口多、地面大，难于管理，把卞楼村分成两个村，即卞东和卞西。新中国成立初期属李庄乡。1958年属李庄公社。1988年属李庄镇。2014年属卞楼社区。

于庄

于庄（Yúzhuāng） 在砀山县东部，属李庄镇卞楼社区管辖。距砀山县人民政府驻地11.9千米。占地面积0.68平方千米。180户，678人，民族多为汉族。

新中国成立前，因乡绅于民信在此居住，故而得名。新中国成立初期属卞楼区。后属朱店乡汪楼大队。1988年属李庄镇。现属李庄镇卞楼社区。

三子楼

三子楼（Sānzilóu） 在砀山县东部，属李庄镇卞楼社区管辖。距砀山县人民政府驻地12.7千米。占地面积0.73平方千米。210户，809人，民族多为汉族。

新中国成立前，有户汪姓人家在此建三座楼房，分给三个儿子，取名汪三子楼，多年来人们便简称此地为三子楼。新中国成立初期属汪楼大队，后来属朱店乡汪楼大队，现合并为李庄镇卞楼社区。

陈庄

陈庄（Chénzhuāng） 在砀山县东部，属李庄镇卞楼社区管辖。距砀山县人民政府驻地11.9千米。占地面积0.1平方千米。30户，89人，民族多为汉族。

以前，有一户姓陈的人家在此居住，取名陈庄。新中国成立初期属卞楼大队，后来属汪楼大队，现合村为李庄镇卞楼社区。

后刘屯

后刘屯（Hòuliútún） 在砀山县东部，属李庄镇镇东村民委员会管辖。距砀山县人民政府驻地13.6千米。占地面积0.88平方千米。218户，798人，民族多为汉族。

刘姓先民在此屯田居住，因庄体较大分为两个刘屯，该村在后故名后刘屯。刘氏家族于明朝万历年间从北京迁到砀山东南肖刘屯安家落户，后又迁到前刘屯居住。再后兄弟俩分家，从前刘屯搬到此地居住，故而得名。新中国成立初期属江苏省砀山县管理。1958年前属洪河大队，1958年后属夏桥大队。1971年属三屯大队。2007年并入镇东村至今。

董屯

董屯（Dǒngtún） 在砀山县东部，属李庄镇镇东村民委员会管辖。距砀山县人民政府驻地13.8千米。占地面积0.72平方千米。165户，606人，民族多为汉族。

明朝洪武年间，运粮官董某迁到此地屯田安家，故名董屯。新中国成立初期属江苏省砀山县管理。1958年前属洪河大队，1958年后属夏桥大队。1971年属三屯大队。2007年并入镇东村至今。

前刘屯

前刘屯（Qiánliútún） 在砀山县东部，属李庄镇镇东村民委员会管辖。距砀山县人民政府驻地13.9千米。占地面积1.78平方千米。434户，1688人，民族多为汉族。

刘氏家族系明朝万历年间从北京迁到砀山东南肖刘屯安家落户，后又迁到前刘屯居住。因屯田不纳粮款，且有别于后刘屯，故名。新中国成立初期属江苏省砀山县管理。1958年前属洪河大队，1958年属夏桥大队。1971年属三屯大队。2007年并入镇东村至今。

夏桥

夏桥（Xiàqiáo） 在砀山县东部，属李庄镇镇东村民委员会管辖。距砀山县人民政府驻地14.8千米。占地面积0.85平方千米。201户，750人，民族多为汉族。

民国以前，夏氏家族从山西迁到李庄火车站东南三里洪河岸边居住。民国17年，夏氏家族协同政府建一大桥，起名夏桥。1958年属李庄公社。1988年属李庄镇。2014年属李庄镇镇东村至今。

赵庙

赵庙（Zhàomiào） 在砀山县东部，属李庄镇镇东村民委员会管辖。距砀山县人民政府驻地14.9千米。占地面积0.86平方千米。210户，801人，民族多为汉族。

赵氏祖先于清乾隆年间从南京调往砀山任学官之职，在此捐款建立火神庙，因此得名赵庙。新中国成立初期属李庄公社。1980年先后属卢庄乡、卞楼乡。1988年属李庄镇。2014年属李庄镇镇东村至今。

夏桥河西

夏桥河西（Xiàqiáohéxī） 在砀山县东部，属李庄镇镇东村民委员会管辖。距砀山县人民政府驻地14.7千米。占地面积0.45平方千米。85户，303人，民族多为汉族。

夏氏家族人口众多，居住在河东、河西，统称夏桥，河西居住人口增多，形成村庄，后简称夏桥河西。新中国成立初期，夏桥属李庄公社。1980年先后属卢庄乡、卞楼乡。1988年属李庄镇夏桥大队。2007年村级合并，为镇东村至今。

许庄

许庄（Xǔzhuāng） 在砀山县东部，属李庄镇镇东村民委员会管辖。距砀山县人民政府驻地14.9千米。占地面积1.01平方千米。216户，803人，民族多为汉族。

清代，许姓在此占产立庄，故而得名。新中国成立初期属闸口乡。1953年属赵楼乡。1958年属李庄人民公社。1981年属李庄区卞楼乡。1988年属李庄镇。2007年合村属镇东村至今。

赵庄

赵庄（Zhàozhuāng） 在砀山县东部，属李庄镇镇东村民委员会管辖。距砀山县人民政府驻地15.6千米。占地面积0.52平方千米。120户，440人，民族多为汉族。

在民国以前，赵氏家族迁至李庄车站南五里落户立庄，故而得名。新中国成立初期，赵庄属夏桥大队。1958年属夏桥公社。1980年先后属卢庄乡、卞楼乡。1988年属李庄镇。2007年村级合并为镇东村委会。

汪阁

汪阁（Wānggé） 在砀山县东部，属李庄镇汪阁村民委员会管辖。距砀山县人民政府驻地12.3千米。占地面积1.08平方千米。410户，1409人，民族多为汉族。

此地在明朝前期称季家寨，明末由一汪姓家族在此建造一楼阁，故更名为汪阁。新中国成立初期属李庄公社。1980年属汪阁乡。1988年属李庄镇。

王堂

王堂（Wángtáng） 在砀山县东部，属李庄镇汪阁村民委员会管辖。距砀山县人民政府驻地13.9千米。占地面积0.62平方千米。202户，706人，民族多为汉族。

从前此地多王姓人家居住，村侧曾有一座教堂，故名王堂。1958年属李庄公社。1980年属汪阁乡。1988年属李庄镇汪阁村委会。

夏庄

夏庄（Xiàzhuāng） 在砀山县东部，属李庄镇汪阁村民委员会管辖。距砀山县人民政府驻地14.1千米。占地面积0.22平方千米。102户，320人，民族多为汉族。

以前夏姓在此地占产立庄，故而得名。1958年属李庄公社汪阁大队。1980年属汪阁乡。1988年属李庄镇汪阁村委会。

云庄

云庄（Yúnzhuāng） 在砀山县东部，属李庄镇汪阁村民委员会管辖。距砀山县人民政府驻地15.1千米。占地面积0.53平方千米。201户，631人，民族多为汉族。

从前，云姓在此地占产立庄，故而得名。1958年属李庄公社。1980年属汪阁乡。1988年属李庄镇汪阁村委会。

王庄

王庄（Wángzhuāng） 在砀山县东部，属李庄镇汪阁村民委员会管辖。距砀山县人民政府驻地12.8千米。占地面积0.44平方千米。133户，498人，民族多为汉族。

明代，王姓由宿县来砀居官，落户闸口王集，后分支此地占产立庄，故而得名王庄。1958年属李庄公社汪阁大队。1980年属汪阁乡。1988年属李庄镇汪阁村委会。

李庄

李庄（Lǐzhuāng） 在砀山县东部，属李庄镇汪阁村民委员会管辖。距砀山县人民政府驻地13.3千米。占地面积0.23平方千米。95户，350人，民族多为汉族。

清朝中期，李姓从城东五里庙吴庄迁居此地占产立庄，故而得名。1958年属李庄公社汪阁大队。1980年属汪阁乡。1988年属李庄镇汪阁村委会。

黄楼

黄楼（Huánglóu） 在砀山县东部，属李庄镇汪阁村民委员会管辖。距砀山县人民政府驻地14.4千米。占地面积1.03平方千米。335户，1306人，民族多为汉族。经济来源以水果种植为主。

从前，黄姓先民在此立庄，并建有土楼，故名黄楼。1958年属李庄公社。1980年属汪阁乡。1988年属汪阁村委会。

杨庄

杨庄（Yángzhuāng） 在砀山县东部，属李庄镇汪阁村民委员会管辖。距砀山县人民政府驻地14.5千米。占地面积0.22平方千米。101户，330人，民族多为汉族。经济来源以水果种植、销售为主。

从前，杨姓先民在此立庄，以姓起名。1958年属李庄公社。1980年属汪阁乡。1988

年属汪阁村委会。

贾楼

贾楼（Jiǎlóu）　在砀山县东部，属李庄镇贾楼村民委员会管辖。距砀山县人民政府驻地14.9千米。占地面积0.62平方千米。175户，650人，民族多为汉族。经济来源以玉米、小麦、水果种植及外出务工为主。

从前，贾姓先民在此立庄建楼，故名贾楼。1958年属李庄公社。1988年属李庄镇。2007年属李庄镇贾楼村民委员会。

刘楼

刘楼（Liúlóu）　在砀山县东部，属李庄镇贾楼村民委员会管辖。距砀山县人民政府驻地15.2千米。占地面积0.63平方千米。190户，709人，民族多为汉族。

从前，有一户姓刘的人家在此居住，庄里有一土楼，故而得名刘楼。1958年属李庄公社。1988年属李庄镇。2007年属李庄镇贾楼村民委员会。

宋李庄

宋李庄（Sònglǐzhuāng）　在砀山县东部，属李庄镇贾楼村民委员会管辖。距砀山县人民政府驻地14.8千米。占地面积0.69平方千米。182户，720人，民族多为汉族。

从前，有宋、李两姓在此立庄，故而得名。1958年属李庄公社贾楼大队。1988年属李庄镇贾楼大队。2007年属李庄镇贾楼村民委员会。

前殷庄

前殷庄（Qiányīnzhuāng）　在砀山县东部，属李庄镇贾楼村民委员会管辖。距砀山县人民政府驻地13.6千米。占地面积0.55平方千米。142户，540人，民族多为汉族。

从前，有殷姓先民在此建庄，且有三个殷庄相邻，该村在前，故名前殷庄。以前属贾楼大队管理，到1980年分开。在2007年又属贾楼村管理至今。

中殷庄

中殷庄（Zhōngyīnzhuāng）　在砀山县东部，属李庄镇贾楼村民委员会管辖。距砀山县人民政府驻地12.6千米。占地面积0.59平方千米。146户，529人，民族多为汉族。

殷姓先民在此建庄，因三个殷庄相邻，该村在中间，故名中殷庄。以前属贾楼大队，到1980年分开，在2007年又属贾楼村管理至今。

新庄

新庄（Xīnzhuāng）　在砀山县东部，属李庄镇贾楼村民委员会管辖。距砀山县人民政府驻地15.2千米。占地面积0.24平方千米。53户，180人，民族多为汉族。

原贾楼大队于1980年搬出99人，新建村庄，起名新庄。1988年属李庄镇贾楼大队。2007年属李庄镇贾楼村民委员会。

蒋庄

蒋庄（Jiǎngzhuāng）　在砀山县东部，属李庄镇贾楼村民委员会管辖。距砀山县人民政府驻地14.1千米。占地面积0.45平方千米。136户，520人，民族多为汉族。

以前蒋氏家族是一大户，其他姓氏都是其佃户，因此得名蒋庄。以前属贾楼大队管理，1980年分开，在2007年又属贾楼村管理。

蒋楼

蒋楼（Jiǎnglóu）　在砀山县东部，属李庄镇蒋楼村民委员会管辖。距砀山县人民政府驻地14.3千米。占地面积0.85平方千米。232户，920人，民族多为汉族。

以前蒋氏家族是一大户，建一座楼房，

因此得名蒋楼。以前属李庄公社贾楼大队，1980年贾楼大队分开，划为两个大队，到2007年蒋楼和贾楼又合并为贾楼村委会。

臧庄

臧庄（Zāngzhuāng） 在砀山县东部，属李庄镇贾楼村民委员会管辖。距砀山县人民政府驻地13.8千米。占地面积0.05平方千米。12户，36人，民族多为汉族。

新中国成立前有一户姓臧的搬来居住，起名臧庄。1958年属李庄公社贾楼大队。1988年属李庄镇。2007年属李庄镇贾楼村民委员会。

吴庙

吴庙（Wúmiào） 在砀山县东部，属李庄镇李园新村村民委员会管辖。距砀山县人民政府驻地10.6千米。占地面积0.38平方千米。128户，450人，民族多为汉族。

吴姓先民迁居该村时，村侧有一古庙，故名吴庙。新中国成立初期属丰棉乡。1980年属李庄区。1988年属李庄镇。现属李庄镇李园新村。

闫楼

闫楼（Yánlóu） 在砀山县东部，属李庄镇李园新村村民委员会管辖。距砀山县人民政府驻地10.21千米。占地面积0.56平方千米。173户，670人，民族多为汉族。

明朝洪武年间，因连年战乱，致使豫、皖、鲁广大地区人烟稀少，土地荒芜，故国家采取移民政策。闫姓自河南迁居此地，建了楼房，由此得名。新中国成立初期属丰棉乡。1980年属李庄区。1984年属李庄公社。现属李庄镇李园新村。

蒋庄

蒋庄（Jiǎngzhuāng） 在砀山县东部，属李庄镇李园新村村民委员会管辖。距砀山县人民政府驻地11.28千米。占地面积0.25平方千米。77户，290人，民族多为汉族。

从前，蒋姓先民在此建庄，故名蒋庄。新中国成立初期属丰棉乡，1980年属李庄区。1984年属李庄公社，现属李庄镇李园新村。

王牌坊

王牌坊（Wángpáifāng） 在砀山县东部，属李庄镇李园新村村民委员会管辖。距砀山县人民政府驻地12.3千米。占地面积1.61平方千米。468户，1807人，民族多为汉族。

明末，先祖王世湄带领家人从王寨到此定居，长子之彬18岁娶李氏之女为妻，后之彬不幸去世，其妻子一直没嫁，死后王氏家庭为了纪念她，为她建了贞节牌坊，王牌坊因此得名。新中国成立初期，王牌坊属丰棉乡。1958年属李庄人民公社。1980年属李庄区芦庄乡。1988年属李庄镇至今。

冯集

冯集（Féngjí） 在砀山县东部，属李庄镇李园新村村民委员会管辖。距砀山县人民政府驻地13.2千米。占地面积0.43平方千米。150户，556人，民族多为汉族。

明代，冯姓人氏在此沿路逢集做些生意，故而得名。新中国成立初期属丰棉乡。1958年属李庄公社。1980年属李庄区芦庄乡。1988年后属李庄镇至今。

邱王庄

邱王庄（Qiūwángzhuāng） 在砀山县东部，属李庄镇李园新村村民委员会管辖。距砀山县人民政府驻地13.1千米。占地面积1.04平方千米。238户，907人，民族多为汉族。

明朝年间，从山西省洪洞县迁往此地

的有王姓弟兄三人、邱姓弟兄二人，故名邱王庄。新中国成立初期属丰棉乡。1958年属李庄公社。1980年属李庄区芦庄乡。1988年属李庄镇至今。

汪新庄

汪新庄（Wāngxīnzhuāng） 在砀山县东部，属李庄镇李园新村村民委员会管辖。距砀山县人民政府驻地12.6千米。占地面积0.25平方千米。86户，290人，民族多为汉族。

新中国成立前，汪姓在此占地立新庄，故而得名汪新庄。新中国成立初期属丰棉乡。1980年属李庄区。1988年属李庄镇，现属李庄镇李园新村。

汪赵楼

汪赵楼（Wāngzhàolóu） 在砀山县东部，属李庄镇李园新村村民委员会管辖。距砀山县人民政府驻地12.6千米。占地面积0.26平方千米。68户，256人，民族多为汉族。

新中国成立前，因汪姓、赵姓在此占地立庄，共同建造楼阁，故而得名汪赵楼。新中国成立初期属丰棉乡，1980年属李庄区。1988年属李庄镇，现属李庄镇李园新村。

小陈庄

小陈庄（Xiǎochénzhuāng） 在砀山县东部，属李庄镇李园新村村民委员会管辖。距砀山县人民政府驻地11.23千米。占地面积0.15平方千米。45户，162人，民族多为汉族。

陈姓先人最先落户此地，因庄子较小，故名。新中国成立初期属丰棉乡。1958年属李庄公社。1980年属李庄区芦庄乡。1988年属李庄镇至今。

小李庄

小李庄（Xiǎolǐzhuāng） 在砀山县东部，属李庄镇李园新村村民委员会管辖。距砀山县人民政府驻地12.06千米。占地面积0.19平方千米。41户，140人，民族多为汉族。

从前，李姓先民迁居此地，因庄体较小，故名。新中国成立初期属丰棉乡。1980年属李庄区。1988年属李庄镇。现属李庄镇李园新村。

汪黑楼

汪黑楼（Wānghēilóu） 在砀山县东部，属李庄镇李园新村村民委员会管辖。距砀山县人民政府驻地10.79千米。占地面积0.16平方千米。52户，190人，民族多为汉族。

以前，汪姓家族在此建造一座黑土楼，故而得名汪黑楼。1958年属李庄公社。1984年划归汪阁乡。2007年属李庄镇至今。

张楼

张楼（Zhānglóu） 在砀山县东部，属李庄镇李园新村村民委员会管辖。距砀山县人民政府驻地8.9千米。占地面积0.27平方千米。61户，190人，民族多为汉族。

从前，张姓先民立庄时建有一土楼，故名。新中国成立初期属丰棉乡。1980年属李庄区。1988年属李庄镇。现属李庄镇李园新村。

高庄

高庄（Gāozhuāng） 在砀山县东部，属李庄镇李园新村村民委员会管辖。距砀山县人民政府驻地10.3千米。占地面积0.28平方千米。76户，278人，民族多为汉族。

清代，高氏家族在此占产立庄，故名高庄。新中国成立初期属丰棉乡。1980年属李庄区。1988年属李庄镇。现属李庄镇李园新村。

小王庄

小王庄（Xiǎowángzhuāng） 在砀山

县东部，属李庄镇李园新村村民委员会管辖。距砀山县人民政府驻地12.29千米。占地面积0.13平方千米。40户，159人，民族多为汉族。

明朝万历年间，从山西省洪洞县迁往本县王姓兄弟三人，老大住邱王庄，老三住花王庄，老二住小王庄，从此得名。新中国成立初期属丰棉乡。1958年属李庄公社。1980年属李庄区芦庄乡。1988年属李庄镇至今。

前唐庄

前唐庄（Qiántángzhuāng） 在砀山县东部，属李庄镇振兴社区居民委员会管辖。距砀山县人民政府驻地16.6千米。占地面积2.05平方千米。537户，1908人，民族多为汉族。

原名唐庄，因本村有两个唐庄，所以更名为前唐庄。1958年属邵楼大队。1980年属下楼乡。1988年属李庄镇邵楼村。2007年属振兴新村，现属李庄镇振兴社区。

胡屯

胡屯（Hútún） 在砀山县东部，属李庄镇振兴社区居民委员会管辖。距砀山县人民政府驻地16.8千米。占地面积0.63平方千米。171户，660人，民族多为汉族。

从前，有姓胡的人在此屯田定居，故名胡屯。新中国成立初期属胡屯大队。1980年属下楼乡。1988年属李庄镇。2008年合成振兴新村。2014年改属振兴社区。

李暗楼

李暗楼（Lǐ' ànlóu） 在砀山县东部，属李庄镇振兴社区居民委员会管辖。距砀山县人民政府驻地16.9千米。占地面积1.43平方千米。362户，1350人，民族多为汉族。

从前村中有个土楼，姓李的人民在此居住，故名李暗楼。新中国成立初期属胡屯大队。1980年归下楼乡。1988年属李庄镇胡屯村。2008年合村后属振兴新村。2014年改属振兴社区。

后唐庄

后唐庄（Hòutángzhuāng） 在砀山县东部，属李庄镇振兴社区居民委员会管辖。距砀山县人民政府驻地14.8千米。占地面积1.13平方千米。268户，1150人，民族多为汉族。

原名唐庄，因本村有两个唐庄，不能重名，所以改名为后唐庄。1958年属张楼大队。1980年属下楼乡。1988年属李庄镇。2008年合村后属振兴新村。2014年改属振兴社区。

李桥

李桥（Lǐqiáo） 在砀山县东部，属李庄镇振兴社区居民委员会管辖。距砀山县人民政府驻地14.9千米。占地面积0.24平方千米。49户，199人，民族多为汉族。

因当地有大型石拱桥，李姓人氏在此定居，故取名李桥。1958年属张楼大队。1980年属下楼乡。1988年属李庄镇唐庄村。2008年合村后属振兴新村。2014年改属振兴社区。

汪庄

汪庄（Wāngzhuāng） 在砀山县东部，属李庄镇振兴社区居民委员会管辖。距砀山县人民政府驻地16.3千米。占地面积0.12平方千米。34户，130人，民族多为汉族。

从前，汪姓人民在此居住，故取名汪庄。1958年属邵楼大队。1980年属下楼乡。1988年属李庄镇邵楼村。2008年合村后属振兴新村。2014年改属振兴社区。

前王楼

前王楼（Qiánwánglóu） 在砀山县东

部，属李庄镇振兴社区居民委员会管辖。距砀山县人民政府驻地16.8千米。占地面积0.18平方千米。50户，177人，民族多为汉族。

本村有两个王楼，而此王楼在南面，所以叫前王楼。1958年属胡屯大队。1980年属下楼乡。1988年属李庄镇胡屯村。2008年合村后属振兴新村。2014年改属振兴社区。

后王楼

后王楼（Hòuwánglóu） 在砀山县东部，属李庄镇振兴社区居民委员会管辖。距砀山县人民政府驻地15.5千米。占地面积0.46平方千米。136户，520人，民族多为汉族。

本村有两个王楼村，不能重名，所以分为前王楼和后王楼。1958年属胡屯大队。1980年属下楼乡。1988年属李庄镇胡屯村。2008年合村后属振兴新村。2014年改属振兴社区。

陈庄

陈庄（Chénzhuāng） 在砀山县东部，属李庄镇振兴社区居民委员会管辖。距砀山县人民政府驻地15.8千米。占地面积0.19平方千米。49户，203人，民族多为汉族。

从前，陈姓人氏在此定居，故名陈庄。1958年属胡屯大队。1980年属下楼乡。1988年属李庄镇胡屯村。2008年合村后属振兴新村。2014年改为振兴社区。

华卞庄

华卞庄（Huábiànzhuāng） 在砀山县东部，属李庄镇振兴社区居民委员会管辖。距砀山县人民政府驻地12.6千米。占地面积0.66平方千米。226户，760人，民族多为汉族。

以前，姓华和姓卞的人在此占地建庄，故而得名华卞庄。1958年属张楼大队。1980年属下楼乡。1988年属李庄镇张楼村。2008年合村后属振兴新村。

仁庄

仁庄（Rénzhuāng） 在砀山县东部，属李庄镇振兴社区居民委员会管辖。距砀山县人民政府驻地12.02千米。占地面积0.24平方千米。56户，220人，民族多为汉族。

以前有姓仁的人氏在此定居，故名仁庄。1958年属楼大队。1980年属下楼乡。1988年属李庄镇张楼村。2008年合村后属振兴新村。2014年改属振兴社区。

邵楼

邵楼（Shàolóu） 在砀山县东部，属李庄镇振兴社区居民委员会管辖。距砀山县人民政府驻地15.2千米。占地面积0.65平方千米。190户，750人，民族多为汉族。

以前有一姓邵的乡绅在此盖楼居住，故得名邵楼。1958年属李庄公社。1980年属下楼乡。1988年属李庄镇邵楼村。2008年合村后属振兴新村。现属李庄镇振兴社区。

周庄

周庄（Zhōuzhuāng） 在砀山县东部，属李庄镇振兴社区居民委员会管辖。距砀山县人民政府驻地15.6千米。占地面积0.48平方千米。135户，510人，民族多为汉族。

从前周姓人氏在此居住，故而得名。1958年属邵楼大队。1980年属下楼乡。1988年属李庄镇邵楼村。2008年合村后属振兴新村。2014年改属振兴社区。

张楼

张楼（Zhānglóu） 在砀山县东部，属李庄镇振兴社区居民委员会管辖。距砀山县人民政府驻地13.5千米。占地面积0.62平方千米。172户，640人，民族多为汉族。

从前，因张姓人口多，在此建楼居住，故起名为张楼。1958年属张楼大队。1980年属下楼乡。1988年属李庄镇张楼村。2008年合村后属振兴新村。2014年改属振兴社区。

曹庄

曹庄（Cáozhuāng） 在砀山县东部，属李庄镇振兴社区居民委员会管辖。距砀山县人民政府驻地12.05千米。占地面积0.12平方千米。23户，90人，民族多为汉族。

因以前有姓曹的人氏在此定居，故名曹庄。新中国成立初期属张楼大队。1980年属下楼乡。1988年属李庄镇张楼村。2008年合村后属振兴新村。2014年改属振兴社区。

胡庄

胡庄（Húzhuāng） 在砀山县东部，属李庄镇振兴社区居民委员会管辖。距砀山县人民政府驻地12.08千米。占地面积0.13平方千米。29户，110人，民族多为汉族。

因以前姓胡的人氏在此定居，故名胡庄。1958年属张楼大队。1980年属下楼乡。1988年属李庄镇张楼村。2008年合村后属振兴新村。2014年改属振兴社区。

良梨镇

马庄

马庄（Mǎzhuāng） 在砀山县东部，属良梨镇马庄村民委员会管辖。距砀山县人民政府驻地13.4千米。占地面积0.5平方千米。155户，585人，民族多为汉族。

明洪武二年（1369年），马姓从山西省洪洞县马家屯迁来，在此地建庄，故而得名。新中国成立前归砀山县李庄区。1961年属良梨公社。1981年属卢庄乡。1988年属良梨镇至今。

魏楼

魏楼（Wèilóu） 在砀山县东部，属良梨镇马庄村民委员会管辖。距砀山县人民政府驻地13.5千米。占地面积0.67平方千米。152户，584人，民族多为汉族。

明代，魏姓在此占产立庄，建楼，故而得名。新中国成立前归砀山县李庄区。1961年属良梨公社。1981年属卢庄乡。1988年属良梨镇至今。

王庄

王庄（Wángzhuāng） 在砀山县东部，属良梨镇马庄村民委员会管辖。距砀山县人民政府驻地14.6千米。占地面积0.87平方千米。255户，1007人，民族多为汉族。

明代，王姓在此占产立庄，故而得名。新中国成立前归砀山县李庄区。1961年属良梨公社。1981年属卢庄乡。1988年属良梨镇至今。

王套楼

王套楼（Wángtàolóu） 在砀山县东部，属良梨镇马庄村民委员会管辖。距砀山县人民政府驻地15.5千米。占地面积1平方千米。242户，862人，民族多为汉族。

据查，此地明代移民落户人家中王姓占多数，建有套楼，故而取名王套楼。新中国成立前归砀山县李庄区。1961年属良梨公社。1981年属卢庄乡。1988年属良梨镇至今。

吴菜园

吴菜园（Wúcàiyuán） 在砀山县东部，属良梨镇马庄村民委员会管辖。距砀山县人民政府驻地12.8千米。占地面积0.34平方千米。95户，361人，民族多为汉族。

明代，吴姓在此占产立庄，家家户户都种菜，都有菜园子，故而得名。新中国成立前归砀山县李庄区。1961年属良梨公社。1981年属卢庄乡。1988年属良梨镇至今。

魏寨

魏寨（Wèizhài） 在砀山县东部，属良梨镇马庄村民委员会管辖。距砀山县人民政府驻地16.3千米。占地面积0.65平方千米。180户，671人，民族多为汉族。

明代，魏姓在此占产立庄，后筑寨，故而得名。新中国成立前归砀山县李庄区。1961年属良梨公社。1981年属卢庄乡。1988年属良梨镇至今。

陈庄

陈庄（Chénzhuāng） 在砀山县东部，属良梨镇马庄村民委员会管辖。距砀山县人民政府驻地13.8千米。占地面积0.23平方千米。74户，269人，民族多为汉族。

明代，陈姓在此占产立庄，故而得名。新中国成立前归砀山县李庄区。1961年属良梨公社。1981年属卢庄乡。1988年属良梨镇至今。

卢庄

卢庄（Lúzhuāng） 在砀山县东部，属良梨镇马庄村民委员会管辖。距砀山县人民政府驻地15千米。占地面积0.35平方千米。121户，413人，民族多为汉族。

明代，有一卢姓大户在此占产立庄，不久卢姓大户搬走了，许姓、王姓等继续居住，但庄名未变。新中国成立前归砀山县李庄区。1961年属良梨公社。1981年属卢庄乡。1988年属良梨镇至今。

陈马路口

陈马路口（Chénmǎlùkǒu） 在砀山县东部，属良梨镇马庄村民委员会管辖。距砀山县人民政府驻地16.5千米。占地面积1.03平方千米。261户，1042人，民族多为汉族。

据查，明代此处有一很高的拦水坝，后来挖开通行，成了通往徐州的马路口，且此地陈姓居多，故而得名。新中国成立前归砀山县李庄区。1961年属良梨公社。1981年属卢庄乡。1988年属良梨镇至今。

孙庄

孙庄（Sūnzhuāng） 在砀山县东部，属良梨镇马庄村民委员会管辖。距砀山县人民政府驻地12.6千米。占地面积0.23平方千米。52户，194人，民族多为汉族。

新中国成立前，孙姓在此占产立庄，取名孙庄。新中国成立前归砀山县李庄区。1961年属良梨公社。1981年属卢庄乡。1988年属良梨镇至今。

李老庄

李老庄（Lǐlǎozhuāng） 在砀山县东部，属良梨镇丰棉村民委员会管辖。距砀山县人民政府驻地8.52千米。占地面积0.47平方千米。94户，347人，民族多为汉族。

明初，李姓在此占产立庄，由于立庄较早，后来分支出不少新庄，故而此地得名李老庄。新中国成立前归砀山县第二区礼河乡。新中国成立初期归范寨区，后来归丰棉小乡。1988年属良梨乡。2007年属良梨镇丰棉村。

李楼

李楼（Lǐlóu） 在砀山县东部，属良梨镇丰棉村民委员会管辖。距砀山县人民政府驻地8.64千米。占地面积0.43平方千米。84户，318人，民族多为汉族。

从前，李姓在此占产立庄，并建设楼房，故而得名。新中国成立前归砀山县第二区礼河乡。新中国成立初期归范寨区，后来归丰棉小乡。1988年属良梨乡。2007年属良梨镇丰棉村。

刘庄

刘庄（Liúzhuāng） 在砀山县东部，属良梨镇丰棉村民委员会管辖。距砀山县人民政府驻地8.65千米。占地面积0.91平方千米。252户，822人，民族多为汉族。

明代，刘姓在此占产，故而得名。新中国成立前归砀山县第二区礼河乡。新中国成立初期归范寨区，后来归丰棉小乡。1988年属良梨乡。2007年属良梨镇丰棉村。

闫庄

闫庄（Yánzhuāng） 在砀山县东部，属良梨镇丰棉村民委员会管辖。距砀山县人民政府驻地8.87千米。占地面积0.45平方千米。91户，339人，民族多为汉族。

明代，闫姓在此占产立庄，故而得名。新中国成立前归砀山县第二区礼河乡。新中国成立初期归范寨区，后来归丰棉小乡。1988年属良梨乡。2007年属良梨镇丰棉村。

李阁

李阁（Lǐgé） 在砀山县东部，属良梨镇丰棉村民委员会管辖。距砀山县人民政府驻地8.75千米。占地面积1.47平方千米。416户，1314人，民族多为汉族。

明代，李姓在此占产立庄，且建造楼阁，故而得名。新中国成立前归砀山县第二区礼河乡。新中国成立初期归范寨区，后来归丰棉小乡。1988年属良梨乡。2007年属良梨镇丰棉村。

翟庄

翟庄（Zháizhuāng） 在砀山县东部，属良梨镇丰棉村民委员会管辖。距砀山县人民政府驻地8.49千米。占地面积0.52平方千米。124户，438人，民族多为汉族。

明代，翟姓在此占产立庄，故而得名。新中国成立前归砀山县第二区礼河乡。新中国成立初期归范寨区，后来归丰棉小乡。1988年属良梨乡。2007年属良梨镇丰棉村。

张楼

张楼（Zhānglóu） 在砀山县东部，属良梨镇丰棉村民委员会管辖。距砀山县人民政府驻地8.98千米。占地面积1.28平方千米。346户，1100人，民族多为汉族。

明代，张姓在此占产立庄，且建造楼房，故而得名。新中国成立前归砀山县第二区礼河乡。新中国成立初期归范寨区，后来归丰棉小乡。1988年属良梨乡。2007年属良梨镇丰棉村。

于黄楼

于黄楼（Yúhuánglóu） 在砀山县东部，属良梨镇丰棉村民委员会管辖。距砀山县人民政府驻地9.8千米。占地面积0.44平方千米。88户，330人，民族多为汉族。

明代，于姓和黄姓在此占产立庄，且建造楼房，故而得名。新中国成立前归砀山县第二区礼河乡。新中国成立初期归范寨区，后来归丰棉小乡。1988年属良梨乡。2007年属良梨镇丰棉村。

于刘楼

于刘楼（Yúliúlóu） 在砀山县东部，属良梨镇丰棉村民委员会管辖。距砀山县人民政府驻地9.5千米。占地面积1.24平方千米。334户，1068人，民族多为汉族。

明代，于姓和刘姓在此占产立庄，且建造楼房，故而得名。新中国成立前归砀山县第二区礼河乡。新中国成立初期归范寨区，后来归丰棉小乡。1988年属良梨乡。2007年属良梨镇丰棉村委会。

徐楼

徐楼（Xúlóu） 在砀山县东部，属良

梨镇丰棉村民委员会管辖。距砀山县人民政府驻地10.4千米。占地面积0.57平方千米。188户，722人，民族多为汉族。

明代，徐姓在此占产立庄，且建造楼房，故而得名。新中国成立前归砀山县第二区礼河乡。新中国成立初期归范寨区，后来归丰棉小乡。1988年属良梨乡。2007年属良梨镇丰棉村委会。

陈楼

陈楼（Chénlóu） 在砀山县东部，属良梨镇丰棉村民委员会管辖。距砀山县人民政府驻地9.2千米。占地面积0.46平方千米。141户，488人，民族多为汉族。

明代，陈姓在此占产立庄，且建造楼房，故而得名。新中国成立前归砀山县第二区礼河乡。新中国成立初期归范寨区，后来归丰棉小乡。1988年属良梨乡。2007年属良梨镇丰棉村委会。

木龙坝

木龙坝（Mùlóngbà） 在砀山县东部，属良梨镇桃源村民委员会管辖。距砀山县人民政府驻地11.83千米。占地面积0.55平方千米。158户，615人，民族多为汉族。

从前，庄前有一大坝阻隔，东西长卧，像一条木雕的巨龙横卧在庄前，此庄因此得名。新中国成立初期属李庄区红旗大队。1964年属良梨乡吴庄大队。2007年并村后，属良梨镇桃源村委会。

吴庄

吴庄（Wúzhuāng） 在砀山县东部，属良梨镇桃源村民委员会管辖。距砀山县人民政府驻地10.8千米。占地面积0.65平方千米。185户，692人，民族多为汉族。

从前，吴氏家族在此占地立庄，村名由此而得。新中国成立初期属李庄区红旗大队。1964年属良梨乡。2007年并村后，属良梨镇桃源村委会。

东北场

东北场（Dōngběichǎng） 在砀山县东部，属良梨镇桃源村民委员会管辖。距砀山县人民政府驻地12.8千米。占地面积0.45平方千米。49户，215人，民族多为汉族。

20世纪50年代，红旗大队在梨园场重新组建新庄，人员由崔楼、阎王庙、马庄、吴庄等迁出，为试验场，后变更为东北场。1988年属良梨乡。2007年属良梨镇桃源村委会。

新丁集

新丁集（Xīndīngjí） 在砀山县东部，属良梨镇桃源村民委员会管辖。距砀山县人民政府驻地10.85千米。占地面积0.78平方千米。146户，665人，民族多为汉族。

新中国成立前，此庄人员都住老丁集坝南；新中国成立初期由老丁集迁出，在坝北重建新庄，故名新丁集。新中国成立初期属李庄区红旗大队。1964年属良梨乡吴庄大队。2007年并村后，属良梨镇桃源村委会。

狼屯

狼屯（Lángtún） 在砀山县东部，属良梨镇桃源村民委员会管辖。距砀山县人民政府驻地12.2千米。占地面积0.87平方千米。198户，806人，民族多为汉族。

此自然村濒临黄河故道，从前人烟稀少，茅草丛生，经常有野狼出没；后入住的人多了，有人在此屯田，故取名狼屯。新中国成立初期属李庄区红旗大队。1964年属良梨乡吴庄大队。2007年并村后，属良梨镇桃源村委会。

阎王庙

阎王庙（Yánwángmiào） 在砀山县东

部，属良梨镇桃源村民委员会管辖。距砀山县人民政府驻地10.8千米。占地面积0.81平方千米。282户，890人，民族多为汉族。

从前，庄后边有一大坝，坝前有一座供奉阎王的庙，村名由此而得。新中国成立初期属李庄区红旗大队。1964年属良梨乡吴庄大队。2007年并村后，属良梨镇桃源村委会。

马庄

马庄（Mǎzhuāng） 在砀山县东部，属良梨镇桃源村民委员会管辖。距砀山县人民政府驻地10.75千米。占地面积0.75平方千米。218户，830人，民族多为汉族。

从前，马氏家族在此占地立户，故名马庄。新中国成立初期属李庄区红旗大队。1964年属良梨乡吴庄大队。2007年并村后，属良梨镇桃源村委会。

老丁集

老丁集（Lǎodīngjí） 在砀山县东部，属良梨镇桃源村民委员会管辖。距砀山县人民政府驻地10.39千米。占地面积0.38平方千米。110户，383人，民族多为汉族。

从前，丁氏家族在此占地立庄，成立集市，取名丁集；后因有新丁集，此庄由丁集变更为老丁集。新中国成立初期属李庄区红旗大队。1964年属良梨乡吴庄大队。2007年并村后，属良梨镇桃源村委会。

訾庄

訾庄（Zīzhuāng） 在砀山县东部，属良梨镇桃源村民委员会管辖。距砀山县人民政府驻地12.2千米。占地面积0.49平方千米。133户，460人，民族多为汉族。

从前，訾氏家族在此占地立庄，取名訾庄。新中国成立初期属李庄区红旗大队。1964年属良梨乡。1980年属訾庄小乡。2007年并村后，属良梨镇桃源村委会。

臧庄

臧庄（Zāngzhuāng） 在砀山县东部，属良梨镇桃源村民委员会管辖。距砀山县人民政府驻地11.5千米。占地面积0.37平方千米。113户，365人，民族多为汉族。

从前，臧氏家族在此占地立庄，取名臧庄。新中国成立初期属李庄区红旗大队。1964年属良梨乡。1980年属訾庄小乡。2007年并村后，属良梨镇桃源村委会。

侯王庄

侯王庄（Hóuwángzhuāng） 在砀山县东部，属良梨镇桃源村民委员会管辖。距砀山县人民政府驻地10.9千米。占地面积0.48平方千米。151户，568人，民族多为汉族。

从前，侯氏、王氏两家族在此占地立庄，取名侯王庄。新中国成立初期属李庄区红旗大队。1964年属良梨乡。1980年属訾庄小乡。2007年并村后，属良梨镇桃源村委会。

马路口

马路口（Mǎlùkǒu） 在砀山县东部，属良梨镇桃源村民委员会管辖。距砀山县人民政府驻地11.7千米。占地面积0.44平方千米。139户，468人，民族多为汉族。

从前，此地庄后有一拦河坝，坝中间有一条马路将大坝分开，故名马路口。新中国成立初期属李庄区红旗大队。1964年属良梨乡。1980年属訾庄小乡。2007年并村后，属良梨镇桃源村委会。

孙庄

孙庄（Sūnzhuāng） 在砀山县东部，属良梨镇杨集村民委员会管辖。距砀山县人民政府驻地15.5千米。占地面积0.8平方千米。198 户，794 人，民族多为汉族。

清朝年间，孙氏在此占产立庄，故取名孙庄。新中国成立初期属李庄区。1964 年属良梨乡。1980 年属訾庄小乡。2007 年并村后，属良梨镇杨集村委会。

周贾庄

周贾庄（Zhōujiǎzhuāng） 在砀山县东部，属良梨镇杨集村民委员会管辖。距砀山县人民政府驻地 15.6 千米。占地面积 1.05 平方千米。235 户，885 人，民族多为汉族。

清朝时期，有周、贾两姓族人在此占产立庄，因两家族人口众多，故取名周贾庄。新中国成立初期属李庄区。1964 年属良梨乡。1980 年属訾庄小乡。2007 年并村后，属良梨镇杨集村委会。

王阚庄

王阚庄（Wángkànzhuāng） 在砀山县东部，属良梨镇杨集村民委员会管辖。距砀山县人民政府驻地 16.3 千米。占地面积 1.02 平方千米。230 户，892 人，民族多为汉族。

清朝时期，有王、阚两姓族人在此占产立庄，故取名王阚庄。新中国成立初期属李庄区。1964 年属良梨乡。1980 年属訾庄小乡。2007 年并村后，属良梨镇杨集村委会。

张何庄

张何庄（Zhānghézhuāng） 在砀山县东部，属良梨镇杨集村民委员会管辖。距砀山县人民政府驻地 15.8 千米。占地面积 1.35 平方千米。381 户，1487 人，民族多为汉族。

清朝年间，有张、何两姓在此占产立庄，因两家族人口众多，故取名张何庄。新中国成立初期属李庄区。1964 年属良梨乡。1980 年属訾庄小乡。2007 年并村后，属良梨镇杨集村委会。

杨集

杨集（Yángjí） 在砀山县东部，属良梨镇杨集村民委员会管辖。距砀山县人民政府驻地 17 千米。占地面积 5.35 平方千米。2140 户，7984 人，民族多为汉族。

从前，因杨姓先民在此占产立庄，并建一集市，故而得名杨集。新中国成立初期属李庄区。1964 年属良梨乡。1980 年属訾庄小乡。2007 年并村后，属良梨镇杨集村委会。

卢庄

卢庄（Lúzhuāng） 在砀山县东部，属良梨镇杨集村民委员会管辖。距砀山县人民政府驻地 16.9 千米。占地面积 0.82 平方千米。235 户，916 人，民族多为汉族。

新中国成立前，卢姓在此占产立庄，故而得名卢庄。新中国成立初期属李庄区。1964 年属良梨乡。1980 年属訾庄小乡。2007 年并村后，属良梨镇杨集村委会。

丰庄

丰庄（Fēngzhuāng） 在砀山县东部，属良梨镇杨集村民委员会管辖。距砀山县人民政府驻地 17.1 千米。占地面积 0.55 平方千米。152 户，582 人，民族多为汉族。

从前，丰姓在此占产立庄，以姓取庄名。新中国成立初期属李庄区。1964 年属良梨乡。1980 年属訾庄小乡。2007 年并村后，属良梨镇杨集村委会。

王魏庄

王魏庄（Wángwèizhuāng） 在砀山县东部，属良梨镇杨集村民委员会管辖。距砀山县人民政府驻地 18 千米。占地面积 0.34 平方千米。98 户，406 人，民族多为汉族。

从前，王、魏二姓先祖在此占产立庄，

以姓取庄名。新中国成立初期属李庄区。1964年属良梨乡。1980年属訾庄小乡。2007年并村后，属良梨镇杨集村委会。

小王庄

小王庄（Xiǎowángzhuāng） 在砀山县东部，属良梨镇杨集村民委员会管辖。距砀山县人民政府驻地18.3千米。占地面积0.25平方千米。70户，264人，民族多为汉族。

从前，王姓在此占产立庄，以姓取庄名。新中国成立初期属李庄区。1964年属良梨乡。1980年属訾庄小乡。2007年并村后，属良梨镇杨集村委会。

王套涯子

王套涯子（Wángtàoyázi） 在砀山县东部，属良梨镇杨集村民委员会管辖。距砀山县人民政府驻地18.1千米。占地面积0.85平方千米。192户，763人，民族多为汉族。

明末，王姓在黄河拐弯处（河套）河涯坡地占产立庄，垦荒种田，由于地理位置特殊，故取名王套涯子。新中国成立初期属李庄区。1964年属良梨乡。1980年属訾庄小乡。2007年并村后，属良梨镇杨集村委会。

汪阚庄

汪阚庄（Wāngkànzhuāng） 在砀山县东部，属良梨镇杨集村民委员会管辖。距砀山县人民政府驻地17.7千米。占地面积0.65平方千米。166户，643人，民族多为汉族。

从前，汪、阚二姓先祖在此占产立庄，得名汪阚庄。新中国成立初期属李庄区。1964年属良梨乡。1980年属訾庄小乡。2007年并村后，属良梨镇杨集村委会。

崔赵楼

崔赵楼（Cuīzhàolóu） 在砀山县东部，属良梨镇礼河集村民委员会管辖。距砀山县人民政府驻地13.5千米。占地面积0.72平方千米。173户，645人，民族多为汉族。

明代，崔、赵二姓在此占产立庄，故名崔赵楼。新中国成立前属李庄区。1968年属良梨公社张庄大队。1980年属訾庄小乡。1988年撤乡设镇，属良梨镇礼河集村委会。

张庄

张庄（Zhāngzhuāng） 在砀山县东部，属良梨镇礼河集村民委员会管辖。距砀山县人民政府驻地13.9千米。占地面积0.75平方千米。143户，541人，民族多为汉族。境内有张庄中心小学。

明代，张姓在此立庄，故而得名。新中国成立前属李庄区。1968年属良梨公社张庄大队。1980年属訾庄小乡。1988年撤乡设镇，属良梨镇礼河集村委会。

万楼

万楼（Wànlóu） 在砀山县东部，属良梨镇礼河集村民委员会管辖。距砀山县人民政府驻地14.3千米。占地面积0.45平方千米。135户，510人，民族多为汉族。

明代，有万姓族人在此占产立庄，建楼，故名为万楼。新中国成立前属李庄区。1968年属良梨公社张庄大队。1980年属訾庄小乡。1988年撤乡设镇，属良梨镇礼河集村委会。

翟楼

翟楼（Zháilóu） 在砀山县东部，属良梨镇礼河集村民委员会管辖。距砀山县人民政府驻地14.8千米。占地面积0.35平方千米。98户，358人，民族多为汉族。

据查，明代翟、汪二姓在此立庄，建楼，故而得名。新中国成立前属李庄区。1968年属良梨公社张庄大队。1980年属訾庄小乡。1988年撤乡设镇，属良梨镇礼河集村委会。

汪新庄

汪新庄（Wāngxīnzhuāng） 在砀山县东部，属良梨镇礼河集村民委员会管辖。距砀山县人民政府驻地14.9千米。占地面积0.44平方千米。105户，350人，民族多为汉族。

据查，明代汪姓在此立庄，因是新建村庄，所以起名汪新庄。新中国成立前属李庄区。1968年属良梨公社张庄大队。1980年属訾庄小乡。1988年撤乡设镇，属良梨镇礼河集村委会。

崔楼

崔楼（Cuīlóu） 在砀山县东部，属良梨镇礼河集村民委员会管辖。距砀山县人民政府驻地12.2千米。占地面积1.3平方千米。363户，1424人，民族多为汉族。

明代，崔姓在此立庄，并建有楼房，故而得名。新中国成立前属李庄区。1968年属良梨公社张庄大队。1980年属訾庄小乡。1988年撤乡设镇，属良梨镇礼河集村委会。

礼河集

礼河集（Lǐhéjí） 在砀山县东部，属良梨镇礼河集村民委员会管辖。距砀山县人民政府驻地11.7千米。占地面积1.02平方千米。167户，607人，民族多为汉族。

元末，农民起义军首领韩山童之子韩林儿在此避难，后刘福通来此接韩林儿去承袭王位，小明王韩林儿临行前向帮助他的乡亲行叩拜礼，此集市便更名为礼河集。新中国成立前属李庄区。1968年属良梨公社张庄大队。1980年属訾庄小乡。1988年撤乡设镇，属良梨镇礼河集村委会。

汪庄

汪庄（Wāngzhuāng） 在砀山县东部，属良梨镇礼河集村民委员会管辖。距砀山县人民政府驻地10.9千米。占地面积1.04平方千米。240户，910人，民族多为汉族。

明代，以汪姓为主在此立庄，杨、王、李为次，故而为汪庄。新中国成立前属李庄区。1968年属良梨公社张庄大队。1980年属訾庄小乡。1988年属良梨镇礼河集村委会。

董集

董集（Dǒngjí） 在砀山县东部，属良梨镇礼河集村民委员会管辖。距砀山县人民政府驻地12.3千米。占地面积0.5平方千米。160户，604人，民族多为汉族。

明代，董姓在此立庄，发展集市，故为董集。新中国成立前属李庄区。1968年属李庄乡。1972年属良梨公社。1980年属訾庄小乡。1988年撤乡设镇，属良梨镇礼河集村委会。

后王庄

后王庄（Hòuwángzhuāng） 在砀山县东部，属良梨镇礼河集村民委员会管辖。距砀山县人民政府驻地11.5千米。占地面积0.57平方千米。131户，520人，民族多为汉族。

明代王姓在此立庄，因庄大，且该庄在后，故名后王庄。新中国成立前属李庄区。1968年属李庄乡。1972年属良梨公社。1980年属訾庄小乡。1988年撤乡设镇，属良梨镇礼河集村委会。

华王庄

华王庄（Huáwángzhuāng） 在砀山县东部，属良梨镇礼河集村民委员会管辖。距砀山县人民政府驻地11.9千米。占地面积0.54平方千米。131户，420人，民族多为汉族。

从前，华姓、王姓在此立庄，故而叫华王庄。新中国成立前属李庄区。1968年属李庄乡。1972年属良梨公社。1980年属訾庄小乡。1988年撤乡设镇，属良梨镇礼河集村委会。

肖庄

肖庄（Xiāozhuāng） 在砀山县东部，属良梨镇礼河集村民委员会管辖。距砀山县人民政府驻地11.4千米。占地面积0.31平方千米。72户，260人，民族多为汉族。

明代，肖姓在此立庄，故而得名肖庄。新中国成立前属李庄区。1968年属李庄乡。1972年属良梨公社。1980年属訾庄小乡。1988年撤乡设镇，属良梨镇礼河集村委会。

丁庄

丁庄（Dīngzhuāng） 在砀山县东部，属良梨镇礼河集村民委员会管辖。距砀山县人民政府驻地11.2千米。占地面积0.2平方千米。28户，94人，民族多为汉族。

明代，丁姓在此占产立庄，取名丁庄。新中国成立前属李庄区。1968年属良梨公社。1980年属訾庄小乡。1988年撤乡设镇，属良梨镇礼河集村委会。

于楼

于楼（Yúlóu） 在砀山县东部，属良梨镇礼河集村民委员会管辖。距砀山县人民政府驻地13.2千米。占地面积1.32平方千米。258户，1003人，民族多为汉族。

从前，于姓在此立庄，建楼，所以取名于楼。新中国成立前属李庄区。1968年属良梨公社。1980年属訾庄小乡。1988年撤乡设镇，属良梨镇礼河集村委会。

李楼

李楼（Lǐlóu） 在砀山县东部，属良梨镇礼河集村民委员会管辖。距砀山县人民政府驻地12.4千米。占地面积1.25平方千米。270户，1015人，民族多为汉族。

从前，全村村民都是李姓，建有楼房，因此取名李楼。新中国成立前属李庄区。1968年属良梨公社。1980年属訾庄小乡。1988年撤乡设镇，属良梨镇礼河集村委会。

舒楼

舒楼（Shūlóu） 在砀山县东部，属良梨镇礼河集村民委员会管辖。距砀山县人民政府驻地13.1千米。占地面积1.03平方千米。256户，950人，民族多为汉族。

明朝末年建村时，舒姓较多，建有楼房，因此取名舒楼。新中国成立前属李庄区。1968年属良梨公社。1980年属訾庄小乡。1988年撤乡设镇，属良梨镇礼河集村委会。

老鹳窝

老鹳窝（Lǎoguànwō） 在砀山县东部，属良梨镇三坝集村民委员会管辖。距砀山县人民政府驻地14.6千米。占地面积1.02平方千米。142户，540人，民族多为汉族。

从前，此地地势低洼，树木丛生，树上常有老鹳窝，故而得名。新中国成立前属李庄区。1968年属良梨公社。1980年属訾庄小乡。1988年撤乡设镇，属良梨镇三坝集村委会。

单庄

单庄（Shànzhuāng） 在砀山县东部，属良梨镇三坝集村民委员会管辖。距砀山县人民政府驻地12.8千米。占地面积2.03平方千米。263户，1050人，民族多为汉族。

从前，此地因单姓人占多数，因此取名单庄。新中国成立前属李庄区。1968年属良梨公社。1980年属訾庄小乡。1988年撤乡设镇，属良梨镇三坝集村委会。

邵坝

邵坝（Shàobà） 在砀山县东部，属良梨镇三坝集村民委员会管辖。距砀山县人民政府驻地14.6千米。占地面积2.08平方千米。262户，1026人，民族多为汉族。

从前村前有一个大坝，村户邵家人多，故而得名邵坝。新中国成立前属李庄区。1968年属良梨公社。1980年属訾庄小乡。1988年撤乡设镇，属良梨镇三坝集村委会。

邵庄

邵庄（Shàozhuāng） 在砀山县东部，属良梨镇三坝集村民委员会管辖。距砀山县人民政府驻地13.5千米。占地面积0.59平方千米。85户，307人，民族多为汉族。

从前，先民搬迁此地时，因全部姓邵，故而得名邵庄。新中国成立前属李庄区。1968年属良梨公社。1980年属訾庄小乡。1988年撤乡设镇，属良梨镇三坝集村委会。

翟寺

翟寺（Zháisì） 在砀山县东部，属良梨镇三坝集村民委员会管辖。距砀山县人民政府驻地14.9千米。占地面积3.04平方千米。622户，2470人，民族多为汉族。

从前，村内有座寺院，寺院内住一姓翟人家，因此村名叫翟寺。新中国成立前属李庄区。1968年属良梨公社。1980年属訾庄小乡。1988年撤乡设镇，属良梨镇三坝集村委会。

王暗楼

王暗楼（Wáng' ànlóu） 在砀山县东部，属良梨镇良梨村民委员会管辖。距砀山县人民政府驻地16.8千米。占地面积1.23平方千米。402户，1361人，民族多为汉族。

从前，王姓先民在此建一土楼，取名王暗楼。新中国成立前属李庄区。1968年属李庄乡。1972年属良梨公社。1980年属訾庄小乡。1988年属良梨镇。

张庄

张庄（Zhāngzhuāng） 在砀山县东部，属良梨镇良梨村民委员会管辖。距砀山县人民政府驻地14.3千米。占地面积0.46平方千米。127户，413人，民族多为汉族。

从前，张姓先民在此立庄，故以姓取庄名。新中国成立前属李庄区。1968年属李庄乡。1972年属良梨公社。1980年属訾庄小乡。1988年撤乡设镇，属良梨镇良梨村委会。

王庄

王庄（Wángzhuāng） 在砀山县东部，属良梨镇良梨村民委员会管辖。距砀山县人民政府驻地16.9千米。占地面积0.38平方千米。85户，302人，民族多为汉族。

从前，王姓先祖在此占产立庄，以姓为庄名。新中国成立前属李庄区。1968年属李庄乡。1972年属良梨公社。1980年属訾庄小乡。1988年撤乡设镇，属良梨镇良梨村委会。

前班庄

前班庄（Qiánbānzhuāng） 在砀山县东部，属良梨镇良梨村民委员会管辖。距砀山县人民政府驻地17.4千米。占地面积0.49平方千米。129户，419人，民族多为汉族。

从前，班姓先祖在此建庄居住，因庄大，分为前班庄、后班庄。新中国成立前属李庄区。1968年属李庄乡。1972年属良梨公社。1980年属訾庄小乡。1988年撤乡设镇，属良梨镇良梨村委会。

后班庄

后班庄（Hòubānzhuāng） 在砀山县东部，属良梨镇良梨村民委员会管辖。距砀山县人民政府驻地17.2千米。占地面积0.71平方千米。177户，672人，民族多为汉族。

从前，班姓先祖在此建庄居住，因庄大，分为前班庄、后班庄。新中国成立前属李庄区。1968 年属李庄乡。1972 年属良梨公社。1980 年属訾庄小乡。1988 年撤乡设镇，属良梨镇良梨村委会。

崔庄

崔庄（Cuīzhuāng） 在砀山县东部，属良梨镇良梨村民委员会管辖。距砀山县人民政府驻地 16.2 千米。占地面积 0.85 平方千米。217 户，781 人，民族多为汉族。

从前，崔氏先民在此立庄，以崔姓取庄名。新中国成立前属李庄区。1968 年属李庄乡。1972 年属良梨公社。1980 年属訾庄小乡。1988 年撤乡设镇，属良梨镇良梨村委会。

侯楼

侯楼（Hóulóu） 在砀山县东部，属良梨镇良梨村民委员会管辖。距砀山县人民政府驻地 15.7 千米。占地面积 0.82 平方千米。211 户，708 人，民族多为汉族。

从前，侯姓先祖在此建产立庄，建楼，故名。新中国成立前属李庄区。1968 年属李庄乡。1972 年属良梨公社。1980 年属訾庄小乡。1988 年撤乡设镇，属良梨镇良梨村委会。

戴庄

戴庄（Dàizhuāng） 在砀山县东部，属良梨镇良梨村民委员会管辖。距砀山县人民政府驻地 15.3 千米。占地面积 0.69 平方千米。240 户，674 人，民族多为汉族。

从前，戴姓先祖在此占产立庄，以姓取庄名。新中国成立前属李庄区。1968 年属李庄乡。1972 年属良梨公社。1980 年属訾庄小乡。1988 年撤乡设镇，属良梨镇良梨村委会。

西黄庙

西黄庙（Xīhuángmiào） 在砀山县东部，属良梨镇良梨村民委员会管辖。距砀山县人民政府驻地 14.3 千米。占地面积 0.62 平方千米。146 户，542 人，民族多为汉族。

因古时此地有一座黄帝庙，该村人居庙西，为西黄庙。新中国成立前属李庄区。1968 年属李庄乡。1972 年属良梨公社。1980 年属訾庄小乡。1988 年撤乡设镇，属良梨镇良梨村委会。

东黄庙

东黄庙（Dōnghuángmiào） 在砀山县东部，属良梨镇良梨村民委员会管辖。距砀山县人民政府驻地 15.2 千米。占地面积 0.58 平方千米。137 户，506 人，民族多为汉族。

古时此地有一座黄帝庙，该村人住庙东，为东黄庙。新中国成立前属李庄区。1968 年属李庄乡。1972 年属良梨公社。1980 年属訾庄小乡。1988 年撤乡设镇，属良梨镇良梨村委会。

郭庄

郭庄（Guōzhuāng） 在砀山县东部，属良梨镇良梨村民委员会管辖。距砀山县人民政府驻地 14.9 千米。占地面积 1.82 平方千米。512 户，1826 人，民族多为汉族。

从前，郭姓先居人多，在此立庄，以姓取庄名。新中国成立前属李庄区。1968 年属李庄乡。1972 年属良梨公社。1980 年属訾庄小乡。1988 年撤乡设镇，属良梨镇良梨村委会。

小黄庙

小黄庙（Xiǎohuángmiào） 在砀山县东部，属良梨镇良梨村民委员会管辖。距砀山县人民政府驻地 14.7 千米。占地面积 0.35 平方千米。81 户，260 人，民族多为汉族。

小黄庙是东黄庙村民迁移至此，并长期居住，故名。新中国成立前属李庄区。1968年属李庄乡。1972年属良梨公社。1980年属訾庄小乡。1988年撤乡设镇，属良梨镇良梨村委会。

陈李庄

陈李庄（Chénlǐzhuāng） 在砀山县东部，属良梨镇马庄村民委员会管辖。距砀山县人民政府驻地15.6千米。占地面积0.68平方千米。186户，708人，民族多为汉族。

从前，陈姓、李姓在此立庄，故名陈李庄。新中国成立前归砀山县李庄区。1961年属良梨公社。1981年属卢庄乡。1988年属良梨镇马庄村委会至今。

张楼

张楼（Zhānglóu） 在砀山县东部，属良梨镇马庄村民委员会管辖。距砀山县人民政府驻地12.8千米。占地面积1.35平方千米。388户，1496人，民族多为汉族。

从前，张姓先祖在此占地立庄，建楼，故名。新中国成立前归砀山县李庄区。1961年属良梨公社。1981年属卢庄乡。1988年属良梨镇马庄村委会至今。

唐寨镇

大戴庄

大戴庄（Dàdàizhuāng） 在砀山县东部，属唐寨镇戴庄村管辖。距砀山县人民政府驻地19.56千米。占地面积1.13平方千米。324户，1230人，民族多为汉族。

据查，戴氏家族人口较多，开设集镇饭店，经营多年，由此得名大戴庄。新中国成立初期属江苏省徐州市。1953年划归砀山县李庄区。1958年属唐寨人民公社。1981年划属潘坝乡。1987年合并属戴庄村委会至今。

大刘庄

大刘庄（Dàliúzhuāng） 在砀山县东部，属唐寨镇戴庄村管辖。距砀山县人民政府驻地19.02千米。占地面积0.52平方千米。148户，573人，民族多为汉族。

以前，此庄因刘姓居多，庄体大，故而得名大刘庄。新中国成立初期属江苏省徐州市。1953年划归砀山县李庄区。1958年属唐寨人民公社。1981年划属潘坝乡。1987年合并属戴庄村村民委员会至今。

戴庄

戴庄（Dàizhuāng） 在砀山县东部，属唐寨镇戴庄村管辖。距砀山县人民政府驻地19.3千米。占地面积0.61平方千米。169户，591人，民族多为汉族。

从前，因戴姓居多，在此种地立庄，故而得名戴庄。新中国成立初期属江苏省徐州市。1953年划归砀山县李庄区。1958年属唐寨人民公社。1981年划属潘坝乡。1987年合并属戴庄村村民委员会至今。

高李庄

高李庄（Gāolǐzhuāng） 在砀山县东部，属唐寨镇戴庄村管辖。距砀山县人民政府驻地18.8千米。占地面积0.62平方千米。173户，668人，民族多为汉族。

从前，高姓、李姓人氏在此种田立庄，由此得名高李庄。新中国成立初期属江苏省徐州市。1953年划归砀山县李庄区。1958年属唐寨人民公社。1981年划归潘坝乡。1987年合并属戴庄村村民委员会至今。

宋刘庄

宋刘庄（Sòngliúzhuāng） 在砀山县东部，属唐寨镇戴庄村管辖。距砀山县人民政府驻地19.4千米。占地面积0.52平方千米。166户，617人，民族多为汉族。

此地宋姓人多，后来姓刘的人逃荒来到这里，故而得名宋刘庄。新中国成立初期属江苏省徐州市。1953年划归砀山县李庄区。1958年属唐寨人民公社。1981年划为潘坝乡。1987年合并属戴庄村村民委员会至今。

汪赵庄

汪赵庄（Wāngzhàozhuāng） 在砀山县东部，属唐寨镇戴庄村管辖。距砀山县人民政府驻地 18.6千米。占地面积0.53平方千米。178户，652人，民族多为汉族。

据查，姓汪的家族小，是大户，赵姓人多，在此占产立庄，故而得名。新中国成立初期属江苏省徐州市。1953年划归砀山县李庄区。1958年属唐寨人民公社。1981年划属潘坝乡。1987年合并属戴庄村村民委员会至今。

小刘庄

小刘庄（Xiǎoliúzhuāng） 在砀山县东部，属唐寨镇戴庄村管辖。距砀山县人民政府驻地19.8千米。占地面积0.27平方千米。110户，363人，民族多为汉族。

清末，刘姓在此占产立庄，因当时人少村小，故而得名小刘庄。新中国成立初期属江苏省徐州市。1953年划归砀山县李庄区。1958年属唐寨人民公社。1981年划属潘坝乡。1987年合并属戴庄村村民委员会至今。

大王庄

大王庄（Dàiwángzhuāng） 在砀山县东部，属唐寨镇光明村管辖。距砀山县人民政府驻地18.5千米。占地面积2.05平方千米。538户，2118人，民族多为汉族。

明代，王姓在此占产立庄，因庄子大，故而得名大王庄。新中国成立初期属杨集乡。1952年属唐寨乡。1980年属夹堤子乡。1989年属唐寨镇翟庄村。2007年村庄合并属光明村至今。

戴楼

戴楼（Dàilóu） 在砀山县东部，属唐寨镇光明村管辖。距砀山县人民政府驻地18.9千米。占地面积0.23平方千米。67户，265人，民族多为汉族。

明代，戴姓在此占产立庄，建一土楼，故而得名戴楼。新中国成立初期属杨集乡。1952年属唐寨乡。1980年属堤子乡。1989年属唐寨镇翟庄村。2007年村庄合并属光明村至今。

更会李庄

更会李庄（Gēnghuìlǐzhuāng） 在砀山县东部，属唐寨镇光明村管辖。距砀山县人民政府驻地19.5千米。占地面积0.36平方千米。138户，512人，民族多为汉族。

据查，新中国成立前此庄李姓人多，方圆几里在此成立更会，以保家防匪，故而得名更会李庄。新中国成立初期属杨集乡。1952年属唐寨乡。1980年属夹堤子乡。1989年属唐寨镇翟庄村。2007年村庄合并属光明村至今。

唐庄

唐庄（Tángzhuāng） 在砀山县东部，属唐寨镇光明村管辖。距砀山县人民政府驻地21.3千米。占地面积0.3平方千米。80户，302人，民族多为汉族。

新中国成立前，唐姓人氏在此建庄，故而得名唐庄。新中国成立初期属杨集乡。1952年属唐寨乡。1980年属夹堤子乡。1989年属唐寨镇翟庄村。2007年村庄合并属光明村至今。

王庄

王庄（Wángzhuāng） 在砀山县东部，属唐寨镇光明村管辖。距砀山县人民政府驻地19.2千米。占地面积0.36平方千米。131户，502人，民族多为汉族。

新中国成立前，王姓在此占产立庄，故而得名。新中国成立初期属杨集乡。1952年属唐寨乡。1980年属夹堤子乡。1989年属唐寨镇翟庄村。2007年村庄合并属光明村至今。

武庄

武庄（Wǔzhuāng） 在砀山县东部，属唐寨镇光明村管辖。距砀山县人民政府驻地19.2千米。占地面积0.23平方千米。81户，290人，民族多为汉族。

明代，武姓在此占产立庄，故而得名。新中国成立初期属杨集乡。1952年属唐寨乡。1980年属夹堤子乡。2007年村庄合并属光明村至今。

翟庄

翟庄（Zháizhuāng） 在砀山县东部，属唐寨镇光明村管辖。距砀山县人民政府驻地18.99千米。占地面积0.25平方千米。86户，312人，民族多为汉族。

明代，翟姓在此占产立庄，故而得名。新中国成立初期属杨集乡。1952年属唐寨乡。1980年属夹堤子乡。1989年属唐寨镇翟庄村。2007年村庄合并属光明村至今。

竹园李庄

竹园李庄（Zhúyuánlǐzhuāng） 在砀山县东部，属唐寨镇光明村管辖。距砀山县人民政府驻地19.93千米。占地面积0.24平方千米。83户，286人，民族多为汉族。

从前，李姓在此占产立庄，以种植竹子为主，故而得名竹园李庄。新中国成立初期属杨集乡。1952年属唐寨乡。1980年属夹堤子乡。1989年属唐寨镇翟庄村。2007年村庄合并属光明村至今。

訾庄

訾庄（Zīzhuāng） 在砀山县东部，属唐寨镇光明村管辖。距砀山县人民政府驻地19.5千米。占地面积0.3平方千米。82户，298人，民族多为汉族。

明代，訾姓在此占产立庄，故而得名。新中国成立初期属杨集乡。1952年属唐寨乡。1980年属夹堤子乡。1989年属唐寨镇翟庄村。2007年村庄合并属光明村至今。

大杨庄

大杨庄（Dàyángzhuāng） 在砀山县东部，属唐寨镇和谐村管辖。距砀山县人民政府驻地20.3千米。占地面积0.63平方千米。189户，740人，民族多为汉族。

清朝初，姓杨一大户在此定居，后来杨姓人越来越多，故而得名大杨庄。1958年属唐寨镇人民公社。1981年划属潘坝乡。1987年属唐寨镇杨庄村。2007年与张庵村合并，属和谐村至今。

东王屯

东王屯（Dōngwángtún） 在砀山县东部，属唐寨镇和谐村管辖。距砀山县人民政府驻地20.05千米。占地面积0.36平方千米。98户，379人，民族多为汉族。

清朝时期，王姓在此屯田立户，因在西王屯庄东，故而得名东王屯。1958年属唐寨镇人民公社。1981年划属潘坝乡。1987年属唐寨镇杨庄村。2007年与张庵村合并，属和谐村至今。

西王屯

西王屯（Xīwángtún） 在砀山县东部，属唐寨镇和谐村管辖。距砀山县人民政府驻地20.02千米。占地面积0.35平方千米。93户，375人，民族多为汉族。

清朝时期，王姓在此屯田立户，因在东王屯庄西，故而得名。1958年属唐寨镇人民公社。1981年划属潘坝乡。1987年属唐寨镇杨庄村。2007年与张庵村合并，属和谐村至今。

饭铺

饭铺（Fànpù） 在砀山县东部，属唐寨镇和谐村管辖。距砀山县人民政府驻地18.9千米。占地面积0.21平方千米。60户，205人，民族多为汉族。

从前，此地建有一座饭铺，供路人休息、吃饭，故而得名。1981年划属潘坝乡。1987年属唐寨镇杨庄村。2007年与张庵村合并，属和谐村至今。

后土山

后土山（Hòutǔshān） 在砀山县东部，属唐寨镇和谐村管辖。距砀山县人民政府驻地19.1千米。占地面积1.08平方千米。243户，935人，民族多为汉族。

据查，约1851年，李姓在此占产立庄，因当时庄后有一土坝，故称土山；又因土山在庄后，因而叫后土山。1958年属唐寨镇人民公社。1981年划属潘坝乡。1987年属唐寨镇杨庄村。2007年与张庵村合并，属和谐村至今。

后王集

后王集（Hòuwángjí） 在砀山县东部，属唐寨镇和谐村管辖。距砀山县人民政府驻地18.06千米。占地面积1.03平方千米。258户，986人，民族多为汉族。

清朝初期，王姓大户在此占产立庄，成立集市；因坐落在王集村后，故而得名。1958年属唐寨镇人民公社。1981年划属潘坝乡。1987年属唐寨镇杨庄村。2007年与张庵村合并，属和谐村至今。

前王集

前王集（Qiánwángjí） 在砀山县东部，属唐寨镇和谐村管辖。距砀山县人民政府驻地18.1千米。占地面积0.36平方千米。98户，385人，民族多为汉族。

清朝初期，王姓在此立户立庄，成立集市；因在王集前面，故而得名。1958年属唐寨镇人民公社。1981年划属潘坝乡。1987年属唐寨镇杨庄村。2007年与张庵村合并，属和谐村至今。

四清庄

四清庄（Sìqīngzhuāng） 在砀山县东部，属唐寨镇和谐村管辖。距砀山县人民政府驻地18.49千米。占地面积0.18平方千米。35户，120人，民族多为汉族。

1964年“四清”运动期间，由王集、后王庄迁过去10多户人家在此居住，故而得名。1965年属唐寨镇人民公社。1981年划属潘坝乡。1987年属唐寨镇杨庄村。2007年与张庵村合并，属和谐村至今。

王集

王集（Wángjí） 在砀山县东部，属唐寨镇和谐村管辖。距砀山县人民政府驻地18.4千米。占地面积0.47平方千米。128户，480人，民族多为汉族。

清朝年间，一王姓大户在此居住，成立集市，故而得名。1958年属唐寨镇人民公社。1981年划属潘坝乡。1987年属唐寨镇杨庄村。2007年与张庵村合并，属和谐村至今。

西王屯

西王屯（Xīwángtún） 在砀山县东部，属唐寨镇和谐村管辖。距砀山县人民政府驻地19.3千米。占地面积0.33平方千米。98户，395人，民族多为汉族。

清朝初期，有一位姓王大户在此屯田立庄，由于当时东面已有王屯，故而叫西王屯。1958年属唐寨镇人民公社。1981年划属潘坝乡。1987年属唐寨镇杨庄村。2007年与张庵村合并，属和谐村至今。

小郭庄

小郭庄（Xiǎoguōzhuāng） 在砀山县东部，属唐寨镇和谐村管辖。距砀山县人民政府驻地16.01千米。占地面积0.38平方千米。113户，448人，民族多为汉族。

清朝年间，郭姓在此居住，因当时人少村小，故而得名。1958年属唐寨镇人民公社。1981年划属潘坝乡。1987年属唐寨镇杨庄村。2007年与张庵村合并，属和谐村至今。

小杨庄

小杨庄（Xiǎoyángzhuāng） 在砀山县东部，属唐寨镇和谐村管辖。距砀山县人民政府驻地19.58千米。占地面积0.17平方千米。29户，118人，民族多为汉族。

清朝同治三年（1864年），杨姓在此占产立户，因庄小，故而得名。1958年属唐寨镇人民公社。1981年划属潘坝乡。1987年属唐寨镇杨庄村。2007年与张庵村合并，属和谐村至今。

小翟庄

小翟庄（Xiǎozháizhuāng） 在砀山县东部，属唐寨镇和谐村管辖。距砀山县人民政府驻地16.9千米。占地面积0.24平方千米。78户，280人，民族多为汉族。

清朝时期，由大翟庄的翟姓在此分居立户，故而得名。1958年属唐寨镇人民公社。1981年划属潘坝乡。1987年属唐寨镇杨庄村。2007年与张庵村合并，属和谐村至今。

小朱庄

小朱庄（Xiǎozhūzhuāng） 在砀山县东部，属唐寨镇和谐村管辖。距砀山县人民政府驻地19.3千米。占地面积0.08平方千米。14户，50人，民族多为汉族。

据查，约1849年，朱姓在此占产立庄，因当时人少村小，故而得名。1958年属唐寨镇人民公社。1981年划属潘坝乡。1987年属唐寨镇杨庄村。2007年与张庵村合并，属和谐村至今。

杨李庄

杨李庄（Yánglǐzhuāng） 在砀山县东部，属唐寨镇和谐村管辖。距砀山县人民政府驻地19.1千米。占地面积0.8平方千米。190户，732人，民族多为汉族。

明代，杨姓、李姓两户在此占地落户，因杨姓在此落户早于李姓，后来起名为杨李庄。1958年属唐寨镇人民公社。1981年划属潘坝乡。1987年属唐寨镇杨庄村。2007年与张庵村合并，属和谐村至今。

张安

张安（Zhāng' ān） 在砀山县东部，属唐寨镇和谐村管辖。距砀山县人民政府驻地17.8千米。占地面积0.51平方千米。143户，548人，民族多为汉族。

咸丰三年（1853年），此地被黄河水冲刷得只剩下一张姓的茅草庵，故而得名。后来，便将草庵的“庵”演变为平安的“安”。1958年属唐寨镇人民公社。1981年划属潘坝乡。1987年属唐寨镇杨庄村。2007年与张庵村合并，属和谐村至今。

朱海子

朱海子（Zhūhǎizi） 在砀山县东部，

属唐寨镇和谐村管辖。距砀山县人民政府驻地19.7千米。占地面积0.32平方千米。88户，325人，民族多为汉族。

清朝末年，一户朱姓人家在此居住，因当时周围芦苇丛生，且有一泓碧波荡漾的海子，故而得庄名。1958年属唐寨镇人民公社。1981年划属潘坝乡。1987年属唐寨镇杨庄村。2007年与张庵村合并，属和谐村至今。

后村

后村（Hòucūn） 在砀山县东部，属唐寨镇侯口村管辖。距砀山县人民政府驻地22.8千米。占地面积0.85平方千米。228户，880人，民族多为汉族。

明代，侯姓在此立庄，因当时人少村小，且在侯口村后，故而得名。新中国成立初期属唐寨区。1958年属唐寨公社。2007年属侯口村村民委员会。

后于庄

后于庄（Hòuyúzhuāng） 在砀山县东部，属唐寨镇侯口村管辖。距砀山县人民政府驻地22.7千米。占地面积0.54平方千米。230户，820人，民族多为汉族。

明代，于姓人氏在此占产立户，因在前于庄后，故而得名后于庄。新中国成立初期属唐寨区。1958年属唐寨公社。2007年属侯口村村民委员会。

前村

前村（Qiáncūn） 在砀山县东部，属唐寨镇侯口村管辖。距砀山县人民政府驻地22.86千米。占地面积0.65平方千米。214户，830人，民族多为汉族。

明代侯姓在此立庄，因当时人少村小，在侯口村前，故而得名。新中国成立初期属唐寨区。1958年属唐寨公社。2007年属侯口村村民委员会。

前于庄

前于庄（Qiányúzhuāng） 在砀山县东部，属唐寨镇侯口村管辖。距砀山县人民政府驻地22.5千米。占地面积0.23平方千米。82户，286人，民族多为汉族。

明代，于姓人氏在此占产立户，因在后于庄前，故而得名。新中国成立初期属唐寨区。1958年属唐寨公社。2007年属侯口村村民委员会。

薛楼

薛楼（Xuēlóu） 在砀山县东部，属唐寨镇侯口村管辖。距砀山县人民政府驻地24.3千米。占地面积0.61平方千米。236户，868人，民族多为汉族。

明代，薛姓在此占产立户，建楼，故而得名薛楼。新中国成立初期属唐寨区。1958年属唐寨公社。2007年属侯口村村民委员会。

张土楼

张土楼（Zhāngtǔlóu） 在砀山县东部，属唐寨镇侯口村管辖。距砀山县人民政府驻地22.7千米。占地面积0.85平方千米。270户，980人，民族多为汉族。

明代，张姓人氏在此占产立户，建有土楼，故而得名张土楼。新中国成立初期属唐寨区。1958年属唐寨公社。2007年属侯口村村民委员会。

段楼

段楼（Duànlóu） 在砀山县东部，属唐寨镇家和村管辖。距砀山县人民政府驻地17.6千米。占地面积1.06平方千米。251户，950人，民族多为汉族。

明代初期，段氏家族在此占产立庄，建有楼房，故名段楼。新中国成立前属李庄区。1958年归唐寨公社。1964年属赵楼乡。1992年属文庄镇。2007年合村，归家和村，属唐寨镇政府管理至今。

刘庄

刘庄（Liúzhuāng） 在砀山县东部，属唐寨镇家和村管辖。距砀山县人民政府驻地22.3千米。占地面积0.38平方千米。105户，423人，民族多为汉族。

从前，刘氏家族在此地建庄，故取名刘庄。1958年归冯庄乡。1959年归赵楼乡。1992年划入文庄镇。2007年村级合并归家和村，属唐寨镇政府管辖。

马楼

马楼（Mǎlóu） 在砀山县东部，属唐寨镇家和村管辖。距砀山县人民政府驻地18.16千米。占地面积0.43平方千米。98户，380人，民族多为汉族。

清末，马氏家族在此立户建楼，取名马楼。马楼村小，自新中国成立初期便与倪庄划在一起，归梁寨区赵楼乡管理。1992年建镇归文庄镇。2007年划为唐寨镇，合为家和村。

倪庄

倪庄（Nízhuāng） 在砀山县东部，属唐寨镇家和村管辖。距砀山县人民政府驻地21.6千米。占地面积1.06平方千米。251户，950人，民族多为汉族。

以前有倪姓在此建庄，故名。新中国成立后，倪庄归属赵楼乡管理，后属马楼小乡。1992年文庄建镇，属文庄镇政府。2007年划属唐寨镇，合并入家和村。

前小庄

前小庄（Qiánxiǎozhuāng） 在砀山县东部，属唐寨镇家和村管辖。距砀山县人民政府驻地22.51千米。占地面积0.43平方千米。98户，380人，民族多为汉族。

前小庄以王寨为中心，分家搬迁至王寨前，所以名叫前小庄。新中国成立前属江苏省砀山县六区。1958年属赵楼乡。1992年属文庄镇。2007年村级合并至家和村。

汪陈楼

汪陈楼（Wāngchénlóu） 在砀山县东部，属唐寨镇家和村管辖。距砀山县人民政府驻地22.15千米。占地面积0.43平方千米。98户，412人，民族多为汉族。

汪姓清朝晚期从砀城西关搬迁此地，当时居住一户陈姓，有楼房，所以命名为汪陈楼。新中国成立前属江苏省砀山县六区管辖。1958年前归冯庄乡，1958年后归赵楼乡。1992年划归文庄镇。2007年村级合并为家和村，属唐寨镇管辖。

王新庄

王新庄（Wángxīnzhuāng） 在砀山县东部，属唐寨镇家和村管辖。距砀山县人民政府驻地22.97千米。占地面积0.74平方千米。220户，825人，民族多为汉族。

1936年，王氏家族从王寨迁出，在此建新庄，定名王新庄。新中国成立后，王新庄划入赵楼乡管理。1988年划归程庄镇。1992年划归文庄镇。2007年合为家和村，归唐寨镇政府管理。

王土楼

王土楼（Wángtǔlóu） 在砀山县东部，属唐寨镇家和村管辖。距砀山县人民政府驻地22.04千米。占地面积0.45平方千米。124户，440人，民族多为汉族。

清朝末年，王氏家族在此安家立户，建土楼，取名王土楼。新中国成立初期，先后归胡寨乡、冯庄乡、双楼乡。1978年归梁寨区赵楼乡。1992年划归文庄镇。2007

年村级合并，属唐寨镇家和村。

王寨西村

王寨西村（Wángzhàixīcūn） 在砀山县东部，属唐寨镇家和村管辖。距砀山县人民政府驻地22.75千米。占地面积0.68平方千米。210户，758人，民族多为汉族。

从前，王姓建寨。新中国成立初期，王寨以潘梁路为中心，路西定为西村。新中国成立前，属砀山六区。1958年属赵楼乡。1992年划归文庄镇。2007年合为家和村，属唐寨镇政府管理。

王寨东村

王寨东村（Wángzhàidōngcūn） 在砀山县东部，属唐寨镇家和村管辖。距砀山县人民政府驻地22.87千米。占地面积0.66平方千米。206户，750人，民族多为汉族。

以前，王姓建寨。新中国成立初期，以潘梁路为中心，路东取名东村。新中国成立前属砀山六区。1958年属赵楼乡。1992年划归文庄镇。2007年合为家和村，属唐寨镇政府管理。

王油坊

王油坊（Wángyóufáng） 在砀山县东部，属唐寨镇家和村管辖。距砀山县人民政府驻地22.24千米。占地面积0.44平方千米。120户，430人，民族多为汉族。

民国时期，王氏因在此地开油坊为生，故得名王油坊。新中国成立初期，先后归胡寨乡、冯庄乡、双楼乡。1978年归梁寨区赵楼乡。1992年划归文庄镇。2007年，合并为唐寨镇家和村。

西小庄

西小庄（Xīxiǎozhuāng） 在砀山县东部，属唐寨镇家和村管辖。距砀山县人民政府驻地22.39千米。占地面积0.65平方千米。170户，630人，民族多为汉族。

明朝洪武二年（1369年），王姓祖先从山西洪洞迁此建寨，后因人多，为了方便耕种居住，弟兄分家搬至西边建小庄，故名。新中国成立前属江苏省砀山县六区。新中国成立初期属赵楼乡。1958年前归唐寨公社，1958年后划归赵楼乡。1992年划归文庄镇。2007年村级合并为家和村，属唐寨镇管辖。

毛堂

毛堂（Máotáng） 在砀山县东部，属唐寨镇毛堂村管辖。距砀山县人民政府驻地20.01千米。占地面积1.44平方千米。398户，1601人，民族多为汉族。

从前，毛氏家族在此立庄，建立学堂，得名为毛堂。1958年属唐寨人民公社。1980年属文庄乡。2007年村级合并入唐寨镇毛堂村至今。

天齐庙

天齐庙（Tiānqímiào） 在砀山县东部，属唐寨镇毛堂村管辖。距砀山县人民政府驻地19.57千米。占地面积0.55平方千米。174户，642人，民族多为汉族。

据查，该地有庙一座，供奉神仙为天齐神，故而得名。1958年属唐寨人民公社。1980年属文庄乡。2007年村级合并入唐寨镇毛堂村至今。

小王庄

小王庄（Xiǎowángzhuāng） 在砀山县东部，属唐寨镇毛堂村管辖。距砀山县人民政府驻地20.13千米。占地面积0.35平方千米。92户，366人，民族多为汉族。

新中国成立前，王氏家族在此立庄，因当时人少村小，故而得名。1958年属唐寨人民公社。1980年属文庄乡。2007年村级合并入唐寨镇毛堂村至今。

小文庄

小文庄（Xiǎowénzhuāng） 在砀山县东部，属唐寨镇毛堂村管辖。距砀山县人民政府驻地19.8千米。占地面积0.63平方千米。214户，732人，民族多为汉族。

新中国成立前文氏家族在此立庄，因当时人少村小，故而得名。1958年属唐寨人民公社。1980年属文庄乡。2007年村级合并入唐寨镇毛堂村至今。

张庄

张庄（Zhāngzhuāng） 在砀山县东部，属唐寨镇毛堂村管辖。距砀山县人民政府驻地20.58千米。占地面积1.03平方千米。290户，1011人，民族多为汉族。

从前，张氏家族在此立庄，因张氏家族人多户多，得名为张庄。1958年属唐寨人民公社。1980年属文庄乡。2007年村级合并入唐寨镇毛堂村至今。

官庄

官庄（Guānzhuāng） 在砀山县东部，属唐寨镇潘坝村管辖。距砀山县人民政府驻地21.03千米。占地面积1.04平方千米。263户，1080人，民族多为汉族。

明代，官姓在此地立庄，故而得名。新中国成立初期属江苏省砀山县二坝乡。1954年划为安徽省砀山县刘庄区。1958年属唐寨人民公社。1987年划属唐寨镇潘坝村民委员会。

前黄庄

前黄庄（Qiánhuángzhuāng） 在砀山县东部，属唐寨镇潘坝村管辖。距砀山县人民政府驻地21.35千米。占地面积0.52平方千米。156户，580人，民族多为汉族。

明洪武七年，黄氏兄弟四人自晋迁砀，长门居前立庄，故名。新中国成立初期属江苏省砀山县二坝乡。1954年划为安徽省砀山县李庄区。1958年属唐寨人民公社。1987年划属唐寨镇潘坝村委会至今。

后黄庄

后黄庄（Hòuhuángzhuāng） 在砀山县东部，属唐寨镇潘坝村管辖。距砀山县人民政府驻地21.59千米。占地面积1.08平方千米。258户，1020人，民族多为汉族。

明洪武七年，黄氏兄弟四人自晋迁砀，次门居后立庄，故名。新中国成立初期属江苏省砀山县二坝乡。1954年划为安徽省砀山县李庄区。1958年属唐寨人民公社。1987年属唐寨镇潘坝村民委员会至今。

孟庄

孟庄（Mèngzhuāng） 在砀山县东部，属唐寨镇潘坝村管辖。距砀山县人民政府驻地21.33千米。占地面积0.46平方千米。140户，536人，民族多为汉族。

光绪年间，孟子后代迁居至此立庄，故而得名。新中国成立初期属刘庄区。1958年属唐寨人民公社。1976年属唐寨乡。1987年属唐寨镇潘坝村民委员会至今。

潘坝

潘坝（Pānbà） 在砀山县东部，属唐寨镇潘坝村管辖。距砀山县人民政府驻地21.26千米。占地面积0.18平方千米。41户，158人，民族多为汉族。

清咸丰年间，潘氏迁出蟠龙集，为抵御黄水而筑坝，故而得名潘坝。新中国成立初期属江苏省砀山县二坝乡。1954年划为安徽省砀山县李庄区。1958年属唐寨人民公社。1987年属唐寨镇潘坝村民委员会至今。

齐庄

齐庄（Qízhuāng） 在砀山县东部，属唐寨镇潘坝村管辖。距砀山县人民政府驻地

20.74千米。占地面积0.11平方千米。38户，138人，民族多为汉族。

明代，齐姓在此占产立庄，故而得名齐庄。新中国成立初期属李庄区。1958年属唐寨人民公社。1961年划归唐寨乡。1984年属唐寨镇潘坝村至今。

唐坝

唐坝（Tángbà） 在砀山县东部，属唐寨镇潘坝村管辖。距砀山县人民政府驻地22.23千米。占地面积0.32平方千米。77户，280人，民族多为汉族。

咸丰三年（1853年），砀山县发大水，本村是个坝子，姓唐的大户迁移此地居住，故此得名唐坝。新中国成立初期属江苏省砀山县二坝乡。1954年划为安徽省砀山县李庄区。1958年属唐寨人民公社。1987年划属唐寨镇坝村民委员会。

杂户地

杂户地（Záhùdì） 在砀山县东部，属唐寨镇潘坝村管辖。距砀山县人民政府驻地22.5千米。占地面积1.02平方千米。263户，1210人，民族多为汉族。

明代，有代姓、杨姓、周姓等在此地立庄，因姓氏多，故而得名杂户地。新中国成立初期属江苏省砀山县二坝乡。1954年划为安徽省砀山县李庄区。1958年属唐寨人民公社。1987年划属唐寨镇潘坝村委会至今。

小戴庄

小戴庄（Xiǎodàizhuāng） 在砀山县东部，属唐寨镇山寨村管辖。距砀山县人民政府驻地20.26千米。占地面积0.14平方千米。45户，160人，民族多为汉族。

明代，戴姓在此占产立庄，因当时人少村小，故而得名。1958年属唐寨人民公社潘坝乡。1984年撤乡置镇，属唐寨镇山寨村村民委员会至今。

北唐集

北唐集（Běitángjí） 在砀山县东部，属唐寨镇山寨村管辖。距砀山县人民政府驻地23.02千米。占地面积1.18平方千米。410户，1401人，民族多为汉族。

清代，唐姓在此占产立庄，成立集市，因唐寨南有南唐集，故而得名北唐集。1958年属唐寨人民公社。1984年撤乡置镇，属唐寨镇山寨村村民委员会至今。

山寨

山寨（Shānzhài） 在砀山县东部，属唐寨镇山寨村管辖。距砀山县人民政府驻地23.07千米。占地面积1.07平方千米。305户，1068人，民族多为汉族。

明代，老黄河发大水，冲积出高高的沙丘，像座土山，后来人们又在此地筑了寨子，故而得名。1958年属唐寨人民公社。1984年撤乡置镇，属唐寨镇山寨村村民委员会至今。

王庄

王庄（Wángzhuāng） 在砀山县东部，属唐寨镇山寨村管辖。距砀山县人民政府驻地22.28千米。占地面积1.08平方千米。280户，1102人，民族多为汉族。

据查，新中国成立前王姓在此地立庄，故而得名。1958年属唐寨人民公社。1984年属唐寨镇山寨村村民委员会至今。

吴庄

吴庄（Wúzhuāng） 在砀山县东部，属唐寨镇山寨村管辖。距砀山县人民政府驻地22.16千米。占地面积0.76平方千米。221户，860人，民族多为汉族。

明朝，吴姓在此占产立庄，故而得名。

1958年属唐寨人民公社。1984年属唐寨镇山寨村村民委员会至今。

定国寺

定国寺（Dìngguósì） 在砀山县东部，属唐寨镇唐集村管辖。距砀山县人民政府驻地17.44千米。占地面积1.32平方千米。258户，1050人，民族多为汉族。

明代，从山西迁居的多姓群众在此地占产立庄，其间有一南方人，看此处是块风水宝地，故号召民众捐资建庙8座，称定国寺。1958年属唐寨人民公社。2007年村级合并后属唐寨镇唐集村至今。

范楼

范楼（Fànlóu） 在砀山县东部，属唐寨镇唐集村管辖。距砀山县人民政府驻地19.25千米。占地面积0.25平方千米。52户，174人，民族多为汉族。

清朝时期，有位姓范的乡绅在此耕种、建楼，范楼因而得名。新中国成立初期属夹堤子公社。1958年属唐寨人民公社。2007年村级合并后属唐寨镇唐集村至今。

后张楼

后张楼（Hòuzhānglóu） 在砀山县东部，属唐寨镇唐集村管辖。距砀山县人民政府驻地21.3千米。占地面积0.35平方千米。59户，238人，民族多为汉族。

民国初期，有张姓几户人家从外地迁到此地，在庄北建土楼，故取名张楼。新中国成立初期属唐寨乡。1969年生产大队时分为前后张楼。1980年为张楼村。2007年村级合并后属唐寨镇唐集村。

荒庄

荒庄（Huāngzhuāng） 在砀山县东部，属唐寨镇唐集村管辖。距砀山县人民政府驻地21.4千米。占地面积0.52平方千米。113户，412人，民族多为汉族。

清朝时期，有位姓唐的人家在此开荒种田，因该地非常荒凉，故而得名。新中国成立初期属唐寨乡。1980年大队分开后属张楼村。2007年并村后属唐寨镇唐集村。

李老庄

李老庄（Lǐlǎozhuāng） 在砀山县最东部，属唐寨镇唐集村管辖。距砀山县人民政府驻地21.2千米。占地面积0.43平方千米。106户，398人，民族多为汉族。

清朝初期，有李姓在此占产立庄，后有分支迁出，故此地命名李老庄。新中国成立初期属唐寨乡唐集大队。1980年大队分开后属张楼村。2007年并村后属唐寨镇唐集村。

李寨

李寨（Lǐzhài） 在砀山县东部，属唐寨镇唐集村管辖。距砀山县人民政府驻地18.75千米。占地面积0.61平方千米。131户，501人，民族多为汉族。

原名李集子，后筑寨，改为李寨。据说是清朝高官李卫的家乡，村里立有石碑。新中国成立初期属夹堤子公社，后属定国寺大队。1985年后改为李寨村。2007年村级合并后属唐寨镇唐集村。

南唐集

南唐集（Nántángjí） 在砀山县东部，属唐寨镇唐集村管辖。距砀山县人民政府驻地21.03千米。占地面积1.13平方千米。256户，906人，民族多为汉族。

元朝末年，有唐姓数十家从外地迁到此地居住，成立集市，故名唐集；又因区别于北部的唐集，故名南唐集。新中国成立初期属唐寨乡。1980年大队分开后属张楼村。2007年并村后为南唐集村村，属唐寨镇管辖。

孙马路口

孙马路口（Sūnmǎlùkǒu） 在砀山县东部，属唐寨镇唐集村管辖。距砀山县人民政府驻地21.32千米。占地面积0.25平方千米。61户，240人，民族多为汉族。

清朝后期，有姓孙的人家居住在唐寨局子街西边的马路口边，因此命名为孙马路口。1958年，有几户人家迁到唐集大队，现孙马路口。新中国成立初期属唐集大队。1980年大队分开后属张楼村。2007年并村后属唐集村。

唐李庄

唐李庄（Tánglǐzhuāng） 在砀山县东部，属唐寨镇唐集村管辖。距砀山县人民政府驻地18.62千米。占地面积0.65平方千米。159户，620人，民族多为汉族。

明朝后期，唐、李两姓在此占地立庄，唐姓在东头为荒庄，李姓在西头为李庄，因两庄在一起，统称为唐李庄。新中国成立初期属夹堤子公社定国寺大队，后为李寨村。1996年又合为定国寺村。1998年分为李寨村。2007年村合并后，划属唐集村。

唐马庄

唐马庄（Tángmǎzhuāng） 在砀山县东部，属唐寨镇唐集村管辖。距砀山县人民政府驻地18.89千米。占地面积1平方千米。268户，1062人，民族多为汉族。

清朝后期，此庄居住有姓马和姓唐的两户人家，姓唐的人口较多，因此命名为唐马庄。新中国成立前属夹堤子管辖。新中国成立初期属定国寺村。1990年改为马庄村。2007年村级合并后划属唐集村。

王庄

王庄（Wángzhuāng） 在砀山县东部，属唐寨镇唐集村管辖。距砀山县人民政府驻地19.13千米。占地面积0.3平方千米。63户，230人，民族多为汉族。

清朝末期，由王姓在此立庄，故而得名。新中国成立初期属唐寨乡唐集大队。1980年大队分开后属张楼村。2007年并村后属唐集村。

小赵庄

小赵庄（Xiǎozhàozhuāng） 在砀山县东部，属唐寨镇唐集村管辖。距砀山县人民政府驻地17.27千米。占地面积0.35平方千米。71户，250人，民族多为汉族。

明代，赵氏家族从山西迁居此地，因当时人少庄小，故而得名。新中国成立初期曾属江苏省管辖，后属安徽。2007年属唐寨镇唐集村民委员会。

臧院

臧院（Zāngyuàn） 在砀山县东部，属唐寨镇唐集村管辖。距砀山县人民政府驻地20.24千米。占地面积0.88平方千米。196户，745人，民族多为汉族。

清朝中期，有臧姓人在唐集西头租用唐姓乡绅的地，后来臧姓发展到90口人，住在一个大院里，取名臧院。新中国成立初期属唐寨乡唐集大队。1980年大队分开后属张楼村。2007年并村后属唐集村。

张庄

张庄（Zhāngzhuāng） 在砀山县东部，属唐寨镇唐集村管辖。距砀山县人民政府驻地20.21千米。占地面积0.46平方千米。99户，386人，民族多为汉族。

清朝末期，有户张姓人家首先在此居住，随着人口增多，取名张庄。后来唐姓、孙姓陆续迁到此庄，但庄名依旧。新中国成立初期属唐寨公社唐集大队。1980年属唐集村。2007年至今属唐集村委会。

大南门

大南门（Dànánmén） 在砀山县东部，属唐寨镇唐寨村管辖。距砀山县人民政府驻地22.28千米。占地面积0.7平方千米。171户，660人，民族多为汉族。

清朝咸丰八年（1858年），唐瑞邦为防匪患发动周边村民共同起圩筑唐寨和四座大门，因此门在南方，故称大南门。新中国成立初期土地改革时，大南门称套东南村。1958年属顺利社。1966年属红卫兵大队。2007年村级合并后属唐寨村至今。

黄盆窑

黄盆窑（Huángpényáo） 在砀山县东部，属唐寨镇唐寨村管辖。距砀山县人民政府驻地21.49千米。占地面积0.1平方千米。20户，68人，民族多为汉族。

清朝，有唐氏族人在此以烧制黄盆为生，故而得名黄盆窑。土地改革时被划为套南村。1958年属顺利社。1966年属红卫兵大队。2007年村级合并后属唐寨村至今。

局子街

局子街（Júzijiē） 在砀山县东部，属唐寨镇唐寨村管辖。距砀山县人民政府驻地21.06千米。占地面积1.56平方千米。415户，1536人，民族多为汉族。

据查，因当年乡绅唐老八是大户家庭，立局子，方圆十八里周边垒上寨墙，立上寨门，因此名为局子街。新中国成立初期属唐寨区。1958年属唐寨人民公社。1984年属唐寨乡。2007年村级合并后属唐寨村至今。

唐庄

唐庄（Tángzhuāng） 在砀山县东部，属唐寨镇唐寨村管辖。距砀山县人民政府驻地21.09千米。占地面积1.45平方千米。404户，1350人，民族多为汉族。

从前，姓唐人氏在此立庄，取名唐庄。新中国成立初期属唐寨区。1958年属唐寨人民公社。1984年属唐寨乡。2007年村级合并后属唐寨村至今。

魏庄

魏庄（Wèizhuāng） 在砀山县东部，属唐寨镇唐寨村管辖。距砀山县人民政府驻地22.16千米。占地面积0.93平方千米。221户，850人，民族多为汉族。

从前，魏姓在此立庄，故叫魏庄。新中国成立初期属唐寨区。1958年属唐寨人民公社。1984年属唐寨乡。2007年村级合并后属唐寨村至今。

小南门

小南门（Xiǎonánmén） 在砀山县东部，属唐寨镇唐寨村管辖。距砀山县人民政府驻地21.03千米。占地面积0.3平方千米。61户，203人，民族多为汉族。

据查，因唐寨起于东、西、南、北四大门，后为了方便出寨南行，又开小南门，故而得名。新中国成立初期属唐寨区。1958年属唐寨人民公社。1984年属唐寨乡。2007年村级合并后属唐寨村至今。

小套子

小套子（Xiǎotàozi） 在砀山县东部，属唐寨镇唐寨村管辖。距砀山县人民政府驻地22.46千米。占地面积1.7平方千米。398户，1602人，民族多为汉族。

清朝初年，因黄河数次冲经此地，导致地势低洼，在南、北筑堤以防水患，因而地面多积水，故称“套”，得名小套子。新中国成立初期土地改革时，小套子分套北、套东。1958年属顺利社。1966年属红卫兵大队。2007年村级合并后属唐寨村至今。

新庄

新庄（Xīnzhuāng） 在砀山县东部，属唐寨镇唐寨村管辖。距砀山县人民政府驻地21.32千米。占地面积0.15平方千米。37户，126人，民族多为汉族。

据查，1962年从唐寨搬七组、八组、九组在此立庄，取名新庄。新中国成立初期属唐寨区。1958年属唐寨人民公社。1984年属唐寨乡。2007年村级合并后属唐寨村至今。

朱刘庄

朱刘庄（Zhūliúzhuāng） 在砀山县东部，属唐寨镇唐寨村管辖。距砀山县人民政府驻地22.03千米。占地面积0.34平方千米。71户，260人，民族多为汉族。

新中国成立前，姓朱、姓刘的二人在此地居住，原来叫侉庄，后来改为朱刘庄。土地改革时被划为套南村。1958年属顺利社。1966年属红卫兵大队。2007年村级合并后属唐寨村至今。

蒋楼

蒋楼（Jiǎnglóu） 在砀山县东部，属唐寨镇汪庄村管辖。距砀山县人民政府驻地19.6千米。占地面积0.38平方千米。96户，365人，民族多为汉族。

新中国成立前，蒋氏家族在此立庄建楼，故而得名蒋楼。新中国成立初期属唐寨区。1958年属唐寨人民公社。1976年属汪庄管理区。2007年村级合并为汪庄村村民委员会，属唐寨镇管理。

宋阁

宋阁（Sònggé） 在砀山县东部，属唐寨镇汪庄村管辖。距砀山县人民政府驻地18.92千米。占地面积0.13平方千米。25户，94人，民族多为汉族。

新中国成立前，宋氏家族在此立庄，建楼阁，故而得名宋阁。新中国成立初期属唐寨区。1958年属唐寨人民公社。1976年属汪庄管理区。2007年村级合并为汪庄村村民委员会，属唐寨镇管理。

孙楼

孙楼（Sūnlóu） 在砀山县东部，属唐寨镇汪庄村管辖。距砀山县人民政府驻地18.32千米。占地面积0.22平方千米。56户，208人，民族多为汉族。

新中国成立前，孙氏家族在此立庄建楼，故而得名孙楼。新中国成立初期属唐寨区。1958年属唐寨人民公社。1976年属汪庄管理区。2007年村级合并为汪庄村村民委员会，属唐寨镇管理。

汪集

汪集（Wāngjí） 在砀山县东部，属唐寨镇汪庄村管辖。距砀山县人民政府驻地17.86千米。占地面积0.39平方千米。98户，408人，民族多为汉族。

新中国成立前，汪氏家族在此立庄，成立集市，故而得名汪集。新中国成立初期属唐寨区。1958年属唐寨人民公社。1976年属汪庄管理区。2007年村级合并为汪庄村村民委员会，属唐寨镇管理。

汪庄

汪庄（Wāngzhuāng） 在砀山县东部，属唐寨镇汪庄村管辖。距砀山县人民政府驻地18.71千米。占地面积0.42平方千米。129户，453人，民族多为汉族。

新中国成立前，汪氏家族在此立庄，故而得名汪庄。新中国成立初期属唐寨区。1958年属唐寨人民公社。1976年属汪庄管理区。2007年村级合并为汪庄村村民委员会，属唐寨镇管理。

魏集

魏集（Wèijí） 在砀山县东部，属唐寨镇汪庄村管辖。距砀山县人民政府驻地18.88千米。占地面积 0.58平方千米。188户，695人，民族多为汉族。

新中国成立前，魏氏家族在此立庄，建立集市，故而得名魏集。新中国成立初期属唐寨区。1958年属唐寨人民公社。1976年属汪庄管理区。2007年村级合并为汪庄村村民委员会，属唐寨镇管理。

杜楼

杜楼（Dùlóu） 在砀山县东部，属唐寨镇文庄村管辖。距砀山县人民政府驻地20.87千米。占地面积0.35平方千米。57户，210人，民族多为汉族。

从前，杜姓在此占产立庄、建楼，故而得名。1991年以前属唐寨区文庄乡。1991年后属文庄镇路口村。2007年合村并镇后，属唐寨镇文庄村管理至今。

杜双楼

杜双楼（Dùshuānglóu） 在砀山县东部，属唐寨镇文庄村管辖。距砀山县人民政府驻地23.07千米。占地面积0.76平方千米。156户，610人，民族多为汉族。

从前，杜姓在此居住，盖了两座楼房，故名杜双楼。1991年以前属唐寨区文庄乡。1991年后属文庄镇文庄村。2007年5月合村并镇后，属唐寨镇文庄村至今。

况楼

况楼（Kuànglóu） 在砀山县东部，属唐寨镇文庄村管辖。距砀山县人民政府驻地22.06千米。占地面积0.47平方千米。85户，310人，民族多为汉族。

从前，况姓先民在此占产立庄，建造楼房，故而得名。1991年以前属唐寨区文庄乡。1991年后属文庄镇文庄村。2007年合村并镇后，属唐寨镇文庄村至今。

后文庄

后文庄（Hòuwénzhuāng） 在砀山县东部，属唐寨镇文庄村管辖。距砀山县人民政府驻地21.08千米。占地面积0.52平方千米。128户，448人，民族多为汉族。

明代，文氏家族由山西省平垣县鲁王村迁居此地立庄，故而得名。以前分前、后文庄，现已连在一起。1991年以前属唐寨人民公社。1991年属文庄镇。2007年合村并镇后，属唐寨镇文庄村至今。

前文庄

前文庄（Qiánwénzhuāng） 在砀山县东部，属唐寨镇文庄村管辖。距砀山县人民政府驻地21.02千米。占地面积0.74平方千米。176户，664人，民族多为汉族。

明代，文氏家族由山西省平垣县鲁王村迁居此地，占产立户，故而得名。以前分前、后文庄，现已连在一起。1991年以前属唐寨人民公社。1991年属文庄镇。2007年合村并镇后，属唐寨镇文庄村至今。

孙楼

孙楼（Sūnlóu） 在砀山县东部，属唐寨镇文庄村管辖。距砀山县人民政府驻地21.5千米。占地面积0.76平方千米。158户，610人，民族多为汉族。

从前，孙姓先民在此占产立庄，建造楼房，故而得名。1958年属唐寨人民公社。1991年属文庄镇路口村。2007年合村于文庄村，属唐寨镇。

王楼

王楼（Wánglóu） 在砀山县东部，属唐寨镇文庄村管辖。距砀山县人民政府驻地21.45千米。占地面积0.43平方千米。58

户，230人，民族多为汉族。

从前，王姓在此占产立庄，故而得名。1991年以前属唐寨区文庄乡。1991年后属文庄镇路口村。2007年合村并镇后，属唐寨镇文庄村至今。

玉皇庙

玉皇庙（Yùhuángmiào） 在砀山县东部，属唐寨镇文庄村管辖。距砀山县人民政府驻地21.89千米。占地面积1.07平方千米。196户，760人，民族多为汉族。

据查，该地从前有庙一座，供奉神仙为玉皇大帝，故而得名。1991年以前属唐寨区文庄乡。1991年后属文庄镇路口村。2007年合村并镇后，属唐寨镇文庄村至今。

臧路口

臧路口（Zānglùkǒu） 在砀山县东部，属唐寨镇文庄村管辖。距砀山县人民政府驻地21.73千米。占地面积1.02平方千米。181户，720人，民族多为汉族。

从前，臧姓在此居住，占产立庄，因坐落在路口，故而得名。1991年以前属唐寨区文庄乡。1991年后属文庄镇路口村。2007年合村并镇后，属唐寨镇文庄村至今。

枣园

枣园（Zǎoyuán） 在砀山县东部，属唐寨镇文庄村管辖。距砀山县人民政府驻地20.18千米。占地面积1.08平方千米。206户，790人，民族多为汉族。

据查，该地有一大片枣树园，系王姓先民的产业，故而得名。1991年以前属毛堂村。1991年后属文庄镇。2007年合村并镇后，属唐寨镇文庄村至今。

张楼

张楼（Zhānglóu） 在砀山县东部，属唐寨镇文庄村管辖。距砀山县人民政府驻地20.71千米。占地面积0.65平方千米。96户，360人，民族多为汉族。

从前，张姓在此占产立庄，建造楼房，故而得名。1991年以前属毛堂村。1991年后属文庄镇。2007年合村并镇，属唐寨镇文庄村至今。

邹屯

邹屯（Zōutún） 在砀山县东部，属唐寨镇文庄村管辖。距砀山县人民政府驻地19.1千米。占地面积0.25平方千米。48户，180人，民族多为汉族。

从前，邹姓在此占产屯田立庄，故而得名。1991年以前属汪庄村。1991年后属文庄镇。2007年合村后，属唐寨镇文庄村至今。

北门

北门（Běimén） 在砀山县东部，属唐寨镇油坊村管辖。距砀山县人民政府驻地21.31千米。占地面积1.4平方千米。289户，1060人，民族多为汉族。

从前，唐寨为防匪筑寨墙，在此处留北门，所以称北门。新中国成立初期属江苏。1954年划为安徽省砀山县李庄区。1958年属唐寨人民公社。1987年属唐寨镇管辖至今。

车庄

车庄（Chēzhuāng） 在砀山县东部，属唐寨镇油坊村管辖。距砀山县人民政府驻地23.43千米。占地面积1.02平方千米。131户，505人，民族多为汉族。

据查，新中国成立初期为了方便耕种，将许多架子车聚集在一起，故名为车庄。1958年属唐寨人民公社，后属唐寨乡，现属唐寨镇管辖。

荒庄

荒庄（Huāngzhuāng） 在砀山县东部，属唐寨镇油坊村管辖。距砀山县人民政府驻地22.06千米。占地面积1.34平方千米。256户，1012人，民族多为汉族。

新中国成立前，各处逃荒者到此处安家，形成一个村庄，且此地到处荒草漫漫，故称荒庄。1958年属唐寨人民公社，后属唐寨乡，现今属唐寨镇油坊村民委员会。

团结村

团结村（Tuánjiécūn） 在砀山县东部，属唐寨镇油坊村管辖。距砀山县人民政府驻地22.75千米。占地面积0.44平方千米。72户，258人，民族多为汉族。

据查，新中国成立初期为了方便耕种生活，有许多人聚集在一起成村，名为团结村，取“和谐共处”之意。1958年属唐寨人民公社，1987年后属唐寨乡，现属唐寨镇管辖。

油坊

油坊（Yóufáng） 在砀山县东部，属唐寨镇油坊村管辖。距砀山县人民政府驻地20.51千米。占地面积1.04平方千米。160户，607人，民族多为汉族。

新中国成立前，唐氏家族在此开设油坊，故名。1958年属唐寨人民公社。1987年后属唐寨乡。现属唐寨镇油坊村民委员会。

张集

张集（Zhāngjí） 在砀山县东部，属唐寨镇油坊村管辖。距砀山县人民政府驻地23.44千米。占地面积1.02平方千米。171户，609人，民族多为汉族。

新中国成立前，张氏家族在此立户，建集市，故称张集。1958年属唐寨人民公社。1987年后属唐寨乡。现今属唐寨镇管辖。

夹堤子

夹堤子（Jiádīzi） 在砀山县东部，属唐寨镇于集村管辖。距砀山县人民政府驻地19.51千米。占地面积1.3平方千米。325户，1225人，民族多为汉族。

明朝时筑堤防水患，筑南北二堤，人居其北堤之南坡，故称夹堤子。新中国成立初期属前进社。1958年属唐寨人民公社。1980年属夹堤子乡。2007年至今属于集村民委员会。

孙马路口

孙马路口（Sūnmǎlùkǒu） 在砀山县东部，属唐寨镇于集村管辖。距砀山县人民政府驻地20.35千米。占地面积0.25平方千米。79户，301人，民族多为汉族。

新中国成立前，唐寨镇有围墙，从西门到南门墙外有马路，顺堤河南有岔路口，孙姓人居住在此，故而得名。新中国成立初期属唐寨区。1980年属夹堤子乡。2007年并村，属于集村民委员会。

土楼

土楼（Tǔlóu） 在砀山县东部，属唐寨镇于集村管辖。距砀山县人民政府驻地20.9千米。占地面积1.08平方千米。216户，820人，民族多为汉族。

据查，抗日战争时期，日军在此修建土炮楼设为据点，因此得名。新中国成立初期原为红星前进社，后属夹堤子乡于集大队。2007年合村后，属于集村民委员会。

西门

西门（Xīmén） 在砀山县东部，属唐寨镇于集村管辖。距砀山县人民政府驻地20.73千米。占地面积1.88平方千米。498户，1902人，民族多为汉族。

元朝，唐姓避难于此，后筑寨墙，设

西门，因此门居西部，从而得名西门。原为西门大队，后属唐寨夹堤子乡于集大队。2007年合村后，属于集村民委员会至今。

小油坊

小油坊（Xiǎoyóufáng） 在砀山县东部，属唐寨镇于集村管辖。距砀山县人民政府驻地20.53千米。占地面积0.11平方千米。19户，78人，民族多为汉族。

新中国成立前，唐姓在此榨油，因人少，且唐寨北门有地叫油坊，故而得名小油坊。新中国成立前属唐寨西门。新中国成立初期属于集大队。2007年合村，属于集村民委员会至今。

于集

于集（Yújí） 在砀山县东部，属唐寨镇于集村管辖。距砀山县人民政府驻地20.44千米。占地面积1.11平方千米。312户，1220人，民族多为汉族。

明代，于姓在此居住，建庙成集，故而得名。新中国成立初期属唐寨区。1958年属唐寨人民公社。1980年属夹堤子乡。2007年村级合并为于集村民委员会。

朱庄

朱庄（Zhūzhuāng） 在砀山县东部，属唐寨镇于集村管辖。距砀山县人民政府驻地20.21千米。占地面积0.21平方千米。51户，201人，民族多为汉族。

新中国成立前，芒山一朱姓人家北迁，在此立庄，因此得名。1980年属夹堤子乡于集大队。2007年村级合并后属于集村民委员会。

贾楼

贾楼（Jiǎlóu） 在砀山县东部，属唐寨镇毛堂村管辖。距砀山县人民政府驻地19.77千米。占地面积0.33平方千米。82户，321人，民族多为汉族。

新中国成立前，贾氏家族在此立庄建楼，故而得名。1953年属毛堂管理区。1958年属唐寨人民公社。1987年属文庄乡。2007年村级合并后属唐寨镇毛堂村村民委员会至今。

前张楼

前张楼（Qiánzhānglóu） 在砀山县东部，属唐寨镇唐集村管辖。距砀山县人民政府驻地21.36千米。占地面积0.23平方千米。69户，252人，民族多为汉族。

明朝初期，有张姓几户人家从外地迁到此地，在庄北建造土楼，取名为张楼；后来人口多，分为前、后张楼。新中国成立初期属唐寨乡唐集生产大队。1958年属唐寨人民公社。1980年属张楼村。2007年村级合并为唐寨镇唐集村村民委员会至今。

葛集镇

崔庄

崔庄（Cuīzhuāng） 在砀山县东北部，属葛集镇土山村民委员会管辖。距砀山县人民政府驻地13.7千米。占地面积0.3平方千米。90户，332人，民族多为汉族。

据查，本村以崔氏家族人多而得名崔庄。新中国成立初期属顺堤乡六区。1958年属高寨公社农林大队。1986年属葛集乡李寨大队。2007年属葛集镇土山村至今。

大武庄

大武庄（Dàwǔzhuāng） 在砀山县东北部，属葛集镇土山村民委员会管辖。距砀山县人民政府驻地15.8千米。占地面积1.03平方千米。265户，1193人，民族多为汉族。

据查，武氏于清代末年由山东迁此聚

居，人数比其他姓氏多，村大，故而得名大武庄。新中国成立初期，先后隶属顺堤乡、周寨乡。1964年属高寨区。1980年改属毛雷庄乡。1988年属葛集镇至今。

李寨

李寨（Lǐzhài） 在砀山县东北部，属葛集镇土山村民委员会管辖。距砀山县人民政府驻地14.6千米。占地面积1.05平方千米。268户，1012人，民族多为汉族。

清朝咸丰元年，蟠龙集遭洪水侵袭，李氏迁往此处居住，并筑上土墙为寨，故名李寨。新中国成立初期隶属顺堤乡六区管理。1958年人民公社时期合并入农林大队。1980年属葛集乡。1988年撤乡并镇，属葛集镇。2007年隶属葛集镇土山村至今。

官场

官场（Guānchǎng） 在砀山县东北部，属葛集镇土山村民委员会管辖。距砀山县人民政府驻地15.2千米。占地面积3.03平方千米。868户，3250人，民族多为汉族。

据查，该村于1851年因黄河决口由蟠龙集迁往此地，租种徐州府官地，故名为官场。新中国成立初期属顺堤乡六区。1954年属周寨区高寨乡。1958年属东方红人民公社。1988年属葛集镇土山村委会至今。

小东庄

小东庄（Xiǎodōngzhuāng） 在砀山县东北部，属葛集镇土山村民委员会管辖。距砀山县人民政府驻地14.8千米。占地面积0.32平方千米。76户，272人，民族多为汉族。

新中国成立初期，李寨村人分居砀葛路东，故而起名小东庄。新中国成立初期，隶属顺堤乡六区，后改属周寨区高寨乡。1958年属高寨公社。1980年划为葛集乡。1988年属葛集镇土山村委会至今。

小武庄

小武庄（Xiǎowǔzhuāng） 在砀山县东北部，属葛集镇土山村民委员会管辖。距砀山县人民政府驻地15.4千米。占地面积0.2平方千米。46户，158人，民族多为汉族。

清代末年，武姓在此占地立庄，因当时人少村小，故而得名小武庄。新中国成立初期属常庄六区。1954年属周寨区高寨乡。1958年属东方红人民公社。1988年属葛集镇土山村民委员会至今。

土山

土山（Tǔshān） 在砀山县东北部，属葛集镇土山村民委员会管辖。距砀山县人民政府驻地15.6千米。占地面积0.23平方千米。41户，137人，民族多为汉族。

因此地地势高亢，土堆如山，故得名土山。新中国成立初期属周寨区高寨乡。1958年属东方红人民公社。1988年属葛集镇土山村民委员会至今。

韩新庄

韩新庄（Hánxīnzhuāng） 在砀山县东北部，属葛集镇土山村民委员会管辖。距砀山县人民政府驻地16.1千米。占地面积1.06平方千米。315户，1216人，民族多为汉族。

清代，有韩姓在此占地立庄，由于是新建村子，故而得名。新中国成立初期属唐寨十三堡。1958年属高寨公社，后改为高寨区。1980年属毛雷庄乡。1988年撤乡并镇后改属葛集镇至今。

孙新庄

孙新庄（Sūnxīnzhuāng） 在砀山县东北部，属葛集镇土山村民委员会管辖。距砀山县人民政府驻地14.1千米。占地面积0.3

平方千米。86户，305人，民族多为汉族。

清代，孙姓在此占地立庄，由于是新建村子，故而得名。1957年属顺堤五区。1958年属高寨公社。1986年属葛集乡。2007年属葛集镇土山村委会至今。

老庄

老庄（Lǎozhuāng） 在砀山县东北部，属葛集镇土山村民委员会管辖。距砀山县人民政府驻地14.2千米。占地面积0.4平方千米。98户，386人，民族多为汉族。

据查，李寨寨墙以外的李姓居住量大，他们系清末住在寨外的村民后裔，因此地立庄较早，故而得名老庄。新中国成立初期隶属顺堤六区。1958年属高寨公社。1986年属葛集乡。2007年属葛集镇土山村委会至今。

刘店场

刘店场（Liúdiànchǎng） 在砀山县东北部，属葛集镇高寨村民委员会管辖。距砀山县人民政府驻地19.1千米。占地面积0.38平方千米。86户，322人，民族多为汉族。

清朝中期，刘姓在高寨西门开设茶馆、客栈、旅店，因所在地为平坦开阔的场地，得名刘店场。新中国成立前属山东省华山县高寨区。新中国成立初期隶属安徽省砀山县顺堤六区。1958年属高寨公社。1988年划归葛集镇高寨村。

后毛庄

后毛庄（Hòumáozhuāng） 在砀山县东北部，属葛集镇李安村民委员会管辖。距砀山县人民政府驻地12.9千米。占地面积0.3平方千米。56户，203人，民族多为汉族。

从前，毛氏家族从山西逃荒迁至此地，在此开店经营，后来家业大了，更名为后毛庄。新中国成立前归光明大队管理。新中国成立初期划为李安大队。2007年属李安村委会至今。

仝庄

仝庄（Tóngzhuāng） 在砀山县东北部，属葛集镇李安村民委员会管辖。距砀山县人民政府驻地12.3千米。占地面积0.95平方千米。187户，687人，民族多为汉族。

从前，仝氏家族从河南老仝庄逃荒到此地，在此地落户，故为仝庄。新中国成立前归光明大队管理，新中国成立初期划为李安大队。2007年属李安村委会至今。

王药铺

王药铺（Wángyàopù） 在砀山县东北部，属葛集镇李安村民委员会管辖。距砀山县人民政府驻地13千米。占地面积0.2平方千米。32户，127人，民族多为汉族。

新中国成立前，王氏家族迁至此地，开中药铺，故起名王药铺。新中国成立前归光明大队，新中国成立初期归高寨乡李安大队，属葛集镇李安村至今。

辛屯

辛屯（Xīntún） 在砀山县东北部，属葛集镇李安村民委员会管辖。距砀山县人民政府驻地14.9千米。占地面积0.35平方千米。89户，347人，民族多为汉族。

明初，辛氏家族从山西省洪洞县迁至此地屯田，繁衍至今，逐渐形成一个村庄，故起名为辛屯。新中国成立前归山东省华山县。新中国成立初期划归安徽省砀山县高寨公社。1988年属葛集镇管理。2007年李安大队和仝集大队合并，属李安村委会至今。

李安

李安（Lǐ' ān） 在砀山县东北部，属葛集镇李安村民委员会管辖。距砀山县人民政府驻地12.8千米。占地面积0.89平方千米。239户，887人，民族多为汉族。

从前，李氏家族迁至此地，搭起庵棚，在此种田，故名为“李庵”；后来，人们便误写为“李安”了。新中国成立前归山东省华山县。新中国成立初期划归安徽省砀山县高寨公社所辖。1988年属葛集镇管理。2007年李安大队和仝集大队合并，属李安村委会至今。

大张庄

大张庄（Dàzhāngzhuāng） 在砀山县东北部，属葛集镇李安村民委员会管辖。距砀山县人民政府驻地13.6千米。占地面积0.33平方千米。87户，302人，民族多为汉族。

明初，张氏家族从山西省洪洞县迁至此地，繁衍生息，庄子大，故名大张庄。新中国成立前归山东省华山县。新中国成立初期划归安徽省砀山县高寨公社所辖。1988年属葛集镇管理。2007年李安大队和仝集大队合并，属李安村委会至今。

南河场

南河场（Nánhéchǎng） 在砀山县东北部，属葛集镇李安村民委员会管辖。距砀山县人民政府驻地11.8千米。占地面积0.42平方千米。62户，243人，民族多为汉族。

李安大队成立后，在黄河故道北边、李安大队最南部成立场子，故名南河场。1988年属仝集大队，归葛集镇人民政府管理。2007年李安大队和仝集大队合并，属李安村委会至今。

小张庄

小张庄（Xiǎozhāngzhuāng） 在砀山县东北部，属葛集镇李安村民委员会管辖。距砀山县人民政府驻地13.7千米。占地面积0.4平方千米。88户，306人，民族多为汉族。

明初，张氏家族从山西省洪洞县迁至此地，因东靠大张庄，且家族较小，故起名为小张庄。新中国成立前归山东省华山县，新中国成立初期划归安徽省砀山县高寨公社所辖。1988年属葛集镇管理。2007年李安大队和仝集大队合并，统称李安村委会至今。

瓦房

瓦房（Wǎfáng） 在砀山县东北部，属葛集镇李安村民委员会管辖。距砀山县人民政府驻地14.3千米。占地面积0.26平方千米。62户，207人，民族多为汉族。

从前，周氏家族迁至此地，开店做生意，后来在此盖青砖瓦屋四合院，故起名为瓦房。新中国成立前归山东省华山县。新中国成立初期划归安徽省砀山县高寨公社所辖。1988年属葛集镇管理。2007年李安大队和仝集大队合并，统称李安村委会至今。

葛集

葛集（Gějí） 在砀山县东北部，属葛集镇葛集村民委员会管辖。距砀山县人民政府驻地15.5千米。占地面积1.26平方千米。343户，1306人，民族多为汉族。

从前，葛姓家族在此占地立庄，成立集贸市场，故得名葛集。新中国成立初期属山东省藤县专区华山县。1952年划归为安徽省砀山县高寨区。1980年属高寨区葛集乡。2007年合村后，属葛集镇葛集村至今。

侯寨

侯寨（Hóuzhài） 在砀山县东北部，属葛集镇葛集村民委员会管辖。距砀山县人民政府驻地15.6千米。占地面积0.24平方千米。80户，306人，民族多为汉族。

清代，侯姓家族在此立庄筑寨，故而得名侯寨。新中国成立初期属山东省藤县专区华山县，后改属安徽省砀山县。1980年属高寨区葛集乡。2007年合村后，属葛集镇葛集村至今。

东高李庄

东高李庄（Dōnggāolǐzhuāng） 在砀山县东北部，属葛集镇葛集村民委员会管辖。距砀山县人民政府驻地14.8千米。占地面积0.15平方千米。44户，148人，民族多为汉族。

从前，高姓和李姓在此占产立庄，庄子中间有一条大沟把庄子分为东、西两庄，因此庄在沟的东边，故而得名为东高李庄。新中国成立前归山东省藤县专区华山县。1952年划归安徽省砀山县高寨区。1980年属高寨区葛集乡。1988年属葛集镇葛集村。2007年合村后，属葛集村至今。

周菜园

周菜园（Zhōucàiyuán） 在砀山县东北部，属葛集镇葛集村民委员会管辖。距砀山县人民政府驻地14.4千米。占地面积0.31平方千米。108户，420人，民族多为汉族。

明代时期周姓在此立庄，种植菜园，故而得名。新中国成立初期属山东省藤县专区华山县。1952年划归安徽省砀山县高寨区。1980年属高寨区葛集乡。2007年合村后，属葛集村至今。

律庄

律庄（Lùzhuāng） 在砀山县东北部，属葛集镇葛集村民委员会管辖。距砀山县人民政府驻地15.9千米。占地面积0.1平方千米。31户，120人，民族多为汉族。

从前，律姓在此占地立庄，故而得名。新中国成立初期属山东省藤县专区华山县。1952年划归安徽省砀山县高寨区。1980年属高寨区葛集乡。1988年属葛集镇葛集村。2007年合村后，属葛集村至今。

郝李陈庄

郝李陈庄（Hǎolǐchénzhuāng） 在砀山县东北部，属葛集镇葛集村民委员会管辖。距砀山县人民政府驻地14.9千米。占地面积1.2平方千米。343户，1303人，民族多为汉族。

明代时期，郝氏在此立庄，后有李氏、陈氏相继在此立庄，现今三庄合为一体，故而得名郝李陈庄。新中国成立初期属山东省藤县专区华山县。1952年划归安徽省砀山县高寨区。1980年属高寨区葛集乡。1988年属葛集镇葛集村。2007年合村后，属葛集村至今。

西高李庄

西高李庄（Xīgāolǐzhuāng） 在砀山县东北部，属葛集镇葛集村民委员会管辖。距砀山县人民政府驻地14.5千米。占地面积0.15平方千米。40户，150人，民族多为汉族。

从前，高姓和李姓在此占产立庄，庄子中间有一条大沟，把庄子分为东西两庄，因此庄在沟的西边，故而得名西高李庄。新中国成立前归山东省藤县专区华山县。1952年划归安徽省砀山县高寨区。1980年属高寨区葛集乡。1988年属葛集镇葛集村。2007年合村后，属葛集村至今。

范庄

范庄（Fànzhuāng） 在砀山县东北部，属葛集镇葛集村民委员会管辖。距砀山县人民政府驻地14.3千米。占地面积0.59平方千米。160户，606人，民族多为汉族。

明代时期，范姓家族在此占地立庄，故得名范庄。新中国成立初期属山东省藤县专区华山县。1952年划归安徽省砀山县高寨区。1980年属高寨区葛集乡。2007年合村后，属葛集村至今。

常庄

常庄（Chángzhuāng） 在砀山县东北部，属葛集镇葛集村民委员会管辖。距砀山县人民政府驻地 14.8 千米。占地面积 0.37 平方千米。98 户，390 人，民族多为汉族。

明代时期，常姓在此立庄，因此得名。清代常氏家族没落后，又卖于辛氏家族，故有辛常庄之称。新中国成立初期属山东省藤县专区华山县。1952 年划归安徽省砀山县高寨区。1980 年属高寨区葛集乡。2007 年合村后，属葛集村至今。

吕堤湾

吕堤湾（Lǚdīwān） 在砀山县东北部，属葛集镇新华村民委员会管辖。距砀山县人民政府驻地 19.7 千米。占地面积 1.5 平方千米。293 户，1055 人，民族多为汉族。

因村庄坐落在故黄大堤的拐弯处，吕姓较多，故而得名吕堤湾。新中国成立前归顺堤乡管理。1958 年属周寨区高寨公社。1988 年并镇，属新华村至今。

王阁

王阁（Wánggé） 在砀山县东北部，属葛集镇新华村民委员会管辖。距砀山县人民政府驻地 21.5 千米。占地面积 0.62 平方千米。118 户，432 人，民族多为汉族。

从前，王姓在此占产立庄，因建有楼阁，故而得名王阁。新中国成立前归江苏省顺堤乡管理。1955 年属安徽省砀山县第六区。1958 年属周寨人民公社。1961 年从周寨公社划出，属高寨公社所辖。1980 年属朱蓝店乡。1988 年属葛集镇新华村委会至今。

田楼

田楼（Tiánlóu） 在砀山县东北部，属葛集镇新华村民委员会管辖。距砀山县人民政府驻地 19.8 千米。占地面积 0.65 平方千米。167 户，624 人，民族多为汉族。

清代时期，田姓大地主在此占产建庄建楼，故而得名。新中国成立前归江苏省顺堤乡管理。1955 年属安徽省砀山县第六区。1958 年归属周寨人民公社。1961 年从周寨公社划出，属高寨公社所辖。1980 年属朱蓝店乡。1988 年属葛集镇新华村委会至今。

朱蓝店

朱蓝店（Zhūlándiàn） 在砀山县东北部，属葛集镇新华村民委员会管辖。距砀山县人民政府驻地 20.8 千米。占地面积 1.18 平方千米。247 户，908 人，民族多为汉族。

清代，朱姓人家在此开了一间布店，并且主营蓝花布，故而得名。新中国成立前归江苏省顺堤乡管理。1955 年属安徽省砀山县第六区。1958 年归属周寨人民公社。1961 年从周寨公社划出，属高寨公社所辖。1980 年成立朱蓝店乡。1988 年属葛集镇新华村委会至今。

陈屯

陈屯（Chéntún） 在砀山县东北部，属葛集镇白蜡园村民委员会管辖。距砀山县人民政府驻地 16.02 千米。占地面积 0.5 平方千米。80 户，306 人，民族多为汉族。

因此地多数人为陈氏的屯田佃户，故得名陈屯。新中国成立初期属华山县管辖，后划归安徽省砀山县。1958 年属高寨公社。1980 年属高寨区。1988 年属葛集镇白蜡园村。

朱寺窑

朱寺窑（Zhūsìyáo） 在砀山县东北部，属葛集镇白蜡园村民委员会管辖。距砀山县人民政府驻地 18.8 千米。占地面积 0.3 平方千米。32 户，120 人，民族多为汉族。

从前，因朱氏家族在此建庙，后又烧土窑，故而得名。新中国成立初期属华山县，后划归安徽省砀山县。1953年属高寨区。1958年属高寨人民公社铁塔大队。1988年属葛集镇汪小楼村。2007年属白蜡园村至今。

夏朱庄

夏朱庄（Xiàzhūzhuāng） 在砀山县东北部，属葛集镇白蜡园村民委员会管辖。距砀山县人民政府驻地18.3千米。占地面积0.84平方千米。150户，578人，民族多为汉族。

从前，夏、朱两姓在此开垦种地并建庄，故得名夏朱庄。新中国成立初期属华山县。1953年属砀山县高寨区。1958年属高寨公社铁塔大队。1988年属葛集镇汪小楼村。2007年属白蜡园村至今。

汪小楼

汪小楼（Wāngxiǎolóu） 在砀山县东北部，属葛集镇白蜡园村民委员会管辖。距砀山县人民政府驻地18.1千米。占地面积0.32平方千米。56户，210人，民族多为汉族。

从前，汪姓大户在此建小楼，属其下院，故而得名。新中国成立初期属华山县，后划归安徽省砀山县。1956年属高寨区。1958年属高寨公社铁塔大队。1980年属贾寨乡。1988年撤乡置镇，属葛集镇至今。

小高庄

小高庄（Xiǎogāozhuāng） 在砀山县东北部，属葛集镇白蜡园村民委员会管辖。距砀山县人民政府驻地17.21千米。占地面积0.14平方千米。32户，110人，民族多为汉族。

因本庄全是高姓，且人少庄小，故得名小高庄。新中国成立初期属华山县，后划归安徽省砀山县。1956年属高寨区。1958年属高寨人民公社前进大队。1984年属贾寨乡。1988年撤乡并镇，属葛集镇至今。

谢庄

谢庄（Xièzhuāng） 在砀山县东北部，属葛集镇白蜡园村民委员会管辖。距砀山县人民政府驻地16.3千米。占地面积0.35平方千米。53户，206人，民族多为汉族。

因谢氏祖祖辈辈在此开垦种田生息，故得名谢庄。新中国成立初期属华山县，后划归安徽省砀山县。1956年属高寨区。1958年属高寨人民公社前进大队。1984年属贾寨乡。1988年撤乡并镇，属葛集镇至今。

朱庵

朱庵（Zhū'ān） 在砀山县东北部，属葛集镇白蜡园村民委员会管辖。距砀山县人民政府驻地15.82千米。占地面积0.35平方千米。56户，214人，民族多为汉族。

从前，朱氏家族在此开垦种田，搭了一个庵棚，故得名朱庵。新中国成立初期属华山县，后划归安徽省砀山县。1956年属高寨区。1958年属高寨公社前进大队。1984年属贾寨乡。1988年撤乡置镇，属葛集镇白蜡园村至今。

张马吴庄

张马吴庄（Zhāngmǎwúzhuāng） 在砀山县东北部，属葛集镇白蜡园村民委员会管辖。距砀山县人民政府驻地17.1千米。占地面积1.68平方千米。390户，1506人，民族多为汉族。

很早以前，由张庄、马庄、吴庄三姓大家族的三个小庄合在一起，由此得名张马吴庄。新中国成立初期属华山县，后划归安徽省砀山县。1956年属高寨区。1958年属高寨公社前进大队。1984年属贾寨乡。1988年撤乡并镇，属葛集镇至今。

白蜡园

白蜡园（Báilàyuán） 在砀山县东北部，属葛集镇白蜡园村民委员会管辖。距砀山县人民政府驻地17.4千米。占地面积1.45平方千米。350户，1370人，民族多为汉族。

从前，因王氏家族在此开垦种植，种植的植物多是能编织条筐的白蜡条，故得名白蜡园。新中国成立初期属华山县，后划归安徽省砀山县。1956年属高寨区。1958年属高寨公社前进大队。1984年属贾寨乡。1988年撤乡置镇，属葛集镇至今。

高堤湾

高堤湾（Gāodīwān） 在砀山县东北部，属葛集镇范集村民委员会管辖。距砀山县人民政府驻地20.7千米。占地面积0.5平方千米。78户，282人，民族多为汉族。

因该村坐落在防洪大堤北面，有高姓人居住，同时有堤湾田，故得名高堤湾。新中国成立前属华山县第六区，后划归安徽省砀山县。1953年属朱蓝店乡。1958年属周寨人民公社。1962年属高寨人民公社。1980年属朱蓝店乡。1988年撤乡并镇，属葛集镇范集村至今。

柳园

柳园（Liǔyuán） 在砀山县东北部，属葛集镇范集村民委员会管辖。距砀山县人民政府驻地21.5千米。占地面积1.75平方千米。310户，1125人，民族多为汉族。

从前，因庄内生长有簸箕柳，村民从事柳编手工业，故此得名柳园。新中国成立前属华山县第六区，后划归安徽省砀山县。1953年属朱蓝店乡。1958年属周寨人民公社。1962年属高寨人民公社。1980年属朱蓝店乡。1988年撤乡并镇，属葛集镇范集村至今。

朱庄

朱庄（Zhūzhuāng） 在砀山县东北部，属葛集镇范集村民委员会管辖。距砀山县人民政府驻地22千米。占地面积0.75平方千米。156户，560人，民族多为汉族。

朱庄原为砀山县朱氏家族发源地，故名朱庄。新中国成立前属华山县第六区。1953年实行乡制，属砀山县朱蓝店乡。1958年属周寨人民公社。1962年属高寨人民公社。1980年属朱蓝店乡。1988年撤乡并镇，属葛集镇范集村至今。

大高庄

大高庄（Dàgāozhuāng） 在砀山县东北部，属葛集镇范集村民委员会管辖。距砀山县人民政府驻地19.8千米。占地面积1.75平方千米。310户，1125人，民族多为汉族。

因村庄大且面积也大，居住的大部分村民为高姓，故此得名大高庄。新中国成立前属华山县第六区。1953年实行乡制，属砀山县朱蓝店乡。1958年属周寨人民公社。1962年属高寨人民公社。1980年属朱蓝店乡。1988年撤乡并镇，属葛集镇范集村至今。

范集

范集（Fànjí） 在砀山县东北部，属葛集镇范集村民委员会管辖。距砀山县人民政府驻地20.7千米。占地面积3.05平方千米。516户，1960人，民族多为汉族。

据出土石碑证实，此地原名为宝应集，因范姓居住占大部分，并且由范氏倡起集市，故此得名范集。新中国成立前属华山县第六区。1953年实行乡制，属砀山县朱蓝店乡。1958年属周寨人民公社。1962年属高寨人民公社。1980年属朱蓝店乡。1988

年撤乡并镇，属葛集镇范集村至今。

黄庙

黄庙（Huángmiào） 在砀山县东北部，属葛集镇贾寨村民委员会管辖。距砀山县人民政府驻地20.03千米。占地面积0.15平方千米。46户，172人，民族多为汉族。

从前因黄姓人多，且建一土地庙，故命名为黄庙。新中国成立初期归华山县区委管理，后划归安徽省砀山县。1955年属高寨区铁塔大队。1962年属高寨公社。2007年村庄合并后，属葛集镇贾寨村民委员会管理。

庞庄

庞庄（Pángzhuāng） 在砀山县东北部，属葛集镇贾寨村民委员会管辖。距砀山县人民政府驻地18.7千米。占地面积0.16方千米。51户，180人，民族多为汉族。

庞姓原在庞庄台子居住，因发大水淹没村庄，移到现址，按庞庄命名。新中国成立初期归华山县区委管理，后划归安徽省砀山县。1955年属高寨区铁塔大队。1962年属高寨公社。2007年村庄合并后，属葛集镇贾寨村民委员会管理。

韩李庄东

韩李庄东（Hánlǐzhuāngdōng） 在砀山县东北部，属葛集镇贾寨村民委员会管辖。距砀山县人民政府驻地18.4千米。占地面积0.31平方千米。102户，369人，民族多为汉族。

因此庄韩、李两大姓人多，居住在老庄子的东面，故命名为韩李庄东。新中国成立初期归华山县区委管理，后划归安徽省砀山县。1955年属高寨区铁塔大队。1962年属高寨公社。2007年村庄合并后，属葛集镇贾寨村民委员会管理。

韩李庄西

韩李庄西（Hánlǐzhuāngxī） 在砀山县东北部，属葛集镇贾寨村民委员会管辖。距砀山县人民政府驻地18.5千米。占地面积0.38平方千米。132户，483人，民族多为汉族。

因此庄韩、李两大姓人多，居住在老庄子的西面，故命名为韩李庄西。新中国成立初期归华山县区委管理，后划归安徽省砀山县。1955年属高寨区铁塔大队。1962年属高寨公社贾寨大队。2007年村庄合并后，属葛集镇贾寨村民委员会管理。

李黄楼

李黄楼（Lǐhuánglóu） 在砀山县东北部，属葛集镇贾寨村民委员会管辖。距砀山县人民政府驻地18.7千米。占地面积0.18平方千米。61户，212人，民族多为汉族。

从前，因李氏、黄氏家族人多，且本村有个土楼，故命名为李黄楼。新中国成立初期归华山县区委管理，后划归安徽省砀山县。1955年属高寨区铁塔大队。1962年属高寨公社贾寨大队。2007年村庄合并后，属葛集镇贾寨村民委员会管理。

赵庙

赵庙（Zhàomiào） 在砀山县东北部，属葛集镇贾寨村民委员会管辖。距砀山县人民政府驻地17.7千米。占地面积0.2平方千米。56户，210人，民族多为汉族。

明初移民时，赵氏先行住入该地，且建一座庙宇，故起名赵庙。新中国成立初期归华山县区委管理，后划归安徽省砀山县。1955年属高寨区铁塔大队。1962年属高寨公社夏黄楼大队。2007年村庄合并后，属葛集镇贾寨村民委员会管理。

贾寨

贾寨（Jiǎzhài） 在砀山县东北部，属葛集镇贾寨村民委员会管辖。距砀山县人民政府驻地18.1千米。占地面积1.05平方千米。315户，1132人，民族多为汉族。

因贾氏人多，庄外有寨墙，故起名贾寨。新中国成立初期归华山县区委管理，后划归安徽省砀山县。1955年属高寨区铁塔大队。1962年属高寨公社。2007年村庄合并后，属葛集镇贾寨村民委员会管理。

贾楼

贾楼（Jiǎlóu） 在砀山县东北部，属葛集镇贾寨村民委员会管辖。距砀山县人民政府驻地18.9千米。占地面积0.42平方千米。122户，469人，民族多为汉族。

新中国成立前，贾姓是一大户，有楼院，故命名为贾楼。新中国成立初期归华山县区委管理，后划归安徽省砀山县。1955年属高寨区铁塔大队。1962年属高寨公社贾寨大队。2007年村庄合并后，属葛集镇贾寨村民委员会管理。

腰屯

腰屯（Yāotún） 在砀山县东北部，属葛集镇窦集村民委员会管辖。距砀山县人民政府驻地13.2千米。占地面积0.49平方千米。112户，408人，民族多为汉族。

腰屯原名前辛屯，因前有蒋屯，后有后辛屯，本村在中间，故得名腰屯。新中国成立初期属山东省华山县六区，后划归安徽省砀山县。1956年属葛集乡。1958年属高寨人民公社窦集管区。1980年属窦集乡蒋屯大队。2006年村庄合并，属葛集镇窦集村至今。

林庄

林庄（Línzhuāng） 在砀山县东北部，属葛集镇窦集村民委员会管辖。距砀山县人民政府驻地11.3千米。占地面积0.32平方千米。75户，289人，民族多为汉族。

明代时期，林姓在此占产立庄，故得名林庄。新中国成立初期属山东省华山县六区，后划归安徽省砀山县。1956年属葛集乡。1958年属高寨人民公社窦集管区。1980年属窦集乡蒋屯大队。2006年村庄合并，属葛集镇窦集村至今。

后辛屯

后辛屯（Hòuxīntún） 在砀山县东北部，属葛集镇窦集村民委员会管辖。距砀山县人民政府驻地13.8千米。占地面积0.45平方千米。96户，350人，民族多为汉族。

辛氏家族在此地入住早，占产立庄，因前有前辛屯，故名后辛屯。新中国成立初期属山东省华山县六区，后划归安徽省砀山县。1956年属葛集乡。1958年属高寨人民公社窦集管区。1980年属窦集乡蒋屯大队。2006年村庄合并，属葛集镇窦集村至今。

汪沙滩

汪沙滩（Wāngshātān） 在砀山县东北部，属葛集镇窦集村民委员会管辖。距砀山县人民政府驻地10.8千米。占地面积0.98平方千米。240户，823人，民族多为汉族。

因此庄坐落在黄河故道岸边，都是沙滩，汪姓人多，故而得名汪沙滩。新中国成立初期属山东省华山县六区，后划归安徽省砀山县。1956年属葛集乡。1958年属高寨公社窦集管区。1980年属窦集乡沙滩大队。2006年村庄合并，属葛集镇窦集村至今。

李胡窑

李胡窑（Lǐhúyáo） 在砀山县东北部，属葛集镇窦集村民委员会管辖。距砀山县人民政府驻地10.9千米。占地面积0.65平方千米。153户，590人，民族多为汉族。

从前，有个名叫李胡的人，在此地筑窑，故名李胡窑。新中国成立初期属山东省华山县六区，后划归安徽省砀山县。1956年属葛集乡。1958年属高寨公社窦集管区。1980年属窦集乡。2006年村庄合并，属葛集镇窦集村至今。

薛庄

薛庄（Xuēzhuāng） 在砀山县东北部，属葛集镇窦集村民委员会管辖。距砀山县人民政府驻地10.7千米。占地面积0.48平方千米。114户，420人，民族多为汉族。

薛氏家族在此入住早，薛姓人较多，故而得名薛庄。新中国成立初期属山东省华山县六区，后划归安徽省砀山县。1956年属葛集乡。1958年属高寨公社窦集管区。1980年属窦集乡。2006年村庄合并，属葛集镇窦集村至今。

蒋屯

蒋屯（Jiǎngtún） 在砀山县东北部，属葛集镇窦集村民委员会管辖。距砀山县人民政府驻地11.4千米。占地面积0.41平方千米。95户，350人，民族多为汉族。

明代时期，蒋氏家族在此屯田立庄，故而得名蒋屯。新中国成立初期属山东省华山县六区，后划归安徽省砀山县。1956年属葛集乡。1958年属高寨公社窦集管区。1980年属窦集乡。2006年村庄合并，属葛集镇窦集村至今。

窦集

窦集（Dòují） 在砀山县东北部，属葛集镇窦集村民委员会管辖。距砀山县人民政府驻地13.1千米。占地面积3.5平方千米。840户，3206人，民族多为汉族。

窦集以前是集市，姓窦的较多，故而得名窦集。新中国成立初期属山东省华山县六区，后划归安徽省砀山县。1956年属葛集乡。1958年属高寨公社窦集管区。1980年属窦集乡。2006年村庄合并，属葛集镇窦集村至今。

魏庄

魏庄（Wèizhuāng） 在砀山县东北部，属葛集镇范套村民委员会管辖。距砀山县人民政府驻地12.9千米。占地面积0.32平方千米。76户，260人，民族多为汉族。

明代末年，魏姓在此占产立庄，故而得名。新中国成立初期属山东省华山县六区，后划归安徽省砀山县。1955年属窦集乡。1958年属东方红公社范套大队。1980年属高寨区葛集乡。1988年属葛集镇范套村民委员会至今。

王李庄

王李庄（Wánglǐzhuāng） 在砀山县东北部，属葛集镇范套村民委员会管辖。距砀山县人民政府驻地13.3千米。占地面积0.24平方千米。36户，134人，民族多为汉族。

明末，有王姓、李姓在此占产立庄，故而得名。新中国成立初期属山东省华山县六区。1955年实行乡制，属砀山县窦集乡光明大队。1958年属东方红公社范套大队。1980年撤社设乡，属高寨区葛集乡。1988年撤乡置镇，属葛集镇范套村民委员会至今。

仝寨

仝寨（Tóngzhài） 在砀山县东北部，属葛集镇范套村民委员会管辖。距砀山县人民政府驻地12.6千米。占地面积0.59平方千米。145户，560人，民族多为汉族。

明末清初，仝姓在此占产立庄，筑寨，故而得名。新中国成立初期属山东省华山县六区，后划归安徽省砀山县。1955年属窦集乡光明大队。1958年属东方红公社范套大队。1980年属高寨区葛集乡。1988年属葛集镇范套村民委员会至今。

大汪庄

大汪庄（Dàwāngzhuāng） 在砀山县东北部，属葛集镇范套村民委员会管辖。距砀山县人民政府驻地12.1千米。占地面积0.52平方千米。133户，496人，民族多为汉族。

明末，汪姓在此占产立庄，因人多庄大，故而得名。新中国成立初期属山东省华山县六区，后划归安徽省砀山县。1955年属窦集乡光明大队。1958年属东方红公社范套大队。1980年属高寨区葛集乡。1988年属葛集镇范套村民委员会至今。

场子

场子（Chǎngzi） 在砀山县东北部，属葛集镇范套村民委员会管辖。距砀山县人民政府驻地13.1千米。占地面积0.34平方千米。40户，146人，民族多为汉族。

据查，1962年由范套大队各生产队迁出15户居民成立试验场，故而得名。1962年成立生产队，属东方红公社范套大队管理。1985年属葛集镇范套村民委员会至今。

小汪庄

小汪庄（Xiǎowāngzhuāng） 在砀山县东北部，属葛集镇范套村民委员会管辖。距砀山县人民政府驻地11.9千米。占地面积0.23平方千米。38户，156人，民族多为汉族。

清初，有汪姓在此占产立庄，因人少庄小，故而得名。新中国成立初期属山东省华山县六区，后划归安徽省砀山县。1955年属窦集乡光明大队。1958年属东方红公社范套大队。1980年属高寨区葛集乡。1988年属葛集镇范套村民委员会至今。

小李庄

小李庄（Xiǎolǐzhuāng） 在砀山县东北部，属葛集镇毛雷庄村民委员会管辖。距砀山县人民政府驻地17.6千米。占地面积0.61平方千米。139户，526人，民族多为汉族。

清代，黄河在蟠龙集决口后，故黄河岸边形成滩地，李氏从城南李新集迁至此地，因村子小，故而得名小李庄。新中国成立初期属高寨区。1958年属高寨人民公社。1980年属毛雷庄乡。1988年撤乡并镇后，属葛集镇毛雷庄村至今。

杨庄

杨庄（Yángzhuāng） 在砀山县东北部，属葛集镇毛雷庄村民委员会管辖。距砀山县人民政府驻地17.7千米。占地面积0.62平方千米。121户，589人，民族多为汉族。

民国初期，杨姓由杨野场子搬来居住，起名小杨庄，后称杨庄。新中国成立初期属高寨区。1958年属高寨人民公社。1980年属毛雷庄乡。1988年撤乡并镇后，属葛集镇毛雷庄村至今。

东葛庄

东葛庄（Dōnggězhuāng） 在砀山县东北部，属葛集镇毛雷庄村民委员会管辖。距砀山县人民政府驻地18.8千米。占地面积0.41平方千米。91户，325人，民族多为汉族。

据老人口述，清初有葛姓在此居住，因有别于西边的葛庄，故而得名东葛庄（曾用名大葛庄）。新中国成立前属唐寨区。1958年属高寨人民公社。1980年属毛雷庄乡。1988年撤乡并镇后，属葛集镇毛雷庄村至今。

坝子街

坝子街（Bàzijiē） 在砀山县东北部，属葛集镇毛雷庄村民委员会管辖。距砀山县人民政府驻地 17.9 千米。占地面积 0.43 平方千米。127 户，396 人，民族多为汉族。

清乾隆年间，黄河滩内筑两道坝挡水，以利农事，此坝由葛套南至高寨，经过此村，坝似街道一样开阔，故而得名坝子街。新中国成立初期属高寨区。1980 年改属毛雷庄乡。1988 年撤乡并镇后，属葛集镇毛雷庄村至今。

西葛庄

西葛庄（Xīgězhuāng） 在砀山县东北部，属葛集镇毛雷庄村民委员会管辖。距砀山县人民政府驻地 17.4 千米。占地面积 0.45 平方千米。112 户，398 人，民族多为汉族。

清朝末年，由坝子街迁来的葛姓人家在此居住，初称小葛庄，后因东边二里处有个东葛庄，故称西葛庄。新中国成立初期属高寨区。1980 年改属毛雷庄乡。1988 年撤乡并镇后，属葛集镇毛雷庄村至今。

唐新庄

唐新庄（Tángxīnzhuāng） 在砀山县东北部，属葛集镇毛雷庄村民委员会管辖。距砀山县人民政府驻地 17.3 千米。占地面积 0.41 平方千米。102 户，386 人，民族多为汉族。

清朝末年，唐姓人家在此居住，因属新建村子，故名。新中国成立前属唐寨区。1958 年属高寨人民公社。1980 年属毛雷庄乡。1988 年撤乡并镇后，属葛集镇毛雷庄村至今。

杨寨

杨寨（Yángzhài） 在砀山县东北部，属葛集镇毛雷庄村民委员会管辖。距砀山县人民政府驻地 16.9 千米。占地面积 1.35 平方千米。355 户，1315 人，民族多为汉族。

清末，杨氏大户在此居住，原名杨寨场子（打麦场），后来人口增多，杨氏大户建寨门圈院子，后称杨寨，沿用至今。新中国成立前属唐寨区。新中国成立初期属高寨区。1958 年属高寨人民公社。1980 年属毛雷庄乡。1988 年撤乡并镇后，属葛集镇毛雷庄村至今。

仇王屯

仇王屯（Qiúwángtún） 在砀山县东北部，属葛集镇毛雷庄村民委员会管辖。距砀山县人民政府驻地 18.4 千米。占地面积 0.35 平方千米。82 户，302 人，民族多为汉族。

民国年间，王氏先来此屯田居住，新中国成立初期仇氏搬来居住，故而得名仇王屯。新中国成立前属唐寨区。新中国成立初期属高寨区。1958 年属高寨人民公社。1980 年属毛雷庄乡。1988 年撤乡并镇后，属葛集镇毛雷庄村至今。

高寨

高寨（Gāozhài） 在砀山县东北部，属葛集镇高寨村民委员会管辖。距砀山县人民政府驻地 19.7 千米。占地面积 3.8 平方千米。984 户，3706 人，民族多为汉族。

明朝中期，古镇蟠龙集为免黄河水患，在西部修堤建坝，建村立寨，初名避水寨；后因该地势较高，改名高寨。新中国成立前属山东省华山县高寨区，后划归安徽省砀山县。1958 年属高寨公社黄河大队。1988 年划归葛集镇。

范套

范套（Fàntào） 在砀山县东北部，属葛集镇范套村民委员会管辖。距砀山县人民政府驻地12.3千米。占地面积4.39平方千米。1183户，4297人，民族多为汉族。

明代时期，范姓在此占产立庄，因此地属故黄河河套，故而得名。新中国成立初期属山东省华山县六区，后划归安徽省砀山县。1955年属窦集乡光明大队。1958年属东方红公社范套大队。1980年属高寨区葛集乡。1988年属葛集镇范套村民委员会至今。

周庄

周庄（Zhōuzhuāng） 在砀山县东北部，属葛集镇土山村民委员会管辖。距砀山县人民政府驻地15.2千米。占地面积0.55平方千米。165户，594人，民族多为汉族。

新中国成立前，周氏在此占地立庄，故而得名周庄。新中国成立初期隶属顺堤乡六区。1954年属周寨区高寨乡。1966年属东方红人民公社农林大队。1988年属葛集镇土山村委会至今。

雷庄

雷庄（Léizhuāng） 在砀山县东北部，属葛集镇土山村民委员会管辖。距砀山县人民政府驻地13.9千米。占地面积0.35平方千米。117户，438人，民族多为汉族。

从前雷氏家族在此占地立庄，故而得名雷庄。新中国成立初期隶属顺堤乡六区。1954年属周寨区高寨乡。1966年属东方红人民公社农林大队。1988年属葛集镇土山村委会至今。

蟠龙集

蟠龙集（Pánlóngjí） 在砀山县东北部，属葛集镇高寨村民委员会管辖。距砀山县人民政府驻地21.8千米。占地面积1.03平方千米。222户，860人，民族多为汉族。

因地形似蟠龙而得名。为明清重镇，传说有72道街。素有“南有金陵城，北有蟠龙集”之说。1851年因黄河在此决口被淹没，此村是原蟠龙集的村民搬迁而成。新中国成立前后属山东省华山县高寨区，后划归安徽省砀山县。1958年属高寨公社黄河大队。1988年划归葛集镇高寨村。

吴楼

吴楼（Wúlóu） 在砀山县东北部，属葛集镇高寨村民委员会管辖。距砀山县人民政府驻地20.3千米。占地面积0.36平方千米。84户，298人，民族多为汉族。

明末，吴姓兄弟六人自萧县迁居至此，盖楼居住，得名吴楼。新中国成立前后属山东省华山县高寨区，后划归安徽省砀山县。1958年属高寨公社黄河大队。1988年划归葛集镇高寨村。

西毛李庄

西毛李庄（Xīmáolǐzhuāng） 在砀山县东北部，属葛集镇李安村民委员会管辖。距砀山县人民政府驻地11.3千米。占地面积0.3平方千米。60户，215人，民族多为汉族。

新中国成立前，毛氏家族、李氏家族从山西逃荒迁至此地，后来家业变大，分家迁出后变成东毛李庄、西毛李庄。新中国成立初期划为李安大队，归高寨公社所辖。1988年属葛集镇人民政府管理。2007年李安大队和仝集大队合并，统称李安村委会至今。

仝集

仝集（Tóngjí） 在砀山县东北部，属葛集镇李安村民委员会管辖。距砀山县人民政府驻地12.8千米。占地面积1.42平方千米。268户，1070人，民族多为汉族。

明初，仝氏家族从山西省洪洞县迁至此地，繁衍生息，逐渐形成一个庄体，并建立集市，故名仝集。新中国成立前归光明大队管理。新中国成立初期划归李安大队，属砀山县高寨公社所辖。1988年归属葛集镇人民政府管理。2007年李安大队和仝集大队合并，属李安村委会至今。

葛套

葛套（Gětào） 在砀山县东北部，属葛集镇葛集村民委员会管辖。距砀山县人民政府驻地16.6千米。占地面积3.13平方千米。983户，3808人，民族多为汉族。

清末黄河改道后，葛姓在此占地立庄，因当时此处地势低洼，属故黄河河套，故而得名为葛套。新中国成立前归山东省藤县专区华山县。1952年划归安徽省砀山县高寨公社。1984年属高寨区。1988年属葛集镇。2007年合村后，属葛集村至今。

周庄

周庄（Zhōuzhuāng） 在砀山县东北部，属葛集镇葛集村民委员会管辖。距砀山县人民政府驻地15.9千米。占地面积0.2平方千米。46户，170人，民族多为汉族。

新中国成立前，周姓在此占地立庄，故得名周庄。新中国成立初期属山东省藤县专区华山县。1952年划归砀山县高寨公社。1984年属高寨区葛集大队。2007年合村后，属葛集村至今。

毛阁

毛阁（Máogé） 在砀山县东北部，属葛集镇新华村民委员会管辖。距砀山县人民政府驻地21.6千米。占地面积1.75平方千米。388户，1456人，民族多为汉族。

从前，毛姓在此占产立庄，建有楼阁，故而得名毛阁。新中国成立前归顺堤乡管理。1958年属周寨区高寨公社。1986年并镇，属新华村至今。

房庄

房庄（Fángzhuāng） 在砀山县东北部，属葛集镇白蜡园村民委员会管辖。距砀山县人民政府驻地17.63千米。占地面积0.54平方千米。124户，490人，民族多为汉族。

从前，房氏家族在此开垦种田，建立村庄，故得名房庄。新中国成立初期属华山县。1952年属砀山县高寨区。1958年属高寨东方红人民公社前进大队。1984年属贾寨乡高庄村。1985年属葛集镇高庄村。2008年合村后，属葛集镇白蜡园村至今。

王庄

王庄（Wángzhuāng） 在砀山县东北部，属葛集镇白蜡园村民委员会管辖。距砀山县人民政府驻地15.7千米。占地面积0.32平方千米。55户，217人，民族多为汉族。

从前，因王氏祖辈在此开垦种田生息，故得名王庄。新中国成立初期属华山县。1952年属砀山县高寨区。1958年属高寨公社前进大队。1980年属贾寨乡。1988年撤乡置镇，属葛集镇白蜡园村至今。

周庄

周庄（Zhōuzhuāng） 在砀山县东北部，属葛集镇白蜡园村民委员会管辖。距砀山县人民政府驻地17.58千米。占地面积0.32平方千米。55户，206人，民族多为汉族。

从前因周氏家族在此开垦种田，建立村庄，故得名周庄。新中国成立初期属华山县。1952年属砀山县高寨区。1958年属高寨公社前进大队。1980年属贾寨乡。1988年撤乡置镇，属葛集镇白蜡园村至今。

高庄

高庄（Gāozhuāng） 在砀山县东北部，属葛集镇白蜡园村民委员会管辖。距砀山县人民政府驻地16.8千米。占地面积0.55平方千米。122户，460人，民族多为汉族。

从前，高氏祖辈在此开垦种田繁衍生息，建立村庄，故得名高庄。新中国成立初期属华山县。1952年属砀山县高寨区。1958年属高寨东方红人民公社前进大队。1980年属贾寨乡。1988年属葛集镇高庄村。2007年合村后，属葛集镇白蜡园村至今。

赵楼

赵楼（Zhàolóu） 在砀山县东北部，属葛集镇白蜡园村民委员会管辖。距砀山县人民政府驻地19.4千米。占地面积0.48平方千米。107户，402人，民族多为汉族。

从前，赵氏祖辈在此建楼立庄，故得名赵楼。新中国成立初期属华山县。1952年属砀山县高寨区。1958年属高寨公社铁塔大队，后属贾寨大队。1988年属葛集镇汪小楼村。2007年属白蜡园村至今。

蒋楼

蒋楼（Jiǎnglóu） 在砀山县东北部，属葛集镇范集村民委员会管辖。距砀山县人民政府驻地20.64千米。占地面积0.18平方千米。31户，115人，民族多为汉族。

从前，有一蒋姓富家盖起楼房，故此得名蒋楼。新中国成立前属华山县第六区。1953年属砀山县朱蓝店乡。1958年属周寨人民公社。1962年属高寨人民公社。1980年属朱蓝店乡。1988年撤乡并镇，属葛集镇范集村至今。

朱楼

朱楼（Zhūlóu） 在砀山县东北部，属葛集镇范集村民委员会管辖。距砀山县人民政府驻地19.7千米。占地面积0.65平方千米。121户，460人，民族多为汉族。

此地紧靠防洪大堤口，原为朱马路口，后因朱姓建楼，故此得名朱楼。新中国成立前属华山县第六区。1953年属砀山县朱蓝店乡。1958年属周寨人民公社。1962年属高寨人民公社。1980年属朱蓝店乡。1988年撤乡并镇，属葛集镇范集村至今。

夏黄楼

夏黄楼（Xiàhuánglóu） 在砀山县东北部，属葛集镇贾寨村民委员会管辖。距砀山县人民政府驻地18.01千米。占地面积0.45平方千米。121户，447人，民族多为汉族。

从前，夏氏、黄氏土地多，租用长工，建有土楼居住，故称夏黄楼。新中国成立初期归华山县区委管理。1952年属砀山县高寨区铁塔大队。1962年属高寨公社贾寨大队。2007年村庄合并后，属葛集镇贾寨村民委员会管理。

卢庄

卢庄（Lúzhuāng） 在砀山县东北部，属葛集镇贾寨村民委员会管辖。距砀山县人民政府驻地17.03千米。占地面积0.38平方千米。112户，412人，民族多为汉族。

从前，因卢氏人多，又先迁移到此庄，故起名卢庄。新中国成立初期归华山县区委管理。1952年属砀山县高寨区铁塔大队。1962年属高寨公社夏黄楼大队。2007年村庄合并后，属葛集镇贾寨村民委员会管理。

周庄

周庄（Zhōuzhuāng） 在砀山县东北部，属葛集镇窦集村民委员会管辖。距砀山县人民政府驻地13.8千米。占地面积0.36

平方千米。99户，398人，民族多为汉族。

从前，周氏家族在此入住早，人口较多，故名周庄。新中国成立初期属山东省华山县六区。1952年属砀山县葛集乡。1958年属高寨公社窦集管区。1980年属窦集乡蒋屯大队。2006年村合并，属窦集村至今。

陈庄

陈庄（Chénzhuāng） 在砀山县东北部，属葛集镇窦集村民委员会管辖。距砀山县人民政府驻地11.2千米。占地面积0.31平方千米。79户，298人，民族多为汉族。

明代时期，陈姓在此占产立庄，故而得名陈庄。新中国成立初期属山东省华山县六区。1952年属安徽省砀山县葛集乡。1958年属高寨公社窦集管区。1980年属窦集乡。2006年村庄合并，属葛集镇窦集村至今。

丁庄

丁庄（Dīngzhuāng） 在砀山县东北部，属葛集镇窦集村民委员会管辖。距砀山县人民政府驻地12.1千米。占地面积0.3平方千米。66户，250人，民族多为汉族。

从前，因丁姓人较多，且居住早，故而得名丁庄。新中国成立初期属山东省华山县六区。1952年属安徽省砀山县葛集乡。1958年属窦集乡。1980年属窦集乡李胡窑大队。1997年并入沙滩村。2006年村庄合并，属葛集镇窦集村至今。

刘庄

刘庄（Liúzhuāng） 在砀山县东北部，属葛集镇范套村民委员会管辖。距砀山县人民政府驻地13.11千米。占地面积0.85平方千米。180户，702人，民族多为汉族。

明代末年，刘姓在此占产立庄，故而得名。新中国成立初期属山东省华山县六区。1952年属安徽省砀山县窦集乡。1958年属东方红公社范套大队。1980年属高寨区葛集乡。1988年撤乡置镇，属葛集镇范套村民委员会至今。

丁庄

丁庄（Dīngzhuāng） 在砀山县东北部，属葛集镇范套村民委员会管辖。距砀山县人民政府驻地12.7千米。占地面积0.48平方千米。85户，315人，民族多为汉族。

明代末年，丁姓在此占产立庄，故而得名。新中国成立初期属山东省华山县六区。1952年属安徽省砀山县窦集乡。1958年属东方红公社。1980年属高寨区葛集乡。1988年撤乡置镇，属葛集镇至今。

官庄

官庄（Guānzhuāng） 在砀山县东北部，属葛集镇毛雷庄村民委员会管辖。距砀山县人民政府驻地18.4千米。占地面积0.38平方千米。86户，325人，民族多为汉族。

清朝年间，蟠龙集扩建，指挥部设在此地，因官员在此居住，故称官庄。新中国成立初期属高寨区。1980年改属毛雷庄乡。1988年撤乡并镇后，属葛集镇毛雷庄村至今。

高庄

高庄（Gāozhuāng） 在砀山县东北部，属葛集镇毛雷庄村民委员会管辖。距砀山县人民政府驻地18.5千米。占地面积0.51平方千米。126户，412人，民族多为汉族。

据查，高姓于清乾隆年间在此居住，故称高庄。新中国成立初期属高寨区。1980年改属毛雷庄乡。1988年撤乡并镇后，属葛集镇毛雷庄村至今。

毛庄

毛庄（Máozhuāng） 在砀山县东北部，属葛集镇毛雷庄村民委员会管辖。距砀山县人民政府驻地17.6千米。占地面积0.42平方千米。101户，356人，民族多为汉族。

清朝初期，毛氏在此居住，故而得名毛庄。新中国成立初期属高寨区。1980年改属毛雷庄乡。1988年撤乡并镇后，属葛集镇毛雷庄村至今。

雷庄

雷庄（Léizhuāng） 在砀山县东北部，属葛集镇毛雷庄村民委员会管辖。距砀山县人民政府驻地17.9千米。占地面积0.35平方千米。76户，256人，民族多为汉族。

清初，雷氏在此居住，故而得名雷庄。新中国成立初期属高寨区。1980年改属毛雷庄乡。1988年撤乡并镇后，属葛集镇毛雷庄村至今。

周寨镇

大吴庄

大吴庄（Dàwúzhuāng） 在砀山县北部，属周寨镇解楼村民委员会管辖。距砀山县人民政府驻地19.6千米。占地面积0.71平方千米。110户，405人，民族多为汉族。

因清朝初年吴姓家族在此居住，庄子大，故名大吴庄。新中国成立初期归江苏省华山县管辖，后划归安徽省砀山县。1958年属大寨公社。1987年划属刘暗楼乡陈集村。2007年并于周寨镇解楼村至今。

陈集

陈集（Chénjí） 在砀山县北部，属周寨镇解楼村民委员会管辖。距砀山县人民政府驻地19.9千米。占地面积0.73平方千米。121户，432人，民族多为汉族。

从前，有陈氏人家在此成立集市，故称为陈集。新中国成立初期归江苏省华山县管辖，后划归安徽省砀山县。1958年属大寨公社。1987年划为刘暗楼乡陈集村。2007年并入解楼村，属周寨镇至今。

国楼

国楼（Guólóu） 在砀山县北部，属周寨镇解楼村民委员会管辖。距砀山县人民政府驻地19.7千米。占地面积0.61平方千米。91户，330人，民族多为汉族。

从前，因国姓人家在此地建造楼房，故称为国楼。新中国成立初期归江苏省华山县管辖，后划归安徽省砀山县。1958年属大寨公社。1987年划为刘暗楼乡陈集村。2007年并入解楼村，属周寨镇至今。

庞大庄

庞大庄（Pángdàzhuāng） 在砀山县北部，属周寨镇解楼村民委员会管辖。距砀山县人民政府驻地18.3千米。占地面积1.21平方千米。203户，750人，民族多为汉族。

因庞姓人家多在此居住，故称为庞大庄。新中国成立初期归江苏省华山县管辖，后划归安徽省砀山县。1958年属大寨公社。1987年划为刘暗楼乡陈集村。2007年并入解楼村，属周寨镇至今。

瓦屋

瓦屋（Wǎwū） 在砀山县北部，属周寨镇解楼村民委员会管辖。距砀山县人民政府驻地18.8千米。占地面积0.52平方千米。101户，320人，民族多为汉族。

从前，因该村早先有一座瓦屋，在当时都是茅草房的时代非常显眼，故称为瓦屋。新中国成立初期归江苏省华山县管辖，后划归安徽省砀山县。1958年属大寨公社。1987年划为刘暗楼乡陈集村。2007年并入解楼村，属周寨镇至今。

袁楼

袁楼（Yuánlóu） 在砀山县北部，属周寨镇解楼村民委员会管辖。距砀山县人民政府驻地17.6千米。占地面积0.72平方千米。105户，410人，民族多为汉族。

从前，因袁姓人家在此建楼房，故称为袁楼。新中国成立初期归江苏省华山县管辖，后划归安徽省砀山县。1958年属大寨公社。1987年划为刘暗楼乡陈集村。2007年并入解楼村，属周寨镇至今。

解楼

解楼（Xièlóu） 在砀山县北部，属周寨镇解楼村民委员会管辖。距砀山县人民政府驻地20.6千米。占地面积0.73平方千米。113户，440人，民族多为汉族。

从前，因解氏在此建楼房，故称为解楼。新中国成立初期归江苏省华山县管辖，后划归安徽省砀山县。1958年属大寨公社。1987年划为刘暗楼乡。2007年并入解楼村，属周寨镇至今。

庞小集

庞小集（Pángxiǎojí） 在砀山县北部，属周寨镇解楼村民委员会管辖。距砀山县人民政府驻地18.6千米。占地面积0.15平方千米。25户，88人，民族多为汉族。

清朝年间，由庞姓家族在此居住，又成立了小集市，故名庞小集。新中国成立初期归江苏省华山县管辖，后划归安徽省砀山县。1958年属大寨公社。1987年划为刘暗楼乡。2007年并入解楼村，属周寨镇至今。

陈庄

陈庄（Chénzhuāng） 在砀山县北部，属周寨镇解楼村民委员会管辖。距砀山县人民政府驻地17.8千米。占地面积0.75平方千米。132户，520人，民族多为汉族。

清朝年间，陈姓家族在此居住，故名陈庄。新中国成立初期归江苏省华山县管辖，后划归安徽省砀山县。1958年属大寨公社。1987年划为刘暗楼乡。2007年并入解楼村，属周寨镇至今。

薛庄

薛庄（Xuēzhuāng） 在砀山县北部，属周寨镇解楼村民委员会管辖。距砀山县人民政府驻地18.6千米。占地面积0.31平方千米。62户，240人，民族多为汉族。

清朝年间，薛姓家族在此居住，故名薛庄。新中国成立初期归江苏省华山县管辖，后划归安徽省砀山县。1958年属大寨公社。1987年划为刘暗楼乡。2007年并入解楼村，属周寨镇至今。

双楼

双楼（Shuānglóu） 在砀山县北部，属周寨镇解楼村民委员会管辖。距砀山县人民政府驻地18.7千米。占地面积0.48平方千米。73户，270人，民族多为汉族。

清朝年间，此庄有楼两座，故名双楼。新中国成立初期归江苏省华山县管辖，后划归安徽省砀山县。1958年属大寨公社。1987年划为刘暗楼乡。2007年并入解楼村，属周寨镇至今。

马庄

马庄（Mǎzhuāng） 在砀山县北部，属周寨镇解楼村民委员会管辖。距砀山县人民政府驻地19.1千米。占地面积0.36平方千米。61户，202人，民族多为汉族。

清朝年间，马姓家族在此居住，故名马庄。新中国成立初期归江苏省华山县管辖，后划归安徽省砀山县。1958年属大寨公社。1987年划为刘暗楼乡。2007年并入解楼村，属周寨镇至今。

孙李庄

孙李庄（Sūnlǐzhuāng） 在砀山县北部，属周寨镇孙老家村民委员会管辖。距砀山县人民政府驻地24.3千米。占地面积1.02平方千米。191户，756人，民族多为汉族。

以前，孙姓、李姓在此占产立庄，故名孙李庄。新中国成立初期归江苏省华山县管辖，后划归安徽省砀山县。1958年属周寨人民公社。1988年并入刘暗楼乡。2007年村级合并入周寨镇孙老家村。

丁花园

丁花园（Dīnghuāyuán） 在砀山县北部，属周寨镇孙老家村民委员会管辖。距砀山县人民政府驻地24.9千米。占地面积0.52平方千米。89户，330人，民族多为汉族。

以前，丁姓人氏在此占产立庄，因当时庄后有一个花园，故名丁花园。新中国成立初期归江苏省华山县管辖，后划归安徽省砀山县。1958年属周寨人民公社。1988年合并入刘暗楼乡。2007年村级合并入周寨镇孙老家村。

小庄

小庄（Xiǎozhuāng） 在砀山县北部，属周寨镇孙老家村民委员会管辖。距砀山县人民政府驻地22.1千米。占地面积0.31平方千米。50户，170人，民族多为汉族。

从前，因庄小人少，故名小庄。新中国成立初期归江苏省华山县管辖，后划归安徽省砀山县。1958年属周寨人民公社。1988年合并到刘暗楼乡。2007年村级合并入周寨镇孙老家村。

刘大庄

刘大庄（Liúdàzhuāng） 在砀山县北部，属周寨镇孙老家村民委员会管辖。距砀山县人民政府驻地23.8千米。占地面积1.02平方千米。160户，630人，民族多为汉族。

以前，刘姓多人在此占产立庄，故名刘大庄。新中国成立初期归江苏省华山县管辖，后划归安徽省砀山县。1958年属周寨人民公社孙老家大队。1988年合并入刘暗楼乡。2007年村级合并入周寨镇孙老家村。

吕庄

吕庄（Lǚzhuāng） 在砀山县北部，属周寨镇孙老家村民委员会管辖。距砀山县人民政府驻地23.9千米。占地面积0.72平方千米。131户，480人，民族多为汉族。

以前，吕姓人氏在此占产立庄，故名吕庄。新中国成立初期归江苏省华山县管辖，后划归安徽省砀山县。1958年属周寨人民公社孙老家大队。1988年合并于刘暗楼乡。2007年村级合并入周寨镇孙老家村。

丁寺

丁寺（Dīngsì） 在砀山县北部，属周寨镇孙老家村民委员会管辖。距砀山县人民政府驻地23.1千米。占地面积1.75平方千米。382户，1250人，民族多为汉族。

唐朝时期，在庄西南建了文光寺，后来丁姓人当了庙主，把文光寺改为丁寺。新中国成立初期归江苏省华山县管辖，后划归安徽省砀山县。1958年属周寨人民公社。1988年合并于刘暗楼乡。2007年村级合并入周寨镇孙老家村。

孙庄

孙庄（Sūnzhuāng） 在砀山县北部，属周寨镇孙老家村民委员会管辖。距砀山县人民政府驻地22.3千米。占地面积0.65平方千米。125户，480人，民族多为汉族。

以前，孙姓人氏在此占产立庄，故名

孙庄。新中国成立初期归江苏省华山县管辖，后划归安徽省砀山县。1958年属周寨人民公社。1988年合并于刘暗楼乡。2007年村级合并入周寨镇孙老家村。

孙老家

孙老家（Sūnlǎojiā） 在砀山县北部，属周寨镇孙老家村民委员会管辖。距砀山县人民政府驻地22.5千米。占地面积1.76平方千米。381户，1480人，民族多为汉族。

明初，孙姓家族迁入此地，在此占产立庄，以姓氏命名此地为孙老家，延续至今。新中国成立初期归江苏省华山县管辖，后划归安徽省砀山县。1958年属周寨人民公社。1981年成立孙老家乡。1988年村级合并，属周寨镇孙老家村民委员会。

刘坝

刘坝（Liúbà） 在砀山县北部，属周寨镇孙集村民委员会管辖。距砀山县人民政府驻地21.06千米。占地面积0.49平方千米。98户，402人，民族多为汉族。

以前为防洪，在此地筑了坝子，刘姓人家在此居住，故而得名。新中国成立初期归江苏省华山县管辖，后划归安徽省砀山县。1958年属周寨人民公社。2007年村级合并，属周寨镇孙集村。

孙集

孙集（Sūnjí） 在砀山县北部，属周寨镇孙集村民委员会管辖。距砀山县人民政府驻地21.4千米。占地面积1.32平方千米。368户，1460人，民族多为汉族。

明代初期，孙姓人氏在此占产立庄，成立集市，故名孙集。新中国成立初期归江苏省华山县管辖，后划归安徽省砀山县。2007年村级合并，属周寨镇孙集村民委员会。

汪蒋庄

汪蒋庄（Wāngjiǎngzhuāng） 在砀山县北部，属周寨镇孙集村民委员会管辖。距砀山县人民政府驻地20.6千米。占地面积0.45平方千米。141户，540人，民族多为汉族。

新中国成立前，此地有汪姓、蒋姓家族居住，故名汪蒋庄。新中国成立初期归江苏省华山县管辖，后划归安徽省砀山县。1958年属周寨人民公社。2007年村级合并，属周寨镇孙集村。

市力集

市力集（Shìlìjí） 在砀山县北部，属周寨镇孙集村民委员会管辖。距砀山县人民政府驻地19.9千米。占地面积1.51平方千米。386户，1427人，民族多为汉族。

以前，传说市力为当地一大力士，后来在此地成立一个集市，故而得名。新中国成立初期归江苏省华山县管辖，后划归安徽省砀山县。1958年属周寨人民公社。2007年村级合并，属周寨镇孙集村。

于昌楼

于昌楼（Yúchānglóu） 在砀山县北部，属周寨镇周平庄村民委员会管辖。距砀山县人民政府驻地19.8千米。占地面积1.09平方千米。220户，760人，民族多为汉族。

明代初期，于姓、昌姓人家在此占产立庄，建有楼房，故名于昌楼。新中国成立初期归江苏省华山县管辖，后划归安徽省砀山县。1958年属孟楼人民公社。2004年村级合并，属周寨镇周平庄村民委员会。

平庄

平庄（Píngzhuāng） 在砀山县北部，属周寨镇周平庄村民委员会管辖。距砀山县人民政府驻地18.5千米。占地面积0.59平方千米。81户，316人，民族多为汉族。

以前，因其他地方非常乱，这里人民和谐，没有外来打扰，平平安安，由此得名平庄。新中国成立初期归江苏省华山县管辖，后划归安徽省砀山县。1958年属周寨公社窦楼大队。2004年村级合并，属周寨镇周平庄村民委员会。

陆楼

陆楼（Lùlóu）　在砀山县北部，属周寨镇周平庄村民委员会管辖。距砀山县人民政府驻地18.4千米。占地面积0.58平方千米。78户，316人，民族多为汉族。

清朝中期，孙家在昌平府做官，因欠姓陆的钱，把一座楼抵押给对方，故名陆楼。新中国成立初期归江苏省华山县管辖，后划归安徽省砀山县。1958年属周寨公社窦楼大队。2004年村级合并，属周寨镇周平庄村民委员会。

孟楼

孟楼（Mènglóu）　在砀山县北部，属周寨镇周平庄村民委员会管辖。距砀山县人民政府驻地19.7千米。占地面积1.18平方千米。220户，960人，民族多为汉族。

以前，孟姓人氏在此占产立庄，盖了楼房，故名孟楼。新中国成立初期归山东省湖西区管辖，后划归安徽省砀山县。1980年属周寨区汪庄乡。1988年属周寨镇孟楼联村。2004年村级整合，属周平庄村民委员会。

张小楼

张小楼（Zhāngxiǎolóu）　在砀山县北部，属周寨镇周平庄村民委员会管辖。距砀山县人民政府驻地20.3千米。占地面积1.01平方千米。131户，506人，民族多为汉族。

以前，张姓人氏在此占产立庄，建了一座小楼，故名张小楼。新中国成立初期归山东省湖西区管辖，后划归安徽省砀山县。1980年属周寨区汪庄乡。1988年属周寨镇孟楼联村。2004年村级整合，属周平庄村民委员会。

高小楼

高小楼（Gāoxiǎolóu）　在砀山县北部，属周寨镇周平庄村民委员会管辖。距砀山县人民政府驻地20.1千米。占地面积0.31平方千米。48户，188人，民族多为汉族。

以前，高姓人氏在此占产立庄，建有小土楼，故名高小楼。新中国成立初期归山东省湖西区管辖，后划归安徽省砀山县。1980年属周寨区汪庄乡。1988年属周寨镇孟楼联村。2004年村级整合，属周平庄村民委员会。

杨阁

杨阁（Yánggé）　在砀山县北部，属周寨镇周平庄村民委员会管辖。距砀山县人民政府驻地19.7千米。占地面积0.42平方千米。63户，248人，民族多为汉族。

明朝初期，此庄中有一座玉皇阁，后山西省洪洞县大迁民，杨姓迁来此地，命名为杨阁。新中国成立初期归山东省湖西区管辖，后划归安徽省砀山县。1980年属周寨区汪庄乡。1988年属周寨镇孟楼联村。2004年村级整合，属周平庄村民委员会。

孙大楼

孙大楼（Sūndàlóu）　在砀山县北部，属周寨镇洪庄新村村民委员会管辖。距砀山县人民政府驻地18.3千米。占地面积0.74平方千米。86户，330人，民族多为汉族。

以前，孙姓人氏在此占产立庄，建了一座大楼，故名孙大楼。新中国成立初期归华山县管辖，后划归安徽省砀山县。1958年属周寨人民公社洪楼大队。2008年合并入洪庄新村。

汪庄

汪庄（Wāngzhuāng） 在砀山县北部，属周寨镇洪庄新村村民委员会管辖。距砀山县人民政府驻地18.7千米。占地面积1.66平方千米。296户，1036人，民族多为汉族。

以前，汪姓人氏在此占产立庄，故名汪庄。新中国成立初期归华山县管辖，后划归安徽省砀山县。1958年属周寨人民公社。2008年合并入洪庄新村。

双窦楼

双窦楼（Shuāngdòulóu） 在砀山县北部，属周寨镇洪庄新村村民委员会管辖。距砀山县人民政府驻地18.9千米。占地面积1.24平方千米。186户，660人，民族多为汉族。

以前，窦姓人氏在此占产立庄，盖了两座土楼，故名双窦楼。新中国成立初期归华山县管辖，后划归安徽省砀山县。1958年属周寨人民公社。2008年合并入洪庄新村。

周新庄

周新庄（Zhōuxīnzhuāng） 在砀山县北部，属周寨镇洪庄新村村民委员会管辖。距砀山县人民政府驻地17.9千米。占地面积0.53平方千米。69户，241人，民族多为汉族。

以前，周姓人氏在此占产立了新的庄子，故名周新庄。新中国成立初期归华山县管辖，后划归安徽省砀山县。1958年属周寨人民公社。2008年合并入洪庄新村。

段李庄

段李庄（Duànlǐzhuāng） 在砀山县北部，属周寨镇洪庄新村村民委员会管辖。距砀山县人民政府驻地17.5千米。占地面积0.32平方千米。67户，230人，民族多为汉族。

以前，段姓、李姓人氏在此占产立庄，故名段李庄。新中国成立初期归华山县管辖，后划归安徽省砀山县。1958年属周寨人民公社。2008年合并入洪庄新村。

李寺

李寺（Lǐsì） 在砀山县北部，属周寨镇洪庄新村村民委员会管辖。距砀山县人民政府驻地17.7千米。占地面积0.43平方千米。72户，250人，民族多为汉族。

以前，李姓人氏在此占产立庄，村头有一座寺庙，故名李寺。新中国成立初期归华山县管辖，后划归安徽省砀山县。1958年属周寨人民公社。2008年合并入洪庄新村。

洪楼

洪楼（Hónglóu） 在砀山县北部，属周寨镇洪庄新村村民委员会管辖。距砀山县人民政府驻地17.8千米。占地面积1.21平方千米。175户，610人，民族多为汉族。

以前，洪姓人氏在此占产立庄，建了一座楼房，故名洪楼。新中国成立初期归华山县管辖，后划归安徽省砀山县。1958年属周寨人民公社。2008年合并入洪庄新村。

陈洼

陈洼（Chénwā） 在砀山县北部，属周寨镇洪庄新村村民委员会管辖。距砀山县人民政府驻地16.7千米。占地面积1.43平方千米。288户，1008人，民族多为汉族。

以前，陈姓人氏在此占产立庄，因此地地势低洼，故名陈洼。新中国成立初期归华山县管辖，后划归安徽省砀山县。1958年属周寨人民公社。2008年合并入洪庄新村。

小王楼

小王楼（Xiǎowánglóu） 在砀山县北

部，属周寨镇洪庄新村村民委员会管辖。距砀山县人民政府驻地17.3千米。占地面积1.02平方千米。138户，480人，民族多为汉族。

以前，王姓人氏在此占产立庄，建了一座楼房，因庄子规模小，有别于大王楼，故名小王楼。新中国成立初期归华山县管辖，后划归安徽省砀山县。1958年属周寨人民公社。2008年合并入洪庄新村。

大王楼

大王楼（Dàiwánglóu） 在砀山县北部，属周寨镇张老家村民委员会管辖。距砀山县人民政府驻地18.3千米。占地面积0.65平方千米。113户，384人，民族多为汉族。

清朝年间，由王姓人氏在此置田安家，建了一座楼，且村子规模大，故名大王楼。新中国成立初期归华山县管辖，后划归安徽省砀山县。1958年属周寨人民公社。1971年划为周寨乡朱楼大队。2007年并入张老家村，属周寨镇至今。

赵楼

赵楼（Zhàolóu） 在砀山县北部，属周寨镇张老家村民委员会管辖。距砀山县人民政府驻地18.8千米。占地面积1.21平方千米。216户，845人，民族多为汉族。

以前，赵姓人氏在此占产立庄，建了一座楼房，故名赵楼。新中国成立初期归华山县管辖，后划归安徽省砀山县。1958年属周寨人民公社。2007年村级合并入张老家村。

张老家

张老家（Zhānglǎojiā） 在砀山县北部，属周寨镇张老家村民委员会管辖。距砀山县人民政府驻地19.3千米。占地面积1.75平方千米。320户，1103人，民族多为汉族。

清朝年间，张姓人氏在此买田立庄，后有不少分支，故名张老家。新中国成立初期归华山县管辖，后划归安徽省砀山县。1958年属周寨人民公社。1971年划为周寨乡。2007年并于张老家村，属周寨镇至今。

朱楼

朱楼（Zhūlóu） 在砀山县北部，属周寨镇张老家村民委员会管辖。距砀山县人民政府驻地16.4千米。占地面积0.79平方千米。145户，523人，民族多为汉族。

清朝年间，由朱姓人氏在此占产立庄，建了楼房，故名朱楼。新中国成立初期归华山县管辖，后划归安徽省砀山县。1958年属周寨人民公社。1971年划为周寨乡朱楼大队。2007年村级合并入张老家村，属周寨镇至今。

大王庄

大王庄（Dàiwángzhuāng） 在砀山县北部，属周寨镇张老家村民委员会管辖。距砀山县人民政府驻地16.1千米。占地面积0.65平方千米。136户，480人，民族多为汉族。

以前，王姓人多在此置田立庄，因庄体大，故取名大王庄。新中国成立初期归华山县管辖，后划归安徽省砀山县。1958年属周寨人民公社。1997年合并入张老家村。

小王庄

小王庄（Xiǎowángzhuāng） 在砀山县北部，属周寨镇张老家村民委员会管辖。距砀山县人民政府驻地15.9千米。占地面积0.44平方千米。75户，298人，民族多为汉族。

清朝年间，由于连年灾害，王氏从大

王庄迁至此地，故名小王庄。新中国成立初期归华山县管辖，后划归安徽省砀山县。1958年属周寨人民公社。1971年划为周寨乡朱楼大队。2007年并入张老家村，属周寨镇至今。

高庄

高庄（Gāozhuāng） 在砀山县北部，属周寨镇张老家村民委员会管辖。距砀山县人民政府驻地15.8千米。占地面积0.46平方千米。88户，323人，民族多为汉族。

清朝，高姓人氏在此占产立庄，故名高庄。新中国成立初期归华山县管辖，后划归安徽省砀山县。1958年属周寨人民公社。2007年村级合并入张老家村委会。

董庄

董庄（Dǒngzhuāng） 在砀山县北部，属周寨镇张老家村民委员会管辖。距砀山县人民政府驻地16.8千米。占地面积0.68平方千米。110户，380人，民族多为汉族。

清朝年间，董姓人氏在此占产立庄，故名董庄。新中国成立初期归华山县孟楼乡管辖，后划归安徽省砀山县。1958年属周寨人民公社。1971年划为周寨乡。2007年村级合并入张老家村，属周寨镇至今。

堤湾

堤湾（Dīwān） 在砀山县北部，属周寨镇张老家村民委员会管辖。距砀山县人民政府驻地15.5千米。占地面积0.18平方千米。29户，117人，民族多为汉族。

因该村靠故黄河大堤的一处低洼地，故名堤湾。新中国成立初期归华山县孟楼解放社管辖，后划归安徽省砀山县。1958年属周寨人民公社。1971年划为周寨乡。2007年村级合并入张老家村，属周寨镇至今。

汪小屯

汪小屯（Wāngxiǎotún） 在砀山县北部，属周寨镇张老家村民委员会管辖。距砀山县人民政府驻地18.9千米。占地面积0.12平方千米。20户，63人，民族多为汉族。

以前，汪姓乡绅在此地设庄屯田，故名汪小屯。新中国成立初期归华山县孟楼解放社管辖，后划归安徽省砀山县。1958年属周寨人民公社。1971年划为周寨乡。2007年村级合并入张老家村，属周寨镇至今。

前李楼

前李楼（Qiánlǐlóu） 在砀山县北部，属周寨镇张老家村民委员会管辖。距砀山县人民政府驻地18.2千米。占地面积0.48平方千米。103户，305人，民族多为汉族。

清朝年间，由李姓在李集前面建设了一处楼房，故名前李楼。新中国成立初期归华山县孟楼解放社管辖，后划归安徽省砀山县。1958年属周寨人民公社。1971年划为周寨乡。2007年村级合并入张老家村，属周寨镇至今。

李集

李集（Lǐjí） 在砀山县北部，属周寨镇张老家村民委员会管辖。距砀山县人民政府驻地18.4千米。占地面积0.63平方千米。119户，394人，民族多为汉族。

清朝年间，李集有八座庙，当时又是大集镇，故名李集。新中国成立初期归华山县管辖，后划归安徽省砀山县。1958年属周寨人民公社。1971年划为周寨乡。2007年村级合并入张老家村，属周寨镇至今。

陈楼

陈楼（Chénlóu） 在砀山县北部，属周寨镇张老家村民委员会管辖。距砀山县人民政府驻地16.6千米。占地面积0.48平方千米。87户，317人，民族多为汉族。

清朝年间，由陈姓人氏在此占产立庄，建了楼房，故名陈楼。新中国成立初期归华山县孟楼乡管辖，后划归安徽省砀山县。1958年属周寨人民公社。1971年划为周寨乡。2007年村级合并入张老家村，属周寨镇至今。

贾刘庄

贾刘庄（Jiǎliúzhuāng） 在砀山县北部，属周寨镇周楼村民委员会管辖。距砀山县人民政府驻地15.5千米。占地面积0.56平方千米。115户，418人，民族多为汉族。

明代初期，贾姓人氏在此占产立庄，后贾姓衰败，刘姓人氏在此生产，故名贾刘庄。1958年属贾寨公社。1974年属周寨乡小孟庄大队。2007年村级合并，属周寨镇周楼村民委员会。

杨庄

杨庄（Yángzhuāng） 在砀山县北部，属周寨镇周楼村民委员会管辖。距砀山县人民政府驻地15.1千米。占地面积0.35平方千米。81户，280人，民族多为汉族。

清代初期，杨姓人氏在此占产立庄，故名杨庄。1958年属贾寨公社。1974年属周寨乡小孟庄大队。2007年村级合并，属周寨镇周楼村民委员会。

小孟庄

小孟庄（Xiǎomèngzhuāng） 在砀山县北部，属周寨镇周楼村民委员会管辖。距砀山县人民政府驻地14.8千米。占地面积0.36平方千米。78户，270人，民族多为汉族。

清代初期，孟姓人氏在此占产立庄，因人口较小，故名小孟庄。1958年属周寨公社。1974年属周寨乡小孟庄大队。2007年村级合并，属周寨镇周楼村民委员会。

蒋楼

蒋楼（Jiǎnglóu） 在砀山县北部，属周寨镇周楼村民委员会管辖。距砀山县人民政府驻地13.9千米。占地面积0.25平方千米。55户，210人，民族多为汉族。

清代初期，蒋姓人氏在此立庄建楼，故名蒋楼。1958年属周寨公社。1974年属周寨乡小孟庄大队。2007年村级合并，属周寨镇周楼村民委员会。

周辛庄

周辛庄（Zhōuxīnzhuāng） 在砀山县北部，属周寨镇周楼村民委员会管辖。距砀山县人民政府驻地13.8千米。占地面积0.21平方千米。35户，120人，民族多为汉族。

清代初期，周姓、辛姓人氏在此占产立庄，故名周辛庄。1958年属周寨公社。1974年属周寨乡小孟庄大队。2007年村级合并，属周寨镇周楼村民委员会。

戚庄

戚庄（Qīzhuāng） 在砀山县北部，属周寨镇周楼村民委员会管辖。距砀山县人民政府驻地14.9千米。占地面积0.38平方千米。80户，302人，民族多为汉族。

明代初期，戚姓人氏在此占产立庄，故名戚庄。1958年属贾寨公社。1974年属周寨乡小孟庄大队。2007年村级合并，属周寨镇周楼村民委员会。

李新庄

李新庄（Lǐxīnzhuāng） 在砀山县北部，属周寨镇周楼村民委员会管辖。距砀山县人民政府驻地13.8千米。占地面积1.09平方千米。245户，906人，民族多为汉族。

李氏家族于民国前期落脚此地，属李氏分支，故名李新庄。1958年属河北乡人民公社。1996年成立李新庄村。2007年村级合并，属周寨镇周楼村民委员会。

杨合集

杨合集（Yánghéjí） 在砀山县北部，属周寨镇周楼村民委员会管辖。距砀山县人民政府驻地13.1千米。占地面积0.74平方千米。121户，450人，民族多为汉族。

“先有杨合集，后有分水站，建了徐州府，才有砀山县。”这首歌谣道出了杨合集的古老，可见其历史悠久。杨合集为当地一古老集市，1958年属河北乡人民公社。2007年村级合并，属周寨镇周楼村民委员会。

大孟庄

大孟庄（Dàmèngzhuāng） 在砀山县北部，属周寨镇周楼村民委员会管辖。距砀山县人民政府驻地14.9千米。占地面积0.68平方千米。125户，480人，民族多为汉族。

清代初期，孟姓人氏在此占产立庄，因当时人多，故名大孟庄。1958年属周寨人民公社小孟庄大队。2007年村级合并，属周寨镇周楼村民委员会。

周楼

周楼（Zhōulóu） 在砀山县北部，属周寨镇周楼村民委员会管辖。距砀山县人民政府驻地14.8千米。占地面积0.63平方千米。125户，455人，民族多为汉族。

明代初期，周姓人氏在此占产立庄，建有楼房，故名周楼。1958年属周寨人民公社小孟庄大队。2007年村级合并，属周寨镇周楼村民委员会。

小李庄

小李庄（Xiǎolǐzhuāng） 在砀山县北部，属周寨镇周楼村民委员会管辖。距砀山县人民政府驻地14.3千米。占地面积0.38平方千米。76户，306人，民族多为汉族。

此地刚刚形成村庄时，只有少数李姓人家居住，故名小李庄。1958年属河北乡人民公社。1975年属周寨乡程楼大队。1996年属李新庄村。2007年村级合并，属周寨镇周楼村民委员会。

小陈楼

小陈楼（Xiǎochénlóu） 在砀山县北部，属周寨镇周楼村民委员会管辖。距砀山县人民政府驻地14.4千米。占地面积0.39平方千米。82户，309人，民族多为汉族。

从前，此地是陈姓人的分支，建了楼房，故名小陈楼。1958年属河北乡人民公社李新庄大队。2007年村级合并，属周寨镇周楼村民委员会。

程楼

程楼（Chénglóu） 在砀山县北部，属周寨镇周楼村民委员会管辖。距砀山县人民政府驻地14.9千米。占地面积0.59平方千米。98户，378人，民族多为汉族。

清代初期，程姓人氏在此占产立庄，建了楼房，故名程楼。1958年属河北乡人民公社李新庄大队。1975年属周寨乡程楼大队。1996年属李新庄村。2007年村级合并，属周寨镇周楼村民委员会。

陈腰楼

陈腰楼（Chényāolóu） 在砀山县北部，属周寨镇周楼村民委员会管辖。距砀山县人民政府驻地14.6千米。占地面积0.49平方千米。89户，338人，民族多为汉族。

当时南张庄系陈姓大户，后有后陈楼陈姓大户，中间陈姓人也建了楼房，故名陈腰楼。1958年属河北乡人民公社李新庄大队。2007年村级合并，属周寨镇周楼村民委员会。

老周寨

老周寨（Lǎozhōuzhài） 在砀山县北部，属周寨镇周楼村民委员会管辖。距砀山县人民政府驻地14.1千米。占地面积0.51平方千米。131户，480人，民族多为汉族。

汉代初期，周姓人从沛县迁来，在此占产立庄，筑围墙成寨，后部分人又北迁建新周寨，此地故名老周寨。1958年属周寨公社。1964年成立小孟庄大队。2007年村级合并，属周寨镇周楼村民委员会。

小孟楼

小孟楼（Xiǎomènglóu） 在砀山县北部，属周寨镇周楼村民委员会管辖。距砀山县人民政府驻地15.8千米。占地面积0.16平方千米。28户，103人，民族多为汉族。

明代，孟姓少数人在此建楼，故名小孟楼。1958年属周寨人民公社。2007年村级合并，属周寨镇周楼村民委员会。

黄庄

黄庄（Huángzhuāng） 在砀山县北部，属周寨镇郭程庄村民委员会管辖。距砀山县人民政府驻地12.9千米。占地面积0.58平方千米。113户，310人，民族多为汉族。

清代，黄姓人民在此占产立庄，故名黄庄。新中国成立初期归华山县管辖，后划归安徽省砀山县。1958年属周寨人民公社蒋李庄大队。2007年并于郭程庄村，属周寨镇至今。

前李庄

前李庄（Qiánlǐzhuāng） 在砀山县北部，属周寨镇郭程庄村民委员会管辖。距砀山县人民政府驻地11.4千米。占地面积0.47平方千米。81户，309人，民族多为汉族。

前李庄以前是小李庄，因后村是腰李庄，后更名为前李庄。新中国成立初期归华山县管辖，后划归安徽省砀山县。1958年属周寨人民公社蒋李庄大队。2007年并于郭程庄村，属周寨镇至今。

汤庄

汤庄（Tāngzhuāng） 在砀山县北部，属周寨镇郭程庄村民委员会管辖。距砀山县人民政府驻地11.9千米。占地面积0.46平方千米。72户，279人，民族多为汉族。

清代，汤姓人民在此占产立庄，故名汤庄。新中国成立初期归华山县管辖，后划归安徽省砀山县。1958年属周寨人民公社蒋李庄大队。2007年并于郭程庄村，属周寨镇至今。

蒋李庄

蒋李庄（Jiǎnglǐzhuāng） 在砀山县北部，属周寨镇郭程庄村民委员会管辖。距砀山县人民政府驻地12.6千米。占地面积0.48平方千米。110户，376人，民族多为汉族。

清代，蒋姓、李姓人民在此占产立庄，故名蒋李庄。新中国成立初期归华山县管辖，后划归安徽省砀山县。1958年属周寨人民公社蒋李庄大队。2007年并于郭程庄村，属周寨镇至今。

腰李庄

腰李庄（Yāolǐzhuāng） 在砀山县北部，属周寨镇郭程庄村民委员会管辖。距砀山县人民政府驻地11.9千米。占地面积0.25平方千米。48户，180人，民族多为汉族。

因前面有前李庄，后面有蒋李庄，中间有此庄，故名腰李庄。新中国成立初期归华山县管辖，后划归安徽省砀山县。1958年属周寨人民公社蒋李庄大队。2007年并于郭程庄村，属周寨镇至今。

郭程庄

郭程庄（Guōchéngzhuāng） 在砀山县北部，属周寨镇郭程庄村民委员会管辖。距砀山县人民政府驻地12.1千米。占地面积0.47平方千米。95户，356人，民族多为汉族。

清代，郭姓、程姓人民在此占产立庄，故名郭程庄。新中国成立初期归华山县管辖，后划归安徽省砀山县。1958年属周寨人民公社蒋李庄大队。2007年并于郭程庄村，属周寨镇至今。

吴阁

吴阁（Wúgé） 在砀山县北部，属周寨镇郭程庄村民委员会管辖。距砀山县人民政府驻地13.5千米。占地面积0.59平方千米。101户，356人，民族多为汉族。

清代，吴姓人民在此占产立庄，又建了一座庙阁，故名吴阁。新中国成立初期归华山县管辖，后划归安徽省砀山县。1958年属周寨人民公社蒋李庄大队。2007年并于郭程庄村，属周寨镇至今。

彭楼

彭楼（Pénglóu） 在砀山县北部，属周寨镇郭程庄村民委员会管辖。距砀山县人民政府驻地12.9千米。占地面积0.39平方千米。81户，260人，民族多为汉族。

清代，彭姓人民在此占产立庄，建了一座楼房，故名彭楼。新中国成立初期归华山县管辖，后划归安徽省砀山县。1958年属周寨人民公社蒋李庄大队。2007年并于郭程庄村，属周寨镇至今。

毛庄

毛庄（Máozhuāng） 在砀山县北部，属周寨镇郭程庄村民委员会管辖。距砀山县人民政府驻地12.7千米。占地面积0.58平方千米。120户，439人，民族多为汉族。

清代，毛姓人民在此占产立庄，故名毛庄。新中国成立初期归华山县管辖，后划归安徽省砀山县。1958年属周寨人民公社蒋李庄大队。2007年并于郭程庄村，属周寨镇至今。

蒋屯

蒋屯（Jiǎngtún） 在砀山县北部，属周寨镇郭程庄村民委员会管辖。距砀山县人民政府驻地12.1千米。占地面积0.97平方千米。236户，850人，民族多为汉族。

清代，蒋姓人民在此地为官府屯田耕种，故名蒋屯。新中国成立初期归华山县管辖，后划归安徽省砀山县。1958年属周寨人民公社。2007年并于郭程庄村，属周寨镇至今。

许庄

许庄（Xǔzhuāng） 在砀山县北部，属周寨镇郭程庄村民委员会管辖。距砀山县人民政府驻地12.8千米。占地面积0.25平方千米。48户，166人，民族多为汉族。

清代，许姓人民在此占产立庄，故名许庄。新中国成立初期归华山县管辖，后划归安徽省砀山县。1958年属周寨人民公社蒋李庄大队。2007年并于郭程庄村，属周寨镇至今。

黄马庄

黄马庄（Huángmǎzhuāng） 在砀山县北部，属周寨镇郭程庄村民委员会管辖。距砀山县人民政府驻地12.9千米。占地面积0.86平方千米。145户，508人，民族多为汉族。

清代，黄姓、马姓人民在此占产立庄，故名黄马庄。新中国成立初期归华山县管辖，后划归安徽省砀山县。1958年属周寨人民公社。2007年并于郭程庄村，属周寨镇至今。

西王庄

西王庄（Xīwángzhuāng） 在砀山县北部，属周寨镇朱小楼村民委员会管辖。距砀山县人民政府驻地15.8千米。占地面积0.69平方千米。148户，528人，民族多为汉族。

以前，有个姓王的大户在此居住，这个庄子在汪集的西边，故称西王庄。新中国成立初期归华山县管辖，后划归安徽省砀山县。1958年属周寨人民公社。2007年与朱小楼村合并，属周寨镇至今。

刘楼

刘楼（Liúlóu） 在砀山县北部，属周寨镇朱小楼村民委员会管辖。距砀山县人民政府驻地16.2千米。占地面积0.58平方千米。116户，428人，民族多为汉族。

清初，有刘姓家族居住，盖有一土楼，故称刘楼。新中国成立初期归华山县管辖，后划归安徽省砀山县。1958年属周寨人民公社。2007年与朱小楼村合并，属周寨镇至今。

前集

前集（Qiánjí） 在砀山县北部，属周寨镇朱小楼村民委员会管辖。距砀山县人民政府驻地13.5千米。占地面积0.56平方千米。130户，482人，民族多为汉族。

以前，一个姓汪的大户住在汪集的前边，故称前集。新中国成立初期归华山县管辖，后划归安徽省砀山县。1958年属周寨人民公社。2007年与朱小楼村合并，属周寨镇至今。

汤楼

汤楼（Tānglóu） 在砀山县北部，属周寨镇朱小楼村民委员会管辖。距砀山县人民政府驻地14.5千米。占地面积1.35平方千米。264户，1047人，民族多为汉族。

明朝，汤姓在此居住，建了楼房，故称汤楼。新中国成立初期归华山县管辖，后划归安徽省砀山县。1958年属周寨人民公社。2007年与朱小楼村合并，属周寨镇至今。

朱小楼

朱小楼（Zhūxiǎolóu） 在砀山县北部，属周寨镇朱小楼村民委员会管辖。距砀山县人民政府驻地15.6千米。占地面积0.48平方千米。87户，330人，民族多为汉族。

朱氏家族于清初在此盖起一座土楼，以姓氏命名为朱小楼，延续至今。新中国成立初期归华山县管辖，后划归安徽省砀山县。1956年归孟楼初级社。1958年归周寨人民公社。2007年与朱小楼村合并，属周寨镇至今。

前于楼

前于楼（Qiányúlóu） 在砀山县北部，属周寨镇朱小楼村民委员会管辖。距砀山县人民政府驻地16.3千米。占地面积0.58平方千米。139户，502人，民族多为汉族。

清初，有于氏家族在此居住建楼，命名于楼；于氏分居南北两侧，南边的叫前于楼。新中国成立初期归华山县管辖，后划归安徽省砀山县。1956年归孟楼初级社。1958年归周寨人民公社。2007年与朱小楼村合并，属周寨镇至今。

蒋庄

蒋庄（Jiǎngzhuāng） 在砀山县北部，属周寨镇朱小楼村民委员会管辖。距砀山县人民政府驻地15.9千米。占地面积0.39平方千米。86户，315人，民族多为汉族。

明末，蒋氏先祖搬至此地居住，故名

蒋庄。新中国成立初期归华山县管辖，后划归安徽省砀山县。1956年归孟楼初级社。1958年归周寨人民公社。2007年与朱小楼村合并，属周寨镇至今。

田黄庄

田黄庄（Tiánhuángzhuāng） 在砀山县北部，属周寨镇朱小楼村民委员会管辖。距砀山县人民政府驻地15.5千米。占地面积0.41平方千米。91户，329人，民族多为汉族。

田黄庄建于清朝，因姓田、姓黄的人多，故称田黄庄。新中国成立初期归华山县管辖，后划归安徽省砀山县。1956年归孟楼初级社。1958年归周寨人民公社。2007年与朱小楼村合并，属周寨镇至今。

官庄

官庄（Guānzhuāng） 在砀山县北部，属周寨镇朱小楼村民委员会管辖。距砀山县人民政府驻地15.9千米。占地面积0.39平方千米。97户，350人，民族多为汉族。

以前，有官姓人家在此居住，故称官庄。新中国成立初期归华山县管辖，后划归安徽省砀山县。1956年归孟楼初级社。1958年归周寨人民公社。2007年与朱小楼村合并，属周寨镇至今。

仝屯

仝屯（Tóngtún） 在砀山县北部，属周寨镇朱小楼村民委员会管辖。距砀山县人民政府驻地15.6千米。占地面积0.37平方千米。75户，280人，民族多为汉族。

明朝，皇帝特批此地不纳皇粮，封为屯，且此地为仝姓人家居住，故得名仝屯。新中国成立初期归华山县管辖，后划归安徽省砀山县。1956年归孟楼初级社。1958年归周寨人民公社。2007年与朱小楼村合并，属周寨镇至今。

沈屯

沈屯（Shěntún） 在砀山县北部，属周寨镇朱小楼村民委员会管辖。距砀山县人民政府驻地14.8千米。占地面积1.01平方千米。198户，763人，民族多为汉族。

明朝，皇帝特批此地不纳皇粮，封为屯，且此地有沈姓人家居住，故得名沈屯。新中国成立初期归华山县管辖，后划归安徽省砀山县。1956年归孟楼初级社。1958年归周寨人民公社。2007年与朱小楼村合并，属周寨镇至今。

张小屯

张小屯（Zhāngxiǎotún） 在砀山县北部，属周寨镇朱小楼村民委员会管辖。距砀山县人民政府驻地16.4千米。占地面积0.38平方千米。83户，310人，民族多为汉族。

张小屯建于清朝，亦是当时的军屯，因住户姓张，故称张小屯。新中国成立初期归华山县管辖，后划归安徽省砀山县。1956年归孟楼初级社。1958年归周寨人民公社。2007年与朱小楼村合并，属周寨镇至今。

张小洼

张小洼（Zhāngxiǎowā） 在砀山县北部，属周寨镇朱小楼村民委员会管辖。距砀山县人民政府驻地14.9千米。占地面积0.37平方千米。65户，249人，民族多为汉族。

明朝时，此地地势低洼，张姓在此地居住，故得名张小洼。新中国成立初期归华山县管辖，后划归安徽省砀山县。1956年归孟楼初级社。1958年归周寨人民公社。2007年与朱小楼村合并，属周寨镇至今。

郭金楼

郭金楼（Guōjīnlóu） 在砀山县北部，属周寨镇朱小楼村民委员会管辖。距砀山县人民政府驻地 15.2 千米。占地面积 0.07 平方千米。15 户，57 人，民族多为汉族。

清朝，因此地姓郭、姓金的人多，建了楼房，故称郭金楼。新中国成立初期归华山县管辖，后划归安徽省砀山县。1956 年归孟楼初级社。1958 年归周寨人民公社。2007 年与朱小楼村合并，属周寨镇至今。

后集

后集（Hòují） 在砀山县北部，属周寨镇朱小楼村民委员会管辖。距砀山县人民政府驻地 14.9 千米。占地面积 0.48 平方千米。108 户，413 人，民族多为汉族。

以前，一个姓汪的大户在汪集的后边住，故称作后集。新中国成立初期归华山县管辖，后划归安徽省砀山县。1956 年归孟楼初级社。1958 年归周寨人民公社。2007 年与朱小楼村合并，属周寨镇至今。

腰屯

腰屯（Yāotún） 在砀山县北部，属周寨镇朱小楼村民委员会管辖。距砀山县人民政府驻地 15.5 千米。占地面积 0.36 平方千米。71 户，260 人，民族多为汉族。

明朝，皇帝特批此地不纳皇粮，封为屯，因位于屯子中部，故得名腰屯。新中国成立初期归华山县管辖，后划归安徽省砀山县。1956 年归孟楼初级社。1958 年归周寨人民公社沈屯大队。2007 年与朱小楼村合并，属周寨镇至今。

曹庄

曹庄（Cáozhuāng） 在砀山县北部，属周寨镇张屯村民委员会管辖。距砀山县人民政府驻地 18.7 千米。占地面积 1.03 平方千米。162 户，609 人，民族多为汉族。

以前，曹姓人民在此占产立庄，由此得名。新中国成立初期归华山县管辖，后划归安徽省砀山县。1956 年归孟楼初级社。1958 年归周寨人民公社。2007 年属周寨镇至今。

张屯

张屯（Zhāngtún） 在砀山县北部，属周寨镇张屯村民委员会管辖。距砀山县人民政府驻地 16.6 千米。占地面积 3.04 平方千米。650 户，2208 人，民族多为汉族。

以前，张姓人民在此立庄，且此地又是军垦屯田的地方，由此得名。新中国成立初期归华山县管辖，后划归安徽省砀山县。1956 年归孟楼初级社。1958 年归周寨人民公社。2007 年属周寨镇至今。

后于楼

后于楼（Hòuyúlóu） 在砀山县北部，属周寨镇张屯村民委员会管辖。距砀山县人民政府驻地 16.5 千米。占地面积 2.02 平方千米。423 户，1435 人，民族多为汉族。

以前，于姓分为前于楼、后于楼两村，后于楼由此得名。新中国成立初期归华山县管辖，后划归安徽省砀山县。1956 年归孟楼初级社。1958 年归周寨人民公社。2007 年属周寨镇至今。

窦楼

窦楼（Dòulóu） 在砀山县北部，属周寨镇张屯村民委员会管辖。距砀山县人民政府驻地 17.6 千米。占地面积 1.12 平方千米。212 户，801 人，民族多为汉族。

以前，窦姓人民在此占产立庄，建了楼房，故名窦楼。新中国成立初期归华山县管辖，后划归安徽省砀山县。1956 年归孟楼初级社。1958 年归周寨人民公社。2007 年属周寨镇至今。

后张小屯

后张小屯（Hòuzhāngxiǎotún） 在砀

山县北部，属周寨镇张屯村民委员会管辖。距砀山县人民政府驻地16.9千米。占地面积0.42平方千米。71户，260人，民族多为汉族。

据查，后张小屯属张屯的分支，故名。新中国成立初期归华山县管辖，后划归安徽省砀山县。1956年归孟楼初级社。1958年归周寨人民公社。2007年属周寨镇至今。

孙土楼

孙土楼（Sūntǔlóu） 在砀山县北部，属周寨镇张屯村民委员会管辖。距砀山县人民政府驻地17.2千米。占地面积0.31平方千米。50户，180人，民族多为汉族。

明代，因孙姓人家当时有座土楼，由此得名。新中国成立初期归华山县管辖，后划归安徽省砀山县。1956年归孟楼初级社。1958年归周寨人民公社。2007年属周寨镇至今。

郭张庄

郭张庄（Guōzhāngzhuāng） 在砀山县北部，属周寨镇郭张庄村民委员会管辖。距砀山县人民政府驻地16.3千米。占地面积0.48平方千米。75户，278人，民族多为汉族。

清朝年间，由郭、张两姓来此占产立庄，故名郭张庄。新中国成立初期归华山县管辖，后划归安徽省砀山县。1958年属周寨人民公社。1980年属周寨区张屯小乡。1988年改为周寨镇。2007年村级合并于郭张庄村，属周寨镇至今。

腾庄

腾庄（Téngzhuāng） 在砀山县北部，属周寨镇郭张庄村民委员会管辖。距砀山县人民政府驻地15.8千米。占地面积0.3平方千米。43户，151人，民族多为汉族。

清朝年间，腾姓人氏在此购地置产，故名腾庄。新中国成立初期归华山县管辖，后划归安徽省砀山县。1958年属周寨人民公社。1980年属周寨区张屯小乡。1988年改为周寨镇。2007年村级合并于郭张庄村，属周寨镇至今。

庞庄

庞庄（Pángzhuāng） 在砀山县北部，属周寨镇郭张庄村民委员会管辖。距砀山县人民政府驻地15.9千米。占地面积0.59平方千米。102户，312人，民族多为汉族。

清朝年间，庞姓人氏在此购地置产，故名庞庄。新中国成立初期归华山县管辖，后划归安徽省砀山县。1958年属周寨人民公社。1980年属周寨区张屯小乡。1988年改为周寨镇。2007年村级合并于郭张庄村，属周寨镇至今。

庞小洼

庞小洼（Pángxiǎowā） 在砀山县北部，属周寨镇郭张庄村民委员会管辖。距砀山县人民政府驻地15.5千米。占地面积0.48平方千米。68户，230人，民族多为汉族。

清朝年间，庞姓人氏在此购地置产，因村小人少地势洼，故名庞小洼。新中国成立初期归华山县管辖，后划归安徽省砀山县。1958年属周寨人民公社。1980年属周寨区张屯小乡。1988年改为周寨镇。2007年村级合并于郭张庄村，属周寨镇至今。

孟堤口

孟堤口（Mèngdīkǒu） 在砀山县北部，属周寨镇郭张庄村民委员会管辖。距砀山县人民政府驻地17.5千米。占地面积1.16平方千米。199户，762人，民族多为汉族。

明朝年间，孟姓人氏在此购地置产，因地处故黄河大堤决口处，故名孟堤口。新中国成立初期归华山县管辖，后划归安徽省砀山县。1958年属周寨人民公社。1980年属周寨区张屯小乡。1988年改为周寨镇。2007年村级合并于郭张庄村，属周寨镇至今。

西堤口

西堤口（Xīdīkǒu） 在砀山县北部，属周寨镇郭张庄村民委员会管辖。距砀山县人民政府驻地17.4千米。占地面积0.78平方千米。125户，484人，民族多为汉族。

明朝时，因洪水将大堤冲溃，分为东西两部分，西堤口由此得名。新中国成立初期归华山县管辖，后划归安徽省砀山县。1958年属周寨人民公社。1980年属周寨区张屯小乡。1988年改为周寨镇堤口联村。2007年村级合并于郭张庄村，属周寨镇至今。

史新庄

史新庄（Shǐxīnzhuāng） 在砀山县北部，属周寨镇郭张庄村民委员会管辖。距砀山县人民政府驻地16.9千米。占地面积1.02平方千米。142户，512人，民族多为汉族。

清朝年间，史姓人氏在此购地置产，因史姓人多，且是建立的新庄，故名史新庄。新中国成立初期归华山县管辖，后划归安徽省砀山县。1958年属周寨人民公社。1980年属周寨区张屯小乡。1988年改为周寨镇堤口联村。2007年村级合并于郭张庄村，属周寨镇至今。

庞大楼

庞大楼（Pángdàlóu） 在砀山县北部，属周寨镇郭张庄村民委员会管辖。距砀山县人民政府驻地14.5千米。占地面积0.72平方千米。119户，394人，民族多为汉族。

清朝年间，庞姓人氏在此购地置产建楼，因庄体大，故名庞大楼。新中国成立初期归华山县管辖，后划归安徽省砀山县。1958年属周寨人民公社。1980年属周寨区张屯小乡。1988年改为周寨镇庞大楼联村。2007年村级合并于郭张庄村，属周寨镇至今。

许楼

许楼（Xǔlóu） 在砀山县北部，属周寨镇郭张庄村民委员会管辖。距砀山县人民政府驻地14.6千米。占地面积1.03平方千米。156户，537人，民族多为汉族。

清朝年间，最早许姓人氏在此购地置产，建土楼，故名许楼。新中国成立初期归华山县管辖，后划归安徽省砀山县。1958年属周寨人民公社。1980年属周寨区张屯小乡。1988年改为周寨镇庞大楼联村。2007年村级合并于郭张庄村，属周寨镇至今。

齐庄

齐庄（Qízhuāng） 在砀山县北部，属周寨镇郭张庄村民委员会管辖。距砀山县人民政府驻地13.9千米。占地面积1.01平方千米。153户，523人，民族多为汉族。

清代，最早由齐姓迁此，故名齐庄。新中国成立初期归华山县管辖，后划归安徽省砀山县。1958年属周寨人民公社。1980年属周寨区张屯小乡。1988年改为周寨镇庞大楼联村。2007年村级合并于郭张庄村，属周寨镇至今。

庞新楼

庞新楼（Pángxīnlóu） 在砀山县北部，属周寨镇郭张庄村民委员会管辖。距砀山县人民政府驻地14.8千米。占地面积0.51平方千米。113户，396人，民族多为汉族。

清朝年间，由庞姓人氏在此购地置产，建新楼，故名庞新楼。新中国成立初期归华山县管辖，后划归安徽省砀山县。1958年属周寨人民公社。1980年属周寨区张屯小乡。1988年改为周寨镇庞大楼联村。2007年村级合并于郭张庄村，属周寨镇至今。

吴庄

吴庄（Wúzhuāng） 在砀山县北部，属周寨镇周寨社区居民委员会管辖。距砀山县人民政府驻地14.9千米。占地面积1.32平方千米。446户，1638人，民族多为汉族。

清朝中期，吴姓人氏在此占产立庄，故名吴庄。新中国成立初期归华山县管辖，后划归安徽省砀山县。1958年属周寨人民公社。1985年属周寨乡周寨村民委员会。2013年划为周寨镇周寨社区。

周寨

周寨（Zhōuzhài） 在砀山县北部，属周寨镇周寨社区居民委员会管辖。距砀山县人民政府驻地15.1千米。占地面积1.85平方千米。539户，2041人，民族多为汉族。

隋代时期周姓人氏在此建寨，设集市，故名周寨。新中国成立初期归华山县管辖，后划归安徽省砀山县。1958年属周寨人民公社。1985年属周寨乡周寨村民委员会。2013年划为周寨镇周寨社区。

前黄楼

前黄楼（Qiánhuánglóu） 在砀山县北部，属周寨镇周寨社区居民委员会管辖。距砀山县人民政府驻地14.8千米。占地面积0.12平方千米。51户，187人，民族多为汉族。

从前，黄姓人氏在周寨南边占产立庄，村中有土楼，故名前黄楼。新中国成立初期归华山县管辖，后划归安徽省砀山县。1958年属周寨人民公社。1985年属周寨乡周寨村民委员会。2013年划为周寨镇周寨社区。

后黄楼

后黄楼（Hòuhuánglóu） 在砀山县北部，属周寨镇周寨社区居民委员会管辖。距砀山县人民政府驻地15.2千米。占地面积1.02平方千米。351户，1147人，民族多为汉族。

从前，黄姓人在周寨北边占产立庄，村中建有土楼，故名后黄楼。新中国成立初期归华山县管辖，后划归安徽省砀山县。1958年属周寨人民公社。1985年属周寨乡周寨村民委员会。2013年划为周寨镇周寨社区。

郭集

郭集（Guōjí） 在砀山县北部，属周寨镇刘暗楼社区居民委员会管辖。距砀山县人民政府驻地22.8千米。占地面积0.69平方千米。146户，568人，民族多为汉族。

以前，郭姓人氏在此占产立庄，建立集市，故名郭集。新中国成立初期归山东省湖西区管辖。1954年属安徽省砀山县大寨区。1958年属周寨人民公社。2007年村级合并于周寨镇刘暗楼社区。

刘暗楼

刘暗楼（Liú' ànlóu） 在砀山县北部，属周寨镇刘暗楼社区居民委员会管辖。距砀山县人民政府驻地20.3千米。占地面积1.21平方千米。320户，1103人，民族多为汉族。

以前，刘姓人氏在此占产立庄，在挖土建房时挖出被水淹没的楼房，故名刘暗楼。新中国成立初期归山东省湖西区管辖。1954年属安徽省砀山县大寨区。1958年属周寨人民公社。2007年村级合并于周寨镇刘暗楼社区。

汪楼

汪楼（Wānglóu） 在砀山县北部，属周寨镇刘暗楼社区居民委员会管辖。距砀山县人民政府驻地21.9千米。占地面积0.68

平方千米。176户，662人，民族多为汉族。

以前，汪姓人民在此占产立庄，建了楼房，故名汪楼。新中国成立初期归山东省湖西区管辖。1954年属安徽省砀山县大寨区。1958年属周寨人民公社。2007年村级合并于周寨镇刘暗楼社区。

李楼

李楼（Lǐlóu） 在砀山县北部，属周寨镇刘暗楼社区居民委员会管辖。距砀山县人民政府驻地21.4千米。占地面积0.28平方千米。49户，194人，民族多为汉族。

以前，李姓人民在此占产立庄，建了楼房，故名李楼。新中国成立初期归山东省湖西区管辖。1954年属安徽省砀山县大寨区。1958年属周寨人民公社。2007年村级合并于周寨镇刘暗楼社区。

张岗楼

张岗楼（Zhānggǎnglóu） 在砀山县北部，属周寨镇刘暗楼社区居民委员会管辖。距砀山县人民政府驻地20.23千米。占地面积0.78平方千米。197户，765人，民族多为汉族。

以前，张姓人民在此占产立庄，建了一座岗楼，故名张岗楼。新中国成立初期归山东省湖西区管辖。1954年属安徽省砀山县大寨区。1958年属周寨人民公社。2007年村级合并于周寨镇刘暗楼社区。

刘庵

刘庵（Liú’ān） 在砀山县北部，属周寨镇刘暗楼社区居民委员会管辖。距砀山县人民政府驻地20.1千米。占地面积0.29平方千米。76户，271人，民族多为汉族。

以前移民时，刘姓人民在此搭建一个庵棚，故名刘庵。新中国成立初期归山东省湖西区管辖。1954年属安徽省砀山县大寨区。1958年属周寨人民公社。2007年村级合并于周寨镇刘暗楼社区。

汤集

汤集（Tāngjí） 在砀山县北部，属周寨镇刘暗楼社区居民委员会管辖。距砀山县人民政府驻地21.2千米。占地面积0.52平方千米。126户，487人，民族多为汉族。

以前，汤姓人民在此占产立庄，建立集市，故名汤集。新中国成立初期归山东省湖西区管辖。1954年属安徽省砀山县大寨区。1958年属周寨人民公社。2007年村级合并于周寨镇刘暗楼社区。

新汤集

新汤集（Xīntāngjí） 在砀山县北部，属周寨镇刘暗楼社区居民委员会管辖。距砀山县人民政府驻地21.4千米。占地面积0.15平方千米。32户，123人，民族多为汉族。

以前，汤集人丁兴旺，在村子里住不下，后迁出另立新村，故名新汤集。新中国成立初期归山东省湖西区管辖。1954年属安徽省砀山县大寨区。1958年属周寨人民公社。2007年村级合并于周寨镇刘暗楼社区。

孟庄

孟庄（Mèngzhuāng） 在砀山县北部，属周寨镇刘暗楼社区居民委员会管辖。距砀山县人民政府驻地21.2千米。占地面积0.06平方千米。14户，46人，民族多为汉族。

以前，孟姓人民在此占产立庄，故名孟庄。新中国成立初期归山东省湖西区管辖。1954年属安徽省砀山县大寨区。1958年属周寨人民公社。2007年村级合并于周寨镇刘暗楼社区。

刘新庄

刘新庄（Liúxīnzhuāng） 在砀山县北部，属周寨镇刘暗楼社区居民委员会管辖。

距砀山县人民政府驻地22.5千米。占地面积0.35平方千米。73户，284人，民族多为汉族。

以前，刘姓人氏在此占产建立新庄，故名刘新庄。新中国成立初期归山东省湖西区管辖。1954年属安徽省砀山县大寨区。1958年属周寨人民公社。2007年村级合并于周寨镇刘暗楼社区。

东甄庄

东甄庄（Dōngzhēnzhuāng） 在砀山县北部，属周寨镇刘暗楼社区居民委员会管辖。距砀山县人民政府驻地21.5千米。占地面积0.12平方千米。25户，95人，民族多为汉族。

以前，甄姓人氏在此占产立庄，因西边已有一个甄庄，故名东甄庄。新中国成立初期归山东省湖西区管辖。1954年属安徽省砀山县大寨区。1958年属周寨人民公社。2007年村级合并于周寨镇刘暗楼社区。

前甄庄

前甄庄（Qiánzhēnzhuāng） 在砀山县北部，属周寨镇刘暗楼社区居民委员会管辖。距砀山县人民政府驻地20.4千米。占地面积0.11平方千米。22户，81人，民族多为汉族。

以前，甄姓人氏在此占产立庄，因后边有一个甄庄，故名前甄庄。新中国成立初期归山东省湖西区管辖。1954年属安徽省砀山县大寨区。1958年属周寨人民公社。2007年村级合并于周寨镇刘暗楼社区。

常庄

常庄（Chángzhuāng） 在砀山县北部，属周寨镇刘暗楼社区居民委员会管辖。距砀山县人民政府驻地21.8千米。占地面积0.08平方千米。21户，68人，民族多为汉族。

以前，常姓人氏在此占产立庄，故名常庄。新中国成立初期归山东省湖西区管辖。1954年属安徽省砀山县大寨区。1958年属周寨人民公社。2007年村级合并于周寨镇刘暗楼社区。

洪庙

洪庙（Hóngmiào） 在砀山县北部，属周寨镇刘暗楼社区居民委员会管辖。距砀山县人民政府驻地19.9千米。占地面积0.33平方千米。102户，340人，民族多为汉族。

以前，有一户洪姓人家在此建一座庙宇，故名洪庙。新中国成立初期归山东省湖西区管辖。1954年属安徽省砀山县大寨区。1958年属周寨人民公社。2007年村级合并于周寨镇刘暗楼社区。

汤寨

汤寨（Tāngzhài） 在砀山县北部，属周寨镇刘暗楼社区居民委员会管辖。距砀山县人民政府驻地20.1千米。占地面积0.08平方千米。19户，75人，民族多为汉族。

以前，汤姓人氏在此占产立庄建寨，故名汤寨。新中国成立初期归山东省湖西区管辖。1954年属安徽省砀山县大寨区。1958年属周寨人民公社。2007年村级合并于周寨镇刘暗楼社区。

林中

林中（Línzhōng） 在砀山县北部，属周寨镇刘暗楼社区居民委员会管辖。距砀山县人民政府驻地19.6千米。占地面积0.07平方千米。7户，24人，民族多为汉族。

1958年，此地以治沙为目的、以林业为主建立了林场；又因此地居于林场中间，故取名林中。1958年建场，后来属大寨区管理。2007年属周寨镇管理。

贾庄

贾庄（Jiǎzhuāng） 在砀山县北部，属周寨镇解楼村民委员会管辖。距砀山县人民政府驻地 20.2 千米。占地面积 0.63 平方千米。111 户，409 人，民族多为汉族。

清朝年间，由贾姓人氏在此占产立业，故名贾庄。新中国成立初期归华山县管辖，后划归安徽省砀山县。1958 年属大寨公社。1987 年划为刘暗楼乡陈集村。2007 年村级合并于解楼村，属周寨镇至今。

刘庄

刘庄（Liúzhuāng） 在砀山县北部，属周寨镇解楼村民委员会管辖。距砀山县人民政府驻地 19.4 千米。占地面积 0.68 平方千米。129 户，440 人，民族多为汉族。

清朝年间，由刘姓家族在此居住，故名刘庄。新中国成立初期归华山县管辖，后划归安徽省砀山县。1958 年属大寨公社。1987 年划为刘暗楼乡陈集村。2007 年村级合并于解楼村，属周寨镇至今。

朱庄

朱庄（Zhūzhuāng） 在砀山县北部，属周寨镇解楼村民委员会管辖。距砀山县人民政府驻地 19.8 千米。占地面积 0.34 平方千米。61 户，238 人，民族多为汉族。

清朝年间，由朱姓家族在此居住，故名朱庄。新中国成立初期归华山县管辖，后划归安徽省砀山县。1958 年属大寨公社。1987 年划为刘暗楼乡陈集村。2007 年村级合并于解楼村，属周寨镇至今。

张庄

张庄（Zhāngzhuāng） 在砀山县北部，属周寨镇解楼村民委员会管辖。距砀山县人民政府驻地 18.1 千米。占地面积 0.21 平方千米。34 户，109 人，民族多为汉族。

清朝年间，由张姓家族在此居住，故名张庄。新中国成立初期归华山县管辖，后划归安徽省砀山县。1958 年属大寨公社。1987 年划为刘暗楼乡陈集村。2007 年村级合并于解楼村，属周寨镇至今。

朱庄

朱庄（Zhūzhuāng） 在砀山县北部，属周寨镇孙老家村民委员会管辖。距砀山县人民政府驻地 24.5 千米。占地面积 0.65 平方千米。130 户，498 人，民族多为汉族。

以前，朱姓人氏在此占产立庄，故名朱庄。新中国成立初期归华山县管辖，后划归安徽省砀山县。1958 年属周寨人民公社孙老家大队。1988 年合并入刘暗楼乡。2007 年村级合并入周寨镇孙老家村。

胡庄

胡庄（Húzhuāng） 在砀山县北部，属周寨镇孙老家村民委员会管辖。距砀山县人民政府驻地 21.7 千米。占地面积 1.79 平方千米。351 户，1207 人，民族多为汉族。

以前，胡姓人氏在此占产立庄，故名胡庄。新中国成立初期归华山县管辖，后划归安徽省砀山县。1958 年属周寨人民公社孙老家大队。1988 年合并入刘暗楼乡。2007 年村级合并入周寨镇孙老家村。

张庄

张庄（Zhāngzhuāng） 在砀山县北部，属周寨镇孙集村民委员会管辖。距砀山县人民政府驻地 20.6 千米。占地面积 1.02 平方千米。226 户，845 人，民族多为汉族。

以前，张姓人氏在此居住，故名张庄。新中国成立初期归华山县管辖，后划归安徽省砀山县。1958 年属周寨人民公社孙老家大队。1988 年合并入刘暗楼乡。2007 年村级合并于周寨镇孙集村。

周庄

周庄（Zhōuzhuāng） 在砀山县北部，属周寨镇周平庄村民委员会管辖。距砀山县人民政府驻地13.5千米。占地面积1.4平方千米。252户，952人，民族多为汉族。

以前，周姓人氏在此占产立庄，故名周庄。新中国成立初期归山东省湖西区管辖，后划归安徽省砀山县。1980年属周寨区汪庄乡。1988年属周寨镇孟楼联村。2004年村级整合，属周寨镇周平庄村。

赵庄

赵庄（Zhàozhuāng） 在砀山县北部，属周寨镇洪庄新村村民委员会管辖。距砀山县人民政府驻地18.1千米。占地面积0.53平方千米。86户，307人，民族多为汉族。

以前，赵姓人氏在此占产立庄，故名赵庄。新中国成立初期归江苏省华山县管辖，后划归安徽省砀山县。1958年属周寨公社。1988年划为周寨乡。2008年合并入洪庄新村。

张庄

张庄（Zhāngzhuāng） 在砀山县北部，属周寨镇周楼村民委员会管辖。距砀山县人民政府驻地14.6千米。占地面积0.45平方千米。101户，380人，民族多为汉族。

现在张庄并没有姓张的，至于为什么叫张庄，已无人记得，新中国成立前已是以陈姓为主了。1958年属河北乡人民公社李新庄大队。2007年村级合并，属周寨镇周楼村民委员会。

后陈楼

后楼陈（Hòuchénlóu） 在砀山县北部，属周寨镇周楼村民委员会管辖。距砀山县人民政府驻地13.9千米。占地面积0.38平方千米。78户，309人，民族多为汉族。

因为此地处在陈楼后面，故名后陈楼。1958年属河北乡人民公社李新庄大队。1975年属周寨乡程楼大队。1996年属周寨镇李新庄村。2007年村级合并，属周寨镇周楼村民委员会。

胡庄

胡庄（Húzhuāng） 在砀山县北部，属周寨镇周楼村民委员会管辖。距砀山县人民政府驻地14.9千米。占地面积0.37平方千米。83户，319人，民族多为汉族。

清代初期，胡姓人氏在此占产立庄，故名胡庄。1958年属贾寨公社。1974年属周寨乡小孟庄大队。2007年村级合并，属周寨镇周楼村民委员会。

刘庄

刘庄（Liúzhuāng） 在砀山县北部，属周寨镇郭程庄村民委员会管辖。距砀山县人民政府驻地12.8千米。占地面积0.23平方千米。35户，130人，民族多为汉族。

清代，刘姓人氏在此占产立庄，故名刘庄。新中国成立初期归华山县管辖，后划归安徽省砀山县。1958年属周寨人民公社蒋李庄大队。2007年并于郭程庄村，属周寨镇至今。

周庄

周庄（Zhōuzhuāng） 在砀山县北部，属周寨镇郭程庄村民委员会管辖。距砀山县人民政府驻地12.9千米。占地面积0.31平方千米。45户，160人，民族多为汉族。

清代，周姓人氏在此占产立庄，故名周庄。新中国成立初期归华山县管辖，后划归安徽省砀山县。1958年属周寨人民公社蒋李庄大队。2007年并于郭程庄村，属周寨镇至今。

侯庄

侯庄（Hóuzhuāng） 在砀山县北部，属周寨镇郭张庄村民委员会管辖。距砀山县人民政府驻地16.7千米。占地面积1.22平方千米。230户，897人，民族多为汉族。

清朝年间，由侯姓人氏在此购地置产，故名侯庄。新中国成立初期归华山县管辖，后划归安徽省砀山县。1958年属周寨人民公社。1980年属周寨区张屯小乡。1988年改为周寨镇堤口联村。2007年村级合并于郭张庄村，属周寨镇至今。

赵庄

赵庄（Zhàozhuāng） 在砀山县北部，属周寨镇刘暗楼社区居民委员会管辖。距砀山县人民政府驻地21.4千米。占地面积0.21平方千米。57户，190人，民族多为汉族。

以前，赵姓人氏在此占产立庄，故名赵庄。新中国成立初期归山东省湖西区，后划归安徽省砀山县。1958年属大寨公社。1987年划为刘暗楼乡。2007年村级合并于周寨镇刘暗楼社区。

玄庙镇

陈庄

陈庄（Chénzhuāng） 在砀山县北部，属玄庙镇红星村民委员会管辖。距砀山县人民政府驻地17.86千米。占地面积0.36平方千米。110户，403人，民族多为汉族。

明代，陈氏兄弟二人从山东单县迁到此处安家居住，以姓为庄名。新中国成立初期属山东省单县六区。1951年划为安徽省砀山县大寨区。1958年属周寨人民公社。1980年属玄庙区西刘乡。1988年属玄庙镇陈庄大队，现属玄庙镇红星村民委员会。

东吴楼

东吴楼（Dōngwúlóu） 在砀山县北部，属玄庙镇红星村民委员会管辖。距砀山县人民政府驻地18.96千米。占地面积0.28平方千米。75户，310人，民族多为汉族。

民国时期，有姓吴的两兄弟在此占产立庄，后一家迁东边建楼，故而得名东吴楼。新中国成立初期属山东省单县六区。1951年划为安徽省砀山县大寨区。1958年属周寨人民公社。1980年属玄庙区西刘乡。1988年属玄庙镇陈庄大队，现属玄庙镇红星村民委员会。

董台子

董台子（Dǒngtáizi） 在砀山县北部，属玄庙镇红星村民委员会管辖。距砀山县人民政府驻地19.93千米。占地面积0.15平方千米。35户，126人，民族多为汉族。

从前，董姓在此占产立庄，为防洪水，村庄建在高台地上，故而得名。新中国成立初期属山东省单县六区。1951年划为安徽省砀山县大寨区。1958年属周寨人民公社。1980年属玄庙区西刘乡。1988年属玄庙镇陈庄大队，现改为玄庙镇红星村民委员会。

董新庄

董新庄（Dǒngxīnzhuāng） 在砀山县北部，属玄庙镇红星村民委员会管辖。距砀山县人民政府驻地19.32千米。占地面积0.13平方千米。38户，132人，民族多为汉族。

民国时期，董家在此占产立新庄，故而得名。新中国成立初期属山东省单县六区。1951年划为安徽省砀山县大寨区。1958年属周寨人民公社。1980年属玄庙区西刘乡。1988年属玄庙镇陈庄大队，现属玄庙镇红星村民委员会。

段王庄

段王庄（Duànwángzhuāng） 在砀山县北部，属玄庙镇朱庄村民委员会管辖。距砀山县人民政府驻地8.42千米。占地面积0.55平方千米。123户，478人，民族多为汉族。

清朝末年，段姓、王姓在此占产立庄，故而得名。新中国成立初期属东方红二社。1958年属权集公社。1980年属朱寨区季庄小乡。1990年属权集乡。2008年归玄庙镇朱庄村村民委员会至今。

范庄

范庄（Fànzhuāng） 在砀山县北部，属玄庙镇大寨村民委员会管辖。距砀山县人民政府驻地17.59千米。占地面积1平方千米。231户，890人，民族多为汉族。

民国时期，姓范的人家在此立村，故而得名。新中国成立初期属山东省单县，后划归安徽省砀山县。1958年属大寨公社。1980年属玄庙小乡。2006年合村，属玄庙镇大寨村至今。

郭曹庄

郭曹庄（Guōcáozhuāng） 在砀山县北部，属玄庙镇朱庄村民委员会管辖。距砀山县人民政府驻地9.9千米。占地面积2.3平方千米。380户，1360人，民族多为汉族。

清朝时期，山西大移民时，郭姓、曹姓来此占产立庄，故而得名郭曹庄。新中国成立初期属河北老三区。1958年属权集公社。1980年属朱寨区季庄乡。1990年属权集乡。2008年撤乡置镇，归玄庙镇朱庄村村民委员会至今。

韩刘庄

韩刘庄（Hánliúzhuāng） 在砀山县北部，属玄庙镇红星村民委员会管辖。距砀山县人民政府驻地18.5千米。占地面积0.42平方千米。136户，503人，民族多为汉族。

明代，韩姓、刘姓从山西省洪洞县迁到此处立庄，故而得此庄名。新中国成立初期属山东省单县六区。1951年划为安徽省砀山县大寨区。1958年属周寨人民公社。1980年属玄庙区西刘乡。1988年属玄庙镇陈庄大队，现改属玄庙镇红星村民委员会。

红星后队

红星后队（Hóngxīnghòuduì） 在砀山县北部，属玄庙镇红星村民委员会管辖。距砀山县人民政府驻地19.3千米。占地面积0.75平方千米。205户，802人，民族多为汉族。

清朝初期，有一名叫红星的人在此占产立庄，开了三个店，故而得名红星店；后随时代变迁，村后部分即称作红星后队。新中国成立初期属山东省单县六区。1951年划为安徽省砀山县大寨区。1958年属周寨人民公社。1980年属玄庙区西刘乡。1988年属玄庙镇陈庄大队，现属玄庙镇红星村民委员会。

红星前队

红星前队（Hóngxīngqiánduì） 在砀山县北部，属玄庙镇红星村民委员会管辖。距砀山县人民政府驻地19.2千米。占地面积0.76平方千米。218户，809人，民族多为汉族。

清朝初期，有一名叫红星的人在此占产立庄，开了三个店，故而得名红星店；后随时代变迁，村前部分即称作红星前队。新中国成立初期属山东省单县六区。1951年划为安徽省砀山县大寨区。1958年属周寨人民公社。1980年属玄庙区西刘乡。1988年属玄庙镇陈庄大队，现属玄庙镇红星村民委员会。

后套

后套（Hòutào） 在砀山县北部，属玄庙镇红星村民委员会管辖。距砀山县人民政府驻地18.7千米。占地面积0.25平方千米。65户，256人，民族多为汉族。

清代，此地因黄河泛滥常被洪水淹没，属河套，分前套与后套，故而得名。新中国成立初期属山东省单县六区。1951年划为安徽省砀山县大寨区。1958年属周寨人民公社。1980年属玄庙区西刘乡。1988年属玄庙镇陈庄大队，现属玄庙镇红星村民委员会。

后王庄

后王庄（Hòuwángzhuāng） 在砀山县北部，属玄庙镇大寨村民委员会管辖。距砀山县人民政府驻地16.8千米。占地面积0.46平方千米。99户，380人，民族多为汉族。

以前，姓王的人家较多，王家两个小庄合并为前、后王庄，故而得名。新中国成立初期属山东省单县六区，后属安徽省砀山县大寨公社。1980年属西刘乡。1988年撤乡置镇，属玄庙镇。2006年合村，属玄庙镇大寨村至今。

胡杨庄

胡杨庄（Húyángzhuāng） 在砀山县北部，属玄庙镇红星村民委员会管辖。距砀山县人民政府驻地18.7千米。占地面积0.32平方千米。96户，386人，民族多为汉族。

1935年，李庄东头是个小集，叫杨庄集；西头是大寨子，原属董家所有，后来卖给了大户胡家，至此两头合并，故而得名胡杨庄。新中国成立初期属山东省单县六区。1951年划为安徽省砀山县大寨区。1958年属周寨人民公社。1980年属玄庙区西刘乡。1988年属玄庙镇陈庄大队，现属玄庙镇红星村民委员会。

季庄

季庄（Jìzhuāng） 在砀山县北部，属玄庙镇朱庄村民委员会管辖。距砀山县人民政府驻地9.4千米。占地面积1.6平方千米。218户，837人，民族多为汉族。

清康熙五十年（1711年），季姓在此占产立庄，故而得名季庄。新中国成立初期属东方红二社。1958年属权集公社。1980年属朱寨区季庄乡。1990年属权集乡。2008年撤乡置镇，归玄庙镇朱庄村村民委员会至今。

贾庄

贾庄（Jiǎzhuāng） 在砀山县北部，属玄庙镇红星村民委员会管辖。距砀山县人民政府驻地16.2千米。占地面积0.48平方千米。151户，560人，民族多为汉族。

明代，贾氏家族兄弟二人从山东迁到此处安家居住，以姓取村名为贾庄。新中国成立初期属山东省单县六区。1951年划为安徽省砀山县大寨区。1958年属周寨人民公社。1980年属玄庙区西刘乡。1988年属玄庙镇陈庄大队，现属玄庙镇红星村民委员会。

姜庵

姜庵（Jiāng' ān） 在砀山县北部，属玄庙镇红星村民委员会管辖。距砀山县人民政府驻地18.6千米。占地面积0.85平方千米。250户，903人，民族多为汉族。

清代，有一姜姓人家在此搭建茅草庵居住，故而得名。新中国成立初期属山东单县六区。1951年划为安徽省砀山县大寨区。1958年属周寨人民公社。1980年属玄庙区西刘乡。1988年属玄庙镇陈庄大队，现改为玄庙镇红星村民委员会。

蒋新庄

蒋新庄（Jiǎngxīnzhuāng） 在砀山县北部，属玄庙镇红星村民委员会管辖。距砀山县人民政府驻地 19.5 千米。占地面积 0.22 平方千米。65 户，240 人，民族多为汉族。

民国时期，姓蒋大户在此占产立新庄，故而得名蒋新庄。新中国成立初期属山东省单县六区。1951 年划为安徽省砀山县大寨区。1958 年为周寨人民公社。1980 年属玄庙区西刘乡。1988 年属玄庙镇陈庄大队，现属玄庙镇红星村民委员会。

老集

老集（Lǎojí） 在砀山县北部，属玄庙镇大寨村民委员会管辖。距砀山县人民政府驻地 15.2 千米。占地面积 0.45 平方千米。118 户，430 人，民族多为汉族。

新中国成立初期，因当时许多人在此做生意，成立集市做买卖，故此得名。新中国成立初期属山东省单县，后划归安徽省砀山县。1958 年属大寨公社。1980 年属大寨区西刘乡。2006 年合村，属玄庙镇大寨村至今。

刘庄

刘庄（Liúzhuāng） 在砀山县北部，属玄庙镇大寨村民委员会管辖。距砀山县人民政府驻地 15.7 千米。占地面积 1.01 平方千米。213 户，801 人，民族多为汉族。

民国时期，姓刘的人在此占产立庄，故而得名。新中国成立初期属山东省单县六区，后划归安徽省砀山县大寨区。1980 年属西刘乡。1988 年属玄庙镇。2006 年合村，属玄庙镇大寨村至今。

孟庄

孟庄（Mèngzhuāng） 在砀山县北部，属玄庙镇红星村民委员会管辖。距砀山县人民政府驻地 19.6 千米。占地面积 0.38 平方千米。120 户，405 人，民族多为汉族。

民国时期，孟姓在此占产立庄，故而得名。新中国成立初期属山东省单县六区。1951 年划为安徽省砀山县大寨区。1958 年属周寨人民公社。1980 年属玄庙区西刘乡。1988 年属玄庙镇陈庄大队，现属玄庙镇红星村民委员会。

前王庄

前王庄（Qiánwángzhuāng） 在砀山县北部，属玄庙镇大寨村民委员会管辖。距砀山县人民政府驻地 15.5 千米。占地面积 0.47 平方千米。126 户，430 人，民族多为汉族。

明代时期，王氏在此占产立庄，因区别于后王庄，故而得名。新中国成立初期属山东单县六区，后划归安徽省砀山县。1958 年属大寨公社。1980 年属西刘乡。1988 年属玄庙镇。2006 年合村，属玄庙镇大寨村前王庄至今。

荣庄

荣庄（Róngzhuāng） 在砀山县北部，属玄庙镇红星村民委员会管辖。距砀山县人民政府驻地 17.2 千米。占地面积 0.31 平方千米。82 户，320 人，民族多为汉族。

清代时期，荣姓在此占产立庄，故而取得此名。新中国成立初期属山东省单县六区。1951 年划为安徽省砀山县大寨区。1958 年属周寨人民公社。1980 年属玄庙区西刘乡。1988 年属玄庙镇陈庄大队，现属玄庙镇红星村民委员会。

孙白楼

孙白楼（Sūnbáilóu） 在砀山县北部，属玄庙镇大寨村民委员会管辖。距砀山县人民政府驻地 15.8 千米。占地面积 0.87 平方千米。240 户，902 人，民族多为汉族。

明代时期，白姓在此占产立庄建楼，后因白家无人，归孙家，故而得名孙白楼。新中国成立初期属山东省湖西专区，后划归安徽省砀山县。1958 年属大寨公社。1980 年属大寨区西刘乡。1986 年归玄庙镇政府，属大寨村民委员会至今。

炭场

炭场（Tànchǎng） 在砀山县北部，属玄庙镇朱庄村民委员会管辖。距砀山县人民政府驻地 8.1 千米。占地面积 0.41 平方千米。84 户，290 人，民族多为汉族。

明朝时期，黄河流经此地，当时此处是码头，运煤船只在此卸煤卸货，故称炭场。新中国成立初期属王古楼乡。1958 年属中心乡陇海人民公社。1980 年属权集乡。2007 年撤乡置镇，归玄庙镇朱庄村村民委员会至今。

汪庄

汪庄（Wāngzhuāng） 在砀山县北部，属玄庙镇红星村民委员会管辖。距砀山县人民政府驻地 17.7 千米。占地面积 0.35 平方千米。91 户，360 人，民族多为汉族。

新中国成立前，该处土地大多为汪氏所有，故而起名汪庄。新中国成立初期属山东省单县六区。1951 年划为安徽省砀山县大寨区。1958 年属周寨人民公社。1980 年属玄庙区西刘乡。1988 年属玄庙镇陈庄大队，现属玄庙镇红星村民委员会。

王庄

王庄（Wángzhuāng） 在砀山县北部，属玄庙镇朱庄村民委员会管辖。距砀山县人民政府驻地 8.9 千米。占地面积 0.84 平方千米。189 户，750 人，民族多为汉族。

清康熙五十年，王姓在此占产立庄，故而得名王庄。新中国成立初期属东方红二社。1958 年属权集公社。1980 年属朱寨区季庄乡。1990 年属权集乡。2008 年撤乡置镇，归玄庙镇朱庄村村民委员会至今。

西吴楼

西吴楼（Xīwúlóu） 在砀山县北部，属玄庙镇红星村民委员会管辖。距砀山县人民政府驻地 19.6 千米。占地面积 0.27 平方千米。85 户，290 人，民族多为汉族。

新中国成立前，有吴姓兄弟二人在此占产立村，建楼，后来兄弟俩分家，分为东、西吴楼，因该村居西，故而得名。新中国成立初期属山东省单县六区。1951 年划为安徽省砀山县，属大寨区。1958 年属周寨人民公社。1980 年属玄庙区西刘乡。1988 年属玄庙镇陈庄大队。2007 年属玄庙镇红星村至今。

小蒋集

小蒋集（Xiǎojiǎngjí） 在砀山县北部，属玄庙镇大寨村民委员会管辖。距砀山县人民政府驻地 14.6 千米。占地面积 0.45 平方千米。95 户，370 人，民族多为汉族。

新中国成立初期，蒋氏从北蒋楼迁到此地，成立集市，故而得名。新中国成立初期属山东省单县，后划归安徽省砀山县。1958 年属大寨公社。1984 年属玄庙乡。2006 年合村，属玄庙镇大寨村至今。

新庄

新庄（Xīnzhuāng） 在砀山县北部，属玄庙镇大寨村民委员会管辖。距砀山县人民政府驻地 15.4 千米。占地面积 0.45 平方千米。138 户，470 人，民族多为汉族。

新中国成立初期，姓新的人在此占产立村，故而得名。新中国成立初期属山东省单县，后划归安徽省砀山县。1958 年属大寨公社。1980年属西刘乡。2006年撤乡置镇，属玄庙镇大寨村至今。

张集

张集（Zhāngjí） 在砀山县北部，属玄庙镇大寨村民委员会管辖。距砀山县人民政府驻地19.44千米。占地面积1.2平方千米。260户，1102人，民族多为汉族。

明代时期，张氏人在此占产立庄，成立集市，故而得名。新中国成立初期属山东省单县，后划归安徽省砀山县。1956年属玄庙乡范庄联村。1958年属大寨人民公社。2006年合村，属玄庙镇大寨村张集至今。

周庵

周庵（Zhōu' ān） 在砀山县北部，属玄庙镇朱庄村民委员会管辖。距砀山县人民政府驻地9.36千米。占地面积0.95平方千米。218户，823人，民族多为汉族。

清朝中期，一周姓人家迁到此处，建一座茅草庵，故而后来人们就叫此庄为周庵。新中国成立初期属东方红二社。1958年属权集公社。1980年属朱寨区季庄乡。1990年属权集乡。2008年撤乡置镇，归玄庙镇朱庄村村民委员会至今。

朱庄

朱庄（Zhūzhuāng） 在砀山县北部，属玄庙镇朱庄村民委员会管辖。距砀山县人民政府驻地8.8千米。占地面积1.58平方千米。356户，1320人，民族多为汉族。

清康熙五十年，朱姓在此占产立庄，故而起名为朱庄。新中国成立初期属东方红公社。1958年属权集公社。1980年属朱寨区季庄乡。1990年属权集乡。2008年撤乡置镇，归玄庙镇朱庄村村民委员会至今。

大王庄

大王庄（Dàiwángzhuāng） 在砀山县北部，属玄庙镇和平新村村民委员会管辖。距砀山县人民政府驻地13.99千米。占地面积0.76平方千米。187户，715人，民族多为汉族。

清朝末期，王姓在此占多数，因当时村大人多，故而取名为大王庄。新中国成立初期属大寨区。1958年属大寨公社。1980年属郭楼乡。2007年合村后，属玄庙镇和平新村至今。

东侯集

东侯集（Dōnghóují） 在砀山县北部，属玄庙镇和平新村村民委员会管辖。距砀山县人民政府驻地13.58千米。占地面积0.25平方千米。61户，212人，民族多为汉族。

此地原名老庙，后因侯姓人口多，设集市，居西侯集东边，故名为东侯集。新中国成立初期属大寨区。1958年属大寨公社。1980年属郭楼乡。1988年属玄庙镇大王庄村民委员会。 2007年合村后，属玄庙镇和平新村至今。

东徐庄

东徐庄（Dōngxúzhuāng） 在砀山县北部，属玄庙镇和平新村村民委员会管辖。距砀山县人民政府驻地14.78千米。占地面积0.9平方千米。198户，750人，民族多为汉族。

清朝末期，徐氏家族在此占产立村，为有别于西边的徐庄，故名为东徐庄。新中国成立初期属江苏省华山县。1954年属安徽省砀山县大寨区。1958年属大寨公社。1980年划属郭楼乡。1988年属玄庙镇五爱村。2007年合村后，属玄庙镇和平新村至今。

郭口

郭口（Guōkǒu） 在砀山县北部，属玄庙镇和平新村村民委员会管辖。距砀山县人民政府驻地 12.59 千米。占地面积 0.34 平方千米。85 户，312 人，民族多为汉族。

清朝末期，郭姓从河南迁移至此，因地处岔路口，故而得名郭口。新中国成立初期属大寨区。1958 年属大寨公社。1980 年属郭楼乡。1988 年划归玄庙镇大王庄村民委员会。2007 年合村后，属玄庙镇和平新村至今。

郭刘庄

郭刘庄（Guōliúzhuāng） 在砀山县北部，属和平新村村民委员会管辖。距砀山县人民政府驻地 13.48 千米。占地面积 0.14 平方千米。31 户，108 人，民族多为汉族。

晚清时期，在徐庄居住的刘姓迁入郭庄，和郭家同住，因而取名郭刘庄。新中国成立初期属大寨区。1958 年属大寨公社。1980 年划归郭楼乡。1988 年属玄庙镇五爱村。2007 年划归和平新村至今。

郭新庄

郭新庄（Guōxīnzhuāng） 在砀山县北部，属玄庙镇和平新村村民委员会管辖。距砀山县人民政府驻地 13.73 千米。占地面积 0.53 平方千米。125 户，453 人，民族多为汉族。

清朝末期，郭姓在此占产立新庄，故而起名郭新庄。新中国成立初期属大寨区。1958 年属大寨公社。1980 年属郭楼乡。1988 年属玄庙镇五爱村民委员会。2007 年合村后，属玄庙镇和平新村至今。

老侯庄

老侯庄（Lǎohóuzhuāng） 在砀山县北部，属玄庙镇和平新村村民委员会管辖。距砀山县人民政府驻地 13.81 千米。占地面积 0.35 平方千米。101 户，325 人，民族多为汉族。

清朝末期，侯姓在此占产立庄，后来分出不少新庄，故此地名为老侯庄。新中国成立初期属大寨区。1958 年属大寨公社。1980 年属郭楼乡。1988 年属玄庙镇五爱村。2007 年合村后，属玄庙镇和平新村至今。

刘庄

刘庄（Liúzhuāng） 在砀山县北部，属玄庙镇和平新村村民委员会管辖。距砀山县人民政府驻地 13.51 千米。占地面积 0.33 平方千米。88 户，312 人，民族多为汉族。

清朝末年，刘姓从山东迁移此地立庄，取名刘庄。新中国成立初期属大寨区。1958 年属大寨公社。1980 年属郭楼乡。1988 年属玄庙镇大王庄村村民委员会。2007 年合村后，属玄庙镇和平新村至今。

前侯集

前侯集（Qiánhóují） 在砀山县北部，属玄庙镇和平新村村民委员会管辖。距砀山县人民政府驻地 12.98 千米。占地面积 0.3 平方千米。77 户，280 人，民族多为汉族。

民国期间，侯姓在此占产立庄，因东有东侯集，西有西侯集，因而起名为前侯集。新中国成立初期属大寨区。1958 年属大寨公社。1980 年属郭楼乡。1988 年属玄庙镇五爱村民委员会。2007 年合村后，属玄庙镇和平新村至今。

孙庄

孙庄（Sūnzhuāng） 在砀山县北部，属玄庙镇和平新村村民委员会管辖。距砀山县人民政府驻地 13.26 千米。占地面积 0.58 平方千米。175 户，650 人，民族多为汉族。

明末，孙姓在此占地建庄，故而取名孙庄。新中国成立初期属江苏省华山县，后划为安徽省砀山县河北乡。1958 年属大寨公社。1980 年属郭楼乡。1988 年属玄庙镇五爱村民委员会。2007 年合村后，属玄庙镇和平新村至今。

西侯集

西侯集（Xīhóují） 在砀山县北部，属玄庙镇和平新村村民委员会管辖。距砀山县人民政府驻地 13.15 千米。占地面积 0.72 平方千米。182 户，712 人，民族多为汉族。

以前，因侯姓人口多，建有集市，分为东、西两个村庄，东边为东侯集，西边为西侯集。新中国成立初期属大寨区。1958 年属大寨公社。1980 年属郭楼乡。1988 年属玄庙镇五爱村委会。2007 年村庄合并后属和平新村。

小王庄

小王庄（Xiǎowángzhuāng） 在砀山县北部，属玄庙镇和平新村村民委员会管辖。距砀山县人民政府驻地 13.33 千米。占地面积 0.27 平方千米。73 户，246 人，民族多为汉族。

新中国成立初期，王姓从江苏季庄迁来占产立庄，因人少村小，故而取名小王庄。新中国成立初期属大寨区。1958 年属大寨公社。1980 年属郭楼乡。2007 年合村，属玄庙镇和平新村至今。

新侯集

新侯集（Xīnhóují） 在砀山县北部，属玄庙镇和平新村村民委员会管辖。距砀山县人民政府驻地 13.69 千米。占地面积 0.24 平方千米。51 户，180 人，民族多为汉族。

从前，从老侯集分支建新宅子，故得名为新侯集。新中国成立初期属大寨区。1958 年属大寨公社。1980 年划归郭楼乡。1988 年属玄庙镇大王庄村。2007 年合村，属玄庙镇和平新村至今。

殷庄

殷庄（Yīnzhuāng） 在砀山县北部，属玄庙镇和平新村村民委员会管辖。距砀山县人民政府驻地 13.09 千米。占地面积 0.65 平方千米。156 户，560 人，民族多为汉族。

清朝末期，殷姓从山东省微山县迁来立庄，故而取名殷庄。新中国成立初期属大寨区。1958 年属大寨公社。1980 年属郭楼乡。1988 年属玄庙镇大王庄村。2007 年村级合并村后，属玄庙镇和平新村至今。

冯老家

冯老家（Fénglǎojiā） 在砀山县北部，属玄庙镇三联村村民委员会管辖。距砀山县人民政府驻地 8.97 千米。占地面积 1.32 平方千米。332 户，1240 人，民族多为汉族。

明代，冯姓在此占产立庄，人丁兴旺，后来有很多人外出务工，因此得名冯老家。1958 年属中心乡。1988 年属权集乡冯老家村。2006 年村级合并，属三联村。2007 年撤乡并镇，属玄庙镇三联村至今。

冯庄

冯庄（Féngzhuāng） 在砀山县北部，属玄庙镇三联村村民委员会管辖。距砀山县人民政府驻地 8.13 千米。占地面积 0.2 平方千米。59 户，210 人，民族多为汉族。

以前，有冯姓的人家在此开荒种地，故而得名冯庄。1958 年属中心乡。1988 年属权集乡。2006 年村级合并，属三联村。2007 年撤乡并镇，属玄庙镇三联村至今。

李洼

李洼（Lǐwā） 在砀山县北部，属玄庙镇三联村村民委员会管辖。距砀山县人民政府驻地 7.38 千米。占地面积 2.04 平方千米。510 户，1910 人，民族多为汉族。

由于此村靠近河洼，村中住户多数姓李，故而得名李洼。1958 年属中心乡。1988 年属权集乡。2006 年村级合并，属三联村。

2007年撤乡并镇，属玄庙镇三联村至今。

刘庄

刘庄（Liúzhuāng） 在砀山县北部，属玄庙镇三联村村民委员会管辖。距砀山县人民政府驻地9.16千米。占地面积0.19平方千米。52户，189人，民族多为汉族。

明末清初，有姓刘的商贩经过此地，后来留在此处做生意，故而得名刘庄。1958年属中心乡。1988年属权集乡。2006年村级合并，属三联村。2007年撤乡并镇，属玄庙镇三联村至今。

杨庄

杨庄（Yángzhuāng） 在砀山县北部，属玄庙镇三联村村民委员会管辖。距砀山县人民政府驻地8.48千米。占地面积0.2平方千米。53户，184人，民族多为汉族。

民国时期，一大批姓杨的人来到此处，占产立庄，故得名杨庄。1958年属中心乡。1988年属权集乡。2006年村级合并，属三联村。2007年撤乡并镇，属玄庙镇三联村至今。

坝村

坝村（Bàcūn） 在砀山县北部，属玄庙镇古黄新村村民委员会管辖。距砀山县人民政府驻地9.9千米。占地面积0.74平方千米。240户，802人，民族多为汉族。

民国时期，人少村小，庄东南有坝子，故而取名为坝村。新中国成立前归老三区。1958年属权集公社。1980年属朱寨区。1988年属权集乡穆李庄。2007年村庄合并后，属古黄新村村委会至今。

仇屯

仇屯（Qiútún） 在砀山县北部，属玄庙镇果园新村村民委员会管辖。距砀山县人民政府驻地12.31千米。占地面积0.5平方千米。70户，301人，民族多为汉族。

以前，仇姓在此占产立庄，后改成了屯地户，故名仇屯。新中国成立初期属大寨区贾庄大队，后归大徐庄大队管理。1984年归史新庄管理。2007年村庄合并后，属玄庙镇果园新村村民委员会至今。

大郭庄

大郭庄（Dàguōzhuāng） 在砀山县北部，属玄庙镇古黄新村村民委员会管辖。距砀山县人民政府驻地11.17千米。占地面积1.45平方千米。461户，1780人，民族多为汉族。

从前，郭氏家族人多，在此占产立村，取名为大郭庄。新中国成立前归老三区。1948年属条河乡。1958年属权集公社。1981年属朱寨区。1988年属权集乡。2007年村庄合并后，属古黄新村村委会至今。

大李庄

大李庄（Dàlǐzhuāng） 在砀山县北部，属玄庙镇朱寨村村民委员会管辖。距砀山县人民政府驻地6.7千米。占地面积2.03平方千米。415户，1538人，民族多为汉族。

宋朝年间，李姓族人在此占产立村，因村子占地广，故叫大李庄。1958年成立大李庄大队，属权集人民公社。1984年撤社立乡，属权集乡。2007年撤乡并镇，属玄庙镇朱寨村至今。

大徐庄

大徐庄（Dàxúzhuāng） 在砀山县北部，属玄庙镇果园新村村民委员会管辖。距砀山县人民政府驻地12.56千米。占地面积3.35平方千米。722户，2750人，民族多为汉族。

以前，徐姓在此占产立村，因当时姓徐的人多庄大，故叫大徐庄。1958年属大寨公社。1980年属郭楼乡。2007年撤乡置镇，属玄庙镇果园新村村民委员会至今。

丁庄

丁庄（Dīngzhuāng） 在砀山县北部，属玄庙镇古黄新村村民委员会管辖。距砀山县人民政府驻地10.43千米。占地面积0.33平方千米。110户，430人，民族多为汉族。

民国时期，丁姓家族在此占产立村，故取名丁庄。新中国成立前归老三区。1948年属条河乡。1958年属权集公社。1981年属朱寨区。1988年撤区并乡，属权集乡穆李庄。2007年村庄合并后，属古黄新村村委会至今。

董庄

董庄（Dǒngzhuāng） 在砀山县北部，属玄庙镇罗寨村民委员会管辖。距砀山县人民政府驻地12.17千米。占地面积0.4平方千米。98户，375人，民族多为汉族。

以前，董姓人家在此占产立庄，故而得名董庄。1958年属大寨公社。1980年属郭楼乡。2006年村级合并，属罗寨村。2007年撤乡并镇，属玄庙镇罗寨村委会至今。

郭楼

郭楼（Guōlóu） 在砀山县北部，属玄庙镇罗寨村民委员会管辖。距砀山县人民政府驻地13.33千米。占地面积1.29平方千米。340户，1270人，民族多为汉族。

民国时期，有郭姓人家在此占产立村，因建有楼房，故而得名郭楼。1958年属大寨公社。1980年属郭楼乡。2006年村级合并，属罗寨村。2007年撤乡并镇，属玄庙镇罗寨村委会至今。

贾楼

贾楼（Jiǎlóu） 在砀山县北部，属玄庙镇马良民族村村民委员会管辖。距砀山县人民政府驻地19.61千米。占地面积0.32平方千米。68户，240人，民族多为汉族。

明代，贾姓在此占产立庄建楼，故而得名贾楼。新中国成立前属山东省湖西专区贾楼乡。1953年划为安徽省砀山县。1958年属周寨人民公社。1961年属玄庙公社。1980年划为马良乡。1988年属玄庙镇马良民族村村民委员会。

贾屯

贾屯（Jiǎtún） 在砀山县北部，属玄庙镇古黄新村村民委员会管辖。距砀山县人民政府驻地10.91千米。占地面积0.68平方千米。180户，702人，民族多为汉族。

民国时期，此地原名孙家场子，因姓贾人多，在此屯田，后改名为贾屯。新中国成立前归老三区。1948年属条河乡。1958年属权集公社。1981年属朱寨区。1988年属权集乡大郭庄。2007年村庄合并后，属古黄新村村委会至今。

贾庄

贾庄（Jiǎzhuāng） 在砀山县北部，属玄庙镇果园新村村民委员会管辖。距砀山县人民政府驻地14.28千米。占地面积2.01平方千米。348户，1321人，民族多为汉族。

很早以前，贾姓在此占地立村，故叫贾庄。在新中国成立初期，为贾庄大队，属玄庙乡。1961年为贾庄村，属大寨公社。2007年撤乡置镇，属玄庙镇果园新村村民委员会至今。

蒋楼

蒋楼（Jiǎnglóu） 在砀山县北部，属玄庙镇马良民族村村民委员会管辖。距砀山县人民政府驻地18.77千米。占地面积1.03平方千米。211户，805人，民族多为汉族。

清朝时，就有蒋姓在此立庄建楼，名为蒋楼。新中国成立初期属六区。1956年属大寨公社汪庄大队。1988年属玄庙镇马良乡蒋楼村。2007年属玄庙镇马良民族村村民委员会至今。

蒋庄

蒋庄（Jiǎngzhuāng） 在砀山县北部，属玄庙镇罗寨村民委员会管辖。距砀山县人民政府驻地14.27千米。占地面积0.91平方千米。213户，825人，民族多为汉族。

以前，蒋姓的乡绅在此占产立庄，故而得名蒋庄。1958年属大寨公社。1980年属郭楼乡。2006年村级合并，属罗寨村。2007年撤乡并镇，属玄庙镇罗寨村委会至今。

梁庄

梁庄（Liángzhuāng） 在砀山县北部，属玄庙镇马良民族村村民委员会管辖。距砀山县人民政府驻地18.69千米。占地面积0.35平方千米。62户，230人，民族多为汉族。

清朝时期，梁姓在此立庄，故为梁庄。新中国成立初期属第六区。1956年属大寨公社汪庄大队。1983年属玄庙镇马良乡蒋楼村民委员会。2007年村级合并，属玄庙镇马良村至今。

刘庄

刘庄（Liúzhuāng） 在砀山县北部，属玄庙镇马良民族村村民委员会管辖。距砀山县人民政府驻地19.85千米。占地面积0.25平方千米。48户，183人，民族多为汉族。

清代时期，刘姓从薛楼迁出，在此立庄，故而得名刘庄。新中国成立前属山东省湖西地区薛楼管辖。1953年划为安徽省砀山县交通社。1958年属周寨公社玄庙管区。1961年属玄庙公社。1980年划归马良乡。1988年撤乡并镇，属玄庙镇马良村至今。

刘庄

刘庄（Liúzhuāng） 在砀山县北部，属玄庙镇古黄新村村民委员会管辖。距砀山县人民政府驻地11.35千米。占地面积0.33平方千米。112户，430人，民族多为汉族。

民国时期，刘氏家族在此占产立村，故而得名刘庄。新中国成立前归老三区。1948年属条河乡。1958年属权集公社。1981年属朱寨区。1988年属权集乡大郭庄。2007年村庄合并后，属古黄新村村委会至今。

罗寨

罗寨（Luózhài） 在砀山县北部，属玄庙镇罗寨村民委员会管辖。距砀山县人民政府驻地14.27千米。占地面积1.2平方千米。271户，1080人，民族多为汉族。

明代时期，罗姓族人在此建产立庄，人丁兴旺，修建寨子，因此得名罗寨村。1958年属大寨公社。1980年属郭楼乡。2007年撤乡并镇，属玄庙镇罗寨村委会至今。

马良民族村

马良民族村（Mǎliángmínzúcūn） 在砀山县北部，属玄庙镇马良民族村村民委员会管辖。距砀山县人民政府驻地20.97千米。占地面积3.35平方千米。843户，3217人，有回族、汉族。

从前，有一个叫马良的人在此居住，他带领乡人在此建集市，所以叫马良集。马良集是一个古老集镇，新中国成立前属山东省湖西地区管辖。1953年划为安徽省砀山县交通社。1958年属周寨人民公社。1961年属玄庙公社。1980年划归马良乡。1988年撤乡并镇，属马良民族村至今。

孟庄

孟庄（Mèngzhuāng） 在砀山县北部，属玄庙镇罗寨村民委员会管辖。距砀山县人民政府驻地14.33千米。占地面积0.25平方千米。70户，246人，民族多为汉族。

据查阅资料得知，该村是孟子后代的分支，明末由山东省邹县搬迁到此占产立庄，故名。1958年属大寨公社。1980年属郭楼乡。2007年撤乡并镇，属玄庙镇罗寨村委会至今。

穆李庄

穆李庄（Mùlǐzhuāng） 在砀山县北部，属玄庙镇古黄新村村民委员会管辖。距砀山县人民政府驻地11.63千米。占地面积1.16平方千米。401户，1302人，民族多为汉族。

从前，穆、李两姓在此占产立村，故而名为穆李庄。新中国成立前归老三区。1948年属条河乡。1958年属权集公社。1981年属朱寨区。1988年属权集乡。2007年村庄合并，属古黄新村村委会至今。

史新庄

史新庄（Shǐxīnzhuāng） 在玄庙镇砀山县北部，属果园新村村民委员会管辖。距砀山县人民政府驻地12.59千米。占地面积5.85平方千米。1323户，5206人，民族多为汉族。

新中国成立前，爱国人士史廷洋在此立庄居住，故名史新庄。1958年属大寨公社。1980年属郭楼乡。1988年属玄庙乡。1996年与大徐合并，取名大徐村。2007年属玄庙镇果园新村村民委员会至今。

新庄

新庄（Xīnzhuāng） 在砀山县北部，属玄庙镇罗寨村民委员会管辖。距砀山县人民政府驻地12.26千米。占地面积0.2平方千米。53户，183人，民族多为汉族。

新中国成立初期，其他村落的人搬迁到此居住，故而称作新庄。1958年属大寨公社。1980年属郭楼乡。2007年撤乡并镇，属玄庙镇罗寨村委会至今。

张庄

张庄（Zhāngzhuāng） 在砀山县北部，属玄庙镇马良村民委员会管辖。距砀山县人民政府驻地19.35千米。占地面积0.25平方千米。54户，190人，民族多为汉族。

清代，张姓在此占产立庄，故而取名为张庄。新中国成立初期属山东省湖西地区贾楼乡。1953年划为安徽省砀山县交通社。1958年属周寨人民公社。1961年区改属玄庙公社。1980年划归马良乡。1988年撤乡并镇，属玄庙镇马良村至今。

暗楼

暗楼（Ànlóu） 在砀山县北部，属玄庙镇吴寨村民委员会管辖。距砀山县人民政府驻地16.66千米。占地面积0.2平方千米。57户，190人，民族多为汉族。

清代末年，此处有一乡绅建地下室，上面建楼房，故而得名。新中国成立前归大寨六区。1953年属大寨区。1958年属大寨公社。1988年属玄庙镇。2007年村级合并后，属吴寨村至今。

八大家

八大家（Bādàjiā） 在砀山县北部，属玄庙镇玄庙村民委员会管辖。距砀山县人民政府驻地15.1千米。占地面积0.58平方千米。161户，620人，民族多为汉族。

清朝末年，在此住着齐、惠、胡、郭、廉、陈六家，后来在庄西北角又住进一家姓高的；庄中间又建一个庙，王老爷算一门，故而叫八大家。1958年属大寨公社。2007年村合并后，属玄庙镇玄庙村至今。

白楼

白楼（Báilóu） 在砀山县北部，属玄庙镇梨花村民委员会管辖。距砀山县人民政府驻地17.28千米。占地面积1.01平方千米。235户，864人，民族多为汉族。

明代时期，一户姓李的人家在此占产立庄，建一座楼，白灰粉墙，故而得名白楼。新中国成立初期属山东湖西区，后划归安徽省砀山县。1958年属大寨公社。1980年撤社设乡，属西刘乡。1988年属玄庙镇白楼大队，现属梨花村民委员会。

菜园

菜园（Càiyuán） 在砀山县北部，属玄庙镇玄庙村民委员会管辖。距砀山县人民政府驻地15.49千米。占地面积0.25平方千米。80户，302人，民族多为汉族。

光绪年间，此处住着一户人家，专给官府种菜，菜园由此得名。1952年归山东省湖西区，后划归安徽省砀山县大寨区。1958年属大寨公社。1988年属玄庙镇。2007年村级合并后，归玄庙镇玄庙村至今。

陈庞庄

陈庞庄（Chénpángzhuāng） 在砀山县北部，属玄庙镇吴寨村民委员会管辖。距砀山县人民政府驻地14.68千米。占地面积0.54平方千米。160户，602人，民族多为汉族。

明代，陈姓、庞姓在此占产立庄，故而得名。新中国成立前归大寨六区。1953年属大寨区。1958年属大寨公社。1980年属大寨区西刘乡。1988年属玄庙镇董庄村。2007年村级合并后，属吴寨村至今。

陈寨

陈寨（Chénzhài） 在砀山县北部，属玄庙镇梨花村村民委员会管辖。距砀山县人民政府驻地18.17千米。占地面积0.54平方千米。130户，503人，民族多为汉族。

元朝，陈姓从山西迁移到此建寨，故名陈寨。新中国成立初期属山东湖西区，后划归安徽省砀山县。1958年属大寨公社。1980年撤社设乡，属西刘乡。1988年属玄庙镇梨花村民委员会。

陈庄

陈庄（Chénzhuāng） 在砀山县北部，属玄庙镇吴寨村民委员会管辖。距砀山县人民政府驻地15.36千米。占地面积0.18平方千米。65户，202人，民族多为汉族。

明代，陈姓在此占产立庄，故而得名。新中国成立前归大寨六区。1953年属大寨区。1958年属大寨公社。1980年属大寨区西刘乡。1988年属玄庙镇董庄村。2007年村级合并后，属吴寨村至今。

仇屯

仇屯（Qiútún） 在砀山县北部，属玄庙镇王集村民委员会管辖。距砀山县人民政府驻地8.81千米。占地面积0.47平方千米。72户，278人，民族多为汉族。

以前，仇姓在此地屯田立庄，故而得名仇屯。以前归权集公社范寨乡管理，后撤乡并区，先后归朱寨区、权集乡。2006年合并乡镇后，归玄庙镇王集村委会至今。

单庄

单庄（Shànzhuāng） 在砀山县北部，属玄庙镇吴寨村民委员会管辖。距砀山县人民政府驻地15.32千米。占地面积0.87平方千米。230户，911人，民族多为汉族。

明代，单姓在此占产立庄，故而得名。新中国成立前归大寨六区管辖。1953年属大寨区。1958年属大寨公社。1980年属大寨区西刘乡。1988年属玄庙镇董庄村。2007年村级合并后，属吴寨村至今。

迭路

迭路（Diélù） 在砀山县北部，属玄庙镇吴寨村民委员会管辖。距砀山县人民政府驻地 16.87 千米。占地面积 0.24 平方千米。65 户，250 人，民族多为汉族。

清代时期，前蒋、东蒋有十字路，迭路故而得名。新中国成立前归大寨六区管辖。1953 年属大寨区。1958 年属大寨公社。1980 年属大寨区西刘乡。1988 年属玄庙镇。2007 年村级合并后，属吴寨村至今。

东蒋

东蒋（Dōngjiǎng） 在砀山县北部，属玄庙镇吴寨村民委员会管辖。距砀山县人民政府驻地 16.7 千米。占地面积 0.35 平方千米。108 户，380 人，民族多为汉族。

明代时期，蒋姓在此占产立庄，因人口多，分东蒋和西蒋。新中国成立前归大寨六区管辖。1953 年属大寨区。1958 年属大寨公社。1980 年属大寨区西刘乡。1988 年属玄庙镇。2007 年村级合并后，属吴寨村至今。

董庄

董庄（Dǒngzhuāng） 在砀山县北部，属玄庙镇吴寨村民委员会管辖。距砀山县人民政府驻地 15.83 千米。占地面积 0.13 平方千米。40 户，156 人，民族多为汉族。

清代时期，董姓在此占产立庄，故而得名。新中国成立前归大寨六区管辖。1953 年属大寨区。1958 年属大寨公社。1980 年属大寨区西刘乡。1988 年属玄庙镇。2007 年村级合并后，属吴寨村至今。

杜油坊

杜油坊（Dùyóufáng） 在砀山县北部，属玄庙镇梨花村村民委员会管辖。距砀山县人民政府驻地 18.63 千米。占地面积 0.32 平方千米。74 户，266 人，民族多为汉族。

以前，杜姓在此占产立庄，开设油坊，故而得名杜油坊。新中国成立初期属山东省单县湖西区，后归安徽省砀山县管辖。1961 年属权集人民公社。1980 年属权集乡。2007 年村级合并后，属玄庙镇梨花村至今。

黑楼

黑楼（Hēilóu） 在砀山县北部，属玄庙镇梨花村民委员会管辖。距砀山县人民政府驻地 17.56 千米。占地面积 1.15 平方千米。265 户，1137 人，民族多为汉族。

明代时期，一户姓陈的人家在此占产立村，建一座楼房，用青黑色的土和砖砌墙，故而得名。新中国成立初期属河北三寨。1958 年属大寨公社。1985 年属玄庙镇白楼大队，现属梨花村民委员会至今。

后王庄

后王庄（Hòuwángzhuāng） 在砀山县北部，属玄庙镇王集村民委员会管辖。距砀山县人民政府驻地 9.39 千米。占地面积 0.59 平方千米。85 户，325 人，民族多为汉族。

以前，王姓在此地占产立庄，因兄弟不和，一个住庄前，一个住庄后，住庄后的就叫后王庄。1958 年属中心乡。1968 年归权集公社。1980 年归朱寨区权集乡。2006 年合并乡镇后，归玄庙镇王集村委会至今。

后臧庄

后臧庄（Hòuzāngzhuāng） 在砀山县北部，属玄庙镇王集村民委员会管辖。距砀山县人民政府驻地 8.86 千米。占地面积 0.25 平方千米。52 户，171 人，民族多为汉族。

以前，臧姓在此占产立庄，兄弟两人一个住庄前，一个住庄后，住庄后的就叫后臧庄。1958 年属中心乡。1968 年归权集公社。1980 年归朱寨区权集乡。2006 年合并乡镇后，归玄庙镇王集村委会至今。

华楼

华楼（Huálóu） 在砀山县北部，属玄庙镇吴寨村民委员会管辖。距砀山县人民政府驻地17.01千米。占地面积0.45平方千米。136户，501人，民族多为汉族。

明代时期，华姓在此占产立村，建楼，故而得名。新中国成立初期属河北三寨。1958年属大寨公社。1979年属玄庙镇。2007年村级合并后，属吴寨村至今。

梨花村

梨花村（Líhuācūn） 在砀山县北部，属玄庙镇梨花村民委员会管辖。距砀山县人民政府驻地17.89千米。占地面积0.24平方千米。38户，155人，民族多为汉族。

1958年在此处种植砀山酥梨，由陈庄、汪庄、前园等村迁入一批村民在此居住，管理梨树，故取名梨花村。自建村以来就属砀山县管辖。1961年属大寨公社。1980年属西刘乡。2007年村级合并后，属玄庙镇梨花村委会至今。

李庄

李庄（Lǐzhuāng） 在砀山县北部，属玄庙镇王集村民委员会管辖。距砀山县人民政府驻地8.02千米。占地面积0.67平方千米。104户，403人，民族多为汉族。

据说，以前李姓在此占产立庄，因北靠黄河桥，又叫大桥李庄，简称李庄。1958年属中心乡。1968年归权集公社。1980年归朱寨区权集乡。2006年合并乡镇后，归玄庙镇王集村委会至今。

李庄

李庄（Lǐzhuāng） 在砀山县北部，属玄庙镇吴寨村民委员会管辖。距砀山县人民政府驻地16.65千米。占地面积0.18平方千米。56户，202人，民族多为汉族。

清代时期，李姓在此占产立庄，故而得名。新中国成立前归大寨六区。1953年属大寨区。1958年属大寨公社。1980年属西刘乡。1988年属玄庙镇。2007年村级合并后，属吴寨村至今。

刘王庄

刘王庄（Liúwángzhuāng） 在砀山县北部，属玄庙镇朱寨村民委员会管辖。距砀山县人民政府驻地7.33千米。占地面积0.13平方千米，31户，109人，民族多为汉族。

明朝洪武年间，从山西迁民在此落户的有刘、王两姓，故而取名刘王庄。1961年归许庄大队，属权集人民公社管辖。1980年属朱寨区许庄大队。1984年属权集乡许庄村。2007年撤乡并镇，属玄庙镇朱寨村至今。

梅庄

梅庄（Méizhuāng） 在砀山县北部，属玄庙镇吴寨村民委员会管辖。距砀山县人民政府驻地16.48千米。占地面积0.29平方千米，89户，356人，民族多为汉族。

明代，梅姓在此占产立庄，故而得名梅庄。新中国成立前归大寨六区。1953年属大寨区。1958年属大寨公社。1980年属西刘乡。1988年属玄庙镇。2007年村级合并后，属吴寨村至今。

庞林

庞林（Pánglín） 在砀山县北部，属玄庙镇梨花村民委员会管辖。距砀山县人民政府驻地18.16千米。占地面积0.82平方千米，211户，760人，民族多为汉族。

1404年，庞姓同赵、栾等姓来砀屯田造林，因庞姓居多，故称庞林。1907年邻庄韩六、羊尾庄并归庞林。新中国成立初期属湖西区，后归安徽省砀山，现属玄庙镇梨花村委会。

彭新庄

彭新庄（Péngxīnzhuāng） 在砀山县北部，属玄庙镇朱寨村民委员会管辖。距砀山县人民政府驻地6.95千米。占地面积0.52平方千米，141户，469人，民族多为汉族。

明朝洪武年间，彭姓一家从山西移民至此居住，仅此一家，又是新建的村庄，故名彭新庄。1961年归朱寨大队，属权集人民公社。1980年属朱寨区朱寨大队。1984年属权集乡朱寨村。2007年撤乡并镇，属玄庙镇朱寨村至今。

戚套

戚套（Qītào） 在砀山县北部，属玄庙镇王集村民委员会管辖。距砀山县人民政府驻地9.06千米。占地面积1平方千米，201户，706人，民族多为汉族。

以前，戚姓在此地占产立庄，因地处黄河拐弯处的河套，故而得名戚套。1958年属中心乡。1968年归权集公社。1980年归朱寨区权集乡。2006年合并乡镇后，归玄庙镇王集村委会至今。

前蒋

前蒋（Qiánjiǎng） 在砀山县北部，属玄庙镇吴寨村民委员会管辖。距砀山县人民政府驻地16.48千米。占地面积0.39平方千米，122户，450人，民族多为汉族。

明代时期，蒋姓在此占产立庄，后因人多，分前蒋和后蒋。新中国成立前归大寨六区。1953年属大寨区。1958年属大寨公社。1980年属西刘乡。1988年属玄庙镇。2007年村级合并后属吴寨村至今。

前王庄

前王庄（Qiánwángzhuāng） 在砀山县北部，属玄庙镇王集村民委员会管辖。距砀山县人民政府驻地9.19千米。占地面积0.49平方千米，98户，375人，民族多为汉族。

以前，王姓在此地占产立庄，兄弟俩一个住庄前，一个住庄后，住庄前的就叫前王庄。1958年属中心乡。1968年归权集公社。1980年归朱寨区权集乡。2006年合并乡镇后，属玄庙镇王集村委会至今。

前园

前园（Qiányuán） 在砀山县北部，属玄庙镇梨花村民委员会管辖。距砀山县人民政府驻地18.09千米。占地面积0.27平方千米，42户，151人，民族多为汉族。

明末清初时，此地原为陈寨大户人家的菜园，因在陈寨前面，故称前园。新中国成立初期属山东省湖西区，后划分归安徽省砀山县。1961年属大寨公社。1980年属西刘乡。2007年村级合并后，属玄庙镇梨花村至今。

前臧庄

前臧庄（Qiánzāngzhuāng） 在砀山县北部，属玄庙镇王集村民委员会管辖。距砀山县人民政府驻地8.74千米。占地面积0.45平方千米，61户，231人，民族多为汉族。

以前，臧姓在此占产立庄，兄弟两人一个住庄前，一个住庄后，住庄前的取庄名为前臧庄。1958年属中心乡。1968年归权集公社。1980年归朱寨区权集乡。2006年合并乡镇后，归玄庙镇王集村委会至今。

青年场

青年场（Qīngniánchǎng） 在砀山县北部，属玄庙镇吴寨村民委员会管辖。距砀山县人民政府驻地15.39千米。占地面积0.2平方千米，37户，140人，民族多为汉族。

据查，1979年蒋集村林场在此办了一

个青年实验场，故而得名。以前属蒋集村，2007年村级合并，属玄庙镇吴寨村至今。

孙黑楼

孙黑楼（Sūnhēilóu） 在砀山县北部，属玄庙镇吴寨村民委员会管辖。距砀山县人民政府驻地14.43千米。占地面积0.89平方千米，270户，1101人，民族多为汉族。

清代时期，孙姓在此占产立庄，建了一座楼房，因楼房呈青黑色，故而得名。新中国成立前归大寨六区管辖。1953年属大寨区。1958年属大寨公社。1980年属大寨区西刘乡。1988年属玄庙镇董庄村。2007年村级合并后，属吴寨村委会至今。

孙路口

孙路口（Sūnlùkǒu） 在砀山县北部，属玄庙镇王集村民委员会管辖。距砀山县人民政府驻地8.48千米。占地面积0.36平方千米，62户，237人，民族多为汉族。

以前，孙姓在老公路路口占产立村，故而得名。1958年属中心乡。1968年归权集公社。1980年归朱寨区权集乡。2006年合并乡镇后，归玄庙镇王集村委会至今。

孙寨

孙寨（Sūnzhài） 在砀山县北部，属玄庙镇梨花村民委员会管辖。距砀山县人民政府驻地19.39千米。占地面积0.74平方千米，173户，678人，民族多为汉族。

明朝初年，孙姓由山西迁来在此占田立庄，联合蔡、刘、朱等姓建寨，因孙姓居多，故称孙寨。新中国成立初期属山东省湖西区，后归安徽省砀山县大寨区。1961年属大寨公社。1980年属马良乡。2007年村级合并后，属玄庙镇梨花村至今。

瓦房

瓦房（Wǎfáng） 在砀山县北部，属玄庙镇王集村民委员会管辖。距砀山县人民政府驻地8.28千米。占地面积0.36平方千米，58户，211人，民族多为汉族。

以前，烧窑师傅在此做瓦，搭建了一排凉瓦房，故而得名叫瓦房。1958年属中心乡。1968年归权集公社。1980年归朱寨区范寨乡。2006年合并乡镇后，归玄庙镇王集村委会至今。

汪庄

汪庄（Wāngzhuāng） 在砀山县北部，属玄庙镇梨花村民委员会管辖。距砀山县人民政府驻地19.19千米。占地面积0.67平方千米，130户，502人，民族多为汉族。

清乾隆年间，孙家、蔡家在此占产立庄，取名同心庄；后来汪家在此置产买地，改名汪庄。新中国成立初期属山东省湖西区，后归安徽省砀山县大寨区。1961年属大寨公社。1980年属马良乡。2007年村级合并后，属玄庙镇梨花村至今。

王集

王集（Wángjí） 在砀山县北部，属玄庙镇王集村民委员会管辖。距砀山县人民政府驻地8.61千米。占地面积0.48平方千米，89户，351人，民族多为汉族。

民国时期，姓王的一户乡绅在此开庄种田，建立集市，故名王集。1958年属中心乡。1961年属权集人民公社。1980年属朱寨区权集乡。2007年村级合并后，属玄庙镇王集村至今。

王新庄

王新庄（Wángxīnzhuāng） 在砀山县北部，属玄庙镇朱寨村民委员会管辖。距砀山县人民政府驻地7.39千米。占地面积0.2平方千米，51户，170人，民族多为汉族。

以前，王姓在此地占产立新庄，故而

得名。1958年属中心乡。1968年归权集公社。1980年归朱寨区范寨乡。2006年合并乡镇后，归玄庙镇朱寨村委会至今。

吴楼

吴楼（Wúlóu） 在砀山县北部，属玄庙镇吴寨村民委员会管辖。距砀山县人民政府驻地15.82千米。占地面积0.53平方千米，163户，620人，民族多为汉族。

清代时期，吴姓在此占产立庄，建楼，故而得名。新中国成立前归大寨六区管辖。1953年属大寨区。1958年属大寨公社。1980年属大寨区西刘乡。1988年属玄庙镇董庄村。2007年村级合并后，属吴寨村委会至今。

吴寨

吴寨（Wúzhài） 在砀山县北部，属玄庙镇吴寨村民委员会管辖。距砀山县人民政府驻地16.33千米。占地面积0.54平方千米，165户，580人，民族多为汉族。

明代，吴姓在此占产立庄，筑寨，故而得名。新中国成立前归大寨六区管辖。1953年属大寨区。1958年属大寨公社。1980年属大寨区西刘乡。1988年属玄庙镇董庄村。2007年村级合并后，属吴寨村委会至今。

西刘

西刘（Xīliú） 在砀山县北部，属玄庙镇吴寨村民委员会管辖。距砀山县人民政府驻地16.11千米。占地面积1.48平方千米，425户，1602人，民族多为汉族。

明代时期，刘姓在此占产立庄，后来分为东刘、西刘，西面的庄叫西刘。新中国成立前归大寨六区管辖。1953年属大寨区。1958年属大寨公社。1980年属大寨区西刘乡。1988年属玄庙镇董庄村。2007年村级合并后，属吴寨村委会至今。

席王庄

席王庄（Xíwángzhuāng） 在砀山县北部，属玄庙镇朱寨村民委员会管辖。距砀山县人民政府驻地7.43千米。占地面积0.24平方千米，49户，180人，民族多为汉族。

明朝年间，姓王的一户人家专为皇室编制芦席，故皇帝口谕此地为“席王庄”。1961年属许庄大队，归权集人民公社管辖。1980年属朱寨区。1988年属权集乡。2007年撤乡并镇，属玄庙镇朱寨村至今。

小董庄

小董庄（Xiǎodǒngzhuāng） 在砀山县北部，属玄庙镇吴寨村民委员会管辖。距砀山县人民政府驻地16.14千米。占地面积0.2平方千米，48户，180人，民族多为汉族。

清朝初年，董姓在此占产立村，因当时人少村小，故而得名。新中国成立前归大寨六区管辖。1953年属大寨区。1958年属大寨公社。1980年属大寨区西刘乡。1988年属玄庙镇董庄村。2007年村级合并后，属吴寨村委会至今。

小孙庄

小孙庄（Xiǎosūnzhuāng） 在砀山县北部，属玄庙镇王集村民委员会管辖。距砀山县人民政府驻地8.45千米。占地面积0.2平方千米，29户，111人，民族多为汉族。

以前，孙姓在此地占产立庄，因当时人少村小，故而得名小孙庄。1958年属中心乡。1961年属权集人民公社。1980年属朱寨区权集乡。2007年村级合并后，属玄庙镇王集村至今。

小屯

小屯（Xiǎotún） 在砀山县北部，属玄庙镇王集村民委员会管辖。距砀山县人民政府驻地9.05千米。占地面积0.32平方千米，51 户，182 人，民族多为汉族。

以前，王姓在此屯田立庄，因当时人少村小，故而得名。1958 年属中心乡。1961 年属权集人民公社。1980 年属朱寨区权集乡。2007 年村级合并后，属玄庙镇王集村至今。

小寨村

小寨村（Xiǎozhàicūn） 在砀山县北部，属玄庙镇玄庙村民委员会管辖。距砀山县人民政府驻地 14.9 千米。占地面积 1.06 平方千米，311 户，1180 人，民族多为汉族。

在清朝末年，小寨不叫小寨，是范庄和高庄两个相连的小庄。在这两个小庄北约 3 千米的孟楼村，由于没有寨墙，常遭土匪滋扰，此村村民便迁入范庄和高庄，大家共筑寨墙，称为小寨。新中国成立初期属山东省湖西区，后归安徽省砀山县大寨区。1958 年属大寨公社。1980 年属大寨区。2007 年村合并后，属玄庙镇玄庙村至今。

小朱庄

小朱庄（Xiǎozhūzhuāng） 在砀山县北部，属玄庙镇朱寨村民委员会管辖。距砀山县人民政府驻地 7.16 千米。占地面积 0.24 平方千米，58 户，215 人，民族多为汉族。

以前，有户姓朱的人家在此居住，因当时人少村小，故而得名小朱庄。1961 年属权集人民公社。1980 年属朱寨区。1984 年属权集乡许庄村。2007 年村级合并后，属玄庙镇朱寨村至今。

新庄

新庄（Xīnzhuāng） 在砀山县北部，属玄庙镇梨花村村民委员会管辖。距砀山县人民政府驻地 18.22 千米。占地面积 0.28 平方千米，56 户，196 人，民族多为汉族。

清代中期，王、李、张三姓从陈寨迁出另立新庄，取名新庄。新中国成立初期属山东省湖西区，后划归安徽省砀山县大寨区。1961 年属大寨公社。1980 年属马良乡。2007 年村级合并后，属玄庙镇梨花村至今。

徐庄

徐庄（Xúzhuāng） 在砀山县北部，属玄庙镇王集村民委员会管辖。距砀山县人民政府驻地 9.19 千米。占地面积 0.48 平方千米，82 户，310 人，民族多为汉族。

以前，徐姓在此地占产立庄，故而得名徐庄。1958 年属中心乡。1961 年属权集人民公社。1980 年属朱寨区权集乡。2007 年村级合并后，属玄庙镇王集村至今。

许庄

许庄（Xǔzhuāng） 在砀山县北部，属玄庙镇朱寨村民委员会管辖。距砀山县人民政府驻地 7.36 千米。占地面积 0.54 平方千米，140 户，512 人，民族多为汉族。

明朝年间，许氏族人在此处为朝廷烧窑，此地原名叫大窑许庄，随着历史的发展，简称许庄。1961 年属权集人民公社。1980 年属朱寨区。1984 年属权集乡许庄村。2007 年村级合并后，属玄庙镇朱寨村至今。

玄庙村

玄庙村（Xuánmiàocūn） 在砀山县北部，属玄庙镇玄庙村民委员会管辖。距砀山县人民政府驻地 15.56 千米。占地面积 2.08 平方千米，602 户，2338 人，民族多为汉族。

从前，此地建了纪念五帝之一的玄帝庙，后来人们便简称此地为玄庙。1952 年前，玄庙归山东，后来归安徽省砀山县。1958 年属大寨公社。1981 年建立玄庙村委会。2007 年村级合并后，归玄庙镇玄庙村至今。

尤庄

尤庄（Yóuzhuāng） 在砀山县北部，属玄庙镇王集村民委员会管辖。距砀山县人民政府驻地9.16千米。占地面积0.49平方千米，76户，298人，民族多为汉族。

以前，尤姓在此地占产立庄，故而得名尤庄。1958年属中心乡。1961年属权集人民公社。1980年属朱寨区权集乡。2007年村级合并后，属玄庙镇王集村至今。

张楼

张楼（Zhānglóu） 在砀山县北部，属玄庙镇吴寨村民委员会管辖。距砀山县人民政府驻地15.39千米。占地面积0.23平方千米，92户，320人，民族多为汉族。

明代，张姓在此占产立庄，建楼，故而得名。新中国成立前归大寨六区管辖。1953年属大寨区。1958年属大寨公社。1980年属大寨区西刘乡。1988年属玄庙镇董庄村。2007年村级合并后，属吴寨村委会至今。

赵庄

赵庄（Zhàozhuāng） 在砀山县北部，属玄庙镇王集村民委员会管辖。距砀山县人民政府驻地8.7千米。占地面积0.25平方千米，36户，139人，民族多为汉族。

以前，赵姓在此地占产立庄，故而得名赵庄。1958年属中心乡。1961年属权集人民公社。1980年属朱寨区权集乡。2007年村级合并后，属玄庙镇王集村至今。

周楼

周楼（Zhōulóu） 在砀山县北部，属玄庙镇朱寨村民委员会管辖。距砀山县人民政府驻地6.91千米。占地面积0.46平方千米，110户，405人，民族多为汉族。

从前，周姓在此占产立庄，盖了一座土楼，因此叫周楼。1961年归朱寨大队，属权集人民公社管辖。1980年属朱寨区。1984年属权集乡朱寨村。2007年撤乡并镇，属玄庙镇朱寨村至今。

朱寨

朱寨（Zhūzhài） 在砀山县北部，属玄庙镇朱寨村民委员会管辖。距砀山县人民政府驻地6.96千米。占地面积1.01平方千米，302户，970人，民族多为汉族。

明朝万历年间，朱氏家族来此占产立村，筑寨墙以防匪患，故取名朱寨。1961年为朱寨分队，属权集人民公社。1980年设朱寨区。1984年叫朱寨村，属权集乡。2007年与大李庄村、许庄村合并为朱寨村民委员会至今。

陈屯

陈屯（Chéntún） 在砀山县北部，属玄庙镇张王庄村民委员会管辖。距砀山县人民政府驻地7.96千米。占地面积0.35平方千米，66户，224人，民族多为汉族。

清代时期，陈姓在此屯田立庄，故而得名。1953年属权集乡。1958年属权集人民公社。1980年属权集乡。2007年撤乡置镇，属玄庙镇张王庄村民委员会至今。

后范庄

后范庄（Hòufànzhuāng） 在砀山县北部，属玄庙镇张王庄村民委员会管辖。距砀山县人民政府驻地10.21千米。占地面积0.75平方千米，157户，570人，民族多为汉族。

清代时期，范姓族人在此占产立庄，分为前后庄，后者取名后范庄。1953年属权集乡。1958年属权集人民公社。1980年属权集区。2007年撤乡置镇，属玄庙镇张王庄村民委员会至今。

后郭

后郭（Hòuguō） 在砀山县北部，属玄庙镇张王庄村民委员会管辖。距砀山县人民政府驻地8.96千米。占地面积0.98平方千米，222户，850人，民族多为汉族。

明朝中期，郭姓在此占产立庄，后因人多，分前、后两庄，故而得名。1953年属权集乡。1958年属权集人民公社。1980年属权集乡。2007年撤乡置镇，属玄庙镇张王庄村村民委员会至今。

后街

后街（Hòujiē） 在砀山县北部，属玄庙镇张王庄村民委员会管辖。距砀山县人民政府驻地8.65千米。占地面积0.6平方千米，149户，539人，民族多为汉族。

从前，由张、王两姓建庄，分两个街，前街和后街，因此街在后，故而得名。1953年属权集乡。1958年属权集人民公社。1980年属权集乡。2007年撤乡置镇，属玄庙镇张王庄村村民委员会至今。

后张王庄

后张王庄（Hòuzhāngwángzhuāng） 在玄庙镇砀山县北部，属张王庄村民委员会管辖。距砀山县人民政府驻地8.81千米。占地面积0.65平方千米，136户，515人，民族多为汉族。

明代，张、王两姓在此占产立庄，分前、后两庄，故而得名。1953年属权集乡。1958年属权集人民公社。1980年属权集乡。2007年撤乡置镇，属玄庙镇张王庄村民委员会至今。

胡套

胡套（Hútào） 在砀山县北部，属玄庙镇张王庄村民委员会管辖。距砀山县人民政府驻地8.82千米。占地面积0.69平方千米，189户，701人，民族多为汉族。

明代，胡姓在此占产立庄，因地处黄河拐弯处，属河套以内，故而得名。1953年属权集乡。1958年属权集人民公社。1980年属权集乡。2007年撤乡置镇，属玄庙镇张王庄村民委员会至今。

黄楼

黄楼（Huánglóu） 在砀山县北部，属玄庙镇张王庄村民委员会管辖。距砀山县人民政府驻地8.37千米。占地面积0.76平方千米，185户，708人，民族多为汉族。

清代，黄姓在此占产立庄，建楼，故而得名。1953年属权集乡。1958年属权集人民公社。1980年属权集乡。2007年撤乡置镇，属玄庙镇张王庄村民委员会至今。

前范庄

前范庄（Qiánfànzhuāng） 在砀山县北部，属玄庙镇张王庄村民委员会管辖。距砀山县人民政府驻地8.23千米。占地面积0.31平方千米，62户，213人，民族多为汉族。

从前，范姓在此占产立庄，因有别于后范庄，故名。1953年属权集乡。1958年属权集人民公社。1980年属权集乡。2007年撤乡置镇，属玄庙镇张王庄村民委员会至今。

前郭

前郭（Qiánguō） 在砀山县北部，属玄庙镇张王庄村民委员会管辖。距砀山县人民政府驻地8.36千米。占地面积0.87平方千米，219户，801人，民族多为汉族。

明代时期，郭姓在此占产立庄，因在郭庄前面，故而得名。1953年属权集乡。1958年属权集人民公社。1980年属权集乡。2007年撤乡置镇，属玄庙镇张王庄村民委员会至今。

前街

前街（Qiánjiē） 在砀山县北部，属玄庙镇张王庄村民委员会管辖。距砀山县人民政府驻地8.17千米。占地面积1.2平方千米，243户，930人，民族多为汉族。

据查，张王庄有两个街，前街、后街，此街在前，故而得名。1953年属权集乡。1958年属权集人民公社。1980年属权集乡。2007年撤乡置镇，属玄庙镇张王庄村民委员会至今。

土地庙

土地庙（Tǔdìmiào） 在砀山县北部，属玄庙镇张王庄村民委员会管辖。距砀山县人民政府驻地8.13千米。占地面积0.3平方千米，58户，206人，民族多为汉族。

明代中期，此地为求五谷丰登、安居乐业，建有一座土地庙，故而得名。1953年属权集乡。1958年属权集人民公社。1980年属权集乡。2007年撤乡置镇，属玄庙镇张王庄村民委员会至今。

徐庄

徐庄（Xúzhuāng） 在砀山县北部，属玄庙镇张王庄村民委员会管辖。距砀山县人民政府驻地10.82千米。占地面积0.25平方千米，48户，180人，民族多为汉族。

从前，徐姓在此占产立村，故而得名。1953年属权集乡。1958年属权集人民公社。1980年属权集乡。2007年撤乡置镇，属玄庙镇张王庄村民委员会至今。

哑巴村

哑巴村（Yǎbacūn） 在砀山县北部，属玄庙镇张王庄村民委员会管辖。距砀山县人民政府驻地8.68千米。占地面积0.52平方千米，90户，357人，民族多为汉族。

据查，明代有一哑巴在此做生意，后逐渐庄大人多，故而得名。1953年属权集乡。1958年属权集人民公社。1980年属权集乡。2007年撤乡置镇，属玄庙镇张王庄村民委员会至今。

杨庄

杨庄（Yángzhuāng） 在砀山县北部，属玄庙镇张王庄村民委员会管辖。距砀山县人民政府驻地9.17千米。占地面积0.13平方千米，28户，105人，民族多为汉族。

明代，杨姓在此占产立庄，故而得名。1953年属权集乡。1958年属权集人民公社。1980年属权集乡。2007年撤乡置镇，属玄庙镇张王庄村民委员会至今。

揣庄

揣庄（Chuāizhuāng） 在砀山县北部，属玄庙镇权集村民委员会管辖。距砀山县人民政府驻地7.69千米。占地面积0.29平方千米，88户，330人，民族多为汉族。

明代，揣姓在此占产立庄，故而得名。1952年属河条乡。1956年属朱庄乡。1958年属王古楼人民公社朱庄管区。1980年属权集乡。2007年撤乡置镇，属玄庙镇权集村民委员会至今。

范寨

范寨（Fànzhài） 在砀山县北部，属玄庙镇权集村民委员会管辖。距砀山县人民政府驻地8.02千米。占地面积0.41平方千米，146户，518人，民族多为汉族。

抗日战争时期，在此建立寨子，以防寇防匪，因范姓占多数，故而得名范寨。1952年属河条乡。1956年属朱庄乡。1958年属王古楼人民公社朱庄管区。1980年属权集乡。2007年撤乡置镇，属玄庙镇权集村民委员会至今。

范庄

范庄（Fànzhuāng） 在砀山县北部，属玄庙镇权集村民委员会管辖。距砀山县人民政府驻地7.31千米。占地面积0.15平方千米，51户，167人，民族多为汉族。

明代，范姓在此占产立庄，故而得名。1952年属河条乡。1956年属朱庄乡。1958年属王古楼人民公社朱庄管区。1980年属权集乡。2007年撤乡置镇，属玄庙镇权集村民委员会至今。

韩新庄

韩新庄（Hánxīnzhuāng） 在砀山县北部，属玄庙镇花园村村民委员会管辖。距砀山县人民政府驻地17.22千米。占地面积0.32平方千米，95户，340人，民族多为汉族。

清朝时期，韩姓族人从庞林老家迁出，在此新建村庄，故而得名。新中国成立前归大寨六区管辖。1953年属大寨区。1958年属大寨公社。1980年属大寨区。1988年属玄庙乡花园村。2007年区划调整，属玄庙镇花园村委会。

花园

花园（Huāyuán） 在砀山县北部，属玄庙镇花园村村民委员会管辖。距砀山县人民政府驻地17.06千米。占地面积0.64平方千米，186户，702人，民族多为汉族。

从前，此地建有一座花园，因庞姓人多且在此居住，所以又叫庞花园。新中国成立初期属山东省湖西专区，后归江苏省徐州市云湖区，再后归安徽省砀山县大寨区。1958年属大寨公社。1980年属大寨区。1988年属玄庙乡花园村。2007年区划调整，属玄庙镇花园村委会。

灰铺

灰铺（Huīpù） 在砀山县北部，属玄庙镇权集村民委员会管辖。距砀山县人民政府驻地8.35千米。占地面积0.64平方千米，191户，746人，民族多为汉族。

明朝年间，流经此地的黄河在此设立码头，专门存放黑灰，故而得名灰铺。1952年属河条乡。1956年属朱庄乡。1958年属王古楼人民公社朱庄管区。1980年属权集乡。2007年撤乡置镇，属玄庙镇权集村民委员会至今。

焦集

焦集（Jiāojí） 在砀山县北部，属玄庙镇权集村民委员会管辖。距砀山县人民政府驻地7.39千米。占地面积0.62平方千米，222户，852人，民族多为汉族。

明代，焦姓在此占产立村，成立集市，故而得名焦集。1952年属河条乡。1956年属朱庄乡。1958年属王古楼人民公社朱庄管区。1980年属权集乡。2007年撤乡置镇，属玄庙镇权集村民委员会至今。

李窑

李窑（Lǐyáo） 在砀山县北部，属玄庙镇权集村民委员会管辖。距砀山县人民政府驻地8.02千米。占地面积0.1平方千米，31户，118人，民族多为汉族。

从前，有李姓人氏在此建窑，烧制瓷器，故而得名李窑。1952年属河条乡。1956年属朱庄乡。1958年属王古楼人民公社朱庄管区。1980年属权集乡。2007年撤乡置镇，属玄庙镇权集村民委员会至今。

吕庄

吕庄（Lǚzhuāng） 在砀山县北部，属玄庙镇权集村民委员会管辖。距砀山县人民政府驻地7.47千米。占地面积0.14平方千米，56户，215人，民族多为汉族。

从前，有吕姓人氏在此居住，故得名吕

庄。1952年属河条乡。1956年属朱庄乡。1958年属王古楼人民公社朱庄管区。1980年属权集乡。2007年撤乡置镇，属玄庙镇权集村民委员会至今。

庞大楼

庞大楼（Pángdàlóu） 在砀山县北部，属玄庙镇花园村民委员会管辖。距砀山县人民政府驻地18.28千米。占地面积0.34平方千米，99户，401人，民族多为汉族。

明代时期，庞氏由山西搬迁到此处，因庞姓家族人多，建有楼房，故而得名。新中国成立初期属山东省湖西专区，后归江苏省徐州市云湖区，再后归安徽省砀山县大寨区。1958年属大寨公社。1980年属大寨区。1988年属玄庙乡花园村。2007年区划调整，属玄庙镇花园村委会。

庞单楼

庞单楼（Pángdānlóu） 在砀山县北部，属玄庙镇花园村民委员会管辖。距砀山县人民政府驻地16.46千米。占地面积0.39平方千米，121户，470人，民族多为汉族。

明代时期，庞氏由山西搬迁到此处，建了一座孤零零的小楼，故而得名。新中国成立初期属山东省湖西专区，后归江苏省徐州市云湖区，再后归安徽省砀山县大寨区。1958年属大寨公社。1980年属大寨区。1988年属玄庙乡花园村。2007年区划调整，属玄庙镇花园村委会。

庞小屯

庞小屯（Pángxiǎotún） 在砀山县北部，属玄庙镇花园村民委员会管辖。距砀山县人民政府驻地15.61千米。占地面积0.35平方千米，110户，420人，民族多为汉族。

明代初期，庞姓从山西迁此地屯田，因规模较小，故而得名。新中国成立初期属山东省湖西专区，后归江苏省徐州市云湖区，再后归安徽省砀山县大寨区。1958年属大寨公社。1980年属大寨区。1988年属玄庙乡王井村。2007年区划调整，属玄庙镇花园村委会。

平房

平房（Píngfáng） 在砀山县北部，属玄庙镇花园村民委员会管辖。距砀山县人民政府驻地17.91千米。占地面积0.18平方千米，52户，201人，民族多为汉族。

新中国成立前，此地因安新庄盖的是平房，故而得名平房。新中国成立初期属山东省湖西专区，后归江苏省徐州市云湖区，再后归安徽省砀山县大寨区。1958年属大寨公社。1980年属大寨区。1988年属玄庙乡花园村。2007年区划调整，属玄庙镇花园村委会。

前王庄

前王庄（Qiánwángzhuāng） 在砀山县北部，属玄庙镇权集村民委员会管辖。距砀山县人民政府驻地7.42千米。占地面积0.1平方千米，34户，125人，民族多为汉族。

明代，王姓在此占产立村，因当时王姓人多，分前、后庄，故而得名前王庄。新中国成立初期属宿州地区。1952年属河条乡。1956年属朱庄乡。1958年属王古楼人民公社朱庄管区。1980年属权集乡。2007年撤乡置镇，属玄庙镇权集村民委员会至今。

权集

权集（Quánjí） 在砀山县北部，属玄庙镇权集村民委员会管辖。距砀山县人民政府驻地8.18千米。占地面积0.71平方千米，235户，875人，民族多为汉族。

明代，权姓在此占产立庄，开设集市，故而得名。1952年属河条乡。1956年属朱庄乡。1958年属王古楼人民公社朱庄管区。1980年属权集乡。2007年撤乡置镇，属玄庙镇权集村民委员会至今。

汤楼

汤楼（Tānglóu） 在砀山县北部，属玄庙镇权集村民委员会管辖。距砀山县人民政府驻地7.33千米。占地面积0.13平方千米，58户，210人，民族多为汉族。

明代汤姓在此占产立庄，故而得名。1952年属河条乡。1956年属朱庄乡。1958年属王古楼人民公社朱庄管区。1980年属权集乡。2007年撤乡置镇，属玄庙镇权集村民委员会至今。

王井村

王井村（Wángjǐngcūn） 在砀山县北部，属玄庙镇花园村村民委员会管辖。距砀山县人民政府驻地15.47千米。占地面积1.32平方千米，357户，1360人，民族多为汉族。

明代时期，王姓在此居住，因打了一口甜水井，故而得名。新中国成立初期属山东省湖西专区，后归江苏省徐州市云湖区，再后归安徽省砀山县大寨区。1958年属大寨公社。1980年属大寨区。1988年属玄庙乡王井村。2007年区划调整，属玄庙镇花园村委会。

王药铺

王药铺（Wángyàopù） 在砀山县北部，属玄庙镇权集村民委员会管辖。距砀山县人民政府驻地8.08千米。占地面积0.11平方千米，47户，146人，民族多为汉族。

明代时期，有王姓在此开设药铺，故而得名王药铺。1952年属河条乡。1956年属朱庄乡。1958年属王古楼人民公社朱庄管区。1980年属权集乡。2007年撤乡置镇，属玄庙镇权集村民委员会至今。

五座楼

五座楼（Wǔzuòlóu） 在砀山县北部，属玄庙镇花园村村民委员会管辖。距砀山县人民政府驻地16.38千米。占地面积1.04平方千米，258户，1020人，民族多为汉族。

明代时期，庞家从山西迁至本地，建有五座楼，故而得名。新中国成立初期属山东省湖西专区，后归江苏省徐州市云湖区，再后归安徽省砀山县大寨区。1958年属大寨公社。1980年属大寨区。1988年属玄庙乡王井村。2007年区划调整，属玄庙镇花园村委会。

小李庄

小李庄（Xiǎolǐzhuāng） 在砀山县北部，属玄庙镇权集村民委员会管辖。距砀山县人民政府驻地7.82千米。占地面积0.15平方千米，51户，188人，民族多为汉族。

明代时期，李姓在此占产立庄，因当时人少村小，故而得名。1952年属河条乡。1956年属朱庄乡。1958年属王古楼人民公社朱庄管区。1980年属权集乡。2007年撤乡置镇，属玄庙镇权集村民委员会至今。

姚庄

姚庄（Yáozhuāng） 在砀山县北部，属玄庙镇权集村民委员会管辖。距砀山县人民政府驻地8.06千米。占地面积0.1平方千米，28户，116人，民族多为汉族。

从前，姚姓建庄居住于此，故而得名姚庄。1952年属河条乡。1956年属朱庄乡。1958年属王古楼人民公社朱庄管区。1980年属权集乡。2007年撤乡置镇，属玄庙镇权集村民委员会至今。

张庄

张庄（Zhāngzhuāng） 在砀山县北

部，属玄庙镇权集村民委员会管辖。距砀山县人民政府驻地7.19千米。占地面积0.28平方千米，86户，330人，民族多为汉族。

明代时期，张姓在此占产立庄，故而得名。1952年属河条乡。1956年属朱庄乡。1958年属王古楼人民公社朱庄管区。1980年属权集乡。2007年撤乡置镇，属玄庙镇权集村民委员会至今。

赵庄

赵庄（Zhàozhuāng） 在砀山县北部，属玄庙镇权集村民委员会管辖。距砀山县人民政府驻地7.18千米。占地面积0.18平方千米，55户，210人，民族多为汉族。

明代时期，赵姓在此占产立庄，故而得名。1952年属河条乡。1956年属朱庄乡。1958年属王古楼人民公社朱庄管区。1980年属权集乡。2007年撤乡置镇，属玄庙镇权集村民委员会至今。

朱庄

朱庄（Zhūzhuāng） 在砀山县北部，属玄庙镇花园村民委员会管辖。距砀山县人民政府驻地16.31千米。占地面积0.4平方千米，99户，389人，民族多为汉族。

明朝时期，朱氏家族在此居住，故而得名。新中国成立初期属山东省湖西专区，后归江苏省徐州市云湖区，再后归安徽省砀山县大寨区。1958年属大寨公社。1980年属大寨区。1988年属玄庙乡王井村。2007年区划调整，属玄庙镇花园村委会。

官庄坝镇

朱李楼

朱李楼（Zhūlǐlóu） 在砀山县西北部，属官庄坝镇龙潭村民委员会下辖的居民点。地处龙潭村南部，东至徐楼，南至曹庄镇靛池许庄，西至曹庄镇汪集，北至李楼。距砀山县人民政府驻地18千米。占地面积1.51平方千米。521户，2013人，民族多为汉族。

此地原为朱庄、李楼，两个村合住一块，故得名朱李楼。新中国成立初期属城西乡，后来属官庄公社。1980年归官庄乡堤南管区，后来合村，归属官庄坝镇龙潭村民委员会。

后张集

后张集（Hòuzhāngjí） 在砀山县西北部，属官庄坝镇刘楼村民委员会下辖的居民点。地处刘楼村西北部，东至林场，南至前张集，西至河南省虞城县翟樊庄，北至下河贾庄。距砀山县人民政府驻地24.2千米。占地面积1.37平方千米。358户，1406人，民族多为汉族。

据《张氏家谱》记载，清乾隆二十九年（1764年），张姓从南张老家迁来买田，成立集市，后又在张集北立新庄，故叫后张集。清朝时属徐州府砀山县。民国时属砀山县第四区。新中国成立初期先后属城西东风人民公社、刘楼四小社、官庄公社林场大队、官庄区龙潭乡林场大队、官庄坝镇后张集村委会。2006年属官庄坝镇刘楼村。

张野场

张野场（Zhāngyěchǎng） 在砀山县西北部，属官庄坝镇刘楼村民委员会下辖的居民点。地处刘楼村东部，东至马庄，南至黄楼，西至张集，北至贾庄。距砀山县人民政府驻地22.8千米。占地面积0.66平方千米。213户，760人，民族多为汉族。

新中国成立前，张姓在此安坪场，后由外地及山东逃难的群众来到此地住下，叫张野场。新中国成立初期先后属城西东风人民公社刘楼四社、官庄公社林场大队、官庄公社龙潭乡张野场村、官庄坝镇林场村。2006年隶属官庄坝镇刘楼村。

魏李

魏李（Wèilǐ） 在砀山县西北部，属官庄坝镇刘楼村民委员会下辖的居民点。地处刘楼村西部，东至蒋庄，南至张庄，西至河南省虞城县，北至后张集。距砀山县人民政府驻地23.8千米。占地面积0.64平方千米。205户，709人，民族多为汉族。

新中国成立前，魏姓与李姓大户在此地立庄，故名。新中国成立初期先后属城西东风人民公社刘楼四社、官庄公社龙潭乡魏李村、官庄坝镇刘楼房村。2006年隶属官庄坝镇刘楼村。

前张集

前张集（Qiánzhāngjí） 在砀山县西北部，属官庄坝镇刘楼村民委员会下辖的居民点。地处刘楼村西部，东至张野场，南至刘楼，西至魏李，北至后张集。距砀山县人民政府驻地23.6千米。占地面积1.02平方千米。312户，1202人，民族多为汉族。

据《张氏家谱》记载，清乾隆二十九年，张姓从南张老家迁来，买田，建寨，成立集市，故名。清朝时属徐州府。民国时期属砀山第四区。新中国成立初期先后属城西东风人民公社刘楼四社、官庄公社刘楼大队、官庄区龙潭乡张集村、官庄坝镇张集村。2006年属官庄坝镇刘楼村张集。

张庄

张庄（Zhāngzhuāng） 在砀山县西北部，属官庄坝镇徐楼村民委员会下辖的居民点。地处徐楼村北部，东至黄集村，南至孙楼，西至岳毛庄，北至秦庄。距砀山县人民政府驻地14.6千米。占地面积0.46平方千米。76户，270人，民族多为汉族。

从前，张姓在此占产立业，故取名为张庄。原为陈庄人民公社孙楼大队张庄生产队，后属陈庄公社吴集乡孙楼村张庄村民组。村级合并后，属官庄镇徐楼村委会至今。

韩庄

韩庄（Hánzhuāng） 在砀山县西北部，属官庄坝镇徐楼村民委员会下辖的居民点。地处徐楼村北部，东至雷徐庄，南至徐楼，西至汪集，北至孙楼。距砀山县人民政府驻地13.4千米。占地面积0.47平方千米。78户，279人，民族多为汉族。

据查，早年间，韩姓在此占产立业，故取名韩庄。原为陈庄人民公社孙楼大队韩庄生产队，后属陈庄公社吴集乡孙楼村韩庄村民组。村级合并后，属官庄镇徐楼村委会至今。

小徐楼

小徐楼（Xiǎoxúlóu） 在砀山县西北部，属官庄坝镇徐楼村民委员会下辖的居民点。东至杨高台，南至姜寨，西至汪集，北至韩庄。距砀山县人民政府驻地13.1千米。占地面积0.28平方千米。53户，192人，民族多为汉族。

清朝年间，此地有一官史名为许大用，为防御外来土匪侵扰，在此建一土楼作为瞭望台，故此庄取名为徐楼。原为陈庄人民公社孙楼大队徐楼生产队，后属陈庄公社吴集乡孙楼村徐楼村民组。村级合并后，属官庄镇徐楼村委会至今。

雷庄

雷庄（Léizhuāng） 在砀山县西北部，属官庄坝镇徐楼村民委员会下辖的居民点。地处徐楼村北部，东至李菜园，南至徐楼，西至韩庄，北至孙楼。距砀山县人民政府驻地13.2千米。占地面积0.36平方千米。58

户，223人，民族多为汉族。

早年间，雷姓在此占产立庄，当时庄小人少，雷姓占大多数，故取名雷庄。原为陈庄人民公社孙楼大队雷庄生产队，后属陈庄公社吴集乡孙楼村雷庄村民组，村级合并后，属官庄镇徐楼村委会至今。

吴庄

吴庄（Wúzhuāng） 在砀山县西北部，属官庄坝镇徐楼村民委员会下辖的居民点。地处徐楼村南部，东至权王庄，南至张老家，西至姜寨，北至胡广屯。距砀山县人民政府驻地12.8千米。占地面积1.08平方千米。163户，623人，民族多为汉族。

清朝，吴氏在此占产立业，因吴氏家族旺，村大人多，故取名为吴庄。1970年属砀山县陈庄人民公社张老家大队吴庄生产队。1980年属砀山县陈庄公社权王庄村吴庄生产队，后改属官庄区吴集乡。2008年村级合并，属徐楼村至今。

汪集

汪集（Wāngjí） 在砀山县西北部，属官庄坝镇徐楼村民委员会下辖的居民点。地处徐楼村西北部，东至韩庄，南至曹庄镇回民许庄，西至大沙河，北至张花园。距砀山县人民政府驻地15.3千米。占地面积1.76平方千米。372户，1460人，民族多为汉族。

据查，汪氏在此人口众多，友邻为回族，为繁荣当地贸易与民众生活，在此成立了一个以销售农作物和皮张为主的集市，故名为汪集。新中国成立初期属城西三庄陈庄，后为陈庄人民公社孙中来大队汪集东西生产队。2008年村级合并，属官庄坝镇徐楼村至今。

刘油坊

刘油坊（Liúyóufáng） 在砀山县西北部，属官庄坝镇徐楼村民委员会下辖的居民点。地处徐楼村东南部，东至利民三支河，南至赵屯镇吕集村朱楼，西至张老家，北至权王庄。距砀山县人民政府驻地10.7千米。占地面积0.64平方千米。102户，368人，民族多为汉族。

清朝初期，刘氏家族在此占地产业，办了一个油坊，故此得名刘油坊。新中国成立前期属砀城西二区。新中国成立初期属陈庄人民公社张老家大队。1980年属吴集乡。2008年村级合并，属官庄坝镇徐楼村至今。

权王庄

权王庄（Quánwángzhuāng） 在砀山县西北部，属官庄坝镇徐楼村民委员会下辖的居民点。地处徐楼村东南部，东至利民二支河，南至刘油坊，西至张老家，北至王草庙。距砀山县人民政府驻地11.9千米。占地面积1.32平方千米。228户，798人，民族多为汉族。

从前，权氏和王氏在此为旺族，人口多庄子大，故取名为权王庄。新中国成立前属城西二区。新中国成立初期属陈庄人民公社张老家大队。1980年属吴集乡。2008年村级合并，属官庄坝镇徐楼村至今。

胡广屯

胡广屯（Húguǎngtún） 在砀山县西北部，属官庄坝镇徐楼村民委员会下辖的居民点。地处徐楼村东南部，东至利民二支河，南至吴庄，西至大沙河，北至冯庄。距砀山县人民政府驻地12.4千米。占地面积0.52平方千米。81户，313人，民族多为汉族。

明朝时期，胡氏从山西老鸹窝迁居到此，胡氏家族小，土地被土豪霸占，围为屯地，百姓全部种屯地交租，维持生活，故此取名为胡广屯。新中国成立前属城西二区。新中国成立初期属陈庄人民公社张老家大队。1980年属吴集乡。2008年村级合并，属官庄坝镇徐楼村至今。

李菜园

李菜园（Lǐcàiyuán） 在砀山县西北部，属官庄坝镇徐楼村民委员会下辖的居民点。地处徐楼村东部，东至利民二支河，南至胡广屯，西至雷徐庄，北至孙楼。距砀山县人民政府驻地12.9千米。占地面积1.66平方千米。336户，1209人，民族多为汉族。

据查，李氏在此人口多，早年蔬菜种植形成规模，远近乡邻都知道李姓有大菜园，故此取名为李菜园。新中国成立前属城西二区。新中国成立初期属陈庄人民公社。1980年属吴集乡。2008年村级合并，属官庄坝镇徐楼村至今。

张老家

张老家（Zhānglǎojiā） 在砀山县西北部，属官庄坝镇徐楼村民委员会下辖的居民点。地处徐楼村南部，东至权王庄，南至赵屯镇吕集村汪烟墩，西至大沙河，北至吴庄。距砀山县人民政府驻地12.8千米。占地面积2.02平方千米。458户，1687人，民族多为汉族。

从前，张氏在此为最早的安家点，后来虽然分散居住，但一旦有什么事情，都到此避难、议事，都把这里称为老家，故此取名为张老家。新中国成立前属城西二区，新中国成立初期属陈庄人民公社张老家大队。1980年属吴集乡。2008年村级合并，属官庄坝镇徐楼村至今。

孙楼

孙楼（Sūnlóu） 在砀山县西北部，属官庄坝镇徐楼村民委员会下辖的居民点。地处徐楼村北部，东至李菜园，南至韩庄，西至汪集，北至岳毛庄。距砀山县人民政府驻地14.1千米。占地面积0.57平方千米。112户，396人，民族多为汉族。

据查，以前为防止外来骚乱和土匪掠夺，孙姓在此建一土楼作为瞭望台，因此取名为孙楼。新中国成立前属城西二区。新中国成立初期属陈庄人民公社。1980年属吴集乡。2008年村级合并，属官庄坝镇徐楼村至今。

张王庄

张王庄（Zhāngwángzhuāng） 在砀山县西北部，属官庄坝镇黄集村民委员会下辖的居民点。地处黄集村民委员会驻地，东北至前岳庄，东南至汪李庄，西至畜牧场，北至土山。距砀山县人民政府驻地15.5千米。占地面积1.41平方千米。345户，1304人，民族多为汉族。

明代末年，洪水过后，有张家、王家两姓迁入此地，张家住北，王家住南，故而得名张王庄。新中国成立初期先后属东风人民公社、官庄区、官庄坝镇，现属黄集村村委会。

岳毛庄

岳毛庄（Yuèmáozhuāng） 在砀山县西北部，属官庄坝镇徐楼村民委员会下辖的居民点。地处徐楼村北部，东至砀官路，南至孙楼，西至张花园，北至前王庄。距砀山县人民政府驻地15.1千米。占地面积1.01平方千米。201户，667人，民族多为汉族。

据查，早年期间，岳姓与毛姓同时在此占产立庄，取名为岳毛庄。新中国成立前属城西二区。新中国成立初期属陈庄人民公社。1980年属吴集乡。2008年村级合并，属官庄坝镇徐楼村至今。

冯窑

冯窑（Féngyáo） 在砀山县西北部，属官庄坝镇黄集村民委员会下辖的居民点。地处黄集村东南部，东至姚楼，南至范庄，西南至徐堤口，西北至汪李庄。距砀山县人民政府驻地12.3千米。占地面积0.45平方千米。84户，303人，民族多为汉族。

明代末年，此地以冯氏为主，建土窑生产缸、盆等生活用品，故名冯窑。新中国成立初期归城西东风人民公社。1958年“大跃进”时期归官庄区徐堤口村。1980年属吴集乡。2007年村级合并，归黄集村。

黄集

黄集（Huángjí） 在砀山县西北部，属官庄坝镇黄集村民委员会下辖的居民点。地处黄集村南部，东至徐堤口，南至吴集，西至徐楼村，北至张王庄。距砀山县人民政府驻地13.6千米。占地面积1.46平方千米。357户，1309人，民族多为汉族。

明代，黄姓、岳姓、王姓、周姓在此居住，建立集市，因黄姓人多，故而得名黄集。1958年归城西东风人民公社，后撤区并乡归官庄坝镇。2007年村级合并，归黄集村委会。

舒庄姚楼

舒庄姚楼（Shūzhuāngyáolóu） 在砀山县西北部，属官庄坝镇黄集村民委员会下辖的居民点。地处黄集村东南部，东至玄庙镇三联村，南至段庄，西至冯窑，北至梁李屯。距砀山县人民政府驻地11.1千米。占地面积1.59平方千米。430户，1509人，民族多为汉族。

清朝时期，有舒姓、姚姓两家族在此立庄居住，姚家建了一座楼房，故而得名舒庄姚楼。新中国成立初期属城西东风公社。“大跃进”时期属官庄人民公社。1988年属官庄坝镇。2007年村级合并，属黄集村。

梁李屯

梁李屯（Liánglǐtún） 在砀山县西北部，属官庄坝镇黄集村民委员会下辖的居民点。地处黄集村东部，东至玄庙镇王集村，南至姚楼，西至汪李庄，北至黄河故道。距砀山县人民政府驻地12.2千米。占地面积1.01平方千米。239户，902人，民族多为汉族。

清朝时期，有梁姓、李姓迁入此地屯田，故而得名梁李屯。新中国成立初期属城西东风公社。“大跃进”后属官庄人民公社。1988年属官庄坝镇。2007年合村，属黄集村。

汪李庄

汪李庄（Wānglǐzhuāng） 在砀山县西北部，属官庄坝镇黄集村民委员会下辖的居民点。地处黄集村中部，东至梁李屯，南至徐堤口，西至张王庄，北至套里沟。距砀山县人民政府驻地14.3千米。占地面积0.61平方千米。130户，506人，民族多为汉族。

明代末年洪水过后，有段姓、李姓、汪姓三家迁入此地，东头段庄、西头李庄、西北角小汪庄，先叫段李庄，后更名为汪李庄。新中国成立初期属城西东风公社，后属官庄辖区张王庄村。2007年村级合并，属黄集村。

土山

土山（Tǔshān） 在砀山县西北部，属官庄坝镇黄集村民委员会下辖的居民点。地处黄集村北部，东至前岳庄，南至张王庄，西至畜牧场，北至刘庄。距砀山县人民政府驻地16.7千米。占地面积1.25平方千米。263户，1006人，民族多为汉族。

清朝初期，有吴姓、祁姓两家居住。庄西有一座高土堆，下有白石，据说是即将成山的土堆，故而得名土山。新中国成立初期属城西人民公社，后来先后属官庄区、官庄人民公社、官庄坝镇。

前岳庄

前岳庄（Qiányuèzhuāng） 在砀山县西北部，属官庄坝镇黄集村民委员会下辖的居民点。地处黄集村东北部，东至黄河故道果园场，南至梁李屯，西至土山，北至后岳庄。距砀山县人民政府驻地15.4千米。占地面积1.19平方千米。241户，903人，民族多为汉族。

清朝年间，洪水过后，有丁姓和岳姓两个家族在此立庄，因有别于后面的岳庄，故名前岳庄。新中国成立初期属城西东风公社，此后属官庄区。1988年属官庄坝镇胡庄村。2007年村级合并，属黄集村。

黄楼

黄楼（Huánglóu） 在砀山县西北部，属官庄坝镇龙潭村民委员会下辖的居民点。地处龙潭村东部，东至高新庄，南至朱庄，西至盖坝头，北至刘楼村。距砀山县人民政府驻地19.8千米。占地面积1.08平方千米。323户，1209人，民族多为汉族。

新中国成立初期，黄姓大户在此建楼，故名。新中国成立初期属官庄区。1958年属官庄人民公社。1980年属龙潭小乡。2007年撤区并乡，属官庄坝镇至今。

曹庄

曹庄（Cáozhuāng） 在砀山县西北部，属官庄坝镇龙潭村民委员会下辖的居民点。地处龙潭村中部，东至村部，南至曹庄镇汪寨，西至杨堤口，北至黄楼。距砀山县人民政府驻地18.9千米。占地面积0.38平方千米。98户，407人，民族多为汉族。

从前，曹姓先民在此建庄，故名曹庄。新中国成立初期属官庄区。1958年属官庄人民公社。1980年属龙潭小乡。2007年撤区并乡，属官庄坝镇至今。

新杨庄

新杨庄（Xīnyángzhuāng） 在砀山县西北部，属官庄坝镇龙潭村民委员会下辖的居民点。地处龙潭村中部，东至黄楼，南至村部，西至盖坝头，北至刘楼村。距砀山县人民政府驻地20.8千米。占地面积0.12平方千米。39户，150人，民族多为汉族。

新中国成立初期，有小杨楼、盖坝头的村民分散居住此地，因庄子系新建，故得名新杨庄。1958年属官庄人民公社。1980年属龙潭小乡。2007年撤区并乡，属官庄坝镇至今。

徐堤口

徐堤口（Xúdīkǒu） 在砀山县西北部，属官庄坝镇黄集村民委员会下辖的居民点。地处黄集村东南部，东至冯窑，南至吴集村，西至黄集，北至汪李庄。距砀山县人民政府驻地13.7千米。占地面积1.59平方千米。338户，1309人，民族多为汉族。

明代末年，徐姓、李姓、顾姓、卢姓几个家族靠近大堤缺口居住，因徐姓人多，故名徐堤口。新中国成立初期归城西东风人民公社。1980年属官庄区。1988年归官庄坝镇。2007年村级合并后属黄集村委会。

盖坝头

盖坝头（Gàibàtóu） 在砀山县西北部，属官庄坝镇龙潭村民委员会下辖的居民点。地处龙潭村西部，东至黄楼，南至杨堤口，西至小杨楼，北至刘楼村。距砀山县人民政府驻地21.1千米。占地面积0.38平方千米。126户，480人，民族多为汉族。

从前，故黄河流经此地时，为防止决口，村民在此筑了高高的坝子，故名盖坝头。新中国成立初期属官庄区。1958年属官庄人民公社。1980年属龙潭小乡。2007年撤区并乡，属官庄坝镇至今。

小杨楼

小杨楼（Xiǎoyánglóu） 在砀山县西北部，属官庄坝镇龙潭村民委员会下辖的居民点。地处龙潭村西部，东至盖坝头，南至杨堤口，西至河南省虞城县乔东，北至大刘楼。距砀山县人民政府驻地21.6千米。占地面积0.58平方千米。156户，605人，民族多为汉族。

从前，本庄以杨姓人居多，且建造了一座小楼，故得名。新中国成立初期属官庄区。1958年属官庄人民公社。1980年属龙潭小乡。2007年撤区并乡，属官庄坝镇至今。

徐楼

徐楼（Xúlóu） 在砀山县西北部，属官庄坝镇龙潭村民委员会下辖的居民点。地处龙潭村东南部，东至前王庄，南至张花园，西至朱李楼，北至官堤口。距砀山县人民政府驻地16.9千米。占地面积0.58平方千米。169户，632人，民族多为汉族。

据查，以前徐姓在此立庄建楼，故而得名。新中国成立初期属官庄区。1958年属官庄人民公社。1980年属龙潭小乡。2007年撤区并乡，属官庄坝镇至今。

张花园

张花园（Zhānghuāyuán） 在砀山县西北部，属官庄坝镇龙潭村民委员会下辖的居民点。地处龙潭村东南部，东至毛庄，南至汪集，西至朱李楼，北至徐楼。距砀山县人民政府驻地16.1千米。占地面积0.25平方千米。85户，310人，民族多为汉族。

以前，张氏家族在此经营花园，故此得名。新中国成立初期，由于庄小人少，曾挪往高新庄，后来又挪回来。1953年属官庄区。1958年属官庄人民公社。1980年属龙潭小乡。2007年撤区并乡，属官庄坝镇至今。

杨堤口

杨堤口（Yángdīkǒu） 在砀山县西北部，属官庄坝镇龙潭村民委员会下辖的居民点。地处龙潭村南部，东至曹庄，南至曹庄镇汪寨，西至河南省虞城县裴马庄，北至盖坝头。距砀山县人民政府驻地21.2千米。占地面积0.55平方千米。161户，606人，民族多为汉族。

从前，本庄杨姓人氏多，坐落在黄河大堤缺口处，故而得名。新中国成立初期属官庄区。1958年属官庄人民公社。1980年属龙潭小乡。2007年撤区并乡，属官庄坝镇至今。

高新庄

高新庄（Gāoxīnzhuāng） 在砀山县西北部，属官庄坝镇龙潭村民委员会下辖的居民点。地处龙潭村东部，东至官庄，南至朱李楼，西至小曹庄，北至黄楼。距砀山县人民政府驻地18.4千米。占地面积2.01平方千米。522户，2013人，民族多为汉族。

从前，此地为高庄、新庄两个村，东头为高庄，西头为新庄，后来合并，故名高新庄。新中国成立初期属官庄区。1958年属官庄人民公社。1980年属龙潭小乡。2007年撤区并乡，属官庄坝镇至今。

小朱庄

小朱庄（Xiǎozhūzhuāng） 在砀山县西北部，属官庄坝镇吴集村民委员会下辖的居民点。地处吴集村东北部，东至范庄，南至小吴集，西至吴集，北至徐堤口。距砀山县人民政府驻地10.8千米。占地面积0.1平方千米。16户，60人，民族多为汉族。

明朝初年，从山西省洪洞县迁来朱姓兄弟三人，老大在大朱庄，老二在小朱庄，老三在范庄。1976年，因某种原因将范庄更名为小朱庄。新中国成立初期属东风公社。1980年属吴集小乡。2007年撤区并乡，属官庄坝镇吴集村。

后井

后井（Hòujǐng） 在砀山县西北部，属官庄坝镇吴集村民委员会下辖的居民点。地处吴集村东南部，东至陈王屯，南至周屯，西至小吴集，北至后陈屯。距砀山县人民政府驻地9.1千米。占地面积0.48平方千米。77户，270人，民族多为汉族。

明代末年洪水过后，有王姓、陈姓迁入此地，庄后有一口井，故取名为后井。新中国成立初期属东风公社。1980年属吴集小乡。2007年撤区并乡，属官庄坝镇吴集村。

后陈屯

后陈屯（Hòuchéntún） 在砀山县西北部，属官庄坝镇吴集村民委员会下辖的居民点。地处吴集村东部，东至县农科所，南至陈王屯，西至小吴集，北至段庄。距砀山县人民政府驻地9.3千米。占地面积0.49平方千米。76户，280人，民族多为汉族。

明朝初年迁民时，有陈姓两家在此屯田，一个住前面叫前陈屯，一个住后面叫后陈屯。新中国成立初期属东风公社。1980年属吴集小乡。2007年撤区并乡，属官庄坝镇吴集村。

段庄

段庄（Duànzhuāng） 在砀山县西北部，属官庄坝镇吴集村民委员会下辖的居民点。地处吴集村东部，东至刘屯，南至后陈屯，西至吴集，北至姚楼。距砀山县人民政府驻地9.6千米。占地面积1.26平方千米。226户，802人，民族多为汉族。

明代末期，洪水过后，有段家、郭家两姓迁入此地，因段姓居多，故起名段庄。新中国成立初期属东风公社。1958年属陈庄人民公社。1980年属吴集小乡。2007年撤区并乡，属官庄坝镇吴集村。

范庄

范庄（Fànzhuāng） 在砀山县西北部，属官庄坝镇吴集村民委员会下辖的居民点。地处吴集村东北部，东至段庄，南至小吴集，西至小朱庄，北至冯窑。距砀山县人民政府驻地11.3千米。占地面积0.83平方千米。146户，510人，民族多为汉族。

明代末年洪水过后，从山西省洪洞县迁民至此，当时都是姓范的人家，故起名范庄。新中国成立初期属城西东风公社，后归属陈庄公社、吴集乡。2007年属官庄坝镇吴集村。

陈王屯

陈王屯（Chénwángtún） 在砀山县西北部，属官庄坝镇吴集村民委员会下辖的居民点。地处吴集村东南部，东至棉花原种场，南至赵屯镇梅屯村，西至后井，北至刘屯。距砀山县人民政府驻地8.2千米。占地面积1.63平方千米。267户，1006人，民族多为汉族。

陈王屯是前陈屯和王屯合并在一起的统称。明朝末年，迁民时有陈姓、王姓两户家属屯户（古代屯户属军人出身，可不纳税）。新中国成立初期，此地属东风公社。1958年属陈庄人民公社。1980年属官庄区吴集小乡。1988年属官庄坝镇段庄村。2007年并村后属吴集村。

刘屯

刘屯（Liútún） 在砀山县西北部，属官庄坝镇吴集村民委员会下辖的居民点。地处吴集村东部，东至棉花原种场，南至陈王屯，西至段庄，北至玄庙镇三联村杨庄。距砀山县人民政府驻地8.6千米。占地面积1.51平方千米。312户，1103人，民族多为汉族。

明代末年，刘姓、张姓、葛姓、边姓迁入此地屯田，当时由于刘姓人最多，故起名刘屯。1958年属陈庄人民公社。1980年属官庄区吴集小乡。1988年属官庄坝镇段庄村。2007年并村后属吴集村。

周屯

周屯（Zhōutún） 在砀山县西北部，属官庄坝镇吴集村民委员会下辖的居民点。地处吴集村东南部，东至陈王屯，南至赵屯镇姚屯，西至权王庄，北至小吴集。距砀山县人民政府驻地8.9千米。占地面积0.76平方千米。132户，470人，民族多为汉族。

明洪武十七年（1384年），周姓从山西省平阳府洪洞县广济寺大槐树下迁移至此屯田，故名。新中国成立初期属东风公社，后属陈庄人民公社。1980年属吴集小乡。2007年撤区并乡，属官庄坝镇吴集村。

吴集

吴集（Wújí） 在砀山县西北部，属官庄坝镇吴集村民委员会下辖的居民点。东至小吴集，南至王庄，西至王草庙，北至徐堤口。距砀山县人民政府驻地10.83千米。占地面积1.05平方千米。162户，610人，民族多为汉族。

很久以前，有位吴姓的商贩来此处兴办集市、繁衍后代，故而得名。新中国成立初期属东风公社，后属陈庄人民公社。1980年属吴集小乡。2007年撤区并乡，属官庄坝镇吴集村。

小吴集

小吴集（Xiǎowújí） 在砀山县西北部，属官庄坝镇吴集村民委员会下辖的居民点。地处吴集村东部，东至后陈屯，东南至周屯，西至大吴集，北至小朱庄。距砀山县人民政府驻地9.6千米。占地面积0.52平方千米。83户，310人，民族多为汉族。

因从吴集迁出，故名小吴集。新中国成立初期属东风公社，后属陈庄人民公社。1980年属吴集小乡。2007年撤区并乡，属官庄坝镇吴集村。

蒋庄

蒋庄（Jiǎngzhuāng） 在砀山县西北部，属官庄坝镇刘楼村民委员会下辖的居民点。地处刘楼村中部，东至前张集，南至张庄，西至魏李，北至后张集。距砀山县人民政府驻地23.3千米。占地面积0.25平方千米。86户，301人，民族多为汉族。

以前，蒋姓在此安庄，后住张集寨内，新中国成立初期形成庄，叫蒋庄。新中国成立初期属城西东风公社刘楼四社。1958年属官庄人民公社。1980年属官庄区龙潭乡。1988年属官庄坝镇张集村。2006年属官庄坝镇刘楼村。

下河贾庄

下河贾庄（Xiàhéjiǎzhuāng） 在砀山县西北部，属官庄坝镇刘楼村民委员会下辖的居民点。地处刘楼村北部，东至下河陈庄，南至后张集，西至三省界桩，北隔黄河故道与山东省单县相望。距砀山县人民政府驻地25.3千米。占地面积0.23平方千米。41户，140人，民族多为汉族。

新中国成立前，贾姓从山东来到此安庄，北部就是故黄河，故叫下河贾庄。新中国成立初期属城西东风公社刘楼四社。1958年属官庄人民公社。1980年属官庄区龙潭乡。1988年属官庄坝镇黄庄村。2006年属官庄坝镇刘楼村。

张庄

张庄（Zhāngzhuāng） 在砀山县西北部，属官庄坝镇刘楼村民委员会下辖的居民点。地处刘楼村西南部，东至刘楼，南至大刘楼，西至河南省虞城县，北至魏李。距砀山县人民政府驻地23.1千米。占地面积0.54平方千米。170户，631人，民族多为汉族。

新中国成立前，张姓在此买地安庄，故名。新中国成立初期属城西东风公社刘楼四社。1958年属官庄人民公社。1980年属官庄区龙潭乡。1988年属官庄坝镇。2006年属官庄坝镇刘楼村。

黄庄

黄庄（Huángzhuāng） 在砀山县西北部，属官庄坝镇刘楼村民委员会下辖的居民点。地处刘楼村东北部，东至张野场，南至林场，西至后张集，北至黄河故道。距砀山县人民政府驻地24.7千米。占地面积0.29平方千米。81户，308人，民族多为汉族。

清朝末年，黄姓人家从山东省单县迁来买田安庄，故名。新中国成立前属砀山第四区。新中国成立初期属城西东风公社刘楼四社。1958年属官庄人民公社。1980年属龙潭乡。1988年属官庄坝镇林场村。2006年隶属官庄坝镇刘楼村。

下河陈庄

下河陈庄（Xiàhéchénzhuāng） 在砀山县西北部，属官庄坝镇刘楼村民委员会下辖的居民点。地处刘楼村北部，东至黄河滩，南至黄庄，西至下河贾庄，北至黄河湿地。距砀山县人民政府驻地25.9千米。占地面积0.18平方千米。46户，160人，民族多为汉族。

新中国成立前，陈姓从山东来到此处安庄，因靠近故黄河，故叫下河陈庄。新中国成立初期属城西东风公社刘楼四社。1958年属官庄人民公社。1988年属官庄坝镇黄庄村。2006年隶属官庄坝镇刘楼村。

裴台

裴台（Péitái） 在砀山县西北部，属官庄坝镇刘楼村民委员会下辖的居民点。地处刘楼村西南部，东至刘楼，南至河南省虞城县乔集，西至河南省虞城县赵新庄，北至张庄。距砀山县人民政府驻地22.6千米。占地面积0.51平方千米。151户，564人，民族多为汉族。

以前，裴姓人家在此地安庄，因怕黄河水泛滥，故筑高台，故名裴台。新中国成立初期属砀城西东风公社刘楼四社。1958年属官庄人民公社。1980年属龙潭乡。2006年属官庄坝镇刘楼村。

小刘楼

小刘楼（Xiǎoliúlóu） 在砀山县西北部，属官庄坝镇刘楼村民委员会下辖的居民点。地处刘楼村南部，东至小康庄，南至盖坝头，西至大刘楼，北至张集。距砀山县人民政府驻地22.3千米。占地面积0.23平方千米。71户，260人，民族多为汉族。

新中国成立初期，从大刘楼分出部分农户，成立小刘楼。新中国成立初期属砀城西东风公社刘楼四社。1958年属官庄人民公社。1980年属龙潭乡。2006年属官庄坝镇刘楼村。

大刘楼

大刘楼（Dàliúlóu） 在砀山县西北部，属官庄坝镇刘楼村民委员会下辖的居民点。地处刘楼村南部，东至小刘楼，南至河南省虞城县乔集，西至裴台，北至张庄。距砀山县人民政府驻地22.5千米。占地面积0.35平方千米。99户，408人，民族多为汉族。

新中国成立前，刘姓人氏在此安庄建楼，因庄体大，故名大刘楼。新中国成立初期属砀城西东风公社刘楼四社。1958年属官庄人民公社。1980年属龙潭乡。2006年属官庄坝镇刘楼村。

黄庄

黄庄（Huángzhuāng） 在砀山县西北部，属官庄坝镇官庄社区居民委员会下辖的居民点。地处官庄社区北部，东至土山，南至官庄，西南至高新庄，北至岳坑。距砀山县人民政府驻地17.8千米。占地面积0.51平方千米。145户，550人，民族多为汉族。

以前，有黄姓在此地建庄，命名为黄庄。新中国成立初期属官庄乡。1958年属官庄人民公社。1988年属官庄坝镇。2014年属官庄社区居民委员会至今。

官北

官北（Guānběi） 在砀山县西北部，属官庄坝镇官庄社区居民委员会下辖的居民点。地处官庄社区中部，东至官东村，南至官南村，西至高新庄，北至黄庄村。距砀山县人民政府驻地17.3千米。占地面积0.61平方千米。181户，703人，民族多为汉族。

官北的地名来源于官庄坝。早年黄河流经北部，为防止黄河泛滥，便修筑了堤坝，因该坝坐落在官姓人家的村庄，故名官庄坝。而现在的官庄社区居民委员会分为三大块，以十字街为中心，官庄蔬菜市场便为官北。新中国成立初期属官庄乡。1958年为官庄公社。2014年划为官庄社区居民委员会。

官东

官东（Guāndōng） 在砀山县西北部，属官庄坝镇官庄社区居民委员会下辖的居民点。地处官庄社区东部，东至土山，南至官南，西至高新庄，北至官北。距砀山县人民政府驻地16.8千米。占地面积0.61平方千米。172户，650人，民族多为汉族。

官庄社区十字街以东为官东村。新中国成立初期属官庄乡。1958年为官庄公社。2014年，属官庄社区居民委员会至今。

官南

官南（Guānnán） 在砀山县西北部，属官庄坝镇官庄社区居民委员会下辖的居民点。地处官庄社区南部，东至官东，南至前王庄，西至高新庄，北至官北。距砀山县人民政府驻地17.1千米。占地面积0.63平方千米。179户，689人，民族多为汉族。

官庄社区居民委员会以十字街为中心，官庄邮政所南为官南村。新中国成立初期属官庄乡。1958年为官庄公社。2014年属官庄社区居民委员会。

秦庄

秦庄（Qínzhuāng） 在砀山县西北部，属官庄坝镇秦庄社区居民委员会下辖的居民点。地处秦庄居民委员会中部，东至岳堤口，南至敬老院，西至南门口，北至畜牧场。距砀山县人民政府驻地15.5千米。占地面积0.53平方千米。159户，595人，民族多为汉族。

以前，秦氏家族人口多，有良田千亩，并有商店、茶馆，由此得名秦庄。新中国成立初期属官庄区孙楼乡。1958年属官庄公社秦庄大队。2014年属秦庄社区居民委员会至今。

前王庄

前王庄（Qiánwángzhuāng） 在砀山县西北部，属官庄坝镇秦庄社区居民委员会下辖的居民点。地处秦庄居民委员会西部，东至南门口，南至顺堤河，西至龙潭村徐楼，北至官庄。距砀山县人民政府驻地16.7千米。占地面积1.08平方千米。285户，1101人，民族多为汉族。

新中国成立前，王姓在此占产立庄，当时人少村小，在官庄坝的前面，故而得名。1953年属官庄乡前王庄一社。1958年属官庄公社秦庄大队。2014年属官庄坝镇秦庄社区至今。

南门口

南门口（Nánménkǒu） 在砀山县西北部，属官庄坝镇秦庄社区居民委员会下辖的居民点。地处秦庄居民委员会西部，东至秦庄，南至顺堤河，西至前王庄，北至官庄。距砀山县人民政府驻地16.2千米。占地面积1.03平方千米。266户，1002人，民族多为汉族。

因本村坐落在故黄河大堤上，系官庄坝的南门口，故名。新中国成立初期属官庄乡一社管理。1958年属官庄公社秦庄大队。1988年属官庄坝镇秦庄社区管理至今。

岳堤口

岳堤口（Yuèdīkǒu） 在砀山县西北部，属官庄坝镇秦庄社区居民委员会下辖的居民点。地处秦庄居民委员会中部，东至汪李庄，南至敬老院，西至秦庄，北至畜牧场。距砀山县人民政府驻地15.3千米。占地面积0.53平方千米。143户，555人，民族多为汉族。

本村坐落在大堤以北，为交通方便，由岳姓开通大堤缺口，故命名为岳堤口。新中国成立初期属官庄区孙楼乡。1958年属官庄公社秦庄大队。2014年划为秦庄社区居民委员会至今。

岳坑

岳坑（Yuèkēng） 在砀山县西北部，属官庄坝镇岳庄坝村民委员会下辖的居民点。地处岳庄坝村西部，东至国楼，南至黄庄，西至后徐庄，北至张新庄。距砀山县人民政府驻地18.1千米。占地面积1.78平方千米。268户，1015人，民族多为汉族。

清朝初年洪水过后，岳姓人家迁入此地，因村头有一大水坑，故得名岳坑。新中国成立初期属官庄乡。1958年属官庄人民公社。1988年属官庄坝镇。2007年村级合并，属岳庄坝村民委员会至今。

陈庄

陈庄（Chénzhuāng） 在砀山县西北部，属官庄坝镇岳庄坝村民委员会下辖的居民点。地处岳庄坝村西部，东至张老家，南至岳坑，西至吴庄，北至黄河故道。距砀山县人民政府驻地19.3千米。占地面积0.2平方千米。27户，105人，民族多为汉族。

民国时期，陈氏家族带领家眷到此安庄居住，故名陈庄。新中国成立初期属官庄乡。1958年属官庄人民公社。1988年属官庄坝镇。2007年村级合并，属岳庄坝村民委员会至今。

小徐庄

小徐庄（Xiǎoxúzhuāng） 在砀山县西北部，属官庄坝镇岳庄坝村民委员会下辖的居民点。地处岳庄坝村北部，东至引黄沟，南至刘庄，西至孙庄，北至县林场。距砀山县人民政府驻地16.6千米。占地面积0.27

平方千米。52 户，190 人，民族多为汉族。

明代末年洪水过后，有徐姓从河北逃荒到此安庄，因庄小，故叫小徐庄。新中国成立初期属官庄乡。1958 年属官庄人民公社。1988 年属官庄坝镇。2007 年村级合并，为岳庄坝村民委员会至今。

孙岗

孙岗（Sūngǎng） 在砀山县西北部，属官庄坝镇岳庄坝村民委员会下辖的居民点。地处岳庄坝村西部，东至国楼，南至岳坑，西至后徐庄，北至张新庄。距砀山县人民政府驻地 18.3 千米。占地面积 0.05 平方千米。6 户，23 人，民族多为汉族。

因地处故黄河南岸的高岗子处，是岳坑村内姓孙的人家搬过去居住，故叫孙岗。新中国成立初期属官庄乡。1958 年属官庄人民公社。1988 年属官庄坝镇。2007 年村级合并，属岳庄坝村民委员会至今。

孙庄

孙庄（Sūnzhuāng） 在砀山县西北部，属官庄坝镇岳庄坝村民委员会下辖的居民点。地处岳庄坝村西北部，东至小徐庄，南至刘庄，西至国楼，北至刘堤头。距砀山县人民政府驻地 16.8 千米。占地面积 0.48 平方千米。61 户，220 人，民族多为汉族。

明末洪水过后，有孙姓、杨姓两家迁入此地，前头住姓孙的，后头住姓杨的，因孙姓家族较大，故叫孙庄。新中国成立初期属官庄乡。1958 年属官庄人民公社。1988 年属官庄坝镇。2007 年村级合并，属岳庄坝村民委员会至今。

后岳庄

后岳庄（Hòuyuèzhuāng） 在砀山县西北部，属官庄坝镇岳庄坝村民委员会下辖的居民点。地处岳庄坝村东部，东至黄河故道果园场，南至前岳庄，西至岳楼，北至县林场。距砀山县人民政府驻地 15.6 千米。占地面积 0.71 平方千米。126 户，435 人，民族多为汉族。

明代末年洪水过后，有岳姓兄弟俩从外地迁来，一个住前，一个住后，因此取名后岳庄。新中国成立初期属官庄乡。1958 年属官庄人民公社。1988 年属官庄坝镇。2007 年村级合并，属岳庄坝村民委员会至今。

岳楼

岳楼（Yuèlóu） 在砀山县西北部，属官庄坝镇岳庄坝村民委员会下辖的居民点。地处岳庄坝村中部，东至后岳庄，南至中心沟，西至刘庄，北至县林场。距砀山县人民政府驻地 16.4 千米。占地面积 0.73 平方千米。129 户，440 人，民族多为汉族。

明代末年，洪水过后，有岳姓人家从河北逃荒到此地，盖一土楼，故叫岳楼。新中国成立初期属官庄乡。1958 年属官庄人民公社。1988 年属官庄坝镇。2007 年村级合并，属岳庄坝村民委员会至今。

马庄

马庄（Mǎzhuāng） 在砀山县西北部，属官庄坝镇岳庄坝村民委员会下辖的居民点。地处岳庄坝村西部，东至吴庄小学，南至后徐庄，西至张野场，北至王庄。距砀山县人民政府驻地 20.6 千米。占地面积 0.32 平方千米。49 户，196 人，民族多为汉族。

清末，有一马姓人家逃荒到此耕种，后又有马姓迁入，且越来越多的人迁入此地立庄，故得名马庄。新中国成立初期属官庄乡。1958 年属官庄人民公社。1988 年属官庄坝镇。2007 年村级合并，属岳庄坝村民委员会至今。

吴庄

吴庄（Wúzhuāng） 在砀山县西北部，属官庄坝镇岳庄坝村民委员会下辖的居民点。地处岳庄坝村西部，东至陈庄，南至吴庄小学，西至王庄，北至张河崖。距砀山县人民政府驻地20.2千米。占地面积1.39平方千米。258户，990人，民族多为汉族。

清末，洪水过后，有大片良田能够耕种，就有吴姓人家迁入此地立庄居住，得名吴庄。新中国成立初期属官庄乡。1958年属官庄人民公社。1988年属官庄坝镇。2007年村级合并，属岳庄坝村民委员会至今。

张新庄

张新庄（Zhāngxīnzhuāng） 在砀山县西北部，属官庄坝镇岳庄坝村民委员会下辖的居民点。地处岳庄坝村西部，东至刘堤头，南至孙岗，西至吴庄小学，北至张老家。距砀山县人民政府驻地19千米。占地面积0.39平方千米。78户，280人，民族多为汉族。

此村是由张老家张姓迁入到此建立的新庄，故叫张新庄。新中国成立初期属官庄乡。1958年属官庄人民公社。1988年属官庄坝镇。2007年村级合并，属岳庄坝村民委员会至今。

张老家

张老家（Zhānglǎojiā） 在砀山县西北部，属官庄坝镇岳庄坝村民委员会下辖的居民点。地处岳庄坝村西部，东至刘堤头，南至张新庄，西至陈庄，北至黄河故道。距砀山县人民政府驻地19.6千米。占地面积0.91平方千米。168户，598人，民族多为汉族。

相传，山西张姓人家逃荒到此落户，占地种田，由于黄河滩地土地肥沃，越来越多的张姓本家也到此居住，故得名张老家。新中国成立初期属官庄乡。1958年属官庄人民公社。1988年属官庄坝镇。2007年村级合并，属岳庄坝村民委员会至今。

后徐庄

后徐庄（Hòuxúzhuāng） 在砀山县西北部，属官庄坝镇岳庄坝村民委员会下辖的居民点。地处岳庄坝村西部，东至岳坑，南至高新庄，西至康庄，北至马庄。距砀山县人民政府驻地19.8千米。占地面积1.39平方千米。313户，1208人，民族多为汉族。

明代末年，洪水过后，徐姓家族迁入此地，立前后两个徐庄。因本庄在后，故名后徐庄。新中国成立初期属官庄乡。1958年属官庄人民公社。1988年属官庄坝镇。2007年村级合并，属岳庄坝村民委员会至今。

刘庄

刘庄（Liúzhuāng） 在砀山县西北部，属官庄坝镇岳庄坝村民委员会下辖的居民点。地处岳庄坝村西部，东至岳楼，南至土山，西至国楼，北至孙庄。距砀山县人民政府驻地16.1千米。占地面积1.21平方千米。175户，650人，民族多为汉族。

明末洪水过后，有刘姓、张姓、单姓三大家族迁入此地，因刘姓家族较大，所以叫刘庄。新中国成立初期属官庄乡。1958年属官庄人民公社。1988年属官庄坝镇。2007年村级合并，属岳庄坝村民委员会至今。

康庄

康庄（Kāngzhuāng） 在砀山县西北部，属官庄坝镇岳庄坝村民委员会下辖的居民点。地处岳庄坝村西部，东至后徐庄，南至黄楼，西至张集，北至张野场。距砀山县人民政府驻地21.7千米。占地面积0.14平方千米。23户，85人，民族多为汉族。

清朝中期，一场洪水过后，康姓家族迁入此地立庄，故而得名康庄。新中国成立初期属官庄乡。1958年属官庄人民公社。1988年属官庄坝镇。2007年村级合并，属岳庄坝村民委员会至今。

张河涯

张河涯（Zhānghéyá） 在砀山县西北部，属官庄坝镇岳庄坝村民委员会下辖的居民点。地处岳庄坝村西部，东至刘堤头，南至吴庄，西至张野场，北至黄河故道。距砀山县人民政府驻地20.6千米。占地面积0.35平方千米。52户，198人，民族多为汉族。

相传，明末有张姓人家从山西逃荒到此，找一高处建房居住，因靠近黄河，故得名张河涯。新中国成立初期属官庄乡。1958年属官庄人民公社。1988年属官庄坝镇。2007年村级合并，属岳庄坝村民委员会至今。

王庄

王庄（Wángzhuāng） 在砀山县西北部，属官庄坝镇岳庄坝村民委员会下辖的居民点。地处岳庄坝村西部，东至吴庄，南至马庄，西至张野场，北至黄河故道。距砀山县人民政府驻地20.8千米。占地面积0.36平方千米。58户，229人，民族多为汉族。

明朝末年，有李姓、王姓迁入此地，因王姓人多，故而得名王庄。新中国成立初期属官庄乡。1958年属官庄人民公社。1988年属官庄坝镇。2007年村级合并，属岳庄坝村民委员会至今。

国楼

国楼（Guólóu） 在砀山县西北部，属官庄坝镇岳庄坝村民委员会下辖的居民点。地处岳庄坝村西部，东至刘庄，南至岳坑，西至张新庄，北至刘堤头。距砀山县人民政府驻地18.1千米。占地面积0.31平方千米。56户，180人，民族多为汉族。

明代末年洪水过后，谷姓、国姓等几家来居住，因国姓人氏是个财主，建了楼房，故名国楼。新中国成立初期属官庄乡。1958年属官庄人民公社。1988年属官庄坝镇。2007年村级合并，属岳庄坝村民委员会至今。

刘堤头

刘堤头（Liúdītóu） 在砀山县西北部，属官庄坝镇岳庄坝村民委员会下辖的居民点。地处岳庄坝村西北部，东至县林场，南至孙庄，西至张老家，北至故黄河湿地。距砀山县人民政府驻地17.3千米。占地面积1.12平方千米。140户，521人，民族多为汉族。

明代末年洪水过后，刘姓在故黄河大堤下居住，因洪水冲积成一个大土堆，故叫刘堤头。新中国成立初期属官庄乡。1958年属官庄人民公社。1988年属官庄坝镇。2007年村级合并，属岳庄坝村民委员会至今。

曹庄镇

老张庄

老张庄（Lǎozhāngzhuāng） 在砀山县西部，属曹庄镇曹庄社区居民委员会管辖。距砀山县人民政府驻地13.8千米。占地面积0.62平方千米。156户，560人，民族多为汉族。

明代，汪姓在此立庄，叫老汪庄；后有张姓在老汪庄外挖了一口深井，供本庄吃水，人们感念他的恩德，便将老汪庄改为老张庄了。新中国成立初期属城西区。1956年属曹庄乡。1958年属曹庄公社。1980年属赵屯区曹庄乡。1988年属曹庄镇。2007年村级合并，归属曹庄镇曹庄社区居民委员会。

曹庄

曹庄（Cáozhuāng） 在砀山县西部，属曹庄镇曹庄社区居民委员会管辖。距砀山县人民政府驻地14.3千米。占地面积0.67平方千米。176户，665人，民族多为汉族。

明朝洪武年间，曹氏家族在此立庄，因人口众多，故而得名。新中国成立初期属城西区。1956年属曹庄乡。1958年属曹庄公社。1980年属赵屯区曹庄乡。1988年属曹庄镇。2007年村级合并，归属曹庄镇曹庄社区居民委员会。

彭楼

彭楼（Pénglóu） 在砀山县西部，属曹庄镇曹庄社区居民委员会管辖。距砀山县人民政府驻地14.8千米。占地面积0.74平方千米。198户，736人，民族多为汉族。

明末清初，汪氏、彭氏两家占地立村，建楼，故叫汪彭楼，后简称彭楼。新中国成立初期属城西区。1956年属曹庄乡。1958年属曹庄公社。1980年属赵屯区曹庄乡。1988年属曹庄镇。2007年村级合并，归属曹庄镇曹庄社区居民委员会。

陈屯

陈屯（Chéntún） 在砀山县西部，属曹庄镇曹庄社区居民委员会管辖。距砀山县人民政府驻地15.9千米。占地面积0.72平方千米。180户，620人，民族多为汉族。

新中国成立前，陈姓先民在此屯田，故得名陈屯。新中国成立初期属城西区。1956年属曹庄乡。1958年属曹庄公社。1980年属赵屯区曹庄乡。1988年属曹庄镇。2007年村级合并，归属曹庄镇曹庄社区居民委员会。

郑庄

郑庄（Zhèngzhuāng） 在砀山县西部，属曹庄镇曹庄社区居民委员会管辖。距砀山县人民政府驻地15.6千米。占地面积0.48平方千米。58户，220人，民族多为汉族。

明朝年间，郑氏在此立庄，因而得名。新中国成立初期属城西区。1956年属曹庄乡。1958年属曹庄公社。1980年属赵屯区曹庄乡。1988年属曹庄镇。2007年村级合并，归属曹庄镇曹庄社区居民委员会。

枣园

枣园（Zǎoyuán） 在砀山县西部，属曹庄镇曹庄社区居民委员会管辖。距砀山县人民政府驻地15.5千米。占地面积0.29平方千米。72户，240人，民族多为汉族。

该地枣树多，形成了园，故名枣园。新中国成立初期属城西区。1956年属曹庄乡。1958年属曹庄公社。1980年属赵屯区曹庄乡。1988年属曹庄镇。2007年村级合并，归属曹庄镇曹庄社区居民委员会。

瓦房

瓦房（Wǎfáng） 在砀山县西部，属曹庄镇曹庄社区居民委员会管辖。距砀山县人民政府驻地15.8千米。占地面积0.38平方千米。102户，368人，民族多为汉族。

100年以前，王姓在此地建三间瓦房，故名瓦房。新中国成立初期属城西区。1956年属曹庄乡。1958年属曹庄公社。1980年属赵屯区曹庄乡。1988年属曹庄镇。2007年村级合并，归属曹庄镇曹庄社区居民委员会。

汪小屯

汪小屯（Wāngxiǎotún） 在砀山县西部，属曹庄镇曹庄社区居民委员会管辖。距砀山县人民政府驻地15.7千米。占地面积0.41平方千米。110户，391人，民族多为汉族。

明朝年间，有一户财主姓汪，方圆几

百亩土地都被汪家买完，建成一个屯，故而得名。新中国成立初期属城西区。1956年属曹庄乡。1958年属曹庄公社。1980年属赵屯区曹庄乡。1988年属曹庄镇。2007年村级合并，归属曹庄镇曹庄社区居民委员会。

黄窑

黄窑（Huángyáo） 在砀山县西部，属曹庄镇曹庄社区居民委员会管辖。距砀山县人民政府驻地13.2千米。占地面积0.32平方千米。79户，286人，民族多为汉族。

明代时期，从山西迁来一户人家姓黄，以烧窑谋生，故名黄窑。新中国成立初期属城西区。1956年属曹庄乡。1958年属曹庄公社。1980年属赵屯区曹庄乡。1988年属曹庄镇。2007年村级合并，归属曹庄镇曹庄社区居民委员会。

王屯

王屯（Wángtún） 在砀山县西部，属曹庄镇曹庄社区居民委员会管辖。距砀山县人民政府驻地16.2千米。占地面积0.65平方千米。161户，628人，民族多为汉族。

新中国成立前，王氏在此屯田，人口众多，故而得名。新中国成立初期属城西区。1956年属曹庄乡。1958年属曹庄公社。1980年属赵屯区曹庄乡。1988年属曹庄镇。2007年村级合并，归属曹庄镇曹庄社区居民委员会。

戚楼

戚楼（Qīlóu） 在砀山县西部，属曹庄镇曹庄社区居民委员会管辖。距砀山县人民政府驻地14.02千米。占地面积0.65平方千米。170户，650人，民族多为汉族。

新中国成立前，戚姓人家在此立庄建楼，所以得名。新中国成立初期属城西区。1956年属曹庄乡。1958年属曹庄公社。1980年属赵屯区曹庄乡。1988年属曹庄镇。2007年村级合并，归属曹庄镇曹庄社区居民委员会。

尚庄

尚庄（Shàngzhuāng） 在砀山县西部，属曹庄镇曹庄社区居民委员会管辖。距砀山县人民政府驻地13.7千米。占地面积0.61平方千米。155户，565人，民族多为汉族。

据查，本支尚姓在明代由山西省迁至山东省金乡县，清代初尚氏族中分支乔迁于此，买地立庄，因姓得名。新中国成立初期属城西区。1956年属曹庄乡。1958年属曹庄公社。1980年属赵屯区曹庄乡。1988年属曹庄镇。2007年村级合并，归属曹庄镇曹庄社区居民委员会。

张新庄

张新庄（Zhāngxīnzhuāng） 在安徽省砀山县西部，属曹庄镇曹庄社区居民委员会管辖。距砀山县人民政府驻地13.4千米。占地面积0.38平方千米。110户，402人，民族多为汉族。

据查，本庄张姓在明代由山西省迁至此地，买地新建村庄，因姓得名。新中国成立初期属城西区。1956年属曹庄乡。1958年属曹庄公社。1980年属赵屯区曹庄乡。1988年属曹庄镇。2007年村级合并，归属曹庄镇曹庄社区居民委员会。

朱庄

朱庄（Zhūzhuāng） 在砀山县西部，属曹庄镇梨园新村村民委员会管辖。距砀山县人民政府驻地13.4千米。占地面积1.31平方千米。336户，1201人，民族多为汉族。

从前，朱姓先民在此立庄，故名朱庄。1958年属城西东风公社。1961年属曹庄公社。1980年属赵屯区曹庄乡。1988年属曹庄镇。

2008年村级合并，属梨园新村管理至今。

戚庄

戚庄（Qīzhuāng） 在砀山县西部，属曹庄镇梨园新村村民委员会管辖。距砀山县人民政府驻地14.3千米。占地面积0.65平方千米。153户，570人，民族多为汉族。

明朝年间戚氏在此立庄，故而得名。1958年属城西东风公社。1961年属曹庄公社。1980年属赵屯区曹庄乡。1988年属曹庄镇。2008年村级合并，属梨园新村管理至今。

徐庄

徐庄（Xúzhuāng） 在砀山县西部，属曹庄镇梨园新村村民委员会管辖。距砀山县人民政府驻地14.2千米。占地面积0.46平方千米。115户，390人，民族多为汉族。

明末清初，徐姓从外地迁来，在此立庄，故而得名。1953年属孙楼乡。1958年属城西东风公社。1961年属曹庄公社。1980年属赵屯区曹庄乡。1988年属曹庄镇。2008年村级合并，属梨园新村管理至今。

贾庄

贾庄（Jiǎzhuāng） 在砀山县西部，属曹庄镇梨园新村村民委员会管辖。距砀山县人民政府驻地13.8千米。占地面积0.23平方千米。57户，190人，民族多为汉族。

明朝期间，贾姓在此建庄，故而得名。1953年属孙楼乡。1958年属城西东风公社。1961年属曹庄公社。1980年属赵屯区曹庄乡。1988年属曹庄镇。2008年村级合并，属梨园新村管理至今。

闫庄

闫庄（Yánzhuāng） 在砀山县西部，属曹庄镇梨园新村村民委员会管辖。距砀山县人民政府驻地15.2千米。占地面积1.23平方千米。309户，1189人，民族多为汉族。

明朝期间，闫姓在此建庄，故而得名。1953年属孙楼乡。1958年属城西东风公社。1961年属曹庄公社。1980年属赵屯区曹庄乡。1988年属曹庄镇。2008年村级合并，属梨园新村管理至今。

孙楼

孙楼（Sūnlóu） 在砀山县西部，属曹庄镇梨园新村村民委员会管辖。距砀山县人民政府驻地13.9千米。占地面积1.42平方千米。361户，1206人，民族多为汉族。

从前，因孙氏家族在此建楼，故而得名。1953年属孙楼乡。1958年属城西东风公社。1961年属曹庄公社。1980年属赵屯区曹庄乡。1988年属曹庄镇。2008年村级合并，属梨园新村管理至今。

段庄

段庄（Duànzhuāng） 在砀山县西部，属曹庄镇梨园新村村民委员会管辖。距砀山县人民政府驻地13.2千米。占地面积0.35平方千米。56户，208人，民族多为汉族。

民国时期，段氏在此立庄，故而得名。1953年属孙楼乡。1958年属城西东风公社。1961年属曹庄公社。1980年属赵屯区曹庄乡。1988年属曹庄镇。2008年村级合并，属梨园新村管理至今。

关庄

关庄（Guānzhuāng） 在砀山县西部，属曹庄镇科技新村村民委员会管辖。距砀山县人民政府驻地13.6千米。占地面积0.56平方千米。105户，421人，民族多为汉族。

从前，有一户姓关的人家在此占产立庄，起名叫关庄。1958年属城西东风公社。1961年属曹庄公社。1980年属赵屯区曹庄乡。1988年属曹庄镇。2007年属科技新村至今。

汪庄

汪庄（Wāngzhuāng） 在砀山县西部，属曹庄镇科技新村村民委员会管辖。距砀山县人民政府驻地13.5千米。占地面积0.47平方千米。82户，315人，民族多为汉族。

据查，早年姓汪的人家住在此地，成了一个小庄，故而得名。1958年属城西东风公社。1961年属曹庄公社。1980年属赵屯区曹庄乡。1988年属曹庄镇。2007年属科技新村至今。

桑园

桑园（Sāngyuán） 在砀山县西部，属曹庄镇科技新村村民委员会管辖。距砀山县人民政府驻地13.7千米。占地面积0.24平方千米。53户，189人，民族多为汉族。

以前该村以种植桑树养蚕为生，故名桑园。1958年属城西东风公社。1961年属曹庄公社。1980年属赵屯区曹庄乡。1988年属曹庄镇。2007年属科技新村至今。

白庄

白庄（Báizhuāng） 在砀山县西部，属曹庄镇科技新村村民委员会管辖。距砀山县人民政府驻地13.8千米。占地面积0.23平方千米。53户，190人，民族多为汉族。

白姓先民在此立庄，故名白庄。1958年属城西东风公社。1961年属曹庄公社。1980年属赵屯区曹庄乡。1988年属曹庄镇。2007年属科技新村至今。

贾平庄

贾平庄（Jiǎpíngzhuāng） 在砀山县西部，属曹庄镇科技新村村民委员会管辖。距砀山县人民政府驻地14.4千米。占地面积0.46平方千米。83户，309人，民族多为汉族。

以前，有位叫贾平的人在此立庄，故名贾平庄。1958年属城西东风公社。1961年属曹庄公社。1980年属赵屯区曹庄乡。1988年属曹庄镇。2007年属科技新村至今。

贾油坊

贾油坊（Jiǎyóufáng） 在砀山县西部，属曹庄镇科技新村村民委员会管辖。距砀山县人民政府驻地14.8千米。占地面积0.59平方千米。113户，413人，民族多为汉族。

据查，400年前姓贾的人家在此开油坊，故而得名。1958年属城西东风公社。1961年属曹庄公社。1980年属赵屯区曹庄乡。1988年属曹庄镇。2007年属科技新村至今。

陈寨

陈寨（Chénzhài） 在砀山县西部，属曹庄镇科技新村村民委员会管辖。距砀山县人民政府驻地15.8千米。占地面积0.72平方千米。151户，585人，民族多为汉族。

早年这里的陈姓人民多达90%，为防止匪乱，他们围了一个寨子，取名叫陈寨。1958年属城西东风公社。1961年属曹庄公社。1978年属赵屯区曹庄乡。1980年属官庄坝区谢集乡。1988年属曹庄镇陈楼村。2007年合并为科技新村至今。

李庄

李庄（Lǐzhuāng） 在砀山县西部，属曹庄镇科技新村村民委员会管辖。距砀山县人民政府驻地15.8千米。占地面积0.28平方千米。46户，177人，民族多为汉族。

从前，姓李的和姓陈的有亲戚关系，就在陈家寨处住下，取名叫李庄。1958年属城西东风公社。1961年属曹庄公社。1978年属赵屯区曹庄乡。1980年属官庄坝区谢集乡。1988年属曹庄镇陈楼村。2007年合并为科技新村至今。

魏楼

魏楼（Wèilóu） 在砀山县西部，属曹庄镇科技新村村民委员会管辖。距砀山县人民政府驻地16.2千米。占地面积0.37平方千米。84户，316人，民族多为汉族。

据查，300多年前汪氏家族把姓魏的庄子买下，从前姓魏的人多，有楼，因此魏楼的名称一直沿用至今。1958年属城西东风公社。1961年属曹庄公社。1980年属赵屯区曹庄乡。1988年划为官庄坝乡。1989年又划为曹庄镇魏楼村。2007年合村，属科技新村至今。

陈楼

陈楼（Chénlóu）　在砀山县西部，属曹庄镇科技新村村民委员会管辖。距砀山县人民政府驻地15.7千米。占地面积0.74平方千米。178户，670人，民族多为汉族。

很早以前，陈家在此盖门楼，起名叫陈楼。1958年属城西东风公社。1961年属曹庄公社。1980年属赵屯区曹庄乡。1988年属官庄坝区谢集乡。1989年又回到曹庄乡。2007年属科技新村至今。

新庄

新庄（Xīnzhuāng）　在砀山县西部，属曹庄镇科技新村村民委员会管辖。距砀山县人民政府驻地15.1千米。占地面积0.47平方千米。84户，320人，民族多为汉族。

据查，以前由陈楼、张楼和王油坊每庄迁来几户，成立一个新庄，故而得名。1958年属城西东风公社。1961年属曹庄公社。1980年属官庄坝谢集小乡。1988年划归官庄坝。1989年又划为曹庄乡。2005年属曹庄镇陈楼村。2007年合村，属科技新村至今。

张楼

张楼（Zhānglóu）　在砀山县西部，属曹庄镇科技新村村民委员会管辖。距砀山县人民政府驻地14.3千米。占地面积0.75平方千米。172户，676人，民族多为汉族。

很早以前，这个庄子姓张的人买下了一块地，建了一座楼房，故名张楼。1958年属城西东风公社。1961年属曹庄公社。1980年属赵屯区谢集乡。1988年属官庄坝乡。1989年划属曹庄乡陈楼村。2005年属曹庄镇。2007年合并为科技新村至今。

常楼

常楼（Chánglóu）　在砀山县西部，属曹庄镇科技新村村民委员会管辖。距砀山县人民政府驻地14.6千米。占地面积0.37平方千米。79户，295人，民族多为汉族。

从前，姓常的人家在此立庄建楼，取名常楼。1958年属城西东风公社。1961年属曹庄公社。1980年属赵屯区曹庄乡。1988年属官庄区谢集乡。1989年属曹庄乡陈楼村。2005年属曹庄镇。2007年属科技新村至今。

回民许庄

回民许庄（Huímínxǔzhuāng）　在砀山县西部，属曹庄镇回民许庄村民委员会管辖。距砀山县人民政府驻地15.9千米。占地面积2.84平方千米。720户，2568人，民族有回族、汉族。

此地为回民聚集区，回民中多许姓，故而得名。1958年属城西东风公社。1961年属曹庄公社。1980年属赵屯区曹庄乡。1988年属官庄区谢集乡。2013年在中许庄原址上全面拆迁重建，合并前许、后许、河叉、中许4个自然村，重新组建，命名为回民许庄。

孟庄

孟庄（Mèngzhuāng）　在砀山县西部，属曹庄镇回民许庄村村民委员会管辖。距砀山县人民政府驻地16.1千米。占地面积

0.81 平方千米。172 户，667 人，民族多为汉族。

民国初期，此地是乡绅孟家的土地，佃户、长工在此居住，故而得名。新中国成立初期属官庄区。1958 年属城西陈庄人民公社。1965 年归官庄区谢集乡。1988 年撤乡并镇，属曹庄镇回民许庄村至今。

谢集

谢集（Xièjí） 在安徽省砀山县西部，属曹庄镇平安集村民委员会管辖。距砀山县人民政府驻地 16.8 千米。占地面积 2.58 平方千米。634 户，2406 人，民族多为汉族。

明代时期，谢姓在此占产立庄，成立集市，故而得名。新中国成立初期属城西陈庄人民公社。1980 年划为官庄区谢集乡。1988 年属曹庄镇谢集大队。2007 年合村后，属平安集村民委员会。

汪平庄

汪平庄（Wāngpíngzhuāng） 在砀山县西部，属曹庄镇平安集村民委员会管辖。距砀山县人民政府驻地 18.5 千米。占地面积 1.06 平方千米。251 户，912 人，民族多为汉族。

明代时期，汪姓在此占产立庄，因当时人少村小，故而得名。新中国成立初期属城西陈庄人民公社。1980 年属官庄区谢集乡。1988 年属曹庄镇汪平大队。2007 年并村，属平安集村民委员会至今。

杨庄

杨庄（Yángzhuāng） 在砀山县西部，属曹庄镇平安集村民委员会管辖。距砀山县人民政府驻地 17.5 千米。占地面积 0.5 平方千米。122 户，450 人，民族多为汉族。

明代时期，杨姓在此占产立庄，故而得名。新中国成立初期属城西陈庄人民公社。1980 年属官庄区谢集乡。1988 年属曹庄镇汪平大队。2007 年并村，属平安集村民委员会至今。

汪寨

汪寨（Wāngzhài） 在砀山县西部，属曹庄镇平安集村民委员会管辖。距砀山县人民政府驻地 18.7 千米。占地面积 0.78 平方千米。171 户，652 人，民族多为汉族。

明代时期，汪姓在此占产立庄，建寨，故而得名。新中国成立初期属城西陈庄人民公社。1980 年属官庄区谢集乡。1988 年属曹庄镇汪平大队。2007 年并村，属平安集村民委员会至今。

许林

许林（Xǔlín） 在砀山县西部，属曹庄镇平安集村民委员会管辖。距砀山县人民政府驻地 17.4 千米。占地面积 0.32 平方千米。63 户，230 人，民族多为汉族。

此处以前曾是许姓先民的一片林地，故名许林。新中国成立初期属城西陈庄人民公社。1980 年划入官庄区谢集乡。1988 年属曹庄镇汪平大队。2007 年并村后，属平安集村民委员会至今。

靛池许庄

靛池许庄（Diànchíxǔzhuāng） 在砀山县西部，属曹庄镇平安集村民委员会管辖。距砀山县人民政府驻地 17.7 千米。占地面积 1.19 平方千米。256 户，920 人，民族多为汉族。

新中国成立前，许氏家族在此做染布生意，从前染布有靛池，故名靛池许庄。新中国成立初期属城西陈庄人民公社。1980 年属官庄区谢集乡。1988 年属曹庄镇汪平大队。2007 年并村，属平安集村民委员会至今。

宋庄

宋庄（Sòngzhuāng） 在砀山县西部，属曹庄镇希望新村村民委员会管辖。距砀山县人民政府驻地16.9千米。占地面积0.41平方千米。112户，433人，民族多为汉族。

明代，宋氏家族人多，在此占产立庄，故而得名。新中国成立初期属官庄区谢集人民公社。1980年归谢集乡。1988年属曹庄镇蒋新联村。2007年并村，属希望新村村民委员会至今。

蒋祠堂

蒋祠堂（Jiǎngcítáng） 在砀山县西部，属曹庄镇希望新村村民委员会管辖。距砀山县人民政府驻地17.9千米。占地面积0.45平方千米。126户，480人，民族多为汉族。

蒋姓先人在此立庄，建有祠堂，故名蒋祠堂。新中国成立初期属官庄区谢集人民公社。1980年归谢集乡。1988年属曹庄镇蒋新联村。2007年并村，属希望新村村民委员会管理至今。

魏集

魏集（Wèijí） 在砀山县西部，属曹庄镇希望新村村民委员会管辖。距砀山县人民政府驻地17.1千米。占地面积0.56平方千米。148户，538人，民族多为汉族。

从前魏姓在此成立集市，故名魏集。新中国成立初期属官庄区谢集人民公社。1980年归谢集乡。1988年属曹庄镇蒋新联村。2007年并村，属希望新村村民委员会至今。

蒋新庄

蒋新庄（Jiǎngxīnzhuāng） 在砀山县西部，属曹庄镇希望新村村民委员会管辖。距砀山县人民政府驻地17.5千米。占地面积0.53平方千米。150户，580人，民族多为汉族。

从前，蒋氏家族人多，分出来一支另立新庄，蒋新庄故而得名。新中国成立初期属官庄区谢集人民公社。1980年归谢集乡。1988年属曹庄镇蒋新联村。2007年并村，属希望新村村民委员会管理至今。

老蒋庄

老蒋庄（Lǎojiǎngzhuāng） 在砀山县西部，属曹庄镇希望新村村民委员会管辖。距砀山县人民政府驻地18.02千米。占地面积0.79平方千米。196户，760人，民族多为汉族。

蒋氏家族在明朝以前就人多庄大，不断有分支出去占产立庄，因此地是老庄，故而得名老蒋庄。新中国成立初期属官庄区谢集乡。1958年属城西人民公社。1980年归谢集乡。1988年撤区并乡，属曹庄镇蒋新联村。2007年并村，属希望新村村民委员会管理室今。

蒋王楼

蒋王楼（Jiǎngwánglóu） 在砀山县西部，属曹庄镇希望新村村民委员会管辖。距砀山县人民政府驻地18.08千米。占地面积0.35平方千米。98户，380人，民族多为汉族。

从前，蒋、王两家在此占产立庄，建造楼房，故而得名。新中国成立初期属官庄区谢集乡。1958年属城西人民公社。1980年归谢集乡。1988年属曹庄镇蒋新联村。2007年并村，属希望新村村民委员会至今。

赵庄

赵庄（Zhàozhuāng） 在砀山县西部，属曹庄镇希望新村村民委员会管辖。距砀山县人民政府驻地18.26千米。占地面积0.3平方千米。80户，315人，民族多为汉族。

从前，赵姓在此占产立庄，故而得名。新中国成立初期属官庄区谢集乡。1958年属城西人民公社。1980年归谢集乡。1988年属曹庄镇蒋新联村。2007年并村，属希望新村村民委员会至今。

阚庄

阚庄（Kànzhuāng） 在砀山县西部，属曹庄镇希望新村村民委员会管辖。距砀山县人民政府驻地18.04千米。占地面积0.36平方千米。110户，390人，民族多为汉族。

明代，阚姓在此占产立庄，故而得名，新中国成立初期属官庄区谢集乡。1958年属城西人民公社。1980年归谢集乡。1988年属曹庄镇蒋新联村。2007年并村，属希望新村村民委员会至今。

蒋庙

蒋庙（Jiǎngmiào） 在砀山县西部，属曹庄镇希望新村村民委员会管辖。距砀山县人民政府驻地18.21千米。占地面积0.35平方千米。98户，386人，民族多为汉族。

该地名来源于蒋姓先居，在此处建有寺庙，故名蒋庙。新中国成立初期属官庄区谢集乡。1958年属城西人民公社。1980年归谢集乡。1988年属曹庄镇蒋新联村。2007年并村，属希望新村村民委员会至今。

杨河

杨河（Yánghé） 在砀山县西部，属曹庄镇希望新村村民委员会管辖。距砀山县人民政府驻地18.38千米。占地面积0.36平方千米。103户，402人，民族多为汉族。

民国时期，杨姓在此占产立庄，因西边有一条小河，故得名杨河。新中国成立初期属官庄区谢集乡。1958年属城西人民公社。1980年归谢集乡。1988年属曹庄镇蒋新联村。2007年并村，属希望新村村民委员会至今。

小关庄

小关庄（Xiǎoguānzhuāng） 在砀山县西部，属曹庄镇希望新村村民委员会管辖。距砀山县人民政府驻地18.6千米。占地面积0.26平方千米。81户，290人，民族多为汉族。

据查，20世纪20年代关姓在此占产立庄，只因当时人少村小，故而得名。新中国成立初期属官庄区谢集乡。1958年属城西陈庄人民公社。1980年归谢集乡。1988年属曹庄镇郑庄联村。2007年合村，属希望新村村委会至今。

大关庄

大关庄（Dàguānzhuāng） 在砀山县西部，属曹庄镇希望新村村民委员会管辖。距砀山县人民政府驻地18.4千米。占地面积0.36平方千米。112户，423人，民族多为汉族。

明代时期，关姓在此占产立庄，因当时庄大人多，故而得名大关庄。新中国成立初期属官庄区谢集乡。1958年属城西陈庄人民公社。1980年归谢集乡。1988年属曹庄镇郑庄联村。2007年合村，属希望新村村委会至今。

焦庄

焦庄（Jiāozhuāng） 在砀山县西部，属曹庄镇希望新村村民委员会管辖。距砀山县人民政府驻地18.38千米。占地面积0.25平方千米。66户，240人，民族多为汉族。

明代，焦姓在此占产立庄，故而得名。新中国成立初期属官庄区谢集乡。1958年属城西陈庄人民公社。1980年归谢集乡。1988年属曹庄镇郑庄联村。2007年合村，属希望新村村委会至今。

郑庄

郑庄（Zhèngzhuāng） 在砀山县西部，属曹庄镇希望新村村民委员会管辖。距砀山县人民政府驻地18.3千米。占地面积0.23平方千米。68户，245人，民族多为汉族。

明代，郑姓在此占地立庄，故而得名。新中国成立初期属官庄区谢集乡。1958年属城西陈庄人民公社。1980年归谢集乡。1988年属曹庄镇郑庄联村。2007年合村，属希望新村村委会至今。

彭庄

彭庄（Péngzhuāng） 在砀山县西部，属曹庄镇希望新村村民委员会管辖。距砀山县人民政府驻地18.5千米。占地面积0.23平方千米。65户，246人，民族多为汉族。

据查，彭姓于明代时期在此占产立庄，故而得名。新中国成立初期属官庄区谢集乡。1958年属城西陈庄人民公社。1980年归谢集乡。1988年属曹庄镇郑庄联村。2007年合村，属希望新村村委会至今。

魏庄

魏庄（Wèizhuāng） 在砀山县西部，属曹庄镇希望新村村民委员会管辖。距砀山县人民政府驻地18.18千米。占地面积0.35平方千米。99户，380人，民族多为汉族。

明代，魏姓在此占产立庄，故而得名。新中国成立初期属官庄区谢集乡。1958年属城西陈庄人民公社。1980年归谢集乡。1988年属曹庄镇郑庄联村。2007年合村，属希望新村村委会至今。

蒋王庄

蒋王庄（Jiǎngwángzhuāng） 在砀山县西部，属曹庄镇洪河村民委员会管辖。距砀山县人民政府驻地17.18千米。占地面积1.15平方千米。301户，1089人，民族多为汉族。

明代，蒋姓与王姓在此占产立庄，故而得名。新中国成立初期属吴集区。1953年属张庄荣华社。1958年属曹庄人民公社。1980年属张庄乡。1988年属曹庄镇小杨楼。2008年村合并，属洪河村至今。

蒋小庄

蒋小庄（Jiǎngxiǎozhuāng） 在砀山县西部，属曹庄镇洪河村民委员会管辖。距砀山县人民政府驻地17.3千米。占地面积0.21平方千米。44户，155人，民族多为汉族。

明代，蒋姓在此立庄，因人少村小，故而得名。新中国成立初期属吴集区。1953年属张庄荣华社。1958年属曹庄人民公社。1980年属张庄乡。1988年属曹庄镇。2008年村合并，属洪河村。

大杨楼

大杨楼（Dàyánglóu） 在砀山县西部，属曹庄镇洪河村民委员会管辖。距砀山县人民政府驻地17.28千米。占地面积0.56平方千米。131户，502人，民族多为汉族。

明代，杨姓在此立庄建楼，村子较大，故而得名。新中国成立初期属吴集区。1953年属张庄荣华社。1958年属曹庄人民公社。1980年属张庄乡。1988年属曹庄镇。2008年村合并，属洪河村至今。

大王庄

大王庄（Dàiwángzhuāng） 在砀山县西部，属曹庄镇洪河村民委员会管辖。距砀山县人民政府驻地17.1千米。占地面积0.59平方千米。166户，612人，民族多为汉族。

据查，明代王姓在此立庄，因王姓人多庄大，故而得名。新中国成立初期属吴集区。1953年属张庄荣华社。1958年属曹庄人民公社。1980年属张庄乡。1988年属曹庄镇。2008年村合并，属洪河村至今。

小杨楼

小杨楼（Xiǎoyánglóu） 在砀山县西部，属曹庄镇洪河村民委员会管辖。距砀山县人民政府驻地17.21千米。占地面积0.63平方千米。175户，650人，民族多为汉族。

明代，杨姓在此立庄建楼，因人少村小，故而得名。新中国成立初期属吴集区。1953年属张庄荣华社。1958年属曹庄人民公社。1980年属张庄乡。1988年属曹庄镇。2008年村合并，属洪河村至今。

陈庄

陈庄（Chénzhuāng） 在砀山县西部，属曹庄镇洪河村民委员会管辖。距砀山县人民政府驻地18.05千米。占地面积0.85平方千米。204户，750人，民族多为汉族。

从前，因陈姓在此生产立庄，故而得名。新中国成立初期属吴集区。1953年属张庄荣华社。1958年属曹庄人民公社。1980年属张庄乡。1988年属曹庄镇。2008年村合并，属洪河村至今。

姜屯

姜屯（Jiāngtún） 在砀山县西部，属曹庄镇洪河村民委员会管辖。距砀山县人民政府驻地18.1千米。占地面积1.17平方千米。310户，1103人，民族多为汉族。

从前，因姜姓在此屯田立庄，故而得名。新中国成立初期属吴集区。1953年属张庄荣华社。1958年属曹庄人民公社。1980年属张庄乡。1988年属曹庄镇。2008年村合并，属洪河村至今。

高屯

高屯（Gāotún） 在砀山县西部，属曹庄镇洪河村民委员会管辖。距砀山县人民政府驻地18.02千米。占地面积0.58平方千米。142户，516人，民族多为汉族。

从前，因高姓在此屯田立庄，故而得名。新中国成立初期属吴集区。1953年属张庄荣华社。1958年属曹庄人民公社。1980年属张庄乡。1988年属曹庄镇。2008年村合并，属洪河村至今。

窦庄

窦庄（Dòuzhuāng） 在砀山县西部，属曹庄镇酒店张庄村民委员会管辖。距砀山县人民政府驻地18.2千米。占地面积0.22平方千米。55户，189人，民族多为汉族。

从前，窦氏家族在此立庄居住，故而得名。新中国成立初期属吴集区。1953年属张庄荣华社。1958年属曹庄人民公社。1980年属赵屯区张庄乡。1983年属曹庄乡。1988年属曹庄镇酒店张庄村委会至今。

张庄

张庄（Zhāngzhuāng） 在砀山县西部，属曹庄镇酒店张庄村民委员会管辖。距砀山县人民政府驻地17.6千米。占地面积0.88平方千米。198户，728人，民族多为汉族。

清朝末期，此地名人张济甫，外号张九能，12岁入选秀才，后跟随段祺瑞干事业，家里开设酒坊，故而此庄又称酒店张庄。1952年属吴集区张庄荣华社。1961年属曹庄公社。1980年属赵屯区张庄乡。1983年属曹庄乡。1988年属曹庄镇酒店张庄村委会至今。

汪集

汪集（Wāngjí） 在砀山县西部，属曹庄镇酒店张庄村民委员会管辖。距砀山县人民政府驻地17.5千米。占地面积0.86平方千米。189户，748人，民族多为汉族。

该地名来源于汪姓先居在此开设集市，故名汪集。1952年属吴集区张庄荣华社。1961年属曹庄公社。1980年属赵屯区张庄乡。1983年属曹庄乡。1988年属曹庄镇酒店张庄村委会至今。

吴楼

吴楼（Wúlóu） 在砀山县西部，属曹庄镇酒店张庄村民委员会管辖。距砀山县人民政府驻地18.22千米。占地面积0.31平方千米。59户，212人，民族多为汉族。

新中国成立前，有户姓吴的在此建楼居住，故而得名。后姓吴的家产败尽，人也搬走，姓陈的在此落户，但村名依旧。1952年属吴集区张庄荣华社。1961年属曹庄公社。1980年属赵屯区张庄乡。1983年属曹庄乡。1988年属曹庄镇酒店张庄村委会至今。

赵庄

赵庄（Zhàozhuāng） 在砀山县西部，属曹庄镇酒店张庄村民委员会管辖。距砀山县人民政府驻地17.8千米。占地面积0.54平方千米。128户，412人，民族多为汉族。

该地名来源于赵姓先民在此立庄，故名赵庄。1952年属吴集区张庄荣华社。1961年属曹庄公社。1980年属赵屯区张庄乡。1983年属曹庄乡。1988年属曹庄镇酒店张庄村委会至今。

小曹庄

小曹庄（Xiǎocáozhuāng） 在砀山县西部，属曹庄镇酒店张庄村民委员会管辖。距砀山县人民政府驻地18.28千米。占地面积0.23平方千米。45户，176人，民族多为汉族。

新中国成立前，曹姓在此占产立庄，当时人少村小，故而得名。1952年属吴集区张庄荣华社。1961年属曹庄公社。1980年属赵屯区张庄乡。1983年属曹庄乡。1988年属曹庄镇酒店张庄村委会至今。

曹窑

曹窑（Cáoyáo） 在砀山县西部，属曹庄镇酒店张庄村民委员会管辖。距砀山县人民政府驻地18.2千米。占地面积1.06平方千米。215户，825人，民族多为汉族。

新中国成立前，曹姓在此占产立庄，从事烧窑，故而得名。1952年属吴集区张庄荣华社。1961年属曹庄公社。1980年属赵屯区张庄乡。1983年属曹庄乡。1988年属曹庄镇酒店张庄村委会至今。

段庄

段庄（Duànzhuāng） 在砀山县西部，属曹庄镇酒店张庄村民委员会管辖。距砀山县人民政府驻地18.08千米。占地面积1.1平方千米。220户，875人，民族多为汉族。

从前，段姓在此占产立庄，故而得名。1952年属吴集区张庄荣华社。1961年属曹庄公社。1980年属赵屯区张庄乡。1983年属曹庄乡。1988年属曹庄镇酒店张庄村委会至今。

杜庄

杜庄（Dùzhuāng） 在砀山县西部，属曹庄镇酒店张庄村民委员会管辖。距砀山县人民政府驻地17.7千米。占地面积0.23平方千米。46户，168人，民族多为汉族。

从前，段姓在此占产立庄，故而得名。1952年属吴集区张庄荣华社。1961年属曹庄公社。1980年属赵屯区张庄乡。1983年属曹庄乡。1988年属曹庄镇酒店张庄村委会至今。

李庄

李庄（Lǐzhuāng） 在砀山县西部，属曹庄镇酒店张庄村民委员会管辖。距砀山县人民政府驻地 17.18 千米。占地面积 0.85 平方千米。205 户，785 人，民族多为汉族。

从前，李姓在此占产立庄，故而得名。1952 年属吴集区张庄荣华社。1961 年属曹庄公社。1980 年属赵屯区张庄乡。1983 年属曹庄乡。1988 年属曹庄镇酒店张庄村委会至今。

赵屯镇

陈阁

陈阁（Chéngé） 在砀山县西部，属赵屯镇杜阁村民委员会管辖。距砀山县人民政府驻地 13.55 千米。占地面积 0.77 平方千米。254 户，895 人，民族多为汉族。

明代，陈姓在此占产立庄，建造楼阁，故得此名。新中国成立初期属陈阁农业合作社。1953 年为陈阁乡。1958 年属曹庄公社。1980 年属杜阁乡。1988 年撤乡置镇，属赵屯镇杜阁村民委员会至今。

杜阁

杜阁（Dùgé） 在砀山县西部，属赵屯镇杜阁村民委员会管辖。距砀山县人民政府驻地 11.83 千米。占地面积 1.13 平方千米。330 户，1234 人，民族多为汉族。

明代，杜姓在此占地立庄，建造楼阁，故得此名。新中国成立初期属杜阁初级社。1953 年为杜阁乡。1958 年属曹庄公社。1980 年属杜阁乡。1988 年撤乡置镇，属赵屯镇杜阁村民委员会至今。

杜新庄

杜新庄（Dùxīnzhuāng） 在砀山县西部，属赵屯镇杜阁村民委员会管辖。距砀山县人民政府驻地 12.03 千米。占地面积 0.2 平方千米。48 户，188 人，民族多为汉族。

民国初年，杜阁的杜姓迁居此地，建立新庄，故此得名。新中国成立初期属杜阁初级社。1953 年属杜阁乡。1958 年属曹庄公社。1980 年属杜阁乡。1988 年撤乡置镇，属赵屯镇杜阁村民委员会至今。

冯庄

冯庄（Féngzhuāng） 在砀山县西部，属赵屯镇杜阁村民委员会管辖。距砀山县人民政府驻地 10.77 千米。占地面积 0.21 平方千米。65 户，243 人，民族多为汉族。

明代，冯老家的人迁居此地，占产立庄，故得此名。新中国成立初期属杜阁农业初级社。1953 年属杜阁乡。1958 年属曹庄公社。1980 年属杜阁乡。1988 年撤乡置镇，属赵屯镇杜阁村民委员会至今。

郭庄

郭庄（Guōzhuāng） 在砀山县西部，属赵屯镇杜阁村民委员会管辖。距砀山县人民政府驻地 12.06 千米。占地面积 0.25 平方千米。85 户，288 人，民族多为汉族。

明代，郭子仪之后代子孙在此占产立庄，故此得名。新中国成立初期属杜阁农业初级社。1953 年属杜阁乡。1958 年属曹庄公社。1980 年属杜阁乡。1988 年撤乡置镇，属赵屯镇杜阁村民委员会至今。

李楼

李楼（Lǐlóu） 在砀山县西部，属赵屯镇杜阁村民委员会管辖。距砀山县人民政府驻地 13.16 千米。占地面积 0.43 平方千米。123 户，454 人，民族多为汉族。

明代，李姓在此占产立庄，建立楼房，故得此名。新中国成立初期属杜阁农业初级社。1953 年属杜阁乡。1958 年属曹庄公社。1980 年属杜阁乡。1988 年撤乡置镇，属赵屯镇杜阁村民委员会至今。

李桃园

李桃园（Lǐtáoyuán） 在砀山县西部，属赵屯镇杜阁村民委员会管辖。距砀山县人民政府驻地 11.35 千米。占地面积 0.33 平方千米。97 户，354 人，民族多为汉族。

明代，李姓在此占产立庄，种植桃园，故得此名。新中国成立初期属杜阁农业初级社。1953 年属杜阁乡。1958 年属曹庄公社。1980 年属杜阁乡。1988 年撤乡置镇，属赵屯镇杜阁村民委员会至今。

李庄

李庄（Lǐzhuāng） 在砀山县西部，属赵屯镇杜阁村民委员会管辖。距砀山县人民政府驻地 12.04 千米。占地面积 0.42 平方千米。123 户，463 人，民族多为汉族。

明代，李姓在此占产立庄，故得此名。新中国成立初期属陈阁农业合作社。1953 年属陈阁乡。1958 年属曹庄公社杜阁大队。1980 年属杜阁乡。1988 年撤乡置镇，属赵屯镇杜阁村民委员会至今。

戚黄楼

戚黄楼（Qīhuánglóu） 在砀山县西部，属赵屯镇杜阁村民委员会管辖。距砀山县人民政府驻地 10.16 千米。占地面积 0.44 平方千米。124 户，487 人，民族多为汉族。

明代，戚、黄两姓在此占产立庄，建造楼房，故此得名。新中国成立初期属杜阁农业初级社。1953 年属杜阁乡。1958 年属曹庄公社。1980 年属杜阁乡。1988 年撤乡置镇，属赵屯镇杜阁村民委员会至今。

邵楼

邵楼（Shàolóu） 在砀山县西部，属赵屯镇杜阁村民委员会管辖。距砀山县人民政府驻地 12.21 千米。占地面积 0.32 平方千米。95 户，335 人，民族多为汉族。

明代，邵姓在此占地立庄，建楼，故此得名。新中国成立初期属杜阁农业初级社。1953 年属杜阁乡。1958 年属曹庄公社。1980 年属杜阁乡。1988 年撤乡置镇，属赵屯镇杜阁村民委员会至今。

汪楼

汪楼（Wānglóu） 在砀山县西部，属赵屯镇杜阁村民委员会管辖。距砀山县人民政府驻地 11.72 千米。占地面积 0.29 平方千米。98 户，340 人，民族多为汉族。

据查，明代汪姓在此占产立庄，故此得名。新中国成立初期属杜阁农业初级社。1953 年属杜阁乡。1958 年属曹庄公社。1980 年属杜阁乡。1988 年撤乡置镇，属赵屯镇杜阁村民委员会至今。

汪小屯

汪小屯（Wāngxiǎotún） 在砀山县西部，属赵屯镇杜阁村民委员会管辖。距砀山县人民政府驻地 11.55 千米。占地面积 0.25 平方千米。75 户，253 人，民族多为汉族。

明代，汪姓在此屯田立庄，因人少，故此得名。新中国成立初期属杜阁农业初级社。1953 年属杜阁乡。1958 年属曹庄公社。1980 年属杜阁乡。1988 年撤乡置镇，属赵屯镇杜阁村民委员会至今。

王庄

王庄（Wángzhuāng） 在砀山县西部，属赵屯镇杜阁村民委员会管辖。距砀山县人民政府驻地 11.11 千米。占地面积 0.29 平方千米。85 户，308 人，民族多为汉族。

明代，王姓在此立庄占产，故得此名。新中国成立初期属杜阁农业初级社。1953 年属杜阁乡。1958 年属曹庄公社。1980 年属杜阁乡。1988 年撤乡置镇，属赵屯镇杜阁村民委员会至今。

薛楼

薛楼（Xuēlóu） 在砀山县西部，属赵屯镇杜阁村民委员会管辖。距砀山县人民政府驻地13.74千米。占地面积0.26平方千米。68户，254人，民族多为汉族。

明代，薛刚之后代子孙分居于此地，建楼，故得名薛楼。新中国成立初期属杜阁农业初级社。1953年属杜阁乡。1958年属曹庄公社。1980年属杜阁乡。1988年撤乡置镇，属赵屯镇杜阁村民委员会至今。

杨楼

杨楼（Yánglóu） 在砀山县西部，属赵屯镇杜阁村民委员会管辖。距砀山县人民政府驻地15.2千米。占地面积1.03平方千米。323户，1219人，民族多为汉族。

明代，杨姓在此占产立庄，建楼，故得此名。新中国成立初期属杜阁农业初级社。1953年属杜阁乡。1958年属曹庄公社。1980年属杜阁乡。1988年撤乡置镇，属赵屯镇杜阁村民委员会至今。

姚屯

姚屯（Yáotún） 在砀山县西部，属赵屯镇杜阁村民委员会管辖。距砀山县人民政府驻地11.1千米。占地面积0.13平方千米。39户，155人，民族多为汉族。

明代，姚姓在此屯田立庄，故此得名。新中国成立初期属杜阁农业初级社。1953年属杜阁乡。1958年属曹庄公社。1980年属杜阁乡。1988年撤乡置镇，属赵屯镇杜阁村民委员会至今。

赵庄

赵庄（Zhàozhuāng） 在砀山县西部，属赵屯镇杜阁村民委员会管辖。距砀山县人民政府驻地11.16千米。占地面积0.11平方千米。35户，125人，民族多为汉族。

明代，赵姓在此占产立庄，故得此名。新中国成立初期属杜阁农业初级社。1953年属杜阁乡。1958年属曹庄公社。1980年属杜阁乡。1988年撤乡置镇，属赵屯镇杜阁村民委员会至今。

吴庄寺

吴庄寺（Wúzhuāngsì） 在砀山县西部，属赵屯镇黄庄寨村民委员会管辖。距砀山县人民政府驻地9.67千米。占地面积0.71平方千米。190户，736人，民族多为汉族。

明代时期，吴姓在此占产立庄，因当时村中有一寺庙，故而得名。新中国成立初期属城西乡。1953年属薛口乡。1958年属曹庄公社。1980年属杜阁乡。1988年撤乡置镇，属赵屯镇杜阁村民委员会至今。

包庄

包庄（Bāozhuāng） 在砀山县西部，属赵屯镇黄庄寨村民委员会管辖。距砀山县人民政府驻地10.73千米。占地面积0.1平方千米。26户，103人，民族多为汉族。

民国初年，包姓迁居至此建庄，故此得名。新中国成立初期属城西乡薛口区。1953年属薛口乡。1958年属陈庄公社。1980年属薛口乡。1988年撤乡置镇，属赵屯镇黄庄寨村委会至今。

曹庄

曹庄（Cáozhuāng） 在砀山县西部，属赵屯镇黄庄寨村民委员会管辖。距砀山县人民政府驻地10.81千米。占地面积0.21平方千米。66户，249人，民族多为汉族。

明代时期，曹姓在此占产立庄，故此得名。新中国成立初期属城西乡薛口区。1953年属薛口乡。1958年属陈庄公社。1980年属薛口乡。1988年撤乡置镇，属赵屯镇黄庄寨村委会至今。

大黄庄

大黄庄（Dàhuángzhuāng） 在砀山县西部，属赵屯镇黄庄寨村民委员会管辖。距砀山县人民政府驻地11.44千米。占地面积0.75平方千米。198户，786人，民族多为汉族。

明代时期，黄姓在此占产立庄，因村子大，故此得名。新中国成立初期属城西乡薛口区。1958年属陈庄人民公社。1980年属薛口乡。1988年撤乡置镇，属赵屯镇黄庄寨村委会至今。

董口

董口（Dǒngkǒu） 在砀山县西部，属赵屯镇黄庄寨村民委员会管辖。距砀山县人民政府驻地11.26千米。占地面积0.36平方千米。106户，403人，民族多为汉族。

明代时期，董姓在此占产立庄，因地处路口，故此得名。新中国成立初期属城西乡薛口区。1958年属陈庄人民公社。1980年属薛口乡。1988年撤乡置镇，属赵屯镇黄庄寨村委会至今。

杜杨庙

杜杨庙（Dùyángmiào） 在砀山县西部，属赵屯镇黄庄寨村民委员会管辖。距砀山县人民政府驻地11.71千米。占地面积0.73平方千米。206户，768人，民族多为汉族。

明代时期，杜、杨两姓在此占产立庄，建一座庙宇，故此得名杜杨庙。新中国成立初期属城西乡薛口区。1958年属陈庄人民公社。1980年属薛口乡。1988年撤乡置镇，属赵屯镇黄庄寨村委会至今。

冯庄

冯庄（Féngzhuāng） 在砀山县西部，属赵屯镇黄庄寨村民委员会管辖。距砀山县人民政府驻地9.61千米。占地面积0.29平方千米。89户，332人，民族多为汉族。

明代时期，冯姓在此占产立庄，故而得名。新中国成立初期属城西乡薛口区。1958年属陈庄人民公社。1980年属薛口乡。1988年撤乡置镇，属赵屯镇黄庄寨村委会至今。

胡庄

胡庄（Húzhuāng） 在砀山县西部，属赵屯镇黄庄寨村民委员会管辖。距砀山县人民政府驻地10.51千米。占地面积0.14平方千米。48户，166人，民族多为汉族。

明代时期，胡姓在此占产立庄，故而得名。新中国成立初期属城西乡薛口区。1958年属陈庄人民公社。1980年属薛口乡。1988年撤乡置镇，属赵屯镇黄庄寨村委会至今。

黄庄寨

黄庄寨（Huángzhuāngzhài） 在砀山县西部，属赵屯镇黄庄寨村民委员会管辖。距砀山县人民政府驻地11.71千米。占地面积0.73平方千米。212户，826人，民族多为汉族。

明代，黄姓在此占产立庄，建寨，故此得名。新中国成立初期属城西乡薛口区。1958年属陈庄人民公社。1980年属薛口乡。1988年撤乡置镇，属赵屯镇黄庄寨村委会至今。

路口

路口（Lùkǒu） 在砀山县西部，属赵屯镇黄庄寨村民委员会管辖。距砀山县人民政府驻地10.8千米。占地面积0.28平方千米。108户，397人，民族多为汉族。

由于村子坐落在主要干道上，故而得名路口。新中国成立初期属城西乡薛口区。1958年属陈庄人民公社。1980年属薛口乡。1988

年撤乡置镇，属赵屯镇黄庄寨村委会至今。

瓦黄庄

瓦黄庄（Wǎhuángzhuāng） 在砀山县西部，属赵屯镇黄庄寨村民委员会管辖。距砀山县人民政府驻地 11.72 千米。占地面积 0.32 平方千米。128 户，428 人，民族多为汉族。

民国初期，黄姓在此占产立庄，从事烧制小瓦职业，故此得名。新中国成立初期属城西乡薛口区。1958 年属陈庄人民公社。1980 年属薛口乡。1988 年撤乡置镇，属赵屯镇黄庄寨村委会至今。

汪集

汪集（Wāngjí） 在砀山县西部，属赵屯镇黄庄寨村民委员会管辖。距砀山县人民政府驻地 11.1 千米。占地面积 0.42 平方千米。120 户，475 人，民族多为汉族。

明代，汪姓在此占产立庄，成立集市，故此得名。新中国成立初期属城西乡薛口区。1958 年属陈庄人民公社。1980 年属薛口乡。1988 年撤乡置镇，属赵屯镇黄庄寨村委会至今。

汪井

汪井（Wāngjǐng） 在砀山县西部，属赵屯镇黄庄寨村民委员会管辖。距砀山县人民政府驻地 11.26 千米。占地面积 0.24 平方千米。75 户，290 人，民族多为汉族。

明代，汪姓在此占产立庄，打了一口甜水井，故此得名。新中国成立初期属城西乡薛口区。1958 年属陈庄人民公社。1980 年属薛口乡。1988 年撤乡置镇，属赵屯镇黄庄寨村委会至今。

汪庄

汪庄（Wāngzhuāng） 在砀山县西部，属赵屯镇黄庄寨村民委员会管辖。距砀山县人民政府驻地 10.91 千米。占地面积 0.3 平方千米。80 户，313 人，民族多为汉族。

明代时期，汪姓在此占产立庄，故此得名。新中国成立初期属城西乡薛口区。1958 年属陈庄人民公社。1980 年属薛口乡。1988 年撤乡置镇，属赵屯镇黄庄寨村委会至今。

温庄

温庄（Wēnzhuāng） 在砀山县西部，属赵屯镇黄庄寨村民委员会管辖。距砀山县人民政府驻地 10.47 千米。占地面积 0.22 平方千米。75 户，279 人，民族多为汉族。

民国初年，温姓迁居在此立庄，故得此名。新中国成立初期属城西乡薛口区。1958 年属陈庄人民公社。1980 年属薛口乡。1988 年撤乡置镇，属赵屯镇黄庄寨村委会至今。

吴庄董口

吴庄董口（Wúzhuāngdǒngkǒu） 在砀山县西部，属赵屯镇黄庄寨村民委员会管辖。距砀山县人民政府驻地 11.41 千米。占地面积 0.1 平方千米。28 户，110 人，民族多为汉族。

明代时期，吴姓、董姓在此占产立庄，因地处路口，故而得名。新中国成立初期属城西乡薛口区。1958 年属陈庄人民公社。1980 年属薛口乡。1988 年撤乡置镇，属赵屯镇黄庄寨村委会至今。

小黄庄

小黄庄（Xiǎohuángzhuāng） 在砀山县西部，属赵屯镇黄庄寨村民委员会管辖。距砀山县人民政府驻地 11.7 千米。占地面积 0.22 平方千米。87 户，286 人，民族多为汉族。

明代时期，黄姓在此占产立庄，因村子小，故此得名。新中国成立初期属城西乡薛口区。1958 年属陈庄人民公社。1980 年属薛口乡。1988年撤乡置镇，属赵屯镇黄庄寨村委会至今。

小杨庄

小杨庄（Xiǎoyángzhuāng） 在砀山县西部，属赵屯镇黄庄寨村民委员会管辖。距砀山县人民政府驻地10.42千米。占地面积0.28平方千米。87户，341人，民族多为汉族。

明代，杨姓在此占产立庄，因当时人少村小，故而得名小杨庄。新中国成立初期属城西乡薛口区。1958年属陈庄人民公社。1980年属薛口乡。1988年撤乡置镇，属赵屯镇黄庄寨村委会至今。

谢庄

谢庄（Xièzhuāng） 在砀山县西部，属赵屯镇黄庄寨村民委员会管辖。距砀山县人民政府驻地10.22千米。占地面积0.32平方千米。98户，367人，民族多为汉族。

明代时期，谢姓在此占产立庄，故而得名。新中国成立初期属城西乡薛口区。1958年属陈庄人民公社。1980年属薛口乡。1988年撤乡置镇，属赵屯镇黄庄寨村委会至今。

薛庄

薛庄（Xuēzhuāng） 在砀山县西部，属赵屯镇黄庄寨村民委员会管辖。距砀山县人民政府驻地10.38千米。占地面积0.43平方千米。130户，508人，民族多为汉族。

民国初期，薛姓迁居在此，故得此名。新中国成立初期属城西乡薛口区。1958年属陈庄人民公社。1980年属薛口乡。1988年撤乡置镇，属赵屯镇黄庄寨村委会至今。

岳赵庄

岳赵庄（Yuèzhàozhuāng） 在砀山县西部，属赵屯镇黄庄寨村民委员会管辖。距砀山县人民政府驻地11.6千米。占地面积0.42平方千米。121户，432人，民族多为汉族。

民国初年，岳、赵两姓迁居在此立庄，故得此名。新中国成立初期属城西乡薛口区。1958年属陈庄人民公社。1980年属薛口乡。1988年撤乡置镇，属赵屯镇黄庄寨村委会至今。

北翟庄

北翟庄（Běizháizhuāng） 在砀山县西部，属赵屯镇蒋庄村民委员会管辖。距砀山县人民政府驻地12.81千米。占地面积0.28平方千米。76户，292人，民族多为汉族。

明代，有一翟姓商人落难此处，在此地开荒种田，立了两个庄子，南为南翟庄，北为北翟庄。新中国成立初期属城西乡。1958年属曹庄人民公社。1980年属赵屯乡。1988年属赵屯镇蒋庄村委会。

丁楼

丁楼（Dīnglóu） 在砀山县西部，属赵屯镇蒋庄村民委员会管辖。距砀山县人民政府驻地12.16千米。占地面积0.46平方千米。146户，520人，民族多为汉族。

清朝初，丁氏系河北平河侯后裔，来此立庄建楼，故名。新中国成立初期属城西乡。1958年属曹庄人民公社。1980年属赵屯乡。1988年属赵屯镇蒋庄村委会。

段洼

段洼（Duànwā） 在砀山县西部，属赵屯镇蒋庄村民委员会管辖。距砀山县人民政府驻地13.1千米。占地面积0.43平方千米。130户，508人，民族多为汉族。

很久以前，段姓在此落户，因这里地势低洼，故此得名。新中国成立初期属城西乡赵屯区。1955年属赵屯乡。1958年属曹庄人民公社。1988年属赵屯镇蒋庄村委会。

蒋庄

蒋庄（Jiǎngzhuāng） 在砀山县西部，

属赵屯镇蒋庄村民委员会管辖。距砀山县人民政府驻地10.91千米。占地面积0.36平方千米。114户，439人，民族多为汉族。

因蒋庄蒋姓始祖在明末清初从黄河故道北蒋集迁到此处居住，故名。新中国成立初期属城西乡赵屯区。1955年属赵屯乡。1958年属曹庄人民公社。1988年属赵屯镇蒋庄村委会。

李戴庄

李戴庄（Lǐdàizhuāng） 在砀山县西部，属赵屯镇蒋庄村民委员会管辖。距砀山县人民政府驻地12.9千米。占地面积0.75平方千米。237户，886人，民族多为汉族。

据传，从前此地名火神庙。明代中期，一李姓官员来此定居，后戴姓入住，故改名为李戴庄。新中国成立初期属城西乡赵屯区。1955年属赵屯乡。1958年属曹庄人民公社。1988年属赵屯镇蒋庄村委会。

孟庄

孟庄（Mèngzhuāng） 在砀山县西部，属赵屯镇蒋庄村民委员会管辖。距砀山县人民政府驻地12.91千米。占地面积0.22平方千米。76户，280人，民族多为汉族。

很久以前，有一孟姓人家落难于此，后来建庄，故取名孟庄。新中国成立初期属城西乡。1958年属曹庄人民公社。1980年属赵屯乡。1988年属赵屯镇蒋庄村委会。

南翟庄

南翟庄（Nánzháizhuāng） 在砀山县西部，属赵屯镇蒋庄村民委员会管辖。距砀山县人民政府驻地12.01千米。占地面积0.12平方千米。31户，106人，民族多为汉族。

明代，有一翟姓商人在此地开荒种田，后来立了两个庄子，南为南翟庄，北为北翟庄。新中国成立初期属城西乡。1958年属曹庄人民公社。1980年属赵屯乡。1988年属赵屯镇蒋庄村委会。

庞楼

庞楼（Pánglóu） 在砀山县西部，属赵屯镇蒋庄村民委员会管辖。距砀山县人民政府驻地11.01千米。占地面积0.13平方千米。32户，110人，民族多为汉族。

很久以前，有一庞姓人氏于此地建了楼房，故得名庞楼。新中国成立初期属城西乡。1958年属曹庄人民公社。1980年属赵屯乡。1988年属赵屯镇蒋庄村委会。

戚集

戚集（Qījí） 在砀山县西部，属赵屯镇蒋庄村民委员会管辖。距砀山县人民政府驻地11.42千米。占地面积0.36平方千米。109户，406人，民族多为汉族。

唐朝时期，许多戚姓人家在此以种粮为生，成立集市，故得名戚集。新中国成立初期属城西乡。1958年属曹庄人民公社。1980年属赵屯乡。1988年属赵屯镇蒋庄村委会。

戚老家

戚老家（Qīlǎojiā） 在砀山县西部，属赵屯镇蒋庄村民委员会管辖。距砀山县人民政府驻地10.55千米。占地面积0.38平方千米。122户，460人，民族多为汉族。

明朝末期，戚姓人家在此落户，后来戚姓人家越来越多，便分支出去，此地故得名戚老家。新中国成立初期属城西乡赵屯区。1955年属赵屯乡。1958年属曹庄人民公社。1988年属赵屯镇蒋庄村委会。

戚楼

戚楼（Qīlóu） 在砀山县西部，属赵屯镇蒋庄村民委员会管辖。距砀山县人民政府驻地12.91千米。占地面积0.35平方千米。96户，378人，民族多为汉族。

三百年前，此处原有一村庄被洪水淹没，从戚老家迁来两户戚姓人家，在此建楼，故得名戚楼。新中国成立初期属城西乡。1958年属曹庄人民公社。1980年属赵屯乡。1988年属赵屯镇蒋庄村委会。

王菜园

王菜园（Wángcàiyuán） 在砀山县西部，属赵屯镇蒋庄村民委员会管辖。距砀山县人民政府驻地12.71千米。占地面积0.1平方千米。37户，120人，民族多为汉族。

唐朝时期，许多王姓人家在此以种菜为生，故叫王菜园。新中国成立初期属城西乡。1958年属曹庄人民公社。1980年属赵屯乡。1988年属赵屯镇蒋庄村委会。

新庄

新庄（Xīnzhuāng） 在砀山县西部，属赵屯镇蒋庄村民委员会管辖。距砀山县人民政府驻地11.32千米。占地面积0.22平方千米。58户，230人，民族多为汉族。

清朝初，王姓从外地迁来建立新村，故叫新庄。新中国成立初期属城西乡。1958年属曹庄人民公社。1980年属赵屯乡。1988年属赵屯镇蒋庄村委会。

朱庄

朱庄（Zhūzhuāng） 在砀山县西部，属赵屯镇蒋庄村民委员会管辖。距砀山县人民政府驻地11.34千米。占地面积0.75平方千米。240户，906人，民族多为汉族。

唐朝时期，许多朱姓人家在此以种粮为生，故名朱庄。新中国成立初期属城西乡。1958年属曹庄人民公社。1980年属赵屯乡。1988年属赵屯镇蒋庄村委会。

吕集

吕集（Lǚjí） 在砀山县西部，属赵屯镇吕集村民委员会管辖。距砀山县人民政府驻地13.06千米。占地面积1.52平方千米。458户，1704人，民族多为汉族。

明初，有吕姓在此居住，成立集市，故称吕集。新中国成立初期属城西乡。1958年属曹庄人民公社。1980年属汪林乡。1988年属赵屯镇吕集村委会。

汪庄

汪庄（Wāngzhuāng） 在砀山县西部，属赵屯镇吕集村民委员会管辖。距砀山县人民政府驻地13.02千米。占地面积0.74平方千米。197户，785人，民族多为汉族。

从前，汪姓人家在此居住，故而得名。新中国成立初期属城西乡。1958年属曹庄人民公社。1980年属汪林乡。1988年属赵屯镇吕集村委会。

王楼

王楼（Wánglóu） 在砀山县西部，属赵屯镇吕集村民委员会管辖。距砀山县人民政府驻地12.75千米。占地面积0.73平方千米。199户，792人，民族多为汉族。

由于本村王氏人口较多，建有楼房，故而得名。新中国成立初期属城西乡。1958年属曹庄人民公社。1980年属汪林乡。1988年属赵屯镇吕集村委会。

于楼

于楼（Yúlóu） 在砀山县西部，属赵屯镇吕集村民委员会管辖。距砀山县人民政府驻地12.79千米。占地面积0.28平方千米。86户，320人，民族多为汉族。

从前，于姓在此建楼，故名称延续至今。新中国成立初期属城西乡。1958年属曹庄人民公社。1980年属汪林乡。1988年属赵屯镇吕集村委会。

朱楼

朱楼（Zhūlóu） 在砀山县西部，属赵屯镇吕集村民委员会管辖。距砀山县人民政府驻地 13.09 千米。占地面积 0.71 平方千米。190 户，746 人，民族多为汉族。

朱楼村因朱氏家族人口多，且建有楼房而得名。新中国成立初期属城西乡。1958 年属曹庄人民公社。1980 年属汪林乡。1988 年属赵屯镇吕集村委会。

汪烟墩

汪烟墩（Wāngyāndūn） 在砀山县西部，属赵屯镇吕集村民委员会管辖。距砀山县人民政府驻地 14.1 千米。占地面积 0.78 平方千米。199 户，802 人，民族多为汉族。

从前，汪姓在此居住，因附近有一座防匪用的、类似于烽火台的建筑——烟墩，故名汪烟墩。新中国成立初期属城西乡。1958 年属曹庄人民公社。1980 年属汪林乡。1988 年属赵屯镇吕集村委会。

王油坊

王油坊（Wángyóufáng） 在砀山县西部，属赵屯镇吕集村民委员会管辖。距砀山县人民政府驻地 14.26 千米。占地面积 0.1 平方千米。29 户，112 人，民族多为汉族。

从前，王姓先民在此居住，开了一座油坊，故名王油坊。新中国成立初期属城西乡。1958 年属曹庄人民公社。1980 年属汪林乡。1988 年属赵屯镇吕集村委会。

董庄

董庄（Dǒngzhuāng） 在砀山县西部，属赵屯镇梅屯村民委员会管辖。距砀山县人民政府驻地 6.8 千米。占地面积 0.32 平方千米。102 户，393 人，民族多为汉族。

明朝时期，董氏迁居于此，故而得名董庄。新中国成立初期属城西乡梅屯。1958 年属东风人民公社。1979 年梅屯分为 4 个村，董庄归董梅村。2007 年合并，属赵屯镇梅屯村至今。

范庄

范庄（Fànzhuāng） 在砀山县西部，属赵屯镇梅屯村民委员会管辖。距砀山县人民政府驻地 6.48 千米。占地面积 1.01 平方千米。296 户，1130 人，民族多为汉族。

清朝时期，范氏家族由苏州迁居于此建庄，故名。新中国成立初期属城西乡梅屯。1958 年属东风人民公社。1979 年，梅屯分为 4 个村，范庄归范刘村。2007 年 4 个村合并为梅屯村，属赵屯镇。

冯许马庄

冯许马庄（Féngxǔmǎzhuāng） 在砀山县西部，属赵屯镇梅屯村民委员会管辖。距砀山县人民政府驻地 6.46 千米。占地面积 0.81 平方千米。258 户，1053 人，民族多为汉族。

据传，冯许马庄以许庄为最早，200 多年以前冯、马两姓迁入置地立庄，故命名冯许马庄。新中国成立初期属城西乡梅屯。1958 年属东风人民公社。1979 年梅屯分为 4 个村，冯许马被划为冯许村。2007 年村级合并为梅屯村，属赵屯镇。

高庄

高庄（Gāozhuāng） 在砀山县西部，属赵屯镇梅屯村民委员会管辖。距砀山县人民政府驻地 6.49 千米。占地面积 0.05 平方千米。19 户，72 人，民族多为汉族。

晚清时期，高姓由砀山县城南关迁入，在此置地安庄，故名高庄。新中国成立初期属城西乡梅屯。1958 年属东风人民公社。1979 年梅屯分为 4 个村，高庄划为时杨村。2007 年村级合并为赵屯镇梅屯村至今。

刘庄

刘庄（Liúzhuāng） 在砀山县西部，

属赵屯镇梅屯村民委员会管辖。距砀山县人民政府驻地7.1千米。占地面积0.28平方千米。94户，365人，民族多为汉族。

明朝，刘姓在此占地立庄，故而得名。新中国成立初期属城西乡梅屯。1958年属东风人民公社。1979年梅屯分为4个村，刘庄归范刘村。2007年村级合并为赵屯镇梅屯村至今。

吕林

吕林（Lǚlín） 在砀山县西部，属赵屯镇梅屯村民委员会管辖。距砀山县人民政府驻地6.48千米。占地面积0.22平方千米。63户，247人，民族多为汉族。

清朝，吕姓由山东迁居至此，置有林地，故名吕林。新中国成立初期属城西乡梅屯。1958年属东风人民公社。1979年梅屯分为4个村，吕林归范刘村。2007年4个村合并为梅屯村，属赵屯镇。

梅庄

梅庄（Méizhuāng） 在砀山县西部，属赵屯镇梅屯村民委员会管辖。距砀山县人民政府驻地6.49千米。占地面积0.33平方千米。110户，425人，民族多为汉族。

明朝时期，梅姓先祖迁民至此立庄，由此而取名梅庄。新中国成立初期属城西乡梅屯。1958年属东风人民公社。1979年梅屯分为4个村，梅庄被划归董梅村。2007年村级合并，属赵屯镇梅屯村至今。

时庄

时庄（Shízhuāng） 在砀山县西部，属赵屯镇梅屯村民委员会管辖。距砀山县人民政府驻地7.28千米。占地面积0.41平方千米。143户，517人，民族多为汉族。

清初，时姓由山东省单县时楼迁此立庄，故而得名。新中国成立初期属城西乡梅屯。1958年属东风人民公社。1979年梅屯分为4个村，时庄被砀官路分开，公路以北归董梅村，公路以南归时杨村。2007年村级合并为赵屯镇梅屯村至今。

徐街

徐街（Xújiē） 在砀山县西部，属赵屯镇梅屯村民委员会管辖。距砀山县人民政府驻地6.49千米。占地面积0.21平方千米。69户，256人，民族多为汉族。

明朝时期，徐姓迁居至此，开设茶馆、饭店，故名徐街。新中国成立初期属城西乡梅屯。1958年属东风人民公社。1979年梅屯分为4个村，徐街被划为时杨村。2007年村级合并，属赵屯镇梅屯村至今。

杨庄

杨庄（Yángzhuāng） 在砀山县西部，属赵屯镇梅屯村民委员会管辖。距砀山县人民政府驻地6.7千米。占地面积0.22平方千米。86户，314人，民族多为汉族。

晚清时期，杨姓由砀山城北冯老家迁来，在此置地立庄，故而得名杨庄。新中国成立初期属城西乡梅屯。1958年属东风人民公社。1979年梅屯分为4个村，杨庄被划归为时杨村。2007年村级合并，属赵屯镇梅屯村至今。

大杜庄

大杜庄（Dàdùzhuāng） 在砀山县西南部，属赵屯镇万楼村民委员会管辖。距砀山县人民政府驻地12.1千米。占地面积0.87平方千米。260户，1050人，民族多为汉族。

据传，当时与杜田庄的杜姓本是一家，共同迁居至此，因庄大人多，故取名大杜庄。新中国成立初期属城西乡。1958年属曹庄人民公社。1980年属杜阁乡。1988年属赵屯镇万楼村委会。

杜田庄

杜田庄（Dùtiánzhuāng） 在砀山县西南部，属赵屯镇万楼村民委员会管辖。距砀山县人民政府驻地12.41千米。占地面积0.78平方千米。212户，815人，民族多为汉族。

明代，杜、田两姓结伴在此立庄，两姓人口相当，故取名为杜田庄。新中国成立初期属城西乡。1958年属曹庄人民公社。1980年属杜阁乡。1988年属赵屯镇万楼村委会。

樊庄

樊庄（Fánzhuāng） 在砀山县西南部，属赵屯镇万楼村民委员会管辖。距砀山县人民政府驻地13.52千米。占地面积0.68平方千米。215户，835人，民族多为汉族。

明代末期，樊姓在此占产立庄，因无二姓，故得名樊庄。新中国成立初期属城西乡。1958年属曹庄人民公社。1980年属杜阁乡。1988年属赵屯镇万楼村委会。

郝庄

郝庄（Hǎozhuāng） 在砀山县西南部，属赵屯镇万楼村民委员会管辖。距砀山县人民政府驻地13.93千米。占地面积0.2平方千米。56户，218人，民族多为汉族。

明代末期，郝姓从沛县迁居至此，在此立庄，得名郝庄。新中国成立初期属城西乡。1958年属曹庄人民公社。1980年属杜阁乡。1988年属赵屯镇万楼村委会。

姜庄

姜庄（Jiāngzhuāng） 在砀山县西南部，属赵屯镇万楼村民委员会管辖。距砀山县人民政府驻地13.35千米。占地面积0.29平方千米。77户，304人，民族多为汉族。

清朝初，姜姓从河南迁居至此，在此地占产立庄，得名姜庄。新中国成立初期属城西乡。1958年属曹庄人民公社。1980年属杜阁乡。1988年属赵屯镇万楼村委会。

李新楼

李新楼（Lǐxīnlóu） 在砀山县西南部，属赵屯镇万楼村民委员会管辖。距砀山县人民政府驻地14.8千米。占地面积0.23平方千米。82户，320人，民族多为汉族。

明代末期，李姓、张姓从山西迁居至此，在此地耕地立庄，李姓人口多，建楼，故得名李新楼。新中国成立初期属城西乡。1958年属曹庄人民公社。1980年属杜阁乡。1988年属赵屯镇万楼村委会。

马邓庄

马邓庄（Mǎdèngzhuāng） 在砀山县西南部，属赵屯镇万楼村民委员会管辖。距砀山县人民政府驻地12.16千米。占地面积0.39平方千米。115户，417人，民族多为汉族。

明代末期，马姓、邓姓同迁至此，占地立庄，故取名为马邓庄。新中国成立初期属城西乡。1958年属曹庄人民公社。1980年属杜阁乡。1988年属赵屯镇万楼村委会。

万楼

万楼（Wànlóu） 在砀山县西南部，属赵屯镇万楼村民委员会管辖。距砀山县人民政府驻地12.9千米。占地面积0.52平方千米。156户，631人，民族多为汉族。

从前，万氏在此耕田种地、建楼，由此而得名万楼。新中国成立初期属城西乡。1958年属曹庄人民公社。1980年属杜阁乡。1988年属赵屯镇万楼村委会。

王庄

王庄（Wángzhuāng） 在砀山县西南部，属赵屯镇万楼村民委员会管辖。距砀山县人民政府驻地15.26千米。占地面积0.78平方千米。213户，810人，民族多为汉族。

从前，王姓从河南迁居此地，耕种田地，取名王庄；因有一王姓名医，此地又名药铺王庄。新中国成立初期属城西乡。1958年属曹庄人民公社。1980年属杜阁乡。1988年属赵屯镇万楼村委会。

赵楼

赵楼（Zhàolóu） 在砀山县西南部，属赵屯镇万楼村民委员会管辖。距砀山县人民政府驻地16.4千米。占地面积1.41平方千米。402户，1550人，民族多为汉族。

明末清初，赵姓从河北迁居至此，耕种田地，且盖有一座土楼，取名为赵楼。新中国成立初期属城西乡。1958年属曹庄人民公社。1980年属杜阁乡。1988年属赵屯镇万楼村委会。

东后后组

东后后组（Dōnghòuhòuzǔ） 在砀山县西部，属赵屯镇汪屯村民委员会管辖。距砀山县人民政府驻地8.15千米。占地面积0.33平方千米。98户，386人，民族多为汉族。

汪屯村范围较大，根据地理位置划分而得名。新中国成立初期属陈庄公社汪屯大队。1988年属赵屯乡。2008年为赵屯镇汪屯村东后后组。

东后前组

东后前组（Dōnghòuqiánzǔ） 在砀山县西部，属赵屯镇汪屯村民委员会管辖。距砀山县人民政府驻地8.19千米。占地面积0.34平方千米。103户，401人，民族多为汉族。

汪屯村范围较大，根据地理位置划分而得名。新中国成立初期属陈庄公社汪屯大队。1988年属赵屯乡。2008年为赵屯镇汪屯村东后前组。

东前东

东前东（Dōngqiándōng） 在砀山县西部，属赵屯镇汪屯村民委员会管辖。距砀山县人民政府驻地8.38千米。占地面积0.25平方千米。71户，274人，民族多为汉族。

汪屯村范围较大，根据地理位置划分而得名。新中国成立初期属陈庄公社汪屯大队。1988年属赵屯乡。2008年属赵屯镇汪屯村委会。

东前西

东前西（Dōngqiánxī） 在砀山县西部，属赵屯镇汪屯村民委员会管辖。距砀山县人民政府驻地8.56千米。占地面积0.49平方千米。148户，533人，民族多为汉族。

汪屯村范围较大，根据地理位置划分而得名。新中国成立初期属陈庄公社汪屯大队。1988年属赵屯乡。2008年属赵屯镇汪屯村委会。

东前中

东前中（Dōngqiánzhōng） 在砀山县西部，属赵屯镇汪屯村民委员会管辖。距砀山县人民政府驻地8.41千米。占地面积0.23平方千米。72户，278人，民族多为汉族。

汪屯村范围较大，根据地理位置划分而得名。新中国成立初期属陈庄公社汪屯大队。1988年属赵屯乡。2008年属赵屯镇汪屯村委会。

汪楼

汪楼（Wānglóu） 在砀山县西部，属赵屯镇汪屯村民委员会管辖。距砀山县人民政府驻地8.69千米。占地面积0.21平方千米。65户，248人，民族多为汉族。

从前，该地汪姓人居住多，建有楼房，故而得名。新中国成立初期属陈庄公社。

1988年属赵屯乡。2008年属赵屯镇汪屯村委会。

汪庄

汪庄（Wāngzhuāng） 在砀山县西部，属赵屯镇汪屯村民委员会管辖。距砀山县人民政府驻地9.17千米。占地面积0.4平方千米。110户，426人，民族多为汉族。

从前，因该地汪姓人氏居住多，故而得名。新中国成立初期属陈庄公社。1988年属赵屯乡。2008年属赵屯镇汪屯村委会。

魏庄

魏庄（Wèizhuāng） 在砀山县西部，属赵屯镇汪屯村民委员会管辖。距砀山县人民政府驻地9.06千米。占地面积0.25平方千米。76户，294人，民族多为汉族。

从前，该地魏姓人氏居住多，故而得名。新中国成立初期属陈庄公社。1988年属赵屯乡。2008年属赵屯镇汪屯村委会。

西后东

西后东（Xīhòudōng） 在砀山县西部，属赵屯镇汪屯村民委员会管辖。距砀山县人民政府驻地9.3千米。占地面积0.24平方千米。79户，308人，民族多为汉族。

汪屯村范围较大，根据地理位置划分而得名。新中国成立初期属陈庄公社汪屯大队。1988年属赵屯乡。2008年属赵屯镇汪屯村委会。

西后西

西后西（Xīhòuxī） 在砀山县西部，属赵屯镇汪屯村民委员会管辖。距砀山县人民政府驻地9.5千米。占地面积0.39平方千米。126户，489人，民族多为汉族。

汪屯村范围较大，根据地理位置划分而得名。新中国成立初期属陈庄公社汪屯大队。1988年属赵屯乡。2008年属赵屯镇汪屯村委会。

西前东

西前东（Xīqiándōng） 在砀山县西部，属赵屯镇汪屯村民委员会管辖。距砀山县人民政府驻地9.2千米。占地面积0.22平方千米。81户，310人，民族多为汉族。

汪屯村范围较大，根据地理位置划分而得名。新中国成立初期属陈庄公社汪屯大队。1988年属赵屯乡。2008年属赵屯镇汪屯村委会。

西前西

西前西（Xīqiánxī） 在安徽省砀山县西部，属赵屯镇汪屯村民委员会管辖。距砀山县人民政府驻地9.4千米。占地面积0.38平方千米。109户，412人，民族多为汉族。

汪屯村范围较大，根据地理位置划分而得名。新中国成立初期属陈庄公社汪屯大队。1988年属赵屯乡。2008年属赵屯镇汪屯村委会。

蔡堂

蔡堂（Càitáng） 在安徽省砀山县西部，属赵屯镇张新庄村民委员会管辖。距砀山县人民政府驻地7.15千米。占地面积0.21平方千米。57户，205人，民族多为汉族。

新中国成立前叫胡庄，因为胡氏家族居住人数最多，故此命名胡庄；新中国成立初期，由于蔡姓人口增多，建有厅堂，故改为蔡堂。新中国成立初期属城西乡。1958年属东风人民公社。1965年属陈庄公社。1988年属赵屯乡。2007年属赵屯镇张新庄村。

崔楼

崔楼（Cuīlóu） 在砀山县西部，属赵屯镇张新庄村民委员会管辖。距砀山县人民政府驻地8.8千米。占地面积0.38平方千米。130户，487人，民族多为汉族。

从前，崔氏家族在此建楼，开设茶馆，由此而得名。新中国成立初期属城西乡。1958年属东风人民公社。1965年属陈庄公社。1988年属赵屯乡。2007年属赵屯镇张新庄村。

管屯

管屯（Guǎntún） 在砀山县西部，属赵屯镇张新庄村民委员会管辖。距砀山县人民政府驻地8.29千米。占地面积0.32平方千米。99户，403人，民族多为汉族。

从前，管氏在此开了个饭庄，生意很好，后来又置地屯田，由此得名管屯。新中国成立初期属城西乡。1958年属东风人民公社。1965年属陈庄公社。1988年属赵屯乡。2007年属赵屯镇张新庄村。

黄庄

黄庄（Huángzhuāng） 在砀山县西部，属赵屯镇张新庄村民委员会管辖。距砀山县人民政府驻地8.05千米。占地面积0.37平方千米。113户，406人，民族多为汉族。

从前，黄氏家族在此安庄，由此得名为黄庄。新中国成立初期属城西乡。1958年属东风人民公社。1965年属陈庄公社。1988年属赵屯乡。2007年属赵屯镇张新庄村。

老张庄

老张庄（Lǎozhāngzhuāng） 在砀山县西部，属赵屯镇张新庄村民委员会管辖。距砀山县人民政府驻地8.65千米。占地面积1.04平方千米。271户，1160人，民族多为汉族。

从前，张姓迁民在此居住，后来人丁兴旺，便分支出去，此地便为老张庄。新中国成立初期属城西乡。1958年属东风人民公社。1965年属陈庄公社。1988年属赵屯乡。2007年属赵屯镇张新庄村。

戚平庄

戚平庄（Qīpíngzhuāng） 在砀山县西部，属赵屯镇张新庄村民委员会管辖。距砀山县人民政府驻地8.15千米。占地面积0.46平方千米。130户，485人，民族多为汉族。

从前，因戚氏家族在此开设茶馆，人来客走都非常平安，戚平庄的名字便由此得来。新中国成立初期属城西乡。1958年属东风人民公社。1965年属陈庄公社。1988年属赵屯乡。2007年属赵屯镇张新庄村。

孙庄

孙庄（Sūnzhuāng） 在砀山县西部，属赵屯镇张新庄村民委员会管辖。距砀山县人民政府驻地8.01千米。占地面积0.37平方千米。109户，408人，民族多为汉族。

从前，孙氏家族在此开了个饭馆，因离砀城八里路，所以也叫八里饭棚；后孙氏又置田建庄，因而得名孙庄。新中国成立初期属城西乡。1958年属东风人民公社。1965年属陈庄公社。1988年属赵屯乡。2007年属赵屯镇张新庄村。

汪白楼

汪白楼（Wāngbáilóu） 在砀山县西部，属赵屯镇张新庄村民委员会管辖。距砀山县人民政府驻地9.15千米。占地面积0.39平方千米。98户，406人，民族多为汉族。

从前，汪姓在此建了一座白色的楼房，故名汪白楼。新中国成立初期属城西乡。1958年属东风人民公社。1965年属陈庄公社。1988年属赵屯乡。2007年属赵屯镇张新庄村。

汪万楼

汪万楼（Wāngwànlóu） 在砀山县西部，属赵屯镇张新庄村民委员会管辖。距砀山县人民政府驻地9.63千米。占地面积0.45平方千米。136户，504人，民族多为汉族。

从前，汪姓、万姓在此居住，建楼，故名汪万楼。新中国成立初期属城西乡。1958年属东风人民公社。1965年属陈庄公社。1988年属赵屯乡。2007年属赵屯镇张新庄村。

张新庄

张新庄（Zhāngxīnzhuāng） 在砀山县西部，属赵屯镇张新庄村民委员会管辖。距砀山县人民政府驻地8.28千米。占地面积1平方千米。255户，980人，民族多为汉族。

从前，张姓先民在此建立新庄，故名张新庄。新中国成立初期属城西乡。1958年属东风人民公社。1965年属陈庄公社。1988年属赵屯乡。2007年属赵屯镇张新庄村委会。

边集

边集（Biānjí） 在砀山县西部，属赵屯镇赵屯村民委员会管辖。距砀山县人民政府驻地13.5千米。占地面积0.49平方千米。102户，379人，民族多为汉族。

据《砀山县志》记载，边集原为古代官道驿站，边姓人为驿站站主，以后驿站消失，又建集市，改为边集。新中国成立初期属江苏省。1954年属安徽省砀山县薛口乡。1971年属曹庄公社。1981年属赵屯镇至今。

孟庄

孟庄（Mèngzhuāng） 在砀山县西部，属赵屯镇赵屯村民委员会管辖。距砀山县人民政府驻地12.82千米。占地面积0.86平方千米。186户，632人，民族多为汉族。

据《孟氏家谱》记载，孟姓人家为孟子后代，因居住此地以孟姓人家为主，故而得名孟庄。新中国成立初期属江苏省。1954年属安徽省砀山县薛口乡。1971年属曹庄公社。1981年属赵屯镇至今。

宋庄

宋庄（Sòngzhuāng） 在砀山县西部，属赵屯镇赵屯村民委员会管辖。距砀山县人民政府驻地12.88千米。占地面积0.72平方千米。146户，536人，民族多为汉族。

明洪武年间，宋姓人家从山西迁来此地居住，因此得名。新中国成立初期属江苏省。1954年属安徽省砀山县薛口乡。1971年属曹庄公社。1981年属赵屯镇至今。

小陈庄

小陈庄（Xiǎochénzhuāng） 在砀山县西部，属赵屯镇赵屯村民委员会管辖。距砀山县人民政府驻地12.98千米。占地面积0.16平方千米。32户，112人，民族多为汉族。

小陈庄为边集，陈姓人家迁居此地，人少村小，故而得名。新中国成立初期属江苏省。1954年属安徽省砀山县薛口乡。1971年属曹庄公社。1981年属赵屯镇至今。

许王庄

许王庄（Xǔwángzhuāng） 在砀山县西部，属赵屯镇赵屯村民委员会管辖。距砀山县人民政府驻地13.2千米。占地面积1.29平方千米。258户，1026人，民族多为汉族。

明代初期，许姓人家为军户，居住于此，称后许楼；以后有一个王姓人为许姓人家的女婿，随着王姓人口增多，改为许王庄。新中国成立初期属江苏省。1954年属安徽省砀山县薛口乡。1971年属曹庄公社。1981年属赵屯镇至今。

赵屯

赵屯（Zhàotún） 在砀山县西部，属赵屯镇赵屯村民委员会管辖。距砀山县人民政府驻地13.35千米。占地面积2.35平方千米。510户，1780人，民族多为汉族。

宋代初期，赵姓人家为军户，居住于此，称赵屯；以后有王姓、张姓、李姓、宋姓四姓军户居住此地，称赵五屯；民国时期改为赵屯。新中国成立初期属江苏省。1954年属安徽省砀山县薛口乡。1971年属曹庄公社。1981年属赵屯镇至今。

三座楼

三座楼（Sānzuòlóu） 在砀山县西部，属赵屯镇卞楼村民委员会管辖。距砀山县人民政府驻地9.27千米。占地面积1.25平方千米。412户，1608人，民族多为汉族。

从前，孙、黄、王三大家族在此建楼房，故得名为三座楼。新中国成立初期属城西乡。1958年属东风人民公社。1965年属陈庄公社。1980年属汪林乡。2007年属赵屯镇卞楼村委会。

汪林

汪林（Wānglín） 在砀山县西部，属赵屯镇卞楼村民委员会管辖。距砀山县人民政府驻地11.3千米。占地面积0.23平方千米。76户，276人，民族多为汉族。

明代，汪姓在此占产立庄，置建林地，故得此名。新中国成立初期属城西乡。1958年属东风人民公社。1965年属陈庄公社。1980年属汪林乡。2007年属赵屯镇卞楼村委会。

小张庄

小张庄（Xiǎozhāngzhuāng） 在砀山县西部，属赵屯镇卞楼村民委员会管辖。距砀山县人民政府驻地7.26千米。占地面积0.25平方千米。71户，280人，民族多为汉族。

明代时期，张姓在此占产立庄，故得此名。新中国成立初期属城西乡。1958年属东风人民公社。1965年属陈庄公社。1980年属汪林乡。2007年属赵屯镇卞楼村委会。

信庄

信庄（Xìnzhuāng） 在砀山县西部，属赵屯镇卞楼村民委员会管辖。距砀山县人民政府驻地7.08千米。占地面积0.12平方千米。51户，181人，民族多为汉族。

明代时期，信姓在此占产立庄，故得此名。新中国成立初期属城西乡。1958年属东风人民公社。1965年属陈庄公社。1980年属汪林乡。2007年属赵屯镇卞楼村委会。

张岳庄

张岳庄（Zhāngyuèzhuāng） 在砀山县西部，属赵屯镇卞楼村民委员会管辖。距砀山县人民政府驻地8.9千米。占地面积0.25平方千米。98户，380人，民族多为汉族。

明代时期，张、岳两姓家族在此占产立庄，故此得名。新中国成立初期属城西乡。1958年属东风人民公社。1965年属陈庄公社。1980年属汪林乡。2007年属赵屯镇卞楼村委会。

卞楼

卞楼（Biànlóu） 在砀山县西部，属赵屯镇卞楼村民委员会管辖。距砀山县人民政府驻地10.06千米。占地面积0.87平方千米。271户，1110人，民族多为汉族。

明代时期，卞姓在此占产立庄，建楼，故此得名。新中国成立初期属城西乡。1958年属东风人民公社。1965年属陈庄公社。1980年属汪林乡。2007年属赵屯镇卞楼村委会。

褚庄

褚庄（Chǔzhuāng） 在砀山县西部，属赵屯镇卞楼村民委员会管辖。距砀山县人民政府驻地7.85千米。占地面积0.07平方千米。25户，83人，民族多为汉族。

明代时期，褚姓在此占地立庄，故此得名。新中国成立初期属城西乡。1958年属东风人民公社。1965年属陈庄公社。1980年属汪林乡。2007年属赵屯镇下楼村委会。

戴庄

戴庄（Dàizhuāng） 在砀山县西部，属赵屯镇下楼村民委员会管辖。距砀山县人民政府驻地10.09千米。占地面积0.13平方千米。48户，180人，民族多为汉族。

民国初年，戴姓迁居于此立庄，故此得名。新中国成立初期属城西乡。1958年属东风人民公社。1965年属陈庄公社。1980年属汪林乡。2007年属赵屯镇下楼村委会。

洪楼

洪楼（Hónglóu） 在砀山县西部，属赵屯镇下楼村民委员会管辖。距砀山县人民政府驻地11.22千米。占地面积0.37平方千米。138户，480人，民族多为汉族。

从前，洪姓在此建楼立庄，故命为洪楼。新中国成立初期属城西乡。1958年属东风人民公社。1965年属陈庄公社。1980年属汪林乡。2007年属赵屯镇下楼村委会。

蒋楼

蒋楼（Jiǎnglóu） 在砀山县西部，属赵屯镇下楼村民委员会管辖。距砀山县人民政府驻地7.86千米。占地面积0.63平方千米。182户，708人，民族多为汉族。

明代时期，蒋姓在此占产立庄，建楼，故得此名。新中国成立初期属城西乡。1958年属东风人民公社。1965年属陈庄公社。1980年属汪林乡。2007年属赵屯镇下楼村委会。

李庄

李楼（Lǐzhuāng） 在砀山县西部，属赵屯镇下楼村民委员会管辖。距砀山县人民政府驻地11.31千米。占地面积0.1平方千米。28户，113人，民族多为汉族。

明代时期，李姓在此占产立庄，故得此名。新中国成立初期属城西乡。1958年属东风人民公社。1965年属陈庄公社。1980年属汪林乡。2007年属赵屯镇下楼村委会。

刘庄

刘庄（Liúzhuāng） 在砀山县西部，属赵屯镇下楼村民委员会管辖。距砀山县人民政府驻地8.25千米。占地面积0.04平方千米。13户，43人，民族多为汉族。

明代时期，刘姓在此占产立庄，故得此名。新中国成立初期属城西乡。1958年属东风人民公社。1965年属陈庄公社。1980年属汪林乡。2007年属赵屯镇下楼村委会。

王庄

王庄（Wángzhuāng） 在砀山县西部，属赵屯镇下楼村民委员会管辖。距砀山县人民政府驻地9.58千米。占地面积0.25平方千米。68户，270人，民族多为汉族。

据查，明代王姓在此立庄占产，故得此名。新中国成立初期属城西乡。1958年属东风人民公社。1965年属陈庄公社。1980年属汪林乡。2007年属赵屯镇下楼村委会。

薛楼

薛楼（Xuēlóu） 在砀山县西部，属赵屯镇下楼村民委员会管辖。距砀山县人民政府驻地12.07千米。占地面积0.38平方千米。121户，460人，民族多为汉族。

新中国成立初期，有薛姓家族在此建楼居住，故命名为薛楼。新中国成立初期属城西乡。1958年属东风人民公社。1965年属陈庄公社。1980年属汪林乡。2007年属赵屯镇下楼村委会。

姚屯

姚屯（Yáotún） 在砀山县西部，属赵屯镇卞楼村民委员会管辖。距砀山县人民政府驻地10.96千米。占地面积0.65平方千米。195户，780人，民族多为汉族。

明代时期，姚姓在此占产立庄，屯田，故此得名。新中国成立初期属城西乡。1958年属东风人民公社。1965年属陈庄公社。1980年属汪林乡。2007年属赵屯镇卞楼村委会。

赵庄

赵庄（Zhàozhuāng） 在砀山县西部，属赵屯镇卞楼村民委员会管辖。距砀山县人民政府驻地8.73千米。占地面积0.21平方千米。58户，230人，民族多为汉族。

明代时期，赵姓在此占产立庄，故得此名。新中国成立初期属城西乡。1958年属东风人民公社。1965年属陈庄公社。1980年属汪林乡。2007年属赵屯镇卞楼村委会。

关帝庙镇

关帝庙

关帝庙（Guāndìmiào） 在砀山县南部，属关帝庙镇关帝庙社区居民委员会管辖。距砀山县人民政府驻地10.2千米。占地面积3平方千米。746户，2998人，民族多为汉族。

村中有关公帝君庙一座，现已有940年历史，故得村名。新中国成立初期，关帝庙村原名刘李庄，后因重修关公庙，改为铁关帝庙。1953年属关帝庙区。1956年属郑屯乡。1958年属陈寨人民公社。1961年属关帝庙公社。1966年属红旗公社。1980年属汪大楼公社。1997年属关帝庙镇至今。

孙楼

孙楼（Sūnlóu） 在砀山县南部，属关帝庙镇关帝庙社区居民委员会管辖。距砀山县人民政府驻地11.1千米。占地面积0.53平方千米。136户，496人，民族多为汉族。

孙楼位于关帝庙村东南角。因村中姓氏多数姓孙，建有楼房，故名。1953年属关帝庙区。1956年属郑屯乡。1958年属陈寨人民公社。1961年属关帝庙公社。1966年属红旗公社。1980年属汪大楼乡。1997年属关帝庙镇至今。

汪庄

汪庄（Wāngzhuāng） 在砀山县南部，属关帝庙镇关帝庙社区居民委员会管辖。距砀山县人民政府驻地9.8千米。占地面积0.86平方千米。188户，708人，民族多为汉族。

汪庄自然村位于关帝庙村北边。因村中姓氏大部分姓汪，所以起名汪庄。1953年属关帝庙区。1956年属郑屯乡。1958年属陈寨人民公社。1961年属关帝庙公社。1966年属红旗公社。1980年属汪大楼乡。1997年属关帝庙镇至今。

杨楼

杨楼（Yánglóu） 在砀山县南部，属关帝庙镇关帝庙社区居民委员会管辖。距砀山县人民政府驻地9.7千米。占地面积2.6平方千米。636户，2409人，民族多为汉族。

从前，杨姓最早在此立庄建楼，故名。1953年属关帝庙区。1956年属郑屯乡。1958年属陈寨人民公社。1961年属关帝庙公社。1966年属红旗公社。1980年属汪大楼乡。1997年属关帝庙镇至今。

徐庙

徐庙（Xúmiào） 在砀山县南部，属关帝庙镇关帝庙社区居民委员会管辖。距砀山县人民政府驻地7.3千米。占地面积3.31平方千米。858户，3405人，民族多为汉族。

从前，有一徐姓大户在此占产立庄，建了一座庙宇，故名徐庙。1953年属关帝庙区。1956年属郑屯乡。1958年属陈寨人民公社。1961年属关帝庙公社。1966年属红旗公社。1980年属汪大楼乡。1997年属关帝庙镇至今。

路口、陈屯、陈庄

路口、陈屯、陈庄（Lùkǒu、Chéntún、Chénzhuāng） 在砀山县南部，属关帝庙镇关帝庙社区居民委员会管辖。距砀山县人民政府驻地6.5千米。占地面积0.52平方千米。107户，409人，民族多为汉族。

路口、陈屯、陈庄三村相连，处于徐庙村西北角，阚沟北边，姓氏较杂。因地处大路口及陈姓在此屯田而得名。1953年属关帝庙区。1956年属郑屯乡。1958年属陈寨人民公社。1961年属关帝庙公社。1966年属红旗公社。1980年属汪大乡。1997年属关帝庙镇至今。

白楼

白楼（Báilóu） 在砀山县南部，属关帝庙镇关帝庙社区居民委员会管辖。距砀山县人民政府驻地9.6千米。占地面积0.62平方千米。158户，570人，民族多为汉族。

很久以前，有一白姓大户在此占产立庄，并建一土楼，故此得名。1953年属关帝庙区。1956年属郑屯乡。1958年属陈寨人民公社。1961年属关帝庙公社。1966年属红旗公社。1980年属汪大楼乡。1997年属关帝庙镇至今。

郑庄

郑庄（Zhèngzhuāng） 在砀山县南部，属关帝庙镇关帝庙社区居民委员会管辖。距砀山县人民政府驻地7.4千米。占地面积0.48平方千米。93户，360人，民族多为汉族。

以前，有一郑氏大户在此占产立庄，故得名郑庄。1953年属关帝庙区。1956年属郑屯乡。1958年属陈寨人民公社。1961年属关帝庙公社。1966年属红旗公社。1980年属汪大楼乡。1997年属关帝庙镇至今。

金屯

金屯（Jīntún） 在砀山县南部，属关帝庙镇关帝庙社区居民委员会管辖。距砀山县人民政府驻地7.9千米。占地面积0.2平方千米。27户，108人，民族多为汉族。

从前，金姓在此屯田，故名金屯。1953年属关帝庙区。1956年属郑屯乡。1958年属陈寨人民公社。1961年属关帝庙公社。1966年属红旗公社。1980年属徐庙乡。1997年属关帝庙镇至今。

刷集

刷集（Shuājí） 在砀山县南部，属关帝庙镇刷集村民委员会管辖。距砀山县人民政府驻地12.1千米。占地面积1.03平方千米。166户，641人，民族多为汉族。

李姓在刷集居住最早，也是大姓，李姓的祖先名叫李刷，很有名，因此得名叫刷集。1953年属关帝庙区。1958年属陈寨人民公社。1961年属关帝庙公社。1966年属红旗公社。1980年属汪大楼乡。1997年属关帝庙镇至今。

苗庄

苗庄（Miáozhuāng） 在砀山县南部，属关帝庙镇刷集村民委员会管辖。距砀山县人民政府驻地12.3千米。占地面积0.21平方千米。33户，120人，民族多为汉族。

此庄95%的人都姓苗，所以叫苗庄。1953年属关帝庙区。1958年属陈寨人民公社。1961年属关帝庙公社。1966年属红旗公社。1980年属汪大楼乡。1997年属关帝庙镇至今。

汤庄

汤庄（Tāngzhuāng） 在砀山县南部，属关帝庙镇刷集村民委员会管辖。距砀山县人民政府驻地14.3千米。占地面积0.75平方千米。126户，488人，民族多为汉族。

从前，汤姓在此立庄，故叫汤庄。1953年属关帝庙区。1958年属陈寨人民公社。1961年属关帝庙公社。1966年属红旗公社。1980年属汪大楼乡。1997年属关帝庙镇至今。

后仝庄

后仝庄（Hòutóngzhuāng） 在砀山县南部，属关帝庙镇刷集村民委员会管辖。距砀山县人民政府驻地11.6千米。占地面积0.62平方千米。113户，432人，民族多为汉族。

从前，仝姓在此立两个仝庄，分为前仝庄和后仝庄，此村居后，故名。1953年属关帝庙区。1958年属陈寨人民公社。1961年属关帝庙公社。1966年属红旗公社。1980年属汪大楼乡。1997年属关帝庙镇至今。

邵新庄

邵新庄（Shàoxīnzhuāng） 在砀山县南部，属关帝庙镇刷集村民委员会管辖。距砀山县人民政府驻地11.7千米。占地面积0.74平方千米。139户，506人，民族多为汉族。

该自然村有段、陈、邵、王、姬、李六个姓，他们都是邵楼大地主的佃户，故得名邵新庄，随地主姓。1953年属关帝庙区。1958年属陈寨人民公社。1961年属关帝庙公社。1966年属红旗公社。1980年属汪大楼乡。1997年属关帝庙镇至今。

仝庄新村

仝庄新村（Tóngzhuāngxīncūn） 在砀山县南部，属关帝庙镇刷集村民委员会管辖。距砀山县人民政府驻地12.2千米。占地面积1.01平方千米。136户，504人，民族多为汉族。

此村是新农村示范村，由万庄、李庄、汪庄、前仝庄四村合成，居住比较集中。1953年属关帝庙区。1958年属陈寨人民公社。1961年属关帝庙公社。1966年属红旗公社。1980年属汪大楼乡。1997年属关帝庙镇至今。

毛庄寨

毛庄寨（Máozhuāngzhài） 在砀山县南部，属关帝庙镇毛庄寨村民委员会管辖。距砀山县人民政府驻地12.2千米。占地面积1.59平方千米。262户，1014人，民族多为汉族。

从前，有一位毛姓乡绅为避战乱，带领村民建寨，让周边村庄的群众都到此居住，故而得名为毛庄寨。1952年属城西区。1958年属陈寨公社。1980年属关帝区。1988年属关帝庙镇至今。

大王庄

大王庄（Dàwángzhuāng） 在砀山县南部，属关帝庙镇毛庄寨村民委员会管辖。距砀山县人民政府驻地11.7千米。占地面积0.7平方千米。162户，626人，民族多为汉族。

明初，王姓从山西迁来，在此立庄，因规模大，故而得名。1952年属城西区。1958年属陈寨公社。1980年属关帝区。1988年属关帝庙镇至今。

小王庄

小王庄（Xiǎowángzhuāng） 在砀山县南部，属关帝庙镇毛庄寨村民委员会管辖。距砀山县人民政府驻地11.9千米。占地面积0.68平方千米。158户，577人，民族多为汉族。

明初，王姓从山西迁来，在此立庄，因规模较小，故而得名。1952年属城西区。1958年属陈寨公社。1980年属关帝区。1988年属关帝庙镇至今。

郑屯

郑屯（Zhèngtún） 在砀山县南部，属关帝庙镇毛庄寨村民委员会管辖。距砀山县人民政府驻地11.4千米。占地面积0.6平方千米。131户，494人，民族多为汉族。

很久以前，郑氏家族从山西迁来，在此屯田立庄，故而得名。1952年属城西区。1958年属陈寨公社。1980年属关帝庙区。1988年属关帝庙镇至今。

盛庄

盛庄（Shèngzhuāng） 在砀山县南部，属关帝庙镇毛庄寨村民委员会管辖。距砀山县人民政府驻地13.6千米。占地面积0.98平方千米。213户，811人，民族多为汉族。

明初，盛姓从山西迁来，在此立庄，故而得名。1952年属城西区。1958年属陈寨公社。1980年属关帝区。1988年属关帝庙镇至今。

万庄

万庄（Wànzhuāng） 在砀山县南部，属关帝庙镇毛庄寨村民委员会管辖。距砀山县人民政府驻地12.6千米。占地面积0.35平方千米。49户，197人，民族多为汉族。

从前，万氏家族在此居住，故而得名。1952年属城西区。1958年属陈寨公社。1980年属关帝区。1988年属关帝庙镇至今。

槐树园

槐树园（Huáishùyuán） 在砀山县南部，属关帝庙镇汤寺村民委员会管辖。距砀山县人民政府驻地10.9千米。占地面积0.4平方千米。88户，337人，民族多为汉族。

很久以前，有李姓大户迁至此地居住，大户人家种植槐树较多，形成园林，故而得名槐树园。1952年为城西区的一部分。1958年属陈寨公社。1980年属关帝庙区。1988年属关帝庙镇。2008年属汤寺村民委员会至今。

张庄寨

张庄寨（Zhāngzhuāngzhài） 在砀山县南部，属关帝庙镇汤寺村民委员会管辖。距砀山县人民政府驻地12.4千米。占地面积2.85平方千米。647户，2548人，民族多为汉族。

从前，有一张姓乡绅为免遭战乱，带领村民垒寨墙、修炮楼，让周边村民住在寨内，因此得名张庄寨。1952年为城西区一部分。1958年属陈寨公社。1980年属关帝庙区。1988年属关帝庙镇。2008年属汤寺村民委员会至今。

张万楼

张万楼（Zhāngwànlóu） 在砀山县南部，属关帝庙镇汤寺村民委员会管辖。距砀山县人民政府驻地11.9千米。占地面积0.48平方千米。92户，357人，民族多为汉族。

以前，此地张姓、万姓居多，建有楼房，故而得名张万楼。1952年为城西区一部分。1958年属陈寨公社。1980年属关帝庙区。1988年属关帝庙镇。2008年属汤寺村民委员会至今。

汤寺

汤寺（Tāngsì） 在砀山县南部，属关帝庙镇汤寺村民委员会管辖。距砀山县人民政府驻地 11.5 千米。占地面积 0.68 平方千米。151 户，560 人，民族多为汉族。

很久以前，有一汤姓大户迁居此地，并建有寺庙一所，故得名汤寺。1952 年为城西区一部分。1958 年属陈寨公社。1980 年属关帝庙区。1988 年属关帝庙镇。2008 年属汤寺村民委员会至今。

张集

张集（Zhāngjí） 在砀山县南部，属关帝庙镇汤寺村民委员会管辖。距砀山县人民政府驻地 12.9 千米。占地面积 0.15 平方千米。27 户，107 人，民族多为汉族。

很久以前，有一盐贩至此居住，同张姓人一起成立集市，故而得名盐店张集，后简称张集。1952 年为城西区一部分。1958 年属陈寨公社。1980 年属关帝庙区。1988 年属关帝庙镇。2008 年属汤寺村民委员会至今。

郭楼

郭楼（Guōlóu） 在砀山县南部，属关帝庙镇汤寺村民委员会管辖。距砀山县人民政府驻地 13.1 千米。占地面积 0.35 平方千米。63 户，246 人，民族多为汉族。

明初，有一郭姓大户从山西迁来，在此落户，并建有土楼，因而得名。1952 年为城西区一部分。1958 年属陈寨公社。1980 年属关帝庙区。1988 年属关帝庙镇。2008 年属汤寺村民委员会至今。

胡楼

胡楼（Húlóu） 在砀山县南部，属关帝庙镇黄屯村民委员会管辖。距砀山县人民政府驻地 7.4 千米。占地面积 0.31 平方千米。83 户，321 人，民族多为汉族。

明代时期，一胡姓人氏在朝为官，家人在此占产立庄，并建起楼房，因此得名胡楼。1953 年属第三区。1958 年属陈寨人民公社。1961 年属关帝庙公社。1980 年属徐庙乡。2008 年村级合并，属黄屯村委会至今。

黄屯

黄屯（Huángtún） 在砀山县南部，属关帝庙镇黄屯村民委员会管辖。距砀山县人民政府驻地 7.2 千米。占地面积 0.42 平方千米。106 户，416 人，民族多为汉族。

很久以前，黄姓为一大户当长工，因大户地多，让其定居在此屯田，故取名黄屯。1953 年属第三区。1958 年属陈寨人民公社。1961 年属关帝庙公社。1980 年属徐庙乡。2008 年村级合并，属黄屯村委会至今。

大李楼

大李楼（Dàlǐlóu） 在砀山县南部，属关帝庙镇黄屯村民委员会管辖。距砀山县人民政府驻地 8.4 千米。占地面积 2.57 平方千米。565 户，2236 人，民族多为汉族。

明代时期，李姓在此落户，并建起楼房，因当时人多楼多，故此得名。1953 年属第三区。1958 年属陈寨人民公社。1961 年属关帝庙公社。1980 年属徐庙乡。2008 年村级合并，属黄屯村委会至今。

陈庄

陈庄（Chénzhuāng） 在砀山县南部，属关帝庙镇黄屯村民委员会管辖。距砀山县人民政府驻地 7.36 千米。占地面积 0.37 平方千米。88 户，346 人，民族多为汉族。

很久以前，有一陈姓乡绅在此占产立庄，因此得名。1953 年属第三区。1958 年属陈寨人民公社。1961 年属关帝庙公社。1980 年属徐庙乡。2008 年村级合并，属黄屯村委会至今。

赵平坊

赵平坊（Zhàopíngfāng） 在砀山县南

部，属关帝庙镇黄屯村民委员会管辖。距砀山县人民政府驻地 7.12 千米。占地面积 0.72 平方千米。236 户，891 人，民族多为汉族。

从前，有一曹姓在朝做官，家人在此定居，取名曹平坊；多年以后，因曹姓不知何因迁出，赵姓占多数，故更名为赵平坊。1953 年属第三区。1958 年属陈寨人民公社。1961 年属关帝庙公社。1980 年属徐庙乡。2008 年村级合并，属黄屯村委会至今。

张阁

张阁（Zhānggé） 在砀山县南部，属关帝庙镇黄屯村民委员会管辖。距砀山县人民政府驻地 7.04 千米。占地面积 0.58 平方千米。176 户，685 人，民族多为汉族。

明初，有一张姓大户在此落户，并建起很多阁楼，因此得名。1953 年属第三区。1958 年属陈寨人民公社。1961 年属关帝庙公社。1980 年属徐庙乡。2008 年村级合并，属黄屯村委会至今。

席楼

席楼（Xílóu） 在砀山县南部，属关帝庙镇黄屯村民委员会管辖。距砀山县人民政府驻地 7.08 千米。占地面积 0.52 平方千米。148 户，566 人，民族多为汉族。

很久以前，一席姓人家在此落户，并建起楼房，因此得名席楼。1953 年属第三区。1958 年属陈寨人民公社。1961 年属关帝庙公社。1980 年属徐庙乡。2008 年村级合并，属黄屯村委会至今。

邵楼

邵楼（Shàolóu） 在砀山县南部，属关帝庙镇邵楼村民委员会管辖。距砀山县人民政府驻地 11.8 千米。占地面积 2.31 平方千米。525 户，2125 人，民族多为汉族。

明代时期，邵姓在此占产立庄，并在此建楼，故而得名。1953 年属第三区。1958 年属陈寨公社。1961 年属关帝庙公社。1980 年设成立邵楼乡。2008 年合村为邵楼村。

张岳庄

张岳庄（Zhāngyuèzhuāng） 在砀山县南部，属关帝庙镇邵楼村民委员会管辖。距砀山县人民政府驻地 10.7 千米。占地面积 0.78 平方千米。160 户，635 人，民族多为汉族。

很久以前，张姓、岳姓人氏在此立庄，故而得名。1953 年属第三区。1958 年属陈寨公社。1961 年属关帝庙公社。1980 年属邵楼乡。2008 年合村，属邵楼村委会。

王庄

王庄（Wángzhuāng） 在砀山县南部，属关帝庙镇邵楼村民委员会管辖。距砀山县人民政府驻地 10.5 千米。占地面积 0.4 平方千米。89 户，345 人，民族多为汉族。

从前，此村姓王的人居住最早，故而得名。1953 年属第三区。1958 年属陈寨公社。1961 年属关帝庙公社。1980 年属邵楼乡。2008 年合村，属邵楼村委会。

孟庄

孟庄（Mèngzhuāng） 在砀山县南部，属关帝庙镇邵楼村民委员会管辖。距砀山县人民政府驻地 10.3 千米。占地面积 0.58 平方千米。120 户，475 人，民族多为汉族。

很久以前，此村孟姓居住时间最早，故而得名。1953 年属第三区。1958 年属陈寨公社。1961 年属关帝庙公社。1980 年属邵楼乡。2008 年合村，属邵楼村委会。

韩庄

韩庄（Hánzhuāng） 在砀山县南部，属关帝庙镇邵楼村民委员会管辖。距砀山县人民政府驻地 10.2 千米。占地面积 0.4 平方千米。88 户，340 人，民族多为汉族。

从前，此村姓韩人家居住最早，故而得名。1953 年属第三区。1958 年属陈寨公社。1961 年属关帝庙公社。1980 年属邵楼乡。2008 年合村，属邵楼村委会。

王集

王集（Wángjí） 在砀山县南部，属关帝庙镇邵楼村民委员会管辖。距砀山县人民政府驻地 12.2 千米。占地面积 0.36 平方千米。70 户，265 人，民族多为汉族。

很久以前，此村有一王姓居住，并建立集市，故而得名。1953 年属第三区。1958 年属陈寨公社。1961 年属关帝庙公社。1980 年属邵楼乡。2008 年合村，属邵楼村委会。

苏楼

苏楼（Sūlóu） 在砀山县南部，属关帝庙镇邵楼村民委员会管辖。距砀山县人民政府驻地 11.02 千米。占地面积 0.58 平方千米。128 户，456 人，民族多为汉族。

从前，此村苏姓人家为大户，并在此建楼，故而得名。1953 年属第三区。1958 年属陈寨公社。1961 年属关帝庙公社。1980 年属邵楼乡。2008 年合村，属邵楼村委会。

木庄

木庄（Mùzhuāng） 在砀山县南部，属关帝庙镇邵楼村民委员会管辖。距砀山县人民政府驻地 11.3 千米。占地面积 0.35 平方千米。61 户，228 人，民族多为汉族。

很久以前，此村木姓人家为大户，故而得名。1953 年属第三区。1958 年属陈寨公社。1961 年属关帝庙公社。1980 年属邵楼乡。2008 年合村，属邵楼村委会。

时庄

时庄（Shízhuāng） 在砀山县南部，属关帝庙镇邵楼村民委员会管辖。距砀山县人民政府驻地 11.9 千米。占地面积 0.38 平方千米。68 户，260 人，民族多为汉族。

明初，有一姓时的大户在此占产立庄，故而得名。1953 年属第三区。1958 年属陈寨公社。1961 年属关帝庙公社。1980 年属邵楼乡。2008 年合村，属邵楼村委会。

陈谭集

陈谭集（Chéntánjí） 在砀山县南部，属关帝庙镇邵楼村民委员会管辖。距砀山县人民政府驻地 12.1 千米。占地面积 0.2 平方千米。38 户，155 人，民族多为汉族。

从前，此村有陈姓、谭姓二姓居住最早，且成立集市，故而得名。1953 年属第三区。1958 年属陈寨公社。1961 年属关帝庙公社。1980 年属邵楼乡。2008 年合村，属邵楼村委会。

曹桥

曹桥（Cáoqiáo） 在砀山县南部，属关帝庙镇邵楼村民委员会管辖。距砀山县人民政府驻地 11.9 千米。占地面积 0.63 平方千米。145 户，560 人，民族多为汉族。

以前，此村姓曹的人家居住最早，人口多，后来修了一座小桥，故而得名。1953 年属第三区。1958 年属陈寨公社。1961 年属关帝庙公社。1980 年属邵楼乡。2008 年合村，属邵楼村委会。

许庄

许庄（Xǔzhuāng） 在砀山县南部，属关帝庙镇邵楼村民委员会管辖。距砀山县人民政府驻地 11.1 千米。占地面积 0.5 平方千米。115 户，430 人，民族多为汉族。

很久以前，此村有一姓许的人家，在此占产立庄，故而得名。1953 年属第三区。1958 年属陈寨公社。1961 年属关帝庙公社。

1980年属邵楼乡。2008年合村，属邵楼村委会。

八里井

八里井（Bālǐjǐng） 在砀山县南部，属关帝庙镇赵岗村民委员会管辖。距砀山县人民政府驻地7.9千米。占地面积1.41平方千米。257户，1090人，民族多为汉族。

以前，此地有一口比较古老的水井，这口井距砀城八里路，故而得名。新中国成立初期属薛口区于店乡。1953年改属郑屯乡。1958年属红旗公社。1988年属关帝庙镇管辖至今。

汪新庄

汪新庄（Wāngxīnzhuāng） 在砀山县南部，属关帝庙镇赵岗村民委员会管辖。距砀山县人民政府驻地7.6千米。占地面积0.44平方千米。68户，256人，民族多为汉族。

以前，有汪姓人氏在此居住，并且建新庄，故而得名。新中国成立初期属薛口区于店乡。1953年改属郑屯乡。1958年属红旗公社。1988年属关帝庙镇管辖至今。

赵岗

赵岗（Zhàogǎng） 在砀山县南部，属关帝庙镇赵岗村民委员会管辖。距砀山县人民政府驻地8.1千米。占地面积1.64平方千米。286户，1180人，民族多为汉族。

据健在的老年人说，以前此村赵姓人氏居多，并且村落地处高岗，故此得名。新中国成立初期属薛口区于店乡。1953年改属郑屯乡。1958年属红旗公社。1988年属关帝庙镇管辖至今。

王窑

王窑（Wángyáo） 在砀山县南部，属关帝庙镇赵岗村民委员会管辖。距砀山县人民政府驻地7.1千米。占地面积0.98平方千米。198户，780人，民族多为汉族。

以前，村中有个王姓的烧砖窑师傅在此烧窑，故此得名王窑。新中国成立初期属薛口区于店乡。1953年改属郑屯乡。1958年属红旗公社。1988年属关帝庙镇管辖至今。

于店

于店（Yúdiàn） 在砀山县南部，属关帝庙镇于店村民委员会管辖。距砀山县人民政府驻地7.6千米。占地面积1.2平方千米。252户，980人，民族多为汉族。

明朝初期，于氏在此占产立庄，开一商店，于店村故此得名。新中国成立初期属薛口区于店乡。1953年改属郑屯乡。1958年属红旗公社。1988年属关帝庙镇管辖至今。

葛屯

葛屯（Gětún） 在砀山县南部，属关帝庙镇杨庄寨村民委员会管辖。距砀山县人民政府驻地9.9千米。占地面积1.86平方千米。350户，1306人，民族多为汉族。

从前，葛氏在此屯田立庄，故得此名。新中国成立初期属薛口区于店乡。1953年改属郑屯乡。1958年属红旗公社。1988年属关帝庙镇管辖至今。

许王庄

许王庄（Xǔwángzhuāng） 在砀山县南部，属关帝庙镇杨庄寨村民委员会管辖。距砀山县人民政府驻地10.2千米。占地面积0.54平方千米。78户，306人，民族多为汉族。

从前，此地因许、王两姓家族人多，其他姓氏少，故得此名。新中国成立初期属薛口区于店乡。1953年改属郑屯乡。1958年属红旗公社。1988年属关帝庙镇管辖至今。

徐黄庄

徐黄庄（Xúhuángzhuāng） 在砀山县

南部，属关帝庙镇杨庄寨村民委员会管辖。距砀山县人民政府驻地10.8千米。占地面积0.56平方千米。91户，350人，民族多为汉族。

很久以前，有徐姓、黄姓两个异姓兄弟流浪至此占产立庄，故而得名。新中国成立初期属薛口区于店乡。1953年改属郑屯乡。1958年属红旗公社。1988年属关帝庙镇管辖至今。

杨庄寨

杨庄寨（Yángzhuāngzhài） 在砀山县南部，属关帝庙镇杨庄寨村民委员会管辖。距砀山县人民政府驻地9.4千米。占地面积1.52平方千米。290户，1150人，民族多为汉族。

从前，杨氏家族在此占产立庄，筑寨，故而得名。新中国成立初期属薛口区于店乡。1953年改属郑屯乡。1958年属红旗公社。1988年属关帝庙镇管辖至今。

大殷楼

大殷楼（Dàyīnlóu） 在砀山县南部，属关帝庙镇杨庄寨村民委员会管辖。距砀山县人民政府驻地10.5千米。占地面积0.76平方千米。130户，502人，民族多为汉族。

从前，因殷氏家族人多，在此建楼，村庄较大，故得此名。新中国成立初期属薛口区于店乡。1953年改属郑屯乡。1958年属红旗公社。1988年属关帝庙镇管辖至今。

小殷楼

小殷楼（Xiǎoyīnlóu） 在砀山县南部，属关帝庙镇杨庄寨村民委员会管辖。距砀山县人民政府驻地10.4千米。占地面积0.55平方千米。82户，308人，民族多为汉族。

从前，因殷氏家族的村庄较小，在此建楼，故得此名。新中国成立初期属薛口区于店乡。1953年改属郑屯乡。1958年属红旗公社。1988年属关帝庙镇管辖至今。

前薛楼

前薛楼（Qiánxuēlóu） 在砀山县南部，属关帝庙镇薛楼村民委员会管辖。距砀山县人民政府驻地8.5千米。占地面积0.36平方千米。56户，210人，民族多为汉族。

明崇祯年间，薛姓族人经商从山西迁至砀城南占田立庄，建一土楼，故名薛楼，后边是后薛楼，前边叫前薛楼。新中国成立初期属郑屯乡，后属陈寨乡交通大队。1966年属红旗公社交通大队。1973年大队部迁至薛楼，更名为薛楼村，属关帝庙镇管理至今。

后薛楼

后薛楼（Hòuxuēlóu） 在砀山县南部，属关帝庙镇薛楼村民委员会管辖。距砀山县人民政府驻地8.2千米。占地面积0.86平方千米。136户，506人，民族多为汉族。

明崇祯年间，薛姓族人经商从山西迁至砀城南占田立庄，建一土楼，故名薛楼，后边是后薛楼，前边叫前薛楼。新中国成立初期属郑屯乡，后属陈寨乡交通大队。1966年属红旗公社交通大队。1973年大队部迁至薛楼，更名为薛楼村，属关帝庙镇管理至今。

汪窦楼

汪窦楼（Wāngdòulóu） 在砀山县南部，属关帝庙镇薛楼村民委员会管辖。距砀山县人民政府驻地8.9千米。占地面积0.38平方千米。58户，223人，民族多为汉族。

明代时期，窦氏家族在此立庄，后窦氏族人逐渐减少，汪氏族人扩大，建有楼房，故改为汪窦楼。新中国成立初期属郑屯乡，后属陈寨乡。1966年属红旗公社交通大队。1973年大队部迁至薛楼，更名为薛楼村，属关帝庙镇管理至今。

邵陈楼

邵陈楼（Shàochénlóu） 在砀山县南部，属关帝庙镇薛楼村民委员会管辖。距砀山县人民政府驻地7.9千米。占地面积2.62平方千米。489户，1860人，民族多为汉族。

明洪武年间，有陈氏三人逃荒到此，占田立庄，建一土楼，称陈楼；后邵氏族人势力逐步扩大，在社会上有权有势，改为邵陈楼。新中国成立初期属郑屯乡，后属陈寨乡。1966年属红旗公社交通大队。1973年大队部迁至薛楼，更名为薛楼村，属关帝庙镇管理至今。

陈枣园

陈枣园（Chénzǎoyuán） 在砀山县南部，属关帝庙镇薛楼村民委员会管辖。距砀山县人民政府驻地7.4千米。占地面积1.02平方千米。178户，650人，民族多为汉族。

明洪武年间，有陈氏族人从山西洪洞带来几棵枣树，在此占产立庄，建一枣园，故名陈枣园。新中国成立初期属郑屯乡，后属陈寨乡。1966年属红旗公社。1973年大队部迁至薛楼，更名为薛楼村，属关帝庙镇管理。

黄庄

黄庄（Huángzhuāng） 在砀山县南部，属关帝庙镇薛楼村民委员会管辖。距砀山县人民政府驻地8.4千米。占地面积1.01平方千米。166户，630人，民族多为汉族。

明代时期，黄姓从黄草庙分支，在此占产立庄，故名黄庄。新中国成立初期属郑屯乡。1953年划属陈寨乡。1958年属关帝庙公社。1980年属汪大楼乡。1988年撤区并乡，属关帝庙镇至今。

黄楼

黄楼（Huánglóu） 在砀山县南部，属关帝庙镇薛楼村民委员会管辖。距砀山县人民政府驻地8.62千米。占地面积0.38平方千米。58户，225人，民族多为汉族。

明洪武年间，黄姓在此占产立庄，建一砖楼，故名黄楼。新中国成立初期属郑屯乡。1953年划属陈寨乡。1958年属关帝庙公社。1980年属汪大楼乡。1988年撤区并乡，属关帝庙镇至今。

石赵庙

石赵庙（Shízhàomiào） 在砀山县南部，属关帝庙镇薛楼村民委员会管辖。距砀山县人民政府驻地9.29千米。占地面积0.86平方千米。160户，606人，民族多为汉族。

明代时期，石氏家族、赵氏家族在朝为官，在家乡建庙宇一座，故而得名。新中国成立初期属薛口区郑屯乡。1953年划属陈寨乡。1958年属关帝庙公社。1980年属汪大楼乡。1988年撤区并乡，属关帝庙镇至今。

大李屯

大李屯（Dàlǐtún） 在砀山县南部，属关帝庙镇薛楼村民委员会管辖。距砀山县人民政府驻地9.88千米。占地面积0.78平方千米。149户，550人，民族多为汉族。

明代末年，李氏兄弟二人从山西省洪洞县经商来到砀山屯田，后分家，老大家中人口多，故而得名大李屯。1953年划属陈寨乡。1958年属关帝庙公社。1980年属汪大楼乡。1988年撤区并乡，属关帝庙镇至今。

小李屯

小李屯（Xiǎolǐtún） 在砀山县南部，属关帝庙镇薛楼村民委员会管辖。距砀山县人民政府驻地 9.1 千米。占地面积 0.86 平方千米。148 户，551 人，民族多为汉族。

明代末年，李氏兄弟二人从山西省洪洞县来到砀山屯田，后分家，老二家中人口少，故而得名小李屯。1953 年划属陈寨乡。1958 年属关帝庙公社。1980 年属汪大楼乡。1988 年撤区并乡，属关帝庙镇至今。

曹楼

曹楼（Cáolóu） 在砀山县南部，属关帝庙镇薛楼村民委员会管辖。距砀山县人民政府驻地 9.79 千米。占地面积 0.65 平方千米。108 户，406 人，民族多为汉族。

明代时期，曹氏家族在此占产立庄，建楼，故而得名。新中国成立初期属郑屯乡。1953 年划属陈寨乡。1958 年属关帝庙公社。1980 年属汪大楼乡。1988 年撤区并乡，属关帝庙镇至今。

阚寨

阚寨（Kànzhài） 在砀山县南部，属关帝庙镇阚寨村民委员会管辖。距砀山县人民政府驻地 8.6 千米。占地面积 1.65 平方千米。319 户，1206 人，民族多为汉族。

从前，人们为防匪筑寨，因寨主姓阚，故起为阚寨。1953 年属第三区。1958 年属陈寨人民公社。1961 年属关帝庙人民公社。1980 年属徐庙乡。1990 年属关帝庙镇。2009 年三村合并，成立阚寨村委会至今。

大华楼

大华楼（Dàhuálóu） 在砀山县南部，属关帝庙镇阚寨村民委员会管辖。距砀山县人民政府驻地 10.1 千米。占地面积 1.35 平方千米。154 户，589 人，民族多为汉族。

从前，华姓在此建楼立庄，因庄体大，故名大华楼。1953 年属第三区。1958 年属陈寨人民公社。1961 年属关帝庙人民公社。1980 年属徐庙乡。1990 年属关帝庙镇。2009 年三村合并，属阚寨村委会至今。

曹双楼

曹双楼（Cáoshuānglóu） 在砀山县南部，属关帝庙镇阚寨村民委员会管辖。距砀山县人民政府驻地 9.5 千米。占地面积 0.68 平方千米。74 户，275 人，民族多为汉族。

从前，曹姓在此建起两座楼，故起名曹双楼。1953 年属第三区。1958 年属陈寨人民公社。1961 年属关帝庙人民公社。1980 年属徐庙乡。1990 年属关帝庙镇。2009 年三村合并，属阚寨村委会至今。

周双楼

周双楼（Zhōushuānglóu） 在砀山县南部，属关帝庙镇阚寨村民委员会管辖。距砀山县人民政府驻地 8.1 千米。占地面积 0.35 平方千米。70 户，246 人，民族多为汉族。

从前，周姓在此建起两座楼，故起名周双楼。1953 年属第三区。1958 年属陈寨人民公社。1961 年属关帝庙人民公社。1980 年属徐庙乡。1990 年属关帝庙镇。2009 年三村合并，属阚寨村委会至今。

华坪庄

华坪庄（Huápíngzhuāng） 在砀山县南部，属关帝庙镇阚寨村民委员会管辖。距砀山县人民政府驻地 9.86 千米。占地面积 0.49 平方千米。71 户，275 人，民族多为汉族。

从前，华姓在此做打麦坪场，后来居住成庄，故名。新中国成立初期属阚寨区利民大队。1980 年属邵楼乡。1990 年属关帝庙镇。2009 年三村合并，属阚寨村委会至今。

小华楼

小华楼（Xiǎohuálóu） 在砀山县南

部，属关帝庙镇阚寨村民委员会管辖。距砀山县人民政府驻地 9.02 千米。占地面积 1.52 平方千米。223 户，860 人，民族多为汉族。

本自然村原以华姓为主，建一楼房，因没有大华楼规模大，故起名小华楼。新中国成立初期属阚寨区利民大队。1980 年属邵楼乡。1990 年属关帝庙镇。2009 年三村合并，属阚寨村委会至今。

蒋庄

蒋庄（Jiǎngzhuāng） 在砀山县南部，属关帝庙镇阚寨村民委员会管辖。距砀山县人民政府驻地 8.9 千米。占地面积 0.11 平方千米。12 户，46 人，民族多为汉族。

从前，蒋姓在此立庄，故起名蒋庄。新中国成立初期属阚寨区利民大队。1980 年属邵楼乡。1990 年属关帝庙镇。2009 年三村合并，属阚寨村委会至今。

朱庄

朱庄（Zhūzhuāng） 在砀山县南部，属关帝庙镇汪大楼村民委员会管辖。距砀山县人民政府驻地 8.6 千米。占地面积 1 平方千米。130 户，506 人，民族多为汉族。

以前，朱氏从山西省洪洞县迁民来此，占产立庄，故而得名。1953 年属关帝庙区。1956 年属郑屯乡。1958 年属陈寨人民公社。1961 年属关帝庙公社。1966 年属红旗公社。1980 年属汪大楼乡。1997 年属汪大楼村，属关帝庙镇至今。

翟庄

翟庄（Zháizhuāng） 在砀山县南部，属关帝庙镇汪大楼村民委员会管辖。距砀山县人民政府驻地 9.5 千米。占地面积 0.5 平方千米。73 户，288 人，民族多为汉族。

明初，翟氏从山西省洪洞县迁民来此，占产立庄，故名。1953 年属关帝庙区。1956 年属郑屯乡。1958 年属陈寨人民公社。1961 年属关帝庙公社。1966 年属红旗公社。1980 年属汪大楼乡。1997 年归汪大楼村，属关帝庙镇至今。

汪大楼

汪大楼（Wāngdàlóu） 在砀山县南部，属关帝庙汪大楼村民委员会管辖。距砀山县人民政府驻地 9.5 千米。占地面积 1.53 平方千米。351 户，1380 人，民族多为汉族。

从前，汪家是当地乡绅，有良田千顷，住的是土墙大楼，因此得名汪大楼。1953 年属关帝庙区。1956 年属郑屯乡。1958 年属陈寨人民公社。1961 年属关帝庙公社。1966 年属红旗公社。1980 年属汪大楼乡。1997 年归汪大楼村，属关帝庙镇至今。

刘八楼

刘八楼（Liúbālóu） 在砀山县南部，属关帝庙镇汪大楼村民委员会管辖。距砀山县人民政府驻地 9.1 千米。占地面积 0.57 平方千米。130 户，486 人，民族多为汉族。

据《刘氏宗谱》记载，刘氏宗族祖籍北京，于明朝年间迁至砀城南买地置产，建有八座土楼，故名刘八楼。1953 年属关帝庙区。1956 年属郑屯乡。1958 年属陈寨人民公社。1961 年属关帝庙公社。1966 年属红旗公社。1980 年属汪大楼乡。1997 年归汪大楼村，属关帝庙镇至今。

曹庄

曹庄（Cáozhuāng） 在砀山县南部，属关帝庙镇汪大楼村民委员会管辖。距砀山县人民政府驻地 8.9 千米。占地面积 0.47 平方千米。80 户，306 人，民族多为汉族。

明初，曹氏从山西省洪洞县迁民来此，占产立庄，故而得名。1953 年属关帝庙区。

1956年属郑屯乡。1958年属陈寨人民公社。1961年属关帝庙公社。1966年属红旗公社。1980年属汪大楼乡。1997年归汪大楼村，属关帝庙镇至今。

谢庄

谢庄（Xièzhuāng）　在砀山县南部，属关帝庙镇汪大楼村民委员会管辖。距砀山县人民政府驻地8.8千米。占地面积0.35平方千米。56户，208人，民族多为汉族。

明初，谢氏从浙江上虞县迁民来此，占产立庄，故而得名。1953年属关帝庙区。1956年属郑屯乡。1958年属陈寨人民公社。1961年属关帝庙公社。1966年属红旗公社。1980年属汪大楼乡。1997年归汪大楼村，属关帝庙镇至今。

范庄

范庄（Fànzhuāng）　在砀山县南部，属关帝庙镇汪大楼村民委员会管辖。距砀山县人民政府驻地9.7千米。占地面积0.49平方千米。99户，380人，民族多为汉族。

以前，范氏从山西省洪洞县迁民来此，占产立庄，故而得名。1953年属关帝庙区。1956年属郑屯乡。1958年属陈寨人民公社。1961年属关帝庙公社。1966年属红旗公社。1980年属汪大楼乡。1997年归汪大楼村，属关帝庙镇至今。

汪暗楼

汪暗楼（Wāng’ ànlóu）　在砀山县南部，属关帝庙镇汪大楼村民委员会管辖。距砀山县人民政府驻地9.8千米。占地面积0.47平方千米。93户，362人，民族多为汉族。

明初，汪氏从山西省洪洞县迁民来此，占产立庄，建一土楼，故而得名。1953年属关帝庙区。1956年属郑屯乡。1958年属陈寨人民公社。1961年属关帝庙公社。1966年属红旗公社。1980年属汪大楼乡。1997年归汪大楼村，属关帝庙镇至今。

王楼

王楼（Wánglóu）　在砀山县南部，属关帝庙镇熙可社区居民委员会管辖。距砀山县人民政府驻地6.8千米。占地面积0.23平方千米。37户，140人，民族多为汉族。

以前，有一王姓大户，在此占产立庄，并建一土楼，故得名王楼。1953年属关帝庙区。1956年属郑屯乡。1958年属陈寨人民公社。1961年属关帝庙公社。1966年属红旗公社。1980年属汪大楼乡。1997年属关帝庙镇管理至今。

张庄

张庄（Zhāngzhuāng）　在砀山县南部，属关帝庙镇熙可社区居民委员会管辖。距砀山县人民政府驻地7.02千米。占地面积0.64平方千米。136户，520人，民族多为汉族。

很久以前，有一张氏大户在此占产立庄，故得名张庄。1953年属关帝庙区。1956年属郑屯乡。1958年属陈寨人民公社。1961年属关帝庙公社。1966年属红旗公社。1980年属汪大楼乡。1997年属关帝庙镇管理至今。

马庄

马庄（Mǎzhuāng）　在砀山县南部，属关帝庙镇熙可社区居民委员会管辖。距砀山县人民政府驻地6.5千米。占地面积0.14平方千米。28户，92人，民族多为汉族。

路口村、陈屯村、陈庄村、马庄村四村相连紧靠，位于徐庙村西北角，阚沟北边；因本村多马姓，故名。1953年属关帝庙区。1956年属郑屯乡。1958年属陈寨人民公社。1961年属关帝庙公社。1966年属红旗公社。1980年属汪大楼乡。1997年属关帝庙镇管理至今。

陈楼

陈楼（Chénlóu） 在砀山县南部，属关帝庙镇熙可社区居民委员会管辖。距砀山县人民政府驻地7.5千米。占地面积0.46平方千米。98户，360人，民族多为汉族。

很久以前，有一陈氏大户在此占产立庄，并建一土楼，故得名陈楼。1953年属关帝庙区。1956年属郑屯乡。1958年属陈寨人民公社。1961年属关帝庙公社。1966年属红旗公社。1980年属汪大楼乡。1997年属关帝庙镇管理至今。

马庄

马庄（Mǎzhuāng） 在砀山县南部，属关帝庙镇毛庄寨村民委员会管辖。距砀山县人民政府驻地12.05千米。占地面积0.23平方千米。43户，169人，民族多为汉族。

很久以前，此庄为黄马庄，后来黄姓家族迁走，故得名马庄。1952年为城西区的一部分。1958年属陈寨公社。1980年属关帝庙区。1988年属关帝庙镇至今。

小毛庄

小毛庄（Xiǎomáozhuāng） 在砀山县南部，属关帝庙镇毛庄寨村民委员会管辖。距砀山县人民政府驻地12.7千米。占地面积0.4平方千米。92户，366人，民族多为汉族。

小毛庄为毛氏家族的分支部分，因村小，故为小毛庄。1952年为城西区的一部分。1958年属陈寨公社。1980年属关帝庙区。1988年属关帝庙镇至今。

王楼

王楼（Wánglóu） 在砀山县南部，属关帝庙镇毛庄寨村民委员会管辖。距砀山县人民政府驻地12.1千米。占地面积0.7平方千米。146户，569人，民族多为汉族。

明初，王姓从山西迁来，在此立庄，因建起楼房，故而得名。1952年为城西区的一部分。1958年属陈寨公社。1980年属关帝庙区。1988年属关帝庙镇至今。

刘庄

刘庄（Liúzhuāng） 在砀山县南部，属关帝庙镇汤寺村民委员会管辖。距砀山县人民政府驻地10.4千米。占地面积0.54平方千米。136户，516人，民族多为汉族。

从前，有一姓刘大户在此落户，故而得名刘庄。1952年为城西区一部分。1958年属陈寨公社。1980年属关帝庙人民公社。1988年属关帝庙镇。2008年属汤寺村民委员会至今。

阚庄

阚庄（Kànzhuāng） 在砀山县南部，属关帝庙镇黄屯村民委员会管辖。距砀山县人民政府驻地6.72千米。占地面积0.72平方千米。177户，662人，民族多为汉族。

很久以前，有一阚姓大户在此落户，建起庄子，因此得名阚庄。1953年属第三区的一部分。1958年属陈寨人民公社。1961年属关帝庙公社。1980年属徐庙乡。2008年村级合并，属黄屯村委会至今。

高庄

高庄（Gāozhuāng） 在砀山县南部，属关帝庙镇黄屯村民委员会管辖。距砀山县人民政府驻地6.83千米。占地面积0.35平方千米。62户，242人，民族多为汉族。

从前，有一高姓大户在此占产立庄，故而得名。1953年为第三区的一部分。1958年属陈寨人民公社。1961年属关帝庙公社。1980年属徐庙乡。2008年村级合并，属黄屯村委会至今。

张庄

张庄（Zhāngzhuāng） 在砀山县南部，属关帝庙镇黄屯村民委员会管辖。距砀山县人民政府驻地7.12千米。占地面积0.31平方千米。58户，212人，民族多为汉族。

以前，有一张姓大户在此落户，占产立庄，故名张庄。1953年为第三区的一部分。1958年属陈寨人民公社。1961年属关帝庙公社。1980年属徐庙乡。2008年村级合并，属黄屯村委会至今。

刘庄

刘庄（Liúzhuāng） 在砀山县南部，属关帝庙镇邵楼村民委员会管辖。距砀山县人民政府驻地10.01千米。占地面积0.55平方千米。115户，445人，民族多为汉族。

据查，很久以前，此村刘姓人家为一大户，故而得名。1953年为第三区的一部分。1958年属陈寨人民公社。1961年属关帝庙公社。1980年属邵楼乡。2008年合并村，属邵楼村。

阚庄

阚庄（Kànzhuāng） 在砀山县南部，属关帝庙镇邵楼村民委员会管辖。距砀山县人民政府驻地12.3千米。占地面积0.7平方千米。155户，570人，民族多为汉族。

明代时期，阚姓在此占产立庄，故而得名。1953年为第三区的一部分。1958年属陈寨人民公社。1961年属关帝庙公社。1980年属邵楼乡。2008年合并村，属邵楼村。

陈楼

陈楼（Chénlóu） 在砀山县南部，属关帝庙镇邵楼村民委员会管辖。距砀山县人民政府驻地11.6千米。占地面积0.96平方千米。228户，860人，民族多为汉族。

很久以前，此村有一大户人家姓陈，居住最早，盖了楼房，故而得名。1953年为第三区的一部分。1958年属陈寨人民公社。1961年属关帝庙公社。1980年属邵楼乡。2008年合并村，属邵楼村。

高庄

高庄（Gāozhuāng） 在砀山县南部，属关帝庙镇邵楼村民委员会管辖。距砀山县人民政府驻地11.2千米。占地面积0.46平方千米。85户，325人，民族多为汉族。

很久以前，此地高姓人家为一大户，人口多，故而得名。1953年为第三区的一部分。1958年属陈寨人民公社。1961年属关帝庙公社。1980年属邵楼乡。2008年合并村，属邵楼村。

段庄

段庄（Duànzhuāng） 在砀山县南部，属关帝庙镇邵楼村民委员会管辖。距砀山县人民政府驻地12.7千米。占地面积0.11平方千米。24户，86人，民族多为汉族。

很久以前，有一段姓最早居住此村，故而得名。1953年为第三区的一部分。1958年属陈寨人民公社。1961年属关帝庙公社。1980年属邵楼乡。2008年合并村，属邵楼村。

段庄

段庄（Duànzhuāng） 在砀山县南部，属关帝庙镇赵岗村民委员会管辖。距砀山县人民政府驻地7.8千米。占地面积0.6平方千米。141户，521人，民族多为汉族。

从前，段姓人最早在此落户居住，故而得名段庄。新中国成立初期属薛口区于店乡。1953年改属郑屯乡。1958年属红旗公社。1988年属关帝庙镇管辖至今。

刘庄

刘庄（Liúzhuāng） 在砀山县南部，属关帝庙镇赵岗村民委员会管辖。距砀山县人民政府驻地 7.2 千米。占地面积 0.21 平方千米。37 户，146 人，民族多为汉族。

据村中老年人说，此地最早有刘氏居住，故而得名刘庄。新中国成立初期属薛口区于店乡。1953 年改属郑屯乡。1958 年属红旗公社。1988 年属关帝庙镇管辖至今。

小毛庄

小毛庄（Xiǎomáozhuāng） 在砀山县南部，属关帝庙镇阚寨村民委员会管辖。距砀山县人民政府驻地 8.97 千米。占地面积 0.72 平方千米。160 户，609 人，民族多为汉族。

本自然村以前毛姓为主，故起名小毛庄。新中国成立初期属阚寨区利民大队。1958 年属陈寨人民公社。1961 年属关帝庙公社。1980 年属邵楼乡。2007 年合并村庄，属阚寨村委会至今。

闫庄

闫庄（Yánzhuāng） 在砀山县南部，属关帝庙镇汪大楼村民委员会管辖。距砀山县人民政府驻地 8.9 千米。占地面积 0.86 平方千米。210 户，806 人，民族多为汉族。

明初，闫氏从山西省洪洞县迁居来此，占产立庄，故而得名。1953 年属关帝庙区。1956 年属郑屯乡。1958 年属陈寨人民公社。1961 年属关帝庙公社。1966 年属红旗公社。1980 年属汪大楼乡。1997 年属汪大楼村，属关帝庙镇至今。

任庄

任庄（Rénzhuāng） 在砀山县南部，属关帝庙镇汪大楼村民委员会管辖。距砀山县人民政府驻地 10.03 千米。占地面积 0.25 平方千米。65 户，230 人，民族多为汉族。

明初，任氏从山西省洪洞县迁居来此，占产立庄，故而得名。1953 年属关帝庙区。1956 年属郑屯乡。1958 年属陈寨人民公社。1961 年属关帝庙公社。1966 年属红旗公社。1980 年属汪大楼乡。1997 年属汪大楼村，属关帝庙镇至今。

朱楼镇

大房庄

大房庄（Dàfángzhuāng） 在砀山县东南部，属朱楼镇王湾村民委员会管辖。距砀山县人民政府驻地 18.6 千米。占地面积 0.33 平方千米。112 户，435 人，民族多为汉族。

明代时期，房姓在此居住，因人多庄大，故取名大房庄。新中国成立初期属江苏省。1955 年划属安徽省砀山县。1958 年属回龙人民公社。1980 年属朱楼乡，现属朱楼镇王湾村。

陈土楼

陈土楼（Chéntǔlóu） 在砀山县东南部，属朱楼镇邵庄村民委员会管辖。距砀山县人民政府驻地 16.6 千米。占地面积 0.95 平方千米。256 户，1010 人，民族多为汉族。

明朝时期，有山西省洪洞县陈氏祖人落脚此地立庄造地，盖一土坯楼房，故得名陈土楼。新中国成立初期属江苏省。1955 年划属安徽省砀山县。1966 年属四新公社。1980 年属陈寨乡。2007 年村级合并后属朱楼镇邵庄村。

陈楼

陈楼（Chénlóu） 在砀山县东南部，属朱楼镇邵庄村民委员会管辖。距砀山县人民政府驻地 16.36 千米。占地面积 1.14 平方千米。321 户，1242 人，民族多为汉族。

从前，陈氏家族在此占产立业建楼，故而得名。新中国成立初期属江苏省。1955 年划属安徽省砀山。1966年属四新公社。1988年属陈楼村民委员会。2007年属邵楼村民委员会至今。

陈柳园

陈柳园（Chénliǔyuán） 在砀山县东南部，属朱楼镇邵庄村民委员会管辖。距砀山县人民政府驻地16.16千米。占地面积0.78平方千米。225户，850人，民族多为汉族。

新中国成立前，陈姓在此居住，庄东有几行柳树园子，故而取名陈柳园。新中国成立初期属江苏省。1955年划属安徽省砀山县。1966年属四新公社。1980年属陈寨乡。2007年村级合并后属朱楼镇邵庄村。

北门

北门（Běimén） 在砀山县东南部，属朱楼镇陈寨村民委员会管辖。距砀山县人民政府驻地15.76千米。占地面积0.87平方千米。261户，1003人，民族多为汉族。

据查，北门为陈寨的北门，故此得名北门。北门原为北门村。新中国成立初期属江苏省。1955年划属安徽省砀山县。1966年属四新公社。1980年属陈寨乡。2007年，老寨、小神集俩村与陈寨村合并，属陈寨村委会至今。

陈花园

陈花园（Chénhuāyuán） 在砀山县东南部，属朱楼镇邵庄村民委员会管辖。距砀山县人民政府驻地17.26千米。占地面积0.69平方千米。196户，780人，民族多为汉族。

明朝，陈姓教书先生来此地立庄，建花园一座，故而得名。新中国成立初期属江苏省。1955年划属安徽省砀山县。1966年属四新公社。1980年属陈寨乡。2007年村级合并后属朱楼镇邵庄村。

陈瓦房

陈瓦房（Chénwǎfáng） 在砀山县东南部，属朱楼镇邵庄村民委员会管辖。距砀山县人民政府驻地17.1千米。占地面积0.36平方千米。126户，452人，民族多为汉族。

从前，陈姓在此立庄，因生活富裕盖了瓦屋，故而得名。新中国成立初期属江苏省。1955年划属安徽省砀山县。1966年属四新公社。1980年属陈寨乡。2007年村级合并后属朱楼镇邵庄村。

陈王庄

陈王庄（Chénwángzhuāng） 在砀山县东南部，属朱楼镇王湾村民委员会管辖。距砀山县人民政府驻地17.36千米。占地面积0.22平方千米。84户，285人，民族多为汉族。

明代时期，陈、王两姓在此占产立庄，故而得名。新中国成立初期属江苏省。1955年划属安徽。1956年属陈寨乡。1963年属回龙人民公社。1980年属朱楼乡。现属朱楼镇王湾村管辖。

大王屯

大王屯（Dàwángtún） 在砀山县东南部，属朱楼镇王湾村民委员会管辖。距砀山县人民政府驻地18.16千米。占地面积0.36平方千米。98户，390人，民族多为汉族。

明代时期，王姓人氏在此屯田立庄，因庄体大，故而得名。新中国成立前属江苏省。1955年划属安徽省砀山县，属陈寨乡。1963年属回龙人民公社。1980年属朱楼乡。现属朱楼镇王湾村。

东南场

东南场（Dōngnánchǎng） 在砀山县东南部，属朱楼镇陈寨村民委员会管辖。距砀山县人民政府驻地15.86千米。占地面积

0.65平方千米。185户，713人，民族多为汉族。

清朝时期，有兄弟二人都姓陈，因地多无处打粮，就在村子的西南和东南各做一个坪场，后来人们就习惯叫西南场和东南场。新中国成立前属狐父城乡管理，新中国成立初期属陈寨区东南场村。1957年叫东南场生产队，属朱楼镇陈寨大队，后改为陈寨村东南场自然村。

段庄

段庄（Duànzhuāng） 在砀山县东南部，属朱楼镇梁寨村民委员会管辖。距砀山县人民政府驻地22.36千米。占地面积0.06平方千米。19户，75人，民族多为汉族。

以前，段姓人来此占产立庄，故而得名。新中国成立初期属江苏省。1955年划属安徽。1956年属陈寨乡。1963年属回龙人民公社。1980年属朱楼乡。2007年属朱楼镇梁寨村管辖至今。

贡生楼

贡生楼（Gòngshēnglóu） 在砀山县东南部，属朱楼镇陈寨村民委员会管辖。距砀山县人民政府驻地16.16千米。占地面积0.35平方千米。98户，395人，民族多为汉族。

清朝年间，该村有一位贡生建有楼房，故名贡生楼。新中国成立初期属江苏省。1955年划属安徽。1956年属陈寨乡。1963年属回龙人民公社。1988年属朱楼乡。现属朱楼镇陈寨村管辖。

化庄

化庄（Huàzhuāng） 在砀山县东南部，属朱楼镇邵庄村民委员会管辖。距砀山县人民政府驻地15.8千米。占地面积0.31平方千米。86户，330人，民族多为汉族。

明代时期，化姓在此立庄，故而得名。新中国成立初期属江苏省。1955年划属安徽。1956年属陈寨乡。1963年属回龙人民公社。1988年属陈寨乡。2007年村级合并后属朱楼镇邵庄村委会。

黄庄

黄庄（Huángzhuāng） 在砀山县东南部，属朱楼镇邵庄村民委员会管辖。距砀山县人民政府驻地17.16千米。占地面积0.37平方千米。115户，450人，民族多为汉族。

从前，黄姓人氏在此立庄定居，故而得名。新中国成立初期属江苏省。1955年划属安徽。1956年实行乡制属陈寨乡。1988年属陈寨乡黄庄大队。2007年村级合并后属朱楼镇邵庄村。

李楼

李楼（Lǐlóu） 在砀山县东南部，属朱楼镇邵庄村民委员会管辖。距砀山县人民政府驻地17.6千米。占地面积0.28平方千米。89户，330人，民族多为汉族。

从前，李姓在此建楼居住，故而得名。新中国成立初期属江苏省。1955年划属安徽。1956年属陈寨乡。1966年属四新公社。2007年村级合并后，属朱楼镇邵庄委员会。

桥西

桥西（Qiáoxī） 在砀山县东南部，属朱楼镇陈寨村民委员会管辖。距砀山县人民政府驻地15.46千米。占地面积0.48平方千米。142户，560人，民族多为汉族。

地处陈寨西部，因陈寨西有一座桥，所以村名叫桥西。新中国成立初期属江苏省。1955年划属安徽。1956年属陈寨乡。1963年属回龙人民公社。1988年属朱楼乡。现属朱楼镇陈寨村管辖。

王机房

王机房（Wángjīfáng） 在砀山县东南

部，属朱楼镇邵寨村民委员会管辖。距砀山县人民政府驻地22.06千米。占地面积0.66平方千米。126户，480人，民族多为汉族。

以前，有王姓人家逃荒在此居住，给朝廷纺纱，故而取名王织房，后来演变成王机房。新中国成立初期属江苏省。1955年划属安徽。1956年属陈寨乡。1963年属回龙人民公社。1980年属邵寨乡。现属朱楼镇邵寨村管辖。

西南场

西南场（Xīnánchǎng） 在砀山县东南部，属朱楼镇陈寨村民委员会管辖。距砀山县人民政府驻地15.7千米。占地面积0.65平方千米。198户，754人，民族多为汉族。

清朝时期，有兄弟二人都姓陈，因地多无处打粮，就在村子的西南和东南各按一个坪场，后来人们就习惯叫西南场和东南场了。新中国成立前属狐父城乡。新中国成立初期属江苏省。1955年划属安徽。1956年属陈寨乡。1963年属回龙人民公社。1988年属朱楼乡。现属朱楼镇陈寨村管辖。

王石庄

王石庄（Wángshízhuāng） 在砀山县东南部，属朱楼镇王湾村民委员会管辖。距砀山县人民政府驻地18.96千米。占地面积0.48平方千米。137户，511人，民族多为汉族。

清末时期，王姓、石姓人家在此生活居住，故而得名。新中国成立前属江苏。1955年划属安徽，属陈寨乡。1984年属朱楼乡。2008年并村，属王湾村。

王杨庄

王杨庄（Wángyángzhuāng） 在砀山县东南部，属朱楼镇梁寨村民委员会管辖。距砀山县人民政府驻地23.26千米。占地面积0.26平方千米。78户，302人，民族多为汉族。

从前，此地先以杨姓居住而得名杨庄，后来姓王的来此居住，发展壮大，故名王杨庄。新中国成立初期属江苏省。1955年划属安徽。1956年属梁寨乡。1984年属朱楼乡。2007年属朱楼镇梁寨村至今。

赵杨庄

赵杨庄（Zhàoyángzhuāng） 在砀山县东南部，属朱楼镇王湾村民委员会管辖。距砀山县人民政府驻地19.6千米。占地面积0.42平方千米。135户，480人，民族多为汉族。

从前，杨姓、赵姓在此立庄居住，故名赵杨庄。新中国成立前属江苏省。1955年划属安徽省砀山县回龙乡。1985年属朱楼镇。现属朱楼镇王湾村。

张小楼

张小楼（Zhāngxiǎolóu） 在砀山县东南部，属朱楼镇邵庄村民委员会管辖。距砀山县人民政府驻地17.86千米。占地面积0.27平方千米。85户，330人，民族多为汉族。

新中国成立前，张姓在此立庄建楼，因当时人少村小，故而得名。新中国成立初期属江苏省。1955年划属安徽。1956年属陈寨乡。“文化大革命”时期属四新公社中秋大队。1980年属陈寨乡。2007年村级合并后属邵庄村委会。

长神集

长神集（Chángshénjí） 在砀山县东南部，属朱楼镇陈寨村民委员会管辖。距砀山县人民政府驻地15.16千米。占地面积0.74平方千米。253户，980人，民族多为汉族。

长神集原名长虫集。长虫，是当地人对蛇的叫法。因该集市的街道弯弯曲曲，形若长虫，故被人叫长虫集。可后来人们觉得蛇是小龙，有神灵，故又改叫长神集。新中国成立前属狐父城乡管理。新中国成立初期属陈寨区。1988 年属朱楼镇陈寨大队。2007 年属朱楼镇陈寨村至今。

竹园子

竹园子（Zhúyuánzi） 在砀山县东南部，属朱楼镇梁寨村民委员会管辖。距砀山县人民政府驻地 22.96 千米。占地面积 0.46 平方千米。138 户，510 人，民族多为汉族。

从前庄前有一片竹林，故取名竹园子。新中国成立初期属江苏省。1955 年划属安徽。1956 年属梁寨乡。1984 年属朱楼乡尉屯村。2007 年属朱楼镇梁寨村至今。

田庄

田庄（Tiánzhuāng） 在砀山县东南部，属朱楼镇邵楼村民委员会管辖。距砀山县人民政府驻地 22.86 千米。占地面积 0.25 平方千米。87 户，305 人，民族多为汉族。

从前，田氏家族在此占产立庄，故而得名。新中国成立前属江苏省。1955 年划属安徽省砀山县。1988 年属朱楼镇陈楼村。2007 年 7 月属邵楼村至今。

邵庄

邵庄（Shàozhuāng） 在砀山县东南部，属朱楼镇邵庄村民委员会管辖。距砀山县人民政府驻地 17.4 千米。占地面积 0.26 平方千米。79 户，310 人，民族多为汉族。

从前，邵氏家族在此立庄居住，故名。新中国成立前属江苏省。1955 年划属安徽省砀山县。1966 年属四新公社中秋大队。1980 年属陈寨乡。2007 年属朱楼镇邵庄村至今。

邵寨

邵寨（Shàozhài） 在砀山县东南部，属朱楼镇邵寨村民委员会管辖。距砀山县人民政府驻地 21.2 千米。占地面积 3.2 平方千米。586 户，2340 人，民族多为汉族。

据查，从前邵氏人家在狐父城附近建立夹河村，后又筑寨，于是夹河村就演变成邵寨了。新中国成立初期属胡屯新兴区。1952 年属陈寨区邵寨乡。1956 年属回龙乡。1958 年属回龙人民公社。1988 年成立邵寨村委会，隶属朱楼镇。

邵桥

邵桥（Shàoqiáo） 在砀山县东南部，属朱楼镇邵寨村民委员会管辖。距砀山县人民政府驻地 20.66 千米。占地面积 2.01 平方千米。255 户，1010 人，民族多为汉族。

从前，在狐父城的邵氏人家中有一人在减河北边占产居住，为方便来往，便在河上架一座桥，此后该地就取名叫邵桥了。新中国成立初期属胡屯新兴区。1952 年属陈寨区邵寨乡。1955 年属回龙乡。1958 年属卫星人民公社。1961 年属回龙人民公社。1989 年属朱楼镇邵桥村。2007 年村级合并为邵寨村至今。

邵楼

邵楼（Shàolóu） 在砀山县东南部，属朱楼镇邵楼村民委员会管辖。距砀山县人民政府驻地 24.1 千米。占地面积 1.21 平方千米。384 户，1436 人，民族多为汉族。

清初，邵氏家族在此建楼居住，故而得名。新中国成立前属江苏省。1955 年划属安徽省砀山县。1988 年属朱楼镇。2007 年，邵楼、纸坊、陈楼三村合并为邵楼村民委员会。

后邵楼

后邵楼（Hòushàolóu） 在砀山县东南部，属朱楼镇邵楼村民委员会管辖。距砀山县人民政府驻地 23.86 千米。占地面积 0.56

平方千米。175户，664人，民族多为汉族。

清初，邵氏家族在此立业建楼，因在邵楼后，故而得名。新中国成立前属江苏省。1955年划属安徽省砀山县。1988年属朱楼镇。2007年属邵楼村民委员会。

彭楼

彭楼（Pénglóu） 在砀山县东南部，属朱楼镇邵庄村民委员会管辖。距砀山县人民政府驻地17.6千米。占地面积0.31平方千米。91户，350人，民族多为汉族。

新中国成立初期，彭姓人氏在此建楼居住，取名彭楼。新中国成立前属江苏省。1955年划属安徽省砀山县。1966年属四新公社中秋大队。1988年属朱楼镇新庄村。2007年属邵庄村。

刘庄

刘庄（Liúzhuāng） 在砀山县东南部，属朱楼镇朱楼村民委员会管辖。距砀山县人民政府驻地19.26千米。占地面积0.36平方千米。107户，387人，民族多为汉族。

明末，刘姓人家到此立庄居住，故而得名。新中国成立前属砀南县陈寨乡。1953年属江苏省徐州市。1955年划属安徽省砀山县回龙小乡。1988年属朱楼镇朱楼村。

刘庄

刘庄（Liúzhuāng） 在安徽省砀山县东南部，属朱楼镇邵楼村民委员会管辖。距砀山县人民政府驻地23.66千米。占地面积0.26平方千米。83户，310人，民族多为汉族。

从前，有刘氏家族在此占产立业，故而得名。新中国成立前属江苏省。1955年划属安徽省砀山县。1988年属朱楼镇纸坊村。2007年属邵楼村至今。

梁寨

梁寨（Liángzhài） 在砀山县东南部，属朱楼镇梁寨村民委员会管辖。距砀山县人民政府驻地22.8千米。占地面积2.15平方千米。597户，2301人，民族多为汉族。

从前，梁姓人家在此筑寨居住，故名梁寨。新中国成立初期属江苏省。1955年划属安徽省。1956年属梁寨乡。1984年属朱楼乡尉屯村。2007年属朱楼镇梁寨村至今。

老寨

老寨（Lǎozhài） 在砀山县东南部，属朱楼镇陈寨村民委员会管辖。距砀山县人民政府驻地15.6千米。占地面积0.55平方千米。152户，603人，民族多为汉族。

此地为陈寨建寨之前最老的寨子，故名老寨。新中国成立初期属江苏省。1955年划归安徽省。1956年属陈寨乡。1963年属回龙人民公社。1988年属朱楼乡。现属朱楼镇陈寨村。

回龙集

回龙集（Huílóngjí） 在砀山县东南部，属朱楼镇朱楼村民委员会管辖。距砀山县人民政府驻地21.06千米。占地面积2.29平方千米。728户，2530人，民族多为汉族。

据传说，乾隆皇帝南巡路经此地，又因故返回，后来该地成立集市，故而得名回龙集。民国23年（1934年）属第五区回龙乡。1950年属周集区回龙乡。1956年属回龙乡。1958年属陈寨人民公社。1980年属梁寨区回龙乡。1987年属朱楼镇回龙村委会。2007年并村，属朱楼镇朱楼村民委员会。

黄练楼

黄练楼（Huángliànlóu） 在砀山县东南部，属朱楼镇邵庄村民委员会管辖。距砀山县人民政府驻地18.6千米。占地面积0.45平方千米。156户，485人，民族多为汉族。

从前，黄姓、练姓在此建楼立庄，故

名。新中国成立前属江苏省。1955年划归安徽省砀山县。1966年属陈寨公社。1988年属朱楼镇。2007年属邵庄村委会。

官庄

官庄（Guānzhuāng） 在砀山县东南部，属朱楼镇王湾村民委员会管辖。距砀山县人民政府驻地18.95千米。占地面积0.38平方千米。107户，403人，民族多为汉族。

明代时期，官姓在此居住建业，故取名官庄。新中国成立初期属江苏省。1955年划归安徽省砀山县。1958年属回龙人民公社。1980年属朱楼乡。现属朱楼镇王湾村。

甘庄

甘庄（Gānzhuāng） 在砀山县东南部，属朱楼镇邵寨村民委员会管辖。距砀山县人民政府驻地21.36千米。占地面积0.48平方千米。79户，316人，民族多为汉族。

以前，有甘氏人家在此占产居住，给朝廷养蚕纺纱，得地名甘织纺，后随着时代变迁，改为甘庄。新中国成立初期属胡屯新兴区。1952年属陈寨区邵寨乡。1955年属回龙乡。1958年属卫星人民公社。1961年属回龙人民公社。1989年属朱楼镇。2007年村级合并，属邵寨村至今。

杜楼

杜楼（Dùlóu） 在砀山县东南部，属朱楼镇王湾村民委员会管辖。距砀山县人民政府驻地17.6千米。占地面积0.45平方千米。142户，540人，民族多为汉族。

明代时期，杜氏姓在此建楼立庄，故名。新中国成立前属江苏省。1955年划归安徽省砀山县。1963年属回龙人民公社。1980年属朱楼乡。现属朱楼镇王湾村委会。

祖寺庙

祖寺庙（Zǔsìmiào） 在砀山县东南部，属朱楼镇朱楼村民委员会管辖。距砀山县人民政府驻地21.12千米。占地面积0.15平方千米。42户，146人，民族多为汉族。

从前，在洪减河东岸有一座祖寺庙，因该庄坐落在祖寺庙附近，故名祖寺庙。民国23年属第五区回龙乡。1950年属周集区回龙乡。1956年属回龙乡。1958年属陈寨人民公社。1980年属梁寨区回龙乡。1988年属朱楼镇回龙村委会。2007年并村，属朱楼镇朱楼村民委员会。

朱楼

朱楼（Zhūlóu） 在砀山县东南部，属朱楼镇朱楼村民委员会管辖。距砀山县人民政府驻地20.4千米。占地面积2.25平方千米。683户，2502人，民族多为汉族。

朱氏先人在明朝中期迁入此地，后因勤俭持家，发展壮大，盖七座楼，故而得名。新中国成立前属砀南县周集区。1955年化归安徽省砀山县。1980年属梁寨区。2007年与回龙、张屯合并为朱楼村至今。

纸坊

纸坊（Zhǐfāng） 在砀山县东南部，属朱楼镇邵楼村民委员会管辖。距砀山县人民政府驻地23.26千米。占地面积0.98平方千米。231户，824人，民族多为汉族。

旧时此地有造纸的作坊，故取名纸坊。新中国成立前属江苏省。1955年划归安徽省砀山县。1988年属朱楼镇。2007年属邵楼村民委员会至今。

张庄

张庄（Zhāngzhuāng） 在砀山县东南部，属朱楼镇邵楼村民委员会管辖。距砀山县人民政府驻地23.1千米。占地面积0.35平方千米。72户，273人，民族多为汉族。

从前，张氏家族在此占产立庄，故而

得名。新中国成立前属江苏省。1955年划归安徽省砀山县。1988年属陈楼村民委员会。2007年属朱楼镇邵楼村民委员会至今。

张湾

张湾（Zhāngwān） 在砀山县东南部，属朱楼镇王湾村民委员会管辖。距砀山县人民政府驻地17.6千米。占地面积0.68平方千米。210户，832人，民族多为汉族。

清初，老洪河从此经过，此庄坐落河湾之中，因张姓占多数，故而得名。新中国成立初期属江苏省。1955年划归安徽省砀山县，属陈寨乡。1966年属四新人民公社。1988年属朱楼镇。

张屯

张屯（Zhāngtún） 在砀山县东南部，属朱楼镇邵寨村民委员会管辖。距砀山县人民政府驻地20.36千米。占地面积1.66平方千米。325户，1260人，民族多为汉族。

明代时期，有一张姓军人被封为屯户，在此居住，故而得名张屯。新中国成立初期属胡屯新兴区。隶属邵寨乡。1966年属四新公社。1980年属回龙乡。2007年隶属朱楼镇邵寨村至今。

张大楼

张大楼（Zhāngdàlóu） 在砀山县东南部，属朱楼镇邵寨村民委员会管辖。距砀山县人民政府驻地21.16千米。占地面积0.38平方千米。52户，204人，民族多为汉族。

明代时期，张姓人家在此居住，盖了一座大楼房，住不习惯，卖给邵氏人家，迁往他处；后虽邵氏人家居住在此，仍名张大楼。新中国成立初期属胡屯新兴区。隶属邵寨乡。1966年属四新公社。1980年属回龙乡。2007年隶属朱楼镇邵寨村至今。

杨庄

杨庄（Yángzhuāng） 在砀山县东南部，属朱楼镇邵楼村民委员会管辖。距砀山县人民政府驻地23.3千米。占地面积0.1平方千米。34户，110人，民族多为汉族。

从前，杨氏家族在此占产立业，故而得名。新中国成立前属江苏省。1955年划归安徽省砀山县。1988年属朱楼镇纸坊村。2007年属邵楼村民委员会至今。

许王屯

许王屯（Xǔwángtún） 在砀山县东南部，属朱楼镇邵寨村民委员会管辖。距砀山县人民政府驻地20.48千米。占地面积1.75平方千米。258户，1005人，民族多为汉族。

明代时期，有两位军人，一个姓许，一个姓王，从丰县苇子坑肩挑孩子来到砀山东南小神湖旁边居住，取名许屯、王屯，公社化时期合并为许王屯。新中国成立初期属邵寨乡。“文化大革命”时期属邵桥大队。1979年成立许王屯村，属回龙乡。1989年属邵桥村。2007年属邵寨村至今。

新庄

新庄（Xīnzhuāng） 在砀山县东南部，属朱楼镇邵庄村民委员会管辖。距砀山县人民政府驻地18.56千米。占地面积0.58平方千米。176户，650人，民族多为汉族。

早期该庄以陈姓居住多，因是重新开辟新地，故而得名。新庄早年属陈寨乡中秋大队。1980年成立新庄大队。2007年村级合并后归属朱楼镇邵庄村。

新村

新村（Xīncūn） 在砀山县东南部，属朱楼镇邵寨村民委员会管辖。距砀山县人民政府驻地20.26千米。占地面积0.45平方千米。66户，210人，民族多为汉族。

人民公社时期，成立青年农科队在此居住，后又从张屯、邵桥、许王屯3个自然村抽人在此安家，组成一个村，取名新村。1966年属四新人民公社。1979年属许王屯村。1989年属邵桥村。2006年属邵寨村。

小朱庄

小朱庄（Xiǎozhūzhuāng） 在砀山县东南部，属朱楼镇梁寨村民委员会管辖。距砀山县人民政府驻地22.76千米。占地面积0.22平方千米。87户，293人，民族多为汉族。

从前，朱姓在此立庄，因规模较小，故而得名小朱庄。新中国成立初期属江苏省。1955年划归安徽省。1956年属梁寨乡。1984年属朱楼乡尉屯村。2007年属朱楼镇梁寨村至今。

小王屯

小王屯（Xiǎowángtún） 在砀山县东南部，属朱楼镇王湾村民委员会管辖。距砀山县人民政府驻地18.76千米。占地面积0.21平方千米。66户，235人，民族多为汉族。

从前，王姓在此屯田立庄，因规模较小，故名小王屯。新中国成立初期属江苏省。1955年划归安徽省砀山县。1966年属四新人民公社。1988年属朱楼镇。

小尉屯

小尉屯（Xiǎowèitún） 在砀山县东南部，属朱楼镇梁寨村民委员会管辖。距砀山县人民政府驻地20.66千米。占地面积0.7平方千米。217户，802人，民族多为汉族。

从前，尉姓在此屯田立庄，因规模较小，故名小尉屯。新中国成立初期属江苏省。1955年划归安徽省砀山县。1966年属四新人民公社。1988年属朱楼镇。

小寨子

小寨子（Xiǎozhàizi） 在砀山县东南部，属朱楼镇朱楼村民委员会管辖。距砀山县人民政府驻地20.76千米。占地面积0.66平方千米。202户，760人，民族多为汉族。

明初，尉姓在回龙集开盐店，买北边的地建寨，因规模小于回龙集大寨，故名小寨子。新中国成立初期属江苏省。1955年划归安徽省砀山县。1966年属四新人民公社。1988年属朱楼镇。2007年属朱楼镇朱楼村民委员会。

小房庄

小房庄（Xiǎofángzhuāng） 在砀山县东南部，属朱楼镇王湾村民委员会管辖。距砀山县人民政府驻地19.2千米。占地面积0.33平方千米。102户，385人，民族多为汉族。

清末，房姓在此立庄，因规模较小，取名小房庄。新中国成立初期属江苏省。1955年划归安徽省砀山县。1966年属四新人民公社。1988年属朱楼镇王湾村。

小郭庄

小郭庄（Xiǎoguōzhuāng） 在砀山县东南部，属朱楼镇邵寨村民委员会管辖。距砀山县人民政府驻地22.68千米。占地面积0.1平方千米。11户，41人，民族多为汉族。

明代时期，郭姓从徐州迁来，在此立庄，因规模较小，取名小郭庄。新中国成立初期属胡屯新兴区。隶属邵寨乡。1966年属四新公社。1980年属回龙乡。2007年隶属朱楼镇邵寨村至今。

小神集

小神集（Xiǎoshénjí） 在砀山县东南部，属朱楼镇陈寨村民委员会管辖。距砀山县人民政府驻地14.06千米。占地面积0.38平方千米。125户，460人，民族多为汉族。

因本村坐落在小神湖畔，是当地一个集市，故取名小神集。新中国成立初期属江苏省。1955 年划归安徽省。1956 年属陈寨乡。1966 年属四新人民公社。1988 年属朱楼乡。现属朱楼镇陈寨村。

王篱笆

王篱笆（Wánglíba） 在砀山县东南部，属朱楼镇邵庄村民委员会管辖。距砀山县人民政府驻地 17.76 千米。占地面积 0.31 平方千米。89 户，350 人，民族多为汉族。

早期该地有王姓人氏在此开辟新庄，用篱笆做围墙，故而得名。新中国成立初期属江苏省。1955 年划归安徽省。1966 年属四新公社。1988 年属朱楼镇。2007 年合村后属朱楼镇邵庄村。

王湾

王湾（Wángwān） 在砀山县东南部，属朱楼镇王湾村民委员会管辖。距砀山县人民政府驻地 18.8 千米。占地面积 0.49 平方千米。139 户，502 人，民族多为汉族。

从前，王姓在此立庄居住，因地处洪河湾，故名王湾。新中国成立初期属江苏省。1955 年划归安徽省砀山县。1966 年属四新人民公社。1988 年属朱楼镇。2007 年属朱楼镇王湾村委会。

尉屯

尉屯（Wèitún） 在砀山县东南部，属朱楼镇梁寨村民委员会管辖。距砀山县人民政府驻地 21.16 千米。占地面积 1.58 平方千米。476 户，1860 人，民族多为汉族。

明初，尉姓从山西省洪洞县迁来，在此屯田立庄，故名尉屯。新中国成立初期属江苏省。1955 年划归安徽省砀山县。1966 年属四新人民公社。1988 年属朱楼镇。2007 年属朱楼镇梁寨村委会。

吴楼

吴楼（Wúlóu） 在砀山县东南部，属朱楼镇陈寨村民委员会管辖。距砀山县人民政府驻地 16.76 千米。占地面积 0.26 平方千米。86 户，305 人，民族多为汉族。

从前吴姓在此立庄建楼，故名。新中国成立初期属江苏省。1955 年划归安徽省。1956 年属陈寨乡。1966 年属四新人民公社。1988 年属朱楼乡。现属朱楼镇陈寨村。

毛阁

毛阁（Máogé） 在砀山县东南部，属朱楼镇梁寨村民委员会管辖。距砀山县人民政府驻地 21.67 千米。占地面积 0.68 平方千米。154 户，780 人，民族多为汉族。

明初毛姓在此立庄，建造楼阁，故名毛阁。新中国成立初期属江苏省。1955 年划归安徽省砀山县。1966 年属四新人民公社。1988 年属朱楼镇尉屯村。2007 年属朱楼镇梁寨村委会。

程庄镇

胡庄

胡庄（Húzhuāng） 在砀山县东南部，属程庄镇冯庄村民委员会下辖的居民点。地处冯庄村北部，东至唐寨镇家和村王土楼，南至胡寨，西至宋草庙，北至唐寨镇家和村倪庄。距砀山县人民政府驻地 18.6 千米。占地面积 0.35 平方千米。98 户，380 人，民族多为汉族。

元朝末年，胡氏族人从河南省开封祥符县避战乱迁居胡寨，后又分支成胡庄。新中国成立初期属赵楼区。1953 年属胡寨乡。1958 年属唐寨公社。1961 年属赵楼公社。1980 年属梁寨区双楼乡。1985 年属赵楼乡。1991 年属程庄镇。2007 年属程庄镇冯庄村。

胡寨

胡寨（Húzhài） 在砀山县东南部，属程庄镇冯庄村民委员会下辖的居民点。地处冯庄村中部，东至冯庄，南至张庄，西至刁楼，北至胡庄、宋草庙。距砀山县人民政府驻地19.3千米。占地面积1.17平方千米。326户，1280人，民族多为汉族。

元朝末年，胡氏族人从河南省开封祥符县避战乱迁居此地建寨，故名胡寨。新中国成立初期属赵楼区。1953年属胡寨乡。1958年属唐寨公社。1961年属赵楼公社。1980年属梁寨区双楼乡。1985年属赵楼乡。1991年属程庄镇阚寨村。2007年属程庄镇冯庄村。

宋草庙

宋草庙（Sòngcǎomiào） 在砀山县东南部，属程庄镇冯庄村民委员会下辖的居民点。地处冯庄村北部，东至胡庄，南至胡寨，西至小宋庄，北至唐寨镇家和村倪庄。距砀山县人民政府驻地18.35千米。占地面积0.36平方千米。105户，410人，民族多为汉族。

清乾隆年间，生产工具相当落后，人们对耕牛相当重视，用土墙和芦苇盖起一间牛王庙，期望耕牛不生病，因周围多宋姓，故取名为宋草庙。新中国成立初期属赵楼区。1953年属胡寨乡。1958年属唐寨公社。1961年属赵楼公社。1980年属梁寨区双楼乡。1985年属赵楼乡。1991年属程庄镇阚寨村。2007年属程庄镇冯庄村。

石楼

石楼（Shílóu） 在砀山县东南部，属程庄镇程庄村民委员会下辖的居民点。地处石楼村东南部，东至朱黄庄，南至边庄，西至郝楼，北至郭庄。距砀山县人民政府驻地24.02千米。占地面积1.01平方千米。260户，1002人，民族多为汉族。

清朝时期，石姓在此占产立户建楼，起名石楼。1958年属赵楼人民公社。1980年属梁寨区。1988年属程庄镇。2006年属程庄村民委员会。

赵庄

赵庄（Zhàozhuāng） 在砀山县东南部，属程庄镇程庄村民委员会下辖的居民点。地处程庄村东部，东至周集，南至郭庄，西至程庄，北至阚平寨。距砀山县人民政府驻地23.5千米。占地面积0.18平方千米。49户，203人，民族多为汉族。

清朝时期，赵姓在此占产立庄，起名赵庄。新中国成立初期属赵楼人民公社。1980年属梁寨区。1988年属程庄镇阚平寨村。2006年属程庄村民委员会。

郭庄

郭庄（Guōzhuāng） 在砀山县东南部，属程庄镇程庄村民委员会下辖的居民点。地处程庄村东部，东至吴楼，南至石楼，西至程庄，北至赵庄。距砀山县人民政府驻地23.6千米。占地面积0.09平方千米。31户，103人，民族多为汉族。

清朝时期，郭姓在此占产立庄，起名郭庄。新中国成立初期属赵楼人民公社。1988年后先后属程庄镇阚平寨大队、周集大队、石楼大队。2006年属程庄村民委员会。

从屯

从屯（Cóngtún） 在砀山县东南部，属程庄镇程庄村民委员会下辖的居民点。地处从屯村北部，东至周集，南至程庄，西至阚双楼，北至唐寨镇家和村王寨。距砀山县人民政府驻地22.09千米。占地面积0.75平方千米。220户，840人，民族多为汉族。

清朝时期，从姓在此屯田立村，故名从屯。新中国成立初期属赵楼人民公社。1980年属梁寨区。1988年属程庄镇。2006年属程庄村民委员会。

阚平寨

阚平寨（Kànpíngzhài） 在砀山县东南部，属程庄镇程庄村民委员会下辖的居民点。地处程庄村东北部，东至周集，东南至赵庄，西至程庄，西北至从屯。距砀山县人民政府驻地23.14千米。占地面积0.85平方千米。251户，903人，民族多为汉族。

清朝时期，阚姓迁居此地建寨，取名阚平寨。新中国成立初期属赵楼人民公社。1980年属梁寨区。1988年属程庄镇阚平寨村。2006年属程庄村民委员会。

杜平楼

杜平楼（Dùpínglóu） 在砀山县东南部，属程庄镇程庄村民委员会下辖的居民点。地处程庄村西部，东至程庄，西南至房庄，西至王后寨，北至阚寨。距砀山县人民政府驻地22.3千米。占地面积0.82平方千米。255户，930人，民族多为汉族。

清朝时期，杜姓在此占产立寨建楼，起名杜平楼。新中国成立初期属赵楼人民公社。1980年属梁寨区。1988年属程庄镇。2006年属程庄村民委员会。

程庄

程庄（Chéngzhuāng） 在砀山县东南部，属程庄镇程庄村民委员会下辖的居民点。地处程庄村中部，东至阚平寨，南至郝楼，西至杜平楼，北至阚双楼、从屯。距砀山县人民政府驻地22.6千米。占地面积1.25平方千米。403户，1401人，民族多为汉族。

清朝时期，程姓在此建庄，起名程庄。新中国成立初期属赵楼人民公社。1980年属梁寨区。1988年属程庄镇。2006年属程庄村民委员会。

大王庄

大王庄（Dàwángzhuāng） 在砀山县东南部，属程庄镇柴市村民委员会下辖的居民点。地处柴市村西南部，东至大陈楼，南至李屯，西至小陈楼，北至包楼。距砀山县人民政府驻地24.02千米。占地面积0.42平方千米。121户，460人，民族多为汉族。

清初，王姓在此占地立庄，因当时王姓占地多，因而得名。新中国成立初期属赵楼乡。1958年属衡楼公社。1961年属赵楼公社。1980年属梁寨区双楼乡。1988年属赵楼乡。1997年属程庄镇。2007年属程庄镇柴市村至今。

沈庄

沈庄（Shěnzhuāng） 在砀山县东南部，属程庄镇柴市村民委员会下辖的居民点。地处柴市村西南部，东至包菜园，南至包楼，西北至房庄，北至西王庄。距砀山县人民政府驻地23.9千米。占地面积0.56平方千米。175户，680人，民族多为汉族。

明崇祯十六年（1643年），沈永培从沛县到此占产立庄，定名沈庄。新中国成立初期属赵楼乡。1958年属衡楼公社。1961年属赵楼公社。1980年属梁寨区双楼乡。1988年属赵楼乡。1997年属程庄镇。2007年属程庄镇柴市村至今。

包楼

包楼（Bāolóu） 在砀山县东南部，属程庄镇柴市村民委员会下辖的居民点。地处柴市村西南部，东至耿菜楼，南至大王庄，西至朱楼镇陈楼，北至沈庄。距砀山县人民政府驻地23.8千米。占地面积0.85平方千米。256户，980人，民族多为汉族。

清初，包氏在此占地立庄，建一门楼，故名包楼。新中国成立初期属赵楼乡。1958年属衡楼公社。1961年属赵楼公社。1980年属梁寨区双楼乡。1988年属赵楼乡。1997年属程庄镇。2007年属程庄镇柴市村至今。

大陈楼

大陈楼（Dàchénlóu） 在砀山县东南部，属程庄镇柴市村民委员会下辖的居民点。地处柴市村西南部，东至耿菜楼，南至李屯，西至大王庄，北至包楼。距砀山县人民政府驻地24.3千米。占地面积0.82平方千米。230户，890人，民族多为汉族。

明代时期，陈姓在此占地立庄，因当时陈姓人户有门楼，故而得名。新中国成立初期属赵楼乡。1958年属衡楼公社。1961年属赵楼公社。1980年属梁寨区双楼乡。1988年属赵楼乡。1997年属程庄镇。2007年属程庄镇柴市村至今。

魏屯

魏屯（Wèitún） 在砀山县东南部，属程庄镇柴市村民委员会下辖的居民点。地处柴市村西南部，东至张屯，南至朱楼镇邵楼，西至朱楼镇后邵楼，北至李屯。距砀山县人民政府驻地24.1千米。占地面积0.79平方千米。236户，898人，民族多为汉族。

清末，魏姓在此地屯田立庄，命名为魏屯。1958年属衡楼公社。1961年属赵楼公社。1980年属梁寨区双楼乡。1988年属赵楼乡。1997年属程庄镇。2007年属程庄镇柴市村至今。

李屯

李屯（Lǐtún） 在砀山县东南部，属程庄镇柴市村民委员会下辖的居民点。地处柴市村西南部，东至张屯，南至魏屯，西至朱楼镇邵楼，北至大陈楼。距砀山县人民政府驻地24.18千米。占地面积0.69平方千米。185户，724人，民族多为汉族。

明代时期，李姓在此占产立庄，屯垦荒地，故而得名。新中国成立初期属赵楼乡。1958年属衡楼公社。1961年属赵楼公社。1980年属梁寨区双楼乡。1988年属赵楼乡。1997年属程庄镇。2007年属程庄镇柴市村至今。

边庄

边庄（Biānzhuāng） 在砀山县东南部，属程庄镇柴市村民委员会下辖的居民点。地处柴市村中部，东至朱黄庄，南至毛楼，西至郝楼，北至石楼。距砀山县人民政府驻地24.01千米。占地面积0.64平方千米。191户，760人，民族多为汉族。

明代时期，有边姓人氏在此占地立庄，故而得名。新中国成立初期属赵楼乡。1958年属衡楼公社。1961年属赵楼公社。1980年属梁寨区双楼乡。1988年属赵楼乡。1997年属程庄镇。2007年属程庄镇柴市村至今。

西王庄

西王庄（Xīwángzhuāng） 在砀山县东南部，属程庄镇柴市村民委员会下辖的居民点。地处柴市村西南部，东至前后王庄，南至沈庄，西至房庄，北至郝楼。距砀山县人民政府驻地23.36千米。占地面积0.12平方千米。42户，159人，民族多为汉族。

清代，有王姓人氏在此占地立庄，因庄东边有前后王庄，故名西王庄。新中国成立初期属赵楼乡。1958年属衡楼公社。1961年属赵楼公社。1980年属梁寨区双楼乡。1988年属赵楼乡。1997年属程庄镇。2007年属程庄镇柴市村至今。

包菜园

包菜园（Bāocàiyuán） 在砀山县东南部，属程庄镇柴市村民委员会下辖的居民点。地处柴市村南部，东至柴市，南至耿菜楼，西至沈庄，北至前后王庄。距砀山县人民政府驻地24.13千米。占地面积0.08平方千米。24户，92人，民族多为汉族。

清初，包楼包氏人在此种菜园，故取名包菜园。新中国成立初期属赵楼乡。1958年属衡楼公社。1961年属赵楼公社。1980年属梁寨区双楼乡。1988年属赵楼乡。1997年属程庄镇。2007年属程庄镇柴市村至今。

毛楼

毛楼（Máolóu） 在砀山县东南部，属程庄镇柴市村民委员会下辖的居民点。地处柴市村西部，东至柴市，南至包菜园，西至前后王庄，北至边庄。距砀山县人民政府驻地24.12千米。占地面积0.23平方千米。72户，261人，民族多为汉族。

明代时期，有毛姓人氏在此占地立庄，建一土楼，故而得名。新中国成立初期属赵楼乡。1958年属衡楼公社。1961年属赵楼公社。1980年属梁寨区双楼乡。1988年属赵楼乡。1997年属程庄镇。2007年属程庄镇柴市村至今。

郝楼

郝楼（Hǎolóu） 在砀山县东南部，属程庄镇柴市村民委员会下辖的居民点。地处柴市村西北部，东至边庄，南至前后王庄，西至房庄，北至程庄。距砀山县人民政府驻地23.4千米。占地面积0.55平方千米。178户，680人，民族多为汉族。

明代时期，有一郝姓人氏在此占地立庄，建一土楼，因而得名郝楼。新中国成立初期属赵楼乡。1958年属衡楼公社。1961年属赵楼公社。1980年属梁寨区双楼乡。1988年属赵楼乡。1997年属程庄镇。2007年属程庄镇柴市村至今。

前后王庄

前后王庄（Qiánhòuwángzhuāng） 在砀山县东南部，属程庄镇柴市村民委员会下辖的居民点。地处柴市村西部，东至毛楼，南至包菜园，西至西王庄，北至郝楼。距砀山县人民政府驻地23.5千米。占地面积0.35平方千米。110户，385人，民族多为汉族。

明代时期，有王姓兄弟二人在此立庄，一个住前边，一个住后边，故名前后王庄。新中国成立初期属赵楼乡。1958年属衡楼公社。1961年属赵楼公社。1980年属梁寨区双楼乡。1988年属赵楼乡。1997年属程庄镇。2007年属程庄镇柴市村至今。

柴市

柴市（Cháishì） 在砀山县东南部，属程庄镇柴市村民委员会下辖的居民点。东至西庄，南至李楼，西至毛楼，北至边庄。距砀山县人民政府驻地24.03千米。占地面积0.45平方千米。158户，588人，民族多为汉族。

据查，在明代此庄设有烧柴市场，因而得名柴市。新中国成立初期属赵楼乡。1958年属衡楼公社。1961年属赵楼公社。1980年属梁寨区双楼乡。1988年属赵楼乡。1997年属程庄镇。2007年属程庄镇柴市村至今。

蒋楼

蒋楼（Jiǎnglóu） 在砀山县东南部，属程庄镇冯庄村民委员会下辖的居民点。地处冯庄村南部，东至王庄，南至前王庄，西至陈楼，北至张庄。距砀山县人民政府驻地21.3千米。占地面积0.28平方千米。78

户，310 人，民族多为汉族。

蒋楼是明朝末年姓房的家族迁居的一个庄子，后因蒋姓建楼，故名。新中国成立初期属赵楼区。1953 年属胡寨乡。1958 年属向阳公社。1980 年属梁寨区双楼乡。1985 年属赵楼乡。1991 年属程庄镇阚寨村。2007 年属程庄镇冯庄村。

冯庄

冯庄（Féngzhuāng） 在砀山县东南部，属程庄镇冯庄村民委员会下辖的居民点。地处冯庄村东部，东至阚寨，南至蒋楼、王庄，西至胡寨，北至唐寨镇王土楼。距砀山县人民政府驻地 20.1 千米。占地面积 0.71 平方千米。186 户，735 人，民族多为汉族。

明朝末年，冯姓九世公迁居此地占产立庄，取名冯庄。新中国成立初期属赵楼区。1953 年属胡寨乡。1958 年属向阳公社。1980 年属梁寨区双楼乡。1985 年属赵楼乡。1991 年属程庄镇阚寨村。2007 年属程庄镇冯庄村。

阚寨

阚寨（Kànzhài） 在砀山县东南部，属程庄镇冯庄村民委员会下辖的居民点。地处冯庄村东南部，东至阚双楼，南至杜平楼，西至王庄，北至唐寨镇刘庄。距砀山县人民政府驻地 22.2 千米。占地面积 0.89 平方千米。248 户，910 人，民族多为汉族。

明代时期，阚姓先人来到砀山东北荒杨村（今砀山县唐寨镇定国寺）居住，后被洪水浸没，再次向南迁移到此地建寨，因此称阚寨。新中国成立初期属周集区。1950 年属冯庄乡。1958 年属唐寨公社。1961 年属赵楼公社。1980 年属梁寨区双楼乡。1985 年属赵楼乡。1991 年属程庄镇阚寨村。2007 年属程庄镇冯庄村。

阚双楼

阚双楼（Kànshuānglóu） 在砀山县东南部，属程庄镇冯庄村民委员会下辖的居民点。地处冯庄村东南部，东至从屯，南至程庄，西至阚寨，北至唐寨镇刘庄。距砀山县人民政府驻地 22.9 千米。占地面积 0.76 平方千米。212 户，820 人，民族多为汉族。

明代时期，阚氏从山东迁居到砀山县唐寨镇定国寺居住，后被洪水浸没，又迁移此地建两座楼，故称阚双楼。新中国成立初期属周集区。1950 年属冯庄乡。1958 年属唐寨公社。1961 年属赵楼公社。1980 年属梁寨区双楼乡。1985 年属赵楼乡。1991 年属程庄镇阚寨村。2007 年属程庄镇冯庄村。

王庄

王庄（Wángzhuāng） 在砀山县东南部，属程庄镇冯庄村民委员会下辖的居民点。地处冯庄村东南部，东至阚寨，南至前王庄，西至蒋楼，北至张庄。距砀山县人民政府驻地 21.8 千米。占地面积 0.22 平方千米。68 户，260 人，民族多为汉族。

明朝末年，王氏家族迁入立庄，故名。新中国成立初期属赵楼区。1953 年属胡寨乡。1958 年属向阳公社。1980 年属梁寨区双楼乡。1985 年属赵楼乡。2007 年属程庄镇冯庄村。

张庄

张庄（Zhāngzhuāng） 在砀山县东南部，属程庄镇冯庄村民委员会下辖的居民点。地处冯庄村中部，东至冯庄，南至蒋楼、王庄，西至胡寨，北至周集沟。距砀山县人民政府驻地 20.81 千米。占地面积 0.27 平方千米。78 户，302 人，民族多为汉族。

明朝末年，家住胡寨东门的张家分家，到此占地立庄，起名张庄。新中国成立初期属赵楼区。1953年属胡寨乡。1958年属向阳公社。1980年属梁寨区双楼乡。1985年属赵楼乡。2007年属程庄镇冯庄村。

毛庄

毛庄（Máozhuāng） 在砀山县东南部，属程庄镇衡楼村民委员会下辖的居民点。地处衡楼村北部，东至汪楼，南至袁刘庄，西至吴楼，北至周集。距砀山县人民政府驻地24.41千米。占地面积0.66平方千米，160户，618人，民族多为汉族。

明末，一户毛姓人家在此居住，故而得名。新中国成立初期属江苏省。1955年归安徽省。1958年属向阳公社。1980年属梁寨区。2007年属程庄镇衡楼村至今。

衡楼

衡楼（Hénglóu） 在砀山县东南部，属程庄镇衡楼村民委员会下辖的居民点。地处衡楼村中部，东至袁刘庄，南至西镇店，西至西庄，北至吴楼。距砀山县人民政府驻地25.1千米。占地面积0.64平方千米，178户，650人，民族多为汉族。

从前，衡氏家族在此居住，村西北角建有楼房，故而得名。新中国成立初期属江苏省。1955年归安徽省。1958年属向阳公社。1980年属梁寨区。2007年属程庄镇衡楼村至今。

西镇店

西镇店（Xīzhèndiàn） 在砀山县东南部，属程庄镇衡楼村民委员会下辖的居民点。地处衡楼村南部，东至郭庄，南至魏庄，西至西庄，北至衡楼。距砀山县人民政府驻地25.65千米。占地面积0.53平方千米，138户，502人，民族多为汉族。

从前，此地有“东镇店、西镇店，中间有个赵家圈”之说。这里是古时农村店铺，居西，故名。新中国成立初期属江苏省。1955年归安徽省。1958年属向阳公社。1980年属梁寨区。2007年属程庄镇衡楼村至今。

朱黄庄

朱黄庄（Zhūhuángzhuāng） 在砀山县东南部，属程庄镇衡楼村民委员会下辖的居民点。地处衡楼村西北部，东至毛庄，南至衡楼，西至石楼，北至吴楼。距砀山县人民政府驻地24.3千米。占地面积0.34平方千米，80户，301人，民族多为汉族。

从前，朱姓、黄姓人家在此占地居住，故而得名。新中国成立初期属江苏省。1955年归安徽省。1958年属向阳公社。1980年属梁寨区。2007年属程庄镇衡楼村至今。

西庄

西庄（Xīzhuāng） 在砀山县东南部，属程庄镇衡楼村民委员会下辖的居民点。地处衡楼村西部，东至衡楼，南至西镇店，西至柴市，北至朱黄庄。距砀山县人民政府驻地25.05千米。占地面积0.35平方千米，88户，340人，民族多为汉族。

以前，西氏人家在此占地立庄，因而得名。新中国成立初期属江苏省。1955年归安徽省。1958年属向阳公社。1980年属梁寨区。2007年属程庄镇衡楼村至今。

袁刘庄

袁刘庄（Yuánliúzhuāng） 在砀山县东南部，属程庄镇衡楼村民委员会下辖的居民点。地处衡楼村东部，东至蒋河，南至郭庄，西至衡楼，北至毛庄。距砀山县人民政府驻地25.49千米。占地面积0.52平方千米，132户，501人，民族多为汉族。

明代时期，袁姓、刘姓在此占地立庄，两姓人口占多数，故而得名。新中国成立初期属江苏省。1955年归安徽省。1958年属向阳公社。1980年属梁寨区。2007年属程庄镇衡楼村至今。

郑楼

郑楼（Zhènglóu） 在砀山县东南部，属程庄镇龙泉寺村民委员会下辖的居民点。地处龙泉寺村南部，东至任屯，南至萧县林场，西至洪河，北至王庄。距砀山县人民政府驻地27.36千米。占地面积1.02平方千米，342户，1280人，民族多为汉族。

明代时期，郑姓在此立庄建楼，因此得名。新中国成立初期属唐寨公社。1960年属赵楼乡。1982年属梁寨区王屯乡。1988年属程庄乡。1995年属程庄镇魏庄村。2007年与郑楼村合并，属龙泉寺村至今。

任屯

任屯（Réntún） 在砀山县东南部，属程庄镇龙泉寺村民委员会下辖的居民点。地处龙泉寺村东南部，东至萧县赵楼，南至萧县何寨，西至郑楼，北至郜庄。距砀山县人民政府驻地27.93千米。占地面积0.81平方千米，248户，904人，民族多为汉族。

新中国成立前，任姓在此屯田居住，故而得名。新中国成立初期属唐寨公社。1972年属赵楼乡。1982年属梁寨区王屯乡。1988年属程庄乡。1995年属程庄镇魏庄村。2007年与郑楼村合并，属龙泉寺村至今。

蒋庄

蒋庄（Jiǎngzhuāng） 在砀山县东南部，属程庄镇龙泉寺村民委员会下辖的居民点。地处龙泉寺村东北部，东至张土楼，南至王庄，西至东魏庄，北至郭庄。距砀山县人民政府驻地26.36千米。占地面积0.34平方千米，111户，380人，民族多为汉族。

新中国成立前，蒋氏在此居住，因而得名。新中国成立初期属唐寨公社。1960年属赵楼乡。1982年属梁寨区王屯乡。1988年属程庄乡。1995年属程庄镇魏庄村。2007年与郑楼村合并，属龙泉寺村至今。

东魏庄

东魏庄（Dōngwèizhuāng） 在砀山县东南部，属程庄镇龙泉寺村民委员会下辖的居民点。地处龙泉寺村民委员会北部，东至蒋庄，南至前魏庄，西至西魏庄，北至宋庄。距砀山县人民政府驻地25.46千米。占地面积0.35平方千米，120户，461人，民族多为汉族。

明代时期，魏氏三兄弟迁此居住，因在东部，故得名东魏庄。新中国成立初期属唐寨公社。1960年属赵楼乡。1982年属梁寨区王屯乡。1988年属程庄乡。1995年属程庄镇魏庄村。2007年与郑楼村合并，属龙泉寺村至今。

西魏庄

西魏庄（Xīwèizhuāng） 在砀山县东南部，属程庄镇龙泉寺村民委员会下辖的居民点。地处龙泉寺村西北部，东至东魏庄，南至前魏庄，西至杜楼，北至西镇店。距砀山县人民政府驻地25.39千米。占地面积0.15平方千米，52户，180人，民族多为汉族。

明代时期，魏氏三兄弟在此居住，因该庄在西部，故名。新中国成立初期属唐寨公社。1960年属赵楼乡。1982年属梁寨区王屯乡。1988年属程庄乡。1995年属程庄镇魏庄村。2007年与郑楼村合并，属龙泉寺村至今。

前魏庄

前魏庄（Qiánwèizhuāng） 在砀山县东南部，属程庄镇龙泉寺村民委员会下辖的居民点。地处龙泉寺村西部，东至王庄，南至洪河，西至河滩李楼，北至东魏庄。距砀山县人民政府驻地25.61千米。占地面积0.17平方千米，61户，210人，民族多为汉族。

明代时期，魏氏三兄弟在此居住，因在南部，故得名前魏庄。新中国成立初期属唐寨公社。1960年属赵楼乡。1982年属梁寨区王屯乡。1988年属程庄乡。1995年属程庄镇魏庄村。2007年与郑楼村合并，属龙泉寺村至今。

杜楼

杜楼（Dùlóu） 在砀山县东南部，属程庄镇龙泉寺村民委员会下辖的居民点。地处龙泉寺村西北部，东至西魏庄，南至洪河，西至西李楼，北至西镇店。距砀山县人民政府驻地25.21千米。占地面积0.18平方千米，60户，203人，民族多为汉族。

明代时期，有杜姓在此居住，故名。新中国成立初期属唐寨公社。1960年属赵楼乡。1982年属梁寨区王屯乡。1988年属程庄乡。1995年属程庄镇魏庄村。2007年与郑楼村合并，属龙泉寺村至今。

宋庄

宋庄（Sòngzhuāng） 在砀山县东南部，属程庄镇龙泉寺村民委员会下辖的居民点。地处龙泉寺村北部，东至蒋庄，南至东魏庄，西至西魏庄，北至西镇店。距砀山县人民政府驻地25.41千米。占地面积0.05平方千米，16户，60人，民族多为汉族。

新中国成立前，宋姓在此居住，故而得名。新中国成立初期属唐寨公社。1960年属赵楼乡。1982年属梁寨区王屯乡。1988年属程庄乡。1995年属程庄镇魏庄村。2007年与郑楼村合并，属龙泉寺村至今。

王庄

王庄（Wángzhuāng） 在砀山县东南部，属程庄镇龙泉寺村民委员会下辖的居民点。地处龙泉寺村东部，东至邵庄，南至郑楼，西至前魏庄，北至蒋庄。距砀山县人民政府驻地26.58千米。占地面积0.46平方千米，151户，560人，民族多为汉族。

明代时期，王姓在此居住，因此得名。新中国成立初期属唐寨公社。1960年属赵楼乡。1982年属梁寨区王屯乡。1988年属程庄乡。1995年属程庄镇魏庄村。2007年与郑楼村合并，属龙泉寺村至今。

王屯

王屯（Wángtún） 在砀山县东南部，属程庄镇坡里王屯村民委员会下辖的居民点。地处坡里王屯村南部，东至萧县林场，南至河南吴营，西至谢屯、张屯，北至坡里村。距砀山县人民政府驻地26.8千米。占地面积2.69平方千米，658户，2543人，民族多为汉族。

明朝洪武年间，皇帝把征战有功的将士下放到全国各地去屯田落户，名曰“屯户”，此地王姓居多，故名王屯。民国末年，王屯属东平乡王屯保。新中国成立初期属赵楼人民公社。1982年属梁寨区王屯乡。1988年属赵楼乡。1996年改为程庄镇。2007年村级合并为坡里王屯村至今。

谢屯

谢屯（Xiètún） 在砀山县东南部，属程庄镇坡里王屯村民委员会下辖的居民点。地处坡里王屯村南部，东至王屯，南至河南吴营，西至张屯，北至坡里。距离砀山县人民政府驻26.28千米。占地面积0.25平方千米，48户，183人，民族多为汉族。

清朝末年，谢姓从江苏丰县迁来安家屯田，因谢姓当时是大户，所以叫谢屯。新中国成立初期属赵楼人民公社。1982年属梁寨区王屯乡。1988年划归王屯村，属赵楼乡。1996年改为程庄镇至今。

张屯

张屯（Zhāngtún） 在砀山县东南部，属程庄镇坡里王屯村民委员会下辖的居民点。地处坡里王屯村南部，东至王屯，南至河南翟营，西至邵楼，北至坡里。距砀山县人民政府驻地26.07千米。占地面积0.62平方千米，138户，504人，民族多为汉族。

明朝洪武初年，张姓从山西省洪洞县迁民至此，因是“屯户”，所以叫张屯。新中国成立初期属赵楼人民公社。1982年属梁寨区王屯乡。1988年划归王屯村，属赵楼乡。1996年改为程庄镇至今。

河滩李楼

河滩李楼（Hétānlǐlóu） 在砀山县东南部，属程庄镇坡里王屯村民委员会下辖的居民点。地处坡里王屯村北部，东至魏庄，南至坡里，西至包楼，北至柴市。距砀山县人民政府驻地25.15千米。占地面积0.99平方千米，252户，925人，民族多为汉族。

清代，有张姓、李姓、蒋姓三姓人家在此建楼居住，村南为洪河，村北为河北库，故起名为河滩李楼。新中国成立初期属唐寨人民公社。1982年属梁寨区赵楼乡。1988年划归王屯村，属赵楼乡。1996年改为程庄镇至今。

耿菜楼

耿菜楼（Gěngcàilóu） 在砀山县东南部，属程庄镇坡里王屯村民委员会下辖的居民点。地处坡里王屯村北部，东至河滩李楼，南至坡里，西至包楼，北至柴市。距砀山县人民政府驻地25.05千米。占地面积0.54平方千米，128户，481人，民族多为汉族。

清代，姓耿的在此建庄、盖楼、种菜，故而得名。新中国成立初期属江苏省。1955年属安徽省砀山县。1956年属红旗二社。1961年改为赵楼人民公社。1984年属赵楼乡。1993年属程庄镇。

坡里

坡里（Pōlǐ） 在砀山县东南部，属程庄镇坡里王屯村民委员会下辖的居民点。地处坡里王屯村北部，东至郑楼，南至王屯，西至大陈楼，北至河滩李楼。距砀山县人民政府驻地25.65千米。占地面积1.78平方千米，441户，1680人，民族多为汉族。

明代时期，从邵楼至坡里东洪河侧算起，一个大漫洼约有八里路长，称八里坡，时间长了，简化为坡里村（因为姓王的产业大、人多，也称王家坡）。1961年属唐寨人民公社。1984年属赵楼乡。1993年属程庄镇坡里村民委员会。

孙楼房寨

孙楼房寨（Sūnlóufángzhài） 在砀山县东南部，属程庄镇王明集村民委员会下辖的居民点。地处王明集村北部，东至杜桥，南至孟庄，西至花园，北至大沙河。距砀山县人民政府驻地25.2千米。占地面积1.35平方千米，307户，1203人，民族多为汉族。

明成化年间，孙姓在此立庄建楼，因当时人少村小，又与房寨连在一起，故而得名。新中国成立初期属江苏省。1955年归安徽省。1958年属向阳公社。1980年属梁寨区赵楼乡。2007年属程庄镇至今。

孙庄

孙庄（Sūnzhuāng） 在砀山县东南部，属程庄镇王明集村民委员会下辖的居民点。地处王明集村南部，东至欧井，南至孟庄，西至徐庄，北至王明集。距砀山县人民政府驻地26.58千米。占地面积0.35平方千米，

98户，386人，民族多为汉族。

据查，从前因孙姓在此占产立庄，故而得名。新中国成立初期属江苏省。1955年归安徽省。1958年属向阳公社。1980年属梁寨区赵楼乡。2007年属程庄镇至今。

孟庄

孟庄（Mèngzhuāng） 在砀山县东南部，属程庄镇王明集村民委员会下辖的居民点。地处王明集村南部，东至李庄，南至孟堤口，西至汪楼，北至孙庄。距砀山县人民政府驻地26.68千米。占地面积0.38平方千米，118户，449人，民族多为汉族。

以前，孟氏家族在此占产立庄，故而得名。新中国成立初期属江苏省。1955年归安徽省。1958年属向阳公社。1980年属梁寨区赵楼乡。2007年属程庄镇至今。

王明集

王明集（Wángmíngjí） 在砀山县东南部，属程庄镇王明集村民委员会下辖的居民点。地处王明集村南部，东至李庄，南至孟堤口，西至汪楼，北至孙庄。距砀山县人民政府驻地26.5千米。占地面积0.54平方千米，168户，649人，民族多为汉族。

新中国成立前，王氏家族在此地坚持抗日，以王次青为首；此地又是集市，由此得名王明集。新中国成立初期属江苏省。1955年归安徽省。1958年属向阳公社。1980年属梁寨区赵楼乡。2007年属程庄镇至今。

徐庄

徐庄（Xúzhuāng） 在砀山县东南部，属程庄镇王明集村民委员会下辖的居民点。地处王明集村南部，东至孙庄，南至汪楼，西至信庄，北至王明集。距砀山县人民政府驻地25.84千米。占地面积0.49平方千米。146户，550人，民族多为汉族。

从前，因徐姓在此占产立庄，故而得名。新中国成立初期属江苏省。1955年归安徽省。1958年属向阳公社。1980年属梁寨区赵楼乡。2007年属程庄镇至今。

彭屯

彭屯（Péngtún） 在砀山县东南部，属程庄镇吴庄村民委员会下辖的居民点。地处吴庄村西南部，东至张屯，南至杨埝，西至小王屯，北至毛庄寨。距砀山县人民政府驻地18.69千米。占地面积0.48平方千米，102户，403人，民族多为汉族。

以前，姓彭的和姓胡的有亲戚关系，后来姓胡的走了，只有姓彭的在这里屯田，故叫彭屯。新中国成立初期属江苏省。1955年归安徽省。1958年属向阳公社。1980年属梁寨区刁楼乡。2007年属程庄镇至今。

毛庄寨

毛庄寨（Máozhuāngzhài） 在砀山县东南部，属程庄镇吴庄村民委员会下辖的居民点。地处吴庄村西南部，东至毛庄地，南至彭屯，西至小陈庄，北至吴庄。距砀山县人民政府驻地18.56千米。占地面积0.69平方千米。174户，660人，民族多为汉族。

毛庄寨以前叫小胡庄，这个庄居住的是姓毛和姓胡的两个大家族，后来日本侵略中国时，这个村为了防止日本破坏，就把整个村庄全部挖了寨围，起名为毛庄寨。新中国成立初期属江苏省。1955年归安徽省。1958年属向阳公社。1980年属梁寨区刁楼乡。2007年属程庄镇至今。

吴庄

吴庄（Wúzhuāng） 在砀山县东南部，属程庄镇吴庄村民委员会下辖的居民点。地处吴庄村西部，东至毛庄，南至毛庄寨，西至张庄，北至房庄。距砀山县人民政府驻地

18.36千米。占地面积0.39平方千米，98户，390人，民族多为汉族。

以前，吴庄几户人家在此居住，所以叫吴庄。新中国成立初期属江苏省。1955年归安徽省。1958年属向阳公社。1980年属梁寨区刁楼乡。2007年属程庄镇至今。

张庄

张庄（Zhāngzhuāng） 在砀山县东南部，属程庄镇吴庄村民委员会下辖的居民点。地处吴庄村西部，东至吴庄，南至小王屯，西至陈庄，北至毛程铺。距砀山县人民政府驻地18.06千米。占地面积0.71平方千米。185户，690人，民族多为汉族。

张庄以前叫张庄寨，整个村庄外是寨河，后来人们简称张庄。新中国成立初期属江苏省。1955年归安徽省。1958年属向阳公社。1980年属梁寨区刁楼乡。2007年属程庄镇至今。

陈庄

陈庄（Chénzhuāng） 在砀山县东南部，属程庄镇吴庄村民委员会下辖的居民点。地处吴庄村西部，东至张庄，南至王屯，西至李暗楼，北至前行地。距砀山县人民政府驻地17.4千米。占地面积0.1平方千米。22户，84人，民族多为汉族。

陈庄是以前从张庄搬到这里居住的陈姓人家建立的村子，故名陈庄。新中国成立初期属江苏省。1955年归安徽省。1958年属向阳公社。1980年属梁寨区刁楼乡。2007年属程庄镇至今。

胡宋口

胡宋口（Húsòngkǒu） 在砀山县东南部，属程庄镇吴庄村民委员会下辖的居民点。地处吴庄村北部，东至蒋楼，南至陈楼，西至前行，北至刁楼。距砀山县人民政府驻地18.43千米。占地面积0.78平方千米。199户，802人，民族多为汉族。

以前，黄河流经此地，陈马路口与梁马路口之间有一条大坝，在发洪水时被冲开一个口子，姓胡的和姓宋的在此摆渡，故名。新中国成立初期属江苏省。1955年归安徽省。1958年属向阳公社。1980年属梁寨区刁楼乡。2007年属程庄镇至今。

陈楼

陈楼（Chénlóu） 在砀山县东南部，属程庄镇吴庄村民委员会下辖的居民点。地处吴庄村民委员会驻地，东至蒋楼王庄，南至站屯，西至毛庄，北至胡宋口。距砀山县人民政府驻地18.83千米。占地面积0.79平方千米。211户，810人，民族多为汉族。

以前，从陈寨搬来几户人家，建楼、种地，起名为陈楼。新中国成立初期属江苏省。1955年归安徽省。1958年属向阳公社。1980年属梁寨区刁楼乡。2007年属程庄镇至今。

毛庄

毛庄（Máozhuāng） 在安徽省砀山县东南部，属程庄镇吴庄村民委员会下辖的居民点。地处吴庄村民委员会西部，东至陈楼，南至张屯，西至吴庄，北至胡宋口。距砀山县人民政府驻地18.5千米。占地面积0.28平方千米。75户，290人，民族多为汉族。

以前，全村人都是姓毛，故名毛庄。新中国成立初期属江苏省。1955年归安徽省。1958年属向阳公社。1980年属梁寨区刁楼乡。2007年属程庄镇至今。

房庄

房庄（Fángzhuāng） 在砀山县东南部，属程庄镇吴庄村民委员会下辖的居民点，地处吴庄村西部，东至毛庄，南至吴庄，西至王集村，北至前行。距砀山县人民政府驻地18.18千米。占地面积0.39平方千米。97户，380人，民族多为汉族。

以前，从山西搬到这个地方住的几户人家姓房，故名房庄。新中国成立初期属江苏省。1955年归安徽省。1958年属向阳公社。1980年属梁寨区刁楼乡。2007年属程庄镇至今。

后周庙

后周庙（Hòuzhōumiào） 在砀山县东南部，属程庄镇闸口王集村民委员会下辖的居民点。地处闸口王集村东北部，东至大宋庄，南至前周庙，西至赵庄，北至段楼。距砀山县人民政府驻地17.18千米。占地面积0.48平方千米。113户，402人，民族多为汉族。

从前，前周庙和后周庙之间有一座古庙，因周氏人家在此居住而得名。新中国成立初期属江苏省。1955年归安徽省。1958年属向阳公社。1980年属梁寨区赵楼乡。2007年属程庄镇至今。

段庄

段庄（Duànzhuāng） 在砀山县东南部，属程庄镇闸口王集村民委员会下辖的居民点。地处闸口王集村东北部，东至宋楼，南至王庄，西至前周庙，北至后周庙。距砀山县人民政府驻地17.37千米。占地面积0.34平方千米。68户，246人，民族多为汉族。

从前，因段氏家族在此居住而得名。新中国成立初期属江苏省。1955年归安徽省。1958年属向阳公社。1980年属梁寨区赵楼乡。2007年属程庄镇至今。

前周庙

前周庙（Qiánzhōumiào） 在砀山县东南部，属程庄镇闸口王集村民委员会下辖的居民点。地处闸口王集村东北部，东至段庄，南至王集，西至夏桥，北至后周庙。距砀山县人民政府驻地17.16千米。占地面积0.78平方千米。163户，628人，民族多为汉族。

从前，因周氏家族居住，在前周庙和后周庙之间有一座古庙，故名。新中国成立初期属江苏省。1958年属向阳公社。1980年属梁寨区赵楼乡。2007年属程庄镇至今。

王集

王集（Wángjí） 在砀山县东南部，属程庄镇闸口王集村民委员会下辖的居民点。地处闸口王集村中部，东至刁楼村，南至吴庄村，西至毛程铺，北至周庙村。距砀山县人民政府驻地17.2千米。占地面积0.64平方千米。154户，580人，民族多为汉族。

从前，王氏家族在此开设粮店、客栈、酒馆及其他经营场所多年，贸易兴隆，车水马龙，商贾云集，故名。另外，这里明清时期曾是黄河的水利枢纽，建有闸口，又名王闸口。新中国成立前归四区管辖。新中国成立初期属赵楼乡。1980年属赵楼乡周庙大队，2005年属程庄镇闸口王集村。

毛程铺

毛程铺（Máochéngpù） 在砀山县东南部，属程庄镇闸口王集村民委员会下辖的居民点。地处闸口王集村西部，东至王集村，南至张庄，西至李庄镇，北至夏桥。距砀山县人民政府驻地17.1千米。占地面积1.2平方千米。248户，960人，民族多为汉族。

清康熙年间，河臣毛玠、程铺二人奉旨在此监管水闸，水闸东边百余亩官田均霸为他们的铺地；后人便以毛、程二人的姓氏，设名为毛程铺。新中国成立前归四区。

新中国成立初期属赵楼乡。1966年改属向阳公社。2005年属程庄镇至今。

党庄

党庄（Dǎngzhuāng） 在砀山县东南部，属程庄镇闸口王集村民委员会下辖的居民点。地处闸口王集村东部，东至前行，南至吴庄村，西至李庄，北至王集。距砀山县人民政府驻地17.16千米。占地面积0.26平方千米。49户，189人，民族多为汉族。

从前，本庄村民全姓党，故而得名。新中国成立前归四区。新中国成立初期属赵楼乡。1966年改属向阳公社。2005年属程庄镇至今。

前行

前行（Qiánxíng） 在砀山县东南部，属程庄镇闸口王集村民委员会下辖的居民点。地处闸口王集村东部，东至王集小学，南至房庄，西至李庄，北至王集。距砀山县人民政府驻地17.32千米。占地面积0.48平方千米，104户，380人，民族多为汉族。

从前，该村人口较少，住在王集自然村最前边，因而得名前行。新中国成立前归四区。新中国成立初期属赵楼乡。1966年属向阳公社。2005年属程庄镇至今。

宋小庄

宋小庄（Sòngxiǎozhuāng） 在砀山县东南部，属程庄镇闸口王集村民委员会下辖的居民点。地处闸口王集村东北部，东至宋楼，南至刁楼王庄，西至段庄，北至宋小楼。距砀山县人民政府驻地18千米。占地面积0.34平方千米，59户，225人，民族多为汉族。

从前，宋姓从宋楼迁出，在此立庄，因人口少而得名。新中国成立前归四区。新中国成立初期属赵楼乡。1966年改属向阳公社。2005年属程庄镇至今。

大宋庄

大宋庄（Dàsòngzhuāng） 在砀山县东南部，属程庄镇闸口王集村民委员会下辖的居民点。地处闸口王集村东北部，东至小宋庄，南至宋小楼，西至周庙，北至范楼。距砀山县人民政府驻地17.8千米。占地面积0.46平方千米。94户，365人，民族多为汉族。

从前，宋氏人多庄大，故得名大宋庄。新中国成立前归四区。新中国成立初期属赵楼乡。1966年改属向阳公社。2005年属程庄镇至今。

宋楼

宋楼（Sònglóu） 在砀山县东南部，属程庄镇闸口王集村民委员会下辖的居民点。地处闸口王集村东北部，东至胡寨，南至胡寨，西至宋小庄，北至胡寨。距砀山县人民政府驻地18.16千米。占地面积0.57平方千米。154户，568人，民族多为汉族。

从前宋氏富裕，在此地建了一座土楼，故而得名。新中国成立前归四区。新中国成立初期属赵楼乡。1966年改属向阳公社。2005年属程庄镇至今。

宋小楼

宋小楼（Sòngxiǎolóu） 在砀山县东南部，属程庄镇闸口王集村民委员会下辖的居民点。地处闸口王集村东北部，东至胡寨村，南至宋小庄，西至段庄，北至小宋庄。距砀山县人民政府驻地17.9千米。占地面积0.22平方千米，33户，124人，民族多为汉族。

从前，宋姓从宋楼迁出，盖一座小楼，故名宋小楼。新中国成立前归四区。新中国成立初期属赵楼乡。1966年改属向阳公社。

2005年属程庄镇至今。

小宋庄

小宋庄（Xiǎosòngzhuāng） 在砀山县东南部，属程庄镇闸口王集村民委员会下辖的居民点。地处闸口王集村东北部，东至宋草庙，南至宋小楼，西至大宋庄，北至范楼。距砀山县人民政府驻地17.93千米。占地面积0.21平方千米。29户，118人，民族多为汉族。

从前，宋氏在此居住，因人少庄小，故而得名。新中国成立前归四区。新中国成立初期属赵楼乡。1966年改属向阳公社。2005年属程庄镇至今。

刁楼

刁楼（Diāolóu） 在砀山县东南部，属程庄镇闸口王集村民委员会下辖的居民点。地处闸口王集村东部，东至胡寨，南至胡宋口，西至王庄，北至宋小庄。距砀山县人民政府驻地18.2千米。占地面积0.32平方千米。62户，238人，民族多为汉族。

以前，刁姓从山西省运城迁来，建造一座楼房，因而得名。新中国成立前归四区。新中国成立初期属赵楼乡。1966年改属向阳公社。2005年属程庄镇至今。

范楼

范楼（Fànlóu） 在砀山县东南部，属程庄镇闸口王集村民委员会下辖的居民点。地处闸口王集村东北部，东至倪庄，南至胡寨，西至宋小庄，北至胡寨。距砀山县人民政府驻地17.85千米。占地面积0.68平方千米。154户，568人，民族多为汉族。

明朝初年，范氏家族从山东省沛县迁来，因盖了二层小楼而得名。新中国成立前归四区。新中国成立初期属赵楼乡。1966年改属向阳公社。2005年属程庄镇至今。

王庄

王庄（Wángzhuāng） 在砀山县东南部，属程庄镇闸口王集村民委员会下辖的居民点。地处闸口王集村东北部，东至刁楼，南至胡宋口，西至王集，北至宋小庄。距砀山县人民政府驻地18.08千米。占地面积0.29平方千米。66户，248人，民族多为汉族。

从前，因王氏家族在此占产立庄，故而得名。新中国成立前归四区。新中国成立初期属赵楼乡。1966年改属向阳公社。2005年属程庄镇至今。

尹庄

尹庄（Yǐnzhuāng） 在砀山县东南部，属程庄镇闸口王集村民委员会下辖的居民点。地处闸口王集村北部，东至王集村，南至村委会，西至毛程铺，北至毛程铺三队。距砀山县人民政府驻地17.4千米。占地面积0.15平方千米。28户，110人，民族多为汉族。

清末民初，尹氏家族因不堪官府徭役赋税之苦，由南京逃难来至毛程铺落户，因均为尹姓，故取名为尹庄。新中国成立前归四区。新中国成立初期属赵楼乡。1966年改属向阳公社。2005年属程庄镇至今。

汪楼

汪楼（Wānglóu） 在砀山县东南部，属程庄镇张暗李楼村民委员会下辖的居民点。地处张暗李楼村北部，东至熊庄，南至郑小楼，西至王庄，北至徐庄。距砀山县人民政府驻地26.3千米。占地面积1.78平方千米。251户，982人，民族多为汉族。

从前，姓汪的人家在此建了一座楼房，故称汪楼。新中国成立初期属赵楼区。1953年属郑楼乡。1956年属赵楼乡红旗二社。

1958年属文庄公社。1961年属赵楼公社。1984年属赵楼乡。1988年属程庄镇至今。

孟楼

孟楼（Mènglóu） 在砀山县东南部，属程庄镇张暗李楼村民委员会下辖的居民点。地处张暗李楼村北部，东至徐庄，南至汪楼，西至毛庄，北至王明集。距砀山县人民政府驻地26.38千米。占地面积0.38平方千米。81户，290人，民族多为汉族。

从前，孟姓人家居住于此，建了一座楼房，故称孟楼。新中国成立初期属赵楼区。1953年属郑楼乡。1956年属赵楼乡红旗二社。1958年属文庄公社。1961年属赵楼公社。1984年属赵楼乡。1988年属程庄镇至今。

孟堤口

孟堤口（Mèngdīkǒu） 在砀山县东南部，属程庄镇张暗李楼村民委员会下辖的居民点。地处张暗李楼村东北部，东至萧县，南至华楼，西至汪楼，北至孟楼。距砀山县人民政府驻地26.94千米。占地面积0.26平方千米。39户，150人，民族多为汉族。

从前，此处原有一条大河，河南边是一条大堤，后被洪水冲断一个大缺口，有姓孟的人在此居住，就起名为孟堤口。新中国成立初期属赵楼区。1953年属郑楼乡。1956年属赵楼乡红旗二社。1958年属文庄公社。1961年属赵楼公社。1984年属赵楼乡。1988年属程庄镇至今。

华楼

华楼（Huálóu） 在砀山县东南部，属程庄镇张暗李楼村民委员会下辖的居民点。地处张暗李楼村东北部，东至萧县，南至萧县，西至郑小楼，北至孟堤口。距砀山县人民政府驻地27.64千米。占地面积0.55平方千米。96户，403人，民族多为汉族。

以前，有姓华的兄弟三人来这里居住，建了一座楼房，命名为华楼。新中国成立初期属赵楼区。1953年属郑楼乡。1956年属赵楼乡红旗二社。1958年属文庄公社。1961年属赵楼公社。1984年属赵楼乡。1988年属程庄镇至今。

李楼

李楼（Lǐlóu） 在砀山县东南部，属程庄镇张暗李楼村民委员会下辖的居民点。地处张暗李楼村南部，东至萧县，南至邵庄，西至张暗楼，北至郑小楼。距砀山县人民政府驻地27.5千米。占地面积2平方千米。410户，1506人，民族多为汉族。

明朝年间，山西省洪洞县李氏家族迁到此地盖楼建庄，故名李楼。新中国成立初期属赵楼区。1953年属郑楼乡。1956年属赵楼乡红旗二社。1958年属文庄公社。1961年属赵楼公社。1984年属赵楼乡。1988年属程庄镇至今。

郭庄

郭庄（Guōzhuāng） 在砀山县东南部，属程庄镇张暗李楼村民委员会下辖的居民点。地处张暗李楼村西部，东至张暗楼，南至蒋庄，西至西镇店，北至袁刘庄。距砀山县人民政府驻地26.26千米。占地面积0.23平方千米。38户，145人，民族多为汉族。

明初，郭氏家族由山西省洪洞县迁到此地立庄，得名郭庄。新中国成立初期属赵楼区。1953年属郑楼乡。1956年属赵楼乡红旗二社。1958年属文庄公社。1961年属赵楼公社。1984年属赵楼乡。1988年属程庄镇至今。

张土楼

张土楼（Zhāngtǔlóu） 在砀山县东南部，属程庄镇张暗李楼村民委员会下辖的居民点。地处张暗李楼村西部，东至张暗楼，南至王庄，西至蒋庄，北至郭庄。距砀山县人民政府驻地 26.85 千米。占地面积 0.45 平方千米。88 户，302 人，民族多为汉族。

以前，张姓先民在此建一土楼，故得名张土楼。新中国成立初期属赵楼区。1953 年属郑楼乡。1956 年属赵楼乡红旗二社。1958 年属文庄公社。1961 年属赵楼公社。1984 年属赵楼乡。1988 年属程庄镇至今。

邵庄

邵庄（Shàozhuāng） 在砀山县东南部，属程庄镇张暗李楼村民委员会下辖的居民点。地处张暗李楼村南部，东至萧县，南至萧县，西至龙泉寺，北至张暗楼。距砀山县人民政府驻地 27.7 千米。占地面积 0.56 平方千米。112 户，420 人，民族多为汉族。

民国前夕，邵氏小部分人在此建房居住，由此得名邵庄。新中国成立初期属赵楼区。1953 年属郑楼乡。1956 年属赵楼乡红旗二社。1958 年属文庄公社。1961 年属赵楼公社。1984 年属赵楼乡。1988 年属程庄镇至今。

许庄

许庄（Xǔzhuāng） 在砀山县东南部，属程庄镇张暗李楼村民委员会下辖的居民点。地处张暗李楼村西部，东至郑小楼，南至张暗楼，西至郭庄，北至大汪楼。距砀山县人民政府驻地 26.8 千米。占地面积 0.44 平方千米。85 户，303 人，民族多为汉族。

清朝时期，许姓从砀山夏桥村迁到此地建庄，故名许庄。新中国成立初期属赵楼区。1953 年属郑楼乡。1956 年属赵楼乡红旗二社。1958 年属文庄大公社。1961 年属赵楼公社。1984 年属赵楼乡。1988 年属程庄镇至今。

郑小楼

郑小楼（Zhèngxiǎolóu） 在砀山县东南部，属程庄镇张暗李楼村民委员会下辖的居民点。地处张暗李楼村东北部，东至萧县，南至李楼，西至许庄，北至华楼。距砀山县人民政府驻地 27.48 千米。占地面积 0.49 平方千米。89 户，360 人，民族多为汉族。

以前，郑姓在此处立庄，建一座小楼，故为郑小楼。新中国成立初期属赵楼区。1953 年属郑楼乡。1956 年属赵楼乡红旗二社。1958 年属文庄公社。1961 年属赵楼公社。1984 年属赵楼乡。1988 年属程庄镇至今。

张暗楼

张暗楼（Zhāng' ànlóu） 在砀山县东南部，属程庄镇张暗李楼村民委员会下辖的居民点。地处张暗李楼村西部，东至李楼，南至邵庄，西至张土楼，北至许庄。距砀山县人民政府驻地 27.47 千米。占地面积 1.05 平方千米。225 户，850 人，民族多为汉族。

明朝末年，张氏家族从安徽黟县逃荒到此地居住，并建一土楼，得名张暗楼。新中国成立初期属赵楼区。1953 年属郑楼乡。1956 年属赵楼乡红旗二社。1958 年属文庄公社。1961 年属赵楼公社。1984 年属赵楼乡。1988 年属程庄镇至今。

文楼

文楼（Wénlóu） 在砀山县东南部，属程庄镇张暗李楼村民委员会下辖的居民点。地处张暗李楼村南部，东至萧县，南至萧县，西至龙泉寺，北至张暗楼。距砀山县人民政府驻地 27.69 千米。占地面积 0.24 平方千米。55 户，180 人，民族多为汉族。

从前，此地原是姓文的村庄，建有楼房，清末有姓王的家族迁居此地，文姓仅剩二户，而庄名一直叫文楼。新中国成立初期属赵楼区。1953年属郑楼乡。1956年属赵楼乡红旗二社。1958年属文庄公社。1961年属赵楼公社。1984年属赵楼乡。1988年属程庄镇至今。

杨埝

杨埝（Yángniàn）　在砀山县东南部，属程庄镇赵楼村民委员会下辖的居民点。地处赵楼村西部，东至张屯，南至张蔡庄，西至小王屯，北至彭屯。距砀山县人民政府驻地19.4千米。占地面积0.25平方千米。86户，320人，民族多为汉族。

以前，村西大坝被洪水冲开，村里的杨姓人带领大伙齐心协力把大坝堵住，故众人命名为杨堰；后来又认为“堰”字不吉利，改为杨埝。1953年属腰庄乡。1958年属赵楼人民公社。1984年属赵楼乡。1988年属程庄镇至今。

张蔡庄

张蔡庄（Zhāngcàizhuāng）　在砀山县东南部，属程庄镇赵楼村民委员会下辖的居民点。地处赵楼村西部，东至小从屯，南至朱楼，西至房沟涯，北至杨埝。距砀山县人民政府驻地20.1千米。占地面积0.26平方千米。93户，330人，民族多为汉族。

明朝时期，有户姓张的人家从河南搬迁到蔡庄居住，后来姓蔡的后继无人，姓张的人丁兴旺，就改为张蔡庄。1953年属腰庄乡。1958年属赵楼人民公社。1984年属赵楼乡。1988年属程庄镇至今。

房沟涯

房沟涯（Fánggōuyá）　在砀山县东南部，属程庄镇赵楼村民委员会下辖的居民点。地处赵楼村西部，东至张蔡庄，南至朱楼，西至王弯，北至杨埝。距砀山县人民政府驻地20.17千米。占地面积0.74平方千米。230户，801人，民族多为汉族。

明朝时期，朝廷在这里开挖洪河，民工众多，有姓房的一户人家在这里做买卖，卖烙饼，工程结束后姓房的在沟涯住了下来，故名为房沟涯。1953年属腰庄乡。1958年属赵楼人民公社。1984年属赵楼乡。1988年属程庄镇至今。

赵楼

赵楼（Zhàolóu）　在砀山县东南部，属程庄镇赵楼村民委员会下辖的居民点。地处赵楼村东部，东至房庄，南至房楼，西至村委会，北至王庄。距砀山县人民政府驻地21.2千米。占地面积0.43平方千米。141户，530人，民族多为汉族。

以前，因赵氏家族人口众多，并建一土楼，故名赵楼。1953年属腰庄乡。1958年属赵楼人民公社。1984年属赵楼乡。1988年属程庄镇至今。

房楼

房楼（Fánglóu）　在砀山县东南部，属程庄镇赵楼村民委员会下辖的居民点。地处赵楼村南部，东至赵楼，南至梁区路，西至小从屯，北至腰庄。距砀山县人民政府驻地21.31千米。占地面积0.55平方千米。171户，675人，民族多为汉族。

以前，房氏家族有田地千亩，建有楼房，命名为房楼。1953年属腰庄乡。1958年属赵楼人民公社。1984年属赵楼乡。1988年属程庄镇至今。

腰庄

腰庄（Yāozhuāng）　在砀山县东南部，属程庄镇赵楼村民委员会下辖的居民点。地处赵楼村西部，东至赵楼，南至房楼，西至小从屯，北至王庄。距砀山县人民政府驻地21.29千米。占地面积0.24平方千米。80户，285人，民族多为汉族。

以前，邵岩是城东第一大户，土地很多，为了管理好土地，搬一家邵氏在中间建庄，故名腰庄。1953年属腰庄乡。1958年属赵楼人民公社。1984年属赵楼乡。1988年属程庄镇至今。

王后寨

王后寨（Wánghòuzhài） 在砀山县东南部，属程庄镇赵楼村民委员会下辖的居民点。地处赵楼村西部，东至赵楼村部，南至房楼，西至腰庄，北至王庄。距砀山县人民政府驻地20.52千米。占地面积0.43平方千米。141户，533人，民族多为汉族。

明朝初期，王氏家族、徐氏家族为了预防土匪抢夺共建寨墙，名为王后寨。1953年属腰庄乡。1958年属赵楼人民公社。1984年属赵楼乡。1988年属程庄镇至今。

房庄

房庄（Fángzhuāng） 在砀山县东南部，属程庄镇赵楼村民委员会下辖的居民点。地处赵楼村东部，东至程庄，南至梁寨，西至房楼，北至赵楼。距砀山县人民政府驻地21.81千米。占地面积0.19平方千米。64户，226人，民族多为汉族。

元朝初，房氏从外地迁入此地，命名为房庄。1953年属腰庄乡。1958年属赵楼人民公社。1984年属赵楼乡。1988年属程庄镇至今。

老后寨

老后寨（Lǎohòuzhài） 在砀山县东南部，属程庄镇赵楼村民委员会下辖的居民点。地处赵楼村西部，东至赵楼村部，南至房楼，西至腰庄，北至王庄。距砀山县人民政府驻地20.57千米。占地面积0.43平方千米。141户，533人，民族多为汉族。

明朝初期，王氏家族、徐氏家族为了预防土匪抢夺共建寨墙，名为老后寨。1953年属腰庄乡。1958年属赵楼人民公社。1984年属赵楼乡。1988年属程庄镇至今。

小从屯

小从屯（Xiǎocóngtún） 在砀山县东南部，属程庄镇赵楼村民委员会下辖的居民点。地处赵楼村西部，东至房楼，南至小尉屯，西至张屯，北至王庄。距砀山县人民政府驻地20.63千米。占地面积0.25平方千米。81户，310人，民族多为汉族。

以前，从姓在大从屯居住，明朝初期搬到此地，命名为小从屯。1953年属腰庄乡。1958年属赵楼人民公社。1984年属赵楼乡。1988年属程庄镇至今。

张屯

张屯（Zhāngtún） 在砀山县东南部，属程庄镇赵楼村民委员会下辖的居民点。地处赵楼村西部，东至房楼，南至小尉屯，西至杨埝，北至吴庄。距砀山县人民政府驻地20.4千米。占地面积0.45平方千米。131户，510人，民族多为汉族。

明朝时期，张氏家族从山西来到此地，开荒屯田，建设家园，故命名为张屯。1953年属腰庄乡。1958年属赵楼人民公社。1984年属赵楼乡。1988年属程庄镇至今。

王庄

王庄（Wángzhuāng） 在砀山县东南部，属程庄镇赵楼村民委员会下辖的居民点。地处赵楼村北部，东至赵楼，南至房楼，西至陈楼，北至蒋楼。距砀山县人民政府驻地20.58千米。占地面积0.2平方千米，64户，226人，民族多为汉族。

唐朝年间，王氏家族从西北某地搬迁到此地立庄，命名为王庄。1953年属腰庄乡。1958年属赵楼人民公社。1984年属赵楼乡。1988年属程庄镇至今。

王花园

王花园（Wánghuāyuán） 在砀山县东南部，属程庄镇周集村民委员会下辖的居民点。地处周集村北部，东至孙楼，南至周集，西至王新庄，北至文家河。距砀山县人民政府驻地23.04千米。占地面积0.33平方千米。124户，456人，民族多为汉族。

以前，王氏家族在此居住，兴建了一座花园，故而得名。1953年属腰庄乡。1958年属赵楼人民公社。1984年属赵楼乡。1988年属程庄镇至今。

丁庄

丁庄（Dīngzhuāng） 在砀山县东南部，属程庄镇周集村民委员会下辖的居民点。地处周集村东部，东至王明集，南至徐庄，西至周集，北至王明集。距砀山县人民政府驻地25.41千米。占地面积0.43平方千米。138户，520人，民族多为汉族。

以前，丁姓在此占产立庄，故而得名丁庄。1953年属腰庄乡。1958年属赵楼人民公社。1984年属赵楼乡。1988年属程庄镇至今。

周集

周集（Zhōují） 在砀山县东南部，属程庄镇周集村民委员会下辖的居民点。地处周集村本部，东至尹庄组，南至吴庄，西至从屯，北至花园组。距砀山县人民政府驻地24.48千米。占地面积2.18平方千米。598户，2360人，民族多为汉族。

从前，周氏家族在此建集多年，由此得名周集。1953年属腰庄乡。1958年属赵楼人民公社。1984年属赵楼乡。1988年属程庄镇至今。

尹庄

尹庄（Yǐnzhuāng） 在砀山县东南部，属程庄镇周集村民委员会下辖的居民点。地处周集村东部，东至丁庄，南至信庄，西至周集，北至丁庄。距砀山县人民政府驻地25.5千米。占地面积0.21平方千米。62户，240人，民族多为汉族。

以前，尹姓人氏在此立庄，起名尹庄。1953年属腰庄乡。1958年属赵楼人民公社。1984年属赵楼乡。1988年属程庄镇至今。

信庄

信庄（Xìnzhuāng） 在砀山县东南部，属程庄镇周集村民委员会下辖的居民点。地处周集村东部，东至徐庄，南至毛庄，西至吴楼，北至尹庄组。距砀山县人民政府驻地25.69千米。占地面积0.21平方千米。69户，268人，民族多为汉族。

清朝前期，姓信的迁此建产立庄，故而得名。1953年属腰庄乡。1958年属赵楼人民公社。1984年属赵楼乡。1988年属程庄镇至今。

吴楼

吴楼（Wúlóu） 在砀山县东南部，属程庄镇周集村民委员会下辖的居民点。地处周集村南部，东至信庄，南至衡楼，西至程庄，北至周集。距砀山县人民政府驻地24.7千米。占地面积0.78平方千米。223户，860人，民族多为汉族。

以前，因吴氏家族在此占地立庄，建有楼房，故而得名吴楼。1953年属腰庄乡。1958年属赵楼人民公社。1984年属赵楼乡。1988年属程庄镇至今。

第五章　非行政区域地名

第一节　县开发区

薛楼工业园

薛楼工业园（Xuēlóu Gōngyèyuán）薛楼板材加工园地处砀山县城南部，人民政府驻神湖社区。其管辖范围东至关帝庙镇方王庄，南至关帝庙镇八一农场，西至河南省，北至关帝庙镇关帝庙社区。薛楼板材加工园区成立于2007年5月，面积为45平方千米。人口3.4万。主要产业是板材加工。辖利民社区、神湖社区、便民社区、清河社区四个社区居民委员会。以种植农作物为主，工业以板材加工为主。到2007年，实现工业总产值5.39亿元，实现利润2195万元，吸纳来自全县各地劳动力约5130人。

砀山县经济开发区

砀山县经济开发区（Dàngshānxiàn Jīngjì Kāifāqū）　砀山经济开发区地处砀山县东部，管委会驻砀城镇。东至济祁高速以西，南至陇海铁路，西至宴嬉路，北至生态大道。下辖科技、古城、惠民、益民共4个居民委员会。辖区总人口2.27万，其中城镇常住人口15413人，民族有汉族、回族。辖区东西最大距离为10.1千米，南北最大距离为3.4千米，面积为11.6平方千米。境内大部为黄河冲积平原，地势为中部略高、南北稍低。最高点利民桥海拔54.8米，最低点在曹集东南，海拔40.4米。耕地面积10.92平方千米，人均0.7亩。园区内已落户企业130家，其中规模以上企业50家，包括国内外知名企业汇源集团、中粮股份、海升果业、光大国际等，已经形成了果蔬食品加工、轻纺服装、机械电子、新能源新材料、高新技术、商贸物流等支柱产业。境内有幼儿园、小学，初中。境内有济祁高速、310国道、陇海铁路线。辖区内有生态大道旅游观光线路。2004年以前属陇海乡，2004年后划为砀城镇，2006年6月经安徽省政府批准建立砀山经济开发区，位于毛李庄陇海供电所附近，2010年迁至砀山县东部至今。

砀山县高铁新区

砀山县高铁新区（Dàngshānxiàn Gāotiě Xīnqū）　高铁新区地处砀山县城南部，

陇海铁路南侧；人民政府驻孟饭棚社区。新区东至李庄镇，南至关帝庙镇，西至赵屯镇，北至砀城镇。下辖孟饭棚社区、新城社区、南苑社区、道南路社区、西苑社区、站前社区六个社区居民委员会和陇海新村、薛口村两个村民委员会；另有冯园村、孙庄村两个非建制村。辖区总人口 3.66 万，其中常住人口 36700 人，民族为汉族。辖区东西最大距离为 11.4 千米，南北最大距离为 2.8 千米，面积为 38 平方千米。境内大部分为平原，地势为东高西低，最高点 43.8 米，最低点是 41.2 米，海拔 44 米。耕地面积 18 平方千米，人均 0.71 亩。计划构建一个集生产、居住、商贸、物流、休闲、文化、娱乐等功能于一体的综合新区；一个功能复合化、产业多元化、服务规模化、环境和谐化的生态新区；一个彰显城市形象品位的门户新区。境内有幼儿园 4 所，小学 3 所，初中 2 所。境内有 101 省道，县道砀夏路，101 省道和高铁站连接线汉源路，郑徐高铁线，砀山高铁南站，砀山汽车南站。2012 年 2 月成立，由砀城镇、关帝庙镇、赵屯镇、开发区部分村委会、居委会划拨而成。

第二节　开发区居委会

古城社区居民委员会

古城社区居民委员会（Gǔchéng Shèqū Jūmínwěiyuánhuì） 在砀山县中部，属经济开发区管辖。距砀山县人民政府驻地 3.4 千米。东与本开发区惠民社区毗邻，北与砀城镇徐井村接壤，西与砀城镇侯楼社区相连，南与高铁新区陇海新村交界，面积 3 平方千米。1937 户，6926 人，民族多为汉族。经济来源以种植水果、蔬菜及外出务工为主。村委会驻古城社区。

因砀山古城坐落在辖区内，故而得名。新中国成立初期属阚寨区，后属城南乡。1958 年属陇海人民公社。1965 年属城郊人民公社。1981 年属陇海区。2004 年属砀城镇。2009 年由毛油坊、阚油坊、毛李庄三个村合并为古城社区居民委员会，属砀山经济开发区至今。

益民社区居民委员会

益民社区居民委员会（Yìmín Shèqū Jūmínwěiyuánhuì） 在砀山县中部，属经济开发区管辖。距砀山县人民政府驻地 8.3 千米。东与李庄镇海升新村毗邻，北与李庄镇丰棉村接壤，西与本开发区惠民社区相连，南与李庄镇朱店社区交界，面积 2.6 平方千米。1056 户，3922 人，民族多为汉族。经济来源以种植水果、蔬菜及外出务工为主。村委会驻益民社区。

社区取“党的好政策让群众受益”之意，故名益民社区。1958 年属东方红人民公社。1965 年属李庄人民公社。1981 年属汪阁乡。2006 年合并为益民社区居民委员会，属砀山经济开发区管委会至今。

科技社区居民委员会

科技社区居民委员会（Kējì Shèqū Jūmínwěiyuánhuì） 在砀山县中部，属经济开发区管辖。距砀山县人民政府驻地3.4千米。东与本开发区古城社区毗邻，北与砀城镇东城社区接壤，西与砀城镇南城社区相连，南与高铁新区冯园村交界，面积2.2平方千米。1260户，4603人，民族多为汉族。经济来源以种植蔬菜及外出务工为主。村委会驻科技社区。

因宿州科技食品有限公司坐落在社区辖区内，由此得名科技社区。新中国成立初期归城郊公社。1984年属毛园乡。1988年属陇海乡。2004年属砀城镇冯园居委会。2006年更名为科技社区，属经济开发区管理至今。

惠民社区居民委员会

惠民社区居民委员会（Huìmín Shèqū Jūmínwěiyuánhuì） 在砀山县中部，属经济开发区管辖。距砀山县人民政府驻地6.8千米。东与本开发区益民社区毗邻，北与砀城镇徐井村接壤，西与本开发区古城社区相连，南与高铁新区陇海新村交界，面积3.8平方千米。1882户，7280人，民族多为汉族。经济来源以种植水果、蔬菜及外出务工为主。村委会驻惠民社区。

社区取“党的好政策使群众得到实惠”之意，故名惠民社区。1958年属陇海人民公社。1965年属城郊人民公社。1981年属陇海区范庄乡。2006年由原五里庙、曹楼、蔡庄合并为惠民社区居民委员会，属砀山经济开发区管委会至今。

薛口村村民委员会

薛口村村民委员会（Xuēkǒucūn Cūnmínwěiyuánhuì） 在砀山县中部，属高铁新区管辖。距砀山县人民政府驻地9.7千米。东与本区孙庄村毗邻，北与赵屯镇汪屯村接壤，西与赵屯镇杜阁村相连，南与赵屯镇黄庄寨村交界，面积4.8平方千米。1199户，4360人，民族多为汉族。经济来源以种植水果、蔬菜及外出务工为主。村委会驻薛口村。

因此地从前是一个官道路口，且村内姓薛的为多数，故得名薛口。

新中国成立初期薛口为城西区区部。1958年属城西人民公社。1984年为赵屯区薛口乡。2012年划入砀山高铁新区。

孙庄村村民委员会

孙庄村村民委员会（Sūnzhuāngcūn Cūnmínwěiyuánhuì） 在砀山县中部，属高铁新区管辖。距砀山县人民政府驻地8.5千米。东与关帝庙镇赵岗村毗邻，北与本区站前社区接壤，西与本区薛口村相连，南与关帝庙镇杨庄寨村交界，面积1.85平方千米。482户，1580人，民族多为汉族。经济来源以种植水果、蔬菜及外出务工为主。村委会驻孙庄村。

孙庄原名孙烟墩。古代烟墩用于传递战阵烽火，后此地发展为村庄，简名孙庄。孙庄村民委员会原名金屯大队，隶属关帝庙镇管辖。2008年并入关帝庙镇杨庄寨村。2012年划入砀山高铁新区。

陇海新村村民委员会

陇海新村村民委员会（Lǒnghǎixīncūn Cūnmínwěiyuánhuì） 在砀山县中部，属高铁新区管辖。距砀山县人民政府驻地5.3千米。东与李庄镇朱店社区毗邻，北与经济开发区惠民社区接壤，西与本区冯园村相连，南与关帝庙镇黄屯村交界，面积3.5平方千米。1230户，4260人，民族多为汉族。经济来源以种植水果、蔬菜及外出务工为主。村委会驻陇海新村。

因该村靠近陇海铁路，故名。新中国成立后属城南乡。1958年属中心乡。1965年属城郊公社。1988年属陇海乡。2007年划入砀城镇管辖，更名为砀城镇陇海新村。2012年划入高铁新区管辖。

冯园村村民委员会

冯园村村民委员会（Féngyuáncūn Cūnmínwěiyuánhuì）在砀山县中部，属高铁新区管辖。距砀山县人民政府驻地4.5千米。东与本区陇海新村毗邻，北与经济开发区科技社区接壤，西与本区新城社区相连，南与本区新城社区交界，面积0.3平方千米。159户，601人，民族多为汉族。经济来源以种植蔬菜及外出务工为主。村委会驻冯园村。

因冯姓在此种菜园，现村部坐落在冯园村，故此得名。新中国成立后属城南乡。1958年属中心乡。1965年属城郊公社。1988年属陇海乡。2007年更名为冯园村民委员会，属砀城镇。2012年划归高铁新区。

道南路社区居民委员会

道南路社区居民委员会（Dàonánlù Shèqū Jūmínwěiyuánhuì）在砀山县中部，属高铁新区管辖。距砀山县人民政府驻地4.6千米。东与本区新城社区毗邻，北与本区南苑社区接壤，西与本区西苑社区相连，南与关帝庙镇赵岗村交界，面积2.8平方千米。981户，3612人，民族多为汉族。经济来源以城市就业和种植水果、蔬菜及外出务工为主。村委会驻道南路社区。

因地处陇海铁路南部的道南路，故而得名。1949年属城南乡。1965年属城郊公社。1984年属陇海区毛园乡。2000年划归城关镇。2010年划入经济开发区。2012年划归高铁新区至今。

孟饭棚社区居民委员会

孟饭棚社区居民委员会（Mèngfànpéng Shèqū Jūmínwěiyuánhuì）在砀山县中部，属高铁新区管辖。距砀山县人民政府驻地5.8千米。东与关帝庙镇黄屯村毗邻，北与本区新城社区接壤，西与本区道南路社区相连，南与关帝庙镇关帝庙社区交界，面积5.8平方千米。1441户，5348人，民族多为汉族。经济来源以种植水果、蔬菜及外出务工为主。村委会驻孟饭棚社区。

以前，有一户孟姓人搭建一座凉棚，在此开设饭馆，由此得名孟饭棚。1958年属中心乡。1966年属红旗公社。1988年属关帝庙镇。2012年划入高铁新区至今。

南苑社区居民委员会

南苑社区居民委员会（Nányuàn Shèqū Jūmínwěiyuánhuì）在砀山县中部，属高铁新区管辖。距砀山县人民政府驻地4.3千米。东与本区新城社区毗邻，北隔陇海铁路与砀城镇南城社区相望，西与本区西苑社区接壤，南与本区道南路社区交界，面积2.02平方千米。880户，3202人，民族多为汉族。经济来源以种植蔬菜及外出务工为主。村委会驻南苑社区。

因地处砀城南部，且社区内花木扶疏，故而得名。1949年属城南乡。1965年属城郊公社。1984年属陇海区毛园乡。2000年划归城关镇。2007年改为南苑社区。2010年划入经济开发区。2012年划归高铁新区至今。

西苑社区居民委员会

西苑社区居民委员会（Xīyuàn Shèqū Jūmínwěiyuánhuì）在砀山县中部，属高铁新区管辖。距砀山县人民政府驻地5.5千米。东与本区南苑社区毗邻，北临陇海铁路，西与本区站前社区接壤，南与关帝庙镇赵岗村交界，面积3.05平方千米。1089户，4002人，民族多为汉族。经济来源以种植水果、蔬菜及外出务工为主。村委会驻西苑社区。

因此地处于高铁新区西部，且社区内多花草，故名。1949年属城南乡。1965年属城郊公社。1984年属陇海区毛园乡。2000年划归城关镇。2007年属纺工业园。2014年划入高铁新区。

新城社区居民委员会

新城社区居民委员会（Xīnchéng Shèqū Jūmínwěiyuánhuì）　在砀山县中部，属高铁新区管辖。距砀山县人民政府驻地5.1千米。东与本区陇海新村毗邻，北与本区冯园村接壤，西与本区道南路社区相连，南与本区孟饭棚社区交界，面积6.5平方千米。1970户，7342人，民族有汉族、回族。经济来源以种植水果、蔬菜及外出务工为主。村委会驻新城社区。

因地处砀城南部开发的新城，故而得名。1949年属城南乡。1965年属城郊公社。1984年属陇海区毛园乡。2000年划归城关镇。2010年划入经济开发区。2012年划归高铁新区至今。

站前社区居民委员会

站前社区居民委员会（Zhànqián Shèqū Jūmínwěiyuánhuì）　在砀山县中部，属高铁新区管辖。距砀山县人民政府驻地6.9千米。东与本区西苑社区毗邻，北与砀城镇苇子园社区接壤，西与本区薛口村相连，南与本区孙庄村交界，面积3.5平方千米。650户，2305人，民族多为汉族。经济来源以种植水果、蔬菜及外出务工为主。村委会驻站前社区。

居委会坐落在高铁站前面，故而得名。新中国成立初期属城西区。1958年属城西人民公社。1984年属赵屯区薛口乡。2009年为赵屯乡大张庄村。2012年划入砀山高铁新区。

清河社区居民委员会

清河社区居民委员会（Qīnghé Shèqū Jūmínwěiyuánhuì）　在砀山县南部，属薛楼工业园管辖。距砀山县人民政府驻地17.3千米。东与本园利民社区毗邻，北与本园神湖社区接壤，西与河南省夏邑县交界，南隔巴清河与河南省夏邑县相望，面积10平方千米。2306户，8752人，民族有汉族、回族。经济来源以种植小麦、玉米、水果及外出务工为主。村委会驻清河社区。

因位于巴清河北，故而得名清河社区。新中国成立初期属陈寨区。1953年划为小屯乡。1958年属黄楼人民公社。1984年属黄楼乡。2012年属薛楼工业园。

神湖社区居民委员会

神湖社区居民委员会（Shénhú Shèqū Jūmínwěiyuánhuì）　在砀山县南部，属薛楼工业园管辖。距砀山县人民政府驻地13.8千米。东与本园利民社区毗邻，北与本园便民社区接壤，西与关帝庙镇刷集村相连，南与本园清河社区交界，面积14平方千米。1580户，5450人，民族多为汉族。经济来源以种植小麦、玉米、水果、林木及板材加工为主。村委会驻神湖社区。

小神湖坐落于辖区内，因此得名神湖社区。清康熙十九年（1680年），河道总督靳辅创建减水坝，五年后建毛城铺水石闸，此地便形成一片湖泊；因湖的东部有小神集，故名小神湖，乃砀山古八景之一。新中国成立初期属陈寨区。1953年划为小屯乡。1958年属黄楼人民公社。1984年属黄楼乡。2012年属薛楼工业园。

便民社区居民委员会

便民社区居民委员会（Biànmín Shèqū Jūmínwěiyuánhuì） 在砀山县南部，属薛楼工业园管辖。距砀山县人民政府驻地12.4千米。东与朱楼镇陈寨村毗邻，北与关帝庙镇关帝庙社区接壤，西与关帝庙镇刷集村相连，南与本园神湖社区交界，面积11平方千米。2644户，10150人，民族多为汉族。经济来源以种植水果、西瓜、小麦、玉米及外出务工为主。村委会驻便民社区。

取“为人民服务，方便人民”之意，由此得名便民社区。新中国成立初期，归雨亭区。1954年归陈寨乡。1958年属黄楼人民公社。2008年属关帝庙镇。2012年划归薛楼工业园。

利民社区居民委员会

利民社区居民委员会（Lìmín Shèqū Jūmínwěiyuánhuì） 在砀山县南部，属薛楼工业园管辖。距砀山县人民政府驻地18.2千米。东与朱楼镇邵寨村毗邻，北与本园便民社区接壤，西与本园清河社区相连，南与河南省夏邑县交界，面积10平方千米。2589户，9703人，民族有汉族、回族。经济来源以种植水果、小麦、玉米及外出务工为主。村委会驻利民社区。

因此地靠近利民河，社区由此得名。新中国成立前归新兴区。1952年属范集乡。1956年属陈寨乡。1962年属黄楼人民公社。1984年属关帝庙区范集乡。1988年属黄楼乡。2008年归关帝庙镇。2012年属薛楼工业园。2014年合并为利民社区。

第三节　开发区居民点

运河果园场

运河果园场（Yùnhé Guǒyuánchǎng） 在砀山县中部，属经济开发区惠民社区居民委员会管辖。距砀山县人民政府驻地7.6千米。占地面积0.3平方千米。57户，230人，民族多为汉族。

1958年在此开挖运河后，种植果园，故名运河果园场。该场于1959年兴建，先后属城郊公社、陇海乡、砀城镇，后划归砀山经济开发区至今。

林庄

林庄（Línzhuāng） 在砀山县中部，属经济开发区惠民社区居民委员会管辖。距砀山县人民政府驻地6.3千米。占地面积0.2平方千米。80户，303人，民族多为汉族。

清初，林姓在此占产立庄，故而得名。新中国成立初期，先后属阚寨乡、城南乡、中心乡。1965年属城郊公社。1984年属陇海区范庄小乡。1988年属陇海乡。2004年属砀城镇。2012年属经济开发区至今。

张井

张井（Zhāngjǐng） 在砀山县中部，属经济开发区惠民社区居民委员会管辖。距砀山县人民政府驻地7.1千米。占地面积0.14平方千米。38户，155人，民族多为汉族。

明初，张姓在此打井立庄，故名。清初，不知什么原因张姓迁走，又迁来李姓。新中国成立初期，先后属阚寨乡、城南乡、中心乡。1965年属城郊公社。1984年属陇海区范庄小乡。1988年属陇海乡。2004年属砀城镇。2012年属经济开发区至今。

范楼

范楼（Fànlóu） 在砀山县中部，属经济开发区惠民社区居民委员会管辖。距砀山县人民政府驻地6.1千米。占地面积0.45平方千米。135户，513人，民族多为汉族。

明初，范姓在此占产立庄，建楼，故名。新中国成立初期，先后属阚寨乡、城南乡、中心乡。1965年属城郊公社。1984年属陇海区范庄小乡。1988年属陇海乡。2004年属砀城镇。2012年属经济开发区至今。

蔡庄

蔡庄（Càizhuāng） 在砀山县中部，属经济开发区惠民社区居民委员会管辖。距砀山县人民政府驻地6.2千米。占地面积0.3平方千米。96户，350人，民族多为汉族。

明初，蔡姓从山西洪洞迁来，在此占地立庄，故而得名。新中国成立初期，先后属阚寨乡、城南乡、中心乡。1965年属城郊公社。1984年属陇海区范庄小乡。1988年属陇海乡。2004年属砀城镇。2012年属经济开发区至今。

毛王庄

毛王庄（Máowángzhuāng） 在砀山县中部，属经济开发区惠民社区管辖。距砀山县人民政府驻地5.8千米。占地面积0.2平方千米。55户，218人，民族多为汉族。

明代中期，毛、王两姓从山西洪洞迁来，在此占产立庄，故而得名。新中国成立初期属阚寨区，后属城南乡。1958年属陇海人民公社。1965年属城郊人民公社。1984年属陇海区范庄小乡。2004年属砀城镇。2012年属砀山经济开发区至今。

东阚庄

东阚庄（Dōngkànzhuāng） 在砀山县中部，属经济开发区惠民社区居民委员会管辖。距砀山县人民政府驻地6.1千米。占地面积0.31平方千米。81户，290人，民族多为汉族。

明末，山西洪洞移民到此，因属阚氏家族，所以取名为阚庄。新中国成立初期属侯楼乡。1958年归中心乡第六大队。1965年归城郊公社。1984年归范庄小乡。1988年归陇海乡。2006年归经济开发区。

汪庄

汪庄（Wāngzhuāng） 在砀山县中部，属经济开发区惠民社区居民委员会管辖。距砀山县人民政府驻地6.2千米。占地面积0.35平方千米。92户，340人，民族多为汉族。

明朝中期，由山西省洪洞县移民迁到此地，因都是汪氏家族，取名汪庄。新中国成立初期属侯楼乡。1958年归中心乡第六大队。1965年属城郊公社。1984年划归陇海乡范庄小乡。1988年归陇海乡。2004年归城关镇。2006年归经济开发区。

徐庄

徐庄（Xúzhuāng） 在砀山县中部，属经济开发区惠民社区居民委员会管辖。距砀山县人民政府驻地6.4千米。占地面积0.62平方千米。131户，460人，民族多为汉族。

明末，徐姓从山西移民到此立庄，取名徐庄。新中国成立初期为侯楼乡。1958 年归中心乡第六大队。1965 年归城郊公社。1984 年归范庄小乡。1988 年归陇海乡。2006 年归经济开发区。

赵梨园

赵梨园（Zhàolíyuán） 在砀山县中部，属经济开发区惠民社区居民委员会管辖。距砀山县人民政府驻地 6.1 千米。占地面积 0.16 平方千米。36 户，140 人，民族多为汉族。

明末，从山西移民来此立庄，因种植梨园以赵氏为主，故取名赵梨园。新中国成立初期属侯楼乡。1958 年归中心乡第六大队。1965 年归城郊公社。1984 年归范庄小乡。1988 年归陇海乡。2006 年归经济开发区。

曹庄

曹庄（Cáozhuāng） 在砀山县中部，属经济开发区惠民社区居民委员会管辖。距砀山县人民政府驻地 6.2 千米。占地面积 0.23 平方千米。69 户，265 人，民族多为汉族。

明朝中期，曹姓从山西迁到此地立庄，取名曹庄。新中国成立初期属侯楼乡。1958 年归中心乡第六大队。1965 年归城郊公社。1984 年归范庄小乡。1988 年归陇海乡。2006 年归经济开发区。

吴庄

吴庄（Wúzhuāng） 在砀山县中部，属经济开发区惠民古城居民委员会管辖。距砀山县人民政府驻地 6.01 千米。占地面积 0.31 平方千米。94 户，360 人，民族多为汉族。

明朝末年，吴姓从苏州来砀，在此立庄，故名为吴庄。新中国成立初期属侯楼乡。1958 年属中心乡第六大队。1965 年划归城郊公社。1984 年属陇海区范庄小乡。1988 年属陇海乡。2004 年属砀城镇。2006 年划归砀山经济开发区至今。

李胡同

李胡同（Lǐhútong） 在砀山县中部，属经济开发区古城社区居民委员会管辖。距砀山县人民政府驻地 5.2 千米。占地面积 0.23 平方千米。45 户，169 人，民族多为汉族。

明朝末年，李氏由山西省洪洞县迁民至此立庄，因当时只是一条胡同，故起名李胡同。新中国成立初期属侯楼乡。1958 年属中心乡第六大队。1965 年划归城郊公社。1984 年属陇海区范庄小乡。1988 年属陇海乡。2004 年属砀城镇。2006 年划归砀山经济开发区至今。

西阚庄

西阚庄（Xīkànzhuāng） 在砀山县中部，属经济开发区古城社区居民委员会管辖。距砀山县人民政府驻地 5.3 千米。占地面积 0.23 平方千米。55 户，210 人，民族多为汉族。

本村阚氏为主，其他姓氏少，立庄为清朝中期，由阚油坊迁出。新中国成立初期属侯楼乡。1958 年属中心乡第六大队。1965 年划归城郊公社。1984 年属陇海区范庄小乡。1988 年属陇海乡。2004 年属砀城镇。2006 年划归砀山经济开发区至今。

万庄

万庄（Wànzhuāng） 在砀山县中部，属经济开发区古城社区居民委员会管辖。距砀山县人民政府驻地 5.1 千米。占地面积 0.32 平方千米。92 户，351 人，民族多为汉族。

从前，万姓在此立庄，故名万庄。新中国成立初期属侯楼乡。1958 年属中心乡第六大队。1965 年划归城郊公社。1984 年属陇海区范庄小乡。1988 年属陇海乡。2004 年属砀城镇。2006年划归砀山经济开发区至今。

毛油坊

毛油坊（Máoyóufáng） 在砀山县中部，属经济开发区古城社区居民委员会管辖。距砀山县人民政府驻地4.9千米。占地面积0.48平方千米。138户，519人，民族多为汉族。

从前，毛氏先民在此立庄，开了一座油坊，故名毛油坊。新中国成立初期属侯楼乡。1958年属中心乡第六大队。1965年划归城郊公社。1984年属陇海区范庄小乡。1988年属陇海乡。2004年属砀城镇。2006年划归砀山经济开发区至今。

常楼

常楼（Chánglóu） 在砀山县中部，属经济开发区古城社区居民委员会管辖。距砀山县人民政府驻地4.8千米。占地面积0.66平方千米。158户，619人，民族多为汉族。

从前，常姓先民在此立庄，建有楼房，故名常楼。新中国成立初期属侯楼乡。1958年属中心乡第六大队。1965年划归城郊公社。1980年属陇海区范庄小乡。1988年属陇海乡。2004年属砀城镇。2006年划归砀山经济开发区至今。

许楼

许楼（Xǔlóu） 在砀山县中部，属经济开发区古城社区居民委员会管辖。距砀山县人民政府驻地5.2千米。占地面积0.24平方千米。56户，212人，民族多为汉族。

从前，许姓先民在此立庄，建有楼房，故名许楼。新中国成立初期属侯楼乡。1958年属中心乡第六大队。1965年划归城郊公社。1984年属陇海区范庄小乡。1988年属陇海乡。2004年属砀城镇。2006年划归砀山经济开发区至今。

阚油坊

阚油坊（Kànyóufáng） 在砀山县中部，属经济开发区古城社区居民委员会管辖。距砀山县人民政府驻地5.3千米。占地面积1.31平方千米。385户，1519人，民族多为汉族。

从前，阚氏先民在此立庄，开了一座油坊，故名阚油坊。新中国成立初期属侯楼乡。1958年属中心乡第五大队。1965年划归城郊公社。1984年属陇海区范庄小乡。1988年属陇海乡。2004年属砀城镇。2006年划归砀山经济开发区至今。

小孙庄

小孙庄（Xiǎosūnzhuāng） 在砀山县中部，属经济开发区古城社区居民委员会管辖。距砀山县人民政府驻地5.4千米。占地面积0.17平方千米。56户，208人，民族多为汉族。

从前，孙氏先民在此立庄，因村子范围较小，故名小孙庄。新中国成立初期属侯楼乡。1958年属中心乡第五大队。1965年划归城郊公社。1984年属陇海区范庄小乡。1988年属陇海乡。2004年属砀城镇。2006年划为砀山经济开发区至今。

东城丽景

东城丽景（Dōngchénglìjǐng） 在砀山县中部，属经济开发区惠民社区居民委员会管辖。距砀山县人民政府驻地6.9千米。占地面积1.17平方千米。350户，1303人，民族多为汉族。

东城丽景小区位于经济开发区管委会的东部，意为在“砀城的东部建立一个风景秀丽的小区”，故而取名东城丽景小区。2010年光大新能源（砀山）有限公司拆迁了惠民社区西曹集、东曹集、赵庄、唐庄四个居民组的房屋，故建东城丽景。2010 年 6 月开工建设，2012 年 10 月建成使用。

曹楼

曹楼（Cáolóu） 在砀山县中部，属经济开发区惠民社区居民委员会管辖。距砀山县人民政府驻地 7.2 千米。占地面积 1.26 平方千米。343 户，1350 人，民族多为汉族。

从前，曹氏家族在此建楼，故而取名曹楼。新中国成立初期属侯楼乡。1958 年属中心乡第六大队。1965 年属城郊公社曹楼大队。1984 年属范庄小乡。1988 年属陇海乡。2006 年属经济开发区惠民社区。

邱桃园刘庄

邱桃园刘庄（Qiūtáoyuánliúzhuāng）在砀山县中部，属经济开发区惠民社区居民委员会管辖。距砀山县人民政府驻地 7.6 千米。占地面积 0.63 平方千米。170 户，652 人，民族多为汉族。

因邱氏家族常驻于此，有大片桃园，故而得名邱桃园。原刘庄在运河以南，陇海铁路线以北，因修陇海铁路，邱桃园、刘庄迁入现邱桃园刘庄。新中国成立初期属侯楼乡。1958 年属中心乡第六大队。1965 年属城郊公社。1984 年属范庄小乡。1988 年属陇海乡。2006 年属经济开发区惠民社区。

王园

王园（Wángyuán） 在砀山县中部，属经济开发区科技社区居民委员会管辖。距砀山县人民政府驻地 4.5 千米。占地面积 0.08 平方千米。38 户，150 人，民族多为汉族。

从前，王姓在此占产立业，种植菜园，故而得名。新中国成立初期属城南乡。1965 年属城郊公社。1984 年属陇海区毛园乡。2000 年划属砀城镇。2006 年属经济开发区至今。

赵庄

赵庄（Zhàozhuāng） 在砀山县中部，属经济开发区科技社区居民委员会管辖。距砀山县人民政府驻地 3.5 千米。占地面积 0.07 平方千米。37 户，126 人，民族多为汉族。

从前，赵姓在此占产立业，故而得名。新中国成立初期属城南乡。1965 年属城郊公社。1984 年属陇海区毛园乡。2000 年划属砀城镇。2006 年属经济开发区管理至今。

小段庄

小段庄（Xiǎoduànzhuāng） 在砀山县中部，属经济开发区科技社区居民委员会管辖。距砀山县人民政府驻地 3.4 千米。占地面积 0.06 平方千米。32 户，120 人，民族多为汉族。

从前，段姓在此占产立业，因庄子规模小，故而得名。新中国成立初期属城南乡。1965 年属城郊公社。1984 年属陇海区毛园乡。2000 年划属砀城镇。2006 年属经济开发区管理至今。

范园

范园（Fànyuán） 在砀山县中部，属经济开发区科技社区居民委员会管辖。距砀山县人民政府驻地 3.6 米。占地面积 0.12 平方千米。66 户，250 人，民族多为汉族。

明代时期，范姓在此占产立业，种植菜园，故而得名。新中国成立初期属城南乡。1965 年属城郊公社。1984 年属陇海区毛园乡。2000 年划属砀城镇。2006 年属经济开发区管理至今。

张梁庄

张梁庄（Zhāngliángzhuāng） 在砀山县中部，属经济开发区科技社区居民委员会管辖。距砀山县人民政府驻地 3.8 千米。占地面积 0.07 平方千米。32 户，108 人，民族多为汉族。

从前，张姓、梁姓在此占产立业，故而得名。新中国成立初期属城南乡。1965年属城郊公社。1984年属陇海区毛园乡。2000年划属砀城镇。2006年属经济开发区管理至今。

张河洼

张河洼（Zhānghéwā） 在砀山县中部，属经济开发区科技社区居民委员会管辖。距砀山县人民政府驻地3.5千米。占地面积0.09平方千米。58户，230人，民族多为汉族。

很久前此地名为高家围子，明代张姓在此占产立业，因地处河洼，故而得名。新中国成立初期属城南乡。1965年属城郊公社。1984年属陇海区毛园乡。2000年划属砀城镇。2006年属经济开发区管理至今。

解园

解园（Xièyuán） 在砀山县中部，属经济开发区科技社区居民委员会管辖。距砀山县人民政府驻地4.2千米。占地面积0.25平方千米。135户，520人，民族多为汉族。

从前，黄姓、解姓、张姓、王姓、郝姓在此占产立业，种植菜园；因解姓人多，故而得名。新中国成立初期属城南乡。1965年属城郊公社。1984年属陇海区毛园乡。2000年划归砀城镇。2006年属经济开发区管理至今。

许园

许园（Xǔyuán） 在砀山县中部，属经济开发区科技社区居民委员会管辖。距砀山县人民政府驻地3.4千米。占地面积0.18平方千米。179户，660人，民族多为汉族。

明代时期，许姓在此占产立业，种植菜园，故而得名。新中国成立初期属城南乡。1965年属城郊公社。1984年属陇海区毛园乡。2000年划归砀城镇。2006年属经济开发区管理至今。

杨庄

杨庄（Yángzhuāng） 在砀山县中部，属经济开发区益民社区居民委员会管辖。距砀山县人民政府驻地8.3千米。占地面积0.64平方千米。202户，725人，民族多为汉族。

很久以前，杨姓在此占产立庄，故而得名杨庄。新中国成立初期属范寨区常河乡。1956年划归丰棉乡。1958年属李庄公社。1984年归李庄区李阁乡。1988年归李庄镇。2007年划归李庄镇海升新村。2014年划归砀山经济开发区益民社区至今。

王庄

王庄（Wángzhuāng） 在砀山县中部，属经济开发区益民社区居民委员会管辖。距砀山县人民政府驻地8.03千米。占地面积0.52平方千米。168户，629人，民族多为汉族。

明代中期，王氏由山西平阳迁民至此，占产立庄，故名王庄。新中国成立初期属范寨区常河乡。1956年划归丰棉乡。1958年属李庄公社。1984年划归李庄区李阁乡。1988年归李庄镇。2007年划归李庄镇海升新村。2014年划归砀山经济开发区益民社区至今。

王园

王园（Wángyuán） 在砀山县中部，属经济开发区益民社区居民委员会管辖。距砀山县人民政府驻地9.2千米。占地面积0.42平方千米。128户，469人，民族多为汉族。

因村庄姓王的人多，且以种植菜园为生，故而取名王园。新中国成立初期属范寨区常河乡。1956年划归丰棉乡。1958年属李庄公社。1984 年划归李庄区李阁乡。1988 年属李庄镇。2007 年划归李庄镇海升新村。2014 年划归砀山经济开发区益民社区。

王屯

王屯（Wángtún） 在砀山县中部，属经济开发区益民社区居民委员会管辖。距砀山县人民政府驻地 8.6 千米。占地面积 0.32 平方千米。110 户，430 人，民族多为汉族。

从前，姓王的人在此屯田，故而取名王屯。新中国成立初期属范寨区常河乡。1956 年划归丰棉乡。1958 年属李庄公社。1984 年划归李庄区李阁乡。1988 年属李庄镇。2007 年划归李庄镇海升新村。2014 年划归砀山经济开发区益民社区。

汪六楼

汪六楼（Wāngliùlóu） 在砀山县中部，属经济开发区益民社区居民委员会管辖。距砀山县人民政府驻地 8.2 千米。占地面积 1.05 平方千米。266 户，1078 人，民族多为汉族。

明清时代，汪姓在此建有六座高大楼房，故而得名。新中国成立初期属范寨区常河乡。1956 年划归丰棉乡。1958 年属李庄公社。1984 年划归李庄区李阁乡。1988 年属李庄镇西北管区。2007 年属李庄镇海升新村。2014 年属县经济开发区益民社区。

毛庄

毛庄（Máozhuāng） 在砀山县中部，属经济开发区益民社区居民委员会管辖。距砀山县人民政府驻地 8.3 千米。占地面积 1.03 平方千米。315 户，1110 人，民族多为汉族。

很久以前，毛姓在此占产立庄，故而得名。新中国成立初期属范寨区常河乡。1956 年划归丰棉乡。1958 年属李庄公社。1984 年划归李庄区李阁乡。1988 年属李庄镇西北管区。2007 年属李庄镇海升新村。2014 年属县经济开发区益民社区。

毛堤口

毛堤口（Máodīkǒu） 在砀山县中部，属经济开发区益民社区居民委员会管辖。距砀山县人民政府驻地 8.5 千米。占地面积 1.32 平方千米。410 户，1492 人，民族多为汉族。

很久以前，此地有一条东南西北走向的大堤，用来阻挡黄河水；有一年黄河洪水泛滥，大堤决口；后有一毛姓人家落户此处，故起名毛堤口。新中国成立初期属范寨区常河乡。1956 年划归丰棉乡。1958 年属李庄公社。1984 年划归李庄区李阁乡。1988 年属李庄镇西北管区。2007 年属李庄镇海升新村。2014 年属县经济开发区益民社区。

贾庄

贾庄（Jiǎzhuāng） 在砀山县中部，属经济开发区益民社区居民委员会管辖。距砀山县人民政府驻地 9.3 千米。占地面积 0.53 平方千米。178 户，652 人，民族多为汉族。

很久以前，贾姓在此占产立庄，故而得名贾庄。新中国成立初期属范寨区常河乡。1956 年划归丰棉乡。1958 年属李庄公社。1984 年划归李庄区李阁乡。1988 年属李庄镇西北管区。2007 年属李庄镇海升新村。2014 年属砀山县经济开发区益民社区。

高庄

高庄（Gāozhuāng） 在砀山县中部，属经济开发区益民社区居民委员会管辖。距砀山县人民政府驻地 7.9 千米。占地面积 0.1 平方千米。28 户，109 人，民族多为汉族。

从前，高姓在此立庄，故而得名高庄。新中国成立初期属范寨区常河乡。1956 年划归丰棉乡。1958年属李庄公社。1984年划归李庄区李阁乡。1988年属李庄镇西北管区。2007年属李庄镇海升新村。2014年属砀山县经济开发区益民社区。

紫香园

紫香园（Zǐxiāngyuán） 在砀山县中部，属经济开发区古城社区居民委员会管辖。距砀山县人民政府驻地3.7千米。占地面积0.08平方千米。273户，1082人，民族多为汉族。

拆迁的居民被安置在此，希望“瑞祥紫气笼罩着小区”，故此取名为紫香园小区。2010年由开发区管委会规划，朱庄、纪庄、蒋楼三个自然村的被拆迁户安置此处。

富贵园

富贵园（Fùguìyuán） 在砀山县中部，属经济开发区古城社区居民委员会管辖。距砀山县人民政府驻地4.6千米。占地面积0.12平方千米。222户，825人，民族多为汉族。

被拆迁的居民在此居住，为以后都能“富裕而又尊贵”，故取名为富贵园小区。2007年由开发区管委会规划，原毛庄东队、毛庄西队、刘庄东队、刘庄西队四个自然村的被拆迁户安置此处。

明珠小区

明珠小区（Míngzhū Xiǎoqū） 在砀山县中部，属经济开发区古城社区居民委员会管辖。距砀山县人民政府驻地4.1千米。占地面积0.1平方千米。212户，807人，民族多为汉族。

房屋坐落在此，环境优良，“像珍珠一样熠熠生辉”，故而取名为明珠小区。2006年由开发区管委会规划，原毛庄队和毛李庄三个自然村的被拆迁户安置此处。

领秀城

领秀城（Lǐngxiùchéng） 在砀山县中部，属经济开发区古城社区居民委员会管辖。距砀山县人民政府驻地3.7千米。占地面积0.08平方千米。216户，718人，民族多为汉族。

因“园区风景秀美，独领风骚”，故名领秀城。2010年，由开发区管委会规划，常楼自然村被拆迁安置于此处。

金马龙园

金马龙园（Jīnmǎlóngyuán） 在砀山县中部，属经济开发区古城社区居民委员会管辖。距砀山县人民政府驻地3.8千米。占地面积0.05平方千米。166户，628人，民族多为汉族。

寓意“以后的生活似龙马精神，纵横驰骋”，故名金马龙园。2010年，由开发区管委会府规划，万庄自然村被拆迁安置此处。

梨苑春天

梨苑春天（Líyuànchūntiān） 在砀山县中部，属经济开发区古城社区居民委员会管辖。距砀山县人民政府驻地3.7千米。占地面积0.06平方千米。233户，887人，民族多为汉族。

居民希望住在一个“梨花开放的庭苑之中”，故名梨苑春天小区。2010年，由开发区管委会规划，毛油坊自然村被拆迁安置此处。

凯丰世纪

凯丰世纪（Kǎifēngshìjì） 在砀山县中部，属经济开发区古城社区居民委员会管辖。距砀山县人民政府驻地4.3千米。占地面积0.68平方千米。338户，1362人，民族多为汉族。

因由安徽凯丰置业有限公司开发，故取名为凯丰世纪小区。2011年，由安徽凯丰置业有限公司开发。

阳光花园

阳光花园（Yángguānghuāyuán） 在砀山县中部，属经济开发区古城社区居民委员会管辖。距砀山县人民政府驻地 4.2 千米。占地面积 0.23 平方千米。980 户，3828 人，民族多为汉族。

寓意“生活美好，花好月圆，充满阳光”，故名阳光花园。2010 年，由开发区管委会规划，毛李庄被拆迁安置此处。

金御花都

金御花都（Jīnyùhuādōu） 在砀山县中部，属经济开发区古城社区居民委员会管辖。距砀山县人民政府驻地 3.8 千米。占地面积 0.09 平方千米。186 户，723 人，民族多为汉族。

寓意“生活在金色的都市，满目鲜花，幸福安乐”，故名。2010 年，由开发区管委会规划，许楼被拆迁安置此处。

美晨新天地

美晨新天地（Měichénxīntiāndì） 在砀山县中部，属经济开发区古城社区居民委员会管辖。距砀山县人民政府驻地 4.5 千米。占地面积 0.28 平方千米。1231 户，4565 人，民族多为汉族。

安徽美晨置业有限公司开发承建，故小区取名为美晨新天地。2011 年由安徽美晨置业有限公司开发。

汪庄

汪庄（Wāngzhuāng） 在砀山县中部，属高铁新区孟饭棚社区居民委员会下辖的居民点。地处孟饭棚社区北部，东至刘庄，南至李庄，西至邵庄，北至周庄、黄楼。距砀山县人民政府驻地 5.6 千米。占地面积 0.38 平方千米。66 户，244 人，民族多为汉族。

从前，汪姓人家在此处占产立庄，故而得名汪庄。新中国成立前隶属江苏省徐州市，新中国成立初期先后属安徽省砀山县陈寨区、薛口区、阚寨区。1958 年属红旗人民公社。1988 年属关帝庙镇，现属高铁新区孟饭棚社区。

王庄

王庄（Wángzhuāng） 在砀山县中部，属高铁新区孟饭棚社区居民委员会下辖的居民点。地处孟饭棚社区东部，东至刘庄，南至黄草庙，西至汪庄，北至刘庄。距砀山县人民政府驻地 5.6 千米。占地面积 0.2 平方千米。27 户，104 人，民族多为汉族。

此村王姓居多，故而得名王庄。新中国成立前隶属江苏省徐州市，新中国成立初期先后属安徽省砀山县陈寨区、薛口区、阚寨区。1958 年属红旗人民公社。1988 年属关帝庙镇黄草庙村。1990 年并入孟饭棚村。2012 年改为高铁新区孟饭棚社区。

刘庄

刘庄（Liúzhuāng） 在砀山县中部，属高铁新区孟饭棚社区居民委员会下辖的居民点。地处孟饭棚社区东北部，东至孟庄，南至黄草庙，西至汪庄，北至周庄。距砀山县人民政府驻地 5.5 千米。占地面积 0.24 平方千米。48 户，198 人，民族多为汉族。

明代时期，就有刘姓人氏在此居住，故而得名刘庄。新中国成立前隶属江苏省徐州市，新中国成立初期先后属安徽省砀山县陈寨区、薛口区、阚寨区。1958 年属红旗人民公社。1988 年属关帝庙镇，现属高铁新区孟饭棚社区。

吴双庙

吴双庙（Wúshuāngmiào） 在砀山县中部，属高铁新区孟饭棚社区居民委员会下辖的居民点。地处孟饭棚社区北部，东至高井，南至李庄，西至汪楼，北至吴双庙。距砀山县人民政府驻地5.4千米。占地面积0.16平方千米。28户，101人，民族多为汉族。

据查，以前此庄有两个庙，吴姓居住以后，此庄改名为吴双庙。新中国成立前隶属江苏省徐州市，新中国成立初期先后属安徽省砀山县陈寨区、薛口区、阚寨区。1958年属红旗人民公社。1988年属关帝庙镇。2012年划归高铁新区孟饭棚社区。

黄草庙

黄草庙（Huángcǎomiào） 在砀山县中部，属高铁新区孟饭棚社区居民委员会下辖的居民点，地处孟饭棚社区北部，东至高井，南至朱李谢，西至邵庄，北至王庄。距砀山县人民政府驻地5.8千米。占地面积0.99平方千米。248户，966人，民族多为汉族。

明代时期，黄氏家族在此落户，当时是一片荒草，内有一间破庙，后又扩建一座庙，故取名黄草庙。新中国成立前隶属江苏省徐州市，新中国成立初期先后属安徽省砀山县陈寨区、薛口区、阚寨区。1958年属红旗人民公社。1988年属关帝庙镇，现属高铁新区孟饭棚社区。

朱李谢

朱李谢（Zhūlǐxiè） 在砀山县中部，属高铁新区孟饭棚社区居民委员会下辖的居民点。地处孟饭棚社区东部，东至张阁，南至阚沟，西至李庄，北至高井。距砀山县人民政府驻地6.6千米。占地面积0.75平方千米。177户，685人，民族多为汉族。

此村由朱姓、李姓、谢姓人口组成，所以叫朱李谢。新中国成立初期一直属关帝庙镇黄草庙大队。1990年并为关帝庙镇孟饭棚村。2012年改为高铁新区孟饭棚社区至今。

高井

高井（Gāojǐng） 在砀山县中部，属高铁新区孟饭棚社区居民委员会下辖的居民点。地处孟饭棚社区东部，东至阚庄，南至朱李谢，西至黄草庙，北至孟庄。距砀山县人民政府驻地6.2千米。占地面积0.36平方千米。77户，290人，民族多为汉族。

由于此村高姓人居多，有一口甜水井，所以叫高井。新中国成立初期一直属黄草庙大队。1990年并入关帝庙镇孟饭棚村。2012年改为高铁新区孟饭棚社区至今。

孟庄

孟庄（Mèngzhuāng） 在砀山县中部，属高铁新区孟饭棚社区居民委员会下辖的居民点。地处孟饭棚社区东部，东至王湖，南至高井，西至刘庄，北至王庄。距砀山县人民政府驻地5.5千米。占地面积0.36平方千米。78户，296人，民族多为汉族。

此村孟姓人居多，故而得名孟庄。新中国成立前隶属江苏省徐州市，新中国成立初期先后归属安徽省砀山县陈寨区、薛口区、阚寨区。1958年属红旗人民公社。1988年属关帝庙镇，现属高铁新区孟饭棚社区。

邵庄

邵庄（Shàozhuāng） 在砀山县中部，属高铁新区孟饭棚社区居民委员会下辖的居民点。地处孟饭棚社区北部，东至黄草庙，南至李庄，西至汪楼，北至汪庄。距砀山县人民政府驻地5.4千米。占地面积0.29平方千米。58户，231人，民族多为汉族。

因此村邵姓人居多，故而得名邵庄。新中国成立前隶属江苏省徐州市，新中国成立初期先后归属安徽省砀山县陈寨区、薛口区、阚寨区。1958年属红旗人民公社。1988

年属关帝庙镇，现属高铁新区孟饭棚社区。

西李庄

西李庄（Xilǐzhuāng） 在砀山县中部，属高铁新区孟饭棚社区居民委员会下辖的居民点。地处孟饭棚社区东南部，东至黄草庙，南至陈屯，西至孟王，北至邵庄。距砀山县人民政府驻地5.8千米。占地面积0.45平方千米。115户，404人，民族多为汉族。

此村李姓较多，又在西边，故而得名西李庄。新中国成立前隶属江苏省徐州市，新中国成立初期先后归属安徽省砀山县陈寨区、薛口区、阚寨区。1958年属红旗人民公社。1988年属关帝庙镇，现属高铁新区孟饭棚社区。

孟饭棚

孟饭棚（Mèngfànpéng） 在砀山县中部，属高铁新区孟饭棚社区居民委员会下辖的居民点。地处孟饭棚社区南部，东至101省道，南至孙路口，西至西南汪楼，北至曾庄。距砀山县人民政府驻地5.8千米。占地面积1.3平方千米。299户，1196人，民族多为汉族。

据传，从前孟姓人氏在此搭建凉棚，开设茶馆、饭铺，因此得名孟饭棚。新中国成立前隶属江苏省徐州市，新中国成立初期先后归属安徽省砀山县陈寨区、薛口区、阚寨区。1958年属红旗人民公社。1988年属关帝庙镇，现属高铁新区孟饭棚社区。

汪楼

汪楼（Wānglóu） 在砀山县中部，属高铁新区孟饭棚社区居民委员会下辖的居民点。地处孟饭棚社区西北部，东至101省道，南至孟饭棚，西至张平庄，北至曾庄。距砀山县人民政府驻地5.2千米。占地面积1.32平方千米。289户，1160人，民族多为汉族。

明末，徐州卫指挥使汪景中公，属地砀山，因爱砀山民风淳朴、土地肥沃，其子孙便在此占产立庄，建楼，由此得名汪楼。1958年属红旗公社。1980年属徐庙乡。1988年属关帝庙镇。2012年改属高铁新区孟饭棚社区。

渝香源

渝香源（Yúxiāngyuán） 在砀山县中部，属高铁新区西苑社区居民委员会下辖的居民点。东至地下道路，南至西苑社区西段庄，西至赵屯镇苇子园社区，北至陇海铁路。距砀山县人民政府驻地4.6千米。占地面积0.03平方千米。11户，28人，民族多为汉族。

该居民点坐落在道南路北侧，由开发商命名渝香源。渝香源始建于2012年初，建成于2013年10月。

刘阁

刘阁（Liúgé） 在砀山县中部，属高铁新区西苑社区居民委员会下辖的居民点。地处西苑社区村民委员会本部，东至刘阁一队，南至冯庄，西至刘阁四队，北至道南路。距砀山县人民政府驻地5.5千米。占地面积1.47平方千米。361户，1380人，民族多为汉族。

明代时期，其地有火神阁，刘姓在此立庄，故而得名。新中国成立初期属红山区。1963年属城郊公社。1984年属陇海区毛园乡。2007年属砀城镇。2012年属高铁新区西苑社区。

王楼

王楼（Wánglóu） 在砀山县中部，属高铁新区道南路居民委员会管理。东至张宁庄，南至汪楼，西至王庄，北至三里河。距砀山县人民政府驻地5.6千米。占地面积0.63平方千米。161户，610人，民族多为汉族。

新中国成立前，有一户姓王的大户在此建土楼，故而得名。1963年属城郊公社。1984年属陇海区毛园乡。2007年归入砀城镇。2010年归入经济开发区。2012年归入高铁新区。

汪楼

汪楼（Wānglóu） 在砀山县中部，属高铁新区道南路居民委员会管理。东至孟饭棚，南至西段庄，西至邢阁，北至王楼。距砀山县人民政府驻地6.4千米。占地面积0.57平方千米。151户，598人，民族多为汉族。

从前，因汪氏家族在此耕种土地、建造楼房，故而得名。1955年属城南乡。1963年属城郊公社。1984年属陇海区毛园乡。2007年归入砀城镇。2010年归入经济开发区。2012年归入高铁新区。

张庄

张庄（Zhāngzhuāng） 在砀山县中部，属高铁新区新城居民委员会管理。东至101省道，南至曾庄，西至王园，北至于园。距砀山县人民政府驻地4.2千米。占地面积0.28平方千米。77户，279人，民族多为汉族。

张庄村由于从前张氏家族在此耕种居住，故而得名。1955年属城南乡。1963年属城郊公社。1984年属陇海区毛园乡。2007年归入砀城镇。2010年归入经济开发区。2012年归入高铁新区。

徐花园

徐花园（Xúhuāyuán） 在砀山县中部，属高铁新区新城居民委员会管理。东至冯园，南至曾庄，西至于园，北至陇海铁路。距砀山县人民政府驻地4.01千米。占地面积0.38平方千米。210户，778人，民族多为汉族。

从前，此地有徐姓经营一座花园，故而得名徐花园。1955年属城南乡。1963年属城郊公社。1984年属陇海区毛园乡。2007年归入砀城镇。2010年归入经济开发区。2012年归入高铁新区。

王园

王园（Wángyuán） 在砀山县中部，属高铁新区新城居民委员会管理。东至于园，南至张庄，西至交警队，北至于园。距砀山县人民政府驻地4.03千米。占地面积0.16平方千米。71户，239人，民族多为汉族。

从前，王氏家族在此种植蔬菜，故而得名。1955年属城南乡。1963年属城郊公社。1984年属陇海区毛园乡。2007年归入砀城镇。2010年归入经济开发区。2012年归入高铁新区。

三里河

三里河（Sānlǐhé） 在砀山县中部，属高铁新区道南路居民委员会管理。东至曾庄，南至王楼，西至张庄，北至赵窑。距砀山县人民政府驻地5.1千米。占地面积1.01平方千米。252户，910人，民族多为汉族。

从前，因此地距县城三里，且有一条河，故而得名。1955年属城南乡。1963年属城郊公社。1984年属陇海区毛园乡。2007年归入砀城镇。2010年归入经济开发区。2012年归入高铁新区。

赵窑

赵窑（Zhàoyáo） 在砀山县中部，属高铁新区道南路居民委员会管理。东至曾庄，南至三里河，西至芒砀南路，北至润达路。距砀山县人民政府驻地 4.8 千米。占地面积 0.41 平方千米。120 户，436 人，民族多为汉族。

新中国成立前，一个姓赵的在此建窑烧窑，故而得名。1955 年属城南乡。1963 年属城郊公社。1984 年属陇海区毛园乡。2007 年归入砀城镇。2010 年归入经济开发区。2012 年归入高铁新区。

邢阁

邢阁（Xínggé） 在砀山县中部，属高铁新区道南路居民委员会管理。东至王楼，南至八里井，西至王窑，北至王庄。距砀山县人民政府驻地 6.2 千米。占地面积 0.45 平方千米。123 户，468 人，民族多为汉族。

此村在新中国成立前有一座古庙，且邢姓在此居住，故而得名。1955 年属城南乡。1963 年属城郊公社。1984 年属陇海区毛园乡。2007 年归入砀城镇。2010 年归入经济开发区。2012 年归入高铁新区。

王庄

王庄（Wángzhuāng） 在砀山县中部，属高铁新区道南路居民委员会管理。东至王庄，南至邢阁，西至王园，北至三里河。距砀山县人民政府驻地 5.7 千米。占地面积 0.85 平方千米。226 户，879 人，民族多为汉族。

新中国成立前，有一户姓王的大户在此立庄耕种，故而得名。1955 年属城南乡。1963 年属城郊公社。1984 年属陇海区毛园乡。2007 年归入砀城镇。2010 年归入经济开发区。2012 年归入高铁新区。

于园

于园（Yúyuán） 在砀山县中部，属高铁新区新城居民委员会管理。东至徐花园，南至张庄，西至王园，北至陇海铁路。距砀山县人民政府驻地 4.01 千米。占地面积 0.12 平方千米。53 户，180 人，民族多为汉族。

于园因于氏家族从前在此地种菜而得名。1955 年属城南乡。1963 年属城郊公社。1984 年属陇海区毛园乡。2007 年归入砀城镇。2010 年归入经济开发区。2012 年归入高铁新区。

张平庄

张平庄（Zhāngpíngzhuāng） 在砀山县中部，属高铁新区新城居民委员会管理。东至 101 省道，南至王楼，西至王抽，北至曾庄。距砀山县人民政府驻地 5.3 千米。占地面积 0.62 平方千米。128 户，479 人，民族多为汉族。

新中国成立前，张氏家族在此立庄耕种，故而得名。1955 年属城南乡。1963 年属城郊公社。1984 年属陇海区毛园乡。2007 年归入砀城镇。2010 年归入经济开发区。2012 年归入高铁新区。

曾庄

曾庄（Céngzhuāng） 在砀山县中部，属高铁新区新城居民委员会管理。东至黄楼，南至前曾庄，西至赵窑，北至徐花园。距砀山县人民政府驻地 5.1 千米。占地面积 0.32 平方千米。62 户，230 人，民族多为汉族。

新中国成立前，有一姓曾的大户在此耕种占庄，故而得名曾庄。1955 年属城南乡。1963 年属城郊公社。1984 年属陇海区毛园乡。2007 年归入砀城镇。2010 年归入经济开发区。2012 年归入高铁新区。

黄楼

黄楼（Huánglóu） 在砀山县中部，属高铁新区辖区范围内，归新城居民委员会管理。东至周庄，南至小陈沟，西至曾庄，北至润达路。距砀山县人民政府驻地 5.2 千米。占地面积0.62平方千米。143户，528人，民族多为汉族。

新中国成立前，有一姓黄的乡绅在此建一土楼，故而得名。1955年属城南乡。1963年属城郊公社。1984年属陇海区毛园乡。2007年归入砀城镇。2010年归入经济开发区。2012年归入高铁新区。

周庄

周庄（Zhōuzhuāng） 在砀山县中部，属高铁新区新城居民委员会管理。东至刘庄，南至黄草庙，西至黄楼，北至润达路。距砀山县人民政府驻地5.3千米。占地面积0.68平方千米。148户，530人，民族多为汉族。

从前，周氏家族在此立庄，占地耕种，故而得名。1955年属城南乡。1963年属城郊公社。1984年属陇海区毛园乡。2007年归入砀城镇。2010年归入经济开发区。2012年归入高铁新区。

大张庄

大张庄（Dàzhāngzhuāng） 在砀山县中部，属高铁新区站前社区居民委员会管理。东至大张庄三组，南至大张庄五组，西至大张庄七组，北至大张庄八组。距砀山县人民政府驻地6.7千米。占地面积1.2平方千米。314户，1202人，民族多为汉族。

以前，有张氏兄弟迁入此地，因人多村大，故叫大张庄。新中国成立初期属赵屯区。1984年属薛口乡。2007年属赵屯镇。2012年改为高铁新区。

小张庄

小张庄（Xiǎozhāngzhuāng） 在砀山县中部，属高铁新区站前社区居民委员会管理。东至小张庄一组，南至高铁站，西至小张庄二组，北至小张庄站。距砀山县人民政府驻地6.9千米。占地面积0.58平方千米。136户，506人，民族多为汉族。

以前有张氏几兄弟迁入此地，分散建村，人较少，故叫小张庄。新中国成立初期属赵屯区。1984年属薛口乡。2007年属赵屯镇。2012年改为高铁新区。

高窦庄

高窦庄（Gāodòuzhuāng） 在砀山县中部，属高铁新区西苑社区居民委员会管理。东至南苑社区，南至李庄，西至西段庄，北至西段庄。距砀山县人民政府驻地5.3千米。占地面积0.52平方千米。131户，482人，民族多为汉族。

明朝时期，高姓、窦姓在此占产为业，故而得名。新中国成立初期属城南乡。1984年属陇海区毛园乡。1990年属轻纺工业园区。2012年属高铁新区至今。

李庄

李庄（Lǐzhuāng） 在砀山县中部，属高铁新区西苑社区居民委员会管理。东至南苑社区，南至殷庄，西至刘阁，北至高窦庄。距砀山县人民政府驻地5.5千米。占地面积0.32平方千米。88户，310人，民族多为汉族。

明朝时，李姓在此占地为业，生息繁衍，故称李庄。新中国成立初期属城南乡。1984年属陇海区毛园乡。1990年属轻纺工业园区。2012年属高铁新区至今。

殷庄

殷庄（Yīnzhuāng） 在砀山县中部，属高铁新区西苑社区居民委员会管理。东至王庄，南至刘庄，西至冯庄，北至李庄。距砀山县人民政府驻地6.2千米，占地面积0.52平方千米。122户，450人，民族多为汉族。

明朝时，殷姓在此占地耕种，繁衍生息而成殷庄。新中国成立初期属城南乡。1984年属陇海区毛园乡。1990年属轻纺工业园区。2012年属高铁新区至今。

冯庄

冯庄（Féngzhuāng） 在砀山县中部，属高铁新区西苑社区居民委员会管理。东至段庄，南至刘庄，西至于店，北至李庄。距砀山县人民政府驻地6.2千米，占地面积0.48平方千米。112户，390人，民族多为汉族。

明朝时，冯姓在此占地为业，遂发展成冯庄。新中国成立初期属城南乡。1984年属陇海区毛园乡。1990年属轻纺工业园区。2012年属高铁新区至今。

东段庄

东段庄（Dōngduànzhuāng） 在砀山县中部，属高铁新区西苑社区居民委员会管理。东至南苑社区，南至高窦庄，西至西段庄，北至润达路。距砀山县人民政府驻地4.9千米，占地面积0.32平方千米。102户，342人，民族多为汉族。

明朝时期，段姓在此占地为业，因位置在西段庄东，故而得名东段庄。新中国成立初期属城南乡。1984年属陇海区毛园乡。1990年属轻纺工业园区。2012年属高铁新区至今。

西段庄

西段庄（Xīduànzhuāng） 在砀山县中部，属高铁新区西苑社区居民委员会管理。东至东段庄，南至高窦庄，西至农机一厂，北至润达路。距砀山县人民政府驻地4.9千米，占地面积0.39平方千米。122户，458人。

明朝时期，段姓在此占产为业，因位置在东段庄西，故而得名。新中国成立初期属城南乡。1984年属陇海区毛园乡。1990年属轻纺工业园区。2012年属高铁新区至今。

冯园

冯园（Féngyuán） 在砀山县中部，属高铁新区冯园村民委员会下辖的居民点。地处冯园村西部，东至刘园，南至黄楼，西至徐花园，北至陇海铁路。距砀山县人民政府驻地4.6千米。占地面积0.15平方千米。79户，306人，民族多为汉族。

新中国成立前，冯姓在此占产立业，以种菜为主业，故而得名。1955年属城南乡。1963年属城郊公社。1984年属陇海区毛园乡。2007年归入砀城镇。2010年归入经济开发区。2012年归入高铁新区。

刘园

刘园（Liúyuán） 在砀山县中部，属高铁新区冯园村民委员会下辖的居民点。地处冯园村东部，东至路庄，南至黄楼，西至冯园，北至陇海铁路。距砀山县人民政府驻地4.7千米。占地面积0.18平方千米。92户，339人，民族有汉族、回族。

新中国成立前，刘姓在此占产立庄，以种菜为主业，故而得名。1955年属城南乡。1963年属城郊公社。1984年属陇海区毛园乡。2007年归入砀城镇。2010年归入经济开发区。2012年归入高铁新区。

常庄

常庄（Chángzhuāng） 在砀山县中部，属高铁新区陇海新村村民委员会下辖的居民点。地处陇海新村东部，东至范庄，南至关帝庙镇，西至孙菜园，北至范庄。距砀山县人民政府驻地5.8千米。占地面积0.41平方千米。139户，520人，民族多为汉族。

新中国成立前，常氏家族在此立庄耕种，故而得名。新中国成立初期属城南乡。

1965年属城郊公社。1984年属范庄小乡。1988年属陇海乡。2007年归属砀城镇。2012年划属高铁新区陇海新村。

东王庄

东王庄（Dōngwángzhuāng） 在砀山县中部，属高铁新区陇海新村村民委员会下辖的居民点。地处陇海新村南部，东至孙菜园，南至关帝庙镇，西至西王庄，北至新范庄。距砀山县人民政府驻地5.3千米。占地面积0.24平方千米。102户，360人，民族为汉族。

从前，王姓家族在此首先居住，以姓得名；而王姓的庄子分东西两个，本村居东，故名。新中国成立初期属城南乡。1965年属城郊公社。1984年属范庄小乡。1988年属陇海乡。2007年属砀城镇。2012年划属高铁新区陇海新村。

范庄

范庄（Fànzhuāng） 在砀山县中部，属高铁新区陇海新村村民委员会下辖的居民。地处陇海新村东部，东至谢庄，南至关帝庙，西至常庄，北至铁路。距砀山县人民政府驻地6.3千米。占地面积0.34平方千米。112户，420人，民族多为汉族。

从前，范氏家族在此占庄耕种，故而得名。新中国成立初期属城南乡。1965年属城郊公社。1984年属范庄小乡。1988年属陇海乡。2007年归属砀城镇陇海新村。2012年划属高铁新区。

陆庄

陆庄（Lùzhuāng） 在砀山县中部，属高铁新区陇海新村村民委员会下辖的居民点。地处陇海新村西部，东至西王庄组，南至西常庄，西至利民河，北至陇海铁路。距砀山县人民政府驻地5.1千米。占地面积0.36平方千米。128户，490人，民族多为汉族。

从前，陆氏家族在此占庄耕地，故而得名。新中国成立初期属城南乡。1965年属城郊公社。1984年属范庄小乡。1988年属陇海乡。2007年归属砀城镇陇海新村。2012年划属高铁新区。

孙菜园

孙菜园（Sūncàiyuán） 在砀山县中部，属高铁新区陇海新村村民委员会下辖的居民点。地处陇海新村东部，东至常庄，南至关帝庙，西至东王庄，北至新范庄。距砀山县人民政府驻地5.4千米。占地面积0.21平方千米。71户，240人，民族多为汉族。

新中国成立前孙氏家族在此立庄，从事蔬菜生产，故而得名。新中国成立初期属城南乡。1965年属城郊公社。1984年属范庄小乡。1988年属陇海乡。2007年归属砀城镇陇海新村。2012年划属高铁新区。

西常庄

西常庄（Xīchángzhuāng） 在砀山县中部，属高铁新区陇海新村村民委员会下辖的居民点。地处陇海新村西部，东至徐庄，南至利民河，西至利民河，北至陆庄。距砀山县人民政府驻地5.1千米。占地面积0.08平方千米。35户，120人，民族多为汉族。

新中国成立前，常氏家族分家，在西边立庄，故而得名西常庄。新中国成立初期属城南乡。1965年属城郊公社。1984年属范庄小乡。1988年属陇海乡。2007年归属砀城镇陇海新村。2012年划属高铁新区。

西王庄

西王庄（Xīwángzhuāng） 在砀山县中部，属高铁新区陇海新村村民委员会下辖的居民点。地处陇海新村西部，东至东王庄，南至关帝庙镇，西至徐庄，北至小李楼。距砀山县人民政府驻地5.1千米。占地面积0.21平方千米。90户，322人，民族多为汉族。

新中国成立前，王氏家族在此建两个王庄，因本庄在西面，故而得名。新中国成立初期属城南乡。1965年属城郊公社。1984年属范庄小乡。1988年属陇海乡。2007年归属砀城镇陇海新村。2012年划属高铁新区。

小李楼

小李楼（Xiǎolǐlóu） 在砀山县中部，属高铁新区陇海新村村民委员会下辖的居民点。地处陇海新村村民委员会西北部，东至新范庄，南至西王庄，西至陆庄，北至运河。距砀山县人民政府驻地5.03千米。占地面积0.11平方千米。51户，169人，民族多为汉族。

新中国成立前，李氏家族在此占庄耕种，建造小楼，因庄小，故而得名。新中国成立初期属城南乡。1965年属城郊公社。1984年属范庄小乡。1988年属陇海乡。2007年归属砀城镇陇海新村。2012年划属高铁新区。

谢庄

谢庄（Xièzhuāng） 在砀山县中部，属高铁新区陇海新村村民委员会下辖的居民点。东至李庄镇孙观，南至关帝庙镇赵平坊，西至范庄，北至陇海铁路。距砀山县人民政府驻地6.8千米。占地面积1.36平方千米。516户，1968人，民族多为汉族。

明朝初年，谢氏家族从浙江上虞迁来，在此立庄耕种，故而得名。新中国成立初期属城南乡。1965年属城郊公社。1984年属范庄小乡。1988年属陇海乡。2007年属砀城镇陇海新村。2012年划属高铁新区。

新范庄

新范庄（Xīnfànzhuāng） 在砀山县中部，属高铁新区陇海新村村民委员会下辖的居民点，地处陇海新村北部，东至常庄，南至东王庄，西至小李楼，北至运河。距砀山县人民政府驻地5.2千米。占地面积0.15平方千米。46户，169人，民族多为汉族。

新中国成立前，范姓从范庄分支建新庄，故而得名。新中国成立初期属城南乡。1965年属城郊公社。1984年属范庄小乡。1988年属陇海乡。2007年属砀城镇陇海新村。2012年划属高铁新区。

徐庄

徐庄（Xúzhuāng） 在砀山县中部，属高铁新区陇海新村村民委员会下辖的居民点。地处陇海新村西部，东至西王庄，南至利民河，西至利民河，北至西王庄。距砀山县人民政府驻地5.1千米。占地面积0.1平方千米。42户，140人，民族多为汉族。

从前，徐氏家族在此立庄耕种，故而得名。新中国成立初期属城南乡。1965年属城郊公社。1984年属范庄小乡。1988年属陇海乡。2007年属砀城镇陇海新村。2012年划属高铁新区。

金屯

金屯（Jīntún） 在砀山县中部，属高铁新区孙庄村民委员会下辖的居民点。地处孙庄村南部，东至孙庄，南至大沙河，西至王寨，北至王集。距砀山县人民政府驻地8.9千米。占地面积0.15平方千米。51户，163人，民族多为汉族。

以前，本村住的是屯田户，每逢大水洪灾，本村安然无恙，俗称“淹不死的金屯”，故而得名金屯。1988年属关帝庙镇金屯大队。2008年并入关帝庙镇杨庄寨村。2012年划属高铁新区孙庄村。

孙庄

孙庄（Sūnzhuāng） 在砀山县中部，

属高铁新区孙庄村民委员会下辖的居民点。地处孙庄村东部，东至赵岗，南至杨庄寨，西至王集，北至张庄。距砀山县人民政府驻地8.3千米。占地面积0.55平方千米。166户，632人，民族有汉族、回族。

孙庄原名孙烟墩，烟墩在古代用于传递战争烽火所用，后此地发展为村庄，简称孙庄。孙庄村原隶属关帝庙镇金屯大队。2008年并入关帝庙镇杨庄寨村。2012年划入高铁新区。

王集

王集（Wángjí） 在砀山县中部，属高铁新区孙庄村民委员会下辖的居民点。地处孙庄村西部，东至孙庄，南至王寨，西至薛口村，北至高铁站。距砀山县人民政府驻地8.5千米。占地面积0.45平方千米。141户，523人，民族多为汉族。

王集村原名王家庙，以有一大庙著称，后发展成集市，故名王集。王集村原属关帝庙镇金屯大队。2008年并入关帝庙镇杨庄寨村。2012年划入高铁新区。

王寨

王寨（Wángzhài） 在砀山县中部，属高铁新区孙庄村民委员会下辖的居民点。地处孙庄村西部，东至孙庄，南至大沙河，西至薛口，北至王集。距砀山县人民政府驻地8.6千米。占地面积0.25平方千米。71户，262人，民族多为汉族。

从前，王氏在此占庄耕种，并在庄的外围筑成寨子，故而得名王寨。王寨原隶属关帝庙镇金屯大队。2008年并入关帝庙镇杨庄寨村。2012年划入高铁新区孙庄村。

崔王楼

崔王楼（Cuīwánglóu） 在砀山县中部，属高铁新区薛口村村民委员会下辖的居民点。地处薛口村东南部，东至王集，南至吴庄寺，西至薛口，北至胡王屯。距砀山县人民政府驻地9.1千米。占地面积0.57平方千米。113户，410人，民族多为汉族。

因村内有崔姓人家和王姓人家在此定居，建有楼房，故命名崔王楼。新中国成立初期属城西乡。1984年属赵屯区薛口乡。1988年属赵屯乡。2012年划入高铁新区。

后口

后口（Hòukǒu） 在砀山县中部，属高铁新区薛口村村民委员会下辖的居民点。地处薛口村西北部，东至薛口，南至温庄，西至汪楼，北至汪庄。距砀山县人民政府驻地9.5千米。占地面积1.33平方千米。288户，1120人，民族多为汉族。

从前为温庄，后来因坐落在薛口村后面，所以更名为后口。新中国成立初期属城西乡。1984年属赵屯区薛口乡。1988年属赵屯乡。2012年划入高铁新区。

胡王屯

胡王屯（Húwángtún） 在砀山县中部，属高铁新区薛口村村民委员会下辖的居民点。地处薛口村东部，东至站前社区，南至崔王楼，西至薛口，北至汪屯。距砀山县人民政府驻地8.5千米。占地面积0.36平方千米。72户，280人，民族多为汉族。

有胡姓人家和王姓人家在此定居，且都是屯田户，故命名为胡王屯。新中国成立初期属城西乡。1984年属赵屯区薛口乡。1988年属赵屯乡。2012年划入高铁新区。

毛园

毛园（Máoyuán） 在砀山县中部，属高铁新区南苑社区居民委员会管理。距砀山县人民政府驻地4.2千米。占地面积1.26平方千米。383户，1428人，民族多为汉族。

从前毛氏家族在此种植蔬菜，故而得名。1953年属城南乡。1958年属中心乡。1965年属城郊公社。1984年属陇海区毛园乡。2007年归入砀城镇。2010年划入经济开发区。2012年归入高铁新区。

范园

范园（Fànyuán） 在砀山县中部，属高铁新区南苑社区居民委员会管理。距砀山县人民政府驻地4.1千米。占地面积0.25平方千米。87户，326人，民族多为汉族。

从前范氏家族在此种植蔬菜，故而得名。1953年属城南乡。1958年属中心乡。1965年属城郊公社。1984年属陇海区毛园乡。2007年归入砀城镇。2010年划入经济开发区。2012年归入高铁新区。

前段园

前段园（Qiánduànyuán） 在砀山县中部，属高铁新区南苑社区居民委员会管理。距砀山县人民政府驻地4.3千米。占地面积0.42平方千米。143户，529人，民族多为汉族。

从前，段氏家族在此种植蔬菜，因有别于后段园，故而得名。1953年属城南乡。1958年属中心乡。1965年属城郊公社。1984年属陇海区毛园乡。2007年归入砀城镇。2010年划入经济开发区。2012年归入高铁新区。

后段园

后段园（Hòuduànyuán） 在砀山县中部，属高铁新区南苑社区居民委员会管理。距砀山县人民政府驻地4.2千米。占地面积0.41平方千米。132户，506人，民族多为汉族。

从前，段氏家族在此种植蔬菜，因有别于后段园，故而得名。1953年属城南乡。1958年属中心乡。1965年属城郊公社。1984年属陇海区毛园乡。2007年归入砀城镇。2010年划入经济开发区。2012年归入高铁新区。

段双坑

段双坑（Duànshuāngkēng） 在砀山县中部，属高铁新区南苑社区居民委员会管理。距砀山县人民政府驻地4.4千米。占地面积0.98平方千米。348户，1206人，民族多为汉族。

从前，段氏家族在此种植蔬菜，因村边有两个水坑，故而得名。1953年属城南乡。1958年属中心乡。1965年属城郊公社。1984年属陇海区毛园乡。2007年归入砀城镇。2010年划入经济开发区。2012年归入高铁新区。

新庄

新庄（Xīnzhuāng） 在砀山县南部，属薛楼工业园清河社区居民委员会管辖。距砀山县人民政府驻地20.3千米。占地面积0.18平方千米。33户，126人，民族多为汉族。

1976年挖巴清河，几个村有部分村民迁居此地建庄，故名新庄。1977年属黄楼人民公社。1984年属黄楼乡。2011年属薛楼工业园。

殷庄

殷庄（Yīnzhuāng） 在砀山县南部，属薛楼工业园清河社区居民委员会管辖。距砀山县人民政府驻地16.3千米。占地面积0.39平方千米。84户，314人，民族多为汉族。

清朝，殷姓在此占产立庄，故而取名殷庄。新中国成立初期属陈寨区。1956年属小屯乡。1958年属黄楼人民公社。1984年属黄楼乡。2012年属薛楼工业园。

小屯

小屯（Xiǎotún） 在砀山县南部，属薛楼工业园清河社区居民委员会管辖。距砀山县人民政府驻地17.3千米。占地面积0.48

平方千米。98户，350人，民族多为汉族。

清代，因为此地屯户多，规模较小，故而得名。新中国成立初期属陈寨区。1953年属小屯乡。1958年属黄楼人民公社。1984年属黄楼乡。2012年属薛楼工业园。

肖刘屯

肖刘屯（Xiāoliútún） 在砀山县南部，属薛楼工业园清河社区居民委员会管辖。距砀山县人民政府驻地19.1千米。占地面积1.54平方千米。313户，1206人，民族多为汉族。

清代，肖姓、刘姓在此居住，当时为屯户，故而得名。新中国成立初期属陈寨区。1953年属小屯乡。1958年属黄楼人民公社。1984年属黄楼乡。2012年属薛楼工业园。

大王楼

大王楼（Dàiwánglóu） 在砀山县南部，属薛楼工业园神湖社区居民委员会管辖。距砀山县人民政府驻地14.6千米。占地面积0.76平方千米。117户，430人，民族多为汉族。

清代，一家姓王的来到此地落户种地，建一座大楼房，因此得名大王楼。新中国成立初期属陈寨乡。1958年属黄楼人民公社。1984年属周庄乡。1988年属黄楼乡。2000年属薛楼工业园至今。

彭庄

彭庄（Péngzhuāng） 在砀山县南部，属薛楼工业园清河居民委员会管辖。距砀山县人民政府驻地21.3千米。占地面积0.33平方千米。67户，235人，民族多为汉族。

以前，有大户人家彭氏家族在此建庄，因而得名彭庄。新中国成立初期属陈寨区。1953年属小屯乡。1958年属黄楼人民公社。1984年属黄楼乡。2012年属薛楼工业园。

邵庄

邵庄（Shàozhuāng） 在砀山县南部，属薛楼工业园清河居民委员会管辖。距砀山县人民政府驻地19.8千米。占地面积0.29平方千米。48户，170人，民族多为汉族。

从前，邵姓在此建庄，故而得名邵庄。新中国成立初期属陈寨区。1953年属小屯乡。1958年属黄楼人民公社。1984年属黄楼乡。2012年属薛楼工业园。

苗圃

苗圃（Miáopǔ） 在砀山县南部，属薛楼工业园神湖社区居民委员会管辖。距砀山县人民政府驻地14.3千米。占地面积0.58平方千米。66户，239人，民族多为汉族。

因此地多年来一直是繁育良种苗木的苗圃，与薛楼有一河之隔，故名苗圃。以前此地系古黄河的泄洪区，地势低洼，庄少人稀，1962年县里在此地成立农场。1970年改称“五七”干校。1982年被安徽省林业厅命名为薛楼苗圃。2013年行政区域调整，属薛楼工业园神湖社区一支部苗圃场。

黄新庄

黄新庄（Huángxīnzhuāng） 在砀山县南部，属薛楼工业园神湖社区居民委员会管辖。距砀山县人民政府驻地14.9千米。占地面积0.56平方千米。97户，382人，民族多为汉族。

清初，黄姓在此占产立新庄，故而得名黄新庄。新中国成立初期属陈寨区。1953年属陈寨乡。2006年属薛楼工业园神湖社区至今。

黄锉楼

黄锉楼（Huángcuòlóu） 在砀山县南部，属薛楼工业园神湖社区居民委员会管辖。距砀山县人民政府驻地15.4千米。占地面积1.16平方千米。168户，632人，民族多为汉族。

清乾隆年间，陈姓、黄姓在此同时建楼房，陈氏家族非常霸道，不让黄姓的楼房和他们的楼房并齐，必须往后盖，因此得名黄锉楼。新中国成立初期属陈寨区。1953年属陈寨乡。1965年属黄楼公社。2008年属薛楼工业园神湖社区。

后段庄

后段庄（Hòuduànzhuāng） 在砀山县南部，属薛楼工业园神湖社区居民委员会管辖。距砀山县人民政府驻地13.3千米。占地面积0.39平方千米。81户，280人，民族多为汉族。

清朝时期，段氏弟兄四个在此建庄，前边住两人，后边住两人，以此得名后段庄。新中国成立初期属陈寨区。1953年属陈寨乡。1956年属黄楼乡。1968年属黄楼公社。2006年属薛楼工业园至今。

李楼

李楼（Lǐlóu） 在砀山县南部，属薛楼工业园神湖社区居民委员会管辖。距砀山县人民政府驻地14.9千米。占地面积0.57平方千米。97户，380人，民族多为汉族。

清末，李姓由山西迁入，建一座土楼，起名为李楼。新中国成立初期属陈寨乡。1958年属黄楼人民公社。1965年属黄楼公社。2002年属薛楼工业园。

前段庄

前段庄（Qiánduànzhuāng） 在砀山县南部，属薛楼工业园神湖社区居民委员会管辖。距砀山县人民政府驻地13.9千米。占地面积0.39平方千米。82户，286人，民族多为汉族。

清朝时期，段氏弟兄四个在此安庄，前边住两人，后边住两人，因此得名前段庄。新中国成立初期属陈寨区。1953年属陈寨乡。1956年属黄楼乡。1968年属黄楼公社。2006年属薛楼工业园至今。

孙杨庄

孙杨庄（Sūnyángzhuāng） 在砀山县南部，属薛楼工业园神湖社区居民委员会管辖。距砀山县人民政府驻地14.8千米。占地面积0.51平方千米。85户，327人，民族多为汉族。

明末清初，孙、杨两姓在此占产立庄，故而得名。新中国成立初期属陈寨区。1953年属陈寨乡。1956年属黄楼乡。1968年属黄楼公社。2006年属薛楼工业园。

黄菜园

黄菜园（Huángcàiyuán） 在砀山县南部，属薛楼工业园神湖社区居民委员会管辖。距砀山县人民政府驻地15.4千米。占地面积0.64平方千米。116户，440人，民族多为汉族。

从前，此地是黄姓种菜的园子，因此得名黄菜园。新中国成立初期属陈寨区。1953年属陈寨乡。1956年属黄楼乡。1968年属黄楼公社。2008年属薛楼工业园。

小王楼

小王楼（Xiǎowánglóu） 在砀山县南部，属薛楼工业园神湖社区居民委员会管辖。距砀山县人民政府驻地13.9千米。占地面积0.61平方千米。123户，452人，民族多为汉族。

从前，王姓在此立庄，建了楼房，因村小，故名小王楼。新中国成立初期属陈寨区。1953年属陈寨乡。1956年属黄楼乡。1968年属黄楼公社。2008年属薛楼工业园。

薛楼

薛楼（Xuēlóu） 在砀山县南部，属薛楼工业园神湖社区居民委员会管辖。距砀山县人民政府驻地13.8千米。占地面积0.42平方千米。86户，292人，民族多为汉族。

清末，薛氏家族兄弟二人从山西迁徙此地，建有楼房，由此得名薛楼。新中国成立初期属陈寨区。1953年属陈寨乡。1956年属黄楼乡。1968年属黄楼公社。2008年属薛楼工业园。

姚楼

姚楼（Yáolóu） 在砀山县南部，属薛楼工业园神湖社区居民委员会管辖。距砀山县人民政府驻地14.9千米。占地面积0.69平方千米。153户，570人，民族多为汉族。

据查，1930年左右，外地人姚姓逃荒来此落户，租种邵陈楼地主的土地。起名为姚楼。新中国成立初期属陈寨区。1958年属黄楼人民公社。1968年属黄楼公社。2002年属薛楼工业园至今。

玉皇庙

玉皇庙（Yùhuángmiào） 在砀山县南部，属薛楼工业园神湖社区居民委员会管辖。距砀山县人民政府驻地15.4千米。占地面积0.75平方千米。146户，530人，民族多为汉族。

清乾隆年间，此地建一座供奉玉皇大帝的庙宇，故而得名。新中国成立初期属陈寨区。1958年属黄楼公社。2010年规划到薛楼板材加工园至今。

陈楼

陈楼（Chénlóu） 在砀山县南部，属薛楼工业园神湖社区居民委员会管辖。距砀山县人民政府驻地15.8千米。占地面积0.58平方千米。122户，448人，民族多为汉族。

清末，陈氏家族迁徙此地，建有楼房，由此得名陈楼。新中国成立初期属陈寨区。1953年属陈寨乡。1956年属黄楼乡。1968年属黄楼公社。2008年属薛楼工业园。

八一场

八一场（Bāyīchǎng） 在砀山县南部，属薛楼工业园清河居民委员会管辖。距砀山县人民政府驻地17.1千米。占地面积0.3平方千米。26户，110人，民族多为汉族。

据查，以前地方驻军在此建一农场，故名八一农场，后交给地方管理。新中国成立初期属陈寨区。1953年属小屯乡。1958年属黄楼人民公社。1984年属黄楼乡。2012年属薛楼工业园区。

曹口

曹口（Cáokǒu） 在砀山县南部，属薛楼工业园清河居民委员会管辖。距砀山县人民政府驻地20.3千米。占地面积3.15平方千米。722户，2780人，民族多为汉族。

清朝时，有一大户人家曹氏家族在此立庄，因此地是个大路口，故叫曹口。新中国成立初期属陈寨区。1953年属小屯乡。1958年属黄楼人民公社。1984年属黄楼乡。2012年属薛楼工业园区。

曹楼

曹楼（Cáolóu） 在砀山县南部，属薛楼工业园清河居民委员会管辖。距砀山县人民政府驻地20.2千米。占地面积1.02平方千米。258户，906人，民族多为汉族。

从前，曹姓大户在此占产立庄，建一土楼，故而得名曹楼。新中国成立初期属陈寨区。1956年属小屯乡。1958年属黄楼人民公社。1984年属黄楼乡。2012年属薛楼工业园。

大屯

大屯（Dàtún） 在砀山县南部，属薛楼工业园清河居民委员会管辖。距砀山县人民政府驻地17.3千米。占地面积0.58平方千米。131户，470人，民族多为汉族。

清代，此地因村大人多，都是屯户，故而得名。新中国成立初期属陈寨区。1953年属小屯乡。1958年属黄楼人民公社。1984年属黄楼乡。2012年属薛楼工业园。

丁嘴

丁嘴（Dīngzuǐ） 在砀山县南部，属薛楼工业园清河居民委员会管辖。距砀山县人民政府驻地19.6千米。占地面积0.21平方千米。27户，110人，民族多为汉族。

清代，丁氏人家在此立庄，因庄子坐落在通往巴清河的河嘴上，故而得名。新中国成立初期属陈寨区。1953年属小屯乡。1958年属黄楼人民公社。1984年属黄楼乡。2012年属薛楼工业园。

高场

高场（Gāochǎng） 在砀山县南部，属薛楼工业园清河居民委员会管辖。距砀山县人民政府驻地15.8千米。占地面积0.45平方千米。98户，387人，民族多为汉族。

清朝时，此处原是高姓的一片打麦场，后来有人在此立庄，故而取名高场。新中国成立初期属陈寨区。1956年属小屯乡。1958年属黄楼人民公社。1984年属黄楼乡。2012年属薛楼工业园。

韩庄

韩庄（Hánzhuāng） 在砀山县南部，属薛楼园区清河居民委员会管辖。距砀山县人民政府驻地19.6千米。占地面积0.24平方千米。45户，160人，民族多为汉族。

据该村老者口述，从前姓韩的在此立庄，故而得名。新中国成立初期属陈寨区。1953年属小屯乡。1958年属黄楼人民公社。1984年属黄楼乡。2012年属薛楼工业园。

黄楼

黄楼（Huánglóu） 在砀山县南部，属薛楼工业园清河居民委员会管辖。距砀山县人民政府驻地15.9千米。占地面积0.45平方千米。85户，330人，民族多为汉族。

清代，赵家在此占产立庄，取名赵桥；后来赵家搬走了，把庄卖给黄家，黄家在此建楼，因此得名。新中国成立初期属陈寨区。1953年属小屯乡。1958年属黄楼人民公社。1984年属黄楼乡。2012年属薛楼工业园。

黄楼良种场

黄楼良种场（Huánglóuliángzhǒngchǎng） 在砀山县南部，属薛楼工业园清河居民委员会管辖。距砀山县人民政府驻地18.6千米。占地面积2平方千米。224户，870人，民族多为汉族。

黄楼良种场因培育小麦良种而得名。70年代前为劳改农场，70年代末劳改场撤走，为砀山县黄楼良种场；现属薛楼工业园管辖。

林业试验场

林业试验场（Línyèshìyànchǎng） 在砀山县南部，属薛楼工业园清河居民委员会管辖。距砀山县人民政府驻地17.4千米。占地面积2.2平方千米。56户，186人，民族多为汉族。

此地原为部队农场，后变为曹口林业试验场。曹口林业试验场隶属商丘军区农场，1982年划归宿州市劳改农场。1988年劳改场撤走，归属砀山县林业局，名为曹口林业试验场。属薛楼工业园至今。

刘楼

刘楼（Liúlóu） 在砀山县南部，属薛楼工业园清河居民委员会管辖。距砀山县人民政府驻地19.9千米。占地面积0.9平方千米。188户，730人，民族多为汉族。

清代，刘姓大户在庄上建一座土楼，故而得名刘楼。新中国成立初期属陈寨区。1953年属小屯乡。1958年属黄楼人民公社。1984年属黄楼乡。2012年属薛楼工业园。

罗庄

罗庄（Luózhuāng） 在砀山县南部，属薛楼工业园清河居民委员会管辖。距砀山县人民政府驻地19.3千米。占地面积0.7平方千米。131户，520人，民族多为汉族。

从前，罗姓在此建庄，因而得名罗庄。新中国成立初期属陈寨区。1953年属小屯乡。1958年属黄楼人民公社。1984年属黄楼乡。2012年属薛楼工业园。

宁陈庄

宁陈庄（Níngchénzhuāng） 在砀山县南部，属薛楼工业园清河居民委员会管辖。距砀山县人民政府驻地18.6千米。占地面积0.29平方千米。67户，260人，民族多为汉族。

从前，本庄宁姓、陈姓较多，故得名宁陈庄。新中国成立初期属陈寨区。1953年属小屯乡。1958年属黄楼人民公社。1984年属黄楼乡。2012年属薛楼工业园。

欧阳楼

欧阳楼（Ōuyánglóu） 在砀山县南部，属薛楼工业园便民社区居民委员会管辖。距砀山县人民政府驻地19.7千米。占地面积0.31平方千米。58户，220人，民族多为汉族。

清代，欧阳氏人家在此建庄盖楼，因而得名欧阳楼。新中国成立初期属陈寨区。1953年属小屯乡。1958年属黄楼人民公社。1984年属黄楼乡。2012年属薛楼工业园。

周路口

周路口（Zhōulùkǒu） 在砀山县南部，属薛楼工业园便民社区居民委员会管辖。距砀山县人民政府驻地13.2千米。占地面积0.3平方千米。60户，238人，民族多为汉族。

很久以前，周姓在此路口建庄，故名。新中国成立初期归属关帝庙区。1958年属黄楼人民公社。1984年属黄楼乡。2012年属薛楼工业园。

张庄

张庄（Zhāngzhuāng） 在砀山县南部，属薛楼工业园便民社区居民委员会管辖。距砀山县人民政府驻地16.4千米。占地面积0.48平方千米。95户，351人，民族多为汉族。

清初流乱年间，张姓在此立庄，故而得名。新中国成立初期，归属关帝庙区。1958年属黄楼人民公社。1984年属黄楼乡。2012年属薛楼工业园。

武庄

武庄（Wǔzhuāng） 在砀山县南部，属薛楼工业园便民社区居民委员会管辖。距砀山县人民政府驻地14.7千米。占地面积0.62平方千米。148户，560人，民族多为汉族。

明初，武姓人民从山西省洪洞县迁至本地，起名武庄。新中国成立初期属关帝庙区政府。1958年属黄楼人民公社。1984年属周庄乡。2012年属薛楼工业园。

席楼

席楼（Xílóu） 在砀山县南部，属薛楼工业园便民社区居民委员会管辖。距砀山县人民政府驻地14.1千米。占地面积0.89平方千米。232户，876人，民族多为汉族。

明代时期，席姓在此占产立庄建楼，故而得名。新中国成立初期属关帝庙区政府。1958年属黄楼人民公社。1984年属周庄乡。

2012年属薛楼工业园。

王新庄

王新庄（Wángxīnzhuāng） 在砀山县南部，属薛楼工业园便民社区居民委员会管辖。距砀山县人民政府驻地12.5千米。占地面积0.72平方千米。154户，593人，民族多为汉族。

从前，王姓先人移居此地。因是新建居住地，故名王新庄。新中国成立初期属关帝庙区政府。1958年属黄楼人民公社。1984年属周庄乡。2012年属薛楼工业园。

汪黑楼

汪黑楼（Wānghēilóu） 在砀山县南部，属薛楼工业园便民社区居民委员会管辖。距砀山县人民政府驻地15.2千米。占地面积0.73平方千米。168户，620人，民族多为汉族。

清代，汪姓在此占产立庄，因建了一座黑色的楼，故而得名。新中国成立初期属关帝庙区政府。1958年属黄楼人民公社。1984年属周庄乡。2012年属薛楼工业园。

申赵庄

申赵庄（Shēnzhàozhuāng） 在砀山县南部，属薛楼工业园便民社区居民委员会管辖。距砀山县人民政府驻地13.5千米。占地面积0.22平方千米。53户，189人，民族多为汉族。

从前，有一申姓大户在此建一座庙，得名申庙；后又因与赵庄合并，更名为申赵庄。新中国成立初期属关帝庙区政府。1958年属黄楼人民公社。1984年属周庄乡。2012年属薛楼工业园。

邵庄

邵庄（Shàozhuāng） 在砀山县南部，属薛楼工业园便民社区居民委员会管辖。距砀山县人民政府驻地13.5千米。占地面积1平方千米。160户，620人，民族多为汉族。

从前，有邵氏大姓来此占产立庄，故而得名。新中国成立初期属关帝庙区政府。1958年属黄楼人民公社。1984年属周庄乡。2012年属薛楼工业园。

前周庄

前周庄（Qiánzhōuzhuāng） 在砀山县南部，属薛楼工业园便民社区居民委员会管辖。距砀山县人民政府驻地13.1千米。占地面积2平方千米。482户，1899人，民族多为汉族。

此地又名周庄寨，以周姓人居多，后又分为前周庄和后周庄，本村在前，故而得名。新中国成立初期属关帝庙区政府。1958年属黄楼人民公社。1984年属周庄乡。2012年属薛楼工业园。

庞桥

庞桥（Pángqiáo） 在砀山县南部，属薛楼工业园便民社区居民委员会管辖。距砀山县人民政府驻地15.2千米。占地面积0.32平方千米。87户，293人，民族多为汉族。

利民河上有座大桥靠近本村，村中庞姓人多，因此得名庞桥。新中国成立初期属关帝庙区政府。1958年属黄楼人民公社。1984年属周庄乡。2012年属薛楼工业园。

卢庄

卢庄（Lúzhuāng） 在砀山县南部，属薛楼工业园便民社区居民委员会管辖。距砀山县人民政府驻地17.3千米。占地面积0.48平方千米。92户，358人，民族多为汉族。

民国时期，卢姓人氏在此立庄，故名卢庄。新中国成立初期属关帝庙区政府。1958年属黄楼人民公社。1984年属周庄乡。2012年属薛楼工业园。

刘王庄

刘王庄（Liúwángzhuāng） 在砀山县南部，属薛楼工业园便民社区居民委员会管辖。距砀山县人民政府驻地14.1千米。占地面积0.45平方千米。98户，364人，民族多为汉族。

从前，刘姓、王姓人氏在此立庄，故此得名刘王庄。新中国成立初期归属陈寨区。1958年属黄楼人民公社。1984年属周庄乡。2012年属薛楼工业园。

李庄

李庄（Lǐzhuāng） 在砀山县南部，属薛楼工业园便民社区居民委员会管辖。距砀山县人民政府驻地12.5千米。占地面积0.2平方千米。41户，138人，民族多为汉族。

从前，李姓拾荒至此立庄，故名。新中国成立初期属关帝庙区政府。1958年属黄楼人民公社。1984年属周庄乡。2012年属薛楼工业园。

黄桥

黄桥（Huángqiáo） 在砀山县南部，属薛楼工业园便民社区居民委员会管辖。距砀山县人民政府驻地17.2千米。占地面积0.8平方千米。189户，708人，民族多为汉族。

清朝年间，因庄中间有一座桥，黄姓人多，故名黄桥。新中国成立初期归属黄楼公社。1984年属关帝庙区。1988年属关帝庙镇。2012年属薛楼工业园。

后周庄组

后周庄组（Hòuzhōuzhuāngzǔ） 在砀山县南部，属薛楼工业园便民社区居民委员会管辖。距砀山县人民政府驻地13.02千米。占地面积1.3平方千米。320户，1220人，民族多为汉族。

此地又名周庄寨，以周姓人居多，后又分为前周庄和后周庄，本村在后，故而得名。新中国成立初期属关帝庙区政府。1958年属黄楼人民公社。1984年属周庄乡。2012年属薛楼工业园。

郭庄

郭庄（Guōzhuāng） 在砀山县南部，属薛楼工业园便民社区居民委员会管辖。距砀山县人民政府驻地13.4千米。占地面积0.43平方千米。114户，380人，民族多为汉族。

明初，郭家先民从山西省洪洞县迁至本地，起名郭庄。新中国成立初期属关帝庙区政府。1958年属黄楼人民公社。1984年属周庄乡。2012年属薛楼工业园。

甘楼

甘楼（Gānlóu） 在砀山县南部，属薛楼工业园便民社区居民委员会管辖。距砀山县人民政府驻地17.2千米。占地面积0.38平方千米。58户，220人，民族多为汉族。

民国时期，甘楼没有姓甘的，后因胡姓人家迁住甘楼的庄子，依旧取名甘楼。新中国成立初期属关帝庙区政府。1958年属黄楼人民公社。1984年属周庄乡。2012年属薛楼工业园。

方王庄

方王庄（Fāngwángzhuāng） 在砀山县南部，属薛楼工业园便民社区居民委员会管辖。距砀山县人民政府驻地14.3千米。占地面积0.55平方千米。97户，412人，民族多为汉族。

从前，此地方姓、王姓人居多，故得名方王庄。新中国成立初期属陈寨区。1958年属黄楼人民公社。1984年属黄楼乡。2012年属薛楼工业园。

董楼

董楼（Dǒnglóu） 在砀山县南部，属薛楼工业园便民社区居民委员会管辖。距砀山县人民政府驻地17.1千米。占地面积0.57平方千米。122户，465人，民族多为汉族。

明代时期，董姓在此居住，建楼立庄，故而得名。新中国成立初期属郜楼乡公所，后属黄楼公社。1984年属黄楼乡。2012年属薛楼工业园。

曹屯

曹屯（Cáotún） 在砀山县南部，属薛楼工业园便民社区居民委员会管辖。距砀山县人民政府驻地16.3千米。占地面积0.39平方千米。86户，295人，民族多为汉族。

民国时期，曹姓聚集此地屯田居住，故而得名。新中国成立初期属郜楼乡公所，后属黄楼公社。1984年属黄楼乡。2012年属薛楼工业园。

陈小阁子

陈小阁子（Chénxiǎogézi） 在砀山县南部，属薛楼工业区利民社区居民委员会管辖。距砀山县人民政府驻地18.4千米。占地面积0.34平方千米。65户，255人，民族多为汉族。

明代时期，陈姓在此占产立庄，建小阁子庙，故此得名。新中国成立初期属范集乡。1958年属陈寨乡。1962年属黄楼公社。1972年属关帝庙镇。1985年属黄楼乡。2008年属关帝庙镇。2012年并入薛楼板材加工园沙河村。2014年属薛楼工业园利民社区。

小后庄

小后庄（Xiǎohòuzhuāng） 在砀山县南部，属薛楼工业园利民社区居民委员会管辖。距砀山县人民政府驻地18.1千米。占地面积0.25平方千米。38户，150人，民族多为汉族。

明代时期，陈姓在此占产立庄，因庄小，居后，故此得名。新中国成立初期属范集乡。1958年属陈寨乡。1962年属黄楼公社。1972年属关帝庙镇。1985年属黄楼乡。2008年属关帝庙镇。2012年并入薛楼板材加工园沙河村。2014年属薛楼工业园利民社区。

杨楼

杨楼（Yánglóu） 在砀山县南部，属薛楼工业园利民社区居民委员会管辖。距砀山县人民政府驻地23.5千米。占地面积0.56平方千米。106户，410人，民族多为汉族。

新中国成立前，杨姓在此占产建楼，故此得名。新中国成立初期属范集乡。1958年属陈寨乡。1962年属黄楼公社。1972年属关帝庙镇。1985年属黄楼乡。2008年属关帝庙镇。2012年并入薛楼板材加工园利民村。2014年属薛楼工业园利民村。

杨庄

杨庄（Yángzhuāng） 在砀山县南部，属薛楼工业园利民社区居民委员会管辖。距砀山县人民政府驻地20.2千米。占地面积0.35平方千米。64户，230人，民族多为汉族。

从前，杨姓为本村大户，故取名杨庄。新中国成立初期归属范集乡。新中国成立初期属范集乡。1958年属陈寨乡。1962年属黄楼公社。1972年属关帝庙镇。1985年属黄楼乡。2008年属关帝庙镇。2012年并入薛楼板材加工园沙河村。2014年属薛楼工业园利民社区。

易楼

易楼（Yìlóu） 在砀山县南部，属薛楼工业园利民社区居民委员会管辖。距砀山县人民政府驻地22.4千米。占地面积0.38平方千米。66户，238人，民族多为汉族。

新中国成立前，有易姓在此占产立庄，建有土楼房，故而得名易楼。新中国成立初期属范集乡。1958年属陈寨乡。1962年属黄楼公社。1972年属关帝庙镇。1985年属黄楼乡。2008年属关帝庙镇。2012年并入薛楼板材加工园利民村。2014年属薛楼工业园利民村。

张小楼

张小楼（Zhāngxiǎolóu） 在砀山县南部，属薛楼工业园利民社区居民委员会管辖。距砀山县人民政府驻地19.3千米。占地面积1.26平方千米。310户，1180人，民族多为汉族。

从前，姓张的在此居住，有一座小土楼，故叫张小楼。新中国成立初期属范集乡。1958年属陈寨乡。1962年属黄楼公社。1972年属关帝庙镇。1985年属黄楼乡。2008年属关帝庙镇。2012年并入薛楼板材加工园利民村。2014年属薛楼工业园利民村。

周庄

周庄（Zhōuzhuāng） 在砀山县南部，属薛楼工业园利民社区居民委员会管辖。距砀山县人民政府驻地21.1千米。占地面积0.86平方千米。198户，785人，民族多为汉族。

从前，周姓人民多在此立庄居住，故此得名。新中国成立初期属范集乡。1958年属陈寨乡。1962年属黄楼公社。1972年属关帝庙镇。1985年属黄楼乡。2008年属关帝庙镇。2012年并入薛楼板材加工园沙河村。2014年属薛楼工业园利民社区。

朱庄

朱庄（Zhūzhuāng） 在砀山县南部，属薛楼工业园利民社区居民委员会管辖。距砀山县人民政府驻地18.9千米。占地面积0.47平方千米。85户，308人，民族多为汉族。

明代时期，朱姓在此占产立庄，故此得名。新中国成立初期属范集乡。1958年属陈寨乡。1962年属黄楼公社。1972年属关帝庙镇。1985年属黄楼乡。2008年属关帝庙镇。2012年并入薛楼板材加工园。2014年属薛楼工业园利民社区。

王庄

王庄（Wángzhuāng） 在砀山县南部，属薛楼工业园利民社区居民委员会管辖。距砀山县人民政府驻地19.6千米。占地面积0.64平方千米。140户，515人，民族多为汉族。

明代时期，王姓在此立户立庄，故而得名。新中国成立初期属范集乡。1958年属陈寨乡。1962年属黄楼公社。1972年属关帝庙镇。1985年属黄楼乡。2008年属关帝庙镇。2012年并入薛楼板材加工园。2014年属薛楼工业园利民社区。

汪庙

汪庙（Wāngmiào） 在砀山县南部，属薛楼工业园利民社区居民委员会管辖。距砀山县人民政府驻地17.7千米。占地面积0.53平方千米。120户，460人，民族多为汉族。

明代时期，汪姓在此立户立庄，因村中有寺庙，故而得名。新中国成立初期属范集乡。1958年属陈寨乡。1962年属黄楼公社。1972年属关帝庙镇。1985年属黄楼乡。2008年属关帝庙镇。2012年并入薛楼板材加工园。2014年属薛楼工业园利民社区。

钱庄

钱庄（Qiánzhuāng） 在砀山县南部，属薛楼工业园利民社区居民委员会管辖。距砀山县人民政府驻地19.1千米。占地面积0.35平方千米。58户，220人，民族多为汉族。

明代时期，钱姓在此占产立庄，故此得名。新中国成立初期属范集乡。1958年属陈寨乡。1962年属黄楼公社。1972年属关帝庙镇。1985年属黄楼乡。2008年属关帝庙镇。2012年并入薛楼板材加工园。2014年属薛楼工业园利民社区。

三陈楼

三陈楼（Sānchénlóu） 在砀山县南部，属薛楼工业园利民社区居民委员会管辖。距砀山县人民政府驻地18.4千米。占地面积0.38平方千米。78户，302人，民族多为汉族。

明代时期，陈姓在此建楼立庄，因有别于其他两个陈楼，故此得名。新中国成立初期属范集乡。1958年属陈寨乡。1962年属黄楼公社。1972年属关帝庙镇。1985年属黄楼乡。2008年属关帝庙镇。2012年并入薛楼板材加工园。2014年属薛楼工业园利民社区。

前范集

前范集（Qiánfànjí） 在砀山县南部，属薛楼工业园利民社区居民委员会管辖。距砀山县人民政府驻地18.1千米。占地面积0.49平方千米。93户，346人，民族多为汉族。

明代时期，范姓在此占产立庄，成立集市，因当时范姓人多，占住两个村庄，分前后范集，此庄在前，故名前范集。新中国成立初期属新兴区范集乡。1953年属范集乡。1962年属黄楼公社。1980年属关帝庙区范集乡。1988年属黄楼乡。2012年属薛楼工业园利民社区。

普安寺

普安寺（Pǔ'ānsì） 在砀山县南部，属薛楼工业园利民社区居民委员会管辖。距砀山县人民政府驻地20.4千米。占地面积0.85平方千米。186户，720人，民族多为汉族。

明代时期，此地有一座寺庙——普安寺，故此得庄名。新中国成立初期属范集乡。1958年属陈寨乡。1962年属黄楼公社。1972年属关帝庙镇。1985年属黄楼乡。2008年属关帝庙镇。2012年并入薛楼板材加工园。2014年属薛楼工业园利民社区。

南王庄

南王庄（Nánwángzhuāng） 在砀山县南部，属薛楼工业园利民社区居民委员会管辖。距砀山县人民政府驻地22.02千米。占地面积0.46平方千米。94户，370人，民族多为汉族。

很久以前，王氏家族在此占产立庄，因本庄居南，故而得名。新中国成立初期属范集乡。1958年属陈寨乡。1962年属黄楼公社。1972年属关帝庙镇。1985年属黄楼乡。2008年属关帝庙镇。2012年并入薛楼板材加工园。2014年属薛楼工业园利民社区。

后范集

后范集（Hòufànjí） 在砀山县南部，属薛楼工业园利民社区居民委员会管辖。距砀山县人民政府驻地18.2千米。占地面积0.36平方千米。69户，248人，民族多为汉族。

明代时期，范姓在此占产立庄，成立集市；因当时范姓人多，占住两个村庄，分前后范集，此庄在后边，故叫后范集。新中国成立初期属范集乡。1958年属陈寨乡。1962年属黄楼公社。1972年属关帝庙镇。1985年属黄楼乡。2008年属关帝庙镇。2012年并入薛楼板材加工园。2014年属薛楼工业园利民社区。

后陈庄

后陈庄（Hòuchénzhuāng） 在砀山县

南部，属薛楼工业园利民社区居民委员会管辖。距砀山县人民政府驻地21.3千米。占地面积0.38平方千米。71户，262人，民族多为汉族。

从前，陈姓人多在此居住，占产立庄，因此庄居后，故此得名。新中国成立初期属范集乡。1958年属陈寨乡。1962年属黄楼公社。1972年属关帝庙镇。1985年属黄楼乡。2008年属关帝庙镇。2012年并入薛楼板材加工园。2014年属薛楼工业园利民社区。

固口

固口（Gùkǒu） 在砀山县南部，属薛楼工业园利民社区居民委员会管辖。距砀山县人民政府驻地22.5千米。占地面积0.62平方千米。121户，440人，民族多为汉族。

新中国成立前，这里是巴清河、利民河汇入王引河的水口，经常闹水患纠纷；新中国成立初期，国家在此修建了水闸，稳固了水流，因村落就在附近，故而得名。新中国成立初期属范集乡。1958年属陈寨乡。1962年属黄楼公社。1972年属关帝庙镇。1985年属黄楼乡。2008年属关帝庙镇。2012年并入薛楼板材加工园。2014年属薛楼工业园利民社区。

高庄

高庄（Gāozhuāng） 在砀山县南部，属薛楼工业园利民社区居民委员会管辖。距砀山县人民政府驻地19.4千米。占地面积0.36平方千米。72户，268人，民族多为汉族。

从前，高姓人民在此安庄居住，故此得名。新中国成立初期属范集乡。1958年属陈寨乡。1962年属黄楼公社。1972年属关帝庙镇。1985年属黄楼乡。2008年属关帝庙镇。2012年并入薛楼板材加工园。2014年属薛楼工业园利民社区。

付庄

付庄（Fùzhuāng） 在砀山县南部，属薛楼工业园利民社区居民委员会管辖。距砀山县人民政府驻地21.03千米。占地面积0.35平方千米。65户，240人，民族多为汉族。

从前，付姓在此建庄，故名付庄。新中国成立初期属范集乡。1958年属陈寨乡。1962年属黄楼公社。1972年属关帝庙镇。1985年属黄楼乡。2008年属关帝庙镇。2012年并入薛楼板材加工园。2014年改名为薛楼工业园利民社区。

付各寨

付各寨（Fùgèzhài） 在砀山县南部，属薛楼工业园利民社区居民委员会管辖。距砀山县人民政府驻地21.4千米。占地面积0.48平方千米。81户，310人，民族多为汉族。

据查，当时从付庄和大刘庄分别迁入一部分人，重建一个寨，取名付各寨。新中国成立初期属范集乡。1958年属陈寨乡。1962年属黄楼公社。1972年属关帝庙镇。1985年属黄楼乡。2008年属关帝庙镇。2012年并入薛楼板材加工园。2014年属薛楼工业园利民社区。

仇屯

仇屯（Chóutún） 在砀山县南部，属薛楼工业园利民社区居民委员会管辖。距砀山县人民政府驻地18.7千米。占地面积0.47平方千米。95户，350人，民族多为汉族。

从前，仇姓人民在此屯田居住，故此得名。新中国成立初期属范集乡。1958年属陈寨乡。1962年属黄楼公社。1972年属关帝庙镇。1985年属黄楼乡。2008年属关帝庙镇。2012年并入薛楼板材加工园。2014年属薛楼工业园利民社区。

谢油坊

谢油坊（Xièyóufáng） 在砀山县南部，属薛楼工业园利民社区居民委员会管辖。距砀山县人民政府驻地23.7千米。占地面积1.02平方千米。198户，806人，民族多为汉族。

从前，谢姓人民在此居住，开了一个油坊，故此得名。新中国成立初期属范集乡。1958年属陈寨乡。1962年属黄楼公社。1972年属关帝庙镇。1985年属黄楼乡。2008年属关帝庙镇。2012年并入薛楼板材加工园。2014年属薛楼工业园利民社区。

黄店

黄店（Huángdiàn） 在砀山县南部，属薛楼工业园便民社区居民委员会管辖。距砀山县人民政府驻地12.08千米。占地面积1.08平方千米。226户，869人，民族多为汉族。

明朝时期，黄姓聚集此地居住，开一店铺，故而得名。新中国成立初期属雨亭区。1954年属阚寨区陈寨乡。1958年属黄楼公社。2008年属关帝庙镇。2012年属薛楼工业园。

第六章　重要自然地理实体地名

第一节　陆地水系

复新河

复新河（Fùxīn Hé）　亦称复兴河。起源于砀山县玄庙镇八大家庄，由西向东流经周寨镇出县境至江苏省丰县段复新河。其前身为黄河决溢冲成的河道，而后逐步形成狭长弯曲的坡水河道。1956年，济宁专署先后5次调集民工治理复新河干流。1956年徐州专署调集四万民工，将十字河口以下东股，裁弯取直，扩挖成主要干流，同时堵塞西股河道。此后，又扩挖上游，并加宽加深下游河槽。1981年，在下游兴建拦河节制闸和船闸各1座。流域面积1812平方千米，有支流13条，节制闸23孔，每孔净跨6米，最大排洪流量1157立方米／秒。复新河河口宽170米，河底宽152米，内堤距225米，堤顶高程40米。新中国成立前，复兴河在丰县十字河口，分东西两股。东股自十字河口东北流，至鱼台县东姚村入昭阳湖，长21.3千米。西股自十字河口北流，至鱼台县摆渡口入南阳湖，长20千米。干流河床窄浅，弯曲，洪涝灾害严重，长度为14.2千米，流域面积为138平方千米，管理范围土地面积为1.182平方千米，保护范围土地面积为2.84平方千米。河流级别为2，河流类型为地上内流河，常年河。流经行政区有玄庙镇、周寨镇。

黄河故道

黄河故道（Huánghé Gùdào）　由豫皖界自西向东流经官庄坝镇、玄庙镇、省果园场、周寨镇、县林场、县园艺场、葛集镇沿皖苏界出县境至安徽省萧县。故道内鸟类云集，多达百余种，其中国家二级以上保护鸟类10种，省二级以上保护鸟类20多种。有木本植物200余种，野生草本植物300多种，是皖北地区最大的物种多样性基因库。黄河故地道区1999年被命名为国家级生态示范区，2000年被命名为砀山酥梨省级自然保护区。砀山黄河故道生态旅游区位于苏、鲁、豫、皖四省七县交界处，东邻安徽萧县，西接河南虞城，南靠河南永城、夏邑，北与江苏丰县、山东单县相依。周围百千米范围内有徐州、淮北、商丘、菏泽、亳州等城市，陇海铁路、310国道贯穿境内，京九铁路、105国道与县城擦肩而过，连霍高速、101省道连续东西南北，形成了四通八达的交通网络。故黄河是黄河决口改道后遗留下来的废河道，故名。1128年至1855年黄河流经砀山700余年，最后一次改道北徙后，在砀山县境内中北部留下一条东西长46.6千米的废河道，即黄河故道。管理范围土地面积为12.33平方千米，长度为43.8千米，流域面积为8725平方千米，保护范围土地面积为13.28平方千米。故道现有水面6.5平方千米，湿地3平方千米。河流级别为3级，河流类型为地上内流河，季节河。流经行政区有官庄坝镇、玄庙镇、周寨镇、葛集镇、唐寨镇。

利民河

利民河（Lìmín Hé） 起源于砀山县砀城镇苏集，流经砀山县经济开发区、李庄镇、关帝庙镇、朱楼镇，至薛楼板材园注入境内巴清河出县境，流入河南省永城市王引河。取利民之意。发源于砀城镇大苏集，流经官庄坝镇、赵屯镇、砀城镇、李庄镇、关帝庙镇、朱楼镇四个镇。长度为31.08千米，流域面积为1207.3平方千米，管理范围土地面积为2.53平方千米，保护范围土地面积6.21平方千米。河流级别为2级，河流类型为地上内流河，常年河。流经行政区有官庄坝镇、赵屯镇、砀城镇、李庄镇、关帝庙镇、朱楼镇。

文家河

文家河（Wénjiā Hé） 起源于砀山县唐寨镇唐官庄，流经良梨镇，至程庄镇出县境，流入安徽省萧县沙河。因河流流经文家村，故名。由于年久失修，影响了砀山县东部的灌溉和泄洪。2009年砀山县为促进农业和旅游业的双发展，对文家河流域的中小沟进行开挖疏浚，修建了桥涵和机电井等配套设施。长度为24.7千米，流域面积为172.7平方千米，管理范围土地面积为2.38平方千米，保护范围土地面积4.94平方千米。河流级别为2级，河流类型为地上内流河，常年河。流经行政区有唐寨镇、良梨镇、程庄镇。

大沙河

大沙河（Dàshā Hé） 起源于砀山县官庄坝镇徐庄，流经曹庄镇、赵屯镇、高铁新区至薛楼板材园，注入境内巴清河出县境，流入河南省永城市王引河。因水质含沙量多，故名。大沙河上游称文家河（文夹河），发源于砀山县唐寨镇北黄河故道南侧，向南流过陇海铁路后折向东流，进入萧县后始称“沙河”或“大沙河”，沙河由西北向东南纵贯萧县境，于萧县南部孙庄节制闸注入萧濉新河。长度为36.5千米，流域面积为880.9平方千米，管理范围土地面积为3.24平方千米，保护范围土地面积7.3平方千米。河流级别为2级，河流类型为地上内流河，常年河。流经行政区有官庄坝镇、曹庄镇、赵屯镇、关帝庙镇。

东洪河

东洪河（Dōnghóng Hé） 起源于砀山县砀城镇杨庄，流经李庄镇、朱楼镇至程庄镇出县境，流入安徽省萧县。因其位置及含沙量，故名。名称沿用至今。长度为27.53千米，流域面积为127.4平方千米，管理范围土地面积为2.7平方千米，保护范围土地面积5.51平方千米。河流级别为2级，河流类型为地上内流河，常年河。流经行政区有砀城镇、良梨镇、李庄镇、朱楼镇、程庄镇。

西洪河

西洪河（Xīhóng Hé） 起源于砀山县官庄坝镇官堤口，流经曹庄镇至陈屯出县境，流入河南省夏邑县。因其位置及含沙量，故名。名称沿用至今。长度为10.898千米，流域面积为97.4平方千米，管理范围土地面积为2.7平方千米，保护范围土地面积5.51平方千米。河流级别为3级，河流类型为地上内流河，常年河。流经行政区有曹庄镇。

顺堤河

顺堤河（Shùndī Hé） 起源于砀山县官庄坝镇徐楼，流经砀城镇、县经济开发区，至李庄镇孙观村注入境内利民河。因河流笔直，按河堤流动，故名。1958年开挖，1961年后多次拓浚，北自苏、鲁交界姚楼河起，与苏北堤河平行南流，至蔺家坝入京杭运河。长度为24.46千米，流域面积为201.98平方千米，管理范围土地面积为1.78平方千米，保护范围土地面积4.89平方千米。河流级别为3级，河流类型为地上内流河，常年河。流经行政区有官庄坝镇、砀城镇、李庄镇。

王引河

王引河（Wángyǐn Hé） 王引河为沱河支流，自砀山县南部的固口闸始，上承巴清河、大沙河、利民河来水，东南流向。因河流流经区域得名。1958年在其北安徽省砀山县南部扒开沉堤，将原属洪减河水系的巴清河、大沙河和利民河引入王引河。故现今王引河源自砀山县的陈堤口，东南流经永城市东部地区，沿河南安徽省界，流入安徽省濉溪县境内，东南流至淮北市烈山区古饶镇的大秦家闸经东新建沟汇入沱河。固口闸以下，砀山境内河道全长1.6千米，流域面积41平方千米。河底高程为34.7—23.17米，河底宽37.5—45.0米，深4—5米，河宽60—75米；排涝标准5年一遇，流量203—280立方米／秒；排洪标准20年一遇，流量395—527立方米／秒。河流级别为2级，河流类型为地上内流河，常年河。流经行政区有关帝庙镇。

巴青河

巴青河（Bāqīng Hé） 由河南省夏邑县沿两省交界流入砀山县，并经两省交界流出县境，注入河南省永城市王引河。地名含义无从考究。1949年新中国成立时，芒砀山被巴青河分割，芒山划分给河南永城，它分得了两座山，芒山和鱼山；砀山分得了两条河，一条是古黄河，一条是大沙河，名称沿用至今。境内长度为6.2千米，流域面积为317平方千米，砀山县管理范围土地面积为0.54平方千米，保护范围土地面积0.62平方千米。河流级别为3级，河流类型为地上内流河，常年河。流经行政区有关帝庙镇。

多民河

多民河（Duōmín Hé） 起于朱寨孟庄，流经砀城镇，在李庄流入利民河。因该河流是多人扩建，故名。据查新中国成立前就有此条河流，具体年份不详，现年久失修，多数河段已无流水。境内长度为16.537千米，宽14—27米，流域面积为817平方千米，砀山县管理范围土地面积为2.54平方千米，保护范围土地面积3.3平方千米。河流级别为2级，河流类型为地上内流河，常年河。流经行政区有砀城镇、李庄镇。

沙河

沙河（Shā Hé） 沙河位于砀山县程庄镇境内，由陈楼流出砀山县。位于程庄镇境内，因该河流河沙较多，故名沙河。据查新中国成立前就有此条河流，具体年份不详，现年久失修，多数河段已无流水。境内长度为 10 千米，流域面积为 521 平方千米，砀山县管理范围土地面积为 1.98 平方千米，保护范围土地面积 2.37 平方千米。河流级别为 3 级，河流类型为地上内流河，常年河。流经行政区有程庄镇。

黑水河

黑水河（Hēishuǐ Hé） 黑水河位于玄庙镇，由吴寨发源流至马良北，最后流进单县。由于河流淤泥较浅且为深色，故名黑水河。据查新中国成立前就有此条河流，具体年份不详，现年久失修，多数河段已无流水。境内长度为 8.5 千米，宽 26—29 米，流域面积为 239 平方千米。河流级别为 2 级，河流类型为地上内流河，常年河。流经行政区有玄庙镇。

苗城河

苗城河（Miáochéng Hé） 苗城河起源于玄庙镇的大寨谭坑，流经周寨镇，流入丰县。系清代黄河决口形成。因河流流向丰县苗城区，故名苗城河。据查清代黄河决口而形成的，具体年份不详，现年久失修，多数河段已无流水。境内长度为 15.6 千米，宽度为 50 米左右，流域面积为 780 平方千米。河流级别为 2 级，河流类型为地上内流河，常年河。流经行政区有周寨镇、玄庙镇。

护城河

护城河（Hùchéng Hé） 护城河位于砀城镇境内，环绕老城区。根据河流功能命名。明清时期就已建成，主要防护砀城的安全，新中国成立初期经过人工多次开凿、整修、扩大。境内长度为 3.37 千米，宽度为 10—170 米。河流级别为 2，河流类型为地上内流河，常年河。河流东口主要用来搞水产养殖及莲藕等。流经行政区有砀城镇。

黄杨沟

黄杨沟（Huángyáng Gōu） 西起文家河，东至萧县杨楼镇。因河流流经区域得名。1949 年后进行了整理、疏浚。砀山县境内长 8.8 千米，宽 15 米，主要作用是排洪灌溉，不通航。河流级别为 2 级，河流类型为地上内流河，常年河。流经行政区有唐寨镇。

第二节　陆地地形

黄淮平原

黄淮平原（Huánghuái Píngyuán） 黄淮平原位于河南省东部、山东省西部黄河以南及安徽省、江苏省淮河以北，华北平原的南部。由黄河、淮河下游泥沙冲积而成，地形平坦，仅部分地区略见小山丘，故名黄淮平原，沿用至今。占地面积（砀山县境内）1193 平方千米；平均海拔 25 米；最大长度 44.2 千米；最大宽度 42.1 千米。气候类型为温带季风气候，平均温度 14.6℃；年降水量 652 毫米。西部和南部山麓平原，海拔大多在 80 米左右；中部平原，海拔多在

35—80 米；东部滨海一带，海拔仅 2—3 米。平原中多低洼区，湖泊众多，分布在淮河中下游一带。山东丘陵的西部和南部边缘，有著名的京杭运河将这些湖泊沟通，成为中国南北水路交通要道。历史上黄河在平原上多次泛滥改道，从兰考经商丘、徐州到淮阴的黄河故道两侧多沙地、沙丘。所跨行政区有砀城镇、关帝庙镇、李庄镇、葛集镇、玄庙镇、程庄镇、良梨镇、周寨镇、曹庄镇、唐寨镇、赵屯镇、朱楼镇、官庄坝镇。

第七章　重要的民生基础设施地名

第一节　城市道路、街巷

砀郡路

砀郡路（Dàngjùn Lù）　所在行政区为砀山县。位于砀山县城区北部。东起宴嬉路，西止砀郡路。长度4.5千米，宽度60米。沥青路面。沿线与砀丰路、东升路、中原路、宴嬉路相交。

因为秦始皇分全国为三十六郡时，此地属砀郡，所以县政府驻地前面的公路便取名砀郡路。原名为砀城路，2012年更名为。1999年修铺成土路，2001年铺设渣油路面，2007年改造东段，2012年改造西段。

生态大道

生态大道（Shēngtài Dàdào）　所在行政区为砀山县。位于砀山县城区东北部。东起310国道，西止砀郡路。长度6.8千米，宽度60米。沥青路面。沿线与宴嬉路、永顺路、滨湖路相交。

因道路周围景色秀丽，自然生态环境优雅，故名生态大道。生态大道始建于2012年。

梨花一路

梨花一路（Líhuāyī Lù）　所在行政区为砀山县。位于砀山县城区北部，东起陇海路，西止芒砀北路。长度3.7千米，宽度36米。水泥路面。沿线与宴嬉路、东升路、科技路、永顺路相交。

因砀山县盛产酥梨，驰名中外，且梨花也是砀山一景，故名梨花一路。梨花一路始建于2012年，同年建成。

梨都路

梨都路（Lídū Lù）　所在行政区为砀山县。位于砀山县城区中部，东起顺砀路，西止顺堤路。长度6.5千米，宽度45米。沥青路面。沿线与中原路、永顺路、东升路、旭日路、宴嬉路、滨湖路相交。

砀山县盛产酥梨，系全国梨种植面积最大的县，是闻名遐迩的梨都，故取名梨都路。梨都路始建于2000年，同年建成。

梨花二路

梨花二路（Líhuāèr Lù）　所在行政区为砀山县。位于砀山县城区东部，东起东升路，西止滨湖路。长度4.2千米，宽度36米。水泥路面。沿线与宴嬉路、东升路、科技路、永顺路相交。

因砀山县盛产酥梨，驰名中外，梨花也是砀山一景，且有梨花一路，故名梨花二路。

人民路

人民路（Rénmín Lù） 所在行政区为砀山县。位于砀山县城区中部，东起永顺路，西止利民路。长度8.3千米，宽度45米。水泥路面。沿线与永顺路、宴嬉路、旭日路、东升路、芒砀路、健康路、中原路、利民路相交。

人民路的地名为“以人民大众为社会主体”之意。人民路是原砀城内东西大街分别向东西多次延伸而成，1979年更名为人民路，分为东、中、西三段。2012年，人民路分别向东、西延伸。

道北路

道北路（Dàoběi Lù） 所在行政区为砀山县。位于砀山县城区中部，东起滨湖路，西止苇子园。长度6.0千米，宽度45米。水泥路面。沿线与中原路、健康路、芒砀南路、东升路、旭日路、宴嬉路、陇海路、永顺路、滨湖路相交。

因该路位于火车道以北，故名道北路。道北路原是一条砀城南关至老火车站的土公路，1983年扩建，同时属徐商公路（310国道）穿城段。1993年全部改修水泥路面。2003年向东延伸，2012年向西延伸。

中原路

中原路（Zhōngyuán Lù） 所在行政区为砀山县。位于砀山县城区西部，南起道北路火车站，北止砀郡路。长度2.3千米，宽度60米。水泥路面。沿线与道北路、人民西路、梨都路、砀郡路相交。

因砀山紧靠河南，亦属古老的中原地域文化范畴，故名中原路。1996年修建南段，1999年修建北段。

芒砀路

芒砀路（Mángdàng Lù） 所在行政区为砀山县。位于砀山县城区中部，南起润达路，北止砀郡路。长度4.3千米，宽度45米。水泥路面。沿线与砀郡路、梨都路、人民中路、道北路、道南路、润达路相交。

以芒砀山而取名，分为芒砀南路、芒砀中路、芒砀北路三段。芒砀路系原砀城南北大街向南北延伸而成，1979年更名为芒砀路。

东升路

东升路（Dōngshēng Lù） 所在行政区为砀山县。位于砀山县城区中部，南起道北路，北止310国道绕城段。长度4.2千米，宽度50米。沥青路面。沿线与道北路、人民路、梨都路、梨花路、砀郡路相交。

因该路位于砀城东关，东方是太阳升起的地方，故名东升路。东升路于2008年竣工通车。

旭日路

旭日路（Xùrì Lù） 所在行政区为砀山县。位于砀山县城区东部，南起道北路，北止310公路绕城段。长度4.2千米，宽度30米。沥青路面。沿线与道北路、人民路、梨都路、梨花路、砀郡路相交。

因这条路段西邻东升路，取“旭日东升”之意，故名旭日路。旭日路始建于2000年，原名科技路，2012年更名为旭日路。

宴嬉路

宴嬉路（Yànxī Lù） 所在行政区为砀山县。位于砀山县城区东部，该路为绕道县城的101省道，长度8.3千米，宽度50米。水泥路面。沿线与道北路、人民路、梨都路、砀郡路相交。

因历史上有李白游砀、在宴嬉台饮酒赋

诗的故事，故得名宴嬉路。宴嬉路 1993 年建成通车。2012 年起对该条路段进行升级改造。并于 2014 年兴建了跨越陇海铁路的立交桥。

陇海路

陇海路（Lǒnghǎi Lù） 所在行政区为砀山县。位于砀山县城区东部，南起道北路，北止砀唐路。长度 2.1 千米，宽度 45 米。水泥路面。沿线与砀郡路、梨都路、人民路、道北路相交。

该路以附近的陇海铁路而得名。陇海路于 2007 年修铺完成。

润达路

润达路（Rùndá Lù） 所在行政区为砀山县。位于砀山县城区西南部，东起 101 省道，西止砀夏路。长度 3551 米，宽度 36 米。水泥路面。沿线与芒砀南路、宴嬉路相交。

该路以润达纺织集团而取名润达路。润达路始建于 2012 年，同年建成，名称沿用至今。

故黄一路

故黄一路（Gùhuángyī Lù） 所在行政区为砀山县。位于砀山县城区北部，东起砀郡路，西止顺杨路。长度 2695 米，宽度 36 米。水泥路面。路侧有宿州市蓝宇校车经营管理有限公司。

该路以砀山的故黄河而得名。故黄一路始建于 2012 年，同年建成，名称沿用至今。

故黄二路

故黄二路（Gùhuáng' èr Lù） 所在行政区为砀山县。位于砀山县城区北部，南起砀郡路，北止建南北路。长度 2432 米，宽度 36 米。水泥路面。路侧有砀山供电公司 35 千伏北关变电所。

该路以砀山的故黄河而得名。故黄二路始建于 2012 年，同年建成，名称沿用至今。

故黄三路

故黄三路（Gùhuángsān Lù） 所在行政区为砀山县。位于砀山县城区北部，南起砀郡路，北止建南北路。长度 2520 米，宽度 36 米。水泥路面。

该路以砀山的故黄河而得名。故黄三路始建于 2012 年，同年建成，名称沿用至今。

永顺路

永顺路（Yǒngshùn Lù） 所在行政区为砀山县。位于砀山县城区东部，南起道北东路，北止砀唐公路。长度 2500 米，宽度 36 米。水泥路面。路侧有梨丰塑料发泡网厂。

永顺路的地名含义为砀山经济开发区建设永远顺利发展。永顺路始建于 2012 年，同年建成，名称沿用至今。

滨湖路

滨湖路（Bīnhú Lù） 所在行政区为砀山县。位于砀山县城区东部，南起生态大道，北止人民东路。长度 1600 米，宽度 18 米。水泥路面。路侧有东湖湾大酒店。

因路边有面积较大的东湖，故而得名。滨湖路始建于 2012 年，同年建成，名称沿用至今。

汉王路

汉王路（Hànwáng Lù） 所在行政区为砀山县。位于砀山县城区东部，南起道北东路，北止砀郡路。长度 1670 米，宽度 36 米。沥青路面。路侧有安徽亿创电力安装工程有限公司。

因历史上有汉王刘邦斩白蛇之传说，故取名汉王路。汉王路始建于 2000 年，同年建成，名称沿用至今。

振兴路

振兴路（Zhènxīng Lù） 所在行政区为砀山县。位于砀山县城区中部，东起复兴电影院，西止西外环。长度2500米，宽度30米。水泥路面。路侧有砀城镇就业和社会保障服务所。

振兴路因穿过振兴菜市场而得名。振兴路始建于2000年，同年建成，名称沿用至今。

果园路

果园路（Guǒyuán Lù） 所在行政区为砀山县。位于砀山县城区东部，东起东升路，西止经济开发区。长度2200米，宽度30米。水泥路面。路侧有惠泽园、文慧苑、阳光花园、凯丰世纪、富贵园、光彩大市场。

因砀山县是水果之乡，园林一望无际，故而取名果园路。果园路始建于2000年，同年建成，名称沿用至今。

金利大道

金利大道（Jīnlì Dàdào） 所在行政区为砀山县。位于砀山县城区北部，南起芒砀路，北止金利大酒店。长度1200米，宽度30米。水泥路面。路侧有金利工业园、砀山国际大酒店。

金利大道以金利大酒店而得名。金利大道始建于2000年，同年建成，名称沿用至今。

北环城路

北环城路（Běi HuánchéngLù） 所在行政区为砀山县。位于砀山县区中部，东起西关外桥，西止东关闸门桥。长度2268米，宽度6米。水泥路面。路侧有砀山环城公园、大润发商场、芒砀北路。

因系沿古砀城北环城河东西走向的环形道路，故而得名。北环城路始建于1988年，同年建成，名称沿用至今。

南环城路

南环城路（Nán HuánchéngLù） 所在行政区为砀山县。位于砀山县城区中部。东起西关外桥，西止东关闸门桥。长度2216米，宽度6米。水泥路面。路侧有芒砀南路、康乐老年公寓。

因系沿古砀城南环城河东西走向的环形道路，故而得名。南环城路始建于1988年，同年建成，名称沿用至今。

南沿河路

南沿河路（Nányánhé Lù） 所在行政区为砀山县。位于砀山县城区中部，东起西沿河路，西止东沿河路。长度1100米，宽度4米。水泥路面。路侧有砀山师范附属小学、财富广场。

南沿河路是以护城河加方位而得名。南沿河路始建于1988年，同年建成，名称沿用至今。

北沿河路

北沿河路（Běiyánhé Lù） 所在行政区为砀山县。位于砀山县城区中部，东起西沿河路，南止东沿河路。长度1100米，宽度4米。水泥路面。路侧有砀山实验小学。

沿河路是以护城河加方位而得名。北沿河路始建于1988年，同年建成，名称沿用至今。

东沿河路

东沿河路（Dōngyánhé Lù） 所在行政区为砀山县。位于砀山县城区中部，南起南沿河路，北止北沿河路。长度1000米，宽度4米。水泥路面。路侧有砀山县广播电视台。

东沿河路是以护城河加方位而得名。东沿河路始建于1988年，同年建成，名称沿用至今。

西沿河路

西沿河路（Xīyánhé Lù） 所在行政区为砀山县。位于砀山县城区中部，南起南沿河路，北止北沿河路。长度1000米，宽度4米。水泥路面。路侧有砀城镇人民政府。

西沿河路是以护城河加方位而得名。西沿河路始建于1988年，同年建成，名称沿用至今。

红山路

红山路（Hóngshān Lù） 所在行政区为砀山县。位于砀山县城区西部，南起人民西路，北止道北西路。长度1000米，宽度8米。水泥路面。路侧有砀山县第二中学、砀山县西关小学。

因此地原有红山庙，故名红山路。红山路始建于1988年，同年建成，名称沿用至今。

红梅路

红梅路（Hóngméi Lù） 所在行政区为砀山县。位于砀山县城区西部，南起人民银行，北止振兴路。长度500米，宽度8米。水泥路面。路侧有红梅小区。

因该路经过红梅小区，故而得名红梅路。红梅路始建于2000年，同年建成，名称沿用至今。

育新街

育新街（Yùxīn Jiē） 所在行政区为砀山县。位于砀山县城区中部，南起南河西路，北止实验小学。长度600米，宽度8米。水泥路面。路侧有天主教堂、砀城镇卫生院。

因附近有学校，而学校是培育一代新人的地方，故得名育新街。育新街始建于1979年，同年建成，名称沿用至今。

商业步行街

商业步行街（Shāngyè Bùxíngjiē） 所在行政区为砀山县。位于砀山县城区中部，东起芒砀路，西止劳动街。长度200米，宽度15米。水泥路面。路侧有砀山紫都双兴置业发展有限公司。

因该街集聚很多商家，人多繁华，规定只准步行，故而得名。商业步行街始建于2000年，同年建成，名称沿用至今。

劳动街

劳动街（Láodòng Jiē） 所在行政区为砀山县。位于砀山县城区中部，南起翠微小区，北止原看守所。长度250米，宽度10米。水泥路面。

劳动街的地名含义是鼓励人民群众积极劳动，勤劳致富。劳动街始建于1988年，同年建成，名称沿用至今。

体育巷

体育巷（Tǐyù Xiàng） 所在行政区为砀山县。位于砀山县城区中部，南起人民路，北止治安街。长度250米，宽度10米。水泥路面。路侧有体育场、文化馆。

因路边有体育场，故名体育巷。体育巷始建于1988年，同年建成，名称沿用至今。

生产街

生产街（Shēngchǎn Jiē） 所在行政区为砀山县。位于砀山县城区中部，南起民政局，北止沿河东路。长度250米，宽度10米。水泥路面。路侧有砀山县物价局、财政局。

生产街的地名含义是鼓励发展生产，振兴经济。生产街始建于2000年，同年建成，名称沿用至今。

气象巷

气象巷（Qìxiàng Xiàng） 所在行政区为砀山县。位于砀山县城区西部，东起红山路，西止党校路。长度800米，宽度8米。水泥路面。路侧有砀山县气象局。

气象巷以沿途有气象局而得名。气象巷始建于1988年，同年建成，名称沿用至今。

民主街

民主街（Mínzhǔ Jiē） 所在行政区为砀山县。位于砀山县城区中部，东起生产街，西止育新南街。长度650米，宽度8米。水泥路面。路侧有房产局、芒砀路、砀山县幼儿园、文化街。

民主街的地名含义是发扬民主精神，构建和谐社会。民主街始建于1988年，同年建成，名称沿用至今。

清真巷

清真巷（Qīngzhēn Xiàng） 所在行政区为砀山县。位于砀山县城区中部，东起芒砀路，西止二环路。长度450米，宽度6米。水泥路面。路侧有清真寺。

因该巷经过清真寺前，故以寺得名。清真巷始建于2000年，同年建成，名称沿用至今。

文化街

文化街（Wénhuà Jiē） 所在行政区为砀山县。位于砀山县城的中部，南起人民路，北止民主街。长度200米，宽度6米。水泥路面。路侧有砀山城关市场监督管理所、香港商城。

因该街北面正对文化馆，故名文化街。文化街始建于2000年，同年建成，名称沿用至今。

振兴商业街

振兴商业街（Zhènxīng Shāngyèjiē） 所在行政区为砀山县。位于砀山县城的中部，东起健康路，西止红山路。长度400米，宽度10米。水泥路面。路侧有外贸宾馆、振兴菜市场。

因是在振兴菜市场旁新开发的商业区，故名振兴商业街。振兴商业街始建于2000年，同年建成，名称沿用至今。

治安街

治安街（Zhì' ān Jiē） 所在行政区为砀山县。位于砀山县城区中部，东起东沿河路，西止西沿河路。长度1100米，宽度10米。水泥路面。路侧有安徽省新澜路桥工程有限公司、菜市场、砀山县实验小学。

因离原砀山县公安局较近，以维护治安而得名。治安街始建于1988年，同年建成，名称沿用至今。

第二节 公路、铁路、桥梁、港口、码头

陇海铁路

陇海铁路（Lǒnghǎi Tiělù） 在安徽省砀山县中部，属徐州车务段管辖。距砀山县人民政府驻地4.2千米。陇海铁路在砀山为东西走向，横跨砀山县境39.7千米。陇海铁路在砀山县境内途经曹庄镇、赵屯镇、砀城镇、李庄镇、良梨镇、唐寨镇6个乡级行政区。设有赵屯、砀山、范庄、李庄、文庄

等车站，极大地方便了当地乃至周边县市人民群众的出行。因该铁路东从江苏省连云港（简称海州），西至甘肃省（简称陇），故名陇海铁路。陇海铁路形成历史较早，1905年动工，1913年东陇海铁路建成。现经过多次升级改造，已形成复线普通铁路，为一级双线电气化线路。

郑徐高铁

郑徐高铁（Zhèngxú Gāotiě） 在安徽省砀山县西南部，属郑徐高铁管辖。距砀山县人民政府驻地7.2千米。郑徐高铁的通车运行对完善皖北路网布局，促进就业，提升城市综合实力，加快完备发展，有着重要意义。因该高铁西自河南省郑州市，经开封市、商丘市、安徽省北部，至江苏省徐州市，正线全长362.39千米，是连接国家高速铁路大动脉京港高铁和京沪高铁的重要交通动脉，故名郑徐高铁。郑徐高铁始建于2012年12月。郑徐高铁在砀山县境为西北至东南走向，途经曹庄镇、赵屯镇、高铁新区、关帝庙镇3个乡镇和1个开发区。线路长度为30千米。砀山段芒砀山特大桥全长26.15千米，西北起砀山南站，东南接永城北站，沿途经安徽省与河南省的两市、三县、六镇、19个自然村。

济祁高速公路

济祁高速公路（Jǐqígāosù Gōnglù） 在安徽省砀山县中部，属济祁高速公路管辖。距砀山县人民政府驻地9.1千米。因该高速公路北起济南，南至祁门，故而得名济祁高速公路。济祁高速公路砀山段于2012年动工建设，北起鲁皖交界处的马良集，南接皖豫交界的堤湾处西，纵贯砀山西北至东南，全长39.58千米，宽度40米。路面性质为沥青表面处治。采用双向四车道，设计时速120千米/小时。砀山县境内设两个互通出口（砀山、砀山北）和一个服务区。

310国道

310国道（310 Guódào） 在安徽省砀山县中部穿过，东西走向，在砀山县境的长度为46.3千米，属砀山县公路局管辖。距砀山县人民政府驻地2.8千米。310国道是一条重要国道，起点为江苏省连云港市，终点为甘肃省天水市，线路全长1613千米。该国道经过江苏、山东、安徽、河南、陕西和甘肃6个省份。平行于国家高速公路东西大动脉连霍高速公路、新欧亚大陆桥。310国道砀山段修建于20世纪70年代，2013年进行改建，沿老路拓宽改造26千米，新建绕城道路20千米，设计时速每小时80千米。按一级公路标准建设，柏油软基路面。其中砀萧交界处至赵屯镇张新庄段为双向六车道，张新庄至皖豫交界处为双向四车道。并且沿途通往各乡镇的路口都安装了红绿灯，各种交通标志完备醒目，道路绿化优美，实现了自然景观和人文景观的完美结合，标志着砀山县交通建设又跃上了一个新台阶。

101省道

101省道（101 Shěngdào） 在安徽省砀山县中部穿过，东南至西北走向，在砀山县境的长度为56.8千米，属砀山县公路局管辖。距砀山县人民政府驻地2.2千米。安徽101省道全长411.56千米，南起自肥东县合蚌路口，北止于砀山县马良，是由省会合肥通往皖北地区及我国北方省份的一条重要干线。101省道砀山段于1982年建成，公路类型省道；等级二级；起点玄庙镇马良集，止点程庄镇坡里王屯。宽度9米，路面性质沥青。近年，101省道砀山段进行了绕城改道工程，从新建的陇海铁路立交桥通过，沿城东的宴嬉路绕城，避免了砀城人多的拥堵。沿途重要地理实体有砀山县司法局、关帝庙人民法庭；途经政区玄庙镇、砀城镇、关帝庙镇、朱楼镇、程庄镇。

薛黄公路

薛黄公路（Xuēhuáng Gōnglù） 在砀山县中部穿过，东西走向，在砀山县境的长度为 28.6 千米，属砀山县公路局管辖。距砀山县人民政府驻地 8.9 千米。因该路是砀山薛口通往萧县黄口的公路，故名薛黄公路。薛黄公路修建于 2006 年，为连接萧县与砀山陇海线以南的交通要道，对于两县交通状况起到了很大的促进作用。

砀丰公路

砀丰公路（Dàngfēng Gōnglù） 在砀山县北部穿过，西南至东北走向，在砀山县境的长度为 17.8 千米，属砀山县公路局管辖。距砀山县人民政府驻地 3.2 千米。砀丰公路是安徽省砀山县通往江苏丰县的交通要道。老道路修建于新中国成立初期，后来几次拓宽改建。2014 年，223 砀丰公路砀山段大中修工程动工。该工程施工段长 11 千米，路面宽 7.5 米，公路等级为二级。采取老路病害处治、浅洗刨、二灰碎石补强、沥青混凝土面层的施工方法，使砀丰公路砀山段的路况进一步得到改善，通行条件和服务水平均有较大的提升。沿途重要地理实体有玄庙镇朱寨小学、安徽利民路桥集团、故黄河；途经政区玄庙镇、周寨镇。

砀夏公路

砀夏公路（Dàngxià Gōnglù） 在砀山县西南部穿过，东北至西南走向，在砀山县境的长度为 18.6 千米，属砀山县公路局管辖。距砀山县人民政府驻地 6.8 千米。因该路是砀山通往夏邑的公路，故名砀夏公路。砀夏公路是安徽省砀山县通往河南夏邑的交通要道。老道修建于 1934 年，后来几次拓宽改建，宽度达 9 米，路面性质为沥青砼。2014 年，砀夏公路砀山段重修工程动工，为省道二级标准，采取二灰碎石补强、沥青封层和沥青混凝土面层的施工方法，使砀夏公路砀山段的路况进一步得到改善，通行条件有了很大的提高。沿途重要地理实体有砀山高铁站、巴清河；途经政区砀山高铁新区、赵屯镇。

砀永公路

砀永公路（Dàngyǒng Gōnglù） 在砀山县南部穿过，西北至东南走向，在砀山县境的长度为 9.15 千米，属砀山县公路局管辖。距砀山县人民政府驻地 16.8 千米。因是砀山县与永城县的相连路段，故得名砀永路。砀永公路始建于 1985 年，同年建成，名称沿用至今。公路类型县道。等级二级。起点 007 乡道，止点黄楼。宽度 9 米。路面性质：沥青混凝土。沿途重要地理实体有怀盛德烈士墓。途经政区关帝庙镇。

李永公路

李永公路（Lǐyǒng Gōnglù） 在砀山县东南部穿过，西北至东南走向，在砀山县境的长度为 12.15 千米，属砀山县公路局管辖。距砀山县人民政府驻地 13.8 千米。因该公路是从李庄镇至永城县的路段，故得名李永公路。李永公路始建于 1970 年，同年建成，名称沿用至今。公路类型县道。等级二级。起点李庄镇汪阁；止点朱楼镇回龙集。宽度 9 米。路面性质为沥青表面处治。沿途重要地理实体有天鹅洲景区、朱楼镇邵庄小学。途经政区李庄镇、朱楼镇。

砀葛公路

砀葛公路（Dànggě Gōnglù） 在砀山县东北部，西南至东北走向，长 24.6 千米，属砀山县公路局管辖。距砀山县人民政府驻地 3.8 千米。因该路是砀山通往葛集的公路，故名砀葛公路。砀葛公路修建于新中国成立初期，1973 年进行拓宽改建，达到县道二级标准，宽度为 9 米，路面性质为沥青表面处治。2012 年，砀葛公路重修工程动工，采取二灰碎石补强和沥青混凝土面层的施工方法，使砀葛公路路况进一步得到改善。沿途重要地理实体有砀山县青少年体育运动技术学校、砀城镇卫生院西南门分院、故黄河；途经政区砀城镇、园艺场。

砀官公路

砀官公路（Dàngguān Gōnglù） 在砀山县西北部，东南至西北走向，长 18.6 千米，属砀山县公路局管辖。距砀山县人民政府驻地 5.6 千米。因该路是砀山通往官庄的公路，故名砀官公路。砀官公路修建于新中国成立初期，1981 年拓宽改建，宽度为 7 米，路面性质为沥青贯入式。2012 年，砀官公路进行重修，采取二灰碎石补强和沥青混凝土面层的施工方法，使砀官公路达到县道等级三级标准，路况得到进一步提升。沿途重要地理实体有西地亚湿地公园、梨都变电所。途经政区砀城镇、官庄坝镇。

砀唐公路

砀唐公路（Dàngtáng Gōnglù） 在砀山县东北部，东西走向，长 23.8 千米，属砀山县公路局管辖。距砀山县人民政府驻地 4.8 千米。因该路是砀城通往唐寨的公路，故名砀唐公路。名称沿用至今。砀唐公路修建于新中国成立初期。1986 年，公路进行了拓宽改建，达到县道三级标准，宽度为 7 米，路面性质为水泥混凝土。2008 年，砀唐公路重修工程动工，采取二灰碎石补强和沥青混凝土面层的施工方法，使砀唐公路路况进一步得到改善。沿途重要地理实体有黑古墩加油站、梨树王景区；途经政区砀城镇、良梨镇。

潘梁路

潘梁路（Pānliáng Lù） 在砀山县东部，南北走向，长 23.4 千米，属砀山县公路局管辖。距砀山县人民政府驻地 21.8 千米。因该路是从潘坝村到梁寨村的路段，故得名潘梁路。潘梁路始建于 1983 年，同年建成，名称沿用至今。潘梁路公路类型：县道。等级：三级。起点 010 县道，止点梁寨村。宽度 6.5 米。路面性质：沥青混凝土。沿途重要地理实体有程庄镇卫生院。途经政区唐寨镇、程庄镇。

园新路

园新路（Yuánxīn Lù） 在砀山县东北部，西南至东北走向，长 14.4 千米，属砀山县公路局管辖。距砀山县人民政府驻地 15.8 千米。因该路是从园艺场到新华村的路段，故得名园新路。园新路始建于 1982 年，同年建成，名称沿用至今。园新路的公路类型：县道。等级：三级。起点园艺场，止点砀萧界。宽度 7 米。路面性质：沥青贯入式。沿途重要地理实体有鳌头观海风景区。途经政区唐寨镇。

园黄路

园黄路（Yuánhuáng Lù） 在砀山县东部，南北走向，长 14.1 千米，属砀山县公路局管辖。距砀山县人民政府驻地 13.8 千米。园黄路由该公路起止点地名而得名。名称沿用至今。园黄路始建于 1981 年，同年建成。公路类型县道。等级二级。起点县园艺场，止点黄楼。宽度12米。路面性质：沥青碎石。沿途重要地理实体有朱楼镇张屯小学、朱楼镇邵庄小学。途经政区良梨镇。

西曹路

西曹路（Xīcáo Lù） 在砀山县西北部，东西走向，长36.34千米，属砀山县公路局管辖。距砀山县人民政府驻地13.1千米。西曹路由该公路起止点地名而得名。西曹路始建于1984年，同年建成，名称沿用至今。公路类型：县道。等级：三级。起点101省道城北王集，止点曹庄镇；宽度8米，路面性质沥青贯入式。沿途重要地理实体有玄庙镇王集小学；途经政区玄庙镇、官庄坝镇。

砀单公路黄河桥

砀单公路黄河桥（Dàngdāngōnglù Huánghéqiáo） 在砀山县北部，属玄庙镇管辖。距砀山县人民政府驻地11.06千米。位于砀单公路黄河故道上。该桥因坐落于砀山至山东省单县公路的黄河故道上，故名砀单公路黄河桥。砀单公路即101省道。该公路黄河桥于1958年修建，2006年改建。桥长65米，桥面宽11米，最大跨度16米，桥下净高10米。其建筑结构为中型河道桥梁，结构形式为梁式桥。

砀丰公路黄河桥

砀丰公路黄河桥（Dàngfēnggōnglù Huánghéqiáo） 在砀山县北部，属玄庙镇管辖。距砀山县人民政府驻地10.38千米。位于砀丰公路黄河故道上。该桥因坐落于砀山至江苏省丰县公路的黄河故道上，故名砀丰公路黄河桥。砀丰公路黄河桥于1955年修建，2006年改建。桥长65米，桥面宽11米，桥下净高8米，最大跨度22米。其建筑结构特点为中型河道桥梁，结构形式为梁式桥。

砀葛公路黄河桥

砀葛公路黄河桥（Dànggěgōnglù Huánghéqiáo） 在砀山县东北部，属葛集镇管辖。距砀山县人民政府驻地12.96千米。该桥因坐落于砀山至葛集公路的黄河故道上，故名砀葛公路黄河桥。砀葛公路黄河桥于1978年修建，2006年改建。桥长65米，桥面宽12米，最大跨度16米，桥下净高10米。其建筑结构特点为中型河道桥梁，结构形式为梁式桥。

北关外环桥

北关外环桥（Běiguānwàihuán Qiáo） 在砀山县中部，属砀城镇管辖。距砀山县人民政府驻地2.9千米。北关外环桥始建于1953年，名称沿用至今。北关外环桥类型公路桥；所在线路芒砀路；所跨河流利民河；最大载重量20吨。长度30米，宽度7米，高度5米。最大跨度20米。

北关护城河桥

北关护城河桥（Běiguān Hùchénghé Qiáo） 在砀山县中部，属砀城镇管辖。距砀山县人民政府驻地3.08千米。北关护城河桥于1956年建成。2013年，芒砀路进行加宽改造升级，将原桥拆除，兴建新桥。新桥桥长33.6米，桥面宽40.8米，最大跨度13米，桥下净高6米。其建筑结构特点为中型河道桥梁，结构形式为简支板式桥梁。

西关护城河桥

西关护城河桥（Xīguān Hùchénghé Qiáo） 在砀山县中部，属砀城镇管辖。距砀山县人民政府驻地4.2千米。西关护城河桥始建于1955年，西关护城河桥是砀城镇人民路的交通要道。其类型为公路桥，所跨河流是护城河。长度25米，宽度15米，高度13米。最大跨度15米。最大载重量20吨。

南关护城河桥

南关护城河桥（Nánguān Hùchénghé Qiáo） 在砀山县中部，属砀城镇管辖。距砀山县人民政府驻地3.6千米。南关护城河桥始建于1957年，南关护城河桥类型公路桥；所在线路芒砀路；所跨河流护城河；最大载重量20吨。长度30米，宽度15米，高度13米。最大跨度8米。

五中桥

五中桥（Wǔzhōng Qiáo） 在砀山县中部，属砀城镇管辖。距砀山县人民政府驻地3.6千米。五中桥始建于1989年，名称沿用至今。五中桥类型：交通桥；所跨河流利民河；最大载重量15吨。长度40米，宽度8米，高度6米。最大跨度15米。

顺堤河桥

顺堤河桥（Shùndīhé Qiáo） 在砀山县中部，属砀山经济开发区管辖。距砀山县人民政府驻地7.8千米。顺堤河桥于1973年建成。桥长30.2米，桥面宽18.8米，最大跨度13米，桥下净高4.9米。其建筑结构特点为中型河道桥梁，结构形式为梁式桥。

第三节 火车站、汽车站

砀山县火车站

砀山县火车站（Dàngshānxiàn Huǒchēzhàn） 位于砀城镇中原路。因火车站位于砀山县辖区范围内，故名。始建于1915年，建成于1953年，名称沿用至今。所在行政区为砀城镇。站区面积为20500平方米。类型为客运、货运混合，年客运量85万人，年货运量44万吨。紧邻310国道。

砀山县高铁南站

砀山县高铁南站（Dàngshānxiàn Gāotiě Nánzhàn） 位于高铁新区薛口村，砀山火车站西南约5千米处。因火车站位于砀山县辖区南部，故名。始建于2012年12月26日，建成于2016年3月，2016年10月1日开通运营，名称沿用至今。所在行政区为砀城镇。站区面积为5000平方米。类型为客运站，年客运量72万人。距002县道较近。

砀山汽车总站

砀山汽车总站（Dàngshān Qìchē Zǒngzhàn） 位于永顺路与310国道交叉口东北。1949年建成得名。始建于1949年，同年建成，2013年搬迁至现址，名称沿用至今。占地面积为40000平方米。年客运量为73万人，法人代表是安中淮，职工有77人。紧邻310国道，为国家二级站。所获荣誉：2010年、2011年、2012年被宿州市委、市政府授予第六届、第七届、第八届文明单位，2012年、2013年、2014年被宿州市交通运输局评为交通系统先进单位等。

朱楼客运汽车站

朱楼客运汽车站（Zhūlóu Kèyùn Qìchēzhàn） 位于101省道与210省道交叉口。承载客运事务，位于朱楼镇境内，故名。始建于1987年，建成于1988年，名称沿用至今。占地面积为2159平方米。年客运量18万人，职工有20人。紧邻101省道、201省道。

砀山汽车南站

砀山汽车南站（Dàngshān Qìchē Nánzhàn） 位于砀山高铁站西北方向。承载客运事务，位于砀山县南部，故名。始建于2014年，建成于2016年，名称沿用至今。占地面积为31500平方米。年客运量10万人，职工有20人。紧邻砀山高铁站。

唐寨联运站

唐寨联运站（Tángzhài Liányùnzhàn）位于利民沟与010县道交叉口东北。承载客运事务，位于唐寨镇，故名。始建于2000年，建成于2001年，名称沿用至今。占地面积为2129平方米。年客运量17万人，职工有20人。现为二级站，紧邻010县道。

第四节　地标建筑、广场

九州岛大厦

九州岛大厦（Jiǔzhōudǎo Dàshà） 九州岛大厦位于砀山县砀城镇人民西路229号。占地面积3333.33平方米，建筑面积5250平方米。主体层数5层，主体高度20米。

梨都商业大厦

梨都商业大厦（Lídū Shāngyè Dàshà） 梨都商业大厦位于砀山县砀城镇人民东路6号。占地面积300平方米，主体层数5层，主体高度18米。

邮政通信生产楼

邮政通信生产楼（Yóuzhèng Tōngxìn Shēngchǎnlóu） 邮政通信生产楼位于砀山县砀城镇人民东路。占地面积433平方米，建筑面积2500平方米。主体层数6层，主体高度24米。

砀山县新长江宾馆

砀山县新长江宾馆（Dàngshānxiàn Xīnchángjiāng Bīnguǎn） 砀山县新长江宾馆位于砀山县砀山道北中路12号。占地面积3866平方米，建筑面积5222平方米。主体层数6层，主体高度27米。

香港商城

香港商城（Xiānggǎng Shāngchéng） 香港商城位于砀山县砀城镇人民中路。占地面积10000平方米，建筑面积50000平方米。主体层数5层，主体高度20米。

铁树缘大酒店

铁树缘大酒店（Tiěshùyuán Dàjiǔdiàn） 铁树缘大酒店位于砀山县砀城镇健康路。占地面积2667平方米，建筑面积1500平方米。主体层数5层，主体高度24米。

砀山国际大酒店

砀山国际大酒店（Dàngshān Guójì Dàjiǔdiàn） 砀山国际大酒店位于砀山县砀城镇芒砀北路。占地面积27000平方米，建筑面积7000多平方米。包括8层和12层大楼各一栋、会议中心一个，主体高度45米，楼房造型别致幽雅，富于现代特色。

华迪时代广场

华迪时代广场（Huádí Shídài Guǎngchǎng） 砀山华迪时代广场位于砀山县砀城镇中原路与人民西路交叉口。占地面积4000平方米，建筑面积2230平方米。主体层数6层，主体高度20米。

砀山农资大厦

砀山农资大厦（Dàngshān Nóngzī Dàshà） 砀山农资大厦位于砀山县砀城镇道北西路附近。占地面积12000平方米，建筑面积1000平方米。主体层数6层，主体高度22米。

冠隆商厦

冠隆商厦（Guànlóng Shāngshà） 冠隆商厦位于砀山县砀城镇310省道交通局斜对面。占地面积18000平方米。主体层数5层，主体高度18米。

财富广场商务中心

财富广场商务中心（Cáifù Guǎngchǎng Shāngwù Zhōngxīn） 财富广场商务中心位于砀山县砀城镇西内沿河路与芒砀路交叉口。占地面积1500平方米，建筑面积1200平方米。主体层数6层，主体高度25米。

时代广场

时代广场（Shídài Guǎngchǎng） 时代广场位于砀山县砀城镇人民西路与健康路交界处。占地面积39600平方米，建筑面积88000平方米。主体层数14层，主体高度50米。

梨花广场

梨花广场（Líhuā Guǎngchǎng） 位于砀山县城砀郡路南侧，行政新区对面，距砀山县人民政府驻地0.3千米。因为梨花是纯洁高雅的象征，砀山拥有50万亩梨花，每年的梨花节热闹非凡，且广场的主题建筑就是梨花瓣造型，故名梨花广场。

梨花广场占地面积14.1公顷。2012年初开工建设。由主体工程、市民活动中心、外围市民公园和广场等部分组成。广场中央矗立梨花瓣造型的主题建筑，建筑为地下一层，地上二层，设有“四馆一场”，即城市规划馆、博物馆、图书馆、文化馆和多功能剧场。主题外围水景造型酷似酥梨。空中俯瞰则水中浮花，花开结果。梨花广场是砀山重要的标志性建筑，地处砀山新城的核心区位，位于砀山县人民政府正对面砀郡路以南，梨花路以北，东升北路以东，东面为商业住宅区七彩世界。广场内安装高杆灯、路灯、探照灯等，华灯初上时分，广场流光溢彩，市民在绿树环抱的广场上伴着音乐喷泉翩翩起舞，热闹非凡。

砀山火车站广场

砀山火车站广场（Dàngshān Huǒchēzhàn Guǎngchǎng） 位于砀城镇中原路南首，火车站下，距砀山县人民政府驻地4.98千米。因该广场系砀山火车站的附属设施，故名。砀山火车站广场与砀山火车站一同建成于1953年。

砀山火车站广场占地面积11285平方米，花木葱茏，碧草如茵，周围设有停车泊位70个，东西两侧建有宾馆、餐馆、娱乐场、停车场、公交车停靠站，为上下车的旅客提供了一个宽敞、舒适、优雅的环境。

廉政文化广场

廉政文化广场（Liánzhèng Wénhuà Guǎngchǎng） 砀山廉政文化广场坐落在砀城镇老城护城河东北岸边，南面有老年大学，北靠帝景水岸，东面是新建商业街御东星城和东方不夜城，隔河相望便是老城区。

廉政文化广场占地面积约7000平方米，始建于2012年，建成于2014年，名称沿用至今。

由两块巨大的廉石、多座廉心桥、静心亭、廉政文化长廊、红色大理石壁墙、扬帆亭、碧清湖等构成。两块廉石上均有砀山著名书法家赵文石书写而镌刻的清碑官箴和淡泊明志箴言。多座廉心桥架在碧清湖上，桥桥相连，如一条长龙躺卧在雨后的长虹之上，威风凛凛。静心亭参差错落，结构精巧，飞檐高挑，在阳光下流光溢彩，在风雨中显得惬意而坚韧。廉政文化长廊内容丰富，有古今中外的廉政格言，有警示录，有忏悔录，图文并茂。红色大理石壁墙上镌刻着《爱莲说》、莲和廉，还有朵朵莲花出污泥而不染。扬帆亭桅杆林立，像准备出海的帆船队，也有的平展双翅，像呼啸腾空的喷气式飞机，有的线条粗犷有力，有的线条平缓柔和，诱人怀古幽思、抒发联想。

第五节　水利电力通信设施

岳庄坝水库

岳庄坝水库（Yuèzhuāngbà Shuǐkù）岳庄坝水库位于砀山县官庄坝镇岳庄村。长度为16千米，宽度为0.86千米，面积约13.76平方千米。主要水源为黄河故道。平均水深为2.5米，总库容为11.47万立方米。

张庵泵站

张庵泵站（Zhāng' ān Bèngzhàn）位于砀山县和谐村张庵庄。始建于1988年，同年建成。所在河流为黄河故道。装机功率为90千瓦，装机台数为3台，设计流量为0.65立方米/秒，灌溉面积为4.33平方千米。

杨李庄泵站

杨李庄泵站（Yánglǐzhuāng Bèngzhàn）位于砀山县和谐村杨李庄。始建于1988年，同年建成。所在河流为黄河故道。装机功率为60千瓦，装机台数为2台，设计流量为0.44立方米/秒，灌溉面积为3.33平方千米。

立新防洪闸

立新防洪闸（Lìxīn Fánghóngzhá）位于关帝庙镇庞桥村北利民河上。始建于1957年，同年建成。所在位置为薛楼板材加工园，长度为5.5米，顶宽为3米，高度为14米。为单孔桥，由砖石垒成，至今仍在使用，防洪作用已不存在，现主要用于交通。

王寨水闸

王寨水闸（Wángzhài Shuǐzhá）位于文家河中下游唐寨镇家和村。始建于1971年，建成于2011年。所在位置为家和村委会，长度为20.4米，顶宽为12.5米，高度为37.1米。控制流域面积51.0平方千米，闸室结构为开敞式宽顶堰型。闸室长度12.5米，闸身宽度20.40米，共3孔，单孔净宽5.6米。底板高程37.10米。王寨闸闸门为钢质平板闸门，门宽5.6米，门高3.3米。双吊点手电两用卷扬式启闭机3台，单台启闭力2×100千牛。交通桥为钢筋混凝土板式结构，桥面宽 7.0 米，荷载等级为公路Ⅱ级。

岳庄水闸

岳庄水闸（Yuèzhuāng Shuǐzhá） 位于岳庄坝村后岳庄自然村东北 300 米黄河故道上。始建于 1971 年，建成于 1972 年。所在位置为官庄坝镇，长度为 70 米，顶宽为 15 米，高度为 40 米。

崔庄水闸

崔庄水闸（Cuīzhuāng Shuǐzhá） 位于文家河中游良梨镇郭庄村。始建于 1972 年，建成于 2011 年。所在位置为良梨村委会，长度为 15 米，顶宽为 12.5 米，高度为 39.8 米。控制流域面积 35.2 平方千米，闸室结构为开敞式宽顶堰型。闸室长度 12.5 米，闸身宽度 15.0 米，共 3 孔，单孔净宽 4.4 米。底板高程 39.80 米。崔庄闸闸门为钢质平板闸门，门宽 4.3 米，门高 3.0 米。双吊点手电两用卷扬式启闭机 3 台，单台启闭力 2×60 千牛。交通桥为钢筋混凝土板式结构，桥面宽 7.0 米，荷载等级为公路Ⅱ级。

董庄水闸

董庄水闸（Dǒngzhuāng Shuǐzhá） 位于周寨镇周寨村。始建于 1972 年，建成于 1973 年。所在位置为周寨村委会，长度为 18 米，顶宽为 15 米，高度为 25 米。闸孔数量 5 孔，闸孔总净宽 15 米，节制闸过闸流量 86.5 立方米／秒。

固口水闸

固口水闸（Gùkǒu Shuǐzhá） 位于王引河上游的薛楼板材园区利民村。始建于 1975 年，建成于 1977 年。所在位置为利民村委会，长度为 79 米，顶宽为 18 米，高度为 34.6 米。控制流域面积 723 平方千米，闸室结构为开敞式宽顶堰型。闸室长度 18 米，闸室宽度 79 米，共 6 孔，单孔净宽 12 米。闸底板高程 34.60 米。交通桥桁架拱结构，桥面宽 6.5 米。混凝土钢丝网弧形闸门，门宽 12.0 米，门高 4.5 米。双吊点卷扬式启闭机 6 台，单台启闭能力 25 吨。

殷庄水闸

殷庄水闸（Yīnzhuāng Shuǐzhá） 位于利民河中游李庄镇贾楼村。始建于 1977 年，建成于 1978 年。所在位置为贾楼村委会，长度为 30 米，顶宽为 16 米，高度为 33 米。控制流域面积 142 平方千米，殷庄闸闸室结构为开敞式宽顶堰型。闸室长度 12.4 米，闸身宽度 32.5 米，共 5 孔，单孔净宽 5.6 米。底板高程 36.20 米。闸门为钢筋混凝土双曲薄壳门，门高 4.6 米，门宽 5.6 米。手摇电动两用单吊点卷扬式启闭机 5 台，启闭能力 25 吨。交通桥为混凝土板拱桥，桥面宽 6.0 米。

周庄水闸

周庄水闸（Zhōuzhuāng Shuǐzhá） 位于大沙河中游李庄镇贾楼村。始建于 1977 年，建成于 1978 年。所在位置为神湖村委会，长度为 32.5 米，顶宽为 16 米，高度为 36.2 米。控制流域面积 142 平方千米，周庄水闸闸室结构为开敞式宽顶堰型。闸室长度 12.4 米，闸孔总净宽 20 米，共 4 孔，单孔净宽 5.6 米。节制闸过闸流量 113 立方米／秒，交通桥为混凝土板拱桥，桥面宽 6.0 米。

利民水闸

利民水闸（Lìmín Shuǐzhá） 位于利民河上游砀城镇境内。始建于 1977 年，建成于 1979 年。所在位置为砀城镇，长度为 40 米，顶宽为 33 米，高度为 40 米。控制流域面积 142 平方千米，利民闸闸室结构为开敞式宽顶堰型。闸室长度 12.4 米，闸身宽度 32.5 米，共 3 孔，单孔净宽 5.6 米。底板高程 36.20

米。闸门为钢筋混凝土双曲薄壳门，门高4.6米，门宽5.6米。交通桥为混凝土板拱桥，桥面宽8米。

陈屯水闸

陈屯水闸（Chéntún Shuǐzhá） 位于西洪河曹庄镇。始建于1978年，同年建成。所在位置为曹庄村委会，长度为15米，顶宽为12米，高度为31米。闸孔数量3孔，闸孔总净宽12米，节制闸过闸流量54立方米／秒。

东关水闸

东关水闸（Dōngguān Shuǐzhá） 位于砀城镇东城社区。始建于1978年，建成于1979年。所在位置为东城社区居委会，长度为15米，顶宽为14米，高度为33米。闸孔数量3孔，闸孔总净宽15米，节制闸过闸流量38立方米／秒。

薛口水闸

薛口水闸（Xuēkǒu Shuǐzhá） 位于赵屯镇薛口村。始建于1978年，建成于1979年。所在位置为薛口村委会，长度为17米，顶宽为12米，高度为35米。闸孔数量3孔，闸孔总净宽12米，节制闸过闸流量39.2立方米／秒。

于昌楼水闸

于昌楼水闸（Yúchānglóu Shuǐzhá）位于周寨镇周平庄村。始建于1978年，同年建成。所在位置为周平庄村委会，长度为12.2米，顶宽为10米，高度为30米。闸孔数量3孔，闸孔总净宽12.2米，节制闸过闸流量39立方米／秒。

况楼水闸

况楼水闸（Kuànglóu Shuǐzhá） 位于唐寨镇文庄村。始建于1979年，同年建成。所在位置为家和村委会，长度为20米，顶宽为8米，高度为29米。闸孔数量2孔，闸孔总净宽8米，节制闸过闸流量17.6立方米／秒。

徐庄水闸

徐庄水闸（Xúzhuāng Shuǐzhá） 位于关帝庙镇邵楼村。始建于1979年，同年建成。所在位置为邵楼村委会，长度为22米，顶宽为8米，高度为40米。闸孔数量2孔，闸孔总净宽8米，节制闸过闸流量17.6立方米／秒。

园艺场灌溉渠

园艺场灌溉渠（Yuányìchǎng Guàngàiqú） 位于砀山县葛集镇境内，砀山园艺场三分场附近。始建于2009年，同年建成。起点为园艺场三分场，止点为故黄河，平均流量为20立方米／秒，最大水深为5米，途经政区为葛集镇。

阚沟

阚沟（Kàn Gōu） 起点为赵屯镇汪屯西，止点为利民河。最大水深为4米，途经政区为砀山县。长度为20千米，流域面积为120.3平方千米，管理范围土地面积为1.88平方千米，保护范围土地面积为4平方千米。

李寨沟

李寨沟（Lǐzhài Gōu） 起点为夏朱庄，止点为故黄河。最大水深为2米，长度为7.55千米。途经政区为葛集镇。

中心沟

中心沟（Zhōngxīn Gōu） 起点为刘楼村，止点为故黄河。最大水深为2米，途经政区为官庄坝镇。长度为8.83千米。

利民沟

利民沟（Lìmín Gōu） 起点为定国寺，止点为萧县界。最大水深为3米，长度为5.54千米。途经政区为唐寨镇。

汤沟

汤沟（Tāng Gōu） 起点为赵楼镇李新楼，止点为大沙河。最大水深为 5 米，长度为 19 千米。途经政区为赵屯镇。

光大新能源电厂

光大新能源电厂（Guāngdà Xīnnéngyuán Diànchǎng） 位于砀山县经济开发区曹集村 310 国道南侧。于 2014 年开始建设，2015 年底建成投入运营。类型为火力，总装机容量为 4100 万千瓦，日发电量为 98400 万度，年发电量为 3591.6 亿度。

第八章　旅游景点及名胜古迹地名

第一节　纪念地

狐父陈氏祠堂

狐父陈氏祠堂（Húfù Chénshì Cítáng）砀山县朱楼镇陈寨村西门肖砀公路北侧。占地面积60平方米，管理单位是砀山县文物局，“安阳狐父陈氏祠堂”相传为陈氏四门二支第八世陈九贡所建，以此而得名。始建于明末清初，至今已有400年历史。祠堂于2004年翻修，立有记事碑一通，三足香炉，有明代万历年间家谱四簿。祠堂原占地三亩，建有前殿、后殿（正殿）及东、西配殿，立有旗杆。现仅存正殿三间，为晚清建筑，殿东西长10米，南北宽7米，有院子一座，南北长22米，东西宽10米。

大觉院遗址

大觉院遗址（Dàjuéyuàn Yízhǐ）　大觉院遗址位于地处苏、鲁、皖三省处的周寨镇刘暗楼村北刘新庄自然村。占地面积200平方米，管理单位是砀山县文物局，大觉院遗址位于村庄前村民自留田地里，西边是通往三省井的路。北为村庄，南为田地，在遗址东南有水井一口，为寺院僧人所用。为明代建筑，历史延续至今。在修通往三省井的响马路时，在路基东侧约70米处起土，在距地表一米深处发现该碑，碑石质为灰色花岗岩，长方形，长3.9米，宽1.05米，厚0.30米，碑底为无头乌龟碑座。石碑上部雕有二龙戏珠，盘龙下方正中间方形内，竖两行篆书《重修大觉院记》，碑体正面刻有楷书，竖18行全文796字，详细记录了原大觉寺院的宏大规模及嘉靖二十二年（1543年）重修大觉院的盛况，重修后的大觉寺院，规模宏大，气势雄伟。文物工作者由此断定此处为大觉院遗址。为研究明代寺院提供了翔实的实物资料。

朱楼古墓葬

朱楼古墓葬（Zhūlóu Gǔmùzàng）　邵寨古墓群位于邵寨村西南角，占地约2400平方米。占地面积2400平方米，管理单位是砀山县文物局，因坐落在朱楼镇，由此得名。明崇祯十七年（1644年），于保定府守城殉节，在保定有忠烈祠。墓群中有碑刻三通、门垛四个、残碑一通。邵忠烈墓和碑，碑上有钦赐谥号，皇清追封明殉难奉议大夫忠烈公神道碑。邵忠烈墓即邵宗元墓，《砀山志》记载：邵宗元（？—1644），字景康，明代徐州府砀山县人，崇祯时邵宗元在保定府任同知，治理州事，井井有条，很有政绩。

烈士陵园

烈士陵园（Lièshì Língyuán） 砀山县砀城镇苇子园村戚寺自然村南。占地面积9990平方米，管理单位是砀山县文物局。烈士陵园于2001年搬迁到现址。占地面积约15亩，新建仿古三开间，嵌黑大理石大门，正中为烈士陵园，园内有纪念碑一座，上刻“革命烈士永垂不朽”八个大字。园中有烈士墓、纪念碑，正筹备重建陈列室、纪念堂等建筑物。

怀盛德烈士墓

怀盛德烈士墓（Huáishèngdé Lièshì mù） 位于关帝庙沙河村肖刘屯自然村西。占地面积8平方米，管理单位是砀山县文物局，为纪念怀盛德而立碑。怀盛德，安徽省砀山县关帝庙区肖刘屯村人，民国5年（1916年）生于贫苦农民家庭，1939年6月加入中国共产党，1940年2月率所部编入新四军，同年遇害，年仅27岁。墓冢为圆形拱顶水泥结构，前建纪念碑，上镌刻“革命烈士永垂不朽”金字草书，碑后刻怀盛德烈士碑文。新四军四支队司令员对其家属表示慰问，赞他是“民族精英，抗日英雄”。

邵氏家庙

邵氏家庙（Shàoshì Jiāmiào） 位于朱楼镇邵寨。占地面积60平方米，管理单位是砀山县文物局。邵氏家庙建于民国初年，现存砖瓦结构房屋三间，为硬山顶，石柱础支撑木柱，拱形门窗。屋顶由陇瓦铺成，勾头瓦饰有菊花图案。木梁用材较大。屋面由规整的墓缘铺成，八砖铺于墓缘上。为八砖登船字屋，长约9.9米，宽约6米。青砖灰瓦，前有走廊。是邵寨邵姓居民祭祀的地方。

朱广山烈士碑

朱广山烈士碑（Zhūguǎngshān Lièshì-bēi） 位于朱楼镇朱楼村小学西。占地面积1平方米，管理单位是砀山县文物局。碑正面刻有“朱广山烈士永垂不朽”九个大字，砀山县人民政府立于1984年10月1日，碑背面刻有朱广山的生平事迹。朱广山生于1918年，1933年投身革命，解放战争时期参加过豫西、郑州、淮海等大小战役数十次，出生入死，屡建战功，新中国成立初期又参加了抗美援朝战争，积劳成疾，不幸于1950年11月病逝，年仅33岁。

清代进士墓

清代进士墓（Qīngdài Jìnshìmù） 位于砀山县唐寨镇光明村光明自然村。占地面积16.6平方米，管理单位是砀山县文物局。墓为清代受封进士翟世英之墓，碑为后人怀念其而立，叙其生平，碑头高0.95米，碑长2.1米，宽0.8米，底座厚0.3米，碑头雕有二龙戏珠图案，两侧各一侍童。图案雕刻精美。旁边有石像生一对，供桌一张，是保存较完整的清代墓葬，为研究清代墓葬提供了翔实的资料。

李怀远、李心公纪念碑

李怀远、李心公纪念碑（Lǐhuáiyuǎn Lǐxīngōng Jìniànbēi） 位于砀山县周寨镇市力集村西200米路北。占地面积1平方米，管理单位是砀山县文物局。1938年2月17日，李怀远、李心公被日本兵杀害。为纪念两位抗日英雄，2002年5月李侠捐资竖立该纪念碑。碑高2.5米，宽0.89米，碑头高1.1米，底座高1.4米。现为当地重要的爱国主义教育基地。

“万人坑”纪念碑

“万人坑”纪念碑（Wànrénkēng Jìniànbēi） 位于砀山县周寨镇周寨村吴庄自然村九队南边。占地面积1平方米，管理单位是砀山县文物局。砀山籍离休干部李侠发起并捐资，1998年5月17日修建了“万人坑纪念碑”，以告慰抗日战争中的遇难同胞和奋勇捐躯的英灵。该纪念碑坐落在大屠杀原址，周寨镇吴庄村“万人坑”南侧，现周寨镇政府东南一千米处。1938年2月17日，日军侵占该镇，在此杀害百姓500余人。碑高2.7米，宽0.93米，厚0.2米，底座高1.5米，碑头高1米。

铁观老爷庙

铁观老爷庙（Tiěguān Lǎoyémiào） 位于周寨镇张老家村朱楼组朱楼小学院内。占地面积2000平方米，管理单位是砀山县文物局。传说在明朝时期，某年发大水，冲来一尊铁铸的关公造庙像。人们传说铁观老爷要在此安家，便组织起来在此修建铁观老爷庙。清朝时又进行了翻修扩建。当时占地约2000平方米，规模宏大，现仅存3间房屋（两层共6间），房屋长9.9米，宽6米。整体为砖瓦结构，硬山顶，屋顶由陇瓦铺成。木梁用材硕大，重梁起架。屋面由木椽上铺八砖。一楼大门两侧残留木棂窗，大部为拱形。为典型的清末建筑。

革命烈士纪念碑

革命烈士纪念碑（Gémìnglièshì Jìniànbēi） 位于砀山县周寨镇解楼村陈集组东北角。占地面积15平方米，管理单位是砀山县文物局。为纪念抗日战争时期被日军杀害的村民和士兵而立。具体竖立年份不详。碑长2.27米，宽0.75米，厚0.25米。供桌长2.77米，宽0.75米，目前已被推倒。

关帝庙遗址

关帝庙遗址（Guāndìmiào Yízhǐ） 位于李庄镇李园新村吴庙自然村东南。占地面积400平方米，管理单位是砀山县文物局。关帝庙是为了供奉三国时期的蜀国大将关羽而兴建。乾隆三十一年（1766年）重建关帝庙碑，2004年再次重建。遗址长宽各20米，遗址周围是果园，遗址上杂草丛生，现在遗址上按老庙地基新建三间房屋，坐北面南。正间有关公塑像，西边左脚边为周仓扛刀塑像，右脚边是关平抱印塑像；西间靠西墙左边为牛王爷像，右边为华佗像；东间靠东墙左边为火神王像，右边为土地爷像。庙前有两块重建碑，北边一块为乾隆三十一年（1766年）重建关帝庙碑，上刻“群英乐成”；南边一块为2004年重建时的碑，上刻“众志成城”。

姬全清、孙汉文老民居

姬全清、孙汉文老民居（Jīquánqīng Sūnhànwén Lǎomínjū） 位于砀山县李庄镇贾楼村蒋庄自然村中间最北边。占地面积40平方米，管理单位是砀山县文物局。原属蒋姓人家所盖，后卖给邵家，后又被姬全清、孙汉文的祖父购买。据砀山县文物局统计，建成于清朝年间。姬全清家的屋东西两山为原建，其余在1966年翻修，一切按原貌；孙汉文家的屋只是把上帽翻修了一下，门前台阶及门后叉石去掉了，基本为原貌。姬全清一栋三间，孙汉文一栋二间，两家屋连山。现已居住了四代人。姬全清家为堂屋三间，八砖登顶，灰色布瓦盖顶，为合瓦盖顶，门后两边各有一个叉圆木的石头，门前有五级石台阶，屋内地面也是用八砖铺成，现又用水泥盖上了。孙汉文家的屋也是八砖登顶，灰色布瓦盖顶，瓦为反八脊，只有四行为合瓦盖顶。

刘开山老院

刘开山老院（Liúkāishān Lǎoyuàn）位于砀山县玄庙镇吴寨村西刘自然村西。占地面积3600平方米，管理单位是砀山县文物局，始建于民国初期，具体年份不详。为民国初期乡绅刘开山的公馆，坐北朝南，进门为一门楼，青砖灰瓦，门楼两边各有一砖雕，雕刻精美。现存一进两院，总占地面积3600平方米，共有房屋25间，为灰布瓦盖顶。该院落曾做过学校、粮店。但后边房屋毁坏严重，现有一刘姓居民在里居住。刘开山一家则在新中国成立前前往台湾。

范氏家茔

范氏家茔（Fànshì Jiāyíng） 位于砀城镇徐井村范庄自然村。占地面积22平方米，管理单位是砀山县文物局，为范氏家族墓冢地。从清朝雍正二年延续至今。墓冢基本上被推平，有大小石碑8个，从清朝雍正二年一直到民国年间，石猴四座、石桌、石凳齐全，碑体及石柱皆卧倒在地。石柱顶上雕刻有狮子等动物。是当地留存清代石碑最多的墓冢地。

果园场二分场毛泽东画像、语录墙群

果园场二分场毛泽东画像、语录墙群（Guǒyuánchǎng Èrfènchǎng Máozédōng Huàxiàng Yǔlù Qiángqún） 位于砀山县官庄坝镇胡庄村。占地面积1.58平方米，管理单位是砀山县文物局。果园场二分场毛泽东画像及语录牌，是20世纪五六十年代时的文化产物，现有毛泽东画像4幅，语录标语22幅。这些画像语录分布广泛，几乎果园场现存的房屋上都有，有的已经斑驳脱落，有的保存基本上完整。

魏氏宗祠遗址

魏氏宗祠遗址（Wèishì Zōngcí Yízhǐ）位于砀山县良梨镇马庄村魏寨自然村路东，长宽均为23米，占地面积459平方米，管理单位是砀山县文物局，建于明朝洪武定鼎二年后。东为一池塘，西为一村中小路，前为荒地。据碑记载，魏氏祖居山西平阳府洪洞县，在明洪武定鼎二年迁砀山县东乡孤独村即魏寨。本族人为纪念先人、祭祀前辈而建魏氏宗祠，后毁于洪水。现仅存康熙年间石碑一通、民国年间重建碑一通。现在村民又在原址上重建魏氏宗庙。

房沟崖烈士墓

房沟崖烈士墓（Fánggōuyá Lièshìmù）位于程庄镇赵楼村房沟崖自然村东南200米处。占地面积120平方米，管理单位是砀山县文物局。1975年4月修建。东靠南北公路，南边是田地，北、西靠房沟崖自然村，为纪念解放战争时牺牲的烈士而建立，由原赵楼乡房沟崖大队革命委员会承建，占地120平方米，无院墙。

张成兰献梨纪念碑

张成兰献梨纪念碑（Zhāngchénglán Xiànlí Jìniànbēi） 位于程庄镇衡楼村刘庄自然村东南1千米处。占地面积144平方米，管理单位是砀山县文物局。纪念碑长和宽均为12米，张成兰在1958年向毛泽东同志献梨，为纪念张成兰先生，于1972年建墓碑，1998年重新修建。张成兰墓冢有雕像一尊、纪念碑一通、石椅四把、香炉一个，纪念碑上有砀山县原县委书记马骏的题词“向毛主席献梨四十周年纪念碑”。

王次青烈士陵园

王次青烈士陵园（Wángcìqīnglièshì Língyuán） 位于程庄镇王明集村王明集自然村南边。占地面积60平方米，管理单位是砀山县文物局，竖于民国时期，1995年县政府维修，2005年程庄镇维修，总体保存良好。坐南朝北，南边是小河，北、东、西紧靠王明集自然村。王次青生前任砀山县城东游击队大队长，在解放战争中壮烈牺牲。后为其修建烈士陵园，有安徽原省委书记王光宇为烈士题词的纪念碑“英烈垂青史，精神育新人”。现为爱国主义教育基地。

东岳天齐大帝庙

东岳天齐大帝庙（Dōngyuè Tiānqí Dàdìmiào） 位于朱楼镇邵寨村邵桥自然村。占地面积50平方米，管理单位是砀山县文物局。东岳大帝又称泰山神，在汉族民间传说中，东岳大帝主管世间一切生物（植物、动物和人）出生大权的，是历代帝王受命于天、治理天下的保护神，成为汉族民间宗教信仰之一。修建于明代，一直延续至今。现存房屋一栋三间，建筑面积50平方米。在庙附近有石碑一通，上刻“东岳庙碑”，上面碑文记载为：东岳天齐仁圣大帝庙记。碑文是本邑天启元年恩选贡生邵宗玄书写，碑立于天启五年阳月念吉日。

曹口关帝庙

曹口关帝庙（Cáokǒu Guāndì Miào） 位于关帝庙镇曹口村曹口自然村南面。占地面积70平方米，管理单位是砀山县文物局。此庙建于清康熙元年（1662年）。巴清河北岸，坐北面南，砖石结构，顶为小布瓦，庙房三间，有走廊，两石廊柱上镌刻着赞关公阴文楹联，为晚清典型建筑。

陈氏祖茔

陈氏祖茔（Chénshì Zǔyíng） 古墓群位于陈氏四门祠堂北，南北200米，东西100米。占地面积1.58平方米，管理单位是砀山县文物局。据资料考证，古墓群修建于明末清初。虽然多次水淹、土埋及人为损毁，现仍存有古墓400座，目前现存古碑刻五通，新碑刻五通。由于历史久远，雨水冲刷，墓冢封土流失严重。墓冢上杂草丛生，墓冢周围植被较好。墓群中葬有陈氏四门各代名人，仅存的几座碑刻上记载有朝廷封赠的圣旨，同时记有这些人生前身后的荣耀，对研究明清两代的官职设置、朝廷封赠制度有一定的历史意义。

小神碑

小神碑（Xiǎoshén Bēi） 位于砀山县关帝庙镇黄楼村黄楼自然村。占地面积1.4平方米，管理单位是砀山县文物局。原埋于地下，2004年出土时已损坏，现无人照管，碑段为两截，横卧于地表上。小神碑高2米，宽70厘米。石碑正面刻“万善同归”四个正楷大字，横批“太山碑记”，左上方刻“大清国江南徐州。砀山县东南小神村居民朝圣香火会碑记”，落款“雍正十年岁在壬子二月二十五日立石”，上方有二龙戏珠图案。小神村位于小神湖腹地，可推断小神湖以小神村得名，此处在清乾隆以前名为小神村。

絅轩亭碑

絅轩亭碑（Jiōngxuāntíng Bēi） 位于唐寨镇唐寨小学内。占地面积1平方米，管理单位是砀山县文物局。絅轩亭为纪念唐絅轩所建。唐公锦亭，字絅轩，生于1875年，北伐时奔走革命事业，后来兴学，业绩卓著，为人师表，1937年日寇侵华，校舍毁于战火。遇害时年53岁。民国22年（1933年）立碑，王月刻碑文，以示纪念唐公业绩。碑高2米，宽0.7米，厚0.22米。新立重修絅轩亭碑一通。

杜观庙

杜观庙（Dùguān Miào） 位于砀山县赵屯镇万楼村南头100米左右，坐北朝南。占地面积60平方米，管理单位是砀山县文物局。此庙由杜姓人氏建于250年前。大殿建筑面积60平方米左右，门、窗、墙面、大梁檩条保存基本完好。墙缝由碎锅贴砌合。大殿前墙刻有药方一帖，殿东有碑刻二通，一通“流芳百世”碑，刻有集资修缮人名单，另一碑刻有民国13年（1924年）集资修缮人名单。杜观庙曾经香火辉煌，庙内曾有十八罗汉，泥胎有尧、舜、禹坐像。大殿后面曾有两层木结构楼房，每逢吉日仍有香客烧香拜佛。

单古珍老屋

单古珍老屋（Shàngǔzhēn Lǎowū） 位于朱楼镇梁寨村四队。占地面积60平方米，管理单位是砀山县文物局，是民国时期乡绅的老屋。建于民国时期，坐北朝南，现存堂屋三间，长10米，宽6米。梁架和基础较好，为灰布瓦盖顶，现在仍在使用。墙上雕砖花纹仍清晰可见，为我国北方典型的传统民居。

圣旨碑

圣旨碑（Shèngzhǐ Bēi） 位于良梨镇于黄楼村于黄楼自然村东南角。占地面积1.5平方米，管理单位是砀山县文物局。履谦曾远征交趾，立功边陲，因奉敕以刻碑铭功，奖励其母为诰命夫人，刻碑记事，此碑于1967年“文化大革命”期间被推翻，现重立。原立于三里庙东南隅，1957年治河，家族恐黄泛被淹，故而重立。为二龙戏珠龙头碑，高3.3米，底座宽75厘米，厚25厘米。

魏庙遗址

魏庙遗址（Wèimiào Yízhǐ） 位于砀山县曹庄镇科技新村魏庙自然村魏庙学校内。占地面积40平方米，管理单位是砀山县文物局。据传，此庙是祭祀巾帼英雄花木兰的。具体修建年份无法考证。因年久失修、战争动乱等其他人为因素，寺庙毁坏殆尽。学校利用遗址地基上建了三间二层楼房，一层为以前砖墙，二层为近年砖墙。地势高于其他学校其他地方。

泰山奶奶庙遗址

泰山奶奶庙遗址（Tàishānnǎinaimiào Yízhǐ） 位于砀山县曹庄镇希望新村蒋庙自然村西南部。占地面积7500平方米，管理单位是砀山县文物局。泰山奶奶在汉族民间宗教信仰中占有重要地位，历经上千年，特别是在明清时期，对中国北方地区文化产生较大的影响。汉族民间有“北元君南妈祖”或“北圣母南妈祖”的说法。该遗址高于地面2米左右，东西长27.8米，南北宽27米。由于黄河多次泛滥，房屋被冲毁，仅存三座石像，高约1.5米，称为泰山奶奶像，为明代石刻，雕刻精美，底座上有大明字样的题款。当地村民于20世纪70年代重修泰山奶奶庙。现有房屋五间，西边二间已塌。整体为土瓦结构，硬山顶。由于年久失修，门窗均被破坏。

薛显墓

薛显墓（Xuēxiǎn Mù） 位于砀山县赵屯镇薛口村薛口自然村东。占地面积1000平方米，管理单位是砀山县文物局。1983年10月被县政府公布为第一批县级文物保护单位。2006年又被批准为市级文物保护单位。

为明代大将军薛显之墓。坐北朝南，现仅有墓冢一座、石碑一通。石碑为民国著名书法家张伯英所书，碑文曰，明故大将军永国公薛公讳显谥桓襄之墓。外有一碑亭保护石碑，碑亭为砖砌。

白衣阁遗址

白衣阁遗址（Báiyīgé Yízhǐ） 位于砀山县程庄镇宋楼村宋楼自然村。占地面积600平方米，管理单位是砀山县文物局，因传说白衣阁尼姑和赶考书生相爱而得名。据砀山县文物局普查考证，为明代建筑。原为尼姑庵，现房屋已经没有了，仅留遗址，全长约80米，宽40米，有碑一通，大半部分没入地下，上仅有40厘米左右，一面有“提名”二字，另一面为“观音行宫”字样。据传，戏剧《桃花庵》的传说就来源于此。

僧王庙

僧王庙（Sēngwáng Miào） 位于砀山县唐寨镇唐寨村南门自然村，现位于唐寨医院后。占地面积70平方米，管理单位是砀山县文物局。僧王即清末将领僧格林沁，后来在此建造很多房子和庙宇。1885年受封为王，俗称僧王。仅存房屋三间，保存完好。

三官庙

三官庙（Sānguān Miào） 位于砀山县李庄镇镇东村前刘屯自然村东南。占地面积68平方米，管理单位是砀山县文物局。庙内原有三官大帝神像，故而得名三官庙。该庙初建年限不详，现存砖瓦结构房屋4间，房屋长约13.2米，宽约6米，为清末建筑。另残存落成碑一通，因风雨侵蚀，字迹模糊不清；同治十三年（1874年）重建碑一通，上头刻“三元行宫”四个大字，碑文叙述重修的经过，碑文中有“三元行宫一所，由来久矣，自乾隆年间黄水倾”等语。该建筑为研究道教和皖北庙宇建筑风格提供了实物依据。

齐氏古墓

齐氏古墓（Qíshì Gǔmù） 位于李庄镇镇东村后刘屯自然村东地下道北路东。占地面积12平方米，管理单位是砀山县文物局，因该墓地是齐氏家族的墓地，故而得名。为清末时期所建。原有坟墓18座，碑18通，“文化大革命”中大部被毁坏，现残存碑刻一块，碑长约2米，宽约0.76米，厚约0.2米，碑文为：清待赠邑处士齐公庚韶，孺人苗孺人之墓。右上书：宣统元年小阳月上浣。墓冢一座，为研究清末的墓冢提供了现实材料。

唐公振仪懿行碑

唐公振仪懿行碑（Tánggōngzhènyí Yìxíng Bēi） 位于砀山县唐寨镇光明村唐庄自然村。占地面积1.58平方米，管理单位是砀山县文物局。民国时代的建筑。此碑为清末安清帮首领唐振仪所立。当地常有流寇骚扰乡邻，唐公起而抗之，保卫乡邻生命财产不受侵犯，后人为赞其义行而立之。碑头高0.8米，宽0.75米，厚0.2米。碑顶有二龙戏珠图案，碑文内容翔实，碑侧刻有八仙图案。

曹昶皇封碑

曹昶皇封碑（Cáochǎng Huángfēngbēi） 位于砀山县砀城镇徐井村曹阁自然村后。占地面积1平方米，管理单位是砀山县文物局。此碑为古代皇帝封碑。修建于明朝晚期。共大小9块碑。2003年5月10日文物调查中，在树林后发现，碑身已断为两截，碑座半截埋在土里，碑石质为灰色花岗岩，长3.35米，宽0.75米，厚0.14米，碑座长0.97米，宽0.52米，厚0.41米，高

3.76米，上部雕有二龙戏珠，下部有“天奉地命”篆书，碑边雕有缠枝牡丹纹。现在仅见碑头，无下半截。现9块碑均被一个村民用作拦水道用。当地皇封碑存世极少，此碑刻行文字句精妙，是难得的书法精品，对研究明朝景泰年间地方官吏政绩提供了实物资料。

大觉寺碑

大觉寺碑（Dàjuésì Bēi） 大觉院遗址地处苏、鲁、皖三省处的周寨镇刘暗楼村北刘新庄自然村。占地面积4平方米，管理单位是砀山县文物局，此碑为古大觉寺前一石碑。修建于明代。在修通往三省井的响马路时，在路基东侧约70米处起土，在地表一米处发现该碑。碑石质为灰色花岗岩，长方形，长3.9米，宽1.05米，厚0.30米，碑底为无头乌龟碑座。石碑上部雕有二龙戏珠，盘龙下方正中间的方形内，竖两行篆书《重修大觉院记》，碑体正面刻有楷书，竖18行全文796字，详细记录了原大觉寺院的宏大规模及嘉靖二十二年重修大觉院的盛况。

双里庙小区古墓葬

双里庙小区古墓葬（Shuānglǐmiào Xiǎoqū Gǔmùzàng） 双里庙小区位于县城东关，利民路南，是县政府安置小区。此古墓葬占地面积20平方米，管理单位是砀山县文物局，为明末所建。在挖地基时，挖出石马一对，做工精细，为墓前神道，2010年3月初步勘探，又在地基基础下发现8件器物，经判断，地下有古墓。由于发掘经费正在进一步协调，现还没有进行挖掘。

贾楼村老大队部

贾楼村老大队部（Jiǎlóucūn Lǎodàduìbù） 位于李庄镇贾楼村贾楼自然村中间最南边。占地面积20平方米，管理单位是砀山县文物局。原是王士勇父亲盖的房子，1953年被用作大队部直到1970年左右。房屋下部以砖石为基础，中间为土墙，上部为青砖，灰布瓦盖顶，八砖登顶，砖上有花纹，所用瓦具有200多年历史了。作为老大队部，屋内保留有以前的12个栏目，东墙上从南至北依次为团费公布、五好团员评比栏、监察；东间北墙从东至西依次为建设、学习、成绩公布；正当门墙上为六好党员评比栏；西间北墙从东至西依次为比武、批评、表扬、党费公示；西墙上有毛泽东万岁及北京天安门图案等。

于效程纪念碑

于效程纪念碑（Yúxiàochéng Jìniànbēi）

位于砀山县良梨镇于楼村于楼自然村西头。占地面积1平方米，管理单位是砀山县文物局。建于民国时期。在800平方米空地中央，村主要道路旁，坐北朝南，蔚为壮观。该碑由碑顶、碑身、碑座三部分构成，碑顶精雕二龙戏珠透花图案，碑身正面为于效程生平事迹简介，两边雕有龙凤透花，题联于两侧“好义急公德沛闾里，除暴安良威震河山”。于效程年轻时曾率领乡亲追歼土匪，保卫家乡。年满六十岁时，抗日战争全面爆发，率乡亲带数十把枪，去湖西参加八路军，在黑马团、白马团任连长。后返乡探亲时，为国民党反动派杀害。为表彰于效程的事迹，在于效程生前五十大寿时，乡亲们筹款而立。

周庄闸

周庄闸（Zhōuzhuāng Zhá） 周庄闸位于周庄村东大沙河中下游。占地面积200平方米，管理单位是砀山县文物局，为治理河水而修建，得名于所在村落。1977年1月修建。1977年1月修建，闸共有4孔，每孔宽5米，结构为开敞式宽顶堰，闸板高37米，闸桥高42米，桥面宽10米，闸门为钢丝网薄壳反向闸门，蓄水量61万立方米，核定标准为20年一遇，全部为钢筋混凝土结构。

范集北桥

范集北桥（Fànjíběi Qiáo） 位于砀山县关帝庙镇范集村东。占地面积80平方米，管理单位是砀山县文物局，因石桥所在村落得名。1952年大沙河下游开挖成河，第二年开始建桥为五孔砖结构的拱形桥。1972年拓宽修建新桥，为钢筋混凝土结构，现为交通要道。

黄楼跃进桥

黄楼跃进桥（Huánglóu Yuèjìn Qiáo） 位于砀山县黄楼小麦良种场，大沙河下游。占地面积82平方米，管理单位是砀山县文物局，得名于“大跃进”。1957年1月开工，1958年6月竣工，当时黄楼农场也是劳改场。该桥是农场劳改服刑人员用青砖石灰砌成。桥为拱形桥，共5个拱，长16.4米，宽5.2米。

节孝碑

节孝碑（Jiēxiào Bēi） 位于利民村张小楼西街。占地面积1平方米，管理单位是砀山县文物局，为清末两秀才邵庆云、邵霭云为其母所立。立于民国25年（1936年）十月。碑高约2米，宽约70厘米，厚约30厘米，碑顶部刻有祥云、游龙，两侧刻有八仙。碑文为正楷字，上方横批“节孝可风”，左右镌刻联句“勤俭持家一生常怀共姜志”，“忠厚教子千载犹存仉氏风”。左上方刻“邵母节孝碑”。碑正面有赞誉邵母王氏节孝双全的碑文。

张姓墓碑冢

张姓墓碑冢（Zhāngxìng Mùbēi Zhǒng） 位于赵屯镇万楼村李新楼自然村东南50米处。占地面积40平方米，管理单位是砀山县文物局，为张氏家族墓冢。两通碑分别是清代道光和光绪年间的墓碑。墓碑毁坏严重。倒卧在地，其间散落十余座墓冢。

武举人墓碑

武举人墓碑（Wǔjǔrén Mùbēi） 位于砀山县唐寨镇光明村翟庄自然村后。占地面积1.7平方米，管理单位是砀山县文物局，为清代光绪年间武举人翟清河之墓。翟清河臂力过人，武艺超群，中武举人。后人为传颂他的功德业绩而立之。碑长2.15米，宽0.78米，厚0.34米。碑顶雕有二龙戏珠图案，碑身两侧为祥云图案。

武王寺碑

武王寺碑（Wǔwángsì Bēi） 武王寺碑位于砀山县程庄镇赵楼村房庄自然村中心。占地面积10平方米，管理单位是砀山县文物局。武王又称吴王，即东吴大将甘宁，此碑为纪念甘宁而立。石碑刻于清同治年间，碑体破坏严重。碑长1.8米，宽0.65米，厚0.23米。

苦节纯孝碑

苦节纯孝碑（Kǔjié Chúnxiào Bēi） 位于唐寨镇光明村訾庄自然村东头。占地面积6平方米，管理单位是砀山县文物局。具体建筑年代不详。在百年老梨树群中央，建筑占地6平方米，村主要道路旁边，坐北朝南。该碑由碑顶、碑身、碑座构成，碑顶为雕花图案，碑身为生平简介。该碑为后人纪念一位含辛茹苦拉扯子女的妇女而立。

火神庙碑

火神庙碑（Huǒshénmiào Bēi） 位于李庄镇镇东村赵庙自然村东头池塘内。占地面积2平方米，管理单位是砀山县文物局。

此地原有一座火神庙，现在被挖成两个大池塘。碑高2米多，水面以上1米多，水面以下1米多，因浸在水中，碑文无法看全。石碑上刻有火神庙碑序文，刻于乾隆二十六年（1761年）三月，叙述了修火神庙的缘由。

蒋家祠堂遗址

蒋家祠堂遗址（Jiǎngjiā Cítáng Yízhǐ）位于曹庄镇希望新村蒋祠堂自然村。占地面积45.6平方米，管理单位是砀山县文物局，为蒋氏家族祠堂。“文化大革命”期间损毁，后又修建，只有围墙为老砖痕迹，门楼为“文化大革命”前修建。前边为一池塘，西为村中公路，东、北均为居民区，长24.5米，宽19米，现有新建大殿三间，屋长9.5米，宽为6.6米，坐北朝南，屋内悬挂蒋家祖先像。围墙及门楼，均为老砖。内有石碑两通，其中清乾隆年间石碑一通，记载建祠堂的情况；民国时期石碑一通，记载重建祠堂的情况。有清代家谱一部。

三省碑

三省碑（Sānshěng Bēi） 位于砀山县官庄坝镇三省庄村。占地面积1.8平方米，管理单位是砀山县文物局，保护级别为省级。此地为河南省虞城县、安徽省砀山县官庄坝镇、山东省单县的交界点，此处有三省庄，此碑定为三省交界的界桩，也称“友谊碑”。碑宽约0.6米，高约1米。1996年，按照国务院规定，有关部门进行了省际勘界，核定了三省碑的地理方位为东经116度22分，北纬34度38分。

宴嬉亭

宴嬉亭（Yànxī Tíng） 位于砀山县砀城镇南关社区。占地面积6平方米，管理单位是砀山县文物局，保护级别为省级。据史书和县志记载，“燕喜台在旧城东里许，有台，台上有亭，名燕喜亭；台下有池，曰华池，唐李白与邑令刘砀山泛舟燕喜亭池，饮酒赋诗于此”。根据李白于唐天宝三年（744年）偕刘砀山宴饮赋诗《秋夜与刘砀山泛宴喜亭池》来看，当时景色相当迷人，有宴嬉台碑为证。仿古燕喜台亭，为砀山宴嬉台遗址代表性建筑，得名宴嬉台碑。宴嬉亭于1983年修建。

北山书院义田记事碑

北山书院义田记事碑（Běishān Shūyuàn Yìtián Jìshìbēi） 位于砀山县砀城镇东关社区。占地面积1.58平方米，管理单位是砀山县文物局。石碑立于清乾隆五十九年（1794年）。北山书院遗址已经荡然无存，仅存碑刻。石碑现存于文化馆院内，长217厘米，宽73厘米，厚20厘米。碑文分两部分，上刻“北山书院义田碑记”，下刻“书院义田庄地顷亩开后”，详细注明了每块学田地的面积和坐落。

三省井

三省井（Sānshěng Jǐng） 位于砀山县周寨镇刘新庄村北，安徽省、江苏省、山东省交界处。占地面积9平方米，管理单位是砀山县文物局。这口井是1994年砀、丰两个县出资为纪念苏、鲁、豫三省勘界而打的。地处东经116度22分，北纬34度38分，井深80米，直径0.5米，水质好，出水量大。后来江苏省在此井上建了三省亭，特邀全国人大常委会原副委员长、全国政协原副主席费孝通先生亲笔题书“三省井”刻于其上。

黄河故道大堤

黄河故道大堤（Huánghé Gùdào Dàdī）位于砀城镇徐井村刘堤口自然村西500米。占地面积30000平方米，管理单位是砀山县文物局。黄河故道，指历史上黄河流淌所经历过的河道。黄河侵砀后，有了人工改道的历史，到咸丰五年（1855年），黄河在河南省兰考县铜瓦厢决口，改道北移，自此黄河不再流经砀山县境。1855年后，人民群众开始治理黄河故道。故黄河在砀山路过的遗迹，大堤西边为河流，东为果园。由于窑厂烧砖及村民需要卖土或者自己用土，大量掘土，致使大堤在迅速减少，完整的地段很少见到。春暖花开之际，黄河故道岸边大堤上雪白的梨花、鲜红的桃花、粉红的苹果花、金黄的油菜花等，五彩缤纷，争奇斗艳，故成为具有“故道黄河、古城梨乡、绿树人家”特色的新兴旅游胜地。

国务院奖状碑

国务院奖状碑（Guówùyuàn Jiǎngzhuàng Bēi） 位于砀山县唐寨镇光明村光明自然村。占地面积0.5平方米，管理单位是砀山县文物局。此奖状是国务院奖给农业生产先进单位黄河园艺场（现为和谐村）的，奖状保存在和谐村，碑刻在光明村，具有很强的时代色彩，同时具有较高的保存价值。

火神阁

火神阁（Huǒshén Gé） 位于朱楼镇回龙集村中。占地面积18平方米，管理单位是砀山县文物局。火神阁，为原火神庙大匾上的三个金字。传说因凤凰飞落此地，故建造火神庙。据砀山县文物局普查考证，火神阁为清代建筑。坐东朝西，现仅存二层楼架，长宽各为4.3米的正方形建筑，砖木结构。门口有残断重修碑一通。由于年久失修，毁坏严重，现村中有理发师在此院中理发。

光明村古梨树群

光明村古梨树群（Guāngmíngcūn Gǔlíshù Qún） 位于唐寨镇光明村。占地面积1000平方米，管理单位是砀山县文物局，有逾百年的老树六万余株。有的树龄近200年。铁干嶙峋，虬曲如龙，观赏性极强。相传有1660年乾隆下江南时路过此地亲植的大梨树，现仅存8棵。相传乾隆巡游到此处，忽觉口渴，当地果农献梨，乾隆尝后，感觉此梨酥脆多汁，口感甚佳，遂定为贡品。此后大面积种植，生出此梨树群，现为砀山县梨花旅游观赏景点之一。

追远楼遗址

追远楼遗址（Zhuīyuǎnlóu Yízhǐ） 位于唐集自然村中部。占地面积70平方米，管理单位是砀山县文物局。该建筑用于祭祀、追念先人。据砀山县文物局普查考证，为清代建筑。“文化大革命”初期被破坏。有房子残垣三间，长约10米，宽7米，青砖灰瓦，门框为石质，已无屋顶。附近居民家残存有追远楼碑一块，原在该遗址大门上方悬挂，长约一米，上有“追远楼”三个大字，刚劲有力。

黄堌寺遗址

黄堌寺遗址（Huánggùsì Yízhǐ） 该遗址位于砀山县曹庄镇科技新村魏楼自然村东部。管理单位是砀山县文物局。为民国26年（1937年）立。遗址分布面积为7500平方米，地势稍高，有大明崇祯年间记事碑一通。另有黄堌寺重修碑一通，为民国26年立。现有一村民投资兴建新黄堌寺，有正堂三间，东侧有二层楼房六间。大门中间有铁鼎一尊，大门东旁有四大天王神像。

丁字楼

丁字楼（Dīngzì Lóu） 位于砀山县砀城镇东关社区砀山中学院内。管理单位是砀山县文物局。建于1910年，地面为二层建筑，地下有地下室，后被砀山中学掩埋，建筑面积430平方米。由于房屋结构酷似丁字，因称丁字楼，丁字结构有稳定房屋结构的作用。现为砀山中学校史陈列馆，一层兼作他用。

古砀城护城河

古砀城护城河（Gǔdàngchéng Hùchéng hé） 位于现砀山县城四周。占地面积5万平方米，管理单位是砀山县文物局。为明代护城河，修建年份不详。基本上保存完整，局部外围受居民建房填埋，呈不规则形状。护城河里边全部用石头砌筑，内围基本呈直线型，东西稍长，基本保存了明代城河的原貌。为研究砀城历史提供了翔实的第一手资料。

砀城古遗址

砀城古遗址（Dàngchéng Gǔyízhǐ） 位于砀山县砀城镇四关社区外环路以里。占地面积4万平方米，管理单位是砀山县文物局，因坐落在砀城镇内而得名。砀山县城为万历二十六年（1598年）知县熊应祥建，土城砖堞，高5米，基宽9.9米，周长2773米，建四门，各有楼。万历末年（1620年）修砖墙，修四门。明天启二年（1622年）知县修砀城四大门。清乾隆三十八年（1773年）钦差大臣王清廉监修砀城，四门楼修成宫殿式双层楼，清光绪二十九年（1903年）又修砀城和城楼，至新中国成立初期，城墙城门楼和吊桥相继拆除。现仍有护城河、城门桥、内环路、外环路，外圆内方的轮廓清晰可见。古城按八卦修建，外圆内方，城郭呈圆形，内城为方形，象征天圆地方，永保平安之意。但都毁于50年代。其间散落不少重量超过10千克的城墙砖和瓷片。砀山城遗址保存基本完整，是研究砀山发展历史和建筑布局的翔实史料。

定国寺遗址

定国寺遗址（Dìngguósì Yízhǐ） 位于砀山县唐寨镇政府西南约2000米的定国寺村后。占地面积800平方米，管理单位是砀山县文物局。明代始建，具体修建年份不详。占地约800平方米，地势比周围稍高，但由于村民取土建房，地势高低不平。据说，定国寺原名“定龟寺”。现遗址上有一石龟，脖颈处已断裂。有几块石碑现砌在一座桥下，做了桥的基础。

元代沉船遗址

元代沉船遗址（Yuándài Chénchuán Yízhǐ） 位于砀山县玄庙镇戚套村果园场六分场，故黄河南岸滩涂。占地面积30平方米，管理单位是砀山县文物局，因该遗址始于元代，故而得名。1995年疏通黄河故道时，发现元代沉船，并请示了安徽省考古所同志来实地考察。鉴于条件限制，没有条件保护，没有发掘，沉船仍沉于河下，保存完好。

白塔寺遗址

白塔寺遗址（Báitǎsì Yízhǐ） 位于李庄镇东村董屯自然村东，夏桥自然村西。占地面积1200平方米，管理单位是砀山县文物局。建于明代时期，中间几经修建，20世纪60年代初，最后一位僧人拆庙建了李桥小学，金佛也全部被毁，现遗址已是荒草连天，村民取土成坑，周围栽满杨树。散落一块康熙五十年奠基石，大殿前柱基石四块，残碑一块。

四关城门桥遗址

四关城门桥遗址（Sìguānchéngménqiáo Yízhǐ） 位于砀山县砀城镇四关村县城四关城门桥。占地面积720平方米，管理单位是砀山县文物局。明代建筑。城门桥遗址位于砀山县城四关，东关、南关、西关、北关，呈南北、东西走向，四关相连成一正方形，东西南北长1.5千米，现在的桥是在以前桥的基础上于2003年加宽的，明代的老桥已经不复存在，但依然能明显看出以前作为城门桥的痕迹。

邵普宅

邵普宅（Shàopǔ Zhái） 位于砀山县朱楼镇邵寨村邵寨自然村。占地面积130平方米，管理单位是砀山县文物局，因此遗址坐落在朱楼镇邵寨村，故而得名。为明代建筑，具体修建年份不详。现存房屋为六间残部，整体为砖瓦结构。屋脊全部坍塌，仅存墙的残垣，西边房子地势低，东边房子地势高，东西长约20米，南北长约6米。现遗有条石高阶，巨石门闩和一上马石。院内有太湖石两座。从残存的围墙和遗物，能看出当时房屋的高及主人的富有。

扬名碑

扬名碑（Yángmíng Bēi） 位于曹阁自然村东。占地面积1.6平方米，管理单位是砀山县文物局，碑头上有“永垂不朽”字样，字迹清晰，碑身字迹剥落。碑的西侧有“瑶池春暖花在金萱，东有芒砀云飞星辉”字样。意为流芳百世、千古流传之用，故名扬名碑。立于民国28年（1939年）。碑高2.2米，宽0.8米，碑头高1.1米。

范庄桥

范庄桥（Fànzhuāng Qiáo） 位于砀城镇陇海新村范庄。占地面积105平方米，管理单位是砀山县文物局，因该桥坐落在范庄村而得名。为新中国成立初期所建。为砀城镇与关帝庙镇的交通要道，四孔桥，长15米，桥垛长7米，宽5米，现在桥身破坏严重，砖块有脱落。桥体上装饰有五角星图案。为新中国成立初期典型的砖孔桥。

大王庙

大王庙（Dàwáng Miào） 位于砀山县葛集镇吕堤湾村南约200米处。占地面积60平方米，管理单位是砀山县文物局。晚清建筑。现存房屋三间，是人们烧香拜佛之地，“文化大革命”期间遭红卫兵破坏，之后无人问津。房屋整体为砖木结构，屋顶残留部分合瓦，屋面上杂草丛生，屋体前沿部分被换成现代红瓦。

王庄古民居

王庄古民居（Wángzhuāng Gǔmínjū） 王庄自然村老民居位于王庄自然村南北大路西侧20米。占地面积60平方米，管理单位是砀山县文物局。因坐落在王庄自然村内，故而得名王庄古民居。始建于清朝，具体年月不详。占地面积60平方米，整体为硬山顶砖瓦结构房屋，面阔三间。青砖灰瓦，所用木材硕大，重梁起架，木椽搭架，八砖铺于屋面。屋内写有“不要吃老本，要立新功”等标语口号。为典型的皖北代表民居。

固口闸

固口闸（Gùkǒu Zhá） 位于王引河上游、河南省夏邑县与砀山县交界处的陈堤口村西，也是巴清河、大沙河、利民河三条大河的汇合处。占地面积700平方米，管理单位是砀山县文物局，为治理古黄河而修建的闸口。1950年3月兴建，1975年10月1日重建，1977年4月30日竣工。为七孔半圆石拱桥，因缓和两岸矛盾取名和平桥，1958年堵两边孔改为五孔蓄水闸，共六孔，每孔12米，主体为钢筋混凝土结构，闸门高4.84米，防洪标准为二十年一遇，库容量为340万立方米，落差4.4米。该桥反映了砀山建桥的历史及当时的建筑水平。

山西会馆碑

山西会馆碑（Shānxī Huìguǎn Bēi）现存于砀山县文化馆院内。占地面积4平方米，管理单位是砀山县文物局，因碑刻有山西会馆字样，故而得名。为清代时期建。其中一块断为三截，有一块完整碑，大小为四块。其中完整的一块发现较早，位于二中教学楼后，并没入水泥地一部分，两块碑上均有字，上有残缺字“山东一人山西一人”及“山西会馆”字样。

百年紫藤树群

百年紫藤树群（Bǎinián Zǐténgshù Qún） 位于砀城镇侯楼村黄堤口自然村后大堤上。占地面积10000平方米，管理单位是砀山县文物局。据老专家言，是清光绪年间黄堤口村黄朝元兄弟四人在黄河大堤上栽培的，后来形成规模，经历130余年经久不衰。每到春暖花开之际，连绵几千米的紫藤花开，香飘数十里。全长约3千米，为一待开发的旅游胜地。

汪六楼清代墓

汪六楼清代墓（Wāngliùlóu Qīngdài Mù） 墓及碑位于李庄镇海升新村汪六楼自然村。占地面积1平方米，管理单位是砀山县文物局，为清代古墓葬。墓冢基本上为平地，墓碑面东背西，中间上刻“清故显”三个大字，右下边刻道光二年（1822年）三月岁次壬午三月上谷旦。墓冢在“文化大革命”期间被推平。墓志铭讲述汪氏的由来及迁移到砀的情况。汪氏第七十七世汪澄为汪氏砀山始祖，汪二公为八十五世，生于雍正九年（1731年）十二月初四，寿终于嘉庆九年（1804年）七月二十八日，嫡妻李氏，继室张氏，汪公生有三男二女，孙子11人，孙女9人；三子官从九品，长孙官从九品。全文共815字。村落历史悠久，地下有古村落遗址，人们在挖地或挖果窖时，经常会挖出碗、罐、瓦片、砖头等物品，另外村里还有上马台、下马台、古屋上的装饰物、凤凰台等文物，还有很多残碑。

西二里桥

西二里桥（Xīèrlǐ Qiáo） 位于李庄镇曹三子楼西村顺堤河上。占地面积57平方米，管理单位是砀山县文物局。1958年建成，当时正值大兴水利，砀山县建有很多类似的桥梁，一为方便群众出行，二为灌溉农田，造福当地人民。此桥长11.4米，宽5米，桥垛长4.4米，东西走向。现桥梁已裂。

龙泉寺遗址

龙泉寺遗址（Lóngquánsì Yízhǐ） 位于程庄镇龙泉寺村王庄自然村后50米。占地面积480平方米，管理单位是砀山县文物局。为明代所建，具体修建年份无法考证。长25米，宽18米，夯土高于其他地表，有新建房屋3间，整体为砖石结构。占地约60平方米，有一围墙。有关史料记载，昔日之龙泉寺占地150亩，建筑面积约2000平方米。大殿3间，山门3间，东西廊房各3间，僧人住房若干间，大殿长11米，宽7米，高8米，重梁起架，八砖登顶，飞檐斗拱，盘龙抱柱，屋顶为流龙脊，四角的飞檐均为二龙戏珠，大殿里供奉着西天如来佛祖的古铜全身坐像，坐像高1.8米。佛像东西两侧各有一座铁铸的立像，东西廊房内为形态各异的十八罗汉塑像。但现在都荡然无存，只有从记事碑里能看到当时的香火鼎盛。

宴嬉台碑

宴嬉台碑（Yànxītái Bēi） 位于砀山开发区宴嬉台酒厂内。占地面积1.5平方米，管理单位是砀山县文物局。因碑上刻有“宴嬉台”三字，故而得名宴嬉台碑。1980年10月，宴嬉台碑在砀城北关渔场出土，石质为青灰色花岗岩。形制为长方形竖碑，上圆下方，碑高1.75米，宽0.8米，厚0.25米。碑座高0.48米，长0.12米，宽0.90米。碑身通体正面阴刻楷书“宴嬉台”三个大字，每字见方约0.40米，丰腴有力，墨功深厚；背面左上角有“政和三年”字样。

黄河故道遗址

黄河故道遗址（Huánghé Gùdào Yízhǐ） 黄河故道位于城北30里。占地面积500万平方米，管理单位是砀山县文物局。故道中心有水，现基本已废弃。清代改道后遗留。由河南虞城县入境，直达丰县，全长46.8千米。宽约1—1.5千米。黄河故道遗址成为安徽省最大的湿地之一。多年来经砀山县多次治理，两岸大力发展果树栽培和植树造林，降低了风速，锁住了风沙，净化了空气，防止了水土流失。此地成为砀山的旅游胜地。

利民桥

利民桥（Lìmín Qiáo） 位于砀山县东升路南段利民河上。占地面积90平方米，管理单位是砀山县文物局。因该桥坐落在利民河上，故而得名。始建于1952年，为三孔砖石结构，桥面宽6米，长15.1米，桥垛长4.6米，桥孔为青砖砌垒，桥上两边均有“利民桥”三个大字，桥垛毁坏严重。利民桥横跨利民河，方便了两岸人们的出行。

宴嬉亭

宴嬉亭（Yànxī Tíng） 位于砀山县砀城镇南关社区，为砀山宴嬉台遗址代表性建筑。宴嬉亭于1983年修建，名称沿用至今。据史书和县志记载，“燕喜台在旧城东里许，有台，台上有亭，名燕喜亭；台下有池，曰华池，唐李白与邑令刘砀山泛舟燕喜亭池，饮酒赋诗于此”。

三省亭

三省亭（Sānshěng Tíng） 位于砀山县周寨镇刘新庄村北，安徽省、江苏省、山东省交界处。是1994年砀、丰两个县出资为纪念苏、鲁、豫三省勘界而建的。此亭定位为三省交界的界桩，特邀全国人大常委会原副委员长、全国政协原副主席费孝通先生亲笔题书“三省井”，并刻于其上。

静心亭

静心亭（Jìngxīn Tíng） 位于砀山廉政文化广场老城护城中心。建于平静的护城河中心，又因这里清风徐来，使人安逸、静心，因而得名静心亭。2012年规划建设廉政文化公园时建成。静心亭高5米，参差错落，结构精巧，飞檐高挑，在阳光下流光溢彩，在风雨中显得惬意而坚韧。

第二节　旅游景点

贡梨园

贡梨园（Gònglí Yuán）　距离砀山县人民政府东北8.4千米，位于砀城镇东南门村。该园所产酥梨，曾为明清两朝贡品，故名。据传明代万历、清乾隆帝先后路过此地，品尝后极为赞赏，遂列为贡品。中央领导到砀视察，亦称赞其为餐后佳果。贡梨之名，名扬四海；梨园新貌，古韵犹存，名称沿用至今。东南门镇耕地面积3.4万亩，果树面积3万亩，其中贡梨面积1.2万亩。管理单位为砀山县林业局，酥梨年产量7794吨。

欣雨花园

欣雨花园（Xīnyǔ Huāyuán）　位于砀山县人民政府正北13.6千米处、砀山县玄庙镇009县道旁。因花园草木生长旺盛，且有一湖泊，故名欣雨花园。修建于2010年，占地面积2000平方米，管理单位为玄庙镇人民政府。花园依托原有的湖泊而建，对原有湿地环境的土壤、地形、水体、植物、动物等进行了完美的保护。

神湖公园

神湖公园（Shénhú Gōngyuán）　位于砀山县人民政府正南方向14千米、关帝庙镇苗圃中学旁。因位于薛楼板材加工园区神湖社区，故名神湖公园。神湖公园修建于2008年，同年建成，名称沿用至今。占地面积1514平方米，管理单位为关帝庙镇人民政府。公园的北口是湖，中间的草木修建成一个太极图案。该公园为当地村民提供一个安静、绿色的休闲去处。

凌霄地质公园

凌霄地质公园（Língxiāo Dìzhì Gōngyuán）　位于砀山县人民政府东北13千米，砀山县园艺场。是砀山县唯一一家湿地公园，是一处集旅游观光、结婚录像、外景拍摄、休闲娱乐于一体的大型风景区。2005年被划定为省级湿地自然保护区，名称沿用至今。占地面积3平方千米，管理单位是砀山县园艺场。有近百种野生动植物在这里繁衍生息。适宜的气候、优美的环境，使得公园内到处鸟语花香，人性化的管理措施有效地保护了湿地内的生物多样性。它与著名的梨树王遥相呼应，构筑了砀山一道亮丽的风景线。每年一度的梨花节，每年6月份的荷花观赏节，都吸引了全国各地的游客。

砀山环城公园

砀山环城公园（Dàngshān Huánchéng Gōngyuán）　位于安徽省砀山县东关闸门桥北侧，是砀山市民休闲娱乐、家庭活动的好场所。始建于2012年，建成于2014年，名称沿用至今。占地面积4平方千米，管理单位是砀山县城市管理行政执法局，是砀山县重点市政工程，目前总投资1亿元，一期项目面积300多亩，拆迁面积达62000平方米。该项目是一项综合性建设项目，把环城河东北角建设成为环城公园，供广大居民休闲娱乐，大大提高了砀城的城市品位。

和谐园

和谐园（Héxié Yuán）位于砀山县人民政府东15千米。李庄镇政府为改善人民群众的生活质量而建设此园，意为生活和谐、安乐和谐园。修建于2007年，同年建成，名称沿用至今。占地面积75000平方米，管理单位为李庄镇文化产业园。

西地亚湿地公园

西地亚湿地公园（Xīdìyà Shīdì Gōngyuán） 距离砀山县人民政府西北2千米，位于砀山县中原路与梨都西路交叉口。为了响应国家城市化发展战略，西地亚集团在砀山打造了一座新城，还为新城镶嵌了一颗闪亮的明珠，8万平方米湿地公园西地亚湿地公园修建于2010年9月，同年建成，名称沿用至今。占地面积0.08平方千米，管理单位是西地亚集团有限公司，依托原有生态环境和自然群落为基础，对原有湿地环境的土壤、地形、地势、水体、植物、动物等构成状况进行调查，在准确掌握原有湿地情况下，科学配置与湿地原生态系统相互结合，精心科学的设计，不仅保持了原有自然生态系统的完整性，还取得了相得益彰的景观效果。

薛楼板材加工园农民公园

薛楼板材加工园农民公园（Xuēlóu Bǎncái Jiāgōngyuán Nóngmín Gōngyuán） 位于砀山县人民政府南19千米。修建于2009年，同年建成，名称沿用至今。占地面积0.11平方千米，管理单位是薛楼板材加工园。建筑优美、设施齐全，满足了社区群众多元的健身休闲需求，让富裕起来的农民享受着和城镇居民一样的文化生活。

碧清庄园

碧清庄园（Bìqīng Zhuāngyuán） 位于砀山县黄河故道风景区中心地带，砀山县人民政府东北9千米处。始建于2008年，建成于2010年。主体建设面积0.035平方千米，生态风景区0.565平方千米，管理单位是砀山县旅游局。碧清庄园依托砀山县466.7平方千米的世界果林公园和独特的黄河故道自然景观，青砖门罩，石雕漏窗，木雕楹柱，庭院内林荫环绕，以黄河故道风土人情、生活原貌、饮食特点、生态景观为载体，成为集休闲、娱乐、旅游、餐饮、住宿、民俗文化为一体，原生态特征和徽派建筑风格相结合的综合性旅游景点。

梨树王景区

梨树王景区（Líshùwáng Jǐngqū） 位于砀山县良梨镇人民政府东南2.5千米。因景区内有百亩老树，梨树王树龄达380余岁，故名至今。占地面积0.003平方千米，管理单位是砀山县林业局。具有近6.67平方千米的高龄梨园，其中梨树王树径近2米，树高8米有余，树冠盖地333.3平方米。满园古树，肌肤苍黑，铁干嶙峋，枝丫遒劲，横空逸出。开花季节，则满树冰肌玉骨，花白如银，缠裹掩映，漫天寒香，游人至此，无不赞叹称奇，争与梨树王合影。

鳌头观海

鳌头观海（Áotóuguānhǎi） 位于砀山县园艺场和良梨镇接壤部，良梨镇东北3.8千米。占地面积33.33平方千米，管理单位为砀山县林业局。鳌头观海是砀山县梨花观赏景点之一，1996年设立，2008年重建景区的南半部和北半部，非常平坦，像甲鱼的脊背。而中部的故黄大坝，地势险要，高高耸立，像头部高昂的甲鱼在看花观海，故曰"鳌头观海"。在镇锁黄龙的故黄大堤坝头，建有一座观花台，8米高，占地1300平方米。在观花台的东面，有一块石碑，上面有中国书协原主席沈鹏题写的"鳌头观海"四个字。在观花台上放眼望去，花的浪头从脚下铺开，一直向天边涌去，云漫雪舞，浩瀚无边。登临鳌头，占尽故黄春色，“此景只应天上有，人间能得几回闻?”

突山风景区

突山风景区（Tūshān Fēngjǐngqū）位于砀山县官庄坝镇。由青岛明园开发公司投资建设。突山风景区于2008年4月28日揭牌，是砀山首家被评定为国家2A级旅游区的景区。占地面积0.006平方千米，管理单位为砀山县旅游局。景区楼台亭榭，曲径回廊，繁花似锦，风景秀丽。同时，坐古式花轿、花车，骑马，骑骆驼，花船荡水等游玩项目富有浓郁的乡村气息。

天鹅洲

天鹅洲（Tiān' é Zhōu）位于砀山县李庄镇。天鹅洲景区古朴典雅，风光如画，因常有天鹅栖息而得名。始建于2010年。占地面积0.24平方千米，管理单位为砀山县林业局。天鹅洲景区是由上海传媒有限公司投资1个亿建设的民族文化表演场所，园林旅游服务项目总占地面积316亩，总建设面积2.4万平方米。该项目主要依托原砀山第二砖瓦厂的地形地貌建设园林、假山、仿古建筑、水上乐园、广场等设施，配套民俗文化表演、餐饮、住宿、休闲娱乐等服务项目。

第九章　驻辖区单位地名

第一节　党政机关

砀山县发展和改革委员会

砀山县发展和改革委员会（Dàngshānxiàn Fāzhǎnhégǎigé Wěiyuánhuì）　位于砀城镇政务新区人民政府5楼。1954年6月，砀山县政府设立计划委员会。1968年8月撤销。1976年1月，恢复设立砀山县计划委员会。2002年，更名为砀山县发展计划委员会。2007年11月，更名为砀山县发展和改革委员会。职能范围：拟订并组织实施国民经济和社会发展战略、中长期规划和年度计划，统筹协调经济社会发展；承担指导推进和综合协调经济体制改革，组织拟订综合性经济体制改革方案，指导经济体制改革试点工作；承担规划重大建设项目，组织开展重大建设项目稽察；推进经济结构战略性调整。所属行业：公共管理和社会组织。

砀山县环境保护局

砀山县环境保护局（Dàngshānxiàn Huánjìngbǎohùjú）　位于砀城镇政务新区人民政府大楼东200米路北。成立于1997年，由原来砀山县城乡建设环境保护局分离出来。建筑面积2900平方米，职工人数有136人。职能范围：实施全县环境统一监督管理行政职能。所属行业：公共管理和社会组织。

中共砀山县委老干部局

中共砀山县委老干部局（Zhōnggòng Dàngshānxiànwěi Lǎogànbùjú）　单位位于砀城镇政务新区人民政府大楼七楼。1982年9月，成立砀山县委老干部委员会。1984年4月，改名为砀山县委老干部局至今。原址在人民东路85号，2007年8月，迁址于砀城镇政务新区至今。建筑面积140平方米，职工人数有10人。职能范围：组织离退休干部阅读、学习文件和参观、疗养等活动，落实按规定享受的政治、生活待遇；管理离退休干部生活场所，组织开展文娱和体育活动；做好离退休干部异地安置工作和帮助解决生活中的实际问题；负责离退休干部经费的管理，向直属单位老干部工作机构转发和传达有关离退休工作的文件等。所属行业：公共管理和社会组织。

砀山县农业委员会

砀山县农业委员会（Dàngshānxiàn Nóngyè Wěiyuánhuì） 位于砀城镇政务新区人民政府大楼九楼。1997年1月，成立砀山县农村经济委员会。2010年12月，成立砀山县农业委员会。建筑面积400平方米，职工人数有35人。职能范围：贯彻执行国家、省、市农业农村经济发展的方针政策和法律法规；拟订砀山县农业和农村经济发展战略、中长期规划和年度发展计划，承担完善农村经营管理体制的责任，指导农产品生产及相关政策措施，指导农业产业化发展，承担农产品质量安全监管、农业生产资料市场体系建设、农作物重大病虫害防治和重大动物疫病防控；承担农业防灾减灾的责任；承办县政府交办的其他事项。所属行业：公共管理和社会组织。

砀山县统计局

砀山县统计局（Dàngshānxiàn Tǒngjìjú） 单位位于砀城镇政务新区人民政府大楼。1952年7月，砀山县政府设立计划统计科。1953年3月，设为统计科。1962年11月，更名为统计局。1968年8月，砀山县革命委员会成立，下设四大组，计划统计归属生产指挥组。1977年3月，四大组撤销，统计归属砀山县计划委员会。1980年，砀山县政府下设统计局。1982年，统计局与计划委员会分开办公，下设综合股、农业商贸股、工业投资股。建筑面积381平方米，职工人数有30人。职能范围：承担组织领导全县统计工作，组织实施全县国民经济核算及第一产业、第二产业、第三产业统计调查；会同有关部门组织实施全县人口、经济、农业等重大国情国力普查和专项调查，搜集、整理、提供全县性的基本统计资料，宣传、贯彻、执行国家和地方统计法规；会同有关部门组织管理全县统计专业资格考试、职务评定和从业资格认定工作；建立并管理全县统计信息自动化系统和统计数据库系统，建立和维护全县基本单位名录库，指导全县统计信息自动化建设。所属行业：公共管理和社会组织。

砀山县效能督查局

砀山县效能督查局（Dàngshānxiàn Xiàonéngdūchájú） 位于砀城镇政务新区人民政府大楼二楼。2010年成立。建筑面积100平方米，职工人数有16人。职能范围：全县效能建设、督查工作。所属行业：公共管理和社会组织。

砀山县交通运输局

砀山县交通运输局（Dàngshānxiàn Jiāotōngyùnshūjú） 位于砀城镇道北西路20号。所属行业：公共管理和社会组织。1949年，成立建设科。1958年，改为交通科。1971年，改为砀山县交通革命领导小组。1978年，定名为砀山县交通局。2010年4月，更名为砀山县交通运输局。建筑面积4500平方米，职工人数258人。职能范围：是交通运输依法行政的管理单位。所属行业：公共管理和社会组织。

砀山县国土资源局

砀山县国土资源局（Dàngshānxiàn Guótǔzīyuánjú） 位于砀山县人民东路古城商业街北侧。1988年4月成立。2002年8月，砀山县土地管理局与砀山县地质矿产局合并，更名为砀山县国土资源局。建筑面积2573平方米，职工人数有207人。职能范围：主管土地资源管理、矿产资源等自然资源的规划、管理、保护与合理利用及测绘行政管理工作。所属行业：公共管理和社会组织。

砀山县审计局

砀山县审计局（Dàngshānxiàn Shěnjìjú） 位于砀城镇政务新区人民政府大楼三楼。1984 年 4 月成立。建筑面积 621 平方米，职工人数有 37 人。职能范围：主管负责、统筹发展、组织协调、实施开展全县各类审计业务工作。内设办公室、监察室、综合法规审理室、审计信息化管理室 4 个综合部门，财政金融审计室、行政事业审计室、社保民生审计室、农业与资源环保审计室 4 个业务室和副科级参公管理事业单位经济责任审计局、副科级事业单位固定资产投资审计监督中心。所属行业：公共管理和社会组织。

砀山县市场监督管理局

砀山县市场监督管理局（Dàngshānxiàn Shìchǎngjiāndū Guǎnlǐjú） 位于砀城镇政务新区东 300 米路北。砀山县市场监督管理局的前身为砀山县工商行政管理局、砀山县质量技术监督管理局和砀山县食品药品监督管理局。因食品监督管理的需要，2014 年 1 月 1 日，上述三机构合并为砀山县市场监督管理局。建筑面积 1504 平方米，职工人数有 215 人。职能范围：负责涉及工商行政管理、质量技术监督、食品药品监督管理的各类行政审批和行政许可并监督管理；组织查处违反工商行政管理、质量技术监督、食品药品监督管理法律、法规、规章的行为。所属行业：公共管理和社会组织。

砀山县财政局

砀山县财政局（Dàngshānxiàn Cáizhèngjú） 位于砀山县砀郡路与科技路交叉口往北 200 米路西。1948 年 11 月，砀山县设财粮科。由于历史原因，曾沿用财政科、财税局革命领导小组、财金局革命领导小组、财税局等名称。1978 年，财政、税务分家，财政机构单独成立，名为财政局至今未变。建筑面积 5500 平方米，职工人数有 83 人。内设办公室、综合股、国库股、预算股、社保股、经建股、农业股、企业股、金融股、行财股、会计股、政府采购股、农村财政管理局、农村综合改革领导小组办公室。所属行业：公共管理和社会组织。

砀山县人民政府信访局

砀山县人民政府信访局（Dàngshānxiàn Rénmínzhèngfǔ Xìnfǎngjú） 位于砀城镇政务新区人民政府大楼。前身为中共砀山县委信访办公室、砀山县人民政府信访办公室，2002 年，设为独立机构，更名为中共砀山县委砀山县人民政府信访局。建筑面积 752 平方米，职工人数有 8 人。职能范围：为县委、县政府主管信访工作的机构。内设办公室、综合股、督查督办股（砀山县人民政府信访事项复查办公室）、砀山县人民来访接待中心。所属行业：公共管理和社会组织。

砀山县林业局

砀山县林业局（Dàngshānxiàn Línyèjú） 位于砀山县人民政府东 200 米，华府名都北 300 米处。原名为砀山县革命委员会农林局。1980 年 1 月 28 日，砀山县革命委员会农林局分开为砀山县农业局和砀山县林业局。建筑面积 2700 平方米，职工人数有 58 人。职能范围：林业造林与管护、森林病虫害防治、森林护林防火、森林资源的管理。所属行业：公共管理和社会组织。

砀山县公安局

砀山县公安局（Dàngshānxiàn Gōng'ānjú） 位于砀城镇政务新区东砀郡路北侧，宴嬉路与砀郡路交叉口西 50 米。1944 年 8

月设立；1947年1月，因华山、砀山机构合并，设立华砀县公安局，同年11月，因恢复原砀山县、华山县，又恢复砀山县公安局；1966年6月，砀山县公安局被军管；1968年8月，公检法合并成立人保组；1973年，恢复砀山县公安局。职能范围：主管全县公安工作，负责维护社会政治稳定，打击刑事、经济犯罪，人口、出入境、交通安全管理，领导、指导武警、消防部队建设，承办上级公安机关和县委、县政府交办的其他事项等。建筑面积14900余平方米，共有办公大楼2栋，现有警力438人，警车136辆。所获荣誉：1991年被宿县地区公安处评为先进集体，1994年3月“5·7”专案组被安徽省公安厅记二等功、砀山县人民政府记大功，1997年1月被宿州市公安局记三等功，2001年7月被宿州市公安局评为调研工作先进单位，2001年9月被安徽省综合治理办公室评为综合治理先进集体，2002年8月被安徽省公安厅评为先进单位，2011年荣获全市公安机关2010年度绩效考核先进单位、全县执法部门绩效考核第一名、全国公安机关“清剿火患”先进单位，2012年荣获全市公安机关“清网行动”先进单位，2003年以来连年被县政府、县政协评为“提案办理先进单位”等。所属行业：公共管理和社会组织。

砀山县公安局交通警察大队车辆管理所

砀山县公安局交通警察大队车辆管理所（Dàngshānxiàn Gōng’ānjú Jiāotōngjǐngchá Dàduì Chēliàngguǎnlǐsuǒ）位于101省道砀山县段371千米处，赵堤口村南。1986年，设立砀山县交通警察大队车辆管理所，1991年更名为砀山县公安局车辆管理所。建筑面积1120平方米，警力有17人。职能范围：负责全县机动车辆、牌证发放管理，车辆安全检验，驾驶员的考核管理等工作。所属行业：公共管理和社会组织。

砀山县公安局交通管理大队

砀山县公安局交通管理大队（Dàngshān Xiàn Gōng’ānjú Jiāotōng Guǎnlǐ Dàduì）位于砀城镇北2千米，臧屯101省道西侧。1985年2月24日，安徽省公安厅批复砀山县公安局成立砀山县公安局交通警察中队；1986年10月，砀山县公安局交通管理大队。建筑面积1110平方米，警力有59人，警车有28辆。职能范围：在砀山县公安局指导下负责砀山县境内交通秩序管理，车辆、驾驶员管理，交通事故处理，道路交通安全宣传教育等工作。所获荣誉：1995年12月被宿县地区行署公安处记集体三等功，2012年被安徽省公安厅授予全省优秀公安基层单位。所属行业：公共管理和社会组织。

砀山县拘留所

砀山县拘留所（Dàngshānxiàn Jūliúsuǒ）位于砀城镇政务新区，砀山县公安局北100米。1979年，设立砀山县行政拘留所；2007年，更名为砀山县拘留所。建筑面积1900平方米，警力有9人，警车有1辆。职能范围：主要担负着砀山县因违反行政法规被裁决行政拘留、司法拘留的执行任务。所获荣誉：连续实现拘留所16年安全无事故，先后被公安部评为“全国拘留所社会矛盾化解工作先进单位”、连续三年被安徽省公安厅监管总队评定为“二级拘留所”。所属行业：公共管理和社会组织。

砀山县看守所

砀山县看守所（Dàngshānxiàn Kānshǒusuǒ） 位于砀城镇政务新区，砀山县公安局办公大楼北侧。始建于20世纪30年代，2008年9月搬迁至砀山县城政务新区。建筑面积4642平方米，警力有28人，警车有3辆。职能范围：在砀山县公安局的指导下负责对被羁押的犯罪嫌疑人、被告人、罪犯实行武装警戒看守、保障安全、保障侦查、起诉、审判和执行刑罚工作的进行，承办县局交办的事项。2011年至2014年连续四年被公安部评为一级看守所，实现连续35年安全无事故，2013年被公安部授予2009年以来“公安监管工作成绩突出集体”荣誉称号，被安徽省公安厅评为全省公安监管优秀单位，荣立集体二等功。2014年被安徽省公安厅评为“全省公安监所安全文明优秀单位”，荣获“全省看守所管理机制创新优秀单位”称号。2015年被评为全国公安监管系统和武警看守执勤部（分）队“三共”活动成绩突出单位。所属行业：公共管理和社会组织。

砀山县公安局西南门派出所

砀山县公安局西南门派出所（Dàngshān Xiàn Gōng’ ānjú Xīnánmén Pàichūsuǒ）位于砀城镇西南门街西100米。1988年5月，设立砀山县公安局西南门派出所。建筑面积约为432平方米。警力有6人，警车有两辆。职能范围：在砀山县公安局指导下负责辖区户籍、人口、特种行业危险品、公共复杂场所的治安管理，落实防范措施，排查化解矛盾纠纷，查处治安案件，侦破一般刑事案件，协助调查各类重（特）大刑事案件，协助做好辖区内保工作，维护辖区治安秩序等公共安全工作。承办县局和砀城镇党委、政府交办的事项。所属行业：公共管理和社会组织。

砀山县公安局城关责任区刑警队

砀山县公安局城关责任区刑警队（Dàngshānxiàn Gōng’ ānjú Chéngguān Zérènqū Xíngjǐngduì） 位于310国道砀山县二车队对面。1996年，设立刑警大队五中队。2010年，更名为砀山县公安局城区责任区刑警队。建筑面积200平方米。警力有9人，警车有3辆。职能范围：负责砀城镇、赵屯镇、曹庄镇、关帝庙镇、开发区、薛楼园区六镇（区）刑事案件侦查及重大刑事案件办理，承办县局交办的事项。所属行业：公共管理和社会组织。

砀山县人力资源和社会保障局

砀山县人力资源和社会保障局（Dàngshān Xiàn Rénlìzīyuán hé Shèhuìbǎozhàngjú） 位于砀山县道北中路18号。2010年3月，由原人事局与原劳动保障局合并成立至今。建筑面积3000平方米，职工人数有246人。职能范围：贯彻执行国家和省市人力资源和社会保障工作方针政策和法律法规，拟订砀山县人力资源和社会保障事业发展规划、方案和年度计划并组织实施和监督检查。内设办公室、政策法规与劳动监察股、公务员管理办公室、职业能力建设股、专业技术人员管理股、事业单位人事管理股、人力资源市场股、工资福利股、就业促进和失业保险股、养老保险股、医疗工伤生育保险股、农村社会保险股、劳动关系与调解仲裁股、行政审批服务股。所属行业：公共管理和社会组织。

砀山县人民政府办公室

砀山县人民政府办公室（Dàngshānxiàn Rénmínzhèngfǔ Bàngōngshì） 位于砀城镇政务新区人民政府大楼。1949年10月，设立政府秘书室。1956年1月，更名为人民委员会办公室。1961年6月，与中共砀山县委办公室合署办公。1968年8月，设立砀山县革命委员会办事组，人民委员会办公室被取代。1982年1月，设立砀山县人民政府办公室至今。建筑面积780平方米，职工人数有46人。职能范围：协助砀山县政府领导处理县政府日常工作。内设秘书股、文保股、调研股、法制办、行政股、应急办、督查室、信息科、县长热线办、外事侨务办。所属行业：公共管理和社会组织。

砀山县人民代表大会常务委员会

砀山县人民代表大会常务委员会（Dàngshānxiàn Rénmíndàibiǎodàhuì Chángwùwěiyuánhuì） 位于砀城镇政务新区东小楼B座。砀山县第一届各界人民代表大会于1949年8月16日至18日召开，砀山县第一届人民代表大会第一次会议于1954年7月2日召开，常务委员会于1982年1月设立，下设办公室。1984年7月，增设法制、财经、教育科学、城乡建设四个工作委员会，第八届至第十届常委会每届为三年。1992年12月起第十一届人大常委会至今每届为五年。建筑面积980平方米，在职职工25人。职能范围：依法开展监督工作，保证法律、法规的正确实施，支持和促进“一府两院”的工作。审议、决定重大事项，任免国家机关工作人员。保障人大代表和人民群众参与管理国家和社会事务的民主权利，促进砀山社会主义民主法制建设和人民代表大会制度的不断完善，确保砀山改革开放和社会主义现代化建设健康、顺利发展。所属行业：公共管理和社会组织。

中国共产主义青年团砀山县委员会

中国共产主义青年团砀山县委员会（Zhōngguó Gòngchǎnzhǔyì Qīngniántuán Dàngshānxiàn Wěiyuánhuì） 位于砀城镇政务新区6楼。团县委的前身——中国新民主主义青年团砀山县委员会成立于1949年7月。1957年5月，改为中国共产主义青年团砀山县委员会。建筑面积2900平方米，职工人数有4人。职能范围：领导全县共青团工作，负责全县少先队工作。所属行业：公共管理和社会组织。

砀山县科学技术局

砀山县科学技术局（Dàngshānxiàn Kēxuéjìshùjú） 位于砀城镇人民东路215号。1978年前，砀山县的科技管理机构名称曾为砀山县科学技术普及协会、砀山县科学技术协会、科技组、科技局。1978年，将砀山县科技局改建为砀山县科学技术委员会。1984年，机构改革分设为砀山县科委、砀山县科协。2002年1月，将砀山县科委更名为砀山县科学技术局。建筑面积499.8平方米，职工人数有12人。职能范围：负责全县的科技创新，科技政策的宣传与落实，科技项目的申报与管理，组织申报高新技术企业、高新技术产品，做好专利法宣传咨询与服务，组织专利申请与管理、科技成果的转化与推广、知识产权保护工作等。内设办公室、综合股、业务股及知识产权办公室。砀山县科学技术局（砀山县知识产权局）是一个机构两块牌子，另有地震办公室挂靠在科技局。所属行业：公共管理和社会组织。

砀山县文化广电新闻出版局

砀山县文化广电新闻出版局（Dàngshān Xiàn Wénhuà Guǎngdiànxīnwén Chūbǎnjú） 位于砀城镇人民西路元通4号楼。原名为砀山县文化局、砀山县文化旅游局。砀山县文化局于1971年从砀山县文教局分离出来，成立县文化局革命领导小组。

1981年，砀山县文化局正式成立。2002年11月，成立砀山县新闻出版局（副科级）。2010年3月，砀山县文化局与县旅游局合并，成立砀山县文化旅游局，同年6月，将砀山县旅游局分离，砀山县文化局、新闻出版局、广播电视局三局合一，成立了砀山县文化广电新闻出版局。建筑面积450平方米，职工人数22人。职能范围：认真贯彻执行中央和省、市、县有关文化广电新闻出版的宣传、文艺影视方面的路线、方针、政策和法律法规，把握舆论导向，不断提高文化广电新闻出版管理宣传质量和水平，当好党委、政府和人民的喉舌，拟定文化广电新闻出版宣传的规划、政策，组织全县性重大文化新闻宣传活动，负责文化广电新闻事业的改革，加强文化广电新闻队伍建设。内设办公室、社会文化股、文化新闻管理股、广电股。所属行业：公共管理和社会组织。

中国人民政治协商会议安徽省砀山县委员会

中国人民政治协商会议安徽省砀山县委员会（Zhōngguórénmínzhèngzhìxiéshānghuìyì Ānhuī Shěng Dàngshānxiàn Wěiyuánhuì） 位于砀城镇政务新区人民政府大楼。经中共安徽省委批准，砀山县政协于1981年12月开始筹备成立，至今已历九届。建筑面积570平方米，职工人数有24人。职能范围：政治协商、民主监督、参政议政。所属行业：公共管理和社会组织。

砀山县司法局

砀山县司法局（Dàngshānxiàn Sīfǎjú） 位于砀城镇旭日路西侧。成立于1979年，由砀山县人民法院司法科更名为而来。建筑面积5000多平方米，职工人数有50人。职能范围：贯彻执行国家的法律、法规和司法行政工作的方针政策；制定全县司法行政工作发展规划、年度工作计划并监督实施；制定全县法治宣传教育和普及法律知识规划并组织实施；承担砀山县依法治县领导小组日常工作；指导和督办全县依法治理和法治宣传教育工作；参与全县社会治安综合治理、平安建设和法治建设的有关工作；管理全县律师、公证机构；指导和管理政府和企事业法律顾问、法律援助工作及律师、公证业务工作。内设七个股室，分别为政工室、办公室、法制宣传教育股、公证律师管理股、基层工作管理股、法律援助工作股、社区矫正工作管理股。所属行业：公共管理和社会组织。

砀山县人民法院

砀山县人民法院（Dàngshānxiàn Rénmínfǎyuàn） 位于芒砀南路与310国道交叉口南100米。1986—2012年间，审判与诉讼制度发生重大改革，刑事审判结束以往“估堆式”的审判模式，量刑更加公开、公正。民事审判从“一问一答”的“纠问式”改革为“控辩式”，法官居中裁判，形成“大民事”审判格局。2000年8月起，推行“立审分立”“审执分立”“审监分立”制度，设立立案庭和审判监督庭。建筑面积7000平方米，职工人数有139人。职能范围：砀山县人民法院是国家基层审判机关，依法独立行使审判权，对砀山县人民代表大会及其常委会负责报告工作。所获荣誉：先后被安徽省档案局、安徽省高级人民法院授予“机关档案工作目标管理省特级单位”和全省档案管理先进集体荣誉称号，被安徽省高级人民法院授予“全省法院指导人民调解工作先进法院”“全省法院办法先进单位”，连续四届被宿州市委评为全市文明单位，被宿州市中院授予“全市法院宣传工作先进单位”等。所属行业：公共管理和社会组织。

砀山县人民法院城西人民法庭

砀山县人民法院城西人民法庭（Dàngshān Xiàn Rénmínfǎyuàn Chéngxī Rénmín fǎtíng） 位于砀山县城西赵屯镇境内。1994年4月，砀山县法院成立经济纠纷调解中心，同年8月，陈庄人民法院更名为城西人民法庭。建筑面积670平方米，职工人数4人。职能范围：辖区范围内民事案件的审理和执行。所获荣誉：2012年获得共青团砀山县委授予的“青年文明号”称号，每年均获得院“先进集体”“优先党支部”荣誉。所属行业：公共管理和社会组织。

砀山县水务局

砀山县水务局（Dàngshānxiàn Shuǐwùjú） 位于砀城镇人民东路30号。成立于1956年3月；1959年7月，更名为砀山县水利电力局；1968年8月，成立砀山县水电局革命领导小组；1978年11月，撤销砀山县水电局革命领导小组，分别设立砀山县水利局和砀山县供电局；2002年1月，设立砀山县水务局至今。建筑面积1300平方米，职工人数有326人。职能范围：主要承担全县水利建设和管理、防汛抗旱、水资源及涉水事务管理、水行政执法等工作。内设办公室、水政水资源股（行政审批服务股）、计划基建股、农水股、供排水管理股、设计室。所属行业：公共管理和社会组织。

砀山县民族宗教事务局

砀山县民族宗教事务局（Dàngshānxiàn Mínzúzōngjiào Shìwùjú） 位于砀城镇政务新区人民政府大楼九楼。1983年8月，设立砀山县人民政府民族宗教事务科，在砀山县委统战部办公。1989年7月，民族宗教事务科划归政府序列；1990年，民族宗教事务科更名为砀山县民族宗教事务局；1997年并入砀山县政府办公室，挂民族宗教事务局牌子；2008年，砀山县民族宗教事务局列入政府序列。建筑面积30平方米，职工人数有5人。职能范围：民族、宗教工作。所属行业：公共管理和社会组织。

中共砀山县委宣传部

中共砀山县委宣传部（Zhōnggòng Dàngshānxiànwěi Xuānchuánbù） 位于砀城镇政务新区人民政府大楼。设立于1949年2月，1972年撤销，1977年3月复设至今。建筑面积320平方米，职工人数有16人。职能范围：负责全县的宣传思想文化工作。内设办公室、理论科、宣教科、文化科、干部科、外宣办、网宣办、文明办。所属行业：公共管理和社会组织。

砀山县卫生和计划生育委员会

砀山县卫生和计划生育委员会（Dàngshān Xiàn Wèishēng hé Jìhuàshēngyù Wěiyuánhuì） 位于砀城镇科技路西50米。1974年，设砀山县计划生育办公室。1985年，改设砀山县计划生育委员会。2007年，更名为砀山县人口和计划生育委员会。2015年8月，与砀山县卫生局合并组建砀山县卫生和计划生育委员会。建筑面积3000平方米，职工人数有50人。职能范围：人口和计划生育工作。内设办公室、规划统计信息股、科学技术股、宣教奖扶股、流动人口管理股。所属行业：公共管理和社会组织。

砀山县地方税务局

砀山县地方税务局（Dàngshānxiàn Dìfāng Shuìwùjú） 位于砀城镇道北中路。1995年1月14日，设立砀山县地方税务局，1998年，实行垂直管理。建筑面积2931平方米，职工人数有 144 人。职能范围：负责全县地方税收和基金费的征收管理责任，监督检查税收法律法规和政策规定的执行情况。所获荣誉：安徽省第五届文明单位；安徽省第六届文明单位；安徽省第七届文明单位；安徽省第九届文明单位；安徽省第十届文明单位。所属行业：公共管理和社会组织。

砀山县民政局

砀山县民政局（Dàngshānxiàn Mínzhèngjú） 位于砀城镇人民东路 9 号。1949 年 2 月设立民政科；1970 年 7 月撤销民政科，设立民政劳动局；1977 年 4 月撤销民政劳动局，成立民政局和劳动局。占地面积 646.29 平方米，职工人数有 70 人。职能范围：救灾救济、双拥优抚安置、民间组织管理、基层政权建设、城市农村居民最低生活保障、社会福利和社会事务、区划地名等。所获荣誉：2014 年 11 月 3 日被民政部授予"全国和谐社区建设示范"荣誉称号；2014 年 2 月 19 日被评为年度全市民政工作综合考核优秀单位。所属行业：公共管理和社会组织。

砀山县教育体育局

砀山县教育体育局（Dàngshānxiàn Jiàoyùtǐyùjú） 位于砀城镇道北中路 15 号。1986 年，名称为砀山县教育局。1989 年 8 月，更名为砀山县教育委员会。2001 年 12 月，砀山县教育委员会迁至现址办公。2002 年 2 月，砀山县教育委员会更名为砀山县教育局。2005 年 5 月，砀山县教育局、县体育局合并称为砀山县教育体育局。建筑面积 2368 平方米，职工 60 人。职能范围：贯彻并实施国家、省市教育、体育工作方针、政策，研究并拟定全县教育体育工作规划，负责教育、体育工作的理论研究和宣传；研究制定全县教育、体育体制改革的政策以及教育、体育工作发展的重点、结构、进度，并负责指导、协调、落实；管理全县基础教育、职业技术教育、成人教育及特殊教育等工作。所属行业：公共管理和社会组织。

砀山县住房和城乡建设局

砀山县住房和城乡建设局（Dàngshānxiàn Zhùfáng hé Chéngxiāng Jiànshèjú） 位于砀城镇科技路与砀郡路交叉口。2000 年 8 月，成立砀山县住房和城乡建设局。占地面积 536 平方米，职工人数 36 人。职能范围：贯彻执行国家关于城乡建设和城市管理的方针、政策和法律、法规，并具有乡镇规划建设和城乡市容的行政管理、行政监督、行政执法职能；负责辖区乡镇规划建设管理，督促协调小城镇建设工作；负责辖区乡镇和外环线以外、工业园及城南专业市场等建筑工程的质量、安全、施工监督管理；负责辖区规划道路红线 15 米以下街道及小街小巷的市容市貌、环境卫生、市政公用基础设施建设维护和管理。内设办公室、市容管理股、城乡建设股、安全生产管理股 4 个职能股室。所属行业：公共管理和社会组织。

中共砀山县委组织部

中共砀山县委组织部（Zhōnggòng Dàngshānxiànwěi Zǔzhībù） 位于砀城镇政务新区人民政府大楼。1990 年，成立中共砀山县委组织部。占地面积 131 平方米，职工人数是 20 人。职能范围：坚决贯彻执行党的组织路线和各项方针政策，围绕党在新时期的总路线，抓好组织工作的各项改革，按照干部四化方针，加强领导班子的组织、思想、作风建设和干部队伍的建设，发展党的组织，抓好党组织和党员的管理，发展党员教育，提高党组织的战斗力，为全市的经济建设服务。内设办公室、研究室、组织室、干部综合室、干部室、干部考核工作办公室、干部教育培训室、干部监督室、党代表联络工作办公室、信息管理室。所属行业：公共管理和社会组织。

砀山县机构编制委员会办公室

砀山县机构编制委员会办公室（Dàngshān Xiàn Jīgòubiānzhì Wěiyuánhuì Bàngōngshì） 位于砀城镇政务新区人民政府大楼。1984 年 2 月，设立砀山县机构编制委员会办公室，与人事局合署办公；2010 年 3 月政府机构改革时，砀山县机构编制委员会办公室单独设置。办公面积 60 平方米，职工人数有 7 人。职能范围：在砀山县编委的领导下负责本县行政管理体制和机构改革以及机构编制日常管理工作。所获荣誉：2011 年、2013 年被安徽省机构编制委员会办公室评为县级机构编制管理三等奖；2011—2012 年被宿州市委机构编制委员会办公室评为机构编制统计先进集体；2012 年被宿州市委机构编制委员会办公室评为事业单位登记管理、机构编制信息宣传先进集体。所属行业：公共管理和社会组织。

砀山县人民政府政务服务中心

砀山县人民政府政务服务中心（Dàngshān Xiàn Rénmínzhèngfǔ Zhèngwùfúwùzhōngxīn） 位于砀城镇政务新区人民政府大楼。砀山县人民政府政务服务中心成立于 2002 年 2 月至今。占地面积 213 平方米，职工人数是 13 人。职能范围：负责对政府各部门进驻、委托事项办理的组织协调、监督管理和指导服务，对窗口工作人员进行管理培训和日常考核，对经安徽省政府同意确需由部门单独设立的办事大厅进行指导和监督，并对下级政务服务中心进行业务指导，承担省政府赋予的其他职责。所属行业：公共管理和社会组织。

砀山县经济和信息化委员会

砀山县经济和信息化委员会（Dàngshān Xiàn Jīngjì hé Xìnxīhuà Wěiyuánhuì） 位于砀城镇政务新区人民政府大楼。2010 年，组建砀山县经济和信息化委员会。占地面积 440 平方米，职工人数是 11 人。职能范围：调节经济运行和工业生产的综合管理，指导、促进中小企业发展和信息化推进工作。内设办公室、经济运行科等 10 个科室。所属行业：公共管理和社会组织。

中共砀山县委政法委员会

中共砀山县委政法委员会（Zhōnggòng Dàngshānxiànwěi Zhèngfǎ Wěiyuánhuì） 位于砀城镇政务新区人民政府大楼。1978—1980 年间，称为党委政法领导小组；1981—1988 年间，为砀山县委政法委员会；1988 年机构改革时撤销；1990 年，恢复设立砀山县委政法委员会。2010 年 3 月机构改革时，设置砀山县委政法委、砀山县社会治安综合治理委员会，砀山县综治委为协助砀山县委、县政府领导全县社会治安综合治理工作的常设议事机构，其办公室与县政法委机关合署办公。办公面积 70 平方米，职工人数是 4 人。职能范围：宏观指导、协调、监督、检查人民检察院、法院、公安机关、司法行政、国家安全等部门开展工作，维护社会稳定。正科级建制。所属行业：公共管理和社会组织。

中共砀山县委统战部

中共砀山县委统战部（Zhōnggòng Dàngshānxiànwěi Tǒngzhànbù） 位于政务新区人民政府大楼四楼。最早设立于 1951 年

1月。1967年，撤销统战部。1977年3月，恢复。建筑面积120平方米，职工人数有7人。职能范围：主管全县统战工作。所获荣誉：全省统战系统先进单位，宿州市第六至第八届文明单位等。所属行业：公共管理和社会组织。

砀山县人民检察院

砀山县人民检察院（Dàngshānxiàn Rénmín Jiǎncháyuàn） 位于砀城镇政务新区东1千米处。1950年5月，成立砀山县人民检察署，1952年，迁与濉溪县检察署合并办公。1955年5月，易名为砀山县人民检察院。1958年，检察院、公安局、法院合署办公，称政法部。1961年，又复分设。1978年，恢复砀山县人民检察院。建筑面积9000平方米。职工人数有86人。职能范围：职务犯罪侦查权、侦查监督权、公诉权、审判监督权、执行监督权、申诉监督权等。所获荣誉：先后荣获第七至第十届省级文明单位，第三、四届全国检察机关派驻监管场所一级规范化检察室，安徽省维护妇女儿童合法权益先进集体，全省、全市检察机关先进基层党组织等。所属行业：公共管理和社会组织。

砀山县国家税务局

砀山县国家税务局（Dàngshānxiàn Guójiā Shuìwùjú） 位于砀城镇政务新区芒砀南路5号。成立于1994年8月。建筑面积3764.7平方米，职工人数有147人。职能范围：负责本地区中央税、共享税及法律法规规定的基金（费）的征收管理、税源管理、纳税评估、反避税和稽查工作。内设办公室、政策法规股、收入核算股、纳税服务股、办税服务厅、征收管理股、人事教育股、监察室、税源管理股、党委；直属机构为稽查局；派出机构分别是西南门税务分局、关帝庙税务分局、官庄税务分局、文庄税务分局；事业单位有信息中心。所属行业：公共管理和社会组织。

砀山县砀城镇人民政府

砀山县砀城镇人民政府（Dàngshānxiàn Dàngchéng Zhèn Rénmínzhèngfǔ） 位于砀城镇西河北路1号。1949年，设立城关镇。1958年，并入砀城公社。1965年，从砀城公社划出，恢复原名。2005年1月，城关镇和陇海乡合并为砀城镇。2008年1月，西南门镇整建制并入砀城镇。建筑面积1532平方米，职工人数38人。职能范围：贯彻落实中央、省、市、县的方针、政策，完成上级交给的各项任务。所属行业：公共管理和社会组织。

中国人民银行砀山县支行

中国人民银行砀山县支行（Zhōngguó Rénmínyínháng Dàngshānxiàn Zhīháng） 位于砀城镇人民西路162号。1986年以来开始职能转变，自身的金融储蓄贷款业务逐步剥离。2003年12月，与银行业监督管理委员会砀山县监督组分设，将原有的部分监督职能规划银监会砀山监管组。建筑面积1738.1平方米。职能范围：贯彻传达国家货币政策，实施金融宏观调控与监护，维护金融稳定，促进经济发展。支行内设六个职能部门，分别是办公室、纪检监察审计室、国库会计股、货币信贷统计股、货币金银股、保卫股。所属行业：公共管理和社会组织。

砀山县人民武装部

砀山县人民武装部（Dàngshānxiàn Rénmín Wǔzhuāngbù） 位于砀城镇政务新区芒砀北路63号。1986年5月30日，砀山县人武部改归地方建制，交接办公室成立。

6月14日，举行砀山县人武部改归地方建制移交仪式。1986年7月1日起砀山县人武部为副县级单位，更名为安徽省砀山县人民武装部，撤销后勤科，设立办公室，保留军事科、政工科，均为正科级。1996年2月26日，砀山县人武部收归军队建制工作领导小组成立；3月28日，举行砀山县人武部收归军队建制交接仪式。职能范围：负责本地区民兵、预备役工作，领导区域内人民武装工作；领导本地区的民兵组织建设、政治教育、军事训练和武器装备管理；开展全民国防教育，做好拥军优属和拥政爱民的工作，组织民兵参加三个文明建设；组织带领民兵完成战备执勤、防汛、抢险、救灾等任务，配合公安部门维护社会治安。所属行业：公共管理和社会组织。

砀山县公安局交通警察大队城区中队

砀山县公安局交通警察大队城区中队（Dàngshānxiàn Gōng’ānjú Jiāotōng Jǐngchá Dàduì Chéngqūzhōngduì） 位于砀城镇人民东路劳动街老武警中队院内。1986年10月，设立砀山县交通警察大队一中队，1991年5月，更名为砀山县公安局交通警察大队一中队（城区中队）。建筑面积1386平方米，警力有61人，警车有2辆。职能范围：在砀山县公安局领导下负责砀城镇城区道路交通管理工作，维护城区交通秩序，确保城区交通畅通、有序等。所获荣誉：2015年4月被砀山县团委颁发“青年文明号”称号；同年6月份被中国人民解放军安徽省砀山县人民武装部评为“民兵集训优秀单位”。所属行业：公共管理和社会组织。

砀山县人民政府

砀山县人民政府（Dàngshānxiàn Rénmínzhèngfǔ） 位于砀城镇政务新区人民东路99号。1949年10月1日，砀山县属皖北行政区宿县专署。1953年2月1日，属江苏省徐州专署。1955年2月17日，属安徽省宿县专署。1956年，属蚌埠专署。1961年，属宿县专署。1998年，宿县地区行政公署撤销，改设宿州市，砀山县属宿州市。职能范围：政治职能，一是保护国家的独立和主权；二是维护社会治安；三是界定和保护产权。从市场经济的角度看，界定和保护产权是政府的首要职责，也是保障市场机制有效运作的基本前提。经济职能。一是宏观经济调控；二是区域经济调节；三是国有资产管理；四是微观管制；五是规划并组织实施国家的大型经济建设项目。所属行业：公共管理和社会组织。

中共砀山县县委办公室

中共砀山县县委办公室（Zhōnggòng Dàngshānxiàn Xiànwěi Bàngōngshì） 位于砀城镇政务新区人民政府大楼。1949年10月，中共砀山县县委成立。1982年2月，砀山县党政机关分开办公，随之成立中共砀山县县委办公室。建筑面积448平方米，职工人数有24人。职能范围：负责县委各种会议的准备和组织协调工作，安排县委领导同志的公务活动；负责县委文件的批办、审核和印发，档案管理和开发利用工作；及时、全面、准确、保密地向省、市、县委报送信息，反映有关动态情况；负责省、市委和县委各项重大决策和领导同志重要批示件、批办件和交办件的督办检查工作。设八个内设机构，分别为秘书股、文秘股、调研股、县委督查室、信息宣传股、行政股、县委总值班室、县委机要局（县密码管理局）。所属行业：公共管理和社会组织。

砀山县气象局

砀山县气象局（Dàngshānxiàn Qìxiàngjú） 位于砀城镇中原路与人民西路交叉口东北角。成立于1954年10月，当时的名称是砀山县气象站，2000年，气象观测站搬迁至现今地址，更名为砀山县气象局。建筑面积1100平方米，职工人数10人。业务范围：为全县建设和社会生活提供气象管理保障。所获荣誉：宿州市第四、五、六、八届文明单位。内设综合管理办公室（人工影响天气办公室、农网中心）、气象台（国家基本观测站、预报股、农气股）、科技服务中心（雷电防护所）。所属行业：公共管理和社会组织。

第二节 事业单位

砀山县革命烈士陵园

砀山县革命烈士陵园（Dàngshānxiàn Gémìnglièshì Língyuán） 位于砀城镇苇子园戚寺村。成立于2006年。业务范围：烈士纪念建筑物建设维护与环境美化；烈士骨灰保存；烈士遗物和革命史料陈列；革命史料搜集编写；烈士文物档案建立与文物保管；革命烈士纪念活动组织。建筑面积7300平方米，职工人数15人。业务范围：纪念先烈，教育人民。所属行业：公共管理和社会组织。

砀山县文化馆

砀山县文化馆（Dàngshānxiàn Wénhuàguǎn） 位于砀城镇人民路体育巷12号。成立于1949年6月。建筑面积287平方米，职工人数12人。业务范围：丰富和活跃广大群众的文化生活；普及科学文化艺术知识；指导社会文化活动的普及与提高；开展社会宣传教育。所属行业：公共管理和社会组织。

砀山县中医医院

砀山县中医医院（Dàngshānxiàn Zhōngyī Yīyuàn） 位于砀城镇芒砀南路71号。成立于1991年，由于地理位置偏僻，一直闲置，1998年，开始启动，2005年，与砀山县第二人民医院合并。建筑面积9700平方米，医生人数有149人，护理人数有72人。业务范围：提供医疗、急救、预防、保健、康复为一体的卫生服务。所属行业：医疗卫生业。

砀山县第二人民医院

砀山县第二人民医院（Dàngshānxiàn Dì2 Rénmínyīyuàn） 位于砀城镇芒砀南路71号。成立于1988年。负责常见病、多发病诊治与护理；恢复期病人康复治疗与护理；预防保健卫生技术人员培训；乡村医生、卫生员业务培训；接生员业务培训与技术指导；初级卫生保健规划实施合作；医疗组织与管理卫生监督与卫生信息管理。建筑面积12000平方米，医生人数有182人，护理人数有 92 人。业务范围：为人民身体健康提供医疗与预防保健服务。所属行业：医疗卫生业。

砀山县粮食局

砀山县粮食局（Dàngshānxiàn Liángshijú） 位于砀城镇芒砀北路 21 号。成立于 1952 年，原名砀山县政府财粮科。1956 年，更名为砀山县粮食局。1973 年 1 月，更名为安徽省砀山县革命委员会粮食局。1981 年 10 月，更名为砀山县粮油食品局。1995 年，恢复为砀山县粮食局。2010 年 12 月，经砀山县人民政府机构改革，重新设立砀山县粮食局。建筑面积 1455 平方米，职工人数 9 人。业务范围：在全县范围内贯彻落实国家和省、市粮食工作的方针政策和法律法规；协调省级、县级储备粮的收购、储存、调运，粮食质量标准监督管理，粮食行业的执法检查工作；保障全县城镇居民和军队的粮食供应。所属行业：公共管理和社会组织。

砀山县物价局

砀山县物价局（Dàngshānxiàn Wùjiàjú） 位于砀城镇民主街 12 号。成立于 1998 年。建筑面积 870 平方米，职工人数 42 人。业务范围：贯彻执行价格法律、法规和方针政策；编制价格改革规划和年度计划；承担建立价格调节基金和价格监测制度；建立和实施价格听证会制度；负责全县价格行政执法工作；指导社会价格监督工作；负责成本调查和价格鉴定工作；管理乡镇物价所。所属行业：公共管理和社会组织。

砀山县环境卫生管理所

砀山县环境卫生管理所（Dàngshānxiàn Huánjìng Wèishēng Guǎnlǐsuǒ） 位于金利工业园三楼。成立于 1985 年 10 月，1991 年 10 月移交至县建设局，1998 年 11 月整建制移交至砀城镇，2004 年 12 月底并入砀山县城市管理行政执法局，环卫所升级为副科级建制。建筑面积 650 人，在编职工人数 33 人。业务范围：主要负责全县环卫基础设施中远期规划编制；砀城规划区范围内主次道路的清扫、保洁，道路洒水，公厕的建设与管理；生活垃圾处置收费；环卫基础设施建设、管理工作。所属行业：公共管理和社会组织。

砀山县园林管理所

砀山县园林管理所（Dàngshānxiàn Yuánlín Guǎnlǐsuǒ） 位于金利工业园二楼。成立于 1998 年。负责三环路以内各路段绿化、美化工作，并对各路段的公共绿化地进行各项管理工作。建筑面积 500 平方米，职工人数 28 人。业务范围：绿化、美化砀城。所属行业：公共管理和社会组织。

砀山县殡葬管理所

砀山县殡葬管理所（Dàngshānxiàn Bìnzàng Guǎnlǐsuǒ） 位于砀城镇人民东路 15 号。成立于 1998 年。建筑面积 500 平方米，职工人数 19 人。业务范围：管理殡葬事宜，推进殡葬改革。所属行业：公共管理和社会组织。

砀山县河道管理所

砀山县河道管理所（Dàngshānxiàn Hédào Guǎnlǐsuǒ） 位于砀城镇人民东路 30 号。成立于 1970 年。建筑面积 500 平方米，职工人数 11 人。业务范围：负责全县河道的管理规划整治和开发。所属行业：公共管理和社会组织。

砀山县水政监察大队

砀山县水政监察大队（Dàngshānxiàn Shuǐzhèng Jiānchádàduì） 位于砀城镇人民东路 30 号。成立于 2001 年。建筑面积 500 平方米，职工人数 12 人。业务范围：宣传贯彻水法律法规，保护水资源、水工程、水文监测等有关设施，对水事活动监督检查，对违反水法规的行为实施行政处罚等行政措施，配合和协助司法部门查处水事治安案件和刑事案件，办理行政许可和征收行政事业性收费。所属行业：公共管理和社会组织。

砀山县育林基金征收站

砀山县育林基金征收站（Dàngshānxiàn Yùlín Jījīn Zhēngshōuzhàn） 位于砀城镇人民东路25号。成立于2000年。建筑面积500平方米，职工人数16人。业务范围：对全县范围内经营消耗林业资源的单位和个人征收和管理育林基金。所属行业：公共管理和社会组织。

砀山县森林病虫防治检疫站

砀山县森林病虫防治检疫站（Dàngshān Xiàn Sēnlín Bìngchóng Fángzhì Jiǎnyìzhàn） 位于砀城镇人民东路25号。成立于2000年。建筑面积500平方米，职工人数14人。业务范围：主要负责全县林业病虫害防治、监测、预报、调运检疫，确保砀山绿化成果。所属行业：公共管理和社会组织。

宿州市第七人民医院

宿州市第七人民医院（Sùzhōushì Dì7 Rénmín Yīyuàn） 位于砀城路北侧、101省道东侧。成立于1966年。建筑面积500平方米，医生人数29人。业务范围：为人民身体健康提供医疗与预防保健服务；预防保健科、内科、外科、妇产科、妇幼保健科、儿科、小儿外科、儿童保健科、眼科、耳鼻咽喉科、口腔科、皮肤科、医疗美容科、精神科、传染科、结核病科、肿瘤科、急诊医学科、康复医学科、麻醉科、医学检验科、病理科、医学影像科、中医科医科，大中专学生临床实习成人医科、学历教育临床实习、卫生医疗人员培训、卫生技术人员继续教育。所属行业医疗卫生业。

砀山县市场监督检验所

砀山县市场监督检验所（Dàngshānxiàn Shìchǎng Jiāndū Jiǎnyànsuǒ） 位于砀城镇人民东路。成立于1998年。建筑面积500平方米，职工人数21人。业务范围：砀山县辖区内市场监督检验检测工作。所属行业：公共管理和社会组织。

砀山县广播电视台

砀山县广播电视台（Dàngshānxiàn Guǎngbō Diànshìtái） 位于砀城镇东河南路7号。成立于2000年。建筑面积500平方米，职工人数16人。业务范围：播映新闻信息、电视节目制作、电视节目播出、电视节目转播、电视设备与技术引进、电视广告经营，促进社会经济社会文化发展。所属行业：公共管理和社会组织。

砀山县民政局婚姻登记处

砀山县民政局婚姻登记处（Dàngshānxiàn Mínzhèngjú Hūnyīn Dēngjìchù） 位于砀城镇东城社区东升路。成立于2004年，2007年更名为砀山县民政局婚姻登记处。建筑面积430平方米，职工人数8人。业务范围：负责县内婚姻登记工作。所属行业：公共管理和社会组织。

砀山县扶贫开发领导小组办公室

砀山县扶贫开发领导小组办公室（Dàngshān Xiàn Fúpínkāifā Lǐngdǎoxiǎozǔ Bàngōngshì） 位于政务新区西区三楼。成立于2007年。建筑面积500平方米，职工人数10人。业务范围：负责制定实施全县扶贫开发长远规划和年度扶贫开发实施计划，负责全县各类扶贫资金管理使用，扶贫项目的立项评估申报和实施过程中的监督检查和验收接受和管理，社会扶贫捐赠，开展农村贫困劳动力科技培训，做好农村贫困劳动力转移培训工作，负责全县贫困情况统计和动态监测工作。所属行业：公共管理和社会组织。

砀山县农村经济抽样调查队

砀山县农村经济抽样调查队（Dàngshān Xiàn Nóngcūn Jīngjì Chōuyàng Diàochádui） 位于政务新区5楼。成立于2008年。建筑面积400平方米，职工人数9人。业务范围：为政府决策及社会需求调查提供农村社会经济信息、农业统计、农村住户统计、农村社会调查分析、农民生活水平监测、农村社会经济咨询服务等。所属行业：公共管理和社会组织。

砀山县农村经济审计所

砀山县农村经济审计所（Dàngshānxiàn Nóngcūn Jīngjì Shěnjìsuǒ） 位于砀山县人民政府5楼。成立于1998年。对乡村集体经济财务收支情况实行审计监督，对乡村农民负担实行审计监督，对村级财务人员进行培训，对乡村集体经济企业财务成果实行审计监督。建筑面积400平方米，职工人数6人。所属行业：公共管理和社会组织。

砀山县妇女联合会

砀山县妇女联合会（Dàngshānxiàn Fùnǚ Liánhéhuì） 位于政务新区6楼。成立于1953年3月，原名为砀山县民主妇女联合会筹备委员会。2007年，更名为砀山县砀山县妇女联合会。建筑面积75平方米，职工人数5人。业务范围：团结、动员全县广大妇女投身改革开放和社会主义现代化建设，促进经济发展和社会全面进步；教育、引导全县广大妇女增强自尊、自信、自立、自强的精神，全面提高妇女素质，促进妇女人才的成长；贯彻妇女权益保护法，代表全县妇女参与国家和社会事务的民主管理、民主监督；参与制定有关全县妇女儿童工作规范性实施的具体办法，维护妇女儿童合法权益。所属行业：公共管理和社会组织。

砀山县农村合作经济经营管理站

砀山县农村合作经济经营管理站（Dàngshānxiàn Nóngcūnhézuò Jīngjì Jīngyíng Guǎnlǐzhàn） 位于砀山县政务中心。成立于1988年。建筑面积1346平方米，职工人数9人。业务范围：为农村合作经济健康发展提供管理保障，开展农民负担监督管理工作，落实农村土地承包政策，开展村级财务的管理，指导帮助农民建立专业协会，领导全县农业产业化工作。所属行业：公共管理和社会组织。

砀山县县直机关事务管理局

砀山县县直机关事务管理局（Dàngshān Xiàn Xiànzhí Jīguān Shìwù Guǎnlǐjú） 位于政务新区大楼。成立于1990年，原名县政府行政科。1990年7月，设立砀山县行政管理局（副科级），列入政府部门序列。1997年9月，更名为砀山县县直机关事务管理局，为县委、县政府直属正科级事业单位。建筑面积2037万平方米，职工人数21人。业务范围：负责县委、县政府接待，砀山县机关大院后勤管理、保障和服务等工作，砀山县公共机构节能、公务用车、国有资产等管理工作。所属行业：公共管理和社会组织。

砀山县互联网宣传管理办公室

砀山县互联网宣传管理办公室（Dàngshān Xiàn Hùliánwǎng Xuānchuán Guǎnlǐ Bàngōngshì） 位于政务新区六楼。成立于2006年。建筑面积400平方米，职工人数9

人。业务范围：信息培训，信息技术服务，砀山政务网建设，全县互联网宣传管理，实施政务办公自动化系统建设。所属行业：公共管理和社会组织。

砀山县城市管理行政执法局

砀山县城市管理行政执法局（Dàngshān Xiàn Chéngshì Guǎnlǐ Xíngzhèng Zhífǎjú） 位于政务新区九楼。成立于2004年12月，原名称砀山县城管局，2007年，经安徽省政府批准，更名为砀山县城市管理行政执法局。建筑面积400平方米，职工人数10人。业务范围：负责城市管理工作。所属行业：公共管理和社会组织。

砀山县招商局

砀山县招商局（Dàngshānxiàn Zhāo shāngjú） 位于政务新区二楼。成立于1998年。业务范围：代表县政府对职能部门行政审批工作实施监督和协调，确保为自然人、法人和其他社会组织提供优质、高效、便捷的行政服务。组织协调全县对外招商引资的大型活动，组织和参与重点项目的对外谈判和联络。指导乡镇、行业、企业开展对外招商引资工作。认真贯彻执行国家、省、市政府有关行政审批制度改革方面的政策，为全县经济发展提供一个良好的外部环境，研究拟定全县对招商引资工作的发展规划、政策、措施，对全县招商引资工作中的重大问题向县政府提出意见和建议。所属行业：公共管理和社会组织。

砀山县红十字会

砀山县红十字会（Dàngshānxiàn Hóng shízìhuì） 位于政务新区二楼。2009年，宿州市编办批复为正科级事业单位。建筑面积60平方米，职工人数2人。业务范围：组织募捐开展人道主义的社会服务和公益活动。所属行业：公共管理和社会组织。

砀山县酥梨种质资源省级自然保护区办公室

砀山县酥梨种质资源省级自然保护区办公室（Dàngshānxiàn Sūlí Zhǒngzhìzīyuán Shěngjí Zìránbǎohùqū Bàngōngshì） 位于政务新区九楼。成立于1999年。建筑面积120平方米，职工人数3人。业务范围：贯彻执行《环境保护法》和《自然保护区条例》，编制保护区发展规划统一管理保护区工作，调整区内种质资源情况并建立档案，切实保护区域资源生态环境，做好区内种质资源保护管理，检查指导结构调整虫害防治检疫及执法工作，组织开展生态旅游，绿色食品开发生产，发展区内经济，增加人民收入，承办和管理自然保护区的外事活动及国内外的经济技术合作，承办省市环境部门和县政府交办的其他事项。所属行业：公共管理和社会组织。

砀山县商务局

砀山县商务局（Dàngshānxiàn Shāngwùjú） 位于政务新区一楼。2007年，县商业局与县对外贸易经济合作局合并为县商务局。2010年砀山县招商局与砀山县商务局合署办公，一个机构、两块牌子。建筑面积200平方米，职工人数20人。内设办公室、市场运行调节与法规股、商贸发展与管理股、对外贸易发展与管理股、招商引资股、对外经济合作股（行政审批服务股）、科技发展与服务贸易股。业务范围：国内外贸易、招商引资、市场秩序、市场体系。所属行业：公共管理和社会组织。

砀山县工商业联合会

砀山县工商业联合会（Dàngshānxiàn Gōngshāngyè Liánhéhuì） 位于政务新区

大楼。成立于1912年，前身称砀山商会，1949年10月，砀山商会机构调整，成立由国营公司和个体商贩参加的砀山县工商业联合会。1970年，砀山县工商业联合会撤销。1987年，由砀山县委统战部主持恢复砀山县工商业联合会。建筑面积30平方米，职工人数3人。业务范围：做好非公经济代表人士的教育培养、政治安排的推荐工作；做好非公经济领域政策法规，以及非公经济领域内典型事迹的宣传工作；做好非公经济代表人士参政议政工作；推进非公经济“两个健康”发展。所属行业：公共管理和社会组织。

砀山县事业单位登记管理局

砀山县事业单位登记管理局（Dàngshān Xiàn Shìyèdānwèi Dēngjì Guǎnlǐjú）位于政务新区六楼。成立于1998年。建筑面积400平方米，职工人数12人。业务范围：办理全县事业单位的设立登记、变更登记和注销登记审查事业单位的年度报告并作出相应处置，依法保护事业单位与登记事项有关的合法权益，监督事业单位按照登记事项开展活动，处理违反《事业单位登记管理暂行条例》的事件，拟定全县事业单位登记管理工作规则制度，负责全县事业单位登记管理工作。所属行业：公共管理和社会组织。

砀山县旅游局

砀山县旅游局（Dàngshānxiàn Lǚyóujú） 位于政务新区大楼323室。成立于1999年，与砀山县人民政府外事侨务办公室一个机构、两块牌子；2002年，为县政府办公室内设机构；2010年3月，外事侨务办公室划归政府办公室，旅游局和文广新局合并为县文化旅游局，县直属行政单位；2010年10月，更名为砀山县旅游局。制定旅游市场的开发规划并组织实施；组织砀山旅游整体形象的对外宣传和重大推广活动；组织全县旅游资源的普查、开发和相关保护工作；指导重点旅游区域、旅游目的地和旅游线路的规划开发，引导休闲度假；检测全县旅游经济运行，负责旅游统计及行业信息发布；协调和指导假日旅游工作。建筑面积36平方米，职工人数5人。所属行业：公共管理和社会组织。

砀山县档案局

砀山县档案局（Dàngshānxiàn Dàngànjú） 位于政务新区大楼。成立于1958年11月，前身为中共砀山县委机关档案室，1963年7月，成立砀山县档案管理科，1975年，设立中共砀山县委办公室文档科，1981年5月，成立砀山县档案局。2002年8月，将砀山县档案局、档案馆、地方志办公室实行合一，一个机构三块牌子。建筑面积1000平方米，职工人数8人。业务范围：主管全县档案工作，对全县档案事业实行统筹规划、组织协调和宏观管理，对全县机关、团体、企业事业单位和其他组织的档案工作实行监督和指导，负责档案法律法规贯彻实施，统一管理全县机关、团体、企事业单位档案资料，组织指导全县档案科学研究及对外交流，加强全县档案队伍建设，制定全县方志编纂规划和县志编纂方案，并组织实施，具体负责县志、砀山年鉴的编写和各专业志的审定工作。所属行业：公共管理和社会组织。

砀山县环境保护监测站

砀山县环境保护监测站（Dàngshānxiàn Huánjìng Bǎohù Jiāncèzhàn） 位于政务新区东侧砀山县环保局一楼。成立于2005年。

废水、废气、固体废弃物、噪声、振动、热污染、电磁辐射、放射源源强及光波影响的监测与服务。建筑面积400平方米，职工人数11人。业务范围：负责县内所有排污企事业单位所排放污染因子对环境的影响程度。所属行业：公共管理和社会组织。

砀山县食品安全监督所

砀山县食品安全监督所（Dàngshānxiàn Shípǐn Ānquán Jiāndūsuǒ） 位于政务新区九楼。成立于1998年。建筑面积400平方米，职工人数12人。内设办公室、资源保护科、科研监测科、计划财会科。业务范围：砀山梨种质资源的保护与研究，区内生物多样保护，黄河故道及湿地系统保护，以及砀山梨绿色食品、有机食品技术的推广应用，保护区旅游业的开发等。所属行业：公共管理和社会组织。

砀山县总工会

砀山县总工会（Dàngshānxiàn Zǒnggōnghuì） 位于政务新区东。成立于1950年8月。建筑面积2500平方米，职工人数16人。业务范围：组织和指导砀山县各级工会履行工会“维护、建设、参与、教育”等社会职能，开展工会各项业务工作。所属行业：公共管理和社会组织。

砀山县地价管理中心

砀山县地价管理中心（Dàngshānxiàn Dìjià Guǎnlǐzhōngxīn） 位于砀山县国土局一楼。成立于1994年9月，原名为砀山县地产评估所。2011年8月，更名为砀山县地价管理中心。建筑面积28平方米，职工人数2人。业务范围：土地使用权出让、转让、出租、抵押，进行地产资格评估。所属行业：公共管理和社会组织。

砀山县国土资源监察大队

砀山县国土资源监察大队（Dàngshānxiàn Guótǔ Zīyuán Jiānchádàduì） 位于砀城镇人民东路东城商业街。成立于1987年，原名砀山县土地管理局。1990年，组建了砀山县土地监察队。2002年8月5日，经砀山县编制委员会批准，更名为砀山县国土资源监察大队。建筑面积300平方米，职工人数29人。业务范围：法律、法规规定的职能范围。所属行业：公共管理和社会组织。

砀山县地产咨询中心

砀山县地产咨询中心（Dàngshānxiàn Dìchǎn Zīxúnzhōngxīn） 位于砀山县国土局二楼。成立于1993年7月。建筑面积20平方米，职工人数5人。业务范围：对全县的建设用地实行统一规划、统一征地、统一开发、统一出让、统一管理，并提供土地估价技术咨询等服务工作。所属行业：公共管理和社会组织。

砀山县土地储备发展中心

砀山县土地储备发展中心（Dàngshānxiàn Tǔdìchǔbèi Fāzhǎnzhōngxīn） 位于砀山县国土局一楼。成立于2003年8月。建筑面积53平方米，职工人数7人。业务范围：土地的收购、储备、供应。所属行业：公共管理和社会组织。

砀山县土地开发复垦整理中心

砀山县土地开发复垦整理中心（Dàngshān Xiàn Tǔdì Kāifā Fùkěn Zhěnglǐzhōngxīn） 位于砀山县国土资源局二楼。成立于2006年5月。建筑面积40平方米，职工人数6人。业务范围：土地开发复垦整理项目的审批和管理。所属行业：公共管理和社会组织。

砀山县土地市场交易中心

砀山县土地市场交易中心（Dàngshānxiàn Tǔdì Shìchǎng Jiāoyìzhōngxīn） 位于人民东路古城商业街北侧。成立于2003年3月。建筑面积53平方米，职工人数7人。业务范围：土地使用权出让、转让、出租、抵押、申请的核验和监督管理工作。所属行业：公共管理和社会组织。

砀山县红十字医院

砀山县红十字医院（Dàngshānxiàn Hóngshízì Yīyuàn） 位于人民东路（老检察院）。成立于1999年2月，2001年更名为砀山县红十字医院。建筑面积3000平方米，医生人数有29人，护理人数有22人。业务范围：基本医疗、基本公共卫生服务。所属行业：公共管理和社会组织。

砀山县农业综合开发局

砀山县农业综合开发局（Dàngshānxiàn Nóngyè Zōnghé Kāifājú） 位于砀山县财政局4楼。成立于1998年。业务范围：制定全县农业综合开发中长期规划；进行农业综合开发项目前期准备工作及项目选项、规划、设计和施工管理、检查、验收等；负责项目资金的管理和使用；贯彻落实国家农业开发的方针政策及国家的综合开发有关政策及管理办法。所属行业：公共管理和社会组织。

砀山县公证处

砀山县公证处（Dàngshānxiàn Gōngzhèngchù） 位于砀城镇旭日路司法局一楼。成立于1980年。建筑面积400平方米，职工人数6人。业务范围：承办全县范围内所有涉外，涉港、澳、台及国内各类公证事项。所属行业：公共管理和社会组织。

砀山县非税收入征收管理局

砀山县非税收入征收管理局（Dàngshān Xiàn Fēishuìshōurù Zhēngshōu Guǎnlǐjú） 位于政务新区东500米财政局。成立于2004年。建筑面积400平方米，职工人数11人。业务范围：管理国有预算外资金。所属行业：公共管理和社会组织。

砀山县职业教育中心

砀山县职业教育中心（Dàngshānxiàn Zhíyè Jiàoyùzhōngxīn） 位于砀郡路新公安局西。成立于1952年，原名砀山师范学校。1996年，经安徽省政府批准成立砀山县职业教育中心。建筑面积60000平方米，共有教职工112人。业务范围：全日制中等职业学历教育、非全日制培训教育、农民工短期培训教育。所属行业：公共管理和社会组织。

砀山县果园场医院

砀山县果园场医院（Dàngshānxiàn Guǒyuánchǎng Yīyuàn） 位于砀山县城北13千米处。成立于1957年8月。建筑面积4000平方米，医生人数有13人，护理人数有20人。现有设置科室12个，分别为急诊科、内科、外科、妇产科、检验科、针灸科、放射科、药剂科、康复理疗科、预防保健科、肠道科、放射科。业务范围：基本医疗、基本公共卫生服务。所属行业：公共管理和社会组织。

砀山县园艺场职工医院

砀山县园艺场职工医院（Dàngshānxiàn Yuányìchǎng Zhígōngyīyuàn） 位于砀山县园艺场街。成立于1956年。建筑面积1900平方米，医生人数有12人，护理人数有15人。业务范围：综合性公立医疗机构，为周边群众提供保健医疗服务。所属行业：医疗卫生业。

第十章　工业企业地名

安徽建科节能建材有限公司

安徽建科节能建材有限公司（Ānhuī Jiànkē Jiénéngjiàncái Yǒuxiàngōngsī）　位于安徽省宿州市砀山县李庄镇乡村工业园。所属行业：制造业。业务范围：技术玻璃制品制造（不含防弹玻璃）、销售、安装；铝合金、塑钢门窗加工、安装、销售；装潢材料的销售。

安徽省砀山果园场

安徽省砀山果园场（Ānhuī Shěng Dàngshān Guǒyuánchǎng）　位于安徽省宿州市砀城西北 13 千米处。所属行业：其他类。业务范围：果树种植。

安徽元通房地产开发有限公司

安徽元通房地产开发有限公司（Ānhuī Yuántōng Fángdìchǎn Kāifā Yǒuxiàngōngsī）　位于安徽省宿州市砀城元亨大厦 2 号楼三楼。所属行业：房地产业。业务范围：房地产开发销售；装饰装潢服务。

砀山县交通投资有限责任公司

砀山县交通投资有限责任公司（Dàngshān Xiàn Jiāotōngtóuzī Yǒuxiànzérèngōngsī）位于砀山县砀城镇金利大道 28 号。所属行业：租赁和商务服务业。业务范围：一般经营项目——对国家和省投资的地方公路、村村通工程、桥梁工程设施产权和资产进行管理、监督；筹集、管理和使用交通重点工程资金。

砀山县天地面粉实业有限公司

砀山县天地面粉实业有限公司（Dàngshān Xiàn Tiāndìmiànfěn Shíyè Yǒuxiàngōngsī）　位于安徽省宿州市砀山县砀城道南西路 63 号。所属行业：制造业。业务范围：许可经营项目——面粉加工销售，挂面、馒头的加工销售，粮食收购；一般经营项目——农副产品（不含烟叶、茧）的购销。

砀山大世界百货有限公司

砀山大世界百货有限公司（Dàngshān Dàshìjiè Bǎihuò Yǒuxiàngōngsī）　位于砀山县砀城镇梨花路世纪名城二幢 102、202 室。所属行业：批发和零售业。业务范围：服装鞋帽、配饰、体育用品、家具、化妆品、家用电器、办公用品、电讯商品、摄影器材、健身器材、珠宝首饰的销售、仓储及提供技术服务；商业运营管理及咨询。

砀山县建业房地产开发有限公司

砀山县建业房地产开发有限公司(Dàngshānxiàn Jiànyè Fángdìchǎnkāifā Yǒuxiàngōngsī) 位于砀山县砀城镇道南路(早城3幢804室)。所属行业：房地产业。业务范围：房地产开发经营；物业管理、房屋及场地租赁；环境景观工程设计、施工及管理。

砀山县乡村工业投资发展有限公司

砀山县乡村工业投资发展有限公司(Dàngshānxiàn Xiāngcūn Gōngyètóuzī Fāzhǎn Yǒuxiàngōngsī) 位于安徽省宿州市砀城金利工业园。所属行业：建筑业。业务范围：一般经营项目——乡村基础设施、公用事业和基础产业的建设和营运；乡村土地收购储备及开发经营；乡村企（事）业、产业及项目的融资、投资、委贷（含许可经营的除外）。

第六篇

泗县

第一章　泗县概况

泗县（Sìxiàn）　中国县级行政单位，全国科技进步县，全国健康扶贫工程示范县。是中国山芋之乡、中国民间文化艺术之乡，有国家级非物质文化遗产泗州戏，有隋唐大运河通济渠遗址、石龙湖湿地等历史古迹。

【地理概况】位于安徽省宿州市东北部，东部与江苏省宿迁市泗洪县接壤，南部与蚌埠市五河县毗邻，西部与灵璧县相连，北部与江苏省睢宁县接界，东北部与宿迁市宿城区隔河相望，是两省五县交界地带。面积1787平方千米，人口96.2万人。辖草沟镇、山头镇等12个镇、瓦坊乡等3个乡、1个省级经济开发区。县人民政府驻泗城镇。

自然环境特点：地处淮北平原，地势较为平坦，自西北向东南方倾斜，但东南边缘有少量隆起岗地。地形具有平原、山丘相间，湖洼地、岗地相抱的特点。有自东北向西南走向的17座山丘群，主要有赤山、屏山、朱山、鹿鸣山、老山、峰山、马鞍山、茶山、阴陵山等山丘，境内最高处为朱山，位于县城东北18千米处，海拔157.2米。气候属暖温带半温润季风气候，其特点是四季分明，雨量适中，春季回暖快，天气多变，夏季炎热，降水集中，光热水同季，秋季雨水减少，常有秋旱发生，冬季寒冷，雨雪较少。

境内主要河流有一级河新汴河、新濉河、唐河、南沱河4条，总长134.0千米；二级河有石梁河、老濉河、民利河、小黄河、北沱河、龙河、潼河7条，总长202.3千米；三级河62条，总长507.9千米，四级河392条，总长1086.9千米。境内已探明矿产有6种，分别为石灰石、石英岩、建筑石料用灰岩、水泥用灰岩、建筑用沙和砖瓦用黏土。森林覆盖率达25%，活立木蓄积量达460万立方米，林木年生长量为65.3万立方米，现年采伐量为55万立方米，是皖北地区重要林业县。

泗县交通便利，通车公路里程1600千米。泗许高速公路贯穿东西，境内全长43.49千米。徐明高速公路南北方向过境，境内全长43.62千米，设有长沟、泗县北两个高速出入口。有104.343两条国道过境，境内全长44.9千米和34.4千米。有宿淮铁路穿境而过，境内全长42.2千米，设有泗县火车站。

有安徽省千年古镇泗城镇、千年古村落潼城村。

【地名沿革】西汉置夏丘县。唐置虹县。清康熙十九年（1680年），发大水，泗州城倒塌。倒塌后，州署于乾隆四十二年（1777年）移治于虹县，州县合一，仍为泗州，虹县降称虹乡。1912年民国成立后，废州为县，称泗县，直属安徽省。民国期间，先后是安徽省第七区首席县，安徽省第六区行政督察专员公署和解放区淮北七专署所在地。1949年4月，恢复泗县建制，属皖北行署宿县地区。1952年4月12日属安徽省宿县专区。1956年1月12日属蚌埠专区。1961年4月13日属宿县专区。1971年3月29日属宿县地区。1979年2月27日属宿县行署。1999年8月属宿州市。

【地名异名】夏丘：尧封禹为夏伯，在此建邑，晋陵县名夏丘。北周改夏丘为晋陵县，后与朱沛郡的高平县并置泗州。

泗州：唐武德四年（621年），置虹县（治今五河县境）。六年废夏丘入虹县。虹县属泗州。元和四年（809年）改属宿州。太和四年（830年），废宿州，复属泗州。后复置宿州，治于虹，虹县再属宿州。五代时沿唐制。

泗县：民国元年（1912年）4月废州制，改称泗县。

【境内地名概况】根据第二次全国地名普查结果，泗县境内共有地名4440个，其中自然地理实体地名310个，人文地理实体地名4130个。其地名特征来自自然地理环境、人口世代繁衍和社会环境，因社会的发展而变化。从地名专名来看，有以下特点：

1. 以自然地理实体命名。泗县境内多有丘陵沟壑，以山水命名者比较普遍，如草沟镇、屏山镇、山头、丁湖、长沟、四山、石龙湖等。

2. 因姓氏得名。由于世代繁衍，同姓同族聚居形成村庄，便以其姓氏命名，如张庄、小李庄、大彭村、大刘庄、高徐、侍圩、刘圩等。

3. 以村落地理环境得名。如孙弯、三湾、三里孟、窦井、十里庄、索滩、齐冈等。

【地名社会应用】泗县历史文化底蕴深厚，有些地名与历史人物和历史遗址有关，如：

泗州戏：泗州戏与江苏省徐州市一带流行的柳琴戏是属一个剧种的不同流派，在淮北地区盛为流传。此剧起源于江苏海州（今江苏省东海县），发展于安徽省泗州，故称。

泗州戏起源于清乾隆年间海州一带的“太平调”。后被猎人传唱，称“猎户腔”，因唱腔尾声翻高八度，也称“拉后腔”。由于唱腔优美，听唱者不思寝食，赶场听看，似“魂”被唱腔拉去，故又称“拉魂腔”。后因连年灾荒，张氏在海州一带沿门卖唱，发展为现在的淮海戏；葛氏流浪于苏北鲁南一带卖唱，发展为柳琴戏；邱氏则于淮北泗州一带传艺卖唱，名为“唱门子”。因以狗皮绷成手鼓，串门扭唱，故称“扭鼓子”或“走鼓子”。

清末民初，泗州戏已由说唱阶段发展为两小戏（小生、小旦）、三小戏（小生、小旦、小丑），出现了职业性的班社。正式登上舞台后，受京剧的影响，角色行当大致与京剧同。

琴书　又名“扬琴”或“坠子”。泗县琴书由山东琴书演化而来，有200余年历史。琴书的表演形式有单口、对口和多口三种。清末和民国初年多为一人演唱，俗称“单脚戏”，以唱为主，偶有对白。对口最为流行，多口仅见于舞台演出。琴书唱腔柔和、优美，长于抒情。泗县琴书艺人有柴门和儒门（又称“陆门”）之分，柴门历史较久，系山东艺人李永杰、李成所传。儒门为泗县艺人陆成修所创。

第二章　泗县乡、镇地名

泗城镇

泗城镇（Sìchéng Zhèn）　泗县乡级行政单位，县人民政府驻地镇，安徽省千年古镇。

【地理概况】位于泗县中部，东与草庙镇接壤，南与大路口乡、墩集镇毗邻，西与长沟镇相连，北与屏山镇接界。面积 76 平方千米，总人口 9.1 万人。民族为汉族。下辖曹苗、大刘、大周、大吴、胡陈、关庙 6 个村，花园井、汴河、东关、西关、南关、北关、高尤、朱桥、四里桥、虹乡、三湾等 11 个社区，镇人民政府驻北关社区。

【地形地貌】境内属淮河流域的淮北平原，平均海拔为 195 米。气候属暖温带半湿润气候，四季分明。

【地名沿革】从秦代到北周为夏丘城堡，唐开元二十九年（741 年）改夏丘为虹县，本城为虹城。清康熙十九年（1680 年）古泗州城陷没于洪泽湖中。乾隆四十二年（1777 年）移治于虹县，并虹县入泗州，本城为州县治驻地，改虹城为泗州。民国年间曾是专员公署驻地，沿称泗州。1945 年至 1946 年秋，中共淮北地委驻该镇，设泗州市。1948 年 11 月泗县解放，设泗城市。1950 年 1 月 17 日成立城关镇，1952 年 5 月 5 日又设立城关区。1954 年 11 月 1 日，撤区成立城关镇。1958 年 8 月并入东风人民公社，划为城关大队。1958 年 8 月设城关镇人民公社。1969 年 2 月恢复城关镇，至 2001 年合并原三湾乡，更名为泗城镇。

【地名异名】城关镇，因辖泗县县城及东南西北关而得名。

【境内地名概况】其地名特征来自自然地理环境、人口世代繁衍和社会环境，因社会的发展而变化。从地名专名来看，有以下特点：

1. 以自然地理实体命名。因丘陵沟壑，以山水命名者比较普遍，如花园井、朱桥等。

2. 因姓氏得名。由于世代繁衍，同姓同族聚居形成村庄，便以其姓氏命名，如孙庄、孟庄、刘赵、于陈、彭铺等。

3. 以村落地理环境而得名的有八里桥、三里王、东园、三湾等。

【地名社会应用】文庙——泗县文庙大成殿，在泗县城内正中偏北。原有大成坊、棂星门、泮池、戟门、东西厢、大成殿、明伦堂、尊经阁等古代建筑，现仅存大成殿。大成殿飞檐斗拱，壮观挺秀，长21米，宽12米，面积252平方米。砖木结构，殿房由八棵廊柱顶起，殿墙四周内嵌20棵廊柱。据大成殿脊梁所书，大成殿是清雍正四年所建。《泗虹合志》载，“嘉庆九年修”。据殿内二梁所书，咸丰三年重修。距今已250余年。除局部有毁外，整个殿基本完好。

草沟镇

草沟镇（Cǎogōu Zhèn） 中国乡级行政单位。

【地理概况】草沟镇位于泗县的西南部，东邻泗县丁湖镇，南隔沱河与五河县申集镇相望，西与灵璧县韦集镇接壤，北与泗县长沟镇相连。面积160平方千米，总人口9.5万人。民族为汉族。下辖草沟、王楼、孙巷、于韩、桥东、官唐、侍圩、大梁、街西、汪尚、街南、李圩、大安、瓦韩、大张、秦桥、夏庙、于城18个村民委员会。镇人民政府驻草沟村。

【地形地貌】地处河间平原，地势平坦，海拔14—16米。属暖温带半湿润季风性气候区，四季分明，气候温和，雨量适中，日照充足，无霜期长。

【地名沿革】1949年4月设沱东区，1956年3月改为草沟区；1958年8月人民公社时期成立草沟公社；1961年12月恢复草沟区；1969年3月重设草沟公社；1980年1月复设草沟区。1992年3月撤区分设草沟镇、瓦韩乡。2005年1月原瓦韩乡整体并入草沟镇。

【地名异名】因镇政府所在地位于草沟村得名。此地在北宋年间名为草桥关，后因战挖沟，战后房舍尽毁，村民沿沟南迁，取名草沟。

【境内地名概况】其地名特征来自自然地理环境、人口世代繁衍和社会环境，因社会的发展而变化。从地名专名来看，有以下特点：

1. 以自然地理实体命名。因丘陵沟壑、山水命名者比较普遍，如窦井庄。

2. 因姓氏得名。由于世代繁衍，同姓同族聚居形成村庄，便以其姓氏命名，如张集、张圩、赵庄、小王、于韩等。

3. 以村落地理环境而得名的有沟东李、花板桥、新桥庄、东巷庄三湾等。

【地名社会应用】杨家台——杨家将屯兵点将的地方。坐落在泗县草沟镇北五里的沱河南岸，是商周时期遗址，砀山县文物保护单位。采集的遗物有陶片和鹿角。陶片有夹砂灰、红陶，纹饰有粗、细绳纹和附加堆纹等，器形有鬲足。该处地势低洼，唯独杨家台高出地面10米左右，面积1200平方米。台前有一汪碧水，台上有庙宇，坐北面南，前、后殿之间为庙院，有左右厢房。至于此庙建于何时，已无从查考。周围古木参天，杂树丛生，远远望去，像一座偌大的山林巍然屹立，郁郁葱葱。

佘家台 杨家将佘老太君在此驻扎。位于泗县城西南约40里的唐河北岸，北离汴河一里，遗址四周平坦，中间逐渐高出，形成台地。后唐河从西南侧通过，切断了西南台面，暴露出文化层。文化层厚约5米，内容丰富，文化层底部有许多鹿角和其他动物化石，中间有灰层，并夹杂着许多陶瓷碎片。经鉴定，佘家台为新石器时代晚期遗址，其面积约13200平方米。

大庄镇

大庄镇（Dàzhuāng Zhèn） 中国乡级

行政单位。城镇建设发展较快，基础设施配套齐全，连续七次荣获宿州市十佳文明集镇光荣称号。1999 年 8 月被中央精神文明建设指导委员会命名为“全国精神文明建设先进镇”。

【地理概况】大庄镇位于泗县的北部，东邻瓦坊乡，南接屏山镇，西连黄圩镇、大杨乡，北毗江苏省睢宁县官山镇。面积 95 平方千米，总人口 6.9 万人。民族为汉族。下辖大庄、佃庄、东风、田庄、王官、和谐、曙光、万安、新刘、朝阳、沿河、新集、向阳等 13 个村，有 120 个自然村。镇人民政府驻大庄村。

【地形地貌】辖区地势平坦，海拔 19 米，西高东低，西部系黄沙土，东部黑淤土。属暖温带半湿润季风性气候区，自然条件较好，气候温和湿润，四季分明。

【地名沿革】1949 年 4 月设大庄区，1958 年 8 月成立大庄公社，1961 年 12 月设区划社时恢复大庄区，1969 年 2 月重设大庄公社，1980 年 1 月恢复大庄区，1992 年 3 月撤区设镇。

【境内地名概况】其地名特征来自自然地理环境、人口世代繁衍和社会环境，因社会的发展而变化。从地名专名来看，有以下特点：

1. 以村落地理环境而得名的有街北片、街南片等。

2. 以形式得名。如张昌庄等。

3. 以人文地理命名。如朱祠堂庄。

【地名社会应用】大庄镇历史文化底蕴深厚，一些地名与历史文化有关，不少地方已经开发为旅游景点。如朱祀堂庄古宅，古色古香，现正在筹备开发为旅游景点。

屏山镇

屏山镇（Píngshān Zhèn） 中国乡级行政单位。

【地理概况】位于泗县的中北部，东接黑塔镇，南靠新濉河与泗城镇草庙镇隔河相望，西连大杨乡，北与大庄镇毗连，面积 187.2 平方千米。总人口 6.92 万人。下辖屏山、屏东、屏北、屏西、徐贺、老山、彭鲍、涂山、张乔、白庙、大彭、陈刘、吴店、大李、枯河等 15 个村，有 161 个自然村。镇人民政府驻屏山村。

【地形地貌】境内西部为平原，东部多山丘岗地，共有山丘 12 座，以屏山、老山为主山丘（海拔分别为 119.2 米、95.7 米），小山丘有涂山、茶山、陈山、张山、洼张山、韩山、邢山等，地势西高东低。属暖温带半温润季风气候，适于各类农作物生长，尤其是农林牧生产条件得天独厚。四季分明，光照充足，雨量充沛。

【地名沿革】1949 年 4 月设屏山区；1958 年 8 月公社化时成立屏山公社；1961 年 12 月设区划社，恢复屏山区；1969 年 3 月撤区并社，重设屏山公社；1980 年 1 月设区划社，再设屏山区；1992 年 3 月撤区并乡，屏山区改为屏山镇；2005 年 1 月屏山镇与徐贺乡合并为屏山镇。

【地名异名】屏山形似卧虎，又名卧虎山，夕阳西照，远眺环山如屏，故名。屏山镇因镇人民政府驻屏山村而得名。

【境内地名概况】其地名特征来自自然地理环境、人口世代繁衍和社会环境，因社会的发展而变化。从地名专名来看，有以下特点：

1. 以自然地理实体命名。因丘陵沟壑、

山水命名者比较普遍，如邵湾庄等。

2. 因姓氏而得名。由于世代繁衍，同姓同族聚居形成村庄，便以其姓氏命名，如小陆庄、邢庄、大彭庄等。

3. 以村落地理环境而得名的有沟王、张圩、乔圩等。

【地名社会应用】清道光年间，南京丹阳人在老山主峰兴建了25间无梁庙。盘龙庙会远近闻名，游客纷至，一度香火鼎盛，新中国成立前毁于炮火，后经泗城离休干部高献英自筹资金，在原址复建庙宇，成为境内一大旅游亮点。屏山森林茂密，水库依山而建，山清水秀，上有防空洞，下有地震台，已经成为旅游观光热点。

黑塔镇

黑塔镇（Hēitǎ Zhèn） 中国乡级行政单位。

【地理概况】位于泗县的东北部，东与泗洪县青阳镇接壤，西与屏山镇相毗连，南与草庙镇隔新濉河相望，北接刘圩镇。面积193平方千米，总人口8.7万人。下辖黑塔、韩徐、河西、顺河、倪姚、三甄、陈圩、王武、蒋杨、周黄、朱山、马场、红旗、三葛、界牌、三陈、大魏、小梁等18个村，有188个自然村。镇人民政府驻黑塔村。

【地形地貌】全镇地势平坦，西高东低，西部有马鞍山、朱山等大小山丘6座。境内朱山主峰海拔157.2米。其余平均海拔17米左右。土质多系黑淤土，质地黏性。属暖温带季风区中的大陆性气候，其特点是四季分明，雨热同季，光照充足，无霜期长。

【地名沿革】1949年4月设黑塔乡，隶属汴河区。1958年8月人民公社时期为八一公社。1961年12月设区划社，设置黑塔区。1969年2月撤区并社命名红塔公社。1980年1月又设区划社，恢复黑塔区。1992年3月撤区并乡设黑塔镇。2005年1月撤乡并镇，原小梁乡并入黑塔镇。

【地名异名】相传唐朝末年，山东有一个黑大汉叫刘黑塔，练就一身好武艺。但由于家乡连年战争，生活所迫，做起了小生意。一天途经此地（现在的黑塔街），在一客栈住下。深夜，一伙强盗来抢村民财物，这时刘黑塔操起扁担，挺身而出，强盗被制服，村民的财产得以保留了下来。此后多年，刘黑塔一直在此地做生意。他为人和善，乐于助人，村民们就把他留在此地生活，直到病死。当地村民为了纪念他，就把此地取名“刘黑塔”。随着历史的变迁，后来就把“刘”字去掉。“文化大革命”时期把“黑塔”改称“红塔”，“文化大革命”后又恢复“黑塔”。

【境内地名概况】其地名特征来自自然地理环境、人口世代繁衍和社会环境，因社会的发展而变。从地名专名来看，有以下特点：

1. 以自然地理实体命名。以丘陵沟壑、山水命名者比较普遍，如骈湖庄、王井庄等。

2. 因姓氏而得名。由于世代繁衍，同姓同族聚居形成村庄，便以其姓氏命名，如朱王庄、徐谢庄、龚李庄等。

3. 以村落地理环境而得名的有河南庄、河北庄等。

【地名社会应用】境内有石土地庙。黑塔石土地庙位于黑塔村河北庄西头，圩里自然庄以北，当地人称“土庙”。只见其飞檐斗拱，好不威武。其上有年代、雕刻人及捐助修葺人员名字。石土地庙坐南朝北，东南角有口水井。其井开凿年代至今无从考究，由于年久失修，井沿破损不堪。由于人为破坏，如今井内垃圾成堆，井水干涸。但是作为皖东北独特丧葬习俗重要组成部分的石土地庙，完好无损地保留了下来。

墩集镇

墩集镇（Dūnjí Zhèn） 中国乡级行政单位。

【地理概况】位于泗县的东南部，东与江苏省泗洪县上塘镇接壤，南与五河县相邻，西靠石梁河与大路口乡相邻，北抵新汴河与草庙镇隔河相望。面积96平方千米，总人口2.978万人。民族有汉族、壮族、土家族、哈尼族、傈僳族、回族、黎族、彝族、傣族、水族、布朗族、苗族、仫佬族。下辖墩集村、界牌张村、项沟村、石龙岗村、霸王村、石梁河村、汴河新村7个村，共193个居民点。镇人民政府驻墩集村。

【地形地貌】东部为隆起的岗地，高程在13—37米之间，其余地势平坦，平均海拔在19米左右。岗地以砂姜黏土为主，其余多系黑淤土、黏性土。地处中纬度，属暖温带半湿润季风性气候区，是农作物生长有利的气候条件，温和湿润，四季分明。年平均气温14.3℃，1月平均气温－1℃，7月平均气温27.5℃。年平均降水量895.6毫米，夏季偏多，无霜期204天。境内水系比较多，主要有石梁河、新汴河（县里主河流）、火箭沟、项沟、老虎沟、藕塘沟等。石梁河在墩集镇境内长20千米，流域面积90平方千米；新汴河在墩集境内长13千米。

【地名沿革】1949年4月设墩集区；1958年8月人民公社时期成立墩集公社；1961年12月设区划社时恢复墩集区；1969年2月撤区并社为墩集公社；1980年1月又设区划社恢复墩集区。1992年3月撤区并乡，改为墩集镇。

【境内地名概况】其地名特征来自自然地理环境、人口世代繁衍和社会环境，因社会的发展而变化。从地名专名来看，有以下特点：

1. 以自然地理实体命名。因丘陵沟壑、山水命名者比较普遍，如管岗庄等。

2. 因姓氏而得名。由于世代繁衍，同姓同族聚居形成村庄，便以其姓氏命名，如丁庄、董庄、马姚庄等。

3. 以村落地理环境而得名的有东尹庄、付前庄、后陈等。

【地名社会应用】泗县石梁河暴动纪念馆，位于墩集镇项沟村村部南侧，与泗县早期革命烈士魏正斌、魏尚书的陵园相邻，是纪念泗县早期农民革命斗争县石梁河暴动的一处红色革命教育场所。石梁河农民暴动发生于1930年，是在中共徐海蚌特委领导下，在泗县、五河交界的石梁河两岸爆发的以大小魏庄为中心的400余名农民参与的暴动。根据徐海蚌特委的指示，决定将党团组织合并，成立泗县行动委员会，并成立工农红军独立师，以何凤池（李宝璋）为司令，魏正斌、丁超伍为副司令。暴动后遭敌重点包围，我军奋起抵抗，终因敌众我寡，孤军无援，弹尽粮绝而失败。

草庙镇

草庙镇（Cǎomiào Zhèn） 中国乡级行政单位。

【地理概况】位于泗县的东部，东与江苏省宿迁市泗洪县接壤，南依新汴河与墩集镇隔河相望，西接泗城镇，北靠新濉河与屏山镇相对。面积54.3平方千米，总人口

2.215万人，民族为汉族、回族、黎族、苗族、满族、壮族、彝族。下辖草庙、魏圩、通海、治岗等4个村民委员会，下设62个村民小组。镇人民政府驻草庙村。

【地形地貌】地处淮北平原，东西呈长形，西部、中部地势平坦，海拔19米左右，东部为隆起岗地，海拔为26.3米，土质多系黄淤土。气候温和湿润，四季分明。年平均气温14.3℃，最冷月，平均气温−1℃；历史极端最低气温−11.7℃。最高月平均气温27.5℃。历史极端最高气温39.0℃。年降水量895.6毫米，夏季偏多。无霜期204天。年平均日照时数2085.9小时。境内南有奎濉河，北有新汴河，东有藕塘沟，西有清水沟。区域内有老埂沟和拖泥沟。河流总长度22.95千米，流域面积72.3平方千米。地表水资源主要来源于大气降水和来自奎濉河、新汴河上游的客水。非矿业资源主要有木材、果树等。

【地名沿革】1980年1月设区划社时，由原东方红公社、红旗公社合并为草庙区；1986年至1992年2月，草庙区境内辖通海乡、草庙乡、三湾乡、汴光乡；1992年3月撤区并乡时，三湾乡划为独立乡镇，汴光乡划归泗县城关镇，草庙区改名为草庙镇。

【境内地名概况】其地名特征来自自然地理环境、人口世代繁衍和社会环境因社会的发展而变化。从地名专名来看，有以下特点：

1. 以自然地理实体命名。因丘陵沟壑、山水命名者比较普遍，如通海街等。

2. 因姓氏而得名。由于世代繁衍，同姓同族聚居形成村庄，便以其姓氏命名，如严庄、关李庄、苏庄等。

3. 以村落地理环境而得名的有前朱庄、后朱庄等。

【地名社会应用】草庙镇历史悠久，有很多名村、名地及有影响的事物，居民点常冠其名。如泗县释迦寺大殿。释迦寺大殿在泗城东城墙里边。原有殿宇两进，后有藏经楼一座，站在楼上可俯览全城。院内原有银毂树、罗汉石、九欹松、琵琶井、香水桥、透亮碑、皂角树等。现仅存大殿一座、皂角树一株。大殿系砖木结构。长16米，宽15.5米，面积248平方米，现大殿房瓦和墙壁有些破坏，但梁柱粗大挺直，布局井然。《泗虹合志》载，“释迦寺在城东南隅，洪武时建”。据现嵌在大殿后墙上的《敕赐释迦寺重修藏经楼施地围墙碑记》载，“然考其由来，乃是宋英宗时敕赐寿圣寺，明祖定鼎，易名释迦寺，正德间始建是楼而供养法藏，康熙岁次庚寅中秋谷旦”。因此，此寺应是宋英宗时始建。至今已经800余年。

丁湖镇

丁湖镇（Dīnghú Zhèn） 中国乡级行政单位。

【地理概况】位于泗县的西南部，东与大路口乡接壤，南依沱河与蚌埠市河县隔河相望，西与草沟镇接壤，北临汴河。面积157平方千米，总人口5.7万人，民族为汉族。下辖丁湖、吴圩、苗尤、文湖、春韩、石丁、大桥、丁陈、索滩、汤湖、樊集、向阳12个村。镇人民政府驻丁湖村。

【地形地貌】地处淮北平原东部，黄淮海平原南端，地面高度一般在海拔18米左右，全镇地势平坦，土质南部系碱化土，北部系黑黄土（漏风土）。属暖温带半温润季风气候，适于各类农作物生长，尤其是农林牧生产条件得天独厚。年日照时数为2284—

2495小时，日照率52%—57%，年气温14℃，年均无霜期200—220天，年均降水量800—930毫米，雨季降水量占全年的56%。气候资源较为优越，有利于农作物生长。主要气象灾害有旱、涝、风、霜、冻、冰雹等。气候特点是四季分明，光照充足，雨量适中，雨热同期。四季之中春、秋季短，冬、夏季长，春季天气多变，夏季高温多雨，秋季天高气爽，冬季寒潮频袭。境内属汴河、沱河水系。汴河自西向东经吴圩村、春韩村，沱河自北向东南，经丁陈村、索滩村、向阳村、樊集村，境内河道长约20千米。2008—2010年，全镇实施了三年治理规划，对全镇范围内易涝易旱地区进行重点治理，取得了明显的成效。申报沱河湿地保护项目，目前已通过省级专家论证。地下水资源丰富，正常储水105亿立方米。

【地名沿革】1949年4月设丁湖乡，隶属沱东区；1958年8月设立丁湖人民公社，1980年1月改为丁湖区，1992年3月撤区并乡后设立丁湖镇。

【境内地名概况】其地名特征来自自然地理环境、人口世代繁衍和社会环境，因社会的发展而变化。从地名专名来看，有以下特点：

1. 以自然地理实体命名。因丘陵沟壑、山水命名者比较普遍，如沟陈、窦井庄等。

2. 因姓氏而得名。由于世代繁衍，同姓同族聚居形成村庄，便以其姓氏命名，如大楼、东巷庄等。

3. 以村落地理环境而得名的有后梁庄、赵后、后陈庄等。

【地名社会应用】丁湖镇历史文化底蕴深厚，一些地名与历史文化有关，不少地方已经开发为旅游景点。如申报沱河湿地保护项目，目前已通过省级专家论证。

长沟镇

长沟镇（Chánggōu Zhèn） 中国乡级行政单位。

【地理概况】位于泗县的西部，东邻泗城镇，南隔新汴河与草沟镇相望，西与灵璧县虞姬镇毗邻，北依奎濉河与大杨、屏山两乡镇接壤。面积133平方千米，总人口5.07万人。民族为汉族，下辖大高圩村、戚庙村、马王村、大陈村、洋城湖村、邵庄村、朱彭村、长沟村、四河村、汴河村、小桂庄农场、洋湖农场、小桂庄麦豆场、种畜场10个村和4个农场，下设178个村民小组。镇人民政府驻长沟村。

【地形地貌】地势平缓，海拔多居于20—22米之间。长沟镇地处中纬度，属暖温带半湿润季风性气候区，适于各类农作物生长。季风明显，四季分明，气候温和，雨量适中，日照充足，无霜期长。历年平均气温14.3℃。最冷的1月份，日均气温−0.1℃；最热的7月份，日均气温27.4℃。极端最低气温−23.7℃（1969年），极端最高气温40.8℃（1966年）。年均无霜期204天，最长223天，最短177天。年平均降水量901.3毫米，降水量比较适中。冬季干燥少雨，夏季雨水充沛。年均日照时数2318.2小时。长沟镇水系比较多，其中包括新濉河、新汴河、唐河、古汴河等。新濉河水系：1965年新濉河和老濉河改道分流竣工后，新濉河为排内水独立水系，汇水面积193平方千米，流域14.82万亩。人工河新汴河，位于长沟镇南端，在泗境37.4千米，1966年开挖东西流向，贯穿泗境，东至徐岗入泗洪县，注入洪泽湖。长沟矿产资源丰富，盛产石灰岩、水泥灰岩、石块、石子、石粉。

【地名沿革】民国元年（1912年）隶属泗州县第九自治区。1949年4月设长沟区，1957年3月撤区，长沟设联社。1980年1月，再次设区划社，长沟为全县10区之一，辖4个乡（长沟、朱彭、前李、彭铺），面积161平方千米，人口达3.98万人。1992年3月，撤区并乡，原长沟、朱彭、前李合并为长沟镇。

【境内地名概况】其地名特征来自自然地理环境、人口世代繁衍和社会环境，因社会的发展而变化。从地名专名来看，有以下特点：

1. 以自然地理实体命名。因丘陵沟壑、山水命名者比较普遍，如大山庄、二山庄等。

2. 因姓氏而得名。由于世代繁衍，同姓同族聚居形成村庄，便以其姓氏命名，如邓庄、王庄、许庄等。

3. 以村落地理位置而得名的有东山庄、西高庄、西王庄等。

【地名社会应用】汴河古道：汴河是隋炀帝杨广时代所开凿的运河北段。唐宋时，江淮漕运皆由汴水而达京师，南宋时淤废。汴河故道经灵璧县入泗县境，沿泗宿公路北侧，过长直沟、彭铺抵泗县西关，分东、西汴河。东汴河穿城东注，经水口魏家、枯河头、通海店至江苏省泗洪县的马公店与谢家沟（老濉河）汇合，东流经青阳镇折向东南，至临淮头入洪泽湖；西汴河经城过南关闸南下，经石梁河至天井湖入淮。

黄圩镇

黄圩镇（Huángwéi Zhèn） 中国乡级行政单位。

【地理概况】地处泗县西北部，东接本县大庄镇，南与大杨乡相接，西与灵璧县冯庙镇接壤，北与江苏省徐州市睢宁县李集镇毗邻。面积93平方千米，总人口6.29万人，以汉族为主，也有回族、满族、土家族、布依族、傣族、景颇、彝族等少数民族人口。下辖黄圩村、卢圩村、时邵村、孙苏村、武圩村、巩沟村、东北村、华新村、三侯村、三官村、曹场村、红星村、王宅村、刘宅村14个村。镇人民政府驻黄圩村。

【地形地貌】境内为平原，地势平坦，海拔21米左右，南半部系淤黄土，北半部为沙黄土。境内属温带大陆性气候，四季分明，雨热同季，光照充足，无霜期长。春季干旱多风，夏季雨量集中，秋季温和凉爽，冬季干冷少雪。多年平均气温14.3℃，最冷月（1月）平均气温摄氏−1℃，最热月（7月）平均气温摄氏27.5℃。年降雨量895.6毫米，夏季时间偏长，无霜期204天。境内主要有老濉河、民利河、虹灵沟等沟河。全镇林木资源丰富，森林覆盖率达26%。

【地名沿革】1949年4月设黄圩区；1958年8月成立黄圩公社；1961年12月设区划社恢复黄圩区；1969年2月撤区并社重设黄圩公社；1980年1月设区划社再设黄圩区；1992年3月撤区并乡设立黄圩镇。

【境内地名概况】其地名特征来自自然地理环境、人口世代繁衍和社会环境，因社会的发展而变化。从地名专名来看，有以下特点：

1. 以自然地理实体命名。因丘陵沟壑、山水命名者比较普遍，如顺河庄、牧湖庄等。

2. 因姓氏聚居而得名。由于世代繁衍，同姓同族聚居形成村庄，便以其姓氏命名，如满庄、邵庄、大董庄等。

3. 以村落地理环境而得名的有后刘庄、后曹庄等。

【地名社会应用】黄圩镇历史文化底蕴深厚，一些地名与历史文化有关，不少地方已经开发为旅游景点。如阴陵山，闻名遐迩，千古传颂。现正在筹备开发为旅游景点。

山头镇

山头镇（Shāntóu Zhèn） 中国乡级行政单位。

【地理概况】地处泗县东北部，东与江苏省泗洪县的归仁接壤，南邻潼河和刘圩镇相连，西部与瓦坊乡相邻；北依老龙河与徐州市睢宁县的凌城相连，东北和宿迁市宿城区的龙河集隔河相望。面积 93.24 平方千米，总人口 7.583 万人，民族为汉族。下辖山头、宋圩、惠庙、找沟、大柏、蔡圩、钓台、杨桥、张店、骆庙、骆场、潼城、袁张 13 个村。镇人民政府驻山头村。

【地形地貌】地势平坦，平均海拔 18 米左右，境内赤山最高峰 46.3 米，土质系红淤黏性土。境内气候温和，四季分明，光热较强，光、热、水同季。无霜期 204 天，昼夜温差大。冬季多为偏北风，气候干燥，春季气温回升快，天气多变，雨水也随之不断增多；夏季盛行偏南风，光热多雨，而且雨量较为集中，秋季气温开始逐渐降低，雨水也随之减少。这种干湿交替的典型季风气候益于小麦、玉米、大豆、棉花等农作物生长。山头镇属古河床发育富水区，流经该镇的河流主要有潼河、老龙河、林河，地表水丰富，水质较好，易于开发，地下水位高，储量丰富，利于水利建设，发展井灌。境内赤山海拔 46.3 米，山地面积约为 18 平方千米，山石火红，因名赤山，表层可耕种，山下蕴藏大量的黄沙。自然条件比较优越，地处老龙河与潼河间的平原地带，地势尚平坦，土壤主要是淤土，土层深厚，肥力较强，土质黏重，属高产土壤。

【地名沿革】1949 年 4 月设赤山乡，1958 年 8 月属刘圩公社，后属刘圩区。1992 年撤区并乡后，为县辖山头镇。

【境内地名概况】其地名特征来自自然地理环境、人口世代繁衍和社会环境，因社会的发展而变化。从地名专名来看，有以下特点：

1. 以自然地理实体命名。因丘陵沟壑、山水命名者比较普遍，如李湾庄、王沟庄等。

2. 因姓氏而得名。由于世代繁衍，同姓同族聚居形成村庄，便以其姓氏命名，如秦庄、石庄等。

3. 以村落地理环境而得名的有前马庄、西台庄等。

【地名社会应用】1991 年建成的古典式楼阁组合建筑——博山陶瓷琉璃大观园，是闻名全国的陶瓷琉璃产品集散市场。有陶瓷、煤矿、机械、化工、建筑材料、水泥、电器等厂矿。淄八、博沂、博莱、博福、博石公路纵贯镇境。名胜古迹和纪念地有淋漓湖、王母池、颜文姜祠、齐长城遗址、赵执信墓和樵岭前村革命烈士纪念碑。

刘圩镇

刘圩镇（Liúwéi Zhèn） 中国乡级行政单位。

【地理概况】地处泗县东北部，东与江苏省泗洪县的归仁、梅花接壤，南依小黄河与黑塔镇相邻，西部与瓦坊乡毗邻，北与山头镇相连。面积82.5平方千米，总人口为4.982万人，全镇人口中99.81%是汉族，少数民族96人，占总人口的0.19%。下辖刘圩、付圩、张谷、四山、高渡、西马、前戚、潼南、周道、秦场10个村。镇人民政府驻刘圩村。

【地形地貌】境内地势平坦，平均海拔17米左右，土质大部分系淤土，少部分是黑土。属暖温带半湿润气候，其特点是四季分明，光热较强，光、热、水同季。平均气温14.3℃，最冷月（1月）平均气温-1℃，最热月（7月）平均气温27.5℃，无霜期204天，年降雨量895.6毫米。刘圩镇属古河床发育富水区，镇内有小黄河、老濉河、余沟、潼河。最大的河流是老濉河，贯穿8个村，在镇境内长8千米。境内生物繁茂，种植业、养殖业等物产资源非常丰富。

【地名沿革】1949年4月设刘圩区；1958年8月人民公社时期成立刘圩公社；1980年1月再次设区划社，增设刘圩镇；1985年9月区划设置刘圩乡为刘圩区所辖；1992年3月撤区设刘圩镇。

【境内地名概况】其地名特征来自自然地理环境、人口世代繁衍和社会环境，因社会的发展而变化。从地名专名来看，有以下特点：

1. 以自然地理实体命名。因丘陵沟壑、山水命名者比较普遍，如四山街、姬湖庄等。

2. 因姓氏而得名。由于世代繁衍，同姓同族聚居形成村庄，便以其姓氏命名，如冯庄、宋庄、刘庄等。

3. 以村落地理环境而得名的有后戚庄、后场、东周场等。

【地名社会应用】江上青纪念园位于泗县刘圩镇江上青烈士殉难地小湾，为纪念人民英模、皖东北民主革命根据地奠基者江上青而建，是安徽省红色旅游景区和爱国主义教育示范基地。占地200余亩，共分为山水景区、主题纪念区、人口广场区、纪念碑亭区和公园风景区等六个区域，包含纪念广场、主祭台、陈列室、浮雕纪念墙、殉难亭等特色景点。

大路口乡

大路口乡（Dàlùkǒu Xiāng） 中国乡级行政单位。

【地理概况】地处泗县南部，是泗县南大门，东接墩集镇，南与蚌埠市五河县武桥乡接壤，西与丁湖镇比邻，北与泗城镇隔新汴河相望。面积81.5平方千米，总人口4.73万人，民族为汉族。下辖邓公、皇姑、龙沟、大张、龙湖、河平、网周、大季、石霸、西李10个村，全乡有110个自然庄，266个村民小组，乡人民政府驻邓公村。

【地形地貌】境内全部为平原地带，地势较为平坦，北部海拔为19.3米，南部海拔为9米，土质系黑、白淤土。本乡气候属温带大陆性气候，气候温和，四季分明，光照充足，无霜期长。春季多风，夏季多雨，秋季凉爽，冬季寒冷，年平均气温14.3℃，最冷月（1月）平均气温-1℃，最热月（7月）平均气温28.5℃，平均气温年差29.5℃。生长期年平均219天，无霜期年平均204天，零度以上持续期年平均285天。年平均降雨量895.6毫米，大部分集中在夏季。辖区内河道属淮河流域，有二级河石梁河，自北向南流经网周村、河平村、石霸村和龙湖村，总长14.8千米，水域面积0.45平方千米，三级河龙须沟、迎新渠、大荒沟3条，总长26千米，四级河流有七里沟、九里沟、孟沟、双庆渠、苗沟等13条，总长83千米。河网密度每平方千米为1.52千米，径流总量1.1亿立方米，年排涝量1.7亿立方米，年最大排涝量2.6亿立方米。每条河流由北向南全部流入本境内的石龙湖，水域面积2.4平方千米。

【地名沿革】1969年2月撤区并社设泗县城南公社，1980年1月设区划乡分为大营乡和九里沟乡，1992年3月撤区并乡改名大路口乡。

【境内地名概况】其地名特征来自自然地理环境、人口世代繁衍和社会环境，因社会的发展而变化。从地名专名来看，有以下特点：

1. 以自然地理实体命名。因丘陵沟壑、山水命名者比较普遍，如九里沟庄、昌湖庄等。

2. 因姓氏而得名。由于世代繁衍，同姓同族聚居形成村庄，便以其姓氏命名，如孟庄、梁庄、张庄等。

3. 以村落地理环境而得名的有后场庄、西陈庄、西邓庄等。

【地名社会应用】蟠龙山俗称老山，在泗县境内，历史悠久，山石层层盘旋而上，形如蟠龙，且鳞甲宛然。在皑皑白雪相映下，尤为壮观，古人称为蟠龙积雪，乃虹乡八景之一。山上曾建玉皇阁，前后两进，有王母殿、灵官殿、弥陀殿、地藏王殿。山南有百字堂、三官殿。山上另有神仙井、牛蹄印等景观。山下有方丈刘道玄墓。古时，山西、河南、江南等地均有人来此朝拜，现有碑为证。所有建筑毁于战火。西南山腰有古银杏一棵，粗约两人能围，后在20世纪90年代毁于火灾。今蟠龙山顶，前后大殿地基犹存。现山顶已重建庙宇，再塑佛像，朝拜者前来供奉香火络绎不绝。并在山下、山坡建楼舍，辟石级，修山道。

大杨乡

大杨乡（Dàyáng Xiāng） 中国乡级行政单位。

【地理概况】地处安徽省宿州市泗县西北部，东以屏山镇小黄河为界，南以长沟镇新濉河为界，西以灵璧县冯庙镇小虹灵沟为界，北以黄圩镇高马沟、民利河为界。面积97平方千米，总人口4.798人，下辖杨集、马宅、小丁、时圩、吴集、三时、高集、李庙、赵集、曹安共10个村，127个村民小组。以汉族为主，达42040人，占总人口的99.95%；少数民族20人，其中回族2人、苗族8人、壮族2人、布依族8人。乡人民政府驻杨集街。

【地形地貌】南部黏土，北部沙土，乡境内无山丘岗地，地势平坦，海拔22米左右。属暖温带湿润季风气候，四季分明，年平均气温14.9℃，1、2月平均气温分别为0.4℃、3.5℃，极端最低气温−13.9℃；7月平均气温27.5℃，极端最高气温39℃。无霜期年平均204天，年平均日照时数2080小时，年平均降水量1180毫米。境内属奎濉河水系。奎濉河自三时村南入境，由西向东，入洪泽湖，境内河道长10千米。

【地名沿革】1949年设杨集乡；1958年8月公社化时属黄圩公社；1961年12月，从黄圩公社划出设置杨集公社，为黄圩区所辖；1969年2月撤区并社时为赵集公社；1980年1月又设区划社，恢复杨集公社；1985年10月改为杨集乡，为黄圩区所辖；1992年3月撤区并乡时，和高集乡合并成立大杨乡。

【境内地名概况】其地名特征来自自然地理环境、人口世代繁衍和社会环境，因社会的发展而变化。从地名专名来看，有以下特点：

1. 以自然地理实体命名。因丘陵沟壑、山水命名者比较普遍，如时塘圩等。

2. 因姓氏而得名。由于世代繁衍，同姓同族聚居形成村庄，便以其姓氏命名，如卢林、大杨庄等。

3. 以村落地理环境而得名的有安后庄、后马宅、南小涂庄等。

【地名社会应用】东赵集烈士陵园位于泗县大杨乡杨集村，占地50余亩，园区行道2500米，松、柏等各类景观树木万余株，建有3000余平方米的停车场、淮海战役泗北纪念馆、大杨乡青少年道德教育基地(馆)、旅游公厕、曲桥、长廊、牌坊、纪念柱、碑林等。这里长眠着387名在淮海战役灵璧战场上牺牲的无名烈士，现已成为泗北又一规模雄伟、环境优美、幽静肃穆的红色爱国主义教育基地。

瓦坊乡

瓦坊乡（Wǎfāng Xiāng） 中国乡级行政单位。

【地理概况】地处泗县北部，东接本县刘圩镇、山头镇，南隔民利河与屏山镇隔河相望，西与大庄镇相邻，北与江苏省徐州市睢宁县官山镇接壤。面积95平方千米，总人口6.2万人，民族为汉族，下辖小薛、陡张、张楼、岳场、王集、吴宅、瓦坊、郭集、王集、应宅、苌圩10个村，共107个村民小组。乡人民政府驻瓦坊村。

【地形地貌】全乡地势平坦，海拔21米左右，土质多为淤黑土，北部有半沙土。属暖温带半湿润季风性气候区，四季分明，气候温和，雨量适中，日照充足，无霜期长。历年平均气温14.3℃，1月日均气温-0.1℃，极端最低气温-23.7℃（1969年）；7月日均气温27.4℃，极端最高气温40.8℃（1966年）。年较差气温27.5℃。年均无霜期204天，最长223天，最短177天。年均日照时数2318.2小时。年平均降水量901.3毫米，冬季干燥少雨，夏季雨水充沛。潼、濉、黄、民利四河穿境而过，河道总长度17.6千米，流域面积95平方千米，属淮河流域水系。

【地名沿革】1961年12月设区划社时从大庄公社划出，设置瓦坊公社，属大庄区管辖。1969年2月撤区并社入大庄公社。1980年1月设区划为瓦坊公社。1992年3月撤区并乡名为瓦坊乡，由瓦坊乡、小骆乡、王集乡合并。

【境内地名概况】其地名特征来自自然地理环境、人口世代繁衍和社会环境，因社会的发展而变化。从地名专名来看，有以下特点：

1. 以自然地理实体命名。因丘陵沟壑、山水命名者比较普遍，如陆沟庄等。

2. 因姓氏聚居而得名。由于世代繁衍，同姓同族聚居形成村庄，便以其姓氏命名，如夹庄、新庄等。

3. 以村落地理环境而得名的有河西庄、后行庄等。

【地名社会应用】瓦房乡盛产水果，年均水果种植面积3700亩，产量15874吨，主要品种西瓜，产量11675吨。

第三章　村民委员会、社区居委会地名

泗城镇

曹苗村

曹苗村（Cáomiáocūn）　隶属泗县泗城镇。有十里井、崔庄、苗庄、曹庄、五里。辖区范围东至大刘村，南至汴河，西至康梁村，北至奎濉河。总户数为595户，总人口为2216人，民族为汉族。面积为3.9平方千米。

因下辖曹苗自然村而得名。1958年人民公社时名称为五里大队，1984年更名为曹苗村，名称沿用至今。

大刘村

大刘村（Dàliúcūn）隶属泗县泗城镇。有大苏、前苏庄、后苏庄、后刘庄、小许庄、水口魏庄、湾里庄、小刘庄、大刘庄。辖区范围东至草庙镇，南至于圩社区，西至张何社区，北至曹庄村。总户数为732户，总人口为2763人，民族为汉族。面积为6.2平方千米。

因下辖大刘自然村而得名。1958年至1974年名称为东方红人民公社于刘大队，1984年更名为大刘村，2008年并入开发区。

赵魏村

赵魏村（Zhàowèicūn）　隶属泗县泗城镇。有孙湾庄、赵庄、魏庄、王庄。辖区范围东至于圩村，南至新汴河，西至石梁河，北至衡尤东发社区。总户数为710户，总人口为3068人，民族为汉族、回族。面积为4.2平方千米。

因下辖赵魏自然村而得名。1958年人民公社时名称为孙湾大队，1980年由孙湾大队划分为赵魏村、孙湾村，2008年该赵魏村与孙湾村合并为赵魏村。

大周村

大周村（Dàzhōucūn）　隶属泗县泗城镇。有大周庄、吴孟庄、小高庄、王洼庄、小仇庄、小刘庄、时庄、小朱庄、庙庄、大苗庄、高时庄、时谷庄、新时庄、杨庄、赵庄、小时庄。辖区范围东至石梁河，南至黄沟，西至胡陈村，北至奎濉河。总户数为1678户，总人口为6715人，民族为汉族。面积为8.0平方千米。

1984年由大周大队更名为大周村，因大周庄得名。据查，清朝初年，周姓人家从河南迁居至此，开荒种地，建造房屋，不断繁衍生息。家族人丁旺盛，逐渐壮大，故名大周庄。1958 年人民公社时期名称为大周大队。1984 年由大周大队更名为大周村。

大吴村

大吴村（Dàwúcūn） 隶属泗县泗城镇。下辖自然庄有高圩庄、庙庄、河北张庄、彭铺街、庄庄、胡庄、黄庄、大吴庄、周庄。辖区范围东至关庙村，南至新汴河，西至长沟镇洋城湖村，北至胡陈村。总户数为 1146 户，总人口为 5242 人，民族为汉族。面积为 11 平方千米。

1984 年由大吴大队更名为大吴村，因大吴庄。清朝初年，吴姓人家由北方迁居于此，开荒种地，繁衍生息，不断壮大，故得名大吴庄。1958 年人民公社时期名称为大吴大队。1984 年由大吴大队更名为大吴村，2008 年与彭铺村、周庄村合并仍名为大吴村。

胡陈村

胡陈村（Húchéncūn） 隶属泗县泗城镇。下辖自然庄有陈宅、武庄、邓庄、胡陈庄、黄庄、胡庄、梁庄、许曹、戈庄。辖区范围东至大周村，南至大吴村，西至长沟镇洋城湖村，北至长沟镇刘庙庄。总户数为 1104 户，总人口为 4417 人，民族为汉族。面积为 12.8 平方千米。

胡陈村是 2008 年由许曹、武邓两个村合并而成，并取境内胡陈圩自然庄前两字命名，该庄因胡、陈二姓人家在此居住并筑有土圩子而得名。1958 年人民公社时名称为胡陈大队。1970 年分为许曹、武邓两个大队。2008 年 3 月许曹、武邓两个村再次合并为胡陈村。

关庙村

关庙村（Guānmiàocūn） 隶属泗县泗城镇。下辖自然庄有关庙庄、孙圩庄、义井庄、墩前庄、蜡条高庄、板树庄、小李庄、后张庄、前张庄、韩王庄、陈庄、尤庄、曹庄。辖区范围东至三湾社区居民委员会，南至大路口镇张彭村，西至大吴村，北至胡陈村。总户数为 1265 户，总人口为 5238 人，民族为汉族。面积为 12 平方千米。

1984 年由关庙大队更名为关庙村，关庙村因早年村内有一关羽庙而得名。1958 年人民公社时名称为关庙大队，1984 年由关庙大队更名为关庙村。

东发社区

东发社区（Dōngfā Shèqū） 隶属泗县泗城镇。下辖居民小区有惠民苑小区、金地国际花园，居民点有卞庄、何庄、马庄、王庄、张庄、孙庄、蒋庄、岳庄、仇庄、刘赵庄、翟庄。辖区范围东至于圩社区，南至刘赵村，西至赤山路，北至隋唐大运河。居住人口 3658 人。面积为 6 平方千米。

1958 年人民公社时期名称为刘赵大队、张何大队。1983 年改为刘赵村、张何村。2008 年审批为刘赵社区、张何社区。2009 年两社区合并为东发社区。

衡尤社区

衡尤社区（Héngyóu Shèqū） 隶属泗县泗城镇。下辖居民小区有玉兰小区、玉兰公寓、桃园小区、建材小区、尤庄、衡湾庄、阜康联邦花园、香格里拉花园。辖区范围东至于圩社区，南至刘赵村，西至赤山路，北至隋唐大运河。居住人口 8679 人。面积为 3.0 平方千米。

清朝宣统年间，衡、尤二姓人家聚居此地，建村立庄，繁衍生息，人丁兴旺，故得名。衡湾庄、尤庄 1984 年合并为衡尤村，2008 年由衡尤村更名为衡尤社区。

汴光社区

汴光社区（Biànguāng Shèqū） 隶属泗县泗城镇。下辖居民小区有东城虹郡、东城英郡、东城美郡、东方明珠、春港花苑、桃李文苑、锦绣华庭、家和花苑、农发行宿舍、瑞兴花苑。辖区范围东至赤山路，南至玉兰路，西至虹乡路，北至古汴河。居住人口8066人。面积为2.3平方千米。

民国时期，因该村位于古汴河南面，故得名汴光村。1958年人民公社时名称为汴光大队，1984年名称为汴光村，1992年更名为汴光居民委员会，2005年命名为汴光社区。

北关社区

北关社区（Běiguān Shèqū） 隶属泗县泗城镇。下辖北星花园、检察院宿舍、上海商贸城、怡园小区、水厂宿舍、交警队宿舍、阀北新村、阀南新村、电视新村、土地局宿舍、保险公司宿舍11个居民点。辖区范围东至东关社区，南至汴河社区，西至四里桥社区，北至四里桥社区。居住人口5706人。面积为1平方千米。

因位于泗城镇北边，故以地理位置命名为北关社区。1958年人民公社时，称北关大队，1995年改名为北关居委会，2006年改名为北关社区。

四里桥社区

四里桥社区（Sìlǐqiáo Shèqū） 隶属泗县泗城镇。下辖于陈庄、涂庄、姚盘庄、孟庄、仇庄、于园新村、陈园新村、东园新村、菜园新村。辖区范围东至泗县虹乡社区，南至北关社区，西至大周村，北至屏山镇白庙村。居住人口7387人。面积为3.5平方千米。

因境内离城四里有座桥，位于社区中心，故得名四里桥社区。1955年名称为城北大队；1976年更名为先进大队；1980年改名为城北村委会；2004年更名为四里桥社区。

花园井社区

花园井社区（Huāyuánjǐng Shèqū）隶属泗县泗城镇。有西关大街、秀水苑小区、县医院小区、菜场楼小区、华夏园小区、公安局宿舍、粮食局、泗县第三中学、泗县双语中学、泗县城管局等。辖区范围东至人民路，南至南一环，西至西关大街，北至北一环。居住人口4267人。面积为0.2平方千米。

1949年新中国成立后成立一、二居委会，2009年8月一、二居委合并，因本辖区内人民路南段水上商场和泗州商城之间历史遗留一口有着传奇色彩的老井，曾为古城一景，名为花园井，故命名为花园井社区。

高尤社区

高尤社区（Gāoyóu Shèqū） 隶属泗县泗城镇。有尤庄、高庄、叶庄、程庄、克庄、石庄、丝绸厂宿舍、南都贵苑、化肥厂东生活区、航运新村共10个。辖区范围东至开发区，南至大路口乡大季村，西至三湾社区，北至南关社区。居住人口6180人。面积为2.3平方千米。

以境内高庄、尤庄两个庄的第一个字命名高尤社区。1958年人民公社时，称高尤大队，1995年改名高尤居委会，2006年改名高尤社区。

西关社区

西关社区（Xīguān Shèqū） 隶属泗县泗城镇。有河柳西村、河柳东村、西关大街、和桥路、河柳路、梁园路、国际装饰城。辖区范围东至花园井社区，南至高尤社区，西至三湾社区，北至朱桥社区。居住人口 3690 人。面积为 0.8 平方千米。

因位于泗城西关，且驻地也在泗城西关，故命名为西关社区。新中国成立前名称为西关街，1958 年人民公社时名称为西关大队，1984 年更名为西关村，2000 年改名为西关居委会，2009 年更名为西关社区。

朱桥社区

朱桥社区（Zhūqiáo Shèqū） 隶属泗县泗城镇。有荣辉国际花园、景苑小区、泗洲名城、朱西庄、南园庄。辖区范围东至北关社区，南至西关社区，西至西三湾社区四里桥社区，北至北二环路。居住人口 1352 人。面积为 2.0 平方千米。

该社区以驻地朱桥村前两字命名，朱姓人家聚居此地，村前的古汴河上有一座石桥，故名朱桥。该地 2001 年前属草庙区三湾乡，2001 年随三湾乡并入泗城镇，2007 年更名为朱桥社区。

东关社区

东关社区（Dōngguān Shèqū） 隶属泗县泗城镇。有桃花源南区、桃园西村、桃花源北区、桃园东村、小圩庄、圩东小区、小街小区、公安新村小区、小曹庄、和谐家园小区、国际凤凰城北区、国际凤凰城南区。辖区范围东至开发区东发社区，南至开发区衡尤社区，西至北关，北至虹乡社区。居住人口 6600 人。面积为 3.0 平方千米。

因地处泗城东门护城河外，故原名东关村。1958 年名称为草庙公社汴光村，后改为草庙公社小圩大队，划入泗城镇改为东关村，2008 年更名为东关社区。

虹乡社区

虹乡社区（Hóngxiāng Shèqū） 隶属泗县泗城镇。有三王庄、三里孟庄、三里朱庄、陶宅子、学前马、老许庄、小许庄、周瓦方庄。辖区范围东至东关社区，南至四里桥社区，西至四里桥社区，北至北濉河。居住人口约 3127 人。面积约 5.6 平方千米。

该社区以境内虹乡路前两字命名。清乾隆四十二年（1777 年），裁虹归泗，泗州迁至虹城，虹县始称虹乡。1958 年人民公社时名称为三王大队，1984 年更名为三王村，2015 年命名为虹乡社区。

汴河社区

汴河社区（Biànhé Shèqū） 隶属泗县泗城镇。有阳光小区、泗州第一街、文庙商城、东苑小区、大钟楼小区、虹都花园小区、翠园小区、泗中宿舍小区、新华小区、爱心小区、名仕花园小区、健康小区、二院小区、泗州商城小区、一小小区、渔园小区、公太巷小区、广场小区。辖区范围东至东关社区，南至南关社区，西至花园井社区，北至北关社区。居住人口 7124 人。面积为 0.6 平方千米。

因坐落于老泗州城汴河故道上，故名汴河社区。2008 年由三、四居委合并而成。

南关社区

南关社区（Nánguān Shèqū） 隶属泗县泗城镇。有幸福新村、二中新村、泗水文苑、工商局宿舍、九龙新村、顺和小区、登达雅苑、富贵苑小区、虹桥南苑、南小街、水产站宿舍。辖区范围东至开发区衡尤社区，南至高尤社区，西至西关社区，北至花园井社区。居住人口 5703 人。面积为 0.4 平方千米。

因位于泗城镇南边，故以地理位置命名南关社区。1958 年名称为南关大队，1995 年改名南关居委会，2007 年更名为南关社区。

三湾社区

三湾社区（Sānwān Shèqū） 隶属泗县

泗城镇。有陆庄、小王庄、孙庄、小韩庄、小李庄、大王庄、三湾庄、新农村庄、牌坊庄、西城丽苑小区、西苑小区、小彭庄、沟东庄、皮陈庄、连桥庄。辖区范围东至西关社区，南至大路口镇张彭村，西至关庙村，北至大周村。居住人口 5931 人。面积为 8.1 平方千米。

因境内三里湾村，得名三湾社区。该村地处泗城三里处，且道路有三道湾。1958 年人民公社时，称三湾大队，1984 年更名为三湾村委会，2008 年更名为三湾社区。

草庙镇

魏圩村

魏圩村（Wèiwéicūn） 隶属泗县草庙镇。下辖自然庄有三蒋庄、小于庄、小孙庄、小张庄、魏圩庄、小尹庄、宋岗庄、上王庄、下王庄、小倪庄。辖区范围东至徐岗，南至新汴河，西至清水沟，北至草庙村。总户数为 982 户，总人口为 4321 人，主要分布民族为汉族。面积为 10.2 平方千米。

因村委会驻魏圩庄，故得名魏圩村。抗日战争时期，魏姓人家在此定居，生产劳作，繁衍生息，为不受外敌侵略，在本村周围修筑圩墙，中间留有大门，不同地方建有炮楼，故得名魏圩。1958 年人民公社时名称为魏圩大队，1984 年由魏圩大队更名为魏圩村。2008 年三蒋村、宋岗村、魏圩村合并，合并后仍命名为魏圩村。

草庙村

草庙村（Cǎomiàocūn） 隶属泗县草庙镇。下辖自然庄有小陈庄、小李庄、李圩庄、大贺庄、小贺庄、后朱庄、前朱庄、草庙庄、后塘庄、王圩庄、王岗庄、小高庄、北李庄、小刘庄、小沈庄、小吴庄、小尹庄、贺梨园、新张庄、尤庄。辖区范围东至通海村民委员会，南至魏圩村村民委员会，西至开发区清水沟，北至奎濉河。总户数为 1509 户，总人口为 5787 人，民族为汉族。面积为 15.2 平方千米。

因村委会驻草庙庄，故得名草庙村。1958 年人民公社时名称为草庙大队，1984 年由草庙大队更名为草庙村。

治岗村

治岗村（Zhìgǎngcūn） 隶属泗县草庙镇。下辖自然庄有小李庄、徐岗庄、大史庄、前刘庄、后刘庄、关庙庄、魏老家庄、小岳庄、严庄、小刘庄。辖区范围东至江苏濉河，南至墩集镇小贺村，西至草庙魏圩村，北至通海村。总户数为 991 户，总人口为 3720 人，民族为汉族。面积为 11.6 平方千米。

因村委会驻治岗庄，故得名治岗村。1984 年由治岗大队更名为治岗村。

通海村

通海村（Tōnghǎicūn） 隶属泗县草庙镇。下辖自然庄有簸姚庄、大岳庄、小韩庄、小包庄、通海街、关李庄、周庄、陈庄、苏庄、相庄、大位庄、小位庄。辖区范围东至泗洪交界，南至治岗村，西至草庙村，北至奎濉河。总户数为 1519 户，总人口为 5809 人，民族为汉族。面积为 15 平方千米。

因村委会驻通海庄，故得名通海村。

墩集镇

霸王村

霸王村（Bàwángcūn） 隶属泗县墩集镇。下辖自然村有朱庙庄、马姚庄、董庄、丁庄、霸王庄、任集庄、刘庄、孙庄。辖区范围东至项沟村，南至石龙岗村，西至石梁河，北至石梁河村。总户数为1305户，总人口为5749人，民族为汉族。面积为14平方千米。

2008年与朱庙村委会、孙刘村委会合并命名为霸王村民委员会，村委会驻地霸王庄，有霸王自然村之义。1982年至1992年撤区并乡该村是霸王乡政府所在地，2008年该村与孙庄村、朱庙村合并命名为霸王村。

汴河新村

汴河新村（Biànhéxīncūn） 隶属泗县墩集镇。下辖自然村有大贺庄、老单庄、李黄庄、陶牌坊庄、小邹庄、小黄庄、小贺庄、小韩庄、小薄庄、小包庄、新单庄。辖区范围东至垫湖村，南至界牌村、石梁河，西至石梁河村，北至新汴河。总户数为865户，总人口为3619人，民族为汉族。面积为8平方千米。

2008年由小贺村和草沟村合并而来，因村民居住在新汴河两岸，故命名为汴河新村。1958年人民公社时名称为草沟大队，1984年更名为单沟村，2008年该村与小贺村合并，为汴河新村。

墩集村

墩集村（Dūnjícūn） 隶属泗县墩集镇。下辖自然村有大吴庄、齐岗庄、小孙庄、董杨小区、墩集街、刘王小区。辖区范围东至界牌张村，南至项沟村，西至石梁河村，北至汴河新村。总户数为1245户，总人口为5245人，民族为汉族。面积为11.9平方千米。

因所辖墩集自然村得名。1958年人民公社时名称为墩集大队，1984年更名为墩集村委会，1982年至1992年撤区并乡，该村是墩集镇政府所在地。2008年墩集村、周吴村、齐岗村三村合并为墩集村。

界牌张村

界牌张村（Jièpáizhāngcūn） 隶属泗县墩集镇。下辖自然村有何岗庄、衡庄、界牌张庄、开庄、茅草董庄、陶庄、小陈庄、小黄庄、小吴见庄、张庄、赵庄。辖区范围南至项沟村，东至上唐镇杨圩村，西至墩集村，北至草庙镇志岗村。总户数为1355户，总人口为6089人，民族为汉族。面积为17.9平方千米。

因所辖界牌张庄自然村得名。1958年人民公社时名称为恒庄大队、开庄大队、赵庄大队、张陶大队。1984年更名为恒庄村委会、开庄村委会、赵庄村委会、张陶村委会。2008年恒庄村、开庄村、赵庄村、张陶村合并，合并后仍命名为界牌张村。

石梁河村

石梁河村（Shíliánghécūn） 隶属泗县墩集镇。下辖自然村有东尹庄、付后庄、付前庄、后陈庄、胡庄、老尹庄、前陈庄、王庄、魏集庄、小梁庄、小尹庄、新魏庄、朱圩庄。辖区范围东至壕陈村民委员会，南至霸王村民委员会，西至石梁河，北至汴河新村村民委员会。总户数为980户，总人口为4460人，民族为汉族。面积为10平方千米。

因该村地处石梁河东岸，故而得名石梁河村。1958年人民公社时是朱圩大队、尹庙大队两个生产队，1984年更名为朱圩村和尹庙村，2008年由两个村合并为石梁河村。

石龙岗村

石龙岗村（Shílónggǎngcūn） 隶属泗县墩集镇。下辖自然村有小杨庄、佃户庄、冯庄、上杨庄、史庄、王庄、下杨庄、赵庄。辖区范围东至陈吴村、项沟村，南至石龙岗村村，西至石梁河，北至霸王村。总户数为1210户，总人口为5120人，民族为汉族。面积为13.7平方千米。

2008年由原赵王村、下杨村、佃户村三村合并组建的新村，因地处石龙湖湿地东岸，且到处都是岗岭，故而得名石龙岗村。1958年人民公社时名称为赵王大队，1984年更名为赵王村，2008年该村与下杨村、佃户村合并命名为石龙岗村民委员会。

项沟村

项沟村（Xiànggōucūn） 隶属泗县墩集镇。下辖自然村有仇岗庄、大陈庄、大魏庄、管岗庄、王岗庄、肖杨庄、小魏庄、新庄、严岗庄。辖区范围东至上塘镇，南至陈吴村，西至霸王村，北至墩集村。总户数为1662户，总人口为6426人，民族为汉族。面积为16.8平方千米。

2008年由原仇岗村、严岗村、大魏村三村合并为项沟村。“项沟”一名来源于横穿村内的一条大沟。据说，项沟是战国时期楚霸王修筑霸王城时取土修城墙时而开挖出的一条大沟，故得名。1958年人民公社时名称为仇岗大队，1984年更名为仇岗村，2008年该村与严岗村、大魏村合并命名为项沟村民委员会。

草沟镇

桥东村

桥东村（Qiáodōngcūn） 隶属泗县草沟镇。下辖的自然村有圩里庄、圩外庄、牛郭庄、西王庄、北小丁庄、小陈庄、东王庄、杨彦庄、后梁庄、前梁庄、沟北陈庄、沟南陈庄、郭路庄、黄庄、小韩庄、石彦庄。辖区范围东至丁湖村，南至索庙村，西至草沟村，北至于韩村。总户数为1102户，总人口为5215人，民族为汉族。面积为12.1平方千米。

1984年由杨彦村、张圩村、黄庄村合并而成，因以上三个村位于草沟大桥东，即命名为桥东村。1958年人民公社时名称为杨彦、张圩、黄庄大队，1984年并村后命名为桥东村。

王楼村

王楼村（Wánglóucūn） 隶属泗县草沟镇。下辖的自然村有小李庄、新王楼庄、二楼庄、张庄、赵后庄、王庄、任庄、赵庄、后稻王庄、前稻王庄、大楼庄、老楼庄、新楼庄、代庄。辖区范围东至唐河，南至北沱河，西至北沱河，北至孙巷村。总户数为890户，总人口为4205人，民族为汉族。面积为9.1平方千米。

1984年由王楼大队更名为王楼村，该村因王楼自然村得名。1958年人民公社时名称为王楼大队。1984年由王楼大队更名为王楼村。2008年与赵代村合并，仍命名为王楼村。

孙巷村

孙巷村（Sūnxiàngcūn） 隶属泗县草沟镇。下辖的自然村有万巷庄、郝庄、唐圩庄、许庄、孙张庄、代庄、严王庄、韦庄、小张庄、孙巷庄。辖区范围东至沱河，南至草沟镇王楼村，西至灵璧县交界马桥村，北至索庙。总户数为1320户，总人口为5640人，民族为汉族。面积为15.3平方千米。

1984年由孙巷大队更名为孙巷村。该村因孙巷自然村得名。1958年人民公社时名称为孙巷大队。1984年由孙巷大队更名为孙巷村。2008年与杨村、唐圩村合并后命名为孙巷村委会。

夏庙村

夏庙村（Xiàmiàocūn） 隶属泗县草沟镇。下辖的自然村有斜沟沿、新秦、大秦庄、沟东李、郝巷庄、后小秦、钱庄、夏庄、老秦庄、时渡、解庄、小胡庄、小朱庄、小孙庄、张时庄、郭宅、新庄、新钱庄。辖区范围东至唐河，南至孙巷，西至灵璧，北至于城。总户数为1371户，总人口为6450人，民族为汉族。面积为17.7平方千米。

夏庙村因夏庄有一古庙而得名。1958年人民公社时名称为夏庙大队。1984年由夏庙大队更名为夏庙村。

草沟村

草沟村（Cǎogōucūn） 隶属泗县草沟镇。下辖的自然村有小邵庄、小石庄、小王庄、西菜园庄、老街、新村、南小营、东巷。辖区范围东至东沱河，南至街南村，西至双沱沟，北至北沱河。总户数为1155户，总人口为4172人，主要分布民族为汉族。面积为4.2平方千米。

该村因草沟自然村得名。1958年人民公社时名称为草沟大队。1984年由草沟大队更名为草沟村民委员会，沿用至今。

汪尚村

汪尚村（Wāngshàngcūn） 隶属泗县草沟镇。下辖的自然村有后陈庄、赵庄、尚庄、石圩庄、前庄、汪庄、小顾庄、小蒋庄。辖区范围东至街南村，南至李圩村，西至沱河，北至街西村。总户数为865户，总人口为4085人，民族为汉族。面积为11.5平方千米。

由汪庄、尚庄等自然庄组成，故名为汪尚村。1958年人民公社时名称为汪尚大队。1984年由汪尚大队更名为汪尚村。2008年与石圩村、小顾村三个小村合并后命名为汪尚村。

秦桥村

秦桥村（Qínqiáocūn） 隶属泗县草沟镇。下辖的自然村有小孙庄、小王庄、小韩庄、高徐庄、新李铺庄、五家孙庄、新高徐庄、新梁铺庄、小臧庄、大孙庄、大郑庄、花板桥庄、梁铺庄、秦桥村。辖区范围东至大张村，南至于韩村，西至于城村，北至新汴河。总户数为841户，总人口为3952人，民族为汉族。面积为9.3平方千米。

该村因秦桥自然村得名。1958年人民公社时期名称为秦桥大队，1984年由秦桥大队更名为秦桥村，2008年该村委会与梁铺村合并，仍命名为秦桥村。

大张村

大张村（Dàzhāngcūn） 隶属泗县草沟镇。下辖的自然村有高宅庄、沟张庄、陈圩庄、路庄、大张庄、大王庄、小韩庄、宋林庄、小新庄、姚庄、高圩庄、小张庄。辖区范围东至丁湖镇，南至丁湖镇，西至草沟镇，北至343国道。总户数为1674户，总人口为6317人，民族为汉族。面积为19.3平方千米。

该村因大张自然村得名，1958年人民公社时期名称为大张大队。1984年由大张大队更名为大张村。2008年该村与大王村、高圩村、新庄村合并，仍名为大张村。

于韩村

于韩村（Yúháncūn） 隶属泗县草沟镇。下辖的自然村有于庄、于韩新村、西韩庄、沟韩庄、曾李庄、周庙庄。辖区范围东至官塘村，南至桥东村，西至沱河，北至瓦韩村。总户数为852户，总人口为3576人，民族为汉族。面积为9.6平方千米。

该村因于韩自然村得名。1958年人民公社时名称为于韩大队。1984年由于韩大队更名为于韩村民委员会。2008年该村与周庙村合并，仍名为于韩村。

街南村

街南村（Jiēnáncūn） 隶属泗县草沟镇。下辖自然村有小王庄、戴庄、小高庄、刘铺庄、八大家庄、窦庄、井王庄、烂瓜张庄、水牛陈庄、小梁庄、张戴庄、小朱庄、倒门顾庄、东刘庄、曹园庄、汪庄。辖区范围东至唐沱河，南至大安村，西至汪尚村，北至草沟村。总户数为1380户，总人口为6392人，民族为汉族。面积为15.8平方千米。

1958年人民公社时名称为张代大队。1984年由张代大队更名为张代村。2008年该村与前刘铺村、朱良村合并，并命名为街南村。

于城村

于城村（Yúchéngcūn） 隶属泗县草沟镇。下辖自然村有陶庄、杨庄、大新、小新、圩北、邵庄、圩里、圩南、小李、北李、大翟、小翟、小于、于城。辖区范围东至唐河，南至夏庙村，西至灵璧县，北至新汴河。总户数为1055户，总人口为4787人，民族为汉族。面积为9.8平方千米。

该村因于城自然村得名。1958年人民公社时名称为于城大队。1984年由于城大队更名为于城村。2008年与前于圩村、大翟村合并，仍名为于城村。

侍圩村

侍圩村（Shìwéicūn） 隶属泗县草沟镇。下辖自然村有李庄、北园庄、侍西庄、侍中庄、苗庄、小王庄、小元庄、薛庄、大侍家庄、侍圩庄、大胡庄、关王庄。辖区范围东至于韩村民委员会，南至于韩、孙巷两村为界，西至孙巷村，北至瓦韩村。总户数为720户，总人口为3385人，民族为汉族。面积为7.9平方千米。

该村委会有侍圩自然庄之义。1958年人民公社时名称为侍圩大队。1984年由侍圩大队更名为侍圩村。2008年该村与关王村合并，仍名为侍圩村。

大梁村

大梁村（Dàliángcūn） 隶属泗县草沟镇。下辖自然村有柏集、张东庄、张集、梁张新村、大梁庄、南北梁、新张、沈石、新梁、小南北梁庄。辖区范围东至街西村，南至汪尚南沱河，西至灵璧，北至街西北沱河。总户数为1180户，总人口为4847人，民族有汉族、回族。面积为12.6平方千米。

该村因大梁自然村得名。1958年人民公社时名称为大梁大队。1984年由大梁大队更名为大梁村。

官唐村

官唐村（Guāntángcūn） 隶属泗县草沟镇。下辖自然村有官唐庄、贾庄、代庄、沟陈庄、小张庄、小李庄。辖区范围东至关圩村，南至丁湖村，西至于韩村，北至大张村。总户数为669户，总人口为3740人，民族为汉族。面积为9.5平方千米。

该村因官唐自然村得名。清代末期，官、唐二姓人家由南方迁居至此，建造房屋，不断壮大，故得名为官唐庄。1958年人民公社时期名称为官塘大队。1984年由官塘大队分成官溏和沟陈两个村。2008年官塘村与沟陈村合并为官唐村。

李圩村

李圩村（Lǐwéicūn） 隶属泗县草沟镇。下辖自然村有后李庄、前张庄、后张庄、李圩庄、官庄、后周庄、前李庄、寺陈庄、西周庄、许圩子庄、周许庄。辖区范围东至大安，南至沱河，西至汪尚村，北至汪尚村。

总户数为877户，总人口为4260人，民族为汉族。面积为11.8平方千米。

该村因李圩自然村得名。1958年人民公社时期名称为李圩大队。1984年由李圩大队更名为李圩村。2008年该村委会与周许村合并，仍名为李圩村。

瓦韩村

瓦韩村（Wǎhāncūn） 隶属泗县草沟镇。下辖自然村有宁庄、小周庄、窦井庄、苗东家、韦庄、瓦韩庄、东秦庄、咬王庄、中秦庄、老秦庄、苗庄。辖区范围东至大张村，南至侍圩村，西至唐河，北至秦桥村。总户数为1101户，总人口为4300人，民族为汉族。面积为12.2平方千米。

该村因瓦韩自然村得名。1958年人民公社时期称为瓦韩大队。1984年由瓦韩大队更名为瓦韩村。2008年该村与周王村、宁庄村合并，仍名为瓦韩村。

大安村

大安村（Dàāncūn） 隶属泗县草沟镇。下辖自然村有前王庄、后王庄、大安街、尤庄、高低庄、铁李庄、康王庄。辖区范围东至东沱河，南至南沱河，西至李圩村，北至街南村。总户数为1445户，总人口为5246人，民族为汉族。面积为14.5平方千米。

该村因大安自然村得名。1958年人民公社时期名称为大安大队，1984年由大安大队更名为大安村。

街西村

街西村（Jiēxīcūn） 隶属泗县草沟镇。下辖自然庄有君赵庄、梁圩庄、巷王庄．中赵庄、老梁庄、老张庄、柳树王庄、新桥王庄、新王庄、鸭滩王庄、新张庄、后赵庄、前赵庄、面东王庄、许圩庄。辖区范围东至草沟镇，南至汪尚村，西至大梁村，北至沱河。总户数为845户，总人口为3333人，民族为汉族。面积为8.7平方千米。

1958年人民公社时期名称为君赵大队、许圩大队。1984年君赵大队更名为君赵村，许圩大队更名为许圩村。2008年由君赵村、许圩村合并而成为街西村。因君赵、许圩两个村位置都在草沟镇西面，故得名街西村。

丁湖镇

石丁村

石丁村（Shídīngcūn） 隶属泗县丁湖镇。下辖自然村有石庄、丁庄、西孙庄、前孙庄、后孙庄、小付庄、小黄庄、小陈庄、小张庄、大袁庄、小袁庄、前丁庄、石丁庄。东至大路口皇姑村，南至汤湖村，西至丁湖村，北至大路口龙沟村。总户数为830户，总人口为3679人，民族为汉族。面积为9.9平方千米。

因村委会驻地石丁自然村得名。1958年人民公社时名称为石丁大队，1984年由石丁大队更名为石丁村。

大桥村

大桥村（Dàqiáocūn） 隶属泗县丁湖镇。下辖自然村有大万庄、纪湖庄、新万庄、赵宅、新桥庄、桥郭庄、新农村、林庄、大桥庄。东至丁湖村，南至向阳村，西至索滩村，北至丁陈村。总户数为843户，总人口为3843人，民族为汉族。面积为10平方千米。

因村委会驻地大桥自然村得名。1958年人民公社时名称为桥部大队。1984年由桥部大队更名为桥部村。2008年并村后命名为大桥村。

樊集村

樊集村（Fánjícūn） 隶属泗县丁湖镇。

下辖自然村有西樊、樊集、南樊、张庄、刘赵庄、前樊庄、后樊庄、前童庄、后童庄、前孙庄、后孙庄、黄庄、金宅庄、丁庄。东至童沟闸，南至沱河，西至孙庙村，北至向阳村。总户数为960户，总人口为3851人，民族为汉族。面积为10.1平方千米。

因村委会驻地樊集自然村得名。1958年人民公社时名称为樊集大队。1984年由樊集大队更名为樊集村。2008年东樊村、童沟村、樊集村合并，仍命名为樊集村。

苗尤村

苗尤村（Miáoyóucūn） 隶属泗县丁湖镇。下辖自然村有苗尤庄、周庄、毛庄、岐李庄、张巷庄。东至大路口乡，南至草坝路，西至文湖村，北至许韩村。总户数为938户，总人口为4180人，民族为汉族。面积为12.6平方千米。

该村因苗尤自然村得名。清朝末年，苗、尤二姓聚居此地，建村立庄，繁衍生息，故得名苗尤。1958年人民公社时名称为苗尤大队。1984年由苗尤大队更名为苗尤村。

汤湖村

汤湖村（Tānghúcūn） 隶属泗县丁湖镇。下辖自然村有付湖庄、大朱庄、簸王庄、孙庄庄、曹庄、沙刘庄、大李庄、小孟庄、沟丁庄、孙喜庄、汤湖庄、小丁庄、小李庄、小朱庄、杨庄、后汤湖。东至五河县武桥乡，南至邓圩村，西至向阳村，北至袁庙村。总户数为2207户，总人口为6090人，民族为汉族。面积为17.7平方千米。

该村因汤湖自然村得名。清朝咸丰年间，汤氏兄弟俩逃荒到此地，开荒种地，繁衍生息。因该庄地势低洼，每到汛期，一眼望去，就像湖泊一样，故得名为汤湖。1958年人民公社时名称为汤湖大队，1984年由汤湖大队更名为汤湖村。

文湖村

文湖村（Wénhúcūn） 隶属泗县丁湖镇。下辖自然村有沟东刘庄、北周庄、曹庄、大刘庄、吴庄、韩庄、后刘庄、前刘庄、史庄、文湖庄、西周庄、小刘庄、徐庄、许庄、中刘庄、朱庄。东至苗尤村，南至丁湖村，西至草沟镇关唐村，北至吴圩村。总户数为1100户，总人口为4755人，民族为汉族。面积为13平方千米。

该村因文湖自然村得名。清朝光绪年间，文姓人家迁居此地，建造房屋，繁衍生息，因该地地势低洼，如凹形的湖泊，故而得名文湖。1958年人民公社时名称为文湖大队，1984年文湖大队更名为文湖村。

丁陈村

丁陈村（Dīngchéncūn） 隶属泗县丁湖镇。下辖自然村有后陈庄、三陈庄、大李庄、大丁庄、小孟庄、小朱庄、二陈庄、齐路丁庄。东至文湖村，南至索滩村，西至草沟镇大桥村，北至草沟镇关唐村。总户数为960户，总人口为4680人，民族为汉族。面积12.4平方千米。

村委会驻地二陈庄，该村因大丁村、二陈村得名。1958年人民公社时名称为大丁大队。1984年更名为大丁村。2008年大丁村、二陈村合并，合并后命名为丁陈村。

向阳村

向阳村（Xiàngyángcūn） 隶属泗县丁湖镇。下辖自然村有小胡庄、小万庄、许李庄、周王郑庄、陈圩庄、李庄、刘圩庄、大门、小李庄、东孙庙、小王庄、腰庄、老荒庄、丁梁庄、东西骆庄、向阳庄。东至樊湖古沟，南至樊集村，西至沱河，北至索滩河。总户数为1460户，总人口为5400人，民族为汉族。占地面积13.3平方千米。

该村因有向阳自然村得名。1958年人民公社时名称为向阳大队。1984年向阳大队更名为向阳村。2008年由刘圩村、孙庙村、许李村、陈圩村4个小村合并命名为向阳村。

索滩村

索滩村（Suǒtāncūn） 隶属泗县丁湖镇。下辖自然村有陈庄、大郭庄、冯巷庄、耿家庄、老岗庄、孙庄、索滩街、小郭庄、新庄、荀庄、于庄、袁桥、赵庄。东至大桥村，南至向阳村，西至港河，北至丁陈村。总户数为1230户，总人口为5300人，民族为汉族。面积为12.4平方千米。

该因有索滩自然村得名。唐朝时期索滩庙住持姓索，村庄地势低洼，由此得名索滩。1958年人民公社时名称为索滩大队，1984年更名为索滩村。

吴圩村

吴圩村（Wúwéicūn） 隶属泗县丁湖镇。下辖自然村有吴圩庄、曹巷、时王庄、何庄、梁庄、西小吴、杨庄、后小吴、孙阎庄。东至曹韩村，南至文湖村，西至沟陈村，北至大张村。总户数为996户，总人口为4558人，民族为汉族。面积为13.5平方千米。

因村委会驻地吴圩庄得名。清朝咸丰年间，吴姓聚居此地，建村立庄，村庄四周筑有土圩，故得名吴圩。1958年人民公社时名称为吴圩大队。1984年更名为吴圩村。2008年吴圩村、孙阎村、何梁村合并，合并后仍命名为吴圩村。

丁湖村

丁湖村（Dīnghúcūn） 隶属泗县丁湖镇。下辖自然村有三蒋庄、西小庄、炮庄、袁庙庄、高庄、老街周围、小后庄、圩后庄、明居小区、蒋庙庄、东小庄、后场庄、小任庄、小彭庄、北宅庄。东至大路口龙沟村，南至汤湖村村，西至丁陈村，北至文湖村。总户数为1278户，总人口为5416人，民族为汉族、回族，共2种。面积为14.4平方千米。

该村因丁湖自然村得名。清朝道光年间，丁姓人家聚居此地，开荒种地，繁衍生息。因丁姓人口居多，且土地多为湖地，故名丁湖。1958年人民公社时名称为丁湖大队，1984年由丁湖大队更名为丁湖村。

春韩村

春韩村（Chūnháncūn） 隶属泗县丁湖镇。下辖自然村有大魏庄、小魏庄、小张庄、大彭庄、大牛庄、小牛庄、腊韩庄、韩圩庄、春韩庄、小刘庄、户陈庄、沟东刘庄。东至大路口乡交界，南至龙沟，西至吴圩村，北至新汴河。总户数为1558户，总人口为6457人，民族为汉族。面积为19.6平方千米。

该村因椿韩自然庄得名，民国年间，韩姓人家聚居此地，村庄内椿树种植多，故得名椿韩村。1958年人民公社时名称为椿韩大队。1984年更名为椿韩村。2008年椿韩村、大魏村、大牛村、张彭村合并而成椿韩村，后更名为春韩村。

长沟镇

汴河村

汴河村（Biànhécūn） 隶属泗县长沟镇。下辖自然庄有大山庄、二山庄、东孙庄、中孙庄、西孙庄、许庄、邓庄、宗庄、上马铺庄、吴口庄、时庄、张庄、王庄、刘庄。辖区范围东至长沟，南至新汴河，西至塘河，北至朱彭村。总户数为1113户，总人口为5069人，民族为汉族。面积为11平方千米。

因新汴河经过该村而得名。1958年人民公社时期名称为汴河大队，1983年由汴河大队更名为汴河村，2008年由汴河、宗邓、灰山三个村合并，合并后仍命名为汴河村。

大陈村

大陈村（Dàchéncūn） 隶属泗县长沟镇。下辖自然庄有许沟庄、小尤庄、新侍庄、宋庄、熊庄、李庄、大陈庄、谷张庄。辖区范围东至戚庙村，南至洋城湖村，西至朱彭村，北至马王村。总户数为882户，总人口为3955人，民族为汉族。面积为12.9平方千米。

该村因大陈自然庄得名。因清末陈氏家族迁居此地，建村立庄，繁衍生息，不断壮大而得名。1958年人民公社时期名为大陈大队，1983年大陈大队更名为大陈村。

大高圩村

大高圩村（Dàgāowéicūn） 隶属泗县长沟镇。下辖自然庄有尤庄、郭庄、庄庄、谢庄、东高庄、西高庄、南高庄、圩里庄、周庄、尹庄、东郭庄、南郭庄、桥南庄。辖区范围东至泗城镇胡陈村，南至邓沟交界，西至戚庙村，北至奎濉河。总户数为975户，总人口为4023人，民族为汉族。面积为11.8平方千米。

该村因高圩庄自然村得名，大高圩为高氏在泗县祖居之地，因村庄筑有圩子而得名。1958年人民公社时期名称为高圩大队。2008年4月由原高圩村、南尤村、刘庙村合并成大高圩村。

马王村

马王村（Mǎwángcūn） 隶属泗县长沟镇。下辖自然庄有大顾、小顾、马庄、李庄、戚庄、徐庄、桥口、前王庄、后王庄、西王庄。辖区范围东至戚庙村民委员会，南至大陈村民委员会，西至朱彭村民委员会，北至奎濉河。总户数为894户，总人口为4096人，民族为汉族。面积为10.7平方千米。

该村因马王庄自然村得名。清末马、王二姓家族迁居此地，建村立庄，繁衍生息，故得名。1958年人民公社时期名称为马王大队。1983年由马王大队更名为马王村。2008年由顾马村、四王村、戚李村委会，命名为马王村。

戚庙村

戚庙村（Qīmiàocūn） 隶属泗县长沟镇。下辖自然庄有前戚庄、后戚庄、庙上庄、谷堆庄、时庄、小高圩、前李庄、谷宅。辖区范围东至高圩村，南至邓沟，西至大陈村，北至奎濉河。总户数为805户，总人口为3500人，民族为汉族。面积为10.1平方千米。

1983年由戚庙大队更名为戚庙村民委员会，该村委会有戚庙自然庄之义。明代戚氏在此庄中心建庙一座，村名由此而得。1958年人民公社时名为戚庙大队，1983年戚庙大队更名为戚庙村。

邵庄村

邵庄村（Shàozhuāngcūn） 隶属泗县长沟镇。下辖自然庄有大李、小李、柳袁庄、谢宅庄、邵庄、袁庄、张谭庄、时集、旬集。辖区范围东至马王村、朱彭村，南至小桂林场，西至灵璧县地界，北至奎濉河。总户数为1100户，总人口为5525人，民族为汉族。面积为16.6平方千米。

该村因邵庄自然村得名。明朝中期，邵姓家族迁居此地，开荒种地，繁衍生息，故得名。1958年人民公社时名称为胜利大队，后更名为邵庄大队，1983年由邵庄大队更名为邵庄村。

四河村

四河村（Sìhécūn） 隶属泗县长沟镇。下辖自然庄有前刘庄、裴堂庄、后刘庄、大李庄、小胡庄、许韩庄、小于庄、侍庄、小李庄、李圩庄、中李庄、岳李庄。辖区范围东至汴河村、南至汴河、西至虞姬村、北至后桥村。总户数为1090户，总人口为5024人，民族为汉族。面积为10.1平方千米。

因村四周有四条大河环绕，南有汴河，北有灵璧河，东有唐河，西有虞姬大河，故得名四河村。2008年由原裴堂、大李、唐河、三李四个村合并为四河村。

洋城湖村

洋城湖村（Yángchénghúcūn） 隶属泗县长沟镇。下辖自然庄有刘圩、谢庄、陈庄、高圩庄、李庄、程庄、姚庄、王庄、尤庄、湖西李庄。辖区范围东至大吴社区，南至新汴河，西至长沟村，北至大陈村。总户数为1118户，总人口为5300人，民族为汉族。面积为10.9平方千米。

该村委因有洋城湖自然村得名。因该地有古泗州十大美景——洋城春色而得名。1958年人民公社时名称为洋城湖大队。1983年由洋城湖大队更名为洋城湖村。2008年由原刘圩村、姚王村、洋城村合并，合并后仍命名为洋城湖村。

长沟村

长沟村（Chánggōucūn） 隶属泗县长沟镇。下辖自然庄有长南组、尤铺组、付庄、东姚庄、西姚庄、小郑庄、大郑庄、东王、西王庄、陶庄。辖区范围东至洋城湖村，南至新汴河，西至汴河村，北至大陈村。总户数为1450户，总人口为6238人，民族为汉族。面积为10.6平方千米。

因境内有一条笔直的虹灵沟，古时取名长直沟，后简称为长沟，而得名长沟村。1958年人民公社时名称为长沟大队，1984年由长沟大队更名为长沟村。2008年长南、长北、尤铺、王庄四个村合并，合并后仍命名为长沟村。

朱彭村

朱彭村（Zhūpéngcūn） 隶属泗县长沟镇。下辖自然庄有卜庄、朱庄、彭庄、小宗庄、大关庄、小关庄、陈宅、范宅、葛庄、陶庄。辖区范围东至大陈村，南至汴河村，西至邵庄村，北至马王村。总户数为915户，总人口为4438人，民族为汉族。面积为14.2平方千米。

该村因朱庄彭庄自然村得名。因清朝末年，朱姓、彭姓家族迁居此地，建村立庄，繁衍生息而得名朱庄、彭庄。1958年人民公社时期名为朱彭大队，1984年由朱彭大队更名为朱彭村。

黄圩镇

卢圩村

卢圩村（Lúwéicūn） 隶属泗县黄圩镇。下辖自然村有卢圩庄、大马庄、小彭庄、大梁庄、梁庄、小梁庄、小郭庄。辖区范围东至时邵村，南至大杨乡、杨集村，西至黄圩村，北至三侯村。总户数为1260户，总人口为5243人，民族为汉族。面积为8.1平方千米。

该村因卢圩庄自然村得名。民国时期，该庄卢姓人口居多，村庄四周建有土圩墙，故而得名。1958年人民公社时名卢圩大队。1984年卢圩大队更名为卢圩村委会。2008

年该村与大马村大梁村、梁庄村合并，合并后仍命名为卢圩村。

刘宅村

刘宅村（Liúzháicūn） 隶属泗县黄圩镇。下辖自然村有渭桥庄、卓场庄、前刘庄、中刘庄、后刘庄、陈宅庄、朱埝庄、小阎庄。辖区范围东至王宅村，南至红星村，西至虹灭沟，北至老濉河。总户数为1107户，总人口为4718人，民族为汉族。面积为6.6平方千米。

该村委会有刘宅自然村之义。1958年人民公社时期称刘宅大队，1984年改称刘宅村，2008年该村与列宅、渭桥、陈宅村三个合并，合并后仍命名为刘宅村。

黄圩村

黄圩村（Huángwéicūn） 隶属泗县黄圩镇。下辖自然村有小杨庄、大陈庄、小岳庄、小王庄、小杜庄、黄圩庄。辖区范围东至卢圩村，南至大杨乡，西至三官村，北至三侯村。总户数为1208户，总人口为4900人，民族为汉族。面积为6.6平方千米。

该村因黄圩自然村得名。清朝康熙年间，黄姓人家聚居此地，开荒种地，建造房屋，繁衍生息，因村庄四周挖有圩沟，故得名黄圩。1958年人民公社时名称为黄圩大队，1984年更名为黄圩村，2008年大陈村、黄圩村合并，合并后仍命名为黄圩村。

华新村

华新村（Huáxīncūn） 隶属泗县黄圩镇。下辖自然村有魏场、大李庄、李寻场、张楼场、杨张庄、小仲庄、卓场庄、前行庄、小周庄。辖区范围东至巩沟村，南至三侯村，西至曹场，北至老濉河。总户数为1443户，总人口为5995人，民族为汉族。面积为8.2平方千米。

2008年由魏李、前周、杨张三个村合并为华新村。

红星村

红星村（Hóngxīngcūn） 隶属泗县黄圩镇。下辖自然村有林董庄、王场、岳刘庄、钱庄、张魏庄。辖区范围东至曹场村，南至曹安庄，西至虹灵沟，北至刘宅村。总户数为1314户，总人口为5328人，民族为汉族。面积为7.1平方千米。

1958年人民公社时名称王场大队，1984年王场大队更名为王场村，2008年由王场村、刘庄村、林董村合并为红星村。

巩沟村

巩沟村（Gǒnggōucūn） 隶属泗县黄圩镇。下辖自然村有巩时园庄、陶宅庄、巩沟庄。距县城约30千米，辖区范围东至武圩村，南至三侯村，西至华新村，北至小曹庄。总户数为782户，总人口为3327人，民族为汉族。面积为4.4平方千米。

该村因巩沟庄自然村得名。1958年人民公社时名称巩沟大队。1984年巩沟大队更名为巩沟村。1982—1992年撤区并乡，该村是巩沟乡镇府所在地。

东北村

东北村（Dōngběicūn） 隶属泗县黄圩镇。下辖自然村有东巩庄、郝张庄、李场庄、顺河庄、小赵庄、朱场庄、小李庄、时溜庄、郝张小五队、小花庄。辖区范围东至大庄镇，南至武圩村，西至华新村，北至北濉河。总户数为1510户，总人口为5702人，民族为汉族。面积为6.7平方千米。

2008年由原来的顺河村、赫张村、朱场村合并后更名为东北村，因地处黄圩镇最东北部，故而得名。

三侯村

三侯村（Sānhóucūn） 隶属泗县黄圩镇。下辖自然村有大韩庄、钱曹庄、三侯庄、周圩庄、小郭庄。辖区范围东至孙苏村，南至黄圩村，西至曹场村，北至华新村。总户数为1281户，总人口为4999人，民族为汉族。面积为6.9平方千米。

该村因三侯庄自然村得名。1958年人民公社时名三侯大队。1984年三侯大队更名为三侯村，2008年该村与钱曹村、大梁村、大韩村合并，合并后仍命名为三侯村。

曹场村

曹场村（Cáochǎngcūn） 隶属泗县黄圩镇。下辖自然村有曹场庄、大董庄、小王庄、史场庄、季墩庄。辖区范围东至华新，南至三官村，西至红星，北至于宅。总户数为1150户，总人口为5089人，民族为汉族。面积为7.7平方千米。

该村因曹场庄自然村得名。曹场自然村因传说高集乡小曹庄姓曹大户人家种地到此处，在此收割庄稼打场，派五个儿子在此看管并居住而得名。1958年曹场人民公社时名称为曹场大队。1984年由曹场大队更名为曹场村。2008年该村与大董村季墩村委会合并。1982—1992年撤区并乡时，该村是曹场乡政府所在地。

武圩村

武圩村（Wǔwéicūn） 隶属泗县黄圩镇。下辖自然村有武圩庄、小段庄、小王庄、小曹庄、靖沃庄。辖区范围东至大庄镇，南至孙苏村，西至泛沟村，北至东北村。总户数为875户，总人口为3676人，民族为汉族。面积为4.7平方千米。

该因有武圩庄自然村得名。武圩庄内居民武姓居多，且村庄四周筑防洪水浸入的圩沟，故得名。1958年人民公社时期称武圩大队。1984年更名为武圩村。2008年武圩村、靖沃村合并，合并后仍命名为武圩村。

王宅村

王宅村（Wángzháicūn） 隶属泗县黄圩镇。下辖自然村有王宅庄、陈宅庄、前场庄、周庙庄、郭场庄。辖区范围东至华新村，南至曹场村，西至红星村，北至老濉河。总户数为1078户，总人口为4563人，民族为汉族。面积为6.4平方千米。

该村因王宅庄自然村得名。1958年人民公社时期名称为王宅大队，包括王宅庄、陈宅庄、郭场庄。1984年王宅大队更名为王宅村，郭场大队为郭场村。2008年该村与周杨村、郭场村委会合并，仍命名为王宅村。

时邵村

时邵村（Shíshàocūn） 隶属泗县黄圩镇。下辖自然村有大时庄、邵庄、李杨庄、小时庄、小付庄、小董庄、王巷庄、贾场庄。辖区范围东至大庄镇小朱村，南至大杨乡杨集村，西至大杨乡杨集村，北至卢圩村。总户数为792户，总人口为3425人，民族为汉族。面积为5.3平方千米。

该村因大时庄、邵庄自然村得名。1958年人民公社时期称大时大队和小时大队。1984年大时大队更名为大时村，小时大队更名为小时村。2008年由大时村和小时村合并命名为时邵村。

孙苏村

孙苏村（Sūnsūcūn） 隶属泗县黄圩镇。下辖自然村有大孙庄、大苏庄、小武圩庄。辖区范围东至大庄镇程刘村，南至时邵村，西至三侯村，北至武圩村。总户数为810户，总人口为3660人，民族为汉族。面积为5.5平方千米。

该村因有大苏庄、大孙庄自然村得名。1958年人民公社时期称大苏大队。1984年改称大苏村。2008年由大孙、大苏、小武圩合并为孙苏村。

三官村

三官村（Sānguāncūn） 隶属泗县黄圩镇。下辖自然村有刘圩庄、岳庄、后曹庄、满庄、牧湖庄、三官庄、时宋庄、前曹庄、张时庄、小史庄、张庄。辖区范围东至黄圩村，南至大杨乡，西至大杨乡，北至曹场村。总户数为1375户，总人口为5067人，民族为汉族。面积为7.7平方千米。

该村因三官庄自然村得名。清朝末年，该村因建有一座三官庙，每逢年关方圆几十里村民都来赶庙会，故得名三官村。1958年人民公社时期称为三官大队。1984年由三官大队更名为三官村。2008年由岳庄村、三官村、张时村三个小村合并为三官村。

大庄镇

朝阳村

朝阳村（Cháoyángcūn） 隶属泗县大庄镇。下辖自然庄有朱场庄、东郭庄、西苏场、东苏场、大孟庄、郭圩庄、后小王、南园、前王庄、西苏场、小吕庄、小孟庄、埝头朱庄、朱培清庄。辖区范围东至沿河村，南至新集村，西至黄圩镇交界处，北至新刘村、田庄村。总户数为1043户，总人口为4662人，民族为汉族。面积为8平方千米。

朝阳村名称来自《诗经·大雅·卷阿》：凤凰鸣矣，于彼高冈；梧桐生矣，于彼朝阳。有向往美好生活之义。1958年政府命名为新集公社大孟大队和东郭大队。1984年改名为新集乡东郭村、大孟村。2008年由东郭村和大孟村合并，合并后命名为朝阳村。

大庄村

大庄村（Dàzhuāngcūn） 隶属泗县大庄镇。下辖自然庄有街南、街北。辖区范围东至东风村，南至佃庄村，西至和谐村，北至王官村。总户数为908户，总人口为4643人，民族为汉族。面积3.5平方千米。

因该村位于大庄镇中部，故而得名大庄村。1958年至1983年人民公社时期名称为大庄大队，1984年大队改称村，2008年街北、街南两个村合并，命名为大庄村。

佃庄村

佃庄村（Diànzhuāngcūn） 隶属泗县大庄镇。下辖自然庄有小集、佃庄、小卢庄。辖区范围东至东风村，南至田庄村，西至104国道，北至杨双沟。总户数为840户，总人口为3897人，民族为汉族。面积为5.3平方千米。

该村因佃庄自然村得名。清朝光绪年间，一位大地主许氏居住在现小集庄，土地千顷，资产雄厚，不少佃户都被雇用。这些佃户越来越多地居住在周围，便称为佃庄。1958年人民公社时期名称为佃庄大队，1984年大队改称村，命名为佃庄村。

东风村

东风村（Dōngfēngcūn） 隶属泗县大庄镇。下辖自然庄有许超庄、元随庄、大岳庄、肖庄、前杨庄、后杨庄、小庙庄、三许庄、李宅庄、小单庄、安朋庄、小岳庄、刘中庄、元青庄、小朱场庄、小余庄、新大岳庄。辖区范围东至瓦坊乡郭集村，西至瓦坊乡小薛村，南至王官村，北至老濉河。总户数为1667户，总人口为6884人，民族为汉族。面积为10.6平方千米。

2008年由许超村、安朋村、三杨村合并为东风村。东风一词比喻革命的力量或气势。

和谐村

和谐村（Héxiécūn） 隶属泗县大庄镇。下辖自然庄有朱泗、回庄、漂陈、小庄、吴茂、小河庄。辖区范围东至大庄村委会，南至田庄村委会，西至万安村委会，北至王官村委会。总户数为1531户，总人口为5680人，民族为汉族。面积为7.3平方千米。

2008年由朱泗村、漂陈村和回庄村合并而成，命名为和谐村，取有构建和谐乡村之义。

曙光村

曙光村（Shǔguāngcūn） 隶属泗县大庄镇。下辖自然庄有小宋庄、孙宜庄、西彭庄、小郝庄、小张庄、王场庄。辖区范围东至王官村，南至万安村，西至黄圩镇东北村，北至老濉河。总户数为1369户，总人口为5531人，民族为汉族。面积为6.8平方千米。

2008年由小张村、西彭村、小宋村三个村委会合并命名为曙光村，取曙光一词有光明、希望、美好的前景之义。

田庄村

田庄村（Tiánzhuāngcūn） 隶属泗县大庄镇。下辖自然庄有小朱场庄、田庄、郝庄、朱祠堂庄、小圩庄、散许庄、程行庄、许英圩。辖区范围东至瓦坊乡岳场村，南至沿河村、朝阳村，西至新刘村，北至佃庄村、和谐村。总户数为1032户，总人口为5409人，民族为汉族。面积为8.7平方千米。

村委会驻地田庄，故名。1958年至1984年人民公社时期为新田大队。1984年由新田大队更名为田庄村。2008年与程行村合并命名为田庄村。

万安村

万安村（Wàn' āncūn） 隶属泗县大庄镇。下辖自然庄有万安庄、西卢庄、后卢庄、小万庄、小仲庄、小朱场庄、后刘庄、卢埝庄、前小刘庄、小蔡庄、小卢庄、小尤庄、小高庄。辖区范围东至和谐，南至新刘村，西至黄圩镇武圩村，北至曙光村。总户数为1137户，总人口为5266人，民族为汉族。面积为6.7平方千米。

该村因万安庄自然村得名。明朝中期从西北大水漂来一个铜佛存放在此，后来有人来此居住，取名万佛庵，后改名为万安。1958年人民公社时期名称为万安大队，1984年大队改称村，2008年由万安村、后卢村、西卢村合并命名为万安村。

王官村

王官村（Wángguāncūn） 隶属泗县大庄镇。下辖自然庄有官庄圩、老庄、万青庄、王印庄、小顾小庄、小顾庄、许庙庄。辖区范围东至东风村，南至大庄村，西至曙光村，北至老濉河。总户数为1207户，总人口为5309人，民族为汉族。面积为5.8平方千米。

该村因王印庄、官庄得名。

向阳村

向阳村（Xiàngyángcūn） 隶属泗县大庄镇。下辖自然庄有大刘庄、秦场庄、水刘庄、塘李圩庄、塘张庄、小祁庄、小许庄、小杨庄。辖区范围东至瓦坊乡王集村民委员会，南至民利河，西至新集村，北至沿河村。总户数为1437户，总人口为5904人，民族为汉族。面积为11.3平方千米。

2008年水刘村、塘张村、秦场村合并后命名为向阳村，村名有迎接阳光、迎接希望之义。

新集村

新集村（Xīnjícūn） 隶属泗县大庄镇。下辖自然庄有新集街、小董庄、大朱庄、小朱庄、井朱庄、小马庄、小闵庄、朱刘庄。辖区范围东至向阳村，南至民利河，西至黄圩镇界河，北至朝阳村。总户数为1559户，总人口为4970人，民族为汉族。面积为9.1平方千米。

因村民委员会驻地新集，故命名新集村。1958年人民公社时名称为新集大队，1984年新集大队更名为新集村，2008年由新集村、大朱村和小朱村合并而成，命名为新集村。

新刘村

新刘村（Xīnliúcūn） 隶属泗县大庄镇。下辖自然庄有程庄、东孙庄、后刘集庄、前刘集、孙圩庄、伍刘集、小高庄、小黄庄、小蒋庄、小刘庄、小吕庄、小彭庄、小王庄、小魏场、小赵庄、小朱场、新河庄、张宅庄。辖区范围东至田庄村，南至朝阳村，西至黄圩镇孙苏村，北至万安村。总户数为1472户，总人口为5492人，民族为汉族。面积为7.2平方千米。

该村因新河、刘集村得名。2008年由新河村、刘集村、程刘村合并而成，命名为新刘村。

沿河村

沿河村（Yánhécūn） 隶属泗县大庄镇。下辖自然庄有大彭宅、东姚场、刘场庄、西姚场、小李场、小刘庄、新彭庄、张冯庄、庄杨。辖区范围东至瓦坊乡岳场村，南至向阳村，西至朝阳村，北至田庄村。总户数为896户，总人口为3928人，民族为汉族。面积为7.1平方千米。

因村委会驻地小黄河西岸，故而得名沿河村。2008年由张昌村和姚场村合并，命名为沿河村。

山头镇

蔡圩村

蔡圩村（Càiwéicūn） 隶属泗县山头镇。下辖自然庄有遛马庄、圩庄、蔡圩庄、东门蔡庄、长庄、秦沟庄、小高庄、武场庄、高王庄、戚圩庄、后蔡庄、秦庄、沙庄。辖区范围东至泗洪县潘山村，南至大柏村，西至找沟村，北至徐洪河。总户数为1699户，总人口为6820人，民族为汉族。面积为12.2平方千米。

该村因蔡圩庄自然村得名。清朝同治年间，蔡姓人家由江苏宿迁搬迁至此，在此建造房屋，开挖圩沟，故命名为蔡圩。1958年人民公社时名称为胜利大队，1976年改为蔡圩大队，1984年更名为称为蔡圩村，2008年与小高村合并，仍名为蔡圩村。

大柏村

大柏村（Dàbǎicūn） 隶属泗县山头镇。下辖自然庄有程宅庄、大柏街、双庄、张场庄、小代庄、前庄。辖区范围东至钓台村，南至钓台村，西至惠庙村，北至蔡圩村。总户数为1200户，总人口为4985人，民族为汉族。面积为7.9平方千米。

该村因大柏街自然村得名。清朝末年，该庄以柏姓人家为主，故得名大柏庄，因此处逢集所以又称为大柏街。1958年人民公社时期称为大柏大队，1984年由大柏大队更名为大柏村，2008年该村与双庄村合并为大柏村。

钓台村

钓台村（Diàotáicūn） 隶属泗县山头镇。下辖自然庄有小柏庄、韩场庄、小惠庄、东台庄、窦宅庄、胡庄、老吴庄、老杨庄、王场庄、西台庄、石庄、腰庄、洪场庄、陈场庄、李庄、关庄、李圩庄。辖区范围东至归仁村，南至杨桥村，西至山头村，北至大柏村。总户数为1760户，总人口为7431人，民族为汉族。面积为13平方千米。

该村委会有钓台自然村之义。传说，姜太公曾在此处钓鱼，后为纪念姜太公，故取名钓台。1958年人民公社时名称为钓台大队，1984年由钓台大队更名为钓台村，2008年由钓台、李圩、胡庄三村合并，合并后仍命名为钓台村。

惠庙村

惠庙村（Huìmiàocūn）　隶属泗县山头镇。下辖自然庄有惠祠堂、惠庙庄、三界庄、山柏庄、大李庄。辖区范围东至大柏村，南至山头村，西至宋圩村，北至找沟村。总户数为1236户，总人口为5215人，民族为汉族。面积为9.6平方千米。

该村因惠庙庄自然村得名。明末清初，惠氏家族迁入此地居住，开荒种地，不断壮大，因村庄中以前有座古庙，因此得名惠庙。1958年人民公社时期名为赤山大队，1984年由赤山大队更名为惠庙村，2008年该村与大李村合并为惠庙村。

骆场村

骆场村（Luòchǎngcūn）　隶属泗县山头镇。下辖自然庄有后马庄、洪场庄、尤宅庄、朱条庄、段墩庄、高巷庄、骆场庄、张庵棚、小陈庄、前马庄、王宅庄。辖区范围东至仝城村，南至刘圩镇许宅村，西至瓦坊乡小骆村，北至骆庙村。总户数为1016户，总人口为4178人，民族为汉族。面积为7.4平方千米。

该村因骆场庄自然村得名。清代光绪年间，骆姓人家迁居至此，在此开荒种地建房，后来又有其他姓氏人家在此落户，不断壮大，又因庄中有一比较大的打麦场，故而得名骆场。1958年人民公社时期名称为骆场大队，1984年由骆场大队更名为骆场村。

骆庙村

骆庙村（Luòmiàocūn）　隶属泗县山头镇。下辖自然庄有大何庄、刘让庄、东大河庄、河西庄、后胡庄、骆庙庄、前胡庄、小贺庄、小史庄、小夏庄、小崔庄、小段庄、小李庄。辖区范围东至张店村，南至骆场村，西至051县道，北至老龙河。总户数为1469户，总人口为6283人，民族为汉族。面积为11.3平方千米。

该村因骆庙庄自然村得名。明朝初期，骆姓人家聚居此地，开荒种地，建造房屋，后骆氏在此建庙一座，名为瑞麟庵，故命名为骆庙。1958年人民公社时名称为骆庙大队。1984年由骆庙大队更名为骆庙村。2008年由大何村、小史村、骆庙村合并，仍命名为骆庙村。

山头村

山头村（Shāntóucūn）　隶属泗县山头镇。下辖自然庄有徐井庄、王庄、杨庄、陈庄、山头庄。辖区范围东至杨桥村，南至刘圩镇仝南村，西至宋圩村，北至惠庙村。总户数为1120户，总人口为4558人，民族为汉族。面积为6.7平方千米。

该村因山头庄自然村得名。此庄姓氏较杂，因庄北有一小山岗故得名山头村。1958年时称为山头大队。1984年由山头大队更名为山头村民委员会。2008年该村委会与徐井村委会合并，合并后仍命名为山头村民委员会。

宋圩村

宋圩村（Sòngwéicūn）　隶属泗县山头镇。下辖自然庄有二杨庄、大杨庄、蔡集庄、严圩庄、宋圩庄、王沟庄、小墩庄、石狮庄、董庄。辖区范围东至惠庙村，南至刘圩镇西马村，西至张店村，北至找沟村。总户数为1508户，总人口为6716人，民族为汉族。面积为11.7平方千米。

该村因宋圩自然村得名。清朝末年，宋姓人家由南方迁来，建造房屋，不断繁衍壮大，因在庄边建有圩坝防山水，故而得名宋圩。1958年人民公社时名为宋圩大队，1984年由宋圩大队更名为宋圩村，2008年该村与蔡集村、王沟村合并，仍名为宋圩村。

潼城村

潼城村（Tóngchéngcūn） 隶属泗县山头镇。下辖自然庄有刘墩庄、黄墩庄、小王庄、潼城庄、小柏庄、洪场庄、毛董庄、周宅庄。辖区范围东至刘圩镇张沛村，南至刘圩镇高渡村，西至骆场村，北至潼河。总户数为1100户，总人口为5120人，民族为汉族。面积为8.6平方千米。

该村因潼城自然村得名。汉朝时，王莽篡位，在此地建设城池，且铸有铜像，故名铜城，后更名为潼城。1958年人民公社时名称为潼城大队。1984年由潼城大队更名为潼城村。2008年由黄墩村和潼城村合并，合并后命名为潼城村。

袁张村

袁张村（Yuánzhāngcūn） 隶属泗县山头镇。下辖自然庄有朱场庄、小王庄、鲍圩庄、鲍前庄、小杨庄、小刘庄、李湾庄、小陈庄、史宅庄、仝圩庄、袁场庄、小袁庄、张宅庄、山庄、鲍庄、小秦庄、小高庄。辖区范围东至找沟村，南至张店村，西至张店村，北至龙河。总户数为1310户，总人口为6130人，民族为汉族。面积为10.7平方千米。

1958年人民公社时名称为袁场大队，2008年袁场村和张家村合并更名为袁张村。

张店村

张店村（Zhāngdiàncūn） 隶属泗县山头镇。下辖自然庄有胜宅庄、小胡庄、朱场庄、小王庄、小杨庄、姚场庄、吴场庄、小张庄、张店街。辖区范围东至宋圩村，南至潼城村，西至骆庙村，北至袁张村。总户数为1127户，总人口为5217人，民族为汉族。面积为9.5平方千米。

该村因张店自然村得名。由南京浦口迁来张氏三兄弟在此落户，开荒种地，并开一间小店，故得名为张店。1958年人民公社时名称为张店大队，1984年由张店大队更名为张店村，2008年与胜宅村合并为张店村。

找沟村

找沟村（Zhǎogōucūn） 隶属泗县山头镇。下辖自然庄有小郭庄、红旗庄、红石桥、找沟庄、新庄、林场庄、农业庄、林业庄、陆庄、塘坊庄、张瓦庄。辖区范围东至蔡圩村，南至惠庙村，西至袁张村。北至睢宁县刘庄村龙河。总户数为1254户，总人口为4982人，民族为汉族。面积为7.5平方千米。

该村因找沟自然村得名。找沟村原名找狗村，相传很久以前有个商人带着一条狗经过此地去南方做生意，过此地走很远才发现狗丢了，回来找到狗的时候，狗已经饿死了，而狗的身体下面是主人丢失的银子，所以取名找狗村，后称找沟村。1958年人民公社时期称找沟大队，1984年由找沟大队更名为找沟村，2008年与小郭村委会和塘坊村委会合并为找沟村。

杨桥村

杨桥村（Yángqiáocūn） 隶属泗县山

头镇。下辖自然村有小圩庄、后场庄、潘庄、新庄、杨桥庄、吴道庄、张吴尹庄、小柏庄、凡庄、南庄、杨楼庄、高周庄、魏圩庄、姜夏庄。辖区范围东至泗洪县苏洼村，南至潼河，西至山头村，北至钓台村。总户数为1300户，总人口为5142人，民族为汉族。面积为9.0平方千米。

该村因杨桥自然村得名。明末清初，杨桥庄西头有条林沟，杨姓家族为了出入方便在沟上用木头建了一座桥，故而得名为杨桥。1958年人民公社时名为杨桥大队，1984年更名为杨桥村，2008年与杨娄村合并为杨桥村。

刘圩镇

付圩村

付圩村（Fùwéicūn） 隶属泗县刘圩镇，村委会驻付圩庄，下辖自然村有曹行、大杨、冯庄、付圩、马场、小马圩，共6个。村委会位于泗县东北方位，距县城约30千米，辖区范围东至仝南村，南至前戚村，西至张谷村，北至西马村。总户数为1520户，总人口为4966人，民族为汉族。面积为9平方千米。

因下辖付圩自然村而得名。1958年人民公社时名称为付圩大队，1984年由付圩大队更名为付圩村，2008年该村与大杨村合并，仍命名为付圩村。

高渡村

高渡村（Gāodùcūn） 隶属泗县刘圩镇，村委会驻高渡庄，下辖自然村有大候集、高渡庄、小李庄，共3个。村委会位于泗县东北方位，距县城约40千米，辖区范围东至西马村，南至付圩，西至山头镇骆场村，北至山头镇潼城村。总户数为926户，总人口为3246人，民族为汉族。面积为5.3平方千米。

因下辖高渡自然村而得名。1958年人民公社时名称为高渡大队，1984年由高渡大队更名为高渡村。

刘圩村

刘圩村（Liúwéicūn） 隶属泗县刘圩镇，村委会驻刘圩庄，下辖自然村有刘圩、小韩庄，共2个。村委会位于泗县东北方位，距县城约30千米，辖区范围东至秦场村，南至小黄河，西至前戚村，北至前戚村。总户数为1160户，总人口为4500人，民族为汉族。面积为5.8平方千米。

因下辖刘圩自然村而得名。1958年人民公社时名称为刘圩大队，1984年由刘圩大队更名为刘圩村，2008年该村与小韩村合并，仍名为刘圩村。

前戚村

前戚村（Qiánqīcūn） 隶属泗县刘圩镇，村委会驻前戚庄，下辖自然村有双宅庄、曹庄、后戚庄、前戚庄、路庄、马邦庄、宋庄，共7个。村委会位于泗县东北方位，距县城约30千米，辖区范围东至仝南村民委员会，南至老濉河，西至付圩村，北至四山村。总户数为1282户，总人口为5188人，民族为汉族。面积为10.6平方千米。

因下辖前戚自然村而得名。1958年人民公社时名称为前戚大队，1984年由前戚大队更名为前戚村，2008年该村与双宅村、新建村合并，合并后仍命名为前戚村。

秦场村

秦场村（Qínchǎngcūn） 隶属泗县刘圩镇，村委会驻秦场庄，下辖自然村有贡庄、李场、杨圩、戴庄、夏场、秦场新区、黄圩、周大昌、张庄、吴场、刘庄、秦场，共 12 个。村委会位于泗县东北方位，距县城约 30 千米，辖区范围东至江苏省泗洪县归仁，南至江苏省泗洪县梅花镇，西至刘圩村，北至潼南村。总户数为 1772 户，总人口为 6437 人，民族为汉族。面积为 9.6 平方千米。

因下辖秦场自然村而得名。1958 年人民公社时名称为秦场大队，1984 年由秦场大队更名为秦场村，2008 年 4 月该村与黄圩村合并，仍名为秦场村。

周道村

周道村（Zhōudàocūn） 隶属泗县刘圩镇，村委会驻周道庄，下辖自然村有翟庄、周步月、大吴圩、新兴庄、乱吴庄、后场、周道庄、小吴圩庄、朱庄，共 9 个。村委会位于泗县东北方位，距县城约 35 千米，辖区范围东至江苏省泗洪县七里村，南至秦场村，西至仝南村，北至潼河。总户数为 1547 户，总人口为 5470 人，民族为汉族。面积为 9.9 平方千米。

因下辖周道自然村而得名。1958 年人民公社时名称为周道大队，1984 年由周道大队更名为周道村，2008 年周道村与吴圩村合并，仍命名为周道村。

四山村

四山村（Sìshāncūn） 隶属泗县刘圩镇，村委会驻四山村，下辖自然村有邓场庄、东于庄、东周场、后大庄、老圩里庄、前大庄、前于庄、四山街、陶场庄、汪东庄、汪西庄、西余庄、西周场庄、夏场庄、小杨庄、姚场庄、中于庄，共 17 个。村委会位于泗县东北方位，距县城约 30 千米，辖区范围东至前戚村，南至陈坊村，西至瓦坊村，北至付圩村。总户数为 1500 户，总人口为 5468 人，民族为汉族。面积为 11.7 平方千米。

因下辖四山自然村而得名。1958 年人民公社时名称为四山大队，1984 年由四山大队更名为四山村，1992 年撤区并乡之前为四山乡所在地。

潼南村

潼南村（Tóngnáncūn） 隶属泗县刘圩镇，村委会驻李场庄，下辖自然村有小柏庄、黄场庄、李庄、小秦、高庄、朱庄、李场、杨庄、姬湖庄、潘场、农科队、小惠庄、后刘圩，共 13 个。村委会位于泗县东北方位，距县城约 35 千米，辖区范围东至周道村，南至刘圩村，西至前戚村，北至墓河。总户数为 1380 户，总人口为 5370 人，民族为汉族。面积为 8.7 平方千米。

该村位于潼河南岸，故称为潼南村。1958 年人民公社时名称为潼南大队，1984 年由潼南大队更名为潼南村。

西马村

西马村（Xīmǎcūn） 隶属泗县刘圩镇，村委会驻西马庄，下辖自然村有小惠庄、西马庄、李场庄、马场庄、张沛庄、谢宅庄，共 6 个。村委会位于泗县东北方位，距县城约 40 千米，辖区范围东至山头村，南至付圩村，西至高渡村，北至黄圩村。总户数为 961 户，总人口为 3930 人，民族为汉族。面积为 7.4 平方千米。

因下辖西马自然村而得名。1958 年人民公社时名称为西马大队，1984 年由西马大队更名为西马村，2008 年该村和前沛村合并后，仍命名为西马村。

张谷村

张谷村（Zhānggǔcūn） 隶属泗县刘圩镇，村委会驻张谷庄，下辖自然村有后刘庄、刘宅、前刘庄、王宅、许宅、张彬庄、张谷庄、张仝庄、张银庄、侯桥庄、张沛庄，共11个。村委会位于泗县东北方位，距县城约30千米，辖区范围东至付圩村，南至四山村，西至瓦坊乡何宅村，北至山头镇骆场村。总户数为1230户，总人口为4780人，民族为汉族。面积为9平方千米。

因下辖张谷自然村而得名。1958年人民公社时名称为张谷大队，1984年由张谷大队更名为张谷村，2008年该村与许宅村合并，仍名为张谷村。

黑塔镇

陈圩村

陈圩村（Chénwéicūn） 隶属泗县黑塔镇。下辖自然村有小周圩庄、双宅庄、孙庄、陈圩庄、陈庄、董庄、后王庄、汤圩庄、团张庄、南场庄、姚庄、尤场庄、张鲍庄。辖区范围东至夹河，南至034乡道，西至王武村，北至夹河。总户数为860户，总人口为4019人，民族为汉族。面积为7.1平方千米。

该村因陈圩自然村得名。清朝咸丰年间，陈姓人家由山东迁居此地，开荒种地，繁衍生息，人丁兴旺，因村庄四周筑有圩墙、圩沟，故得名。1958年人民公社时名陈圩大队，1984年由陈圩大队更名为陈圩村。

大魏村

大魏村（Dàwèicūn） 隶属泗县黑塔镇。下辖自然村有大魏庄、老徐庄、大倪庄、骈胡庄、小徐庄、伙宅庄、小祁庄、路广庄、东庄、徐谢庄。辖区范围东至老濉河，南至三陈村，西至小梁村，北至河西村。总户数为1073户，总人口为4509人，民族为汉族。面积为12.6平方千米。

该村因大魏自然村得名。清朝光绪年间魏姓地主定居此地，他有两个儿子，在儿子几岁的时候给他们分地建宅，让他们两人从地的最南边和最北边往中间跑，他们碰头的地方为界，老大分的地后来就叫大魏。人民公社时名称为大魏大队，1984年由大魏大队更名为大魏村。

韩徐村

韩徐村（Hánxúcūn） 隶属泗县黑塔镇。下辖自然村有韩庄、胡场、小位、黄场、新庄、严圩、小周、小袁、赵庄、河徐、赵桥。辖区范围东至河西村，南至小梁村，西至红旗村，北至黑塔村。总户数为1034户，总人口为5080人，民族为汉族。面积为13.7平方千米。

该村因韩庄、徐赵自然村得名。相传秦末汉初，韩信家族因躲避战争逃荒到此处，之后在此娶妻纳妾，建村立庄，繁衍生息，故得名。1958年人民公社时名称新韩大队，1984年由新韩大队更名为新韩村，2008年该村与徐赵村委会合并，合并后命名为韩徐村。

河西村

河西村（Héxīcūn） 隶属泗县黑塔镇。下辖自然村有朱王庄、小夏庄、钱圩庄、小陈庄、林场庄、小易庄、小韩庄、徐六庄、小胡庄、小倪庄。辖区范围东至江苏省泗洪县英里，南至大魏村，西至韩徐村，北至顺河村。总户数为912户，总人口为4722人，民族为汉族。面积为10.7平方千米。

1958年人民公社时名称为朱王大队。1984年朱王大队更名为朱王村，小夏大队更名为小夏村。2008年两村合并，经镇政府研究朱王村、小夏村均位于老濉河西岸，故命名为河西村。1984年由朱王大队更名为朱王村委会

黑塔村

黑塔村（Hēitǎcūn） 隶属泗县黑塔镇。下辖自然村有河南庄、河北庄、小惠庄、小胡场庄。辖区范围东至顺河村，南至韩徐村，西至娄马村，北至三甄村。总户数为765户，总人口为3316人，民族为汉族、回族、彝族，面积为6.6平方千米。

该村因黑塔自然村得名。唐朝时期有个人流浪到此地定居，建造房屋，繁衍生息。该人名叫刘黑塔，为人忠厚诚实使人敬仰，故该村名为刘黑塔，后简称黑塔。1958年人民公社时期名称为红塔大队，后改为黑塔大队。1984年由黑塔大队改为黑塔村。

红旗村

红旗村（Hóngqícūn） 隶属泗县黑塔镇。下辖自然村有毛刘庄、唐尤庄、娄元庄、小董庄、王井庄、双庙庄、毛庄、小柏庄、后唐庄、舒圩庄、小朱庄、小李庄、吴海庄、小苏庄。辖区范围东至小梁村，南至小凄河，西至泗找路，北至娄桥。总户数为1257户，总人口为5327人，民族为汉族。面积为14.8平方千米。

因在人民公社时，该庄业绩好，产量高，常常拿到红旗荣誉，故得名。1958年人民公社时名称红旗大队，1984年由红旗大队更名为红旗村，2008年红旗村与娄园、双庙、舒圩三个小村合并，合并后仍命名为红旗村。

蒋杨村

蒋杨村（Jiǎngyángcūn） 隶属泗县黑塔镇。下辖自然村有杨庄、蒋庄、苏巷庄、曹刘庄、郑圩庄、马庄、卢庄、朱庄。辖区范围东至王武村，南至周黄村，西至瓦坊乡大侯村，北至刘圩镇四山村。总户数为1073户，总人口为4353人，民族为汉族。面积为8.9平方千米。

该村因蒋庄杨庄自然村得名。清朝咸丰年间，蒋、杨二姓人家由山西迁居此地，开荒种地，繁衍生息，人丁兴旺，逐渐壮大，故得名蒋庄、杨庄。1958年人民公社时名称为蒋杨大队，1984年蒋杨大队更名为蒋杨村。

界牌村

界牌村（Jièpáicūn） 隶属泗县黑塔镇。下辖自然村有小屈庄、老吴庄、小位庄、小吴庄、龚李庄、界牌张庄、宋庄、小戚庄、大顾庄、小惠庄、小刘庄、小张庄。辖区范围东至三陈村，南至草庙镇，西至三葛村，北至小梁村。总户数为837户，总人口为4447人。民族为汉族。面积为11.2平方千米。

该村因界牌张庄自然村得名。清朝宣统年间，张姓人家由江苏迁居此地，开荒种地，建造房屋，因该庄地处安徽、江苏交界，故得名界牌张庄。1958年人民公社时名称为界牌大队，1984年由界牌大队更名为界牌村。

马场村

马场村（Mǎchǎngcūn） 隶属泗县黑塔镇。下辖自然村有丁庄、高庄、马场庄、卢庄、陈庄、桃园庄、谭圩庄、小程庄、大程庄。辖区范围东至朱山村，南至红旗村，西至瓦坊镇小侯庄，北至蒋杨村。总户数为1338户，总人口为4890人。民族为汉族。面积为11平方千米。

该村因马场自然村得名。相传隋唐时期，罗成在马场北头古槐上拴过马，秦琼在古槐上挂过锏，马场朱山曾是瓦岗军的牧场，故而得名。1958年人民公社时名称马场大队，1984年由马场大队更名为马场村。

倪姚村

倪姚村（Níyáocūn） 隶属泗县黑塔镇。下辖自然村有新关庄、张场庄、小倪庄、姚庄、大倪庄、吴场庄、三马庄、陈场庄、小王庄。辖区范围东至泗洪县梅花镇大罗村，南至顺河村，西至三甄村，北至刘圩镇秦场村。总户数为1186户，总人口为4471人，民族为汉族。面积为8.6平方千米。

该村因倪庄、姚庄自然村得名。1958年人民公社时名称为倪姚大队，1984年由倪姚大队更名为倪姚村，2008年和三马村合并，合并后仍命名为倪姚村。

三陈村

三陈村（Sānchéncūn） 隶属泗县黑塔镇。下辖自然村有大蒋庄、季桥庄、路陈庄、陈台庄、三陈庄、小魏庄、朱庙庄、胡圩庄、桥头吴庄。辖区范围东至老濉河，南至新濉河，西至界牌村，北至民利河。总户数为1054户，总人口为4715人，民族为汉族、彝族。面积为8.3平方千米。

该村因三陈自然村得名。唐朝时期陈氏三兄弟落户此地，建村立庄，繁衍生息，形成三个自然庄，分别为三陈庄、路陈庄、陈台庄，故而得名。1958年人民公社时名称为三陈大队，1984年由三陈大队更名为三陈村。

三葛村

三葛村（Sāngěcūn） 隶属泗县黑塔镇。下辖自然村有大吴庄、小吴圩庄、前赵庄、赵三庄、三葛庄、小刘庄、小位庄、陈坝庄、朱钱庄。辖区范围东至界牌村，南至奎濉河，西至枯河村，北至红旗村宿淮铁路。总户数为958户，总人口为3978人，民族为汉族。面积为11平方千米。

该村因三葛自然村得名。清代末期，葛姓人家由河南省迁居至此，兄弟三人在此开荒种地，建造房屋，繁衍生息，人丁兴旺，逐渐壮大，故得名三葛庄。1958年人民公社时名三葛大队，1984年由三葛大队更名为三葛村。

三甄村

三甄村（Sānzhēncūn） 隶属泗县黑塔镇。下辖自然村有老陈庄、许场庄、杨圩庄、高场庄、周英庄、邱圩庄、前王庄、后甄庄、前甄庄。辖区范围东至倪姚村，南至黑塔村，西至王武村，北至陈圩村。总户数为627户，总人口为3830人，民族为汉族。面积为12.7平方千米。

新中国成立前名睢南大队，该村委会有三甄自然村之义。1958年人民公社时名称为三甄大队，1984年由三甄大队更名为三甄村。

顺河村

顺河村（Shùnhécūn） 隶属泗县黑塔镇。下辖自然村有大张庄、小王庄、杨宅庄、桥口庄、董圩庄、谢沟庄。辖区范围东至老濉河，南至新鸭沟，西至黑塔村，北至小凄河。总户数为1134户，总人口为5187人，民族为汉族。面积为9.8平方千米。

因该村位于小凄河沿岸，故得名顺河村。1958年人民公社时名称为大张大队，1984年由大张大队更名为大张村，2008年大张村与杨宅村、谢沟村合并，合并后命名为顺河村。

小梁村

小梁村（Xiǎoliángcūn） 隶属泗县黑塔镇。下辖自然村有小侯庄、小尹庄、小顾庄、董圩庄、小梁庄、小魏圩庄、大黄庄、小黄庄、小汤庄、小端庄、小葛庄、小杨庄、小周庄、小王庄、位岗庄、位杨庄、小蒋庄。辖区范围东至大魏村，南至界牌村，西至红旗村，北至大魏村。总户数为1136户，总人口为5077人，民族为汉族。面积为16.8平方千米。

因村委会所在地为原小梁乡政府驻地，故得名小梁村。1958年人民公社时名称为汴河大队，1984年由汴河大队更名为董圩村。2008年董圩村、大黄村、魏岗村合并，命名为小梁村。

周黄村

周黄村（Zhōuhuángcūn） 隶属泗县于黑塔镇。下辖自然村有杨圩庄、小李门、曹庄、小黄庄、大黄庄、小周圩庄、袁庄、娄庄、梁庄、李庄、孟庄。辖区范围东至王武村，南至朱山村，西至马鞍山，北至蒋杨村。总户数为775户，总人口为3789人，民族为汉族。面积为6.5平方千米。

周黄村因有周圩庄，黄庄，取两庄首字而得名。1958年人民公社时名称为周黄大队，1984年由周黄大队更名为周黄村。2008年李庄村、曹庄村合并，合并后仍命名为周黄村。

朱山村

朱山村（Zhūshāncūn） 隶属泗县黑塔镇。下辖自然村有顾庄、王庄、鲍庄、尹庄、娄庄、马庄、周庄、张庄、后场、刘湾、孙庄。辖区范围东至黑塔村，南至韩徐村，西至马场村，北至周黄村。总户数为1250户，总人口为5003人，民族为汉族。面积为10平方千米。

该村因朱山得名。汉朝时期，中大夫朱买臣途经此山，因此得名朱山。1958年人民公社时名称为周圩大队，1984年由周圩大队更名为周圩村。2008年娄马村、周圩村、孙刘村三个村合并命名为朱山村。

王武村

王武村（Wángwǔcūn） 隶属泗县黑塔镇。下辖自然村有周西庄、陈场庄、崔庄、当央场、高场庄、夹河庄、钱圩庄、群墙庄、周海庄、杨圩庄、吴赵场庄、新周圩庄、姚场庄、姚圩庄、后场庄、王武庄。辖区范围东至陈圩村，南至蒋杨村，西至瓦坊乡瓦坊村，北至刘圩镇四山村。总户数为658户，总人口为4001人，民族为汉族。面积为7.7平方千米。

该村因王武自然村得名。清朝咸丰年间，王姓、武姓两家在此定居，开荒种地，繁衍生息，人丁兴旺，故得名王武庄。1958年人民公社时名称为王武大队，1984年由王武大队更名为王武村，2008年王武村、陈场村合并，仍命名为王武村。

屏山镇

屏北村

屏北村（Píngběicūn） 隶属泗县屏山镇。下辖的自然庄有草孟庄、大房庄、大毛滩郭庄、东苏庄、剪桥郭庄、西苏庄、小房庄、小李庄、小陆庄、小毛滩郭庄、小伍郭庄、中苏庄、小周庄、小苏庄、东李庄、小邵庄、庙旁郭庄。辖区范围东至屏东村，南至屏山村，西至大杨乡马宅村，北至大李村。总户数为1073户，总人口为4399人，民族为汉族。面积为13平方千米。

因村委会驻地位于屏山北侧，故得名屏北村。1958年人民公社时名称为屏北大队，1984年更名为屏北村，2008年由陆邵村、中苏村合并，合并后仍命名为屏北村。

大李村

大李村（Dàlǐcūn） 隶属泗县屏山镇。

下辖自然庄有大何庄、大苏庄、大李庄、韩全庄、小何庄、史马庄、孙庄、前于庄、大祁庄、岳宅庄、陈庄、后刘庄、小郭庄、南程庄。辖区范围东至涂山村，南至屏北村，西至大杨乡杨集村，北至大庄镇新集村。总户数为1200户，总人口为5020人，民族为汉族。面积为13.5平方千米。

该村因大李自然村得名。明朝建文年间，李姓人家由山东迁居此地，开垦荒地，繁衍生息，人丁兴旺，逐渐壮大，故得名大李庄。1958年人民公社时名称为大李大队，1984年更名为大李村，2008年由大苏村、大李村、大祁村合并，合并后仍命名为大李村。

陈刘村

陈刘村（Chénliúcūn） 隶属泗县屏山镇。下辖自然庄有刘庄、戚圩庄、小姜庄、小苗庄、斜门王庄、邢庄、白菜王庄、丁庄、姜圩庄、小娄庄、邵湾庄、雍渡庄。辖区范围东至白庙村，南至新濉河，西至吴店村，北至屏西村。总户数为1108户，总人口为4392人，民族为汉族。面积为12.2平方千米。

1984年由姜圩大队、姜刘大队合并为姜刘村，2008年由邢陈村和姜刘村合并为陈刘村。

大彭村

大彭村（Dàpéngcūn） 隶属泗县屏山镇。下辖自然庄有小孟庄、大许庄、大孟庄、大彭庄。辖区范围东至陈沟，南至彩虹大道，西至清水沟，北至屏山。总户数为650户，总人口为2543人，民族为汉族。面积为5.8平方千米。

该村因大彭自然村得名。清朝光绪年间，彭姓家族迁居此地，建村立庄，繁衍生息，逐渐壮大，故得名大彭庄。1958年人民公社时名称为大彭大队，1984年更名为大彭村。

枯河村

枯河村（Kūhécūn） 隶属泗县屏山镇。下辖自然庄有谷杨庄、湖半岗庄、枯河庄、小赵庄。辖区范围东至三葛村，南至濉河，西至徐贺村，北至徐贺村。总户数为1247户，总人口为4987人，民族为汉族。面积为14.2平方千米。

该村因枯河自然村得名。传说西楚霸王项羽垓下战败，携爱妻虞姬东逃，虞姬自刎，项羽带着虞姬头颅逃至此地，伤心痛哭，虞姬头颅出现睁眼流泪的现象，故得名哭河，后改名为枯河。1958年人民公社时名称为枯河大队，1984年更名为枯河村，2008年枯河村和湖半岗村合并，合并后仍命名为枯河村。

老山村

老山村（Lǎoshāncūn） 隶属泗县屏山镇。下辖自然庄有小张庄、大张庄、路口张庄、小许庄、老庄赵庄、秦集圩庄、老山集、沟沿赵庄。辖区范围东至徐贺村，南至赵沟，西至徐山村，北至彭鲍村。总户数为1100户，总人口为4700人，民族为汉族。面积为13.2平方千米。

因山西坡大部分石头呈龙鳞形状，故名。清朝顺治年间，江苏丹阳人刘道玄在此建庙，内供如来佛神像，故称老佛爷庙，山称老佛爷山，后演变为老山。1958年人民公社时名称为老山大队，1984年由老山大队更名为老山村。

彭鲍村

彭鲍村（Péngbàocūn） 隶属泗县屏山镇。下辖自然庄有小张庄、小朱庄、小周庄、沟王庄、彭圩庄、张鲍庄、张山刘庄、朱圩庄。辖区范围东至民利河，南至白虎堆，西至涂山村，北至民利河。总户数为963户，总人口为3596人，民族为汉族。面积为11.5平方千米。

该村委会名称来自彭鲍自然村。清朝咸丰年间，彭、鲍二姓家族聚居此地，建村立庄，繁衍生息，故得名。1958年人民公社时名称为彭鲍大队。1984年更名为彭鲍村。

白庙村

白庙村（Báimiàocūn） 隶属泗县屏山镇。下辖自然庄有白庙庄、小许庄、徐庄、周陶庄、陈庄、小胡郭庄、邵庄、张圩庄、小张庄、马庄、姜庄、叶庄、井东、庙后、小高庄、小朱庄，共16个。辖区范围东至张乔村，南至泗城镇，西至陈刘村，北至大彭村。总户数为1100户，总人口为4384人，民族为汉族。面积为11.3平方千米。

该村因白庙自然村得名。白姓人家聚居此地，开荒种地，繁衍生息，逐渐壮大，庄中曾有古庙一座，故得名白庙。1958年人民公社时名称为白庙大队，1984年由白庙大队更名为白庙村。2008年由白庙村与高邵村合并，合并后仍命名为白庙村。

屏东村

屏东村（Píngdōngcūn） 隶属泗县屏山镇。下辖的自然庄有上房庄、小刘庄、大史圩庄、小郭庄、后姚庄、孙房庄、后房庄、姚圩庄、张庄、小陈庄。辖区范围东至涂山村，南至大彭村，西至屏山村，北至屏北村。总户数为1175户，总人口为4609人，民族为汉族。面积为11.9平方千米。

因该村位于屏山镇政府东侧，故而取名为屏东村。1958年人民公社时名称为后姚大队、大史大队，1984年分别更名为后姚村和大史村，2008年两村合并后更名为屏东村。

屏西村

屏西村（Píngxīcūn） 隶属泗县屏山镇。下辖的自然庄有大刘庄、小凡庄、小刘圩庄、小雍庄、谢庄、许庄、蒋圩庄、小周庄、大周庄、邓庄、小郭庄、楮马庄、小张庄、占庄、邱庄。辖区范围东至屏山村，南至陈刘村，西至关集村，北至屏北村。总户数为1059户，总人口为4460人，民族为汉族。面积为11.7平方千米。

因坐落于屏山镇政府西侧而得名。1958年人民公社时名称为大刘大队、褚马大队、占邱大队，1984年更名为大刘村、褚马村、占邱村，2008年大刘、褚马、占邱三村合并命名为屏西村。

涂山村

涂山村（Túshāncūn） 隶属泗县屏山镇。下辖的自然庄有姜庄、杨庄、小陈庄、小王庄、寨程庄、韩庄、涂庄、那庄。辖区范围东至老山村，南至老山村，西至屏山村，北至王集村。总户数为998户，总人口为4120人，民族为汉族。面积为12.3平方千米。

因该村委会驻地有涂山，故得名。2008年由那沟村、姜陈村合并，命名为涂山村。

吴店村

吴店村（Wúdiàncūn） 隶属泗县屏山镇。下辖的自然庄有孟浅庄、大吴庄、大徐庄、大元庄、邓宅庄、老庄、小黄庄、高云庄、小徐庄、小张庄、吴店庄、小高庄。辖区范围东至陈刘村，南至奎濉河，西至吴集村，北至屏西村。总户数为889户，总人口为3411人，民族为汉族。面积为9.7平方千米。

该村因吴店自然村得名。明末清初时

期，村庄因离老泗州城北门五里路，故名叫五里店，后因村庄中吴姓人口居多，故得名吴店庄。1958年人民公社时名称为吴店大队，1984年由吴店大队更名为吴店村。

徐贺村

徐贺村（Xúhècūn） 隶属泗县屏山镇。下辖的自然庄有小曹庄、高秦庄、任邓庄、上刘庄、洼张庄、下刘庄、邢路庄、小吴庄、贺庄、小赵庄、徐贺老街、徐贺新街、蒲刘庄。辖区范围东至枯河村，南至张桥村，西至老山村，北至彭鲍村。总户数为1016户，总人口为5016人，民族为汉族。面积为15平方千米。

该村因徐贺自然村得名。民国时期，徐、贺二姓家族聚居此地，开荒种地，繁衍生息，故得名。1958年人民公社时名称为徐贺大队，1984年更名为徐贺村。

张乔村

张乔村（Zhāngqiáocūn） 隶属泗县屏山镇。下辖的自然庄有姬家庄、孟圩庄、乔圩庄、时铺庄、后王庄、小张庄、小许庄、张巷庄、周宅庄。辖区范围东至枯河村，南至新濉河，西至白庙村，北至老山村。总户数为1216户，总人口为5064人，民族为汉族。面积为16.4平方千米。

该村因张巷村、乔圩村得名。1958年人民公社时名称为张巷大队和乔圩大队，1984年更名为张巷村、乔圩村，2008年两村合并命名为张乔村。

屏山村

屏山村（Píngshāncun） 隶属泗县屏山镇。下辖的自然庄有于庄、大蒋庄、小王庄、张庄、高庄、刘庄、刘东庄、刘西庄、屏山街、大张庄、小郭庄。辖区范围东至屏东村，南至大彭村，西至屏西村，北至屏北村。总户数为837户，总人口为3179人，民族为汉族。面积为11.5平方千米。

因村委会驻地紧靠屏山，故而得名屏山村民委员会。1958年人民公社时名称为屏山大队，1984年更名为屏山村。

大路口乡

大季村

大季村（Dàjìcūn） 隶属泗县大路口乡。下辖自然村有九里沟、陈庄、大季庄、张庄、小季庄、严庄、任庄、西大季庄、谢庄、吴邓庄、卢庄。辖区范围东至网周村，南至西李村，西至丁湖镇大刘村，北至泗城镇河。总户数为1056户，总人口为5137人，民族为汉族。面积为9.5平方千米。

该村因大季自然村得名。宋朝末年有一季姓人家从山东南迁在此，开荒种地，繁衍生息，该村因季姓人口较多而得名。1958年人民公社时，名称为大季大队。1984年由大季大队更名为大季村。2008年该村与龙庙村合并，仍名为大季村。

西李村

西李村（Xīlǐcūn） 隶属泗县大路口乡。下辖自然村有西李庄、周庄、东墩庄、东李庄、陈庄、小刘庄。辖区范围东至河平村，南至大张村，西至丁湖镇苗尤村，北至尤李村。总户数为820户，总人口为3883人，民族为汉族。面积为8.4平方千米。

1958年人民公社时期名称为西李大队，1984年更名为西李村，2012年与周陈村合并，仍名为西李村。

大张村

大张村（Dàzhāngcūn） 隶属泗县大路口乡。下辖自然村有大小苗庄、新刘庄、张安庄、横刘庄、杨圩庄、桥李庄、小邓庄、大张庄。辖区范围东至石霸村村民委员会，南至邓公村村民委员会，西至龙沟村村民委员会，北至西李村村民委员会。总户数为975户，总人口为4056人，民族为汉族。面积为8.7平方千米。

该村因大张自然村得名。传说很久以前有一张姓人家到此处安家落户、开荒种地，由于张姓较多，故而得名大张庄。1958年人民公社时名称为大张大队。1984年由大张大队更名为大张村。2008年该村与横刘村合并，仍名为大张村。

皇姑村

皇姑村（Huánggūcūn） 隶属泗县大路口乡。下辖自然村有西圩庄、西袁庄、段庄、后谭庄、花桥庄、谷堆庄、前袁庄、中谭庄、牌坊庄、邓圩庄、后袁庄、大黄庄。辖区范围东至龙湖村，南至五河界，西至丁湖镇大桥村，北至龙沟村。总户数为1200户，总人口为4619人，民族为汉族。面积为10.7平方千米。

因本村邓姓人家居住的谷堆庄有一个汉朝坟墓，为皇姑墓，故而得名。1958年人民公社时期名称为邓圩大队，1984年更名为邓圩村民委员会，2012年邓圩村与西圩村合并，后命名为皇姑村民委员会。

网周村

网周村（Wǎngzhōucūn） 隶属泗县大路口乡。下辖自然村有程庄、大横堰、金庄、马庄、庙东、石庄、小周庄、网周庄。辖区范围东至石梁河，南至河平村，西至大季村，北至新汴河。总户数为1076户，总人口为4041人，民族为汉族。面积为6.3平方千米。

传说清朝末年，周姓人家由南方迁居至此，多以织网捕鱼为业，故而得名网周庄。1958年人民公社时名称为网周大队。1984年更名为网周村委会。2008年并村，该村委会与程庙村委会合，仍名为网周村民委员会。

河平村

河平村（Hépíngcūn） 隶属泗县大路口乡。下辖自然村有戴庄、魏庄、贺庄、新圩庄、张圩庄、田邓庄、张庄、小滩庄、新张庄、邓庄、王庄。辖区范围东至石梁河，南至石霸村，西至西李村，北至网周村。总户数为980户，总人口为3973人，民族为汉族。面积为8.2平方千米。

因该村东临石梁河，故取名河平村。1958年人民公社时，河平村隶属张圩大队。1984年由张圩大队更名为张圩村，河平村又隶属张圩村。2008年该村与魏桥村合并，命名为河平村。

龙湖村

龙湖村（Lónghúcūn） 隶属泗县大路口乡。下辖自然村有小营、张庄、查庄、陈桥庄、大荒庄、刘庄、东邓庄、顾庄、孔庄、刘渡口、卢庄、西邓庄、赵庄、大刘庄、小许庄、谷庄。辖区范围东至石河，南至五河县交界，西至皇姑村，北至邓公村。总户数为1450户，总人口为6750人，民族为汉族。面积为13.9平方千米。

该村委会有龙湖自然村之义。因传说龙湖村从前有一条石龙，故得名石龙湖庄。1958年人民公社时名称为邓湾大队、卢刘大队、顾庄大队。1984年由三个大队合并后，命名为龙湖村。2008年由邓湾村、卢刘村、顾庄村三村合并命名为龙湖村委会。

龙沟村

龙沟村（Lónggōucūn） 隶属泗县大路口乡。下辖自然村有西陈庄、小良庄、斜庄、双庄、后良庄、前良庄、二邓庄、曹庄、尹巷、小黄庄、小新庄、昌湖庄、大苗庄。辖区范围东至大张村，南至皇姑村，西至丁湖乡石丁村，北至西李村。总户数为1022户，总人口为4686人，民族为汉族。面积为11.6平方千米。

清末年间，梁姓人家聚居此地，建村立庄，繁衍生息，因该庄有一条自然形成的龙形沟从村中经过，故得名为龙沟庄。1958年人民公社时名称为龙沟大队。1984年更名为双梁村，龙沟庄又隶属双梁村。2008年该村会与尹巷村合并，命名为龙沟村。

邓公村

邓公村（Dènggōngcūn） 隶属泗县大路口乡。下辖自然村有邓圩庄、小李庄、张庄、高庄、大李庄、南园庄、路口庄、戴庄、大营庄。辖区范围东至石埧，南至龙湖，西至龙沟，北至大张村。总户数为1082户，总人口为4611人，民族为汉族。面积为8.2平方千米。

该村因大营自然村得名。明朝开国功臣邓愈率领大军在此处驻扎营地，故得名大营，后因邓愈墓和塑像在此，更名为邓公村。1958年人民公社时，名称为大营大队。1984年由大营大队更名为大营村民委员会。1982—1992年撤区并乡，该村为大营乡政府所在地。2008年大营、高李两个村合并，命名为邓公村。

石霸村

石霸村（Shíbàcūn） 隶属泗县大路口乡。下辖自然村有小邓庄、尤庄、东赵湖庄、东周庙，后场庄、梁庄、卢圩庄、孟庄、舒庄、西赵湖庄、西周庙庄、陈庄。辖区范围东至石梁河，南至龙湖村，西至大张村，北至河平村。总户数为909户，总人口为4245人，民族为汉族。面积为9.5平方千米。

该村民委员会驻尤庄自然庄。传说楚汉相争时，项羽在霸王城外围村庄用石头筑工事，故得名石霸村。1958年人民公社时分为赵湖、舒邓、孟庄三个大队。1984年三个大队分别更名为赵湖村、舒邓村、孟庄村。2008年赵湖、舒邓、孟庄三个村合并，命名为石霸村。

大杨乡

赵集村

赵集村（Zhàojícūn） 隶属泗县大杨乡。下辖自然庄有赵集庄、沙陶庄、大史庄、谷卢庄、孙圩庄、二卢庄。辖区范围东至黄圩镇卢圩村，南至时圩村，西至李庙村，北至黄圩镇黄圩村。总人口为960户，总人口为4553人，民族为汉族。面积为7.1平方千米。

明代中期，赵姓人家由老山迁居至此，在此开荒种地，建造房屋，繁衍生息，家族人丁兴旺，逐渐壮大，村庄周边形成集市，故得名赵集村。1958人民公社时名称为赵集大队，1984年由赵集大队更名为赵集村。

马宅村

马宅村（Mǎzháicūn） 隶属泗县大杨乡。下辖自然庄有郭墩圩庄、卢林庄、小杨庄、庙涂庄、前马宅庄、双郭庄、吴王庄、南小涂庄、后马宅庄、北小涂庄。辖区范围东至屏山镇屏西村，南至屏山镇屏西村，西至小丁村，北至杨集村。总户数为809户，总人口为3610人，民族为汉族。面积为11.5平方千米。

该村因马宅自然村得名。清朝雍正年间，马姓人家聚居此地，建村立庄，后郭姓人家迁居此地，势力强大（可追溯到唐朝郭子仪儿子跑马圈地），故得名马宅郭庄，后简称马宅村。1980年以前隶属杨集大队，1980年始设马宅大队，1984年更名为马宅村，2008年该村与庙涂村、卢林村合并，仍命名为马宅村。

李庙村

李庙村（Lǐmiàocūn） 隶属泗县大杨乡。下辖自然庄有小刘庄、张徐庄、李庙庄、吴牌坊庄、张圩庄、时黄庄、时李大庄、后场庄、前场庄。辖区范围东至时圩村，南至时圩村，西至高集村，北至黄圩镇三官村。总户数为1001户，总人口为4389人，民族为汉族。面积为7.9平方千米。

该村因李庙自然村得名。清朝咸丰年间，李姓人家聚居此地，开荒种地，繁衍生息，人丁兴旺，因庄内有座古庙，故得名李庙村。1958年人民公社时名称为李庙大队。1984年由李庙大队更名为李庙村。2008年该村与张徐村合并，仍名为李庙村。

曹安村

曹安村（Cáoāncūn） 隶属泗县大杨乡。下辖自然庄有满谷庄、小陈庄、小连庄、小许庄、安前庄、安中庄、安后庄、小姚庄、家宅庄、集南庄、集北庄、苇汪庄、大曹庄、小严庄、小曹庄。辖区范围东至黄圩镇三官村，南至高集村，西至灵璧县王圩村，北至黄圩镇红星村。总户数为1068户，总人口为4450人，民族为汉族。面积为8平方千米。

该村因曹安自然村得名。此处有曹姓人家建一祠庵，故名为曹庵，后改为曹安村。1958年人民公社时名称为曹安大队。1984年由曹安大队更名为曹安村。2008年该村与大曹村合并，仍命名为曹安村。

吴集村

吴集村（Wújícūn） 隶属泗县大杨乡。下辖自然庄有李渡庄、李圩庄、吴集庄、小徐庄、谷李庄、大徐庄、李场庄、大熊庄。辖区范围东至屏山镇屏西村，南至奎濉河，西至小丁村，北至小丁村。970户，总人口为4223人，民族为汉族。面积为10.1平方千米。

该村因吴集自然村得名。该自然村吴姓聚居，且逢集，故名吴集。1958年人民公社时名称为李圩大队。因与山头乡李圩村委会同名，1982年经泗县政府批准以驻地吴集命名为吴集大队。1984年由吴集大队更名为吴集村民委员会。2008年该村与大熊村、谷李村合并，仍名为吴集村。

高集村

高集村（Gāojícūn） 隶属泗县大杨乡。下辖自然庄有高集庄、小时庄、小张庄、大吴庄、小吴庄、郭黄庄、小许庄、河西庄、小卢庄。辖区范围东至李庙村，南至三时村，西至灵璧县冯庙村，北至曹安村。总户数为800户，总人口为4900人，民族为汉族。面积为8.2平方千米。

该村因高集自然村得名。明朝建文年间，高姓人家聚居此地，开荒种地，繁衍生息，逐渐壮大，后村庄周边形成集市，故而得名高集。1958年人民公社时名称为高集大队。1984年由高集大队更名为高集村。2008年该村与双吴村合并，仍名为高集村。

小丁村

小丁村（Xiǎodīngcūn） 隶属泗县大杨乡。下辖自然庄有孙行庄、小丁庄、小熊庄、大张庄、小杨庄、小于庄、小魏庄、小张庄、大厅庄、小厅庄、刘庄。辖区范围东至杨集村，南至吴集村，西至三时村，北至时圩村。总户数为994户，总人口为4088人，民族为汉族。面积为10.7平方千米。

该村因小丁自然村得名。清朝同治年间，丁姓家族聚居此地，开荒种地，建造房屋，繁衍生息，因村庄面积小，故名小丁村。1958年人民公社时名称为小丁大队。1984年由小丁大队更名为小丁村。2008年该村与大万村合并，仍名为小丁村。

杨集村

杨集村（Yángjícūn）　隶属泗县大杨乡。下辖自然庄有大杨庄、杨集庄、双李庄、赵集庄、小孔庄、三王庄、西三王庄、小史庄。辖区范围东至屏山镇屏山村，南至马宅村，西至时圩村，北至黄圩镇卢圩村。总户数为1215户，总人口为5133人，民族为汉族。面积为10.7平方千米。

该村因杨集自然村得名。清朝光绪年间，杨姓家族聚居此地，开垦荒地，建造房屋，繁衍生息，逐渐壮大，村庄周边逐渐形成集市，故而得名杨集村。1958年人民公社时名称为杨集大队，1984年由杨集大队更名为杨集村，2008年该村与三王村、双李村合并，合并后仍命名为杨集村。

时圩村

时圩村（Shíwéicūn）　隶属泗县大杨乡。下辖自然庄有小卢庄、东田庄、后田庄、刘李庄、西田庄、郭圩庄、大卢庄、时圩庄。辖区范围东至杨集村，南至小丁村，西至三时村，北至黄圩村。总户数810户，总人口为4251人，民族为汉族。面积为9.5平方千米。

该村因时圩自然村得名。清朝康熙年间，时姓家族由山西迁居至此，开荒种地，建造房屋，繁衍生息，因村庄四周挖有圩沟，故得名时圩。1958年人民公社时期称为时圩大队，1984年由时圩大队更名为时圩村，2008年该村与三田村合并仍名为时圩村。

三时村

三时村（Sānshícūn）　隶属泗县大杨乡。下辖自然庄有小李庄、大庄、后圩庄、小朱庄、前圩庄、小场庄、陈庄庄、时塘圩、小严圩庄、大严庄、孙场庄、小圩庄。辖区范围东至杨集村，南至小丁村，西至高集村，北至时圩村。总人口为997户，总人口为3681人，民族为汉族。面积为8.8平方千米。

清朝宣统年间，三户时姓人家迁居此地，开荒种地，繁衍生息，故得名为三时村。1958年名称为三时大队，1984年更名为三时村委会，1984年由三时大队更名为三时村委会，2008年该村与陈严村合并仍名为三时村。

瓦坊乡

小薛村

小薛村（Xiǎoxuēcūn）　隶属泗县瓦坊乡。下辖自然庄有姚场庄、陈宅庄、小车庄、前王庄、下季庄、大卢庄、埝苌庄、王道圩子庄、小薛庄、火烧卢庄、刘布庄、王赵庄、周汪庄。辖区范围东至吴宅村，南至王集村，西至岳场村，北至苌圩村。总户数为1575户，总人口为6621人，民族为汉族。面积为10.4平方千米。

该村因小薛自然村得名。1958年人民公社时名称为小薛大队，由陈宅、王道圩、小薛、大卢、大季五个自然庄组成。1984年分开为陈宅、王道圩、小薛三个村。2008年4月由大季村、小薛村、王赵村、埝苌村合并，合并后仍命名为小薛村。

郭集村

郭集村（Guōjícūn） 隶属泗县瓦坊乡。下辖自然庄有小付庄、郭集庄、小高庄、小魏庄、小张庄、小许庄、小苌庄、周庄。辖区范围东至苌圩村，南至大庄镇东风村，西至睢宁县官山镇，北至睢宁县官山镇。总户数为1278户，总人口为4450人，民族为汉族。面积为5.9平方千米。

村委会驻地郭集庄，因郭集自然村得名。1958年至1983年名称为郭集大队。1984年由郭集大队更名为郭集村。2008年该村与周庄村合并，合并后仍命名为郭集村。

岳场村

岳场村（Yuèchǎngcūn） 隶属泗县瓦坊乡。下辖自然庄有小岳场、小河沿、周芝庄、新庄、刘场庄、小仝庄、卢宅子、散刘庄、大岳场。辖区范围东至小薛村，南至向阳村，西至佃庄村，北至东风村。总户数为1677户，总人口为5286人，民族为汉族。面积为7.7平方千米。

村委会驻地岳场庄，因岳场自然村得名。1958年人民公社时名称为岳场大队。1984年由岳场大队更名为岳场村，2008年由周马村、岳场村合并为岳场村。

应宅村

应宅村（Yīngzháicūn） 隶属泗县瓦坊乡。下辖自然庄有生铁吴、孙位庄、小韩庄、小王庄、小凡庄、新凡庄、红场庄、张宅庄、应宅庄。辖区范围东至山头镇，南至张楼村，西至江苏官山镇，北至江苏邱集镇。总户数为1180户，总人口为5035人，民族为汉族。面积为8.8平方千米。

村委会驻地应宅庄，因应宅自然村得名。1958年人民公社时名称为应宅大队，1984年更名为应宅村。2007年11月与孙位村、小凡村合并后仍命名为应宅村。

王集村

王集村（Wángjícūn） 隶属泗县瓦坊乡。下辖自然庄有土山庄、王官庄、阳光新区、汪兆庄、圩里庄、王集庄、大王集、小王庄、沟西庄、后刘庄。辖区范围东至陡张村，南至民利河，西至水刘村，北至小黄河。总户数为1865户，总人口为7168人，民族为汉族。面积为14.9平方千米。

该村因王集自然村得名，原有20多户王姓居民在此定居，周边群众在此贸易，故得名王集。1958年人民公社时王集归属学田大队。1963年划分为王集大队。1984年由王集大队更名为王集村。2008年4月王集村、小王村、学田村、土山村四村合并，合并后仍命名为王集村。

吴宅村

吴宅村（Wúzháicūn） 隶属泗县瓦坊乡。下辖自然庄有杨训庄、江宅庄、前宅庄、何宅庄、侉宅庄、位丙庄、吴宅庄、苌罗庄、梁场庄、伏良庄、张海庄、新庄。辖区范围东至老濉河，南至瓦坊村，西至埝苌庄，北至老濉河。总户数为1200户，总人口为5373人，民族为汉族。面积为8.6平方千米。

村委会驻地吴宅庄，因吴宅自然村得名。人民公社前名称为吴宅乡，1958年人民公社时名称为吴宅大队，1984年更名为吴宅村，2008年该村与良场村、何宅村合并后更名为吴宅村。

苌圩村

苌圩村（Chángwéicūn） 隶属泗县瓦坊乡。下辖自然庄有苌圩庄、苌郭庄、苌庚庄、小史庄、卓场庄、小董庄、王同场、肖庄、大董庄、小杨庄、小卞庄。辖区范围东至张楼村，南至老濉河，西至郭集村，北至睢宁县联合村。总户数为1064户，总人口为4617人，民族为汉族。面积为6.8平方千米。

村委会驻地苌圩庄，因苌圩自然村得名。1958年人民公社时名称为苌圩大队。1983年由苌圩大队更名为苌圩村，1984年由苌圩大队更名为苌圩村民委员会。2008年苌圩村和小董村合并，合并后仍命名为苌圩村。

张楼村

张楼村（Zhānglóucūn） 隶属泗县瓦坊乡。下辖自然庄有张楼街、小杨庄、位玉庄、程吴庄、小李庄、小张庄、小骆庄、杨渡庄、小陈庄、对面张庄、小朱场庄、小唐庄。辖区范围东至山头骆场村，南至吴宅村，西至苌圩村，北至应宅村。总户数为1696户，总人口为7210人，民族为汉族。面积为11.2平方千米。

村委会驻地张楼庄。新中国成立前，村庄建有炮楼，地主张海生在当地很有势力，故取名张家楼，后改名为张楼。“文化大革命”时期称为张楼大队，1984年由张楼大队更名为张楼村。2008年4月由小唐村、小骆村、张楼村三村合并仍称张楼村。

陡张村

陡张村（Dǒuzhāngcūn） 隶属泗县瓦坊乡。下辖自然庄有陡张庄、刘灰庄、小罗庄、周场庄、小张庄、陆沟庄、前行庄、大侯庄、杨刘庄、小史庄、后行庄、苌宅庄、后刘庄、小袁庄、小侯庄、岳宅庄、张曾庄。辖区范围东至苏沟，南至民利河，西至王集村，北至小黄河。总户数为1843户，总人口为7406人，民族为汉族。面积为15.7平方千米。

该村因陡张自然村得名。清朝末年，此地有户张姓人家，儿子在外地工作陡升三级功名，该庄得名陡升三级张，后来简称陡张庄。1958年人民公社时名称为陡张大队。1984年陡张大队更名为陡张村。2008年陡张村、大侯村、前行村、陆沟村、杨刘村合并，合并后仍命名为陡张村。

瓦坊村

瓦坊村（Wǎfāngcūn） 隶属泗县瓦坊乡。下辖自然庄有瓦坊街、陈场庄、后场庄、小曹庄、张美宅庄、杨俭庄、夹庄、歧路周庄、三周庄、小池庄、小郜庄、丰收队庄。辖区范围东至刘圩镇泗山村，南至小黄河，西至小薛村，北至吴宅村。总户数为1780户，总人口为7139人，民族为汉族。面积为12.1平方千米。

该村因瓦坊自然村得名。清朝末期有周姓人家在此开油坊，故得名周瓦坊，后简称瓦坊。1958年人民公社时期名称为瓦坊大队，1984年由瓦坊大队更名为瓦坊村。

第四章　居民点

泗城镇

大刘庄

大刘庄（Dàliúzhuāng）　隶属泗城镇大刘村，地理实体类型为农村居民点。东至于圩村，南至新汴河，西至赵庄，北至大苏庄。总户数为 101 户，总人口为 689 人，民族为汉族，面积为 0.67 平方千米。

大刘庄原名瓦庙刘。传说明朝时期，朱元璋和刘伯温路过此地，听说大刘庄前有一苏氏祖坟年年莫名变大。刘伯温观察后发现，苏氏祖坟下有一条龙脉。于是他就在坟的西南方建一青砖青瓦的大庙，压住龙脉，以免篡夺朱元璋皇位，故由此得名瓦庙刘，简称大刘庄。1958 年人民公社时期隶属大刘大队，1984 年隶属大刘村。

后刘庄

后刘庄（Hòuliúzhuāng）　隶属泗城镇大刘村，地理实体类型为农村居民点。东至赵庄，南至杨庄，西至胡陈庄，北至陈宅庄。总户数为 220 户，总人口为 708 人，民族为汉族，面积为 0.79 平方千米。

因该庄位于瓦庙刘北面，刘姓居多，故名后刘庄。1958 年人民公社时期隶属大刘大队，1984 年隶属大刘村。

前苏庄

前苏庄（Qiánsūzhuāng）　隶属泗城镇大刘村，地理实体类型为农村居民点。东至清水沟，南至于圩社区，西至湾里庄，北至大苏庄。总户数为 310 户，总人口为 950 人，民族为汉族，面积为 0.91 平方千米。

该庄南有大苏庄，后有苏庄，故命名前苏庄。1958 年人民公社时期隶属大刘大队，1984 年隶属大刘村。

水口魏庄

水口魏庄（Shuǐkǒuwèizhuāng）　隶属泗城镇大刘村，地理实体类型为农村居民点。东至涂庄，南至新时庄，西至高时庄，北至奎濉河。总户数为 148 户，总人口为 523 人，民族为汉族，面积为 0.52 平方千米。

据安徽泗县魏氏家谱记载，魏氏始祖在明朝初年携带眷属，由山西省洪洞县大槐树下集中前来江苏睢宁，此后五世祖携带眷属来到濉河边一出水口岸上定居，故得名水口魏庄。1958 年人民公社时期隶属大刘大队，1984 年隶属大刘村。

湾李庄

湾李庄（Wānlǐzhuāng） 隶属泗城镇大刘村，地理实体类型为农村居民点。东至清水沟，南至于圩社区，西至湾里庄，北至大苏庄。总户数为189户，总人口为244人，民族为汉族，面积为0.23平方千米。

该庄离城九里，公路穿庄有一道湾，故名九里湾庄，后因居民李姓居多，更名为湾李庄。1958年人民公社时期隶属大刘大队，1984年隶属大刘村。

小许庄

小许庄（Xiǎoxǔzhuāng） 隶属泗城镇大刘村，地理实体类型为农村居民点。东至武庄，南至胡陈圩，西至长沟镇大高圩村，北至长沟镇大高圩村。总户数为233户，总人口为750人，民族为汉族，面积为0.75平方千米。

许姓人家从南方迁移定居此地，建村立庄，繁衍生息，因庄子很小，故得名小许庄。1958年人民公社时期隶属大刘大队，1984年隶属大刘村。

孙湾庄

孙湾庄（Sūnwānzhuāng） 隶属泗城镇赵魏村，地理实体类型为农村居民点。是赵魏村村委会驻地，东至托泥沟，南至新汴河，西至石梁河，北至衡尢社区。总户数为280户，总人口为1368人，主要分布民族有汉族、回族，面积为1.25平方千米。

因村庄位于石梁河河湾处，孙姓人居多，故名孙湾庄。1958年人民公社时期隶属孙湾大队，1984年隶属孙湾村，2008年并入赵魏村。

庙庄

庙庄（Miàozhuāng） 隶属泗城镇大周村，地理实体类型为农村居民点。东至周庄，南至赵沟，西至小朱，北至奎濉河。总户数为109户，总人口为538人，民族为汉族，面积为0.94平方千米。

缪姓人家从外地迁居至此，开荒种地，建造房屋，故得名为缪庄，后演变为庙庄。1984年隶属大周村。

时庄

时庄（Shízhuāng） 隶属泗城镇大周村，地理实体类型为农村居民点。东至大周村，南至小仇庄，西至小刘庄，北至赵沟。总户数为168户，总人口为729人，民族为汉族，面积为1.49平方千米。

据说很早以前村内草堆着火，引起全村火灾，大火烧了三天三夜，故称火烧时，第一次地名普查时更名为时庄。1984年隶属大周村委会。

大周庄

大周庄（Dàzhōuzhuāng） 隶属泗城镇大周村，地理实体类型为农村居民点。东至石梁河，南至大周村，西至庙庄，北至奎濉河。总户数为199户，总人口为951人，民族为汉族，面积为1.45平方千米。

周姓家族定居此地，此地为黄土地，遇下雨阴天黄泥粘脚，出行困难，故得名为黄泥周，后更名为大周庄。1984年隶属大周村。

庙庄

庙庄（Miàozhuāng） 隶属泗城镇大吴村，地理实体类型为农村居民点。东至关庙村陈庄，南至新汴河，西至彭铺，北至303省道。总户数为22户，总人口为130人，民族为汉族，面积为0.54平方千米。

缪姓人家居住的地方原叫缪庄，因“缪”字音同“庙”字，后口传笔误得名庙庄。1984年隶属大吴村。

陈宅庄

陈宅庄（Chénzháizhuāng） 隶属泗城镇胡陈村，地理实体类型为农村居民点。东至大周村，南至武庄，西至长沟镇大高圩村，北至奎濉河。总户数为98户，总人口为406人，民族为汉族，面积为1.8平方千米。

清朝末年，陈氏一族逃荒来到此地并定居，发展壮大，宗族有一处大宅院，故名陈宅庄。2008年隶属胡陈村。

义井庄

义井庄（Yìjǐngzhuāng） 隶属泗城镇关庙村，地理实体类型为农村居民点。东至孙圩庄，南至张彭村，西至墩前庄，北至黄沟。总户数为92户，总人口为383人，民族为汉族，面积为0.7平方千米。

清初此地有口古井，因靠近关帝庙，取"义勇倾三国"的"义"字，故得名义井。1984年隶属关庙村。

墩前庄

墩前庄（Dūnqiánzhuāng） 隶属泗城镇关庙村，地理实体类型为农村居民点。东至义井庄，南至张彭村，西至板树庄，北至小汴河。总户数为159户，总人口为659人，民族为汉族，面积为1.2平方千米。

此地有汉代建立的传递军情信息的烟墩遗址，该庄位于烟墩遗址南面，故名墩前庄。1984年隶属关庙村。

板树庄

板树庄（Bǎnshùzhuāng） 隶属泗城镇关庙村，地理实体类型为农村居民点。东至蜡条高庄，南至张彭村，西至小李庄，北至黄沟。总户数为190户，总人口为786人，民族为汉族，面积为1.4平方千米。

此地原有一棵大槐树，因本地槐树又称板树，且"槐"字里含有"鬼"字，村人避用，故名板树庄。1984年隶属关庙村。

后张庄

后张庄（Hòuzhāngzhuāng） 隶属泗城镇关庙村，地理实体类型为农村居民点。东至小李庄，南至小汴河，西至韩王庄，北至黄沟。总户数为53户，总人口为219人，民族为汉族，面积为0.6平方千米。

张姓家族定居此地，繁衍生息，后张姓家族分支搬到村庄北面居住，取名后张庄。1984年隶属关庙村。

前张庄

前张庄（Qiánzhāngzhuāng） 隶属泗城镇关庙村，地理实体类型为农村居民点。东至小李庄，南至张彭村，西至圩里庄，北至小汴河。总户数为103户，总人口为427人，民族为汉族，面积为0.9平方千米。

张姓家族在此开荒种地，繁衍生息，后因张姓分支迁到村庄南面居住，故加方位词，称为前张庄。1984年隶属关庙村。

惠民苑小区

惠民苑小区（Huìmínyuàn Xiǎoqū） 隶属泗城镇东发社区，地理实体类型为城镇居民点。位于距离县政府驻地1千米，东至蟠龙山路，南至玉兰路，西至拖泥沟，北至桃园路。总人口为338人。面积为0.35平方千米。

惠民苑小区属政府保障房，"惠民"取人民得到国家实惠之义，故命名为惠民苑小区。惠民苑于2014年由开发商命名。

仇庄

仇庄（Qiúzhuāng） 隶属泗城镇东发社区，地理实体类型为农村居民点。东至清水沟，南至于圩社区居民委员会，西至湾里庄，北至大苏庄。总户数为148户，总人口为523人，民族为汉族，面积为0.27平方千米。

原名东尹庄，在清朝末期，有一名叫仇道的人考取武举人，此后仇姓家族人丁兴旺，后该村庄改名为仇庄。1958年人民公社时期隶属刘赵大队，1984年隶属刘赵村，2008年隶属东发社区。

何庄

何庄（Hézhuāng） 隶属泗城镇东发社区，地理实体类型为农村居民点。东至湾李庄，南至303省道，西至王庄，北至汴河。总户数为138户，总人口为415人，民族为汉族，面积为0.7平方千米。

何姓家族迁居此地，开荒种地，繁衍生息，故名何庄。1958年人民公社时期隶属张何大队，1984年隶属张何村，2008年隶属东发社区。

蒋庄

蒋庄（Jiǎngzhuāng） 隶属泗城镇东发社区，地理实体类型为农村居民点。东至王庄，南至303省道，西至张庄，北至古汴河。总户数为78户，总人口为235人，民族为汉族，面积为0.4平方千米。

村庄原名蒋大埂，因此处有一条大埂。后来大埂改耕农田，地名也就改为蒋庄。1958年人民公社时期隶属刘赵大队，1984年隶属刘赵村，2008年隶属东发社区。

刘赵庄

刘赵庄（Liúzhàozhuāng） 隶属泗城镇东发社区，地理实体类型为农村居民点。东至蟠龙山路，南至翟庄，至拖泥沟，北至桃园路。总户数为192户，总人口为578人，民族为汉族，面积为0.9平方千米。

刘姓、赵姓人家从南方迁移，聚居此地，建村立庄，繁衍生息，故名刘赵庄。1958年人民公社时期隶属刘赵大队，1984年隶属刘赵村，2008年隶属东发社区。

孙庄

孙庄（Sūnzhuāng） 隶属泗城镇东发社区，地理实体类型为农村居民点。东至张庄，南至303省道，西至马庄，北至古汴河。总户数为102户，总人口为305人，民族为汉族，面积为0.45平方千米。

清朝顺治年间，该庄有位名叫孟传恩的大户从南方迁移，聚居此地，建村立庄，该庄得名为孟庄。后宣统年间，城西板树村孙姓人家迁居此地，繁衍生息，人口逐渐增多，更名为孙庄。1958年人民公社时期隶属刘赵大队，1984年隶属刘赵村，2008年隶属东发社区。

岳庄

岳庄（Yuèzhuāng） 隶属泗城镇东发社区，地理实体类型为农村居民点。东至仇庄，南至南柳路，西至赤山路，北至潼河路。总户数为188户，总人口为565人，民族为汉族，面积为0.85平方千米。

清朝道光年间，有位刘氏很有力气，用扁担挑东西，由南方迁居此地，村庄得名扁担刘。后来从京城来个岳姓退职官员，带着家眷落户此地，将该庄更名为岳庄。1958年人民公社时期隶属刘赵大队，1984年隶属刘赵村，2008年隶属东发社区。

张庄

张庄（Zhāngzhuāng） 隶属泗城镇东发社区，地理实体类型为农村居民点。东至蒋庄，南至303省道，西至孙庄，北至汴河。总户数为91户，总人口为275人，民族为汉族，面积为0.4平方千米。

张氏始祖有三个儿子，在泗州城里卷爆竹为生，后爆竹店失火，生活无着落，各奔东西，一支回苏北老家小张庄居住，二支迁往黑塔镇蒋杨村大蒋庄落户，后代捕鱼为生，第三支来到四山湖张谷庄落户务农，该庄得名为张庄。1958年人民公社时期隶属张何大队，1984年隶属张何村，2008年隶属东发社区。

衡湾庄

衡湾庄（Héngwānzhuāng） 隶属泗城镇衡尤社区，地理实体类型为城镇居民点。距离县政府驻地1千米，东至中南钢铁厂，南至赵位村，西至石梁河，北至二环路。总人口为1218人。面积为1.5平方千米。

因村庄位于石梁河河湾处，衡姓人居多，故名衡湾庄。1984年隶属衡尤村，2003年隶属衡尤社区。

桃园小区

桃园小区（Táoyuán Xiǎoqū） 隶属泗城镇衡尤社区，地理实体类型为城镇居民点。距离县政府驻地1千米，东至玉兰菜场，南至玉兰小区，西至尤庄，北至桃花源路。总人口746人。面积为0.72平方千米。

桃园小区建设属泗县安居工程，此地原有一片桃树园，故名。1995年开工建设，1996年建成。

玉兰小区

玉兰小区（Yùlán Xiǎoqū） 隶属泗城镇衡尤社区，地理实体类型为城镇居民点。距离县政府驻地1千米，东至东二环，南至工业路，西至尤庄，北至玉兰公馆、桃园小区。总人口2726人。面积为2.5平方千米。

取玉兰花芬芳、高洁之意，故名。玉兰小区2007年建设，于2008年建成。

大丁庄

大丁庄（Dàdīngzhuāng） 隶属泗城镇于圩社区，地理实体类型为农村居民点。东至小丁庄，南至新汴河，西至赵魏村，北至东发社区。总户数为217户，总人口为652人，民族为汉族，面积为1.7平方千米。

该自然庄居民大多姓丁，且人口多，占地面积大，故而得名大丁庄。1958年人民公社时期隶属刘大队。1984年隶属刘村。2013年隶属于圩社区。

顾庄

顾庄（Gùzhuāng） 隶属泗城镇于圩社区，地理实体类型为农村居民点。东至于圩庄，南至陈庄，西至东发社区，北至康庄。总户数为132户，总人口为396人，民族为汉族，面积为0.4平方千米。

顾姓人家迁居至此，在此开荒种地，建造房屋，繁衍生息，故名顾庄。1958年人民公社时期隶属刘大队。1984年隶属刘村。2013年隶属于圩社区。

小丁庄

小丁庄（Xiǎodīngzhuāng） 隶属泗城镇于圩社区，地理实体类型为农村居民点。东至草庙镇，南至新汴河，西至大丁庄，北至张沟庄。总户数为86户，总人口为256人，民族为汉族，面积为0.6平方千米。

该庄丁姓人口居多，但人口偏少，因西边有个大丁庄，故名小丁庄。1958年人民公社时期隶属刘大队，1984年隶属刘村。2013年隶属于圩社区。

于圩庄

于圩庄（Yúwéizhuāng） 隶属泗城镇于圩社区，地理实体类型为农村居民点。东至草庙镇，南至陈庄，西至顾庄，北至张庄。总户数为300户，总人口为906人，民族为汉族，面积为1.2平方千米。

该庄于姓人口居多，新中国成立前为防止土匪抢劫建有圩墙、圩沟，故名于圩庄。1958年人民公社时期隶属刘大队，1984

年隶属刘村。2013年隶属于圩社区。

张沟庄

张沟庄（Zhānggōuzhuāng） 隶属泗城镇于圩社区，地理实体类型为农村居民点。东至草庙镇，南至小丁庄，西至东发社区，北至陈庄。总户数为220户，总人口为660人，民族为汉族，面积为1.2平方千米。

该自然庄居民大多姓张，且有清水沟从庄中穿过，故名张沟庄。1958年人民公社时期隶属刘大队，1984年隶属刘村。2013年隶属于圩社区。

汴光花园

汴光花园（Biànguāng Huāyuán） 隶属泗城镇汴光社区，地理实体类型为城镇居民点。距离县政府驻地2千米，东至东二环，南至桃园路，西至虹乡路，北至汴河大道。总人口360人。面积为0.3平方千米。

地处汴光社区，有花园小区之意，故名。汴光花园于2008年建设，2009年建成。

汴光新村

汴光新村（Biànguāng Xīncūn） 隶属泗城镇汴光社区，地理实体类型为城镇居民点。距离县政府驻地0.5千米，东至赤山路，南至汴河大道，西至朝阳路，北至古汴河。总人口500人。面积为0.5平方千米。

地处汴光社区，为新建小区，故名。汴光新村于2008年建设，2009年建成。

春港花苑

春港花苑（Chūngǎng Huāyuàn） 隶属泗城镇汴光社区，地理实体类型为城镇居民点。距离县政府驻地1千米，东至东二环，南至桃园路，西至虹乡路，北至汴河大道。总人口350人。面积为0.3平方千米。

安徽省泗县东港实业有限公司所建小区，有花园小区之意，故名。春港花苑于2008年建成。

东城虹郡

东城虹郡（Dōngchéng Hóngjùn） 隶属泗城镇汴光社区，地理实体类型为城镇居民点。距离县政府驻地0.5千米，东至丹凤路，南至汴河大道，西至东二环，北至古汴河。总人口3000人。面积为3平方千米。

因小区地处泗城东部，泗县古称虹县，故名。东城虹郡于2005年建成。

东城美郡

东城美郡（Dōngchéng Měijùn） 隶属泗城镇汴光社区，地理实体类型为城镇居民点。距离县政府驻地0.5千米，东至朝阳路，南至桃园路，西至丹凤路，北至汴河大道。总人口100人。面积为0.5平方千米。

因小区地处泗城东部，美郡有美好的寓意，故名。东城美郡于2012年建成。

东城英郡

东城英郡（Dōngchéng Yīngjùn） 隶属泗城镇汴光社区，地理实体类型为城镇居民点。距离县政府驻地1千米，东至朝阳路，南至桃园路，西至丹凤路，北至汴河大道。总人口100人。面积为0.1平方千米。

因小区地处泗城东部，有英伦风范之意，故名。东城英郡于2012年建成。

家和花园

家和花园（Jiāhé Huāyuán） 隶属泗城镇汴光社区，地理实体类型为城镇居民点。距离县政府驻地1.5千米，东至东二环，南至桃园路，西至虹乡路，北至汴河大道。总人口400人。面积为0.5平方千米。

取家和万事兴、花园小区之意。家和花园于2008年建成。

锦绣华庭

锦绣华庭（Jǐnxiù Huátíng） 隶属泗城

镇汴光社区，地理实体类型为城镇居民点。距离县政府驻地2千米，东至东二环，南至玉兰路，西至虹乡路，北至桃园路。总人口700人。面积为0.58平方千米。

比喻环境美好的小区。锦绣华庭于2010年建成。

农发行宿舍

农发行宿舍（Nóngfāháng Sùshè） 隶属泗城镇汴光社区，地理实体类型为城镇居民点。距离县政府驻地2千米，东至东二环，南至桃园路，西至虹乡路，北至汴河大道。总人口140人。面积为0.47平方千米。

泗县农业发展银行为员工谋福利，出资兴建，故名。农发行宿舍于2001年建成。

瑞兴花园

瑞兴花园（Ruìxìng Huāyuán） 隶属泗城镇汴光社区，地理实体类型为城镇居民点。距离县政府驻地2千米，东至东二环，南至桃园路，西至虹乡路，北至汴河大道。总人口100人。面积为0.3平方千米。

祥瑞、兴旺像花园一样的小区，故名。瑞兴花园于2008年动工，2010年建成。

桃李文苑

桃李文苑（Táolǐ Wényuàn） 隶属泗城镇汴光社区，地理实体类型为城镇居民点。距离县政府驻地2千米，东至东二环，南至玉兰路，西至虹乡路，北至桃园路。总人口700人。面积为0.73平方千米。

寓有桃李满天下、文化气息浓郁之意，故名。桃李文苑于2008年动工，2009年建成。

洋湖农场宿舍

洋湖农场宿舍（Yánghú Nóngchǎng Sùshè） 隶属泗城镇汴光社区，地理实体类型为城镇居民点。距离县政府驻地2千米，东至虹乡路，南至桃园路，西至圩南路，北至汴河大道。总人口240人。面积为0.22平方千米。

泗县（长沟镇辖区）洋湖农场为员工谋福利，出资与职工集资共同兴建该小区，故名。洋湖农场宿舍于1990年建成。

保险公司宿舍

保险公司宿舍（Bǎoxiǎn Gōngsī Sùshè） 隶属泗城镇北关社区，地理实体类型为城镇居民点。距离县政府驻地1.5千米，东至四里桥交界，南至环城河，西至大北关路，北至阀北路。居住人口269人，民族为汉族，占地面积0.7平方千米。

保险公司为方便职工生活，建造该小区，故名。新中国成立后此地块被划为六居委片区，2008年并入北关社区。

上海商贸城小区

上海商贸城小区（Shànghǎi Shāngmàochéng Xiǎoqū） 隶属泗城镇北关社区，地理实体类型为城镇居民点。距离县政府驻地3千米，东至104国道，南至阀南路，西至石梁河，北至仇庄。居住人口451人，民族为汉族，占地面积1.2平方千米。

上海商贸城于2010年4月由开发商命名。新中国成立后此地块被划为六居委片区，2008年并入北关社区。

北星花园

北星花园（Běixīng Huāyuán） 隶属泗城镇北关社区，地理实体类型为城镇居民点。距离县政府驻地4千米，东至104国道，南至检察院宿舍，西至检察院，北至米厂。居住人口602人，民族为汉族，占地面积0.9平方千米。

该小区位于泗城北关，有花园小区之意。新中国成立后此地块被划为六居委片区，2008年并入北关社区。

水厂宿舍

水厂宿舍（Shuǐchǎng Sùshè） 隶属泗城镇北关社区，地理实体类型为城镇居民点。距离县政府驻地3千米，东至四里桥社区于园新村，南至北二环，西至104国道，北至四里桥社区姚盘庄。居住人口910人，民族为汉族，占地面积1.4平方千米。

自来水厂为方便职工生活，建造该小区，故名。新中国成立后此地块被划为六居委片区，2008年并入北关社区。

电视新村

电视新村（Diànshì Xīncūn） 隶属泗城镇北关社区，地理实体类型为城镇居民点。距离县政府驻地1.5千米，东至电视路，南至环城河，西至雪枫小学，北至北二环。居住人口623人，民族为汉族，占地面积1.4平方千米。

因该小区位于泗县电视台东，故名。新中国成立后此地块被划为六居委片区，2008年并入北关社区。

阀北新村

阀北新村（Fáběi Xīncūn） 隶属泗城镇北关社区，地理实体类型为城镇居民点。距离县政府驻地2.5千米，东至外贸宿舍，南至阀南路，西至104国道，北至阀北路。居住人口546人，民族为汉族，占地面积1.2平方千米。

该小区位于泗县阀门厂北侧，故名。新中国成立后此地块被划为六居委片区，2008年并入北关社区。

阀南新村

阀南新村（Fánán Xīncūn） 隶属泗城镇北关社区，地理实体类型为城镇居民点。距离县政府驻地2千米，东至服务公司宿舍，南至泗州桥，西至104国道，北至阀北路。居住人口533人，民族为汉族，占地面积0.5平方千米。

因该小区位于泗县阀门厂南侧，故名。新中国成立后此地块被划为六居委片区，2008年并入北关社区。

检察院宿舍

检察院宿舍（Jiǎncháyuàn Sùshè） 隶属泗城镇北关社区，地理实体类型为城镇居民点。距离县政府驻地3.5千米，东至104国道，南至上海商贸城北，西至石梁河，北至北星花园南。居住人口454人，民族为汉族，占地面积1.5平方千米。

检察院为方便职工生活，建造该小区，故名。新中国成立后此地块被划为六居委片区，2008年并入北关社区。

北二环居民区

北二环居民区（Běièrhuán Jūmínqū） 隶属泗城镇北关社区，地理实体类型为城镇居民点。距离县政府驻地2.7千米，东至信合宿舍，南至北二环大道，西至104国道，北至城管局路南。居住人口591人，民族为汉族，占地面积1.3平方千米。

因小区位于北二环路南侧，故名。新中国成立后此地块被划为六居委片区，2008年并入北关社区。

怡园小区

怡园小区（Yíyuán Xiǎoqū） 隶属泗城镇北关社区，地理实体类型为城镇居民点。距离县政府驻地2.5千米，东至104国道，南至泗州桥，西至石梁河，北至阀南路。居住人口542人，民族为汉族，占地面积1.8平方千米。

景色宜人，宜居小区，故名。新中国成立后此地块被划为六居委片区，2008年并入北关社区。

交警队宿舍

交警队宿舍（Jiāojǐngduì Sùshè） 隶属泗城镇北关社区，地理实体类型为城镇居民点。距离县政府驻地3千米，东至中城街，南至阀北新村，西至104国道，北至北二环。居住人口1050人，民族为汉族，占地面积1.4平方千米。

泗县交警队为方便职工生活，建造该小区，故名。新中国成立后此地块被划为六居委片区，2008年并入北关社区。

东园新村

东园新村（Dōngyuán Xīncūn） 隶属泗城镇四里桥社区，地理实体类型为城镇居民点。距离县政府驻地0.8千米，东至泗县北关社区，南至泗县北环城河，西至泗县学士路，北至泗县北关社区。居住人口1050人，民族为汉族，占地面积1.3平方千米。

因该处位于菜园新村东面，故以东园新村为名。2004年隶属四里桥居委会。

于园新村

于园新村（Yúyuán Xīncūn） 隶属泗城镇四里桥社区，地理实体类型为城镇居民点。距离县政府驻地0.5千米，东至四里桥陈园新村，南至四里桥菜园新村，西至沃华路，北至泗县虹乡社区。居住人口930人，民族为汉族，占地面积0.95平方千米。

因该庄居民于姓居多，开园种菜居多，故名。2004年隶属四里桥居委会。

华夏园小区

华夏园小区（Huáxiàyuán Xiǎoqū） 隶属泗城镇花园井社区，地理实体类型为城镇居民点。距离县政府驻地2.4千米，东至国防路，南至南一环，西至西一环，北至商南路。居住人口1229人，民族为汉族，占地面积1.4平方千米。

华夏为古代中国的自称，小区以此命名。新中国成立后此地块被划为一居委片区，2008年与二居委片区合并，隶属花园井社区。

交通局宿舍

交通局宿舍（Jiāotōngjú Sùshè） 隶属泗城镇花园井社区，地理实体类型为城镇居民点。距离县政府驻地2.5千米，东至人民路，南至粮食局宿舍，西至国防路，北至北一环。居住人口90人，民族为汉族，占地面积0.1平方千米。

交通局为方便职工生活，建造该小区，故名。原为一居委集体土地，于1995年由交通局购买并建造。

粮食局宿舍

粮食局宿舍（Liángshíjú Sùshè） 隶属泗城镇花园井社区，地理实体类型为城镇居民点。距离县政府驻地2.4千米，东至公安局，南至汴河路，西至国防路，北至交通局宿舍。居住人口129人，民族为汉族，占地面积0.2平方千米。

粮食局为方便职工生活，建造该小区，故名。原二居委集体土地，1992年由粮食局购买并建造。

向阳苑小区

向阳苑小区（Xiàngyángyuàn Xiǎoqū）隶属泗城镇花园井社区，地理实体类型为城镇居民点。距离县政府驻地2.55千米，东至国防路，南至汴河路，西至西一环，北至北一环。居住人口453人，民族为汉族，占地面积0.38平方千米。

向往阳光生活，故名。新中国成立后此地块被划为一居委片区，2008年隶属花园井社区。

金福苑小区

金福苑小区（Jīnfúyuàn Xiǎoqū） 隶属泗城镇花园井社区，地理实体类型为城镇居民点。距离县政府驻地2.4千米，东至人民路，南至南一环，西至国防路，北至新市街。居住人口258人，民族为汉族，占地面积0.2平方千米。

金福苑小区在2003年由开发商命名。新中国成立后此地块被划为一居委片区，2008年隶属花园井社。

秀水苑小区

秀水苑小区（Xiùshuǐyuàn Xiǎoqū）隶属泗城镇花园井社区，地理实体类型为城镇居民点。距离县政府驻地2.5千米，东至西一环，南至和桥路，西至来庵巷，北至菜场楼。居住人口730人，民族为汉族，占地面积0.73平方千米。

景色秀丽，临水而建，故名。新中国成立后此地块被划为一居委片区，2008年隶属花园井社区。

康乐城楼

康乐城楼（Kānglèchénglóu） 隶属泗城镇花园井社区，地理实体类型为城镇居民点。距离县政府驻地2.4千米，东至国防路，南至商南路，西至西一环，北至汴河路。居住人口172人，民族为汉族，占地面积0.1平方千米。

因一楼是康乐城大酒店，故名康乐城楼。新中国成立后此地块被划为一居委片区，2008年隶属花园井社区。

克庄

克庄（Kèzhuāng） 隶属泗城镇高尤社区，地理实体类型为城镇居民点。距离县政府驻地3千米，东至石梁河，南至新汴河北堤，西至104国道，北至二中南墙。居住人口1400人，民族为汉族，占地面积1.2平方千米。

因此村人多为克姓，故名。2006年隶属高尤社区。

南都贵苑

南都贵苑（Nándūguìyuàn） 隶属泗城镇高尤社区，地理实体类型为城镇居民点。距离县政府驻地2.5千米，东至104国道，南至土产公司仓库，西至尤庄生产路，北至烟草仓库。居住人口500人，民族为汉族，占地面积0.51平方千米。

地处泗城南部，追求高贵品质生活，故名。2009年由开发商买下此地块建设居民区。

化肥厂东生活区

化肥厂东生活区（Huàféichǎngdōng Shēnghuóqū） 隶属泗城镇高尤社区，地理实体类型为城镇居民点。距离县政府驻地2.5千米，东至克西空地，南至克庄生产路，西至104国道，北至高尤建材市场。居住人口500人，民族为汉族，占地面积0.52平方千米。

化肥厂为方便职工生活，在该厂东面建造该小区，故名。2006年隶属高尤社区。

石庄

石庄（Shízhuāng） 隶属泗城镇高尤社区，地理实体类型为城镇居民点。距离县政府驻地4千米，东至石梁河，南至新汴河，西至航运新村，北至石庄克庄沟。居住人口580人，民族为汉族，占地面积0.511平方千米。

石姓家族定居此地，开荒种地，繁衍生息，故名石庄。2006年隶属高尤社区。

航运新村

航运新村（Hángyùnxīncūn） 隶属泗

城镇高尤社区，地理实体类型为城镇居民点。距离县政府驻地4千米，东至石庄，南至新汴河河堤，西至化肥厂东生活区，北至高尤建材市场。居住人口750人，民族为汉族，占地面积1平方千米。

泗县航运公司为方便职工生活，建造该小区，故名。原为高尤社区集体土地，1998年由航运公司出资建造并投入使用。

河柳东村

河柳东村（Héliŭdōngcūn） 隶属泗城镇西关社区，地理实体类型为城镇居民点。距离县政府驻地3千米，东至南关社区居民委员会，南至柳沟，西至河柳路，北至和桥路。居住人口690人，民族为汉族，占地面积0.75平方千米。

此处原系古泗州城柳沟，因河道两面种植柳树，该村靠东，故名河柳东村。2009年隶属西关社区。

河柳西村

河柳西村（Héliŭxīcūn） 隶属泗城镇西关社区，地理实体类型为城镇居民点。距离县政府驻地3千米，东至河柳路，南至柳沟，西至梁园路，北至和桥路。居住人口900人，民族为汉族，占地面积1.2平方千米。

此处原系古泗州城柳沟，因河道两面种植柳树，该庄靠西，故名河柳西村。2009年隶属西关社区。

河柳路小区

河柳路小区（Héliŭlù Xiăoqū） 隶属泗城镇西关社区，地理实体类型为城镇居民点。距离县政府驻地3千米，东至河柳东村，南至柳沟，西至河流西村，北至和桥路。居住人口300人，民族为汉族，占地面积0.6平方千米。

该小区位于河柳路，故名。2009年隶属西关社区。

梁园路小区

梁园路小区（Liángyuánlù Xiăoqū） 隶属泗城镇西关社区，地理实体类型为城镇居民点。距离县政府驻地3千米，东至河柳西村，南至南二环路，西至国际装饰城，北至西关大街。居住人口300人，民族为汉族，占地面积0.8平方千米。

清朝末期此处是梁姓地主家的菜园，后在该处修路，命名为梁园路，小区以梁园路取名。2009年隶属西关社区。

和桥路小区

和桥路小区（Héqiáolù Xiăoqū） 隶属泗城镇西关社区，地理实体类型为城镇居民点。距离县政府驻地3千米，东至幸福闸，南至河柳东村，西至梁园路，北至县医院。居住人口800人，民族为汉族，占地面积0.8平方千米。

火神庙的和尚在建庙的同时也在柳沟上架了一座桥，俗称和尚桥，后简称和桥。路以桥名，修路后该小区位于和桥路，故名。2009年至今隶属西关社区。

西关大街

西关大街（Xīguāndàjiē） 隶属泗城镇西关社区，地理实体类型为城镇居民点。距离县政府驻地3千米，东至西关大桥，南至汴河大道，西至西二环，北至朱桥社区泗州名城。居住人口500人，民族为汉族，占地面积0.6平方千米。

泗城西关桥以西的街道被称作西关大街，故名。2009年隶属西关社区。

泗州名城

泗州名城（Sìzhōu Míngchéng） 隶属泗城镇朱桥社区，地理实体类型为城镇居民点。距离县政府驻地3千米，东至环城河，南至汴河大道，西至刘圩路，北至阀南路。居住人口450人，民族为汉族，占地面积0.4033平方千米。

有泗县著名城市社区之意，故名。2007年隶属朱桥社区。

景苑小区

景苑小区（Jǐngyuàn Xiǎoqū） 隶属泗城镇朱桥社区，地理实体类型为城镇居民点。距离县政府驻地3千米，东至泗州名城，南至朱西居民点，西至荣辉国际花园，北至阀南路。居住人口520人，民族为汉族，占地面积0.466平方千米。

临近清水湾公园，景色秀丽，故名。2007年隶属朱桥社区。

小圩庄

小圩庄（Xiǎowéizhuāng） 隶属泗城镇东关社区，地理实体类型为城镇居民点。距离县政府驻地1.5千米，东至供电局，南至小圩中路，西至环城河，北至汴河大道。居住人口850人，民族为汉族，占地面积0.85平方千米。

该庄位于护城河岸边，因当地有把护城河称为圩沟的习惯，故名。1958年人民公社时期隶属东关大队，1984年隶属东关村，2008年至今隶属东关社区。

小街小区

小街小区（Xiǎojiē Xiǎoqū） 隶属泗城镇东关社区，地理实体类型为城镇居民点。距离县政府驻地2千米，东至广电路，南至环城河，西至环城河，北至流光社区。居住人口100人，民族为汉族，占地面积0.1平方千米。

该小区原在泗城东门外（现广电局门前），居民多做小生意，故得名东小街。1980年整体搬迁至此，因而命名小街小区。该小区于2007年重建，隶属东关村，2008年隶属东关社区。

小曹庄

小曹庄（Xiǎocáozhuāng） 隶属泗城镇东关社区，地理实体类型为城镇居民点。距离县政府驻地2千米，东至虹乡路，南至隋唐运河，西至广电路，北至公安新村。居住人口350人，民族为汉族，占地面积0.6平方千米。

曹姓人家聚居此地，建村立庄，故得名小曹庄。1958年人民公社时期称为小曹大队，1984年隶属东关村，2008年隶属东关社区。

公安新村

公安新村（Gōngānxīncūn） 隶属泗城镇东关社区，地理实体类型为城镇居民点。距离县政府驻地1.5千米，东至虹乡路，南至小曹庄，西至广电路，北至和谐家园小区。居住人口150人，民族为汉族，占地面积0.2平方千米。

泗县公安局为方便职工生活，建造该小区，故名。该小区于2007年建成，隶属东关村，2008年隶属东关社区。

老许庄

老许庄（Lǎoxǔzhuāng） 隶属泗城镇虹乡社区，地理实体类型为城镇居民点。东至学前马，南至环乡路，西至小许庄，北至新濉河。总户数为117户，总人口为423人，民族为汉族，面积为0.5平方千米。

许姓家族在此开荒种地，繁衍生息，后因部分许姓族人迁出建立小许庄，故称该庄为老许庄。

陶宅子

陶宅子（Táozháizi） 隶属泗城镇虹乡社区，地理实体类型为城镇居民点。东至彩虹大道，南至花园路，西至学田马庄地块，北至北濉河。总户数为145户，总人口为608人，民族为汉族，面积为1.5平方千米。

陶姓家族定居此地，此村土地全属陶姓一家地主所有，有过路人询问此地名，村中人皆称“陶宅子的”，故得名陶宅子。2015年隶属虹乡社区。

爱心小区

爱心小区（Àixīn Xiǎoqū） 隶属泗城镇汴河社区，地理实体类型为城镇居民点。距离县政府驻地1.8千米，东至牛市巷，南至商南街，西至学仕路，北至中城街。居住人口173人，民族为汉族，占地面积0.767平方千米。

《礼记·乐记》曰：“其爱心感者，其声和以柔。”故名。新中国成立后此地块被划为四居委片区，2008年并入汴河社区。

公太巷小区

公太巷小区（Gōngtàixiàng Xiǎoqū） 隶属泗城镇汴河社区，地理实体类型为城镇居民点。距离县政府驻地2.5千米，东至铁市街，南至南一环，西至人民路，北至新市街。居住人口524人，民族为汉族，占地面积0.2685平方千米。

明朝年间，有闽人来泗居住，因闽人有参拜五代十国时期的王审知（尊称各府公太）的习惯，故在此处建立庙宇，后人称此巷为公太巷。新中国成立后此地块被划为三居委片区，2008年并入汴河社区。

泗州商城小区

泗州商城小区（Sìzhōu Shāngchéng Xiǎoqū） 隶属泗城镇汴河社区，地理实体类型为城镇居民点。距离县政府驻地2.4千米，东至铁市街，南至新市街，西至人民路，北至镇前街。居住人口484人，民族为汉族，占地面积0.2961平方千米。

因靠近泗州商城，故得名泗州商城小区。新中国成立后此地块被划为三居委片区，2008年并入汴河社区。

泗中小区

泗中小区（Sìzhōng Xiǎoqū） 隶属泗城镇汴河社区，地理实体类型为城镇居民点。距离县政府驻地2.2千米，东至学仕路，南至商南路，西至铁市街，北至中城街。居住人口423人，民族为汉族，占地面积0.1554平方千米。

因小区靠近泗县中学，故名。新中国成立后此地块被划为四居委片区，2008年并入汴河社区。

登达雅苑

登达雅苑（Dēngdá Yǎyuàn） 隶属泗城镇南关社区，地理实体类型为城镇居民点。距离县政府驻地2千米，东至面粉厂宿舍，南至顺河小区，西至人民南路，北至南一环。居住人口1095人，民族为汉族，占地面积0.4平方千米。

此小区为登达房地产泗县分公司所建，故名。2005年隶属南关，2007年隶属南关社区。

泗水文苑

泗水文苑（Sìshuǐ Wényuàn） 隶属泗城镇南关社区，地理实体类型为城镇居民点。距离县政府驻地2.7千米，东至九龙新村，南至南二环，西至国防南路，北至工商宿舍。居住人口1350人，民族为汉族，占地面积0.5平方千米。

该小区靠近石梁河，文化气息浓郁，故名。2010年隶属南关社区。

九龙新村

九龙新村（Jiǔlóngxīncūn） 隶属泗城

镇南关社区，地理实体类型为城镇居民点。距离县政府驻地2.6千米，东至衡尤社区，南至南二环，西至泗水文苑，北至顺河小区。居住人口203人，民族为汉族，占地面积0.08平方千米。

因靠近老泗州酒厂，取谐音“九”，又因中华民族系龙的传人，故名。2007年隶属南关社区。

牌坊庄

牌坊庄（Páifāngzhuāng） 隶属泗城镇三湾社区，地理实体类型为城镇居民点。距离县政府驻地1.5千米，东至西二环，南至303省道，西至小王庄，北至大周村。居住人口490人，民族为汉族，占地面积0.3平方千米。

庄内曾建有横跨村路的上马、下马两座牌坊，故名。2008年隶属三湾社区。

新农村庄

新农村庄（Xīnnóngcūnzhuāng） 隶属泗城镇三湾社区，地理实体类型为城镇居民点。距离县政府驻地3千米，东至牌坊庄，南至李庄，西至关庙村，北至黄沟。居住人口206人，民族为汉族，占地面积0.2平方千米。

开挖新汴河时，皮陈庄人口分迁一部分到陆庄北边新建村庄，故名新农村。1966年，正式命名为新农村庄。

陆庄

陆庄（Lùzhuāng） 隶属泗城镇三湾社区，地理实体类型为城镇居民点。距离县政府驻地3千米，东至李庄，南至303省道，西至关庙村，北至新农村庄。居住人口396人，民族为汉族，占地面积0.6平方千米。

陆姓人家聚居此地，故名。2008年隶属三湾社区。

小李庄

小李庄（Xiǎolǐzhuāng） 隶属泗城镇三湾社区，地理实体类型为城镇居民点。距离县政府驻地3千米，东至大王庄，南至303省道，西至陆庄，北至新农村庄。居住人口233人，民族为汉族，占地面积0.3平方千米。

村庄占地面积小，李姓人居多，故名。2008年隶属三湾社区。

大王庄

大王庄（Dàwángzhuāng） 隶属泗城镇三湾社区，地理实体类型为城镇居民点。距离县政府驻地2.5千米，东至小王庄，南至303省道，西至小李庄，北至黄沟。居住人口352人，民族为汉族，占地面积1平方千米。

王姓人家从外地迁居至此，在此开荒种地，繁衍生息，故名。2008年隶属三湾社区。

小王庄

小王庄（Xiǎowángzhuāng） 隶属泗城镇三湾社区，地理实体类型为城镇居民点。距离县政府驻地2千米，东至牌坊庄，南至303省道，西至大王庄，北至新农村庄。居住人口273人，民族为汉族，占地面积0.8平方千米。

王姓人家从大王庄分户至此，建村立庄，故名。2008年至今隶属三湾社区。

小韩庄

小韩庄（Xiǎohánzhuāng） 隶属泗城镇三湾社区，地理实体类型为城镇居民点。距离县政府驻地2.5千米，东至三湾庄，南至老户陈，西至小孙庄，北至303省道。居住人口530人，民族为汉族，占地面积0.2平方千米。

韩姓人家从外地迁居至此，在此开荒种地，建造房屋，故名。2008年至今隶属三湾社区。

连桥庄

连桥庄（Liánqiáozhuāng） 隶属泗城镇三湾社区，地理实体类型为城镇居民点。距离县政府驻地2.2千米，东至高尤社区，南至沟东庄，西至三湾庄，北至三湾庄。居住人口599人，民族为汉族，占地面积0.6平方千米。

因该村居民在庄前的柳沟上东头和西头各架一座桥梁通往村外，故名。1958年人民公社成立，名为连桥大队，1984年更名为连桥庄。

三湾庄

三湾庄（Sānwānzhuāng） 隶属泗城镇三湾社区，地理实体类型为城镇居民点。距离县政府驻地2千米，东至牌坊庄，南至连桥庄，西至小韩庄，北至牌坊庄。居住人口644人，民族为汉族，占地面积0.8平方千米。

此庄距泗州城三华里，且有三道湾，故名三里湾庄，后简称三湾庄。1958年人民公社时属三湾大队，1984年隶属三湾村，2008年隶属三湾社区。

西城丽苑小区

西城丽苑小区（Xīchénglìyuàn Xiǎoqū）隶属泗城镇三湾社区，地理实体类型为城镇居民点。距离县政府驻地2千米，东至泗城西二环，南至金光大道，西至泗洲华府，北至泗洲华府。居住人口271人，民族为汉族，占地面积0.4平方千米。

地处泗城西关，小区景色秀丽，故名。1958年人民公社成立，名为高庄大队，2012年征地开发，起名西城丽苑。

草庙镇

三蒋庄

三蒋庄（Sānjiǎngzhuāng） 隶属草庙镇魏圩村，地理实体类型为农村居民点。东至魏圩庄，南至新汴河，西至张沟，北至小于庄。总户数为212户，总人口为810人，民族为汉族。面积为0.75平方千米。

三蒋庄是由前蒋、中蒋、后蒋三个庄合并而得名。清朝末年，蒋氏三兄弟由外地迁往此处定居，繁衍生息，建造房屋，所建村庄呈南北坐落。后因人丁兴旺，村庄越建越大，为便于区分，人们将老大所在村命名为中蒋，老二为前蒋庄，老三为后蒋庄。1958年人民公社时期隶属三蒋大队，1984年隶属三蒋村，2008年隶属魏圩村。

上王庄

上王庄（Shàngwángzhuāng） 隶属草庙镇魏圩村，地理实体类型为农村居民点。东至小倪庄，南至宋岗庄，西至下王庄，北至李圩庄。总户数为50户，总人口为200人，民族为汉族。面积为0.26平方千米。

王姓居多，因村庄位于下王庄东面，村民的乡俗以东为上，故取名上王庄。1958年人民公社时期隶属魏圩大队，1984年隶属魏圩村。

宋岗庄

宋岗庄（Sònggǎngzhuāng） 隶属草庙镇魏圩村，地理实体类型为农村居民点。东至魏老家庄，南至魏圩庄，西至下王庄，北至李圩庄。总户数为186户，总人口为744人，民族为汉族。面积为0.75平方千米。

因该庄宋姓人居多，地势偏高，故名宋岗庄。1958年人民公社时期隶属宋岗大队，1984年隶属宋岗村，2008年并入魏圩村。

魏圩庄

魏圩庄（Wèiwéizhuāng） 隶属草庙镇魏圩村，地理实体类型为农村居民点。东至大史庄，南至新汴河，西至小于庄，北至宋岗庄。总户数为229户，总人口为916人，民族为汉族。面积为0.88平方千米。

抗日战争时期，魏姓人家在此定居，生产劳作，繁衍生息，为不受外敌侵略，在本村周围修筑圩墙，中间留有大门，不同地方建有炮楼，故取名魏圩庄。1958年人民公社时期隶属魏圩大队，1984年隶属魏圩村。

草庙庄

草庙庄（Cǎomiàozhuāng） 隶属草庙镇草庙村，地理实体类型为农村居民点。东至小刘庄，南至小贺庄，西至清水沟，北至后唐庄。总户数为129户，总人口为480人，民族为汉族。面积为0.1平方千米。

该庄建有一座土木结构草顶的三房庙，故名。1958年人民公社时期隶属草庙大队，1982年至1992年（撤区并乡）该庄是草庙镇政府所在在地。1949年至今是草庙镇人民政府所在地。

大贺庄

大贺庄（Dàhèzhuāng） 隶属草庙镇草庙村，地理实体类型为农村居民点。东至小贺庄，南至李圩庄，西至于圩庄，北至草庙庄。总户数为56户，总人口为218人，民族为汉族。面积为0.26平方千米。

1958年人民公社时，贺姓人家迁居此地，为区分相邻的小贺庄，故取名为大贺庄。1958年人民公社时期隶属大贺大队，1984年隶属大贺村，2008年并入草庙村。

小贺庄

小贺庄（Xiǎohèzhuāng） 隶属草庙镇草庙村，地理实体类型为农村居民点。东至藕塘沟，南至后朱庄，西至大贺庄，北至小尹庄。总户数为48户，总人口为174人，民族为汉族。面积为0.1平方千米。

村庄小，贺姓人口居多，故名。1958年人民公社时期隶属大贺大队，1984年隶属大贺村，2008年并入草庙村。

小李庄

小李庄（Xiǎolǐzhuāng） 隶属草庙镇草庙村，地理实体类型为农村居民点。东至泗找路，南至小高庄，西至开发区，北至奎濉河。总户数为50户，总人口为170人，民族为汉族。面积为0.267平方千米。

村庄小，李姓居多，故名。1958年人民公社时期隶属草庙大队，1984年隶属草庙村。

小沈庄

小沈庄（Xiǎoshěnzhuāng） 隶属草庙镇草庙村，地理实体类型为农村居民点。东至通海庄，南至王岗庄，西至小李庄，北至奎濉河。总户数为100户，总人口为420人，民族为汉族。面积为0.46平方千米。

清朝光绪年间，沈姓家族聚居此地，建村立庄，故得名小沈庄。1958年人民公社时期隶属草庙大队，1984年隶属草庙村。

大史庄

大史庄（Dàshǐzhuāng） 隶属草庙镇治岗村，地理实体类型为农村居民点。东至小刘庄，南至大贺庄，西至魏圩庄，北至前刘庄。总户数为216户，总人口为885人，民族为汉族。面积为1.35平方千米。

清朝顺治年间，史姓人家迁居此地，开荒种地，繁衍生息，人丁兴旺，故而得名大史庄。1958年人民公社时期隶属大史大队，1984年隶属大史村，2008年并入治岗村。

通海街

通海街（Tōnghǎijiē） 隶属草庙镇通海村，地理实体类型为农村居民点。东至关李庄，南至小岳庄，西至大岳庄，北至奎濉河。总户数为274户，总人口为1115人，民族为汉族。面积为1.45平方千米。

该庄位于奎濉河边，清朝宣统年间村民在打井时发现有直径五六厘米的泉眼向外不停流水并带有贝壳、海螺、海鸟头等物流出，很多人就说这泉眼可能是通到某海，故名。1958年人民公社时期隶属通海大队。1982—1992年撤区并乡时，该村为通海乡政府所在地。1992年隶属通海村。

关李庄

关李庄（Guānlǐzhuāng） 隶属草庙镇通海村，地理实体类型为农村居民点。东至周庄，南至小魏庄，西至通海庄，北至奎濉河。总户数为79户，总人口为297人，民族为汉族。面积为0.15平方千米。

清末年间该庄是个关口，村庄李姓人口居多，故名关李庄。1958年人民公社时期隶属关李大队，1984年隶属关李村，2008年并入通海村。

苏庄

苏庄（Sūzhuāng） 隶属草庙镇通海村，地理实体类型为农村居民点。东至相庄，南至303省道，西至陈庄，北至奎濉河。总户数为51户，总人口为224人，民族为汉族。面积为0.15平方千米。

苏姓人口居多，故名。1958年人民公社时期隶属通海大队，1984年隶属通海村。

墩集镇

霸王庄

霸王庄（Bàwángzhuāng） 隶属墩集镇霸王村，地理实体类型为农村居民点。东至任集庄，南至墩集二小，西至石梁河，北至丁庄。总户数为135户，总人口为602人，民族为汉族。面积为1.44平方千米。

相传楚霸王项羽率兵驻地在此，为御敌兵，命士兵以衣兜土筑城，土高数尺，世人谓之霸王城，故得名霸王庄。1958年人民公社时期隶属任集大队。1982—1992年撤区并乡，该村是霸王乡政府所在地。1984年隶属任集村。2008年并入霸王村。

马姚庄

马姚庄（Mǎyáozhuāng） 隶属墩集镇霸王村，地理实体类型为农村居民点。东至火箭沟，南至董庄，西至朱庙，北至老虎沟。总户数为82户，总人口为365人，民族为汉族。面积为0.88平方千米。

马姓和姚姓两户人家由北方迁居至此，两户人丁兴旺，不断壮大，故名。1958年人民公社时期隶属朱庙大队，1984年隶属朱庙村，2008年并入霸王村。

大贺庄

大贺庄（Dàhèzhuāng） 隶属墩集镇汴河新村，地理实体类型为农村居民点。东至小贺庄，南至小薄庄，西至老单庄，北至新汴河。总户数为171户，总人口为628人，民族为汉族。面积为0.7平方千米。

清朝光绪年间，张、杨、贺三家定居此地，生产劳作，繁衍生息。据说贺氏先人力大无穷，背负五百余斤石板面不改色；张氏先人，足智多谋，一文一武，远近闻名，故名大贺张，后逐渐演变为大贺庄。2008年隶属汴河新村。

小薄庄

小薄庄（Xiǎobózhuāng） 隶属墩集镇汴河新村，地理实体类型为农村居民点。东至小包庄，南至南大沟，西至草沟界，北至大贺庄。总户数为102户，总人口为468人，民族为汉族。面积为1.25平方千米。

30年代，有一位薄姓地主为了繁荣本地经济，出资兴建集镇，多方招揽客商，凡来小薄集卖东西者，如卖不出，皆由其出资购买，因此小薄集风行一时，后因其病故而逐渐没落。因薄姓人居多，故得名小薄庄。2008年隶属汴河新村。

齐岗庄

齐岗庄（Qígǎngzhuāng） 隶属墩集镇墩集村，地理实体类型为农村居民点。东至土庙，南至渠道，西至电灌站，北至泗上路。总户数为217户，总人口为1213人，民族为汉族。面积为1.82平方千米。

该庄齐姓人居多，地处岗岭，故名。1958年人民公社时期隶属齐岗大队，1984年更名为齐岗村，2008年并入墩集村，名为齐岗庄。

墩集街

墩集街（Dūnjíjiē） 隶属墩集镇墩集村，地理实体类型为农村居民点。东至轮窑厂，南至电溪站，西至火箭沟，北至大沟。总户数为420户，总人口为1650人，民族为汉族。面积为2.47平方千米。

相传过去这里住着一对穷苦老人，一仙人怜其贫寒，赠米三粒，嘱其将米掰碎煮吃，老人进食心切，一次将米放进锅里，米越涨越多，锅里盛不下，溢到外面堆成一个墩，故名冷饭墩，后简称墩集。1958年人民公社时属墩集大队，1984年属墩集村。1982—1992年撤庄并乡时该村是墩集镇人民政府所在地。

董杨小区

董杨小区（Dǒngyáng Xiǎoqū） 隶属墩集镇墩集村，地理实体类型为农村居民点。东至墩集水泥路，南至墩集村，西至十字路口，北至大沟。总户数为212户，总人口为890人，民族为汉族。面积为1.33平方千米。

2000年，新农村建设中，为董圩、杨庄两个自然村村民构建的住宅新区，故名董杨小区。1958年人民公社时名称为董圩、杨庄，两庄隶属墩集大队，1984年隶属墩集村。

大吴庄

大吴庄（Dàwúzhuāng） 隶属墩集镇墩集村，地理实体类型为农村居民点。东至张庄，南至拦岗坝，西至周吴小学，北至大沟。总户数为172户，总人口为655人，民族为汉族。面积为0.98平方千米。

吴姓家族定居此地，繁衍生息，不断壮大，故名。2008年隶属墩集村。

衡庄

衡庄（Héngzhuāng） 隶属墩集镇界牌张村，地理实体类型为农村居民点。东至杨圩庄，南至界牌张庄，西至赵庄，北至何岗庄。总户数为138户，总人口为622人，民族为汉族。面积为1.5平方千米。

清代中期，衡姓人家由北方迁居此地，在此开荒种地，建造房屋，不断繁衍生息，家族壮大，故得名衡庄。1958年人民公社时期隶属衡庄大队，1984年更名为衡庄村，2008年并入界牌张村，名为衡庄。

张庄

张庄（Zhāngzhuāng） 隶属墩集镇界牌张村，地理实体类型为农村居民点。东至上塘村，南至小郁岗庄，西至开庄，北至衡庄。总户数为125户，总人口为562人，民族为汉族。面积为1.9平方千米。

张姓家族定居此地，故名。2008年隶属界牌张村。

茅草董庄

茅草董庄（Máocǎodǒngzhuāng） 隶属墩集镇界牌张村，地理实体类型为农村居民点。东至垫湖村，南至陶庄，西至小吴见庄，北至大史庄。总户数为98户，总人口为455人，民族为汉族。面积为1.5平方千米。

董姓人家在清代中期，由山东迁居此地，在此开荒种地，当时人少地多，生产工具缺少，无法开垦这么多土地，满地遍野都长着茅草，故此得庄名。1958年人民公社时期隶属开庄大队，1984年隶属开庄村，2008年隶属界牌张村。

东尹庄

东尹庄（Dōngyǐnzhuāng） 隶属墩集镇石梁河村，地理实体类型为农村居民点。东至火箭沟，南至老尹庄，西至小梁庄，北至小邹庄。总户数为212户，总人口为881人，民族为汉族。面积为1.45平方千米。

尹氏家族在此开荒种地，建造房屋，繁衍生息，人口众多，无法在一起居住，就兄弟分家，一个兄弟分到老尹庄，一个分到老尹庄东面，故得名东尹庄。1958年人民公社时期隶属尹庙大队，1984年隶属尹庙村，2008年隶属石梁河村。

付后庄

付后庄（Fùhòuzhuāng） 隶属墩集镇石梁河村，地理实体类型为农村居民点。东至王庄，南至付前庄，西至泗上公路，北至环乡路。总户数为46户，总人口为260人，民族为汉族。面积为0.43平方千米。

付姓家族在此开荒种地，繁衍生息，逐渐壮大，分为两个庄，因该庄靠北，故名付后庄。1958年人民公社时期隶属尹庙大队，1984年隶属尹庙村，2008年隶属石梁河村。

付前庄

付前庄（Fùqiánzhuāng） 隶属墩集镇石梁河村，地理实体类型为农村居民点。东至付后庄，南至泗上公路，西至泗上公路，北至环乡路。总户数为40户，总人口为215人，民族为汉族。面积为0.4平方千米。

付姓家族在此开荒种地，繁衍生息，逐渐壮大，分为两个庄，因该庄靠南，故名付前庄。1958年人民公社时期隶属尹庙大队，1984年隶属尹庙村，2008年隶属石梁河村。

后陈庄

后陈庄（Hòuchénzhuāng） 隶属墩集镇石梁河村，地理实体类型为农村居民点。东至朱圩庄，南至前陈庄，西至石梁河，北至343国道。总户数为21户，总人口为85人，民族为汉族。面积为0.23平方千米。

清末，陈姓家族在此开荒种地，繁衍生息，逐渐壮大，分为两个庄，因该庄靠北，故名后陈庄。1958年人民公社时期隶属朱圩大队，1984年隶属朱圩村，2008年隶属石梁河村。

胡庄

胡庄（Húzhuāng） 隶属墩集镇石梁河村，地理实体类型为农村居民点。东至泗上公路，南至小河，西至石梁河，北至墩集中学。总户数为98户，总人口为453人，民族为汉族。面积为0.71平方千米。

因村民胡姓居多，故名。1958年人民公社时期隶属尹庙大队，1984年隶属尹庙村，2008年隶属石梁河村。

老尹庄

老尹庄（Lǎoyǐnzhuāng） 隶属墩集镇石梁河村，地理实体类型为农村居民点。东至火箭沟，南至老虎沟，西至小尹庄，北至泗上公路。总户数为120户，总人口为530人，民族为汉族。面积为0.9平方千米。

明朝时期，尹姓家族由北方迁居至此，在此开荒种地，建造房屋，繁衍生息，不断壮大，家族人口多，无法一起生存，就分家另过，父母所在村庄称老尹庄。1958年人民公社时期隶属尹庙大队，1984年隶属尹庙村民，2008年隶属石梁河村。

前陈庄

前陈庄（Qiánchénzhuāng） 隶属墩集镇石梁河村，地理实体类型为农村居民点。东至墩集中学，南至胡庄，西至石梁河，北至后陈庄。总户数为26户，总人口为145人，民族为汉族。面积为0.31平方千米。

清末，陈姓家族在此开荒种地，繁衍生息，逐渐壮大，分为两个庄，因该庄靠南，故名前陈庄。1958年人民公社时期隶属朱圩大队，1984年隶属朱圩村，2008年隶属石梁河村。

王庄

王庄（Wángzhuāng） 隶属墩集镇石梁河村，地理实体类型为农村居民点。东至清水沟，南至清水沟，西至付后庄，北至环乡路。总户数为23户，总人口为156人，民族为汉族。面积为0.3平方千米。

因庄内王姓人居多，故名。1958年人民公社时期隶属尹庙大队，1984年隶属尹庙村，2008年隶属石梁河村。

魏集庄

魏集庄（Wèijízhuāng） 隶属墩集镇石梁河村，地理实体类型为农村居民点。东至朱圩庄，南至石梁河，西至新魏庄，北至新汴河。总户数为69户，总人口为250人，民族为汉族。面积为0.27平方千米。

民国时期，该自然庄是个小集镇，后姓魏的户数和人数较多，故得名为魏集庄。1958年人民公社时期隶属朱圩大队，1984年隶属朱圩村，2008年隶属石梁河村。

小尹庄

小尹庄（Xiǎoyǐnzhuāng） 隶属墩集镇石梁河村，地理实体类型为农村居民点。东至老尹庄，南至老虎沟，西至石梁河，北至清水沟。总户数为95户，总人口为460人，民族为汉族。面积为0.83平方千米。

民国初期，尹姓家族由北方迁居至此，在此开荒种地，繁衍生息，不断壮大。因人口较多无法在一起居住，兄弟分家，最小的分到此地，得名小尹庄。1958年人民公社时期隶属尹庙大队，1984年隶属尹庙村，2008年隶属石梁河村。

新魏庄

新魏庄（Xīnwèizhuāng） 隶属墩集镇石梁河村，地理实体类型为农村居民点。东至魏集庄，南至石梁河，西至石梁河，北至新汴河。总户数为31户，总人口为175人，民族为汉族。面积为0.21平方千米。

1958年新汴河开挖后，该自然庄搬迁到墩集西南农科站。1973年由于其他原因又搬迁到现居住地点，故得名新魏庄。

朱圩庄

朱圩庄（Zhūwéizhuāng） 隶属墩集镇石梁河村，地理实体类型为农村居民点。东至343国道，南至343国道，西至魏集庄，北至新汴河。总户数为110户，总人口为480人，民族为汉族。面积为0.73平方千米。

朱姓家族为防洪水入侵，在庄四周筑有土圩墙，故名朱圩庄。1958年人民公社时期隶属朱圩大队，1984年更名为朱圩村，2008年并入石梁河村，名为朱圩庄。

仇岗庄

仇岗庄（Qiúgǎngzhuāng） 隶属墩集镇项沟村，地理实体类型为农村居民点。东至界牌张村小陈庄，南至项沟村村民委员会驻地，西至火箭沟，北至墩集村孙庄。总户数为319户，总人口为1150人，民族为汉族。面积为2.4平方千米。

因该地地势较高，属岗地，仇姓人居多，故名。1958年人民公社时属仇岗大队，1984年更名为仇岗村，2008年并入项沟村，名为仇岗庄。

大陈庄

大陈庄（Dàchénzhuāng） 隶属墩集镇项沟村，地理实体类型为农村居民点。东至项沟，南至项沟，西至小魏庄，北至界牌张村小陈庄。总户数为151户，总人口为632人，民族为汉族。面积为1.4平方千米。

清朝末年，陈姓人家迁居至此，在此开荒种地，建造房屋，不断繁衍生息，家族人丁兴旺，逐渐壮大，故得名大陈庄。2008年隶属项沟村。

大魏庄

大魏庄（Dàwèizhuāng） 隶属墩集镇项沟村，地理实体类型为农村居民点。东至王岗庄，南至肖杨庄，西至小魏庄，北至界牌张村开庄。总户数为249户，总人口为976人，民族为汉族。面积为1.3平方千米。

清代中期，魏姓人家由北方迁居至此，在此开荒种地，建造房屋，不断繁衍生息，家族人丁兴旺，逐渐壮大，故得名大魏庄。1958年人民公社时属大魏大队，1984年更名为大魏村，2008年并入项沟村，名为大魏庄。

严岗庄

严岗庄（Yángǎngzhuāng） 隶属墩集镇项沟村，地理实体类型为农村居民点。东至肖杨庄，南至陈吴村，西至石龙岗村，北至项沟。总户数为249户，总人口为953人，民族为汉族。面积为1.3平方千米。

明朝嘉靖年间，严姓人家由北方迁居至此，在此开荒种地，建造房屋，繁衍生息，因该居民点地势较高，属岗地，故得名严岗庄。1958年人民公社时名为严岗大队，1984年更名为严岗村，2008年并入项沟村，名为严岗庄。

草沟镇

沟北陈庄

沟北陈庄（Gōuběichénzhuāng） 隶属草沟镇桥东村，地理实体类型为农村居民点。东至三陈，南至张圩，西至大河，北至小丁。总户数为105户，总人口为462人，民族为汉族。面积为1.8平方千米。

陈姓人家，由南方迁居至此，建造房屋，不断壮大，因村庄南面有一条沟，故名。1958年人民公社时期隶属杨彦大队，1984年隶属杨彦村，2008年并入桥东村。

圩外庄

圩外庄（Wéiwàizhuāng） 隶属草沟镇桥东村，地理实体类型为农村居民点。东至索庙庄，南至黄庄，西至草沟庄，北至小丁庄。总户数为59户，总人口为260人，民族为汉族。面积为1平方千米。

张姓人家迁居此地，建造房屋，繁衍生息，因村庄挖有圩沟，故得名圩里庄。因人口不断增多，张姓人家分支迁出圩里庄建房定居，故名。1958年人民公社时期隶属杨彦大队，1984年隶属杨彦村，2008年并入桥东村。

圩里庄

圩里庄（Wéilǐzhuāng） 隶属草沟镇桥东村，地理实体类型为农村居民点。东至索庙，南至黄庄，西至草沟，北至小丁。总户数为57户，总人口为250人，民族为汉族。面积为0.8平方千米。

张姓人家迁居此地，建造房屋，繁衍生息，因村庄四周挖有圩沟，故名。1958年人民公社时期隶属杨彦大队，1984年隶属杨彦村，2008年并入桥东村。

郭路庄

郭路庄（Guōlùzhuāng） 隶属草沟镇桥东村，地理实体类型为农村居民点。东至索庙，南至前梁庄，西至河，北至张圩庄。总户数为55户，总人口为242人，民族为汉族。面积为1.2平方千米。

郭姓人家由南方迁居至此，建造房屋，不断壮大，因一条大路穿庄而过，故名。1958年人民公社时期隶属杨彦大队，1984年隶属杨彦村，2008年并入桥东村。

石彦庄

石彦庄（Shíyànzhuāng） 隶属草沟镇桥东村，地理实体类型为农村居民点。东至二陈庄，南至小丁庄，西至小陈庄，北至杨彦庄。总户数为90户，总人口为396人，民族为汉族。面积为1.2平方千米。

石姓、彦姓人家迁居至此，开垦荒地，建造房屋，不断壮大，故名。1958年人民公社时期隶属杨彦大队，1984年隶属杨彦村，2008年并入桥东村。

西王庄

西王庄（Xīwángzhuāng） 隶属草沟镇桥东村，地理实体类型为农村居民点。东至小丁庄，南至张圩庄，西至草沟庄，北至小陈庄。总户数为93户，总人口为410人，民族为汉族。面积为0.8平方千米。

王姓家族聚居此地，开荒种地，建造房屋，不断壮大，因村庄位置靠西，故名。1958年人民公社时期隶属杨彦大队，1984年隶属杨彦村，2008年并入桥东村。

黄庄

黄庄（Huángzhuāng） 隶属草沟镇桥东村，地理实体类型为农村居民点。东至索庙庄，南至前梁庄，西至大河庄，北至张圩庄。总户数为109户，总人口为480人，民族为汉族。面积为1.2平方千米。

黄姓人家由南方迁居至此，建造房屋，不断壮大，故名。1958年人民公社时期隶属黄庄大队，1984年隶属黄庄村，2008年并入桥东村。

后梁庄

后梁庄（Hòuliángzhuāng） 隶属草沟镇桥东村，地理实体类型为农村居民点。东至三陈庄，南至张圩庄，西至大河，北至小丁庄。总户数为91户，总人口为400人，民族为汉族。面积为0.21平方千米。

梁姓人家由南方迁居至此，建造房屋，不断壮大，不久又从前梁庄分支到后面建立村庄，故名。1958年人民公社时期隶属杨彦大队，1984年隶属杨彦村，2008年并入桥东村。

前梁庄

前梁庄（Qiánliángzhuāng） 隶属草沟镇桥东村，地理实体类型为农村居民点。东至索庙，南至索庙，西至大河，北至黄庄。总户数为112户，总人口为493人，民族为汉族。面积为0.96平方千米。

梁姓人家由南方迁居至此，建造房屋，不断壮大，因庄后面是梁姓分支的后梁庄，故名。1958年人民公社时期隶属杨彦大队，

1984年隶属杨彦村，2008年并入桥东村。

沟南陈庄

沟南陈庄（Gōunánchénzhuāng） 隶属草沟镇桥东村，地理实体类型为农村居民点。东至三陈庄，南至张圩庄，西至大河，北至沟北陈庄。总户数为67户，总人口为295人，民族为汉族。面积为0.5平方千米。

陈姓人家由南方迁居至此，建造房屋，不断壮大，因陈庄北面有条沟，故名。1958年人民公社时期隶属杨彦大队，1984年隶属杨彦村，2008年并入桥东村。

新王楼庄

新王楼庄（Xīnwánglóuzhuāng） 隶属草沟镇王楼村，地理实体类型为农村居民点。东至稻王庄，南至大楼庄，西至二楼庄，北至孙巷。总户数为50户，总人口为250人，民族为汉族。面积为0.46平方千米。

1980年前后，由大楼庄、二楼庄、新楼庄迁来，因楼房居多，故得名新王楼庄。1958年人民公社时期隶属王楼大队，1984年隶属王楼村。

大楼庄

大楼庄（Dàlóuzhuāng） 隶属草沟镇王楼村，地理实体类型为农村居民点。东至前蹈王庄，南至北沱河，西至老楼庄，北至新王楼庄。总户数为160户，总人口为800人，民族为汉族。面积为0.86平方千米。

从山西王楼搬迁到此地，因村庄较大，故名大楼庄。1958年人民公社时期隶属王楼大队，1984年隶属王楼村。

新楼庄

新楼庄（Xīnlóuzhuāng） 隶属草沟镇王楼村，地理实体类型为农村居民点。东至二楼庄，南至老楼庄，西至张庄，北至孙巷村。总户数为29户，总人口为216人，民族为汉族。面积为0.35平方千米。

从老楼庄迁到此地，故得名新楼庄。1958年人民公社时期隶属王楼大队，1984年隶属王楼村。

万巷庄

万巷庄（Wànxiàngzhuāng） 隶属草沟镇孙巷村，地理实体类型为农村居民点。东至沱河，南至孙巷庄，西至孙巷庄，北至孙巷庄。总户数为50户，总人口为250人，民族为汉族。面积为0.55平方千米。

万姓家族聚居此地，建村立庄，繁衍生息，人丁兴旺，逐渐壮大，因该庄巷口非常多而有名，故得名万巷庄。1958年人民公社时期隶属孙巷大队，1984年隶属孙巷村。

孙巷庄

孙巷庄（Sūnxiàngzhuāng） 隶属草沟镇孙巷村，地理实体类型为农村居民点。东至万巷庄，南至代庄，西至孙张庄，北至孙张庄。总户数为300户，总人口为1500人，民族为汉族。面积为1.53平方千米。

孙姓人家由江苏迁居此地，开荒种地，繁衍生息，人丁兴旺，逐渐壮大，因巷口太多，故得名孙巷庄。1958年人民公社时期隶属孙巷大队，1984年隶属孙巷村。

后小秦庄

后小秦庄（Hòuxiǎoqínzhuāng） 隶属草沟镇夏庙村，地理实体类型为农村居民点。东至秦庄，南至大秦，西至草夏路，北至钱庄。总户数为30户，总人口为400人，民族为汉族。面积为0.4平方千米。

秦姓家族聚居此地，建村立庄，繁衍生息，人丁兴旺，逐渐壮大，因在大秦庄后面，故而得名后小秦庄。1958年人民公社时期隶属夏庙大队，1984年隶属夏庙村。

沟东李庄

沟东李庄（Gōudōnglǐzhuāng） 隶属草沟镇夏庙村，地理实体类型为农村居民点。东至时渡，南至夏庄，西至斜沟沿，北至于城村界。总户数为40户，总人口为150人，民族为汉族。面积为0.28平方千米。

李姓家族聚居此地，建村立庄，繁衍生息，人丁兴旺，逐渐壮大，因村庄西面有条大沟，故得名沟东李庄。1958年人民公社时期隶属夏庙大队，1984年隶属夏庙村。

大秦庄

大秦庄（Dàqínzhuāng） 隶属草沟镇夏庙村，地理实体类型为农村居民点。东至唐河，南至孙巷，西至郝巷，北至新秦。总户数为70户，总人口为240人，民族为汉族。面积为0.9平方千米。

秦姓家族由河南迁居此地，开垦荒地，建造房屋，繁衍生息，人丁兴旺，故得名大秦庄。1958年人民公社时期隶属夏庙大队，1984年隶属夏庙村。

新秦庄

新秦庄（Xīnqínzhuāng） 隶属草沟镇夏庙村，地理实体类型为农村居民点。东至唐河，南至大秦，西至解庄，北至钱庄。总户数为60户，总人口为310人，民族为汉族。面积为1.3平方千米。

秦姓家族由河南迁居此地，开垦荒地，建造房屋，繁衍生息，人丁兴旺，从大秦庄分支，故得名新秦庄。1958年人民公社时期隶属夏庙大队，1984年隶属夏庙村。

小顾庄

小顾庄（Xiǎogùzhuāng） 隶属草沟镇汪尚村，地理实体类型为农村居民点。东至街南，南至李圩，西至赵庄，北至街南小王庄。总户数为110户，总人口为500人，民族为汉族。面积为1.02平方千米。

顾姓人家聚居此地，开荒种地，建造房屋，因村庄人口少，故而得名小顾庄。1958年人民公社时期隶属小顾大队，1984年隶属小顾村村民委员会，2008年并入汪尚村。

赵庄

赵庄（Zhàozhuāng） 隶属草沟镇汪尚村，地理实体类型为农村居民点。东至街南，南至李圩，西至大陈沟，北至街南。总户数为130户，总人口为712人，民族为汉族。面积为1.44平方千米。

赵姓家族由河南迁居此地，开垦荒地，建造房屋，繁衍生息，人丁兴旺，故得名赵庄。1958年人民公社时期隶属汪尚大队，1984年隶属汪尚村。

尚庄

尚庄（Shàngzhuāng） 隶属草沟镇汪尚村，地理实体类型为农村居民点。东至李圩村，南至小蒋庄，西至前庄，北至汪庄。总户数为112户，总人口为500人，民族为汉族。面积为1.01平方千米。

尚姓家族由河南迁居此地，开垦荒地，建造房屋，繁衍生息，人丁兴旺，故得名尚庄。1958年人民公社时期隶属汪尚大队，1984年隶属汪尚村。

石圩庄

石圩庄（Shíwéizhuāng） 隶属草沟镇汪尚村，地理实体类型为农村居民点。东至汪庄，南至前庄，西至沱河，北至后陈庄。总户数为210户，总人口为1030人，民族为汉族。面积为1.12平方千米。

石姓家族由山西迁居至此，开荒种地，建造房屋，繁衍生息，因村庄四周挖有圩沟，故得名石圩庄。1958年人民公社时期隶属石圩大队，1984年隶属石圩村，2008

年并入汪尚村。

新梁庄

新梁庄（Xīnliángzhuāng） 隶属草沟镇秦桥村，地理实体类型为农村居民点。东至县道，南至于韩，西至唐河，北至新庄。总户数为55户，总人口为134人，民族为汉族。面积为0.5平方千米。

因老梁铺不断壮大，分支迁到此庄，故而得名新梁庄。1958年人民公社时期隶属秦桥大队，1984年隶属秦桥村。

李铺庄

李铺庄（Lǐpùzhuāng） 隶属草沟镇秦桥村，地理实体类型为农村居民点。东至县道，南至于韩，西至唐河，北至高徐庄。总户数为125户，总人口为222人，民族为汉族。面积为0.5平方千米。

李姓人家由江苏迁居此地，开荒种地，繁衍生息，人丁兴旺，逐渐壮大，故得名李铺庄。1958年人民公社时期隶属秦桥大队，1984年隶属秦桥村。

小臧庄

小臧庄（Xiǎozāngzhuāng） 隶属草沟镇秦桥村，地理实体类型为农村居民点。东至县道，南至梁铺，西至唐河，北至新汴河。总户数为48户，总人口为160人，民族为汉族。面积为1平方千米。

传说元朝末期，朱元璋幼时讨饭住在畲台，常到一个无名的小村庄偷东西吃，此地故得名为小臧庄。1958年人民公社时期隶属秦桥大队，1984年隶属秦桥村。

秦关庄

秦关庄（Qínguānzhuāng） 隶属草沟镇秦桥村，地理实体类型为农村居民点。东至梁铺庄，南至唐河，西至唐河，北至大郑庄。总户数为119户，总人口为738人，民族为汉族。面积为1.5平方千米。

清朝末年，秦姓人家聚居此地，开荒种地，建造房屋，不断繁衍生息，家族不断壮大，故得名秦关庄。1958年人民公社时期隶属秦桥大队，1984年隶属秦桥村。

沟张庄

沟张庄（Gōuzhāngzhuāng） 隶属草沟镇大张村，地理实体类型为农村居民点。东至宋林庄，南至小新庄，西至徐明高速千米，北至空地。总户数为270户，总人口为900人，民族为汉族。面积为1.5平方千米。

张姓家族聚居此地，建村立庄，繁衍生息，人丁兴旺，逐渐壮大，因一条沟穿庄而过，故而得名沟张庄。1958年人民公社时期隶属大张大队，1984年隶属大张村。

高圩庄

高圩庄（Gāowéizhuāng） 隶属草沟镇大张村，地理实体类型为农村居民点。东至姚庄，南至腊向路，西至空地，北至路庄。总户数为300户，总人口为1800人，民族为汉族。面积为2平方千米。

高姓家族由山西迁居至此，开荒种地，建造房屋，繁衍生息，因村庄四周挖有圩沟，故得名高圩庄。1958年人民公社时期隶属高圩大队，1984年隶属高圩村，2008年并入大张村。

曾李庄

曾李庄（Zēnglǐzhuāng） 隶属草沟镇于韩村，地理实体类型为农村居民点。东至官塘村，南至周庙庄，西至侍圩村，北至瓦韩村。总户数为170户，总人口为920人，民族为汉族。面积为1.2平方千米。

一曾姓人氏搬石头垫成一座滚桥，后来曾姓人搬走后，李姓人搬到此地定居，故取名曾桥李，简称曾李庄。1958年人民公社时期隶属于韩大队，1984年隶属于韩村。

沟韩庄

沟韩庄（Gōuhánzhuāng） 隶属草沟镇于韩村，地理实体类型为农村居民点。东至官塘村，南至于韩新村，西至周庙庄，北至曾李庄。总户数为181户，总人口为940人，民族为汉族。面积为1.2平方千米。

韩姓家族聚居此地，建村立庄，繁衍生息，人丁兴旺，逐渐壮大，且有一条大沟从庄经过，故得名沟韩庄。1958年人民公社时期隶属于韩大队，1984年隶属于韩村。

刘铺庄

刘铺庄（Liúpùzhuāng） 隶属草沟镇街南村，地理实体类型为农村居民点。东至唐沱河，南至顾庄，西至汪尚，北至圩里。总户数为85户，总人口为340人，民族为汉族。面积为0.8平方千米。

最初因该庄坐落在老圩南边，曾名为圩南庄，后刘姓人口逐渐增多，故更名为刘铺庄。1958年人民公社时期隶属刘铺大队，1984年隶属刘铺村，2008年并入街南村。

汪庄

汪庄（Wāngzhuāng） 隶属草沟镇街南村，地理实体类型为农村居民点。东至唐沱河，南至圩里，西至汪尚，北至豆庄。总户数为105户，总人口为430人，民族为汉族。面积为0.83平方千米。

汪姓家族聚居此地，建村立庄，繁衍生息，人丁兴旺，逐渐壮大，故得名汪庄。1958年人民公社时期隶属张戴大队，1984年隶属张戴村村民委员会，2008年隶属街南村。

小新庄

小新庄（Xiǎoxīnzhuāng） 隶属草沟镇于城村，地理实体类型为农村居民点。东至大新，南至夏庙，西至邵庄，北至圩北。总户数27户，总人口为137人，民族为汉族。面积为0.06平方千米。

1958年人民公社时期，于姓家族从于圩庄分支迁居此地，村庄面积小，且人口少，故得名为小新庄。1958年人民公社时期隶属城大队，1984年隶属于城村。

大侍家庄

大侍家庄（Dàshìjiāzhuāng） 隶属草沟镇侍圩村，地理实体类型为农村居民点。东至关路，南至大胡庄，西至唐河，北至侍中庄。总户数75户，总人口为309人，民族为汉族。面积为0.8平方千米。

1983年侍姓家族分支从侍圩庄迁居至东侍圩庄南面，因不断繁衍生息，家族人丁兴旺，不断壮大，故得名大侍家庄。1958年人民公社时期隶属侍圩大队，1984年隶属侍圩村。

周许庄

周许庄（Zhōuxǔzhuāng） 隶属草沟镇李圩村，地理实体类型为农村居民点。东至许圩庄，南至沱河，西至西周，北至西周。总户数113户，总人口为585人，民族为汉族。面积为1.2平方千米。

周、许二姓家族迁居此地，开垦荒地，建造房屋，繁衍生息，人丁兴旺，故命名为周许庄。1958年人民公社时期隶属周许大队，1984年隶属周许村，2008年隶属李圩村。

寺陈庄

寺陈庄（Sìchénzhuāng） 隶属草沟镇李圩村，地理实体类型为农村居民点。东至西周庄，南至沱河，西至官庄，北至水泥路。总户数99户，总人口为515人，民族为汉族。面积为1.1平方千米。

庄内有座古庙，陈姓人居多，故得名寺陈庄。1958年人民公社时期隶属李圩大队，1984年隶属李圩村。

前李庄

前李庄（Qiánlǐzhuāng） 隶属草沟镇李圩村，地理实体类型为农村居民点。东至后王，南至村村民委员会，西至水泥路，北至后李。总户数34户，总人口为170人，民族为汉族。面积为0.3平方千米。

李姓家族聚居此地，建村立庄，繁衍生息，人丁兴旺，逐渐壮大，因该村后面有两个李庄，故得名前李庄。1958年人民公社时期隶属李圩大队，1984年隶属李圩村。

官庄

官庄（Guānzhuāng） 隶属草沟镇李圩村，地理实体类型为农村居民点。东至水泥路，南至沱河，西至汪尚村，北至李圩庄。总户数109户，总人口为555人，民族为汉族。面积为1.2平方千米。

官姓家族聚居此地，建村立庄，繁衍生息，人丁兴旺，逐渐壮大，故得名官庄。1958年人民公社时期隶属李圩大队，1984年隶属李圩村。

后张庄

后张庄（Hòuzhāngzhuāng） 隶属草沟镇李圩村，地理实体类型为农村居民点。东至水泥路，南至前张庄，西至汪尚，北至汪尚。总户数36户，总人口为180人，民族为汉族。面积为0.3平方千米。

张姓家族聚居此地，建村立庄，繁衍生息，人丁兴旺，逐渐壮大，因村庄靠前张庄后面，故得名后张庄。1958年人民公社时期隶属李圩大队，1984年隶属李圩村。

前张庄

前张庄（Qiánzhāngzhuāng） 隶属草沟镇李圩村，地理实体类型为农村居民点。东至水泥路，南至李圩庄，西至汪尚，北至后张庄。总户数37户，总人口为185人，民族为汉族。面积为0.3平方千米。

张姓家族聚居此地，建村立庄，繁衍生息，人丁兴旺，逐渐壮大，因村庄靠南，故得名前张庄。1958年人民公社时期隶属李圩大队，1984年隶属李圩村。

后李庄

后李庄（Hòulǐzhuāng） 隶属草沟镇李圩村，地理实体类型为农村居民点。东至后王，南至前李庄，西至水泥路，北至汪尚村。总户数29户，总人口为145人，民族为汉族。面积为0.2平方千米。

李姓家族聚居此地，建村立庄，繁衍生息，人丁兴旺，逐渐壮大，因在前李庄后面，故得名后李庄。1958年人民公社时期隶属李圩大队，1984年隶属李圩村。

宁庄

宁庄（Níngzhuāng） 隶属草沟镇瓦韩村，地理实体类型为农村居民点。东至瓦韩庄，南至老秦庄，西至唐河，北至窦井庄。总户数110户，总人口为560人，民族为汉族。面积为0.5平方千米。

宁姓家族聚居此地，建村立庄，繁衍生息，人丁兴旺，逐渐壮大，故得名宁庄。1958年人民公社时期隶属宁庄大队，1984年隶属宁庄村，2008年并入瓦韩村。

咬王庄

咬王庄（Yǎowángzhuāng） 隶属草沟镇瓦韩村，地理实体类型为农村居民点。东至东秦庄，南至小周庄，西至唐河，北至老秦庄。总户数120户，总人口为500人，民族为汉族。面积为0.5平方千米。

王姓家族聚居此地，建村立庄，繁衍生息，人丁兴旺，逐渐壮大，起初庄小养狗看门，名为狗咬王庄，后简称咬王庄。1958年人民公社时期隶属瓦韩大队，1984年隶属瓦韩村。

窦井庄

窦井庄（Dòujǐngzhuāng） 隶属草沟镇瓦韩村，地理实体类型为农村居民点。东至苗东家，南至宁庄，西至苗庄。总户数50户，总人口为180人，民族为汉族。面积为0.8平方千米。

窦姓家族聚居此地，建村立庄，繁衍生息，人丁兴旺，逐渐壮大，村庄有口大水井，故得名窦井庄。1958年人民公社时期隶属瓦韩大队，1984年隶属瓦韩村。

苗东家庄

苗东家庄（Miáodōngjiāzhuāng） 隶属草沟镇瓦韩村，地理实体类型为农村居民点。东至瓦韩庄，南至宁庄，西至窦井，北至苗庄。总户数80户，总人口为220人，民族为汉族。面积为1平方千米。

因该庄位于唐河东面，苗姓人居多，故得名苗东家庄。1958年人民公社时期隶属瓦韩大队，1984年隶属瓦韩村。

东秦庄

东秦庄（Dōngqínzhuāng） 隶属草沟镇瓦韩村，地理实体类型为农村居民点。东至环县西路，南至丰收沟，西至咬王庄，北至瓦韩庄。总户数20户，总人口为100人，民族为汉族。面积为0.5平方千米。

1984年以后，从老秦庄搬出九家村民，又叫九家秦，在老秦庄东面立庄，故称东秦庄。1958年人民公社时期隶属瓦韩大队，1984年隶属瓦韩村。

瓦韩庄

瓦韩庄（Wǎhánzhuāng） 隶属草沟镇瓦韩村，地理实体类型为农村居民点。东至大安，南至丰收沟，西至苗东家，北至秦桥。总户数600户，总人口为2280人，民族为汉族。面积为1.5平方千米。

瓦韩庄以韩姓居多，原为乡政府所在地，是该村最早有瓦房的庄，故得名为瓦韩庄。1958年人民公社时期隶属瓦韩大队，1984年隶属瓦韩村。

康王庄

康王庄（Kāngwángzhuāng） 隶属草沟镇大安村，地理实体类型为农村居民点。东至铁李庄，南至南沱河，西至尤庄，北至沱河大坝。总户数127户，总人口为458人，民族为汉族。面积为0.3平方千米。

王姓家族聚居此地，建村立庄，繁衍生息，人丁兴旺，逐渐壮大，由于该村庄水质好，很少有村民生大病，身体健康并且全部姓王，故得名康王庄。1958年人民公社时期隶属大安大队，1984年隶属大安村。

柳树王庄

柳树王庄（Liǔshùwángzhuāng） 隶属草沟镇街西村，地理实体类型为农村居民点。东至大陈沟，南至巷王，西至新王庄，北至新桥王庄。总户数41户，总人口为166人，民族为汉族。面积为0.4平方千米。

王姓人居多，栽柳树特别多，故名柳树王庄。1958年人民公社时期隶属君赵大队，1984年隶属君赵村，2008年隶属街西村。

新桥王庄

新桥王庄（Xīnqiáowángzhuāng） 隶属草沟镇街西村，地理实体类型为农村居民点。东至大陈沟，南至柳树王庄，西至329省道，北至329省道。总户数55户，总人口为225人，民族为汉族。面积为0.5平方千米。

王姓家族聚居此地，建村立庄，繁衍生息，人丁兴旺，逐渐壮大，因庄中桥多，故而得名新桥王庄。1958年人民公社时期隶属君赵大队，1984年隶属君赵村，2008年隶属街西村。

老张庄

老张庄（Lǎozhāngzhuāng） 隶属草沟镇街西村，地理实体类型为农村居民点。东至新桥王庄，南至柳树王庄，西至新王庄。总户数57户，总人口为247人，民族为汉族。面积为1平方千米。

张姓家族聚居此地，建村立庄，繁衍生息，人丁兴旺，逐渐壮大，故得名老张庄。1958年人民公社时期隶属君赵大队，1984年隶属君赵村，2008年隶属街西村。

后赵庄

后赵庄（Hòuzhàozhuāng） 隶属草沟镇街西村，地理实体类型为农村居民点。东至大陈沟，南至中赵庄，西至梁圩庄，北至新张庄。总户数31户，总人口为119人，民族为汉族。面积为0.7平方千米。

赵姓家族聚居此地，建村立庄，繁衍生息，人丁兴旺，逐渐壮大，因该庄位于前赵庄北面，故得名后赵庄。1958年人民公社时期隶属君赵大队，1984年隶属君赵村，2008年隶属街西村。

丁湖镇

索滩街

索滩街（Suǒtānjiē） 隶属丁湖镇索滩村，地理实体类型为农村居民点。东至大桥村新桥庄，南至赵庄，西至荀庄，北至于庄。总户数为148户，总人口为480人，民族为汉族。面积为0.2平方千米。

清朝光绪年间，有一和尚姓索，在高滩上建庙索滩庙，后简称索滩。以后不断有人搬迁至此，逐渐发展成商贸小街道，称索滩街。1958年人民公社时期隶属索滩大队。1984年隶属索滩村。1982—1992年（撤区并乡）是索滩乡政府所在地。

老岗庄

老岗庄（Lǎogǎngzhuāng） 隶属丁湖镇索滩村，地理实体类型为农村居民点。东至索滩街，南至陈庄，西至荀庄，北至于庄。总户数为90户，总人口为460人，民族为汉族。面积为0.12平方千米。

此地先民始于陕西，后迁于山西省太原鹊巢，大遭兵革之乱，始祖为生存之计，迁于泗州西南沱河岸上，在此开荒种地，不断繁衍生息，家族人丁旺盛逐渐壮大，因该庄处于高岗地带，故名老岗庄。1958年人民公社时期隶属索滩大队，1984年隶属索滩村。

冯巷庄

冯巷庄（Féngxiàngzhuāng） 隶属丁湖镇索滩村，地理实体类型为农村居民点。东至向阳村新万庄，南至向阳村孙庙庄，西至沱河，北至耿庄。总户数为250户，总人口为950人，民族为汉族。面积为0.25平方千米。

冯氏家族在此开荒种地，建造房屋，因庄内有一条长长的巷子，故得名冯巷庄。1958年人民公社时期隶属索滩大队，1984年隶属索滩村。

大郭庄

大郭庄（Dàguōzhuāng） 隶属丁湖镇索滩村，地理实体类型为农村居民点。东至小郭庄，南至孙庄，西至沱河，北至桥东村梁庄。总户数为160户，总人口为720人，民族为汉族。面积为0.85平方千米。

从山西省太原鹊巢迁于泗州西南沱河岸边，在此开荒种地建房，因庄民全部姓郭，起名大郭庄。1958 年人民公社时期隶属索滩大队，1984 年隶属索滩村。

陈庄

陈庄（Chénzhuāng） 隶属丁湖镇索滩村，地理实体类型为农村居民点。东至索滩街，南至赵庄，西至孙庄，北至荀庄。总户数为 42 户，总人口为 170 人，民族为汉族。面积为 0.09 平方千米。

因村民陈姓居多而得名。1958 年人民公社时期隶属索滩大队，1984 年隶属索滩村。

大丁庄

大丁庄（Dàdīngzhuāng） 隶属丁湖镇丁陈村，地理实体类型为农村居民点。东至小朱庄，南至齐路丁，西至三陈庄，北至小孟庄。总户数为 130 户，总人口为 773 人。民族为汉族。面积为 0.81 平方千米。

大明洪武年间，有一丁姓人家，由外地搬迁至此地开荒种地，建造房子，繁衍生息，人丁兴旺，逐渐形成村庄，故得名大丁庄。1958 年人民公社时期隶属草沟公社，1984 年隶属大丁村，2008 年并入丁陈村。

三陈庄

三陈庄（Sānchénzhuāng） 隶属丁湖镇丁陈村，地理实体类型为农村居民点。东至大丁庄，南至齐丁庄，西至小陈庄，北至二陈庄。总户数为 80 户，总人口为 398 人，民族为汉族。面积为 0.5 平方千米。

二陈庄陈姓家族为了方便生产生活，部分人家搬到庄外建房，逐渐壮大，形成村庄，故得名三陈庄。1958 年人民公社时期隶属二陈大队，1984 年隶属二陈村，2008 年并入丁陈村。

吴圩

吴圩（Wúwéi） 隶属丁湖镇吴圩村，地理实体类型为农村居民点。东至春韩、大位，南至杨庄，西至西小吴、曹巷，北至后小吴。总户数为 196 户，总人口为 786 人，民族为汉族。面积为 0.75 平方千米。

因吴姓人聚居，村庄四周筑圩，得名吴圩。1958 年人民公社时期隶属吴圩大队。1984 年隶属吴圩村。1992 年撤庄并乡，该村是吴圩乡政府所在地。

西小吴

西小吴（Xīxiǎowú） 隶属丁湖镇吴圩村，地理实体类型为农村居民点。东至吴圩、小杨庄，南至梁庄，西至何庄，北至曹巷。总户数为 51 户，总人口为 204 人，民族为汉族。面积为 0.97 平方千米。

因该庄建在吴圩西边，且村庄较小，故名西小吴。1958 年人民公社时期隶属吴圩大队，1984 年隶属吴圩村。

老荒庄

老荒庄（Lǎohuāngzhuāng） 隶属丁湖镇向阳村，地理实体类型为农村居民点。东至凡湖大沟，南至东凡，西至小李，北至许李。总户数为 79 户，总人口为 130 人，民族为汉族。面积为 0.1 平方千米。

因此地很久以前是一片荒无人烟的土地，清朝时期，有人家迁入此地，开荒种地建房，繁衍生息，故取名老荒庄。1958 年人民公社时期隶属向阳大队，1984 年隶属向阳村。

刘圩

刘圩（Liúwéi） 隶属丁湖镇向阳村，地理实体类型为农村居民点。东至孙庙，南至小湖，西至沈河，北至丁梁。总户数为 40 户，总人口为 472 人，民族为汉族。面积为 0.42 平方千米。

刘氏家族在此开荒种地，建造房屋，村庄四周有圩，故名刘圩。1958 年人民公社社时期隶属向阳大队，1984 年隶属向阳村。

小王庄

小王庄（Xiǎowángzhuāng） 隶属丁湖镇向阳村，地理实体类型为农村居民点。东至东孙庙，南至腰庄，西至刘圩，北至冯巷。总户数为 40 户，总人口为 120 人，民族为汉族。面积为 0.5 平方千米。

庄内王姓人居多，故名小王庄。1958 年人民公社时期隶属向阳大队，1984 年隶属向阳村。

许李庄

许李庄（Xǔlǐzhuāng） 隶属丁湖镇向阳村，地理实体类型为农村居民点。东至凡湖大沟，西至陈圩，北至小万，南至老荒庄。总户数为 97 户，总人口为 150 人，民族为汉族。面积为 0.1 平方千米。

因庄内居民许姓、李姓居多，故得名许李庄。1958 年人民公社时期隶属向阳大队，1984 年隶属许李村，2008 年并入向阳村。

小黄庄

小黄庄（Xiǎohuángzhuāng） 隶属丁湖镇石丁村，地理实体类型为农村居民点。东至小付庄，南至小陈庄，西至小张庄，北至西孙庄。总户数为 36 户，总人口为 208 人，民族为汉族。面积为 0.79 平方千米。

村庄小，黄姓人口居多，故而得名。1958 年人民公社时期隶属石丁大队，1984 年隶属石丁村。

小袁庄

小袁庄（Xiǎoyuánzhuāng） 隶属丁湖镇石丁村，地理实体类型为农村居民点。东至小陈庄，南至汤湖村付湖庄，西至丁湖村袁庙庄，北至小张庄。总户数为 21 户，总人口为 85 人，民族为汉族。面积为 0.46 平方千米。

袁姓人口居多，村庄小，故而得名。1958 年人民公社时期隶属石丁大队，1984 年隶属石丁村。

前樊庄

前樊庄（Qiánfánzhuāng） 隶属丁湖镇樊集村，地理实体类型为农村居民点。东至后孙庄，南至沱河，西至刘赵庄，北至后樊庄。总户数为 99 户，总人口为 386 人，民族为汉族。面积为 0.3 平方千米。

樊姓家族在此建村立庄，繁衍生息，人丁兴旺，逐渐壮大，樊姓家族分支搬至村庄南部居住，故名前樊庄。1958 年人民公社时期隶属樊集大队，1984 年隶属樊集村。

后樊庄

后樊庄（Hòufánzhuāng） 隶属丁湖镇樊集村，地理实体类型为农村居民点。东至丁庄，南至沱河，西至刘赵庄，北至田块。总户数为 90 户，总人口为 364 人，民族为汉族。面积为 0.3 平方千米。

樊姓家族在此建村立庄，繁衍生息，人丁兴旺，逐渐壮大，樊姓家族分支搬至村庄北部居住，故名后樊庄。1958 年人民公社时期隶属樊集大队，1984 年隶属樊集村。

大魏庄

大魏庄（Dàwèizhuāng） 隶属丁湖镇春韩村，地理实体类型为农村居民点。东至环区路，南至龙沟界，西至 329 省道，北至 329 省道。总户数为 210 户，总人口为 900 人，民族为汉族。面积为 0.98 平方千米。

清代末年，魏姓人家从北方迁居至此，开荒种地、建房，不断繁衍生息，家族人丁旺盛，故得名大魏庄。1958 年人民公社时期隶属春韩大队，1984 年隶属春韩村。

韩圩庄

韩圩庄（Hánwéizhuāng） 隶属丁湖

镇春韩村，地理实体类型为农村居民点。东至329省道，南至吴圩交界，西至樊吴大沟，北至058县道。总户数为108户，总人口为520人，民族为汉族。面积为0.57平方千米。

解放战争时期，韩姓人口在此定居，村民为防止土匪来抢，自发修筑土圩，故得名韩圩庄。1958年人民公社时期隶属春韩大队，1984年隶属春韩村。

户陈庄

户陈庄（Hùchénzhuāng）　隶属丁湖镇春韩村，地理实体类型为农村居民点。东至卢庄交界，南至343国道，西至腊韩庄，北至新汴河。总户数为110户，总人口为420人，民族为汉族。面积为0.46平方千米。

清代光绪年间，陈姓人家迁居至此，开荒种地，建造房屋，不断繁衍生息，逐渐在此地形成大户，故得名户陈庄。1958年人民公社时期隶属春韩大队，1984年隶属春韩村。

腊韩庄

腊韩庄（Làhánzhuāng）　隶属丁湖镇春韩村，地理实体类型为农村居民点。东至环区路，南至大魏庄，西至韩圩庄交界，北至新汴河。总户数为130户，总人口为530人，民族为汉族。面积为0.58平方千米。

韩姓人居多，村庄内蜡条种植较多，故得名腊（蜡）条韩庄，后更名为腊韩庄。1958年人民公社时期隶属春韩大队，1984年隶属春韩村。

小张庄

小张庄（Xiǎozhāngzhuāng）　隶属丁湖镇春韩村，地理实体类型为农村居民点。东至韩圩小学，南至058县道，西至大彭庄交界，北至老濉河。总户数为110户，总人口为520人，民族为汉族。面积为0.57平方千米。

村庄小，张姓人口居多，故名小张庄。1958年人民公社时期隶属春韩大队，1984年隶属春韩村。

大彭庄

大彭庄（Dàpéngzhuāng）　隶属丁湖镇春韩村，地理实体类型为农村居民点。东至小张庄交界，南至058县道，西至西张庄交界，北至老濉河。总户数为190户，总人口为900人，民族为汉族。面积为0.98平方千米。

清代咸丰年间，彭姓人家迁居至此，开荒种地、建房，繁衍生息，家族人丁旺盛，故得名大彭庄。1958年人民公社时期隶属春韩大队，1984年隶属春韩村。

三蒋庄

三蒋庄（Sānjiǎngzhuāng）　隶属丁湖镇丁湖村，地理实体类型为农村居民点。东至小任庄，南至圩后庄，西至北宅庄，北至歧李大沟。总户数为68户，总人口为279人，主要分布民族有汉族、回族。面积为1.23平方千米。

由蒋庙庄蒋姓分支而成，该庄为第三处分支，故名。1958年人民公社时期隶属丁湖大队，1984年隶属丁湖村。

小任庄

小任庄（Xiǎorènzhuāng）　隶属丁湖镇丁湖村，地理实体类型为农村居民点。东至龙沟村，南至后场庄，西至三蒋庄，北至岐李大沟。总户数为38户，总人口为173人，民族为汉族。面积为平方0.92千米。

任姓人口居多，村庄小，故名小任庄。1958年人民公社时期隶属丁湖大队，1984年隶属丁湖村。

高庄

高庄（Gāozhuāng） 隶属丁湖镇丁湖村，地理实体类型为农村居民点。东至石丁村石丁庄，南至袁庙庄交界，西至老街周围，北至圩后庄。总户数为 102 户，总人口为 418 人，民族为汉族。面积为 1.23 平方千米。

因村庄地势比老街高，在原先水利不发达的时期，雨季该庄无积水，故得名高庄。1958 年人民公社时期隶属丁湖大队，1984 年隶属丁湖村。

沟东刘庄

沟东刘庄（Gōudōngliúzhuāng） 隶属丁湖镇文湖村，地理实体类型为农村居民点。东至苗尤村，南至鱼沟，西至樊吴大沟，北至后刘庄。总户数为 40 户，总人口为 172 人，民族为汉族。面积为 0.18 平方千米。

因该庄位于樊吴大沟东面，刘姓人居多，故名沟东刘庄。1958 年人民公社时期隶属文湖大队，1984 年隶属文湖村。

长沟镇

大山庄

大山庄（Dàshānzhuāng） 隶属长沟镇汴河村，地理实体类型为农村居民点。东至长沟村，南至南柳沟，西至二山庄，北至鹿鸣大山。总户数为 109 户，总人口为 491 人，民族为汉族。面积为 0.3 平方千米。

鹿鸣山有两座山，名为大山和二山，该庄位置在大山附近，故而得名大山庄。1958 年人民公社时期隶属汴河大队，1984 年隶属汴河村。

邓庄

邓庄（Dèngzhuāng） 隶属长沟镇汴河村，地理实体类型为农村居民点。东至许庄，南至中孙庄，西至宗庄，北至 303 省道。总户数为 94 户，总人口为 438 人，民族为汉族。面积为 0.5 平方千米。

因此村民多为邓姓。1958 年人民公社时期隶属汴河大队，1984 年隶属汴河村。

东孙庄

东孙庄（Dōngsūnzhuāng） 隶属长沟镇汴河村，地理实体类型为农村居民点。东至长沟村王庄，南至新汴河，西至中孙庄，北至南柳沟。总户数为 29 户，总人口为 142 人，民族为汉族。面积为 0.25 平方千米。

该庄孙姓人口居多，三个孙庄中位置在最东边，故名东孙庄。1958 年人民公社时期隶属汴河大队，1984 年隶属汴河村。

二山庄

二山庄（Èrshānzhuāng） 隶属长沟镇汴河村，地理实体类型为农村居民点。东至大山庄，南至南柳沟，西至邓沟，北至鹿鸣二山。总户数为 105 户，总人口为 478 人，民族为汉族。面积为 0.48 平方千米。

鹿鸣山有两座山，大山和二山，该村庄因位置处于二山前面，故而得名二山庄。1958 年人民公社时期隶属汴河大队，1984 年隶属汴河村。

刘庄

刘庄（Liúzhuāng） 隶属长沟镇汴河村，地理实体类型为农村居民点。东至长沟村，南至隋唐大运河，西至大寨路，北至朱彭村。总户数为 95 户，总人口为 411 人，民族为汉族。面积为 0.6 平方千米。

因此村民多为刘姓，得名刘庄。1958 年人民公社时期隶属汴河大队，1984 年隶属汴河村。

上马铺庄

上马铺庄（Shàngmǎpùzhuāng） 隶属长沟镇汴河村，地理实体类型为农村居民点。东至宗庄，南至小于庄，西至塘河，北至淮北小桂林场。总户数为182户，总人口为791人，民族为汉族。面积为0.8平方千米。

楚汉相争，项羽从灵璧向东败退，走此村上马而得名上马铺庄。1958年人民公社时期隶属汴河大队，1984年隶属汴河村。

时庄

时庄（Shízhuāng） 隶属长沟镇汴河村，地理实体类型为农村居民点。东至王庄，南至隋唐大运河，西至吴口庄，北至张庄。总户数为162户，总人口为320人，民族为汉族。面积为0.3平方千米。

时姓家族定居此地，开荒种地，繁衍生息，故名时庄。1958年人民公社时期隶属汴河大队，1984年隶属汴河村。

王庄

王庄（Wángzhuāng） 隶属长沟镇汴河村，地理实体类型为农村居民点。东至大寨路，南至隋唐大运河，西至时庄，北至灰山。总户数为45户，总人口为231人，民族为汉族。面积为0.3平方千米。

因王姓人聚居得名王庄。1958年人民公社时期隶属汴河大队，1984年隶属汴河村。

吴口庄

吴口庄（Wúkǒuzhuāng） 隶属长沟镇汴河村，地理实体类型为农村居民点。东至时庄，南至隋唐大运河，西至上马铺庄，北至小桂庄。总户数为86户，总人口为384人，民族为汉族。面积为0.5平方千米。

因该村庄东面有一大缺口，故得名为吴口庄。1958年人民公社时期隶属汴河大队，1984年隶属汴河村。

西孙庄

西孙庄（Xīsūnzhuāng） 隶属长沟镇汴河村，地理实体类型为农村居民点。东至中孙庄，南至新汴河，西至西塘河，北至宗庄。总户数为18户，总人口为96人，民族为汉族。面积为0.06平方千米。

村庄孙姓人口居多，三个孙庄中排在西边而得名西孙庄。1958年人民公社时期隶属汴河大队，1984年隶属汴河村。

庙上庄

庙上庄（Miàoshàngzhuāng） 隶属长沟镇戚庙村，地理实体类型为农村居民点。东至大高圩，南至洋城湖场，西至谷堆，北至村部。总户数为120户，总人口为600人，民族为汉族。面积为1.5平方千米。

高姓人家聚居此地，后来其他姓氏人家逐渐迁入，因该村庄中有座古庙，故得名庙上庄。1958年人民公社时期隶属戚庙大队，1984年隶属戚庙村。

柳袁庄

柳袁庄（Liǔyuánzhuāng） 隶属长沟镇邵庄村，地理实体类型为农村居民点。东至大关庄，南至小桂林场，西至灵璧界，北至谢宅。总户数为63户，总人口为250人，民族为汉族。面积为0.5平方千米。

清朝宣统年间，袁姓人家从外地迁居此处，且栽植柳树多，故名柳袁庄。1958年人民公社时期隶属邵庄大队，1984年隶属邵庄村。

时集庄

时集庄（Shíjízhuāng） 隶属长沟镇邵庄村，地理实体类型为农村居民点。东至马王村，南至旬集，西至张谭，北至奎濉河。总户数为65户，总人口为330人，民族为汉族。面积为0.5平方千米。

村庄中间有个集市，且时姓居民占多数，故名时集庄。1958年人民公社时期隶属邵庄大队，1984年隶属邵庄村。

小李庄

小李庄（Xiǎolǐzhuāng） 隶属长沟镇邵庄村，地理实体类型为农村居民点。东至袁庄，南至邵庄，西至大李庄，北至灵璧界。总户数为130户，总人口为700人，民族为汉族。面积为0.7平方千米。

东西两个村庄都为李庄，该庄面积小，户数少，故名小李庄。1958年人民公社时期隶属邵庄大队，1984年隶属邵庄村。

大李庄

大李庄（Dàlǐzhuāng） 隶属长沟镇四河村，地理实体类型为农村居民点。东至裴堂，南至中李，西至许韩，北至小胡。总户数为158户，总人口为720人，民族为汉族。面积为1.4平方千米。

清朝光绪年间，李姓人家从外地迁居此处，建村立庄，繁衍生息，因村庄人口多，面积大，故得名大李庄。1958年人民公社时期隶属大李大队，1984年隶属大李村，2008年隶属四河村。

后刘庄

后刘庄（Hòuliúzhuāng） 隶属长沟镇四河村，地理实体类型为农村居民点。东至裴堂，南至裴堂，西至小胡，北至灵璧地界。总户数为77户，总人口为287人，民族为汉族。面积为0.5平方千米。

刘姓人家聚居此地，繁衍生息，分支迁至村庄北面居住，故名后刘庄。1958年人民公社时期隶属大李大队，1984年隶属大李村，2008年隶属四河村。

中李庄

中李庄（Zhōnglǐzhuāng） 隶属长沟镇四河村，地理实体类型为农村居民点。东至小李庄，南至汴河，西至岳李庄，北至李圩庄。总户数为65户，总人口为247人，民族为汉族。面积为0.4平方千米。

因本庄村民大部分姓李，且位于李圩、小李、岳李中间，故名中李庄。1958年人民公社时期隶属三李大队，1984年隶属三李村，2008年隶属四河村。

陈庄

陈庄（Chénzhuāng） 隶属长沟镇洋城湖村，地理实体类型为农村居民点。东至高圩，南至新汴河，西至谢庄，北至303省道。总户数为110户，总人口为300人，民族为汉族。面积为0.5平方千米。

因村民多为陈姓，故名。1958年人民公社时期隶属洋城湖大队，1984年隶属洋城湖村。

程庄

程庄（Chéngzhuāng） 隶属长沟镇洋城湖村，地理实体类型为农村居民点。东至姚庄，南至新汴河，西至李庄，北至303省道。总户数为60户，总人口为212人，民族为汉族。面积为0.6平方千米。

程姓家族定居此地，开垦荒地，繁衍生息，故名程庄。1958年人民公社时期隶属洋城湖大队，1984年隶属洋城湖村。

高圩庄

高圩庄（Gāowéizhuāng） 隶属长沟镇洋城湖村，地理实体类型为农村居民点。东至李庄，南至新汴河，西至陈庄，北至303省道。总户数为80户，总人口为340人，民族为汉族。面积为0.6平方千米。

高姓人聚居此地，村庄四周筑有土圩墙，故名高圩庄。1958年人民公社时期隶属洋城湖大队，1984年隶属洋城湖村。

小郑庄

小郑庄（Xiǎozhèngzhuāng） 隶属长沟镇长沟村，地理实体类型为农村居民点。东至洋城湖村，南至新汴河，西至大郑庄，北至长南。总户数为60户，总人口为200人，民族为汉族。面积为0.2平方千米。

1970年，新汴河开挖把郑庄一分为二，因人口少，故得名为小郑庄。1958年人民公社时期隶属长沟大队，1984年隶属长沟村。

尤铺庄

尤铺庄（Yóupùzhuāng） 隶属长沟镇长沟村，地理实体类型为农村居民点。东至大陈村，南至东姚庄，西至虹灵沟，北至大陈村。总户数为160户，总人口为588人，民族为汉族。面积为0.4平方千米。

清朝宣统年间，陕西尤氏逃荒到此地，在此安家落户，繁衍生息，故得名尤铺庄。1958年人民公社时期隶属尤铺大队，1984年隶属尤铺村，2008年并入长沟村。

长南庄

长南庄（Chángnánzhuāng） 隶属长沟镇长沟村，地理实体类型为农村居民点。东至洋城湖村，南至大郑庄、小郑庄，西至汴河村，北至长北庄。总户数为459户，总人口为2200人，民族为汉族。面积为2.6平方千米。

民国时期，尤姓人家聚居此地，建村立庄，繁衍生息，因该庄位于长沟村南部方位，故得名为长南庄。1958年人民公社时期隶属长沟大队，1984年隶属长沟村。

范宅庄

范宅庄（Fànzháizhuāng） 隶属长沟镇朱彭村，地理实体类型为农村居民点。东至陈宅庄，南至关庄，西至邵庄谢宅组，北至邵庄村。总户数为80户，总人口为325人，民族为汉族。面积为0.4平方千米。

清朝光绪年间，范姓人家聚居此地，开荒种地，建造宅院，人丁兴旺，故名范宅庄。1958年人民公社时期隶属朱彭大队，1984年隶属朱彭村。

小关庄

小关庄（Xiǎoguānzhuāng） 隶属长沟镇朱彭村，地理实体类型为农村居民点。东至大陈村西谷组，南至彭庄，西至大关庄，北至陈宅。总户数为92户，总人口为507人，民族为汉族。面积为0.53平方千米。

民国时期，关庄关氏家族分支迁往此地，开荒种地，建村立庄，繁衍生息，因村庄面积小，故得名小关庄。1958年人民公社时期隶属朱彭大队，1984年隶属朱彭村。

黄圩镇

大马庄

大马庄（Dàmǎzhuāng） 隶属黄圩镇卢圩村，地理实体类型为农村居民点。东至卢圩庄，南至三田村，西至小杜庄，北至大陈庄。总户数为296户，总人口为1295人，民族为汉族。面积为1.23平方千米。

马姓家族聚居此地，建村立庄，繁衍生息，逐渐壮大，故得名大马庄。1958年人民公社时期隶属大马大队，1984年隶属大马村，2008年并入卢圩村。

梁庄

梁庄（Liángzhuāng） 隶属黄圩镇卢圩村，地理实体类型为农村居民点。东至大梁庄，南至卢圩庄，西至郭梁路，北至孙黄路。总户数为273户，总人口为1112人，民族为汉族。面积为1.5平方千米。

因村民多为梁姓，故名。1958年人民公社时期隶属梁庄大队，1984年隶属梁庄村，2008年并入卢圩村。

小彭庄

小彭庄（Xiǎopéngzhuāng） 隶属黄圩镇卢圩村，地理实体类型为农村居民点。东至卢圩庄，南至尼利河，西至大马庄，北至小杨庄。总户数为52户，总人口为263人，民族为汉族。面积为0.26平方千米。

彭姓人家聚居此地，开荒种地，建造房屋，因村庄人口少，故而得名小彭庄。1958年人民公社时期隶属卢圩大队，1984年至今隶属卢圩村。

渭桥庄

渭桥庄（Wèiqiáozhuāng） 隶属黄圩镇刘宅村，地理实体类型为农村居民点。东至老姚沟，南至钱庄，西至虹灵沟，北至虹灵沟。总户数为230户，总人口为950人，民族为汉族。面积为0.85平方千米。

古时候有一财主在虹灵沟上为出嫁的女儿修了一座桥，名为嫁女桥，后人把嫁女桥改为渭桥，该庄因此得名。1958年人民公社时期隶属渭桥大队，1984年隶属渭桥村，2008年并入刘宅村。

小阎庄

小阎庄（Xiǎoyánzhuāng） 隶属黄圩镇刘宅村，地理实体类型为农村居民点。东至环村路，南至陈宅庄，西至虹灵沟，北至朱埝庄。总户数为54户，总人口为226人，民族为汉族。面积为0.16平方千米。

因村庄人口少，阎姓居多，故名。1958年人民公社时期隶属刘宅大队，1984年隶属刘宅村。

黄圩庄

黄圩庄（Huángwéizhuāng） 隶属黄圩镇黄圩村，地理实体类型为农村居民点。东至大陈庄，南至民利河，西至民利河，北至三侯村。总户数为560户，总人口为2200人，民族为汉族。面积为1.5平方千米。

因村庄四周挖有圩沟，黄姓人口居多，故名。1958年人民公社时期隶属黄圩大队，1984年至今隶属黄圩村。1982年至1992年撤区并乡，该庄是黄圩镇政府所在地。

李寻场

李寻场（Lǐxúnchǎng） 隶属黄圩镇华新村，地理实体类型为农村居民点。东至杨李卢，南至山闵路，西至张楼场，北至卓班场。总户数为58户，总人口为240人，民族为汉族。面积为0.21平方千米。

清朝初期，一李姓人家寻道场到此地定居，建村立庄，故得名为李寻场。1958年人民公社时期隶属魏李大队，1984年隶属魏李村，2008年并入华新村。

前行庄

前行庄（Qiánhángzhuāng） 隶属黄圩镇华新村，地理实体类型为农村居民点。东至大李庄，南至钱曹庄，西至郭场庄，北至小周庄、后行庄。总户数为279户，总人口为1131人，民族为汉族。面积为1.465平方千米。

清朝初年，江苏李集街有一李姓财主在江苏李潘圩村设生意买卖行点，起名后行，后又在老濉河南岸设行点，故名前行庄。1958年人民公社时期隶属魏李大队，1984年隶属魏李村，2008年并入华新村。

大李庄

大李庄（Dàlǐzhuāng） 隶属黄圩镇华新村，地理实体类型为农村居民点。东至张楼场，南至魏场，西至小周，北至卓班场。总户数为129户，总人口为600人，民族为汉族。面积为0.3平方千米。

清朝咸丰年间，李姓家族聚居此地，建

村立庄，故得名大李庄。1958年人民公社时期隶属魏李大队，1984年隶属魏李村，2008年并入华新村。

张楼场

张楼场（Zhānglóuchǎng） 隶属黄圩镇华新村，地理实体类型为农村居民点。东至李寻场，南至山闵路，西至大李庄，北至卓场庄。总户数为32户，总人口为128人，民族为汉族。面积为0.185平方千米。

1949年新中国成立前，恶霸地主张海生在晒谷场边建一座土楼，让人看场护庄稼，故得名张楼场。1958年人民公社时期隶属杨张大队，1984年隶属杨张村，2008年并入华新村。

钱庄

钱庄（Qiánzhuāng） 隶属黄圩镇红星村，地理实体类型为农村居民点。东至姚沟，南至小学，西至虹灵沟，北至桥庄。总户数为180户，总人口为849人，民族为汉族。面积为0.815平方千米。

因村民多为钱姓，故名。1958年人民公社时期隶属王场大队，1984年隶属王场村，2008年并入红星村。

王场庄

王场庄（Wángchǎngzhuāng） 隶属黄圩镇红星村，地理实体类型为农村居民点。东至张位庄，南至岳庄，西至岳刘庄，北至民利河。总户数为334户，总人口为1231人，民族为汉族。面积为1平方千米。

王姓家族聚居此地，村庄有一大的晒谷场，故名。1958年人民公社时期隶属王场大队，1984年隶属王场村，2008年并入红星村。

巩沟庄

巩沟庄（Gǒnggōuzhuāng） 隶属黄圩镇巩沟村，地理实体类型为农村居民点。东至武圩村，南至南园庄，西至华新村，北至小曹庄。总户数为607户，总人口为2603人，民族为汉族。面积为3.43平方千米。

此处地势低洼，积水成湖，沟河纵横，巩姓人家在高处定居，故得名巩家沟，后称巩沟庄。1958年人民公社时期隶属巩沟大队。1984年至今隶属巩沟村。1982年至1992年撤区并乡，该庄是巩沟乡政府所在地。

陶宅庄

陶宅庄（Táozháizhuāng） 隶属黄圩镇巩沟村，地理实体类型为农村居民点。东至巩时园，南至三侯村，西至三侯村，北至巩沟庄。总户数为86户，总人口为346人，民族为汉族。面积为0.33平方千米。

因庄内有一座陶家老宅，陶姓人居多，故名。1958年人民公社时期隶属巩沟大队，1984年至今隶属巩沟村。

东巩庄

东巩庄（Dōnggǒngzhuāng） 隶属黄圩镇东北村，地理实体类型为农村居民点。东至大庄镇，南至武圩村，西至顺河庄，北至小花庄。总户数为195户，总人口为786人，民族为汉族。面积为0.63平方千米。

该庄因处在巩庄东面，故名。1958年人民公社时期隶属顺河大队，1984年隶属顺河村，2008年并入东北村。

郝张小五队

郝张小五队（Hǎozhāngxiǎowǔduì） 隶属黄圩镇东北村，地理实体类型为农村居民点。东至小刘庄，南至老濉河，西至周汪庄，北至水张庄。总户数为25户，总人口为100人，民族为汉族。面积为0.1平方千米。

原是都郝村第五生产小队，后因濉河改道被划在老濉河北岸，独立成村，并保持习惯称谓郝张小五队。1958年人民公社时期隶属郝张大队，1984年隶属郝张村，2008年并入东北村。

郝张庄

郝张庄（Hǎozhāngzhuāng） 隶属黄圩镇东北村，地理实体类型为农村居民点。东至大庄镇，南至小花庄，西至李场庄，北至北濉河。总户数为390户，总人口为1439人，民族为汉族。面积为1.8平方千米。

清朝雍正年间，郝、张二姓家族迁居此地，开垦荒地，建造房屋，繁衍生息，人丁兴旺，故命名为郝张庄。1958年人民公社时期隶属郝张大队，1984年隶属郝张村，2008年并入东北村。

时溜庄

时溜庄（Shíliūzhuāng） 隶属黄圩镇东北村，地理实体类型为农村居民点。东至李场庄，南至乡村公路，西至华新村，北至老濉河。总户数为140户，总人口为572人，民族为汉族。面积为0.5平方千米。

此村处在老濉河岸上的狭窄处，夏季涨水，水流很大，居民多姓时，故名时溜庄。1958年人民公社时期隶属顺河大队，1984年隶属顺河村，2008年并入东北村。

小赵庄

小赵庄（Xiǎozhàozhuāng） 隶属黄圩镇东北村，地理实体类型为农村居民点。东至顺河庄，南至武圩村，西至东北村道路，北至李场庄。总户数为80户，总人口为346人，民族为汉族。面积为0.5平方千米。

赵姓人家聚居此地，开荒种地，建造房屋，故而得名小赵庄。1958年人民公社时期隶属顺河大队，1984年隶属顺河村，2008年并入东北村。

大韩庄

大韩庄（Dàhánzhuāng） 隶属黄圩镇三侯村，地理实体类型为农村居民点。东至小郭庄，南至黄孙公路，西至周圩庄，北至杨双沟。总户数为256户，总人口为1070人，民族为汉族。面积为1.1平方千米。

清朝咸丰年间，韩姓家族聚居此地，建村立庄，繁衍生息，人丁兴旺，逐渐壮大，故得名大韩庄。1958年人民公社时期隶属大韩大队，1984年隶属大韩村，2008年并入三侯村。

钱曹庄

钱曹庄（Qiáncáozhuāng） 隶属黄圩镇三侯村，地理实体类型为农村居民点。东至魏黄路，南至黄圩村，西至大董村，北至山闵路。总户数为300户，总人口为1200人，民族为汉族。面积为1.2平方千米。

钱、曹二姓家族定居此地，故名。1958年人民公社时期隶属钱曹大队，1984年隶属钱曹村，2008年并入三侯村。

三侯庄

三侯庄（Sānhóuzhuāng） 隶属黄圩镇三侯村，地理实体类型为农村居民点。东至陶宅庄，南至杨庄沟，西至钱曹庄，北至魏李庄。总户数为346户，总人口为1296人，民族为汉族。面积为1.13平方千米。

此处有三个侯庄，分别是西三侯、中侯、东三侯，总称三侯庄。1958年人民公社时期隶属三侯大队，1984年隶属三侯村。

曹场街

曹场街（Cáochǎngjiē） 隶属黄圩镇曹场村，地理实体类型为农村居民点。东至大董庄，南至季墩庄，西至张位庄，北至王宅村。总户数为350户，总人口为1700人，民族为汉族。面积为1.65平方千米。

此地原称小曹庄，是曹姓地主的晒场，得名曹场，后来周围逐渐形成街市，故名。1958 年人民公社时期隶属曹场大队，1984 年至今隶属曹场村委会。1982 年至 1992 年撤区并乡，该村是曹场乡政府所在地。

靖沃庄

靖沃庄（Jìngwòzhuāng） 隶属黄圩镇武圩村，地理实体类型为农村居民点。东至小王庄，南至武圩庄，西至小曹庄，北至东北村。总户数为 380 户，总人口为 1200 人，民族为汉族。面积为 1.75 平方千米。

靖姓家族定居此地，居住在河的南岸，得名靖家湾，后来靖姓人口增多，人们称这里是靖姓老窝，故得名靖窝，后改称靖沃。1958 年人民公社时期隶属靖沃大队，1984 年隶属靖沃村，2008 年并入武圩村。

武圩庄

武圩庄（Wǔwéizhuāng） 隶属黄圩镇武圩村，地理实体类型为农村居民点。东至小庄镇，南至小段庄，西至泛沟村，北至靖沃庄。总户数为 320 户，总人口为 1500 人，民族为汉族。面积为 1 平方千米。

因村庄四周挖有圩沟，武姓人居多，故名。1958 年人民公社时期隶属武圩大队，1984 年隶属武圩村。

小曹庄

小曹庄（Xiǎocáozhuāng） 隶属黄圩镇武圩村，地理实体类型为农村居民点。东至靖沃庄，南至泛沟村，西至华新村，北至东北村。总户数为 120 户，总人口为 570 人，民族为汉族。面积为 1 平方千米。

曹姓家族定居此地，开荒种地，繁衍生息，故名。1958 年人民公社时期隶属武圩大队，1984 年隶属武圩村。

郭场庄

郭场庄（Guōchǎngzhuāng） 隶属黄圩镇王宅村，地理实体类型为农村居民点。东至华新村，南至曹场庄，西至王宅庄，北至老濉河。总户数为 230 户，总人口为 875 人，民族为汉族。面积为 0.85 平方千米。

因该村原是旧社会一地主的场地，且村民多姓郭，故得名郭场庄。1958 年人民公社时期隶属郭场大队，1984 年隶属郭场村，2008 年并入王宅村。

大时庄

大时庄（Dàshízhuāng） 隶属黄圩镇时邵村，地理实体类型为农村居民点。东至小时庄，南至邵庄，西至小孔，北至新黄路。总户数为 169 户，总人口为 720 人，民族为汉族。面积为 0.725 平方千米。

清朝宣统年间，时姓家族聚居此地，建村立庄，繁衍生息，逐渐壮大，故名。1958 年人民公社时期隶属大时大队，1984 年隶属大时村，2008 年并入时邵村。

大孙庄

大孙庄（Dàsūnzhuāng） 隶属黄圩镇孙苏村，地理实体类型为农村居民点。东至程刘庄，南至时邵村，西至卢圩村，北至大苏庄。总户数为 470 户，总人口为 1930 人，民族为汉族。面积为 1.82 平方千米。

清朝宣统年间，孙姓家族聚居此地，建村立庄，故得名大孙庄。1958 年人民公社时期隶属大孙大队，1984 年隶属大孙村，2008 年并入孙苏村。

大苏庄

大苏庄（Dàsūzhuāng） 隶属黄圩镇孙苏村，地理实体类型为农村居民点。东至程刘庄，南至大孙庄，西至小武圩庄，北至武圩庄。总户数为 275 户，总人口为 1250 人，民族为汉族。面积为1.05平方千米。

苏姓家族聚居此地，建村立庄，繁衍生息，逐渐壮大，故得名大苏庄。1958年人民公社时期隶属大苏大队，1984年隶属大苏村，2008年并入孙苏村。

张时庄

张时庄（Zhāngshízhuāng） 隶属黄圩镇三官村，地理实体类型为农村居民点。东至小时庄，南至田河，西至田河，北至曹场。总户数为120户，总人口为410人，民族为汉族。面积为0.3平方千米。

清朝雍正年间，张、时二姓人家聚居此地，开垦荒地，建造房屋，故命名为张时庄。1958年人民公社时期隶属张时大队，1984年隶属张时村，2008年并入三官村。

牧湖庄

牧湖庄（Mùhúzhuāng） 隶属黄圩镇三官村，地理实体类型为农村居民点。东至三官村前曹庄，南至大杨乡张徐村，西至大杨乡曹安村，北至三官村张庄岳庄。总户数为190户，总人口为720人，民族为汉族。面积为0.75平方千米。

该庄旁边有一片湖泊，村庄中姓氏较为复杂，大多以放牧、饲养牛羊为生，故名。1958年人民公社时期隶属三官大队，1984年至今隶属三官村。

大庄镇

东郭庄

东郭庄（Dōngguōzhuāng） 隶属大庄镇朝阳村，地理实体类型为农村居民点。东至张昌庄，南至郭圩庄，西至苏场庄，北至朱祠堂。总户数为142户，总人口为673人，民族为汉族。面积为0.75平方千米。

郭氏夫妻两人带四个小孩逃荒要饭，在此地搭建小棚居住，繁衍生息，人丁兴旺，故得名为东郭庄。1958年人民公社时期隶属东郭大队，1984年属东郭村。

东苏场庄

东苏场庄（Dōngsūchǎngzhuāng） 隶属大庄镇朝阳村，地理实体类型为农村居民点。东至田庄村郭圩庄，南至朝阳村埝头朱庄，西至朝阳村西苏场，北至新刘村小彭庄。总户数为48户，总人口为202人，民族为汉族。面积为0.12平方千米。

该地为苏家土地，用作打谷场，此后为了方便种地苏家便移居打谷场东侧，故名为东苏场庄。1958年人民公社时期名称为东苏场小队，1984年复称东苏场庄。

郭圩庄

郭圩庄（Guōwéizhuāng） 隶属大庄镇朝阳村，地理实体类型为农村居民点。东至沿河村张昌庄，南至朝阳村南园庄，西至朝阳村东苏场，北至朝阳村东郭庄。总户数为83户，总人口为402人，民族为汉族。面积为0.413平方千米。

因村庄四周挖有圩沟，郭姓人居多，故名。1958年人民公社时期名称为郭圩小队，1984年复称郭圩庄。

街北片

街北片（Jiēběipiàn） 隶属大庄镇大庄村，地理实体类型为农村居民点。东至东风村许超庄，南至大庄村街南片，西至和谐村回庄，北至王官村。总户数为444户，总人口为2262人，民族为汉族。面积为2.75平方千米。

清朝宣统年间，大庄周围几个自然庄的居民迁到此地，建村立庄，繁衍生息，因村庄位于集市街北边，故称街北片。1958年人民公社时期隶属街北大队，1984年称街北村，2008年街北村和街南村合并为大庄村后，改称街北片。

小卢庄

小卢庄（Xiǎolúzhuāng） 隶属大庄镇佃庄村，地理实体类型为农村居民点。东至安朋庄，南至田庄，西至田庄小学，北至杨双沟。总户数为212户，总人口为847人，民族为汉族。面积为0.7平方千米。

清朝同治年间，有几位卢姓佃户在此地租用地主的土地，繁衍生息，人丁兴旺，故名。1958年人民公社时期名为小卢小队，1984年复称小卢庄。

后杨庄

后杨庄（Hòuyángzhuang） 隶属大庄镇东风村，地理实体类型为农村居民点。东至瓦坊乡小薛村，南至前杨庄，西至安朋，北至大杨路。总户数为266户，总人口为882人，民族为汉族。面积为1平方千米。

此地有两个杨庄，而且有杨庄沟从中穿过，故以前后杨庄区分，该庄靠北得名后杨庄。1958年人民公社时期名称为后杨小队，1984年复称后杨庄。

后朱场

后朱场（Hòuzhūchǎng） 隶属大庄镇东风村，地理实体类型为农村居民点。东至后杨庄，南至前朱场，西至安朋庄，北至大杨路。总户数为50户，总人口为229人，民族为汉族。面积为0.3平方千米。

此地有两个朱场，故以前后朱场区分，该庄位置靠北，故名。1958年人民公社时期称为后朱场小队，1984年复称后朱场。

小单庄

小单庄（Xiǎoshànzhuāng） 隶属大庄镇东风村，地理实体类型为农村居民点。东至三许庄，南至后杨庄，西至后杨庄，北至李宅庄。总户数为48户，总人口为166人，民族为汉族。面积为0.3平方千米。

村庄面积小，单姓人口居多，故名。1958年人民公社时期名称为小单小队，1984年复称小单庄。

小李宅庄

小李宅庄（Xiǎolǐzháizhuāng） 隶属大庄镇东风村，地理实体类型为农村居民点。东至小余庄，南至小单庄，西至刘中庄，北至刘中庄。总户数为43户，总人口为187人，民族为汉族。面积为0.32平方千米。

李姓人家聚居此地，开荒种地，建造宅院，繁衍生息，人丁兴旺，故名小李宅庄。1958年人民公社时期称为小李宅小队，1984年复称小李宅庄。

元清宅庄

元清宅庄（Yuánqīngzháizhuāng） 隶属大庄镇东风村，地理实体类型为农村居民点。东至安朋，南至佃庄，西至大庄，北至许超。总户数为62户，总人口为318人，民族为汉族。面积为0.5平方千米。

原有一名为元清的人定居此地，开荒种地，建造宅院，繁衍生息，后村庄因此得名。1958年人民公社时期名称为元清宅小队，1984年复称元清宅庄。

回庄

回庄（Huízhuāng） 隶属大庄镇和谐村，地理实体类型为农村居民点。东至大庄村，南至吴茂庄，西至朱泗庄，北至小庄。总户数为290户，总人口为938人，民族为汉族。面积为1.74平方千米。

此地原名双庙许家。清光绪年间，庄里有人与大庄镇一个有钱有势的人打官司，官徇私不回，世人叫变脸回庄，后因许姓居多，称许回庄，后又演变为回庄。1958年人民公社时期隶属回庄大队，1984年复称回庄。

许英圩庄

许英圩庄（Xǔyīngwéizhuāng） 隶属大庄镇田庄村，地理实体类型为农村居民点。东至瓦坊水泥路，南至程行庄，西至小朱场，北至佃庄。总户数为69户，总人口为304人，民族为汉族。面积为0.3平方千米。

许姓人家在村庄四周开挖圩沟，故名。1958年人民公社时期名称为许英圩小队，1984年复称许英圩庄。

老庄

老庄（Lǎozhuāng） 隶属大庄镇王官村，地理实体类型为农村居民点。东至东风村，南至大庄村，西至万青庄，北至王印庄。总户数为120户，总人口为460人，民族为汉族。面积为0.5平方千米。

王姓人家聚居此地，建村立庄，繁衍生息，后来其他姓氏人家陆续搬入此地，因该庄历史悠久，故名老庄。1958年人民公社时期称为老庄小队，1984年复称老庄。

万青庄

万青庄（Wànqīngzhuāng） 隶属大庄镇王官村，地理实体类型为农村居民点。东至老庄，南至回庄，西至官庄，北至王印庄。总户数为180户，总人口为720人，民族为汉族。面积为1.2平方千米。

因有一名叫万青的人在当地很有名气，为了纪念此人，故名。1958年人民公社时期名称为万青小队，1984年复称万青庄。

新集街

新集街（Xīnjíjiē） 隶属大庄镇新集村，地理实体类型为农村居民点。东至向阳村大刘庄，南至明利河，西至朱刘、小董，北至朝阳村东郭庄。总户数为420户，总人口为1100人，民族为汉族。面积为1.1平方千米。

该地有集市逢集，取新庄之意，故名。1958年人民公社时期属新集大队，1984年复称新集街。

后刘集庄

后刘集庄（Hòuliújízhuāng） 隶属大庄镇新刘村，地理实体类型为农村居民点。东至东孙庄，南至前刘集，西至程刘庄，北至杨庄沟。总户数为250户，总人口为1000人，民族为汉族。面积为1.15平方千米。

村庄刘姓人口居多，此地逢集，故名刘集庄。总户数为130户，总人口为600人，民族为汉族。面积为0.35平方千米。

西姚场

西姚场（Xīyáochǎng） 隶属大庄镇沿河村，地理实体类型为农村居民点。东至庄场庄，南至向阳村，西至下李庄，北至小黄河。总户数为166户，总人口为680人，民族为汉族。面积为0.84平方千米。

因为此地有两个姚场庄，此庄位于西边，故名。1958年人民公社时期名称为西姚场小队，1984年复称西姚场。

山头镇

东门蔡庄

东门蔡庄（Dōngméncàizhuāng） 隶属山头镇蔡圩村，地理实体类型为农村居民点。东至吴场庄，南至大柏村双庄，西至小高庄，北至沙庄。总户数为88户，总人口为350人，民族为汉族。面积为0.25平方千米。

蔡姓人家居住此地，该村房屋与院落多为坐西面东且大门朝东，为区别其他蔡庄，故称东门蔡庄。1958 年人民公社时期隶属蔡圩大队，1984 年隶属蔡圩村。

高王庄

高王庄（Gāowángzhuāng） 隶属山头镇蔡圩村，地理实体类型为农村居民点。东至东门蔡庄，南至长庄，西至戚圩庄，北至东蔡圩庄。总户数为 109 户，总人口为 441 人，民族为汉族。面积为 0.46 平方千米。

高姓人家聚居此地，建村立庄，故称高庄。后王姓家族迁居至此，建造房屋，逐渐壮大，故命名为高王庄。1958 年人民公社时期隶属蔡圩大队，1984 年隶属蔡圩村。

后蔡庄

后蔡庄（Hòucàizhuāng） 隶属山头镇蔡圩村，地理实体类型为农村居民点。东至秦沟，南至武场，西至沙庄，北至徐洪河。总户数为 29 户，总人口为 125 人，民族为汉族。面积为 0.2 平方千米。

几户蔡姓人家从江苏睢宁搬迁至此，开垦荒地，集中居住在沙庄后面，故取名后蔡庄。1958 年人民公社时期隶属蔡圩大队，1984 年隶属蔡圩村。

遛马庄

遛马庄（Liùmǎzhuāng） 隶属山头镇蔡圩村，地理实体类型为农村居民点。东至戚圩庄，南至小戴庄，西至惠祠庄，北至秦庄。总户数为 165 户，总人口为 670 人，民族为汉族。面积为 0.63 平方千米。

相传唐朝名人罗成在此遛过马，该庄汛期四周一片汪洋，唯独罗成遛马的地方不被水淹没，故而得名遛马庄。1958 年人民公社时期隶属蔡圩大队，1984 年隶属蔡圩村。

圩庄

圩庄（Wéizhuāng） 隶属山头镇蔡圩村，地理实体类型为农村居民点。东至蔡圩庄，南至戚圩庄，西至秦庄，北至老龙河。总户数为 165 户，总人口为 670 人，民族为汉族。面积为 0.77 平方千米。

清朝光绪年间，蔡姓人家从宿迁搬迁至此，开挖圩沟，建庄造房，土地多用来出租，故而得名圩庄。1958 年人民公社时期隶属蔡圩大队，1984 年隶属蔡圩村。

武场庄

武场庄（Wǔchǎngzhuāng） 隶属山头镇蔡圩村，地理实体类型为农村居民点。东至泗洪潘山庄，南至小柏庄，西至东门蔡庄，北至秦沟庄。总户数为 147 户，总人口为 588 人，民族为汉族。面积为 0.35 平方千米。

清朝同治年间，武姓人家在此开荒种地，打场晒粮，人丁兴旺，故名。1958 年人民公社时期隶属蔡圩大队，1984 年至今隶属蔡圩村。

小高庄

小高庄（Xiǎogāozhuāng） 隶属山头镇蔡圩村，地理实体类型为农村居民点。东至沙庄，南至东门蔡庄，西至蔡圩庄，北至徐洪河。总户数为 30 户，总人口为 102 人，民族为汉族。面积为 0.12 平方千米。

高姓人家聚居此地，村庄面积小，故名。1958 年人民公社时期隶属蔡圩大队，1984 年至今隶属蔡圩村。

双庄

双庄（Shuāngzhuāng） 隶属山头镇大柏村，地理实体类型为农村居民点。东至小柏庄，南至大柏街，西至张场庄，北至长庄。总户数为 225 户，总人口为 1200 人，民族为汉族。面积为 0.75 平方千米。

清朝道光年间，柏姓聚居此地，繁衍生息，逐渐壮大，后柏氏分支到西面村庄，东西两庄靠得很近，故称为双庄。1958年人民公社时期隶属大柏大队，1984年隶属双庄村，2008年并入大柏村。

东台庄

东台庄（Dōngtáizhuāng） 隶属山头镇钓台村，地理实体类型为农村居民点。东至陈场庄，南至窦宅庄，西至西台庄，北至大柏村。总户数为68户，总人口为290人，民族为汉族。面积为0.6平方千米。

据传，该庄原为姜太公钓鱼台旧址，故取名钓鱼台，简称钓台。该庄属钓台村的东部，故名东台庄。1958年人民公社时期隶属钓台大队，1984年隶属钓台村。

西台庄

西台庄（Xītáizhuāng） 隶属山头镇钓台村，地理实体类型为农村居民点。位于钓台村西北方位，东至东台庄，南至腰庄，西至小柏庄，北至大柏村。总户数为103户，总人口为475人，民族为汉族。面积为0.8平方千米。

该村庄原为姜太公钓鱼台旧址，故取名钓鱼台，简称钓台。该庄位于钓台村的西部，故名西台庄。1958年人民公社时期隶属钓台大队，1984年隶属钓台村。

小陈庄

小陈庄（Xiǎochénzhuāng） 隶属山头镇骆场村，地理实体类型为农村居民点。东至前马庄，南至王宅庄，西至张楼庄，北至后马庄。总户数为80户，总人口为346人，民族为汉族。面积为0.42平方千米。

陈姓人家在此居住，新中国成立初期因犯法逃跑，其他姓氏人家在此开荒种地，建造房屋，因陈姓最先在此居住，故名小陈庄。1958年人民公社时期隶属骆场大队，1984年隶属骆场村。

尤宅庄

尤宅庄（Yóuzháizhuāng） 隶属山头镇骆场村，地理实体类型为农村居民点。东至段墩庄，南至前马庄，西至洪场庄，北至洪场庄。总户数为56户，总人口为242人，民族为汉族。面积为0.4平方千米。

尤姓人家聚居此地，开荒种地，建造宅院，繁衍生息，逐渐壮大，故得名尤宅庄。1958年人民公社时期隶属骆场大队，1984年隶属骆场村。

鲍前庄

鲍前庄（Bàoqiánzhuāng） 隶属山头镇袁张村，地理实体类型为农村居民点。东至洪沟，南至小杨庄，西至袁场庄，北至鲍圩庄。总户数为30户，总人口为130人，民族为汉族、彝族。面积为0.2平方千米。

该庄原名烧饼店，因一户人家卖烧饼而得名。后鲍姓聚居此地，且该庄位于鲍圩庄南面，故得名鲍前庄。1958年人民公社时期隶属袁张大队，1984年隶属袁张村。

李湾庄

李湾庄（Lǐwānzhuāng） 隶属山头镇袁张村，地理实体类型为农村居民点。东至洪沟，南至张店村，西至张沟，北至小刘庄。总户数为45户，总人口为200人，民族为汉族、彝族。面积为0.2平方千米。

该处原来地势低洼，是一片湖泊，很多渔船停泊，土语称作湾船，后来李姓家族迁居此地，建村立庄，故得名李湾庄。1958年人民公社时期隶属袁张大队，1984年隶属袁张村。

山庄

山庄（Shānzhuāng） 隶属山头镇袁张村，地理实体类型为农村居民点。东至找沟村，南至找沟村，西至张宏庄，北至龙河。

总户数为70户，总人口为288人，民族为汉族、彝族。面积为0.3平方千米。

夏姓地主定居此地，拥良田千亩，多租地给佃户耕种，因该庄地处找沟山下，故得名山庄。1958年人民公社时期隶属袁张大队，1984年隶属袁张村。

小郭庄

小郭庄（Xiǎoguōzhuāng） 隶属山头镇找沟村，地理实体类型为农村居民点。东至蔡圩庄，南至惠庙庄，西至塘坊庄，北至红旗庄。总户数为123户，总人口为450人，民族为汉族。面积为0.5平方千米。

郭姓人家在此居住，建造房屋，繁衍生息，因村庄小，故得名小郭庄。1958年人民公社时期隶属找沟大队，1984年隶属找沟村。

新庄

新庄（Xīnzhuāng） 隶属山头镇找沟村，地理实体类型为农村居民点。东至小郭庄，南至塘坊庄，西至林场庄，北至红石桥庄。总户数为48户，总人口为230人，民族为汉族。面积为0.3平方千米。

因该庄为新建村庄，故名。1958年人民公社时期隶属找沟大队，1984年隶属找沟村。

张瓦庄

张瓦庄（Zhāngwǎzhuāng） 隶属山头镇找沟村村民委员会，地理实体类型为农村居民点。东至小郭庄，南至宋圩庄，西至鲍圩庄，北至塘坊庄。总户数为167户，总人口为635人，民族为汉族。面积为0.5平方千米。

民国初年，张姓人家在此居住，开荒种地，繁衍生息，村庄中的瓦房居多，故名。1958年人民公社时期隶属找沟大队，1984年隶属找沟村。

找沟庄

找沟庄（Zhǎogōuzhuāng） 隶属山头镇找沟村，地理实体类型为农村居民点。东至蔡圩庄，南至红旗庄，西至林业庄，北至龙河。总户数为426户，总人口为1496人，民族为汉族。面积为1.3平方千米。

清朝道光年间，有个商人带着一条狗经过此地去南方做生意，过此地走很远发现狗丢了，回来找到狗的时候，狗已经饿死了，而狗的身体下面是主人丢失的银子，故取名找狗庄，后因此地逢集又叫找沟街。1958年人民公社时期隶属找沟大队，1984年隶属找沟村。

高周庄

高周庄（Gāozhōuzhuāng） 隶属山头镇杨桥村，地理实体类型为农村居民点。东至新庄，南至杨楼庄，西至魏圩庄，北至潘庄。总户数为102户，总人口为400人，民族为汉族。面积为0.3平方千米。

高姓、周姓人家在此居住，开荒种地，繁衍生息，故名。1958年人民公社时期隶属杨桥大队，1984年隶属杨桥村。

后场庄

后场庄（Hòuchǎngzhuāng） 隶属山头镇杨桥村，地理实体类型为农村居民点。东至樊庄，南至小圩庄，西至杨桥庄，北至小柏庄。总户数为32户，总人口为100人，民族为汉族。面积为0.2平方千米。

因村庄位于小圩庄北面（习惯以北方称为后方），且庄里有一块比较大的打麦场，故名后场庄。1958年人民公社时期隶属杨桥大队，1984年隶属杨桥村。

小圩庄

小圩庄（Xiǎowéizhuāng） 隶属山头镇杨桥村，地理实体类型为农村居民点。东至吴道庄，南至南庄，西至杨桥庄，北至后场庄。总户数为40户，总人口为120人，民族为汉族。面积为0.2平方千米。

吴姓人家聚居此地，村庄四周筑有防水土圩墙，故名小圩庄。1958年人民公社时期隶属杨桥大队，1984年隶属杨桥村。

新庄

新庄（Xīnzhuāng） 隶属山头镇杨桥村，地理实体类型为农村居民点。东至林河，南至杨桥庄，西至高周庄，北至潘庄。总户数为90户，总人口为420人，民族为汉族。面积为0.8平方千米。

蔡姓地主在此买地，由其他姓氏佃户耕种，村庄得名蔡场，新中国成立后更名为新庄。1958年人民公社时期隶属杨桥大队，1984年隶属杨桥村。

杨楼庄

杨楼庄（Yánglóuzhuāng） 隶属山头镇杨桥村，地理实体类型为农村居民点。东至杨桥庄，南至潼河，西至山头村洪沟，北至魏圩庄。总户数为186户，总人口为704人，民族为汉族。面积为0.8平方千米。

杨姓家族曾在此庄兴建高楼一座，故名杨楼。1958年人民公社时期隶属杨桥大队，1984年隶属杨桥村。

杨桥庄

杨桥庄（Yángqiáozhuāng） 隶属山头镇杨桥村，地理实体类型为农村居民点。东至后场庄，南至南庄，西至杨楼，北至新庄。总户数为218户，总人口为907人，民族为汉族。面积为1.3平方千米。

村庄西头有座石桥，杨姓人居多，故名。1958年人民公社时期隶属杨桥大队，1984年隶属杨桥村。

张吴尹庄

张吴尹庄（Zhāngwúyǐnzhuāng） 隶属山头镇杨桥村，地理实体类型为农村居民点。东至泗洪县苏洼庄，南至潼河，西至吴道庄，北至林河庄。总户数为8户，总人口为40人，民族为汉族。面积为0.01平方千米。

张姓人家由江苏睢宁迁入此地，该庄以张、吴、尹三姓居多，故取名为张吴尹庄。1958年人民公社时期隶属杨桥大队，1984年隶属杨桥村。

刘圩镇

大杨庄

大杨庄（Dàyángzhuāng） 隶属刘圩镇付圩村，地理实体类型为农村居民点。东至马圩庄，南至四山村，西至张谷村，北至高渡村。总户数为404户，总人口为1384人，民族为汉族。面积为2.084平方千米。

杨姓家族定居此地，繁衍生息，家族人丁兴旺，逐渐壮大，故名。1958年人民公社时期隶属付圩大队，1984年隶属付圩村。

马场庄

马场庄（Mǎchǎngzhuāng） 隶属刘圩镇付圩村，地理实体类型为农村居民点。东至曹行庄，南至小路庄，西至小马圩。总户数为210户，总人口为679人，民族为汉族。面积为0.69平方千米。

该地原是大地主张海生打场临时存放粮食和长工居住的寄庄，马姓人居多，故名。1958年人民公社时期隶属付圩大队，1984年至今隶属付圩村。

马圩庄

马圩庄（Mǎwéizhuāng） 隶属刘圩镇付圩村，地理实体类型为农村居民点。东至马场庄，南至小余庄，西至大杨庄，北至新庄。总户数为241户，总人口为728人，民族为汉族。面积为0.86平方千米。

村民为了防止盗贼修建圩沟，故得名马圩庄。1958年人民公社时期隶属付圩大队，1984年隶属付圩村。

付圩庄

付圩庄（Fùwéizhuāng） 隶属刘圩镇付圩村，地理实体类型为农村居民点。东至冯庄，南至前戚村，西至曹行庄，北至小潼河。总户数为201户，总人口为762人，民族为汉族。面积为0.53平方千米。

付姓家族在此开荒种地，并购置土地，建造房屋及防盗贼圩沟，得名付宽圩，后更名为付圩庄。1958年人民公社时期隶属付圩大队，1984年隶属付圩村。

曹行庄

曹行庄（Cáohángzhuāng） 隶属刘圩镇付圩村，地理实体类型为农村居民点。东至付圩庄，南至小宋庄，西至马场，北至西马村马场庄地界。总户数为254户，总人口为744人，民族为汉族。面积为1.036平方千米。

该地原是湖滩，渔民捕鱼、卖鱼的地方，后形成渔行，过去叫曹渔行。随着湖水退去，沧海变桑田，不断有人迁居至此形成村落，故名曹行庄。1958年人民公社时期隶属付圩大队，1984年隶属付圩村。

冯庄

冯庄（Féngzhuāng） 隶属刘圩镇付圩村，地理实体类型为农村居民点。东至前戚，南至前戚，西至傅圩庄，北至小潼河。总户数为210户，总人口为669人，民族为汉族。面积为0.8平方千米。

冯姓家族在此开荒种地，繁衍生息，故名。1958年人民公社时期隶属付圩大队，1984年隶属付圩村。

大侯集

大侯集（Dàhóují） 隶属刘圩镇高渡村，地理实体类型为农村居民点。东至大杨庄，南至侯桥庄，西至刘界庄，北至西高庄。总户数为414户，总人口为1392人，民族为汉族。面积为1.1平方千米。

侯姓人聚居此地，周边逐渐形成集市，故名。1958年人民公社时期隶属高渡大队，1984年隶属高渡村。

高渡庄

高渡庄（Gāodùzhuāng） 隶属刘圩镇高渡村，地理实体类型为农村居民点。东至西马村，南至付圩、张谷两村，西至山头镇骆场庄，北至山头镇潼城村。总户数为426户，总人口为1246人，民族为汉族。面积为1.2平方千米。

因高姓人家在此设渡船摆渡，故名。1958年人民公社时期隶属高渡大队，1984年隶属高渡村。

小李庄

小李庄（Xiǎolǐzhuāng） 隶属刘圩镇高渡村，地理实体类型为农村居民点。东至潼城村，南至西高庄，西至高巷庄，北至刘圩庄。总户数为186户，总人口为638人，民族为汉族。面积为0.8平方千米。

该庄李姓人口居多，面积较小，故名。1958年人民公社时期隶属高渡大队，1984年隶属高渡村。

刘圩庄

刘圩庄（Liúwéizhuāng） 隶属刘圩镇刘圩村，地理实体类型为农村居民点。东至秦场村，南至小黄河，西至双宅庄，北至前戚庄。总户数为950户，总人口为3300人，民族为汉族。面积为3.47平方千米。

因村庄四周筑有土圩，刘姓人居多，故名刘圩庄。1958年人民公社时期隶属刘圩大队，1984年隶属刘圩村。

小韩庄

小韩庄（Xiǎohánzhuāng） 隶属刘圩镇刘圩村，地理实体类型为农村居民点。东至小运河，南至小余沟，西至西马庄，北至前戚村。总户数为210户，总人口为1200人，民族为汉族。面积为1.2平方千米。

因村庄面积小，韩姓人居多，故名小韩庄。1958年人民公社时期隶属刘圩大队，1984年隶属刘圩村。

曹庄

曹庄（Cáozhuāng） 隶属刘圩镇前戚村，地理实体类型为农村居民点。东至双宅庄，南至老濉河，西至周圩庄，北至宋庄。总户数为180户，总人口为784人，民族为汉族。面积为1.1平方千米。

村庄以曹姓人居多，故名。1958年人民公社时期隶属前戚大队，1984年隶属前戚村。

后戚庄

后戚庄（Hòuqīzhuāng） 隶属刘圩镇前戚村，地理实体类型为农村居民点。东至马圩庄，南至四山村，西至张谷村，北至高渡村。总户数为113户，总人口为489人，民族为汉族。面积为0.3平方千米。

戚姓家族分支迁至村庄北面居住，故名。1958年人民公社时期隶属前戚大队，1984年隶属前戚村。

路庄

路庄（Lùzhuāng） 隶属刘圩镇前戚村，地理实体类型为农村居民点。东至马邦，南至宋庄，西至周圩，北至付圩。总户数为167户，总人口为689人，民族为汉族。面积为0.75平方千米。

路姓人家聚居此地，开荒种地，建造房屋，故名。1958年人民公社时期隶属前戚大队，1984年隶属前戚村。

马邦庄

马邦庄（Mǎbāngzhuāng） 隶属刘圩镇前戚村，地理实体类型为农村居民点。东至小韩庄，南至双宅庄，西至宋庄，北至前戚庄。总户数为219户，总人口为902人，民族为汉族。面积为1.2平方千米。

清朝光绪年间，马邦庄原是洼地，山头镇崔庄有一马姓人迁居到此，以捕鱼为生，为方便生活，从山上拉来鹅卵石垫宅盖房，后来村庄逐渐壮大，该庄得名马邦庄。1958年人民公社时期隶属前戚大队，1984年隶属前戚村。

前戚庄

前戚庄（Qiánqīzhuāng） 隶属刘圩镇前戚村，地理实体类型为农村居民点。东至小韩庄，南至马邦庄，西至马邦庄，北至后戚庄。总户数为129户，总人口为537人，民族为汉族。面积为0.76平方千米。

戚姓家族分支迁至村庄南面居住，故名。1958年人民公社时期隶属前戚大队，1984年隶属前戚村。

双宅庄

双宅庄（Shuāngzháizhuāng） 隶属刘圩镇前戚村，地理实体类型为农村居民点。东至刘圩庄，南至老濉河，西至曹庄，北至马邦。总户数为350户，总人口为1267人，民族为汉族。面积为1.8平方千米。

张姓家族定居此地，后逐渐形成东西两片居民区，故名双宅庄。1958年人民公社时期隶属前戚大队，1984年隶属前戚村。

宋庄

宋庄（Sòngzhuāng） 隶属刘圩镇前戚

村，地理实体类型为农村居民点。东至马邦庄，南至曹庄，西至周圩庄，北至路庄。总户数为124户，总人口为520人，民族为汉族。面积为1.2平方千米。

宋姓家族定居此地，开荒种地，繁衍生息，故名。1958年人民公社时期隶属前戚大队，1984年隶属前戚村。

周大昌圩

周大昌圩（Zhōudàchāngwéi） 隶属刘圩镇秦场村，地理实体类型为农村居民点。东至刘南庄，南至秦场庄，西至黄圩庄，北至黄圩庄。总户数为40户，总人口为140人，民族为汉族。面积为0.15平方千米。

清朝中期，有一财主周大昌定居此地，开垦荒地，建造宅院，繁衍生息，逐渐壮大，因村庄四周筑有土圩墙，故得名周大昌圩。1958年人民公社时期隶属秦场大队，1984年隶属秦场村。

周步月庄

周步月庄（Zhōubùyuèzhuāng） 隶属刘圩镇周道村，地理实体类型为农村居民点。东至周道庄，南至小余沟，西至黄泥沟，北至翟庄。总户数为31户，总人口为227人，民族为汉族。面积为0.5平方千米。

周步月夫妇二人在此开荒种地，建造房屋，繁衍生息，人丁兴旺，故名。1958年人民公社时期隶属周道大队，1984年隶属周道村。

周道庄

周道庄（Zhōudàozhuāng） 隶属刘圩镇周道村，地理实体类型为农村居民点。东至安河，南至秦场庄，西至濉河，北至仝南村。总户数为197户，总人口为674人，民族为汉族。面积为1.2平方千米。

此处原名安河渡口，因周姓人家在此摆渡而改名周道口，后称周道庄。1958年人民公社时期隶属周道大队，1984年隶属周道村。

小吴圩庄

小吴圩庄（Xiǎowúwéizhuāng） 隶属刘圩镇周道村，地理实体类型为农村居民点。东至大渠，南至林庄，西至潼南村，北至潼河。总户数为101户，总人口为1100人，民族为汉族。面积为1.12平方千米。

吴姓家族定居此地，因村庄四周筑有土圩墙，面积小，故名。1958年人民公社时期隶属周道大队，1984年隶属周道村。

林庄

林庄（Línzhuāng） 隶属刘圩镇周道村，地理实体类型为农村居民点。东至大渠，南至吴刘路，西至濉河潼南村，北至小吴圩庄。总户数为100户，总人口为1004人，民族为汉族。面积为1.12平方千米。

因村民多为林姓，故名。1958年人民公社时期隶属周道大队，1984年隶属周道村。

前大庄

前大庄（Qiándàzhuāng） 隶属刘圩镇四山村，地理实体类型为农村居民点。东至汪东庄，南至汪东、老圩里交界，西至汪西界，北至水泥大路。总户数为93户，总人口为360人，民族为汉族。面积为0.17平方千米。

清朝道光年间，老周兄弟分家，长兄占据此处，以前叫老圩子，因有老周圩庄，为区别，更名为前大庄。1958年人民公社时期隶属四山大队，1984年隶属四山村。

前于庄

前于庄（Qiányúzhuāng） 隶属刘圩镇四山村，地理实体类型为农村居民点。东至大公路，南至前大庄，西至大梁庄，北至小于沟。总户数为61户，总人口为220人，民族为汉族。面积为0.21平方千米。

该庄原为大地主的寄庄，因于姓和余姓发生矛盾，余姓人寡弱，就迁至小余沟北西首居住，故名。1958年人民公社时期隶属四山大队，1984年隶属四山村。

四山街

四山街（Sìshānjiē） 隶属刘圩镇四山村，地理实体类型为农村居民点。东至西周坊界，南至老濉河，西至张谷村，北至付圩村。总户数为420户，总人口为2003人，民族为汉族。面积为2.3平方千米。

此地乃是湖泊一片，不知从何时起湖中渐渐长出一座山丘。坊间传言，山顶仍在增高，此处可能会有一位皇娘出现。相传明朝开国之初，刘伯温路过此地，让人在山顶插一把铁锹，马上血流成河，从此山不再增高，且山顶有四个高点，故名四山。该村庄坐落在山的南坡，又因此地逢集，故名四山街。1958年人民公社时期隶属四山大队，1984年隶属四山村。

西周场庄

西周场庄（Xīzhōuchǎngzhuāng） 隶属刘圩镇四山村，地理实体类型为农村居民点。东至大梁，南至老濉河，西至四山界，北至四刘公路。总户数为78户，总人口为330人，民族为汉族。面积为0.8平方千米。

有山西周氏兄弟三人过来经商，住朱山北周圩庄，繁衍生息，逐渐壮大，后周氏家族分支迁到村庄西部居住，因村庄有一大的打麦场，故得名西周场庄。1958年人民公社时期隶属四山大队，1984年隶属四山村。

夏场庄

夏场庄（Xiàchǎngzhuāng） 隶属刘圩镇四山村，地理实体类型为农村居民点。东至邓坊，南至小黄河，西至瓦坊乡歧路村，北至四山街地界。总户数为123户，总人口为482人，民族为汉族。面积为0.3平方千米。

苏北几个人到此地打鱼，长期居住下来，开荒种地，夏氏人口居多，故名。1958年人民公社时期隶属四山大队，1984年至今隶属四山村。

姬湖庄

姬湖庄（Jīhúzhuāng） 隶属刘圩镇潼南村，地理实体类型为农村居民点。东至李周道村林庄，南至秦场村杨胜圩，西至潼南村潘场，北至潼南村高庄。总户数为134户，总人口为427人，民族为汉族。面积为0.52平方千米。

姬天宝、姬天成二兄弟由山东搬迁至此，开垦荒地，建村立庄，繁衍生息，因该地原为沼泽地，故名姬湖庄。1958年人民公社时期隶属潼南大队，1984年隶属潼南村。

李场

李场（Lǐchǎng） 隶属刘圩镇潼南村，地理实体类型为农村居民点。东至杨庄，南至后刘圩庄，西至泗找路，北至小柏庄。总户数为69户，总人口为350人，民族为汉族。面积为0.3平方千米。

胡姓、张姓、袁姓三姓人家迁居此地，建造房屋，后被李姓地主买下作为寄庄，故得名为李场。1958年人民公社时期隶属潼南大队，1984年隶属潼南村。

小柏庄

小柏庄（Xiǎobǎizhuāng） 隶属刘圩镇潼南村，地理实体类型为农村居民点。东至黄场，南至李场，西至前戚村，北至山头镇。总户数为110户，总人口为500人，民族为汉族。面积为0.28平方千米。

此地原是一片湖地，汪姓家族在此开

荒种地，命名为汪湖。清末，汪姓家族渐渐衰落，柏姓地主买下此庄，更名为小柏庄。1958 年人民公社时期隶属潼南大队，1984 年隶属潼南村。

西马庄

西马庄（Xīmǎzhuāng） 隶属刘圩镇西马村，地理实体类型为农村居民点。东至惠西沟，南至潼河，西至谢宅，北至高山公路。总户数为 460 户，总人口为 1440 人，民族为汉族。面积为 1.4 平方千米。

因村庄位于墓河西面，马姓居多，故名。1958 年人民公社时期隶属西马大队，1984 年隶属西马村。

谢宅庄

谢宅庄（Xièzháizhuāng） 隶属刘圩镇西马村，地理实体类型为农村居民点。东至水泥路，南至潼河，西至高渡村，北至高山公路。总户数为 120 户，总人口为 500 人，民族为汉族。面积为 0.9 平方千米。

因该庄原为芦塘，芦塘中间有一凸起的土堆，谢氏在此建造房屋，故名。1958 年人民公社时期隶属西马大队，1984 年隶属西马村。

张沛庄

张沛庄（Zhāngpèizhuāng） 隶属刘圩镇西马村，地理实体类型为农村居民点。东至马场庄，南至谢宅庄，西至谢宅庄，北至城庄。总户数为 97 户，总人口为 420 人，民族为汉族。面积为 0.3 平方千米。

原该处土地为张海生所有，命名为张配庄，后更名为张沛庄。1958 年人民公社时期隶属西马大队，1984 年隶属西马村。

张仝庄

张仝庄（Zhāngtóngzhuāng） 隶属刘圩镇张谷村，地理实体类型为农村居民点。东至老濉河，南至四山村地界，西至瓦坊乡何宅村，北至张沛路。总户数为 103 户，总人口为 370 人，民族为汉族。面积为 0.3 平方千米。

张姓仝字辈一族人在此开荒种地、繁衍生息，故名。1958 年人民公社时期隶属张谷大队，1984 年隶属张谷村。

张银庄

张银庄（Zhāngyínzhuāng） 隶属刘圩镇张谷村，地理实体类型为农村居民点。东至四山村，南至四山村地界，西至老濉河，北至张沛庄。总户数为 63 户，总人口为 270 人，民族为汉族。面积为 0.3 平方千米。

张姓银字辈一族人在此开荒种地、繁衍生息，故名。1958 年人民公社时期隶属张谷大队，1984 年隶属张谷村。

侯桥庄

侯桥庄（Hóuqiáozhuāng） 隶属刘圩镇张谷村，地理实体类型为农村居民点。东至大杨庄，南至张谷庄，西至张彬庄，北至大侯庄。总户数为 49 户，总人口为 201 人，民族为汉族。面积为 0.3 平方千米。

侯姓人家定居此地，门前有条小河，出行不便，他把家中所有财产变卖，修建一座小桥。此后，家庭败落，人去向不知，村庄因此得名侯桥庄。1958 年人民公社时期隶属张谷大队，1984 年隶属张谷村。

前刘界庄

前刘界庄（Qiánliújièzhuāng） 隶属刘圩镇张谷村，地理实体类型为农村居民点。东至大侯庄，南至张谷村，西至许宅庄，北至后刘庄。总户数为 230 户，总人口为 650 人，民族为汉族。面积为 0.5 平方千米。

新中国成立前，刘界庄本是刘界一个整体庄，不分前后刘庄。村庄有一刘姓人氏，力大无比，在争夺地界时与张海生较劲，披一大石碑，在张海生门前东南方向1.6千米处立碑，故得名前刘界庄。1958年人民公社时期隶属张谷大队，1984年隶属张谷村。

后刘界庄

后刘界庄（Hòuliújièzhuāng） 隶属刘圩镇张谷村，地理实体类型为农村居民点。东至山头镇骆场庄，南至前刘庄，西至许宅庄，北至山头镇王宅庄。总户数为97户，总人口为350人，民族为汉族。面积为0.4平方千米。

一刘姓分支由前刘界庄搬迁至此，建村立庄，繁衍生息，因该庄地处前刘界庄北面，故得名后刘界庄。1958年人民公社时期隶属张谷大队，1984年隶属张谷村。

黑塔镇

伙宅庄

伙宅庄（Huǒzháizhuāng） 隶属黑塔镇大魏村，地理实体类型为农村居民点。东至老濉河，南至三陈村，西至大魏庄，北至骈胡庄。总户数为150户，总人口为650人，民族为汉族。面积为0.72平方千米。

清朝宣统年间，魏氏家兄弟三人，看好一块地，合伙购买宅基地，在上面盖起房子定居下来，该庄取名为伙制宅。后来人们把中间的制字去掉，叫作伙宅庄。1958年人民公社时期称伙宅小队，1984年复称伙宅庄。

老徐庄

老徐庄（Lǎoxúzhuāng） 隶属黑塔镇大魏村，地理实体类型为农村居民点。东至大倪庄，南至小祁庄，西至小徐庄，北至韩徐村许场庄。总户数为320户，总人口为1300人，民族为汉族。面积为1.27平方千米。

清代中期，徐姓家族迁居此地，开荒种地，建造房屋，繁衍生息，因徐姓居住时间长，故得名老徐庄。1958年人民公社时期称老徐小队，1984年复称老徐庄。

路广庄

路广庄（Lùguǎngzhuāng） 隶属黑塔镇大魏村，地理实体类型为农村居民点。东至老濉河，南至东庄，西至大倪庄，北至朱王大桥。总户数为35户，总人口为160人，民族为汉族。面积为0.2平方千米。

路姓渔民定居此地，该庄得名路广家。民国后期不断有逃荒者落户至此，该庄得名路广庄。1958年人民公社时期称路广小队，1984年复称路广庄。

骈胡庄

骈胡庄（Piánhúzhuāng） 隶属黑塔镇大魏村，地理实体类型为农村居民点。东至老濉河，南至伙宅庄，西至徐谢庄，北至大倪庄。总户数为130户，总人口为550人，民族为汉族。面积为0.43平方千米。

骈姓、胡姓家族迁居此地，开荒种地，繁衍生息，故名。1958年人民公社时期称骈胡小队，1984年复称骈胡庄。

小祁庄

小祁庄（Xiǎoqízhuāng） 隶属黑塔镇大魏村，地理实体类型为农村居民点。东至大魏庄，南至小位圩庄，西至小黄庄，北至老徐庄。总户数为25户，总人口为110人，民族为汉族。面积为0.2平方千米。

因村庄人口少，祁姓居多，故而得名小祁庄。1958年人民公社时期称小祁小队，1984年复称小祁庄。

小徐庄

小徐庄（Xiǎoxúzhuāng） 隶属黑塔镇

大魏村，地理实体类型为农村居民点。东至老徐庄，南至小梁村，西至严圩庄，北至韩徐村。总户数为 90 户，总人口为 390 人，民族为汉族。面积为 0.4 平方千米。

因村庄面积小，徐姓居多，故得名小徐庄。1958 年人民公社时期称小徐小队，1984 年复称小徐庄。

徐谢庄

徐谢庄（Xúxièzhuāng） 隶属黑塔镇大魏村，地理实体类型为农村居民点。东至骈胡庄，南至大魏庄，西至老徐庄，北至大倪庄。总户数为 15 户，总人口为 55 人，民族为汉族。面积为 0.1 平方千米。

民国时期，徐姓和谢姓两户人家由大倪庄搬迁至此，建造房屋，繁衍生息，故得名为徐谢庄。1958 年人民公社时期称徐谢小队，1984 年复称徐谢庄。

韩庄

韩庄（Hánzhuāng） 隶属黑塔镇韩徐村，地理实体类型为农村居民点。东至许场，南至新庄，西至黄场庄，北至黑塔村。总户数为 180 户，总人口为 680 人，民族为汉族。面积为 0.7 平方千米。

因村民多为韩姓，故名。1958 年人民公社时期称韩庄小队，1984 年复称韩庄。

河徐庄

河徐庄（Héxúzhuāng） 隶属黑塔镇韩徐村，地理实体类型为农村居民点。东至赵庄，南至小周庄，西至红旗庄，北至娄马庄。总户数为 130 户，总人口为 476 人，民族为汉族。面积为 0.6 平方千米。

因该庄人徐姓居多，地处小凄河边，故名河徐庄。1958 年人民公社时期称河徐小队，1984 年复称河徐庄。

胡场庄

胡场庄（Húchǎngzhuāng） 隶属黑塔镇韩徐村，地理实体类型为农村居民点。东至河西村，南至许场，西至韩庄，北至黑塔村胡场庄。总户数为 15 户，总人口为 60 人，民族为汉族。面积为 0.5 平方千米。

胡姓人家聚居此地，繁衍生息，因村庄有一大的打谷场，故得名胡场庄。1958 年人民公社时期称胡场小队，1984 年复称胡场庄。

黄场庄

黄场庄（Huángchǎngzhuāng） 隶属黑塔镇韩徐村，地理实体类型为农村居民点。东至韩庄，南至新庄，西至赵庄，北至小魏庄。总户数为 28 户，总人口为 240 人，民族为汉族。面积为 0.8 平方千米。

因黄姓居民居多，村庄有一大的晒谷场，故名。1958 年人民公社时期称黄场小队，1984 年复称黄场庄。

小魏庄

小魏庄（Xiǎowèizhuāng） 隶属黑塔镇韩徐村，地理实体类型为农村居民点。东至黑塔村，南至黄场庄，西至赵桥，北至小凄河。总户数为 102 户，总人口为 420 人，民族为汉族。面积为 0.61 平方千米。

魏姓家族在此开垦荒地，繁衍生息，因村庄面积小，故名小魏庄。1958 年人民公社时期称小位小队，1984 年复称小魏庄。

小袁庄

小袁庄（Xiǎoyuánzhuāng） 隶属黑塔镇韩徐村，地理实体类型为农村居民点。东至黄场庄，南至严圩庄，西至小周庄，北至赵庄。总户数为 35 户，总人口为 270 人，民族为汉族。面积为 0.52 平方千米。

因村庄人口少，袁姓居多，故名。1958

年人民公社时期称小袁小队，1984年复称小袁庄。

小周庄

小周庄（Xiǎozhōuzhuāng） 隶属黑塔镇韩徐村，地理实体类型为农村居民点。东至严圩庄，南至明利河，西至红旗庄，北至河徐庄。总户数为40户，总人口为290人，民族为汉族。面积为0.42平方千米。

周氏家族在此开荒种地，繁衍生息，因村庄面积小，故得名小周庄。1958年人民公社时期称小周小队，1984年复称小周庄。

新庄

新庄（Xīnzhuāng） 隶属黑塔镇韩徐村，地理实体类型为农村居民点。东至许场庄，南至大位庄，西至严圩庄，北至黄场庄。总户数为180户，总人口为670人，民族为汉族。面积为0.86平方千米。

民国年间，大魏庄魏姓家族分支迁居此地，建村立庄，繁衍生息，人丁兴旺，因村庄新建不久，故得名新庄。1958年人民公社时期称新庄小队，1984年复称新庄。

许场庄

许场庄（Xǔchǎngzhuāng） 隶属黑塔镇韩徐村，地理实体类型为农村居民点。东至河西村，南至大魏村，西至韩庄，北至胡场庄。总户数为120户，总人口为380人，民族为汉族。面积为0.61平方千米。

村庄许姓人居多，有一大的晒谷场，故名。1958年人民公社时期称许场小队，1984年复称许场庄。

严圩庄

严圩庄（Yánwéizhuāng） 隶属黑塔镇韩徐村，地理实体类型为农村居民点。东至新庄，南至小梁庄，西至小周庄，北至小袁庄。总户数为190户，总人口为790人，民族为汉族。面积为0.8平方千米。

因村庄四周筑有土圩墙，以严姓人口居多，故名。1958年人民公社时期称严圩小队，1984年复称严圩庄。

赵桥庄

赵桥庄（Zhàoqiáozhuāng） 隶属黑塔镇韩徐村，地理实体类型为农村居民点。东至黑塔村，南至小凄河，西至唐沟，北至环山路。总户数为7户，总人口为32人，民族为汉族。面积为0.2平方千米。

民国时期，赵姓人家聚居此地，开荒种地，繁衍生息，人丁兴旺，因村庄旁边有一座石桥，故得名赵桥庄。1958年人民公社时期称赵桥小队，1984年复称赵桥庄。

赵庄

赵庄（Zhàozhuāng） 隶属黑塔镇韩徐村，地理实体类型为农村居民点。东至河徐庄，南至小袁庄，西至河徐庄，北至上清大道。总户数为210户，总人口为1040人，民族为汉族。面积为1.9平方千米。

因村民多为赵姓，故名。1958年人民公社时期称赵庄小队，1984年复称赵庄。

林场庄

林场庄（Línchǎngzhuāng） 隶属黑塔镇河西村，地理实体类型为农村居民点。东至小陈庄，南至小韩庄，西至村道，北至地围沟。总户数为18户，总人口为66人，民族为汉族。面积为0.12平方千米。

林业局曾在这里建立林场，村民在周围建造房屋定居，故名。1958年人民公社时期称林场小队，1984年复称林场庄。

钱圩庄

钱圩庄（Qiánwéizhuāng） 隶属黑塔镇河西村，地理实体类型为农村居民点。东至朱王庄，南至水泥路，西至小夏庄，北至北鸭沟。总户数为54户，总人口为235人，民族为汉族。面积为0.42平方千米。

该庄钱姓人居多，村民为防止土匪偷抢，在村庄周围挖了圩沟，故名钱圩庄。1958年人民公社时期称钱圩小队，1984年复称钱圩庄。

小陈庄

小陈庄（Xiǎochénzhuāng） 隶属黑塔镇河西村，地理实体类型为农村居民点。东至小夏庄，南至徐庄，西至小林场，北至水泥路。总户数为25户，总人口为92人，民族为汉族。面积为0.17平方千米。

因村庄人口少，陈姓居多，故名小陈庄。1958年人民公社时期称小陈小队，1984年复称小陈庄。

小韩庄

小韩庄（Xiǎohánzhuāng） 隶属黑塔镇河西村，地理实体类型为农村居民点。东至小易庄，南至铁路，西至小许场，北至小林场。总户数为24户，总人口为98人，民族为汉族。面积为0.17平方千米。

因村庄人口少，韩姓居多，故得名小韩庄。1958年人民公社时期称小韩小队，1984年复称小韩庄。

小胡庄

小胡庄（Xiǎohúzhuāng） 隶属黑塔镇河西村，地理实体类型为农村居民点。东至小倪庄，南至大位庄，西至小易庄，北至小夏庄。总户数为70户，总人口为325人，民族为汉族。面积为0.58平方千米。

胡姓人家在此开荒种地，建造房屋，繁衍生息，因村庄面积小，故而得名小胡庄。1958年人民公社时期称小胡小队，1984年复称小胡庄。

小倪庄

小倪庄（Xiǎonízhuāng） 隶属黑塔镇河西村，地理实体类型为农村居民点。东至老濉河，南至大位庄，西至小胡庄，北至朱王庄。总户数为81户，总人口为382人，民族为汉族。面积为0.59平方千米。

因村庄人口少，倪姓居多，故得名小倪庄。1958年人民公社时期称小倪小队，1984年复称小倪庄。

小夏庄

小夏庄（Xiǎoxiàzhuāng） 隶属黑塔镇河西村，地理实体类型为农村居民点。东至钱圩庄，南至徐六庄，西至小陈庄，北至新鸭沟。总户数为220户，总人口为887人，民族为汉族。面积为1.2平方千米。

明朝末年，夏姓人家由陕西迁居此地，开荒种地，繁衍生息，因村庄人口少，故得名小夏庄。1958年人民公社时期称小夏小队，1984年复称小夏庄。

小易庄

小易庄（Xiǎoyìzhuāng） 隶属黑塔镇河西村，地理实体类型为农村居民点。东至小学，南至老徐庄，西至小韩庄，北至小林庄。总户数为70户，总人口为332人，民族为汉族。面积为0.58平方千米。

因村庄户数少，村民以易姓居多，故得名小易庄。1958年人民公社时期称小易小队，1984年复称小易庄。

徐六庄

徐六庄（Xúliùzhuāng） 隶属黑塔镇河西村，地理实体类型为农村居民点。东至水泥路，南至小夏小学，西至小易庄，北至小陈庄。总户数为20户，总人口为88人，民族为汉族。面积为0.16平方千米。

民国时期，徐姓人家兄弟不和，排行

老六的负气离家搬居在此地，后来又搬来几户，形成一小居民点，因徐姓定居较早，故得名徐六庄。1958年人民公社时期称徐六小队，1984年复称徐六庄。

朱王庄

朱王庄（Zhūwángzhuāng） 隶属黑塔镇河西村，地理实体类型为农村居民点。东至老濉河，南至小倪庄，西至钱圩庄，北至北鸭沟庄。总户数为593户，总人口为2500人，民族为汉族。面积为2.5平方千米。

清朝道光年间，朱、王二姓家族迁居此地，繁衍生息，人丁兴旺，故名朱王庄。1958年人民公社时期称朱王小队，1984年复称朱王庄。

河北庄

河北庄（Héběizhuāng） 隶属黑塔镇黑塔村，地理实体类型为农村居民点。东至顺河村小王庄，南至小凄河，西至朱山村，北至环乡路。总户数为400户，总人口为1600人，民族为汉族。面积为1.5平方千米。

因该庄地处小凄河北面，故得名河北庄。1958年人民公社时期称河北小队，1984年复称河北庄。

河南庄

河南庄（Hénánzhuāng） 隶属黑塔镇黑塔村，地理实体类型为农村居民点。东至顺河村，南至河西村小林场，西至胡场耕地，北至河南庄。总户数为50户，总人口为150人，民族为汉族。面积为0.1平方千米。

村庄胡姓人居多，有一大的晒谷场，故得名小胡场。1958年人民公社时期称小胡场小队，1984年复称小胡场。

小惠庄

小惠庄（Xiǎohuìzhuāng） 隶属黑塔镇黑塔村，地理实体类型为农村居民点。东至倪姚村小王庄，南至小凄河，西至河北庄，北至048县道。总户数为65户，总人口为180人，民族为汉族。面积为0.5平方千米。

因村庄面积较小，惠姓人居多，故名小惠庄。1958年人民公社时期称小惠小队，1984年复称小惠庄。

娄元庄

娄元庄（Lóuyuánzhuāng） 隶属黑塔镇红旗村，地理实体类型为农村居民点。东至小董庄，南至朱沟，西至农场，北至王井庄。总户数为77户，总人口为290人，民族为汉族。面积为0.15平方千米。

娄姓家族定居此地，村庄中开园种菜的居多，故名。1958年人民公社时期称娄元小队，1984年复称娄元庄。

毛刘张庄

毛刘张庄（Máoliúzhāngzhuāng） 隶属黑塔镇红旗村，地理实体类型为农村居民点。东至小董庄，南至高架桥，西至王井庄，北至双庙庄。总户数为145户，总人口为650人，民族为汉族。面积为0.85平方千米。

清朝宣统年间，村庄中居民以毛姓、刘姓、张姓为主，他们开荒种地，繁衍生息，逐渐壮大，故而得名毛刘张庄。1958年人民公社时期称毛刘张小队，1984年复称毛刘张庄。

毛庄

毛庄（Máozhuāng） 隶属黑塔镇红旗村，地理实体类型为农村居民点。东至双庙，南至小北庄，西至大吴庄，北至唐庄。总户数为86户，总人口为370人，民族为汉族。面积为0.46平方千米。

村庄以毛姓人居多，故名。1958年人

民公社时期称毛庄小队，1984 年复称毛庄。

舒圩庄

舒圩庄（Shūwéizhuāng） 隶属黑塔镇红旗村，地理实体类型为农村居民点。东至民利河，南至唐庄，西至小朱庄，北至小李庄。总户数为 155 户，总人口为 590 人，民族为汉族。面积为 0.62 平方千米。

舒姓家族在此开垦荒地，建造房屋，因村庄四周筑有圩墙抵御外敌，故而得名舒圩庄。1958 年人民公社时期称舒圩小队，1984 年复称舒圩庄。

双庙庄

双庙庄（Shuāngmiàozhuāng） 隶属黑塔镇红旗村，地理实体类型为农村居民点。东至毛刘张庄，南至王井庄，西至毛庄，北至小北庄。总户数为 78 户，总人口为 390 人，民族为汉族。面积为 0.42 平方千米。

该庄建有两座古庙，一座土地庙，一座和尚庙，故名。1958 年人民公社时期称双庙小队，1984 年复称双庙庄。

唐庄

唐庄（Tángzhuāng） 隶属黑塔镇红旗村，地理实体类型为农村居民点。东至唐沟，南至小苏庄，西至小吴庄，北至舒圩庄。总户数为 75 户，总人口为 380 人，民族为汉族。面积为 0.55 平方千米。

因居民多为唐姓，故名。1958 年人民公社时期称唐庄小队，1984 年复称唐庄。

王井庄

王井庄（Wángjǐngzhuāng） 隶属黑塔镇红旗村，地理实体类型为农村居民点。东至毛刘张庄，南至娄元庄，西至农场，北至双庙庄。总户数为 140 户，总人口为 457 人，民族为汉族。面积为 0.65 平方千米。

因庄内王姓人居多，有口古井，故名王井庄。1958 年人民公社时期称王井小队，1984 年复称王井庄。

吴海庄

吴海庄（Wúhǎizhuāng） 隶属黑塔镇红旗村，地理实体类型为农村居民点。东至小李庄，南至小朱庄，西至泗找路，北至民利河。总户数为 33 户，总人口为 140 人，民族为汉族。面积为 0.28 平方千米。

清朝光绪年间，吴姓人家聚居此地，开荒种地，繁衍生息，人丁兴旺，村庄命名为吴海庄。1958 年人民公社时期称吴海小队，1984 年复称吴海庄。

小柏庄

小柏庄（Xiǎobǎizhuāng） 隶属黑塔镇红旗村，地理实体类型为农村居民点。东至毛刘张庄，南至双庙庄，西至毛庄，北至民利河。总户数为 50 户，总人口为 280 人，民族为汉族。面积为 0.15 平方千米。

因村庄面积小，柏姓人居多，故而得名小柏庄。1958 年人民公社时期称小柏小队，1984 年复称小柏庄。

小董庄

小董庄（Xiǎodǒngzhuāng） 隶属黑塔镇红旗村，地理实体类型为农村居民点。东至小殷庄，南至朱沟，西至唐尤庄，北至民利河。总户数为 150 户，总人口为 630 人，民族为汉族。面积为 0.68 平方千米。

清朝道光年间，董姓家族聚居此地，建村立庄，繁衍生息，人丁兴旺，因村庄人口少，故得名小董庄。1958 年人民公社时期称小董小队，1984 年复称小董庄。

小李庄

小李庄（Xiǎolǐzhuāng） 隶属黑塔镇红旗村，地理实体类型为农村居民点。东至舒圩沟，南至舒圩庄，西至小朱庄，北至民利河。总户数为75户，总人口为350人，民族为汉族。面积为0.35平方千米。

因村庄人口少，李姓人居多，故名。1958年人民公社时期称小李小队，1984年复称小李庄。

小苏庄

小苏庄（Xiǎosūzhuāng） 隶属黑塔镇红旗村，地理实体类型为农村居民点。东至小苏沟，南至毛庄，西至唐沟，北至唐庄。总户数为32户，总人口为130人，民族为汉族。面积为0.18平方千米。

苏姓家族聚居此地，开荒种地，建造房屋，繁衍生息，因村庄面积小，故得名小苏庄。1958年人民公社时期称小苏小队，1984年复称小苏庄。

小朱庄

小朱庄（Xiǎozhūzhuāng） 隶属黑塔镇红旗村，地理实体类型为农村居民点。东至舒圩庄，南至铁路，西至泗找路，北至娄桥站。总户数为52户，总人口为340人，民族为汉族。面积为0.42平方千米。

朱姓家族定居此地，繁衍生息，因村庄人面积小，故得名小朱庄。1958年人民公社时期称小朱小队，1984年复称小朱庄。

杨庄

杨庄（Yángzhuāng） 隶属黑塔镇蒋杨村，地理实体类型为农村居民点。东至周黄庄，南至马鞍山，西至苏巷庄，北至蒋庄。总户数为210户，总人口为752人，民族为汉族。面积为0.82平方千米。

杨姓家族聚居此地，建村立庄，繁衍生息，人丁兴旺，逐渐壮大，故得名杨庄。1958年人民公社时期称杨庄小队，1984年复称杨庄。

蒋庄

蒋庄（Jiǎngzhuāng） 隶属黑塔镇蒋杨村，地理实体类型为农村居民点。东至王武庄，南至杨庄，西至苏巷庄，北至王武庄。总户数为209户，总人口为745人，民族为汉族。面积为0.83平方千米。

村庄以蒋姓人居多，故名。1958年人民公社时期称蒋庄小队，1984年复称蒋庄。

苏巷庄

苏巷庄（Sūxiàngzhuāng） 隶属黑塔镇蒋杨村，地理实体类型为农村居民点。东至蒋庄，南至曹刘庄，西至苏沟，北至苏沟。总户数为180户，总人口为650人，民族为汉族。面积为0.64平方千米。

因该庄苏姓人居多，庄中有一条古巷，故得名苏巷庄。1958年人民公社时期称苏巷小队，1984年复称苏巷庄。

曹刘庄

曹刘庄（Cáoliúzhuāng） 隶属黑塔镇蒋杨村，地理实体类型为农村居民点。东至马鞍山，南至郑圩庄，西至瓦方，北至苏巷庄。总户数为170户，总人口为600人，民族为汉族。面积为0.79平方千米。

明朝末年，曹氏、刘氏人家定居此地，建造房屋，繁衍生息，逐渐壮大，故得名曹刘庄。1958年人民公社时期称曹刘小队，1984年复称曹刘庄。

郑圩庄

郑圩庄（Zhèngwéizhuāng） 隶属黑塔镇蒋杨村，地理实体类型为农村居民点。东至马鞍山，南至马庄，西至瓦方，北至曹刘庄。总户数为95户，总人口为350人，民族为汉族。面积为0.56平方千米。

因村庄四周筑有土圩墙，郑姓人居多，故得名郑圩庄。1958年人民公社时期称郑圩小队，1984 年复称郑圩庄。

马庄

马庄（Mǎzhuāng） 隶属黑塔镇蒋杨村，地理实体类型为农村居民点。东至马鞍山，南至卢庄，西至苏沟，北至郑圩庄。总户数为 90 户，总人口为 300 人，民族为汉族。面积为 0.25 平方千米。

清朝光绪年间，马姓人家由北方迁居此地，建造房屋，繁衍生息，逐渐发展壮大，形成自然庄，故名。1958 年人民公社时期称马庄小队，1984 年复称马庄。

卢庄

卢庄（Lúzhuāng） 隶属黑塔镇蒋杨村，地理实体类型为农村居民点。东至马鞍山，南至朱庄，西至苏沟，北至马庄。总户数为 220 户，总人口为 780 人，民族为汉族。面积为 0.83 平方千米。

村庄以卢姓人居多，故名。1958 年人民公社时期称卢庄小队，1984 年复称卢庄。

朱庄

朱庄（Zhūzhuāng） 隶属黑塔镇蒋杨村，地理实体类型为农村居民点。东至马鞍山，南至马场，西至苏沟，北至卢庄。总户数为 50 户，总人口为 220 人，民族为汉族。面积为 0.35 平方千米。

村庄以朱姓人居多，故名。1958 年人民公社时期称朱庄小队，1984 年复称朱庄。

小屈庄

小屈庄（Xiǎoqūzhuāng） 隶属黑塔镇界牌村，地理实体类型为农村居民点。东至三陈村，南至江苏省泗洪县，西至老吴庄，北至小梁村庄。总户数为 114 户，总人口为 435 人，民族为汉族。面积为 0.38 平方千米。

清朝光绪年间，屈姓人家聚居此地，开荒种地，建造房屋，因村庄人口少，故而得名小屈庄。1958 年人民公社时期称小屈小队，1984 年复称小屈庄。

老吴庄

老吴庄（Lǎowúzhuāng） 隶属黑塔镇界牌村，地理实体类型为农村居民点。东至小屈庄，南至江苏省泗洪县，西至小吴庄，北至小梁村。总户数为 75 户，总人口为 223 人，民族为汉族。面积为 0.18 平方千米。

吴姓人家聚居此地，开荒种地，建造房屋，因定居较早，故而得名老吴庄。1958 年人民公社时期称老吴小队，1984 年复称老吴庄。

小吴庄

小吴庄（Xiǎowúzhuāng） 隶属黑塔镇界牌村，地理实体类型为农村居民点。东至老吴庄，南至江苏省泗洪县，西至小魏庄，北至小梁村。总户数为 57 户，总人口为 190 人，民族为汉族。面积为 0.17 平方千米。

因村庄人口少，吴姓居多，故名。1958 年人民公社时期称小吴小队，1984 年复称小吴庄。

小魏庄

小魏庄（Xiǎowèizhuāng） 隶属黑塔镇界牌村，地理实体类型为农村居民点。东至小吴庄，南至江苏省泗洪县，西至龚李庄，北至小梁村。总户数为 65 户，总人口为 216 人，民族为汉族。面积为 0.19 平方千米。

清朝道光年间，魏姓家族聚居此地，建村立庄，繁衍生息，人丁兴旺，因村庄人口少，故得名小魏庄。1958 年人民公社时期称小魏小队，1984 年复称小魏庄。

龚李庄

龚李庄（Gōnglǐzhuāng） 隶属黑塔镇界牌村，地理实体类型为农村居民点。东至小魏庄，南至江苏省泗洪县，西至界牌张，北至小梁村。总户数为128户，总人口为455人，民族为汉族。面积为0.4平方千米。

清朝道光年间，龚姓、李姓家族聚居此地，建村立庄，繁衍生息，人丁兴旺，故得名龚李庄。1958年人民公社时期称龚李小队，1984年复称龚李庄。

界牌张

界牌张（Jièpáizhāng） 隶属黑塔镇界牌村，地理实体类型为农村居民点。东至龚李庄，南至江苏省泗洪县，西至小戚庄，北至小梁村。总户数120户，总人口120人，民族为汉族。面积为0.1平方千米。

因村庄位于安徽、江苏交界，张姓居多，故得名界牌张。1958年人民公社时期称界牌张小队，1984年复称界牌张。

大顾庄

大顾庄（Dàgùzhuāng） 隶属黑塔镇界牌村，地理实体类型为农村居民点。东至宋庄，南至草庙镇，西至小刘庄，北至红旗村。总户数为280户，总人口为1075人，民族为汉族。面积为0.94平方千米。

顾姓家族定居此地，开荒种地，繁衍生息，人丁兴旺，逐渐壮大，故得名大顾庄。1958年人民公社时期称大顾小队，1984年复称大顾庄。

小刘庄

小刘庄（Xiǎoliúzhuāng） 隶属黑塔镇界牌村，地理实体类型为农村居民点。东至大顾庄，南至草庙镇，西至小张庄，北至红旗村。总户数为124户，总人口为423人，民族为汉族。面积为0.37平方千米。

明朝末年，刘姓人家由陕西迁居此地，开荒种地，建造房屋，繁衍生息，因村庄户数少，故得名小刘庄。1958年人民公社时期称小刘小队，1984年复称小刘庄。

小张庄

小张庄（Xiǎozhāngzhuāng） 隶属黑塔镇界牌村，地理实体类型为农村居民点。东至小刘庄，南至草庙镇，西至三葛村，北至红旗村。总户数为78户，总人口为275人，民族为汉族。面积为0.24平方千米。

清朝道光年间，张姓家族聚居此地，建村立庄，繁衍生息，人丁兴旺，因村庄人口少，故得名小张庄。1958年人民公社时期称小张小队，1984年复称小张庄。

陈庄

陈庄（Chénzhuāng） 隶属黑塔镇马场村，地理实体类型为农村居民点。东至谭圩庄，南至娄桥，西至小程庄，北至峰山庄。总户数为215户，总人口为685人，民族为汉族。面积为0.86平方千米。

村庄以何姓人居多，故名。1958年人民公社时期称陈庄小队，1984年复称陈庄。

大程庄

大程庄（Dàchéngzhuāng） 隶属黑塔镇马场村，地理实体类型为农村居民点。东至小程庄，南至民利河，西至平山镇张山刘界，北至马场地界。总户数为256户，总人口为765人，民族为汉族。面积为0.86平方千米。

程姓家族定居此地，开荒种地，繁衍生息，故名。1958年人民公社时期称大程小队，1984年复称大程庄。

丁庄

丁庄（Dīngzhuāng） 隶属黑塔镇马场村，地理实体类型为农村居民点。东至马场东山，南至马场庄，西至瓦坊镇小侯交界，北至高庄。总户数为150户，总人口为440人，民族为汉族。面积为0.86平方千米。

村庄以丁姓人居多，故名。1958 年人民公社时期称丁庄小队，1984 年复称丁庄。

高庄

高庄（Gāozhuāng） 隶属黑塔镇马场村，地理实体类型为农村居民点。东至马鞍山，南至丁庄，西至瓦坊镇小侯交界，北至蒋杨村朱庄界。总户数为 75 户，总人口为 290 人，民族为汉族。面积为 0.56 平方千米。

高姓家族由河南迁居此地，开垦荒地，建造房屋，繁衍生息，人丁兴旺，故得名高庄。1958 年人民公社时期称高庄小队，1984 年复称高庄。

林业庄

林业庄（Línyèzhuāng） 隶属黑塔镇马场村，地理实体类型为农村居民点。东至朱山村娄马庄，南至谭圩，西至卢庄，北至马场。总户数为 45 户，总人口为 148 人，民族为汉族。面积为 0.16 平方千米。

清朝末年，陶姓家族聚居此地，建村立庄，因该庄梨树种植多，得名陶园，后土地改革时更名为林业庄。1958 年人民公社时期称林业队，1984 年复称林业庄。

卢庄

卢庄（Lúzhuāng） 隶属黑塔镇马场村，地理实体类型为农村居民点。东至娄骆公路，南至谭圩界，西至陈庄，北至马场庄。总户数为 105 户，总人口为 305 人，民族为汉族。面积为 0.37 平方千米。

卢姓家族定居此地，开垦荒地，建造房屋，繁衍生息，人丁兴旺，故得名卢庄。1958 年人民公社时期称卢庄小队，1984 年复称卢庄。

马场庄

马场庄（Mǎchǎngzhuāng） 隶属黑塔镇马场村，地理实体类型为农村居民点。东至马厂东山，南至卢庄，西至瓦坊镇小侯交界，北至丁庄。总户数为 305 户，总人口为 903 人，民族为汉族。面积为 1.55 平方千米。

相传隋末唐初，罗成在马场北头老槐树拴马，另外传说朱山就是原来的瓦岗寨，该地有饮马池，山上有放马的遗址，故名。1958 年人民公社时期称马场小队，1984 年复称马场庄。

谭圩庄

谭圩庄（Tánwéizhuāng） 隶属黑塔镇马场村，地理实体类型为农村居民点。东至朱山村娄马，南至娄桥，西至卢庄，北至马场庄。总户数为 315 户，总人口为 956 人，民族为汉族。面积为 1.26 平方千米。

谭姓家族定居此地，开荒种地，建造房屋，繁衍生息，因村庄四周筑有土圩墙，故名。1958 年人民公社时期称谭圩小队，1984 年复称谭圩庄。

小程庄

小程庄（Xiǎochéngzhuāng） 隶属黑塔镇马场村，地理实体类型为农村居民点。东至陈庄，南至娄桥，西至大程庄，北至峰山。总户数为 108 户，总人口为 365 人，民族为汉族。面积为 0.33 平方千米。

因村庄面积小，程姓居多，故名。1958 年人民公社时期称小程小队，1984 年复称小程庄。

陈场庄

陈场庄（Chénchǎngzhuāng） 隶属黑塔镇倪姚村，地理实体类型为农村居民点。东至三马庄，南全小土庄，西至三甄庄村，北至凄北沟村。总户数为 40 户，总人口为 180 人，民族为汉族。面积为 0.23 平方千米。

清朝晚期，北方陈姓人家迁居至此，开荒种地，建造房屋，繁衍生息，家族人丁旺盛，逐渐壮大，村庄有打谷场，故得名为陈场庄。1958年人民公社时期称陈场小队，1984年复称陈场庄。

大倪庄

大倪庄（Dànízhuāng） 隶属黑塔镇倪姚村，地理实体类型为农村居民点。东至姚庄，南至顺河村桥口庄，西至三甄村，北至三甄村。总户数为230户，总人口为710人，民族为汉族。面积为0.71平方千米。

清代中期，倪姓人家由南方迁居至此，在此开荒种地，建造房屋，繁衍生息，家族人丁旺盛，逐渐壮大，因比小倪庄人多面积大，故得名为大倪庄。1958年人民公社时期称大倪小队，1984年复称大倪庄。

三马庄

三马庄（Sānmǎzhuāng） 隶属黑塔镇倪姚村，地理实体类型为农村居民点。东至大倪庄，南至小凄河，西至陈场庄，北至三甄村。总户数为290户，总人口为850人，民族为汉族。面积为0.9平方千米。

明代中期，马姓人家由山东、山西两省迁居至此，分别为前马庄、二马庄、后马庄三个小居民点，后合并为三马庄。1958年人民公社时期称三马小队，1984年复称三马庄。

吴场庄

吴场庄（Wúchǎngzhuāng） 隶属黑塔镇倪姚村，地理实体类型为农村居民点。东至大倪庄，南至三马庄，西至三马庄，北至三甄村。总户数为60户，总人口为260人，民族为汉族。面积为0.37平方千米。

村庄以吴姓人居多，有一大的晒谷场，故名。1958年人民公社时期称吴场小队，1984年复称吴场庄。

小倪庄

小倪庄（Xiǎonízhuāng） 隶属黑塔镇倪姚村，地理实体类型为农村居民点。东至张场庄，南至姚庄，西至姚庄，北至小黄河。总户数为70户，总人口为380人，民族为汉族。面积为0.04平方千米。

因村庄面积小，倪姓人居多，故得名为小倪庄。1958年人民公社时期称小倪小队，1984年复称小倪庄。

小王庄

小王庄（Xiǎowángzhuāng） 隶属黑塔镇倪姚村，地理实体类型为农村居民点。东至三马庄，西至陈场庄，南至小凄河，北至黑塔村陈场庄。总户数为65户，总人口为280人，民族为汉族。面积为0.4平方千米。

清朝光绪年间，王姓人家由南方迁居至此，建村立庄，繁衍生息，后此地出一京官，戴红顶帽子，故得名为王红顶庄，民国后期改为小王庄。1958年人民公社时期称小王小队，1984年复称小王庄。

新关庄

新关庄（Xīnguānzhuāng） 隶属黑塔镇倪姚村，地理实体类型为农村居民点。东至江苏省泗洪县梅花镇大罗村，南至顺河村桥口庄，西至张场庄，北至刘圩镇秦场村。总户数为300户，总人口为950人，民族为汉族。面积为0.9平方千米。

因此地有几条河交汇，老濉河通洪泽湖，旧时运输船只多在此上岸交易，故称新关口，后称新关庄。1958年人民公社时期称新关小队，1984年复称新关庄。

姚庄

姚庄（Yáozhuāng） 隶属黑塔镇倪姚村，地理实体类型为农村居民点。东至新关庄，南至小凄河，西至大倪庄，北至三甄村。总户数为220户，总人口为750人，民族为汉族。面积为0.7平方千米。

因村民多为姚姓，故名。1958 年人民公社时期称姚庄小队，1984 年复称姚庄。

张场庄

张场庄（Zhāngchǎngzhuāng） 隶属黑塔镇倪姚村，地理实体类型为农村居民点。东至新关庄，南至水泥路，西至小倪庄，北至刘小黄河。总户数为 70 户，总人口为 350 人，民族为汉族。面积为 0.36 平方千米。

清末，张姓人家由北方迁居至此，开荒种地，建造房屋，繁衍生息，因村庄有一大的晒谷场，故名。1958 年人民公社时期称张场小队，1984 年复称张场庄。

陈台庄

陈台庄（Chéntáizhuāng） 隶属黑塔镇三陈村，地理实体类型为农村居民点。东至老濉河，南至季桥，西至三陈小学，北至朱庙。总户数为 96 户，总人口为 321 人，民族为汉族、彝族。面积为 0.5 平方千米。

民国初年，陈氏兄弟三人中老大迁居至此，建村立庄，繁衍生息，因村庄曾有一座炮台，故名。1958 年人民公社时期称陈台小队，1984 年复称陈台庄。

大蒋庄

大蒋庄（Dàjiǎngzhuāng） 隶属黑塔镇三陈村，地理实体类型为农村居民点。东至季桥，南至路陈庄，西至界牌村，北至朱庙庄。总户数为 163 户，总人口为 562 人，民族为汉族、彝族。面积为 0.8 平方千米。

宋朝时期，有一蒋姓人在此落户，繁衍生息，发展壮大，逐渐形成村庄，后以姓氏命名大蒋庄。1958 年人民公社时期称大蒋小队，1984 年复称大蒋庄。

路陈庄

路陈庄（Lùchénzhuāng） 隶属黑塔镇三陈村，地理实体类型为农村居民点。东至季桥庄，南至桥头吴庄，西至界牌村，北至朱庙。总户数为 111 户，总人口为 444 人，民族为汉族、彝族。面积为 0.63 平方千米。

民国初年，陈氏兄弟三人中老二定居此地，开荒种地，建村立庄，繁衍生息，该庄命名为路陈庄。1958 年人民公社时期称路陈庄小队，1984 年复称路陈庄。

桥头吴庄

桥头吴庄（Qiáotóuwúzhuāng） 隶属黑塔镇三陈村，地理实体类型为农村居民点。东至胡圩庄，南至新濉河，西至界牌村小吴庄，北至三陈庄。总户数为 185 户，总人口为 745 人，民族为汉族、彝族。面积为 0.43 平方千米。

因吴姓人居多，村口有座大桥，故名。1958 年人民公社时期称桥头吴小队，1984 年复称桥头吴庄。

朱庙庄

朱庙庄（Zhūmiàozhuāng） 隶属黑塔镇三陈村，地理实体类型为农村居民点。东至小魏庄，南至陈台庄，西至小梁村，北至大位村。总户数为 113 户，总人口为 443 人，民族为汉族、彝族。面积为 0.41 平方千米。

此地原有一座古庙，朱姓人家在此开荒种地，繁衍生息，故名。1958 年人民公社时期称朱庙小队，1984 年复称朱庙庄。

小胡庄

小胡庄（Xiǎohúzhuāng） 隶属黑塔镇三陈村，地理实体类型为农村居民点。东至民利河，南至大蒋庄，西至小蒋庄，北至朱庙庄。总户数为 120 户，总人口为 400 人，民族为汉族。面积为 0.41 平方千米。

清末年间，胡氏兄弟二人到此开荒种

地，建造房屋，后兄弟分家，各占一方，弟弟选的地方面积较小，故得名小胡庄。1958年人民公社时期称小胡小队，1984年复称小胡庄。

胡圩

胡圩（Húwéi） 隶属黑塔镇三陈村，地理实体类型为农村居民点。东至民利河，南至大蒋庄，西至小蒋庄，北至朱庙庄。总户数为240户，总人口为745人，民族为汉族。面积为0.41平方千米。

清末年间，胡氏兄弟二人到此开荒种地，建造房屋，后兄弟分家，各占一方，哥哥选的地方四周建有圩沟，故得名胡圩。1958年人民公社时期称胡圩小队，1984年复称胡圩。

季桥庄

季桥庄（Jìqiáozhuāng） 隶属黑塔镇三陈村，地理实体类型为农村居民点。东至濉河，南至胡圩，西至三陈庄，北至陈台庄。总户数为113户，总人口为321人，民族为汉族。面积为0.41平方千米。

因老濉河流经此地，河上原有小桥，庄人中季姓居多，故名。1958年人民公社时期称季桥小队，1984年复称季桥庄。

三陈庄

三陈庄（Sānchénzhuāng） 隶属黑塔镇三陈村，地理实体类型为农村居民点。东至季桥庄，南至陈台沟，西至路陈庄，北至三陈小学。总户数为33户，总人口为95人，民族为汉族。面积为0.41平方千米。

陈氏兄弟三人中老三迁居此地，建村立庄，繁衍生息，因该庄为陈氏家族第三处分支，故名。1958年人民公社时期称三陈小队，1984年复称三陈庄。

陈坝庄

陈坝庄（Chénbàzhuāng） 隶属黑塔镇三葛村，地理实体类型为农村居民点。东至界牌村，南至奎濉河，西至小魏庄，北至农场教会。总户数为162户，总人口为846人，民族为汉族。面积为0.76平方千米。

因此地处奎濉河北岸，房屋建筑于河堤坝上，当时为了便于在河两岸种地，人工修了一条大坝，取名陈坝，该庄因此得名。1958年人民公社时期称陈坝小队，1984年复称陈坝庄。

大吴庄

大吴庄（Dàwúzhuāng） 隶属黑塔镇三葛村，地理实体类型为农村居民点。东至小吴圩庄，南至高速公路，西至小凄河，北至宿淮铁路。总户数为103户，总人口为462人，民族为汉族。面积为0.41平方千米。

清代中期，吴姓人家由北方迁居至此，开荒种地，繁衍生息，逐渐壮大，故名。1958年人民公社时期称大吴小队，1984年复称大吴庄。

前赵庄

前赵庄（Qiánzhàozhuāng） 隶属黑塔镇三葛村，地理实体类型为农村居民点。东至红旗村，南至三葛庄，西至大吴庄，北至小吴圩。总户数为58户，总人口为240人，民族为汉族。面积为0.22平方千米。

明朝嘉靖年间，赵姓人家由江苏迁居此地，开荒种地，繁衍生息，人丁兴旺，逐渐壮大，后赵姓家族分支搬迁到村庄南部居住，当地以南为前，故得名前赵庄。1958年人民公社时期称前赵庄小队，1984年复称前赵庄。

三葛庄

三葛庄（Sāngězhuāng） 隶属黑塔镇

三葛村，地理实体类型为农村居民点。东至小魏庄，南至小刘庄，西至小凄河，北至大吴庄。总户数为315户，总人口为1216人，民族为汉族。面积为1.09平方千米。

清代末期，葛姓人家由河南省迁居至此，建立村庄，分为前葛、中葛、后葛三个居民点，后三个居民点合并，故名。1958年人民公社时期称三葛小队，1984年复称三葛庄。

小刘庄

小刘庄（Xiǎoliúzhuāng） 隶属黑塔镇三葛村，地理实体类型为农村居民点。东至小位，南至奎濉河畔，西至三葛街道，北至三葛庄。总户数为31户，总人口为127人，民族为汉族。面积为0.11平方千米。

刘姓家族定居此地，建造房屋，繁衍生息，因村庄面积小，故名小刘庄。1958年人民公社时期称小刘小队，1984年复称小刘庄。

小魏庄

小魏庄（Xiǎowèizhuāng） 隶属黑塔镇三葛村，地理实体类型为农村居民点。东至陈坝，南至奎濉河畔，西至小刘庄，北至农场教会赵三庄。总户数为55户，总人口为240人，民族为汉族。面积为0.22平方千米。

该庄地处奎濉河北，原有几户魏姓人家，在此开荒地，建造房屋，繁衍生息，因村庄人口少，故名。1958年人民公社时期称小魏小队，1984年复称小魏庄。

小吴圩庄

小吴圩庄（Xiǎowúwéizhuāng） 隶属黑塔镇三葛村，地理实体类型为农村居民点。东至红旗村，南至前赵庄，西至大吴庄，北至小朱庄。总户数为80户，总人口为350人，民族为汉族。面积为0.31平方千米。

该庄吴姓人口居多，村庄面积很小，村庄东北有一条圩沟环绕半个村落，故名。1958年人民公社时期称小吴圩小队，1984年复称小吴圩庄。

赵三庄

赵三庄（Zhàosānzhuāng） 隶属黑塔镇三葛村，地理实体类型为农村居民点。东至红旗村，南至葛梁路，西至三葛交界，北至前赵庄。总户数为21户，总人口为112人，民族为汉族。面积为0.1平方千米。

因该庄人口少，赵姓居多，经济贫困，故称为可怜赵，后因该庄为赵姓家族第三处分支，更名为赵三庄。1958年人民公社时期称赵三小队，1984年复称赵三庄。

朱钱庄

朱钱庄（Zhūqiánzhuāng） 隶属黑塔镇三葛村，地理实体类型为农村居民点。东至界牌村，南至奎濉河，西至陈坝庄，北至红旗村娄元庄。总户数为150户，总人口为780人，民族为汉族。面积为0.7平方千米。

朱、钱二姓家族迁居此地，开垦荒地，建造房屋，繁衍生息，人丁兴旺，故得名朱钱庄。1958年人民公社时期称朱钱小队，1984年复称朱钱庄。

高场庄

高场庄（Gāochǎngzhuāng） 隶属黑塔镇三甄村，地理实体类型为农村居民点。东至陈圩庄，南至前王庄，西至周英庄，北至汤圩庄。总户数为47户，总人口为204人，民族为汉族。面积为0.8平方千米。

高姓家族在此开荒种地，繁衍生息，人丁兴旺，逐渐壮大，村庄有一大打谷场，故得名高场庄。1958年人民公社时期称高场小队，1984年复称高场庄。

后甄庄

后甄庄（Hòuzhēnzhuāng） 隶属黑塔镇三甄村，地理实体类型为农村居民点。东至泗找路，南至前甄庄，西至邱圩庄，北至前王庄。总户数为61户，总人口为228人，民族为汉族。面积为0.8平方千米。

明朝末年，甄姓人家迁居此地，开荒种地，建村立庄，繁衍生息，逐渐壮大，后甄姓家族分支搬迁到村庄北面居住，故名。1958年人民公社时期称后甄小队，1984年复称后甄庄。

老陈庄

老陈庄（Lǎochénzhuāng） 隶属黑塔镇三甄村，地理实体类型为农村居民点。东至许场庄，南至杨圩庄，西至陈圩庄，北至小黄河。总户数为148户，总人口为602人，民族为汉族。面积为2.2平方千米。

清代中期，陈姓人家由北方迁居至此，开垦荒地，建造房屋，繁衍生息，因陈姓居住时间久，故名老陈庄。1958年人民公社时期称老陈小队，1984年复称老陈庄。

前王庄

前王庄（Qiánwángzhuāng） 隶属黑塔镇三甄村，地理实体类型为农村居民点。东至杨圩庄，南至后甄庄，西至邱圩庄，北至高场庄。总户数为112户，总人口为484人，民族为汉族。面积为1.2平方千米。

清代顺治年间，王姓人家迁居至此，开荒种地，繁衍生息，逐渐壮大，因该庄位于杨圩王庄南面，故名。1958年人民公社时期称前王小队，1984年复称前王庄。

邱圩庄

邱圩庄（Qiūwéizhuāng） 隶属黑塔镇三甄村，地理实体类型为农村居民点。东至前王庄，南至前甄庄，西至王武庄，北至周英庄。总户数为30户，总人口为166人，民族为汉族。面积为0.8平方千米。

因村庄四周挖有圩沟，邱姓人居多，故得名邱圩庄。1958年人民公社时期称邱圩小队，1984年复称邱圩庄。

许场庄

许场庄（Xǔchǎngzhuāng） 隶属黑塔镇三甄村，地理实体类型为农村居民点。东至倪姚村，南至杨圩庄，西至陈圩庄，北至小黄河。总户数为59户，总人口为255人，民族为汉族。面积为0.33平方千米。

许姓家族定居此地，开垦荒地，建村立庄，村庄有一大的晒谷场，故名。1958年人民公社时期称许场小队，1984年复称许场庄。

杨圩庄

杨圩庄（Yángwéizhuāng） 隶属黑塔镇三甄村，地理实体类型为农村居民点。东至倪姚庄，南至三马庄，西至前王庄，北至许场庄。总户数为229户，总人口为968人，民族为汉族。面积为1.5平方千米。

杨姓家族在此开荒种地，建造房屋，繁衍生息，因村庄四周筑有土圩墙，故名杨圩庄。1958年人民公社时期称杨圩小队，1984年复称杨圩庄。

周英庄

周英庄（Zhōuyīngzhuāng） 隶属黑塔镇三甄村，地理实体类型为农村居民点。东至高场庄，南至前王庄，西至王武庄，北至陈圩庄。总户数为56户，总人口为263人，民族为汉族。面积为1.1平方千米。

明朝嘉靖年间，周姓人家由江苏迁居此地，繁衍生息，人丁兴旺，后该庄取名周英庄。1958年人民公社时期称周英小队，1984年复称周英庄。

大张庄

大张庄（Dàzhāngzhuāng） 隶属黑塔镇顺河村，地理实体类型为农村居民点。东至小王庄，南至新鸭沟，西至黑塔村，北至小凄河。总户数为312户，总人口为1200人，民族为汉族。面积为1.32平方千米。

张姓家族聚居此地，建村立庄，繁衍生息，人丁兴旺，逐渐壮大，故得名大张庄。1958年人民公社时期称大张小队，1984年复称大张庄。

董圩庄

董圩庄（Dǒngwéizhuāng） 隶属黑塔镇顺河村，地理实体类型为农村居民点。东至老濉河，南至谢沟庄，西至桥口庄，北至小凄河和新关庄。总户数为128户，总人口为543人，民族为汉族。面积为0.62平方千米。

董姓家族定居此地，建造房屋，繁衍生息，因村庄四周挖有圩沟，故名。1958年人民公社时期称董圩小队，1984年复称董圩庄。

桥口庄

桥口庄（Qiáokǒuzhuāng） 隶属黑塔镇顺河村，地理实体类型为农村居民点。东至老濉河，南至谢沟庄，西至杨宅，北至小凄河。总户数为120户，总人口为486人，民族为汉族。面积为0.59平方千米。

因该庄东面有座石桥，故名桥口庄。1958年人民公社时期称桥口小队，1984年复称桥口庄。

小王庄

小王庄（Xiǎowángzhuāng） 隶属黑塔镇顺河村，地理实体类型为农村居民点。东至杨宅庄，南至新鸭沟，西至大张庄，北至小凄河。总户数为210户，总人口为818人，民族为汉族。面积为0.79平方千米。

清末年间，王姓家族聚居此地，建立村庄，村里人多养水牛，得名水牛王庄，后逐渐演变为小王庄。1958年人民公社时期称小王小队，1984年复称小王庄。

谢沟

谢沟（Xiègōu） 隶属黑塔镇顺河村，地理实体类型为农村居民点。东至老濉河，南至新鸭沟，西至杨宅庄，北至杨宅庄、桥口庄。总户数为360户，总人口为1560人，民族为汉族。面积为1.94平方千米。

谢姓家族定居此地，开荒种地，建造房屋，繁衍生息，因村庄南面有一条大沟，故名。1958年人民公社时期称谢沟小队，1984年复称谢沟。

杨宅

杨宅（Yángzhái） 隶属黑塔镇顺河村，地理实体类型为农村居民点。东至桥口庄，南至谢沟庄，西至小王庄，北至小凄河。总户数为173户，总人口为698人，民族为汉族。面积为0.42平方千米。

杨姓家族聚居此地，建造宅院，繁衍生息，逐渐壮大，故名杨宅。1958年人民公社时期称杨宅小队，1984年复称杨宅。

大黄庄

大黄庄（Dàhuángzhuāng） 隶属黑塔镇小梁村，地理实体类型为农村居民点。东至魏杨庄，南至小端庄，西至民利河，北至大魏村。总户数为100户，总人口为432人，民族为汉族。面积为0.65平方千米。

黄姓家族由河南迁居此地，开垦荒地，建造房屋，繁衍生息，人丁兴旺，故得名大黄庄。1958年人民公社时期称大黄小队，1984年复称大黄庄。

董圩庄

董圩庄（Dǒngwéizhuāng） 隶属黑塔镇小梁村，地理实体类型为农村居民点。东至小梁庄，南至界牌村，西至红旗村，北至小尹庄。总户数为80户，总人口为380人，民族为汉族。面积为0.54平方千米。

董姓家族为防御外人入侵，在村庄周围挖了一道圩沟，故名。1958年人民公社时期称董圩小队，1984年复称董圩庄。

魏岗庄

魏岗庄（Wèigǎngzhuāng） 隶属黑塔镇小梁村，地理实体类型为农村居民点。东至三陈村，南至小蒋庄，西至魏杨庄，北至大魏村。总户数为40户，总人口为175人，民族为汉族。面积为0.35平方千米。

清朝道光年间，魏姓人家由北方迁居此地，开荒种地，建造房屋，因该庄地势较高，故得名为魏岗庄。1958年人民公社时期称魏岗庄小队，1984年复称魏岗庄。

魏杨庄

魏杨庄（Wèiyángzhuāng） 隶属黑塔镇小梁村，地理实体类型为农村居民点。东至魏岗，南至小蒋庄，西至小汤庄，北至小魏圩庄。总户数为85户，总人口为405人，民族为汉族。面积为0.54平方千米。

清朝雍正年间，魏、杨二姓家族迁居此地，开垦荒地，建造房屋，繁衍生息，人丁兴旺，故名魏杨庄。1958年人民公社时期称魏杨庄小队，1984年复称魏杨庄。

小端庄

小端庄（Xiǎoduānzhuāng） 隶属黑塔镇小梁村，地理实体类型为农村居民点。东至位杨，南至小汤，西至民利河，北至大黄庄。总户数为50户，总人口为235人，民族为汉族。面积为0.5平方千米。

清朝中期，江苏涟水一户姓端的人家由于家庭不和，分家时老二骑马负气出走，到此落户，繁衍生息，发展壮大，形成村庄，故名。1958年人民公社时期称小端小队，1984年复称小端庄。

小葛庄

小葛庄（Xiǎogězhuāng） 隶属黑塔镇小梁村，地理实体类型为农村居民点。东至小杨庄，南至界牌村，西至小侯庄，北至小王庄。总户数为62户，总人口为287人，民族为汉族。面积为0.5平方千米。

民国时期，葛姓男子到此庄入赘，带领全庄人抵御外敌入侵，发展生产，战争时期此人失踪，后人为了纪念他，此庄取名小葛庄。1958年人民公社时期称小葛小队，1984年复称小葛庄。

小顾庄

小顾庄（Xiǎogùzhuāng） 隶属黑塔镇小梁村，地理实体类型为农村居民点。东至小尹庄，南至董圩庄，西至红旗村，北至民利河。总户数为30户，总人口为110人，民族为汉族。面积为0.4平方千米。

因村庄面积小，顾姓人居多，故名。1958年人民公社时期称小顾小队，1984年复称小顾庄。

小侯庄

小侯庄（Xiǎohóuzhuāng） 隶属黑塔镇小梁村，地理实体类型为农村居民点。东至民利河，南至界牌村，西至董圩村，北至小梁庄。总户数为45户，总人口为185人，民族为汉族。面积为0.25平方千米。

因村庄人口少，侯姓居多，故名。1958年人民公社时期称小侯小队，1984年复称小侯庄。

小黄庄

小黄庄（Xiǎohuángzhuāng） 隶属黑塔镇小梁村，地理实体类型为农村居民点。东至小魏圩庄，南至大黄庄，西至民利河，北至大魏村。总户数为55户，总人口为220人，民族为汉族。面积为0.33平方千米。

明朝嘉靖年间，黄姓家族定居此地，建造房屋，繁衍生息，因村庄面积小，故得名小黄庄。1958年人民公社时期称小黄小队，1984年复称小黄庄。

小蒋庄

小蒋庄（Xiǎojiǎngzhuāng） 隶属黑塔镇小梁村，地理实体类型为农村居民点。东至三陈村，南至界牌村，西至小杨庄，北至魏岗庄。总户数为82户，总人口为380人，民族为汉族。面积为0.7平方千米。

因村庄面积小，蒋姓人居多，故名。1958年人民公社时期称小蒋小队，1984年复称小蒋庄。

小梁庄

小梁庄（Xiǎoliángzhuāng） 隶属黑塔镇小梁村，地理实体类型为农村居民点。东至民引河，南至小侯庄，西至董圩村，北至民利河。总户数为55户，总人口为280人，民族为汉族。面积为0.5平方千米。

梁姓人家聚居此地，开荒种地，建造房屋，因村庄人口少，故名。1958年人民公社时期称小梁小队，1984年复称小梁庄。

小位圩庄

小位圩庄（Xiǎowèiwéizhuāng） 隶属黑塔镇小梁村，地理实体类型为农村居民点。东至大魏村，南至魏岗庄，西至小黄庄，北至大魏村。总户数为90户，总人口为395人，民族为汉族。面积为0.42平方千米。

魏姓家族为了抵御外人入侵，在村庄周围挖了圩沟，故名。1958年人民公社时期称小位圩小队，1984年复称小位圩庄。

小杨庄

小杨庄（Xiǎoyángzhuāng） 隶属黑塔镇小梁村，地理实体类型为农村居民点。东至小蒋庄，南至界牌村，西至小葛庄，北至小王庄。总户数为38户，总人口为180人，民族为汉族。面积为1.4平方千米。

明朝末年，杨姓人家由陕西迁居此地，开荒种地，建造房屋，繁衍生息，因村庄面积小，故得名小杨庄。1958年人民公社时期称小杨小队，1984年复称小杨庄。

小尹庄

小尹庄（Xiǎoyǐnzhuāng） 隶属黑塔镇小梁村，地理实体类型为农村居民点。东至小梁庄，南至董圩庄，西至小顾庄，北至民利河。总户数为75户，总人口为300人，民族为汉族。面积为0.4平方千米。

因村庄人口少，尹姓居多，故名。1958年人民公社时期称小尹小队，1984年复称小尹庄。

小周庄

小周庄（Xiǎozhōuzhuāng） 隶属黑塔镇小梁村，地理实体类型为农村居民点。东至魏杨庄，南至小王庄，西至民利河，北至小汤庄。总户数为45户，总人口为230人，民族为汉族。面积为0.4平方千米。

因村庄人口少，以周姓居多，故名。1958年人民公社时期称小周小队，1984年复称小周庄。

曹庄

曹庄（Cáozhuāng） 隶属黑塔镇周黄村，地理实体类型为农村居民点。东至塘沟河，西至小李庄，南至小黄庄，北至杨圩。

总户数为104户，总人口为437人，民族为汉族。面积为0.68平方千米。

曹姓家族在此开垦荒地，繁衍生息，故名。1958年人民公社时期称曹庄小队，1984年复称曹庄。

大黄庄

大黄庄（Dàhuángzhuāng） 隶属黑塔镇周黄村，地理实体类型为农村居民点。东至塘沟河，南至小周圩，西至马鞍山，北至小黄庄。总户数为72户，总人口为311人，民族为汉族。面积为0.41平方千米。

清末时期，黄姓人家为躲避战乱，逃荒到此落户，开荒种地，繁衍生息，逐渐壮大，故名。1958年人民公社时期称大黄小队，1984年复称大黄庄。

李庄

李庄（Lǐzhuāng） 隶属黑塔镇周黄村，地理实体类型为农村居民点。东至梁庄，南至孟庄，西至马鞍山边，北至袁庄和梁庄。总户数为107户，总人口为482人，民族为汉族。面积为0.5平方千米。

村庄以李姓人居多，故名。1958年人民公社时期称李庄小队，1984年复称李庄。

梁庄

梁庄（Liángzhuāng） 隶属黑塔镇周黄村，地理实体类型为农村居民点。东至塘沟河，南至李庄，西至李庄，北至娄庄。总户数为80户，总人口为360人，民族为汉族。面积为0.62平方千米。

梁姓家族在此开垦荒地，繁衍生息，人丁兴旺，故名。1958年人民公社时期称梁庄小队，1984年复称梁庄。

娄庄

娄庄（Lóuzhuāng） 隶属黑塔镇周黄村，地理实体类型为农村居民点。东至塘沟河，南至梁庄，西至袁庄，北至袁庄。总户数为77户，总人口为358人，民族为汉族。面积为0.53平方千米。

娄姓家族在此开荒种地，繁衍生息，人丁兴旺，逐渐壮大，故名娄庄。1958年人民公社时期称娄庄小队，1984年复称娄庄。

孟庄

孟庄（Mèngzhuāng） 隶属黑塔镇周黄村，地理实体类型为农村居民点。东至环山路东侧李庄，南至与朱山村交界沟，西至马鞍山山边，北至李庄。总户数为52户，总人口为258人，民族为汉族。面积为0.3平方千米。

因村民多为孟姓，故名。1958年人民公社时期称孟庄小队，1984年复称孟庄。

小黄庄

小黄庄（Xiǎohuángzhuāng） 隶属黑塔镇周黄村，地理实体类型为农村居民点。东至塘沟河，南至大黄庄，西至马鞍山，北至曹庄和小李庄。总户数为62户，总人口为268人，民族为汉族。面积为0.31平方千米。

清朝宣统年间，大黄庄黄氏家族分支搬迁至此，开荒种地，繁衍生息，故名。1958年人民公社时期称小黄小队，1984年复称小黄庄。

小李庄

小李庄（Xiǎolǐzhuāng） 隶属黑塔镇周黄村，地理实体类型为农村居民点。东至曹庄，南至小黄庄耕地，西至马鞍山，北至曹庄。总户数为30户，总人口为129人，民族为汉族。面积为0.5平方千米。

清朝同治年间，李姓财主定居此地，建造房屋，繁衍生息，人丁兴旺，因村庄面积小，故名小李庄。1958年人民公社时期称小李小队，1984年复称小李庄。

小周圩

小周圩（Xiǎozhōuwéi） 隶属黑塔镇周黄村，地理实体类型为农村居民点。东至塘沟河，南至袁庄，西至马鞍山，北大黄庄。总户数为101户，总人口为419人，民族为汉族。面积为0.68平方千米。

因村庄户数少，周姓人居多，故名。1958年人民公社时期称小周圩小队，1984年复称小周圩。

杨圩

杨圩（Yángwéi） 隶属黑塔镇周黄村，地理实体类型为农村居民点。东至塘沟河，南至曹庄，西至马鞍山，北至蒋杨村交界。总户数为139户，总人口为579人，民族为汉族。面积为0.66平方千米。

杨姓家族定居此地，开荒种地，建造房屋，繁衍生息，因村庄四周挖有圩沟，故名。1958年人民公社时期称杨圩小队，1984年复称杨圩。

袁庄

袁庄（Yuánzhuāng） 隶属黑塔镇周黄村，地理实体类型为农村居民点。东至塘沟河，南至李庄和娄庄，西至马鞍山，北至小周圩。总户数为108户，总人口为487人，民族为汉族。面积为0.57平方千米。

袁姓家族聚居此地，建村立庄，繁衍生息，人丁兴旺，逐渐壮大，故名。1958年人民公社时期称袁庄小队，1984年复称袁庄。

鲍庄

鲍庄（Bàozhuāng） 隶属黑塔镇朱山村，地理实体类型为农村居民点。东至尹庄，南至渠路，西至王庄，北至山围沟。总户数为55户，总人口为240人，民族为汉族。面积为0.2平方千米。

村民以鲍姓居多，故名。1958年人民公社时期称鲍庄小队，1984年复称鲍庄。

顾庄

顾庄（Gùzhuāng） 隶属黑塔镇朱山村，地理实体类型为农村居民点。东至杨路，南至渠路，西至交界沟，北至山围沟。总户数为110户，总人口为500人，民族为汉族。面积为0.4平方千米。

明朝末年，顾姓人家由南方迁居此地，开荒种地，繁衍生息，人丁兴旺，故名。1958年人民公社时期称顾庄小队，1984年复称顾庄。

后场庄

后场庄（Hòuchǎngzhuāng） 隶属黑塔镇朱山村，地理实体类型为农村居民点。东至唐河，南至张庄，西至孙庄，北至学校沟。总户数为60户，总人口为279人，民族为汉族。面积为0.3平方千米。

因村庄有一大的打谷场，且村庄位于张庄北侧，故取名后场庄。1958年人民公社时期称后场小队，1984年复称后场庄。

娄庄

娄庄（Lóuzhuāng） 隶属黑塔镇朱山村，地理实体类型为农村居民点。东至渠道，南至渠路，西至山围路，北至马庄。总户数为250户，总人口为1026人，民族为汉族。面积为1.5平方千米。

宋朝时期，娄姓人家在此定居，开荒种地，繁衍生息，人丁兴旺，故得名娄庄。1958年人民公社时期称娄庄小队，1984年复称娄庄。

马庄

马庄（Mǎzhuāng） 隶属黑塔镇朱山村，地理实体类型为农村居民点。东至渠道，南至娄庄，西至山围路，北至村卫生室沟。总户数为50户，总人口为186人，民族为汉族。面积为0.2平方千米。

村庄以马姓人居多，故名。1958年人民公社时期称马庄小队，1984年复称马庄。

孙庄

孙庄（Sūnzhuāng） 隶属黑塔镇朱山村，地理实体类型为农村居民点。东至刘湾，南至水库，北至山水沟。总户数为120户，总人口为589人，民族为汉族。面积为0.6平方千米。

民国时期，孙姓人家在此定居，开荒种地，繁衍生息，人丁兴旺，故得名孙庄。1958年人民公社时期称孙庄小队，1984年复称孙庄。

王庄

王庄（Wángzhuāng） 隶属黑塔镇朱山村，地理实体类型为农村居民点。东至鲍庄，南至渠路，西至杨路，北至山围沟。总户数为50户，总人口为220人，民族为汉族。面积为0.3平方千米。

因村民多为王姓，故名。1958年人民公社时期称王庄小队，1984年复称王庄。

尹庄

尹庄（Yǐnzhuāng） 隶属黑塔镇朱山村，地理实体类型为农村居民点。东至娄庄，南至渠路，西至鲍庄，北至娄庄沟。总户数为60户，总人口为259人，民族为汉族。面积为0.2平方千米。

尹姓家族定居此地，开荒种地，繁衍生息，人丁兴旺，故名。1958年人民公社时期称尹庄小队，1984年复称尹庄。

张庄

张庄（Zhāngzhuāng） 隶属黑塔镇朱山村，地理实体类型为农村居民点。东至唐河，南至周庄，西至刘湾庄，北至后场庄沟。总户数为120户，总人口为550人，民族为汉族。面积为0.8平方千米。

村民以张姓居多，故名。1958年人民公社时期称张庄小队，1984年复称张庄。

周庄

周庄（Zhōuzhuāng） 隶属黑塔镇朱山村，地理实体类型为农村居民点。南至北大沟，西至水库，北至张庄。总户数为280户，总人口为1025人，民族为汉族。面积为1.5平方千米。

清朝同治年间，周姓人家在此定居，开荒种地，繁衍生息，人丁兴旺，故得名周庄。1958年人民公社时期称周庄小队，1984年复称周庄。

周西庄

周西庄（Zhōuxīzhuāng） 隶属黑塔镇王武村，地理实体类型为农村居民点。东至后场庄，南至王武庄，西至高场，北至小黄河。总户数为22户，总人口为83人，民族为汉族。面积为0.19平方千米。

1949年新中国成立时，周姓人家聚居此地，开荒种地，繁衍生息，人丁兴旺，因村庄位于村部西侧，故得名周西庄。1958年人民公社时期称周西小队，1984年复称周西庄。

崔庄

崔庄（Cuīzhuāng） 隶属黑塔镇王武村，地理实体类型为农村居民点。东至王武村新周圩庄，南至034乡道，西至王武村后场庄，北至小黄河。总户数为36户，总人口为136人，民族为汉族。面积为0.32平方千米。

1949年新中国成立时，崔姓人口在此定居，开荒种地、繁衍生息，故名崔庄。1958年人民公社时期称崔庄小队，1984年复称崔庄。

当央场

当央场（Dāngyāngchǎng） 隶属黑塔镇王武村，地理实体类型为农村居民点。东至王武村群墙庄，南至王武村姚场庄，西至王武村新周圩庄，北至小黄河。总户数为38户，总人口为146人，民族为汉族。面积为0.34平方千米。

村庄四周筑有土圩，庄子在中间，故取名当央场。1958年人民公社时期称当央场小队，1984年复称当央场。

高场庄

高场庄（Gāochǎngzhuāng） 隶属黑塔镇王武村，地理实体类型为农村居民点。东至王武村周西庄，南至王武村姚圩庄，西至小丁沟，北至小黄河。总户数为43户，总人口为165人，民族为汉族。面积为0.39平方千米。

因村庄原为地主晒粮场地，高姓人居多，故名。1958年人民公社时期称高场小队，1984年复称高场庄。

夹河庄

夹河庄（Jiáhézhuāng） 隶属黑塔镇王武村，地理实体类型为农村居民点。东至陈圩村双宅庄，南至小黄河，西至刘圩小姚场庄，北至老濉河。总户数为17户，总人口为65人，民族为汉族。面积为0.15平方千米。

该庄地处小黄河、老濉河中间位置，故得名夹河庄。1958年人民公社时期称夹河小队，1984年复称夹河庄。

钱圩庄

钱圩庄（Qiánwéizhuāng） 隶属黑塔镇王武村，地理实体类型为农村居民点。东至杨大路，南至034乡道，西至王武村崔庄，北至王武村周圩庄。总户数为40户，总人口为151人，民族为汉族。面积为0.35平方千米。

钱姓家族为防土匪偷抢，在村庄四周筑有土圩，故名钱圩庄。1958年人民公社时期称钱圩小队，1984年复称钱圩庄。

群墙庄

群墙庄（Qúnqiángzhuāng） 隶属黑塔镇王武村，地理实体类型为农村居民点。东至陈圩村小周圩庄，南至034乡道，西至当央场，北至小黄河。总户数为44户，总人口为167人，民族为汉族。面积为0.39平方千米。

因村庄四周筑有土圩墙，村民姓氏复杂，故名。1958年人民公社时期称群墙小队，1984年复称群墙庄。

吴赵场庄

吴赵场庄（Wúzhàochǎngzhuāng） 隶属黑塔镇王武村，地理实体类型为农村居民点。东至三甄村周英圩庄，南至三甄村小周圩庄，西至杨大路，北至王武村周海庄。总户数为104户，总人口为396人，民族为汉族。面积为0.92平方千米。

村庄有一大的打谷场，以吴、赵二姓为主，故名。1958年人民公社时期称吴赵场小队，1984年复称吴赵场庄。

新周圩庄

新周圩庄（Xīnzhōuwéizhuāng） 隶属黑塔镇王武村，地理实体类型为农村居民点。东至当央场庄，南至钱圩庄，西至崔庄，北至小黄河。总户数为65户，总人口为246人，民族为汉族。面积为0.57平方千米。

周姓家族定居此地，村庄四周挖有圩沟且新建不久，故名新周圩庄。1958年人民公社时期称新周圩队，1984年复称新周圩庄。

姚场庄

姚场庄（Yáochǎngzhuāng） 隶属黑塔镇王武村，地理实体类型为农村居民点。东至陈圩村小南场，南至王武村周海庄，西至王武村王武庄，北至王武村当央场。总户数为65户，总人口为246人，民族为汉族。面积为0.57平方千米。

明朝正德年间，姚姓家族聚居此地，村庄有一大的晒谷场，故名。1958年人民公社时期称姚场小队，1984年复称姚场庄。

姚圩庄

姚圩庄（Yáowéizhuāng） 隶属黑塔镇王武村，地理实体类型为农村居民点。东至王武村王武庄，南至王武村导弹沟，西至王武村杨圩庄，北至王武村高场庄。总户数为43户，总人口为162人，民族为汉族。面积为0.38平方千米。

明朝末年，姚姓人家在此定居，开荒种地，繁衍生息，人丁兴旺，村庄四周筑有土圩，故得名姚圩庄。1958年人民公社时期称姚圩小队，1984年复称姚圩庄。

后场庄

后场庄（Hòuchǎngzhuāng） 隶属黑塔镇王武村，地理实体类型为农村居民点。东至崔庄，南至王武庄，西至周西庄，北至小黄河。总户数为36户，总人口为136人，民族为汉族。面积为0.32平方千米。

因村庄位于大队部北侧，当地以北为后，故名。1958年人民公社时期称后场小队，1984年复称后场庄。

杨圩庄

杨圩庄（Yángwéizhuāng） 隶属黑塔镇王武村，地理实体类型为农村居民点。东至王武村姚圩庄，南至导弹沟，西至王武村陈场庄，北至小丁沟。总户数为68户，总人口为258人，民族为汉族。面积为0.6平方千米。

杨姓人家在此定居，开荒种地，繁衍生息，人丁兴旺，村庄四周筑有土圩，故得名杨圩庄。1958年人民公社时期称杨圩小队，1984年复称杨圩庄。

王武庄

王武庄（Wángwǔzhuāng） 隶属黑塔镇王武村，地理实体类型为农村居民点。位于王武村委会驻地，东至姚场庄，南至导弹沟，西至姚圩庄，北至后场庄。总户数为230户，总人口为874人，民族为汉族。面积为2.04平方千米。

明朝嘉靖年间，王姓、武姓两家在此定居，开荒种地，繁衍生息，人丁兴旺，故名。1958年人民公社时期称王武队，1984年复称王武庄。

屏山镇

西苏庄

西苏庄（Xīsūzhuāng） 隶属屏山镇屏北村，地理实体类型为农村居民点。东至中苏庄，南至小房庄，西至小伍庄，北至民利河。总户数为37户，总人口为127人，民族为汉族。面积为0.21平方千米。

因村庄位于中苏庄西部，故名。1958年人民公社时期称西苏小队，1984年至今称西苏庄。

小周庄

小周庄（Xiǎozhōuzhuāng） 隶属屏山镇屏北村，地理实体类型为农村居民点。东至小苏庄，南至房郭沟，西至104国道，北至环村路。总户数为44户，总人口为208人，民族为汉族。面积为0.22平方千米。

周姓人家迁居此地，开荒种地，繁衍生

息，因村庄户数少，故得名小周庄。1958 年人民公社时期称小周小队，1984 年至今称小周庄。

庙旁郭庄

庙旁郭庄（Miàopángguōzhuāng） 隶属屏山镇屏北村，地理实体类型为农村居民点。东至小伍庄，南至屏山村小王庄，西至杨集乡马宅村，北至草孟庄。总户数为 54 户，总人口为 225 人，民族为汉族。面积为 0.29 平方千米。

因村庄西头有一座庙宇，郭姓人居多，故名庙旁郭庄。1958 年人民公社时期称庙旁郭小队，1984 年至今称庙旁郭庄。

史马庄

史马庄（Shǐmǎzhuāng） 隶属屏山镇大李村，地理实体类型为农村居民点。东至小郭庄，南至屏北村周苏李庄，西至屏北村小李庄，北至南程庄。总户数为 85 户，总人口为 301 人，民族为汉族。面积为 0.34 平方千米。

清朝雍正年间，史、马二姓家族迁居此地，开垦荒地，建造房屋，繁衍生息，人丁兴旺，故命名为史马庄。1958 年人民公社时期隶属史马小队，1984 年至今称史马庄。

谷杨庄

谷杨庄（Gǔyángzhuāng） 隶属屏山镇枯河村，地理实体类型为农村居民点。东至小赵西沟，南至小许庄，西至安东沟，北至徐吴路。总户数为 287 户，总人口为 873 人，民族为汉族。面积为 0.84 平方千米。

该庄东南角有一高土坡，取名谷堆，后来杨姓人家在此繁衍生息，逐渐壮大，故得名谷杨庄。1958 年人民公社时期称谷杨小队，1984 年称谷杨庄。

湖半岗庄

湖半岗庄（Húbàngǎngzhuāng） 隶属屏山镇枯河村，地理实体类型为农村居民点。东至小凄河，南至徐吴路，西至任邓庄，北至下刘庄。总户数为 502 户，总人口为 2070 人，民族为汉族。面积为 2.1 平方千米。

因村东部低洼为湖地，西部岗形地貌，村民姓氏复杂，故名湖半岗庄。1958 年人民公社时期称湖半岗小队，1984 年称湖半岗庄。

枯河庄

枯河庄（Kūhézhuāng） 隶属屏山镇枯河村，地理实体类型为农村居民点。东至小凄河，南至奎濉河，西至小许沟，北至北大渠。总户数为 352 户，总人口为 1068 人，民族为汉族。面积为 0.9 平方千米。

相传西楚霸王项羽战败，携爱妻虞姬东逃，虞姬自刎。项羽带着虞姬头颅逃至此地，伤心痛哭，虞姬头颅出现睁眼流泪的现象，故名枯河庄。1958 年人民公社时属枯河大队，1984 年至今称枯河庄。

小赵庄

小赵庄（Xiǎozhàozhuāng） 隶属屏山镇枯河村，地理实体类型为农村居民点。东至小溇河，南至枯河北大梁，西至名杨沟，北至湖半岗庄。总户数为 86 户，总人口为 576 人，民族为汉族。面积为 0.65 平方千米。

该庄东南角和西面有两个大水塘，水塘周围种植大面积的洋槐树，赵氏家族不断繁衍生息，因村庄面积小，故而得名小赵庄。1958 年人民公社时期称小赵小队，1984 年称小赵庄。

大张庄

大张庄（Dàzhāngzhuāng） 隶属屏山镇老山村，地理实体类型为农村居民点。东至小张庄，南至赵沟，西至涂沟，北至涂山。总户数为230户，总人口为950人，民族为汉族。面积为0.92平方千米。

张姓家族聚居此地，开荒种地，繁衍生息，人丁兴旺，逐渐壮大，故名。1958年人民公社时期称大张小队，1984年称大张庄。

老山集

老山集（Lǎoshānjí） 隶属屏山镇老山村，地理实体类型为农村居民点。东至小周庄、沟王庄，南至小张庄，西至姜庄，北至朱圩庄。总户数为300户，总人口为1300人，民族为汉族。面积为1.2平方千米。

该山西面坡大部分石头呈龙鳞形状，名为蟠龙山。清朝顺治年间，江苏丹阳人刘道玄在此建庙，内供如来佛神像，故称老佛爷庙，山名为老佛爷山，后演变为老山。后老山周边逐渐形成集市，故名老山集。1958年人民公社时期隶属老山大队，1984年至今称老山集。

老庄赵庄

老庄赵庄（Lǎozhuāngzhàozhuāng）隶属屏山镇老山村，地理实体类型为农村居民点。东至沟沿赵庄，南至赵沟，西至大张庄，北至沟沿赵庄。总户数为55户，总人口为230人，民族为汉族。面积为0.34平方千米。

清朝光绪年间，赵姓聚居此地，开荒种地，繁衍生息，逐渐壮大，后赵姓分支迁居至老山脚下居住，故得名老庄赵庄。1958年人民公社时期称老庄赵小队，1984年称老庄赵庄。

后房庄

后房庄（Hòufángzhuāng） 隶属屏山镇屏东村，地理实体类型为农村居民点。东至姚庄，西至上房庄，南至孙房庄，北至小周庄。总户数为88户，总人口为342人，民族为汉族。面积为0.36平方千米。

后房庄原名秦房庄，秦、房二姓人家迁居此地，建村立庄，繁衍生息，当时秦姓人家势力较大，所以秦字在先，后来秦姓人家逐年败落，直至消失，所以更名为房庄。因村庄位于山后，故命名后房庄。1958年人民公社时期称后房小队，1984年称后房庄。

上房庄

上房庄（Shàngfángzhuāng） 隶属屏山镇屏东村，地理实体类型为农村居民点。东至张庄，南至屏山北坡，西至孙房庄，北至后房庄。总户数为43户，总人口为139人，民族为汉族。面积为0.24平方千米。

大房庄居民因水灾迁至此处，居民皆为房姓，取名房庄。后来为了和村庄北面的房庄区别，更名为上房庄。1958年人民公社时期称上房小队，1984年称上房庄。

孙房庄

孙房庄（Sūnfángzhuāng） 隶属屏山镇屏东村，地理实体类型为农村居民点。东至后房庄，南至屏山山脚下，西至屏山村，北至屏北村。总户数为135户，总人口为520人，民族为汉族。面积为0.52平方千米。

明朝建文年间，孙、房二姓迁居此地，开荒种地，繁衍生息，早期孙姓较多，而且势力较大，所以孙姓在前，故而得名孙房庄。1958年人民公社时期称孙房小队，1984年称孙房庄。

小刘庄

小刘庄（Xiǎoliúzhuāng） 隶属屏山镇屏东村，地理实体类型为农村居民点。东至涂沟，南至小陈庄，西至环镇路，北至房郭沟。总户数为106户，总人口为390人，民族为汉族。面积为0.48平方千米。

明朝建文年间，刘、李二姓人氏聚居此地，建村立庄，繁衍生息，因该庄一半姓李，一半姓刘，所以叫半截刘。后来刘姓逐渐壮大，故更名为小刘庄。1958 年人民公社时期称小刘小队，1984 年至今称小刘庄。

小陈庄

小陈庄（Xiǎochénzhuāng） 隶属屏山镇涂山村，地理实体类型为农村居民点。东至老山村，南至韩庄，西至屏东村，北至姜庄。总户数为 65 户，总人口为 290 人，民族为汉族。面积为 0.35 平方千米。

清朝光绪年间，陈姓人家迁居此地，建造房屋，繁衍生息，后有陈氏在山上采石烧成石灰，故得名为石灰陈庄，后更名为小陈庄。1958 年人民公社时期称小陈小队，1984 年至今称小陈庄。

寨程庄

寨程庄（Zhàichéngzhuāng） 隶属屏山镇涂山村，地理实体类型为农村居民点。东至朱圩庄，南至涂山村，西至那沟，北至民利河。总户数为 190 户，总人口为 710 人，民族为汉族。面积为 1.3 平方千米。

明朝末年，程姓人家定居此地，以打鱼为生，每逢雨季，该地汪洋一片。程姓人家用树棒把船拽住，不被水冲走，历经几代繁衍，后起名寨程庄。1958 年人民公社时期称寨程小队，1984 年称寨程庄。

大徐庄

大徐庄（Dàxúzhuāng） 隶属屏山镇吴店村，地理实体类型为农村居民点。东至小张庄，南至高云庄，西至小徐庄地界，北至邓宅庄。总户数为 142 户，总人口为 495 人，民族为汉族。面积为 0.6 平方千米。

大徐庄原来是徐国故地，受封于周武王，封疆从盱眙到徐州一带，后因徐王反周叛乱，徐国臣民逃难他国，只留一徐姓老农带一个不到一周岁的幼子，开荒种地，繁衍生息，逐渐壮大，故得名大徐庄。1958 年人民公社时期称大徐小队，1984 年称大徐庄。

老庄

老庄（Lǎozhuāng） 隶属屏山镇吴店村，地理实体类型为农村居民点。东至吴店庄，南至吴大路，西至大吴庄地界，北至小黄庄。总户数为 14 户，总人口为 64 人，民族为汉族。面积为 0.02 平方千米。

吴姓人家由江苏迁居至此，后其他姓氏人家逐渐在此安家入户，因该庄历史悠久，故名老庄。1958 年人民公社时期称老庄小队，1984 年称老庄。

吴店庄

吴店庄（Wúdiànzhuāng） 隶属屏山镇吴店村，地理实体类型为农村居民点。东至小高庄，南至奎濉河，西至大吴庄，北至屏西村。总户数为 139 户，总人口为 504 人，民族为汉族。面积为 0.7 平方千米。

明末清初，村庄因离老泗州城北门五里路，故名叫五里店，后因村庄中吴姓人口居多，故得名吴店庄。1958 年人民公社时期称吴店小队，1984 年称吴店庄。

小黄庄

小黄庄（Xiǎohuángzhuāng） 隶属屏山镇吴店村，地理实体类型为农村居民点。东至小樊庄，南至老庄，西至吴集村，北至屏西村。总户数为 84 户，总人口为 359 人，民族为汉族。面积为 0.4 平方千米。

清代宣统年间，黄姓人家由江苏省濉宁县关山南前黄庄迁居至此，建村立庄，故名。1958 年人民公社时期称小黄小队，1984 年称小黄庄。

小张庄

小张庄（Xiǎozhāngzhuāng） 隶属屏山镇吴店村，地理实体类型为农村居民点。东至陈刘村，南至陈刘村，西至大徐庄，北至屏西村。总户数为41户，总人口为175人，民族为汉族。面积为0.1平方千米。

张姓家族聚居此地，建村立庄，繁衍生息，村庄人口少，故名小张庄。1958年人民公社时期称小张小队，1984年称小张庄。

徐贺老街

徐贺老街（Xúhèlǎojiē） 隶属屏山镇徐贺村，地理实体类型为农村居民点。东至小吴庄，南至蒲刘庄，西至高秦庄，北至邢路庄。总户数为50户，总人口为310人，民族为汉族。面积为0.8平方千米。

1958年人民公社时，徐、贺二姓聚居此地，开荒种地，繁衍生息，村庄周边逐渐形成集市，名为徐贺街，故该庄命名为徐贺老街。1958年人民公社时期称徐贺小队，1984年至今称徐贺老街。

小赵庄

小赵庄（Xiǎozhàozhuāng） 隶属屏山镇徐贺村，地理实体类型为农村居民点。东至贺庄，南至赵沟，西至蒲刘庄，北至邢路。总户数为80户，总人口为460人，民族为汉族。面积为0.4平方千米。

因村庄户数少，赵姓人聚居，故名小赵庄。1958年人民公社时期称小赵小队，1984年称小赵庄。

上刘庄

上刘庄（Shàngliúzhuāng） 隶属屏山镇徐贺村，地理实体类型为农村居民点。东至湖半岗庄，南至任邓庄，西至洼张庄，北至下刘庄。总户数为120户，总人口为522人，民族为汉族。面积为0.8平方千米。

因该庄地势很高，刘姓人居多，故名。1958年人民公社时期称上刘小队，1984年称上刘庄。

洼张庄

洼张庄（Wāzhāngzhuāng） 隶属屏山镇徐贺村，地理实体类型为农村居民点。东至上刘庄，南至邢路，西至洼张庄，北至彭圩庄。总户数为215户，总人口为900人，民族为汉族。面积为1.25平方千米。

张姓人家聚居此地，村庄靠山，东面有白虎堆，地两面高中间洼，故名洼张庄。1958年人民公社时期称洼张小队，1984年至今称洼张庄。

邢路庄

邢路庄（Xínglùzhuāng） 隶属屏山镇徐贺村，地理实体类型为农村居民点。东至任邓庄，南至赵庄，西至秦圩庄，北至洼张庄。总户数为98户，总人口为318人，民族为汉族。面积为0.7平方千米。

明朝建文年间，邢、路二姓家族迁居至此，建村立庄，繁衍生息，故名。1958年人民公社时期称邢路小队，1984年称邢路庄。

姬家庄

姬家庄（Jījiāzhuāng） 隶属屏山镇张乔村，地理实体类型为农村居民点。东至孟圩庄，南至周宅庄，西至张巷庄，北至赵沟。总户数为138户，总人口为589人，民族为汉族。面积为0.62平方千米。

清朝光绪年间，姬姓人家从刘圩姬湖迁到此地，开荒种地，建造房屋，故名姬家庄。1958年人民公社时期称姬庄小队，1984年称姬家庄。

乔圩庄

乔圩庄（Qiáowéizhuāng） 隶属屏山镇张乔村，地理实体类型为农村居民点。东至小许庄，南至时铺庄，西至孟圩庄，北至赵沟。总户数为231户，总人口为928人，民族为汉族。面积为0.88平方千米。

因村庄四周筑有土圩，居民多为乔姓，故名。1958年人民公社时期称乔圩小队，1984年称乔圩庄。

时铺庄

时铺庄（Shípùzhuāng） 隶属屏山镇张乔村，地理实体类型为农村居民点。东至赵沟，南至新濉河，西至周宝庄，北至乔圩庄。总户数为122户，总人口为530人，民族为汉族。面积为0.18平方千米。

唐朝末年，时姓人家由大运河北岸迁到此地，到此开了一处茶铺，并在此开荒种地，繁衍生息，故得名时铺庄。1958年人民公社时期称时铺小队，1984年称时铺庄。

高庄

高庄（Gāozhuāng） 隶属屏山镇屏山村，地理实体类型为农村居民点。东至于庄，南至泗许高速，西至陈刘村白王庄，北至张庄。总户数为55户，总人口为215人，民族为汉族。面积为0.3平方千米。

村庄以高姓人居多，故名。1958年人民公社时期称高庄小队，1984年称高庄。

于庄

于庄（Yúzhuāng） 隶属屏山镇屏山村，地理实体类型为农村居民点。东至104国道，南至泗许高速，西至高庄，北至张庄。总户数为81户，总人口为215人，民族为汉族。面积为0.4平方千米。

因村民多为于姓，故名。1958年人民公社时期称于庄小队，1984年称于庄。

张庄

张庄（Zhāngzhuāng） 隶属屏山镇屏山村，地理实体类型为农村居民点。东至104国道，南至于庄，西至陈刘村小湖郭庄，北至刘庄。总户数为47户，总人口为149人，民族为汉族。面积为0.2平方千米。

张姓人家聚居，故名。1958年人民公社时期称张庄小队，1984年称张庄。

大路口乡

张庄

张庄（Zhāngzhuāng） 隶属大路口乡大季村，地理实体类型为农村居民点。东至大季庄，南至东邓庄，西至严庄，北至九里沟。总户数为83户，总人口为392人，民族为汉族。面积为0.6平方千米。

张姓人家从山东梁山迁居至此，开荒种地，建造房屋，人丁兴旺，逐渐壮大，故得名为鸭棚张庄，后简称为张庄。1958年人民公社时期隶属大季大队，1984年隶属大季村。

吴邓庄

吴邓庄（Wúdèngzhuāng） 隶属大路口乡大季村，地理实体类型为农村居民点。东至大梁庄，南至小刘庄，西至大牛庄，北至谢庄。总户数为133户，总人口为542人，民族为汉族。面积为0.69平方千米。

吴姓人家从山东迁居至此，开荒种地，建造房屋，不断繁衍生息，家族人丁兴旺，逐渐壮大，后来邓姓人家加入，故得名为吴邓庄。1958年人民公社时期隶属大季大队，1984年隶属大季村。

西大季庄

西大季庄（Xīdàjìzhuāng） 隶属大路口乡大季村，地理实体类型为农村居民点。东至谢庄，南至邓庄，西至大牛庄，北至任庄。总户数为127户，总人口为496人，民族为汉族。面积为0.7平方千米。

宋末，季姓人家从山东迁居至此，开荒种地，建造房屋，人丁兴旺，逐渐壮大，故得名为西大季庄。1958年人民公社时期隶属大季大队，1984年隶属大季村。

谢庄

谢庄（Xièzhuāng） 隶属大路口乡大季村，地理实体类型为农村居民点。东至严庄，南至邓庄，西至西大季庄，北至343国道。总户数为112户，总人口为471人，民族为汉族。面积为0.8平方千米。

村中以谢姓人居多，故名。1958年人民公社时期隶属大季大队，1984年隶属大季村。

大季庄

大季庄（Dàjìzhuāng） 隶属大路口乡大季村，地理实体类型为农村居民点。东至104国道，南至七里沟，西至卢庄，北至新汴河。总户数为83户，总人口为397人，民族为汉族。面积为0.5平方千米。

有一季姓人家从山东南迁，开荒种地，不断繁衍生息，人丁兴旺，逐渐壮大，故名为大季庄，1958年人民公社时期隶属大季大队，1984年隶属大季村。

东李庄

东李庄（Dōnglǐzhuāng） 隶属大路口乡西李村，地理实体类型为农村居民点。东至大季村，南至大庄村，西至西李庄，北至大季村。总户数为124户，总人口为543人，民族为汉族。面积为0.71平方千米。

李姓家族就定居此地，开荒种地，繁衍生息，逐渐壮大，后李姓分支到该庄东面村庄，故取名为东李庄。1958年人民公社时期隶属西李大队，1984年隶属西李村。

西李庄

西李庄（Xīlǐzhuāng） 隶属大路口乡西李村，地理实体类型为农村居民点。东至东李庄，南至大张村，西至陈庄，北至大季村。总户数为71户，总人口为324人，民族为汉族。面积为0.41平方千米。

清朝末年，李姓家族迁居此地，开荒种地，繁衍生息，逐渐壮大，后李姓分支到该庄西面村庄，故命名为西李庄。1958年人民公社时期隶属西李大队，1984年隶属西李村。

横刘庄

横刘庄（Héngliúzhuāng） 隶属大路口乡大张村，地理实体类型为农村居民点。东至大张庄，南至杨圩庄，西至后梁庄，北至小邓庄。总户数为185户，总人口为854人，民族为汉族。面积为0.84平方千米。

横刘庄原名横地刘庄，因为该庄四周土地都是东西方向耕作，称为横地，且该庄刘姓人多，故名。1958年人民公社时期隶属横刘大队，1984年隶属横刘村，2008年隶属大张村。

西圩庄

西圩庄（Xīwéizhuāng） 隶属大路口乡皇姑村，地理实体类型为农村居民点。东至后袁庄，南至五河县界沟，西至丁湖镇大表庄，北至龙沟村。总户数为241户，总人口为963人，民族为汉族。面积为1平方千米。

明朝建文年间，邓姓人氏就在此居住，环沟垒土为圩，故名邓圩庄。此后不断繁衍生息，家族逐渐壮大，分支到邓圩庄西面三里处建造房屋居住，故得名为西圩庄。1958年人民公社时期隶属西圩大队，1984年隶属西圩村，2012年隶属皇姑村。

中谭庄

中谭庄（Zhōngtánzhuāng） 隶属大路口乡皇姑村，地理实体类型为农村居民点。东至后袁庄，南至西圩庄，西至丁湖镇大表庄，北至大黄庄。总户数为65户，总人口为281人，民族为汉族。面积为0.3平方千米。

清朝末年，谭姓人家在此居住，不断繁衍生息，家族逐渐壮大，分支为前、中、后三个谭庄，因此庄居中，故称中谭庄。1958年人民公社时期隶属邓圩大队，2012年隶属皇姑村。

后谭庄

后谭庄（Hòutánzhuāng） 隶属大路口乡皇姑村，地理实体类型为农村居民点。东至邓圩庄，南至中谭庄，西至丁湖镇大表庄，北至龙沟。总户数为178户，总人口为681人，民族为汉族。面积为0.8平方千米。

谭姓人氏在此居住，不断繁衍生息，家族逐渐壮大，分支为前、中、后三个谭庄，因此庄位置靠后，故称后谭庄。1958年人民公社时期隶属邓圩大队，2012年隶属皇姑村。

后袁庄

后袁庄（Hòuyuánzhuāng） 隶属大路口乡皇姑村，地理实体类型为农村居民点。东至邓圩庄，南至花桥庄，西至西圩庄，北至后谭庄。总户数为110户，总人口为233人，民族为汉族。面积为0.3平方千米。

袁姓人家从南方迁移，聚居此处，因不断繁衍生息，逐渐壮大，分支搬迁至前袁庄后面，故称后袁庄。1958年人民公社时期隶属邓圩大队，2012年隶属皇姑村。

前袁庄

前袁庄（Qiányuánzhuāng） 隶属大路口乡皇姑村，地理实体类型为农村居民点。东至段庄，南至五河县界沟，西至西圩庄，北至西袁庄。总户数为40户，总人口为200人，民族为汉族。面积为0.4平方千米。

清朝同治年间，袁姓人家从南方迁移，聚居此处，因不断繁衍生息，逐渐壮大，分支搬迁至前面村庄，故称前袁庄。1958年人民公社时期隶属邓圩大队，2012年隶属皇姑村。

小周庄

小周庄（Xiǎozhōuzhuāng） 隶属大路口乡网周村，地理实体类型为农村居民点。东至小金庄，南至程南小学，西至网周庄，北至网周庄。总户数为82户，总人口为328人，民族为汉族。面积为0.5平方千米。

清朝末年，周姓人家从山东迁入此地，开垦荒地，建造房屋，因村庄面积小，故而得名小周庄。1958年人民公社时期隶属网周大队，1984年隶属网周村。

王庄

王庄（Wángzhuāng） 隶属大路口乡河平村，地理实体类型为农村居民点。东至石梁河，南至张圩庄，西至农科所，北至戴庄。总户数为134户，总人口为540人，民族为汉族。面积为0.8平方千米。

王姓人家从南方迁移聚居此地，建村立庄，故而得名王庄。1958年人民公社时期隶属张圩大队，1984年隶属张圩村，2008年隶属河平村。

魏庄

魏庄（Wèizhuāng） 隶属大路口乡河平村，地理实体类型为农村居民点。东至石梁河，南至邓庄，西至环乡路，北至庙东庄。总户数为138户，总人口为550人，民族为汉族。面积为0.67平方千米。

魏氏人家聚居此地，开垦荒地，繁衍生息，故而得名魏庄。1958年人民公社时期隶属张圩大队，1984年隶属魏桥村，2008年隶属河平村。

新圩庄

新圩庄（Xīnwéizhuāng） 隶属大路口乡河平村，地理实体类型为农村居民点。东至河平小区，南至赵湖庄，西至迎新梁，北至新张庄。总户数为41户，总人口为166人，民族为汉族。面积为0.15平方千米。

由张圩庄张姓人家分支搬迁至此，因建庄时间不久，故而得名新圩庄。1958年人民公社时期隶属张圩大队，1984年隶属张圩村，2008年隶属河平村。

小滩庄

小滩庄（Xiǎotānzhuāng） 隶属大路口乡河平村，地理实体类型为农村居民点。东至环乡路，南至龙沟，西至草霸路，北至张庄。总户数为97户，总人口为389人，民族为汉族。面积为0.35平方千米。

该庄中有土滩堆，卢姓人口较多，故而得名卢滩庄，因该自然庄面积小，人口少，当地约定俗成称小滩庄。1958年人民公社时期隶属张圩大队，1984年隶属张圩村，2008年隶属平村。

大荒庄

大荒庄（Dàhuāngzhuāng） 隶属大路口乡龙湖村，地理实体类型为农村居民点。东至谷庄，南至卢庄，西至孔庄，北至谷庄路。总户数为53户，总人口为235人，民族为汉族。面积为0.7平方千米。

此处土地荒芜，后来刘姓人家与许姓人家迁到此处建屋居住，后人以荒地为名，称为大荒庄。1958年人民公社时期隶属邓湾大队，2008年隶属龙湖村。

斜庄

斜庄（Xiézhuāng） 隶属大路口乡龙沟村，地理实体类型为农村居民点。东至龙沟，南至草霸路，西至二邓庄，北至前良庄。总户数为75户，总人口为360人，民族为汉族。面积为0.4平方千米。

因为庄东头有一条自然形成的从西北通向东南的小河（名曰龙沟），邓姓人家刚迁入时，人少地多，农田无力修整，经长时间雨水冲刷形成斜坡，故名斜庄。1958年人民公社时期隶属双梁大队，2008年隶属龙沟村。

昌湖庄

昌湖庄（Chānghúzhuāng） 隶属大路口乡龙沟村，地理实体类型为农村居民点。东至环乡路，南至小良庄，西至西陈庄，北至龙沟村部。总户数为40户，总人口为170人，民族为汉族。面积为0.3平方千米。

因该处土地肥沃，鱼虾满湖粮满仓，故名。1958年人民公社时期隶属双梁大队，2008年隶属龙沟村。

曹庄

曹庄（Cáozhuāng） 隶属大路口乡龙沟村，地理实体类型为农村居民点。东至尹巷庄，南至草霸运河，西至小良庄，北至昌湖庄。总户数为110户，总人口为500人，民族为汉族。面积为0.5平方千米。

曹姓人口居多，故名。1958年人民公社时期隶属双梁大队，2008年隶属龙沟村。

小新庄

小新庄（Xiǎoxīnzhuāng） 隶属大路口乡龙沟村，地理实体类型为农村居民点。东至104国道，南至皇姑村，西至黄庄，北至尹巷庄。总户数为70户，总人口为300人，民族为汉族。面积为0.3平方千米。

因该庄建庄时间短，居民姓氏繁杂，邻庄就称呼它为小新庄。1958年人民公社时期隶属双梁大队，2008年隶属龙沟村。

二邓庄

二邓庄（Èrdèngzhuāng） 隶属大路口乡龙沟村，地理实体类型为农村居民点。东至斜庄，南至昌湖庄，西至大苗庄，北至前梁庄。总户数为30户，总人口为130人，民族为汉族。面积为0.2平方千米。

清朝末年，邓大营邓氏家族分支迁居本地，故得名为二邓庄。1958年人民公社时期隶属双梁大队，2008年隶属龙沟村。

双庄

双庄（Shuāngzhuāng） 隶属大路口乡龙沟村，地理实体类型为农村居民点。东至龙沟庄，南至后梁庄，西至苗尤庄，北至龙沟庄。总户数为70户，总人口为350人，民族为汉族。面积为0.4平方千米。

该庄由邓大营邓氏家族迁出两支，一支住东边庄，一支住西边庄，后来两个自然庄不断壮大，住户相连，故得名为双邓庄，简称双庄。1958年人民公社时期隶属双梁大队，2008年隶属龙沟村。

前梁庄

前梁庄（Qiánliángzhuāng） 隶属大路口乡龙沟村，地理实体类型为农村居民点。东至龙沟庄，南至二邓庄，西至大苗庄，北至后梁庄。总户数为46户，总人口为250人，民族为汉族。面积为0.4平方千米。

该庄以梁姓人为主，清朝乾隆年间由五河县武桥迁入本地，开垦荒地，不断壮大，因建庄时间早于后来的后梁庄、小梁庄，故称为前梁庄。1958年人民公社时期隶属双梁大队，2008年隶属龙沟村。

大李庄

大李庄（Dàlǐzhuāng） 隶属大路口乡邓公村，地理实体类型为农村居民点。东至大荒庄，南至孔庄，西至张庄，北至小李。总户数为120户，总人口为400人，民族为汉族。面积为0.5平方千米。

李氏家族壮大后分支迁居此处，弟兄二人分家，老大住李庄，称大李庄。1958年人民公社时期隶属大营大队。1984年隶属高李村，2008年隶属邓公村。

小李庄

小李庄（Xiǎolǐzhuāng） 隶属大路口乡邓公村，地理实体类型为农村居民点。东至梁庄，南至大李，西至邓圩庄。总户数为50户，总人口为130人，民族为汉族。面积为0.1平方千米。

李氏家族壮大后从大李庄分支迁居此处，弟兄二人分家，老二迁居地称小李庄。1958年人民公社时期隶属大营大队。1984年隶属高李村，2008年隶属邓公村。

路口庄

路口庄（Lùkǒuzhuāng） 隶属大路口乡邓公村，地理实体类型为农村居民点。东至高庄，南至张庄，西至大营庄，北至后张庄。总户数为50户，总人口为140人，民族为汉族。面积为0.1平方千米。

明末时期，各地拾荒讨饭人员在此落户，他们后代在此安身定居，姓氏比较繁杂，村庄又处于路口位置，故得名为路口庄。1958年人民公社时期隶属大营大队。1984年隶属大营村，2008年隶属邓公村。

张庄

张庄（Zhāngzhuāng） 隶属大路口乡邓公村，地理实体类型为农村居民点。东至大李庄，南至顾庄，西至104国道，北至邓圩庄。总户数为160户，总人口为410人，民族为汉族。面积为0.2平方千米。

民国时期，张姓人家由北方迁居此地，开荒种地，繁衍生息，故起名为张庄。1958

年人民公社时期隶属大营大队。1984年隶属大营村，2008年隶属邓公村。

西赵湖庄

西赵湖庄（Xīzhàohúzhuāng） 隶属大路口乡石霸村，地理实体类型为农村居民点。东至东赵湖庄，南至邓公村，西至大张村，北至河平村。总户数为80户，总人口为400人，民族为汉族。面积为0.5平方千米。

该庄以赵姓人为主，此地过去地势低洼，遇连阴雨天，地里一片汪洋，又因地处石霸村西北方，故名。1958年人民公社时期隶属赵湖大队，1984年更名为赵湖村，2008年并入石霸村，恢复原名为西赵湖庄。

尤庄

尤庄（Yóuzhuāng） 隶属大路口乡石霸村，地理实体类型为农村居民点。东至石梁河，南至尤庄，西至东赵湖庄，北至西周庙庄。总户数为60户，总人口为280人，民族为汉族。面积为0.5平方千米。

村庄中邓姓人口居多，村庄面积小，故名。1958年人民公社时期隶属舒邓大队。1984年更名为舒邓村。2008年并入石霸村，恢复原名为小邓庄。

东赵湖庄

东赵湖庄（Dōngzhàohúzhuāng） 隶属大路口乡石霸村，地理实体类型为农村居民点。东至舒邓，南至邓圩庄，西至西赵湖，北至卢圩庄。总户数为60户，总人口为248人，民族为汉族。面积为0.5平方千米。

因此地过去地势低洼，遇连阴雨天，地里一片汪洋，故而得名为赵湖庄。以大路为界，东面为东赵湖庄。1958年人民公社时期隶属石霸大队，1984年隶属石霸村。

大杨乡

二卢庄

二卢庄（Èrlúzhuāng） 隶属大杨乡赵集村，地理实体类型为农村居民点。东至025乡道，南至时圩村，西至孙圩庄，北至赵集庄。总户数为120户，总人口为564人，民族为汉族。面积为0.33平方千米。

两户卢姓人家由南方迁居至此，在此开荒种地，建造房屋，不断繁衍生息，家族人丁兴旺，逐渐壮大，故得名二卢庄。1958年人民公社时期隶属赵集大队，1984年隶属赵集村。

孙圩庄

孙圩庄（Sūnwéizhuāng） 隶属大杨乡赵集村，地理实体类型为农村居民点。东至二卢庄，南至029乡道，西至后场庄，北至谷卢庄。总户数为129户，总人口为581人，民族为汉族。面积为0.21平方千米。

孙姓人家由南方迁居至此，开荒种地，建造房屋，建村立庄，繁衍生息，因村庄四周挖有圩沟，故得名为孙圩庄。1958年人民公社时期隶属赵集大队，1984年隶属赵集村。

郭墩圩

郭墩圩（Guōdūnwéi） 隶属大杨乡马宅村，地理实体类型为农村居民点。东至052县道，南至小蒋圩庄，西至庙涂庄，北至052县道。总户数为74户，总人口为321人，民族为汉族。面积为0.78平方千米。

郭姓村庄北边有个烟墩遗址，1949年前为防匪患，庄子四周围墙外边挖有圩沟，故名。1958年人民公社时期隶属杨集大队，1980年隶属马宅大队，1984年隶属马宅村。

庙涂庄

庙涂庄（Miàotúzhuāng） 隶属大杨乡马宅村，地理实体类型为农村居民点。东至郭墩庄，南至南小涂庄，西至前马宅庄，北至后马宅庄。总户数为72户，总人口为313人，民族为汉族。面积为0.8平方千米。

涂姓人家聚居此地，建村立庄，后来有一缪姓人家将女儿嫁到此地，而且随女儿来此居住，故名缪涂庄，后演变成庙涂庄。1958年人民公社时期隶属庙涂大队，1984年隶属庙涂村，2008年并入马宅村。

前马宅

前马宅（Qiánmǎzhái） 隶属大杨乡马宅村，地理实体类型为农村居民点。东至庙涂庄，南至双郭庄，西至北小涂庄，北至后马宅。总户数为65户，总人口为294人，民族为汉族。面积为0.2平方千米。

因郭姓庄子东南有两座庙，现还有遗址，故得名双庙郭庄。该村北面有马宅郭庄，人们习惯称为前马宅。1980年前隶属杨集大队，1980年后隶属马宅大队，1984年属马宅村。

北小涂

北小涂（Běixiǎotú） 隶属大杨乡马宅村，地理实体类型为农村居民点。东至后马宅，南至卢林庄，西至杨集村，北至杨集村。总户数为45户，总人口为219人，民族为汉族。面积为0.74平方千米。

庄上大部分人姓涂，又因本村还有一个小涂庄位于南边，故称北小涂。1980年以前属杨集大队，1980年以后属马宅大队，1984年大队更名为后，隶属马宅村。

时李大庄

时李大庄（Shílǐdàzhuāng） 隶属大杨乡李庙村，地理实体类型为农村居民点。李庙村村委会驻地，东至后场庄，南至前场庄，西至时黄庄，北至李庙庄。总户数为83户，总人口为359人，民族为汉族。面积为0.39平方千米。

时、李二姓家族由江苏迁居此地，开垦荒地，建造房屋，繁衍生息，逐渐壮大，故得名为时李大庄。1958年人民公社时期隶属时李大队。1984年隶属时李村。2008年并入李庙村。

小曹庄

小曹庄（Xiǎocáozhuāng） 隶属大杨乡曹安村，地理实体类型为农村居民点。东至小严庄，南至小张庄，西至027乡道，北至家宅庄。总户数为243户，总人口为1149人，民族为汉族。面积为1.25平方千米。

曹姓家族聚居此地，建村立庄，且该村靠近大曹庄，故得名小曹庄。1958年人民公社时期隶属大曹大队。1984年隶属大曹村。2008年并入曹安村。

大徐庄

大徐庄（Dàxúzhuāng） 隶属大杨乡吴集村，地理实体类型为农村居民点。东至谷李庄，南至李圩庄，西至魏沟，北至大熊庄。总户数为97户，总人口为432人，民族为汉族。面积为0.42平方千米。

徐姓人家由江苏迁居此地，开荒种地，繁衍生息，人丁兴旺，逐渐壮大，故得名大徐庄。1958年人民公社时期隶属李圩大队，1982年隶属吴集大队，1984年隶属吴集村。

高集街

高集街（Gāojíjiē） 隶属大杨乡高集村，地理实体类型为农村居民点。高集村委会驻地，东至027乡道，南至小时庄，西至虹灵沟，北至徐明高速。总户数为200户，总人口为1800人，民族为汉族。面积为1.76平方千米。

村中以高姓人居多，后村庄周边形成集市，故名。1958年人民公社时期隶属高集大队，1984年隶属高集村。

小杨庄

小杨庄（Xiǎoyángzhuāng） 隶属大杨乡小丁村，地理实体类型为农村居民点。东至杨集村大杨庄，南至马宅村卢林庄，西至孙行庄，北至时圩村三田庄。总户数为94户，总人口为382人，民族为汉族。面积为0.33平方千米。

杨姓人家由大杨庄杨姓家族分支迁居此地，开荒种地，繁衍生息，人丁兴旺，因村庄面积小，故得名小杨庄。1958年人民公社时期隶属小丁大队，1984年隶属小丁村。

双李庄

双李庄（Shuānglǐzhuāng） 隶属大杨乡杨集村，地理实体类型为农村居民点。东至赵集庄，南至小杨庄，西至杨集庄，北至020乡道。总户数为182户，总人口为733人，民族为汉族。面积为0.62平方千米。

村中以李姓人居多，一条大路把村庄隔成两个部分，故名双李庄。1958年人民公社时期隶属双李大队，1984年隶属双李村，2008年并入杨集村。

刘李庄

刘李庄（Liúlǐzhuāng） 隶属大杨乡时圩村，地理实体类型为农村居民点。东至杨集村，南至小丁村，西至时圩村，北至030乡道。总户数为157户，总人口为755人，民族为汉族。面积为0.5平方千米。

刘、李二姓家族迁居此地，开垦荒地，建造房屋，繁衍生息，人丁兴旺，故得名为刘李庄。1958年人民公社时期隶属三田大队，1984年隶属三田村。2008年并入时圩村。

大严圩庄

大严圩庄（Dàyánwéizhuāng） 隶属大杨乡三时村，地理实体类型为农村居民点。东至小丁村，南至环县南路，西至小严圩庄，北至时圩村。总户数为103户，总人口为458人，民族为汉族。面积为0.55平方千米。

村庄四周挖有圩沟，村庄面积大，故名。1958年人民公社时期隶属三时大队，1984年隶属三时村。

瓦坊乡

王集街

王集街（Wángjíjiē） 隶属瓦坊乡王集村，地理实体类型为农村居民点。东至无名路，南至王官庄，西至唐李圩庄，北至王集大沟。总户数为60户，总人口为260人，民族为汉族。面积为0.5平方千米。

王集庄居民搬迁至此，居住在街道两边，故名。1958年人民公社时期称王集小队，1984年复称王集街。

伏良庄

伏良庄（Fúliángzhuāng） 隶属瓦坊乡吴宅村，地理实体类型为农村居民点。东至张海庄，南至苌罗吴宅，西至梁场庄，北至老濉河。总户数为197户，总人口为887人，民族为汉族。面积为1.38平方千米。

伏、梁二姓人家迁居此地，开荒种地，建造房屋，繁衍生息，逐渐壮大，故得名伏梁庄，后更名为伏良庄。1958年人民公社时期称伏良小队，1984年复称伏良庄。

梁场庄

梁场庄（Liángchǎngzhuāng） 隶属瓦坊乡吴宅村，地理实体类型为农村居民点。东至苌罗庄，南至顺利沟，西至小薛村埝苌庄，北至老濉河。总户数为73户，总人口为332人，民族为汉族。面积为0.46平方千米。

梁姓先祖居住此地，建造房屋，村庄西侧有几个大的晒谷场，故名。1958 年人民公社时期称梁场小队，1984 年复称梁场庄。

侉宅庄

侉宅庄（Kuǎzháizhuāng） 隶属瓦坊乡吴宅村，地理实体类型为农村居民点。东至何宅庄，南至陈场庄，西至位丙庄，北至吴宅庄。总户数为 62 户，总人口为 257 人，民族为汉族。面积为 0.48 平方千米。

清朝中期，东北人逃荒至此建宅，故名侉宅庄。1958 年人民公社时期称侉宅小队，1984 年复称侉宅庄。

前宅庄

前宅庄（Qiánzháizhuāng） 隶属瓦坊乡吴宅村，地理实体类型为农村居民点。东至杨训庄，南至何宅庄，西至何宅庄，北至老濉河。总户数为 98 户，总人口为 395 人，民族为汉族。面积为 0.67 平方千米。

钱姓家族迁居此地，繁衍生息，取名钱宅庄，后更名为前宅庄。1958 年人民公社时期称前宅小队，1984 年复称前宅庄。

苌郭庄

苌郭庄（Chángguōzhuāng） 隶属瓦坊乡苌圩村，地理实体类型为农村居民点。东至张楼村杨渡庄，南至老濉河，西至苌庚庄，北至山闵路。总户数为 150 户，总人口为 690 人，民族为汉族。面积为 0.83 平方千米。

苌姓家族定居此地，其中有兄弟三人分别叫苌郭、苌其、苌滚，因老大名叫苌郭，故名苌郭庄。1958 年人民公社时期称苌郭小队，1984 年复称苌郭庄。

苌圩庄

苌圩庄（Chángwéizhuāng） 隶属瓦坊乡苌圩村，地理实体类型为农村居民点。东至邓家沟，南至小卞庄，西至小董庄，北至大董庄。总户数为 40 户，总人口为 162 人，民族为汉族。面积为 0.3 平方千米。

村庄小，杨姓人聚居，故名小杨庄。1958 年人民公社时期称小杨庄小队，1984 年复称小杨庄。

张楼街

张楼街（Zhānglóujiē） 隶属瓦坊乡张楼村，地理实体类型为农村居民点。东至山头镇骆场村，南至刘圩镇张谷村，西至小张庄，北至小杨庄。总户数为 370 户，总人口为 1520 人，民族为汉族。面积为 1.5 平方千米。

该庄原名张家楼，因民国时期地主张海生定居此地，张家建有炮楼，取名张楼。后来此地逐渐形成集市，得名张楼街。1958 年人民公社时期称张楼街小队，1984 年复称张楼街。

对面张庄

对面张庄（Duìmiànzhāngzhuāng）隶属瓦坊乡张楼村，地理实体类型为农村居民点。东至刘圩镇张谷村，南至吴宅村吴宅庄，西至杨渡庄，北至小朱场庄。总户数为 135 户，总人口为 489 人，民族为汉族。面积为 0.4 平方千米。

清朝光绪年间，张姓家族居住在村庄中南北道路两侧，故名对面张庄。1958 年人民公社时期称对面张小队，1984 年复称对面张庄。

前行庄

前行庄（Qiánhángzhuāng） 隶属瓦坊乡陡张村，地理实体类型为农村居民点。东至苏沟，南至小袁庄，西至陆沟，北至后行庄。总户数为 146 户，总人口为 612 人，民族为汉族。面积为 0.65 平方千米。

村民在村庄附近做柳条生意，逐渐形成鱼行、柳条行，此庄位置靠南，故名前行庄。1958 年人民公社时期称前行小队，1984 年复称前行庄。

陡张庄

陡张庄（Dǒuzhāngzhuāng） 隶属瓦坊乡陡张村，地理实体类型为农村居民点。东至大候沟，南至小史庄，西至泗瓦路，北至刘灰庄。总户数为 390 户，总人口为 1500 人，民族为汉族。面积为 1.5 平方千米。

张姓人家在此定居，他有一个儿子在外地工作陡升三级，村民就把此庄称为陡张庄。1958 年人民公社时期称陡张小队，1984 年复称陡张庄。

小史庄

小史庄（Xiǎoshǐzhuāng） 隶属瓦坊乡陡张村，地理实体类型为农村居民点。东至陡张庄，南至小史沟，西至学田沟，北至大寨路。总户数为 120 户，总人口为 473 人，民族为汉族。面积为 0.52 平方千米。

史姓人口多，村庄小，故名。1958 年人民公社时期称小史小队，1984 年复称小史庄。

小张庄

小张庄（Xiǎozhāngzhuāng） 隶属瓦坊乡陡张村，地理实体类型为农村居民点。东至苌宅庄，南至陡张庄，西至小罗庄，北至小黄河。总户数为 65 户，总人口为 260 人，民族为汉族。面积为 0.2 平方千米。

张姓家族在此开荒种地，建造房屋，村庄面积小，故名小张庄。1958 年人民公社时期称小张小队，1984 年复称小张庄。

陆沟庄

陆沟庄（Lùgōuzhuāng） 隶属瓦坊乡陡张村，地理实体类型为农村居民点。东至大侯沟，南至大侯庄，西至苌宅庄，北至小黄河。总户数为 70 户，总人口为 330 人，民族为汉族。面积为 0.4 平方千米。

陆姓家族为防土匪，在村庄四周挖沟，故名陆沟庄。1958 年人民公社时期称陆沟小队，1984 年复称陆沟庄。

周场庄

周场庄（Zhōuchǎngzhuāng） 隶属瓦坊乡陡张村，地理实体类型为农村居民点。东至小张南北路，南至小罗庄，西至小罗砂石路，北至小黄河。总户数为 14 户，总人口为 64 人，民族为汉族。面积为 0.02 平方千米。

周姓人家定居此地，兄弟四人，老二为了晒粮方便，在庄东头整地按场，故名。1958 年人民公社时期称周场小队，1984 年复称周场庄。

瓦坊街

瓦坊街（Wǎfāngjiē） 隶属瓦坊乡瓦坊村，地理实体类型为农村居民点。东至三周庄，南至小郚庄，西至小薛庄，北至后场庄。总户数为 441 户，总人口为 1494 人，民族为汉族。面积为 1.1 平方千米。

清朝宣统年间，周姓地主在此地兴建作坊，村庄因此得名周瓦坊。后此地逐渐形成集市，更名为瓦坊街。1958 年人民公社时期称瓦坊小队，1984 年复称瓦坊街。

第五章　非行政区域地名

草沟镇新型工业试验区

草沟镇新型工业试验区（Cǎogōuzhèn Xīnxíng Gōngyè Shìyànqū）　位于草沟镇区东2千米处，北起329省道，南至草霸路，西接大草路，东临明（光）徐（州）高速公路入口。建于2008年10月，因地处泗县草沟镇境内，以发展新型工业为主，故得名。占地面积近133万平方米，主要产业为农副产品深加工、高科技乡村养殖、轻纺、电子业。

大庄镇新型乡村工业园区

大庄镇新型乡村工业园区（Dàzhuāngzhèn Xīnxíng Xiāngcūn Gōngyèyuánqū）位于泗县大庄镇主镇区南1千米，紧靠104国道。建成于2011年，因地处泗县大庄镇，以发展新型乡村工业为主，故得名。占地面积167.8万平方米，主要产业为板材加工和纺织服装。

泗城镇新型乡村工业园区

泗城镇新型乡村工业园区（Sìchéngzhèn Xīnxíng Xiāngcūn Gōngyèyuánqū）位于泗县泗城镇辖区范围内，地址为泗城镇南二环和西二环交口。建成于2008年，因地处泗县泗城镇，以发展新型乡村工业为主，故得名。占地面积133万平方米，主要产业为化工、铸造、机械加工、塑料制品、建筑材料。2011年工业产值20.6亿元，拥有工业企业124家，职工13480人。

惠丰产业园

惠丰产业园（Huìfēng Chǎnyèyuán）位于泗城镇辖区范围内，地址为开发区东二环路和潼河路交口。该产业园由浙江惠丰工贸有限公司投资建成，故得名。建成于2012年。占地面积20万平方米，主要产业为生产钢结构、环保机械设备，建设物流商场、建材交易中心，年销售额20亿人民币左右。

泗县经济开发区

泗县经济开发区（Sìxiàn Jīngjìkāifāqū）位于泗县县城东部，东临草庙镇，西靠泗城镇，南至新汴河，北临屏山镇。泗县经济开发区成立于2006年8月，经安徽省政府批准为省级开发区，由国家在泗县划定适当的区域，进行必要的基础设施建设，集中兴办一两项产业，同时给予相应的扶植和优惠待遇，使该区域的经济得以迅速发展，故名。规划面积为22.31平方千米。辖衡尤、汴光、东发、于圩四个社区和曹苗、赵位、大刘三个村及国营苗圃，常住人口2.6万人。泗县经济开发区按照高规格、多功能、环保型建设标准设计，以规划科学、市场运营、机构创新、机制灵活、管理高效为原则，建成招商引资的载体、城市发展的新区。近年来，经过不懈招商努力，泗县经济开发区现已初步形成了“园区产业化、产业集群化”的“一区多园”发展格局。纺织服装产业园、粮食产业园、惠丰产业园、中体产业园等正在建设中，泗海产业园、新加坡智慧产业城即将开工建设。泗县经济开发区在规模、功能和效益方面，成为皖东北最具活力的省级开发区。

第六章　重要自然地理实体地名

第一节　陆地水系

潼河

潼河（Tóng Hé）　流经宿州市泗县。原名墓河，现因其源出灵璧县高楼张潼村而得名。潼河发源于璧县高楼张潼村，经江苏省二郎庙，流向泗县骆庙、山头、刘圩两个乡一个镇。上游为睢宁县白马河，自二郎庙入境，东流至安河汉，折向东北抵伊吴张三道口出县境，经乌鸦岭到大口子。在泗县境内长22.9千米，流域面积180平方千米。河流级别为1级，河流类别为内流河、地上河、常年河。1949年以来分别于1952年、1957年、1966年治理过三次。

龙河

龙河（Lóng Hé）　流经泗县境内。源于江苏省睢宁县，沿泗县、睢宁县、宿豫区界东流，上游为睢宁县白马河，自二郎庙入境，东流至安河汊，折向东北抵伊吴张三道口。河流蜿蜒曲折，形似蛟龙，故而得名。1951年人工开挖，后来经过治理整顿，因睢宁县1958年开挖新龙河，减少上游来水面积，提高了河道的标准。老龙河全长60千米，现有流域面积109平方米，龙河在泗县境内长21.5千米，流域面积20平方千米。河流级别为1级，河流类别为内流河、地上河、常年河。

老濉河

老濉河（Lǎosuī Hé）　流经宿州市泗县。源出灵璧县浍塘沟东，东流至北石家集分股，一股由乌鸦岭出县境入安河归洪泽湖，一股由谢家沟入新濉河归洪泽湖。老濉河在泗县境内长39.265千米，宽40米，流域面积约196.2平方千米。河流级别为1级，河流类别为内流河、地上河、常年河，主要支流有小黄河、民利河。

小黄河

小黄河（Xiǎohuáng Hé）　位于宿州市泗县。小黄河西起北新集乡，流经大庄、瓦坊、小王集、四山、马厂、杨圩、刘圩流入老濉河。清朝与民国时期称为新河，1934年治理小黄河。长26千米，宽46米，流域面积约126.3平方千米。河流级别为2级，河流类别为内流河、地上河、常年河。

民利河

民利河（Mínlì Hé） 位于宿州市泗县。民利河为老濉河支流，取有利于民之意，故名民利河。1941年，由地方集资开挖一条引河。1949年后，对民利河多次开挖。1976年再次改线，扩大治理。民利河位于小黄河之南，上起王巷，下至魏庄入老濉河。民利河为泗县一条主要的内流河，是泗北排涝主干，横穿泗县东北部。民利河建桥梁10座，所属支流河1条，大沟1条，支流大沟3条，除涝已达三年一遇标准。全长39.8千米，宽46米，流域面积约273.5平方千米。河流级别为2级，河流类别为内流河、地上河、常年河。

新濉河

新濉河（Xīnsuī Hé） 流经宿州市泗县。新濉河源于河南省永城市北，在虹灵沟入泗县境，贯穿县境中部，东流至江苏省泗洪县归洪泽湖，源出杨山县新四乡，过灵璧县流入泗县中部东入江苏。泗县境内起点为长沟镇时集，终点为黑塔镇胡陈圩。1915年开挖新河。1951年进行初步治理。1954年，时集以下至通海店东复加整理，新濉河下游改道后，在小韩庄与老濉河分开，各成水系，因走向与夹濉河平行，故得名新濉河。泗县境内长43.6千米，宽130米，流域面积约196平方千米。河流级别为1级，河流类别为内流河、地上河、常年河。新濉河主要支流有丰收沟、魏沟、孟沟、大徐沟、邢沟、小许沟、曹孟沟、搜箭沟、民利河汊、陈坝沟、藕塘沟。

唐河

唐河（Táng Hé） 位于宿州市泗县。唐河北起长沟镇流经夏庙、草沟、于韩村南入沱水。1965年开挖，因河南端一村名唐圩，取名唐河。长19千米，宽60米，流域面积约241.2平方千米。河流级别为3级，河流类别为内流河、地上河、常年河。

北沱河

北沱河（Běituó Hé） 流经宿州市泗县。此河是淮河系北的水湾，源出宿州东小马庄，过灵璧流入泗县西南部，流经草沟镇、丁湖镇，南下入淮河。泗县境内长19千米，宽100米。河流级别为1级，河流类别为内流河、地上河、常年河。河流级别为4级，河流类别为内流河、地上河、常年河。

南沱河

南沱河（Nántuó Hé） 流经宿州市泗县。该此河是淮河系南的水湾，源出宿州七岭，过灵璧入泗县西南部大梁、大安、樊集三个村边缘东入淮河。1938年曾提议兴修，已经勘测完成，因抗日战争爆发未能施工，1957年冬至次年春治理一次，位于泗县南部分界线，故名南沱河。泗县境内长14.5千米，宽60米，流域面积约48.2平方千米。河流级别为2级，河流类别为内流河、地上河、常年河。

石梁河

石梁河（Shíliáng Hé） 流经宿州市泗县。源出泗城北八里桥，南下入淮。因中游有自然形成的石头似屋梁横跨在河床上而得名。南流经环城河，南穿新汴河地下涵，汇县东南内水泄入天井湖，经怀洪新河入洪泽湖。1934年冬至次年春，由汴河开沟南行，减轻石梁河输水负担。1937年冬至次年春，由泗城至陈狭口接通潼潼河，河面宽广，水量丰富，常年不竭，为泗县主要交通航道。全长25.1千米，宽80米，流域面积411平方千米。河流级别为2级，河流类别为内流河、地上河、常年河，主要支流为龙须沟、邓沟。

樊吴大沟

樊吴大沟（Fánwú Dàgōu） 位于宿州市泗县。因北起吴圩村，南至樊集乡南部边缘南沱河，故名樊吴大沟。1971年竣工，1990年疏浚其中11千米。长20.1千米，宽20米，流域面积约75平方千米。河流级别为3级，河流类别为内流河、地上河、常年河。

杨庄沟

杨庄沟（Yángzhuāng Gōu） 位于宿州市泗县。因流经杨庄村而得名为杨庄沟，是一条人工河。1977年开挖。杨庄沟西起西卢村，东至梁场村入老濉河。全长11.9千米，宽22米，流域面积约71.75平方千米。河流级别为2级，河流类别为内流河、地上河、常年河，主要支流为杨武沟、万安西东沟、漂陈沟、朱泗沟、丰收沟、泗濉运河。

虹灵沟

虹灵沟（Hónglíng Gōu） 位于宿州市泗县。泗县古称虹县，该沟原为灵璧县与泗县之界沟，故名，又称老虹沟。虹灵沟北起黄圩镇刘宅村，流经黄圩镇、大杨乡、长沟镇，南至长沟镇长沟村。1990年冬至次年春，疏浚虹灵沟，1998年再次疏浚。全长27千米，宽15米，流域面积约61.5平方千米。河流级别为2级，河流类别为内流河、地上河、常年河。

新汴河

新汴河（Xīnbiàn Hé） 流经宿州市泗县。新汴河是一条行洪河道，无区间流域汇入，筑堤漫滩排水。新汴河泗县段西起长沟镇泗县与灵璧交界处，流经长沟镇、泗城镇、草庙镇，东至草庙镇，流入江苏省境内。1966年开挖，1969年春全面结束。全长37.4千米，宽138米，流域面积约910平方千米。河流级别为1级，河流类别为内流河、地上河、常年河。

小凄河

小凄河（Xiǎoqī Hé） 位于宿州市泗县。因该地年年水患，人民生活凄惨，故得名小凄河。小凄河属奎濉河水系，人工河。连接民利河与老濉河，起点为娄桥，终点为新关。1999年疏浚小凄河，该名称沿用至今。全长11.2千米，宽40米，流域面积约24平方千米。河流级别为1级，河流类别为内流河、地上河、常年河，主要支流为杨大路沟、唐沟。

岳罗河

岳罗河（Yuèluó Hé） 位于宿州市泗县。取境内起止点村落名称，故名。1977年开挖建成。流经草沟镇，至于城庄汇入唐河。县内流域面积为51.15平方千米；县内长度3.22千米；无支流；河深2.0—3.0米，河底宽5.0—15.0米；属1级河、常年河、地上河、内流河。

岳洪河

岳洪河（Yuèhóng Hé） 位于宿州市泗县。为唐河支流，源于灵璧县城西小杨庄，故名。始建于1965年，1967年建成。流经灵城镇、虞姬乡、长沟镇，至四河村汇入唐河。流域面积78平方千米；长度4.27千米；主要支流：岳罗河；河深2.0—3.0米，河底宽5.0—15.0米；属4级河、常年河、地上河、内流河，属唐河支流。

第二节　陆地地形

阴陵山

阴陵山（Yīnlíng Shān）　位于鹿鸣山西3千米，长沟镇四河村境内。相传，此地为项羽垓下之战迷路处，在民间传说中充满神秘色彩，素有“阴陵山万丈高，雀鸟难行”之说，故名。海拔32.9米，长1.3千米，宽1千米。“阴陵夜月”为虹乡八景之一。

鹿鸣山

鹿鸣山（Lùmíng Shān）　位于县城西17千米，长沟镇汴河村境内。相传，明成祖南游，驻跸其上，夜有鹿鸣，故名。海拔51米，长2千米，宽0.75千米。山石含钙丰富，建有水泥厂、石灰厂。

灰山

灰山（Huī Shān）　位于鹿鸣山西北2千米，长沟镇境汴河村内。灰山一名源于山上泥土的颜色，山土呈深灰色，故名。海拔30米，长1.25千米，宽0.8千米，产块石，今已被开平。

赤山

赤山（Chì Shān）　位于县城东北30.6千米处，山头镇惠庙村境内。赤山一名源于山上泥土的颜色，山土呈赤红色，故名。海拔46.3米，南北长7.5千米，东西宽2千米，产块石。

峰山

峰山（Fēng Shān）　位于黑塔镇境马厂村内。该山山头高而尖，故名。海拔124.2米。南北长1.4千米，东西宽0.6千米，山有云窟，如有气体溢出，则大雨将至。

朱山

朱山（Zhū Shān）　位于县城东北18千米处，黑塔镇马厂村境内。传说，汉朝名人朱买臣来过此地；又传说，明太祖朱元璋曾计划在此定都，故以“朱”字得名。主峰海拔157.2米，是县内最高山丘，长1.35千米，宽1千米。

马鞍山

马鞍山（Mǎ’ān Shān）　位于朱山北1千米，黑塔镇朱山村境内。因山的形状如马鞍而得名。海拔136.8米，长1千米，宽0.75千米，有磷矿、玉石、石英石、砚石。

茶山

茶山（Chá Shān）　位于老山西1千米，屏山镇涂山村境内。因山上种有茶树，故名茶山。海拔52米，长1千米，宽0.5千米。

老山

老山（Lǎo Shān）　位于泗县县城北15千米，屏山镇老山村境内。因山石盘伏如龙，鳞甲宛然，得名蟠龙山；相传，清朝顺治年间，江苏丹阳人刘道玄在此建庙，内供如来佛神像，因庙多佛像多（已毁），世人称为大佛老爷山，故称老佛爷山，后简称老山。海拔95.7米，长1.25千米，宽0.8千米。

涂山

涂山（Tú Shān）　位于老山西0.75千米，屏山镇涂山村境内。此山早期无名，后以山脚下居民姓氏命名。海拔63.4米，长0.85千米，宽0.7千米，产块石。

陈山

陈山（Chén Shān） 位于老山西0.5千米，屏山镇涂山村境内。此山早期无名，山石含钙，是烧制水泥、石灰的好材料。西坡有石灰陈庄，古时烧过石灰，窑址犹在，故名陈山。海拔52米，长1.2千米，宽0.7千米，山石含钙，是烧制水泥、石灰的好材料。

邢山

邢山（Xíng Shān） 位于老山东南3.5千米，屏山镇徐贺村境内。此山早期无名，后以山脚下居民姓氏命名。海拔69米，长1.2千米，宽0.7千米，产块石。

张山

张山（Zhāng Shān） 位于老山东3千米，邢山之北，屏山镇彭鲍村境内。此山早期无名，后以山脚下居民姓氏命名。海拔47.5米，长1.1千米，宽0.6千米，产块石、片石。

屏山

屏山（PíngShān） 位于县城北10千米，屏山镇屏山村境内。山形似卧虎，又名卧虎山。夕阳夕照，远眺环翠如屏，故名屏山。海拔119.2米。东西长2.5千米，南北宽2千米，“屏山晚照”为虹乡八景之一。

第七章　重要的民生基础设施地名

第一节　城市道路、街巷

汴河大道

汴河大道（Biànhédàdào）位于泗县境内。1993年修建，1994年竣工。因此处是古汴河故道，故名汴河大道。西起西三环路，东至东三环路，全长7038米，路面宽50米，路面性质为水泥路，道路等级为主干道。沿途重要地理实体有泗县人民政府、泗县公安局、泗县人民法院、泗县民政局、泗县国际大酒店等。

泗州大道

泗州大道（Sìzhōudàdào）　位于泗县境内。1993年修建，1994年竣工。因泗县古称泗州，道路从城中穿过，故名泗州大道。北起八里桥，南至泗五大桥，全长7000米，路面宽30米，路面性质为水泥路，道路等级为主干道。沿途重要地理实体有泗县第三中学、泗县第五小学、泗县城市管理行政执法局、泗县交通局、泗县教体局等。

西二环路

西二环路（Xī' èr Huánlù）　该道路位于泗县境内。2001年修建，2001年竣工。位于老城区最西部，指位明确，好找易记，群众熟悉，故名西二环路。北起北二环路，南至南二环路，全长2485米，路面宽18米，路面性质为水泥路，道路等级为主干道。沿途重要地理实体有清水湾公园、泗县化工厂、泗州国际装饰城。

北二环路

北二环路（Běi' èr Huánlù）　位于泗县境内。2001年修建，2001年竣工。位于老城区最北部，指位明确，好找易记，群众熟悉，故名北二环路。西起西二环路，东至南二环路，全长2953米，路面宽18米，路面性质为水泥路，道路等级为主干道。沿途重要地理实体有泗县人民检察院、泗城镇人民政府、泗县疾控中心、泗县职教中心等。

南二环路

南二环路（Nán' èr Huánlù）　位于泗县境内。2002年修建，2002年竣工。位于老城区最南部，指位明确，好找易记，群众熟悉，故名南二环路。西起西二环路，东至东二环，全长3000米，路面宽18米，路面性质为水泥路，道路等级为主干道。沿途重要地理实体有泗县农业委员会、泗州面粉厂、泗水文苑小区等。

东二环路

东二环路（Dōng’èr Huánlù） 位于泗县境内。2002年开建竣工。位于老城区最东部，指位明确，好找易记，群众熟悉，故名东二环路。北起北二环路，南至南二环路，全长2507米，路面宽18米，路面性质为水泥路，道路等级为主干道。沿途重要地理实体有泗县第一中学、泗县妇幼保健站、东方明珠小区、泗县灵童学校。

南一环路

南一环路（Nányī Huánlù） 位于泗县境内。1983年修建，1984年竣工。位于老城区南部，指位明确，好找易记，群众熟悉，故名南一环路。西起泗州广场，东至南关社区虹桥南苑，全长696米，路面宽18米，路面性质为水泥路，道路等级为主干道。沿途重要地理实体有虹桥南苑、渔园小区、惠丰超市。

西一环路

西一环路（Xīyī Huánlù） 位于泗县境内。1983年修建，1984年竣工。位于老城区西部，指位明确，好找易记，群众熟悉，故名西一环路。北起花园井社区向阳苑宿舍，南至南关社区虹桥南苑，全长874米，路面宽18米，路面性质为水泥路，道路等级为主干道。沿途重要地理实体有泗县总工会、泗县环保局、泗县农机局。

北一环路

北一环路（Běiyī Huánlù） 位于泗县境内。1983年修建，1984年竣工。位于老城区北部，指位明确，好找易记，群众熟悉，故名北一环路。西起泗州大道，东至泗县东方广场，全长1080米，路面宽18米，路面性质为水泥路，道路等级为主干道。沿途重要地理实体有泗县公路局、泗县交通局、泗县安监局。

东一环路

东一环路（Dōngyī Huánlù） 位于泗县境内。1983年修建，1984年竣工。位于老城区东部，指位明确，好找易记，群众熟悉，故名东一环路。北起汴河大道，南至泗州广场，全长757米，路面宽18米，路面性质为水泥路，道路等级为主干道。沿途重要地理实体有泗州广场、泗县中学、泗县广播电视台。

虹乡路

虹乡路（Hóngxiāng Lù） 位于泗县境内。2008年开建竣工。泗县原为虹县，后降为虹乡，故名虹乡路。北起二环北路，南至二环南路，全长1535米，路面宽25米，路面性质为水泥路，道路等级为次干道。沿途重要地理实体有桃李文苑、凤凰国际小区、泗县职教中心。

丹凤路

丹凤路（Dānfèng Lù） 位于泗县境内。2008年开建竣工。该地名源于丹凤朝阳，是中国传统吉祥图案之一，有完美、吉祥、前途光明的含义。北起汴河大道，南至东二环路，全长2113米，路面宽18米，路面性质为水泥路，道路等级为次干道。沿途重要地理实体有泗县消防大队、中国移动公司泗县分公司、泗县自来水厂、亿山工业园。

朝阳路

朝阳路（Cháoyáng Lù） 位于泗县境内。2008年开建竣工。该地名源于丹凤朝阳，是中国传统吉祥图案之一，有完美、吉祥、前途光明的含义。北起小马庄，南至潼河路，全长2256米，路面宽18米，路面性质为水泥路，道路等级为次干道。沿途重要地理实体有泗县政务服务中心、泗县经济开发区管委会、泗县博物馆。

桃园路

桃园路（Táoyuán Lù） 位于泗县境内。2007年修建，2008年竣工。因附近有桃花源小区得名。东起东二环路，西至环城河，全长2921米，路面宽35米，路面性质为水泥路，道路等级为次干道。沿途重要地理实体有泗县城投公司、汴光花园、泗县苗圃。

玉兰路

玉兰路（Yùlán Lù） 位于泗县境内。2007年开建竣工。紧靠玉兰小区，故名。西起虹乡路，东至三环东路，全长2885米，路面宽40米，路面性质为水泥路，道路等级为次干道。沿途重要地理实体有玉兰小区、玉兰菜场、泗县灵童学校、安徽泗州酒业。

和桥路

和桥路（Héqiáo Lù） 位于泗县境内。1995年开建竣工。因路西端有一座和尚桥（已毁），因以“和桥”二字取名，故名和桥路。东起幸福闸，西至刘圩路，全长860米，路面宽15米，路面性质为水泥路，道路等级为支路。沿途重要地理实体有泗县盐务局、泗县公路局、幸福闸。

人民路

人民路（Rénmín Lù） 位于泗县境内。1969年修建，1970年竣工。因靠近原泗县人民政府门前，故名人民路。北起北一环路，南至南一环路，全长776米，路面宽20米，路面性质为水泥路，道路等级为次干道。沿途重要地理实体有泗县审计局、泗县图书馆、泗县第二人民医院。

学士中路

学士中路（Xuéshì Zhōnglù） 位于泗县境内。1994年修建，1994年竣工。是学士路的延伸，群众熟悉，好找易记，故名学士中路。北起北一环路，南至南一环路，全长965米，路面宽15米，路面性质为水泥路，道路等级为支路。沿途重要地理实体有中国联通泗县分公司、泗县第一小学、泗州广场。

西关大街

西关大街（Xīguān Dàjiē） 位于泗县境内。1990年修建，1991年竣工。曾名大寨路、西关街，后因开宽修成柏油公路，故名西关大街。东起西关大桥，西至泗县汽车站，全长660米，路面宽40米，路面性质为水泥路，道路等级为次干道。沿途重要地理实体有泗县公路局、泗县汽车站、泗城中心校、泗县人民医院。

顺河路

顺河路（Shùnhé Lù） 位于泗县境内。1989年修建，1989年竣工。因该道路沿河而建，故名顺河路。北起南一环路，南至原酒厂北门，全长865米，路面宽16米，路面性质为水泥路，道路等级为支路。沿途重要地理实体有泗州广场、桃园小区、唐朝酒店。

梁园路

梁园路（Liángyuán Lù） 位于泗县境内。1994年修建，1994年竣工。此路紧靠梁家菜园，故名梁园路。北起西关大街，南至南二环路，全长350米，路面宽16米，路面性质为水泥路，道路等级为支路。沿途重要地理实体有泗县盐务局、中航石油加油站。

商南街

商南街（Shāngnán Jiē） 位于泗县境内。1984年修建，1984年竣工。分东西两段，旧社会商业联合会会址在此巷内，又因在中城街南边，故名商南街。东起东一环路，西至西一环路，全长940米，路面宽10米，路面性质为水泥路，道路等级为支路。沿途重要地理实体有泗县电信局、新华小区、泗中小区。

中城街

中城街（Zhōngchéng Jiē） 位于泗县境内。1989年修建，1990年竣工。因处在泗城中心东西向的一条主干道大街，故名中城街。东起东一环路，西至西一环路，全长1071米，路面宽18米，路面性质为水泥路，道路等级为支路。沿途重要地理实体有泗县第二小学、泗县二轻医院、泗县同心实业有限公司。

铁市街

铁市街（Tiěshì Jiē） 位于泗县境内。1993年修建，1994年竣工，名称沿用至今。因有座老君庙（已毁），过去买卖铁货都集中在此巷，得名铁市巷，后开宽巷道，改名铁市街。北起北一环路，南至南一环路，全长811米，路面宽16米，路面性质为水泥路，道路等级为支路。沿途重要地理实体有虹都花园、中国农业银行、佳美嘉购物中心。

学士南路

学士南路（Xuéshì Nánlù） 位于泗县境内。1994年开建竣工。是学士路的延伸，故名学士南路。北起南一环路，南至南二环路，全长804米，路面宽15米，路面性质为水泥路，道路等级为支路。沿途重要地理实体有泗县衡尤卫生服务站、九龙新村。

道院街

道院街（Dàoyuàn Jiē） 位于泗县境内。1983年开建竣工。泗县中学门前东西路，东起环城东路，西至铁市街，因有一座道院（已毁），故名道院街。东起东一环路，西至铁市街，全长425米，路面宽20米，路面性质为水泥路，道路等级为支路。沿途重要地理实体有佳美嘉购物中心、泗县教育书店。

牛市巷

牛市巷（Niúshì Xiàng） 位于泗县境内。1993年开建竣工。新中国成立前是买卖牛的市场，故名牛市巷。南起道院街，北至中城街，全长210米，路面宽6米，路面性质为水泥路，道路等级为支路。沿途重要地理实体有泗县县委党校、泗县中学。

镇前街

镇前街（Zhènqián Jiē） 位于泗县境内。1991年开建竣工。因该街巷在城关镇门前，故名镇前街。东起铁市街，西至人民路，全长100米，路面宽20米，路面性质为水泥路，道路等级为支路。沿途重要地理实体有泗县图书馆、泗县劳动就业管理局、佳美嘉购物中心。

晴波路

晴波路（Qíngbō Lù） 位于泗城镇境内，西起丹凤路，东至东三环路。2002年修建，2003年竣工。“虹乡八景”有“汴水晴波”一景，故名。全长2035米，路面宽25米，路面性质为水泥路，道路等级为支路。沿途重要地理实体有安徽永嘉建材市场、泗县残疾人联合会。

潼河路

潼河路（Tónghé Lù） 位于泗城镇境内，西起东二环路，东至东三环路。2002年修建，2003年竣工。因县境内有潼河，故名。全长2283米，路面宽40米，路面性质为水泥路，道路等级为次干道。沿途重要地理实体有泗县惠丰置业有限公司、泗县强宇体育设施有限公司。

南柳路

南柳路（Nánliǔ Lù） 位于泗城镇境内，西起石龙湖路，东至三环东路。2002年修建，2003年竣工。因县境内有南柳沟，故名。全长6045米，路面宽25米，路面性质为水泥路，道路等级为支路。沿途重要地理实体有泗县中顺达新型建材有限公司、泗县华威汽车车厢制造有限公司。

赤山路

赤山路（Chìshān Lù） 位于泗城镇境内，北起北三环路，南至码头路。2002年修建，2003年竣工。因县境内有赤山而得名。全长5836米，路面宽40米，路面性质为水泥路，道路等级为次干道。沿途重要地理实体有泗县公安局、泗县国际大酒店。

蟠龙山路

蟠龙山路（Pánlóngshān Lù） 位于泗城镇境内，北起北三环路，南至码头路。2002年修建，2003年竣工。因县境内有蟠龙山而得名。全长5550米，路面宽25米，路面性质为水泥路，道路等级为次干道。沿途重要地理实体有泗州学校、泗县中体体育设施有限公司。

羊城湖路

羊城湖路（Yángchénghú Lù） 位于泗城镇境内，西起东二环路，东至东三环路。2002年修建，2003年竣工。因县境内有羊城湖，故名。全长2700米，路面宽40米，路面性质为水泥路，道路等级为次干道。沿途重要地理实体有泗县虹坤文物学校、泗县婚姻登记中心。

石梁河路

石梁河路（Shíliánghé Lù） 位于泗城镇境内，北起北三环路，南至北二环路。2002年修建，2003年竣工。境内有石梁河流过，故以此命名石梁河路。全长2300米，路面宽40米，路面性质为水泥路，道路等级为支路。沿途重要地理实体有清水湾公园。

清水湾路

清水湾路（Qīngshuǐwān Lù） 位于泗城镇境内，西起西三环路，东至丹凤路。2002年修建，2003年竣工。因靠近清水湾公园，故名。全长4440米，路面宽40米，路面性质为水泥路，道路等级为次干道。沿途重要地理实体有清水湾公园、泗县希望幼儿园。

彩虹大道

彩虹大道（Cǎihóng Dàdào） 位于泗城镇、屏山镇境内，南起羊城湖路，北至104国道。2013年修建，2016年竣工。泗县古称虹县，故以此命名彩虹大道。全长10896米，路面宽60米，路面性质为水泥路，道路等级为沥青混凝土。沿途重要地理实体有泗县火车站、彩虹大桥。

花园路

花园路（Huāyuán Lù） 位于泗城镇境内，西起西三环路，东至东三环路。2002年修建，2003年竣工。该道路设计为景观路，两旁绿化带中花团锦簇，故名花园路。全长7590米，路面宽40米，路面性质为水泥路，道路等级为次干道。沿途重要地理实体有泗县第三中学、泗县人民医院新院。

来庵巷

来庵巷（Lái'ān Xiàng） 位于泗城镇境内，北起汴河大道，南至和桥路。2002年修建，2003年竣工。原巷内有飞来庵一座（已毁），故名。全长485米，路面宽16米，路面性质为水泥路，道路等级为支路。沿途重要地理实体有泗县人民医院。

唐河路

唐河路（Tánghé Lù） 位于泗城镇境内，西起西三环路，东至南二环路。2002年修建，2003年竣工。县境内有一条唐河，故以此命名唐河路。全长2340米，路面宽40米，路面性质为水泥路，道路等级为次干路。沿途重要地理实体有泗县公安局三湾派出所、泗县邦驰之星汽车销售服务有限公司。

第二节　公路、铁路、桥梁、港口、码头

北京福州公路

北京福州公路（Běijīng Fúzhōu Gōnglù） 因该道路北起北京，南至福州，故名北京福州公路，简称京福线，又称104国道。该公路泗县段是在原泗（县）五（河）路、泗（县）睢（宁）路的基础上铺筑的，建成于1978年10月。1985年 至2000年6月， 泗县公路部门先后投资6000多万元，由宿县地区公路局设计室设计，泗县公路局组织施工，对104国道泗县段的部分路段进行路基加宽、裁弯取直和路面改建工程。公路类型为国道，等级为二级，起点为K881.434，止点为K929.638。长度为45.2千米，宽度为20米，路面性质为水泥混凝土。途经行政区有大路口乡、武桥镇、泗城镇。沿途重要地理实体有宿州金安驾校、大营邮政所、中国石化加油站、武桥邮电所、中国银行、五河邮政局。

泗洪永城公路

泗洪永城公路（Sìhóng Yǒngchéng Gōnglù） 始建时间1922年，建成时间1929年。因该道路连接泗洪和永城两个城市，故名泗洪—永城公路，简称泗永路，又称329省道，1929年5月被列为省道规划路。原为土路，后经1955年和1962年两次铺筑，全线完成泥结碎石路面，成为泗县第一条晴雨通车公路。1966年，安徽省公路局拨给经费，对泗县西关至彭铺路段进行渣油表处，这是泗县第一次铺筑油路，1968—1972年，逐年逐段拓宽改建。1985年以来，公路部门先后投入700多万元，对路面进行拓宽改建为7—9米，并达到二级路的技术标准。公路类型为省道，等级为二级，起点为泗城镇，止点为K43.018。长度为43.018千米，宽度为9米，路面性质为水泥混凝土。途经行政区有泗城镇、草庙镇、长沟镇。沿途重要地理实体有安徽永嘉建材大市场、工商银行、彭铺加油站、长沟东收费站。

泗县固镇公路

泗县固镇公路（Sìxiàn Gùzhèn Gōnglù） 1980年建成，原为土路，路基宽仅4—5米，线型弯曲，勉强行驶单车，1985年投资8.61万元，对草沟段进行底层灰土补强，路面由原宽5米改建为7—9米，按二级路标准实施。1988年，对路基下沉路段投资51.5万元进行大修，1990年投资43.8万元，对20—28千米路段进行大修，以灰土补强底层，并将原路面拓宽为7米，1996—

2000年投资数百万元对部分路段进行中修和渣油表处。因该道路连接泗县和固镇两个城市，故名泗县—固镇公路，简称泗固路，又称329省道。公路类型为省道，等级为二级，起点为泗城镇，止点为K26.807。长度为26.807千米，宽度为9米，路面性质为水泥混凝土。途经行政区有草沟镇、丁湖镇。沿途重要地理实体有大路口加油站、丁湖镇敬老院、官塘加油站、中国农业银行。

泗墩路

泗墩路（Sìdūn Lù） 1933年建成，土路宽8米，后毁坏。1958年泗县至墩集10千米整修通车，1975年，鲁沪输油管道途经泗县，为解决工程运输问题，全线整修铺筑宽6米砂姜碎石路面。1985—1987年，泗县公路部门利用104国道老油路面层，在该路线试铺再生路面，碎石灰土补强底层，技术状况良好，路宽5米。1989—1992年，由公路部门先后投资50万元，对部分路基加宽，灰土补强，渣油表处。近几年，由于养护经费紧张，路况下降，只能维持通车。因该道路连接泗县和墩集两地，故名泗墩路。类型为县道，等级为二级，起点为泗县新汴河大桥，止点为K26.807。长度为16.73千米，宽度为6米，路面性质为水泥混凝土。途经行政区有墩集镇、大路口乡。沿途重要地理实体有新汴河大桥。

泗找路

泗找路（Sìzhǎo Lù） 始建于1933年，土路基宽8米，1938年为阻止日军侵略，将路毁坏。1952年，扩宽路基8—16米，恢复土路通车。1958—1964年，先后铺筑3米宽砂姜路面。1973—1978年，经沿线群众和公路部门逐年施工，改建成泥结碎石路面宽5—7米，并对黑塔至山头北14千米做了渣油表处理。1985—1986年，宿县地区桥梁队承建了龙河桥，泗县公路部门接通了断头路，便利了两省交往。1996年，泗县群众集资545万余元，由县公路局施工，将部分路基加宽或裁弯取直，底层用灰土补强，铺筑渣油路面宽7米，当年全线竣工通车，达三级油路标准。因该道路连接泗城和找沟两地，故名泗找公路。公路类型为县道，等级为二级，起点为泗城镇草庙镇，止点为K36.037。长度36.037千米，宽度6米，路面性质为水泥混凝土。途经行政区有草庙镇、刘圩镇、山头镇。沿途重要地理实体有农业银行、山头邮政支局。

大丁路

大丁路（Dàdīng Lù） 始建于1972年，路基宽12米，砂姜路面，宽4米，后经逐年养护成泥结碎石路面。1993年，泗县公路部门和丁湖镇用以工代赈款共同投资100万元，改建成5米宽渣油路面，灰土底层。因该道路连接大吴圩和丁湖街，故名大丁路。公路类型为县道，等级为四级，起点为大吴圩，止点为樊集。长度16千米，宽度6米，路面性质为砂姜路面。途经行政区为丁湖镇。沿途重要地理实体有农业银行。

梁樊路

梁樊路（Liángfán Lù） 该公路始建于1983年，建成于1983年。因该道路连接瓦坊乡小樊村和黑塔镇小梁村，故名。路面长度为35.48千米，路面宽度为6米。公路类型为县道，路面性质为水泥混凝土。途经行政区为瓦坊乡、屏山镇、黑塔镇。沿途重要地理实体有泗县应宅小学、张楼医院、瓦坊乡镇府、瓦坊中心校、徐贺中学。

老黄路

老黄路（Lǎohuáng Lù） 始建于1981

年，建成于1981年。因该道路连接老山集和黄圩镇，故名。起点为老山集，止点为红星村林董庄。路面长度为39.68千米，路面宽度为7米。公路类型为县道，等级为四级，路面性质为水泥混凝土。途经行政区为黄圩镇、大杨乡、屏山镇。沿途重要地理实体有黄圩镇客运站、黄圩镇政府、黄圩高级中学、泗县大杨地税局、屏山镇政府、屏山卫生院。

大草路

大草路（Dàcǎo Lù） 始建于1986年，建成于1986年。因该道路连接大杨乡小丁村和草沟镇草沟村，故名。起点为大杨乡小丁村，止点为草沟村。路面长度为37.25千米，路面宽度为7米。公路类型为县道，等级为三级，路面性质为水泥混凝土。途经行政区为大杨乡、长沟镇、草沟镇。沿途重要地理实体有大杨派出所、长沟镇第二小学、瓦韩中学、瓦韩派出所。

大黄路

大黄路（Dàhuáng Lù） 始建于1985年，建成于1985年。因该道路连接黄圩、大庄两镇，故名。起点为黄圩镇曹安村，止点为瓦坊乡王集村。路面长度为26.03千米，路面宽度为7米。公路类型为县道，等级为三级，路面性质为水泥混凝土。途经行政区为黄圩镇、大庄镇、瓦坊乡。沿途重要地理实体有黄圩邮政支局、卢圩超市、中国信合新集分行、安徽石油加油站。

吴睢路

吴睢路（Wúsuī Lù） 始建时间1982年，建成时间1982年。因该道路连接红旗村吴海庄和睢集两地，故名。起点为睢集，止点为吴海。路面长度为21.09千米，路面宽度为6.5米。公路类型为县道，等级为四级，路面性质为水泥混凝土。途经行政区为山头镇、刘圩镇、黑塔镇。沿途重要地理实体有泗县骆庙中学、泗县四山中学、泗县马场烈士陵园、马鞍山。

墩马路

墩马路（Dūnmǎ Lù） 始建于1989年，建成于1989年。因该道路连接墩集镇墩集街和草沟镇桥东村两地，故名。起点为墩集镇墩集街，止点为草沟镇桥东村。路面长度为11.188千米，路面宽度为6.5米。公路类型为县道，等级为三级，路面性质为水泥混凝土。途经行政区为墩集镇、大路口乡、丁湖镇、草沟镇。沿途重要地理实体有墩集中心学校、墩集邮政支局、大路口乡政府、大路口派出所、大路口乡卫生院、大路口地税局。

徐州—明光高速公路

徐州—明光高速公路（Xúzhōu Míngguāng Gāosù Gōnglù） 2011年4月30日全线开工，2014年12月26日正式通车。因道路的起始点而得名。泗县段起点为大杨乡高集村，止点为丁湖镇汤湖村。长度为43.61千米，宽度为24米，公路类型为省道，等级为高速公路，路面性质为沥青混凝土。途经行政区有大杨乡、长沟镇、草沟镇、丁湖镇。沿途重要地理实体有大杨乡第二小学、长沟交管站、瓦韩卫生院。

泗洪—许昌高速公路

泗洪—许昌高速公路（Sìhóng Xǔchāng Gāosù Gōnglù） 2008年初开工建设，2010年12月建成通车。因道路的起始点而得名。泗县段起点为黑塔镇大魏村，止点为长沟镇邵庄村。长度为43.23千米，宽度为20米，公路类型为省道，等级为高速公路，路面性质为沥青混凝土。途经行政区有长沟镇、屏山镇、黑塔镇。沿途重要地理实体有屏山收费站、黑塔镇第三小学。

大丰—卢氏公路

大丰—卢氏公路（Dàfēng Lúshì Gōnglù） 2016年开工建设，2016年6月建成通车。因道路的起始点而得名。起点为草庙镇魏圩村，止点为草沟镇于城村。长度为34.36千米，宽度为43米，公路类型为国道，等级为一级公路，路面性质为沥青混凝土。沿途重要地理实体有泗县墩集初级中学、丁湖镇椿韩小学。途经行政区有草沟镇、大路口乡、墩集镇、泗城镇、草庙镇。

山头—闵贤公路

山头—闵贤公路（Shāntóu Mǐnxián Gōnglù） 始建于1985年，建成于1985年。因道路的起始点而得名。起点为山头镇，止点为黄圩镇刘宅村。长度为39.23千米，宽度为6.5米，公路类型为国道，等级为三级公路，路面性质为水泥混凝土。途经行政区有山头镇、刘圩镇、瓦坊乡、大庄镇、黄圩镇。沿途重要地理实体有泗县山头镇卫生院、黄圩镇刘宅小学。

宿淮铁路

宿淮铁路（Sùhuái Tiělù） 宿淮铁路2013年开工建设，2014年12月建成通车。高速铁路起点泗县，终点宿州，故得名宿淮铁路。宿淮铁路起点为黑塔镇河西村，终点为长沟镇邵庄村，主要车站为泗县站。宿淮铁路长42.2千米，类型为单线铁路，普通线路，途经行政区为长沟镇、屏山镇、黑塔镇。

八里桥

八里桥（Bālǐ Qiáo） 位于泗城北八里104国道，故得名八里桥。始建于1958年，1998年在原闸桥下游30米处重建新桥。八里桥长81米，桥面净宽13米，设有防撞护栏。上部结构为预应力空心板梁，下部为钻孔灌注桩，设计荷载为汽－超20，挂－120。所在线路为104国道。所跨河流为新濉河。

草沟大桥

草沟大桥（Cǎogōu Dàqiáo） 位于草沟集东北沱河上，故得名草沟大桥。始建于1977年8月，建成于1979年3月。草沟大桥上部结构为6肋5坡空腹式钢筋混凝土，双曲拱5孔，每孔净跨25米，矢跨比1/5。桥长153米，桥面作渣油表处理，行车道宽7米，下部构造为石砌重力式墩台和钻孔灌注桩基础设计，荷载汽－13，拖－60。所在线路为329省道。所跨河流为北沱河。

山头闸桥

山头闸桥（Shāntóuzhá Qiáo） 因该桥位于山头集南头泗找路潼河上，故得名山头闸桥。山头闸桥始建于1958年，1968年扩建为12孔闸桥。山头闸桥上部结构为石拱和钢筋混凝土板梁，下部构造为石砌墩台，共12孔，其中石拱4孔，板梁8孔，每孔净跨4.6米，全长70米，桥高7.4米，载重为汽－13，拖－60。所在线路为泗找路。所跨河流为潼河。

上马铺桥

上马铺桥（Shàngmǎpù Qiáo） 位于泗县长沟镇汴河村境内。该桥位于上马铺庄，故得名上马铺桥。原为木架桥，建于1954年，1963年改建为钢筋混凝土梁桥，1995年在此地重新建桥一座，1996年4月竣工通车。上马铺桥为泗县单跨最大的石拱桥，上部结构为空腹式石拱，一孔净跨40米，矢跨比1/6，桥长68米，桥面净宽7米，下部构造为浆砌石重力式台身。上马铺桥所在线路为303省道。所跨河流为唐河。

石梁河桥

石梁河桥（Shíliánghé Qiáo） 位于泗县泗城镇境内。该桥位于泗城镇北关，跨于石梁河上故得名石梁河桥。石梁河桥始建于1979年3月，同年12月竣工。石梁河桥上部结构为钢筋混凝土工字型微弯板4孔，每孔跨径16米，全长68米，行车道宽9米，两侧各设1.5米宽人行道。下部构造为钢筋混凝土双柱式墩台和灌注桩基础桥，高4.6米，设计荷载为汽－20、挂－100。石梁河桥所在线路为104国道。所跨河流为石梁河。

泗五大桥

泗五大桥（Sìwǔ Dàqiáo） 位于泗城镇境内。根据当地群众习惯，该桥建于泗县、五河之间，故名为“泗五大桥”。泗五大桥于1968年10月动工，1969年10月竣工，1999年3月进行加固处理，当年7月完工。泗五大桥是泗县境内最长的空腹式钢筋混凝土双曲拱公路桥。桥的上部结构为钢架拱七孔，净跨30米，矢跨比1/6，全长246米，下部构造为钻孔灌注桩，设计荷载为汽－超20、挂－120。所在线路为104国道。所跨河流为新汴河。

西关大桥

西关大桥（Xīguān Dàqiáo） 位于泗城西关大街，跨在城西环城河上，故得名西关大桥，又称众善桥。清光绪二年（1876年）建三孔砖桥，宣统三年（1911年）改建为五孔石拱桥，1970年在桥的两侧加建了钢筋混凝土人行道，1980年在桥的右侧加建了一孔35米长的双曲拱桥。西关大桥所跨河流为环城河，为五孔桥桥梁，全长35米，桥面宽16米，桥面两侧设有人行道。所在线路为303省道。所跨河流为环城河。

龙河桥

龙河桥（Lónghé Qiáo） 位于山头镇找沟村境内。该桥位于泗睢交界处找沟集北老龙河上，故得名龙河桥。龙河桥始建于1985年，1986年6月竣工通车。龙河桥共四孔，每孔跨径16米，全长68米，水泥混凝土桥面净宽7米，两侧人行道各宽1米。下部构造为钢筋混凝土双柱式墩台和钻孔灌注桩基础，桥高8米，设计荷载为汽－15，挂－80。所在线路为泗找路。所跨河流为老龙河。

墓河大桥

墓河大桥（Mùhé Dàqiáo） 位于瓦坊乡境内。该桥始建于1989年，建成于1990年。该地名来源于所在位置。桥梁全长71.5米，桥梁宽度6.1米，最大跨度50米，最大载重量为15吨。桥梁类型为石桥。所在行政区为瓦坊乡，所在线路为梁凡路，所跨河流为潼河，类型为公路桥。

小王集桥

小王集桥（Xiǎowángjí Qiáo） 位于大庄镇境内。该桥始建于1991年，建成于1992年。该地名来源于所在位置。桥梁全长16米，桥梁宽度9米，最大跨度10米，最大载重量为15吨。桥梁类型为石桥。所在行政区为黄圩镇，所在线路为大黄路，所跨河流为小黄河，类型为公路桥。

黄圩西桥

黄圩西桥（Huángwéi Xīqiáo） 位于黄圩镇境内。该桥始建于1985年，建成于1986年。该地名来源于所在位置。桥梁全长12米，桥梁宽度8米，最大跨度8米，最大载重量为15吨。桥梁类型为石桥。所在行政区为黄圩镇，所在线路为大黄路，所跨河流为民利河，类型为公路桥。

曹安桥

曹安桥（Cáoān Qiáo） 位于黄圩镇境内。该桥始建于1969年，建成于1970年。该地名来源于所在位置。桥梁全长20米，桥梁宽度6米，最大跨度12.3米，最大载重量为15吨。桥梁类型为钢筋混凝土桥。所在行政区为黄圩镇，所在线路为大黄路，所跨河流为民利河，类型为公路桥。

大侯北桥

大侯北桥（Dàhóuběi Qiáo） 位于山头镇境内。该桥始建于1997年，建成于1998年。该地名来源于所在位置。桥梁全长16米，桥梁宽度7米，最大跨度10米，最大载重量为15吨。桥梁类型为石桥。所在行政区为山头镇，所在线路为吴睢路，所跨河流为老潼河，类型为公路桥。

霸王桥

霸王桥（Bàwáng Qiáo） 位于墩集镇境内。该桥始建于1986年，建成于1987年。该地名来源于所在位置。桥梁全长89米，桥梁宽度8米，最大跨度80米，最大载重量为15吨。桥梁类型为钢筋混凝土桥。所在行政区为墩集镇，所在线路为墩马路，所跨河流为石梁河，类型为公路桥。

小高桥

小高桥（Xiǎogāo Qiáo） 位于山头镇境内。该桥始建于1983年，建成于1984年。该地名来源于所在位置。桥梁全长22.4米，桥梁宽度6米，最大跨度13米，最大载重量为15吨。桥梁类型为钢筋混凝土桥。所在行政区为山头镇，所在线路为高秦路，所跨河流为林河，类型为公路桥。

大柏东桥

大柏东桥（Dàbǎidōng Qiáo） 位于山头镇境内。该桥始建于1983年，建成于1984年。该地名来源于所在位置。桥梁全长22.4米，桥梁宽度6米，最大跨度13米，最大载重量为15吨。桥梁类型为钢筋混凝土桥。所在行政区为山头镇，所在线路为惠吴路，所跨河流为林河，类型为公路桥。

老吴南桥

老吴南桥（Lǎowúnán Qiáo） 位于山头镇境内。该桥始建于1981年，建成于1982年。该地名来源于所在位置。桥梁全长28米，桥梁宽度6米，最大跨度21米，最大载重量为15吨。桥梁类型为石桥。所在行政区为山头镇，所在线路为惠吴路，所跨河流为山河，类型为公路桥。

杨桥

杨桥（Yáng Qiáo） 位于山头镇境内。该桥始建于1997年，建成于1998年。该地名来源于所在位置。桥梁全长10米，桥梁宽度6米，最大跨度6米，最大载重量为15吨。桥梁类型为石桥。所在行政区为山头镇，所在线路为惠吴路，所跨河流为林河，类型为公路桥。

东风桥

东风桥（Dōngfēng Qiáo） 位于山头镇境内。该桥始建于1984年，建成于1985年。该地名来源于所在位置。桥梁全长23米，桥梁宽度6米，最大跨度13米，最大载重量为15吨。桥梁类型为钢筋混凝土桥。所在行政区为山头镇，所在线路为刘山路，所跨河流为林河，类型为公路桥。

老民利河桥

老民利河桥（Lǎomínlìhé Qiáo） 位于黄圩镇境内。该桥始建于1961年，建成于1962年。该地名来源于所在位置。桥梁全长29.2米，桥梁宽度5.2米，最大跨度16米，最大载重量为15吨。桥梁类型为石桥。所在行政区为黄圩镇，所在线路为郝大路，所跨河流为民利河，类型为公路桥。

新民利河桥

新民利河桥（Xīnmínlìhé Qiáo） 位于黄圩镇境内。该桥始建于1975年，建成于1976年。该地名来源于所在位置。桥梁全长35米，桥梁宽度6米，最大跨度24米，最大载重量为15吨。桥梁类型为钢筋混凝土桥。所在行政区为黄圩镇，所在线路为郝大路，所跨河流为民利河，类型为公路桥。

瓦坊乡民利河桥

瓦坊乡民利河桥（Wǎfāngxiāng Mínlìhé Qiáo） 位于瓦坊乡境内。该桥始建于1993年，建成于1994年。该地名来源于所在位置。桥梁全长38米，桥梁宽度5.6米，最大跨度32米，最大载重量为15吨。桥梁类型为石桥。所在行政区为瓦坊乡，所在线路为梁凡路，所跨河流为民利河，类型为公路桥。

黑塔镇民利河桥

黑塔镇民利河桥（Hēitǎzhèn Mínlìhé Qiáo） 位于黑塔镇境内。该桥始建于1964年，建成于1965年。该地名来源于所在位置。桥梁全长49.4米，桥梁宽度5米，最大跨度26米，最大载重量为15吨。桥梁类型为石桥。所在行政区为黑塔镇，所在线路为黑桥路，所跨河流为民利河，类型为公路桥。

新关桥

新关桥（Xīnguān Qiáo） 位于黑塔镇境内。该桥始建于1978年，建成于1979年。该地名来源于所在位置。桥梁全长29.4米，桥梁宽度5.2米，最大跨度15.6米，最大载重量为15吨。桥梁类型为石桥。所在行政区为黑塔镇，所在线路为倪杨路，所跨河流为小凄河，类型为公路桥。

黑塔西桥

黑塔西桥（Hēitǎxī Qiáo） 位于黑塔镇境内。该桥始建于1989年，建成于1990年。该地名来源于所在位置。桥梁全长27.5米，桥梁宽度8米，最大跨度10米，最大载重量为15吨。桥梁类型为石桥。所在行政区为黑塔镇，所在线路为黑程路，所跨河流为小凄河，类型为公路桥。

位岗闸桥

位岗闸桥（Wèigǎngzhá Qiáo） 位于黑塔镇境内。该桥始建于1978年，建成于1979年。该地名来源于所在位置。桥梁全长46.6米，桥梁宽度8米，最大跨度40米，最大载重量为15吨。桥梁类型为石桥。所在行政区为黑塔镇，所在线路为大胡路，所跨河流为民利河，类型为公路桥。

大黄桥

大黄桥（Dàhuáng Qiáo） 位于黑塔镇境内。该桥始建于1964年，建成于1965年。该地名来源于所在位置。桥梁全长33米，桥梁宽度6米，最大跨度33米，最大载重量为15吨。桥梁类型为石桥。所在行政区为黑塔镇，所在线路为火汤路，所跨河流为民利河，类型为公路桥。

小朱南桥

小朱南桥（Xiǎozhūnán Qiáo） 位于屏山镇境内。该桥始建于1971年，建成于1972年。该地名来源于所在位置。桥梁全长10米，桥梁宽度6米，最大跨度6米，最大载重量为15吨。桥梁类型为石桥。所在行政区为屏山镇，所在线路为彭徐路，所跨河流为小清河，类型为公路桥。

大祁桥

大祁桥（Dàqí Qiáo） 位于屏山镇境

内。该桥始建于1997年，建成于1998年。该地名来源于所在位置。桥梁全长24米，桥梁宽度4.8米，最大跨度12.4米，最大载重量为15吨。桥梁类型为石桥。所在行政区为屏山镇，所在线路为李姚路，所跨河流为民利河，类型为公路桥。

电视桥

电视桥（Diànshì Qiáo） 位于泗城镇境内。该桥始建于1998年，建成于1999年。该地名来源于所在位置。桥梁全长20米，桥梁宽度12米，最大跨度14米，最大载重量为15吨。桥梁类型为钢筋混凝土桥。所在行政区为泗城镇，所在线路为曹东路，所跨河流为小汴河，类型为公路桥。

苗庄桥

苗庄桥（Miáozhuāng Qiáo） 位于泗城镇境内。该桥始建于1999年，建成于2000年。该地名来源于所在位置。桥梁全长21米，桥梁宽度7米，最大跨度8.6米，最大载重量为15吨。桥梁类型为石桥。所在行政区为泗城镇，所在线路为曹东路，所跨河流为小汴河，类型为公路桥。

草沟北桥

草沟北桥（Cǎogōuběi Qiáo） 位于草沟镇境内。该桥始建于1981年，建成于1982年。该地名来源于所在位置。桥梁全长84米，桥梁宽度9米，最大跨度61米，最大载重量为15吨。桥梁类型为石桥。所在行政区为草沟镇，所在线路为赵草路，所跨河流为北沱河，类型为公路桥。

彭铺渡

彭铺渡（Péngpù Dù） 隶属泗城镇，位于三湾乡彭铺村境内的新汴河上。1989年建成，得名彭铺渡。渡程长度125米，平均水深2.5米，最大水深4.5米，年客运量7.3万人。所在行政区为泗城镇。

汪尚渡

汪尚渡（Wāngshàng Dù） 隶属草沟镇，位于草沟境内的南沱河上。1986年建成，得名汪尚渡。渡程长度111米，平均水深2.5米，最大水深3米，年客运量21.9万人。所在行政区为草沟镇。

唐河地下涵渡

唐河地下涵渡（Tánghédìxiàhán Dù） 隶属长沟镇，位于长沟镇境内的新汴河上。1988年建成，得名唐河地下涵渡。渡程长度182米，平均水深2.5米，最大水深4.5米，年客运量21.9万人。所在行政区为长沟镇。

顾马渡

顾马渡（Gùmǎ Dù） 隶属长沟镇，位于长沟镇顾马村境内的新濉河上。1988年建成，得名顾马渡。渡程长度110米，平均水深2.8米，最大水深5米，年客运量14.6万人。所在行政区为长沟镇。

三蒋渡

三蒋渡（Sānjiǎng Dù） 隶属草庙镇，位于草庙镇境内的新汴河上。1989年建成，得名三蒋渡。渡程长度131米，平均水深2米，最大水深4.5米，年客运量14.6万人。所在行政区为草庙镇。

小丁渡

小丁渡（Xiǎodīng Dù） 隶属草庙镇，位于草庙镇张沟村境内的新汴河上。1989年建成，得名小丁渡。渡程长度127米，平均水深2.5米，最大水深5米，年客运量7.3万人。所在行政区为草庙镇。

冠丰港

冠丰港（Guànfēng Gǎng） 位于山头镇蔡圩村东北，徐洪新河南岸。2014年修建，2016年9月投入运营。由江苏新艺建设投资集团有限公司投资兴建，现隶属泗县冠丰港口有限公司，故而得名。港口类型为河港。设1万吨级和0.3万吨级通用泊位各1个，年运货量为150万吨，岸线长为200米，平均水深2.5米，最大水深4.5米。码头建成后以煤炭、粮食、水泥、矿石运输为主，逐步将形成具有装卸、储存、交易、物流、临港工业等多功能的综合性服务平台。其中物流园共分港口运输区、粮食仓储区、加工区等多个区域。所在行政区为山头镇。所在水域为徐洪河。

第三节　火车站、汽车站

泗县站

泗县站（Sìxiàn Zhàn）　位于屏山镇辖区范围内，地址是屏山镇陈刘村。泗县站建于2009年8月，建成于2014年12月。占地面积2500平方米，年客运量为100万人，年货运量为10万吨。负责铁路运输。机构组成后勤组、售票组、检票组、安检组。

泗县汽车站

泗县汽车站（Sìxiàn Qìchēzhàn）　位于泗城镇四里桥社区。始建时间1951年，建成时间1952年，因承载客运事务，位于泗城镇辖区范围内，故得名泗县汽车站。年客运量255万人，占地面积8666平方米。所跨行政区为泗城镇。周边有泗州大道、泗县人民医院等。

第四节　地标建筑、广场

泗州广场

泗州广场（Sìzhōu Guǎngchǎng）　该广场位于东一环和南一环交口。占地面积67000平方米。2007年由泗县城市建设投资有限公司对广场进行改造，拆除原广场游泳馆、灯光篮球场、看台及居民住宅等旧址。2007年12月动工，2008年8月竣工，该广场地处泗城中心位置，因泗县古称泗州，故得名泗州广场。该广场为集运动、健身、集会、休闲于一体的综合性广场，荣获“全省人居环境范例奖”。广场周边有泗县中学、泗县第一小学、泗州步行街。

府前广场

府前广场（Fǔqián Guǎngchǎng）　因

地处泗县人民政府南大门正对面，故得名府前广场。该广场占地面积97200平方米，于2008年8月竣工。该广场南建有三馆（博物馆、展览馆、妇女儿童活动中心），于2010年4月建成，周边有泗县人民政府、泗县地税局、中国移动泗县分公司等。

泗县中学体育场

泗县中学体育场（Sìxiàn Zhōngxué Tǐyùchǎng） 位于泗城镇辖区范围内，地址为道院街4号。占地面积14020平方米。1933年泗县中学在南门前辟为简易体育场。新中国成立前后，中南部废弃荒芜或被辟为园地、民房，仅北部1/3场地为泗中操场。1975年，泗县革命委员会拨款将原3.3公顷地面平整复原，辟为县体育场。2007年泗县投资5000万元在泗县体育场规划兴建泗州广场，2008年建成，是一个集运动、健身、集会、休闲于一体的综合性广场。因该体育场位于泗县中学教学楼南部，是师生们开展体育运动的场地，故得名泗县中学体育场。

泗县第一中学体育场

泗县第一中学体育场（Sìxiàn Dìyīzhōngxué Tǐyùchǎng） 位于泗县开发区辖区范围内，地址为泗县东二环路。该体育场修建于1999年，位于泗县第一中学教学楼东部，是师生们开展体育运动的场地，故得名。占地面积14400平方米。举办学校运动会和其他体育赛事。

泗县第二中学体育场

泗县第二中学体育场（Sìxiàn Dièr Zhōngxué Tǐyùchǎng） 位于泗县南关居委会辖区范围内，地址为泗城镇二中新村1号。该体育场修建于1997年，为泗县第二中学师生开展体育运动的场地，故得名。占地面积15881平方米。举办学校运动会和其他体育赛事。

泗县第三中学体育场

泗县第三中学体育场（Sìxiàn Dìsān Zhōngxué Tǐyùchǎng） 位于泗城镇辖区范围内，地址为泗城镇北104国道东三中新村一号。该体育场修建于1999年，位于泗县第三中学教学楼东部，是师生们开展体育运动的场地，故得名。占地面积10950平方米。举办学校运动会和其他体育赛事。

泗县双语中学体育场

泗县双语中学体育场（Sìxiàn Shuāngyǔ Zhōngxué Tǐyùchǎng） 位于泗城镇辖区范围内，地址为泗城镇北二环西路。该体育场修建于2003年，位于泗县双语中学教学楼西南部，是师生们开展体育运动的场地，故得名。占地面积15350平方米。举办学校运动会和其他体育赛事。

泗县体育馆

泗县体育馆（Sìxiàn Tǐyùguǎn） 位于泗县经济开发区辖区范围内，地址为泗县经济开发区丹凤路与桃园路交口。泗县体育馆建成于2016年，为泗县群众运动休闲的综合场馆，故名。占地面积7515平方米，建筑面积22000平方米。主体层数为3层，主体高度为33米，一层为比赛场馆、电子商务、餐饮和休闲设施等，2—3层能容纳5000个观众席。

第五节 水利电力通信设施

周吴水库

周吴水库（Zhōuwú Shuǐkù） 位于墩集镇墩集村（原周吴村）境内。始建于1964年，建成于1965年。因该水库坐落于墩集镇墩集村境内，故而得名。长407米，宽220米，面积为47203平方米。平均水深为2.5米，总库容为11.8万立方米。主要水源为自然降水。该水库功能为蓄水、饮水、灌溉。所在行政区为墩集镇。

项沟滚水坝

项沟滚水坝（Xiànggōu Gǔnshuǐbà）位于项沟境内。始建于1977年，建成于1978年。因该水库坐落于项沟境内，故而得名。长534米，宽66米，面积为14960平方米。平均水深为2.5米，总库容为3.74万立方米。主要水源为自然降水、项沟。该水库功能为蓄水、饮水、灌溉。所在行政区为墩集镇。

下杨水库

下杨水库（Xiàyáng Shuǐkù） 位于石龙岗村下杨庄境内。始建于1964年，建成于1965年。因该水库坐落于石龙岗村下杨庄境内，故而得名。长1142米，宽168米，面积为131129平方米。平均水深为2.5米，总库容为32.78万立方米。主要水源为自然降水。该水库功能为蓄水、饮水、灌溉。所在行政区为墩集镇。

鹿鸣山水库

鹿鸣山水库（Lùmíngshān Shuǐkù）位于长沟镇鹿鸣山境内。始建于1958年，建成于1959年。因该水库坐落于鹿鸣山境内，故而得名。长392米，宽117米，面积为83578平方米。平均水深为2.5米，总库容为20.89万立方米。主要水源为自然降水。该水库功能为蓄水、饮水、灌溉。所在行政区为长沟镇。

上孟水库

上孟水库（Shàngmèng Shuǐkù） 位于大彭村小孟庄境内。始建于1956年，建成于1957年。因该水库坐落于大彭村小孟庄境内，故而得名。长407米，宽220米，面积为47203平方米。平均水深为2.5米，总库容为11.8万立方米。主要水源为自然降水。该水库功能为蓄水、饮水、灌溉。所在行政区为屏山镇。

上房水库

上房水库（Shàngfáng Shuǐkù） 位于屏东村上房庄境内。始建于1958年，建成于1959年。因该水库坐落于屏东村上房庄境内，故而得名。长298米，宽128米，面积为26328平方米。平均水深为2.5米，总库容为6.58万立方米。主要水源为自然降水。该水库功能为蓄水、饮水、灌溉。所在行政区为屏山镇。

张庄水库

张庄水库（Zhāngzhuāng Shuǐkù） 位于屏东村张庄境内。始建于1957年3月，建成于1958年。因该水库坐落于屏东村张庄境内，故而得名。长227米，宽104米，面积为16783平方米。平均水深为2.5米，总库容为4.2万立方米。主要水源为自然降水。该水库功能为蓄水、饮水、灌溉。所在行政区为屏山镇。

姚圩水库

姚圩水库（Yáowéi Shuǐkù） 位于屏东村姚圩庄境内。始建于1957年3月，建成于1958年。因该水库坐落于屏东村姚圩庄境内，故而得名。长216米，宽90米，面积为12084平方米。平均水深为2.5米，总库容为3.02万立方米。主要水源为自然降水。该水库功能为蓄水、饮水、灌溉。所在行政区为屏山镇。

涂山水库

涂山水库（Túshān Shuǐkù） 位于涂山村境内。始建于1974年，建成于1975年。因该水库坐落于涂山村境内，故而得名。长266米，宽122米，面积为25660平方米。平均水深为2.5米，总库容为6.42万立方米。主要水源为自然降水。该水库功能为蓄水、饮水、灌溉。所在行政区为屏山镇。

小张水库

小张水库（Xiǎozhāng Shuǐkù） 位于老山村小张庄境内。始建于1958年，建成于1959年。因该水库坐落于老山村小张庄境内，故而得名。长407米，宽220米，面积为47203平方米。平均水深为2.5米，总库容为11.8万立方米。主要水源为自然降水。该水库功能为蓄水、饮水、灌溉。所在行政区为屏山镇。

朱山水库

朱山水库（Zhūshān Shuǐkù） 位于朱山村位于境内。始建于1958年，建成于1959年。因该水库坐落于朱山村境内，故而得名。长230米，宽95米，面积为15578平方米。平均水深为2.5米，总库容为3.89万立方米。主要水源为自然降水。该水库功能为蓄水、饮水、灌溉。所在行政区为黑塔镇。

周圩水库

周圩水库（Zhōuwéi Shuǐkù） 位于朱山村周庄（原周圩子）境内。始建于1976年，建成于1977年。因该水库坐落于朱山村周庄境内，故而得名周圩水库。长685米，宽88米，面积为31367平方米。平均水深为2.5米，总库容为7.84万立方米。主要水源为自然降水。该水库功能为蓄水、饮水、灌溉。所在行政区为黑塔镇。

鞍山水库

鞍山水库（Ānshān Shuǐkù） 位于马鞍山境内。始建于1976年，建成于1977年。因该水库坐落于马鞍山境内，故而得名鞍山水库。长188米，宽172米，面积为19732平方米。平均水深为2.5米，总库容为4.93万立方米。主要水源为自然降水。该水库功能为蓄水、饮水、灌溉。所在行政区为黑塔镇。

黑山水库

黑山水库（Hēishān Shuǐkù） 位于原黑塔镇马厂乡黑山西侧境内。始建于1977年，建成于1978年。因该水库坐落于原黑塔镇马厂乡黑山西侧境内，故而得名黑山水库。长407米，宽220米，面积为47203平方米。平均水深为2.5米，总库容为11.8万立方米。主要水源为自然降水。该水库功能为蓄水、饮水、灌溉。所在行政区为黑塔镇。

山头闸

山头闸（Shāntóu Zhá） 位于山头镇山头村境内，所跨河流为潼河。该涵闸始建于1959年，建成于1971年。因该涵闸位于山头镇山头村，故而得名山头闸。孔数为12孔，孔高为6米，孔宽为4米，泄洪流量为562立方米/秒。闸门型式为砼平板，启闭型式为电动卷扬，该涵闸作用为节制闸。所在行政区为山头镇。

枯河闸

枯河闸（Kūhé Zhá） 位于黑塔镇三葛村境内，所跨河流为新濉河。该涵闸始建于2002年，建成于2003年。因该涵闸位于黑塔镇三葛村枯河，故而得名枯河闸。孔数为9孔，孔高为6.5米，孔宽为10米，泄洪流量为1367立方米／秒。闸门型式为钢板闸门，启闭型式为电动卷扬，该涵闸作用为节制闸。所在行政区为黑塔镇。

刘圩闸

刘圩闸（Liúwéi Zhá） 位于刘圩镇刘圩村境内，所跨河流为老濉河。该涵闸始建于1959年，建成于1959年。因该涵闸位于刘圩镇刘圩村，故而得名刘圩闸。孔数为5孔，孔高为5.5米，孔宽为3米，泄洪流量为225立方米／秒。闸门型式为砼平板，启闭型式为电动卷扬，该涵闸作用为节制闸。所在行政区为刘圩镇。

周庄闸

周庄闸（Zhōuzhuāng Zhá） 位于瓦坊乡衣圩村境内，所跨河流为老淮河。该涵闸始建于1959年，建成于1959年。因该涵闸位于瓦坊乡衣圩村周庄，故而得名周庄闸。孔数为5孔，孔高为5.5米，孔宽为3米，泄洪流量为225立方米／秒。闸门型式为砼平板，启闭型式为手动卷扬，该涵闸作用为节制闸。所在行政区为瓦坊乡。

魏岗闸

魏岗闸（Wèigǎng Zhá） 位于黑塔镇三陈村境内，所跨河流为民利河。该涵闸始建于1977年，建成于1979年。因该涵闸位于黑塔镇三陈村魏岗，故而得名魏岗闸。孔数为8孔，孔高为6.65米，孔宽为4米，泄洪流量为384立方米／秒。闸门型式为砼平板，启闭型式为电动卷扬，该涵闸作用为节制闸。所在行政区为黑塔镇。

草沟闸

草沟闸（Cǎogōu Zhá） 位于草沟镇街南村境内，所跨河流为沱河。该涵闸始建于1996年，建成于1997年。因该涵闸位于草沟镇，故而得名草沟闸。孔数为10孔，孔高为8米，孔宽为6米，泄洪流量为840.5立方米／秒。闸门型式为钢板闸门，启闭型式为电动卷扬，该涵闸作用为节制闸。所在行政区为草沟镇。

童沟闸

童沟闸（Tónggōu Zhá） 位于丁湖镇樊集村境内，所跨河流为凡吴大沟。该涵闸始建于1978年，建成于1979年。因该涵闸位于原丁湖镇童沟村，故而得名童沟闸。孔数为3孔，孔高为6米，孔宽为4米，泄洪流量为140立方米／秒。闸门型式为砼平板，启闭型式为手动卷扬，该涵闸作用为节制闸。所在行政区为丁湖镇。

幸福闸

幸福闸（Xìngfú Zhá） 位于泗城镇南关社区境内，所跨河流为石梁河。该涵闸始建于1966年，建成于1966年。因该涵闸位于泗城镇南关社区幸福新村，故而得名幸福闸。孔数为5孔，孔高为5.5米，孔宽为4米，泄洪流量为220立方米／秒。闸门型式为砼平板，启闭型式为电动卷扬，该涵闸作用为节制（交叉）。所在行政区为泗城镇。

孟沟闸

孟沟闸（Mènggōu Zhá） 位于大杨乡吴集村境内，所跨河流为新濉河。该涵闸始建于1957年，建成于1957年。因该涵闸位于大杨乡吴集村孟沟，故而得名孟沟闸。孔数为3孔，孔高为3米，孔宽为3米，泄洪流量为104立方米／秒。闸门型式为砼平板，启闭型式为电动卷扬。该涵闸作用为排涝灌溉。所在行政区为大杨乡。

大徐沟闸

大徐沟闸（Dàxúgōu Zhá） 位于屏山镇陈刘村境内，所跨河流为新濉河。该涵闸始建于1979年，建成于1980年。因该涵闸位于屏山镇陈刘村大徐沟，故而得名大徐沟闸。孔数为3孔，孔高为4米，孔宽为3米，泄洪流量为107立方米／秒。闸门型式为砼平板，启闭型式为手动卷扬。该涵闸作用为排涝灌溉。所在行政区为屏山镇。

赵沟闸

赵沟闸（Zhàogōu Zhá） 位于屏山镇张乔村境内，所跨河流为新濉河。该涵闸始建于1966年，建成于1966年。因该涵闸位于屏山镇张乔村赵沟上，故而得名赵沟闸。孔数为3孔，孔高为5.4米，孔宽为3米，泄洪流量为110立方米／秒。闸门型式为砼平板，启闭型式为手动卷扬。该涵闸作用为排涝灌溉。所在行政区为屏山镇。

枯河头闸

枯河头闸（Kūhétóu Zhá） 位于黑塔镇三葛村境内，所跨河流为新濉河。该涵闸始建于1964年，建成于1964年。因该涵闸位于黑塔镇三葛村枯河，故而得名枯河头闸。孔数为4孔，孔高为6.8米，孔宽为4米，泄洪流量为105立方米／秒。闸门型式为砼平板，启闭型式为电动卷扬，该涵闸作用为进水闸。所在行政区为黑塔镇。

港河口闸

港河口闸（Gǎnghékǒu Zhá） 位于泗城镇大周村境内，所跨河流为新濉河。该涵闸始建于1970年，建成于1970年。因该涵闸位于泗城镇大周村港河口，故而得名港河口闸。孔数为1孔，孔高为6米，孔宽为4米，泄洪流量为14立方米／秒。闸门型式为砼平板，启闭型式为电动卷扬，该涵闸作用为节制。所在行政区为泗城镇。

鱼场小闸

鱼场小闸（Yúchǎng Xiǎozhá） 位于泗城镇花园井社区境内，所跨河流为环城河。该涵闸始建于1957年，建成于1957年。因该涵闸位于泗城镇花园井社区鱼场，故而得名鱼场小闸。孔数为2孔，孔高为3.2米，孔宽为2.4米，泄洪流量为15立方米／秒。闸门型式为钢板闸门，启闭型式为螺杆，该涵闸作用为进水、排涝。所在行政区为泗城镇。

邢陈闸

邢陈闸（Xíngchén Zhá） 位于屏山镇陈刘村境内，所跨河流为新濉河。该涵闸始建于2008年，建成于2009年。因该涵闸位于屏山镇陈刘村邢陈，故而得名邢陈闸。孔数为2孔，孔高为4.5米，孔宽为3米，泄洪流量为13立方米／秒。闸门型式为砼平板，启闭型式为螺杆，该涵闸作用为进水、排涝。所在行政区为屏山镇。

小许沟闸

小许沟闸（Xiǎoxǔgōu Zhá） 位于屏山镇白庙境内，所跨河流为新濉河。该涵闸始建于1961年，建成于1962年。因该涵闸位于屏山镇白庙小许，故而得名小许沟闸。孔数为1孔，孔高为4.5米，孔宽为3米，泄洪流量为13立方米／秒。闸门型式为砼平板，启闭型式为螺杆。该涵闸作用为排涝灌溉。所在行政区为屏山镇。

曹鱼沟闸

曹鱼沟闸（Cáoyúgōu Zhá） 位于屏山镇白庙境内，所跨河流为新濉河。该涵闸始建于2008年，建成于2009年。因该涵闸位于屏山镇白庙曹鱼沟，故而得名曹鱼沟闸。

孔数为1孔，孔高为4.5米，孔宽为2.5米，泄洪流量为13立方米／秒。闸门型式为砼平板，启闭型式为螺杆。该涵闸作用为排涝灌溉。所在行政区为屏山镇。

尹吴张闸

尹吴张闸（Yǐnwúzhāng Zhá） 位于山头镇杨乔村境内，所跨河流为潼河。该涵闸始建于1959年，建成于1959年。因该涵闸位于山头镇杨乔村尹吴，故而得名尹吴张闸。孔数为4孔，孔高为3米，孔宽为2.4米，泄洪流量为53立方米／秒。闸门型式为砼平板，启闭型式为手动卷扬。该涵闸作用为排涝灌溉。所在行政区为山头镇。

西秦沟涵闸

西秦沟涵闸（Xīqíngōu Hánzhá） 位于山头镇苌张村境内，所跨河流为老龙河。该涵闸始建于1971年，建成于1972年。因该涵闸位于山头镇苌张村小秦庄西，故而得名西秦沟涵闸。孔数为2孔，孔高为3米，孔宽为2米，泄洪流量为5.5立方米／秒。闸门型式为砼平板，启闭型式为手动卷扬。该涵闸作用为排涝灌溉。所在行政区为山头镇。

双潼沟涵闸

双潼沟涵闸（Shuāngtónggōu Hánzhá）位于山头镇骆庙村境内，所跨河流为潼河。该涵闸始建于1975年，建成于1976年。因该涵闸位于山头镇骆庙村潼河上，故而得名双潼沟涵闸。孔数为1孔，孔高为3米，孔宽为2.5米，泄洪流量为5.5立方米／秒。闸门型式为砼平板，启闭型式为螺杆。该涵闸作用为排涝灌溉。所在行政区为山头镇。

大何涵闸

大何涵闸（Dàhé Hánzhá） 位于山头镇骆庙村境内，所跨河流为潼河。该涵闸始建于1957年，建成于1958年。因该涵闸位于山头镇骆庙村大何，故而得名大何涵闸。孔数为1孔，孔高为3米，孔宽为2.5米，泄洪流量为7立方米／秒。闸门型式为砼平板，启闭型式为螺杆。该涵闸作用为排涝灌溉。所在行政区为山头镇。

吴群墙涵闸

吴群墙涵闸（Wúqúnqiáng Hánzhá）位于山头镇杨桥村境内，所跨河流为潼河。该涵闸始建于1958年，建成于1959年。因该涵闸位于山头镇杨桥村吴群墙，故而得名吴群墙涵闸。孔数为1孔，孔高为3米，孔宽为2.5米，泄洪流量为8立方米／秒。闸门型式为砼平板，启闭型式为螺杆。该涵闸作用为排涝灌溉。所在行政区为山头镇。

洪沟涵闸

洪沟涵闸（Hónggōu Hánzhá） 位于山头镇杨桥村境内，所跨河流为潼河。该涵闸始建于1967年，建成于1968年。因该涵闸位于山头镇杨桥村洪沟，故而得名洪沟涵闸。孔数为2孔，孔高为4米，孔宽为2米，泄洪流量为17立方米／秒。闸门型式为砼平板，启闭型式为螺杆。该涵闸作用为排涝灌溉。所在行政区为山头镇。

潼城涵闸

潼城涵闸（Tóngchéng Hánzhá） 位于山头镇潼城村境内，所跨河流为潼河。该涵闸始建于1970年，建成于1971年。因该涵闸位于山头镇潼城村，故而得名潼城涵闸。孔数为1孔，孔高为3.5米，孔宽为2米，泄洪流量为5.5立方米／秒。闸门型式为砼平板，启闭型式为螺杆。该涵闸作用为排涝灌溉。所在行政区为山头镇。

周宅涵闸

周宅涵闸（Zhōuzhái Hánzhá） 位于山头镇仝城村境内，所跨河流为潼河。该涵闸始建于1970年，建成于1971年。因该涵闸位于山头镇潼城村周宅，故而得名周宅涵闸。孔数为1孔，孔高为3.5米，孔宽为2米，泄洪流量为5.5立方米／秒。闸门型式为砼平板，启闭型式为螺杆。该涵闸作用为排涝灌溉。所在行政区为山头镇。

姚沟涵闸

姚沟涵闸（Yáogōu Hánzhá） 位于山头镇张店村境内，所跨河流为潼河。该涵闸始建于1958年，建成于1959年。因该涵闸位于山头镇张店村姚场，故而得名姚沟涵闸。孔数为2孔，孔高为2米，孔宽为1.8米，泄洪流量为12.6立方米／秒。闸门型式为砼平板，启闭型式为螺杆。该涵闸作用为排涝灌溉。所在行政区为山头镇。

张沟涵闸

张沟涵闸（Zhānggōu Hánzhá） 位于山头镇张店村境内，所跨河流为潼河。该涵闸始建于1958年，建成于1959年。因该涵闸位于山头镇张店村，故而得名张沟涵闸。孔数为2孔，孔高为2.5米，孔宽为1.8米，泄洪流量为8立方米／秒。闸门型式为砼平板，启闭型式为螺杆。该涵闸作用为排涝灌溉。所在行政区为山头镇。

小墩涵闸

小墩涵闸（Xiǎodūn Hánzhá） 位于山头镇宋圩村境内，所跨河流为潼河。该涵闸始建于1971年，建成于1972年。因该涵闸位于山头镇宋圩村小墩，故而得名小墩涵闸。孔数为2孔，孔高为3.5米，孔宽为2.5米，泄洪流量为10立方米／秒。闸门型式为砼平板，启闭型式为螺杆。该涵闸作用为排涝灌溉。所在行政区为山头镇。

西山河涵闸

西山河涵闸（Xīshānhé Hánzhá） 位于山头镇宋圩村境内，所跨河流为潼河。该涵闸始建于1958年，建成于1959年。因该涵闸位于山头镇宋圩村西山河，故而得名西山河涵闸。孔数为3孔，孔高为2.5米，孔宽为2米，泄洪流量为21.5立方米／秒。闸门型式为砼平板，启闭型式为手动卷扬。该涵闸作用为排涝灌溉。所在行政区为山头镇。

山头小涵闸

山头小涵闸（Shāntóuxiǎo Hánzhá）位于山头镇山头村境内，所跨河流为潼河。该涵闸始建于1967年，建成于1968年。因该涵闸位于山头镇山头村，故而得名山头小涵闸。孔数为2孔，孔高为4米，孔宽为2米，泄洪流量为17.5立方米／秒。闸门型式为砼平板，启闭型式为螺杆。该涵闸作用为排涝灌溉。所在行政区为山头镇。

东秦沟涵闸

东秦沟涵闸（Dōngqíngōu Hánzhá）位于山头镇蔡圩村境内，所跨河流为老龙河。该涵闸始建于1963年，建成于1963年。因该涵闸位于山头镇蔡圩村东秦沟，故而得名东秦沟涵闸。孔数为1孔，孔高为3.5米，孔宽为3米，泄洪流量为10立方米／秒。闸门型式为砼平板，启闭型式为手动卷扬。该涵闸作用为排涝灌溉。所在行政区为山头镇。

西拦山沟涵闸

西拦山沟涵闸（Xīlánshāngōu Hánzhá）位于山头镇找沟村境内，所跨河流为老龙河。该涵闸始建于1962年，建成于1963年。因该涵闸位于山头镇找沟村西拦山沟，故而得名西拦山沟涵闸。孔数为1孔，孔高为3米，孔宽为2米，泄洪流量为4.7立方米／秒。闸门型式为砼平板，启闭型式为螺杆。该涵闸作用为排涝灌溉。所在行政区为山头镇。

秦庄涵闸

秦庄涵闸（Qínzhuāng Hánzhá） 位于山头镇找沟村境内，所跨河流为老龙河。该涵闸始建于1962年，建成于1963年。因该涵闸位于山头镇找沟村秦庄，故而得名秦庄涵闸。孔数为1孔，孔高为2米，孔宽为1.5米，泄洪流量为3.2立方米／秒。闸门型式为砼平板，启闭型式为螺杆。该涵闸作用为排涝灌溉。所在行政区为山头镇。

蔡圩涵闸

蔡圩涵闸（Càiwéi Hánzhá） 位于山头镇蔡圩村境内，所跨河流为老龙河。该涵闸始建于1962年，建成于1963年。因该涵闸位于山头镇蔡圩村，故而得名蔡圩涵闸。孔数为1孔，孔高为2米，孔宽为1.5米，泄洪流量为3.2立方米／秒。闸门型式为砼平板，启闭型式为螺杆。该涵闸作用为排涝灌溉。所在行政区为山头镇。

姃沟涵闸

姃沟涵闸（Zhěngōu Hánzhá） 位于刘圩镇潼南村境内，所跨河流为潼河。该涵闸始建于1958年，建成于1959年。因该涵闸位于刘圩镇潼南村姃沟，故而得名姃沟涵闸。孔数为1孔，孔高为2.5米，孔宽为2米，泄洪流量为10立方米／秒。闸门型式为砼平板，启闭型式为螺杆。该涵闸作用为排涝灌溉。所在行政区为刘圩镇。

小余沟闸

小余沟闸（Xiǎoyúgōu Zhá） 位于刘圩镇周道村境内，所跨河流为安河。该涵闸始建于1967年，建成于1967年。因该涵闸位于刘圩镇周道村小余沟，故而得名小余沟闸。孔数为4孔，孔高为4.2米，孔宽为3米，泄洪流量为46立方米／秒。闸门型式为砼平板，启闭型式为电动卷扬，该涵闸作用为节制闸。所在行政区为刘圩镇。

老潼河闸

老潼河闸（Lǎotónghé Zhá） 位于刘圩镇潼南村境内，所跨河流为潼河。该涵闸始建于1958年，建成于1959年。该涵闸位于刘圩镇潼南村，所跨河流为潼河，故而得名老潼河闸。孔数为4孔，孔高为3米，孔宽为2.4米，泄洪流量为46立方米／秒。闸门型式为砼平板，启闭型式为手动卷扬。该涵闸作用为排涝灌溉。所在行政区为刘圩镇。

刘嘴闸

刘嘴闸（Liúzuǐ Zhá） 位于刘圩镇周道村境内，所跨河流为安河。该涵闸始建于1967年，建成于1968年。因该涵闸位于刘圩镇周道村刘嘴，故而得名刘嘴闸。孔数为2孔，孔高为2.5米，孔宽为2米，泄洪流量为10立方米／秒。闸门型式为砼平板，启闭型式为螺杆。该涵闸作用为排涝灌溉。所在行政区为刘圩镇。

双宅闸

双宅闸（Shuāngzhái Zhá） 位于刘圩镇前戚村境内，所跨河流为老濉河。该涵闸始建于1971年，建成于1972年。因该涵闸位于刘圩镇前戚村双宅，故而得名双宅闸。孔数为1孔，孔高为3米，孔宽为3米，泄洪流量为12立方米／秒。闸门型式为砼平板，启闭型式为卷扬。该涵闸作用为排涝灌溉。所在行政区为刘圩镇。

苌庚闸

苌庚闸（Chánggēng Zhá） 位于瓦坊乡苌圩村境内，所跨河流为老濉河。该涵闸始建于1977年，建成于1978年。因该涵闸位于瓦坊乡苌圩村苌庚，故而得名苌庚闸。

孔数为1孔，孔高为3米，孔宽为3米，泄洪流量为8立方米/秒。闸门型式为砼平板，启闭型式为卷扬。该涵闸作用为排涝灌溉。所在行政区为瓦坊乡。

凤凰嘴闸

凤凰嘴闸（Fènghuángzuǐ Zhá） 位于瓦坊乡张楼村境内，所跨河流为老濉河。该涵闸始建于1971年，建成于1972年。因该涵闸位于瓦坊乡张楼村凤凰嘴，故而得名凤凰嘴闸。孔数为2孔，孔高为3.5米，孔宽为3米，泄洪流量为21立方米/秒。闸门型式为砼平板，启闭型式为卷扬。该涵闸作用为排涝灌溉。所在行政区为瓦坊乡。

顺利沟闸

顺利沟闸（Shùnlìgōu Zhá） 位于瓦坊乡瓦坊村境内，所跨河流为顺河沟。该涵闸始建于1972年，建成于1972年。因该涵闸位于瓦坊乡瓦坊村顺利沟，故而得名顺利沟闸。孔数为3孔，孔高为3.5米，孔宽为3米，泄洪流量为20.2立方米/秒。闸门型式为木板闸门，启闭型式为螺杆。该涵闸作用为排涝灌溉。所在行政区为瓦坊乡。

四山闸

四山闸（Sìshān Zhá） 位于瓦坊乡瓦坊村境内，所跨河流为顺河沟。该涵闸始建于1971年，建成于1972年。因该涵闸位于瓦坊乡瓦坊村四山，故而得名四山闸。孔数为2孔，孔高为3.5米，孔宽为3米，泄洪流量为21立方米/秒。闸门型式为砼平板，启闭型式为卷扬。该涵闸作用为排涝灌溉。所在行政区为瓦坊乡。

瓦坊闸

瓦坊闸（Wǎfāng Zhá） 位于瓦坊乡瓦坊村境内，所跨河流为小黄河。该涵闸始建于1988年，建成于1989年。因该涵闸位于瓦坊乡瓦坊村，故而得名瓦坊闸。孔数为1孔，孔高为3.5米，孔宽为3米，泄洪流量为13立方米/秒。闸门型式为砼平板，启闭型式为卷扬。该涵闸作用为排涝灌溉。所在行政区为瓦坊乡。

小王闸

小王闸（Xiǎowáng Zhá） 位于瓦坊乡应宅村境内，所跨河流为潼河。该涵闸始建于1985年，建成于1986年。因该涵闸位于瓦坊乡应宅村小王，故而得名小王闸。孔数为1孔，孔高为4米，孔宽为2.5米，泄洪流量为8立方米/秒。闸门型式为砼平板，启闭型式为卷扬。该涵闸作用为排涝灌溉。所在行政区为瓦坊乡。

应宅闸

应宅闸（Yīngzhái Zhá） 位于瓦坊乡应宅村境内，所跨河流为潼河。该涵闸始建于1975年，建成于1976年。因该涵闸位于瓦坊乡应宅村，故而得名应宅闸。孔数为1孔，孔高为4米，孔宽为3米，泄洪流量为8立方米/秒。闸门型式为砼平板，启闭型式为卷扬。该涵闸作用为排涝灌溉。所在行政区为瓦坊乡。

应宅东闸

应宅东闸（Yīngzháidōng Zhá） 位于瓦坊乡应宅村境内，所跨河流为潼河。该涵闸始建于1964年，建成于1965年。因该涵闸位于瓦坊乡应宅村，故而得名应宅东闸。孔数为1孔，孔高为4米，孔宽为3米，泄洪流量为9立方米/秒。闸门型式为砼平板，启闭型式为卷扬。该涵闸作用为排涝灌溉。所在行政区为瓦坊乡。

新集闸

新集闸（Xīnjí Zhá） 位于大庄镇新集村境内，所跨河流为民利河。该涵闸始建于1973年，建成于1974年。因该涵闸位于大庄镇新集村，故而得名新集闸。孔数为2孔，孔高为3.5米，孔宽为2米，泄洪流量为9.5立方米／秒。闸门型式为砼平板，启闭型式为螺杆。该涵闸作用为排涝灌溉。所在行政区为大庄镇。

周庄进水闸

周庄进水闸（Zhōuzhuāngjìn Shuǐzhá） 位于大庄镇东风村境内，所跨河流为老濉河。该涵闸始建于1965年，建成于1966年。因该涵闸位于大庄镇东风村周庄，故而得名周庄进水闸。孔数为1孔，孔高为3米，孔宽为2.5米，泄洪流量为8立方米／秒。闸门型式为砼平板，启闭型式为螺杆。该涵闸作用为排涝灌溉。所在行政区为大庄镇。

魏沟闸

魏沟闸（Wèigōu Zhá） 位于大杨乡小丁村境内，所跨河流为新濉河。该涵闸始建于1962年，建成于1962年。因该涵闸位于大杨乡小丁村魏沟，故而得名魏沟闸。孔数为4孔，孔高为3米，孔宽为2.5米，泄洪流量为40立方米／秒。闸门型式为砼平板，启闭型式为卷扬。该涵闸作用为排涝灌溉。所在行政区为大杨乡。

前李闸

前李闸（Qiánlǐ Zhá） 位于长沟镇戚庙村境内，所跨河流为新濉河。该涵闸始建于1970年，建成于1971年。因该涵闸位于长沟镇戚庙村前李，故而得名前李闸。孔数为1孔，孔高为3.9米，孔宽为2.5米，泄洪流量为15立方米／秒。闸门型式为砼平板，启闭型式为螺杆。该涵闸作用为排涝灌溉。所在行政区为长沟镇。

上马铺闸

上马铺闸（Shàngmǎpù Zhá） 位于长沟镇汴河村境内，所跨河流为小汴河。该涵闸始建于1972年，建成于1972年。因该涵闸位于长沟镇汴河村上马铺，故而得名上马铺闸。孔数为2孔，孔高为4米，孔宽为3米，泄洪流量为21立方米／秒。闸门型式为砼平板，启闭型式为卷扬，该涵闸作用为节制闸。所在行政区为长沟镇。

孙圩闸

孙圩闸（Sūnwéi Zhá） 位于泗城镇关庙村境内，所跨河流为小汴河。该涵闸始建于2008年，建成于2009年。因该涵闸位于泗城镇关庙村孙圩，故而得名孙圩闸。孔数为2孔，孔高为4.5米，孔宽为4米，泄洪流量为18立方米／秒。闸门型式为砼平板，启闭型式为螺杆，该涵闸作用为节制闸。所在行政区为泗城镇。

高时闸

高时闸（Gāoshí Zhá） 位于泗城镇大周村境内，所跨河流为邓沟。该涵闸始建于2009年，建成于2010年。因该涵闸位于泗城镇大周村高时，故而得名高时闸。孔数为3孔，孔高为4.5米，孔宽为4米，泄洪流量为24立方米／秒。闸门型式为砼平板，启闭型式为螺杆，该涵闸作用为节制闸。所在行政区为泗城镇。

黄沟闸

黄沟闸（Huánggōu Zhá） 位于泗城镇大周村境内，所跨河流为黄河。该涵闸始建于2006年，建成于2007年。因该涵闸位于泗城镇大周村黄沟，故而得名黄沟闸。孔数为2孔，孔高为4米，孔宽为3米，泄洪流量为16立方米／秒。闸门型式为砼平板，启闭型式为螺杆。该涵闸作用为排涝灌溉。所在行政区为泗城镇。

大营闸

大营闸（Dàyíng Zhá） 位于大路口乡邓公村境内，所跨河流为石梁河。该涵闸始建于1977年，建成于1978年。因该涵闸位于大路口乡邓公村大营，故而得名大营闸。孔数为4孔，孔高为5米，孔宽为3米，泄洪流量为62立方米/秒。闸门型式为砼平板，启闭型式为卷扬，该涵闸作用为节制闸。所在行政区为大路口乡。

老虎沟闸

老虎沟闸（Lǎohǔgōu Zhá） 位于墩集镇石梁河村境内，所跨河流为石梁河。该涵闸始建于1983年，建成于1984年。因该涵闸位于墩集镇石梁河村老虎沟，故而得名老虎沟闸。孔数为2孔，孔高为5米，孔宽为4米，泄洪流量为30立方米/秒。闸门型式为砼平板，启闭型式为卷扬。该涵闸作用为排涝灌溉。所在行政区为墩集镇。

樊集闸

樊集闸（Fánjí Zhá） 位于丁湖镇樊集村境内，所跨河流为沱河。该涵闸始建于1986年，建成于1987年。因该涵闸位于丁湖镇樊集村，故而得名樊集闸。孔数为1孔，孔高为3.5米，孔宽为2.5米，泄洪流量为10立方米/秒。闸门型式为砼平板，启闭型式为螺杆。该涵闸作用为排涝灌溉。所在行政区为丁湖镇。

化肥厂闸

化肥厂闸（Huàféichǎng Zhá） 位于泗城镇高尤社区境内，所跨河流为新汴河。该涵闸始建于1971年，建成于1971年。因该涵闸位于泗城镇高尤社区化肥厂，故而得名化肥厂闸。孔数为1孔，孔高为6米，孔宽为4米，泄洪流量为14立方米/秒。闸门型式为砼平板，启闭型式为卷扬。该涵闸作用为排涝灌溉。所在行政区为泗城镇。

丁庄闸

丁庄闸（Dīngzhuāng Zhá） 位于草沟镇桥东村境内，所跨河流为唐河。该涵闸始建于1990年，建成于1991年。因该涵闸位于草沟镇桥东村丁庄，故而得名丁庄闸。孔数为3孔，孔高为4米，孔宽为3米，泄洪流量为12立方米/秒。闸门型式为砼平板，启闭型式为螺杆。该涵闸作用为排涝灌溉。所在行政区为草沟镇。

王楼进水闸

王楼进水闸（Wánglóu Jìnshuǐzhá） 位于草沟镇王楼村境内，所跨河流为唐河。该涵闸始建于1986年，建成于1987年。因该涵闸位于草沟镇王楼村，故而得名王楼进水闸。孔数为1孔，孔高为4米，孔宽为3米，泄洪流量为10立方米/秒。闸门型式为砼平板，启闭型式为螺杆。该涵闸作用为排涝灌溉。所在行政区为草沟镇。

杨宅闸

杨宅闸（Yángzhái Zhá） 位于黑塔镇顺河村境内，所跨河流为老濉河。该涵闸始建于2006年，建成于2007年。因该涵闸位于黑塔镇顺河村杨宅，故而得名杨宅闸。孔数为1孔，孔高为4米，孔宽为3米，泄洪流量为10立方米/秒。闸门型式为砼平板，启闭型式为螺杆。该涵闸作用为排涝灌溉。所在行政区为黑塔镇。

杨宅泵站

杨宅泵站（Yángzhái Bèngzhàn）位于顺河村杨宅庄。建成于2009年。因该泵站坐落于杨宅，故得名杨宅泵站。所在河流为小凄河。装机流量0.8立方米/秒，装机容量100千瓦。所在行政区为黑塔镇。

倪姚泵站

倪姚泵站（Níyáo Bèngzhàn） 位于倪姚村新关庄。建成于2009年。因该泵站坐落于倪姚村，故得名倪姚泵站。所在河流为小凄河。装机流量0.55立方米／秒，装机容量80千瓦。所在行政区为黑塔镇。

孟沟泵站

孟沟泵站（Mènggōu Bèngzhàn） 位于孟沟。建成于2010年。因该泵站坐落于孟沟，故得名孟沟泵站。所在河流为民利河。装机流量0.8立方米／秒，装机容量110千瓦。所在行政区为大杨乡。

陈坝泵站

陈坝泵站（Chénbà Bèngzhàn） 位于三葛村陈坝庄。建成于2011年。因该泵站坐落于三葛村陈坝庄，故得名陈坝泵站。所在河流为新濉河。装机流量1.71立方米／秒，装机容量160千瓦。所在行政区为屏山镇。

邢陈泵站

邢陈泵站（Xíngchén Bèngzhàn） 位于陈刘村邢庄。建成于2008年。因该泵站坐落于陈刘村邢庄，故得名邢陈泵站。所在河流为新濉河。装机流量3.5立方米／秒，装机容量380千瓦。所在行政区为屏山镇。

小许沟泵站

小许沟泵站（Xiǎoxǔgōu Bèngzhàn）位于白苗村小许庄。建成于2008年。因该泵站坐落于白苗村小许庄小许沟，故得名小许沟泵站。所在河流为新濉河。装机流量2.1立方米／秒，装机容量220千瓦。所在行政区为屏山镇。

樊集泵站

樊集泵站（Fánjí Bèngzhàn） 位于樊集村。建成于2011年。因该泵站坐落于樊集村，故得名樊集泵站。所在河流为北沱河。装机流量1.08立方米／秒，装机容量120千瓦。所在行政区为丁湖镇。

大安泵站

大安泵站（Dàān Bèngzhàn） 位于大安庄。建成于2011年。因该泵站坐落于大安村，故得名大安泵站。所在河流为北沱河。装机流量2.5立方米／秒，装机容量220千瓦。所在行政区为草沟镇。

大史泵站

大史泵站（Dàshǐ Bèngzhàn） 位于治岗村大史庄。建成于2010年。因该泵站坐落于治岗村大史庄，故得名大史泵站。所在河流为新汴河。装机流量2.1立方米／秒，装机容量520千瓦。所在行政区为草庙镇。

大刘泵站

大刘泵站（Dàliú Bèngzhàn） 位于大刘村。建成于2004年。因该泵站坐落于大刘村，故得名大刘泵站。所在河流为清水沟。装机流量2.1立方米／秒，装机容量260千瓦。所在行政区为草庙镇。

枯河泵站

枯河泵站（Kūhé Bèngzhàn） 位于枯河村。建成于2007年。因该泵站坐落于草庙镇枯河村，故得名枯河泵站。所在河流为新濉河。装机流量2.52立方米／秒，装机容量300千瓦。所在行政区为草庙镇。

小高泵站

小高泵站（Xiǎogāo Bèngzhàn） 位于蔡圩村小高庄。建成于2001年。因该泵站坐落于蔡圩村小高庄，故得名小高泵站。所在河流为林河。装机流量2.0立方米／秒，装机容量220千瓦。所在行政区为山头镇。

马鞍头泵站

马鞍头泵站（Mǎāntóu Bèngzhàn）位于马鞍山鞍头位置。建成于2009年。因该泵站坐落于马鞍山鞍头位置，故得名马鞍头泵站。所在河流为民利河。装机流量 0.8 立方米／秒，装机容量 110 千瓦。所在行政区为屏山镇。

胡半岗泵站

胡半岗泵站（Húbàngǎng Bèngzhàn）位于枯河村胡半岗庄。建成于 2009 年。因该泵站坐落于枯河村胡半岗庄，故得名胡半岗泵站。所在河流为小凄河。装机流量 0.5 立方米／秒，装机容量 60 千瓦。所在行政区为屏山镇。

小雍泵站

小雍泵站（Xiǎoyōng Bèngzhàn） 位于屏西村小雍庄。建成于 2009 年。因该泵站坐落于屏西村小雍庄，故得名小雍泵站。所在河流为赵沟。装机流量 0.2 立方米／秒，装机容量 60 千瓦。所在行政区为屏山镇。

石梁河地下涵

石梁河地下涵（Shíliánghé Dìxiàhán）位于开发区衡尤社区境内。该涵闸始建于 1967 年，建成于 1968 年。因该涵闸位于衡尤社区石梁河上，故而得名石梁河地下涵。所跨河流为石梁河，闸门型式为砼薄壳，启闭型式为电动卷扬，泄洪流量为 270 立方米／秒，孔数为 6 孔，孔高为 5.7 米，孔宽为 4.2 米。该涵闸作用为排涝灌溉。

张巷涵洞

张巷涵洞（Zhāngxiàng Hándòng）位于屏山镇张乔村境内。该涵闸始建于 2006 年，建成于 2007 年。因该涵闸位于屏山镇张乔村张巷，故而得名张巷涵洞。所跨河流为新濉河，闸门型式为钢板闸门，启闭型式为电动卷扬，泄洪流量为 13 立方米／秒，孔数为 1 孔，孔高为 4.5 米，孔宽为 3 米。该涵闸作用为排涝灌溉。

岳宅涵洞

岳宅涵洞（Yuèzhái Hándòng） 位于屏山镇大李村境内。该涵闸始建于 1973 年，建成于 1974 年。因该涵闸位于屏山镇大李村岳宅，故而得名岳宅涵洞。所跨河流为民利河，闸门型式为砼平板，启闭型式为螺杆，泄洪流量为 13 立方米／秒，孔数为 1 孔，孔高为 4 米，孔宽为 2 米。该涵闸作用为流量调控。

西马涵洞

西马涵洞（Xīmǎ Hándòng） 位于刘圩镇西马村境内。该涵闸始建于 1970 年，建成于 1971 年。因该涵闸位于刘圩镇西马村，故而得名西马涵洞。所跨河流为潼河，闸门型式为砼平板，启闭型式为螺杆，泄洪流量为 10 立方米／秒，孔数为 1 孔，孔高为 3.5 米，孔宽为 3 米。该涵闸作用为流量调控。

东周场涵洞

东周场涵洞（Dōngzhōuchǎng Hándòng）位于刘圩镇四山村境内。该涵闸始建于 1971 年，建成于 1972 年。因该涵闸位于刘圩镇四山村东周场，故而得名东周场涵洞。所跨河流为老濉河，闸门型式为砼平板，启闭型式为卷扬，泄洪流量为 8 立方米／秒，孔数为 2 孔，孔高为 3 米，孔宽为 1.5 米。该涵闸作用为排涝灌溉。

新集南涵

新集南涵（Xīnjí Nánhán） 位于大庄镇新集村境内。该涵闸始建于 1973 年，建成于 1974 年。因该涵闸位于大庄镇新集村南部，故而得名新集南涵。所跨河流为民利河，闸门型式为砼平板，启闭型式为螺杆，泄洪流量为 8 立方米／秒，孔数为 1 孔，孔高为 3.5 米，孔宽为 2 米。该涵闸作用为排涝灌溉。

丰收沟涵

丰收沟涵（Fēngshōu Gōuhán） 位于大庄镇东风村境内。该涵闸始建于1966年，建成于1967年。因该涵闸位于大庄镇东风村丰收沟上，故而得名丰收沟涵。所跨河流为杨庄沟，闸门型式为砼平板，启闭型式为螺杆，泄洪流量为8立方米/秒，孔数为1孔，孔高为3米，孔宽为2米。该涵闸作用为排涝灌溉。

三杨涵洞

三杨涵洞（Sānyáng Hándòng） 位于大庄镇东风村境内。该涵闸始建于1963年，建成于1964年。因该涵闸位于大庄镇东风村后杨庄（原名三杨村），故而得名三杨涵洞。所跨河流为杨庄沟，闸门型式为砼平板，启闭型式为卷扬，泄洪流量为9立方米/秒，孔数为1孔，孔高为3米，孔宽为2.2米。该涵闸作用为排涝灌溉。

清水沟涵

清水沟涵（Qīngshuǐ Gōuhán） 位于草庙镇大刘村境内。该涵闸始建于1999年，建成于2000年。因该涵闸位于草庙镇大刘村清水沟上，故而得名清水沟涵。所跨河流为新濉河，闸门型式为砼平板，启闭型式为螺杆，泄洪流量为14立方米/秒，孔数为1孔，孔高为4米，孔宽为3米，该涵闸作用为流量调控。

索沟涵洞

索沟涵洞（Suǒgōu Hándòng） 位于丁湖镇索滩村境内。该涵闸始建于1974年，建成于1995年。因该涵闸位于丁湖镇索滩村，故而得名索沟涵洞。所跨河流为唐河，闸门型式为砼平板，启闭型式为螺杆，泄洪流量为14立方米/秒，孔数为2孔，孔高为4米，孔宽为3米。该涵闸作用为排涝灌溉。

单沟涵洞

单沟涵洞（Shàngōu Hándòng） 位于墩集镇汴河村境内。该涵闸始建于1972年，建成于1972年。因该涵闸位于墩集镇汴河村小韩庄（原名为单沟村），故而得名单沟涵洞。所跨河流为新汴河，闸门型式为砼平板，启闭型式为螺杆，泄洪流量为12立方米/秒，孔数为1孔，孔高为4米，孔宽为3米。该涵闸作用为排涝灌溉。

三蒋涵洞

三蒋涵洞（Sānjiǎng Hándòng） 位于草庙镇于圩社区境内。该涵闸始建于1972年，建成于1972年。因该涵闸位于圩社区三蒋村，故而得名三蒋涵洞。所跨河流为新汴河，闸门型式为砼平板，启闭型式为螺杆，泄洪流量为10立方米/秒，孔数为1孔，孔高为3米，孔宽为2米。该涵闸作用为引水。

汴石涵洞

汴石涵洞（Biànshí Hándòng） 位于泗城镇高尤社区境内。该涵闸始建于1990年，建成于1991年。因该涵闸位于泗城镇高尤社区汴石村，故而得名汴石涵洞。所跨河流为新汴河，闸门型式为砼平板，启闭型式为螺杆，泄洪流量为21立方米/秒，孔数为2孔，孔高为4米，孔宽为3米。该涵闸作用为排涝灌溉。

彭铺涵洞

彭铺涵洞（Péngpù Hándòng） 位于泗城镇大吴村境内。该涵闸始建于1972年，建成于1972年。因该涵闸位于泗城镇大吴村彭浦，故而得名彭铺涵洞。所跨河流为新汴河，闸门型式为砼平板，启闭型式为螺杆，泄洪流量为13立方米/秒，孔数为1孔，孔高为3米，孔宽为2.5米。该涵闸作用为排涝灌溉。

大郑涵洞

大郑涵洞（Dàzhèng Hándòng） 位于长沟镇长沟村境内。该涵闸始建于1990年，建成于1991年。因该涵闸位于长沟镇长沟村大郑，故而得名大郑涵洞。所跨河流为新汴河，闸门型式为砼平板，启闭型式为卷扬，泄洪流量为10立方米／秒，孔数为1孔，孔高为4.5米，孔宽为4米。该涵闸作用为排涝灌溉。

大王涵洞

大王涵洞（Dàwáng Hándòng） 位于草沟镇瓦韩村境内。该涵闸始建于1990年，建成于1991年。因该涵闸位于草沟镇瓦韩村大王，故而得名大王涵洞。所跨河流为新汴河，闸门型式为砼平板，启闭型式为卷扬，泄洪流量为10立方米／秒，孔数为1孔，孔高为4.5米，孔宽为4米。该涵闸作用为排涝灌溉。

大彭涵洞

大彭涵洞（Dàpéng Hándòng） 位于丁湖镇春韩村境内。该涵闸始建于1972年，建成于1973年。因该涵闸位于丁湖镇春韩村大彭，故而得名大彭涵洞。所跨河流为新汴河，闸门型式为砼平板，启闭型式为螺杆，泄洪流量为5.5立方米／秒，孔数为1孔，孔高为3米，孔宽为2.5米。该涵闸作用为排涝灌溉。

大季涵洞

大季涵洞（Dàjì Hándòng） 位于大路口乡大季村境内。该涵闸始建于1972年，建成于1972年。因该涵闸位于大路口乡大季村，故而得名大季涵洞。所跨河流为新汴河，闸门型式为砼平板，启闭型式为螺杆，泄洪流量为5.5立方米／秒，孔数为1孔，孔高为3米，孔宽为2.5米。该涵闸作用为排涝灌溉。

草沟涵洞

草沟涵洞（Cǎogōu Hándòng） 位于草沟镇草沟村境内。该涵闸始建于1973年，建成于1974年。因该涵闸位于草沟镇草沟村，故而得名草沟涵洞。所跨河流为唐河，闸门型式为砼平板，启闭型式为螺杆，泄洪流量为9立方米／秒，孔数为1孔，孔高为3米，孔宽为2米。该涵闸作用为流量调控。

小韩湾涵洞

小韩湾涵洞（Xiǎohánwān Hándòng） 位于大张村境内。该涵闸始建于1965年，建成于1966年。因该涵闸位于大张村小韩，故而得名小韩湾涵洞。所跨河流为唐河，闸门型式为砼平板，启闭型式为螺杆，泄洪流量为5立方米／秒，孔数为1孔，孔高为3米，孔宽为1.5米。该涵闸作用为进水。

稻王涵洞

稻王涵洞（Dàowáng Hándòng） 位于草沟镇王楼村境内。该涵闸始建于1965年，建成于1966年。因该涵闸位于草沟镇王楼村稻王，故而得名稻王涵洞。所跨河流为唐河，闸门型式为砼平板，启闭型式为螺杆，泄洪流量为6立方米／秒，孔数为1孔，孔高为3米，孔宽为1.5米。该涵闸作用为流量调控。

臭蒲沟涵洞

臭蒲沟涵洞（Chòupúgōu Hándòng） 位于黑塔镇倪姚村境内。该涵闸始建于1971年，建成于1972年。因该涵闸位于黑塔镇倪姚村臭蒲沟上，故而得名臭蒲沟涵洞。所跨河流为小黄河，闸门型式为砼平板，启闭型式为螺杆，泄洪流量为8立方米／秒，孔数为1孔，孔高为3米，孔宽为2米。该涵闸作用为排涝灌溉。

老陈涵洞

老陈涵洞（Lǎochén Hándòng） 位于黑塔镇三甄村境内。该涵闸始建于1972年，建成于1973年。因该涵闸位于黑塔镇三甄村老陈，故而得名老陈涵洞。所跨河流为小黄河，闸门型式为砼平板，启闭型式为螺杆，泄洪流量为8立方米／秒，孔数为1孔，孔高为3米，孔宽为2米。该涵闸作用为排涝灌溉。

杨大路沟涵

杨大路沟涵（Yángdàlù Gōuhán） 位于黑塔镇王武村境内。该涵闸始建于1985年，建成于1986年。因该涵闸位于黑塔镇王武村杨大路沟上，故而得名杨大路沟涵。所跨河流为小黄河，闸门型式为砼平板，启闭型式为螺杆，泄洪流量为9立方米／秒，孔数为1孔，孔高为4米，孔宽为3米。该涵闸作用为排涝灌溉。

丁沟涵洞

丁沟涵洞（Dīnggōu Hándòng） 位于黑塔镇王武村境内。该涵闸始建于1975年，建成于1976年。因该涵闸位于黑塔镇王武村丁沟，故而得名丁沟涵洞。所跨河流为小黄河，闸门型式为砼平板，启闭型式为螺杆，泄洪流量为10立方米／秒，孔数为1孔，孔高为4米，孔宽为3米。该涵闸作用为排涝灌溉。

崔沟涵洞

崔沟涵洞（Cuīgōu Hándòng） 位于黑塔镇王武村境内。该涵闸始建于1972年，建成于1973年。因该涵闸位于黑塔镇王武村崔沟上，故而得名崔沟涵洞。所跨河流为小黄河，闸门型式为砼平板，启闭型式为螺杆，泄洪流量为10立方米／秒，孔数为1孔，孔高为3米，孔宽为2.5米。该涵闸作用为排涝灌溉。

陈坝涵洞

陈坝涵洞（Chénbà Hándòng） 位于黑塔镇三葛村境内。该涵闸始建于1973年，建成于1973年。因该涵闸位于黑塔镇三葛村陈坝村，故而得名陈坝涵洞。所跨河流为新濉河，闸门型式为砼平板，启闭型式为卷扬，泄洪流量为14立方米／秒，孔数为1孔，孔高为4米，孔宽为3米。该涵闸作用为排涝灌溉。

界牌涵洞

界牌涵洞（Jièpái Hándòng） 位于黑塔镇界牌村境内。该涵闸始建于1999年，建成于2000年。因该涵闸位于黑塔镇界牌村，故而得名界牌涵洞。所跨河流为新濉河，闸门型式为砼平板，启闭型式为螺杆，泄洪流量为14立方米／秒，孔数为1孔，孔高为4米，孔宽为3米。该涵闸作用为排涝灌溉。

陈台沟涵洞

陈台沟涵洞（Chéntáigōu Hándòng）位于黑塔镇三陈村境内。该涵闸始建于2006年，建成于2007年。因该涵闸位于黑塔镇三陈村陈台沟上，故而得名陈台沟涵洞。所跨河流为老濉河，闸门型式为砼平板，启闭型式为螺杆，泄洪流量为14立方米／秒，孔数为1孔，孔高为4米，孔宽为3米。该涵闸作用为排涝灌溉。

朱沟涵洞

朱沟涵洞（Zhūgōu Hándòng） 位于黑塔镇三陈村境内。该涵闸始建于2006年，建成于2007年。因该涵闸位于黑塔镇三陈村朱沟上，故而得名朱沟涵洞。所跨河流为老濉河，闸门型式为砼平板，启闭型式为螺杆，泄洪流量为14立方米／秒，孔数为1孔，孔高为4米，孔宽为3米。该涵闸作用为排涝灌溉。

老尹沟涵洞

老尹沟涵洞（Lǎoyǐngōu Hándòng）位于黑塔镇大魏村境内。该涵闸始建于2006年，建成于2007年。因该涵闸位于黑塔镇大魏村老尹沟上，故而得名老尹沟涵洞。所跨河流为老濉河，闸门型式为砼平板，启闭型式为螺杆，泄洪流量为14立方米／秒，孔数为1孔，孔高为4米，孔宽为3米。该涵闸作用为排涝灌溉。

新倪沟涵洞

新倪沟涵洞（Xīnnígōu Hándòng）位于黑塔镇大魏村境内。该涵闸始建于2006年，建成于2007年。因该涵闸位于黑塔镇大魏村新倪沟上，故而得名新倪沟涵洞。所跨河流为老濉河，闸门型式为砼平板，启闭型式为螺杆，泄洪流量为14立方米／秒，孔数为1孔，孔高为4米，孔宽为3米。该涵闸作用为排涝灌溉。

新鸭沟涵洞

新鸭沟涵洞（Xīnyāgōu Hándòng）位于黑塔镇河西村境内。该涵闸始建于2006年，建成于2007年。因该涵闸位于黑塔镇河西村新鸭沟上，故而得名新鸭沟涵洞。所跨河流为老濉河，闸门型式为砼平板，启闭型式为螺杆，泄洪流量为14立方米／秒，孔数为1孔，孔高为4米，孔宽为3米。该涵闸作用为排涝灌溉。

谢沟涵洞

谢沟涵洞（Xiègōu Hándòng）位于黑塔镇顺河村境内。该涵闸始建于2006年，建成于2007年。因该涵闸位于黑塔镇顺河村谢沟，故而得名谢沟涵洞。所跨河流为老濉河，闸门型式为砼平板，启闭型式为螺杆，泄洪流量为14立方米／秒，孔数为1孔，孔高为4米，孔宽为3米。该涵闸作用为排涝灌溉。

第八章　旅游景点及名胜古迹地名

第一节　纪念地

魏正斌烈士墓

魏正斌烈士墓（Wèizhèngbīn Lièshìmù）位于泗县墩集镇，地址为墩集镇项沟村仇岗庄。该墓修建于1983年11月，由泗县人民政府批准得名。因墓内安葬民国19年（1930年）为泗县农民暴动而英勇献身的革命先驱魏正斌烈士遗体，故得名魏正斌烈士墓。墓体呈半球形，砖和水泥结构，面积9平方米，高2.2米。墓前立有石碑1方，高约1米，正面刻有"魏正斌烈士之墓"几个大字，背侧镌附烈士传略。墓的周围砌有花墙，高1.3米，约20米见方。墓地植有青松44棵，龙柏10棵，雪松2棵，白杨60余棵。管理单位为泗县墩集镇人民政府。魏正斌烈士墓保护级别为县级。

泗县烈士陵园

泗县烈士陵园（Sìxiàn Lièshìlíngyuán）位于泗县经济开发区，地址为汴河大道和东二环交口。1960年，为了纪念在革命战争中牺牲的以及为革命事业献出生命的泗县烈士们而修建的纪念性陵园，故得名泗县烈士陵园。1960年，县人民委员会决定，在城东1.5千米处建烈士陵园1所，66000平方米。1965年，在陵园四周开挖一条护陵沟，沟的内侧种植大小松柏。1980年，陵园整修，为彭雪枫师长立纪念碑1方，简介其生前重要革命事迹。1983年，中共泗县委员会、泗县人民政府又为王子玉、魏正斌、曹化东、王亚箴、王允昭、田古6位烈士树了纪念碑。烈士陵园占地面积60000平方米，建筑面积2500平方米。园内陈展面积784平方米，馆藏烈士文物资料1090件。其中国家一类文物210件、二类文物350件、三类文物530件。园内有江上青烈士纪念馆、江上青烈士铜像、雪枫亭、百米纪念碑廊等建筑物。管理单位为泗县民政局。该园被安徽省民政厅命名为文明窗口单位，成为县内外游客重要的参观地。作为省、市、县三级爱国主义教育基地的泗县烈士陵园，随着教育内容的不断丰富、景点的大量增加和管理的日趋规范，来这里参观的人数逐年上升。

李月华墓

李月华墓（Lǐyuèhuá Mù） 位于泗县丁湖镇辖区范围内，地址为丁湖镇丁湖村。该墓修建于1972年4月，因墓地安放着共产党员、白求恩式好医生李月华的遗体，故得名李月华墓。墓体呈半球形，砖和水泥结构，面积16平方米，高2.5米。墓前立有1米高的大理石墓碑，赭红色，正面刻有“李月华同志之墓”7个红色大字。墓周围3米以外，砌有十角形围墙，结构为砖和水泥，高0.8米。每个角立一根十棱水泥方柱，高的3米，低的2.5米，高低相间排列，柱与柱之间，架以钢筋栏杆。墓的正门朝南，门的两侧嵌制对联一副，文为“救死扶伤，胸怀朝阳干革命；舍己为人，洒尽热血献青春”。墓西北90米处建有李月华事迹陈列馆，占地1440平方米。管理单位为泗县丁湖镇人民政府。墓地周围和通向墓门的小路两侧，冬青锁翠，松柏、白杨、杜鹃郁郁葱葱。

江上青烈士陵园

江上青烈士陵园（Jiāngshàngqīng Lièshìlíngyuán） 位于泗县刘圩镇辖区范围内，地址为刘圩镇秦场村。江上青烈士陵园始建于2011年4月10日，是泗县人民政府为了纪念江上青烈士诞辰100周年拨款兴修的。为缅怀江上青烈士，让皖东北人民永远铭记烈士的丰功伟绩，永远学习他为党和人民解放事业不懈奋斗的崇高精神，在江上青诞辰100周年之际建造此陵园，故取名江上青烈士陵园。该陵园占地面积约13万平方米，其中江上青烈士纪念馆占地6000平方米，展馆面积1000平方米。园区共分山水背景区、主题纪念区、广场纪念区、入口广场区、纪念碑亭区和公园景区等6个分区进行展示。以江上青半胸纪念雕像、主祭台、纪念馆、纪念墙、图腾柱、石牌坊、殉难亭为主景。园内保存了大量珍贵的历史图片和实物资料，是皖东北重要的爱国主义教育基地，是人民群众了解江上青烈士生平、感受江上青烈士精神的重要文化场所。管理单位为泗县刘圩镇人民政府。江上青烈士陵园自2011年4月开始对社会免费开放以来，已接待游客近20万人次。是以褒扬烈士为中心，集纪念、教育、宣传、游览为一体，凸显爱国主义教育的专题纪念园。

邓公墓

邓公墓（Dènggōng Mù） 位于大路口乡邓公村城南中学西侧大营庄西部。因其所在位置和属性而得名。该墓高约3米，面积约100平方米，是明代开国元勋宁河王邓愈的父亲邓顺兴之墓。邓顺兴在元末随朱元璋起兵，战死于临濠，后追封为卫国公。墓前原有神道、石碑等，现可见残碎的石羊、石狮、石马等，墓前有一残碑，上刻“卫国公墓”。该墓为县文物保护单位，等级为三级，年代为明。

石梁河农民暴动遗址

石梁河农民暴动遗址（Shíliánghé Nóngmínbàodòng Yízhǐ） 位于泗县墩集镇境内，石龙湖国家湿地公园东侧。1930年建成。为纪念石梁河农民暴动事件，特设立此遗址保护区。1930年7月30日，在中共徐海蚌特委领导下，泗县、五河交界的石梁河两岸400余名农民暴动队伍，集中在石梁河东岸的大小魏庄，公开宣布暴动。暴动中，建立了工农红军独立师。国民党县政府得知消息，惊慌失措，勾结恶霸地主张继舫，派兵镇压。暴动部队遭敌人重点包围，奋起抵抗，终因敌众我寡，孤军无援，弹尽粮绝而失败。魏正斌、魏尚书等红军领导以浩然正气、热血肝胆，谱写了可歌可泣的光辉乐章。

佘家台

佘家台（Shéjiātái） 位于草沟镇秦桥村小张庄、臧庄自然村西约200米。宋朝杨门女将佘老太君曾在这里居住，故名。此处属新石器时代文化遗址，遗址呈南北走向，面积约60000平方米。有一个高约10米的土台遗址。地表发现大量陶器残片及鬲足。陶器有红陶及石灰陶上有印纹、绳纹等。鬲足上有绳纹、大小不一。同时发现有豆盘及豆木瓦。1956年安徽省人民政府公布为省级文物保护单位。

释迦寺

释迦寺（Shìjiā Sì） 位于泗县泗城镇，地址为泗城镇东关。据嵌在大殿后墙上的《敕赐释迦寺重修藏经楼施地围墙碑记》和《泗虹合志》记载，释迦寺大殿建于北宋英宗年间，原名寿圣寺，明太祖朱元璋将其改为释迦寺，它是我国唯一的一座以释迦牟尼的尊号命名的寺院。释迦寺原有殿宇两进，后有藏经楼，寺院内有银毂树、罗汉石、九欹松、琵琶井、香水桥、透亮碑、皂角树等。大殿为砖木结构，长16米，宽15.5米，面积248平方米。现仅存大殿一座，皂角树一棵。台湾首任巡抚刘铭传曾在此借宿一晚，并留下诗作。释迦寺大殿为县级文物保护单位，管理单位为泗县文物局。所在行政区为泗城镇。

大成殿

大成殿（Dàchéng Diàn） 位于泗县泗城镇，地址为泗城镇汴河大道文庙商城内。该殿是祭祀大成至圣先师孔子的宫殿，故得名大成殿。大成殿长21米，宽12米，面积为252平方米，房脊内收，四角远伸翘起，房顶由8根柱顶起。殿内周围内立20根廊柱，系砖木结构，气势庄严。管理单位为泗县文物局。所在行政区为泗城镇。

朝海寺遗址

朝海寺遗址（Cháohǎisì Yízhǐ） 位于大庄镇万安村万安街西南角，地原建有朝海寺，故名。遗址地势略高于四周，地表散布少量板瓦，为外素面内布纹，面积约4000平方米。朝海寺坐西向东，有前大殿三间及后大殿三间，左右厢房各两间。殿内有神像若干，有一块清道光年间重修石碑，另有一块唐代二次重建碑记，现已被埋路底。新中国成立初期拆建粮站、万安小学等，现为农田，年代不详。遗址北有一条东西走向的生产路，东有一条南北走向的水泥路，现遗址东北角建有一处民宅。此该文物等级为四级，年代不详。管理单位为泗县文物局。所在行政区为大庄镇。

垚阜院遗址

垚阜院遗址（Yáofùyuàn Yízhǐ） 位于大庄镇东风村小庙自然村中心，遗址地表散布大量青砖，砖厚7厘米，宽12厘米，同时还发现石碑一座，记录有人名等。此地原建有垚阜院，故名。据（李厚义、许良国）说，原大殿约五间，殿内无梁，为砖墙石灰结构，前殿为五间，中间一间为大门。大殿内有木雕神像四座，泥雕神像两座。院内和尚两名。东廊房五间，西牛王殿。遗址地势略高于四周，周围地势平坦，海拔高度约36米。该文物等级为四级，年代为待定。管理单位为泗县文物局。所在行政区为大庄镇。

小雷音寺遗址

小雷音寺遗址（Xiǎoléiyīnsì Yízhǐ） 位于丁湖镇索滩村索滩街南部。此地原建有小雷音寺，故名，现为索滩小学校址。经走访了解，小雷音寺面积约4000平方米，为三进分前殿、东西廊房、东岳庙、太殿、大殿，在大殿与太殿间有一间两层小楼，大殿为两层。殿内供有神像若干，原寺内有一个高约1.2米、直径约80厘米的铜钟，钟体刻有捐建寺庙人的姓名。据村民讲述，此寺庙始建于唐代。后经历代维修，毁于“文化大革命”时期，铜钟在大炼钢铁时损坏。遗址地势平坦，南约260米处为一条南北走向的自然沟，海拔约26米。该文物等级为四级，年代待定。管理单位为泗县文物局。所在行政区为丁湖镇。

山头庙遗址

山头庙遗址（Shāntóumiào Yízhǐ） 位于山头镇山头村山头街西侧，面积约1500平方米。遗址现为山头小学校地。该庙原有大殿五间，自北向南，东西二面各有三间廊坊，有前大殿五间，由于年久失修，现只找到有关该庙的碑刻等。年代不详。西约20米有一条南北走向的生产路。该文物等级为四级，年代不详。管理单位为泗县文物局。所在行政区为山头镇。

唐庙遗址

唐庙遗址（Tángmiào Yízhǐ） 位于大庄镇秦场村秦场自然村东北约800米，此地原建有一座唐庙，故名。遗址地势凸起，地表散布少量板瓦及青砖，同时发现少量内白外黑的瓷片青花瓷、白瓷等，面积500平方米左右。据村民讲述，此处原为一座庙，始建年代不详。遗址北有一条东西走向的水沟，南约80米为东西走向的生产路。该文物等级为四级，年代不详。管理单位为泗县文物局。所在行政区为大庄镇。

大熊庙遗址

大熊庙遗址（Dàxióngmiào Yízhǐ） 位于大杨乡吴集村大熊庄，曾建有庙宇一座，故名。遗址现存石碑两座，一为清宣统三年立，一为民国30年（1941年）立。据说大庙原有三间大殿、四间前殿，及东西厢房各两间，东厢房倒塌较早，大殿内供神像为木刻，庙内原有一个和尚。大庙于70年代拆除，现为荒地。遗址中心有一条南北走向的生产路，地表植物有杨树。西侧20米有居民住所。该文物等级为四级，年代为清。管理单位为泗县文物局。所在行政区为大杨乡。

陶庙遗址

陶庙遗址（Táomiào Yízhǐ） 该遗地位于山头宋圩村王沟庄，此处原建有陶庙一座，故名。现为王沟小学校址。据知情人讲述，陶庙原有大殿三间，东西各三间厢房，前为门楼，面积900平方米，于新中国成立初拆除。遗址东有一条南北走向的水泥路，现为王沟小学校址，周围为王沟村民住房。该文物等级为四级，年代不详。管理单位为泗县文物局。所在行政区为山头镇。

大柏庙遗址

大柏庙遗址（Dàbǎimiào Yízhǐ） 位于泗县山头镇大柏村林河小学校地。此处原建有大柏庙一座，故名。遗址西侧一处民宅内发现大量青砖，长28厘米，宽13厘米，高26.2厘米。据知情人讲述，此庙建于明代时期，毁于20世纪50年代。原大殿为三间，东西两面各有两间厢房。前殿三间。面积东西为80米，南北50米，约4000平方米。遗址现为林河小学校址，周围为民房。南约80米为东西走向的生产路。该文物等级为四级，年代为明。管理单位为泗县文物局。所在行政区为山头镇。

尝思庙遗址

尝思庙遗址（Chángsīmiào Yízhǐ） 位于黄圩镇三官村三官自然村中心，原建有明代尝思庙一座，故名。原庙为三间大殿，东西各有一耳室，同时在前两侧各有三间厢房，庙体为泥土，毁于1963年的大水，在庙前池塘一侧。清光绪十一年的碑记中记载，尝思庙原名为三元宫，始建于明代时期，清代时期曾因风雨倾倒、重修。在遗址中还发现大量板瓦及陶器残片，板瓦多为外绳纹内菱形花纹，陶器多为带弦纹的陶釜口沿。在遗址南侧的一处水塘南距地表约2.5米处发现，一厚约50厘米的汉代文化层，其中包含大量板瓦及器物残片。面积约60000平方米。遗址地势平坦，海拔14米。该文物等级为四级，年代为汉、明、清。此地管理单位为泗县文物局。所在行政区为黄圩镇。

朱庙遗址

朱庙遗址（Zhūmiào Yízhǐ） 位于墩集镇霸王村前朱村，此地原建有一座庙宇，名为朱庙，故名。该寺庙原有三间大殿和三间前殿，面积约250平方米，大殿有神像。1958年被毁。遗址地表遗留大量夹砂红陶及瓷片。器物类型多为缸、罐、碗等生活器物。瓷片有黑瓷、青花瓷、青瓷、白瓷等。该遗址西临石梁河，遗址地势略高于四周，东西两侧形成40度坡地，海拔20米。该文物等级为四级，年代为宋。管理单位为泗县文物局。所在行政区为墩集镇。

大刘周庙遗址

大刘周庙遗址（Dàliúzhōumiào Yízhǐ） 该遗址位于屏山镇屏西村大刘村，此地原建有一座庙宇，名为周庙，故名。庙原有正殿三间、前殿三间，殿内无神像，无和尚居住，殿内有一块石碑，刻有若干文字。面积约1200平方米。石碑在“文化大革命”时破坏无从查找，1946年到1947年间周庙被拆改建大刘小学。遗址略高于四周，周围地势平坦，海拔15米。该文物等级为四级，年代为待定。管理单位为泗县文物局。所在行政区为屏山镇。

李庙遗址

李庙遗址（Lǐmiào Yízhǐ） 此地原建有一座庙宇，名为李庙，故名。原有三间大殿，三间前殿及左右厢房六间，面积约为5000平方米，东侧有一处供和尚生活用的水塘，殿内供奉若干神像。20世纪70年代，李庙被拆除，1991年李庙村村委将原建筑构件挪作他用，现仅存水塘一个。在村民委员会旧址有一块功德碑，立于清嘉庆十九年（1814年）修庙时。遗址地势平坦，南侧有一个面积约1000平方米的水塘，海拔约21米。综合分析，此庙应为清代所建。该文物等级为四级。管理单位为泗县文物局。所在行政区为大杨乡。

老山庙遗址

老山庙遗址（Lǎoshānmiào Yízhǐ） 位于屏山镇老山村老山自然村老山山顶，此地原建有一座庙宇，名为老山庙，故名。遗址地表散落大量青砖残块。青砖宽11—16厘米，厚7厘米，长度不详。遗址上有当代重建的大雄宝殿一座，内供神像。面积约3200平方米，南北约80米，东西约40米，遗址内墙基清晰可见，从墙基分析，原大庙有二进前殿、左右厢房及主殿，主殿墙基长约9米，宽约5米。遗址西南一村民房前有石碑约10块，最早有大明崇祯九年石碑，其他石碑均为清代。综上所述，此大庙始建为明代。遗址位于老山山顶，地势高，海拔约98米。该文物等级为四级。管理单位为泗县文物局。所在行政区为屏山镇。

龙庙遗址

龙庙遗址（Lóngmiào Yízhǐ） 位于大路口乡大季村谢庄自然村南侧，此地原建有一座庙宇，名为龙庙，故名。现为龙庙小学校址。据村民讲述，龙庙原名龙王庙，内有泥胎神像，寺庙分为前殿、大殿和东西厢房，前殿与大殿间距10米左右。在抗日战争年代曾驻过伪军。现地表遗留少量板瓦、青砖和陶器残片，板瓦内为布纹外为素面，陶器为灰陶，器物类型为陶罐。遗址地势平坦，海拔14米。该文物等级为四级，年代为宋。管理单位为泗县文物局。所在行政区为大路口乡。

付庙遗址

付庙遗址（Fùmiào Yízhǐ） 位于墩集镇石梁河村付庄自然村东南部，此地原建有一座庙宇，名为付庙，故名。分布面积500平方米左右，遗址地表散布大量板瓦及陶片、瓷片等。陶片以灰陶为主，少有红陶。器物类型多为罐，瓷器残片以白瓷、青瓷居多，器物类型多为碗盘等，同时在地表还发现少量鬲足及带有交叉绳纹的陶片。该遗址应为一处新石器、宋代遗址。遗址东侧及北侧有一自然沟环绕，遗址地势略高于四周，形成一级高地。该文物等级为四级，年代为新石器、宋。管理单位为泗县文物局。所在行政区为墩集镇。

老陈庙遗址

老陈庙遗址（Lǎochénmiào Yízhǐ） 位于黑塔镇陈圩村老陈庄东侧，此地原建有一座庙宇，名为老陈庙，故名。遗址地表有少量青砖。据知情人讲述，大庙有大殿三间及廊坊六间，有木雕神像。大庙为一陈姓人家出资兴建。面积3000平方米左右。遗址地势略高于四周，海拔11米。该文物等级为四级，年代为清。管理单位为泗县文物局。所在行政区为黑塔镇。

程庙遗址

程庙遗址（Chéngmiào Yízhǐ） 位于大路口乡网周村程庙小学东约150米，此地原建有一座寺庙，名为程庙，故名。此处原为寺庙，内住有和尚，遗址南有一眼水井，在20世纪40年代寺庙建筑还基本完好。寺庙分正殿和东西厢房，正殿南为一凉亭，内有石板凳。遗址地表分布着少量板瓦和瓷片，板瓦为灰色，内有布纹外素面，瓷器多为青瓷和白瓷。据以上所述，此寺庙应为宋代始建沿用至清代。遗址西800米为南北走向的石梁河，北1.5千米为新汴河，地势平坦，海拔13米。该文物等级为四级。管理单位为泗县文物局。所在行政区为大路口乡。

牛王庙遗址

牛王庙遗址（Niúwángmiào Yízhǐ） 位于草沟镇桥东村牛王郭自然庄中部，此地原建有一座庙宇，名为牛王庙，故名。遗址地势略高于四周，海拔高度为9米，西400米为一条西北至东南走向的河流。遗址面积约1000平方米，地表仅存少量残砖及少量瓷器残片。瓷器残片以白瓷为主，胎质紧密，胎壁较薄。遗址南部为村民住宅占据，北部为农田。综合分析，该遗址为清代。该文物等级为四级。管理单位为泗县文物局。所在行政区为草沟镇。

樊集庙

樊集庙（Fánjí Miào） 位于丁湖镇樊集村樊集街西部，现为樊集村委会办公场所，此地原建有一座庙宇，名为樊集庙，故名。据知情人讲述，原寺庙由三间大殿、三间前殿及东西两面的厢房组成，面积500平方米左右。大殿内供有神像一尊，为泥塑。损毁于“文化大革命”时期。遗址南约1500米为东西走向的沱河，地势平坦，海拔15米。该文物等级为四级。管理单位为泗县文物局。所在行政区为丁湖镇。

戚庙

戚庙（Qī Miào） 位于泗县长沟镇戚庙村戚庙自然村中部，此地原建有一座庙宇，名为戚庙，故名。建筑风格为硬山墙，东西长10米、宽度6.43米，墙体宽50厘米，檐高2.56米，门内径1.35米。占地面积64.3平方米。后墙有一个拱形的圆门。据村民讲述，此庙是为纪念明代戚夫人而建。现主体保存完好，后顶有坍塌。现为基督教会所。戚庙周围地势平坦，东侧有一条南北走向的水沟，海拔22米。该文物等级为四级，年代为明。管理单位为泗县文物局。所在行政区为长沟镇。

周庙遗址

周庙遗址（Zhōumiào Yízhǐ） 位于黄圩镇周杨自然村中心，此地原建有一座庙宇，名为周庙，故名。遗址地势略高于四周，形成一阶台地，遗址东侧为一干枯池塘。遗址面积约3000平方米，海拔17米。遗址处有一高台，四周略低。根据村民讲述，周庙原有五间大殿，东西各有三间厢房，前殿为五间，大殿内有木雕神像，每逢农历三月十五有庙会，场面热闹非凡。大庙于新中国成立前后拆除，现有4—5户居民居住。该文物等级为四级，年代不详。管理单位为泗县文物局。所在行政区为黄圩镇。

惠庙遗址

惠庙遗址（Huìmiào Yízhǐ） 位于山头镇惠庙村惠庙庄，此地原建有一座庙宇，名为惠庙，故名。据知情人讲述，惠庙建于明代时期，毁于1966—1967年，原大殿有五间，前殿五间，东西两面各三间厢房。面积约1500平方米。现已无迹可寻。遗址地势较低，西约500米为赤山，东侧地势平坦，海拔约6米。该文物等级为四级，年代不详。管理单位为泗县文物局。所在行政区为山头镇。

夏庙遗址

夏庙遗址（Xiàmiào Yízhǐ） 位于草沟镇夏庙村郭庄自然村东，此地原建有一座庙宇，名为夏庙，故名。据知情人讲述，夏庙原有五间大殿，东西厢房三间，前殿五间，共16间，面积约4000平方米。于50年代拆除。现遗址地表散布少量青砖及板瓦。遗址地势平坦，东为南北走向的唐河，海拔16米。该文物等级为四级，年代不详。管理单位为泗县文物局。所在行政区为草沟镇。

大王庙遗址

大王庙遗址（Dàwángmiào Yízhǐ） 位于黄圩镇巩沟村巩沟自然村北部，此地原建有一座庙宇，名为大王庙，故名。现为巩沟中学校址，经走访，大王庙俗称巩沟庙。原有大殿六间，东西各有三间廊房，前殿五间，面积约500平方米，在遗址东侧的现巩沟中学操场上，有一块立于清嘉庆十二年的石碑，上面记载着重修大王殿的碑文。遗址地势平坦，东侧有一条南北走向的水沟，海拔11米。综合分析，此庙年代为清代，该文物等级为四级。管理单位为泗县文物局。所在行政区为黄圩镇。

马场庙遗址

马场庙遗址（Mǎchǎngmiào Yízhǐ） 位于黑塔镇马场村马场街北部，此地原建有一座庙宇，名为马场庙，故名。据知情村民讲述，原庙位于古槐北部，现遗址地表被破坏，年代不详，庙现已无迹可寻，唯留古槐。古槐直径约1米，枝繁叶茂。遗址面积约500平方米，南约500米为峰山，北约800米为黑山，海拔33米。该文物等级为四级。管理单位为泗县文物局。所在行政区为黑塔镇。

新集庙遗址

新集庙遗址（Xīnjímiào Yízhǐ） 位于大庄镇新集村新集街中心。此地原建有一座庙宇，名为新集庙，故名。遗址现为新集医院，原庙有前殿三间，东西厢房各两间，大殿三间。在医院内有一石碑，纪年为“清道光”。其他无年代记载，初步分析此庙遗址为清代。新集庙遗址面积约500平方米，地势平坦，海拔15米。该文物等级为四级。管理单位为泗县文物局。所在行政区为大庄镇。

关庙遗址

关庙遗址（Guānmiào Yízhǐ） 位于泗城镇关庙村关庙自然村303省道北侧，原为供奉关公的地方，故名关庙。原有三间大殿、三间前殿及东西两面各三间厢房。毁于抗日战争时期，被当地汉奸烧毁。遗址面积1000平方米左右。北侧为东西走向的汴河，地势平坦，海拔19米。该文物等级为四级，年代为待定。管理单位为泗县文物局。所在行政区为泗城镇。

泗县天主堂

泗县天主堂（Sìxiàn Tiānzhǔtáng） 位于泗县泗城镇辖区范围内，地址为桃园社区卫生服务站东北。该教堂位于泗县，主要为天主教活动场所，故得名泗县天主堂。至2008年，全县有教徒约3000人，聚会所1个，修女2人，天主教活动正常。所在行政区为泗城镇。管理单位为泗县民族宗教事务局。

泗县基督教堂

泗县基督教堂（Sìxiàn Jīdūjiàotáng）位于泗县泗城镇辖区范围内，地址为泗城镇国防路。该教会堂位于泗县，是基督教徒传道、祈祷、聚会、学习、交流的场所，故得名泗县基督教会。至2008年全县有基督教徒约4万人，泗城镇设教堂一处，乡镇设聚会点149个。所在行政区为泗城镇。管理单位为泗县民族宗教事务局。

第二节　公园、风景区

清水湾公园

清水湾公园（Qīngshuǐwān Gōngyuán）位于泗城镇清水湾路。清水湾公园于2011年6月开工建设，2012年在加强园林绿化的同时新建了围栏，增设景观桥、夜景亮化三方面内容。因该公园依托泗城古汴河、石梁河良好水系，以自然水系为特色，故名清水湾公园。占地面积40万平方米，其中水域面积约10万平方米，观赏园面积约为22万平方米。归泗县园林管理处管辖。公园分成6大景区及12大景点，主要景区包括饮食文化区、水秀表演区、儿童娱乐区、民俗文化区、水上活动区、综合管理服务区。公园以隋唐大运河为依托，公园建筑以隋唐建筑风格为基调，秉承人文、亲水、休闲、生态的设计主题，营造轻松愉悦、闲适自然、生态宜人的氛围。园林绿化注重主题意境的凸显，根据分区的不同特点，注重水岸植物的栽植和搭配，渲染出层次丰富的植物景观。公园免费开放，成为皖东北面积最大的满足人们休闲、娱乐、游憩、观景需求的综合性、群众性、开放型公园。

古汴河风情园

古汴河风情园（Gǔbiànhé Fēngqíngyuán） 位于泗城镇虹乡路和汴河大道交口。汴河风情园是泗县城区的汴河岸边园林之一，2009 年建成。因该公园位于泗县古汴河岸边，故名古汴河风情园。占地面积 4280 平方米，归泗县园林管理处管辖。公园里的石马、石羊是在建设这个园林时从汴河底打捞出来的。石马、石羊原来在明朝户部尚书陈翌墓前的神道上，“文化大革命”时期被砸烂推到河底。陈翌墓就在汴河北岸，现墓址已被盖上房屋。

环城公园

环城公园（Huánchéng Gōngyuán） 位于泗城镇环城河沿岸。环城公园建于 1998 年，1998—2007 年对公园进行改造，因位于环城河沿岸，故得名。该公园沿岸长度为 3600 米，绿地面积为 54000 平方米，归泗县园林管理处管辖。公园沿河两岸植垂柳，多种植物造景，乔、灌、花、草相结合，色块由金叶女贞、小叶女贞、红叶女贞、洒金柏等组成，配有紫薇、红叶李、木槿、桃树等花灌木，草坪为马尼拉、高羊茅。园内设有廊亭、坐凳、奔腾马雕塑，园林小品 13 处。

安徽泗县沱河湿地自然保护区

安徽泗县沱河湿地自然保护区（Ānhuī Sìxiàn Tuóhé Shīdì Zìránbǎohùqū） 位于泗县丁湖镇、草沟镇境内。坐落于安徽省泗县沱河沿岸，为保护此地特殊的生态系统并进行科学研究而设定，故得名。占地面积 2463 万平方米，保护区内植被多样，芦苇丛生，千顷碧波，水天一色，雁鸭类及鹭类翩翩起舞，动植物资源相当丰富。有水生维管束植物 18 科 28 种，鱼类 32 种，两栖爬行类 15 种，鸟类 96 种，兽类 8 种。该保护区管理单位为泗县林业局。2012 年被评为省级自然保护区。

第九章　驻辖区单位地名

第一节　党政机关

泗县水利局

泗县水利局（Sìxiàn Shuǐlìjú）　位于泗县泗城镇汴河社区，地址是泗县汴河路19号。1950年泗县成立治淮总队，1954年，县政府成立了水利科，1958年2月，泗县水利科与淮委第三施工总队合并，改水利科为水利局。1959年，县政府将水利局改为水利电力局，将泗县电厂划归水利电力局。1968年改为泗县水利电力局革命领导小组。1977年，水利、电力分家，水利局原址不动，供电所划出成立供电局。1978年，泗县革命委员会决定成立泗县革命委员水利局。1984年机构体制改革，正式定名为泗县水利局。法人代表是李平，职工人数有421人。职能范围主要是承担全县水利基本建设和管理、防汛抗旱、水资源及涉水事务管理、涉水行政执法等工作。所属行业：为水利、环境和公共设施管理业。

泗县环境保护局

泗县环境保护局（Sìxiàn Huánjìngbǎohùjú）　位于泗县环城西路9号。成立于1996年底，为正科级县政府直属机构。法人代表是张松陵，职工人数有76人。职能范围：负责管理贯彻执行国家环境保护工作方针政策和法律法规；重大环境问题的统筹协调和监督管理；承担落实国家、省和市减排目标的责任；负责提出环境保护领域的固定资产投资规模和方向、县财政性资金安排的意见；承担从源头上预防、控制环境污染和环境破坏的责任；负责环境污染防治的监督管理；指导、协调、监督生态保护工作；负责辐射安全的监督管理；负责环境监测和信息发布；组织、指导和协调环境保护宣传教育等。所属行业：水利、环境和公共设施管理业。

泗县交通运输局

泗县交通运输局（Sìxiàn Jiāotōngyùnshūjú）　位于泗县泗城镇，地址在泗州大道中段东侧。1950年，县政府设农建科，对全县水陆交通实施管理。1953年政府机构改组，设立交通科。1960年，与工业科合并为工交科。1962年工交分立，恢复交通科。“文化大革命”前期改为交通组、交通支队。1970年，成立泗县交通局。2009年，更名为泗县交通运输局。法人代表黄彪。职能范围：负责综合交通运输体系规划，道路运输市场，公路、水路建设市场，地方水域水上交通安全监督和管理；负责指导交通基础设施建设、工程质量、安全生产；负责组织协调国家重点物资和紧急客货运输保障。所属行业：为交通运输业。

泗县科学技术局

泗县科学技术局（Sìxiàn Kēxuéjìshùjú）位于泗县汴河路，花园井社区范围内，地址在泗县汴河路72号。成立于1963年，原名泗县科学技术委员会，作为县政府的职能部门综合管理全县科技工作。泗县科学技术协会成立于1958年，和县科学技术委员会合署办公，一套班子，两块牌子。2002年，泗县科学技术委员会更名为泗县科学技术局，同时负责管理全县防震减灾工作，县科学技术协会与科技局分开办公，两块牌子，两套班子。2002年，泗县地震办公室成立，为泗县科委下属单位，定编定人1个，为正股级单位。法人代表是马景田，职工人数有12人。职能范围：落实科技法律法规，制订科技发展规划，申报实施科技计划项目，促进全县高新技术及产业发展，推进科技普及，负责科技成果、科技奖励、科技保密、科技统计、科技合作与交流，协调全县知识产权管理和保护、全县地震应急救援、防震减灾工作。所属行业：科学研究、技术服务业。

泗县文物局

泗县文物局（Sìxiàn Wénwùjú） 位于开发区汴河大道东段辖区范围内，泗县国土资源局8楼。1979年成立泗县文物组，1986年更名为泗县文物管理所，2011年8月5日更名为泗县文物局。2013年泗县文物局加挂泗县博物馆牌子。法人代表是王永乐，职工人数有3人。职能范围：负责泗县文物保护、研究，博物馆建设与管理等。所属行业：为文化、体育和娱乐业。

泗县旅游局

泗县旅游局（Sìxiàn Lǚyóujú） 位于汴河大道东段辖区范围内，泗县国土资源局8楼。2011年成立旅游局，挂靠县文广新局。法人代表是王永乐，职工人数有31人。职能范围：统筹全县旅游业发展、制定旅游市场、策划年度宣传方案并组织实施、旅游资源普查、旅游市场监管、旅游交流与合作、制定旅游业发展战略、旅游教育培训及人才培养。所属行业：为公共管理和社会组织。

泗县农业委员会

泗县农业委员会（Sìxiàn Nóngyè Wěiyuánhuì） 位于泗县经济开发区南二环东段。1998年上半年，泗县农牧渔业局畜牧兽医站升格为畜牧兽医局，从农业局分出，泗县农牧渔业局改名为农业局；1999年，原泗县农村能源办公室合并至农业局；2013年，原泗县农经委和农业局合并为泗县农业委员会。法人代表是王猛甫，职工人数有19人。职能范围：农业政策法规宣传贯彻落实、农业新技术新品质新模式推广应用、现代农业指导与支持、农产品质量安全监管、农民技术培训等。所属行业：为农、林、牧、渔业。

泗县泗城镇人民政府

泗县泗城镇人民政府（Sìxiàn Sìchéng Zhèn Rénmínzhèngfǔ） 位于泗城北关社区辖区范围内，地址在泗县北二环与104国道交叉口向西200米。1954年组建城关镇，

1985年7月由区级镇升级为副县级镇。1992年2月更名为泗城镇。2001年泗县加强行政区划管理，推进城市化进程，将三湾乡并入泗城镇。法人代表是褚卫东，职工人数有34人。职能范围是乡镇政府机关。所属行业：公共管理和社会组织。

中国共产党泗县委员会办公室

中国共产党泗县委员会办公室（Zhōngguógòngchǎndǎng Sìxiàn Wěiyuánhuì Bàngōngshì） 位于泗县泗城镇辖区范围内，地址是泗县开发区汴河路行政中心。1949年10月中共泗县县委成立。1982年2月，县党政机关分开办公，随之成立中共泗县县委办公室。法人代表是张松陵，职工人数有24人。职能范围：负责泗县县委各种会议的准备和组织协调工作，安排县委领导同志的公务活动；负责县委文件的批办、审核和印发，档案管理和开发利用工作；及时、全面、准确、保密地向省、市、县委报送信息，反映有关动态情况；负责省、市委和县委各项重大决策和领导同志重要批示件、批办件和交办件的督办检查工作。所属行业：公共管理和社会组织。

泗县人民法院

泗县人民法院（Sìxiàn Rénmín Fǎyuàn）位于泗县开发区汴河大道。1950年7月，泗县人民政府司法科改为泗县人民法院，是县政府下属工作机构。1967年9月，泗县武装部进驻公检法，成立公检法军管组。泗县人民法院被砸烂，成为泗县人保组的一个审判小组，原建各庭、室亦被撤销。1973年7月24日，根据安徽省委、地委恢复公安局、法院的文件精神和指示，经县委研究决定，泗县人民法院恢复办公，同时启用印章。法人代表是张超，职工人数有93人。职能范围主要为审理并执行一审刑事。所属行业：公共管理和社会组织。

泗县审计局

泗县审计局（Sìxiàn Shěnjìjú） 位于泗县泗城镇辖区范围内，地址在泗城镇汴河路58号。1984年泗县人民政府批准设立泗县审计局。法人代表是马彪，职工人数有24人。职能范围：贯彻执行国家审计方针政策和法律法规，负责对全县财政收支和法律法规中规定属审计监督范围的财务收支的真实、合法和效益进行审计监督。所属行业：公共管理和社会组织。

泗县教育体育局

泗县教育体育局（Sìxiàn Jiàoyùtǐyùjú）位于泗城镇，地址在国防中路38号。1949年4月泗县人民委员会设立教育科，主管全县教育工作；1957年，文化、教育两科合并成立文教局；1968年，文化、教育分开管理，以泗县革命委员会教育革命办公室主管全县教育工作，1969年改为泗县革命委员会政工组教育小组；1970年9月改为泗县革命委员会教育局革命领导小组。1978年定名泗县革命委员会教育局。1981年改称泗县教育局。1992年8月改为泗县教育委员会。2002年改称泗县教育局。2011年教育局与体育局合并，定名为泗县教育体育局。内设股室有教育工会、办公室、人事股、计划财务股、基础教育股（中教股、初教股、学前教育股）、职业与成人教育股、教育督导办公室、体育工作股、教研室、电教仪器站、勤俭办、师训办、监察室（信访办、维稳办、防邪办）、综治办、项目办、关工委（老干部办公室）。职能范围：主管全县教育、体育事业的县政府工作部门。所属行业：文化、体育和娱乐业。

泗县国家税务局

泗县国家税务局（Sìxiàn Guójiā Shuìwùjú） 位于泗县泗城镇范围内，地址在汴河大道9号。1994年6月起，安徽实行分税制管理体制重大变革，省地县乡单独成立国税机构，实行机构、编制、人员、经费“四垂直”管理。在此历史背景下，泗县国家税务局于1994年7月成立。法人代表是冉晓峰，职工人数有83人。职能范围：负责全县各项国家税收收入计划的编制、分配和落实；负责全县国税系统征收的各项税种的征收管理和稽查工作；负责全县进出口税收和涉外税收的管理工作；监督检查各纳税单位贯彻执行国家税收法律法规、方针政策情况，严肃查处偷骗税；负责全县国税系统行政处罚听证、行政复议和诉讼工作，加强税收法制建设。所属行业：公共管理和社会组织。

泗县商务局

泗县商务局（Sìxiàn Shāngwùjú） 位于泗城镇辖区范围内，地址是泗州大道。2006年10月经泗县政府批准成立，2007年11月经安徽省人事厅批准纳入参照。法人代表是卓芝珍，职工人数有8人。职能范围：贯彻执行国家有关国内外贸易、外商投资、对外援助、对外投资和对外经济合作工作方针政策和法律法规。所属行业：公共管理和社会组织。

泗县财政局

泗县财政局（Sìxiàn Cáizhèngjú） 位于泗城镇辖区范围内。原为泗县财税局，1980年财税分家，单设泗县财政局。法人代表是刘立春，职工人数有115人。职能范围：拟定和执行全县财政税收的发展、战略、规划、政策及改革方案并组织实施，负责拟定财政、财务、会计管理的责任，承担县级各项财政收支管理的责任，负责行政事业单位国有资产的监督。所属行业：公共管理和社会组织。

泗县人民检察院

泗县人民检察院（Sìxiàn Rénmínjiǎncháyuàn） 位于泗县辖区范围内，地址是泗县北二环路。1978年成立泗县人民检察院，名称沿用至今。法人代表是朱军，职工人数有72人。泗县人民检察院是国家法律监督机关，主要任务是依照《宪法》和法律规定，履行法律监督职能，保证国家法律的统一和正确实施。所属行业：公共管理和社会组织。

泗县人民政府

泗县人民政府（Sìxiàn Rénmínzhèngfǔ） 位于泗县经济开发区辖区范围内，地址在汴河大道48号。1949年4月属皖北行署宿县地区。1952年4月12日属安徽省宿县专区。1956年1月12日属蚌埠专区。1961年4月13日属宿县专区。1971年3月29日属宿县地区。1979年2月27日属宿县行署。1999年8月属宿州市人民政府。经济职能：一是宏观经济调控；二是区域经济调节；三是国有资产管理；四是微观管制；五是规划并组织实施国家的大型经济建设项目。政治职能：一是保护国家的独立和主权；二是维护社会治安；三是界定和保护产权。所属行业：公共管理和社会组织。

泗县人民代表大会常务委员会办公室

泗县人民代表大会常务委员会办公室（Sìxiàn Rénmíndàibiǎodàhuì Chángwùwěiyuánhuì Bàngōngshì） 位于泗县经济开发区辖区范围内，地址在泗县政务中心。自1954—1981年11月，泗县第一至六届人民代表大会均未设立常务委员会。由于“文化大革命”，泗县第七届人民代表大会没有召开。1981年12月泗县第八届人民代表大会第一次会议正式设立并选举产生泗县人民代表大会常务委员会。自八届至十六届以来，每届选举人大常委会组成人员11—25名，其中主任1名，副主任4—6名，委员6—18名，常委会组成人员在县人民代表大会上选举产生。现任人大常委会主任刘中平，法人代表是现任县人大常委会副主任兼办公室主任王玉柱，在编人数13人。职能范围：依法行使监督、重大事项决定、人事任免等职责，保证法律、法规的有效实施，监督和支持“一府两院”依法行政、公正司法，保障人大代表和人民群众参与管理国家和社会事务的民主权利，促进泗县社会主义民主法治建设和人民代表大会制度的不断完善，推进泗县经济社会健康快速发展。所属行业：公共管理和社会组织。

泗县人口和计划生育委员会

泗县人口和计划生育委员会（Sìxiàn Rénkǒuhéjìhuàshēngyù Wěiyuánhuì） 位于泗城镇辖区范围内，地址在仇北新村3巷9号。1971年8月，泗县计划生育委员会正式成立，2007年5月，根据上级有关精神，更名为泗县人口和计划生育委员会。法人代表是曹飞，职工人数有34人。职能范围：人口和计划生育工作。所属行业：公共管理和社会组织。

泗县人力资源和社会保障局

泗县人力资源和社会保障局（Sìxiàn Rénlìzīyuánhéshèhuìbǎozhàngjú） 位于泗县经济开发区辖区范围内，地址在泗县国土局6楼。2011年3月由原泗县人事局和原泗县劳动和社会保障局合并组建成立泗县人力资源和社会保障局。法人代表是高立成，职工人数有38人。职能范围：就业、社会保障、人事、人才工作。所属行业：公共管理和社会组织。

泗县城市管理局

泗县城市管理局（Sìxiàn Chéngshì Guǎnlǐjú） 位于泗县泗城镇辖区范围内，地址在泗县国防北路。成立于2006年4月1日。法人代表是尤胜国，职工人数有465人。职能范围包括负责城区市容市貌、环境卫生、市政设施建设与维护、园林绿化、城市广场及水域（河道）等工作，并行使城乡规划、环境保护管理、工商行政管理、公安交通管理等方面的部分行政处罚权。所属行业：公共管理和社会组织。

中共泗县县委老干部局

中共泗县县委老干部局（Zhōnggòng Sìxiàn Xiànwěi Lǎogànbùjú） 位于泗县中城街13号。1981年成立中共泗县县委老干部工作委员会，1984年4月机构改革，更名为中共泗县县委老干部局。法人代表是江保丰，职工人数有10人。职能范围：贯彻落实党的老干部工作方案政策，研究制定全县老干部工作的具体规定，提出老干部工作发展规划，并组织实施。所属行业：居民服务和其他服务业。

宿州市公路管理局泗县分局

宿州市公路管理局泗县分局（Sùzhōu Shì Gōnglùguǎnlǐjú Sìxiàn Fēnjú） 位于泗县汴河大道。成立于1995年。职能范围：贯彻执行宿州市公路局和属地政府及交通主管部门关于公路行业的发展战略、规划，并按照市公路局的统一部署组织实施。负责分局管养路线的公路日常养护、水毁及大中修工程实施，负责交调和公路绿化，负责各项工程建设质量管理，负责工程预、决算工作。职工人数 136 人。所属行业：建筑业。

中国人民政治协商会议泗县委员会

中国人民政治协商会议泗县委员会（Zhōngguó Rénmín Zhèngzhì Xiéshāng Huìyì Sìxiàn Wěiyuánhuì） 位于泗县经济开发区辖区范围内，地址在汴河大道北侧县行政中心 6 楼。1980 年开始筹建，1981 年 12 月正式成立，已历九届，委员总数由一届的 84 人发展到九届的 217 人。法人代表是孙茂盛，职工人数 10 人。职能范围：政治协商、民主监督、参政议政。所属行业：公共管理和社会组织。

中共泗县县委政法委员会

中共泗县县委政法委员会（Zhōnggòng Sìxiàn Xiànwěi Zhèngfǎ Wěiyuánhuì） 位于泗县开发区辖区范围内，地址在泗县行政中心 9 楼。1982 年成立。法人代表是胡永军，职工人数有 16 人。职能范围：宏观指导、协调、监督、检查人民检察院、法院、公安机关、司法行政、国家安全等部门开展工作，维护社会稳定。所属行业：公共管理和社会组织。

泗县公安局

泗县公安局（Sìxiàn Gōngānjú） 位于泗城镇，地址在泗城开发区汴河大道东段。1943 年 1 月，泗县公安局成立；1949 年 4 月恢复泗县建制；泗县睢县公安局改名为泗县公安局；1969 年 9 月成立人保组取代公、检、法职权；1973 年 1 月恢复公安局。警力有 407 人，警车有 278 辆。职能范围：负责刑事案件的侦破、治安案件查处、户籍办理、社会面巡控及社会治安管理等。所属行业：公共管理和社会组织。

泗县国土资源局

泗县国土资源局（Sìxiàn Guótǔzīyuánjú） 位于泗县开发区汴河大道北侧。为正科级行政单位，成立于 2001 年，由泗县土地管理局、泗县地质矿产局和泗县区划办公室三个正科级单位合并而成。负责人是周鑫，国土系统工作人员总共 181 人，其中机关人数 85 人。职能范围：土地和矿产资源的保护、开发与利用。所属行业：公共管理和社会组织。

泗县卫生局

泗县卫生局（Sìxiàn Wèishēngjú） 泗县卫生局位于泗县泗城镇辖区范围内，地址在泗县国防北路 23 号。1949 年成立泗县卫生科；1973 年撤销泗县卫生科成立泗县革命委员会卫生局；1981 年更名为泗县卫生局。法人代表是曹飞，职工人数有 10 人。职能范围：贯彻执行国家、省卫生食品安全相关法律、法规和标准、技术规范；推进全县医药卫生体制改革，拟定全县卫生改革发展的目标规划。所属行业：教育卫生、社会保障和社会福利业。

泗县住房和城乡建设委员会

泗县住房和城乡建设委员会（Sìxiàn Zhùfánghéchéngxiāngjiànshè Wěiyuánhuì） 位于泗县经济开发区辖区范围内，地址在泗县朝阳路东。原名泗县基本建设局，1978 年 4 月更名为泗县基本建设局。1984 年 6 月撤销，成立泗县城乡建设环境保护局。1996 年 12 月撤销，分别成立泗县建设局和泗县环境保护局，2010 年 9 月更名为泗县住房和城乡建设局，2013 年 4 月更名为泗县住房和城乡建设委员会。法人代表是方乃运，职工人数有 724 人。职能范围：负责全县城乡建设管理秩序、监督管理建筑市场、建筑工程质量安全监管、建筑节能和城镇减排、规范指导村镇建设管理工作。所属行业：公共管理和社会组织。

泗县林业局

泗县林业局（Sìxiàn Línyèjú） 位于泗县开发区行政新区辖区范围内，地址在朝阳路与桃园路交会处。原名泗县农林局，1982年农林分家时改为泗县林业局。法人代表是刘奎，职工人数有128人。职能范围：组织林业生产及经营活动、森林资源管理、林业社会化服务、林政执法、防林防火等各项工作。所属行业：农、林、牧、渔业。

中共泗县县委党校

中共泗县县委党校（Zhōnggòng Sìxiàn Xiànwěi Dǎngxiào） 位于泗城镇中城街13号。是泗县县委主管全县干部教育培训事业的职能部门。1952年泗县设立党训班。1958年10月改为县委党校。“文化大革命”初期，党校为县委的工作机构之一，1972年9月，设立毛泽东思想学习班，属革委会工作机构。1978年党的十一届三中全会召开以后，撤销学习班，恢复泗县县委党校，党校工作进入了新的发展时期。1985年至1989年开办中专学历班，1995年开办省委党校函授学院大专辅导站，1998年开办中央党校函授学院本科教学点，2008年按照中央和省委党校函授学院精神取消党校学历教育，党校函授教育全面停止招生。现有五个内设机构，分别为办公室、教务室、教研室、总务室和图书资料室。法定代表人是常务副校长陈敬，机构编制25人，现有在编教职工25人。职能范围：为泗县党员、干部提供理论培训服务。所属行业：教育卫生、社会保障和社会福利业。

泗县粮食局

泗县粮食局（Sìxiàn Liángshijú） 位于泗县经济开发区辖区范围内，地址在玉兰路东段。1949年4月成立，原名泗县人民政府粮食局，1968年11月改名为泗县粮食局革命委员会，1970年改为泗县革命委员会粮棉局，1971年改为泗县革命委员会粮食局，1978年改为泗县粮食局，1984年1月改为泗县粮油食品局，1999年5月改为泗县粮食局。法人代表是刘效平，职工人数有14人。职能：贯彻落实国家和省、市粮食工作的方针政策和法律法规；协调国家、省级、县级储备粮的收购、储存、调运，粮食质量标准监督管理，粮食行业的执法检查工作；保障全县城镇居民和军队的粮食供应。所属行业：农、林、牧、渔业。

泗县大庄镇人民政府

泗县大庄镇人民政府（Sìxiàn Dàzhuāng Zhèn Rénmínzhèngfǔ） 位于泗县辖区范围内，地址在泗县大庄镇府前街。大庄（镇）集因许姓众多，故原名许大庄。后改名为大庄。法人代表是赵献谋，职工人数有23人。职能范围：制定和组织实施经济、科技和社会发展计划，制定资源开发技术改造和产业结构调整方案，组织指导好各业生产；制定并组织实施村镇建设规划，部署重点工程建设、地方道路建设及公共设施、水利设施的管理；负责土地、林木、水等自然资源和生态环境的保护；负责本行政区域内的民政、计划生育、文化教育、卫生、体育等社会公益事业的综合性工作；维护一切经济单位和个人的正当经济权益，取缔非法经济活动，调解和处理民事纠纷，打击刑事犯罪维护社会稳定；按计划组织本级财政收入和地方税的征收，完成国家财政计划，不断培植税源，管好财政资金，增强财政实力；抓好精神文明建设，丰富群众文化生活，提倡移风易俗，反对封建迷信，破除陈规陋习，树立社会主义新风尚；完成上级政府交办的其他事项。所属行业：公共管理和社会组织。

泗县经济开发区管委会

泗县经济开发区管委会（Sìxiàn Jīngjì Kāifāqū Guǎnwěihuì） 位于宿州市泗县泗城镇东关。2003年2月10日成立。职能范围：制定和组织实施经济、科技和社会发展计划，制定资源开发技术改造和产业结构调整方案，组织指导好各业生产；制定并组织实施村镇建设规划，部署重点工程建设、地方道路建设及公共设施、水利设施的管理，负责土地、林木、水等自然资源和生态环境的保护；负责本行政区域内的民政、计划生育、文化教育、卫生、体育等社会公益事业的综合性工作，维护一切经济单位和个人的正当经济权益，取缔非法经济活动，调解和处理民事纠纷，打击刑事犯罪维护社会稳定；按计划组织本级财政收入和地方税的征收，完成国家财政计划，不断培植税源，管好财政资金，增强财政实力；抓好精神文明建设，丰富群众文化生活，提倡移风易俗，反对封建迷信，破除陈规陋习，树立社会主义新风尚；完成上级政府交办的其他事项。所属行业：公共管理和社会组织。

中共泗县直属机关工作委员会

中共泗县直属机关工作委员会（Zhōnggòng Sìxiàn Zhíshǔjī Guāngōngzuòwěiyuánhuì） 位于泗县经济开发区辖区范围内，地址为泗县政务中心。1992年10月原泗县县直机关党委改称泗县直属机关工作委员会。职能范围：制定县直机关党的建设规划，分类指导县直各部门机关党组织抓好机关党建工作。所属行业：公共管理和社会组织。

泗县人民武装部

泗县人民武装部（Sìxiàn Rénmín Wǔzhuāngbù） 位于经济开发区辖区范围内，地址在经济开发区赤山路12号。1950年9月，隶属宿县军分区。1954年10月改称兵役局；1960年1月，改回泗县人民武装部；1986年6月，人武部改归地方建制，其机构称安徽省泗县人民武装部。1996年4月人武部收归军队建制，为正团级单位。法人代表是冯志斌，职工人数有10人。职能范围：负责本县民兵、预备役、征兵和战时动员等工作，以及人民武装委员会、国防动员委员会、国防教育委员会的日常工作。所属行业：居民服务和其他服务业。

泗县妇女联合会

泗县妇女联合会（Sìxiàn Fùnǚ Liánhéhuì） 位于泗县经济开发区辖区范围内，地址在经济开发区行政大楼5楼。1950年成立泗县妇女联合会。到2015年9月，泗县妇女联合会共召开过10次妇女代表大会。法人代表是姚杰，职工人数有6人。职能范围：团结带领泗县妇女投身改革开放和社会主义现代化建设，协调社会力量为妇女儿童服务。所属行业：公共管理和社会组织。

泗县统计局

泗县统计局（Sìxiàn Tǒngjìjú） 位于泗县经济开发区辖区范围内，地址在汴河大道行政中心2楼。中共十一届三中全会以后，统计机构得以恢复和重建。1992年，泗县在各乡镇重新设立综合统计信息站，初步形成农村统计管理体系，并形成农村统计一套表制度。1996年，各级农村统计政策经费纳入同级财政预算管理。1997年，统计局设立泗县信息计算站。2008年，统计局设立泗县普查中心。法人代表是杨杰，职工人数有 28 人。职能范围：负责全县统计工作。所属行业：公共管理和社会组织。

泗县监察局

泗县监察局（Sìxiàn Jiānchájú） 位于泗县经济技术开发区辖区范围内，地址在汴河大道北侧县行政中心一楼、八楼。泗县监察局成立于 1988 年 3 月，1992 年与泗县纪律检查委员会合署办公，一个机构两块牌子。法人代表是惠友华，职工人数有 33 人。职能范围：承担全县行政监察工作。所属行业：公共管理和社会组织。

泗县精神文明建设指导委员会办公室

泗县精神文明建设指导委员会办公室（Sìxiàn Jīngshénwénmíngjiànshè Zhǐdǎowěiyuánhuì Bàngōngshì） 位于经济开发区辖区范围内，地址在泗县经济开发区汴河大道 48 号。1985 年成立了"五、四、三"活动办公室（文明办的前身）。1992 年更名为泗县精神文明建设活动委员会办公室，当时也简称"文明办"。1997 年更名为泗县精神文明建设指导委员会办公室，也就是现在的"文明办"。法人代表是刘子建，职工人数有 5 人。职能范围：贯彻中央、省、市和县委、县政府有关群众性精神文明建设活动的有关方针、政策和重要决定。所属行业：公共管理和社会组织。

中国人民银行泗县支行

中国人民银行泗县支行（Zhōngguó Rénmínyínháng Sìxiàn Zhīháng） 位于安徽省泗县环城西路 3 号辖区范围内。原为中国人民工商银行，1986 年 10 月与中国工商银行泗县支行分设，成立中国人民银行泗县支行，位于泗县中城街号，1992 年 5 月搬迁至现址。职工人数有 24 人（离退休 9 人）。职能范围：履行人民银行发布的命令和规章，在辖区内执行人民银行制定的货币政策，维护辖区金融稳定，承担辖内货币金银管理工作，管理人民币流通，监督管理银行间同业拆借市场和银行间债券市场，实施外汇管理，监督管理银行间外汇市场，监督管理黄金市场，经理国库，维护支付、清算系统的正常运行，部署金融业反洗钱工作，负责反洗钱的资金监测，负责金融业的统计、调查、分析和预测及征信管理工作，承办上级行交办的其他事项。所属行业：金融业。

泗县经济和信息化委员会

泗县经济和信息化委员会（Sìxiàn Jīngjìhéxìnxīhuà Wěiyuánhuì） 位于泗县城关镇辖区范围内，地址在泗县国防北路 52 号。2011 年之前称泗县经贸委，2011 年改为泗县经济和信息化委员会。法人代表是杨平，职工人数有 12 人。职能范围：贯彻执行国家有关经济、信息化的方针政策和法律法规，拟定并实施经济和信息化的发展规划，推进信息化与工业化融合；指导行业质量管理和安全生产管理工作；监测、分析经济运行态势，调节经济日常运行；组织实施工业、信息化相关产业的能源节约、资源综合利用、清洁生产促进政策；承担非煤矿山安全生产监督管理责任，负责非煤矿山行业管理工作；负责中小企业和非公有制经济发展的宏观指导；承担所监管企业国有资产保值增值的责任；指导推进国有企业改革和重组工作。所属行业：公共管理和社会组织。

国家统计局泗县调查队

国家统计局泗县调查队（Guójiā Tǒngjìjú Sìxiàn Diàochádùì） 位于泗县经济开发区辖区范围内，地址在汴河大道国土局七楼。1984 年泗县农村抽样调查队成立，1989

年更名为泗县农村社会经济调查队；2007年9月更名为国家统计局泗县调查队。法人代表是张孝力，职工人数有9人。职能范围：依法独立向国家统计局和上级调查队上报所承担的国家调查数据，并对上报的调查数据质量负责。所属行业：公共管理和社会组织。

泗县地方税务局

泗县地方税务局（Sìxiàn Dìfāng Shuìwùjú） 位于泗县经济开发区辖区范围内，地址在泗县经济开发区府东路。成立于1994年7月。1998年3月，按照国家税务总局统一部署，泗县地方税务局实行上级税务机关和县政府双重领导管理，以上级税务机关垂直管理为主。现有在岗干部职工142名。内设办公室、人教股、监察室、机关党办、税政股、征管与科技发展股、收入核算与财务管理股、纳税服务股、基金股、两税股、督查室、信息中心等12个股室。职能范围：下辖征管。所属行业：公共管理和社会组织。

泗县气象局

泗县气象局（Sìxiàn Qìxiàngjú） 位于泗县泗城镇辖区范围内，地址在梁园路11号。泗县气象局始建于1956年。职工人数有8人。职能范围：负责本县气象事业发展规划的制定及组织实施；气象台站和气象设施的组织建设；气象行政审批、行政执法、行政处罚和行政应诉工作；气象灾害防御管理；气象行业管理；气象设施和探测环境保护；人工影响天气工作管理；气象信息制作发布与传播管理；决策气象服务；系留气球施放管理、气象资料使用管理以及气象观测与信息传输；公众天气预报制作与发布；气象灾害监测与预警产品制作发布；决策气象服务产品制作；农业气象服务产品制作与发布；气象灾情收集与上报等工作。所属行业：公共管理和社会组织。

泗县物价局

泗县物价局（Sìxiàn Wùjiàjú） 位于泗城镇花园社区辖区范围内，地址在泗县汴河路58号。1984年成立，领导和协调全县物价工作。法人代表是巩友连，职工人数有23人。职能范围：负责辖区价格宏观调控、价格管理、价格执法、价格公共服务。所属行业：公共管理和社会组织。

泗县市场监督管理局

泗县市场监督管理局（Sìxiàn Shìchǎngjiāndūguǎnlǐjú） 位于泗县开发区范围内，地址在泗县开发区汴河大道东。2014年2月，由泗县工商行政管理局、泗县质量技术监督管理局、泗县食品药品监督管理局整合成立泗县市场监督管理局。法人代表是赵亮，职工人数有280人。职能范围：贯彻执行国家和省市有关工商行政管理、食品药品监督管理、质量技术监督方面的法律、法规和政策，起草相关地方性规范性管理意见，经批准后组织实施。所属行业：公共管理和社会组织。

安徽省泗县烟草专卖局

安徽省泗县烟草专卖局（Ānhuī Shěng Sìxiàn Yāncǎo Zhuānmàijú） 位于泗县泗城镇辖区范围内，地址在泗县泗州大道47号。安徽省泗县烟草专卖局（公司）始建于1981年，隶属宿州市烟草专卖局（公司），实行“统一领导、垂直管理、专卖专营”的管理体制，是一家集卷烟经营与专卖管理于一体、政企合一的国有企业。2004年1月，宿州市烟草专卖局（公司）取消县级法人资格后，更名为泗县烟草专卖局、泗县营销部。职能范围：担负着烟草专卖市场管理职能，经营卷烟批发销售、烤烟收购等。所属行业：公共管理和社会组织。

泗县县委县政府信访局

泗县县委县政府信访局（Sìxiàn Xiànwěi Xiànzhèngfǔ Xìnfǎngjú） 位于泗县泗城镇辖区，地址在泗县泗城镇汴河路56号。1955年以前，信访工作是由泗县县委县人民政府秘书室兼办。1957年设立来信来访办公室。1970年9月，改为信访小组。1978年改设信访科。1982年6月，改称信访办公室，属县委、县政府合署机构，科级，隶属县委办公室领导。2002年1月，信访办公室改为信访局，编制7人，设局长1名、副局长1名，股室3个，仍属县委、县政府合署设立的信访机构，级别不变，隶属关系不变。目前，信访局在职人员11人。法人代表是李存昌，在职在编干部有11人，公车有1辆。职能范围：贯彻执行中央、省、市、县有关信访工作的方针政策、法律法规和规定，拟订具体实施意见并督促落实。所属行业：公共管理和社会组织。

泗县司法局

泗县司法局（Sìxiàn Sīfǎjú） 位于泗县经济开发区辖区范围内，地址在经济开发区汴河路。1980年7月，泗县司法局成立，地址为泗县国防路。法人代表是张波，职工人数有77人。职能范围：法制宣传教育、公证、法律援助、人民调解、社区矫正及刑释解教人员安置帮教工作。所属行业：公共管理和社会组织。

泗县民族宗教事务局

泗县民族宗教事务局（Sìxiàn Mínzú Zōngjiào Shìwùjú） 位于泗县经济开发区国土资源局院内。成立于1990年。法人代表是姚兰桥，职工人数有4人。职能范围：负责全县民族宗教管理工作。所属行业：公共管理和社会组织。

泗县人民防空办公室

泗县人民防空办公室（Sìxiàn Rénmínfángkōng Bàngōngshì） 位于泗县经济开发区泗县住房和城乡建设局院内。成立于2007年7月，2008年挂牌运作。法人代表是张宏鸣，职工人数有6人。职能范围：依法管理城区防空地下室建设、地下空间开发利用，拟定城市战时人口疏散计划，消除空袭后果。所属行业：公共管理和社会组织。

泗县民政局

泗县民政局（Sìxiàn Mínzhèngjú） 位于泗县经济开发区汴河大道5号。1978年民政与劳动分开，改为泗县民政局。现有行政编制12名，其中局长1名，副局长3名，纪检组长1名，民间组织管理局局长1名，双拥工作委员会办公室主任1名；股室领导职数5名（含监察室主任1名）。职能范围：履行“上为政府分忧，下为群众解愁”的重要职责，主管救灾救济、双拥优抚安置、民间组织管理、基层政权建设、城市农村居民最低生活保障、社会福利和社会事务、区划地名、婚姻登记管理等工作。所属行业：教育卫生、社会保障和社会福利业。

泗县畜牧兽医水产局

泗县畜牧兽医水产局（Sìxiàn Xùmù Shòuyī Shuǐchǎnjú） 位于泗县泗城镇辖区范围内，地址在国防北路14号。1998年7月成立。职能范围：畜牧水（特）产业生产发展规划、科研、新技术推广、动物疫情监测、防控、畜禽及其产品检疫、畜禽产品质量安全、畜牧业生产统计监测。内设办公室、法规股、业务股、三个职能股室及畜牧技术推广中心（动物疫病预防控制中心）、动物卫生监督所、畜禽技术咨询服务站、渔政渔船渔港监督管理站、水产站等5个二级单位。占地面积2.8万平方米，建筑面积16774平方米。所属行业：农、林、牧、渔业。

泗县农业机械管理局

泗县农业机械管理局（Sìxiàn Nóngyèjīxiè Guǎnlǐjú） 位于泗城镇辖区范围内，地址在国防路41号。成立于1986年，前身为县级农机管理站。1988年4月更名为泗县农业机械管理局。职能范围：农机新技术推广、农机社会化服务体系建设、农机安全监理。建筑面积约200平方米。所属行业：农、林、牧、渔业。

泗县城乡规划局

泗县城乡规划局（Sìxiàn Chéngxiāng Guīhuàjú） 位于泗县经济开发区辖区范围内，地址在泗县开发区住建大楼东楼。2013年12月，经县机构编制部门批准，撤销原建设局二级机构泗县规划局，单独成立泗县城乡规划局，是县政府直属事业单位。占地面积4000平方米，建筑面积1000平方米，法人代表是王勇，职工人数有50人。所属行业：公共管理和社会组织。

泗县房地产管理局

泗县房地产管理局（Sìxiàn Fángdìchǎn Guǎnlǐjú） 位于泗县经济开发区辖区范围内，地址在泗县住建委综合办公楼西楼。成立于2014年2月。职能范围：负责全县保障性住房建设分配管理、房屋登记发证、产权产籍管理、开发与物业管理、房屋安全鉴定、白蚁防治等工作。内设办公室、物业管理股、房地产市场监管股、产权产籍与住房保障股。占地面积4000平方米，建筑面积2000平方米。所属行业：公共管理和社会组织。

第二节 事业单位

泗县草沟镇中心学校

泗县草沟镇中心学校（Sìxiàn Cǎogōu Zhèn Zhōngxīnxuéxiào） 位于草沟镇辖区范围内，地址为草沟街中段，泗固路南侧。原名草沟小学，至今已有近百年的办学历史。初建时校址在首任校长王兰国的家里，后迁至西姑庵庙堂，亦借用过国民党议员王子步的私宅，1953年迁至现在的校址。学校占地面积12000平方米，建筑面积4413平方米，有教学楼4栋，共计28间教室。法人代表是赵作武，共有教职工69人，在校学生数1428人。职能范围：小学、幼儿园教育教学及管理。所属行业：教育业。

泗县草沟初级中学

泗县草沟初级中学（Sìxiàn Cǎogōu Chūjízhongxué） 位于草沟镇草沟村。原为安徽省泗县草沟中学（完全中学），于1958年9月由安徽省政府批准成立，2009年9月高中被撤并到泗县三中，2009年9月由泗县政府批准为泗县草沟初级中学。学校占地面积36000平方米，建筑面积18708平方米，有教学楼2栋，共计28间教室。法人代表是张恭田，共有教职工 122 人，在校学生数 864 人。职能范围：初中义务教育阶段教育教学。所属行业：教育业。

泗县草庙镇中心幼儿园

泗县草庙镇中心幼儿园（Sìxiàn Cǎomiào Zhèn Zhōngxīnyòuéryuán） 位于草庙镇草庙街。成立于 1994 年 8 月，2012 年由国家及省专项资金投入 169 万，原地重新建设新教学楼竣工，沿用至今。学校占地面积 1500 平方米，建筑面积 1320 平方米，有教学楼 1 栋，共计 16 间教室。法人代表是董惠玲，共有教职工 14 人，在校学生数 250 人。职能范围：泗县草庙镇学前教育。所属行业：教育业。

泗县草庙魏圩小学

泗县草庙魏圩小学（Sìxiàn Cǎomiào Wèiwéixiǎoxué） 位于泗县草庙镇魏圩村魏圩庄。成立于 1956 年。学校占地面积 6660 平方米，建筑面积 620 平方米，共计 18 间教室。法人代表是陈胜军，共有教职工 12 人，在校学生数 165 人。职能范围：小学一至六年级教育。所属行业：教育业。

泗县草庙镇中心学校

泗县草庙镇中心学校（Sìxiàn Cǎomiào Zhèn Zhōngxīnxuéxiào） 位于草庙镇草庙村辖区范围内，地址为草庙镇草庙街道。学校创立于 1914 年，命名为草庙小学，2005 年 4 月实施教育改革，更名为草庙镇中心学校。学校占地面积 12000 平方米，建筑面积 3800 平方米，有教学楼 3 栋，共计 78 间教室。法人代表是王琴，共有教职工 42 人，在校学生数 855 人。职能范围：为施教区草庙村所有适龄儿童提供六年义务教育。所属行业：教育业。

泗县通海小学

泗县通海小学（Sìxiàn Tōnghǎixiǎoxué） 位于泗县草庙镇通海街南辖区范围内，地址为泗县草庙镇通海村。1964 年在通海街北建校，1998 年通海中学并到草庙中学后，通海小学搬到通海中学校址，一直为完全小学。学校占地面积 5000 平方米，建筑面积 1327 平方米，有教学楼 1 栋，共计 10 间教室。法人代表是李云峰，共有教职工 12 人，在校学生数 188 人。职能范围：九年制义务阶段小学教育。所属行业：教育业。

泗县于圩小学

泗县于圩小学（Sìxiàn Yúwéixiǎoxué） 位于泗县开发区于圩社区辖区范围内，地址为泗县开发区于圩村。1979 年成立。学校占地面积 6660 平方米，建筑面积 1117 平方米，有教学楼 1 栋，共计 6 间教室。法人代表是邵帅，共有教职工 16 人，在校学生数 239 人。职能范围：九年制义务阶段小学教育。所属行业：教育业。

泗县城南初级中学

泗县城南初级中学（Sìxiàn Chéngnán Chūjízhōngxué） 位于泗县大路口乡邓公村辖区范围内，地址为泗县大路口乡邓公村城南初级中学。前身是 1970 年成立的安徽省泗县城南高级中学，由宿县地区行政公署批准，1994 年更名为安徽省泗县城南高级职业中学。2006 年停止职高招生，2009 年由泗县人民政府批准为泗县城南初级中学。学校占地面积 42000 平方米，建筑面积 10936 平方米，有教学楼 2 栋，共计 18 间教室。法人代表是张怀部，共有教职工 93 人，在校学生数 570 人。职能范围：普及九年义务教育、农民技术培训。所属行业：教育业。

安徽省泗县新集中学

安徽省泗县新集中学（Ānhuīshěng Sìxiàn Xīnjízhōngxué） 位于泗县大庄镇辖区范围内，地址为泗县大庄镇新集街北104国道东。成立于1980年，是由原大庄中学、黄圩中学高中部联合成立的一所高级中学，属县直高中。学校占地面积108558平方米，建筑面积30559平方米，有教学楼4栋，共计60间教室。法人代表是王永谦，共有教职工134人，在校学生数2502人。职能范围：高中学历教育。所属行业：教育业。

泗县江上青小学

泗县江上青小学（Sìxiàn Jiāngshàngqīngxiǎoxué） 位于泗县刘圩镇秦场村辖区范围内，地址为泗县刘圩镇秦场。泗县江上青小学原名秦场村小学，成立于1963年，所在地是江上青烈士牺牲的地方，为缅怀先烈，加强对学生的爱国主义教育，经县政府批准，2002年更名为泗县江上青小学。学校占地面积34632平方米，建筑面积14726平方米，有教学楼1栋，共计18间教室。法人代表是黄崇旭，共有教职工26人，在校学生数369人。职能范围：小学阶段义务教育。所属行业：教育业。

泗县第二中学

泗县第二中学（Sìxiàn Dìèrzhōngxué）位于泗县南关社区辖区范围内，地址为泗城镇二中新村1号。前身是泗城初级中学，始建于1959年，重建于1978年，1986年开始招高中班；1997年5月被原宿地行署批准为地区重点中学；2008年6月被批准为省级示范高中。学校占地面积93240平方米，建筑面积43000万平方米，有教学楼3栋，共计120间教室。法人代表是李存清，共有教职工350人，在校学生数7000人。职能范围：初中学历教育、高中学历教育。所属行业：教育业。

泗县雪枫小学

泗县雪枫小学（Sìxiàn Xuěfēngxiǎoxué）位于泗县泗城镇辖区范围内，地址为泗县雪枫路1号。泗县彭雪枫小学，始建于民国末期，始名关帝庙学堂。创办百年，五易校名。1948年泗县解放，更名为泗县东关小学。1952年，更名为泗县师范附属小学，1958年，更名为泗县泗城镇第二小学。2011年11月，经县委县政府研究决定，将泗城镇第二小学更名为泗县雪枫小学。学校占地面积39960平方米，建筑面积11716平方米，有教学楼4栋，共计70间教室。法人代表是刘武久，共有教职工71人，在校学生数2152人。职能范围：承担初等义务教育阶段教学任务及幼儿教育。所属行业：教育业。

泗县特殊教育学校

泗县特殊教育学校（Sìxiàn Tèshūjiàoyù Xuéxiào） 位于泗城北关四里桥社区辖区范围内，地址为泗城北二环北200米，104国道东200米处。前身为1987年卢姓兄弟创建的私立泗县万安复语聋校。经1992年泗县人民政府批准改为公立泗县聋哑学校，并于1994年搬迁至泗城北关。2006年又经泗县人民政府批准改名为泗县特殊教育学校。学校占地面积5061.6平方米，建筑面积3207平方米，有教学楼1栋，共计12间教室。法人代表是王广涛，共有教职工26人，在校学生数90人。职能范围：承担全县三残适龄学童教育教学及康复训练和生活管理工作。所属行业：教育业。

泗县泗州实验学校

泗县泗州实验学校（Sìxiàn Sìzhōu Shíyànxuéxiào） 位于泗城镇北关社区辖区范围内，地址为泗县泗城镇北关四里桥北泗州大道西侧。原名泗州外国语学校，成立于2005年6月，2012年8月经泗县民政局发文，更名为泗州实验学校。学校占地面积39960平方米，建筑面积3万平方米，有教学楼2栋，共计50间教室。法人代表是张砚，共有教职工178人，在学生数2000人。职能范围：初中、小学全日制学历教育。所属行业：教育业。

泗县虹坤学校

泗县虹坤学校（Sìxiàn Hóngkūnxuéxiào） 位于安徽省宿州市泗县泗城镇辖区范围内，地址为泗城镇东关二环东路东北角。开办于1999年春，原名为泗县虹坤武馆，2002年更名为泗县虹坤文武学校，2010年经泗县教体局正式批准更名为泗县虹坤学校，沿用至今。学校占地面积19980平方米，建筑面积2980平方米，有教学楼1栋，共计30间教室。法人代表是汤坤，共有教职工19人，在校学生数130人。职能范围：普及九年义务教育，开展中华武术特色训练。所属行业：教育业。

泗县泗城第一小学

泗县泗城第一小学（Sìxiàn Sìchéng Dìyīxiǎoxué） 位于泗县泗城镇辖区范围内。地址为泗县泗城镇铁市街65号。泗县泗城第一小学始建于1908年，2000年被命名为市实验小学。所属行业：教育业。学校占地面积11322平方米，建筑面积11057平方米，有教学楼5栋，共计54间教室。法人代表是许强，共有教职工123人，在校学生数3863人。

泗县中医院

泗县中医院（Sìxiàn Zhōngyīyuàn） 位于泗县泗城镇辖区范围内，地址是泗县国防北路25号。1988年12月成立。占地面积19980平方米，建筑面积12000平方米。法人代表是刘文武，职工人数有324人。职能范围：中医药医疗、康复、保健、教学、传染病和突发公共卫生事件救治。所属行业：医疗卫生业。

泗县人民医院

泗县人民医院（Sìxiàn Rénmínyīyuàn） 位于泗县泗城镇辖区范围内，地址是泗县泗城镇西关大街29号。1949年6月成立，前身为县政府卫生所，1955年搬迁至现址。占地面积37962平方米，建筑面积54988平方米。法人代表是张宝玉，职工人数有704人。职能范围：医疗、康复、保健、教学，院前急救。所属行业：医疗卫生业。

泗县污水处理费征收管理办公室

泗县污水处理费征收管理办公室（Sìxiàn Wūshuǐchǔlǐfèi Zhēngshōuguǎnlǐ Bàngōngshì） 位于西关桥头（原老建设局院内）。成立于2007年10月。建筑面积1000平方米，法人代表是梁盈军，职工人数有21人。职能范围：依照国家法律及各级政府相关文件、政策规定，负责泗县城市规划区内污水处理费征收和管理工作。所属行业：居民服务和其他服务业。

泗县城建监察大队

泗县城建监察大队（Sìxiàn Chéngjiàn Jiānchádàduì） 位于泗县经济开发区辖区范围内，地址是泗县朝阳路东。成立于1987年11月，1999年10月更名为城建监察大队。法人代表是胡刚，职工人数有25人。职能范围：对城市规划区内各种新建、改建、扩建的建设工程执行规划审批的情况进行监察，对私搭乱建影响规划的建筑物、构筑物和设施进行查处。所属行业：居民服务和其他服务业。

泗县建筑设计室

泗县建筑设计室（Sìxiàn Jiànzhù Shèjìshì）位于泗县经济开发区辖区范围内，地址是泗县朝阳路东。泗县建筑设计室成立于1980年，沿用至今。法人代表是高安顺，职工人数有26人。职能范围：建筑设计、结构设计、地质勘查。所属行业：居民服务和其他服务业。

泗县工程质量监督站

泗县工程质量监督站（Sìxiàn Gōngchéngzhìliàng Jiāndūzhàn）位于泗县经济开发区辖区范围内，地址是泗县朝阳路东。1984年11月成立泗县建筑安装工程质量监督站。建筑面积300平方米。法人代表是张怀英，职工人数有20人。职能范围：接受主管部门委托，依照建设工程质量方面的规章规定、受理建设工程项目质量监督；制定质量监督工作方案；检查施工现场工程建设各方主体的质量行为；检查建设工程的实体质量；监督工程竣工验收；报送建设工程质量监督报告；对预制建筑构件的商品混凝土的质量进行监督。所属行业：居民服务和其他服务业。

泗县污水处理厂

泗县污水处理厂（Sìxiàn Wūshuǐchǔlǐchǎng）位于泗县南关高尤社区克庄东、石梁河西岸。该厂于2003年5月开始建设，2007年10月经泗县人民政府同意将该厂转让给南京众泰集团，承建后期工程，2008年6月建成并投入使用，至2010年5月又转为泗县建设局管理至今。占地面积7000平方米，法人代表是王飞，职工人数有30人。职能范围：处理城区污水，改善生态环境，保障人民身体健康，造福社会。所属行业：居民服务和其他服务业。

泗县建筑装饰装修管理办公室

泗县建筑装饰装修管理办公室（Sìxiàn Jiànzhù Zhuāngshì Zhuāngxiū Guǎnlǐ Bàngōngshì）位于泗县经济开发区辖区范围内，地址是泗县朝阳路东。成立于2001年6月。建筑面积300平方米。法人代表是郭少斌，职工人数有7人。职能范围：负责全县装饰市场管理，新型装饰材料的推广，装饰企业资质申报、年审，对装饰从业人员技能培训。所属行业：居民服务和其他服务业。

泗县建筑材料公司

泗县建筑材料公司（Sìxiàn Jiànzhù Cáiliào Gōngsī）位于恒尤庄。成立于1978年10月。占地面积7500平方米，法人代表是杨礼君。职能范围：主要经营国家调拨计划内物资、水泥、玻璃、沥青、计划外木材等。所属行业：居民服务和其他服务业。

泗县建筑安装工程公司

泗县建筑安装工程公司（Sìxiàn Jiànzhù Ānzhuāng Gōngchénggōngsī）位于泗县中城街东段。1955年10月正式成立泗县建筑工程队，1979年更名为泗县建筑安装工程公司，转属泗县基建局，1984年隶属县城乡建设环境保护局，1996年隶属县建设局，2010年隶属县住建局。职工人数有395人。所获荣誉：2005年县广电局大楼获市优质工程奖“金鸡杯”。所属行业：居民服务和其他服务业。

泗县水产站

泗县水产站（Sìxiàn Shuǐchǎnzhàn）位于泗县市泗城镇辖区范围内，地址是国防北路14号。泗县水产站于1993年10月从泗县渔政站分离。法人代表是谭国辉，职工人数有7人。职能范围：贯彻执行国家、省、市有关发展水产业的方针、政策，研究、制定全县水产业发展战略和中长期发展规划，提出全县渔业经济目标任务并组织实施；负责组织调查研究，掌握和分析全县渔业动态和发展趋势，加快兴凯湖渔业资源的科学开发，调整渔业结构，大力发展渔业经济；负责全县水产技术推广体系、渔业环境监测体系、鱼病防治体系、水产品安全质量监测体系的建设。所属行业：农、林、牧、渔业。

泗县渔政渔船渔港监督管理站

泗县渔政渔船渔港监督管理站（Sìxiàn-Yúzhèng Yúchuán Yúgǎng Jiāndū Guǎnlǐzhàn）位于泗县泗城镇辖区范围内，地址是国防北路14号。成立于1993年10月。法人代表是高礼标，职工人数有9人。职能范围：贯彻实施《中华人民共和国渔业法》等渔业法律、法规；负责对全县渔业资源的保护、管理和监督检查；负责核发水产养殖许可证、捕捞许可证和渔船检验证明等；负责查处偷鱼、电鱼、炸鱼、毒鱼等危害渔业资源和破坏渔业生产秩序的违法、违纪案件及其纠纷。所属行业：农、林、牧、渔业。

泗县畜牧兽医技术推广中心

泗县畜牧兽医技术推广中心（Sìxiàn Xùmùshòuyī Jìshùtuīguǎng Zhōngxīn） 位于宿泗县泗城镇辖区范围内，地址是国防北路14号。成立于2007年。法人代表是陈军辉，职工人数有9人。职能范围：负责实施动物疫病监测、预警、预报、实验诊断；承担动物流行病医学调查，疫情报告编制并上报，提出重大动物疫病防控技术方案并组织实施；承担动物疫病预防技术指导、技术培训、科普宣传；承担动物产品安全相关技术检测工作；承担公益性技术推广职能，负责畜牧业重大技术的试验、示范和推广，参与畜禽饲养、草业品种改良等地方标准和技术规范的制订并组织实施，提出畜牧业发展的重要技术措施，开展畜牧业职业技术鉴定。所属行业：农、林、牧、渔业。

泗县动物卫生监督所

泗县动物卫生监督所（Sìxiàn Dòngwù Wèishēng Jiāndūsuǒ） 位于泗县泗城镇辖区范围内，地址是国防北路14号。2007年由动物卫生监督管理所、兽药监督管理站整合组建为泗县动物卫生监督所。法人代表是孟雪松，职工人数有11人。职能范围：依法监督公共场所、生活饮用水、职业放射和学校卫生，监督管理传染病防治工作，整顿和规范医疗服务市场，授权各类卫生许可的申请，对群众投诉和举报的卫生事件进行调查、处理。内设办公室、稽查科、卫生监督一科、二科、三科、四科等科室。所属行业：农、林、牧、渔业。

泗县畜禽技术咨询服务站

泗县畜禽技术咨询服务站（Sìxiàn Chùqín Jìshùzīxúnfúwùzhàn） 位于泗县泗城镇辖区范围内，地址是国防北路14号。成立于1993年10月。法人代表是马伟，职工人数有12人。职能范围：负责畜禽饲养技术推广，畜禽饲料、畜禽疾病诊治、咨询服务等。所属行业：农、林、牧、渔业。

泗县植检植保站

泗县植检植保站（Sìxiàn Zhíjiǎn Zhíbǎozhàn） 位于泗县开发区辖区范围内，地址是南二环东段。1965年成立，沿用至今。占地面积5461.2平方米，建筑面积1000平方米。法人代表是许杰，职工人数有13人。职能范围：农作物病虫害的监测和防治工作，新农村试验示范推广，植物检疫。所属行业：农、林、牧、渔业。

泗县城乡居民养老保险管理中心

泗县城乡居民养老保险管理中心（Sìxiàn Chéngxiāng Jūmínyǎnglǎobǎoxiǎn Guǎnlǐ Zhōngxīn）位于开发区辖区范围内，地址是泗县民政局四楼。隶属泗县人力资源和社会保障局，为全额拨款事业单位。2012年7月，泗县被国务院新型农村和城镇居民社会养老保险试点工作领导小组批复为新型农村和城镇居民社会养老保险试点县，2014年10月组建了泗县城乡居民养老保险管理中心。建筑面积200平方米，职工人数有10人。职能范围：城乡居民养老保险、被征地农民养老保险以及原农村养老保险业务经办等业务。所属行业：社会保障和社会福利业。

泗县城镇职工基本医疗保险基金管理中心

泗县城镇职工基本医疗保险基金管理中心（Sìxiàn Chéngzhèn Zhígōng Jīběnyīliáobǎoxiǎn Jījīn Guǎnlǐzhōngxīn） 位于泗县辖区范围内，地址是泗县汴河路66号。隶属泗县人力资源和社会保障局，为全额拨款事业单位，成立于2011年。建筑面积200平方米。法人代表是杨以群，职工人数有14人。职能范围：泗县城镇职工、居民基本医疗保险基金的管理等。所属行业：社会保障和社会福利业。

泗县人力资源和社会保障信息中心

泗县人力资源和社会保障信息中心（Sìxiàn Rénlìzīyuánhéshèhuìbǎozhàng Xìnxī Zhōngxīn） 位于泗县经济开发区辖区范围内，地址是泗县汴河大道泗县国土资源管理局6楼615室。隶属泗县人力资源和社会保障局，为全额拨款事业单位。成立于2011年6月。建筑面积28平方米，法人代表是王其林，职工人数5人。职能范围：负责全县人力资源和社会保障信息系统的规划组织实施和网络设备维护；负责人力资源和社会保障信息的储备、整理、发布，提供计算机技术服务；负责与省、市人社部门的信息通讯，建立全省联网的“金保工程”；负责人力资源社会系统业务数据库建设；负责指导乡镇（开发区）、社区人力资源社会保障网络建设，组织人员业务培训等工作。所属行业：社会保障和社会福利业。

泗县社会保险事业管理局

泗县社会保险事业管理局（Sìxiàn Shèhuì Bǎoxiǎn Shìyèguǎnlǐjú） 位于泗县辖区范围内，地址是泗县铁市街28号（信合四楼）。隶属泗县人力资源和社会保障局，1990年5月成立。建筑面积360平方米。法人代表是张学道，职工人数有14人。职能范围：负责全县职工养老保险基金的筹集、支付和管理工作，建立登记职工个人账户及接续、转移、终止工作，协助征集并按时足额发放参保企业离退休人员养老金。所属行业：社会保障和社会福利业。

泗县技工学校

泗县技工学校（Sìxiàn Jìgōngxuéxiào）位于泗县经济开发区辖区范围内，地址是泗县经济开发区蟠龙山路。成立于1989年。占地面积19980平方米。建筑面积12000平方米。法人代表是周家舟，职工人数有14人。所属行业：教育业。

泗县人才交流服务中心

泗县人才交流服务中心（Sìxiàn Réncái Jiāoliúfúwùzhōngxīn） 位于泗县东关开发

区辖区范围内，地址是泗县国土局大楼 6 楼 621 室。隶属泗县人力资源和社会保障局，为全额拨款事业单位。1992 年 7 月由泗县人才交流服务公司更名为泗县人才交流服务中心，1993 年 4 月升格为副科级事业单位。原址泗县人民政府大楼三楼，2009 年 7 月迁址至泗县国土局大楼六楼。建筑面积 50 平方米。职工人数有 3 人。职能范围：泗县公共就业服务，高校毕业生就业见习，全县高校毕业生档案管理、落户、转正定级以及人事代理业务等。所属行业：社会保障和社会福利业。

泗县人事考试中心

泗县人事考试中心（Sìxiàn Rénshì Kǎoshì Zhōngxīn） 位于泗县东关辖区范围内，地址是泗县国土局六楼。隶属泗县人力资源和社会保障局，为全额拨款事业单位，1998 年成立。建筑面积 23 平方米。法人代表是曹希贺，职工人数有 2 人。职能范围：承担泗县各项人事考试的组织实施工作。所属行业：社会保障和社会福利业。

泗县职业介绍中心

泗县职业介绍中心（Sìxiàn Zhíyè Jièshào Zhōngxīn） 位于泗城镇辖区范围内，地址是泗城镇铁市街 22 号。隶属泗县人力资源和社会保障局，1993 年 5 月经县编委会批准成立。法人代表是韩修辉，职工人数 8 人。职能范围：为失业人员和用人单位提供劳动保障事务代理服务；组织面谈或招聘洽谈会，促成求职者和用人单位双向对接；办理用工登记，录用人员备案，收集发布人力资源和岗位空缺信息，提供用工信息和求职信息；向求职者提供职业指导，向用人单位提供招聘方法、用人条件和用人标准等方面的指导服务；为下岗、失业人员提供档案管理，受用人单位委托为其职工提供档案管理，代办社会保险等服务；保管原劳动局（劳动和社会保障局）留存的原始资料，并依据留存资料出具相关证明；人力资源和社会保障行政部门指定的其他有关服务等。所属行业：社会保障和社会福利业。

泗县环境卫生管理处

泗县环境卫生管理处（Sìxiàn Huánjìng Wèishēng Guǎnlǐchù） 位于泗县辖区范围内，地址是泗县环城西路九号。成立于 2007 年 3 月 26 日。建筑面积 200 平方米。法人代表是吴鹏，职工人数有 183 人。职能范围：负责卫生行业管理和综合检查工作，组织领导专业人员对城市主次干道进行清扫保洁，对环卫设施合理设置和维护，对泗城规划区内的垃圾进行统一清运和处理，并进行有偿服务性收费。所属行业：水利、环境和公共设施管理业。

泗县市容管理监察办公室

泗县市容管理监察办公室（Sìxiàn Shìróng Guǎnlǐ Jiānchá Bàngōngshì） 位于泗城镇辖区范围内，地址是泗县环城西路 9 号。于 2006 年 4 月成立。占地面积 300 平方米，建筑面积 300 平方米。法人代表是高辉，职工人数有 20 人。职能范围：泗县城区内的市容环卫、园林绿化、市政设施、城市道路等方面的监察工作。所属行业：水利、环境和公共设施管理业。

泗县市政建设管理处

泗县市政建设管理处（Sìxiàn Shìzhèng Jiànshè Guǎnlǐchù） 位于泗城镇花园井社区辖区范围内，地址是泗县泗城镇环城西路 9 号。前身为泗县市政建设工程队，成立于 1990 年 6 月 18 日，隶属泗县城乡建设环境保护局；1991 年 1 月 11 日更名为泗县市政建设管理所，隶属泗县城乡建设环境保护局；1997 年 1 月后隶属泗县建设局，均为股级事业单位。2003 年 4 月 6 日更名为泗县市政建设管理处，为副科级事业单位，仍隶属泗县建设局。2006 年 4 月 26 日，泗县市政建设管理处从泗县建设局分离，隶属泗县城市管理局。占地面积 320 平方米，建筑面积 220 平方米。职工人数有 78 人。职能范围：负责县城道路设施建设与维护管理；负责县城排水设施建设与维护管理。所属行业：水利、环境和公共设施管理业。

泗县园林管理处

泗县园林管理处（Sìxiàn Yuánlín Guǎnlǐchù） 位于泗县辖区范围内，地址是国防北路。成立于 2007 年 3 月 26 日。占地面积 300 平方米，建筑面积 90 平方米。法人代表是闵祥民，职工人数有 16 人。职能范围：负责泗县园林绿化规划、建设和管理工作。所属行业：金融业。

泗县农业综合开发办公室

泗县农业综合开发办公室（Sìxiàn Nóngyè Zōnghékāifā Bàngōngshì） 位于泗县水利局辖区范围内，地址是泗县水利局三楼。成立于 1990 年 5 月，原名泗县农业综合治理开发项目办公室，在县种子公司楼上办公。1991 年 5 月成立泗县利用世界银行贷款加强灌溉农业项目办公室，与农业综合治理开发项目办公室为一个机构、两块牌子。2003 年 2 月搬迁到泗县水利局楼至今。2005 年 6 月更名为泗县农业综合开发办公室。职工人数有 7 人。职能范围：拟定和执行全县农业综合开发发展规划、政策及各年度农业综合开发项目可行性研究、计划与设计，并组织实施，负责项目、资金管理的责任。所属行业：金融业。

泗县森林公安局

泗县森林公安局（Sìxiàn Sēnlín Gōng' ānjú） 位于泗县开发区行政新区辖区范围内，地址是朝阳路与桃园路交会处。原名泗县公安局森林分局，2013 年改为泗县森林公安局。建筑面积 108 平方米。法人代表是胡春锋，职工人数有 6 人。职能范围：负责辖区范围内破坏森林资源、野生动物资源的刑事案件，严厉打击刑事犯罪活动，保卫森林资源和野生动物资源安全；加强林区治安管理，维护林区的治安秩序，查处林区的治安案件；预防森林火灾，加强森林防火宣传教育和扑火队伍建设，保卫林业生产安全；加强联防队伍和护林员队伍建设，提高防火、防盗能力。所属行业：公共管理和社会组织。

泗县森林病虫防治检疫站

泗县森林病虫防治检疫站（Sìxiàn Sēnlín Bìngchóngfángzhì Jiǎnyìzhàn） 位于泗县开发区行政新区辖区范围内，地址是朝阳路与桃园路交会处。1982 年农、林分离时改为泗县森林病虫防治检疫站。建筑面积 55 平方米。法人代表是陶佃五，职工人数有 3 人。职能范围：开展森林病虫害防治、检疫、调查工作；开展森林植物检疫对象的检测、检查、登记、发布消息等工作；开展林业有害生物的预测预报工作；开展生物、化学、人工防治的实验和推广工作；编制工作计划、验收报告和工作总结等工作。所属行业：农、林、牧、渔业。

泗县婚姻登记中心

泗县婚姻登记中心（Sìxiàn Hūnyīn Dēngjì Zhōngxīn） 位于泗城镇东关社区辖区范围内，地址是泗城镇东二环东北角。成立于 2001 年 7 月 1 日。占地面积 1200 平方米，建筑面积450平方米。法人代表是吴项平，职工人数有8人。职能范围：办理婚姻登记；补发婚姻登记证；撤销受胁迫的婚姻；建立和管理婚姻登记档案；宣传婚姻法律法规，倡导文明婚俗。所属行业：居民服务和其他服务业。

泗县流浪乞讨人员救助管理站

泗县流浪乞讨人员救助管理站（Sìxiàn Liúlàngqǐtǎorényuán Jiùzhù Guǎnlǐzhàn）位于泗县经济开发区辖区范围内，地址是经济开发区朱山南路。于2013年5月兴建，2013年11月竣工，2014年1月投入使用。占地面积15000平方米，建筑面积900平方米。职能范围：为生活无着的流浪乞讨人员无偿提供临时生活救助、医疗救治、教育矫治、返乡救助、临时安置等服务，并具备延伸救助保护功能。所属行业：社会保障和社会福利业。

泗县社会福利院

泗县社会福利院（Sìxiàn Shèhuì Fúlìyuàn）位于泗县泗城镇辖区范围内，地址是泗县清水湾公园和双语中学北侧。始建于1958年，于2012年5月实行迁建，拆除老院，新建泗县社会福利中心。占地面积34980平方米，建筑面积12380平方米。职能范围：负责本县“三无”人员、智障人员、弃婴和重点优抚对象的供养。所属行业：社会保障和社会福利业。

泗县草沟镇计划生育办公室

泗县草沟镇计划生育办公室（Sìxiàn Cǎogōu Zhèn Jìhuàshēngyù Bàngōngshì）位于泗县草沟镇草沟村辖区范围内，地址是泗县草沟镇草沟村街西路南200米。1992年2月成立。占地面积1198.8平方米，建筑面积640平方米。法人代表是汪朴，职工人数有11人。职能范围：贯彻执行党和政府有关计划生育的方针、政策、法律、法规；检查督促人口与计划指标的完成，依法处理违反计划生育政策、法规的行为；培训好计生干部和业务人员；组织开展计划生育宣传教育和指导计生技术服务工作，协助党委、政府办好人口学校。所属行业：医疗卫生业。

泗县人民检察院驻泗城镇检察室

泗县人民检察院驻泗城镇检察室（Sìxiàn Rénmínjiǎncháyuàn Zhùsìchéng Zhèn Jiǎncháshì）位于泗县辖区范围内，地址是泗县北二环路。成立于1996年。建筑面积40平方米，职工人数有2人。职能范围：受理辖区内公民的举报、控告和申诉，接受违法犯罪的自首；经检察长批准，对发生在本辖区内，属检察机关直接受理的刑事案件进行立案前调查、立案后侦查；对辖区内缓刑、假释、管制、剥夺政治权利和监外执行人员的管理教育工作进行检察；对人民检察院决定不诉的人员进行帮教；结合检察业务，积极开展法制宣传、开展预防职务犯罪，综合治理工作，为辖区内企业提供法律服务，为区域经济发展保驾护航。所属行业：公共管理和社会组织。

泗县人民检察院驻泗县看守所检察室

泗县人民检察院驻泗县看守所检察室（Sìxiàn Rénmínjiǎncháyuàn Zhùsìxiàn Kānshǒusuǒ Jiǎncháshì）位于泗县辖区范围内，地址是泗县开发区泗县看守所院内。成立于2010年。建筑面积80平方米，职工人数有1人。职能范围：负责对泗县看守所的监管活动是否合法实行监督；对在押犯罪嫌疑人、被告人羁押期限是否合法实行监督；对刑罚执行和监管活动中发生的职务犯罪案件进行初查，开展职务犯罪预防工作；对公安机关侦查的留所服刑罪犯又犯罪案件，审查逮捕、审查起诉和出庭支持公诉，对立案、侦查活动和审判活动是否合法实行监督；受理在押人员及其法定代理人、近亲属的控告、举报和申诉；其他依法应当行使的监督职责。所属行业：公共管理和社会组织。

泗县粮食监管大队

泗县粮食监管大队（Sìxiàn Liángshi Jiānguǎn Dàduì） 位于泗县经济开发区辖区范围内，地址是玉兰路东段。成立于2010年12月。占地面积200平方米，建筑面积90平方米。法人代表是付培国，职工人数有5人。职能范围：监督检查有关粮食流通管理的法律、法规和政策的执行情况，监督检查储备粮计划和技术规范执行情况，监督检查粮食经营者的购销活动，核查粮食质量、仓储设备和统计台账，确保粮食流通管理条例的落实。所属行业：公共管理和社会组织。

泗县粮油质量检验监测中心

泗县粮油质量检验监测中心（Sìxiàn Liángyóuzhìliàng Jiǎnyànjiāncè Zhōngxīn）位于泗县经济开发区辖区范围内，地址是玉兰路东段。成立于2011年6月。占地面积300平方米，建筑面积240平方米。法人代表是吴会云，职工人数有5人。职能范围：监督检查有关粮食流通管理的法律、法规和政策的执行情况，监督检查储备粮计划和技术规范执行情况，监督检查粮食经营者的购销活动，核查粮食质量、仓储设备和统计台账，确保粮食流通管理条例的落实。所属行业：公共管理和社会组织。

泗县固定资产投资审计局

泗县固定资产投资审计局（Sìxiàn Gùdìngzīchǎntóuzī Shěnjìjú） 位于泗县泗城镇辖区范围内，地址是泗县泗城镇汴河路58号。2011年8月5日设立泗县固定资产投资审计监督中心。2014年10月27日更名为泗县固定资产投资审计局。法人代表是徐峰，职工人数有9人。职能范围：按照县审计局安排，对县政府投资和以县政府投资为主的建设项目进行审计；对县属国有企事业单位及县政府规定的国有资本占控股或主导地位的企业投资建设项目进行审计；对县重点建设项目进行审计；承接其他有关事项。所属行业：公共管理和社会组织。

泗县经济责任审计局

泗县经济责任审计局（Sìxiàn Jīngjìzé-rèn Shěnjìjú） 位于泗县泗城镇辖区范围内，地址是泗城镇汴河路58号。2002年设立泗县经济责任审计局。职工人数有3人。职能范围：负责对党政群机关主要领导干部、社会团体主要领导干部、乡镇主要领导、县属事业单位和国有企业及国有控股企业领导人员、任期经济责任审计；承担县纪委、监察、司法机关要求协助配合的经济责任案件查证工作；负责经济责任审计的统计、信息管理等工作。所属行业：公共管理和社会组织。

泗县第一中学

泗县第一中学（Sìxiàn Dìyīzhōngxué）位于泗县开发区辖区范围内，地址为泗县东二环。创建于1906年，迄今已历过百个春秋。学校的前身是泗州日新中学堂，它是1906年由泗州城东南隅原夏邱书院改办的一所“阖州公共学堂”，负有招收、培育泗县、五河、天长、盱眙四个县籍学生的任务。1949年9月，泗县民主政府根据党的“维持原有学校，作可能与必要的改革”的方针，对学校进行了恢复和改革，更名为泗县中学。学校初设1个班，招生55人。新中国成立后，学校规模逐步扩大，到1956年发展为11个班，在校学生635人。1958年，泗县中学扩建为完全中学，被宿县行署命名为地区重点中学。1999年，泗县中学实行高、初中分离，高中部迁至原泗县师范学校校址独立办学，被命名为安徽泗县第一中学。学校占地面积119880平方米，建筑面积50000平方米，有教学楼5栋，共计107间教室。法人代表是梁杰，共有教职工300余人，在校学生数5000余人。职能范围：高中教育，即在九年义务教育基础上进一步提高国民素质、面向大众的基础教育。所属行业：公共管理和社会组织。

泗县中学

泗县中学（Sìxiàn Zhōngxué） 位于泗城镇辖区范围内，地址为道院街4号。创建于1906年，迄今已历百个春秋。前身是泗州日新中学堂，1906年由泗州城东南隅原夏邱书院（清康熙十一年即1672年创建，相传尧封禹为夏伯，邑于此，曾有夏邱之名，故名夏邱书院）改办的一所“阖州公共学堂”，负有招收、培育泗县、五河、天长、盱眙四个县籍学生的任务。1949年9月，泗县民主政府根据党的“维持原有学校，作可能与必要的改革”的方针，对学校进行了恢复和改革，更名为泗县中学。学校初设1个班，招生55人。新中国成立后，学校规模逐步扩大，到1956年发展为11个班，在校学生635人。1958年，泗县中学扩建为完全中学，被宿县行署命名为地区重点中学。1999年，泗县中学实行高、初中分离，高中部迁至原泗县师范学校校址独立办学。学校占地面积71928平方米，建筑面积21654平方米，有教学楼2栋，共计54间教室。法人代表是苗德广，共有教职工203人，在校学生数4110人。职能范围：初中学历教育。所属行业：公共管理和社会组织。

第十章　工业企业地名

安徽海豹滤清器制造有限公司

安徽海豹滤清器制造有限公司（Ānhuī Hǎibào Lǜqīngqì Zhìzào Yǒuxiàngōngsī）位于泗县经济开发区南柳路以南与东二环路交叉口。所属行业：制造业。业务范围：滤清器制造及汽车终端服务；汽车、摩托车销售；车辆年检、车辆保险、检测服务。

安徽亚非国视影视文化传播有限公司

安徽亚非国视影视文化传播有限公司（Ānhuī Yàfēiguóshì Yǐngshì Wénhuà Chuánbō Yǒuxiàngōngsī）安位于泗县泗城镇西关泗州华府售楼部二楼。所属行业：信息传输、软件和信息技术服务业。业务范围：动漫设计；文化艺术交流策划咨询服务、文化活动合作与推广、文化旅游投资接待；企业形象设计策划，商务信息咨询（不含金融、期货、证券、借贷咨询）；展览及演艺布景策划；摄影服务及摄影器材销售。

安徽亚非国视置业有限公司

安徽亚非国视置业有限公司（Ānhuī Yàfēiguóshì Zhìyè Yǒuxiàngōngsī）位于泗县北二环消防大队向东300米（赤山路东侧）。所属行业：房地产业。业务范围：房地产开发，商品房销售，物业管理，商业及地产项目投资管理运营、投资策划及管理咨询，建筑材料销售，室内装潢服务。

安徽广吉路桥工程有限公司

安徽广吉路桥工程有限公司（Ānhuī Guǎngjílùqiáo Gōngchéng Yǒuxiàngōngsī）位于泗县国防南路4号。所属行业：建筑业。业务范围：公路施工、水利水电施工、房屋建筑施工、市政公用工程施工、机电安装施工、城市园林绿化施工、建筑装饰施工、电力施工、地基与基础工程施工、建筑智能化化工程专业承包、环保工程专业承包、桥梁工程专业承包、体育场地设施工程专业承包、城市及道路照明工程专业承包。

安徽虹天纺织有限公司

安徽虹天纺织有限公司（Ānhuī Hóngtiān Fǎngzhī Yǒuxiàngōngsī）位于泗县东关开发区南虹大道1号。所属行业：制造业。业务范围：针纺织品、布坯、服装、鞋帽、毛巾、床上用品加工销售。

安徽省华路路桥工程有限公司

安徽省华路路桥工程有限公司（Ānhuī Shěng Huálù Lùqiáo Gōngchéng Yǒuxiàn

gōngsī）位于泗县泗城东港花苑小区 3 单元 502 室。所属行业：建筑业。业务范围：公路工程施工、市政公用工程施工、水利水电工程施工、房屋建筑工程施工、土石方工程、土地整理、工程预决算、工程机械租赁。

泗县达顺生猪养殖有限公司

泗县达顺生猪养殖有限公司（Sìxiàn Dáshùn Shēngzhūyǎngzhí Yǒuxiàngōngsī）位于泗县墩集镇墩集村二组。所属行业：农、林、牧、渔业。业务范围：生猪养殖。

泗县逍遥港口有限公司

泗县逍遥港口有限公司（Sìxiàn Xiāoyáogǎngkǒu Yǒuxiàngōngsī）位于泗县泗城镇东关居委电视塔路北段。所属行业：交通运输、仓储和邮政业。业务范围：港口装卸、货物存放、建材批发销售。

宿州同辉房地产开发有限公司

宿州同辉房地产开发有限公司（Sùzhōu Tónghuī Fángdìchǎn Kāifā Yǒuxiàngōngsī）位于泗县北关三中加油站对面。所属行业：房地产业。业务范围：房地产开发。

安徽亚非国视星光电子科技有限公司

安徽亚非国视星光电子科技有限公司（Ānhuī Yàfēiguóshìxīngguāng diànzi Kējì Yǒuxiàngōngsī）位于泗县泗城镇西关泗州华府售楼部一楼。所属行业：信息传输、软件和信息技术服务业。业务范围：影院运营管理，电影放映；会议策划；百货销售；电影电视广播设备、电子工业控制设备、电子产品、网络通信产品、仪表仪器、教育软件系统开发、销售及管理；计算机软硬件研发、生产、销售；工程安装，建筑智能化弱电，安全防范工程的设计与施工，电子游戏，网络游戏，文化娱乐服务；电子技术开发、服务；投资管理、商务信息咨询（不含金融、证券、期货、借贷信息咨询）；计算机系统集成；机械设备、电子产品、计算机软件集外围设备销售。

安徽省同心农业科技发展有限公司

安徽省同心农业科技发展有限公司（Ānhuī Shěng Tóngxīn Nóngyèkējì Fāzhǎn Yǒuxiàngōngsī）位于泗县泗城镇西段南侧同心楼。所属行业：科学研究和技术服务业。业务范围：农业技术推广服务及应用。

依秀服装有限公司

依秀服装有限公司（Yīxiù Fúzhuāng Yǒuxiàngōngsī）位于泗县大庄镇工业园区大寨路 3 号。所属行业：制造业。业务范围：服装加工销售；布匹、布料、服装辅料、针纺织品、箱包、日用品购销；服装设计；服装机械销售。

安徽省千村百镇再生资源发展有限公司

安徽省千村百镇再生资源发展有限公司（Ānhuī Shěng Qiāncūnbǎizhèn Zàishēngzīyuán Fāzhǎn Yǒuxiàngōngsī）位于泗县东城虹郡 A 区 4—14 号。所属行业：水利、环境和公共设施管理业。业务范围：再生资源、环保节能、生物质能源的设备研发、生产、安装、销售以及与之配套的技术服务和新技术成果转让；环保节能工程；防水防腐工程。

安徽裕康实业有限公司

安徽裕康实业有限公司（Ānhuī Yùkāngshíyè Yǒuxiàngōngsī）位于泗县泗城东方明珠小区 B 楼 105 号、205 号。所属行业：批发和零售业。业务范围：不再分装的袋装种子、化肥、预包装食品、酒、百货、文具批发零售；广告设计、制作、发布；印刷；建筑工程施工；羊、家禽、水产养殖。

泗县大润发玛特商贸有限公司

泗县大润发玛特商贸有限公司（Sìxiàn Dàrùnfāmǎtè Shāngmào Yǒuxiàngōngsī）位于泗县北关三中加油站对面。所属行业：批发和零售业。业务范围：日用百货、箱包鞋帽、服装零售、物业管理。

后 记

为了贯彻落实国家地名标准化的规定，实现地名数字化管理，服务经济社会发展，延续宿州地名文脉，我们以第二次全国地名普查成果为依托，编纂了《宿州地名志》。

《宿州地名志》作为一部大型地名工具性典籍，分为“总述”与“分述”两大部分，“总述”记述宿州市概况和跨界自然地理实体地名；“分述”为市辖各区县概况和地名分类详述。本志以2014—2018年第二次全国地名普查形成的宿州市地名数据库资料为基本依据。原始资料由各区县民政系统提供，经专业化机构加工整理，由专家学者加以审查。因此，本志具有科学性、资料性、工具性特点。

本志编纂、审查、校勘，完全按照“凡例”十一条操作。“凡例”兼顾方志学和地名学的要求，以求实现二者的有机统一。其技术性、法规性要求，完全按照国家标准。

本志从第二次全国地名普查开始编纂筹备到书稿形成，前后历时七年之久。初稿形成后，征求区县民政局地名规划部门意见，加以认真核校与修改。修改稿经相关专家学者审查和校勘后，由本市地名委员会负责定稿。

中共宿州市委、宿州市人民政府高度重视本志的编纂与出版。本志编纂得到安徽省民政厅区划地名处的学术指导，以保证其科学性与严谨性。宿州市民政局领导对本志编纂作了具体规划与安排。各区县民政系统及地名工作者承担了基础性和建设性的工作，提供了基本材料和原始数据。中共宿州市委宣传部、市史志办公室等单位，对本志的编纂给予了相应的指导，市财政局对本志的出版给予了大力支持。市地名专家委员会的成员，对本书的审查与校勘付出了辛勤的劳动。对于上级领导的大力支持和社会各界的热情帮助，谨此表示衷心的感谢！

由于编纂者学术水平和客观条件所限，本志无疑会存在一些疏漏与讹误。对此，我们诚挚地欢迎社会各界和广大读者批评指正，以利于在将来适当的时机认真修订。

编 者

2021年11月11日